BLU OLTREMARE SCURO
BLU OLTREMARE CHIARO
BLU COBALTO
BLU AZZURF MANGANESE
BLU D'ORIENTE
BLU PAVONE
BLU CERULEO
CELESTE
BLU TURCHESE
BLU ZAFFIRO
VERDE COBALTO
VERDE CADMIO
VERDE CINABRO SCURO
VERDE CADMIO CHIARO
VERDE PERMANENTE CHIARO
VERDE PERMANENTE SCURO
VERDE BOTTIGLIA
VERDE VESCICA
VERDE CINABRO CHIARO
VERDE SMERALDO
VERDE PINO
VERDE OSSIDO DI CROMO
VERDE VERONESE
VERDE MUSCHIO
VERDE OLIVA
VERDE TURCHESE
VERDE LIMONE
VERDE ACQUA
GRIGIO VERDE
TERRA VERDE
GRIGIO TORTORA
OCRA GIALLA
OCRA BRUNA
GIALLO DI MARTE
ROSSO DI POZZUOLI
TERRA DI SIENA BRUCIATA
TERRA DI SIENA NATURALE
TERRA D'OMBRA NATURALE
TABACCO
RUGGINE
OCRA ROSSA
SANGUIGNA
CIOCCOLATA
BRUNO VAN DYCK
TERRA D'OMBRA BRUCIATA
MARRONE AVANA
SEPPIA
PRUGNA
BEIGE
SABBIA
GRIGIO PIOMBO
GRIGIO PERLA
GRIGIO FUMO
GRIGIO ANTRACITE

SOMMARIO

lo ZINGARELLI 1994

VOCABOLARIO DELLA LINGUA ITALIANA

di Nicola Zingarelli

Dodicesima edizione

A cura di
Miro Dogliotti e Luigi Rosiello

ZANICHELLI

ELENCO DEI COLLABORATORI

Dodicesima edizione

Il piano dell'opera è stato preparato dalle Redazioni lessicografiche Zanichelli con la consulenza di Miro Dogliotti e di Luigi Rosiello; è basato sui piani della decima edizione (a cura di Luigi Rosiello con la collaborazione di Delfino Insolera) e della undicesima edizione (a cura di Miro Dogliotti con la collaborazione di Augusta Forconi, con la consulenza di Luigi Rosiello e con alcune osservazioni e opinioni di Paolo Valesio).

Schedatura delle nuove voci e accezioni: Redazioni lessicografiche Zanichelli; Miro Dogliotti, Giuseppina Valoriani; Waldemar Eistermeier, Stefano Martelloni.

Nuove voci di lingua comune: *scelta*: Giuseppina Valoriani; *stesura*: *lettere A, C-R*: Maurizio Trifone; *lettere B, S-Z*: Giuseppina Valoriani; *rilettura*: Giuseppina Valoriani, Mario Cannella.

Nuove accezioni di lingua comune: *stesura*: Roberta Balboni, Rosella Fiorentini Rocca, Mario Cannella; *rilettura*: Mario Cannella.

Linguaggi specialistici: *aeronautica*: Alberto Mondini; *agricoltura, astronautica, edilizia, elaborazione dati, elettrotecnica, enologia, giochi, idraulica, industria tessile, meteorologia, pedagogia, religione, scienze e tecniche militari, storia, telecomunicazioni, tipografia, topografia*: Marco Gatti, Michele Magni, Marina Pazzaglia, Rossella Toppino, Edigeo, Milano; *alimentazione, architettura, armi, automobilismo, elettricità, elettrotecnica, falegnameria, ingegneria, marina, meccanica, metallurgia, tecnologia*: Severo Mosca; *anatomia, biologia, chirurgia, farmacia, fisiologia, medicina, zoologia*: Giovanni Delfino, Eudes Lanciotti, Gianfranco Liguri, Massimo Stefani; *antropologia, etnologia, filosofia, paleontologia, paletnologia*: Ugo Fabietti; *archeologia, filatelia, numismatica, radiofonia, urbanistica, veterinaria, zootecnia*: Marco De Candido; *arte, cinema, fotografia, televisione*: Vladimir Fava; *botanica*: Carlo Ferrari; *chimica, unità di misura*: Fabio Fava, Francesco Pilati, Bruno Fortunato, Carlo Stramigioli; *diritto*: Luigi Andrea Cosattini; *economia*: Fabrizio Picchi, Fernando Picchi; *filologia, letteratura, paleografia, retorica*: Massimo Castoldi; *fisica, ottica*: Gianni Melegari; *geofisica, mineralogia*: Annibale Mottana; *grammatica, linguistica, sport*: Maurizio Trifone; *matematica*: Marco Marcello Lupoi; *musica*: Piero Mioli; *psicologia*: Raffaella Tommasi.

Etimologie: Manlio Cortelazzo.

Accentazione, segni diacritici, trascrizioni fonematiche: Luciano Canepari.

Note d'uso: Mario Cannella *e – per la nota "Stereotipo"* – Tullio De Mauro.

Coordinamento redazionale: Roberta Balboni.

Redazione dei linguaggi specialistici: Rosella Fiorentini Rocca.

Redazione delle etimologie, appendici e inserti grammaticali: Beata Lazzarini.

Contributi redazionali: Carla Bertani, Delia Bevilacqua, Amelia Bosi Antola, Claudia Capello, Anna Cocchi, Lindsay Lane, Beata Lazzarini, Maria Paoloni, Paola Rossini, Gianni Sofri, Alessandra Stefanelli, Nicoletta Zingarelli. *Plurali delle voci straniere*: Annamaria Goy. *Aggiornamento delle appendici*: Enrico Righini, Lorenza Russo. *Consulenza ergonomica*: Stefana Broadbent. *Rilettura dell'Undicesima edizione*: Achille Lucarini. *Citazioni*: Filippo Gentili. *Revisione degli alterati*: Claudia Alberti, Giovanna Turrini, Giampiero Zanchi. *Lettura delle bozze*: Cooperativa Il Nove.

Iconografia a cura di Alessandra Stefanelli; *l'elenco degli autori e delle fonti delle illustrazioni è a pag. 11*

Progetto grafico ed elaborazione automatica dei testi: Marco Brazzali, Roberto Cagol, Icoge, Trento.

Coordinamento della composizione, stampa, confezione: Mauro Stanghellini, Giovanni Santi.

L'editore ringrazia per le preziose segnalazioni di nuove voci e accezioni Andrea Commellini, Guido Iazzetta, Piero Isola, Giovanni Mafera *e per il contributo alle illustrazioni* gli Aeroporti di Roma, l'Editoriale Domus - Archivio Quattroruote, l'ENEL, la Manifattura Romana Bandiere.

Undicesima edizione

Revisione generale: M. Dogliotti, L. Rosiello. *Coordinamento redazionale*: R. Balboni. *Etimologia*: P. Zolli. *Accentazione scritta e trascrizione fonematica*: I. Calabresi.

Stesura delle nuove voci e revisione della decima edizione: *A-P* A. Forconi, *Q* M. Medici, *R* R. Balboni, *S* R. Fiorentini Rocca, *T-V* G. Valoriani, *W-Z* B. Lazzarini; *contributi redazionali generali* R. Balboni, R. Fiorentini Rocca, B. Lazzarini.

Linguaggi specialistici: A. Suvero. *Repertori finali*: *locuzioni*: C. Lapucci; *proverbi*: A.M. Cirese; *nomi propri e luoghi d'Italia*: Manlio Cortelazzo; *tavole di nomenclatura*: M. Insolera e A. Suvero per la tavola *Energia*.

Collaborazioni redazionali: A. Cocchi, A. Colliva, C. Capello, L. Marisaldi, G. Piacentini, A. Stefanelli, G. Zaniboni, N. Zingarelli, M.C. Zingarelli; *rilettura critica*: L. Graziuso; *lettura delle bozze*: D. Molinari, Cooperativa Il Nove.

Decima edizione

Direzione e coordinamento redazionali: M. Dogliotti. *Revisione generale*: L. Rosiello, P. Valesio.

Accentazione scritta e trascrizione fonematica: P. Fiorelli, I. Calabresi. *Etimologia*: *impostazione, affissi e lettere B, D, E, G-L, T, U, V, W-Z*: M. Cortelazzo (con A. Gurian per le lettere *I* e *L*); *lettere A, C, F, M-R, V*: P. Zolli; *lettera S*: A. Zamboni. *Stesura e revisione delle voci grammaticali*: M. Medici.

Voci di lingua comune: B. Basile, M. Dogliotti, A. Forconi, G. Manzoni, M.R. Patrignani, E. Schiavina, P. Valesio, G. Valoriani; L. Albini, D. Boni, A. De Paz, G. Dragoni, E. Righini, S. Roccuzzo, W. Tega.

Voci dei linguaggi speciali: *coordinamento interdisciplinare*: R. Levis, M. Medici, M. Pezzi, P. Saconney; *abbigliamento, acconciatura e cosmesi*: V. Rossi Lodomez; *aeronautica e astronautica*: R. Vannutelli; *agricoltura*: A. Giardini, D. Ricci; *anatomia e fisiologia umana*: G. Sturani; *antiquariato*: N. Avogadro Dal Pozzo; *araldica e scienze storiche ausiliarie*: G. Plessi; *archeologia e antichità*: F. Scafile; *armi antiche*: A. Gaibi; *artigianato*: G. Del Tredici; *arti plastiche e figurative*: A. Concina Sebastiani; *astrologia*: F. Waldner; *astronomia*: G. Mannino; *automobilismo e motorizzazione*: F. Bernabò, A. Evangelisti; *biologia generale, botanica e zoologia*: A. Peyrot, M.G. Maddalena; *caccia*: L. Ugolini; *chimica*: B. Acciaro, R. Fiorentini Rocca; *diritto*: F. Bosello, I. Caraccioli, C. Ezechieli, A. Frignani, G. Pini, M. Scaparone, I. Spada; *economia politica*: D. Cremona Dellacasa, R. Finzi; *editoria e stampa*: L. Lovera; *elettrotecnica ed elettronica*: T. De Gemmis, E. Lo Bue, M. Pezzi, R. Ulivastro; *etnologia*: R. Bosi; *farmacologia*: P. Di Mattei; *ferrovia*: L. Liverani; *filatelia*: G. Bolaffi; *filosofia e pedagogia*: W. Tega; *fisica*: R. Levis, C. Sacchi; *fotografia*: C. Marin; *gastronomia*: L. Veronelli; *geografia*: L. Varani; *geologia*: M. Manzoni; *giornalismo*: I. Zingarelli; *ingegneria chimica*: F.P. Arzano, G.B. Saracco, T. Velo; *ingegneria civile ed edilizia*: G.M. Bo; *ingegneria meccanica*: S. Musso, N. Piccinini; *ingegneria mineraria*: R. Mancini; *ingegneria nucleare*: S. Cazzoli; *letteratura*: G. Calboli, G.R. Franci; *linguistica*: A. Uguzzoni; *marina militare e mercantile*: G. Sleiter; *matematica*: F. Speranza; *medicina e chirurgia*: L. Chiampo; *meteorologia*: E. Bernacca; *mineralogia*: L. Tomadin; *musica*: A. Pironti; *nautica da diporto*: V. Zaccagnino; *numismatica*: F. Panvini Rosati; *oreficeria e gioielleria*: B. Bini; *organizzazione aziendale*: F. Ambrosini, A. Cioccolani; *orologeria*: J.P. Daran; *ottica*: A. Fiorentini; *paleontologia*: A. Ferrari; *pesca*: R. Pacini; *politica*: N. Matteucci; *psicologia*: A. Ranzi; *ragioneria*: S. Disegni Reichenbach; *religione*: A. Di Nola; *scienze e tecniche militari*: S. Longo; *spettacolo*: P. Gonnelli; *sport*: E. Balboni, C. Guaraldo, M. Medici, F. Nani, R. Nostini; *statistica e demografia*: R. Predi; *tecnica bancaria*: A. Musiani, L. Ugo; *tecnologia alimentare*: G. Borelli, A. Marani; *tecnologia calzaturiera*: G. Muggiani; *tecnologia cartaria*: U. Tisi; *tecnologia conciaria*: G. Martignone; *tecnologia dell'imballaggio*: V. Goldin, G. Zecchini; *tecnologia tessile*: F. Brunello; *tecnologia vetraria*: R. Pes; *telefonia*: C. Camozzi; *termotecnica*: E. Lavagno; *trattamento automatico delle informazioni*: G. Rapelli; *veterinaria e zootecnia*: A. Mordenti.

Tavole di nomenclatura: *impostazione*: M. D'Angiolini, M. Insolera; *coordinamento*: A. Cassata; *stesura*: A. Cassata, M. D'Angiolini, E. Fubini, C. Gandini, M. Insolera, S. La Salvia, L. Ricciu, A. Sangregorio.

Finito di stampare nell'agosto 1993 dall'OFSA - Casarile, Milano

PRESENTAZIONE

Perché un vulcano sulla copertina di un vocabolario? Intanto perché è un bell'esempio delle 420 *nuove immagini a colori che illustrano lo* **Zingarelli** - dodicesima edizione. *E poi perché, proprio come un vulcano, il vocabolario fa emergere da strati profondi e indistinti del lessico le singole parole, le aggregazioni in frasi e locuzioni, le derivazioni etimologiche, i nessi di sinonimia e analogia, gli usi fonetici, grammaticali e sintattici*: lo Zingarelli è un vulcano di parole e di idee.

La prima edizione del **Vocabolario della lingua italiana** *di Nicola Zingarelli fu pubblicata nel 1922. L'opera ebbe un successo immediato grazie alla capacità di rispondere alle diverse quotidiane esigenze di ogni lettore: studente o professionista, lettore o scrittore. Dopo la morte dell'autore (1935) il vocabolario fu periodicamente rivisto da altri collaboratori nelle edizioni successive, fra le quali è da ricordare per la ricchezza degli aggiornamenti l'*ottava (1958), *a cura di Giovanni Balducci. Nel* 1970 *fu pubblicata la* decima edizione: *una totale rielaborazione a cura di* 109 *specialisti, diretti e coordinati da Miro Dogliotti, Luigi Rosiello e Paolo Valesio, con l'ausilio della redazione lessicografica della Zanichelli.* **Il Nuovo Zingarelli** - undicesima edizione (1983) *a cura di Miro Dogliotti e Luigi Rosiello conservò struttura e forma dell'edizione precedente, ma fu totalmente rivista e aggiornata.*

Lo **Zingarelli** - dodicesima edizione *mantiene le caratteristiche che hanno determinato il successo delle due edizioni precedenti*:

- *sistematica suddivisione di ogni voce nelle diverse accezioni*
- *puntuale indicazione dei limiti d'uso stilistici (familiare, scherzoso e simili) e specialistici (botanica, medicina, ecc.)*
- *notizie etimologiche – con elementi di storia della parola – fornite per tutti i termini, con l'eccezione di alcuni derivati*
- *frequente segnalazione di sinonimi e contrari; abbondanza di citazioni letterarie; menzione dei nomi scientifici di piante e animali*
- *presenza di utili repertori in appendice: tavole di nomenclatura, sigle, proverbi, locuzioni, ecc.*

In questa dodicesima edizione *lo* **Zingarelli** *è stato ulteriormente arricchito di nuove parole e accezioni. Un confronto «pagina a pagina» con l'edizione precedente rivela immediatamente l'ampiezza dell'evoluzione del lessico italiano in un decennio: ci sono parole nate per mutamenti del costume o per sviluppi scientifici o tecnologici (ad esempio* zainetto, ola, ipertesto, pretensionatore, laserchirurgia); *altre parole nascono da mutamenti culturali o politici o da innovazioni legislative* (consociativismo, telepromozione, gip, redditometro); *numerose sono le nuove accezioni di termini già presenti (il* virus *dell'elaboratore, la* nicchia *di mercato, la* tagliata *di manzo, il* frontalino *estraibile, la* realtà *virtuale); ci sono infine le parole e le locuzioni entrate nella lingua comune da altre lingue* (fuseaux – *con l'adattamento* fusò –, mountain bike, shiatsu, gennaker, car pool, capital gain).

Ed ecco le altre novità:

- *Si va a capo ad ogni vocabolo con la sola eccezione degli alterati e degli avverbi in* -mente; *la ricerca delle parole è facilitata da un lieve aggetto del lemma rispetto al resto della voce.*
- *L'impaginazione su tre colonne consente di avere in media soltanto* 48 *caratteri a riga: un valore ideale per una rapida ricerca e lettura.*
- *La pronuncia dei vocaboli è indicata da accenti tonici chiari, ben distinguibili dagli accenti obbligatori in neretto. È stato aggiunto un punto sotto le lettere* s *e* z *nei casi in cui la pronuncia è sonora (come in* ròṣa *o* ẓèro); *analoghi segni indicano la pronuncia velare della* g *nel trigramma* gli *(V.* glìcine) *e la pronuncia vocalica di* i *e* u *seguite da vocale (V.* bịòssido, dụàle). *Come nelle edizioni precedenti, la trascrizione fonematica delle parole latine o straniere e di quelle italiane che presentano problemi particolari fa uso dei simboli prescritti dall'Associazione Fonetica Internazionale.*
- *Si è preso atto della diffusa tendenza alla italianizzazione della pronuncia di parole straniere, specialmente inglesi: perciò di parole come* manager, baby sitter, killer *si danno per prime le pronunce* /'manadʒer/, /bebi'sitter/, /'killer/ *e poi quelle della lingua originale.*
- *Si danno i plurali irregolari in lingua originale delle parole straniere, anche se permane il consiglio di considerarle invariabili in italiano.*
- *Sono state inserite nel testo numerose* Note d'uso: *per esempio* Accento, Elisione, Maiuscola. *Tra queste segnaliamo le note* Femminile *e* Stereotipo *per le loro implicazioni sociolinguistiche.*
- *Sono state aggiunte* 64 *pagine a colori con* 420 *illustrazioni. Le illustrazioni in bianco e nero sono oltre* 4500. *Una fitta trama di rinvii rimanda dalle voci alle illustrazioni o a loro particolari.*
- *Sono stati inclusi Calvino, Primo Levi, Morante, Moravia e Sciascia fra gli autori le cui opere sono fonti di citazioni letterarie.*

Lo **Zingarelli** - dodicesima edizione *è opera di* 202 *collaboratori, ai quali esprimiamo la nostra gratitudine: i loro nomi e le loro funzioni sono elencati nella pagina a fronte. Volgiamo un pensiero commosso a Luigi Rosiello, il maestro e l'amico che ha seguito e guidato il nostro lavoro per quasi 30 anni e che troppo presto ci ha lasciato: alla vigilia della scomparsa, il 16 giugno scorso, ancora volle esaminare il testo delle nuove voci e fu come sempre prodigo di preziosi consigli.*

Compilare un vocabolario è un'operazione complessa e delicata; l'esperienza dimostra che imprecisioni, omissioni ed errori possono essere limitati ma non del tutto evitati: ringraziamo fin d'ora i lettori che ce li vorranno segnalare.

luglio 1993 — *l'Editore*

ABBREVIAZIONI USATE NEL VOCABOLARIO

a. = anno
abbigl. = abbigliamento
abbr. = abbreviato, abbreviazione
abl. = ablativo
a.C. = avanti Cristo
acc. = accusativo
accr. = accrescitivo
acrt. = accorciativo
aer. = aereonautica
afric. = africano
aff. = affermativo, affermativamente
agg. = aggettivo, aggettivale, aggettivato
agr. = agricoltura
amer. = americano
anat. = anatomia umana e comparata
ant. = antico
antifr. = antifrasi
anton. = antonomasia
antrop. = antropologia
ar. = arabo
arald. = araldica
arch. = architettura
archeol. = archeologia
art. = articolo, articolato
artig. = artigianale
ass. = assoluto, assolutamente
astr. = astratto
astrol. = astrologia
astron. = astronomia
att. = attivo
atten. = attenuativo
attrav. = attraverso
aus. = ausiliare
austral. = australiano
autom. = automobilismo
avv. = avverbio, avverbiale, avverbialmente
avvers. = avversativo

babil. = babilonese
banca = banca e borsa
bioch. = biochimica
biol. = biologia
biz. = bizantino
bot. = botanica
bret. = bretone
bur. = burocratico, burocraticamente

ca. = circa
calz. = calzaturiera (tecnica)
card. = cardinale
cart. = cartaria (tecnica)
caus. = causale
celt. = celtico
centr. = centrale
cfr. = confronta
chim. = chimica
chir. = chirurgia
cin. = cinese
cine = cinema
civ. = civile
cl. = classico
coll. = collettivo
com. = comune, comunemente
comm. = commercio
comp. = composto, composizione
compar. = comparativo, comparazione
compl. = complemento
conc. = concessivo
conciar. = conciaria (tecnica)
concl. = conclusivo, conclusione
cond. = condizionale
cong. = congiunzione, congiuntivo
congv. = modo congiuntivo
coniug. = coniugazione, coniugato
cons. = consonante
consec. = consecutivo
contr. = contrario
corr. = corretto, correttamente
correl. = correlativo, correlazione
corrisp. = corrispondente
cosm. = cosmetologia, profumeria
costr. = costruzione, costrutto
crist. = cristiano
cuc. = cucina, gastronomia

dan. = danese
dat. = dativo
den. = denominazione, denominale
dep. = deponente
deriv. = derivato, derivazione
desin. = desinenza, desinenziale
det. = determinato, determinativo
dev. = deverbale
dial. = dialettale, dialettalismo
dif. = difettivo
dim. = diminutivo
dimostr. = dimostrativo
dir. = diritto
distr. = distributivo
dub. = dubitativo

ebr. = ebraico
ecc. = eccetera
eccl. = ecclesiastico
ecol. = ecologia
econ. = economia
edil. = edilizia
edit. = editoria
egiz. = egiziano
elab. = elaborazione elettronica dei dati
elettr. = elettricità, elettrotecnica
elettron. = elettronica
ell. = ellissi, ellittico, ellitticamente
encl. = enclisi, enclitico
enf. = enfatico, enfaticamente
enol. = enologia
es. = esempio
escl. = esclamativo, esclamazione
est. = estensione, estensivo, estensivamente
etim. = etimologia, etimologico, etimologicamente
etn. = etnologia
euf. = eufemismo, eufemistico
eur. = europeo
evit. = evitato

f. = femminile
fam. = familiare, familiarmente
farm. = farmacia, farmacologia
ferr. = ferrovia
fig. = figurato, figuratamente
filat. = filatelia
filos. = filosofia
fin. = finale
fior. = fiorentino
fis. = fisica
fisiol. = fisiologia umana e comparata
fon. = fonetico
formaz. = formazione
fot. = fotografia
fr. = francese
freq. = frequentativo
fut. = futuro
gen. = genitivo
gener. = generale, generalmente; generico, genericamente
genit. = genitivo
genov. = genovese
geofis. = geofisica
geogr. = geografia
geol. = geologia
geom. = geometria
ger. = gerundio
gerg. = gergale
germ. = germanico
giapp. = giapponese
giorn. = giornalismo
got. = gotico
gr. = greco
gramm. = grammatica, grammaticale

id. = idem
idraul. = idraulica
imit. = imitativo
imp., *imperat.* = imperativo
imperf. = imperfetto
impers. = impersonale, impersonalmente
impr. = improprio, impropriamente
incoat. = incoativo
indef. = indefinito
indet. = indeterminativo
indeur. = indeuropeo
indic. = indicativo
indost. = indostano
inf. = infinito
inft. = infantile
ing. = ingegneria
ingl. = inglese
inter. = interiezione, interiettivo
interr. = interrogativo
intr. = intransitivo, intransitivamente
ints. = intensivo, intensivamente
inv. = invariabile
iperb. = iperbole, iperbolicamente
ir. = iranico
irl. = irlandese
iron. = ironico, ironicamente
irr. = irregolare

isl. = islandese
it. = italiano
iter. = iterativo, iterativamente

l. = lingua, linguaggio
lad. = ladino
lat. = latino
lett. = letterario, letterariamente
letter. = letteratura
lig. = ligure
ling. = linguistica
loc. = locuzione
lomb. = lombardo
longob. = longobardo

m. = maschile
mal. = malese
mar. = marina
mat. = matematica
mecc. = meccanica
med. = medicina
mediev. = medievale
mediterr. = mediterraneo
merid. = meridionale
metall. = metallurgia
meteor. = meteorologia
meton. = metonimia, metonimico
mil. = militare (scienza e tecnica)
milan. = milanese
min. = mineraria (scienza e tecnica)
miner. = mineralogia
mitol. = mitologia
mus. = musica

n. = nome
nap. = napoletano
neerl. = neerlandese
neg. = negazione, negativo, negativamente
nom. = nominativo
nomin. = nominale
norv. = norvegese
nt. = neutro
nucl. = nucleare (scienza e tecnica)
num. = numerale
numism. = numismatica

occult. = occultismo
ogg. = oggetto, oggettivo, oggettivamente
ol. = olandese
omon. = omonimo
onomat. = onomatopea, onomatopeico
ord. = ordinale
oref. = oreficeria
org. az. = organizzazione aziendale
orient. = orientale
orig. = origine, originariamente
ott. = ottica

paleogr. = paleografia
paleont. = paleontologia
parl. = parlato
part. = participio
partcl. = particella
pass. = passato
pedag. = pedagogia
pegg. = peggiorativo
perf. = perfetto
pers. = persona, personale
pitt. = pittura (arte e tecnica)
pl. = plurale
pleon. = pleonasmo, pleonastico, pleonasticamente
poet. = poetico, poeticamente
pol. = polacco
polit. = politica
pop. = popolare, popolarmente
port. = portoghese
poss. = possessivo
pr. = presente
pred. = predicato, predicativo
pref. = prefisso
preindeur. = preindeuropeo
prep. = preposizione, prepositivo
pres. = presente
priv. = privativo
prn. = pronunzia
prob. = probabile, probabilmente
procl. = proclisi, proclitico
pron. = pronome, pronominale
prop. = proposizione
propr. = propriamente
prov. = proverbio, proverbiale
provz. = provenzale
psichiatr. = psichiatria
psicoan. = psicoanalisi
psicol. = psicologia

q.c. = qualche cosa
qc. = qualcuno
qual. = qualificativo

rad. = radiofonia
radd. = raddoppiamento
raff. = rafforzativo
rag. = ragioneria
rec. = reciproco, reciprocamente
reduplic. = reduplicazione
region. = regionale
rel. = relativo
relig. = religione
rem. = remoto
rifl. = riflessivo
rom. = romano, romanesco
rum. = rumeno

s. = sostantivo
sans. = sanscrito
scherz. = scherzoso, scherzosamente
scient. = scientifico
scol. = scolastico, scuola
scult. = scultura
sec. = secolo
seg. = seguente
sett. = settentrionale
sic. = siciliano
sign. = significato, significativo, significa
sim. = simile, simili, similmente
simb. = simbolo
sin. = sinonimo
sing. = singolare
slov. = sloveno
sociol. = sociologia
sogg. = soggetto, soggettivo, soggettivamente
sost. = sostantivo, sostantivale
sott. = sottinteso
sottratt. = sottrattivo
sovrapp. = sovrapposizione
sp. = spagnolo
spec. = specialmente
spreg. = spregiativo, spregiativamente
st. = storia
stat. = statistica
suff. = suffisso
sup. = superlativo, superlativamente
sved. = svedese

t. = termine
teat. = teatro
tecnol. = tecnologia
ted. = tedesco
tel. = telefonia
term. = terminazione
tess. = tessile (tecnica)
tip. = tipografia
tosc. = toscano
tr. = transitivo, transitivamente
trad. = traduzione, tradotto
trasl. = traslato
tv = televisione

ungh. = ungherese
urban. = urbanistica

v. = verbo
V. = vedi
var. = variante
vc. = voce
ven. = veneto
venez. = veneziano
verb. = verbale
veter. = veterinaria
vezz. = vezzeggiativo
voc. = vocale
vocat. = vocativo
volg. = volgare, volgarmente

zool. = zoologia
zoot. = zootecnia

GUIDA GRAFICA ALLA CONSULTAZIONE

vocabolo (o lemma o esponente)

voce (o articolo)

alùnno [vc. dotta, lat. *alŭmnu(m)*, da *ălere* 'nutrire'] s. m. (f. *-a*) ***1*** Allievo, scolaro, discepolo: *gli alunni della 3ª C.* ***2*** †Chi è allevato da persona diversa dai genitori.

parola arcaica o desueta

rinvio

†costrignere e *deriv.* ● V. *costringere* e *deriv.*

variante di forma grafica

forma di flessione

le lettere **A, B, C,** ecc. indicano sottovoci con diverse qualifiche grammaticali

agghiacciàre o (*tosc.*) **addiacciàre** (1) [comp. di *a-* (2) e *ghiaccio*] **A** v. tr. (*io agghiàccio*) ***1*** Ridurre in ghiaccio, congelare: *a. l'acqua.* ***2*** (*fig.*) Attenuare, smorzare, frenare: *a. l'entusiasmo di qc.* ***3*** (*fig.*) Raggelare per lo spavento, far inorridire: *un grido ci agghiacciò*; *quei lunghi gemiti gli agghiacciarono il sangue.* **B** v. intr. e intr. pron. (aus. *essere*) ***1*** Divenire ghiaccio, congelarsi. ***2*** Sentire molto freddo, gelarsi. ***3*** Spaventarsi al massimo, cadere in preda all'orrore.

indicazione dell'ausiliare dei verbi intransitivi

qualifica grammaticale con indicazione del femminile e del plurale

biotecnòlogo [comp. di *bio-* e *tecnologo*] s. m. (f. *-a*; pl. m. *-gi*) ● Ricercatore, esperto nel campo della biotecnologia.

canzonèlla s. f. ***1*** Dim. di *canzone*. ***2*** Burla, scherno | *Mettere in c.*, deridere.

locuzione idiomatica

omografi

acquàrio (1) o (*raro*) **aquàrio** (1) [sost. del lat. *aquārius*, agg. di *ăqua* 'acqua'] s. m. ***1*** Vasca o insieme di vasche con acqua dolce o di mare in cui si mantengono in vita animali acquatici o piante: *dai vetri illuminati blandamente come le pareti di un a.* (MORAVIA). ***2*** (*est.*) Edificio in cui si trovano tali vasche.

significato (o accezione)

limiti d'uso

Acquàrio (2) o **Aquàrio** (2) [vc. dotta, lat. *aquāriu(m)*, sost. dell'agg. *aquārius*; v. prec.] s. m. ***1*** (*astron.*) Costellazione dello zodiaco che si trova fra quella dei Pesci e quella del Capricorno. ***2*** (*astrol.*) Undicesimo segno dello zodiaco, compreso tra i 300 e i 330 gradi dell'anello zodiacale, che domina il periodo compreso tra il 21 gennaio e il 18 febbraio. | (*est.*) Persona nata sotto il segno dell'Acquario. ➡ ILL. **zodiaco**.

sfumatura di significato

rinvio a tavola di illustrazioni in bianco e nero

transètto o **transétto** [dall'ingl. *transept*, comp. del lat. *trāns-* 'oltre' e *sāeptum* 'chiusura, recinto'] s. m. ● Nella chiesa cristiana a pianta longitudinale, navata disposta trasversalmente all'asse principale della chiesa stessa. ➡ ILL. p. 359 ARCHITETTURA.

rinvio a tavola di illustrazioni a colori

bio-, -bio [dal gr. *bíos* 'vita', di origine indeur.] primo o secondo elemento ● In parole composte della terminologia scientifica significa 'vita' o 'essere vivente': *biografia, biologia*; *anaerobio.*

prefissi e suffissi

svogliàto [da *voglia*, con *s-*] agg.; anche s. m. (f. *-a*) ● Che, chi non ha voglia di q.c. o di fare q.c. o ne ha perduta la voglia: *essere s. del cibo*; *ragazzo, studente, lavoratore, s.* ‖ **svogliatàccio**, pegg. | **svogliatèllo**, dim. | **svogliatino**, dim. | **svogliatóne**, accr. | **svogliatùccio**, dim. ‖ **svogliataménte**, avv. In modo svogliato, senza voglia.

alterati

avverbio in *-mente*

alchechèngi o **alcachèngi** [ar. *kākanğ*] s. m. ● Pianta erbacea delle Solanacee, con foglie ovali, fiori piccoli e bacche di color rosso-arancio avvolte dal calice (*Physalis Alkekengi*).

nome scientifico di piante o animali

marchio registrato

transformer® /*ingl.* træns'fɔ:mə*/ [vc. ingl., 'che, chi trasforma'] s. m. inv. ● Nome commerciale di un tipo di giocattolo scomponibile e ricomponibile in oggetti diversi per forma e dimensione.

etimologia

Ångström /'an(g)strom, *sved.* 'ɔŋstrøm/ [detto così dal n. del fisico sved. A. J. *Ångström* (1814-1874)] s. m. ● Unità di lunghezza pari a 10^{-10} m. SIMB. Å.

anni di nascita e di morte

simbolo di unità di misura o di elemento chimico

forme flesse di parola straniera

trascrizione fonematica

anchor man /*ingl.* 'æŋkəmæn/ [loc. ingl. d'America, propr. 'uomo àncora'] **loc. sost. m. inv.** (**f.** ingl. *anchor woman* /'æŋkəwumən/; **pl. m.** ingl. *anchor men*; **pl. f.** ingl. *anchor women*) ● Conduttore di un notiziario televisivo o radiofonico, che assicura da studio i collegamenti con i vari inviati, coordina la messa in onda dei servizi e commenta gli avvenimenti del giorno | (*gener.*) Conduttore di un programma televisivo o radiofonico di largo ascolto.

l'accento grave sulla *e* o sulla *o* indica pronuncia aperta

coulombòmetro /kulom'bɔmetro/ o (*evit.*) **coulòmbmetro** /kul'lɔmbmetro/ [comp. di *coulomb* e *-metro*] **s. m.** ● Apparecchio misuratore di quantità di elettricità. **SIN.** Amperometro, voltametro.

l'accento acuto sulla *e* o sulla *o* indica pronuncia chiusa

citazione d'autore

bélva [lat. *bē̆l(l)ua(m)* 'bestia': vc. onomat. (?)] **s. f.** ● Animale feroce (*anche fig.*): *di sua tana stordita esce ogni b.* (POLIZIANO); *quando beve diventa una b.* **SIN.** Fiera.

il puntino sotto il gruppo *gli* indica suono velare della *g*

il puntino sotto la *s* o la *z* indica suono sordo

anglicizzàre **v. tr. e rifl.** ● Adattare, adattarsi ai costumi, ai gusti e alle idee inglesi. **SIN.** Inglesizzare.

il trattino sotto la *i* o la *u* indica suono vocalico

diapositiva [comp. di *dia-* e il f. di *positivo*] **s. f.** ● Immagine fotografica da guardare in trasparenza o da proiettare su schermo, ottenuta per stampa o per inversione su vetro o su pellicola.

ecodòppler [comp. di *eco* e *doppler*] **s. f. o m. inv.** ● (*med.*) Tecnica diagnostica che impiega gli ultrasuoni per determinare la velocità del flusso ematico. **SIN.** Dopplersonografia. **CFR.** Doppler.

sinonimi

analoghi

endotèrmo [comp. di *endo-* e *-termo*] **s. m.** ● (*zool.*) Organismo animale che utilizza i propri processi metabolici come principale sorgente di calore corporeo. **CONTR.** Ectotermo.

accento tonico facoltativo

contrari

accento grafico obbligatorio

il pallino indica che vi è un significato unico

ventitré [comp. di *venti* e *tre*] **agg. num. card. inv.**; anche **s. m. e f. inv.** ● (*mat.*) Due volte dieci, o due decine, più tre unità, rappresentato da *23* nella numerazione araba, da *XXIII* in quella romana. **I** Come agg. ricorre nei seguenti usi. ***1*** Rispondendo o sottintendendo la domanda 'quanti?', indica la quantità numerica di ventitré unità (spec. preposto a un s.): *sono le dieci e v. primi*; *compiere v. anni*; *dista v. kilometri.* ***2*** Rispondendo o sottintendendo la domanda 'quale?', identifica q.c. in una pluralità, in una successione, in una sequenza (spec. posposto a un s.): *abito al numero v.*; *oggi è il giorno v.*; *sono le ore v.* **II** Come s. ricorre nei seguenti usi. ***1*** Il numero ventitré (per ell. di un s.): *il v. è un numero primo*; *ventidue e uno, v.*; *è uscito il v. sulla ruota di Cagliari*; *sono le otto e v.* | *Le v.*, le undici di sera, la penultima ora del giorno; †l'ora prima dell'Avemaria serale | *Portare il cappello sulle v.*, *sulle v. e tre quarti*, portarlo inclinato da una parte | †*Essere alle v. e tre quarti*, (*fig.*) stare per morire, essere prossimo alla fine | *Nel '23*, nel 1923, o nel 1823, o nel 1723 e sim. ***2*** Il segno che rappresenta il numero ventitré (V. nota d'uso ACCENTO).

i numeri romani **I**, **II**, **III**, ecc. indicano categorie logiche che riuniscono più significati

i numeri arabi ***1***, ***2***, ***3***, ecc. indicano diversi significati

fraseologia esplicativa

rinvio a nota d'uso

mièle o (*poet.*) **mèle** [lat. *mĕl*, nom., di orig. indeur.] **s. m.** ***1*** Sostanza dolce sciropposa, di color cereo, ambrato o brunastro, che le api producono elaborando il nettare tratto dai fiori e da altri succhi dolci delle piante | *M. vergine*, che cola spontaneo dai favi delle api | *M. selvatico*, di api non allevate | *Dolce come m.*, dolcissimo. ***2*** (*fig.*) Dolcezza: *persona tutto m.* | *Luna di m.*, primo mese di matrimonio || **PROV.** Val più una goccia di miele che un barile di fiele.

abbreviazione del vocabolo (*m.* = miele)

proverbi

AVVERTENZE PER LA CONSULTAZIONE

1. Struttura del vocabolario. Come ogni libro, lo **Zingarelli** è diviso in paragrafi. Ogni paragrafo (*voce*) è dedicato a una parola – come **lìbro**, **bèllo**, **sèmpre**, **dìre** – o, meno frequentemente, a una locuzione – come **opera omnia**, **ante litteram**, **big bang**, **nòta bène**: la parola (o la locuzione) che dà il titolo alla voce si dice *vocabolo* (o *lemma*, o *esponente*) ed è scritta in neretto, all'inizio della voce stessa.

Ogni singola voce riproduce uno schema fisso in cui sono previste le seguenti partizioni: vocabolo (V. **3.**); indicazione di marchio registrato (V. **10.**); trascrizione fonematica (V. **13.**); varianti di forma (V. **4.**); etimologia (V. **12.**); qualifica grammaticale (V. **5.**); sezione morfologica (V. **6.**); sezione semantica (V. **7.**); sinonimi, contrari, analoghi, simboli (V. **8.**); alterati e avverbi in *-mente* (V. **9.**); proverbi (V. **11.**).

2. Ordinamento delle voci. Tutti i lemmi dello **Zingarelli** sono elencati in stretto ordine alfabetico, secondo la usuale sequenza: **a b c d e f g h i j k l m n o p q r s t u v w x y z**. (Per ricordare la collocazione di **j**, **k**, **w**, **x**, **y**, **z** possono essere utili le seguenti regole: 1) La *i lunga* (*j*) segue la *i*; la *v doppia* (*w*) segue la *v*; 2) *k*, *l*, *m* si susseguono come nel nome della compagnia aerea olandese KLM; 3) *x*, *y*, *z* sono nello stesso ordine alfabetico dei loro nomi: *ics*, *ipsilon*, *zeta*.)

Nell'ordinamento alfabetico si trascurano gli accenti, i trattini, gli spazi, le parentesi e ogni altro segno che non sia una delle ventisei lettere dell'alfabeto. Ad esempio una possibile sequenza di vocaboli potrebbe essere:

àbaco
abadéssa
ab aeterno
abàte
abat-jour
àbato
ab imis
abìsso
ab ovo
abracadàbra

Si osservi che le locuzioni **ab aeterno**, **ab imis** e **ab ovo** sono elencate come se fossero scritte **abaeterno**, **abimis** e **abovo**: perciò **abàte**, **abat-jour**, **àbato** precedono **ab imis**; **abìsso** è prima di **ab ovo**.

Le uniche parole che non seguono l'ordine alfabetico sono quelle in neretto in corpo minore e cioè: le varianti di forma che seguono il lemma (V. **4.**); gli alterati e gli avverbi in *-mente* che sono posti alla fine della voce (V. **9.**).

3. Vocabolo. Come in ogni vocabolario, i vocaboli sono registrati nella forma flessa che per convenzione è considerata fondamentale: il singolare per i sostantivi di genere fisso; il singolare maschile per i sostantivi di genere mobile e per gli aggettivi; l'infinito per i verbi. Perciò le parole **cugine**, **buone**, **canteranno** sono trattate alle voci **cugìno**, **buòno**, **cantàre**. Hanno trattazione separata i vocaboli femminili che hanno un significato autonomo dal corrispondente maschile: ad esempio **méla**, **fièra** (**2**), **pastorèlla** (**1**) e (**2**). Nei casi dubbi il vocabolo maschile rimanda al femminile o viceversa.

Si considerano omografi quei vocaboli che pur avendo etimo o significati diversi sono uguali come scrittura (omonimi quindi in senso largo), abbiano o no suono diverso. I vocaboli omografi sono distinti da un numero posto fra parentesi tonde in neretto alla fine del lemma: **delfìno** (**1**) e **delfìno** (**2**); **àncora** (**1**) e **ancóra** (**2**).

I vocaboli arcaici, non più in uso, ma che si trovano in testi letterari di altri secoli, sono contrassegnati dal segno di arcaismo † (per es. †**ancidere**).

I lemmi costituiti da prefissi o primi elementi sono seguiti da un trattino: **a-**, **auto-**; i suffissi o secondi elementi ne sono invece preceduti: **-ìṣmo**, **-logìa**; in entrambi i casi l'intera voce è evidenziata da un fondo grigio.

4. Varianti di forma. Si considera variante di forma di un vocabolo quella parola che presenta, rispetto a un'altra più comune nell'uso, differenze fonetiche o grafiche ma ha la stessa base etimologica e gli stessi significati, tali quindi da comportare identica trattazione se venisse sviluppata in maniera autonoma e distinta. Non si considerano varianti, pur possedendone tutte le caratteristiche, i sostantivi di genere maschile rispetto a quelli femminili e viceversa (per es. *frettazza*, *frettazzo*) e i verbi differenti per coniugazione (per es. *abbellare*, *abbellire*). La variante di forma si registra in carattere nero più piccolo (per es. **deṣìo** o **diṣìo**). Di regola essa si colloca anche al suo posto alfabetico, con rimando alla forma più usata (per es. **diṣìo** ● V. *desio*); se però nell'ordine alfabetico segue o precede immediatamente la forma più comune, viene registrata soltanto accanto a questa (per es. **rèdine** o †**rèdina**).
Le varianti di forma possono essere precedute dall'indicazione in forma abbreviata dei loro limiti d'uso o dal segno dell'arcaismo (per es. **gas** ... o (*tosc.*) **gàsse**, †**gaz**).

5. Qualifica grammaticale. La qualifica grammaticale indica la funzione che la parola assolve nel discorso. Essa è abbreviata in carattere neretto condensato ed eventualmente preceduta da una lettera maiuscola in neretto (**A**, **B**, ecc.) nel caso che la stessa voce presenti più di una qualifica grammaticale (per es. **genèrico** ... **A agg.** ... **B s. m.** ...; **decìdere** ... **A v. tr.** ... **B v. tr. e intr.** ... **C v. intr. pron.**).

6. Sezione morfologica. In questa sezione vengono segnalate le forme di flessione dei vocaboli – sostantivi, aggettivi, verbi, ecc. – per cui si possono avere dubbi o incertezze nella declinazione o nella coniugazione. Tutta la sezione è posta fra parentesi tonde. Le forme flesse sono scritte in corsivo: per intero quando vi sono mutamenti nella radice, nella grafia o nella pronuncia; altrimenti abbreviate per suffisso o desinenza.

Il vocabolario segnala:

● i plurali irregolari dei sostantivi maschili e femminili (**bùe** ... **pl. m.** *buòi*; **àla** ... **pl.** *àli*)
● i plurali dei sostantivi maschili terminanti in *-a* (**poèta** ... **pl. m.** *-i*), in *-co*, *-go*, *-sco* (**bàco** ... **pl.** *-chi*; **pòrtico** ... **pl.** *-ci*; **màgo** ... **pl.** *-ghi*; **fiàsco** ... **pl.** *-schi*)
● i plurali maschili degli aggettivi terminanti in *-co*, *-go*, *-sco* (**lùbrico** ... **pl. m.** *-ci*; **anàlogo** ... **pl. m.** *-ghi*; **frésco** ... **pl. m.** *-schi*)
● i plurali dei sostantivi femminili terminanti in *-cia*, *-gia*, *-scia* (**lància** ... **pl.** *-ce*; **provìncia** ... **pl.** *-ce* o *-cie*; **fràngia** ... **pl.** *-ge*; **bìscia** ... **pl.** *-sce*)
● i plurali femminili degli aggettivi terminanti in *-cio*, *-gio*, *-scio* (**guèrcio** ... **pl. f.** *-ce*; **grìgio** ... **pl. f.** *-gie* o *-ge*; **lìscio** ... **pl. f.** *-sce*)
● i plurali dei sostantivi composti (**capostazióne** ... **pl. m.** *capistazióne*), dei sostantivi che al plurale mutano genere (**pàio** ... **pl.** *pàia*, **f.**), dei sostantivi sovrabbondanti che hanno due plurali di genere diverso, con eventuali riferimenti ai diversi significati (**bràccio** ... **pl.** *bràccia*, **f.** nei sign. ..., *bràcci*, **m.** nei sign. ...)
● i femminili dei nomi mobili (**poèta** ... **f.** *-essa*)
● la forma maschile di alcuni sostantivi femminili (**cenerèntola** ... **m.** *-o*)
● i comparativi e superlativi organici o irregolari degli aggettivi, eventualmente con accanto la forma regolare (**buòno** ... **compar.** di maggioranza *più buòno* o *miglióre*, **sup.** *buonìssimo* o *òttimo*; **àcre** ... **sup.** *acèrrimo*)
● i troncamenti, le elisioni, le forme eufoniche (**bène** ... troncato in *ben* in posizione proclitica; **fràte** ... troncato in *fra*, raro *frà*, o *fra'*)

Le parole di origine e struttura non italiana sono generalmente considerate, in contesti italiani, come parole invariabili: è corretto scrivere *i bar*, *i manager*, *gli abat-jour*: lo Zingarelli designa infatti questi vocaboli come invariabili. Poiché tuttavia può essere necessario od opportuno in casi specifici far uso delle forme flesse in lingua originale, il vocabolario segnala i plurali o i femminili di quelle parole che possono porre dubbi al lettore: ad esempio si segnalano i plurali irregolari dei sostantivi inglesi e francesi (cioè i casi in cui il plurale non si ottiene per aggiunta della desinenza *-s*);

le forme flesse irregolari degli aggettivi francesi; i plurali delle locuzioni; i plurali di sostantivi e aggettivi di altre lingue che non siano l'inglese e il francese; le forme plurali comunemente usate per sostantivi e locuzioni latini e greci.

Per i verbi vengono segnalati:

- gli ausiliari di tutti gli intransitivi non arcaici (**aderìre** ... aus. *avere*; **afflùire** ... aus. *essere*; **córrere** ... aus. *essere* quando si esprime o si sottintende una meta; aus. *avere* quando si esprime l'azione in sé o nel significato di partecipare a una corsa)
- tutte le forme irregolari dei verbi non arcaici (**andàre** ... pres. *io vàdo*, o *vo* /vɔ*/, *tu vài*, *egli va*, *noi andiàmo*, *voi andàte*, *essi vànno*; fut. *io andrò*, pop. *anderò*; congv. pres. *io vàda*, *noi andiàmo*, *voi andiàte*, *essi vàdano*; cond. pres. *io andrèi*, pop. *anderèi*; imp. *va* /va, va*/ o *va'* o *vài*, *andàte*; le altre forme dal tema *and-*)
- i tempi, i modi ed eventualmente le forme di tutti i verbi difettivi compresi gli arcaici (**calére** ... dif. usato solo in alcune forme dei tempi semplici: pres. *càle*; imperf. *caléva*; pass. rem. *càlse*; congv. pres. *càglia*; congv. imperf. *calésse*; cond. † *carrèbbe*; ger. *calèndo*; part. pass. raro † *calùto*)
- la prima persona singolare del presente indicativo quando la sillaba tonica, diversa da quella dell'infinito, contenga le vocali *e* oppure *o*: in tal caso l'accento grave o acuto indica il grado di apertura della vocale stessa (**sentire** ... *io sènto*); non si riporta la forma della prima persona del presente indicativo quando il grado di apertura della vocale tonica è lo stesso dell'infinito, come in **pèrdere**
- la prima e la seconda persona singolare del presente indicativo dei verbi in *-care*, *-gare*, *-cere*, *-gere*, *-scere* (**giudicàre** ... *io giùdico*, *tu giùdichi*; **lusingàre** ... *io lusìngo*, *ti lusìnghi*; **vìncere** ... *io vìnco*, *tu vìnci*; **spìngere** ... *io spìngo*, *tu spìngi*; **méscere** ... *io mésco*, *tu mésci*) e dei verbi in *-ire* con presente in *-isco* (**unìre** ... *io unìsco*, *tu unìsci*)
- la prima e la seconda persona singolare del presente indicativo dei verbi con dittongo mobile (*-ie-*, *-uo-*) seguite dalla norma di comportamento del dittongo nella flessione (**giocàre** ... *io giuòco* o *giòco*, *tu giuòchi* o *giòchi*; in tutta la coniug. la *o* può dittongare in *uo* se tonica)
- la coniugazione irregolare di verbi composti, tramite rinvio alla coniugazione del corrispondente verbo semplice (**respìngere** ... coniug. come *spìngere*)

Non vi è distinzione grafica fra accenti obbligatori e opzionali nelle forme flesse: gli accenti in fine di parola devono essere intesi come obbligatori; quelli in altra posizione sono tonici e pertanto facoltativi (V. **13.1**). Le forme di flessione arcaiche di vocaboli non arcaici sono precedute dal segno di arcaismo.

7. Sezione semantica. Questa sezione contiene la completa trattazione dei significati delle parole ed è contraddistinta all'inizio o da un dischetto in nero (●), quando si ha un solo significato, o da un numero arabo in nero corsivo quando si danno più definizioni (***1*** ... ***2*** ... ***3*** ...). All'interno di ogni accezione le varie sfumature di significato e le locuzioni idiomatiche sono distinte da barre verticali. Le voci di vasta estensione (per es. *dare*, *fare*) hanno le accezioni ricondotte a nuclei di significato preceduti da numeri romani scritti in bianco su fondo nero (**II**, **III**). La definizione lessicale si riferisce al contenuto concettuale o all'oggetto reale che la parola designa e stabilisce delle equivalenze di significato tra espressioni linguistiche al fine di descrivere l'ambito semantico d'impiego del vocabolo. Essa è scritta in carattere tipografico tondo, ed è eventualmente preceduta da limiti d'uso stilistici o relativi ai linguaggi speciali – scienze, tecnologie e altre attività – cui il vocabolo (o il significato) appartiene: per es. (*lett.*), (*scherz.*), (*fig.*) oppure (*bot.*), (*med.*), (*mar.*).

Le definizioni sono di solito seguite da fraseologia esemplificativa in corsivo o da citazioni d'autori della letteratura italiana, sempre in corsivo, seguite dal nome dell'autore in maiuscoletto tra parentesi tonde.

La fraseologia e le citazioni hanno un duplice scopo: esemplificare in concreto, cioé in contesti di lingua parlata o letteraria, gli usi semantici delle parole e indicare le reggenze sintattiche di aggettivi, verbi, ecc. (per es. *interessarsi a ...*, *interessarsi di ...*). Nella fraseologia, la parola di cui si esemplificano gli usi viene sostituita dall'iniziale del lemma seguita da un punto, quando sia tale e quale al lemma stesso (per es. **candéla** ... *leggere a lume di c.*), viene scritta per esteso quando è flessa (*lampada da dieci candele*).

L'ordinamento delle accezioni all'interno della voce segue di solito un criterio che vuol essere logico e storico al tempo stesso: precedono cioè le definizioni dei significati propri o originariamente più in uso e seguono quelle dei significati figurati, estensivi, specifici, ecc. In tal modo, leggendo tutta la voce, ci si può rendere conto della logicità storica che regola i passaggi semantici dall'uno all'altro significato come passaggi dall'implicito all'esplicito, dall'indifferenziato al differenziato. I significati antiquati di parole tuttora usate vengono contraddistinti dal segno di arcaismo (†) anteposto alla definizione.

8. Sinonimi, contrari e analoghi. Sono registrati al termine della trattazione semantica del significato specifico della parola a cui si riferiscono, introdotti rispettivamente dalle abbreviazioni SIN., CONTR. o CFR. in maiuscoletto.

I sinonimi sono stati registrati senza pretese di completezza, avendo riguardo soprattutto alla loro funzione di ulteriore messa a punto del significato già fornito nella definizione vera e propria. Egualmente si sono dati come sinonimi termini non completamente sovrapponibili ma certo sostituibili, anche con ovvia utilità pratica e didattica.

Considerazioni analoghe valgono per la scelta e la registrazione dei contrari e degli analoghi.

9. Alterati e avverbi in -mente. Questa sezione, separata dal resto della voce da doppia barra verticale, raccoglie le forme alterate dei sostantivi e degli aggettivi, stampate in nero, in corpo minore, e seguite dalla qualifica grammaticale (per es. **ombrèllo** ... || **ombrellùccio**, dim.). Quando dopo la qualifica alterativa si trova un (V.), ciò significa che la voce alterata possiede un significato autonomo e quindi costituisce lemma al suo posto alfabetico (per es. **ombrèllo** ... || **ombrellóne**, accr. (V.)).

Per gli aggettivi dopo la doppia barra verticale vengono registrati, anch'essi in nero e in corpo minore, gli avverbi formati, se necessario o opportuno, con il suffisso **-mente**, seguito dalla qualifica grammaticale e dalla definizione del significato (per es. **oscùro** ... || **oscuraménte**).

10. Marchi registrati. Il vocabolario accoglie anche parole che sono o si pretende che siano marchi registrati senza che ciò implichi alcuna valutazione del loro reale stato giuridico. Nei casi obiettivamente noti ai compilatori, comunque, il lemma è seguito dal simbolo ® o la voce reca la menzione ''Nome commerciale'' nella sezione semantica o nell'etimologia.

11. Proverbi. Sono stati registrati in questa sezione parecchi proverbi che rappresentano usi particolari delle singole parole. La sezione è contraddistinta dall'abbreviazione PROV. in maiuscoletto e i singoli proverbi sono in carattere tondo.

Circa 400 proverbi, inoltre, tutti in ordine alfabetico e ciascuno con una sua specifica esposizione ragionata, sono raccolti, per una consultazione organica, in uno dei repertori finali che corredano il vocabolario.

12. Etimologia. Racchiuse fra parentesi quadre, le etimologie distinguono, innanzitutto, nel grande filone della derivazione del lessico italiano, che trova la sua inesauribile matrice nel latino, le parole che rappresentano una ininterrotta continuazione di una voce di Roma antica, sia o no attestata nella letteratura e in altri documenti, da quelle che i dotti, spinti dalla necessità di definire nuovi concetti o nuove scoperte o dall'impulso di arricchire di risonanze il proprio stile, hanno coniato, ricorrendo al vocabolario classico. Avremo così i seguenti casi:

làtte ... [lat. *lăcte(m)*, di etim. incerta]: la parola italiana continua la corrispondente parola latina, trasmessa, dunque, per via popolare;

empire [lat. parl. **implīre* per *implēre* 'empiere']: il caso è analogo al precedente; soltanto che in nessun documento appare la forma *implīre* (perciò è preceduta da una stella che nella sezione etimologica indica una voce non attestata, ma supposta), la quale deve pur essere, per una rigorosa norma di concordanza, esistita nel latino parlato;

lenire [vc. dotta, lat. *lenīre*, da *lēnis* 'lene']; *lenire*, dunque, non è una parola italiana popolare, ma è stata ripresa da persone colte, che ne sentivano il bisogno per aumentare il loro patrimonio lessicale ed esprimere con maggior chiarezza il loro pensiero;

descrittìvo [vc. dotta, lat. tardo *descriptīvu(m)*, da *descrīptus* 'descritto']: l'aggettivo 'tardo' dà una determinazione temporale al tipo di latino al quale hanno attinto i dotti, i quali non si sono limitati al cosiddetto latino classico dell'età aurea, ma sono ricorsi anche ad autori (specialmente quando si è trattato di dare nuove forme ai nuovi aspetti della vita introdotti dalla rivoluzione cristiana) di età tarda. Si notino due particolari: il costante impiego, nelle parole latine, del segno di lunghezza (¯) o di brevità (˘) di una vocale, e la loro presentazione, quando si tratti di sostantivi o aggettivi, sotto la forma dell'accusativo con la *-m* finale posta fra parentesi. Spieghiamo i due fatti, anzi, i due accorgimenti grafici per rendere più chiaro il processo di evoluzione dal latino all'italiano.

Il segno di breve o lunga sostituisce il segno di accento tonico; è questa una scelta di grande utilità, perché non solo dà un'indicazione della sillaba sulla quale posa la voce, ma offre un elemento di prezioso valore a chi voglia rendersi conto dello svolgimento storico della voce latina, condizionato in gran parte, come è noto, dalla cosiddetta 'quantità' della sillaba accentata. Così, se sappiamo che a una *u* breve latina (*ŭ*) corrisponde una *o* chiusa italiana (*ó*), ci possiamo anche rendere più preciso conto dei doppioni del tipo *augusto* e *agosto*: la prima delle due voci con la sua *u* conservata dimostra di non avere subìto l'evoluzione popolare (come ci dichiara, del resto, la precisazione 'voce dotta'), la seconda, invece, manifesta con la sua *ó* una più genuina trasformazione. Nei casi dubbi si è convenzionalmente ripiegato sul segno della breve.

Anche il ricorso all'indicazione dell'accusativo, anziché del nominativo, è stato dettato da criteri di opportunità didattica: è un fatto accertato che la stragrande maggioranza delle parole italiane, che continuano, direttamente o anche indirettamente (parole dotte), parole latine, non derivano dalla forma data come lemma nel vocabolario, ma dai casi obliqui, per alcuni l'ablativo, per altri, con maggiore verosimiglianza, dall'accusativo, la cui consonante finale è stata trascurata nella pronuncia corrente in tutto il corso storico della lingua. Scrivere che *bilancia* rappresenta il lat. *bĭlanx* espone il lettore al dubbio per il diverso accento, dubbio che sarà dissipato, quando si preciserà che *bilancia* continua il latino parlato *bilăncia*(*m*), da *bĭlanx*, composto da *bi-* 'con due' ẹ *lănx* 'piatto'.

Nei casi piuttosto rari di continuazione del nominativo (o di altro caso) non si è mancato di farlo notare: per es. **Tèti**... [vc. dotta, lat. *Thĕtide*(*m*), nom. *Thĕtis*, dal gr. *Thétis*, n. della dea del mare nella mitologia greca].

Ci siamo soffermati maggiormente sul latino, perché, ripetiamo, rimane sempre la fonte più antica e cospicua del lessico italiano, e offre, in fondo, il minor numero di problemi etimologici. Talvolta però nel risalire all'ultima ragione conosciuta nel complesso svolgimento storico-linguistico, si giunge fino alla radice indoeuropea, che andrà intesa, naturalmente, non più come un mitico nucleo originario, miracoloso depositario di ogni successivo sviluppo semantico, ma come la più lontana testimonianza non documentata, anche se attendibile, che si manifesta in area di diffusione storicamente accertata.

Quando di una voce straniera la spiegazione è unica, questa è stata riportata senza nessun segno: per es. **gìnseng**... [cin. *gên-scên* '(pianta) con la radice (*scên*) a forma d'uomo (*gên*)']. Tenuto conto, tuttavia, che nel mondo scientifico e politico moderno, in cui le notizie e gli scambi sono così intensi e simultanei, non è sempre agevole stabilire dove sia sorta per prima una voce coniata secondo i modelli tradizionali offerti dalle lingue classiche o secondo un procedimento compositivo egualmente comune, per indicare la fonte, donde è scesa per imitazione con materiale indigeno la parola italiana, si è aggiunta alla spiegazione etimologica una formula, come 'secondo il modello di ...' o 'secondo l'esempio di ...', che vuol mettere in rilievo il probabile punto di partenza. Per es.: **inabbordàbile**... [comp. di *in-* (*3*) e *abbordabile*, secondo il modello del fr. *inabordable*].

Questi sono i casi più semplici, universalmente accettati. Quando, invece, l'etimologia trascritta è stata proposta da un solo studioso, senza essere, peraltro, del tutto convincente, o presenta un notevole margine di incertezza, si è fatta seguire l'esposizione da un punto interrogativo: per es. **altaléna**... [dal lat. *tollĕno* 'mazzacavallo' (?)].

Lo stesso procedimento si è seguito, quando, fra diversi e discordi pareri, se n'è scelto uno, come più attendibile. A differenza del caso precedente, però, la soluzione prescelta è preceduta dalla dizione 'etimologia discussa': per es. **zabaióne**... [etim. discussa: collegata con il lat. tardo *sabāia* 'specie di bevanda (d'orzo) ordinaria', di origine illirica (?)].

Tutte quelle parole (e sono ancora molte), della cui genesi non è stata ancora data una convincente spiegazione, sono seguite dalla dicitura: 'etim. incerta'.

Non sempre la parola resta isolata nella sua storia e nella sua origine; anzi, molto più spesso, essa è stretta, come si è visto, con molti legami ad altre parole, dalle quali procede per derivazione o composizione. Nei composti sono stati separati gli elementi compositivi, fossero affissi, o nomi giustapposti, o forme verbali imperative, come per es.: **immotivàto**... [comp. di *in-* (*3*) e *motivato*]; **boccascèna**... [comp. di *bocca-* e *scena*]. Quando infine la derivazione era evidente e d'immediata acquisizione è sembrato sufficiente accennarvi con un semplice 'da': per es. **tacconàre**... [da *taccone*].

Il desiderio di etimologizzare è così innato nel parlante, che questi spesso modifica una parola strana e ignota, avvicinandola, almeno nella veste fonetica, se non in quella semantica, per la quale l'allacciamento può essere anche estremamente debole, ad altra parola familiare, fondendo così, in un incrocio, come amano dire i linguisti, due voci di origine molto diversa. Questi casi sono stati succintamente accennati con una formula di questo genere: per es. **timbàllo**... [fr. *timbale* da *tambal*, di origine sp. (*atabal*), con sovrapposizione di *cymbale* 'cembalo'].

Occorre però considerare anche un caso di voluto silenzio. A nessuno viene in mente di pretendere una spiegazione etimologica per voci chiaramente interpretabili, perché derivate secondo procedimenti semplici e usuali da altre (grammaticalmente definite 'primitive') di svolgimento meno immediatamente comprensibile; ancor meno qui per il largo posto concesso nel vocabolario agli affissi con la conseguente possibilità di avere, volendolo, una completa spiegazione dei singoli elementi dei derivati. Con una eccezione tuttavia: quando questi fossero già presenti nel latino, classico o tardo, lo si è ricordato, anche se l'analogia e il parallelismo dei processi formativi in latino e in italiano difficilmente permettono un'esatta discriminazione tra il ripreso dall'antico e il coniato posteriormente in maniera autonoma. Questo tipo di etimologia andrà, quindi, letto con particolare riserva.

13. Pronuncia. Il vocabolario registra la pronuncia dei lemmi, delle varianti di forma e delle forme flesse in due modi distinti. La pronuncia della maggior parte delle parole italiane è indicata dall'accento (chiaro o scuro, acuto o grave, come si dirà in seguito) e da altri segni grafici (per es. da un punto sottoscritto alla *s* o *z* per indicarne il suono sonoro). La pronuncia delle parole latine o straniere e di alcune parole italiane anomale è invece indicata dalla trascrizione fonematica con i simboli dell'alfabeto dell'Associazione Fonetica Internazionale.

13.1 Le principali difficoltà nella corretta pronuncia dell'italiano sono:

- La posizione dell'accento tonico: si dice **edìle** o **èdile**, **persuadère** o **persuàdere**, **tralìce** o **tràlice**?
- Il suono chiuso (come in **Róma**, **vérde**) o aperto (come in **ròba**, **vènto**) della *o* e della *e*.
- Il suono sordo (come in **òsso**, **tàzza**) o sonoro (come in **ròṣa**, **gàẓẓa**) della *s* e della *z*.
- La pronuncia del trigramma *gli*: palatale laterale in **àglio**, **dégli**; /gli/ in **gḷìcine**, **negḷigènte**.
- Il suono semiconsonantico (come in **ièri**, **scuòla**) o vocalico (come in **bịòssido**, **dụétto**) della *i* e della *u* seguite da vocale.

Lo **Zingarelli** risolve questi problemi con semplici artifici grafici che non rallentano la lettura e contemporaneamente chiariscono in modo immediato ed efficace ogni possibile dubbio:

- Tutti i vocaboli italiani sono accentati. L'accento è in carattere neretto se obbligatorio: **perché**, **libertà**, **sì**; in carattere chiaro se facoltativo: **bène**, **mèglio**, **córsa**. Infatti in italiano l'accento deve essere obbligatoriamente scritto solo quando cade sulla vocale finale; può essere scritto facoltativamente quando cade su un'altra vocale. (In pratica l'uso dell'accento facoltativo è limitato a casi altrimenti ambigui: *cose che càpitano al capitàno*: *ha perso ancóra l'àncora*; *prìncipi senza princìpi*: *amano la pésca e non la pèsca.*)
- Sia gli accenti obbligatori (neretti) che quelli facoltativi (chiari) sono sempre gravi sulle vocali *a*, *i*, *u* (*à*, *ì*, *ù*). Possono invece essere gravi oppure acuti su *e* ed *o*: l'accento grave (*è*, *ò*) indica pronuncia aperta (/ɛ/, /ɔ/), come in **bèlla** /'bɛlla/, **fòrza** /'fɔrtsa/; l'accento acuto (*é*, *ó*) indica pronuncia chiusa (/e/, /o/), come in **méla** /'mela/, **róssa** /'rossa/.

- Un punto sotto la *s* o la *z* indica i suoni sonori /z/, /dz/: **càṣo** /'kazo/, **ẓòna** /*'dzɔna/. L'assenza di punto indica i suoni sordi /s/, /ts/: **séra** /'sera/, **zìtto** /*'tsitto/.
- Un punto sotto il trigramma *gli* indica la pronuncia /gli/ come in **gḷicemìa** /glitʃe'mia/. L'assenza di punto indica la pronuncia palatale laterale: **gliélo** /*ʎelo/, **pìglio** /'piʎʎo/.
- Un trattino sotto la *i* o la *u* seguite da vocale indica suono vocalico: **sci̱atóre** /*ʃia'tore/, **du̱alìṣmo** /dua'lizmo/.

I monosillabi sono un'eccezione rispetto alle regole precedenti: per evitare ogni possibilità di confusione fra accenti facoltativi e obbligatori, si accentano (con accento neretto) solo i monosillabi la cui grafia è accentata obbligatoriamente: **sì** (affermazione), **dì** (giorno), **dà** (voce del verbo *dare*), etc. Gli altri monosillabi non sono accentati; se la vocale nel monosillabo è *e* oppure *o*, il suono aperto o chiuso è indicato dalla trascrizione fonematica: **no** /nɔ*/, **se** /se*/.

Le regole che consentono la lettura dei vocaboli italiani in base alla grafia e alle convenzioni esposte in precedenza sono riassunte nella **Tabella delle equivalenze tra grafemi e fonemi** (V. oltre). Informazioni più ampie sulla pronuncia delle singole lettere sono date all'inizio dell'elencazione alfabetica di ciascuna di esse: per es. a pag. 15 per la pronuncia della *a*.

13.2 La trascrizione fonematica, codificata secondo l'alfabeto dell'Associazione Fonetica Internazionale, è riportata dopo il lemma nei casi seguenti:

- Latinismi e forestierismi. La trascrizione è preceduta dall'indicazione della lingua d'origine: **curriculum vitae** /*lat.* kur'rikulum 'vite/, **saloon** /*ingl.* sə'lu:n/, **baguette** /*fr.* ba'gɛt/, **Biedermeier** /*ted.* 'bi:dərmaiər/, **vuelta** /*sp.* 'bwelta/. Gli eventuali accenti presenti nella grafia della lingua d'origine sono scritti in neretto. In alcuni casi essi hanno un'effettiva rilevanza ai fini della pronuncia della parola: **bergère** /*fr.* bɛr'ʒɛr/. In altri hanno una funzione puramente grafica e sono presenti solo per ragioni etimologiche o per distinguere tra di loro parole altrimenti omografe: **boîte** /*fr.* bwat/, **élite** /*fr.* e'lit/.
- Lemmi italiani derivati da parole straniere senza italianizzazione della grafia: **autoroulòtte** /autoru'lɔt/, **fauvìṣmo** /fo'vizmo/.
- Voci di origine straniera o dialettale ormai prevalentemente italianizzate nella pronuncia: **flìpper** /'flipper, *ingl.* 'flipə*/, **flan** /flan, *fr.* flã/, **baùscia** /ba'uʃʃa, *lomb.* ba'yʃa/.
- Voci italiane la cui pronuncia non è immediatamente derivabile dalla grafia: **amfetamìna** /anfeta'mina/, **exèresi** /eg'zɛrezi/, **be'** /bɛ/.
- Sigle pronunciate compitando le singole lettere: **S.O.S.** /'ɛsse ɔ 'ɛsse/, **DNA** /di ɛnne 'a/.

I simboli usati nelle trascrizioni fonematiche sono quelli raccomandati dall'Associazione Fonetica Internazionale: essi sono elencati nella **Tabella delle trascrizioni fonematiche** (V. oltre).

14. Inserti grammaticali e note d'uso. Il testo del vocabolario è corredato di otto inserti dedicati a temi che spesso pongono problemi nello scrivere o nel parlare: **accento**, **elisione e troncamento**, **femminile**, **maiuscola**, **numero**, **punto**, **sillaba**, **stereotipo**. Ciascuno di essi è collocato dopo la voce corrispondente del vocabolario ed è stampato su fondo grigio.

Si raccomanda in particolare la lettura dell'inserto **stereotipo**: esso chiarisce l'insidia dell'abuso dei termini con connotazione spregiativa che, per ragioni storiche o linguistiche o di natura episodica, tendono ad attribuire in modo arbitrario a professioni o popolazioni false caratteristiche o comportamenti. Sono parole e significati che il vocabolario registra perché presenti nella letteratura o nell'uso e di cui perciò è necessario spiegare il significato: nel contempo l'indicazione (*spreg.*), spregiativo, raccomanda di non usarli.

Altre note d'uso, anch'esse scritte su fondo grigio, sono inserite nel testo delle voci laddove se ne ravvisi l'opportunità. Si vedano ad esempio alla voce **andàre** l'avvertenza: "ATTENZIONE! *va* non richiede l'accento"; alla fine della voce **bàrra** l'elenco degli usi del segno grafico "/"; alla voce **bèllo** una nota sull'elisione in *bell'*, sul troncamento in *bel* e sulla scelta fra i plurali *begli* e *bei*.

AUTORI E FONTI DELLE ILLUSTRAZIONI

Tavole a colori:

pagine 353-367, 817-832, 1281-1296, 1745-1747, 1750, 1752-1759

pagine 1748-1749

pagina 1760 Aeroporti di Roma, Gruppo Alitalia

Sono stati aggiunti alle pagine 365, 368, 1283, 1295, 1296, 1750 disegni di A. Ciuffetti

Foto:

pag. 354 e 355 m&ma-ima, ottobre 1992, Edagricole, Bologna
356 Giorcelli-Martile, Torino
357 Atene, Museo dell'Acropoli
359 N. Cirani
360 Firenze, Biblioteca Nazionale, codice Magliabechiano
368 R. Crespi, 1987; Betz, Huber, Lieber, Medenbach, Offermann, 1984
817 NASA; European Space Agency/Science Photo Library/G. Neri; NASA/Science Photo Library/G. Neri, 1988
819 Marka; J. Mason/Black Star/G. Neri, 1984
820 W.P. Burkhardt, 1978; P. Cornaglia
821 G. Heilman/NASA, 1991
829 E. Cecioni; P. Koch
1281 A. Gallant/Image Bank, 1988
pag. 1282 A. Colombo/Olympia, 1992
1284 T. Zimmermann/Marka
1285 A. Colombo/Olympia, 1992; Olympia, 1992
1289 Olympia; D.W. Hamilton/Image Bank
1291 I. Bich/G. Neri, 1992
1293 Para Gear Equipment, 1992; Olympia
1295 Martinuzzi/Olympia
1745 P. Gatward, 1992; C. Rizzato/Atala
1746 C. Rizzato/Atala; Piaggio
1747 Cagiva; Moto Guzzi
1750 Editoriale Domus/Archivio Quattroruote
1751 Quattroruote/Studio Colombo; Quattroruote/Cassetta
1753 C. Warde-Jones/G. Neri; A. Melloni/Ente Ferrovie dello Stato
1758 Ledesma/Olympia; Zucchelli-Bertoli/Olympia
1759 J. Azzara/Marka; Zucchelli-Bertoli/Olympia
1760 Aeroporti di Roma, Gruppo Alitalia

Tavole in bianco e nero:

I disegni in parte sono stati realizzati da: Studio Chia; Studio Poluzzi. In parte sono tratti da *Il Nuovo Zingarelli, Vocabolario della lingua italiana di Nicola Zingarelli*, 11a edizione e da *Il Nuovo Zingarelli minore, Vocabolario della lingua italiana di Nicola Zingarelli* e sono opera di G. Abelli, M. Abrate Novinc, G. Aghemo, L. Cacciotto, R. Coen Pirani, G. Fornari, A. Lecci, M. Osti, P. Pallottino, G. Parmiani, W. Pellino, G. Piazza, L. Spighi, S. Stefanini, L. Vignali

TABELLA DELLE EQUIVALENZE TRA GRAFEMI E FONEMI

Grafema	Fonema	Esempi
a, à	a	andànte /an'dante/, Pìsa /'pisa/
à	a*	bontà /bon'ta*/, vanità /vani'ta*/
b	b	Bellìni /bel'lini/, bambìna /bam-'bina/
c	k	Còmo /'kɔmo/, vacànza /va'kantsa/
ch [+e, i]	k	Chiànti /'kjanti/, schérzo /'skertso/
c [+e, i]	tʃ	Cecìlia /tʃe'tʃilja/, vivàce /vi'vatʃe/
ci [+vocale]	tʃ	ciào /'tʃao/, cièlo /'tʃɛlo/, bàcio /'batʃo/
cì, ci̲ [+vocale]	tʃi	farmacìa /farma'tʃia/, ci̲ellìno /tʃiel-'lino/
cc [+e, i]	ttʃ	acceleràndo /attʃele'rando/, Puccìni /put'tʃini/
cci [+vocale]	ttʃ	Carpàccio /kar'pattʃo/, pasticcière /pastit'tʃɛre/
ccì [+vocale]	ttʃi	scalpiccìo /skalpit'tʃio/, stropiccìo /stropit'tʃio/
cqu [+vocale]	kkw	àcqua /'akkwa/, acquìsto /ak-'kwisto/
d	d	Dànte /'dante/, vendétta /ven'detta/
e, é	e	méno /'meno/, fìne /'fine/
é	e*	perché /per'ke*/, mercé /mer'tʃe*/
è	ɛ	bèlla /'bɛlla/, Tri̲èste /tri'ɛste/
è	ɛ*	tè /tɛ*/, caffè /kaf'fɛ*/
f	f	Ferràri /fer'rari/, Àlfa /'alfa/
g	g	góndola /'gondola/, làgo /'lago/
gh [+e, i]	g	ghétto /'getto/, làghi /'lagi/
g [+e, i]	dʒ	Gènova /'dʒɛnova/, Magellàno /madʒel'lano/
gi [+vocale]	dʒ	adàgio /a'dadʒo/, egrègie /e'grɛʒe/
gì, gi̲ [+vocale]	dʒi	magìa /ma'dʒia/, frangi̲ónde /frandʒi'onde/
gg [+e, i]	ddʒ	leggèro /led'dʒɛro/, òggi /'ɔddʒi/
ggi [+vocale]	ddʒ	Réggio /'reddʒo/, raggièra /rad-'dʒɛra/
ggì, ggi̲ [+vocale]	ddʒi	leggìo /led'dʒio/, reggi̲àbiti /reddʒi-'abiti/
gli	ʎi, ʎʎi [1]	dìrgli /'dirʎi/, medaglìsta /medaʎ-'ʎista/, gli /*ʎi/
gli [+vocale]	ʎ, ʎʎ [1]	dìrglielo /'dirʎelo/, pàglia /'paʎʎa/, gliòmmero /*'ʎɔmmero/
glì, gli̲ [+vocale]	ʎi, ʎʎi [1]	gorgoglìo /gorgoʎ'ʎio/, biṣbiglìo /bizbiʎ'ʎio/
gḷi	gli	gḷìcine /'glitʃine/, angḷìsta /an-'glista/
gn	ɲ, ɲɲ [1]	Cuorgnè /kwor'ɲɛ/, Bológna /bo-'loɲɲa/, gnòcco /*'ɲɔkko/
gni [+vocale]	ɲ, ɲɲ [1]	segniàte /seɲ'ɲate/, disegniàmo /diseɲ'ɲamo/
gnì, gni̲ [+vocale]	ɲi, ɲɲi [1]	compagnìa /kompaɲ'ɲia/, spegni̲àrco /speɲɲi'arko/
h	(muta) [2]	hanno /'anno/, harem /'arem/, Rho /rɔ/
i, ì	i	Milàno /mi'lano/, Ìmola /'imola/
ì	i*	Mimì /mi'mi*/, così /ko'si*/
i [+vocale]	j	piàno /'pjano/, Itàlia /i'talja/
ì, i̲ [+vocale]	i	brìo /'brio/, bri̲óso /bri'oso/
j	j [2]	Juvèntus /ju'vɛntus/, jugoṣlàvo /jugoz'lavo/
k	k [2]	bakelite /bake'lite/, kimòno /ki-'mɔno/
l	l	Lorènzo /lo'rɛntso/, Fellìni /fel'lini/
m	m	Mùti /'muti/, mamma /'mamma/
n	n	Nàpoli /'napoli/, méno /'meno/
o, ó	o	Róma /'roma/, lènto /'lɛnto/
ò	ɔ	ròṣa /'rɔza/, Mòdena /'mɔdena/
ò	ɔ*	però /pe'rɔ*/, rondò /ron'dɔ*/
p	p	Pavaròtti /pava'rɔtti/, prèsto /'prɛsto/
qu [+vocale]	kw	quàṣi /'kwazi/, squàdra /'skwadra/
qqu [+vocale]	kkw	soqquàdro /sok'kwadro/
r	r	Rìmini /'rimini/, làrgo /'largo/
s	s	Sicìlia /si'tʃilja/, pàsta /'pasta/, assài /as'sai/
ṣ	z	ṣbàrra /'zbarra/, mùṣica /'muzika/
sc [+e, i]	ʃ, ʃʃ [1]	inscindìbile /inʃin'dibile/, fascìṣmo /faʃ'ʃizmo/, scèna /*'ʃɛna/
sci [+vocale]	ʃ, ʃʃ [1]	insciènte /in'ʃɛnte/, àscia /'aʃʃa/, sciènza /*'ʃɛntsa/
scì, sci̲ [+vocale]	ʃi, ʃʃi [1]	scìa /*'ʃia/, sci̲atóre /*ʃia'tore/
t	t	Torìno /to'rino/, cantàta /kan'tata/
u, ù	u	Ùdine /'udine/, fùga /'fuga/
ù	u*	tabù /ta'bu*/, virtù /vir'tu*/
u [+vocale]	w	fuòco /'fwɔko/, Guìdo /'gwido/
ù, u̲ [+vocale]	u	tùo /'tuo/, du̲étto /du'etto/
v	v	vivàce /vi'vatʃe/, Pàdova /'padova/
w	v [2]	wèber /'veber/, wàfer /'vafer/
x	ks [2]	ex /ɛks/, xenofobìa /ksenofo'bia/
y	i [2]	ylang-ylang /i'lang i'lang/
y [+vocale]	j	yòga /'jɔga/, yògurt /'jɔgurt/
z	ts, tts [1]	Firènze /fi'rɛntse/, azióne /at-'tsjone/, zìo /*'tsio/
ẓ	dz, ddz [1]	gàrẓa /'gardza/, aẓalèa /addza'lɛa/, ẓaffìro /*dzaf'firo/
zz	tts	pìzza /'pittsa/, nòzze /'nɔttse/
ẓẓ	ddz	gàẓẓa /'gaddza/, aẓẓùrro /ad'dzurro/

[1] I fonemi ʎ, ɲ, ʃ si rafforzano in ʎʎ, ɲɲ, ʃʃ quando sono in posizione intervocalica oppure tra una vocale e una semiconsonante (j o w). L'asterisco * indica rafforzamento della consonante all'inizio della parola se la parola precedente termina con una vocale.

[2] Le lettere h (con l'esclusione dei gruppi ch e gh), j, k, w, x, y sono presenti quasi esclusivamente in forestierismi, con pronuncia che può essere molto differente da quella qui indicata come pronuncia più comune nelle forme italianizzate.

TABELLA DELLA TRASCRIZIONE FONEMATICA

simbolo	grafia fonematica	*grafia normale*
a	'sano	*sàno*
	'rima	*rìma*
ã	ã'pɛr	*ampère*
ʌ	blʌf	*bluff*
æ	dʒæz	*jazz*
b	'tʃibo	*cìbo*
	'ɛrba	*èrba*
	'labbro	*làbbro*
d	'rado	*ràdo*
	'kaldo	*càldo*
	'kaddi	*càddi*
ð	'rʌðəfəd	*rutherford*
dz	'bondzo	*bónzo*
	ad'dzurro	*azzùrro*
dʒ	'bidʒo	*bìgio*
	'mardʒine	*màrgine*
	'maddʒo	*màggio*
e	'seta	*séta*
	'valle	*vàlle*
ɛ	'dʒɛlo	*gèlo*
ɛ̃	gobə'lɛ̃	*gobelin*
ə	'la:gər	*Lager*
f	'tʃifra	*cìfra*
	'kanfora	*cànfora*
	buf'fone	*buffóne*
g	'ruga	*rùga*
	'sangwe	*sàngue*
	'lɛggo	*lèggo*
h	kou'hiərə*	*coherer*
i	'primo	*prìmo*

simbolo	grafia fonematica	*grafia normale*
	'mani	*màni*
ï	bï'lina	*bylina*
j	'jɛri	*ièri*
	'kappjo	*càppio*
k	'fwɔko	*fuòco*
	bi'folko	*bifólco*
	'sakko	*sàcco*
l	'stabile	*stàbile*
	'kalma	*càlma*
	'bollo	*bóllo*
ʎ	'dirʎi	*dìrgli*
	fa'miʎʎa	*famìglia*
m	bat'tezimo	*battésimo*
	kam'pana	*campàna*
	am'messo	*ammésso*
	vene'rato	*veneràto*
n	fu'mante	*fumànte*
	'tonno	*tónno*
ɲ	gar'ɲano	*Gargnàno*
	'seɲɲo	*ségno*
ŋ	'doupiŋ	*doping*
o	'sole	*sóle*
	'tasto	*tàsto*
ɔ	'mɔla	*mòla*
ɔ̃	a'plɔ̃	*aplomb*
ø	ʃar'trøz	*chartreuse*
œ	bla'gœr	*blagueur*
p	ri'pɔso	*ripòso*
	dirim'petto	*dirimpètto*
	kap'pɛllo	*cappèllo*

simbolo	grafia fonematica	*grafia normale*
r	'varjo	*vàrio*
	'karta	*càrta*
	'torre	*tórre*
s	di'seɲɲo	*diségno*
	'korsa	*córsa*
	'passo	*pàsso*
ʃ	in'kɔnʃo	*incònscio*
	diʃʃet'tare	*discettàre*
t	kari'ta*	*carità*
	kos'tantsa	*costànza*
	'rɛtto	*rètto*
θ	'laθo	*lazo*
ts	'fɔrtsa	*fòrza*
	ka'vettsa	*cavézza*
tʃ	'petʃe	*péce*
	lan'tʃare	*lanciàre*
	pit'tʃone	*picciόne*
u	'subito	*sùbito*
	ru'bare	*rubàre*
v	to'vaʎʎa	*tovàglia*
	sal'vare	*salvàre*
	avvi'are	*avviàre*
w	'wɔvo	*uòvo*
	'akkwa	*àcqua*
x	na'baxa	*navaja*
y	a'lyr	*allure*
ɥ	abi'tɥe	*habitué*
z	di'viza	*divisa*
	so'fizma	*sofisma*
ʒ	friʒi'dɛr	*frigidaire*

(') – è il segno dell'accento tonico, anteposto a tutta quanta la sillaba tonica (per es., *mattìna* /mat'tina/);
(:) – è il segno della lunghezza, posposto alla vocale lunga (per es., *leader* /*ingl.* 'li:də*/);
(*) – è il segno del raddoppiamento sintattico, anteposto alla consonante iniziale che si raddoppia se preceduta da parola terminante per vocale (per es., *zòna* /*'dzɔna/), e posposto alla parola che fa raddoppiare la consonante scempia iniziale della parola seguente (per es., *sì* /si*/). Nelle trascrizioni di voci inglesi, l'asterisco indica che *-r* (*-re*), normalmente non pronunciata in inglese britannico, si realizza invece quando sia seguita da parole in vocale.

TABELLA PER LA TRASLITTERAZIONE DEL GRECO ANTICO

α	alfa	a	ῆ		ê	ρ	ro	r
ᾳ		ai	ῃ		ēi	σ, ς	sigma	s
β	beta	b	θ	theta	th	τ	tau	t
γ	gamma	g	ι	iota	i	υ	ipsilon	y
γγ		ng	κ	cappa	k	φ	fi	ph
γκ		nk	λ	lambda	l	χ	chi	ch
γχ		nch	μ	mi	m	ψ	psi	ps
δ	delta	d	ν	ni	n	ω	omega	ō
ε	epsilon	e	ξ	csi	x	ῶ		ô
ζ	zeta	z	ο	omicron	o	ῳ		ōi
η	eta	ē	π	pi	p	῾	spirito aspro	h

L'accento dei dittonghi è stato spostato sulla prima vocale per indicare la giusta pronuncia, anche se nella grafia greca esso è posto sulla seconda vocale.

a, A

Il suono rappresentato in italiano dalla lettera *A* è quello della vocale più aperta di tutte /a/, che può essere tonica (es. *càne* /'kane/, *gàtto* /'gatto/) oppure atona (es. *fòla* /'fɔla/, *falò* /fa'lɔ*/). Quando la vocale è tonica, la lettera può portare un accento grave, che è obbligatorio per le vocali toniche finali di determinati monosillabi e di tutte le parole polisillabe (es. *dà* /da*/ indicativo, *darà* /da'ra*/), raro e facoltativo negli altri casi (es. *àncora* /'ankora/, volendo distinguere da *ancóra* /an'kora/).

a, A s. f. o m. ● Prima lettera dell'alfabeto italiano: *a minuscola, A maiuscolo* | *Dall'a alla zeta*, (*raro*) *alla z*, dal principio alla fine | *A come Ancona*, nella compitazione, spec. telefonica, delle parole | (*sport*) *Serie A*, suddivisione comprendente gli atleti o le squadre di maggior valore | (*fig.*) *Di serie A*, di alta qualità | *Vitamina A*, V. *vitamina* | *A., A.A., A.A.A.*, ..., negli annunci economici dei giornali, lettere in numero variabile poste all'inizio di un'inserzione per farla precedere in ordine alfabetico rispetto ad altre.

a [lat. *ăd*] **prep. propria semplice.** (Può assumere la forma eufonica *ad* davanti a parola che comincia con vocale, spec. *a*, particolarmente nell'uso scritto: *pensare ad altro*; *andare ad Alessandria*; *fare una cosa ad arte*. Fondendosi con gli **art. det.** dà origine alle **prep. art. m. sing.**: *al, allo*; **m. pl.** *ai, agli*; **f. sing.**: *alla*; **f. pl.**: *alle*). **I** Stabilisce diverse relazioni dando luogo a molti complementi. ***1*** Compl. di termine: *regalare un libro a un amico*; *questo compito è stato affidato a noi*; *date a Cesare quel che è di Cesare, a Dio quel che è di Dio*. ***2*** Compl. di stato in luogo e sim.: *abitare a Milano*; *stare volentieri a letto*; *rimanere a casa*; *trattenersi a tavola*; *alla destra, alla sinistra*; *a tre kilometri di distanza*; *a cento metri dall'incrocio*; *alla fine del primo capitolo*; *portare una catenina al collo* | Col sign. di 'presso, in': *essere impiegato all'università, al ministero della Difesa* | Col sign. di 'presso, vicino a, su' in toponimi: *Praia a Mare*; *San Vito al Tagliamento* | Con valore locativo, in insegne di trattorie, ristoranti e sim.: *al Cavallino bianco*; *al Leon d'oro* | (*raro*) Sempre con valore locativo, come denominazione di negozi: *allo Stivale d'Italia*. ***3*** Compl. di moto a luogo: *andare a Roma, a teatro, al cinema* | Col sign. di 'verso': *avviarsi al fiume* | (*fig.*) *Arrivare al massimo della sopportazione*; *fu mosso a pietà*; *giungere alla conclusione*; *venire al fatto*; *scendere a patti*; *andare a punto* | (*fig.*) *Una retta si prolunga all'infinito*; *elevare un numero alla terza, quarta, ennesima potenza*; (*elevato*) *alla terza* (*potenza*) | Per ellissi del v.: *al ladro!*; *alla malora!, al diavolo!*; *a me!*; *a noi!* ***4*** Complementi di tempo: *alzarsi all'alba*; *a notte fonda*; *alle due*; *alle tre*; *a mezzogiorno*; *a primavera*; *a Natale*; *a Pasqua*; *alla mattina*, o *la mattina*, o *di mattina*; *al sabato*, o *il sabato*, o *di sabato*; *oggi a otto*; *di qui a vent'anni*; *elezione a vita*. ***5*** Compl. di età: *a diciotto mesi*; *a trent'anni*; *Dante morì a cinquantasei anni*. ***6*** Compl. di modo o maniera: *alla svelta*; *alla perfezione*; *a precipizio*; *a memoria*; *a senso*; *a contanti*; *a credito*; *al minuto*; *all'ingrosso*; *a furor di popolo* | *Alla turca*; *alla russa*; *vestire all'antica*; *uomo all'antica*; *pagare alla romana*; *camicia alla Robespierre* | *Lepre alla cacciatora*; *cotoletta alla milanese* | Su modello francese, nelle loc. *uova al tegamino, pasta al sugo, bistecca ai ferri* e sim. per *uova nel tegamino, pasta con il sugo, bistecca sui ferri* e sim. ***7*** Compl. di mezzo o strumento: *andare a piedi, a cavallo*; *intendersi a gesti*; *stufa a legna, a carbone*; *cucire a macchina*; *lavoro fatto a mano*; *barca a vela, a motore*; *giocare a scacchi, a carte, a palla, a tennis*; *vincere al lotto, al totocalcio*. ***8*** Compl. di causa: *svegliarsi improvvisamente a un rumore*; *a quella notizia mi rallegrai*; *rise alla battuta*. ***9*** Compl. di fine o scopo: *furono poste alcune sentinelle a guardia del ponte*; *essere destinato a grandi fortune*; *uscire a passeggio*; *ispettore alle vendite*. ***10*** Compl. di vantaggio e svantaggio: *la banca ha emesso un assegno a tuo favore*; *lo fai a tuo danno*; *fumare eccessivamente nuoce alla salute*. ***11*** Compl. di limitazione: *essere coraggioso a parole*. ***12*** Compl. di qualità: *una casa a sei piani*; *una maglia a strisce*; *un abito a quadri*; *una gonna a pieghe*. ***13*** Compl. di prezzo e misura: *vendere a poco prezzo, a cinquemila il pezzo*; *l'ha ceduto a centomila lire*; *viaggiare a cento kilometri l'ora*. ***14*** Compl. di pena: *condannare all'ergastolo, alla fucilazione, ai lavori forzati, a due anni di carcere, a una multa*. ***15*** Compl. di paragone: *il cane è molto simile al lupo*. ***16*** Compl. predicativo: *eleggere a moderatore d'un dibattito*; *l'incarico loro era tenuto a vile* (MANZONI). ***17*** Compl. di relazione: *star bene a soldi*; *sano all'aspetto*; *a mio, a suo parere*; *a giudizio di tutti*; *quanto a noi, siamo d'accordo*. **II** Introduce varie specie di proposizioni col v. all'inf. ***1*** Prop. causale: *hai fatto bene ad aiutarlo*; *hai commesso un errore a non deciderti prima*. ***2*** Prop. condizionale: *a lasciarlo fare, ne combina d'ogni colore*; *a guardar bene, il problema cambia aspetto*; *a dire il vero, ho molti dubbi*. ***3*** Prop. finale: *vado subito a vedere*; *mi hanno persuaso a partecipare*; *fatti non foste a viver come bruti / ma per seguir virtute e canoscenza* (DANTE *Inf.* XXVI, 119-120) | Dare a copiare, a cucire, dare da copiare, da cucire | *Dare a intendere*, far credere (cosa non vera). ***4*** Prop. temporale: *al sentirglielo ricordare, mi sentii imbarazzato*; *al vederlo fui felice*. ***5*** Prop. relativa con valore consecutivo: *è stato il primo ad aiutarlo*; *sono l'unico a saperlo*. **III** Ricorre nella formazione di molte loc. ***1*** Loc. avv.: *a stento*; *a caso*; *a tentoni*; *a precipizio*; *a poco a poco*; *a corpo a corpo*; *a faccia a faccia*; *a goccia a goccia* e sim. ***2*** Loc. prep. o prep. composte: *fino a*; *vicino a*; *attraverso a*; *oltre a*; *davanti a*; *intorno a*; *a canto a*; *in mezzo a*; *di fronte a*; *di fianco a*; *a favore di*; *al di là di*; *al di qua di* e sim. ***3*** Loc. con valore distributivo: *uno alla volta*; *a due a due*; *Come le pecorelle escon del chiuso / a una, a due, a tre* (DANTE *Purg.* III, 79-80); *a mano a mano*; *sessanta kilometri all'ora*.

a' prep. ● (*tosc., lett.*) Forma tronca della prep. art. *ai*.

a- (**1**) [ripete la funzione che aveva in gr. il cosiddetto 'alfa negativo', di origine indeur. (**n-*)] **pref.** (assume davanti a vocale la forma eufonica *an-*; è detto *alfa* o *a* privativo) ● Indica mancanza, assenza, indifferenza, passività e sim. relativamente a ciò che è espresso dall'agg. o s. con cui entra in composizione: *acefalo, anestesia, apolide, apolitico, areligioso*.

a- (**2**) [dal preverbale e prep. lat. *ăd*, di origine indeur., ma di diffusione dial.] **pref.** (assume, davanti a vocale, la forma eufonica *ad-*; determina il rafforzamento della consonante iniziale della parola con cui entra in composizione). ***1*** Indica avvicinamento, direzione, tendenza verso qualcosa e sim.: *apporre, accorrere, aggiungere*. ***2*** Ha anche valore derivativo: *accasare, addolcire, avviare*.

abacà [sp. *abacá*, da una vc. della lingua tagal delle Filippine] **s. f.** ***1*** Pianta rizomatosa tropicale delle Musacee da cui si ricava la canapa di Manila. ***2*** Fibra tessile ricavata dalla pianta omonima. **SIN.** Canapa di Manila.

†abachìsta ● V. *†abbachista*.

àbaco o **àbbaco** [vc. dotta, lat. *ăbacu(m)*, nom. *ăbacus*, dal gr. *ábax*, genit. *ábakos* 'tavoletta per fare i conti', di etim. incerta] **s. m.** (**pl.** *-chi*). ***1*** Tavoletta atta a eseguire le operazioni dell'aritmetica. ***2*** (*mat.*) Rappresentazione grafica d'una funzione di più variabili. **SIN.** Nomogramma. ***3*** Arte del calcolo, aritmetica. ***4*** Negli ordini architettonici classici, elemento a forma di lastra quadrangolare o di dado, posto tra il capitello e l'architrave.

†abadéssa ● V. *badessa*.

†abadìa ● V. *abbazia*.

ab aeterno /*lat.* ab e'tɛrno/ o **ab etèrno** [lat., propriamente 'dall'eternità'] **loc. avv.** ● Dall'eternità, da sempre: *Dio esiste ab aeterno*.

ab antiquo /*lat.* ab an'tikwo/ o **ab antico** [lat., propriamente 'dall'antichità'] **loc. avv.** ● Dall'antichità, dai tempi antichi.

abàrico [comp. di *a-* priv. e un deriv. del gr. *báros* 'peso' (V. *barico* (*1*)), perché da quel punto non si sente più la forza di gravità della terra] **agg.** (**pl. m.** *-ci*) ● (*geogr.*) Detto del punto in cui cessa l'attrazione gravitazionale della Terra e inizia quella della Luna.

abasìa [vc. dotta, comp. di *a-* (*1*) e del gr. *bási(s)* 'andatura' col suff. *-ia*, sul modello di *afasia*] **s. f.** ● (*med.*) Incapacità di camminare dovuta a meccanismi psicogeni o ad affezioni organiche, senza che vi sia paralisi degli arti inferiori.

abàte o (*lett.*) **abbàte** [lat. tardo *abbāte(m)* dall'aramaico *āb* 'padre', attrav. il gr. eccl. *abbâ*] **s. m.** ***1*** Superiore di un monastero o di una badia | Chi è investito di un beneficio con titolo abbaziale | Superiore di un ordine monastico: *l'a. generale dei Benedettini*. ***2*** Nel XVIII sec., chi godeva di un beneficio ecclesiastico ed era autorizzato a portare l'abito da prete, dopo aver ricevuto i soli ordini minori. || **abatino**, **dim.** (V.) | **abatóne**, **accr.** | **abatónzolo**, **dim.** | **abatùcolo**, **dim.**

abatino **s. m.** ***1*** Dim. di *abate*. ***2*** (*spreg.*) Prete giovane mondano e galante. ***3*** (*fig., scherz.*) Persona debole e inconcludente.

abat-jour /*fr.* aba'ʒur/ [vc. fr., propriamente 'abbatti luce', comp. di *abattre* 'abbattere' e *jour* 'giorno, luce'] **s. m. inv.** ***1*** Paralume. ***2*** Lampada con paralume.

àbato [vc. dotta, gr. *ábaton* 'inaccessibile', comp. di *a-* (*1*) e *bàino* 'io vado'] **s. m.** ● Nel tempio greco, il luogo sacro vietato al popolo e accessibile solo ai sacerdoti.

†àbavo [vc. dotta, lat. *ăbavu(m)*, comp. di *ăb* e *ăvus* 'nonno'] **s. m.** ● Trisavolo, arcavolo.

abazìa ● V. *abbazia*.

abaziàle ● V. *abbaziale*.

abbacàre [da *abbaco*] **v. intr.** (*io àbbaco, tu àb-*

bachi; aus. *avere*) **1** (*raro*) Fare i conti. **2** (*fig.*) Fantasticare, almanaccare.

abbacchiaménto s. m. ● Atto, effetto dell'abbacchiare o dell'abbacchiarsi.

abbacchiàre [lat. parl. **abbaclāre*, comp. di *ăb* e *băculum* 'bastone'] **A** v. tr. (*io abbàcchio*) **1** (*raro*) Far cascare i frutti da un albero percuotendone i rami col bacchio: *a. le castagne, le noci, le olive.* SIN. Bacchiare. **2** (*fig.*) Avvilire, deprimere. **3** (*fig., tosc.*) Vendere a poco prezzo: *a. una casa* | *A. una ragazza*, maritarla male. **B** v. intr. pron. **1** Deprimersi, abbattersi. **2** (*dial.*) Appisolarsi.

abbacchiàro [da *abbacchio*] s. m. ● (*centr.*) Venditore di abbacchi.

abbacchiàto part. pass. di *abbacchiare*; anche agg. **1** Nei sign. del v. **2** †*All'abbacchiata*, alla buona.

abbacchiatùra [da *abbacchiare*] s. f. ● Atto, effetto dell'abbacchiare | Periodo in cui si esegue l'operazione dell'abbacchiare.

abbàcchio o (*raro*) **bàcchio** (2) [lat. *ăd băculum* ' al bastone', presso il quale era legato l'agnello giovane (?)] s. m. ● (*centr.*) Agnello macellato ancora lattante: *a. al forno.*

†**abbachista** o †**abachista** [da *abbaco*] s. m. e f. (pl. m. *-i*) ● Chi sa o esercita l'arte di fare i conti.

abbacinaménto s. m. ● Atto, effetto dell'abbacinare.

abbacinàre [comp. di *a-* (*2*) e *bacino*] v. tr. (*io abbacìno* o *abbàcino*) **1** Accecare avvicinando agli occhi un bacino rovente, secondo una forma di antico supplizio: *fece a. il savio uomo maestro Piero delle Vigne* (VILLANI) **2** (*est.*) Privare momentaneamente della vista mediante luce troppo intensa. SIN. Abbagliare, accecare. **3** (*fig.*) Ingannare, illudere.

abbacinàto part. pass. di *abbacinare*; anche agg. **1** Nei sign. del v. **2** Fievole, sbiadito: *lume a.* | †Privato di splendore, di lustro.

àbbaco ● V. *abaco*.

abbacóne [da *abbacare*] s. m. ● Chi abbaca, chi fantastica molto col cervello.

abbadàre [comp. di *a-* (*2*) e *badare*] v. intr. (aus. *avere*) **1** (*lett., pop.*) Badare: *io non credo nulla: abbado a far l'oste* (MANZONI). **2** †Oziare, bighellonare.

abbadatóre s. m. ● Nelle miniere di zolfo, operaio addetto alla copertura dei calcaroni durante la fusione del minerale.

†**abbadéssa** ● V. *badessa*.

†**abbadìa** ● V. *abbazia*.

abbagliàggine s. f. ● (*raro*) Offuscamento della vista.

abbagliaménto s. m. **1** Atto dell'abbagliare. **2** Diminuzione della capacità visiva dell'occhio, dovuta alla presenza di luce troppo intensa. **3** (*fig.*) Turbamento | Sbaglio, errore.

abbagliànte A part. pres. di *abbagliare*; anche agg. **1** Nei sign. del v. **2** Detto del fascio di luce emesso in profondità dai proiettori degli autoveicoli per vedere lontano. **B** s. m. ● Negli autoveicoli, il proiettore che emette tale fascio di luce: *accendere gli abbaglianti.*

abbagliàre [etim. incerta] **A** v. tr. (*io abbàglio*). **1** Turbare e alterare temporaneamente la vista per luce troppo intensa o per altra causa (*anche ass.*): *quel riflettore mi abbaglia; la luce del sole abbaglia; fosca nebbia infernal gli occhi gli abbaglia* (MARINO). SIN. Abbacinare, accecare. **2** (*fig.*) Stupire, affascinare: *storia e poesia che abbaglieranno i secoli più lontani* (PASCOLI) | (*est.*) Illudere, ingannare: *lo abbagliarono col miraggio di una facile ricchezza.* **B** v. intr. **1** Mandare bagliori, splendere. **2** Restare abbagliato. **C** v. intr. pron. **1** Confondersi la vista per luce troppo intensa o per altra causa. **2** (*fig.*) Restare attonito, sorpreso. **3** (*fig.*) Prendere abbaglio, ingannarsi.

abbagliatóre agg.; anche s. m. (f. *-trice*) ● (*raro*) Che, chi abbaglia.

abbàglio (1) s. m. **1** (*raro*) Abbagliamento. **2** Svista, errore | *Pigliare, prendere a., un a.*, cadere in errore. || **abbagliùzzo**, dim.

abbaglio (2) s. m. ● Abbagliamento fastidioso, intenso e continuo.

abbaiaménto s. m. ● Modo e atto di abbaiare.

abbaiàre [vc. onomat.] **A** v. intr. (*io abbàio*; aus. *avere*) **1** Detto del cane, emettere il caratteristico verso alto e ripetuto, in segno di rabbia, minaccia, contentezza e sim. **2** (*fig.*) Parlare, gridare rabbiosamente e insensatamente: *che cos'hai da a.?* | (*fam.*) *A. dalla fame, dalla sete* e sim., avere una fame, una sete e sim., intollerabili | *A. alla luna*, gridare invano. **B** v. tr. ● (*lett.*) Dire, parlare ad alta voce o con urla.

abbaiàta s. f. **1** Abbaiamento prolungato fatto da più cani. **2** (*fig.*) Canea, schiamazzo contro qc. per rimprovero, scherno, beffa e sim.

abbaiatóre s. m. (f. *-trice*) **1** Chi abbaia. **2** (*fig.*) Chi sparla di qc. SIN. Maldicente. || **abbaiatorèllo**, dim.

abbaìno [dal genov. *abbaén*, da *abatino*, perché le lastre di ardesia che ricoprivano gli abbaini erano dello stesso colore della veste degli abati] s. m. **1** (*edil.*) Sovrastruttura applicata ai tetti a falde inclinate con finestra di chiusura, per dar luce a stanze o soffitte e permettere l'accesso al tetto. **2** Soffitta usata per abitazione.

abbàio (1) [da *abbaiare*] s. m. ● Verso caratteristico del cane: *levò un a. grandioso ma cordiale* (MORANTE).

abbaio (2) s. m. ● Abbaiamento forte e prolungato | Abbaiata.

abbaióne s. m. (f. *-a* nel sign. 1) **1** (*fam.*) Abbaiatore. **2** (*raro, lett.*) Schiamazzo nel dar la baia a qc.

abballàre (1) [comp. di *a-* (*2*) e *balla* 'involto'] v. tr. ● Imballare.

abballàre (2) [comp. di *a-* (*2*) e *balla* 'frottola'] v. tr. ● Raccontare frottole.

abballinàre [da *balla* 'involto'] v. tr. ● (*tosc.*) Alzare e ripiegare i materassi, dopo averne levate le lenzuola, per dare aria al letto.

abballottàre [comp. di *a-* (*2*) e *ballotta*] **A** v. tr. (*io abballòtto*) ● (*raro*) Sballottare. **B** v. intr. pron. ● (*raro*) Rappigliarsi in grumi, detto spec. del ferro quando fonde nel forno.

abbambinàre [comp. di *a-* (*2*) e *bambino* (al quale si insegna a camminare)] v. tr. ● Trasportare un oggetto pesante o voluminoso tenendolo appoggiato a terra e spostandolo alternativamente da uno spigolo all'altro.

abbambolàto [comp. di *a-* (*2*) e *bambolo*] agg. ● Imbambolato.

abbancàre [comp. di *a-* (*2*) e *banco*] v. tr. (*io abbànco, tu abbànchi*) **1** (*tosc.*) Nell'antica tecnica conciaria, stendere su un banco le pelli unte o ingrassate per l'effettuazione manuale della pianatura. **2** (*mar.*) Fornire un natante di banchi per i rematori.

abbandonaménto s. m. ● (*raro*) Abbandono.

abbandonàre [fr. *abandonner*, da *à bandon* 'in potere di', dal germ. **band* 'giurisdizione'] **A** v. tr. (*io abbandóno*) **1** Lasciare per sempre persone o cose: *a. la moglie, la casa, la patria; le forze lo abbandonano; a. qc. in mano al nemico* | (*fig.*) *A. qc. a se stesso, alla sua sorte*, lasciarlo senza aiuto, disinteressarsene, trascurarlo; *a. il mondo*, (*fig.*) ritirarsi a vita contemplativa per religione o penitenza. **2** Cessare di fare q.c. o di curarsi di q.c. o qc.: *a. un ufficio, una gara, un gioco* | *A. un affare, un progetto*, tralasciarlo | *A. le ragioni, i diritti*, rinunciarvi | (*ass.*) Ritirarsi da una gara o competizione sportiva: *ha abbandonato alla terza ripresa* | Trascurare, lasciare in stato di abbandono: *a. la casa, un terreno.* **3** Lasciar cadere, detto del corpo e delle sue membra: *a. la testa sulle spalle, le mani in grembo.* SIN. Piegare, reclinare. **4** Allentare: *a. le briglie, il freno.* **B** v. rifl. **1** Lasciarsi andare, detto del corpo: *abbandonarsi sulla poltrona, alla corrente* | (*fig.*) Cedere: *abbandonarsi ai ricordi, alle passioni* | *Abbandonarsi a qc.*, mettersi con assoluta fiducia nelle sue mani. **2** Perdersi d'animo, sbigottirsi: *abbandonarsi di fronte al pericolo* | Avvilirsi, trascurarsi.

abbandonàto A part. pass. di *abbandonare*; anche agg. **1** Nei sign. del v. **2** Deserto, non frequentato da persona: *casa abbandonata; terreno a.* | (*fig., lett.*) Privo di forze: *giacea il suo bel corpo a.* (FOSCOLO) | *A. dai medici*, detto di malato senza speranza. || **abbandonataménte**, avv. Con abbandono; senza ritegno; sconsigliatamente. **B** s. m. (f. *-a*) ● Fanciullo orfano o trovatello affidato alla pubblica assistenza. SIN. Derelitto.

abbandònico agg. (pl. m. *-ci*) ● Causato da abbandonismo: *crisi abbandoniche.*

abbandonìsmo [da *abbandono*] s. m. ● L'abbandonarsi in senso morale, il perdersi d'animo.

abbandóno [fr. *abandon*. V. *abbandonare*] s. m. **1** Atto dell'abbandonare: *l'a. di una persona cara, del tetto coniugale* | *A. della nave*, atto di lasciare la nave pericolante che il capitano deve compiere per ultimo | *A. al braccio secolare*, consegna dei chierici al giudice civile. **2** (*dir.*) Rinuncia all'esercizio di un diritto | *Azione di a.*, rinuncia alla proprietà della nave da parte del proprietario a favore degli assicurati o dei creditori | Reato commesso da chi abbandona ingiustificatamente q.c. o qc. di cui è responsabile: *a. di pubblico ufficio, di minore, di incapace.* **3** Rinuncia al proseguimento di una gara sportiva da parte di un concorrente. SIN. Ritiro. **4** Stato di chi o di ciò che è abbandonato: *mettere, lasciare, porre in a.* | *Casa in a.*, disabitata, trascurata. SIN. Incuria, trascuratezza. **5** Rilassamento, cedimento: *un attimo di a.* | Effusione, dedizione fiduciosa | Scoramento, sfiducia.

abbarbagliaménto s. m. **1** Atto, effetto dell'abbarbagliare. **2** (*fig.*) Errore, sbaglio.

abbarbagliàre [comp. di *a-* (*2*) e *barbaglio*] **A** v. tr. (*io abbarbàglio*) **1** Abbagliare fortemente per eccessiva luminosità: *lo scudo non pur lor gli occhi abbarbaglia* (ARIOSTO). SIN. Abbacinare. **2** (*fig.*) Turbare, frastornare, confondere | *A. la mente a qc.*, crearggli dubbi e confusioni. **B** v. intr. ● Mandare barbagli. **C** v. intr. pron. **1** (*raro, lett.*) Rimanere abbagliato. **2** (*raro, fig.*) Turbarsi profondamente | Confondersi, smarrirsi.

abbarbàglio (1) [da *abbarbagliare*] s. m. ● Abbarbagliamento.

abbarbaglio (2) s. m. ● Abbarbagliamento intenso e continuo.

abbarbàre [comp. di *a-* (*2*) e *barba* (*1*)] v. intr. e intr. pron. ● Abbarbicare.

abbarbicaménto s. m. ● Atto, effetto dell'abbarbicare o dell'abbarbicarsi.

abbarbicàre [da *abbarbare*] v. intr. e intr. pron. (*io abbàrbico, tu abbàrbichi*; aus. intr. *avere*) **1** (*bot.*) Emettere radici nel terreno, detto di pianta giovane | Attaccarsi a un sostegno con le radici: *l'edera si abbarbica ai muri.* **2** (*fig.*) Attaccarsi con forza: *abbarbicarsi al braccio di qc.* SIN. Aggrapparsi, avvinghiarsi. **3** (*fig.*) Fissarsi stabilmente: *abbarbicarsi in un ufficio* | Far presa, prendere piede nell'intimo di qc., detto spec. di passioni o vizi. SIN. Radicarsi.

abbarcàre (1) [comp. di *a-* (*2*) e *barca* (*1*)] v. tr. (*io abbàrco, tu abbàrchi*) ● Disporre in barche i covoni | (*est.*) Ammassare, ammucchiare.

abbarcàre (2) [comp. di *a-* (*2*) e *barca* (*2*)] v. tr. (*io abbàrco, tu abbàrchi*) ● Incurvare una tavola per adattarla allo scafo di un'imbarcazione.

†**abbarràre** [comp. di *a-* (*2*) e *barra*] v. tr. ● Sbarrare.

abbaruffaménto s. m. ● Atto, effetto dell'abbaruffare o dell'abbaruffarsi.

abbaruffàre [comp. di *a-* (*2*) e *baruffare*] **A** v. tr. ● Mettere sottosopra: *a. una stanza.* **B** v. rifl. rec. ● Accapigliarsi, azzuffarsi: *quei bambini si abbaruffano continuamente* | Mischiarsi. **C** v. intr. pron. ● Agitarsi, scompigliarsi.

†**abbaruffàta** s. f. ● Zuffa, baruffa.

abbaruffio [da *abbaruffare*] s. m. ● Grande disordine, confusione | Zuffa: *Poco dopo l'a ... si allargò: la rissa era partita* (PIRANDELLO).

abbassàbile agg. ● Che si può abbassare.

abbassalìngua [comp. di *abbassa*(*re*) e *lingua*] s. m. inv. ● (*med.*) Strumento per abbassare la lingua nella esplorazione della cavità oro-faringea. SIN. Cataglosso.

abbassaménto s. m. ● Atto, effetto dell'abbassare o dell'abbassarsi | Diminuzione: *a. di temperatura, di pressione* | Affievolimento: *a. della voce.*

abbassàre [comp. di *a-* (*2*) e *basso*] **A** v. tr. **1** Portare q.c. più in basso: *a. un quadro.* SIN. Calare. CONTR. Alzare. **2** (*mat.*) Tracciare dall'alto verso il basso: *a. la perpendicolare.* **3** Diminuire di altezza, d'intensità, di valore e sim.: *a. un muro, la voce, la radio, i prezzi.* CONTR. Alzare. **4** Chinare, volgere in giù: *a. la bandiera, le armi* | *A. la lancia, lo scudo*, prepararsi al combattimento | *A. gli occhi, il capo*, in segno di vergogna, modestia o altro | *A. la cresta, la coda, gli orecchi, le corna*, (*fig.*) piegarsi, cedere. *5* (*fig.*) Umiliare. **B** v. intr. e intr. pron. (aus. *essere*) ● Diminuire di altezza, d'intensità, di valore, e sim.: *le acque del lago si abbassano; l'impeto del vento si abbassò; i prezzi abbassano; la temperatura si è abbassata* | *Il sole si abbassa*, tramonta. **C** v. rifl. *1* Chinarsi: *abbassarsi per raccogliere i libri caduti*. *2* (*fig.*) Umiliarsi, avvilirsi.

abbassàto part. pass. di *abbassare*; anche agg. ● Nei sign. del v.

abbassatóre s. m.; anche agg. (f. *-trice*) ● (*raro*) Chi, che abbassa.

†**abbassìre** v. tr. e intr. pron. ● Abbassare.

abbàsso [comp. di *a-* (*2*) e *basso* (inter.): fr. *à bas*] **A** avv. ● In luogo basso, di sotto (con v. di stato e di moto): *Perché restate lì a.?; scendete a.; scalpitano i cavalli giù a.*, nel cortile. SIN. Giù. **B** in funzione di inter. *1* Esprime un'intimazione: *a. le mani!; a. le armi!* | Sui velieri si usa come comando per far discendere in coperta coloro che sono sull'alberatura: *tutti a.!* SIN. Giù. *2* Esprime avversione, ostilità, rivolta verso q.c. o qc. (nelle scritte murali espresso generalmente con una W rovesciata): *a. la tirannide!; a. l'Inter!*; (*scherz.*) *a. tutti!* CONTR. Evviva. **C** s. m. inv. *1* Grido di avversione e sim.: *gli a. dei dimostranti, dei tifosi*. *2* (*gener.*) Insieme di tutti i locali di una nave sotto il ponte scoperto.

abbastànza [comp. di *a-* (*2*) e *bastanza*] avv. *1* Quanto basta, quanto occorre, a sufficienza: *non ho dormito a.; non ho a. denaro; credo di aver studiato a.* | *Averne a. di qc., di q.c.*, esserne stanco, non poterne più | In correlazione con *da* o *per* con valore consecutivo: *non sono a. preparato da, per (poter) sostenere la prova; non ha a. intuito da, per capire*. *2* Alquanto, assai, piuttosto, spec. davanti a un agg. (*anche iron.*): *clima a. mite; credi di essere a. furbo?; è a. intelligente*.

†**abbastàre** v. intr. ● Bastare.

†**abbatacchiàre** [comp. di *a-* (*2*) e *batacchio*] **A** v. tr. ● Battere col batacchio. **B** v. rifl. rec. ● Urtarsi, percuotersi.

abbàte ● V. *abate*.

abbattàggio [fr. *abattage* da *abattre* 'abbattere', a sua volta dal lat. pop. *abăttere*. V. *abbattere*] s. m. ● (*min.*) Parte laterale della sezione di scavo di galleria.

abbàttere [lat. tardo *abbăttere*, comp. di *ăd* e *battŭere* 'battere' (V.)] **A** v. tr. (coniug. come *battere*) *1* Gettar giù, far cadere battendo: *a. un albero, un muro* | *A. l'avversario*, nel pugilato, mandarlo al tappeto. SIN. Atterrare. *2* (*fig.*) Distruggere, demolire, rovesciare: *a. un regime tirannico* | Confutare: *a. un argomento, una teoria, una dottrina*. *3* (*fig.*) Indebolire, prostrare: *a. il corpo, lo spirito; la malattia lo ha abbattuto*. *4* Ammazzare: *a. un animale*. *5* (*mar.*) Far ruotare una nave da ferma intorno ad un asse verticale, avvalendosi delle vele o delle eliche in modo da orientare la prora nella direzione voluta | *A. in chiglia*, inclinare un natante tirato in secco su un fianco fino a scoprirne la chiglia per ripararla o pulirla. **B** v. intr. pron. *1* Cadere, piombare (*anche fig.*): *l'albero si è abbattuto sulla casa; una grave disgrazia si è abbattuta sulla sua famiglia* | Lasciarsi cadere a terra. *2* (*fig.*) Sgomentarsi, accasciarsi: *dopo quell'incidente si è abbattuto moltissimo*. SIN. Avvilirsi. *3* (*fig.*) Capitare per caso in un luogo | Incontrarsi per caso: *s'abbatté, prima d'arrivare a casa, in un amico fidato* (MANZONI).

abbattìbile agg. ● Che può essere abbattuto.

abbattifièno [comp. di *abbattere* e *fieno*] s. m. inv. ● (*agr.*) Apertura nel pavimento del fienile per lo scarico del fieno nella stalla sottostante.

abbattiménto s. m. *1* Atto, effetto dell'abbattere; *procedere all'a. di un albero, di un edificio; l'a. della selvaggina*. *2* (*fig.*) Prostrazione di forze, indebolimento fisico: *la malattia lo lasciò in uno stato di a.* | Avvilimento, depressione psichica: *a. di spirito; farsi prendere dall'a.* *3* *A. alla base*, nel sistema tributario, detrazione uguale per tutti i contribuenti praticata sull'imponibile totale, il cui peso, quindi, decresce al crescere dell'imponibile stesso | (*rag.*) *A. di un credito*, storno dal bilancio di un credito ritenuto inesigibile.

abbattitóre **A** agg. ● Che abbatte. **B** s. m. (f. *-trice*) *1* (*raro*) Chi abbatte (*anche fig.*) *2* Operaio specializzato nell'atterramento di piante forestali.

abbattùta s. f. *1* Taglio di alberi su una determinata superficie. SIN. Tagliata. *2* (*mar.*) Nella vela, movimento orizzontale di rotazione impresso ad una imbarcazione dal vento, dalle onde o dal timoniere. *3* (*mil.*) Ostacolo costituito da tronchi d'albero abbattuti. *4* †Strage, perdita.

abbattùto part. pass. di *abbattere*; anche agg. ● Nei sign. del v.

abbatuffolàre [comp. di *a-* (*2*) e *batuffolo*] **A** v. tr. (*io abbatùffolo*) ● (*raro*) Avvolgere insieme a forma di batuffolo, confusamente e disordinatamente. **B** v. rifl. rec. ● (*raro*) Venire alle mani, azzuffarsi.

abbazìa o †**abadìa**, (*lett.*) **abazìa**, †**abbadìa**, **badìa** [vc. dotta, lat. tardo *abbātia(m)*, da *ăbbas* 'abbate'] s. f. *1* Casa religiosa di monaci o di monache con possessioni territoriali, costituita per lo più da un complesso di fabbricati con annesso terreno e con chiesa propria: *a. di Montecassino, di Chiaravalle* | *A. nullius*, quella indipendente da una diocesi, su cui l'abate ha piena giurisdizione. *2* Titolo e beneficio ecclesiastici.

abbazìale o (*lett.*) **abazìale**, **badìale** agg. *1* Di, relativo ad abbazia. *2* Di, relativo ad abate o a badessa.

abbecedàrio o **abecedàrio** [vc. dotta, lat. tardo *abecedārium(m)* dalle prime quattro lettere dell'alfabeto] **A** s. m. ● Libretto per imparare a leggere. SIN. Sillabario, †santacroce. **B** agg. ● Detto di componimento poetico appartenente alla letteratura cristiana latina in cui i versi o le strofe si susseguono in ordine alfabetico: *salmi abbecedari*.

abbellàre [comp. di *a-* (*2*) e *bello*] **A** v. tr. (*io abbèllo*) ● (*raro, lett.*) Abbellire, adornare. **B** v. intr. ● (*lett.*) †Piacere: *secondo che v'abbella* (DANTE *Par.* XXVI, 132). **C** v. rifl. ● (*raro, lett.*) Farsi bello, adornarsi.

abbelliménto s. m. *1* Atto dell'abbellire: *a. di un giardino* | Artificio usato per rendere più bello q.c.: *a. poetico* | Ornamento. *2* (*mus.*) Nota o gruppo di note che in una melodia sono ornamentali rispetto ad un'altra nota.

abbellìre [comp. di *a-* (*2*) e *bello*] **A** v. tr. (*io abbellìsco, tu abbellìsci*) *1* Rendere più bello mediante ornamenti: *a. una stanza* | (*fig.*) *A. una persona*, attribuirle più pregi morali di quelli che ha | *A. una narrazione*, renderla più colorita e viva. *2* Far sembrare più bello: *questa pettinatura ti abbellisce*. **B** v. rifl. ● Farsi bello, adornarsi.

†**abbenché** [comp. di *a-* (*2*) e *benché*] cong. ● Benché.

abbeveràggio s. m. ● Modo e atto dell'abbeverare.

abbeveràre [lat. parl. **adbiberāre*, ints. di *bĭbere* 'bere', col pref. *ăd*] **A** v. tr. (*io abbévero*) *1* Fare bere, spec. il bestiame: *a. le pecore, i buoi, un cavallo*. *2* (*est., raro*) Imbevere d'acqua, irrigare: *a. un prato*. *3* (*mar.*) Riempire d'acqua una imbarcazione per rimettere a posto il fasciame allentato dall'eccessivo calore. *4* (*fig., lett.*) Inebriare. **B** v. rifl. ● Togliersi la sete (*anche fig.*): *abbeverarsi a una fontana; abbeverarsi alle fonti del sapere*.

abbeveràta s. f. *1* Atto, effetto dell'abbeverare e dell'abbeverarsi. *2* Luogo in cui il bestiame si abbevera: *portare le bestie all'a.*

abbeveratóio s. m. *1* Recipiente in cui bevono le bestie. *2* Luogo ove si conducono le bestie a bere.

abbevilliàno [fr. *abbevillien* 'di Abbeville', la città nei cui pressi sono avvenuti i più significativi ritrovamenti] **A** agg. ● Detto della più antica delle culture o civiltà preistoriche proprie del paleolitico inferiore: *le amigdale abbevilliane*. **B** s. m. ● Periodo caratterizzato da tale cultura: *reperti fossili dell'a.*

abbiadàre [comp. di *a-* (*2*) e *biada*] v. tr. ● Nutrire di biada.

abbiàtico ● V. *abiatico*.

abbicàre [comp. di *a-* (*2*) e *bica*] **A** v. tr. (*io abbìco, tu abbìchi*) ● Riunire, disporre in biche, detto di covoni e sim. | (*est.*) Ammucchiare, ammassare. SIN. Abbarcare (1). **B** v. rifl. ● (*raro*) Ammassarsi, ammucchiarsi: *Come le rane innanzi a la nimica / biscia per l'acqua si dileguan tutte, / fin ch'a la terra ciascuna s'abbica* (DANTE *Inf.* IX, 76-78).

abbicatùra s. f. ● Atto dell'abbicare.

abbiccì o **ABC**, (*evit.*) **abbicì** /abbi'tʃi*, abbit'tʃi*/, (*evit.*) **abicì** [dalle prime tre lettere dell'alfabeto] s. m. *1* Alfabeto: *ignorare l'a.* *2* Sillabario. *3* (*fig.*) Complesso di principi e nozioni elementari propri di una disciplina, di una attività e sim.: *l'a. della matematica* | *Essere all'a.*, alle prime nozioni, all'inizio di q.c.

abbiènte [part. pres. di *avere* rifatto sul congiuntivo *abbia*] agg.; anche s. m. e f. *1* Che, chi è in possesso di una certa ricchezza e vive agiatamente: *classi, famiglie abbienti; a quel tempo gli abbienti erano pochi*. SIN. Benestante. *2* (*raro*) †Abile.

abbiètto e *deriv.* ● V. *abietto* e *deriv.*

abbigliaménto [fr. *habillement*, da *habiller*. V. *abbigliare*] s. m. *1* Modo e atto dell'abbigliare e dell'abbigliarsi. *2* Complesso degli indumenti e degli accessori destinati a coprire e ad ornare l'uomo e la donna | Foggia di vestire: *a. moderno, antiquato*. *3* Settore dell'artigianato e dell'industria, che produce e distribuisce capi di vestiario e relativi accessori: *lavorare nell'a.* *4* (*fig.*) Ornamento, decorazione.

abbigliàre [fr. *habiller* 'vestire', anticamente 'preparare una palla di legno' da *bille* 'parte di un albero, di un tronco'] **A** v. tr. (*io abbìglio*) ● Vestire in maniera accurata ed elegante: *a. la persona con un abito nuovo*. | (*est.*) Adornare. **B** v. rifl. ● Vestirsi e acconciarsi con eleganza: *a. per un ricevimento, per una cerimonia*. SIN. Agghindarsi.

abbigliatóio s. m. ● (*raro*) Spogliatoio.

abbigliatùra s. f. ● (*raro*) Atto, effetto dell'abbigliare o dell'abbigliarsi.

abbinàbile agg. ● Che può essere abbinato: *un pantalone grigio ben a. a una giacca blu*.

abbinaménto s. m. *1* Atto dell'abbinare: *l'a. di due fili, di più cause; l'a. dei biglietti estratti della lotteria coi cavalli in gara*. *2* Nel ciclismo, nel calcio e nella pallacanestro, accoppiamento a scopi finanziari e pubblicitari tra una società sportiva e un'azienda industriale o commerciale. | Nel pugilato, tennis, lotta, calcio, accoppiamento di gara di atleti o squadre ai fini della selezione e della eliminazione. *3* Riunione, nella stessa discussione, di più proposte di legge, interrogazioni, interpellanze o mozioni, quando vertono su argomenti strettamente connessi. *4* Scambio di merci senza esborso in valuta ma mediante il solo baratto, che si verifica tra due operatori economici residenti in Paesi diversi tramite una banca.

abbinàre [comp. di *a-* (*2*) e *bino*] v. tr. *1* Riunire in coppie cose particolarmente affini fra loro: *a. due spettacoli*. SIN. Accoppiare. CONTR. Sdoppiare. *2* Nell'industria tessile, unire due fili per sottoporli alla ritorcitura. SIN. Binare.

abbinàta s. f. ● Accoppiata.

abbinatrice s. f. ● Nell'industria tessile, tipo particolare di macchina incannatrice che esegue l'accoppiamento dei fili. SIN. Binatrice.

abbinatùra s. f. ● Operazione dell'abbinare fili per la ritorcitura. SIN. Binatura.

abbindolaménto s. m. *1* (*raro*) Atto, effetto dell'abbindolare. *2* (*fig.*) Inganno, raggiro.

abbindolàre [comp. di *a-* (*2*) e *bindolo*] **A** v. tr. (*io abbìndolo*) *1* Porre la matassa sul bindolo per fare il gomitolo. *2* (*fig.*) Imbrogliare, ingannare: *la padrona ... ha saputo a. mio fratello* (VERGA). **B** v. intr. pron. ● Confondersi, imbrogliarsi dei fili della matassa.

abbindolatóre s. m. (f. *-trice*) ● Chi inganna, imbroglia.

abbindolatùra s. f. ● Abbindolamento.

abbioccàre [comp. di *a-* (*2*) e *biocca*] v. intr. e intr. pron. (*io abbiòcco, tu abbiòcchi*; aus. *essere*) *1* (*region.*) Covare le uova, detto della gallina | Accoccolarsi, rannicchiarsi come una chioccia. *2* (*fig.*) Lasciarsi vincere dalla stanchezza, dalla sonnolenza | Abbattersi moralmente, avvilirsi.

abbiòcco [da *abbioccare*] s. m. (pl. *-chi*) ● (*region.*) Colpo di sonno, stanchezza improvvisa.

abbiosciaménto s. m. ● Avvizzimento degli alberi causato dalla decorticazione o dall'incisione del fusto.

abbiosciàre [comp. di *a-* (*2*) e *bioscio*] v. intr. e intr. pron. (*io abbiòscio*; aus. *essere*) ● Lasciarsi cadere, accasciarsi: *a. su un prato* | (*fig.*) Avvilirsi: *di fronte a tanta remissione, s'abbiosciò a un trat-*

to mortificato (PIRANDELLO).

abbiosciàto part. pass. di *abbiosciare*; anche agg. *1* Nei sign. del v. *2* Appassito: *quel fiore è a.*

abbisciàre [comp. di *a-* (*2*) e *biscia*] **A** v. tr. (*io abbìscio*) ● (*mar.*) Preparare un cavo o una catena in ampie spire in modo che ciascuna di queste possa scorrere liberamente | Avvolgere una cimetta su di un cavo per impedirne lo scorrimento. **B** v. intr. e intr. pron. (aus. *essere*) ● (*lett.*) Avvolgersi e svolgersi come una biscia.

abbiṣognàre [ints. di *bisognare*] v. intr. (*io abbiṣógno*; aus. *avere* nel sign. 1, *essere* nel sign. 2). *1* Aver bisogno: *abbisogno di denaro.* *2* Essere necessario: *mi abbisognano i tuoi consigli.*

abbittàre [comp. di *a-* (*2*) e *bitta*] v. tr. ● (*mar.*) Legare una gomena o una catena alla bitta.

abbittatùra s. f. ● Atto, effetto dell'abbittare.

abboccaménto s. m. *1* Colloquio, generalmente prestabilito, di due o più persone per discutere o trattare argomenti importanti o riservati: *gli si aperse il cuore alla gioia di quell'ultimo a.* (SVEVO). *2* †Scontro, combattimento. *3* (*chir.*) Creazione chirurgica di un collegamento fra due vasi o condotti o fra questi e una cavità.

abboccàre [comp. di *a-* (*2*) e *bocca*] **A** v. tr. (*io abbócco, tu abbócchi*) *1* Prendere con la bocca: *i pesci abboccano l'esca*; *il cane abboccò la lepre* | (*est.*) *A. un chiodo con le tenaglie*, afferrarlo e stringerlo forte per estrarlo. *2* Riempire fino all'orlo: *a. la botte, il fiasco* | (*est.*) *A. un chiodo nel muro*, spingerlo, ma non del tutto, per farlo entrare. *3* Collegare apparecchiature o tubazioni, introducendo l'estremità dell'una in quella dell'altra. **B** v. intr. (aus. *avere*) *1* Attaccarsi con la bocca, mordendo l'esca: *i pesci abboccano all'amo*; *oggi le trote non abboccano.* *2* (*fig.*) Farsi ingannare per eccessiva ingenuità: *il poveretto abboccò senza sospettare nulla.* *3* (*mar.*) Navigare inclinato su un fianco tanto da portare il bordo al pelo dell'acqua, detto di velieri. *4* In varie tecnologie, combaciare: *le tubazioni abboccano.* **C** v. rifl. rec. *1* Incontrarsi con qc. per discutere: *i deputati s'abboccarono prima della seduta.* *2* †Riunirsi di uno o più corsi d'acqua tra loro.

abboccàto part. pass. di *abboccare*; anche agg. *1* Nei sign. del v. *2* Detto di vino in cui è presente un gusto dolce. *3* Di persona, che è di buona bocca, che mangia volentieri e di tutto.

abboccatóio s. m. ● Bocca delle fornaci.

abboccatùra s. f. *1* Atto, effetto dell'abboccare. *2* Imboccatura di un recipiente | (*est.*) *A. del pane*, parte del pane poco cotta perché vicina alla bocca del forno | *A. del grano*, quantità di grano vicina all'imboccatura del sacco. *3* Tratto in cui un'imposta d'uscio o di finestra si congiunge con un'altra o con un infisso combaciando.

abbocchévole agg. ● (*mar.*) Che è facile ad abboccare: *imbarcazione a.*

†abbocconàre [comp. di *a-* (*2*) e *boccone*] v. tr. *1* Divorare a bocconi: *ne davano ad a. a' cani* (BARTOLI). *2* Fare a pezzi.

abboffàrsi e *deriv.* ● V. *abbuffarsi* e *deriv.*

abbominàre e *deriv.* ● V. *abominare* e *deriv.*

abbonacciaménto s. m. ● Atto, effetto dell'abbonacciare e dell'abbonacciarsi.

abbonacciàre [comp. di *a-* (*2*) e *bonaccia*] **A** v. tr. (*io abbonàccio*) ● Rendere calmo (*anche fig.*): *a. qc. con lusinghe.* **B** v. intr. e intr. pron. (aus. *essere*) ● Divenire calmo (*anche fig.*): *il mare abbonaccia*; *il vento si è abbonacciato*; *un carattere che si abbonaccia facilmente.*

abbonaménto [fr. *abonement*. V. *abbonare* (*2*)] s. m. *1* Contratto per cui, mediante il pagamento di un unico importo, si ha il diritto di ricevere un servizio continuativo o periodico: *fare un a.*; *a. alle radioaudizioni.* *2* Canone da pagarsi in base a tale contratto: *versare l'a.* *3* Documento che attesta l'esistenza del contratto e il pagamento del canone: *esibire l'a. ferroviario al controllore.*

abbonàre (**1**) o **abbuonàre** [comp. di *a-* (*2*) e *buono*] **A** v. tr. (*io abbuòno*, pop. *abbòno*; in tutta la coniug., *-uò-* o pop. *-ò-* se tonico, *-uo-* o *-o-* se atono) *1* Defalcare una parte del debito, in favore del creditore | (*fig.*) Considerare con indulgenza o non tenere in considerazione: *a. una mancanza, alcuni errori.* SIN. Detrarre, ridurre. *2* Riconoscere per buono, approvare: *a. l'esame.* *3* †Rendere di migliore qualità. **B** v. intr. pron. e rifl. ● Calmarsi, placarsi (*anche fig.*): *l'uragano si è abbonato in fretta*; *abbuònati, via!*

abbonàre (**2**) [fr. *abonner*, dapprima 'limitare', poi 'sottomettere a un canone limitato', comp. del lat. *ăd* e il den. di *bonne*, forma ant. di *borne* 'limite', vc. di origine gallica] **A** v. tr. (*io abbòno*) ● Fare un abbonamento per conto di altri: *ti ho abbonato a quella rivista.* **B** v. rifl. ● Fare un abbonamento per conto proprio: *abbonarsi alla televisione, all'autobus, al telefono.*

abbonàto A part. pass. di *abbonare* (*2*); anche agg. ● Nei sign. del v. **B** s. m. (f. *-a*) ● Chi usufruisce di un abbonamento.

abbondànte o (*lett.*) **†abondànte** part. pres. di *abbondare*; anche agg. *1* Nei sign. del v. *2* *Uomo a. nell'eloquenza*, particolarmente facondo | †Fertile. || **abbondanteménte**, avv. In abbondanza, copiosamente.

abbondànza o (*lett.*) **†abondànza** [lat. *abundăntia*(*m*). V. *abbondare*] s. f. *1* Gran quantità di ogni cosa: *a. di soldi*; *a. del raccolto*; *a. di parole e di pensieri* | *Vivere nell'a.*, con larghezza di mezzi | *Quando verrà l'a.*, quando ci sarà molto denaro. SIN. Copia, dovizia, ricchezza. CONTR. Carestia. *2* Varietà coltivata di melo diffusa soprattutto in Emilia e nel Veneto | Varietà coltivata di frumento. *3* †Annona: *si provvide per gli ufficiali dell'a. di fare guardare i passi e i confini* (VILLANI).

abbondanzière [da *abbondanza*, nel sign. 3] s. m. *1* In epoca medievale, magistrato preposto all'annona. *2* †Ufficiale incaricato del vettovagliamento.

abbondàre o (*lett.*) **†abondàre**. [lat. *abundāre* 'traboccare, inondare', poi 'abbondare', da *ŭnda* 'onda'] v. intr. (*io abbóndo*; aus. *avere* quando ciò che abbonda è espresso da un complemento; aus. *essere* quando ciò che abbonda è espresso nel soggetto) *1* Essere, avere in copia, in gran quantità: *quest'anno il vino abbonda*; *il suo compito abbonda di errori.* *2* Eccedere: *a. in, di, promesse*; *abbondiamo di parole belle e delicate e manchiamo di concetti e di verità* (CAMPANELLA).

abbondévole o (*lett.*) **†abondévole** agg. ● (*lett.*) Abbondante, copioso: *le cose di che l'uomo a. si trova, infastidiano* (BOCCACCIO). || **†abbondevoleménte, abbondevolménte**, avv. In abbondanza, copiosamente.

†abbóndo o (*lett.*) **†abóndo** [vc. dotta, lat. tardo *abŭndu*(*m*). V. *abbondare*] **A** s. m. ● Abbondanza, spec. nella loc. *in a.* **B** agg. ● Abbondante.

abboniménto s. m. ● Atto, effetto dell'abbonire, spec. nei sign. A, 2 e 3.

abbonìre [fr. *abonnir*, da *bon* 'buono'] **A** v. tr. (*io abbonìsco, tu abbonìsci*) *1* Calmare: *l'ho abbonito in cinque minuti.* *2* Rendere produttivo, bonificare: *a. un terreno.* *3* Lavare le botti nuove per depurarle delle eventuali sostanze che adulterino il vino. **B** v. intr. (aus. *essere*) *1* Diventare calmo: *l'uragano è abbonito.* *2* (*raro*) Venire a maturazione: *le pere sono abbonite.* **C** v. intr. pron. ● Placarsi: *finalmente si è abbonito!*

abbòno ● V. *abbuono.*

abbordàbile [fr. *abordable*. V. *abbordare*] agg. ● Di facile abbordo: *curva a.* | (*fig.*) Accessibile, avvicinabile: *uomo, personaggio a.*

abbordàggio [fr. *abordage*. V. *abbordare*] s. m. *1* (*mar.*) Manovra per affiancare la propria nave ad un'altra allo scopo di impadronirsene con la forza: *andare all'a.* | Nella vela e nel canottaggio, urto fortuito o volontario, anche lieve, tra imbarcazioni, comunque tale da costringere un concorrente a rallentare. *2* (*fig.*) Ricerca decisa di q.c., condotta senza alcuno scrupolo e con totale volontà di riuscita: *andare, lanciarsi all'a. della fama, della gloria, di una posizione di prestigio.*

abbordàre [fr. *aborder*, da *bord*. V. *bordo*] **A** v. tr. (*io abbórdo*) *1* (*mar.*) Avvicinarsi di bordo | Venire a collisione volontaria o accidentale con altra nave. *2* (*est.*) Accostare qc. con intenzioni ostili: *a. il nemico* | Farsi incontro a una persona, cogliendola alla sprovvista, per attaccare discorso: *mi abbordò per strada.* *3* (*fig.*) Affrontare q.c. con decisione e risolutezza: *a. un argomento delicato*; *a. una curva ad alta velocità.* **B** v. intr. ● †Approdare, prendere terra.

abbordatóre agg.; anche s. m. ● Che, chi compie un abbordaggio.

abbórdo [fr. *abord*, da *aborder* 'abbordare'] s. m. *1* Abbordaggio. *2* Atto del farsi incontro a una persona per conoscerla, trattare, parlare con lei: *persona di facile, di difficile a.*

abborracciaménto s. m. *1* Modo e atto dell'abborracciare. SIN. Acciarpamento. *2* Lavoro compiuto male e in fretta.

abborracciàre [da *borraccio* 'canovaccio', col pref. *a-* (*2*) (?)] v. tr. (*io abborràccio*) ● Fare q.c. male, in fretta e senza attenzione: *a. un lavoro, il pranzo, un discorso.* SIN. Acciarpare, accrocciare, affastellare, raffazzonare.

abborracciàto part. pass. di *abborracciare*; anche agg. ● Nei sign. del v. || **abborracciataménte**, avv. Alla peggio.

abborracciatóre s. m. (f. *-trice*) ● Chi lavora in fretta e male.

abborracciatùra s. f. *1* Atto, effetto dell'abborracciare. *2* Lavoro mal fatto, tirato via. SIN. Accrocco.

abborràccio s. m. ● Abborracciamento continuo.

abborracciόne s. m. (f. *-a*) ● Chi per abitudine lavora in fretta e male.

†abborràre [comp. di *a-* (*2*) e *borra*] **A** v. tr. ● Riempire di borra. **B** v. intr. ● (*lett., fig.*) Far male, senza considerazione, a caso, alla cieca, in fretta.

abborrìre e *deriv.* ● V. *aborrire* e *deriv.*

abbottàre [comp. di *a-* (*2*) e *botte* (?)] **A** v. tr. (*io abbótto* o *abbòtto*) ● (*dial.*) Far diventare gonfio con un pugno: *a. un occhio, la faccia.* **B** v. rifl. ● Rimpinzarsi, abboffarsi.

†abbottinàre [comp. di *a-* (*2*) e *bottino*] **A** v. tr. ● Mettere a bottino, saccheggiare. **B** v. rifl. ● Ammutinarsi.

abbottonàre [comp. di *a-* (*2*) e *bottone*] **A** v. tr. (*io abbottóno*) ● Chiudere un indumento con bottoni infilandoli negli occhielli corrispondenti: *abbottónati la camicia.* **B** v. rifl. ● (*fig., fam.*) Divenire riservato: *stava per parlare e poi di colpo si è abbottonato.* **C** v. intr. pron. ● Essere chiuso con bottoni.

abbottonàto part. pass. di *abbottonare*; anche agg. ● Nei sign. del v.

abbottonatùra s. f. *1* Atto dell'abbottonare: *l'a. di questo cappotto è difficoltosa.* *2* Serie di bottoni e occhielli aventi la funzione di abbottonare un indumento | Guarnizione di bottoni | Parte dell'indumento in cui si trovano i bottoni.

abbozzacchiàre [ints. di *abbozzare* (*1*)] v. tr. (*io abbozzàcchio*) ● (*raro*) Abbozzare male e incompiutamente.

abbozzaménto [da *abbozzare* (*1*)] s. m. ● (*raro*) Modo e atto di abbozzare | (*raro*) Abbozzo.

abbozzàre (**1**) [etim. discussa: da *bozza* (*2*) o dal fr. *ébaucher*] v. tr. (*io abbòzzo*) *1* Dare la prima forma a un'opera da compiere: *a. un quadro, una statua.* SIN. Cominciare, delineare, schizzare. *2* (*est., fig.*) Presentare, formulare a grandi linee: *a. un'idea, una teoria* | Accennare: *a. un gesto, un sorriso, una parola, un saluto.*

abbozzàre (**2**) [da *abbozzare* (*1*)] v. intr. (*io abbòzzo*; aus. *avere*) ● Frenare il proprio risentimento, pazientare: *sta zitto e abbozza!*; *a. con gli uomini e le cose, per me oramai è impossibile* (CARDUCCI).

abbozzàre (**3**) [comp. di *a-* (*2*) e *bozza* (*1*)] v. tr. (*io abbòzzo*) ● (*mar.*) Passare una bozza intorno a un cavo o a una catena tesati per impedirne lo scorrimento | *A. una nave*, ormeggiarla solidamente di prora e di poppa.

abbozzàta [da *abbozzare* (*1*)] s. f. ● Abbozzo fatto in fretta: *fare l'a. di una facciata.*

abbozzatìccio A agg. (pl. f. *-ce*) ● (*raro*) Abbozzato frettolosamente e male. **B** s. m. ● Lavoro fatto male, non concluso, non rifinito.

abbozzàto part. pass. di *abbozzare* (*1*); anche agg. ● Nei sign. del v. || **abbozzataménte**, avv. In modo imperfetto.

abbozzatóre s. m. (f. *-trice*) ● Chi abbozza.

abbozzatùra (**1**) s. f. ● (*raro*) Abbozzo.

abbozzatùra (**2**) s. f. ● (*mar.*) Bozza.

abbòzzo [da *abbozzare* (*1*)] s. m. *1* Stadio preparatorio dell'opera d'arte in cui è accennata la forma che l'artista intende realizzare | *A. incompiuto*, abbandonato dall'artista. *2* Stesura rapida e sommaria di composizione scritta: *a. di un racconto, di una sinfonia*; *certi abbozzi di novelle che non aveva mai terminate* (SVEVO) | *A. di legge*, disegno sommario e non ufficiale. SIN. Schizzo, traccia. **3** (*fig.*) Tentativo, accenno: *un a. di saluto.* **4** (*biol.*) Nucleo primitivo di organi e apparati nel periodo embrionario. || **abbozzétto**, dim. | **abbozzùccio**, dim.

abbozzolàrsi [comp. di *a-* (*2*) e *bozzolo*] v. rifl. (*io mi abbòzzolo*) **1** Farsi il bozzolo, detto dei bachi. **2** Agglomerarsi, della farina che aggiunta all'acqua forma palline.

abbracciàbile agg. ● Che si può abbracciare.

abbracciabòsco [comp. di *abbraccia(re)* e *bosco*] s. m. (pl. *-schi*) ● (*bot., pop.*) Caprifoglio.

abbracciafùsto [comp. di *abbraccia(re)* e *fusto*] agg. ● (*bot.*) Abbracciante.

abbracciaménto s. m. ● Abbraccio lungo e ripetuto: *i saluti e i fraterni abbracciamenti / con le grate accoglienze andaro inanti* (ARIOSTO).

abbracciànte part. pres. di *abbracciare*; anche agg. **1** Nei sign. del v. **2** (*bot.*) Detto di foglia priva di picciolo che con la parte inferiore abbraccia il fusto. SIN. Abbracciafusto, amplessicaule.

abbracciàre [comp. di *a-* (*2*) e *braccio*] **A** v. tr. (*io abbràccio*) **1** Cingere e chiudere tra le braccia (*anche fig.*): *a. un amico*; *a. l'avversario nella lotta*; *a. un tronco d'albero*; *a. q.c. col pensiero, con la mente* | (*scherz.*) †*a. lo stomaco*, detto di cibo particolarmente gustoso | (*est.*) Circondare. **2** (*fig.*) Comprendere, contenere: *l'Europa abbraccia molti Stati*; *la Divina Commedia abbraccia tutto lo scibile del Medio Evo.* **3** Accettare, seguire incondizionatamente: *a. una dottrina, un'opinione, una fede, un partito*; *a. la vita religiosa.* **B** v. intr. pron. ● Avvinghiarsi a qc. o a q.c.: *si abbracciò stretto al padre*; *l'edera si abbraccia all'albero.* **C** v. rifl. rec. ● Stringersi fra le braccia: *i due amici si abbracciarono strettamente.* **D** in funzione di s. m. ● (*spec. al pl., raro, lett.*) Abbraccio: *il bel trastul de gli abbracciari onesti* (MARINO) || PROV. Chi molto abbraccia nulla stringe.

abbracciàta s. f. ● (*raro*) Abbraccio, spec. frettoloso: *dare un'a.*

abbràccio [da *abbracciare*] s. m. ● Atto dell'abbracciare (*anche fig.*): *dare, ricevere un a.*; *l'a. delle colline, del cielo* | *A. mortale*, (*fig.*) gesto, atto che coinvolge chi lo subisce in una situazione rovinosa e irreparabile. SIN. Amplesso, stretta.

abbracciòne s. m. (f. *-a*) ● (*raro*) Faccendone.

†**abbraciàre** o †**abbragiàre** [comp. di *a-* (*2*) e *brace*] v. tr. ● Ridurre in brace | (*est.*) Ardere, infiammare (*spec. fig.*).

abbrancàre (**1**) [comp. di *a-* (*2*) e *branca*] **A** v. tr. (*io abbrànco, tu abbrànchi*) **1** Afferrare, stringere con forza: *il lupo abbrancò l'agnello*; *abbrancò la borsa e fuggì.* **2** Afferrare senza scrupolo e con più o meno aperta disonestà: *i ladri abbrancarono tutto ciò che poterono.* SIN. Arraffare, rubare. **B** v. rifl. ● Appigliarsi con forza a q.c.: *abbrancarsi a una sporgenza, a un ramo.*

abbrancàre (**2**) [comp. di *a-* (*2*) e *branco*] **A** v. tr. (*io abbrànco, tu abbrànchi*) ● Riunire in branco: *a. le pecore per la notte.* **B** v. rifl. ● Raccogliersi in branco.

abbreviaménto s. m. **1** Modo e atto dell'abbreviare. **2** (*ling.*) Riduzione della durata di articolazione di un suono. **3** Nella metrica greca e latina, il passaggio di una sillaba da lunga a breve.

abbreviàre [lat. tardo *abbreviāre*, da *brĕvis* 'breve'] v. tr. (*io abbrèvio*) **1** Fare più breve, accorciare: *a. il cammino, un discorso, una predica* | *A. una parola*, scriverla più corta | *Per, ad abbreviarla*, per farla breve, in poche parole | †Compendiare. **2** Rendere breve una sillaba lunga, nella metrica greca e latina | Pronunziare sdrucciola una parola con la penultima sillaba breve. **3** (*ling., raro*) Troncare: *a. 'bello' in 'bel'.*

abbreviatìvo agg. ● Che serve ad abbreviare: *metodo a.*

abbreviàto part. pass. di *abbreviare*; anche agg. **1** Nei sign. del v. **2** Detto di procedimento legislativo privato di alcune formalità rispetto al normale. || **abbreviataménte**, avv. In modo abbreviato; brevemente: *raccontare abbreviatamente q.c.*

abbreviatóre (**1**) [vc. dotta, lat. tardo *abbreviatōre(m)*. V. *abbreviare*] agg.; anche s. m. (f. *-trice*) ● Che, chi abbrevia.

abbreviatóre (**2**) [da *breve* 'lettera pontificia'] s. m. ● Nella cancelleria pontificia, addetto alla redazione dei brevi e delle lettere.

abbreviatùra s. f. **1** Abbreviazione. **2** Modo di scrivere per compendio o troncamento. || **abbreviaturìna**, dim.

abbreviazióne [vc. dotta, lat. tardo *abbreviatiō-ne(m)*. V. *abbreviare*] s. f. **1** Atto, effetto dell'abbreviare | (*dir.*) *A. del termine*, riduzione del tempo stabilito dalla legge per il compimento di un atto processuale: *a. del termine di comparizione del convenuto in giudizio.* **2** Riduzione grafica di una parola o di una frase per mezzo di una sigla o in altra forma convenzionale | Parola che ha subito tale riduzione: *elenco delle abbreviazioni.* **3** Nella metrica greca e latina, riduzione a breve di una sillaba lunga. **4** (*ling., raro*) Troncamento: *a. di 'bello' in 'bel'.* **5** (*mus.*) Simbolo grafico che indica una variante prevedibile.

†**abbriccàre** [etim. incerta] v. tr. ● Nella loc. *a. un colpo*, menarlo, assestarlo con forza.

†**abbriccàrsi** [comp. di *a-* (*2*) e *bricca*] v. rifl. ● (*tosc.*) Inerpicarsi, arrampicarsi.

†**abbrigliàre** [comp. di *a-* (*2*) e *briglia*] v. tr. ● (*raro*) Mettere la briglia | Bardare.

abbrivàre [provz. *abrivar* 'mettersi velocemente in movimento', dal gallico **brīgos* 'forza'] **A** v. tr. ● (*mar.*) Aumentare gradatamente la velocità della nave fino a raggiungere quella voluta. **B** v. intr. (aus. *avere*) ● Prendere l'abbrivo, acquistare velocità.

abbrividìre [comp. di *a-* (*2*) e *brivido*] v. intr. (*io abbrividìsco, tu abbrividìsci*; aus. *essere* e *avere*) ● (*raro*) Rabbrividire.

abbrìvo o **abbrìvio** [da *abbrivare*] s. m. **1** (*mar.*) Velocità iniziale che un natante prende per effetto dei suoi mezzi di propulsione | *A. residuo*, velocità che un natante mantiene per qualche tempo quando cessa l'azione dei suoi mezzi di propulsione. **2** (*fig.*) Inizio deciso, spinta: *prendere, dare, l'a.* **3** (*min.*) Trasporto di blocchi di marmo dalla cava a fondovalle, facendoli rotolare lungo il fianco del monte.

abbronzaménto s. m. ● Atto, effetto dell'abbronzare.

abbronzànte **A** part. pres. di *abbronzare*; anche agg. ● Nei sign. del v. **B** s. m. ● Cosmetico atto ad abbronzare la pelle.

abbronzàre [comp. di *a-* (*2*) e *bronzo*] **A** v. tr. (*io abbrónzo*) **1** Dare il colore del bronzo: *a. i metalli* | (*est.*) Rendere bruna la pelle: *il sole abbronza la pelle.* **2** (*raro*) Essiccare, inaridire. **3** (*raro*) Abbrustolire, tostare. **B** v. intr. pron. ● Assumere la tinta del bronzo | (*est.*) Divenire scuro di pelle esponendosi al sole.

abbronzàta s. f. ● Atto dell'abbronzare leggermente: *dare un'a.* || **abbronzatàccia**, pegg. | **abbronzatìna**, dim.

abbronzàto part. pass. di *abbronzare*; anche agg. ● Nei sign. del v.

abbronzatùra s. f. ● Effetto dell'abbronzare e dell'abbronzarsi.

abbruciacchiaménto s. m. ● (*raro*) Modo e atto dell'abbruciacchiare.

abbruciacchiàre [freq. di *abbruciare*] v. tr. (*io abbruciàcchio*) **1** Bruciare leggermente, alla superficie | *A. il pollame*, accostarlo alla fiamma per togliergli la peluria rimasta dopo la prima spennatura. **2** Seccare, inaridire: *a. le erbe, le foglie.*

abbruciacchiatùra s. f. ● Atto, effetto dell'abbruciacchiare.

abbruciaménto s. m. **1** (*raro*) Bruciamento. **2** Debbio.

abbruciàre o †**abbrusciàre** [ints. di *bruciare*] v. tr. (*io abbrùcio*) ● Bruciare.

abbruciatìccio o †**abbrusciatìccio** **A** agg. (pl. f. *-ce*) ● Leggermente bruciato | (*est.*) †Che ha colore di cosa bruciata. **B** s. m. ● (*raro*) Bruciaticcio.

abbrumàre [comp. di *a-* (*2*) e *bruma* 'mollusco che corrode la carena delle navi'] v. intr. (aus. *essere*) ● (*mar.*) Corrodersi della carena di legno per effetto delle brume e di piante marine.

abbrunaménto s. m. ● Modo e atto di abbrunare.

abbrunàre [comp. di *a-* (*2*) e *bruno*] **A** v. tr. **1** Fregiare con un segno di lutto: *a. le bandiere.* **2** Fare bruno. **B** v. intr. pron. ● Farsi scuro, imbrunire. **C** v. rifl. ● Vestirsi di nero in segno di lutto: *si abbrunarono per la morte del figlio.*

abbrunàto part. pass. di *abbrunare*; anche agg. **1** Nei sign. del v. **2** †Cotto dal sole.

abbrunìre v. tr. (*io abbrunìsco, tu abbrunìsci*) ● Abbrunare.

abbruscatùra [da *brusca* (*3*)] s. f. ● (*bot.*) Brusca (3).

†**abbrusciàre** ● V. *abbruciare.*

abbrustiàre [dal lat. **brustulāre*, di etim. incerta (?)] v. tr. (*io abbrùstio*) ● (*tosc.*) Abbrustolire.

abbrustiatùra s. f. ● (*tess.*) Operazione che si compie su stoffe pettinate mediante la macchina bruciapelo per eliminare la peluria superficiale e mettere a nudo l'armatura del tessuto.

abbrustolàre v. tr. (*io abbrùstolo*) ● Abbrustolire.

abbrustoliménto s. m. ● Atto, effetto dell'abbrustolire.

abbrustolìre [V. *abbrustiare*] **A** v. tr. (*io abbrustolìsco, tu abbrustolìsci*) ● Far prender colore a un alimento sulla viva fiamma o nel forno | Tostare: *a. il caffè.* **B** v. intr. pron. ● Abbronzarsi: *abbrustolirsi al sole.*

abbrustolìta s. f. ● Leggero abbrustolimento. || **abbrustolitìna**, dim.

abbrutiménto s. m. ● Atto, effetto dell'abbrutire o dell'abbrutirsi: *a. dello spirito*; *ridursi in uno stato di a.*

abbrutìre [comp. di *a-* (*2*) e *bruto*] **A** v. tr. (*io abbrutìsco, tu abbrutìsci*) ● Ridurre come un bruto: *l'eccesso di alcol abbrutisce l'uomo.* SIN. Imbestialire. **B** v. intr. e intr. pron. (aus. *essere*) ● Divenire simile a un bruto: *a. nel vizio.* SIN. Degradarsi.

abbruttìre [comp. di *a-* (*2*) e *brutto*] **A** v. tr. (*io abbruttìsco, tu abbruttìsci*) ● Rendere brutto | Deturpare, imbruttire. **B** v. intr. e intr. pron. (aus. *essere*) ● Divenire brutto.

abbuffàrsi o (*dial.*) **abboffàrsi** [vc. merid., di etim. discussa: di origine onomat. (?)] v. rifl. (*io mi abbùffo*) ● Mangiare a crepapelle: *a. di dolci.*

abbuffàta o (*dial.*) **abboffàta** s. f. **1** Grande mangiata, intesa anche come rito collettivo nell'ambito di certe abitudini o tradizioni: *farsi un'a. di pesce*; *tutto è pronto per la grande a. di Natale.* **2** (*est.*) Grande abbondanza di q.c.: *l'a. cinematografica autunnale.*

abbuiàre [comp. di *a-* (*2*) e *buio*] **A** v. tr. (*io abbùio*) **1** Fare buio, oscurare: *a. la lampada con un fazzoletto*; *venne la sera ed abbuiò le strade* (PASCOLI). **2** (*fig.*) Mettere a tacere, coprire di silenzio: *a. un fatto disonorevole* | Rendere di significato oscuro. **3** (*fig.*) Rattristare. **B** v. intr. pron. **1** (*fig.*) Perdere la vista: *gli occhi gli si abbuiarono per sempre* | Perdere la ragione, il lume dell'intelletto: *la mente gli si abbuia.* **2** (*fig.*) Divenire triste, incupirsi nel volto, nell'animo: *i suoi pensieri si sconvolgevano e si abbuiavano* (VERGA); *la sua fisionomia s'abbuiò.* **C** v. intr. e intr. pron. (anche impers.; aus. *essere*) ● Divenire buio, oscurarsi: *le nuvole s'abbuiano* | Farsi sera, annottare: *d'inverno abbuia presto*; *procacciam di salir pria che s'abbui* (DANTE *Purg.* XVII, 62).

abbuonàre ● V. *abbonare* (*1*).

abbuòno o (*pop.*) **abbòno** [da *abbuonare*] s. m. **1** Riduzione di un prezzo pattuito | Rinuncia alla riscossione totale o parziale di un debito. SIN. Diffalco. **2** (*sport*) Riduzione, ai fini della classifica generale di una corsa ciclistica a tappe, del tempo impiegato dai primi arrivati al traguardo finale o a traguardi intermedi | Nell'ippica, handicap a vantaggio di un concorrente sfavorito o più debole.

abburattaménto s. m. **1** Modo, atto, effetto dell'abburattare | Operazione intermedia di setacciatura nella produzione di farina. **2** Disturbo del linguaggio consistente nello scambio o nell'omissione di lettere o sillabe.

abburattàre [comp. di *a-* (*2*) e *buratto*] v. tr. **1** Cernere la farina dalla crusca col buratto o con lo staccio. **2** (*fig.*) Esaminare col giudizio. SIN. Vagliare. **3** Scuotere, agitare: *a. i sacchi* | (*fig.*) Strapazzare, malmenare: *a. qc. con violenza.* **4** (*tosc.*) Discutere senza posa.

abburattàta s. f. **1** Abburattamento rapido e sommario: *dare un'a.* **2** Quantità di farina messa nel buratto. || **abburattatìna**, dim.

abburattatóre s. m. (f. *-trice*, pop. *-tora*) **1** Chi abburatta. **2** Chi è addetto alla cernita e alla classificazione delle farine.

abburattatùra s. f. *1* Atto, effetto dell'abburattare. *2* Crusca ottenuta abburattando.

abbuzzìre [comp. di *a-* (*2*) e *buzzo*] v. intr. e intr. pron. (*io abbuzzìsco, tu abbuzzìsci*) *1* Sentirsi gonfio per eccesso di cibo. *2* Annuvolarsi: *il cielo s'è abbuzzito.*

ABC /abbit'tʃi*/ ● V. *abbiccì.*

abcàso ● V. *abkhaso.*

abdicàre [vc. dotta, lat. *abdicāre*, comp. di *ăb* 'da' e *dicāre* 'proclamare, consacrare'] **A** v. intr. (*io àbdico, tu àbdichi*; aus. *avere*) *1* Rinunciare all'autorità sovrana o ad altro potere legittimo: *il re fu costretto ad a.* *2* (*est., fig.*) Rinunciare: *a. a un'eredità, a una carica, ai propri diritti* | *Sottrarsi, sfuggire a una responsabilità, a un dovere.* **B** v. tr. *1* (*raro, lett.*) Rifiutare: *a. una professione.* *2* †Ripudiare.

abdicatàrio agg. ● Che ha abdicato.

abdicazióne [vc. dotta, lat. *abdicatiōne(m)*, da *abdicāre* 'abdicare'] s. f. ● Atto, effetto dell'abdicare (*anche fig.*): *l'a. del sovrano*; *l'a. a una missione.*

abduàno [agg. del lat. *Abdua* 'Adda'] agg. ● (*poet.*) Dell'Adda: *dagli antri abdüani* (FOSCOLO).

abducènte part. pres. di *abdurre*; anche agg. *1* Nei sign. del v. *2* (*anat.*) Detto dei nervi cranici del sesto paio, che innervano il muscolo che consente la rotazione verso l'esterno del globo oculare.

abdùrre [lat. *abdūcere*, da *dūcere* 'condurre, tirare'] v. tr. (pres. *io abdùco, tu abdùci*; fut. *io abdurrò*; pass. rem. *io abdùssi, tu abducésti*; condiz. pres. *io abdurrèi*; part. pass. *abdótto*; le altre forme dal tema *abducere*) ● Allontanare un arto dall'asse mediano del corpo. CONTR. Addurre.

abduttìvo agg. ● Proprio dell'abduzione | Fondato sull'abduzione: *ragionamento a.* || **abduttivaménte**, avv. In modo abduttivo, per abduzione.

abduttóre A s. m. ● Ogni muscolo che provoca abduzione. **B** anche agg.: *muscolo a.*

abduzióne [vc. dotta, lat. tardo *abductiōne(m)*. V. *abdurre*] s. f. *1* Atto, effetto dell'abdurre. CONTR. Adduzione. *2* Nella logica aristotelica, sillogismo in cui la premessa maggiore è certa, la minore solo probabile e la conclusione ha una probabilità pari a quella della premessa minore | (*est.*) Qualsiasi tipo di ragionamento la cui conclusione risulti solo verosimile.

abecedàrio ● V. *abbecedario.*

abèlia [dal nome del naturalista *Abel* Clarke] s. f. ● Genere di piante arbustive o arboree delle Caprifogliacee, cui appartengono specie con foglie opposte e fiori in glomeruli che formano pannocchie (*Abelia*) | *A. del Messico*, varietà coltivata dai fiori di color rosa vivo (*Abelia floribunda*).

abelmòsco [ar. *habb al-músk*, da *hab* 'chicco' e *músk* 'muschio'] s. m. (pl. *-schi*) ● Pianta erbacea delle Malvacee con frutti commestibili e proprietà medicinali (*Hibiscus abelmoschus*) | Ambretta.

†abèna [vc. dotta, lat. *habēna(m)* 'briglia', da *habēre* 'avere', poi 'trattenere'] s. f. ● (*lett.*) Briglia del cavallo.

†abènto /a'bɛnto, ab'bɛnto/ [vc. merid., lat. *abvĕntu(m)* 'arrivo' (qui nel senso di 'sosta'). V. *avvento*] s. m. ● Quiete, riposo.

abènula [vc. dotta, lat. *habēnula(m)*, dim. di *habēna(m)* 'redine'] s. f. ● (*anat.*) Ogni struttura anatomica di aspetto simile a una briglia | *A. dell'epifisi*, sorta di peduncolo che connette tale struttura all'epitalamo.

aberrànte part. pres. di *aberrare*; anche agg. *1* Nei sign. del v. | Detto di ciò che è anormale, riprovevole: *fatto, ragionamento, ideologia a.* *2* Detto di fatto linguistico che non è conforme a un tipo considerato come fondamentale. *3* Detto di un animale o di un vegetale che si discosta dalla forma normale.

aberràre [vc. dotta, lat. *aberrāre*, comp. di *ab* 'da' ed *errāre* 'vagare'] v. intr. (*io abèrro*; aus. *avere*) *1* Sviarsi | Deviare. *2* (*astron.*) †Produrre aberrazione.

aberrazióne [vc. dotta, lat. *aberratiōne(m)*. V. *aberrare*] s. f. *1* (*med.*) Anomalia, irregolarità di organi e di funzioni | *A. mentale*, deviazione parziale o totale delle attività mentali dalla norma. *2* Deviazione dalla norma o dalle comuni regole di comportamento: *un momento di a.* *3* (*fis.*) Difetto nella formazione delle immagini da parte di un sistema ottico | *A. astigmatica*, astigmatismo | *A. cromatica*, quella dovuta alla dispersione del vetro, per cui si hanno immagini diverse per le diverse radiazioni dello spettro e conseguenti iridescenze. SIN. Cromatismo | *A. sferica*, quando i raggi provenienti da un punto dell'asse incidono sul sistema a diversa distanza dall'asse convergendo in punti diversi. *4* (*astron.*) Allontanamento apparente degli astri dalla loro posizione per effetto della composizione vettoriale della velocità della luce con quella di chi osserva | *A. diurna*, dovuta al moto di rotazione della Terra | *A. annua*, dovuta al moto di rivoluzione della Terra.

aberròmetro [comp. di *aberr(azione)* e *-metro*] s. m. ● Strumento usato per la misura delle aberrazioni ottiche.

abetàia s. f. ● Abetina.

abéte o (*pop.*) **abéto**, (*dial.*) **†abézzo** [lat. parl. *abēte(m)*, per il classico *abĕte(m)*, di origine preindeur.] s. m. *1* Albero delle Pinacee ad alto fusto, sempreverde con rami quasi orizzontali digradanti verso la cima, ascritto ai generi Abies e Picea | *A. bianco*, albero delle Pinacee, alto, con corteccia di color grigio-cenere e foglie disposte a pettine (*Abies alba*) | *A. rosso, di Moscovia*, albero delle Pinacee, alto, dal tronco bruno-rossiccio con i rami disposti a gradi verticillati, che portano foglie disposte in dense spirali (*Picea excelsa*). SIN. Peccio | *A. americano, di Douglas*, albero delle Pinacee originario dell'America settentrionale, coltivato per legno da opera e cellulosa (*Pseudotsuga douglasii*). SIN. Douglasia. *2* Legno di abete. || **abetèllo**, dim. | **abetino**, dim. | **abetóne** accr.

abetèlla s. f. ● Pertica di legno di abete, lunga e sottile.

ab etèrno ● V. *ab aeterno.*

abetìna [da *abete*] s. f. ● Bosco di abeti.

abetìno agg. ● (*raro*) Di abete.

abéto ● V. *abete.*

ab extra /*lat.* ab 'ɛkstra/ [lat., propr. 'dal di fuori'] loc. avv. ● Dal di fuori, dall'esterno.

†abézzo ● V. *abete.*

abiàtico o **abbiàtico** [lat. tardo *aviātĭcu(m)*, da *ăvia* 'nonna'] s. m. (pl. *-ci*) ● (*sett.*) Nipote, figlio di un figlio o di una figlia.

abicì /abi'tʃi*, abbit'tʃi*/ ● V. *abbiccì.*

†abiettàre o **†abbiettàre**. **A** v. tr. ● Spregiare. **B** v. rifl. ● Avvilirsi, rendersi abietto.

abiettézza o **abbiettézza** [da *abietto*] s. f. ● Qualità di chi, di ciò che è abietto. SIN. Bassezza, meschinità.

abiètto o **abbiètto** [vc. dotta, lat. *abiĕctu(m)*, part. pass. di *abĭcere* 'buttar via'] agg. ● Spregevole, vile, ignobile: *individuo, atto, comportamento a.*; *l'educazione non si degna di pensare al corpo, cosa troppo bassa e abbietta* (LEOPARDI). || **abiettaménte**, avv. In modo vile e spregevole.

abiezióne o **abbiezióne** [vc. dotta, lat. *abiectiōne(m)*, da *abiĕctus* 'abbietto'] s. f. *1* L'essere abietto. SIN. Bassezza, meschinità. *2* (*relig.*) Nell'ascetica cristiana, atteggiamento volontario ed eroico di umiltà. *3* Stato di estremo avvilimento: *cadere nell'a.*; *discendere al fondo dell'a.*

abigeatàrio [da *abigeato*] s. m. ● (*dir.*) Abigeo.

abigeàto [vc. dotta, lat. tardo *abigeātu(m)*, da *abigere* 'allontanare spingendo', comp. di *ăb* e *ăgere* 'condurre'] s. m. *1* (*dir.*) Furto di tre o più capi di bestiame raccolti in gregge o in mandria ovvero di animali bovini o equini anche non raccolti in mandria. *2* Correntemente, furto di bestiame: *non mancava niente, dalla a, abigeato, alla zeta, zuffa* (SCIASCIA).

abigeo [vc. dotta, lat. tardo *abĭgeu(m)*. V. *abigeato*] s. m. ● (*dir.*) Chi si rende colpevole di abigeato.

àbile [vc. dotta, lat. *hăbile(m)*, da *habēre* 'tenere'] agg. *1* Che ha le qualità, i requisiti, i mezzi necessari per fare q.c.: *essere a. alla fatica, al lavoro, all'esercizio di una professione.* SIN. Adatto, idoneo. *2* Idoneo al servizio militare: *dichiarare qc. a.* *3* Valente, esperto, accorto: *un a. commerciante*; *un operaio a. nel suo lavoro*; *un collaboratore a. e intelligente*; *speculazione, menzogna a.* SIN. Bravo, capace. || **abilménte**, avv. Destramente: *sottrarsi abilmente a qualche responsabilità.*

-àbile [corrisponde al suff. lat. *-abile(m)*, propriamente di agg. verb. con sign. passivo] suff. ● Forma aggettivi di senso passivo di origine latina o tratti da verbi in *-are*, che esprimono abilità, attitudine, possibilità: *affidabile, amabile, fabbricabile, utilizzabile* | In alcuni casi, suff. di aggettivi derivati anche da sostantivi: *tascabile.*

abilità [vc. dotta, lat. *habilitāte(m)*, da *hăbilis* 'abile'] s. f. *1* Capacità e idoneità a compiere q.c. in modo soddisfacente: *lavoro che richiede grande a. manuale*; *ci vuole a. e tatto per trattare con il pubblico.* SIN. Bravura, perizia, valentia. *2* Destrezza, astuzia: *uscire con a. da una situazione poco chiara.* *3* †Comodo, vantaggio.

abilitànte part. pres. di *abilitare*; anche agg. *1* Nei sign. del v. *2* *Corsi abilitanti*, corsi di studio che i laureati seguirono in un periodo di assenza di concorsi, ottenendone al termine un diploma di abilitazione all'insegnamento.

abilitàre [fr. *habiliter*, dal lat. tardo *habilitāre*, da *hăbilis, habĭlitas*. V. *abile*] **A** v. tr. (*io abìlito*) *1* Fare, rendere abile, adatto: *insegnerà la sintassi greca ... per a. i giovani a tradurre* (PARINI). *2* Concedere da parte di una autorità spec. statale l'idoneità allo svolgimento di date attività professionali: *a. alla professione medica, all'insegnamento.* **B** v. rifl. ● Conseguire l'abilitazione.

abilitatìvo agg. ● Che conferisce un'abilitazione: *esame a.*

abilitàto A part. pass. di *abilitare*; anche agg. *1* Nei sign. del v. *2* Detto di apparecchio telefonico interno che può connettersi direttamente sulla rete urbana. **B** s. m. (f. *-a*) ● Chi ha conseguito un'abilitazione.

abilitazióne s. f. ● Atto, effetto dell'abilitare: *esame d'a.*

ab imis /*lat.* a'b imis/ [sottinteso *fundamĕntis* 'dalle fondamenta più riposte'] loc. avv. ● Dalle fondamenta, dalle basi.

ab immemorabili /*lat.* ab immemo'rabili/ [sottinteso *tĕmpore*, 'da tempo immemorabile'] loc. avv. ● Da tempo immemorabile.

ab imo pectore /*lat.* ab 'imo 'pektore/ [lat., propr. 'dal profondo (del) petto'] loc. avv. ● Dal profondo dell'animo, del cuore.

ab initio /*lat.* ab i'nittsjo/ [lat., propr. 'dall'inizio'] loc. avv. ● Da principio, inizialmente.

ab intestato /*lat.* ab intes'tato/ [lat., 'da chi non ha fatto testamento'. V. *intestato* (*2*)] loc. avv. e agg. ● (*dir.*) Modo di delazione dell'eredità in mancanza di testamento: *succedere ab intestato*; *successione ab intestato.*

abio- [comp. di *a-* (*1*) e *-bio*] primo elemento ● In parole composte della terminologia scientifica significa 'mancanza di vita': *abiogenesi, abiosfera.*

abiogènesi [comp. di *abio-* e del gr. *génesis* 'generazione'] s. f. ● (*biol.*) Generazione di organismi viventi dalla materia non vivente.

abiologìa [comp. di *a-* (*1*) e *biologia*] s. f. ● (*raro*) Insieme delle scienze naturali che studiano i corpi non viventi, come minerali, rocce e sim.

abiològico agg. (pl. m. *-ci*) ● Che si riferisce all'abiologia.

abiosfèra [vc. dotta, comp. di *abio-* e *sfera*] s. f. ● Insieme delle parti della Terra in cui non è possibile alcuna forma di vita.

abiòtico [comp. di *a-* (*1*) e un deriv. del gr. *bios* 'vita', sul modello del fr. *abiotique*] agg. (pl. m. *-ci*) ● (*biol.*) Detto di luogo in cui non è possibile alcuna forma di vita.

abissàle [fr. *abyssal*, dal lat. tardo *abўssus*. V. *abisso*] agg. *1* Di abisso. *2* Detto di grande profondità oceanica | *Fauna a.*, adatta a resistere alle notevoli pressioni delle profondità marine | (*geol.*) Detto di ambiente di sedimentazione e facies sedimentaria di depositi formati in fondali marini di tale profondità. *3* (*fig.*) Senza limiti, profondo: *ignoranza a.* *4* (*geol.*) Detto di ciò che si trova in profondità entro la crosta terrestre: *magma a.*; *rocce abissali.* *5* (*psicol.*) Detto di qualsiasi dottrina psicologica che si occupi dell'inconscio.

†abissàre [da *abisso*] **A** v. tr. ● Sommergere. **B** v. intr. ● Sprofondare: *par che il mondo abissi e venga meno* (BOIARDO). **C** v. intr. pron. ● Inabissarsi.

abissino A agg. ● Dell'Abissinia. **B** s. m. (f. *-a*) ● Abitante, nativo dell'Abissinia.

abìsso o **†nabisso** [vc. dotta, lat. tardo *abўs-*

su(m), nom. *abÿssus*, dal gr. *ábyssos*, da *byssós* 'fondo del mare'] **s. m.** ***1*** Profondità sconfinata, baratro (*anche fig.*): *gli abissi del mare*; *cadere, precipitare in un a.*; *essere sull'orlo dell'a.*; *quell'uomo è un a. di malvagità*. ***2*** (*est., lett.*) Inferno | *Gli spiriti, le potenze dell'a.*, i demoni. ***3*** (*fig.*) Grande differenza, distanza incolmabile, di ordine culturale, intellettuale, morale e sim.: *che a. ora tra lei e quella compagna di collegio!* (PIRANDELLO). ***4*** (*fig.*) Subisso, quantità immensa: *un a. di miserie*. ***5*** (*arald.*) Punto centrale dello scudo. **SIN.** Cuore.

abitàbile [vc. dotta, lat. *habitābile(m)*, da *habitāre* 'abitare'] **agg.** ● Che si può abitare: *paese a.*

abitabilità **s. f.** ● Condizione di ciò che è abitabile | *Autorizzazione di a.*, rilasciata quando un'abitazione, di nuova costruzione o modificata, risponde ai requisiti previsti dalla legge.

abitàcolo [vc. dotta, lat. tardo *habitāculu(m)*, da *habitāre* 'abitare'] **s. m.** ***1*** Spazio destinato alle persone in un veicolo. ***2*** Negli aeromobili, piccolo vano destinato all'equipaggio. ***3*** (*mar.*) Chiesuola. ***4*** †Abitazione angusta e povera: *quivi soletto ... / avrò, mentre ch'io viva, lo a.* (BOIARDO).

†**abitaménto** **s. m.** ● Abitazione.

abitànte **A** **part. pres.** di *abitare*; anche **agg.** ● Nei sign. del v. **B** **s. m. e f.** ● Chi abita in un luogo: *città di centomila abitanti*.

abitàre [vc. dotta, lat. *habitāre*, freq. di *habēre* 'trovarsi, stare'] **A** **v. tr.** (*io àbito*) ● Avere come dimora: *a. una casa, un palazzo* | Popolare: *a. un luogo, una regione, un paese*. **B** **v. intr.** (aus. *avere*) ***1*** Risiedere, vivere stabilmente in un luogo: *a. in città, in periferia, in campagna*; *a. in famiglia*; *a. con i genitori*; *a. fra gente estranea*. **SIN.** Alloggiare, dimorare, stare. ***2*** (*fig., lett.*) Tenere, nutrire nel proprio animo: *insolita paura / entrar mi sento ad abitar nel petto* (MARINO).

abitatìvo [da *abitare*] **agg.** ● Relativo all'abitare, alle abitazioni: *edilizia abitativa*.

abitàto **A** **part. pass.** di *abitare*; anche **agg.** ● Nei sign. del v. **B** **s. m.** ● Luogo occupato da complesso più o meno vasto di edifici destinati all'abitazione dell'uomo: *a. cittadino*; *a. rurale*; *uscire dall'a.*; *un gruppo di abitati*.

abitatóre [vc. dotta, lat. *habitatōre(m)*, da *habitāre* 'abitare'] **s. m.** (f. *-trice*) ● (*lett.*) Abitante | *Gli abitatori dell'aria, dell'acqua*, gli uccelli, i pesci | *Abitatori del cielo*, i beati | †*Abitatori a gravezza*, cittadini che pagano imposte.

†**abitatòrio** **s. m.** ● (*raro*) Abitazione.

abitazióne [vc. dotta, lat. *habitatiōne(m)*, da *habitāre* 'abitare'] **s. f.** ***1*** Atto dell'abitare: *ambiente inadatto all'a.* | *Casa d'a.*, quella in cui si abita | (*dir.*) *Diritto di a.*, diritto reale di godimento su cosa altrui, consistente nella facoltà di utilizzare una casa altrui per abitarvi con la propria famiglia. ***2*** Gruppo di ambienti che permettono a un nucleo familiare di soddisfare ai bisogni immediati della vita umana | (*est.*) Edificio, casa: *zona priva di abitazioni*.

abitìno **s. m.** ***1*** Dim. di *abito*. ***2*** Oggetto di devozione popolare cattolica che si porta appeso al collo a mezzo di un nastro e consiste di due quadratini di stoffa sovrapposti e cuciti insieme contenenti un'immaginetta sacra, portato spec. dai terziari secolari. **SIN.** Scapolare.

àbito [vc. dotta, lat. *hăbitu(m)*, da *habēre* 'possedere'] **s. m.** ***1*** Capo di abbigliamento: *a. da mattina, a. da pomeriggio, a. da cocktail* | *A. scuro*, maschile, adatto a cerimonie e riunioni mondane | *A. da sera*, femminile, lungo o corto ma di particolare eleganza | *A. da gran sera*, femminile, lungo per rappresentazioni di gala e grandi balli | *Taglio d'a.*, quantità di stoffa occorrente per un vestito. ***2*** Foggia, modo di vestire, spec. come segno distintivo di una condizione, una professione e sim.: *a. militare, civile, religioso, monacale, ecclesiastico* | *A. talare*, la veste degli ecclesiastici. ***3*** (*ass.*) Veste religiosa | *Prendere, vestire l'a.*, dedicarsi alla vita ecclesiastica | *Deporre, abbandonare, lasciare l'a., gettare l'a. alle ortiche*, abbandonare la vita ecclesiastica. ***4*** (*fig.*) Abitudine, disposizione naturale o acquisita per educazione, studio, lungo uso: *a. mentale*; *a. della virtù*; *a. letterario*; *dolce paese, onde portai conforme / l'a. fiero e lo sdegnoso canto* (CARDUCCI). ***5*** (*biol.*) Complesso delle caratteristiche anatomiche e funzionali di un organismo | *A. nuziale*, particolare cambiamento di aspetto che in molti animali accompagna la maturazione sessuale. ***6*** (*lett.*) Contegno, aspetto: *mandato sotto a. di infermi, uomini robustissimi, occupò la terra* (MACHIAVELLI) || **PROV.** L'abito non fa il monaco. || **abitàccio**, **pegg.** | **abitìno**, **dim.** (V.) | **abitóne**, **accr.** | **abitùccio**, **dim.**

abituàle [vc. dotta, lat. mediev. *habituāle(m)*, da *hăbitus* 'disposizione'] **agg.** ● Che deriva da abitudine: *comportamento, occupazione, cliente a.* | (*dir.*) *Delinquente a.*, particolarmente dedito alla commissione di reati | (*relig.*) *Grazia a.*, nella teologia cattolica, qualità permanente dell'anima per cui si diventa figli di Dio ed eredi del Paradiso. **SIN.** Consueto, solito. || **abitualménte**, **avv.**

abitualità [da *abituale*] **s. f.** ● Condizione di ciò che è abituale | *A. criminosa*, condizione personale del delinquente e del contravventore abituale.

abituàre [lat. tardo *habituāri*, da *hăbitus* 'abitudine'] **A** **v. tr.** (*io abìtuo*) ● Dare un'abitudine, fisica o morale: *a. qc. al lavoro, alla fatica, alla vita all'aria aperta, al dolore, alle privazioni*. **SIN.** Assuefare, avvezzare. **B** **v. rifl.** ● Prendere un'abitudine: *abituarsi al fumo, ai rumori, a un'idea*; *abituarsi a tacere*. **SIN.** Assuefarsi, avvezzarsi.

abituàto **part. pass.** di *abituare*; anche **agg.** ***1*** Nei sign. del v. ***2*** Che ha l'abitudine a q.c.: *è a. alla fatica*; *non sono a. ad alzarmi presto* | *Bene a.*, che ha buone abitudini o buona educazione | *Male a.*, che ha cattive abitudini o cattiva educazione.

abituazióne **s. f.** ***1*** (*raro, lett.*) L'abituarsi, l'essersi abituato. ***2*** (*fisiol.*) Diminuzione della ampiezza di una risposta evocata da stimoli nervosi reiterati.

abitudinarietà **s. f.** ● Qualità di chi o di ciò che è abitudinario.

abitudinàrio **A** **agg.**; anche **s. m.** ● Che, chi agisce secondo le abitudini acquisite, spec. per mancanza di iniziativa, curiosità, entusiasmo e sim.: *gli uomini sono creature abitudinarie*; *ormai è diventato un a.* **SIN.** Consuetudinario, metodico. **B** **s. m.** (f. *-a*) ● Chi frequenta abitualmente un luogo: *gli abitudinari di un bar*.

abitùdine [vc. dotta, lat. *habitūdine(m)*, da *hăbitus* 'disposizione, condizione'] **s. f.** ***1*** Disposizione ad agire in un determinato modo acquisita con la continua e regolare ripetizione degli stessi atti: *buona, cattiva, vecchia a.*; *a. inveterata*; *prendere, perdere un'a.*; *avere delle brutte abitudini*; *fare l'a. a q.c.*; *fare q.c. per a.*; *la forza dell'a.* **SIN.** Costume, consuetudine. ***2*** †Abito morale e corporeo.

abitùro [contaminazione di *abitazione* e *tugurio* (?)] **s. m.** ***1*** Abitazione meschina e povera: *un a. tra i monti*. ***2*** †Dimora, abitazione: *quanti nobili abituri ... rimaser vuoti!* (BOCCACCIO).

abiùra [da *abiurare*] **s. f.** ***1*** Nel cristianesimo e nell'islamismo, solenne rinunzia ad altra religione o dottrina considerata falsa o erronea | Formula scritta o orale, nella quale si esprime tale rinunzia. ***2*** (*est.*) Formale rinuncia a dottrine o idee precedentemente professate: *a. politica*.

abiuràre [vc. dotta, lat. *abiurāre*, comp. di *ăb* 'da' (con senso di allontanamento) e *iurāre* 'giurare'] **v. tr.** ● Fare abiura.

abkhàso o **abcàso** **A** **agg.** ● Dell'Abkhasia, repubblica autonoma della Georgia asiatica. **B** **s. m.** (f. *-a*) ● Abitante, nativo dell'Abkhasia.

ablaqueazióne [vc. dotta, lat. *ablaqueatiōne(m)*, da *ablaqueātus*, part. pass. di *ablaqueāre* 'scalzare', da *lăqueus* 'laccio', col pref. *ăb* 'da'] **s. f.** ● (*agr.*) Operazione consistente nel rimuovere, al piede degli alberi, terra, erba, radici, in modo da poter trattenere attorno all'albero acqua piovana o d'irrigazione.

†**ablasmàre** [provz. *ablasmar*, stessa etim. dell'it. *bestemmiare*] **v. tr.** ● Biasimare.

ablativo [vc. dotta, lat. (*cāsum*) *ablatīvu(m)*, da *ablātus*, part. pass. di *aufĕrre* 'levare'] **A** **s. m.** ● (*ling.*) Caso della declinazione indoeuropea indicante il punto di partenza, lo strumento, la compagnia, lo stato in luogo | *A. assoluto*, senza legame sintattico col resto della proposizione | (*fig.*) *Ridursi, essere all'a.*, allo stremo delle forze. **B** anche **agg.**: *caso a.*

ablatóre [vc. dotta, lat. tardo *ablatōre(m)* 'colui che porta via', da *ablātus*, part. pass. di *aufĕrre* 'portare via', comp. di *ăb* 'da' e *fĕrre* 'portare' (V. *-fero*)] **A** **agg.** ● (*geogr.*) Detto di bacino costituito dalla porzione inferiore del ghiacciaio sotto la linea delle nevi persistenti in cui prevalgono i fenomeni di fusione e consumo dei ghiacciai. **B** **s. m.** ● (*med.*) Strumento con cui il dentista leva il tartaro dai denti.

ablazióne [vc. dotta, lat. tardo *ablatiōne(m)*, da *ablātus*, part. pass. di *aufĕrre* 'levare'] **s. f.** ***1*** (*geogr.*) Complesso dei fenomeni che avvengono nella lingua di un ghiacciaio | Riduzione di volume di un ghiacciaio per fusione ed evaporazione. ***2*** (*chir.*) Asportazione di qualsiasi parte o formazione dell'organismo. ***3*** (*dir.*) Contenuto di un atto d'autorità avente l'effetto di togliere ad alcuno il godimento o l'esercizio di un diritto o di un interesse. ***4*** (*fis.*) Fusione o evaporazione superficiale di un corpo sottoposto a elevata temperatura, utile al fine di proteggere dal calore.

ablefarìa [dal gr. *ablépharos* 'senza palpebre', comp. di *a-* priv. e *blépharon* 'palpebra' (V. *blefaro-*)] **s. f.** ● (*med.*) Assenza totale o parziale delle palpebre.

ablegàto /ab-le'gato/ [dal lat. *ăb* 'da', sul modello di *delegato*] **s. m.** ● Funzionario incaricato dal Pontefice di una missione particolare, spec. quella onorifica di portare la berretta cardinalizia a un nuovo cardinale assente da Roma all'atto della nomina.

ablegazióne /ab-legat'tsjone/ **s. f.** ● Dignità, funzione di ablegato.

abluzióne [vc. dotta, lat. *ablutiōne(m)*, da *ablŭere* 'lavare, purificare'] **s. f.** ***1*** Lavaggio del corpo o di una parte di esso. ***2*** Atto rituale di molte religioni superiori e primitive, consistente nel lavare il corpo o parte di esso a scopo di purificazione | Atto del lavarsi le dita che fa il sacerdote cattolico durante la Messa.

abnegàre o †**annegàre** (**2**) [vc. dotta, lat. *abnegāre*, comp. di *ăb* (allontanamento) e *negāre* 'negare'] **v. tr.** (*io abnégo* o *abnègo*, o *àbnego, tu abnéghi* o *abnèghi, àbneghi*) ● (*raro*) Rinunciare con l'animo ai propri voleri, desideri e utili per il bene altrui o per culto religioso.

abnegazióne o †**annegazióne** [vc. dotta, lat. tardo *abnegatiōne(m)*. V. *abnegare*] **s. f.** ● Rinuncia, sacrificio di sé, della propria volontà. **SIN.** Dedizione.

abnòrme [vc. dotta, lat. *abnŏrme(m)* 'fuori della norma'] **agg.** ● Che esce dalla norma. || **abnormeménte** **avv.**

abolìre [vc. dotta, lat. *abolēre*, di etim. incerta] **v. tr.** (*io abolìsco, tu abolìsci*) ● Annullare, togliere del tutto: *a. la tassa sulle automobili*; *a. un uso, una cerimonia* | Abrogare: *a. una legge, un decreto*. **SIN.** Sopprimere.

abolitìvo **agg.** ● Diretto ad abolire.

abolitóre [vc. dotta, lat. tardo *abolitōre(m)*, da *abolēre* 'abolire'] **s. m.** (f. *-trice*) ● (*raro*) Chi abolisce.

abolizióne [vc. dotta, lat. tardo *abolitiōne(m)*, da *abolēre* 'abolire'] **s. f.** ● Atto, effetto dell'abolire: *l'a. della pena di morte*. **SIN.** Annullamento, soppressione.

abolizionìsmo [ingl. *abolitionism*] **s. m.** ● Movimento che propugna l'abolizione o la modificazione di leggi, istituzioni o consuetudini, ritenute ormai immorali, socialmente negative e sim.

abolizionìsta [ingl. *abolitionist*] **s. m. e f.** (pl. m. *-i*) ● Chi propugna l'abolizionismo.

abolizionìstico **agg.** (pl. m. *-ci*) ● Relativo all'abolizionismo.

abòlla [vc. dotta, lat. *abŏlla(m)*, prob. dal gr. *ambolé* per *anabolé*, da *anabállō* 'io getto sopra'] **s. f.** ● Casacca militare e da viaggio in uso nel mondo romano.

abomàso o (*evit.*) **abòmaso** [comp. del lat. *ăb* 'dopo' e *omāsum* 'trippa di bue'] **s. m.** ● (*zool.*) Ultima delle quattro cavità dello stomaco dei Ruminanti.

abominàbile o **abbominàbile** [vc. dotta, lat. tardo *abominābile(m)*, da *abomināre* 'abominare'] **agg.** ● (*raro*) Abominevole: *a. e nefando ... / era il rigor di quella legge dura* (MARINO). || **abominabilménte**, **avv.** (*raro*) In modo abominevole.

abominàndo o **abbominàndo** [vc. dotta, lat. *abominăndu(m)*, gerundivo (col senso di necessità) di *abomināre* 'abominare'] **A** **agg.** ● (*raro*, *lett.*) Che si deve aborrire: *vizi abominandi e brutti* (ARIOSTO). **B** s. m. ● Eretico o scismatico colpito da scomunica solenne, nella religione cattolica.

abominàre o **abbominàre** [lat. *abomināre* 'respingere un presagio', comp. di *ăb* 'da' e *ōmen* 'presagio'] v. tr. (*io abòmino*) **1** Avere in orrore, aborrire, detestare: *a. la violenza, il vizio*. SIN. Disprezzare, odiare. **2** †Vituperare, infamare | †Accusare.

abominatóre o **abbominatóre**. s. m. (f. *-trice*) ● Chi detesta.

abominazióne o **abbominazióne** [vc. dotta, lat. tardo *abominatiōne(m)*, da *abomināre* 'abominare'] s. f. **1** Sentimento di avversione profonda, odio, disprezzo: *avere qc., q.c. in a.*; *suscitare l'a. generale*. **2** (*raro*) Cosa, persona, abominevole: *quell'individuo è l'a. della sua famiglia*. **3** †Nausea, ripugnanza.

abominévole o **abbominévole** [V. *abominabile*] agg. ● Che è degno di abominazione, disprezzo: *spettacolo, luogo, comportamento a.* | *L'a. uomo delle nevi*, essere mostruoso che secondo una leggenda vive fra le nevi dell'Himalaya. SIN. Esecrabile, odioso. || **abominevolménte**, avv.

abomìnio o **abbomìnio**. s. m. ● Abominazione: *la guerra civile è un a.* SIN. Infamia, obbrobrio.

†**abominóso** o †**abbominóso**. agg. ● Abominevole, detestabile.

†**abondàre** e *deriv.* ● V. *abbondare* e *deriv.*

aboràle [comp. del lat. *ăb* 'dopo' e *os*, genit. *oris* 'bocca'] agg. ● (*anat., zool.*) Che è situato dalla parte opposta a quella in cui si apre la bocca: *estremità a.*

aborìgeno o **aborìgene** [vc. dotta, lat. *Aborīgines*, nom. pl., i primi abitatori del Lazio, di etim. incerta] **A** agg. ● Indigeno: *piante, popolazioni aborigene*. **B** s. m. (f. *-a*) **1** Chi è originario della regione in cui vive. **2** (*est.*) Primitivo, selvaggio.

ab origine /*lat.* ab o'ridʒine/ [lat., propriamente 'dall'origine'] loc. avv. ● Originariamente, fin da principio.

aborrènza o **abborrènza** s. f. ● (*raro*) Aborrimento.

aborrévole o †**abborrévole** agg. ● (*raro*) Che merita aborrimento. || **aborrevolménte**, avv. (*raro*) In modo ripugnante.

aborriménto o **abborriménto** s. m. ● Sentimento di avversione e ripugnanza: *manifestare a. per q.c.*; *avere, prendere qc., q.c., in a.*

aborrìre o **abborrìre** [lat. *abhorrēre*, da *hŏrror* 'orrore'] **A** v. tr. (*io aborrìsco* o *abòrro*, *tu aborrìsci* o *abòrri*) ● Avere in orrore, in avversione: *a. l'ipocrisia*. SIN. Detestare, odiare. **B** v. intr. (aus. *avere*) ● Rifuggire con orrore: *a. dalla menzogna, dal sangue*.

aborritóre o **abborritóre** agg.; anche s. m. (f. *-trice*) ● (*lett.*) Che, chi aborrisce.

abortìre [vc. dotta, lat. tardo *abortīre*, da *aborīri*. V. *aborto*] v. intr. (*io abortìsco, tu abortìsci*; aus. *avere* nel sign. proprio; *essere* nel sign. fig.). **1** Interrompere prematuramente la gravidanza, mediante espulsione del prodotto del concepimento prima del 180° giorno. **2** (*est.*) Non svilupparsi: *la fioritura dei ciliegi ha abortito*. **3** (*fig.*) Non giungere a conclusione: *il tentativo abortì sul nascere*. SIN. Fallire.

abortista agg.; anche s. m. e f. (pl. m. *-i*) ● Che, chi è favorevole alla liberalizzazione dell'aborto: *medici abortisti*.

abortìstico agg. (pl. m. *-ci*) ● Degli abortisti: *movimento a.*

abortìvo [vc. dotta, lat. *abortīvu(m)*, da *abŏrtus* 'aborto'] **A** agg. ● Che provoca l'aborto: *farmaco a.* | Del, relativo all'aborto: *intervento a.* **B** s. m. ● Sostanza atta a provocare l'aborto.

abòrto [vc. dotta, lat. *abŏrtu(m)*, da *aborīri* 'perire, nascere prima del tempo', da *orīri* 'nascere'] s. m. **1** (*med.*) Interruzione della gestazione ed espulsione del prodotto del concepimento prima del 180° giorno: *a. provocato, spontaneo, terapeutico* | (*est.*) Anche il prodotto del concepimento espulso o estratto prematuramente | (*zool.*) *A. epizootico*, brucellosi. **2** (*bot.*) Mancata formazione o mancato sviluppo di un organo vegetale. **3** Feto nato prematuro e morto. **4** (*fig.*) Persona, cosa mal conformata e imperfetta: *quell'uomo è un a.*; *la poveretta è un a. di natura*. **5** (*fig.*) Opera mal riuscita, attività che fallisce sul nascere e sim.: *l'iniziativa si è risolta in un a.* SIN. Fallimento.

ab ovo /*lat.* a'b ɔvo/ [lat., 'dall'inizio', propriamente 'dall'uovo'; la locuzione intera era *ab ovo usque ad mala* 'dall'uovo (che costituiva l'antipasto) fino alla frutta'] loc. avv. ● Dai più remoti antefatti.

abracadàbra [lat. tardo *abracadabra*, di etim. incerta] s. m. inv. **1** (*relig.*) Parola misteriosa cui si attribuivano virtù magiche. **2** (*fig.*) Gioco di parole di significato volutamente oscuro.

abràdere [vc. dotta, lat. *abrādere* 'radere, raschiare', comp. di *ăb* 'da' e *rādere* 'radere'] v. tr. (part. pass. *abràṣo*) **1** Provocare abrasione. **2** (*lett.*) Togliere via raschiando, radendo.

abranchiàto [comp. di *a-* (*1*) e un deriv. di *branchia*, come in *Branchiati*] agg. ● (*zool.*) Detto di organismo privo di branchie.

abraṣióne [vc. dotta, lat. tardo *abrasiōne(m)*, da *abrādere* 'abradere'] s. f. **1** Raschiatura, cancellatura fatta radendo | Il segno che ne resta. **2** (*geogr.*) Azione demolitrice esercitata dalle onde del mare che si frangono su una costa: *a. marina*. **3** In varie tecnologie, metodo di lavorazione che consiste nell'asportare mediante attrito con sostanze apposite la parte più superficiale di un materiale. **4** (*med.*) Lesione superficiale, leggero raschiamento.

abraṣività s. f. ● Qualità di ciò che è abrasivo.

abraṣìvo **A** agg. ● Detto di sostanza durissima, usata per rifinire superfici metalliche o per asportare strati sottilissimi mediante attrito. **B** anche s. m.: *abrasivi naturali, artificiali*.

abreazióne [comp. della prep. lat. di allontanamento *ăb* e di *reazione*] s. f. ● (*psicol.*) Improvvisa manifestazione di sentimenti a lungo repressi e inconsci.

abrégé /*fr.* abre'ʒe/ [fr., 'compendio', propriamente part. pass. di *abréger* 'abbreviare'; stessa etim. dell'it. *abbreviare*] s. m. inv. ● Compendio, sommario.

àbro [dal gr. *habrós* 'molle'] s. m. ● Arbusto tropicale delle Papilionacee con infiorescenze rosse a grappolo e semi di color rosso scarlatto con macchie rotonde nere, usati per collane, rosari e sim. (*Abrus precatarius*). SIN. Albero dei paternostri, albero del rosario.

abrogàbile agg. ● Che si può abrogare.

abrogàre [vc. dotta, lat. *abrogāre*, comp. di *ăb* e *rogāre* 'proporre una legge'] v. tr. (*io àbrogo, tu àbroghi*) ● (*dir.*) Porre nel nulla una norma con mezzi previsti dalla legge.

abrogatìvo agg. ● Che abroga, che è atto ad abrogare: *referendum a.*

abrogatòrio agg. ● (*dir.*) Che serve ad abrogare.

abrogazióne [vc. dotta, lat. *abrogatiōne(m)*, da *abrogāre* 'abrogare'] s. f. ● (*dir.*) Atto, effetto dell'abrogare.

abrogazionista s. m. e f.; anche agg. (pl. m. *-i*) ● Chi, che sostiene l'opportunità o la necessità di abrogare una legge.

abròstine o **abròstino** [dal lat. *labrŭsca* 'vite selvatica', con la caduta della *l-* iniziale sentita come articolo] s. m. **1** Specie di vite americana (*Vitis labrusca*) | Uva di questa vite, piccola, nera, aspra, usata spec. per colorare vini. **2** †Vite selvatica.

abròtano [lat. *abrŏtonu(m)*, di etim. incerta, ma prob. da accostare al gr. *habrós* 'molle'] s. m. ● Pianta erbacea delle Composite con foglie grandi, multifide, odore fortemente aromatico, sapore amaro e fiori in capolini (*Artemisia abrotanum*) | *A. femmina*, santolina.

abruzzése **A** agg. ● Dell'Abruzzo: *usi abruzzesi*; *dialetto a.* **B** s. m. e f. ● Abitante, nativo dell'Abruzzo. **C** s. m. solo sing. ● Dialetto italiano meridionale, parlato in Abruzzo.

ABS (**1**) /abbi'ɛsse/ [sigla di *A*(*crilonitrile*), *B*(*utadiene*), *S*(*tirene*)] s. m. inv. ● (*chim.*) Copolimero derivato dai monomeri acrilonitrile, butadiene e stirene; materia plastica di elevata tenacità e brillantezza, è usata per oggetti di arredamento, giocattoli, e sim.

ABS (**2**) /abbi'ɛsse/ [sigla del ted. *A*(*nti*)*-B*(*lockier*) *S*(*ystem*) 'sistema antibloccaggio'] s. m. inv.; anche agg. ● (*autom.*) Antiblocco.

abṣbùrgico ● V. *asburgico*.

abscìssico [dal lat. *abscīssus* (V. *abscissione*)] agg. (pl. m. *-ci*) ● (*bot.*) Di, relativo all'abscissione | *Acido a.*, ormone vegetale individuato per la prima volta nella zona di abscissione dei frutti; partecipa alla regolazione di molti fenomeni, come la dormienza delle gemme e la chiusura degli stomi.

abscissióne [ingl. *abscission*, vc. dotta che si rifà al lat. tardo *abscissiōne(m)* 'squarciamento, lo strappare', da *abscīssus*, part. pass. di *abscīndere* 'staccare', comp. di *ăb* 'da' e *scĭndere* (V. *scindere*)] s. f. ● (*bot.*) Distacco di un organo vegetale (foglie, sepali, petali, stami e sim.) dalla porzione destinata a rimanere (fusto, peduncolo).

†**àbsida** ● V. *abside*.

absidàle agg. ● Relativo all'abside.

absidàto [vc. dotta, lat. tardo *absidātu(m)* 'a volta, ad arco', da *ăbsis*, genit. *absīdis* 'abside'] agg. ● A forma di abside | Dotato di abside: *basilica absidata*.

àbside o †**àbsida** nel sign. A 1 [vc. dotta, lat. *apsīda* dal gr. *hápsos* 'articolazione, giuntura', da *háptō* 'io connetto'] **A** s. f. **1** Parte delle chiese cristiane a pianta semicircolare o poligonale, coperta da una volta; è posta al fondo della navata maggiore e, talvolta, di quelle laterali | Costruzione semicircolare in fondo alla basilica romana dove era la tribuna per i magistrati. ➡ ILL. p. 359 ARCHITETTURA. **2** Nella tenda da campeggio, parte opposta all'ingresso, di forma per lo più semicircolare. **B** s. m. ● (*spec. al pl., astron.*) Estremo dell'asse maggiore di un'orbita ellittica | *Linea degli absidi*, l'asse maggiore. || **absidìola**, dim. (V.).

absidìola [dim. di *abside*] s. f. ● (*arch.*) Abside minore rispetto all'abside principale.

absintìna [dal lat. *absĭnthium*. V. *assenzio*] s. f. ● (*chim.*) Principio amaro dell'assenzio.

absintìṣmo [fr. *absinthisme*] s. m. ● (*med.*) Intossicazione cronica da assenzio.

abstract /*ingl.* 'æbstrækt/ [vc. ingl., per *abstracted*, propr. 'estratto', dal lat. *abstrăctu(m)*, part. pass. di *abstrăhere* 'trarre via'] s. m. inv. ● Breve riassunto di articoli scientifici pubblicati in riviste specializzate.

abulìa [vc. dotta, gr. *aboulía*, comp. di *a* priv. e *boulḗ* 'volontà'] s. f. **1** (*med.*) Indebolimento e insufficienza della volontà. **2** Correntemente, inerzia della volontà: *scuotersi dall'a.*

abùlico agg.; anche s. m. (f. *-a*; pl. m. *-ci*) **1** (*med.*) Che, chi è affetto da abulia. **2** Correntemente, che, chi è indolente, irresoluto: *carattere a.*

abùna [amarico *abùn* 'padre'] s. m. inv. ● Un tempo, titolo del metropolita nominato dal patriarca della Chiesa copta per reggere la Chiesa etiopica | Ai nostri giorni, titolo che si dà ai monaci e agli abati in Etiopia.

abuṣàre [da *abuso*] v. intr. (aus. *avere*) ● Fare uso cattivo, illecito, smodato di q.c.: *a. dell'amicizia*; *a. dei cibi*; *a. della pazienza, della buona fede altrui* | *A. di una donna*, usarle violenza.

abuṣàto part. pass. di *abusare*; anche agg. **1** Nei sign. del v. **2** Troppo usato: *parola abusata*.

abuṣióne s. f. **1** (*lett.*) Abuso. **2** (*ling.*) Catacresi.

abuṣivìṣmo [comp. di *abusivo* e *-ismo*] s. m. ● Tendenza a fare dell'abuso una norma di comportamento: *l'a. edilizio*.

abuṣivista s. m. e f. (pl. m. *-i*) ● Chi pratica l'abusivismo, spec. edilizio.

abuṣìvo [vc. dotta, lat. tardo *abusīvu(m)*, da *abūsus* 'abuso'] **A** agg. **1** Fatto senza averne diritto, contro il disposto della legge: *pascolo a.*; *porto a. di armi* | (*dir.*) *Esercizio a. di una professione*, illecito penale di chi esercita una professione non munito della speciale abilitazione richiesta dalla legge per l'esercizio della stessa. **2** (*est.*) Detto di chi esercita un'attività senza la necessaria autorizzazione: *affittacamere, tassista, posteggiatore a.* || **abusivaménte**, avv. Con abuso; ingiustamente. **B** anche s. m. (f. *-a*) ● Chi gode di un privilegio o esercita un'attività, una professione e sim. senza averne diritto o autorizzazione.

abùṣo [vc. dotta, lat. *abūsu(m)*, da *abūti* 'adoperare, dilapidare', da *ūti* 'usare'] s. m. **1** Uso cattivo, illecito, smodato di q.c.: *fare a. del fumo, dell'alcol*; *a. di titolo*. **2** (*dir.*) Esercizio di un diritto in contrasto con lo scopo per il quale è stato attribuito | *A. di foglio in bianco*, lo scrivere o far scrivere in un documento un atto privato o pubblico diverso da quello cui si era obbligati o autorizzati | *A. edilizio*, qualsiasi trasformazione edilizia o urbanistica non autorizzata o comunque difforme rispetto agli atti che la legittimano o alla normativa vigente. || **abusàccio**, pegg.

abutìlon [ar. *abûtîlûn*] s. m. • Genere di piante delle Malvacee cui appartengono specie, erbacee e arbustive, con foglie alterne e fiori penduli con calice spesso rosso e corolla gialla, porpora o azzurra (*Abutilon*).

acàcia [vc. dotta, lat. *acăcia(m)*, nom. *acăcia*, dal gr. *akakía*, prob. di origine egiz.] s. f. (pl. *-cie*) • Denominazione di numerose specie di piante delle Mimosacee, arboree o arbustive, con foglie alterne composte bipennate portate da rami inermi o provvisti di spine, e fiori gialli o bianchi in racemi, ombrelle o capolini (*Acacia*).

†**acadèmia** e *deriv.* • V. *accademia* e *deriv.*

acadiàno [da *Acadia*, nome dato dai Francesi nel sec. XVII all'odierno Massachusetts] **A** s. m. • (*geol.*) La seconda delle tre epoche in cui si divide il Cambriano. **B** anche agg.: *fossili acadiani.*

acagiù o †**cagiù** [port. *(a)cajú*, prestito da una lingua del Brasile] **A** s. m. *1* (*bot.*) Mogano. *2* (*bot.*) Pomo derivato dall'ingrossamento del peduncolo fiorale dell'anacardio, che porta il vero frutto. **B** in funzione di agg. • (posposto al s.) Nella loc. *rosso a.*, particolare sfumatura di color rosso bruno che ricorda il colore del legno di mogano.

acàico [vc. dotta, lat. *Achăicu(m)*, nom. *Achăicus*, dal gr. *Achaikós* 'dell'Acaia'] agg. (pl. m. *-ci*) • Acheo.

acajou /fr. aka'ʒu/ s. m. inv. • (*bot.*) Acagiù.

acalașia [comp. di *a-* (*1*), del gr. *chálas(is)* 'rilasciamento' e del suff. *-ia*] s. f. • (*med.*) Incapacità di rilassamento dei muscoli sfinterici.

acalèfe [dal gr. *akalḗphē* 'ortica'] s. f. pl. • Grandi meduse ombrelliformi con corpo gelatinoso. SIN. Ortiche di mare.

†**acanìno** [ar. *hanīn* 'caro, dolce, soave'] agg. • (*dial.*) Bello, caro, dolce.

Acantàcee [vc. dotta, comp. di *acanto* e *-acee*] s. f. pl. • Nella tassonomia vegetale, famiglia di piante delle Tubiflorali con molte specie erbacee e lianose, caratterizzate da foglie opposte e frutto a capsula (*Acanthaceae*) | (al sing. *-a*) Ogni individuo di tale famiglia. ➡ ILL. **piante** /8.

acànto [vc. dotta, lat. *acănthu(m)*, nom. *acănthus*, dal gr. *ákanthos*, da *ákantha* 'spina'] s. m. *1* Pianta erbacea perenne delle Acantacee con grandi foglie pennatifide e fiori bianchi, rosei o porporini, disposti in lunghe spighe (*Acanthus mollis*). *2 Foglie di a.*, motivo di decorazione architettonica tipico del capitello corinzio, ispirato alle foglie della pianta omonima. ➡ ILL. p. 357 ARCHITETTURA.

a cànto • V. *accanto.*

acànto- [dal gr. *ákantha* 'spina', forse di origine mediterr.] primo elemento • In parole composte della terminologia scientifica, significa 'spinoso', 'fornito di aculei' e sim.: *acantocefali, acantofide.*

Acantobdèllidi o **Acantobdellìdei** [comp. di *acanto-* e del gr. *bdélla* 'sanguisuga' (vc. di origine espressiva)] s. m. pl. • Nella tassonomia animale, ordine di Irudinei muniti di setole sui segmenti anteriori (*Acanthobdellae*) | (al sing. *-e*) Ogni individuo di tale ordine.

Acantocèfali [comp. di *acanto-* e *-cefalo*] s. m. pl. • Nella tassonomia animale, gruppo di animali vermiformi parassiti, muniti di una proboscide retrattile uncinata con cui si attaccano alla parete intestinale dei Vertebrati (*Acanthocephala*) | (al sing. *-o*) Ogni individuo di tale gruppo.

acantòfide [comp. di *acanto-* e *ofide*: detto così dalla spina che ha in cima alla coda] s. m. • Serpente dei Colubridi giallastro o rossastro con bande nere trasversali (*Acanthophis antarcticus*).

acantòși [comp. di *acant(o)-* e del suff. *-osi*] s. f. • (*med.*) Malattia della pelle caratterizzata da ispessimento dello strato interno dell'epidermide.

acàpnia (1) [dal gr. *ákapnos* 'senza fumo', comp. di *a* priv. e *kapnós* 'fumo', di origine indeur.] s. f. • Polvere da sparo senza fumo, contenente nitroglicerina.

acapnìa (2) [comp. di *a-* (*1*) e del gr. *kapnós* 'fumo' (V. sopra), come immagine dell'anidride carbonica] s. f. • (*med.*) Deficienza di anidride carbonica nel sangue.

a càpo • V. *accapo.*

acardìa [comp. di *a-* (*1*) e *-cardia*] s. f. • (*med.*) Assenza congenita del cuore.

Àcari s. m. pl. • Nella tassonomia animale, ordine di Aracnidi parassiti dell'uomo, di animali e di piante, con il corpo formante una massa unica indivisibile, arti corti spesso ridotti, e parti boccali modificate per pungere e succhiare (*Acarina*).

acarìași [da *acaro*] s. f. *1* Dermatosi prodotta da acari. *2* Malattia delle api.

acaricìda [comp. di *acaro* e *-cida*] **A** s. m. (pl. *-i*) • Prodotto che distrugge gli acari, spec. quello della scabbia. **B** anche agg.: *prodotto a.*; *sostanza a.*

acariòși [comp. di *acaro* e *-osi*] s. f. • Malattia delle piante causata da acari.

àcaro [dal gr. *ákari*, di etim. incerta] s. m. • Ogni individuo appartenente all'ordine degli Acari (*Acarus*) | *A. della scabbia*, parassita che provoca questa malattia nell'uomo (*Sarcoptes scabiei*).

acaròide [etim. incerta] s. f. • Gommoresina che cola dal fusto di piante australiane, di colore giallo o rosso, usata per ceralacche, vernici isolanti e nell'appretto delle pelli.

acàrpo [vc. dotta, gr. *ákarpos*, comp. di *a* priv. e *karpós* 'frutto'] agg. • (*bot.*) Detto di pianta superiore che non produce frutti o di vegetale inferiore che non produce corpo fruttifero.

acatalessìa [vc. dotta, gr. *akatalēpsía*, comp. di *a* priv. e *katálēpsis* 'il prendere, l'impadronirsi'] s. f. • Nella filosofia scettica, l'atteggiamento di chi nega la possibilità di comprendere e pertanto sospende il suo assenso.

acatalèttico (1) agg. (pl. m. *-ci*) • Dell'acatalessia | Che pratica l'acatalessia.

acatalèttico (2) [vc. dotta, lat. tardo *acatalēcticus*, deriv., con *a-* (*1*), dal gr. *katálēxis* 'cessazione, fine'] agg. (pl. m. *-ci*) • Detto di verso, greco e latino, a cui non manca alcuna sillaba finale.

acatalètto agg. • Acatalettico (2).

acatìsto o **acàtisto** [vc. dotta, gr. biz. *akáthistos* 'non seduto', comp. di *a* priv. e un deriv. di *kathistánai* 'stare', comp. di *katá* 'giù' (V. *cata*) e di *histánai* 'collocare', di origine indeur.] s. m. • Inno della liturgia bizantina che si cantava stando in piedi.

àcato • V. *acazio.*

acattòlico [comp. di *a* priv. e *cattolico*] **A** agg. (pl. m. *-ci*) • Non cattolico, spec. di cristiano che non appartiene alla Chiesa cattolica: *culto a.* **B** s. m. (f. *-a*) • Chi professa la religione cristiana ma non cattolica.

acàule [comp. di *a-* (*1*) e *caule*] agg. • Detto di pianta che sembra priva di fusto per lo sviluppo molto limitato di questo | (*impr.*) Detto di pianta con fusto sotterraneo.

acàzio o **àcato** [vc. dotta, lat. *acătiu(m)*, dal gr. *akátion*, dim. di *ákatos* 'nave leggera', di origine straniera] s. m. • Imbarcazione militare e mercantile, bassa, lunga, molto veloce, a vela e a remi, usata dagli antichi greci.

àcca s. f. o m. inv. (pl. f. *-che*) • Nome della lettera H | (*fam.*) *Non capire un'a.*, non capire niente.

accadèmia o †**acadèmia** [vc. dotta, lat. *Academīa(m)*, nom. *Academīa*, dal gr. *Akadḗmeia*, bosco sacro all'eroe Academo, dove insegnava Platone] s. f. *1* Scuola filosofica fondata da Platone in Atene nel IV sec. a.C. e perpetuatasi in varie forme fino al VI sec. d.C. *2* Associazione permanente di studiosi, formata per autorità pubblica o per iniziativa privata, al fine di attendere agli studi letterari, scientifici, artistici e di promuoverne l'incremento: *a. dei Lincei, della Crusca* | *Accademie d'arte*, associazioni sorte con lo scopo di difendere gli interessi degli artisti e in seguito anche con intendimenti culturali e didattici. *3* Scuola a livello universitario | *A. di Belle Arti*, destinata all'insegnamento delle arti figurative | Istituto di formazione degli ufficiali in servizio permanente effettivo delle Forze armate: *a. militare, navale, aeronautica.* *4* Nelle scuole di pittura e scultura, studio di nudo dal vero. *5* Trattenimento pubblico o privato di musica, canto o sim. spec. in collegi, scuole e sim. *6* (*fig.*) Vacua esercitazione retorica: *fare dell'a.* | Nel linguaggio sportivo, esibizione di virtuosismi inconcludenti ai fini del risultato, spec. nel calcio: *fare dell'a.* || **accademiùccia**, dim.

accadèmico o †**acadèmico** **A** agg. (pl. m. *-ci*) *1* (*filos.*) Che concerne o interessa l'Accademia platonica. *2* Che si riferisce a una accademia: *socio a.* *3* Che si riferisce all'Università | *Corpo a.*, nelle università, l'insieme di tutti i professori di ruolo cui spetta l'elezione del rettore | *Senato a.*, organo deliberativo formato dai presidi delle facoltà che, nelle singole università, affianca il rettore nel governo dell'ateneo | *Quarto d'ora a.*, i quindici minuti d'attesa che sogliono precedere l'inizio di ogni lezione universitaria. *4* (*fig.*) Retorico, astratto, inconcludente: *chiacchiere, frasi accademiche.* *5* Nelle arti figurative, di artista che segue la tradizione con eccessiva osservanza delle sue norme e senza originalità | Detto delle opere di tale artista. || **accademicaménte**, avv. *1* Secondo il costume delle accademie. *2* (*est.*) In modo astratto e retorico. **B** s. m. *1* (*filos.*) Chi segue o si ispira alle dottrine platoniche o a quelle dei successivi scoliarchi dell'Accademia. *2* Membro di un'accademia. *3* Nelle arti figurative, artista accademico.

accademìșmo s. m. • Fedeltà pedantesca e priva di originalità alle norme tradizionali, spec. artistiche.

accademìsta s. m. e f. (pl. m. *-i*) • Allievo ufficiale frequentatore di accademia militare o sim. SIN. Cadetto.

†**accadènza** s. f. • Avvenimento.

accadére [lat. parl. **accadēre*, da **cadēre* 'cadere'] v. intr. (coniug. come *cadere*; aus. *essere*; anche impers.) *1* Succedere, per lo più per caso: *questo accade ai buoni*; *accadono cose strane* | †Derivare da cause. SIN. Avvenire, capitare. *2* †Essere opportuno, convenire.

accàdico **A** agg. (pl. m. *-ci*) • Del paese di Accad, in Mesopotamia: *civiltà, lingua accadica.* **B** s. m. (f. *-a*) • Abitante del paese di Accad: *un a.*; *gli Accadici.* **C** s. m. solo sing. • Lingua parlata nel paese di Accad: *antiche iscrizioni in a.* SIN. Accado.

accadiménto [da *accadere*] s. m. • (*lett.*) Evento, avvenimento.

accàdo agg.; anche s. m. • Accadico.

accadùto **A** part. pass. di *accadere*; anche agg. • Nei sign. del v. **B** s. m. • Avvenimento, caso: *lo fermò per raccontargli l'a.*

†**accaffàre** [comp. di *a-* (*2*) e *caffo* 'capo', dall'ar. *qafā* 'nuca'] v. tr. • Ghermire, afferrare: *sì che, se puoi, nascosamente accaffi* (DANTE *Inf.* XXI, 54).

†**accagionàre** [comp. di *a-* (*2*) e *cagione*] v. tr. • Accusare, imputare, incolpare: *il veleno, del quale questa innocente giovane fu accagionata* (BOCCACCIO).

accagliaménto s. m. • (*raro*) Atto, effetto dell'accagliare e dell'accagliarsi.

accagliàre [comp. di *a-* (*2*) e *cagliare*] **A** v. tr. (*io accàglio*) • Far coagulare il latte e (*est.*) altre sostanze. **B** v. intr. e intr. pron. (aus. *essere*) • Rapprendersi, coagularsi: *il latte si accaglia*; *rosseggiar come sangue che s'accaglia* (D'ANNUNZIO).

accagliatùra s. f. • Atto, effetto dell'accagliare o dell'accagliarsi.

accalappiacàni [comp. di *accalappia(re)* e il pl. di *cane*] s. m. • Addetto al servizio comunale di cattura per le strade dei cani randagi o privi della prescritta museruola. SIN. Acchiappacani.

accalappiaménto s. m. *1* Atto, effetto dell'accalappiare. *2* (*fig.*) Lusinga, inganno.

accalappiàre [comp. di *a-* (*2*) e *calappio*] v. tr. (*io accalàppio*) *1* Prendere col laccio: *a. i cani randagi, un animale selvatico.* *2* (*fig.*) Ingannare, circuire: *si è fatto a. da quei furfanti.*

accalappiatóre s. m. (f. *-trice*) • Chi accalappia.

accalappiatùra s. f. • Accalappiamento.

accalcàre [comp. di *a-* (*2*) e *calcare*] **A** v. tr. (*io accàlco, tu accàlchi*) • Stipare: *a. i botteghini del teatro.* SIN. Affollare. **B** v. intr. pron. • Affollarsi, stiparsi, fare calca: *un branco di ragazzi si accalcava alla porta.*

accaldàrsi [comp. di *a-* (*2*) e *caldo*] v. intr. pron. • Riscaldarsi e diventare rosso in volto: *a. per una corsa, per la fatica, per una discussione* e sim.

accaldàto part. pass. di *accaldarsi*; anche agg. • Nei sign. del v.

accallàre [comp. di *a-* (*2*) e *calla* (*1*)] v. tr. • (*tosc.*) Socchiudere, accostare: *a. la porta, la finestra.*

accalmìa [fr. *accalmie*, da *calme* 'calma', sul modello di *embellie* 'ritorno momentaneo al tempo bello'] s. f. • (*mar.*) Bonaccia, calma.

accaloraménto s. m. • Modo e atto dell'accalorarsi.
accaloràre [comp. di *a-* (2) e *calore*] **A** v. tr. (*io accalóro*) • †Riscaldare | (*fig.*) Rendere caldo: *a. una disputa.* **B** v. rifl. • Infervorarsi: *accalorarsi nel parlare, nel discutere.* SIN. Appassionarsi, infiammarsi, scaldarsi.
accaloràto part. pass. di *accalorare*; anche agg. • Nei sign. del v.
accaloríre v. tr. (*io accalorìsco, tu accalorìsci*) • Accalorare.
†**accambiàre** [comp. di *a-* (2) e *cambiare*] v. tr. • (*lett.*) Fare a cambio, barattare: *il corpo mio non accambierei al suo* (SACCHETTI).
†**accamiciàre** [comp. di *a-* (2) e *camicia*] v. tr. • Incamiciare.
accampaménto [da *accampare*] s. m. *1* Stazionamento di truppe sotto tenda, all'addiaccio o in ricoveri campali. *2* Complesso di tende da montarsi o montate in un luogo apposito o comunque adatto: *piantare l'a.*; *levare, togliere l'a.* *3* (*est.*) Complesso di alloggiamenti provvisori, di fortuna, mobili e sim.: *un a. di profughi*; *l'a. degli zingari.* *4* (*fig.*) Ambiente ove regna un'atmosfera di provvisorietà e di disordine: *la loro casa sembra un a.*
accampanàre [comp. di *a-* (2) e *campana*] v. tr. • (*raro*) Accomodare le viti a foggia di campana.
accampàre [comp. di *a-* (2) e *campo*] **A** v. tr. *1* (*mil.*) Alloggiare, sistemare in un accampamento: *a. le truppe.* *2* †Disporre truppe in campo davanti al nemico. *3* (*fig.*) Mettere avanti: *a. diritti, ragioni, pretese, scuse.* **B** v. rifl. *1* (*mil.*) Sistemarsi in un accampamento: *si accamparono ai margini del bosco.* *2* (*est., fig.*) Sistemarsi in alloggiamenti o ricoveri provvisori: *accamparsi alla meglio.* *3* †Disporsi sul campo per affrontare il nemico.
accampionaménto s. m. • Atto, effetto dell'accampionare.
accampionàre [comp. di *a-* (2) e *campione*] v. tr. (*io accampióno*) • Accatastare, nel sign. di accatastare (2).
accanalàre [comp. di *a-* (2) e *canale*] v. tr. • (*raro*) Scanalare.
accanàre [comp. di *a-* (2) e *cane*] v. tr. • Inseguire grossa selvaggina da pelo, spec. il cinghiale, detto del cane.
accaneggiàre v. tr. (*io accanéggio*) *1* Accanare. *2* (*raro, fig.*) Incalzare, tormentare.
accaniménto s. m. *1* Atto, effetto dell'accanirsi: *l'a. della folla*; *l'a. dei cani dietro un selvatico.* *2* (*est.*) Odio, furia tenace contro qc.: *perseguitare con a. un rivale.* *3* Tenacia, ostinazione: *a. nello studio*; *lavorare con a.* | *A. terapeutico*, detto di un trattamento terapeutico insistente a cui viene sottoposto un malato in fase terminale per prolungargli la vita.
accaníre [comp. di *a-* (2) e *cane*] **A** v. tr. • (*raro*) †Rendere irritato. **B** v. intr. pron. (*io mi accanìsco, tu ti accanìsci*) *1* Infierire con ostinazione contro qc.: *la folla si accaniva contro il poveretto.* *2* Proseguire fermamente, perseverare: *accanirsi nello studio*; *accanirsi a parlare.*
accaníto part. pass. di *accanire*; anche agg. *1* Nei sign. del v. *2* Furioso. ‖ **accanitaménte** avv. Con accanimento.
accannellaménto s. m. *1* Modo e atto dell'accannellare. *2* (*raro*) Scanalatura.
accannellàre [comp. di *a-* (2) e *cannello*] v. tr. (*io accannèllo*) • In tessitura, avvolgere il filo sui cannelli.
accànto o (*lett.*) **a cànto** [comp. di *a-* (2) e *canto* (2)] **A** avv. • Vicino, a lato, di fianco: *abito qui a.* **B** nella loc. prep. *a. a* • Vicino a: *a. alla finestra*; *a. a lui*; *una città a. al mare*; *stai sempre a. a me.*
accantonaménto (1) [da *accantonare* (1)] s. m. *1* Atto, effetto dell'accantonare: *l'a. di una pratica, di una proposta.* *2* (*rag.*) In diritto commerciale e in contabilità, assegnazione o destinazione particolare di utili.
accantonaménto (2) [fr. *cantonnement*, da *cantonner* 'accantonare'] s. m. *1* (*mil.*) Stazionamento di truppe in fabbricati, baracche o altri edifici coperti. *2* (*est.*) Alloggiamento provvisorio.
accantonàre (1) [comp. di *a-* (2) e il den. di *cantone*] v. tr. (*io accantóno*) *1* Mettere da parte: *a. una somma, una difficoltà, una pratica.* *2* Lasciare da parte: *a. questioni gravi.*
accantonàre (2) [dal fr. *cantonner*, da *canton* 'angolo di un paese'] **A** v. tr. • (*mil.*) Alloggiare, sistemare in fabbricati coperti: *a. la truppa.* **B** v. rifl. • Sistemarsi in fabbricati coperti: *l'esercito si accantonò in paese.*
accantonàto part. pass. di *accantonare*; anche agg. *1* Nei sign. del v. *2* Detto di opera di fortificazione a facce piane disposte ad angolo. *3* (*arald.*) Detto di una figura accompagnata da altre quattro poste nei cantoni dello scudo.
accaparraménto s. m. • Atto, effetto dell'accaparrare. SIN. Incetta.
accaparràre [comp. di *a-* (2) e *caparra*] v. tr. *1* Fissare un acquisto dando o ricevendo caparra: *a. uno stabile.* *2* Fare incetta di beni su di un mercato in previsione di aumento di prezzi o di rarefazione della quantità disponibile, o al fine di determinare una situazione di monopolio e rivendere i beni stessi a prezzi maggiorati. *3* (*fig.*) Assicurarsi, procurarsi: *accaparrarsi la simpatia, la benevolenza, i voti nelle elezioni.*
accaparratóre s. m.; anche agg. (f. *-trice*) • Chi, che accaparra (*anche fig.*). SIN. Incettatore.
accapezzàre [dal lat. *capĭtiu(m)*, dim. di *căput*, genit. *căpitis* 'capo, estremità'] v. tr. (*io accapézzo*) *1* Ridurre in forma regolare col martello, affinché combacino, le pietre per lastrichi. *2* †Condurre a termine, riuscire a fare.
accapezzatóre s. m.; anche agg. • Chi, che è addetto all'accapezzatura delle pietre.
accapezzatùra s. f. • Atto, effetto dell'accapezzare pietre.
accapigliaménto s. m. • Atto, effetto dell'accapigliarsi.
accapigliàrsi [comp. di *a-* (2) e *capegli*, forma ant. di *capelli*] v. rifl. rec. (*io mi accapìglio*) *1* Pigliarsi per i capelli: *si accapigliarono sulla piazza del paese* | Azzuffarsi. *2* (*fig.*) Contendere, litigare a parole: *si accapigliarono a lungo per l'interpretazione dei fatti.*
accapigliatùra s. f. • (*raro*) Accapigliamento.
accàpo o **a càpo** [comp. di *a* e *capo*] **A** avv. • Al principio di una riga, di uno scritto: *andare a.*; *punto e a.* **B** s. m. inv. • Capoverso.
accappatóio [comp. di *a-* (2) e *cappa* (1)] s. m. • Indumento di spugna da indossare dopo il bagno | Mantellina di tessuto leggero indossata, spec. in passato, dalle donne per pettinarsi.
accappiàre [comp. di *a-* (2) e *cappio*] v. tr. (*io accàppio*) *1* Fermare con cappio | Pigliare o stringere nel cappio. *2* (*fig.*) †Accalappiare, sedurre.
accappiatùra s. f. *1* Atto dell'accappiare. *2* Nodo | Fune con nodo o con cappio scorsoio a un'estremità. *3* In legatoria, legatura con cappio per mantenere uniti i fogli del libro. SIN. Infunatura.
accappiettàre v. tr. (*io accappiétto*). • Fissare con cappietti spec. i capi di biancheria stesi ad asciugare.
accapponàre (1) [comp. di *a-* (2) e *cappone* (1)] **A** v. tr. (*io accappóno*) • Castrare un gallo. **B** v. intr. pron. • Detto della pelle umana, diventare ruvida e increspata come quella del cappone per sensazioni di freddo, paura, orrore e sim.: *uno spettacolo da far a. la pelle*; *per l'emozione le si accapponò la pelle.*
accapponàre (2) • V. *capponare* (2).
accapponatùra [da *accapponare* (1)] s. f. • Atto, effetto dell'accapponare.
accappucciàre [comp. da *a-* (2) e *cappuccio*] v. tr. e rifl. (*io accappùccio*) • (*raro*) Incappucciare.
accaprettàre [comp. di *a-* (2) e *capretto*] v. tr. (*io accaprétto*) • (*tosc.*) Legare le quattro zampe di un quadrupede, spec. di un selvatico di grossa mole, riunendole e infilandole in un palo per il trasporto, come si fa coi capretti.
†**accapricciàre** [comp. di *a-* (2) e *capriccio*] **A** v. intr. (*io accaprìccio*) • Raccapricciare, inorridire: *e anco il cor me n'accapriccia* (DANTE *Inf.* XXII, 31). **B** v. intr. pron. • (*raro*) Incapricciarsi, invaghirsi.
†**accareggiàre** • V. *accarezzare.*
accarezzaménto s. m. • Modo e atto dell'accarezzare.
accarezzàre o †**accareggiàre** [comp. di *a-* (2) e *carezza*] **A** v. tr. (*io accarézzo*) *1* Sfiorare con mano leggera in segno d'affetto: *a. un bambino, un animale, una persona amata* | *Accarezzarsi la barba, i baffi*, lisciarseli | *A. le spalle, il groppone a qc.*, (*antifr.*) bastonarlo | *A. col piede*, (*antifr.*) prendere a calci | (*fig.*) *A. con gli occhi, con lo sguardo*, guardare con compiacimento o con desiderio. *2* (*est.*) Sfiorare, lambire, detto del vento, dell'acqua e sim.: *un alito di vento accarezzava il mare.* *3* (*fig.*) Lusingare: *gli uomini si hanno o a. o assicurarsi di loro* (MACHIAVELLI). *4* (*fig.*) Vagheggiare con insistente desiderio: *a. un progetto*; *aveva accarezzato per lungo tempo l'idea di fare il commercio* (SVEVO) | (*raro*) Fomentare: *a. le passioni altrui.* **B** v. rifl. rec. • Scambiarsi reciprocamente carezze.
accarezzatóre s. m.; anche agg. (f. *-trice*) • (*raro*) Chi, che accarezza.
accarezzévole agg. • Carezzevole.
†**accarnàre** [comp. di *a-* (2) e *carne*] **A** v. tr. • Penetrare nella carne | (*fig.*) Penetrare con l'intelletto: *Se ben lo 'ntendimento tuo accarno* (DANTE *Purg.* XIV, 22). **B** v. intr. pron. • (*raro*) Addentrarsi.
accarpionàre [comp. di *a-* (2) e *carpione*] v. tr. (*io accarpióno*) *1* Carpionare. *2* (*raro, lett.*) Accartocciarsi.
accartocciaménto s. m. *1* Atto, effetto dell'accartocciare e dell'accartocciarsi. *2* (*bot.*) Virosi di alcune piante che si manifesta spec. con il ripiegamento dei lembi fogliari. *3* (*arch.*) Fregio ricurvo a forma di cartoccio.
accartocciàre [comp. di *a-* (2) e *cartoccio*] **A** v. tr. (*io accartòccio*) • Piegare a forma di cartoccio: *a. una pagina.* **B** intr. pron. *1* Ripiegarsi a forma di cartoccio: *le foglie secche s'accartocciano sugli alberi.* *2* (*est.*) Incurvarsi, raggomitolarsi, raggrinzirsi.
accartocciàto part. pass. di *accartocciare*; anche agg. *1* Nei sign. del v. *2* (*arald.*) Detto di scudo con i lembi arricciati.
accartocciatóre agg.; anche s. m. (f. *-trice*) • Che, chi accartoccia.
accartocciatùra s. f. • Effetto dell'accartocciare e dell'accartocciarsi.
accasaménto s. m. • (*raro*) Modo e atto dell'accasare e dell'accasarsi | Matrimonio.
accasàre [comp. di *a-* (2) e *casa*] **A** v. tr. • Collocare in matrimonio: *a. un figlio, una figlia.* SIN. Maritare, sposare. **B** v. rifl. *1* Metter su casa e famiglia | (*raro*) Coabitare: *un collega ... lo invita ad accasarsi con lui* (PIRANDELLO). *2* Sposarsi: *desiderio di accasarsi.* *3* †Imparentarsi. **C** v. intr. • †Costruire case.
accasàto part. pass. di *accasare*; anche agg. *1* Nei sign. del v. *2* †Fornito di case: *quella contrada riccamente accasata* (BARTOLI). *3* Detto di corridore ciclista, automobilista e motociclista, che gareggia, generalmente in squadra, per i colori di una società o di una casa industriale.
accasciaménto s. m. • Atto, effetto dell'accasciarsi. SIN. Avvilimento, prostrazione.
accasciàre [lat. parl. **quassiāre*, da *quassāre* 'squassare', ints. di *quătere* 'scuotere'] **A** v. tr. (*io accàscio*) • Togliere a qc. la forza fisica e spirituale: *la vecchiaia e le disgrazie l'hanno accasciato.* SIN. Abbattere, indebolire, prostrare. **B** v. intr. pron. *1* Lasciarsi cadere, crollare: *si accasciò su una sedia.* *2* (*fig.*) Demoralizzarsi, perdersi d'animo: *accasciarsi sotto il dolore*; *si è accasciato per il dispiacere.* SIN. Abbattersi, avvilirsi.
accasciàto part. pass. di *accasciare*; anche agg. • Nei sign. del v.
accasellàre [comp. da *a-* (2) e *casella*] v. tr. (*io accasèllo*) • Collocare, ordinare in caselle.
accasermaménto o **accaṣermaménto** s. m. • (*mil.*) Atto dell'accasermare | Complesso di caserme occupate da truppe.
accasermàre o **accaṣermàre** [comp. di *a-* (2) e *caserma*] v. tr. (*io accasèrmo* o *accaṣèrmo*) • (*mil.*) Sistemare truppe in caserme.
accastellaménto s. m. *1* Modo e atto dell'accastellare. *2* Nelle antiche grandi navi militari, insieme dei castelli spec. di prua e di poppa.
accastellàre [comp. di *a-* (2) e *castello*] v. tr. (*io accastèllo*) *1* †Munire di castelli, fortificare. *2* Sistemare uno sull'altro, a castello, vari oggetti: *a. le casse, i pacchi, le provviste.*
accastellinàre v. tr. • (*raro, tosc.*) Accastellare.
accatarraménto s. m. • (*raro*) Infreddatura.
accatarràre [comp. di *a-* (2) e *catarro*] **A** v. intr.

(aus. *essere*) • (*raro*) Divenire catarroso. SIN. Incatarrare. **B** v. intr. pron. • (*raro*) Raffreddarsi.

accatarratùra s. f. • (*raro*) Accatarramento.

accatastàbile [da *accatastare* (*1*)] agg. • Che si può accatastare, detto spec. di imballaggi.

accatastabilità s. f. • (*raro*) Idoneità a essere accatastato.

accatastaménto (**1**) [da *accatastare* (*1*)] s. m. *1* Modo e atto dell'accatastare. *2* Mucchio, cose accatastate | Gruppo di imballaggi accatastati.

accatastaménto (**2**) [da *accatastare* (*2*)] s. m. • Il complesso delle pratiche necessarie per l'iscrizione in catasto di un immobile costruito recentemente | (*est.*) L'iscrizione stessa.

accatastàre (**1**) [comp. di *a-* (*2*) e *catasta*] v. tr. • Disporre a catasta: *a. la legna, i libri* | *A. imballaggi*, sovrapporli in modo ordinato | (*est.*) Ammucchiare disordinatamente (*anche fig.*): *a. idee, progetti.*

accatastàre (**2**) [comp. di *a-* (*2*) e *catasto*] v. tr. • Iscrivere un immobile nel catasto. SIN. Accampionare.

accattabrìghe [comp. di *accatta*(*re*) e il pl. di *briga*] s. m. e f. inv. • Chi va cercando brighe, questioni, litigi.

accattafièno [comp. di *accatta*(*re*) e *fieno*] s. m. inv. • Macchina agricola a forma di rastrello con denti ricurvi, usata per raccogliere e ammucchiare il fieno.

†**accattaménto** s. m. • Modo e atto dell'accattare.

accattamóri [comp. di *accatta*(*re*) e il pl. di *amore*] s. m. e f. • (*raro, lett.*) Chi va in cerca di avventure amorose.

accattapàne [comp. di *accatta*(*re*) e *pane*] s. m. inv. • Accattone.

accattàre [lat. parl. **accaptāre*, da *captāre* 'cercar di prendere', ints. di *căpere* 'prendere'] v. tr. *1* Cercare di ottenere, in dono o in prestito, chiedendo con insistenza: *a. libri, denaro, viveri* | Procurarsi, andare in cerca (*anche spreg.*): *a. idee da altri*; *a. scuse, brighe, pretesti.* *2* Chiedere in elemosina: *a. il pane* | (*ass.*) Chiedere l'elemosina: *va accattando di porta in porta*; *per vivere è costretto ad a.* SIN. Mendicare. *3* (*dial.*) †Trovare: *a. marito, moglie, casa* | (*dial.*) †Comprare. *4* †Ottenere.

accattatóre s. m. (f. *-trice*) • Chi accatta.

accattatòzzi [comp. di *accatta*(*re*) e il pl. di *tozzo*] s. m. e f. • (*raro*) Accattone.

†**accatterìa** s. f. • Accattonaggio, questua.

accattìno s. m. • (*tosc.*) Questuante.

accattivànte part. pres. di *accattivare*; anche agg. *1* Nei sign. del v. *2* Che è inteso a ottenere il favore, la benevolenza, la simpatia e sim. degli altri: *un sorriso, uno sguardo a.*; *un gesto veramente a.*

accattivàre [da *cattivare* con *a-* (*2*)] v. tr. • (*raro*) Cattivare | *Accattivarsi qc.*, attirarsene l'amicizia, la simpatia e sim.

accàtto [da *accattare*] s. m. *1* Atto e effetto dell'accattare | *Vivere d'a.*, di elemosina | *Andare all'a.*, chiedere l'elemosina | *D'a.*, di seconda mano. *2* Nel mondo medioevale, prestito pubblico forzoso poi tramutato in imposta gravante beni immobili. *3* †Acquisto.

accattòlica [da *accatto*, incrociato scherzosamente con *la Cattolica* (ora *Cattolica*) in Romagna] s. f. • Solo nella loc. avv. *all'a.*, d'accatto, d'elemosina, mendicando: *andare all'a.*

accattonàggio s. m. • Pratica, mestiere dell'accattone. SIN. Mendicità.

accattóne [da *accattare*] s. m. (f. *-a*) • Chi vive mendicando abitualmente lungo le strade. SIN. Mendicante.

accattonerìa s. f. • Mestiere, vizio dell'accattone.

accavalcàre [comp. di *a-* (*2*) e *cavalcare*] v. tr. (*io accavàlco, tu accavàlchi*) • Porre due cose una sull'altra in modo che si sormontino: *a. due fili, le dita* | (*est.*) Scavalcare.

accavalcatùra [da *accavalcato*, part. pass. di *accavalcare*] s. f. • In tipografia, mancato allineamento delle lettere d'una stessa riga, dovuto al sovrapporsi di due pezzi d'interlinea.

accavalciàre [dal fr. ant. *achevalchier*] v. tr. (*io accavàlcio*) • (*raro*) Stare o porsi sopra q.c. come a cavallo: *a. una finestra.*

accavalcióne o **accavalcióni** avv. • A cavalcioni.

accavallaménto s. m. • Modo e atto dell'accavallare e dell'accavallarsi.

accavallàre [comp. di *a-* (*2*) e *cavallo*] **A** v. tr. *1* †Mettere a cavallo. *2* Porre due o più cose una sull'altra: *a. le gambe, le funi, le catene.* | *A. una maglia*, nel lavoro ai ferri, incrociarla. *3* In legatoria, disporre una segnatura aperta a metà sopra un'altra chiusa, in modo da formare un fascicolo. *4* Lasciare in una tela uno o più fili non tessuti. **B** v. intr. pron. • Sovrapporsi in modo violento e disordinato (*anche fig.*): *le nubi si rincorrono accavallandosi*; *i marosi s'accavallavano*; *pensieri diversi le si accavallarono nella mente.*

accavallatrìce s. f. • In legatoria, macchina per accavallare due o più segnature.

accavallatùra s. f. *1* Atto, effetto dell'accavallare o dell'accavallarsi. *2* In tipografia, accavalcatura.

accavezzàre [comp. di *a-* (*2*) e *cavezza*] v. tr. (*io accavézzo*) • Legare con la cavezza.

accavigliàre [comp. di *a-* (*2*) e *caviglia*] v. tr. (*io accavìglio*) *1* Avvolgere il filo di lana o di seta sulle caviglie dell'orditoio. *2* (*mar.*) Cogliere sulle caviglie le cime o il capo morto delle manovre. *3* (*raro*) Legare insieme: *a. travi per trasportarle.*

accavigliatóre s. m. (f. *-trice*) *1* Operaio tessile addetto all'accavigliatura. *2* (*mar.*) Chi lega i capi dei cavi alla caviglia durante la manovra.

accavigliatùra s. f. • Atto, effetto dell'accavigliare.

accecaménto o (*evit.*) **acciecaménto**. s. m. *1* Atto, effetto dell'accecare. *2* (*fig.*) Offuscamento o perdita del raziocinio, dell'autocontrollo e sim.

accecànte part. pres. di *accecare*; anche agg. • Nei sign. del v.

accecàre o (*evit.*) **acciecàre** [comp. da *a-* (*2*) e lat. *caecāre*. V. *cieco*] **A** v. tr. (*io accièco* o *accèco, tu accièchi* o *accèchi*; la *e* può dittongare in *ie* solo se tonica) *1* Privare della vista: *il prigioniero fu accecato*; *la cenere bollente lo accecò* | (*est.*) Menomare le facoltà visive: *il fumo lo accecava*; *lacrime brucianti lo accecano.* *2* (*est.*) Appannare, oscurare | *A. una lampada*, coprirla o schermarla con un panno scuro. *3* (*fig.*) Privare dell'uso del giudizio, della ragione: *l'odio lo acceca*; *era accecato dal desiderio.* *4* (*est.*) Chiudere, intasare, ostruire: *a. un fossato, una tubatura* | *A. una finestra*, murarla | *A. una vite, un chiodo*, farli penetrare nel legno in modo che non ne sporga la testa. *5* (*agr.*) Asportare in tutto o in parte le gemme dai rami. *6* (*mar.*) Ristoppare: *a. la falla.* **B** v. intr. (aus. *essere*) • Divenire cieco.

accecatóio s. m. • Saetta da trapano, atta a incavare un foro in modo che possa ricevere la capocchia di un chiodo o di una vite, senza risalto.

accecatóre **A** agg. (f. *-trice*) • (*raro*) Che acceca. **B** s. m. *1* Chi acceca. *2* Accecatoio. *3* (*teat.*) Ognuna delle lampade rosse poste lungo la linea esterna della ribalta che, accese improvvisamente, formano una specie di barriera luminosa che impedisce al pubblico di vedere i cambiamenti di scena a sipario alzato.

accecatùra s. f. *1* Atto, effetto dell'accecare. *2* Incavo praticato con l'accecatoio. *3* In tipografia e dattilografia, difetto per cui l'occhio di una lettera risulta completamente nero.

accèdere [vc. dotta, lat. *accēdere*, comp. di *ăd* 'a' e *cēdere* 'andare, camminare, arrivare'] v. intr. (pass. rem. *io accedètti* o *accedéi* o poet. *accèssi*; poco usato nei tempi composti; aus. *essere* nel sign. 1; *avere* nei sign. 2 e 3) *1* Portarsi verso un luogo: *Come degnasti d'a. al monte?* (DANTE *Purg.* XXX, 74) | (*est.*) Entrare: *al forte si accede per un cunicolo*; *a. al domicilio di qc. nel corso di un'ispezione giudiziale.* *2* Entrare a far parte di un complesso ordinato di organi o uffici: *a. alla magistratura, a un dicastero* | (*est., fig.*) Giungere a, riuscire a ottenere, una carica e sim.: *a. alla carica di presidente.* *3* (*fig.*) Essere, divenire consenziente: *a. ai voleri della maggioranza*; *a. a una richiesta.* SIN. Acconsentire, aderire.

†**acceffàre** [comp. di *a-* (*2*) e *ceffo*] v. tr. • Prendere col ceffo: *ei ne verranno dietro più crudeli / che 'l cane a quella lievre ch'elli acceffa* (DANTE *Inf.* XXIII, 17-18).

†**accéggia** [lat. *accēia*(*m*), di etim. incerta] s. f. • (*zool., tosc.*) Beccaccia.

acceleraménto s. m. • Modo e atto dell'accelerare.

acceleràndo s. m. inv. • (*mus.*) Affrettando, detto del movimento della musica. CONTR. Ritardando.

acceleránte **A** part. pres. di *accelerare*; anche agg. • Nei sign. del v. **B** s. m. • (*chim.*) Sostanza che aumenta la velocità di una reazione ma che non può essere considerata un catalizzatore in quanto viene trasformata durante la reazione stessa: *a. per vulcanizzazione* | (*raro*) Catalizzatore.

acceleràre [lat. *accelerāre*, comp. di *ăd* 'a' e *cĕler* 'svelto'] **A** v. tr. (*io accèlero*) *1* (*fis.*) Imporre un aumento o, in generale, una variazione di velocità. *2* Rendere più rapido: *a. l'andatura.* SIN. Affrettare. **B** v. intr. (aus. *avere*) • Aumentare la velocità di un veicolo: *l'autista accelerò prima della curva*; *il camion accelerò improvvisamente.* **C** v. intr. pron. • Crescere in celerità: *il respiro s'accelerava.*

acceleràta [da *accelerare*] s. f. • Colpo dato sull'acceleratore di un veicolo allo scopo di aumentarne bruscamente la velocità.

acceleratìvo agg. • Che serve ad accelerare.

acceleràto **A** part. pass. di *accelerare*; anche agg. *1* Nei sign. del v. *2* *Polso a.*, il cui battito è più frequente della norma. ‖ **accelerataménte**, avv. **B** s. m. • Treno per viaggiatori che ferma di regola a tutte le stazioni (oggi sostituito, nella denominazione ufficiale, da 'treno locale').

acceleratóre **A** agg. (f. *-trice*) • Che accelera | (*med.*) Detto di qualsiasi agente capace di aumentare la frequenza del battito cardiaco. **B** s. m. *1* (*mecc.*) Dispositivo dei motori a combustione interna che, regolando la mandata del combustibile, fa variare la potenza e di conseguenza la velocità del veicolo su cui è montato | Pedale o manopola per manovrare tale dispositivo: *a. a mano* | *Premere, pigiare sull'a.*, (*fig.*) dare impulso, accelerare. ➡ ILL. p. 1750 TRASPORTI. *2* (*fis.*) Apparecchio che fornisce a particelle cariche, quali protoni o elettroni, altissime energie mediante l'azione di campi elettrici o magnetici | *A. ciclico*, quello in cui le particelle vengono accelerate a fasi successive periodiche | *A. elettrostatico*, quello in cui le particelle vengono accelerate nei campi dovuti a cariche elettrostatiche | *A. lineare*, quello in cui le particelle vengono accelerate lungo una traiettoria rettilinea. *3* Sostanza chimica, spec. alcalina, che aumenta la rapidità del bagno di sviluppo fotografico. *4* (*econ.*) Coefficiente che esprime l'effetto della variazione della domanda di beni di consumo, sul volume degli investimenti o sull'attività produttiva in complesso.

accelerazióne s. f. *1* Atto, effetto dell'accelerare. *2* (*fis., mecc.*) Grandezza vettoriale che caratterizza la variazione della velocità, in intensità e direzione, nell'unità di tempo | *A. positiva*, se la velocità è accresciuta | *A. negativa*, se la velocità è diminuita | *A. nulla*, se la velocità resta costante | *A. di gravità*, dovuta all'attrazione terrestre, con cui un corpo non vincolato scende verticalmente verso il basso. *3* Particolare tecnica nella ripresa cinematografica che determina, in proiezione, un effetto di maggior velocità rispetto all'azione reale. *4* (*econ.*) Processo per cui a una variazione della domanda da parte dei consumatori corrisponde una variazione amplificata della domanda da parte dei produttori.

accelerògrafo [comp. di *acceler*(*azione*) e *-grafo*] s. m. • (*fis.*) Strumento che registra graficamente l'andamento dell'accelerazione nel tempo.

acceleròmetro [comp. di *acceler*(*are*) e *-metro*] s. m. • (*fis.*) Strumento atto alla misura dell'accelerazione.

accenciàre [comp. di *a-* (*2*) e *cencio*] v. tr. (*io accéncio*) *1* (*tess.*) Pulire con un cencio la caldaia in cui si vuole tingere con colore diverso da quello usato per ultimo. *2* Fulminare un uccello in pieno volo così da farlo cadere inerte come un cencio.

accèndere [lat. *accĕndere*, da *căndere* 'essere acceso'] **A** v. tr. (pass. rem. *io accési, tu accendésti*; part. pass. *accéso*, †*accènso*, †*accìso*) *1* Mettere, appiccare il fuoco: *a. un cero, una sigaretta, un fiammifero* | *A. il fuoco*, farlo divampare. *2* (*fig.*) Suscitare, infiammare: *a. gli odi, la rivalità, la* *passione*; *a egregie cose il forte animo accendono / l'urne de' forti* (FOSCOLO). **3** Mettere in funzione mediante collegamento a una fonte di energia elettrica: *a. la lampada, la radio, il televisore, il motore dell'automobile.* **4** (*dir.*) Costituire un rapporto giuridico obbligatorio o di garanzia: *a. un debito, un'ipoteca* | *A. un conto*, intestare o fare la prima registrazione in un conto. **B** v. intr. pron. **1** Prendere fuoco: *la legna secca s'accende facilmente* | (*est.*) Arrossire: *gli si accesero le guance*; *accendersi in volto.* **2** Divenire luminoso, splendere: *in cielo s'accese la prima stella*; *gli occhi gli s'accesero di gioia.* **3** (*fig.*) Infiammarsi, eccitarsi: *accendersi d'amore, d'ira.*

accendìbile agg. • (*raro*) Che si può accendere.

accendigàs [comp. di *accendere* e *gas*] s. m. inv. • Utensile domestico, elettrico per accendere i fornelli a gas.

accendiménto s. m. • Modo e atto dell'accendere e dell'accendersi.

accendìno s. m. • (*fam.*) Accendisigaro.

accendisìgaro o **accendisigari** [comp. di *accendere* e *sigaro*] s. m. • Accenditore automatico a scintilla, spec. tascabile, per fumatori: *a. a benzina, a gas.*

accenditóio s. m. • Asta recante a un'estremità uno stoppino atto ad accendere lumi: *il sagrestano usa normalmente l'a.*

accenditóre s. m. (f. *-trice*, nel sign. 1) **1** Chi accende. **2** Dispositivo atto ad accendere; *a. a strappo per mina*; *a. per razzi.*

accennàre [lat. parl. **cinnāre*, dal lat. tardo *cĭnnus* 'batter d'occhi'] **A** v. tr. (*io accénno*) **1** Segnare col dito, con la mano, indicare: *a. una vetrina, un oggetto* | (*est.*) Fare l'atto di dare o fare q.c.: *accennò uno sberleffo*; *a. un calcio* | Far presentire: *le ghirlande / dei carpini che accennano / lo spumoso confine dei marosi* (MONTALE). **2** Disegnare leggermente e incompiutamente. **3** (*mus.*) Dare il motivo di una melodia. **B** v. intr. (aus. *avere*) **1** Esprimersi mediante cenni, in modo sommario e spesso furtivo: *mi accennò di tacere*; *accennando mi impose di allontanarmi* | Fare l'atto di: *accennò a darmi uno scapaccione.* **2** (*teat.*) Dire le battute senza accento espressivo. **3** (*fig.*) Parlare brevemente e superficialmente: *vorrei solo a. alla questione* | Alludere: *a cosa intendi a.?* | Dare indizio di: *il tempo accenna a farsi piovoso.* **4** Segnare col dito: *a. a qc., a q.c.*

accénno s. m. **1** Avvertimento, cenno: *dare, fare un a.* | Abbozzo: *gli rivolse un a. di sorriso.* **2** Allusione: *fare un a. alla questione.* **3** Segno premonitore, sintomo, indizio: *un timido a. di sole*; *un primo a. di influenza.*

accènsa [da *censo*] s. f. • Privativa.

†**accensàre** [da *censo*] v. tr. • Sottoporre a censo | (*est.*) Censire.

†**accensìbile** [vc. dotta, lat. tardo *accensĭbile(m)*. V. *accendere*] agg. • (*raro*) Accendibile.

accensióne [vc. dotta, lat. tardo *accensiōne(m)*. V. *accendere*] s. f. **1** Atto, effetto dell'accendere o dell'accendersi (*anche fig.*): *a. del fuoco*; *temperatura d'a.*; *a. dei riflettori*; *un'improvvisa a.* | Nei motori a scoppio, circuito elettrico che fa scoccare le scintille fra gli elettrodi delle candele per accendere la miscela combustibile nei cilindri. **2** (*fig., lett.*) Vivacità di colori, di luci, di suoni. **3** (*dir.*) Atto della costituzione di un rapporto giuridico obbligatorio o di garanzia: *a. di un debito, di un'ipoteca.*

†**accènso** • V. *acceso.*

accentàre [da *accento*] v. tr. (*io accènto*) **1** (*ling.*) Elevare la voce nella pronunzia di una sillaba | Segnare con l'accento una lettera, una parola | Pronunziare in modo scandito. **2** (*mus.*) Rafforzare un suono nel discorso musicale.

accentatìvo • V. *accentuativo.*

accentàto part. pass. di *accentare*; anche agg. • Nei sign. del v.

accentatùra s. f. • (*ling.*) Atto, modo di accentare nella scrittura.

accentazióne s. f. • (*ling.*) Modo di pronunziare o segnare gli accenti.

accènto [vc. dotta, lat. *accĕntu(m)* 'intonazione', comp. di *ăd* 'vicino' e *căntus* 'canto'] s. m. **1** (*ling.*) Elevazione della voce nella pronunzia di una sillaba: *a. tonico* | *A. metrico, ritmico*, che cade sulla sillaba di determinate sedi di un verso. **2** (*ling.*) Segno che si può trovare sulla vocale della sillaba tonica: *a. grafico.* SIN. Segnaccento | *A. acuto*, inclinato da destra verso il basso (´), indica il timbro chiuso della vocale | *A. grave*, inclinato da sinistra verso il basso (`), indica il timbro aperto della vocale, oltre che la sede dell'accento tonico in generale | (*fig.*) *Mettere, porre l'a. su una questione*, metterla in evidenza, sottolinearla. **3** Modo di pronunziare le parole, particolare cadenza del discorso: *a. straniero, dialettale, regionale*; *con voce piana, lenta, d'a. veneziano* (SCIASCIA). **4** (*fig.*) Inflessione della voce che esprime uno stato d'animo: *a. doloroso, amaro, franco, dolce* | (*fig.*) Espressione vaga, appena accennata, Sfumatura di sentimento: *notare un a., un breve a. di tristezza nelle parole, negli sguardi di qc.* **5** (*poet.*) Parola: *armoniosi accenti / dal tuo labbro volavano* (FOSCOLO). **6** (*mus.*) Modo del canto e del suono degli strumenti | Rafforzamento di un suono o più suoni nel discorso musicale. || **accentìno**, dim. | **accentóne**, accr.

ACCENTO

L'accento cade su quella sillaba di una parola dove l'intonazione della voce è più marcata, più intensa. In *parola*, ad es., l'accento cade sulla sillaba *-rò-*; in *sillaba*, cade su *sìl-*. La sillaba su cui cade l'accento si dice **tonica** (dal greco *tónos*, che significa 'tensione, pressione, forza'), le altre si dicono **atone** (cioè 'senza tono').

A seconda di dove cade l'accento, le parole si dicono: **tronche**, se l'accento cade sulla vocale dell'ultima sillaba, come in *Perù, perché, caffè, andò*; **piane**, se cade sulla vocale della penultima, come in *pregàre, avànti, accànto, misùra*; **sdrucciole**, se cade sulla terzultima, come in *cìrcolo, Gènova, fantàstico, època*; **bisdrucciole**, se cade sulla quartultima, come in *lìberaci, dàtemelo, scìvolano*; **trisdrucciole**, nei rari casi in cui cade sulla quintultima, come in *èvitamelo, recàpitamelo, rècitamelo.*

Ad eccezione di alcuni monosillabi (articoli, pronomi, particelle pron. o avv. come *mi, ti, si, ci, vi, ne*) che si appoggiano nella pronuncia alla parola che segue o che precede (tali particelle sono chiamate 'proclitiche' o 'enclitiche'), tutte le parole hanno un accento, che si chiama **accento tonico**. Quando l'accento è indicato con un segno, prende il nome di **accento grafico**. In questo caso l'accento può essere **acuto** (sulla *é* e sulla *ó* chiuse: *affinché, perché, cóppa, vólgo*) oppure **grave** (sulla *è* e sulla *ò* aperte e sulle altre tre vocali: *cioè, caffè, perciò, àncora, così, virtù*).

L'accento grafico deve essere usato:

- sulle parole tronche con due o più sillabe: *lunedì, andò, città*;
- sui seguenti monosillabi: *ciò, può, già, più, giù, piè*;
- su alcuni altri monosillabi per non confonderli con altre parole uguali nella pronuncia (i cosiddetti 'omofoni') ma che hanno diversa qualifica grammaticale e diverso significato. Sono:
  - **dà** (verbo *dare*): *ti dà la matita*; **da** (prep.): *vieni da me*;
  - **dì** (nome): *notte e dì*; **di** (prep.): *città di Milano.* ATTENZIONE: **di'** (imperativo del verbo *dire*) è un troncamento e vuole l'apostrofo, non l'accento: *di' quel che ti pare!*;
  - **è** (verbo): *chi è?*; **e** (cong.): *marito e moglie*;
  - **ché** (= *perché*, cong.): *taci, ché non conosci i fatti!*; **che** (pron. rel. o cong.): *can che abbaia non morde*; *ti ripeto che non lo so*;
  - **là** (avv.): *rimani là!*; **la** (art. e pron.): *apri la finestra*; *non la conosco*;
  - **lì** (avv.): *la chiave è lì sul tavolo*; **li** (pron.): *non li ho mai visti*;
  - **né** (cong.): *né caldo né freddo*; **ne** (pron. o avv.): *me ne dai una?*; *me ne vado*;
  - **sé** (pron.): *fa tutto da sé*; *da sé stesso* (in questo secondo caso, quando *sé* è seguito da *stesso*, si può anche scrivere senza l'accento; è tuttavia consueta anche la forma accentata, per evitare equivoci che, nel caso di *se stessi* o *se stesse*, potrebbero verificarsi); **se** (cong.): *se soltanto lo volesse...*;
  - **sì** (avv.): *sì, lo conosco*; **si** (pron.): *si alza sempre tardi*;
  - **tè** (nome): *gradisci un tè?*; **te** (pron.): *vengo con te*;
- sulle voci verbali *do, dai, danno* si può segnare l'accento: *dò, dài, dànno* per non confonderle con *do* (nota musicale), *dai* (prep. art.) e *danno* (nome). Non è sbagliato ma non è necessario, in quanto la differenza di significato rende pressoché impossibile ogni confusione.

L'accento grafico non si usa:

- sulle note musicali: *do, re, mi, fa, sol, la, si*;
- sui monosillabi (con l'eccezione di quelli indicati in precedenza). In particolare non si mette l'accento su *qui, qua, so, sa, sto, sta, va, tra, fra, fu, fa, tre, blu, no, re.* ATTENZIONE: i composti vanno sempre accentati. Perciò: *re*, ma *viceré*; *tre*, ma *ventitré, trentatré*, ecc.; *blu*, ma *rossoblù, gialloblù*; *su*, ma *lassù, quassù*; *sto* e *sta*, ma *ristò, ristà*; *fa*, ma *rifà, strafà.*
- ATTENZIONE: come *di'* (imperativo di *dire*, di cui abbiamo parlato sopra), anche *da', sta', va'* e *fa'* (imperativi di *dare, stare, andare* e *fare*) vogliono non l'accento ma l'apostrofo, così come *po'* (= poco) e *mo'* (= modo: *a mo' di*), in quanto si tratta di particolari forme di troncamento (V. nota d'uso ELISIONE e TRONCAMENTO).

Normalmente l'accento grafico non si segna all'interno di parola. Esiste però il caso di alcuni vocaboli formati da due o più sillabe, che si scrivono nello stesso modo ma si distinguono per come vengono pronunciati, in quanto l'accento cade su sillabe differenti (tali parole sono dette 'omografi'). In questi casi si possono verificare degli equivoci. Un titolo di giornale che dica, ad es., *perdono gli attentatori*, può ingenerare qualche perplessità, sino a quando i sottotitoli e il contenuto stesso dell'articolo, oltre che il buon senso, fanno scartare l'ipotesi di un progetto di attentato sventato oppure di un eventuale *perdóno* agli attentatori da parte di qc. Generalmente il contesto in cui il vocabolo è inserito è sufficiente a chiarire i dubbi (forse proprio un titolo è, per sua natura, più 'rischioso'). Il consiglio è perciò di segnare l'accento solo in quei casi che ragionevolmente si presentano ambigui.

Tra questi 'omografi', ricordiamo i più comuni: *àncora* (nome) e *ancóra* (avv.); *cómpito* (nome) e *compìto* (aggettivo); *prìncipi* (nome, da *prìncipe*) e *princìpi* (nome, da *princìpio*); *condòmini* (nome, da *condòmino*) e *condomìni* (nome, da *condomìnio*); *desìderi* (verbo) e *desidèri* (nome); *fèrmati* (verbo, imperativo) e *fermàti* (verbo, participio); *ìndice* (nome) e *indìce* (verbo); *òccupati* (verbo, imperativo) e *occupàti* (verbo, participio); *prèsidi* (nome m. pl. da *prèside*) e *presìdi* (nome m. pl. da *presìdio*); *regìa* (nome) e *règia* (aggettivo); *sùbito* (avverbio) e *subìto* (verbo, participio); *tèndine* (nome m.) e *tendìne* (nome f.); *vìola* (verbo) e *viòla* (nome). È bene ricordare che in caso di dubbio si preferisce segnare l'accento sulla parola sdrucciola piuttosto che su quella piana.

L'accento si può indicare graficamente anche quando si usano parole difficili o rare che si ritiene non siano conosciute da chi legge, oppure di cui si vuol ribadire l'accento esatto. Si può quindi scrivere: *àfono, nèmesi, glicosùria*; *leccornìa, callìfugo, svalùto, zaffìro.*

Rimane ancora da dire di quelle parole che si scrivono nello stesso modo ma differiscono nella pronuncia, non perché l'accento cada su una sillaba diversa, ma per la presenza di una *e* o di una *o* chiuse o aperte: *accètta* (verbo) e *accétta* (nome); *collèga* (nome) e *colléga* (verbo); *lègge* (verbo) e *légge* (nome); *mènte* (verbo) e *ménte* (nome); *pésca* (nome, dal verbo *pescare*) e *pèsca* (nome di frutto); *vènti* (nome) e *vénti* (aggettivo numerale); oppure, con la *o*, *còlto* (aggettivo o participio, da *cogliere*) e *cólto* (aggettivo, = istruito); *fòsse* (nome) e *fósse* (verbo); *vòlto* (verbo) e *vólto* (nome). Va detto che nella maggior parte dei casi l'accento non è necessario in quanto è ben difficile in un normale contesto linguistico confondere tali omografi. L'accento si segna soltanto se c'è poca chiarezza oppure se si vuol intenzionalmente precisare il suono aperto o chiuso della *e* o della *o*.

L'**accento circonflesso** (ˆ), infine, indica, nel plurale di alcuni nomi o aggettivi in *-io*, la contrazione di due *i* in una sola (ad esempio nel plurale *princìpî* di *principio*) specialmente allo scopo di evitare possibili confusioni con altri plurali di egual grafia (in questo caso con *prìncipi*, plurale di *prìncipe*). L'accento circonflesso è oggi poco usato. Si tende a trovare altre soluzioni, in particolare a segnare l'accento sulla sillaba tonica dell'uno o dell'altro termine (quindi *princìpi* e *prìncipi*), oppure a mantenere la doppia *i* finale (quindi *principii*). Altri casi simili sono ad es. *arbitrio* e *arbitro*, *assassinio* e *assassino*, *omicidio* e *omicida*, *osservatorio* e *osservatore*, *condominio* e *condomino*. Quindi: *gli assassinii* (o *assassinî*) *costano caro agli assassini*; *anche gli àrbitri* (o *arbitri*) *commettono degli arbitri* (o *arbitrii* o *arbitrî*). È bene ricordare che sulla *i*, quando vi è segnato l'accento circonflesso (e l'accento in genere), **non** si deve segnare il puntino, che va invece regolarmente segnato in presenza di un apostrofo. Quindi *matrimonî*, *così*, ma *di'* (imperativo di *dire*).

accentraménto s. m. *1* Modo, atto ed effetto dell'accentrare e dell'accentrarsi: *a. di idee*, *di dati*. *2* Concentrazione di funzioni amministrative, politiche o legislative negli organi centrali dello Stato: *a. amministrativo*, *politico*.

accentràre [comp. di *a-* (*2*) e *centro*] **A** v. tr. (*io accèntro*) *1* Riunire in un solo punto, in un solo luogo: *a. le installazioni militari*, *gli uffici*. *2* Raggruppare intorno a un solo o a pochi organi funzioni vaste e differenti. *3* (*fig.*) Attirare: *a. gli sguardi*, *l'interesse*, *l'attenzione*. **B** v. intr. pron. *1* Radunarsi stabilmente: *la popolazione si accentra nelle città*. *2* (*fig.*) Accumularsi: *le cariche si accentrano nelle mani di pochi*.

accentratóre s. m.; anche agg. (f. *-trice*) • Chi, che accentra | Chi, che vuole raccogliere in sé tutte le mansioni.

accentuàle agg. • (*raro*) Che riguarda l'accento.

accentuàre [lat. mediev. *accentuare*, da *accĕntus*. V. *accento*] **A** v. tr. (*io accèntuo*) *1* Pronunciare spiccatamente, con enfasi: *a. una parola*, *una frase*, *un discorso*. *2* (*raro*) Accentare, segnare con l'accento. *3* (*fig.*) Rendere più rilevato: *a. la linea del disegno*. *4* (*est.*) Porre in evidenza: *a. alcuni aspetti di un programma*. SIN. Sottolineare. **B** v. intr. pron. • Divenire più evidente, accrescersi: *col tempo la sua pigrizia si accentuò* | Aggravarsi: *la crisi si accentua*.

accentuativo o (*raro*) **accentativo** agg. • Che si fonda sull'accento | *Verso a.*, che è fondato sul numero delle sillabe e sulla disposizione degli accenti.

accentuàto part. pass. di *accentuare*; anche agg. • Nei sign. del v. || **accentuataménte**, avv. In maniera accentuata.

accentuazióne s. f. *1* Atto, effetto dell'accentuare (*anche fig.*) *2* (*mus.*) Disposizione degli accenti nel discorso musicale.

acceppàre [comp. di *a-* (*2*) e *ceppo*] v. tr. (*io accéppo*) • (*mar.*) Mettere il ceppo all'ancora | Assicurare l'ancora a bordo con legature sul ceppo.

accerchiaménto s. m. *1* Atto, effetto dell'accerchiare. *2* (*mil.*) Manovra svolta sui fianchi e sul tergo dello schieramento nemico per rinserrarlo completamente. *3* †Circuito, giro.

accerchiànte part. pres. di *accerchiare*; anche agg. • Nei sign. del v.

accerchiàre [comp. di *a-* (*2*) e *cerchio*] **A** v. tr. (*io accérchio*) • Cingere in cerchio | Circondare. **B** v. rifl. • (*fig.*) Circondarsi: *si accerchiò di cattivi consiglieri*.

accerchiatùra [da *accerchiato*, part. pass. di *accerchiare*] s. f. • Cipollatura del legno.

accerchiellàre [comp. di *a-* (*2*) e *cerchiello*] v. tr. (*io accerchièllo*) • (*raro*) Cingere di cerchielli.

accercinàre [comp. di *a-* (*2*) e *cercine*] v. tr. (*io accércino*) • Avvolgere a foggia di cercine.

accerito [comp. di *a-* (*2*) e *cera* 'viso'] agg. • (*tosc.*) Acceso in viso, per febbre, ira e sim.

accertàbile agg. • Che si può accertare.

accertabilità s. f. • Possibilità di essere accertato.

accertaménto s. m. *1* Modo e atto dell'accertare. SIN. Verifica. *2* (*dir.*) Attività diretta a eliminare una situazione giuridica incerta: *a. dell'identità personale dell'imputato*; *avviso di a.*; *sentenza di mero a.* | *Negozio giuridico di a.*, posto in essere allo scopo di accertare una data situazione giuridica | *Accertamenti sanitari*, controlli medici legislativamente prescritti per accertare l'idoneità al lavoro di taluni lavoratori e la sussistenza di un sano ambiente di lavoro | *A. dell'imposta*, *a. tributario*, atto con cui l'amministrazione finanziaria determina uno o più elementi dell'imposta | *A. non ripetibile*, procedimento istruttorio previsto per i casi in cui sia necessario provvedere ad esaminare persone, cose o luoghi suscettibili di modificazione.

accertàre [comp. di *a-* (*2*) e *certo*] **A** v. tr. (*io accèrto*) *1* Rendere certo, dare per certo: *accertiamo che tutto si è svolto regolarmente*. SIN. Assicurare. *2* Appurare con certezza: *a. la veridicità di una situazione*; *a. la natura di un fatto*. SIN. Verificare. *3* (*dir.*) Compiere un accertamento: *a. un'entrata*. **B** v. rifl. • Farsi certo, assicurarsi: *mi accerterò della cosa*; *accertatevi che non sorgano difficoltà*. SIN. Sincerarsi.

accertàto part. pass. di *accertare*; anche agg. • Nei sign. del v. || **accertataménte**, avv. (*raro*) Con piena sicurezza.

accertatóre s. m. (f. *-trice*) • Chi accerta.

accéso o †**accènso**, †**accişo** (*2*). part. pass. di *accendere*; anche agg. *1* Nei sign. del v. *2* Vivo, intenso, detto di colore. || **accesaménte**, avv. *1* Con ardore. *2* Con vivezza di colore.

accessìbile [vc. dotta, lat. tardo *accessĭbile*(*m*), da *accēdere* 'accedere'] agg. *1* Di facile accesso: *luogo*, *strada a.*; *località non a. d'inverno*. SIN. Raggiungibile. *2* (*fig.*) Detto di persona, affabile, cordiale. *3* (*fig.*) Di facile comprensione: *concetto*, *idea a.*; *cognizioni accessibili a tutti*. *4* (*fig.*) Modico: *prezzo*, *costo a.*

accessibilità s. f. • Qualità di chi, di ciò che, è accessibile.

accessióne [vc. dotta, lat. *accessiōne*(*m*). V. *accedere*] s. f. *1* (*raro*) Aggiunta, accrescimento | Aumento dei depositi di archivio e delle raccolte bibliografiche, mediante depositi, doni, acquisti e sim. *2* (*dir.*) Modo di acquisto della proprietà per cui il proprietario del suolo acquista la proprietà della cosa altrui che in esso si incorpora. *3* (*dir.*) Adesione di uno Stato a un trattato già concluso tra altri Stati.

accèsso [vc. dotta, lat. *accĕssu*(*m*). V. *accedere*] s. m. *1* Atto dell'accedere (*anche fig.*): *luogo di difficile a.*; *a. alla magistratura*, *a un dicastero* | *A. al fondo*, diritto di ingresso di una persona nel fondo altrui | *A. giudiziale*, visita di luoghi fatta dall'autorità giudiziaria nel corso dell'assunzione di mezzi di prova | *Una persona di facile a.*, affabile, alla mano. *2* (*est.*) Luogo per il quale si accede: *un cancello dava l'a. al giardino*; *scala d'a.* SIN. Adito, entrata. *3* Facoltà di accedere: *permettere*, *vietare*, *impedire l'a.*; *avere libero a. presso qc.*; *è vietato l'a. agli estranei*. *4* (*med.*) Manifestazione di malattia con insorgenza improvvisa e di breve durata: *a. epilettico* | (*est.*, *fig.*) Impulso improvviso e violento: *un a. d'ira*, *di furore*, *di gelosia*. *5* (*elab.*) Modalità per la lettura e registrazione di dati nella memoria di un elaboratore | *A. diretto*, qualsiasi tecnica che consente di accedere alle memorie di un elaboratore | *Memoria ad a. casuale o sequenziale*, se il reperimento del dato è immediato o richiede l'esame dei dati che lo precedono nella sequenza.

accessoriàto [da *accessorio* nel sign. B] agg. • Detto di ciò che è ben dotato di accessori: *un'automobile perfettamente accessoriata*.

accessorietà s. f. • (*raro*) Condizione di ciò che è accessorio.

accessòrio [da *accedere*] **A** agg. *1* Che si aggiunge o si accompagna ad altro elemento principale e necessario: *elemento a.*; *questioni accessorie*; *parte accessoria*; *pena accessoria*. SIN. Accidentale, marginale, secondario. CONTR. Essenziale, fondamentale. *2* (*dir.*) *Bene a.*, bene dotato di una propria individualità, pur essendo connesso ad altro di cui serve a completare la funzione. | *Diritto a.*, diritto che presuppone l'esistenza di altro principale, da cui deriva, con cui si acquista e con cui si trasmette | *Causa accessoria*, lite connessa ad altra più importante. CONTR. Principale. || **accessoriaménte**, avv. **B** s. m. *1* Ciò che completa q.c., pur non facendone parte integrante ma migliorandone l'aspetto o il funzionamento: *accessori per auto*; *accessori da bagno*, *accessori sanitari*; *negozio di accessori per abbigliamento*; *abito completo di accessori*. *2* (*anat.*) *A. del vago*, undicesimo paio di nervi cranici.

accessorìsta s. m. (pl. *-i*) • Addetto alla fabbricazione o alla vendita di accessori per autoveicoli.

accessorìstica s. f. *1* Insieme degli accessori, spec. per auto, abbigliamento, arredamento. *2* Settore dell'industria che produce accessori.

accessuàle [da *accesso*] agg. • (*med.*) Detto di sintomo che ha carattere di accesso: *febbre a.*

accestiménto [da *accestire*] s. m. • (*bot.*) Periodo della vita di una pianta erbacea durante il quale si formano sulla base del fusto principale i rami o i fusti secondari.

accestìre [comp. di *a-* (*2*) e *cesto* (*2*)] v. intr. (aus. *essere*; *io accestìsco*, *tu accestìsci*) • Far cesto, detto di piante erbacee che mettono rami e foglie nella parte basale del caule.

accétta [fr. *hachette*, dim. di *hache*. V. *azza*] s. f. • Arnese e arma tagliente atta a fendere legna, simile alla scure ma più piccola | *Lavoro fatto con l'a.*, (*fig.*) senza finezza, grossolanamente | *Tagliato con l'a.*, (*fig.*) grossolano, rozzo, dalle maniere rudi e spicce; dai lineamenti marcati e pronunciati | *Darsi l'a. sui piedi*, (*fig.*) essere causa del proprio danno.

accettàbile [vc. dotta, lat. tardo *acceptàbile*(*m*), da *acceptare* 'accettare'] agg. • Che si può accettare: *proposta*, *idea*, *previsione a.* || **accettabilménte**, avv.

accettabilità s. f. • Qualità di ciò che è accettabile.

accettànte A part. pres. di *accettare*; anche agg. • Nei sign. del v. **B** s. m. e f. *1* Chi accetta. *2* (*dir.*) Chi compie un atto di accettazione | Chi assume l'obbligo di pagare una cambiale-tratta | *A. per intervento*, chi accetta in luogo del trattario | *A. per onore*, chi accetta per far onore alla firma del traente o del girante.

accettàre [vc. dotta, lat. *acceptāre*, da *captāre* 'cercar di prendere'] v. tr. (*io accètto*) *1* Ricevere di buon grado ciò che viene offerto: *a. un regalo*, *un consiglio*, *un favore*, *un invito*; *a. q.c. benignamente*, *volentieri*, *con riluttanza* | *A. una battaglia*, *una sfida*, *una scommessa*, acconsentirvi | (*est.*) Accogliere in qualità di, detto di persona: *a. qc. come amico*, *come consigliere*; *a. una donna per moglie*. CONTR. Rifiutare. *2* Accogliere, approvare: *a. un insegnamento*, *un'opinione*, *un parere*, *una proposta*. *3* Sopportare serenamente: *bisogna a. ciò che la sorte ci manda*. *4* (*dir.*) Manifestare il proprio consenso alla costituzione, modificazione o estinzione di rapporti giuridici: *a. la proposta di contratto* | *A. una tratta*, assumere l'obbligazione cambiaria | *A. una transazione*, aderire alle proposte della controparte per una definizione della controversia senza processo.

accettàta [da *accetta*] s. f. • (*raro*) Colpo vibrato con l'accetta.

accettatóre [vc. dotta, lat. tardo *acceptatōre*(*m*), da *acceptāre* 'accettare'] s. m. (f. *-trice*) • Chi è sollecito ad accettare, a prendere.

accettazióne [vc. dotta, lat. tardo *acceptatiōne*(*m*), da *acceptāre* 'accettare'] s. f. *1* Atto, effetto dell'accettare: *l'a. di una proposta*; *a. dell'eredità*, *di una donazione*. *2* (*banca*) Atto con cui il trassato accetta la cambiale tratta assumendo l'obbligazione cambiaria | *A. bancaria*, quella operata da un istituto di credito | (*per anton.*) Accettazione bancaria. *3* Locale in cui si accettano domande di prestazione di vari servizi, come assunzione di personale, ricoveri ospedalieri, comunicazioni telefoniche o telegrafiche e sim.

accettévole agg. • (*lett.*) Accettabile. || **accettevolménte**, avv. (*raro*) In modo gradito.

accettilàre [da *accettilazione*] v. tr. (*io accèttilo*) • Nel diritto romano, estinguere un'obbligazione mediante accettilazione.

accettilazióne [vc. dotta, lat. tardo *acceptilatiōne*(*m*), da *accĕptum fĕrre* 'accusare ricevuta'] s. f. • Nel diritto romano, modo formale di estinzione di una obbligazione.

accètto [vc. dotta, lat. *accĕptu*(*m*), part. pass. di

accìpere 'prendere'] agg. ● Che si riceve con piacere, caro, gradito: *augurio ben a.*; *uomo a. a tutti.*

accettóre [ingl. *acceptor*, dal lat. *accĕptus*, part. pass. di *accìpere* 'prendere'. V. *accetto*] s. m. ● (*chim.*) Sostanza o particella che ha la capacità di unirsi preferenzialmente con una determinata sostanza o particella: *a. di elettroni, di idrogeno, di protoni.*

accezióne [vc. dotta, lat. *acceptiōne(m)*, da *accìpere* 'prendere'] s. f. ● (*ling.*) Significato, adottato o ricevuto, di un vocabolo.

acchetaménto s. m. ● Atto, modo, effetto dell'acchetare.

acchetàre [comp. di *a-* (2) e *chetare*] **A** v. tr. (*io acchéto*) ● (*lett.*) Calmare, acquietare. **B** v. rifl. **1** Chetarsi: *alla fine si acchetò.* **2** Rimanere contento e persuaso.

acchiappacàni [comp. di *acchiappa(re)* e il pl. di *cane*] s. m. ● Accalappiacani.

acchiappafarfàlle [comp. di *acchiappa(re)* e il pl. di *farfalla*] **A** s. m. inv. ● Retino per catturare farfalle. **B** s. m. e f. inv. ● (*fig.*) Chi perde il proprio tempo senza far niente.

acchiappamósche [comp. di *acchiappa(re)* e il pl. di *mosca*] s. m. inv. **1** Strumento atto a catturare mosche. **2** (*bot.*) Nome comune di piante carnivore (*Dionea, Drosera*). SIN. Pigliamosche. **3** (*zool.*) Pigliamosche. **4** (*fig.*) Chi perde il proprio tempo senza far niente.

acchiappanùvoli [comp. di *acchiappa(re)* e il pl. di *nuvolo*] s. m. e f. ● Chiappanuvole.

acchiappàre [comp. di *a-* (2) e *chiappare*] **A** v. tr. **1** Afferrare rapidamente, spec. attaccandosi a qualche sporgenza: *a. un gatto per la coda*; *a. qc. per la collottola* | (*est.*) Raggiungere correndo: *lo acchiapparono mentre fuggiva* | (*fam., fig.*) *A., acchiapparsi un malanno*, buscare, prendere. SIN. Acciuffare, agguantare. **2** Riuscire a cogliere con inganno e astuzia: *a. un ladro in flagrante.* **3** Colpire: *un sasso lo acchiappò a una gamba.* **B** v. rifl. ● Afferrarsi, attaccarsi: *riuscì ad acchiapparsi a una sporgenza.* **C** v. rifl. rec. ● Rincorrersi: *giocare ad acchiapparsi.*

acchiapparèlla s. f. ● Chiapparello.

acchiapparèllo s. m. ● Chiapparello.

acchiappatóio s. m. **1** (*raro*) Arnese per acchiappare. **2** (*est., fig.*) Trappola, insidia.

acchiappìno s. m. ● (*tosc.*) Chiapparello nel sign. 2.

-acchiàre [suff. verb. che mantiene il fondamentale valore dim. del suff. nom., dal quale deriva (-*acchio*)] suff. derivativo e alterativo ● In verbi tratti da altri verbi ha valore frequentativo, attenuativo o peggiorativo: *bruciacchiare, gridacchiare, rubacchiare, sforacchiare, sputacchiare, vivacchiare.*

†**acchièdere** v. tr. ● (*raro*) Chiedere.

†**acchinàre** [lat. *acclināre*. V. *chinare*] v. tr. ● Chinare, abbassare | (*fig.*) Umiliare.

†**acchinèa** ● V. *chinea.*

-àcchio [lat. *-ăculu(m)*] suff. ● Ha valore diminutivo e spregiativo ed è usato spec. in unione con altri suff., dando luogo ai suff. composti *-acchione* e *-acchiotto.*

acchiocciolaménto s. m. ● Atto, effetto dell'acchiocciolare e dell'acchiocciolarsi.

acchiocciolàre [comp. di *a-* (2) e *chiocciola*] **A** v. tr. (*io acchiòcciolo*) ● Avvolgere a guisa di chiocciola: *a. la molla di un orologio.* **B** v. rifl. ● Ripiegarsi su se stesso avvolgendosi quasi come fa la chiocciola nel guscio.

acchiocciolatùra s. f. ● Ravvolgimento a chiocciola.

-acchióne [rafforzamento col suff. *-one* del carattere dim. spreg. del suff. *-acchio*] suff. derivativo e alterativo composto ● Conferisce sfumature di valore accrescitivo, spregiativo (o peggiorativo) o anche vezzeggiativo: *furbacchione, mattacchione, torracchione.*

-acchiòtto [rafforzamento del suff. dim. *-acchio*, dal lat. *-aculu(m)*, con altro suff. dim. (*-otto*), forma secondaria di *-etto*] suff. derivativo e alterativo composto ● Conferisce valore diminutivo e vezzeggiativo: *lupacchiotto, orsacchiotto, furbacchiotto.*

acchitàre [fr. *acquitter*, da *quitte* 'libero', dal lat. *quiētu(m)* 'quieto'] v. tr. ● Mandare la propria palla o il pallino, all'inizio di una partita a biliardo, in un punto sfavorevole per l'avversario.

acchìto [fr. *acquit*, da *acquitter*. V. *acchitare*] s. m. ● Nel gioco del biliardo, la posizione d'inizio della palla o del pallino | *D'a., di primo a.*, (*fig.*) alla prima, subito.

†**acchiùdere** [comp. di *a-* (2) e *chiudere*] v. tr. **1** Rinchiudere, serrare. **2** V. *accludere.*

àccia (1) [lat. *ăcia(m)* 'filo da infilare nella cruna', da *ăcus* 'ago'] s. f. (pl. *-ce*) **1** Filo greggio, spec. di lino o canapa, in matassa. **2** (*dial.*) Gugliata.

†**àccia (2)** ● V. *azza.*

acciabattaménto s. m. ● Atto, effetto dell'acciabattare.

acciabattàre [comp. di *a-* (2) e *ciabatta*] **A** v. intr. (aus. *avere*) ● Camminare trascinando le ciabatte: *la donna si allontanò acciabattando.* **B** v. tr. ● (*fig.*) Lavorare in modo frettoloso e disordinato (*anche ass.*): *a. un lavoro, una commedia*; *uno scrittore che acciabatta.* SIN. Abborracciare, acciarpare.

acciabattatóre s. m.; anche agg. (f. *-trice*) ● (*raro*) Chi, che acciabatta.

acciabattatùra s. f. ● (*raro*) Acciabattamento.

acciabattìo s. m. ● Continuo acciabattare | Rumore dovuto all'acciabattare: *questo a. mi disturba.*

acciabattóne s. m. (f. *-a*) ● Chi esegue il proprio lavoro in modo trascurato e disordinato.

acciaccaménto s. m. ● Modo e atto dell'acciaccare.

acciaccàre [vc. onomat.] v. tr. (*io acciàcco, tu acciàcchi*) **1** Deformare un oggetto comprimendolo: *a. un parafango* | Schiacciare: *a. noci*; *a. un insetto*; *acciaccarsi un dito* | (*raro*) Pestare nel mortaio o col mazzuolo: *a. il pepe.* **2** (*fig., fam.*) Indebolire: *la malattia e i dispiaceri l'hanno molto acciaccato.*

acciaccàta s. f. ● Atto, effetto dell'acciaccare, spec. violentemente.

acciaccàto part. pass. di *acciaccare*; anche agg. ● Nei sign. del v.

acciaccatùra s. f. **1** Atto, effetto dell'acciaccare. **2** (*mus.*) Appoggiatura rapida su di una nota per passare a legarsi alla nota principale successiva.

acciàcco [sp. *achaque* 'malattia abituale', dall'ar. *šaka* 'malattia'] s. m. (pl. *-chi*) **1** Incomodo, disturbo fisico non grave ma fastidioso, per infermità, vecchiaia e sim.: *gli acciacchi dell'età, della vecchiaia*; *essere pieno, carico, di acciacchi.* **2** (*raro*) Disgrazia, danno. **3** †Oltraggio, soperchieria.

acciaccóso agg. ● Pieno di acciacchi.

acciaiàre [da *acciaio*] v. tr. (*io acciàio*) ● Ricoprire metalli con ferro, mediante un rivestimento ottenuto per elettrolisi, a scopo di protezione | Trasformare il ferro in acciaio.

acciaiàto part. pass. di *acciaiare*; anche agg. ● Nei sign. del v.

acciaiatùra s. f. ● Processo con cui si ricoprono, mediante rivestimenti ottenuti per elettrolisi, altri metalli con ferro.

acciaierìa s. f. ● Stabilimento per la produzione e la lavorazione dell'acciaio con metodi vari | *A. elettrica*, che impiega forni elettrici ad arco, a induzione, ad alta frequenza.

acciaìno s. m. **1** Strumento d'acciaio per affilare ferri da taglio. SIN. Acciaiolo. **2** (*raro*) Perlina di acciaio forata utilizzata per ricami.

acciàio o (*lett., dial.*) **acciàro** [lat. tardo *aciāriu(m)*, da *ăcies* 'acutezza'] s. m. **1** Lega formata da ferro e da una quantità di carbonio variabile dallo 0,3 all'1,7%, prodotta allo stato fuso dalla ghisa, dotata di particolari proprietà di resistenza meccanica, elasticità, durezza: *a. inossidabile, temperato* | *A. al carbonio, comune, binario*, non contenente altri componenti oltre al ferro e al carbonio | *A. speciale*, quello legato con altri elementi | (*fig.*) *Occhio, sguardo d'a.*, freddo, penetrante | *Muscoli, nervi d'a.*, forti, saldi. **2** Acciarino.

acciaiòlo o †**acciaiuòlo** s. m. **1** Acciaino nel sign. 1. **2** Acciarino. || **acciaiolino**, dim.

acciambellàre [comp. di *a-* (2) e *ciambella*] **A** v. tr. (*io acciambèllo*) ● Avvolgere a guisa di ciambella: *a. una lunga corda.* **B** v. rifl. ● Ripiegarsi su sé stesso avvolgendosi a guisa di ciambella: *il gatto s'acciambellò al sole.*

acciarìno [da *acciaio*] s. m. **1** Arnese d'acciaio col quale, battendo la pietra focaia, si traggono scintille per accendere l'esca. **2** Dispositivo atto a determinare l'accensione di q.c. | Nei siluri, congegno collocato nella testa, atto a far scoppiare il detonante al momento dell'urto contro l'obiettivo | Nelle antiche armi da fuoco portatili, meccanismo a molla che, producendo scintille per attrito, accendeva la carica di lancio. **3** Bietta d'acciaio infilata nel mozzo della ruota di un carro per impedirle di sfilarsi.

acciarìto agg. ● (*raro*) Acciaiato | (*lett.*) Che ha riflessi d'acciaio: *nell'occhio a. dell'eroe libico* (D'ANNUNZIO).

acciàro s. m. **1** V. *acciaio.* **2** (*poet.*) Spada, arma: *pugnan per altra terra itali acciari* (LEOPARDI).

acciarpaménto s. m. ● (*raro*) Atto, effetto dell'acciarpare.

acciarpàre [comp. di *a-* (2) e *ciarpa*] v. tr. **1** Lavorare senza diligenza, confusamente (*anche ass.*) SIN. Abborracciare, acciabattare. **2** †Raccogliere alla rinfusa: *a. libri, anticaglie.*

acciarpatóre s. m. (f. *-trice*) ● Chi acciarpa.

acciarpatùra s. f. ● Atto dell'acciarpare | Lavoro acciarpato.

acciarpìo s. m. ● Continuo e ripetuto acciarpare | Lavoro acciarpato.

acciarpóne s. m. (f. *-a*) ● Chi suole acciarpare.

accidèmpoli [da *accidenti*, deformato eufemisticamente col n. della città toscana di *Empoli*] inter. ● (*euf.*) Accidenti.

accidentàccio [pegg. di *accidente, accidenti*] inter. ● (*raff.*) Accidenti.

accidentàle agg. **1** Dovuto al caso, alla sorte. SIN. Casuale, fortuito. **2** (*filos.*) Contingente | Non necessario. **3** (*mecc.*) Detto di carico che agisce saltuariamente sulla struttura. SIN. Sovraccarico. **4** (*mus.*) *Segno a.*, accidente. || **accidentalménte**, avv. In modo fortuito e casuale.

accidentalità s. f. ● Qualità di ciò che è accidentale: *a. d'un fatto, d'un elemento.*

†**accidentàrio** agg. ● Accidentale, non essenziale. || †**accidentariaménte**, avv. In modo accessorio.

accidentàto agg. **1** Colpito da paralisi e sim.: *braccio a.* **2** Detto di terreno, ineguale e ricco di asperità. **3** (*fig.*) Movimentato, pieno di difficoltà e di imprevisti: *vita accidentata.*

accidènte [vc. dotta, lat. *accidĕnte(m)*, part. pres. di *accĭdere* 'cadere addosso'] s. m. **1** Evento, caso | Fatto fortuito, inaspettato: *e se ne porta il tempo / ogni umano a.* (LEOPARDI) | *Per a.*, casualmente. **2** Evento infausto, caso doloroso | Sciagura, disgrazia: *la giovine è qui, dopo tanti accidenti, come per miracolo* (MANZONI). **3** (*raro, med.*) Complicanza | *A. apoplettico*, †*a. di goccia*, apoplessia cerebrale. **4** Correntemente, colpo apoplettico, malanno: *gli ha preso un a.*; *gli venisse, gli pigliasse un a.* | *Mandare un a. a qc.*, augurargli del male. **5** Persona fastidiosa, spec. per eccesso di vivacità, irrequietezza e sim.: *quell'a. non mi lascia dormire* | *Correre come un a.*, all'impazzata. **6** Ineguaglianza del terreno. **7** Niente, con valore raff., nelle loc. negative *non capire, non fare, non dire, non importare, non sapere, non sentire, non valere, non vedere, un a.* e sim. **8** (*filos.*) Ciò che può appartenere o non appartenere all'essenza di un essere e che può divenire senza che muti l'essenza stessa dell'essere in cui si manifesta. **9** (*ling.*) Variazione nel nome o nel verbo delle categorie di numero, genere, caso, tempo, modo. **10** (*mus.*) Segno d'alterazione di una nota, che s'incontra nel corso d'una composizione e non posto in chiave. SIN. Segno accidentale. || **accidentàccio**, pegg.

accidènti inter. ● Esprime rabbia, meraviglia, stupore, contrarietà e sim. o gener. avversione. SIN. Accidempoli, acciderba, accipicchia.

accidèrba [da *accide(nti)* con distrazione euf. nella parte finale] inter. ● (*euf.*) Accidenti.

†**accìdere** ● V. *uccidere.*

accìdia o †**acèdia** [lat. tardo *acēdia(m)*, nom. *acēdia*, dal gr. *akēdía*, comp. di *a-* (1) e *kêdos* 'cura'] s. f. **1** Nella filosofia medievale, stato di inerzia cui conduce un eccessivo esercizio di vita solitaria e contemplativa. **2** (*est.*) Malinconica e inerte indifferenza verso ogni forma di azione. **3** Nella teologia cattolica, uno dei sette vizi capitali che consiste nell'indolenza nella pratica del bene. || **accidiàccia**, pegg. | **accidiùccia**, dim.

†accidiàre [lat. tardo *acediāri*, da *acēdia* 'accidia'] v. intr. (*io accìdio*) ● Provare accidia: *tanto è grieve l'affanno / che sol pensando addoloro ed accidio* (L. DE' MEDICI).

accidiosàggine s. f. ● (*raro*) Accidia inveterata.

accidióso agg. ● Che pecca di accidia | (*est.*) Pieno di tedio e di tristezza: *vita accidiosa*; *individui silenziosi e accidiosi*. || **accidiosaménte**, avv.

acciecàre e *deriv.* ● V. *accecare* e *deriv.*

accigliaménto s. m. ● Atto, effetto dell'accigliarsi.

accigliàre [comp. di *a-* (*2*) e *ciglio*] **A** v. tr. (*io accìglio*) ● Nell'antica falconeria, cucire insieme le palpebre dei falconi per renderli più docili. **B** v. intr. pron. ● Corrugare le sopracciglia per sdegno, ira, meditazione, e sim.: *appena li vide si accigliò* | (*est.*) Oscurarsi in viso: *quelle parole lo fecero a.* SIN. Aggrondarsi.

accigliàto part. pass. di *accigliare*; anche agg. ● Nei sign. del v.

accigliatùra s. f. *1* (*raro*) L'essere, lo stare accigliato. *2* (*raro*) Spazio fra le ciglia. *3* Atto, effetto dell'accigliare i falconi.

acciglionàre [comp. di *a-* (*2*) e il den. di *ciglione*] v. tr. (*io accigliόno*) ● Munire di ciglioni.

†accìgnere ● V. *accingere*.

accincignàre (**1**) [da *incincignare*, con cambio di pref.] v. tr. ● (*raro*) Sgualcire un tessuto stringendolo o premendolo.

†accincignàre (**2**) [comp. di *a-* (*2*) e *cinciglio*, con deformazione] v. tr. e rifl. ● Legare sotto la cintura le vesti lunghe.

accìngere o **†accìgnere** [lat. *accĭngere*. V. *cingere*] **A** v. tr. (coniug. come *cingere*) ● (*lett.*) Cingere stretto attorno. **B** v. rifl. ● Mettersi sul punto di fare q.c.: *accingersi a partire, a leggere, a un'impresa, a una ricerca*. SIN. Apprestarsi, prepararsi.

-accìno [doppio suff., *-accio-*, privo dell'elemento spreg. che ha autonomamente, e *-ino*, ambedue piuttosto dim.] suff. derivativo e alterativo composto ● Conferisce valore intensivo o affettivo: *fantaccino, spadaccino*.

accìnto part. pass. di *accingere*; anche agg. ● Nei sign. del v.

accintolàre [comp. di *a-* (*2*) e *cintolo*] v. tr. (*io accìntolo*) ● Cucire un cintolo al vivagno della pezza che si vuol tingere, affinché in quella parte non prenda il colore.

àccio [dal suff. alterativo *-accio* con valore di ripresa o ripetizione espressiva] in funzione di agg. (pl. f. *-ce*) ● (*tosc., fam.*) Detto di cosa o persona, già espressa in forma spregiativa, di cui si vuol sottolineare ancor più la caratteristica negativa: *un ragazzaccio proprio a.*

acciò [comp. di *a* (prep.) e *ciò*] cong. ● (*lett.*) Affinché (introduce una prop. fin. con il v. al congv.): *bagnando di continuo dove lo stucco si mette, a. si renda più facile a lavorarlo* (VASARI) | V. anche *acciocché*.

-àccio [originariamente col valore agg. del lat. *-āceu(m)*, specializzatosi poi in senso accr. o pegg.] suff. *1* Entra nella formazione di sostantivi e aggettivi (per lo più sostantivati) alterati, con valore peggiorativo o spregiativo: *libraccio, fattaccio, ragazzaccio, casaccia, stanzaccia, avaraccio, disutilaccio, pigraccio*. *2* Assume valore derivativo, con connotazione per lo più spregiativa, in sostantivi indicanti oggetti, strumenti che hanno una determinata funzione: *legaccio, strofinaccio, tavolaccio*.

acciocché o **acciò che**, **a ciò che** [da *acciò* e *che* (*2*)] cong. ● Affinché, perché (introduce una prop. fin. con il v. al congv.): *te lo ripeto, a. tu mi capisca bene*; *io ti richeggio / ... / acciò ch'io fugga questo male e peggio, / che tu mi meni là dov' or dicesti* (DANTE *Inf.* I, 130-133).

acciocchìre [comp. di *a-* (*2*) e *ciocco*] **A** v. tr. (*io acciocchìsco, tu acciocchìsci*) ● (*raro*) Rendere immobile, come un ciocco, per torpore, sonnolenza, freddo e sim.: *il buon vino lo acciocchì subito*. **B** v. intr. (aus. *essere*) ● Assopirsi, addormentarsi: *il gatto acciocchiva al sole*.

acciò che /attʃɔ k'ke*, at'tʃɔ kke*/ ● V. *acciocché*.

-acciòne [rafforzamento col suff. accr. *-one* del suff. *-accio*] suff. derivativo e alterativo composto ● Conferisce valore accrescitivo e tono spregiativo o anche vezzeggiativo (affettivo): *bonaccione, spendaccione*.

acciottolàre [comp. di *a-* (*2*) e *ciottolo*] v. tr. (*io acciòttolo*) *1* Lastricare coi ciottoli: *a. una strada*. *2* Far risuonare, battendoli uno contro l'altro, piatti, vasellame e sim.

acciottolàto **A** part. pass. di *acciottolare*; anche agg. ● Nei sign. del v. **B** s. m. ● Selciato di ciottoli. SIN. Ciottolato.

acciottolatóre s. m. ● Operaio che acciottola strade.

acciottolìo [da *acciottolare*] s. m. ● Suono prodotto da piatti, stoviglie e sim. sbattute tra di loro: *veniva dalla cucina un a. di piatti*.

accipìcchia [da *accidenti*, deformato eufemisticamente con *picchiare*] inter. ● (*euf.*) Accidenti.

accipigliàrsi [comp. di *a-* (*2*) e *cipiglio*] v. intr. pron. (*io mi accipìglio*) ● (*raro*) Fare il cipiglio.

accipìtridi [vc. dotta, comp. del lat. *accĭpiter*, genit. *accĭpitris* 'sparviero', di origine indeur., e *-idi*] s. m. pl. ● Nella tassonomia animale, famiglia di uccelli rapaci diurni caratterizzati dal becco uncinato e dalle forti unghie adunche, cui appartengono i falchi e gli avvoltoi (*Accipitridae*) | (al sing. *-e*) Ogni individuo di tale famiglia.

accìṣa [fr. *accise*, dal lat. *accīdere* 'tagliare', comp. di *ăd* e *caedere* 'tagliare'. V. *cesura*. Cfr. *taglia*] s. f. ● Imposta di fabbricazione a canone.

†accisṃàre [ant. fr. *acesmer* di etim. incerta] v. tr. ● Acconciare, ornare | (*iron.*) Conciare per le feste: *Un diavolo è qua dietro che n'accisma / sì crudelmente* (DANTE *Inf.* XXVIII, 37-38).

†accìṣo (**1**) ● V. *ucciso*.

†accìṣo (**2**) ● V. *acceso*.

acciucchìre [comp. di *a-* (*2*) e *ciucco* 'stupido'] **A** v. tr. (*io acciucchìsco, tu acciucchìsci*) ● Sbalordire. **B** v. intr. (aus. *essere*) ● Restare allibito.

acciuffàre [comp. di *a-* (*2*) e *ciuffo*] **A** v. tr. *1* Prendere con forza per i capelli | (*est.*) Afferrare chi cerca di fuggire: *in breve acciuffarono il malvivente* | (*est.*) Arrestare: *la guardia acciuffò il ladro*. *2* (*raro*) Rubare. **B** rifl. rec. ● Prendersi l'un l'altro per il ciuffo | Azzuffarsi.

acciùga (**1**) [lat. parl. **apiūva(m)*, dal gr. *aphýē*, di etim. incerta, attrav. il genov.] s. f. *1* Piccolo pesce teleosteo commestibile dal corpo argenteo e affusolato che vive in branchi nei mari temperati e caldi (*Engraulis encrasicholus*). SIN. Alice | *A. dei libri*, acciughina. *2* (*fig.*) Donna molto magra ed esile. || **acciughétta**, dim. | **acciughìna**, dim. (V.).

acciùga (**2**) [etim. incerta] s. f. ● (*tosc.*) Solo nella loc. *erba a.*, origano.

acciugàta [da *acciuga* (*1*)] s. f. ● Condimento di acciughe cotte nell'olio.

acciùghero [etim. incerta] s. m. ● (*tosc.*) Origano.

acciughìna s. f. *1* Dim. di *acciuga* (*1*). *2* Lepisma, pesciolino d'argento (*Lepisma saccharina*).

accivettàre [comp. di *a-* (*2*) e *civetta*] v. tr. (*io accivétto*) *1* Nella caccia, richiamare uccelletti mostrando loro la civetta. *2* (*fig.*) Attrarre a sé con maliziosi allettamenti.

accivettàto part. pass. di *accivettare*; anche agg. *1* Nei sign. del v. *2* Detto di uccello scaltrito e diffidente sul quale la civetta non ha più effetto di attrazione.

†accivìre [fr. *chevir*, da *chef* 'fine'] v. tr. ● Provvedere, procurare | Conseguire.

acclamàre [vc. dotta, lat. *acclamāre*, comp. di *ăd* e *clamāre*. V. *chiamare*] **A** v. tr. *1* Manifestare a gran voce la propria approvazione, il proprio consenso: *tutta Roma accorse ad a. Cesare*; *l'eroe fu acclamato e portato in trionfo*. SIN. Applaudire, inneggiare. *2* Eleggere d'accordo, con applausi, senza votazione: *lo acclamarono imperatore all'unanimità*. *3* (*fig.*) Celebrare, lodare: *la critica lo acclama come scrittore di genio*. **B** v. intr. (aus. *avere*) ● Gridare in segno di plauso: *tutti acclamarono alla proposta*; *per le vie acclamavano alle truppe italiane* (SVEVO).

acclamatóre agg.; anche s. m. (f. *-trice*) ● Che, chi acclama.

acclamazióne [vc. dotta, lat. *acclamatiōne(m)*, da *acclamāre* 'acclamare'] s. f. *1* Rumorosa ed entusiastica manifestazione di consenso, approvazione e sim.: *le acclamazioni salgono dalla piazza*. SIN. Ovazione, plauso. *2* Modo di deliberare di un organo collegiale senza procedere a votazione: *accettare una proposta per a.* || **acclamazioncèlla**, dim.

acclaràre [vc. dotta, lat. *acclarāre* 'mostrare chiaramente', da *clārus* 'chiaro', col pref. *ăd*] v. tr. ● (*raro*) Mettere in chiaro.

acclimaménto s. m. ● Acclimazione.

acclimàre [comp. di *a-* (*2*) e *clima*] v. tr. e rifl. ● Acclimatare.

acclimataménto s. m. ● Acclimatazione.

acclimatàre [fr. *acclimater*, da *climat* 'clima'] **A** v. tr. (*io acclìmato*) *1* Adattare a un clima diverso da quello nativo: *a. una pianta, un animale*. *2* (*est.*) Abituare a q.c. **B** v. rifl. ● Adattarsi a un clima diverso da quello nativo: *gli emigranti si sono acclimatati bene* | (*est.*) Assuefarsi a q.c.

acclimatazióne [fr. *acclimatation*, da *climat* 'clima'] s. f. ● Adattamento di esseri viventi a condizioni climatiche diverse da quelle di origine | *Giardino di a.*, per piante e animali esotici.

acclimatóre s. m. (f. *-trice*) ● Addetto all'acclimatazione delle piante.

acclimazióne [da *acclimare*] s. f. ● Acclimatazione.

†acclìne o **†acclìno** [vc. dotta, lat. *acclīne(m)*, da *clināre* 'chinare, inchinare'] agg. *1* Inclinato verso il basso. *2* (*fig., lett.*) Disposto: *ne l'ordine ch'io dico sono accline / tutte nature* (DANTE *Par.* I, 109-110).

acclìve [vc. dotta, lat. *acclīve(m)*, da *clīvus* 'declivio'] agg. ● (*lett.*) Ripido, erto, in salita: *colle, pendio, ripa a.*

acclività s. f. ● L'essere acclive.

acclùdere o (*lett.*) **†acchiùdere** [lat. tardo *acclūdere*, comp. di *ăd* e *claudere* 'chiudere'] v. tr. (pass. rem. *io acclùṣi, tu accludésti*; part. pass. *acclùṣo*) *1* Chiudere q.c. insieme ad altra contenuta in un involucro: *a. una lettera a un pacco*; *a. un assegno a una lettera*. *2* Unire un documento a uno o più altri: *a. le copie all'originale*. SIN. Allegare.

acclùṣa [f. sost. di *accluso*] s. f. ● Lettera chiusa dentro un'altra.

acclùṣo part. pass. di *accludere*; anche agg. ● Nei sign. del v.

accoccàre [comp. di *a-* (*2*) e *cocca* (*3*)] v. tr. (*io accòcco* o *accócco, tu accòcchi* o *accócchi*) *1* Adattare la cocca della freccia alla corda dell'arco: *a. la freccia all'arco*. *2* Assestare con forza: *a. un colpo* | (*fig.*) *Accoccarla a q.c*, ingannarlo, fargli uno scherzo. *3* Riunire le cocche di un fazzoletto, di un tovagliolo e sim. *4* Fermare il filo alla cocca del fuso.

accoccàto **A** part. pass. di *accoccare*; anche agg. ● Nei sign. del v. **B** s. m. ● (*spec. al pl.*) Ogni scanalatura piana negli staggi del telaio di tessitura per tenere il portacasse.

accoccolàrsi [vc. onomat., con riferimento all'atto e al verso tipico della chioccia] v. rifl. (*io mi accòccolo*) ● Porsi a sedere sui calcagni, abbassato sulle ginocchia e col capo in giù.

accoccolàto part. pass. di *accoccolarsi*; anche agg. ● Nei sign. del v.

accoccovàrsi [vc. onomat., con riferimento all'atto e al verso tipico della chioccia] v. rifl. (*io mi accòccovo*) ● (*raro*) Accoccolarsi.

accodaménto s. m. ● Modo e atto dell'accodare o dell'accodarsi.

accodàre [comp. di *a-* (*2*) e *coda*] **A** v. tr. (*io accódo*) *1* Legare le bestie da soma in modo che la testa di una sia vicina alla coda dell'altra | (*est.*) Mettere dietro, di persone. *2* Legare per la coda, con un lungo spago, uccelli da richiamo per farli passeggiare semiliberi in una tesa. **B** v. rifl. *1* Mettersi in fila o in coda gli uni dietro gli altri: *le auto si accodano dinanzi ai semafori*; *accodarsi davanti al botteghino del teatro*. *2* Nel ciclismo e nel podismo, disporsi per ragioni tattiche dietro uno o più avversari, spesso per farsi tirare, in attesa del momento opportuno per scattare.

accogliènte (**1**) part. pres. di *accogliere*; anche agg. ● Nei sign. del v.

accogliènte (**2**) [calco sul fr. *accueillant*] agg. ●

Ospitale, piacevole, comodo: *casa, albergo a.* | Che fa buona accoglienza: *sono persone molto accoglienti.*

accogliènza s. f. ● Modo e atto dell'accogliere: *a. amichevole, affettuosa, lieta* | *Fare buona, cattiva a. a qc.*, accogliere bene, male | *Fare a.*, accogliere bene.

accògliere o †**accòrre** [comp. del lat. *ăd* e *collĭgere*, da *lĕgere* 'raccogliere'] **A** v. tr. (coniug. come *cogliere*) **1** Ricevere con varia disposizione d'animo: *a. con piacere un amico, un dono*; *a. con rincrescimento una brutta notizia.* **2** Approvare, accettare: *a. una proposta, una istanza.* CONTR. Rifiutare. **3** Contenere, ospitare: *il nuovo stadio può a. centomila spettatori*; *l'ospedale accoglie più di seicento infermi.* **4** (*lett.*) Raccogliere, radunare: *preziosi / vasi accogliean le lagrime votive* (FOSCOLO). **B** v. rifl. ● Convenire, riunirsi, raccogliersi: *Li uomini poi che 'ntorno erano sparti / s'accolsero a quel loco* (DANTE *Inf.* XX, 88-89).

accogliménto s. m. **1** (*lett.*) Accoglienza. **2** Accettazione: *a. di una proposta, di una domanda.* **3** †Raduno.

accogliticcio [da *accogliere*] agg. (pl. f. *-ce*) ● (*raro*) Composto da entità di varia provenienza e non amalgamate | Raccogliticcio.

accoglitóre s. m. (f. *-trice*) ● Chi accoglie.

†**accoglitrice** s. f. ● Levatrice.

accòlita ● V. *accolta.*

accolitàto o †**acolitàto** [da *accolito*] s. m. ● Un tempo, il quarto e il più elevato degli ordini minori della gerarchia cattolica; dopo la riforma liturgica del 1972, ministero che può essere conferito anche a un laico.

accòlito o †**acòlito** [vc. dotta, gr. *akólouthos*, da *kéleuthos* 'cammino'] s. m. **1** Un tempo, chierico che aveva ricevuto l'ordine dell'accolitato; attualmente, colui al quale è stato conferito il ministero dell'accolitato | Chi serve il sacerdote all'altare. **2** (*fig.*) Seguace, accompagnatore fedelissimo di persona potente o altolocata (*anche iron.*): *è sempre circondato dai suoi accoliti.*

accollacciàto agg. **1** Ben chiuso attorno al collo: *abito a.*; *giubba accollacciata.* **2** (*est.*) Detto di persona, che indossa un abito accollato.

accollaménto s. m. ● Atto, effetto dell'accollare o dell'accollarsi.

accollànte A part. pres. di *accollare*; anche agg. ● Nei sign. del v. **B** s. m. ● (*dir.*) Assuntore di un obbligo altrui.

accollàre [comp. di *a-* (2) e *collo* (2)] **A** v. tr. (*io accòllo*) **1** (*lett.*) Mettere sul collo | Abituare al giogo gli animali: *a. i buoi.* **2** (*fig.*) Caricare di impegni, oneri, responsabilità: *gli hanno accollato tutti i pagamenti*; *accollarsi una spesa* | *Accollarsi una colpa, una fatica*, assumersela. SIN. Addossare. **3** Porre il maggior carico sulla parte anteriore del carro, in modo che il peso gravi sul collo della bestia che lo tira. **4** (*raro*) †Abbracciare. **5** (*mar.*) Volgere una vela quadra in modo che il vento ne colpisca la faccia prodiera | Raccogliere un canapo in circoli, facendogli fare più giri attorno a sé stesso. **6** (*dir., raro*) Dare un lavoro in accollo. **B** v. intr. (aus. *avere*) ● Chiudere bene al collo: *abito, scarpa, che accolla.* **C** v. rifl. ● (*dir.*) *accollarsi un debito*, assumere su di sé un'obbligazione altrui.

accollàta [provz. *acolada*, dal lat. parl. **adcollāre* 'colpire al collo', da *cŏllum* 'collo', col pref. *ăd*] s. f. ● Colpo simbolico dato col piatto della spada sulla spalla del cavaliere medievale durante la cerimonia d'investitura.

accollatàrio [da *accollato*, part. pass. di *accollare*] s. m. **1** (*dir.*) Creditore a vantaggio del quale opera l'accollo. **2** (*raro*) Appaltatore.

accollàtico [da *accollare*] s. m. (pl. *-ci*) ● Imposta che nei secc. XVI e XVII si pagava nella campagna romana e nelle legazioni pontificie per i buoi aggiogati.

accollàto A part. pass. di *accollare*; anche agg. **1** Nei sign. del v. **2** (*arald.*) Detto di due scudi congiunti o di figure sovrapposte. **B** s. m. ● (*dir.*) Debitore il cui obbligo viene assunto mediante accollo.

accollatóre [da *accollo*] s. m. ● (*raro*) Chi dà un lavoro in accollo.

accollatùra s. f. **1** Parte dell'abito accollato che segue la base del collo. **2** Segno del giogo sulla cervice degli animali da tiro.

accòllo [da *accollare*] s. m. **1** (*dir.*) Accordo per l'assunzione di un debito altrui | *A. privativo*, in cui viene liberato il debitore originario | *A. cumulativo*, in cui il debitore originario rimane coobbligato con l'accollante | *A. legale*, assunzione di obbligazioni che avviene di diritto perché disposta dalla legge. **2** (*raro*) Appalto. **3** Parte sporgente di un muro o di una costruzione sostenuta da mensole. **4** Parte del carico di un carro, e relativo peso, gravante sul collo dell'animale da tiro. **5** (*mar.*) Lato della vela sottovento.

†**accolpàre** [da *colpa*] v. tr. ● (*raro*) Accusare, incolpare.

accòlta o (*evit.*) **accòlita** [da *accolto*] s. f. **1** (*lett.*) Adunata di persone: *un'a. di magistrati.* **2** †Accoglienza.

accoltellaménto s. m. ● Atto, effetto dell'accoltellare o dell'accoltellarsi.

accoltellàre [comp. di *a-* (2) e *coltello*] **A** v. tr. (*io accoltèllo*) ● Ferire, uccidere a colpi di coltello: *il rapinatore accoltellò la vittima.* **B** v. rifl. rec. ● Ferirsi a colpi di coltello.

accoltellàto A part. pass. di *accoltellare*; anche agg. ● Nei sign. del v. **B** s. m. ● (*arch.*) Corso di mattoni messi l'uno sopra l'altro per ritto, a coltello.

accoltellatóre s. m. (f. *-trice*) ● Chi accoltella.

accòlto part. pass. di *accogliere*; anche agg. **1** Nei sign. del v. **2** †Colto, colpito.

accomandànte A part. pres. di *accomandare*; anche agg. **1** Nei sign. del v. **2** (*dir.*) *Socio a.*, socio di un'accomandita la cui responsabilità per le obbligazioni sociali è limitata alla quota conferita, il quale non può compiere atti di gestione della società. **B** s. m. ● (*dir.*) Socio accomandante.

†**accomandàre** [provz. *acomandar*, comp. del lat. *ăd* e *commendāre* 'affidare'] **A** v. tr. **1** Affidare in custodia: *se m'ami, io t'accomando i figli* (ALFIERI) | Raccomandare: *a. l'anima a Dio.* **2** Prestare. **3** Assicurare, legare: *accomandò la corda all'aspo* (COMPAGNI). **B** v. rifl. ● (*lett.*) Mettersi sotto la protezione altrui | Raccomandarsi.

accomandatàrio [da *accomandita*, sul modello di *mandatario*] **A** s. m. ● (*dir.*) Socio dell'accomandita, amministratore e illimitatamente responsabile delle obbligazioni sociali. **B** anche agg.: *socio a.*

accomandazióne [da *accomandare*] s. f. ● Nel diritto feudale, atto col quale un vassallo si sottometteva alla potestà del signore.

accomandìgia [da *accomandare*, sul modello del fr. *commandise*] s. f. (pl. *-gie* o *-ge*) ● (*st.*) Patto con cui un comune o una signoria si poneva sotto il protettorato di un altro comune o signoria o della Chiesa.

accomàndita [da *accomandare*] s. f. **1** (*dir.*) Forma di società commerciale caratterizzata dalla diversa responsabilità, verso i terzi, dei soci (accomandante e accomandatario) che vi partecipano: *società in a.* **2** La stessa società in accomandita: *soci di un'a.* **3** †*a. di bestiame*, soccida. **4** †Tutela.

accomandolàre [da *a-* (2) e *comandolo*] v. tr. (*io accomàndolo*) ● Riannodare i fili rotti dell'ordito.

accomiatàre o **accommiatàre** [comp. di *a-* (2) e *commiato*] **A** v. tr. ● Dare commiato, mandare via: *a. qc. con un gesto, con un sorriso, con parole gentili.* **B** v. rifl. ● Prendere commiato, congedarsi: *mi accomiatai da loro con rimpianto*; *gli amici si accomiatarono a uno a uno.*

†**accomiatatóre** s. m.; anche agg. (f. *-trice*) ● Chi, che accomiata.

accommiatàre ● V. *accomiatare.*

accomodàbile agg. ● Che si può accomodare. || **accomodabilménte**, avv. (*raro*) In maniera accomodabile.

accomodaménto s. m. **1** Atto, effetto dell'accomodare e dell'accomodarsi | Conciliazione, accordo fra parti in lite: *giungere, venire, a un a.*; *trovare una via di a.* **2** Regolazione di uno strumento ottico. **3** (*mecc.*) Adattamento di un materiale sottoposto a una sollecitazione ripetuta, variabile fra due limiti. **4** (*ling.*) Assimilazione parziale.

accomodànte (1) part. pres. di *accomodare*; anche agg. ● Nei sign. del v.

accomodànte (2) [calco sul fr. *accomodant*] agg. ● Conciliante, remissivo, adattabile, con gli uomini o con le circostanze, spec. per propria convenienza personale.

accomodantìsmo [comp. di *accomodante* (2) e *-ismo*] s. m. ● Tendenza a essere conciliante e adattabile in ogni occasione, spec. per convenienza personale.

accomodàre [vc. dotta, lat. *accommodāre*, comp. di *ăd* e *cŏmmodus* 'conforme, conveniente'] **A** v. tr. (*io accòmodo*) **1** Riattare, aggiustare, riparare: *a. una vecchia casa, una bicicletta, un ponte.* CONTR. Guastare, rompere. **2** Assestare, sistemare, riordinare: *a. una stanza per una festa*; *a. i libri sul tavolo*; *a. la biancheria nell'armadio* | Acconciare: *accomodarsi i capelli, il vestito* | (*est.*) Addobbare, ornare: *hanno accomodato con luci e bandiere tutta la città.* **3** (*iron.*) Conciare: *se non la smettete, vi accomodo io!* **4** Comporre, conciliare: *la questione fu accomodata con soddisfazione di entrambi*; *col tempo tutto si accomoda.* **5** Regolare l'occhio o un sistema ottico rispetto alla distanza o alla luminosità. **B** v. intr. (aus. *avere*) ● Tornare comodo, piacevole, utile: *prendi ciò che ti accomoda*; *se ti accomoda, vieni quando vuoi.* **C** v. rifl. **1** Mettersi a proprio agio in casa d'altri | *Accomodarsi a sedere*, sedersi | *Accomodarsi in casa*, entrare. **2** Adattarsi: *si sono accomodati in due misere stanzette.* **3** Giungere a un accordo: *non c'è bisogno di avvocati, ci accomoderemo tra noi.* SIN. Aggiustarsi, riconciliarsi.

accomodatìccio A agg. (pl. f. *-ce*) ● Di ciò che è accomodato alla meglio. **B** s. m. ● Ciò che è accomodato alla meglio.

accomodatìvo [vc. dotta, lat. tardo *accommodatīvu(m)*, 'appropriato al senso', da *accommodāre* 'accomodare'] agg. ● Facile ad accomodarsi.

accomodatóre s. m. (f. *-trice*, pop. *-tora*) ● Chi accomoda. SIN. Aggiustatore, riparatore.

accomodatùra s. f. ● Atto, effetto dell'accomodare | Riparazione.

accomodazióne [vc. dotta, lat. *accomodatiōne(m)*, da *accommodāre* 'accomodare'] s. f. **1** (*raro*) Accomodamento. **2** Proprietà dell'occhio di variare il potere di rifrazione del cristallino.

accompagnàbile agg. ● (*raro*) Che si può accompagnare.

accompagnaménto s. m. **1** Atto, effetto dell'accompagnare: *lettera d'a.* | (*est.*) Corteggio, seguito. **2** (*dir.*) Conduzione dell'imputato o di altro soggetto davanti al giudice o al pubblico ministero, anche con l'uso della forza: *mandato, ordine di a.* **3** (*dir.*) *Indennità di a.*, somma erogata a titolo assistenziale dallo Stato in favore dei disabili. **4** (*mus.*) Insieme di melodie o parti secondarie che servono a sostenere la melodia principale. **5** (*mil.*) Azione di fuoco in appoggio ad attacchi di fanteria o carri armati.

accompagnàre [comp. di *a-* (2) e *compagno*] **A** v. tr. **1** Andare insieme con qc. per fargli compagnia, per onorarlo, proteggerlo e sim.: *a. un bambino a casa*; *a. un amico al cinema* | Scortare | Seguire in corteo: *a. un feretro* | *A. qc. alla porta*, (*fig.*) congedarlo. **2** (*fig.*) Seguire: *a. con gli occhi, con lo sguardo, con la mano, con i voti, col pensiero* | *A. l'uscio, il cancello*, seguirli con la mano per regolarne il movimento | *A. un colpo*, nel pugilato, in fase di attacco, assecondare la forza del pugno con una spinta del busto e, in fase difensiva, ridurre l'efficacia del colpo portato dall'avversario con un lieve spostamento indietro della parte del corpo cui è indirizzato il pugno. **3** (*mus.*) Suonare o cantare come sostegno al suono o al canto altrui: *a. un cantante al, con il, pianoforte.* **4** Accoppiare: *quei due sono ben accompagnati* | (*est.*) Abbinare, unire: *a. due motivi ornamentali*; *a. un dono con un biglietto.* **B** v. intr. pron. ● Intonarsi, essere adatto: *quel vino si accompagna bene all'arrosto.* **C** v. rifl. **1** Prendere qc. come compagno: *accompagnarsi a, con qc.* | †Sposarsi: *quanto sarebbe meglio per la vostra casa, che voi vi accompagnaste!* (GOLDONI). **2** (*mus.*) Sostenere il proprio canto con accompagnamento strumentale: *a. alla, con la chitarra* || PROV. Meglio soli che male accompagnati.

accompagnatóre s. m. (f. *-trice*) **1** Chi accompagna | *A. turistico*, chi svolge funzioni di guida, assistenza e coordinamento di una comitiva di turisti per conto di una compagnia o agenzia di viaggi. *2* (*sport*) Incaricato al seguito di una squadra di atleti impegnata fuori sede. *3* (*mus.*) Chi esegue l'accompagnamento.

accompagnatòria s. f. • Nel linguaggio burocratico, lettera che accompagna la spedizione di documenti e sim.

accompagnatòrio agg. • Che serve di accompagnamento: *lettera accompagnatoria.*

accompagnatùra s. f. *1* Accompagnamento. *2* (*raro*) Accordo, simmetria, riscontro: *essere, servire di a.*

accompàgno s. m. *1* Accompagnamento: *bolletta d'a.* *2* (*dial.*) Onoranza funebre, funerale: *l'a. all'ultima dimora.* *3* (*dir.*) *Provvedimenti di a.*, atti normativi che seguono immediatamente la legge finanziaria.

accomunàbile agg. • Che si può accomunare.

accomunaménto s. m. • Modo e atto dell'accomunare e dell'accomunarsi.

accomunàre o (*evit.*) **accumunàre** [comp. di *a-* (*2*) e *comune* (*1*)] **A** v. tr. *1* Far comune, mettere in comune: *a. la ricchezza, le idee, i progetti.* *2* Mettere alla pari, avvicinare: *il dolore accomuna gli uomini.* *3* Riunire: *a. in sé pregi e difetti.* **B** v. rifl. rec. • Rendersi uguali, simili: *accomunarsi nel dolore.*

†**acconcézza** s. f. *1* Attitudine. *2* Eleganza. *3* Ordine: *pone in a. ed assettamento* (VICO).

acconciàbile agg. • Che si può acconciare.

acconciaménto s. m. *1* Atto, modo, effetto dell'acconciare. *2* †Disposizione, attitudine.

acconciàre [comp. di *a-* (*2*) e *conciare*] **A** v. tr. (*io accóncio*) *1* Preparare, disporre in modo conveniente: *a. l'animo alla prova*; *a. una stanza* | *A. lo stomaco*, ristorarsi | (*raro*) Accomodare, riparare | Regolare, risolvere: *a. una questione* | †Allestire, detto di cibi e bevande | †Condire, cucinare (*anche ass.*) *2* Abbigliare, adornare con cura: *a. una ragazza per il ballo*; *a. la sposa* | Riassettare: *acconciarsi la veste* | Pettinare: *acconciarsi i capelli*; *acconciarsi la testa* | (*raro, iron.*) *A. qc. per le feste*, ridurlo a malpartito. *3* †Collocare, sistemare: *a. in matrimonio.* *4* †Preparare nella sede delle pietre preziose una foglia sottile lucente e colorata per dare alle gemme maggior risalto. *5* †Abbonire, quietare | †Pacificare. **B** v. rifl. *1* Disporsi, prepararsi a q.c.: *acconciarsi a dormire*; *acconciarsi a partire* | *Acconciarsi con Dio*, disporsi a ben morire. *2* Comporsi, spec. i capelli | Abbigliarsi, abbellirsi. *3* Adattarsi, conformarsi: *si acconciò suo malgrado alle nostre decisioni* | †Accordarsi, allearsi: *sentendo questa discordia, s'acconciò co' Pisani* (COMPAGNI).

acconciatóre s. m. (f. *-trice*) • Chi acconcia, spec. i capelli.

acconciatùra s. f. *1* Atto, effetto dell'acconciare e dell'acconciarsi. *2* Modo di pettinare e di ornare i capelli | Ornamento della pettinatura femminile: *a. di fiori, nastri, veli* | *A. da sposa*, cuffietta, diadema, tiara, da cui scende il velo bianco.

acconcime s. m. *1* (*raro*) Restauro, riparazione, spec. di case, edifici, e sim. *2* †Condimento. *3* †Opportunità, vantaggio.

accóncio (**1**) [da *acconciato*, part. pass. di *acconciare*] agg. (pl. f. *-ce*) *1* Idoneo, conveniente: *parole acconce*; *mezzi acconci.* SIN. Adatto, appropriato. *2* (*lett.*) Preparato, pronto. *3* Abbigliato, ornato con cura | Ben pettinato. *4* †Disposto, incline: *sono a. a non desiderare più cosa alcuna* (MACHIAVELLI). || **acconciaménte**, avv. Con decoro, comodità, convenienza.

†**accóncio** (**2**) [da *acconciare*] s. m. *1* Utilità. *2* Comodo, opportunità | *Cadere, venire, tornare in a.*, tornare a vantaggio. *3* Accomodamento, accordo. *4* Ornamento. *5* Riattamento: *fatto che io ebbi tutti gli acconci della casa e della bottega* (CELLINI).

accondiscendènte part. pres. di *accondiscendere*; anche agg. • Nei sign. del v.

accondiscendènza s. f. • (*raro*) Condiscendenza.

accondiscéndere o **accondiscèndere** [comp. di *a-* (*2*) e *condiscendere*] v. intr. (coniug. come *scendere*; aus. *avere*) • Condiscendere, consentire: *a. alle richieste, ai voleri di qc.*

accondiscéso part. pass. di *accondiscendere*; anche agg. • Nei sign. del v.

†**accóne** [etim. incerta] s. m. • Barca o barcone da carico, a fondo piatto, senz'alberi.

†**acconigliàre** [comp. di *a-* (*2*) e *coniglia* (*1*)] v. tr. • Far rientrare i remi di una galera in modo che non sporgano in fuori.

acconsentiménto s. m. • (*raro*) Consenso.

acconsentìre [comp. di *a-* (*2*) e *consentire*] **A** v. intr. (pres. *io acconsènto*; part. pres. *acconsenziènte* (V.); aus. *avere*) *1* Dare il proprio consenso, la propria approvazione: *a. a una proposta, a un progetto, a una richiesta.* SIN. Aderire. *2* Cedere, secondare con riferimento a oggetti che possiedono un certo grado di elasticità: *a. alla pressione, alla trazione.* **B** v. tr. • (*lett.*) Accordare, concedere || PROV. Chi tace acconsente.

acconsenziènte part. pres. di *acconsentire*; anche agg. • Nei sign. del v.

†**accontaménto** s. m. • Abboccamento | Notizia.

†**accontàre** [provz. *aco(i)ntar*, dal lat. parl. **accognitāre*] **A** v. tr. • Far conoscere, informare, raccontare. **B** v. rifl. rec. • Fare conoscenza, incontrarsi, intendersi: *ci accontammo presto con una brigata di giovanotti* (CARDUCCI).

accontentaménto s. m. • Contentamento.

accontentàre [comp. di *a-* (*2*) e *contento*] v. tr. e intr. pron. (*io accontènto*) • Contentare.

accónto (**1**) [comp. di *a-* (*2*) e *conto* (*1*)] s. m. • Anticipazione di parte di una prestazione in denaro: *versare, chiedere un a.*

†**accónto** (**2**) [lat. *accŏgnitu(m)* 'riconosciuto', part. pass. di *accognōscere* 'riconoscere', comp. di *ăd* e *cognōscere* 'conoscere'] s. m. • Familiare, amico.

accoppàre [comp. di *a-* (*2*) e *coppa* (*2*) in quanto si uccideva colpendo su di essa] **A** v. tr. (*io accòppo* o *accóppo*) • Uccidere dando un colpo sulla nuca | (*est., pop.*) Uccidere in modo brutale: *si scambiarono dei pugni che avrebbero accoppato un bue* (VERGA). **B** v. intr. pron. • Rimanere ucciso: *a momenti si accoppava.*

accoppiàbile agg. • Che si può accoppiare.

accoppiaménto s. m. *1* Atto, effetto dell'accoppiare e dell'accoppiarsi. *2* Mutua azione magnetica tra due circuiti elettrici. *3* (*mecc.*) Collegamento fra due organi meccanici rigidi, uno interno all'altro, con combaciamento di superfici uguali | *A. degli assi*, collegamento di uno o più assi della locomotiva con l'asse motore mediante manovelle e bielle.

accoppiàre [comp. di *a-* (*2*) e *coppia*] **A** v. tr. (*io accòppio* o *accóppio*) *1* Mettere insieme due persone o due cose: *a. due soprammobili*; *a. i vizi alle, colle virtù.* *2* (*raro*) Unire in matrimonio | (*gener.*) Unire carnalmente: *a. due animali a scopo riproduttivo.* *3* Unire due o più materiali di spessore sottile tra di loro, al fine di ottenere un unico elemento più idoneo all'imballaggio. **B** v. rifl. e rifl. rec. *1* Mettersi in coppia con qc.: *accoppiarsi nella danza*; *accoppiarsi a, con qc.* *2* Unirsi carnalmente.

accoppiàta s. f. *1* Nell'ippica, tipo di scommessa sull'indicazione dei primi due cavalli classificati | *A. reversibile*, in cui non è necessario indicare l'ordine preciso di classifica quando i cavalli dichiarati partenti sono più di quattro. *2* (*est.*) Coppia di persone con caratteristiche simili o con comune attività.

accoppiàto **A** part. pass. di *accoppiare*; anche agg. *1* Nei sign. del v. *2* *Rima accoppiata*, fra due versi consecutivi. SIN. Rima baciata. **B** s. m. • Manufatto risultante dall'unione di due o più materiali di spessore sottile, usato nell'imballaggio.

†**accoppiatóio** s. m. • Guinzaglio che serve a tenere in coppia i cani da caccia.

accoppiatóre s. m. (f. *-trice*) *1* Chi accoppia. *2* Nella Toscana medievale, magistrato addetto agli scrutini nelle elezioni comunali. *3* Dispositivo atto al collegamento delle condutture elettriche, pneumatiche, idrauliche, e sim. fra due veicoli ferroviari o fra autocarro e rimorchio. *4* (*elab.*) *A. acustico*, dispositivo per la trasmissione dati attraverso linee telefoniche mediante segnali modulati, costituito da una coppia microfono/altoparlante disposta in modo da aderire al ricevitore del telefono.

accoppiatrìce [da *accoppiare*] s. f. *1* (*elettr.*) Macchina per costruire cavi elettrici a coppie. *2* Macchina tessile che accoppia i fili per la torcitura. SIN. Binatrice.

accoppiatùra s. f. *1* Accoppiamento. *2* †Concordanza.

accoraménto s. m. *1* Stato di profonda tristezza, afflizione e sim.: *essere in preda a un grave a.* *2* Metodo di macellazione di animali, spec. suini, consistente nel trafiggere loro il cuore con un coltello acuminato.

accoràre [comp. di *a-* (*2*) e *core*] **A** v. tr. (*io accòro*) *1* Affliggere, contristare: *domandal tu ancora / di quel che credi ch' a me satisfaccia*; / *ch'i' non potrei, tanta pietà m'accora* (DANTE *Inf.* XII, 82-84). SIN. Addolorare. *2* Uccidere trafiggendo il cuore, spec. con riferimento ai suini. **B** v. intr. pron. • Affliggersi profondamente.

accoratézza s. f. • (*raro*) Accoramento, nel sign. 1.

accoràto part. pass. di *accorare*; anche agg. *1* Nei sign. del v. *2* Triste, sconfortato | Che esprime o provoca tristezza: *un canto a.* || **accorataménte**, avv.

accoratóio [da *accorare* 'ferire al cuore'] s. m. • Pugnale o coltello per accorare i suini.

accorazióne s. f. • (*lett.*) Accoramento, nel sign. 1.

accorciàbile agg. • Che si può accorciare.

accorciaménto s. m. *1* Modo, atto, effetto dell'accorciare o dell'accorciarsi. *2* (*ling.*) Sostituzione di una forma ridotta o tronca alla forma piena di una parola.

accorciàre [lat. parl. **accurtiāre*, da *cŭrtior*, compar. di *cŭrtus* 'accorciato'] **A** v. tr. (*io accórcio*) *1* Diminuire di lunghezza: *a. un vestito, un bastone* | Abbreviare: *a. un discorso, una strada.* *2* Abbreviare, contrarre una parola, una frase. **B** v. intr. e intr. pron. (aus. *essere*) • Diventare più corto: *le giornate accorciano*; *con la galleria il percorso si accorcia.*

accorciàta s. f. • Atto dell'accorciare, spec. in fretta o in modo sommario. || **accorciatina**, dim.

accorciatìvo **A** agg. • Atto ad accorciare. **B** s. m. • Forma abbreviata di una parola: *Tonio è l'a. di Antonio, bici è l'a. di bicicletta.*

accorciàto part. pass. di *accorciare*; anche agg. • Nei sign. del v. || **accorciataménte**, avv. In modo accorciato; per contrazione.

accorciatóia s. f. • (*raro*) Scorciatoia.

accorciatóre agg.; anche s. m. (f. *-trice*) • Che, chi accorcia.

accorciatùra s. f. • Atto, effetto dell'accorciare.

accorcìre [var. di *accorciare*] v. tr. e intr. pron. (*io accorcìsco, tu accorcìsci*) • (*tosc.*) Accorciare.

accordàbile agg. • Che si può accordare. || **accordabilménte**, avv. (*raro*) In modo compatibile.

accordaménto s. m. • (*raro*) Modo, atto, effetto dell'accordare.

†**accordànza** s. f. • (*lett.*) Accordo, consenso.

accordàre [o dal lat. **achordāre*, da *chŏrda* (degli strumenti musicali) o dal lat. **accordāre*, da *cŏr*, genit. *cŏrdis*, 'cuore'] **A** v. tr. (*io accòrdo*) *1* Mettere d'accordo, in armonia: *a. le opposte tendenze.* *2* (*est.*) Uniformare idee, opinioni, colori e sim., in modo da evitare contrasti e discordanze. *3* (*mus.*) Dare il giusto tono a uno strumento musicale: *a. la chitarra, il pianoforte* | Armonizzare tra loro strumenti musicali e voci. *4* Concordare in genere, numero, caso e persona i termini di una frase. *5* Concedere: *a. un beneficio, una grazia*; *a. l'amnistia.* **B** v. rifl. rec. • Mettersi d'accordo: *ci accordammo sulle clausole del contratto.* **C** v. intr. pron. • Conformarsi: *i tuoi atti non s'accordano con le tue parole* | Intonarsi, armonizzarsi: *il colore delle tue scarpe non si accorda con quello dell'abito.*

accordàta s. f. • (*mus.*) Rapida accordatura: *dare un'a. al violino.* || **accordatina**, dim.

accordàto part. pass. di *accordare*; anche agg. • Nei sign. del v. || **accordataménte**, avv. (*raro*) Con accordo.

accordatóre agg.; anche s. m. (f. *-trice*) • Che, chi accorda strumenti musicali.

accordatùra s. f. • (*mus.*) Operazione dell'accordare strumenti musicali | Giusta intonazione.

accordellàre [comp. di *a-* (*2*) e *cordella*] v. tr. (*io accordèllo*) • Attorcere a guisa di corda.

accordellàto **A** part. pass. di *accordellare*; anche

agg. ● Nei sign. del v. **B** s. m. ● †Panno grossolano, tessuto a righe.

accordéon /fr. akɔrde'ɔ̃/ [V. *accordio* (*1*)] s. m. inv. ● (*mus.*) Nome francese della fisarmonica.

†**accordévole** agg. ● Conveniente. || †**accordevolménte**, avv. Con accordo.

accòrdio (1) [fr. *accordéon*, dal n. dell'inventore, il ted. *Akkordion*] s. m. ● Specie di antico organino.

accòrdio (2) [da *accordare*] s. m. ● Prolungata accordatura di strumenti musicali.

accordìssimo [da *accordo*, col suff. *-issimo* dei sup.] s. m. ● (*fam.*) Solo nella loc. avv. *d'a.*, ottimamente, benissimo, con valore affermativo o conclusivo.

accòrdo [da *accordare*] s. m. *1* Unione armonica di sentimenti, opinioni, idee e sim. | *Essere, trovarsi, andare d'a.*, pensare e sentire in modo conforme | *Andare d'amore e d'a.*, trovarsi in serena concordia con qc. | *Andare d'a., come cani e gatti*, litigare continuamente | (*ell.*) *D'a.!*, bene!, usato come recisa affermazione o con valore più genericamente conclusivo. *2* (*dir.*) Incontro di più volontà per costituire o estinguere un rapporto giuridico | Nel diritto internazionale, convenzione, patto, trattato: *l'a. non è stato ancora ratificato da alcuno Stato*. *3* (*est.*) Intesa: *le banche sono giunte a un a. definitivo* | *A. di legislatura*, intesa, tra due o più partiti, destinata a durare un'intera legislatura | *A. quadro, a. cornice*, intesa sui principi generali | *A. aritmetico*, maggioranza parlamentare basata sul numero e che prescinde quindi dalla valutazione dei programmi delle diverse forze politiche che la costituiscono. *4* (*mus.*) Unione simultanea di più suoni aventi differente altezza. *5* (*ling.*) Concordanza. *6* Specie di antico organino. || **accordino**, dim.

accòrgersi [lat. parl. **adcorrĭgere*, da *corrĭgere* 'raddrizzare, correggere'] v. intr. pron. (pres. *io mi accòrgo, tu ti accòrgi*; pass. rem. *io mi accòrsi, tu ti accorgésti*; part. pass. *accòrto* (V.)) ● Vedere, conoscere, comprendere a un tratto q.c. che prima non si era osservato, o che si ignorava: *si accorse subito della nostra presenza*; *mi accorsi troppo tardi dell'inganno*; *agisce male senza accorgersene*. SIN. Avvedersi, capire.

accorgiménto s. m. *1* Facoltà di accorgersi con prontezza e intuito: *è un giovane dotato di molto a.* *2* Accortezza, prontezza: *ebbe l'a. di nascondersi* | Provvedimento accorto e ingegnoso: *con particolari accorgimenti poté vincere*. SIN. Avvertenza.

accorpaménto s. m. ● Atto, effetto dell'accorpare: *a. delle aliquote IVA*.

accorpàre [comp. parasintetico di *corpo*] v. tr. (*io accòrpo*) ● Riunire in un unico organismo uffici, enti, servizi e sim. | (*est.*) Mettere insieme, unificare.

†**accòrre** ● V. *accogliere*.

accórrere [lat. *accŭrrere*, comp. di *ăd* e *cŭrrere* 'correre'] v. intr. (coniug. come *correre*; aus. *essere*) *1* Correre verso o presso un luogo: *la gente accorreva da ogni parte*; *accorsero tutti a vedere* | Correre in aiuto: *accorremmo sul luogo dell'incidente*. *2* †Occorrere.

†**accorruòmo** o †**accorr'uòmo** [da *accorr(i) uomo!*] inter. ● Usata per invocare aiuto: *gridare a.*

accorsàto [part. pass. del dial. *accorsare* 'dar corso'] agg. ● (*merid.*) Di negozio e sim., ben avviato | Molto frequentato.

accórso A part. pass. di *accorrere*; anche agg. ● Nei sign. del v. **B** s. m. ● Chi è convenuto in un luogo: *grande era la curiosità degli accorsi*.

accortézza s. f. ● Avvedutezza, prontezza, sagacia: *è dotato di grande a.*; *agire con a.*

accòrto part. pass. di *accorgersi*; anche agg. *1* Nei sign. del v. *2* Di chi unisce in sé la prudenza e l'astuzia: *è un a. uomo d'affari* | *Essere, stare a.*, fare attenzione | *Fare a. qc.*, mettere qc. sull'avviso | *Male a., mal a.*, incauto, sprovveduto. SIN. Astuto, avveduto, oculato, sagace. *3* †Rapido, spedito: *quinci il tornare a mia magione è a.* (POLIZIANO). || **accortaménte**, avv. Con accortezza.

accosciàrsi [comp. di *a-* (*2*) e *coscia*] v. rifl. (*io mi accòscio*) ● Porsi giù con le ginocchia flesse e le cosce appoggiate sui polpacci.

accosciàta s. f. *1* Atto dell'accosciarsi. *2* (*sport*) Nel sollevamento pesi, posizione assunta da un atleta prima di compiere un'alzata, consistente nel piegare e allargare le ginocchia.

accostàbile agg. *1* Che si può accostare: *spiaggia facilmente a.* SIN. Accessibile, raggiungibile. *2* (*fig.*) Affabile, alla mano: *il sindaco è una persona a.*

accostaménto s. m. ● Atto, effetto dell'accostare e dell'accostarsi.

accostàre [comp. di *a-* (*2*) e *costa*] **A** v. tr. (*io accòsto*) ● Porre accanto: *a. l'auto al marciapiede* | *A. una persona*, avvicinarla | *A. l'uscio, le imposte*, socchiuderle. SIN. Appressare, avvicinare. **B** v. intr. (aus. *avere*) ● (*mar.*) Dirigere su una nuova rotta | Manovrare avvicinando il fianco della nave ad altra nave o alla banchina | (*aer.*, *raro*) Virare. **C** v. rifl. *1* Mettersi vicino a q.c. o a qc.: *accostarsi al fuoco, alla luce, a un amico* | (*fig.*) *Accostarsi a un'idea, a un partito*, stare per aderirvi | (*fig.*) *Accostarsi a un'arte*, interessarsene | (*fig.*) *Accostarsi ai classici*, intraprenderne lo studio | (*fig.*) *Accostarsi ai Sacramenti*, confessarsi e comunicarsi. SIN. Appressarsi, avvicinarsi. *2* Rassomigliare: *un verde che si accosta all'azzurro*.

†**accostarèllo** s. m. ● Accostatore.

accostàta s. f. *1* Atto, effetto dell'accostarsi. *2* (*mar.*) Deviazione dalla rotta per effetto del timone.

accostàto part. pass. di *accostare*; anche agg. ● Nei sign. del v.

accostatóre s. m. *1* Chi accosta. *2* Operaio che accostava gli animali all'aia per la trebbiatura. SIN. †Accostarello.

accostatùra s. f. *1* Modo e atto dell'accostare. *2* Attaccatura: *l'a. di due piastre metalliche*.

accostévole agg. ● (*lett.*) Accostabile.

accòsto [da *accostare*] **A** avv. ● Accanto, a lato, vicino: *stare, venire a.* | *A. a.*, vicinissimo. **B** nella loc. prep. *a. a*, vicino a: *a. al muro*; *stare l'uno a. all'altro*. **C** agg. ● (*pop.*, *tosc.*) Accostato: *lascia la porta accosta* | Vicino: *la scuola accosta*. **D** s. m. *1* (*raro*) Accostamento | (*fig.*) Aiuto, protezione. *2* (*mar.*) Attracco, approdo: *gancio d'a.* *3* Nelle bocce, l'andare a punto.

accostolàre [comp. di *a-* (*2*) e *costola*] v. tr. (*io accòstolo*) *1* Lavorare a coste un tessuto, un panno e sim. *2* †Mettere le costole al naviglio.

accostolàto A part. pass. di *accostolare*; anche agg. ● Nei sign. del v. **B** s. m. ● L'insieme di tutte le costole del bastimento. SIN. Corbame.

accostolatùra [da *accostolare*] s. f. ● Piega falsa che prende il panno nella gualchiera.

accostumàbile agg. ● (*raro*) Che si può accostumare.

accostumàre [comp. di *a-* (*2*) e *costume*] **A** v. tr. ● Avvezzare, assuefare: *l'hanno accostumato fin da piccolo all'obbedienza*; *alle catene / la destra accostumò* (METASTASIO) | Educare. **B** v. rifl. ● Abituarsi: *accostumarsi alle contrarietà*.

accotonàre [comp. di *a-* (*2*) e *cotone*] v. tr. (*io accotóno*) *1* Nell'industria tessile, arricciare il pelo ai pannilani. *2* Cotonare, detto dei capelli: *farsi a. dal parrucchiere*. *3* (*raro*) Trapuntare un tessuto con falda di cotone, di lana o con piume | Foderare di cotone.

accotonàto part. pass. di *accotonare*; anche agg. ● Nei sign. del v.

accotonatóre s. m. (f. *-trice*) ● Operaio tessile addetto all'accotonatura.

accotonatùra s. f. ● Atto, effetto dell'accotonare.

accottimàre [comp. di *a-* (*2*) e *cottimo*] v. tr. (*io accòttimo*) ● Dare o prendere a cottimo.

account /ingl. ə'kaunt/ s. m. inv. ● (*econ.*) Acrt. di *account-executive*.

account executive /ak'kaunt eg'zɛkutiv, *ingl.* ə'kaunt ig'zekjutiv/ [ingl., propriamente 'dirigente della resa dei conti', comp. di *account* 'acconto, resa dei conti' ed *executive* 'esecutivo, dirigente'] s. m. inv. (pl. ingl. *account executives*) ● Funzionario commerciale che segue uno o più determinati clienti: *è account executive in un'agenzia pubblicitaria*.

accovacciàrsi [comp. di *a-* (*2*) e *covaccio*] v. rifl. (*io mi accovàccio*) ● Rannicchiarsi, acquattarsi: *la lepre si accovaccia nella tana*; *si accovacciò dietro un cespuglio*.

accovàrsi [comp. di *a-* (*2*) e *covo*] v. rifl. (*io mi accóvo*) ● (*tosc.*) Accovacciarsi.

accovonàre [comp. di *a-* (*2*) e *covone*] v. tr. (*io accovóno*) ● Riunire e legare in covoni piante tagliate di cereali: *a. il grano*.

accovonatóre s. m. (f. *-trice*) *1* Chi accovona il grano. *2* Organo della macchina mietilegatrice che unisce e comprime gli steli per la legatura in covoni.

accozzàbile agg. ● Che si può accozzare.

accozzàglia [da *accozzare*] s. f. ● Raccolta disordinata di cose o persone: *un'a. di mobili, di idee*; *una ... a. di gente varia d'età e di sesso* (MANZONI). SIN. Congerie, farragine, miscuglio.

accozzàme s. m. ● (*spreg.*) Accozzaglia: *un a. di roba filosofica* (DE SANCTIS).

accozzaménto s. m. ● Modo e atto dell'accozzare o dell'accozzarsi.

accozzàre [comp. di *a-* (*2*) e *cozzare*] **A** v. tr. (*io accòzzo*) ● Mettere insieme in modo disordinato cose o persone: *a. libri, idee, progetti* | (*fam.*, *tosc.*) *A. i pentolini*, mangiare insieme portando ognuno le proprie provviste. **B** v. rifl. e rifl. rec. *1* (*lett.*) Riunirsi, adunarsi | Imbattersi. *2* †Accordarsi. *3* †Scontrarsi, azzuffarsi.

accozzatóre s. m. (f. *-trice*) ● Chi accozza oggetti o idee.

accòzzo [da *accozzare*] s. m. *1* Effetto dell'accozzare. *2* (*est.*) Complesso delle cose accozzate.

accreditàbile agg. ● Che si può accreditare.

accreditaménto s. m. *1* Atto, effetto dell'accreditare | *Assegno per a.*, quello che l'ultimo giratario deve presentare a una banca perché gli sia accreditato in conto corrente | *A. in conto*, giroconto. *2* Procedimento col quale un agente diplomatico, dietro presentazione e accettazione delle lettere credenziali, viene investito del suo ufficio nello Stato presso cui è inviato.

accreditànte A part. pres. di *accreditare*; anche agg. ● Nei sign. del v. **B** s. m. e f. ● Colui che accredita.

accreditàre [comp. di *a-* (*2*) e *credito*] **A** v. tr. (*io accrédito*) *1* Rendere credibile: *a. un fatto, una notizia, una voce*. SIN. Avvalorare. *2* Procedere all'accreditamento di un agente diplomatico. *3* (*banca*) Segnare a credito: *a. una somma in conto corrente*. **B** v. rifl. ● Acquistare, andare acquistando credito.

accreditatàrio s. m. ● Chi beneficia di un accreditamento.

accreditàto A part. pass. di *accreditare*; anche agg. *1* Nei sign. del v. *2* Detto di giornalista autorizzato a frequentare determinati uffici per attingervi informazioni. **B** s. m. ● Persona a favore della quale è fatta una apertura di credito.

accreditatóre agg. (f. *-trice*) ● Che dà credito, autorità, fama.

accrédito s. m. ● Accreditamento, nel sign. 1.

accréscere [lat. *accrēscere*, comp. di *ăd* 'a' e *crēscere* 'crescere'] **A** v. tr. (coniug. come *crescere*) *1* Rendere più vaste le dimensioni di q.c. (*anche fig.*): *a. la propria ricchezza*; *a. la propria cultura*. SIN. Aumentare. *2* †Allevare. **B** v. intr. e intr. pron. (aus. *essere*) ● Aumentare, crescere: *il gruppo s'è accresciuto di due nuovi elementi*; *accrescendo sempre in fama, si fece eccellente* (VASARI).

accresciménto s. m. *1* Modo, atto, effetto dell'accrescere. SIN. Aumento, ingrandimento. *2* (*biol.*) Insieme dei processi attraverso i quali un organismo vivente o un suo organo aumenta di massa e di volume. SIN. Crescita, sviluppo. *3* (*dir.*) Acquisto, a favore del coerede, collegatario, condonatario, della quota di altro contitolare rimasta vacante. *4* (*ling.*) Amplificazione. *5* (*miner.*) Sviluppo naturale di un cristallo per successivi apporti di particelle materiali.

accrescitìvo A agg. ● Che è atto ad accrescere. || **accrescitivaménte**, avv. (*raro*) Con accrescimento. **B** s. m. ● (*ling.*) Sostantivo o aggettivo alterato formato con l'aggiunta di un suffisso di accrescimento.

†**accrescitóre** s. m.; anche agg. (f. *-trice*) ● (*lett.*) Chi, che accresce.

accresciùto part. pass. di *accrescere*; anche agg. ● Nei sign. del v.

accrespàre [comp. di *a-* (*2*) e *crespare*] v. tr. (*io accréspo*) ● Increspare.

accrespatùra s. f. ● Increspatura.

accrezióne [vc. dotta, lat. *accretiōne(m)*, da *ac-*

crēscere 'accrescere'] s. f. *1* (*dir.*) †Accrescimento. *2* (*geol.*) Accrescimento, crescita: *blocchi di a.*

accroccàre [comp. di *a-* (*2*) e *crocco*] v. tr. (*io accròcco, tu accròcchi*) *1* †Prendere col crocco, uncinare | (*fig.*) Accalappiare. *2* (*region.*) Fare q.c. alla meglio. SIN. Abborracciare.

accròcco [da *accrocchiare*, da *crocchio* (*1*)] s. m. (pl. *-chi*) *1* (*region.*) Mucchio, ammasso di cose. *2* (*region.*) Lavoro fatto alla meglio. SIN. Abborracciatura.

accrochage /fr. akrɔ'ʃaʒ/ [fr., da *accrocher* 'agganciare', da *croc* 'uncino', di origine scandinava] s. m. inv. ● Negli sport nautici, collisione.

accùbito [vc. dotta, lat. *accŭbitu(m)*, comp. di *ăd* e *cubāre* 'essere sdraiato'] s. m. *1* Posizione di chi si pone a giacere appoggiandosi su un gomito. *2* Triclinio. *3* Covata, nel sign. 4.

accucciàrsi [comp. di *a-* (*2*) e *cuccia*] v. rifl. (*io mi accùccio*) *1* Rincantucciarsi dei cani dentro la cuccia | (*est.*) Accovacciarsi: *il cane si accuccia ai piedi del padrone.* *2* Detto anche di persona, rannicchiarsi, accoccolarsi.

accucciolàrsi [comp. di *a-* (*2*) e *cucciolo*] v. rifl. (*io mi accùcciolo*) ● (*raro*) Accucciarsi.

accudiènte part. pres. di *accudire*; anche agg. ● Nei sign. del v.

accudìre [sp. *acudir* 'assistere', con cambio di pref. dall'ant. *recudir* 'ricorrere', dal lat. *recŭtere* 'scuotere'] **A** v. intr. (*io accudìsco, tu accudìsci*; aus. *avere*) ● Attendere con cura a lavori, spec. domestici: *a. alle faccende di casa, ai fornelli* | (*raro*) Aver cura di: *a. alla vita di una persona cara.* SIN. Badare, dedicarsi, occuparsi. **B** v. tr. ● Assistere: *a. un infermo, un bambino.*

acculaménto s. m. ● Modo e atto dell'accularе e dell'accularsi.

acculàre [comp. di *a-* (*2*) e *culo*] **A** v. tr. *1* Far indietreggiare un animale: *a. un cavallo, un mulo* | (*est.*) Porre un animale col sedere verso il muro, un albero, e sim. *2* (*est.*) Collocare un veicolo, spec. un carro, con le stanghe alzate e la parte posteriore a terra. **B** v. rifl. *1* Detto dei quadrupedi, sedersi con la parte anteriore del corpo appoggiata alle zampe davanti. *2* (*spreg.*) Prendere dimora, stanziarsi: *quelli spagnuoli si erano acculati in tre o quattro di queste città* (MACHIAVELLI).

acculattàre [comp. di *a-* (*2*) e *culatta*] v. tr. ● Afferrare per le gambe e per le braccia e far battere il sedere in terra | *A. le panche*, (*fig.*) stare in ozio.

acculattàta s. f. ● Nel diritto medievale, pena per i debitori insolventi, consistente nell'acculattarli in tribunale o sulla pubblica piazza.

acculturaménto s. m. ● Acculturazione.

acculturàre A v. tr. ● (*etn.*) Attuare un processo di acculturazione. **B** v. intr. pron. ● (*etn., sociol.*) Subire o compiere un processo di acculturazione.

acculturàto part. pass. di *acculturarsi*; anche agg. ● Nel sign. del v.

acculturazióne [ingl. *acculturation*, da *culture* 'cultura'] s. f. ● (*etn.*) Processo di assimilazione di elementi culturali estranei da parte di un gruppo.

accumulàbile agg. ● Che si può accumulare.

accumulaménto s. m. ● Modo e atto dell'accumulare o dell'accumularsi.

accumulàre [vc. dotta, lat. *accumulāre*, comp. di *ăd* 'a' e *cumulāre* 'cumulare'] **A** v. tr. (*io accùmulo*) *1* Ammassare, far cumulo: *a. stipendi, benefizi, onori, dolori, soldi* | (*ass.*) Risparmiare denaro: *quel vecchio accumula da anni.* *2* Mettere più cose una sull'altra: *a. i libri in una stanza.* **B** v. intr. pron. ● Raccogliersi in gran quantità, fare cumulo: *sul mio tavolo si accumula il lavoro da sbrigare.*

accumulatóre [vc. dotta, lat. *accumulatōre(m)*, da *accumulāre* 'accumulare'] s. m. (f. *-trice*) *1* Chi accumula. *2* (*fis.*) Apparecchio capace di assorbire e di erogare energia elettrica, meccanica o termica: *a. elettrico.* *3* Nei sistemi elettronici per l'elaborazione dei dati, organo o zona di memoria destinato alle operazioni aritmetiche, ed eventualmente anche logiche, sui dati. *4* In varie tecnologie, serbatoio destinato alla raccolta di liquidi, spesso sotto pressione: *a. idraulico, termico.*

accumulazióne [vc. dotta, lat. tardo *accumulatiōne(m)*, da *accumulāre* 'accumulare'] s. f. *1* Atto, effetto dell'accumulare e dell'accumularsi | *A. originaria, primitiva*, per il marxismo, fase di formazione del capitale necessario a iniziare il processo di riproduzione dei beni capitali nel primo stadio del capitalismo. *2* (*ling.*) Ogni figura retorica che consiste nell'accostamento di parole, immagini, concetti non ripetuti | *A. caotica*, procedimento usato soprattutto nella poesia contemporanea che enumera in modo incoerente oggetti, sentimenti ecc.: *come fai tu che sbatti sulle sponde / tra sugheri alghe asterie / le inutili macerie del tuo abisso* (MONTALE).

accùmulo s. m. *1* Accumulazione. *2 A. di frana*, materiale terroso o roccioso deposto da una frana.

accumunàre ● V. *accomunare.*

†accuràre [lat. *accurāre*, comp. di *ăd* e *curāre* 'curare'] v. tr. ● Curare con diligenza.

accuratézza s. f. ● Attenzione, diligenza, esattezza: *è un oggetto lavorato con estrema a.*

accuràto part. pass. di †*accurare*; anche agg. *1* Nei sign. del v. *2* Fatto con cura. SIN. Diligente, preciso. *3* Diligente, premuroso. ‖ **accurataménte**, avv. Con cura.

accùṣa [da *accusare*] s. f. *1* Atto con cui si attribuisce una colpa a qc.: *a. falsa, ingiusta, ignominiosa.* *2* (*dir.*) Attribuzione a una persona di un illecito penale o civile da parte di un organo pubblico o di un privato: *a. di omicidio colposo*; *atto d'a.* | *Capo d'a.*, elenco dei fatti attribuiti all'imputato nell'atto d'accusa | *Stato d'a.*, condizione di chi è accusato in giudizio di un reato. SIN. Imputazione. *3* Nel gioco delle carte, dichiarazione di una data combinazione e dei punti a essa connessi. ‖ **accusàccia**, pegg.

accuṣàbile [vc. dotta, lat. *accusābile(m)*, da *accusāre* 'accusare'] agg. ● Che si può o si deve accusare.

accuṣabilità s. f. ● Qualità di chi, di ciò che è accusabile.

accuṣàre [lat. *accusāre*, comp. di *ăd* e *causāri* 'addurre come pretesto'] **A** v. tr. *1* Incolpare, ritenere colpevole: *a. qc. di pigrizia, di eccessiva indulgenza, di gravi mancanze* | *A. la sorte, la fortuna*, attribuirle la responsabilità delle proprie disgrazie. *2* (*dir.*) Chiamare a rispondere di un illecito penale davanti all'autorità giudiziaria adducendo un complesso di ragioni: *a. qc. di furto, di truffa.* *3* Manifestare, palesare: *a. un male, un dolore fisico* | (*bur.*) Notificare | *A. ricevuta di q.c., a. una lettera*, dichiarare di averla ricevuta | *A. il colpo*, risentire di un colpo ricevuto senza riuscire a nasconderlo (*spec. fig.*). *4* Nel gioco delle carte, dichiarare una combinazione e il relativo punteggio. *5* Nella scherma, dichiarare di essere stato toccato dall'avversario. **B** v. rifl. ● Dichiararsi colpevole: *la donna si accusò dell'omicidio.* **C** v. rifl. rec. ● Incolparsi l'un l'altro: *i due si sono accusati per tutto il processo.*

accuṣàta s. f. ● Nel gioco delle carte, accusa.

accuṣatìvo [vc. dotta, lat. *accusatīvu(m)* (*cāsum*), da *accusāre* 'accusare'] **A** s. m. ● Caso della declinazione indoeuropea indicante il complemento oggetto, l'estensione nello spazio e nel tempo, la direzione, la relazione. **B** anche agg.: *caso a.*

accuṣàto A part. pass. di *accusare*; anche agg. ● Nei sign. del v. **B** s. m. (f. *-a*) ● Imputato: *l'a. si protesta innocente.*

accuṣatóre [vc. dotta, lat. *accusatōre(m)*, da *accusāre* 'accusare'] s. m. (f. *-trice*) ● Chi accusa, chi denuncia e sostiene l'accusa: *è il suo più feroce a.*; *pubblico a.* ‖ **accusatorèllo**, dim.

accuṣatòrio [vc. dotta, lat. *accusatōriu(m)*, da *accusāre* 'accusare'] agg. *1* Che contiene un'accusa o che a essa si riferisce: *orazione accusatoria*; *tono a.* *2* Che serve ad accusare: *atto a.* | Basato sull'accusa: *sistema processuale a.*

accùṣo s. m. ● Nel gioco delle carte, accusa.

ace /ingl. eis/ [vc. ingl., propr. 'asso', dal fr. *as*] s. m. inv. ● (*sport*) Nel tennis, servizio vincente, battuta imprendibile | *Ace sporco*, quando il giocatore che risponde al servizio riesce a toccare la palla con la racchetta.

-àce [dal suff. lat. *-ace(m)*, di origine indeur.] suff. ● Forma aggettivi di origine quasi esclusivamente latina che esprimono facoltà, attitudine, tendenza, e sim.: *audace, capace, efficace, fugace, loquace, rapace.*

†acedia o **acèdia** ● V. *accidia.*

-àcee [dal suff. lat. *-āceae* (nom.), f. pl. di *-āceus* '-aceo'] suff. ● Nella sistematica botanica viene aggiunto al nome di uno dei generi più importanti per indicare la famiglia: *Fagacee, Pinacee, Rosacee.*

Acèfali [pl. di *acefalo*] s. m. pl. ● Lamellibranchi (*Acephala*).

acefalìa [da *acefalo*] s. f. ● (*med.*) Mancanza congenita del capo.

acèfalo [vc. dotta, gr. *aképhalos* 'senza testa', comp. di *a-* (*1*) e *kephalḗ* 'testa'] **A** agg. *1* Che è senza capo: *animale a.* | *Manoscritto, libro a.*, privo dell'intestazione o delle prime pagine. *2* Nella metrica greca e latina, detto di verso che manca della prima sillaba. *3* (*mus.*) Di ritmo che non incomincia o non riempie il primo tempo forte della misura. *4* (*fig.*) Detto di ente, ufficio e sim. carente di direzione, di un capo responsabile. **B** s. m. ● (*zool.*) Ogni individuo appartenente alla classe degli Acefali.

acellulàre [comp. di *a-* (*1*) e *cellula*] agg. ● (*biol.*) Privo di cellule o di struttura cellulare.

acelòmati [comp. di *a-* (*1*) e *celoma*] s. m. pl. ● (*zool.*) Metazoi privi di celoma.

-àceo [corrisponde al lat. *-āceu(m)*, ampliamento del suff. *-āce(m)* '-ace'] suff. ● Forma aggettivi di origine quasi esclusivamente latina che esprimono qualità, somiglianza: *cartaceo, coriaceo, erbaceo, farinaceo, perlaceo, violaceo.*

Aceràcee [vc. dotta, comp. di *acer(o)* e *-acee*] s. f. pl. ● Nella tassonomia vegetale, famiglia di piante delle Terebintali comprendente un centinaio di specie legnose, con foglie opposte, semplici e fiori verdastri in grappoli (*Aceraceae*) | (al sing. *-a*) Ogni individuo di tale famiglia. ➡ ILL. **piante** /5.

aceràia s. f. ● (*raro*) Bosco di aceri.

aceratèrio [comp. del gr. *ákerōs* 'senza corno' (comp. a sua volta di *a-* e *kéras* 'corno'. V. *cerambice*) e *thēríon* 'belva' (V. *teridio*)] s. m. ● Rinoceronte fossile, privo di corno, del Cenozoico (*Aceratherium*).

†acerbàre [lat. *acerbāre* 'inacerbire', da *acĕrbus* 'acerbo'] **A** v. tr. ● (*lett.*) Esacerbare, addolorare. **B** v. intr. pron. ● (*lett.*) Inasprirsi.

acerbézza s. f. *1* Qualità di ciò che è acerbo | (*est.*) Sapore agro della frutta non matura. *2* (*raro, fig.*) Durezza, severità d'animo | Forte dolore.

acerbità o **†acerbitàde**, **†acerbitàte** [vc. dotta, lat. *acerbitāte(m)*, da *acĕrbus* 'acerbo'] s. f. *1* Qualità di ciò che è acerbo. SIN. Agrezza, asprezza. *2* (*fig.*) Asprezza, durezza d'animo.

acèrbo o **†acèrvo** (**1**) [lat. *acĕrbu(m)*, dalla radice **ac-* 'essere pungente'] agg. *1* Che non è maturo, che non è cresciuto o sviluppato sufficientemente, spec. con riferimento a frutta: *uva acerba.* *2* (*fig.*) Molto giovane. SIN. Immaturo. *3* Aspro al gusto (*anche fig.*) SIN. Agro, brusco. *4* Austero, duro: *ha un carattere a.*; *è un dolore a.*; *non essere tanto a. e mordace* (CASTIGLIONE). *5* (*lett.*) Doloroso: *amore, / sospiro a. de' provetti giorni* (LEOPARDI). ‖ **acerbétto**, dim. | **acerbìno**, dim. | **acerbòtto**, dim. | **acerbùccio**, dim. ‖ **acerbaménte**, avv. *1* In modo acerbo; innanzi tempo. *2* Crudelmente, aspramente, rigidamente: *fu acerbamente ferito*; *lo rimproverò acerbamente.*

aceréta s. f. ● Bosco di aceri.

aceréto s. m. ● Acereta.

àcero [lat. *ăcere*, abl. di *ăcer* di origine indeur.] s. m. *1* Pianta arborea a chioma larga e densa, con foglie verdi semplici palmato-lobate, talvolta colorate intensamente di rosso, e frutto a samara (*Acer campestre*) | *A. riccio, a. platano*, albero delle Aceracee a chioma larga, con foglie lucide, opposte e fiori in corimbi (*Acer platanoides*) | *A. americano, a. bianco*, negundo. *2* Legno di tali piante.

acèrra [vc. dotta, lat. *acĕrra(m)*, forse di origine etrusca] s. f. ● Braciere usato nei sacrifici dai sacerdoti dell'antica Roma | Altare che i Romani ponevano nella stanza dei defunti per bruciarvi incensi.

acèrrimo agg. *1* Sup. di *acre*. *2* (*fig.*) Fierissimo, irriducibile, veemente: *nemico, odio a.*; *scontro a. di due eserciti.* ‖ **acerrimaménte**, avv.

acervàle [vc. dotta, lat. *acervāle(m)*, da *acĕrvus* 'acervo (*2*)'] agg. ● (*filos.*) Che interessa o concerne l'argomento dell'acervo: *sillogismo a.*

†**acervàto** agg. • Ammucchiato, accumulato.
†**acèrvo (1)** • V. *acerbo*.
†**acèrvo (2)** [vc. dotta, lat. *acĕrvu(m)*, di etim. incerta] s. m. *1* (*lett.*) Mucchio di cose adunate insieme. *2* (*filos.*) *Argomento dell'a.*, ragionamento costituito da una serie di sillogismi concatenati. SIN. Polisillogismo, sorite.
acèrvulo o **acèrvolo** [vc. dotta, lat. *acĕrvulu(m)*, dim. di *acĕrvum* 'acervo (2)'] s. m. • (*bot.*) Corpo fruttifero piatto formato da ife conidiofore in piante soggette all'azione di alcune specie di funghi parassiti.
acescènte [vc. dotta, lat. *acescĕnte(m)*, part. pres. di *acēscere*, iter. di *acēre* 'esser acido'] agg. • Che tende a inacidire: *vino a.*
acescènza [dal lat. *acēscere* 'cominciare (*-esc-*) a diventar acido (*acēre*)'] s. f. • Malattia prodotta da batteri che ossidano l'alcol ad acido acetico: *a. del vino.*
acetàbolo o **acetàbulo** [vc. dotta, lat. *acetābulu(m)* 'ampolla per l'aceto' e poi 'coppa', da *acētum* 'aceto'] s. m. *1* (*anat.*) Cavità articolare emisferica dell'osso iliaco che accoglie la testa del femore. SIN. Cotile. *2* (*zool.*) Grande ventosa dei vermi Trematodi o Cestodi. *3* (*archeol.*) Ampolla per l'aceto in uso presso i Romani.
acetabulària [V. *acetabolo*] s. f. • Alga delle Sifonali formata da una cellula (lunga alcuni centimetri) che assume la forma di un ombrellino, concavo verso l'alto, sorretto da uno stipite che fissa l'alga stessa al substrato (*Acetabularia mediterranea*). ➡ ILL. **alga**.
acetàbulo • V. *acetabolo*.
acetaldèide [comp. di *acet(ico)* e *aldeide*] s. f. • Aldeide liquida, incolore, di odore pungente e soffocante, ora ottenuta industrialmente per ossidazione dell'etilene, usata spec. nelle sintesi organiche. SIN. Aldeide acetica.
acetàle [da *acet(ico)*] s. m. • Etere alchilico di odore gradevole che si forma per ossidazione degli alcoli, derivabile dalle aldeidi o dai chetoni, usato come solvente e per materie plastiche.
acetàlico agg. (pl. m. *-ci*) • (*chim.*) Detto di derivato da un acetale | *Resina acetalica*, materiale polimerico ottenuto per polimerizzazione di aldeidi; usato per la produzione di articoli vari mediante stampaggio a iniezione.
acetammìde [comp. di *acet(ico)* e *ammide*] s. f. • Ammide dell'acido acetico, che si presenta come una polvere biancastra, solubile in alcol, usata nell'industria farmaceutica, delle materie plastiche, e sim.
acetàto A s. m. *1* Sale o estere dell'acido acetico: *a. di sodio* | *A. basico di piombo*, costituente attivo dell'acqua vegeto-minerale | *A. di alluminio*, usato come mordente, astringente, antisettico | *A. di cellulosa*, acetilcellulosa. *2* Fibra tessile artificiale a base di diacetato di cellulosa. *3* Disco di materia plastica, spec. a base di acetati, usato come provino per incisioni fonografiche. **B** agg. • †Reso acido con l'aceto.
acètico [fr. *acétique*. V. *aceto*] agg. (pl. m. *-ci*) *1* Detto di composto che contiene il radicale acetile | *Aldeide acetica*, acetaldeide | *Acido a.*, acido organico, liquido, incolore, di odore pungente, ottenuto dall'acido pirolegnoso o per sintesi, usato nella fabbricazione di materie plastiche, solventi e medicinali. *2* Che produce acido acetico: *fermentazione acetica*.
acetièra s. f. • Piccola ampolla per l'aceto.
acetificànte part. pres. di *acetificare*; anche agg. • Nei sign. del v.
acetificàre [comp. di *aceto* e *-ficare*] v. tr. (*io acetìfico, tu acetìfichi*) *1* Trasformare alcol in acido acetico. *2* Determinare il contenuto in acido acetico dei liquidi alcolici.
acetificatóre s. m. *1* Apparecchio per la produzione dell'aceto. *2* Operaio addetto alla preparazione dell'aceto.
acetificazióne [comp. di *aceto* e *-ficazione*] s. f. • Operazione di produzione dell'aceto.
acetifìcio s. m. • Fabbrica di aceto.
acetil- primo elemento • In parole composte della terminologia chimica indica il radicale monovalente acetile CH_3CO–: *acetilcellulosa*.
acetilàre [da *acetile*] v. tr. • Introdurre in una molecola uno o più radicali acetili.
acetilàto s. m., anche agg. • Composto che ha subito l'acetilazione.
acetilazióne s. f. • Atto, effetto dell'acetilare.
acetilcellulósa [comp. di *acetil-* e *cellulosa*] s. f. • Estere acetico della cellulosa usato nella produzione di sete artificiali, pellicole ininfiammabili, lacche, vernici, materie plastiche. SIN. Acetato di cellulosa.
acetilcolìna [comp. di *acetil-* e *colina*] s. f. • Estere acetico della colina, considerato il mediatore chimico della trasmissione degli impulsi in certi tipi di fibre nervose, usato in terapia come antispastico, vasodilatatore e ipotensivo.
acetìle [da *aceto*, col suff. *-ile*] s. m. • Radicale monovalente ottenuto dall'acido acetico per perdita del gruppo ossidrile.
acetilène [fr. *acétylène*. V. *aceto* ed *etilene*] s. m. • (*chim.*) Ogni idrocarburo alifatico della serie acetilenica. SIN. Alchino | (*per anton.*) Idrocarburo, primo termine della serie acetilenica, gassoso, incolore, ottenuto da carburo di calcio e acqua, impiegato per la fiamma ossiacetilenica e nella produzione di plastificanti, solventi e materie plastiche.
acetilènico agg. (pl. m. *-ci*) • Derivato da, relativo all'acetilene | Detto di idrocarburo alifatico che contiene nella propria molecola uno o più tripli legami.
acetìlico agg. (pl. m. *-ci*) • Detto di composto che contiene il, o che deriva dal, radicale acetile.
acetilsalicìlico [comp. di *acetil-* e *salicilico*] agg. (pl. m. *-ci*) • Detto di derivato acetilico dell'acido salicilico | *Acido a.*, acido organico, monobasico, solido, bianco, cristallino, che idrolizza dando acido acetico e salicilico, impiegato per usi farmaceutici.
acetilùro [da *acetile*] s. m. • Composto derivato dalla sostituzione, totale o parziale, degli atomi di idrogeno dell'acetilene con atomi di metallo | *A. di calcio*, carburo di calcio.
acetìmetro [comp. di *aceto* e *-metro*] s. m. • Apparecchio atto a determinare il contenuto in acido acetico dell'aceto.
acetìno [dal colore che ricorda quello dell'*aceto*] s. m. • Tipo di granato di colore rosso chiaro.
acetìre v. intr. (*io acetìsco, tu acetìsci*; aus. *essere*) • Divenire aceto, inacetire.
acéto [lat. *acētu(m)*, dalla radice *ac- 'essere pungente'] s. m. *1* Il prodotto della fermentazione acetica di liquidi alcolici | *A. balsamico*, ricavato dal mosto di uve bianche, variamente aromatizzato e invecchiato nel tempo, tipico del Modenese | *A. dei sette, dei quattro ladri*, medicinale, preparato con erbe aromatiche | *A. aromatico*, aromatizzato con droghe o essenze, usato come farmaco | *A. artificiale*, ottenuto per diluizione dell'acido acetico industriale | *Sott'a.*, immerso nell'aceto: *cipolline, cetriolini sott'a.; conservare i peperoni sott'a.*; V. anche *sottaceto*. *2* (*fig., lett.*) Mordacità.
acetóne [fr. *acétone*, da *acétique* 'acetico'] s. m. *1* Chetone semplice, liquido, incolore, di odore etereo, infiammabile, ottenuto spec. da derivati del petrolio, impiegato come solvente e nella produzione di vernici, prodotti farmaceutici e materie plastiche, presente anche negli organismi animali. *2* (*med.*) Correntemente, acetonemia, acetonuria.
acetonemìa [comp. di *acetone* ed *-emia*] s. f. • (*med.*) Presenza di eccessiva quantità di acetone e altri corpi chetonici nel sangue. SIN. Chetonemia.
acetònico agg. (pl. m. *-ci*) • Di, relativo ad acetone.
acetonùria o **acetonurìa** [comp. di *acetone* ed *-uria*] s. f. • (*med.*) Eliminazione eccessiva di acetone e altri corpi chetonici con le urine.
acetósa [da *acetoso*] s. f. • Pianta erbacea delle Poligonacee con foglie ovate, lanceolate, ricche di acido ossalico o di ossalato acido di potassio (*Rumex acetosa*). SIN. Erba brusca.
acetosèlla [da *acetoso*] s. f. *1* Pianta erbacea delle Oxalidacee con foglie composte da tre foglioline di sapore acidulo portate da rizomi perenni (*Oxalis acetosella*). SIN. Alleluia, erba luiula, trifoglio acetoso. *2* *Sale di a.*, solvente usato per togliere le macchie di ruggine o d'inchiostro.
acetosità s. f. • Sapore acido, d'aceto.
acetóso [vc. dotta, lat. tardo *acetōsu(m)*, da *acētum* 'aceto'] agg. • Che contiene aceto o ha sapore d'aceto: *acqua acetosa; vino a.*
acetùme s. m. • (*raro*) Tutto ciò che sa d'aceto o che è impregnato di aceto.
acheirìa [comp. di *a-* (*1*), del gr. *cheirós* 'mano' e del suff. *-ia*] s. f. • (*med.*) Assenza congenita di una o ambedue le mani.
achènio [comp. di *a-* (*1*) e del gr. *cháinō* 'mi apro'] s. m. • (*bot.*) Frutto secco indeiscente che racchiude un unico seme, il cui tegumento non aderisce al pericarpo cuoioso.
achèo [vc. dotta, lat. *Achāeu(m)*, nom. *Achāeus*, dal gr. *Achaiós* 'dell'Acaia'] **A** s. m. *1* In epoca storica, ogni appartenente alle popolazioni stanziate nell'antica Acaia e nella Ftiotide | In epoca più antica, ogni appartenente alle popolazioni stanziate nel Peloponneso. *2* (*spec. al pl., per anton., lett.*) Greco (con riferimento al mondo omerico). **B** agg. • Dell'Acaia, degli Achei: *armi, tribù achee; soldati achei*.
acherónte [vc. dotta, lat. *Acherŏnte(m)*, nom. *Ăcheron*, dal gr. *Achérōn*, nome di un fiume infernale] s. m. • (*raro, fig., lett.*) L'oltretomba.
acherontèo [vc. dotta, lat. tardo *Acherontēu(m)*, nom. *Acherontēus* (dal gr. *Acherónteios*) e *Acherŏnticu(m)*. V. *Acheronte*] agg. • Che si riferisce al mitologico fiume Acheronte | (*est., lett.*) Infernale: *errar vede il suo spirto / fra 'l compianto de' templi acherontei* (FOSCOLO).
acheròntico [vc. dotta, lat. tardo *Acherŏnticu(m)*, da *Ăcheruns*, genit. *Acherŭntis*, 'Acheronte'] agg. (pl. m. *-ci*) • Acheronteo.
acherònzia [dal lat. tardo *Acherŭntius*, agg. di *Ăcheron*, genit. *Acherŏntis*, 'Acheronte'; chiamata così perché animale notturno] s. f. • Farfalla crepuscolare degli Sfingidi, caratterizzata da una macchia dorsale raffigurante un teschio (*Acherontia atropos*). SIN. Atropo, sfinge testa di morto.
acheropìta o **achiropoièta** [dall'agg. gr. *acheiropóiētos* 'che non (*a-*) è fatto (dal v. *poiêin*, di origine indeur.) da mano (*chéir*, genit. *cheirós*, di origine indeur.) d'uomo'] **A** agg. solo f. • Detto di immagine sacra, spec. di Gesù o della Madonna, che si ritiene non fatta da mano d'uomo, ma d'origine miracolosa. **B** anche s. f.: *questa immagine del Cristo è un'a.*
acheuleàno [dalla località di (Saint-) *Acheul* (Francia)] **A** s. m. • Periodo preistorico, di epoca paleolitica: *a. inferiore, superiore; l'amigdala dell'a.* **B** agg. • Proprio di tale periodo e della sua cultura: *civiltà acheuleana*.
achilìa [comp. di *a-* (*1*) e del gr. *chylós* 'succo'] s. f. • (*med.*) Assenza di secrezione di succo gastrico.
achillèa [vc. dotta, lat. *achillēa(m)* 'pianta di Achille', che ne avrebbe appreso l'uso da Chirone] s. f. • Pianta erbacea delle Composite con foglie oblunghe, pennate, minutamente suddivise, e infiorescenze a corimbo di capolini con fiori bianco-rosati (*Achillea millefolium*). SIN. Centofoglie, millefoglie.
achillèo [vc. dotta, lat. *Achillēu(m)*, nom. *Achillēus*, dal gr. *Achílleios*, agg. di *Achilléus* 'Achille'] agg. *1* Che si riferisce ad Achille, famoso eroe omerico. *2* (*anat.*) Di, relativo al tendine d'Achille | *Riflesso a.*, riflesso tendineo da percussione del tendine d'Achille.
achillésco agg. (pl. m. *-schi*) • Achilleo | (*est., lett.*) Eroico: *idee achillesche*.
achiropoièta • V. *acheropita*.
achiurgìa [comp. del gr. *akís* 'punta, ago' e *érgon* 'opera'. Cfr. *chirurgia*] s. f. (pl. *-gie*) • Parte della chirurgia che insegna a maneggiare gli strumenti e a eseguire operazioni cruente.
achìvo [vc. dotta, lat. *Achīvu(m)*, nom. *Achīvus*, dal gr. *Achaiós* 'Acheo'] agg.; anche s. m. • (*lett.*) Acheo.
acìclico [comp. di *a-* (*1*) e *ciclico*] agg. (pl. m. *-ci*) *1* Detto di fenomeno privo di carattere di periodicità. *2* (*bot.*) Detto di fiore che possiede gli elementi sterili (sepali e petali) e quelli fertili (stami e carpelli) disposti a spirale. *3* (*chim.*) Detto di composto che non contiene alcuna catena chiusa di atomi | *Idrocarburo a.*, alifatico.
acicolàre o **aciculàre** [dal lat. tardo *acĭcula* 'spina'. V. *acicula*] agg. • (*bot., miner.*) Aghiforme.
acìcula [vc. dotta, lat. tardo *acĭcula(m)* 'spina', dim. di *ăcus* 'ago'] s. f. • Pianta erbacea delle Ombrellifere con frutto munito di lunghi rostri appun-

titi (*Scandix pecten Veneris*). SIN. Pettine di Venere, spillettone.

aciculàre • V. *acicolare*.

acidàlio [vc. dotta, lat. *Acidăliu(m)*, da *Acidălia*, dal gr. *Akidaliē* 'Acidalia', antica fonte della Grecia dove, secondo il mito, si bagnava Venere] agg. *1* (*lett.*) Di Acidalia | (*fig.*) Di Venere. *2* (*fig.*, *lett.*) Amoroso.

acidàro o **acidàrio** [vc. dotta, lat. tardo *cĭdari(m)* 'tiara dei persiani e di alti sacerdoti ebrei', di origine persiana] s. m. • Berretto conico tipico dei dogi di Venezia.

acidézza s. f. • Acidità.

acidificànte A part. pres. di *acidificare*; anche agg. • Nel sign. del v. **B** s. m. • (*chim.*) Additivo che serve a rendere acido un prodotto alimentare.

acidificàre [comp. di *acido* e *-ficare*] **A** v. tr. (*io acidìfico, tu acidìfichi*) • Rendere acido: *a. una sostanza, una soluzione*. **B** v. intr. (aus. *essere*) • Diventare acido.

acidificazióne s. f. • Atto, effetto dell'acidificare.

acidimetrìa [comp. di *acido* e *-metria*] s. f. • (*chim.*) Parte dell'analisi volumetrica che consiste nel determinare la quantità di acido contenuta in una soluzione.

acidìmetro [comp. di *acido* e *-metro*] s. m. • (*chim.*) Densimetro usato per valutare la concentrazione di una soluzione acida | Potenziometro col quale si valuta il grado di ionizzazione di un acido e, per gli acidi forti, la loro concentrazione.

acidità [vc. dotta, lat. tardo *aciditāte(m)*, da *ăcidus* 'acido'] s. f. *1* (*chim.*) Proprietà degli acidi. CONTR. Alcalinità, basicità | Concentrazione di ioni idrogeno in una soluzione. | Proprietà di una base di neutralizzare uno o più equivalenti di un acido mediante gli ossidrili sostituibili contenuti in ogni sua molecola. *2* Qualità di ciò che è acido (*anche fig.*): *a. di critica, di carattere* | *A. di stomaco*, eccessiva formazione di acidi nello stomaco e conseguente senso di bruciore. SIN. Asprezza.

acid music /*ingl.* 'æsid 'mju:zik/ [loc. ingl. comp. di *acid* 'acido', nel sign. di droga allucinogena, spec. LSD, e *music* 'musica'] loc. sost. f. inv. • (*mus.*) Recente espressione del rock.

àcido [vc. dotta, lat. *ăcidu(m)*, dalla radice **ac-* 'essere pungente'] **A** agg. *1* (*chim.*) Che presenta la proprietà, che è proprio degli acidi: *colorante a.*; *reazione acida*. CONTR. Basico. *2* Di sapore acre, agro, aspro: *questo vino è troppo a.* *3* (*fig.*) Mordace, maligno: *è una donna molto acida*; *un carattere a. e intollerante*. || **acidétto**, dim. | **acidino**, dim. | **acidùccio**, **acidùzzo**, dim. || **acidaménte**, avv. Con acidità. **B** s. m. *1* (*chim.*) Composto, contenente idrogenioni monovalenti positivi, capace di reagire con una base formando un sale e la cui soluzione acquosa ha sapore acre: *a. inorganico, organico*; *a. solfidrico, solforico, solforoso* | *A. debole, forte*, con un numero minore o maggiore di idrogenioni presenti nelle soluzioni a parità di concentrazione e temperatura. CONTR. Alcali, base. *2* Sapore aspro: *vino che sa di a.* *3* (*gerg.*, *ell.*) Acido lisergico.

acidòfilo [comp. di *acido* e *-filo*] agg. • Detto di vegetale che cresce di preferenza in terreni acidi.

acidòlisi [comp. di *acido* e *-lisi*] s. f. • (*chim.*) Scissione di una sostanza causata dall'acidificazione.

acidòlo [comp. di *acid(o)* e *-olo* (2)] s. m. • (*chim.*) Sostanza cristallina incolore, cloridrato di betaina, usata a scopi terapeutici in affezioni gastriche ed epatiche.

acidòsi s. f. • (*med.*) Disturbo dell'equilibrio acido-base del sangue per aumento di sostanze acide o riduzione di sostanze alcaline.

acidulànte part. pres. di *acidulare*; anche agg. • Nei sign. del v.

acidulàre v. tr. (*io acìdulo*) • Rendere acidulo: *a. un liquido, una sostanza*.

acidulazióne s. f. • Atto, effetto dell'acidulare.

acìdulo [vc. dotta, lat. *acĭdulu(m)*, dim. di *ăcidus*. V. *acido*] agg. • Leggermente acido: *odore, sapore a.*; *un brutto vino torbido, vischioso ed a.* (LEVI).

acidùme s. m. *1* Sapore acido. *2* Sostanza acida | Insieme di sostanze acide.

aciduria o **aciduria** [comp. di *acid(o)* e *-uria*] s. f. • (*med.*) Eccesso di acidi nelle urine.

†**àcie** [vc. dotta, lat. *ăcie(m)*, da una radice indeur. che significa 'acuto'] s. f. inv. • Negli antichi eserciti, schieramento delle truppe ordinate a battaglia.

acìnace [vc. dotta, lat. *acīnace(m)*, di origine persiana] s. m. • Specie di scimitarra in uso presso gli antichi Persiani.

acinellatùra [da *acinello*, dim. di *acino*] s. f. • Presenza contemporanea in un grappolo d'uva di acini in grossezza normale e di acini molto piccoli. SIN. Impallinamento.

acinesìa [vc. dotta, gr. *akinēsía* 'mancanza di movimento', comp. di *a-* (*1*) e *kínēsis* 'movimento'] s. f. • (*med.*) Assenza dei movimenti peristaltici o muscolari in genere.

Acinèti [vc. dotta, gr. *akínētos* 'immobile', comp. di *a-* (*1*) e *kinētós* 'mobile', da *kinêin* 'muoversi' (V. *cinematica*)] s. m. pl. • Nella tassonomia animale, classe di Protozoi acquatici, talvolta parassiti e avvolti in nicchie o involucri, che si fissano mediante un peduncolo e si nutrono attraverso succhiatoi (*Acinetae*) | (al sing. *-o*) Ogni individuo di tale classe.

acinètico agg. (pl. m. *-ci*) *1* (*med.*) Di, relativo ad acinesia. *2* Di, relativo a farmaco che paralizza i movimenti.

acinifórme [comp. di *acino* e *-forme*] agg. • Che ha forma di acino.

àcino [lat. *ăcinu(m)*, di origine preindeur.] s. m. *1* Bacca carnosa contenente semi con tegumenti duri: *a. d'uva*. SIN. Chicco, granello. *2* (*est.*) Fiocine, vinacciolo. *3* (*est.*, *lett.*) Grano di rosario, collana e sim.: *gli acini balzanti di una collana disciolta* (D'ANNUNZIO). *4* (*anat.*) Piccola formazione sferica internamente cava: *acini ghiandolari, polmonari*. || **acinèllo**, dim. | **acinétto**, dim. | **acinùzzo**, dim.

acinóso [vc. dotta, lat. *acinōsu(m)*, da *ăcinum* 'acino'] agg. *1* †Che è pieno di acini. *2* †Aciniforme. *3* (*anat.*) Che ha struttura ad acini: *ghiandola acinosa*.

a ciò che /a ttʃɔ'ke*/ • V. *acciocché*.

Acipenserifórmi [vc. dotta, comp. del lat. *acipēnser* 'storione', di etim. incerta, e il pl. di *-forme*] s. m. pl. • Nella tassonomia animale, ordine di Pesci ossei marini o d'acqua dolce con corpo rivestito di piastre cutanee (*Acipenseriformes*) | (al sing. *-e*) Ogni individuo di tale ordine.

acirologìa [vc. dotta, lat. *acyrolŏgia(m)*, nom. *acyrolŏgia*, dal gr. *akyrología*, comp. di *ákyros* 'improprio' e *-logia*] s. f. (pl. *-gìe*) • (*ling.*) Nella retorica, uso improprio di termini: *Io venni in loco d'ogne luce muto* (DANTE *Inf.* V, 28).

acirològico [da *acirologia*] agg. (pl. m. *-ci*) • Che è usato in modo improprio: *espressione acirologica*.

aclamidàto [comp. di *a-* (*1*) e *clamidato*] agg. • (*bot.*) Aclamide.

aclàmide [comp. di *a-* (*1*) e *clamide*] agg. • (*bot.*) Detto di fiore completamente sprovvisto di perianzio.

aclassìsmo [comp. di *a-* (*1*) e *classismo*] s. m. • Teoria o tendenza politica che non considera determinanti le opposizioni fra le classi sociali.

aclassìsta agg. • Aclassistico.

aclassìstico agg. (pl. m. *-ci*) • Di persona, partito o teoria politica che fa propri i principi dell'aclassismo.

aclìne [da *incline*, con sostituzione del pref. *a-* (*1*) a *in-*] agg. • (*raro*) Nella loc. *linea a.*, equatore magnetico.

aclìsta [da *ACLI*, sigla delle *Associazioni Cristiane dei Lavoratori Italiani*] s. m. e f. (pl. m. *-i*) • Chi è iscritto alle ACLI.

acloridrìa [comp. di *a-* (*1*) e *cloridr(ico)*] s. f. • (*med.*) Assenza di acido cloridrico nel succo gastrico.

acloruràto [comp. di *a-* (*1*), *clorur(o)* e del suff. *-ato* (*1*)] agg. • Privo di cloruro di sodio: *dieta aclorurata*.

àcme [gr. *akmḗ*, dalla radice **ac-* che indica acutezza] s. f. *1* (*med.*) Stadio della maggior gravità di una malattia. SIN. Climax. *2* (*fig.*) Punto o periodo culminante: *essere all'a. della gloria, del successo*.

acmònital o **acmonitàl** [da *ac(ciaio) mon(etario) ital(iano)*] s. m. inv. • Lega formata da acciaio, cromo, nichel e limitate percentuali di vanadio, usata in Italia dal 1939 al 1942 per coniare monete.

àcne [dal gr. *akmḗ* (V. *acme*), attrav. un errore di scrittura] s. f. • (*med.*) Infezione suppurativa delle ghiandole sebacee: *a. giovanile* | *A. rosacea*, rosacea.

acnèico agg. (pl. m. *-ci*) • Che è affetto da acne.

acolìa [comp. di *a-* (*1*) e del gr. *cholḗ* 'bile', di origine indeur.] s. f. • (*med.*) Cessazione o mancanza della secrezione della bile.

†**acolitàto** • V. *accolitato*.

†**acòlito** • V. *accolito*.

acomunìsta [comp. di *a-* (*1*) e *comunista*] s. m. e f. (pl. m. *-i*) • Chi, nei confronti del comunismo, non prende posizione.

aconcettuàle [comp. di *a-* (*1*) e *concettuale*] agg. • Libero da ogni determinazione concettuale: *filosofia, arte a.*

acondroplasìa [comp. di *a-* (*1*), del gr. *chóndros* 'cartilagine' e *-plasia*] s. f. • (*med.*) Distrofia congenita ed ereditaria dello scheletro, caratterizzata da arresto della crescita della cartilagine che causa un nanismo disarmonico.

acondroplàsico A agg. (pl. m. *-ci*) • Relativo ad acondroplasia. **B** agg.; anche s. m. (f. *-a*; pl. m. *-ci*) • Che, chi è affetto da acondroplasia.

aconfessionàle [comp. di *a-* (*1*) e *confessionale* (agg.)] agg. • Che non è legato ad alcuna delle varie chiese e confessioni.

aconfessionalità s. f. • L'essere aconfessionale.

aconitìna [da *aconito*] s. f. • Alcaloide velenoso ricavato dai tuberi dell'aconito con azione antidolorifica e sedativa.

acònito o **aconìto** [vc. dotta, lat. *aconītu(m)*, dal gr. *akóniton*, di etim. incerta] s. m. • Pianta erbacea delle Ranuncolacee, velenosa e medicinale, con radice fusiforme, foglie palmate e fiori di color azzurro intenso raccolti a grappolo (*Aconitum napellus*). SIN. Napello.

acontìsta [vc. dotta, gr. *akontistḗs*, da *akontízō* 'io lancio dardi'] s. m. (pl. *-i*) • Anticamente, soldato armato di armi da lanciare.

acònzia [vc. dotta, lat. *acŏntia(m)*, nom. *acŏntias*, dal gr. *akontías*, da *ákōn*, genit. *ákontos* 'giavellotto'] s. f. • Serpe velenosa dei Viperidi caratterizzata dallo scatto con cui si slancia verso il nemico (*Chrysopelea ornata*).

acònzio [vc. dotta, gr. *akóntion*, dim. di *ákōn*, genit. *ákontos* 'giavellotto'] s. m. • (*zool.*) Filamento, provvisto di cellule urticanti, che esce dalla bocca di molti Antozoi.

acorèa [comp. di *a-* (*1*) e del gr. *kórē* 'pupilla'] s. f. • (*med.*) Assenza congenita della pupilla in uno o ambedue gli occhi.

acorìa [vc. dotta, gr. *akoría* 'insaziabilità'] s. f. • (*med.*) Mancanza del senso della sazietà del cibo.

àcoro [lat. *ăcoro(n)*, dal gr. *ákoron*, prob. di origine preindeur.] s. m. *1* Calamo aromatico (*Acorus calamus*). *2* *A. falso*, pianta erbacea palustre delle Iridacee con fiori grandi e gialli (*Iris pseudacorus*). SIN. Giglio giallo.

acostituzionàle [comp. di *a-* (*1*) e *costituzionale*] agg. • Che non è in accordo con i principi della Costituzione: *deliberazione a.*

acotilèdone [comp. di *a-* (*1*) e *cotiledone*] **A** agg. • Di pianta priva di cotiledoni. **B** s. f. • Pianta priva di cotiledone.

Acotilèdoni s. f. pl. • Nei vecchi sistemi di classificazione, gruppo di piante senza cotiledoni (*Acotyledones*).

àcqua o †**àqua** [lat. *ăqua(m)*, di origine indeur.] s. f. *1* Liquido trasparente, incolore, inodore, insapore; la sua molecola è formata da 2 atomi di idrogeno e 1 di ossigeno; è costituente fondamentale degli organismi viventi, diffusissima in natura, indispensabile a molti processi chimici nel mondo organico e minerale: *a. naturale, minerale, oligominerale, potabile, gassata, di seltz* | *A. di scolo*, scaricata nei canali di scolo, proveniente da zone irrigue e riutilizzabile per l'irrigazione | *Acque di rifiuto, di scarico*, provenienti da abitazioni, industrie e sim. | *Acque luride, nere*, di fogna | *Acque bianche*, piovane; (*sport*) nel canoismo, acque spumeggianti | *A. limpida*, priva di impurità | *A. viva*, perenne, di sorgente | *A. piovana*, di pioggia | *A. dolce*, di fiume, di lago, di fonte | *A. salata, salmastra*, di mare | *A. morta*, stagnante, senza moto | *A. termale*, acqua sorgiva che supera di almeno 5° la temperatura media annua del luogo | *A. santa*, V. *acquasanta* | *A. tinta, pazza*, vino o altra bevanda molto annacquata | *A. arzente, di vite, di vita, vite, vita*, acquavite | *A. panata*, nella quale è stato infuso pane abbrustolito | *A. battesimale*, per il battesimo | *A. e sapone, all'a. e sapone*, detto di ragazza che non si trucca il volto serbando di questo l'aspetto naturale; (*est.*) detto di ragazza schietta e spontanea | *A. cheta*, (*fig.*) persona mite e remissiva soltanto in apparenza | *A. in bocca!*, (*fig.*) invito a tacere | *Contr'a.*, contro corrente | *A fior d'a.*, alla superficie, superficiale | *Filo dell'a.*, corrente | *Pelo dell'a.*, superficie dell'acqua | *Mulino ad a.*, azionato dall'acqua | *Tirare l'a. al proprio mulino*, (*fig.*) volgere una situazione a proprio vantaggio | *Lavare a più acque*, più volte, rinnovando l'acqua | *Fare un buco nell'a.*, (*fig.*) non ottenere alcun risultato, non cavare un ragno dal buco | *Intorbidare le acque*, (*fig.*) far confusione di proposito | *Lavorare sott'a.*, (*fig.*) agire di nascosto | *Pestare l'a. nel mortaio*, (*fig.*) fare una cosa inutile | *Mettere a pane e a.*, punire qc. costringendolo a una dieta limitata a questi alimenti e (*est.*) sottoporre qc., in carcere, a un regime particolarmente duro | *Avere a.*, di nave che ha sufficiente spazio per manovrare | *Avere l'a. alla gola*, (*fig.*) essere incalzato da impegni urgenti e sim., o gener., essere in difficoltà | *Fare a.*, di nave in cui penetra acqua attraverso falle ovvero che si rifornisce di acqua | (*fig.*) *Fare a. da tutte le parti*, di ciò che attraversa un periodo di grave crisi; di ragionamento e sim. estremamente lacunoso | *Trovarsi in cattive acque*, (*fig.*) essere in difficoltà | *Stare fra due acque*, (*fig.*) essere incerto, in dubbio, essere in forse | *Essere come un pesce fuor d'a.*, essere a disagio, imbarazzato, fuori dal proprio ambiente abituale e sim. | (*iron.*) *Essere puro come l'a. dei maccheroni*, non esserlo affatto | *Facile come bere un bicchiere d'a.*, molto facile | (*fig.*) *Scoprire l'a. calda*, fare, dire e sim. q.c. di ovvio e scontato | *Giochi d'a.*, zampilli o getti d'acqua usati a scopo ornamentale in parchi o giardini | *A. a., fuoco fuoco*, nei giochi infantili, formula con cui si indica la lontananza o la vicinanza di un oggetto a chi lo sta cercando | (*sport*) *A. viva*, nel canoismo, acqua in movimento | (*mar.*) *A. di zavorra*, quella che, immessa (o espulsa) nei sommergibili, ne consente l'immersione (o l'emersione); nelle petroliere scariche, quella immessa nelle cisterne per garantire la stabilità durante la navigazione. **2** (*spec. al pl.*) Distesa o raccolta di acque: *le acque del mare, di un torrente, di un lago* | *Specchio d'a.*, distesa di acqua di mare, lago o fiume che costituisce un'insenatura, un porto e sim. | *A. piena della luna*, alta marea | *A. alta*, a Venezia, l'eccezionale innalzamento del livello dell'acqua, tale da provocare allagamenti nelle zone più basse della città | *Acque intercluse*, specchi d'acqua circondati da terre sottoposte alla sovranità di uno o più Stati e facenti parte del territorio degli stessi | *Acque territoriali*, mare territoriale | *Acque pubbliche*, tutte le distese d'acqua, sorgenti fluenti e lacuali, che abbiano o acquistino attitudine a pubblico interesse e perciò appartengano allo Stato. **3** Pioggia | *Rovescio d'a.*, pioggia improvvisa e abbondante | *A. a dirotto, a catinelle, a orci, a secchi*, in grande quantità | *Prendere l'a.*, essere bagnato dalla pioggia. **4** (*spec. al pl., per anton.*) Acqua termale: *bere le acque*; *passare le acque*. **5** (*est.*) Miscuglio liquido, di uso cosmetico, medicinale e sim.: *a. tonica*; *a. dentifricia* | *A. di rose*, essenza di rose mista a poco alcol | *All'a. di rose*, (*fig.*) in modo blando, superficiale e sim. | *A. di Colonia*, essenza mista ad alta percentuale di alcol | *A. di toeletta*, alta percentuale di essenza mista ad alcol | *A. celeste*, soluzione di solfato di rame e ammoniaca in acqua distillata, usata in oculistica come collirio. **6** (*est.*) Prodotto o preparazione chimica liquida | *A. di calce*, soluzione acquosa di idrossido di calcio, ottenuta lasciando depositare il latte di calce | *A. forte*, V. *acquaforte* | *A. ossigenata*, composto liquido, incolore, vischioso, la cui molecola contiene due atomi di idrogeno e due di ossigeno e si decompone facilmente in acqua e ossigeno. SIN. Perossido di idrogeno | *A. pesante*, composto, la cui molecola contiene 2 atomi di deuterio e 1 di ossigeno, contenuto nell'acqua comune, utilizzato come moderatore per neutroni | *A. ragia*, V. *acquaragia* | *A. regia*, miscela di acido cloridrico e nitrico che, per sviluppo di cloro nascente, intacca i metalli nobili | *A. tofana*, veleno a base di arsenico | *A. vegeto-minerale*, soluzione acquosa di acetato basico di piombo. ➡ ILL. p. 825 SCIENZE DELLA TERRA ED ENERGIA. **7** (*est.*) In varie tecnologie, denominazione di liquidi diversamente utilizzati o di scarto | *A. d'inferno*, liquido di vegetazione delle olive e di lavaggio degli attrezzi dell'oleificio, raccolto in un'apposita vasca ramata | (*enol.*) *A. celeste*, poltiglia bordolese. **8** (*pop.*) Liquido organico di varia natura | *Fare a.*, orinare. **9** (*spec. al pl.*) Liquido amniotico, spec. nelle loc. *rompersi le acque, rottura delle acque*, riferite alla fuoruscita del liquido amniotico che precede il parto. **10** (*fig.*) Limpidezza, intensità luminosa delle pietre preziose, spec. del brillante: *un brillante d'a. purissima* | (*fig., scherz.*) *Briccone, furfante, manigoldo della più bell'a.*, esperto, matricolato. **11** (*astrol.*) *Elemento a.*, (*ell.*) *acqua*, nella suddivisione dei pianeti secondo l'elemento che vi domina, trigono a cui appartengono i segni del Cancro, dello Scorpione e dei Pesci. ➡ ILL. **zodiaco** ‖ PROV. Acqua passata non macina più. ‖ **acquàccia**, pegg. | **acquerèlla**, dim. (V.) | **acquerùgiola**, dim. (V.) | **acquétta**, dim. (V.) | **acquolina**, dim. (V.).

àcqua-ària loc. agg. inv. ● (*mil.*) Detto di missile destinato a essere lanciato da un sottomarino o un sommergibile in immersione contro un bersaglio aereo. SIN. Missile sottomarino-aria.

acquacedràta o **àcqua cedràta** [comp. di *acqua* e *cedrato*] s. f. ● Bevanda di acqua e sciroppo di cedro.

acquaciclo [comp. di *acqua* e *-ciclo*] s. m. ● Imbarcazione da diporto simile al pattino, provvista di una ruota a pale che viene azionata spingendo sui pedali.

acquacoltóre [comp. di *acqua* e *coltore*] s. m. (f. *-trice*) ● Chi pratica l'acquacoltura.

acquacoltùra [comp. di *acqua* e *coltura*] s. f. ● Tecnica di allevamento artificiale intensivo di ogni tipo di pesce, sia di acqua dolce sia di acqua salata che si vale anche di interventi a livello genetico.

acquafòrte o **àcqua fòrte** [comp. di *acqua* e *forte*] s. f. (pl. *acquefòrti*) **1** †Acido nitrico. **2** Tecnica di incisione su metallo in cui la lastra, spec. di rame, preventivamente ricoperta da una vernice antiacido, viene incisa con una punta d'acciaio e sottoposta all'azione dell'acido nitrico in corrispondenza dei segni tracciati. **3** (*est.*) Stampa ottenuta con tale tecnica.

acquafortista s. m. e f. (pl. m. *-i*) ● Chi incide all'acquaforte.

acquàio (**1**) [lat. *aquāriu(m)*, agg. da *ăqua* 'acqua'] agg. ● Che porta acqua o pioggia.

acquàio (**2**) [lat. *aquāriu(m)*, s. da *ăqua* 'acqua'] s. m. **1** Bacino a vasca con scarico dell'acqua, in cui si lavano le stoviglie | (*fig.*) *Essere un a.*, *una gola d'a.*, di persona ingorda che mangia qualunque cibo. SIN. Lavello. **2** Lavabo, nelle sagrestie. **3** Solco tracciato sul campo seminato per allontanare l'acqua piovana.

acquaiòlo o **acquaiuòlo** **A** s. m. (f. *-a* nel sign. 1) **1** Chi vende acqua fresca da bere, anche con sciroppi: *il grido dell'a.* **2** Operaio addetto al governo dell'acqua di irrigazione. **3** Portaborracce. **4** Operaio tessile che dà l'acqua ai drappi. **B** agg. ● Che vive nell'acqua: *serpente a.*

acquamanile [comp. di *acqua* e un deriv. di *mano*] s. m. **1** Brocca, usata nel Medioevo per lavare le mani dei convitati durante i pasti. **2** Piccola brocca metallica per acqua, usata in alcune cerimonie religiose.

acquamarina o **àcqua marina** [comp. di *acqua* e *marina*] **A** s. f. (pl. *acquemarine*) **1** Varietà di berillo di colore verde-azzurrino. **2** Colore azzurro chiaro, caratteristico dell'acqua del mare: *le tue pupille / d'a.* (MONTALE). **B** in funzione di agg. inv. ● Che ha colore azzurro chiaro, caratteristico dell'acqua del mare: *color a.*; *azzurro a.*

acquanàuta [comp. di *acqua* e del lat. *nauta* 'navigante'] s. m. (pl. *-i*) ● Chi, a scopo di studio, scende a notevole profondità sotto la superficie del mare, valendosi di particolari tipi di scafo.

†**acquapendènte** s. m. ● Versante, pendice.

†**acquapèndere** [comp. di *acqua* e *pendere*] v. intr. ● Inclinare verso un corso d'acqua, detto di monte o sim.

acquaplàno [da *acqua*, sul modello di *idroplano*] s. m. ● Tavola galleggiante legata a un motoscafo, sulla quale ci si regge in piedi mentre il motoscafo la trascina velocemente.

acquaràgia o **àcqua ràgia** [comp. di *acqua* e *ragia*] s. f. **1** Liquido incolore, ottenuto per distillazione di resine secrete da alcune conifere, costituito spec. da pinene, usato come solvente. SIN. Essenza di trementina. **2** Essenza di trementina sintetica.

†**acquàre** [lat. *aquāri*, da *ăqua* 'acqua'] **A** v. tr. ● Annaffiare | Abbeverare. **B** v. intr. ● Fare provvista d'acqua.

acquarèllo (**1**) e *deriv.* ● V. *acquerello* (*1*) e *deriv.*

acquarèllo (**2**) ● V. *acquerello* (*2*).

acquàrio (**1**) o (*raro*) **aquàrio** (**1**) [sost. del lat. *aquārius*, agg. di *ăqua* 'acqua'] s. m. **1** Vasca o insieme di vasche con acqua dolce o di mare in cui si mantengono in vita animali acquatici o piante: *dai vetri illuminati blandamente come le pareti di un a.* (MORAVIA). **2** (*est.*) Edificio in cui si trovano tali vasche.

Acquàrio (**2**) o **Aquàrio** (**2**) [vc. dotta, lat. *aquāriu(m)*, sost. dell'agg. *aquārius*; v. prec.] s. m. **1** (*astron.*) Costellazione dello zodiaco che si trova fra quella dei Pesci e quella del Capricorno. **2** (*astrol.*) Undicesimo segno dello zodiaco, compreso tra i 300 e i 330 gradi dell'anello zodiacale, che domina il periodo compreso tra il 21 gennaio e il 18 febbraio. | (*est.*) Persona nata sotto il segno dell'Acquario. ➡ ILL. **zodiaco**.

acquariofilia [comp. di *acquario* (*1*) e *-filia*] s. f. ● Allevamento di pesci o di altri animali acquatici e di piante in un acquario domestico.

acquariòfilo [comp. di *acquario* (*1*) e *-filo*] s. m. (f. *-a*) ● Chi pratica l'acquariofilia.

acquariologia [comp. di *acquario* (*1*) e *-logia*] s. f. (pl. *-gie*) ● Scienza che studia la fauna e la flora d'acquario.

acquartieraménto s. m. ● Atto, effetto dell'acquartierare e dell'acquartierarsi: *l'a. delle truppe.*

acquartieràre [comp. di *a-* (*2*) e *quartiere*] **A** v. tr. (*io acquartièro*) ● (*mil.*) Sistemare truppe alloggiandole in quartieri. **B** v. rifl. ● Prendere sistemazione in quartieri.

acquasànta o **àcqua sànta** [comp. di *acqua* e *santa*] s. f. ● Acqua benedetta per uso liturgico | (*fig.*) *Essere come il diavolo e l'a.*, non andare d'accordo.

acquasantièra [da *acqua santa*] s. f. ● Conca per l'acqua benedetta posta nelle chiese cattoliche presso l'ingresso | Nelle case antiche, mezza vaschetta per lo stesso uso spesso artisticamente lavorata, infissa o appesa alla parete solitamente in camera da letto.

acqua-scooter /'akkwa 'skuter, *semi ingl.* 'akkwa 'sku:tə*/ [comp. di *acqua* e *scooter*] s. m. inv. ● Sorta di moto adatta per percorrere tratti di mare.

†**acquastrìno** [lat. parl. **aquatrīnu(m)*, da *ăqua* 'acqua'] **A** s. m. ● Acquitrino. **B** agg. ● Acquitrinoso.

acquàta [da *acqua*] s. f. **1** Pioggia improvvisa e di breve durata: *quest'a. ha rinfrescato l'aria*; *il solitario scroscio del torrente / dopo un'a.* (PASCOLI). **2** (*mar.*) Rifornimento di acqua dolce a bordo della nave.

àcqua-tèrra loc. agg. inv. ● (*mil.*) Detto di missile destinato a essere lanciato da un sottomarino o un sommergibile in immersione contro un bersaglio in superficie. SIN. Missile sottomarino-superficie.

acquaticità s. f. ● Particolare disposizione che alcuni individui hanno a muoversi nell'acqua con una facilità molto maggiore di quella normalmente consentita all'uomo: *l'a. di un nuotatore, di un subacqueo.*

acquàtico o †**aquàtico** [vc. dotta, lat. *aquăticu(m)*, da *ăqua* 'acqua'] agg. (pl. m. *-ci*) ● Che nasce o vive nell'acqua e nelle sue vicinanze: *animali acquatici*; *piante acquatiche* | †*Pianeta, vento a.*, apportatore di piogge.

acquàtile o †**aquàtile** [vc. dotta, lat. *aquātile(m)*, da *ăqua* 'acqua'] agg. ● (*raro*) Acquatico.

acquatina [da *acqua*] s. f. • Vinello, acquerello.

acquatinta [comp. di *acqua* e *tinta*] s. f. (pl. *acquetinte*) *1* Tecnica di incisione su lastra di metallo, analoga all'acquaforte, in cui l'acido agisce attraverso una polvere, conferendo alla stampa così ottenuta un delicato effetto chiaroscurale. *2* (*est.*) Stampa ottenuta con tale tecnica.

†**acquato A** part. pass. di †*acquare*; anche agg. • Nei sign. del v. **B** s. m. • Acquerello, vinello.

acquattaménto s. m. • (*raro*) Atto, effetto dell'acquattare e dell'acquattarsi.

acquattare [comp. di *a-* (*2*) e *quatto*] **A** v. tr. • (*raro*) Nascondere. **B** v. rifl. • Stare quatto, rannicchiarsi, accovacciarsi, nascondersi alla vista: *la lepre s'acquatta tra le stoppie.*

acquavita • V. *acquavite.*

acquavitàio s. m. • (*raro*) Venditore di acquavite.

acquavite o **acquavita** [lat. mediev. *aqua vitae* 'acqua di vita'] s. f. • Bevanda alcolica ottenuta per distillazione di sostanze fermentate: *a. di vino, di mele, di prugne, di cereali.*

acquazzóne [lat. *aquatiōne(m)*, da *ăqua* 'acqua'] s. m. • Pioggia violenta, abbondante e di breve durata, che inizia e termina bruscamente.

acquedottistico agg. (pl. m. *-ci*) • Di, relativo ad acquedotto.

acquedótto o **acquidótto** [lat. *aquaedŭctu(m)* 'conduttura d'acqua'] s. m. *1* Conduttura d'acqua. *2* Complesso di opere per la raccolta, il trasporto e la distribuzione di acqua potabile | *A. romano*, insieme di canali sospesi su alte arcate, lunghe molti kilometri, che nella Roma classica trasportavano l'acqua in città. *3* (*anat.*) *A. del Silvio*, canalicolo che unisce il terzo e il quarto ventricolo cerebrale.

acquemòto [comp. di *acqu(a)* e *moto* (*1*), sul modello di *terremoto* e *maremoto*] s. m. • Violento scuotimento delle acque del mare o di un lago, prodotto da movimenti della crosta terrestre.

àcqueo o †**àqueo** [lat. mediev. *aqueu(m)*, da *ăqua* 'acqua'] agg. • Di acqua: *vapore a.* | (*anat.*) *Umore a.*, liquido che occupa la camera anteriore dell'occhio.

†**acqueréccia** s. f. • Grande vaso ornamentale da acqua, generalmente tenuto sulle credenze.

acqueréccio s. m. • Acquereccia.

acquerèlla [dim. di *acqua*] s. f. • Pioggia minuta.

acquerellàre o **acquarellàre** [da *acquerello* (*1*)] v. tr. (*io acquerèllo*) • (*raro*) Dipingere all'acquerello.

acquerellista o **acquarellista**. s. m. e f. (pl. m. *-i*) • Artista che dipinge all'acquerello.

acquerèllo (**1**) o **acquarèllo** (**1**) [da *acqua*] s. m. *1* Tecnica di pittura eseguita su carta o seta con colori trasparenti stemperati in acqua con gomma arabica: *dipingere ad a.* *2* (*est.*) Dipinto eseguito con tale tecnica: *dipingere, fare un a.*; *possedere una collezione di acquerelli.*

acquerèllo (**2**) o **acquarèllo** (**2**) [da *acqua*] s. m. • Bevanda leggermente alcolica, ottenuta trattando le vinacce con acqua. SIN. Vinello.

acquerùgiola [dim. di *acqua*] s. f. • Precipitazione uniforme di minutissime goccioline di acqua.

acquetàre e *deriv.* • V. *acquietare* e *deriv.*

acquétta [dim. di *acqua*] s. f. *1* Dim. di *acqua*. *2* Pioggerella. *3* (*poet.*) †Piccolo corso d'acqua. *4* Vinello. *5* Acqua tofana. || **acquettina**, dim.

acquicolo [comp. di *acqua* e *-colo*] agg. • Detto di organismo vegetale o animale che vive nell'acqua, in contrapposizione ad aericolo.

acquicoltùra [comp. di *acqua* e *coltura*] s. f. • Allevamento di pesci e molluschi mediante lo sfruttamento di acque dolci o salate.

àcquido [da *acqua*] agg. • (*raro*) Acquoso, intriso d'acqua.

acquidóccio [lat. parl. **aquidŭciu(m)*. Cfr. *acquedotto*] s. m. *1* Fossa principale, solitamente in muratura, che raccoglie le acque dei fossi trasversali dei campi nei terreni declivi. SIN. Capifosso. *2* †Acquedotto.

acquidóso [da *acqua*] agg. • (*raro, lett.*) Acquoso, impregnato d'acqua: *poltiglia acquidosa* (D'ANNUNZIO).

acquidótto • V. *acquedotto.*

†**acquidrìno** e *deriv.* • V. *acquitrino* e *deriv.*

acquiescènte part. pres. di *acquiescere*; anche agg. *1* Nei sign. del v. *2* Consenziente | Docile, remissivo.

acquiescènza s. f. *1* Qualità di chi, di ciò che è acquiescente. SIN. Arrendevolezza, docilità, remissività. *2* (*dir.*) Rinuncia, esplicita o implicita, al diritto di esercitare l'impulso processuale.

acquièscere [lat. *acquiēscere*, comp. di *ăd* e *quiēscere* 'riposare'] v. intr. (*io acquièsco, tu acquièsci*) *1* (*lett.*) Acquietarsi. *2* Rinunciare espressamente o tacitamente a far valere un proprio diritto.

acquietàbile o (*lett.*) **acquetàbile** agg. • Che si può acquietare.

acquietaménto o (*lett.*) **acquetaménto**. s. m. • Modo e atto dell'acquietare o dell'acquietarsi: *in quell'a. di pensieri* (MANZONI).

acquietàre o (*lett.*) **acquetàre** [comp. di *a-* (*2*) e *quietare*] **A** v. tr. (*io acquièto*) *1* Rendere quieto, placare, calmare: *a. un dolore*; *a. un istinto* | Sopire: *a. le discordie* | Appagare: *a. la sete, la fame.* *2* †Soddisfare un debito o un credito. **B** v. intr. pron. *1* Mettersi in quiete, calmarsi: *dopo la crisi il malato s'acquietò* | Mitigarsi: *il vento si è acquietato.* *2* Rassegnarsi, persuadersi: *già s'era acquetato di morire* (CASTIGLIONE).

acquìfero [comp. di *acqua* e *-fero*] agg. • Che porta l'acqua o ne consente il passaggio: *strato a.*; *falda acquifera* | (*bot.*) *Parenchima a.*, tessuto che trattiene acqua di riserva | (*bot.*) *Via acquifera*, nelle piante superiori, sistema di tessuti conduttori vascolari che distribuiscono in tutta la pianta l'acqua assorbita dal terreno.

acquirènte [vc. dotta, lat. *acquirĕnte(m)*, part. pres. di *acquīrere* 'acquistare'] s. m. e f.; anche agg. • Chi, che acquista: *tra gli acquirenti sarà sorteggiato un premio*; *la parte a.* SIN. Compratore, cliente.

acquisìre [da *acquisito*] v. tr. (*io acquisìsco, tu acquisìsci*) *1* Divenire titolare di un diritto: *a. la proprietà di un bene* | *A. una cittadinanza*, divenire cittadino di un dato Stato | *A. q.c. al processo*, da parte dell'autorità giudiziaria, ammettere che un mezzo di prova presentato in un giudizio civile possa esplicare efficacia nello stesso | *A. agli atti*, inserire in un fascicolo processuale. *2* (*fig.*) Apprendere, far proprio sul piano intellettuale: *a. cognizioni filosofiche.*

acquisitìvo agg. • Atto ad acquisire: *contratto a.*

acquisitìzio agg. • (*lett.*) Non proprio, ricevuto da altri.

acquisìto [vc. dotta, lat. *acquisītu(m)*, part. pass. di *acquīrere* 'acquistare'] part. pass. di *acquisire*; anche agg. *1* Nei sign. del v. *2* (*med.*) Di fenomeno che si verifica dopo la nascita, per cause esterne, ambientali. *3* (*dir.*) *Diritto a.*, diritto sorto sotto l'impero di una legge non più in vigore e che resta in vita anche se non ancora esercitato.

acquisitóre [vc. dotta, lat. tardo *acquisitōre(m)*, da *acquisītus* 'acquisito'] s. m. (f. *-trice*) • Chi acquista | Agente d'affari, procacciatore d'affari.

acquisizióne [vc. dotta, lat. tardo *acquisitiōne(m)*, da *acquisītus* 'acquisito'] s. f. *1* Atto, effetto dell'acquisire. *2* (*psicol.*) Processo di sviluppo di nuovi comportamenti nell'individuo.

acquistàbile agg. • Che si può acquistare.

acquistàre [lat. parl. **acquisitāre*, da *acquīrere* 'acquistare'] **A** v. tr. *1* Ottenere in proprietà: *a. una casa, un'automobile* | (*est.*) Ingaggiare: *a. un calciatore, un corridore*. SIN. Comprare. *2* Procacciare, procurare, a sé o ad altri: *a. fama, stima, simpatia, merito, onori* | Guadagnare: *a. un'esperienza* | *A. terreno*, (*fig.*) affermarsi, diffondersi; *ipotesi, teoria, idea* e sim. *che va acquistando terreno.* *3* (*lett.*) Conquistare: *Pampalona fu acquistata / dopo molte battaglie* (PULCI). **B** v. intr. (aus. *avere*) *1* Migliorare, fare progressi: *a. in salute, in bellezza*; *con quella pettinatura acquista molto.* *2* (*lett.*) Avanzare: *de' remi facemmo ali al folle volo, / sempre acquistando dal lato mancino* (DANTE *Inf.* XXVI, 125-126).

acquistàto A part. pass. di *acquistare*; anche agg. • Nei sign. del v. **B** s. m. • †Acquisto.

acquìsto [da *acquistare*] s. m. *1* Atto dell'acquistare: *concludere le trattative d'a.* | (*sport*) Ingaggio: *campagna acquisti.* *2* La cosa acquistata: *fare dei buoni acquisti.* SIN. Compera. *3* (*est.*) Persona che entra a far parte di un partito, di un'associazione, di un'attività professionale e sim.: *i nuovi acquisti del cinema, del calcio.* *4* (*dir.*) *A. di un diritto*, collegamento di un diritto, spec. di proprietà, a un soggetto in forza di fatti giuridici idonei. *5* (*lett.*) Conquista: *molto soffrì nel glorïoso a.* (TASSO). || **acquisterèllo**, dim.

†**acquitrìna** s. f. *1* Acquitrino. *2* Acquerugiola.

acquitrìno o †**acquidrìno** [lat. parl. **quatrīnu(m)*, da *ăqua* 'acqua'] s. m. *1* Ristagno d'acqua spesso coperto d'erbe palustri | Terreno dove l'acqua ristagna. *2* †Acqua che geme dalla terra. *3* †Lucidezza che si vede negli occhi. *4* †Rivoletto.

acquitrinóso o †**acquidrinóso**. agg. • Di acquitrino: *terreno a.* SIN. Paludoso.

acquolìna s. f. *1* Dim. di *acqua*. *2* Salivazione che avviene per desiderio di cosa appetitosa | *Avere, sentire, farsi venire, l'a. in bocca*, per desiderio di cosa appetitosa (*anche fig.*)

acquòreo [da *acqua*] agg. • (*lett.*) Acquoso: *L'impercettibile pulviscolo a. si condensa in fiocchi di nuvole* (CALVINO).

acquosità o (*raro*) †**aquosità** [vc. dotta, lat. tardo *acquositāte(m)*, da *aquōsus* 'acquoso'] s. f. • Qualità di ciò che è acquoso | Parte acquosa, umore.

acquóso o (*raro*) †**aquóso** [vc. dotta, lat. *aquōsu(m)*, da *ăqua* 'acqua'] agg. *1* Che contiene acqua, impregnato d'acqua: *vapori acquosi* | (*est.*) Acquitrinoso, paludoso. *2* Simile all'acqua. SIN. (*lett.*) Acquoreo.

Acràni [comp. di *a-* (*1*) e del gr. *kraníon* 'cranio'] s. m. pl. • (*zool.*) Cefalocordati.

acranìa [comp. di *a-* (*1*) e un deriv. di *cranio*] s. f. • (*med.*) Assenza congenita, parziale o totale, della volta cranica.

acrànico [comp. di *a-* (*1*) e *cranico*] agg. (pl. m. *-ci*) • (*med.*) Detto di soggetto affetto da assenza congenita, parziale o totale, delle ossa craniche.

Acrașièe [dal gr. *akrasía* 'cattiva mescolanza', comp. di *a-* e *krâsis* 'mescolanza' (V. *crasi*)] s. f. pl. • Nella tassonomia vegetale, classe di Funghi dei Mixomiceti saprofiti spec. in letami (*Acrasieae*) | (al sing. *-a*) Ogni individuo di tale classe.

acraspedòte [comp. di *a-* (*1*) e *craspedo*] s. f. pl. • Meduse degli Scifozoi, prive del cosiddetto velo (o craspedo).

àcre o (*poet.*) †**àcro** (**1**) [vc. dotta, lat. *ăcre(m)*, da una radice **ac-* che indica acutezza] agg. (sup. *acèrrimo* (V.)) *1* Detto di sapore, pungente, agro, piccante: *la buccia di limone ha un sapore a.* | (*est.*) Detto di odore, pungente, penetrante: *il cloro ha odore a.* | (*est.*) Detto di suono, stridulo, molesto: *voce a.* *2* (*fig.*) Malevolo, mordace, acrimonioso: *spirito, critica a.* || **acreménte**, avv. Aspramente.

acrèdine [vc. dotta, lat. tardo *acrēdine(m)*, da *ăcer*, genit. *ăcris* 'acre'] s. f. • Qualità di ciò che è acre | (*fig.*) Acrimonia, astio: *criticare con a.*

acrèdula [vc. dotta, lat. *acrēdula(m)*, d'orig. sconosciuta] s. f. • Genere di uccelli della famiglia Paridi cui appartiene il codibugnolo (*Acredula*).

acribìa [vc. dotta, gr. *akríbeia*, da *akribḗs* 'accurato'] s. f. • (*letter.*) Accurata e scrupolosa osservanza delle regole metodiche proprie di uno studio, una ricerca e sim.

acridìna [da *acre*, sul modello del fr. *acridine*] s. f. • (*chim.*) Composto eterociclico azotato, contenuto nel catrame di carbon fossile, punto di partenza di una serie di sostanze coloranti e di importanti farmaci antisettici e disinfettanti.

acrìdio [vc. dotta, gr. *akrídion*, dim. di *akrís* 'cavalletta'] s. m. • Cavalletta caratterizzata dalle antenne corte (*Acrida mediterranea*).

Acridoidèi [comp. di *acridio* e un deriv. di *-oide*] s. m. pl. • Nella tassonomia animale, sottordine di Ortotteri cui appartengono le cavallette e le locuste (*Acridoidea*) | (al sing. *-o*) Ogni individuo di tale sottordine.

†**acrìgno** [da *acre*] agg. • Che ha dell'acre.

acrilàto s. m. • Sale o estere dell'acido acrilico.

acrìle s. m. • Radicale monovalente, ottenuto dall'acido acrilico per perdita del gruppo ossidrile.

acrìlico [fr. *acrylique*, da *acroléine* 'acroleina'] **A** agg. (pl. m. *-ci*) • Detto di composto che contiene il, o che deriva dal radicale acrile: *resine acriliche* | *Acido a.*, acido organico, monobasico, liquido, ottenuto industrialmente per sintesi | *Aldeide acrilica*, acroleina | *Fibre acriliche*, polimeri fibrosi sintetici dell'acrilonitrile | *Colori acrilici*, quelli aventi come legante l'emulsione acquosa di una resina acrilica, usati in pittura per la notevole potenza cromatica che serbano inalterata anche dopo l'essiccazione. **B** s. m. *1* Tessuto acrilico: *un vestito in a.* *2* Dipinto eseguito con colori acrilici: *a. su tela.*

acrilonitrile [comp. di *acrile* e *nitrile*] s. m. ● (*chim.*) Composto chimico organico, liquido incolore molto importante nella manifattura delle fibre sintetiche.

acrimònia [vc. dotta, lat. tardo *acrimōnia(m)*, da *ăcer*, genit. *ăcris* 'acre'] s. f. *1* (*fig.*) Acredine, asprezza, livore: *una risposta carica d'a.* *2* (*raro*) Asprezza di sapori e odori.

acrimonióso agg. ● Carico di acrimonia, ostile: *commento a.*

acriṣìa [vc. dotta, gr. *akrisía*, comp. di *a-* (*1*) e *krísis* 'giudizio'] s. f. *1* Qualità di ciò che è acritico. *2* (*med.*) Stato patologico i cui sintomi rendono assai incerta la diagnosi | Mancanza della crisi prevista in una malattia.

acriticità s. f. ● Qualità di chi o di ciò che è acritico.

acrìtico [comp. di *a-* (*1*) e *critico*] agg. (pl. m. *-ci*) *1* Privo di critica | Non sottoposto a una critica razionale. *2* Dogmatico, irrazionale. || **acriticaménte**, avv.

†**àcro (1)** ● V. *acre*.

àcro (2) [ingl. *acre*, dalla stessa radice del lat. *ăger* 'campo' (V. *agro (2)*)] s. m. ● Misura anglosassone di superficie, pari a 4046,856 m^2.

acro- [dal gr. *ákron* 'estremità', da una radice indeur. che indica 'punta'] primo elemento ● In parole composte dotte o scientifiche significa 'punto più alto' o 'estremo' oppure è usato con riferimento a estremità di membra del corpo: *acrocoro, acropoli, acrocefalia, acromegalia.*

acroamàtico [vc. dotta, lat. tardo *acroamăticu(m)*, nom. *acroamăticus*, dal gr. *akroamatikós* 'esperto a voce', da *akroásthai* 'ascoltare'] agg. (pl. m. *-ci*) *1* Detto degli scritti di Aristotele che contenevano le dottrine trasmesse oralmente all'interno del liceo a discepoli già completamente istruiti. *2* (*est.*) Di insegnamento riservato a una ristretta cerchia di iniziati. SIN. Esoterico.

acròbata [vc. dotta, gr. *akróbatos* 'che cammina in punta di piedi', comp. di *ákron* 'estremità, cima' e *báinō* 'io vado'] s. m. e f. (pl. m. *-i*) ● Chi compie giochi di ginnastica e d'equilibrio in circhi e varietà, su corda, trapezi e sim.

acrobàtica s. f. ● Arte di fare acrobazie | Nella ginnastica, il complesso degli esercizi di particolare difficoltà e spettacolarità.

acrobàtico agg. (pl. m. *-ci*) *1* Di acrobata: *esercizi acrobatici.* *2* In vari sport, di intervento abile e spettacolare dell'atleta che salva una situazione difficile: *parata, rovesciata acrobatica.* *3* Pertinente alle acrobazie aeree: *pattuglia acrobatica nazionale.* || **acrobaticaménte**, avv. In modo acrobatico; per mezzo di acrobazie.

acrobatiṣmo s. m. *1* Arte e professione dell'acrobata. *2* (*fig.*) Argomentazione, comportamento specioso e sofisticato: *certi acrobatismi in letteratura e in politica.*

acrobazìa s. f. *1* Esercizio, movimento dell'acrobata | *Alta a.*, difficoltosa e specializzata. *2* *A. aerea*, manovra di particolare difficoltà, eseguita con aerei per esperimento, combattimento, spettacolo e sim. *3* (*fig.*) Soluzione ingegnosa per superare difficili situazioni: *fare acrobazie per vivere.*

acrocefalìa [comp. di *acro-* e *-cefalia*] s. f. ● (*med.*) Malformazione del cranio che presenta una forma conica per sviluppo abnorme della regione occipitale e schiacciamento di quelle parietali.

acrocianòṣi [comp. di *acro-* e *cianosi*] s. f. ● (*med.*) Cianosi delle parti estreme degli arti, spec. delle dita.

acrocòro o **acròcoro** [comp. del gr. *ákros* 'alto' e *chôros* 'pianura'] s. m. ● Vasto altipiano più o meno accidentato, circondato da versanti scoscesi.

acrofobìa [comp. di *acro-* e *-fobia*] s. f. ● (*med.*) Timore ossessivo di cadere nel vuoto, che si prova affacciandosi da un luogo elevato.

acrofonìa [comp. di *acro-* e *-fonia*] s. f. ● (*ling.*) Principio in base al quale si attribuisce a un ideogramma il valore fonico della prima sillaba della parola che esso rappresenta.

acroleìna [fr. *acroléine*, comp. del gr. *ákros* 'estremo' e del lat. *olēre* 'odorare'] s. f. ● Aldeide, liquida, incolore, che si forma per decomposizione termica dei grassi, molto reattiva, usata per la preparazione di materie plastiche sintetiche. SIN. Aldeide acrilica.

acròlito [vc. dotta, lat. *acrŏlithu(m)*, nom. *acrŏlithus*, dal gr. *akrólithos*, comp. di *ákron* 'estremità' e *líthos* 'pietra'] s. m. ● Nell'arte greca arcaica, statua con testa, mani e piedi in marmo, pietra o avorio e col resto del corpo in legno o altro materiale di scarso pregio.

acromaṣìa [comp. di *a-* (*1*) e del gr. *chrôma* 'colore'] s. f. ● (*med.*) Acromodermia.

acromàtico [comp. di *a-* (*1*) e *cromatico*] agg. (pl. m. *-ci*) ● Privo di aberrazione cromatica: *obiettivo, sistema ottico a.*

acromatiṣmo [dal gr. *achrṓmatos* 'senza colore', comp. di *a-* (*1*) e *chrôma*, genit. *chṓmatos* 'colore' (V. *cromo-*)] s. m. *1* (*fis.*) Assenza di aberrazione cromatica. SIN. Apocromatismo. *2* (*med.*) Acromatopsia.

acromatiẓẓàre v. tr. ● Rendere acromatico.

acromatopsìa [fr. *achromatopsie*, comp. di *a-* (*1*) e del gr. *chrôma* 'colore' e *ópsis* 'vista'] s. f. ● (*med.*) Cecità assoluta per i colori, trasmissibile come carattere ereditario recessivo. SIN. Acromatismo.

acromegalìa [comp. di *acro-* e *-megalia*] s. f. ● (*med.*) Ingrossamento abnorme delle ossa facciali e delle estremità per disfunzione dell'ipofisi.

acromìa [comp. di *a-* (*1*) e *-cromia*] s. f. ● (*med.*) Assenza congenita del pigmento naturale con conseguente mancata colorazione dei tessuti.

acròmion o **acròmio** [vc. dotta, gr. *akrṓmion* 'sporgenza della spalla', comp. di *ákron* 'estremità' e *ômos* 'spalla'] s. m. ● (*anat.*) Apofisi della scapola che si articola con la clavicola. ➡ ILL. p. 362 ANATOMIA UMANA.

àcromo [comp. di *a-* (*1*) e *-cromo*] agg. ● (*lett.*) Che non è colorato: *ceramiche acrome.*

acromodermìa [comp. di *a-* (*1*), *cromo-* e *-dermia*] s. f. ● (*med.*) Assenza della normale pigmentazione cutanea per carenza di melanina; si verifica nell'albinismo e nella vitiligine. SIN. Acromasia.

acrònico [comp. di *a-* (*1*) e del gr. *chrónos* 'tempo'] agg. (pl. m. *-ci*) ● (*raro*) Che è senza tempo o non è riferibile a un tempo definito. || **acronicaménte**, avv.

acrònimo [dal gr. *ákros* 'sommo, estremo', sul modello di *anonimo, pseudonimo*, ecc.] s. m. ● Nome costituito dalla lettera o dalle lettere iniziali di una o più parole: *TAC è l'a. di Tomografia Assiale Computerizzata.* SIN. Sigla, nel sign. 1.

acronimòlogo [comp. di *acronimo* e *-logo*] s. m. (f. *-a*; pl. m. *-gi*) ● (*raro*) Chi studia e interpreta le sigle.

acròpoli [vc. dotta, gr. *akrópolis*, comp. di *ákros* 'elevato' e *pólis* 'città'] s. f. ● Rocca, o parte elevata in genere, delle antiche città greche.

acròstico [dal gr. tardo *akróstichon*, comp. di *ákros* 'estremo' e *stíchos* 'verso'] s. m. (pl. *-ci*) *1* Componimento poetico che forma un nome o una parola determinata con le lettere iniziali dei versi lette una di seguito all'altra in senso verticale | *A. alfabetico, abecedario*, con iniziali dei singoli versi coincidenti con la serie alfabetica. *2* Gioco di enigmistica consistente nel trovare parole le cui iniziali danno, se lette di seguito, un nome o un'intera frase. *3* Sigla formata dalle iniziali di diverse parole che corrisponde a una parola di senso compiuto: *ANSA è l'a. di Agenzia Nazionale Stampa Associata.*

acrostòlio [vc. dotta, gr. *akrostólion*, comp. di *ákros* 'estremo' e *stólos* 'rostro'] s. m. ● Parte prominente della prua della nave antica e dei suoi ornamenti, dove era scolpito elmo, testa o altro emblema, e scritto il nome della nave stessa.

acrotèrio [vc. dotta, lat. tardo *acrotēriu(m)*, dal gr. *akrōtḗrion* 'sommità', da *ákron* 'estremità'] s. m. ● Negli edifici antichi, elemento ornamentale posto sull'apice e sulle estremità laterali del frontone. ➡ ILL. p. 356-357 ARCHITETTURA.

acrotònico [comp. del gr. *ákros* 'estremo' e *tonico*] agg. (pl. m. *-ci*) ● Detto di parola che ha l'accento sulla prima sillaba.

acta /*lat.* 'akta/ [lat., pl. di *ăctum* 'atto'] s. m. pl. *1* Nell'antica Roma, documenti ufficiali per la registrazione degli avvenimenti interessanti la vita pubblica. *2* Oggi, titolo di varie pubblicazioni scientifiche.

actèa [vc. dotta, lat. *actăea(m)*, nom. *actăea*, dal gr. *aktéa* 'sambuco', di etim. incerta] s. f. ● Pianta erbacea delle Ranuncolacee con rizoma bruno e carnoso, foglie composte, piccoli fiori bianchi in racemi (*Actaea spicata*).

actìna [dal gr. *aktís*, genit. *aktînos* 'raggio'] s. f. ● (*chim.*) Proteina costituente dei filamenti sottili delle miofibrille che, insieme ad altre proteine muscolari, partecipa al processo della contrazione.

actìnia ● V. *attinia*.

actinìdia [dal gr. *aktís*, genit. *aktînos* 'raggio' (forse d'orig. indeur.)] s. f. *1* (*bot.*) Genere di piante poligame o dioiche, arboree, arbustive o raramente erbacee originarie dell'Asia orientale, provviste di fiori ascellari con stili a disposizione raggiata, foglie grandi alternate spesso cuoriformi, frutti carnosi talvolta commestibili (*Actinidia*). *2* (*est.*) Correntemente, kiwi.

actino- ● V. *attino-*.

Actinomicèti o **Attinomicèti** [comp. di *actino-* e del gr. *mýkēs*, genit. *mýkētos* 'fungo'] s. m. pl. ● Ordine di batteri che formano colonie filiformi sul terreno o sul corpo degli animali e dell'uomo producendo lesioni (*Actinomycetales*). SIN. Micobatteri. | (al sing. *-e*) Ogni individuo di tale ordine.

actinomicòṣi [comp. di *actinomic(eti)* e del suff. *-osi*] s. f. ● (*med.*) Malattia infettiva cronica dell'uomo e dei bovini causata da batteri del genere *Actinomyces* e caratterizzata da lesioni granulomatose.

actinomòrfo o **attinomòrfo** [comp. di *actino-* e *-morfo*] agg. ● Detto di fiore a simmetria raggiante con perianzio regolare.

action painting /*ingl.* 'ækʃən 'peintiŋ/ [loc. ingl., comp. di *action* 'azione' e *painting* 'pittura'] loc. sost. f. inv. ● Corrente artistica degli anni '50 e '60 che dà particolare risalto al gesto dell'artista, inteso come particolare estensione della sua personalità.

acucettóre [dal lat. *ăcus* 'ago', sul modello di *recettore*] s. m. ● (*anat.*) Recettore nervoso periferico che risponde a stimoli dolorifici puntiformi.

acufène [dal gr. *akoúein* 'ascoltare'. V. *acustico*] s. m. ● (*med.*) Sensazione di ronzio o fischio per irritazione del nervo acustico.

acu̦ìre [vc. dotta, lat. *acŭere*, dalla radice **ac-* che indica acutezza] **A** v. tr. (*io acu̦ìsco, tu acu̦ìsci*) ● Aguzzare, rendere acuto e penetrante (*spec. fig.*): *a. l'ingegno, la mente, il desiderio, la vista.* **B** v. intr. pron. ● Diventare più acuto: *una fievole serenità d'argento si levò su la Maiella, parve acuirsi come una spada sottile* (D'ANNUNZIO).

acu̦ità o †**acu̦itàde**, †**acu̦itàte** [dal lat. *acŭere* 'rendere acuto'] s. f. *1* Acutezza | *A. visiva*, minimo angolo visuale sotto cui due particolari di un oggetto possono apparire ancora distinti. *2* (*fig.*) Sensibilità, perspicacia.

Aculeàti [V. *aculeato*] s. m. pl. ● Nella tassonomia animale, sottordine di Imenotteri le cui femmine possiedono un pungiglione velenifero all'estremità dell'addome (*Aculeata*) | (al sing. *-o*) Ogni individuo di tale sottordine.

aculeàto [vc. dotta, lat. *aculeātu(m)*, da *acŭleus* 'aculeo'] agg. ● Fornito di aculeo | Appuntito.

acùleo [vc. dotta, lat. *acŭleu(m)*. V. *acuire*] s. m. *1* (*zool.*) Organo pungente di alcuni animali come il riccio e l'istrice fra i Mammiferi, il riccio di mare fra gli Echinodermi, l'ape e la vespa fra gli Insetti e lo scorpione fra gli Aracnidi. *2* Emergenza spinosa lignificata dei fusti di alcune piante, a punta dritta o ricurva, che si può staccare facilmente. *3* (*fig.*) Motto pungente. *4* (*fig.*) Stimolo, tormento dell'anima. || **aculeòlo**, dim.

acùme [vc. dotta, lat. *acūmen*. V. *acuire*] s. m. *1* (*lett.*) Acutezza | (*est.*) Ingegno vivo, pronto e sottile. *2* (*lett.*) Intensità di sensazione o sentimento: *cercai di smorzare l'a. dello sguardo* (PIRANDELLO).

acumetrìa [comp. del tema del gr. *akoúein* 'udire' e di *-metria*] s. f. ● (*med.*) Misurazione dell'acutezza uditiva.

acumináre [vc. dotta, lat. tardo *acumināre*. V. *acume*] v. tr. (*io acùmino*) ● Appuntire, aguzzare: *a. le spade*.

acumináto part. pass. di *acuminare*; anche agg. ● Nei sign. del v.

acùşma [dal gr. *ákousma* 'audizione', der. di *akóuein* 'udire' (d'etim. incerta)] s. m. ● (*med.*) Sensazione consistente nell'udire rumori, come fischi e ronzii, dovuta a disturbo dell'apparato uditivo periferico.

acùstica s. f. *1* Parte della fisica che studia i processi di generazione, propagazione e ricezione del suono. *2* Proprietà per cui un ambiente consente un'audizione chiara e non deformata dei suoni: *teatro dotato di un'ottima a.*

acùstico [vc. dotta, gr. *akoustikós*, da *akoúō* 'io sento'] agg. (pl. m. *-ci*) *1* Della, relativo all'acustica: *onde acustiche*. *2* Che riguarda il suono e il senso dell'udito: *impianto a.*; *cornetto a.* | (*anat.*) *Nervo a.*, l'ottavo paio di nervi cranici. || **acusticaménte**, avv. Per quanto riguarda l'acustica.

acutàngolo [comp. di *acut(o)* e *angolo*] agg. ● Di triangolo che ha tre angoli acuti.

acutànza [da *acuto* (?)] s. f. ● Misura dell'incisività dell'immagine di un negativo fotografico.

acutézza s. f. *1* Qualità di ciò che è acuto | *A. visiva*, acuità visiva | *A. del suono*, caratteristica dei suoni di frequenza elevata. *2* (*fig.*) Acume, perspicacia: *a. di mente*.

acutizzàre **A** v. tr. ● Rendere acuto. **B** intr. pron. *1* Passare allo stato acuto, detto di malattia. *2* (*fig.*) Diventare acuto, grave, rischioso: *la crisi economica si è acutizzata*.

acutizzazióne s. f. ● Atto, effetto dell'acutizzare o dell'acutizzarsi.

acùto o †**agùto** nel sign. A [lat. *acūtu(m)*. V. *acuire*] **A** agg. *1* Che termina a punta: *spina acuta*; *unghie acute*. SIN. Acuminato, aguzzo, appuntito. *2* In architettura, detto di arco costituito dall'intersezione di due archi di cerchio formanti un vertice: *arco a.*; *arco a sesto a.* SIN. Ogivale. *3* (*mat.*) Detto di angolo minore d'un angolo retto. *4* (*ling.*) Detto di accento costituito da una lineetta inclinata da destra a sinistra, spec. usato in italiano per indicare il timbro chiuso delle vocali. CONTR. Grave (V. nota d'uso ACCENTO). *5* (*fig.*) Penetrante, pungente, detto delle sensazioni e dei sensi: *dolore a.*; *odore a.*; *vista acuta* | *Suono a.*, di grande altezza, cioè di alta frequenza; nella musica, nota alta | Vivo, intenso: *desiderio a.*; *a. rimorso*. *6* (*fig.*) Perspicace, sottile: *mente, intelligenza, osservazione acuta*; *ingegno a.* *7* (*med.*) Detto di malattia o quadro morboso a decorso rapido, violento, tumultuoso. CONTR. Cronico. *8* Detto di fenomeno politico, economico, sociale, e sim., quando entra in una fase, spec. repentina, di grave rischio e pericolo per le sue conseguenze: *acuta tensione in Medio Oriente*. || **acutétto**, dim. || **acutaménte**, avv. Con acutezza. **B** s. m. *1* (*mus.*) Nota più alta di un canto: *prendere bene, male un a.*; *sbagliare l'a.* *2* (*fig.*) Ogni prestazione personale, spec. sportiva, difficoltosa e impegnativa che si concluda con un brillante esito.

acùzie [lat. mediev. *acutie(m)*, da *acūtus* 'acuto'] s. f. inv. *1* (*lett.*) Acutezza. *2* (*med.*) Stadio di massima gravità o intensità di un fenomeno morboso: *a. di una malattia, del dolore*.

ad [lat. *ăd*] prep. ● Forma eufonica, davanti a parola iniziante con vocale, della prep. *a*.

ad- ● V. *a-* (*2*).

ad abundantiam /*lat.* ad abun'dantsjam/ [lat., propr. 'ad abbondanza'] loc. avv. ● Oltre il necessario, con riferimento a prove, argomenti e sim. aggiunti per confermare con maggior evidenza una tesi che si ritiene già dimostrata.

adacquaménto s. m. ● Distribuzione di acqua irrigua nei terreni coltivati: *turno, volume di a.* | Irrigazione, innaffiamento.

adacquàre [lat. *adaquāre*, comp. di *ăd* e *ăqua* 'acqua'] v. tr. (*io adàcquo*) *1* Fornire d'acqua irrigua un terreno coltivato: *a. l'orto* | Irrigare, annaffiare. *2* (*raro*) Annacquare. *3* (*raro, fig.*) Moderare, temperare.

adacquatóre s. m. ● Canale secondario che porta l'acqua d'irrigazione alle adacquatrici.

adacquatrìce s. f. ● Piccolo fosso dal quale l'acqua trabocca, spargendosi sul terreno da irrigare.

adacquatùra s. f. ● Adacquamento.

ad acta /*lat.* ad 'akta/ [lat., propr. 'per gli atti'] loc. agg. ● Appositamente incaricato di compiere o portare a termine atti amministrativi, adempimenti burocratici e sim.: *commissario ad acta*.

adagétto s. m. *1* Dim. di *adagio* (*1*). *2* (*mus.*) Movimento più lento dell'adagio.

adagiaménto s. m. ● (*raro*) Atto, effetto dell'adagiare o dell'adagiarsi.

adagiàre [comp. di *ad-* e †*agiare*] **A** v. tr. (*io adàgio*) *1* Deporre, posare con cautela: *a. un bambino nella culla, un malato sul letto*. *2* †Accomodare, conformare. *3* †Fornire di agi. **B** v. rifl. *1* Mettersi comodo, sdraiarsi, sedersi: *adagiarsi sul letto, sul divano*. SIN. Coricarsi, distendersi. *2* (*fig.*) Abbandonarsi fiduciosamente: *adagiarsi nella speranza, nella noia, nell'ozio*.

adagìno avv. *1* Dim. di *adagio* (*1*). *2* (*fig.*) Con delicatezza, con cura, con prudenza: *diede loro ordine di scalare a. il muro che chiudeva il cortiletto* (MANZONI).

adàgio (**1**) [comp. di *ad-* e *agio*] **A** avv. *1* Piano, con lentezza, senza fretta: *andare, parlare, scrivere, leggere a.*; *masticare i cibi a.*; *vai troppo a.*; *fai pure a.* | *A. a.*, piano piano, molto lentamente, a poco a poco; *far bollire a. a.* *2* Con cautela, con prudenza, con ponderazione: *certe decisioni vanno prese a.*; *bisogna andare a. con certa gente!* | Con cura, delicatamente: *posare, sollevare a.*; *fate a. con quel lampadario!* **B** in funzione di inter. ● Si usa come invito al controllo e alla riflessione (*spec. ell.*): *a. con questi discorsi!*; (*fam.*) *a., Biagio!* **C** s. m. ● (*mus.*) Movimento in tempo moderatamente lento | (*est.*) Titolo di brani musicali o di una parte di essi. || **adagétto**, dim. (V.) | **adagìno**, dim. (V.).

adàgio (**2**) [vc. dotta, lat. *adăgiu(m)*, da *āio* 'io dico'] s. m. ● Sentenza antica, proverbio: *come dice l'a.*

adamànte [vc. dotta, lat. *adamānta*, nom. *ădamas*, dal gr. *adámas*, comp. di *a-* e *damáō* 'io domo'] s. m. *1* (*poet.*) Diamante: *i fior ... hanno / de l'a. rigido i riflessi* (CARDUCCI). *2* (*lett.*) †Ferro | (*est.*) †Metallo durissimo.

adamantìno o (*poet.*) **adamàntino** [vc. dotta, lat. *adamăntinu(m)*, nom. *adamăntinus*, dal gr. *adamántinos*. V. *adamante*] agg. *1* Che ha le proprietà del diamante: *scudo, smalto a.* | Splendente: *luce, limpidezza adamantina*. *2* (*est.*) Duro, saldo, inalterabile: *onestà, fermezza, coscienza adamantina*.

adamantoblàsto [vc. dotta, comp. del gr. *adámas*, genit. *adámantos* 'diamante', con riferimento allo smalto, e di *-blasto*] s. m. ● (*biol.*) Ognuna delle cellule che derivano dall'epitelio dell'abbozzo del dente e che producono lo smalto.

adamìta [dal gr. pl. *Adamîtai*, lat. *Adamitae*] s. m. (pl. *-i*) ● Appartenente a sette cristiane le quali proclamavano, fra l'altro, l'efficacia salvifica del ritorno alla condizione di Adamo e alla sua nudità.

adamìtico agg. (pl. m. *-ci*) *1* Di, relativo ad, Adamo | *In costume a.*, (*scherz.*) nudo. *2* Degli, relativo agli, Adamiti.

Adàmo [lat. *Adāmu(m)* o *Adām*, dal gr. *Adám*, e questo dall'ebr. *Ādām*] s. m. ● Nelle religioni ebraica e cattolica, nome del primo uomo, creato da Dio e capostipite del genere umano | *Figlio d'A.*, *seme d'A.*, l'uomo | (*anat.*) *Pomo d'A.*, V. *pomo*.

adattàbile agg. ● Che si può adattare: *pezzo a. all'incastro* | (*fig.*) Facile ad adattarsi: *persona a.*

adattabilità s. f. ● Qualità di ciò o di chi è adattabile.

adattaménto s. m. *1* Atto, effetto dell'adattare o dell'adattarsi | (*fig.*) *Spirito d'a.*, capacità di adeguarsi a ogni situazione. *2* (*biol.*) Concordanza delle caratteristiche di un organismo con le condizioni dell'ambiente | Complesso di trasformazioni che attraverso le generazioni hanno portato un organismo ad adattarsi alle condizioni ambientali. *3* (*psicol.*) Condizione di relazione armoniosa con l'ambiente, in cui una persona è capace di ottenere la soddisfazione della maggior parte dei suoi bisogni e di rispondere abbastanza bene alle richieste fisiche e sociali. *4* (*ling.*) Procedimento secondo il quale parole di origine straniera subiscono delle modificazioni in conformità al sistema della lingua che le riceve: *a. fonetico, a. morfologico*. *5* Trasposizione di un'opera da una forma di spettacolo ad un'altra mediante una adeguata rielaborazione.

adattàre [lat. *adaptāre*, comp. di *ăd* e *ăptus* 'adatto'] **A** v. tr. *1* Rendere adatto a un determinato scopo, secondo un principio di utilità, convenienza, proporzione e sim.: *a. una soffitta ad abitazione*; *a. il viso alla situazione*. *2* Disporre, applicare in modo opportuno: *a. il pezzo all'incastro*; *al nervo adatta del suo stral la cocca* (POLIZIANO). **B** v. rifl. *1* Accettare una situazione, anche se non piacevole: *adattarsi ai tempi, alle circostanze*; *non si è ancora adattato alla sua nuova vita*; *è una persona che si adatta* | Rassegnarsi: *non sa adattarsi alla povertà*. SIN. Conformarsi. *2* Conformare le proprie caratteristiche alle condizioni ambientali: *sono piante che si adattano anche ad altri climi*. **C** v. intr. pron. ● Convenire, essere opportuno: *il vestito gli si adatta alla perfezione*; *la cura si adatta al suo fisico*. SIN. Addirsi, confarsi.

adattatìvo agg. *1* (*biol.*) Che facilita l'adattamento fisiologico o genetico, che è capace di adattamento, che tende verso l'adattamento | *Comportamento a.*, che facilita l'adattamento di un organismo al suo ambiente. *2* (*tecnol.*) Capace di adattamento | *Sistema a.*, capace di modificarsi per soddisfare nuovi requisiti. SIN. Adattivo.

adattatóre [da *adattare*] s. m. (f. *-trice* nel sign. 1) *1* (*raro*) Chi esegue adattamenti. *2* (*tecnol.*) Dispositivo per adattare un congegno o un apparecchio a un uso diverso da quello per cui è stato realizzato.

adattévole agg. ● (*raro*) Adattabile, acconcio.

adattìvo [da *adattare*, sul modello dell'ingl. *adaptive*, erroneo comp. del v. *to adapt* 'adattare' e del suff. *-ive*] agg. ● (*biol.*) Adattativo.

adàtto [lat. mediev. *adaptu(m)*. V. *adattare*] agg. ● Che risponde a un dato scopo: *è la persona adatta a quel posto*; *un luogo a. per parlare*; *spettacolo a. solo agli adulti*; *lo studio non è a. a lui*. SIN. Adeguato, appropriato, conveniente, opportuno.

addàrsi [comp. di *a-* (*2*) e *dare*] v. intr. pron. *1* (*lett., tosc.*) Accorgersi, avvedersi: *a metà s'addiede dello sbaglio* (BACCHELLI). *2* (*raro, lett.*) Dedicarsi, rivolgersi: *a. allo studio, al lavoro*.

addax /*lat.* 'addaks/ [lat. *addāce(m)*, nom. *ăddax*, da una vc. indigena dell'Africa] s. m. inv. ● Antilope africana di media grandezza con corna spiralate e leggermente divergenti (*Addax*).

addaziàre [comp. di *a-* (*2*) e *dazio*] v. tr. (*io addàzio*) ● Sottoporre a dazio.

addebbiaménto s. m. ● (*agr.*) Debbio.

addebbiàre [comp. di *a-* (*2*) e *debbio*] v. tr. (*io addébbio*) ● Debbiare.

addebbiatùra s. f. ● Debbiatura.

addebitàbile agg. ● Che può essere addebitato.

addebitaménto s. m. ● Atto, effetto dell'addebitare. CONTR. Accreditamento.

addebitànte **A** part. pres. di *addebitare*; anche agg. ● Nei sign. del v. **B** s. m. e f. ● Chi addebita.

addebitàre v. tr. (*io addébito*) *1* Notare tra i debiti | Fare una registrazione in dare di un conto. CONTR. Accreditare. *2* (*fig.*) Attribuire, imputare: *mi addebitano gli errori degli altri*.

addebitàto **A** part. pass. di *addebitare*; anche agg. ● Nei sign. del v. **B** s. m. *1* Chi subisce un addebito. *2* Scrittura passata a debito in un conto.

addébito [comp. di *a-* (*2*) e *debito*] s. m. *1* Attribuzione a debito. CONTR. Accredito. *2* (*fig.*) Attribuzione di colpa: *muovere un a. a qc. di q.c.*

†**addecimàre** [comp. di *a-* (*2*) e *decima*] v. tr. ● Registrare sui libri del Comune i beni dei cittadini per imporvi la decima | Sottoporre a decima.

†**addecimazióne** s. f. ● Atto, effetto dell'addecimare.

addènda [vc. dotta, lat. 'cose da aggiungere', gerundio nt. pl. di *ăddere* 'aggiungere'] s. m. pl. ● Aggiunte, integrazioni da recare a un testo, per ovviare alle eventuali omissioni, spesso elencate in appendice al testo stesso.

addèndo [vc. dotta, lat. *addĕndu(m)*. V. *addenda*] s. m. ● (*mat.*) Termine di un'addizione | Numero o quantità da sommare.

addendum /*lat.* ad'dendum/ [v. ingl.: stessa etim. di *addendo*] s. m. ● (*mecc.*) Altezza della testa del dente di una ruota dentata.

addensaménto s. m. ● Atto, effetto dell'addensare o dell'addensarsi.
addensànte A part. pres. di *addensare*; anche agg. ● Nei sign. del v. B s. m. ● Composto o preparato chimico usato per rendere più densi alcuni liquidi o masse di scarsa coesione.
addensàre [vc. dotta, lat. *addensāre*, comp. di *ăd* e *dĕnsus* 'denso'] A v. tr. (*io addènso*) ● Rendere denso, fitto: *a. la polenta a fuoco lento* | Raccogliere, mettere insieme e in gran quantità: *nel compito ha addensato molti errori*. B v. intr. pron. e rifl. ● Infittirsi, ammassarsi: *le nuvole s'addensano prima del temporale*; *la folla s'addensa alle porte dello stadio*.
addensatóre [da *addensare*] s. m. *1* (*min.*) Dispositivo con il quale si elimina l'eccesso di acqua da una torbida per recuperare e sottoporre a successivi trattamenti le particelle solide che contiene. *2* Nell'industria cartaria, tamburo rotante che determina l'aumento di densità della pasta da carta.
addentàre [comp. di *a-* (*2*) e *dente*] v. tr. (*io addènto*) *1* Afferrare con i denti: *a. una mela* | (*est.*) Afferrare, detto di utensili a ganasce: *le tanaglie addentano il chiodo*. *2* (*raro, fig.*) Assalire con la critica, il biasimo: *tentare di a. il buon nome di qc.*
addentatùra s. f. *1* Atto, effetto dell'addentare | Il segno che i denti lasciano sulla parte addentata. *2* Parte lavorata di un legno che si incastra nell'intaccatura di un altro.
addentellàre [comp. di *a-* (*2*) e *dentello*] v. tr. (*io addentèllo*) *1* (*raro*) Dentellare. *2* (*arch.*) Fare l'addentellato | Lasciare l'addentellato nella testata di un muro.
addentellàto A part. pass. di *addentellare*; anche agg. *1* Nei sign. del v. *2* (*fig.*) *Discorso a.*, tronco, ammazzato, rotto. B s. m. *1* (*arch.*) Insieme delle pietre o mattoni che si lasciano sporgenti nelle testate dei muri per poterli collegare con successive costruzioni. *2* (*fig.*) Ciò che in una discussione, una questione, e sim. dà appiglio a connessioni, a nuovi sviluppi: *il tuo discorso non ha alcun a. col mio*; *sempre una mutazione lascia lo a. per la edificazione dell'altra* (MACHIAVELLI).
addentràre [da *addentro*] A v. tr. (*io addéntro*) ● Far penetrare, spingere dentro. B v. intr. pron. ● Introdursi, inoltrarsi (*anche fig.*): *gli esploratori si addentrano nella foresta*; *addentrarsi in uno studio*.
addéntro o †**addrénto** [comp. di *a-* (*2*) e *dentro*] A avv. ● Nell'interno, a fondo: *ci inoltrammo ancor più a.* | (*fig.*) Profondamente, nell'intimo. B nelle loc. prep. *a. a*, *a. in*, nell'interno di, dentro a (*anche fig.*): *vedere, penetrare a. alle cose*; *da che tu vuo' saver cotanto a dentro, / dirotti brievemente* (DANTE *Inf.* II, 85-86) | Quasi con valore di agg.: *essere a. in una questione, in un ambiente*, esserne perfettamente a conoscenza; *essere a. alle segrete cose*, (*scherz.*) essere informatissimo; *essere molto a. nella politica*, esserne esperto, occuparsene attivamente.
addestràbile [da *addestrare* (*2*)] agg. ● Che si può addestrare.
addestraménto [da *addestrare* (*2*)] s. m. *1* Atto, effetto dell'addestrare: *le reclute vengono avviate ai centri d'a.* | *A. professionale*, insegnamento eminentemente pratico, necessario per formare o elevare la capacità professionale dei lavoratori. *2* Complesso di prove cui vengono sottoposti i cavalli per dimostrare il loro grado di ubbidienza agli ordini dei cavalieri | Una delle gare in cui si dividono i concorsi ippici. SIN. Dressage.
†**addestràre** (*1*) [comp. di *a-* (*2*) e *destra*] v. tr. (*io addèstro*) ● Accompagnare a piedi il cavallo di altri tenendolo alla destra in segno d'omaggio.
addestràre (*2*) [comp. di *a-* (*2*) e *destro*] A v. tr. (*io addèstro*) ● Rendere destro, abile: *a. il cane alla caccia*; *il maestro deve a. l'apprendista*. B v. rifl. ● Esercitarsi al fine di divenire abile e destro: *addestrarsi nell'uso delle armi*.
addestratóre s. m. (f. *-trice*) ● Chi addestra.
addétto o †**additto** nei sign. A e B. A part. pass. di *addire* ● (*raro*) Nei sign. del v. B agg. *1* Posto, assegnato, applicato a un particolare compito o ufficio: *operaio a. alla caldaia*; *personale a. al guardaroba*; *funzionario a. alla segreteria*. *2* Destinato, detto spec. di cose: *vagone a. al trasporto delle merci*. C s. m. (f. *-a*; V. nota d'uso FEMMINILE) *1* Chi è assegnato a un particolare compito o ufficio: *vietato l'ingresso ai non addetti ai lavori* | *A. ai lavori*, (*fig., iron.*) chi ha una sicura e particolare conoscenza di una scienza, tecnica e sim. *2* Funzionario facente parte di una legazione diplomatica all'estero in qualità di consigliere tecnico in materia di propria competenza: *a. commerciale, militare*; *a. stampa*.
addì o †**a dì** [comp. di *ad* e *dì*] avv. ● Nel giorno, il giorno (come formula per indicare la data nel linguaggio bur. e aulico, nello stile epistolare, in cronache storiche e sim.): *a. 7 ottobre 1865*.
addiacciàre (*1*) ● V. *agghiacciare*.
addiacciàre (*2*) [da *addiaccio*] v. tr. (*io addiàccio*) ● Fare pernottare il gregge all'aperto in un recinto.
addiàccio o (*dial.*) †**agghiàccio** (*1*) [dal lat. *adiacēre* 'giacere accanto', comp. di *ăd* 'presso' e *iacēre* 'giacere'] s. m. *1* Recinto all'aperto dove sosta il bestiame durante la notte. *2* (*mil.*) Stazionamento di truppe all'aperto e allo scoperto | Sosta di fortuna all'aperto per alpinisti, camminatori e sim. | *Dormire all'a.*, all'aperto. SIN. Bivacco.
addiètro o †**a diètro** [comp. di *ad* e *dietro*] avv. *1* A tergo, dietro, indietro (*anche fig.*): *tre passi a.* | *Restare a.*, lasciarsi superare | *Lasciare a. q.c.*, trascurarla o rimandarla | *Farsi, tirarsi a.*, indietreggiare e (*fig.*) ricusare di fare q.c., non volere apparire e sim. | *Dare a.*, fare rinculare, arretrare, detto spec. di animali da soma. CONTR. Innanzi. *2* Antecedentemente, nel passato, prima: *anni a.*; *alcuni giorni a.*; *è venuto tempo a.* | *Per l'a.*, in passato.
†**addiettìvo** ● V. *aggettivo*.
†**addimànda** o †**addomànda**, s. f. ● Domanda, richiesta.
†**addimandàre** o †**addomandàre** [comp. di *a-* (*2*) e *dimandare, domandare*] v. tr. e intr. pron. *1* (*lett.*) Domandare, chiedere, interrogare. *2* (*lett.*) Nominare, designare.
†**addimesticàre** e deriv. ● V. *addomesticare* e deriv.
†**addimoràre** [comp. di *a-* (*2*) e *dimorare*] v. intr. ● (*lett.*) Dimorare, stare | Indugiare (*anche fig.*)
addimostràre [comp. di *a-* (*2*) e *dimostrare*] v. tr. (*io addimóstro*) ● (*lett.*) Dimostrare.
addìo o †**a Dio** [comp. da *ad* e *Dio*] A inter. *1* Si usa come saluto affettuoso e confidenziale spec. nel prendere commiato o nel separarsi con rammarico da una persona o cosa cara: *a. Carlo*; *a., monti sorgenti dall'acque ... a., chiesa, dove l'animo tornò tante volte sereno* (MANZONI) | *Dire a. a q.c.*, salutarlo nel lasciarlo; *lo dì c'han detto ai dolci amici a.* (DANTE *Purg.* VIII, 3) | Dire a. alle cose del mondo, rinunziarvi | *Dire a. alla giovinezza*, quando questa è ormai trascorsa | *Senza neanche dire a.*, (*fig.*) bruscamente. *2* Esprime anche disappunto, contrarietà per la perdita di q.c.: *a. pace!*; *a. divertimento!*; *a. sonno!* B s. m. ● Saluto, separazione, distacco: *l'a. fu molto malinconico*; *scambiarsi gli addii* | *Dare l'a. a un luogo*, allontanarsene per sempre | *Dare l'ultimo a.*, a chi muore o, morto, si seppellisce | *Lettera d'a.*, di congedo | *Dare l'a. alle scene*, lasciare o abbandonare la carriera d'attore | *Serata d'a.*, l'ultimo spettacolo di una serie.
addipanàre [comp. di *a-* (*2*) e *dipanare*] v. tr. ● (*lett.*) Dipanare.
addìre [lat. *addīcere*, comp. di *ăd* e *dīcere* 'dire'] v. tr. (coniug. come *dire*) ● (*lett.*) Dedicare | (*lett.*) Destinare, assegnare. | V. anche *addirsi*.
addirittùra o †**a dirittùra** [comp. di *a-* (*2*) e *dirittura*] avv. *1* Assolutamente, completamente, senz'altro: *è a. mostruoso quello che dici*; *voi calpestate a. ogni principio*; *sembra che il tempo si sia a. fermato* | (*enf.*) Nientemeno: *ti sei messo a. due maglioni!* *2* Direttamente, senza indugio, senza esitazione: *vediamoci tutti a. al ristorante*; *è meglio che ci troviamo a. alla stazione*; *lui doveva tornare alla parrocchia a., per affari urgenti* (MANZONI).
addirizzaménto o **addrizzamento** s. m. ● Atto, effetto dell'addirizzare o dell'addirizzarsi.
addirizzàre o **addrizzàre** [comp. di *a-* (*2*) e *dirizzare*] A v. tr. *1* Rendere diritto ciò che è storto: *a. una lama, un'asse* | (*fig., lett.*) Correggere cattive tendenze, riparare ingiustizie | (*fig.*) *A. le gambe ai cani*, tentare imprese impossibili. *2* (*lett.*) Indirizzare, dirigere, rivolgere. B v. intr. pron. ● (*lett.*) Incamminarsi | †Rivolgersi.
addirizzatóio s. m. ● (*raro*) Pettine per eseguire la scriminatura dei capelli.
addìrsi [lat. *addecēre*, comp. di *ăd* e *decēre* 'convenirsi' (V. *decente*), accostato a *dire* (?)] v. intr. pron. (dif. coniug. come *dire*, usato solo nelle terze pers. sing. e pl. del pres., imperf., fut. indic., del pres. e imperf. congv. e del condiz.) ● Confarsi, essere conveniente: *questo incarico non mi si addice* SIN. Convenire.
addisoniàno o **addisoniàno** [dal n. del medico ingl. Th. *Addison* (1793-1860)] A agg. ● Del, relativo al, morbo di Addison. B agg.; anche s. m. (f. *-a*) ● Che, chi è affetto dal morbo di Addison.
additaménto (*1*) [da *additare* (*1*)] s. m. ● Atto, effetto dell'additare.
†**additaménto** (*2*) [vc. dotta, lat. *additamĕntu(m)*, da *ăddere* 'aggiungere'] s. m. ● (*raro*) Aumento: *in tempi eguali si facciano eguali additamenti di velocità* (GALILEI).
additàre [comp. di *a-* (*2*) e *dito*] v. tr. ● Mostrare col dito accennando: *a. l'oggetto voluto* | (*fig.*) Mostrare, indicare, esporre: *a. qc. alla pubblica riprovazione*; *a. qc. a mo' d'esempio*; *la pace dell'animo ... io addito ai miei fratelli* (NIEVO).
additatóre s. m. (f. *-trice*) ● Chi addita.
additivàre v. tr. ● Aggiungere additivi a una sostanza.
additìvo [vc. dotta, lat. tardo *additīvu(m)*, da *ăditus*, part. pass. di *ăddere* 'aggiungere', comp. di *ăd* e *dăre*] A agg. ● Di, relativo a, un'addizione. B s. m. ● (*chim.*) Composto o miscuglio di composti che si aggiunge ad una sostanza per esaltare o attenuare alcune sue proprietà.
†**additto** ● V. *addetto*.
addivenìre [comp. di *a-* (*2*) e *divenire*] v. intr. (coniug. come *venire*; aus. *essere*) *1* Giungere, pervenire: *a. a un accordo, a una conclusione, a una soluzione*. *2* †Avvenire, accadere: *addivenne che Cremete ... di questa vita passò* (BOCCACCIO).
addivenùto part. pass. di *addivenire*. ● Nei sign. del v.
addizionàle [da *addizione*] A agg. ● Che si aggiunge a q.c.: *imposta a.*; *apparecchio a.* B s. f. ● Imposta applicata in misura percentuale ad altra per finanziare esigenze di carattere straordinario o di enti locali. C s. m. ● Apparecchio telefonico supplementare inseribile su impianto a spina.
addizionàre v. tr. (*io addizióno*) *1* (*mat.*) Eseguire un'addizione. SIN. Sommare. *2* (*est.*) Aggiungere | Unire: *a. additivi alla benzina*. *3* (*chim.*) Assumere, da parte di una molecola, atomi, ioni, o altre molecole mediante legami chimici. *4* (*chim.*) Aggiungere a una sostanza un composto o un miscuglio di composti per esaltarne o attenuarne alcune proprietà.
addizionatrice s. f. ● Macchina da calcolo da tavolo, normalmente scrivente, che permette l'esecuzione automatica di addizioni e sottrazioni.
addizióne [vc. dotta, lat. *additiōne(m)*, da *ăddere* 'aggiungere'] s. f. *1* (*mat.*) Una delle operazioni fondamentali dell'aritmetica, definita, per i numeri naturali, dalla regola ricorrente: $a + 1$ è a', successivo di a, $a + b'$ è $(a + b)'$ | Correntemente, operazione del sommare. *2* (*raro*) Aggiunta: *fecciono addizioni e correzioni alla legge* (VILLANI) | Ciò che si aggiunge a q.c. per accrescerne l'utilità o il valore. *3* (*chim.*) Reazione in cui si ha l'unione di due o più molecole in una sola: *composto di a.* ‖ **addizioncèlla**, dim.
addobbaménto s. m. *1* Atto, effetto dell'addobbare | Ornamento, paramento. *2* †Cerimonia della investitura di un cavaliere.
addobbàre [fr. *adouber*, dal francone **dubban* 'dare un colpo', in quanto il cavaliere, quando veniva armato, era battuto con un colpo sulla guancia e sul collo] A v. tr. (*io addòbbo*) *1* Ornare, parare a festa: *a. la chiesa per la funzione*. *2* (*fig., scherz.*) Vestire con abiti di circostanza: *a. un bambino per la festa*. *3* Decorare una vivanda con riccioli di burro, quadratini di sottaceti o altro. *4* †Armare cavaliere. B v. rifl. ● Adornarsi | †Vestirsi.
addobbatóre s. m. (f. *-trice*) ● Chi addobba.
addòbbo s. m. *1* Atto, effetto dell'addobbare. *2* Tela, drappo, arazzo e sim., usato come ornamento.

addocciàre [comp. di *a-* (2) e *doccia*] v. tr. (*io addóccio*) • Praticare nel legno un incavo a doccia con la sgorbia.

†**addocilimento** s. m. • Atto, effetto dell'addocilire.

addocilìre [comp. di *a-* (2) e *docile*] v. tr. (*io addocilìsco, tu addocilìsci*) **1** (*raro*) Rendere docile. **2** Render morbido, cedevole al tatto: *a. la pelle, il panno*.

addogàre [comp. di *a-* (2) e *doga* nel sign. 2] v. tr. (*io addógo* o *addògo, tu addóghi* o *addòghi*) • Listare, dividere a doghe.

addogàto part. pass. di *addogare*; anche agg. **1** Nel sign. del v. **2** (*arald.*) Listato a doghe.

†**addogliàre** [comp. di *a-* (2) e *doglia*] **A** v. tr. • (*lett.*) Addolorare, travagliare. **B** v. intr. pron. • Dolersi.

†**addolcàre** [lat. tardo *addulcāre*, comp. di *ăd* e *dŭlcis* 'dolce'] v. tr. • Rendere dolce | (*fig.*) Fare lieto | (*fig.*) Mitigare.

†**addolciàre** v. tr. e intr. pron. • Addolcire.

addolcimento s. m. • Atto, effetto dell'addolcire o dell'addolcirsi.

addolcìre [comp. di *a-* (2) e *dolce*] **A** v. tr. (*io addolcìsco, tu addolcìsci*) **1** Rendere dolce: *a. il caffè, l'acqua; addolcirsi la bocca*. **2** (*fig.*) Rendere meno aspro e duro, mitigare: *a. una parola dura con un sorriso; a. una brutta notizia* | Calmare, consolare: *a. il furore, una sofferenza; la poesia addolciva la sua solitudine*. SIN. Attenuare, lenire, mitigare. **3** (*lett.*) Ingentilire, incivilire: *a. i costumi*. **4** (*est.*) Ammorbidire, detto spec. di colori. **5** (*metall.*) Sottoporre un acciaio o una ghisa a ricottura a temperature comprese tra i 600 e i 900 °C per eliminarne le tensioni interne e renderlo più facilmente lavorabile. **6** (*chim.*) *A. l'acqua*, privarla almeno parzialmente dei sali che la rendono dura. **B** v. intr. pron. • Divenire più dolce (*spec. fig.*): *con gli anni le si è addolcito il carattere*.

addolcitìvo agg. • Che serve ad addolcire.

addolcitóre s. m. • (*chim.*) Apparecchio usato per eliminare la durezza delle acque.

addoloràre [comp. di *a-* (2) e *dolore*] **A** v. tr. (*io addolóro*) • Arrecare dolore, spec. spirituale: *il suo comportamento mi addolora*. SIN. Affliggere, rattristare. CONTR. Allietare. **B** v. intr. pron. • Affliggersi, provar dolore: *non addolorarti per così poco!* SIN. Contristarsi.

Addoloràta s. f. **1** (*per anton.*) La Madonna come Madre partecipe dei dolori della Passione di Gesù. SIN. Madonna dei sette dolori. **2** Immagine di tale Madonna, spesso trafitta da sette spade. **3** Festa della Madonna dei sette dolori, ricorrente il venerdì dopo la domenica di Passione e il 15 settembre. **4** Titolo di confraternita e di chiesa dedicata al culto della Madonna dei sette dolori.

addoloràto part. pass. di *addolorare*; anche agg. • Nei sign. del v.

†**addomandàre** e *deriv.* • V. †*addimandare* e *deriv.*

addòme o (*raro*) **addòmine** [vc. dotta, lat. *abdōmen*, di etim. incerta] s. m. • (*anat.*) Parte inferiore del tronco compresa tra il torace e il bacino.

addomesticàbile agg. • Che si può addomesticare: *animale a.*

addomesticaménto s. m. • Atto, effetto dell'addomesticare.

addomesticàre o †**addimesticàre** [comp. di *a-* (2) e *domestico*] v. tr. (*io addomèstico, tu addomèstichi*) **1** Rendere domestico, togliendo da uno stato di selvatichezza: *a. animali, piante, terreni* | Detto di animali, ammaestrare nel sign. 2. SIN. Ammansire, domare. **2** Abituare, assuefare, rendere familiare: *a. qc. alle proprie abitudini*.

addomesticàto part. pass. di *addomesticare*; anche agg. **1** Nei sign. del v. **2** (*fig.*) Predisposto o modificato con artificio in vista di un fine particolare: *elezioni, notizie addomesticate*.

addomesticatóre o †**addimesticatóre** s. m. (f. *-trice*) • Chi addomestica.

addomesticatùra o †**addimesticatùra** s. f. • Addomesticamento.

addomestichévole agg. • Facile ad essere addomesticato.

addomestichevolézza s. f. • Possibilità di essere addomesticato.

addominàle agg. • Del, relativo all'addome.

addòmine • V. *addome*.

†**addonàre** [comp. di *a-* (2) e *dono*] **A** v. tr. e rifl. • Donare, dedicare. **B** v. intr. pron. • (*raro*) Accorgersi.

†**addopàrsi** o †**addoppàrsi** [comp. di *a-* (2) e *dopo*] v. intr. pron. • Mettersi dietro, dopo.

†**addoppiaménto** s. m. **1** Raddoppiamento. **2** Nella filatura delle fibre tessili, riunione di più nastri di fibre allo scopo di compensarne le differenze di spessore.

addoppiàre [comp. di *a-* (2) e *doppio*] v. tr. (*io addóppio*) **1** Mettere in doppio | Riunire due o più fili semplici, disposti parallelamente. **2** (*lett.*) Raddoppiare, aumentare: *l'ira, che addoppia l'ardimento al prode* (MANZONI).

addoppiatóio s. m. • Arnese che serve ad addoppiare le file della seta.

addoppiatùra s. f. • Atto, effetto dell'addoppiare.

addormentàbile agg. • (*raro*) Che si può addormentare.

addormentaménto s. m. • Atto, effetto dell'addormentare o dell'addormentarsi.

addormentàre [lat. parl. **addormentāre*, dal lat. tardo *addormīre*] **A** v. tr. (*io addorménto*) • Far dormire, indurre al sonno: *a. un bambino con la ninna-nanna* | *A. i sensi, le energie*, assopirli | *A. i bollenti spiriti*, calmarli. **B** v. intr. pron. • Prendere sonno, mettersi a dormire: *addormentarsi tardi* | (*fig.*) *Addormentarsi in piedi*, aver molto sonno | (*fig.*) *Addormentarsi nel Signore*, morire cristianamente | (*fig.*) *Addormentarsi sulle cose*, farle lentamente.

addormentatìvo agg. • Che fa addormentare.

addormentàto part. pass. di *addormentare*; anche agg. **1** Nei sign. del v. **2** (*fig.*) Fiacco, tardo d'ingegno: *è un tipo a.*

addormentatóre agg.; anche s. m. (f. *-trice*) • Che, chi addormenta.

addormìre [lat. tardo *addormīre*, comp. di *ăd* e *dormīre* 'dormire'] v. tr. e intr. pron. (*io addòrmo*) • (*lett., dial.*) Addormentare.

addormìto part. pass. di *addormire*; anche agg. • Nei sign. del v.

addossaménto s. m. • Atto, effetto dell'addossare o dell'addossarsi.

addossàre [da *addosso*] **A** v. tr. (*io addòsso*) **1** Porre addosso, appoggiare col dorso: *a. il banco al muro*. **2** (*fig.*) Attribuire, imputare, porre a carico: *a. una colpa, una spesa, un debito* | *Addossarsi una responsabilità*, assumersela | *Addossarsi un debito*, impegnarsi a soddisfarlo. **B** v. rifl. • Appoggiarsi, ammassarsi, accalcarsi: *addossarsi al riparo dalla pioggia*.

addossàto part. pass. di *addossare*; anche agg. **1** Nei sign. del v. **2** (*arald.*) Detto di due figure che si volgono il dorso.

addossatùra s. f. • Addossamento.

addòsso o †**a dòsso** [comp. di *a-* (2) e *dosso*] **A** avv. **1** Sulle spalle, sul dorso, sulla persona: *porta a. tutti i gioielli che ha* | *Portare, mettersi a. q.c. di pesante*, indossare un indumento pesante | *Levati quella roba d'a.*, toglitela | *Levarsi qc. d'a.*, (*fig.*) liberarsene | *Farsela a.*, fare i propri bisogni nei vestiti; (*fig.*) avere molta paura, essere in preda al panico | (*fig.*) *Tirarsi a. le disgrazie*, procurarsele | (*fig.*) *Avere la maledizione a.*, essere molto sfortunato, non riuscire a combinare nulla | (*fig.*) *Avere il malanno e l'uscio a.*, avere tutte le disgrazie, il danno e le beffe | (*fig.*) *Avere molti anni a.*, essere vecchio | (*fig.*) *Avere una famiglia numerosa a.*, a carico | *Parlarsi a.*, parlare troppo, e quasi soltanto per sé stessi, compiacendosi nell'ascoltare le proprie parole. **2** Nell'animo, in corpo: *questo tempo mette a. malinconia; mi sento i brividi a.; avere una forte febbre a.* | *Avere il diavolo a.*, (*fig.*) essere irrequieto, agitato, di cattivo umore. **B** nella loc. prep. *a. a.* **1** Sopra, su: *cadere a. a qc.* | *Mettere le mani a. a qc.*, prenderlo, afferrarlo, catturarlo, percuoterlo, picchiarlo | *Stare a. a qc.*, (*fig.*) opprimerlo, esortarlo continuamente, sollecitarlo | *Piantare gli occhi a. a qc.*, fissarlo con insistenza | *Mettere gli occhi a. a qc., a q.c.*, farne oggetto di desiderio | *Gettare la colpa a. a qc.*, incolparlo. **2** Molto vicino: *le nuove costruzioni vengono su una a. all'altra*. **3** Contro: *saltare a. a qc.*, assalirlo, aggredirlo | *Dare a. a qc.*, (*fig.*) dargli torto, essergli contro. **C** in funzione di inter. • Si usa come incitamento a gettarsi contro qc., ad assalirlo, aggredirlo: *a. all'imbroglione!; dagli!, a.!*

addótto o †**addùtto**. part. pass. di *addurre*; anche agg. **1** Nei sign. del v. **2** (*med.*) Che ha subito adduzione.

addottoraménto s. m. • Atto, effetto dell'addottorare o dell'addottorarsi | (*est.*) Cerimonia della laurea.

addottoràre [comp. di *a-* (2) e *dottore*] **A** v. tr. (*io addottóro*) • Dare la laurea di dottore: *a. in legge* | (*fig.*) Istruire, ammaestrare. **B** v. intr. pron. • Divenire dottore, laurearsi.

addottrinàbile agg. • (*raro*) Che si può addottrinare.

addottrinaménto s. m. • Atto, effetto dell'addottrinare e dell'addottrinarsi | (*est., raro*) Dottrina.

addottrinàre [comp. di *a-* (2) e *dottrina*] **A** v. tr. • Istruire in una determinata arte o dottrina. **B** v. rifl. • (*raro*) Istruirsi | (*scherz.*) Scaltrirsi: *addottrinarsi bene nei trucchi del mestiere*.

addottrinàto part. pass. di *addottrinare*; anche agg. • Nei sign. del v. ‖ **addottrinataménte**, avv. Da uomo addottrinato.

addottrinatóre s. m. • Chi addottrina.

addottrinatùra s. f. • (*raro*) Effetto dell'addottrinare.

†**addrénto** • V. *addentro*.

addrizzàre e *deriv.* • V. *addirizzare* e *deriv.*

†**addυàre** [comp. di *a-* (2) e *due*] **A** v. tr. • Accoppiare. **B** v. intr. pron. • Raddoppiarsi: *fu viso a me cantare essa sustanza, / sopra la qual doppio lume s'addua* (DANTE *Par.* VII, 5-6).

addùcere • V. *addurre*.

adducìbile [da *addurre*] agg. • Che si può addurre.

adduglìare [comp. di *a-* (2) e *duglia*] v. tr. (*io addùglio*) • (*mar.*) Raccogliere una corda a duglie, a spire.

addùrre o (*lett.*) **addùcere** [lat. *addūcere*, comp. di *ăd* e *dūcere* 'condurre'] **A** v. tr. (pres. *io addùco, tu addùci*; pass. rem. *io addùssi, tu adducésti*; fut. *io addurrò*; condiz. pres. *io addurrèi*; part. pass. *addótto*; le altre forme dal tema *adducere*) **1** (*lett.*) Cagionare, arrecare: *l'Arno ... addusse tanta abbondanza d'acqua* (VILLANI) | (*lett.*) Condurre. **2** (*dir.*) Presentare all'autorità giudiziaria nel corso del giudizio: *a. fatti, prove, ragioni a discarico, a colpa*. SIN. Allegare, apportare, produrre. **3** (*est.*) Citare, recare in appoggio: *a. esempi, scuse, pretesti, ragioni, fatti; addusse validi argomenti a sostegno della sua tesi*. **4** Avvicinare una parte del corpo all'asse mediano dello stesso. CONTR. Abdurre. **5** †Ridurre | †Indurre. **B** v. rifl. • †Recarsi, ridursi (*anche fig.*)

adduttìvo [dal lat. *addŭctus*, part. pass. di *addūcere* 'addurre'] agg. • Che si riferisce all'adduzione.

†**addùtto** • V. *addotto*.

adduttóre [vc. dotta, lat. tardo *adductōre(m)*, da *addūcere* 'addurre'] **A** agg. (f. *-trice*) **1** Che adduce, che porta verso q.c.: *canale a.* **2** (*anat.*) Che provoca adduzione: *muscolo a.* **B** s. m. **1** Chi, o ciò che adduce, porta verso qc. o q.c. **2** Muscolo che provoca adduzione: *gli adduttori della coscia*. ➡ ILL. p. 362 ANATOMIA UMANA.

adduzióne [vc. dotta, lat. tardo *adductiōne(m)*, da *addūcere* 'addurre'] s. f. **1** (*raro*) Atto, effetto dell'addurre. **2** Moto di avvicinamento all'asse mediano del corpo di una parte di esso. CONTR. Abduzione. **3** (*fis.*) Passaggio di calore da un fluido a un solido o viceversa.

Àde [vc. dotta, lat. *Hāde(m)*, dal gr. *Hádēs*] s. m. **1** Nella mitologia greco-romana, divinità che regnava sull'oltretomba. **2** (*est.*) Regno dei morti.

adeguàbile agg. • Che si può adeguare.

adeguaménto s. m. **1** Atto, effetto dell'adeguare e dell'adeguarsi. **2** (*dir.*) Produzione o modificazione di norme interne al fine dell'osservanza di una o più norme di diritto internazionale. SIN. Adattamento. **3** (*dir.*) *A. del canone*, modificazione del canone di locazione proporzionata alle variazioni del costo della vita.

adeguàre o †**adequàre** [lat. *adaequāre*, comp. di *ăd* e *aequus* 'uguale'] **A** v. tr. (*io adéguo*) **1** Pareggiare, rendere proporzionato: *a. un prezzo al costo; a. gli stipendi al mutato costo della vita* |

(*est.*) *A. al suolo*, abbattere totalmente, detto spec. di edifici, città, e sim. | (*fig.*) *A. una parola all'immagine*, esprimersi in modo adeguato. SIN. Adattare, conformare. **2** †Considerare uguale: *né la bellezza di Venere si può a. alla tua* (BOCCACCIO). **B** v. rifl. ● Adattarsi, conformarsi: *adeguarsi ai nuovi tempi, alle circostanze, alla realtà.*

adeguatézza o †**adequatézza**. s. f. ● Qualità di ciò che è adeguato.

adeguàto part. pass. di *adeguare*; anche agg. **1** Nei sign. del v. **2** Giusto, conveniente, proporzionato: *stipendio a. alla capacità.* || **adeguataménte**, avv.

adeguazióne o †**adequazióne** s. f. **1** Adeguamento. **2** (*filos.*) Criterio di verità in base al quale una conoscenza risulta vera se corrisponde all'oggetto.

adelfìa [da *adelfo*] s. f. ● (*bot.*) Saldatura dei filamenti degli stami fino a formare uno o più gruppi | L'insieme degli stami concresciuti.

adèlfo [vc. dotta, gr. *adelphós* 'fratello', comp. di *a-* copulativo e un deriv. del gr. *delpýs* 'utero'] agg. ● (*bot.*) Detto di stame il cui filamento è saldato con quello di uno o più altri stami.

adelomòrfo [vc. dotta, comp. del gr. *ádēlos* 'non chiaro, non manifesto' e *-morfo*] agg. ● (*anat.*) Detto di struttura caratterizzata da tratti morfologici poco definiti: *cellule adelomorfe delle ghiandole gastriche.* CONTR. Delomorfo.

adempìbile agg. ● Che si può adempiere.

adempiènza s. f. ● (*raro*) Adempimento.

adémpiere [V. *adempire*] **A** v. tr. (*io adémpio, tu adémpi*; le altre forme più com. da *adempire*) **1** Eseguire completamente, mandare a effetto, compiere: *a. un'obbligazione di fare, di dare*; *a. un dovere, un comando* | *A. un desiderio, una preghiera*, esaudirli | Realizzare, mantenere: *a. una promessa, un voto.* **2** Completare, integrare | *A. un difetto*, compensarlo, supplirlo. **3** †Colmare, riempire. **B** v. intr. (aus. *avere*) **1** Mandare a effetto, compiere: *a. al proprio ufficio, a un dovere, a un comando.* **2** Eseguire la prestazione: *a. nel luogo e nel tempo indicati nel contratto.* **C** v. intr. pron. ● Avverarsi, verificarsi: *la profezia di Cassandra si adempì.*

adempiménto s. m. **1** Atto, effetto dell'adempiere: *morire nell'a. del proprio dovere.* SIN. Compimento, esecuzione. **2** (*dir.*) Attività diretta all'esecuzione della prestazione: *esatto a.*; *a. parziale, inesatto* | *Prestazione in luogo dell'a.*, dazione in pagamento | *A. del dovere*, causa di esclusione del reato prevista per chi agisce obbedendo a un ordine legittimo della pubblica autorità. **3** Osservanza, obbedienza.

adempìre [lat. *adimplēre*, comp. di *ăd* e *implēre* 'riempire'] v. tr., intr. e intr. pron. (*io adempìsco, tu adempìsci*) ● Adempiere.

adempìto part. pass. di *adempire*; anche agg. ● Nei sign. del v.

adempiùto part. pass. di *adempiere*; anche agg. ● Nei sign. del v.

ademprivìle agg. ● Di ademprivio: *beni ademprivili.*

adempriviο o **ademprìvo** [vc. sarda, dallo sp. *ademprìbio*, dal v. *emprar*, dal lat. parl. *imparāre* 'prendere possesso'] s. m. ● Uso civico caratteristico della Sardegna, consistente nel godimento collettivo della terra, spec. del pascolo.

adenìa [dal gr. *adḗn*, genit. *adénos* 'glandola', di origine indeur.] s. f. ● (*med.*) Affezione delle ghiandole linfatiche.

adenìna [dal gr. *adḗn* 'ghiandola' col suff. *-ina*] s. f. ● (*chim.*) Base organica azotata eterociclica che concorre alla formazione di nucleotidi dell'acido ribonucleico (RNA) o deossiribonucleico (DNA); viene ricavata per estrazione da lievito o da tessuti animali.

adenìte [comp. di *adeno-* e *-ite*] s. f. ● (*med.*) Infiammazione di una ghiandola linfatica.

adeno- [dal gr. *adḗn*, genit. *adénos* 'ghiandola'] primo elemento ● In parole composte della terminologia scientifica significa 'ghiandola' o indica relazione con le ghiandole: *adenite, adenoide.*

adenocarcinòma [comp. di *adeno-* e *carcinoma*] s. m. (pl. *-i*) ● Tumore epiteliale maligno nella cui compagine sono riprodotte strutture ghiandolari atipiche.

adenòide [vc. dotta, gr. *adenoidḗs*, comp. di *adḗn* 'glandola' e *-oide*] agg. ● (*med.*) Detto dell'ipertrofia della tonsilla faringea, situata nella parte posteriore dello spazio retronasale: *proliferazioni, vegetazioni adenoidi.*

adenoidectomìa [comp. di *adenoid(e)* ed *-ectomia*] s. f. ● (*chir.*) Asportazione chirurgica delle adenoidi.

adenoidèo agg. **1** Che si riferisce alle adenoidi. **2** Che è affetto da vegetazioni adenoidi: *soggetto, individuo a.*

adenòidi s. f. pl. ● (*med.*) Vegetazioni adenoidi: *asportazione delle a.*

adenoidìșmo [comp. di *adenoid(e)* e *-ismo*] s. m. ● (*med.*) Complesso dei disturbi e delle malformazioni dovuti alla presenza di vegetazioni adenoidi.

adenòma [comp. di *aden(o)-* e *-oma*] s. m. (pl. *-i*) ● (*med.*) Tumore benigno di origine ghiandolare.

adenopatìa [comp. di *adeno-* e *-patia*] s. f. ● Qualsiasi affezione di ghiandole, spec. linfatiche.

adenoșintrifosfàto [comp. di *adenosin(a)*, n. di un complesso chimico, di *tri-* e *fosfato*] s. m. ● Composto noto come ATP.

adenotomìa [comp. di *adeno-* (*1*) e *-tomia*] s. f. ● (*chir.*) Incisione chirurgica di una ghiandola.

adenovirus [comp. di *adeno(ide)* e *virus*] s. m. ● (*biol.*) Ogni virus compreso nella famiglia *Adenoviridae* che può parassitare Mammiferi e Uccelli causando patologie prevalentemente respiratorie o enteriche.

adèpto [vc. dotta, lat. *adĕptu(m)*, part. pass. di *adipĭsci* 'ottenere'] s. m. (f. *-a*) **1** Affiliato, iniziato, iscritto a una società segreta, a un partito politico, a una setta religiosa, e sim. **2** †Iniziato ai misteri dell'alchimia.

†**adequàre** e *deriv.* ● V. *adeguare* e *deriv.*

†**aderbàre** [comp. di *ad-* e *erba*] v. tr. (*io adèrbo*) **1** Mettere, tenere al pascolo. SIN. Pascere, pascolare. **2** Coprire d'erba.

aderènte A part. pres. di *aderire*; anche agg. **1** Nei sign. del v. **2** Detto di abito, stretto, fasciante, in maniera tale da far risaltare le parti del corpo che ricopre: *pantaloni aderenti.* **3** (*mecc.*) *Potere a.*, aderenza | *Peso a.*, peso trasmesso dalle ruote motrici sulla superficie di appoggio. **4** *Vetro a.*, piccola lente che si applica direttamente all'occhio per la correzione dei difetti della vista. **5** (*mat.*) Detto di elemento appartenente alla chiusura di un insieme. **B** s. m. e f. ● (*fig.*) Seguace, partigiano: *gli aderenti a una setta*; *gli aderenti di un sovrano* | *Gli aderenti al partito*, la massa degli iscritti.

aderènza s. f. **1** Qualità di ciò che aderisce | *Costruzione in a.*, perfettamente combaciante con l'altra, benché eseguita su fondo limitrofo. **2** (*mecc.*) Attrito fra la superficie di appoggio e la ruota, in base al quale questa non striscia ma rotola: *coefficiente di a.* **3** (*edil.*) Resistenza specifica che si oppone al distacco tra calcestruzzo e ferro o acciaio nel cemento armato. **4** (*med.*) Connessione anormale tra superfici, mucose, sierose o cutanee, contigue, spesso per processi infiammatori. **5** (*spec. al pl., fig.*) Conoscenza, relazioni, appoggi: *avere aderenze nelle alte sfere.*

adèrgere [comp. dal lat. *ăd* 'verso' ed *erĭgere* 'alzare'] **A** v. tr. (coniug. come *ergere*) ● (*poet.*) Elevare, innalzare: *i novelli anni da la caligine / volenterosi la fronte adergono* (CARDUCCI). **B** v. intr. pron. ● (*poet.*) Elevarsi, innalzarsi.

aderiménto s. m. ● (*raro*) Atto, effetto dell'aderire.

aderìre [vc. dotta, lat. *adhaerēre*, comp. di *ăd* e *haerēre* 'stare attaccato'] v. intr. (*io aderìsco, tu aderìsci*; aus. *avere*) **1** Essere attaccato, combaciare: *lo smalto aderisce all'unghia*; *le parti dell'incastro aderiscono perfettamente.* **2** (*fig.*) Parteggiare, seguire: *a. a una corrente politica, a. a una opinione* | Entrare a far parte: *a. a un partito.* **3** (*fig.*) Acconsentire, accogliere: *a. a una richiesta.*

aderizzàre [da *aderire*] v. tr. (*io aderìzzo*) ● Incidere il battistrada di uno pneumatico d'autoveicolo per ottenerne una maggiore aderenza al fondo stradale.

aderizzatrìce s. f. ● Macchina per aderizzare.

aderizzazióne s. f. ● Atto, effetto dell'aderizzare.

adermìna [comp. di *a-* (*1*) e un deriv. del gr. *dérma* 'pelle' (V. *derma*)] s. f. ● (*chim.*) Vitamina del gruppo B che si trova in tutti gli alimenti vegetali e animali, spec. nel lievito e nella pula del riso, dotata di funzione protettiva sugli epiteli. SIN. Vitamina B_6.

†**adèrto** part. pass. di *adergere.* ● (*raro*) Nei sign. del v.

adescàbile agg. ● Che può essere adescato.

adescaménto s. m. **1** Atto, effetto dell'adescare | (*fig.*) Lusinga, allettamento: *difendersi contro gli adescamenti dei falsi amici* (NIEVO). **2** (*dir.*) Invito al libertinaggio fatto con atti o parole per via, in luogo pubblico o aperto al pubblico, costituente illecito penale. **3** (*idraul.*) Riempimento con un liquido di un sifone o una pompa per porli in condizione di funzionare.

adescàre [lat. tardo *adescāre*, comp. di *ăd* e *ēsca* 'cibo, esca'] v. tr. (*io adésco, tu adéschi*) **1** Attirare con l'esca: *a. i pesci, gli uccelli* | †*a. l'amo*, fornirlo d'esca. **2** (*fig.*) Allettare, attrarre con lusinghe, promesse, e sim.: *a. una fanciulla*; *a. i passanti.* **3** (*idraul.*) Compiere l'operazione di adescamento.

adescatóre s. m.; anche agg. (f. *-trice*) ● Chi, che adesca.

adeșióne [vc. dotta, lat. *adhaesiōne(m)*. V. *aderire*] s. f. **1** (*fis.*) Forza molecolare di attrazione che si manifesta fra due corpi diversi in contatto | Correntemente, aderenza: *una perfetta a. di due incastri.* **2** Assenso alla volontà da altri manifestata, produttivo di vari effetti giuridici | *Contratto per a.*, il cui schema prestabilito da una parte deve essere accettato in blocco dalla controparte | Correntemente, appoggio, consenso, assentimento: *a. a una proposta, a una richiesta*; *dare, far pervenire, rifiutare la propria a.*

adeșività s. f. ● La proprietà di una sostanza di essere adesiva.

adeșìvo [dal lat. *adhaēsus*, part. pass. di *adhaerēre* 'aderire'] **A** agg. **1** Che aderisce: *nastro a.* **2** Collante: *sostanza adesiva.* **B** s. m. **1** Sostanza, o miscuglio di sostanze naturali o artificiali che, interposto tra le superfici di separazione di due o più corpi solidi, tende a unirli. SIN. Collante. **2** Etichetta di carta o plastica trasparente, di varia forma e con varie illustrazioni, spec. a carattere pubblicitario, che si può incollare su vetro e sim.; V. anche *autoadesivo.*

adèșo [vc. dotta, lat. *adhăesus*, part. pass. di *adhaerēre* 'aderire'] agg. **1** †Aderente, attaccato. **2** (*scient.*) Detto di ciò che aderisce strettamente a q.c.

adèspoto o (*raro, lett.*) **adèspota** [vc. dotta, lat. tardo *adēspotu(m)*, nom. *adēspotos*, dal gr. *adéspotos*, comp. di *a-* (*1*) e *despótēs* 'padrone'] agg. **1** Senza padrone. **2** Detto di libro, codice, manoscritto di cui non si conosce l'autore. SIN. Anonimo.

adèsso [etim. incerta] **A** avv. **1** Ora, in questo momento, presentemente, nel tempo attuale: *a. sto studiando*; *a. sono occupato*; *a. sto bene*; *a. cercherò di riposarmi* | *Per a.*, per ora, per il momento | *Da a. in poi*, da questo momento in avanti | *Fin d'a.*, fin d'ora | *La gioventù d'a.*, di oggi | (*enf.*) *A. sì che stiamo freschi!*; *a. stai passando i limiti* | *E a.?*, sottintendendo varie domande. **2** Poco fa, or ora: *l'ho incontrato proprio a.*; *vengo a. da casa sua* | Con valore raff.: *adesso adesso.* **3** Fra poco, con riferimento a un futuro immediato: *dovrebbe telefonare a.* **B** nella loc. cong. *a. che*, ora che (introduce una prop. temp. con il v. all'indic.): *a. che sei guarito alla gamba, potrai di nuovo camminare*; *a. che ti ho avvertito fai come credi.* **C** in funzione di inter. ● Si usa per invitare qc. ad attendere, a pazientare, con sign. analogo a 'un momento!': *a.!, vengo subito!*

ad hoc /*lat.* a'd ɔk/ [lat., 'a tale (scopo)'] loc. agg. e avv. ● Apposta per questo scopo; appositamente predisposto per uno scopo: *discorso ad hoc, parlare ad hoc.*

ad hominem /*lat.* a'd ɔminem/ [lat., 'per l'uomo'] loc. agg. e avv. **1** Appositamente predisposto per una data persona; apposta per una persona: *discorso ad hominem*; *parlare ad hominem.* **2** (*filos.*) Detto di argomento o dimostrazione secondo cui l'avversario dovrebbe ammettere una tesi, indipendentemente dalla sua verità o falsità, per la particolare circostanza in cui si trova.

ad honorem /*lat.* ad o'nɔrem/ [lat., 'ad onore']

loc. agg. e avv. ● Di carica, titolo accademico e sim. conferiti come riconoscimento onorifico: *medaglia, laurea ad honorem; laureare qc. ad honorem.*

†a dì ● V. *addì.*

adiabàtico [dal gr. *adiábatos* 'che non si può passare', comp. di *a-* (*1*) e *diabáinein* 'passare', comp. a sua volta di *diá* 'attraverso' (V. *diafano*) e *báinein* 'andare', di origine indeur.] agg. (pl. m. *-ci*) ● (*fis.*) Detto di ciò che si oppone alla trasmissione del calore, che ne è impenetrabile | (*est.*) Relativo a ciò che avviene senza scambi di calore con l'esterno: *trasformazione adiabatica* | *Esponente a.*, quello da dare al volume specifico nell'equazione che descrive una trasformazione adiabatica, indicata dal rapporto fra i calori specifici a pressione costante e a volume costante del gas.

adiacènte [vc. dotta, lat. tardo *adiacĕnte(m)*, part. pres. di *adiacēre* 'giacer vicino'] agg. *1* Che sta vicino, limitrofo, contiguo: *a. al giardino, alla villa; strade adiacenti.* *2* (*mat.*) Detto di ciascuno dei due angoli determinati in un semipiano da una semiretta uscente da un punto della sua origine | Detto di un vertice e di un lato d'un poligono che appartengono l'uno all'altro | Detto di vertici d'un grafo collegati da uno spigolo.

adiacènza s. f. spec. al pl. ● Luogo adiacente, vicinanza: *le adiacenze della città.*

adiaforìa [vc. dotta, gr. *adiaphoría* 'indifferenza', comp. di *a-* (*1*) e *diaphoría* 'differenza', da *diáphoros* 'differente', a sua volta da *diaphérein* 'portare al di là', poi 'differire', comp. di *diá* 'al di là' (V. *diafano*) e *phérein* 'portare', di origine indeur.] s. f. ● Nella filosofia cinica e stoica, disposizione di indifferenza morale per tutto ciò che non è virtù o vizio e che perciò non influisce sul conseguimento della felicità.

adiàforo [gr. *adiáphoros*, comp. di *a-* (*1*) e *diáphoros* 'differente'] agg. *1* Nella filosofia cinica e stoica, detto di tutto ciò che è indifferente dal punto di vista morale. *2* Nella critica testuale, detto di varianti che hanno uguale autorità documentaria e sono parimenti accettabili.

adiànto /a'djanto, a'dianto/ [vc. dotta, lat. *adiăntu(m)*, dal gr. *adíanton* 'non bagnato', comp. di *a-* (*1*) e *diáinō* 'io bagno'] s. m. ● (*bot.*) Capelvenere.

adiatermàno [comp. di *a-* (*1*) e *diatermano*] agg. ● (*fis.*) Opaco alle radiazioni calorifiche.

adibìre [lat. *adhibēre*, comp. di *ăd* e *habēre* 'avere'] v. tr. (*io adibìsco, tu adibìsci*) ● Destinare, adattare a un certo uso o ufficio: *a. una chiesa a ospedale; anche l'esercito fu adibito al soccorso dei terremotati; l'impiegato è stato adibito ad altre funzioni.*

adibizióne [vc. dotta, lat. tardo *adhibitiōne(m)*, da *adhibēre* 'adibire'] s. f. ● Atto, effetto dell'adibire.

†a dïètro ● V. *addietro.*

†adiettìvo ● V. *aggettivo.*

†adimàre [comp. di *ad-* e *imo*] **A** v. tr. ● (*lett.*) Chinare, abbassare. **B** v. intr. pron. ● Abbassarsi: *Intra Siestri e Chiaveri s'adima / una fiumana bella* (DANTE *Purg.* XIX, 100-101).

adimensionàle [comp. di *a-* (*1*) e *dimensione*, con suff. aggettivale] agg. ● (*fis.*) Di grandezza priva di dimensioni, perché esprime il rapporto fra due grandezze di uguale dimensione.

adinamìa [vc. dotta, gr. *adynamía*, comp. di *a-* (*1*) e *dýnamis* 'forza'] s. f. ● (*med.*) Perdita della forza muscolare per malattia.

adìnato s. m. ● Adattamento di *adynaton* (V.).

ad interim /lat. ad 'interim/ [lat., comp. della prep. *ad* e *interim* (V.)] **A** loc. avv. ● Temporaneamente, per il periodo di tempo che intercorre fra il momento in cui il titolare di determinate funzioni cessa la sua attività e il momento in cui il nuovo titolare assume le stesse funzioni: *assumere, conferire un ministero ad interim.* **B** anche agg.: *ministro ad interim.*

†a Dìo /a d'dio/ ● V. *addio.*

àdipe [vc. dotta, lat. *ădipe(m)*, forse da un dial. italico che l'avrebbe preso a sua volta dal gr. *áleiphar* 'grasso'] s. m. ● Grasso del corpo. SIN. Pinguedine.

adìpico [da *adipe*] agg. (pl. m. *-ci*) ● (*chim.*) Detto di composto ottenuto da certe sostanze grasse | *Acido a.*, acido organico, bibasico, cristallino, prodotto dall'ossidazione di vari grassi, impiegato nella fabbricazione del nylon.

adipocìta o **adipocìto** [comp. di *adip(e)* e *-cita*] s. m. (pl. *-i*) ● (*biol.*) Ognuno degli elementi cellulari costituenti il tessuto adiposo e caratterizzati da una notevole quantità di inclusi lipidici.

adipòsi [comp. di *adip(e)* e del suff. *-osi*] s. f. ● (*med.*) Obesità.

adiposità s. f. ● (*med.*) Accumulo eccessivo di grasso localizzato spec. su fianchi, glutei, ventre e spalle o generalizzato.

adipòsite [comp. di *adipos(o)* e del suff. *-ite* (*1*)] s. f. ● (*med.*) Pannicolite.

adipóso agg. ● Grasso, pieno di adipe | *Tessuto a.*, connettivo caratterizzato da cellule contenenti gocce di grasso.

adipsìa [vc. dotta, comp. di *a-* (*1*), del gr. *dípsa* 'sete', di orig. sconosciuta, e del suff. *-ia*] s. f. ● (*med.*) Assenza patologica dello stimolo della sete.

adiraménto s. m. ● (*raro*) Ira, collera.

adiràre [comp. di *ad-* e *ira*] **A** v. tr. ● (*lett.*) †Fare arrabbiare. **B** intr. pron. ● Farsi prendere dall'ira, montare in collera | Sdegnarsi, turbarsi: *adirarsi con, contro, qc.; adirarsi con se stesso; adirarsi per un torto subito.* SIN. Arrabbiarsi, irritarsi.

adiràto part. pass. di *adirare*; anche agg. ● Nei sign. del v. || **adirataménte**, avv.

adìre [vc. dotta, lat. *adīre*, comp. di *ăd* e *īre* 'andare'] v. tr. (*io adìsco, tu adìsci*) *1* Rivolgersi all'autorità giudiziaria perché provveda alla tutela di un diritto o di un interesse: *a. il tribunale, il giudice; a. le vie legali, la magistratura.* *2* (*dir.*) *A. un'eredità*, accettarla nei modi legali.

†a dirittùra ● V. *addirittura.*

àdito (1) [vc. dotta, lat. *ăditu(m)*. V. *adire*] s. m. *1* Entrata, passaggio, accesso (*anche fig.*): *il corridoio dà a. alla stanza; diploma che dà a. all'università; dare a. a un sentimento* | (*fig.*) *Dare a. a sospetti*, far sospettare. *2* Facoltà di entrare, accedere (*anche fig.*): *a. a una casa; avere libero a. presso qc.*

àdito (2) [vc. dotta, lat. *ădytu(m)*, dal gr. *ádyton*, comp. di *a-* (*1*) e *dýō* 'io entro'] s. m. ● Recesso del tempio antico.

†adiutóre o **†aiutóre** [vc. dotta, lat. *adiutōre(m)*, da *adiuvāre*, comp. di *ăd* e *iuvāre* 'aiutare'] s. m.; anche agg. (f. *-trice*) ● Chi, che porta aiuto.

†adiutòrio o **†aiutòrio** [vc. dotta, lat. *adiutōriu(m)*. V. *†adiutore*] s. m. *1* Aiuto, soccorso divino: *dove in favor loro mancassero le forze umane, avesse a supplire l'aiutorio divino* (GUICCIARDINI). *2* Nel mondo medioevale, tributo dovuto dai sudditi al principe in casi di bisogno.

adiuvànte part. pres. di *†adiuvare*; anche agg. *1* Nel sign. del v. *2* Nella teologia cattolica, detto della grazia che Dio concede all'uomo per aiutarlo nel compimento di un'azione meritoria.

†adiuvàre [V. *†adiutore*] v. tr. ● Aiutare.

a divinis /lat. a di'vinis/ [lat., 'dalle cose divine', cioè 'dagli atti del culto'] loc. agg. e avv. ● Detto di pena ecclesiastica consistente nell'interdire al chierico colpevole l'esercizio degli uffici divini: *sospensione a divinis; sospendere a divinis.*

adizióne [vc. dotta, lat. *aditiōne(m)*, da *adīre* 'adire'] s. f. *1* (*raro*) Atto dell'adire. *2* (*dir.*) Atto con cui l'erede dichiara di accettare l'eredità.

†adizzàre e *deriv.* ● V. *aizzare* e *deriv.*

ad libitum /lat. ad 'libitum/ [lat., 'a piacere'. V. *libito*] loc. avv. ● A piacere, a volontà.

ad limina /lat. ad 'limina/ [loc. del lat. curiale, propr. '(visita) alle soglie ad limina cioè alle tombe ad limina (degli apostoli)'] loc. agg. e avv. ● Detto delle visite che un vescovo cattolico ha l'obbligo di fare al Papa in Roma ogni cinque anni.

ad maiora /lat. ad ma'jɔra/ [lat., propr. 'a cose maggiori'] loc. inter. ● Augurio che si rivolge a chi ha ottenuto un successo per auspicargli risultati ancora migliori.

adocchiaménto o (*tosc.*) **†aocchiaménto**. s. m. ● Atto dell'adocchiare.

adocchiàre o (*tosc.*) **†aocchiàre** [lat. **adoculāre*, comp. di *ăd* e *ŏculus* 'occhio'] v. tr. (*io adòcchio*) *1* Fissare con gli occhi, guardare: *fece appena in tempo ad adocchiarlo* | (*est.*) †Ravvisare, riconoscere. *2* Guardare con compiacenza e desiderio: *a. la preda; un ladro ... aocchiando quelle gioie, disegnò rubarmele* (CELLINI).

adolescènte [vc. dotta, lat. *adolescĕnte(m)*, part. pres. di *adolēscere*, da *ălere* 'nutrire'] **A** agg. ● Che ha i caratteri dell'adolescenza: *viso a.* **B** s. m. e f. ● Chi è nell'età dell'adolescenza. || **adolescèntulo**, dim.

adolescènza [vc. dotta, lat. *adolescĕntia(m)*, da *adulēscens* 'adolescente' (V.)] s. f. ● Età della vita tra la fanciullezza e l'età adulta, caratterizzata dalla maturazione sessuale.

adolescenziàle agg. ● Relativo all'adolescenza o agli adolescenti: *crisi adolescenziali.*

adombràbile agg. ● Facile ad adombrarsi.

adombraménto o (*raro*) **†aombraménto**. s. m. ● Atto, effetto dell'adombrare o dell'adombrarsi | (*fig.*) Accenno, indizio.

adombràre o **†aombràre** [vc. dotta, lat. *adumbrāre*, comp. di *ăd* e *ŭmbra* 'ombra'] **A** v. tr. (*io adómbro*) *1* Coprire d'ombra, oscurare: *gli alberi adombrano la piazza* | *A. un disegno*, ombreggiarne i contorni. *2* (*fig.*) Rappresentare, esprimere in modo velato, indiretto: *spesso la favola adombra il vero.* *3* (*poet.*) Rappresentare, raffigurare: *tanto più bella il mio pensier l'adombra* (PETRARCA). **B** v. intr. e intr. pron. *1* Spaventarsi, davanti a un'ombra o per altro motivo, detto di animali, spec. cavalli. *2* (*fig.*) Insospettirsi, turbarsi, detto di persona: *l'uomo si adombrò al ricordo.*

†adonàre [fr. *s'adonner* 'sottomettersi', dal lat. **addonāre*, da *dōnum* 'dono'] **A** v. tr. (*io adóno*) ● (*lett.*) Abbattere, prostrare, accasciare. **B** v. intr. pron. ● (*lett.*) Abbattersi, piegarsi: *nostra virtù che di legger s'adona* (DANTE *Purg.* XI, 19).

adóne [vc. dotta, lat. *Adōne(m)*, n. del giovinetto amato da Venere per la sua straordinaria bellezza] s. m. ● Giovane molto bello: *credersi un a.*

†adonestàre o **†aonestàre** [comp. di *ad-* e *onesto*] v. tr. ● Rendere onesto in apparenza: *Cesare non avrebbe potuto ... a. la sua tirannide* (MACHIAVELLI).

adònide [vc. dotta, gr. *ádonis*, genit. *adónidos*. V. *adone*] s. f. ● Pianta erbacea delle Ranuncolacee con fusto eretto, foglie alterne divise in lacinie filiformi, fiori terminali gialli o rossi, grandi e solitari, usata in farmacologia (*Adonis vernalis*).

adònio [lat. *adonĭu(m)*, dal n. di *Adone* che veniva invocato in questi versi] s. m. ● Verso greco e latino di cinque sillabe.

adontaménto s. m. ● (*lett.*) Atto, effetto dell'adontare e dell'adontarsi.

adontàre [comp. di *ad-* e *onta*] **A** v. tr. (*io adónto*) ● †Fare onta, offendere. **B** v. intr. pron. ● Sdegnarsi, risentirsi: *non adontarti per così poco.*

adoperàbile o **adopràbile**. agg. ● Che si può adoperare.

adoperàre o **adopràre** [lat. mediev. *adoperāre*, comp. di *ăd* e *ŏpera* 'opera'] **A** v. tr. (*io adòpero*) ● Mettere in opera, usare: *a. mani e cervello; a. lo strumento adatto allo scopo.* SIN. Impiegare. **B** v. intr. ● †Operare, agire: *Eunoè si chiama, e non adopra / se quinci e quindi pria non è gustato* (DANTE *Purg.* XXVIII, 131-132). **C** v. rifl. ● Occuparsi, impegnarsi, darsi da fare: *a. in favore dei poveri.* SIN. Affaccendarsi, ingegnarsi.

adopràre e *deriv.* ● V. *adoperare* e *deriv.*

adoràbile [vc. dotta, lat. tardo *adorābile(m)*, da *adorāre* 'adorare'] agg. ● Che è degno di essere adorato | (*est.*) Di persona o cosa particolarmente cara e gradita: *bambina, creatura, a.; ninnolo a.; maniere adorabili.* CONTR. Detestabile. || **adorabilménte**, avv.

adorabilità s. f. ● Qualità di chi, di ciò che è adorabile.

adorànte part. pres. di *adorare*; anche agg. ● Nei sign. del v.

adoràre [lat. *adorāre*, comp. di *ăd* e *orāre* 'pregare'] **A** v. tr. (*io adóro*) *1* Prestar culto di adorazione alla divinità: *a. Dio* | Venerare. *2* (*est.*) Fare oggetto di devozione, amare con trasporto: *a. la propria madre* | Provare passione, entusiasmo per q.c.: *a. la musica.* CONTR. Detestare. **B** v. intr. (aus. *avere*) ● †Pregare: *adora per color che sono in terra* (DANTE *Par.* XVIII, 125).

adoratóre [vc. dotta, lat. tardo *adoratōre(m)*, da *adorāre* 'adorare'] s. m. (f. *-trice*) *1* Chi adora | *Adoratrici perpetue*, suore cattoliche votate alla perpetua adorazione del SS. Sacramento. SIN. Sacramentine. *2* (*scherz.*) Corteggiatore, ammiratore: *quella ragazza è circondata di adoratori.*

†adoratòrio s. m. ● Luogo in cui si adoravano

gli idoli.

adorazióne [vc. dotta, lat. *adoratiōne(m)*, da *adorāre* 'adorare'] s. f. **1** Atto di riverenza verso la divinità, con il quale se ne riconosce la superiorità e si afferma la propria dipendenza da essa | *Essere, stare in a.*, (*est.*) in ammirazione estatica di qc., di q.c. | Sentimento corrispondente a tale atto | Nelle religioni antiche, cerimonia nella quale il fedele si prostrava dinanzi alla statua del dio e ne baciava il piede. **2** Nella teologia cattolica, forma del culto di latria dovuto a Dio, a Gesù Cristo, all'Eucaristia e alla Croce | *A. perpetua*, culto di latria del SS. Sacramento nelle Quarantore | Atto di inchinarsi al papa. **3** (*est.*) Amore sviscerato: *ha una a. per quel bambino*.

adòreo [vc. dotta, lat. *adōreu(m)* 'spelta, grano' di etim. incerta] agg. ● (*raro*) Fatto di grano, di farro.

†**adorezzàre** [comp. di *ad-* e *orezzo*] v. intr. impers. ● (*lett.*) Esserci rezzo, ombra.

adornàbile agg. ● Che si può adornare.

adornaménto s. m. ● Abbellimento, ornamento | Decorazione.

adornàre [lat. *adornāre*, comp. di *ăd* e *ornāre* 'ornare'] **A** v. tr. (*io adórno*) ● Fare più bello, ornare: *a. la casa con fiori*; *i Medici adornarono Firenze di monumenti*. **B** v. rifl. ● Farsi bello, vestirsi con cura: *adornarsi per la cerimonia*, *per la festa*.

adornàto **A** part. pass. di *adornare*; anche agg. ● Nei sign. del v. || **adornataménte**, avv. In modo ornato. **B** s. m. ● †Ornamento.

adornatóre agg.; anche s. m. (f. *-trice*) ● Che, chi adorna.

†**adornézza** s. f. ● Bellezza ornata, leggiadria: *vedrai / di sì alti miracoli a.* (DANTE).

adórno **A** agg. ● Adornato, ornato, decorato (*anche fig.*): *palazzo a. di ricchi fregi*; *vita adorna di bontà* | (*est., lett.*) Leggiadro: *ed andarò cercando il viso a.* (BOIARDO). **B** s. m. ● (*raro, lett.*) Ornamento.

†**a dòsso** ● V. *addosso*.

adottàbile [vc. dotta, lat. tardo *adoptābile(m)* 'desiderabile', da *adoptāre*. V. *adottare*] agg. ● Che si può adottare.

adottabilità s. f. ● Possibilità di venire adottato: *stato di a.*

adottaménto s. m. ● (*raro, lett.*) Adozione.

adottàndo [vc. dotta, lat. *adoptăndu(m)*, gerundio di *adoptāre* 'adottare'] **A** s. m. (f. *-a*) ● (*dir.*) La persona a cui, mediante adozione, si vuole attribuire la posizione simile a quella di figlio: *consenso dell'a.* **B** anche agg.: *soggetto a.*

adottànte **A** part. pres. di *adottare*; anche agg. ● Nei sign. del v. **B** s. m. e f. ● (*dir.*) Colui che, mediante adozione, attribuisce la posizione di figlio a chi è stato generato da altri: *la patria potestà sull'adottato spetta all'a.*

adottàre [lat. *adoptāre*, comp. di *ăd* e *optāre* 'scegliere'] v. tr. (*io adòtto*) **1** Attribuire, nei limiti e nelle forme di legge, la posizione di figlio a chi è stato procreato da altri: *a. due fanciulli*. **2** (*fig.*) Accettare, ammettere, fare proprio: *a. una severa regola di vita, un nuovo metodo di lavoro* | Prendere, attuare: *a. un provvedimento disciplinare*.

adottàto **A** part. pass. di *adottare*; anche agg. ● Nei sign. del v. **B** s. m. (f. *-a*) ● Colui al quale viene attribuita la posizione di figlio mediante adozione.

adottatóre [vc. dotta, lat. tardo *adoptatōre(m)*, da *adoptāre* 'adottare'] s. m. (f. *-trice*) ● (*raro*) Chi adotta.

adottìvo [vc. dotta, lat. *adoptīvu(m)*, da *adoptāre* 'adottare'] agg. **1** Che è divenuto tale mediante adozione: *figlio, padre a.* | *Filiazione adottiva*, rapporto giuridico tra genitori e figli adottivi. **2** (*fig.*) Di elezione: *patria adottiva*; *nome a.* **3** †Di ramo che cresce negli alberi innestati.

adòxa [gr. *ádoxos* 'senza gloria', per i fiori poco appariscenti, comp. di *a-* (*1*) e *dóxa* 'fama'] s. f. ● Pianta erbacea delle Adoxacee con rizoma strisciante, foglie radicali e piccoli fiori verdi con profumo di muschio (*Adoxa moschatellina*). SIN. Erba fumaria, ranuncolino muschiato.

Adoxàcee s. f. pl. ● Nella tassonomia vegetale, famiglia di piante erbacee rizomatose delle Rubiali, cui appartiene l'adoxa (*Adoxaceae*) | (al sing. *-a*) Ogni individuo di tale famiglia.

adozianìṣmo e *deriv.* ● V. *adozionismo* e *deriv.*

adozióne [vc. dotta, lat. *adoptiōne(m)*, comp. di *ăd* e *ŏptio* 'scelta'] s. f. **1** Complesso degli atti legali che attribuisce, a chi è stato generato da altri, una posizione uguale o simile a quella di figlio legittimo | *A. dei minori*, che attribuisce la posizione di figlio legittimo a chi è stato generato da altri e fa cessare ogni rapporto giuridico con la famiglia di origine. **2** Scelta: *l'a. dei libri di testo* | *Paese, patria d'a.*, di elezione, non di nascita | Attuazione: *a. di un provvedimento disciplinare*.

adozionìṣmo o **adozianìṣmo** [da *adozione*] s. m. ● Dottrina trinitaria di numerose correnti eretiche cristiane del II e del III sec., secondo cui fra il Padre e il Figlio, considerato soltanto uomo, sussiste un rapporto di adozione, avendo il Padre assunto il Cristo come figlio per i meriti speciali di lui.

adozionista o **adozianista** s. m. (pl. *-i*). ● Scrittore o eretico seguace dell'adozionismo.

ad personam /*lat.* ad per'sɔnam/ [lat. 'alla persona'] loc. agg. ● Detto di cariche, titoli, privilegi e sim. che si riferiscono esclusivamente a una determinata persona, e non si possono quindi trasferire ad altri | (*est.*) Detto di ciò che riguarda esclusivamente una persona: *assegno, trattamento ad personam*.

ad quem /*lat.* ad 'kwɛm/ [lat., 'al quale, prima del quale'] loc. agg. inv. ● Si dice, spec. nel linguaggio giuridico o storico, per qualificare un punto di riferimento finale: *anno ad quem* | (*dir.*) *Giudice ad quem*, giudice competente a conoscere dell'impugnazione o di una causa già pendente avanti ad altro giudice.

adragànte o **dragànte** (**2**) [etim. incerta] **A** agg. ● Nella loc. *gomma a.*, mucillagine che trasuda dai fusti e dai rami di piante appartenenti ad alcune specie di astragalo, usata nell'industria farmaceutica e conciaria. **B** s. f. ● Gomma adragante.

adrematrìce [dal ted. *Adre(sse) Ma(schine)* 'macchina per indirizzi'] s. f. ● Macchina per la riproduzione di indirizzi su targhette metalliche, fascette, buste e sim.

adremista [dal n. brevettato *adre(sse) ma(chine)* 'macchina per indirizzi'] s. m. e f. (pl. m. *-i*) ● Impiegato che riproduce indirizzi su targhette metalliche, stampandoli poi su fascette e sim.

adrenàle [comp. di *ăd* 'presso' e *rene*] agg. ● (*anat.*) Che si trova in prossimità del rene: *organo a.*

adrenalina [da *renale*] s. f. ● (*chim.*) Ormone prodotto dalla parte midollare della ghiandola surrenale, particolarmente attivo su pressione arteriosa, battito cardiaco e ventilazione polmonare; è un importante regolatore del metabolismo glucidico e lipidico | *Avere una scarica di a.*, subire un'immissione dell'ormone nel sangue, a causa di un'emozione (*anche fig.*). SIN. Epinefrina.

adrenèrgico [comp. di *adren(alina)* e di un deriv. dal gr. *érgon* 'lavoro, attività'] agg. (pl. m. *-ci*) **1** (*fisiol.*) Di, relativo ad adrenalina. **2** Che viene stimolato per mezzo dell'adrenalina o di altre catecolamine: *trasmissione adrenergica*.

adrenocorticòtropo [comp. del lat. *ăd-* 'presso', di *rene*, del lat. *cŏrtex*, genit. *cŏrticis* 'corteccia', e di *-tropo*] agg. ● (*biol.*) Detto di ormone che agisce sulla corteccia surrenale | *Ormone a.*, corticotropina.

adressàrio [dal fr. *adresse* 'indirizzo'] s. m. ● Raccolta, elenco di indirizzi.

adrìaco [vc. dotta, lat. *Hadrĭacu(m)*, nom. *Hadrĭacus*, dal gr. *Adriakós*, agg. di *Adría* 'Adria'] agg. (pl. m. *-ci*) ● (*lett.*) Adriatico: *a specchio de l'a. mare* (CARDUCCI).

adriàtico [vc. dotta, lat. *Hadriātĭcu(m)*, nom. *Hadriātĭcus*, dal gr. *Adriatikós*, agg. di *Adría* 'Adria'] **A** agg. (pl. m. *-ci*) ● Detto di quella parte del Mediterraneo racchiusa fra le coste centro-settentrionali della penisola italiana e della penisola balcanica: *mare a.* | (*est.*) Proprio di questo mare: *coste adriatiche*. **B** anche s. m.: *le coste dell'Adriatico*.

adròma [dal gr. *hadrós* 'abbondante, denso' di origine indeur.] s. m. (pl. *-i*) ● (*bot.*) Xilema.

adróne o **hadróne** [dal gr. *hadrós* 'forte, duro, spesso' (di origine indeur.), sul modello di *elettrone*] s. m. ● (*fis.*) Ogni particella elementare soggetta a interazione forte.

adsorbènte **A** part. pres. di *adsorbire*; anche agg. ● Nei sign. del v. **B** s. m. ● Sostanza non digeribile usata come protettivo e carminativo in affezioni gastro-intestinali.

adsorbiménto s. m. **1** Atto, effetto dell'adsorbire. **2** (*miner.*) Capacità della superficie dei cristalli di attirare particelle materiali estranee.

adsorbìre [V. *assorbire*] v. tr. (*io adsorbìsco, tu adsorbìsci*) ● (*fis., chim.*) Fissare le molecole di un fluido sullo strato superficiale di un solido o di un liquido con cui è in contatto.

adstràto o **astràto** [dal lat. *ăd* 'presso', sul modello di *substrato*] s. m. ● (*ling.*) Influenza reciproca esercitata da lingue in contatto.

adùggere [lat. *adūrere* 'bruciare', comp. di *ăd* e *ūrere* 'bruciare'. V. *urente*] v. tr. (dif. usato solo nella terza pers. sing. del pres. indic. *adùgge*) ● (*lett.*) Inaridire (*anche fig.*): *come balen che le campagne adugge* (METASTASIO).

†**aduggiaménto** [da *aduggiare*] s. m. ● Ombra nociva | (*fig*) Fastidio.

aduggiàre o †**auggiàre** [comp. di *ad-* e *uggia*] **A** v. tr. (*io adùggio*) **1** (*lett.*) Coprire d'ombra. **2** (*fig., lett.*) Nuocere, opprimere, inaridire, per presenza dannosa e invadente: *Io fui radice de la mala pianta / che la terra cristiana tutta aduggia* (DANTE *Purg.* XX, 43-44). **B** v. intr. pron. ● (*lett.*) Inaridirsi (*anche fig.*)

†**adugnàre** ● V. †*augnare*.

adulàbile [vc. dotta, lat. *adulābile(m)*, da *adulāre*] agg. ● Che si può adulare, che si lascia adulare: *una persona a.*

adulàre [vc. dotta, lat. *adulāri*, di etim. incerta] **A** v. tr. (*io adùlo* o (*evit.*) *àdulo*) ● Lodare eccessivamente per compiacenza, interesse, bassezza d'animo e sim.: *a. qc. per averne i favori*; *a. la vanità di qc.* SIN. Blandire, incensare, lusingare, piaggiare. **B** v. rifl. ● Tenersi in maggior considerazione del dovuto. SIN. Illudersi, lusingarsi.

adulària [dalle Alpi dell'*Adula* ove fu scoperta] s. f. ● (*miner.*) Varietà di ortoclasio in cristalli limpidi e incolori.

adulatóre [vc. dotta, lat. *adulatōre(m)*, da *adulāri* 'adulare'] s. m.; anche agg. (f. *-trice*, raro *-tora*) ● Chi, che adula o lusinga. SIN. Piaggiatore.

adulatòrio [vc. dotta, lat. *adulatōriu(m)*, da *adulāri* 'adulare'] agg. ● Che serve ad adulare: *comportamento a.*; *cose iperboliche e adulatorie assai* (CAMPANELLA). SIN. Servile. || **adulatoriaménte**, avv..

adulazióne [vc. dotta, lat. *adulatiōne(m)*, da *adulāri* 'adulare'] s. f. ● Atto e modo dell'adulare | Espediente che serve ad adulare: *la sua lettera non è altro che una sfacciata a.* SIN. Piaggeria, servilismo.

adulteràbile agg. ● Che si può adulterare.

adulteraménto s. m. ● Atto, effetto dell'adulterare.

adulterànte **A** part. pres. di *adulterare*; anche agg. ● Nei sign. del v. **B** s. m. ● Sostanza che, aggiunta ad altre, ne adultera la composizione: *un a. del burro*.

adulteràre o †**avolteràre** [vc. dotta, lat. *adulterāre*, comp. di *ăd* e *alterāre* 'alterare'] **A** v. tr. (*io adùltero*) **1** Alterare, spec. a scopo di lucro, una sostanza, con l'aggiunta di sostanze simili spec. di minor pregio e sovente nocive: *a. il burro, il vino*. SIN. Sofisticare. **2** (*fig.*) Corrompere, guastare: *adultera tutto ciò che tocca*; *a. la lingua natia*. **3** †Indurre a commettere adulterio. **B** v. intr. (aus. *avere*) ● †Commettere adulterio.

adulteràto part. pass. di *adulterare*; anche agg. ● Nei sign. del v.

adulteratóre o †**avolteratóre** [vc. dotta, lat. tardo *adulteratōre(m)*, da *adulterāre* 'adulterare'] s. m.; anche agg. (f. *-trice*) **1** Chi, che adultera (*anche fig.*): *a. di merci, di alimenti*; *a. della parola divina*. **2** †Chi commette o fa commettere adulterio.

adulterazióne [vc. dotta, lat. *adulteratiōne(m)*, da *adulterāre* 'adulterare'] s. f. ● Atto, effetto dell'adulterare.

adulterìno o †**avolterìno** [vc. dotta, lat. *adulterīnu(m)*, da *adŭlter* 'adultero'] agg. **1** Che deriva da adulterio: *figlio a.*; *relazione adulterina*. **2** †Falso, fittizio.

adultèrio o †**adultèro** [vc. dotta, lat. *adultĕriu(m)*, da *adŭlter* 'adultero'] s. m. **1** Violazione dell'obbligo di fedeltà coniugale. **2** (*lett.*) Tresca, amore illecito o contro natura | Fornicazione.

adùltero [vc. dotta, lat. *adŭlteru(m)*, da *adulterāre* 'adulterare'] agg.; anche s. m. (f. *-a*) ● Che, chi com-

mette adulterio: *marito a.*
adùlto [vc. dotta, lat. *adŭltu(m)*, part. pass. di *adolēscere*. V. *adolescente*] **A** agg. *1* Di persona che è nella piena maturità fisica, psichica e sessuale. *2* Di pianta o animale giunto allo stadio definitivo dello sviluppo e capace di riprodursi. *3* (*fig.*) Sviluppato, maturo: *ingegno, stile a.* **B** s. m. (f. *-a*) ● Persona adulta | Uomo fatto.
adunàbile agg. ● Che si può adunare.
adunaménto s. m. ● Atto, effetto dell'adunare e dell'adunarsi.
adunànza o †**agunànza** [da *adunare*] s. f. *1* Riunione, assemblea: *a. del condominio; tenere un'a.; a. plenaria, collegiale.* *2* (*est.*, *raro*) Raccolta di cose. *3* †Associazione.
adunàre o †**agunàre**, †**aunàre** [lat. tardo *adunāre*, comp. di *ăd* e *ūnum* 'uno'] **A** v. tr. ● Raccogliere, mettere insieme, radunare: *a. le forze; a. gli amici* | Contenere, comprendere: *questo volume aduna tutti i suoi scritti.* **B** v. intr. pron. ● Riunirsi, raccogliersi (*anche fig.*): *adunarsi in piazza per la manifestazione; quel silenzio ... in cui s'adunavano tante forme estinte* (D'ANNUNZIO).
adunàta A s. f. *1* (*mil.*) Riunione ordinata dei militari che compongono un reparto, o di più reparti insieme, con comando a voce o segnale di tromba: *fare l'a.* | Il comando e il segnale stesso: *suonare l'a.* *2* (*est.*) Riunione di molte persone: *partecipare, essere presente, intervenire, a un'a.; a. oceanica.* **B** in funzione di inter. ● Si usa come comando per effettuare un'adunata militare: *a.!*
adunatóre [vc. dotta, lat. tardo *adunatrīce(m)*, da *adunāre* 'adunare'] s. m.; anche agg. (f. *-trice*) ● Chi, che aduna o riunisce | (*lett.*) *A. di nembi*, Giove pluvio.
†**adunazióne** [vc. dotta, lat. tardo *adunatiōne(m)*, da *adunāre* 'adunare'] s. f. ● Adunamento, assemblea.
adùnco [lat. *adŭncu(m)*, comp. di *ăd* e *ŭncus* 'uncino'] agg. (pl. m. *-chi*) ● Piegato in punta, uncinato: *becco, naso a.*
adunghiàre o †**aunghiàre** [comp. di *ad-* e *unghia*] v. tr. (*io adùnghio*) ● Afferrare con le unghie o con gli artigli: *il gatto adunghia il topo* | (*est.*) Afferrare saldamente: *adunghiò il piatto; lo adunghiarono per un braccio.*
adùnque cong. ● (*lett.*) Dunque.
adușàre o †**aușàre** [lat. parl. **adusāre*, comp. di *ăd* e *ūsus* 'abitudine'] **A** v. tr. *1* (*lett.*) Assuefare, abituare, avvezzare. *2* †Frequentare. **B** v. rifl. ● (*raro, lett.*) Abituarsi, avvezzarsi: *adusarsi alle fatiche.*
adușàto part. pass. di *adusare*; anche agg. *1* (*lett.*) Nei sign. del v. *2* Consueto, solito.
adùșo [da *adusato*, sul modello di *uso* (*1*)] agg. ● (*lett.*) Abituato, avvezzo: *non sono a. a frequentare simile gente.*
†**adustézza** s. f. ● (*raro*) Secchezza, aridità.
†**adustióne** [vc. dotta, lat. *adustiōne(m)*, da *adŭstus* 'adusto'] s. f. ● Bruciatura, aridità.
adùsto [vc. dotta, lat. *adŭstu(m)*, part. pass. di *adūrere*, comp. di *ăd* e *ūrere* 'bruciare'] agg. *1* Inaridito, arso dal sole o dal fuoco: *pianta adusta.* *2* Magro, asciutto, detto spec. della persona o delle parti del corpo: *uomini adusti; viso a.*
ad usum Delphini /*lat.* a'd uzum del'fini/ [lat., 'ad uso del Delfino', cioè del primogenito del re di Francia i cui libri scolastici erano espurgati e adattati] loc. agg. ● Detto d'ogni libro espurgato e gener. di qualsiasi cosa modificata secondo interessi di parte.
ad valorem /*lat.* ad va'lɔrem/ [lat., 'secondo il valore'] loc. agg. ● Di tributo computato in base al valore del bene considerato: *dazio ad valorem.*
advertisement /*ingl.* əd'və:tismənt, *ingl. amer.* ædvər'taizmənt/ [vc. ingl., da *to advertise* 'fare pubblicità'] s. m. inv. ● Annuncio economico, pubblicitario. SIN. Inserzione.
advertising /adver'taizin(g), *ingl.* 'ædvətaiziŋ/ [vc. ingl., da *to advertise* 'fare pubblicità'] s. m. inv. ● Attività pubblicitaria relativa a beni o servizi, tendente a incrementare la domanda da parte del pubblico. SIN. Pubblicità.
adynaton /*gr.* a'dynaton/ [gr. *adýnaton* 'cosa impossibile'] s. m. (pl. gr. *adynata*) ● (*ling.*) Figura retorica che consiste nel mettere in relazione l'impossibilità dell'avverarsi di un fatto con un altro di per sé assurdo: *quando avrò queto il core, asciutti gli occhi, / vedrem ghiacciare il foco, arder la neve* (PETRARCA).
aèdo [vc. dotta, gr. *aoidós* 'cantore', da *aéidō* 'io canto'] s. m. *1* Cantore epico della Grecia antica. *2* (*est.*) Poeta, vate.
aeràggio [fr. *aérage*, dal lat. *āer* 'aria (1)'] s. m. ● Aerazione.
aeraménto o **aereaménto**. s. m. ● Aerazione del mosto.
aeràre o (*raro*) **aereàre**, (*evit.*) **areàre**. v. tr. (*io àero*) *1* Dare aria, ventilare, arieggiare: *a. una cantina.* *2* (*agr.*) Estrarre da un prato carote di terra allo scopo di migliorare il drenaggio e favorire lo sviluppo radicale delle erbe.
aeràto part. pass. di *aerare*; anche agg. *1* Nei sign. del v. *2* Impregnato d'aria, di gas.
aeratóre o (*raro*) **aereatóre** s. m. ● Dispositivo che dà aria ad ambienti o ad apparecchi.
aerazióne o (*raro*) **aereazióne**. s. f. *1* Atto, effetto dell'aerare. *2* In varie tecnologie, immissione di aeriformi in sostanze o prodotti vari: *impianto di a.* | *A. del mosto*, a base d'aria, per favorirne la fermentazione | *Zona di a.*, parte superficiale di un terreno non compatto, in cui può circolare aria.
àere (**1**) [vc. dotta, lat. *āera*, nom. *āer*, dal gr. *aḗr*, da avvicinare ad *áēmi* 'io soffio'] s. m., †f. ● (*poet.*) Aria, atmosfera: *a. sacro, sereno / ove Amor co' begli occhi il cor m'aperse* (PETRARCA) | Cielo | Clima, temperatura.
†**àere** (**2**) [fr. *air*, propriamente 'aria'] s. m. o f. ● (*lett.*) Indole, natura | Aspetto del volto.
àere- ● V. *aero-* (*1*).
aereàre e *deriv.* ● V. *aerare* e *deriv.*
aereifórme ● V. *aeriforme.*
aèreo (**1**) [vc. dotta, lat. *aĕreu(m)*, da *āer* 'aria (1)'] **A** agg. *1* Di aria, composto di aria: *gli spazi aerei* | (*est.*) Lieve, leggero: *veli aerei; aeree danze* | (*fig.*) Inconsistente, senza fondamento: *discorsi aerei.* *2* (*est.*) Che vive e si sviluppa al di fuori della terra: *radici aeree.* *3* Che si leva nell'aria; che va per l'aria o in essa: *animale a.; apparecchio a.; mezzi militari aerei; flotta, posta, navigazione, guerra aerea* | *Difesa aerea*, misure e predisposizioni per contrastare i mezzi aerei avversari | (*est., lett.*) Elevato: *le aeree cime; un ... colonnato / d'aerei pioppi* (PASCOLI). **B** s. m. ● Antenna esterna di un apparecchio radio trasmittente o ricevente | *A. filante*, antenna per radio, usata spec. sugli aeromobili e consistente in un filo metallico, che è fatto filare, cioè scorrere fuori, durante il volo.
aèreo (**2**) s. m. ● Acrt. di aeromobile, spec. aeroplano, idrovolante e sim.: *a. a elica, a reazione; a. supersonico; a. civile, da turismo, militare* | *A. madre*, aereo attrezzato per trasportare ad alta quota e sganciarvi un aeromobile incapace di decollare con i suoi mezzi. ➡ ILL. p. 1758-1759 TRASPORTI.
aèreo- ● V. *aero-* (*2*).
aereòlito ● V. *aerolito.*
aereonavàle ● V. *aeronavale.*
àeri- ● V. *aero-* (*1*).
aerìcolo [comp. di *aeri-* e *-colo*] agg. ● Detto di organismo vegetale o animale che vive nell'ambiente terrestre o aereo, in contrapposizione ad acquicolo.
aerìfero [comp. di *aeri-* (*1*) e *-fero*] agg. ● Che favorisce il passaggio dell'aria: *tubi aeriferi* | (*bot.*) *Tessuto a.*, tessuto parenchimatico vegetale ricco di spazi intercellulari che permettono il passaggio dell'aria.
aerifórme o (*raro*) **aereifórme** [comp. di *aeri-* e *-forme*] **A** agg. ● Che è allo stato gassoso: *sostanza a.* **B** s. m. ● Gas.
aerìno [vc. dotta, gr. *aérinos* 'aereo, limpido come l'aria'] agg. ● (*lett.*) Che ha il colore o la leggerezza dell'aria: *Oltre il muro / si sfioccano, aerine, le ghirlande / dei carpini ...* (MONTALE).
àero- (**1**) o **aere-**, **àeri-**, (*evit.*) **àreo-** [dal gr. *aḗr* 'aria (1)'] primo elemento ● In parole composte della terminologia scientifica significa 'aria': *aerofagia, aerometro.*
àero- (**2**) o **aèreo-**, (*evit.*) **àreo-** [V. *aero-* (*1*)] primo elemento ● In parole composte è accorciamento di *aeronautica, aeromobile*, o fa riferimento all'aeronautica: *aeroporto, aeronavale.*
aeroambulanza [comp. di *aero-* (*2*) e *ambulanza*] s. f. ● Aereo di soccorso attrezzato per il trasporto e le cure più urgenti dei malati e dei feriti.
aeròbica [da *aerobico*, cioè con grande consumo d'ossigeno] s. f. ● Ginnastica basata su movimenti compiuti a tempo di musica e coordinati col ritmo respiratorio.
aeròbico agg. (pl. m. *-ci*) *1* Relativo ad aerobiosi: *processo a.* *2* Relativo all'aerobica.
aeròbio [comp. di *aero-* (*1*) e *-bio*] **A** s. m. ● (*biol.*) Organismo che, per vivere, ha bisogno di assumere ossigeno libero dall'ambiente. **B** anche agg.: *batteri aerobi.*
aerobiologìa [comp. di *aero-* (*1*) e *biologia*] s. f. ● (*biol.*) Scienza che si occupa dei materiali biologici, come polline, virus, spore, presenti nell'atmosfera, del loro trasporto e dei loro effetti.
aerobiòși [comp. di *aero-* (*1*) e gr. *bíōsis* 'condotta di vita', da *bíos* 'vita'. V. *bio-*] s. f. ● (*biol.*) Vita in presenza di aria. CONTR. Anaerobiosi.
aerobrigàta [comp. di *aero-* (*2*) e *brigata*] s. f. ● Unità organica dell'aeronautica militare comprendente più stormi.
àerobus o **aèrobus** s. m. ● Adattamento di *airbus* (V.).
aerocartografìa [comp. di *aero-* (*2*) e *cartografia*] s. f. ● Tecnica di costruzione di una carta geografica mediante fotografie prese dall'aereo.
aerocèntro [comp. di *aero-* (*2*) e *centro*] s. m. ● Luogo nel quale si concentrano gli aeromobili, le officine, i depositi e i materiali necessari per i voli e per la manutenzione.
aerocinematografìa [comp. di *aero-* (*2*) e *cinematografia*] s. f. ● Ripresa cinematografica compiuta con apparecchiature installate a bordo di velivoli.
aerocistèrna [comp. di *aero-* (*2*) e *cisterna*] s. f. ● Aereo, generalmente di grande capienza, il cui carico è costituito soltanto da combustibile, per trasferirlo da un luogo a un altro o rifornirne in volo altri aerei.
aeroclùb /aero'klub, *semi-ingl.* 'aero'klʌb/ [comp. di *aero-* (*2*) e *club*] s. m. ● Associazione che promuove lo sviluppo del volo civile, da turismo e sportivo.
aerodìna o **aerodìne** [ingl. *aerodyne*, comp. di *aero-* (*2*) e gr. *dýnamis* 'forza'] s. f. ● Aeromobile che trae la propria sostentazione da forze prevalentemente aerodinamiche.
aerodinàmica [ingl. *aerodynamics*. V. *aero-* (*1*) e *dinamica*] s. f. ● Scienza che studia il moto dei fluidi gassosi e le azioni reciproche fra i corpi e detti fluidi.
aerodinamicità [comp. di *aero-* (*1*) e *dinamicità*] s. f. ● Insieme delle qualità aerodinamiche di un corpo.
aerodinàmico A agg. (pl. m. *-ci*) *1* Pertinente all'aerodinamica | Che genera, o dipende da, azioni aerodinamiche | *Corpo a.*, di forma tale da offrire piccola resistenza all'aria. *2* (*est.*) Di foggia slanciata: *linea aerodinamica.* **B** s. m. ● Chi si occupa o è esperto di aerodinamica. || **aerodinamicaménte**, avv. (*raro*) Per quanto concerne l'aerodinamica.
aerodìne ● V. *aerodina.*
aeròdromo o (*evit.*) **aerodròmo** [fr. *aérodrome*, comp. di *aero-* (*2*) e del gr. *drómos* 'corsa'] s. m. *1* Aeroporto. *2* (*raro*) Luogo ove gareggiavano aeroplani.
aeroelettrònica [comp. di *aero-* (*2*) ed *elettronica*] s. f. ● Avionica.
aerofagìa [comp. di *aero-* (*1*) e *-fagia*] s. f. (pl. *-gie*) ● (*med.*) Ingestione di aria nell'atto della deglutizione.
aerofàro [comp. di *aero-* (*2*) e *faro*] s. m. ● Luce aeronautica di superficie, visibile da tutte le direzioni, continua o intermittente, per indicare un particolare punto al suolo.
aerofìșica [comp. di *aero-* (*2*) e *fisica*] s. f. ● Branca della fisica che studia la concezione e la costruzione di aerei e di altri apparecchi aerodinamici.
aeròfito [comp. di *aero-* (*1*) e *-fito*] agg. ● (*bot.*) Detto di pianta che vive senza radici nel terreno, utilizzando l'aria umida della foresta pluviale.
aerofobìa [comp. di *aero-* (*1*) e *-fobia*] s. f. ●

(*med.*) Insofferenza del contatto dell'aria mossa sulla pelle.

aerofonista s. m. e f. (pl. m. *-i*) ● Addetto all'aerofono.

aeròfono [comp. di *aero-* (*1*) e *-fono*] s. m. **1** Apparecchio per ascoltare il suono, che permette di determinarne la direzione di provenienza. **2** (*spec. al pl.*) Strumenti musicali che hanno come corpo sonoro una colonna d'aria.

aeròforo [comp. di *aero-* (*1*) e *-foro*] s. m. ● Apparecchio per aerare un ambiente sommerso o mancante di aria respirabile.

aerofotografìa [comp. di *aero-* (*2*) e *fotografia*] s. f. ● Tecnica dei fotogrammi aerei da ottenere con apparecchi fotografici installati a bordo di velivoli | Fotografia ottenuta.

aerofotogràmma [comp. di *aero-* (*2*) e *fotogramma*] s. m. (pl. *-i*) ● Fotografia ottenuta con una camera aerofotogrammetrica a scopo di ricognizione, o per rilievi fotogrammetrici.

aerofotogrammetrìa [comp. di *aero-* (*2*) e *fotogrammetria*] s. f. **1** Rilevamento fotogrammetrico ripreso dall'aereo. **2** Parte della fotogrammetria che studia tale rilevamento e la relativa restituzione.

aerofotogrammètrico agg. (pl. m. *-ci*) ● Relativo ad aerofotogrammetria.

aerogeneratóre [comp. di *aero-* (*1*) e *generatore*] s. m. ● (*tecnol.*) Apparecchio che trasforma l'energia eolica in energia elettrica.

aerogètto [comp. di *aero-* (*2*) e *getto* (*2*)] s. m. ● (*aer.*) Aeroreattore.

aerogìro [comp. di *aero-* (*2*) e *giro*] s. m. ● Aerodina che trae la propria sostentazione da uno o più rotori.

aerografìa [comp. di *aero-* (*1*) e *-grafia*] s. f. ● Studio dell'aria atmosferica | Parte della geofisica che si occupa dell'aria e delle varie e molteplici funzioni che questa compie nell'economia della natura.

aerografista o **areografista** s. m. (pl. *-i*) ● Verniciatore o decoratore che si serve dell'aerografo.

aerògrafo o **areògrafo** [comp. di *aero-* (*1*) e *-grafo*] s. m. ● Apparecchio ad aria compressa per spruzzare vernice o altre sostanze liquide finemente polverizzate su di una superficie.

aerogràmma [comp. di *aero-* (*2*) e *-gramma*] s. m. (pl. *-i*) ● Cartolina o biglietto postale con affrancatura prestampata per l'invio mediante posta aerea | Busta affrancata con francobolli e trasportata per via aerea.

aerolìnea [comp. di *aero-* (*2*) e *linea*] s. f. ● Linea aerea | Impresa di aerotrasporti che fa aeroservizi: *a. locale, regionale, interna, internazionale.*

aerolìtico agg. (pl. m. *-ci*) ● (*raro*) Attinente agli aeroliti.

aeròlito o (*evit.*) **aerolito**, **aereòlito** [comp. di *aero-* (*1*) e *-lito*] s. m. ● Meteorite costituito prevalentemente da silicati.

aerologìa [comp. di *aero-* (*1*) e *-logia*] s. f. (pl. *-gie*) ● Studio delle condizioni degli strati atmosferici più elevati | (*raro, est.*) Studio dell'atmosfera in tutto il suo spessore.

aerologista s. m. (pl. *-i*) ● Aerologo.

aeròlogo [comp. di *aero-* (*1*) e *-logo*] s. m. (pl. *-gi*) ● Specialista di aerologia.

aeromànte [vc. dotta, lat. *aeromànte*(*m*), nom. *aeromăntis*, comp. di *aero-* (*1*) e del gr. *mántis* 'indovino'] s. m. ● Chi esercita l'aeromanzia.

aeromanzìa [vc. dotta, lat. tardo *aeromantīa*(*m*), comp. di *aero-* (*1*) e del gr. *mantéia* 'divinazione'] s. f. ● Arte di indovinare e predire il futuro osservando i fenomeni atmosferici.

aeromarittimo [comp. di *aero-* (*2*) e *marittimo*] agg. ● Detto di attività aerea che si svolge sul mare | *Soccorso a.*, servizio svolto mediante aerei per il salvataggio di naufraghi, l'assistenza a navi in avaria e sim.

aeromeccànica [comp. di *aero-* (*1*) e *meccanica*] s. f. ● (*fis.*) Ramo della meccanica che studia la statica e la dinamica degli aeriformi.

aerometrìa [comp. di *aero-* (*1*) e *-metria*] s. f. ● Determinazione della densità dei gas.

aeròmetro [comp. di *aero-* (*1*) e *-metro*] s. m. ● Densimetro per gas | Areometro per gas.

aeromòbile [comp. di *aero-* (*2*) e *mobile*] s. m. ● Veicolo capace di sostenersi e muoversi nell'aria | *A. a sostentazione statica*, aerostato | *A. a sostentazione dinamica*, aerodina | *A. a gettosostentazione*, si differenzia dal missile e dal veicolo spaziale che possono andare oltre l'atmosfera.

aeromodellìsmo [comp. di *aero-* (*2*) e *modellismo*] s. m. ● Tecnica e attività che riguardano gli aeromodelli.

aeromodellista s. m. e f. (pl. m. *-i*) ● Chi si occupa di aeromodellismo.

aeromodellìstica s. f. ● Aeromodellismo.

aeromodèllo [comp. di *aero-* (*2*) e *modello*] s. m. ● Piccolo aereo costruito spec. per diletto, capace di volare, con o senza motore, di ideazione originale o che riproduce in scala un aereo vero.

aeromòto [comp. di *aero-* (*1*) e *moto*] s. m. ● Violento spostamento d'aria per ripercussione di un terremoto o di una forte esplosione.

aeromotóre [comp. di *aero-* (*1*) e *motore*] s. m. ● Motore a vento.

aeronàuta [comp. di *aero-* (*1*) e del gr. *náutēs* 'navigante'] s. m. e f. (pl. m. *-i*) ● Navigatore aereo con aerostato | (*est., gener.*) Chi pilota un aeromobile.

aeronàutica o (*evit.*) **areonàutica** [da *aeronauta*] s. f. **1** Scienza, tecnica e attività relative alla costruzione e all'impiego degli aeromobili, comprendente l'aerostatica e l'aviazione | *A. civile, militare*, corpo civile o militare addetto alla navigazione aerea. **2** Complesso di enti e persone che si occupano dell'attività aerea | Azione aerea. SIN. Aviazione.

aeronàutico agg. (pl. m. *-ci*) ● Relativo all'aeronautica: *ingegneria, industria, Arma aeronautica* | *Accademia a.*, istituto per la preparazione teorica e pratica degli ufficiali piloti dell'Aeronautica Militare. ‖ **aeronauticaménte** avv. Per quanto riguarda l'aeronautica.

aeronavàle o **aereonavàle** [comp. di *aero-* (*2*) e *navale*] agg. ● Detto di attività a cui partecipano mezzi aerei e navali: *battaglia, manovra, operazione, spedizione a.*

aeronàve [comp. di *aero-* (*2*) e *nave*] s. f. ● Dirigibile | Astronave.

aeronavigazióne [comp. di *aero*(*plano*) e *navigazione*] s. f. ● Navigazione aerea.

aeronomìa [comp. di *aero-* (*1*) e *-nomia*] s. f. ● (*geofis.*) Branca della geofisica che studia l'alta atmosfera, e in particolare la composizione e i movimenti dei gas che la costituiscono e il suo irraggiamento di calore.

aeropénna [comp. di *aero*(*grafo*) e *penna*] s. f. ● Aerografo di piccole dimensioni usato per il ritocco di fotografie, lavori di grafica, pittura e sim.

aeroplàno o (*evit.*) **areoplàno** [fr. *aéroplane*, comp. di *aéro-* 'aero- (2)' e un secondo elemento (*-plane*) che indica forma piana] s. m. ● Velivolo a motore capace di sostenersi e circolare nell'atmosfera, dopo essere partito ed essersi alzato in velocità su idonee superfici solide, mediante ruote, pattini, sci e sim. ‖ **aeroplanino**, dim. | **aeroplanóne**, accr.

aeropònica [da *aero-* (*1*), sul modello di *idroponica*] s. f. ● Sistema di coltivazione delle piante che consiste nell'inserire l'apparato radicale in tubi vuoti, alimentandolo poi con soluzioni nutritive.

aeropòrto o (*evit.*) **areopòrto** [comp. di *aero-* (*2*) e *porto*] s. m. ● Area di terreno o d'acqua predisposta e attrezzata in modo che vi possano partire o arrivare aerei, comprendente mezzi di rifornimento, ricovero, manutenzione e sim.: *a. civile, militare, misto.* SIN. (*raro*) Aerodromo | Correntemente, campo d'aviazione. ➡ ILL. p. 1760 TRASPORTI.

aeroportuàle agg. ● Di, relativo a, aeroporto: *attrezzature aeroportuali.*

aeropòsta [comp. di *aero-* (*2*) e *posta*] s. f. ● Posta aerea, cioè trasportata per mezzo di aerei.

aeropostàle **A** agg. ● Di, relativo ad, aeroposta. **B** s. m. ● Aereo adibito al trasporto della posta.

aeroràzzo [comp. di *aero-* (*2*) e *razzo* (*2*)] s. m. ● Velivolo che utilizza, come unico propulsore, un motore a razzo.

aeroreattóre [comp. di *aero-* (*2*) e *reattore*] s. m. ● Reattore che accelera le masse d'aria che lo attraversano. SIN. Aerogetto.

aerorifornimé nto [comp. di *aero-* (*2*) e *rifornimento*] s. m. **1** Rifornimento di viveri o materiali vari compiuto mediante aerei, che lanciano i carichi o con paracadute o con galleggianti. **2** Rifornimento di carburante compiuto tra un aereo e l'altro durante il volo.

aerorimèssa [comp. di *aero-* (*2*) e *rimessa*] s. f. ● Locale chiuso per il ricovero di aerei.

aerorimorchiatóre [comp. di *aero-* (*2*) e *rimorchiatore*] s. m. ● Aereo previsto o utilizzato per rimorchiare spec. alianti od oggetti vari quali strisciони, maniche, bersagli e sim., e anche veicoli di superficie.

aerorimòrchio s. m. ● (*aer.*) Aeromobile trainato da un aerorimorchiatore | Aerotraino.

aerosbàrco [comp. di *aero-* (*2*) e *sbarco*] s. m. (pl. *-chi*) ● Operazione militare di sbarco da aerei e alianti da trasporto.

aeroscàlo [comp. di *aero-* (*2*) e *scalo*] s. m. ● Aeroporto per dirigibili | In un aeroporto, scalo per aeroplani, luogo dove possono sostare, rifornirsi di carburante e sim., sbarcare e imbarcare carichi, e sim.

aeroscivolànte [comp. di *aero-* (*1*) e *scivolante*] agg.; anche s. m. ● (*mar.*) Hovercraft.

aeroscòpio [comp. di *aero-* (*1*) e *-scopio*] s. m. ● Strumento per l'osservazione dei fenomeni atmosferici | Strumento per il prelievo e l'analisi del pulviscolo atmosferico.

aeroservìzio [comp. di *aero-* (*2*) e *servizio*] s. m. ● (*aer.*) Servizio di trasporto pubblico effettuato con aerei.

aerosfèra [vc. dotta, comp. di *aero-* (*1*) e *sfera*] s. f. **1** (*geofis.*) Involucro gassoso che attornia i corpi celesti e tra essi la Terra, comprendente l'atmosfera e i gas più rarefatti esterni a questa. **2** Correntemente, atmosfera terrestre.

aerosiluràn te [comp. di *aero-* (*2*) e *silurante*] **A** agg. ● Detto di ciò che può colpire dall'aria mediante siluri: *mezzo a.* **B** s. m. ● Aereo atto a tale scopo | Pilota di tale aereo.

aerosilùro [comp. di *aero-* (*2*) e *siluro*] s. m. ● Siluro lanciato da un aereo.

aeróso [dal lat. *āer* 'aria'] agg. **1** (*lett.*) Aereo, arioso. **2** (*fig.*) Lieve, disinvolto: *aerosa dolcezza di movimenti* (CASTIGLIONE).

aerosoccórso [comp. di *aero-* (*2*) e *soccorso*] s. m. ● Soccorso praticato con mezzi aerei, spec. elicotteri.

aerosòl o (*raro*) **aerosòle** [comp. di *aero-* (*1*) e *sol*(*uzione*)] s. m. (pl. *aerosòl* o *aerosòli*) **1** Sospensione colloidale di particelle solide o liquide in un gas, usata come forma di impiego di farmaci, insetticidi e sim. **2** (*est.*) Contenitore auto-dispensatore di prodotto confezionato sotto pressione, dotato di erogatore spray e di una valvola.

aerosolterapìa [comp. di *aerosol* e *-terapia*] s. f. ● Cura mediante aerosol.

aerosostentazióne [comp. di *aero-* (*1*) e *sostentazione*] s. f. ● (*aer.*) Sostentazione dovuta a forze aerostatiche o aerodinamiche.

aerospaziàle [comp. di *aero-* (*1*) e *spaziale*] agg. ● Relativo allo spazio atmosferico e a quello extratmosferico: *industria, ingegneria a.*

aerospàzio [comp. di *aero-* (*1*) e *spazio*] s. m. ● Spazio aereo.

aerostàtica [fr. *aérostatique*, comp. di *aero-* (*1*) e del gr. *statikós* 'atto a pesare'] s. f. **1** Parte dell'aeromeccanica che studia le leggi della quiete relativa degli aeriformi. **2** Tecnica e attività relative alla costruzione e all'impiego degli aerostati.

aerostàtico agg. (pl. m. *-ci*) **1** Relativo all'aerostatica o agli aerostati | *Spinta aerostatica*, nome dato alla spinta di Archimede quando è esercitata da un aeriforme | Di corpo che si libra nell'aria in virtù della spinta aerostatica: *pallone a.* **2** (*raro, fig.*) Vuoto, vano.

aeròstato [fr. *aérostat*, comp. di *aero-* (*1*) e del gr. *statós* 'che sta'] s. m. ● Aeromobile che trae la propria sostentazione spec. dalla spinta d'Archimede.

aerostazióne [comp. di *aero-* (*2*) e *stazione*] s. f. ● Luogo appositamente attrezzato dove si smistano passeggeri, posta, merci, trasportati con mezzi aerei: *a. aeroportuale* | *A. urbana*, air-terminal.

aerostière [fr. *aérostier*. V. *aerostato*] s. m. ● Addetto alla condotta o al servizio a terra o in volo di aerostati.

aerotassì ● V. *aerotaxi*.

aerotàxi o **aerotaxì, aerotassì** [comp. di *aero-* (*2*) e *taxi*] s. m. • Aereo di piccole dimensioni per il trasporto di passeggeri su distanze limitate.

aerotècnica [comp. di *aero-* (*1*) e *tecnica*] s. f. • Tecnica concernente lo studio, la costruzione e l'impiego di ogni mezzo atto al volo in conformità dei principi dell'aerodinamica.

aeroterapìa [comp. di *aero-* (*1*) e *terapia*] s. f. • Cura mediante apparecchi ad aria compressa o rarefatta | Cura climatica.

aerotèrmo [comp. di *aero-* (*1*) e *-termo*] s. m. • Apparecchio di riscaldamento ad aria calda, con radiatori riscaldati elettricamente o a vapore o ad acqua calda, e ventilatore per immettere l'aria nel locale da riscaldare. SIN. Termoventilatore.

aeroterrèstre [comp. di *aero-* (*1*) e *terrestre*] agg. • (*mil.*) Di aria e di terra: *mezzi aeroterrestri* | Che riguarda sia mezzi aerei che terrestri: *operazione a.*

aerotrainàre [comp. di *aero-* (*2*) e *trainare*] v. tr. (*io aerotràino*) • (*aer.*) Trainare aerei o corpi in volo con mezzi aerei.

aerotràino [comp. di *aero-* (*2*) e *traino*] s. m. • (*aer.*) Operazione dell'aerotrainare | Aerotreno | Aerorimorchio.

aerotrasportàre [comp. di *aero-* (*2*) e *trasportare*] v. tr. (*io aerotraspòrto*) • Trasportare con mezzi aerei, spec. truppe, mezzi militari e sim.

aerotrasportàto part. pass. di *aerotrasportare*; anche agg. • Nei sign. del v.

aerotraspòrto [comp. di *aero-* (*2*) e *trasporto*] s. m. • Trasporto aereo. SIN. Aviotrasporto.

aerotrèno s. m. *1* (*ferr.*) Veicolo ferroviario a cuscino d'aria, spinto a propulsione da eliche o motori elettrici lineari nella marcia ad alta velocità, da ruote pneumatiche in quella a bassa velocità. *2* (*aer.*) Insieme formato da un aerorimorchiatore e da uno o più aerorimorchi, oltre a eventuali altri oggetti quali striscioni, bersagli e sim. SIN. Aerotraino.

aerotropìṣmo [comp. di *aero-* (*1*) e *tropismo*] s. m. • (*biol.*) Particolare tipo di chemiotropismo, dovuto alla pressione parziale di ossigeno, che induce curvature nei vegetali.

aeroturbìna [comp. di *aero-* (*1*) e *turbina*] s. f. • (*tecnol.*) Turbina che trasforma l'energia eolica in energia elettrica.

aeroturìṣmo [comp. di *aero-* (*2*) e *turismo*] s. m. • Turismo praticato con aerei privati.

aerovìa [comp. di *aero-* (*2*) e *via*] s. f. • Corridoio largo circa 20 km delimitato e servito da particolari radioassistenze per facilitare l'aeronavigazione.

àfa [vc. onomat. per indicare l'aprire e chiudere della bocca o il respiro affannoso, o forse dal gr. *aphḗ* 'l'azione di accendere'] s. f. *1* Aria greve, calda, soffocante. *2* (*fig., tosc.*) Noia, fastidio.

àfaca o **àffaca** [gr. *aphákē* 'veccia'] s. f. • Pianta erbacea delle Papilionacee con foglie trasformate in cirri, stipole grandi e fiori di color giallo (*Lathyrus aphaca*). SIN. Fiorgalletto, mullaghera.

afachìa [comp. di *a-* (*1*), del gr. *phakê* 'lenticchia' e del suff. *-ia*] s. f. • (*med.*) Assenza del cristallino dell'occhio; può essere congenita o conseguente a traumatismo o intervento chirurgico.

afàchico agg. (pl. m. *-ci*) • (*med.*) Detto di individuo che ha l'occhio privo del cristallino.

afagìa [comp. di *a-* (*1*) e *-fagia*] s. f. (pl. *-gie*) • (*med.*) Incapacità di deglutire.

afanite [dal gr. *aphanḗs* 'oscuro', comp. di *a-* (*1*) e *pháinō* 'io appaio'] s. f. • (*miner.*) Pietra di paragone a grana fine per saggiare l'oro.

afanìtico [da *afanite*] agg. (pl. m. *-ci*) • (*miner.*) Detto di roccia che ha struttura finissima e compatta.

Afanìtteri [comp. del gr. *aphanḗs* 'invisibile', da *pháinein* 'apparire' (V. *fenomeno*), col pref. *a-* (*1*) e *-ttero*] s. m. pl. • Nella tassonomia animale, ordine di Insetti piccoli, privi di ali con apparato boccale pungitore e succhiatore, cui appartiene la pulce (*Aphaniptera*) | (al sing. *-o*) Ogni individuo di tale ordine.

afaṣìa [vc. dotta, gr. *aphasía*, comp. di *a-* (*1*) e *phásis* 'voce'] s. f. *1* (*med.*) Perdita parziale o totale della capacità di esprimere o comprendere le parole. *2* Nella filosofia scettica, atteggiamento di chi, ritenendo inconoscibile la realtà, si astiene da ogni giudizio e sospende il proprio assenso.

afàṣico A agg. (pl. m. *-ci*) • (*med.*) Di afasia: *disturbo a.* | Affetto da afasia: *malato a.* B s. m. (f. *-a*; pl. m. *-ci*) • Chi è affetto da afasia.

afàto [da *afa*] agg. *1* (*raro*) Che non è maturato bene per il caldo eccessivo: *frutti afati*. *2* (*est.*) Macilento, stentato.

afebbrile [comp. di *a-* (*1*) e *febbrile*] agg. • (*med.*) Detto di processo morboso che non presenta febbre: *raffreddore, influenza a.* CFR. Apiretico.

afèlico o **afeliaco** agg. (pl. m. *-ci*) • (*astron.*) Dell'afelio.

afèlio [comp. del gr. *apó* 'lontano' e *hḗlios* 'sole'] A s. m. • (*astron.*) Il punto più lontano dal Sole nell'orbita che un corpo descrive intorno ad esso. CONTR. Perielio. B anche agg.: *punto a.*; *distanza afelia.*

afèreṣi [vc. dotta, lat. tardo *aphaeresi(m)*, nom. *aphaeresis*, dal gr. *apháiresis*, comp. di *apó* 'via' e *áiresis* 'presa'] s. f. *1* (*ling.*) Caduta di una vocale o di una sillaba all'inizio di parola: *vertù che 'ntorno i fiori apra et rinove* (PETRARCA). *2* Gioco di enigmistica consistente nel trovare, dalle indicazioni date, due parole di cui la seconda è ottenuta dalla prima per aferesi. *3* (*med.*) Operazione con cui si asporta una parte del corpo | *A. del sangue*, tecnica trasfusionale mediante la quale si separa e trattiene uno o più componenti del sangue (plasma, leucociti, piastrine ecc.) e si ritrasfonde il rimanente al donatore. *4* Nell'antica legislazione greca, diritto del padre o, in mancanza, di un parente prossimo, di sciogliere il matrimonio della figlia.

aferètico agg. (pl. m. *-ci*) • (*ling.*) Di aferesi | Che ha subito un'aferesi.

affàbile [vc. dotta, lat. *affābile(m)* 'persona con cui si può parlare', da *fāri* 'parlare'] agg. • Che parla o ascolta o si comporta in modo amabile e cordiale: è *persona molto a.* | (*est.*) Cortese, gentile: *viso, espressione a.*; *modi affabili*. || **affabilménte**, avv.

affabilità [vc. dotta, lat. *affabilitāte(m)*, da *affābilis*. V. *affabile*] s. f. • Piacevolezza e cortesia nel parlare e nel trattare: *la sua a. è proverbiale.*

affabulàre [vc. formata sul lat. *fābula* 'favola, narrazione'] v. tr. (*io affàbulo*) • (*letter.*) Presentare dei fatti in forma di favola, di azione scenica, e sim. | (*est.*) Narrare, rappresentare.

affabulatóre s. m. (f. *-trice*) • Chi affabula | (*est.*) Abile narratore, persuasore.

affabulatòrio agg. • Di affabulazione, tendente all'affabulazione: *discorso, scritto a.*

affabulazióne [vc. dotta, lat. tardo *affabulatiōne(m)* 'morale della favola', comp. parasintetico di *fābula* 'favola', col pref. *ăd-* usato con sign. aggiuntivo] s. f. • (*letter.*) L'intreccio dei fatti che costituiscono la trama di un romanzo, un racconto e, in genere, di un'opera di immaginazione.

àffaca • V. *afaca*.

affaccendaménto s. m. • Atto, effetto dell'affaccendarsi.

affaccendàre [comp. di *a-* (*2*) e *faccenda*] A v. tr. (*io affaccèndo*) • (*raro*) Dare da fare, impegnare in un'attività: *il trasloco mi ha molto affaccendato.* B v. rifl. • Occuparsi con premura di q.c.: *affaccendarsi intorno alle pentole* | Muoversi in faccende, anche con ostentazione. SIN. Adoperarsi, affannarsi.

affaccendàto part. pass. di *affaccendare*; anche agg. • Nei sign. del v.

affaccettàre [comp. di *a-* (*2*) e *faccetta*] v. tr. (*io affaccétto*) • (*raro*) Faccettare, sfaccettare.

affacchinàre [comp. di *a-* (*2*) e *facchino*] A v. tr. • (*raro*) Sottoporre a un lavoro molto gravoso. B v. rifl. • Lavorare come un facchino.

affacciàre [comp. di *a-* (*2*) e *faccia*] A v. tr. (*io affàccio*) *1* Mostrare, far vedere, spec. da una finestra, da una porta e sim.: *affacciò il malato al balcone*; *affacciò il viso fra i battenti*. *2* (*fig.*) Mettere avanti, presentare: *a. un dubbio, una difficoltà*. SIN. Avanzare, presentare, prospettare. B v. rifl. *1* Farsi avanti con la faccia o una parte della persona: *affacciarsi alla porta, alla finestra, allo specchio*. *2* (*fig.*) Presentarsi: *affacciarsi alla vita, al mondo* | Venire in mente: *le si affacciò un'idea*.

affacciàto part. pass. di *affacciare*; anche agg. • Nei sign. del v.

affàccio s. m. • (*fam.*) La vista che si gode da un balcone, una terrazza e sim.

affagottàre [comp. di *a-* (*2*) e *fagotto*] A v. tr. (*io affagòtto*) • Fare un fagotto: *affagottò tutte le sue cose* | (*fig.*) Avvolgere come un fagotto: *quell'abito ti affagotta*. B v. rifl. • Vestirsi male.

affagottàto part. pass. di *affagottare*; anche agg. *1* Nei sign. del v. *2* (*raro, fig.*) Confuso, disordinato: *idee affagottate*.

affaire /fr. aˈfɛr/ [fr., s. f., 'affare'] s. m. o f. inv. (pl. *affaires*) • Avvenimento di risonanza notevole spec. con gravi implicazioni politiche o sociali.

†**affaitàrsi** [ant. fr. *affaitier*, da *fait* 'fatto'] v. intr. pron. *1* (*raro*) Adornarsi soverchiamente. *2* Conformarsi.

affaldàre [comp. di *a-* (*2*) e *falda*] A v. tr. (*io affàldo*) • †Mettere una falda sopra l'altra | Ripiegare | Sovrapporre. B v. rifl. • Ridursi a falde | (*fig.*) Raggrinzarsi.

affaldellàre [comp. di *a-* (*2*) e *faldella*] v. tr. (*io affaldèllo*) • (*raro*) Ridurre in faldelle, sfaldellare.

affamàre [comp. di *a-* (*2*) e *fame*] A v. tr. *1* Far patire la fame, ridurre alla fame: *a. una città, un popolo*. *2* (*fig.*) †Suscitare desideri. B v. intr. (aus. *essere*) • †Avere fame | (*fig.*) †Desiderare ardentemente.

affamàto A part. pass. di *affamare*; anche agg. *1* Nei sign. del v. *2* Famelico | Bramoso. || **affamataménte**, avv. (*raro*) In modo affamato. B s. m. (f. *-a*) • Chi ha fame | (*est.*) Povero, miserabile. || **affamatèllo**, dim. | **affamaticcio**, dim. | **affamatùccio, affamatùzzo**, dim.

affamatóre s. m. (f. *-trice*) • Chi affama.

†**affamigliàrsi** [comp. di *a-* (*2*) e *famiglia*] v. rifl. • Farsi una famiglia, metter su famiglia.

affannaménto s. m. • Atto, effetto dell'affannare o dell'affannarsi.

affannàre [provz. ant. *afanar*, di etim. incerta] A v. tr. • Dare affanno: *un sussulto le affannò il respiro* | (*fig.*) Procurare dolore, pena, e sim. B v. intr. e rifl. (aus. *essere*, †*avere*) *1* Patire affanno, difficoltà di respiro: *nel salire le scale affannava*. SIN. Ansimare. *2* (*fig.*) Agitarsi, preoccuparsi, affaticarsi: *non affannarti tanto per noi*; *si affanna per un nonnulla*.

affannàto part. pass. di *affannare*; anche agg. *1* Nei sign. del v. *2* Ansante. *3* (*fig.*) Pieno d'affanni. || **affannataménte**, avv. Con affanno.

affannatóre agg.; anche s. m. (f. *-trice*) • (*raro*) Che, chi, ciò che procura affanno.

affànno [ant. provz. *afan*, da *afanar* 'affannare'] s. m. *1* Difficoltà e concitata frequenza di respiro, per malattia, emozione, fatica, e sim.: *è una salita che procura l'a.* *2* (*fig.*) Stato ansioso, pena, preoccupazione: *dare, recare a.*; *vivere, stare in a.*; *prendersi a. per q.c.*; *dolci affanni / della mia prima età* (LEOPARDI). SIN. Ambascia, ansia. CONTR. Calma, serenità. *3* (*lett.*) Pesante fatica, travaglio. *4* (*raro*) Danno, disgrazia.

affannóne s. m. (f. *-a*) • Chi si affanna molto in faccende. SIN. Faccendone.

affannóso agg. *1* Che ha affanno: *respiro a.* | Che dà affanno, faticoso, difficile: *caldo a.*; *salita affannosa*. *2* (*fig.*) Che provoca pena, ansia, dolore: *esistenza, ricerca affannosa*. || **affannosaménte**, avv. Con affanno.

affantocciàre [comp. di *a-* (*2*) e *fantoccio*] v. tr. (*io affantòccio*) • (*raro*) Legare a guisa di fantoccio i tralci o i ramoscelli.

affaràccio s. m. *1* Pegg. di *affare*. *2* Faccenda, fatto, avvenimento e sim. particolarmente difficile o disgraziato.

affardellaménto s. m. *1* Atto, modo, effetto dell'affardellare. *2* Complesso degli oggetti e degli indumenti contenuti nello zaino del soldato.

affardellàre [comp. parasintetico di *fardello* col pref. *a-* (*2*)] v. tr. (*io affardèllo*) *1* Riunire e legare tra di loro più oggetti | (*raro, est.*) Mettere insieme alla rinfusa. *2* (*mil.*) Disporre ordinatamente ciò che il soldato porta al seguito durante i trasferimenti di sede o al campo: *a. lo zaino*.

affàre [dalla loc. (*avere*) *a fare*, prob. sul modello del fr. *affaire*] s. m. *1* Cosa da fare, faccenda, incombenza, di interesse materiale: *sbrigare, rimandare un a.*; *è un a. urgente, importante, difficile*; *affari pubblici, privati, di Stato* | *A. di Stato*, (*iron.*) cosa cui si dà troppa importanza | *Affari* *esteri*, relazioni di uno Stato con gli altri Stati | *Affari ecclesiastici*, relazioni tra lo Stato e la Chiesa. **2** Operazione commerciale o finanziaria condotta a scopo di lucro: *un grosso a.*; *se l'a. va bene ne trarremo ottimi guadagni*; *mettersi in affari* | (*per anton.*) *È un a.*, una buona occasione di guadagno | Interesse, contratto commerciale | *Banca d'affari*, istituto di credito mobiliare che controlla un certo numero d'aziende. **3** (*dir.*) Questione di cui si tratta in giudizio: *ruolo generale degli affari contenziosi* | Correntemente, processo spec. di vasta risonanza, a sfondo scandalistico, con gravi implicazioni sociali e sim.: *l'a. Dreyfus*. **4** (*fam.*) Cosa, faccenda, che non si sa o non si vuole precisare: *un a. di comune interesse*; *un a. serio, importante, da poco* | *È un brutto a.*, *affar serio*, di situazione particolarmente difficile | (*antifr.*) *Che bell'a.!*, escl. indicante contrarietà, biasimo, cruccio e sim. | *È affar mio, tuo*, ecc., è cosa riguardante solo me, te, ecc. | *Farsi gli affari propri*, occuparsi solo di sé stessi, senza interessarsi degli altri. **5** (*fam.*) Oggetto non ben identificato, aggeggio: *a che serve quell'a. che hai in mano?* **6** Condizione sociale, importanza: *essere di alto, di basso, di grande a.* | *Gente di mal a.*, che conduce vita turpe, disonesta | *Donna di mal a.*, prostituta | *Casa di mal a.*, postribolo; v. anche *malaffare*. || **affaràccio**, pegg. (V.) | **affarétto**, dim. | **affarino**, dim. | **affaróne**, accr. (V.) | **affarùccio**, dim.

affario s. m. ● (*raro*) Affaccendamento confuso e agitato.

affarismo s. m. ● Mentalità, attività dell'affarista.

affarista s. m. e f. (pl. m. *-i*) ● Chi cerca e fa affari per guadagnare in tutti i modi, anche senza scrupoli.

affaristico agg. (pl. m. *-ci*) ● Relativo agli affari o all'affarista.

affaróne s. m. **1** Accr. di *affare*. **2** Affare molto vantaggioso.

†**affàrsi** [comp. di *a-* (2) e *fare*] v. intr. pron. (oggi dif. coniug. come *fare*, usato solo nelle terze pers. sing., raro nelle terze pers. pl. del pres. e imperf. indic. e dell'imperf. congv.) ● (*lett.*) Addirsi, confarsi: *s'affà alla sua natura* | Adattarsi.

affasciàre [comp. di *a-* (2) e *fascio*] v. tr. (*io affàscio*) **1** *A. una pianta*, eseguirne l'affasciatura. **2** †Raccogliere, legare in fascio | Affastellare.

affasciatùra s. f. ● Riunione a fascio dei rami legnosi delle piante fruttifere e dei tralci della vite allevata ad alberello per limitarne lo sviluppo. SIN. Aggraffatura.

affascinaménto [da *affascinare* (*1*)] s. m. ● Atto, effetto dell'affascinare.

affascinànte part. pres. di *affascinare* (*1*); anche agg. ● Nei sign. del v.

affascinàre (**1**) [comp. di *a-* (2) e *fascino*] v. tr. (*io affàscino*) **1** Attrarre, incantare col fascino: *Circe affascinò Ulisse*. **2** (*fig.*) Sedurre: *a. una donna, un uomo*; *le sue parole lo affascinarono*. **3** (*raro*) Illudere: *a. la mente, l'anima, il giudizio*.

affascinàre (**2**) [comp. di *a-* (2) e *fascina*] v. tr. (io affascino) ● Raccogliere, legare in fascine | Affastellare.

affascinatóre [da *affascinare* (*1*)] s. m.; anche agg. (f. *-trice*) ● Chi, che affascina.

affascinazióne s. f. ● (*raro*) Malia, fascino: *le perverse affascinazioni di invidiosi occhi* (SANNAZARO).

affastellaménto s. m. **1** Atto, effetto dell'affastellare. **2** Mucchio, ammasso confuso (*anche fig.*): *un a. di parole, di frasi*.

affastellàre [comp. di *a-* (2) e *fastello*] v. tr. (*io affastèllo*) **1** Raccogliere, legare in fastelli: *a. legna, fieno, erbe*. **2** Mettere insieme alla rinfusa (*anche fig.*): *a. libri su un tavolo*; *a. frasi, citazioni, bugie*. **3** (*ass., fig.*) Affrettare confusamente la recitazione.

affastellàto part. pass. di *affastellare*; anche agg. **1** Nei sign. del v. **2** Fascicolato.

affastellio s. m. ● Affastellamento continuo.

affaticaménto s. m. ● Atto, effetto dell'affaticare o dell'affaticarsi.

affaticànte part. pres. di *affaticare*; anche agg. **1** Nei sign. del v. **2** Di persona disposta ad affaticarsi.

affaticàre [comp. di *a-* (2) e *fatica*] **A** v. tr. (*io affatico, tu affatichi*) **1** Procurare fatica, stanchezza: *è un lavoro che affatica la mente*. SIN. Stancare. **2** †*a. il terreno*, depauperarlo per eccessivo sfruttamento. SIN. Spossare. **B** v. rifl. **1** Darsi pena, briga: *affaticarsi per tirare avanti*; *affaticarsi intorno a un argomento*. SIN. Adoperarsi, affannarsi. **2** Sottoporsi a fatica, stancarsi: *affaticarsi a lavorare, a studiare*.

affaticàto part. pass. di *affaticare*; anche agg. ● Nei sign. del v.

affàtto [comp. di *ad* e *fatto*] avv. **1** Interamente, del tutto, in tutto, per tutto: *è a. privo di malizia*; *punti di vista a. diversi*; *la quale* (*storia*), *se non v'è dispiaciuta a., vogliatene bene a chi l'ha scritta* (MANZONI) | Con valore raff.: *È una persona tutt'a. straordinaria*. **2** Con valore raff. in una negazione: *non ho a. sonno*, per nulla; *niente a.* | (*ass.*) Nulla, per nulla, no, mai, nelle risposte negative: *'hai freddo?' 'a.!'*.

affattucchiàre [v. *fattucchiere*] v. tr. (*io affattùcchio*) ● (*pop., raro*) Fare malefici, fatture.

affatturaménto s. m. ● Atto, effetto dell'affatturare.

affatturàre [comp. di *a-* (2) e *fatturare*] v. tr. **1** Sottoporre a una fattura, a una stregoneria. **2** (*est.*) Manipolare, adulterare cibi e bevande.

affatturatóre s. m. (f. *-trice*) ● Chi procura o fa fatture.

affatturazióne s. f. ● Stregoneria | Alterazione.

†**affazzonaménto** s. m. ● Abbellimento | Belletto.

†**affazzonàre** [V. *raffazzonare*] v. tr. ● Abbellire, adornare, acconciare.

†**affé** [comp. di *ad* e *fé* 'fede'] inter. ● Sulla fede, in fede, in verità (con affermazione energica, come giurando): *a. che questa volta la protezione non vale* (GOLDONI); *a. di Dio*; *a. di Bacco*; *a. mia* | Oggi usato in tono scherz.

afferènte [vc. dotta, lat. *afferĕnte(m)*, part. pres. di *affĕrre*, comp. di *ăd* e *fĕrre* 'portare'] agg. **1** (*anat.*) Di qualsiasi organo che ha capacità di conduzione verso una parte del corpo: *ansa, nervo, vaso a.* **2** Che riguarda, concerne q.c., spec. usato nel linguaggio giuridico: *questione a. l'ammissibilità in giudizio di un'azione*; *a. al contratto*.

afferènza [vc. dotta, dal lat. *afferĕn(tem)* (V. *afferente*) col suff. *-enza*] s. f. ● (*anat.*) Struttura anatomica come nervo, vaso sanguigno e sim., che conduce segnali o fluidi verso una parte del corpo.

afferire [vc. dotta, lat. *affĕrre*; V. *afferente*] v. intr. (aus. *avere*) ● (*raro, bur.*) Riguardare, concernere, attenere.

affermàbile agg. ● Che si può affermare.

affermàre [lat. *affirmāre*, comp. di *ăd* e *firmāre* 'assicurare'] **A** v. tr. (*io afférmo*) **1** Dare per certo, dichiarare esplicitamente: *a. la propria innocenza, le proprie intenzioni*. SIN. Asserire, attestare, sostenere. **2** (*ass.*) Dire di sì, confermare: *gli chiese se usciva ed egli affermò*; *a. col capo, con un cenno*. CONTR. Negare. **3** (*lett.*) Sostenere: *a. una proposta, un diritto*. **4** †Rafforzare, rendere saldo. **B** v. rifl. **1** Prendere forza, imporsi, conquistare un successo: *affermarsi in una gara*. **2** Acquistare largo credito e notorietà: *quell'ideologia, quella moda, quello spettacolo, si sono ben presto affermati*.

affermativa s. f. ● Affermazione.

affermativo [vc. dotta, lat. tardo *affirmatīvu(m)*, da *affirmāre* 'affermare'] agg. ● Che serve ad affermare: *gesto, cenno a.* | *Particella affermativa*, che esprime l'affermazione. CONTR. Negativo. || **affermativaménte**, avv.

affermàto part. pass. di *affermare*; anche agg. **1** Nei sign. del v. **2** Che ha raggiunto la notorietà, il successo, nell'ambito della propria attività: *un professionista a.*; *come cantante è ormai affermata*; *una marca affermata sul mercato*.

affermatóre [vc. dotta, lat. tardo *affirmatōre(m)*, da *affirmāre* 'affermare'] s. m.; anche agg. (f. *-trice*) ● Chi, che afferma.

affermazióne [vc. dotta, lat. *affirmatiōne(m)*, da *affirmāre* 'affermare'] s. f. **1** Atto dell'affermare | Proposizione affermativa. SIN. Asserzione. **2** Successo, vittoria: *è stata una grande a. della nostra squadra*.

afferràbile agg. ● Che si può afferrare.

afferràre [lat. parl. **afferrāre*, da *fĕrrum* 'ferro, spada' (?)] **A** v. tr. (*io affèrro*) **1** Prendere e tenere stretto con forza: *a. una spada*; *a. qc. per un lembo della giacca, per una manica, per i capelli*. **2** (*fig.*) Saper profittare di una circostanza favorevole: *a. l'occasione, l'opportunità, il momento*. SIN. Cogliere. **3** (*fig.*) Comprendere bene il significato di q.c.: *a. un'idea, una parola, un concetto, un pensiero, una spiegazione*; *non riuscì ad a. quello che dicevano*. SIN. Capire. **4** (*lett.*) Colpire col ferro. **B** v. rifl. ● Attaccarsi con forza: *afferrarsi alle sporgenze di una roccia, a un cespuglio* | Appigliarsi (*anche fig.*): *afferrarsi a un'illusione, a una scusa*.

affertilire [comp. di *a-* (2) e *fertile*] v. tr. (*io affertilisco, tu affertilisci*) ● (*raro*) Rendere fertile.

†**affettaménto** (**1**) [da *affettare* (*1*)] s. m. ● Affettazione.

†**affettaménto** (**2**) [da *affettare* (*2*)] s. m. ● Atto, effetto dell'affettare.

affettàre (**1**) [lat. *affectāre*, da *afficere*, comp. di *ăd* e *făcere* 'fare'] v. tr. (*io affètto*) **1** Mostrare con ostentazione sentimenti e qualità: *a. indifferenza, nobiltà d'animo* | Far mostra, simulare: *affettava di guardare con insistenza la ricca collana* (VERGA). SIN. Ostentare. **2** †Desiderare.

affettàre (**2**) [comp. di *a-* (2) e *fetta*] **A** v. tr. (*io affétto*) **1** Tagliare a fette: *a. il pane, il salame* | (*fig.*) *Buio, nebbia da a.*, molto densi. **2** (*iperb.*) Fare a pezzi, trucidare. **B** v. intr. pron. ● Tagliuzzarsi, detto dei panni bruciati dalla tinta o di biancheria vecchia che si recide sulle pieghe.

affettàto (**1**) part. pass. di *affettare* (*1*); anche agg. **1** Nei sign. del v. **2** Lezioso, studiato, pieno di affettazione. || **affettatùzzo**, dim. || **affettataménte**, avv. Con ostentazione.

affettàto (**2**) **A** part. pass. di *affettare* (*2*); anche agg. ● Nei sign. del v. **B** s. m. ● Salame, prosciutto o altro insaccato tagliato a fette: *due etti di a.*

affettatóre (**1**) [vc. dotta, lat. da *affectāre* 'affettare (1)'] s. m.; anche agg. (f. *-trice*) ● Chi, che finge qualità che non ha. SIN. Simulatore.

affettatóre (**2**) [da *affettare* (*2*)] s. m. (f. *-trice*) ● Chi, ciò che, taglia a fette | *A. dell'aria*, smargiasso.

affettatrice s. f. ● Macchina a mano o elettrica per affettare salumi e sim.

†**affettatùra** (**1**) [da *affettato* (*1*)] s. f. ● Affettazione.

affettatùra (**2**) [da *affettare* (*2*)] s. f. ● Atto, effetto dell'affettare.

affettazióne [vc. dotta, lat. *affectatiōne(m)*, da *affectāre* 'affettare (1)'] s. f. ● Mancanza di naturalezza, comportamento artificioso: *comportarsi, parlare, scrivere con a.*; *a. di modi, di parole, di stile*. SIN. Leziosaggine, ostentazione, ricercatezza, sussiego.

affettività s. f. **1** Attitudine e capacità affettiva. **2** (*psicol.*) Sfera dei sentimenti e delle reazioni emotive.

affettivo agg. **1** Che si riferisce all'affetto, che deriva da affetto: *inclinazione affettiva*; *sentimento a.* **2** Che riguarda l'affettività. **3** Che prova facilmente affetto: *carattere, temperamento a.* SIN. Affettuoso. **4** Detto di elemento linguistico che tocca la sensibilità più che l'intelligenza. || **affettivaménte**, avv. Per quanto riguarda i sentimenti, gli affetti.

affètto (**1**) [vc. dotta, lat. *affĕctu(m)*, da *afficere*. V. *affettare* (*1*)] s. m. **1** Inclinazione sentimentale, moto dell'animo: *gli affetti umani*; *mille affetti in un guardo appaion misti* (TASSO). **2** (*est.*) L'oggetto del sentimento di affetto: *la madre era il suo unico a.*; *gli affetti familiari*. **3** Intenso sentimento, di amicizia, amore, attaccamento e sim., per qc. o q.c.: *avere, nutrire, provare a. per qc.*; *portare a. a qc.*; *reprimere, frenare il proprio a.*; *l'a. per i figli*; *l'a. verso i genitori*; *a. fraterno, filiale*. **4** (*mus., raro*) Tremolo. **5** †Desiderio.

affètto (**2**) [vc. dotta, lat. *affĕctu(m)*, part. pass. di *afficere*, comp. di *ăd* e *făcere* 'fare'] agg., anche s. m. **1** Che, chi è colpito da malattia: *a. da tubercolosi*; *sono numerosi gli affetti da cancro*. **2** Che è preso da, o in preda a, un sentimento, uno stato d'animo e sim.: *a. da stupore, da viva meraviglia*. **3** †Assorto.

affettuosità s. f. **1** Qualità di chi è affettuoso | Ricchezza di affetti: *dimostrare grande a.* CONTR. Freddezza, indifferenza. **2** Espressione, manifestazione di affetto: *mandare a. per lettera*; *le sue* *a. mi hanno commosso.*

affettuóso agg. ● Che sente affetto: *bambino, animo a.* | Che dimostra affetto: *saluti affettuosi; parole tenere e affettuose* | (*euf.*) *Affettuosa amicizia*, relazione amorosa, spec. illecita. || **affettuosaménte**, avv. Con affetto, spec. in clausole epistolari di cortesia: *affettuosamente tuo.*

affezionàbile agg. ● Che si può affezionare.

affezionabilità s. f. ● Disposizione a provare affetto.

†affezionaménto s. m. ● Modo e atto dell'affezionare o dell'affezionarsi.

affezionàre **A** v. tr. (*io affezióno*) ● Rendere affezionato, dare affezione per qc., o q.c.: *a. qc. allo studio, alla lettura.* **B** v. intr. pron. ● Legarsi a qc. per affetto: *affezionarsi agli amici, ai discepoli* | Sentirsi attratto verso qc. o q.c.: *affezionarsi alla lettura, a un ideale, alla musica sinfonica.*

affezionatìssimo agg. *1* Sup. di *affezionato.* *2* Formula di cortesia, spec. nelle clausole epistolari: *tuo a.*

affezionàto part. pass. di *affezionare*; anche agg. *1* Nei sign. del v. *2* Appassionato: *a. alle scienze esatte, all'agricoltura* | Devoto | Ligio: *a. al proprio lavoro.* || **affezionatìssimo**, sup. (V.). || **affezionataménte**, avv. Con affetto, spec. in clausole epistolari di cortesia: *affezionatamente tuo.*

affezióne [vc. dotta, lat. *affectiōne(m)*, da *affĕctus* 'affetto (1)'] s. f. *1* (*raro, lett.*) Moto, disposizione dell'animo: *l'animo suo non poteva sentire altra a. che di spavento* (MANZONI). SIN. Desiderio, passione. *2* Disposizione affettuosa dell'animo: *nutrire a. per la famiglia, per gli amici* | *Prezzo d'a.*, valutato oltre il valore reale di un oggetto, da chi non vuole disfarsene o da chi desidera averlo. SIN. Affetto. *3* (*med.*) Condizione morbosa, malattia. *4* (*filos.*) Qualsiasi modificazione di coscienza dovuta all'azione di agenti estranei alla coscienza stessa. *5* †Desiderio. || **affezioncèlla**, dim.

affiancàre [comp. di *a-* (*2*) e *fianco*] **A** v. tr. (*io affiànco, tu affiànchi*) *1* Mettere a fianco: *a. i reparti militari, le truppe.* *2* (*fig.*) Sostenere, aiutare: *lo affiancavano tutti i migliori amici.* **B** v. rifl. ● Mettersi a fianco. **C** v. rifl. rec. ● (*raro, fig.*) Aiutarsi.

affiataménto [da *affiatare*] s. m. ● Accordo | Comprensione reciproca dovuta a consuetudine o armonia di caratteri.

affiatàre [comp. di *a-* (*2*) e *fiato*] **A** v. tr. ● Mettere d'accordo, in accordo: *a. i membri di una squadra sportiva; a. un'orchestra.* **B** v. rifl. e rifl. rec. ● Accordarsi: *un gruppo di suonatori che va affiatandosi* | Intendersi, dopo aver stabilito un'intesa o acquistato familiarità: *affiatarsi con i nuovi amici.* SIN. Familiarizzare.

affiatàto part. pass. di *affiatare*; anche agg. *1* Nei sign. del v. *2* Detto di persone tra cui c'è una buona intesa: *giocatori affiatati.*

affibbiàre [lat. parl. *affibulāre*, comp. di *ăd* e *fībula* 'fibbia'] v. tr. (*io affibbio*) *1* Congiungere insieme con fibbia o altro fermaglio: *a. gli stivali, l'orologio; affibbiarsi le scarpe, il vestito* | *†a., affibbiarsi, la giornea*, (*fig.*) accingersi a intervenire con decisione. *2* (*fig.*) Dare: *a. botte, ingiurie* | Attribuire: *a. colpe, opinioni non vere* | (*scherz.*) Appioppare: *a. un nomignolo, monete false.*

affibbiatùra s. f. *1* Atto, effetto dell'affibbiare. *2* Ciò che serve ad affibbiare | Parte dove si affibbia.

affiche /fr. a'fiʃ/ [fr., da *afficher* 'affiggere', comp. del lat. *ăd* e *ficher* 'fissare', dal lat. parl. **figicāre*, ints. di *fīgere* 'figgere'] s. f. (pl. *affiches* /fr. a'fiʃ/) ● Manifesto, cartellone.

affidàbile [da *affidare*, come trad. dell'ingl. *reliable*] agg. ● Detto di persona o cosa in cui si può riporre fiducia: *come insegnante non mi sembra molto a.*

affidabilità [da *affidabile*] s. f. *1* Qualità di ciò che è affidabile. *2* In varie tecnologie, il grado di rispondenza di un meccanismo, un apparato e sim. alla funzione per cui è stato progettato e prodotto: *l'a. di una automobile.* *3* (*fig.*) Grado di fiducia che si può riporre in q.c. o qc.: *l'a. di un'azienda, di una persona.* *4* (*dir.*) Condizione di un minore che può essere dato in affidamento.

affidaménto s. m. *1* Atto, effetto dell'affidare e dell'affidarsi. *2* Fiducia, garanzia: *una persona che non dà nessun a.; quell'affare dà pieno a.* | *Fare a. su qc. o su q.c.*, contarci. SIN. Assegnamento. *3* (*dir.*) Erronea opinione o apparenza di una determinata situazione di fatto o di diritto. *4* (*dir.*) Consegna di un minore a un privato, o a un ente di assistenza, che ne diventano responsabili | *A. preadottivo*, periodo anteriore all'adozione durante il quale l'adottando è affidato agli adottanti, al fine di verificare che questi ultimi rivestano le qualità richieste dalla legge. *5* (*raro*) Concessione di credito da parte di una banca a un cliente.

affidàre [comp. di *a-* (*2*) e *fidare*] **A** v. tr. *1* Commettere, consegnare alla cura, alla custodia, alla capacità e sim., di una persona fidata: *a. la propria salute a un bravo medico; a. la casa a una domestica; a. l'educazione dei figli a un valente maestro.* *2* (*raro, lett.*) Rendere fiducioso, sicuro. *3* (*banca*) Concedere fido a una persona. **B** v. rifl. ● Abbandonarsi fiduciosamente: *affidarsi a un buon medico; affidarsi all'altrui discrezione, alla sorte* | (*raro*) Confidarsi.

affidatàrio s. m.; anche agg. (f. *-a*) ● (*dir.*) Chi, che ha in affidamento q.c. o qc.

affidatìvo agg. ● Di affidamento, che concerne la consegna o la custodia in affidamento: *deposito a.*

affidavit /lat. affi'davit/ [lat. mediev. 'affidò'] s. m. inv. *1* Nel diritto anglosassone, dichiarazione scritta e giurata dinanzi a persona autorizzata a riceverla, avente valore per varie finalità. *2* (*banca*) Dichiarazione giurata prestata da testimoni sull'effettivo titolare di diritto, spec. proprietario di titoli.

affìdo s. m. ● (*bur.*) Affidamento: *a. di minori a nuclei familiari; a. educativo.*

affienàre [comp. di *a-* (*2*) e *fieno*] **A** v. tr. (*io affièno*) *1* Mettere a fieno, pascere di fieno: *a. i buoi.* *2* Coltivare a fieno: *a. un podere.* *3* Ridurre a fieno: *a. l'erba.* **B** v. intr. (aus. *essere*) ● Affienire.

affienàta s. f. *1* Quantità di fieno distribuita agli animali per ogni pasto. *2* (*raro, fig.*) Pasto, mangiata.

affienatùra s. f. ● Atto, effetto dell'affienare.

affienìre [comp. di *a-* (*2*) e *fieno*] v. intr. (*io affienìsco, tu affienìsci*; aus. *essere*) ● Diventare fieno, detto di cereali che si seccano.

affievoliménto s. m. ● Atto, effetto dell'affievolire o dell'affievolirsi.

affievolìre [comp. di *a-* (*2*) e *fievole*] **A** v. tr. (*io affievolìsco, tu affievolìsci*) ● Rendere fievole, indebolire. **B** v. intr. e intr. pron. (aus. *essere*) ● Diventare fievole: *la voce affievoli* | Venire meno: *le loro forze si affievolirono.*

affievolìto part. pass. di *affievolire*; anche agg. ● Nei sign. del v.

affìggere o (*poet.*) †**affìgere** [lat. *affīgere*, comp. di *ăd* e *fīgere* 'attaccare, infiggere'] **A** v. tr. (coniug. come *figgere*; part. pass. *affisso, †affitto*) *1* Attaccare saldamente | Attaccare in luogo pubblico: *a. avvisi, cartelloni, manifesti, bandi, proclami.* *2* (*est.*) Conficcare, fissare: *affiggi in lei l'indagator tuo sguardo* (ALFIERI) | (*fig.*) *A. gli occhi*, guardare con insistenza. *3* (*lett.*) Imprimere con forza: *a. baci.* **B** v. rifl. *1* (*raro, lett.*) Fermarsi, posarsi: *... una lucertola / esce e s'affigge al sole* (CARDUCCI). *2* (*fig.*) Guardare fissamente: *aquila sì non li s'affisse unquanco* (DANTE *Par.* I, 48) | Concentrarsi intellettualmente.

affigliàre e *deriv.* ● V. *affiliare* e *deriv.*

affiguraménto s. m. ● Atto, effetto dell'affigurare.

†affiguràre [lat. tardo *affigurāre*, comp. di *ăd* e *figurāre* 'figurare'] v. tr. *1* (*lett.*) Raffigurare, rappresentare. *2* (*lett.*) Ravvisare, riconoscere: *più fiso mirandola, quasi già la veniva affigurando* (BOCCACCIO).

affilacoltèlli [comp. di *affila(re)* (*1*) e il pl. di *coltello*] s. m. ● Barra d'acciaio corta e affusolata, con manico, per affilare i coltelli, spec. di macelleria.

affilalàme [comp. di *affila(re)* (*1*) e il pl. di *lama*] s. m. inv. ● Macchinetta per rifare il filo alle lamette da barba.

affilaménto [da *affilare* (*1*)] s. m. ● Atto, effetto dell'affilare e dell'affilarsi.

affilarasóio o **affilarasòio** [comp. di *affila(re)* (*1*) e *rasoio*] s. m. ● Striscia di cuoio su cui si passa il rasoio a lama libera per affilarlo.

affilàre (1) [lat. parl. **affilare*, comp. di *ăd* e *fīlum* 'filo di lama'] **A** v. tr. *1* Rendere tagliente una lama: *a. il rasoio, le spade* | *A. le armi*, prepararsi a combattere (*anche fig.*) *2* (*est.*) Assottigliare, rendere smunto: *la malattia gli ha affilato il viso* | (*raro*) Aguzzare: *a. lo sguardo.* *3* (*fig., raro*) Eccitare, stimolare. **B** v. intr. pron. *1* Assottigliarsi, dimagrire: *gli si è affilato il naso.* *2* †Muovere verso un luogo | †Andare difilato.

affilàre (2) [comp. di *a-* (*2*) e *fila*] **A** v. tr. ● (*raro*) Mettere in fila. **B** v. rifl. ● Disporsi in fila.

affilàta [da *affilare* (*1*)] s. f. ● Affilatura leggera: *dare un'a. al rasoio, al coltello.*

affilàto part. pass. di *affilare* (*1*); anche agg. *1* Nei sign. del v. *2* (*fig.*) *Naso a.*, sottile | Patito: *viso pallido e a.*

affilatóio s. m. ● Strumento che serve per affilare.

affilatóre s. m.; anche agg. ● (*raro*) Chi, che affila.

affilatrice s. f. ● Macchina utensile munita di una o più mole per affilare utensili.

affilatùra s. f. ● Atto, effetto dell'affilare.

affilettàre [comp. di *a-* (*2*) e il den. di *filetto*] v. tr. (*io affilétto*) ● Passare il taglio della cazzuola sulle commettiture dei mattoni per renderle visibili.

affilettatùra s. f. ● Atto, effetto dell'affilettare.

affiliàndo [gerundio di *affiliare*] s. m. (f. *-a*) ● Minore in corso di affiliazione (istituto giuridico oggi abrogato).

affiliànte **A** part. pres. di *affiliare*; anche agg. ● Nei sign. del v. **B** s. m. e f. ● Chi poneva in essere un'affiliazione (istituto giuridico oggi abrogato).

affiliàre o **affigliàre** [comp. del lat. *ăd* e *fīlius* 'figlio'] **A** v. tr. (*io affìlio*) *1* Ottenere un minore in affiliazione (istituto giuridico oggi abrogato). *2* Associare, iscrivere, a una setta, a un'associazione e sim. **B** v. rifl. ● Iscriversi a una setta, a un'associazione, e sim.: *si affiliarono a una società segreta.*

affiliàta [f. sost. di *affiliato*] s. f. ● Società o azienda giuridicamente autonoma ma controllata da un'altra azienda o società che ne detiene la maggioranza.

affiliàto **A** part. pass. di *affiliare*; anche agg. *1* Nei sign. del v. *2* Detto di atleta tesserato a qualche associazione sportiva e di società iscritta alla federazione. **B** s. m. (f. *-a*) *1* Minore assunto un tempo in una famiglia mediante affiliazione (istituto giuridico oggi abrogato). *2* Chi è iscritto a una setta, a un'associazione e sim.: *gli affiliati alla massoneria.*

affiliazióne o **affigliazióne**. s. f. *1* Atto dell'affiliare qc. a una società, a un gruppo politico e sim. | Iscrizione di un atleta a una società, di una società alla federazione | (*econ.*) *A. commerciale*, franchising. *2* (*dir.*) Istituto giuridico, oggi abrogato e sostituito dalle norme che disciplinano l'affidamento e l'adozione, in forza del quale un minore abbandonato o indigente poteva essere affidato a un privato per essere allevato come un figlio, senza assumerne lo stato giuridico.

affinàggio s. m. ● (*tecn.*) Affinazione.

affinaménto s. m. ● Atto, effetto dell'affinare o dell'affinarsi | *A. del terreno*, preparazione del letto di semina in un terreno coltivato.

affinàre [comp. di *a-* (*2*) e *fine* (*2*)] **A** v. tr. *1* Rendere fine e sottile: *a. una lama; a. la punta di una matita* | *2* (*fig.*) Aguzzare: *a. la vista, l'ingegno.* *3* Rendere puro l'oro, l'argento o altro metallo dividendolo dalla lega o altre impurità | (*fig.*) Perfezionare, migliorare: *a. lo stile.* **B** v. intr. pron. *1* Assottigliarsi. *2* (*fig.*) Acquistare perfezione, sensibilità, e sim.: *lo stile si affina con l'esercizio; l'anima s'affina nel dolore.* SIN. Migliorarsi, perfezionarsi.

affinatóre s. m. *1* Chi affina. *2* Chi raffina i metalli.

affinatùra s. f. *1* Atto, effetto dell'affinare. *2* †Raffinatezza, squisitezza.

affinazióne s. f. ● (*tecnol.*) Processo per cui una sostanza viene liberata dalle impurità e sim.: *a. dell'oro; a. dello zucchero.*

affinché o †**affin che**, †**a fin che** [comp. di *a fine che*] cong. ● Al fine di, con lo scopo che, perché (introduce una prop. fin. con il v. sempre al congv.): *lo dico a. si sappia.*

affìne (1) [vc. dotta, lat. *affīne(m)*, comp. di *ăd* e *fīnis* 'confine'] **A** agg. *1* Che ha somiglianza, congenere, simile: *anime affini; teoria a. a un'altra;*

tabacchi e generi affini | *Scienza a.*, che ha rapporti più o meno stretti con un'altra. **2** (*lett.*) †Vicino, limitrofo. **B** s. m. **1** Ciascuno dei parenti di un coniuge rispetto all'altro coniuge e viceversa: *a. in linea retta, in linea collaterale*; *a. di sesto grado*. **2** (*mat., al pl.*) Corrispondenti in un'affinità.

affine (**2**) o **a fine** [comp. di *a* e *fine*] cong. ● Nella loc. cong. *a. di*, (*lett.*) al fine, allo scopo, col proposito di (introduce una prop. fin. con il v. all'inf.): *a. d'escludere, per quanto fosse possibile, dalla radunanza gli infetti e i sospetti, fece inchiodar gli usci delle case sequestrate* (MANZONI).

affinità [vc. dotta, lat. *affinitāte(m)*, da *affinis* 'affine (1)'] s. f. **1** Somiglianza, conformità: *a. di idee, di gusti, di tradizioni* | *A. linguistica*, qualità di due lingue che presentano analogie di struttura non dovute a parentela. **2** Simpatia | *A. elettiva*, attrazione reciproca che si stabilisce fra persone di idee e sentimenti affini. SIN. Attrazione. **3** Vincolo che unisce un coniuge ai parenti dell'altro coniuge: *a. in linea retta, in linea collaterale* | *A. spirituale*, rapporto religioso, che si instaura con la somministrazione del battesimo e della cresima fra il battezzato e il battezzante o il padrino e fra il cresimato e il padrino. **4** (*biol.*) Relazione esistente fra individui di un gruppo sistematico animale o vegetale in base a una somiglianza di caratteri morfologici, biologici e genetici. **5** (*mat.*) Biiezione fra due piani che a rette parallele associa rette parallele | Biiezione nello spazio che a piani paralleli associa piani paralleli. **6** Tendenza, fisicamente misurabile, di una sostanza a combinarsi con altre: *a. chimica*.

affiochiménto s. m. ● Atto, effetto dell'affiochire o dell'affiochirsi.

affiochìre [comp. di *a-* (*2*) e *fioco*] **A** v. tr. (*io affiochìsco, tu affiochìsci*; aus. intr. *essere*) ● Rendere fioco: *la malattia gli affiochiva la voce*; *la nevicata affiochiva il suono delle campane*. **B** v. intr. e intr. pron. (aus. *essere*) ● Smorzarsi, diventare fioco: *il rumore affiochì*; *la voce si affiochiva nel pianto*.

affiochìto part. pass. di *affiochire*; anche agg. ● Nei sign. del v.

affioraménto [fr. *affleurement*. V. *affiorare* (*2*)] s. m. **1** Atto, effetto dell'affiorare: *un sommergibile in a.* **2** Esposizione di una roccia sulla superficie topografica | Area occupata da una formazione rocciosa.

affioràre (**1**) [comp. di *a-* (*2*) e *fiore*] v. tr. (*io affióro*) **1** (*raro*) Ridurre a fiore: *a. la farina*. **2** (*lett.*) Ricamare a fiori.

affioràre (**2**) [fr. *affleurer*, da *à fleur de* 'a fior di'] v. intr. (*io affióro*; aus. *essere*) **1** Apparire a fior di terra o a fior d'acqua, mostrarsi alla superficie: *il pesce affiorò alla superficie*; *le creste dei monti affioravano dalla nebbia*. SIN. Emergere, spuntare. **2** (*fig.*) Mostrarsi, manifestarsi, venire alla luce: *sono affiorati nuovi particolari*; *sulle sue guance affiora un lieve rossore*.

†affiṣàre e *deriv.* ● V. *affissare* e *deriv.*

affissaménto o **†affiṣaménto** s. m. ● Atto, effetto dell'affissare o dell'affissarsi.

affissàre o (*poet.*) **†affiṣàre** [lat. tardo *affixāre*, da *affīgere* 'infliggere'] **A** v. tr. **1** (*lett.*) Guardare fissamente: *a. una persona*; *a. gli occhi, lo sguardo, la vista, la mente, in qc., in q.c.* **2** (*raro, lett.*) Fissare, affiggere: *a. un bando, una sentenza* | *†a. il piede in qualche luogo*, stabilirvisi. **B** v. rifl. **1** (*lett.*) Guardare con estrema attenzione: *la donna in lui s'affissa* (TASSO). **2** (*raro*) Fermarsi con la mente su q.c.: *affissarsi su una lettura interessante*. **3** (*raro*) Fermarsi: *affissarsi in un paese lontano*.

affissionàle agg. ● Relativo ad affissione | *Pubblicità a.*, quella effettuata mediante affissione in pubblico di cartelli, manifesti, locandine e sim.

affissióne [vc. dotta, lat. tardo *affixiōne(m)*, da *affīgere* 'infiggere'] s. f. **1** Atto dell'affiggere: *a. di manifesti, insegne, bandi*. **2** Forma di pubblicità mediante esposizione su strade o piazze di cartelli o manifesti contenenti un messaggio pubblicitario.

affissìvo [da *affisso*] agg. ● (*ling.*) Agglutinante: *lingue affissive*.

affìsso [lat. *affīxu(m)*, part. pass. di *affīgere*. V. *affissione*] **A** part. pass. di *affiggere*; anche agg. ● Nei sign. del v. || **affissaménte**, avv. Fissamente. **B** s. m. **1** Avviso, manifesto: *attaccare, leggere un a.* **2** Elemento di un edificio che divide i vani: *le imposte, gli usci e i telai sono affissi*. SIN. Infisso. **3** (*ling.*) Elemento che può essere incorporato in una parola per modificarne il significato: *gli affissi si dividono in prefissi, infissi e suffissi*.

affittàbile agg. ● Che si può affittare.

affittacàmere [comp. di *affitta(re)* e il pl. di *camera*] s. m. e f. inv. ● Chi dà camere ammobiliate in affitto.

affittànza s. f. ● Affitto | *A. collettiva*, affitto di fondo rustico a una collettività organizzata di lavoratori agricoli.

affittàre [comp. di *a-* (*2*) e *fitto* 'affitto'] v. tr. **1** Concedere in godimento, dietro corrispettivo, un bene immobile: *a. un podere*; *a. un appartamento* | Noleggiare: *a. una macchina, una barca*. **2** Prendere in affitto: *a. una villa*. **3** †Dare in appalto.

affittasi s. m. ● Cartello che si espone all'esterno di un locale da affittare.

affittìre [comp. di *a-* (*2*) e *fitto* 'denso'] **A** v. tr. (*io affittìsco, tu affittìsci*) ● Rendere fitto (*anche fig.*): *a. gli alberi di un viale*; *a. le visite*. **B** v. intr. e intr. pron. (aus. *essere*) ● Diventare fitto: *in quella zona le case affittiscono*; *la folla si affittiva*.

affìtto (**1**) [da *affittare*] s. m. **1** Locazione avente a oggetto una cosa produttiva: *dare, prendere in a.*; *a. di un'azienda, di un albergo* | *A. di fondi rustici*, avente a oggetto il godimento di un fondo rustico. **2** (*est.*) Correntemente, locazione: *prendere in a. un appartamento*. **3** Compenso dovuto a chi dà in affitto o in locazione: *pagare, riscuotere l'a.* SIN. Fitto, pigione. || **affitterèllo**, dim. | **affittóne**, accr.

†affìtto (**2**) part. pass. di *affiggere*; anche agg. ● Nel sign. 2 del v.

affittuàrio [da *affitto* (*1*)] **A** agg. ● Che riguarda l'affitto. **B** s. m. ● Chi ha preso q.c. in affitto.

†afflàre [vc. dotta, lat. *afflāre*, comp. di *ad* e *flāre* 'soffiare'] v. tr. ● (*lett.*) Spirare.

†afflàto (**1**) part. pass. di *†afflare*; anche agg. **1** Nei sign. del v. **2** (*lett.*) Ispirato.

afflàto (**2**) [vc. dotta, lat. *afflātu(m)*, sostantivo da *afflāre* 'soffiare'] s. m. **1** (*raro*) Soffio | (*lett., fig.*) Soffio ispiratore, ispirazione: *a. poetico, divino, sacro*. **2** †Esalazione, influenza: *i cattivi afflati del veleno* (MURATORI).

affliggènte part. pres. di *affliggere*; anche agg. ● Nei sign. del v.

affliggere o **†affriggere** [vc. dotta, lat. *afflīgere*, comp. di *ăd* e *flīgere* 'sbattere, urtare'] **A** v. tr. (pres. *io afflìggo, tu afflìggi*; pass. rem. *io afflìssi, tu affliggésti*; part. pass. *afflìtto*) ● Deprimere con dolore morale o fisico: *lo affligge una profonda malinconia*; *essere afflitto dal freddo, dal mal di testa*. SIN. Accorare, contristare, tormentare. **B** v. intr. pron. ● Addolorarsi, tormentarsi: *si affliggeva per la morte dell'amico*.

affliggiménto s. m. ● (*raro*) Afflizione.

afflittìvo agg. ● (*raro*) Che dà dolore, tormento, tristezza: *la prigione è pena afflittiva*.

afflìtto [vc. dotta, lat. *afflīctu(m)*, part. pass. di *affīgere*. V. *affliggere*] **A** part. pass. di *affliggere*; anche agg. ● Nei sign. del v. **B** s. m. (f. *-a*) ● Chi è addolorato, tormentato: *consolare, sollevare gli afflitti*; *avere compassione degli afflitti*.

afflizióne [vc. dotta, lat. tardo *afflictiōne(m)*, da *afflīctus* 'afflitto'] s. f. **1** Stato di tristezza e di abbattimento spirituale: *trovarsi, vivere nell'a.*; *abbandonarsi all'a.* SIN. Dolore, infelicità. **2** Tribolazione, sventura, flagello: *la guerra è una grandissima a.*

afflosciaménto s. m. ● Atto dell'afflosciare o dell'afflosciarsi.

afflosciàre [comp. di *a-* (*2*) e *floscio*] **A** v. tr. (*io afflòscio*) ● Rendere floscio: *il caldo estivo affloscia l'erba* | (*fig.*) Togliere ogni vigore: *il caldo lo affloscia*. **B** v. intr. e intr. pron. (aus. *essere*) ● (*raro*) Diventare floscio, sgonfiarsi: *la vela affloscia lentamente*; *la frutta, troppo matura, si affloscia sui rami* | (*fig.*) Abbandonarsi, svenire.

afflu̥ènte [vc. dotta, lat. *affluĕnte(m)*, part. pres. di *afflŭere*. V. *affluire*] **A** part. pres. di *affluire*; anche agg. **1** Nei sign. del v. **2** (*raro*) Abbondante. || **affluenteménte**, avv. Copiosamente. **B** s. m. ● Corso d'acqua secondario che sbocca in un altro principale.

affluent society /*ingl.* 'æfluənt sə'saiəti/ [loc. ingl., 'abbondante, ricco, opulento' (*affluent*) 'società' (*society*)] loc. sost. f. inv. ● Società del benessere.

afflu̥ènza [vc. dotta, lat. *affluĕntia(m)*. V. *affluire*] s. f. **1** Atto, effetto dell'affluire: *a. di acqua, di merci*; *interrompere l'a. dei prodotti alimentari*. **2** Concorso di gente: *allo stadio c'era una grande a.*; *si registrò una grande a. di pubblico*. SIN. Afflusso. **3** (*raro, lett.*) Abbondanza.

afflu̥ìre [vc. dotta, lat. *afflŭere*, comp. di *ăd* e *flŭere* 'scorrere'] v. intr. (*io afflu̥ìsco, tu afflu̥ìsci*; aus. *essere*) **1** Scorrere di acque o sim., verso qualche luogo: *il fiume affluisce al mare*; *il sangue affluisce alla testa* | (*est.*) Giungere, spec. in quantità notevole e con continuità: *le merci affluiscono nei magazzini*; *i prodotti agricoli affluiscono dalle campagne alla città*. **2** Accorrere in folla verso lo stesso luogo: *molta gente affluiva alla festa*.

afflùsso [vc. dotta, lat. *afflŭxu(m)*, part. pass. di *afflŭere*. V. *affluire*] s. m. **1** Atto del fluire degli umori del corpo verso una parte di esso. **2** (*fig.*) L'affluire in gran quantità di cose o persone: *l'a. di capitali, di merci, di forestieri*. SIN. Affluenza. **3** Volume delle precipitazioni meteoriche cadute, in un certo intervallo di tempo e a monte di una data sezione, nel bacino imbrifero di un corso d'acqua. CONTR. Deflusso.

affocàre [comp. dal lat. *ăd* e *fŏcus* 'fuoco'] **A** v. tr. (*io affuòco* o *affòco*, *tu affuòchi* o *affòchi*; in tutta la coniug., *-uò* o poet. *-ò* se tonico, *-ò* o *-uò* se atono) **1** (*lett.*) Appiccare il fuoco. **2** Arroventare, infuocare (*anche fig.*): *la canicola affocava la strada*. **B** v. intr. pron. ● Accendersi, infiammarsi | (*est.*) Avvampare: *s'affocò in volto*.

affocàto part. pass. di *affocare*; anche agg. **1** Nei sign. del v. **2** (*lett.*) Infocato, ardente (*anche fig.*): *e vidi uscir de l'alto e scender giùe / due angeli con due spade affocate* (DANTE *Purg.* VIII, 25-26).

affogaménto s. m. ● Atto, effetto dell'affogare e dell'affogarsi.

affogàre [lat. parl. **affocāre* per *offocāre* 'soffocare, strangolare', da *faux* 'gola'] **A** v. tr. (*io affógo, tu affóghi*) **1** (*raro, lett.*) Soffocare | Far morire qc. immergendolo in acqua o altro liquido | (*fig.*) *A. un dispiacere nei divertimenti, nell'alcol*, cercare di dimenticarlo | (*fig.*) *A. la verità*, mettere a tacere | *A. una fanciulla*, (*fig., lett.*) maritarla male. **2** (*fig.*) Mandare in rovina: *a. qc. nei debiti*. **3** (*fig.*) Far cuocere in acqua bollente, spec. le uova private del guscio. **4** †Sommergere, inondare. **5** †Spegnere suoni o colori con altri più intensi. **B** v. intr. (aus. *essere*) **1** Morire per soffocamento in acqua o altro liquido: *è affogato nelle acque del lago* | (*fig.*) *A. in un bicchier d'acqua*, smarrirsi per una piccola difficoltà | (*fig.*) *Bere o a.*, dovere scegliere fra due mali inevitabili | (*fig.*) *A. nell'oro*, vivere nell'abbondanza. SIN. Annegare. **2** (*raro*) Essere sovraccarico di q.c.: *a. nei debiti*. **C** v. intr. pron. ● Perdere la vita annegando: *cadde in mare e si affogò*. **D** v. rifl. ● Togliersi la vita annegandosi: *per il troppo dolore si è affogato*.

affogàto **A** part. pass. di *affogare*; anche agg. **1** Nei sign. del v. **2** *Stanza affogata*, priva di luce | *Uova affogate*, cotte senza guscio in acqua bollente | *Gelato a.*, su cui sia stato versato liquore, sciroppo, caffè e sim. **B** s. m. ● Gelato affogato: *un a. al whisky, al caffè*.

affogliaménto [comp. di *a-* (*2*) e *foglio*] s. m. ● (*banca*) Operazione con la quale viene rinnovato il foglio di cedole dei titoli pubblici o privati.

†affogliàre [comp. di *a-* (*2*) e *foglia*] v. tr. ● Nutrire con foglie il bestiame.

affollaménto s. m. ● Atto, modo dell'affollare o dell'affollarsi: *alla conferenza c'era un grande a.* SIN. Folla, ressa.

affollàre (**1**) [comp. di *a-* (*2*) e *follare*] **A** v. tr. (*io affóllo* o *affòllo*) **1** Riempire di gente un luogo | Gremire: *gli spettatori affollavano il teatro*. **2** (*lett.*) Fare ressa intorno a qc. **3** (*fig.*) Opprimere: *a. di ansie, di lavoro*. **B** v. intr. pron. **1** Raccogliersi in folla, fare ressa (*anche fig.*): *la gente si affolla davanti al cinema*; *tutti si affollarono intorno alla vedova*; *le parole gli si affollavano alle labbra*. SIN. Accalcarsi, addensarsi, adunarsi. **2** (*raro*) Affrettarsi.

†**affollàre** (2) [comp. di *a-* (2) e *folle* (1) 'mantice'] v. intr. ● Ansimare, anelare: *fin che si sfoghi l'affollar del casso* (DANTE *Purg.* XXIV, 72).
affollàto part. pass. di *affollare* (1); anche agg. ● Nei sign. del v. ‖ **affollatamènte**, avv. In folla.
affoltàre [comp. di *a-* (2) e *folto*] **A** v. tr. (*io affólto*) **1** (*lett.*) †Ammassare, accalcare, stipare. **2** (*fig.*) †Opprimere. **B** v. intr. pron. **1** (*lett.*) Farsi folto, infittirsi (*anche fig.*): *le tenebre si affoltavano sempre più* (NIEVO). **2** Parlare troppo e confusamente.
affondaménto s. m. **1** Atto, effetto del mandare o dell'andare a fondo (*anche fig.*): *l'a. di una corazzata, di una nave, l'a. di un'impresa* | *A. di un atleta*, nel nuoto, per aver sbagliato la bracciata, perdendo in galleggiabilità | *A. di un giocatore*, nella pallanuoto, per aver subito un fallo da un avversario. **2** †Scavo | †Cavità.
affondamìne [comp. di *affondare* e il pl. di *mina*] s. m. inv.; anche agg. ● (*mar.*) Posamine.
affondàre [lat. parl. **affundāre*, comp. di *ăd* e *fŭndus* 'fondo'] **A** v. tr. (*io affóndo*) **1** Mandare a fondo, inabissare: *a. le navi nemiche* | Colare a fondo: *a. l'ancora*, (*anche fig.*); *a. un'impresa.* **2** Far penetrare a fondo: *a. i piedi nella melma*; *a. le radici nel terreno.* **3** Nel gioco del pallone a bracciale, rinviare il pallone senza forza in modo che ricada appena al di là del cordino e quasi non rimbalzi più | *A. un pugno*, nel pugilato, colpire con particolare potenza | *A. la palla*, nella pallanuoto, tenerla sott'acqua. **4** (*raro*) Rendere più profondo scavando: *a. un solco, una fossa.* **5** †Opprimere. **B** v. intr. e intr. pron. (aus. *essere*) **1** Andare a fondo, sommergersi: *la nave affonda lentamente.* **2** Penetrare profondamente (*anche fig.*): *affondare nella melma, nel terreno*; *il ... fieno in cui si affondavano i gomiti* (VERGA); *a. nel torpore, nel sonno.*
affondàta [da *affondare*] s. f. ● Picchiata ripida, veloce e prolungata di un aereo.
affondatóio s. m. ● (*mar.*) Congegno di leve per liberare l'ancora a ceppo dalle rizze e ribaltarla in mare quando si dà fondo.
affondatóre s. m. (f. *-trice*) ● Chi affonda.
affondatùra s. f. ● (*raro*) Scavatura: *a. di una fossa.*
†**affóndo** (1) [comp. di *a-* (2) e *fondo*] agg. ● Profondo, fondo.
affóndo (2) o **a fóndo** [da *a fondo*] **A** avv. ● In fondo, in profondità. **B** s. m. ● (*sport*) Nella scherma, movimento con cui lo schermidore, partendo dalla posizione di guardia, conclude una azione d'offesa, portando avanti una gamba e stendendo l'altra col corpo in linea con questa, in massima distensione | Nella ginnastica, movimento consistente nell'inclinare in avanti il corpo in linea con una gamba e poggiando sull'altra spostata in avanti e piegata. SIN. Contraffondo.
afforcàre (1) [comp. di *a-* (2) e *forca*] v. tr. (*io affórco, tu affórchi*) ● Ancorare il bastimento dando fondo alle due ancore di posta opportunamente divaricate.
†**afforcàre** (2) [nap. *affurcà*, di origine sp. (?)] v. tr. ● Impiccare.
affórco [da *afforcare* (1)] s. m. (pl. *-chi*) ● (*mar.*) La seconda ancora che si getta per ormeggiare | L'ormeggio su due ancore.
†**affortificàre** [comp. di *a-* (2) e *fortificare*] v. tr. ● Fortificare | Puntellare | Rinforzare (*anche fig.*); *indebolire la parte adversa et a. la sua* (MACHIAVELLI).
†**afforzaménto** s. m. ● Rafforzamento | Fortificazione.
†**afforzàre** [comp. di *a-* (2) e *forza*] v. tr. (*io affòrzo*) ● (*lett.*) Rafforzare, fortificare.
affossaménto s. m. ● Atto, effetto dell'affossare | *A. del terreno, di una strada*, avvallamento.
affossàre [comp. di *a-* (2) e *fossa*] **A** v. tr. (*io affòsso*) **1** Provvedere di fossi un terreno coltivato: *a. i campi.* **2** †Cingere, munire di fossi: *a. un castello.* **3** Incavare: *il continuo passaggio ha affossato il sentiero.* **4** (*fig.*) Seppellire, accantonare definitivamente q.c.: *a. una proposta di legge.* **B** v. intr. pron. ● Incavarsi: *gli si affossano gli occhi per la stanchezza.*
affossàto part. pass. di *affossare*; anche agg. ● Nei sign. del v.
affossatóre s. m. **1** Chi scava fosse | Becchino (*anche fig.*). **2** Attrezzo agricolo per scavare fossi.
affossatùra s. f. **1** Atto, effetto dell'affossare | Fossa. **2** L'insieme dei fossi di un terreno coltivato. **3** (*fig.*) Incavatura: *le affossature del volto.*
†**affralìre** [comp. di *a-* (2) e *frale*] v. tr. ● (*lett.*) Indebolire.
affrancàbile agg. ● Che si può affrancare.
affrancaménto s. m. **1** Atto, effetto dell'affrancare o dell'affrancarsi. **2** Emissione di radici dalla porzione basale del nesto di piante innestate.
affrancàre [comp. di *a-* (2) e *franco*] **A** v. tr. (*io affrànco, tu affrànchi*) **1** Rendere franco, liberare: *a. un popolo dalla schiavitù.* **2** Liberare, da parte del debitore, un immobile da obbligazioni od oneri a esso inerenti: *a. un fondo dagli usi civici gravanti sullo stesso.* **3** Pagare la tassa per l'invio della corrispondenza e dei pacchi per posta, applicandovi il francobollo: *a. un pacco postale.* **4** †Liberare dall'acqua la sentina di una nave con pompe. **5** (*raro, fig.*) Dare vigore. **B** v. rifl. **1** Rendersi libero (*anche fig.*): *affrancarsi dalla schiavitù, dal bisogno, da una passione.* **2** Liberarsi da parte del debitore, da obbligazioni od oneri perpetui: *affrancarsi dai debiti.* **3** Farsi franco, prendere coraggio: *affrancarsi nel comportamento, nelle parole.*
affrancàto A part. pass. di *affrancare*; anche agg. ● Nei sign. del v. **B** s. m. ● Schiavo liberato.
affrancatóre agg.; anche s. m. (f. *-trice*) ● Che, chi affranca.
affrancatrìce [da *affrancare*] s. f. ● Macchina che appone sulla corrispondenza una stampigliatura, attestante l'avvenuto pagamento della tassa postale sostitutiva del francobollo.
affrancatùra s. f. ● Applicazione dei francobolli sulla corrispondenza | (*est.*) L'insieme dei francobolli così applicati | *A. filatelica*, francobollo o gruppi di francobolli che vengono fatti annullare per fini di collezionismo | *A. tricolore, pluricolore*, composta da tre o più francobolli di vario colore.
affrancazióne s. f. **1** Atto, effetto dell'affrancare e dell'affrancarsi: *a. di un fondo dagli usi civici* | (*dir.*) *A. da enfiteusi*, acquisto da parte dell'enfiteuta della proprietà del fondo mediante il pagamento di una somma risultante dalla capitalizzazione del canone annuo. **2** (*raro*) Affrancatura.
affràngere [lat. *affrăngere*, comp. di *ăd* e *frăngere* 'rompere'] v. tr. (coniug. come *fràngere*) **1** (*raro*) †Rompere, spezzare. **2** (*raro, lett.*) Fiaccare, spossare: *la natura del monte ci affranse / la possa del salir* (DANTE *Purg.* XXVII, 74-75).
affrànto part. pass. di *affrangere*; anche agg. **1** Nei sign. del v. **2** Prostrato dal dolore: *animo a.*
affrappàre [comp. di *a-* (2) e *frappa*] v. tr. ● Tagliuzzare (*anche fig.*) | Dilacerare.
affratellaménto s. m. **1** Atto, effetto dell'affratellare e dell'affratellarsi. **2** (*dir.*) Istituto medievale per la costituzione di società commerciali.
affratellàre [comp. di *a-* (2) e *fratello*] **A** v. tr. (*io affratèllo*) ● Rendere fratelli, fare che più persone si amino come fratelli: *l'amicizia li affratella.* **B** v. rifl. rec. ● Stringersi in fraterna unione | Fraternizzare.
†**affreddàre** [comp. di *a-* (2) e *freddare*] v. tr., intr. e intr. pron. ● Raffreddare.
affrenàre [comp. di *a-* (2) e *frenare*] **A** v. tr. (*io affréno* o *affrèno*) ● (*lett.*) Tenere a freno (*anche fig.*): *e più lo 'ngegno affreno ch'i' non soglio* (DANTE *Inf.* XXVI, 21). **B** v. rifl. ● Trattenersi | Moderarsi.
affrenellàre [comp. di *a-* (2) e *frenello*] v. tr. (*io affrenèllo*) ● Mettere i frenelli al timone.
affrescàre [da *affresco*] v. tr. (*io affrésco, tu affréschi*) ● Dipingere con la tecnica dell'affresco.
affreschìsta s. m. e f. (pl. m. *-i*) ● Pittore che dipinge con la tecnica dell'affresco.
affrésco [comp. di *a* e *fresco*] s. m. (pl. *-schi*) **1** Tecnica di pittura murale eseguita sull'intonaco fresco con colori diluiti in acqua pura | (*est.*) Dipinto eseguito con tale tecnica: *gli affreschi di Giotto ad Assisi.* **2** (*fig.*) Vasta composizione letteraria descrittiva di tutta un'epoca: *i romanzi di Balzac sono un a. della vita francese dell'800.*
affrettàre [comp. di *a-* (2) e *fretta*] **A** v. tr. (*io affrétto*) **1** Aumentare la velocità, il ritmo, il movimento e sim.: *a. il passo.* SIN. Accelerare. CONTR. Rallentare. **2** Rendere più sollecito il compimento di q.c.: *a. la partenza, la conclusione di un affare, le nozze.* CONTR. Rimandare. **B** v. intr. e rifl. (aus. *essere*) ● Andare rapidamente: *affrettatevi, se volete arrivare in tempo* | Preoccuparsi di fare presto: *si affrettarono a rispondere alla lettera.*
affrettàto part. pass. di *affrettare*; anche agg. ● Nei sign. del v. ‖ **affrettataménte**, avv. Con fretta.
affricàno e *deriv.* ● V. *africano* e *deriv.*
affricàto [dal lat. *affricāre* 'sfregare contro, stropicciare', comp. di *ăd* e *fricāre* 'fregare'] agg. ● (*ling.*) Detto di consonante occlusiva con soluzione costrittiva anziché esplosiva. SIN. Semiocclusivo.
affricazióne [da *affricato*] s. f. ● (*ling.*) Trasformazione di una consonante occlusiva in consonante affricata.
àffrico ● V. *africo.*
†**affriggere** ● V. *affliggere.*
affrittellàre [comp. di *a-* (2) e *frittella*] v. tr. (*io affrittèllo*) **1** Cuocere a forma di frittella. **2** (*fig., scherz.*) Ammazzare.
affrontàbile agg. ● Che si può affrontare.
affrontaménto s. m. **1** Atto, effetto dell'affrontare | (*raro*) Scontro. **2** (*raro*) Confronto.
affrontàre [lat. parl. **affrontāre*, comp. di *ăd* e *frōns*, genit. *frōntis* 'fronte'] **A** v. tr. (*io affrónto*) **1** Mettersi di fronte, andare incontro con audacia e risolutezza: *a. la morte, il pericolo, le difficoltà, il disprezzo generale* | *A. una salita, una curva*, prepararsi a superarle. **2** Farsi incontro con intenzioni ostili: *a. un ladro* | Assalire: *a. il nemico.* **3** Prendere in esame, discutere, trattare: *a. una questione, un problema.* **4** †Confrontare. **5** Sistemare due pezzi meccanici in modo da formare un'affrontatura. **B** v. rifl. rec. **1** Scontrarsi, azzuffarsi. **2** (*raro*) Imbattersi, trovarsi di fronte. **C** v. intr. pron. ● (*raro*) Sentirsi offeso: *dopo che le ho parlato di donazione, s'è affrontata* (GOLDONI).
†**affrontàta** s. f. ● Scontro.
affrontàto part. pass. di *affrontare*; anche agg. **1** Nei sign. del v. **2** (*arald.*) Detto di due figure che si volgono la faccia.
affrontatóre s. m. (f. *-trice*) ● (*raro*) Chi affronta.
affrontatùra s. f. ● Sistemazione di due pezzi meccanici in un meccanismo a contatto di testa.
affrónto [da *affrontare*] s. m. **1** Atto o parola che offende, ingiuria: *arrecare, fare un a.*; *ricevere, sopportare, patire un a.*; *dimenticare gli affronti ricevuti.* **2** †Assalto, scontro di armati | †Incontro | †*Al primo a.*, sulle prime. **3** †Confronto: *a. di testimoni, di documenti.*
†**affumàre** [lat. parl. **affumāre*, comp. di *ăd* e *fūmus* 'fumo'] v. tr. **1** Sottoporre all'azione del fumo. **2** Intorbidare col fumo | (*fig.*) Offuscare. **3** Profumare d'incenso.
affumicaménto s. m. **1** Atto, effetto dell'affumicare. **2** Processo di conservazione degli alimenti di origine animale mediante esposizione prolungata al fumo.
affumicàre [dal lat. *fumigāre*. V. *fumigare*] v. tr. (*io affùmico, tu affùmichi*) **1** Riempire di fumo: *a. una stanza* | Annerire col fumo: *a. il camino, il soffitto, una pentola.* **2** Esporre alimenti di origine animale all'azione prolungata del fumo: *a. carni, pesci.* **3** (*raro*) Profumare con incensi.
affumicàta s. f. ● Affumicatura non molto lunga.
affumicàto part. pass. di *affumicare*; anche agg. **1** Nei sign. del v. **2** (*fig.*) Oscurato | (*fig.*) *Immagini affumicate dal tempo*, attenuate | (*fig.*) *Lenti affumicate*, scure, per il sole.
affumicatóio s. m. ● Luogo in cui si affumicano carni o altri generi commestibili.
affumicatóre s. m. **1** L'addetto all'affumicatura delle carni e dei pesci. **2** Attrezzo per gettare fumo negli alveari allo scopo di ammansire le api.
affumicatùra s. f. ● Atto, effetto dell'affumicare.
affusàto o **affuṣato** [da *fuso*] agg. ● (*raro*) Che ha forma lunga e sottile.
affuṣióne [vc. dotta, lat. tardo *affusiōne(m)*, da *affŭndere* 'infondere'] s. f. ● (*raro*) Versamento di un liquido su q.c. | Pratica terapeutica consistente nel versare acqua calda o fredda su una parte del corpo.
affusolàre o **affuṣolàre** [comp. di *a-* (2) e *fuso*] v. tr. (*io affùsolo* o *affùṣolo*) ● Dare forma di fuso, assottigliare delicatamente: *a. una colonna*

| (*fig.*) †Abbellire.

affusolàto o **affuṣolàto** part. pass. di *affusolare*; anche agg. *1* Nei sign. del v. *2* Detto di abito femminile di linea allungata e aderente.

affùsto [ant. fr. *affust*, da *affuster* 'appoggiarsi a un fusto'] s. m. ● Sostegno della bocca da fuoco in un pezzo d'artiglieria. | *A. a deformazione*, fornito di organi elastici che consentono il rinculo della bocca da fuoco senza che si sposti l'affusto. ➡ ILL. p. 361 ARCHITETTURA.

afgàni o **afghàni**. s. m. inv. ● Unità monetaria circolante in Afganistan.

afgàno o **afghàno**. **A** agg. ● Dell'Afganistan: *levriere a.* **B** s. m. (f. *-a*) ● Abitante, nativo dell'Afganistan.

afghàni ● V. *afgani.*

afghàno ● V. *afgano.*

aficionado /*sp.* afiθjo'nado/ [sp., 'affezionato'] s. m. (pl. *aficionados*) ● Assiduo frequentatore di manifestazioni sportive, acceso ammiratore, sostenitore di una squadra.

àfide [vc. dotta, lat. scient. *aphis*, genit. *aphidis*, di etim. incerta] s. m. ● Insetto degli Emitteri, talvolta privo di ali, dannoso parassita dei vegetali. SIN. Gorgoglione, pidocchio delle piante.

afillo [vc. dotta, gr. *áphyllos* 'senza foglie', comp. di *a-* priv. e *-phyllos* '-fillo'] agg. ● Detto di pianta totalmente priva di foglie o con foglie rudimentali.

†a fin che /a ffin'ke*/ ● V. *affinché.*

a fine ● V. *affine* (*2*).

àfnio o (*raro*) **hàfnio** [da *Hafnia*, nome latinizzato di Copenaghen] s. m. ● Elemento chimico, metallo che emette facilmente elettroni e i cui sali accompagnano sempre quelli di zirconio dai quali vengono separati con difficoltà. SIMB. Hf. SIN. (*raro*) Celtio.

a fóndo ● V. *affondo* (*2*).

afonìa [vc. dotta, gr. *aphōnía*, comp. di *a-* priv. e *-phōnia* '-fonia'] s. f. ● (*med.*) Perdita della voce.

afònico agg. (pl. m. *-ci*) ● Che concerne l'afonia.

àfono [vc. dotta, gr. *áphōnos*, comp. di *a-* priv. e *-phōnos* '-fono'] **A** agg. *1* (*med.*) Affetto da afonia. *2* (*ling.*) Detto del fenomeno della voce priva di vibrazioni laringee. **B** s. m. (f. *-a*) ● (*med.*) Chi è affetto da afonia.

aforìṣma o **aforìṣmo** [vc. dotta, lat. *aphorĭsmu(m)*, nom. *aphorĭsmus*, dal gr. *aphorismós* 'definizione', da *aphorízō* 'io definisco', da *horízō* 'io determino'] s. m. (pl. *-i*) ● Breve massima che esprime una norma di vita o una sentenza filosofica: *parlare per aforismi.*

aforista s. m. e f. (pl. m. *-i*) ● Chi crea aforismi | Chi ama parlare per aforismi.

aforìstico [vc. dotta, gr. *aphoristikós*. V. *aforisma*] agg. (pl. m. *-ci*) ● Che ha forma di aforisma | (*est.*) Sentenzioso. || **aforisticaménte**, avv. In modo breve e sentenzioso.

aformàle [comp. di *a-* (*1*) e *formale*] agg. ● Che non è vincolato da leggi formali.

a fortiori /*lat.* a for'tsjɔri/ [lat., 'a più forte (ragione)', comp. di *ā* 'da' e *fortiōri*, abl. di *fŏrtior*, compar. di *fŏrtis* 'forte'] **A** loc. agg. ● Nella logica, detto di argomentazione che convalida una proposizione in base al fatto che abbia ragioni ancor più numerose e valide di altra già tenuta per valida. **B** loc. avv. ● Tanto più, a maggior ragione.

afosità s. f. ● L'essere afoso.

afóso [da *afa*] agg. ● Pieno di afa, soffocante per l'afa: *aria afosa.*

afrézza [da †*afro* (*1*)] s. f. ● (*lett.*) Sapore aspro.

africander /*ingl.* æfri'kændə/ o **afrikander** o **afrikaner** [ingl., 'sudafricano di origine europea, boero', dall'ol. *Afrikaner* 'Africano', alterato sul modello dell'ol. *Hollander* 'olandese', *Englander* 'inglese', ecc.] s. m. inv. ● Nativo del Sud Africa e delle regioni adiacenti discendente da genitori europei, spec. olandesi.

africanìṣmo o (*raro*) **affricanìṣmo**. s. m. *1* Espansionismo coloniale in Africa. *2* Azione di affrancamento politico, economico, culturale delle popolazioni africane. *3* Idiotismo africano presente in autori latini.

africanista o (*raro*) **affricanista**. s. m. e f. (pl. m. *-i*) *1* Studioso di africanistica. *2* Fautore dell'espansionismo coloniale in Africa.

africanistica o **affricanistica**. s. f. ● Disciplina che ha per oggetto lo studio delle lingue e delle culture africane.

africanìstico agg. (pl. m. *-ci*) ● Relativo all'africanistica.

africàno o (*raro*) **affricàno** [vc. dotta, lat. *africānu(m)*, da *Āfrica*, da *Āfri*, nome degli abitanti della Libia] **A** agg. ● Dell'Africa: *fiumi africani.* **B** s. m. (f. *-a* nel sign. 1) *1* Abitante, nativo dell'Africa. *2* Pasticcino di pasta margherita solitamente coperto di cioccolato | (*est.*) Ogni dolce o torta con copertura di cioccolata.

àfrico o **affrico** [dal lat. *afrĭcu(m)*] **A** agg. (pl. m. *-ci*) ● (*lett.*) Dell'Africa. **B** s. m. ● Libeccio | Correntemente, vento caldo.

afrikaans /*ol.* afri'ka:ns/ [ol., propriamente 'africano'] s. m. inv. ● Lingua dei boeri del Sud Africa.

afrikander /*ingl.* æfri'kændə*/ ● V. *africander.*

afrikaner /*ingl.* æfri'ka:nə*/ ● V. *africander.*

†àfro (*1*) [etim. discussa: o lat. *āfru(m)* 'africano' o germ. **aifrs* 'terribile'] agg. ● (*lett.*) Che ha sapore aspro e caustico: *spicco la susina afra dal prugno* (D'ANNUNZIO). || **afrétto**, dim.

àfro (*2*) [vc. dotta, lat. *Āfru(m)*, dal n. del popolo che abitava l'Africa sett.] agg. *1* Africano: *musica a.* *2* Acrt. di *afroamericano.*

afro- primo elemento ● In parole composte fa riferimento all'Africa o agli Africani: *afroamericano, afroasiatico, afrocubano.*

afroamericàno [comp. di *afro-* e *americano*] agg.; anche s. m. ● (f. *-a*) Che, chi appartiene alla popolazione americana di origine africana.

afroaṣiàtico [comp. di *afro-* e *asiatico*] **A** agg. (pl. m. *-ci*) ● Che concerne l'Africa e l'Asia: *problemi politici afroasiatici.* **B** s. m. (f. -a) ● (*spec. al pl.*) Abitante dell'Africa e dell'Asia.

afrocubàno [comp. di *afro-* e *cubano*] agg.; anche s. m. ● (f. *-a*) Che, chi appartiene alla popolazione cubana di origine africana.

afrodiṣìaco [lat. *aphrodisĭacu(m)*, nom. *aphrodisĭacus* 'di Afrodite', dal gr. *aphrodisiakós*, da *Aphrodíte* 'Venere'] **A** agg. (pl. m. *-ci*) ● Di sostanza che favorisce lo stimolo sessuale. **B** anche s. m.: *la cantaridina è un a.*

afròmetro [comp. del gr. *aphrós* 'schiuma' (di origine indeur.?) e *-metro*] s. m. ● Apparecchio per misurare la pressione nei vini spumanti.

afróre [da *afro* (*1*)] s. m. ● Odore sgradevole che emana dall'uva in fermentazione, dal sudore e altro.

†afroróso agg. ● Afroso.

afrosità [dal gr. *aphrós* 'schiuma'. V. *afrometro*] s. f. ● (*enol.*) Capacità del vino di produrre schiuma.

†afróso [da *afrore*] agg. ● Che ha odore acre.

àfta [vc. dotta, lat. tardo *ăphta(m)*, nom. *ăphta*, dal gr. *áphtha* 'pustola', di etim. incerta] s. f. *1* (*med.*) Infezione ulcerativa della mucosa del cavo orale. *2* (*zool.*) Processo ulceroso, necrotico e circoscritto, che si forma spec. sulla mucosa orale | *A. epizootica*, malattia infettiva, contagiosa, virale degli animali a unghia fessa, caratterizzata da febbre e da afte sulla mucosa orale, sul derma interungueale e sulle mammelle.

after-shave /*ingl.* 'a:ftəʃeiv/ [vc. ingl., 'dopo' (*after*) 'rasatura' (*shave*)] s. m. inv. ● Dopobarba.

aftóso agg. ● Relativo ad afta: *affezione aftosa* | Provocato dall'afta: *ulcera aftosa* | Affetto da afta: *animale a.*

agà ● V. *aghà.*

agalassìa o **agalattìa** [vc. dotta, gr. *agalaxía*, comp. di *a* priv. e *gála*, genit. *gálaktos* 'latte'] s. f. ● (*med.*) Mancanza di secrezione lattea nel momento dell'allattamento.

àgami /'agami, agami*/ [sp. *agami*, da una vc. dei Caraibi della Guiana] s. m. ● Uccello dei Gruiformi dalle dimensioni di un fagiano, con piumaggio nero-dorato sul petto e argenteo sulle ali (*Psophia crepitans*). SIN. Trombettiere.

agamìa [vc. dotta, gr. *agamía*, comp. di *a* priv. e *gámos* 'nozze'] s. f. *1* (*biol.*) Tipo di riproduzione asessuata frequente negli animali inferiori e nei vegetali, che avviene per divisione diretta o per frammentazione. *2* (*etn.*) Confusione dei sessi e mancanza dell'istituzione sociale del matrimonio.

agàmico o **àgamo** agg. (pl. m. *-ci*) ● (*biol.*) Detto di riproduzione che avviene per agamia. SIN. Asessuato. || **agamicaménte**, avv. Per agamia: *riprodursi agamicamente.*

agapànto [comp. del gr. *agápē* 'amore' (V. *agape*) e *ánthos* 'fiore' (V. *antologia*); detto così perché il suo colore azzurro era interpretato come simbolo dell'amore] s. m. ● Pianta erbacea perenne delle Liliacee con foglie radicali, nastriformi e fiori azzurri riuniti in una grande ombrella (*Agapanthus umbrellatus*).

àgape o **agàpe** [vc. dotta, lat. *ăgape(m)*, nom. *ăgape*, dal gr. *agápē* 'amore', di etim. incerta] s. f. *1* Banchetto collettivo e fraterno dei cristiani dei primi tempi. *2* (*est.*) Convito di amici.

àgar-àgar [vc. malese] s. m. inv. ● Sostanza gelatinosa estratta da alghe marine delle Rodoficee, posta in commercio sotto forma di polvere biancastra e utilizzata nell'industria alimentare, nell'industria farmaceutica e per approntare terreni di coltura per microrganismi e batteri.

Agaricàcee [da *agarico*] s. f. pl. ● Nella tassonomia vegetale, famiglia di Funghi dei Basidiomiceti caratterizzati da un corpo fruttifero costituito da una parte basale sterile, e da una parte superiore che porta inferiormente lamelle rivestite dall'imenio (*Agaricaceae*) | (al sing. *-a*) Ogni individuo di tale famiglia.

agàrico [vc. dotta, lat. *agăricu(m)*, dal gr. *agarikón*, dal popolo degli *Agari*] s. m. (pl. *-ci*) ● Genere di funghi delle Agaricacee, con varie specie commestibili e velenose (*Agaricus*) | *A. moscario*, ovolaccio. ➡ ILL. **fungo**.

àgata [lat. *achāte(m)*, nom. *achātes*, dal gr. *achátēs*, di etim. incerta] s. f. ● (*miner.*) Varietà di calcedonio in concrezioni mammellonari con struttura zonata a strati concentrici variamente colorati.

àgave [dal gr. *agauós* 'meraviglioso'] s. f. ● Genere di piante rizomatose delle Amarillidacee, caratterizzate da fusto breve, foglie a rosetta grandi e persistenti, con apice munito di una grossa spina, fiore riunito in pannocchia portato da uno scapo molto alto, importanti per le fibre tessili che forniscono (*Agave*): *a. americana, sisalana.*

agazzìno [etim. incerta] s. m. ● Frutice spinoso delle Rosacee, con rami divaricati, fiori bianchi in corimbi e piccoli frutti di color rosso scarlatto (*Pyracantha coccinea*).

âgé /*fr.* a'ʒe/ [vc. fr., dall'ant. v. *eagier* 'dichiarare maggiore'] agg. (f. *âgée*; pl. m. *âgés*; pl. f. *âgées*) ● Anziano, attempato.

agèmina [ar. *ağamî* 'persiano'] s. f. ● Incastro di piccole parti di uno o più metalli di vario colore, in sedi appositamente scavate, su un oggetto di metallo diverso, per ottenere una decorazione policroma.

ageminàre v. tr. (*io agèmino*) ● Decorare ad agemina.

ageminatóre s. m. ● Chi agemina.

ageminatùra s. f. ● Operazione dell'ageminare | Agemina.

agènda [lat., 'cose da farsi', gerundivo di *ăgere* 'fare'] s. f. *1* Quaderno in cui è riservato uno spazio per ogni giorno, su cui annotare appuntamenti, impegni e altri appunti: *a. tascabile, da tavolo.* *2* Lista di argomenti da discutere in una riunione. || **agendina**, dim.

agènte [vc. dotta, lat. *agĕnte(m)*, part. pres. di *ăgere* 'fare'] **A** part. pres. di *agire*; anche agg. ● Nei sign. del v. **B** s. m. *1* Chi, ciò che, agisce | (*ling.*) *Complemento di a.*, indica l'essere animato da cui è fatta l'azione espressa con verbo passivo. *2* Chi è incaricato di svolgere dati servizi o funzioni per conto o rappresentanza di altri | *A. marittimo*, in un porto, rappresentante di un armatore o di una società di navigazione | *A. di cambio*, mediatore autorizzato alla negoziazione in borsa di valori mobiliari per conto terzi | *A. diplomatico*, funzionario che uno Stato invia nel territorio di un altro allo scopo di intrattenere relazioni internazionali con lo stesso | *A. di commercio*, chi assume stabilmente l'incarico di promuovere la conclusione di contratti in una zona determinata, per conto del proponente | *A. di vendita*, collaboratore esterno di un'azienda a cui è affidato il mandato di realizzare vendite per conto dell'azienda | *A. delle tasse*, persona a cui è affidata la riscossione delle imposte o tasse | (*gener.*) *A. di polizia*, poliziotto; nel nuovo ordinamento della polizia di Stato italiana, qualifica corrispondente a quella soppressa di guardia di Pubblica Sicurezza; la persona che ha tale qualifica | *A. sociosanitario*, barelliere | *A. di custodia*, guardia carceraria | *A. segreto*, di spionaggio | *A. provocatore*, chi, fingendo di essere d'accordo con altre persone, ne provoca un'azione delittuosa per farle cadere nelle mani della polizia | *A. unico*, nei veicoli di trasporto pubblico, il guidatore, quando il bigliettaio è sostituito da un distributore automatico di biglietti: *corsa ad a. unico*. **3** Sostanza che provoca una reazione o che ne modifica l'andamento: *a. chimico* | *Agenti atmosferici*, il vento, la pioggia, la neve e sim., in quanto provocano modificazioni sulla superficie terrestre | (*med.*) *A. patogeno*, sostanza o microrganismo che è causa di malattia.

†**agenzàre** [provz. *agensar*, da *gen* 'gentile'] **A** v. tr. ● (*lett.*) Adornare, abbellire. **B** v. intr. ● (*lett.*) Piacere, far piacere, essere gradito.

agenzìa [da *agente*; per calco sull'ingl. *agency* nel sign. 4] s. f. **1** Impresa intermediaria d'affari | *A. immobiliare*, che si occupa della compravendita e dell'affitto di case, locali, terreni | *A. di distribuzione*, impresa specializzata che cura la diffusione capillare fra tutti i rivenditori di libri, giornali e sim. | (*est.*) Incarico dell'agente | *Contratto di a.*, con cui una parte si assume l'incarico di promuovere affari in una zona determinata dietro pagamento di una provvigione. **2** Impresa che fornisce a terzi determinati servizi | *A. pubblicitaria*, organizzazione che fornisce servizi di pubblicità, marketing, pubbliche relazioni alle aziende | *A. di informazioni*, *a. di stampa*, organizzazione che fornisce a giornali, a privati, a enti pubblici, per lo più in abbonamento, notizie di carattere politico, commerciale e sim., raccolte da propri informatori e trasmesse nel modo più rapido | *Notizia d'agenzia* o (*ell.*) *agenzia*, nel linguaggio giornalistico, il comunicato di una agenzia di informazione | *A. d'investigazione*, che svolge indagini per conto terzi. **3** Ufficio staccato, succursale di una sede centrale: *istituto bancario con numerose agenzie*. **4** (*sociol.*) Ciascuna delle varie organizzazioni sociali, pedagogiche o dei gruppi, sia istituzionalizzati (per es. famiglia, sistema scolastico) sia non istituzionalizzati (per es. gruppi formati sul luogo di lavoro) che trasmettono valori, norme e modelli di comportamento, contribuendo all'integrazione sociale dell'individuo: *a. di socializzazione*.

agenziàle agg. ● Relativo ad agenzia.

agèrato [vc. dotta, lat. *agērato(n)*, dall'agg. gr. *agḗratos* 'che non invecchia', perché erba perenne, comp. di *a-* (*1*) e *gêras* 'vecchiaia'] s. m. ● Pianta erbacea delle Composite con piccoli fiori azzurri addensati all'apice dei rami (*Ageratum houstonianum*).

ageușìa [comp. di *a-* (*1*) e del gr. *geûsis* 'gusto', di origine indeur.] s. f. ● (*med.*) Perdita della capacità di sentire i sapori.

agevolàbile agg. ● Che può essere agevolato: *mutuo, finanziamento a.*

agevolaménto s. m. ● (*raro*) Agevolazione.

agevolàre [da *agevole*] v. tr. (*io agévolo*) **1** Rendere agevole, facilitare. CONTR. Ostacolare. **2** (*raro, lett.*) Alleviare. **3** Aiutare, favorire | *A. i carcerati*, trattarli con minor rigore.

agevolàto part. pass. di *agevolare*; anche agg. ● Nei sign. del v. | (*econ.*) *Mutuo, finanziamento a.*, prestito concesso a un tasso di interesse inferiore a quello di mercato.

agevolatóre s. m.; anche agg. (f. *-trice*) ● (*raro*) Chi, che agevola.

agevolazióne s. f. ● Atto, effetto dell'agevolare: *a. di pagamento*; *fare, concedere, ricevere delle agevolazioni*. SIN. Facilitazione.

agévole [lat. mediev. *agibile(m)*, da *ăgere* 'fare'] **A** agg. **1** Che non presenta difficoltà, comodo, facile: *pendio, strada, discesa a.*; *rendere a. il passaggio*; *impresa a. da compiere*. **2** (*tosc.*) Mansueto, docile, trattabile: *animale, persona a.* || **agevolménte**, avv. Facilmente. **B** avv. ● †Agevolmente, facilmente: *poi la gran torre mia, ch'agevol move, / trascorra alquanto, e porti guerra altrove* (TASSO). || **agevolino**, dim.

agevolézza s. f. **1** Qualità di ciò che è agevole | Vantaggio, spec. economico. **2** (*raro, lett.*) Scorrevolezza, scioltezza nel parlare.

aggallàre [comp. di *a-* (*2*) e galla] v. intr. (aus. *essere*) ● Venire a galla, detto spec. dei palombari. SIN. Assommare.

aggallàto A part. pass. di *aggallare*; anche agg. ● Nel sign. del v. **B** s. m. **1** Strato erboso che galleggia su laghi e sim. **2** (*raro, tosc.*) Terreno cedevole e paludoso.

agganciaménto s. m. **1** Atto, effetto dell'agganciare. **2** Dispositivo per l'unione temporanea di due veicoli, o di un veicolo alla macchina traente. SIN. Aggancio, attacco.

agganciàre [comp. di *a-* (*2*) e *gancio*] v. tr. (*io aggàncio*) **1** Prendere e fermare con gancio o agganciо: *a. vetture, carri ferroviari*. **2** Nel calcio, entrare in possesso del pallone a mezz'altezza, al volo: *a. la palla* | *A. un avversario*, sgambettarlo. **3** (*fig., fam.*) Trattenere, fermare qc. per parlargli: *a. una ragazza*.

agganciatóre s. m. (f. *-trice*) ● Operaio dell'industria siderurgica che aggancia e sgancia i profilati caldi dalle gru.

aggàncio s. m. **1** (*raro*) Agganciamento | Insieme di ganci. **2** Complesso degli organi per collegare due veicoli contigui | *A. semplice*, a mano | *A. automatico*, per accostamento dei veicoli stessi.

agganghєràre [comp. di *a-* (*2*) e *ganghero*] **A** v. tr. (*io aggànghero*) ● (*raro*) Fermare, allacciare con gangheri. **B** v. rifl. ● (*raro*) Tenersi unito (*anche fig.*)

aggarbàre [comp. di *a-* (*2*) e *garbo*] **A** v. tr. **1** (*mar.*) Disegnare la sagoma delle parti costituenti le linee esterne e interne di uno scafo. **2** †Modellare con garbo. **B** v. intr. (aus. *essere*) ● (*raro*) Garbare, piacere.

aggattonàre [comp. di *a-* (*2*) e *gattonare*] v. tr. (*io aggattóno*) ● (*raro*) Avvicinare lentamente e di nascosto la selvaggina, col corpo quasi per terra, come fanno i gatti.

†**aggavignàre** [comp. di *a-* (*2*) e †*gavignare*] **A** v. tr. ● Avvinghiare, agguantare. **B** v. rifl. rec. ● Avvinghiarsi.

†**aggecchìrsi** [comp. di *a-* (*2*) e †*gecchire*] v. rifl. ● Avvilirsi | Sottomettersi.

aggeggiàre A v. tr. (*io aggéggio*) ● (*tosc., fam.*) Accomodare alla meglio. **B** v. intr. (aus. *avere*) ● Gingillarsi, perdere tempo in cose futili.

aggéggio [forse ant. fr. *agiets* 'ninnoli', dal lat. *adiĕctu(m)* 'cosa messa sopra, aggiunta'] s. m. **1** Oggetto di poco conto | (*est.*) Oggetto che non si conosce, di cui non si sa il nome, si ignora la funzione e sim.: *cos'è questo a.?*; *aveva in mano uno strano a.* **2** (*fig.*) Imbroglio. || **aggeggino**, dim. | **aggeggióne**, accr. (V.).

aggeggióne [accr. di *aggeggio*] s. m. (f. *-a*) **1** Chi aggeggia. **2** Imbroglione.

†**aggelàre** [comp. di *a-* (*2*) e *gelare*] **A** v. tr. (*io aggèlo*) ● (*lett.*) Raffreddare, agghiacciare. **B** v. intr. e intr. pron. (aus. *essere*) ● (*lett.*) Raggelarsi, rapprendersi: *quindi Cocito tutto s'aggelava* (DANTE *Inf.* XXXIV, 52).

aggeminazióne s. f. ● (*ling.*) Geminazione.

†**aggentilìre** [comp. di *a-* (*2*) e *gentile*] v. tr. e intr. pron. ● Ingentilire.

†**aggeràre** [lat. *aggerāre*, da *ăgger* 'mucchio di terra'. V. †*aggere*] v. tr. ● Ammucchiare, ammassare.

†**àggere** [vc. dotta, lat. *ăggere(m)*, da *aggĕrere* 'accumulare'. V. *argine*] s. m. ● Rialto | Specie di trincea per espugnare le fortezze.

aggettànte part. pres. di *aggettare*; anche agg. ● Nei sign. del v.

aggettàre [da *aggetto*] v. intr. (*io aggètto*; aus. *essere*) ● Sporgere, fare aggetto, detto di parti architettoniche: *il balcone aggetta sulla facciata*.

aggettivàle agg. ● Di aggettivo: *funzione a. di un sostantivo*.

aggettivàre v. tr. **1** Rendere aggettivo, usare in funzione di aggettivo: *a. un avverbio*. **2** (*ass.*) Usare aggettivi in un discorso, brano, frase, e sim.

aggettivàto part. pass. di *aggettivare*; anche agg. ● Nei sign. del v.

aggettivazióne s. f. ● Atto dell'aggettivare | Uso di aggettivi: *un particolare tipo di a.*

aggettivo o (*raro*) †**addiettivo** o †**adiettivo** [vc. dotta, lat. tardo *adiectīvu(m)*, da *adĭcere* 'aggiungere'. V. *aggetto*] s. m. **1** Categoria del nome che si aggiunge ad un sostantivo per qualificarlo e specificarlo: *aggettivi qualificativi, dimostrativi, possessivi, indefiniti*. **2** (*est.*) Attributo, epiteto: *qualificare qc. di aggettivi poco simpatici*. || **aggettivaménte**, avv. A modo di aggettivo.

aggètto [lat. *adiĕctu(m)*, part. pass. di *adĭcere* 'aggiungere', comp. di *ăd* e *iăcere* 'gettare'] s. m. **1** Elemento architettonico sporgente dal corpo della costruzione, come cornice, balcone, mensola e sim. | *Fare a.*, sporgere. **2** In alpinismo, sporgenza rocciosa lungo una parete.

†**agghermigliàre** [comp. di *a-* (*2*) e *ghermire*] v. tr. ● Pigliare e tenere con forza, ghermire.

agghiacciaménto s. m. ● Atto, effetto dell'agghiacciare.

agghiacciànte part. pres. di *agghiacciare*; anche agg. **1** Nei sign. del v. **2** Che fa inorridire, che causa grande spavento.

agghiacciàre o (*tosc.*) **addiacciàre** (**1**) [comp. di *a-* (*2*) e *ghiaccio*] **A** v. tr. (*io agghiàccio*) **1** Ridurre in ghiaccio, congelare: *a. l'acqua*. **2** (*fig.*) Attenuare, smorzare, frenare: *a. l'entusiasmo di qc.* **3** (*fig.*) Raggelare per lo spavento, far inorridire: *un grido ci agghiacciò*; *quei lunghi gemiti gli agghiacciarono il sangue*. **B** v. intr. e intr. pron. (aus. *essere*) **1** Divenire ghiaccio, congelarsi. **2** Sentire molto freddo, gelarsi. **3** Spaventarsi al massimo, cadere in preda all'orrore.

†**agghiàccio** (**1**) ● V. *addiaccio*.

agghiàccio (**2**) o †**aggiàccio** [biz. *oiákion*, dim. di *óiax*, genit. *óiakos* 'manico del timone', di etim. incerta] s. m. ● (*mar.*) Complesso di organi collegato ai frenelli per trasmettere al timone i movimenti voluti.

†**agghiadàre** [comp. di *a-* (*2*) e *ghiado* (*1*) e (*2*)] **A** v. tr. **1** Trafiggere con un'arma. **2** Agghiacciare, rendere di ghiaccio. **B** v. intr. e intr. pron. **1** Agghiacciarsi | Raffreddarsi, rapprendersi, spec. di metalli allo stato di fusione. **2** (*fig.*) Spaventarsi, inorridire.

agghiaiàre [comp. di *a-* (*2*) e *ghiaia*] v. tr. (*io agghiàio*) ● Ricoprire di ghiaia: *a. strade, piazze*.

agghindaménto s. m. ● Atto, effetto dell'agghindare e dell'agghindarsi.

agghindàre [comp. di *a-* (*2*) e *ghindare*] **A** v. tr. **1** Vestire con particolare cura e ricercatezza: *a. una fanciulla*. **2** Ornare, abbellire con particolare cura e ricercatezza: *a. la propria prosa*. **B** v. rifl. ● Ornarsi con eleganza leziosa: *perde molto tempo ad agghindarsi*.

agghindàto part. pass. di *agghindare*; anche agg. ● Nei sign. del v.

aggiaccàre [lat. **iacicāre*, da *iacēre* 'giacere'] v. tr. (*io aggiàcco, tu aggiàcchi*) ● Abbattere, piegare verso terra: *a. le biade, la messe* | Sgualcire: *a. un vestito*.

†**aggiàccio** ● V. *agghiaccio* (*2*).

†**aggiatóre** [da *aggio* (*1*)] s. m. ● Chi commercia in moneta e guadagna sull'aggio.

†**aggìna** [lat. parl. **agīna(m)*, da *ăgere* 'guidare il bestiame al pascolo'] s. f. ● Porzione di pascolo montano assegnata a un branco di animali.

-aggine [originariamente in nomi di piante, come nel corrispondente suff. lat. *-āgine(m)*, esteso poi a qualità astratte, espresso propriamente dal parallelo suff. *-īgine(m)*] suff. derivativo ● Forma sostantivi astratti indicanti condizione, qualità negativa e sim. tratti da aggettivi, nomi e verbi: *balordaggine, cascaggine, fanciullaggine, testardaggine, tetraggine*.

àggio (**1**) [etim. incerta] s. m. **1** Compenso spettante a chi è incaricato di riscossioni. **2** Maggior valore, rispetto a quello legale o nominale, ottenuto nel cambio di moneta.

†**àggio** (**2**) [fr. *âge* 'età'] s. m. ● (*raro*) Età | Anno, tempo.

-àggio [originariamente adattamento del suff. fr. *-age*, dal lat. *-ātícu(m)*] suff. derivativo ● Forma sostantivi tratti da nomi e verbi: *abbordaggio, canottaggio, imballaggio, linciaggio, lignaggio, spionaggio, vagabondaggio*.

aggiogaménto s. m. ● (*raro*) Atto, effetto dell'aggiogare.

aggiogàre [lat. tardo *adiugāre*, comp. di *ăd* e *iŭgum* 'giogo'] v. tr. (*io aggiógo, tu aggióghi*) **1** Mettere sotto il giogo: *a. i buoi* | (*fig.*) *A. qc. al carro della politica*, vincolarlo, asservirlo. **2** (*est.*) Accoppiare, appaiare. **3** (*fig.*) Soggiogare.

aggiogatóre agg.; anche s. m. (f. *-trice*) ● (*raro*) Che, chi aggioga.

aggiornaménto (**1**) [fr. *ajournement*, da *ajourner* 'aggiornare' (2)] s. m. **1** Atto dell'aggiornare e dell'aggiornarsi: *corso di a.*; *pubblicazioni di a.*

scientifico. *2* (*elab.*) *A. di un archivio*, operazione consistente nel modificare, mediante aggiunte, cancellazioni e correzioni, i dati dell'archivio in relazione alle variazioni intervenute. *3* Dilazione, rinvio: *l'a. della seduta*.

aggiornaménto (2) [da *aggiornare* (*1*)] s. m. ● Atto, effetto dell'aggiornare un gioiello.

aggiornàre (1) [comp. di *a-* (*2*) e *giorno*] **A** v. intr. impers. (*aggiórna*; aus. *essere*) ● Farsi giorno, albeggiare: *cavalca e quando annotta e quando aggiorna* (ARIOSTO); *e parte prima che aggiorni* (D'ANNUNZIO). **B** v. tr. (*io aggiórno*) *1* (*poet.*) Rischiarare a giorno. *2* Trattare un gioiello in modo da far prendere luce alla pietra preziosa. **C** v. intr. e intr. pron. (aus. *essere*) *1* (*raro, lett.*) Albeggiare. *2* †Rischiararsi, risplendere di luce chiara.

aggiornàre (2) [fr. *ajourner*, da *jour* 'giorno'] **A** v. tr. (*io aggiórno*) *1* Rimandare ad altra data: *a. una discussione, una seduta, una causa*. SIN. Differire, rinviare. *2* Mettere al corrente: *a. le proprie cognizioni, la propria cultura* | Completare le notizie nelle edizioni di un giornale successive alla prima, aggiungendo particolari e correggendone o sopprimendone altri. *3* Rivedere, rielaborare un'opera in modo da renderla adeguata ai tempi e alle esigenze attuali: *a. un trattato, un manuale*; *la nuova edizione è stata aggiornata fino al 1967*. *4* †Assegnare il giorno, la data. **B** v. rifl. ● Mettersi, tenersi al corrente, spec. per quanto riguarda la propria preparazione culturale e professionale: *aggiornarsi su testi stranieri*.

aggiornàto (1) part. pass. di *aggiornare* (*1*); anche agg. *1* Nei sign. del v. *2* Fatto in maniera da far prendere luce alle pietre preziose.

aggiornàto (2) part. pass. di *aggiornare* (*2*); anche agg. ● Nei sign. del v.

aggiornatóre s. m. (f. *-trice*) ● Chi ha funzione di docente in corsi di aggiornamento.

aggiotàggio [fr. *agiotage*, dall'it. *aggio* (*1*)] s. m. (f. *-trice*) ● Manovra illecita di chi provoca variazioni artificiali nei prezzi di merci o valori mobiliari allo scopo di trarne profitto.

aggiotatóre s. m. ● Chi compie manovre di aggiotaggio.

aggiraménto s. m. *1* Atto, effetto dell'aggirare | Manovra per investire il fianco o il tergo dello schieramento nemico senza impegnarne la fronte. *2* (*fig.*) Inganno, insidia, raggiro. *3* †Vortice | †Giro, giramento.

aggiràre [comp. di *a-* (*2*) e *giro*] **A** v. tr. *1* Girare intorno a qc. o a q.c. | Circondare: *a. le posizioni del nemico* | (*fig.*) *A. l'ostacolo, il problema, la difficoltà*, tentarne il superamento o la soluzione senza affrontarli direttamente. *2* (*fig.*) Raggirare, ingannare. **B** v. intr. pron. *1* Muoversi, andare attorno (*anche fig.*): *aggirarsi per le strade, per la casa, per le stanze*; *si aggirava qua e là senza pace*; *uno strano pensiero gli si aggirava dentro*. *2* Approssimarsi, arrivare all'incirca, detto di entità numerica: *la spesa si aggira sul milione*.

†aggiràta s. f. ● Giro: *Non sanza prima far grande a. / venimmo* (DANTE *Inf.* VIII, 79-80).

aggiratóre s. m. (f. *-trice*) ● Impostore.

aggiucchìre [comp. di *a-* (*2*) e *giucco*] v. tr. e intr. (*io aggiucchìsco, tu aggiucchìsci*; aus. intr. *essere*) ● (*tosc.*) Stupire, sbalordire.

aggiudicàre [vc. dotta, lat. *adiudicāre* 'assegnare come giudice', comp. di *ăd* e *iudex*, genit. *iudicis* 'giudice'] v. tr. (*io aggiùdico, tu aggiùdichi*) *1* Assegnare q.c. a qc. in seguito a espropriazione, asta, concorso, e sim.: *a. un appalto*; *hanno aggiudicato il mobile al miglior offerente*. *2* (*est.*) Attribuire: *a. un merito, un torto, a qc.* *3* Conquistare: *aggiudicarsi la vittoria, il primo posto*; *s'è aggiudicato sei tappe su dieci*.

aggiudicatàrio s. m. (f. *-a*) ● Colui al quale è aggiudicato un bene espropriato o un'impresa messa all'incanto.

aggiudicatìvo agg. ● Che serve ad aggiudicare: *decreto a.*; *provvedimento a.*

aggiudicàto part. pass. di *aggiudicare*; anche agg. *1* Nei sign. del v. *2 a.!*, formula con cui, nelle aste pubbliche, si assegna al miglior offerente ciò che gli spetta.

aggiudicazióne [vc. dotta, lat. tardo *adiudicatiōne(m)*, da *adiudicāre*. V. *aggiudicare*] s. f. ● Atto, effetto dell'aggiudicare.

†aggiùgnere e deriv. ● V. *aggiungere* e *deriv.*

aggiùngere o †**aggiùgnere** [lat. *adiŭngere*, comp. di *ăd* e *iŭngere* 'congiungere'] **A** v. tr. (coniug. come *giungere*) *1* Mettere in più, unire una cosa a un'altra: *a. acqua al vino*; *a. un'osservazione a un discorso* | Accrescere: *a. pregi*. CONTR. Togliere. *2* Soggiungere, nel discorso: *E io li aggiunsi: 'E morte di tua schiatta'* (DANTE *Inf.* XXVIII, 109). *3* †Raggiungere. **B** v. intr. (aus. *essere*) ● (*raro, lett.*) Arrivare, giungere, pervenire. **C** v. rifl. ● Congiungersi, unirsi | Mettersi insieme. **D** v. intr. pron. ● Aggregarsi, associarsi: *a questa notizia se ne aggiungevano altre*.

†aggiungiménto o †**aggiugniménto** s. m. ● Atto, effetto dell'aggiungere e dell'aggiungersi | Aggiunta.

aggiùnta [lat. *adiŭncta* 'cose aggiunte', part. pass. nt. pl. di *adiŭngere* 'aggiungere'] s. f. *1* Cosa che si aggiunge, giunta: *un'a. necessaria, inutile*; *fare, mettere un'a.* | (*lett.*) *In, per a.*, in più, per di più. *2* Continuazione di un'opera, spesso di autore diverso da quello dell'originale. || **aggiuntina**, dim.

aggiuntàre [da *aggiunto*] v. tr. *1* Attaccare insieme | *A. scarpe*, unirne le varie parti. *2* †Aggiungere.

aggiuntatóre s. m. (f. *-trice*) *1* Chi cuce a macchina tomaie per scarpe. *2* (*fig.*) †Giuntatore, truffatore.

aggiuntatùra s. f. ● Atto, effetto dell'aggiuntare | Punto in cui due cose vengono unite.

aggiuntìvo [vc. dotta, lat. tardo *adiunctīvu(m)*, da *adiŭnctus* 'aggiunto'] agg. *1* Che serve ad aggiungere | Congiunzione aggiuntiva, che congiunge un termine con un altro mettendolo in rilievo. *2* Che viene aggiunto: *norme aggiuntive*.

aggiùnto [lat. *adiŭnctu(m)*, part. pass. di *adiŭngere* 'aggiungere'] **A** part. pass. di *aggiungere*; anche agg. *1* Nei sign. del v. *2* Detto di chi è incaricato di sostituire o coadiuvare altri nell'esercizio di date funzioni o servizi: *sindaco a.*; *segretario a.*; *membro a.* **B** s. m. ● *a. del sindaco*, chi è delegato a rappresentare il sindaco nelle borgate, frazioni o quartieri. SIN. Sindaco aggiunto | *A. giudiziario*, magistrato che ricopre il primo grado della carriera giudiziaria.

†aggiunzióne [vc. dotta, lat. *adiunctiōne(m)*, da *adiŭnctus* 'aggiunto'] s. f. *1* Aggiunta. *2* Epiteto.

aggiustàbile agg. ● Che si può aggiustare.

aggiustàggio [fr. *ajustage*] s. m. *1* In varie tecnologie, operazione di finitura eseguita a mano su pezzi metallici per realizzare il miglior combaciamento delle superfici a contatto negli accoppiamenti. *2 A. alla vista*, operazione di messa a punto dell'oculare di uno strumento ottico che consente di adattare lo strumento al potere visuale dell'osservatore per ottenere visione nitida.

aggiustaménto s. m. *1* Atto, effetto dell'aggiustare. *2* (*fig.*) Accordo, accomodamento. *3* (*psicol.*) Modificazione del comportamento al fine di ottenere un migliore adattamento all'ambiente sociale. *4* †Quietanza. | Fase del tiro di artiglieria che ha lo scopo di determinare i dati necessari per eseguire il tiro su un obiettivo con la voluta approssimazione.

aggiustàre [comp. di *a-* (*2*) e *giusto*] **A** v. tr. ● Rimettere in funzione, in ordine, in regola: *a. un trattore, un vestito, un orologio* | *A. il tiro*, regolarlo mediante correzioni apportate ai dati di tiro di più colpi successivi, fino a raggiungere la voluta approssimazione | *A. di sale*, in cucina aggiungere sale in una vivanda fino a ottenere il sapore voluto | (*fig.*) *A. una lite, un diverbio*, comporli | (*fig.*) *A. i conti*, pareggiarli | (*fig.*) *A. lo stomaco*, ristorarlo | (*fig.*) *A. il colpo*, assestarlo bene | (*fig.*) *A. di sale*, in cucina, aggiungere sale in una vivanda | (*fig.*) *A. uno per le feste*, ridurlo male | (*fig.*) *T'aggiusto io!*, esclamazione di minaccia. SIN. Accomodare, ordinare, sistemare. **B** v. rifl. ● Adattarsi: *possiamo aggiustarci in questo albergo*. **C** v. rifl. rec. ● Mettersi d'accordo: *ci aggiusteremo facilmente sulle condizioni di pagamento*.

†aggiustàrsi [ant. fr. *ajoster* 'mettere vicino, mettere accanto', dal lat. parl. **adiuxtāre*, comp. di *ăd* e il den. di *iŭxta* 'presso'. V. *giusta*] v. rifl. ● Mettersi accanto: *colui che da sinistra le s'aggiusta* (DANTE *Par.* XXXII, 121).

aggiustàta s. f. ● L'atto dell'aggiustare in fretta e in modo sommario. || **aggiustatina**, dim.

aggiustatézza s. f. ● (*raro*) Qualità di ciò che è giusto, adatto e sim. | Maniera giusta, esatta.

aggiustàto part. pass. di *aggiustare*; anche agg. *1* Nei sign. del v. *2* (*lett.*) Misurato nel parlare o nel pensare. || **aggiustatino**, dim. || **aggiustataménte**, avv. Con esattezza e precisione.

aggiustatóre s. m. (f. *-trice*) *1* Chi aggiusta. *2* Operaio che esegue i lavori di aggiustaggio.

aggiustatùra s. f. ● Atto, effetto dell'aggiustare | Punto in cui si è aggiustato q.c. e segno che ne resta: *nascondere, mascherare l'a.* || **aggiustaturìna**, dim.

aggiusterìa s. f. ● Officina nella quale si svolgono lavori di aggiustaggio.

agglomeraménto s. m. *1* Atto, effetto dell'agglomerare e dell'agglomerarsi. *2* Mucchio, massa: *a. di case, di folla*.

agglomerànte **A** part. pres. di *agglomerare*; anche agg. ● Nei sign. del v. **B** s. m. ● Sostanza che, per trasformazione fisica o reazione chimica, fa unire particelle incoerenti: *a. idraulico, cementizio*.

agglomeràre [vc. dotta, lat. *agglomerāre*, comp. di *ăd* e *glŏmus*, genit. *glŏmeris* 'gomitolo'] **A** v. tr. (*io agglòmero*) ● Mettere insieme cose e persone di diversa origine e provenienza. SIN. Ammassare, ammucchiare. **B** v. intr. pron. ● Ammassarsi, riunirsi insieme: *il fango si agglomera sulle scarpe*; *alcune popolazioni nomadi si erano agglomerate intorno alla città*.

agglomeràto **A** part. pass. di *agglomerare*; anche agg. ● Nei sign. del v. **B** s. m. *1* Conglomerato: *un a. di rocce*. *2* Materiale formato dall'unione di particelle incoerenti mediante l'intermediario di un agglomerante o per sinterizzazione: *agglomerati di legno, da costruzione*. *3* Insieme, massa | *A. urbano*, insieme di edifici costituente un centro abitato.

agglomerazióne s. f. ● Atto, effetto dell'agglomerare.

agglutinaménto s. m. ● Atto, effetto dell'agglutinare e dell'agglutinarsi.

agglutinànte part. pres. di *agglutinare*; anche agg. *1* Nei sign. del v. *2* Detto di lingue che esprimono i rapporti grammaticali giustapponendo elementi diversi in una sola parola. *3* Detto di sostanze che provocano o subiscono l'agglutinazione. SIN. Affissivo.

agglutinàre [vc. dotta, lat. *agglutināre*, comp. di *ăd* e *glūten*, genit. *glūtinis* 'glutine, colla'] **A** v. tr. (*io agglùtino*) *1* Unire, con glutine o altre sostanze adesive. *2* Provocare agglutinazione. **B** v. intr. pron. ● Saldarsi, far presa, agglomerandosi.

agglutinazióne [vc. dotta, lat. tardo *agglutinatiōne(m)*, da *agglutināre* 'agglutinare'] s. f. *1* Agglutinamento. *2* (*ling.*) Procedimento di formazione di parole tramite semplice giustapposizione di elementi diversi. SIN. Concrezione. *3* (*biol.*) Processo di agglomeramento di batteri o cellule in sospensione in piccoli grumi con tendenza alla sedimentazione in particolari condizioni.

agglutinìna [detta così perché *agglutina* i batteri] s. f. ● (*biol.*) Una delle sostanze presenti nei sieri immunizzanti | Anticorpo specifico che provoca agglutinazione.

agglutinògeno [comp. di *agglutin(ina)* e *-geno*] s. m. ● Sostanza che provoca la formazione di agglutinine nell'organismo.

aggobbìre [comp. di *a-* (*2*) e *gobbo*] **A** v. tr. (*io aggobbìsco, tu aggobbìsci*) ● Far diventare gobbo: *il troppo studio l'aggobbisce*. **B** v. intr. (aus. *essere*) ● Divenir gobbo: *a. sui libri*; *a. sotto un peso eccessivo*; *lo picchiava con certi pugni sodi ... che lo facevano a.* (VERGA).

aggomitolàre [comp. di *a-* (*2*) e *gomitolo*] **A** v. tr. (*io aggomitolo*) ● Avvolgere in gomitoli. **B** v. rifl. *1* Avvolgersi su sé stesso | Rannicchiarsi: *aggomitolarsi nel letto* | *Aggomitolarsi sulla palla*, nel calcio, si dice del portiere che, dopo essersi impadronito a terra del pallone, lo stringe saldamente col corpo rannicchiato. *2* †Stringersi insieme.

aggomitolàto part. pass. di *aggomitolare*; anche agg. ● Nei sign. del v.

aggomitolatóre s. m. ● Macchinetta atta a preparare i gomitoli di cotone.

aggomitolatùra s. f. ● Atto, effetto dell'aggomitolare e dell'aggomitolarsi.

aggottaménto s. m. ● Atto, effetto dell'aggottare.

aggottàre [comp. di *a-* (2) e *gotto*] **v. tr.** (*io aggòtto*) *1* (*mar.*) Togliere l'acqua da un'imbarcazione con la sassola. *2* Prosciugare uno scavo in fondazione per poter costruire le fondamenta all'asciutto.

aggottatóio **s. m.** ● Recipiente in uso nelle saline per estrarre l'acqua salsa.

aggradàre [provz. *agradar*, dal lat. *grātus* 'gradito'] **v. intr.** (oggi dif. usato solo nella terza pers. sing. dell'**indic. pres.** *aggràda*) ● (*lett.*) Riuscire gradito: *tanto m'aggrada il tuo comandamento* (DANTE *Inf.* II, 79) | Come vi aggrada, come volete, come vi piace.

aggradévole **agg.** ● (*lett.*) Gradevole, piacevole. || **aggradevolménte**, **avv.** (*lett.*) Piacevolmente.

aggradevolézza **s. f.** ● (*lett.*) Gradevolezza.

aggradiménto **s. m.** ● (*lett.*) Gradimento, piacere.

aggradìre [comp. di *a-* (2) e *gradire*] **A** **v. tr.** (*io aggradìsco tu aggradìsci*) ● (*lett.*) Accogliere con piacere, gradire. **B** **v. intr.** (aus. *essere*) ● (*lett.*) Piacere: *per me si faccia quello che v'aggradirà* (BOCCACCIO).

aggraffàggio [da *aggraffare*] **s. m.** ● Nella lavorazione delle sigarette, zigrinatura.

aggraffàre [comp. di *a-* (2) e *graffa*] **v. tr.** *1* Afferrare con le graffe | (*raro, fig.*) Arraffare, ghermire. *2* Unire mediante aggraffatura. *3* Nella lavorazione delle sigarette, zigrinare.

aggraffatóre **s. m.** ● Operaio addetto all'aggraffatura.

aggraffatrìce **s. f.** ● (*artig.*) Macchina che esegue l'aggraffatura.

aggraffatùra **s. f.** *1* Atto, effetto dell'aggraffare. *2* Collegamento di lamierini mediante ripiegamento congiunto dei loro bordi sovrapposti, molto usato spec. nella fabbricazione di barattoli e sim. *3* Affasciatura.

aggraffiàre [comp. di *a-* (2) e *graffio* (2)] **v. tr.** (*io aggràffio*) ● (*raro*) Prendere con artigli o uncini | (*fig.*) Arraffare, portar via.

aggranchiàre [comp. di *a-* (2) e *granchio*, che si ritira quando è toccato] **v. intr.** e **intr. pron.** (*io aggrànchio*; aus. *essere*) ● Intirizzirsi, per il troppo freddo.

aggranchiàto **part. pass.** di *aggranchiare*; anche **agg.** ● Nei sign. del v.

aggranchiménto **s. m.** ● (*raro*) Intirizzimento.

aggranchìre **A** **v. tr.** (*io aggranchìsco, tu aggranchìsci*) ● Intirizzire: *il freddo mi ha aggranchito le mani.* **B** **v. intr.** (aus. *essere*) ● Aggranchiare.

aggranchìto **part. pass.** di *aggranchire*; anche **agg.** ● Nei sign. del v.

aggrandiménto **s. m.** ● (*raro*) Ingrandimento.

aggrandìre [comp. di *a-* (2) e *grande*] **A** **v. tr.** (*io aggrandìsco, tu aggrandìsci*) *1* (*raro*) Accrescere la potenza o l'importanza di q.c. | (*fig.*) Amplificare, esagerare. *2* (*lett.*) Magnificare con parole. **SIN.** Esaltare. **B** **v. intr.** e **intr. pron.** (aus. *essere*) ● (*lett.*) Farsi grande, ingrandirsi, crescere.

aggranfiàre [comp. di *a-* (2) e *granfia*] **v. tr.** (*io aggrànfio*) ● Afferrare con le unghie o gli artigli | (*fig.*) Rubare: *a. il portafoglio a qc.*

aggrappàre [comp. di *a-* (2) e *grappa* (1)] **A** **v. tr.** *1* (*raro*) Pigliare forte, afferrare. *2* Mordere il fondo, detto dell'ancora. **B** **v. rifl.** *1* Tenersi forte con le mani: *si aggrappò alla corda per non cadere* | *Aggrapparsi all'avversario*, nel pugilato e nella pallanuoto, afferrarlo o stringerlo con le braccia impedendogli irregolarmente la libertà di movimento. *2* (*fig.*) Afferrarsi, attaccarsi: *aggrapparsi a un'illusione.*

aggraticciàre [comp. di *a-* (2) e *graticcio*] **A** **v. tr.** (*io aggratìccio*) ● Intrecciare formando graticci. **B** **v. rifl.** e **intr. pron.** ● (*raro*) Attaccarsi tenacemente | Intrecciarsi | Arrampicarsi.

aggravaménto **s. m.** *1* Atto, effetto dell'aggravare o dell'aggravarsi. *2* †Aggravio, gravezza.

aggravànte **A** **part. pres.** di *aggravare*; anche **agg.** *1* Nei sign. del v. *2* (*dir.*) *Circostanza a.*, elemento eventuale del reato che determina un aggravamento della pena: *concorso di più circostanze aggravanti.* **B** **s. f.** ● Circostanza aggravante. **CONTR.** Attenuante.

aggravàre [lat. *aggravāre*, comp. di *ăd* e *grăvis* 'pesante'] **A** **v. tr.** *1* Rendere più grave, pesante, fastidioso o doloroso ciò che è già tale (*anche fig.*): *a. un peso, un carico* | *A. la pena*, accrescerla | *A. la mano*, calcarla nello scrivere o nel dipingere e (*fig.*) travisare la realtà nel raccontare, nel riferire; (*est.*) usare maggior rigore | *A. la coscienza*, turbarla col pensiero della colpa commessa. *2* Appesantire, opprimere (*anche fig.*): *a. lo stomaco di cibi elaborati*; *l'afa aggrava l'aria*; *il sonno le aggrava le palpebre*; *la stanchezza ci aggrava le membra.* *3* †Aumentare le tasse, i tributi. **B** **v. intr.** e **intr. pron.** (aus. *essere*) ● Diventare più grave, più pesante: *la situazione si è aggravata* | *Aggravarsi di anni*, invecchiare | Peggiorare nella malattia: *temo che egli non aggravi tanto nella infermità* (BOCCACCIO).

aggravàto **part. pass.** di *aggravare*; anche **agg.** ● Nei sign. del v.

aggràvio **s. m.** *1* Aggravamento | *A. fiscale*, inasprimento del peso tributario gravante sui contribuenti. *2* (*lett.*) Torto, ingiustizia: *sopportare un a.* *3* (*lett.*) Molestia, incomodo: *essere di a. a qc.* | Danno.

aggraziàre [comp. di *a-* (2) e *grazia*] **v. tr.** (*io aggràzio*) *1* Rendere grazioso | (*raro*) *A. una bevanda, una medicina, e sim.*, renderne più gradevole il sapore | *Aggraziarsi qc.*, cattivarsene la simpatia. *2* (*raro*) Graziare: *a. un condannato.*

aggraziàto **part. pass.** di *aggraziare*; anche **agg.** *1* Nei sign. del v. *2* Pieno di grazia, garbo e sim.: *movimenti aggraziati.* *3* Di belle maniere: *frasi aggraziate.* || **aggraziataménte**, **avv.** Con grazia.

aggredìre [vc. dotta, lat. *ăggredi*, comp. di *ăd* e *grădi* 'avanzare'] **v. tr.** (*io aggredìsco tu aggredìsci*) *1* Assalire con violenza e all'improvviso: *lo aggredirono alle spalle* | (*fig.*) *A. un problema*, affrontarlo con notevole determinazione. *2* (*fig.*) Investire con parole offensive, con minacce, e sim.: *li aggredì con voce dura.*

aggregàbile **agg.** ● Che si può aggregare.

aggregaménto **s. m.** ● Atto, effetto dell'aggregare e dell'aggregarsi.

aggregàre [vc. dotta, lat. *aggregāre*, comp. di *ăd* e *grĕx*, genit. *grĕgis* 'gregge'] **A** **v. tr.** (*io aggrègo, tu aggrèghi*) ● Aggiungere, mettere insieme: *a. alcuni comuni montani a una città* | Associare: *a. qc. a una società segreta.* **B** **v. rifl.** ● Associarsi: *si aggregarono a una comitiva di turisti.* **C** **v. intr. pron.** ● Unirsi, ammassarsi: *cristalli che si aggregano*; *forme d'ombra che si aggregano e si disgregano.*

aggregatìvo **agg.** ● Che è atto ad aggregare.

aggregàto **A** **part. pass.** di *aggregare*; anche **agg.** *1* Nei sign. del v. *2* Detto di impiegato statale e sim. in servizio temporaneo presso un Ente diverso dal proprio | (*econ.*) Totale, complessivo: *domanda aggregata, offerta aggregata* | *Professore a.*, docente universitario di un ruolo ora soppresso. **B** **s. m.** *1* Complesso | *A. urbano*, complesso di isolati, vie, piazze e sim. sede di collettività umane | (*econ.*) Insieme di singole voci opportunamente riunite, in una somma o in una media, a rappresentare una grandezza macroeconomica: *aggregati economici.* *2* (*mat.*) Insieme, classe. *3* (*miner.*) Insieme di più individui cristallini.

aggregazióne [vc. dotta, lat. tardo *aggregatiōne(m)*, da *aggregāre* 'aggregare'] **s. f.** *1* Atto, effetto dell'aggregare e dell'aggregarsi | Riunione di più cose o persone, che non hanno fra di loro una naturale connessione o dipendenza. *2* Forma sotto la quale si presenta una materia, dipendente da come sono riunite le molecole che la costituiscono. *3* Processo statistico consistente nel passaggio dalle grandezze singole alle grandezze globali.

aggressìna [dal lat. *aggrĕssus*, part. pass. di *ăggredi* 'aggredire'] **s. f.** ● (*med.*) Sostanza tossica prodotta da germi, capace di indebolire le difese dell'organismo.

aggressióne [vc. dotta, lat. *aggressiōne(m)*, da *ăggredi* 'aggredire'] **s. f.** *1* Atto dell'aggredire: *a. notturna*; *a. a mano armata*; *subire un'a.* *2* Improvviso attacco armato a uno Stato da parte di un altro Stato: *reprimere, prevenire atti di a.* | *Patto di non a.*, accordo internazionale con cui due o più Stati si impegnano a non aggredirsi reciprocamente.

aggressività **s. f.** *1* Qualità di ciò che è aggressivo: *frasi, parole di estrema a.* *2* (*psicol.*) Tendenza a manifestare un comportamento ostile, che ha per fine un aumento di potere dell'aggressore e una diminuzione di potere dell'aggredito, che si presenta in genere come reazione a una reale o apparente minaccia al proprio potere. *3* Correntemente, impetuosità, irruenza: *difendere con a. la propria teoria* | Nel linguaggio sportivo, combattività, capacità di iniziativa nel corso di una competizione: *l'a. di un pugile, di una squadra.*

aggressìvo **A** **agg.** *1* Che tende ad aggredire (*anche fig.*): *carattere, temperamento a.* **SIN.** Bellicoso, irruente. *2* Che si distingue per aggressività: *pugile a.*; *squadra aggressiva*; *automobile dalla linea aggressiva.* || **aggressivaménte**, **avv.** **B** **s. m.** ● Spec. nella loc. *a. chimico*, sostanza tossica, costituente mezzo offensivo di guerra.

aggressóre [vc. dotta, lat. tardo *aggressōre(m)*, da *aggrĕssio* 'aggressione'] **A** **s. m.** (f. *aggreditrice*) ● Chi aggredisce. **B** anche **agg.**: *il paese a.*

aggrevàre [comp. di *a-* (2) e *greve*] **v. tr.** (*io aggrèvo*) ● (*poet.*) Rendere greve | Opprimere (*anche fig.*)

aggricciàre o †**aggricchiàre** [comp. di *a-* (2) e *griccio* (1)] **A** **v. tr.** (*io aggrìccio*) ● (*dial.*) Aggrinzare, increspare. **B** **v. intr. pron.** ● Agghiacciarsi, rattrappirsi per lo spavento.

aggrinzàre [comp. di *a-* (2) e *grinza*] **A** **v. tr.** (*io aggrìnzo, tu aggrìnzi*; aus. *essere*) ● Ridurre in grinze, increspare. *a. il naso, la fronte.* **B** **v. intr.** e **intr. pron.** ● Diventare grinzoso. **SIN.** Incresparsi.

aggrinzìre **v. tr.**, **intr.** e **intr. pron.** (*io aggrinzìsco, tu aggrinzìsci*; aus. intr. *essere*) ● Aggrinzare.

aggrommàre [comp. di *a-* (2) e *gromma*] **v. intr.** e **intr. pron.** (*io aggrómmo*; aus. *essere*) ● Coprirsi di gromma.

aggrondàre [comp. di *a-* (2) e *gronda*] **A** **v. tr.** (*io aggróndo*) ● (*lett.*) Aggrottare. **B** **v. intr.** e **intr. pron.** (aus. *essere*) ● Corrucciarsi, accigliarsi.

aggrondàto **part. pass.** di *aggrondare*; anche **agg.** *1* Nei sign. del v. *2* Accigliato, aggrottato: *uscì dal colloquio col viso a.*

aggroppaménto [da *aggroppare* (1)] **s. m.** ● (*lett.*) Avviluppamento.

aggroppàre (1) [comp. di *a-* (2) e *groppo*] **A** **v. tr.** (*io aggróppo* o *aggròppo*) ● (*lett.*) Far groppo, avvolgere. **B** **v. intr. pron.** ● (*lett.*) Aggrovigliarsi.

aggroppàre (2) [comp. di *a-* (2) e *groppa*] **v. tr.** (*io aggròppo*) ● Curvare a forma di groppa.

aggrottàre [comp. di *a-* (2) e *grotta*] **v. tr.** (*io aggròtto*) *1* Contrarre, corrugare, riferito alle sopracciglia, in segno di inquietudine, minaccia, ira, sdegno e sim. | (*est.*) *A. la fronte*, incresparla. **SIN.** Corrugare. *2* †Costruire il ciglione alle fosse: *a. gli argini.*

aggrottàto **part. pass.** di *aggrottare*; anche **agg.** ● Nei sign. del v.

aggrovigliaménto **s. m.** ● Atto, effetto dell'aggrovigliare e dell'aggrovigliarsi.

aggrovigliàre [comp. di *a-* (2) e *groviglio*] **A** **v. tr.** (*io aggrovìglio*) ● Fare groviglio, avviluppare, avvolgere: *a. una matassa.* **B** **v. intr. pron.** ● Formare un groviglio, avvilupparsi (*anche fig.*): *il filo si aggroviglia*; *il discorso gli si aggrovigliò in bocca.*

aggrovigliàto **part. pass.** di *aggrovigliare*; anche **agg.** *1* Nei sign. del v. *2* (*fig.*) Complicato: *si trattа di una vicenda aggrovigliata.*

aggrovigliolàre **v. tr.** ● (*tosc.*) Ravvolgere in modo confuso, disordinato.

aggrumàre (1) [comp. di *a-* (2) e *grumo*] **A** **v. tr.** ● Rapprendere in grumi, in coaguli e sim. **B** **v. intr. pron.** ● Coagularsi: *il sangue si era aggrumato attorno alla ferita.*

aggrumàre (2) [comp. di *a-* (2) e *gruma*] **v. intr.** e **intr. pron.** (aus. *essere*) ● Coprirsi, incrostarsi di gruma.

aggruppaménto **s. m.** *1* Atto, effetto dell'aggruppare e dell'aggrupparsi | Riunione. *2* (*raro*) Intreccio.

aggruppàre [comp. di *a-* (2) e *gruppo*] **v. tr.** e **rifl.** ● Raggruppare.

†**aggruzzolàre** [comp. di *a-* (2) e *gruzzolo*] **v. tr.** ● Far gruzzolo, raggranellare, spec. denaro.

agguagliàbile **agg.** ● Che si può agguagliare.

agguagliaménto **s. m.** *1* Atto, effetto dell'agguagliare. *2* (*astron.*) †Equinozio.

agguagliàre [lat. **aequaliāre*, da *aequālis* 'uguale'] **A** v. tr. (*io agguàglio*) **1** Spianare, pareggiare: *a. una siepe, una superficie, una strada.* **2** Rendere uguale, eguagliare: *la disgrazia li agguagliò tutti nel dolore* | Essere, mostrarsi uguale: *l'emulazione mi spronava finché avessi ... agguagliato quel giovine* (ALFIERI). **3** Paragonare, mettere alla pari: *la tranquillità dell'animo non si può a. a nessuna ricchezza.* **4** (*mat.*) Rendere uguale. **B** v. rifl. ● Paragonarsi: *il debole non può agguagliarsi al forte* | Rendersi pari: *agguagliarsi agli uomini, alle cose.*

agguagliatóio s. m. **1** Strumento per agguagliare, spianare q.c. **2** Punta del trapano con cui si agguaglia l'anima delle armi da fuoco.

†**agguagliatóre A** agg.; anche s. m. (f. *-trice, -tora*) ● Che, chi agguaglia. **B** s. m. ● †Equatore.

agguàglio s. m. ● Paragone, confronto | †*Sopra ogni a.*, senza paragone.

agguantàre [comp. di *a-* (2) e *guanto*] **A** v. tr. **1** Afferrare con forza: *a. un ladro per la giacca* | *A. un avversario, un fuggitivo*, nel ciclismo, raggiungerlo dopo un lungo inseguimento, o nella fase finale della gara. SIN. Acchiappare. **2** (*est., fam.*) Colpire: *a. uno con una sassata.* **3** (*mar.*) Prendere con prestezza un cavo che scorre e tenerlo forte | Arrestare l'abbrivo di una imbarcazione immergendo i remi in acqua. **B** v. intr. pron. ● Afferrarsi saldamente a q.c.

†**agguardàre** [comp. di *a-* (2) e *guardare*] v. tr. e intr. (aus. *avere*) ● Guardare con attenzione.

†**agguatàre** o †**aguatàre** [ant. fr. *aguaitier*. V. *agguato*] **A** v. tr. e intr. **1** (*raro*) Tendere agguati. **2** (*lett.*) Esaminare attentamente: *e tu te n'avvedrai se bene agguati* (DANTE *Par.* XXIX, 42). **B** v. rifl. ● Porsi in agguato.

agguàto o †**aguàto** [ant. fr. *aguait*, dal franc. **wahta* 'guardia'] s. m. **1** Inganno che si tende a un nemico per coglierlo alla sprovvista: *tendere un a.*; *cadere in un a.* SIN. Imboscata, insidia. **2** (*est., raro*) Luogo dell'agguato | Chi sta in agguato. || †**agguaterèllo**, dim.

†**agguattàre** [contaminazione di *agguatare* con *acquattare* (?)] **A** v. tr. ● (*raro*) Nascondere. **B** v. rifl. ● (*raro*) Acquattarsi.

†**aggueffàre** [comp. di *a-* (2) e †*gueffa* (2)] v. tr. ● Ammatassare, aggomitolare, intrecciare filo a filo.

agguerriménto s. m. ● Atto, effetto dell'agguerrire.

agguerrìre [comp. di *a-* (2) e *guerra*] **A** v. tr. (*io agguerrisco, tu agguerrisci*) **1** Preparare e rendere abile alla guerra. **2** (*est.*) Fortificare moralmente: *le disgrazie agguerriscono chi le supera.* SIN. Temprare. **B** v. rifl. ● Temprarsi nella guerra, nei pericoli e (*est.*) nella lotta della vita: *l'anima ... sentendo e meditando s'agguerrisce a viver libera* (FOSCOLO).

agguerrìto part. pass. di *agguerrire*; anche agg. **1** Nei sign. del v. **2** Valoroso | Forte: *animo a.* | Preparato: *è uno storico a.*

aghà o **agà** [turco *ağa* 'signore, padrone'] s. m. inv. **1** Titolo di funzionari del Sultano nella Turchia ottomana. **2** Titolo di nobiltà in Persia e India | *A. khan*, titolo del capo del ramo indiano della setta musulmana degli Ismailiti.

aghétto s. m. **1** Dim. di *ago.* **2** Distintivo di grado o di incarico, costituito da uno o più cordoni di fili metallici o di tessuto colorato, e appeso dalla spallina destra alla bottoniera della giubba. SIN. Cordellina. **3** (*tosc.*) Stringa, cordoncino terminante alle estremità con puntale di metallo da passare entro appositi occhielli per allacciare scarpe, stivaletti, busti e simili. **4** (*dial.*) Uncinetto.

aghifòglia [comp. di *ago* e *foglia*] s. f. ● Pianta arborea con foglie lineari e aghiformi.

aghifórme [comp. di *ago* e *-forme*] agg. ● Che è sottile e pungente, detto spec. delle foglie delle conifere.

†**aghiróne** ● V. *airone.*

†**agiaménto** s. m. **1** Agio, comodità. **2** Gabinetto, luogo di decenza.

†**agiàre** [da *agio*] **A** v. tr. ● Adagiare | Accomodare, dar ristoro. **B** v. rifl. ● Accomodarsi, fare il proprio comodo | Servirsi a proprio piacimento.

agiatézza s. f. **1** Condizione di chi vive negli agi. SIN. Benessere, ricchezza. **2** †Lentezza nell'operare. **3** Comodità.

agiàto part. pass. di †*agiare*; anche agg. **1** Nei sign. del v. **2** Pieno di agi: *vita agiata.* SIN. Comodo. **3** Detto di chi è ricco a sufficienza. SIN. Abbiente, benestante. **4** †Pigro, lento. || **agiataménte**, avv. Con agio.

agìbile [V. *agevole*] agg. **1** (*lett.*) Che si può fare, fattibile: *cose agibili.* **2** Detto di teatro o di attrezzatura sportiva forniti dei requisiti richiesti dalla legge per ospitare spettacoli e gare.

agibilità s. f. ● Qualità di ciò che è agibile, spec. nel sign. 2.

àgile [vc. dotta, lat. *ăgile(m)* 'che avanza rapidamente', da *ăgere* 'spingere avanti'] agg. **1** Che si muove con facilità e disinvoltura: *è molto a. nonostante l'età* | *A. di mano*, abile e veloce nel rubare. SIN. Destro, lesto, svelto. **2** (*fig.*) Svelto, pronto, vivace: *cervello, spirito, intelligenza a.* | *A. di mente*, che comprende facilmente e rapidamente. **3** (*fig.*) Semplice, chiaro: *un a. libretto di istruzioni.* || **agilménte**, avv. Con agilità.

agilità [vc. dotta, lat. *agilitāte(m)*, da *ăgilis* 'agile'] s. f. **1** Scioltezza nell'uso delle membra | Facilità di movimento: *a. del corpo*; *acquisire, perdere a.* **2** (*fig.*) Prontezza, vivacità: *a. della mente.* **3** Facilità nell'esecuzione di passaggi vocali o strumentali rapidi e complicati.

àgio [ant. fr. *aise*, dal lat. *ădiacens* 'che giace presso'] **A** s. m. **1** Comodo: *mettere qc. a proprio a.* | *Dare a.*, offrire comodità sufficiente | *A bell'a.*, con tutto comodo | *Ad a.*, con comodo, v. anche *adagio* | †*Fare a. a qc.*, compiacerlo. **2** Ampiezza o sufficienza di spazio, luogo e tempo: *avere a. di pensare, di fare q.c.* **3** (*mecc.*) Gioco: *lasciar a. a due pezzi.* **B** al pl. ● Ricchezze, da cui si ricava comodo e utilità: *vivere negli, in mezzo agli agi.*

agio- [gr. *hágios* 'santo'] primo elemento ● In parole composte dotte significa 'santo': *agiografo, agionimo.*

agiografìa [V. *agiografo*] s. f. **1** In varie religioni, letteratura che tratta la vita di uomini distinti per santità e virtù | Parte della storia ecclesiastica che riguarda la vita e i miracoli dei santi, dei beati e dei venerabili. **2** (*est.*) Biografia di personaggi o narrazione di eventi, arricchita con notizie eccezionali o leggendarie, con intenzioni, spesso ingenue, laudative o celebrative: *a. napoleonica, del socialismo.*

agiogràfico agg. (pl. m. *-ci*) **1** Della, relativo all'agiografia. **2** (*est.*) Laudatorio, celebrativo. || **agiograficaménte** avv. In modo agiografico, celebrativo.

agiògrafo [vc. dotta, lat. tardo *hagiŏgraphu(m)*, dal gr. *hágios* 'santo' e *-grafo*] s. m. **1** Autore di scritti agiografici. **2** (*spreg.*) Artista, spec. scrittore che esalta personaggi o eventi spec. politici.

agiologìa [V. *agiologo*] s. f. (pl. *-gie*) ● Studio critico dei documenti riguardanti la vita e i miracoli dei santi.

agiològico agg. (pl. m. *-ci*) ● Della, relativo all'agiologia.

agiòlogo [vc. dotta, gr. tardo *hagiológos*, comp. di *hágiof* 'santo' e *-logo*] s. m. (pl. *-gi*) ● Studioso di agiologia.

agiònimo [comp. di *agi(o)-* e *-onimo*] s. m. ● (*ling.*) Nome di santo.

agiotopònimo [comp. di *agio-* e *toponimo*] s. m. ● (*ling.*) Toponimo dedicato al nome di un santo.

agìre [fr. *agir*, dal lat. *ăgere* 'fare'] v. intr. (*io agisco, tu agisci*; aus. *avere*) **1** Fare, procedere: *è ora di a.*; *questo è il momento di a.*; *a. tutti d'accordo*; *a. da persona onesta.* **2** Funzionare, compiere un'azione, detto del corpo umano, di una macchina, una medicina e sim.: *il cervello non agisce più sui centri nervosi*; *i freni agiscono bene*; *l'iniezione ha agito subito* | Esercitare un'azione chimica: *l'acido cloridrico agisce sul ferro.* **3** Esercitare un'azione legale: *a. contro qc.*; *a. a difesa del proprio diritto* | (*est.*) Compiere un'attività giuridica: *capacità d'a.*; *a. con legalità.* **4** Recitare o effettuare rappresentazione: *la compagnia agiva prevalentemente in provincia.*

agitàbile agg. ● Che si può agitare | (*fig.*) Impressionabile.

agitaménto s. m. ● Atto, effetto dell'agitare o dell'agitarsi.

agitàre [vc. dotta, lat. *agitāre*, freq. di *ăgere* 'spingere'] **A** v. tr. (*io àgito*) **1** Muovere qua e là, scuotere con forza: *a. una bottiglia*; *la signora agitava il ventaglio*; *il vento agita la fiamma* | *A. il fazzoletto*, in segno di saluto | *A. la coda*, dimenarla. **2** (*fig.*) Commuovere, eccitare, turbare: *a. la fantasia, la mente* | Spingere all'azione e alla lotta: *a. il popolo contro il governo* | (*raro, lett.*) Spronare: *agitava i destrieri il grande Ettorre* (MONTI). **3** (*fig.*) Dibattere, trattare, prendere in esame: *a. una questione, una causa.* **B** v. rifl. e intr. pron. **1** Muoversi con forza e irrequietezza: *il mare si agita*; *l'ammalato si agitò tutta la notte*; *il bambino si agitava.* **2** (*fig.*) Commuoversi, turbarsi: *è un tipo che si agita per poco.* SIN. Emozionarsi. **3** Manifestarsi con vivacità o violenza, detto spec. di idee, sentimenti, e sim.: *un pensiero fisso si agitava dentro di lei.* **4** Assumere un atteggiamento di rivendicazioni politiche o sociali, caratterizzato da scioperi e sim.: *le masse operaie si agitano.*

agitàto A part. pass. di *agitare*; anche agg. **1** Nei sign. del v. **2** (*mus.*) Indicazione espressiva che richiede un'esecuzione pulsante, affannosa, concitata: *allegro a.* **B** s. m. (f. *-a*) ● Alienato mentale in stato di grande agitazione | *Reparto agitati*, reparto psichiatrico riservato a tali ammalati.

agitatóre A agg. ● Che agita. **B** s. m. (f. *-trice*) **1** Chi agita, spec. chi spinge le masse all'azione: *a. politico.* **2** Apparecchio che viene impiegato nei laboratori per mantenere in agitazione un liquido o una sospensione | Arnese per agitare, usato in varie lavorazioni. || **agitatorèllo**, dim.

agitatòrio agg. ● Che tende ad agitare gli animi, a provocare agitazioni: *propaganda agitatoria.*

agitazióne [vc. dotta, lat. *agitatiōne(m)*, da *agitāre* 'agitare'] s. f. **1** Atto dell'agitare e dell'agitarsi | Stato di inquietudine o di turbamento: *essere in a.*; *essere, apparire in preda all'a.*; *mettere in a.* | *A. di stomaco*, nausea, malessere. CONTR. Calma. **2** Azione politica o sindacale diretta al raggiungimento di determinati fini mediante pubbliche manifestazioni | †Discussione, trattativa.

agitazionìsmo [comp. di *agitazion(e)* e *-ismo*] s. m. ● Stato di agitazione sistematica e costante, spec. in campo sindacale o sociale.

àgit-pròp /'adʒit 'prɔp, *russo* a'git 'prɔp/ [vc. russa, abbr. di *agit(acija)* 'agitazione' e *prop(aganda)*] loc. sost. m. e f. inv. ● Agitatore politico, attivista, spec. del partito comunista.

aglaonèma [comp. del gr. *aglaós* 'splendente' e *nêma* 'filo' (V. *nemaspermio*)] s. m. (pl. *-i*) ● Pianta erbacea delle Aracee con foglie oblunghe, fusti eretti e infiorescenze spatiformi (*Aglaonema*).

àgli o (*poet.*) **a gli** [comp. di *a* e *gli*] prep. art. ● V. *gli* per gli usi ortografici.

-àglia [dal lat. *-ālia*, desinenza di nt. pl. con valore coll.] suff. ● Forma sostantivi con valore collettivo e per lo più spregiativo derivati dal latino o da altri sostantivi o aggettivi: *boscaglia, gentaglia.*

agliàceo [da *aglio*] agg. ● Che ha odore o sapore simili a quelli dell'aglio.

agliàio s. m. ● Terreno piantato ad agli.

agliànico [vc. merid., dal lat. *iūlius* 'luglio'. Cfr. *aleatico*] s. m. (pl. m. *-ci*) ● Vino rosso granato, asciutto, dal profumo caratteristico di fragola, 12°-13°, prodotto in provincia di Potenza.

agliàta [da *aglio*] s. f. **1** Salsa a base di aglio e aceto, tipica della cucina ligure. **2** †Cicalata.

àglifo [gr. *áglyphos* 'non intagliato', comp. di *a-* priv. e *glyphḗ* 'intaglio', di origine indeur.] agg. ● (*zool.*) Detto di serpente privo di denti scanalati, e quindi inoffensivo.

àglio [lat. *ālliu(m)*, di etim. incerta] s. m. ● Pianta erbacea delle Liliacee con foglie lineari, bulbo commestibile a spicchi, fiori biancastri riuniti in ombrelle racchiuse da una spata, usato anche a scopi terapeutici, spec. contro l'elmintiasi (*Allium sativum*) | *A. acquatico*, giunco fiorito | *Mangiar l'a.*, (*fig.*) arrabbiarsi in silenzio | (*fig.*) *Un a., un capo, un mazzo d'agli*, niente. || **agliétto**, dim.

-àglio [dal lat. *-ăculu(m)*, attraverso forme proprie dell'it. sett. o del francone, con l'originario valore strumentale] suff. ● Forma sostantivi indicanti oggetti, strumenti, utensili, ecc.: *scandaglio, ventaglio.*

Agnàti [comp. di *a-* (1) e *-gnato*] s. m. pl. ● Nella tassonomia animale, gruppo di Vertebrati privi di mascelle cui appartengono i Ciclostomi (*Agnatha*) | (al sing. *-o*) Ogni individuo di tale gruppo.

agnatìzio agg. ● Nel diritto romano, relativo all'agnato o all'agnazione: *tutela agnatizia.*

agnàto [vc. dotta, lat. *agnātu(m)*, part. di *agnāsci* 'nascere dopo'] s. m. ● Nel diritto romano, parente in linea maschile.

agnazióne [vc. dotta, lat. tardo *agnatiōne(m)*; da *agnātus* 'agnato'] s. f. ● Nel diritto romano, rapporto di parentela che unisce i sottoposti alla potestà dello stesso capofamiglia.

agnellàio o (*dial.*) **agnellàro** s. m. ● Chi macella o vende agnelli e capretti.

agnellatùra s. f. ● Epoca della figliatura delle pecore | La figliatura stessa.

agnellìno (1) s. m. *1* Dim. di *agnello*. *2 A. di Persia*, pelliccia pregiata, fornita da una razza di agnello asiatico. SIN. Persiano. *3* (*fig.*) Persona dolce, timida e mansueta.

agnellìno (2) agg. ● (*raro*) Che è proprio dell'agnello | *Lane agnelline*, prodotte dagli agnelli | *Code agnelline*, lane ricavate dalle code degli agnelli tosati.

agnèllo [lat. *agnĕllu(m)*, dim. di *àgnus* 'agnello', di origine indeur.] s. m. (f. *-a*) *1* Il nato della pecora al di sotto di un anno di età | Carne di agnello lattante macellato: *mangiare una costoletta di a.* | Pelle di questo animale, usata dopo la conciatura, per guarnizioni e pellicce. *2 L'Agnello di Dio*, Gesù Cristo, di cui l'agnello è simbolo | Agnus Dei nel sign. 2. *3* (*fig.*) Persona d'animo mite, di cuore tenero. *4* Montone. || **agnellàccio**, pegg. | **agnellétta**, dim. f. | **agnellétto**, dim. | **agnellìno**, dim. (V.) | **agnellóne**, accr. (V.) | **agnellòtto**, accr.

agnellóne s. m. *1* Accr. di *agnello*. *2* Ovino slattato inferiore a un anno di età. *3* Carne di agnello macellato, di età superiore ad un anno.

agnellòtto ● V. *agnolotto*.

agnìno agg. ● (*raro, lett.*) Di agnello.

agnizióne [vc. dotta, lat. *agnitiōne(m)*, da *agnōscere* 'riconoscere'] s. f. *1* Riconoscimento improvviso di un personaggio che determina un cambiamento nell'azione scenica o romanzesca | (*est.*) Riconoscimento dell'identità di qc. *2* †Ricognizione.

†àgno (1) [etim. incerta] s. m. (f. *-a*) ● Agnello: *sì si starebbe un a. intra due brame / di fieri lupi* (DANTE *Par.* IV, 4-5).

†àgno (2) [sovrapposizione di *angue* a *inguine* (?)] s. m. ● Bubbone, spec. della regione inguinale | *Tagliarsi l'a.*, (*fig.*) prendere una risoluzione decisa.

agnocàsto [lat. *ăgnu(m) căstu(m)*, dal gr. *ágnos* (di etim. incerta), confuso con *hagnós* 'puro' e *căstus* 'casto'] s. m. ● Arbusto delle Verbenacee con foglie digitate vellutate nella parte inferiore e fiori violacei raccolti in spighe (*Vitex agnus-castus*).

†agnolìno ● V. *angiolino*.

†àgnolo ● V. *angelo*.

agnolòtto o (*tosc.*) **agnellòtto** [torinese *agnulòt*, da *agnel* 'agnello' (?)] s. m. ● Involucro di pasta all'uovo rotondo o rettangolare ripieno di vari ingredienti, tra i quali prevale la carne cotta e tritata.

agnosìa [vc. dotta, gr. *agnōsìa*, comp. di *a-* (*1*) e *gnôsis* 'conoscenza'] s. f. *1* (*filos.*) Atteggiamento di consapevole ignoranza proprio di chi afferma di non conoscere nulla. *2* (*med.*) Perdita della capacità di riconoscere oggetti percepiti con la vista, il tatto o l'udito.

agnosticìsmo [vc. dotta, ingl. *agnosticism*, dal gr. *ágnōstos* 'non conoscibile', comp. di *a-* (*1*) e *gnōstós* 'conoscibile'] s. m. *1* (*filos.*) Atteggiamento che considera inconoscibile tutto ciò che è al di là del dato sperimentale in quanto non sottoponibile ai metodi delle scienze positive. *2* Atteggiamento di persona o di partito che non prende posizione su un determinato problema: *a. politico, a. religioso.*

agnòstico [vc. dotta, ingl. *agnostic*. V. *agnosticismo*] **A** agg. (pl. m. *-ci*) *1* Che concerne o interessa l'agnosticismo. *2* Di chi mostra indifferenza, spec. riguardo ai problemi religiosi, politici, sociali. **B** s. m. (f. *-a*) ● Chi fa professione di agnosticismo.

Agnus Dei /*lat.* 'aɲɲus 'dɛi/ [lat., 'Agnello di Dio'] loc. sost. m. inv. *1* Appellativo che S. Giovanni Battista diede a Gesù. *2* Invocazione che si recitava per tre volte durante la Messa e (*est.*) la parte della Messa comprendente tale invocazione, sostituita da Agnello di Dio dopo il Concilio Ecumenico Vaticano Secondo. *3* Medaglia di cera consacrata portante impressa l'immagine dell'Agnello di Dio.

àgo [lat. *ăcu(m)*, dalla radice **ac-* che indica acutezza] **A** s. m. (pl. *aghi*) *1* Piccolo strumento di acciaio a forma di barretta appuntita, con un foro ovale, a un'estremità, in cui si inserisce il filo per cucire: *infilare l'ago* | *Ago da reti*, in legno, con doppia cruna aperta che accoglie molto refe o filo | (*fig.*) *Cercare un ago in un pagliaio*, tentare un'impresa impossibile. *2* (*est.*) Strumento di forma allungata, sottile e aguzza, variamente usato: *ago magnetico* | *Ago da calza*, lungo e sottile, cilindrico, appuntito, in materiale diverso, usato per lavori a maglia. SIN. Ferro da calza | *Ago torto*, uncinetto | *Ago da siringa, per iniezioni*, internamente cavo | *Ago dello scambio*, spezzone di rotaia assottigliata ad un'estremità, mobile, che a seconda della sua posizione guida la ruota sul binario diritto o deviato | *Ago della toppa*, piccolo cilindro metallico che riceve la chiave femmina | *Ago della stadera, della bilancia*, asticciola metallica perpendicolare allo stilo, atta a mostrare la posizione di equilibrio; (*fig.*) chi (o ciò che) determina l'esito di una situazione incerta | *Ago da carico*, biga | *Ago della bussola*, elemento sensibile della bussola magnetica. *3* Pungiglione di api, vespe e sim. *4* Foglia aghiforme delle conifere. **B** in funzione di agg. inv. ● (posposto al s.) Nella loc. *Pesce ago* (V.). || **aghétto**, dim. (V.) | **aghìno**, dim. | **agóne**, accr. | **agùccio**, dim.

agògica [vc. dotta, gr. tardo *agōgikós*, agg. di *agōgḗ* 'trasporto, movimento (in musica)', da *ágein* 'condurre', di origine indeur.] s. f. ● (*mus.*) Complesso delle piccole modificazioni di tempo apportate a un pezzo durante la sua esecuzione per ragioni interpretative.

agògico [dal ted. *agogisch*, comp. del gr. *agōgḗ* 'condotta' e del suff. *-isch* '-ico'] agg. (pl. m. *-ci*) ● (*mus.*) Detto del movimento di un brano o di una sua parte: *indicazione agogica.*

agognàre [lat. parl. **agoniāre*, dal lat. tardo *agōnia*. V. *agonia*] **A** v. tr. (*io agógno*) ● Bramare ardentemente o quasi struggersi di desiderio: *a. il potere, la ricchezza.* **B** v. intr. (aus. *avere*) ● Ambire, anelare: *a. a una meta.*

à gogo /*fr.* a go'go/ [vecchia loc. fr. che si inserisce in tutta una serie di vc. ricondotte alla base *gog-*, col sign. fondamentale di 'scherzo, rallegrarsi'] loc. avv. ● A volontà, a profusione, in grande abbondanza: *bere à gogo*; *whisky à gogo*; *divertimenti à gogo.*

agonàle [da *agone* (*1*)] **A** agg. ● Che si riferisce all'agone, nel sign. di *agone* (*1*): *gare agonali.* **B** s. m. ● (*al pl.*) In epoca fascista, gare sportive e culturali.

agóne (1) [vc. dotta, lat. *agōne*, nom. *ăgon*, dal gr. *agṓn* da *ágō* 'io conduco'] s. m. *1* Luogo di contesa e gara, e la gara stessa, sportiva o poetica, presso greci e romani in occasione di feste: *pugnando / nell'olimpico a. / per me, col nome mio* (METASTASIO). *2* (*est., lett.*) Gara, lotta, combattimento: *a. poetico, letterario*; *gettarsi nell'a.* *3* (*est., lett.*) Campo di battaglia.

agóne (2) [dal lat. *ăcus* 'ago', poi n. di un pesce] s. m. ● Pesce di lago dei Clupeidi, commestibile, con corpo argenteo di forma allungata (*Alosa lacustris*).

agonìa [lat. tardo *agōnia(m)*, nom. *agōnia*, dal gr. *agōnía* 'lotta, sforzo, angoscia'. V. *agone* (*1*)] s. f. *1* (*med.*) Periodo che precede immediatamente la morte con perdita continua e progressiva delle funzioni vitali: *essere, entrare in a.* *2* (*fig.*) Stato di angoscia e di tormento: *aspettarti è stata una vera a.* *3* (*raro*) †Contesa, lotta.

agònico agg. (pl. m. *-ci*) ● Di, relativo ad agonia: *sudore a.*

agonìsmo [vc. dotta, gr. *agōnismós* 'lotta, gara', dal gr. *agṓn* 'agone'] s. m. ● Deciso impegno, spirito di emulazione di un atleta o di una squadra nello svolgimento di una gara.

agonìsta [vc. dotta, lat. tardo *agonīsta(m)*, nom. *agonīsta*, dal gr. *agōnistḗs* 'lottatore', da *agōnízomai* 'io combatto'] **A** s. m. e f. (pl. m. *-i*) ● Chi combatte nell'agone | (*est.*) Competitore sportivo, atleta. **B** agg. ● (*anat.*) Detto di muscolo che partecipa a un certo movimento.

agonìstica s. f. ● (*lett.*) Arte e tecnica sportiva.

agonìstico [vc. dotta, lat. tardo *agonīsticu(m)*, nom. *agonīsticus*, dal gr. *agōnistikós*, da *agōnistḗs*. V. *agonista*] agg. (pl. m. *-ci*) *1* Relativo all'agonismo o allo sport in genere: *impegno a.*; *ritirarsi dall'attività agonistica.* *2* (*fig.*) Battagliero, combattivo: *spirito, istinto a.* || **agonisticaménte**, avv. Per quanto riguarda l'agonismo.

agonizzànte **A** part. pres. di *agonizzare*; anche agg. ● Nei sign. del v. **B** s. m. e f. ● Chi è in agonia. SIN. Moribondo.

agonizzàre [lat. tardo *agonizāre*. V. *agonia*] v. intr. (aus. *avere*) *1* Essere in stato di agonia: *il malato ormai agonizza.* *2* (*fig.*) Essere in declino, languire: *civiltà che agonizza.*

agopuntóre [da *agopuntura*] s. m.; anche agg. ● Chi, che pratica l'agopuntura: *gli agopuntori cinesi*; *medico a.*

agopuntùra [vc. dotta, comp. di *ago* e *puntura*] s. f. ● Pratica terapeutica di antica origine orientale basata sull'infissione di aghi in punti prestabiliti della cute.

àgora o **agorà** [vc. dotta, gr. *agorá*, da *agéirō* 'io aduno, raccolgo'] s. f. ● Nelle città dell'antica Grecia, piazza in cui aveva luogo il mercato e si tenevano pubbliche assemblee | (*est.*) Assemblea generale dei cittadini.

agorafobìa [comp. di *agora* e *-fobia*] s. f. ● Paura morbosa degli spazi aperti quali piazze, strade larghe e sim.

agorafòbico **A** agg. (pl. m. *-ci*) ● Relativo all'agorafobia: *manifestazione, reazione agorafobica.* **B** agg. e s. m. (f. *-a*) ● Agorafobo.

agoràfobo [comp. di *agora* e *-fobo*] agg.; anche s. m. (f. *-a*) ● Che, chi soffre di agorafobia. SIN. Agorafobico.

agoràio [da *agora*, ant. pl. di *ago*] s. m. *1* Astuccio nel quale si tengono gli aghi. *2* †Chi fa o vende gli aghi.

agostaménto [detto così perché avviene durante il mese di *agosto*; sul modello del fr. *aoûtement*] s. m. ● (*bot.*) Lignificazione dei rami più giovani degli alberi che avviene d'estate.

agostàna [f. sost. di *agostano*] s. f. ● Uva bianca che matura d'agosto.

agostàno agg. ● Che è proprio del mese di agosto: *arsura, siccità agostana* | Che matura o viene raccolto in agosto: *fieno a.*; *frutti agostani*; *uva agostana.*

agostiniàna [f. di *agostiniano*] s. f. ● Monaca o religiosa di ordine o congregazione che si ispirino alle regole attribuite a S. Agostino.

agostiniàno [dal nome di S. *Agostino* (354-430)] **A** agg. *1* Di, relativo a S. Agostino: *filosofia, regola agostiniana*; *ordine a.* *2* Che appartiene a uno degli ordini monastici che seguono la regola di S. Agostino. SIN. Eremitano. **B** s. m. (f. *-a* (V.)) *1* Religioso di tale ordine | *Agostiniani scalzi*, riformati nel XVI sec. *2* Seguace della dottrina di S. Agostino.

agostinìsmo [da S. *Agostino*, col suff. *-ismo*] s. m. ● Corrente del pensiero teologico e filosofico cristiano che, spec. riguardo ai problemi della grazia, si informa alle dottrine di S. Agostino.

agostino (1) [detto così perché usato in una famosa edizione del *De Civitate Dei* di *S. Agostino*] agg. ● Carattere tipografico usato nel XV sec. per l'edizione di Subiaco del *De Civitate Dei* | (*raro*) Carattere molto piccolo, di stile analogo.

agostino (2) [da *agosto*] agg. ● Agostano: *fieno a.*; *uva agostina.*

agósto (1) [lat. tardo *agŭstu(m)*, dal nome dell'imperatore *Augusto*] s. m. ● Ottavo mese dell'anno nel calendario gregoriano, di 31 giorni.

†agósto (2) [lat. tardo *Agŭstu(m)*, per il classico *Augŭstu(m)*, con caduta della prima *-u-* per dissimilazione] agg. ● (*lett.*) Augusto: *l'alma, ... agosta, / de l'alto Arrigo* (DANTE *Par.* XXX, 136-137).

àgra [f. sost. di *agro* (*1*)] s. f. ● Siero inacidito impiegato nella fabbricazione della ricotta.

agrafe /*fr.* a'graf/ [fr., propriamente 'fibbia, gancio', da *grafe* 'graffa'] s. f. (pl. *agrafes* /*fr.* a'graf/) ● Gancio, fermaglio, fermatura metallica di foggia varia e di usi diversi.

agrafìa [comp. di *a-* (*1*) e *-grafia*] s. f. ● (*psicol.*) Disturbo della capacità di scrivere.

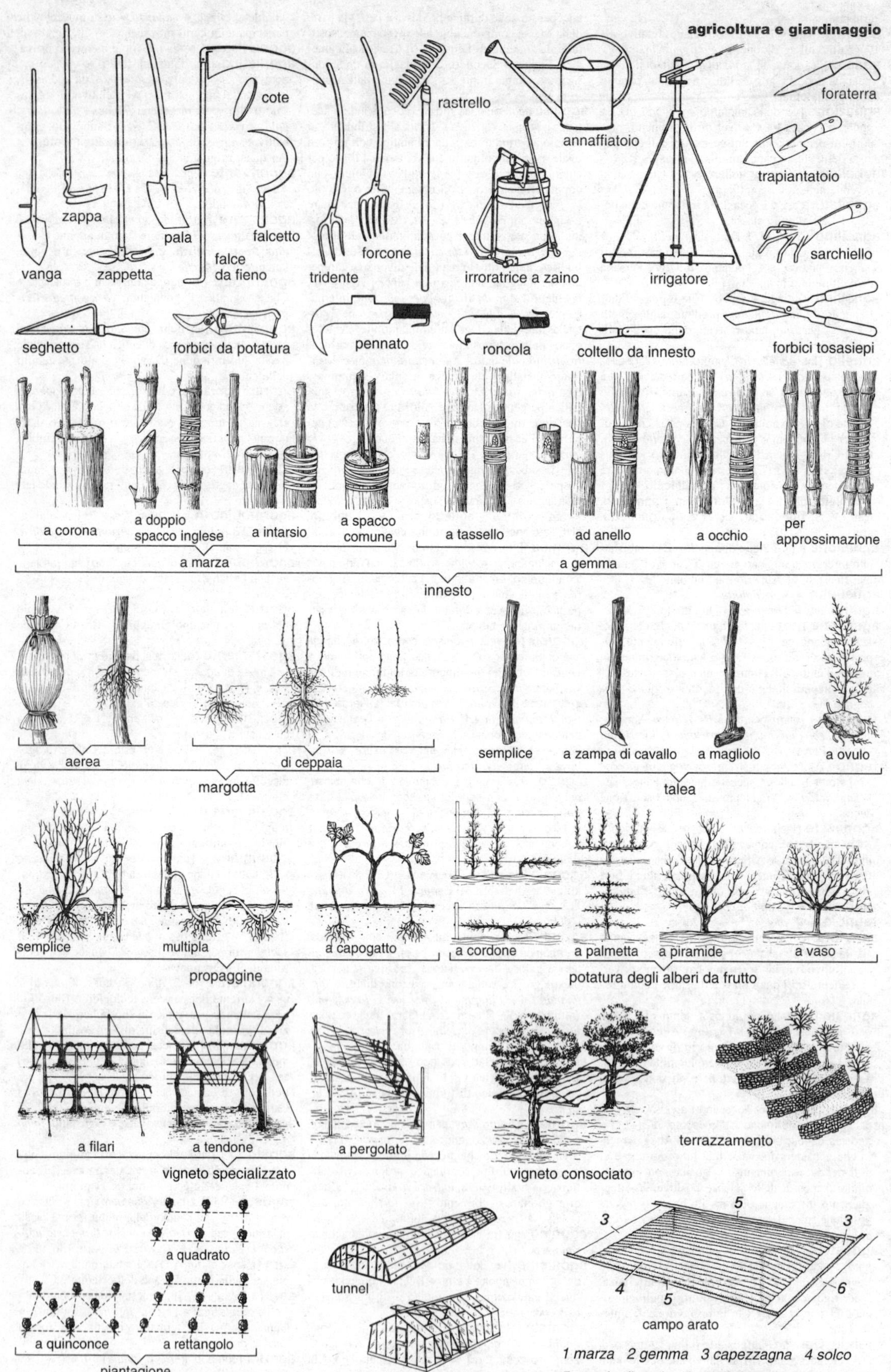
agricoltura e giardinaggio
vanga
zappa
zappetta
pala
falce
da fieno
cote
falcetto
tridente
forcone
rastrello
annaffiatoio
irroratrice a zaino
irrigatore
foraterra
trapiantatoio
sarchiello
seghetto
forbici da potatura
pennato
roncola
coltello da innesto
forbici tosasiepi
a corona
a doppio
spacco inglese
a intarsio
a spacco
comune
a marza
a tassello
ad anello
a occhio
per
approssimazione
a gemma
innesto
aerea
di ceppaia
margotta
semplice
a zampa di cavallo
a magliolo
a ovulo
talea
semplice
multipla
a capogatto
propaggine
a cordone
a palmetta
a piramide
a vaso
potatura degli alberi da frutto
a filari
a tendone
a pergolato
vigneto specializzato
vigneto consociato
terrazzamento
a quadrato
a quinconce
a rettangolo
piantagione
tunnel
serra
5
3
3
4
5
6
campo arato
1 marza 2 gemma 3 capezzagna 4 solco
5 canale di scolo 6 strada campestre

agrammaticàle [comp. di *a-* (*1*) e *grammaticale*] agg. ● (*ling.*) Non conforme alle regole grammaticali: *enunciato, frase a.*

agrammatìsmo [dal lat. tardo *agrămmatu(m)*, nom. *agrămmatus*, dal gr. *agrámmatos* 'illetterato', comp. di *a-* (*1*), *grámma* 'lettera' e il suff. *-ismo*] s. m. ● Incapacità di seguire le norme grammaticali nel parlare o nello scrivere per malattia neuropsichiatrica.

agranulocìta [comp. di *a-* (*1*), *granulo* e *-cita*, sul modello di *granulocita*] s. m. (pl. *-i*) ● (*med.*) Leucocita sprovvisto di granulazioni.

agranulocitòsi [comp. di *agranulocit(a)* e del suff. *-osi*] s. f. *1* (*med.*) Assenza di globuli bianchi granulociti nel sangue, con conseguente abbassamento delle difese dell'organismo. SIN. Agranulosi. *2* (*med.*) Sindrome febbrile acuta con angina necrotica e grave neutropenia fino all'assenza completa di granulociti.

agranulòsi [comp. di *a-* (*1*), *granul(o)* e del suff. *-osi*] s. f. ● (*med.*) Agranulocitosi.

agrària [f. dell'agg. *agrario*] s. f. ● Complesso delle scienze e delle tecniche relative all'agricoltura: *dottore in a.*

agràrio [vc. dotta, lat. *agrāriu(m)*, da *ăger* 'campo'] **A** agg. ● Relativo all'agricoltura: *diritto, consorzio a.*; *terreno a.*; *scienza, riforma agraria* | *Chimica agraria*, che studia la natura chimica del terreno e le relazioni tra vita delle piante e concimi | *Contratto a.*, contratto che ha per oggetto la coltivazione e lo sfruttamento dei fondi rustici | *Credito a.*, concesso a imprese agricole, per l'esercizio o il miglioramento delle stesse | *Leggi agrarie*, nell'antica Roma, complesso di leggi disciplinanti la cessione a privati o enti collettivi dell'agro pubblico; complesso di leggi di riforma fondiaria che limitano l'estensione della proprietà dei terreni destinati all'esercizio dell'agricoltura | *Questione agraria*, complesso dei problemi economici e sociali che nascono in un paese dall'esigenza di ammodernare l'agricoltura | *Partito a.*, partito che ha come obiettivo principale la difesa degli interessi dei proprietari terrieri. **B** s. m. ● Proprietario terriero | (*spreg.*) Chi si oppone all'emancipazione dei contadini.

agreement /*ingl.* ə'gri:mənt/ [ingl., dall'ant. fr. *agreement* (mod. *agrément*), propriamente 'approvazione, consenso, gradimento', da *agréer* 'gradire', comp. del lat. *ăd* e di *gré* 'gradimento, piacere', dal lat. *grātu(m)* 'gradito' (V. *grato*)] s. m. inv. ● Patto, accordo, spec. nel linguaggio politico.

†**agremà** [stessa etim. di *agrimani*] s. m. ● Ornamento, guarnizione, gala.

agrèsta s. f. ● Agresto (1).

agrèste o †**agrèsto** (2) [vc. dotta, lat. *agrĕste(m)*, da *ăger* 'campo'] agg. *1* Relativo a campo, campagna: *prodotti agresti*; *pace, silenzio a.* SIN. Campestre. *2* (*raro, lett.*) Selvatico, incolto, rozzo. || **agrestemènte**, avv.

agrestìno **A** s. m. ● Piccolo grappolo d'uva non maturata che resta sulla vite dopo la vendemmia. SIN. Racimolo. **B** agg. ● †Acidulo, agro.

agrèsto (1) [da *agro* (*1*), avvicinato per etim. pop. ad *agreste*] **A** agg. ● Di sapore agro: *e il latte a. piacemi del fico* (D'ANNUNZIO). **B** s. m. ● Specie di uva che non matura mai perfettamente | Succo agro che ne deriva, per aceto, liquore, condimento.

†**agrèsto** (2) ● V. *agreste*.

agrétto [dim. di *agro* (*1*)] **A** agg. ● Che è alquanto agro: *sapore a.* **B** s. m. *1* Sapore agro non spiacevole. *2* Pianta erbacea delle Crocifere con piccoli fiori bianchi in racemi terminali e foglie dal sapore piccante (*Lepidum sativum*). SIN. Crescione inglese. || **agrettìno**, dim.

agrézza s. f. *1* Sapore pungente. *2* (*fig.*) Acredine: *niente adoperava di quella sua salvatica e disgustosa a.* (BARTOLI).

agri- [lat. *ăger*, genit. *ăgri* 'campo'] primo elemento ● In parole composte, fa riferimento ai campi o è accorciamento di 'agricolo', 'agricoltura': *agriturismo*.

agribusiness /*ingl.* ægri'biznis/ [vc. dell'ingl. d'America, comp. di *agri(culture)* e *business* (V.)] s. m. inv. ● Insieme delle attività economiche riguardanti o collegate all'agricoltura.

†**agrìcola** [vc. dotta, lat. *agrĭcola(m)*, comp. di *ăger* 'campo' e *-cola*] s. m. (pl. *-i*) ● (*lett.*) Agricoltore, contadino: *l'alba che affretta ... / al campo ... gli agricoli* (CARDUCCI).

agrìcolo agg. ● Relativo all'agricoltura: *prodotti agricoli*; *macchine agricole*; *regione agricola*; *coltivatore, imprenditore a.*; *colonia agricola*. SIN. Agrario.

agricoltóre [vc. dotta, lat. *agricultōre(m)*, nom. *agricŭltor*, comp. di *ăger* 'campo' e *cŭltor* 'coltivatore'] s. m. *1* Imprenditore agricolo. *2* Coltivatore agricolo. SIN. Contadino, rurale.

agricoltùra [vc. dotta, lat. *agricultūra(m)*, comp. di *ăger* 'campo' e *cultūra* 'coltivazione'] s. f. *1* Coltivazione della terra, dei campi | Complesso dei lavori cui viene sottoposto il suolo per ricavarne piante utili all'uomo: *a. intensiva* | *A. biologica*, tecnica di coltivazione che, per limitare i danni all'ambiente, tende a ridurre o eliminare l'impiego di fertilizzanti e pesticidi chimici. SIN. Bioagricoltura | *A. di sussistenza*, quella che ha lo scopo principale di fornire il necessario per vivere al coltivatore e alla sua famiglia. ➡ ILL. p. 353-355 AGRICOLTURA; **agricoltura**. *2* (*raro*) Agraria.

agrifòglio [lat. *acrifŏliu(m)*, comp. di *ăcer*, genit. *ăcris* 'acuto' e *fŏlium* 'foglia'] s. m. ● Piccolo albero sempreverde delle Aquifoliacee con foglie coriacee lucide, dentate e spinose ai margini, e drupe ascellari rosse, bianche o rosate (*Ilex aquifolium*). SIN. Alloro spinoso.

agrigentìno **A** agg. ● Di Agrigento. **B** s. m. (f. *-a*) ● Abitante, nativo di Agrigento.

agrìgno [da *agro* (*1*)] agg. ● Che ha sapore piuttosto agro.

agrimàni [fr. *agréments*, da *agréer* 'guarnire', di origine scandinava] s. m. pl. ● Ornamento, guarnizione, gala.

agrimensóre [vc. dotta, lat. tardo *agrimensō-re(m)*, nom. *agrimēnsor*, comp. di *ăger* 'campo' e *mēnsor* 'misuratore'] s. m. ● Chi esercita professionalmente l'agrimensura.

agrimensùra [comp. del lat. *ăger*, genit. *ăgri* 'campo' e *mensūra* 'misura'] s. f. ● Disciplina che ha per oggetto la rilevazione, la rappresentazione cartografica e la determinazione della superficie agraria dei terreni.

agrimònia [vc. dotta, lat. *agrimōnia(m)*, da *argemōnia* (gr. *argemṓnē*), con contaminazione di *ăger* 'campo'] s. f. ● Pianta erbacea perenne delle Rosacee con foglie alterne, imparipennate, e piccoli fiori gialli in racemi (*Agrimonia eupatoria*). SIN. Eupatoria.

agriòtta o **griòtta**. s. f. ● (*bot.*) Visciola.

agriòtto [da *agro* (*1*)] s. m. ● (*bot.*) Visciolo.

agrippìna [da una celebre statua di donna seduta, creduta Agrippina moglie di Germanico, nel Museo Capitolino] s. f. ● Divano da riposo solitamente munito di una spalliera e di un unico bracciolo.

agriturìsmo [comp. di *agri(coltura)* e *turismo*] s. m. ● Particolare tipo di vacanza, consistente nel trascorrere un determinato periodo di tempo presso un'azienda agricola, talvolta in cambio di una prestazione lavorativa nell'azienda stessa.

agriturìsta [comp. di *agri(coltura) e turista*] s. m. e f. (pl. m. *-i*) ● Chi si dedica all'agriturismo.

agriturìstico agg. (pl. m. *-ci*) ● Relativo all'agriturismo: *imprenditore a.*; *vacanza agrituristica*.

àgro (1) [lat. tardo *ăcru(m)*, per il classico *ăcre(m)*, dalla radice *ac- che indica acutezza] **A** agg. *1* Di sapore pungente e acido: *limone a.*; *arancia agra*. SIN. Aspro, brusco. *2* (*fig.*) Severo, aspro: *rimprovero a.*; *parole agre* | Sgradito, molesto | Malagevole, difficile da sopportare. || **agramènte**, avv. Aspramente. **B** s. m. *1* Sapore agro: *l'a. di un frutto acerbo* | *All'a.*, detto di cibo condito con limone o aceto: *salsa all'a.*, *verdure all'a.* *2* (*fig.*) Amarezza, tristezza. || **agrétto**, dim. (V.) | **agrìno**, dim. | †**agrùccio**, dim.

àgro (2) [vc. dotta, lat. *ăgru(m)*, dalla radice indeur. *agro- che indicava la campagna in opposizione ai luoghi abitati] s. m. ● Campagna, spec. attorno a una città: *Agro Campano, Romano, Pontino.*

agro- [lat. *ăgru(m)* 'campo'] primo elemento ● In parole composte, fa riferimento ai campi, alla campagna o all'agricoltura: *agroindustria*.

agroalimentàre [comp. di *agro-* e *alimentare*] agg. ● Che riguarda la coltivazione e la trasformazione dei prodotti agricoli per l'alimentazione: *settore, industria a.*

agrobiologìa [comp. di *agro* (*2*) e *biologia*] s. f. (pl. *-gie*) ● Scienza che studia la vita di organismi vegetali e animali in rapporto al terreno agrario che li ospita.

agrobiotecnologìa [comp. di *agro-* e *biotecnologia*] s. f. ● Biotecnologia applicata all'agricoltura.

agrochìmica [comp. di *agro-* e *chimica*] s. f. ● Chimica agraria.

agrocòtto [comp. di *agro* (*1*) e *cotto*] s. m. ● Succo concentrato di agrumi, usato per produrre acido citrico e citrato di calcio.

agrodólce [fr. *aigre-doux* 'agro' e 'dolce'] **A** agg. *1* Che ha sapore agro e dolce insieme: *condimento a.* *2* (*fig.*) Che lascia trasparire, sotto un'apparente dolcezza o cortesia di modi, risentimento, ironia, mordacità e sim.: *tono, sorriso a.*; *commenti agrodolci*. **B** s. m. ● Preparazione di cucina in cui sia presente il gusto agro fornito da limone o aceto insieme a quello dolce fornito da zucchero, uva passa o cioccolato.

agroindùstria [comp. di *agro-* e *industria*] s. f. ● Settore industriale che si occupa della produzione, trasformazione e vendita di prodotti agricoli.

agroindustriàle agg. ● Relativo all'agroindustria: *settore a.*

agroingegnerìa [comp. di *agro-* e *ingegneria*] s. f. ● Applicazione di tecniche d'ingegneria allo studio e alla soluzione di problemi relativi all'agricoltura.

agrologìa [comp. di *agro* (*2*) e *-logia*] s. f. (pl. *-gie*) ● Studio dei fenomeni inerenti all'agricoltura | Studio dei terreni agricoli.

agrometeorologìa [comp. di *agro-* e *meteorologia*] s. f. ● Utilizzazione delle informazioni, osservazioni e previsioni meteorologiche a favore dell'agricoltura.

agrometeoròlogo [comp. di *agro-* e *meteorologo*] s. m. (f. *-a*; pl. m. *-gi*) ● Chi si occupa di agrometeorologia.

agrònica [comp. di *agron(omia)* ed *(elettron)ica*] s. f. ● Disciplina che studia l'applicazione di tecnologie e prodotti elettronici all'agricoltura e alla zootecnica per renderne più agevole e redditizia la produzione.

agronomìa [da *agronomo*] s. f. ● Scienza che studia l'applicazione di norme e principi razionali all'agricoltura.

agronòmico agg. (pl. m. *-ci*) ● Relativo all'agronomia.

agrònomo [vc. dotta, gr. *agronómos*, comp. di *agrós* 'campo' e *-nomo*] s. m. (f. *-a*) ● Chi studia o professa l'agronomia | Dottore in agraria, abilitato all'esercizio della professione e iscritto all'albo professionale.

agropastoràle [comp. di *agro-* e *pastorale*] agg. ● Che concerne l'agricoltura e la pastorizia: *riforma a.*

agróre [vc. dotta, lat. tardo *acrōre(m)*, da *ăcer* 'acuto'] s. m. *1* (*lett.*) Sapore agro, aspro. *2* (*fig.*) Acredine.

agrostèmma [comp. del gr. *agrós* 'campo' e *stémma* 'corona', perché con questa pianta si intrecciavano corone] s. m. (pl. *-i*) ● Pianta erbacea delle Cariofillacee con stelo e foglie ricoperti di peluria bianca, fiori rossi e frutti a capsula (*Agrostemma githago*). SIN. Gettaione, mazzettone.

agròstide [gr. *ágrōstis*, genit. *agrṓstidos*, di etim. incerta] s. f. ● Pianta erbacea delle Graminacee con foglie strette e infiorescenza a pannocchia (*Agrostis*).

agrotècnico [comp. di *agro-* e *tecnico*] **A** s. m. (f. *-a*; pl. m. *-ci*) ● Chi ha conseguito il diploma presso un istituto professionale di Stato per l'agricoltura. **B** anche agg.: *perito a.*

agrumàrio agg. ● Che si riferisce agli agrumi: *mercato a.*

agrùme [lat. parl. **acrūme(n)*, da *ăcrus*. V. *agro* (*1*)] s. m. *1* (*spec. al pl.*) Correntemente, albero o arbusto delle Rutacee, sempreverde, con fiori bianchi e profumati e frutti succosi, coltivato per la produzione dei frutti e delle essenze | Frutto di tale pianta, quale arancia, limone e sim. *2* †Sapore agro (*anche fig.*): *io ti disfido a morte / e farotti assaggiar d'un altro a.* (PULCI).

agruméto s. m. • Terreno coltivato ad agrumi.
agrumìcolo [comp. di *agrumi* e *-colo*] agg. • Che si riferisce all'agrumicoltura.
agrumicoltóre o **agrumicultóre** [da *agrumi*, sul modello di *agricoltore*] s. m. • Coltivatore di agrumi.
agrumicoltùra o **agrumicultùra** [da *agrumi*, sul modello di *agricoltura*] s. f. • Coltivazione degli agrumi.
†aguàle [lat. *aequāle(m)* 'uguale'] avv. • Adesso, in questo momento: *e ti ringrazio assai / di questa grazia ch'agual fatta m'hai* (BOCCACCIO).
aguardiente /sp. agwar'djente/ [sp., comp. di *agua* 'acqua' e *ardiente* 'ardente'] s. f. • Acquavite di succo di agave, originaria del Messico.
†aguatàre e *deriv.* • V. *†agguatare* e *deriv.*
†agùcchia o **†gùcchia** [lat. parl. **acūcula(m)*, dim. di *ăcus* 'ago'] s. f. • Ago | Ferro per lavori a maglia.
agucchiàre v. tr. e intr. (*io agùcchio*; aus. *avere*) • Lavorare con l'ago, stancamente, senza particolare cura: *a. una camicia*; *la vecchia agucchiava in un angolo.*
†agùglia (1) [etim. incerta] s. f. • Aquila.
†agùglia (2) [lat. parl. **acūcula(m)*, dim. di *ăcus* 'ago'] s. f. *1* Punta, ago. *2* Ago della bussola | Ago per cucire vele e tende | Agugliotto. *3* (*est.*) Guglia, pinnacolo.
agùglia (3) [V. *aguglia (2)*] s. f. • Pesce teleosteo commestibile dal corpo allungato con mascella e mandibola sottili che formano un caratteristico rostro (*Belone belone*).
†agugliàta s. f. • Gugliata.
agugliàto [da *aguglia (2)*] agg.; anche s. m. • Tipo di tessuto formato da numerosi fili pressati insieme, usato spec. per il rivestimento di pavimenti.
aguglierìa [collettivo da *†aguglia (2)* (?)] s. f. • Insieme dei filati destinati alla confezione di maglie.
†agugliόne [fr. *aiguillon*, dal lat. parl. **aculeōne(m)*] s. m. • Pungiglione.
agugliòtto [fr. *aiguillot*, dal lat. parl. **acūcula(m)*] s. m. • Il maschio dei cardini con i quali il timone è collegato alla poppa.
†agumentàre e *deriv.* • V. *aumentare* e *deriv.*
†agunàre e *deriv.* • V. *adunare* e *deriv.*
†aguràre e *deriv.* • V. *augurare* e *deriv.*
agùti [guarani *aguti*, *acuti*, attraverso il fr. o lo sp.] s. m. • Roditore notturno americano con carni commestibili (*Dasyprocta aguti*).
†agùto A agg. • V. *acuto*. **B** s. m. • Chiodo: *ficcare ogni a. con un solo colpo di martello* (LEONARDO).
agùtoli [da *†aguto*] s. m. pl. • Arbusto spinoso delle Solanacee con fiori violetti e bacche di color rosso vivo (*Lycium europaeum*). SIN. Spina cristi, spino santo, inchiodacristi.
aguzzaménto s. m. • Atto, modo, effetto dell'aguzzare.
aguzzàre [lat. parl. **acutiāre*, da *acūtus* 'acuto'] **A** v. tr. *1* Rendere acuto, appuntire: *a. un bastone.* SIN. Acuminare | *A. la macina del mulino*, metterla in taglio, per farla lavorare meglio quando è consumata. *2* (*fig.*) Stimolare, eccitare: *a. l'appetito* | *A. le ciglia, gli occhi, lo sguardo*, sforzarsi di vedere meglio | *A. le orecchie*, ascoltare con attenzione | *A. la mente, l'ingegno*, renderli sottili, perspicaci. **B** v. intr. pron. *1* Farsi più acuto. *2* (*fig.*) Acuirsi | Ingegnarsi.
aguzzàta s. f. • Atto di aguzzare rapidamente.
aguzzatóre s. m. (f. *-trice*) • Chi aguzza (*anche fig.*)
aguzzatùra s. f. • Atto, effetto dell'aguzzare | Punta.
aguzzìno o **†auzzìno**, **†lauzzìno** [ar. *al-wazir* 'luogotenente', prob. attrav. lo sp. *alguacil*] s. m. *1* Sulle antiche galee, chi era incaricato della custodia e sorveglianza dei rematori. *2* (*fig.*) Persona molto crudele | Tormentatore, persecutore.
agùzzo [da *aguzzare*] agg. *1* Acuto, appuntito: *ferro, palo, naso a.* SIN. Acuminato. *2* (*fig.*) Penetrante, intenso: *sguardo a.*
ah o (*raro*) **ha** [vc. onomat.] inter. *1* Esprime, secondo i casi e l'intonazione della voce, diversi sentimenti o stati d'animo come meraviglia, gioia, sollievo, dolore, minaccia, soddisfazione, ira e sim.: *ah! ti ho preso finalmente!*; *ah! che disgrazia!*; *ah! eccoci arrivati!* *2* Ripetuta due o più volte riproduce la risata, spec. sarcastica o beffarda: *ah! ah! parlerà ora, signor curato?* (MANZONI).
àhi o **ài (2)** nel sign. 2. inter. *1* Esprime dolore fisico o morale: *ahi! mi sono punto!*; *Ahi quanto a dir qual era è cosa dura* (DANTE *Inf.* I, 4); *ahi dura terra, perché non t'apristi?* (DANTE *Inf.* XXXIII, 66). *2* (*fam.*) Nelle loc. *non dire né ai né bai, né ahi né ohi*, non pronunciar parola, non dire nulla: *si alzò e se ne andò senza dire né ai né bai*; *gli arriva addosso senza dire né ahi né ohi* (VERGA). *3* Unito ai pronomi pers. si usa oggi in tono scherz.: *ahinoi*; *ahivoi*; *ahilui*; *ahilei*; *ahimè* (V.).
ahimè o **ahimé**, (*raro*) **aimè** [comp. di *ahi* e *me*] inter. • Esprime un sentimento di compassione, di dolore, di rammarico, di rimpianto, di dispiacere: *a., che disgrazia!*; *Ahimè, che piaghe vidi ne' lor membri / ricenti e vecchie, da le fiamme incese!* (DANTE *Inf.* XVI, 10-11).
ahm [vc. espressiva] inter. • Si usa per indicare l'atto di mettere il cibo in bocca.
ahó /a'o*/ [vc. espressiva di origine romanesca] inter. • Esprime insofferenza, irritazione, risentimento e sim. e si usa spec. per richiamare l'attenzione di qc. in modo aggressivo: *ahó! piantiamola!*; *ahó! non alzare la voce!*
ài (1) o (*poet.*) **a i** [comp. di *a* e *i (1)*] prep. art. • V. *i* per gli usi ortografici.
ài (2) • V. *ahi*.
àia [lat. *ārea(m)*, di etim. incerta] s. f. *1* Area di terreno sodo o pavimentato, contigua ai fabbricati rurali, destinata ad accogliere i prodotti da essiccare, trebbiare, cernere e sim. | *Menare il can per l'aia*, mandare per le lunghe per non concludere | (*est.*) Terreno spianato attorno alla fornace su cui si fanno seccare al sole i laterizi. *2* †Aiuola. *3* †Area, spazio | *†Mettere in aia*, cimentarsi. ‖ **†aióne**, accr. m.
-àia [forma f. del corrispondente suff. *-aio (1)*, che allarga il sign. dei f. sost. lat. in *-āria(m)*] suff. • Forma sostantivi indicanti in genere terreni adibiti a colture particolari (*cavolaia*, *risaia*, *asparagiaia*) o apparecchiature, ambienti e sim. destinati a contenere o a raccogliere determinate cose (*colombaia*, *ghiacciaia*).
aiàta [da *aia*] s. f. *1* Battitura del grano sull'aia. *2* Quanto grano sta sull'aia.
aids /'aids, aidi'ɛsse, *ingl.* 'eids/ o **AIDS** [sigla dell'ingl. *A(cquired) I(mmune) D(eficiency) S(yndrome)* 'sindrome da immunodeficienza acquisita'] s. f. o m. • (*med.*) Malattia infettiva virale altamente letale che colpisce il sistema immunitario, determinando immunodepressione ed esponendo a gravi infezioni opportunistiche e tumori.
aidùco o **aidùcco** [ungh. *hajdúk*, pl. 'briganti'] s. m. (pl. *-chi*) • Nel XVI sec., ciascuno dei ribelli balcanici organizzati contro il dominio turco | Nel XVIII sec., corpo speciale di fanteria ungherese.
aierino [vc. dotta, lat. *aĕrinu(m)*, nom. *aĕrinus*, dal gr. *aérinos*, da *aḗr* 'aria'] s. m. • (*dial.*, *poet.*) Spiritello dell'aria: *i lunghi pioppi scoton le vette: / son li aierini che vi fan la danza* (PASCOLI).
aigrette /fr. e'grɛt/ [fr., da *aigron* 'airone'] s. f. inv. *1* Ciuffo di penne che alcuni uccelli, spec. l'airone, hanno sul dorso. *2* Piuma di airone bianco usata in modisteria. SIN. Aspri.
aiguille /fr. e'gɥij/ [fr., stessa etim. dell'it. *guglia*] s. f. inv. • Monolito naturale alpino che si erge verticalmente sulle rocce contermini | Vetta piramidale di difficile accesso.
aikido /giapp. ai'kido/ [vc. giapp., propriamente 'via dell'unione degli spiriti'] s. m. inv. • Difesa personale derivante dal jūjitsu, basata principalmente su chiavi alle articolazioni di tutto il corpo, che insegna a neutralizzare la presa o a parare i colpi di uno o più avversari.
ailànto [vc. malese, propriamente 'albero del cielo'] s. m. • Albero d'alto fusto delle Simarubacee con foglie alterne composte e pannocchie di piccoli fiori verdognoli o rossastri i cui stami hanno odore disgustoso (*Ailanthus glandulosa*). SIN. Albero del Paradiso.
ailurofobìa [comp. del gr. *áilouros* 'gatto' e *-fobia*] s. f. • Paura morbosa dei gatti.
aimè o **aimé** • V. *ahimè*.
aio [sp. *ayo*, dal got. **hagja* 'custode'] s. m. (f. *-a*) • Educatore, istitutore (*anche fig.*)
-àio (1) [dal suff. agg. lat. *-āriu(m)*, presto sost. col sottintendimento di *lŏcu(m)* 'luogo'] suff. • Forma sostantivi indicanti in genere apparecchiature, ambienti e sim. destinati a contenere o a raccogliere determinate cose: *granaio*, *letamaio*, *pagliaio*.
-àio (2) o **-àro** [dal suff. lat. *-āriu(m)*, propriamente degli agg. che si applicò anche ass. a professioni, sottintendendo 'uomo'] suff. • Forma sostantivi indicanti chi esercita un mestiere o una professione: *cartolaio*, *burattinaio*, *orologiaio*.
aiòla • V. *aiuola*.
aiòlo • V. *aiuolo*.
-aiòlo o **†-aiuòlo** [ampliamento del suff. *-aio (2)* con altro suff. dim. (*-olo*), che spesso ha perduto il suo valore proprio] suff. • Forma sostantivi indicanti chi esercita un mestiere o una professione: *armaiolo*, *barcaiolo*, *risaiolo*, *vignaiolo*.
aióne [da *aia*] s. m. • Spazio di terra ove nelle saline si pone il sale a prosciugare.
àira [vc. dotta, gr. *aîra* 'loglio', di etim. incerta] s. f. • Pianta erbacea delle Graminacee con fiori raccolti in piccole spighe bianco-argentee (*Aira*).
airbag /ingl. 'ɛəbæg/ [vc. ingl., propr. 'sacchetto d'aria', comp. di *air* (V. *air-terminal*) e *bag* (V.)] s. m. inv. • (*autom.*) Sacca di nylon o altro materiale sottile e resistente che normalmente è ripiegata e che, in caso di urto frontale, si gonfia istantaneamente per effetto di una piccola carica esplosiva, proteggendo l'incolumità del guidatore o di un passeggero. TRASPORTI ➡ ILL. p. 1750.
airbus /ingl. 'ɛəbʌs/ [vc. ingl., comp. di *air* 'aria' e *bus* (V.)] s. m. inv. (pl. ingl. *airbuses*) • Aeroplano di media capienza per il trasporto di passeggeri su distanze limitate.
aìre [comp. di *a* e *ire*] s. m. • Spinta | *Dare l'a.*, imprimere il movimento | *Prendere l'a.*, prendere slancio, mettersi in movimento.
Airedale terrier /ingl. 'ɛədeil 'teriə/ [comp. del n. della valle dell'Aire, dove questa razza fu ottenuta, e *terrier*] s. m. inv. (pl. ingl. *Airedale terriers*) • Cane inglese da difesa e da caccia, assai robusto, caratterizzato da pelo corto e ruvido.
airóne o **†aghiróne** [germ. **haigiro*] s. m. • Correntemente, uccello acquatico dei Ciconiformi con gambe sottili, becco lungo e diritto e collo a forma di S, appartenente al genere Ardea | *A. cinerino*, con testa piccola e piumaggio grigio (*Ardea cinerea*). SIN. Sgarza | *A. bianco*, dei Ciconiformi, con zampe scure e becco giallo (*Egretta alba*) | *A. piccolo*, tarabusino.
air-terminal /ɛr'terminal, *ingl.* 'ɛə tə:minl/ [vc. ingl., comp. di *air* 'aria' (dal fr. *air*, dal lat. *āer*, nom., 'aere') e *terminal* 'capolinea' (dal lat. tardo *terminăle(m)* 'terminale')] s. m. inv. (pl. ingl. *air-terminals*) • Aerostazione urbana collegata all'aeroporto con opportuni mezzi di trasporto.
àita [da *aitare*] **A** s. f. • (*poet.*) Aiuto: *non so 'ncominciar senza tu' a.* (PETRARCA); *a. porse all'affamate genti* (TASSO). **B** in funzione di inter. • Si usa come invocazione di soccorso (*spec. iter.*): *gridan: O signor nostro, a., a.!* (PETRARCA).
aitànte A part. pres. di *†aitare*. • †Nei sign. del v. **B** agg. • Robusto, gagliardo: *tanto è destro e di gambe a. / che alcuna cosa non gli fa paura* (BOIARDO).
†aitàre [lat. *adiutāre* (V. *aiutare*), attrav. il provz. *aidar*] v. tr. • Aiutare.
àiuga [comp. di *a- (1)* e del lat. *iŭgum* 'giogo', per l'apparente assenza del giogo o labbro superiore della corolla] s. f. • Pianta erbacea delle Labiate con fusto strisciante, fiori blu, gialli o porporini, con il lobo superiore cortissimo e bilobato e quello inferiore lungo e trilobato (*Ajuga*).
aiuòla o **aiòla** [lat. *arĕola(m)*, dim. di *ārea*. V. *aia*] s. f. • Piccola area di terreno coltivata a fiori, ortaggi o adibita a semenzaio: *le aiuole del giardino*; *preparare un'a.* ‖ **aiuolétta**, dim.
aiuòlo o **aiòlo** [dim. di *aia*] s. m. • Rete per pigliare uccelli | *Tirar l'a.*, (*fig.*) cavar profitto usando inganni e (*tosc.*, *fam.*) morire.
†-aiuòlo • V. *-aiolo*.
aiutànte A part. pres. di *aiutare*; anche agg. • Nei sign. del v. **B** s. m. (anche f. nel sign. 1) *1* Chi aiuta o assiste qc. nello svolgimento di un lavoro o in un ufficio. SIN. Collaboratore. *2* (*mil.*) Ufficiale che aiuta un altro ufficiale di grado superiore nel-

l'esercizio delle sue funzioni: *a. maggiore*, *a. di campo* | *A. di sanità*, graduato appartenente al personale di assistenza addetto agli ospedali militari o alle infermerie | *A. di battaglia*, massimo grado conferito a un sottufficiale per merito di guerra. **3** (*mar.*) Sottufficiale della Marina Militare incaricato di mantenere la disciplina e il buonordine dei marinai | *A. di bandiera*, ufficiale addetto alla persona di un ammiraglio.

aiutàre o †**atàre** [lat. *adiutāre*, ints. di *adiuvāre*, comp. di *ăd* e *iuvāre* 'giovare'] **A** v. tr. **1** Dare aiuto, porgere ad altri la propria opera: *a. i parenti in una situazione difficile*; *a. qc. a mettersi in salvo*; *a. un prigioniero a fuggire* | Soccorrere: *bisogna a. quella povera donna*. **2** (*est.*) Favorire, agevolare: *la tecnica aiuta il progresso* | (*lett.*) Ravvivare, rinvigorire: *aiutava di gesti e di interiezioni ... il racconto* (D'ANNUNZIO). **3** †Difendere, salvare: *aiutami da lei, famoso saggio* (DANTE *Inf.* I, 89). **B** v. rifl. **1** Ingegnarsi, sforzarsi: *si arrampicava aiutandosi coi piedi e con le mani*. **2** (*raro*) Difendersi. **C** v. rifl. rec. ● Darsi aiuto a vicenda: *tra amici bisogna aiutarsi*.

aiutàto A part. pass. di *aiutare*; anche agg. ● Nei sign. del v. **B** s. m. **1** †Aiuto. **2** Nelle cliniche o negli istituti universitari di medicina e chirurgia, il ruolo di chi ha la qualifica di aiuto.

aiutatóre s. m.; anche agg. (f. *-trice*) ● (*lett.*) Chi, che aiuta.

†**aiutévole** agg. ● Che aiuta.

aiùto [lat. tardo *adiūtu(m)*, dal part. pass. di *adiuvāre* 'aiutare'] **A** s. m. **1** Opera prestata in favore di chi si trova in stato di pericolo o di bisogno: *invocare, chiedere a.*; *porgere, portare a.*; *essere, servire di a.* | Soccorso: *correre, venire, in a.* SIN. Assistenza. **2** (*spec. al pl.*) Nell'ippica i mezzi usati dal fantino o dal guidatore per assecondare l'azione del cavallo quali tensione delle briglie, pressione delle mani e delle gambe. **3** (*aer.*) Qualunque mezzo a bordo o al suolo usato per l'assistenza all'aeronavigazione. **4** Persona che coadiuva in un lavoro o in un ufficio | In cinematografia e in teatro, persona che collabora, spesso come apprendista, con il regista o l'operatore: *a. regista*, *a. operatore*. **5** Nelle scuole di medicina o nelle cliniche, dipendente di ruolo intermedio tra quelli dell'assistente e del professore ordinario; oltre a coadiuvare il professore in attività didattiche e di ricerca, è spesso preposto a un reparto o a un servizio. || **aiutarèllo**, dim. | **aiutino**, dim. | **aiutùccio**, †**aiutùzzo**, dim. **B** in funzione di inter. ● Si usa come invocazione di soccorso (*spec. iter.*) *a.! affogo!*

†**aiutóre** ● V. †*adiutore*.

†**aiutòrio** ● V. †*adiutorio*.

aizzaménto o †**adizzaménto**. s. m. ● Atto, effetto dell'aizzare.

aizzàre o †**adizzàre** [da †*izza*] **A** v. tr. ● Incitare alla violenza, all'offesa, all'inseguimento: *a. i cani*; *a. una persona contro un'altra* | Provocare, istigare. **B** v. intr. pron. ● (*raro*) Stizzirsi.

aizzatóre s. m. (f. *-trice*) ● Chi aizza.

à jour /fr. a 'ʒur/ o **ajour** [fr., propriamente 'a giorno', perché il traforo lascia passare la luce (in fr. *jour* significa 'giorno' e 'luce')] **A** loc. agg. inv. ● A giorno: *punto, ricamo, orlo à jour*. **B** loc. sost. m. inv. ● Orlo a giorno, punto traforato.

ajouràto /aʒu'rato/ agg. ● Detto di ciò che è lavorato ad à jour: *tende ajourate*.

al o (*poet.*) **a' l** [comp. di *a* e *il*] prep. art. ● V. *il* per gli usi ortografici.

àla [lat. *āla(m)*, di origine indeur.] s. f. (pl. *àli*, †*àle*) **1** Organo che consente il volo a uccelli, pipistrelli e a taluni insetti | *Ala spuria*, le penne portate dal pollice dell'arto anteriore degli uccelli. SIN. Alula | *Essere sulle ali*, di uccello che si è levato ed è già in volo | *Cader d'ala*, di un uccello ferito all'ala, che cade obliquamente | *Dare, fare ala*, il cambiar direzione degli uccelli, in atto di accostarsi alla tesa | *Fare ala*, (*fig.*) disporsi da una parte e dall'altra rispetto a qc. o q.c. che sta transitando, detto di un gruppo di persone: *la folla fece ala al passaggio del corteo* | *Battere le ali*, volare, sollevarsi | *In un batter d'ali*, in un attimo, rapidamente | *Mettere le ali ai piedi*, essere veloce, rapido; (*fig.*) correre velocemente e (*est.*) provare entusiasmo, fervore, e sim. | *Alzare le ali da terra*, (*fig.*) staccarsi dalla vita, dalle cose mondane | *Tarpare le ali*, (*fig.*) indebolire, svigorire | *Fare cadere le ali*, (*fig.*) togliere le forze. ➡ ILL. **zoologia generale**. **2** (*fig.*, *lett.*) Slancio, anelito: *le ali della fantasia, del pensiero, dello spirito, della mente e sim.* **3** (*fig.*) Favore, protezione: *sotto l'ala, sotto le ali, di qc.*; *ricovrarsi sotto le grandi ale / del perdono d'Iddio* (FOSCOLO). **4** (*aer.*) Parte del velivolo, intera o in più parti generalmente simmetriche, che ne sorregge il peso in volo per effetto delle azioni aerodinamiche sviluppate dal moto nell'aria: *ala monoplana, biplana, triplana, pluriplana*; *ala alta, bassa, superiore, inferiore* | *Ala a delta*, a pianta triangolare | *Ala a freccia*, nella quale i bordi d'attacco delle due semiali sono inclinati rispetto alla normale al piano longitudinale di simmetria | *Ala volante*, velivolo costituito dalle sole ali, che incorpora anche gli organi di stabilità e di governo; (*est.*) specie di materassino paracadute che permette di rimanere in aria per diverse decine di minuti, usato dai paracadutisti per esibizioni spettacolari. ➡ ILL. p. 1292 SPORT; p. 1759 TRASPORTI. **5** (*est.*) Prolungamento laterale: *le ali di un edificio, di un ponte, di una diga*; *l'ala destra, sinistra di un castello*; *muro d'ala* | *Ali di un trittico*, sportelli laterali | *Ala della rete*, parete laterale, nelle reti da pesca. **6** (*est.*) Parte od organo che sporge dal corpo centrale di un oggetto, spesso con forma o funzioni che ricordano quelle dell'ala degli animali | *Ali del mulino a vento*, ciascuna delle pale della ruota | *Ala del cappello*, falda, tesa, attorno alla base della calotta | *Ala del ventaglio*, il foglio semicircolare a più ripiegature incollato sulle stecche del ventaglio di tipo pieghevole | (*anat.*) *Ala del naso*, la parte laterale esterna di ciascuna narice. SIN. Pinna. **7** (*est.*, *mil.*) Parte estrema della fronte di uno schieramento di esercito o di unità: *ala destra, sinistra*; *le ali avanzarono con un movimento a tenaglia*; *attaccare sulle ali* | (*fig.*) *Ala di un partito*, gruppo che, all'interno di un partito, segue uno specifico indirizzo | (*fig.*) *L'ala marciante di un partito*, il gruppo più attivo. **8** Nel calcio, nella pallanuoto e sim., ciascuno dei due attaccanti di prima linea che giocano ai margini del campo: *ala tornante*; *ala arretrata* | (*est.*) Ciascuna delle due posizioni dello schieramento: *giocare all'ala*. || **alàccia**, pegg. | **alétta**, dim. (V.) | **alùccia**, dim. (V.)

a la /'a lla, 'a la/ ● V. *alla* (*1*).

alabàmio [in onore del politecnico di *Alabama*] s. m. ● (*chim.*, *raro*) Astato.

alabàrda o †**labàrda** [medio alto ted. *helmbart*] s. f. ● Arma in asta lunga da punta e da taglio con il ferro formato da una punta lanceolata, e sotto, da un lato, una scure e, dall'altro, una o più punte, introdotta in Italia nel XV sec., usata come arma sussidiaria della picca.

alabardàta s. f. ● Colpo d'alabarda.

alabardàto A agg. **1** Armato di alabarda. **2** A forma di alabarda | *Giglio a.*, il simbolo della città di Trieste. **3** Che gioca nella squadra di calcio della Triestina. **B** s. m. ● Chi gioca nella squadra di calcio della Triestina.

alabardière s. m. ● Soldato armato d'alabarda.

alabastràio s. m. ● Chi lavora l'alabastro | Chi vende oggetti d'alabastro.

alabastrino agg. **1** Di alabastro: *vaso a.* **2** (*fig.*) Che ha il colore, la trasparenza e sim. dell'alabastro: *viso, chiarore a.*; *mani, dita, alabastrine*.

alabàstro [vc. dotta, lat. tardo *alabăstru(m)*, dal gr. *alábastron*, di origine orient.] s. m. **1** (*miner.*) Concrezione cristallina a struttura fibroso-raggiata con caratteristiche zonature variegate: *a. calcareo, gessoso*. **2** (*spec. al pl.*) Oggetti di alabastro, come statuette, bassorilievi, coppe, anfore, vasi e sim.

alabbàsso [comp. di *alare* (*2*) e *abbasso*] s. m. ● (*mar.*) Qualunque cavo o gomena per ammainare vele o gener. per fare scendere un oggetto a bordo.

à la carte /fr. a la 'kart/ [loc. fr., propr. 'alla carta'] loc. avv.; anche agg. ● Secondo la lista delle vivande, non a prezzo fisso: *mangiare à la carte*; *menu à la carte*.

alàccia o **làccia** s. f. ● (*zool.*) Alosa.

à la coque /fr. a la 'kɔk/ [loc. fr., letteralmente 'al (*à la*, perché si riferisce a s. f.) guscio (*coque*, dal lat. *cŏccum* 'nocciolo')'] loc. agg. inv. ● Detto di uovo bollito col guscio per due o tre minuti.

àlacre o **alàcre** [vc. dotta, lat. *ălacre(m)*, di etim. incerta] agg. **1** Pronto, svelto, sollecito nell'operare: *passo a.*; *vita, spirito a.* SIN. Operoso, solerte. **2** (*fig.*) Fervido, vivace: *ingegno, intelligenza a.* || **alacreménte**, avv. Con prontezza.

alacrità [vc. dotta, lat. *alacritāte(m)*, da *ălacer* 'alacre'] s. f. **1** Sveltezza, prontezza nel lavoro e nel movimento: *lavorare con a.* SIN. Ardore, solerzia. **2** (*fig.*) Vivacità: *a. d'ingegno*.

alàggio [fr. *halage*, da *haler* 'alare (3)'] s. m. **1** Traino di un natante lungo canali, fiumi, laghi e sim., mediante funi tirate dalla riva | (*est.*) Manovra per portare un natante all'asciutto. **2** (*gener.*) Sforzo di trazione su una fune.

alalà [dal gr. *alalá*, grido di guerra, di origine onomat.] **A** inter. ● (*lett.*) Grido guerresco di esultanza che ha il sign. di 'evviva', 'vittoria' e che fu usato come incitamento o come ovazione nel periodo fascista: *eia! eia! eia! a. a.!* **B** anche s. m.: *ma s'io ritrovi ciò che il cuor mi vuole / ti getto allora un a. di guerra* (PASCOLI).

alalia [comp. di *a-* (*1*) e *-lalia*] s. f. ● (*med.*) Incapacità di parlare per disturbi organici o funzionali degli organi vocali.

alalònga o **alalónga**, **alalùnga** [comp. di *ala* e *lungo*] s. f. ● Pesce teleosteo commestibile dei Tunniformi di color azzurro argenteo con lunghe pinne pettorali (*Thunnus alalunga*).

alamànna ● V. *salamanna*.

alamànno ● V. *alemanno*.

alamàro [sp. *alamar*, forse dall'ar. *al-'amāra* 'laccio'] s. m. **1** Tipica allacciatura per abiti femminili o per uniformi militari, in passamaneria di seta o di fili metallici ripiegata a forma di cappio entro cui è fatto passare un bottone. **2** Mostrina speciale dei carabinieri, dei granatieri e degli ufficiali di stato maggiore.

alambardàta [deform. del fr. *embardée* 'imbardata'] s. f. ● (*aer.*, *raro*) Imbardata.

alambìcco o †**lambìcco** [ar. *al-'ambīq* 'vaso da distillare', dal gr. *ámbix*, genit. *ámbikos* 'tazza, alambicco', da *ámbōn* 'orlo, protuberanza', di etim. incerta (?)] s. m. (pl. *-chi*) ● Apparecchio di distillazione consistente in una caldaia collegata, mediante un tubo, a un serpentino di raffreddamento al fondo del quale si raccoglie il distillato.

alanina [da *al(deide acetica)* da cui venne sintetizzata, col suff. *-ina* delle ammine] s. f. ● (*chim.*) Amminoacido idrofobo presente nelle proteine.

alàno [etim. incerta] **A** s. m. ● Cane a pelo raso e muso tozzo, dalle orecchie corte e diritte, di statura imponente, atto alla guardia e alla caccia: *a. tigrato*. **B** anche agg.: *cane a.*

à la page /fr. a la 'paʒ/ [loc. fr., propr. 'alla pagina', cioè 'all'ultima, più recente pagina dei dettami della moda'] loc. agg. inv. ● Aggiornato, all'ultima moda: *essere à la page*; è *una donna molto à la page*.

alàre (**1**) [lat. *lāre(m)* 'focolare'. In origine i *Lăres* erano spiriti infernali che perseguitavano i vivi e furono poi trasformati in divinità tutelari; forse da accostare a *lārva* 'spettro, fantasma'] s. m. **1** Ciascuno dei due arnesi in metallo, pietra o terracotta usati nel focolare o nel camino per sostenere la legna. **2** Spiedo per arrosto.

alàre (**2**) [vc. dotta, lat. *alāre(m)*, da *āla* 'ala'] agg. **1** Che si riferisce all'ala, sia degli uccelli che degli aeromobili: *carico, profilo a.* | *Motore a.*, montato sotto l'ala o incorporato nell'ala | *Membrana a.*, patagio. **2** (*anat.*) Detto della parte mediale del muscolo nasale.

alàre (**3**) [fr. *haler*, dall'ol. *halen* 'tirare'] v. tr. **1** Trascinare mediante alaggio: *a. un'imbarcazione, un idrovolante*. **2** (*mar.*) Tirare con forza una gomena o una catena per tendere o sollevare qualcosa.

alàta [da *ala*] s. f. ● (*raro*) Colpo d'ala.

a latere /lat. a 'latere/ [lat., propriamente 'a fianco' (V. *lato* (*1*))] loc. agg. inv. **1** (*relig.*) *Legato a latere*, cardinale inviato dal Papa come legato pontificio a svolgere missioni particolarmente delicate. **2** (*dir.*) *Giudice a latere*, giudice componente un organo giurisdizionale collegiale non in qualità di presidente; spec. membro non presidente della corte d'assise, facente parte della magistratura. **3** (*est.*) Di qualunque persona che sia al seguito di un'altra, che affianca e di cui fa le veci.

alatèrno [vc. dotta, lat. *alatĕrnu(m)*, di ignota origine] s. m. ● (*bot.*) Arbusto sempreverde delle Ramnacee, con foglie coriacee e lucide, fiori senza petali, piccoli e verdastri, frutto a drupa, rosso; cresce nel bacino del Mediterraneo e il suo legno è usato in ebanisteria.

alàto [lat. *alātu(m)*, da *āla* 'ala'] **A** agg. **1** Fornito di ali | (*est.*) Detto di organo vegetale fornito di strutture espanse a forma di ala. **2** (*fig.*) Sublime, elevato: *pensiero a.*; *parole alate*. **B** s. m. ● Essere alato | (*per anton.*) Uccello.

a làto ● V. *allato*.

alàuda [vc. dotta, lat. *alăuda(m)* 'allodola'] s. f. ● (*poet.*) Allodola: *spicca l'a. il volo / trillando l'aerea canzone* (CARDUCCI).

Alàudidi [comp. di *alauda* e *-idi*] s. m. pl. ● Nella tassonomia animale, famiglia di Uccelli dell'ordine dei Passeriformi cui appartiene l'allodola (*Alaudidae*) | (al sing. *-e*) Ogni individuo di tale famiglia.

àlba (**1**) [lat. (*lūcem*) *ălba(m)* 'luce bianca'] s. f. **1** Prima luce del giorno in cielo tra la fine della notte e l'aurora: *sul far dell'a.*; *arrivederci all'a.* **2** (*fig.*) Principio, primo indizio: *l'a. del secolo, della civiltà*. **3** (*letter.*) Componimento della lirica trovadorica che canta l'alba e la separazione degli amanti.

àlba (**2**) [f. sost. di *albo* (*1*)] s. f. ● (*raro*) Veste sacerdotale bianca. SIN. Camice.

albagìa [da *alba* 'vento dell'alba' (?)] s. f. (pl. *-gie*) **1** Boria, vanità pomposa: *persona piena di a.* SIN. Superbia. **2** †Fantasticheria.

†**albàgio** [ar. *al-bazz* 'tela fine'] s. m. ● Sorta di panno grossolano, spec. bianco, usato per tende e sim.

†**albagióso** [da *albagia*] agg. ● Borioso, superbo, vanitoso.

albàna [lat. **albānu(m)*, da *ălbus* 'bianco'] s. f. **1** Varietà di vite coltivata spec. in Emilia dalla cui uva, di colore giallo dorato, si ricava il vino omonimo. **2** Vino tipico romagnolo, amabile o secco, giallo, a 12-13 gradi.

albanèlla [dal lat. **albānu(m)*, da *ălbus* 'bianco'] s. f. ● Uccello rapace dei Falconidi, simile al falco, con piumaggio grigio-biancastro.

albanése A agg. ● Dell'Albania: *popolo a.*; *lingua a.*; *costumi albanesi*. **B** s. m. (anche f. nei sign. 1 e 2) **1** Abitante, nativo dell'Albania. **2** †Forestiero | (*raro*) †*Far l'a.*, lo gnorri, l'indiano. **3** Cappelletto, nel sign. 2. **C** s. m. solo sing. ● Lingua indoeuropea parlata dagli albanesi.

albarèllo o **alberèllo** (**1**) [etim. incerta] s. m. **1** Vaso da farmacia in ceramica di forma cilindrica con lieve strozzatura nella parte centrale. **2** V. *alberello* (*3*).

albàșia [etim. incerta] s. f. ● (*lett.*) Bonaccia, calma marina: *è grande a. / da lido a lido* (D'ANNUNZIO).

albàsio [dal lat. *ălbus* 'bianco'. V. *albo* (*1*)] s. m. ● Mattone fragile e più chiaro del normale, per insufficiente cottura.

albaspìna [lat. *ălba(m) spīna(m)* 'spina bianca'] s. f. ● (*bot.*, *lett.*) Biancospino.

albastrèllo [dal lat. *ălbus* 'bianco'] s. m. ● Uccello di palude dei Caradriformi con gambe lunghe, esilissime, verdastre e penne molto chiare (*Tringa stagnatilis*).

albàta s. f. ● (*letter.*) Alba (1).

àlbatra [lat. *ărbutu(m)*, da *ărbor* 'albero'] s. f. ● (*lett.*) Frutto del corbezzolo.

albatrèllo s. m. **1** Dim. di *albatro* (*1*). **2** V. *alberello* (*3*).

àlbatro (**1**) [lat. *ărbutu(m)*] s. m. ● (*bot.*) Corbezzolo. ‖ **albatrèllo**, dim. (V.) | **albatrìno**, dim.

àlbatro (**2**) [fr. *albatros*, dal port. *alcatraz*, da una lingua indigena d'America] s. m. ● Specie di grandi uccelli oceanici dei Procellariformi, per lo più bianchi, con ali lunghe e strette adatte al volo continuato | *A. erratico*, specie di grande statura, tipica dei mari antartici (*Diomedea exulans*).

albèdine [dal lat. *albēdine(m)* 'bianchezza', da *ălbum* 'bianco'] s. f. ● (*lett.*) Colore biancastro | Bianchezza.

albèdo [dal nom. lat. *albēdo* 'bianchezza', der. da *ălbu(m)* 'bianco'] s. f. **1** Parte interna biancastra della buccia degli agrumi. **2** (*fis.*) Rapporto tra la quantità di energia diffusa da una superficie sferica e la quantità totale che l'ha investita provenendo dall'infinito o da una distanza molto grande | *A. di un pianeta*, *di un satellite*, relativamente all'energia solare.

albeggiaménto s. m. ● Modo, atto, effetto dell'albeggiare.

albeggiàre [da *alba*] **A** v. intr. impers. (*albéggia*; aus. *essere*) ● Spuntare l'alba: *d'estate albeggia presto*. **B** v. intr. (aus. *essere*) **1** Farsi giorno, spuntare l'alba: *il giorno albeggia*. **2** (*lett.*) Risplendere di luce bianca: *la neve albeggia nei campi*. **3** (*fig.*) Essere ai primordi: *quando la civiltà albeggiava appena*.

àlbera [lat. tardo *ălbaru(m)*, da *ălbus* 'bianco'. V. *albo* (*1*)] s. f. ● (*bot.*) Pioppo nostrano.

alberàggio [da *albero* nel sign. 2] s. m. ● Un tempo, tassa da pagare in alcuni porti per le merci imbarcate e sbarcate.

alberàre o †**arboràre** [da *albero*] v. tr. (*io àlbero*) **1** Piantare ad alberi: *a. un giardino*. **2** (*raro*, *lett.*) Inalberare, alzare un'insegna. **3** Alzare e fissare gli alberi di una nave o di un'imbarcazione.

alberàta [da *albero*] s. f. **1** Fila di alberi che si snoda lungo un sentiero, una strada e sim.: *un'a. fiancheggiava il fiume*. **2** Sistema di coltivazione mediante il quale la vite viene appoggiata a filari di olmi, pioppi e piante da frutto. **3** Alberatura di una nave.

alberàto part. pass. di *alberare*; anche agg. ● Nei sign. del v.

alberatùra s. f. **1** Piantagione di alberi. **2** Tutti gli alberi di una nave coi pennoni e le aste. ➡ ILL. p. 1756 TRASPORTI.

alberèlla s. f. ● Alberello (2).

alberèllo (**1**) ● V. *albarello* nel sign. 1.

alberèllo (**2**) [dal lat. tardo *ălbaru(m)*, da *ălbus* 'bianco'] s. m. ● (*bot.*) Pioppo bianco, tremolo.

alberèllo (**3**) o **albarèllo**, o **albatrèllo** [dal sign. di 'albero di pioppo', ai piedi del quale nasce] s. m. ● (*tosc.*) Fungo porcinello, pioppino.

alberése [etim. incerta] s. m. ● (*miner.*) Varietà di calcare compatto a grana finissima.

alberéta s. f. ● Albereto.

alberéto o †**arboréto** [lat. *arborētu(m)*, da *ărbor*, genit. *ărboris* 'albero'] s. m. ● Luogo piantato ad alberi.

alberétto s. m. **1** Dim. di *albero*. **2** (*mar.*) Tronco superiore degli alberi dei grandi velieri.

albergànte A part. pres. di *albergare* ● Nei sign. del v. **B** s. m. e f. ● (*raro*) Chi dà alloggio.

albergàre [da *albergo*] **A** v. tr. (*io albèrgo*, *tu albèrghi*) **1** Dare alloggio: *se verrai a trovarmi ti albergherò*. SIN. Ospitare. **2** (*fig.*, *lett.*) Nutrire, racchiudere, nel proprio animo: *alberga nobili sentimenti*. **B** v. intr. (aus. *avere*) **1** Avere dimora, alloggiare, abitare: *alberga in una misera pensione*. **2** (*fig.*) Avere, nutrire: *intorno al sen che alberga tanto amore* (CARDUCCI).

albergàto part. pass. di *albergare*; anche agg. **1** Nei sign. del v. **2** †Fornito di case, di abitazioni.

albergatóre s. m. (f. *-trice*) ● Proprietario di un albergo | Chi dà albergo (*anche fig.*)

†**albergherìa** s. f. **1** Alloggio albergo. **2** Nel mondo medievale, obbligo delle città e dei borghi di alloggiare gratuitamente il re e pubblici ufficiali.

alberghièro agg. ● Relativo ad albergo | Degli alberghi: *industria alberghiera*.

albèrgo [got. **haribergo* 'alloggio'] **A** s. m. (pl. *-ghi*) **1** Edificio adibito all'abitazione e al soggiorno di persone generalmente in transito: *sostare*, *dormire in un a. di lusso*; *un comodo a.* | *A. per la gioventù*, ostello | *A. diurno*, V. *diurno*. **2** (*lett.*) Ricovero, rifugio, ricetto (*anche fig.*): *chiedere*, *dare a.*; *dare a. a un sentimento*, *a una speranza*, *a un pensiero e sim.* **3** (*raro*, *lett.*) Casa, dimora: *questo a. ove abitai fanciullo* (LEOPARDI). **B** in funzione di agg. inv. ● (posposto al s.) Spec. nella loc. *casa a.*, albergo dove è possibile soggiornare a lungo e stabilmente, spec. nelle grandi città. ‖ **albergàccio**, pegg. | **alberghétto**, dim. | **alberghìno**, dim. | **albergóne**, accr. | **albergùccio**, dim.

àlbero o †**àlbore** (**2**), †**àrbore** [lat. *ărbore(m)*, di etim. incerta] s. m. **1** Ogni pianta con fusto eretto e legnoso che nella parte superiore si ramifica | *A. di Giuda*, siliquastro (*Cercis siliquastrum*) | *A. di S. Andrea*, delle Ebenacee con foglie ovali di color verde scuro e fiori piccoli solitari (*Diospyras lotus*). SIN. Ermellino, falso loto | *A. di Natale*, abete o pino che a Natale si addobba con lumi e ornamenti e al quale si appendono doni | *A. della Croce*, raffigurazione, frequente nell'arte medievale, della croce di Cristo sotto forma di albero i cui rami recano cartigli e immagini di profeti con riferimento alla Passione. ➡ ILL. p. 353 AGRICOLTURA. **2** (*mar.*) Fusto di legno o di metallo, verticale o inclinato, fisso allo scafo, per sostenere pennoni, coffe, vele, fanali, segnali e sim.: *a. di bompresso*, *di trinchetto*, *di maestra*, *di mezzana*, *di carico* | *A. di fortuna*, che si improvvisa a bordo se si resta disalberati. ➡ ILL. p. 1291 SPORT; p. 1756 TRASPORTI. **3** Formazione anatomica ricca di diramazioni e ramificazioni | *A. respiratorio*, complesso delle ramificazioni della trachea e dei bronchi | *A. arterioso*, insieme di un'arteria e delle sue diramazioni. **4** *A. genealogico*, in araldica, descrizione in linea ascendente o discendente dei nomi degli individui d'una o più famiglie di un ceppo comune; in filologia, rappresentazione dei rapporti di filiazione e di parentela che uniscono fra loro i codici e le stampe di un'opera letteraria rispetto a un originale perduto | In genetica, rappresentazione grafica, totale o parziale, di un ceppo familiare con le relazioni di parentela e l'indicazione della manifestazione di uno o più caratteri nelle varie generazioni. **5** (*mecc.*) Elemento di forma allungata sottoposto, durante il funzionamento della macchina, ad un moto di rotazione attorno ad un asse rettilineo, atto a trasmettere la potenza | *A. a camme* o *a eccentrici* o *di distribuzione*, nei motori a scoppio, Diesel e sim. quello munito delle camme d'azionamento delle valvole | *A. a gomiti*, nei motori a scoppio, Diesel e sim., quello munito di manovelle che trasforma il moto alterno degli stantuffi in moto rotatorio. SIN. Collo d'oca | *A. di trasmissione*, quello che, negli autoveicoli, trasmette il moto dal cambio di velocità al differenziale | Negli orologi di alta precisione, asse parallelo a quello del bariletto e sul quale è fissato un cono con scanalatura a spirale | *A. di Natale*, nell'industria petrolifera, testa di produzione. **6** (*chim.*) Insieme dei composti derivati da una sostanza: *l'a. dell'acetilene* | Formazione dendritica, arborescente | *A. di Saturno*, piombo metallico precipitato, per spostamento, da una sua soluzione salina. **7** (*mat.*) Grafo privo di circuiti. **8** (*ling.*) Rappresentazione grafica della struttura in costituenti di una frase: *a. di Chomsky* ‖ PROV. Dal frutto si conosce l'albero. ‖ **alberàccio**, pegg. | **alberèllo**, dim. | **alberètto**, dim. (V.) | **alberìno**, dim. | **alberonàccio**, pegg. | **alberóne**, accr. | **alberòtto**, dim.

albertìno [da (Carlo) *Alberto* (1798-1849)] agg. ● Di, relativo a, Carlo Alberto re di Sardegna: *lo statuto a.*

albése A agg. ● Di Alba | (*cuc.*) *Carne all'a.*, tagliata a fettine sottili e servita cruda, con olio, limone e uno strato di funghi. **B** s. m. e f. ● Abitante, nativo di Alba. **C** s. m. solo sing. ● Dialetto parlato ad Alba.

albicàre [lat. *albicāre*, da *ălbus* 'bianco'] v. intr. (*io àlbico*, *tu àlbichi*; aus. *avere* nel sign. 1, *essere* nel sign. 2) **1** (*lett.*) Biancheggiare: *albica il mar di cristalline strisce* (D'ANNUNZIO). **2** Albeggiare.

albicàto part. pass. di *albicare*; anche agg. **1** Nel sign. del v. **2** (*bot.*) Detto di foglia il cui lembo risulta completamente o parzialmente bianco.

albicatùra [da *albicare*] s. f. ● (*bot.*) Presenza di macchie bianche su foglie dovuta a mancanza di clorofilla.

albicòcca A s. f. ● Frutto dell'albicocco. **B** in funzione di agg. inv. ● (posposto al s.) Detto del colore giallo aranciato proprio del frutto omonimo. ‖ **albicocchìna**, dim.

albicocchéto s. m. ● Terreno piantato ad albicocchi.

albicòcco [ar. *al-barqūq* 'susina', attrav. lo sp. *albercoque*] s. m. (pl. *-chi*) ● Albero delle Rosacee con fiori bianchi o rosei e frutti rotondi e vellutati di color arancio (*Prunus armeniaca*).

albigése A agg. ● Della città di Albi, in Linguadoca. **B** s. m. e f. **1** Abitante di Albi. **2** (*spec. al pl.*) Nel Medioevo, seguace di varie eresie diffuse nel territorio di Albi: *la crociata contro gli albigesi*.

albinàggio [etim. incerta] s. m. ● (*dir.*) Nel medioevo, diritto dello Stato di incamerare i beni lasciati nel suo territorio da uno straniero defunto privo di eredi legittimi o testamentari: *esercitare l'a.*

albinismo [da *albino*] s. m. *1* (*biol.*) Assenza di pigmentazione, totale o parziale, nella pelle, negli annessi cutanei e nell'iride in tutti gli animali superiori. *2* (*bot.*) Assenza di clorofilla nelle foglie e nel fusto, dovuta a mutazioni genetiche.

albino [port. *albino*, dal lat. tardo *albīnu(m)* 'bianchiccio'] agg.; anche s. m. • Che, chi è affetto da albinismo.

àlbio [lat. *ălveu(m)* 'tinozza, trogolo'. V. *alveo*] s. m. • (*dial.*) Vasca, conca, trogolo.

albiòlo [lat. parl. **albiŏlu(m)*, per il classico *alveolu(m)* 'vaso, trogolo' (V. *alveolo*)] s. m. • Piccolo abbeveratoio per uccelli in gabbia.

albiònico [da *Albione*, n. lett. della Gran Bretagna] agg. (pl. m. *-ci*) • (*spreg.*) Inglese.

albìte [dal lat. *ălbus* 'bianco'] s. f. • (*miner.*) Silicato sodico appartenente al gruppo dei plagioclasi in cristalli tabulari o prismatici di colore bianco o grigio frequentemente geminati.

†**albitràre** e *deriv.* • V. *arbitrare* e *deriv.*

albìzzia [dal n. di Filippo degli *Albizzi*, che la introdusse in Toscana nel 1749] s. f. • Pianta arborea o arbustiva delle Mimosacee con foglie composte e fiori in spighe ascellari di colore bianco, giallo o rosso (*Albizzia*).

àlbo (1) [vc. dotta, lat. *ălbu(m)* 'bianco', di origine incerta, ma da avvicinare al gr. *alphós*] agg. • (*raro, lett.*) Bianco: *l'alba colomba scaccia i corbi neri* (CAMPANELLA) | *Fico a.*, con buccia di color bianco sporco.

àlbo (2) o **album** nei sign. 4 e 5 [vc. dotta, lat. *ălbu(m)* 'tavoletta bianca', da *ălbus* 'bianco'] s. m. *1* Nel mondo romano, tavola di legno ricoperta di gesso su cui erano scritte notizie, spec. atti ufficiali, al fine di renderle note al pubblico | Attualmente, tavola esposta al pubblico su cui vengono affissi avvisi o documenti ufficiali: *a. comunale*; *a. pretorio.* *2* Pubblico registro in cui sono iscritti gli abilitati all'esercizio di una data professione o funzione: *a. dei procuratori.* *3* (*fig.*) *a. d'onore, d'oro*, elenco dei nomi di persone che si distinguono o qualificano per meriti o titoli vari, come benefattori pubblici, vincitori di gare sportive, alunni meritevoli e sim. *4* Specie di libro di varia forma e struttura destinato a contenere fotografie, dischi, francobolli e sim., specie con intento collezionistico | *A. di famiglia*, quello in cui si raccolgono i ricordi familiari | *A. per disegno*, quaderno per esercizi di disegno, spec. scolastici. *5* Libro figurato | Fascicolo contenente storie illustrate con disegni, fumetti, fotogrammi e sim.

albogàtto [comp. di *albo* (*1*) e *gatto* 'amento, primo fiore del pioppo'] s. m. • (*bot., lett.*) Pioppo bianco.

albóre (1) [lat. tardo *albōre(m)*, da *ălbus* 'bianco'] s. m. *1* (*lett.*) Chiarore del cielo, alba: *la ingegnosa pecchia al primo a. / giva predando or uno or altro fiore* (POLIZIANO). *2* (*spec. al pl., fig.*) Inizi, prime manifestazioni di q.c., spec. di un movimento culturale, politico, o di un periodo storico: *gli albori della civiltà*; *gli albori della vita.*

†**àlbore** (2) • V. *albero.*

alborèlla [dim. del lat. *ălbula*, da *ălbus* 'bianco'] s. f. • Piccolo pesce dei Ciprinidi dal corpo compresso e slanciato, verdastro nella parte superiore e argenteo in quella inferiore (*Alburnus albidus*).

albùgine [vc. dotta, lat. *albūgine(m)*, da *ălbus* 'bianco'] s. f. *1* (*med.*) Macchia biancastra sulla cornea. SIN. Leucoma. *2* (*bot.*) Nebbia, mal bianco.

albugineo [da *albugine*] agg. • Biancheggiante, detto di tessuti fibrosi e membrane | *Tonaca albuginea*, del testicolo e dell'ovaia.

àlbum [vc. dotta, lat. *ălbum* 'tavoletta bianca', da *albus* 'bianco'] s. m. inv. *1* Libro destinato a contenere fotografie, francobolli e sim., spec. con intento collezionistico | *A. di famiglia*, quello in cui si raccolgono fotografie e altri ricordi di famiglia. *2* Raccolta di due o più dischi in un'unica confezione: *l'ultimo a. di Lucio Dalla.*

albùme [lat. tardo *albūme(n)*, da *ălbus* 'bianco'] s. m. *1* Nell'uovo degli uccelli e dei rettili, membrana protettiva e nutritiva secreta dalle pareti dell'ovidotto. SIN. (*pop.*) Bianco, chiara. *2* Parte del seme delle piante che non appartiene all'embrione e che contiene sostanze di riserva.

albumìna [da *albume*] s. f. • Proteina semplice, solubile in acqua, che coagula per riscaldamento, formata esclusivamente da amminoacidi e presente in molti organismi.

albuminemìa [comp. di *albumin(a)* ed *-emia*] s. f. • (*med.*) Presenza di albumina nel sangue.

albuminòide [comp. di *albumina* e *-oide*] s. m. • Sostanza simile all'albumina.

albuminòidico o **albuminoìdico** agg. (pl. m. *-ci*) • Detto di sostanza che ha natura di albuminoide.

albuminóso [da *albumina*] agg. *1* Riguardante l'albumina. *2* Che contiene albumina | †Di aspetto simile all'albumina.

albuminùria o **albuminurìa** [comp. di *albumina* e *-uria*] s. f. • (*med.*) Presenza di albumina nelle urine.

albùrno [vc. dotta, lat. *albŭrnu(m)*, prob. da *ălbus* 'bianco'] s. m. • (*bot.*) La zona più superficiale, e quindi più giovane, del legno, in cui si trovano funzionanti i vasi conduttori.

àlca [sved. *alka*] s. f. *1* Genere di Uccelli nuotatori comprendente specie del Pacifico e dell'Atlantico (*Alca*). *2* Uccello marino dell'Atlantico settentrionale, ormai estinto, con corpo nero superiormente e bianco inferiormente (*Plautus impennis*).

alcachèngi • V. *alchechengi.*

alcàde /al'kade, *sp.* al'kade/ • V. *alcalde.*

alcàico [vc. dotta, lat. *Alcăicu(m)*, nom *Alcăicus*, dal gr. *Alkaïkós*, dal n. del poeta gr. *Alceo* (630-550 ca. a.C.)] agg. (pl. m. *-ci*) • Detto di verso della poesia greca e latina con un numero fisso di sillabe | *Sistema a.*, formato da due endecasillabi, un enneasillabo e un decasillabo alcaici.

alcàlde /al'kalde, *sp.* al'kalde/ o **alcàde** [sp. *alcalde*, dall'ar. *al-qâdi* 'giudice'] s. m. • Capo dell'amministrazione comunale in Spagna o in America latina.

alcalescènte [da *alcali*] agg. • Detto di sostanza che comincia a essere alcalina o che è leggermente alcalina.

alcalescènza s. f. • Qualità di sostanza alcalescente.

àlcali [ar. *al-qalî* 'potassa'] s. m. *1* (*chim.*) Base. *2* (*chim.*) Idrossido di un metallo alcalino (*a. caustico*) o alcalino terroso (*a. terroso*). *3* (*chim., raro*) Sale di sodio o di potassio, spec. carbonato di sodio o di potassio.

alcalimetrìa [comp. di *alcali* e *-metria*] s. f. • Parte dell'analisi volumetrica che consiste nel determinare la quantità di alcali contenuta in una soluzione. CONTR. Acidimetria.

alcalìmetro [comp. di *alcali* e *-metro*] s. m. • Apparecchio per determinare l'alcalinità di una soluzione.

alcalinità [da *alcalino*] s. f. • (*chim.*) Qualità degli alcali | Concentrazione in ossidrilioni di una soluzione. SIN. Basicità. CONTR. Acidità.

alcalinizzàre v. tr. • Rendere alcalino.

alcalìno o (*evit.*) **alcàlino** [da *alcali*] agg. *1* (*chim.*) Relativo a, avente le proprietà di, un alcali | Che contiene alcali | Detto di ciascuno dei sei metalli leggeri, litio, sodio, potassio, rubidio, cesio, francio, simili per proprietà | *A. terroso*, detto di ciascuno dei sei metalli leggeri, berillio, magnesio, calcio, stronzio, bario, radio, simili per proprietà. *2* (*geol.*) *Serie alcalina*, famiglia di rocce provenienti da magmi in cui la somma dei componenti potassici e sodici è superiore a quella dei componenti calcici.

alcalòide [comp. di *alcali* e *-oide*] s. m. • (*chim.*) Base organica azotata, di origine prevalentemente vegetale, con azione curativa o tossica: *alcaloidi della china*; *alcaloidi della coca*; *alcaloidi dell'oppio* | *A. cadaverico*, cadaverina.

alcalòsi [da *alcali*, col suff. *-osi*] s. f. • (*med.*) Aumento delle sostanze basiche nel sangue.

alcànna [ar. *al-hinnâ*] s. f. • (*bot.*) Henna | *A. spuria*, alberello delle Borraginacee con foglie ovoidali, fiori molto profumati e radice fusiforme di color rosso scuro (*Alkanna tinctoria*).

alcàno [da *alc(ool)*, col suff. *-ano*] s. m. • (*chim.*) Idrocarburo saturo, cioè senza doppi o tripli legami. SIN. Paraffina.

alcàntara ® [dal n. della città sp. di *Alcántara*] s. f. • Tipo di tessuto che imita la consistenza e la morbidezza del camoscio, impiegato per confezionare abiti e accessori o per rivestire divani, poltrone, cuscini e sim.

alcaptóne [comp. di *al(cali)*, lat. *capt(are)* 'prendere' e *-one* (*2*)] s. m. • Composto chimico che si forma dall'ossidazione dell'acido omogentisinico.

alcaptonùria [comp. di *alcapton(e)* e *-uria*] s. f. • (*med.*) Disturbo congenito innocuo consistente nella presenza di alcaptone nelle urine, per cui queste si colorano di rosso scuro.

alcaptonùrico agg. (pl. m. *-ci*) • (*med.*) Relativo ad alcaptonuria.

alcázar /al'kaddzar, alkad'dzar, *sp.* al'kaθar/ [sp. *alcázar*, dall'ar. *qasr*, dal lat. *căstrum* 'fortezza'] s. m. • In Spagna, fortezza di origine araba.

àlce [vc. dotta, lat. *ălce(m)*, di origine germ.] s. m. • Grosso mammifero ruminante dei Cervidi con zampe lunghe, labbro superiore prominente, corna palmate e pelame bruno-nero, caratteristico delle regioni fredde (*Alces alces*).

alcèa [vc. dotta, lat. *ălcea(m)*, nom. *ălcea*, dal gr. *alkéa*, da avvicinare ad *alkḗ* 'forza'] s. f. • (*bot.*) Altea.

alcèdine [vc. dotta, lat. *halcēdine(m)*, dal gr. *alkyṓn*. V. *alcione.*] s. f. • (*poet.*) Alcione: *ai piedi ho quattro ali d'alcedine* (D'ANNUNZIO).

alcèlafo [comp. del gr. *álkē* 'alce' (di origine germ.) ed *élaphos* 'cervo' (di origine germ.)] s. m. • (*zool.*) Bufalo.

alchechèngi o **alcachèngi** [ar. *kākanǧ*] s. m. • Pianta erbacea delle Solanacee, con foglie ovali, fiori piccoli e bacche di color rosso-arancio avvolte dal calice (*Physalis Alkekengi*).

alchèmico [ingl. *alchemic*, da *alchemy* 'alchimia'] agg. (pl. m. *-ci*) *1* Che riguarda l'alchimia. *2* (*fig.*) Misterioso, esoterico: *manipolazioni alchemiche.*

alchemìlla • V. *alchimilla.*

alchène [da *alch(ile)*, col suff. *-ene*] s. m. • (*chim.*) Idrocarburo insaturo la cui molecola è caratterizzata dalla presenza di un doppio legame. SIN. Olefina.

alchènico agg. (pl. m. *-ci*) • (*chim.*) *Ciclo a.*, quello degli alcheni contenenti un doppio legame ad anello non aromatico.

alchèrmes [dall'ar. *qirmiz* 'colore scarlatto', attrav. lo sp. *alquermes*] s. m. • Liquore di colore rosso vivo, di sapore dolce, a base di spezie e acqua di rose, colorato con cocciniglia.

alchìdico [da *alcano*] agg. (pl. m. *-ci*) • (*chim.*) Detto di polimero ottenuto per copolimerizzazione di acidi carbossilici, glicoli e glicerina | *Resina alchidica*, materiale polimerico impiegato per la produzione di vernici.

alchìle [da *alc(ano)*, col suff. *-ile* (*2*)] s. m. • (*chim.*) Radicale, monovalente, derivante da un idrocarburo paraffinico per perdita di un atomo di idrogeno.

alchìlico agg. (pl. m. *-ci*) • Relativo a, derivato da un alchile | Che contiene un alchile.

alchìmia o **alchimìa** [dall'ar. *kîmiyâ* 'pietra filosofale'] s. f. *1* Scienza empirica del passato, spesso a carattere magico, che tentò, tra l'altro, di trasformare i metalli meno pregiati in oro e di creare l'elisir di lunga vita mediante la pietra filosofale; da essa, per lenta evoluzione, è derivata la chimica. *2* (*fig.*) Artifizio, inganno, falsificazione | (*fig., spreg.*) *A. parlamentare, politica*, azione laboriosa e spesso tortuosa intesa a realizzare convergenze e alleanze politiche o a rendere operativa una tattica, una strategia.

alchimiàre **A** v. intr. (*io alchìmio*; aus. *avere*) • (*raro*) Esercitare l'alchimia. **B** v. tr. • (*raro, fig.*) Macchinare, tramare.

alchìmico agg. (pl. m. *-ci*) • (*raro*) Che concerne l'alchimia.

alchimìlla o **alchemìlla** [da *alchimia*, in quanto si riteneva che la rugiada trovata su questa pianta mutasse i metalli in oro] s. f. • Pianta erbacea delle Rosacee con foglie palmato-lobate e fiori in infiorescenza (*Alchemilla vulgaris*). SIN. Erba stella.

alchimìsta s. m. (pl. *-i*) • Cultore, studioso di alchimia.

alchimìstico agg. (pl. m. *-ci*) *1* Proprio dell'alchimia o degli alchimisti. *2* (*fig.*) Tortuoso, artificioso, misterioso: *le pratiche alchimistiche dei politicanti.*

alchimizzàre [da *alchimia*] **A** v. tr. • Falsificare, alterare (*anche fig.*) **B** v. intr. (aus. *avere*) ● Esercitare l'alchimia.

alchino [da *alchile*] s. m. ● (*chim.*) Ogni idrocarburo alifatico insaturo contenente un triplo legame.

Alcifórmi [comp. di *alca* e *-forme*] s. m. pl. ● Nella tassonomia animale, ordine di Uccelli marini con piedi palmati e corte ali (*Alciformes*) | (al sing. *-e*) Ogni individuo di tale ordine.

Alcionàri [da *alcionio*] s. m. pl. ● Nella tassonomia animale, ordine di Antozoi, coloniali, con otto tentacoli pennati attorno alla bocca (*Alcyonaria*) | (al sing. *-io*) Ogni individuo di tale ordine.

alcióne [vc. dotta, lat. *alcўone(m)*, nom. *ălcyon*, dal gr. *alkyṓn*, di origine preindeur.] s. m. ● (*lett.*) Gabbiano | Martin pescatore.

alciònio [vc. dotta, lat. *alcyonēu(m)*, nom. *alcyonēus*, dal gr. *alkyóneion*, da *alkyṓn* 'alcione'] **A** agg. ● (*lett.*) Dell'alcione | *Giorni alcioni*, quelli del solstizio d'inverno, caratterizzati dalla bonaccia, in cui si credeva che gli alcioni nidificassero e covassero. **B** s. m. ● Celenterato degli Alcionari che forma colonie carnose fissate sul fondo marino (*Alcyonium palmatum*).

alcmànio [vc. dotta, lat. *Alcmāniu(m)*, dal n. del poeta gr. *Alcmane* (sec. VII a.C.)] **A** s. m. ● Verso della poesia greca e latina formato da una tetrapodia dattilica acatalettica, oppure catalettica in syllabam. **B** agg. ● Detto di sistema dei versi, formati da un esametro e da un tetrametro dattilico catalettici entrambi in disyllabum.

àlcol o **àlcool**, (*raro*) **àlcole**, (*raro*) **alcoòle** [ar. *al-kúhl* 'polvere finissima per tingere le sopracciglia', poi 'sostanza purificata'] s. m. *1* (*chim.*) Composto organico derivante dalla sostituzione di uno o più atomi di idrogeno, dei gruppi alchilici degli idrocarburi, con altrettanti gruppi ossidrili: *a. alifatico*, *aromatico*, *eterociclico* | *A. etilico*, ottenuto per fermentazione e successiva distillazione di sostanze contenenti zuccheri o per sintesi, impiegato principalmente nella fabbricazione dei liquori. SIN. Etanolo | *A. assoluto*, puro, praticamente privo di acqua | *A. denaturato*, alcol etilico destinato a scopi farmaceutici o industriali | *A. primario*, caratterizzato dal gruppo monovalente $-CH_2OH$ | *A. secondario*, caratterizzato dal gruppo bivalente =CHOH | *A. terziario*, caratterizzato dal gruppo trivalente ≡COH. *2* (*per anton.*) Correntemente, alcol etilico | (*est.*) Bevanda alcolica: *darsi all'a.*; *rovinarsi la salute con l'a.*

alcolàto o **alcoolàto** [comp. di *alco(o)l* e *-ato* (*2*)] s. m. ● Composto chimico ottenuto facendo agire una base con un alcol.

alcoldipendènte [comp. di *alcol* e *-dipendente*] s. m. e f.; anche agg. ● Chi, che si trova in una condizione di dipendenza fisica e psichica nei confronti dell'alcol.

àlcole ● V. *alcol*.

alcolemìa o **alcoolemìa** [comp. di *alco(o)l* ed *-emia*] s. f. ● (*med.*) Percentuale di alcol presente nel sangue.

alcolicità o **alcoolicità** [da *alco(o)lico*] s. f. ● Grado alcolico di un liquido: *l'a. dei vini*, *dei liquori*.

alcòlico o **alcoòlico** [da *alc(o)ol*, attrav. il fr. *alcoolique*] **A** agg. (pl. m. *-ci*) *1* Relativo all'alcol: *grado a.* *2* Che contiene alcol: *bevanda alcolica*. *3* Che produce alcol etilico: *fermentazione alcolica*. **B** s. m. ● Bevanda contenente alcol: *essere dedito agli alcolici*.

alcolimetrìa o **alcoolimetrìa** o **alcolometrìa** [comp. di *alco(o)l* e *-metria*] s. f. ● Misurazione ottenuta mediante l'alcolimetro.

alcolìmetro o **alcolòmetro**, **alcoolìmetro** [comp. di *alco(o)l* e *-metro*] s. m. *1* Strumento usato per misurare la quantità percentuale di alcol etilico contenuta in un liquido, in particolare nelle bevande alcoliche. *2* Strumento impiegato per la determinazione della concentrazione di alcol etilico nel sangue.

alcolismo o **alcoolismo** [da *alco(o)l*, prob. attrav. il fr. *alcoolisme*] s. m. *1* Intossicazione per abuso di bevande alcoliche: *a. acuto*, *cronico*. SIN. Etilismo. *2* (*est.*) L'abitudine o il bisogno di persistere nell'abuso di bevande alcoliche: *la piaga dell'a.*

alcolista o **alcoolista**. s. m. e f.; anche agg. (pl. m. *-i*) ● Chi, che eccede nell'uso di bevande alcoliche e presenta i sintomi dell'alcolismo. SIN. Etilista.

alcolizzàre o **alcoolizzàre** [da *alco(o)l*, prob. attrav. il fr. *alcooliser*] **A** v. tr. *1* Aggiungere alcol a una sostanza. *2* Causare in un individuo uno stato patologico a causa dell'abuso di bevande alcoliche. *3* †Ridurre una sostanza in polvere finissima. **B** v. intr. pron. ● Divenire alcolizzato.

alcolizzàto o **alcoolizzàto** **A** part. pass. di *alcolizzare*; anche agg. ● Nei sign. del v. **B** s. m. (f. *-a*) ● Chi è affetto da alcolismo cronico.

alcolizzazióne [dev. di *alcolizzare*] s. f. ● (*med.*) Impiego di alcol, per uso topico o per iniezione, al fine di curare alcune condizioni patologiche.

alcologìa s. f. ● Disciplina che si occupa dell'alcol etilico considerato nel suo rapporto con l'uomo sotto tutti gli aspetti - produzione, conservazione, distribuzione -, con particolare riguardo al consumo, nelle sue manifestazioni normali e patologiche.

alcolometrìa ● V. *alcolimetria*.

alcolòmetro ● V. *alcolimetro*.

alcoltèst o **alcooltèst** [comp. di *alco(o)l* e *test*] s. m. inv. ● Esame per accertare la quantità di alcol ingerita da una persona (spec. da guidatori di autoveicoli) | (*est.*) Strumento per eseguire tale esame. CFR. Alcolimetro.

àlcool e *deriv.* ● V. *alcol* e *deriv.*

alcoòle ● V. *alcol*.

alcooltèst ● V. *alcoltest*.

alcoràno [ar. *al-qur'ân* 'lettura'] s. m. inv. ● (*raro*, *lett.*) Corano.

alcòva [ar. *al-qúbba* 'stanza contigua', attrav. lo sp. *alcoba*] s. f. *1* Luogo separato dal resto della camera con arco o tramezzo, e chiuso da cortine, ove si poneva il letto. *2* (*fig.*, *lett.*) Camera da letto, intesa come luogo di tenera intimità: *confidenze*, *segreti d'a.*

alcunché [comp. di *alcuno* e *che* (*2*)] pron. indef. *1* (*lett.*) Qualche cosa: *c'è nel suo contegno a. di misterioso*; *c'era a. di falso nel suo sguardo*. *2* Nulla, niente, nessuna cosa, in frasi negative: *non temere a.*; *non c'è a. di buono in lui*; *non c'è a. di difficile in questo lavoro*.

alcùno [lat. parl. **alicūnu(m)*, da *ăliquis ūnus*] **A** agg. indef. Al sing. m. si tronca sempre in *alcun* davanti a parole che cominciano per vocale, per *u* semiconsonante, per consonante semplice, per consonante muta seguita da una liquida; si può anche troncare davanti a parole che cominciano per *i* semiconsonante o *ps*, mai davanti a parole comincianti per altre consonanti doppie o per *x* e *z*. Al sing. f. si apostrofa davanti a parole che cominciano per vocale: *alcun uomo*; *alcun ombrello*; *alcun lume*, *alcun tormento*; *alcun predicatore*; *a. scritto*; *a. zio*; *alcun'anima* (V. nota d'uso UNO) *1* (*al pl.*) Indica quantità indeterminata ma limitata di persone o cose: *sono venuti alcuni amici*; *mancano alcuni libri*; *non ho capito alcune cose*. *2* (*al sing.*, *raro*) Qualche, in frasi positive: *Quando s'accorse d'alcuna dimora / ch'io facea dinanzi a la risposta, / supin ricadde* (DANTE *Inf.* X, 70-72); mi fermerò per alcun tempo, per qualche tempo. *3* (*al sing.*) Nessuno, in proposizioni negative: *non ho alcun bisogno di aiuto*; *non c'è alcuna ragione di temere*; *senza difficoltà alcuna*. *4* †Uno: *e però che soprastare a le passioni e atti di tanta gioventudine pare a. parlare fabuloso, mi partirò da esse* (DANTE). **B** anche pron. indef. *1* (*al pl.*): *alcuni arrivano sempre tardi*; *ne ho letto alcuni*; *alcune di voi verranno con me* | Anche correl.: *alcune venivano*, *altre andavano*; *alcuni leggevano*, *alcuni sfogliavano libri*, *alcuni prendevano appunti*. *2* (*al sing.*, *raro*, *lett.*): *Poscia ch'io v'ebbi alcun riconosciuto* (DANTE *Inf.* III, 58); *non vi fu a. che protestasse*; *non vi trovarono a.*

†aldàce e *deriv.* ● V. *audace* e *deriv.*

aldèide [comp. dalle lettere iniziali di *al(cohol) dehy(drogenatum)* col suff. *-(i)de*] s. f. ● (*chim.*) Composto organico caratterizzato dalla funzione aldeidica, ottenuto per deidrogenazione di alcoli primari, usato per la produzione di profumi e di materie plastiche | *A. acetica*, acetaldeide | *A. acrilica*, acroleina | *A. benzoica*, benzaldeide | *A. formica*, formaldeide | *A. tricloroacetica*, cloralio.

aldeìdico o **aldèidico** agg. (pl. m. *-ci*) ● Relativo alle, derivato dalle aldeidi.

aldilà [da *al di là*, prob. sul modello del fr. *au delà*] s. m. ● L'altro mondo, l'oltretomba, la vita ultraterrena: *temere l'a.*; *non credere nell'a.*

aldino agg. ● Detto di carattere tipografico impiegato da Aldo Manuzio il Vecchio (1450-1515), spec. del corsivo ideato e usato per le edizioni dei classici in 16° | Detto di tali edizioni | Oggi, detto di caratteri ispirati a quei modelli.

àldio o **aldióne** [longob. *ald* 'servo'] s. m. ● Nel diritto longobardo, appartenente alla classe dei semiliberi e servo della gleba.

-àldo [di origine germ. (*-aud*, *-aut*)] suff. ● In parole come *araldo*, *castaldo*, *ribaldo*. CFR. Spavaldo.

aldòso o **aldòsio** [da *ald(eide)* col suff. *-os(i)o*] s. m. ● (*chim.*) Monosaccaride che contiene nella molecola la funzione aldeidica. CFR. Chetoso.

alé [fr. *allez* 'andate', seconda pers. pl. imperat. di *aller* 'andare'. V. *allô*] inter. ● Si usa come esortazione e incitamento con i sign. di 'su via', 'avanti', 'coraggio': *alé tirate forte!*; *alé*, *alé*, *Inter!*

a le /'a lle, 'a le/ ● V. *alle*.

-àle (**1**) o **-iale**, **-uale** [corrisponde al lat. *-āle(m)*, usato presto, oltre che nella funzione propriamente agg., anche per s. (da agg.)] suff. ● Forma aggettivi (anche sostantivati) di origine latina o tratti da sostantivi che indicano 'stato', 'condizione', 'appartenenza': *autunnale*, *annuale*, *avverbiale*, *domenicale*, *finale*, *generale*, *liceale*, *ministeriale*, *patrimoniale*, *stradale*, *universale*; unendosi a sostantivi forma anche altri sostantivi: *via-viale*, *casa-casale*, *porta-portale*.

-àle (**2**) [tratto dalla prima sillaba di *al(deide)*] suff. ● In chimica organica indica in un composto la presenza del gruppo aldeidico monovalente $-CHO$: *metanale*, *etanale*, *propanale*.

àlea [vc. dotta, lat. *ālea(m)* 'gioco di dadi, rischio', di etim. incerta] s. f. *1* Rischio eventuale | *Correr l'a.*, affrontare il rischio, tentare la sorte. *2* (*dir.*) Normale grado di incertezza economica insito in un negozio giuridico che non influisce sull'efficacia e la validità dello stesso.

aleàtico o **leàtico** [dall'emiliano *aliädga* 'uva lugliatica'] s. m. (pl. *-ci*) *1* Varietà di uva nera a grossi acini. *2* Vino toscano, di gradazione attorno ai 14° - 15°, liquoroso, pastoso, aromatico, rosso rubino, derivante dal vitigno omonimo.

aleatóre [vc. dotta, lat. *aleatōre(m)*, da *ālea* 'gioco di dadi'. V. *alea*] s. m. ● (*raro*) Chi tenta la sorte.

aleatorietà s. f. ● Qualità di aleatorio: *l'a. di una previsione*.

aleatòrio [vc. dotta, lat. *aleatōriu(m)*, da *ālea* 'alea'] agg. *1* Che dipende dalla sorte, dal caso: *esito a.*; *previsione aleatoria*. SIN. Dubbio, incerto, rischioso. *2* Soggetto ad alea | (*dir.*) *Contratto a.*, contratto in cui le parti, accettando l'eventualità di un rischio, si espongono reciprocamente alla perdita dei vantaggi che dal contratto derivano. *3* (*mus.*) Detto di composizione o esecuzione dipendente in qualche modo e in varia misura da processi casuali o da schemi probabilistici.

alecìtico [vc. dotta, comp. di *a-* (*2*) e del gr. *lékithos* 'tuorlo' col suff. *-ico*] agg. (pl. m. *-ci*) ● (*biol.*) Detto di gamete femminile privo di deutoplasma.

àlef [dal lat. tardo *āleph*, dall'ebr. *'aleph*, prima lettera dell'alfabeto] s. m. *1* Nome della prima lettera dell'alfabeto ebraico. *2* (*mat.*) Numero di cardinalità infinita.

aleggiàre [fr. ant. *alegier*, dal lat. tardo *alleviāre*. V. *alleviare*] v. intr. (*io aléggio*; aus. *avere*) *1* Volgere, scuotere leggermente le ali. *2* (*fig.*) Spirare, alitare: *aleggiava un profumo di viole*.

aléggio ● V. *alleggio*.

alemànna ● V. *allemanda*.

alemànno o **alamànno** [germ. *Alamann*, n. di un popolo germ.] agg.; anche s. m. (f. *-a*) *1* Che, chi appartiene a un'antica popolazione germanica | *Dialetto a.*, dialetto tedesco parlato in regioni della Germania meridionale e della Svizzera. *2* (*poet.*) Tedesco.

†aléna o **alèna** [da †*alenare*] s. f. ● (*lett.*) Lena, fiato.

†alenàre ● V. *anelare*.

†àlere [vc. dotta, lat. *ălere* 'nutrire'] v. tr. (oggi dif. usato solo nella terza pers. sing. del pres. indic. *ale*, poet.) ● (*poet.*) Alimentare, nutrire (*anche fig.*): *speme il cuor nutrisce ed ale* (L. DE' MEDICI).

alerióne [fr. *alérion* 'piccola aquila', prob. dal francone **adalaro*] s. m. ● (*arald.*) Piccola aquila senza rostro e senza artigli con le ali aperte e abbassate.

aleróne [fr. *aileron*, da *aile* 'ala'] s. m. ● (*raro*) Alettone.

aleṣàggio [fr. *alésage*. V. *alesare*] s. m. *1* Diametro d'ogni cilindro di un motore a stantuffi. *2* Alesatura.

aleṣàmetro [comp. di *alesa(ggio)* e *-metro*] s. m. ● Strumento per misurare il diametro dei fori.

aleṣàre [fr. *aléser*, dal lat. parl. **allatiāre*, da *lătus* 'largo'] v. tr. (*io alèṣo*) ● (*mecc.*) Eseguire con un alesatore la finitura della superficie di un foro cilindrico per ottenere l'esatto diametro voluto.

aleṣatóio [da *alesare*] s. m. ● Alesatore nel sign. 1.

aleṣatóre s. m. (f. *-trice* (V.)) *1* (*tecnol.*) Utensile metallico di forma cilindrica allungata con taglienti in punta impiegato per alesare. SIN. Alesatoio. *2* Operaio addetto all'alesatura.

aleṣatrìce [da *alesare*] s. f. ● (*tecnol.*) Macchina che esegue l'alesatura facendo avanzare lentamente nel foro l'alesatore dotato di moto rotatorio.

aleṣatùra s. f. ● Operazione dell'alesare.

alessandrinìṣmo [da *alessandrino*, col suff. *-ismo*] s. m. ● Carattere dell'arte e della poesia dell'età ellenistica | (*est.*) Ogni forma artistica raffinata, preziosa e decadente.

alessandrìno (1) [vc. dotta, lat. *alexandrīnu(m)*, dalla città di Alessandria d'Egitto] agg. *1* Di Alessandria d'Egitto. *2* Che è proprio della cultura greca fiorita dal IV al I sec. a.C.: *poeta, artista, grammatico a.* SIN. Ellenistico. *3* (*est.*) Raffinato, prezioso, decadente: *gusto a.*

alessandrìno (2) [dal poema mediev. fr. *Roman d'Aléxandre* in cui tale verso compare per la prima volta] **A** s. m. ● Verso dodecasillabo della poesia classica francese, imitato in Italia col martelliano. **B** anche agg.: ● *Verso a.*

alessandrìno (3) **A** agg. ● Della città piemontese di Alessandria. **B** s. m. (f. *-a*) ● Abitante, nativo di Alessandria.

alessìa [comp. di *a-* (*1*) e del gr. *léxis* 'lettura'] s. f. ● (*med.*) Incapacità di riconoscere i segni della scrittura.

alessifàrmaco [vc. dotta, lat. *alexiphărmaco(n)*, dal gr. *alexiphármakos*, comp. di *aléxō* 'io allontano' e *phármakon* 'veleno'] s. m. (pl. *-ci* o *-chi*) ● (*lett.*) Antidoto, spec. contro il veleno dei serpenti.

alétta s. f. *1* Dim. di *ala*. *2* Piccolo gruppo di penne dietro l'angolo dell'ala degli uccelli. *3* Espansione esterna che si aggiunge a parti di macchina o altri oggetti, aumentandone la superficie per vari scopi: *le alette della freccia, della fiocina* | (*mar.*) *A. di rollio*, lamiera fissata di taglio lungo i fianchi della carena immersa per contrastare il movimento della nave intorno al suo asse longitudinale | *Le alette del flipper*, i congegni laterali che, azionati da un pulsante, permettono di mandare la pallina nelle varie direzioni. *4* (*aer.*) Ala isolata o connessa a un piano aerodinamico, usata spec. per deflettere una corrente e trarne reazioni utili. ➡ ILL. p. 1759 TRASPORTI. *5* Porzione della sopraccoperta di un libro ripiegata nell'interno su cui si stampano brevi notizie sul contenuto e sull'autore dell'opera. SIN. Risvolto. *6* (*arch.*) Mensola capovolta che talvolta orna lateralmente i prospetti degli abbaini. *7* (*zool.*) Pesce commestibile d'acqua dolce dei Ciprinidi (*Chondrostoma Soetta*).

alettàre [da *aletta*] v. tr. (*io alétto*) ● Fornire di alette o lavorare ad alette un pezzo meccanico.

alettàto agg. ● Fornito di alette: *tubo a.*

alettatùra s. f. *1* Atto, effetto dell'alettare. *2* Insieme delle alette, spec. quelle poste intorno a un organo meccanico.

alettóne [da *aletta*] s. m. *1* (*aer.*) Parte mobile della zona posteriore di una semiala, usata per regolare l'assetto trasversale del velivolo. ➡ ILL. p. 1292 SPORT; p. 1758 TRASPORTI. *2* (*mar.*) Piano stabilizzatore, sistemato a poppa delle imbarcazioni veloci a motore e destinato a migliorarne l'assetto. *3* (*autom.*) Elemento aerodinamico montato sulla parte anteriore e posteriore delle monoposto da corsa, o solo sulla parte posteriore delle berline sportive, per aumentare l'aderenza del veicolo al suolo e migliorarne il comportamento direzionale.

aleuróne [dal gr. *áleuron* 'farina'] s. m. *1* Sostanza formata di granuli arrotondati di natura proteica, che costituisce un materiale di riserva in molti semi, spec. oleosi. *2* Prodotto secondario del glutine di frumento in forma di polvere gialliccia, ricca di sostanze albuminose, usata per ottenere pane per diabetici.

àlfa (1) [gr. *álpha*, dal fenicio **alp* 'toro'] **A** s. m. o f. inv. ● Nome della prima lettera dell'alfabeto greco | *A. privativo*, il prefisso greco *a-* che, nei composti, indica l'assenza o la negazione del significato espresso dal radicale | *A. e omega*, (*fig.*) principio e fine | *Dall'a. all'omega*, (*fig.*) dal principio alla fine. **B** in funzione di agg. inv. ● (posposto al s.) Nelle loc. *raggi, particelle a.*, radiazione emessa da sostanze radioattive, identificata con ioni positivi di elio.

àlfa (2) [ar. *halfâ*] s. f. *1* Pianta erbacea perenne delle Graminacee, con rizomi, spighette solitarie e foglie lineari (*Stipa tenacissima*). *2* Fibra tessile ricavata dalla pianta omonima e dallo sparto.

alfabèta [ricavato da *analfabeta*] agg.; anche s. m. e f. (pl. m. *-i*) ● Che, chi sa leggere e scrivere. CONTR. Analfabeta.

alfabetàre v. tr. (*io alfabèto*) ● (*raro*) Mettere in ordine alfabetico.

alfabetàrio [da *alfabeto*] s. m. ● Serie di tavolette di uso didattico su cui sono riportate, secondo determinati criteri, le lettere dell'alfabeto.

alfabètico agg. (pl. m. *-ci*) ● Dell'alfabeto: *ordine a.* | *Scrittura alfabetica*, i cui segni rappresentano suoni isolati | Che segue l'ordine dell'alfabeto: *elenco, indice a.* || **alfabeticamènte**, avv. Secondo l'ordine alfabetico.

alfabetière s. m. ● Alfabetario.

alfabetìṣmo s. m. ● (*raro*) Il saper leggere e scrivere. CONTR. Analfabetismo.

alfabetiẓẓàre v. tr. (*io alfabetìẓẓo*) *1* Mettere qc. in grado di leggere e scrivere la propria lingua: *a. gli elementi analfabeti di una popolazione.* *2* (*raro*) Mettere in ordine alfabetico.

alfabetiẓẓatóre s. m. (f. *-trice*) ● Chi alfabetizza.

alfabetiẓẓazióne s. f. ● L'insegnare a leggere e scrivere la propria lingua: *corsi di a. per adulti.*

alfabèto [vc. dotta, lat. tardo *alphabētu(m)*, dal gr. *alphábētos*, dalle due prime lettere dell'alfabeto greco *álpha* e *bêta*] s. m. *1* Sistema di segni grafici usati per rappresentare i suoni di una lingua: *a. latino, arabo, ebraico* | *A. fonetico*, sistema convenzionale di simboli caratterizzati da una precisa corrispondenza tra grafia e suono | *A. telegrafico*, codice telegrafico nel quale, ad una determinata combinazione di impulsi di corrente, corrispondono determinate lettere dell'alfabeto, numeri ed interpunzioni | *A. Morse*, particolare codice telegrafico | (*fig.*) *Perdere l'a.*, confondersi, non saper più che cosa dire. *2* (*fig.*) I primi rudimenti di una disciplina.

alfàna [prob. sp. *alfana*, dall'ar. *al-fáras* 'cavallo'] s. f. *1* Cavallo arabo forte e generoso. *2* (*est., lett.*) Cavalcatura.

alfanumèrico [comp. di *alfa(betico)* e *numerico*] agg. (pl. m. *-ci*) ● (*elab.*) Nella teoria dell'informazione, detto di carattere alfabetico o numerico e del codice atto a rappresentare tale carattere.

alfière (1) [sp. *alférez*, dall'ar. *al-fâris* 'cavaliere'] s. m. *1* In alcune gerarchie militari, sottotenente | Nella marina militare di alcuni Paesi, guardiamarina. *2* Portabandiera | (*fig.*) Chi per primo propugna e difende una dottrina: *l'a. dell'europeismo.* SIN. Vessillifero. *3* (*sport*) Caposquadra.

alfière (2) [ar. *al-fīl* 'elefante', perché questo pezzo era rappresentato da un elefante] s. m. ● Pezzo del gioco degli scacchi movibile diagonalmente lungo le caselle di uno stesso colore.

alfierésco agg. (pl. m. *-schi*) ● Che ha l'indole e lo stile di V. Alfieri.

alfieriàno **A** agg. ● Che si riferisce alla persona, al tempo, all'arte di V. Alfieri (1749-1803). **B** s. m. ● Seguace, imitatore di V. Alfieri.

alfine o (*lett.*) **al fine**. avv. ● Finalmente, alla fine.

alfitomanzìa [comp. del gr. *álphiton* 'farina' (forse di origine indeur.) e di *-manzia*] s. f. ● Arte di predire il futuro e di interpretare gli eventi basandosi sull'osservazione del pane d'orzo.

àlga o †**àliga** [lat. *ălga(m)*, di etim. incerta] s. f. ● Pianta inferiore uni o pluricellulare, di dimensioni e complessità variabili, fornita di clorofilla e spesso di altri pigmenti, vivente in genere nell'acqua o in ambienti molto umidi | *Alghe azzurre*, cianoficee | *Alghe brune*, pluricellulari, di dimensioni relativamente grandi, forma svariata e colore bruno. SIN. Feoficee | *Alghe rosse*, pluricellulari, di grandi dimensioni a forma molto varia, generalmente rosse. SIN. Rodoficee | *Alghe verdi*, uni o pluricellulari, isolate o in colonie, di varia forma e dimensione, di colore verde. SIN. Cloroficee. ➡ ILL. **alga**.

algàle agg. ● Che riguarda le alghe: *fioritura a.*

algarròbo /algar'rɔbo, *sp.* algar'robo/ [vc. sp., di origine ar. (*al-harrūba* 'siliqua (di legume)')] s. m. ● Albero delle Mimosacee dal legno durissimo (*Prosopis alba*).

àlgebra [ar. *al-giabr* 'ristabilimento, restaurazione'] s. f. *1* Ramo della matematica che studia le operazioni e gli insiemi dotati di operazioni | *A. classica*, che si occupa del calcolo letterale e delle equazioni algebriche, assumendo come operazioni quelle dell'aritmetica | *A. astratta, moderna*, che si occupa delle operazioni non particolarizzate, ma circoscritte da opportune proprietà formali. *2* (*fig., fam.*) Cosa complicata, difficile da capire: *la conferenza era a. per lui.*

algèbrico [fr. *algébrique*] agg. (pl. m. *-ci*) ● Proprio dell'algebra: *metodo a.*; *operazione algebrica* | *Calcolo a.*, consistente in operazioni algebriche, solitamente quelle ordinarie dell'aritmetica | *Equazione algebrica*, che si può scrivere con un polinomio nelle incognite uguagliato a zero. || **algebricamènte**, avv. Secondo le regole dell'algebra.

algebrìsta s. m. e f. (pl. m. *-i*) ● Studioso d'algebra.

algènte [vc. dotta, lat. *algĕnte(m)*, part. pres. di *algēre* 'soffrire il freddo'] agg. ● (*poet.*) Freddo, agghiacciante, gelato.

†**algére** o **àlgere** [vc. dotta, lat. *algēre*, di etim. incerta] v. intr. (oggi dif. usato solo nella prima e terza pers. sing. del pass. rem. *alsi, alse*) ● (*lett.*) Patire freddo intenso: *l'alma, ch'arse per lei sì spesso et alse* (PETRARCA).

algerìno **A** agg. ● Dell'Algeria o di Algeri. **B** s. m. (f. *-a*) ● Abitante, nativo dell'Algeria o di Algeri.

algeṣìa [comp. del gr. *álgesis* 'dolore' e del suff. *-ia*] s. f. ● (*med.*) Sensibilità al dolore.

algeṣimetrìa [comp. di *algo-* (*1*) e *-metria*] s. f. ● (*med.*) Misurazione dell'intensità della sensazione dolorosa. SIN. Algometria.

algeṣìmetro s. m. ● (*med.*) Strumento per l'algesia. SIN. Algometro.

alghicìda [comp. di *alga* e *-cida*] s. m. (pl. *-i*) ● Prodotto chimico usato per disinfestare piscine e sim. dalle alghe.

algìa [dal gr. *álgos* 'dolore'. V. *-algia*] s. f. (pl. *-gie*) ● (*med.*) Dolore.

-algìa [dal gr. *-algia*, da *álgos* 'dolore'. V. *algo-*] secondo elemento ● In parole composte della terminologia medica significa 'dolore': *nevralgia.*

àlgido [vc. dotta, lat. *ălgidu(m)*. V. †*algere*] agg. *1* (*lett.*) Freddo, algente. *2* (*med.*) Detto di gravissimo stato morboso caratterizzato da forte abbassamento della temperatura corporea.

algìna [da *alga*] s. f. ● (*chim.*) Colloide ricavato da alcune alghe Laminarie.

alginàto [dall'acido *alginico*] **A** s. m. *1* (*chim.*) Sale dell'acido alginico: *a. di calcio.* *2* Fibra tessile artificiale a base di alginato di calcio. **B** agg. ● Detto di filato artificiale trattato con sali dell'acido alginico: *raion a.*

algìnico [da *algina*] agg. (pl. m. *-ci*) ● (*chim.*) Detto di acido poliuronico, presente in alghe marine, usato come emulsionante e gelificante nell'industria dolciaria, farmaceutica, tessile.

algo- (1) [dal gr. *álgos* 'dolore', di etim. incerta] primo elemento ● In parole composte della terminologia medica significa 'doloroso', 'dolore': *algolagnia, algometro.*

algo- (2) primo elemento ● In parole composte, spec. della terminologia botanica, significa 'alga': *algocoltura.*

algocoltùra o **algocultùra** [comp. di *algo-* (*2*) e *-coltura*] s. f. ● Coltura di alghe.

algofilìa [comp. di *algo-* (*1*) e *-filia*] **s. f.** ● (*med.*) Patologia che associa il piacere alle sensazioni dolorose.

algofobìa [comp. di *algo-* (*1*) e *-fobia*] **s. f.** ● (*med.*) Paura morbosa del dolore fisico.

algògeno [comp. di *algo-* (*1*) e *-geno*] **agg.** ● (*med.*) Che provoca dolore: *stimolo a.*

algolagnìa [comp. di *algo-* (*1*) e del gr. *lagnéia* 'libidine', da *lagáiein* 'lasciarsi andare (ai piaceri)', prob. di origine indeur.] **s. f.** ● Perversione sessuale in cui il piacere è raggiunto mediante il dolore inflitto o ricevuto.

algologìa (1) [comp. di *algo-* (*2*) e *-logia*] **s. f.** (**pl.** *-gie*) ● Parte della botanica che studia le alghe.

algologìa (2) [comp. di *algo-* (*1*) e *-logia*, forse attraverso il fr. *algologie*] **s. f.** ● Ramo della medicina che si occupa dello studio e della terapia del dolore.

algòlogo [comp. di *algo-* (*2*) e *-logo*] **s. m.** (**pl.** *-gi*) ● Studioso di algologia.

algometrìa [comp. di *algo-* (*1*) e *-metria*] **s. f.** ● (*med.*) Algesimetria.

algòmetro [comp. di *algo-* (*1*) e *-metro*] **s. m.** ● (*med.*) Algesimetro.

algonchiàno [dalla tribù degli *Algonchini*, popolo indiano dell'America del Nord; detto così perché i terreni preistorici che caratterizzano questo periodo si trovano appunto nell'America del Nord] **A s. m.** ● (*geol.*) Il più recente dei due periodi in cui si divide l'era archeozoica. **B** anche **agg.**: *Periodo a.*

algònchino o **algonchìno** [da una voce indigena di etim. incerta] **agg.**; anche **s. m.** ● Che, chi appartiene agli Algonchini, una delle famiglie linguistiche territorialmente più estese dell'America del Nord.

algóre [vc. dotta, lat. *algōre(m)*. V. †*algere*] **s. m.** ● (*lett.*) Freddo intenso.

†**algorìsmo** ● V. *algoritmo.*

algorìtmico **agg.** (**pl. m.** *-ci*) ● (*mat.*) Relativo a un algoritmo.

algorìtmo o †**algorìsmo** [dal matematico ar. *al-Huwārizmī* che nel sec. IX rinnovò in Occidente lo studio dell'aritmetica] **s. m.** *1* (*mat.*) Procedimento per la risoluzione di un problema | *A. finito*, quello che permette di giungere al risultato in un numero finito di passi. *2* Nel Medioevo, procedimento del calcolo numerico fondato sull'uso delle cifre arabiche.

algóso [vc. dotta, lat. *algōsu(m)*, da *ālga* 'alga'] **agg.** ● (*lett.*) Che è pieno o coperto di alghe: *la ... brezza saliente dalla laguna algosa* (D'ANNUNZIO).

-ali [dal lat. *-āl(es)*, desin. di m. pl.] **suff.** ● Nella sistematica botanica indica l'ordine: *Fagali, Rosali.*

aliànte /ali'ante, a'ljante/ [part. pres. di *aliare*] **s. m.** ● Velivolo senza motore che, rimorchiato in quota, vola sfruttando le correnti atmosferiche. ➡ **ILL.** p. 1292 SPORT.

aliantìsta **s. m. e f.** (**pl. m.** *-i*) ● Chi si occupa di alianti | Pilota di alianti.

aliàre /ali'are, a'ljare/ [da *ala*] **v. intr.** (*io àlio*; aus. *avere*) *1* (*lett.*) Muovere le ali, svolazzare, volare: *le frotte delle vaghe api prorompono / ... vanno aliando su' nettarei calici* (FOSCOLO). *2* (*est.*) Aggirarsi intorno a qc. o a q.c.

àlias /*lat.* 'aljas/ [lat. 'altrimenti'] **avv.** ● Altrimenti detto: *Angelo Brunetti, a. Ciceruacchio.*

àlibi [lat. *alibi* 'in altro luogo'] **s. m.** *1* (*dir.*) Mezzo di difesa con cui una persona prova che, al momento della consumazione del reato di cui è sospettata, si trovava in luogo diverso da quello in cui il reato stesso fu commesso: *cercare, procurarsi, avere un a.* *2* (*fig.*) Scusante, giustificazione: *a. morale.*

alicànte [dalla città di *Alicante*] **s. m.** ● Vino rosso intenso tipico della regione dell'omonima città spagnola.

alìce [lat. (*h*)*allēce(m)* 'salsa di pesce', di origine gr. (*halykón*, da *hals* 'sale', di origine indeur.) (?)] **s. f.** ● Acciuga. || **alicétta**, **dim.**

aliciclico [comp. di *ali(fatico)* e *ciclico*] **agg.** (**pl. m.** *-ci*) ● (*chim.*) Detto di composto organico che, nonostante la struttura ciclica, si comporta come un composto alifatico. **SIN.** Naftenico.

alicòrno [da *unicorno*] **s. m.** *1* Liocorno. *2* Moneta d'argento emessa dalla zecca di Ferrara nel XV sec. su cui erano impressi l'unicorno e l'aquila estense.

alìcula [vc. dotta, lat. *alĭcula(m)*, forse da avvicinare al tessalico *állix* 'clamide'] **s. f.** ● Tunica corta avviluppante le spalle usata dagli antichi Romani.

alidàda [ar. *al-'idâda* 'regolo dell'astrolabio'] **s. f.** ● Parte del goniometro solidale col collimatore, che porta uno o due indici diametralmente opposti per la lettura sul cerchio graduato.

†**alidìre** **v. tr.** ● Inaridire, disseccare.

àlido [lat. *āridu(m)*, da *arēre* 'esser secco'] **A agg.** ● (*tosc.*) Arido, secco, asciutto: *aria, terra alida; tempo a.* | *Carne alida*, dura, tigliosa | †Smunto, magro | (*raro*) *Farla alida*, fare un magro guadagno. || **alidamènte**, **avv.** Seccamente; poveramente. **B s. m.** ● (*tosc.*) Aridità.

alidóre [da *alido*] **s. m.** ● (*tosc.*) Aridità, secchezza | Stagione arida.

alienàbile [da *alienare*] **agg.** ● Che si può alienare.

alienabilità **s. f.** ● Qualità di ciò che è alienabile.

alienaménto **s. m.** ● (*dir.*) Alienazione nel sign. 1.

alienànte **A part. pres.** di *alienare*; anche **agg.** ● Nei sign. del v. **B s. m. e f.** ● Chi aliena: *l'a. e l'acquirente.*

alienàre [vc. dotta, lat. *alienāre*, da *aliēnus*, da *ălius* 'altro'] **A v. tr.** (*io alièno*) *1* Trasferire ad altri, a titolo oneroso, un diritto spec. di proprietà su q.c.: *a. un bene mobile, immobile.* **SIN.** Vendere. *2* (*fig.*) Allontanare, rendere ostile: *voltò tutto l'animo ad a. dal Duca di Milano la città di Genova* (GUICCIARDINI) | *A. dall'animo*, rendere avverso, sfavorevole | *Alienarsi qc.*, renderselo nemico. *3* Indurre, portare qc. a uno stato di alienazione, nel sign. 3. **B v. rifl.** ● Allontanarsi, straniarsi. **C v. intr. pron.** ● (*raro*) Uscire di senno.

alienàto [vc. dotta, lat. *alienātu(m)*, da *alienāre* 'alienare'] **A part. pass.** di *alienare*, anche **agg.** ● Nei sign. del v. **B s. m.** (**f.** *-a*) *1* Chi è affetto da malattia mentale, pazzo. *2* Chi vive un processo di alienazione.

alienatóre [vc. dotta, lat. tardo *alienatōre(m)*, da *alienāre* 'alienare'] **agg.**; anche **s. m.** (**f.** *-trice*) ● Che, chi aliena.

alienazióne [vc. dotta, lat. *alienatiōne(m)*, da *alienāre* 'alienare'] **s. f.** *1* (*dir.*) Atto, effetto dell'alienare. **SIN.** Compravendita, vendita. *2* (*psicol.*) *A. mentale*, ogni malattia mentale cronica di natura tale da rendere il malato soggetto a particolari provvedimenti medico-legali. *3* (*filos.*) Processo per cui l'uomo si estrania da se stesso, identificandosi con gli oggetti e le realtà materiali da lui prodotte fino a divenirne lo strumento passivo.

alienìa [comp. di *a-* (*1*) e lat. *līen*, genit. *liēnis* 'milza', di etim. incerta] **s. f.** ● (*med.*) Mancanza, spec. congenita, della milza.

alienìsta [fr. *aliéniste*, da *aliéné* 'alienato'] **s. m. e f.** (**pl. m.** *-i*) ● Specialista delle malattie mentali.

alienità [da *alieno*] **s. f.** ● (*dir.*) Stato di un bene che appartiene ad altri.

alièno [vc. dotta, lat. *aliēnu(m)*, da *ălius* 'altro'; per calco dall'ingl. *alien* nei sign. A3 e B] **A agg.** *1* (*lett.*) Che è d'altri: *fece guerra con le armi sue e non con le aliene* (MACHIAVELLI) | (*est.*) Estraneo, straniero. *2* Contrario, avverso: *essere a. dalle discussioni.* *3* Nel linguaggio fantascientifico, extraterrestre. **B s. m.** (**f.** *-a*) *1* In opere di fantascienza, essere che abita mondi extraterrestri, spec. quando appaia ripugnante o pericoloso e ostile. *2* (*raro*) Emarginato, diverso, disadattato rispetto a un sistema sociale dominante.

alièutica [vc. dotta, gr. *halieutiké*, f. sost. di *halieutikós* 'che riguarda la pesca', da *haliéus* 'pescatore', da avvicinare ad *háls* 'mare', di origine indeur.] **s. f.** ● (*lett.*) Pesca.

alifàtico [dal gr. *áleiphar*, genit. *aléiphatos* 'unguento', da *aléiphō* 'io ungo'] **agg.** (**pl. m.** *-ci*) ● (*chim.*) Detto di composto organico in cui gli ato-

alga

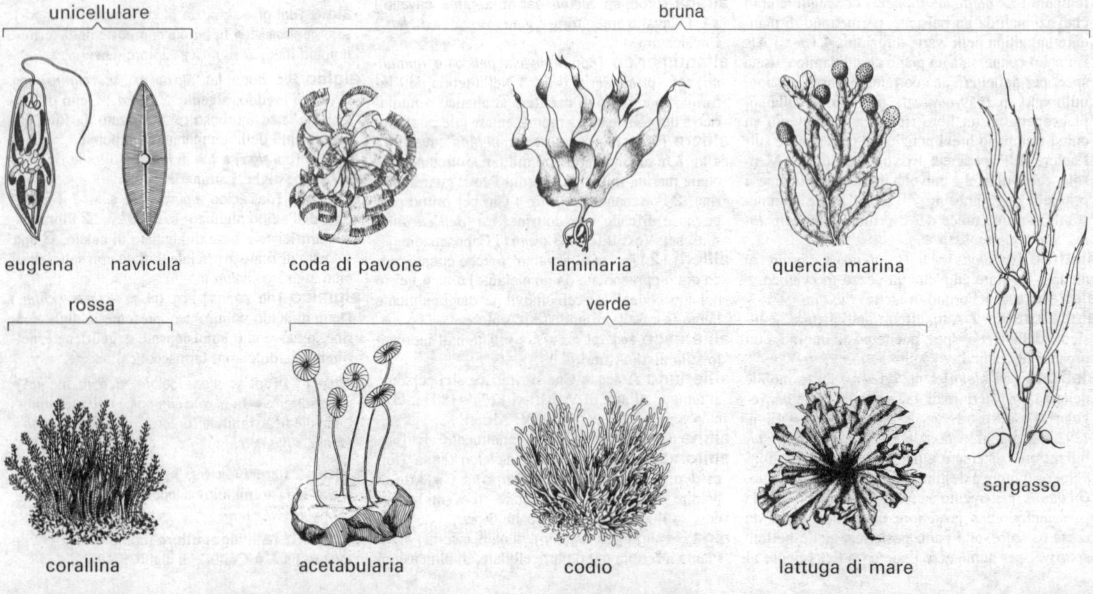

unicellulare: euglena, navicula

bruna: coda di pavone, laminaria, quercia marina, sargasso

rossa: corallina

verde: acetabularia, codio, lattuga di mare

mi di carbonio sono legati fra loro in catena aperta o anche in catena ciclica ma priva dell'anello benzenico: *serie alifatica*. SIN. Grasso. CONTR. Aromatico.

alifórme [comp. di *ala* e *-forme*] agg. ● (*scient.*) Che ha forma di ala: *struttura a.*

†**àliga** ● V. *alga*.

alìgero [vc. dotta, lat. *alĭgeru(m)*, comp. di *āla* 'ala' e *gĕrere* 'portare'] agg. ● (*lett.*) Fornito di ali | (*fig.*) Veloce.

alighièro [vc. di origine germ.] s. m. ● (*mar.*) Asta di legno terminante con una ghiera munita di due ganci, per accostare o scostare le imbarcazioni dai moli, dai barcarizzi e sim. | Marinaio che la manovra.

†**aligùsta** ● V. *aragosta*.

alimentàre (1) [da *alimento*] **A** agg. *1* Che serve al nutrimento: *generi alimentari*. *2* (*dir.*) Degli alimenti: *obbligo a.* **B** s. m. al pl. ● Generi commestibili: *negozio di alimentari*.

alimentàre (2) [da *alimento*] **A** v. tr. (*io aliménto*) *1* Dare alimento, nutrire, cibare | (*fig.*) Mantenere vivo: *a. un sentimento, una passione*; *a. l'amore, l'odio*. *2* Fornire a una macchina termica, idraulica, elettrica e sim. il combustibile, il fluido, l'energia necessaria al suo funzionamento. **B** v. rifl. ● Nutrirsi, sostentarsi (*anche fig.*): *bisogna alimentarsi per vivere*; *la loro amicizia si alimenta di lettere*.

alimentàrio [vc. dotta, lat. *alimentāriu(m)*, da *alimĕntum* 'alimento'] agg. *1* Che riguarda gli alimenti. *2* (*dir., raro*) Alimentare.

alimentarista s. m. e f. (pl. m. *-i*) *1* Commerciante al dettaglio di generi alimentari. *2* Lavoratore dell'industria alimentare. *3* Specialista dei problemi dell'alimentazione.

alimentatóre s. m. (f. *-trice*) *1* Chi alimenta (*anche fig.*) *2* Operaio o tecnico addetto ad alimentare forni, caldaie e sim. *3* (*mecc.*) Dispositivo che fornisce in modo continuo o intermittente l'alimentazione a una macchina. *4* (*elettron.*) Apparecchio che fornisce la tensione o la corrente necessaria per il funzionamento di circuiti o strumenti elettronici.

alimentazióne s. f. *1* Atto, effetto dell'alimentare e dell'alimentarsi: *a. ricca, povera*; *a. sufficiente, insufficiente* | Gli alimenti stessi: *a. carnea, lattea, vegetale*. *2* In varie tecnologie, somministrazione di materiali o energia destinati a far funzionare macchine o a essere elaborati in determinati apparecchi | In varie tecnologie, trasporto del pezzo, grezzo o semilavorato, da trasformare, alla macchina o al posto di lavoro: *l'a. di un motore, di una macchina*. *3* (*mil.*) Operazione consistente nel disporre la cartuccia in posizione opportuna per il caricamento dell'arma.

aliménto [vc. dotta, lat. *alimĕntu(m)*, da *ălere* 'nutrire'] s. m. *1* Sostanza contenente vari principi nutritivi suscettibili di essere utilizzati dagli organismi viventi | (*fig.*) *A. dello spirito*, ciò che serve a nutrire l'intelligenza, la sensibilità e sim. *2* (*al pl.*) Mezzi necessari per vivere, la cui prestazione incombe a determinate persone nei casi previsti dalla legge: *obbligo reciproco agli alimenti tra genitori e figli*.

àlimo [gr. *hálimos* 'marino', da *háls*, genit. *halós* 'mare'] s. m. ● (*bot.*) Porcellana di mare.

†**alimònia** [vc. dotta, lat. *alimōnia*, nt. pl. 'alimenti', da *ălere* 'nutrire'] s. f. ● (*dir.*) Sussidio dovuto alla moglie separata non per sua colpa dal marito.

alinàve [comp. di *ala* e *nave*, sul modello di *aliscafo*] s. f. ● Mezzo di navigazione, spinto in avanti da un getto d'acqua, la cui piattaforma poggia su zampe che portano alle estremità piccole ali interamente sommerse al disotto delle onde.

alìnea [fr. *alinéa*, dal lat. mediev. *a linea*, formula usata nella dettatura per dire di andare a capo] s. m. inv. *1* (*dir.*) Comma | Capoverso | Ognuna delle suddivisioni interne di un singolo comma, rappresentate tipograficamente da un accapo. *2* (*gener.*) Capoverso.

†**aliòsso** [comp. del lat. *ālea* 'gioco d'azzardo' e *ŏssum* 'osso'] s. m. ● Osso del tallone di agnelli e sim., usato dai bambini per giocare.

aliòtide [comp. del gr. *háls*, genit. *halós* 'mare' e *oûs*, genit. *ōtós* 'orecchio'] s. f. ● Gasteropode marino con conchiglia appiattita e rugosa di forma simile all'orecchio e largo piede muscoloso (*Haliotis*). SIN. Orecchia di mare.

alìpede [vc. dotta, lat. *alĭpede(m)*, nom. *ālipes*, comp. di *āla* 'ala' e *pēs*, genit. *pĕdis* 'piede'] **A** agg. ● (*lett.*) Che ha le ali ai piedi | (*fig.*) Veloce: *selvaggina a. inseguita dai cani* (D'ANNUNZIO). **B** s. m. ● (*lett.*) Cavallo molto veloce.

alìquota [sottinteso *parte*, dal lat. *ăliquot* 'alquanti'] s. f. *1* (*mat.*) La parte ennesima d'una quantità | Parte che moltiplicata per un intero dà la quantità iniziale. *2* Percentuale da applicarsi alla base imponibile per determinare l'imposta o la tassa dovuta | *A. progressiva*, che cresce con l'aumentare della base imponibile | *A. costante*, che resta invariata pur aumentando la base imponibile | (*econ.*) *A. di retrocessione*, percentuale dell'importo di una commissione oggetto di retrocessione. *3* (*mil.*) Parte, frazione di un raggruppamento di soldati.

aliscàfo [da *ala*, sul modello di *motoscafo*] s. m. ● Battello veloce con propulsione a elica e ali totalmente o parzialmente immerse che in velocità lo sollevano dall'acqua, diminuendone la resistenza all'avanzamento. SIN. Idroplano.

alisèo [fr. *alizé*, dallo sp. *alisios*, di etim. incerta] **A** s. m. ● Vento regolare e costante che spira per tutto l'anno tra ciascuno dei tropici e l'equatore, da nord-est nell'emisfero boreale e da sud-est in quello australe. **B** anche agg.: *vento a.*

alìṣma [dal gr. *álisma*, n. di una pianta acquatica] s. m. ● Genere di erbe palustri cui appartiene la mestolaccia (*Alisma*).

Aliṣmatàcee s. f. pl. ● Nella tassonomia vegetale, famiglia di piante delle Monocotiledoni comprendente erbe palustri e acquatiche delle regioni calde (*Alismataceae*) | (al sing. *-a*) Ogni individuo di tale famiglia.

alìsso [vc. dotta, gr. *álysson*, comp. di *a-* e *lýssa* 'rabbia', perché si credeva che la pianta preservasse dall'idrofobia] s. m. ● Genere di piante erbacee delle Crocifere con fusticini legnosi, foglie piccole oblunghe e fiori in grappoli di colore bianco, giallo o roseo (*Alyssum*).

alitàre [vc. dotta, lat. *halitāre*, iter. di *halāre*, di etim. incerta] v. intr. (*io àlito*; aus. *avere*) *1* Mandar fuori il fiato, l'alito | (*est.*) Respirare. *2* (*fig.*) Soffiare leggermente: *il vento alitava fra gli alberi*.

àlite [dal gr. *álytos* 'indissolubile' (comp. di *a-* e un deriv. di *lýein* 'sciogliere'. V. *-lisi*); detto così per l'abitudine del maschio di attorcigliare intorno agli arti posteriori le uova unite in lunghi cordoni] s. m. ● (*zool.*) *a. ostetrico*, anfibio anuro simile a un rospo il cui maschio trattiene le uova, riunite in cordoni, attorno alle proprie cosce, fino alla schiusa delle uova stesse (*Alytes obstetricans*).

àlito [vc. dotta, lat. *hălitu(m)*, da *halitāre* 'alitare'] s. m. *1* Insieme dei prodotti gassosi emessi dalla bocca con il respiro. *2* (*est.*) Respiro | *Raccogliere l'a.*, riprendere fiato | (*fig.*) *Fatto con l'a.*, lavorato finemente e a perfezione. *3* (*fig.*) Leggero soffio: *non spira un a. di vento*.

alitòṣi [da *alito*, col suff. *-osi*] s. f. ● (*med.*) Cattivo odore dell'alito.

†**alitóso** agg. ● Che manda fuori alito.

alìvolo [comp. di *ala* e *-volo*. V. *velivolo*] agg. *1* (*lett.*) Fornito di ali per il volo. *2* (*fig.*) Veloce, rapido.

aliẓarìna [ar. *al-'asāra* (da *asâra* 'premere'), il succo che si ricava spremendo una pianta, prob. attrav. lo sp. o il fr.] s. f. ● Principale colorante della robbia, ottenuto per sintesi a partire dall'antracene, capostipite di una importante serie di coloranti.

àlla (1) o (*poet.*) **a la** [comp. di *a* e *la*] prep. art. ● V. *la* per gli usi ortografici.

àlla (2) [ant. alto ted. *àlina*] s. f. ● Misura lineare usata in passato, con diversi valori, in molti Paesi.

allacciaménto s. m. *1* Modo e atto dell'allacciare. *2* (*tecnol.*) Collegamento, raccordo | *A. telefonico*, collegamento tra i fili del telefono e quelli della rete telefonica urbana | *A. ferroviario*, tronco di binario che ne unisce due altri oppure una linea a uno stabilimento.

allacciàre [comp. di *a-* (2) e *laccio*] **A** v. tr. (*io allàccio*) *1* Stringere con lacci: *a. le scarpe, un grembiule* | (*est.*) Legare insieme, affibbiare: *a. la cintura, il cappotto* | *A. le vene, le arterie*, stringerle, per impedire l'effusione del sangue | *A. le viti*, legarne i tralci ai pali | *A. le acque*, raccogliere le acque di più sorgenti in un corso solo | †*Allacciarsela*, presumere. *2* (*tecnol.*) Compiere, realizzare un allacciamento. *3* (*fig.*) Stringere relazioni, rapporti, e sim.: *a. un'amicizia, una conoscenza*; *a. contatti, relazioni*. *4* (*fig., lett.*) Prendere nell'inganno, sedurre: *le donne ... cercherebbero di allacciarmi* (LEOPARDI). **B** v. rifl. ● Legarsi attorno le vesti.

allacciatùra s. f. *1* Atto, effetto dell'allacciare. *2* Chiusura di abito mantello o altro oggetto d'abbigliamento con lacci, alamari o fibbie di tessuto, di cuoio e sim. *3* (*raro*) Brachiere, cinto erniario.

allàccio [da *allacciare*] s. m. ● (*bur.*) Collegamento di un impianto privato a una rete di pubblico servizio: *a. idrico, telefonico*.

allagaménto s. m. ● Atto, effetto dell'allagare.

allagàre [comp. di *a-* (2) e *lago*] **A** v. tr. (*io allàgo, tu allàghi*) *1* Coprire d'acqua: *a. terreni, abitazioni* | (*est.*) Spandersi in abbondanza, detto di liquidi: *il latte versato allagò il pavimento*. *2* (*fig.*) Riempire, invadere, affollare: *la città è allagata di turisti*. **B** v. intr. e intr. pron. (aus. *essere*) ● Riempirsi, coprirsi d'acqua, a guisa di lago.

allalì ● V. *hallalì*.

†**allampanàre** [comp. di *a-* (2) e *lampana* 'lampada'] v. intr. (aus. *essere*) ● Diventare magro e secco.

allampanàto part. pass. di †*allampanare*; anche agg. ● Nei sign. del v.

allantìaṣi [dal gr. tardo *allántion* dim. di *allâs*, genit. *allântos* 'salsiccia', di etim. incerta] s. f. ● (*med.*) Botulismo.

allantòide [vc. dotta, gr. *allantoeidḗs* 'a forma di salsiccia', comp. di *allâs*, genit. *allântos* 'salsiccia' e *-oide*] s. f. ● (*anat., biol.*) Uno degli annessi embrionali di rettili, uccelli e mammiferi che ha funzione prevalentemente respiratoria; nella specie umana prende parte alla costituzione della placenta.

allantoidèo agg. ● (*biol., anat.*) Relativo all'allantoide: *canale a.*

allantoìna [da *allanto(ide)* col suff. *-ina*] s. f. ● (*chim.*) Composto organico azotato, prodotto del catabolismo delle purine, presente nel liquido amniotico, in quello allantoideo e nell'urina dei neonati.

allappàre [comp. di *a-* (2) e *lappa*] v. tr. ● Allegare, spec. le varie parti della bocca: *a. le labbra, la lingua, il palato*.

allargaménto s. m. ● Atto, effetto dell'allargare | (*tecnol.*) *Prova di a.*, consistente nel dilatare con spine coniche un foro già eseguito | (*tess.*) Operazione compiuta con appositi estensori su tessuti che hanno subito un anormale restringimento onde riportarli alla larghezza normale.

allargàre [comp. di *a-* (2) e *largo*] **A** v. tr. (*io allàrgo, tu allàrghi*) *1* Rendere più largo, più ampio: *a. una strada, un'entrata* | *A. il gioco*, nel calcio, svolgere azioni o manovre su un fronte più esteso. *2* (*est.*) Aprire: *a. le braccia in segno di rassegnazione*; *allargò la mano mostrando la ferita* | (*fig.*) *A. la mano*, usare liberalità, essere generoso | (*fig.*) *A. il cuore*, confortare, consolare. *3* (*fig.*) Dilatare, estendere: *a. le ricerche, il proprio campo d'azione*; *allargò il petto in un ampio respiro* | *A. il voto*, estenderne il diritto a un maggior numero di cittadini | *A. il governo*, accogliere in esso nuove correnti politiche. *4* (*fig.*) Addolcire, mitigare: *a. le leggi* | *A. il freno, le redini*, dare maggiore libertà. *5* (*mus.*) Allentare. *6* †Diffondere, divulgare. **B** v. intr. (aus. *avere*) ● Spec. nelle loc., proprie del linguaggio sportivo, *a. in curva*, portarsi all'esterno della pista o della strada volontariamente o forzatamente, comunque in maniera tale da danneggiare l'avversario più diretto | *A. sulle ali, sulla destra*, nel calcio, impostare il gioco su queste direttrici. **C** v. rifl. *1* Estendersi, ampliarsi: *allargarsi nel proprio lavoro* | (*fig.*) *Allargarsi nelle spese*, spendere troppo | (*fig.*) *Allargarsi con qc.* confidarsi. *2* (*fam.*) Andare ad abitare in una casa più grande: *voglio allargarmi al più presto*. **D** v. intr. pron. *1* Diventare più largo, più ampio (*anche fig.*): *dopo quest'ansa il fiume si allarga, la lite si allarga*. *2* (*raro*) Schiarirsi, rasserenarsi, detto del tempo e del cielo. *3* (*lett.*) Prendere il largo, allontanarsi dalla riva: *si allargò in mare per ritirarsi a Ischia* (GUICCIARDINI).

allargàta s. f. ● Allargamento fatto in poco tempo. || **allargatina**, dim.

allargatése [comp. di *allaga(re)* e il pl. di *tesa*] s. m. inv. ● Attrezzo usato per allargare le tese di un cappello.

allargàto part. pass. di *allargare*; anche agg. ● Nei sign. del v.

allargatóio s. m. ● Strumento di acciaio per allargare i fori.

allargatóre s. m. (f. *-trice*) *1* (*raro*) Chi allarga. *2* (*tecnol.*) Utensile a più taglienti usato per allargare fori.

allargatrìce s. f. ● Apparecchio tenditore usato per compiere l'allargamento di tessuti o per impedirne il restringimento dopo il lavaggio.

allargatùbi [comp. di *allarga(re)* e il pl. di *tubo*] s. m. ● (*tecnol.*) Macchina per allargare le estremità dei tubi per poterli innestare sulle sedi delle piastre tubolari a perfetta tenuta. SIN. Mandrino.

allargatùra s. f. ● Allargamento | Punto dove una cosa è allargata.

allarmànte part. pres. di *allarmare*; anche agg. ● Nei sign. del v.

allarmàre [fr. *alarmer*, dall'it. *allarme*] **A** v. tr. ● Mettere in agitazione, in trepidazione: *la notizia li allarmò*. **B** v. intr. pron. ● Spaventarsi, mettersi in agitazione.

allàrme [dal grido *'all'arme! all'armi!'*] s. m. *1* Grido o segnale di chiamata improvvisa dei militari a prendere le armi | *Stato di a.*, periodo durante il quale permane la necessità che ha determinato l'allarme. *2* Segnalazione di pericolo imminente che richiama militari o civili a porsi in stato di difesa: *a. aereo*, *a. giallo*, *a. rosso* | *Falso a.*, lanciato in vista di un presunto pericolo; (*fig.*) timore infondato, notizia falsa e sim. | (*est.*) Durata del pericolo. *3* Dispositivo di sicurezza che segnala anomalie nel funzionamento di un impianto o tentativi di effrazione, furto e sim. (*anche fig.*): *la fuga di gas fece scattare l'a.*; *il mal di testa che lo affliggeva era un primo a. della malattia* | Nei treni, dispositivo mediante il quale il viaggiatore, in caso di grave necessità, può fare fermare il treno. *4* (*fig.*) Timore, ansia, apprensione: *mettere, stare in a.*; *suscitare a.*

allarmìşmo [da *allarmista*] s. m. *1* Tendenza ad allarmarsi o ad allarmare, anche senza fondati motivi. *2* Stato di allarme provocato dalla diffusione di notizie e previsioni perturbanti: *l'a. di una crisi politica ha invaso il Paese*.

allarmìsta [fr. *alarmiste*] s. m. e f. (pl. m. *-i*) ● Chi diffonde notizie allarmanti, anche compiacentemente.

allarmìstico agg. (pl. m. *-ci*) ● Che allarma o vuole allarmare: *corrono voci allarmistiche*. || **allarmisticaménte**, avv.

allascàre [comp. di *a-* (*2*) e *lascare*] v. tr. (*io allàsco, tu allàschi*) ● (*mar.*) Allentare alquanto una corda tesa. CONTR. Tesare.

allàto o **a làto** [da *a lato*] **A** avv. ● (*lett.*) Accanto, vicino, di fianco. **B** nella loc. prep. *a. a.* ● (*lett.*) Vicino a, accanto a: *E fa ragion ch'io ti sia sempre allato* (DANTE *Inf.* XXX, 145) | †A paragone, in confronto: *due ciglia sottili ... a. alle quali gli spenti carboni si dirieno bianchi* (BOCCACCIO).

allattaménto s. m. ● Atto, effetto dell'allattare, spec. con riferimento a neonati: *a. materno*; *a. al seno* | *A. mercenario*, per mezzo di balie | *A. artificiale*, con latte diverso da quello di donna | Periodo durante il quale ha luogo l'allattamento.

allattàre [lat. tardo *allactāre*, comp. di *ăd* e *lăc*, genit. *lăctis* 'latte'] **A** v. tr. ● Nutrire un neonato col proprio latte, o mediante allattamento artificiale: *la madre allatta il bambino*; *la mucca allatta il vitellino*. **B** v. intr. (aus. *avere*) ● †Prendere il latte. SIN. Poppare.

†**allattatrìce** s. f. ● Donna che allatta.

allattatùra s. f. ● (*raro*) Allattamento.

àlle o (*poet.*) **a le** [comp. di *a* e *le*] prep. art. ● V. *le* per gli usi ortografici.

allèa o **lèa** (**1**) [fr. *allée*, da *aller* 'andare'] s. f. ● (*dial., sett.*) Viale.

alleànza [fr. *alliance*] s. f. *1* (*dir.*) Accordo con cui due o più Stati si impegnano a un reciproco aiuto per fini politici, spec. nell'ipotesi di una guerra che coinvolga uno di essi: *concludere una a.*; *duplice*, *triplice a.* *2* (*est.*) Unione fra partiti, enti, persone e sim., creata per scopi d'interesse comune: *a. parlamentare*, *elettorale* | *A. evangelica*, unione delle chiese evangeliche, fondata nel XIX sec. SIN. Accordo, lega.

alleàre [fr. *allier*, dal lat. *alligāre* 'legare, trattenere'] **A** v. tr. (*io allèo*) ● Unire, collegare con vincolo di alleanza: *a. due Paesi*. **B** v. rifl. ● Unirsi per agire concordemente: *allearsi a*, *con qc.*

alleàto **A** part. pass. di *alleare*; anche agg. ● Nei sign. del v. **B** s. m. (f. *-a*) ● Chi è unito ad altri da un vincolo, o un patto, di alleanza.

allegàbile [da *allegare* (*1*)] agg. ● Che si può allegare: *documenti allegabili*.

allegagióne [da *allegare* (*2*)] s. f. *1* †V. *allegazione* (*2*). *2* (*bot.*) Trasformazione dell'ovario in frutto | (*est.*) Periodo in cui ciò avviene.

allegaménto s. m. *1* (*raro*) Atto, effetto dell'allegare i denti. *2* (*bot.*) Allegagione. *3* †Lega di metalli.

allegànte **A** part. pres. di *allegare* (*1*); anche agg. ● Nei sign. del v. **B** s. m. ● Chi allega: *provare falsi i fatti addotti dall'a.*

allegàre (**1**) [vc. dotta, lat. *allegāre* 'deputare', comp. di *ăd* e *lēx*, genit. *lēgis* 'legge'] v. tr. (*io allégo, tu alléghi*) ● Apportare, addurre, produrre: *a. fatti, ragioni, prove*; *a. q.c. a colpa, a discarico*; *a. q.c. per scusa, pretesto*.

allegàre (**2**) o †**alligàre** [lat. *alligāre* 'cingere, legare', comp. di *ăd* e *ligāre* 'legare' (V.)] **A** v. tr. (*io allégo, tu alléghi*) *1* Accludere: *a. un documento, una lettera, del denaro* | *A. agli atti del processo*, inserire nei fascicoli di causa un nuovo documento | Unire, connettere. *2* Provocare sui denti una fastidiosa sensazione di ruvidezza, quasi fossero legati, detto di sapori agri o aspri e di rumori stridenti: *i frutti acerbi, lo stridio di una sega allegano i denti*. SIN. Allappare. *3* †Legare accanto, presso. *4* †Fondere insieme, in una lega, detto spec. dell'argento col rame e dell'oro col rame e l'argento. **B** v. rifl. ● †Allearsi, collegarsi. **C** v. intr. (aus. *avere*) *1* Passare dallo stato di fiore a quello di frutto. *2* Formare una lega, detto di metalli.

allegàto (**1**) part. pass. di *allegare* (*1*); anche agg. ● Nei sign. del v.

allegàto (**2**) **A** part. pass. di *allegare* (*2*); anche agg. ● Nei sign. del v. **B** s. m. ● Documento unito a uno o più altri: *prendere in considerazione l'a.*

allegazióne (**1**) [vc. dotta, lat. *allegatiōne(m)* da *allegāre*, 'allegare (1)'] s. f. ● Atto, effetto dell'allegare | Ciò che si allega.

allegazióne (**2**) o †**allegagióne** nel sign. 1 [vc. dotta, lat. *alligatiōne(m)*, da *alligāre* 'allegare (2)'] s. f. *1* Atto, effetto dell'allegare | (*est.*) Il documento che si allega. *2* Allegamento, nei sign. 1 e 2. *3* †Lega di metalli.

alleggeriménto s. m. ● Modo e atto dell'alleggerire | *A. fiscale*, sgravio fiscale | Sollievo, ristoro.

alleggerìre [comp. di *a-* (*2*) e *leggero*] **A** v. tr. (*io alleggerìsco, tu alleggerìsci*) *1* Rendere leggero | (*fig.*) Rendere più sopportabile: *a. una sofferenza*. *2* Liberare di un peso o di un compito gravoso: *a. un carro merci*; *a. i genitori del mantenimento dei figli* | (*scherz.*) Derubare: *fu alleggerito del portafoglio*. **B** v. rifl. *1* Sgravarsi di un peso. *2* Vestirsi con abiti più leggeri | Togliersi gli abiti di dosso.

alleggerìto part. pass. di *alleggerire*; anche agg. *1* Nei sign. del v. *2* *A. di cervello*, scemo.

†**alleggiaménto** s. m. ● Alleviamento, sollievo: *ad a. della mia pena* (BOCCACCIO).

alleggiàre [lat. tardo *alleviāre*, comp. di *ăd* e *levis* 'leggero', prob. attrav. il fr. *alléger*] v. tr. (*io alléggio*) *1* †Alleggerire | (*est.*) Alleviare, mitigare, temperare. *2* (*raro*) Allibare.

allèggio o **alèggio** [prob. fr. *allège*] s. m. *1* (*mar.*) Sgravio di tutto o parte del carico d'un naviglio | Pontone o barca usata nei porti per ricevere il carico delle navi che devono essere alleggerite del soverchio peso. *2* Allievo (2).

allegoreggiàre [da *allegoria*] v. intr. (*io allegoréggio*; aus. *avere*) ● (*raro*) Servirsi, valersi di allegorie.

allegorìa [vc. dotta, lat. tardo *allegŏria(m)*, nom. *allegŏria*, dal gr. *allēgoría*, comp. di *állēi* 'altrimenti' e *agoréuō* 'io parlo'] s. f. ● (*ling.*) Figura retorica che consiste nella rappresentazione di idee e concetti o atti mediante figure e immagini con significato diverso da quello letterale, sia in letteratura e nel discorso, sia nelle arti figurative: *Passa la nave mia colma d'oblio / per aspro mare, a mezza notte il verno* (PETRARCA). || **allegoriùccia**, dim.

allegòrico [vc. dotta, gr. *allēgorikós*, da *allegŏria* 'allegoria'] agg. (pl. m. *-ci*) ● Relativo all'allegoria, che contiene allegoria: *poema*, *quadro a.* || **allegoricaménte**, avv. In forma o senso allegorico.

allegorìşmo s. m. *1* Sistema di allegorie che è alla base di un testo: *l'a. del poema dantesco*. *2* Uso frequente dell'allegoria nella composizione di un testo. *3* Tendenza a interpretare allegoricamente un testo.

allegorìsta s. m. (pl. *-i*) ● Chi si compiace di allegorie o le commenta.

allegorizzàre [vc. dotta, lat. tardo *allegorizāre*, da *allegŏria* 'allegoria'] **A** v. tr. ● Rappresentare con allegoria. **B** v. intr. (aus. *avere*) ● Interpretare allegoricamente un testo.

†**allegraménto** s. m. ● Letizia, conforto.

†**allegrànza** [provz. *alegransa* (?)] s. f. ● Allegrezza.

allegràre [da *allegro*] **A** v. tr. (*io allégro*) *1* (*lett.*) Rallegrare, allietare. *2* (*lett.*) Confortare, mitigare, lenire. **B** v. rifl. *1* (*lett.*) Rallegrarsi, allietarsi. *2* (*lett.*) Congratularsi. *3* (*raro*) †Crescere, prosperare, detto di piante.

allegrétto [dim. di *allegro*] s. m. ● (*mus.*) Allegro moderato tra l'andante e l'allegro | Titolo di brani musicali o di una parte di essi.

allegrézza [da *allegro*] s. f. *1* Sentimento dell'animo soddisfatto che si riflette negli atti e nell'aspetto dell'individuo: *grande*, *viva a.*; *provare, sentire, mostrare a.*; *non riusciva a nascondere la sua a.* | Dimostrazione di gioia. SIN. Letizia. *2* (*raro, lett.*) Vivezza, vivacità, spec. di colori: *opera in fresco ... condotta con un'a. di colori molto vaghi* (VASARI).

allegrìa s. f. *1* Allegrezza che si manifesta vivamente | *Vivere in a.*, con spensieratezza, tra i divertimenti e i piaceri | *Fare a. a qc.*, accoglierlo con dimostrazioni di entusiasmo | *a.!*, esclamazione di gioia, di buon augurio. SIN. Contentezza, gaiezza. *2* (*est.*) Vivacità di suoni, colori e sim.

allégro [lat. *ălacre(m)* 'alacre', attrav. il lat. parl. **alĕcru(m)*] **A** agg. *1* Lieto, giocondo, nell'animo e negli atti: *persona*, *gente allegra* | Che ha o apporta allegria: *carattere*, *temperamento a.*; *chiacchiere allegre*. *2* Vivace, brioso, detto spec. di colori, suoni e sim.: *spettacolo a.*; *il giallo è un colore a.*; *musica*, *canzone allegra*; *voci allegre* | Ameno, ridente, detto di luoghi: *giardino a.*; *allegri colli*. *3* Spensierato: *fare vita allegra* | (*euf.*) *Donna, donnina, allegra*, donna di facili costumi, prostituta. *4* (*arald.*) Detto del cavallo passante, e privo dei finimenti. *5* (*fam.*) Brillo: *il vino l'aveva reso un po' a.* *6* †Rigoglioso, fertile. || **allegraménte** avv. **B** s. m. ● (*mus.*) Movimento in tempo rapido | Titolo di brani musicali o di una parte di essi || PROV. Gente allegra il ciel l'aiuta. || **allegrétto**, dim. (V.) | **allegróne**, accr. (V.) | **allegròtto**, accr., vezz. | **allegrùccio**, dim.

allegróne s. m. (f. *-a*) ● Accr. di *allegro* | Persona abitualmente allegra e che rallegra.

allèle o **allèlo** [fr. *allèle*, abbr. di *allèlomorphe* 'allelomorfo'] s. m. ● (*biol.*) Gene allelomorfo.

allèlo- [dal gr. *allḗlōn* 'l'un l'altro' (da *állos* 'altro', di origine indeur.)] primo elemento ● In parole composte della terminologia scientifica indica alternanza, antagonismo e sim.: *allelomorfo*, *allelopatia*.

allelomòrfo [comp. di *allelo-* e *-morfo*] agg. ● (*biol.*) Che ha azione antagonista | *Geni allelomorfi*, geni omologhi a diversa struttura molecolare per cui determinano manifestazioni diverse di uno stesso carattere.

allelopatìa [comp. di *allelo-* e *-patia*] s. f. ● (*biol.*) Inibizione di una specie vegetale causata da sostanze chimiche prodotte da un'altra specie vegetale.

allelùia (**1**) [vc. dotta, lat. eccl. *allelūia*, dall'ebr. *'allelū Jāh* 'lodate Dio'] s. m. inv. *1* Nella liturgia cattolica, esclamazione di giubilo e lode di Dio. *2* (*fig.*) Espressione di gioia: *cantare a.* | *Vecchio come l'a.*, vecchissimo.

allelùia (**2**) [detta così perché fiorisce nel tempo dell'*alleluia* (Pasqua)] s. f. ● (*bot.*, *pop.*) Acetosella.

†**alleluiàre** [da *alleluia* (*1*)] v. intr. ● Cantare l'al-

leluia.

allemànda o **alemànna** [fr. *allemande*, f. di *allemand* 'tedesco'. V. *alemanno*] s. f. *1* Antica danza di ritmo binario, di origine tedesca | Parte della suite strumentale dei secc. XVII e XVIII. *2* Danza popolare tedesca del sec. XVIII, di movimento allegro vivace, che preannuncia il valzer.

allenaménto [da *allenare* (*2*)] s. m. *1* Atto, effetto dell'allenare e dell'allenarsi: *tenere in a. la memoria* | *Tenersi in a.*, svolgere una determinata attività in modo continuo, senza interruzioni: *leggere, scrivere per tenersi in a.*; (*fig., scherz.*) non tralasciare la pratica di un vizio o di un'abitudine, spec. negative, quasi per timore di perderli: *bere, rubare per tenersi in a.* *2* (*sport*) Preparazione metodica e graduale destinata a portare o a mantenere l'atleta nelle condizioni atletiche e tecniche tali da permettergli di conseguire le massime prestazioni possibili | *A. collegiale*, quello svolto dagli atleti di una squadra o di una società sportiva, spec. durante un ritiro.

allenàre (**1**) [comp. di *a-* (*2*) e *lene*] v. intr. e intr. pron. (*io allèno*; aus. *essere*) ● (*lett.*) Indebolirsi | Mitigarsi.

allenàre (**2**) [comp. di *a-* (*2*) e *lena*] **A** v. tr. (*io alléno*) *1* Abituare il corpo o la mente, mediante esercizi appropriati, allo sforzo, alla fatica, all'applicazione e sim.: *a. i giovani allo studio*; *a. la propria memoria.* SIN. Addestrare. *2* (*sport*) Preparare, addestrare a una competizione: *a. un'atleta, una squadra, un puledro.* **B** v. rifl. *1* Abituarsi, addestrarsi, esercitarsi. *2* (*sport*) Tenersi in esercizio, svolgere la preparazione richiesta per una gara, una competizione e sim.

allenatóre [da *allenare* (*2*)] **A** agg. ● Che allena. **B** s. m. (f. *-trice*) *1* (*sport*) Tecnico sportivo che ha l'incarico di allenare gli atleti o gli animali da competizione alla loro attività specifica | Chi dirige gli allenamenti. *2* Pugile che si presta, dietro compenso, a misurarsi in allenamento con un campione, nel periodo di preparazione di questi a importanti confronti. *3* Il pilota del mezzo meccanico, moto, ciclomotore e sim., dietro al quale un corridore ciclista partecipa alle gare di mezzofondo.

†**allenìre** [comp. di *a-* (*2*) e *lene*] **A** v. tr. ● (*lett.*) Mitigare, raddolcire, lenire. **B** v. intr. pron. ● (*lett.*) Mitigarsi.

allentaménto s. m. *1* Modo e atto dell'allentare e dell'allentarsi. *2* (*mecc.*) Diminuzione delle azioni mutue che si esercitano fra gli elementi di un collegamento fisso, spec. provocata da vibrazioni.

allentàre [comp. del lat. *ăd* e *lĕntus* 'pieghevole'] **A** v. tr. (*io allènto*) *1* Rendere lento, diminuire di tensione: *a. un nodo, una fune, una vite, il freno, la stretta* | Allargare, slacciare: *a. la cintura, i calzoni* | *A. i cordoni della borsa*, mostrarsi generoso | (*pop.*) *A. un calcio, un ceffone*, darli. *2* Rendere meno rigido, mitigare (*anche fig.*): *a. la disciplina, il freno* | (*lett.*) Attenuare, calmare: *a. l'ira, lo sdegno* | (*raro*) †Sollevare: *a. l'animo.* *3* Ritardare, rallentare: *a. il passo* | *A. le membra*, rilassarle. *4* (*mus.*) Rendere più lento il tempo. SIN. Allargare. **B** v. intr. pron. *1* Divenire lento: *se le corde si allentano potremo liberarci.* *2* (*fig.*) Diminuire d'intensità: *i nostri legami d'amicizia s'allentano sempre più.*

allentatùra s. f. ● (*raro*) Ernia.

allergène [da *allergia*, col suff. *-ene*] s. m. ● (*biol.*) Sostanza di origine animale o vegetale in grado di indurre una reazione allergica.

allergìa [comp. del gr. *állos* 'diverso' e di *érgon* 'effetto'] s. f. (pl. *-gìe*) *1* (*med.*) Alterata e spontanea reattività dell'organismo a particolari sostanze. *2* (*est., scherz.*) Ipersensibilità, insofferenza: *avere l'a. allo studio* | *A. politica*, nei confronti di un partito, di un governo e sim.

allèrgico **A** agg. (pl. m. *-ci*) *1* Di, relativo ad allergia. *2* (*scherz.*) Di chi reagisce in modo negativo a q.c.: *è un ragazzo a. alla scuola*; *credo proprio di essere a. al lavoro!* **B** agg.; anche s. m. (f. *-a*) ● Che, chi è affetto da allergia.

allergizzànte part. pres. di *allergizzare*; anche agg. ● Nei sign. del v.

allergizzàre v. tr. ● (*med.*) Rendere allergico.

allèrgo- [tratto da *allergia*] primo elemento ● In parole composte della terminologia medica significa 'allergia' o indica relazione con fenomeni di allergia: *allergologia, allergopatia.*

allergologìa [comp. di *allergo-* e *-logia*] s. f. ● Branca della medicina che studia le allergie e le loro manifestazioni.

allergòlogo s. m. (f. *-a*; m. pl. *-gi*, pop. *-ghi*) ● Specialista in allergologia.

allergometrìa [comp. di *allergo-* e *-metria*] s. f. ● (*med.*) Tecnica in grado di valutare il grado di allergia nei confronti di una sostanza.

allergopatìa [comp. di *allergo-* e *-patia*] s. f. ● Malattia derivante da allergia.

allergopàtico agg.; anche s. m. (f. *-a*; pl. m. *-ci*) ● Che, chi, soffre di una allergopatia.

all'èrta o **allérta** [V. *erta*] **A** avv. ● Nella loc. *stare all'erta*, vigilare, usare cautela, stare attento. **B** in funzione di inter. ● Si usava un tempo fra le sentinelle di guardia come grido di controllo reciproco e invito alla vigilanza: '*all'erta!*' '*all'erta sto!*'. **C** in funzione di s. f. inv. ● Segnale di pericolo, preallarme: *suonare, dare l'all'erta.*

allertaménto s. m. ● Atto, effetto dell'allertare.

allertàre [da *all'erta*] v. tr. (*io allèrto*) ● Mettere in stato di allarme: *a. i carabinieri.*

allessàre [comp. di *a-* (*2*) e *lessare*] v. tr. (*io allésso*) ● (*raro*) Lessare.

allessatùra s. f. *1* (*raro*) Lessatura. *2* Danno da freddo, da eccessiva insolazione o da parassiti sui tessuti erbacei delle piante, che si evidenzia con la comparsa di macchie translucide, e successiva necrosi del tessuto stesso.

allésso **A** avv. ● A lesso: *cuocere la carne a.* | *Chi la vuole a. e chi la vuole arrosto*, (*fig.*) chi vuole una cosa in un modo e chi in un altro. **B** agg. ● Lessato: *patate allesse*; *pollo a.* **C** s. m. ● Carne lessata.

allestiménto s. m. *1* Modo, atto, effetto dell'allestire: *l'a. di una mostra, di uno spettacolo*; *curare l'a.* *2* (*mar.*) L'insieme dei lavori di rifinimento e completamento fatti su una nave dopo il suo varo.

allestìre [comp. di *a-* (*2*) e *lesto*] **A** v. tr. (*io allestìsco, tu allestìsci*) *1* Preparare, mettere a punto: *a. una festa, un pranzo, uno spettacolo, una rappresentazione* | *A. una nave*, armarla. *2* †Fare lesto, sollecito. **B** v. rifl. ● (*raro*) Apparecchiarsi, prepararsi.

allestìto part. pass. di *allestire*; anche agg. ● Nei sign. del v.

allestitóre s. m. (f. *-trice*) ● Chi esegue o dirige allestimenti a livello tecnico, industriale o artistico.

allettaménto (**1**) [da *allettare* (*1*)] s. m. ● Modo e atto dell'allettare | Lusinga.

allettaménto (**2**) [da *allettare* (*2*)] s. m. ● Piegatura verso terra di molte piante erbacee, dovuta all'azione del vento e della pioggia, e facilitata da scarsa resistenza meccanica.

allettànte part. pres. di *allettare* (*1*); anche agg. *1* Nei sign. del v. *2* Lusinghiero, invitante: *una proposta a.*

allettàre (**1**) [lat. *allectāre*, ints. di *allĭcere* 'adescare', comp. di *ăd* e *lăcere* 'attirare'] v. tr. (*io allètto*) *1* Attirare, invitare con prospettive piacevoli, lusinghe e sim.: *lo allettarono con la speranza di un grosso guadagno*; *si lasciò a. alle nozze*; *a. la selvaggina con richiami* | (*raro*) *A. il sonno*, conciliarlo | (*ass.*) Attirare: *è una visione che alletta.* *2* †Accogliere, albergare: *perché tanta viltà nel core allette?* (DANTE *Inf.* II, 122).

allettàre (**2**) [comp. di *a-* (*2*) e *letto*] **A** v. tr. (*io allètto*) *1* Costringere a stare a letto: *la paralisi lo ha allettato.* *2* Piegare, prostrare le biade: *il vento alletta il grano.* **B** v. rifl. ● Mettersi a letto per malattia. **C** v. intr. pron. ● Piegarsi a terra, detto delle piante erbacee.

allettatìvo [da *allettare* (*1*)] **A** agg. ● (*raro*) Atto ad allettare. **B** s. m. ● †Allettamento, lusinga.

allettàto part. pass. di *allettare* (*1*); anche agg. ● Nei sign. del v.

allettatóre s. m.; anche agg. (f. *-trice*) ● Chi, che alletta.

allettévole agg. ● Invitante, piacevole.

allevaménto s. m. *1* Modo e atto dell'allevare. *2* Attività volta a far crescere, riprodurre, migliorare le specie di animali utili all'uomo o come alimenti o come mezzi di locomozione e di lavoro o per altri usi | *A. vegetale*, miglioramento delle piante coltivate e costituzione di nuove varietà | *A. in batteria*, per animali domestici in ambiente confinato. *3* Complesso di impianti destinati allo svolgimento di tale attività | Luogo in cui essa si svolge. *4* Insieme di piante o di animali che si allevano.

allevàre [lat. *allevāre* 'levare in alto', comp. di *ăd* e *levāre* 'sollevare'] v. tr. (*io allèvo*) *1* Far crescere un bambino prestandogli tutte le cure necessarie per un completo sviluppo: *è stato allevato dalla nonna* | *A. al petto*, allattare | *A. artificialmente*, nutrire nei primi mesi di vita con latte artificiale. *2* Educare: *è stato allevato male.* *3* Crescere animali e piante, spesso a scopo di sfruttamento: *a. cavalli, pecore, bachi da seta, ostriche*; *a. pioppi, alberi da frutto.*

allevàta s. f. *1* Atto dell'allevare animali. *2* Nidiata di piccoli animali: *un'a. di pulcini, di conigli.*

allevatóre s. m. (f. *-trice*) ● Chi alleva.

alleviaménto s. m. ● Modo, atto, effetto dell'alleviare.

alleviàre [vc. dotta, lat. tardo *alleviāre*, comp. di *ăd* e *lĕvis* 'leggero'] **A** v. tr. (*io allèvio*) *1* Rendere più lieve, liberare di un peso, di un affanno: *a. una fatica, una pena* | Recare sollievo; *a. i dolori, le sofferenze altrui*; *a. le pene dell'animo.* *2* (*raro*) †Far diminuire di valore. **B** v. rifl. ● †Sgravarsi.

alleviatóre s. m.; anche agg. (f. *-trice*) ● (*lett.*) Chi, che allevia.

allibàre [lat. tardo *alleviāre* 'alleggerire', comp. di *ăd* e *lĕvis* 'leggero'] v. tr. ● (*mar.*) Alleggerire una nave di tutto o parte del carico. SIN. Alleggiare.

allibìre o †**allibbìre** [prob. lat. **allivēre*, comp. di *ăd* e *livēre* 'diventar livido'] v. intr. (*io allibìsco, tu allibìsci*; aus. *essere*) ● Impallidire, turbarsi fortemente, per paura, stupore, sorpresa e sim.: *a quelle parole allibì*; *cose da fare a.*

allibìto part. pass. di *allibire*; anche agg. ● Nei sign. del v.

allìbo [da *allibare*] s. m. *1* (*mar., raro*) Alleggio. *2* Chiatta.

allibraménto [da *allibrare*] s. m. ● Registrazione su di un libro di un'operazione finanziaria | *Certificato di a.*, certificazione di avvenuta registrazione.

allibràre [comp. di *a-* (*2*) e *libro*] v. tr. ● Registrare su un libro di conti.

allibratóre [da *allibrare*, come trad. dell'ingl. *bookmaker*] s. m. ● Nell'ippica, colui che accetta scommesse a quota fissa indicando in partenza la somma che si potrà vincere indipendentemente dal numero delle giocate. SIN. Bookmaker.

allicciàre [comp. di *a-* (*2*) e *liccio*] v. tr. (*io allìccio*) *1* Piegare leggermente i denti della sega verso l'esterno per migliorarne il funzionamento. *2* (*tess.*) Comporre i licci in mezzo a cui passano i fili della tela | Far passare i fili della tela attraverso i licci.

allicciatùra s. f. ● (*tess.*) Operazione dell'allicciare.

allicìna [dal lat. *ālium* 'aglio'] s. f. ● Sostanza estratta dall'aglio, dotata di azione battericida, vermifuga e ipotensiva.

†**allìdere** [vc. dotta, lat. *allīdere*, comp. di *ăd* e *laedere* 'ferire'] **A** v. tr. (dif. usato solo nella terza pers. del pres. e pass. rem. indic., *allide, allise* e nel part. pass. *alliso*) ● Percuotere, colpire, pestare. **B** v. intr. ● Urtare in q.c.

allietàre [comp. di *a-* (*2*) e *lieto*] **A** v. tr. (*io allièto*) ● Rendere lieto: *questa nascita ha allietato la nostra famiglia.* CONTR. Rattristare. **B** v. intr. pron. ● Farsi lieto.

allièvo (**1**) [da *allevare*] s. m. (f. *-a*) *1* Chi viene educato, istruito, dall'insegnamento di un maestro: *a. di un liceo*; *gli allievi di un famoso chirurgo.* *2* Militare che viene istruito e addestrato per conseguire una determinata specializzazione o per ricoprire un particolare incarico o per entrare a far parte di una determinata categoria gerarchica: *a. marconista, caporale, sottufficiale, ufficiale.* *3* Atleta che non ha superato una determinata età, generalmente il diciottesimo anno, e viene iniziato alla carriera sportiva. *4* (*raro*) Chi viene allevato, nutrito: *la balia e il suo a.* | Piccolo di animali. *5* (*bot.*) Virgulto.

allièvo (**2**) [da *allevare*, nel senso di 'levare (l'acqua)'] s. m. • (*mar.*) Foro munito di tappo a vite sul fondo delle imbarcazioni che serve, quando queste siano a secco o sospese alle gru, per fare uscire l'acqua. SIN. Alleggio.

†alligàre • V. *allegare* (2).

alligatóre [dallo sp. *el lagarto* 'il ramarro', attrav. il fr. o l'ingl. *alligator*] s. m. • Rettile degli Alligatoridi di color scuro o nerastro, con muso lungo e arrotondato, caratteristico dei grandi fiumi americani e asiatici (*Alligator*).

Alligatòridi [comp. di *alligator(e)* e *-idi*] s. m. pl. • Nella tassonomia animale, famiglia di Rettili anfibi dell'America e dell'Asia tropicali (*Alligatoridae*) | (al sing. *-e*) Ogni individuo di tale famiglia.

alligazióne [vc. dotta, lat. *alligatiōne(m)* 'legatura, collegamento', da *alligāre* 'allegare (2)'] s. f. • (*metall.*) Miscuglio di preparazione di una lega metallica.

allignaménto s. m. • Atto, effetto dell'allignare.

allignàre [comp. del lat. *ăd* e *lĭgnum* 'legno'] v. intr. (aus. *avere*, raro *essere*) **1** Mettere radici. SIN. Attecchire, barbicare, barbificare, radicare. **2** (*fig.*) Trovarsi, esistere, essere presente: *sentimenti che allignano nei cuori generosi*; *virtù che non allignano tra noi*. **3** (*fig.*, *lett.*) Prendere vigore, svilupparsi, prosperare.

†allindàre [comp. di *a-* (2) e *lindo*] **A** v. tr. • Rendere lindo, pulito | (*est.*) Adornare. **B** v. rifl. • Azzimarsi, adornarsi.

allineaménto s. m. **1** Atto, effetto dell'allineare e dell'allinearsi (*anche fig.*): *a. politico* | *A. dei prezzi, dei salari*, adeguamento di questi al costo della vita | *A. monetario*, variazione del potere di acquisto aureo dell'unità monetaria da parte di uno Stato per porla in un dato rapporto di valore con unità di altro Stato. **2** (*tip.*) Linea orizzontale ideale su cui poggia il limite inferiore dell'occhio medio del carattere tipografico | *A. a sinistra, a destra*, linea verticale ideale a cui poggiano rispettivamente il primo o l'ultimo carattere di una serie di linee. **3** (*mar.*) Linea retta che passa per due punti fissi, di solito posti sulla costa, e costituisce una sicura indicazione di rotta.

allineàre [comp. di *a-* (2) e *linea*] **A** v. tr. (*io allìneo*) **1** Collocare e disporre persone o cose sulla stessa linea: *a. gli alunni nel cortile della scuola*; *a. i testi sul tavolo* | Schierare: *a. le truppe per la parata*; *a. la batteria per il tiro*. **2** In tipografia, disporre su una stessa linea vari elementi di una pagina o disporre nella stessa posizione in pagine successive titoli o altri elementi di un libro, giornale e sim. **B** v. rifl. **1** Mettersi in dirittura, in linea. **2** Adeguarsi, conformarsi a idee altrui, prevalenti o imposte, spec. in politica.

allineàto part. pass. di *allineare*; anche agg. **1** Nei sign. del v. **2** *Paesi non allineati*, V. *non allineato*.

allineatóre s. m. **1** Chi allinea. **2** Nel canottaggio, arbitro ausiliario che controlla alla partenza l'allineamento delle imbarcazioni prima del via.

†allisciàre [comp. di *a-* (2) e *lisciare*] v. tr. • (*raro*) Lisciare.

allisciatóio s. m. • Attrezzo usato in fonderia per la preparazione delle forme.

†allisióne [vc. dotta, lat. tardo *allisiōne(m)*, comp. di *ăd* e *laedere* 'ferire'] s. f. • Urto | Collisione.

†allìso part. pass. di *allidere*; anche agg. • Nei sign. del v.

allitteràre v. intr. (*io allìttero*; aus. *avere*) • Formare, costituire allitterazione: *le parole 'fresca' e 'frasca' allitterano*.

allitterazióne [comp. del lat. *ăd* e *lĭttera* 'lettera'] s. f. **1** (*ling.*) Figura retorica che consiste nella ripetizione del medesimo suono all'inizio o all'interno di più parole contigue: *ti sien come il fruscìo che fan le foglie* (D'ANNUNZIO). **2** (*mus.*) Ritorno insistente in un brano di un caratteristico spunto melodico, armonico o ritmico.

allivellàre [comp. di *a-* (2) e *livello* (2)] v. tr. (*io allivèllo*) • (*dir.*) Concedere un terreno a livello.

allivellazióne s. f. • (*dir.*) Concessione d'un terreno a livello.

†allividiménto s. m. • Modo e atto dell'allividire.

†allividìre [comp. di *a-* (2) e *livido*] v. intr. (aus. *essere*) • Divenire livido.

àllo o (*poet.*) **a lo** [comp. di *a* e *lo*] prep. art. • V. *lo* per gli usi ortografici.

allô /*fr.* a'lo/ [fr. da *allons* 'andiamo', prima pers. pl. imperat. pres. *aller* 'andare', dal lat. *ambulāre*] inter. • Si usa, a volte, nelle conversazioni telefoniche in luogo di 'pronto'.

allo- [dal gr. *állos* 'altro', di origine indeur.] primo elemento • In parole composte dotte, significa 'diverso': *allogeno*, *alloglotto*.

allobiologìa [comp. di *allo-* e *biologia*] s. f. • Branca della biologia che studia i fenomeni che si manifestano, o possono manifestarsi, nella vita nello spazio extraterrestre.

allobiològico agg. (pl. m. *-ci*) • Relativo ad allobiologia.

allòbrogo [lat. *Allŏbrogus*] **A** agg. (pl. m. *-gi* o †*-ghi*) • Di un'antica popolazione celtica stanziata nella Gallia Narbonese: *tribù allobroghe*. **B** s. m. (f. *-a*) **1** Appartenente a tale popolazione. **2** (*est.*, *poet.*, *scherz.*) Abitante del Piemonte e della Savoia | *Il fero a.*, *l'a. feroce*, (*per anton.*) l'Alfieri.

allocàre v. tr. **1** (*econ.*) Assegnare fondi o risorse a progetti o attività. **2** † V. *allogare*.

allocazióne [fr. *allocation*, dal lat. *allocāre*, dal senso dell'ant. fr. *allouer* di 'dispensare denaro'] s. f. **1** Assegnazione, ripartizione: *a. delle materie prime tra gli Stati*; *a. delle risorse*. **2** Nell'ippica, la somma di denaro destinata ai premi che viene suddivisa tra vincente e piazzati in modo proporzionale.

alloccàggine [da *allocco*] s. f. • (*raro*) Stupidità, balordaggine | (*raro*, *est.*) Azione, comportamento da stupido, da allocco.

†alloccàre v. tr. • (*raro*) Adocchiare.

allocchería s. f. • (*raro*) Leziosaggine, smanceria.

allocchìre v. intr. (*io allocchìsco, tu allocchìsci*; aus. *essere*) • Rimanere sbalordito | Istupidire.

allòcco o †**lòcco** [lat. *ulŭccu(m)*, di origine onomat.] s. m. (pl. *-chi*; f. *-a*, nel sign. 2) **1** Uccello rapace notturno degli Strigiformi, affine al gufo ma privo di ciuffi sul capo, di colore variabile dal grigio al bruno (*Strix aluco*). **2** (*fig.*) Persona goffa e balorda | *Restare, rimanere come un a.*, restare immobile, quasi intontito.

allocentrìsmo [comp. di *allo-*, *centr(o)* e *-ismo*] s. m. • (*psicol.*) Tendenza propria di chi pone gli altri al centro di ogni interesse e affetto.

allocròico [dal gr. *allóchroos* 'che prende altro colore'] agg. (pl. m. *-ci*) • Di colore che varia secondo il punto da cui si guarda. SIN. Cangiante.

allocromasìa [comp. di *allo-* e del gr. *chrôma*, genit. *chrṓmatos* 'colore'] s. f. • Falsa visione dei colori.

allocromàtico agg. (pl. m. *-ci*) • Detto di minerale il cui colore è dato da sostanze estranee al reticolo cristallino.

allòctono [comp. di *allo-* e del gr. *chthṓn*, genit. *chthonós* 'terra'] agg. • Detto di roccia o corpo geologico trasportato lontano dal luogo in cui si è formato.

allocutìvo agg. • Allocutorio.

allocutóre [vc. dotta, lat. tardo *allocutōre(m)*, da *ălloqui*, comp. di *ăd* e *lŏqui* 'parlare'] s. m. (f. *-trice*) • (*lett.*) Chi pronuncia un'allocuzione.

allocutòrio agg. • (*raro*) Che si riferisce all'allocuzione | *Pronome a.*, di cortesia: *il voi e il lei sono pronomi allocutori*.

allocuzióne [vc. dotta, lat. *allocutiōne(m)*, da *ălloqui*, comp. di *ăd* e *lŏqui* 'parlare'] s. f. • Discorso solenne tenuto in pubblico: *il comandante pronunciò un'a.* | Discorso rivolto dal Papa ai cardinali. || **allocuzionàccia**, pegg. | **allocuzioncèlla**, dim.

allodiàle agg. • Che appartiene all'allodio: *bene a.* SIN. Burgensatico.

allòdio [dal franco *alōd* 'proprietà intera', comp. di *al* 'tutto' e *lōd* 'bene'] s. m. • In antichi ordinamenti giuridici, patrimonio, generalmente fondiario, in piena proprietà e non sottoposto agli oneri e vincoli feudali.

allòdola [lat. *alauda(m)*, di origine gallica] s. f. • Uccello dei Passeriformi di color grigio bruno con macchie più scure, becco acuto, lunga unghia posteriore, il quale emette durante il volo un trillo armonioso (*Alauda arvensis*) | *Richiamo per allodole*, (*fig.*) lusinga | *Specchietto per le allodole*, (*fig.*) espediente per attirare gli ingenui.

allodossìa [vc. dotta, gr. *allodoxía* 'errore', comp. di *allo-* e *dóxa* 'credenza'] s. f. • (*raro*, *lett.*) Eterodossia.

allodòsso [vc. dotta, gr. *allódoxos*. V. *allodossia*] agg. • (*raro*, *lett.*) Eterodosso.

allòfono [comp. di *allo-* e *-fono*] s. m. • (*ling.*) Variante di un fonema.

allogaménto s. m. • Modo e atto dell'allogare.

allogàre o †**allocàre** [lat. tardo *adlocāre*, comp. di *ăd* e *lŏcus* 'luogo'] **A** v. tr. (*io allògo, tu allòghi*) **1** Porre, accomodare in luogo appropriato: *a. i libri negli scaffali, i mobili in una stanza* | (*est.*) Accogliere, ospitare: *lo allogarono in casa di un amico*. **2** Mettere al servizio altrui, impiegare: *lo hanno allogato come meccanico in un'officina* | Accasare, dar marito: *a. una figlia* | (*raro*) *A. denari, capitali*, investirli. **3** (*raro*) Dare in affitto: *a. un podere, un terreno*. **4** †Commettere. **B** v. rifl. **1** Trovare posto, sistemarsi in un luogo: *allogarsi in città*. **2** Mettersi a servizio: *allogarsi presso qc.*

†allogatóre s. m. (f. *-trice*) • Locatore, impresario, appaltatore.

allogazióne s. f. • (*raro*) Modo e atto dell'allogare.

allògeno [vc. dotta, gr. *allogenḗs*, comp. di *allo-* e *génos* 'razza'] **A** agg. • Che appartiene a un'altra stirpe, nazionalità e sim.: *cittadini allogeni*; *minoranze allogene*. **B** s. m. (f. *-a*) • Chi, in uno Stato nazionale, appartiene a un gruppo etnico, minoritario rispetto alla massa dei cittadini, che conserva le proprie caratteristiche, la propria autonomia e sim.: *gli allogeni di lingua tedesca*.

alloggiaménto s. m. **1** Modo e atto dell'alloggiare | (*mil.*) Stazionamento di truppe sotto forma di accampamento, accantonamento o sim. **2** Luogo in cui si alloggia: *fornire un a.*; *l'a. delle truppe* | *†Abbruciare l'a.*, agire in modo tale da rendere difficile o impossibile il ritorno in un luogo. **3** (*spec. al pl.*) Lavori eseguiti dagli assedianti per coprirsi dalle offese degli assediati. **4** (*mecc.*) Sede di un dato organo meccanico lavorato con una prefissa tolleranza.

alloggiàre [comp. di *a-* (2) e *loggia*] **A** v. tr. (*io allòggio*) **1** Accogliere e ospitare spec. nella propria casa: *a. provvisoriamente un amico, un parente* | Fornire di abitazione, ricovero e sim.: *a. la truppa, i soldati*; *vive alloggiando, per modiche cifre, gli studenti*. **2** (*raro*, *fig.*) Nutrire un sentimento nel proprio animo. **B** v. intr. (aus. *avere*) • Abitare, dimorare: *alloggia in una vecchia casa del centro*; *i sinistrati alloggiano ancora in ricoveri di fortuna* | Detto di truppe, accamparsi, accantonarsi, sistemarsi.

allòggio [da *alloggiare*] s. m. **1** Luogo nel quale si alloggia, si ha ricovero, ospitalità e sim., spec. di breve durata: *cercare, dare, trovare, prendere a.* **2** Appartamento: *alloggi popolari*. **3** Locale di bordo destinato ad abitazione per il personale imbarcato. **4** (*spec. al pl.*) Luogo o locale che i comuni devono fornire per legge alla truppa, in determinati casi: *alloggi militari*. || **alloggétto**, dim. | **alloggino**, dim.

allogliàto [comp. di *a-* (2) e *loglio*] agg. • Detto di grano misto a loglio.

alloglossìa [comp. di *allo-* e del gr. *glôssa* 'lingua'] s. f. • (*ling.*) Uso di una lingua diversa da quella ufficiale o maggioritaria di uno Stato.

alloglòtto [comp. di *allo-* e del gr. *glôtta* 'lingua'] **A** agg. • Che si riferisce a una lingua diversa da quella ufficiale di uno Stato: *dialetti alloglotti*. **B** agg.; anche s. m. (f. *-a*) • Che, chi parla una lingua diversa da quella della maggioranza degli abitanti di un dato paese: *cittadini alloglotti*; *gli alloglotti dell'Alto Adige*.

allògrafo [comp. di *allo-* e *-grafo*] s. m. **1** (*ling.*) Variante grafematica. **2** (*dir.*) Documento scritto da un'altra persona. CONTR. Autografo.

alloinnèsto [comp. di *allo-* e *innesto*] s. m. • (*chir.*) Allotrapianto.

allometrìa [comp. di *allo-* 'diverso' e *-metria* 'misura'] s. f. • (*biol.*) Fenomeno per il quale una o più parti di un organismo presentano una diversa accelerazione di accrescimento rispetto alla norma del gruppo di appartenenza.

allomòrfo [comp. di *allo-* e *-morfo*] s. m. • (*ling.*) In un morfema, la variante che dipende dal contesto.

allontanaménto s. m. • Modo, atto, effetto dell'allontanare e dell'allontanarsi.

allontanàre [comp. di *a-* (2) e *lontano*] **A** v. tr. *1* Mettere, collocare lontano (*anche fig.*): *a. una persona*; *a. un pericolo, una minaccia*; *la vita li ha allontanati.* *2* Mandare via: *a. qc. dalla propria casa* | Licenziare: *fu allontanato dal suo posto di lavoro.* *3* Suscitare sentimenti sgradevoli (*anche ass.*): *ha un modo di fare che allontana.* **B** v. rifl. e intr. pron. ● Andare lontano: *allontanarsi dalla riva* | Assentarsi: *allontanarsi da casa, dal lavoro* | (*fig.*) Discostarsi: *s'è allontanato dalla fede.*

allopatìa [vc. dotta, gr. *allopátheia* 'influenza esterna', comp. di *állos* 'diverso' e *páthos* 'ciò che si prova di bene o di male, nel fisico o nel morale'] s. f. ● (*med.*) Sistema di cura che sfrutta l'azione dei principi contrari a quelli che hanno provocato la malattia. CONTR. Omeopatia.

allopàtico A agg. (pl. m. *-ci*) ● Di, relativo ad, allopatia. **B** s. m. (f. *-a*) ● Chi sostiene o adotta la terapia allopatica.

†**alloppiaménto** s. m. ● Ebrietà da oppio | (*fig.*) Torpore.

alloppiàre [da *oppio*] **A** v. tr. (*io allòppio*) *1* Drogare con l'oppio una bevanda: *a. il vino, il caffè.* *2* Far addormentare qc. propinandogli bevande oppiate | (*est.*) Sopire, acquetare. **B** v. intr. pron. ● (*fig.*) Addormentarsi pesantemente.

†**allòppio** ● V. *oppio* (*1*).

allóra [lat. *ăd ĭlla(m) hōra(m)* 'in quel tempo'] **A** avv. *1* In quell'istante, in quel momento: *Allor temett'io più che mai la morte* (DANTE *Inf.* XXXI, 109) | *Era uscito a. a.*, proprio in quel momento | *A. come a.*, sul momento, in quella circostanza: *a. come a., non avrei saputo cosa rispondere* | *Da a. in poi*, da quel momento in poi | *Fino a.*, fino a quel momento | Riferito al futuro: *quando avrai la mia età, a. capirai*; *per a. tutto sarà finito*; *dovrò aspettare fino a.?* CONTR. Adesso, ora. *2* (*est.*) In quel tempo: *a. c'erano i tram a cavalli*; *fu a. che lo conobbi* | *Fin d'a.*, fin da quel tempo | *Per a.*, per quel giorno, per quel tempo; *per a. erano cose strabilianti* | *Le ragazze d'a.*, di quei tempi | Con valore enf.: *a. sì che si viveva con poco!* **B** in funzione di cong. *1* In questo caso, in tale caso, con valore concl.: *se mi dici così, a. vengo senz'altro*; *se vuoi venire, a. preparati.* *2* Ebbene, dunque, usato per sollecitare qc. o per esprimere dubbio, curiosità, apprensione, speranza (introduce una prop. interr. diretta o un'espressione esclamativa): *ma dillo a.!*; *a. decidiamoci!*; *e a.? che si fa?*; *e a.? cosa ti ha detto?*; *a., non c'è speranza?* | V. anche *allorché.* **C** in funzione di agg. inv. ● Di quel tempo, in quel tempo: *l'a. direttore.*

allorché o †**allóra che** /al'lora ke*/, (*lett.*) **allór che** /allor 'ke*, al'lor ke*/ cong. ● (*lett.*) Quando, nel momento in cui, non appena (introduce una prop. temp. con il v. all'indic.): *a. mi vide, mi si fece subito incontro*; *ma come rimase a., domandando di lui, si sentì rispondere che non c'era più* (MANZONI).

allòro [lat. *lauru(m)*, di origine preindeur.] s. m. *1* Albero sempreverde delle Lauracee con foglie alterne, semplici, coriacee e persistenti, aromatiche, fiori giallastri in piccole ombrelle ascellari e frutti neri a drupa (*Laurus nobilis*) | *A. spinoso*, agrifoglio. *2* (*fig.*) Vittoria, trionfo, gloria: *Napoleone si cinse degli allori di Austerlitz, di Jena e di molte altre battaglie*; *gli allori di Cesare* | *L'a. poetico*, la corona d'alloro con cui si cingeva la fronte dei poeti in Campidoglio | *Riposare, dormire sugli allori*, stare inoperoso, accontentandosi dei successi ottenuti | †*Essere l'a. di ogni festa*, trovarsi a tutte le feste. || **allorino**, dim.

allorquàndo o (*raro*) **allór quàndo** cong. ● (*lett.*) Quando, proprio quando, nel momento in cui, allorché (introduce una prop. temp. con il v. all'indic.): *stavo passeggiando a. lo vidi*; *sorridevo a. sentivo dirmi che il fuoco del camino è quasi un amico* (VERGA).

allotrapiànto [comp. di *allo-* e *trapianto*] s. m. ● (*chir.*) Trapianto di un tessuto od organo prelevato da un organismo appartenente alla stessa specie ma geneticamente diverso dal ricevente | Tessuto od organo trapiantato tra due organismi della stessa specie ma geneticamente diversi. SIN. Omotrapianto, alloinnesto.

allòtrio [dal gr. *allótrios* 'estraneo', da *állos* 'altro', di origine indeur.] agg. ● (*raro, lett.*) Estraneo, diverso: *la distinzione ... tra ... due interpretazioni, l'estetica e l'allotria* (CROCE).

allotriomòrfo [comp. di *allotrio* e *-morfo*] agg. ● Detto di minerale che non ha forma propria, ma assume quella della cavità che lo ospita. CONTR. Idiomorfo.

allotropìa [da *allotropo*] s. f. *1* (*chim.*) Fenomeno presentato dagli allotropi. *2* (*ling.*) Coesistenza di due diversi esiti di uno stesso significante, aventi in genere una diversità semantica o morfologica.

allotròpico agg. (pl. m. *-ci*) ● (*chim., ling.*) Relativo all'allotropia.

allòtropo [vc. dotta, gr. *allótropos*, comp. di *állos* 'diverso' e *-tropo*] s. m. *1* (*chim.*) Elemento o composto che esiste in forme chimicamente e fisicamente diverse fra loro. *2* (*ling.*) Membro di una allotropia. SIN. Doppione.

†**allòtta** [da *otta* 'ora'] avv. ● Allora: *tali eravamo tutti e tre a.* (DANTE *Purg.* XVII, 85).

allottàre [comp. di *a-* (2) e *lotto*] v. tr. (*io allòtto*) *1* (*tosc.*) Mettere una cosa al lotto, alla sorte. *2* Dividere in parti, in lotti.

all right /ingl. 'ɔ:l 'rait/ [loc. ingl., propriamente 'tutto (*all*, di area germ. e origine indeur.) diritto (*right*, di origine indeur.)'] loc. avv. ● Bene, d'accordo, spec. in esclamazioni, risposte e sim.

allucciolàre [comp. di *a-* (2) e di *lucciola*] v. intr. (*io allùcciolo*; aus. *avere*) ● (*raro*) Brillare, luccicare.

allucciolìo s. m. ● (*lett.*) Brillìo, luccichìo.

àlluce [vc. dotta, lat. tardo *hăl̆luce(m)*, di etim. incerta] s. m. ● Primo dito del piede. SIN. (*pop.*) Dito grosso, ditone.

allucignolàre [comp. di *a-* (2) e *lucignolo*] v. tr. (*io allucìgnolo*) ● (*fam., tosc.*) Ravvolgere a guisa di lucignolo | Sgualcire, avvolgere malamente: *a. i panni.*

allucinànte part. pres. di *allucinare*; anche agg. ● Nei sign. del v.

allucinàre [vc. dotta, lat. *alucinări*, di etim. incerta] **A** v. tr. (*io allùcino*) *1* Abbagliare, confondere la vista. *2* (*fig.*) Impressionare fortemente, tanto da fare vedere o credere ciò che non è. **B** v. intr. pron. ● Ingannarsi.

allucinàto A part. pass. di *allucinare*; anche agg. ● Nei sign. del v. **B** s. m. (f. *-a*) ● Chi soffre di allucinazioni | Visionario, esaltato: *mi fissava con occhi da a.*

allucinatòrio agg. ● Che si riferisce all'allucinazione | Che produce allucinazione.

allucinazióne [vc. dotta, lat. *alucinatiōne(m)*, der. di *alucinări* 'allucinare'] s. f. *1* (*med.*) Percezione senza oggetto, ritenuta reale dal malato: *a. uditiva, visiva, sensitiva* | *A. ipnagogica*, del dormiveglia. *2* (*est.*) Travisamento, abbaglio, inganno: *è tutta una sua a.*

allucinògeno [comp. di *allucin(azione)* e *-geno*] **A** s. m. ● Sostanza naturale o sintetica che provoca allucinazioni sensoriali. **B** anche agg.: *sostanze allucinogene.*

allucinòṣi [comp. di *allucin(azione)* e *-osi*] s. f. ● (*psicol.*) Stato di allucinazione, spec. in un soggetto cosciente: *a. alcolica.*

allùda [lat. *alūta(m)*, di etim. incerta, prob. attrav. il provz.] s. f. ● Procedimento di concia delle pelli, con allume di rocca | Pelle conciata all'allume.

allùdere [vc. dotta, lat. *allūdere*, comp. di *ăd* e *lūdere* 'scherzare'] v. intr. (pass. rem. *io allùṣi, tu alludésti*; part. pass. *allùṣo*; aus. *avere*) ● Accennare in modo indiretto a q.c. o a qc. che non si vuole nominare apertamente: *a cosa vuoi a.?*

allumacàre [comp. di *a-* (2) e *lumaca*] v. tr. (*io allumàco, tu allumàchi*) *1* Macchiare con strisce di bava, come fa la lumaca | (*est.*) Insudiciare. *2* Stirare un tessuto contropelo o senza panno umido in modo da lasciarvi striature lucide.

allumacatùra s. f. *1* Striscia di bava lasciata da una lumaca. *2* Striscia caratteristica della stoffa allumacata. *3* (*raro, fig.*) Leccatura di stile: *uno scritto pieno di allumacature.*

†**allumàre** (**1**) [fr. *allumer*, dal lat. parl. **alluminăre*, comp. di *ăd* e di *lūmen*, genit. *lūminis* 'luce'] **A** v. tr. ● (*lett.*) Illuminare, accendere (*anche fig.*): *'l sol che v'allumò e arse* (DANTE *Par.* XV, 76). **B** v. intr. pron. ● (*lett.*) Illuminarsi, accendersi.

allumàre (**2**) [da *allume*] v. tr. *1* (*raro*) Dare l'allume ai panni prima della tintura. *2* (*raro*) Spalmare i vasi di rame con terra alluminosa o argillosa per restituir loro lucentezza. *3* Conciare con l'allume.

allumatùra s. f. *1* (*raro*) Bollitura del panno nell'allume prima della tintura. *2* Concia delle pelli mediante l'allume.

allùme [lat. *alūme(n)*, di etim. incerta] s. m. *1* Solfato doppio di un metallo monovalente e di uno trivalente che cristallizza con 12 molecole d'acqua | *A. di rocca*, allume potassico quando si presenta in massa vetrosa. *2* (*per anton.*) Correntemente, allume potassico, usato in medicina, conceria, tintoria e sim.

allumièra [fr. *alunière*, da *alun* 'allume'] s. f. ● Miniera di allume.

allumìna s. f. ● Ossido ottenuto dai sali di alluminio per riscaldamento, usato come disidratante, come catalizzatore, e nella produzione di refrattari, porcellane e abrasivi.

†**alluminàre** (**1**) [fr. *enluminer*, dal lat. *illumināre*, con cambio di pref.] **A** v. tr. *1* Illuminare: *quella parte che è alluminata dal sole* (LEONARDO). *2* (*raro*) Ridare la vista. *3* (*fig.*) Istruire, ammaestrare. **B** v. intr. pron. ● (*raro*) Farsi splendido, luminoso.

†**alluminàre** (**2**) [lat. parl. **allumināre*, per *illumināre* 'illuminare' (miniare), fr. *enluminer*] v. tr. ● Nella terminologia artistica medievale, aggiungere oro e argento ai colori di una miniatura per farla brillare | (*est.*) Miniare | (*est.*) Dipingere a colori vivaci.

alluminàre (**3**) [da *allume*] v. tr. (*io allùmino*) ● Allumare un tessuto per il fissaggio dei colori.

alluminàre (**4**) o **alluminiàre** [da *alluminio*] v. tr. (*io allumìno*) ● Ricoprire con alluminio: *a. un oggetto metallico.*

alluminàto [da *allumina*] s. m. ● Sale dell'acido alluminico.

†**alluminatóre** [fr. *enlumineur*, da *enluminer* 'alluminare' (*2*)] s. m. ● Miniatore.

alluminatùra [da *alluminato*, part. pass. di *alluminare* (*4*)] s. f. ● Atto, effetto dell'alluminare | Processo con cui si ricopre di uno strato di alluminio la superficie di un vetro, per ottenerne uno specchio.

alluminiàre ● V. *alluminare* (*4*).

allumìnico agg. (pl. m. *-ci*) ● Di alluminio, relativo all'alluminio | *Acido a.*, acido inorganico, tribasico, forma tautomera dell'idrossido di alluminio.

alluminierìa s. f. ● Complesso industriale per la lavorazione dell'alluminio.

allumìnifero [comp. di *allumini(o)* e *-fero*] agg. ● Che contiene alluminio.

allumìnio [da *allumina*] s. m. ● Elemento chimico, metallo, bianco-argenteo, leggero, duttile e malleabile, presente in moltissimi silicati, prodotto industrialmente dalla bauxite, impiegato nella fabbricazione di leghe leggere e superleggere. SIMB. Al.

alluminòṣi [da *alluminio* e *-osi*] s. f. ● (*med.*) Alterazione dei polmoni dovuta a prolungata inalazione di polvere d'alluminio.

alluminosilicàto [comp. di *allumin(i)o* e *silicato*] s. m. ● (*miner.*) Silicato in cui l'alluminio sostituisce in parte il silicio.

alluminotermìa [comp. di *alluminio* e *-termia*] s. f. ● Processo di riduzione di ossidi, mediante polvere di alluminio, in cui si sviluppano elevate temperature, utilizzato per ottenere metalli liberi e per bombe incendiarie.

allumosilicàto [comp. di *allum(ini)o* e *silicato*] s. m. ● (*miner.*) Correntemente, alluminosilicato.

allunàggio [da *allunare* (*1*)] s. m. ● Approdo sulla Luna | *A. morbido, soffice*, con urto trascurabile.

allunaménto [da *allunare* (*2*)] s. m. ● (*mar.*) Curva che si dà ai ponti del bastimento | Curva di fondo della vela.

allunàre (**1**) [comp. di *a-* (*2*) e *luna*] v. intr. (aus. *essere*) ● Approdare sulla Luna.

allunàre (**2**) [comp. di *a-* (*2*) e *lunare* 'tagliare a forma di arco'] v. tr. ● (*mar.*) Curvare q.c. a foggia di mezzaluna.

allùnga [da *allungare*] s. f. *1* Parte scanalata del cilindro del laminatoio che collega il cilindro stesso col rocchetto. *2* Tubo di vetro che condensa i vapori sviluppati nella distillazione. *3* Allungamento del foglio cambiario ove non vi sia più spazio per le girate. SIN. Coda.

allungàbile agg. • Che si può allungare.

allungaménto s. m. *1* Atto, effetto dell'allungare e dell'allungarsi. CONTR. Accorciamento. *2* Allunga, nel sign. 3. *3* (*ling.*) Accrescimento della durata di articolazione di un suono | *A. di compenso*, allungamento di un suono per compensare la caduta di un altro nella stessa sillaba. *4* Nei corpi aerodinamici, rapporto fra due delle dimensioni principali | *A. di un corpo fusiforme*, rapporto tra la lunghezza e la larghezza | *A. di un'ala*, rapporto tra l'apertura e la corda.

allungàre [lat. parl. **allongāre*, comp. di *ăd* e *lŏngus* 'lungo'] **A** v. tr. (*io allùngo, tu allùnghi*) *1* Accrescere la lunghezza o la durata di q.c.: *a. un abito, una corda*; *a. un discorso, un viaggio, la vita* | *A. la strada*, seguire la via più lunga | *A. il passo*, camminare più speditamente | *A. la mano*, stenderla per chiedere q.c. | *A. le mani*, protenderle per rubare, minacciare, e sim. | *A. il collo*, protenderlo in attesa di q.c. molto desiderato | *A. le orecchie*, ascoltare attentamente | *A. le gambe*, distenderle | (*ling.*) Rendere lunga una sillaba prosodicamente breve. *2* (*fam.*) Porgere: *per favore, mi allunghi il pane?* | *A. la palla*, nel calcio, passarla a un compagno che si trova in posizione avanzata. *3* (*fig., fam.*) Appioppare, assestare: *a. una pedata a qc.*; *gli allungò un sonoro ceffone*. *4* Diluire: *a. lo smalto col solvente* | Annacquare: *a. il vino*. *5* †Allontanare, discostare. **B** v. intr. pron. *1* Accrescersi in lunghezza, altezza, durata e sim.: *l'ombra del monte si allunga sulla pianura*; *quel ragazzo si è molto allungato*; *d'inverno le notti si allungano*. *2* †Allontanarsi. **C** v. rifl. • Distendersi, sdraiarsi: *allungarsi sul letto, su una sedia, sulla sabbia*. **D** v. intr. (aus. *avere*) • Nel ciclismo e nel podismo, effettuare un allungo.

allungàto part. pass. di *allungare*; anche agg. • Nei sign. del v.

allungatùra s. f. *1* Atto, effetto dell'allungare. *2* Ciò che serve o è servito ad allungare.

allùngo s. m. (pl. *-ghi*) *1* Pezzo di cuoio che il calzolaio aggiunge al calcagno o alla punta della forma per adattarla al piede. *2* (*sport*) Nel ciclismo e nel podismo, progressiva accelerazione effettuata da un atleta in gara, spec. al fine di saggiare le forze degli avversari | Nel calcio, passaggio lungo della palla in avanti | Nel pugilato, distanza determinata dalla lunghezza del braccio disteso e (*est.*) il pugno vibrato direttamente tendendo il braccio: *colpire d'a.* | Nella scherma, affondo portato al massimo.

allupàre [comp. di *a-* (*2*) e *lupo*] v. intr. (aus. *essere*) • (*raro*) Divenire simile a lupo | (*fig.*) *A. dalla fame*, aver molta fame | (*est., region.*) *Stare, essere allupato*, essere eccitato sessualmente.

allupàto part. pass. di *allupare*; anche agg. *1* Nel sign. del v. *2* Affamato. *3* (*region.*) Bramoso di rapporti sessuali, eccitato sessualmente.

allure /fr. a'lyr/ [fr., 'andatura', da *aller* 'andare' (V. *allô*)] s. f. inv. *1* Modo di comportarsi improntato a una certa distinzione. *2* (*sport*) Nel ciclismo e nel podismo, andatura, cadenza, ritmo di gara.

†**allusingàre** [comp. di *a-* (*2*) e *lusingare*] v. tr. • Lusingare.

allusióne [vc. dotta, lat. tardo *allusiōne*(*m*), da *allūdere* 'alludere'] s. f. • Velato accenno a chi o a ciò che non si vuole nominare apertamente: *una a. pesante, chiara, superflua*; *un discorso pieno di allusioni* | (*est.*) Riferimento, senza citazione espressa, di opera o concetto altrui: *un saggio pieno di allusioni crociane*.

allusività s. f. • Caratteristica di ciò che è allusivo.

allusìvo agg. *1* Che contiene allusioni, che allude: *il suo è un discorso a.* *2* (*letter., raro*) Analogico, evocativo. ‖ **allusivaménte** avv. In modo allusivo, per allusioni.

allùso part. pass. di *alludere*; anche agg. • Nei sign. del v.

alluviàle [dal lat. *allŭvies* 'inondazione', comp. di *ăd* e *luere* 'lavare'] agg. • (*geol.*) Che si riferisce al periodo successivo alle glaciazioni.

†**alluviàre** v. tr. • Bagnare una regione, un terreno e sim., detto di corso d'acqua.

alluvionàle agg. • Detto di terreno formato per deposito di materiali trasportati dai corsi d'acqua.

alluvionàto agg.; anche s. m. (f. *-a*) • Che, chi è colpito, danneggiato da alluvione: *zona alluvionata*; *gli alluvionati del Polesine*.

alluvióne [vc. dotta, lat. *alluviōne*(*m*), da *allŭvies*. V. *alluviale*] s. f. *1* Straripamento dei fiumi con allagamento dei terreni circostanti. SIN. Inondazione. *2* (*fig., spreg.*) Enorme quantità: *un'a. di romanzi gialli, di film western*. *3* (*geol.*) Ogni deposito clastico a elementi trasportati e depositati da corsi d'acqua superficiali. *4* (*dir.*) Incremento e unione di terre portate dalla corrente fluviale che accrescono gradatamente i fondi rivieraschi e appartengono ai proprietari di questi.

alluzzàre [etim. incerta: da avvicinare ad *allettare* o al raro *alluciare* 'guardare con occhi cupidi' (da *luce* 'occhio')] v. tr. • (*raro*) Attirare, allettare.

†**àlma** (*1*) [lat. *ănima*(*m*) 'anima', con dissimilazione (**ălima*)] s. f. • (*poet.*) Anima.

àlma (*2*) [vc. dotta, gr. *hálma* 'salto', da *hállesthai* 'saltare', di origine indeur.] s. m. • Gioco affine alla dama, con una scacchiera quadrupla di quella normale.

almagèsto [ar. *al-magisti*, dall'opera di Tolomeo *megístē* (*sýntaxis*) 'raccolta massima'] s. m. • (*lett.*) Libro di astronomia | Raccolta di osservazioni astronomiche.

almanaccàre v. tr. e intr. (*io almanàcco, tu almanàcchi*; aus. *avere*) • Lambiccarsi il cervello per risolvere un problema e sim. | Fantasticare, congetturare: *a. un progetto, un espediente*; *a. intorno al futuro*.

almanaccatóre s. m. (f. *-trice*) • Chi almanacca.

almanacchìsta s. m. (pl. *-i*) • Compilatore di almanacchi.

almanàcco [ar. *al-manâkh*] s. m. (pl. *-chi*) *1* Raccolta delle effemeridi degli astri | Calendario con l'indicazione delle festività e delle fasi lunari. *2* (*est.*) Pubblicazione annuale simile al calendario con varie notizie complementari: *a. letterario* | *A. di Gotha*, annuario genealogico dell'alta nobiltà europea.

almanaccóne s. m. (f. *-a*) • Chi è solito almanaccare | (*est.*) Imbroglione.

almànco [comp. di *al* e *manco*] avv. • (*dial.*) Almeno.

almandìno [deformazione del lat. tardo *Alabandīnus* 'di Alabanda', città della Caria] s. m. • (*miner.*) Varietà molto diffusa di granato di colore rosso vinato.

†**almansóre** [ar. *al-mansūr* 'vittorioso', attrav. l'ant. fr. *almansour*] s. m. • Difensore.

almèa [ar. *'alma*, attrav. il fr. *almée*] s. f. • Nel secolo scorso, danzatrice orientale che veniva richiesta in case di notabili arabi per allietare feste e ricorrenze.

alméno o (*raro*) **al méno** avv. *1* Se non altro, se non di più, a dir poco, come minimo: *potevi a. scrivermi*; *fammi a. sapere quando arrivi*; *costerà a. trentamila lire*. *2* Con valore ottativo: *a. non piovesse!*; *a. arrivasse puntuale!*; *che a. si decidesse a parlare!*

†**almiràglio** • V. *ammiraglio*.

†**almirànte** [sp. *almirante*, dall'ar. *al-amīr* 'capo'] s. m. • Ammiraglio.

àlmo (*1*) [vc. dotta, lat. *ălmu*(*m*), da *ălere* 'nutrire'] agg. *1* (*lett.*) Che dà e alimenta la vita: *a. sole*; *alma terra natia* (LEOPARDI) | Ricco, benefico, fertile. *2* (*est.*) Grande, glorioso, nobile.

†**àlmo** (*2*) [lat. *ănimu*(*m*) 'animo', con dissimilazione (**ălimus*)] s. m. • Animo.

almùzia [persiano *muštā* 'mantellina di pelliccia con maniche lunghe', attrav. l'ar. (?)] s. f. • Cappa canonicale, distintiva dei canonici di alcune cattedrali o collegiate, consistente in un piccolo mantello di pelliccia con cappuccio grande, che copre anche le spalle.

almùzio s. m. • Almuzia.

àlnico [comp. di *al*(*luminio*), *ni*(*chelio*) e *co*(*balto*)] s. m. (pl. *-ci*) • Lega contenente spec. alluminio, nichel, cobalto e ferro, usata per la fabbricazione di potenti magneti permanenti.

àlno [vc. dotta, lat. *ălnu*(*m*), di etim. incerta] s. m. • (*bot.*) Ontano | *A. nero*, frangola.

alnoite [comp. di *Alnö* (isola del golfo di Botnia dove tale roccia fu segnalata per la prima volta) e *-ite* (*2*)] s. f. • Roccia filoniana della famiglia dei gabbri alcalini composta essenzialmente da olivina, augite e tracce di ossidi di ferro.

a lo /'a llo, 'a lo/ • V. *allo*.

†**àlo** • V. *alone* (*1*).

alo- [dal gr. *háls*, genit. *halós* 'mare', 'sale'] primo elemento • In parole scientifiche composte significa 'mare' o 'sale': *alofita, alogeno*.

alòbio [comp. di *alo-* e *-bio*] agg. • (*biol.*) Detto di organismo che vive in ambiente marino.

alocàsia [forse var. di *colocasia*] s. f. • Pianta erbacea ornamentale delle Aracee molto simile alla colocasia, ma di dimensioni leggermente più grandi (*Alocasia*).

àloe o **aloè** [vc. dotta, lat. *ăloe*(*m*), nom. *ăloe*, dal gr. *alóē*, di origine orient.] s. m. o f. inv. *1* Genere di piante delle Liliacee con fusto molto corto, foglie carnose disposte a rosetta, fiori rossi, gialli o verdicci in pannocchie portate da uno scapo più o meno allungato (*Aloë*) | *A. americana*, agave. *2* Succo delle foglie di tale pianta, usato come amaro, eupeptico e purgante. *3* (*lett., fig.*) †Cosa spiacevole e disgustosa.

alofàuna [comp. di *alo-* e *fauna*] s. f. • Il complesso degli animali viventi nel mare.

alòfilo [comp. di *alo-* e *-filo*] agg. • (*biol.*) Che ama ambienti fortemente salini o salmastri: *pianta alofila*; *animale a.*

alòfita [comp. di *alo-* e *-fito*] **A** s. f. • Pianta che vive in ambienti fortemente salini o salmastri. **B** anche agg. solo f.: *pianta a.*

aloflòra [comp. di *alo-* e *flora*] s. f. • Il complesso dei vegetali viventi in ambienti salmastri.

alògena [da *alogeno*] **A** s. f. • Tipo di lampadina a fortissimo potere illuminante, contenente vapori di iodio. **B** agg. • Detto di lampada a vapori di iodio dotata di fortissimo potere illuminante: *faro a.*; *lampada alogena*.

alogenàre v. tr. (*io alògeno*) • (*chim.*) Introdurre in una molecola uno o più atomi di alogeno.

alogenàto **A** s. m. • Composto chimico o prodotto che ha subito l'alogenazione. **B** anche agg. • *Sale a.*

alogenazióne s. f. • Atto, effetto dell'alogenare.

alògeno [comp. di *alo-* e *-geno*] s. m. • (*chim.*) Elemento che, unito con metalli, produce sali | Ciascuno dei cinque elementi, fluoro, cloro, bromo, iodio e astato simili per proprietà e facenti parte del gruppo VII A del sistema periodico.

alogenùro [da *alogen*(*o*) e *-uro*] s. m. • Sale formato dall'acido di un alogeno.

alògico [comp. di *a-* (*1*) e *logico*] agg. (pl. m. *-ci*) • Detto di tutto ciò che si sottrae alle leggi della logica.

alòide [comp. di *alo-* e *-oide*] s. m. • (*chim.*) Sale formato da un alogeno con un elemento più elettropositivo o con un radicale.

alonàre [da *alone*] v. tr. (*io alóno*) • (*lett.*) Circondare di un alone.

alóne (*1*) o †**àlo**, †**hàlo** [lat. parl. **halōne*(*m*), da *hălos*, dal gr. *hálōs* 'aia', che era normalmente rotonda] s. m. *1* Cerchio luminoso che talvolta appare attorno agli astri, spec. il Sole e la Luna, a causa di particolari condizioni fisiche dell'atmosfera terrestre. *2* Zona di chiarore sfumato che si forma attorno a una sorgente luminosa diretta o riflessa: *l'a. della fiamma, della lampada* | (*fig.*) Aureola: *un a. di gloria, di simpatia, di santità*. *3* Abnorme luminosità dei contorni di un'immagine fotografica o cinematografica. *4* Traccia sfumata che si forma su una stoffa intorno al punto trattato con uno smacchiatore.

alóne (*2*) [accr. di *ala*] s. m. *1* Ciascuna delle due fiancate degli antichi affusti di legno, nelle quali erano ricavate le orecchioniere. *2* Estremità laterale di un'opera fortificata.

alopecìa o **alopècia**, **alopezìa** [vc. dotta, lat. *alopĕcia*(*m*), nom. *alopĕcia*, dal gr. *alōpekía*, da *alṓpēx* 'volpe', in quanto perde i peli in primavera e in autunno] s. f. (pl. *-cie*) • (*med.*) Mancanza totale o parziale dei capelli o dei peli | *A. areata*, area Celsi.

†**alóre** [lat. *olōre*(*m*), da *olēre* 'odorare' (V. *olente*), attrav. l'ipercorrettismo **aulōre*(*m*) (cfr. *aulente*)] s. m. • Odore.

alòsa [lat. tardo *alausa*(*m*) prob. di origine preindeur., attrav. il fr. *alose*] s. f. • Grosso pesce osseo commestibile dei Clupeidi, argenteo, con dorso verde azzurro (*Alosa fallax*). SIN. Cheppia.

àlpaca o **alpàca, alpacà, alpàcca, àlpaga** [sp. d'America *alpaca*] s. m. inv. *1* Camelide americano delle Ande simile al lama ma privo di gobba, pregiato per il pelo morbido e lungo (*Lama pacos*). *2* Tessuto di lana fatto col pelo dell'animale omonimo | Tessuto misto di lana e cotone impiegato nella confezione di abiti spec. maschili.

alpàcca o (*pop.*) **alpàca** [etim. incerta] s. f. ● Ogni lega formata da rame, nichel e zinco, di colore variabile, a seconda della composizione, dal giallo all'argenteo, usata spec. per oggetti ornamentali, posaterie, resistenze elettriche. SIN. Argentana.

àlpaga ● V. *alpaca*.

alpax® /'alpaks/ [nome commerciale] s. m. inv. ● (*metall.*) Lega leggera da fonderia costituita da alluminio e silicio, usata per fusioni di pezzi aventi forme molto complesse.

àlpe [lat. *ălpe(m)*, forse originariamente 'bianco'] s. f. *1* Montagna alta: *tu su l'a. l'immutato raggio / tacita verserai* (LEOPARDI). *2* (*lett.*, *per anton.*) Le Alpi: *il bel paese / ch'Appennin parte e 'l mar circonda e l'Alpe* (PETRARCA). *3* Zona di alta montagna adibita a pascolo.

alpeggiàre [da *alpe*] v. tr. e intr. (*io alpéggio*; aus. *avere*) ● Pascolare nei pascoli estivi d'alta montagna: *a. la mandria*; *bovini che alpeggiano*.

alpéggio [da *alpeggiare*] s. m. ● Pascolo estivo del bestiame in montagna.

Alpenjäger /*ted.* 'alpen-jɛ:gər/ [ted., propriamente 'cacciatore delle Alpi', comp. di *Alpen* 'alpi' e *Jäger* 'cacciatore', di origine indeur. (?)] s. m. inv. (pl. ted. inv.) ● (*mil.*) Appartenente al corpo alpino austriaco e tedesco.

Alpenstock /alpens'tɔk, *ted.* 'alpən ʃtɔk/ [ted. *Alpenstock*, comp. di *Alpen* 'Alpi' e *Stock* 'bastone'] s. m. inv. (pl. ted. *Alpenstöcke*) ● Specie di bastone ferrato per alpinisti ed escursionisti.

alpèstre o †**alpèstro** [da *alpe*] **A** agg. *1* Tipico, proprio dell'alpe: *paesaggio, vegetazione a.* | Che appartiene all'alpe: *zona a.* *2* (*est.*) Montuoso, scosceso. *3* (*fig.*, *lett.*) Rozzo, zotico, selvatico. **B** s. m. ● Liquore a base di erbe alpine.

Alphorn /*ted.* 'alphɔrn/ [vc. ted., comp. di *Alp(en)* 'Alpi' e *Horn* 'corno'] s. m. inv. (pl. ted. *Alphörner*) *1* (*mus.*) Antico corno di legno d'uso popolare e caratteristico delle comunità montane, presente tuttora nelle Alpi svizzere. *2* (*mus.*) Registro dell'organo.

alpicoltùra [comp. di *alpe* e *coltura*] s. f. ● Studio degli aspetti dell'agricoltura di montagna con particolare riferimento al pascolo.

alpigiàno [da *Alpi*. V. *alpe*] **A** agg. ● Tipico di chi vive in montagna | (*est.*) Rustico, grezzo: *pane, burro a.* **B** s. m.; anche agg. (f. *-a*) ● Chi, che abita le Alpi.

alpinìsmo s. m. ● Tecnica e pratica di scalare le montagne: *a. su roccia, su ghiaccio*; *a. invernale* | *A. dolomitico*, praticato nelle Alpi orientali | *A. accademico*, quello compiuto senza guida su itinerari di estrema difficoltà | *A. in libera*, in arrampicata libera | *A. in artificiale*, in arrampicata artificiale | *A. estremo*, quello praticato affrontando le massime difficoltà tecniche. ➡ ILL. p. 1296 SPORT.

alpinìsta s. m. e f. (pl. m. *-i*) ● Chi pratica l'alpinismo.

alpinìstico agg. (pl. m. *-ci*) ● Dell'alpinismo o che a esso si riferisce: *sport a.*; *attrezzatura alpinistica*.

alpìno [vc. dotta, lat. *alpīnu(m)*, agg. di *Ălpes* 'Alpi'] **A** agg. *1* Delle Alpi: *paesaggio, territorio a.*; *regioni, vette alpine*; *ghiacciai alpini* | *Truppe alpine*, che vengono addestrate nel territorio alpino, per la guerra in alta montagna. *2* (*est.*) Dell'alta montagna: *fauna, flora alpina*; *clima a.*; *pascoli alpini*. **B** s. m. ● Militare appartenente alle truppe alpine italiane.

alquànto [lat. *aliquăntu(m)*, da *ălius* 'altro'] **A** agg. indef. ● Indica una quantità indeterminata, ma non relativamente grande (spesso scarsa, appena sufficiente, oppure in certa misura, in certa quantità); *aveva bevuto a. vino*; *c'erano alquanti partecipanti*; *mi ha dimostrato alquanta simpatia*. **B** pron. indef. al pl. ● Alcuni, parecchi, un certo numero: *ne ho visti alquanti*; *ne ho presi, comprati alquanti*. **C** avv. ● Parecchio, un poco: *ho passeggiato a. per la città*; *si è discusso a. del nuovo progetto*; *oggi sto a. meglio*; *il tempo è a. migliorato*; *di ciò ti piaccia consolare a. / l'anima mia* (DANTE *Purg.* II, 109-110). **D** in funzione di s. ● Una certa quantità: *abbiamo mangiato a.*; *ha venduto a.* | (*lett.*) †*a. di*: *a. di arroganza*; *con a. di buon vino e di confetto il riconfortò* (BOCCACCIO).

alsaziàno **A** agg. ● Dell'Alsazia: *le miniere alsaziane*. **B** s. m. (f. *-a*) *1* Abitante, nativo dell'Alsazia. *2* (*zool.*) Pastore tedesco: *un allevamento di alsaziani*.

alt o †**àlto** (2) [medio alto ted. *halt* 'fermata'] **A** inter. *1* Si usa come comando per sospendere o arrestare un'azione, spec. marcia di reparti militari, esercizi atletici, operazioni di lavoro e sim.: *plotone alt!* *2* Si usa talora nei telegrammi invece di 'stop'. **B** s. m. *1* L'ordine stesso di arresto o sospensione: *dare, ordinare l'alt.* *2* Sospensione, interruzione, sosta: *fare alt.*

àlta [da *alto*, come contrapposto a *basso*] s. f. ● (*meteor.*) Zona mobile con pressione atmosferica superiore ai valori normali.

altacàssa o **àlta càssa** [comp. del f. di *alto* e *cassa*] s. f. ● In tipografia, parte della cassa in cui si trovano gli elementi per la composizione.

alta fedeltà [trad. dell'ingl. *high fidelity*] **A** loc. sost. f. ● Nelle attrezzature per la riproduzione del suono, quali registratori, giradischi, amplificatori, altoparlanti e sim., tecnica che permette di riprodurre tutta la gamma udibile senza apprezzabili distorsioni: *impianti ad alta fedeltà*. **B** anche loc. agg.: *riproduzione alta fedeltà*.

altàico agg. (pl. m. *-ci*) ● Dei monti Altai | *Lingue altaiche*, famiglia di lingue turche, mongole e manciù.

altaléna [dal lat. *tollēno* 'mazzacavallo' (?)] s. f. *1* Gioco infantile consistente nel far oscillare avanti e indietro, standovi seduti, un sedile appeso a due funi | Gioco analogo al precedente, ottenuto però facendo alzare e abbassare ritmicamente un asse in bilico su un fulcro, sedendosi alle sue estremità. *2* Asse o sedile usati per il gioco omonimo: *salire sull'a.*; *scendere dall'a.* *3* (*fig.*) Vicenda alterna e mutabile: *le sue giornate sono un'a. di speranza e di delusione*.

altalenaménto s. m. ● Atto, effetto dell'altalenare (*spec. fig.*)

altalenànte part. pres. di *altalenare*; anche agg. *1* Nei sign. del v. *2* (*fig.*) Oscillante, alterno, instabile: *il dollaro ha avuto un andamento a.*

altalenàre [da *altalena*] v. intr. (*io altaléno*; aus. *avere*) *1* Giocare con l'altalena, andare sull'altalena. *2* (*fig.*) Oscillare fra opposti pensieri, situazioni contrastanti e sim.: *a. fra il sì e il no*.

altaléno s. m. ● Antica macchina militare per portare soldati all'altezza delle mura nemiche.

altàna [da *alto* (*1*)] s. f. ● Costruzione a loggia sul tetto di un fabbricato.

altàre [lat. *altāre*, da avvicinare alla radice di *adolēre* 'far bruciare'] s. m. *1* Ara sulla quale si celebravano sacrifici alle divinità: *un a. preistorico*; *gli antichi altari pagani*. *2* Nella chiesa cattolica, tavola liturgica sulla quale il sacerdote celebra il sacrificio della messa | *Altar maggiore*, quello principale, posto spec. nell'abside | *A. privilegiato*, quello sul quale il celebrante applica l'indulgenza plenaria all'anima di un defunto | *Il Sacrificio dell'a.*, (*per anton.*) la S. Messa | *Andare all'a.*, sposarsi | *Condurre all'a. una donna*, sposarla | *Porre, levare sugli altari, innalzare all'onore degli altari*, beatificare, santificare e (*fig.*) magnificare con grandi lodi. *3* *A. della patria*, parte centrale del monumento a Vittorio Emanuele II in Roma sotto il quale fu sepolto nel 1921 il Milite Ignoto. ‖ **altarétto**, dim. | **altarìno**, dim. (V.) | **altarùzzo**, dim.

altarìno s. m. *1* Dim. di *altare*. *2* (*fig.*) *Scoprire gli altarini*, scoprire i segreti, le marachelle di qc. (*spec. scherz.*) *3* Inginocchiatoio da camera | Altare portatile, usato per celebrare la Messa spec. al campo.

altàzimut [comp. di *alt(itudine)* e *azimut*] s. m. inv. ● (*astron.*) Altazimutale, universale.

altazimutàle [comp. di *alt(itudine)* e *azimutale*] **A** agg. ● (*astron.*) Detto di un sistema di coordinate celesti che permette di individuare un astro tramite le misure di azimut e altezza sull'orizzonte. **B** s. m. ● (*astron.*) Universale.

altèa [lat. *althaea(m)*, nom. *althaea*, dal gr. *altháia*, di origine preindeur.] s. f. ● Pianta erbacea perenne delle Malvacee con grosso rizoma, foglie lobate e coperte di peluria, fiori a grappolo di color rosa chiaro (*Althaea officinalis*). SIN. Alcea, bismalva, malvaccione.

alteràbile agg. *1* Che si può alterare: *cibo, colore a.* *2* (*fig.*) Che si turba, si irrita con facilità.

alterabilità s. f. ● Qualità di ciò che è alterabile (*anche fig.*)

alteraménto s. m. ● (*raro*) Alterazione.

alterànte part. pres. di *alterare*; anche agg. ● Nei sign. del v.

alteràre [vc. dotta, lat. tardo *alterāre*, da *ălter* 'altro'] **A** v. tr. (*io àltero*) *1* Modificare l'essenza, l'aspetto o la funzionalità di q.c. spec. peggiorandoli: *il caldo altera i cibi*; *la luce artificiale altera i colori*. *2* Falsificare, contraffare: *a. i registri contabili*; *a. i suoni, le voci*. *3* (*fig.*) Rendere nervoso, irascibile: *basta un nonnulla per alterarlo*. **B** v. intr. pron. *1* Modificarsi, sciuparsi, rovinarsi: *questo tessuto si altera con l'umidità*. *2* (*fig.*) Mutare l'espressione del viso e la disposizione dell'animo spec. per irritazione, sdegno, ira e sim.

alteratìvo agg. ● Che provoca alterazione | (*ling.*) *Suffisso a.*, che serve per formare nomi e aggettivi alterati.

alteràto part. pass. di *alterare*; anche agg. *1* Nei sign. del v. *2* (*ling.*) *Nome, aggettivo a.*, derivato da un nome o aggettivo primitivo per mezzo di un suffisso che esprime un giudizio del parlante.

alterazióne [vc. dotta, lat. tardo *alteratiōne(m)*, da *alterāre* 'alterare'] s. f. *1* Atto, effetto dell'alterare e dell'alterarsi (*anche fig.*): *a. di una sostanza, di una prospettiva, di un documento*; *a. delle pulsazioni, dei battiti del cuore* | (*dir.*) *A. di stato*, falsificazione dello stato civile di un neonato. *2* Disgregazione delle rocce per effetto di azioni meccaniche e chimiche. *3* Modificazione dei caratteri originali di un alimento. *4* (*mus.*) Modificazione ascendente o discendente di una nota ottenuta per mezzo del diesis o del bemolle.

altercàre [vc. dotta, lat. *altercāre*, da *ălter* 'altro'] v. intr. (*io altèrco, tu altèrchi*; aus. *avere*) ● Contendere, contrastare, litigare in modo animato e violento.

altercatóre s. m. (f. *-trice*) ● Chi litiga con facilità.

altercazióne [vc. dotta, lat. *altercatiōne(m)*, da *altercāri* 'altercare'] s. f. *1* Alterco, contesa, disputa: *noi consumiamo il tempo in altercazioni frivole* (GALILEI). *2* (*letter.*) Contrasto.

altèrco [da *altercare*] s. m. (pl. *-chi*) ● Violento scambio di parole, ingiurie e sim. | Litigio.

alter ego /*lat.* alte'r ɛgo/ [lat. *ălter ĕgo* 'un altro io'] loc. sost. m. inv. ● Persona che ne sostituisce un'altra, potendo anche decidere in sua vece.

alterézza o †**altierézza** [da *altero*] s. f. ● Qualità di chi è altero. SIN. Fierezza.

alterìgia s. f. (pl. *-gie* o *-ge*) ● Presunzione di sé orgogliosamente ostentata: *salutare qc. con a.* SIN. Superbia.

alterità [vc. dotta, lat. tardo *ălteritate(m)*, da *ălter* 'altro, diverso'] s. f. ● (*filos.*) L'essere, il porsi come altro. CONTR. Identità.

alternànza s. f. *1* Atto dell'alternare e dell'alternarsi: *un'alternanza di piacere e di dolore, di bene e di male* | (*ling.*) *A. vocalica*, apofonia | (*biol.*) *A. di generazione*, coesistenza delle due forme di riproduzione, agamica e sessuata, che si alternano più o meno regolarmente in una specie vegetale o animale | (*polit.*) Avvicendamento di partiti o di schieramenti politici alla guida del governo. *2* Successione di coltivazioni diverse su uno stesso terreno durante un dato numero di anni. SIN. Avvicendamento, rotazione.

alternàre [vc. dotta, lat. *alternāre*, da *altĕrnus* 'alterno'] **A** v. tr. (*io altèrno*) *1* Far sì che due o più elementi diversi si susseguano l'uno all'altro in modo alterno: *a. il pianto al riso, il bene e il male*; *a. consensi e dinieghi, ombra e luce*. *2* †Cantare a vicenda. **B** v. rifl. ● Succedersi in modo alterno: *le stagioni si alternano*. SIN. Avvicendarsi.

alternativa s. f. *1* Avvicendamento: *un'a. di timori e di speranze*. *2* Condizione o facoltà per cui si può o si deve scegliere fra due soluzioni: *trovarsi, mettere, essere nell'a.* | (*dir.*) *Azioni in a.*, detto di azioni, l'esperimento di una delle quali esclude quello dell'altra | Dilemma: *una difficile* *a.* **3** Possibilità di scelta fra due o più elementi: *non avere altra a.*; *gli è rimasta una sola a.* | (*est.*) Scelta, soluzione: *è l'unica a. possibile* | (*polit.*) Formula e programma proposti da un partito o da uno schieramento politico in contrapposizione a quelli del governo in carica e della maggioranza che lo sostiene. **4** In logica, sistema costituito da due proposizioni di cui una è vera e l'altra è falsa.

alternatìvo agg. **1** Che alterna | Che produce alternazione. **2** (*mecc.*) Detto di motore, pompa o altra macchina dotata di moto rettilineo di va e vieni. **3** (*dir.*) Detto di obbligazione che si adempie eseguendo una delle due prestazioni in essa contenute, la cui scelta normalmente spetta al debitore: *obbligazione alternativa di pagare in danaro o in natura.* **4** Detto di manifestazioni di cultura, d'arte e di qualsiasi attività in genere, che si contrappongono ai modelli ufficiali o comunemente accettati: *cinema a.*; *stampa alternativa*; *medicina alternativa* (ad es. l'agopuntura, l'omeopatia e sim.). || **alternativaménte**, avv.

alternàto part. pass. di *alternare*; anche agg. **1** Nei sign. del v. **2** (*elettr.*) Detto di corrente elettrica che inverte periodicamente la propria direzione di flusso e la cui intensità è funzione periodica del tempo. **3** (*letter.*) Detto di rime in cui i versi dispari rimano con i dispari e i pari con i pari. **4** (*sport*) *Passo a.*, andatura tenuta normalmente da uno sciatore di fondo a tecnica classica, consistente nel far scivolare alternativamente in avanti i due sci lungo linee parallele. || **alternataménte**, avv. In modo alterno.

alternatóre s. m. ● Macchina elettrica rotante che genera corrente alternata: *a. trifase*.

alternazióne [vc. dotta, lat. tardo *alternatiōne(m)*, da *altĕrnus* 'alterno'] s. f. ● Atto, effetto dell'alternare e dell'alternarsi. SIN. Avvicendamento.

altèrno [vc. dotta, lat. *altĕrnu(m)*, da *ălter* 'altro'] agg. **1** Che si ripete a intervalli uguali o quasi uguali nel tempo o nello spazio: *moto, ritmo, canto a.* | *A giorni alterni*, un giorno sì e uno no | (*est.*) Mutevole: *le alterne vicende della vita*; *fortuna alterna.* **2** (*bot.*) Detto di organo vegetale (foglia o ramo) inserito uno a uno a differente altezza sul fusto, in modo che ve ne sia uno solo per nodo. **3** (*mat.*) Detto di due angoli tali che un lato di uno sia allineato con uno dell'altro, mentre gli altri due sono divergenti | *Angoli alterni, a. interni*, quando i lati allineati hanno una parte comune | *Angoli alterni esterni*, quando i lati allineati sono disgiunti. || **alternaménte**, avv.

altèro o (*poet.*) **altièro** [provz. *autin*, da *aut* 'alto'] agg. **1** Che sente altamente di sé: *uomo, animo a.*; *donna altera* | Che denota fierezza, coscienza della propria superiorità, e sim.: *sguardo, portamento a.*; *modi alteri* | (*lett.*) *Andare a. di q.c.*, essere orgoglioso. **2** (*raro, lett.*) Nobile, maestoso, splendido: *come in teatro adorno / ... altera scena* (TASSO). **3** †Alto, elevato. || **alteraménte**, avv.

altézza [lat. parl. **altĭtia(m)*, per il classico *altitūdine(m)* 'altitudine'] s. f. **1** Qualità di chi, di ciò che è alto: *è una costruzione di notevole a.*; *in questo punto l'a. dell'acqua è di circa tre metri*; *l'a. dell'ingegno e della fama e degli uffici a cui era salito* (PIRANDELLO) | (*fig.*) Nobiltà, sublimità: *l'a. dell'ingegno*; *l'a. della sua poesia.* **2** (*mus.*) Qualità soggettiva di un suono che ne determina la posizione nella scala musicale. SIN. Acutezza. **3** Punto, luogo, quota o livello alto (*anche fig.*): *il rifugio è situato a grande a.*; *la fantasia può condurci ad altezze sovrumane*; *volare a notevole a., a media a.* | *A mezza, media a.*, né molto in alto né molto in basso relativamente a ciò cui si fa riferimento | *Essere, non essere all'a. di*, (*fig.*) essere, non essere in grado di. **4** (*fig.*) Prossimità: *all'a. del km 10 avvenne l'incidente.* **5** (*geogr.*) Latitudine: *la nave affondò all'a. del Capo di Buona Speranza.* **6** (*mat.*) *A. d'un triangolo*, perpendicolare condotta da un vertice al lato opposto; il segmento di tale perpendicolare compreso fra il vertice e il lato (o il suo prolungamento), e anche la sua misura | *A. d'un prisma, d'un cilindro circolare*, distanza fra le basi | *A. d'una piramide, d'un cono circolare*, distanza del vertice dalla base. **7** (*astron.*) Angolo tra la direzione di un astro e il piano dell'orizzonte. **8** Distanza fra la superficie superiore dell'occhio e quella inferiore del fusto di un carattere tipografico | Distanza fra la prima e l'ultima linea d'una pagina stampata. **9** Larghezza della pezza di stoffa data dalla distanza in centimetri tra le cimose. **10** Titolo anticamente spettante ai vescovi di Francia e ai re, attribuito in seguito a tutti i principi di stirpe reale o imperiale: *Altezza reale*; *Altezza imperiale*; *Sua Altezza.*

altezzosità s. f. ● Qualità di chi, di ciò che è altezzoso: *guardare, rispondere con a.*; *l'a. del carattere, di uno sguardo.*

altezzóso agg. ● Che è pieno di boria e di alterigia. || **altezzosaménte**, avv.

àltica [dal gr. *haltikós* 'atto al salto', da *hállomai* 'io salto'] s. f. ● Coleottero parassita di vegetali appartenente alla famiglia dei Crisomelidi (*Haltica*).

alticcio agg. (pl. f. *-ce*) **1** (*raro*) Dim. di *alto* (*1*). **2** Brillo.

†altierézza ● V. *alterezza.*

altièro ● V. *altero.*

altimetrìa [comp. di *alto* (*1*) e *-metria*] s. f. **1** Parte della topografia che studia gli strumenti e i metodi di osservazione atti a determinare le altitudini dei punti della superficie terrestre. **2** Altitudine media di una regione.

altimètrico agg. (pl. m. *-ci*) ● Che si riferisce all'altimetria o all'altimetro: *scatola altimetrica* | *Curva altimetrica*, linea che, sulle carte topografiche, unisce tutti i punti con ugual quota sul livello del mare. SIN. Isoipsa | *Linea altimetrica*, proiezione verticale di una isoipsa sul piano di riferimento della carta geografica.

altìmetro [comp. di *alto* (*1*) e *-metro*] s. m. ● Strumento che permette di determinare l'altitudine di un punto rispetto al livello del mare o a un altro punto basandosi sulla variazione della pressione atmosferica. ➡ ILL. p. 1293 SPORT.

altipiàno ● V. *altopiano.*

altipòrto o **altopòrto** [comp. di *alto*(*1*) e *porto*] s. m. (pl. *altipòrti* o *altopòrti*) ● Aeroporto di alta montagna in cui si sfrutta la pendenza della pista, facendo partire gli aerei in discesa e facendoli atterrare in salita.

altisonànte o **altosonànte** [vc. dotta, lat. tardo *ălte sonănte(m)* 'che risuona profondamente'] agg. ● Sonoro, risonante | (*iron.*) Ridondante, tronfio: *titoli, frasi, parole altisonanti.*

altìssimo **A** agg. **1** Sup. di *alto* (*1*). **2** (*fig.*) Illustre, sublime: *onorate l'a. poeta* (DANTE *Inf.* IV, 80) | (*est.*) Divino: *fu posta da l'a. signore / nel ciel da l'umiltate* (DANTE). **B** s. m. ● (*per anton.*) Dio: *i voleri dell'Altissimo.*

altìsta s. m. e f. (pl. m. *-i*) ● (*sport*) Atleta che pratica il salto in alto.

altitonànte [vc. dotta, lat. *altitonănte(m)*, comp. di *ăltus* 'alto (1)' e *tonāre* 'tuonare'] agg.; anche s. m. ● (*lett.*) Che, chi tuona dall'alto | *L'a.*, (*per anton.*) Giove.

altitùdine [vc. dotta, lat. *altitūdine(m)*, da *ăltus* 'alto (1)'] s. f. **1** Distanza verticale di un punto dal livello medio del mare. SIN. Altezza, quota. **2** (*lett.*) Elevatezza. **3** (*raro*) †Profondità.

àlto (1) [lat. *ăltu(m)*, part. pass. di *ălere* 'allevare'] **A** agg. (compar. di maggioranza: *più àlto*, o *superióre* (V.); sup. *altìssimo*, o *suprèmo* (V.)) **1** Che si eleva verticalmente rispetto a un piano, in misura notevole in confronto a strutture analoghe: *un uomo a. e robusto*; *edificio a.*; *montagna alta* | *Andare a testa alta*, (*fig.*) essere orgogliosi, o essere sicuri di sé, della propria onestà e sim. | *Avere il morale a., tenere a. il morale*, non abbattersi, non avvilirsi, sforzarsi di essere ottimisti | (*est.*) Che occupa una posizione elevata: *il belvedere sta nella parte alta della costa*; *il sole è già a. sull'orizzonte.* CONTR. Basso. **2** Che ha tono elevato, forte, sonoro: *parlare ad alta voce*; *Quivi sospiri, pianti e alti guai* (DANTE *Inf.* III, 22). **3** Profondo (*anche fig.*): *acque alte*; *a. sonno, a. silenzio* | *A. mare*, lontano dalla costa | (*dir.*) *A. mare*, zona di mare situata oltre le acque territoriali, non appartenente ad alcuno Stato e aperta alla navigazione di tutti i Paesi. SIN. Mare libero | *Essere in a. mare*, (*fig.*) ancora lontano dalla soluzione, dalla conclusione | *Notte alta*, avanzata. **4** Largo: *un tessuto a. 70 cm* | Che ha notevole grossezza, o spessore: *è un libro ben a.* **5** (*est.*) Pertinente alla parte iniziale di un'epoca storica e sim.: *a. Medioevo* | Che è ritardato rispetto al tempo in cui ricorre normalmente, riferito a festività mobile e sim.: *Pasqua alta* | *Giorno a.*, tarda mattinata. **6** (*est.*) Settentrionale: *l'alta Lombardia*; *l'alta Italia* | Che è caratterizzato da una notevole altitudine montagnosa: *la Germania alta* | Vicino alla sorgente, riferito a un corso d'acqua: *l'a. Po*; *l'a. Tevere.* **7** (*est.*) Che occupa un posto elevato in una graduatoria di importanza, meriti, abilità, esperienza, autorità burocratica, eleganza mondana e sim.: *alte mire*; *a. comando*; *a. commissariato*; *a. rango*; *di a. bordo*; *alta autorità*; *alti gradi*; *alte cariche*; *a. commissario, ufficiale, magistrato*; *alta scuola*; *alta società* | *Alta moda*, la moda creata dal complesso delle grandi sartorie: *vestire secondo i dettami dell'alta moda* | *Ad a., di a. livello*, eccellente, importante e sim. | *Avere un a. concetto di sé*, stimarsi molto | *Tenere a. il proprio nome*, la propria reputazione | *Alta stagione*, il periodo più frequentato di una stagione turistica, spec. in piena estate o in pieno inverno. **8** (*est., lett.*) Nobile, difficile, impegnativo: *alte parole, idee*; *alti sentimenti*; *gli alti disegni della Provvidenza*; *ci accingiamo a un'alta impresa.* **9** (*est.*) Grande: *prezzo, stipendio a.*; *pressione alta.* || **altìssimo**, sup. (V.) || **altaménte**, avv. **1** Grandemente: *infischiarsene altamente.* **2** In modo nobile: *sentire altamente.* **3** (*raro*) A voce alta: *parlare altamente.* **B** s. m. **1** La parte più elevata di q.c.: *un suono veniva dall'a.* | *Fare cadere una cosa dall'a.*, (*fig.*) esagerarne l'importanza | *Gli alti e bassi*, le vicende, le fasi favorevoli e sfavorevoli | *Guardare dall'a. in basso*, in modo sprezzante | *Fare a. e basso*, potere tutto. **2** Nella loc. avv. *in a.*, in luogo alto, verso un luogo alto, a grande altezza: *arrivare in a.*; *guardare in a.*, in senso proprio e figurato; *mani in a.!* | *In a. i cuori!*, coraggio! **3** (*tip.*) Avvertimento posto sugli originali passati in tipografia per indicare che la composizione va fatta tutto in maiuscolo | *A. e basso*, composizione tipografica in maiuscolo e minuscolo. **4** (*lett.*) Il mare: *far entrar nell'a. e abbandonare il lido* (ARIOSTO). **5** (*lett.*) Il cielo: *de l'a. scende virtù che m'aiuta* (DANTE *Purg.* I, 68). **6** (*mus.*) Contralto. **C** avv. **1** In luogo alto, verso l'alto, in su (*anche fig.*): *tirare, volare a.*; *mirare a.*; *Calandrino, sentendo il duolo, levò a. il piè* (BOCCACCIO). **2** Con voce sonora, con tono forte, acutamente (*anche fig.*): *parlare a.*; *battiensi a palme, e gridavan sì a.* (DANTE *Inf.* IX, 50); *sonò a. un nitrito* (PASCOLI). || **alterèllo**, dim. | **altétto**, dim. | **alticcio**, dim. (V.) | **altino**, dim. | **altòccio**, dim. | **altùccio**, dim.

àlto (2) inter. **1** †V. *alt.* **2** Nella loc. *fare a.*, fermarsi: *davan segno or di gire, or di fare a.* (ARIOSTO). **3** Nella loc. inter. *a. là!*, ferma!; V. anche *altolà.*

altoatesìno o **àlto-atesìno** [da *Alto Adige*, con deriv. agg. dal n. lat. del fiume (*Athesis*, d'incerta etim.)] **A** agg. ● Dell'Alto Adige: *questione altoatesina.* **B** s. m. (f. *-a*) ● Abitante, nativo dell'Alto Adige.

altocùmulo [comp. di *alto* (*1*) e *cumulo*] s. m. (pl. *altocùmuli*) ● Nube stratificata chiara, talvolta grigia, costituita di lamelle, masse globulari più o meno saldate insieme e disposte in gruppi, linee od onde. ➡ ILL. p. 822 SCIENZE DELLA TERRA ED ENERGIA.

altofórno [comp. di *alto* (*1*) e *forno*] s. m. (pl. *altofórni*) ● Forno di forma caratteristica, alto per lo più una ventina di metri, in cui vengono posti a strati alterni, affinché reagiscano tra loro producendo ghisa, un minerale ferroso col relativo fondente e coke | *A. elettrico*, quello in cui il riscaldamento viene effettuato mediante corrente elettrica.

altolà o **àlto là** [comp. di *alto* (*2*) e *là*] **A** inter. ● Si usa come intimazione, ordine di fermarsi, spec. da parte della sentinella nei confronti di chi si avanzi oltre i limiti consentiti o stabiliti dalla consegna. **B** anche s. m. ● L'ordine stesso | (*fam.*) *Dare l'a. a qc.* (*fig.*) invitarlo a desistere da q.c.

altolocàto [comp. di *alto* (*1*) e del lat. *locātus* 'collocato', part. pass. di *locāre* 'collocare'] agg. ● Che occupa un grado elevato nella scala sociale: *un personaggio a.*

altòmetro [comp. di *alto* (*1*) e *-metro*] s. m. ● Asticella nel sign. 2.

altoparlànte [calco sull'ingl. *loud speaker*] **s. m.** ● Apparecchio per trasformare l'energia di un segnale elettrico in energia acustica irradiata nell'ambiente circostante.

altopiàno o **altipiàno** [comp. di *alto* (*1*) e *piano*] **s. m.** (**pl.** *altipiàni* o raro *altopiàni*) ● Estesa regione elevata oltre i 300 metri sul livello del mare, in prevalenza pianeggiante. ➡ **ILL.** p. 820 SCIENZE DELLA TERRA ED ENERGIA.

†**altóre** [vc. dotta, lat. *altōre(m)*, da *ălere* 'nutrire'] **s. m.** (**f.** *-trice*) ● (*lett.*) Alimentatore.

altorilièvo [comp. di *alto* (*1*) e *rilievo*] **s. m.** ● Scultura nella quale le forme sono legate a un piano di fondo, ma ne sporgono fortemente.

altosonànte ● V. *altisonante*.

altostràto [comp. di *alto* (*1*) e *strato*] **s. m.** (**pl.** *altostràti*) ● Nube stratificata uniforme di colore grigio o bluastro, di aspetto fibroso, che copre talvolta interamente il cielo. ➡ **ILL.** p. 822 SCIENZE DELLA TERRA ED ENERGIA.

†**altraménte** ● V. *altrimenti*.

†**altraménti** ● V. *altrimenti*.

altresì o †**altressì** [da *altro* e *sì*] **avv.** *1* (*lett.*) Anche, inoltre: *alla cerimonia interverranno a. eminenti personalità*; *vorrei pregarla a. di ...*; *questo detto mi tacqui*; *ed esso a. taceva* (BOCCACCIO). *2* †Similmente, parimenti, correl. di 'come'.

altrettàle [da *altro e tale*] **A agg.** ● (*lett.*) Simile, uguale, tale e quale (con valore dimostrativo e determinativo): *queste e altrettali cose sentimmo dire con grande stupore*. **B avv.** ● †Parimenti, similmente, altrettanto: *fare a.*

altrettànto [da *altro e tanto*] **A agg. indef.** ● Esprime uguaglianza di numero e misura con altra persona o cosa: *arriveranno altrettanti ragazzi oltre i dieci presenti*; *io ho altrettanta paura*; *farò anch'io come te, con a. entusiasmo*. **B** anche **pron. indef.** ● La stessa cosa, la medesima quantità o misura: *mi voltò le spalle e io feci a.*; *domani ne comprerò a.*; *'Buon appetito!' 'Grazie e a'*. **C avv.** ● Nello stesso modo, ugualmente: *comportati a. bene per il futuro*; *anche tu sei stato a. bravo*; *è a. buona quanto bella*.

àltri [lat. *ălter*, nom. modificato secondo il modello di analoghi pronomi] **pron. indef. inv.** solo **sing.** (raro con **prep.**) *1* Un'altra persona: *a. potrebbe dire che ho fatto male*; *non desiderare la donna d'a.* | *Non a. che*, nessun altro che: *non c'è a. che lui di cui possa fidarmi*. *2* Qualcuno, alcuno: *non vorrei che a. mi giudicasse male* | In correlazione con 'uno' 'alcuno' 'taluno': *uno sostiene una ragione, a. un'altra*.

altrièri o **altr'ièri**, **altro ièri** [comp. del lat. *ălter* 'altro' e *hĕri* 'ieri'] **A avv.** ● Il giorno innanzi a ieri, ieri l'altro (sempre preceduto dall'articolo): *gli ho scritto proprio l'a.*; *l'ho incontrato l'a.* | (*est.*) Alcuni giorni fa, in passato (vicino o remoto): *fino all'a. non sapevo nemmeno che esistesse*; *cose d'a.* **B** anche **s. m.** ● *L'a. è stato il mio compleanno*.

altriménti o †**altraménte**, †**altraménti**, †**altriménte** [comp. di *altra* e *mente*] **avv.** *1* In altro modo, in modo diverso, diversamente: *agire a.*; *non potevamo fare a.*; *noi la pensiamo a.* | *Non a. che*, non diversamente da, proprio come. *2* In caso contrario, se no: *se vuoi venire con noi, bene, a. stai in casa*; *corri, a. arriverai tardi*. *3* †Affatto, in nessun modo (in frasi negative con valore raff.): *non si curò d'a. accender lume per vederlo* (BOCCACCIO).

àltro [lat. *ălteru(m)*, da *ălius* 'diverso' e il suff. **-tere* dei compar.] **A agg. indef.** *1* Differente, diverso, con valore indet.: *pettinati in un a. modo*; *erano altri tempi*; *è un'altra questione* | *Questo è un a. paio di maniche*, (*fig.*) è una cosa ben diversa | *Sono cose dell'a. mondo!*, (*fig.*) inaudite, inconcepibili | *D'altra parte*, del resto. *2* Nuovo, secondo, aggiunto al primo, al precedente: *sono sorte altre difficoltà*; *è un'altra birichinata delle sue*; *prendi un'altra tazza di tè*; *dammi un a. foglio*; *provaci un'altra volta!*; *non faremo altre obiezioni* | Un secondo, novello: *un a. San Francesco*; *nel Rinascimento, Firenze divenne un'altra Atene* | Alternativo, diverso (posposto al s.): *musica altra*. *3* Restante, rimanente (sempre preceduto dall'art.): *gli altri invitati si sono trattenuti fino a mezzanotte*; *metti l'altra roba nel cassetto*. *4* Scorso, anteriore, precedente nel tempo: *l'altra settimana*; *l'altr'anno*; *l'a. ieri*; *l'a. giorno*. *5* Prossimo, successivo nel tempo: *domani l'a.*; *quest'a. mese*; *quest'altr'anno*. *6* Unito ai pron. pers. 'noi' e 'voi' e ad agg. e pron. indef. assume valore ints. e distintivo: *pensateci voi altri* (anche *voialtri*); *noi altri non sapevamo più cosa fare*; *ci andremo noi altri* (anche *noialtri*); *lo farà qualcun a.*; *prenderemo quell'a. treno*; *chiunque a. si sarebbe comportato meglio di te*. *7* In correl. con 'uno', indica cosa o persona diversa dalla prima o il secondo membro di una coppia: *l'una e l'altra guancia*; *in un modo e nell'altro*; *parlammo dell'una e dell'altra questione*; *vennero l'uno e l'a. fratello*; *soleva Roma, che il buon mondo feo, / due Soli aver, che l'una e l'altra strada / facean vedere, e del mondo e di Deo* (DANTE). **B pron. indef.** *1* Persona o cosa diversa o distinta: *un a. al tuo posto avrebbe agito diversamente*; *se non lo fai tu, lo farà un a.*; *ci rivolgeremo ad altri*; *non mi piace che tu dia sempre la colpa agli altri* | (*fig.*) *essere, diventare, parere un a.* | In espressioni correl.: *per me è indifferente che venga l'uno o l'a.*; *alcuni dicevano una cosa, altri il contrario* | (con valore rec.) *Aiutatevi l'un l'a.* *2* (*al pl.*) La gente, gli estranei, il prossimo: *lasciamo che gli altri chiacchierino pure*; *non dare ascolto a quello che dicono gli altri*; *ti interessi troppo degli affari degli altri*; *non fare agli altri ciò che non vorresti fosse fatto a te*. **C** in funzione di **s.** ● Altra cosa: *non ho a. da aggiungere*; *non dirmi a.*; *non potevo fare a. per lui*; *può fare questo e a.!*; *non fa a. che criticare*; *ci vuol a. per mettermi paura!*; *stavo pensando a tutt'a.*; *a. è dirlo a. è farlo* | *E quant'a.*, eccetera, e via dicendo (al termine di un'elencazione): *abbiamo chiacchierato di economia, di calcio e quant'a.* | Rafforzativo di un agg. o epiteto: *bugiardo, sciocco, che non sei a.!* | *A. che aiutarmi!* | *Dell'a.*, ancora | *Se non a.*, almeno, in mancanza d'altri motivi | *Senz'a.*, certamente, senza alcun dubbio | *Tra l'a.*, per giunta, in sovrappiù, tra le altre cose | *Più che a.*, soprattutto: *è più che a. un indeciso* | *Tutt'a.*, all'opposto: *è tutt'a. che buono* | *Per a.*, però, tuttavia, del resto; V. anche *peraltro* | *A. che*, certamente; V. anche *altroché*.

altroché o **àltro che** [comp. di *altro* e *che* (*2*)] **inter.** ● Certamente, sì, senza dubbio (come risposta energicamente affermativa): *'ti sei divertito?' 'a., moltissimo!'*.

altro ièri ● V. *altrieri*.

altrónde [lat. *ăliter ŭnde*] **avv.** *1* (*lett.*) Da altro luogo, da altra parte, (*fig.*) da altro: *dalla qual sola ogni mia pace, ogni mio bene e la mia salute venirmi puote, e non a.* (BOCCACCIO); *non derivò, Signor, la causa a., / se non d'aver beuto di queste onde* (ARIOSTO) | *D'a.*, per altro, d'altra parte, del resto: *d'a. non puoi dargli torto*. *2* †Altrove, in altro luogo.

altróve [lat. *ăliter ŭbi*] **avv.** ● In altro luogo (con verbi sia di stato sia di moto): *in quei giorni mi trovavo a.*; *sono diretto a.*; *mi rivolgerò a.* | *Essere a. col pensiero, avere la testa a.*, (*fig.*) essere distratto, assente, lontano col pensiero.

altrùi [lat. parl. **alterŭi*, dat. per il classico *ălteri*. V. *altro*] **A agg. poss. inv.** ● Di altri, degli altri, in contrapposizione a 'proprio': *la libertà a.*; *i meriti a.*; *le cose a.*; *pochi si sacrificano per il bene a.*; *bisogna rispettare le opinioni a.* **B** in funzione di **s.** ● Ciò che è di altri, spec. con riferimento a beni, denari: *pensa al tuo e lascia stare l'a.*; *poco saggio si può dir colui / che perde il suo per acquistar l'a.* (ARIOSTO). **C pron. indef. inv.** ● (*lett.*) Altra persona, altri, gli altri (usato anticamente anche con diverse prep. nei vari complementi e solo eccezionalmente come sogg.): *come a. piace, come ad a. piace*; *guardai in alto, e vidi le sue spalle / vestite già de' raggi del pianeta / che mena dritto a. per ogne calle* (DANTE *Inf.* I, 16-18); *pietose / di se stesse e d'a.* (FOSCOLO).

altruìsmo [fr. *altruisme*. V. *altrui*] **s. m.** ● Amore verso il prossimo. **CONTR.** Egoismo.

altruìsta [fr. *altruiste*] **s. m.** e **f.**; anche **agg.** (**pl. m.** *-i*) ● Chi, che segue i principi dell'altruismo.

altruìstico **agg.** (**pl. m.** *-ci*) ● Che è proprio dell'altruista: *slancio, comportamento a.* || **altruisticaménte**, **avv.** In modo altruistico, con altruismo.

altùra **s. f.** *1* Luogo elevato: *e Pan l'eterno che su l'erme alture / a quell'ora e nei pian solingo va* (CARDUCCI). **SIN.** Colle, monte | Altezza, altitudine. *2* †Alterigia, superbia. *3* Alto mare: *pesca d'a.*; *motoscafo d'a.* | *Navigazione d'a.*, che si svolge fuori della vista delle coste. || **alturétta**, **dim.**

alturière o **alturièro** [fr. *hauturier*, dal provz. moderno *auturié*, da *aut* 'alto', perché i marinai quando sono lontani dalle coste hanno per misura solo l'*altezza* degli astri] **s. m.** ● Pilota capace di governare una imbarcazione in alto mare.

alturièro [fr. *hauturier*, dal provz. *auturié*, da *autura* 'altura'] **A agg.** ● D'alto mare: *nave alturiera*. **B s. m.** ● V. *alturiere*.

aluàtta [fr. *alouate*, vc. indigena della Guiana] **s. f.** ● (*zool.*) Scimmia urlatrice.

alùccia **s. f.** *1* Dim. di *ala*. *2* (*spec. al pl.*) Tipo di salvagente, spec. per bambini, consistente in due anelli di materiale gonfiabile che si allacciano alle braccia.

alùcita o **alùcida** [lat. tardo *alūcita(m)*, di etim. incerta] **s. f.** ● Genere di farfalle dei Gelechidi cui appartiene la tignola dei cereali (*Alucita*).

àlula [dim. del lat. *āla* 'ala'] **s. f.** *1* (*zool.*) Lobo di varia ampiezza che alcuni insetti ditteri presentano nella parte posteriore delle ali, in prossimità dell'attacco al torace | Ala spuria. *2* (*aer.*) Aletta ipersostentatrice, mobile o fissa, presso il bordo anteriore di un'ala.

alunite [fr. *alunite*, da *alun* 'allume'] **s. f.** ● Minerale incolore o bianco, con lucentezza vitrea o madreperlacea, costituito da solfato idrato di potassio e alluminio.

alunnàto [da *alunno*] **s. m.** ● Condizione, tirocinio di alunno | Durata di tale tirocinio.

alùnno [vc. dotta, lat. *alŭmnu(m)*, da *ălere* 'nutrire'] **s. m.** (**f.** *-a*) *1* Allievo, scolaro, discepolo: *gli alunni della 3ª C*. *2* †Chi è allevato da persona diversa dai genitori.

alveàre [lat. *alveāre*, da *ălveus* 'vaso di legno, truogolo'] **s. m.** *1* Arnia contenente una colonia di api con i favi. *2* (*fig.*) Grande caseggiato popolato densamente: *gli alveari periferici delle città moderne*.

àlveo [vc. dotta, lat. *ălveu(m)* 'vaso', cfr. *alvo*] **s. m.** *1* Zona entro cui scorre normalmente un fiume o un torrente | *A. abbandonato*, che si acquista per accessione dai proprietari confinanti con le due rive, quando il fiume si forma un nuovo letto | *A. di magra*, parte dell'alveo occupata dalla corrente quando il fiume non è in piena | *A. di piena*, zona entro cui scorre un fiume nella sua fase di portata massima | (*est., raro*) Canale. *2* (*lett.*) Ventre, utero: *a. materno*. *3* (*raro, lett.*) Cavità | Recipiente. *4* †Alveare.

alveolàre [da *alveolo*] **agg.** *1* (*med.*) Che si riferisce agli alveoli dentari o polmonari: *piorrea a.* *2* (*ling.*) Detto di suono nella cui articolazione la punta della lingua batte contro gli alveoli dei denti superiori incisivi: *consonanti alveolari*; *articolazione a.*

alveolàto [da *alveolo*] **agg.** *1* Dotato di alveoli. *2* (*bot.*) Detto di organo vegetale la cui superficie presenta piccoli alveoli disposti più o meno regolarmente.

alveolite [da *alveolo* e *-ite* (*1*)] **s. f.** ● (*med.*) Infiammazione degli alveoli, dentari o polmonari.

alvèolo [vc. dotta, lat. *alvĕolu(m)*, dim. di *ălveus* 'alveo'] **s. m.** *1* Piccola cavità | (*anat.*) *Alveoli dentari*, della mandibola e della mascella, in cui sono impiantati i denti | (*anat.*) *Alveoli polmonari*, riuniti a grappolo all'estremità delle più fini ramificazioni bronchiali, dove avvengono gli scambi gassosi tra aria e sangue. ➡ **ILL.** p. 367 ANATOMIA UMANA. *2* (*bot.*) Piccolo incavo che si trova sulla superficie di certi organi vegetali. *3* (*lett.*) Celletta dei favi ove le api depongono e custodiscono il miele.

alvìno [vc. dotta, lat. *alvīnu(m)*, da *ălvus* 'alvo'] **agg.** ● (*med.*) Del, relativo all'alvo: *scariche alvine*. **SIN.** Intestinale.

àlvo [vc. dotta, lat. *ălvu(m)*, da avvicinare al gr. *aulós* 'tubo, condotto'] **s. m.** *1* (*med.*) Il canale, il transito intestinale nel suo complesso: *a. chiuso*; *a. libero*. *2* (*lett.*) Ventre: *a. materno*. *3* (*fig., lett.*) Parte, cavità interna: *se dentro a l'a. / di questa fiamma stessi ben mille anni* (DANTE *Purg.* XXVII, 25-26).

alzabandièra [comp. di *alzare* e *bandiera*] **s. m. inv.** ● L'atto o la cerimonia solenne di alzare la bandiera spec. nelle caserme o sulle navi: *fare l'a., assistere all'a.*

alzàbile agg. ● Che si può alzare. CONTR. Abbassabile.

alzacristàllo [comp. di *alza(re)* e *cristallo*] s. m. inv. ● Dispositivo per alzare, a mano o elettricamente, i vetri dei finestrini delle automobili.

alzàgola ● V. *alzavola.*

alzàia [lat. tardo *helciāriu(m)* 'tirante', da *hĕlcium* 'giogo', dal gr. *hélkō* 'io trascino'] s. f. **1** Fune che serve per trainare battelli contro corrente per fiumi o canali. **2** Strada sull'argine o lungo il fiume per il transito degli animali adibiti al traino dei natanti.

alzaménto s. m. **1** Atto, effetto dell'alzare. **2** (*fig.*) †Esaltazione.

alzàre [lat. parl. **altiāre*, da *ăltus* 'alto'] **A** v. tr. **1** Portare in alto, portare verso l'alto, sollevare: *a. la mano per giurare*; *alzarsi le vesti*; *a. una pesante cassa* | *A. gli occhi al cielo*, in segno di sollievo, supplica, sofferenza e sim. | *A. qc. al cielo*, lodare esageratamente | *A. le mani al cielo*, in segno di sconforto o di preghiera | *A. le mani*, in segno di resa | *A. le mani su qc.*, percuoterlo | *A. le spalle*, in segno di disinteresse o disprezzo | *A. i bicchieri*, per brindare | *A. le carte*, tagliare il mazzo | *A. le vele*, spiegarle | *A. il gomito*, (*fig.*) eccedere nel bere | *A. il fianco*, (*fig.*, *raro*) mangiare abbondantemente | *Non a. la testa dal piatto*, (*fig.*) mangiare rapidamente e con ingordigia | *Non a. un dito*, (*fig.*) non fare nulla, stare in ozio | *A. la cresta*, *le corna*, (*fig.*) insuperbire | (*fig.*) *A. i prezzi*, aumentarli | (*fig.*) *A. la voce*, aumentarne il tono, o gridare con irritazione contro qc. | *A. i tacchi*, (*fig.*) fuggire. CONTR. Abbassare. **2** Nel linguaggio dei cacciatori, provocare l'alzata di uno o più uccelli: *a. le pernici*; *il cane alzò un branco di starne.* **3** (*fig.*, *lett.*) Celebrare, onorare | Nobilitare | Far crescere di grado, potere e sim. **4** Rendere più alto: *a. la casa di un piano*; *a. un terrapieno.* SIN. Sopraelevare. **5** Costruire, erigere: *alzano nuovi palazzi in pochissimo tempo*; *alzeremo un monumento a Dante.* SIN. Edificare. **B** v. intr. pron. **1** Crescere in altezza: *quel bambino si è alzato molto dall'anno scorso*; *il livello del fiume si alza in modo preoccupante.* CONTR. Calare. **2** Sorgere, levarsi: *s'è alzata una splendida luna*; *si sta alzando un forte vento.* CONTR. Calare. **C** v. rifl. **1** Tirarsi su: *alzarsi dal letto*; *alzarsi dalla sedia*; *si alzò fino alla sommità del muro a forza di braccia.* **2** Levarsi in volo: *l'uccello si alzò a due passi dal cacciatore.*

alzàta s. f. **1** Atto dell'alzare e dell'alzarsi | *A. di spalle*, in segno di disinteresse, noncuranza, e sim. | *A. di testa*, (*fig.*) presa di posizione avventata e puntigliosa | (*fig.*) *A. d'ingegno*, trovata maliziosa (*anche iron.*) | *Per a. e seduta*, sistema di votazione in cui chi vota a favore si alza in piedi e chi vota a sfavore rimane seduto. **2** Nella pallavolo, azione con la quale un giocatore passa la palla al compagno in posizione favorevole perché effettui la schiacciata | Nel sollevamento pesi, azione con la quale si solleva da terra e si porta in alto il bilanciere con completa distensione delle braccia | Nella pallacanestro, il lancio della palla in alto da parte dell'arbitro entro il cerchio centrale del campo, all'inizio del gioco | Nel gioco delle bocce, lancio simile alla bocciata ma con traiettoria più arcuata e maggiore effetto. **3** Il levarsi a volo di un uccello: *sparare all'a.* **4** Opera improvvisata di fortificazione campale composta di una massa di terra elevata a riparo del difensore. **5** Parte verticale dello scalino. **6** Parte superiore, sovrastruttura di un mobile, spec. una credenza, una scrivania, un cassettone. **7** Piatto, spec. di ceramica, munito di una base o piede di sostegno, a più ripiani, per frutta, dolci e sim. || **alzatàccia**, pegg. (V.) | **alzatìna**, dim.

alzatàccia s. f. (pl. *-ce*) **1** Pegg. di *alzata.* **2** L'alzarsi dal letto molto presto, di primo mattino: *fare un'a.* SIN. Levataccia.

alzàto **A** part. pass. di *alzare*; anche agg. ● Nei sign. del v. **B** s. m. ● Prospetto o sezione verticale di un edificio.

alzatóre [da *alzare*] s. m. (f. *-trice*) ● (*sport*) Nella pallavolo, giocatore incaricato di alzare la palla verso un compagno per consentirgli la conclusione in schiacciata | Ruolo ricoperto da tale giocatore. SIN. Palleggiatore.

alzatrìce [detta così perché *alza* le pezze di stoffa all'altezza desiderata] s. f. ● Nell'industria tessile, macchina che rifinisce i tessuti di lino, eliminando gli abbassamenti e raddrizzando la trama.

alzavàlvola [comp. di *alza(re)* e *valvola*] s. m. inv. ● Meccanismo per mantenere aperte apposite valvole, usato nei motori a scoppio a due tempi per arrestarli.

alzàvola o **alzàgola**, **arzàgola**, **arzàvola** [etim. incerta] s. f. ● Piccolo uccello degli Anseriformi, affine all'anatra selvatica, di colore grigio molto chiaro sul ventre e sul petto, caratterizzato dalla grande macchia verde che adorna il capo del maschio (*Anas crecca*).

àlzo [da *alzare*] s. m. **1** Congegno applicato alle armi da fuoco per regolare la distanza di tiro nell'atto di puntare e, nelle artiglierie, anche il puntamento in direzione | Nelle armi moderne di precisione, cannocchiale con reticolo a inclinazione regolabile. **2** Pezzo di cuoio o cartone per correggere le forme delle scarpe.

amàbile [vc. dotta, lat. *amābile(m)* da *amāre* 'amare'] agg. **1** Degno di essere amato | (*est.*) Che ispira amore, simpatia: *fanciulla, sorriso a.* **2** Detto di vino in cui si percepisce un gusto dolce. || **amabilménte**, avv.

amabilità [vc. dotta, lat. *amabilitāte(m)*, da *amābilis* 'amabile'] s. f. ● Qualità di chi sa farsi amare | (*est.*) Cortesia, gentilezza, affabilità. CONTR. Odiosità.

amàca o (*evit.*) **àmaca** [sp. *hamaca*, dal caribico] s. f. **1** Specie di letto pensile, costituito da una rete o da un telo sospesi per i vertici a due sostegni. ➡ ILL. **campeggiatore**. **2** Branda dei marinai.

†**amadóre** ● V. *amatore.*

†**amadrìade (1)** [vc. dotta, lat. *hamadryade(m)*, nom. *hamādryas*, dal gr. *hamadryás*, comp. di *háma* 'insieme' e *drys* 'albero'] s. f. ● Ninfa boschereccia della mitologia greca che nasceva e moriva con l'albero che le era sacro.

amadrìade (2) [V. prec.] s. f. ● Grossa scimmia africana con muso canino e pelo grigiastro molto lungo soprattutto nel maschio (*Papio hamadryas*).

amagnètico [comp. di *a-* (*1*) e *magnetico*] agg. (pl. m. *-ci*) ● Detto di ciò che non è magnetico.

amàide [fr. *hamaïde* 'barra', dall'ant. francone **haimithi* 'insediamento circondato', comp. dell'ant. francone **haim* 'piccolo villaggio', col suff. collettivo *-ithi*] s. f. ● (*arald.*) Fascia accorciata ai due lati.

amàlgama [lat. mediev. *amalgama*, dal gr. *málagma*, da *malássō* 'io rammollisco', prob. attrav. l'ar.] s. m. (pl. *-i*) **1** Lega, generalmente solida, del mercurio con altri metalli | In oreficeria, unione dell'oro o dell'argento col mercurio per dorare o argentare a fuoco | In odontoiatria, unione di argento e stagno usata per otturazione e impronte di protesi | In odontoiatria, lega di argento, stagno e mercurio, usata per otturare cavità dentarie. **2** Mescolanza di cose diverse (*anche fig.*): *un a. di ingredienti*; *un a. di prosa e di poesia.* **3** (*ling.*) Fusione di due significati, lessicale e morfologico, in un solo significante.

amalgamànte part. pres. di *amalgamare*; anche agg. **1** Nei sign. del v. **2** *Lingue amalgamanti*, che esprimono i rapporti grammaticali amalgamando affissi alle radici.

amalgamàre **A** v. tr. (*io amàlgamo*) **1** Legare il mercurio con altri metalli, fare un amalgama | In oreficeria, ricoprire con l'amalgama la superficie da dorare o argentare. **2** (*est.*) Impastare: *a. i colori e l'olio*; *a. bene il latte e la farina.* **3** Mettere insieme cose diverse (*anche fig.*) **B** v. rifl. ● Fondersi, unirsi insieme.

amalgamazióne s. f. ● Atto, effetto dell'amalgamare | Processo usato per estrarre metalli, spec. oro e argento, dai loro minerali facendoli entrare in lega col mercurio.

Amamelidàcee [vc. dotta, comp. di *amamelide* e *-acee*] s. f. pl. ● Nella tassonomia vegetale, famiglia di piante legnose con foglie palmate, fiori piccoli in infiorescenze e frutti a capsula (*Hamamelidaceae*) | (al sing. *-a*) Ogni individuo di tale famiglia.

amamèlide [vc. dotta, gr. *hamamēlis*, genit. *hamamēlídos*, propriamente 'che fiorisce nello stesso tempo dei meli', comp. di *háma* 'insieme', di origine indeur. e *mêlon* 'melo'] s. f. ● Pianta arbustiva coltivata nei giardini, con foglie ovali aromatiche e fiori gialli (*Hamamelis virginiana*).

†**amàndola** ● V. *mandorla.*

amanìta [gr. *amanîtai*, pl. 'funghi mangerecci del monte *Àmanos*'] s. f. ● Genere di funghi delle Agaricacee comprendente varie specie sia commestibili sia velenose (*Amanita*).

amànte (1) **A** part. pres. di *amare*; anche agg. ● Nei sign. del v. || †**amanteménte**, avv. Con amore; da amante. **B** s. m. e f. **1** (*raro*, *lett.*) Innamorato: *gli amanti che si tengono per mano in mezzo a quella festa d'azzurro e di verde* (VERGA). **2** Chi è legato a un'altra persona da una relazione amorosa, spec. da una relazione tenuta più o meno segreta e considerata illecita. **3** Chi predilige o coltiva con passione un'arte o un'attività in genere: *è un a. della lettura.*

amànte (2) o **mànte** [gr. *himás*, genit. *himántos*, di origine indeur.] s. m. ● (*mar.*) Sistema funicolare per alzare pesi costituito da una corda fissata a una estremità e passante per una carrucola munita di gancio al quale si applica ciò che si deve sollevare, mentre si fa forza sull'estremità libera della corda.

amantìglio o **mantìglio** [da *amante* (*2*)] s. m. ● (*mar.*) Ciascuno dei cavi fissati all'estremità dei pennoni per sostenerli e mantenerli perpendicolari all'albero. ➡ ILL. p. 1756 TRASPORTI.

amanuènse [vc. dotta, lat. *amanuēnse(m)*, da *ā mănu* 'con la mano'] s. m. **1** Scrivano che, prima dell'invenzione della stampa, curava la trascrizione e la trasmissione di testi religiosi, letterari, storici e scientifici. **2** Oggi, impiegato incaricato di scrivere sotto dettatura o copiare documenti: *l'a. di un notaio.*

†**amànza** o †**mànza (1)** [provz. *amansa*, dal lat. *amāre* 'amare' (?)] s. f. ● (*lett.*) Amore | Donna amata: *O a. del primo amante, o diva* (DANTE *Par.* IV, 118).

Amarantàcee [vc. dotta, comp. di *amarant(o)* e *-acee*] s. f. pl. ● Nella tassonomia vegetale, famiglia di piante erbacee e arbustive delle Centrosperme con foglie alterne e opposte e fiori piccoli in infiorescenze a racemo o a spiga (*Amarantaceae*) | (al sing. *-a*) Ogni individuo di tale famiglia. ➡ ILL. **piante** /3.

amarantìno agg. ● (*lett.*) Che ha colore amaranto: *uva amarantina.*

amarànto [vc. dotta, lat. *amarăntu(m)*, nom. *amarăntus*, dal gr. *amárantos* 'durevole', comp. di *a-* e *maráinō* 'io appassisco'] **A** s. m. **1** Amaranteca a fusto eretto, con foglie di color verde brillante e fiori piccoli riuniti in spighe (*Amarantus caudatus*). **2** Colore rosso intenso con sfumature violacee, caratteristico dei fiori della pianta omonima. **B** in funzione di agg. inv. ● Che ha colore amaranto: *il mare ... s'era fatto a.* (VERGA).

amaràsca ● V. *marasca.*

amarascàto [da *amarasca*] agg. ● Detto di liquore o rosolio o bibita con sapore e aroma di marasca.

†**amaraschìno** ● V. *maraschino.*

amaràsco ● V. *marasco.*

amarcòrd [vc. del dial. romagnolo, propr. 'io mi ricordo', dal titolo omonimo di un film (1973) di F. Fellini] s. m. ● Ricordo, rievocazione nostalgica di fatti, situazioni, luoghi appartenenti al passato.

amàre [lat. *amāre*, di origine preindeur.] **A** v. tr. **1** Sentire e dimostrare un profondo affetto per qc.: *a. i genitori, i fratelli, il prossimo.* **2** Aspirare alla realizzazione di un ideale etico e sim.: *a. il bene* | Sentire solidarietà, affetto e sim. verso uomini, verso una data comunità e sim.: *a. i poveri*; *a. la propria città* | Interessarsi a, prediligere: *a. la musica, la poesia, lo sport* | (*est.*) Reagire positivamente a certe condizioni oggettive, spec. pertinenti all'ambiente naturale o sociale: *le piante tropicali amano il clima caldo e umido.* **3** Sentire e dimostrare un'attrazione sessuale verso qc.: *ama follemente quella donna* | (*ass.*, *lett.*): *questa fanciulla ama.* **4** Desiderare fortemente, essere attaccato a: *a. la ricchezza, l'autorità.* **B** v. rifl. rec. ● Provare reciproco affetto, attrazione: *quei due giovani si amano.* **C** v. rifl. ● †Amare se stesso || PROV. Chi ama, teme.

amareggiaménto s. m. ● Modo e atto dell'amareggiare o dell'amareggiarsi.

amareggiàre [lat. tardo *amarizāre* 'divenire amaro', da *amārus* 'amaro'] **A** v. tr. (*io amaréggio*) *1* (*raro*) Rendere amaro. *2* (*fig.*) Affliggere, addolorare: *esperienze simili amareggiano profondamente.* **B** v. intr. (aus. *essere*) ● †Diventare amaro. **C** v. rifl. ● Crucciarsi, addolorarsi, rattristarsi.
amareggiàto part. pass. di *amareggiare*; anche agg. ● Nei sign. del v.
amarèna o **marèna** (2) [da *amaro* (?)] s. f. *1* Frutto dell'amareno. *2* Bevanda preparata con sciroppo di amarena.
amarèno [da *amaro*] s. m. ● Varietà coltivata del visciolo con frutti di sapore amarognolo (*Prunus cerasus var. acida*).
amarétto [detto così per il gusto *amaro*] s. m. *1* Pasticcino a base di pasta di mandorle amare, specialità di numerosi luoghi d'Italia. *2* Liquore dal sapore simile a quello dell'omonimo biscotto.
amarézza [lat. tardo *amarĭtia(m)*, da *amārus* 'amaro'] s. f. *1* Sapore di ciò che è amaro: *l'a. del fiele.* *2* (*fig.*) Dolore, spec. misto a rancore: *provare, sentire a.*; *parlare con a.*; *quel discorso mi procurò grande a.*
amaricànte A part. pres. di *amaricare*; anche agg. ● †Nei sign. del v. **B** s. m. ● Additivo che conferisce all'alimento un sapore amaro | Liquore amaro.
†**amaricàre** [lat. tardo *amaricāre*, da *amārus* 'amaro'] v. tr. ● Rendere amaro.
amàrico A agg. (pl. m. *-ci*) ● Che si riferisce alla regione etiopica dell'Amhara. **B** s. m. (f. *-a*) ● (*raro*) Abitante, nativo dell'Amhara. **C** s. m. solo sing. ● Lingua semitica derivata dall'antico etiopico, attualmente lingua ufficiale dell'Etiopia.
amarìlli o **amarìllide** [dal lat. *Amarýllis*, genit. *Amarýllidis*, n. di una pastorella delle Bucoliche virgiliane] s. f. ● Pianta erbacea perenne delle Amarillidacee con bulbo, foglie allungate a nastro, fiori bianchi o rosei spesso riuniti in ombrelle (*Amaryllis belladonna*).
Amarillidàcee [vc. dotta, comp. di *amarillid(e)* e *-acee*] s. f. pl. ● Nella tassonomia vegetale, famiglie di piante erbacee delle Liliflore, comprendente piante perenni con fusto molto breve o assente, con rizomi o bulbi, foglie lineari basali e fiori spesso riuniti in ombrelle (*Amaryllidaceae*) | (al sing. *-a*) Ogni individuo di tale famiglia. ➡ ILL. piante /11.
amarìllide ● V. *amarilli.*
amaritùdine [vc. dotta, lat. *amaritūdine(m)*, da *amārus* 'amaro'] s. f. ● (*lett.*) Amarezza | (*raro*) Affanno, afflizione.
amàro [lat. *amāru(m)*, di etim. incerta] **A** agg. *1* Che ha sapore contrario al dolce, caratteristico della china, dell'assenzio, e sim.: *bibita, mandorla amara*; *è a. come il fiele, come il veleno* | *Caffè a.*, senza zucchero. *2* (*fig.*) Che procura scoramento e dolore: *bisogna rassegnarsi a queste amare constatazioni* | (*est.*) Che manifesta scoramento e dolore: *piangere amare lacrime* | *Avere la bocca amara*, sentire un sapore amaro e (*fig.*) rimanere delusi | *Mandare giù un boccone a.*, (*fig.*) sopportare un'offesa ingiusta | (*fig.*) *Riso a.*, triste. || **amaraménte**, avv. In modo doloroso e sconsolato. **B** s. m. *1* Sapore amaro: *l'a. del rabarbaro*; *questa aranciata sa d'a.* *2* (*enol.*) Alterazione di origine microbica dei vini vecchi da tempo imbottigliati. *3* Aperitivo o digestivo aromatico preparato con varie essenze e di gusto amarognolo. *4* (*fig.*) Amarezza, dolore, rancore | *Inghiottire, masticare a.*, subire un torto, un sopruso | *Avere dell'a. in corpo*, provare astio, rancore. || **amarétto**, dim. (V.) | **amariccio**, dim. | **amarino**, dim.
amarógnolo o **amarògnolo** o **amarógno**, **amarògno A** agg. ● Di sapore amaro, ma non sgradito: *biscotto a.* **B** s. m. ● Sapore amarognolo: *gli piace l'a. di questa bevanda.*
amaróne [da *amaro* per il suo gusto lievemente amarognolo] s. m. ● (*enol.*) Denominazione del vino recioto secco.
amaróre [vc. dotta, lat. *amarōre(m)*, da *amārus* 'amaro'] s. m. *1* Sapore amaro. *2* (*fig.*, *lett.*) Amarezza.
amàrra [fr. *amarre*, dall'ol. *anmarren* 'attaccare'] s. f. ● Corda di ormeggio.
amarràre e *deriv.* ● V. *ammarrare* (*1*) e *deriv.*
†**amarulènto** [vc. dotta, lat. tardo *amarulĕntu(m)*, da *amārus* 'amaro'] agg. *1* Che ha sapore tendente all'amaro. *2* (*lett.*) Amaro, mordace.
amarùme s. m. ● (*raro*) Insieme di cose amare | (*fig.*) Amarezza.
†**amàṣio** [vc. dotta, lat. *amāsiu(m)*, da *amāre* 'amare'] s. m. (f. *-a*) ● Amante, drudo.
amastìa [comp. di *a-* (*1*), *mast(o)-* e del suff. *-ia*] s. f. ● (*med.*) Assenza congenita delle mammelle.
amateur /fr. ama'tœr/ [fr., propriamente 'amatore'] s. m. (pl. *amateurs* /fr. ama'tœr/) ● (*raro*) Dilettante.
†**amatìsta** ● V. *ametista.*
†**amatìsto** s. m. ● Ametista.
amàto A part. pass. di *amare*; anche agg. ● Nei sign. del v. **B** s. m. (f. *-a*) ● Chi è oggetto d'amore: *il mio a.*
amatóre o †**amadóre** [vc. dotta, lat. *amatōre(m)*, dal lat. *amāre* 'amare', prob. attrav. il provz. *amador*] s. m. (f. *-trice*) *1* Chi ama | †Innamorato, amante. *2* Appassionato: *a. di musica, di poesia contemporanea* | Intenditore: *è un vero a. di vini*; *gusto da a.* | Collezionista: *esposizione organizzata da alcuni amatori* | *Prezzo da a.*, determinato non dal valore intrinseco dell'oggetto ma dall'interesse che esso suscita presso collezionisti e sim. *3* Dilettante.
amatoriàle agg. ● Relativo ad amatore, cioè a dilettante: *sport ciclistico a.*; *fini amatoriali.*
amatòrio [vc. dotta, lat. *amatōriu(m)*, da *amātor* 'amatore, amante'] agg. ● (*lett.*) Che si riferisce all'amore o che suscita amore: *filtro a.*; *letteratura amatoria.*
amatriciàno A agg. ● Di Amatrice, cittadina laziale | *Spaghetti all'amatriciana*, spaghetti conditi con sugo a base di guanciale, cipolla, pomodoro e cosparsi di pecorino grattugiato. **B** s. m. (f. *-a*) ● Abitante, nativo di Amatrice.
†**amattàre** e *deriv.* ● V. *ammattare* e *deriv.*
amauròṣi [vc. dotta, lat. *amaurōsi(m)*, nom. *amaurōsis*, dal gr. *amáurōsis* 'oscuramento', da *mauróō* 'io oscuro'] s. f. ● (*med.*) Perdita totale della vista da uno o entrambi gli occhi.
amauròtico agg. (pl. m. *-ci*) ● Relativo ad amaurosi | Affetto da amaurosi.
amàẓẓone [vc. dotta, lat. *Amāzone(m)*, nom. *Amāzon*, dal gr. *Amazṓn*, comp. di *a-* e *mazós* 'mammella', nome delle mitiche donne guerriere della Cappadocia e della Scizia che si bruciavano la mammella destra perché impediva loro l'uso dell'arco] **A** s. f. *1* Donna con atteggiamenti virili, combattiva. *2* (*est.*) Donna che va a cavallo: *è un'a. abilissima* | Fantino o guidatore di cavalli di sesso femminile: *concorsi, corse per amazzoni* | *Cavalcare all'a.*, con tutte e due le gambe da un lato della sella. *3* Abito femminile per cavalcare oggi in disuso, nero con gonna lunga completato da cilindro con lungo velo o da bombetta. **B** in funzione di agg. ● (*zool.*) *Formica a.*, formica che vive sfruttando il lavoro delle operaie di altre specie catturate e rese schiave (*Polyergus rufescens*).
amaẓẓoniàno agg. ● Della, relativo all'Amazzonia.
amaẓẓònico agg. (pl. m. *-ci*) ● Del Rio delle Amazzoni e dei territori a esso limitrofi: *foresta amazzonica.*
amaẓẓònio agg. ● (*lett.*) Che si riferisce alle amazzoni | Che è tipico delle amazzoni.
amaẓẓonite [dal n. del fiume Rio delle Amazzoni] s. f. ● (*miner.*) Varietà di microclino in cristalli molto grossi dal colore verde smeraldo.
àmba [vc. abissina] s. f. ● Forma di rilievo isolato che emerge con pareti a picco e sommità piana, frequente nell'altopiano etiopico.
ambàge [vc. dotta, lat. *ambāges*, f. pl., comp. del pref. *ămb-* 'intorno' e di *ăgere* 'condurre'] s. f. *1* (*lett.*) Cammino, giro tortuoso. *2* (*spec. al pl.*, *fig.*) Discorso involuto, ambiguo, confuso: *sotto cotali ambagi al giovinetto / fu mostro de' suo' fati il leggier corso* (POLIZIANO) | *Parlare, rispondere*, e sim. *senza ambagi*, chiaramente.
ambarvàli [vc. dotta, lat. *ambarvālia*, nt. pl., comp. di *ămb-* 'intorno' e *ărvum* 'campo'] s. m. pl. ● Feste pubbliche celebrate nell'antica Roma per purificare i campi e ottenere dagli dèi un raccolto abbondante.
ambascerìa o †**imbascerìa** [provz. *ambaisaria*. V. *ambasciata*] s. f. ● Gruppo di persone mandato con incarichi particolari da uno Stato a un altro | (*est.*) L'incarico stesso.
ambàscia [lat. mediev. *ambactia(m)* 'servizio' (?). Cfr. *ambasciata*] s. f. (pl. *-sce*) *1* Difficoltà di respiro e conseguente senso di oppressione. SIN. Affanno. *2* (*fig.*) Angoscia, travaglio: *la grande a. che mi tumultuava dentro* (NIEVO).
†**ambasciadóre** ● V. *ambasciatore.*
ambasciàre [da *ambascia*] **A** v. tr. (*io ambàscio*) ● (*raro*) Dare ambascia. **B** v. intr. e intr. pron. (aus. *essere*) ● †Provare ambascia.
ambasciàta o **imbasciàta** †nel sign. 1, (*tosc.*) nel sign. 2 [provz. *ambaissada*, dal lat. *ambăctus* 'servo stipendiato', di origine gallica] s. f. *1* (*dir.*) Insieme delle persone inviate da uno Stato nel territorio di un altro allo scopo di intrattenere con lo stesso relazioni internazionali: *accogliere l'a.*; *tutta l'a. prese parte alla cerimonia* | (*est.*) Ufficio o sede dell'ambasciatore: *ricorrere all'a.*; *recarsi all'a.* *2* Ciò che si manda a dire o si va a dire per incarico di un altro: *fare, portare, porgere, ricevere un'a.*; *Perpetua entrò a portargli l'imbasciata* (MANZONI). SIN. Commissione, incarico. || **ambasciatàccia**, pegg. | **ambasciatìna**, dim.
ambasciatóre o †**ambasciadóre**, †**imbasciatóre** [provz. *ambaisador*. V. *ambasciata*] s. m. (f. *-trice* (V.), fam. *-tora*; V. nota d'uso FEMMINILE) *1* (*dir.*) Agente diplomatico di grado più elevato: *svolgere l'ufficio di a.* *2* Chi fa o porta un'ambasciata. SIN. Messaggero || PROV. Ambasciator non porta pena.
ambasciatòrio agg. ● (*lett.*) Che si riferisce all'ambasciatore.
ambasciatrìce o †**imbasciatrìce** s. f. *1* Donna che ricopre la carica di ambasciatore. *2* Moglie di ambasciatore. *3* (*est.*) Donna che porta ambasciate.
ambascióso [da *ambascia*] agg. ● (*lett.*) Che provoca o sente ambascia.
ambàsso o **ambàssi** [ant. fr. *ambesas*, comp. di *ambes* 'due' (V. *ambo*) e *as* 'asso'] s. m. ● Nel gioco dei dadi, il doppio asso.
ambàta [da *ambo*] s. f. ● Nel gioco del lotto, combinazione di due numeri uno dei quali, fisso, può accoppiarsi con uno qualsiasi degli altri ottantanove.
ambedùe o †**ambedùi**, †**ambedùo**, †**ambidùe**, †**ambidùi**, †**ambodùe** [lat. *ămbo dŭo*] **A** agg. num. inv. ● (*lett.*) Tutti e due, l'uno e l'altro (seguito dall'art. det.): *a. gli amici*; *a. le orecchie*; *lo afferrò con a. le mani*; *comprerò a. i quadri.* **B** anche pron. inv. ● *Verremo a.*; *tacevano a.*; *frequentano a. la stessa scuola.* SIN. Entrambi.
àmbi- [partcl. lat. di origine indeur., che in parole dotte vale '(di) due', ma propriamente 'intorno'] primo elemento ● In parole composte dotte significa 'due' o 'di due': *ambidestro, ambigenere, ambivalenza.*
ambiàre [lat. *ambulāre*, da *amb-* 'da entrambe le parti'] v. intr. (*io àmbio*; aus. *avere*) ● In equitazione e in ippica, andare d'ambio.
ambiatóre agg. ● In equitazione e ippica, detto del cavallo allenato ad andare col passo dell'ambio.
ambiatùra s. f. ● (*raro*) Ambio.
ambidestrìṣmo s. m. ● Qualità, caratteristica di chi è ambidestro.
ambidèstro [vc. dotta, lat. tardo *ambidĕxtru(m)*. V. *ambi-* e *destro*] agg. (pl. m. *ambidestri*) *1* Che si serve con uguale abilità dell'una e dell'altra mano: *tennista, schermidore a.* | (*est.*) Che usa con uguale capacità i due piedi: *calciatore a.* *2* (*fig.*) Ambivalente, capace di diverse funzioni, dotato di qualità diverse e sim. *3* (*fig.*, *lett.*) Astuto, scaltro, furbo.
†**ambidùe** ● V. *ambedue.*
†**ambidùi** ● V. *ambedue.*
ambientàle agg. *1* Che si riferisce all'ambiente. *2* Che è tipico di un determinato ambiente.
ambientalìṣmo [da *ambientale*, prob. sul modello dell'ingl. *environmentalism*] s. m. *1* Teoria e pratica diretta alla difesa dell'ambiente | Movimento degli ambientalisti. CFR. Ecologismo. *2* (*psicol.*) Teoria secondo cui i tratti caratteristici del comportamento sono prodotti dalle esperienze che l'individuo fa nell'ambiente. CONTR. Innatismo.

ambientalista [da *ambientale*, prob. sul modello dell'ingl. *environmentalist*] **A** s. m. e f. (pl. m. *-i*) *1* Chi si occupa attivamente della difesa dell'ambiente. *2* (*psicol.*) Sostenitore dell'ambientalismo. SIN. Ecologista. **B** anche agg.: *associazione a.*

ambientalìstico agg. (pl. m. *-ci*) ● Dell'ambientalismo, degli ambientalisti: *associazioni ambientalistiche.*

ambientaménto s. m. ● Atto, effetto dell'ambientare e dell'ambientarsi.

ambientàre A v. tr. (*io ambiènto*) ● Adattare, porre in un dato ambiente: *a. l'azione nel secolo precedente.* **B** v. rifl. ● Abituarsi a un ambiente e alla vita che in questo si svolge: *non si è ancora ambientata nella nuova casa.*

ambientatóre s. m. (f. *-trice*) ● (*raro*) Arredatore.

ambientazióne s. f. *1* Ambientamento. *2* Nel cinema, nel teatro e sim., ricostruzione delle caratteristiche fondamentali di un ambiente ottenuta con l'allestimento scenico e con opportune illuminazioni.

ambiènte [vc. dotta, lat. *ambiĕntem*, part. pres. di *ambīre* 'stare intorno'] **A** agg. ● (*raro, lett.*) Che sta attorno, che circonda: *aria a.*; *calore, luce a.*; *temperatura a.* **B** s. m. *1* Complesso delle condizioni esterne all'organismo in cui si svolge la vita vegetale e animale: *a. acqueo*; *a. terrestre*; *a. marino*; *la tutela dell'a.* *2* (*est., fig.*) Complesso delle condizioni esterne materiali, sociali, culturali e sim., nell'ambito delle quali si sviluppa, vive e opera un essere umano: *un a. favorevole, sfavorevole*; *vivere in un pessimo a.*; *questo non è un a. adatto ai giovani*; *essere, trovarsi nel, fuori dal, proprio a.*; *non potrò mai adattarmi al tuo a.* *3* (*fig.*) Insieme di persone distinte da interessi, idee e sim. comuni: *un a. tradizionalista*; *ambienti rivoluzionari*; *la notizia è trapelata da ambienti bene informati* | Circolo: *gli ambienti politici della nostra città.* *4* Porzione di spazio racchiusa tra pareti costruite: *casa di quattro ambienti e servizi* | *A. di lavoro*, in un'azienda, ciascuno dei locali in cui i lavoratori subordinati esplicano normalmente la propria attività. || **ambientino**, dim.

ambientista s. m. e f. (pl. m. *-i*) ● Pittore di ambienti o che dà particolare rilievo all'ambiente.

ambigènere [comp. di *ambi-* e *genere*] agg. ● (*ling.*) Di sostantivo usato tanto al maschile che al femminile senza mutamento di desinenza.

ambiguità [vc. dotta, lat. *ambiguitāte(m)*, da *ambĭguus* 'ambiguo'] s. f. ● Qualità di chi o di ciò che è ambiguo. SIN. Equivocità.

ambiguo [vc. dotta, lat. *ambĭguu(m)*, da *ambĭgere* 'essere discorde', comp. di *ămbi* 'intorno' e *ăgere* 'condurre'] agg. *1* Che è suscettibile di varie interpretazioni: *discorso a.* *2* Equivoco, spec. moralmente: *persona, situazione ambigua.* *3* (*lett.*) Dubbioso, incerto: *era stato ... a. il Pontefice del fare impresa* (GUICCIARDINI). || **ambiguaménte**, avv.

àmbio [da *ambiare*] s. m. ● Andatura dei quadrupedi, naturale nel cammello, dromedario, giraffa, ecc., acquisita nel cavallo, per cui si portano avanti contemporaneamente le due gambe dello stesso lato, alternativamente all'elevazione di quelle del lato opposto | (*raro, fig.*) *Dare l'a. a qc.*, mandarlo via | *Pigliare l'a.*, andarsene. SIN. Ambiatura.

ambire [vc. dotta, lat. *ambīre* 'andare intorno, brigare', comp. di *ămbi* 'intorno' e *īre* 'andare'] v. tr. e intr. (*io ambìsco, tu ambìsci*; aus. intr. *avere*) ● Desiderare vivamente, cercare di ottenere: *a. una carica*; *a. le ricchezze*; *a. a un incarico.*

ambisessuàle [comp. di *ambi-* e *sessuale*] agg. *1* (*biol.*) Condiviso dai due sessi. *2* (*biol.*) Bisessuale.

ambisessualità [comp. di *ambi-* e *sessualità*] s. f. ● (*biol.*) Condizione di ciò che è ambisessuale.

àmbito (1) [vc. dotta, lat. *ămbitu(m)*, da *ambīre* 'andare intorno, brigare'] s. m. *1* Spazio circostante e limitato entro cui ci si muove e si agisce (*anche fig.*): *l'a. della città natale*; *nell'a. della famiglia*; *l'a. del proprio lavoro*; *l'a. della matematica è molto vasto.* *2* (*mus.*) Spazio entro cui si muove una melodia | Estensione delle voci e degli strumenti. *3* Nel diritto romano, corruzione elettorale.

ambito (2) part. pass. di *ambire*; anche agg. ● Nei sign. del v.

ambivalènte agg. ● Che presenta ambivalenza: *argomentazioni ambivalenti*; *principio a.*

ambivalènza [comp. di *ambi-* e *valenza*] s. f. *1* (*psicol.*) Presenza simultanea di idee o sentimenti opposti o di tendenze ad atteggiamenti opposti. *2* Carattere di ciò che si presenta sotto due aspetti diversi, non necessariamente ambigui o contraddittori.

ambizióne [vc. dotta, lat. *ambitiōne(m)*, da *ambīre* 'ambire'] s. f. *1* Desiderio ardente di raggiungere od ottenere q.c. | La cosa che si desidera: *la sua a. è fare il giornalista.* *2* Brama sfrenata di successo, potere, onori: *una persona piena di a.* || **ambizionàccia**, pegg. | **ambizioncèlla**, dim.

ambiziosàggine s. f. ● (*raro*) Ambizione meschina.

ambizióso [vc. dotta, lat. *ambitiōsu(m)*, da *ambīre* 'ambire'] **A** agg. ● Che nutre o manifesta ambizione: *persona ambiziosa*; *disegni ambiziosi.* || **ambiziosaménte**, avv. **B** s. m. ● Persona ambiziosa. || **ambiziosétto**, dim.

ambliope s. m. e f. ● Chi è affetto da ambliopia.

ambliopìa [vc. dotta, lat. tardo *amblyōpia(m)*, nom. *amblyōpia*, dal gr. *amblyōpía*, comp. di *amblýs* 'fiacco' e *ôps*, genit. *ōpós* 'occhio'] s. f. ● (*med.*) Diminuzione dell'acutezza visiva.

ambliòpico agg. ● (*med.*) Che è affetto da ambliopia: *occhio a.*

àmbo [lat. *ămbo*, da avvicinare al gr. *ámphō*, ant. duale] **A** agg. num. (m. *àmbo, àmbi*; f. *àmbo, àmbe*) ● (*lett.*) Entrambi, tutti e due, l'uno e l'altro: *d'a. i lati*; *d'a. le parti*; *con a.* (anche *ambe*) *le mani*; *in a.* (anche *ambi*) *i casi*; *Io son colui che tenni a. le chiavi / del cor di Federigo* (DANTE *Inf.* XIII, 58-59). **B** s. m. ● Nel gioco del lotto, l'estrazione sulla stessa ruota di due numeri | Nel gioco della tombola, l'estrazione di due numeri sulla stessa fila della cartella: *vincere un a.*

†**ambodùe** ● V. *ambedue.*

ambóne [vc. dotta, gr. *ámbōn*, genit. *ámbōnos* 'prominenza, margine rilevato di un piatto o di una coppa', di etim. incerta] s. m. ● Tribuna provvista di balaustra e leggio, in uso già nelle chiese paleocristiane, adibita alle letture, all'omelia e alla preghiera universale dei fedeli, durante le celebrazioni liturgiche | Dopo il Concilio Ecumenico Vaticano Secondo, il podio con leggio da cui si tengono le omelie e le lettere bibliche.

ambosèssi o (*raro*) **ambosèsso** [comp. di *ambo* e *sesso*] agg. inv. ● Nel linguaggio della pubblicità, di entrambi i sessi: *cercansi agenti a.*

àmbra [ar. *'anbar* 'ambra grigia'] s. f. *1* Resina fossile di conifera, più o meno trasparente, di colore variabile dal giallo miele al rosso granato | (*bot.*) *A. liquida*, storace. *2* Colore giallo bruno, caratteristico della sostanza omonima: *pelle d'a.* *3* *A. grigia*, prodotto di secrezione dell'intestino del capodoglio, usato in profumeria | Profumo dell'ambra grigia, simile al muschio. || **ambrétta**, dim. (V.).

ambràto agg. ● Che ha il profumo o il colore dell'ambra: *zucchero a.*; *pallore a.*; *pelle ambrata*; *vino a.*

ambrétta [dim. di *ambra* nel sign. 3] s. f. ● Pianta erbacea tropicale delle Malvacee i cui semi emanano odore di muschio (*Hibiscus abelmoschus*). SIN. Abelmosco.

ambrogétta [etim. incerta] s. f. ● Mattonella di marmo, di ceramica smaltata o di mosaico vetroso, usata per pavimentazioni o rivestimenti di pareti.

ambrogino o **ambroşino** [da *S. Ambrogio*, patrono di Milano, che vi era effigiato] s. m. ● Moneta d'oro o d'argento della prima repubblica di Milano, coll'effigie di S. Ambrogio, coniata dalla metà del XIII sec. alla metà del XIV.

ambròşia (1) [vc. dotta, lat. *ambrŏsia(m)*, nom. *ambrŏsia*, dal gr. *ambrosía*, da *ámbrotos* 'immortale'] s. f. *1* Cibo che dava l'immortalità agli dèi e agli uomini che ne gustavano. *2* (*est.*) Cibo o bevanda di sapore squisito.

ambròşia (2) [dal precedente] s. f. ● Pianta delle Composite con foglie inferiori opposte e superiori alterne e fiori in racemi composti da vari capolini (*Ambrosia maritima*).

ambroşiàno [da S. *Ambrogio* (330/40-397) (lat. *Ambrŏsius*)] **A** agg. *1* Di S. Ambrogio, vescovo di Milano e spec. della riforma liturgica da lui introdotta: *rito a.* | *Inno a.*, il Te Deum | *Carnevale a.*, che dura fino al sabato seguente al mercoledì delle ceneri. *2* (*est.*) Di Milano; *dialetto a.*; *antiche tradizioni ambrosiane*; *biblioteca ambrosiana*; *codice a.* **B** f. m. (f. *-a*) ● Abitante, nativo di Milano.

ambroşino ● V. *ambrogino.*

ambròsio [da *ambrosia*] agg. ● (*lett.*) Che ha odore o sapore d'ambrosia | (*est.*) Soave, delizioso: *tra le dita ambrosie* (CARDUCCI).

ambulacràle [da *ambulacro*] agg. ● (*zool.*) Che consente il movimento | *Apparato a.*, sistema di canali comunicanti con pedicelli che permette la locomozione agli echinodermi.

ambulàcro [vc. dotta, lat. *ambulăcru(m)*, da *ambulāre* 'camminare'] s. m. *1* Deambulatorio. *2* (*zool.*) Ognuno dei cinque settori in cui è divisibile un echinoderma, dal quale sporgono i pedicelli ambulacrali.

ambulantàto [da *ambulante*] s. m. ● Mestiere dei venditori ambulanti.

ambulànte A part. pres. di *ambulare*; anche agg. *1* Nei sign. del v. *2* Che non ha sede fissa: *suonatore, venditore, biblioteca a.* | *Biblioteca a.*, (*fig., scherz.*) persona molto erudita. **B** s. m. e f. ● Venditore ambulante.

ambulànza [fr. *ambulance*, dal lat. *ambulāre* 'camminare'] s. f. *1* Veicolo adibito al trasporto di malati o feriti: *chiamare l'a.* *2* Formazione sanitaria all'immediato seguito dei reparti militari per la prima raccolta e cura dei feriti. *3* (*raro*) Ambulatorio.

†**ambulàre** [vc. dotta, lat. *ambulāre*. V. *ambiare*] v. intr. ● Camminare | Oggi in tono scherz.

ambulatoriàle agg. ● Di, relativo ad ambulatorio | *Visita, cura a.*, che si effettua in ambulatorio su paziente non ricoverato. || **ambulatorialmente**, avv. In ambulatorio.

ambulatòrio [vc. dotta, lat. tardo *ambulatōriu(m)* 'che si muove', da *ambulāre* 'camminare'] **A** agg. *1* Che permette di camminare: *apparato a.*; *muscoli ambulatori.* *2* (*raro*) Ambulatoriale: *visita ambulatoria.* *3* (*dir.*) *Obbligazione ambulatoria*, i cui soggetti possono mutare anteriormente alla estinzione della stessa. *4* (*lett.*) Ambulante (*spec. fig.*): *questi predicatori ambulatori* (SARPI). **B** s. m. *1* Locale, o complesso di locali, adibito a prestazioni mediche preventive o curative che non richiedono degenza: *a. oculistico, odontoiatrico, ortopedico*; *piccolo intervento in a.* *2* †Luogo in cui passeggiare.

ambulazióne s. f. ● (*raro*) Atto del muoversi camminando.

-àme [lat. *-āme(n)*, propriamente di nt. astratti tratti da v., ma allargato poi al senso coll., che ha in it.] suff. derivativo ● Forma sostantivi di origine latina o tratti da altri sostantivi con valore collettivo (*talora spreg.*): *carname, legname, pelame, pietrame, pollame, scatolame, vasellame.*

amèba [vc. dotta, dal gr. *amoibḗ* 'mutazione, trasformazione', da *améibō* 'io cambio'] s. f. *1* Genere di protozoi unicellulari dei Sarcodini che mutano continuamente di forma in seguito all'emissione di pseudopodi (*Amoeba*). ➡ ILL. **zoologia generale**. *2* (*pop., est.*) La particolare malattia intestinale provocata dall'ameba.

amebèo [vc. dotta, lat. tardo *amoebaeu(m)*, nom. *amoebaeus*, dal gr. *amoibâios*. V. *ameba*] **A** agg. ● Detto di canto eseguito da due personaggi che si rispondono vicendevolmente, tipico del genere pastorale. **B** s. m. ● (*ling.*) Piede metrico della poesia greca e latina formato di due sillabe lunghe più due brevi e un'altra lunga.

amebìaşi [comp. di *ameba* e *-iasi*] s. f. ● Malattia infettiva provocata dall'ameba, che colpisce prevalentemente il colon determinando la formazione di lesioni ulcerose.

amèbico agg. (pl. m. *-ci*) ● Di ameba.

ameboìde [comp. di *ameba* e *-oide*] agg. ● (*zool.*) Detto di movimento di cellule isolate o di protozoi analogo a quelli compiuti dall'ameba per spostarsi.

amelìa [comp. di *a-* (*1*) e del gr. *mélos* 'membro', di origine indeur.] s. f. ● (*med.*) Mancanza di sviluppo degli arti.

amèllo [vc. dotta, lat. *amĕllus*, di etim. incerta] s. m. ● Pianta erbacea perenne delle Composite con fusto ramificato, foglie coriacee e capolino circondato da brattee di color rosa, rosso o violaceo (*Aster amellus*).

àmen o (*pop., tosc.*) **àmmen** [lat. *āmen*, dall'ebr. *āmēn* 'certamente'] **A** inter. **1** Formula che, nelle liturgie cristiane, conclude la preghiera. **2** (*fam.*) Esprime una conferma rassegnata, con il valore concl. di 'va bene', 'sia pure', 'come vuoi' e sim.: *e allora a., non ne parliamo più; a.! farò senz'altro così.* **B** in funzione di s. m. ● Nelle loc. *in un a., in meno di un a.*, in un attimo; *essere, giungere all'a.*, alla fine.

†**amendùe** o †**amendùa**, †**amendùni**, **amendùo** [lat. *ămbo dŭo*. V. *ambedue*] agg. num. inv.; anche pron. ● Ambedue: *già strette per le man, co' dotti fianchi / ad un tempo a. cadono a piombo / sopra il sofà* (PARINI).

amenità [vc. dotta, lat. *amoenitāte(m)*, da *amoenus* 'ameno'] s. f. **1** Dolcezza, piacevolezza: *a. di un luogo, di un discorso.* **2** Facezia, bizzarria: *un discorso pieno di a.* | (*spreg.*) Affermazione ridicola.

amèno [vc. dotta, lat. *amoenu(m)*, di origine incerta] agg. **1** Piacente, ridente, gaio: *paesaggio a.; l'aier dintorno si fa tutto a. / ovunque gira le luci amorose* (POLIZIANO). **2** Allegro, divertente: *compagnia, lettura, amena; battute amene* | Faceto, bizzarro: *tipo a.* || **amenaménte**, avv.

amenorrèa [comp. di *a-* (*1*) e *menorrea*] s. f. ● (*med.*) Mancanza totale del flusso mestruale.

amentàto [da *amento*] agg. ● (*bot.*) Detto di vegetale con infiorescenza ad amento.

amènte [vc. dotta, lat. *amĕnte(m)*, nom. *āmens*, comp. di *a-* (*1*) e *mēns* 'mente'] agg.; anche s. m. **1** (*med.*) Che, chi è affetto da amenza. **2** †Pazzo: *amenti e dementi, cioè senza mente* (DANTE).

amènto o **aménto** [vc. dotta, lat. *amĕntu(m)* 'coreggia del giavellotto', per la somiglianza della forma] s. m. **1** (*bot.*) Infiorescenza pendula formata da una spiga di fiori unisessuati con asse flessibile. **2** Striscia di cuoio che gli antichi romani fissavano all'impugnatura del giavellotto per meglio maneggiarlo e lanciarlo.

amènza [vc. dotta, lat. *amĕntia(m)*, da *āmens* 'amente'] s. f. ● (*med.*) Forma acuta e grave di confusione mentale con deliri, allucinazioni e perdita del senso di orientamento.

amenziàle agg. ● (*med.*) Di, relativo ad amenza.

americàna s. f. **1** Gara ciclistica a coppie su pista, disputata da corridori che si alternano nella prova con classifica stabilita in base ai punti assommati ai vari traguardi | *A. gigante*, se la distanza da coprire è superiore alle normali. **2** Traliccio disposto trasversalmente alla soffitta di un teatro per sostenere elementi pesanti quali batterie di proiettori, siparietti e sim.

americanàta s. f. ● (*scherz.*) Impresa grandiosa, straordinaria, spesso incredibile: *un film pieno di americanate* | Avvenimento grandioso e di gusto eccentrico, quale si è soliti attribuire agli americani: *il ricevimento è stato un'autentica a.*

americanìsmo s. m. **1** Parola o forma propria dell'uso americano, spec. nordamericano. **2** Uso o costume proprio degli americani del Nord | Imitazione di tipiche abitudini americane. **3** Eccessiva ammirazione per il governo, le leggi, il modo di vivere degli abitanti degli Stati Uniti | Politica che si ispira alla Costituzione americana. **4** Insieme delle tendenze dottrinarie, naturalistiche e liberali manifestatesi alla fine del XIX sec. fra i cattolici degli Stati Uniti.

americanìsta s. m. e f. (pl. m. *-i*) **1** Studioso di americanistica. **2** Nel ciclismo, corridore che partecipa a una americana.

americanìstica s. f. **1** Disciplina che studia la storia e l'etnologia delle Americhe. **2** Disciplina che studia la letteratura nordamericana.

americanizzàre **A** v. tr. ● Adattare ai costumi e alle idee americane, spec. degli Stati Uniti. **B** v. intr. e intr. pron. (aus. *essere*) ● Adattarsi ai costumi, ai gusti, alle idee americane, spec. degli Stati Uniti.

americanizzazióne s. f. ● Atto, effetto dell'americanizzare o dell'americanizzarsi.

americàno [da *America*, così chiamata in onore di *Amerigo* Vespucci (1454-1512)] **A** agg. **1** Delle Americhe: *fauna, flora americana.* **2** Degli Stati Uniti d'America: *il territorio a.; la politica americana* | *All'americana*, secondo l'uso americano: *confronto all'americana; poker all'americana* | *Truffa all'americana*, messa in atto ispirando fiducia alla persona che si vuol truffare, fingendosi ricchi stranieri e sim. allo scopo di carpire denaro dando in cambio oggetti senza valore | *Servizio all'americana*, serie di piccole tovaglie individuali usate per apparecchiare la tavola. **B** s. m. (f. *-a* nei sign. 1 e 2) **1** Abitante, nativo delle Americhe: *americani del nord, del centro, del sud.* **2** Abitante, nativo degli Stati Uniti d'America: *gli usi degli americani* | (*fam.*) Emigrato che torna al proprio paese dall'America. **3** La lingua inglese parlata in America. **4** La lingue inglese parlata in America. **5** Aperitivo preparato con vermut e qualche amaro, servito con selz. **6** Tipo di giornalmastro nel quale sono indicati gli sviluppi dei singoli mastrini.

americanòlogo [comp. di *americano* e *-logo*] s. m. (f. *-a*; pl. m. *-gi*) ● Esperto dei problemi politici, economici, storici americani, spec. degli Stati Uniti.

amerìcio [da *America*] s. m. ● Elemento chimico artificiale, fortemente radioattivo, appartenente al gruppo degli Attinidi, ottenuto per trasformazione del plutonio. SIMB. Am.

amerindiàno [ingl. *Amerindian*, da *Amer(ican) Indian*] agg. ● Relativo agli indiani d'America.

amerìndio [ingl. *Amerind*, da *Amer(ican) Ind(ian)* 'Indiano di America'] **A** agg. ● Degli indiani d'America: *una lingua amerindia.* **B** s. m. (f. *amerìndia*; pl. m. *amerìndi* o sp. *amerindios*) ● Indiano d'America.

ametàbolo [vc. dotta, gr. *ametábolos* 'che non cambia', comp. di *a-* e *metábolos* 'cangiante'] agg.; anche s. m. ● (*zool.*) Detto di insetto il cui sviluppo si compie senza metamorfosi.

ametìsta o (*pop.*) †**amatista** [vc. dotta, lat. *amethy̆stu(m)*, nom. *amethy̆stus*, dal gr. *améthystos* 'non ubriaco', comp. di *a-* e *methýō* 'io sono ubriaco', perché si credeva che la pietra fosse un rimedio contro l'ubriachezza] s. f. ● Varietà pregiata di quarzo dal colore violetto.

ametistìno agg. ● (*raro*) Che ha il colore dell'ametista.

amètrope agg.; anche s. m. e f. ● Che, chi soffre di ametropia.

ametropìa [comp. di *a-* (*1*), del gr. *métron* 'misura', e *-opia*] s. f. ● (*med.*) Qualsiasi difetto di rifrazione dell'occhio.

amfetamìna /anfeta'mina/ o **anfetamìna**, **anfetammìna** [da *a(lpha)m(ethyl)-phe(ne)t(hyl)amine*] s. f. **1** Benzedrina. **2** Ognuno dei derivati sintetici, appartenenti al gruppo dei farmaci simpaticomimetici, stimolanti del sistema nervoso centrale, usati anche fuori del campo terapeutico per aumentare il rendimento muscolare e psichico.

amfi- /'anfi/ ● V. *anfi-*.

amiànto [vc. dotta, lat. *amiăntu(m)*, nom. *amiăntus*, dal gr. *amíantos* 'incorruttibile', comp. di *a-* (*1*) e *miáinō* 'io corrompo'] s. m. ● Silicato fibroso derivante da trasformazione metamorfica di serpentino o di anfiboli, usato per rivestimenti o per filati e tessuti incombustibili destinati a usi speciali. SIN. Asbesto.

amicàbile [vc. dotta, lat. tardo *amicābile(m)*, da *amicus* 'amico'] agg. **1** †Amichevole: *per via di giustizia o di a. composizione* (GUICCIARDINI). **2** (*mat.*) Detto di due numeri ciascuno dei quali sia uguale alla somma dei divisori dell'altro.

amicàle agg. ● (*lett.*) Amichevole.

amicàre [vc. dotta, lat. *amicāre*, da *amīcus* 'amico'] **A** v. tr. (*io amìco, tu amìchi*) ● Rendere amico: *amicarsi qc.* | Pacificare | Propiziare. **B** v. rifl. e rifl. rec. ● Farsi amico: *amicarsi con, a qc.; decisero di amicarsi fra loro.*

amichévole [V. *amicabile*] agg. **1** Da amico: *sguardo, discorso, comportamento a.; accordo, concordato a.* | *In via a.*, come fra amici: *risolvere una questione in via a.* | Affabile, cordiale: *saluto a.* **2** (*sport*) Detto di competizione che si svolge soltanto per allenamento o esibizione spettacolare: *partita, incontro a.* **3** †Piacevole. || **amichevolménte**, avv.

amichevolézza s. f. **1** Qualità di chi, di ciò che è amichevole. **2** (*raro*) Dimostrazione di amicizia.

amicìstico agg. (pl. m. *-ci*) ● (*raro*) Da amico, basato sull'amicizia: *rapporto a.*

amicìzia [vc. dotta, lat. *amicĭtia(m)*, da *amīcus* 'amico'] s. f. **1** Affetto vivo e reciproco tra due o più persone: *allacciare, stringere, rompere un'a.* | *A. interessata*, non sincera, legata al denaro e all'utile | *In a., in tutta a.*, sinceramente e liberamente | *Per a.*, disinteressatamente | *A. fra Stati*, buone relazioni. SIN. Affezione, familiarità. CONTR. Avversione, inimicizia. **2** (*euf.*) Relazione amorosa. **3** La persona con cui si intrattengono rapporti amichevoli: *ha molte amicizie* | *Amicizie altolocate*, importanti | *Amicizie particolari*, relazioni omosessuali | Appoggio: *poter contare su una buona a.*

amìco [lat. *amīcu(m)*. V. *amare*] **A** agg. (pl. m. *-ci*) **1** Benevolo, favorevole: *parole amiche; animo, paese a.* | Amichevole | (*lett.*) Giovevole | (*raro*) Caro, amato. **2** (*mat.*) *Numeri amici*, numeri amicabili. **B** s. m. (pl. *-ci*; f. *-a*) **1** Chi è legato da sentimenti di amicizia: *trovare, perdere un a.; a. intimo, caro, fraterno; un consiglio da a.; a. di casa, di famiglia* | *A. del cuore*, amico intimo | *Essere amici per la pelle*, essere uniti da grandissima amicizia | Conoscente: *a. di cappello, di saluto* | *L'a. dell'uomo*, il cane | *Falso a.*, persona non sincera; (*fig.*) parola straniera simile a una italiana per grafia o suono, ma con significato diverso | (*fig.*) *L'a. del giaguaro*, chi, di fatto e spesso senza vedere una contraddizione nel suo atteggiamento, appoggia i potenziali avversari del proprio amico più che l'amico stesso. **2** (*iron.*) Persona nota cui si allude senza nominarla: *l'a. crede che io taccia, ma si sbaglia!* **3** (*euf.*) Amante. **4** Chi ha particolare interesse o sente particolare attrazione per q.c.: *a. della musica; a. dello sport* | Sostenitore, fautore || PROV. Amico con tutti e schiavo con nessuno; chi trova un amico trova un tesoro. || **amichettìno**, dim. | **amichétto**, dim. | **amicóne**, accr. | **amicùccio**, dim.

amicròbico [comp. di *a-* (*1*) e *microbo*, con suff. agg.] agg. (pl. m. *-ci*) ● Privo di microrganismi.

àmida [comp. di *a-* (*1*) neg. e *mida* (tartaruga di mare), perché fluviale anziché marina (?)] s. f. ● Testuggine fluviale commestibile con muso allungato a proboscide (*Amyda*).

amidàceo [da *amido*] agg. ● Detto di sostanza che contiene amido o che ha la natura dell'amido. SIN. Amilaceo.

amidatóre s. m. (f *-trice*) ● Operaio tessile addetto all'amidatura.

amidatùra s. f. ● Nell'industria tessile, operazione di apparecchiatura dei tessuti di cotone mediante cui questi si impregnano di una pasta amidacea.

amìde e *deriv.* ● V. *ammide* e *deriv.*

àmido [vc. dotta, lat. *ămylu(m)*, dal gr. *ámylon* 'non macinata' (sott. *farina*)] s. m. ● Polimero del glucosio costituito da due componenti, l'amilosio e l'amilopectina; ottenuto industrialmente da cereali, usato per colle, appretti e cosmetici, nell'industria alimentare e farmaceutica.

amìgdala [vc. dotta, lat. *amy̆gdala(m)*, nom. *amy̆gdala* 'mandorla', dal gr. *amygdálē*, di origine straniera] s. f. **1** (*anat.*) Qualsiasi formazione del corpo a forma di mandorla | *A. cerebellare*, massa rotondeggiante localizzata sulla superficie ventrale degli emisferi del cervelletto | *A. palatina*, o (*ass.*) *amigdala*, tonsilla palatina. **2** (*miner.*) Concrezione minerale a forma di mandorla formatasi nella cavità di una roccia. **3** Pietra scheggiata a forma di grossa mandorla usata come arma nell'età della pietra.

amigdaliàno [dalle armi e strumenti a forma di mandorla, adoperati in quel periodo. V. *amigdala*] agg. ● Del periodo paleolitico caratterizzato dalla grande diffusione delle amigdale.

amigdalìna [fr. *amygdaline*] s. f. ● (*chim.*) Glucoside delle mandorle amare, che per idrolisi sviluppa acido cianidrico.

amigdalìte [comp. di *amigdala* e *-ite* (*1*)] s. f. ● (*med.*) Infiammazione dell'amigdala palatina. SIN. Tonsillite.

amigdalòide [vc. dotta, gr. *amygdaloeidḗs* 'simile a mandorla'. V. *amigdala* e *-oide*] agg. **1** Che ha forma di amigdala: *arma a.; utensile a.* **2** Detto di alcune rocce eruttive ricche di amigdale.

amilàceo [dal lat. *ămylum* 'amido'] agg. ● Amidaceo.

amilàsi [dal lat. *ămylum*. V. *amido*] s. f. ● Enzima presente nell'organismo animale e vegetale, che idrolizza l'amido a maltosio. SIN. Diastasi.

amilo- [dal lat. *ămylu(m)* 'amido'] primo elemento ● In parole composte della terminologia scientifica, significa 'amido' o indica relazione con l'amido: *amiloplasto*.

amilopectina [vc. dotta, dal lat. *ămylum* 'amido' e dal gr. *pēktós* 'condensato'] s. f. ● (*chim.*) Polimero del glucosio contenente numerose ramificazioni; è uno dei costituenti dell'amido.

amiloplàsto [comp. di *amilo-* e *-plasto*] s. m. ● (*bot.*) Plastidio privo di pigmento nel quale si accumula l'amido di riserva. SIN. Leucoplasto.

amilopsina [comp. di *amilo-* e del gr. *psíō* 'io disfo'] s. f. ● Amilasi presente nel succo pancreatico.

amilòsio [vc. dotta, dal lat. *ămylum* 'amido'] s. m. ● (*chim.*) Polimero lineare del glucosio; è uno dei costituenti dell'amido.

amimia [comp. di *a-* (*1*) e del tema del gr. *miméomai* 'imitare'] s. f. ● (*med.*) Perdita della capacità di accompagnare l'espressione di uno stato d'animo con un dato atteggiamento del viso.

amina ● V. *ammina*.

aminico ● V. *amminico*.

amino- ● V. *ammino-*.

aminoàcido ● V. *amminoacido*.

aminoglicoside ● V. *amminoglicoside*.

aminoglicosidico ● V. *amminoglicosidico*.

aminopirina [comp. di *amino-* e un deriv. del gr. *pyr*, genit. *pyrós*, 'fuoco' (V. *piro-*)] s. f. ● Piramidone.

amiotonia [comp. di *a-* (*1*) e *miotonia*] s. f. ● (*med.*) Miatonia.

†**amissióne** [vc. dotta, lat. *amissiōne(m)*, da *amĭttere* 'perdere'] s. f. ● Perdita.

†**amistà** o †**amistàde**, †**amistàte**, †**mistà** [provz. *amistat*, dal lat. parl. **amicitāte(m)* (*amicĭtiam*)] s. f. *1* (*lett.*) Amicizia, familiarità: *santissima cosa adunque è l'a.* (BOCCACCIO). *2* (*spec. al pl.*) Alleati, confederati.

†**amistànza** [provz. *amistansa*, da *amistat*. V. *amistà*] s. f. ● Familiarità: *contratta / col parentado avean grande a.* (ARIOSTO) | Lega, alleanza.

†**amistàte** ● V. †*amistà*.

amitòsi [comp. di *a-* (*1*) e *mitosi*] s. f. ● (*biol.*) Modo particolare di divisione cellulare.

amitto [vc. dotta, lat. *amĭctu(m)*, comp. di *ămb* 'intorno' e *iăcere* 'gettare'] s. m. ● Nella liturgia cattolica, quadrato di tela di lino che il celebrante indossa, prima del camice nel rito romano, dopo il camice nei riti ambrosiano e maronita, coprendosene le spalle e parte del petto.

amlètico agg. (pl. m. *-ci*) *1* Caratteristico di Amleto, personaggio di una tragedia shakespeariana | *Dubbio a.*, (*fig.*) che rode l'animo e impedisce l'azione. *2* (*est.*) Ambiguo, contraddittorio, misterioso. || **amleticaménte**, avv. In modo amletico, in modo dubbioso e irresoluto.

amletismo s. m. ● Atteggiamento dubbioso, irresoluto e misteriosamente malinconico, simile a quello di Amleto.

amlira [dall'ingl. *a(llied) m(ilitary) lira* 'lira militare alleata'] s. f. ● Banconota circolante in Italia nel periodo 1943-1950, emessa dal governo militare alleato di occupazione.

ammaccàbile agg. ● Che si può ammaccare.

ammaccaménto s. m. ● Atto, effetto dell'ammaccare e dell'ammaccarsi.

ammaccàre [di origine onomat. (?)] **A** v. tr. (*io ammàcco, tu ammàcchi*) *1* Deformare una superficie mediante urti, pressioni, e sim.: *a. una pentola*. *2* (*est.*) Pestare, schiacciare: *ammaccarsi le ossa*; *a. le costole a qc.* **B** v. intr. pron. ● Deformarsi, schiacciarsi: *la frutta matura si ammacca facilmente*.

ammaccatùra s. f. ● Effetto dell'ammaccare e dell'ammaccarsi | Segno che resta su corpi o superfici ammaccate. || **ammaccaturina**, dim.

ammàcco s. m. (pl. *-chi*) ● (*raro*) Ammaccatura.

ammaestràbile agg. ● Che si può ammaestrare: *la volpe non è a.*

ammaestraménto s. m. ● Atto, effetto dell'ammaestrare | (*est.*) Insegnamento | Norma.

ammaestràre [comp. di *a-* (*2*) e *maestro*] v. tr. (*io ammaèstro* o *ammaèstro*) *1* Istruire: *a. i giovani* | Rendere esperto, abile (*anche ass.*): *l'esperienza ammaestra più d'ogni parola*. *2* Addestrare a un lavoro, a esercizi di bravura e sim., detto spec. di animali: *a. le foche*.

†**ammaestrativo** agg. ● Atto ad ammaestrare. || †**ammaestrativaménte**, avv.

ammaestràto part. pass. di *ammaestrare*; anche agg. ● Nei sign. del v.

ammaestratóre s. m. (f. *-trice*) ● Chi ammaestra, spec. animali: *a. di orsi*.

ammagliàre (1) [comp. di *a-* (*2*) e *maglia*] v. tr. (*io ammàglio*) *1* Legare balle, casse, e sim. con corde intrecciate a forma di rete. *2* (*est.*) †Legare, cingere. *3* Unire col ferro da calza le maglie. *4* Fare il bordo di un materasso.

ammagliàre (2) [comp. di *a-* (*2*) e *maglio*] v. tr. (*io ammàglio*) ● Battere, percuotere col maglio.

ammagliatóre s. m. *1* Nei porti, operaio addetto ad ammagliare balle o casse. *2* Agganciatore.

ammagliatùra s. f. ● Atto ed effetto dell'ammagliare.

†**ammaiàre** [comp. di *a-* (*2*) e *maio* (*1*)] v. tr. ● Ornare con fiori e foglie.

ammainabandièra [comp. di *ammaina(re)* (*la*) *bandiera*] s. m. inv. ● Atto, effetto dell'ammainare la bandiera: *cerimonia dell'a.*

ammainàre o (*lett.*) **mainàre** [lat. **invaginăre* 'mettere nella vagina' (?)] v. tr. (*io ammàino* o (*raro*) *ammaìno*) ● (*mar.*) Far venir giù, filando il canapo, con cui erano sospese in alto, antenne, pennoni, alberetti, vele, bandiere, balle e imbarcazioni | *A. la bandiera*, per riporla o per arrendersi | *A. all'argano*, con l'argano | *A. a collo*, dando al canapo una voltata sul ceppo | *A. la vela*, (*fig.*) rinunciare a un'impresa.

ammalàre [da *ammalato*] **A** v. tr. *1* (*raro*) Provocare malattie: *l'acqua infetta ammala chi la beve*. *2* (*fig.*) Corrompere, guastare: *una mela marcia ammala le altre*. **B** v. intr. e intr. pron. (aus. *essere*) ● Divenire infermo, essere colpito da malattia: *all'improvviso il fanciullo ammalò*; *mi sono ammalato un mese fa*.

ammalàto [comp. di *a-* (*2*) e *malato*] agg.; anche s. m. (f. *-a*) ● Che, chi è colpito da una malattia: *essere gravemente a.*; *ho i bambini ammalati*; *visitare gli ammalati*. || **ammalaticcio**, dim. | **ammalatino**, dim. | **ammalatùccio**, dim.

ammalazzàre v. intr. e intr. pron. (aus. *essere*) ● (*raro*) Ammalarsi spesso, anche se non gravemente.

ammalazzàto part. pass. di *ammalazzare*; anche agg. ● Nel sign. del v.

ammaliaménto s. m. ● Atto, effetto dell'ammaliare.

ammaliànte part. pres. di *ammaliare*; anche agg. ● Nei sign. del v.

ammaliàre [comp. di *a-* (*2*) e *malia*] v. tr. (*io ammàlio*) *1* Legare a sé con malie o incantesimi. *2* (*fig.*) Incantare | Affascinare.

ammaliàto part. pass. di *ammaliare*; anche agg. ● Nei sign. del v.

ammaliatóre agg.; anche s. m. (f. *-trice*) ● Che, chi ammalia: *sguardo a.*

†**ammaliatùra** s. f. ● Ammaliamento | Fattura.

ammalinconìre [comp. di *a-* (*2*) e *malinconico*] **A** v. tr. (*io ammalinconisco, tu ammalinconisci*) ● Rendere malinconico. **B** v. intr. e intr. pron. (aus. *essere*) ● Diventare malinconico.

†**ammaliziaménto** s. m. ● Spregiudicatezza: *senza iniziazione e a.* (CROCE).

ammaliziàre [comp. di *a-* (*2*) e *malizia*] **A** v. tr. (*io ammalìzio*) ● Rendere malizioso. **B** v. intr. pron. ● Diventare malizioso | Scaltrirsi.

ammalizzire **A** v. tr. (*io ammalizzisco, tu ammalizzisci*) ● Rendere malizioso e scaltro. **B** v. intr. (aus. *essere*) ● Divenire malizioso e scaltro: *il ragazzo, per certe sventure, ammalizzì*.

ammaltàre [comp. di *a-* (*2*) e *malta*] v. tr. *1* (*raro*) Amalgamare formando una malta: *a. calce e sabbia*. *2* †Smaltare.

ammammolàrsi [comp. di *a-* (*2*) e *mammolo*] v. intr. pron. (*io mi ammàmmolo*) *1* (*pop., tosc.*) Stare per piangere. *2* (*pop., tosc.*) Appisolarsi | Imbambolarsi.

ammànco [da *ammancare*, comp. di *a-* (*2*) e *mancare*] s. m. (pl. *-chi*) ● Somma di denaro che risulta essere inesistente o mancante: *a. di cassa*.

ammandorlàto [comp. di *a-* (*2*) e *mandorla*] **A** agg. *1* Che ha forma di mandorla. *2* Che ha un lieve sapore di mandorla. **B** s. m. *1* Muro fatto con mattoni inclinati, in modo che i vani lasciati tra essi formino tanti rombi uguali. *2* Grata o transenna di verghe metalliche o sbarre di legno, che formano una specie di rete.

ammanettàre [comp. di *a-* (*2*) e *manetta*] v. tr. (*io ammanétto*) *1* Bloccare i polsi con le manette: *a. un imputato, un ladro*. *2* (*est.*) Arrestare.

ammanicàrsi v. intr. pron. (*io mi ammànico, tu ti ammànichi*) ● (*fam.*) Legarsi a persone influenti per godere di appoggi, raccomandazioni, protezioni: *a. con qc.*

ammanicàto part. pass. di *ammanicarsi*; anche agg. ● Nel sign. del v.

†**ammanieraménto** s. m. ● Maniera, artifizio.

ammanieràre [comp. di *a-* (*2*) e *maniera*] v. tr. (*io ammanièro*) *1* Acconciare, abbellire con artifici: *a. il proprio stile, il proprio abito*. *2* (*raro*) Modificare.

ammanieràto part. pass. di *ammanierare*; anche agg. ● Nei sign. del v. || **ammanierataménte**, avv. Con artificio e affettazione.

ammanigliàre [comp. di *a-* (*2*) e *maniglia*] v. tr. (*io ammanìglio*) ● (*mar.*) Unire una maglia di catena con un'altra per mezzo di una maniglia | Agganciare un cavo, una catena e sim. alla maniglia dell'ancora.

ammanigliàto part. pass. di *ammanigliare*; anche agg. ● Nei sign. del v. | Inoltre: Che si vale di raccomandazioni, che dispone di protezioni influenti.

ammannàre (1) [comp. di *a-* (*2*) e *manna* 'mannello'] v. tr. ● Riunire i cereali tagliati in manne o covoni.

†**ammannàre (2)** [var. di *ammannire*] **A** v. tr. ● Ammannire. **B** v. intr. pron. ● Apprestarsi, prepararsi.

ammannellàre [comp. di *a-* (*2*) e *mannella*] v. tr. (*io ammannèllo*) ● (*tosc.*) Far mannelle, matasse.

ammanniménto s. m. ● (*raro*) Atto, effetto dell'ammannire.

ammannire [got. *manwjan* 'preparare'] v. tr. (*io ammannisco, tu ammannisci*) ● Preparare, allestire, apparecchiare: *a. la cena*.

ammansàre [comp. di *a-* (*2*) e *manso* 'mansueto'] v. tr. e intr. pron. ● Ammansire.

ammansatóre agg.; anche s. m. (f. *-trice*) ● Che, chi ammansisce.

ammansire [comp. di *a-* (*2*) e un den. di *manso* 'mansueto'] **A** v. tr. (*io ammansisco, tu ammansisci*) *1* Rendere mansueto: *a. le fiere*. *2* (*fig.*) Rabbonire: *con quattro moine ha ammansito suo padre*. **B** v. intr. e intr. pron. (aus. *essere*) ● Divenire mansueto | Calmarsi, placarsi.

ammantàre [comp. di *a-* (*2*) e *manto*] **A** v. tr. *1* Coprire, avvolgere con manto | (*est.*) Vestire. *2* (*fig.*) Coprire: *la neve ammanta le cime*. **B** v. rifl. *1* Avvolgersi in un manto | (*est.*) Vestirsi. *2* (*fig.*) Ostentare qualità che non si hanno: *ammantarsi di virtù, di saggezza*. **C** v. intr. pron. ● Ricoprirsi: *il prato si ammanta di fiori*.

ammantatùra s. f. ● Atto, effetto dell'ammantare e dell'ammantarsi | (*est.*) Ciò che ammanta.

ammantellàre [comp. di *a-* (*2*) e *mantello*] v. tr. (*io ammantèllo*) *1* Coprire con mantello | (*est.*) Avvolgere. *2* (*fig.*) Celare, occultare.

ammànto s. m. *1* (*lett.*) Manto, vesti, mento: *virtù non luce in disadorno a.* (LEOPARDI) | Veste da gran personaggio, spec. religioso: *a. vescovile* | Sopravveste. *2* (*fig., lett.*) Carica, dignità: *il papale a.*

ammàppalo ● V. *ammazzalo*.

ammàppelo ● V. *ammazzalo*.

ammàppete ● V. *ammazzete*.

ammaràggio s. m. ● Atto o manovra dell'ammarare.

ammaraménto s. m. ● Ammaraggio.

ammaràre o (*evit.*) **ammarràre (2)** [comp. di *a-* (*2*) e *mare*] v. intr. (aus. *avere*, raro *essere*) ● Scendere fino a posarsi sull'acqua, detto di aereo, idrovolante o veicolo spaziale.

ammarezzàre [comp. di *a-* (*2*) e *marezzare*] v. tr. ● Dare al panno, alla carta o alla latta il marezzo, cioè un effetto d'ondeggiamento nelle tinte.

ammarràggio o **amarràggio**. s. m. ● Atto, effetto dell'ammarrare.

ammarraménto o **amarraménto**, s. m. ● (*raro*) Ammarraggio.

ammarràre (1) o **amarràre** [fr. *amarrer*, dall'ol. *maren*, accostato per etim. pop. a *marre* 'marra'] v. tr. *1* Ormeggiare. *2* Fissare saldamente a una struttura solida, spec. in costruzioni di linee telefoniche o elettriche.

ammarràre (2) ● V. *ammarare*.

ammascàrsi o **ammoscàrsi** [prob. sp. *mascar* 'masticare'] v. intr. pron. ● (*dial.*) Accorgersi, avvedersi.

ammassaménto s. m. *1* Modo, atto dell'ammassare o dell'ammassarsi | Accumulo, mucchio. *2* Insieme di attività dirette a concentrare materiali e mezzi per conferire alle truppe una determinata autonomia logistica.

ammassàre [comp. di *a-* (*2*) e *massa*] **A** v. tr. *1* Mettere insieme, raccogliere in massa: *ammassò tutti i vestiti nella valigia* | Ammucchiare, accumulare, risparmiare: *a. ricchezze, gioielli, denaro*. *2* Portare all'ammasso: *a. il grano*. **B** v. intr. pron. *1* Far massa, adunarsi, affollarsi: *la folla si ammassò nel rifugio*. *2* Accumularsi: *il grano si ammassa nei granai*.

ammassàto part. pass. di *ammassare*; anche agg. ● Nei sign. del v.

ammassatóre s. m.; anche agg. (f. *-trice*) *1* Chi, che ammassa | (*spreg.*) Accaparratore. *2* Che, chi gestisce un ammasso.

ammassellàre [comp. di *a-* (*2*) e *massello*] v. tr. (*io ammassèllo*) *1* Ammassare, ammonticchiare. *2* Imbarilare: *a. aringhe*.

ammassicciàre [comp. di *a-* (*2*) e *massiccio*] **A** v. tr. (*io ammassìccio*) *1* Ammucchiare, riunire in massa compatta. *2* Massicciare: *a. una strada*. **B** v. intr. pron. ● Divenire massiccio, fare massa. SIN. Rassodarsi.

ammàsso [da *ammassare*] s. m. *1* Mucchio, quantità di oggetti ammassati: *un a. di barattoli* | *A. stellare*, agglomeramento di stelle che sulla sfera celeste appare come zona ove la densità stellare è più elevata della norma: *a. stellare aperto, globulare*. *2* (*est.*) Accozzaglia, congerie: *un a. di anticaglie, di cose inutili*. *3* Raccolta di generi, spec. alimentari, ordinata e amministrata dallo Stato; *a. obbligatorio, volontario* | (*est.*) Locale di deposito di tali generi: *portere il grano, l'uva all'a.* | (*fig.*) *Portare il cervello all'a.*, aderire a un'idea, a un partito e sim. in modo totalmente acritico.

ammatassàre [comp. di *a-* (*2*) e *matassa*] v. tr. ● Ridurre in matassa: *a. la lana*.

†**ammattaménto** o †**amattaménto**. s. m. ● Atto, effetto dell'ammattare.

ammattàre o †**amattàre** [dal fr. *mâter* 'alberare', dal francone **mast*] **A** v. tr. ● †Attrezzare una nave di alberi. **B** v. intr. *1* Chiedere soccorso per mezzo di appositi segnali inalberati sulle navi. *2* (*est.*) †Richiamare l'attenzione con grida, cenni, gesticolamenti.

ammattiménto s. m. ● Atto, effetto dell'ammattire | (*est.*) Ciò che fa ammattire.

ammattìre [comp. di *a-* (*2*) e *matto*] v. intr. (*io ammattìsco, tu ammattìsci*; aus. *essere*) *1* Diventare matto: *a. per il dolore*. SIN. Impazzire. *2* (*fig.*) Perdere la calma: *a dargli retta c'è da a.* | Scervellarsi: *è un problema che fa a.*

ammattonàre [comp. di *a-* (*2*) e *mattone*] v. tr. (*io ammattóno*) ● Pavimentare con mattoni: *a. una stanza*.

ammattonàto A part. pass. di *ammattonare*; anche agg. ● Nei sign. del v. **B** s. m. ● Pavimento rustico di mattoni.

ammattonatóre s. m.; anche agg. ● Chi, che è addetto all'ammattonatura.

ammattonatùra s. f. ● Atto ed effetto dell'ammattonare.

ammazzacaffè [comp. di *ammazza(re)* e *caffè*] s. m. ● (*fam.*) Piccola dose di liquore bevuta dopo il caffè, spec. a conclusione di un pasto abbondante.

ammazzacattìvi [comp. di *ammazza(re)* e del pl. di *cattivo*] s. m. e f. ● Chi punisce i cattivi, spec. nelle fiabe, nei film e sim.

ammàzzalo o (*euf.*) **ammàppalo**, (*euf.*) **ammàppelo**, **ammàzzelo** inter. ● (*centr.*) Esprime meraviglia, sorpresa, ammirazione o gener. asseverazione.

ammazzaménto s. m. *1* Uccisione | Strage. *2* (*fig.*) Lavoro pesante.

ammazzàre [comp. di *a-* (*2*) e *mazza*] **A** v. tr. *1* Dare la morte in modo violento: *l'hanno ammazzato come un cane*; *per Pasqua si ammazza l'agnello* | (*est.*) Causare la morte: *la malattia l'ha ammazzato in pochi mesi*. *2* (*fig.*) Affaticare gravemente: *questo lavoro ci ammazza* | Recare grande noia, deprimere: *l'inazione mi ammazza* | *A. il tempo*, occuparlo in qualche modo per vincere la noia, ingannare un'attesa, e sim. *3* In alcuni giochi di carte, superare la carta giocata dall'avversario con una di valore più alto. *4* (*raro*) †Percuotere e uccidere con la mazza. **B** v. rifl. *1* Darsi la morte: *ammazzarsi col veleno*; *per il dispiacere si è ammazzato* | (*est.*) Causare la propria morte: *ammazzarsi con una vita sregolata*. *2* (*fig.*) Affaticarsi gravemente: *ammazzarsi di lavoro*; *ammazzarsi col troppo studio*. **C** v. intr. pron. ● Trovare involontariamente la morte: *si è ammazzato in un incidente automobilistico*.

ammazzasètte [comp. di *ammazza(re)* e *sette* 'che ammazza sette persone', dal personaggio di un'antica novella, che aveva ucciso sette mostri in un colpo solo] s. m. inv. ● Chi si vanta di forza o bravura inesistenti. SIN. Bravaccio, smargiasso, spaccone.

ammazzàta s. f. ● (*fig., fam.*) Pesante fatica.

ammazzàto part. pass. di *ammazzare*; anche agg. ● Nei sign. del v.

ammazzatóio s. m. ● Mattatoio, macello.

ammazzatóre s. m. (f. *-trice*) ● Chi ammazza, spec. chi macella gli animali.

ammazzatùra s. f. *1* (*raro*) Uccisione, spec. di animali. *2* Compenso per gli addetti all'ammazzatoio.

ammàzzelo ● V. *ammazzalo*.

ammàzzete o (*euf.*) **ammàppete**. inter. ● (*centr.*) Esprime meraviglia, stupore, ammirazione o gener. asseverazione.

ammelmàre o (*dial.*) **ammemmàre** [comp. di *a-* (*2*) e *melma*] v. intr. (*io ammélmo*; aus. *essere*) ● (*lett.*) Invischiarsi nella melma | Coprirsi, riempirsi di melma.

àmmen ● V. *amen*.

ammencìre [comp. di *a-* (*2*) e *mencio*] **A** v. tr. (*io ammencìsco, tu ammencìsci*) ● Rendere floscio, vizzo. **B** v. intr. (aus. *essere*) ● Divenir floscio | Avvizzire.

ammènda [da *ammendare*] s. f. *1* (*dir.*) Pena pecuniaria prevista per le contravvenzioni. *2* (*fig.*) Riconoscimento e riparazione di una colpa, di un errore, di un danno | *Fare a. dei propri peccati*, riconoscerli e pentirsene.

†**ammendàbile** agg. ● Emendabile.

ammendaménto s. m. *1* Emendamento. *2* (*agr.*) Qualsiasi accorgimento o intervento atto a migliorare la costituzione fisico-meccanica e la reazione di un terreno | Ammendante.

ammendànte [da *ammendare*] **A** part. pres. di *ammendare*; anche agg. ● Nei sign. del v. **B** s. m. ● (*agr.*) Materiale o prodotto utilizzato per l'ammendamento di un terreno | *A. organico*, che migliora il terreno sotto l'aspetto nutritivo.

ammendàre [dal lat. *emendare* 'correggere', con cambiamento di pref. V. *emendare*] **A** v. tr. (*io ammèndo*) *1* (*lett.*) Emendare | Correggere | Risarcire. *2* (*agr.*) Sottoporre un terreno ad ammendamento, trattarlo con ammendamenti. **B** v. rifl. ● (*lett.*) Correggersi | Emendarsi.

ammennicolàre o (*lett.*) **amminicolàre** [lat. *adminiculāre* 'sostenere, appoggiare', da *adminĭculum* 'ammennicolo'] **A** v. tr. (*io ammennìcolo*) ● (*lett.*) Fornire di prove, spec. cavillose | Addurre pretesti a sostegno di q.c. **B** v. intr. (aus. *avere*) ● Cavillare | Gingillarsi senza costrutto.

ammennìcolo o (*lett.*) **amminìcolo** [lat. *adminĭculu(m)* 'sostegno, palo', di etim. incerta] s. m. *1* Appoggio, prova | (*est.*) Pretesto, cavillo: *avere, trovare sempre nuovi ammennicoli*. *2* (*fig.*) Elemento accessorio e di poco conto: *nella spesa sono previsti vari ammennicoli*.

ammennicolóne o (*lett.*) **amminicolóne A** s. m. (f. *-a*) ● Chi cavilla | Chi perde il tempo in cose inutili. **B** agg. ● Cavilloso.

†**ammentàrsi** [comp. di *a-* (*2*) e *mente*] v. intr. pron. ● Rammentarsi.

ammésso [lat. *admĭssu(m)*, part. pass. di *admĭttere* 'ammettere'] **A** part. pass. di *ammettere*; anche agg. *1* Nei sign. del v. *2 A. che*, dato che, posto che. **B** s. m. (f. *-a*) ● Chi può accedere: *gli ammessi al concorso, agli esami*.

ammestàre [comp. di *a-* (*2*) e *mestare*] v. tr. (*io amméstо*) *1* (*raro*) Operare, lavorare disordinatamente. *2* (*raro*) Spadroneggiare.

ammestóne s. m. (f. *-a*) ● (*raro*) Chi ammesta.

ammetàre [comp. di *a-* (*2*) e *meta*] v. tr. (*io amméto*) ● Riunire, disporre in mete, detto di covoni e sim.

ammettènza o **ammittànza** [da *ammettere*, come contrapposto a *impedenza* (da *impedire*)] s. f. ● (*fis.*) Grandezza elettrica tipica dei circuiti elettrici in parallelo a corrente alternata, che costituisce l'inverso dell'impedenza.

amméttere [vc. dotta, lat. *admĭttere* 'spingere, ammettere', comp. di *ăd* e *mĭttere* 'mandare'] v. tr. (coniug. come *mettere*) *1* Lasciar entrare: *a. alla presenza*; *a. all'udienza papale* | Accogliere, ricevere: *a. nella propria famiglia* | Accettare: *a. qc. agli esami*. *2* Permettere, consentire: *non ammettiamo discussioni* | Riconoscere valido, veridico e sim.: *a. la fortuna, l'esistenza di Dio* | Supporre: *ammettiamo pure la sua innocenza*. *3* †Lanciare i cani alla caccia: *chi serba in coppia e' can, chi gli scompagna*; / *chi già 'l suo ammette, chi 'l richiama e alletta* (POLIZIANO).

ammezzaménto s. m. ● (*raro*) Atto, effetto dell'ammezzare | †*a. della luna*, primo o ultimo quarto.

ammezzàre [comp. di *a-* (*2*) e *mezzo* (*2*)] v. tr. (*io ammèzzo*) *1* Dividere a metà | *A. la via a qc.*, andargli incontro a mezza via | *A. un fiasco di vino*, riempirlo o vuotarlo fino a metà. *2* Fare o dire a metà: *a. un lavoro, un discorso*.

ammezzàto A part. pass. di *ammezzare*; anche agg. *1* Nei sign. del v. *2 Piano a.*, quello posto fra il pianterreno e il primo piano. **B** s. m. ● Piano ammezzato: *abitare all'a.* SIN. Mezzanino.

ammezziménto s. m. ● Imbrunimento della polpa di frutta troppo matura.

ammezzìre [comp. di *a-* (*2*) e *mezzo* (*1*)] v. intr. e intr. pron. (*io ammezzìsco, tu ammezzìsci*; aus. *essere*) ● Diventare mezzo, fradicio: *le pere ammezziscono* | Afflosciarsi.

ammiccaménto s. m. *1* Modo e atto dell'ammiccare. *2* Rapida e istantanea chiusura di entrambe le palpebre, dovuta a un riflesso fisiologico.

ammiccàre [dal lat. *micāre* 'scintillare' (?)] **A** v. intr. (*io ammìcco, tu ammìcchi*; aus. *avere*) ● Fare cenni d'intesa, spec. con gli occhi e di nascosto: *ammiccò all'amico*; *gli ammiccò che parlasse*; *i tuoi occhi ... non ammiccano più ai miei trucchi d'amore* (MORANTE) | Strizzare l'occhio. **B** v. tr. ● (*dial.*) Indicare col movimento degli occhi.

ammìcco s. m. (pl. *-chi*) ● Atto dell'ammiccare.

ammìde o **amìde** [da *amm(oniaca)*, col suff. chimico *-ide*] s. f. ● (*chim.*) Composto organico che deriva, almeno formalmente, dall'ammoniaca per sostituzione di uno o più atomi di idrogeno con radicali di acidi | *A. primaria, secondaria, terziaria*, a seconda che vengano sostituiti uno, due, tre atomi di idrogeno | *A. nicotinica*, vitamina PP.

ammìdico o **amìdico** agg. (pl. m. *-ci*) ● (*chim.*) Della, relativo all'ammide.

ammìna o **amìna** [fr. *amine*, da *ammoniaque* 'ammoniaca', con il suff. chim. *-ine*] s. f. ● (*chim.*) Composto organico basico che deriva, almeno formalmente, dall'ammoniaca per sostituzione di uno o più atomi di idrogeno con radicali alchilici o arilici | *A. primaria, secondaria, terziaria*, a seconda che vengano sostituiti uno, due, tre atomi di idrogeno | *A. del risveglio*, amfetamina.

ammìnico o **amìnico** agg. (pl. m. *-ci*) ● (*chim.*) Detto del gruppo monovalente $-NH_2$ | Relativo ad ammine o a loro derivati.

amminicolàre e *deriv.* ● V. *ammennicolare* e *deriv.*

amministràre [vc. dotta, lat. *administrāre*, comp. di *ăd* e *ministrāre* 'servire, governare'] **A** v. tr. *1* Prendersi cura dei beni pubblici o privati, svolgere un'attività per il raggiungimento di un fine qualunque | *A. lo Stato*, governarlo | *A. la giustizia*, esplicare, da parte degli organi giurisdizionali, le attività idonee a garantire l'esatta applicazione del diritto. *2* Distribuire con oculatezza, dosare:

a. il tempo, a. le forze | *A. il vantaggio*, in una gara sportiva, limitarsi a difenderlo. **3** (*raro*) Porgere, somministrare: *a. una punizione, una medicina, i sacramenti* | Officiare: *a. la S. Messa*. **B** v. rifl. ● Regolarsi, organizzare la propria vita o il proprio lavoro.

amministrativista s. m. e f. (pl. m. *-i*) ● Esperto di diritto amministrativo.

amministrativo [vc. dotta, lat. *administratīvu(m)*, da *administrāre* 'amministrare'] **A** agg. **1** Che si riferisce all'amministrazione pubblica: *elezioni amministrative; decreto, atto a.* | *Diritto a.*, ramo del diritto pubblico che disciplina l'organizzazione e il funzionamento della pubblica amministrazione | *Decentramento a.*, attribuzione agli organi periferici dello Stato o a Enti locali, delle funzioni antecedentemente proprie dell'Amministrazione centrale | *Potere a.*, potere esecutivo. **2** Che si riferisce all'amministrazione privata: *occuparsi di questioni amministrative* | *Fatto a.*, fenomeno della gestione che porta variazioni nei componenti patrimoniali. || **amministrativaménte**, avv. Per quanto riguarda l'amministrazione. **B** s. m. ● Impiegato che si occupa dell'amministrazione in un'azienda.

amministràto **A** part. pass. di *amministrare*; anche agg. ● Nei sign. del v. | *Prezzo a.*, quello fissato da un'amministrazione pubblica spec. per beni di prima necessità. **B** s. m. (f. *-a*) ● Chi è soggetto a un'amministrazione pubblica.

amministratóre [vc. dotta, lat. tardo *administratōre(m)*, da *administrāre* 'amministrare'] **A** agg. (f. *-trice*) ● Che amministra. **B** s. m. (V. nota d'uso FEMMINILE) ● Chi amministra q.c. | *A. delegato*, nelle società di capitale, componente del consiglio di amministrazione che su delega di questo ne esplica alcune funzioni | *A. giudiziario*, incaricato dell'autorità giudiziaria di gestire temporaneamente dati beni in adempimento di una pubblica funzione | *A. apostolico*, reggente temporaneo di una diocesi per incarico della S. Sede.

amministrazióne [vc. dotta, lat. *administratiōne(m)*, da *administrāre* 'amministrare'] s. f. **1** Atto, effetto dell'amministrare: *l'a. del bilancio familiare*. **2** Attività che gli organi di un'azienda svolgono per il raggiungimento del fine aziendale | *A. del personale*, complesso di tecniche e di operazioni compiute da organi specializzati di un'azienda per il miglior impiego del personale | *Atti di straordinaria a.*, quelli che producono effetti rilevanti sulla composizione del patrimonio | *Atti di ordinaria a.*, quelli relativi alla normale gestione di un patrimonio | *Affari, questioni, problemi di ordinaria a.*, (*fig.*) comuni, correnti, di scarso impegno o rilievo | *Consiglio d'a.*, l'insieme degli amministratori di una società | (*dir.*) *A. controllata*, gestione sotto controllo giudiziario del patrimonio dell'imprenditore per impedirne la insolvenza | (*dir.*) *A. straordinaria*, procedura concorsuale disposta dal ministro dell'Industria di concerto con quello del Tesoro, allo scopo di evitare il fallimento delle grandi imprese in crisi. **3** Concreta attività dello Stato svolta per provvedere ai pubblici bisogni: *a. pubblica* | Complesso di organi che esercitano tale attività amministrativa: *l'a. comunale; la pubblica a.; l'a. dei telefoni di Stato* | *A. fiduciaria*, sistema di governo predisposto dalle Nazioni Unite, per cui uno Stato assume l'amministrazione e la rappresentanza internazionale di un territorio non ancora in grado di governarsi da solo, al fine di portarlo all'indipendenza. **4** Sede delle attività amministrative, spec. di un'azienda, impresa e sim.: *l'a. è al terzo piano; vi hanno chiamato in a.*

ammino- o **amino-** [da *ammina*] primo elemento ● In parole composte della terminologia chimica indica la presenza del radicale monovalente $-NH_2$: *amminoacido*.

amminoàcido o **aminoàcido** [comp. di *am(-m)ino-* e *acido*] s. m. ● Composto organico contenente uno o più gruppi amminici e uno o più gruppi carbossilici, costituente delle proteine, di vitale importanza nel metabolismo animale.

amminoàlcol o **aminoàlcol** [comp. di *ammino-* e *alcol*] s. m. ● (*chim.*) Composto organico contenente uno o più gruppi amminici e uno o più gruppi alcolici.

amminoglicoside o **aminoglicoside** [comp. di *ammino-* e *glicoside*] s. m. ● (*farm.*) Composto chimico costituito da ammino-zuccheri uniti con legame glucosidico a un nucleo a sei atomi di carbonio; presentano questa struttura antibiotici naturali come la streptomicina e la gentamicina.

amminoglicosìdico o **aminoglicosìdico** agg. (pl. m. *-ci*) ● Relativo ad amminoglicoside.

amminoplàsto [comp. di *ammino-* e *plasto*] s. m. ● Materia plastica ottenuta per policondensazione di ammine o ammidi con formaldeide, usata come polvere da stampaggio, antipiega, collante e vernice.

amminutaménto s. m. ● Atto, effetto dell'amminutare.

amminutàre [comp. di *a-* (*2*) e *minuto* (*1*)] v. tr. ● Rompere in parti minute | Sminuzzare con l'erpice le zolle di un terreno arato, prima della semina.

ammiràbile [vc. dotta, lat. *admirābile(m)*, da *admirāri* 'ammirare'] agg. **1** Che è degno di ammirazione: *comportamento a.* **2** (*lett.*) Meraviglioso. || **ammirabilménte**, avv.

ammiràglia s. f. **1** Nave da guerra su cui è imbarcato l'ammiraglio | Nella marina mercantile, la nave più grande e veloce d'una compagnia di navigazione | (*est.*) La vettura di maggior prestigio di una casa automobilistica. **2** Nel ciclismo, l'automobile del direttore di corsa, o del direttore di una squadra, al seguito di una gara, spec. a tappe.

ammiragliàto s. m. **1** Dignità e ufficio dell'ammiraglio. **2** L'insieme degli alti ufficiali della Marina militare. **3** Edificio sede dell'ammiragliato. **4** In alcuni Stati europei, Ministero della Marina.

ammiràglio o †**almiràglio** [dall'ar. *amīr* 'principe'] s. m. **1** Fino al sec. XVIII, supremo comandante di mare e dignitario della corona. **2** Oggi, comandante di un complesso rilevante di navi da guerra: *a. di divisione, di squadra*.

ammiràndo [vc. dotta, lat. *admirăndu(m)*, gerundio di *admirāri* 'ammirare'] agg. ● (*lett.*) Che deve essere ammirato.

ammiràre [vc. dotta, lat. *admirāri*, comp. di *ăd* e *mirāri* 'ammirare'] **A** v. tr. **1** Osservare, contemplare con ammirazione e meraviglia: *a. un bel panorama*. **2** (*est.*) Provare stima, rispetto, considerazione: *a. le gesta degli eroi*. **B** v. intr. e intr. pron. (aus. *essere*) ● (*raro, lett.*) Meravigliarsi, stupire.

ammiratìvo [vc. dotta, lat. tardo *admiratīvu(m)*, da *admirāri* 'ammirare'] agg. ● Che denota ammirazione, meraviglia: *sguardo a.* | *Punto a.*, esclamativo. || **ammirativaménte**, avv.

ammiràto part. pass. di *ammirare*; anche agg. **1** Nei sign. del v. **2** Pieno di ammirazione: *essere, rimanere a. di q.c.*

ammiratóre [vc. dotta, lat. tardo *admiratōre(m)*, da *admirāri* 'ammirare'] s. m. (f. *-trice*) **1** Chi ammira. **2** Corteggiatore.

ammirazióne [vc. dotta, lat. *admiratiōne(m)*, da *admirāri* 'ammirare'] s. f. **1** Atto dell'ammirare: *essere in a. di q.c.* **2** Sentimento di grande stima, considerazione: *suscitare, destare a. in qc.; sentire, provare, nutrire a. per q.c., per qc.* | (*est.*) Persona o cosa che suscita tale sentimento: *la sua forza nel dolore è l'a. di tutti*. **3** †Meraviglia, stupore: *certo non ti dovrien punger li strali / d'a. omai* (DANTE *Par.* II, 55-56).

ammirévole [lat. *admirābile(m)*, da *admirāri* 'ammirare'] agg. ● Che è degno di ammirazione: *tenere un contegno a.* || **ammirevolménte**, avv.

ammiserire [comp. di *a-* (*2*) e *misero*] v. tr. (*io ammiserisco, tu ammiserisci*) ● (*raro*) Rendere misero.

ammissìbile [vc. dotta, lat. mediev. *admissibile(m)*, da *admĭttere* 'ammettere'] agg. **1** Che si può ammettere: *questo non è un comportamento a.* CONTR. Inammissibile. **2** Detto di atto processuale compiuto da una parte in osservanza delle prescrizioni della legge così da dovere essere preso in considerazione dal giudice: *azione a.; ricorso a.*

ammissibilità s. f. ● Qualità di ciò che è ammissibile.

ammissióne [vc. dotta, lat. *admissiōne(m)*, da *admĭttere* 'ammettere'] s. f. **1** Atto, effetto dell'ammettere | *Esame d'a.*, quello che consente il passaggio a una classe superiore. **2** Accettazione, approvazione: *per comune a.*

ammittànza ● V. *ammettenza*.

ammobigliàre e *deriv.* ● V. *ammobiliare* e *deriv.*

ammobiliaménto o (*evit.*) **ammobigliaménto**. s. m. ● Atto, effetto dell'ammobiliare | (*est.*) L'insieme dei mobili che arredano una casa, una stanza e sim.

ammobiliàre o (*evit.*) **ammobigliàre** [comp. di *a-* (*2*) e *mobilia*] v. tr. (*io ammobilio*) ● Fornire di mobili: *a. un appartamento, un ufficio*.

ammobiliàto part. pass. di *ammobiliare*; anche agg. ● Nei sign. del v.

ammodernaménto s. m. ● Modo, atto dell'ammodernare.

ammodernàre [comp. di *a-* (*2*) e *moderno*] v. tr. (*io ammodèrno*) ● Dare un aspetto moderno, nuovo: *a. un cappotto, l'arredamento della casa*.

ammodernatùra s. f. ● L'ammodernare.

ammòdite o **ammodite** [vc. dotta, lat. *ammŏdyte(m)*, nom. *ammŏdytes*, dal gr. *ammodýtes*, comp. di *ámmos* 'sabbia' e *dýō* 'mi affondo'] **A** s. m. ● Varietà di vipera con una protuberanza conica sull'apice del muso (*Vipera ammodytes*). SIN. Vipera dal corno. **B** s. f. ● Piccolo pesce osseo con corpo molto allungato e subcilindrico di color azzurro-verdastro, agilissimo nello sprofondarsi nella sabbia (*Ammodytes lanceolatus*).

ammòdo o **a mòdo** [comp. di *a-* (*2*) e *modo*] **A** avv. ● Con cura, con garbo, per bene, come si conviene, con prudenza: *fate le cose a.; comportati a.; posate a. quel vetro*. **B** agg. inv. ● Detto di persona, saggio, bene educato e sim.: *è un ragazzo a.* || **ammodino**, dim.

ammòfila [comp. del gr. *ámmos* 'sabbia' e *phílos* 'che ama, predilige'] s. f. **1** Genere di piante erbacee perenni delle Graminacee, con rizomi striscianti, fusti cespugliosi eretti e fiori in pannocchie (*Ammophila*). **2** Genere di insetti degli Imenotteri di forma agile e slanciata con lungo peduncolo fra torace e addome (*Ammophila*).

ammòfilo [comp. del gr. *ámmos* 'sabbia' e di *-filo*] agg. ● Detto di organismo vegetale o animale che vive nella sabbia.

ammogliàre [comp. di *a-* (*2*) e *moglie*] **A** v. tr. (*io ammóglio*) ● Dare moglie. **B** v. rifl. **1** Prendere moglie: *ammogliarsi con una brava ragazza*. **2** (*raro*) †Congiungersi.

ammogliàto **A** part. pass. di *ammogliare*; anche agg. ● Nei sign. del v. **B** s. m. ● Chi ha moglie.

ammoinàre (**1**) [sp. *amohinar*, da *mohina* 'tedio', da *mohino* 'triste, avvilito', di etim. incerta] v. intr. e intr. pron. (aus. *essere*) ● In marina, affaccendarsi facendo confusione.

†**ammoinàre** (**2**) [comp. di *a-* (*2*) e *moina*] v. tr. ● Blandire, adulare con moine.

ammollaménto s. m. ● Atto, effetto dell'ammollare e dell'ammollarsi, nel sign. di *ammollare* (*1*).

ammollàre (**1**) [comp. di *a-* (*2*) e *molle*] **A** v. tr. (*io ammòllo*) **1** Rendere molle, spec. bagnando nell'acqua: *a. il pane nel vino; a. un tessuto* | *A. il bucato*, metterlo a mollo. **2** (*fig.*) †Intenerire, raddolcire. **B** v. intr. e intr. pron. (aus. *essere*) ● Diventare molle: *il pane si ammolla* | Impregnarsi di umidità: *rimase due ore ad a. sotto la pioggia*. **C** v. intr. pron. ● †Intenerirsi, raddolcirsi.

ammollàre (**2**) [comp. di *a-* (*2*) e *molla*] v. tr. (*io ammòllo*) **1** Allentare, mollare: *a. un cavo*. **2** (*fig.*) Affibbiare, appioppare: *a. uno schiaffo, un pugno*.

ammolliménto s. m. ● Atto, effetto dell'ammollire e dell'ammollirsi.

ammollire [lat. tardo *admollīre*, comp. di *ăd* e *mŏllis* 'molle'] **A** v. tr. (*io ammollisco, tu ammollisci*) **1** Rendere molle: *a. la ceralacca col calore*. SIN. Ammorbidire. **2** (*fig., lett.*) Lenire | Raddolcire, intenerire | Infiacchire, indebolire. **B** v. intr. pron. **1** Diventare molle: *la cera s'è ammollita*. **2** (*fig.*) Ammansirsi | Intenerirsi.

ammòllo [da *ammollare* (*1*)] s. m. ● Prolungata immersione spec. della biancheria nel liquido detergente per facilitarne la successiva lavatura.

ammoniaca [fr. *ammoniaque*, dal lat. *ammonīacu(msāl)*, a sua volta dal gr. *ammōniakón*, detto così dal tempio di Giove Ammone in Libia, presso il quale si raccoglieva questa sostanza] s. f. ● Gas incoloro, irritante, che in acqua ha reazione alcalina, ottenuto spec. per sintesi da azoto e idrogeno, utilizzato in farmacia e in varie lavorazioni industriali.

ammoniacàle [fr. *ammoniacal*, da *ammoniaque* 'ammoniaca'] agg. • Di, relativo all'ammoniaca | Che ha le proprietà dell'ammoniaca | Che contiene ammoniaca: *gas, vapore, liquido a.*

ammoniacàto A agg. • Detto di composto che contiene ammoniaca. B s. m. • Composto complesso formato da un sale neutro e da una o più molecole di ammoniaca.

ammonìaco agg. (pl. m. *-ci*) 1 Di ammoniaca: *sale a.* 2 Di ammonio | *Sale a.*, cloruro di ammonio.

ammònico agg. (pl. m. *-ci*) • Detto di composto dell'ammonio: *cloruro, nitrato, solfato a.*

ammoniménto [da *ammonire*] s. m. 1 Atto, effetto dell'ammonire. SIN. Avviso, consiglio. 2 Ammonizione, correzione.

ammònio [da *ammoniaca*] s. m. • (*chim.*) Gruppo monovalente positivo non isolato allo stato libero, presente nelle soluzioni acquose dell'ammoniaca e dei suoi sali, che si comporta come lo ione di un metallo alcalino.

ammoniotèlico [comp. di *ammonio* e del gr. *télos* 'fine', inteso come 'stadio finale', col suff. *-ico*] agg. (pl. m. *-ci*) • (*biol.*) Detto di animale caratterizzato da ammoniotelismo.

ammoniotelìsmo [comp. di *ammonio* e del gr. *télos* 'fine' col suff. *-ismo*] s. m. • (*biol.*) Metabolismo dei composti azotati tipico di alcuni gruppi animali; porta prevalentemente o esclusivamente all'eliminazione di scorie in forma di ammoniaca o di sali ammoniacali.

ammonìre [vc. dotta, lat. *admonēre*, comp. di *ăd* e *monēre* 'ricordare'] v. tr. (*io ammonìsco, tu ammonìsci*) 1 Mettere in guardia con energia e autorevolezza, contro errori, pericoli e sim.: *a. i giovani contro le tentazioni* | Esortare: *vi ammonisco a non ripetere simili errori* | Ammaestrare: *i nostri errori debbono ammonirci.* 2 Rimproverare, riprendere, correggere: *a. qc. per una mancanza.* 3 (*dir., sport*) Rivolgere a qc. un'ammonizione: *il giudice ha ammonito i testimoni; a. un dipendente; l'arbitro ha ammonito lo stopper.*

Ammonìti [dette così perché hanno forma somigliante alle corna del dio *Ammone*] s. f. pl. • Nella tassonomia animale, ordine di Cefalopodi fossili diffusi dal Devoniano al Cretaceo con guscio a forma di spirale diviso internamente in camere crescenti (*Ammonites*) | (al sing. *-e*) Ogni individuo di tale ordine. ➡ ILL. **paleontologia**.

ammonitìvo agg. • Che contiene un'ammonizione: *richiamo a.*

ammonìto A part. pass. di *ammonire*; anche agg. • Nei sign. del v. B s. m. (f. *-a*) • Chi ha ricevuto un'ammonizione.

ammonitóre [vc. dotta, lat. *admonitōre(m)*, da *admonēre* 'ammonire'] agg.; anche s. m. (f. *-trice*) • Che, chi ammonisce.

ammonitòrio [vc. dotta, lat. tardo *admonitōriu(m)*, da *admonēre* 'ammonire'] agg. • (*raro*) Che è atto ad ammonire.

ammonizióne [vc. dotta, lat. *admonitiōne(m)*, da *admonēre* 'ammonire'] s. f. 1 Esortazione, avvertimento: *i passati dolori ti siano di a. per il futuro.* 2 Riprensione, correzione: *ha ricevuto una grave a.* 3 (*dir.*) Monito che il magistrato rivolge alle parti, ai testimoni e ai consulenti tecnici sull'importanza degli atti che stanno per compiere | Sanzione disciplinare, irrogabile ai dipendenti, consistente in un formale rimprovero. 4 (*sport*) Avvertimento dato dall'arbitro o dal dirigente a un giocatore o atleta che abbia commesso scorrettezze o infrazioni | Provvedimento preso a carico di giocatori o atleti spec. recidivi nei falli o nelle irregolarità.

ammonizzazióne [da *ammonio*] s. f. • (*biol., chim.*) Processo microbico di trasformazione dell'azoto organico del terreno in azoto ammoniacale.

ammontàre [comp. di *a-* (*2*) e *monte*] A v. tr. (*io ammónto*) • Ammassare oggetti uno sull'altro: *a. le casse in magazzino.* SIN. Ammucchiare. B v. rifl. • (*raro*) Porsi uno a ridosso dell'altro. SIN. Accalcarsi. C v. intr. (aus. *essere*) • Raggiungere una determinata cifra totale: *i debiti ammontano a tre milioni.* D In funzione di s. m. • Totale complessivo: *l'a. delle spese è eccessivo.*

†**ammonticàre** [forma iter. di *ammontare*] v. tr. • Ammonticchiare, ammucchiare.

ammonticchiàre [dal lat. tardo *montĭculus* 'monticello'] A v. tr. (*io ammontìcchio*) • Ammucchiare, spec. in modo disordinato: *a. libri, stoviglie, abiti.* B v. rifl. • (*raro*) Accalcarsi.

ammorbaménto s. m. • Atto, effetto dell'ammorbare.

ammorbàre [comp. di *a-* (*2*) e *morbo*] A v. tr. (*io ammòrbo*) 1 Rendere malsano e infetto, trasmettere una malattia: *una persona infetta può a. un'altra* | Appestare, detto di pessimi odori (*anche ass.*): *un puzzo acre ammorbava l'aria; un tanfo, un fetore, che ammorba* | (*fig., fam.*) Importunare, infastidire. 2 (*fig.*) Corrompere: *a. i pensieri, i sentimenti.* B v. intr. (aus. *essere*) • †Ammalarsi: *com'uom ch'è sano e'n un momento ammorba* (PETRARCA).

ammorbàto part. pass. di *ammorbare*; anche agg. • Nei sign. del v.

ammorbatóre agg. (f. *-trice*) • Che ammorba.

†**ammorbidàre** v. tr., intr. e intr. pron. (aus. *essere*) • Ammorbidire.

ammorbidènte A part. pres. di *ammorbidire*; anche agg. • Nei sign. del v. B s. m. 1 (*chim.*) Additivo usato nel lavaggio dei tessuti per attenuarne la rigidità conferita dai sali di calcio. 2 Additivo per il bucato domestico usato per rendere morbidi i capi lavati.

ammorbidiménto s. m. • Atto, effetto dell'ammorbidire.

ammorbidìre [comp. di *a-* (*2*) e *morbido*] A v. tr. (*io ammorbidìsco, tu ammorbidìsci*) 1 Rendere morbido, tenero: *a. la cera.* 2 (*fig.*) Addolcire: *a. il carattere* | *A. i contorni*, (*fig.*) sfumarli. B v. intr. e intr. pron. (aus. *essere*) 1 Diventare morbido, molle. 2 (*fig.*) Addolcirsi: *gli si è ammorbidito il carattere.*

ammorsàre (1) [comp. di *a-* (*2*) e *morsa*] v. tr. (*io ammòrso*) 1 Chiudere in una morsa. 2 (*arch.*) Lasciare ammorsature, per il collegamento di un muro con un altro nuovo.

†**ammorsàre (2)** [lat. parl. **admorsāre* (*admordēre*). V. *mordere*] v. tr. • Dare morsi.

ammorsatùra [da *ammorsato*, part. pass. di *ammorsare* (*1*)] s. f. • (*arch.*) Pietra lasciata sporgere da un muro nudo, per un'eventuale nuova costruzione.

ammorsellàto [comp. di *a-* (*2*) e *morsello*] s. m. • Manicaretto di carne tritata e uova sbattute.

ammortaménto s. m. 1 Estinzione graduale di un debito o reintegrazione entro un periodo prestabilito, di spese, capitali per impianti, ammodernamenti e sim. mediante pagamenti periodici e accantonamenti di quote, calcolati in base a un piano finanziario | *A. del debito pubblico, a. dei prestiti pubblici*, rimborso graduale da parte dello Stato delle somme prese a mutuo. SIN. (*raro*) Ammortizzazione. 2 Procedimento giudiziario diretto alla sostituzione di un titolo di credito smarrito, sottratto o distrutto. 3 †Estinzione | †Mortificazione.

ammortàre [comp. di *a-* (*2*) e *morto*] v. tr. (*io ammòrto*) 1 Estinguere, entro un certo periodo di tempo, un debito | Reintegrare in un periodo determinato le spese d'impianto. 2 †Far morire | (*lett.*) †Spegnere, debilitare, estinguere: *il digiuno ammorta molti vizi* (SACCHETTI).

ammortiménto s. m. • (*raro*) Atto, effetto dell'ammortire e dell'ammortirsi.

ammortìre [lat. parl. **admortīre*, da *mŏrs*, genit. *mŏrtis* 'morte'] A v. tr. (*io ammortìsco, tu ammortìsci*) 1 Rendere inerte, torpido: *l'alcol gli ammortisce i riflessi.* 2 (*fig.*) Affievolire, smorzare, attutire: *a. suoni, colori.* B v. intr. e intr. pron. (aus. *essere*) • †Svenire.

ammortizzàbile agg. • Che si può ammortizzare.

ammortizzaménto [fr. *amortissement*. V. *ammortare*] s. m. • Atto, effetto dell'ammortizzare.

ammortizzàre [dal fr. *amortir*, e *-izzare*] v. tr. 1 Ammortare. 2 Attutire, assorbire urti, vibrazioni, sollecitazioni mediante ammortizzatori.

ammortizzatóre s. m. • Dispositivo per attutire urti e vibrazioni che nei veicoli serve ad attenuare sobbalzi causati dalle irregolarità della strada | *A. idraulico, idropneumatico*, in cui l'azione ammortizzante è data da olio e aria compressa, rispettivamente | (*econ.*) *Ammortizzatori sociali*, complesso dei provvedimenti, come la cassa integrazione o il prepensionamento, volti ad attenuare le conseguenze sociali della perdita di posti di lavoro.

ammortizzazióne s. f. • (*raro*) Ammortizzamento: *a. di una cambiale; a. dei prestiti pubblici.*

ammorzaménto s. m. • (*raro*) Modo e atto dell'ammorzare.

ammorzàre [lat. parl. **admortiāre*, da *mŏrs*, genit. *mŏrtis* 'morte'] A v. tr. (*io ammòrzo*) 1 Spegnere, estinguere, smorzare (*anche fig.*): *a. la fiamma, il fuoco, la luce; a. il pianto, un dolore.* 2 (*fig.*) Attutire: *a. la voce, il passo.* B v. intr. pron. • (*raro, lett.*) Estinguersi, annullarsi.

ammorzatóre agg.; anche s. m. (f. *-trice*) • Che, chi ammorza.

ammoscàrsi • V. *ammascarsi.*

ammosciàre [comp. di *a-* (*2*) e *moscio*] v. tr., intr. e intr. pron. (*io ammóscio*; aus. intr. *essere*) • (*dial.*) Ammoscire.

ammoscìre A v. tr. (*io ammoscìsco, tu ammoscìsci*) • Rendere moscio, vizzo: *la pioggia ha ammoscito le falde del cappello.* B v. intr. e intr. pron. (aus. *essere*) • Diventare moscio.

ammostaménto s. m. • Preparazione del mosto atto ad essere fermentato.

ammostàre [comp. di *a-* (*2*) e *mosto*] A v. tr. (*io ammósto*) • Pigiare l'uva per farne mosto. B v. intr. (aus. *avere*) • Produrre mosto.

ammostatóio s. m. • Strumento di legno per ammostare e muovere la vinaccia.

ammostatóre s. m.; anche agg. (f. *-trice*) • Chi, che ammosta.

ammostatùra s. f. • Ammostamento.

†**ammotinàre** e *deriv.* • V. *ammutinare* e *deriv.*

ammòtrago [comp. del gr. *ámmos* 'sabbia' e *trágos* 'capro'] s. m. (pl. *-ghi*) • Pecora selvatica africana con collo e petto abbondantemente crinito e lunghe corna arcuate (*Ammotragus lervia*).

ammucchiaménto s. m. • Atto, effetto dell'ammucchiare e dell'ammucchiarsi.

ammucchiàre [comp. di *a-* (*2*) e *mucchio*] A v. tr. (*io ammùcchio*) • Mettere in mucchio | Accumulare: *a. denari.* B v. intr. pron. • Affollarsi, ammassarsi: *la mobilia si ammucchiava in un angolo.*

ammucchiàta [part. pass. sostantivato di *ammucchiare*] s. f. 1 Rapporto sessuale di gruppo, senza distinzione di numero e di sesso. 2 (*est.*) Gruppo eterogeneo e confuso: *un'a. elettorale.*

ammucidìre [comp. di *a-* (*2*) e *mucido*] v. intr. e intr. pron. (*io ammucidìsco, tu ammucidìsci*; aus. *essere*) • (*tosc.*) Ammuffire.

ammuffiménto s. m. • Alterazione di un alimento dovuta alla formazione di muffe.

ammuffìre [comp. di *a-* (*2*) e un den. di *muffa*] v. intr. (*io ammuffìsco, tu ammuffìsci*; aus. *essere*) 1 Fare la muffa: *questi biscotti sono ammuffiti* | (*fig.*) *Tenere il denaro ad a.*, non investirlo. 2 (*fig.*) Invecchiare o sciuparsi tenendosi appartati dalla vita attiva: *a. sui libri, in casa.*

ammuffìto part. pass. di *ammuffire*; anche agg. 1 Nei sign. del v. 2 (*fig.*) Vecchio, superato, retrivo.

ammulinàre [comp. di *a-* (*2*) e *mulino*] A v. tr. • (*raro*) Fare girare vorticosamente. B v. intr. (aus. *essere*) • (*raro*) Fare mulinello, girare vorticosamente, detto di polvere, nevischio e sim.

ammusàre [comp. di *a-* (*2*) e *muso*] A v. intr. (aus. *essere*) • Star vicino col muso, detto di animali. B v. tr. • (*raro*) Toccare col muso. C v. rifl. rec. • (*lett.*) Toccarsi muso con muso: *le pecore s'ammusavano in un mucchio lanoso* (D'ANNUNZIO).

ammusìre v. intr. (*io ammusìsco, tu ammusìsci*; aus. *essere*) • (*raro*) Immusonirsi, mettere il broncio.

ammusonìto agg. • Immusonito.

ammutàre [comp. di *a-* (*2*) e *muto*] v. intr. (aus *essere*) • (*raro*) Ammutire: *se ammuto / volentieri fra gli uomini, a te parlo* (SABA).

ammutinaménto o †**ammotinaménto** s. m. 1 Ribellione di quattro o più militari o di almeno un terzo dei membri dell'equipaggio a ordini dei superiori: *reato di a.* 2 (*est.*) Correntemente, rifiuto di obbedire a un ordine superiore da parte di appartenenti alle forze armate, di membri dell'equipaggio, di carcerati.

ammutinàre o †**ammotinàre** [sp. *amotinar*, dal

fr. (*se*) *mutiner*, da *meute* 'sommossa', dal lat. *movēre* 'muovere'] **A** v. tr. (*io ammùtino* o *ammutìno*) ● (*raro*) Indurre all'ammutinamento: *a. l'esercito.* **B** v. intr. pron. ● Rendersi colpevole di ammutinamento.

ammutinàto A part. pass. di *ammutinare*; anche agg. ● Nei sign. del v. **B** s. m. ● Chi è colpevole di ammutinamento.

ammutìre [comp. di *a-* (*2*) e *muto*] **A** v. intr. (*io ammutìsco, tu ammutìsci*; aus. *essere*) ● (*raro*) Divenir muto | Tacere. **B** v. tr. ● (*raro, lett.*) Ridurre al silenzio: *a. i nemici.*

ammutolìre [comp. di *a-* (2) e un den. di *mutolo*] **A** v. intr. (*io ammutolìsco, tu ammutolìsci*; aus. *essere*) ● Divenire silenzioso | (*est.*) Tacere improvvisamente per paura, vergogna, e sim. **B** v. tr. ● (*raro*) Rendere muto: *lo stupore lo ammutolì.*

amnesia [fr. *amnésie*, dal gr. *amnēsía*, comp. di *a-* e *-mnesia*] s. f. ● Perdita totale o parziale della memoria.

àmnio o **àmnios** [vc. dotta, lat. tardo *ămnio(n)*, dal gr. *amníon*, di etim. incerta] s. m. ● (*anat.*) Membrana trasparente che forma un sacco ripieno di liquido in cui è sospeso l'embrione dei Vertebrati superiori.

amniocèntesi o **amniocentèsi** [comp. di *amnio* e del gr. *kéntēsis* 'puntura' (V. *paracentesi*)] s. f. ● (*med.*) Prelievo del liquido amniotico effettuato mediante l'introduzione di un lungo ago attraverso l'addome della gestante fino a raggiungere il sacco amniotico.

amniografìa [comp. di *amnio* e *-grafia*] s. f. ● (*med.*) Tecnica radiologica per cui si visualizza il feto, rendendo possibile la diagnosi prenatale del sesso e di eventuali anomalie.

àmnios ● V. *amnio.*

amnioscopìa [comp. di *amnio* e *-scopia*] s. f. ● (*med.*) Esame ottico della cavità amniotica mediante amnioscopio.

amnioscòpio s. m. ● (*med.*) Strumento per effettuare l'amnioscopia.

Amniòti [da *amnio*] s. m. pl. ● Nella tassonomia animale, denominazione dei Vertebrati il cui embrione si sviluppa nell'amnio.

amniòtico agg. (pl. m. *-ci*) ● (*anat.*) Dell'amnio | *Liquido a.* secreto dalla membrana amniotica e in essa contenuto.

amnistìa [vc. dotta, lat. *amnēstía(m)*, nom. *amnēstía*, dal gr. *amnēstía* 'oblio, remissione', comp. di *a-* (*1*) e *mimnḗskō* 'io rammento'] s. f. ● (*dir.*) Provvedimento generale con cui lo Stato dichiara l'estinzione di determinati reati già commessi, rinunciando all'applicazione della pena | *A. propria*, quando è anteriore alla sentenza irrevocabile di condanna | *A. impropria*, quando è posteriore alla sentenza irrevocabile di condanna.

amnistiàre /amnis'tjare, amnisti'are/ v. tr. (*io amnìstio* o *amnistìo*) ● Applicare l'amnistia a dati reati esonerando i colpevoli dalla esecuzione della pena.

amnistiàto /amnis'tjato, amnisti'ato/ **A** part. pass. di amnistiare; anche agg. ● Nei sign. del v. **B** s. m. (f. *-a*) ● Chi è stato beneficiato da una amnistia.

àmo [lat. *hāmu(m)* 'uncino', di etim. incerta] s. m. (pl. *àmi*; pl. f. †*àmora*) ***1*** Uncino di acciaio o ferro, di varia grandezza, che innescato con esche diverse serve per la cattura del pesce: *il pesce abbocca all'amo*; *gettare l'amo in acque pescose.* ➡ ILL. **pesca**. ***2*** (*est.*) Punta uncinata: *l'amo dello strale, dell'ancora.* ***3*** (*fig.*) Lusinga, insidia | *Abboccare all'amo*, cadere in un inganno | *Gettare l'amo*, tendere un'insidia.

a mòdo ● V. *ammodo.*

amoèrro o **amoèrre** [fr. *moire*, dall'ingl. *mohair*, a sua volta dall'ar. *muhajjar* 'specie di cammellotto fatto di peli di capra'] s. m. ● Stoffa di seta molto consistente, con giochi di riflessi che imitano il movimento delle onde.

amòmo [lat. *amōmu(m)*, dal gr. *ámomon*, di origine semitica] s. m. ● Pianta erbacea delle Zingiberacee, fornita di grossi rizomi, con fusti eretti, foglie strette, lineari e lanceolate, fiori brunicci in spighe composte (*Amomum cardamomum*).

amoràccio ● V. *amorazzo.*

amoràle [comp. di *a-* (*1*) e *morale*] agg.; anche s. m. e f. ● Che risulta estraneo e indifferente a qualsiasi valutazione morale: *vita a.*; *comportamento a.*; *persona a.*

amoralismo s. m. ● Atteggiamento proprio di chi concepisce la vita completamente estranea a qualsiasi valutazione di ordine morale.

amoralità s. f. ● Qualità, caratteristica di chi, di ciò che è amorale.

amoràzzo o **amoràccio** s. m. ***1*** Pegg. di *amore.* ***2*** Tresca.

amóre [lat. *amōre(m)*. V. *amare*] s. m. (*Amóre* nel sign. 7) ***1*** Moto affettuoso, inclinazione profonda verso qc. o q.c.: *a. paterno, materno, fraterno*; *a. per un amico* | *Essere tutto a.*, essere bendisposto | *D'a. e d'accordo*, senza contrasti | *Per a. o per forza*, in ogni modo | *Per l'a. di Dio*, escl. di supplica o incitamento o impazienza | *Per a. di*, al fine, per causa | *A. di sé*, egocentrismo | *Amor proprio*, senso del proprio valore, della propria dignità, che può confinare con l'ambizione, la vanità e sim. CONTR. Odio. ***2*** Attrazione sessuale verso un'altra persona: *a. corrisposto, tormentato, infelice, tenero, morboso*; *a. sensuale, platonico, romantico*; *a. sacro, profano*; *parlare d'a.* | *A. libero*, che si realizza senza legami matrimoniali | *Figlio dell'a.*, (*euf.*) figlio naturale | *Fare all'a.*, (*raro* o *region.*) *fare l'a. con qc.*, corteggiare qc.; avere rapporti sessuali con qc. | *Fare all'a.*, *fare l'a. con q.c.*, (*raro*) desiderare ardentemente q.c. | *Patire, soffrire il mal d'a.*, amare con intensità dolorosa. ***3*** (*biol.*) Complesso di atteggiamenti, di attività e modificazioni morfologiche che nella maggior parte degli animali accompagna la riproduzione. ***4*** Aspirazione ardente e continuata alla realizzazione di un ideale etico, politico, religioso, e sim.: *a. della povertà, della giustizia sociale* | Desiderio di Dio e del bene | Sentimento di solidarietà, di affetto, di carità verso gli esseri umani, o verso una data istituzione, comunità e sim.: *provare a. per gli oppressi, per i nemici*; *a. della patria, dell'umanità* | Interesse appassionato, predilezione, per un'attività, una materia di studio e sim.: *a. per le arti, per la matematica, per le lunghe passeggiate* ***5*** Forte desiderio di q.c., attaccamento a q.c.: *a. del denaro, del lusso, del potere*; *a. per la vita, per i piaceri.* ***6*** Solerzia, zelo, accuratezza: *studiare, lavorare con a.* ***7*** (*fig.*) Dio: *il Sommo, Eterno, Divino a.* | Paterna dilezione di Dio per la creatura. ***8*** Chi, ciò che è oggetto di amore (*anche scherz.*): *la musica è il suo unico a.*; *è poi venuto all'appuntamento il tuo a.?* | Chi, ciò che è molto attraente: *la tua bambina è proprio un a.*; *ha un giardino che è un a.* ***9*** (*est.*, *spec. al pl.*) Avventura, vicenda amorosa: *non fa che parlare dei suoi amori.* ***10*** Dio dell'amore. ***11*** Una delle figure nel gioco dei tarocchi. ***12*** (*bot.*) *A. nascosto*, aquilegia || PROV. Amor con amor si paga; l'amor non fa bollir la pentola. || **amoràccio**, **amoràzzo**, pegg. (V.) | **amorétto**, dim. (V.) | **amorino**, dim. (V.) | **amorùccio**, dim.

amoreggiaménto s. m. ● Atto, effetto dell'amoreggiare.

amoreggiàre [da *amore*] v. intr. (*io amoréggio*; aus. *avere*) ● Intrattenere rapporti amorosi, spec. frivoli e superficiali.

amoreggiatóre s. m. (f. *-trice*) ● (*raro*) Chi amoreggia.

amorétto s. m. ***1*** Dim. di *amore* | (*spreg.*) Amore superficiale e di breve durata. ***2*** (*raro, spec. al pl.*) Amorino.

amorévole agg. ● Che sente e dimostra amore: *madre, voce a.* | Affabile: *una a. accoglienza.* || **amorevolménte**, avv.

amorevolézza s. f. ***1*** Sollecitudine, premura affettuosa. ***2*** (*est.*) Atto che dimostra affetto: *la accolse con molte cortesie e amorevolezze* | Dono. || **amorevolezzina**, dim. | **amorevolezzùccia**, dim.

amorfismo s. m. ***1*** (*raro*) Qualità di chi o di ciò che è amorfo (*anche fig.*). ***2*** (*fis., chim.*) Proprietà, condizione delle sostanze amorfe.

amòrfo [vc. dotta, gr. *ámorphos* 'informe, deforme', comp. di *a-* e *morphḗ* 'forma'] agg. ***1*** Che è privo di forma: *materia amorfa* | (*fig.*) Che è privo di personalità, di carattere: *individuo a.* ***2*** (*fis., chim.*) Detto di sostanza che non ha costituzione cristallina.

amorino s. m. ***1*** Dim. di *amore.* ***2*** (*spec. al pl.*) Puttino, dipinto o scolpito, raffigurante il dio Amore: *una ghirlanda di amorini alati.* ***3*** (*fig.*) Fanciullo delicato e leggiadro. ***4*** Divano ottocentesco fatto in forma di S sdraiata. ***5*** (*bot.*) Reseda.

†**amorosità** s. f. ● (*lett.*) Qualità di chi è amoroso.

amoróso o (*pop.*) **moróso** (**2**) nel sign. B [da *amore*] **A** agg. ***1*** Pertinente all'amore: *passione amorosa*; *poesia amorosa*; *disavventura amorosa.* ***2*** Che possiede, dimostra, ispira amore: *sguardo, sospiro a.*; *maestro, padre a.* | (*raro*) Piacevole, leggiadro, caro. ***3*** †Innamorato. ***4*** (*mus.*) Didascalia che prescrive di eseguire un brano con espressione affettuosa: *andante a.* || **amorosaménte**, avv. Con amore. **B** s. m. (f. *-a*) ***1*** Innamorato, amante, fidanzato: *si è fatta bella per uscire con l'a.* ***2*** Ruolo del teatro italiano corrispondente alla parte di giovane innamorato. || **amorosétto**, dim. | **amorosino**, dim.

amoscino [lat. *damascēnu(m)* 'susino di Damasco'] s. m. ● Varietà di susino dal frutto oblungo (*Prunus domestica damascena*).

amostànte [ar. *al-mustahlaf* 'giurato'] s. m. ● Titolo di governatore arabo.

amovìbile [dal lat. *amovēre* 'rimuovere', comp. di *ăb* 'da' e *movēre* 'muovere'] agg. ● Che si può spostare, rimuovere. CONTR. Inamovibile.

amovibilità s. f. ● Qualità di chi, di ciò che è amovibile.

amozióne [dal lat. *amotiōne(m)*, da *amovēre* 'rimuovere'] s. f. ● Rimozione, allontanamento, destituzione.

Ampelidàcee [comp. di *ampelo-* e *-acee*] s. f. pl. ● (*bot.*) Vitacee.

àmpelo- [dal gr. *àmpelos* 'vite', di origine preindeur.] primo elemento ● In parole composte della terminologia dotta o scientifica significa 'vite' o indica relazione con la vite: *ampelografia.*

ampelodèsma [comp. di *ampelo-* e del gr. *désma* 'legame' (V. *desmologia*)] s. f. ● Pianta erbacea delle Graminacee con culmi cespugliosi, foglie lineari tenaci e margini ruvidi, usata per fare corde (*Ampelodesma tenax*). SIN. Saracchio.

ampelografìa [comp. di *ampelo-* e *-grafia*] s. f. ● Descrizione e classificazione della vite nelle sue specie e varietà coltivate.

ampelologìa [comp. di *ampelo-* e *-logia*] s. f. ● Studio della vite e dei suoi prodotti.

ampelotecnìa [comp. di *ampelo-* e *-tecnia*] s. f. ● Viticoltura.

ampeloterapìa [comp. di *ampelo-* e *terapia*] s. f. ● Cura a base di uva. SIN. Botrioterapia.

amperàggio [fr. *ampérage*, da *ampere*] s. m. ● Intensità di una corrente elettrica espressa in ampere.

ampere /am'pɛr, *fr.* ɑ̃'pɛr/ [dal n. del fisico fr. A. M. *Ampère* (1775-1836)] s. m. inv. ● (*fis.*) Unità di misura dell'intensità di corrente elettrica nel Sistema Internazionale; è pari alla corrente che, percorrendo due conduttori paralleli di lunghezza infinita e sezione trascurabile posti alla distanza di 1 metro nel vuoto, determina tra essi una forza di $2 \cdot 10^{-7}$ newton per ogni metro di conduttore. SIMB. A.

amperòmetro [comp. di *ampere* e *-metro*] s. m. ● Strumento che misura in ampere l'intensità di una corrente elettrica.

amperóra [comp. di *ampere* e *-ora*] s. m. inv. ● (*fis.*) Unità di quantità di elettricità corrispondente a quella trasportata da una corrente di 1 ampere durante 1 ora. SIMB. A·h.

amperspìra [comp. di *ampere* e *spira*] s. f. ● (*fis.*) Unità di misura della forza magnetomotrice dovuta alla corrente elettrica, corrispondente alla corrente di 1 ampere concatenata una sola volta. SIMB. A o Asp.

àmpex ® [nome commerciale] s. m. ● Macchina per la registrazione magnetica delle immagini | (*per anton.*) Registrazione videomagnetica.

ampiézza s. f. ***1*** Qualità di ciò che è ampio: *a. di un campo, di una strada.* ***2*** Grandezza: *misurare l'a. di un vano*; *stanza di notevole a.* | (*fig.*) Campo, ambito, portata: *è difficile valutare l'a. del fenomeno* | (*fig.*) Vastità di pensiero, dottrina e sim.: *mente di grande a.* ***3*** (*fis.*) Massima deviazione di una grandezza, periodicamente variabile, dal suo valor medio | *A. di marea*, amplitudine di marea. ***4*** (*mat.*) Grandezza, estensione, larghezza: *l'a. di un angolo.* ***5*** (*raro*) Liberalità.

àmpio o (*lett.*) **àmplo** [lat. *ămplu(m)*, di etim. incerta] **A** agg. (sup. *amplissimo* (V.); raro *ampìssimo*) *1* Che ha grande estensione, vasto, spazioso: *sala, strada ampia*; *corridoio, palazzo a.* | Comodo, largo: *vestito a.*; *forma ampia.* *2* (*est.*) Abbondante, copioso: *concedere ampie garanzie* | (*fig.*) Ampolloso, esteso: *stile a.*; *significato più a.* || **ampiaménte**, avv. **B** s. m. ● †Larghezza, ampiezza.

amplessicàule [fr. *amplexicaule*, comp. del lat. *amplexāri* 'abbracciare' e *caulis* 'gambo'] agg. ● (*bot.*) Abbracciante.

amplèsso [vc. dotta, lat. *amplĕxu(m)*, der. di *amplĕcti* 'abbracciare', comp. di *ămb* 'intorno' e *plĕctere* 'intrecciare'] s. m. ● (*lett.*) Abbraccio | (*euf.*) Coito: *a. coniugale.*

ampliaménto /amplia'mento, amplja'mento/ s. m. ● Atto, effetto dell'ampliare o dell'ampliarsi: *lavori di a.*

ampliàre /ampli'are, am'pljare/ [vc. dotta, lat. *ampliāre*, da *ămplus* 'ampio'] **A** v. tr. (*io àmplio*) ● Rendere più ampio: *a. una strada, un fossato* | (*fig.*) Accrescere, aumentare: *a. la propria cultura, le proprie relazioni.* **B** v. intr. pron. ● Allargarsi, ingrandirsi: *le città si ampliano sempre più.*

ampliativo /amplia'tivo, amplja'tivo/ agg. ● (*raro*) Atto ad ampliare.

ampliàto /ampli'ato, am'pljato/ part. pass. di *ampliare*; anche agg. *1* Nei sign. del v. *2 Edizione ampliata*, quella recante nuovi saggi, racconti e sim. o aggiunte in genere.

amplidina [comp. di *ampli(are)* e *dina(mo)*] s. f. ● (*elettr.*) Amplificatore di potenza, rotante, derivato dalla metadinamo. SIN. Amplidinamo.

amplidinamo [adattamento dell'ingl. *amplidyne* 'amplidina'] s. f. inv. ● (*elettr.*) Amplidina.

amplificaménto s. m. ● (*raro*) Atto, effetto dell'amplificare, spec. con parole.

amplificàre [vc. dotta, lat. *amplificāre*, comp. di *ămplus* 'ampio' e *-ficāre* '-ficare'] v. tr. (*io amplìfico, tu amplìfichi*) *1* Dare maggiore ampiezza. *2* Presentare con esagerazione retorica | (*fig.*) Magnificare, esagerare: *a. i pregi di un'opera.* *3* Moltiplicare il valore di una grandezza fisica, mediante adeguati dispositivi: *a. una corrente elettrica, un segnale acustico.*

amplificativo agg. ● Che serve ad amplificare.

amplificatóre [vc. dotta, lat. *amplificatōre(m)*, da *amplificāre* 'amplificare'] **A** agg. (f. *-trice*) ● Che amplifica: *impianto a.* **B** s. m. *1* Chi amplifica. *2* Dispositivo avente lo scopo di moltiplicare in un dato rapporto una grandezza fisica | *A. meccanico*, costituito da una leva o da un sistema di leve, come nei barometri metallici, nei minimetri comparatori e sim. | *A. magnetico*, bobina con nucleo di acciaio magnetizzato da una corrente continua per amplificazione di tensione e di potenza | (*per anton.*) Correntemente, apparecchiatura atta ad aumentare l'intensità di un segnale elettroacustico per renderne possibile la trasmissione e la ricezione.

amplificazióne [vc. dotta, lat. *amplificatiōne(m)*, da *amplificāre* 'amplificare'] s. f. *1* Atto dell'amplificare | Aumento: *l'accrescimento e a. della famiglia* (ALBERTI). *2* (*ling.*) Esagerazione retorica di un discorso o di singole parole ottenuta mediante la graduale precisazione di alcuni particolari o la ripetizione di termini e frasi equivalenti: *Ormai son giunto al fine, ormai son vinto, / né più posso fugir né aver diffesa* (BOIARDO). *3* Effetto ottenuto mediante l'amplificatore.

àmplio agg. ● (*raro, tosc.*) Ampio. || **amplissimo**, sup. (V.).

amplìssimo agg. *1* Sup. di *amplio.* *2* (*lett.*) Grande, magnifico: *quella chiarissima e amplissima repubblica* (GUICCIARDINI).

amplitùdine [vc. dotta, lat. *amplitūdine(m)*, da *ămplus* 'ampio'] s. f. *1* (*lett.*) Ampiezza, grandezza. *2* (*astron.*) L'arco di orizzonte compreso fra il punto ove un astro sorge o tramonta e il vero punto dell'est o dell'ovest. *3 A. di marea*, differenza tra il livello medio delle alte maree e quello delle basse maree in un dato luogo.

àmplo ● V. *ampio.*

ampólla [lat. *ampŭlla(m)*, dim. di *ămphora*, dal gr. *amphoréus*, comp. da *amphí* 'dalle due parti' e *phérō* 'io porto'] s. f. *1* Piccolo recipiente in vetro o in ceramica, a base larga e panciuta e a imboccatura stretta: *le ampolle dell'olio, dell'aceto.* *2* Involucro, spec. di vetro, in cui viene praticato il vuoto o vengono introdotti gas inerti per consentire particolari effetti elettrici o elettronici: *a. del tubo a raggi catodici, a raggi X.* *3* Vasetto metallico contenente l'olio sacro. *4* (*anat.*) Segmento più espanso di un condotto | *A. rettale*, ultimo tratto, dilatato, dell'intestino retto. *5* (*raro*) Rigonfiamento simile a vescica visibile talvolta in alcuni vegetali. *6* (*raro*) Bolla che fa la pioggia cadendo sull'acqua. || **ampollétta**, dim. | **ampollina**, dim. (V.) | **ampollino**, dim. m. (V.) | **ampollùzza**, dim.

ampollièra s. f. ● Sostegno per ampolle, spesso completo di spargisale e spargipepe, entrato nell'uso nel XVIII secolo.

ampollina s. f. *1* Dim. di *ampolla.* *2* Nella liturgia cattolica, ciascuna delle due piccole ampolle che contengono l'una vino, l'altra acqua, usate nella celebrazione della Messa. *3* Clessidra a sabbia, spec. quella della durata di mezzo minuto o di un quarto di minuto che serve a misurare la velocità della nave.

ampollino s. m. *1* Dim. di *ampolla.* *2* Piccolo recipiente spec. metallico in cui il soldato porta l'olio per lubrificare il fucile.

ampollosità s. f. ● Eccessiva cerimoniosità, ricercatezza e sim. nel parlare o nello scrivere.

ampollóso [da *ampolla* nel sign. 1] agg. ● Cerimonioso, ricercato, magniloquente: *tono e stile ampollosi.* | **ampollosétto**, dim. || **ampollosaménte**, avv.

amputàbile agg. ● Che si può amputare.

amputàre [vc. dotta, lat. *amputāre*, comp. di *ămb-* 'intorno' e *putāre* 'tagliare'] v. tr. (*io àmputo*) *1* Asportare un organo o una parte di esso: *a. un arto.* *2* (*fig.*) Eliminare una o più parti da un discorso, uno scritto e sim.

amputazióne [vc. dotta, lat. *amputatiōne(m)*, da *amputāre* 'amputare'] s. f. *1* Atto, effetto dell'amputare: *a. di un arto, della mammella, del retto.* *2* (*fig.*) Eliminazione di parti di un discorso, uno scritto, e sim.

amulèto o **amuléto** [vc. dotta, lat. *amulētu(m)*, di etim. incerta] s. m. ● Oggetto ritenuto capace di proteggere da mali, disgrazie e sim. per la sua forma, natura, sostanza.

àmulo [vc. dotta, dal lat. *hāmulu(m)* 'piccolo (*-ŭlu(m)*) amo (*hāmu(m)*)'] s. m. ● (*zool.*) Negli Uccelli, ognuno dei minuscoli uncini cornei che connettono reciprocamente le barbule delle penne. SIN. Radiolo.

an- ● V. *a-* (*1*).

àna (1) [gr. *aná* 'sopra, su'] avv. ● Termine proprio della ricettazione farmaceutica a significare che delle sostanze prescritte si devono prendere parti uguali o fare uguale distribuzione.

†àna (2) [ar. *anā'*] s. f. ● Sforzo, travaglio.

ana- (1) [secondo l'uso prefissale gr. della prep. *aná* 'su, sopra', di origine indeur.] pref. ● In parole composte dotte significa 'all'insù', 'sopra' o indica elevazione: *anagogia, anagrafe.*

ana- (2) [senso sviluppato dal preverbale gr. *aná-*, che in *ananéuein* significa 'alzare la testa (per dire di no)'] pref. ● In parole composte dotte significa 'indietro', 'contro', 'al contrario': *anabiosi, anagramma.*

ana- (3) [ampliamento di *a(n)-* neg., presente già in gr.] pref. ● Forma usata arbitrariamente in luogo del pref. privativo *a-* o *an-*, per es. in *anatossina.*

anàbasi [vc. dotta, gr. *anábasis*, da *anabáinō* 'io salgo su'; dalla spedizione di Ciro il Giovane nel 401 all'interno della Persia, che diede il titolo a un'opera di Senofonte] s. f. ● (*lett.*) Viaggio lungo, tormentato e faticoso.

anàbate [vc. dotta, gr. *anabátēs* 'asceso, salito', da *anabáinein* 'salire', comp. di *aná* 'su' e *báinein* 'andare', di origine indeur.] s. m. ● Pesce osseo tropicale delle acque dolci e salmastre dotato di un organo respiratorio utilizzabile anche fuori dell'acqua (*Anabas scandens*).

anabàtico [dal gr. *anabátēs* 'che sale', da *anabáinein* 'salire', comp. di *aná* 'su' e *báinein* 'salire', di origine indeur.] agg. (pl. m. *-ci*) ● Detto di vento locale dovuto al movimento ascendente di masse d'aria: *brezza anabatica.* CONTR. Catabatico.

anabattìsmo [vc. dotta, gr. *anabaptismós* 'nuovo battesimo', comp. di *aná* 'di nuovo' e *baptismós* 'battesimo'] s. m. ● Dottrina e corrente degli anabattisti.

anabattìsta [comp. di *ana-* (*2*) e *baptízō* 'io immergo', poi 'battezzo'] s. m. e f. (pl. m. *-i*) ● Seguace di una setta protestante tedesca del XVI sec. che sosteneva l'invalidità del battesimo impartito ai neonati e la necessità di rinnovarlo in età di ragione.

anabattìstico agg. (pl. m. *-ci*) ● Che concerne l'anabattismo.

anabbagliànte [comp. di *an-* e *abbagliante*] **A** agg. ● Che non abbaglia: *luce a.*; *schermo, fascio, faro a.* **B** s. m. *1* Sorgente di luce che dà luogo a un abbagliamento così tenue da non ridurre sensibilmente la visibilità. *2* (*autom.*) Fascio di luce emesso dai proiettori degli autoveicoli e deviato verso il basso per non abbagliare chi giunge in senso opposto | Il proiettore che emette tale fascio.

anabiòsi [vc. dotta, gr. *anabíōsis*, comp. di *aná* 'di nuovo' e *bíōsis* 'condotta, tenore di vita' (V. *bio-*)] s. f. ● (*biol.*) Vita latente provocata dalla disidratazione o dal raffreddamento, che si può osservare in alcuni invertebrati e protozoi | *A. osmotica*, quando è provocata dall'eccesso di salinità.

anabòlico agg. (pl. m. *-ci*) ● (*biol.*) Che concerne l'anabolismo: *processo a.*

anabolìsmo [dal gr. *anabolḗ* 'dilazione', comp. di *aná* 'indietro' e *bolḗ* 'lancio, colpo'] s. m. ● (*biol.*) Fase attiva del metabolismo, in cui le sostanze introdotte nell'organismo si trasformano in materiale energetico o di accumulo. CONTR. Catabolismo.

anabolizzànte **A** s. m. ● Sostanza che favorisce nell'organismo l'insieme dei processi costruttivi che portano alla formazione di nuovi tessuti attraverso la biosintesi delle proteine. **B** anche agg.: *sostanza a.*

Anacardiàcee [vc. dotta, comp. di *anacardi(o)* e *-acee*] s. f. pl. ● Nella tassonomia vegetale, famiglia di piante delle Terebintali, composta da specie legnose, nel cui legno si trovano canali resiniferi, con fiori spesso unisessuati in pannocchie (*Anacardiaceae*) | (al sing. *-a*) Ogni individuo di tale famiglia. ➡ ILL. **piante** /5.

anacàrdio o **anacàrdo** [lat. tardo *anacărde(m)*, dal gr. *anākárdion* 'simile a un cuore'] s. m. ● Albero delle Anacardiacee con foglie persistenti, coriacee, fiori bianco-rosati, con peduncoli fruttiferi rigonfi, carnosi ed eduli che portano il vero frutto, anch'esso commestibile (*Anacardium occidentale*) | Il frutto di tale pianta.

ànace ● V. *anice.*

anacenòsi [lat. tardo *anacoenōsi(m)*, nom. *anacoenōsis*, dal gr. *anakóinōsis* 'comunicazione', da *koinós* 'comune'] s. f. ● (*ling.*) Nella retorica, richiesta di consiglio a quegli stessi a cui o contro cui si parla: *Che debb'io far? che mi consigli, Amore?* (PETRARCA).

anaciàto [da *anace*] agg. ● Che ha odore o sapore di anice.

anacìclico [vc. dotta, gr. *anakyklikós*, da *anakyklénō* 'volgo in giro', da *kýklos* 'giro'] agg. (pl. m. *-ci*) ● Detto di verso leggibile anche a ritroso senza variazione di senso. SIN. Palindromico.

anacìno ● V. *anicino.*

ànacio ● V. *anice.*

anàclasi [vc. dotta, gr. *anáklasis* 'spezzatura', comp. di *aná* 'su' e *kláō* 'io rompo'] s. f. inv. *1* (*ling.*) Nella metrica classica, sostituzione in un piede metrico di una sillaba lunga con una breve o viceversa per ottenere una variazione ritmica. *2* (*fis.*) Rifrazione della luce.

anaclàstica [dal gr. *anáklastos* 'ripiegato, riflesso', da *anáklasis* 'piegatura, spezzatura' (V. *anaclasi*)] s. f. ● Ramo dell'ottica che studia le rifrazioni luminose. SIN. Diottrica.

anaclàstico agg. (pl. m. *-ci*) ● Detto di verso greco o latino, che presenti il fenomeno dell'anaclasi.

anacolùto [vc. dotta, lat. tardo *anacolūthō(n)*, dal gr. *anakólouthon*, da *an-* e *akólouthos* 'che segue'] s. m. ● (*ling.*) Figura retorica che consiste nella quasi sempre consapevole e voluta mancanza o incongruenza di nessi sintattici: *Quelli che muoiono bisogna pregare Iddio per loro* (MANZONI).

anacònda [vc. della Guayana, propriamente 'uccisore di un elefante'] s. m. inv. ● Grosso serpente tropicale dei Boidi lungo 7-8 metri, di colore olivastro, screziato di giallo sul ventre, che conduce vita semi-acquatica (*Eunectes murinus*).

anacorèṣi [gr. *anachṓrēsis*. V. *anacoreta*] s. f. ● Abbandono della vita attiva per ritirarsi in solitudine e dedicarsi alla vita contemplativa e ascetica.

anacorèta [vc. dotta, lat. tardo *anachorēta(m)*, nom. *anachorēta*, dal gr. crist. *anachōrētḗs*, da *anachōréō* 'mi tiro in disparte'] s. m. (pl. *-i*) ● Chi si ritirava a vivere nel deserto per raggiungere, in mortificazione e in preghiera, la perfezione cristiana | *Vita da a.*, semplice e solitaria. SIN. Eremita.

anacorètico [vc. dotta, lat. tardo *anachorēticu(m)*, nom. *anáchorēticus*, dal gr. *anachōrētikós*, da *anachōrētḗs* 'anacoreta'] agg. (pl. m. *-ci*) ● Di, da anacoreta.

anacoretiṣmo s. m. ● Vita di, da, anacoreta.

anacreontèo [vc. dotta, lat. *Anacreontīu(m)*, nom. *Anacreontīus*, dal gr. *Anakreónteios*, agg. di *Anakréōn*, genit. *Anakréontos* 'Anacreonte'] **A** s. m. ● Verso della metrica greca e latina costituito da un dimetro ionico a minore. **B** anche agg.: *verso a.*

anacreòntica [vc. dotta, lat. tardo *anacreŏnticu(m)*, dal n. del poeta gr. *Anacreonte* (570 ca.-490 ca. a.C.)] s. f. ● Breve poesia in metro anacreonteo nella lirica greca e latina, in strofette generalmente di settenari e ottonari nella lirica italiana.

anacreòntico agg. (pl. m. *-ci*) ● Di Anacreonte | Conforme allo stile di Anacreonte: *ode anacreontica.*

anacroniṣmo [vc. dotta, gr. *anachronismós*, comp. di *aná* 'contro' e *chrónos* 'tempo'] s. m. *1* Errore di cronologia per cui si attribuiscono cose e fatti caratteristici di un'epoca a un'altra diversa. *2* Persona, idea, atteggiamento e sim. in contrasto col suo tempo: *questa teoria è un a.*

anacronìstico agg. (pl. m. *-ci*) ● Che pecca di anacronismo: *comportamento a.* || **anacronisticaménte**, avv.

anacrùṣi [vc. dotta, gr. *anákrousis*, da *anakroúō* 'io conduco indietro'] s. f. *1* (*ling.*) Sillaba di un verso che nella scansione ritmica viene considerata fuori battuta e che spesso precede il primo accento, come negli endecasillabi: *o falce d'argento, qual mèsse di sogni / ondeggia al tuo mite chiarore qua giù!* (D'ANNUNZIO). *2* (*mus.*) Nota o gruppo di note che talvolta precedono il primo tempo forte di una battuta.

anadèma [vc. dotta, lat. *anadēma*, dal gr. *anádēma*, da *déō* 'io bendo'] s. f. ● Diadema, benda avvolta attorno al capo, in uso, nella Grecia antica, per donne e fanciulli.

anadiòmene o **anadiomène** [vc. dotta, lat. *anadyŏmene(m)*, nom. *anadyŏmene*, dal gr. *anadyoménē*, part. di *anadýomai* 'io emergo'] agg.; anche s. f. ● Epiteto di Venere, emersa dal mare.

anadiplòṣi [vc. dotta, gr. *anadíplōsis*, da, *anadiplóō* 'io raddoppio'] s. f. ● (*ling.*) Figura retorica che consiste nella ripetizione di una o più parole di un enunciato precedente all'inizio del successivo: *luce intellettüal, piena d'amore; / amor di vero ben, pien di letizia; / letizia che trascende ogne dolzore* (DANTE *Par.* XXX, 40-42).

anàdromo [gr. *anádromos* 'risalente', comp. di *aná* 'indietro' (V. *ana-* (*2*)) e *drómos* 'corsa', deriv. di *dramêin* 'correre' (di origine indeur.)] agg. ● (*zool.*) Detto di pesce (come, per es., lo storione e il salmone) che dal mare si porta periodicamente nelle acque dolci per riprodursi.

anaelèttrico [comp. di *ana-* (*3*) e *elettrico*] agg. (pl. m. *-ci*) ● (*elettr.*) Di corpo non elettrizzabile per strofinamento.

anaeròbico o (*evit.*) **aneròbico**. agg. (pl. m. *-ci*) ● Relativo all'anaerobiosi.

anaeròbio o (*evit.*) **aneròbio** [comp. di *ana-* (*3*) e *aerobio*] **A** s. m. ● (*biol.*) Essere vivente che vive in assenza di ossigeno libero. **B** anche agg.: *batteri anaerobi.*

anaerobiòṣi [comp. di *ana-* (*3*) e *aerobiosi*] s. f. ● (*biol.*) Vita, o processo fisiologico, che si svolge in assenza di ossigeno libero.

anafàṣe [comp. di *ana-* (*1*) e *fase*] s. f. ● (*biol.*) Terza fase della cariocinesi, in cui i cromosomi si allontanano dall'equatore dirigendosi verso i poli del fuso.

anafilàssi [vc. dotta, comp. di *ana-* (*2*) e *phýlaxis* 'protezione'] s. f. ● (*med.*) Aumentata reattività di un organismo già sensibilizzato a una sostanza proteica o altra sostanza estranea, al momento di una successiva inoculazione della stessa sostanza. CONTR. Immunità.

anafilàttico agg. (pl. m. *-ci*) ● (*med.*) Di, relativo ad anafilassi | *Shock a.*, insieme di manifestazioni violente provocate dall'inoculazione di una sostanza in un organismo già sensibilizzato alla sostanza stessa.

anafonèṣi [comp. di *ana-* (*1*) e *phṓnēsis* 'suono', da *phōnêin* 'emettere voce, suono', da *phōnḗ* 'voce, suono' (V. *fonema*)] s. f. ● (*ling.*) Mutamento fonetico, proprio di molti dialetti toscani, delle vocali toniche *é* e *ó* nelle più chiuse *ì* e *ù*, quando seguite da determinate consonanti (per es. dal lat. *longum*, *lungo*, anziché *longo*, presente invece in molti dialetti).

anàfora [vc. dotta, lat. tardo *anăphora(m)*, nom. *anăphora*, dal gr. *anaphorá* 'ripetizione', da *anaphérō* 'io ripeto'] s. f. *1* (*ling.*) Figura retorica che consiste nella ripetizione della medesima parola, o gruppo di parole, all'inizio di due o più frasi o versi successivi: *s'io meritai di voi mentre ch'io vissi, / s'io meritai di voi assai o poco* (DANTE *Inf.* XXVI, 80-81). CONTR. Catafora. *2* Nelle liturgie delle chiese cristiane orientali, la parte centrale della Messa, corrispondente al canone della liturgia romana | (*est.*) Nella liturgia romana, la preghiera eucaristica o canone.

anaforèṣi [comp. di *an(odo)* e gr. *phórēsis* 'il portare', dalla stessa radice di *phérein* 'portare' (V. *-fero*)] s. f. ● (*fis.*) Migrazione verso l'anodo di particelle cariche negativamente, provocata da un campo elettrico.

anafòrico (**1**) [vc. dotta, gr. *anaphorikós*, da *anaphorá* 'anafora'] agg. (pl. m. *-ci*) ● (*ling.*) Detto di costrutto, frase e sim. che presenti anafora.

anafòrico (**2**) [vc. dotta, lat. tardo *anaphŏricu(m)*, nom. *anaphŏricus*, dal gr. *anaphorikós*, da *anaphorá* 'il liberarsi', da *anaphérein* 'far salire'. V. *anafora*] agg. (pl. m. *-ci*) ● (*med.*) Emetico.

anafrodiṣia [gr. *anaphrodisía*, comp. di *an-* e *aphrodísios* 'di Afrodite', dea dell'amore] s. f. ● Diminuzione o assenza del desiderio sessuale.

anafrodiṣìaco **A** agg. (pl. m. *-ci*) *1* Di anafrodisia: *stato a.* *2* Detto di sostanza che deprime gli stimoli sessuali. **B** s. m. ● Sostanza anafrodisiaca.

anagàllide [vc. dotta, gr. *anagallís*, genit. *anagallídos*, di etim. incerta] s. f. ● Pianta erbacea delle Primulacee con fusti striscianti, foglie opposte e sessili, piccoli fiori rossi o azzurri (*Anagallis arvensis*). SIN. Mordigallina.

anagèneṣi [gr. *anagénnēsis* 'rigenerazione' (da *anagennân* 'rigenerare', comp. di *ana-* (*1*) e *gennân* 'generare', d'orig. indeur.), rifatto su *genesi*] s. f. ● (*biol.*) Trasformazione di una specie, un genere, una famiglia, un ordine in un'altra specie, genere, famiglia, ordine superiore, senza ramificazioni in più forme.

anagìride [gr. *anágyris*, d'etim. incerta] s. f. ● Arbusto delle Leguminose con fiori gialli che fioriscono d'inverno, i cui semi contengono due alcaloidi velenosi (*Anagyris foetida*).

anaglìfico agg. (pl. m. *-ci*) ● Di, relativo a, anaglifo.

anàglifo o **anaglipto** [vc. dotta, lat. tardo *anăglyphu(m)*, nom. *anăglyphus*, dal gr. *anáglyphos*, da *glýphō* 'io incido, cesello'] s. m. *1* (*spec. al pl.*) Piccolo oggetto di scavo, in bassorilievo. *2* (*spec. al pl.*) Coppia di immagini stereoscopiche che, osservate con occhiali speciali, danno l'impressione di immagine in rilievo.

anaglìptico e deriv. ● V. *anaglittico* e deriv.

anaglipto ● V. *anaglifo.*

anaglìttica o **anaglìptica** s. f. ● Arte di intagliare e incidere pietre dure o preziose.

anaglìttico o **anaglìptico** [vc. dotta, lat. tardo *anaglўpticu(m)*] agg. (pl. m. *-ci*) ● Relativo all'anaglittica.

†**anagòge** s. f. ● Discorso di argomento mistico e celeste.

anagogia [vc. dotta, lat. tardo *anagōge(n)*, nom. *anagōge*, dal gr. *anagōgḗ* comp. di *aná* 'su' e *ágō* 'io conduco'] s. f. (pl. *-gie*) *1* Rapimento dell'anima nella contemplazione delle cose divine. *2* Una delle quattro forme di interpretazione delle Scritture Sacre, nella quale i fatti descritti sono spiegati come simbolo delle realtà soprannaturali cui l'anima deve elevarsi.

anagògico agg. (pl. m. *-ci*) ● Della, relativo all'anagogia. || **anagogicaménte** avv. Secondo l'interpretazione anagogica.

anàgrafe [vc. dotta, gr. *anagraphḗ* 'iscrizione, registro', comp. di *aná* 'ana- (*1*)' e *graphḗ* 'scritto, scrittura'] s. f. *1* Registro in cui sono indicati i mutamenti numerici della popolazione di un comune e lo stato giuridico dei componenti la stessa. *2* Ufficio comunale in cui è custodito tale registro. *3* *A. tributaria*, servizio centrale dell'amministrazione finanziaria che raccoglie e ordina in un archivio elettronico tutti i dati e le notizie su ogni cittadino soggetto a imposta, utili per stabilirne la reale capacità contributiva.

anagràfico agg. (pl. m. *-ci*) ● Della, relativo all'anagrafe: *registro a.*; *dati anagrafici.* || **anagraficaménte**, avv. Per quanto riguarda i dati anagrafici.

anagràmma [comp. del gr. *aná* 'sopra' (V. *ana-* (*1*)) e *grámma* 'lettera', sul modello del gr. tardo *anagrammatismós* 'anagramma'] s. m. (pl. *-i*) ● Gioco enigmistico consistente nella trasposizione delle lettere di una parola in modo da formarne un'altra.

anagrammàre **A** v. tr. ● Fare l'anagramma di una parola o d'una frase. **B** v. intr. pron. ● Formare anagramma del proprio nome: *Renato Fucini si anagrammò in Neri Tanfucio.*

anagrammàtico agg. (pl. m. *-ci*) ● Di, relativo ad anagramma. || **anagrammaticaménte**, avv. A modo di, per anagramma.

anagrammìsta s. m. e f. (pl. m. *-i*) ● Chi compone o risolve anagrammi.

analcòlico o **analcoòlico** [comp. di *an-* e *alco(o)lico*] **A** agg. (pl. m. *-ci*) ● Che non contiene alcool: *bibita analcolica.* **B** s. m. ● Bevanda priva di alcol.

anàlda [deformazione del n. della contea belga di *Hainaut*] agg. ● Solo nella loc. avv. *all'a.*, detto di sopravveste maschile lunga e stretta con maniche ampie, in voga nel tardo Medioevo.

anàle [da *ano*] agg. *1* (*anat.*) Dell'ano, relativo all'ano: *orifizio, sfintere a.* *2* (*psicoan.*) *Fase a.*, la seconda fase dello sviluppo psicosessuale del bambino, in cui la fonte principale di piacere è la zona anale.

analecta /*lat.* ana'lekta/ [gr. *análekta*, nt. pl. di *análektos* 'raccolto', da *analégein* 'raccogliere', comp. di *aná* 'in alto, verso' e *légein* 'raccogliere' (V. *-logo*)] s. m. pl. ● Insieme di opuscoli, frammenti, testi, notizie e sim. spec. di natura giuridica, storica o scientifica.

analèssi [vc. dotta, gr. *análēpsis*, comp. di *aná* 'di nuovo' e *lêpsis* 'il prendere'] s. f. ● (*ling.*) Ripresa di una stessa parola.

analèttico [vc. dotta, lat. *analēpticu(m)*, nom. *analēpticus*, dal gr. *analēptikós*. V. *analessi*] **A** s. m. (pl. m. *-ci*) ● Medicamento capace di eccitare transitoriamente l'attività cardiaca, circolatoria e respiratoria. **B** anche agg.: *farmaco a.*

analfabèta [vc. dotta, gr. *analphábētos*, comp. di *an-* e *alphábetos* 'alfabeto'] agg.; anche s. m. e f. (pl. m. *-i*) ● Che, chi non sa leggere e scrivere | *A. di ritorno*, persona, spec. adulta, che ha disimparato a leggere e a scrivere | (*est.*) Ignorante, illetterato.

analfabètico agg. (pl. m. *-ci*) ● Che non si fonda sulle lettere dell'alfabeto: *scrittura analfabetica.*

analfabetiṣmo s. m. *1* Condizione dell'analfabeta | *A. di ritorno*, di chi ha perso per lunga desuetudine la già acquisita capacità di leggere e scrivere. *2* Fenomeno sociale per cui una determinata percentuale di persone, in età adatta all'apprendimento, è e resta incapace di leggere e di scrivere: *la piaga dell'a.*; *lotta contro l'a.*

analgeṣia [vc. dotta, gr. *analgēsía*, comp. di *an-* e *álgos* 'dolore'] s. f. ● Riduzione o soppressione della sensibilità al dolore.

analgèṣico **A** agg. (pl. m. *-ci*) ● Relativo ad analgesia | Che produce analgesia: *farmaco a.* **B** s. m. ● Farmaco antidolorifico che agisce sul centro della percezione del dolore situato nella corteccia cerebrale. SIN. Antalgico, antidolorifico.

anàliṣi [vc. dotta, gr. *análysis*, da *analýō* 'io sciolgo'] s. f. *1* Metodo di studio consistente nello scomporre, materialmente o idealmente, un tutto nelle sue componenti per esaminarle una per una, traendone le debite conclusioni: *a. del periodo*; *procedere all'a. di un fenomeno sociale, di un fatto storico, di una norma di legge* | *A. estetica*, relativa agli elementi estetici di un'opera d'arte | *A. grammaticale*, quella che identifica la funzione grammaticale delle parole che compongono una proposizione | *A. logica*, quella che identifica la funzione sintattica delle parole o di gruppi di parole in una proposizione | (*est.*) Indagine, studio approfondito: *condurre un'accurata a. di un problema*; *a. psicologica* | *A. di mercato*, ricerca di mercato | *In ultima a.*, in conclusione. **2** In varie discipline scientifiche, insieme delle operazioni aventi lo scopo di determinare la natura, la qualità, le caratteristiche fondamentali di una sostanza o di un complesso di sostanze: *a. qualitativa, quantitativa*; *a. chimica elementare*; *a. spettrale, gravimetrica, colorimetrica* | *A. del suono*, relativa a un suono complesso per ottenere le componenti semplici armoniche, la loro frequenza e la loro intensità | *A. clinica*, in medicina, quella che viene effettuata a scopo diagnostico: *a. del sangue, dell'urina*; *fare le a.* **3** (*mat.*) *A. infinitesimale*, ramo della matematica che studia le applicazioni del concetto di limite, segnatamente il calcolo infinitesimale | *A. matematica*, ramo della matematica che studia i metodi di calcolo per la risoluzione di problemi matematici e le teorie che da tale studio sorgono | *A. funzionale*, studio delle equazioni funzionali | *A. combinatoria*, ramo della matematica che studia la costruzione e l'enumerazione di insiemi costituiti da un numero finito d'elementi ed obbedienti a requisiti assegnati | †*a. algebrica*, algebra classica. **4** Nell'applicazione dei sistemi elettronici per l'elaborazione dei dati, fase di lavoro, precedente la programmazione, in cui vengono esaminate le procedure la cui esecuzione sarà affidata alla macchina. **5** Trattamento psicoanalitico: *essere in a.*; *durante l'a.*; *sottoporre ad a.*; *sette anni di a.*

analista [fr. *analyste*, dal gr. *analýō* 'io sciolgo'] s. m. e f. (pl. m. *-i*) **1** Chi esegue analisi spec. chimiche, mediche e sim. | *A. finanziario*, chi si dedica all'analisi della situazione finanziaria dell'azienda | *A. tempi e metodi*, tecnico della produzione addetto alla determinazione dei tempi di lavorazione secondo il metodo più economico | *A. di mercato*, professionista che fa ricerche di mercato o analisi di un determinato settore dell'economia | Chi analizza i problemi, spec. aziendali, in funzione dell'elaborazione elettronica. **2** Scrittore che sa descrivere con abilità e sottigliezza i sentimenti umani. **3** Psicoanalista.

analìtica s. f. • Qualsiasi disciplina che si fonda sul procedimento dell'analisi.

analiticità s. f. • Qualità di chi o di ciò che è analitico.

analìtico agg. (pl. m. *-ci*) **1** Proprio dell'analisi: *metodo, procedimento a.* | Atto all'analisi: *mente, intelligenza analitica* | *Bilancia analitica*, usata, spec. in chimica, per pesate di alta precisione con approssimazioni di 0,1-0,2 mg. **2** Basato sull'analisi | (*filos.*) *Giudizio a.*, nella logica kantiana, quello in cui un concetto del predicato è implicitamente contenuto in quello del soggetto, per cui basta analizzare il soggetto per ricavare il predicato | *Chimica analitica*, branca della chimica che studia la composizione qualitativa e quantitativa dei composti e dei miscugli | *Indice a.*, nei libri, quello che indica le pagine in cui si parla di un dato autore o di un dato argomento. **3** (*mat.*) Di metodo che usa prevalentemente calcoli. **4** (*ling.*) *Lingua a.*, che esprime i rapporti grammaticali con l'aggiunta di elementi indipendenti piuttosto che con modificazioni interne delle parole. || **analiticaménte**, avv.

analizzàbile agg. • Che si può analizzare.

analizzàre [fr. *analyser* 'fare l'analisi (*analyse*)', dal gr. *analýō* 'io sciolgo'] v. tr. **1** Sottoporre q.c. ad analisi: *a. un minerale, un periodo*; *scrittore che analizza abilmente i sentimenti umani.* **2** (*est.*) Esaminare punto per punto: *a. un comunicato, una legge*; *problema complesso, difficile da a.*

analizzatóre s. m. (f. *-trice*) **1** Chi fa un'analisi, spec. chimica. **2** (*fis., chim.*) Strumento per compiere analisi | *A. universale*, multimetro.

anallèrgico [comp. di *an-* e *allergia*, con suff. agg.] agg. (pl. m. *-ci*) • Che non produce allergia: *siero a.*

analogìa [vc. dotta, lat. *analŏgia(m)*, nom. *analŏgia*, dal gr. *analogía* 'proporzione'. V. *analogo*] s. f. (pl. *-gie*) **1** Relazione e affinità di due o più cose tra loro | Somiglianza: *l'a. fra le due opere è evidente.* **2** (*ling.*) Influenza assimilatrice che una forma esercita su un'altra | Nella grammatica antica, principio di regolarità nella flessione e nella formazione delle parole. **3** (*filos.*) In logica, argomentazione che, procedendo dalla somiglianza di due o più cose per uno o più aspetti, inferisce la somiglianza di queste stesse cose per qualche altro aspetto e consente un'estensione solo probabile della conoscenza: *argomentare per a.* **4** (*fis.*) Corrispondenza che esiste fra due fenomeni fisici di natura diversa quando le grandezze relative all'uno e le grandezze relative all'altro sono legate da equazioni identiche e che permette di studiare fenomeni complessi su modelli costituiti da fenomeni più semplici.

analògico [vc. dotta, lat. *analŏgicus*, dal gr. *analogikós*, da *análogos* 'analogo'] agg. (pl. m. *-ci*) **1** Che è tipico dell'analogia: *metodo a.* | Che si basa sull'analogia: *interpretazione analogica* | *Lingue analogiche*, in cui l'ordine delle parole è fisso. **2** (*tecnol.*) Detto di dispositivi, apparecchi e strumenti che trattano grandezze rappresentate da altre grandezze legate alle prime da una relazione di analogia | *Calcolatore a.*, elaboratore che opera su grandezze non discrete che variano con continuità e che rappresentano le caratteristiche del sistema studiato | *Orologio a.*, orologio tradizionale, con presentazione dell'ora mediante le lancette delle ore, dei minuti ed, eventualmente, dei secondi; spec. contrapposto a digitale. || **analogicaménte**, avv. In modo analogico, per analogia.

analogìsmo s. m. • Uso del ragionamento per analogie.

analogìsta s. m. (pl. *-i*) • Grammatico, sostenitore, spec. nell'età classica, del principio dell'analogia.

anàlogo [vc. dotta, lat. *anălogu(m)*, nom. *anălogos*, dal gr. *análogos* 'proporzionato, che è in rapporto con', da *lógos* 'proporzione, corrispondenza'] agg. (pl. m. *-ghi*) **1** Che ha analogia con q.c.: *mi trovo in una situazione analoga alla tua.* **2** (*biol.*) Detto di organi o parti di animali che hanno uguale funzione anche se origine embrionale molto diversa. **3** (*lett.*) Concorde, confacente | *Risposta analoga*, conveniente alla proposta. || **analogaménte**, avv.

anamnèṣi o **anàmneṣi** [vc. dotta, lat. tardo *anamnesi(m)*, nom. *anamnēsis*, dal gr. *anámnēsis* 'ricordo', da *anamimnḗskō* 'io ricordo'] s. f. **1** Nella filosofia platonica, teoria basata sulla preesistenza dell'anima secondo cui tutte le nostre conoscenze sono ricordi di cognizioni acquisite in esistenze anteriori. **2** (*med.*) Raccolta delle notizie riguardanti i precedenti fisiologici e patologici personali ed ereditari dei pazienti, compiuta a scopo diagnostico mediante l'interrogatorio del paziente stesso e dei familiari: *a. prossima, remota.* **3** (*relig.*) Parte del canone della Messa successiva alla consacrazione e che contiene l'offerta del sacrificio.

anamnèstico [vc. dotta, gr. *anamnēstikós*, da *anámnēsis* 'anamnesi'] agg. (pl. m. *-ci*) • (*med.*) Di, relativo ad anamnesi: *dati anamnestici.*

anàmni [comp. di *a-* (*1*) e *amnio*] s. m. pl. • Nella tassonomia animale, denominazione dei Vertebrati il cui embrione è privo di annessi embrionali.

anamòrfico agg. (pl. m. *-ci*) • Relativo ad anamorfosi | *Lente anamorfica*, dotata di elementi cilindrici che danno luogo ad anamorfosi delle immagini.

anamorfizzàre v. tr. • (*cine, fot.*) Operare un'anamorfosi.

anamorfizzazióne s. f. • (*cine, fot.*) Utilizzo di sistemi ottici che permettono l'anamorfosi.

anamorfòṣi o **anamòrfoṣi** [vc. dotta, gr. *anamórphōsis*, da *morphḗ* 'forma'] s. f. **1** (*cine*) Deformazione dell'immagine per mezzo di un sistema ottico, usata in effetti speciali e nel cinemascope. **2** Artifizio pittorico per inserire in una composizione scene o immagini non percepibili se non osservate di scorcio o da un determinato punto di vista.

ànanas o **ananàs**, (*tosc.*) **ananàsse**, **ananàsso** nei sign. 1 e 2 [dal guaranì *nana*, attrav. il port. *ananaz*] s. m. **1** Pianta delle Bromeliacee con lunghe foglie spinose ai margini, disposte a rosetta dal cui centro si alza uno scapo portante una spiga di fiori violacei (*Ananas sativus*). **2** Il frutto di tale pianta, simile nell'aspetto a una grossa pigna, costituito dai singoli frutti, dalle brattee, dal peduncolo. **3** Tipo di bomba a mano contenente un'alta dose di esplosivo, a frattura prestabilita, che nell'aspetto ricorda vagamente il frutto omonimo.

anancàṣmo [vc. dotta, gr. *anánkasma* 'costrizione' dal v. *anankázein* 'obbligare, costringere'] s. m. • (*med., psicol.*) Pensiero o impulso insistente e coatto.

anancàstico [vc. dotta., gr. *anankastikós* 'obbligatorio, coercitivo', dal v. *anankázein* 'obbligare, costringere'] agg. (pl. m. *-ci*) • Che presenta anancasmi: *personalità anancastica, tipo a.*

anànche o **anànke** [gr. *anánkē* 'necessità'] s. f. • (*lett.*) Necessità, fato, destino.

anapèstico [vc. dotta, lat. tardo *anapăesticu(m)*, nom. *anapăesticus*, dal gr. *anapaistikós*, da *anápaistos* 'anapesto'] agg. (pl. m. *-ci*) • Di, relativo ad, anapesto: *ritmo a.* | Formato di anapesti: *verso a.*

anapèsto [vc. dotta, lat. *anapaestu(m)*, nom. *anapaestus*, dal gr. *anápaistos* 'battuto a rovescio', da *anapáiō* 'io batto a rovescio'] s. m. • (*ling.*) Piede metrico della poesia greca e latina formato da due sillabe brevi e da una lunga.

anaplaṣìa [comp. di *ana-* (*3*) e *-plasia*] s. f. • (*med.*) Perdita della differenziazione cellulare, della organizzazione e della funzione specifica tessutale; si verifica nelle cellule neoplastiche.

anaplàṣma [comp. del gr. *aná* 'all'insù, sopra' (V. *ana-* (*1*)) e *plásma* 'plasma'] s. m. (pl. *-i*) • Genere di protozoi parassiti dei globuli rossi di vari mammiferi, spec. bovini ed equini (*Anaplasma*).

anaplaṣmòṣi [comp. di *anaplasm(a)* e *-osi*] s. f. • Malattia infettiva dei bovini e degli ovini, trasmessa dalle zecche, caratterizzata da anemia.

anapodìttico [dal gr. *anapódeiktos* 'non provato', comp. di *an-* e *apodeiknýnai* 'mostrare' (V. *apodittico*)] agg. (pl. m. *-ci*) • Che è evidente di per sé e non ha bisogno di dimostrazione.

anaptìssi [vc. dotta, gr. *anáptyxis* 'apertura, spiegazione', da *anaptýssein* 'spiegare, svolgere', comp. di *aná* 'su' e *ptýssein* 'piegare', di etim. incerta] s. f. • (*ling.*) Inserimento di una vocale in un gruppo consonantico, per facilitarne la pronuncia: *Sempre ha l'asima e la tossa* (POLIZIANO).

anarchìa [gr. *anarchía*, comp. di *an-* e *archḗ* 'comando, potere'] s. f. **1** Mancanza di governo | Stato di disordine politico dovuto a mancanza o debolezza di governo: *instaurare l'a.* | (*est.*) Disordine, indisciplina: *in questa casa vige l'a.* **2** Dottrina e movimento politico sociale che intende sostituire a un ordine sociale basato sulla forza dello Stato un ordine fondato sull'autonomia e la libertà degli individui.

anàrchico [da *anarchia* o fr. *anarchique*] **A** agg. (pl. m. *-ci*) • Proprio dell'anarchia: *idee anarchiche* | (*est.*) Disordinato, caotico. || **anarchicaménte**, avv. **B** s. m. (f. *-a*) • Fautore dell'anarchia.

anarchìṣmo s. m. **1** Atteggiamento anarchico | (*est.*) Tendenza, gener. priva di fondamento ideologico o politico, a rifiutare qualsiasi forma di autorità: *l'a. dei giovani.* **2** L'organizzazione della vita sociale teorizzata dagli anarchici.

anarcòide [comp. di *anarc(hico)* e *-oide*] agg.; anche s. m. e f. **1** Che, chi è propenso all'anarchia. **2** (*est., spreg.*) Che, chi ha tendenze ribelli, è insofferente d'ogni disciplina e sim.: *carattere a.*; *assumere atteggiamenti da a.*

anariàno [comp. di *an-* e *ariano*] agg.; anche s. m. • (*raro*) Che, chi non è ariano.

anasàrca o †**anassàrca** [gr. *anásarx*, genit. *anásarkos*, comp. di *aná* 'verso, contro' e *sárx*, genit. *sarkós* 'carne', di etim. incerta] s. m. (pl. *-chi*) • (*med.*) Edema generalizzato al tessuto sottocutaneo di tutto il corpo.

anastàtica [dal gr. *anástasis* 'risurrezione'] s. f. • Pianta erbacea delle Crocifere a forma di cespuglietto con foglie ovali, pelose e fiori piccoli di colore bianco (*Anastatica hierochuntica*). SIN. Rosa di Gerico.

anastàtico [ingl. *anastatic*, attrav. il fr. *anastatique*, dal gr. *anástasis* 'azione di risollevarsi, risurrezione'] **agg.** (pl. m. *-ci*) ● Detto di riproduzione litografica fondata sul trasporto diretto dello stampato alla pietra per ottenere una nuova matrice: *copia anastatica* | (*est.*) Detto di ogni procedimento che permetta di ristampare fedelmente un originale: *ristampa anastatica*. || **anastaticaménte**, avv. Mediante un procedimento anastatico.

anastigmàtico [comp. di *an-* e *astigmatico*] **agg.** (pl. m. *-ci*) ● Di sistema ottico, lente od obiettivo, in cui sia eliminato l'astigmatismo.

anastigmatiṣmo s. m. ● Proprietà di anastigmatico: *a. di una lente*.

anastilòsi [vc. dotta, comp. di *ana-* (*1*) e del gr. *stýlosis* 'colonnato'] s. f. ● (*archeol.*) Ricostruzione di antichi edifici o monumenti con l'utilizzo delle parti originali e nel rispetto delle primitive strutture.

anastomizzàre [da *anastomosi*] v. tr. ● (*chir.*) Unire in anastomosi.

anastomòṣi o **anastòmoṣi** [vc. dotta, lat. tardo *anastomōsi(m)*, nom. *anastomōsis*, dal gr. *anastómōsis* 'imboccatura', da *anastomóō* 'dare sbocco', comp. di *aná* 'verso' e *stóma* 'bocca'] s. f. *1* (*chir.*) Connessione realizzata chirurgicamente tra strutture anatomiche tubulari tra loro omogenee, come vasi o tratti intestinali, o eterogenee, come l'uretere e il colon. *2* (*anat.*) Ramo di comunicazione tra tronchi vasali o nervosi principali.

anàstrofe [vc. dotta, lat. tardo *anăstrophe(n)*, nom. *anăstrophe*, dal gr. *anastrophḗ* 'inversione' (*stréphō* 'io rovescio')] s. f. ● (*ling.*) Figura retorica che consiste nel mutamento dell'ordine consueto delle parole all'interno di una frase: *O belle a gli occhi miei tende latine!* (TASSO).

anatèma o raro **anàtema** [vc. dotta, lat. tardo *anăthema*, dal gr. *anáthema* 'maledizione', da *anatíthēmi* 'io pongo sopra, dedico'] s. m. (pl. *-i*) *1* Nelle religioni greca e romana, consacrazione votiva agli dei inferi | Nella religione cristiana, scomunica solenne contenente originariamente la maledizione dello scomunicato. *2* (*est.*) Maledizione: *gettare, scagliare l'a. contro qc.*; *fulminare qc. di anatemi*. *3* †Chi è colpito da anatema.

anatematiṣmo [vc. dotta, lat. tardo *anathematĭsmu(m)*, nom. *anathematĭsmus*, dal gr. *anathematismós*. V. *anatema*] s. m. ● Denuncia ecclesiastica di libro o di dottrina degni di anatema.

anatematizzàre o **anatemizzàre** [vc. dotta, lat. tardo *anathematizāre*, dal gr. *anathematizō*. V. *anatema*] v. tr. *1* Colpire con anatema. *2* (*raro, lett.*) Condannare.

Anàtidi [dal lat. *ănas*, genit. *ănatis* 'anitra'] s. m. pl. ● Nella tassonomia animale, famiglia di Uccelli degli Anseriformi in genere acquatici (*Anatidae*) | (al sing. *-e*) Ogni individuo di tale famiglia.

anatociṣmo [vc. dotta, lat. tardo *anatocĭsmu(m)*, dal gr. *anatokismós*, deriv. dal v. *anatokízein* 'prendere l'interesse (*tókos*) su (*aná*) l'interesse'] s. m. ● Capitalizzazione degli interessi di una somma dovuta mediante aggiunta al capitale degli interessi maturati.

anatòlico A agg. (pl. m. *-ci*) ● Dell'Anatolia: *villaggi anatolici*. **B** s. m. (f. *-a*) ● Abitante, nativo dell'Anatolia.

anatomìa o †**notomìa** [vc. dotta, lat. tardo *anatŏmia(m)*, nom. *anatŏmia*, dal gr. *anatomḗ* 'dissezione', da *anatémnō* 'io seziono'] s. f. *1* Scienza che studia la forma e la struttura degli organismi animali e vegetali nelle singole parti che lo compongono | *A. umana normale*, studio sistematico della forma e della costituzione del corpo umano | *A. patologica*, branca della medicina che studia le malattie con l'esame delle alterazioni indotte nei vari organi o tessuti dai processi morbosi | *A. comparata*, studio comparativo dell'anatomia umana e animale per ricavare considerazioni generali sul significato morfologico degli organi | *A. topografica*, studio del corpo umano secondo una suddivisione regionale. ➡ ILL. p. 362-367 ANATOMIA UMANA. *2* Dissezione: *fare l'a. di un cadavere*. *3* (*est.*) La forma, la struttura di un organismo o di una sua parte (*anche fig.*) | Pezzo anatomico. *4* (*fig.*) Analisi metodica e minuziosa di q.c.: *a. di una crisi, di un delitto*. *5* (*fig., scherz.*) Corpo magro o rinsecchito: *sembra un'a.* | Aspetto fisico di una persona, spec. di una donna: *ha una bella a.*

anatòmico [vc. dotta, lat. tardo *anatŏmicu(m)*, nom. *anatŏmicus*, dal gr. *anatomikós*, da *anatomḗ* 'anatomia'] **A** agg. (pl. m. *-ci*) *1* Della, relativo all'anatomia: *preparazione anatomica*; *pezzo a.* | *Sala anatomica*, dove si fanno le dissezioni | *Tavolo a.*, per dissezioni | (*fig.*) *Mettere una questione sul tavolo a.*, prepararsi a sviscerarla, ad analizzarla sistematicamente punto per punto. *2* Modellato, strutturato secondo la forma del corpo umano o di una sua parte: *sedile a.*; *sedia, scarpa anatomica*. || **anatomicaménte**, avv. Per quanto riguarda l'anatomia. **B** s. m. ● Anatomista.

anatomìsta o †**notomìsta**. s. m. e f. (pl. m. *-i*) ● Studioso, cultore di anatomia.

anatomizzàre o †**notomizzàre**. v. tr. *1* Sezionare un corpo animale studiandone la struttura, l'anatomia: *a. un cadavere, un arto*. SIN. Dissecare. *2* (*fig.*) Esaminare in modo sottile e minuzioso.

anatomopatologìa [comp. di *anatom(ic)o* e *patologia*] s. f. ● (*med.*) Anatomia patologica.

anatomopatòlogo [da *anatomopatologia*] s. m. (f. *-a*; pl. m. *-gi*) ● (*med.*) Medico specializzato in anatomia patologica.

anatossìna [comp. di *ana-* (*3*) e *tossina*] s. f. ● (*biol.*) Tossina batterica privata artificialmente del suo potere tossico che però conserva le proprietà vaccinanti: *a. antitetanica, difterica*.

ànatra o **ànitra** [lat. parl. **ănitra(m)*, per il class. *ănate(m)*, di origine indeur.] s. f. *1* Genere di uccello acquatico spesso commestibile degli Anseriformi con piedi palmati, becco largo e piatto, piumaggio variopinto su fondo generalmente grigio (*Anas*) | *A. selvatica*, germano reale | *A. domestica*, derivata dal germano reale ma differente per mole, colore delle piume, maggiore deposizione delle uova | *A. muschiata, a. muta*, originaria dell'America merid., grossa e di piumaggio verde, con screziature bianche sulle ali, che emana odore di muschio e, nel maschio, emette soltanto una specie di soffio invece del verso caratteristico (*Cairina moschata*) | *A. matta*, fischione | *A. sposa, a. sposina*, originaria dell'America sett., di piumaggio elegante (*Aix sponsa*) | *A. mandarina*, originaria dell'Estremo Oriente, di piumaggio e forma elegante (*Aix galericulata*) | *A. zoppa*, (*fig.*, trad. dell'ingl. *lame duck*) nel linguaggio giornalistico, persona inefficiente, incapace o che esercita un potere solo nominalmente. *2* Correntemente, la femmina del germano reale. || **anatràccia**, pegg. | **anatràccio**, pegg. m. | **anatrèlla**, dim. (V.) | **anatrétta**, dim. | **anatrìna**, dim. | **anatrìno**, dim. m. | **anatròcco**, dim. m. | **anatròccolo**, dim. m. (V.) | **anatròtto**, dim. m.

anatràre v. intr. (aus. *avere*) ● Detto dell'anatra, emettere il caratteristico verso basso e stridulo, frammisto a frequenti starnazzii.

anatrèlla s. f. *1* Dim. di *anatra*. *2* (*arald.*) Piccola anatra posta nello scudo sempre di profilo, ad ali chiuse, priva del becco e delle zampe.

anatrèptica o **anatrèttica** [vc. dotta, gr. *anatreptikós*, da *anatrépō* 'io rovescio, abbatto'] s. f. ● In logica, l'arte di rovesciare le argomentazioni dell'avversario per confonderlo.

anatròccolo o **anitròccolo** s. m. *1* Dim. di *anatra*. *2* Pulcino dell'anatra: *il brutto a.*

anàtropo [dal gr. *anatropḗ* 'rovesciamento', der. di *anatrépein* 'rovesciare', comp. di *ana-* 'ana- (*2*)' e *trépein* 'volgere'] agg. ● (*bot.*) Capovolto | *Ovulo a.*, quello delle Fanerogame, curvato alla base in modo che l'asse longitudinale sia parallelo all'asse del funicolo.

ànca [francone **hanca*] s. f. *1* Regione anatomica del corpo umano che comprende la parte laterale e posteriore del bacino e la parte laterale e superiore della coscia | Correntemente, fianco | *Menare l'a.*, camminare | *Avere buona a.*, essere un buon camminatore | *Muovere le anche*, ancheggiare | *Dare d'anche*, fuggire | *Battersi l'a.*, in segno di dolore, sconforto e sim. *2* Regione anatomica del corpo di molti animali corrispondente all'angolo esterno dell'ileo, costituente nei quadrupedi la parte più ampia della groppa. *3* Ognuno dei due fianchi della nave dove si arrotondano per formare la poppa.

ancàta s. f. *1* Movimento compiuto con l'anca. *2* Nella lotta, movimento dell'anca con cui un atleta, effettuata una presa, costringe alla caduta l'avversario facendo leva sull'addome di questo | Nell'atletica, movimento di forza del discobolo al momento del lancio.

ancèlla o †**ancìlla** [lat. *ancĭllam*, dim. di *ăncula* 'serva', di orig. indeur., attratto nella serie dei nomi in *-ella*] s. f. *1* (*lett.*) Schiava, serva | *L'a. del Signore*, (*per anton.*) la Madonna. *2* (*scherz.*) Domestica, fantesca.

ancestràle [fr. *ancestral*, da *ancestre*, dal lat. *antecĕssor*, genit. *antecessōris*. V. *antecessore*] agg. *1* Avito, atavico: *terrori ancestrali*. *2* (*biol.*) Detto di organo che si riscontra in animali fossili, e che nelle specie viventi è atrofizzato o diversamente sviluppato.

ànche o (*tosc.*) †**ànco** [etim. incerta] **A** cong. *1* Pure, con riferimento a quanto precedentemente espresso e sottinteso: *ho già studiato storia e a. geografia*; *a. oggi non potrò venire* | Si usa nelle risposte con valore raff.: *'tu vieni?' 'Sì!' 'E tua madre?' ' a'*. *2* Rafforza l'idea di possibilità: *potevi a. dirmelo*; *avresti potuto a. star zitto* | (*fam.*) *Mi disse, a. un milione non accetterei*. *3* Persino: *l'hai trattato a. troppo bene* | Oltre a ciò, inoltre: *c'è da considerare a. questo fatto* | Con un senso di rammarico: *a. da te dovevo sentirmelo dire!* *4* Introduce una prop. concessiva, sia implicita col v. al ger. o all'inf., sia esplicita col v. al congv. e all'indic.: *a. dicendoglielo tu, non ci crederà*; *a. a volerlo aiutare, non si può far molto per lui*; *a. se volesse non potrebbe farcela* | Sebbene, quantunque: *si mostra scontroso, a. se lo tratto con ogni riguardo* | *Quand'a.*, ammesso pure che, dato pure che, anche se. **B** avv. *1* (*lett.*) †Fino ad ora: *non hanno a. provveduto alle difese* | *Per a.*, *per anco*, ancora, finora, e (*fig.*) del resto, per altro: *né io sono per a. un manzoniano / che tiri quattro paghe per il lesso* (CARDUCCI) | †*Non a.*, nemmeno. *2* (*lett.*) †Ancora, di nuovo; *sì che 'n inferno i' credea tornar a.* (DANTE *Inf.* XXXIV, 81). *3* (*lett.*) Ormai, finalmente: *sian gli sdegni anco forniti* (TASSO).

ancheggiaménto s. m. ● Atto dell'ancheggiare.

ancheggiàre [da *anca*] v. intr. (*io anchéggio*; aus. *avere*) ● Muoversi facendo ondeggiare i fianchi.

anchiloṣàre [da *anchilosi*] v. tr. e intr. pron. (*io anchilòṣo* o *anchìloṣo*) ● Irrigidire per anchilosi: *le mie gambe si stanno anchilosando*.

anchiloṣàto part. pass. di *anchilosare*; anche agg. *1* Nei sign. del v. *2* Rigido, incapace di movimento (*anche fig.*): *mi sento tutto a.*; *avere la memoria anchilosata*.

anchilòṣi o **anchìloṣi** [vc. dotta, gr. *ankýlōsis*, da *ankýlos* 'curvo'] s. f. ● (*med.*) Diminuzione o perdita dei normali movimenti di un'articolazione.

anchilòstoma [comp. del gr. *ankýlos* 'curvo' e *stóma* 'bocca'] s. m. (pl. *-i*) ● Verme dei Nematodi parassita intestinale, con bocca fornita di piccoli denti (*Ancylostonia duodenale*).

anchilostomìaṣi s. f. ● (*med.*) Infestione da anchilostomi, che si localizzano nell'intestino causando intensa anemia.

anchìna [dalla città cinese di *Nanjing*] s. f. ● Tela di cotone di color giallo, originaria della città di Nanchino.

anchìno [lat. tardo *anquīna(m)*, dal gr. *ankóinē* 'cosa curva', da *ánkos* 'curvatura'] s. m. ● (*mar.*) Anello di corde robuste, per fissare all'albero i pennoni minori e le antenne delle vele auriche, che reca inseriti a guisa di rosario grossi grani di legno duro.

anchor man /*ingl.* 'æŋkəmæn/ [loc. ingl. d'America, propr. 'uomo àncora'] loc. sost. m. inv. (f. ingl. *anchor woman* /'æŋkəwumən/; pl. m. ingl. *anchor men*; pl. f. ingl. *anchor women*) ● Conduttore di un notiziario televisivo o radiofonico, che assicura da studio i collegamenti con i vari inviati, coordina la messa in onda dei servizi e commenta gli avvenimenti del giorno | (*gener.*) Conduttore di un programma televisivo o radiofonico di largo ascolto.

ància [germ. **ankja* 'tubo', attrav. il fr. *anche*] s. f. (pl. *-ce*) ● (*mus.*) Sottile lamina di legno, metallo o plastica collocata nell'imboccatura di alcuni strumenti aerofoni, atta a provocare la vibrazione della colonna d'aria ivi contenuta: *a. semplice*; *a. doppia*.

†**ancìdere** [da †*anciso*] v. tr. ● (*lett.*) Uccidere.

ancien régime /*fr.* ɑ̃'sjɛ̃ re'ʒim/ [loc. fr., propr. 'vecchio regime'] loc. sost. m. *1* Regime monarchico assoluto dominante in Francia prima della rivoluzione francese. **2** (*est.*) Sistema politico, sociale o di altra natura appartenente al passato.

ancìle [vc. dotta, lat. *ancīle*, prob. comp. di *ămb-* 'intorno' e *caedere* 'tagliare'] **s. m.** **1** Piccolo scudo ovale che gli antichi romani credevano inviato in terra dal dio Marte. **2** (*est.*) Ogni scudo di forma ovale, di tipo antico.

†**ancìlla** ● V. *ancella*.

ancillàre [vc. dotta, lat. *ancillāre(m)*, da *ancĭlla* 'ancella'] **agg.** **1** Proprio delle ancelle | (*scherz.*) *Amori ancillari*, amori con domestiche; *un'avventura furtiva, spiacevole, violenta, di sapore decisamente a.* (MORAVIA) | (*scherz.*) *Crisi a.*, mancanza di domestiche. **2** (*lett.*) Ausiliario, subordinato.

ancìpite [vc. dotta, lat. *ancĭpite(m)*, comp. di *ămb-* 'da ogni parte' e *căput*, genit. *căpitis* 'capo'] **agg.** **1** (*poet.*) A doppio taglio, detto di lama: *e perferirsi prese il ferro a.* (SANNAZARO). **2** (*ling.*) Detto di sillaba o vocale che, nella metrica classica, può essere considerata breve o lunga. **3** (*lett., fig.*) Duplice, incerto, ambiguo.

†**ancìso** [lat. *ancīsu(m)*, comp. di *ambi* 'da entrambe le parti' e *caesus*, part. pass. di *caedere* 'tagliare'. Cfr. *inciso*] **agg.** ● (*lett.*) Ferito | Ucciso.

†**ànco** ● V. *anche*.

†**ancòi** [dal lat. *hŏdie* 'oggi' con un pref. non chiaro] **avv.** ● Oggi: *or ti rammenta / come bevesti di Letè a.* (DANTE *Purg.* XXXIII, 95-96).

†**àncola** ● V. *ancora (1)*.

ancóna [gr. biz. *eikóna* 'immagine', per il classico *eikṓn*, con un pref. non chiaro. V. *icona*] **s. f.** ● Tavola posta sull'altare, dipinta o scolpita, spesso a più scomparti, in legno, marmo o terracotta | (*est.*) Nicchia o cornice in cui è posta tale tavola.

†**ancóne** [vc. dotta, lat. tardo *ancōna*, nom. *ăncon*, dal gr. *ankṓn*, 'gomito'] **s. m.** ● Gomito.

anconèo [da †*ancone*] **A agg.** ● (*anat.*) Detto di un piccolo muscolo del braccio tra l'omero e l'ulna: *muscolo a.* **B** anche **s. m.** ➡ **ILL.** p. 362 ANATOMIA UMANA.

anconetàno o **anconitàno A agg.** ● Di Ancona: *dialetto a.* **B s. m.** (f. *-a*) ● Abitante, nativo di Ancona.

àncora (1) o †**àncola** [lat. *ăncora(m)*, nom. *ăncora*, dal gr. *ánkyra*, da *ánchos* 'curvatura'] **s. f.** **1** (*mar.*) Pesante strumento di ferro che gettato a mare, da bordo, mantiene la nave solidamente ormeggiata al fondale mediante una catena: *gettare l'a.* | *Gettare l'a.*, (*fig.*) fermarsi, indugiare | *Stare sull'a.*, fermo (*anche fig.*) | *Dar fondo all'a.*, affondarla, gettarla | *Levare, salpare l'a.*, partire, andarsene (*anche fig.*) | *A. galleggiante*, congegno che la nave in difficoltà per fortunale fila a mare sopravento per frenare lo scarroccio | *A. di salvezza*, (*fig.*) ultima possibilità di salvezza. **2** (*elettr.*) Pezzo di ferro dolce applicato fra le estremità polari di un magnete permanente per chiuderne il circuito magnetico e ritardarne così la smagnetizzazione nel tempo. | Pezzo di ferro dolce che è mantenuto a breve distanza dalle estremità polari di un elettromagnete e che viene attratto verso l'elettromagnete quando questo è fatto funzionare, per compiere funzioni quale l'apertura o la chiusura a distanza di un circuito. **3** Pezzo di acciaio o di ottone, la cui forma ricorda quella dell'ancora di marina, che costituisce lo scappamento usato negli orologi meccanici, in particolare in quelli a pendolo. **4** In alcuni tipi di sciovie, l'attrezzo al quale si agganciano uno o due sciatori. ‖ **ancorétta**, **dim.** (V.) | **ancorìna**, **dim.** | **ancoròtto**, **dim. m.** (V.). (V. nota d'uso ACCENTO)

ancóra (2) [lat. *hănc hōra(m)* 'a quest'ora'] **A avv.** (troncato in *ancor*) **1** Indica continuità di un'azione o di un fatto nel passato, nel presente e nel futuro: *stava a. dormendo*; *dovrò faticare a. per molti mesi prima di concludere la mia ricerca.* **2** Fino a ora, per ora: *non si è visto a.*; *non è a. pronto.* **3** A quel tempo: *io ero a. bambino* | Fino allora: *non avevo a. approfondito la cosa.* **4** Di nuovo, un'altra volta, per indicare il ripetersi di una cosa o di un'azione: *vieni a. a trovarmi*; *proverò a.* **5** In aggiunta: *ne vuoi a. un po'?*; *resta a. dieci minuti* | Rafforzativo: *non sai tutto*: *c'è a. dell'altro.* **B cong.** **1** Anche, persino, spec. come raff. di un compar.: *tu sei a. più fortunato di me.* **2** †Sebbene, quantunque, ancorché (introduce una prop. conc. con il v. al congv.): *ch'i' ti conosco, ancor sie lordo tutto* (DANTE *Inf.* VIII, 39) (V. nota d'uso ACCENTO).

†**ancóra che** /an'kora 'ke*/ ● V. *ancorché*.

†**ancoraché** ● V. *ancorché*.

ancoràggio **s. m.** **1** (*mar.*) Luogo ove si può gettare l'ancora | (*est.*) L'azione stessa del gettare l'ancora | *Tassa d'a.*, o *all'a.*, tassa dovuta da una nave all'autorità del porto ove getta l'ancora. **2** Collegamento di strutture o parti di esse fra loro o al suolo: *l'a. di una macchina utensile*; *l'a. di un ponte.* **3** (*fig.*) Collegamento a un punto o elemento fisso, stabile, o comunque atto a fornire sufficienti garanzie di sicurezza: *a. internazionale.*

ancoràio **s. m.** ● Chi fabbrica ancore.

ancoràre [da *ancora (1)*] **A v. tr.** (*io àncoro*) **1** Ormeggiare una nave calando l'ancora sul fondo. **2** (*est.*) Agganciare, attaccare solidamente (*anche fig.*): *a. q.c. al suolo, a una parete*; *a. un ragionamento a principi logici indiscutibili.* **3** (*fig.*) Rapportare stabilmente il valore della moneta a quello dell'oro o dell'unità monetaria di altro Stato | (*est.*) Ammettere la convertibilità della moneta in oro o in data valuta estera: *a. la lira al dollaro.* **B v. rifl.** **1** Gettare l'ancora: *ci ancorammo al largo.* **2** (*est.*) Aggrapparsi, attaccarsi con forza (*anche fig.*): *ancorarsi a una sporgenza del muro*; *ancorarsi a una certezza.* **3** Stabilirsi, fermarsi per molto tempo o per sempre: *ancorarsi in ufficio.*

†**ancoràtico** **s. m.** ● Tassa d'ancoraggio.

ancoràto **part. pass.** di *ancorare*; anche **agg.** **1** Nei sign. del v. **2** (*arald.*) Detto di figura terminante a guisa dell'uncino di una ancora: *croce ancorata.*

ancorché o †**ancóra che**, †**ancoraché** [comp. di *ancor(a) (2)* e *che (2)*] **cong.** ● (*lett.*) Benché, quantunque, sebbene (introduce una prop. conc. col v. al congv.): *a. fosse molto affaticato, continuò tuttavia a lavorare* | Anche se: *l'uomo niente tanto odia quanto la noia e però gli piace di veder qualche novità a. brutta* (LEOPARDI).

ancoréssa **s. f.** ● Ancora molto pesante con una sola marra.

ancorétta **s. f.** **1** Dim. di *ancora (1)*. **2** Grappino. **3** Amo per pesche speciali, a tre o quattro punte. ➡ **ILL. pesca**.

ancoròtto **s. m.** **1** Dim. di *ancora (1)*. **2** Piccola ancora con più marre fisse usata per imbarcazioni leggere.

ancorquàndo [comp. di *ancor(a) (2)* e *quando*] **cong.** ● (*lett.*) Benché, quantunque, anche se (introduce una prop. conc. con il v. al congv.).

†**ancròia** [dal n. della protagonista di un poemetto pop. (*La Regina Ancroia*)] **s. f.** ● (*lett.*) Donna vecchia e laida.

ancùde o **ancùdine** [deformazione di *incudine*, nata da *la (i)ncudine*] **s. f.** ● (*poet.*) Incudine: *clangor di magli / su forti ancudi* (PASCOLI).

ànda [da *andare*] **A s. f.** ● (*dial.*) Avvio, aire: *dar l'a.* **B** in funzione di **inter.** ● †Si usa come voce d'incitamento per gli animali da tiro, spec. per il bue.

andalusìte [comp. di *Andalusi(a)*, dove fu scoperto, e *-ite (2)*] **s. f.** ● (*miner.*) Silicato in prismi opachi con caratteristiche inclusioni carboniose diffuso in alcune rocce metamorfiche.

andalùso A agg. ● Dell'Andalusia: *città andalusa*; *ballo a.* **B s. m.** (f. *-a*) ● Abitante, nativo, dell'Andalusia.

andaménto [da *andare*] **s. m.** **1** Svolgimento, movimento di q.c. nel tempo: *la situazione economica ha un a. oscillante.* **2** †Sentiero, percorso, via. **3** †Viaggio, movimento nello spazio. **4** (*spec. al pl.*) †Maneggi, pratiche.

andàna [da *andare* (?)] **s. f.** **1** Spazio libero tra due filari d'alberi | Passaggio libero tra file di casse, botti, sacchi, e sim. **2** Striscia d'erba da foraggio lasciata a essiccare perché diventi fieno. **3** Corridoio ove si fila e si torce la canapa per le funi. **4** (*mar.*) Fila di bastimenti ormeggiati perpendicolarmente alla banchina, l'uno a fianco dell'altro | Banchina dove i bastimenti possono ormeggiarsi in andana | (*gener.*) Filiera di materiali omogenei: *a. delle ancore.*

andànte A part. pres. di *andare*; anche **agg.** **1** Nei sign. del v. **2** Continuo, continuato: *muro a.* | Corrente: *anno, mese a.* **3** (*fig.*) Che si vende facilmente e a poco prezzo | (*est.*) Che ha qualità scadente: *un tessuto a.*; *mobili andanti.* **4** Facile, scorrevole | (*est.*) Spontaneo, semplice: *un periodare a. e disinvolto* (DE SANCTIS). ‖ **andanteménte**, **avv.** (*raro*) Continuamente, senza interruzione; comunemente. **B s. m.** ● (*mus.*) Movimento in tempo moderato, meno lento dell'adagio | Titolo di brani musicali o di una parte di essi. ‖ **andantìno**, **dim.** (V.).

andantìno [dim. di *andante*] **s. m.** ● (*mus.*) Movimento un poco più mosso dell'andante | Titolo di brani musicali o di una parte di essi.

andàre [etim. discussa: lat. *annāre* 'nuotare verso' (?)] **A v. intr.** (**pres.** *io vàdo*, o *vo* /vɔ*/, *tu vài*, *egli va*, *noi andiàmo*, *voi andàte*, *essi vànno*; **fut.** *io andrò*, pop. *anderò*; **congv. pres.** *io vàda*, *noi andiàmo*, *voi andiàte*, *essi vàdano*; **cond. pres.** *io andrèi*, pop. *anderèi*; **imper.** *va* /va, va*/ o *va'* o *vài*, *andàte*; le altre forme dal tema *and-*; aus. *essere*) ATTENZIONE! *va* non richiede l'accento (V. nota d'uso ACCENTO) **I** Compiere una serie di movimenti di locomozione, riferito a esseri animati o inanimati **1** Muoversi, spostarsi, a piedi o con altri mezzi di locomozione, senza meta o senza che la meta sia indicata: *a. nudo, scalzo, mal vestito, a capo scoperto, a capo chino, a testa bassa, a testa alta*; *a. svelto, lento, rapidamente, lentamente, di corsa, di fretta, di furia, di premura, di carriera, di galoppo, al galoppo, al trotto, a tutta birra, a passo di carica, come il vento, come il fulmine, a piedi, a cavallo, in aereo, in automobile, in macchina, in bicicletta, in nave, in tram, in treno*; *a. per la strada*; *a. errando, fuggendo*; *a. diritto, a due a due, a piccoli gruppi, in colonna, in corteo, in fila indiana, in lunghe file* | *A. a gambe levate*, fare una grossa caduta | *A. a quattro gambe, gatton gattoni, gattoni*, camminare sulle mani e sulle ginocchia | *A. ruzzoloni, zoppiconi*, e sim., ruzzolare, zoppicare e sim. | *A. a zonzo*, passeggiare senza meta | *A. alla spicciolata*, in gruppetti o singolarmente senza ordine preciso, riferito a un gruppo relativamente vasto | *A. di lungo*, proseguire il proprio cammino | *A. troppo forte*, (*fig.*) svolgere un discorso, un ragionamento, in modo troppo rapido, precorrere la realtà coi propri progetti o speranze, propugnare cambiamenti considerati troppo radicali o prematuri in una data situazione e sim. **2** Muoversi, spostarsi a piedi o con altri mezzi di locomozione verso una meta più o meno chiaramente definita: *a. a casa, al bar, a teatro, al cinema, al comizio, alla manifestazione, in biblioteca, in chiesa*; *a. a caccia, a pesca, in villeggiatura, in vacanza*; *a. in prigione, in galera, di fronte ai giudici, a corte*; *a. a donne*; *a. a fragole, a funghi, a legna*; (*pop.*) *a. per fragole, per funghi, per legna*; *a. lontano, all'estero, via per sempre, in esilio*; *a. in esplorazione, in perlustrazione*; *a. alla carica*; *i fiumi vanno verso il mare* | *A. per mare*, navigare | *A. per i sei anni*, essere in procinto di compierli | *A. sulla bocca di tutti*, (*fig.*) essere molto noto | *A. a nozze*, (*fig.*) essere felice | *A. alla banda*, di nave, piegare da uno dei lati | *A. a fondo, a picco*, di nave, inabissarsi; (*fig.*) rovinarsi. **3** (*est.*) Essere collocato, essere destinato a essere messo, in un dato posto: *questo quadro va nel salotto* | *A. su, sopra*, salire (*anche fig.*); di spettacolo teatrale, avere inizio | *A. oltre, troppo oltre*, oltrepassare un limite definito (*anche fig.*) | *A. giù, sotto*, scendere (*anche fig.*) | *A. addosso*, investire | *A. dentro*, in carcere | *A. in collera, in bestia*, adirarsi, infuriarsi | *A. d'accordo*, concordare | *A. soldato*, a fare il servizio militare | (*fig.*) *A. all'altro mondo, al Creatore, in cielo, in Paradiso, a babboriveggoli, a Buda, a ingrassare i petronciani*, morire | *A. a vuoto, a monte, all'aria, alla malora, al diavolo, a rotoli, a catafascio, a carte quarantotto*, perdersi, fallire | *A. avanti*, (*fig.*) progredire | *A. indietro*, (*fig.*) regredire | *A. in macchina*, cominciare a essere stampato | *A. in macchina con un giornale e sim.*, iniziare la pubblicazione | *A. in pagina*, di notizia o articolo, essere pubblicato sul giornale | *A. in scena*, essere rappresentato a teatro | (*est.*) *A. in scena con una commedia e sim.*, rappresentarla a teatro | *A. in onda*, venir trasmesso, detto di trasmissione radiofonica o televisiva | *A. in buca*, (*fig.*) finire in una situazione senza via d'uscita | *A. al fondo di una questione*, sviscerarla | *Non a.*

giù, non piacere, non sopportare | *A. con Dio*, allontanarsi in pace | *A. a buon fine*, concludersi bene | *A. col pensiero, con la memoria a qc. o q.c.*, pensare a, ricordare qc. o q.c. | *A. alle calende greche*, tirarla per le lunghe | *A. a ruba*, essere molto richiesto | *A. all'asta, all'incanto*, essere venduto all'asta, all'incanto | *A. a riporsi, a nascondersi*, vergognarsi | *A. a Canossa*, riconoscere i propri errori, umiliarsi e sim. | In escl. e loc. esortative, spec. iron., esprimenti scontentezza, dispetto, incredulità e sim.: *va là, ma va là!*; *andiamo, andate, su!* | (*iron.*) *Ma dove vai?*, frase rivolta a chi si dimostra troppo frettoloso, indaffarato e sim. **4** (*sport*) Puntare alla realizzazione di un punto, segnarlo: *a. a rete, a canestro* | *A. in fuga*, iniziare una fuga, nel ciclismo su strada. **5** Comportarsi in un dato modo: *a. fiero, orgoglioso, superbo* | *A. a fronte alta, a testa alta*, essere sicuro della propria onestà | *A. pazzo per qc. o q.c.*, prediligere | *A. per la maggiore*, essere di moda | *A. a naso, a fiuto*, agire in modo non sistematico, affidandosi all'istinto | *A. a tasto, a tastoni, alla cieca*, procedere a casaccio, senza idee chiare | *A. contro corrente*, (*fig.*) opporsi alla mentalità dominante, alla tradizione e sim. | *A. sul sicuro*, agire in base a dati certi | *A. terra terra*, (*fig.*) comportarsi in modo moderato, prudente, pensare in modo prosaico e sim. | *A. a letto con qc., a. con qc.*, avere rapporti sessuali con qc. | *A. di corpo*, defecare. **6** Di moneta e sim., avere corso legale: *fra tre mesi questa moneta non andrà più* | (*est.*) Costare, valere: *questo bicchiere va a mille lire il pezzo*. **7** Unito a un gerundio, esprime azione continuata: *a. dicendo, facendo, scrivendo*, ecc. | *A. dietro a dire e sim.*, continuare a dire e sim. **8** Unito a un participio, può essere sinonimo di *dover essere*: *questa tassa va pagata*; *quel volume va riposto in biblioteca* | *A. errato*, essere in errore | *A. perduto, smarrito*, perdersi, essere perduto. **9** Unito alla partcl. pron. *ne*, significa essere in pericolo, in gioco: *ne va della nostra vita*; *ne andrebbe del mio onore, della mia dignità*, e sim. **II** Cambiare di stato, svilupparsi da una data condizione a una condizione più o meno diversa. **1** Trasformarsi: *a. in fumo, in fiamme, in cenere, in acqua* | *A. in pezzi, in briciole, in frantumi*, rompersi | (*fig.*) *A. in brodo di giuggiole*, in estasi, bearsi | *A. in visibilio*, trasecolare, strabiliare | *A. in amore, in calore*, riferito agli animali nel periodo dell'accoppiamento | *A. in vacca*, (*est., pop.*) perdere la voglia di lavorare, battere la fiacca | *Andarci di mezzo*, essere coinvolto in q.c. **2** (*est.*) Dileguare, scomparire: *quest'anno il freddo non vuole andarsene*; *i miei guadagni se ne vanno troppo in fretta*; *la salute, la memoria se ne vanno* | Finire, venir meno, morire | Trascorrere velocemente, riferito al tempo: *le ore, i minuti se ne vanno*. **3** Procedere: *è un'iniziativa che va*; *gli affari per ora vanno*; *a. bene, male, di male in peggio*; *come va?, come va la vita?, come andiamo oggi?* | (*fig.*) *A. a gonfie vele*, ottimamente | *A. liscia*, avere buon esito. **4** Funzionare: *una volta tutti i treni andavano a vapore*; *il mio orologio non va più* | *A. a due, a tre e sim.*, detto di un motore a scoppio a quattro o più cilindri in cui per un guasto ne funzionano soltanto due, tre, e sim. | Essere adatto, gradito, piacevole: *questo vestito ti va a pennello*; *quei guanti non mi vanno*; *ti va quel film?*; *questa faccenda non mi va proprio*. **B** in funzione di s. m. **1** Atto del muoversi | *A. e venire*, andirivieni, successione frequente di movimenti da un luogo all'altro | *A tutto a.*, moltissimo, intensamente | *A lungo a.*, alla lunga, col passar del tempo | *Con l'a. del tempo, degli anni*, mentre il tempo, gli anni trascorrono | *Dare l'a. a qc.*, licenziarlo, mandarlo via. **2** Andatura, portamento di chi si muove: *non era l'andar suo cosa mortale* (PETRARCA). **3** (*spec. al pl.*) †Sentiero, strada, viottolo || PROV. Chi va al mulino s'infarina.

andàta s. f. **1** Atto dell'andare: *l'a. è stata più breve del ritorno* | (*raro*) *Dare l'a.*, mettere in movimento. CONTR. Ritorno. **2** *Girone d'a.*, (*ell.*) *andata*, nel calcio e sim., serie di incontri che costituiscono il primo di due turni di partite durante il quale le squadre si incontrano per la prima volta: *vincere il girone d'a.*; *perdere un incontro dell'a.* **3** †Cammino, viaggio.

andàto part. pass. di *andare*; anche agg. **1** Nei sign. del v. **2** Perduto, finito, rovinato, morto: *ormai è a.* | (*fam.*) *Merce, frutta andata*, avariata.

andatóia [da *andato*] s. f. ● Rampa inclinata che, in una costruzione, collega i diversi palchi di un ponte di fabbrica.

andatùra s. f. **1** Modo e atto dell'andare | (*fisiol.*) Deambulazione: *difetti di a.* | (*lett.*) Portamento: *un'a. regale, maestosa*. **2** (*sport*) Ritmo, velocità di marcia o di corsa di un concorrente: *a. regolare, sostenuta, veloce*; *procedere a forte a., a tutta a.* | *Fare l'a.* nell'atletica, precedere gli altri concorrenti regolandone la velocità di marcia o di corsa; nel ciclismo, tirare | Nell'equitazione, nell'ippica, modo di correre del cavallo: *rompere l'a.* | *A. naturale*, passo, trotto, galoppo | *A. difettosa*, ambio e altre | *Andature artificiali*, quelle di maneggio o di alta scuola. **3** (*mar.*) Nei velieri, modo di navigare sfruttando il vento a seconda dell'angolo che la direzione di questo fa con la direzione della nave | *A. di bolina*, stringendo il vento | *A. a fil di ruota, in poppa*, con vento in poppa | Nelle navi a propulsione meccanica, velocità conseguente alla potenza sviluppata. ➡ ILL. p. 1291 SPORT.

andàzzo [lat. parl. **andātio*, nom. sing. V. *andare*] s. m. ● Usanza, modo di procedere molto criticabile: *un a. che non mi piace*; *hai preso un brutto a.*

andeṣite o **andesite** [dal n. della catena delle *Ande*, sp. *Andes*] s. f. ● Roccia effusiva costituita spec. da anfiboli e pirosseni.

àndicap s. m. inv. ● Adattamento di *handicap* (V.).

andicappàre e *deriv.* ● V. *handicappare* e *deriv.*

andìno agg. ● Delle Ande: *paesaggio a.*

andirivièni [comp. dall'imperat. ant. di *andare* e *rivenire*] s. m. **1** Movimento dell'andare e venire di gente nello stesso luogo | (*est.*) Intrico, groviglio: *un a. di strade, di vicoli*. **2** (*fig.*) Giro confuso di parole: *dopo due ore di a. il contratto fu concluso*.

àndito [da *andare* (?)] s. m. ● Stretto e breve corridoio, entrata, ingresso, vestibolo | (*est.*) Bugigattolo.

àndo [da *andare*] s. m. ● (*tosc.*) Solo nella loc. *dare l'a.*, dare, aprire la via.

-ando [lat. *-āndu(m)*, desinenza del gerundivo in funzione agg. con l'idea di dovere e obbligatorietà] suff. (f. *-a*) ● In aggettivi per lo più sostantivati di origine latina, o di altri formati analogamente, implica un'idea di dovere, di necessità e sim.: *esecrando, venerando, cresimando, educanda*.

andorràno **A** agg. ● Di Andorra. **B** s. m. (f. *-a*) ● Abitante, nativo di Andorra.

andrèna [gr. *anthrḗnē* 'calabrone', da avvicinare a *athḗr* 'punta della spiga' e *thérix* 'resta della spiga'] s. f. ● Genere di insetti Imenotteri di color nero e bluastro, nidificanti nel terreno (*Andrena*).

-andria [dal gr. *anḗr*, genit. *andrós* 'uomo', di origine indeur.] secondo elemento ● In parole composte dotte significa 'uomo': *poliandria* | In parole composte della terminologia botanica è usato con riferimento all'elemento maschile in genere, o col significato di 'stame': *proterandria*.

andrienne /fr. ɑ̃dri'ɛn/ [fr., detta così perché usata da un'attrice nell'*Andrienne* di E. G. Baron, rifacimento dell'*Andria* di Terenzio] s. f. (pl. *andriennes* /fr. ɑ̃dri'ɛn/) ● Ampia vestaglia femminile, usata nei secc. XVIII e XIX.

andro-, -àndro [dal gr. *anḗr*, genit. *andrós* 'uomo'] primo o secondo elemento ● In parole composte dotte significa 'uomo' o indica comunque relazione con il genere maschile: *androfobia, androgino, ginandro* | In parole composte della terminologia botanica è usato con riferimento all'elemento maschile o significa 'stame': *androceo*.

androcèo [da *andro-*, in opposizione a *gineceo*] s. m. **1** Nella casa greca, parte riservata agli uomini. **2** (*bot.*) L'insieme degli stami di un fiore.

andròctono [gr. *androktónos* 'uccisore d'uomini', comp. di *andro-* 'andro-' e un deriv. di *ktéinein* 'uccidere' (prob. di origine indeur.)] s. m. ● Scorpione che vive in luoghi caldi e sabbiosi la cui puntura è spesso mortale per l'uomo (*Androctonus australis*).

androfobìa [comp. di *andro-* e *-fobia*] s. f. ● (*psicol.*) Paura morbosa degli uomini.

andrògeno [comp. di *andro-* e *-geno*] **A** agg. ● Detto di ormone sessuale ad azione mascolinizzante, che regola lo sviluppo degli organi e determina i caratteri sessuali secondari: *ormone a.* **B** anche s. m.: *gli androgeni*.

androginìa [da *androgino*] s. f. ● Contemporanea presenza degli organi della riproduzione maschili e femminili in certe piante e animali. SIN. Ermafroditismo.

andrògìnico agg. (pl. m. *-ci*) ● Di, relativo ad androginia | Androgino.

andrògino [vc. dotta, lat. *andrŏgynu(m)*, nom. *andrŏgynus*, dal gr. *andrógynos*, comp. di *anḗr*, genit. *andrós* 'uomo' e *gynḗ* 'donna'] agg.; anche s. m. **1** Che, chi presenta i caratteri dell'androginia. SIN. Ermafrodito. **2** (*fig.*) Che, chi ha aspetto sessualmente ambiguo, partecipe delle caratteristiche esteriori di entrambi i sessi.

andròide [comp. di *andro-* e *-oide*] **A** agg. ● (*med.*) Che presenta caratteri di tipo maschile | *Obesità a.*, quella nella quale l'accumulo di tessuto adiposo prevale nella parte superiore del corpo. **B** s. m. e f. ● Automa con aspetto e funzioni simili a quelli umani.

andrologìa [comp. di *andro-* e *-logia*] s. f. ● Branca della medicina che studia e cura le malattie proprie del sesso maschile e spec. delle alterazioni delle capacità riproduttive.

andròlogo s. m. (f. *-a*; pl. m. *-gi*, pop. *-ghi*) ● Specialista di andrologia.

andromanìa [comp. di *andro-* e *-mania*] s. f. ● (*med.*) Ninfomania.

andróne [lat. *andrōne(m)*, nom. *ăndron*, dal gr. *andrṓn* 'appartamento degli uomini', da *anḗr*, genit. *andrós* 'uomo'] s. m. ● (*arch.*) Sala delle case antiche adibita a ricevere i forestieri | Al piano terreno degli edifici, passaggio che dalla porta di ingresso principale immette alla scala o al cortile interno.

andropàuṣa [da *andro-*, sul modello di *menopausa*] s. f. ● (*fisiol.*) Climaterio maschile.

andròṣace [vc. dotta, lat. *andrŏsace(n)*, nom. *andrŏsaces*, dal gr. *andrósakes*, deriv. di *anḗr*, genit. *andrós* 'uomo' (V. *andro-*): la seconda parte sarebbe *ákos* 'rimedio', di etim. incerta (?)] s. f. ● Genere di piante erbacee delle Primulacee con foglie spesso in rosetta e piccoli fiori bianchi, rosa o rossi generalmente in ombrelle (*Androsace*).

androsteróne [comp. di *andro-* e *ster(olo)*, con il suff. *-one* degli ormoni] s. m. ● (*biol.*) Ormone sessuale androgeno che si forma nelle ghiandole genitali e nella corteccia surrenale, ottenuto anche per sintesi.

anecòico [ingl. *anechoic*, comp. di *ana-* (3) e *echo* 'eco'] agg. (pl. m. *-ci*) ● (*fis.*) Detto di ciò che è in grado di assorbire le onde sonore senza rifletterle | *Camera anecoica*, ambiente le cui pareti assorbono completamente i suoni.

anecumène [comp. di *an-* ed *ecumene*] s. f. ● Parte delle terre emerse non abitabili dall'uomo per le condizioni fisiche o climatiche.

anecumènico agg. (pl. m. *-ci*) ● Che si riferisce all'anecumene.

aneddòtica s. f. **1** Arte di raccogliere e scrivere aneddoti. **2** Insieme degli aneddoti relativi a un personaggio, a un'epoca e sim.

aneddòtico agg. (pl. m. *-ci*) ● Relativo ad aneddoto: *un particolare a.* | Fornito di aneddoti. || **aneddoticaménte**, avv. In forma di aneddoto.

aneddotista s. m. e f. (pl. m. *-i*) ● Chi raccoglie, scrive o narra aneddoti.

anèddoto [fr. *anecdote*, dal gr. *anékdotos* 'inedito' comp. di *an-* ed *ekdídōmi* 'io pubblico'] s. m. ● Episodio poco noto di carattere storico o relativo alla vita privata di un personaggio, che si racconta solitamente per appagare l'altrui curiosità: *un libro pieno di aneddoti*.

anelànte part. pres. di *anelare*; anche agg. ● Nei sign. del v. || **anelanteménte**, avv. Con affanno; bramosamente.

†anelànza s. f. ● Anelito.

anelàre o **†alenàre** [vc. dotta, lat. *anhelāre*, vc. espressiva] **A** v. intr. (*io anèlo*; aus. *avere*) **1** (*lett.*) Respirare affannosamente: *anelava dopo la pesante fatica*; *anelava tutta sudata nel salire la via erta* (VERGA). **2** (*fig.*) Aspirare a q.c.: *a. alla li-*

bertà. SIN. Tendere. **B** v. tr. **1** (*poet.*) Mandar fuori dal petto. **2** (*fig.*) Desiderare ardentemente: *a. la liberazione*.

anelasticità [comp. di *an-* ed *elasticità*] s. f. **1** (*fis.*) Proprietà di alcuni corpi solidi di deformarsi permanentemente dietro l'azione di forze esterne. SIN. Plasticità. **2** (*fig.*) Rigidità, invariabilità.

anelàstico agg. (pl. m. *-ci*) **1** (*fis.*) Detto di corpo che presenta anelasticità. **2** (*fig.*) Rigido, fisso: *atteggiamento morale a.*

anelèttrico [comp. di *an-* ed *elettrico*] agg. (pl. m. *-ci*) ● Non elettrico | Non conduttore dell'elettricità.

anèlito [vc. dotta, lat. *anhēlitu(m)*, da *anhelāre* 'anelare'] s. m. **1** (*lett.*) Respiro ansante | *L'estremo a.*, l'ultimo respiro. **2** (*fig.*) Desiderio ardente: *un a. di grandezza*.

anellaménto [da †*anellare*] s. m. ● Metodo per studiare le migrazioni degli uccelli, consistente nell'applicare loro a una gamba un anello metallico recante determinate indicazioni atte a farli riconoscere al momento della cattura.

†anellàre [da *anello*] v. tr. ● Inanellare, dare l'anello.

anellàto agg. ● Che presenta anelli di colore diverso fra loro: *animale con la coda anellata*.

anellazióne s. f. ● (*bot.*) Incisione anulare della corteccia alla base degli alberi. SIN. Cercinatura.

Anèllidi [vc. dotta, comp. di *anell(o)* e *-idi*] s. m. pl. ● Nella tassonomia animale, tipo di animali dal corpo cilindrico diviso in segmenti detti metameri (*Anellida*). SIN. (*pop.*) Vermi | (al sing. *-e*) Ogni individuo di tale tipo. ➡ ILL. **animali** /1; **zoologia generale**.

anellìno s. m. **1** Dim. di *anello*. **2** (*spec. al pl.*) Pasta piccola avente la forma di piccolo anello. **3** (*tess.*) Ring.

anèllo [lat. *anĕllu(m)*, dim. di *ānulus*, dim. di *ānus* 'circolo, anello'. V. *ano*] s. m. (pl. *anèlli*; †*anèlla*, f., raro †*anèlle*, f. nel sign. 9) **1** Cerchietto d'oro, d'argento o d'altro metallo che si porta alle dita delle mani, spec. all'anulare, per ornamento o come simbolo di una condizione, di un vincolo e sim.: *a. di matrimonio, di fidanzamento* | *Dare, mettere l'a.*, sposare | *Prendere l'a.*, sposarsi | *Giorno dell'a.*, giorno nuziale | *A. sigillo*, sulla cui parte piatta sono incisi gli emblemi di riconoscimento spec. di una persona, di un ente, di una dignità e che serve per autenticare documenti o sigillare lettere e sim. | *A. episcopale, pastorale*, portato dai vescovi | *Correre all'a.*, anticamente, di giostra in cui i cavalieri corrono per infilzare con la lancia un anello sospeso a una funicella | *A. del Pescatore, piscatorio*, quello originariamente usato come sigillo e portato dal papa, che reca l'impronta di Pietro che pesca in barca e viene spezzato dopo la morte di ogni pontefice. **2** (*est.*) Oggetto o struttura a forma di cerchio: *l'a. della chiave, gli anelli della tenda* | *A. d'ormeggio*, per ormeggiare imbarcazioni | *A. stradale*, raccordo fra strade | *L'a. della pista*, il tracciato anulare di uno stadio o di un velodromo su cui si disputa una gara podistica o ciclistica | (*zool.*) Ogni segmento circolare che forma il corpo degli anellidi | (*bot.*) Membrana, anche mobile, che circonda lo stipite di alcuni funghi | Porzione di legno che si forma ogni anno nelle piante dotate di struttura secondaria (gimnosperme e dicotiledoni), sui cerchi annuali di crescita | *Ad a.*, a forma circolare | (*astron.*) *A. di Saturno*, insieme di corpuscoli, di piccoli meteoriti e di pulviscolo, dislocati secondo una fascia concentrica col pianeta e giacente sul piano equatoriale. **3** Ogni elemento costitutivo di una catena | (*fig.*) *L'a. più debole della catena*, la persona o l'elemento che in un gruppo, un contesto e sim. sono in posizione di svantaggio rispetto agli altri | (*zool.*) *A. di congiunzione*, organismo, estinto o no, tassonomicamente intermedio tra due gerarchie sistematiche | (*fig.*) *Essere l'a. di congiunzione*, fungere da intermediario. **4** (*anat.*) Apertura di forma tondeggiante o ellittica: *a. inguinale, di Ranvier*. **5** (*chim.*) Catena chiusa di atomi, a forma di poligono, che si riscontra spec. nei composti organici | *A. benzenico*, struttura a esagono regolare, caratteristica della serie aromatica, formata da sei atomi di carbonio ciascuno dei quali è legato a un atomo di idrogeno o a un gruppo monovalente e tra loro alternativamente da legami semplici e doppi | *Anelli condensati*, due o più anelli uguali o diversi aventi in comune almeno due atomi. **6** (*mat.*) Solido generato da una figura piana, generatrice, il cui baricentro descrive una linea piana chiusa detta direttrice | (*elettr.*) *A. di Pacinotti*, elemento rotante fondamentale dei primi tipi di dinamo, che trasforma l'energia meccanica in elettrica e viceversa. **7** (*cine*) Spezzone di pellicola usata nelle operazionsi di sincronizzazione o di missaggio. **8** (*tosc.*) Ditale. **9** (*spec. al pl.*) Pasta piccola a forma di anello. **10** (*poet., al pl.*) Riccioli di capelli. **11** (*al pl.*) In ginnastica, attrezzo gemellare oscillante, composto di due piccoli cerchi di legno, che si impugnano, tenuti sospesi mediante corde e ganci: *fare un esercizio agli anelli*. || **anellàccio**, pegg. | **anellétto**, dim. | **anellino**, dim. (V.) | **anellóne**, accr. | **anellùccio, anellùzzo**, dim.

anèlo [vc. dotta, lat. *anhēlu(m)*, da *anhelāre* 'anelare'] agg. **1** (*poet.*) Ansante, anelante. **2** (*fig.*) Ansioso, angosciato: *forse a tanto strazio / cadde lo spirto a.* (MANZONI).

anemìa [vc. dotta, gr. *anaímia*, comp. di *an-* e *hâima* 'sangue'] s. f. **1** (*med.*) Diminuzione nel sangue di emoglobina o di globuli rossi o di entrambi | *A. dei minatori*, anchilostomiasi | *A. perniciosa, a. cerebrale, a. falciforme*, ciascuna delle varie malattie caratterizzate da carenze di emoglobina o di globuli rossi. SIN. Oligoemia. | *A. mediterranea*, talassemia. **2** (*fig.*) Fiacchezza, indebolimento, snervatezza: *a. delle lettere, della politica*.

anèmico A agg. (pl. m. *-ci*) **1** Di, relativo ad, anemia. **2** (*est.*) Pallido: *volto a.*; *foglia d'un verde a.* **3** (*fig.*) Fiacco, senza vigore, debole: *scrittore, musicista a.* **B** agg.; anche s. m. (f. *-a*) ● Che, chi è affetto da anemia.

anemo- [dal gr. *ánemos* 'vento', di origine indeur.] primo elemento ● In parole composte significa 'vento' o 'aria': *anemofilo, anemometro*.

anemocòro [comp. di *anemo-* e un deriv. del gr. *chōrêin* 'spostarsi, diffondersi' (V. *autocoria*)] agg. ● Detto di pianta che affida al vento il trasporto dei suoi frutti o semi.

anemofilìa [comp. di *anemo-* e *-filia*] s. f. ● Processo di trasporto del polline delle piante per mezzo del vento.

anemòfilo [comp. di *anemo-* e *-filo*] agg. ● Detto di pianta la cui impollinazione avviene per mezzo del vento.

anemografìa [comp. di *anemo-* e *-grafia*] s. f. ● Descrizione dei venti.

anemògrafo [comp. di *anemo-* e *-grafo*] s. m. ● Anemometro con dispositivo per la registrazione cronologica della direzione e dell'intensità del vento che avviene su di una striscia di carta avvolta a un cilindro o tamburo ruotante con movimento uniforme.

anemometrìa [comp. di *anemo-* e *-metria*] s. f. ● Parte della meteorologia che studia i venti e spec. la loro velocità.

anemomètrico agg. (pl. m. *-ci*) ● Relativo all'anemometro o all'anemometria: *misurazioni anemometriche* | *Scala anemometrica*, tabella che consente di determinare l'intensità del vento.

anemòmetro [comp. di *anemo-* e *-metro*] s. m. ● Strumento per la misura dell'intensità del vento o per l'indicazione per mezzo di indici dei valori momentanei della direzione e dell'intensità del vento | *A. registratore*, anemografo. ➡ ILL. p. 1293 SPORT.

anèmone [vc. dotta, lat. *anemōne(m)*, nom. *anemōne*, dal gr. *anemṓnē*, di etim. incerta] s. m.; raro f. **1** Genere di piante erbacee perenni delle Ranuncolacee, con rizoma dal quale derivano i fusti aerei annuali, foglie spesso radicali e fiori solitari con pochi o molti sepali di colore blu, porpora o bianco (*Anemone*) | *A. dei fiorai*, pianta erbacea delle Ranuncolacee con tubero schiacciato, foglie radicali e fiore simile a un papavero di colore rosa, rosso, violetto, blu o bianco (*Anemone coronaria*) | *Albero degli anemoni*, (*pop.*) calicanto d'estate. **2** (*zool.*) *A. di mare*, attinia: *gli anemoni marini brillavano in attesa* (CALVINO).

anemoscòpio [comp. di *anemo-* e *-scopio*] s. m. ● Strumento che indica la direzione del vento, costituito da una banderuola girevole attorno a un asse verticale e collegata ad apposito indice mobile su una scala.

-àneo [lat. *-āneu(m)*, ampliamento di *-anu(m)* '-ano (1)'] suff. ● Forma aggettivi, talora sostantivati, di somiglianza o partecipazione di origine quasi esclusivamente latina: *contemporaneo, estraneo, litoraneo*.

anepìgrafo [vc. dotta, gr. *anepígraphos*, comp. di *an-* ed *epigraphḗ* 'iscrizione, titolo'. V. *epigrafe*] agg. ● Detto di monumento, manoscritto, componimento letterario e sim. privi di incisione epigrafica o di titolazione: *una poesia anepigrafa*.

aneròbico ● V. *anaerobico*.

aneròbio ● V. *anaerobio*.

aneròide [comp. di *a-* (*1*) e delgr. *nērós* 'umido, fresco'] agg. ● Detto, in origine, del barometro metallico a tubo ripiegato | Detto di qualsiasi barometro metallico.

anestesìa [vc. dotta, gr. *anaisthēsía*, comp. di *an-* priv. e *áisthēsis* 'sensazione'] s. f. ● Abolizione della sensibilità dolorifica anche patologica, indotta artificialmente con farmaci, a scopo chirurgico | *A. totale*, che interessa tutte le attività cerebrali, a eccezione di quelle strettamente vitali, con soppressione della coscienza | *A. locale*, che interessa una parte limitata del corpo con conservazione della coscienza.

anestesiologìa [comp. di *anestesia* e *-logia*] s. f. (pl. *-gie*) ● Branca della medicina che studia le condizioni e i metodi dell'anestesia chirurgica.

anestesiològico agg. (pl. m. *-ci*) ● Dell'anestesiologia.

anestesiòlogo s. m. (f. *-a*; pl. m. *-gi*, pop. *-ghi*) ● Medico specialista in anestesiologia.

anestesìsta s. m. e f. (pl. m. *-i*) ● Medico specialista in anestesia.

anestètico A agg. (pl. m. *ci*) **1** Di, relativo ad anestesia. **2** Che produce anestesia: *farmaco a.* **B** s. m. (pl. *-ci*) **1** Sostanza che, usata internamente o localmente, produce anestesia. **2** (*fig.*) Qualunque cosa procuri tranquillità o attenui il turbamento dell'animo: *quella notizia fu un a. per la folla in attesa*.

anestetizzàre v. tr. ● Sottoporre ad anestesia.

anèto o **anéto** [lat. *anēthu(m)*, dal gr. *ánēthon*, di origine preindeur.] s. m. ● Pianta erbacea delle Ombrellifere, con fusto eretto, foglie composte e fiori giallastri in ombrelle (*Anethum graveolens*).

aneurìna [comp. di *a-* (*1*) e del gr. *nêuron* 'nervo'] s. f. ● Vitamina B1.

aneurìsma [vc. dotta, lat. tardo *aneurysma*, dal gr. *anéurysma* 'dilatazione', da *eurýs* 'largo', forse di origine indeur.] s. m. (pl. *-i*) ● (*med.*) Dilatazione abnorme di un'arteria.

aneurismàtico agg. (pl. m. *-ci*) ● Di, relativo ad aneurisma.

anfanaménto s. m. ● Modo e atto di anfanare.

anfanàre [etim. incerta] v. intr. (*io ànfano* o *anfàno*; aus. *avere*) **1** Parlare a vuoto, a sproposito, senza venire alla conclusione: *che cosa è tutto questo a., gridare, rissare?* (PASCOLI). **2** Affaccendarsi inutilmente | †Andare qua e là senza sapere dove.

anfesibèna ● V. *anfisbena*.

anfetamìna ● V. *amfetamina*.

anfetammìna ● V. *amfetamina*.

anfi- o **amfi-** [dalla prep. e avv. gr. *amphí* 'da una parte all'altra', 'intorno'] primo elemento ● In parole dotte composte significa 'intorno', 'attorno' (*anfiteatro*), o 'da due parti', 'doppio' (*anfibio*) | In parole composte della terminologia chimica indica che, in un sistema a due anelli esatomici condensati, le posizioni 2 e 6 sono state sostituite.

anfiartròsi [comp. di *anfi-* e del gr. *árthrōsis* 'articolazione', da *arthróō* 'io congiungo, articolo'] s. f. ● (*med.*) Sinfisi.

Anfìbi s. m. pl. ● Nella tassonomia animale, classe di Vertebrati con pelle nuda e viscida, scheletro osseo, larve acquatiche branchiate e adulti terrestri polmonati (*Amphibia*). ➡ ILL. **animali** /4.

anfìbio [vc. dotta, lat. *amphĭbio(n)*, dal gr. *amphíbios*, comp. di *anfi-* e *bios* 'vita'] **A** agg. **1** Detto di animale che può vivere sia in terra sia in acqua | (*est.*) Detto di ogni apparecchiatura, congegno, veicolo e gener. cosa che si può usare sia in terra sia in acqua. ➡ ILL. **vigili del fuoco**. **2** (*fig.*) Che presenta aspetti ambigui o contraddittori: *un individuo a.* **3** Detto di guerra o operazione militare che utilizza azioni terrestri, marittime, aeree. **B** s. m. **1** Ogni animale appartenente alla classe degli Anfibi. **2** Veicolo atto a prestazioni aventi caratteristiche diverse quali terra-acqua, strada ordinaria-strada ferrata | Veicolo stradale o ferroviario dotato di diversi sistemi di alimentazione. **3** Aereo munito di mezzi quali scafi, ruote, sci, galleggianti e sim. che gli consentono di partire e atterrare su superfici solide e liquide.

anfibiòtico [comp. di *anfi-* e gr. *biotikós*, agg. di *bíos* 'vita' (V. *bio-*)] agg. (pl. m. *-ci*) ● (*zool.*) Detto di insetto le cui larve vivono nell'acqua mentre gli adulti sono terrestri.

anfibolìa [vc. dotta, lat. *amphibŏlia(m)*, nom. *amphibŏlia*, dal gr. *amphíbolia*, da *amphibállō* 'io colloco intorno'] s. f. ● Anfibologia.

anfibolìte [da *anfibolo* nel sign. B] s. f. ● (*miner.*) Roccia metamorfica composta in prevalenza da anfibolo e plagioclasio, derivante da trasformazione di rocce gabbriche.

anfìbolo [vc. dotta, lat. tardo *amphĭbolu(m)*, nom. *amphĭbolus*, dal gr. *amphíbolos*. V. *anfibolia*] **A** agg. ● Ambiguo, incerto. **B** s. m. ● Minerale ferro-magnesifero dalla formula complicata e variabile.

anfibologìa [vc. dotta, lat. tardo *amphibolŏgia(m)*, comp. di *amphibŏlia* (V. *anfibolia*) e *-logia*] s. f. (pl. *-gie*) **1** (*ling.*) Discorso ambiguo interpretabile in almeno due modi diversi, per parole, costrutto o concetti: *Sì vi sono stato così una volta come mille* (BOCCACCI). **2** (*filos.*) Fallacia in cui cade una dimostrazione che procede da premesse ambigue per la loro imperfetta costruzione grammaticale.

anfibològico agg. (pl. *-ci*) ● Che concerne l'anfibologia, che ne ha il carattere.

anfìbraco [vc. dotta, lat. *amphĭbrachy(m)*, nom. *amphĭbrachys*, dal gr. *amphíbrachys* 'fra due brevi', comp. di *amphí* 'anfi-' e *brachýs* 'breve'] s. m. (pl. *-chi*) ● (*ling.*) Piede metrico della poesia greca e latina formato da una sillaba breve, una lunga e un'altra breve.

anfìdromo [vc. dotta, gr. *amphídromos* 'che corre in due sensi', comp. di *amphi* (V. *anfi-*) e *drómos* 'corsa' (V. *aerodromo*)] agg. ● Detto di nave che può navigare sia da prora che da poppa.

anfigonìa [comp. di *anfi-* e *-gonia*] s. f. ● (*biol.*) Tipo di riproduzione sessuale in cui un nuovo individuo trae origine dall'unione di due gameti, di solito morfologicamente diversi.

anfigònico agg. (pl. m. *-ci*) ● Di anfigonia | Che si verifica per anfigonia.

anfìmacro [vc. dotta, lat. *amphimacru(m)*, nom. *amphĭmacrus*, dal gr. *amphímakros* 'fra due lunghe', comp. di *amphí* (V. *anfi-*) e *makrós* 'lungo'] s. m. ● (*ling.*) Cretico.

anfiòsso [comp. di *anfi-* e del gr. *oxýs* 'aguzzo'] s. m. ● Termine che indica genericamente ogni rappresentante del sottotipo Cefalocordati, organismi marini filtratori, di modeste dimensioni e col tronco sprovvisto di appendici pari. SIN. Lancetta.

Anfìpodi [vc. dotta, comp. di *anfi-* e del gr. *poús*, genit. *podós* 'piede'] s. m. pl. ● Nella tassonomia animale, ordine di piccoli Crostacei spec. marini con corpo compresso, agilissimi nel salto (*Amphipoda*) | (al sing. *-e*) Ogni individuo di tale ordine. SIN. Pulci di mare.

anfipròstilo [vc. dotta, gr. *amphipróstylos*, comp. di *amphí* 'anfi-', *pró* 'avanti' e *-stilo*] **A** s. m. ● Tempio greco o romano con portico aperto a colonne su ciascuna delle due fronti. **B** anche agg.: *tempio a.*

anfisbèna o **anfesìbena**, †**anfisìbena** [vc. dotta, lat. *amphisbaena(m)*, nom. *amphisbaena*, dal gr. *amphísbaina*, comp. di *amphí* (V. *anfi-*) e *báinō* 'io vado'] s. f. **1** Favoloso serpente della Libia, velenoso, di cui non si distingueva il capo dalla coda. **2** Rettile dei Sauri a vita sotterranea con corpo cilindrico, privo di arti, diviso superficialmente in anelli (*Amphisbaena alba*).

anfiteàtro [vc. dotta, lat. *amphitheātru(m)*, dal gr. *amphithéatron*, comp. di *amphí* 'anfi-', e *théatron* (V. *teatro*)] s. m. **1** Edificio a pianta ovale o circolare con più ordini concentrici di gradinate e una arena al centro per combattimenti di gladiatori, lotte di bestie feroci e sim. ➡ ILL. **archeologia**. **2** (*est.*) Locale o edificio a forma circolare per giochi sportivi, spettacoli teatrali e sim. SIN. Arena. **3** In teatri e sale da concerto, galleria di posti in gradinate curvilinee nella parte più alta della sala. **4** Aula, spec. universitaria, a pianta ellittica e gradinate: *a. anatomico.* **5** (*geogr.*) *A. morenico*, complesso dei materiali morenici, deposti in cordoni concentrici, alla fronte di un ghiacciaio.

anfitrióne [dal n. del protagonista della commedia *Amphytrion* di Molière (derivata da Plauto), ospite fastoso] s. m. ● (*anton.*) Padrone di casa generoso e ospitale.

anfizioni o **anfizióni** s. m. pl. ● Rappresentanti delle città greche appartenenti all'anfizionia.

anfizionìa [vc. dotta, gr. *amphiktyonía*, comp. di *amphí* 'anfi-', e *ktízō* 'io istituisco'] s. f. ● Nell'antica Grecia, lega delle città circostanti luoghi di interesse religioso per la tutela di interessi comuni, anche politici.

anfiziònico agg. (pl. m. *-ci*) ● Di, relativo ad anfizionia.

anfòlito [comp. di *anfo(tero)* e *(elettro)lito*] s. m. ● (*chim.*) Elettrolita anfotero.

ànfora [vc. dotta, lat. *ămphora(m)*. V. *ampolla*] s. f. ● Vaso a corpo globulare allungato con strozzatura al piede e al collo e due anse verticali. || **anforàccia**, pegg. | **anforétta**, dim.

anfòtero [vc. dotta, gr. *amphóteros* 'l'uno e l'altro', compar. di *ámphō* 'ambedue'] **A** agg. ● (*chim.*) Detto di composto che può comportarsi come acido o come base, a seconda della sostanza con cui viene posto a reagire. **B** anche s. m.

anfràtto [vc. dotta, lat. *anfrăctu(m)* 'giravolta', forse di origine osca] s. m. ● Avvallamento stretto | Recesso sinuoso.

anfrattuosità s. f. **1** Irregolarità del terreno. **2** Cavità piccola e stretta.

anfrattuóso [vc. dotta, lat. tardo *anfractuōsu(m)*, da *anfrāctus* 'anfratto'] agg. ● (*raro*) Pieno di anfratti | Tortuoso.

angarìa o **angherìa** [V. *angheria*] s. f. **1** Nel mondo medievale, categoria di prestazioni in opere e in natura imposte ai sudditi di condizione sociale inferiore. **2** (*dir.*) Facoltà di uno Stato, in tempo di guerra o di pericolo pubblico, di requisire sul suo territorio navi, aeromobili e altri mezzi di trasporto appartenenti ad altri Stati. **3** V. *angheria.*

angariàre [vc. dotta, lat. tardo *angariāre* 'requisire per i trasporti, costringere a'. V. *angheria*] v. tr. (*io angàrio*) ● Trattare duramente, opprimere con angherie | Tormentare, tiranneggiare.

angariatóre s. m.; anche agg. (f. *-trice*) ● Chi, che opprime, molesta con angherie.

àngela (1) o (*tosc.*) **àngiola** [f. di *angelo*] s. f. ● (*lett.*) Donna beata del Paradiso | (*est.*) Donna che possiede particolari qualità di bellezza, grazia, bontà. || **angelètta**, dim. | **angelìna**, dim.

àngela (2) o (*tosc.*) **àngiola** [da *angelo*: detta così perché particolarmente buona] **A** s. f. ● Varietà coltivata di uva bianca da tavola. **B** anche agg.: *uva a.*

angelèno A agg. ● Della città californiana di Los Angeles. **B** s. m. (f. *-a*) ● Abitante, nativo di Los Angeles.

angèlica [da *angelico*, per le sue qualità medicamentose] s. f. **1** Pianta erbacea perenne delle Ombrellifere, con radice a fittone, fusto eretto con foglie radicali pennatosette, fiori bianco-verdognoli riuniti in grandi ombrelle composte (*Angelica archangelica*). **2** (*mus.*) Strumento simile al liuto.

angelicàle agg. ● (*lett.*) Da angelo, angelico.

angelicàto agg. ● (*lett.*) Simile ad angelo: *donna angelicata* | Fatto angelo.

angèlico [vc. dotta, lat. tardo *angĕlicu(m)*, nom. *angĕlicus*, dal gr. *angelikós*. V. *angelo*] agg. (pl. m. *-ci*) **1** Di angelo: *angeliche forme* | *Salutazione angelica*, l'Ave Maria | (*fig.*) *Il dottore a.*, (*per anton.*) S. Tommaso d'Aquino. **2** Simile ad angelo per la natura, l'aspetto e sim.: *voce, bellezza angelica*; *donna angelica* | (*est.*) Bello, puro, dolce: *viso, cielo, carattere a.* || **angelicaménte**, avv.

angelìno ● V. *angiolino.*

àngelo o †**àgnolo**, (*tosc.*) **àngiolo** [lat. tardo *ăngelu(m)*, nom. *ăngelus*, dal gr. *ángelos* 'nunzio, messaggero', di origine orient.] **A** s. m. (f. *-a* (V.)) **1** Creatura celeste puramente spirituale, rappresentata in forma di giovanile bellezza, con ali, e circonfusa da raggi di luce | *A. custode, tutelare*, dato da Dio a ciascuna anima; (*fig.*) chi accompagna costantemente una persona (*spec. scherz.*): *è diventato l'a. custode della figlia* | *Angeli custodi*, (*scherz.*) i poliziotti, spec. i due che sogliono accompagnare un imputato o un prigioniero | *A. caduto, infernale, delle tenebre*, Lucifero, il Demonio | *Pane degli angeli*, l'eucarestia | (*euf.*) *Fabbrica degli angeli*, clinica ove si praticano aborti clandestini | (*euf.*) *Fabbricante d'angeli*, chi esegue illecitamente pratiche abortive. **2** (*fig.*) Persona di straordinaria bellezza e bontà, o dotata di virtù eccezionali: *una testina d'a.*; *quella ragazza è un a.*; *un a. di bontà, d'innocenza* | *Cantare, suonare, scrivere come un a.*, con impareggiabile bravura. **3** Nel pattinaggio, figura libera che si esegue portando il busto in posizione parallela al terreno su una gamba, mentre l'altra è tesa in alto all'indietro. **4** Palla di cannone, composta di due emisferi collegati da una spranga o da una catena, usata anticamente spec. in marina per danneggiare l'alberatura nemica. **5** Una delle figure nel gioco dei tarocchi. **6** (*zool.*) *A. di mare*, squadro. **B** in funzione di agg. inv. ● (posposto al s.) Nella loc. *pesce a.*, squadro. || **angiolèllo**, dim. | **angiolétto**, dim. (V.) | **angiolino**, dim. (V.) | **angiolóne**, accr. | **angiolùccio**, dim.

angelolatrìa [comp. di *angelo* e *-latria*] s. f. ● Culto e adorazione degli angeli.

angelologìa [comp. di *angelo* e *-logia*] s. f. ● L'insieme delle dottrine e delle credenze relative agli angeli.

angelus /*lat.* 'andʒelus/ [dalle parole iniziali della preghiera: *Angelus Domini nuntiavit Mariae* 'l'Angelo del Signore annunziò a Maria'] s. m. ● Preghiera alla Madonna annunciata dal suono di campane, recitata al mattino, a mezzodì, alla sera.

†**àngere** [lat. *ăngere*, corrispondente al gr. *ánchō*] v. tr. (oggi dif. usato solo nella terza pers. sing. dell'indic. pres. *ànge*) ● (*lett.*) Affliggere, angosciare: *tutto mi ange e tormenta* (CARDUCCI).

angherìa o **angarìa** [vc. dotta, lat. tardo *angarĭa(m)* 'obbligo di fornire i mezzi di trasporto', dal gr. *angaréia*, da *ángaros* 'messo del re di Persia con autorità di requisire e imporre tasse'] s. f. **1** V. *angaria.* **2** (*est.*) Tassa esosa | (*fig.*) Atto di prepotenza, sopruso: *fare angherie.*

angìna [vc. dotta, lat. *angīna(m)*, da *ăngere* 'stringere'] s. f. ● (*med.*) Infiammazione della tonsilla palatina e dell'orofaringe: *a. difterica.*

angina pectoris /*lat.* an'dʒina 'pektoris/ [lat. scient., propriamente 'angina del petto'] loc. sost. f. inv. ● (*med.*) Dolore precordiale, talvolta diffuso al braccio sinistro, causato da spasmo delle arterie coronarie. SIN. Stenocardia.

anginóso A agg. ● Di, relativo ad angina. **B** agg.; anche s. m. (f. *-a*) ● Che, chi soffre d'angina.

angio-, -àngio [dal gr. *angêion* 'vaso'] primo o secondo elemento ● In parole composte della terminologia botanica indica il ricettacolo dei semi: *angiosperma* | Solo come primo elemento, in parole scientifiche composte significa 'vaso sanguigno': *angiopatia.*

angiocàrpo [comp. di *angio-* e gr. *karpós* 'frutto'] s. m. ● (*bot.*) Corpo fruttifero di Funghi degli Ascomiceti e dei Basidiomiceti dove l'imenio è completamente avvolto da ife sterili fino alla maturità delle spore, come nei tartufi e nelle vescie.

angiochirurgìa [comp. di *angio-* e *chirurgia*] s. f. ● (*chir.*) Chirurgia vascolare.

angiocolìte [comp. di *angio-* e *colite*] s. f. ● (*med.*) Colangite.

angiografìa [comp. di *angio-* e *-grafia*] s. f. ● Tecnica di visualizzazione dei vasi sanguigni e linfatici mediante introduzione in essi di sostanze radiopache | Angiogramma.

angiogràfico agg. (pl. m. *-ci*) ● Relativo all'angiografia: *cateteri angiografici.*

angiogràmma [comp. di *angio-* e *-gramma*] s. m. (pl. *-i*) ● Lastra radiografica dei vasi sanguigni e linfatici.

angioìno agg. ● Degli Angiò: *la dominazione angioina.*

àngiola ● V. *angela (1)* e *(2).*

angiolétto s. m. **1** Dim. di *angelo.* **2** (*fig.*) Bimbo buono (*anche iron.*)

angiolino o †**agnolino**, **angelino**. s. m. **1** Dim.

di *angelo*. **2** (*fig.*) Bambino grazioso.

àngiolo • V. *angelo*.

angiologìa [vc. dotta, gr. *angeiología*, comp. di *angio-* e *-logia*] s. f. (pl. *-gie*) • Scienza che studia la morfologia e la patologia dei vasi sanguigni e linfatici.

angiòlogo [comp. di *angio-* e *-logo*] s. m. (f. *-a*, pl. *-gi*, pop. *-ghi*) • Studioso di angiologia.

angiòma [fr. *angiome*, dal gr. *angêion* 'vaso'] s. m. (pl. *-i*) • (*med.*) Affezione tumorale o malformativa dei vasi sanguigni | *A. piano della cute*, (*pop.*) voglia di vino.

angioneuròsi [comp. di *angio-* e *neurosi*] s. f. • (*med.*) Qualsiasi disturbo vascolare provocato da turbe del sistema nervoso autonomo.

angiopatìa [comp. di *angio-* e *-patia*] s. f. • Malattia dei vasi sanguigni e linfatici.

angioplàstica [comp. di *angio-* e *plastica*] s. f. • (*chir.*) Ricostruzione o riparazione di un vaso sanguigno mediante intervento operatorio, laser o sonda.

angiosarcòma [comp. di *angio-* e *sarcoma*] s. m. (pl. *-i*) • (*med.*) Tumore maligno originato dai vasi sanguigni.

angiospàsmo [comp. di *angio-* e del gr. *spasmós* 'convulsione'] s. m. • (*med.*) Contrazione spastica dei vasi sanguigni. SIN. Vasospasmo.

angiospèrma [comp. di *angio-* e del gr. *spérma* 'seme'] **A** agg. solo f. • Detto di pianta che ha gli ovuli racchiusi nell'ovario. **B** anche s. f.

Angiospèrme s. f. pl. • Nella tassonomia vegetale, divisione di piante fanerogame, vascolari, i cui semi sono racchiusi all'interno di un frutto, originato da un fiore. ➡ ILL. **piante** /2.

angiotensìna [comp. di *angio-*, del lat. *tēnsus* 'teso', part. pass di *tēndere* e del suff. *-ina*] s. f. • (*biol.*) Uno dei peptidi plasmatici prodotti da un precursore inattivo per azione della renina, dotati di azione ipertensiva.

angipòrto [vc. dotta, lat. *angipŏrtu(m)*, comp. di *angere* 'stringere' e *pŏrtus* 'porto, passaggio'] s. m. **1** Vicolo senza uscita | Stradetta angusta. **2** La parte più riparata di un porto.

anglesìte [dall'isola di *Anglesey* in Inghilterra, ove se ne trovò in grande quantità] s. f. • (*miner.*) Solfato di piombo, formato spec. per ossidazione superficiale dei giacimenti di galena.

anglicanésimo o **anglicanìsmo** [ingl. *anglicanism*. V. *anglico*] s. m. • Dottrina della chiesa anglicana.

anglicàno [ingl. *anglican*. V. *anglico*] **A** agg. • Detto della chiesa nazionale d'Inghilterra che ha dottrine fondamentali calviniste e liturgia simile alla cattolica, con a capo il re: *chiesa anglicana*. **B** agg.; anche s. m. (f. *-a*) • Che, chi appartiene alla chiesa anglicana.

anglicìsmo [fr. *anglicisme*. V. *anglico*] s. m. • Parola o locuzione propria dell'inglese entrata in un'altra lingua. SIN. Inglesismo.

anglicizzàre v. tr. e rifl. • Adattare, adattarsi ai costumi, ai gusti e alle idee inglesi. SIN. Inglesizzare.

ànglico [da *Angli*, popolo della Britannia] agg. (pl. m. *-ci*) • Relativo agli antichi Angli | (*est.*, *raro*) Inglese.

anglìsmo s. m. • (*raro*) Anglicismo.

anglìsta [comp. di *anglo* e *-ista*] s. m. e f. (pl. m. *-i*) • Studioso di lingua e letteratura inglese.

anglìstica s. f. • Studio della lingua, della letteratura, della cultura e della civiltà dei popoli di lingua inglese.

ànglo [vc. dotta, lat. tardo *Ànglu(m)*, n. del popolo che abitava la Britannia] s. m. **1** Appartenente a una antica popolazione germanica stanziatasi in Britannia a partire dal IV sec. d.C. **2** (*lett.*) Inglese.

ànglo- [V. prec.] primo elemento • In parole composte fa riferimento agli antichi Angli o ai moderni Inglesi: *angloamericano*, *anglomania*, *anglosassone*.

angloamericàno o **anglo-americàno** [comp. di *anglo-* e *americano*] agg. • Che si riferisce all'Inghilterra e agli Stati Uniti d'America: *letteratura angloamericana*.

anglobécero [comp. di *anglo-* e *becero*, inteso come 'fiorentino'] agg. • Proprio degli inglesi emigrati a Firenze e qui abitualmente dimoranti, dei loro modi di vita, dei loro usi linguistici.

anglofilìa [fr. *anglophilie*, da *anglophile* 'anglofilo, amico dell'Inghilterra', comp. di *anglo-* e *-phile* 'filo'] s. f. • Interesse, simpatia per l'Inghilterra.

anglòfilo [comp. di *anglo-* e *-filo*] agg.; anche s. m. (f. *-a*) • Che, chi prova simpatia per l'Inghilterra.

anglofobìa [fr. *anglophobie*, da *anglophobe* 'anglofobo'] s. f. • Antipatia per l'Inghilterra.

anglòfobo [fr. *anglophobe*, comp. di *anglo-* e *-phobe* '-fobo'] agg.; anche s. m. (f. *-a*) • Che, chi prova antipatia per l'Inghilterra.

anglòfono [comp. di *anglo-* e *-fono*] **A** agg.; anche s. m. (f. *-a*) • Che, chi parla inglese. **B** s. m. (f. *-a*) • Abitante di uno Stato in cui l'inglese è una lingua in uso.

anglo-ispàno agg. • Che riguarda l'Inghilterra e la Spagna, con riferimento a epoche storiche: *le guerre anglo-ispane per la supremazia marittima*.

anglòmane s. m. e f. • Chi ammira esageratamente tutto ciò che è inglese.

anglomanìa [fr. *anglomanie*. V. *anglico* e *-mania*] s. f. • Ammirazione esagerata e smania d'imitare tutto ciò che è inglese.

anglosàssone [comp. di *anglo-* e *sassone*] **A** agg. **1** Relativo alle tribù germaniche degli Angli e dei Sassoni che emigrarono in Britannia a partire dal IV sec. d.C.: *invasione a.* **2** Relativo ai popoli di cultura inglese: *letteratura a.*; *lingue anglosassoni*. **B** s. m. e f. **1** (*spec. al pl.*) Appartenente alla tribù degli Angli e dei Sassoni. **2** Appartenente ai popoli di lingua inglese.

angolàno A agg. • Relativo all'Angola, repubblica africana. **B** s. m. (f. *-a*) • Abitante, nativo dell'Angola.

angolar /port. ãngu'lar/ [port., da *Angola*] s. m. • Unità monetaria circolante un tempo in Angola.

angolàre (1) o †**angulàre** [vc. dotta, lat. *angulāre(m)*, da *ăngulus* 'angolo'] **A** agg. **1** Che ha angoli. **2** Di angolo | *Velocità a. di un punto*, variazione dell'angolo descritto dal raggio vettore del punto nell'unità di tempo | *Distanza a.*, angolo compreso fra le visuali che vanno dal punto d'osservazione ai due punti osservati. **3** Che è posto in angolo | *Pietra a.*, la prima di un edificio e (*fig.*) il fondamento, il sostegno di q.c. || **angolarménte**, avv. Ad angolo. **B** s. m. • Elemento metallico di lamiera ripiegata, spesso utilizzata come rinforzo in strutture metalliche. SIN. Cantonale.

angolàre (2) [da *angolo*] v. tr. (*io àngolo*) **1** Disporre a forma d'angolo | Porre in angolo. **2** Nel calcio e nel tennis, lanciare la palla diagonalmente. **3** (*fot., cine, tv*) Riprendere un soggetto, una scena e sim. secondo una determinata angolazione.

angolarità s. f. • Forma angolare.

angolàto [vc. dotta, lat. *angulātu(m)*, da *ăngulus* 'angolo'] agg. **1** (*raro*) Di forma angolare. **2** (*arald.*) Accantonato.

angolatùra s. f. • Angolazione.

angolazióne [da *angolo*] s. f. **1** (*fot., cine, tv*) Angolo o punto di vista da cui si riprende una scena SIN. Angolatura. **2** (*fig.*) Prospettiva da cui si considera un problema, un fatto e sim. SIN. Angolatura. **3** Nel calcio, tiro diagonale verso un angolo della porta avversaria: *segnare con una perfetta a.*

angolièra s. f. • Cantoniera.

angolìsta s. m. e f. (pl. m. *-i*) • Nei giochi di carte, chi, talora con funzione di arbitro, assiste a una partita stando nell'angolo tra due giocatori.

àngolo o †**àngulo** [vc. dotta, lat. *ăngulu(m)*, da avvicinare al gr. *ankýlos* 'curvo'] s. m. **1** (*mat.*) Intersezione di due semipiani complanari | Porzione di piano compresa fra due semirette uscenti da un medesimo punto | Misura di tale porzione | *A. acuto*, minore di un retto | *A. concavo*, maggiore di uno piatto | *A. convesso*, minore di uno piatto | *A. giro*, quello massimo, costituito dall'intero piano | *A. ottuso*, maggiore di uno retto e minore di uno piatto | *A. piatto*, metà di uno giro, semipiano | *A. retto*, metà di uno piatto | *A. diedro* (o *solido*), intersezione (o unione) di due semispazi | *A. di due rette sghembe*, misura dell'angolo compreso fra le parallele ad esse uscenti da un punto qualsiasi. **2** Canto, cantonata: *l'a. di una stanza*; *sedere in un a.*; *un tavolo d'a.*; *il caffè all'a. della strada*; *il caffè all'a.* | *Via Verdi a. via Bianchi*, il punto in cui via Verdi si incrocia con via Bianchi | (*est.*) Spigolo: *battere contro l'a. di un mobile*. **3** Luogo appartato: *un a. di mondo, di terra*; *un a. tranquillo, fuori mano*; *cacciarsi, starsene in un a.* | *In ogni a.*, *in tutti gli angoli*, dovunque | *A. cottura*, in una stanza di soggiorno o in un monolocale, zona attrezzata a cucina | (*mil.*) *A. morto*, zona dietro un ostacolo dove non può giungere il tiro di un'arma da fuoco. **4** Nel calcio, ciascuno dei quattro vertici del campo rettangolare di gioco delimitato da un arco di cerchio tracciato in bianco e contrassegnato da una bandierina, da dove si batte il calcio d'angolo | Nel pugilato, ognuno dei quattro punti in cui si incontrano i lati del quadrato a due dei quali, opposti, siedono i pugili prima dell'inizio dell'incontro e durante gli intervalli fra le riprese. || **angolétto**, dim. | **angolìno**, dim.

angolòide [comp. di *angolo* e *-oide*] s. m. • (*mat.*) Intersezione di tre semispazi.

angolosità s. f. **1** Qualità di ciò che è angoloso. **2** (*fig.*) Asprezza di carattere.

angolóso o †**angulóso** [vc. dotta, lat. *angulōsu(m)*, da *ăngulus* 'angolo'] agg. **1** Che ha angoli: *fitte righe d'una angolosa scrittura corsiva* (CALVINO) | (*est.*) Ossuto, scarno: *corpo a.* **2** (*fig.*) Poco affabile, intrattabile: *carattere a.*

àngora [dal n. della città di *Angora* (Ankara)] s. f. • Solo nella loc. *d'a.*, che indica alcune razze di animali caratterizzati da pelo lunghissimo e molto morbido: *gatto, coniglio d'a.*; *capra d'a.* | *Lana d'a.*, filato prodotto con la lana delle capre d'angora o con il pelo dei conigli d'angora, usato per maglieria o per tessuti, misto a lana di pecora.

angòscia [lat. *angŭstia(m)* 'strettezza', da *ăngere* 'stringere'] s. f. (pl. *-sce*) **1** Stato di ansia accompagnato da dubbiosa incertezza o paura: *un'attesa piena di a.* **2** (*filos.*) Nell'esistenzialismo, stato di inquietudine che deriva all'uomo da una tensione irrisolta tra essere e nulla, finito e infinito. **3** (*psicoan., psicol.*) Stato caratterizzato da paure irrazionali e accompagnato a volte da vertigini, sudorazione e disturbi cardiaci, scatenato da un accumulo di tensione sessuale o di eccitazioni di origine interna o esterna. **4** (*lett.*) †Affanno.

angosciàre [lat. tardo *angustiāre*, da *angŭstia* 'angustia'] **A** v. tr. (*io angòscio*) • Dare angoscia: *la sua presenza mi angoscia*. **B** v. intr. pron. • Affannarsi, travagliarsi.

angosciàto part. pass. di *angosciare*; anche agg. • Nei sign. del v. || **angosciataménte**, avv.

angoscióso [lat. tardo *angustiōsu(m)*, da *angŭstia* 'angustia'] agg. **1** D'angoscia: *grido a.*; *invocazione angosciosa*. **2** Che genera angoscia: *attesa angosciosa*; *problemi angosciosi*. **3** (*dial., sett.*) Detto di persona piagnucolosa e molesta. || **angosciosaménte**, avv.

angostùra o †**angustùra** [da *Angostura*, antica città del Venezuela] s. f. **1** Piccolo albero delle Rutacee con corteccia di sapore amaro e odore aromatico (*Cusparia officinalis*). **2** (*est.*) Essenza amara per liquori estratta dalla corteccia dell'albero omonimo.

Ångström /'an(g)strom, *sved.* 'ɔŋstrœm/ [detto così dal n. del fisico sved. A. J. *Ångström* (1814-1874)] s. m. • Unità di lunghezza pari a 10^{-10} m. SIMB. Å.

àngue [vc. dotta, lat. *ăngue(m)*, di origine indeur.] s. m. • (*lett.*) Serpente: *come in bel prato ... / giace sovente a. maligno ascoso* (TASSO).

anguichiomàto [comp. di *angue* e *chiomato*, calco sul gr. *ophiótrix*] agg. • (*lett.*) Anguicrinito.

anguicrinìto [comp. di *angue* e *crinito*] agg. • (*lett.*) Che ha serpenti in luogo dei capelli: *le Furie anguicrinite* (PARINI).

Ànguidi [vc. dotta, comp. di *angue* e *-idi*] s. m. pl. • Nella tassonomia animale, famiglia di Rettili degli Squamati con corpo serpentiforme e arti ridottissimi (*Anguidae*) | (al sing. *-e*) Ogni individuo di tale famiglia.

anguìlla [lat. *anguīlla(m)*, da *ănguis* 'serpente'] s. f. **1** Pesce osseo commestibile degli Anguilliformi delle acque dolci e salate, con squame rudimentali affondate nella pelle viscida e lungo corpo cilindrico (*Anguilla anguilla*) | *A. elettrica*, gimnoto. **2** (*fig.*) Persona estremamente agile | Persona che, di fronte alle responsabilità, tergiversa o cerca scappatoie. **3** (*mar.*) Trave aggiunta per rinforzo tra un baglio e l'altro, in senso longitudinale | Comando metallico che va da prua a poppa, sotto i bagli. || **anguillétta**, dim. | **anguillìna**, dim. | **anguillóna**, accr.

anguillàia o **anguillàra** s. f. • Luogo dove si allevano anguille.

anguillésco agg. (pl. m. *-schi*) • Incerto, ambiguo: *atteggiamento a.*

anguillifórme [comp. di *anguilla* e *-forme*] agg. • Che ha forma di anguilla.

Anguillifórmi s. m. pl. • Nella tassonomia animale, ordine di Pesci ossei a corpo allungato, flessibile, serpentiforme senza pinne ventrali (*Anguilliformes*) | (al sing. *-e*) Ogni individuo di tale ordine.

anguillula [dim. di *anguilla*] s. f. • Genere di piccoli vermi Nematodi parassiti di animali e vegetali, una cui specie vive anche nell'aceto (*Anguillula*).

†**anguinàia** o †**anguinàglia** [lat. *inguinālia*, nt. pl. di *inguinālis*, agg. di *ĭnguen* 'inguine'] s. f. • Inguine.

anguìneo [vc. dotta, lat. *anguĭneu(m)*, da *ănguis* 'serpente' (V. *angue*)] agg. • (*lett.*) Che ha forma o aspetto di serpente.

anguìpede [vc. dotta, dal lat. *anguĭpes* genit. *-ĕdis*, comp. di *anguis* 'serpe' e *pes*, genit. *pedis* 'piede'] s. m.; anche agg. • (*raro, poet.*) Chi, che ha i piedi formati da serpenti: *così gli immani anguipedi pagaro / di lor nefanda scelleranza il fio* (MONTI).

†**anguistàra** o †**enghestàra**, †**engrestàra**, †**ingastàda**, †**ingastàra**, †**inghestàda**, †**inguistàra** [provz. *engrestara*, dal gr. *gástra* 'ventre di un vaso, vaso', da *gastḗr*, genit. *gastrós* 'ventre'] s. f. • Caraffa di vetro con collo lungo e stretto.

†**àngulo** e *deriv.* • V. *angolo* e *deriv.*

angùria [pl. del gr. tardo *angóurion* 'cocomero', di origine straniera] s. f. • (*sett.*) Cocomero.

angùstia [vc. dotta, lat. *angŭstia(m)*. V. *angoscia*] s. f. *1* Mancanza o scarsità di spazio: *l'a. di una stanza, di un appartamento*; *l'a. del tempo.* *2* (*fig.*) Ristrettezza, povertà: *angustie materiali* | *Versare in a.*, trovarsi in ristrettezze economiche | Meschinità: *a. di mente, di idee.* *3* (*fig.*) Angoscia, affanno: *dare, recare a.*; *stare in a. per q.c.*; *tenere qc. in a.*

angustiàre [vc. dotta, lat. tardo *angustiāre*, da *angŭstia* 'angustia'] **A** v. tr. (*io angùstio*) • Dare angustia d'animo | Angosciare, affliggere. **B** v. intr. pron. • Angosciarsi, affliggersi: *angustiarsi per una sventura, una preoccupazione, e sim.*

angustiàto part. pass. di *angustiare*; anche agg. • Nei sign. del v.

angusticlàvio [vc. dotta, lat. *angusticlāviu(m)*, comp. di *angŭstus* 'stretto' e *clāvus* 'striscia di porpora che listava la tunica dei cittadini romani'] s. m. • Striscia piuttosto stretta di porpora posta sulla toga dei cavalieri romani | La toga ornata di tale striscia.

angustióso [vc. dotta, lat. tardo *angustiōsu(m)*, da *angŭstia* 'angustia'] agg. • (*lett.*) Pieno di angustie | (*est.*) Misero, meschino: *virtù gretta, misera, angustiosa* (MANZONI). || **angustiosaménte**, avv. Con angustia.

angùsto [vc. dotta, lat. *angŭstu(m)* da *ăngere* 'stringere'] agg. *1* Stretto, incomodo, disagevole: *luogo, sentiero a.*; *valle angusta.* *2* (*fig.*) Limitato, ristretto, detto di persona o delle facoltà spirituali: *persona angusta*; *animo, spirito, intelletto a.* *3* (*raro, fig.*) †Insufficiente. || **angustaménte**, avv.

†**angustùra** • V. *angostura*.

ànice o (*raro*) **ànace**, (*tosc.*) **ànacio** [gr. *ánison*, d'incerta provenienza straniera] s. m. *1* Pianta erbacea delle Ombrellifere con foglie inferiori arrotondate e superiori pennate e fiori bianchi in ombrelle (*Pimpinella anisum*). SIN. Pimpinella | *A. dei Vosgi*, cumino dei prati | *A. stellato*, piccolo albero delle Magnoliacee con frutti odorosi disposti a stella (*Illicium verum*). SIN. Badiana. ➡ ILL. **spezie**. *2* (*est.*) Frutto aromatico di tale pianta. *3* (*est.*) Liquore estratto dai frutti dell'omonima pianta.

anicino o **anacino** [da *anice*] s. m. *1* Piccolo biscotto con anice. *2* Confetto minutissimo con anice.

anicióne [da *anice*] s. m. • Liquore italiano dal pronunciato sapore di anice.

anicònico [comp. di *a-* (*1*) e *icona*, con suff. aggettivale] agg. (pl. m. *-ci*) • Che non permette immagini: *culto a.*

anidride [dal gr. *ánydros* 'senz'acqua', comp. di *an-* 'a- (1)' e *hýdōr* 'acqua'] s. f. *1* (*chim.*) Composto formato da un metalloide e da ossigeno | *A. arseniosa*, molto tossica, adoperata in vetreria per la sbianca dei vetri. SIN. Arsenico bianco | *A. basica*, (*raro*) ossido | *A. carbonica*, gas incoloro, inodoro, insaporo, soffocante, che si svolge nelle fermentazioni organiche e nelle combustioni, usato per bibite gassate e, allo stato solido, nella conservazione di sostanze deperibili. *2* (*raro*) Composto dal quale si è tolta dell'acqua.

anidrite [da *anidro*] s. f. • (*miner.*) Solfato di calcio anidro di solito in masse cristalline saccaroidi di colore grigiastro.

ànidro [vc. dotta, gr. *ánydros* 'senz'acqua', comp. di *an-* 'a- (1)' e *hýdōr* 'acqua', di origine indeur.] agg. • Privo di acqua.

anidròsi [gr. *anídrōsis*, comp. di *an-* 'a- (1)' e *hidrōsis* 'traspirazione' (der. di *hidrṓs* 'sudore', di origine indeur.)] s. f. • (*med.*) Mancanza della secrezione sudorale.

anile [dall'ar. *nīla*, *an-nīl*, attrav. lo sp. *añil*] s. m. • Pianta legnosa delle Papilionacee con piccoli fiori rosso-giallognoli e foglie coperte di peli, dalla fermentazione delle quali si ottiene l'indaco (*Indigofera anil*).

anilina [da *anile*] s. f. • (*chim.*) Ammina liquida, oleosa, della serie aromatica, ottenuta industrialmente per riduzione del nitrobenzene, usata nell'industria di coloranti, farmaceutici e isolanti elettrici. SIN. Fenilammina.

ànima [vc. dotta, lat. *ănima(m)*, da avvicinare al gr. *ánemos* 'vento, soffio'] s. f. *1* Parte spirituale e immortale dell'uomo: *a. pura, innocente*; *l'a. e il corpo* | *Salute dell'a.*, beatitudine eterna | *Cura di anime*, ministero degli ecclesiastici che sono in diretto contatto con i fedeli | (*fig.*) *L'a. di un affare, di un'impresa*, la personalità più attiva e brillante, che ispira, dirige e sim. | (*fig.*) *A. nera*, persona senza coscienza, priva di scrupoli | *Amare con tutta l'a.*, appassionatamente | *Volere un bene dell'a. a qc.*, essere profondamente affezionato a qc. | *Giurare sull'a. propria, di qc.*, giurare solennemente | *Essere pronto a dare l'a. per qc. o q.c.*, essere pronto a sacrificarsi per qc. o q.c. | *Non avere a.*, non avere cuore, essere privo di scrupoli | *Tenere, reggere l'a. coi denti*, essere in pessime condizioni di salute | *Rendere l'a. a Dio*, morire | *Vendere l'a. al Diavolo*, scendere a gravi compromessi con la propria coscienza per raggiungere i propri fini, soddisfare le proprie ambizioni e sim. | (*fig.*) *Essere l'a. gemella di qc.*, essere molto vicino a qc. per carattere, gusti, aspirazioni e sim. | (*fig.*) *Darsi a. e corpo a qc., a q.c.*, dedicarsi completamente a qc., impegnarsi a fondo in q.c. | (*fig.*) *Toccare l'a.*, commuovere | *All'a.*, escl. esprimente sorpresa o ammirazione, anche ironiche e sim. | (*fig.*) *Rompere l'a. a qc.*, (*pop.*) seccarlo. *2* In molte filosofie, principio vitale di tutti gli esseri esistenti: *L'a. d'ogne bruto e de le piante* (DANTE *Par.* VII, 139). *3* Persona: *un paese di poche anime* | *Non c'è a. viva*, non c'è nessuno | *Un'a. dannata*, persona malvagia | *Un'a. in pena*, persona irrequieta, tormentata, che non trova pace | *La buon'a.*, persona defunta. *4* (*est.*) Parte, nucleo, elemento centrale, interno di q.c.: *l'a. del dente, del legno*; *l'a. di una fune metallica* | *A. di un frutto*, (*pop.*) seme | *A. di uno strumento ad arco*, sottile cilindro di abete collocato fra il coperchio e il fondo degli strumenti ad arco per sostenere la pressione esercitata dalle corde sul ponticello | *A. del bottone*, parte interna di un bottone ricoperto | *A. di un modello di fonderia*, corpo solido che, nella formatura, occupa il volume che deve restare vuoto all'interno del getto | (*elettr.*) Conduttore rivestito di isolante che costituisce l'elemento di formazione dei cavi elettrici multipolari. *5* Cavità interna dell'arma da fuoco, fra la testa dell'otturatore e la bocca dell'arma. || **animàccia**, pegg. | **animétta**, dim. (V.) | **animina**, dim. | **animùccia**, dim.

animàbile [vc. dotta, lat. *animābile(m)* (non sicuramente attestato), da *ănima* 'anima'] agg. • Che si può animare.

animadversióne o **animavversióne** [vc. dotta, lat. tardo *animadversiōne(m)*, da *animadvĕrtere*, da *ănimum advĕrtere* 'rivolgere il pensiero'] s. f. *1* (*lett.*) Riprensione, castigo. *2* †Annotazione, osservazione critico-letteraria.

animàle (1) [lat. *animāle*, da *ănima* 'anima'] s. m. (pl. †*animài*) *1* Ogni organismo vivente capace di vita sensitiva e di movimenti spontanei: *questa / Bella d'erbe famiglia e d'animali* (FOSCOLO) | *A. ragionevole*, (*per anton.*) l'uomo | *Animali bruti, irragionevoli*, le bestie | (*est.*) L'uomo, in quanto portatore di una caratteristica peculiare e dominante: *Giolitti, questo grande a. politico.* *2* Bestia: *a. domestico, selvatico*; *animali da macello, da cortile.* *3* (*fig.*) Persona in cui l'istinto ha il sopravvento sulle facoltà propriamente umane: *vivere da a.*; *sudicio come un a.* | Persona rozza, ignorante, stupida: *taci, a.!* || **animalàccio**, pegg. | **animalétto**, dim. | **animalino** dim. | **animalóne**, accr. | **animalùccio**, **animalùzzo**, dim.

animàle (2) [vc. dotta, lat. *animālē(m)*, da *ănima* 'anima'] agg. *1* (*lett.*) Dell'anima. *2* Che si riferisce o appartiene a corpo animato: *sostanze animali.* *3* Degli animali: *fisiologia a.* | *Regno a.*, gli animali ordinati secondo classi, ordini, specie. *4* Di ciò che è corporeo (spec. in contrapposizione a spirituale): *gli istinti animali.*

animalerìa [da *animale* (*1*)] s. f. *1* (*raro*) Azione degna di un animale. *2* †Insieme, accozzaglia di animali.

animalésco agg. (pl. m. *-schi*) • Di animale, degno di animale (*spec. spreg.*): *figura animalesca*; *aspetto, viso a.* || **animalescaménte**, avv.

animalìṣmo [da *animale* (*1*)] s. m. • Forma di zoofilia tendente a salvaguardare gli animali, mantenendoli nel loro ambiente naturale e proteggendoli dall'intervento dell'uomo.

animalìsta s. m. e f.; anche agg. (pl. m. *-i*) *1* Pittore o scultore di figure di animali. *2* Chi, spesso con manifestazioni polemiche, si impegna nella salvaguardia degli animali, proteggendoli da maltrattamento dell'uomo.

animalìstico agg. (pl. m. *-ci*) • Detto di stile decorativo avente esclusivamente animali per soggetto.

animalità s. f. • Insieme degli attributi e delle facoltà che distinguono l'animale dalle altre cose create.

animàre [vc. dotta, lat. *animāre*, da *ănima* 'anima'] **A** v. tr. (*io ànimo*) *1* Dare, infondere l'anima: *a. un corpo, la creta, il marmo.* *2* Dare vita, vivacità, energia, calore, e sim.: *un continuo viavai anima le strade*; *un dolce sorriso le animò il volto*; *la luce anima la casa.* *3* Incitare, esortare, infondere coraggio: *lo anima una grande ambizione*; *è animato dalle migliori intenzioni*; *a. qc. a un'impresa, a studiare, a scrivere* | Promuovere: *a. i traffici, i commerci.* **B** v. intr. pron. • Prendere animo | Acquistare vita, vivacità e sim.: *sembrava che la natura si animasse* | Accalorarsi: *animarsi nel parlare, nel discutere.*

animàto A part. pass. di *animare*; anche agg. *1* Nei sign. del v. *2* *Bastone a.*, dotato di un'anima di ferro | *Asta animata*, per montatura da occhiali, formata da una sbarretta metallica rivestita di celluloide | *Disegno, cartone a.*, serie di figure in movimento ottenute mediante la ripresa cinematografica di disegni rappresentanti le successive fasi del movimento stesso. || **animataménte**, avv. Con vivacità, fervore. **B** s. m. • (*mus.*) Didascalia che prescrive di eseguire un brano con movimento celere e per lo più allegro.

animatóre [vc. dotta, lat. tardo *animatōre(m)*, da *animāre* 'animare'] **A** agg. (f. *-trice*) • Che anima: *il principio a. di questo discorso è di carattere politico.* **B** s. m. *1* Chi anima e ravviva: *egli fu l'a. di quella serata* | *A. di gruppo*, chi, in un gruppo di lavoro, di studio e sim., ha la funzione di agevolare lo svolgimento del compito e il raggiungimento degli obbiettivi del gruppo stesso | *A. socioculturale*, persona che opera nell'ambito di un territorio, per esempio di un quartiere, con il compito di facilitare e promuovere i rapporti fra i cittadini e le istituzioni, quali le scuole, le biblioteche di quartiere e i centri sportivi e ricreativi | *A. scolastico*, animatore socioculturale operante prevalentemente nell'ambito della scuola. *2* Colui che ricostruisce cinematograficamente il movimento di un oggetto, disegnandone le successive posizioni.

animavversióne • V. *animadversione*.

animazióne [vc. dotta, lat. *animatiōne(m)*, da *animāre* 'animare'] s. f. *1* Atto, effetto dell'animare

Atlante degli animali (elenco degli animali più importanti e relativo numero di pagina)

Tipo: PROTOZOI

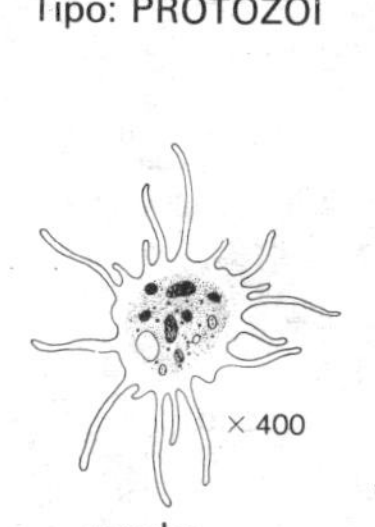

ameba

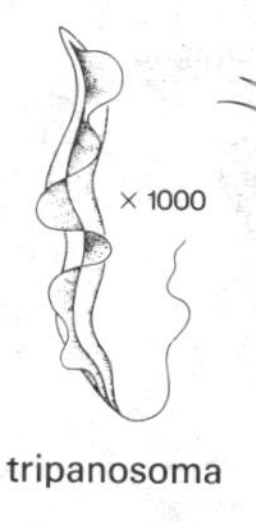

tripanosoma

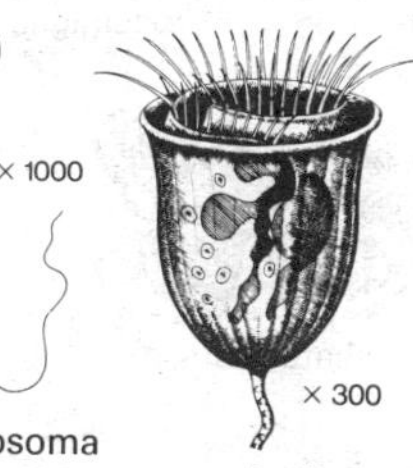

vorticella

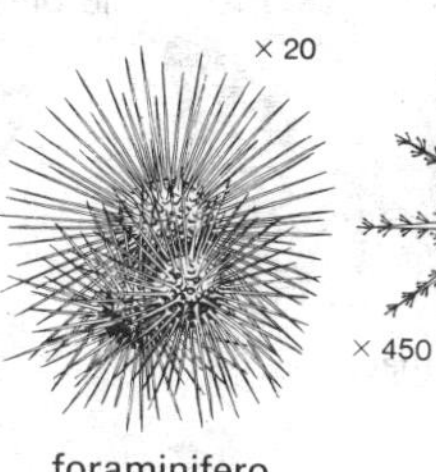

foraminifero

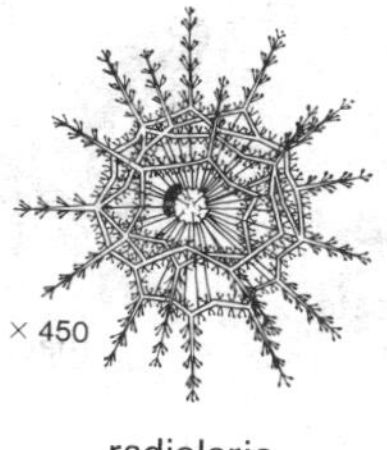

radiolario

Tipo: SPUGNE

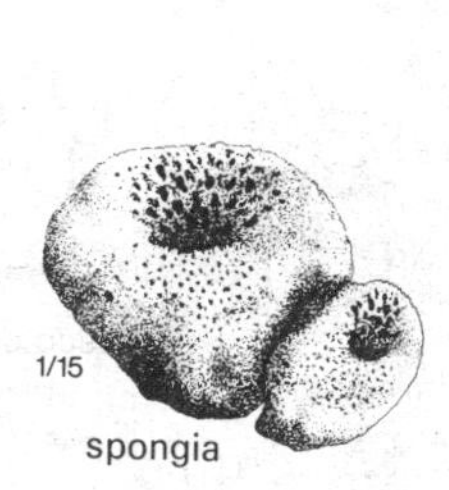

spongia

Tipo: CELENTERATI

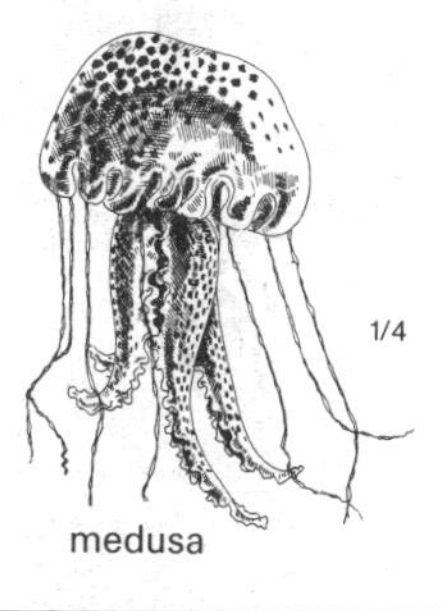

medusa

corallo

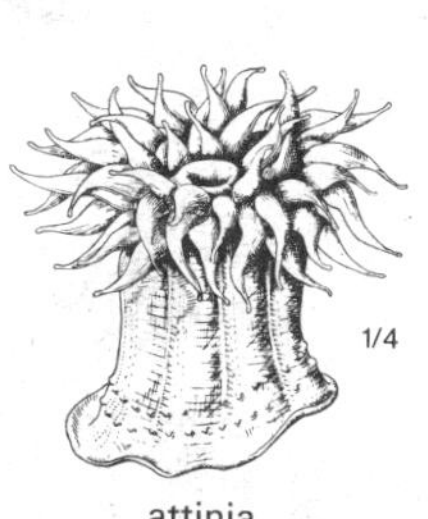

attinia

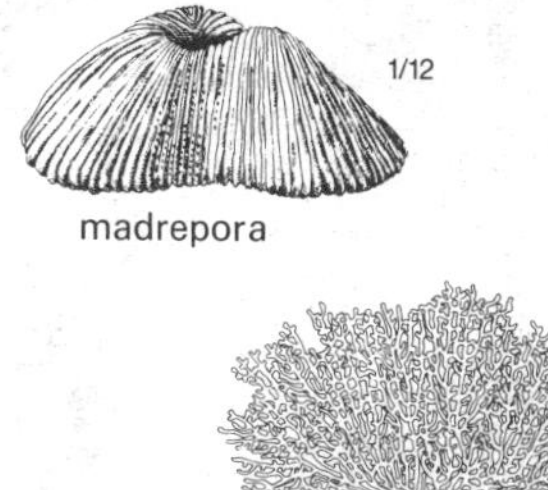

madrepora

gorgonia

Tipo: ANELLIDI

lombrico

sanguisuga

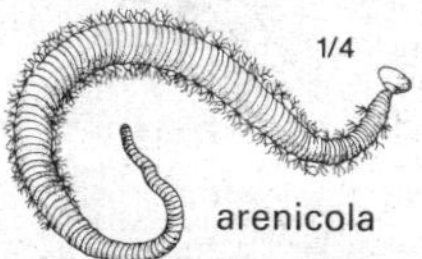

arenicola

Tipo: PLATELMINTI

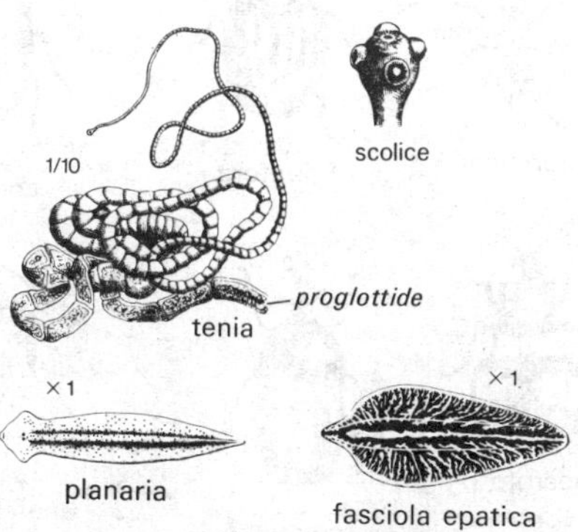

tenia

planaria

fasciola epatica

Tipo: NEMATODI

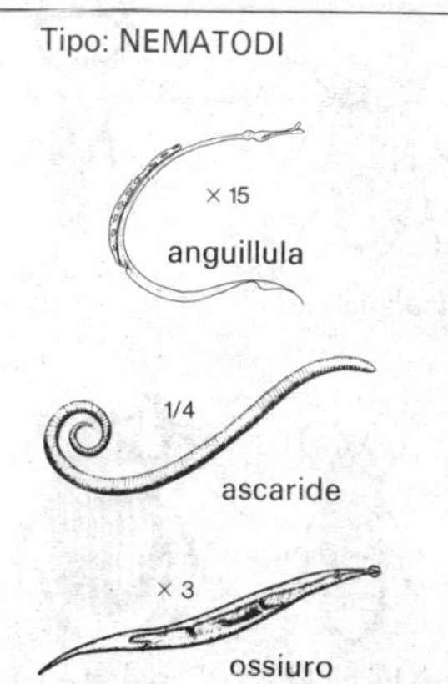

anguillula

ascaride

ossiuro

Tipo: ARTROPODI Classe: INSETTI

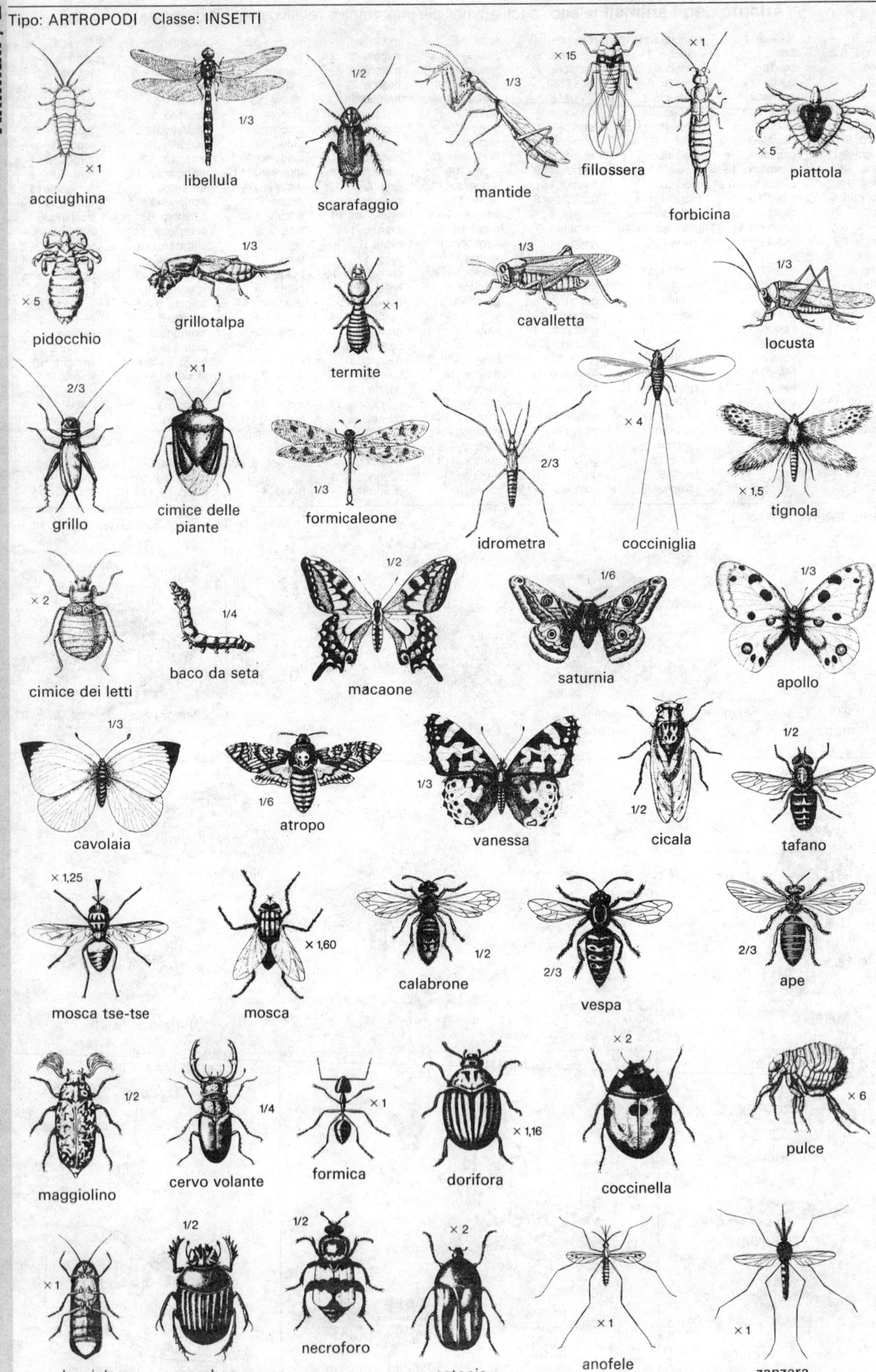
acciughina ×1
libellula 1/3
scarafaggio 1/2
mantide 1/3
fillossera ×15
forbicina ×1
piattola ×5
pidocchio ×5
grillotalpa 1/3
termite ×1
cavalletta 1/3
locusta 1/3
grillo 2/3
cimice delle piante ×1
formicaleone 1/3
idrometra 2/3
coccinoglia ×4
tignola ×1,5
cimice dei letti ×2
baco da seta 1/4
macaone 1/2
saturnia 1/6
apollo 1/3
cavolaia 1/3
atropo 1/6
vanessa 1/3
cicala 1/2
tafano 1/2
mosca tse-tse ×1,25
mosca ×1,60
calabrone 1/2
vespa 2/3
ape 2/3
maggiolino 1/2
cervo volante 1/4
formica ×1
dorifora ×1,16
coccinella ×2
pulce ×6
lucciola ×1
scarabeo 1/2
necroforo 1/2
cetonia ×2
anofele ×1
zanzara ×1

Tipo: ARTROPODI Classe: CROSTACEI

1/8
granchio

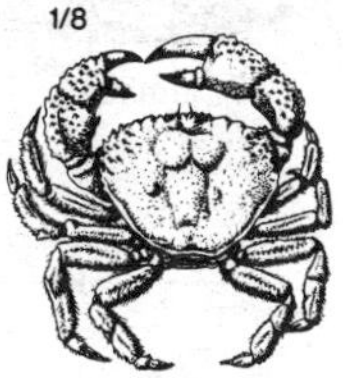

1/10
canocchia

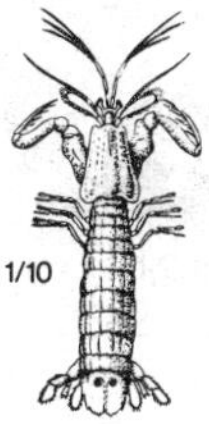

1/10
galatea

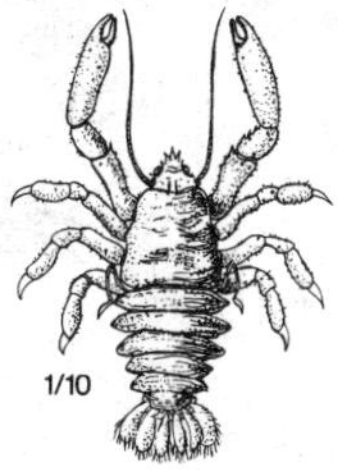

1/12
grancevola

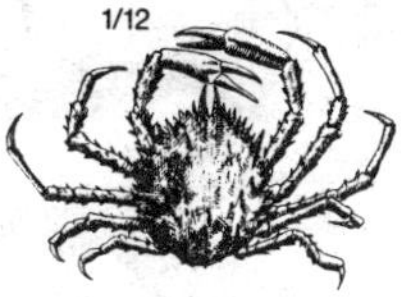

1/10
scampo

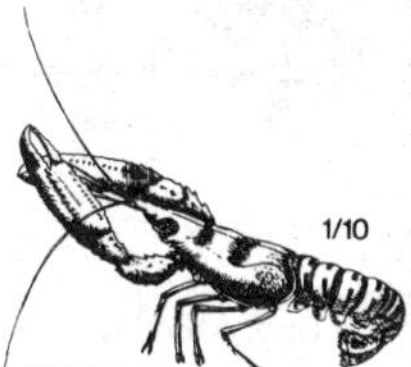

1/20
aragosta

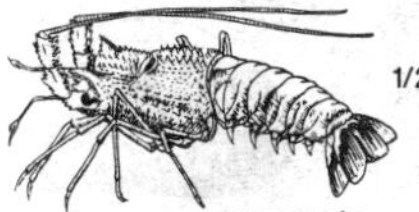

1/20
astice

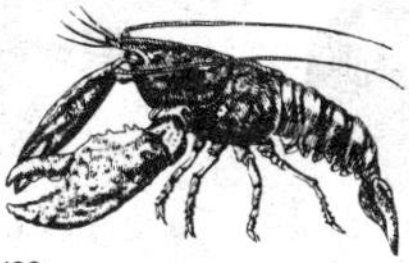

1/4
gamberetto

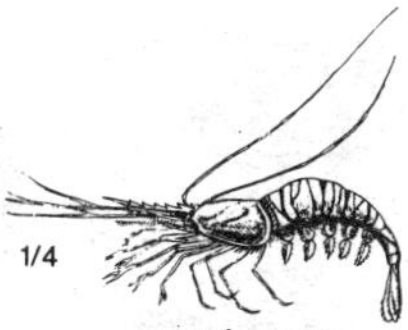

1/6
gambero

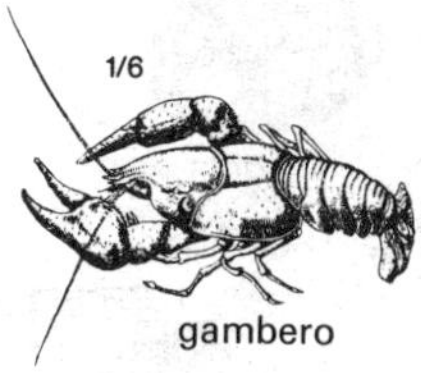

1/3
lepade

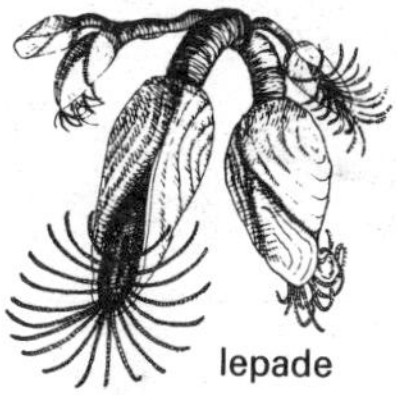

1/2
balano

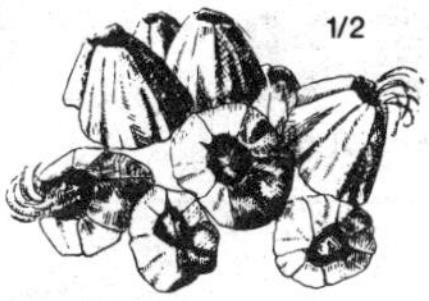

1/2
paguro

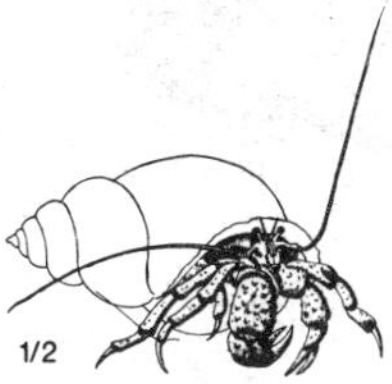

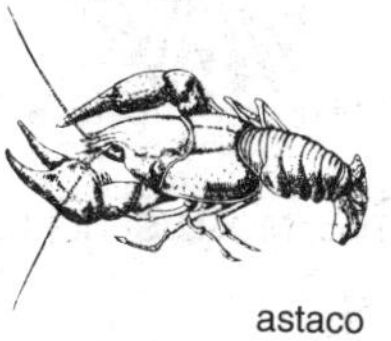

astaco

Tipo: ARTROPODI Classe: MIRIAPODI

×1
millepiedi

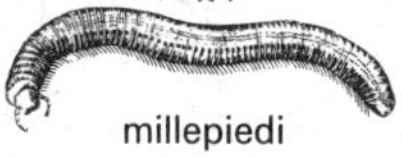

Tipo: ARTROPODI Classe: CHILOPODI

1/3
scolopendra

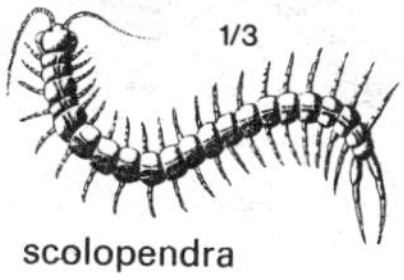

1/2
centopiedi

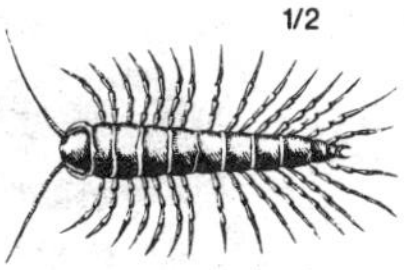

Tipo: ARTROPODI Classe: ARACNIDI

2/3
argironeta

1/5
migale

2/3
epeira

1/2
tarantola

×1
opilionide

×3
zecca

2/3
scorpione

×30
acaro

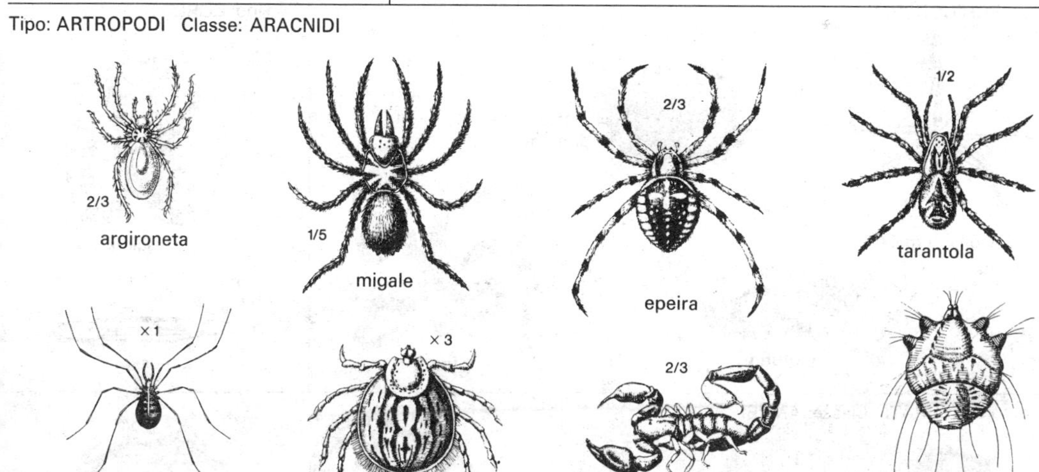

Tipo: MOLLUSCHI Classe: GASTEROPODI

1/2
patella

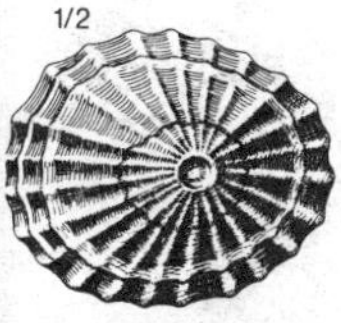

×1
limnea

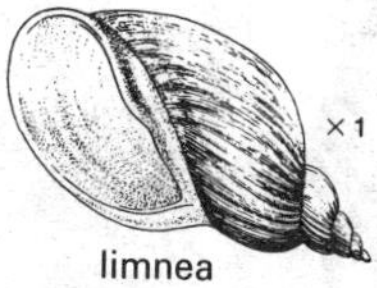

1/3
aliotide

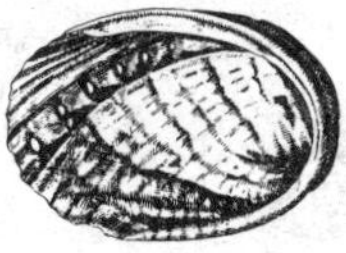

2/3
cono

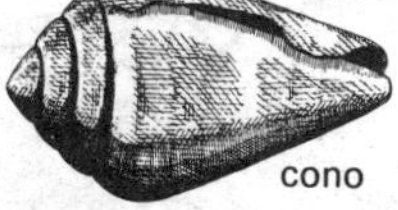

×1
ciprea

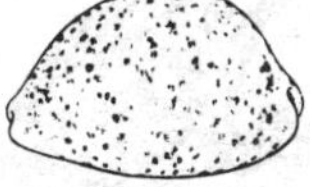

segue

segue Tipo: MOLLUSCHI Classe: GASTEROPODI

murice 1/4

strombo 1/12

chiocciola 1/4

lumaca 1/4

Tipo: MOLLUSCHI Classe: BIVALVI

vongola 1/2

tellina 1/2

ostrica 1/5

tridacna 1/50

mitilo 1/5

pettine 1/8

pinna 1/25

dattero di mare 1/3

folade 1/3

Tipo: MOLLUSCHI Classe: CEFALOPODI

calamaro 1/12

seppia 1/10

nautilo 1/10

polpo 1/20

argonauta 1/6

Tipo: ECHINODERMI

stella di mare 1/8

riccio di mare 1/5

oloturia 1/5

ofiura 1/5

Tipo: CORDATI

ascidia 1/4

anfiosso 1/2

Tipo: VERTEBRATI Classe: ANFIBI

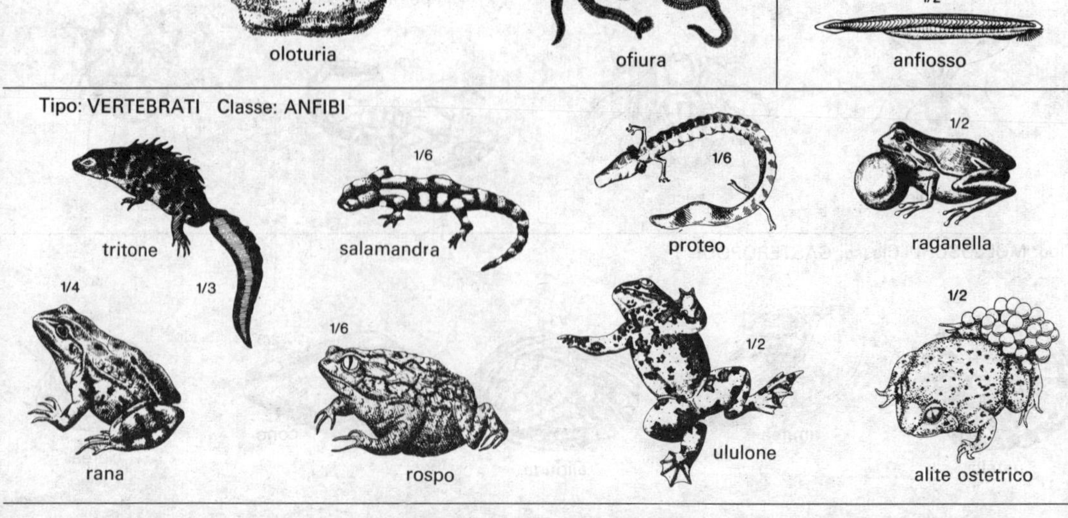

Tipo: VERTEBRATI Classe: RETTILI
1/50
testuggine franca
1/10
testuggine greca
1/9
ramarro
lucertola
1/4
1/4
geco
1/6
camaleonte
1/5
scinco
1/40
varano
iguana
1/30
1/150
coccodrillo
alligatore
1/100
1/100
caimano
1/150
gaviale
1/30
boa
1/60
anaconda
1/20
crotalo
cobra
1/15
1/35
pitone
1/20
vipera del deserto
1/5
vipera
1/10
biscia d'acqua
Tipo: VERTEBRATI Classe: CICLOSTOMI
1/16
lampreda
Tipo: VERTEBRATI Classe: PESCI CARTILAGINEI
1/20
torpedine
1/30
razza
1/200
manta
1/100
pesce martello
pesce sega
1/80
1/25
gattuccio
1/30
palombo

segue

segue Tipo: VERTEBRATI Classe: PESCI CARTILAGINEI

cetorino

squalo tigre

squalo balena

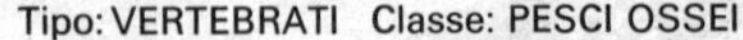

Tipo: VERTEBRATI Classe: PESCI OSSEI

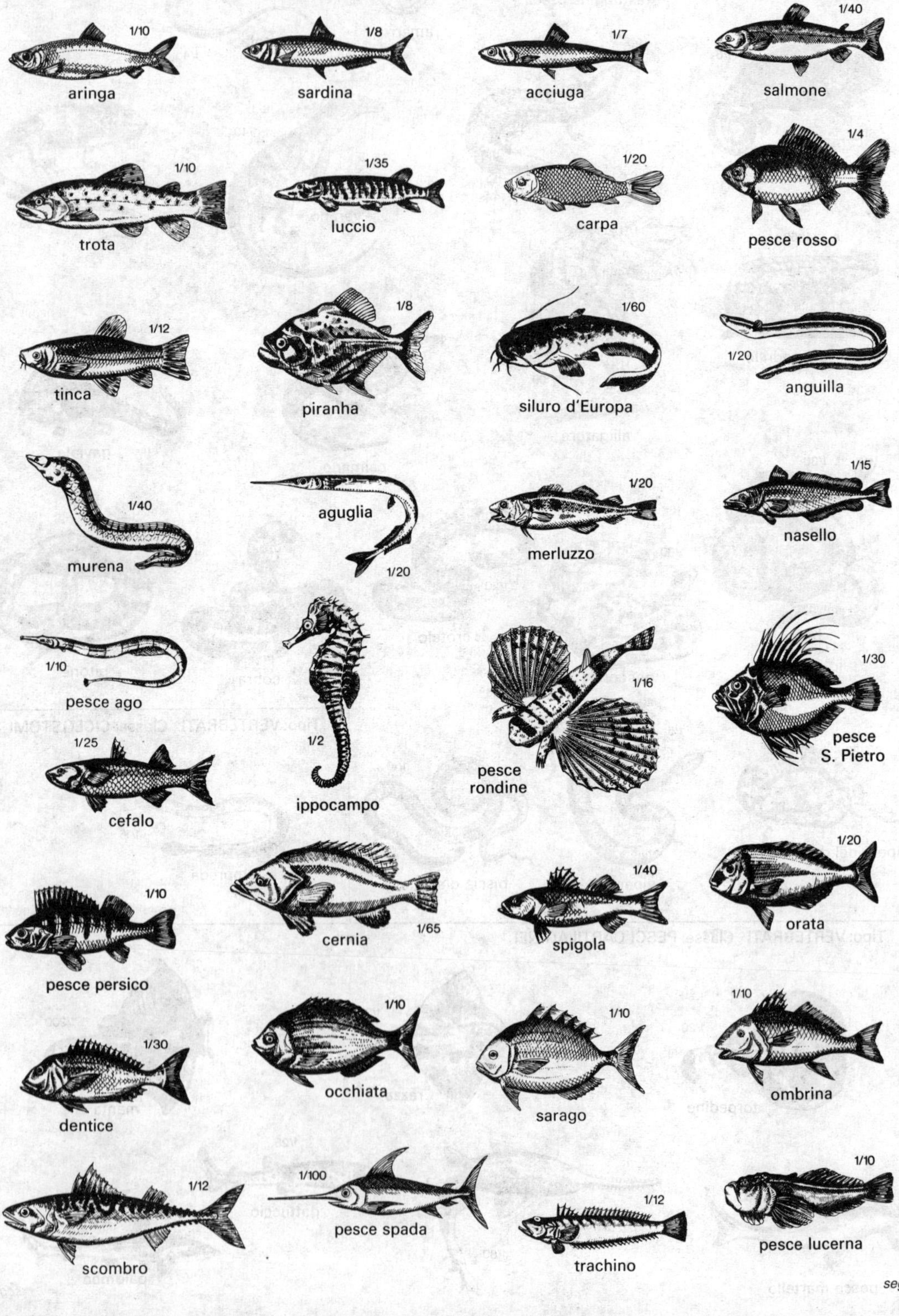

1/10 aringa

1/8 sardina

1/7 acciuga

1/40 salmone

1/10 trota

1/35 luccio

1/20 carpa

1/4 pesce rosso

1/12 tinca

1/8 piranha

1/60 siluro d'Europa

1/20 anguilla

1/40 murena

1/20 aguglia

1/20 merluzzo

1/15 nasello

1/10 pesce ago

1/2 ippocampo

1/16 pesce rondine

1/30 pesce S. Pietro

1/25 cefalo

1/65 cernia

1/40 spigola

1/20 orata

1/10 pesce persico

1/30 dentice

1/10 occhiata

1/10 sarago

1/10 ombrina

1/12 scombro

1/100 pesce spada

1/12 trachino

1/10 pesce lucerna

segue

segue Tipo: VERTEBRATI Classe: PESCI OSSEI

1/27
passera di mare

1/30
rombo

1/70
storione

1/80
tonno

1/15
sogliola

1/16
remora

1/80
pesce luna

1/30
rana pescatrice

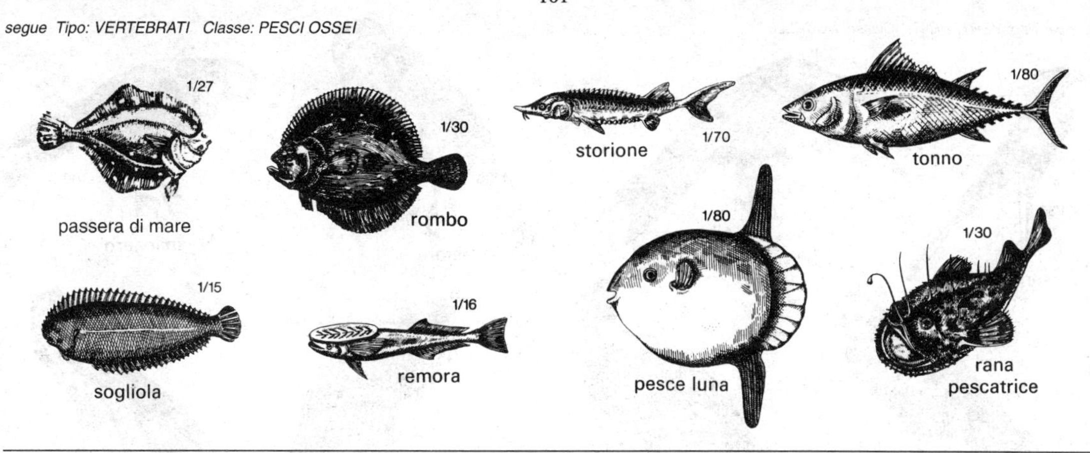

Tipo: VERTEBRATI Classe: UCCELLI

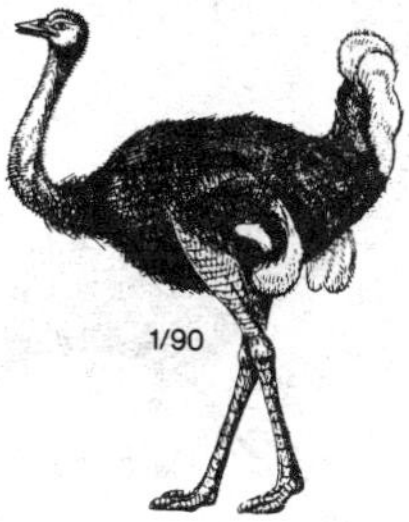

1/90
struzzo

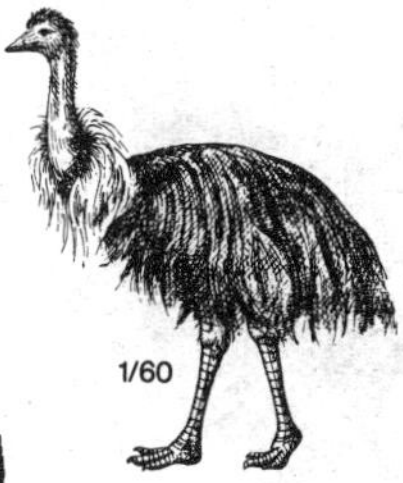

1/60
emù

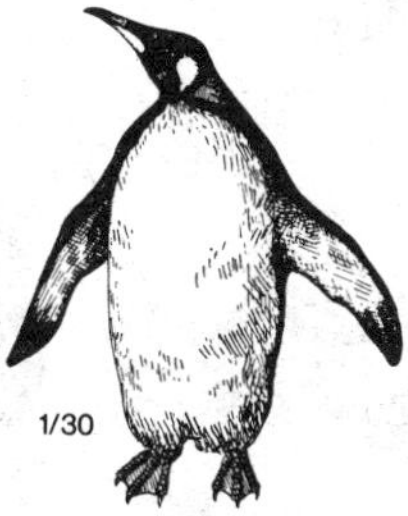

1/30
pinguino

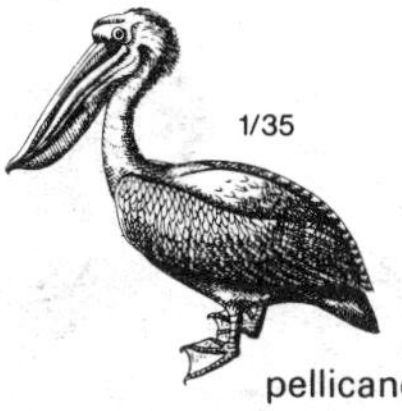

1/35
pellicano

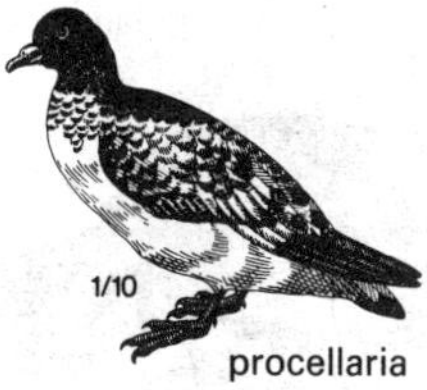

1/10
procellaria

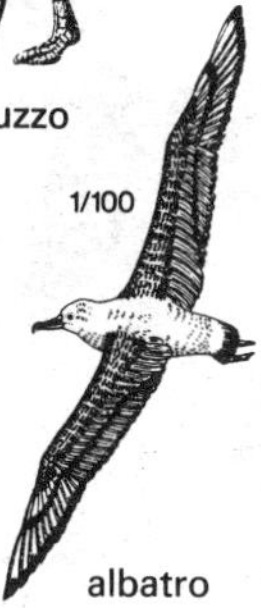

1/100
albatro

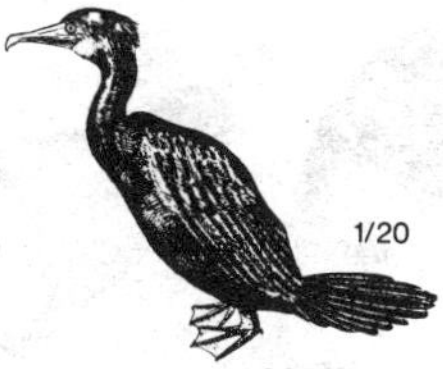

1/20
cormorano

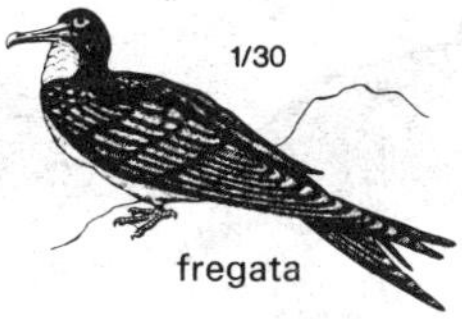

1/30
fregata

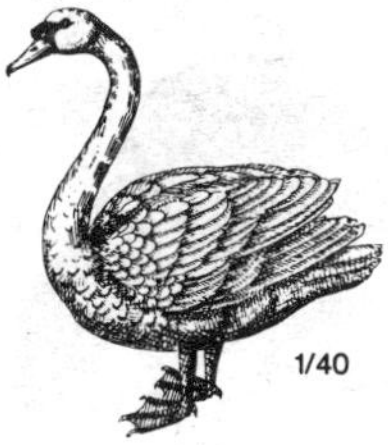

1/40
cigno reale

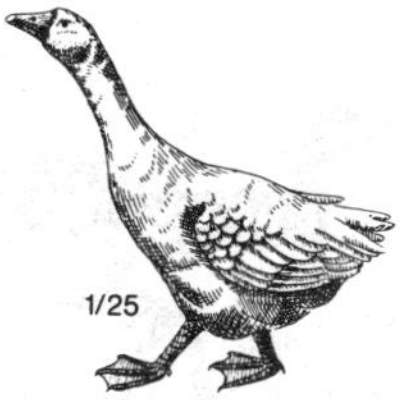

1/25
oca

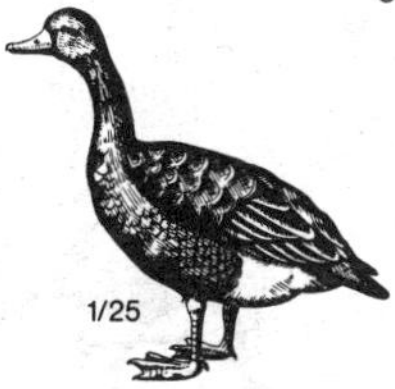

1/25
oca selvatica

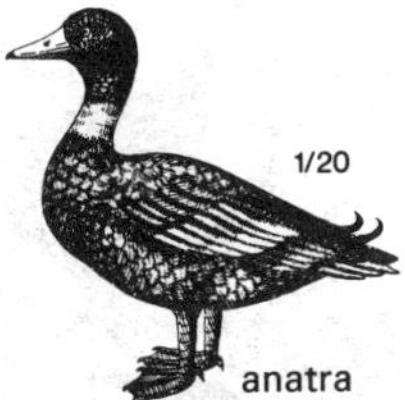

1/20
anatra selvatica

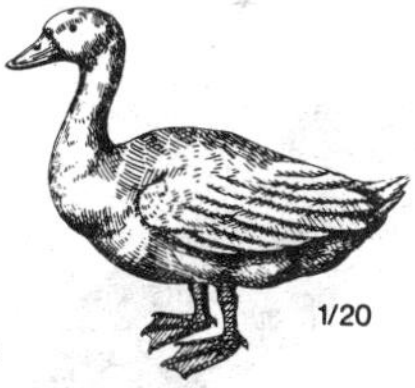

1/20
anatra

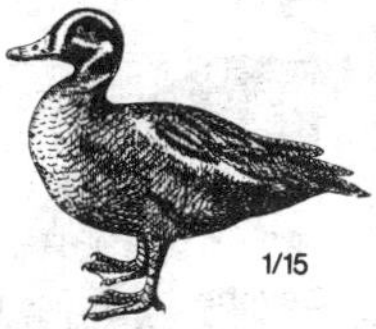

1/15
alzavola

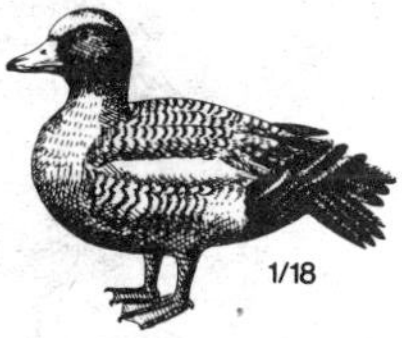

1/18
fischione

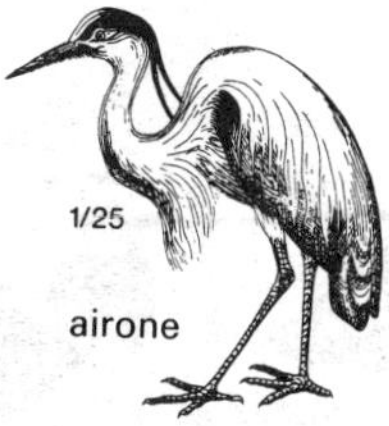

1/25
airone

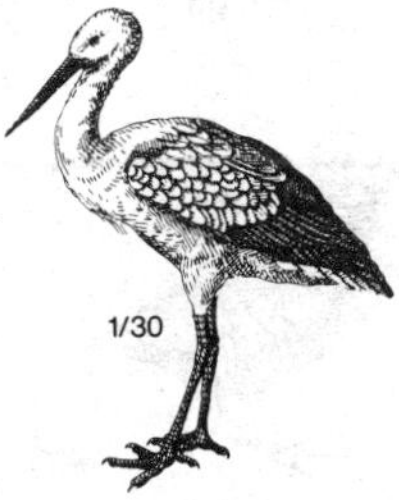

1/30
cicogna

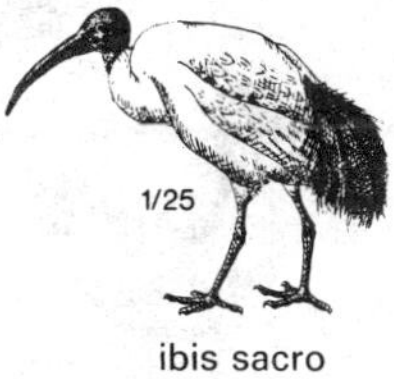

1/25
ibis sacro

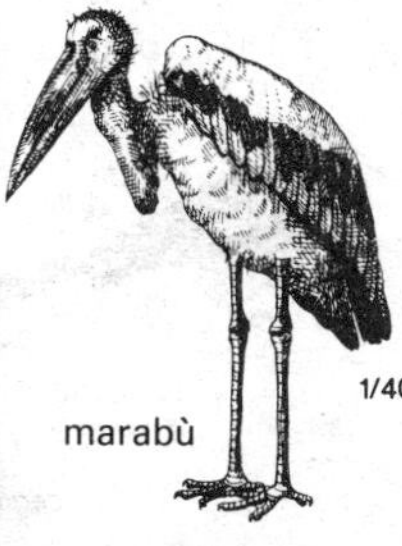

1/40
marabù

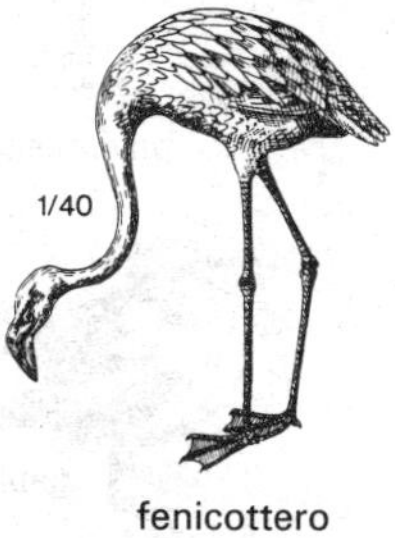

1/40
fenicottero

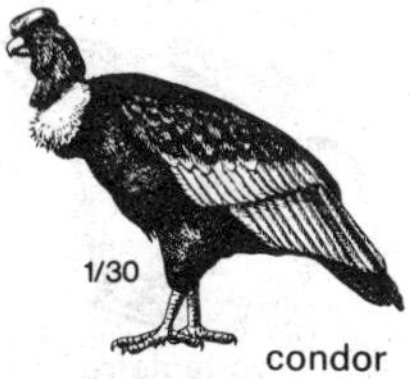

1/30
condor

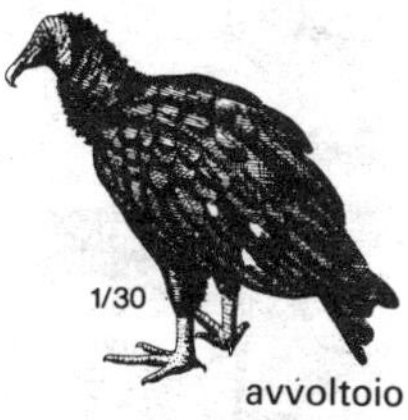

1/30
avvoltoio

segue

segue Tipo: VERTEBRATI Classe: UCCELLI

segue

1/12
colombo
1/10
tortora
1/10
cacatua
1/5
parrocchetto
1/20
ara
1/10
cuculo
1/5
assiolo
1/10
barbagianni
1/10
gufo
1/10
allocco
1/7
civetta
1/10
rondone
martin pescatore
1/6
1/3
colibrì
1/10
upupa
1/12
tucano
1/10
picchio
1/5
torcicollo
1/5
verzellino
1/5
cutrettola
1/40
uccello lira
1/5
verdone
1/5
capinera
1/4
lucherino
1/5
beccafico
1/4
luì
1/5
pispola
1/5
fringuello
1/8
merlo
1/5
pettirosso

segue

segue Tipo: VERTEBRATI Classe: UCCELLI

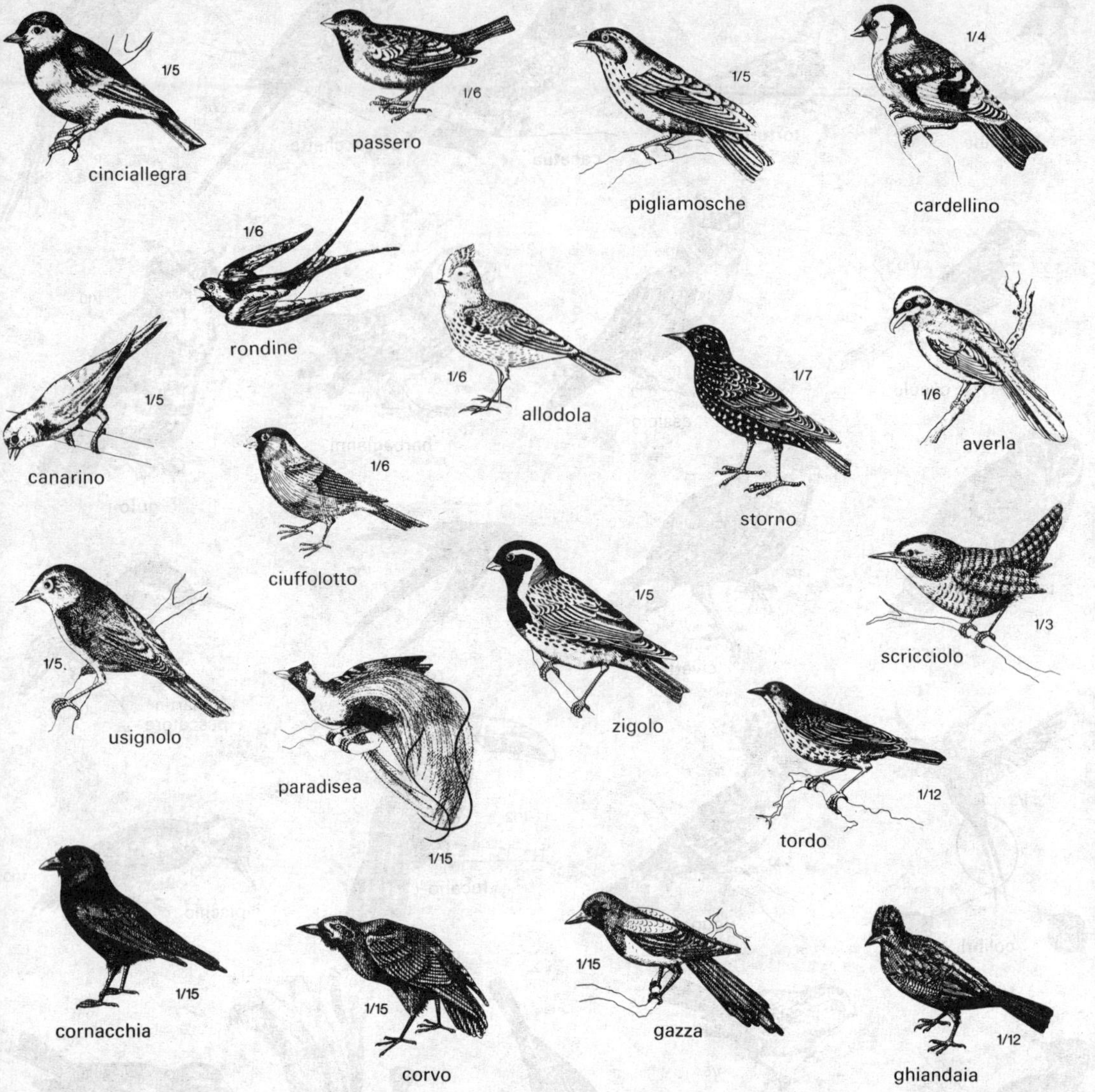

cinciallegra 1/5
passero 1/6
pigliamosche 1/5
cardellino 1/4
rondine 1/6
canarino 1/5
allodola 1/6
ciuffolotto 1/6
storno 1/7
averla 1/6
usignolo 1/5.
paradisea 1/15
zigolo 1/5
scricciolo 1/3
tordo 1/12
cornacchia 1/15
corvo 1/15
gazza 1/15
ghiandaia 1/12

Tipo: VERTEBRATI classe: MAMMIFERI Ordine: MARSUPIALI

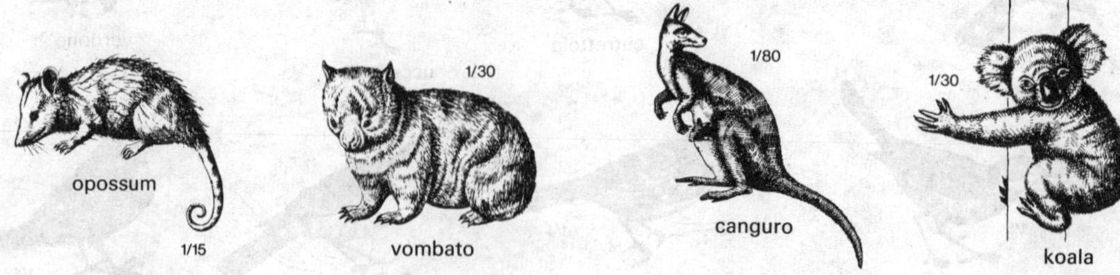

opossum 1/15
vombato 1/30
canguro 1/80
koala 1/30

Tipo: VERTEBRATI Classe: MAMMIFERI Ordine: MONOTREMI

ornitorinco 1/20
echidna 1/15

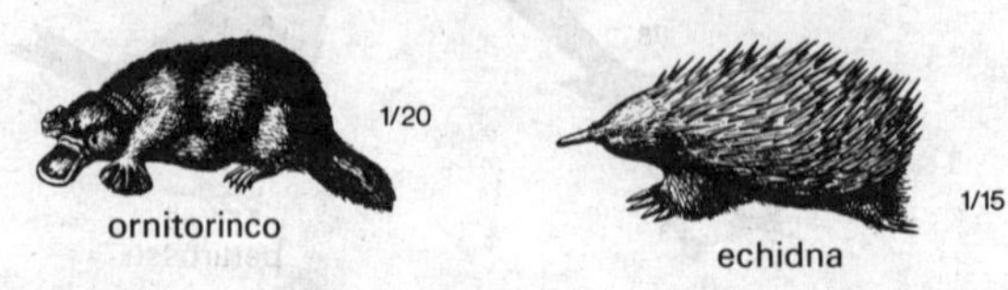

Tipo: VERTEBRATI Classe: MAMMIFERI Ordine: MALDENTATI

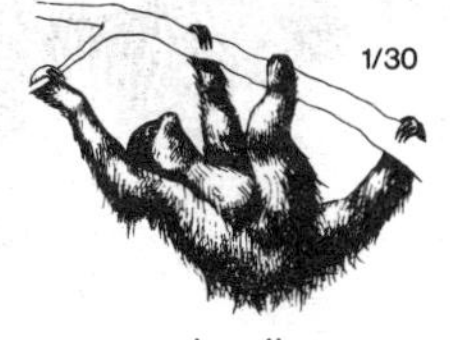

Tipo: VERTEBRATI Classe: MAMMIFERI Ordine: RODITORI

Tipo: VERTEBRATI Classe: MAMMIFERI Ordine: CETACEI

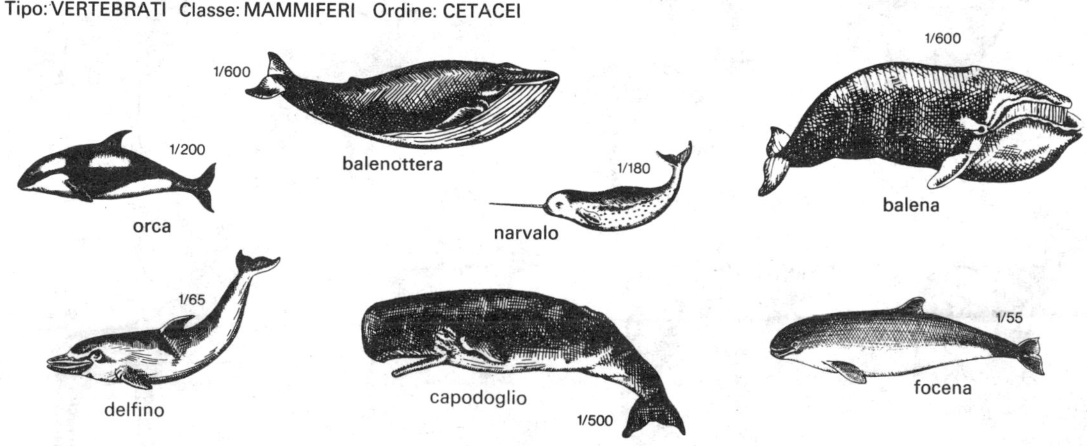

Tipo: VERTEBRATI Classe: MAMMIFERI Ordine: INSETTIVORI

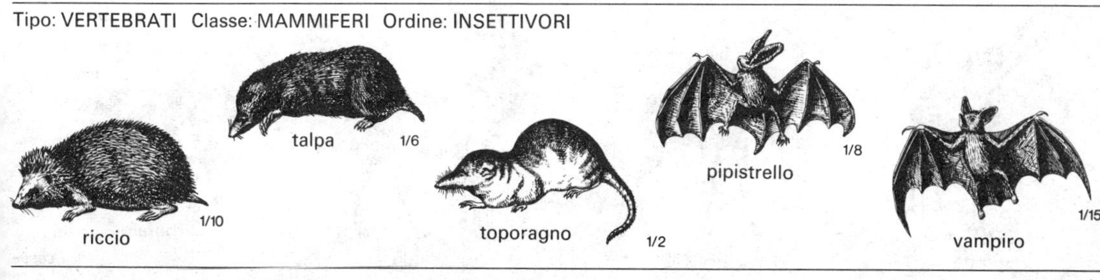

Tipo: VERTEBRATI Classe: MAMMIFERI Ordine: UNGULATI

segue

segue Tipo: VERTEBRATI Classe: MAMMIFERI Ordine: UNGULATI

1/100 toro
1/70 zebù
1/120 yak
1/100 bisonte
1/65 gnu
1/60 gazzella
1/35 antilope
1/35 camoscio
1/45 capra
1/50 stambecco
1/50 muflone
1/140 elefante
× 1/100 lamantino
1/100 dugongo

Tipo: VERTEBRATI classe: MAMMIFERI Ordine: CARNIVORI

1/40 cane
1/40 lupo
1/40 coyote
1/30 sciacallo
1/80 orso
1/40 panda
1/50 volpe
1/30 procione
1/30 mangosta
1/18 visone
1/20 faina
1/8 donnola
1/10 martora
1/10 moffetta
1/15 ermellino
1/30 zibellino
1/40 zibetto
1/20 furetto

segue

segue Tipo: VERTEBRATI Classe: MAMMIFERI Ordine: CARNIVORI

Tipo: VERTEBRATI Classe: MAMMIFERI Ordine: PRIMATI

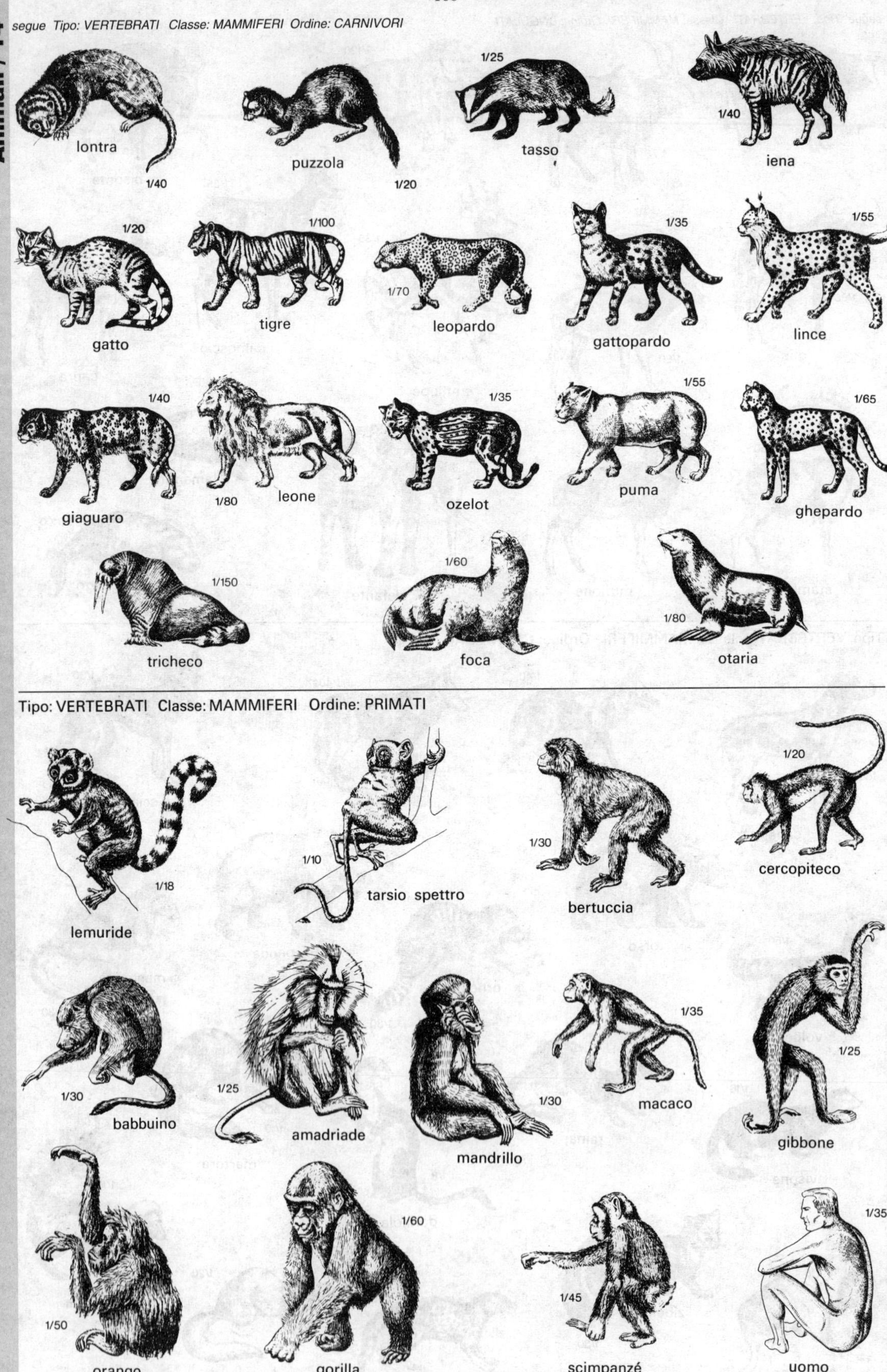

| (*est.*) Situazione o attività che, mediante l'azione di un animatore socioculturale, favorisce, stimola, amplia la partecipazione attiva dei cittadini alle attività culturali, ricreative e sim. che si svolgono in un territorio, per esempio in un quartiere. *2* Vivacità, calore: *parlare, discutere con a.* | (*est.*) Affollamento, movimento. *3* Ricostruzione cinematografica del movimento di un oggetto, ottenuta mediante la ripresa di disegni rappresentanti le successive fasi del movimento stesso.

animèlla [propr. dim. di *anima*, nel sign. di 'parte interna di una cosa'] s. f. ● In culinaria, il timo e il pancreas dell'agnello e del vitello.

animétta s. f. *1* Dim. di *anima*. *2* Armatura usata nel sec. XVII, formata da una grande piastra o da scaglie articolate.

Animifórmi [comp. del port. *anhima*, dal n. tupi dell'uccello, e il pl. di *-forme*] s. m. pl. ● Nella tassonomia animale, ordine di Uccelli dal becco corto e ricurvo e ridotta membrana interdigitale (*Anhimiformes*) | (al sing. *-e*) Ogni individuo di tale ordine.

animìṣmo [da *anima*] s. m. *1* In alcune religioni primitive, tendenza a credere tutte le cose animate da spiriti, benefici o malefici, superiori all'uomo. *2* (*filos.*) Concezione in base alla quale l'anima rappresenta il fondamento sia delle funzioni vegetative sia di quelle intellettuali. *3* In etnologia religiosa, teoria che spiega l'evoluzione storica delle religioni in funzione dello sviluppo delle idee animistiche.

animista s. m. e f. (pl. m. *-i*) *1* Seguace dell'animismo. *2* Nelle fonderie, operaio addetto alla fabbricazione di anime.

animìstico agg. (pl. m. *-ci*) ● Che concerne l'animismo.

ànimo [vc. dotta, lat. *ănimu(m)*. V. *anima*] **A** s. m. *1* Principio attivo della personalità, delle facoltà intellettive, della volontà, e la sede degli affetti: *disposizione d'a.* | *Mettere l'a. in pace*, rassegnarsi | *Andare all'a.*, commuovere | *Avere l'animo di fare q.c.*, avere intenzione di farla | *Di buon a.*, ben disposto | *Volgere l'a.*, darsi con la mente, col cuore | *Ad un a.*, concordemente. *2* Proponimento, inclinazione: *scopersi il suo a. parlando lungamente con lui.* *3* Coraggio: *ebbe l'a. di affrontare una situazione così incerta* | *Prendere a.*, ardire | *Perdersi d'a.*, scoraggiarsi | *Bastare l'a.*, sentire forza e coraggio sufficienti. **B** in funzione di inter. ● Si usa come esortazione ad avere coraggio, a non lasciarsi abbattere e sim.: *su ragazzi, a.!* || **animùzzo**, dim.

animosità [vc. dotta, lat. tardo *animositāte(m)*, da *animōsus* 'animoso'] s. f. *1* Animo mal disposto, malanimo. *2* (*lett.*) †Ardire, audacia, coraggio.

animóso [vc. dotta, lat. *animōsu(m)*, da *ănimus* 'animo'] agg. *1* Ardito, coraggioso: *gioventù animosa; cuori animosi* | Detto di animale, focoso, impetuoso: *come a suon di tube / a. caval s'infiamma all'armi* (POLIZIANO). *2* Ostile, sdegnoso. || **animosétto**, dim. || **animosaménte**, avv. Con animosità.

anìmula [vc. dotta, lat. *anĭmula*, dim. di *ănima* 'anima'] s. f. ● (*lett.*) Piccola anima | (*fig.*) Persona dall'interiorità debole, incerta: *quell'a. che era Pietro Metastasio* (CROCE).

animus /*lat.* 'animus/ [lat., propr. 'animo'] s. m. *1* Intenzione, proposito, volontà consapevole, spec. nel linguaggio giuridico | (*dir.*) *A. donandi, furandi, lucrandi*, intenzione di donare, di derubare, di lucrare. *2* (*lett.*) Stato d'animo | Carattere, indole, temperamento.

anióne [vc. dotta, gr. *aniṓn*, genit. *anióntos* 'che sale', part. pres. di *áneimi* 'io salgo'] s. m. ● (*chim., fis.*) Ione di carica negativa che durante l'elettrolisi si dirige all'anodo.

aniṣétta [fr. *anisette*, da *anis* 'anice'] s. f. ● Liquore all'anice, aromatico e di sapore dolce.

aniṣo- [dal gr. *ánisos* 'diseguale'] primo elemento ● In parole scientifiche composte indica disuguaglianza, diversità, dissomiglianza: *anisotropo*.

anisocitòṣi [comp. di *aniso-* 'disuguale' e *-cito* 'cellula' con il suff. *-osi*] s. f. ● (*biol.*) Presenza di cellule di varie dimensioni nel sangue; si riscontra in vari tipi di anemia e riguarda di regola i globuli rossi.

aniṣocorìa [comp. di *aniso-* (*1*), del gr. *kórē* 'pupilla' e del suff. *-ia*] s. f. ● (*med.*) Condizione caratterizzata dalla disuguaglianza del diametro delle pupille.

aniṣofillìa [comp. di *aniso-* e un deriv. del gr. *phýllon* 'foglia'] s. f. ● (*bot.*) Presenza di foglie con forma diversa sulla stessa pianta.

aniṣogamète [vc. dotta, comp. di *aniso-* e *gamete*] s. m. ● (*biol.*) Ciascuno dei gameti, maschile e femminile, quando sono morfologicamente diversi.

aniṣogamìa [vc. dotta, comp. di *aniso-* e *-gamia*] s. f. ● (*biol.*) Differenza morfologica fra i gameti, maschile e femminile, che si uniscono nella riproduzione.

aniṣomorfìṣmo [comp. di *an-* e *isomorfismo*] s. m. ● (*ling.*) Principio secondo cui le distinzioni semantiche fatte in una lingua non sono corrispondenti a quelle fatte in un'altra.

aniṣotropìa [da *anisotropo*] s. f. ● (*miner.*) Proprietà dei corpi cristallini di presentare proprietà diverse nelle diverse direzioni.

aniṣòtropo [comp. di *aniso-* e *-tropo*] agg. ● (*miner.*) Detto di corpo che presenta anisotropia.

ànitra ● V. *anatra*.

anitròccolo ● V. *anatroccolo*.

annacquaménto s. m. *1* Modo e atto dell'annacquare. *2* (*econ.*) Sopravvalutazione del capitale di un'impresa rispetto al valore reale.

annacquàre o †**inacquàre**, **innacquàre** [lat. tardo *inaquāre*, comp. di *ĭn* e *ăqua* 'acqua'] v. tr. (*io annàcquo*) *1* Diluire un liquido aggiungendovi acqua: *a. il vino.* *2* (*fig.*) Moderare, temperare, attenuare: *a. la realtà, una notizia* | *A. un capitale*, eseguire l'annacquamento, sopravvalutarlo.

annacquàta s. f. ● Annacquamento leggero | (*est.*) Pioggerella. || **annacquatìna**, dim.

annacquàto part. pass. di *annacquare*; anche agg. *1* Nei sign. del v. *2* (*fig.*) Debole, fioco: *luce annacquata*.

annacquatùra s. f. ● Atto, effetto dell'annacquare | La cosa annacquata.

annaffiaménto o **innaffiaménto**. s. m. ● Atto, effetto dell'annaffiare.

annaffiàre o **inaffiàre**, **innaffiàre** [prob. lat. **inafflāre* 'soffiare dentro', da *flāre* 'soffiare'] v. tr. (*io annàffio*) *1* Aspergere di acqua, a modo di pioggia: *a. un campo, i fiori, le aiuole.* *2* (*fig.*) Accompagnare un cibo con una bevanda: *a. l'arrosto con dell'ottimo Barolo.*

annaffiàta o **inaffiàta**, **innaffiàta** s. f. ● Atto dell'annaffiare, spec. leggermente | (*est.*) Pioggerella. || **annaffiatìna**, dim.

annaffiatóio o **inaffiatóio**, **innaffiatóio** s. m. ● Recipiente di latta, plastica o altro materiale, provvisto di manico e lungo becco con all'estremità una bocchetta traforata, usato per annaffiare.

annaffiatóre o **inaffiatóre**, **innaffiatóre** agg.; anche s. m. (f. *-trice*) ● Che, chi annaffia.

annaffiatùra o **inaffiatùra**, **innaffiatùra** s. f. ● Atto, effetto dell'annaffiare.

†**annàle** [vc. dotta, lat. *annāle(m)*, da *ănnus* 'anno'] agg. ● Annuale.

annàli [vc. dotta, lat. *annāles*, pl. di *annālis* 'annale'] s. m. pl. *1* Narrazione degli avvenimenti storici ordinata e distinta anno per anno. *2* (*est.*) Storia, memorie storiche: *un fatto destinato a rimanere negli a.* *3* Titolo di rassegne scientifiche periodiche.

annalista s. m. (pl. *-i*) ● Scrittore di annali.

annalistica s. f. ● Genere storiografico, tipico del mondo greco e romano, in cui gli avvenimenti sono esposti in ordine cronologico anno per anno.

annalìstico agg. (pl. m. *-ci*) ● Che si riferisce agli annalisti o all'annalistica.

annamìta **A** agg. (pl. m. *-i*) ● Dell'Annam. **B** s. m. e f. (pl. m. *-i*) ● Abitante, nativo dell'Annam.

annamìtico **A** agg. (pl. m. *-ci*) ● Dell'Annam, degli Annamiti. **B** s. m. solo sing. ● Lingua parlata dagli Annamiti.

annasàre [comp. di *a-* (*2*) e *naso*] v. tr. ● (*lett., dial.*) Annusare.

annaspàre [da *naspo* (*?*)] **A** v. tr. ● Avvolgere il filato sul naspo per formare la matassa | (*raro, fig.*) *A. la vista*, confonderla. **B** v. intr. (aus. *avere*) *1* Agitare confusamente le braccia o le gambe, come per cercare q.c. a tentoni o per afferrare q.c. che sfugge: *annaspò disperatamente prima di annegare* | (*est.*) Gesticolare disordinatamente. *2* Affaccendarsi intorno a q.c. senza concludere: *annaspa da ore fra i libri.* *3* (*fig.*) Confondersi, imbrogliarsi: *a. nel parlare, nel rispondere.*

annaspicàre [iter. di *annaspare*] v. intr. (*io annàspico, tu annàspichi*; aus. *avere*) ● (*raro*) Imbrogliarsi nel parlare, per non sapere che cosa dire: *l'oratore annaspicava continuamente.*

annaspìo s. m. ● Annaspare continuo.

annàspo [da *annaspare*] s. m. ● (*tess.*) Aspo.

annaspóne [da *annaspare*] s. m. (f. *-a*) ● Chi si affaccenda disordinatamente | Faccendone.

annàta [da *anno*] s. f. *1* Corso di un anno: *le provviste per l'intera a.* | *A. agraria*, periodo di un anno, durante il quale si compie il ciclo produttivo della terra | *Vino d'a.*, ottenuto da una vendemmia particolarmente pregiata | *Pensioni d'a.*, termine giornalistico con cui si definiscono pensioni maturate in periodi non recenti e soggette a provvedimenti perequativi. *2* Complesso di fenomeni considerati nello spazio di un anno: *un'a. fredda, piovosa; l'a. politica, turistica; è stata una buona, cattiva a. per i campi.* *3* Retribuzione, stipendio di un anno, pagamento o riscossione della pigione, di una tassa e sim. per un anno. *4* Insieme di tutti i numeri di un periodico pubblicati durante un anno: *l'ultima a. del Foro Italiano.* || **annatàccia**, pegg. | **annatìna**, dim. | **annatóna**, accr. | **annatùccia**, dim.

annàtto [vc. di origine caribica] s. m. ● (*chim.*) Sostanza colorante naturale giallo-arancio usata nell'industria alimentare | (*est.*) Oriana.

†**annèa** [fr. *année* 'annata'] s. f. ● (*raro*) Annata.

annebbiaménto s. m. ● Atto, effetto dell'annebbiare (*anche fig.*).

annebbiàre [comp. di *a-* (*2*) e *nebbia*] **A** v. tr. (*io annébbio*) *1* Offuscare con nebbia. *2* (*fig.*) Oscurare, velare: *l'alcol annebbia la mente.* **B** v. intr. (anche impers.; aus. *essere*) *1* (*raro*) Offuscarsi per nebbia | Intorpidirsi di un fluido limpido in un recipiente. *2* †Non maturare a causa dei danni della nebbia, detto di frutti o cereali. **C** v. intr. pron. ● Divenire nebbioso (*anche fig.*): *il tempo si annebbia; il discorso comincia ad annebbiarsi.*

annebbiàto part. pass. di *annebbiare*; anche agg. ● Nei sign. del v.

annegaménto s. m. ● Atto, effetto dell'annegare, nel sign. di *annegare* (*1*).

annegàre (**1**) [lat. parl. **adnecāre*, comp. di *ăd* e *necāre* 'uccidere'] **A** v. tr. (*io annégo, tu annéghi*) ● Far morire per mancanza di respiro immergendo in acqua: *i gattini furono annegati appena nati* | (*fig.*) *A. i dispiaceri nel vino*, bere per dimenticare. SIN. Affogare. **B** v. intr. e intr. pron. (aus. *essere*) *1* Morire per annegamento: *dopo pochi istanti dal tuffo è annegato.* *2* (*fig.*) Perdersi, sprofondare: *a. nell'oro, in un mare di folla; tra questa / immensità s'annega il pensier mio* (LEOPARDI). **C** v. rifl. ● Uccidersi per annegamento: *si è annegato buttandosi nel fiume.*

†**annegàre** (**2**) e *deriv.* ● V. *abnegare* e *deriv.*

annegàto **A** part. pass. di *annegare* (*1*); anche agg. ● Nei sign. del v. **B** s. m. (f. *-a*) ● Persona morta per annegamento.

†**anneghittìre** [comp. di *a-* (*2*) e *neghittoso*] **A** v. tr. ● Rendere neghittoso. **B** v. intr. e intr. pron. ● Infiacchire, impigrire.

anneraménto s. m. ● Annerimento.

anneràre [comp. di *a-* (*2*) e *nero*] v. tr., intr. e intr. pron. (*io annéro*; aus. intr. *essere*) ● Annerire.

anneriménto s. m. ● Atto, effetto dell'annerire e dell'annerirsi | *A. del vino*, alterazione dovuta all'eccesso di sali di ferro.

annerìre [comp. di *a-* (*2*) e *nero*] **A** v. tr. (*io annerìsco, tu annerìsci*) *1* Rendere nero: *il fumo annerisce gli ambienti.* *2* (*fig.*) †Diffamare, denigrare. **B** v. intr. e intr. pron. (aus. *essere*) ● Divenire nero | Oscurarsi.

anneritùra s. f. ● Annerimento.

annessi̩ectomìa o **annessectomìa** [comp. di *annesso* e gr. *ektomḗ* 'taglio, amputazione'] s. f. ● Asportazione chirurgica degli annessi uterini.

annessióne [fr. *annexion*, dal lat. tardo *adnexiōne(m)*, da *adnĕctere* 'annettere'] s. f. *1* Atto, effetto dell'annettere. *2* Ampliamento del territorio di uno Stato a spese di parte o tutto il territorio di un altro Stato: *procedere all'a. di un territorio, di una provincia.*

annessionismo s. m. • Politica di uno Stato che tende ad ampliare il proprio territorio mediante annessioni.

annessionista **A** s. m. e f. (pl. m. *-i*) • Chi sostiene l'annessione. **B** agg. • Annessionistico: *politica a.*

annessionistico agg. (pl. m. *-ci*) • Che propugna l'annessionismo.

annessite [fr. *annexite*] s. f. • (*med.*) Infiammazione degli annessi uterini.

annèsso o **annésso** [vc. dotta, lat. *adnĕxu(m)*, part. pass. di *adnĕctere* 'annettere'; nel sign. B2 dal fr. *annexes*] **A** agg. • Unito, congiunto: *la giacca annessa ai pantaloni; i documenti annessi alla lettera.* **B** s. m. *1* (*spec. al pl.*) Parti accessorie di una costruzione | *Annessi e connessi*, tutte le cose che necessariamente vanno unite con altra principale. *2* (*spec. al pl., anat.*) Formazioni aggiunte ad alcuni organi o apparati principali | *Annessi cutanei*, l'insieme delle strutture derivate dalla pelle, come peli, squame e unghie, che la corredano e concorrono alle sue funzioni | *Annessi uterini*, o (*ass.*) *annessi*, l'insieme dell'ovaio e della salpinge omolaterale.

†**annestàre** e *deriv.* • V. *innestare* e *deriv.*

annèttere o **annéttere** [vc. dotta, lat. *adnĕctere*, comp. di *ăd* e *nĕctere* 'legare', da avvicinare a *nōdus* 'nodo'] v. tr. (pres. *io annètto* o *annétto*; pass. rem. *io annettéi*, raro *annèssi*, *tu annettésti*; part. pass. *annèsso* o *annésso*) *1* Attaccare insieme, unire, congiungere: *a. un magazzino alla fabbrica* | Allegare, accludere: *a. un foglio a una lettera* | (*fig.*) *A. importanza a q.c.*, attribuirle, darle, importanza. *2* Compiere una annessione: *a. una provincia a uno Stato.*

annibàlico [da *Annibale* (247 ca.-183 a.C.), il condottiero cartaginese] agg. • Di, relativo ad Annibale: *guerre annibaliche.*

annichilaménto s. m. • Atto, effetto dell'annichilare o dell'annichilarsi | (*lett.*) Abnegazione.

annichilàre [lat. tardo *adnihilāre* 'tenere in nessun conto' (comp. di *ăd* e *nĭhil* 'nulla'), secondo la prn. mediev.] **A** v. tr. (*io annìchilo*) • Ridurre al niente, annientare | (*fig.*) Abbattere, umiliare profondamente, ridurre senza volontà: *quelle parole lo annichilarono.* **B** v. rifl. e intr. pron. • Annullarsi: *ogni cosa si muta, nulla s'annichila* (BRUNO) | Umiliarsi, abbassarsi.

annichilazióne [vc. dotta, lat. tardo *adnihilatiōne(m)*, da *adnihilāre* 'annichilare'] s. f. *1* Annichilamento. *2* (*fis.*) Trasformazione di particelle con massa propria in radiazione elettromagnetica.

annichiliménto s. m. • Annichilamento.

annichilìre v. tr. e intr. pron. (*io annichilìsco, tu annichilìsci*) • Annichilare.

annidaménto s. m. *1* Atto, effetto dell'annidare o dell'annidarsi. *2* (*biol.*) Penetrazione dell'uovo fecondato nella mucosa uterina.

annidàre [comp. di *a-* (*2*) e *nido*] **A** v. tr. *1* Porre nel nido. *2* (*fig.*) Accogliere, dare ricetto: *a. nell'animo sentimenti di rancore.* **B** v. rifl. o intr. pron. *1* Farsi il nido. *2* (*est.*) Nascondersi: *si salvò annidandosi in un granaio* | (*fig.*) Trovare ricetto, albergare: *nel suo animo s'annida l'invidia.*

annientaménto s. m. • Atto dell'annientare o dell'annientarsi | Distruzione.

annientàre [comp. di *a-* (*2*) e *niente*] **A** v. tr. (*io anniènto*) *1* Ridurre al niente | Distruggere. *2* (*fig.*) Abbattere, umiliare. **B** v. rifl. • Umiliarsi, abbassarsi.

annitrìre [lat. **hinnitrīre*, da *hinnīre*, di origine onomat.] v. intr. (*io annitrìsco, tu annitrìsci*; aus. *avere*) • (*lett.*) Nitrire.

annitrìto s. m. • (*lett.*) Nitrito.

anniversàrio [vc. dotta, lat. *anniversāriu(m)* 'che ricorre ogni anno', comp. di *ănnus* 'anno' e *vĕrtere* 'volgere'] **A** agg. • Che ricorre ogni anno: *giorno a.; festa anniversaria.* **B** s. m. *1* Giorno di ricorrenza e commemorazione annuale di un avvenimento particolarmente importante: *il 14 luglio è l'a. della presa della Bastiglia.* *2* Compleanno, genetliaco.

ànno [lat. *ănnu(m)*, il cui sign. ant. doveva essere quello di 'anno compiuto'] s. m. *1* Unità di misura del tempo: *a. solare, civile, comune* | *A. tropico*, intervallo di tempo tra due consecutivi passaggi del Sole all'equinozio di primavera, pari a 365g 5h 48min 46s su cui è regolato il calendario civile. SIMB. a | *A. astronomico*, sidereo | *A. lunare*, di 12 o 13 lunazioni | *A. luce*, unità di misura della distanza in astronomia, che rappresenta lo spazio percorso in un anno dalla luce, cioè 9 461 miliardi di km. SIMB. a.l. *2* Correntemente, periodo di dodici mesi su cui è regolato il calendario civile: *l'a. nuovo, prossimo, entrante, nascente; l'a. scorso, passato; il corrente a.; il primo, l'ultimo dell'a.; di a. in a., a. per a.; entro l'a.; in capo a un a., di qui a un a.; anni e anni, per anni e anni* | *Capo d'a.*, il primo giorno dell'anno; V. anche *capodanno* | *Un altr'a., quest'altr'a., l'a. che viene*, l'anno prossimo | *Buon, mal a.*, escl. di buono o cattivo augurio | *Dare il buon a.*, augurare a qc. felicità e sim., con riferimento alla sua vita nell'anno che è appena cominciato | *Anni fa, anni or sono*, alcuni anni addietro | *A. santo*, nel quale la Chiesa celebra il Giubileo, attualmente ogni 25 anni o in occasioni straordinarie, prima ogni fine di secolo od ogni 50 anni. *3* Periodo di tempo, di durata inferiore a un anno, considerato in relazione alle attività che in esso trovano compiuto svolgimento: *a. giudiziario* | *A. accademico, scolastico*, che va dall'apertura delle Università, delle scuole, fino alle vacanze estive | (*est.*) Corso di studi: *iscriversi al primo a. d'università; essere all'ultimo a. di liceo.* *4* (*spec. al pl.*) Età dell'uomo: *un bimbo di un a.; un uomo di trent'anni* | *Pieno d'anni*, vecchio | *Verdi anni*, giovinezza | *Essere in là con gli anni*, in età avanzata | *Ad anni interposti*, un anno sì e l'altro no | *Levarsi, togliersi gli anni*, asserire di essere più giovani di quello che si è effettivamente | *Portare bene, male gli anni*, mostrare, nel proprio aspetto fisico, di essere più giovani o più anziani di quello che si è effettivamente | Serie più o meno lunga di anni, identificata in base a criteri storici e sim.: *gli anni della guerra; i poeti degli anni venti; le lotte politiche degli anni cinquanta* | *Anni di piombo*, (dal titolo di un film del 1981 di M. von Trotta) gli anni Settanta, caratterizzati dal terrorismo e dalla lotta armata clandestina. || **annétto**, dim. | **annùccio**, dim.

annobilìre [comp. di *a-* (*2*) e *nobile*] v. tr. (*io annobilìsco, tu annobilìsci*) *1* Nobilitare, far nobile. *2* Ornare, abbellire.

†**annobilitàre** [comp. di *a-* (*2*) e *nobilitare*] v. tr. • (*raro*) Nobilitare.

annoccàre [comp. di *a-* (*2*) e *nocca*] **A** v. tr. (*io annòcco, tu annòcchi*) • Piegare il tralcio di una pianta per propagginarla. **B** v. intr. pron. • Fendersi, screpolarsi, detto dei rami degli alberi.

annodaménto s. m. • Atto, effetto dell'annodare o dell'annodarsi.

annodàre [comp. di *a-* (*2*) e *nodo*] **A** v. tr. (*io annòdo*) *1* Legare insieme, stringere con nodo: *a. due nastri; annodarsi un fazzoletto al collo* | *A. le scarpe*, allacciarle | *Annodarsi la cravatta*, farle il nodo. *2* (*fig.*) Stringere: *a. una relazione, un'amicizia.* **B** v. intr. pron. *1* Avvilupparsi | Fare nodo, stringersi come un nodo. *2* (*raro, fig.*) Ingarbugliarsi, imbrogliarsi: *le parole gli si annodarono nel parlare.*

annodàto part. pass. di *annodare*; anche agg. *1* Nei sign. del v. *2* (*arald.*) Detto delle figure attorcigliate fra loro.

annodatùra s. f. • Atto dell'annodare | Nodo | Punto in cui il nodo è stato fatto.

annoiàre [lat. tardo *inodiāre*, da *ĭn ŏdio habēre* 'avere in odio'] **A** v. tr. (*io annòio*) • Recare noia, fastidio, molestia: *le sue parole mi annoiano.* **B** v. intr. (aus. *essere*) • †Riuscire molesto. **C** v. intr. pron. • Provare noia: *annoiarsi di q.c.; annoiarsi a uno spettacolo.*

annoiàto part. pass. di *annoiare*; anche agg. • Nei sign. del v.

annoiatóre s. m.; anche agg. (f. *-trice*) • Chi, che annoia.

†**annomàre** [comp. di *a-* (*2*) e *nome*] v. tr. • Dare nome, nominare.

annominazióne [vc. dotta, lat. *adnominatiōne(m)*, nom. *adnominātio*, comp. di *ăd* e *nominātio* 'denominazione'] s. f. *1* (*ling.*) Paronomasia. *2* (*raro*) †Denominazione.

annòna [vc. dotta, lat. *annōna(m)*, da *ănnus* 'anno'] s. f. *1* Nell'antica Roma, insieme delle derrate distribuite periodicamente al popolo | Approvvigionamento cittadino | Rendite annuali dello Stato, in denaro o in natura. *2* Complesso delle norme e attività con cui un governo provvede alle esigenze alimentari della popolazione | Organismo amministrativo che provvede a soddisfare le necessità dell'alimentazione pubblica: *ufficio dell'a.* *3* †Biada.

annonàrio [vc. dotta, lat. tardo *annonāriu(m)*, da *annōna* 'annona'] agg. *1* Che concerne l'annona, nell'antica Roma | *Province annonarie*, province che dovevano un tributo di frumento al fisco dell'Impero Romano. *2* Che concerne l'annona, il consumo, il rifornimento di viveri: *tessera, carta, annonaria.*

annosità s. f. • Qualità di ciò che è annoso.

annóso [vc. dotta, lat. *annōsu(m)*, da *ănnus* 'anno'] agg. *1* Che ha molti anni: *quercia annosa.* *2* Che dura da molti anni: *studi annosi; risolvere un'annosa questione.*

annotàre [vc. dotta, lat. *adnotāre*, comp. di *ăd* e *notāre* 'notare'] v. tr. (*io annòto*) *1* Prendere nota: *a. una spesa, un numero telefonico, un nome da ricordare.* *2* Corredare di note uno scritto, postillare. *3* †Segnare con marchio infamante.

annotatóre [vc. dotta. lat. *adnotatōre(m)*, da *adnotāre* 'annotare'] s. m. (f. *-trice*) • Chi annota, spec. un testo.

annotazióne [vc. dotta, lat. *adnotatiōne(m)*, da *adnotāre* 'annotare'] s. f. *1* Nota, appunto: *fare delle annotazioni.* *2* Postilla, chiosa: *le annotazioni a un testo.* *3* Forma di pubblicità atta a rendere nota la modifica di una situazione giuridica già resa pubblica: *a. sull'atto di stato civile.* || **annotazioncìna**, dim.

annottàre [lat. parl. **adnoctāre*, comp. di *ăd* e *nŏx*, genit. *nŏctis* 'notte'] **A** v. intr. impers. (*annòtta*; aus. *essere*) • Farsi notte, cadere della notte: *durante l'inverno annotta presto.* **B** v. intr. e intr. pron. (aus. *essere*) *1* (*lett.*) Farsi notte: *o quando l'emisperio nostro annotta* (DANTE, *Inf.* XXXIV, 5). *2* (*raro, lett.*) Oscurarsi. **C** v. intr. (aus. *avere*) • (*raro*) †Passare la notte, pernottare.

†**annovàle** • V. *annuale.*

annoveràbile agg. • (*raro*) Che si può annoverare.

†**annoveraménto** s. m. • Computo.

annoveràre o **annumeràre** [lat. *adnumerāre*, comp. di *ăd* e *nŭmerus* 'numero'] v. tr. (*io annòvero*) *1* (*lett.*) Numerare insieme, contare: *ad una ad una annoverar le stelle* (PETRARCA). *2* Includere nel numero: *a. una persona fra i benpensanti.* *3* Enumerare: *ha annoverato tutti i libri che possiede.*

annuàle o †**annovàle** [vc. dotta, lat. tardo *annuāle(m)*, da *ănnuus* 'annuo'] **A** agg. *1* Che ricorre ogni anno: *festa a.* *2* Che dura un anno: *contratto a.* || **annualménte**, avv. Di anno in anno; ogni anno. **B** s. m. *1* Anniversario: *l'a. della fondazione di Roma.* *2* †Annata.

annualità s. f. • Somma, rendita che viene pagata annualmente, spec. la quota annua destinata all'ammortamento di un debito.

annuàrio [vc. dotta, lat. tardo *annuāriu(m)*, da *ănnuus* 'annuo'] s. m. • Libro che si pubblica annualmente per ricordare o narrare fatti scientifici, politici, industriali, letterari e sim.: *a. di statistica, di pubblica amministrazione.*

annuènte part. pres. di *annuire*; anche agg. • Nei sign. del v.

annuènza [vc. dotta, lat. *adnuĕntia*, part. nt. pl. di *adnŭere*. V. *annuire*] s. f. • (*lett.*) Consenso, approvazione.

annuìre [vc. dotta, lat. *adnŭere*, *annŭere* con cambiamento di coniugazione, comp. di *ăd* e *nūtus* 'cenno del capo'] v. intr. (*io annuìsco, tu annuìsci*; aus. *avere*) • Fare cenno di sì: *annuiva a ogni parola dell'oratore; annuì con un cenno del capo* | Acconsentire: *a. a una richiesta.*

annullàbile agg. • Che si può annullare: *provvedimento a.; contratto a.*

annullabilità s. f. • Qualità di ciò che è annullabile.

annullaménto s. m. *1* Atto, effetto dell'annullare o dell'annullarsi. *2* (*dir.*) Eliminazione degli effetti di un atto o negozio giuridico non conformi al diritto: *a. di un matrimonio, di un contratto, di un provvedimento giurisdizionale.* *3* Annullo.

annullàre [lat. tardo *adnullāre*, comp. di *ăd* e *nŭllus* 'nessuno'] **A** v. tr. *1* Dichiarare nullo, cioè invalido e senza effetti: *a. una richiesta, un bando di concorso.* **2** (*dir.*) Eliminare gli effetti di un atto o negozio giuridico non conformi al diritto: *a. un testamento, un contratto, un provvedimento giurisdizionale.* **3** (*est.*) Privare di efficacia: *l'inatteso avvenimento annullò i risultati del lavoro compiuto.* **4** Distruggere, annientare, estinguere: *la commozione annullò ogni rancore.* **5** Sottoporre ad annullo postale, detto della corrispondenza. **B** v. intr. pron. ● Svanire, confondersi: *il dolce canto s'annullò nell'aria* (PASCOLI) | (*raro, fig.*) Umiliarsi, annichilirsi. **C** v. rifl. rec. ● Eliminarsi a vicenda.

annullativo agg. ● Che ha forza di annullare.

annullàto part. pass. di *annullare*; anche agg. **1** Nei sign. del v. **2** Detto di francobollo su cui è impresso l'annullo. SIN. Obliterato, usato.

annullatóre agg.; anche s. m. (f. *-trice*) ● Che, chi annulla | *Bollo a.*, quello usato negli uffici postali per l'annullo di plichi, lettere e sim.

annullazióne [vc. dotta, lat. tardo *adnullatiōne(m)*, da *adnullāre* 'annullare'] s. f. ● (*raro*) Annullamento: *la totale a. di quello imperio* (GUICCIARDINI).

annùllo [da *annullare*] s. m. ● Segno indelebile di varia forma impresso con timbro sui francobolli applicati sulla corrispondenza.

annumeràre ● V. *annoverare.*

annunciàre o **annunziàre** [vc. dotta, lat. tardo *adnuntiāre*, comp. di *ăd* e *nuntiāre* 'annunziare'] v. tr. (*io annùncio*) **1** Dare notizia, fare sapere: *a. un fidanzamento, un matrimonio, una nascita*; *a. la morte di qc.*; *ha annunciato il suo ritorno* | Fare sapere in modo solenne cosa importante, spec. di pubblico interesse: *a. la vittoria, la sconfitta, la cessazione delle ostilità* | Predire: *i profeti annunciarono la venuta di Gesù Cristo.* **2** Precorrere, promettere, dare segni rivelatori: *i fiori annunciano la primavera*; *i brividi annunciano la febbre*; *il barometro annuncia la pioggia.* **3** Informare una persona, spec. autorevole, della presenza di visitatori: *gli fu annunciata una visita*; *lo annunciarono al direttore*; *si fece a. dal portiere.*

annunciàto o **annunziàto**. part. pass. di *annunciare*; anche agg. ● Nei sign. del v.

annunciatóre o **annunziatóre** [vc. dotta, lat. tardo *adnuntiatōre(m)*, da *adnuntiāre* 'annunziare'] s. m.; anche agg. (f. *-trice*) ● Chi, che annuncia | *A. radiofonico, televisivo*, lettore di notizie, testi e annunci alla radio e alla televisione.

†**annunciatùra** o †**annunziatùra** s. f. ● Annunciazione.

Annunciazióne o (*raro*) **Annunziazióne** [vc. dotta, lat. tardo *adnuntiatiōne(m)*, da *adnuntiāre* 'annunziare'] s. f. **1** Annuncio dell'incarnazione del Verbo, fatto a Maria dall'arcangelo Gabriele | Rappresentazione iconografica di tale evento. **2** Festa liturgica di tale evento, celebrata il 25 marzo.

annùncio o **annùnzio** [vc. dotta, lat. tardo *adnūntiu(m)*, comp. di *ăd* e *nūntius* 'notizia'] s. m. **1** Atto, effetto dell'annunciare: *dare, recare l'a. di q.c.*; *spargere l'a.* | (*est.*) Notizia annunciata: *a. inatteso, triste, doloroso, lieto.* **2** Breve comunicazione scritta con cui si annuncia q.c.: *a. di matrimonio, di nascita, di morte* | *A. economico*, avviso pubblicitario composto di poche linee di solo testo che i giornali raggruppano per generi e pubblicano fra gli avvisi a spazio, preferibilmente in pagine senza testo redazionale, in corpo piccolissimo | *A. pubblicitario*, messaggio pubblicitario composto da un testo e da un'immagine. **3** (*fig.*) Presagio, indizio, segno rivelatore | Predizione. **4** Nelle bocce, indicazione preventiva della scelta del boccino o della boccia avversaria da colpire. **5** Breve presentazione del programma radiofonico o televisivo che sta per essere trasmesso.

annunziàre e *deriv.* ● V. *annunciare* e *deriv.*

Annunziàta [vc. dotta, lat. *adnuntiāta(m)*, part. pass. f. di *adnuntiāre* 'annunziare'] s. f. (*annunziàta* nei sign. 3 e 4) **1** Titolo di Maria Vergine che ricevette l'annunzio dell'angelo. **2** Festa liturgica dell'Annunciazione (25 marzo). **3** Ordine istituito nel XIV sec. da Amedeo VI di Savoia i cui cavalieri erano considerati cugini del re. **4** (*raro*) †Annuncio.

annùnzio ● V. *annuncio.*

ànnuo [vc. dotta, lat. *ănnuu(m)*, da *ănnus* 'anno'] agg. **1** Della durata di un anno, relativo a un anno: *lavoro a.*; *stipendio a.* **2** Che ricorre ogni anno: *festività annue.* **3** Detto di pianta il cui sviluppo si svolge in un anno.

annùrca [nap. *annurca*, forse dal lat. parl. **indulcāre* 'addolcire', comp. parasintetico di *dŭlcis* 'dolce'] **A** s. f. ● Varietà di mela da tavola piuttosto piccola, con buccia rosso-violacea e polpa biancastra dal sapore dolce-acidulo. **B** in funzione di agg. solo f.: *mela a.*

annusàre [dalla sovrapposizione di *muso* ad *annasare*] v. tr. **1** Aspirare aria col naso per sentire un odore (*anche ass.*): *a. un profumo*; *il cane annusa le gambe del padrone*; *girava per la casa annusando qua e là* | *A. tabacco*, aspirarlo entro le narici, fiutarlo. **2** (*fig.*) Accorgersi, intuire quasi al fiuto: *annusai subito l'inganno*; *La gatta ... annusava l'ora col suo nasino bruno* (MORANTE).

annusàta s. f. ● Atto dell'annusare.

annùso s. m. ● Fiuto.

annuvolaménto s. m. ● Modo e atto dell'annuvolarsi: *fra questo a. traspariva una interrogazione infantile* (MORANTE).

annuvolàre [comp. di *a-* (*2*) e *nuvola*] **A** v. tr. (*io annùvolo*) **1** Coprire, oscurare di nuvole: *la nebbia annuvola la città.* **2** (*fig.*) Offuscare, adombrare, turbare: *la notizia gli annuvolò la mente.* **B** v. intr. pron. **1** Coprirsi di nuvole: *il cielo si annuvolò improvvisamente.* **2** (*fig.*) Turbarsi, oscurarsi in viso.

àno [vc. dotta, lat. *ānu(m)* 'anello', poi 'culo', di etim. incerta] s. m. ● (*anat.*) Orifizio all'estremità terminale dell'intestino retto. ➡ ILL. p. 364, 365 ANATOMIA UMANA.

-àno (**1**) [dal suff. lat. di appartenenza *-ānu(m)*, originariamente applicato agli etnici e spesso sost.] suff. ● Forma nomi di origine latina, o creati per analogia con questi, e anche aggettivi (spesso sostantivati) derivati da nomi che indicano mestiere, categoria, classe, dignità e sim., oppure che designano gli abitanti di paesi, città, nazioni, continenti e altre entità geografiche: *africano, diocesano, emiliano, ergastolano, francescano, isolano, mondano, montano, ortolano, parrocchiano, popolano, repubblicano, romano, scrivano.* CFR. -esano, -etano, -igiano, -itano.

-àno (**2**) [della stessa origine di *-ano* (*1*) in applicazione scient. convenzionale] suff. ● In chimica organica indica, secondo la nomenclatura ufficiale, ogni idrocarburo saturo: *metano, etano, propano.*

anòbio [comp. del gr. *ánō* 'su, dentro' e *bíos* 'vita'] s. m. ● Insetto coleottero le cui larve scavano gallerie nel legno (*Anobium*). SIN. Tarlo.

anòdico agg. (pl. m. *-ci*) ● Relativo all'anodo | *Effetto a.*, forte aumento della resistenza elettrica che si verifica nella cella elettrolitica, dovuto a una pellicola gassosa, prodotta dall'elettrolisi, che si interpone fra la superficie dell'anodo e l'elettrolito.

anòdino o **anodìno** [vc. dotta, lat. tardo *anōdynu(m)*, nom. *anōdynos*, dal gr. *anṓdynos*, comp. di *an-* priv. e *odýnē* 'dolore'] agg. **1** Detto di medicamento che fa cessare o diminuire il dolore. SIN. Calmante. **2** (*est.*) Di scarsa efficacia, valore e sim.: *decisioni anodine.* **3** (*fig.*) Impersonale, senza energia, senza carattere: *proposta anodina*; *discorso, uomo a.*

anodizzàre [da *anodo*] v. tr. ● Sottoporre a ossidazione anodica una sostanza, spec. un metallo, al fine di ottenere una superficie di elevata durezza e resistenza alla corrosione: *a. l'alluminio.*

ànodo o (*evit.*) **anòdo** [comp. di *ana-* (*1*) e *hodós* 'via'] s. m. ● (*elettr.*) Elettrodo positivo dei voltametri, dei bagni galvanici, dei tubi a vuoto | Elettrodo negativo della pila voltaica | *A. sacrificale*, costruito in particolari leghe di zinco per la protezione catodica di strutture d'acciaio immerse in acqua marina, mediante elettrolisi dello zinco mentre l'acciaio della struttura che costituisce il catodo è protetto da un processo di ossidazione continua. CONTR. Catodo.

anodónta [comp. del gr. *an-* e *odoús*, genit. *odóntos* 'dente'] s. m. e f. ● Genere di molluschi bivalvi d'acqua dolce (*Anodonta*).

anoètico [comp. di *a-* (*1*) e del gr. *noētikós* 'intellettivo', da *noêin* 'vedere, capire', da *nôus* 'mente' (V. *nous*)] agg. (pl. m. *-ci*) ● (*filos.*) Detto di ciò che non conduce a, o non riguarda, la conoscenza o il pensiero | (*psicol.*) Detto di ciò che è ricevuto passivamente, senza organizzazione coscia.

anòfele [vc. dotta, dal gr. *anōphelḗs* 'inutile'] s. m. ● Zanzara trasmettitrice della malaria, che si posa tenendo il corpo obliquo e le zampe posteriori sollevate (*Anopheles*).

anolìno [dal lat. *ānulus* 'anello', per la forma. V. *anello*] s. m. ● Specie di agnolotto, specialità della cucina parmigiana.

anomalìa [vc. dotta, lat. *anomălia(m)*, nom. *anomălia*, dal gr. *anōmalia* (V. *anomalo*), prob. attrav. il fr. *anomalie*] s. f. **1** Deviazione da una norma, da una struttura tipica considerata normale | (*med.*) Anormalità: *un organo che presenta varie anomalie*; *a. funzionale.* **2** (*ling.*) Carattere aberrante di una forma o di una costruzione | Nella grammatica antica, principio di irregolarità nella flessione e nella formazione delle parole. **3** (*geogr.*) *A. termica*, differenza fra la temperatura media di un luogo e la media di tutti i punti sullo stesso parallelo, ambedue ridotte al livello del mare | *Anomalie magnetiche*, irregolarità del campo magnetico terrestre che si riscontrano in determinate zone della Terra. **4** (*astron.*) Angolo tra la direzione del corpo che orbita e quella della più vicina delle absidi, visti dal punto o dal corpo attorno al quale viene descritta l'orbita. **5** (*mat.*) *A. di un punto del piano*, in un sistema cartesiano, angolo compreso tra l'asse delle ascisse e la retta che congiunge il punto con l'origine.

anomalista [da *anomalia* e *-ista*] s. m. (pl. *-i*) ● Grammatico sostenitore, spec. nell'età classica, del principio dell'anomalia.

anomalìstico agg. (pl. m. *-ci*) ● (*astron.*) Attinente all'anomalia | Detto dei periodi di rivoluzione misurati rispetto ai passaggi a una delle absidi: *anno, mese a.*

anòmalo [vc. dotta, lat. *anōmalu(m)*, nom. *anōmalus*, dal gr. *anṓmalos*, comp. di *an-* priv. e *homalós* 'piano, uguale'] agg. ● Che presenta anomalia: *verbo a.* | *Fiore a.*, con petali dissimili fra loro per forma o grandezza.

anomìa [vc. dotta, gr. *anomía*, da *ánomos* 'senza legge', comp. di *a-* (*1*) e *nómos* 'legge' (V. *-nomo*)] s. f. ● (*sociol.*) Insieme di situazioni derivanti da una carenza di norme sociali.

anòmico agg. (pl. m. *-ci*) ● Relativo ad anomia | Caratterizzato da anomia.

anòna [sp. *anona*, vc. delle Antille] s. f. ● Piccolo albero delle Anonacee con foglie ovali e fiori solitari penduli di colore verde all'esterno, bianco all'interno, con frutti gustosi e profumati (*Anona cherimolia*).

Anonàcee [vc. dotta, comp. di *anona* e *-acee*] s. f. pl. ● Nella tassonomia vegetale, famiglia di piante arboree e arbustive con legno e foglie aromatiche (*Anonaceae*) | (al sing. *-a*) Ogni individuo di tale famiglia.

anònima [f. sost. di *anonimo*] s. f. **1** (*dir.*) Società anonima. **2** Organizzazione criminosa i cui componenti sono ignoti: *a. sequestri.*

anonimàto s. m. ● L'essere anonimo | (*dir.*) *Diritto all'a.*, diritto di celare la propria identità nei casi consentiti dalla legge.

anonimìa s. f. ● L'essere senza nome.

anònimo [vc. dotta, lat. tardo *anōnymu(m)*, nom. *anōnymus*, dal gr. *anṓnymos*, comp. di *an-* priv. e *ónoma* 'nome'] **A** agg. **1** Senza nome, di nome ignoto: *lettere anonime*; *libro a.* **2** (*dir.*) *Società anonima*, nell'abrogato codice di commercio corrispondeva alle attuali società per azioni e società a responsabilità limitata. **3** (*fig.*) Impersonale: *stile a.*; *interpretazione anonima.* SIN. Anodino, banale. || **anonimaménte**, avv. **B** s. m. **1** Autore di nome ignoto: *una commedia di un a. del Cinquecento* | (*raro*) *Conservare l'a.*, non farsi riconoscere. **2** Scritto di autore sconosciuto.

Anoplùri [comp. del gr. *ánoplos* 'inerme' (*an-* e *hóplon* 'arma') e *ourá* 'coda'] s. m. pl. ● Nella tassonomia animale, ordine di Insetti atteri, con occhi ridotti, metamorfosi incompleta, parassiti esterni di Mammiferi (*Anoplura*) | (al sing. *-o*) Ogni individuo di tale ordine.

anopsìa [comp. di *a-* (*1*) e del gr. *ópsis* 'vista'] s. f. ● (*med.*) Impossibilità di vedere.

anorchìa • V. *anorchidia.*

anòrchide [comp. di *a-* (*1*) e del gr. *órchis*, genit. *órcheos* 'testicolo'] s. m.; anche agg. • (*med.*) Chi, che è privo di testicoli.

anorchidìa o **anorchìa** [comp. di *an-*, del gr. *orchídion* 'testicolo' e del suff. *-ia*] s. f. • (*med.*) Assenza congenita, monolaterale o bilaterale, dei testicoli.

anoressànte [da *anoressia*] s. m. • Sostanza che attenua gli stimoli della fame agendo sui centri nervosi preposti alla loro regolazione.

anoressìa [vc. dotta, lat. tardo *anorĕxia*(*m*), nom. *anorĕxia*, dal gr. *anorexía*, comp. di *an-* e *órexis* 'appetito'] s. f. • (*med.*) Mancanza persistente o perdita dell'appetito o del desiderio del cibo; costituisce uno stato morboso sintomatico di alcune malattie | *A. mentale*, *nervosa*, quella causata da turbe psichiche. CFR. Inappetenza.

anorèssico A agg. (pl. m. *-ci*) • Relativo ad anoressia. **B** s. m. (f. *-a*) • Chi soffre di anoressia.

anoressizzànte [da *anoressia*] s. m. • Anoressante.

anorgànico [comp. di *an-* e *organico*] agg. (pl. m. *-ci*) **1** (*raro*) Inorganico. **2** (*ling.*) Detto di elemento non etimologico che si aggiunge al contesto di una parola.

anorgasmìa [comp. di *an-*, *orgasm*(*o*) e *-ia* (*2*)] s. f. • (*biol.*, *med.*) Mancanza dell'orgasmo sessuale.

anorgàsmico [comp. di *an-* e di *orgasmico*] agg. (pl. m. *-ci*) • (*biol.*, *med.*) Relativo alla mancanza di orgasmo sessuale | Privo di orgasmo sessuale.

anormàle [fr. *anormal*. V. *a-* (*1*) e *normale*] **A** agg. **1** Non conforme alla norma, irregolare: *eccitazione a.*; *notare q.c. di a.* **2** Che presenta anomalie, squilibri e sim.: *persona a.* || **anormalménte**, avv. **B** s. m. e f. **1** Persona anormale. **2** (*euf.*) Omosessuale.

anormalità s. f. **1** Qualità di chi, di ciò che è anormale: *l'a. di una situazione, di un organo.* **2** Fatto, cosa anormale: *rilevare qualche a.*

anortìte [dal gr. *ánorthos* 'inclinato', comp. di *an-* e *orthós* 'diritto', con il suff. *-ite* (*2*)] s. f. • (*miner.*) Silicato calcico appartenente al gruppo dei plagioclasi in cristalli frequentemente geminati.

anortosìte [comp. di *an-* e del gr. *orthós* 'diritto', con il suff. *-ite* (*2*)] s. f. • (*miner.*) Roccia intrusiva costituita per la maggior parte di plagioclasio e pirosseni, che si trova soprattutto nel Canada.

anosìa [comp. di *an-* e del gr. *ûs*, genit. *ōtós* 'orecchio'] s. f. • (*med.*) Mancanza congenita di una o di entrambe le orecchie.

anosmìa [comp. di *an-* e del gr. *osmḗ* 'odore'] s. f. • (*med.*) Mancanza o diminuzione della sensibilità olfattiva.

anossìa [comp. di *an-* e *ossi*(*geno*)] s. f. • (*med.*) Mancata o diminuita utilizzazione dell'ossigeno da parte dei tessuti.

anossiemìa [comp. di *an-*, *ossi*(*geno*) ed *-emia*] s. f. • (*med.*) Diminuita quantità di ossigeno nel sangue circolante.

ànsa [vc. dotta, lat. *ānsa*(*m*), il cui sign. originario doveva essere 'presa laterale che permette di afferrare un oggetto'] s. f. **1** Manico, orecchio, maniglia che serve a prendere e a maneggiare certi utensili | Manico di vaso, brocca o altro recipiente, a forma di S con la parte inferiore più piccola della superiore. **2** (*est.*) Sporgenza, rientranza ricurva. **3** (*fig.*) Pretesto, appiglio, occasione: *dare a. alle critiche.* **4** (*med.*) Qualsiasi formazione anatomica incurvata su sé stessa: *a. intestinale, nervosa.* **5** Forte sinuosità nell'andamento di un corso d'acqua provocata dall'erosione della corrente. SIN. Meandro.

†**ansaménto** s. m. • Affanno | Asma.

ansànte part. pres. di *ansare*; anche agg. **1** Nei sign. del v. **2** (*lett.*) Ansioso.

ansàre [lat. tardo *anxiāre*, da *ānxia* 'ansia'] v. intr. (aus. *avere*) • Respirare con affanno, ripigliando il fiato frequentemente.

ansàto [da *ansa*] agg. • Fornito di anse: *vaso a.*

anseàtico [dal medio alto ted. *hanse* 'confederazione'] agg. (pl. m. *-ci*) • Relativo alle città marinare tedesche unite dal XII al XVIII sec. per la protezione dei loro interessi economici e commerciali: *lega anseatica.*

Anserifórmi [vc. dotta, comp. del lat. *ānser*, genit. *ānseris* 'oca', di origine indeur., e il pl. di *-forme*] s. m. pl. • Nella tassonomia animale, ordine di Uccelli acquatici atti al nuoto con zampe brevi dotate di quattro dita palmate e becco depresso (*Anseriformes*) | (al sing. *-e*) Ogni individuo di tale ordine.

anserìno [vc. dotta, lat. tardo *anserīnu*(*m*), da *ānser*, genit. *ānseris* 'oca'] agg. • Dell'oca, simile a oca: *andatura anserina* | *Cute anserina*, pelle d'oca.

ànsia [lat. *ānxia*(*m*), da *āngere* 'stringere'] s. f. **1** (*psicol.*) Stato emotivo spiacevole, accompagnato da senso di oppressione, eccitazione e timore di un male futuro, la cui caratteristica principale è la scomparsa o la notevole diminuzione del controllo volontario e razionale della personalità | Nella psicoanalisi, sensazione di pericolo, di cui il soggetto non sa individuare l'origine, provocata spec. da conflitti inconsci. SIN. Ansietà. **2** Correntemente, stato d'animo di preoccupazione: *essere in a. per qc.*; *stare in a. se qc. ritarda.*

†**ansiàre** [lat. tardo *anxiāre*. V. *ansare*] v. intr. **1** Ansare. **2** Essere in ansia.

ansietà o †**ansietàde** [vc. dotta, lat. *anxietāte*(*m*), da *ānxia* 'ansia'] s. f. **1** Apprensione angosciosa prodotta da timorosa incertezza di qualche evento o dal vivo desiderio di q.c. | Ansia. **2** †Respiro affannoso: *l'a. del polmone ... le rompea le parole* (BOCCACCIO).

ànsima [dalla sovrapposizione di *asma* ad *ansia*] s. f. • (*lett.*) Respiro affannoso: *l'a. lo soffocava* (D'ANNUNZIO).

ansimànte part. pres. di *ansimare*; anche agg. • Nei sign. del v.

ansimàre [da *ansima*] v. intr. (*io ànsimo*; aus. *avere*) **1** Respirare con affanno: *ansimava nel salire le scale*; *il vecchio ansimava su per la salita.* **2** (*fig.*) Sbuffare, spec. della locomotiva.

ànsimo s. m. • (*lett.*) Ansima.

ànsio [vc. dotta, lat. *ānxiu*(*m*). V. *ansia*] agg. **1** (*lett.*) Ansante, ansimante: *con a. petto* (BOCCACCIO). **2** (*lett.*) Ansioso | Inquieto, angosciato. **3** (*lett.*) Desideroso, bramoso. || **ansiaménte**, avv. (*lett.*) In modo ansioso.

ansiògeno [comp. di *ansia* e *-geno*] agg. • Che procura ansia, angoscia: *messaggi ansiogeni.*

ansiolìtico [comp. di *ansia* e del gr. *lytikós* 'che rilassa, che scioglie', da *lýein* 'sciogliere' (V. *-lisi*)] **A** s. m. (pl. *-ci*) • Farmaco atto ad attenuare e a curare gli stati di ansia e di angoscia. **B** anche agg.: *farmaco a.*; *effetto a.*

ansióso [vc. dotta, lat. tardo *anxiōsus*, da *ānxia* 'ansia'] **A** agg. **1** Proprio dell'ansia: *stato a.* **2** Pieno di ansia, agitato dall'ansia: *carattere a.*; *domanda, occhiata, ansiosa.* **3** Desideroso, impaziente: *sono a. di vederti.* || **ansiosaménte**, avv. Con ansietà, in modo ansioso. **B** s. m. (f. *-a*) • (*psicol.*) Chi è affetto da ansia.

ànsito [da *ansare*] s. m. • (*lett.*) Respiro affannoso e ansante.

ànta (**1**) [lat. *āntae*, nom. pl., di origine indeur.] s. f. **1** Tavola dipinta di un dittico | Laterale di un trittico o di un polittico. **2** Scuretto, imposta, sportello: *le ante della finestra, dell'armadio.* **3** (*arch.*) Pilastro quadrangolare che costituisce la parte terminale, più o meno decorata, di un muro. || **antina**, dim.

ànta (**2**) [ricavato da *quaranta*, *cinquanta*, *sessanta*, ecc.] s. m. pl. • (*scherz.*) Gli anni dai quaranta ai novanta: *entrare negli a.*; *passare gli a.*

antagonìsmo [fr. *antagonisme*, dal gr. *antagṓnisma*, comp. di *anti-* e *agōnismós* 'lotta'] s. m. • Azione contrastante di due forze, o di due persone, in gara o contesa fra loro.

antagonista [vc. dotta, lat. tardo *antagonīsta*(*m*), nom. *antagonīsta*, dal gr. *antagōnistḗs*. V. *antagonismo*] **A** agg. (pl. m. *-i*) **1** Che compete con altri. **2** (*mecc.*) Di molla che provvede a riportare l'organo mobile nelle condizioni di riposo al cessare della causa che ne ha provocato lo spostamento. **3** (*anat.*) Detto di muscolo che ha azione contraria ad altro muscolo. **4** (*biol.*) Detto di sostanza che possiede un'azione farmacologica o biochimica opposta a quella di un'altra: *farmaco a.* **B** s. m. e f. (pl. m. *-i*) • Chi si sforza di superare un altro in una lotta, una gara, una discussione, e sim. | In un'azione drammatica, il personaggio in conflitto con il protagonista. **C** s. m. • (*anat.*) Muscolo antagonista.

antagonìstico agg. (pl. m. *-ci*) **1** Pertinente ad antagonismo | Che è in antagonismo. **2** (*anat.*) Di, relativo a, muscolo antagonista.

antagonizzàre v. tr. • (*raro*) Svolgere un'azione antagonistica nei confronti di q.c. SIN. Contrastare.

antàlgico [comp. di *anti-* e un deriv. del gr. *álgos* 'dolore' (V. *-algia*)] **A** s. m. (pl. *-ci*) • Farmaco antidolorifico che agisce su alcuni centri nervosi del diencefalo. SIN. Antinevralgico. **B** anche agg.: *farmaco a.*

antanàclasi [vc. dotta, lat. tardo *antanăclasi*(*m*), dal gr. *antanáklasis* 'ripetizione', der. di *antanaklân* 'riflettere, ripercuotere', comp. di *anti-* (*2*) e *anaklân* 'curvare, riflettere', comp. a sua volta di *ana-* (*1*) e *klân* 'curvare, spezzare' (d'orig. indeur.)] s. f. • (*ling.*) Figura retorica che consiste nella ripetizione (propriamente in un dialogo) di una parola con significato diverso da quello usato in precedenza: *Chi t'ha levata dal mio amore? Amore* (POLIZIANO).

antanèlla [etim. incerta] s. f. • Rete verticale che si tende di notte nei passaggi obbligati della selvaggina.

antàrtico [vc. dotta, lat. tardo *antărcticu*(*m*), nom. *antărcticus*, dal gr. *antarktikós* 'opposto all'Orsa'. V. *artico*] **A** agg. (pl. m. *-ci*) • Che si riferisce al polo opposto a quello artico o settentrionale: *polo a.*; *fauna antartica* | *Calotta antartica*, quella delimitata dal circolo polare antartico, con al centro il polo sud. **B** s. m. • Il polo sud e la zona geografica posta attorno a esso: *esplorare l'a.*

†**ànte** [lat. *ānte*, corrispondente al gr. *antí*] avv. • Prima: *o poscia od a.* (PETRARCA).

ànte- [var. lat. della prep. *ănti* 'avanti, prima', usata come preverbale in un grande numero di comp.] pref. • In parole composte indica anteriorità, precedenza nel tempo o nello spazio: *anteguerra, antemarcia.* V. anche *anti-* (*1*).

-ànte [originariamente desinenza del part. pres. della prima coniug. (dal lat. *-ānte*(*m*)) con valore agg.] suff. • Nei participi presenti dei verbi in *-are*, in aggettivi participiali spesso sostantivati e nomi indicanti mestiere, condizione, qualità: *abbagliante, ambulante, bracciante, brillante, casellante, commerciante, galleggiante, questuante, villeggiante.*

antebèllico [da *ānte bĕllum* 'prima della guerra', formula lat. adoperata dopo la prima guerra mondiale] agg. (pl. m. *-ci*) • Di cosa o di tempo anteriore a una guerra. CONTR. Postbellico.

antecedènte [vc. dotta, lat. *antecedĕnte*(*m*), part. pres. di *antecēdere* 'antecedere'] **A** agg. • Che viene prima, che precede: *cause antecedenti.* || **antecedenteménte**, avv. In tempo anteriore. **B** s. m. **1** Fenomeno che precede un altro o ne è la causa: *gli antecedenti di ciò che è accaduto.* **2** In logica, il primo termine di una conseguenza. CONTR. Conseguente. **3** (*mat.*) In un insieme ben ordinato, termine massimo fra tutti quelli che precedono il termine dato.

antecedènza [vc. dotta, lat. *antecedĕntia*, part. pres. nt. pl. di *antecēdere* 'antecedere'] s. f. • Qualità di ciò che è antecedente | Precedenza, priorità | *In a.*, in precedenza, prima.

antecèdere [vc. dotta, lat. *antecēdere*, comp. di *ānte* 'avanti' e *cēdere* 'allontanarsi'] v. tr. e intr. (pres. *io antecèdo*; part. pass. *antecedùto*, raro *antecèsso*; aus. intr. *essere*) **1** (*raro*, *lett.*) Precedere | Andare innanzi. **2** (*raro*, *fig.*) Essere superiore.

antecèsso part. pass. di *antecedere*; anche agg. • (*raro*) Nei sign. del v.

antecessóre [vc. dotta, lat. *antecessōre*(*m*), da *antecēdere* 'antecedere'] s. m. (f. †*-a*) **1** Chi ha preceduto qc. nella stessa carica, dignità, ufficio. **2** (*spec. al pl.*) Soldati che esploravano i luoghi prima dell'arrivo dell'esercito. **3** (*spec. al pl.*) †Antenato.

antedétto [lat. *antedĭctu*(*m*), part. pass. di *antedīcere* 'dire prima'] agg. • (*lett.*) Detto innanzi, predetto.

antediluviàno • V. *antidiluviano.*

antefàtto [comp. dal lat. *ānte* 'prima' e *făctum* 'fatto'] s. m. **1** Fatto avvenuto prima: *gli antefatti della seconda Guerra Mondiale.* **2** La vicenda precedente il punto in cui comincia un'opera narrativa, drammatica e sim.

antefìssa [vc. dotta, lat. *antefīxa*, nt. pl. di *antefīxus*, comp. di *ănte* 'davanti' e *fīxus*, part. pass. di *fīgere* 'affiggere, appendere'] s. f. • Nelle costruzioni greche, etrusche e romane, insieme degli elementi decorativi verticali ricorrenti lungo la linea di gronda. ➡ ILL. p. 356 ARCHITETTURA.
anteguèrra [comp. di *ante-* e *guerra*] **A** s. m. inv. • Periodo precedente una guerra: *i prezzi d'a.* CONTR. Dopoguerra. **B** in funzione di agg. inv. • (posposto a un s.) Che si riferisce al periodo precedente una guerra: *economia, industria a.*
antèla [vc. dotta, gr. *anthḗlē*, da *ánthos* 'fiore' (V. *antologia*)] s. f. • (*bot.*) Infiorescenza a pannocchia con rami laterali più lunghi dell'asse che li porta.
antèlice [comp. di *ant(i)-* (*1*) ed *elice*] s. m. • (*anat.*) Nel padiglione auricolare, rilievo curvo parallelo e anteriore all'elice.
antèlio [vc. dotta, gr. *anthḗlios*, comp. di *anti-* e *hḗlios* 'sole'] s. m. • Alone solare.
ante litteram /lat. 'ante 'litteram/ [lat., propriamente 'prima della lettera', cioè 'della didascalia'; si diceva della prova di una stampa eseguita prima che vi fosse apposta la didascalia] loc. agg. inv. e avv. *1* Di prova d'incisione tirata prima che sia stampata l'iscrizione, e perciò di maggior pregio. *2* (*fig.*) Di manifestazione di ordine storico o culturale dotata dei caratteri propri di un fenomeno storico posteriore: *Vico può dirsi un romantico ante litteram.*
antelmìntico • V. *antielmintico.*
antelucàno [vc. dotta, lat. *antelucānu(m)*, comp. di *ănte* 'prima' e *lūx*, genit. *lūcis* 'luce'] agg. • (*lett.*) Che precede la luce diurna: *stella antelucana*; *ore antelucane* | *Giorni antelucani*, antelunari.
antelunàre [comp. di *ante-* e *lunare*] agg. • (*lett.*) Anteriore al primo quarto di luna | *Giorni antelunari*, i tre giorni attorno al novilunio durante i quali la luna non è visibile a occhio nudo.
antemàrcia [comp. di *ante-* e *marcia*] **A** agg. inv. • Anteriore alla marcia fascista su Roma, spec. riferito all'iscrizione al partito fascista: *gli iscritti a.* **B** s. m. e f. inv. *1* Aderente al partito fascista già prima della marcia su Roma. *2* (*fig.*) Antesignano, assertore da antica data spec. di una dottrina o di un sistema di idee.
antemeridiàno • V. *antimeridiano* (*1*).
antemètico • V. *antiemetico.*
antèmide [vc. dotta, lat. *anthĕmide(m)*, nom. *ănthemis*, dal gr. *anthemís*, da *ánthos* 'fiore'] s. f. • Pianta perenne aromatica delle Composite con foglie bipennate e infiorescenza a capolino con tutti i fiori bianchi ligulati o con fiori centrali bianchi (*Anthemis nobilis*).
antèmio [vc. dotta, gr. *anthémion* 'fiorellino', dim. di *ánthos* 'fiore' (V. *antologia*)] s. m. • (*archeol.*) Motivo decorativo a forma di fiore, spesso stilizzato.
antemuràle [vc. dotta, lat. tardo *antemurāle*, comp. di *ănte* 'davanti' e *mūrus* 'muro'] s. m. *1* (*arch.*) Muro di difesa | Opera costruita per proteggerne un'altra. *2* (*mar.*) Molo esterno, separato dalle altre opere portuali, che difende il bacino interno. *3* (*mil.*) Costruzione avanzata nelle fortificazioni ellenistiche, romane e medievali | (*est.*) Ogni opera di difesa destinata a sostenere il primo urto del nemico.
antenàta [f. di *antenato*] s. f. • Automobile di antica fabbricazione, che costituisce oggetto d'interesse e di contrattazione da parte di amatori e collezionisti: *mercato, asta, di antenate.*
antenatàle [comp. di *ante* e *natale*] agg. • Che precede la nascita: *mortalità a.*
antenàto [vc. dotta, lat. tardo *antenātu(m)*, comp. di *ănte* 'prima' e *nātus* 'nato'] s. m. (f. *-a*) • Chi è nato e vissuto prima, nella medesima famiglia: *ritratti degli antenati* | (*est.*) *Gli antenati*, le generazioni precedenti.
anteneonatàle [comp. di *ante-* e *neonatale*] agg. • Che si riferisce al feto nelle ultime settimane di gestazione: *mortalità a.*
anténna [lat. *antĕnna(m)*, di etim. discussa, prob. dal part. medio del gr. *anatíthēmi* 'io pongo sopra, sovrappongo', attrav. l'etrusco] s. f. *1* Lunga pertica di legno che attraversa, inclinata, l'albero della nave e alla quale è allacciata la vela triangolare o latina | *A. di maestro, trinchetto, mezzana*, dall'albero a cui è attraversata | (*est., poet.*) Nave, vela. *2* Stilo della lancia | (*fig., poet.*) Asta, lancia: *dirizzaro in alto / i duo guerrier le noderose antenne* (TASSO). *3* Tronco di abete, lungo oltre 10 metri, usato nelle armature provvisorie per costruzioni edilizie. *4* Dispositivo atto a irradiare o a captare onde elettromagnetiche: *a. direzionale* | *A. radio*, dispositivo per irradiare onde radio, oppure per captare le radio-onde emesse da altra sorgente | *A. parabolica*, antenna a forma di paraboloide usata per le trasmissioni a grande distanza e via satellite. *5* (*zool.*) Appendice articolata e mobile, sede delle funzioni tattili e olfattiva, presente sul capo di molti Artropodi. ‖ **antennèlla**, dim. | **antennétta**, dim. | **antennina**, dim.
antennàle s. m. • (*mar.*) Lato della vela, che è fissato all'antenna.
antennària [detta così per la somiglianza del pappo con le *antenne* degli insetti] s. f. • Pianta erbacea delle Composite con foglie alterne inferiormente pelose e fiori in capolini avvolti da brattee bianche o rosate (*Antennaria*).
antennìsta s. m. (pl. *-i*) • Operaio che installa o ripara antenne televisive.
antènnula [dim. di *antenna*] s. f. • (*zool.*) Ciascuna antenna del primo paio, nei Crostacei.
antenotàto [comp. di *ante-* e *notato*] agg. • (*raro*) Notato prima.
antepenùltimo • V. *antipenultimo.*
antepórre o †**antepónere** [lat. *antepōnere*, comp. di *ănte* 'davanti' e *pōnere* 'porre'] v. tr. (coniug. come *porre*) • Mettere innanzi, mettere prima | Preferire, preporre: *a. il giorno alla notte.*
anteposizióne [da *anteposto*] s. f. • (*lett.*) Atto, effetto dell'anteporre.
antepósto part. pass. di *anteporre*; anche agg. • Nei sign. del v.
anteprandiàle [ingl. *anteprandial*, comp. di *ante-* e del lat. *prāndium* 'pranzo' con suff. aggettivale] agg. • (*lett.*) Che precede il pranzo.
antepredicaménto [vc. dotta, comp. di *ante-* e *predicamento*] s. m. • (*spec. al pl.*) Ciascuna delle cinque categorie della logica medievale.
anteprima [calco sul fr. *avant- première*] s. f. • Proiezione cinematografica, o rappresentazione teatrale, dedicata a un gruppo particolare di spettatori, prima della presentazione pubblica: *assistere a un'a.*; *dare un film in a.*
antèra [dal gr. *anthērós* 'fiorito', da *ánthos* 'fiore'] s. f. • (*bot.*) Parte superiore dello stame dei fiori, sostenuta dal filamento, costituita da due teche, ognuna delle quali è a sua volta costituita da due logge polliniche nelle quali si formano i granuli di polline.
ante rem /lat. 'ante 'rɛm/ [lat., 'prima della cosa, prima del fatto'] loc. agg. e avv. • (*filos.*) All'interno della soluzione realistica della disputa degli universali, detto della posizione secondo la quale gli universali preesistono alle cose individuali e si pongono come loro modelli.
antèrico [vc. dotta, lat. *anthĕricu(m)*, nom. *anthĕricus*, dal gr. *anthérikos* 'stelo dell'asfodelo', da avvicinare ad *athḗr* 'punta, barba della spiga', di etim. incerta] s. m. (pl. *-ci*) • Pianta erbacea delle Liliacee con foglie lineari e fiori piccoli e bianchi simili al giglio (*Anthericum*).
anterìdio [da *antera*] s. m. • (*bot.*) Organo riproduttore maschile di alcuni vegetali inferiori.
anterióre [vc. dotta, lat. tardo *anteriōre(m)*, da *ănte* 'prima'] agg. *1* Che si trova davanti nel tempo o nello spazio: *i fatti anteriori al disastro*; *zampe anteriori* | *Futuro a.*, esprime un'azione futura anteriore a un'altra anch'essa futura. *2* (*lett.*) Primo, rispetto ad altri. *3* (*ling.*) Detto di vocale il cui punto di articolazione è situato nella parte anteriore della cavità orale. SIN. Palatale. CONTR. Posteriore, velare. ‖ **anteriorménte**, avv. In tempo precedente; davanti.
anteriorità s. f. • Qualità di ciò che è anteriore in ordine di tempo: *l'a. di un fatto.*
antero- [tratto da *anteriore*] primo elemento • In aggettivi composti della terminologia anatomica e linguistica indica posizione anteriore: *anteromediale.*
anteròsgrado [comp. di *antero-* e *grado* (*2*), sul modello di *retrogrado*] agg. *1* (*biol.*) Caratterizzato da movimento in avanti. *2* (*psicol., med.*) Relativo a eventi posteriori a un evento di riferimento | *Amnesia anterograda*, perdita della memoria di eventi posteriori al trauma causale o all'inizio del disturbo | *Memoria anterograda*, capacità di ricordare eventi del passato recente, con perdita del ricordo di quelli del passato remoto, o di ricordare eventi posteriori a un avvenimento quale un trauma cranico. CONTR. Retrogrado.
anterolateràle [comp. di *antero-* e *laterale*] agg. • (*anat.*) Che ha direzione dall'avanti verso un lato del corpo.
anteromediàle [comp. di *antero-* e *mediale*] agg. • (*anat.*) Che ha direzione dall'avanti verso la linea mediana del corpo.
anteroposterióre [comp. di *antero-* e *posteriore*] agg. • (*anat.*) Che ha direzione dall'avanti verso la parte posteriore del corpo: *proiezione a.*
anterozòo o **anterozòide** [comp. di *antera* e del gr. *zôon* 'animale'] s. m. • (*bot.*) Gamete maschile, dotato di ciglia che permettono la locomozione, prodotto dagli anteridi.
†**antescritto** [comp. di *ante-* e *scritto*] agg. • Scritto prima, soprascritto. CONTR. Poscritto.
antèsi [vc. dotta, gr. *ánthēsis*, da *ánthos* 'fiore'] s. f. • (*bot.*) Apertura del fiore, fioritura.
antesignàno [vc. dotta, lat. *antesignānu(m)* 'guardia della bandiera, soldato della prima linea', comp. di *ănte* 'davanti' e *sīgna* 'insegne'] s. m. (f. *-a*) *1* (*st.*) Legionario romano scelto, posto a guardia delle insegne. *2* (*fig.*) Chi precede gli altri nel propugnare una dottrina o un sistema di idee: *l'a. della psicoanalisi.*
ànti- (**1**) [dal lat. *anti-* (in posizione isolata *ante*) con analogie indeur.] pref. • In parole composte indica anteriorità, precedenza nel tempo o nello spazio: *anticamera, antidiluviano.*
ànti- (**2**) [dall'avv. e prep. gr. *antí*, di origine indeur., che, col sign. di 'contro', aveva già in gr. un largo impiego preverbale] pref. • In parole composte dotte indica avversione, antagonismo, capacità o disposizione a contrastare, a impedire e sim.: *antidemocratico, antischiavista, antinevralgico, antiabbagliante, anticiclone, antipodi, antipolio.*
antiabbagliànte [comp. di *anti-* (*2*) e *abbagliante*] **A** agg. • Che impedisce l'abbagliamento | *Pannello, siepe a.*, che forma una barriera nello spartitraffico delle autostrade contro la luce dei fari dei veicoli che viaggiano in senso opposto. **B** s. m. • (*autom.*) Anabbagliante.
antiabortìsta [comp. di *anti-* (*2*) e *abortista*] agg.; anche s. m. e f. (pl. m. *-i*) • Che, chi è contrario alla legalizzazione dell'aborto: *medico a.*
antiabortìvo [comp. di *anti-* (*2*) e *abortivo*] **A** s. m. • (*farm.*) Farmaco capace di impedire l'aborto, naturale o indotto. **B** anche agg.: *farmaco a.*
antiabrogazionista [comp. di *anti-* (*2*) e *abrogazionista*] agg.; anche s. m. e f. (pl. m. *-i*) • Che, chi è contrario all'abrogazione di una legge.
antiaccadèmico [comp. di *anti-* (*2*) e *accademico*] agg. (pl. m. *-ci*) • Contrario all'accademismo, ostile alle norme tradizionali e ufficiali: *arte antiaccademica.*
antiàcido [comp. di *anti-* (*2*) e *acido*] **A** s. m. • Sostanza che contrasta o neutralizza un acido | *A. gastrico*, capace di diminuire l'iperacidità gastrica e il dolore da essa causato. **B** anche agg. inv.: *medicamento a.*
antiàcne [comp. di *anti-* (*2*) e *acne*] **A** s. m. inv. • Sostanza atta a curare l'acne. **B** anche agg.: *crema a.*
antiaderènte [comp. di *anti-* (*2*) e *aderente*] agg. • Detto di pentola, padella, tegame e sim. alla cui superficie di cottura il cibo non si attacca.
antiaèrea s. f. • Complesso delle attività e dei mezzi che servono a proteggere dalle offese aeree: *l'a. è entrata in azione.*
antiaèreo [comp. di *anti-* (*2*) e *aereo*] agg. • Di mezzo usato per contrastare l'azione di aerei avversari o per diminuirne gli effetti: *rifugio a.*; *cannone a.*; *difesa antiaerea.*
antiaggregànte [comp. di *anti-* (*2*) e *aggregante*] **A** s. m. • (*farm.*) Farmaco dotato di azione inibitrice dell'aggregazione delle piastrine. **B** anche agg.: *farmaco a.*
antialcòlico o **antialcoòlico** [comp. di *anti-* (*2*) e *alco(o)lico*] agg. (pl. m. *-ci*) • Che è contro l'alcolismo: *campagna, lega antialcolica.*

antialcolista o **antialcoolista** [comp. di *anti-* (*2*) e *alco(o)lista*] s. m. e f. (pl. m. *-i*) ● Chi combatte l'alcolismo.

antialcoòlico ● V. *antialcolico*.

antialcoolista ● V. *antialcolista*.

antiàlghe [comp. di *anti-* (*2*) e del pl. di *alga*] agg. inv. ● Detto di trattamento che impedisce alle alghe di crescere o attecchire.

antialisèo [comp. di *anti-* (*2*) e *aliseo*] s. m. ● Vento in quota che si manifesta al di sopra dell'aliseo con direzione contraria a questo, nelle regioni tropicali dei due emisferi.

antiallèrgico [comp. di *anti-* (*2*) e *allergia*, con suff. aggettivale] **A** s. m. (pl. *-ci*) ● Farmaco impiegato per contrastare o per prevenire le manifestazioni dell'allergia. **B** anche agg.: *farmaco, medicamento a.*

antialònico [comp. di *anti-* (*2*) e *alone*, con suff. aggettivale] **A** agg. (pl. m. *-ci*) ● Detto di preparato usato in fotografia per evitare o attenuare la formazione di aloni sull'immagine. **B** s. m. ● Composto, preparato antialonico.

antianèmico [comp. di *anti-* (*2*) e *anemico*] **A** s. m. (pl. *-ci*) ● Farmaco che favorisce la formazione degli eritrociti e dell'emoglobina nel sangue. SIN. Emopoietico. **B** anche agg.: *medicamento a.*

antiànsia [comp. di *anti-* (*2*) e *ansia*] agg. inv. ● Detto di farmaco o trattamento terapeutico che combatte, cura o previene l'ansia. SIN. Ansiolitico.

antiappannànte [comp. di *anti-* (*2*) e del part. pres. di *appannare* (*1*)] **A** agg. ● Che impedisce l'appannamento dei vetri: *prodotto a.*; *accorgimenti antiappannanti*. **B** s. m. ● Sostanza o dispositivo antiappannante.

antiartrìtico [comp. di *anti-* (*2*) e *artritico*] **A** s. m. (pl. *-ci*) ● Medicamento utile contro l'artrite. **B** anche agg.: *farmaco a.*

antiasmàtico [comp. di *anti-* (*2*) e *asmatico*] **A** s. m. (pl. *-ci*) ● Farmaco atto a prevenire o a curare l'asma bronchiale. **B** anche agg.: *farmaco a.*

antiastènico [comp. di *anti-* (*2*) e *astenico*] **A** s. m. (pl. *-ci*) ● Farmaco contro l'astenia fisica o psichica. **B** anche agg.: *farmaco, medicamento a.*

antiatòmico [comp. di *anti-* (*2*) e *atomico*] agg. (pl. m. *-ci*) ● Che serve a difendere contro le armi atomiche: *rifugio a.*; *difesa, protezione antiatomica*.

antiàtomo [comp. di *anti-* (*2*) e *atomo*] s. m. ● (*fis.*) Sistema fisico analogo a un normale atomo, ma in cui ogni particella ordinaria è sostituita dalla sua antiparticella.

antibacchìo o **antibàcchio** [vc. dotta, lat. tardo *antibacchīu(m)*, nom. *antibacchīus*, dal gr. *antibákcheios*. V. *bacchio*] s. m. ● (*metrica*) Palimbaccheo.

antibàgno [comp. di *anti-* (*1*) e *bagno*] s. m. ● Locale anteriore alla stanza da bagno.

antibattèrico [comp. di *anti-* (*2*) e *batterico*] **A** s. m. (pl. *-ci*) ● Sostanza capace di arrestare lo sviluppo e la moltiplicazione di microrganismi patogeni o di provocarne la morte. **B** anche agg.: *farmaco a.*

antibécco [comp. di *anti-* (*1*) e *becco*, ma modellato sul fr. *avant-bec*] s. m. (pl. *-chi*) ● Avambecco.

antibiogràmma [comp. di *antibio(tico)* e *-gramma*] s. m. (pl. *-i*) ● (*med.*) Prova di sensibilità batterica in un individuo ai vari farmaci antibiotici o chemioterapici | (*est.*) Il modulo predisposto su cui sono annotati i risultati di tale prova.

antibiòsi [comp. di *anti-* (*2*) e del gr. *bíōsis* 'condotta di vita', da *bíos* 'vita' (V. *bio-*)] s. f. ● (*biol.*) Antagonismo tra specie diverse viventi in un medesimo ambiente.

antibiòtico [comp. di *anti-* (*2*) e gr. *bíōsis* 'vita', detto così perché toglie la vita ai germi] **A** s. m. (pl. *-ci*) ● Sostanza di varia struttura chimica prodotta da microrganismi, quali muffe e batteri, od ottenuta per sintesi, con potere batteriostatico o battericida sui principali germi patogeni, usato nelle malattie infettive | *A. a largo spettro d'azione*, che esercita la propria azione su un numero vasto di microrganismi patogeni. **B** anche agg.: *farmaco, prodotto a.*

antiblasfèmo [comp. di *anti-* (*2*) e *blasfemo*] agg. ● Che è contro la bestemmia: *lega, campagna antiblasfema*.

antiblàstico [comp. di *anti-* (*2*) e *blastico*] **A** s. m. (pl. *-ci*) ● Farmaco che ritarda o impedisce la proliferazione di cellule tumorali. **B** anche agg.: *farmaco a.*

antibloccàggio [comp. di *anti-* (*2*) e *bloccaggio*] s. m. inv.; anche agg. inv. ● Antiblocco.

antiblòcco [ingl. *anti block (system)*] agg. inv. ● (*autom.*) Detto di sistema elettronico di regolazione della pressione del fluido nel circuito frenante per evitare il pericoloso blocco delle ruote in frenata; in sigla ABS (2).

antibolscevìco o (*evit.*) **antibolscèvico** [comp. di *anti-* (*2*) e *bolscevico*] agg.; anche s. m. (pl. m. *antibolscevìchi*, (evit.) *antibolscèvichi*, (evit) *antibolscèvici*) ● Che, chi si oppone al bolscevismo.

antiborghése o **antiborghése** [composto di *anti-* (*2*) e *borghese*] agg. ● Che è contrario alla mentalità e alle manifestazioni della borghesia.

antibràccio [comp. di *anti-* (*1*) e *braccio*] s. m. ● (*anat.*, *raro*) Avambraccio.

antibrachiàle [comp. di *anti-* (*1*) e del lat. *brāchiāle(m)*, da *brāchĭum* 'braccio'] agg. ● Dell'avambraccio: *nervo a.*

antibrìna [comp. di *anti-* (*2*) e *brina*] agg. inv. ● Che impedisce la formazione della brina sulle foglie delle piante: *reti a.*

anticàccia [comp. di *anti-* (*2*) e *caccia* (*1*)] agg. inv. ● Che si oppone alla pratica della caccia: *referendum a.*

anticàglia [da *antico*] s. f. *1* Oggetto fuori moda e antiquato | Uso, costume antiquato (*spec. spreg.*) *2* (*spec. al pl.*) †Ruderi, rovine.

anticàmera [comp. di *anti-* (*1*) e *camera*] s. f. *1* Prima stanza di un appartamento o di un ufficio, di solito attigua a quella di ricevimento | *Fare a.*, aspettare di essere ricevuti | (*fam.*) *Non passare neppure per l'a. del cervello*, di idea che non viene neppure in mente. *2* (*fig.*) Fase di attesa, stadio che prelude al raggiungimento di q.c.: *l'a. del potere*. *3* Anticamente, l'insieme delle persone di servizio che sostavano nell'anticamera.

anticanceróso [comp. di *anti-* (*2*) e *canceroso*] agg. ● Detto di rimedio contro il cancro.

anticàncro [comp. di *anti-* (*2*) e *cancro* (*2*)] agg. inv. ● Che mira a combattere, curare o prevenire il cancro: *ricerca a.*

anticapitalìsmo [comp. di *anti-* (*2*) e *capitalismo*] s. m. ● Avversione, opposizione ai princìpi e ai metodi del capitalismo.

anticapitalìstico [comp. di *anti-* (*2*) e *capitalistico*] agg. (pl. m. *-ci*) ● Contrario, ostile al capitalismo.

anticàrie [comp. di *anti-* (*2*) e *carie*] **A** s. m. inv. ● Mezzo farmacologico atto a prevenire la carie dentaria o a rallentarne l'evoluzione. **B** anche agg. inv.: *dentifricio a.*

anticàrro [comp. di *anti-* (*2*) e *carro*] agg. inv. ● (*mil.*) Detto di ogni mezzo atto a contrastare o impedire l'azione dei carri armati: *mina a.*; *proiettili a.*

anticatarràle [comp. di *anti-* (*2*) e *catarrale*] **A** s. m. ● Medicamento che agisce contro il catarro normalizzando la secrezione e rimuovendo l'eccesso di muco. **B** anche agg.: *farmaco a.*

anticàto [da *antico*] agg. ● Detto di ciò che, costruito in epoca moderna, viene trattato in modo da sembrare antico: *mobili anticati*.

anticàtodo [comp. di *anti-* (*2*) e *catodo*] s. m. ● Particolare elettrodo usato nei tubi per la produzione di raggi X.

anticattòlico [comp. di *anti-* (*2*) e *cattolico*] agg.; anche s. m. (f. *-a*; pl. m. *-ci*) ● Che, chi è contrario al cattolicesimo.

anticellulite [comp. di *anti-* (*2*) e *cellulite*] agg. inv. ● Detto di ogni mezzo atto a ridurre o eliminare la cellulite: *trattamento, fiale a.*

anticheggiàre v. intr. (*io antichéggio*; aus. *avere*) ● (*raro*) Fare uso delle maniere e dello stile antico: *a. nel vestirsi, nel parlare, nello scrivere*.

antichìsta o †**antiquista** [da *antico*] s. m. e f. (pl. m. *-i*) ● Studioso di antichità classica, cultore di tutto ciò che riguarda il mondo antico.

antichìstica [da *antico*] s. f. ● Studio dell'antichità classica e del mondo antico.

antichità o †**antiquità** [vc. dotta, lat. *antiquitāte(m)*, da *antīquus* 'antico'] s. f. *1* Qualità di ciò che è antico. *2* (*spec. al pl.*) Suppellettili, oggetti antichi: *museo di a.*; *cercatore di a. etrusche* | Istituzioni, riti, monumenti dell'età antica: *le a. medievali*. *3* (*lett.*) Secoli, tempi remoti: *i cultori dello studio dell'a.* *4* (*scherz.*) Anticaglia: *quel vestito è proprio un'a.* *5* †Vecchiezza, decrepitezza.

antichizzàto agg. ● Anticato.

anticìclico [comp. di *anti-* (*2*) e *ciclo*, con suff. aggettivale] agg. (pl. m. *-ci*) ● (*econ.*) Detto di ciò che tende a correggere o contenere gli effetti di una fase del ciclo economico.

anticiclóne [comp. di *anti-* (*2*) e *ciclone*] s. m. ● (*meteor.*) Configurazione isobarica con pressione atmosferica crescente verso l'interno.

anticiclònico agg. (pl. m. *-ci*) ● Di, relativo ad anticiclone | *Zona anticiclonica*, che presenta pressione atmosferica più alta rispetto alle zone circostanti.

anticìma [comp. di *anti-* (*1*) e *cima*] s. f. ● In alpinismo, punta minore e più bassa, che precede la vetta vera e propria.

anticipàre [vc. dotta, lat. *anticipāre*, comp. di *ănte* 'prima' e *căpere* 'prendere'] v. tr. (*io antìcipo*) *1* Fare una cosa prima del tempo fissato in precedenza: *a. i lavori di restauro, la data del matrimonio* | *A. i tempi*, rendere più celere l'esecuzione di q.c. *2* Dare, pagare, prima della scadenza: *a. un pagamento, lo stipendio*. *3* (*ass.*) Essere in anticipo: *quest'anno il freddo ha anticipato*. *4* Fornire informazioni su cose non ufficialmente note: *hanno anticipato i risultati della ricerca*. *5* Prevedere. *6* (*raro*) Prevenire | *A. un avversario*, nel linguaggio sportivo, precedere la sua azione per impadronirsi del pallone e sim.

anticipàto part. pass. di *anticipare*; anche agg. ● Nei sign. del v. || **anticipataménte**, avv. Con anticipazione.

anticipatóre agg.; anche s. m. (f. *-trice*) ● Che, chi anticipa.

anticipazióne [vc. dotta, lat. *anticipatiōne(m)*, da *anticipāre* 'anticipare'] s. f. *1* Atto, effetto dell'anticipare. *2* Ciò che si anticipa, spec. notizia, informazione e sim. che si fornisce prima del dovuto o del previsto: *anticipazioni sui risultati elettorali* | Previsione. *3* (*mus.*) Nota o serie di note dell'accordo che deve seguire, suonata mentre l'accordo precedente dura ancora. *4* (*ling.*) Collocazione di una parola prima dell'ordine normale. SIN. Prolessi. *5* Ciò che si verifica prima di un determinato fatto, fenomeno e sim., costituendone un primo segno, un dato preliminare e sim.: *tali avvenimenti furono le anticipazioni dei moti rivoluzionari*. *6* (*banca*) Somma di danaro che una banca ha consegnato o messo a disposizione di un cliente in base a garanzia, in titoli o merci, della restituzione della stessa: *contratto di a. bancaria*. || **anticipazioncèlla**, dim.

antìcipo [da *anticipare*] s. m. *1* Anticipazione | *In a.*, prima del tempo convenuto. *2* Somma di denaro anticipata. *3* Abilità di un atleta di precedere l'azione dell'avversario: *avere il senso dell'a., giocare sull'a., battere qc. sull'a.* | Nel tennis, l'azione del giocatore che colpisce la palla nella fase ascendente del rimbalzo da terra: *giocare d'a.* *4* (*mecc.*) In un motore a combustione interna, l'intervallo di tempo che intercorre tra l'inizio della combustione e il raggiungimento da parte dello stantuffo del punto morto superiore nel cilindro.

anticlericàle [comp. di *anti-* (*2*) e *clericale*, sul modello del fr. *anticlérical*] agg.; anche s. m. e f. ● Che, chi è contrario all'intervento, diretto o indiretto, del potere ecclesiastico nella vita politica.

anticlericalìsmo [fr. *anticléricalisme*] s. m. ● L'atteggiamento e il complesso delle idee degli anticlericali.

anticlìmax [comp. di *anti-* (*2*) e del gr. *klímax* 'scala'] s. m. o f. ● (*ling.*) Figura retorica consistente nel disporre in ordine decrescente per intensità e forza una serie di concetti o di vocaboli: *E mi dicono, Dormi! / mi cantano, Dormi! sussurrano, / Dormi! bisbigliano, Dormi!* (PASCOLI).

anticlinàle [comp. di *anti-* (*2*) e del gr. *klínō* 'io inclino, piego'] **A** agg. ● (*geol.*) Detto di piega della crosta terrestre generalmente convessa verso l'alto, nel cui nucleo si trovano gli strati o le rocce più antiche. **B** s. f. ● Piega anticlinale.

antìco o †**antiquo** [lat. *antīquu(m)*, da *ănte* 'prima'] **A** agg. (pl. m. *-chi*) *1* Che risale a tempi molto remoti: *costumi antichi*; *antiche scritture*; *antiche leggi*; *storia, arte, età antica* | *A. Testamento*, parte delle sacre scritture anteriore alla nascita di Cristo. *2* Che risale a tempi anteriori, anche di poco, al presente: *tenerezza, passione antica*; *risentire un a. dolore* | (*est.*) Consueto, abituale: *un'antica abitudine*; *l'antica speranza*; *un'antica amicizia*. *3* Detto di mobili, ceramiche, argenti, peltri, oggetti preziosi da collezione, tappeti, arazzi e oggetti d'arte realizzati da oltre cento anni: *quadro a.* | *Arredamento a.*, composto di elementi antichi. CONTR. Moderno. *4* Caratteristico degli uomini vissuti in epoche remote: *virtù antiche*; *coraggio a.*; *un'antica signorilità*; *l'a. splendore*; *uomo di a. stampo* | *All'antica*, (*ell.*) secondo il costume antico, sobrio e semplice; (*spreg.*) in maniera vecchia, superata, poco o nulla aggiornata rispetto ai tempi. *5* (*lett.*) Anziano, vecchio: *la mia cara antica genitrice* (MARINO). || **anticaménte**, avv. Nel tempo antico. **B** s. m. *1* Forma, stile, carattere distintivo, di ciò che appartiene a tempi remoti (spec. in contrapposizione a moderno): *sapere d'a.*; *imitare l'a.*; *distinguere l'a. dal moderno* | *A. d'epoca*, mobile od oggetto eseguito nel periodo storico nel quale si sono affermati gli elementi stilistici e strutturali che lo caratterizzano | *In a.* anticamente. *2* (*spec. al pl.*) Gli uomini vissuti in tempi remoti: *come dicevano gli antichi* ...; *la saggezza, la sapienza degli antichi*. || **antichétto**, dim. | **anticùccio**, dim.

anticoagulànte [comp. di *anti-* (*2*) e *coagulare*] **A** s. m. ● Farmaco che impedisce il processo di coagulazione del sangue. **B** anche agg.: *farmaco a.*

anticolèrico [comp. di *anti-* (*2*) e *colerico*] **A** s. m. (pl. *-ci*) ● Rimedio che agisce contro il colera. **B** anche agg.: *medicamento, farmaco a.*

anticollisióne [comp. di *anti-* (*2*) e *collisione*] agg. inv. ● Che serve a evitare la collisione fra due veicoli: *meccanismo a.*

anticolonialismo [comp. di *anti-* (*2*) e *colonialismo*] s. m. ● Avversione, opposizione al colonialismo o ai regimi coloniali.

anticolonialìsta s. m. e f.; anche agg. (pl. m. *-i*) ● Fautore, sostenitore dell'anticolonialismo.

anticomunismo [comp. di *anti-* (*2*) e *comunismo*] s. m. ● Atteggiamento di anticomunista.

anticomunìsta [comp. di *anti-* (*2*) e *comunista*] s. m. e f.: anche agg. (pl. m. *-i*) ● Chi, che è ostile al comunismo.

anticomunìstico [comp. di *anti-* (*2*) e *comunistico*] agg. (pl. m. *-ci*) ● Ostile al comunismo.

anticoncettìvo [comp. di *anti-* (*2*) e *concettivo*] s. m.; anche agg. ● Antifecondativo.

anticoncezionàle [comp. di *anti-* (*2*) e *concezionale*] s. m.; anche agg. ● Antifecondativo, contraccettivo.

anticonfessionàle [comp. di *anti-* (*2*) e *confessionale*] agg. ● Di chi, o di ciò che, è contrario a ogni confessione religiosa.

anticonformismo [comp. di *anti-* (*2*) e *conformismo*] s. m. ● Atteggiamento di opposizione verso le idee e le abitudini predominanti in un dato ambiente sociale, periodo storico e sim.

anticonformìsta [comp. di *anti-* (*2*) e *conformista*] s. m. e f.; anche agg. (pl. m. *-i*) ● Chi, che mostra anticonformismo.

anticonformìstico agg. (pl. m. *-ci*) ● Proprio dell'anticonformismo e degli anticonformisti. || **anticonformisticaménte**, avv.

anticongelànte [comp. di *anti-* (*2*) e *congelare*] **A** agg. ● Atto a impedire il congelamento di un liquido: *sostanza a.* **B** s. m. ● Sostanza anticongelante. SIN. Antigelo.

anticongiunturàle [comp. di *anti-* (*2*) e *congiuntura*] agg. ● (*econ.*) Volto a modificare o limitare gli effetti della congiuntura.

†**anticonóscere** [comp. di *anti-* (*1*) e *conoscere*] v. tr. ● Preconoscere, prevedere.

anticonvenzionàle [comp. di *anti-* (*2*) e *convenzionale*] agg. ● Che è contrario alle convenzioni sociali, che si oppone alle idee, alle consuetudini, agli usi accettati dalla maggioranza: *atteggiamento a.*

anticorodal ® /antikoro'dal/ [nome commerciale] s. m. inv. ● (*metall.*) Lega leggera da fonderia costituita da alluminio, magnesio, manganese e silicio, resistente alla corrosione e utilizzata in costruzioni navali, elementi d'arredamento esterno degli edifici, infissi, accessori per linee elettriche e connessioni.

anticorpàle agg. ● (*med.*) Relativo ad anticorpo | *Titolo a.*, grado di concentrazione di anticorpi specifici in un siero | *Reazione a.*, ogni modificazione della concentrazione di anticorpi specifici in un siero.

anticòrpo [comp. di *anti-* (*2*) e *corpo*] s. m. ● (*biol., spec. al pl.*) Sostanza proteica prodotta dall'organismo come reazione di difesa all'introduzione di antigeni.

anticorrosìvo [comp. di *anti-* (*2*) e *corrosivo*] agg. ● Che serve a proteggere un metallo dalla corrosione: *trattamento a.*

anticostituzionàle [fr. *anticonstitutionnel*] agg. ● (*dir.*) Detto di disposizione normativa o atto amministrativo contrario alla lettera o allo spirito della Costituzione. || **anticostituzionalménte**, avv.

anticostituzionalità s. f. ● Condizione di anticostituzionale: *a. di una legge, di un provvedimento.*

anticrèsi o **anticrési** [fr. *antichrèse*, dal gr. *antíchrēsis* 'uso reciproco'] s. f. ● (*dir.*) Contratto con cui il debitore o un terzo consegnano al creditore, a garanzia del credito, un immobile i cui frutti serviranno per il pagamento degli interessi e del capitale: *concludere un'a.*

anticrimine [comp. di *anti-* (*2*) e *crimine*] agg. inv. ● Detto di ogni mezzo atto a difendere da ladri, criminali e sim.: *mostra di apparati a.*

anticristiàno [comp. di *anti-* (*2*) e *cristiano*] agg. ● Contrario al cristianesimo.

anticristo [vc. dotta, lat. tardo *antichrīstu(m)*, da *Chrīstus* 'Cristo'] s. m. *1* (*relig.*) Essere diabolico che, secondo l'Apocalisse, alla fine dei secoli si leverà contro Cristo e la sua Chiesa. *2* (*est.*) Persecutore della Chiesa. *3* (*est., fig.*) Individuo malvagio e diabolico.

anticrittogàmico [comp. di *anti-* (*2*) e *crittogama*] **A** agg. (pl. m. *-ci*) ● Detto di sostanza o di trattamento usato per evitare alle piante le malattie causate dalla flora crittogamica. **B** s. m. ● Sostanza anticrittogamica: *trattare un frutteto con anticrittogamici.*

anticròllo [comp. di *anti-* (*2*) e *crollo*] agg. inv. ● Detto di struttura architettonica che è in grado di resistere al crollo di altre strutture soprastanti o circostanti.

anticucina [comp. di *anti-* (*1*) e *cucina*] s. f. ● Piccolo locale di servizio da cui si accede alla cucina.

†**anticursóre** [vc. dotta, lat. *antecursōre(m)*, nom. *antecŭrsor*, comp. di *ănte* 'avanti' e *cŭrsor* 'corriere'] s. m. ● Esploratore | (*fig.*) Precursore.

antidàta [comp. di *anti-* (*1*) e *data*] s. f. ● Data apposta a un atto per attribuirgli un'epoca di formazione anteriore a quella vera.

antidatàre [comp. di *anti-* (*1*) e *datare*] v. tr. ● Apporre ad atti, documenti e sim. una data anteriore a quella reale: *a. un decreto, una lettera.* SIN. Retrodatare.

antidèficit [comp. di *anti-* (*2*) e *deficit*] agg. inv. ● Diretto a eliminare o ridurre il deficit pubblico: *provvedimenti a.*

antideflagrànte [comp. di *anti-* (*2*) e *deflagrante*] agg. ● Detto di apparecchiatura, impianto, dispositivo costruiti in modo da eliminare o ridurre in modo considerevole il pericolo di esplosioni. SIN. Antiscoppio.

antidemocràtico [comp. di *anti-* (*2*) e *democratico*] agg.; anche s. m. (f. *-a*; pl. m. *-ci*) ● Che, chi è contrario all'istituzione e ai principi della democrazia. || **antidemocraticaménte** avv.

antidepressìvo [comp. di *anti-* (*2*) e *depressivo*] **A** s. m. ● Farmaco che agisce contro la depressione. **B** anche agg.: *pillole antidepressive.*

antiderapànte [fr. *antidérapant*, comp. di *anti-* (*2*) e *dérapant*, part. pres. di *déraper* 'slittare', dal provz. moderno *derapar*, der. di *rapar* 'cogliere, afferrare', vc. di origine germ.] agg. ● Detto di pneumatico di autoveicolo particolarmente idoneo a evitare gli slittamenti.

antidetonànte [fr. *antidétonant*] **A** s. m. ● Composto che, addizionato in piccole quantità a un carburante, gli permette di resistere meglio alla detonazione e quindi a rapporti di compressione più elevati. **B** anche agg.: *composto a.*

antidiabètico [comp. di *anti-* (*2*) e *diabetico*] **A** s. m. (pl. *-ci*) ● Farmaco che agisce contro il diabete. **B** agg. ● Di, relativo a, farmaco che agisce contro il diabete | Di organizzazione sanitaria per la profilassi e la cura del diabete: *centro a.*

antidiaforètico [comp. di *anti-* (*2*) e *diaforetico*] **A** s. m. (pl. *-ci*) ● Farmaco atto a prevenire o a limitare la sudorazione. **B** anche agg.: *preparato a.*

antidiarròico [comp. di *anti-* (*2*) e *diarrea*] **A** s. m. (pl. *-ci*) ● Farmaco contro la diarrea. **B** anche agg.: *farmaco, medicamento a.*

antidiftèrico [comp. di *anti-* (*2*) e *difterico*] agg. (pl. m. *-ci*) ● Di rimedio contro la difterite: *siero a.*; *vaccinazione antidifterica.*

antidiftotetànico [comp. di *anti-* (*2*), *dift(eric)o* e *tetanico*] agg. (pl. m. *-ci*) ● Detto di rimedio atto a prevenire la difterite e il tetano: *vaccinazione antidiftotetanica.*

antidiluviàno o **antediluviàno** [comp. di *anti-* (*1*) e *diluvio*] agg. *1* Che risale al tempo anteriore al diluvio universale: *mostro, animale, fossile a.* *2* (*fig.*) Estremamente antiquato (*anche scherz.*): *idee antidiluviane*; *vestito a.*; *automobile antidiluviana.*

antidistùrbo [comp. di *anti-* (*2*) e *disturbo*] agg. inv. ● (*rad.*) Detto di dispositivo in grado di attenuare o eliminare l'effetto di disturbi dovuti a cause atmosferiche, industriali e sim., sulla ricezione di radiosegnali.

antidivìstico agg. (pl. m. *-ci*) ● Proprio di antidivo o antidiva: *atteggiamenti antidivistici.*

antidìvo [comp. di *anti-* (*2*) e *divo* (*2*)] s. m. (f. *-a*) ● Personaggio del mondo dello spettacolo, dello sport e sim. che, pur godendo di notevole popolarità, è completamente alieno dalle stranezze ed eccentricità considerate tipiche dei divi.

antidivorzismo [comp. di *anti-* (*2*) e *divorzismo*] s. m. ● Teoria, opinione di chi è contrario a una legislazione che consenta il divorzio.

antidivorzista s. m. e f. (pl. m. *-i*) ● Chi è contrario a una legislazione che consenta il divorzio.

antidivorzìstico agg. (pl. m. *-ci*) ● Di chi è contrario a una legislazione che consenta il divorzio: *atteggiamento a.*

antidogmàtico [comp. di *anti-* (*2*) e *dogmatico*] agg. (pl. m. *-ci*) ● Contrario ai dogmi e al dogmatismo: *scritto, discorso a.*

antidogmatismo [comp. di *anti-* (*2*) e *dogmatismo*] s. m. ● Atteggiamento culturale che rifiuta e combatte i dogmi, e in generale i sistemi ideologici considerati troppo rigidi: *la sua filosofia è soprattutto una forma di a.*

antidolorìfico [comp. di *anti-* (*2*) e *dolorifico*] **A** s. m. (pl. *-ci*) ● Analgesico. **B** anche agg.: *farmaco a.*; *sostanza antidolorifica.*

antidòping /semi-ingl. anti'dɔpin(g)/ [comp. di *anti-* (*2*) e *doping*] **A** s. m. inv. ● Azione svolta dalle autorità sportive ai fini di accertare e impedire l'uso di preparati eccitanti da parte di atleti o la somministrazione di essi agli animali in gara. **B** anche agg. inv.: *controllo, esame a.*

antidòrcade [comp. di *anti-* (*2*) e del gr. *dorkás*, genit. *dorkádos* 'capriolo, gazzella, daino', di origine indeur.] s. f. ● Antilope agilissima che presenta nella parte posteriore del dorso una duplicatura della pelle simile a un marsupio (*Antidorcas marsupialis*).

antidotàrio [dal lat. *antĭdotu(m)* 'antidoto'] s. m. ● (*raro*) Ricettario dei contravveleni o dei farmaci in genere.

antìdoto [vc. dotta, lat. *antĭdotu(m)*, dal gr. *antídoton* (sottinteso *phármakon* 'rimedio') 'dato contro'] s. m. *1* Sostanza che impedisce o annulla l'effetto dannoso di un veleno. SIN. Antiveleno, contravveleno. *2* (*fig.*) Rimedio, conforto: *cercare un a. alla malinconia.*

antidròga [comp. di *anti-* (*2*) e *droga*] agg. inv. ● Che si oppone all'uso e alla diffusione della droga: *legge a.*; *provvedimenti a.*

antidumping /ingl. æntiˈdʌmpiŋ/ [vc. ingl., comp. di *anti-* 'anti- (2)' e *dumping* (V.)] agg. inv. ● (*econ.*) Detto di azione o provvedimento che tende a scoraggiare o impedire la pratica del dumping: *dazio a.*

antieconòmico [comp. di *anti-* (*2*) e *economico*] agg. (pl. m. *-ci*) ● Contrario ai principi e alle leggi dell'economia: *metodo a. di produzione* | (*est.*) Che non è conveniente. SIN. Svantaggioso.

antielettróne [comp. di *anti-* (*2*) ed *elettrone*] s. m. ● (*fis.*) Positrone.

antielmìntico o **antelmìntico** [comp. di *anti-* (*2*) e gr. *hélmins*, genit. *hélminthos* 'verme'] **A** s. m. (pl. *-ci*) ● Medicamento che determina la morte e l'espulsione dei vermi parassiti. SIN. Vermifugo. **B** anche agg.: *preparato, farmaco a.*

antiemètico o **antemètico** [comp. di *anti-* (*2*) ed *emetico*] **A** s. m. (pl. *-ci*) ● Rimedio contro il vomito. **B** anche agg.: *farmaco a.*

antiemofìlico [comp. di *anti-* (*2*) ed *emofilia*] agg. (pl. m. *-ci*) ● Detto di ciò che agisce contro l'emofilia: *plasma umano a.*

antiemorràgico [comp. di *anti-* (*2*) ed *emorragico*] s. m.; anche agg. (pl. m. *-ci*) ● Emostatico.

antiemorroidàle [comp. di *anti-* (*2*) ed *emorroide*] **A** s. m. ● Medicamento per la cura delle emorroidi. **B** anche agg.: *farmaco a.* SIN. Antiemorroidario.

antiemorroidàrio [comp. di *anti-* (*2*) ed *emorroidario*] s. m.; anche agg. ● (*farm.*) Antiemorroidale.

antiepilèttico [comp. di *anti-* (*2*) ed *epilessia*, con suff. aggettivale] **A** s. m. (pl. *-ci*) ● Medicamento che agisce contro l'epilessia. **B** anche agg.

antieròe [comp. di *anti-* (*2*) ed *eroe*] s. m. ● In un'opera letteraria o cinematografica, personaggio di primo piano che si contrappone all'eroe convenzionale per essere privo dei valori positivi a questo di solito attribuiti.

antiestètico [comp. di *anti-* (*2*) ed *estetico*] agg. (pl. m. *-ci*) ● Che offende l'estetica perché sproporzionato, malfatto, brutto.

anti-fading /*semi-ingl.* anti'feidin(g)/ [comp. di *anti-* (*2*) e *fading*] s. m. inv. ● (*rad.*) Dispositivo a feed-back che annulla, negli apparecchi radioriceventi, l'effetto di fading.

antifascìsmo [comp. di *anti-* (*2*) e *fascismo*] s. m. ● Dottrina e attività politica contraria al fascismo.

antifascìsta [comp. di *anti-* (*2*) e *fascista*] s. m. e f.; anche agg. (pl. m. *-i*) ● Chi, che si è opposto e si oppone al fascismo.

antifascìstico agg. (pl. m. *-ci*) ● (*raro*) Contrario al fascismo: *atteggiamento a.*

†**antifàto** [comp. di *anti-* (*1*) e *fato* 'destino, morte'] s. m. ● Controdote.

antifebbrìle [comp. di *anti-* (*2*) e *febbrile*] **A** s. m. ● Rimedio contro la febbre. SIN. Antipiretico, antitermico. **B** anche agg.: *farmaco a.*

antifecondatìvo [comp. di *anti-* (*2*) e *fecondativo*] **A** s. m. ● Sostanza, mezzo o procedimento atto a impedire la fecondazione. SIN. Anticoncezionale, contraccettivo. **B** anche agg.: *pillola antifecondativa.*

antifemminìsmo [comp. di *anti-* (*2*) e *femminismo*] s. m. ● L'essere contrari al femminismo nelle sue varie manifestazioni.

antifemminìsta [comp. di *anti-* (*2*) e *femminista*] s. m. e f.; anche agg. (pl. m. *-i*) ● Chi, che è contrario al femminismo.

antifemminìstico [comp. di *anti-* (*2*) e *femministico*] agg. (pl. m. *-ci*) ● Che è contrario al femminismo.

antifermentatìvo [comp. di *anti-* (*2*) e *fermentativo*] **A** s. m. ● Composto o miscuglio di composti che viene aggiunto spec. agli alimenti e ai preparati farmaceutici per assicurarne la conservazione. **B** anche agg.: *sostanza antifermentativa.*

antifèrna [lat. tardo *antiphĕrna*, nt. pl. dal gr. *antípherna* 'invece della dote', da *phernḗ* 'dote'] s. f. ● Doni che in occasione delle nozze lo sposo fa alla sposa quasi in ricambio della dote.

antifiàmma [comp. di *anti-* (*2*) e *fiamma*] agg. inv. *1* Che resiste alle fiamme, che non può essere intaccato dalle fiamme: *armadi blindati a.* *2* (*tess.*) Detto di sostanza applicata ai tessuti per renderli incombustibili.

antifiscalìsmo [comp. di *anti-* (*2*) e *fiscalismo*] s. m. ● Dottrina contraria all'eccessivo fiscalismo.

antifiscalìsta [comp. di *anti-* (*2*) e *fiscalista*] s. m. e f.; anche agg. (pl. m. *-i*) ● Chi, che è contrario al fiscalismo.

antifiscalìstico [comp. di *anti-* (*2*) e *fiscalistico*] agg. (pl. m. *-ci*) ● (*raro*) Che è contrario al fiscalismo.

antiflogìstico [comp. di *anti-* (*2*) e *flogistico*] s. m.; anche agg. (pl. m. *-ci*) ● Antinfiammatorio.

antiflogòsi o **antiflògosi** [comp. di *anti-* (*2*) e *flogosi*] s. f. ● Cura del processo infiammatorio.

antìfona [vc. dotta, lat. tardo *antiphōna(m)*, dal gr. *antíphōnos*, comp. di *anti-* 'anti- (2)' e *phōnḗ* 'voce', in quanto indicava la contrapposizione di una voce all'altra] s. f. *1* Nella musica greco-romana, canto eseguito da due voci in ottava fra loro. *2* (*relig.*) Nella liturgia cattolica, versetto recitato o cantato, che precede o segue il salmo | *L'a. è più lunga del salmo*, (*fig.*) i preamboli sono troppo lunghi. *3* (*al pl.*) Laudi in fine dell'Uffizio in onore di Maria Vergine. *4* (*fig.*) Discorso allusivo che spesso non fa presagire nulla di buono: *capire l'a.* | (*est.*) Discorso noioso e troppo ripetuto: *ripetere sempre la stessa a.*

antifonàle A agg. ● Relativo all'antifona. **B** s. m. ● Antifonario.

antifonàrio [da *antifona*] s. m. *1* Libro che raccoglie le antifone di tutto l'anno, con le relative note di canto fermo | (*est.*) Libro che contiene le parti cantate della liturgia della Messa. SIN. Antifonale. *2* †Colui che nel coro intona le antifone.

antifonìa [V. *antifona*] s. f. ● (*mus.*) Nell'antica teoria greca, esecuzione contemporanea di suoni a distanza d'ottava | Nella liturgia cristiana, esecuzione a cori alterni.

antifórfora [comp. di *anti-* (*2*) e *forfora*] agg. inv. ● Detto di preparato atto a prevenire o a curare la forfora: *lozione a.*

antìfrasi [vc. dotta, lat. tardo *antíphrasi(n)*, nom. *antíphrasis*, dal gr. *antíphrasis*, comp. di *anti-* 'anti- (2)' e *phrásis* 'frase, locuzione'] s. f. ● (*ling.*) Figura retorica che consiste nel dire l'esatto opposto di ciò che si vuole affermare o per ironia o per eufemismo: *per noiare quella buona femina* (BOCCACCIO).

antifràstico [da *antifrasi*] agg. (pl. m. *-ci*) ● Usato per antifrasi | Relativo all'antifrasi. || **antifrasticaménte**, avv.

antifrizióne [comp. di *anti-* (*2*) e *frizione*] agg. inv. ● Detto di metalli o più generalmente leghe metalliche, dotati di basso coefficiente di attrito e buona resistenza all'usura, adatti a realizzare accoppiamenti striscianti.

antifùmo [comp. di *anti-* (*2*) e *fumo*] agg. inv. *1* Che mira a combattere o a scoraggiare il vizio del fumo: *trattamento, campagna a.* SIN. Antitabacco. *2* Atto a contenere la fuoriuscita di fumo: *dispositivo, miscela a.*

antifungìno [comp. di *anti-* (*2*) e *fungino*] s. m.; anche agg. ● (*farm.*) Antimicotico.

antifùrto [comp. di *anti-* (*2*) e *furto*] **A** s. m. inv. ● Dispositivo che segnala i tentativi di furto o impedisce che siano portati a termine, montato su automobili, e anche in banche, abitazioni, negozi. **B** anche agg. inv.: *congegni a.*

antigàs [comp. di *anti-* (*2*) e *gas*] **A** agg. ● Di ogni mezzo usato per difendersi dai gas venefici o per attenuarne l'effetto: *maschera a.*; *sostanza a.* **B** s. m. ● Composto o preparato adatto ad assorbire, o a trattenere mediante reazione chimica, i gas tossici.

antigèlo [comp. di *anti-* (*2*) e *gelo*] s. m. inv.; anche agg. inv. ● Anticongelante.

antìgene o **antigène** [comp. di *anti-* (*2*) e *gene*] s. m. ● (*biol.*) Sostanza estranea gener. proteica che, se penetra nel sangue e nei tessuti di un organismo, è capace di indurvi una risposta specifica immunitaria di tipo umorale (anticorpo) o cellulare, con cui interagisce.

antigènico agg. (pl. m. *-ci*) ● Relativo ad antigene: *proprietà antigeniche.*

antighiàccio [comp. di *anti-* (*2*) e *ghiaccio* (*1*)] agg. inv. ● Che serve a impedire la formazione di ghiaccio sulle superfici esterne degli aeromobili: *dispositivo a.*

antigiènico o **antiigiènico** [comp. di *anti-* (*2*) e *igienico*] agg. (pl. m. *-ci*) ● Che è contrario alle norme dell'igiene | Che è nocivo alla salute.

antiginnàstica [comp. di *anti-* (*2*) e *ginnastica*] s. f. ● Tipo di ginnastica che, attraverso esercizi di rilassamento e distensione delle fasce muscolari, mira ad allungare i muscoli superficiali e a rafforzare quelli profondi, favorendo nello stesso tempo una corretta percezione del proprio corpo.

antigiuridicità s. f. ● Qualità o condizione di ciò che è antigiuridico.

antigiurìdico [comp. di *anti-* (*2*) e *giuridico*] agg. (pl. m. *-ci*) ● Contrario al diritto, al disposto di una norma giuridica: *comportamento a.*

antigovernatìvo [comp. di *anti-* (*2*) e *governativo*] agg. ● Contrario, ostile al governo: *intervento a.*; *propaganda antigovernativa.*

antigràffio [comp. di *anti-* (*2*) e *graffio*] agg. inv. ● Detto di materiale che non si graffia, che non si può scalfire: *vetro a.*

antìgrafo [(scritto): vc. dotta, lat. tardo *antĭgraphu(m)*, dal gr. *antígraphon* 'copia', da *gráphō* 'io scrivo'] **A** s. m. ● Copia manoscritta di un manoscritto. **B** anche agg.: *manoscritto a.*

antigràndine [comp. di *anti-* (*2*) e *grandine*] agg. inv. ● Detto di ogni mezzo atto a evitare o limitare la caduta della grandine: *razzi a.*; *cannone a.*

antigravità [comp. di *anti-* (*2*) e *gravità*] agg. ● Detto di ogni mezzo atto a evitare o limitare gli effetti nocivi delle variazioni della forza di gravità sugli esseri viventi.

antiigiènico ● V. *antigienico.*

antiimperialìsmo ● V. *antimperialismo.*

antiimperialìsta ● V. *antimperialista.*

antiimperialìstico ● V. *antimperialistico.*

antiincèndio ● V. *antincendio.*

antiinfèrno ● V. *antinferno.*

antiinfettìvo ● V. *antinfettivo.*

antiinfiammatòrio ● V. *antinfiammatorio.*

antiinflattìvo ● V. *antinflativo.*

antiinflazionìstico ● V. *antinflazionistico.*

antiinfluenzàle ● V. *antinfluenzale.*

antiinfortunìstico ● V. *antinfortunistico.*

antiinquinaménto ● V. *antinquinamento.*

antiintercettazióne ● V. *antintercettazione.*

antiintrusióne ● V. *antintrusione.*

antiistèrico ● V. *antisterico.*

antilèttera o **antilèttera** ● V. *avantilettera.*

antiliberàle [comp. di *anti-* (*2*) e *liberale*] agg.; anche s. m. e f. ● Che, chi è contrario al liberalismo, all'ideologia liberale.

antilipèmico [comp. di *anti-* (*2*) e *lipemico*] **A** s. m. (pl. *-ci*) ● (*farm.*) Sostanza capace di abbassare il contenuto di lipidi nel sangue. **B** anche agg.: *farmaco a.*

antìllide [vc. dotta, gr. *anthyllís*, genit. *anthyllídos*, da *ánthos* 'fiore' (V. *antologia*)] s. f. ● Genere di piante erbacee delle Papilionacee con foglie pennate e fiori in capolini di colore giallo, rosso o bianco (*Anthyllis*) | Vulneraria.

antilocàpra [comp. di *antilo(pe)* e *capra*] s. f. ● Mammifero ruminante americano simile a un'antilope, con lunghe corna biforcate (*Antilocapra americana*).

antilogarìtmo [comp. di *anti-* (*2*) e *logaritmo*] s. m. ● (*mat.*) Numero di cui si calcola il logaritmo.

antilogìa [vc. dotta, gr. *antilogía*, comp. di *anti-* 'anti- (2)' e *lógos* 'discorso'] s. f. (pl. *-gie*) *1* (*filos.*) Contrapposizione di un argomento a un altro argomento di forza uguale ma opposta. SIN. Contraddizione. *2* (*psicol.*) Azione illogica, compiuta per impulso inconscio.

antilògico [da *antilogia*] agg. (pl. m. *-ci*) ● Che interessa o concerne l'antilogia.

antìlope o †**antìlopa** [fr. *antilope*, dall'ingl. *antelope*, n. di un animale favoloso, di origine biz.] s. f. *1* Genere di mammiferi ruminanti dei paesi caldi, snelli e veloci, con corna cave e occhi molto vivi (*Antilope*). *2* Pelle conciata dell'antilope, vellutata e morbida, usata per vari indumenti di tipo sportivo: *giacca, cappotto di a.*

antiluètico [comp. di *anti-* (*2*) e *luetico*] **A** agg. (pl. m. *-ci*) ● Detto di ciò che è atto a prevenire o a curare la sifilide: *misure antiluetiche*; *preparato a.* **B** s. m. ● Farmaco usato contro la sifilide.

antimàcchia [comp. di *anti-* (*2*) e *macchia* (*1*)] agg. inv. ● (*tess.*) Detto di trattamento a cui vengono sottoposti i tessuti per impedire il formarsi di macchie | Detto di tessuto sottoposto a tale trattamento.

antimàfia [comp. di *anti-* (*2*) e *mafia*] **A** agg. inv. ● Detto di ciò che è volto a prevenire o reprimere la mafia: *legge a.*; *commissione a.* **B** s. f. ● Commissione parlamentare d'inchiesta con poteri propri della magistratura: *l'a. ha ordinato l'arresto di un testimone reticente.*

antimagnètico [comp. di *anti-* (*2*) e *magnetico*] agg. (pl. m. *-ci*) ● Che non risente dell'azione di un campo magnetico: *orologio a.*

antimalàrico [comp. di *anti-* (*2*) e *malarico*] **A** s.

m. (pl. *-ci*) • Farmaco usato contro la febbre malarica. **B** anche agg.: *farmaco a.*

antimatèria [comp. di *anti-* (*2*) e *materia*] s. f. • (*fis. nucl.*) Insieme di tutte le antiparticelle.

antimeridiàno (**1**) o (*raro*) **antemeridiàno** [vc. dotta, lat. *antemeridiānu(m)*, da *ănte merīdie(m)* 'prima del mezzogiorno' (V. *pomeridiano*)] agg. • Che precede il mezzogiorno: *spuntino a.*; *ore antimeridiane.*

antimeridiàno (**2**) [comp. di *anti-* (*2*) e *meridiano*] s. m. • Semicirconferenza passante per i poli e per gli antipodi di un luogo: *a. di Greenwich.*

antìmero [comp. di *anti-* (*1*) e *-mero*] s. m. • (*zool.*) Ognuna delle sezioni del corpo che, negli animali a simmetria raggiata, sono disposte a raggiera intorno all'asse verticale del corpo.

antimetàbole [lat. mediev. *antimetabŏle*, dal gr. *antimetabolḗ*, da *antimetabállein* 'invertire'] s. f. • (*ling.*) Figura retorica che consiste nella ripetizione, invertendone l'ordine, delle parole di una proposizione enunciata producendo così un ribaltamento di significato: *affermando questi cotali non mangiare per vivere, ma più tosto vivere per mangiare* (BOCCACCIO).

antimetafìsico [comp. di *anti-* (*2*) e *metafisico*] s. m.; anche agg. (pl. m. *-ci*) • Chi, che si oppone alla metafisica.

antimicòtico [comp. di *anti-* (*2*) e *micotico*] **A** s. m. (pl. m. *-ci*) • Medicamento usato nella terapia delle malattie prodotte da sviluppo di funghi parassiti. **B** anche agg.: *farmaco a.*; *pomata antimicotica.* SIN. Antifungino.

antimicròbico [comp. di *anti-* (*2*) e *microbico*] **A** s. m. (pl. *-ci*) • (*farm.*) Sostanza capace di uccidere o inibire lo sviluppo dei microrganismi. **B** anche agg.: *farmaco a.*

antimilitarìsmo s. m. • Tendenza, dottrina che è contraria al militarismo.

antimilitarìsta [comp. di *anti-* (*2*) e *militarista*] **A** s. m. e f. (pl. m. *-i*) • Chi è contrario al militarismo: *un a. convinto.* **B** anche agg.: *ideologia, posizione a.*

antimilitarìstico agg. (pl. m. *-ci*) • Che è proprio degli antimilitaristi o dell'antimilitarismo.

antimìne [comp. di *anti-* (*2*) e il pl. di *mina* (*1*)] agg. inv. • Atto a difendere dalle mine o a individuarle e impedirne lo scoppio.

antimìssile [comp. di *anti-* (*2*) e *missile*] agg. inv. • (*mil.*) Detto di ogni mezzo atto a distruggere o deviare dalla sua traiettoria un missile. SIN. Antimissilistico.

antimissilìstico [comp. di *anti-* (*2*) e *missilistico*] agg. (pl. m. *-ci*) • Antimissile.

antimonàrchico [fr. *antimonarchique*] agg.; anche s. m. (pl. m. *-ci*) • Che, chi è contrario alla monarchia.

antimoniàle agg. • (*chim.*) Relativo all'antimonio | Che contiene antimonio.

antimònico agg. (pl. m. *-ci*) • (*chim.*) Detto di composto dell'antimonio pentavalente | *Acido a.*, acido, inorganico, tribasico, solido, bianco, insolubile in acqua, derivato dal pentossido di antimonio.

antimònio [ar. *'utmud* (?)] s. m. • (*chim.*) Elemento chimico semimetallo, fragile, argenteo, ottenuto industrialmente dalla stibina, usato per leghe dure come quelle per caratteri da stampa, e in farmacia per espettoranti ed emetici. SIMB. Sb.

antimonióso agg. • (*chim.*) Detto di composto dell'antimonio trivalente | *Acido a.*, derivante dal triossido di antimonio.

antimonite s. f. • (*miner.*) Solfuro di antimonio in cristalli prismatici o aciculari di colore grigio--piombo e lucentezza metallica.

antimonopòlio [comp. di *anti-* (*2*) e *monopolio*] agg. inv. • Che mira a impedire la formazione di monopoli: *provvedimenti a.* SIN. Antitrust.

antimonopolìstico [comp. di *anti-* (*2*) e *monopolio*] agg. (pl. m. *-ci*) • Che è contrario ai monopoli.

antimperialìsmo o **antiimperialìsmo** [comp. di *anti-* (*2*) e *imperialismo*] s. m. • Atteggiamento di opposizione all'imperialismo.

antimperialista o **antiimperialista** [comp. di *anti-* (*2*) e *imperialista*] agg.; anche s. m. e f. (pl. m. *-i*) • Che, chi è contrario all'imperialismo: *movimento, politica a.*

antimperialìstico o **antiimperialìstico** [comp. di *anti-* (*2*) e *imperialistico*] agg. (pl. m. *-ci*) • Contrario, ostile all'imperialismo: *politica antimperialistica.*

antimùffa [comp. di *anti-* (*2*) e *muffa*] **A** s. m. inv. • Sostanza che impedisce la formazione della muffa. **B** anche agg. inv.: *trattamento a.*

antimùro [dal lat. *antemurāle* 'antemurale'] s. m. *1* Muro posto davanti ad altro per difesa o rinforzo. *2* (*raro, fig.*) Difesa, riparo.

antinazionàle [comp. di *anti-* (*2*) e *nazionale*] agg. • Che si oppone al gusto, allo spirito e all'indole nazionale: *discorso, atteggiamento a.*

antinazìsta [comp. di *anti-* (*2*) e *nazista*] agg.; anche s. m. e f. (pl. m. *-i*) • Che, chi è contrario al nazismo.

antincèndio o **antiincèndio** [comp. di *anti-* (*2*) e *incendio*] **A** agg. inv. • Atto ad impedire o a spegnere gli incendi: *dispositivo a.* **B** s. m. • Prodotto chimico, componente delle cariche per estintori, usato nella difesa contro gli incendi.

antinébbia [comp. di *anti-* (*2*) e *nebbia*] s. m. inv.; anche agg. • Fendinebbia.

antineoplàstico [comp. di *anti-* (*2*) e *neoplasia*] **A** s. m. (pl. *-ci*) • Farmaco usato nella cura dei tumori. **B** anche agg.: *farmaco a.* SIN. Antitumorale.

antineurìtico o **antinevrìtico** [comp. di *anti-* (*2*) e *neurite*] **A** s. m. (pl. *-ci*) • Rimedio contro la neurite. **B** anche agg. (pl. m. *-ci*): *farmaco a.*

antineuròtico o **antinevròtico** [comp. di *anti-* (*2*) e *neurosi*] **A** s. m. (pl. *-ci*) • Rimedio contro la neurosi. **B** anche agg.: *farmaco, trattamento a.*

antineutrìno [comp. di *anti-* (*2*) e *neutrino*] s. m. • (*fis.*) Antiparticella del neutrino.

antineutróne [comp. di *anti-* (*2*) e *neutrone*] s. m. • (*fis.*) Antiparticella del neutrone.

antinéve [comp. di *anti-* (*2*) e *neve*] agg. inv. • Detto di dispositivo che impedisce o riduce qualunque effetto dannoso della neve: *catene a.*; *occhiali a.*; *pneumatici a.*

antinevràlgico [comp. di *anti-* (*2*) e *nevralgico*] **A** s. m. (pl. *-ci*) • Rimedio atto a calmare le nevralgie. **B** anche agg.: *farmaco a.*

antinevrìtico • V. *antineuritico.*

antinevròtico • V. *antineurotico.*

antinfèrno o **antiinfèrno** [comp. di *anti-* (*1*) e *inferno*] s. m. • Vestibolo dell'Inferno dantesco, dove si trovano le anime degli ignavi.

antinfettìvo o **antiinfettìvo** [comp. di *anti-* (*2*) e *infettivo*] agg. • Detto di ciò che previene lo sviluppo di un'infezione.

antinfiammatòrio o **antiinfiammatòrio** [comp. di *anti-* (*2*) e *infiammatorio*] **A** s. m. • Rimedio contro le infiammazioni. **B** anche agg.: *pomata antinfiammatoria.*

antinflatìvo o (*evit.*) **antinflattìvo**, (*evit.*) **antiinflattivo** [comp. di *anti-* (*2*) e *inflazione*] agg. • (*econ.*) Antinflazionistico.

antinflazionìstico o **antiinflazionìstico** [comp. di *anti-* (*2*) e *inflazionistico*] agg. (pl. m. *-ci*) • (*econ.*) Antinflativo.

antinfluenzàle o **antiinfluenzàle** [comp. di *anti-* (*2*) e *influenzale*] **A** s. m. • Medicamento per la terapia sintomatica delle forme influenzali. **B** anche agg.: *farmaco a.*

antinfortunìstico o **antiinfortunìstico** [comp. di *anti-* (*2*) e *infortunistico*] agg. (pl. m. *-ci*) • Atto alla prevenzione degli infortuni, spec. quelli sul lavoro: *legislazione antinfortunistica.*

antinomìa [vc. dotta, lat. *antinŏmia(m)*, nom. *antinŏmia*, dal gr. *antínomia*, comp. di *anti-* e *nŏmos* 'legge'] s. f. *1* (*filos.*) Situazione di conflitto in cui vengono a trovarsi due proposizioni contraddittorie che possono essere separatamente giustificabili con argomenti di uguale forza | La contraddizione di un principio con sé stesso. *2* (*est.*) Contraddizione palese.

antinòmico agg. (pl. m. *-ci*) • Che è in antinomia, in contraddizione.

antinquinaménto o **antiinquinaménto** [comp. di *anti-* (*2*) e *inquinamento*] agg. inv. • Detto di ciò che è inteso a prevenire e a combattere l'inquinamento delle acque, dell'aria e del suolo: *misure a.*

antintercettazióne o **antiintercettazióne** [comp. di *anti-* (*2*) e *intercettazione*] agg. inv. • Detto di sistema o di dispositivo attivati per impedire le intercettazioni telefoniche.

antintrusióne o **antiintrusióne** [comp. di *anti-* (*2*) e *intrusione*] agg. inv. • Detto di ogni mezzo inteso a difendere da effrazioni e furti: *impianti a.*

antinucleàre [comp. di *anti-* (*2*) e *nucleare*] agg.; anche s. m. e f. *1* Che, chi si oppone all'uso bellico dell'energia nucleare: *trattato a.* *2* Che, chi si oppone all'installazione e all'uso di centrali elettriche nucleari.

antinuclearìsta [comp. di *anti-* (*2*) e *nuclearista*] **A** s. m. e f. (pl. m. *-i*) *1* Chi si oppone all'uso bellico dell'energia nucleare. *2* Chi si oppone all'installazione e all'uso di centrali elettriche nucleari. **B** anche agg.: *propaganda a.*

antinùcleo [comp. di *anti-* (*2*) e *nucleo*] s. m. • (*fis.*) Nucleo composto da antineutroni e antiprotoni.

antinucleóne [comp. di *anti-* (*2*) e *nucleone*] s. m. • (*fis.*) Antiparticella di un nucleone.

antioccidentalìsmo [comp. di *anti-* (*2*) e *occidentalismo*] s. m. • Atteggiamento di opposizione all'Occidente e all'occidentalismo.

antiochèno [vc. dotta, lat. *Antiochēnu(m)*, da *Antiochīa* 'Antiochia'] **A** agg. • Di Antiochia. **B** s. m. (f. *-a*) • Abitante, nativo di Antiochia.

antiofìdico [comp. di *anti-* (*2*) e *ofidi*] **A** s. m. (pl. *-ci*) • Siero o altro antidoto contro il veleno dei serpenti. **B** anche agg.: *siero a.*

antìopa [vc. dotta, lat. *Antĭopa(m)*, n. di un personaggio mitologico] s. f. • Farfalla nostrana con livrea dai magnifici colori (*Nymphalis antiopa*).

antioràrio [comp. di *anti-* (*2*) e *orario*] agg. • Detto di movimento che avviene nel verso opposto a quello in cui ruotano le lancette di un orologio.

antiossidànte [comp. di *anti-* (*2*) e *ossidante*] **A** s. m. • Composto che, aggiunto in piccole quantità a una sostanza, è capace di impedirne o ritardarne l'ossidazione spontanea. **B** anche agg.: *sostanza a.*

antipalchétto [comp. di *anti-* (*1*) e *palchetto*] s. m. • Anticamera del palco, in alcuni teatri.

antipàllage [vc. dotta, gr. *anthypallagḗ*. V. *ipallage*] s. f. • (*ling.*) Scambio, permutazione di casi e modi.

antipànico [comp. di *anti-* (*2*) e *panico* (*1*)] agg. inv. • Detto di porta di sicurezza che si apre solo spingendo dall'interno.

antipàpa [comp. di *anti-* (*2*) e *papa*] s. m. (pl. *-i*) • Papa eletto illeggittimamente contro quello eletto secondo le regole canoniche.

antipapàle [da *antipapa*] agg. *1* Che è proprio di un antipapa: *bolla a.* *2* Contrario all'autorità del Papa.

antiparassitàrio [comp. di *anti-* (*2*) e *parassitario*] **A** s. m. • Prodotto o composto usato per l'azione anticrittogamica o insetticida che può svolgere. **B** anche agg.: *sostanza antiparassitaria.*

antiparlamentàre [comp. di *anti-* (*2*) e *parlamentare*] agg. • Che è contrario al regime parlamentare.

antiparticèlla [comp. di *anti-* (*2*) e *particella*] s. f. • (*fis. nucl.*) Particella identica a una particella ordinaria per massa, vita media e spin, ma di carica elettrica e momento magnetico di segno opposto.

antipartìto [comp. di *anti-* (*2*) e *partito* (*1*)] **A** agg. inv. • Contrario alla linea politica ufficiale di un partito: *corrente, gruppo a.*; *attività a.* **B** s. m. e f. inv. • Chi si oppone alle direttive del proprio partito.

antipastièra [da *antipasto*] s. f. • Vassoio a diversi scomparti, usato per servire antipasti.

antipàsto [comp. di *anti-* (*1*) e *pasto*] s. m. • Vivanda, servita a tavola per prima, atta a stuzzicare l'appetito. || **antipastino**, dim.

antipate [comp. di *anti-* (*2*) e gr. *páthos* (V. *pathos*): detto così perché impassibile] s. m. • Specie di Antozoi viventi a una certa profondità, il cui scheletro nerastro fornisce il corallo nero (*Antipathes larix*).

antipatìa [vc. dotta, lat. *antipathīa(m)*, nom. *antipathīa*, dal gr. *antipátheia* 'passione contro qualcuno', comp. di *anti-* (*2*) e *páthos* 'passione'] s. f. • Avversione istintiva, anche senza ragione apparente, verso persone o cose: *avere, nutrire, provare, sentire, a. per, verso qc. o q.c.*; *ispirare a.*; *vincere, superare l'a.*

antipàtico [da *antipatia*] **A** agg. (pl. m. *-ci*) • Che desta antipatia: *contegno, aspetto, individuo, a.*; *essere a. a qc.* || **antipaticaménte**, avv. **B** s. m. (f.

-*a*) • Persona antipatica.

antipatizzànte [da *antipat(ico)*, sul modello del contr. *simpatizzante*] s. m. e f. • Chi dimostra divergenza di opinioni, di idee rispetto a un movimento, un partito e sim., pur senza opporvisi completamente e ufficialmente.

antipatriòttico [comp. di *anti-* (*2*) e *patriottico*, prob. attrav. il fr. *antipatriotique*] agg. (pl. m. -*ci*) • Che dimostra disamore alla patria o è contrario agli interessi della patria: *discorso, comportamento a.*

antipatriottìsmo s. m. • Tendenza e atteggiamento antipatriottico.

antipenùltimo o **antepenùltimo** [comp. di *anti-* (*1*) e *penultimo*] agg. • (*raro*) Terzultimo.

antiperìodo [comp. di *anti-* (*1*) e *periodo*] s. m. • (*mat.*) In un numero decimale periodico misto, gruppo di cifre che precede il primo periodo.

antiperistàlsi [comp. di *anti-* (*2*) e *peristalsi*] s. f. • (*fisiol.*) Movimento ondulatorio di contrazione gastrointestinale in direzione opposta a quella della peristalsi. CFR. Peristalsi.

antiperistàltico agg. (pl. m. -*ci*) • (*fisiol.*) Di, relativo ad antiperistalsi: *contrazione antiperistaltica*.

antipetrarchìsmo [comp. di *anti-* (*2*) e *petrarchismo*] s. m. • Avversione alle maniere e allo stile poetico del Petrarca e dei suoi imitatori, oppure solo di questi ultimi.

antipièga [comp. di *anti-* (*2*) e *piega*] agg. inv. • Detto di processo di rifinizione dei tessuti, prevalentemente di fibre cellulosiche, avente lo scopo di impedirne la formazione di pieghe durante l'uso | Detto di tessuto ingualcibile.

antipirètico [comp. di *anti-* (*2*) e gr. *pyretikós* 'febbrile' (da *pŷr*, genit. *pyrós* 'fuoco')] s. m.; anche agg. (pl. m. -*ci*) • Antifebbrile.

antipode [gr. *antípodes*, pl., comp. di *anti-* 'anti- (2)' e *poús*, genit. *podós* 'piede'] **A** s. m.; †anche agg. • (*spec. al pl.*) Chi, che abita in un luogo della terra diametralmente opposto al punto considerato. **B** s. m. • (*al pl.*) Punti di una sfera, spec. della sfera terrestre, diametralmente opposti | *Essere agli antipodi*, (*fig.*) avere opinioni diametralmente opposte.

antipodìsta [comp. di *anti-* (*2*) e del gr. *póus* genit. *podós* 'piede', nel senso di 'coi piedi all'incontrario, in alto'] s. m. e f. (pl. m. -*i*) • Acrobata che, disteso sul dorso, compie esercizi di destrezza e di abilità con le gambe.

antipodo [cfr. *antipode*] s. m. • Gioco enigmistico consistente nel trovare una parola che possa esser letta anche a rovescio, se si porta in fondo la prima lettera o in principio l'ultima (esempio: *madama a-madam*).

antipoètico [comp. di *anti-* (*2*) e *poetico*] agg. (pl. m. -*ci*) • Che è contrario alla poesia: *soggetto a.*; *forma antipoetica* | (*est.*) Che è insensibile, ostile alla poesia: *secolo a.*

antipòlio [comp. di *anti-* (*2*) e *polio*, abbr. di *poliomielite*] **A** agg. inv. • Detto di medicamento e relativo trattamento che immunizza dalla poliomielite: *siero, vaccino a.*; *vaccinazione a.* **B** s. f. inv. • Vaccinazione antipolio.

antipoliomielìtico [comp. di *anti-* (*2*) e *poliomielitico*] agg. (pl. m. -*ci*) • Antipolio.

antipolìtico [comp. di *anti-* (*2*) e *politico*] agg. (pl. m. -*ci*) **1** (*raro*) Che è contrario alla politica. **2** Che è privo di senso politico | Che ottiene effetti politici contrari a quelli che si prefiggeva: *provvedimenti antipolitici*.

antipólvere [comp. di *anti-* (*2*) e *polvere*] agg. inv. • Detto di sostanza che tende a impedire il sollevarsi della polvere, spec. da strade non asfaltate.

antipopolàre [comp. di *anti-* (*2*) e *popolare* (*2*)] agg. • Che va contro l'interesse, i desideri o la volontà del popolo | Impopolare: *legge a.*; *provvedimenti antipopolari*.

antipòrta [comp. di *anti-* (*1*) e *porta*] s. f. **1** Porta che sta innanzi a un'altra | Spazio tra due porte. **2** Opera di fortificazione a difesa della porta di una città o di una fortezza. **3** Pagina che precede il frontispizio di un libro e contiene una illustrazione o il solo titolo.

antipòrto [comp. di *anti-* (*1*) e *porto*] s. m. • (*mar., raro*) Avamporto.

antiproièttile [comp. di *anti-* (*2*) e *proiettile*] agg. inv. • Detto di ciò che ha lo scopo di proteggere dai proiettili d'arma da fuoco: *giubbotto a.*; *vetri a.*

antiprotóne [comp. di *anti-* (*2*) e *protone*] s. m. • (*fis.*) Antiparticella del protone da cui differisce per la carica che è uguale ma negativa e per il momento magnetico uguale ma contrario.

antipsichiatrìa [comp. di *anti-* (*2*) e *psichiatria*] s. f. • Corrente della psichiatria, critica nei confronti delle teorie tradizionali, che propone di ricercare le cause delle malattie mentali nell'ambiente familiare e sociale.

antipsòrico [comp. di *anti-* (*2*) e del gr. *psōrikós*, agg. di *psṓra* 'scabbia'] **A** s. m. (pl. -*ci*) • Rimedio contro la scabbia. **B** anche agg. (pl. m. -*ci*): *medicamento a.*

antipurgatòrio [comp. di *anti-* (*1*) e *purgatorio*] s. m. • Vestibolo del Purgatorio, dove, secondo Dante, le anime di quelli che in vita furono in diverso modo indolenti e indugiarono a pentirsi sostano più o meno a lungo prima di essere ammesse nel Purgatorio vero e proprio.

antiquària [vc. dotta, lat. *antiquāria(m)* (sott. *ărte(m)*), 'scienza delle cose antiche', da *antīquus* 'antico'] s. f. **1** Scienza relativa allo studio dell'antichità. **2** Commercio di oggetti antichi.

antiquariàto [da *antiquario*] s. m. • Commercio o raccolta di libri, opere d'arte e oggetti antichi | *Pezzo d'a.*, oggetto da collezione | *Mostra dell'a.*, esposizione di oggetti antichi.

antiquàrio [vc. dotta, lat. *antiquāriu(m)*, da *antīquus* 'antico'] **A** s. m. (f. -*a*) • Commerciante d'antichità | (*lett.*) Chi colleziona o ricerca oggetti antichi. **B** agg. • Che si riferisce alle antichità: *arte, ricerca antiquaria*.

antiquarium /*lat.* anti'kwarjum/ [vc. ingl., nt. sost. del lat. *antiquārius* 'che riguarda l'antichità' (V. *antiquario*)] s. m. • Museo che ospita raccolte di materiale archeologico nel luogo stesso di provenienza: *l'a. di Paestum*.

antiquàto [vc. dotta, lat. *antiquātu(m)*, part. pass. di *antiquāre* 'invecchiare', da *antīquus* 'antico'] agg. **1** Divenuto antico, caduto in disuso: *linguaggio, abito a.* **2** †Inveterato.

†antiquìsta • V. *antichista*.

†antiquità • V. *antichità*.

†antiquo • V. *antico*.

antiràbbico o **antiràbico** [fr. *antirabique*. V. *rabbia*] agg. (pl. m. -*ci*) • Di, relativo a, rimedio contro la rabbia o idrofobia: *siero, vaccino a.*; *istituto a.*

antirachìtico [comp. di *anti-* (*2*) e *rachitico*] agg. (pl. m. -*ci*) • Che previene e cura il rachitismo | *Vitamina antirachitica*, vitamina D.

antiràdar [comp. di *anti-* (*2*) e *radar*] agg. • Detto di dispositivo atto a disturbare o annullare le capacità ricettive dei radar.

antirazionàle [comp. di *anti-* (*2*) e *razionale*] agg. • Che si oppone alla ragione.

antirazzìsmo [comp. di *anti-* (*2*) e *razzismo*] s. m. • Atteggiamento di opposizione nei confronti del razzismo.

antirecessìvo [comp. di *anti-* (*2*) e *recessivo*] agg. • Che mira a frenare la recessione economica: *provvedimenti antirecessivi*.

antireferendàrio [comp. di *anti-* (*2*) e *referendum*, con suff. aggettivale] agg. • Che è contrario all'effettuazione di un referendum: *movimento a.*

antireligióso [comp. di *anti-* (*2*) e *religioso*] agg. • Che è contrario alla religione e ai suoi principi: *scritto, spirito a.*

antiretòrica [comp. di *anti-* (*2*) e *retorica*] s. f. • Atteggiamento di avversione nei confronti di tutto ciò che è retorico, ampolloso, ridondante.

antireumàtico [comp. di *anti-* (*2*) e *reumatico*] **A** s. m. (pl. -*ci*) • Rimedio contro le affezioni reumatiche. **B** anche agg. (pl. m. -*ci*): *farmaco a.*

antiriflèsso [comp. di *anti-* (*2*) e *riflesso* (*1*)] agg. inv. • Che elimina o attenua il riflesso della luce: *lenti a.*

antirivoluzionàrio [comp. di *anti-* (*2*) e *rivoluzionario*] agg.; anche s. m. (f. -*a*) • Che, chi è contrario alla rivoluzione.

antirollànte [comp. di *anti-* (*2*) e *rollante*] agg. • Antirollio.

antirollìo [comp. di *anti-* (*2*) e *rollio*] agg. inv. • Detto di congegno o dispositivo atto ad attutire gli effetti del rollio di una nave: *pinne a.*

antiromànzo [comp. di *anti-* (*2*) e *romanzo*] s. m. • Opera di narrativa che preordinatamente, e talora polemicamente, abbandona le caratteristiche strutturali tipiche o convenzionali del romanzo, come la trama, la caratterizzazione dei personaggi, e sim.

antirómbo [comp. di *anti-* (*2*) e *rombo* (*1*)] agg. inv. • (*autom.*) Detto di vernice molto densa con cui si ricoprono le parti inferiori della scocca per ridurne le vibrazioni e i rumori.

antirrìno [vc. dotta, lat. *antirrhīno(n)*, dal gr. *antírrinon*, comp. di *anti-* e *rís*, genit. *rinós* 'naso', per la forma della corolla] s. m. • Pianta erbacea delle Scrofulariacee con grappoli di fiori rossi con bocca gialla (*Antirrhinum majus*). SIN. Bocca di leone.

antirùggine [comp. di *anti-* (*2*) e *ruggine*] **A** agg. inv. • Di ciò che serve a impedire l'ossidazione dei materiali ferrosi: *olio a.* **B** anche s. m. inv.: *applicare l'a. prima della vernice*.

antirùghe [comp. di *anti-* (*2*) e il pl. di *ruga*] **A** agg. inv. • Detto di prodotto cosmetico che previene o cura la formazione delle rughe. **B** anche s. m. inv.: *mettere l'a. attorno agli occhi*.

antirumóre [comp. di *anti-* (*2*) e *rumore*] agg. inv. • Che mira a eliminare o ridurre il rumore: *provvedimenti a.*; *barriere, tappi a.*

antisàla [comp. di *anti-* (*1*) e *sala*] s. f. • Vestibolo, anticamera.

antiscàlo [comp. di *anti-* (*1*) e *scalo*] s. m. • Parte immersa dello scalo su cui è impostata una nave in costruzione.

antiscàsso [comp. di *anti-* (*2*) e *scasso*] agg. inv. • Detto di strutture, come casseforti, porte e sim., dotate di dispositivi atti a impedire furti con scasso.

antischiavìsmo [comp. di *anti-* (*2*) e *schiavismo*] s. m. • Movimento per l'abolizione della schiavitù.

antischiavìsta [comp. di *anti-* (*2*) e *schiavista*] s. m.; anche agg. (pl. m. -*i*) • Chi, che è fautore dell'antischiavismo.

antischiùma [comp. di *anti-* (*2*) e *schiuma*] **A** s. m. • (*chim.*) Agente capace di abbattere una schiuma o di prevenirne la formazione. **B** anche agg.: *agente a.* SIN. Antischiumogeno.

antischiumògeno [comp. di *anti-* (*2*) e *schiumogeno*] s. m.; anche agg. • (*chim.*) Antischiuma.

antiscientìfico [comp. di *anti-* (*2*) e *scientifico*] agg. (pl. m. -*ci*) • Contrario ai princìpi e ai metodi della scienza: *procedimento a.*

antiscìopero [comp. di *anti-* (*2*) e *sciopero*] agg. inv. • Detto di ogni provvedimento o comportamento che sia contro lo sciopero.

antiscìppo [comp. di *anti-* (*2*) e *scippo*] agg. inv. • Detto di ciò che è fatto in modo da non poter essere strappato di dosso durante uno scippo: *valigia a.*; *borse a.* | Che ha lo scopo di prevenire o impedire lo scippo: *squadra a.*

antiscìvolo [comp. di *anti-* (*2*) e *scivolo*] agg. inv. • Antisdrucciolevole.

antiscòppio [comp. di *anti-* (*2*) e *scoppio*] agg. inv. • Antideflagrante.

antiscorbùtico [comp. di *anti-* (*2*) e *scorbutico*] **A** agg. (pl. m. -*ci*) • Che previene e cura lo scorbuto | *Vitamina antiscorbutica*, vitamina C. **B** anche s. m. (pl. m. -*ci*).

antisdrucciolévole [comp. di *anti-* (*2*) e *sdrucciolevole*] agg. • Che elimina o riduce il pericolo di sdrucciolare: *suole antisdrucciolevoli*; *pavimentazione stradale a.* SIN. Antiscivolo.

antiseborròico [comp. di *anti-* (*2*) e *seborroico*] **A** s. m. (pl. -*ci*) • Farmaco che previene e cura la seborrea. **B** anche agg.: *farmaco, trattamento a.*

antisemìta [comp. di *anti-* (*2*) e *semita*] s. m. e f.; anche agg. (pl. m. -*i*) • Chi, che è ostile nei confronti degli Ebrei.

antisemìtico agg. (pl. m. -*ci*) • Relativo all'antisemitismo o agli antisemiti | Diretto contro gli Ebrei: *persecuzioni antisemitiche*.

antisemitìsmo [ted. *Antisemitismus*. V. *anti-* (*2*) e *semita*] s. m. • Atteggiamento, politica ostile nei confronti degli Ebrei.

antisèpsi [comp. di *anti-* (*2*) e del gr. *sêpsis* 'putrefazione'] s. f. • Sterilizzazione mediante l'uso di sostanze chimiche capaci di distruggere i germi.

antisequèstro [comp. di *anti-* (*2*) e *sequestro*] agg. inv. • Atto a impedire i sequestri di persona: *prevenzione a.*

antisèttico [comp. di *anti-* (*2*) e del gr. *sēptikós* 'che genera putrefazione'] **A** agg. (pl. m. *-ci*) **1** Di, relativo ad, antisepsi: *trattamento a.* **2** Che distrugge i germi e quindi consente l'antisepsi: *liquido a.* **B** s. m. ● Sostanza chimica capace di distruggere i germi.

antisfondaménto [comp. di *anti-* (*2*) e *sfondamento*] agg. inv. ● Detto di struttura o di materiale in grado di resistere a tentativi di sfondamento: *finestre a.*

antisièro [comp. di *anti*(*corpo*) e *siero*] s. m. ● (*biol.*) Siero immune contenente anticorpi verso uno o più antigeni particolari.

antisiluránte [comp. di *anti-* (*2*) e *silurante*] **A** agg. ● Detto delle unità della marina militare e delle armi impiegate nel combattimento contro il naviglio silurante. **B** anche s. m.: *essere imbarcato su un a.*; *nave dotata di antisiluranti.*

antisimmètrico [comp. di *anti-* (*2*) e *simmetrico*] agg. (pl. m. *-ci*) ● (*mat.*) Di ente matematico i cui elementi simmetrici rispetto a un punto, a un asse, o a un piano, hanno segno opposto: *funzione antisimmetrica.*

antisindacàle [comp. di *anti-* (*2*) e *sindacale* (*2*)] agg. ● (*dir.*) Detto di ogni comportamento di un datore di lavoro diretto a impedire o limitare l'esercizio della libertà e dell'attività sindacale e del diritto di sciopero in un'azienda: *repressione della condotta a.* | (*gener.*) Che è contrario ai sindacati, ai loro principi e alle loro azioni.

antisìsmico [comp. di *anti-* (*2*) e *sismico*] agg. (pl. m. *-ci*) ● Detto di costruzione effettuata con particolari accorgimenti per renderla resistente ai terremoti.

antisistèma [comp. di *anti-* (*2*) e *sistema*] **A** agg. inv. ● Contrario al sistema politico e sociale vigente: *ideologia a.* **B** s. m. (pl. *-i*) ● Forza organizzata che mira a sovvertire le strutture del sistema politico e sociale vigente.

antiskating /*semi-ingl.* anti'skeitin(g)/ [comp. di *anti-* (*2*) e dell'ingl. *skating*] s. m. inv. ● Nei giradischi degli impianti ad alta fedeltà, dispositivo per la correzione della forza centrifuga che tende a spostare il braccio verso l'esterno del disco.

antislittaménto [comp. di *anti-* (*2*) e *slittamento*] agg. inv. ● Che impedisce lo slittamento di un veicolo: *freni a.*

antismòg /*semi-ingl.* antiz'mɔg/ [comp. di *anti-* (*2*) e *smog*] agg. inv. ● Che tende a prevenire la formazione dello smog o a eliminarne i dannosi effetti.

antisociàle [comp. di *anti-* (*2*) e *sociale*] agg.; anche s. m. e f. ● Che, chi è pericoloso alla società e ostile alle organizzazioni o ai codici sociali | *Reazione a.*, disturbo della personalità che porta l'individuo a essere cronicamente in conflitto con la società.

antisofisticazióne o **antisofisticazióni** [comp. di *anti-* (*2*) e *sofisticazione*] agg. inv. ● Che mira a impedire le sofisticazioni alimentari: *nucleo a.*

antisolàre [comp. di *anti-* (*2*) e *solare* (*1*)] agg. ● Detto di crema o sostanza efficace a proteggere dalla lunga esposizione ai raggi del sole.

antisóle [comp. di *anti-* (*2*) e *sole*] agg. inv. ● Atto a proteggere dai raggi solari: *olio a.*; *occhiali a.*

antisommergìbile [comp. di *anti-* (*2*) e *sommergibile*] **A** s. m. ● Mezzo, unità o dispositivo atto a contrastare azioni offensive di sommergibili. **B** anche agg.: *elicottero a.*

antisommòssa [comp. di *anti-* (*2*) e *sommossa*] agg. inv. ● Che opera o è concepito per prevenire o reprimere sommosse, rivolte, tumulti e sim.: *reparti, azioni a.*

antisoviètico [comp. di *anti-* (*2*) e *sovietico*] agg. (pl. m. *-ci*) ● Che rivela o si ispira all'antisovietismo: *propaganda antisovietica.*

antisovietìsmo [comp. di *anti-* (*2*) e *sovietismo*] s. m. ● Atteggiamento di opposizione nei confronti della politica dell'ex Unione Sovietica.

antispasmòdico [comp. di *anti-* (*2*) e *spasmodico*] agg.; anche s. m. (pl. m. *-ci*) ● Antispastico.

antispàstico [vc. dotta, lat. tardo *antispasticu*(*m*), dal gr. *antispastikós*, da *antispân* 'tirare in senso contrario', comp. di *anti-* 'anti- (*2*)' e *spân* 'tirare' (di etim. incerta)] **A** s. m. (pl. *-ci*) ● Medicamento che calma o sopprime gli spasmi decontraendo i muscoli e ripristinandone la funzionalità. SIN. Antispasmodico. **B** anche agg. (pl. m. *-ci*): *farmaco a.*

antispàsto [vc. dotta, lat. tardo *antispăstu*(*m*), nom. *antispăstus*, dal gr. *antíspastos* 'tirato in senso contrario', comp. di *anti-* (*2*) e *spáō* 'io tiro'] s. m. ● (*ling.*) Piede metrico greco e latino formato da una sillaba breve, due lunghe e una breve.

antisportìvo [comp. di *anti-* (*2*) e *sportivo*] agg. **1** Detto dell'azione di un atleta o dei suoi sostenitori che contrasti con i doveri agonistici o con le regole di cavalleria sportiva e il loro spirito. **2** (*gener.*) Che è contrario allo sport.

antistamìnico [comp. di *anti-* (*2*) e *istaminico*] **A** s. m. (pl. *-ci*) ● Farmaco di varia natura chimica che ha il potere di contrastare l'azione dell'istamina, uno dei principali fattori responsabili delle manifestazioni allergiche. **B** anche agg. (pl. m. *-ci*): *farmaco a.*

antistànte part. pres. di *antistare*; anche agg. ● Che sta davanti: *il giardino a. alla villa*; *il piazzale a. il municipio.*

antistàre [vc. dotta, lat. *antistāre*, comp. di *ănte* 'avanti' e *stāre* 'stare'] v. tr. e intr. (pres. *io antistò, tu antistài, egli antistà*; nelle altre forme coniug. come *stare*; aus. intr. *essere*) ● (*raro*) Stare davanti.

antistàtico [comp. di *anti-* (*2*) e *statico* (*1*)] agg. (pl. m. *-ci*) ● (*fis.*) Detto di sostanza in grado di eliminare l'elettricità statica da oggetti realizzati con materiali isolanti.

†**antiste** ● V. *antistite.*

antistèrico o **antiistèrico** [comp. di *anti-* (*2*) e *isterico*] **A** s. m. (pl. *-ci*) ● Rimedio contro l'isterismo. **B** anche agg. (pl. m. *-ci*): *farmaco a.*; *acqua antisterica.*

antistite o †**antiste** [vc. dotta, lat. *antĭstite*(*m*) 'che sta innanzi', comp. di *ănte* 'davanti' e *stāre* 'stare'] s. m. **1** Colui che presiede una cerimonia religiosa, sacerdote di un culto. **2** Prelato domestico della Corte pontificia | (*est.*) Vescovo, parroco.

antistoricìsmo [comp. di *anti-* (*2*) e *storicismo*] s. m. ● Atteggiamento del pensiero che misconosce l'importanza dello sviluppo storico nelle strutture civili.

antistoricìstico [comp. di *anti-* (*2*) e *storicistico*] agg. (pl. m. *-ci*) ● Relativo a, caratterizzato da, antistoricismo.

antistòrico [comp. di *anti-* (*2*) e *storico*] agg. (pl. m. *-ci*) ● Che è contrario alla storia, alle sue leggi e alle sue esigenze: *atteggiamento a.*

antistreptolìsina [comp. di *anti-* (*2*) e *streptolisina*] s. f. ● Anticorpo diretto verso le streptolisine.

antistreptolìsinico agg. (pl. m. *-ci*) ● Relativo all'antistreptolisina | *Titolo a.*, tasso corrispondente al contenuto relativo di anticorpi antistreptolisinici presenti nel siero, che risulta elevato nelle infezioni recenti da streptococco o nel reumatismo articolare acuto.

antistrèss [comp. di *anti-* (*2*) e *stress*] agg. inv. ● Che mira a combattere lo stress: *tecniche a.*

antìstrofe o **antìstrofa** [vc. dotta, lat. tardo *antĭstrophe*(*m*), nom. *antĭstrophe*, dal gr. *antistrophḗ*. V. *strofa*] s. f. ● (*letter.*) Seconda parte di una triade lirica, di cui la prima parte è la strofa, la terza è l'epodo | Nella tragedia greca, gruppo di versi che presenta una esatta corrispondenza con la precedente strofa.

antitabàcco [comp. di *anti-* (*2*) e *tabacco*] agg. inv. ● Che mira a combattere il vizio del fumo: *centro a.* SIN. Antifumo.

antitàrlo [comp. di *anti-* (*2*) e *tarlo*] agg. inv. ● Detto di trattamento o prodotto atto a proteggere il legno dall'azione dei tarli: *vernici a.*

antitàrmico [comp. di *anti-* (*2*) e *tarma*, con suff. aggettivale] **A** agg. (pl. m. *-ci*) ● Detto di trattamento o prodotto atto a proteggere le fibre e i tessuti di lana e sim. dall'azione delle tarme. **B** s. m. (pl. *-ci*) ● Sostanza chimica antitarmica.

antitedésco [comp. di *anti-* (*2*) e *tedesco*] agg. (pl. m. *-schi*) ● Contrario, ostile ai Tedeschi o alla Germania: *politica antitedesca.*

antitèrmico [comp. di *anti-* (*2*) e *termico*] s. m.; anche agg. (pl. m. *-ci*) ● Antifebbrile, antipiretico.

antiterrorìsmo [comp. di *anti-* (*2*) e *terrorismo*] **A** s. m. ● Complesso delle azioni di polizia volte a prevenire e reprimere il terrorismo. **B** anche agg. inv.: *provvedimenti, misure a.*

antiterrorìstico agg. (pl. m. *-ci*) ● Che ha lo scopo di prevenire e di combattere il terrorismo: *azione antiterroristica.*

antìtesi [vc. dotta, lat. tardo *antĭthesi*(*m*), nom. *antĭthesis*, dal gr. *antíthesis*, comp. di *anti-* 'anti- (*2*)' e *thésis* 'posizione'] s. f. **1** (*ling.*) Figura retorica che consiste nell'accostamento di parole e concetti contrapposti: *et spento 'l foco ove agghiacciando io arsi* (PETRARCA). **2** (*filos.*) Termine o proposizione che si contrappone a un altro termine o proposizione assunta come tesi. **3** (*est.*) Contrasto: *il suo carattere è in completa a. col mio.*

antitetànico [comp. di *anti-* (*2*) e *tetano*] agg. (pl. m. *-ci*) ● Di, relativo a medicamento contro il tetano e le convulsioni tetaniche: *siero, vaccino a.*

antitètico [vc. dotta, lat. tardo *antithĕticu*(*m*), nom. *antithĕticus*, dal gr. *antithetikós*. V. *antiteto*] agg. (pl. m. *-ci*) ● Che è in antitesi: *uno stato d'animo a. a un altro* | Che causa un'antitesi. || **antiteticaménte**, avv.

antìteto [vc. dotta, lat. tardo *antĭtheto*(*n*), dal gr. *antítheton* 'contrapposto', da *antitíthēmi* 'io contrappongo'] s. m. ● Membro dell'antitesi, nel sign. 1.

antitìfico [comp. di *anti-* (*2*) e *tifico*] agg. (pl. m. *-ci*) ● Detto di rimedio atto a prevenire il tifo: *vaccinazione antitifica.*

antitòssico [com. di *anti-* (*2*) e *tossico* (*1*)] **A** agg. (pl. m. *-ci*) ● Che ha le proprietà dell'antitossina | *Siero a.*, che contiene antitossine. SIN. Disintossicante. **B** anche s. m.: *prescrivere un a.*

antitossìna [fr. *antitoxine*. V. *tossina*] s. f. ● Anticorpo capace di neutralizzare una specifica tossina.

antitràgo [vc. dotta, gr. *antítragos* 'contro (*antí*) il trago (*trágos*)'] s. m. ● (*anat.*) Nel padiglione auricolare, piccola sporgenza cartilaginea contrapposta al trago.

antitrinitàrio [comp. di *anti-* e *trinitario*] **A** s. m. (f. *-a*) ● (*relig.*) Nel cristianesimo, chi rifiuta il dogma della trinità. **B** anche agg.: *dogma a.*

antitrinitarìsmo [da *antitrinitario*] s. m. ● (*relig.*) Nel cristianesimo, il movimento degli antitrinitari.

antitrombìna [comp. di *anti-* (*2*) e *trombina*] s. f. ● (*biochim.*) Una delle diverse sostanze presenti nel plasma capaci di inibire l'attività della trombina.

antitrust /*semi-ingl.* anti'trast, anti'trʌst/ o **anti-trust** [comp. di *anti-* (*2*) e *trust*] agg. inv. ● Detto di provvedimento o istituzioni che, a tutela della libertà di concorrenza, impedisce il formarsi di monopoli: *legge a.* SIN. Antimonopolio.

antitubercolàre [comp. di *anti-* (*2*) e *tubercolare*] agg. ● Detto di rimedio o cura atti a combattere o prevenire la tubercolosi.

antitumoràle [comp. di *anti-* (*2*) e *tumorale*] agg. ● (*med.*) Che agisce contro la crescita e la propagazione di un tumore: *agente a.*

antiuòmo [comp. di *anti-* (*2*) e *uomo*] agg. inv. ● (*mil.*) Detto di ogni mezzo atto a contrastare o impedire l'azione della fanteria: *mina a.*

antiùrico [comp. di *anti-* (*2*) e *urico*] agg. (pl. m. *-ci*) ● Che favorisce l'eliminazione dell'acido urico: *farmaco a.*

antiùrto [comp. di *anti-* (*2*) e *urto*] agg. inv. ● Detto di ciò che ha lo scopo di eliminare o di attutire gli effetti di un urto: *dispositivo a.*; *molle a.*

antivaiolóso [comp. di *anti-* (*2*) e *vaioloso*] agg. ● Detto di rimedio o cura atti a prevenire il vaiolo.

antivedére [vc. dotta, lat. *antevidēre* 'vedere prima', comp. di *ănte* 'prima' e *vidēre* 'vedere'] **A** v. tr. (coniug. come *vedere*) ● (*lett.*) Prevedere: *né posso il giorno che la vita serra / antiveder per lo corporeo velo* (PETRARCA). **B** in funzione di s. m. ● (*lett.*) Visione anticipata | Presagio.

†**antivedùto** part. pass. di *antivedere*; anche agg. ● Nel sign. del v.

antiveggènte [comp. di *anti-* (*1*) e *veggente*] agg. ● Dotato di antiveggenza.

antiveggènza s. f. ● (*lett.*) Capacità di conoscere anticipatamente il futuro | Prescienza.

antiveléno [comp. di *anti-* (*2*) e *veleno*] **A** agg. inv. ● Che agisce contro gli effetti di un veleno: *centro a.* **B** s. m. inv. ● Antidoto, contravveleno.

antivenèreo [comp. di *anti-* (*2*) e *venereo*] agg. ● Detto di rimedio contro le malattie veneree:

profilassi antivenerea.

antivenìre [vc. dotta, lat. *antevenīre*, comp. di *ănte* 'prima' e *venīre* 'venire'] **A** v. tr. (coniug. come *venire*) ● Prevenire. **B** v. intr. (aus. *essere*) ● †Venire, arrivare prima.

antiversióne [vc. dotta, lat. tardo *anteversiōne(m)*, da *antevĕrtere* 'passare innanzi'] s. f. ● (*med.*) Particolare atteggiamento dell'utero nel bacino a formare, con la vagina, un angolo aperto in avanti.

antivigìlia [comp. di *anti-* (*1*) e *vigilia*] s. f. ● Giorno precedente una vigilia: *l'a. di Natale.*

antivìpera [comp. di *anti-* (*2*) e *vipera*] agg. inv. ● Detto di siero che neutralizza il veleno della vipera.

antiviràle [comp. di *anti-* (*2*) e *virale*] agg. ● Detto di rimedio curativo o profilattico atto a combattere o prevenire le malattie causate da virus.

†**antivìsto** part. pass. di *antivedere*; anche agg. ● Nel sign. del v.

antivivisezióne [comp. di *anti-* (*2*) e *vivisezione*] agg. inv. ● Che è contrario alla vivisezione nella sperimentazione e nella ricerca scientifica: *movimento, lega a.*

antivivisezionìsta [da *antivivisezione*] s. m. e f.; anche agg. (pl. m. *-i*) ● Chi, che è contrario alla vivisezione.

ànto- [dal gr. *ánthos* 'fiore', di etim. incerta] primo elemento ● In parole composte della terminologia botanica significa 'fiore', o indica relazione coi fiori: *antofillo, antologia.*

antocianìna [da *antociano* con il suff. *-ina*] s. f. ● Pigmento vegetale, glucoside, che colora dal rosso al violetto frutti, fiori e piante. SIN. Antociano.

antociàno [comp. di *anto-* e *kýanos* 'azzurro'] s. m. ● (*chim.*) Antocianina.

antofìllo [comp. di *anto-* e *-fillo*] s. m. ● Foglia modificata che nel fiore forma il calice e la corolla.

antografìa [comp. di *anto-* e *-grafia*] s. f. ● Arte di disporre i fiori per esprimersi in modo simbolico.

antologìa [vc. dotta, gr. *anthología*, propriamente 'raccolta di fiori', comp. di *ánthos* 'fiore' e *légō* 'io raccolgo'] s. f. (pl. *-gie*) ● Raccolta di varie composizioni, o parti di composizioni, di un solo o più autori. SIN. Florilegio, poliantea.

antològica [f. sost. di *antologico*] s. f. ● Mostra che presenta al pubblico le opere più significative di un pittore, di uno scultore, di un movimento artistico, di un'epoca e sim.

antològico agg. (pl. m. *-ci*) ● Di, da antologia: *brano a.* | *Mostra antologica*, quella che espone al pubblico la parte più larga o significativa delle opere di un artista, o di un movimento, di un periodo e sim. || **antologicaménte**, avv. In forma di antologia.

antologìsta s. m. e f. (pl. m. *-i*) ● Autore, curatore di antologie.

antologiẓẓàre v. tr. ● Scegliere le parti più significative di autori e opere letterarie e pubblicarle in forma di antologia: *a. i poeti dell'ermetismo.*

antoniàno [da S. *Antonio*] **A** s. m. ● Monaco appartenente a una delle varie congregazioni cattoliche orientali che, fondate nel XVI e XVII sec., facevano risalire le loro regole a S. Antonio Abate (251 ca.-356). **B** agg. ● Che si riferisce alle chiese, alla spiritualità, alla predicazione di S. Antonio da Padova (1195-1231).

antonimìa [comp. di *anti-* (*2*) e un deriv. del gr. *ónyma*, var. di *ónoma* 'nome' (V. *onomastico*)] s. f. ● (*ling.*) Rapporto fra due antonimi.

antonìmico agg. (pl. m. *-ci*) ● Che si riferisce all'antonimia.

antònimo [comp. di *anti-* (*2*) e *-onimo*] agg.; anche s. m. ● (*ling.*) Detto di parola che abbia significato opposto a quello di un'altra (p. es. *bello e brutto*).

antonomàṣia [vc. dotta, lat. *antonomăsia(m)*, nom. *antonomăsia*, dal gr. *antonomasía*, comp. di *antí* 'anti- (2)' e *ónoma* 'nome'] s. f. ● (*ling.*) Figura retorica che consiste nell'adoperare un nome comune o una perifrasi invece di un nome proprio e viceversa: *disse 'l cantor de' buccolici carmi* (DANTE *Purg.* XXII, 57); *E tu gli ornavi del tuo riso i canti / che il lombardo pungean Sardanapalo* (FOSCOLO).

antonomàstico agg. (pl. m. *-ci*) ● Usato per antonomasia. || **antonomasticaménte**, avv. Per antonomasia.

antònomo [comp. di *anto-* e del gr. *némein* 'pascolare', di origine indeur.] s. m. ● Insetto dei Coleotteri parassita di alberi da frutta, spec. del melo (*Anthonomus pomorum*).

antoptòṣi [comp. di *anto-* e del gr. *ptôsis* 'caduta'] s. f. ● Caduta anticipata dei fiori dalla pianta per cause diverse.

Antoẓòi [comp. di *anto-* e del gr. *zôion* 'animale'] s. m. pl. ● Nella tassonomia animale, classe di Celenterati marini a forma di polipi che vivono isolati o in colonie sostenute da uno scheletro (*Anthozoa*) | (al sing. *-zoo*) Ogni individuo di tale classe.

antràce [vc. dotta, lat. tardo *ănthrace(m)*, nom. *ănthrax*, dal gr. *ánthrax* 'carbone', di etim. incerta] s. m. ● (*med.*) Agglomerato di foruncoli | *A. maligno*, carbonchio. SIN. Favo, vespaio.

antracène [fr. *anthracène*. V. *antrace*] s. m. ● Idrocarburo aromatico, primo termine della serie antracenica, ottenuto dal catrame di carbon fossile usato spec. nell'industria dei coloranti.

antracènico agg. (pl. m. *-ci*) ● Relativo all'antracene.

antrachinóne [comp. di *antra(cene)* e *chinone*] s. m. ● Composto organico, giallo, cristallino, ottenuto per ossidazione dell'antracene, impiegato spec. nella preparazione di una vasta classe di coloranti.

antrachinònico agg. (pl. m. *-ci*) ● Relativo all'antrachinone.

antracìte [vc. dotta, lat. *anthracīte(m)*. V. *antrace*] **A** s. f. ● Carbone fossile, nero lucente, di alto potere calorifico, molto ricco di carbonio libero, che contiene un'esigua quantità di sostanze volatili e pertanto brucia senza fumo. **B** in funzione di agg. inv. ● (posposto a un s.) Detto di colore grigio molto scuro ma lucente.

antracìtico agg. (pl. m. *-ci*) ● Relativo all'antracite.

àntraco- [gr. *ánthrax*, genit. *ánthrakos* 'carbone (per lo più di legna)', di etim. incerta] primo elemento ● In parole composte significa 'carbone', o è usato con riferimento al carbone: *antracene, antracosi.*

antracòṣi [vc. dotta, gr. *anthrákōsis*. V. *antrace*] s. f. ● Malattia polmonare dovuta alla prolungata inalazione di eccessive quantità di polveri di carbone.

àntro [vc. dotta, lat. *ăntru(m)*, dal gr. *ántron*, di etim. incerta] s. m. *1* Caverna, spelonca. *2* (*fig.*) Abitazione misera e tetra: *vivere in un a.* *3* (*med.*) Formazione anatomica cava | *A. gastrico*, porzione che precede il piloro | *A. di Higmoro*, seno mascellare.

antròpico [vc. dotta, gr. *antrōpikós*, agg. di *ánthrōpos* 'uomo', di etim. incerta] agg. (pl. m. *-ci*) ● Relativo all'uomo: *studi antropici.*

antropiẓẓazióne [dal gr. *ánthrōpos* 'uomo'] s. f. ● Complesso degli interventi che l'uomo compie sull'ambiente naturale al fine di adattarlo ai propri bisogni.

antropo-, -àntropo [dal gr. *ánthrōpos* 'uomo', di etim. incerta] primo o secondo elemento ● In parole composte dotte o scientifiche significa 'uomo': *antropogenesi, antropologia*; *filantropo.*

antropocèntrico [comp. di *antropo-* e *centrico*] agg. (pl. m. *-ci*) ● Che considera l'uomo al centro di ogni cosa: *teorie antropocentriche.*

antropocentriṣmo [fr. *anthropocentrisme*, comp. del gr. *ánthrōpos* 'uomo' e *kéntron* 'centro'] s. m. ● (*filos.*) Concezione filosofica secondo cui tutto nell'universo è stato creato in funzione dell'uomo che pertanto ne costituisce il centro.

antropofagìa [vc. dotta, lat. tardo *anthropophăgia(m)*, nom. *anthropophăgia*, dal gr. *anthrōpophagía*, comp. di *ánthrōpos* 'uomo' e *phagêin* 'mangiare'] s. f. (pl. *-gie*) ● Consumo di carne umana a scopo rituale, magico, profano. SIN. Cannibalismo.

antropòfago [vc. dotta, lat. *anthropŏphagus*, dal gr. *anthrōpophágos*. V. *antropofagia*] agg.; anche s. m. (f. *-a*; pl. m. *-gi*) ● Che, chi pratica l'antropofagia.

antropogèneṣi [comp. di *antropo-* e *genesi*] s. f. ● Studio dell'origine e dello sviluppo delle più arcaiche razze umane.

antropogènico [comp. di *antropo-* e *-genico*] agg. (pl. m. *-ci*) ● (*biol.*) Relativo all'antropogenesi.

antropogeografìa [comp. di *antropo-* e *geografia*] s. f. ● Ramo della geografia che studia la distribuzione dell'uomo sulla Terra in rapporto con l'ambiente.

antropòide [vc. dotta, gr. *anthrōpoeidḗs*, comp. di *ánthrōpos* 'uomo' e *-oide*] **A** agg. ● Somigliante all'uomo nell'aspetto. **B** s. m. ● Tipo arcaico e rozzo di ominide.

Antropoidèi [vc. dotta, dal gr. *anthrōpoeidḗs*, comp. di *ánthrōpos* 'uomo' e *-eidḗs* '-oide'] s. m. pl. ● Nella tassonomia animale, sottordine di Primati comprendente varie famiglie, tra le quali gli Ominidi (*Anthropoidea*) | (al sing. *-o*) Ogni individuo di tale sottordine.

antropologìa [comp. di *antropo-* e *-logia*] s. f. (pl. *-gie*) ● Ramo delle scienze naturali che studia l'origine dell'uomo e la sua posizione nello schema di classificazioni degli animali | *A. criminale*, scienza che ricerca le caratteristiche organiche e biologiche dei delinquenti | *A. culturale*, scienza che studia le strutture mentali di gruppi etnici e sociali | *A. fisica*, lo studio dell'uomo in rapporto alla sua genesi, al suo sviluppo somatico, alla sua diffusione sulla Terra mediante l'adattamento all'ambiente, e alla sua suddivisione in diverse razze e ceppi.

antropològico agg. (pl. m. *-ci*) ● Della, relativo alla, antropologia. || **antropologicaménte**, avv. Dal punto di vista antropologico.

antropologiṣmo s. m. ● Corrente filosofica che vede l'uomo al centro della realtà.

antropòlogo s. m. (f. *-a*; pl. m. *-gi*, pop. *-ghi*) ● Studioso di antropologia.

antropomanzìa [comp. di *antropo-* e *-manzia*] s. f. ● Forma di divinazione che si basa sull'esame delle viscere umane.

antropometrìa [comp. di *antropo-* e *-metria*] s. f. ● Scienza che misura il corpo umano e le sue parti per recare un contributo all'antropologia.

antropomètrico agg. (pl. m. *-ci*) ● Che riguarda l'antropometria.

antropòmetro [comp. di *antropo-* e *-metro*] s. m. ● Strumento mediante il quale si eseguono misurazioni in lunghezza sul corpo umano.

antropomòrfico agg. (pl. m. *-ci*) ● Relativo all'antropomorfismo.

antropomorfiṣmo [da *antropomorfo*] s. m. ● Nella tipologia religiosa, attribuzione di forme fisiche e di sentimenti umani alle figure divine.

antropomòrfo [vc. dotta, gr. *anthrōpómorphos*, comp. di *ánthrōpos* 'uomo' e *morphḗ* 'forma'] **A** agg. *1* Che ha forma umana. *2* Detto di scimmie che hanno caratteri morfologici affini a quelli dell'uomo, come lo scimpanzé e il gorilla. **B** s. m. ● Forma intermedia fra scimmia e uomo.

antroponimìa [da *antroponimo*] s. f. ● Parte dell'onomastica che ha per oggetto lo studio dei nomi di persona.

antroponìmico agg. (pl. m. *-ci*) ● Che si riferisce ai nomi di persona.

antropònimo [comp. di *antropo-* e *ónyma*, var. di *ónoma* 'nome' (V. *onomastico*)] s. m. ● Nome di persona.

antroposofìa [comp. di *antropo-* e del gr. *sophía* 'sapienza' (V. *sofia*)] s. f. ● Dottrina teosofica a base del movimento fondato dall'austriaco R. Steiner, che riconosce all'uomo la capacità di accedere alla conoscenza salvifica della realtà soprasensibile e di Dio, attraverso particolari metodi di sviluppo spirituale.

antropotècnica [comp. di *antropo-* e *tecnica*] s. f. ● Disciplina che mira a perfezionare i rapporti fra l'uomo e la macchina.

antropoẓòico [comp. di *antropo-* e del gr. *zōikós*, agg. di *zôion* 'animale'] **A** agg. (pl. m. *-ci*) ● Della, relativo alla, era geologica in cui comparve l'uomo sulla Terra. SIN. Quaternario. **B** anche s. m. (pl. *-ci*): *resti fossili dell'a.*

antrustióne [dal francone *trust* 'protezione'] s. m. ● Nel diritto franco, l'appartenente alla corte e al consiglio del re.

antùrio [comp. di *anto-* e *-uro* (*2*)] s. m. ● Genere di piante delle Aracee dell'America tropicale, con fusto a simpodio, grande spata dai colori vivaci e foglie rigide (*Anthurium*).

anulàre [vc. dotta, lat. tardo *anulāre(m)*, agg. di *ānulus* 'anello' (V.)] **A** agg. *1* Che ha forma di anello | *Raccordo a.*, circonvallazione periferica urbana, che collega fra di loro le strade di grande comunicazione convergenti sulla città, spec. a Roma | (*astron.*) *Eclisse a.*, quella in cui la luna è completamente sovrapposta al sole, di cui appare solo un anello luminoso. *2* (*arch.*) Detto di volta emisferica impostata su due muri, circolari e concentrici. **B** s. m. ● Quarto dito della mano dove, di solito, si porta l'anello.

anurèṣi [comp. di *an-* e del gr. *oúrēsis* 'l'orinare'] s. f. ● (*med.*) Anuria.

Anùri [comp. di *an-* e di *-uro* (2), attrav. il fr. *anoures*] s. m. pl. ● Nella tassonomia animale, ordine di Anfibi privi di coda, con zampe posteriori atte al salto e forma larvale assai diversa da quella adulta (*Anura*) | (al sing. *-o*) Ogni individuo di tale ordine.

anùria (1) o **anurìa** [comp. di *an-* e *-uria*] s. f. ● (*med.*) Mancanza della secrezione di urina.

anùria (2) [comp. di *an-* privativo e del gr. *ourá* 'coda'] s. f. ● (*zool.*) Mancanza di coda.

anùro [comp. di *an-* e *-uro* (2)] agg. ● (*zool.*) Detto di animale privo di coda.

-ànza [ripete la funzione di astratti che aveva il lat. *-āntia(m)*, un derivato dal part. pres. della prima coniug. (*abundante(m)*; *abundantia(m)*)] suff. ● Forma sostantivi astratti che indicano condizione, modo d'essere, stato: *abbondanza, adunanza, cittadinanza, lontananza, risonanza, temperanza, vacanza*.

ànzi [lat. *ăntea* 'anteriormente'] **A** cong. *1* O meglio, o piuttosto: *ti avviserò quando sarà pronto, a. te lo porterò io stesso*. *2* Con valore avvers., invece, all'opposto, al contrario: *non mi dispiace, a. la cosa mi fa veramente piacere* | (*ell.*) *Non è antipatico, a.!* Anche in prop. ellittiche: '*Vi do fastidio?*' 'a.' | *A. che*, piuttosto che, invece di; V. anche *anziché* | *A. che no*, piuttosto che no, alquanto. *3* Con valore raff.: *verrò presto, a. prestissimo*. *4* Con valore temp. nella loc. cong. *a. che*, prima che: *stette per ispazio d'un'ora a. che fosse legato* (SACCHETTI) | V. anche *anziché*. **B** prep. *1* (*lett.*) Avanti di, prima di: *a. sera*; *a. notte*; *a. il chiarir dell'alba* (LEOPARDI) | *A. tempo, a. tutto, a. detto*. V. *anzitempo, anzitutto, anzidetto*. *2* †Davanti, alla presenza di: *io era a. il mio speco* (TASSO) | (*est.*) †A paragone di. **C** avv. ● (*lett.*) Prima | *Poc'anzi*, poco fa: *l'ho incontrato, te l'ho già detto poc'a.*

anzianàto [da *anziano*] s. m. *1* Nei comuni medievali, l'ufficio degli anziani. *2* Condizione di anziano aziendale.

anzianità s. f. *1* Qualità di chi, di ciò che, è anziano. *2* Tempo di titolarità di una carica, di un ufficio e sim. | *A. di servizio del prestatore di lavoro*, tempo durante il quale esso ha esplicato la propria attività e che influisce sulla applicazione a suo favore di vari istituti giuridici.

anziàno [lat. **antiānu(m)*, da *ănte* 'avanti, prima'] **A** agg. *1* Che è piuttosto avanti negli anni, anche in confronto ad altri: *ormai è una donna anziana*; *è troppo a. per queste cose*; *lo studente più a. ha ventidue anni*. *2* Che è titolare di una carica, di un ufficio e sim. da un dato periodo di tempo: *vota per ultimo il magistrato più a.* *3* (*raro*) †Antico. **B** s. m. (f. *-a*) *1* Persona anziana. *2* Chi esercita una professione, riveste una carica, occupa un ufficio e sim., da molto tempo: *a. aziendale* | (*est.*) Pensionato: *gli anziani della FIAT*. *3* Nei comuni medievali, magistrato. *4* (*gerg.*) Studente universitario dal terzo anno in avanti. || **anzianòtto**, dim.

anziché o (*raro*) **ànzi che** /'antsi ke*/ [comp. di *anzi* e *che* (2)] cong. *1* Invece di, piuttosto che: *ha preferito rimanere in casa, a. venire al cinema*; *è meglio andare di persona, a. scrivere* | *Anzi che no*, (*scherz.*) piuttosto, alquanto: *è noiosino anzi che no*; *soleva raccontar la sua storia molto per minuto, lunghettamente, anzi che no* (MANZONI). *2* †Prima di (introduce una prop. temporale con il v. al congv.): *e ciò fu anni 430 A. si cominciasse Roma* (VILLANI).

anzidétto [comp. di *anzi* e *detto*] agg. ● Suddetto, predetto | Scritto prima.

anzitèmpo o **ànzi tèmpo** [comp. di *anzi* e *tempo*] avv. ● Prima del tempo, con anticipo: *sei venuto a.*; *ho incominciato il lavoro a.* | *Alzarsi a.*, assai presto | *Morire a.*, prematuramente.

anzitùtto o (*raro*) **ànzi tùtto** [comp. di *anzi* e *tutto*] avv. ● Prima di tutto, prima di ogni altra cosa, per prima cosa: *a. dimmi come stai*; *si preoccupa a. di sé*; *consideriamo a. le difficoltà*.

†aocchiàre e *deriv.* ● V. *adocchiare* e *deriv.*

†aombràre e *deriv.* ● V. *adombrare* e *deriv.*

†aonestàre ● V. *†adonestare*.

aònio [vc. dotta, lat. *aŏniu(m)*, nom. *aŏnius*, dal gr. *aónios*, dai monti *Aoni*, nella Beozia, dov'era il fonte di Aganippe sacro alle Muse] agg. *1* Dei monti Aoni | *Sorelle Aonie*, le Muse. *2* (*est.*) Che è proprio delle Muse: *coro a.*

†aoppiàre [comp. di *a-* (2) e *oppio*] v. tr. ● Inebriare con l'oppio: *ogni cosa veduta e intesa, aoppiarono la giovane* (SACCHETTI).

aorìstico agg. (pl. m. *-ci*) ● Dell'aoristo | *Aspetto a.*, momentaneo.

aorìsto [vc. dotta, lat. tardo *aorĭstu(m)*, nom. *aorĭstus*, dal gr. *aóristos* 'indefinito', da *horízō* 'io limito'] s. m. ● (*ling.*) Tempo del verbo greco e di altre lingue indoeuropee che esprime l'aspetto momentaneo di un'azione.

aòrta [vc. dotta, gr. *aortḗ*, da *aeírō* 'io sollevo'] s. f. ● (*anat.*) Arteria principale del corpo umano che si origina dal ventricolo sinistro del cuore e, diramandosi, distribuisce il sangue a tutti gli organi. ➡ ILL. p. 363, 365 ANATOMIA UMANA.

aòrtico agg. (pl. m. *-ci*) ● Che si riferisce all'aorta.

aortocoronàrico [comp. di *aorta* e *coronaria*, con suff. aggettivale] agg. (pl. m. *-ci*) ● Che si riferisce all'aorta e alle coronarie.

aortografìa [comp. di *aorta* e *-grafia*] s. f. ● Tecnica radiologica di visualizzazione dell'aorta mediante introduzione in essa di sostanze radiopache.

aostàno A agg. ● Di Aosta. **B** s. m. (f. *-a*) ● Abitante, nativo di Aosta.

apache /*sp.* a'patʃe, *fr.* a'paʃ/ [dallo sp. d'America *ápachu* 'nemico', di area nord-messicana; nel sign. 2, vc. fr., applicazione giornalistica del n. della tribù indiana degli *Apaches*] s. m. e f. *1* Appartenente a una tribù di pellirosse nomadi e guerrieri stanziati spec. nell'Arizona e nel Nuovo Messico. *2* Teppista parigino | (*est.*) Malfattore, vagabondo.

apagòge o **apagogìa** [vc. dotta, gr. *apagōgḗ* 'deduzione', da *ágō* 'io conduco'] s. f. ● (*filos.*) Procedimento semidimostrativo consistente nel provare la falsità di una proposizione dimostrando la falsità delle sue conseguenze necessarie.

apagògico agg. (pl. m. *-ci*) ● Detto di ragionamento fondato sull'apagoge.

àpale [vc. dotta, gr. *hapalós* 'molle', di etim. incerta] s. m. ● Genere di scimmie platirrine dell'America meridionale, di piccole dimensioni, con pelame folto e morbido (*Hapale*).

apàllage [vc. dotta, gr. *apallagḗ* 'separazione', da *apallássō* 'io separo'] s. f. ● (*ling.*) Figura retorica che consiste nell'interporre nel costrutto una proposizione, o nell'allontanarsi dall'ordine dei concetti: *L'Italia! Mi hanno accusato di averla chiamata vile! E non ricordarono* (*se non fosse troppo innocente ed ingenuo appellarsi alla memoria degli avversari*) *e non ricordarono, per un verso ...* (CARDUCCI).

a pàrte [comp. di *a* e *parte*] loc. sost. m. ● (*teat.*) In una rappresentazione teatrale, le battute che un attore pronuncia fra sé, esprimendo il proprio nascosto pensiero, nella supposizione che siano udite dagli spettatori ma non dagli altri attori presenti in scena.

apartheid /*ol.* a'partheit/ [ol., da *apart* 'separato' (dal fr. *à part* 'a parte'), col suff. *-heid* che denota stato o condizione] s. f. o m. inv. ● Politica di segregazione razziale praticata dalla minoranza bianca della Repubblica Sudafricana, dopo l'affermazione elettorale del partito nazionalista (1948), nei confronti delle popolazioni nere autoctone e delle minoranze asiatiche; è stata formalmente abolita nel 1991 | (*est., gener.*) Discriminazione razziale.

apartiticità s. f. ● Natura o qualità di chi, di ciò che è apartitico.

apartìtico [comp. di *a-* (1) e *partitico*] agg. (pl. m. *-ci*) ● Indipendente dai partiti politici: *istituzione apartitica*.

apatìa [vc. dotta, lat. *apathīa(m)*, nom. *apathīa*, dal gr. *apátheia* 'impassibilità' comp. di *a-* priv. e *páthos* 'passione'] s. f. *1* Nella filosofia cinica e stoica, ideale etico consistente nell'indifferenza verso le emozioni, le sensazioni e sim., conseguita mediante l'esercizio della virtù. *2* (*est.*) Stato di insensibilità di fronte alla vita, ai sentimenti: *è difficile scuoterlo dalla sua a.*

apàtico agg.; anche s. m. (f. *-a*; pl. m. *-ci*) ● Che, chi sente e dimostra apatia. || **apaticaménte**, avv. Con apatia.

apatìsta s. m.; anche agg. (pl. m. *-i*) *1* (*filos.*) Chi, che si sforza di conseguire l'apatia, l'imperturbabilità. *2* (*raro*) Apatico.

apatìte [dal gr. *apátē* 'inganno', in quanto questo minerale si scambia facilmente con altri] s. f. ● (*miner.*) Fluorofosfato di calcio che si presenta in cristalli gialli o incolori.

apatùra [dal gr. *apatân* 'ingannare', di origine incerta] s. f. ● Farfalla dalle ali con riflessi violacei, la cui larva cresce sui pioppi e sui salici (*Apatura Iris*).

àpax legòmenon /'apaks le'gɔmenon/ ● V. *hapax legomenon*.

àpe [lat. *ăpe(m)*, di etim. incerta] s. f. ● Insetto degli Imenotteri che produce miele e cera, con corpo bruno e peloso, addome fornito di pungiglione, apparato boccale atto a lambire e antenne brevi (*Apis*) | *Ape domestica*, allevata per la produzione di cera e miele (*Apis mellifica*) | *Ape operaia*, femmina sterile che provvede a tutte le attività necessarie al mantenimento dell'alveare | *Ape regina*, l'unica femmina feconda di solito presente in un alveare | *Danza delle Api*, V. *danza*. SIN. Pecchia.

a péna ● V. *appena*.

aperiodicità s. f. ● Mancanza di periodicità.

aperiòdico [comp. di *a-* (1) e *periodico*] agg. (pl. m. *-ci*) *1* (*fis.*) Detto di fenomeno o grandezza mancante di periodicità. *2* (*mat.*) Non periodico: *funzione aperiodica* | Non razionale: *numero a.*

aperispèrmico [comp. di *a-* (1) e *perisperma*] agg. (pl. m. *-ci*) ● (*bot.*) Detto di seme mancante di perisperma o albume.

†aperitìvo (1) [vc. dotta, lat. tardo *aperitīvu(m)* 'che apre', da *aperīre* 'aprire'] agg.; anche s. m. ● Che apre.

aperitìvo (2) [V. precedente, ma attrav. il fr. *apéritif*] s. m. ● Bevanda, per lo più lievemente alcolica, che eccita l'appetito.

†apèrta s. f. ● Apertura | (*est.*) Larghezza, spazio.

apertis verbis /*lat.* a'pɛrtis 'verbis/ [lat., propr. 'con parole chiare'] loc. avv. ● Apertamente, chiaramente, francamente: *dire la propria opinione apertis verbis*.

apèrto A part. pass. di *aprire*; anche agg. *1* Nei sign. del v. *2* Ampio, spazioso, scoperto, libero: *zona aperta*; *mare a.*; *all'aria aperta*; *in aperta campagna* | *Accogliere a braccia aperte*, (*fig.*) con affetto, gioia, cordialità | *Rimanere a bocca aperta*, (*fig.*) stupirsi fortemente | *Stare a occhi aperti, tenere gli occhi aperti*, (*fig.*) stare attenti, stare in guardia, stare sul chi vive | *Sognare a occhi aperti*, fantasticare, fare castelli in aria | Accessibile: *ufficio a. al pubblico*. *3* (*ling.*) Detto di vocale articolata con un grado di apertura maggiore della vocale chiusa | *Sillaba aperta*, che termina in vocale. *4* (*fig.*) Che può avere esiti diversi anche in contraddizione fra loro: *è una situazione ancora aperta*; *un problema a. a tutte le soluzioni*. *5* (*fig.*) Franco, schietto: *linguaggio, carattere a.* | *A viso, a cuore a.*, con franchezza e coraggio | (*est.*) Chiaro, manifesto, palese: *questa è un'aperta manifestazione di potenza*. *6* (*fig.*) Disponibile a nuove idee ed esperienze, antidogmatico, anticonformista: *sono persone molto aperte*; *è di mente aperta*. *7* (*mat.*) In una retta, detto di intervallo di cui sono esclusi gli estremi | *Insieme a.*, in uno spazio metrico, quello per ogni punto del quale è possibile determinare un intorno centrato nel punto, che appartiene interamente all'insieme. *8* (*arald.*) Detto delle porte di edifici, posti come emblemi nello scudo, attraverso le quali si vede lo smalto del campo. || **apertaménte**, avv. In modo schietto, sincero. **B** s. m. *1* Luogo libero, scoperto | *All'a.*, all'aria aperta. *2* (*mat.*) Insieme aperto. **C** avv. ● In modo chiaro, con franchezza, apertamente: *parlare a.*

apertóre s. m. ● Chi apre | Nei giochi di carte, chi inizia la partita.

apertùra [lat. *apertūra(m)*. V. *aprire*] s. f. *1* Atto, effetto dell'aprire e dell'aprirsi: *a. di una porta* | (*ling.*) *Grado di a.*, misura (relativa) dell'apertura della cavità orale nell'articolazione delle singole vocali | †Dichiarazione del proprio intendimento. *2* Fenditura, spaccatura: *uscire da un'a. naturale del monte* | †Taglio, intacco | (*fig.*) †Adito, occasione. *3* Ampiezza | *A. visiva*, ampiezza del campo visivo | (*fig.*) *A. di intelletto, di mente*, mancanza di pregiudizi, disponibilità a nuove esperienze | (*aer.*) Virata a forte inclinazione compiuta da velivoli da combattimento in formazione, che permette loro di distanziarsi per atterrare uno alla volta | (*aer.*) *A. alare*, massima dimensione dell'ala misurata perpendicolarmente al piano di simmetria longitudinale dell'aeromobile. *4* Atto, effetto del dare inizio a q.c.: *a. di un negozio, di un gioco, della caccia* | *A. di credito*, contratto con cui una banca si obbliga a mettere a disposizione di un cliente una somma di denaro per un certo tempo o a tempo indeterminato; (*fig.*) dimostrazione di fiducia: *concedere un'a. di credito a q.* | Inaugurazione: *l'a. di una mostra, dell'anno giudiziario, dell'anno accademico* | Nel gioco degli scacchi, fase iniziale di una partita | Nel poker e in altri giochi di carte, inizio del gioco da parte di chi ha in mano una determinta combinazione. *5* (*fig.*) Disposizione a forme di accordo o collaborazione con forze politiche od organizzazioni di diverso orientamento | *A. a sinistra, al centro, a destra*, quella praticata verso i partiti di sinistra, di centro, di destra. *6* (*ott.*) Diametro utile di un obbiettivo o di uno specchio | *A. angolare*, angolo fra i raggi estremi di un fascio entrante in un sistema ottico | *A. numerica*, rapporto tra la distanza focale e il diametro utile di un obbiettivo o di uno specchio. *7* Titolo, articolo o servizio pubblicato in alto a sinistra nella pagina di un giornale. *8* Nel calcio, nella pallacanestro e in altri sport di squadra, invio della palla verso le zone laterali del campo: *una a. verso l'ala sinistra.*

aperturìṣmo [da *apertura* nel sign. 5] s. m. ● In politica, disposizione a intendersi o a collaborare con gruppi o partiti tradizionalmente su posizioni diverse dalle proprie.

aperturìsta agg.; anche s. m. e f. (pl. m. *-i*) ● Che, chi, dà prova di aperturismo: *liberali aperturisti*; *governo a.*

aperturìstico agg. (pl. m. *-ci*) ● Caratterizzato da aperturismo: *linea politica aperturistica.*

Apètale s. f. pl. ● Nella tassonomia vegetale, gruppo di piante prive di corolla o di perianzio | (al sing. *-a*) Ogni individuo di tale gruppo.

apètalo [comp. di *a-* (*1*) e *petalo*] agg. ● Detto di fiore privo di petali.

a pètto ● V. *appetto.*

apiàio [lat. *apiāriu(m)*, nom. *apiārius*, da *ăpis* 'ape'] s. m. ● (*lett.*) Colui che cura le api.

apiàrio [lat. *apiāriu(m)*, da *ăpis* 'ape'] s. m. *1* Luogo ove si trovano gli alveari. *2* Insieme degli alveari.

apiàto agg. ● Detto di pianta che presenta apiatura.

apiatùra [il fenomeno è chiamato così perché si credeva fosse determinato dal trasporto del polline da parte delle *api*] s. f. ● Produzione, in una pianta di agrumi, di frutti diversi da quelli propri della varietà coltivata cui la pianta stessa appartiene.

apicàle [da *apice*] agg. *1* Detto di organo che si sviluppa alla sommità di un altro. *2* (*ling.*) Detto di suono articolato per mezzo della punta della lingua.

àpice [vc. dotta, lat. *ăpice(m)*, di origine incerta, forse etrusca] s. m. *1* Cima, punta, vertice: *l'a. di una lama, di una fiamma* | (*fig.*) Culmine: *essere all'a. della gloria, del successo.* | *A. sillabico*, centro dell'unità sillabica. *2* Nella terminologia scientifica, parte di un organo, di un corpo, di una struttura e sim., opposta alla base: *a. di una radice dentaria* | *A. polmonare*, parte superiore del polmone, al di sopra del piano della seconda costa | *A. vegetativo*, la parte terminale in via di accrescimento del fusto o della radice. SIN. Cono vegetativo. ➡ ILL. p. 367 ANATOMIA UMANA. *3* Segno diacritico posto in alto a destra di alcune lettere o numeri, con varie funzioni, in matematica, nell'ortografia di varie lingue, nei sistemi di trascrizione fonetica. *4* (*astron.*) *A. del moto solare*, punto della sfera celeste verso il quale si sposta il Sole, con tutti i pianeti e rispetto alle altre stelle circostanti. *5* Diploma regio di protezione o di immunità. || **apicétto**, dim.

apicectomìa [comp. di *apic(o)* e *-ectomia*] s. f. ● (*chir.*) Resezione dell'apice di una radice dentaria.

apicoltóre o **apicultóre** [comp. di *ape* e *cultore*] s. m. (f. *-trice*) ● Chi si dedica all'apicoltura.

apicoltùra o **apicultùra** [comp. di *ape* e *coltura*] s. f. ● Allevamento organizzato delle api.

apicultóre ● V. *apicoltore.*

apicultùra ● V. *apicoltura.*

Àpidi [comp. di *ap(e)* e *-idi*] s. m. pl. ● Nella tassonomia animale, famiglia di Insetti imenotteri con corpo tozzo, zampe robuste e pungiglione ben sviluppato, cui appartengono l'ape e il bombo (*Apidae*) | (al sing. *-e*) Ogni individuo di tale famiglia.

a piè ● V. *appiè.*

a pièno ● V. *appieno.*

apìna [da *ape*] s. f. ● Veleno delle api.

àpio ● V. *appio* (*2*).

a piómbo ● V. *appiombo.*

apióne [dal gr. *ápion* 'pera', per la forma del corpo (?)] s. m. ● Genere di insetti coleotteri dei Curculionidi dannosi a ortaggi e piante da frutta (*Apion*).

apirèno [vc. dotta, lat. *apyrēnu(m)*, nom. *apyrēnus*, dal gr. *apýrēnos* 'senza nocciolo', comp. di *a-* priv. e *pyrḗn*, genit. *pyrênos* 'nocciolo', di origine indeur.] **A** agg. ● (*bot.*) Privo di semi: *frutto a.* **B** s. m. ● (*bot.*) Frutto senza semi.

apiressìa [vc. dotta, gr. *apyrexía*, comp. di *a-* priv. e *pyretós* 'febbre'] s. f. ● (*med.*) Mancanza di febbre durante una malattia.

apirètico o **apirèttico** agg. (pl. m. *-ci*) ● Privo temporaneamente di febbre, detto di malato o di periodo di malattia.

àpiro [comp. di *a-* (*1*) e del gr. *pŷr*, genit. *pyrós* 'fuoco'] agg. ● (*lett.*) Che non brucia, né fonde.

apiscàmpo [comp. di *ape* e *scampo*] s. m. ● Attrezzo variamente foggiato, in uso presso gli apicoltori per impedire l'ascesa delle api dalla camera di covata al melario.

apìstico [da *ape*] agg. (pl. m. *-ci*) ● Che riguarda l'apicoltura: *allevamento, congresso a.*

apiterapìa [comp. di *api(na)* e *terapia*] s. f. ● Trattamento di alcune malattie mediante inoculazione di apina.

apìvoro [comp. di *ape* e *-voro*] agg. ● (*zool.*) Che si ciba di api: *uccello a.*

Aplacentàti [comp. di *a-* (*1*) e *placenta*] s. m. pl. ● Mammiferi privi di placenta.

aplanàtico [dal gr. *aplánētos* 'non errante', comp. di *a-* priv. e *planáō* 'io svio'] agg. (pl. m. *-ci*) ● (*fis.*) Detto di sistema ottico privo di aberrazione sferica e di coma: *obiettivo a.*

aplaṣìa [comp. di *a-* (*1*) e gr. *plássein* 'formare' (V. *plasma*)] s. f. ● (*med.*) Mancanza o sviluppo incompleto di un organo o tessuto.

aplestìa [gr. *aplēstía*, da *áplēstos* 'insaziabile', comp. di *a-* (*1*) e un deriv. di *pimplánai* 'riempire', d'orig. indeur.] s. f. ● (*med.*) Acoria.

aplìṣia [vc. dotta, gr. *aplysía* 'sudiciume', comp. di *a-* (*1*) e *plýsis* 'lavanda'] s. f. ● Mollusco gasteropode marino bruno olivastro, viscido, con piccola conchiglia interna (*Aplysia*). SIN. Lepre di mare.

aplìte [dal gr. *haplóos* 'semplice'] s. f. ● (*miner.*) Roccia eruttiva in giacitura filoniana, chiara, a grana fine, senza cristalli individuabili.

àplo- [dal gr. *haplóos* 'semplice', da *ha* 'uno, semplice' di origine indeur.; la seconda parte è di incerta spiegazione] primo elemento ● In parole composte dotte o scientifiche significa 'singolo' o 'semplice': *aplologia.*

aplografìa [comp. di *aplo-* e *-grafia*] s. f. ● Errore di scrittura, tipico spec. degli antichi copisti, consistente nello scrivere una sola volta un gruppo di lettere ripetute (per es. *caposto* invece di *capoposto*). CONTR. Dittografia.

aplòide [comp. di *aplo-* e *-oide*] agg. ● (*biol.*) Detto del numero dei cromosomi caratteristico delle cellule germinali mature ed equivalente a metà di quello delle cellule somatiche.

aplologìa [comp. di *aplo-* e *-logia*] s. f. (pl. *-gie*) ● (*ling.*) Caso particolare di dissimilazione in cui si articola una sola volta un suono o un gruppo di suoni che sarebbe dovuto essere articolato per due volte nella stessa parola (per es., *tragicomico* per *tragico-comico*).

aplològico agg. (pl. m. *-ci*) ● Proprio dell'aplologia.

aplomb /fr. a'plɔ̃/ [fr., propriamente 'a piombo'] s. m. inv. ● Perfetta caduta del tessuto in un abito maschile o femminile | (*fig.*) *Avere dell'a.*, essere disinvolti, spigliati, sicuri di sé e sim.

aplùstro o **aplùstre** [vc. dotta, lat. *aplŭstra*, nt. pl., dal gr. *áphlaston*, di etim. incerta] s. m. ● Ornamento di nave antica alla sommità della poppa.

apnèa [vc. dotta, gr. *ápnoia* 'mancanza di respiro', comp. di *a-* (*1*) e un deriv. di *pnêin* 'respirare' (V. *pneuma*)] s. f. ● (*med.*) Sospensione, temporanea o patologica, dei movimenti respiratori | *In a.*, senza respirare, detto spec. di immersione subacquea.

apneìsta s. m. e f. (pl. m. *-i*) ● Nuotatore che si immerge in apnea.

apnòico agg. (pl. m. *-ci*) ● (*med.*) Relativo all'apnea: *crisi apnoica.*

àpo ● V. *appo.*

àpo- [prep. gr., *apó* 'da', di origine indeur., già in uso preverbale in gr. con senso separativo] pref. ● Indica allontanamento, distinzione, differenziazione, perdita, separazione: *apocizio, apofonia.*

apocalìsse o **apocalìssi** [vc. dotta, lat. tardo, *apocalȳpsi(m)*, nom. *apocalȳpsis*, dal gr. *apokálypsis* 'rivelazione', da *apokalýptō* 'io svelo'] s. f. (*Apocalisse* nel sign. 1) *1* Ultimo libro del Nuovo Testamento, scritto da S. Giovanni Evangelista | Rivelazione degli avvenimenti finali e del secondo avvento di Cristo, contenuta in tale libro. *2* (*est.*) Ogni rappresentazione della consumazione del mondo, anche di altre religioni. *3* (*fig.*) Catastrofe, disastro totale.

apocalìttico [vc. dotta, gr. tardo *apokalyptikós*. V. *apocalisse*] agg. (pl. m. *-ci*) *1* Attinente all'Apocalisse di S. Giovanni, o all'apocalisse come consumazione del tempo: *attesa apocalittica* | (*scherz.*) *Cavallo a.*, molto magro. *2* (*est.*) Catastrofico, funesto, atroce: *evento a.*; *visioni apocalittiche* | (*est.*) Esageratamente pessimista: *previsioni apocalittiche*; *non essere così a. sul tuo futuro!* || **apocalitticaménte**, avv.

apocatàstaṣi [vc. dotta, gr. *apokatástasis* 'ristabilimento' da *apokathístēmi* 'io ristabilisco'] s. f. *1* Dottrina religiosa della rigenerazione del mondo, dopo la finale distruzione. *2* (*astron.*) †Rivoluzione.

Apocinàcee [da *apocino*] s. f. pl. ● Nella tassonomia vegetale, famiglia di piante erbacee o legnose delle Contorte a forma di liana, con caule succulento e vasi laticiferi ben sviluppati (*Apocynaceae*) | (al sing. *-a*) Ogni individuo di tale famiglia. ➡ ILL. **piante** /8.

apòcino [vc. dotta, lat. *apŏcyno(n)*, dal gr. *apókynon*, comp. di *apó* 'lontano da', e *kýōn* 'cane', in quanto creduta nociva ai cani e ai lupi] s. m. *1* Pianta erbacea delle Apocinacee con fiori a pannocchia e stelo eretto (*Apocynum cannabinum*). *2* Fibra tessile ricavata dagli steli della pianta omonima, usata per fabbricare cordami e tele da imballaggio.

apocìzio [comp. di *apo-* e un deriv. del gr. *kýtos* (V. *cito-*)] s. m. ● (*bot.*) Cellula plurinucleata di alcune alghe e del micelio di alcuni funghi.

apocopàre v. tr. (*io apòcopo*) ● Troncare con apocope.

apòcope [vc. dotta, gr. *apokopḗ*, comp. di *apó* 'da' e *kopḗ* 'taglio'] s. f. *1* (*ling.*) Caduta di una sillaba o di una vocale in fine di parola: *Passer mai solitario* (PETRARCA). *2* Gioco enigmistico consistente nel trovare due parole di cui la più breve ottenuta per troncamento dell'altra: *poco, Po.*

apòcrifo [vc. dotta, lat. tardo *apŏcryphu(m)*, nom. *apŏcryphus*, dal gr. *apókryphos* 'nascosto, segreto', da *krýptō* 'io nascondo'] **A** agg. *1* Detto di libro non riconosciuto come canonico nelle religioni che hanno stabilito un canone delle Scritture rivelate: *Vangeli apocrifi*; *Atti apocrifi degli Apostoli.* *2* Detto di testo, spec. letterario, falsamente attribuito a un'epoca o a un autore. SIN. Spurio. **B** anche s. m.: *apocrifi ebraici, islamici; un a. attribuito al Petrarca.*

apòcrino [comp. di *apo-* e di un deriv. del gr. *krínein* 'separare'] agg. ● (*biol.*) Detto di ghiandola le cui cellule epiteliali perdono parte del protoplasma nel corso della secrezione.

apocromàtico [comp. di *apo-* e *cromatico*] agg. (pl. m. *-ci*) ● (*fis.*) Detto di obiettivo esente dall'aberrazione cromatica riguardo a tre colori.

apocromatismo s. m. ● (*fis.*) Acromatismo.

àpode ● V. *apodo.*

Àpodi [pl. di *apodo*] s. m. pl. ● Nella tassonomia animale, ordine di Anfibi che comprende pesci allungati e serpentiformi, senza squame e pinne ventrali, quali l'anguilla (*Apoda*) | (al sing. *-o*) Ogni individuo di tale ordine.

Apodifórmi [vc. dotta, comp. di *apodi* e il pl. di *-forme*] s. m. pl. ● Nella tassonomia animale, ordine di Uccelli di media grandezza con zampe molto corte e dita incurvate dalle unghie robuste (*Apodiformes*) | (al sing. *-e*) Ogni individuo di tale ordine.

apodìssi [dal gr. *apódeixis* da *apodéiknymi* 'io mostro'] s. f. ● (*filos.*) Dimostrazione.

apoditèrio [vc. dotta, lat. *apodytēriu(m)*, dal gr. *apodytḗrion*, da *apodýō* 'mi spoglio'] s. m. ● Nelle antiche terme o palestre, spogliatoio.

apodìttica s. f. ● (*filos.*) Settore della logica che si occupa della dimostrazione.

apodìttico [vc. dotta, lat. tardo *apodīcticu(m)*, nom. *apodīcticus*, dal gr. *apodeiktikós*, da *apodéiknymi* 'io mostro'] agg. (pl. m. *-ci*) **1** (*filos.*) Che è evidente di per sé e non ha bisogno di dimostrazione: *principio a.* **2** (*est.*) Evidente, irrefutabile: *verità apodittica* ‖ **apoditticaménte**, avv. In modo apodittico, in modo irrefutabile.

àpodo o **àpode** [vc. dotta, gr. *ápous*, genit. *ápodos* 'senza piedi', comp. di *a-* priv. e *poús*, genit. *podós* 'piede'] agg. ● Che non ha piedi: *animale a.*

apòdosi [vc. dotta, gr. *apódosis* 'restituzione', da *apodídōmi* 'io restituisco'] s. f. ● (*ling.*) Proposizione condizionata dalla protasi in un periodo ipotetico.

apoenzima [comp. del pref. *apo-* 'separato' ed *enzima*] s. m. (pl. *-i*) ● (*chim.*) Porzione proteica della molecola di un enzima.

apofàntico [gr. *apophantikós*, da *apopháinein* 'far conoscere, mostrare, dichiarare'] agg. (pl. m. *-ci*) ● (*filos.*) Di enunciato verbale che può essere detto vero o falso | (*est.*) Dichiarativo, enunciativo, in contrapposizione a espressivo: *giudizio a.*

apòfisi [vc. dotta, gr. *apóphysis* 'escrescenza', da *apophýō* 'io metto fuori'] s. f. **1** (*anat.*) Sporgenza o protuberanza ossea: *a. coronoide, mastoidea.* **2** Corpo geologico minore, derivato da una massa rocciosa intrusiva di maggiori dimensioni.

apofonìa [comp. di *apo-* e *-fonia*] s. f. ● (*ling.*) Alternanza della qualità o della quantità nel vocalismo di una stessa radice o di uno stesso suffisso: *a. qualitativa, quantitativa.*

apofònico agg. (pl. m. *-ci*) ● (*ling.*) Detto dell'aspetto o grado di una vocale nell'ambito delle mutazioni proprie dell'apofonia.

apoforèti [vc. dotta, lat. *apophorēta*, nt. pl., dal gr. *apophórēta* 'che si può portar via', da *apophérō* 'io porto via'] s. m. pl. **1** Doni che l'ospite distribuiva ai commensali nelle feste dei Saturnali o in un convito. **2** Brevi componimenti poetici spec. di tipo epigrammatico che accompagnavano questi doni.

apoftègma o **apoftèmma** [vc. dotta, gr. *apóphthegma*, da *apophthéngomai* 'io dichiaro apertamente'] s. m. (pl. *-i*) ● Detto, massima memorabile | Motto breve e arguto.

apogèo [vc. dotta, gr. *apógeion*, comp. di *apó* 'lontano da' e *gê* 'terra'] **A** s. m. **1** (*astron.*) Il punto più lontano dalla Terra dell'orbita che un corpo le descrive intorno. **2** (*fig.*) Culmine: *essere all'a. della potenza, della gloria.* **B** in funzione di agg. ● (*astron.*) Relativo al punto dell'orbita più lontano dalla Terra: *sole a.; distanza apogea.* CONTR. Perigeo.

apògrafo [vc. dotta, lat. *apŏgrapho(n)*, dal gr. *apógraphos* 'copiato', comp. da *apó* 'da' e *gráphō* 'io scrivo'] **A** agg. ● Che è copia diretta dell'originale: *manoscritto, testo a.; lezione apografa.* CONTR. Autografo. **B** s. m. ● Testo, manoscritto apografo.

apòlide [vc. dotta, gr. *ápolis*, genit. *apólidos*, comp. di *a-* (*1*) e *pólis* 'città, stato'] agg.; anche s. m. e f. ● Che, chi è privo di ogni cittadinanza.

apolidìa s. f. ● Condizione di apolide.

apoliticità s. f. ● Disinteresse, indifferenza verso la politica.

apolìtico [comp. di *a-* (*1*) e *politico*] agg.; anche s. m. (pl. m. *-ci*) ● Che, chi è estraneo alla politica o manca di interesse per essa.

apòlline ● V. *apollo.*

apollìneo [vc. dotta, lat. *apollíneu(m)*, da *Apŏllo* 'Apollo'] agg. **1** (*lett.*) Di Apollo, che si riferisce ad Apollo. **2** (*fig.*) Perfetto, quanto a bellezza classica di forme: *effigie apollinea; viso, collo a.*

apòllo o (*lett.*) **apòlline** [dal n. del dio *Apollo*] s. m. **1** Uomo di straordinaria bellezza: *essere, credersi un a.* **2** Grossa farfalla diurna, tipica delle zone montane, con ali arrotondate, bianche macchiate di nero (*Parnassius Apollo*).

apollònicon [da *Apollo*, dio del canto] s. m. inv. ● (*mus.*) Tipo di organo inventato in Inghilterra che unisce alla massima dolcezza la massima potenza di suono.

apologèta [ricavato da *apologetico*, sul rapporto *anacoreta-anacoretico, asceta-ascetico*, ecc.] s. m. (pl. *-i*) ● Difensore, per mezzo di scritti o di predicazione, di una fede, spec. religiosa | Nei primi secoli del cristianesimo, scrittore di apologia della fede cristiana contro i pagani. SIN. Apologista.

apologètica s. f. **1** Scienza ecclesiastica, cattolica e protestante, intesa a giustificare e difendere, anche polemicamente, i preamboli della fede o, più generalmente, tutto ciò che si riferisce alla religione. **2** Parte della retorica e della dialettica che ha per scopo la difesa della verità.

apologètico [vc. dotta, lat. tardo *apologēticu(n)*, dal gr. *apologētikós*. V. *apologia*] **A** agg. (pl. m. *-ci*) **1** Che si riferisce all'apologetica o all'apologia: *discorso, libro a.* **2** (*est.*) Esaltatorio, intensamente elogiativo e sim.: *parlare con tono a.; lo ha difeso con calore a.* ‖ **apologeticaménte**, avv. In modo apologetico; con tono di apologia. **B** s. m. (pl. *-ci*) ● (*raro*) Opera di apologia.

apologìa [vc. dotta, lat. tardo *apolŏgia(m)*, nom. *apolŏgia*, dal gr. *apología*, da *apologéomai* 'io parlo in mia difesa'] s. f. (pl. *-gie*) **1** Discorso in difesa e giustificazione di sé | Discorso o componimento letterario in difesa e in esaltazione di una persona, una dottrina, e sim. **2** Esaltazione, elogio: *a. del passato regime; a. di reato.*

apològico agg. (pl. m. *-ci*) ● Di, relativo ad, apologo.

apologista [vc. dotta, gr. *apologistḗs*. V. *apologia*] s. m. e f. (pl. m. *-i*) **1** Chi pronuncia o scrive un'apologia. **2** Apologeta. **3** (*est.*) Difensore, sostenitore.

apologìstico agg. (pl. m. *-ci*) ● (*lett.*) Atto a difendere, a esaltare.

apologizzàre [vc. dotta, gr. *apologízomai*. V. *apologia*] **A** v. tr. ● Fare l'apologia, esaltare. **B** v. intr. (aus. *avere*) ● Intessere lodi: *non intendo a. su questo argomento.*

apòlogo [vc. dotta, lat. *apŏlogu(m)*, nom. *apŏlogus*, dal gr. *apólogos*, comp. di *apó* 'da' e *lógos* 'discorso'] s. m. (pl. *-ghi*) ● Breve racconto con fini educativi, in cui vengono introdotti a parlare animali o cose inanimate: *l'a. di Menenio Agrippa.* SIN. Allegoria, favola.

aponeuròsi o **aponevròsi** [vc. dotta, gr. *aponéurōsis*, da *nêuron* 'nervo'] s. f. ● (*anat.*) Membrana fibrosa che riveste i muscoli | *A. d'inserzione*, espansione membranosa terminale di un tendine.

aponeuròtico agg. (pl. m. *-ci*) ● Relativo all'aponeurosi.

aponevròsi ● V. *aponeurosi.*

aponìa [vc. dotta, gr. *aponía*, da *áponos* 'immune da pena, da turbamento', comp. di *a-* priv. e *pónos* 'fatica', di etim. incerta] s. f. ● (*filos.*) Serenità dello spirito, mancanza di dolore conseguita contemplando il mondo, secondo Epicuro.

apoplessìa [vc. dotta, lat. tardo *apoplēxia(m)*, nom. *apoplēxia*, dal gr. *apoplēxía*, da *apoplḗssō* 'io stordisco'] s. f. **1** (*med.*) †Perdita improvvisa della sensibilità e della motilità. **2** (*med.*) Emorragia a carico di organi interni: *a. cerebrale; a. surrenalica, polmonare.* **3** (*per anton.*) Correntemente, emorragia cerebrale. SIN. Colpo apoplettico.

apoplèttico o **apoplètico** [vc. dotta, lat. tardo *apoplēcticu(m)*, nom. *apoplēcticus*, dal gr. *apoplēktikós*, da *apoplēxía* 'apoplessia'] **A** agg. (pl. m. *-ci*) ● Di, relativo ad apoplessia: *colpo a.* **B** agg.; anche s. m. (f. *-a*; pl. m. *-ci*) ● Che, chi è colpito da apoplessia cerebrale.

aporèma [vc. dotta, gr. *apórēma* 'dubbio', da *aporéō* 'io sono in imbarazzo'] s. m. (pl. *-i*) ● (*filos.*) Argomentazione dialettica che intendendo mostrare la validità di due argomenti contrari approda a una contraddizione.

aporètico [gr. *aporētikós*, da *aporêin* 'essere in imbarazzo'] **A** agg. (pl. m. *-ci*) ● (*filos.*) Caratterizzato da aporia, che presenta aporia: *situazione aporetica.* **B** agg. e s. m. (f. *-a*) ● (*filos.*) Seguace dello scetticismo.

aporìa (1) [vc. dotta, gr. *aporía* 'dubbio'. V. *aporema*] s. f. ● (*filos.*) Difficoltà o incertezza derivante dall'eguale validità di due ragionamenti contrari.

apòria (2) [dal gr. *áporos* 'inaccessibile'] s. f. ● Farfalla delle Pieridi con corpo nero e ali bianche striate di nero (*Aporia crataegi*).

aposiopèsi [vc. dotta, gr. *aposiṓpēsis*, dal gr. *aposiōpáō* 'io cesso di parlare'] s. f. ● (*ling.*) Reticenza.

†a pòsta ● V. *apposta.*

apostasìa [vc. dotta, gr. tardo *apostasía*, da *apóstasis* 'allontanamento'] s. f. **1** Nel diritto greco, azione spettante all'antico padrone nei confronti del liberto che fosse venuto meno ai suoi doveri verso di lui. **2** Abbandono totale e pubblico della propria religione per seguirne un'altra. **3** (*est.*) Abbandono della propria dottrina, di un obbligo morale o di partito e sim.

apòstata [vc. dotta, lat. tardo *apŏstata(m)*, nom. *apŏstata*, dal gr. *apostátēs*. V. *apostasia*] s. m. e f. (pl. m. *-i*) ● Chi commette apostasia.

apostatàre v. intr. (*io apòstato*; aus. *avere*) **1** Rinnegare pubblicamente la propria fede. **2** †Traviare.

†apostèma o **†apostèmata** [vc. dotta, lat. *apostēma*, dal gr. *apóstēma*, da *aphístēmi* 'mi allontano, mi disgrego'] s. m. e f. (pl. m. *-i*) ● Postema.

a posteriori /lat. a poste'rjɔri/ [lat. 'da ciò che è dopo', comp. di *ā* 'da' e *posteriōri*, abl. di *postĕrior* 'seguente'] **A** loc. agg. e avv. ● (*filos.*) Detto di dimostrazione che procede dagli effetti alle cause. CONTR. A priori. **B** loc. sost. m. ● (*filos.*) Complesso delle conoscenze o dei giudizi che derivano dall'esperienza.

apostolàto [vc. dotta, lat. tardo *apostolātu(m)*, da *apŏstolus* 'apostolo'] s. m. **1** Missione religiosa di ciascuno dei dodici apostoli per la diffusione dell'Evangelo: *l'a. di Paolo.* **2** (*est.*) Opera di propagazione di una religione o di una fede filosofica o morale | *A. laico*, nelle chiese cristiane, l'impegno, esteso ai laici, di inserire i motivi della rivelazione e delle verità evangeliche nella società moderna attraverso la diffusione della dottrina e la personale testimonianza di vita. **3** (*est.*) Attività di chi propugna un'idea, spec. politica o esercita una professione con dedizione assoluta. **4** †Pontificato.

apostolicità s. f. **1** La legittimità della derivazione della Chiesa dalla fondazione e predicazione degli Apostoli. **2** La caratterizzazione apostolica di un istituto, di un movimento o di un atteggiamento sociale-religioso, anche in rapporto allo spirito di apostolato che li ispira.

apostòlico [vc. dotta, lat. tardo *apostŏlicu(m)*, nom. *apostŏlicus*, dal gr. *apostolikós*, da *apóstolos* 'apostolo'] agg. (pl. m. *-ci*) **1** Che è proprio degli Apostoli: *lettera, predicazione apostolica.* **2** Che deriva dall'autorità attribuita dagli Apostoli ai pontefici romani loro successori: *sede, investitura apostolica.* **3** (*est.*) Che si riferisce agli atti e agli organi della S. Sede: *decisione apostolica; lettere apostoliche; nunzio a.* **4** Che riguarda l'apostolo di una religione o di un credo filosofico e morale: *zelo a.; propaganda apostolica.* ‖ **apostolicaménte**, avv.

apòstolo [vc. dotta, lat. tardo *apŏstolu(m)*, nom. *apŏstolus*, dal gr. *apóstolos* 'inviato', da *apostéllō*, 'io mando'] s. m. (f. *†-a*, *†-essa*) **1** Ognuno dei dodici discepoli inviati da Gesù Cristo a predicare l'Evangelo | *L'a. delle genti*, San Paolo | *Il prin-*

cipe degli apostoli, S. Pietro. **2** (*est.*) Chi propugna e propaga con ardore una dottrina, una fede, e sim.: *un a. del socialismo.* **3** (*mar.*) Nelle navi di legno, ciascuna delle due estremità dell'ultima costa sulla ruota di prora, tra le quali passa il bompresso.

apostrofàre (**1**) [da *apostrofe*] **A** v. tr. (*io apòstrofo*) ● Interrogare, assalire col discorso, direttamente e con vigore: *apostrofandolo rudemente gli gridò: 'Ma che fai?'.* **B** v. intr. (aus. *avere*) ● (*lett.*) Rivolgere un'apostrofe a qc.

apostrofàre (**2**) [da *apostrofo*] v. tr. (*io apòstrofo*) ● Mettere l'apostrofo: *a. una parola.*

apòstrofe [vc. dotta, lat. *apŏstrophe(n)*, nom. *apŏstrophe*, dal gr. *apostrophḗ* 'deviazione', da *stréphō* 'io volgo'] s. f. ● (*ling.*) Figura retorica che consiste nel rivolgere improvvisamente e vivamente il discorso a persona o cosa diversa dal convenzionale destinatario: *Ahi Pisa, vituperio de le genti* (DANTE *Inf.* XXXIII, 79).

apòstrofo [vc. dotta, lat. tardo *apŏstrophu(m)*, nom. *apŏstrophus*, dal gr. *apòstrophos*, da *apostréphō* 'io volgo indietro'] s. m. ● (*gramm.*) Segno della elisione e qualche volta del troncamento.

†**apotèca** [vc. dotta, lat. *apothēca(m)*, nom. *apothēca*, dal gr. *apothḗkē* 'ripostiglio', da *apotíthēmi* 'io ripongo'] s. f. ● Parte della casa romana in cui si conservavano i viveri e ogni altra provvigione.

apotècio [vc. dotta, gr. *apothēkion*, dim. di *apothḗkē*. V. *apoteca*] s. m. ● (*bot.*) Corpo fruttifero di alcuni funghi e licheni a forma di coppetta contenente gli aschi.

apotèma [vc. dotta, gr. tardo *apóthema* 'abbassamento' da *apotíthēmi* 'io abbasso'] s. m. (pl. *-i*) ● (*mat.*) In un poligono regolare, il segmento di perpendicolare condotto dal centro della circonferenza inscritta nel poligono a un lato | In una piramide a base regolare, il segmento di perpendicolare condotto da un vertice a un lato del poligono di base | In un cono circolare retto, il segmento di generatrice compreso fra il vertice e un punto della circonferenza di base.

apoteòṣi [vc. dotta, lat. tardo *apotheōsi(n)*, nom. *apotheōsis*, dal gr. *apothéōsis*, da *theós* 'dio'] s. f. **1** Cerimonia solenne con la quale si deificavano gli eroi defunti e gli imperatori romani ancora viventi. **2** (*teat.*) Nel teatro greco, trasformazione finale dell'eroe in divinità, ottenuta scenicamente mediante macchinari atti a dare l'impressione del meraviglioso | Nelle coreografie ottocentesche, scena finale, spesso simbolica, caratterizzata da luci e costumi fastosi e dalla presenza contemporanea di tutti gli attori. **3** (*fig.*) Celebrazione, esaltazione di una persona, di un avvenimento: *fare l'a. di qc.* | Spettacolo grandioso: *questo tramonto è un'a. di colori.*

apotropàico [dal gr. *apotrópaios* 'che allontana', da *apotrépein* 'stornare', 'allontanare (*trépein*) da (*apó*) qualcuno o qualcosa (di pericoloso)'] agg. (pl. m. *-ci*) ● Detto di oggetti, atti, iscrizioni, e formule orali che, per la loro particolare carica magica, sono ritenuti capaci di allontanare o distruggere gli influssi malefici provenienti da persone, da cose, da animali o da avvenimenti.

apoẓèugma [comp. di *apo-* e gr. *zêugma* 'unione' (V. *zeugma*)] s. m. (pl. *-i*) ● (*ling.*) Figura retorica per la quale più verbi reggono più parole o frasi che sintatticamente possono essere rette da uno solo di essi: *raddoppio e pianti e rinnuovo e sospiri* (POLIZIANO).

†**appaccàre** [comp. di *a-* (*2*) e *pacco*] v. tr. ● Avvolgere in un pacco.

appaciàre [comp. di *a-* (*2*) e *pace*] **A** v. tr. (*io appàcio*) ● (*lett.*) Pacificare | Placare. **B** v. rifl. ● (*lett.*) Fare la pace | Placarsi.

appacificàre [comp. di *a-* (*2*) e *pacificare*] **A** v. tr. (*io appacìfico, tu appacìfichi*) ● (*lett.*) Pacificare, quietare | Sedare. **B** v. rifl. ● Rappacificarsi.

appagàbile agg. ● Che si può appagare: *aspirazione a.*

appagaménto s. m. ● Atto, effetto dell'appagare e dell'appagarsi.

appagàre [comp. di *a-* (*2*) e *pagare*] **A** v. tr. (*io appàgo, tu appàghi*) **1** Rendere pago, soddisfare: *a. un desiderio, un'aspirazione* | (*est.*) Saziare: *a. la fame, la sete.* **2** Acquietare, placare: *a. la propria coscienza.* **B** v. rifl. ● Essere, ritenersi, pago: *appagarsi di poco.*

appagàto part. pass. di *appagare*; anche agg. **1** Nei sign. del v. **2** Pago, soddisfatto. **3** Quieto, placato.

appagatóre agg.; anche s. m. (f. *-trice*) ● (*raro*) Che, chi appaga.

appaiaménto s. m. ● Atto, effetto dell'appaiare e dell'appaiarsi.

appaiàre [comp. di *a* (*2*) e *paio*] **A** v. tr. (*io appàio*) **1** Accoppiare, fare un paio: *a. due guanti dello stesso colore*; *a. due animali di razza.* **2** (*lett., fig.*) Uguagliare. **B** v. rifl. ● Accoppiarsi, unirsi | (*raro*) Sposarsi ‖ PROV. Dio li fa e poi li appaia.

appaiàto part. pass. di *appaiare*; anche agg. ● Nei sign. del v.

appaiatùra s. f. ● (*raro*) Appaiamento, accoppiamento.

appaleṣàre [comp. di *a-* (*2*) e *palesare*] v. tr. (*io appaléṣo*) ● (*raro*) Palesare.

appallottolàre [comp. di *a-* (*2*) e *pallottola*] **A** v. tr. (*io appallòttolo*) ● Ridurre in forma di pallottola: *a. la creta, la mollica del pane.* **B** v. intr. pron. ● Rapprendersi in grumi, in pallottole: *la farina con l'acqua si appallottola.* **C** v. rifl. ● Raggomitolarsi: *il gatto si appallottolò sul cuscino.*

appalmàto [comp. di *a-* (*2*) e *palma*] agg. ● (*arald.*) Di una mano con la palma aperta.

appaltànte **A** part. pres. di *appaltare*; anche agg. ● (*raro*) Nei sign. del v. **B** s. m. ● Chi dà q.c. in appalto.

appaltàre [V. *appalto*] v. tr. ● Dare, assumere in appalto: *a. a un'impresa privata la costruzione di un ponte*; *a. uno scavo* | (*fig.*) †*a. qc. con le parole*, confonderlo a forza di chiacchiere per ingannarlo.

appaltatóre s. m. (f. *-trice*) ● Chi assume un appalto | (*raro*) Chi dà in appalto. SIN. Accollatario.

appàlto [etim. incerta] s. m. **1** (*dir.*) Contratto con cui si assume a proprio rischio l'esecuzione di un'opera o di un servizio contro un corrispettivo in danaro: *contratto di a.* SIN. (*raro*) Accollo. **2** (*tosc.*) Luogo in cui si vendono prodotti di monopolio dello Stato, quali tabacchi e valori bollati.

appannàbile [da *appannare* (*1*)] agg. ● (*raro*) Che si può appannare: *vetro facilmente a.*

appannàggio o †**panàggio** (**2**) [fr. *apanage* 'assegnazione di pane'] s. m. **1** Dotazione a favore di capi di Stati o assegno spettante a date personalità di grande rilevanza politica. **2** (*est.*) Retribuzione fissa | Dote: *il padre le ha garantito un buon a.* **3** (*fig.*) Prerogativa: *il dolore è a. dei viventi* | *In a.*, come prerogativa.

appannaménto s. m. ● Atto, effetto dell'appannare e dell'appannarsi, nel sign. di *appannare* (*1*).

appannàre (**1**) [comp. di *a-* (*2*) e *panno* (con cui si copriva qualche cosa)] **A** v. tr. **1** Togliere la lucentezza o la trasparenza: *a. un vetro, uno specchio.* **2** (*fig.*) Offuscare: *spesso la stanchezza appanna i riflessi.* **3** †Ammantare, tappezzare | Rivestire. **B** v. intr. pron. **1** Perdere la lucentezza o la trasparenza, per vapore, umidità, sudiciume, e sim., detto di vetri o metalli: *i finestrini dell'auto si appannano con l'alito.* **2** (*fig.*) Annebbiarsi, oscurarsi: *mi si appanna la vista* | Affiochirsi, della voce.

appannàre (**2**) [comp. di *a-* (*2*) e il den. di *panna* (*1*)] v. intr. e intr. pron. (aus. *essere*) ● Fare la panna: *il latte appanna.*

appannàto part. pass. di *appannare* (*1*); anche agg. **1** Nei sign. del v. **2** †Grande, grosso | (*est.*) Abbondante.

†**appannatóio** s. m. ● Panno usato per coprire gli occhi ai cavalli bizzarri nel bardarli.

appannatùra s. f. ● Offuscamento, intorbidamento.

†**apparàre** (**1**) [lat. *apparāre*, comp. di *ăd* e *parāre* 'preparare'] **A** v. tr. ● Preparare, apparecchiare | Adornare, addobbare spec. per funzioni religiose. **B** v. rifl. ● Vestirsi, abbigliarsi, addobbarsi.

†**apparàre** (**2**) [da *imparare*, con cambio di pref. dovuto all'accostamento con *apparare* (*1*)] v. tr. ● (*lett.*) Imparare, apprendere: *incapace d'a. per massime ragionate* (VICO).

apparàto [vc. dotta, lat. tardo *apparātu(m)*, da *apparāre* 'apparare (1)'] s. m. **1** Complesso di macchine, strumenti, impianti, apparecchi e sim. atto a conseguire un determinato scopo: *a. bellico, offensivo, difensivo, industriale, scenico.* **2** (*anat.*) Complesso di organi adibiti alla medesima funzione: *a. circolatorio, osseo, muscolare, intestinale.* **3** (*biol.*) Organulo cellulare complesso: *a. di Golgi.* **4** (*est.*) Insieme organico di nozioni, dati, informazioni e sim., concernenti una o più opere o discipline: *disporre di un ricco a. culturale* | *A. critico*, l'insieme delle varianti trovate nei codici e in antiche edizioni di un'opera letteraria che, non accolte nel testo dell'edizione critica, vanno collocate generalmente a piè di pagina per rendere conto del modo seguito nel ricostruire la lezione esatta. **5** (*est., fig.*) Insieme di preparativi particolarmente appariscenti, sfarzosi e sim.: *un grande a. di forze*; *ci accolsero con un incredibile a. di fiori e di luci.* **6** Complesso dei quadri dirigenti e dei funzionari di un partito politico, di un governo e sim.: *l'a. burocratico.*

apparatóre [vc. dotta, lat. tardo *apparatōre(m)*, da *apparāre* 'apparare (1)'] s. m. (f. *-trice*) **1** Nel teatro ottocentesco, chi provvedeva ad arredare la scena. **2** Tappezziere.

†**apparecchiaménto** s. m. **1** Allestimento, preparativo, apprestamento. **2** Apparato, addobbo.

apparecchiàre [lat. **appariculāre*, da *apparāre* 'apparare'] **A** v. tr. (*io apparécchio*) **1** Mettere in ordine, a punto, preparare | Allestire: *a. la tavola per la cena* | Ammannire: *a. una colazione, il desco.* **2** (*ass.*) Preparare la tavola per il pasto: *apparecchiò in fretta*; *ha apparecchiato in giardino.* **3** Sottoporre i tessuti o la carta all'apparecchiatura. **B** v. rifl. **1** (*lett.*) Prepararsi, disporsi: *s'apparecchia / al dolce assalto* (ARIOSTO). **2** †Provvedersi dei mezzi necessari a sostenere un cimento: *e io sol uno / mi apparecchiava a sostener la guerra* (DANTE *Inf.* II, 3-4).

apparecchiàta s. f. ● (*fam.*) Rapida e sommaria preparazione della tavola.

apparecchiàto part. pass. di *apparecchiare*; anche agg. ● Nei sign. del v.

apparecchiatóre agg.; anche s. m. (f. *-trice*) **1** (*raro*) Che, chi apparecchia. **2** Che, chi è addetto all'apparecchiatura dei tessuti.

apparecchiatùra s. f. **1** (*raro*) Atto, effetto dell'apparecchiare. **2** (*tess.*) Insieme delle operazioni cui si sottopone il tessuto greggio per fargli assumere forma, aspetto e caratteri definitivi. **3** Preparazione di una tela o di un muro per renderli atti a essere dipinti. **4** (*arch.*) Taglio e disposizione dei conci di pietra nella costruzione di muri, archi e volte. **5** Serie di strumenti, dispositivi e sim.: *a. meccanica, bellica, elettrica.* ‖ **apparecchiaturina**, dim.

apparécchio s. m. **1** Apparato: *a. muscolare*; *a. bellico.* **2** Dispositivo semplice o complesso per specifiche realizzazioni: *a. radiofonico, telefonico, televisivo*; *a. fotografico, ottico, oculistico* | *A. ortodontico*, per la correzione delle malformazioni dentarie, spec. dei bambini | *A. gessato*, bendaggio impastato col gesso per contenere arti fratturati o correggere malformazioni ossee. **3** (*per anton.*) Aeroplano, idrovolante, elicottero o altro aeromobile. **4** (*tess.*) Reparto di un'azienda in cui si compie l'apparecchiatura dei tessuti | Correntemente, apparecchiatura: *dare l'a. a un tessuto.* ‖ **apparecchiétto**, dim.

apparentaménto s. m. **1** Atto dell'apparentarsi. **2** Accordo fra partiti politici per la presentazione di liste elettorali comuni per evitare dispersione di voti.

apparentàre [comp. di *a-* (*2*) e *parente*] **A** v. tr. (*io apparènto*) **1** Unire con vincoli di parentela. **2** (*raro*) Entrare in familiarità. **B** v. rifl. **1** Imparentarsi. **2** Concordare un apparentamento.

apparènte **A** part. pres. di *apparire*; anche agg. **1** Nei sign. del v. **2** (*est.*) Appariscente, sfarzoso. **3** (*lett.*) Visibile: *senza movimento a.* | (*raro*) Evidente. **4** Illusorio: *ricchezza, grandezza, onestà a.* CONTR. Reale. ‖ **apparenteménte**, avv. In apparenza: *una risposta apparentemente esatta.* **B** s. m. ● (*raro*) †Apparenza.

apparènza [vc. dotta, lat. tardo *apparĕntia(m)*, da *apparēre* 'apparire'] s. f. **1** Modo di apparire, aspetto esteriore, sembianza: *avere una bella, una buona, una brutta a.*; *l'a. delle cose*; *a giudicare dall'a.*; *guardare solo all'a.* **2** Manifestazione esteriore priva di reale sostanza: *a. falsa, bugiarda*; *avere un'a. di onestà, di serietà*; *sotto un'a. di formalità*; *badare alle apparenze*; *sono tutte* *apparenze* | *In a., all'a.*, a giudicare da quel che si vede, alla prima impressione | *Salvare le apparenze*, agire rispettando la forma e le convenzioni. *3* (*lett.*) Mostra, comparsa || PROV. L'apparenza inganna.

appariglìàre (1) [comp. di *a-* (2) e *pariglia*] v. tr. (*io apparìglio*) *1* Accoppiare nel tiro animali, spec. cavalli. *2* Nel gioco della scopa, fare la presa in modo da ricostituire il numero pari delle carte di uguale valore, spec. del sette. CONTR. Spariglìare.

†**appariglìàre** (2) [dal provz. *aparelhar*] v. tr. • Pareggiare.

†**appariménto** s. m. • Apparizione: *erano compiuti li nove anni appresso l'a.* (DANTE).

apparìre [lat. *apparēre*, comp. di *ăd* e *parēre* 'apparire'] v. intr. (pres. *io appàio* o *apparìsco, tu appàri* o *apparìsci, egli appàre* o *apparìsce, noi appariàmo*, raro *appaiàmo, voi apparìte, essi appàiono* o *apparìscono*; pass. rem. *io appàrvi* o *apparìi*, raro *appàrsi, tu apparìsti, egli appàrve* o *apparì*, raro *appàrse, noi apparìmmo, voi apparìste, essi appàrvero* o *apparìrono*, raro *appàrsero*; fut. *io apparirò*, lett. *apparrò*; congv. pres. *io appàia* o *apparìsca, noi appariàmo, voi appariàte, essi appàiano*, o *apparìscano*; part. pass. *appàrso*, raro *apparìto*, †*apparùto*; aus. *essere*) *1* Presentarsi alla vista, spec. improvvisamente o causando sorpresa, meraviglia, e sim., detto di persona o cosa che prima non si vedeva: *apparve una donna vestita di bianco*; *un'isola appariva ai loro occhi*; *uno strano animale appare tra l'erba* | Farsi visibile, detto di sogno, visione, e sim.: *gli apparve in sogno il fratello morto*; *è apparsa una visione soprannaturale*. *2* Spuntare, sorgere: *nel cielo già appare la luna*; *il sole apparve all'orizzonte*. *3* Mostrarsi chiaramente: *prima o poi la verità apparirà* | Risultare: *dalle prove in nostro possesso la sua colpevolezza appare chiara*. *4* Mostrare di essere: *a. triste, addolorato, allegro, lieto*; *mi è apparso molto contento*; *il suo viso appariva felice*. *5* (*raro*) Fare buona comparsa, comparire.

appariscènte [lat. tardo *apparescĕnte(m)*, part. pres. di *apparēscere*, da *apparēre* 'apparire'] agg. • Che dà nell'occhio, che attira gli sguardi: *colore, vestito a.* | (*est.*) Di bella presenza, vistoso: *donna a.*; *un tipo di bellezza a.*

appariscènza [lat. tardo *apparescĕntia*, part. nt. pl. di *apparēscere*. V. *appariscente*] s. f. • (*raro*) Qualità di chi, di ciò che, è appariscente.

apparìta s. f. • (*raro, lett.*) Apparizione | Comparsa.

apparitóre s. m. *1* Nell'antica Roma, persona addetta al servizio di magistrati e sacerdoti o dell'imperatore. *2* Nel Medio Evo, servo di vari magistrati. *3* Chi, durante le epidemie di peste e sim., precedeva il carro degli appestati suonando la campanella.

apparizióne [vc. dotta, lat. *apparitiōne(m)*, da *apparēre* 'apparire'] s. f. *1* Atto dell'apparire, spec. di esseri soprannaturali, visioni, fenomeni celesti, e sim.: *a. della Vergine, di un Santo, di una cometa*. *2* Fantasma, spettro: *era pallida come se avesse visto un'a.*

appàrso part. pass. di *apparire*; anche agg. • Nei sign. del v.

appartaménto [ant. sp. *apartamēnto* 'luogo appartato'] s. m. *1* Insieme di stanze formanti un'abitazione libera e separata dal resto di una casa. *2* (*mar.*) Spostamento in miglia verso levante o verso ponente compiuto da una nave su di una rotta comunque inclinata rispetto ai meridiani. || **appartamentìno**, dim. | **appartamentóne**, accr. | **appartamentùccio**, dim.

appartàre [comp. di *a-* (2) e *parte*] **A** v. tr. • Mettere in disparte, da parte: *a. alcuni oggetti*. **B** v. rifl. • Mettersi in disparte: *appartarsi per parlare con qc.* | Allontanarsi, isolarsi: *appartarsi dalla vita politica*.

appartàto A part. pass. di *appartare*; anche agg. • Nei sign. del v. || **appartataménte**, avv. *1* Separatamente: *trattare appartatamente due questioni*. *2* In disparte: *vivere appartatamente*. **B** s. m. • (*raro*) †Luogo destinato a usi particolari.

appartenènte A part. pres. di *appartenere*; anche agg. • Nei sign. del v. **B** s. m. e f. • Chi fa parte di un gruppo, una classe, una categoria e sim.: *gli appartenenti al sindacato*.

appartenènza s. f. *1* L'appartenere: *l'a. a un sindacato, a una setta religiosa*; *contestare l'a. di un bene* | *Gruppo di a.*, quello nel quale una persona svolge un determinato ruolo. *2* (*est.*) Ciò che appartiene: *ecco tutte le tue appartenenze* | (*raro*) Accessorio. *3* †Qualità, attributo.

appartenére [lat. parl. **appartenēre*, comp. parasintetico di *părs*, genit. *părtis* 'parte', col pref. *ad-*] **A** v. intr. (coniug. come *tenere*; aus. *essere* o *avere*) *1* Essere di proprietà o in possesso di qc.: *quell'oggetto mi appartiene*. *2* (*raro, lett.*) Avere relazioni di parentela. *3* Fare parte di un gruppo, di una classe, di una categoria e sim.: *a. a una famiglia, alla borghesia*. *4* Convenire, essere dovuto, spettare: *questo mi appartiene di diritto*. **B** v. intr. pron. • †Riferirsi, addirsi.

appartenùto part. pass. di *appartenere*; anche agg. • Nei sign. del v.

appassiménto s. m. • Atto, effetto dell'appassire.

appassionaménto s. m. • (*raro*) Atto dell'appassionarsi.

appassionànte part. pres. di *appassionare*; anche agg. • Nei sign. del v.

appassionàre [comp. di *a-* (2) e *passione*] **A** v. tr. (*io appassióno*) • Dare, infondere passione: *a. qc. alla musica, alla scienza, alla filosofia* | Addolorare, commuovere: *quella triste vicenda ci appassiona tutti*. **B** v. intr. pron. *1* Prendere passione, sentire interesse: *appassionarsi al teatro, allo sport*. *2* Addolorarsi, commuoversi: *appassionarsi per i dolori altrui*.

appassionàto A part. pass. di *appassionare*; anche agg. *1* Nei sign. del v. *2* (*mus.*) Detto di indicazione espressiva che precisa un movimento: *andante a.* || **appassionataménte**, avv. In modo appassionato; senza obiettività. **B** s. m. (f. *-a*) • Chi si dedica con passione a q.c.: *gli appassionati della lirica*.

appassìre [comp. di *a-* (2) e *passo* (3)] v. intr. e intr. pron. (*io appassìsco, tu appassìsci*; aus. *essere*) *1* Divenire passo, secco, vizzo, detto di fiori, piante e sim.: *le foglie appassiscono*. *2* (*fig.*) Illanguidire, sfiorire: *la giovinezza appassisce troppo presto*.

†**appastàre** [comp. di *a-* (2) e *pasta*] **A** v. tr. • Impastare. **B** v. intr. pron. • Farsi denso come pasta.

appastellàrsi [comp. di *a-* (2) e *pastello*] v. intr. pron. (*io mi appastèllo*) • Agglomerarsi in pallottoline: *spesso le vernici si appastellano*.

appeal /ingl. ə'pi:l/ [vc. ingl., propr. 'richiamo'] s. m. inv. *1* Richiamo, attrazione. *2* Acrt. di *sex appeal*.

appeasement /ingl. ə'pi:zmənt/ [ingl., da *to appease* 'pacificare, calmare', dall'ant. fr. *apeser* (fr. mod. *apaiser*), comp. del lat. *ăd* e del den. di *pais* (mod. *paix*) 'pace'] s. m. inv. • Politica di convivenza pacifica nei confronti di una nazione con la quale si hanno ragioni di contrasto, ottenuta a costo di concessioni e sacrifici.

appellàbile agg. • Che si può appellare: *sentenza a.*

appellabilità s. f. • Condizione di appellabile.

appellànte A part. pres. di *appellare*; anche agg. • Nei sign. del v. **B** s. m. e f. • Chi appella o si appella.

appellàre [lat. *appellāre*, comp. di *ăd* e *pellāre* (da *pĕllere* 'spingere') 'spingersi verso, dirigersi'] **A** v. tr. (*io appèllo*) *1* (*raro, lett.*) Chiamare, spec. per nome. *2* †Invitare, provocare, sfidare | (*poet.*) †Incitare: *te fremendo appella / ai fatti illustri il popolar favore* (LEOPARDI). *3* †Accusare, incolpare. **B** v. tr., intr. e intr. pron. (aus. *essere*) • (*dir.*) Ricorrere ad un giudice di grado superiore affinché modifichi un provvedimento viziato o ingiusto emesso da un giudice civile o penale di grado inferiore: *a. una sentenza*; *i condannati decisero di a.*; *a., appellarsi contro una sentenza*. **C** v. intr. pron. *1* Fare appello, rivolgersi a qc.: *appellarsi alla generosità, alla coscienza di qc.* *2* (*lett.*) Chiamarsi, avere nome.

appellatìvo [vc. dotta, lat. tardo (*nōmen*) *appellatīvu(m)*, da *appellāre* 'appellare'] **A** agg. *1* (*ling., raro*) Che serve a denominare: *nome a.* *2* (*dir., raro*) Di, relativo ad appello. **B** s. m. *1* Titolo d'onore, di dignità e sim. *2* (*ling.*) Nome comune. *3* Soprannome, epiteto: *un a. scherzoso, offensivo*.

appellàto A part. pass. di *appellare*; anche agg. *1* Nel sign. del v. *2* (*dir.*) Detto di chi è convenuto in un giudizio di appello. **B** s. m. (f. *-a*) • Chi è convenuto in un giudizio di appello.

appellatòrio [vc. dotta, lat. tardo *appellatōriu(m)*, da *appellāre* 'appellare'] agg. • Di, relativo a, appello.

appellazióne [vc. dotta, lat. *appellatiōne(m)*, da *appellāre* 'appellare'] s. f. *1* (*raro, lett.*) Nome, denominazione | Epiteto. *2* †Appello, ricorso: *il giudice ... paghi le spese che succedono per l'a. dichiarata giusta* (CAMPANELLA).

appèllo [da *appellare*] s. m. *1* Chiamata per nome di persone, spec. in ordine alfabetico e spec. per controllarne la presenza: *fare l'a.*; *presentarsi, rispondere, mancare all'a.* | *A. nominale*, per le votazioni in cui sia necessario prendere nota di ciascun votante e del suo voto | *A. al Paese*, l'indire nuove elezioni, per lo scioglimento anticipato delle Camere. *2* Ciascuna delle convocazioni che l'ordinamento universitario prevede per ogni sessione ordinaria d'esame: *primo, secondo a.*; *sessione straordinaria ad a. unico*. *3* (*est.*) Richiamo, implorazione, istanza: *un a. alla bontà altrui*; *un disperato grido d'a.* | *Fare a. a*, invocare: *faccio a. al vostro buon cuore* | *Fare a. alle proprie risorse fisiche, morali e sim.*, raccoglierle in uno sforzo particolare. *4* (*dir.*) Mezzo d'impugnazione contro le sentenze di primo grado: *giudice dell'a.*; *a. contro le sentenze penali, civili*; *corte d'a.* | *Atto d'a.*, atto introduttivo con cui si determina l'instaurarsi di un giudizio di secondo grado | *Giudizio di a.*, di secondo grado | *Senz'a.*, di provvedimento giurisdizionale contro cui non si può ricorrere.

appéna o (*raro, lett.*) **a péna** [comp. di *a-* (2) e *pena*] **A** avv. *1* A fatica, a stento, con difficoltà: *riusciamo a. a distinguerlo*; *ci sente a.*; *facemmo a. in tempo* | *A. a.*, pochissimo, a mala pena: *socchiuse a. a. un occhio*; *ce l'ho fatta a. a.* *2* Soltanto, non di più: *mi ha fatto a. un cenno*; *versami a. due dita di vino*; *sono a. le sei*. *3* Da poco: *sono a. arrivato*; *la luna era appena sorta in cielo* | Correlativo di 'che' e 'quando': *era a. uscito quando mi ricordai che cosa dovevo dirgli*. **B** cong. • Subito dopo che, tosto che (introduce una prop. temp., sia implicita con il v. al part. pass., sia esplicita con il v. all'indic. o al congv.): *a. arrivai* (anche *a. arrivato*), *mi corse incontro* | Con il 'non' pleon.: *non a. mi ha visto, se l'è data a gambe*; *non a. tu guarisca, andremo al mare*.

†**appenàre** [comp. di *a-* (2) e *pena*] **A** v. tr. • Mettere in pena. **B** v. rifl. • Affannarsi, darsi pena.

appèndere [lat. *appĕndere*, comp. di *ăd* 'verso' e *pĕndere* 'pesare' (V. *pendere*)] **A** v. tr. (pres. *io appèndo*; pass. rem. *io appési, tu appendésti*; part. pass. *appéso*) *1* Attaccare una cosa a un sostegno più o meno elevato da terra in modo che vi resti sospesa: *a. il cappello all'attaccapanni*; *a. un quadro al muro* | *A. la bicicletta, i guantoni al chiodo*, ritirarsi dall'attività sportiva del ciclismo, del pugilato. *2* (*lett.*) Impiccare: *a. un reo a un albero, alla forca*. *3* (*fig.*) †Pesare, soppesare. **B** v. rifl. • Attaccarsi | *Appendersi al braccio di qc.*, appoggiarvisi | (*fig.*) *Appendersi al collo di qc.*, gettargli le braccia al collo.

appendiàbiti [comp. di *appendere* e del pl. di *abito*] s. m. • Attaccapanni.

appendìce [vc. dotta, lat. *appendīce(m)* 'aggiunta', da *appendere* 'sospendere'] s. f. *1* Parte aggiunta a un'altra con lo scopo di spiegare, approfondire o aggiornare, spec. complesso di scritti, documenti e sim. allegati a un'opera ma non essenziali per la sua organicità: *a. di un libro, di un'enciclopedia*; *a. a un discorso*. *2* Parte di un quotidiano, dove, a piè di pagina, si pubblicavano articoli di varietà, di critica, puntate di romanzi e sim.: *romanzo d'a.* *3* (*anat.*) *A. vermiforme, ileocecale*, o (*ass.*) *appendice*, piccola porzione cilindrica dell'intestino cieco nell'angolo tra questo e l'ultima ansa ileale. ➡ ILL. p. 365 ANATOMIA UMANA. || **appendicétta**, dim.

appendicectomìa [comp. di *appendice* e gr. *ektomḗ* 'recisione', da *témnō* 'io taglio'] s. f. • Asportazione chirurgica dell'appendice vermiforme del cieco.

appendicìsta s. m. (pl. *-i*) • Scrittore di appendice per i giornali.

appendicite [da *appendice*, attrav. l'ingl. *appendicitis*] s. f. ● (*med.*) Infiammazione dell'appendice vermiforme del cieco.

appendicolàre [dal lat. *appendĭcula*, dim. di *appĕndix*, genit. *appendĭcis* 'appendice'] agg. *1* Che ha forma d'appendice | (*bot.*) *Organo a.*, foglia. *2* (*anat.*) Della, relativo alla, appendice vermiforme.

Appendicolàrie [V. *appendicolare*] s. f. pl. ● Nella tassonomia animale, classe di Tunicati marini con corda dorsale che persiste nell'adulto (*Appendicularìae*) | (al sing. *-a*) Ogni individuo di tale classe.

appendigónna o **appendigònna** [comp. di *appendere* e *gonna*] s. m. inv. ● Speciale tipo di attaccapanni per gonne.

appendìzie [vc. dotta, lat. tardo *appendĭciu(m)* 'aggiunta'. V. *appendice*] s. f. pl. ● (*dir.*) Prestazioni accessorie, di varia natura, che nella colonia parziaria il colono doveva al concedente per contratto o consuetudine: *le a. dovute* | (*est.*) Regalie dovute per consuetudine al padrone dal colono.

appennecchiàre [comp. di *a-* (*2*) e un den. di *pennecchio*] v. tr. (*io appennécchio*) ● (*raro*) Ridurre in pennecchi la lana, la canapa, il lino.

appennellàre [comp. di *a-* (*2*) e *pennello*] v. tr. (*io appennèllo*) ● (*mar.*) Raffermare l'ancora sul fondo con un ancorotto o pennello | Prepararsi a dar fondo filando la catena dell'ancora fino a farle sfiorare il pelo dell'acqua, in modo che dando fondo la catena scorra facilmente nella cubia.

appennìnico agg. (pl. m. *-ci*) ● Degli Appennini: *paesaggio a.*; *vegetazione appenninica.*

appennino [lat. *Apennīnu(m)*] **A** s. m. ● (*lett.*) Gli Appennini: *sopra i fronzuti omeri d'Appennino* (BOCCACCIO). **B** agg. ● (*raro, lett.*) Appenninico: *la luna / da selve appennine ... si solve* (CARDUCCI).

appercettivo agg. ● (*filos., psicol.*) Che concerne o interessa l'appercezione.

appercezióne [comp. del lat. *ăd* 'verso' e *percĕptio*, genit. *perceptiōnis* 'percezione'] s. f. *1* (*filos.*) Atto del prendere chiara consapevolezza delle proprie percezioni e di distinguere il soggetto percipiente dall'oggetto percepito. *2* (*psicol.*) Stadio finale dell'attenzione percettiva, in cui qualcosa viene chiaramente compreso e acquista così una relativa preminenza nella coscienza.

appertizzàre v. tr. ● (*raro*) Trattare mediante appertizzazione.

appertizzazióne [fr. *appertisation*, dal nome del cuoco N. *Appert* inventore del processo] s. f. ● Conservazione dei cibi deperibili mediante sterilizzazione col calore in recipienti impermeabili all'aria.

appesantiménto s. m. ● Atto, effetto dell'appesantire e dell'appesantirsi.

appesantire [comp. di *a-* (*2*) e *pesante*] **A** v. tr. (*io appesantìsco, tu appesantìsci*) *1* Rendere pesante o più pesante (*anche fig.*): *a. una valigia con libri*; *un odore acuto appesantisce l'aria*; *troppi aggettivi appesantiscono lo stile* | *A. una pagina di giornale*, dare tanto rilievo tipografico ad una parte così da determinare esteticamente uno squilibrio con l'altra. *2* (*fig.*) Rendere torpido, greve: *a. la testa, lo stomaco.* **B** v. intr. pron. *1* Diventare pesante o più pesante: *appesantirsi con carichi eccessivi* | Ingrassare: *con gli anni ci si appesantisce.* *2* (*fig.*) Diventare torpido, sonnolento.

appéso part. pass. di *appendere*; anche agg. ● Nei sign. del v.

appestàre [comp. di *a-* (*2*) e *peste*] **A** v. tr. (*io appèsto*) *1* Contagiare con la peste o (*est.*) con altra malattia infettiva: *a. un intero paese.* *2* Riempire di odori nauseabondi (*anche ass.*): *un puzzo insopportabile appesta l'aria*; *il fumo del sigaro appestava la casa*; *c'è un tanfo che appesta.* *3* (*fig.*) Corrompere, inquinare moralmente: *i vizi appestano la società.* **B** v. intr. e intr. pron. (aus. *essere*) ● †Prendere la peste.

appestàto A part. pass. di *appestare*; anche agg. ● Nei sign. del v. **B** s. m. (f. *-a*) ● Chi è ammalato di peste.

appestatóre agg.; anche s. m. (f. *-trice*) ● Che, chi appesta.

appetènte part. pres. di *appetire*, anche agg. *1* Nei sign. del v. *2* (*raro, lett.*) Che desta appetito.

appetènza [vc. dotta, lat. *appetĕntia(m)*, da *appetĕre* 'appetire'] s. f. ● Appetito (*anche fig.*).

appetìbile [vc. dotta, lat. *appetībile(m)*, da *appĕtere* 'appetire'] agg. ● Desiderabile.

appetibilità s. f. ● Qualità di chi, o di ciò che, è appetibile.

appetire [lat. *appĕtere* 'bramare', comp. di *ăd* e *pĕtere* 'chiedere', con influsso di *appetito*] **A** v. tr. (*io appetìsco, tu appetìsci*) *1* (*lett.*) Desiderare vivamente: *quantunque ogn'uomo naturalmente appetisca vendetta delle ricevute offese* (BOCCACCIO). *2* (*lett.*) Avere voglia, desiderio di un cibo: *a. la frutta, la carne.* **B** v. intr. (aus. *essere* o *avere*) ● (*lett.*) Suscitare l'appetito | Piacere.

appetitìvo [vc. dotta, lat. tardo *appetitīvu(m)*, da *appĕtere* 'appetire'] agg. ● (*raro*) Appetitoso.

appetito [vc. dotta, lat. *appetītu(m)*, da *appĕtere* 'appetire'] s. m. *1* Tendenza istintiva degli esseri verso ciò che soddisfa i loro bisogni e desideri: *gli appetiti dell'animo, del corpo*; *Per ché non reggi tu, o sacra fame / de l'oro, l'a. de' mortali?* (DANTE *Purg.* XXII, 40-41) | Istinto, inclinazione. *2* Percezione del bisogno di alimentarsi: *stuzzicare, perdere l'a.* | Correntemente, desiderio di mangiare: *avere molto, poco a.*; *mangiare con a.*, *di buon a.* | *Buon a.!*, augurio a chi si appresta a mangiare. *3* Voglia, brama, cupidigia: *l'a. dell'uomo è infinito* (CAMPANELLA) || PROV. L'appetito vien mangiando.

appetitóso [da *appetito*] agg. *1* Che desta, muove l'appetito: *cibo, piatto a.* *2* (*fig.*) Che desta desiderio, piacente: *donna appetitosa.* *3* †Desideroso, voglioso. *4* †Ghiotto. || **appetitosaménte**, avv. (*lett.*) Con appetito.

appetizióne [vc. dotta, lat. *appetitiōne(m)*, da *appetītus*, part. pass. di *appĕtere* 'appetire'] s. f. ● (*filos.*) Tendenza della volontà a soddisfare determinati bisogni o a conseguire determinati fini.

appettàre [comp. di *a-* (*2*) e *petto*] **A** v. tr. (*io appètto*) ● †Presentare, prospettare | (*est., dial.*) †Dare a credere. **B** v. intr. (aus. *avere*) ● (*raro*) Fare forza col petto nel salire, detto spec. del cavallo.

appettàta s. f. ● (*raro, dial.*) Salita faticosa.

appètto o **a pètto** [comp. di *a-* (*2*) e *petto*] **A** avv. ● (*lett.*) Di fronte | (*fig.*) In confronto. **B** nella loc. prep. *appetto a* ● (*lett.*) Di fronte, dirimpetto: *a. alla chiesa* | (*fig.*) In confronto, a paragone, rispetto: *a. a lui tutti gli altri valgono poco*; *ho lodato l'Italia a. alla Francia, perché non ha rinunziato alla sua lingua antica* (LEOPARDI).

appezzaménto [da *appezzare*] s. m. ● Campo: *un a. di terreno, di terra fertile*; *vari appezzamenti a frutteto.*

appezzàre [comp. di *a-* (*2*) e *pezzo*] v. tr. (*io appèzzo*) *1* Dividere in pezzi. *2* Congiungere insieme vari pezzi: *a. una fune, un panno.*

appezzàto A part. pass. di *appezzare*; anche agg. ● Nei sign. del v. **B** s. m. ● (*lett.*) Appezzamento.

appezzatùra s. f. ● Atto, effetto dell'appezzare.

appiacevolire [comp. di *a-* (*2*) e *piacevole*] v. tr. (*io appiacevolìsco, tu appiacevolìsci*) ● (*raro*) Rendere piacevole | Mitigare: *a. il proprio temperamento.*

appianàbile agg. ● Che si può appianare.

appianaménto s. m. ● Atto, effetto dell'appianare (*anche fig.*).

appianàre [lat. tardo *adplanāre*, comp. di *ăd* e *plānus* 'piano'] **A** v. tr. *1* Rendere piano, spianare: *a. un terreno*; *una strada.* *2* Abbattere, atterrare: *a. un bosco.* *3* (*fig.*) Rimuovere difficoltà, ostacoli, e sim.: *a. un dissidio, una divergenza d'opinioni* | Rendere facile: *appianar la strada al dispotismo* (LEOPARDI). **B** v. intr. pron. ● Risolversi, chiarirsi, divenire agevole: *col tempo ogni cosa si appiana.*

appianàto part. pass. di *appianare*; anche agg. ● Nei sign. del v.

appianatóia s. f. ● Attrezzo da muratore, atto a rendere liscio l'intonaco.

appianatóio s. m. ● Macchina per appianare il terreno.

appianatùra s. f. ● Atto, effetto dell'appianare: *l'a. di una strada, di un sentiero* | Punto ove una superficie è stata appianata.

appiastràre [comp. di *a-* (*2*) e *piastra*] **A** v. tr. ● (*raro*) Stendere a guisa di piastra: *a. una pomata* | Appiccicare, attaccare insieme. **B** v. rifl. ● Attaccarsi, appiccicarsi.

appiastricciàre [comp. di *a-* (*2*) e *piastriccio*] **A** v. tr. (*io appiastrìccio*) ● (*raro*) Stendere q.c. di appiccicoso. **B** v. intr. pron. ● Diventare appiccicoso: *le caramelle morbide si appiastricciano col calore.*

appiàstro [lat. *apiastrum*, der. di *apium* 'appio (2)'] s. m. ● (*bot.*) Melissa.

appiattaménto s. m. ● Atto, effetto dell'appiattare e dell'appiattarsi.

appiattàre [comp. di *a-* (*2*) e *piatto*] **A** v. tr. ● (*raro*) Nascondere, rimpiattare: *a. i propri beni per paura dei ladri.* **B** v. rifl. ● Nascondersi, rimpiattarsi: *appiattarsi nel buio, dietro un albero, fra l'erba, in un cantuccio.*

appiattiménto s. m. *1* Atto, effetto dell'appiattire e dell'appiattirsi | *A. dei salari, delle aliquote e sim.*, riduzione della differenza tra i minimi e i massimi e tra le varie categorie. *2* (*astron.*) Schiacciamento.

appiattire [comp. di *a-* (*2*) e *piatto*] **A** v. tr. (*io appiattìsco, tu appiattìsci*) ● Rendere piatto, schiacciare: *a. un materasso con l'uso.* **B** v. rifl. ● Farsi piatto, schiacciarsi: *l'animale si appiattì per terra.* **C** v. intr. pron. ● Divenire piatto.

appiccàgnolo [da *appiccare*] s. m. *1* Oggetto a cui ci si può afferrare o si può appendere q.c. *2* (*fig.*) Cavillo, pretesto: *cercare appiccagnoli.*

appiccaménto s. m. ● (*raro*) Atto, effetto dell'appiccare e dell'appiccarsi.

appiccàre [etim. incerta] **A** v. tr. (*io appìcco, tu appìcchi*) *1* Congiungere, unire, una cosa a un'altra: *appiccano alla punta di ciascuna trave una catena* (MACHIAVELLI) | Affiggere: *a. un manifesto al muro.* *2* Appendere, sospendere | (*est.*) Impiccare: *lo appiccarono a un albero.* *3* Trasmettere una malattia contagiosa. *4* (*raro, lett.*) Cominciare, attaccare: *a. zuffa, battaglia, discorso* | *A. il fuoco a q.c.*, incendiarla. *5* †Affibbiare, assestare | †*Appiccarla a qc.*, affibbiare q.c. e (*fig.*) darla ad intendere. **B** v. rifl. *1* Attaccarsi, aggrapparsi: *appiccarsi a un sostegno* | (*est.*) Appendersi | Impiccarsi: *appiccarsi a una trave.* *2* †Azzuffarsi. **C** v. intr. pron. *1* (*lett.*) Trasmettersi, detto di malattia contagiosa. *2* Attecchire, metter radici, germogliare.

appiccàto A part. pass. di *appiccare*; anche agg. ● Nei sign. del v. **B** s. m. ● Carta dei tarocchi raffigurante un uomo appeso per un piede.

appiccatóio s. m. *1* Appiccagnolo. *2* (*raro*) Parte del picciolo che tiene il frutto appeso al ramo.

appiccatùra s. f. ● Attaccatura | (*est.*) Punto di congiuntura | (*est.*) Unione di più cose.

appicciàre [etim. incerta] **A** v. tr. (*io appìccio*) *1* †Attaccare | (*tosc.*) *A. fichi secchi*, unirli insieme, farne picce. *2* (*dial.*) Accendere: *a. il fuoco, il lume.* **B** v. rifl. ● (*raro*) Attaccarsi.

appiccicàre [da *appicciare*] **A** v. tr. (*io appìccico, tu appìccichi*) *1* Attaccare con sostanze vischiose, tenaci: *a. un francobollo, un cartellino.* *2* (*fig.*) Appioppare: *a. colpi, busse* | Attribuire: *a. un soprannome, un epiteto.* *3* (*ass.*) Essere vischioso, appiccicoso: *il miele appiccica.* **B** v. rifl. ● Attaccarsi (*anche fig.*).

appiccicatìccio A agg. (pl. f. *-ce*) *1* Che si appiccica: *liquido a.* *2* (*fig.*) Detto di persona, importuno, molesto. **B** s. m. ● (*raro*) Insieme di cose appiccicate fra loro.

appiccicàto part. pass. di *appiccicare*; anche agg. ● Nei sign. del v.

appiccicatùra s. f. ● Atto, effetto dell'appiccicare | (*fig.*) Cosa male appiccicata, aggiunta inopportuna: *chiude con l'a. di una riflessioncella* (CROCE).

appiccicóso agg. *1* Che appiccica o si appiccica: *marmellata appiccicosa*; *dita appiccicose.* *2* (*fig.*) Detto di persona, importuno, noioso: *è una cara persona, ma è troppo appiccicosa.*

appiccicùme s. m. ● Sostanza appiccicosa o insieme di cose appiccicose.

appicco (1) [da *appiccare*] s. m. (pl. *-chi*) *1* (*raro*) Appiglio, attaccatura. *2* (*fig.*) Pretesto, occasione, opportunità: *dare, trovare a.*; *servire di a.*

appicco (2) [da *a picco*] s. m. (pl. *-chi*) ● Parete di roccia o di ghiaccio perfettamente verticale, in montagna.

appiccolire [comp. di *a-* (*2*) e *piccolo*] v. tr. (*io *appiccolìsco, tu appiccolìsci*) ● (*raro*) Rendere piccolo | (*est.*) Attenuare | (*fig.*) Avvilire.

appiè o **a piè, appiède, appièdi** [comp. di *a-* (*2*) e *piede*] **A** avv. *1* †A piedi. *2* (*raro, fig.*) In fondo. **B** nella loc. prep. *a. di* ● Ai piedi, sotto, nella parte inferiore: *a. del monte*; *a. del poggio, ... giaceva un mucchietto di casupole* (MANZONI).

appiedaménto s. m. *1* Atto, effetto dell'appiedare. *2* Sanzione, che viene applicata nei confronti di fantini e guidatori colpevoli di gravi infrazioni durante lo svolgimento di una gara, consistente nella proibizione a partecipare a un certo numero di corse.

appiedàre [comp. di *a-* (*2*) e *piede*] v. tr. (*io appièdo*) *1* Fare smontare soldati o reparti dai relativi mezzi di trasporto o di combattimento per agire a piedi. *2* (*est.*) Costringere ad abbandonare un mezzo di trasporto: *un guasto all'automobile mi ha appiedato*.

appiedàto part. pass. di *appiedare*; anche agg. *1* Nei sign. del v. *2* Nell'ippica, detto di fantino o guidatore colpito dalla sanzione dell'appiedamento.

appiède ● V. *appiè*.

appièdi ● V. *appiè*.

appièno o **a pièno** [comp. di *a-* (*2*) e *pieno*] avv. ● (*lett.*) Pienamente, interamente, del tutto: *non avete corrisposto a. alle nostre aspettative*; *comprendo a. il tuo stato d'animo*.

appigionaménto s. m. ● (*raro*) Modo e atto dell'appigionare.

appigionàre [comp. di *a-* (*2*) e *pigione*] v. tr. (*io appigióno*) ● Dare a pigione: *a. case, stanze, negozi* | Noleggiare.

appigiónasi s. m. ● Cartello che si espone all'esterno di un locale da affittare: *mettere, attaccare, l'a.* | *A lettere d'a.*, a caratteri cubitali.

appigliàrsi [comp. di *a-* (*2*) e *pigliare*] **A** v. rifl. (*io mi appìglio*) ● Trovare un appiglio, un sostegno qualsiasi: *a. al braccio di qc. per non cadere in terra*. **B** v. intr. pron. *1* Appiccarsi, estendersi: *l'incendio s'appigliò a tutto l'edificio* | Abbarbicarsi: *l'edera s'appiglia ai rami*. *2* (*fig.*) Attenersi: *a. a un partito, a un inutile pretesto*; *e veggio 'l meglio, et al peggior m'appiglio* (PETRARCA).

appìglio [da *appigliarsi*] s. m. *1* Punto di appoggio o di sostegno: *trovare un a.* | Nell'alpinismo, asperità della roccia su cui si esercita con le mani uno sforzo generalmente di trazione | *A. rovescio*, quello che viene sfruttato in trazione dal basso verso l'alto | (*mil.*) *A. tattico*, ogni rilievo del terreno favorevole all'azione di un piccolo reparto. *2* (*fig.*) Pretesto, occasione: *cercare un a. per giustificarsi*.

appinzàre [comp. di *a-* (*2*) e *pinza*] v. tr. ● Pungere, detto spec. di insetti: *le mosche appinzano le gambe*.

àppio (**1**) [dal lat. *melàpiu*(*m*), dal gr. *mēlápion*, comp. di *mêlon* 'melo' e *ápion* 'pero'] agg. ● (*agr.*) Appiolo.

àppio (**2**) o **àpio** [lat. *àpiu*(*m*), interpretato dai latini come 'erba delle api'] s. m. ● (*bot.*) Denominazione di varie Ombrellifere | *A. dolce, a. grande*, sedano.

appiòla [v. *appiolo*] s. f. ● Mela appiola.

appiòlo [da *appio* (*1*)] agg. ● Detto di una varietà di mela dal colore rosso intenso | *Melo a.*, quello che produce tale varietà di mele.

appiombàre v. tr. (*io appiómbo*) ● Mettere a piombo: *a. un muro*.

appiómbo o **a piómbo** nel sign. A [comp. di *a-* (*2*) e *piombo*] **A** avv. ● Perpendicolarmente, secondo la direzione del filo a piombo. **B** s. m. *1* Direzione verticale del filo munito di piombo. *2* (*veter.*) Direzione degli arti dell'animale piazzato su un piano orizzontale.

appioppàre [comp. di *a-* (*2*) e *pioppo* (a cui si legano le viti)] v. tr. (*io appiòppo*) *1* Legare le viti al tronco di un pioppo per sostenerne i tralci. *2* Piantare un terreno a pioppi. *3* (*fig., fam.*) Affibbiare: *a. un pugno* | Attribuire: *a. un nomignolo* | Consegnare a danno di chi riceve: *a. denaro falso* | (*raro*) Far credere.

appiṣolàrsi [comp. di *a-* (*2*) e *pisolo*] v. intr. pron. (*io mi appìṣolo*) ● Dormire un sonno leggero e di breve durata: *a. davanti al fuoco*.

applaudìre [lat. *applāudere*, comp. di *ăd* e *plāudere* 'plaudere'] v. tr. e intr. (*io applàudo* o *applaudìsco, tu applàudi* o *applaudìsci*) *1* Manifestare approvazione, entusiasmo, e sim. battendo le mani: *a. una cantante*; *il pubblico applaudiva all'oratore*. *2* (*est.*) Approvare, mostrarsi compiacente, favorevole: *tutti applaudirono alle proposte dell'assemblea*; *il nuovo programma fu molto applaudito*.

applaudìto part. pass. di *applaudire*; anche agg. ● Nei sign. del v.

applauditóre agg.; anche s. m. (f. *-trice*) ● Che, chi applaude.

applàuṣo [vc. dotta, lat. *applăusu*(*m*), 'urto con strepito', poi 'applauso', comp. di *ăd* e *plausus* 'plauso'] s. m. *1* Manifestazione spontanea e clamorosa di favore e di approvazione, espressa battendo le mani: *a. unanime, fragoroso*; *risuonò un a.*; *gli applausi scrosciavano*; *un coro di applausi gli fece eco* | *A. a scena aperta*, quello rivolto dal pubblico a un attore nel corso della rappresentazione interrompendo lo svolgimento dell'azione scenica. *2* (*est.*) Approvazione, consenso, lode: *la contraria opinione ebbe ... l'a. universale* (SARPI).

applauṣòmetro [comp. di *applauso* e *-metro*] s. m. ● Apparecchio per misurare la durata e l'intensità degli applausi del pubblico, negli spettacoli spec. televisivi.

applicàbile agg. ● Che si può o si deve applicare.

applicabilità s. f. ● Qualità di ciò che è applicabile.

applicàre [vc. dotta, lat. *applicāre* 'accostare, applicare', comp. di *ăd* e *plicāre* 'piegare'] **A** v. tr. (*io àpplico, tu àpplichi*) *1* Collocare una cosa sopra un'altra in modo che combacino: *a. un'etichetta, un unguento, un cerotto, una guarnizione* | (*est.*) Accostare, portare vicino: *a. le labbra all'orecchio di qc.* *2* (*fig.*) Dare, attribuire: *a. un nomignolo, un epiteto, un titolo* | *A. una pena*, infliggerla | Adattare, riferire: *a. il risultato di una ricerca al benessere generale*. *3* (*fig.*) Impiegare, destinare: *è stato applicato a un ufficio importante* | *A. la mente, l'animo*, dedicare, concentrare. *4* (*fig.*) Mettere in atto, far valere: *a. un esempio, una teoria, una legge, un regolamento* | *A. la messa*, celebrarla secondo un'intenzione. **B** v. rifl. ● Darsi, dedicarsi a q.c. con grande attenzione e diligenza (*anche ass.*): *è un ragazzo intelligente, ma si applica troppo poco*.

applicativo agg. ● Che è atto all'applicazione: *norme applicative*. || †**applicativaménte**, avv. Con applicazione.

applicàto A part. pass. di *applicare*; anche agg. *1* Nei sign. del v. *2* Detto di scienza volta a fini pratici: *chimica applicata* | *Arte applicata*, che si propone di abbellire prodotti industriali e oggetti d'uso comune. **B** s. m. (f. *-a*) ● Lavoratore subordinato, della categoria impiegatizia, che svolge mansioni spec. d'ordine: *a. statale, comunale, bancario*.

applicatóre agg.; anche s. m. (f. *-trice*) ● Che, chi applica.

applicazióne [vc. dotta, lat. *applicatiōne*(*m*), da *applicāre* 'applicare'] s. f. *1* Atto, effetto dell'applicare: *a. di un cerotto, di una legge, della messa* | (*mil.*) *Scuola d'a.*, che completa la formazione degli ufficiali promossi dall'Accademia | *Applicazioni tecniche*, nella scuola media inferiore, vecchia denominazione dell'attuale educazione tecnica | *Colori di a.*, quelli che si applicano alle stoffe per azione meccanica di impressione o stampa. *2* Ogni elemento decorativo cucito o ricamato su abiti, applicato su mobili, strutture e sim.: *applicazioni in pizzo*; *applicazioni metalliche*. *3* (*mat.*) Relazione fra due insiemi tale che a ogni elemento del primo sia associato un solo elemento, detto immagine, del secondo | Legge che a ogni elemento del primo insieme ne associa uno solo del secondo | *A. iniettiva*, iniezione | *A. suriettiva*, suriezione | *A. biiettiva*, biiezione | *A. identica*, che a ogni elemento d'un dato insieme fa corrispondere se stesso. *4* (*fig.*) Adattamento, riferimento: *a. di un criterio generale al caso pratico*. *5* (*fig.*) Attenzione costante, concentrazione mentale: *devi studiare con molta a. per superare l'esame*; *l'a. allo studio*; *mettersi a lavorare con a.*

applique /fr. a'plik/ [fr., da *appliquer* 'applicare'] s. f. inv. ● Lume applicato al muro | Mensola | *Mobile, specchio d'a.*, da parete.

†**àppo** o †**àpo** [etim. incerta: lat. *ăd pŏst* 'a dopo', o lat. *ăpud* 'presso' (forse da avvicinare ad *ăpere* 'legare, attaccare')] prep. *1* (*lett.*) Presso, accanto: *oziosi i cavalli a. i lor cocchi* (MONTI) | (*est.*) Nelle opere, negli scritti di un autore: *a. molti antichi istoriografi* (BOCCACCIO) | (*fig.*) Nell'opinione, nel favore di qc.: *Ho io grazie / grandi apo te?* (DANTE *Inf.* XVIII, 134-135). *2* In confronto, a paragone di: *il loro podere fu niente a. la forza de' Romani* (VILLANI). *3* (*raro*) Dopo.

appoderaménto s. m. ● Atto dell'appoderare e dell'appoderarsi: *l'a. di un latifondo*.

appoderàre [comp. di *a-* (*2*) e *podere*] **A** v. tr. (*io appodéro*) ● Ridurre in uno o più poderi un terreno. **B** v. rifl. ● (*raro*) Collocarsi in un podere per coltivarlo.

appoggiacàpo [comp. di *appoggia*(*re*) e *capo*] s. m. inv. *1* Striscia di stoffa stesa sulla spalliera delle poltrone, ove si appoggia la testa. *2* Arnese delle poltrone dei barbieri e dei dentisti, per tener ferma la testa.

appoggiafèrro [comp. di *appoggia*(*re*) e *ferro*] s. m. inv. ● Piastra di materiali vari su cui si appoggia il ferro da stiro mentre lo si usa.

appoggiamàno [comp. di *appoggia*(*re*) e *mano*] s. m. inv. *1* Bacchetta che i pittori tengono con la sinistra per appoggiarvi la mano nel dipingere. *2* (*raro*) Corrimano.

appoggiapièdi [comp. di *appoggia*(*re*) e il pl. di *piede*] s. m. inv. *1* Nelle motociclette, nelle poltrone professionali, nelle sedie, in attrezzi ginnici e sim., supporto per i piedi. *2* Poggiapiedi.

appoggiàre [lat. parl. **appodiāre*, da *pŏdium* 'piedestallo'] **A** v. tr. (*io appòggio*) *1* Accostare, sovrapporre una cosa a un'altra perché la sostenga: *a. la scala all'albero*. *2* (*est.*) Deporre con delicatezza: *a. i bicchieri sul tavolo* | *A. un colpo*, nel pugilato, sferrarlo con scarsa potenza | *A. uno schiaffo, un ceffone*, darlo, affibbiarlo. *3* (*ass.*) Nel calcio, passare, inviare il pallone a un compagno attaccante. *4* (*fig.*) Sostenere: *a. le proprie idee con l'autorità* | (*fig.*) Favorire: *a. un partito politico, una persona* | (*fig.*) *A. un'azienda*, accordarle credito. *5* (*raro*) Affidare. **B** v. intr. (aus. *avere*) ● Poggiare, reggersi (*anche fig.*): *la colonna appoggia su un forte basamento*; *i miei dubbi appoggiano su valide prove*. **C** v. rifl. *1* Sostenersi, reggersi: *appoggiarsi alla spalla di qc.* | (*fig.*) Ricorrere: *appoggiarsi a un amico*. *2* (*fig.*) Fondarsi, basarsi.

†**appoggiàta** s. f. ● (*mar.*) Abbattuta.

appoggiatèsta [comp. di *appoggia*(*re*) e *testa*] s. m. inv. ● Appoggiacapo | Negli autoveicoli, accessorio applicabile alla spalliera del seggiolino per sostenere il capo.

appoggiàto part. pass. di *appoggiare*; anche agg. *1* Nei sign. del v. *2* *Colpo a.*, nella scherma, stoccata che non arriva di punta. *3* (*ling.*) Detto di consonante preceduta o seguita da altra consonante.

appoggiatóio s. m. ● Ciò che serve di appoggio | Parapetto, ringhiera.

appoggiatùra s. f. ● (*mus.*) Nota di abbellimento che si esegue in battere, precedendo alla seconda superiore o inferiore la nota reale.

appòggio A s. m. *1* Sostegno: *le stampelle gli servono d'a.* | (*ling.*) *Vocale d'a.*, vocale aggiunta per facilitare l'articolazione dei suoni di una parola. *2* (*fig.*) Aiuto, favore, protezione: *contare sull'a. altrui*; *dare a. a qc.*; *rimanere senza a.* | *A. esterno*, voto favorevole che un partito dà al Governo senza parteciparvi | (*est.*) Persona in grado di dare aiuto, favore, protezione: *avere appoggi ovunque*; *non avere appoggi*; *quell'uomo è il tuo unico a.* *3* (*mil.*) Azione di fuoco di artiglieria per facilitare l'attacco della fanteria. *4* Nelle costruzioni, tipo di vincolo fisso o mobile destinato a trasmettere alla struttura sottostante l'azione delle forze agenti sulla costruzione. *5* (*dir.*) Diritto di appoggiare o infiggere un proprio manufatto al bene immobile altrui. *6* Attrezzo ginnico costituito da blocchetti rettangolari di legno con impugnatura, usato in genere per esercizi collettivi | Nell'alpinismo, asperità della roccia che viene usata esercitandovi sopra l'azione dei piedi. *7* Nello sport della canoa, manovra compiuta immergendo energicamente la pagaia al fine di equilibrare l'imbarcazione. **B** In funzione di **agg. inv.** • (posposto al s.) Nella loc. *nave a.*, nave militare destinata all'assistenza e al rifornimento di unità minori, che operino lontano dalle basi.

appollaiàrsi [comp. di *a-* (*2*) e *pollaio*] **v. rifl.** (*io mi appollàio*) *1* Collocarsi su rami o altri sostegni, spec. con riferimento a uccelli | Accovacciarsi. *2* (*fig.*) Rannicchiarsi, spec. in luogo alto: *a. su uno sgabello* | (*est.*) Fermarsi, stabilirsi in un luogo.

appollaiàto **part. pass.** di *appollaiarsi*; anche **agg.** • Nei sign. del v. | Inoltre: (*fig.*, *fam.*) Detto di case ed edifici in genere situati su un'altura: *paesini appollaiati sulle montagne*; *le ròcche tedesche appollaiate* (CARDUCCI).

†**appónere** • V. *apporre*.

apponìbile [da *apporre*] **agg.** • Che si può apporre.

apponibilità **s. f.** • (*raro*) Qualità di ciò che è apponibile.

appontàggio [fr. *appontage*, comp. del lat. *ăd* e un deriv. di *pont* 'ponte'] **s. m.** • Atterraggio di un aereo o di un elicottero su un ponte di volo, spec. di una portaerei.

appontàre [comp. di *a-* (*2*) e un den. di *ponte*] **v. intr.** (*io appónto*; aus. *essere*) • Compiere la manovra di appontaggio.

appoppaménto **s. m.** • Abbassamento anormale della poppa di una nave o di un aeromobile.

appoppàre [comp. di *a-* (*2*) e *poppa* (*2*)] **A** **v. tr.** (*io appóppo*) • Spostare un carico verso la poppa di un natante o di un aereo. **B** **v. intr.** e **intr. pron.** (aus. intr. *essere*) • Abbassare la poppa, detto di natante o aeromobile, per eccessivo carico a poppa, per avaria o per manovra.

appórre o †**appónere** [lat. *adpōnere*, comp. di *ăd* e *pōnere* 'porre'] **A** **v. tr.** (coniug. come *porre*) *1* Porre presso o sopra: *a. i sigilli, la data* | *A. una firma in bianco*, firmare un foglio in bianco | (*est.*) Aggiungere: *appose l'iniziale del suo nome accanto all'importo della tratta* (SVEVO). *2* (*fig.*) Attribuire: *a. q.c. a lode, a infamia* | Imputare: *a. una colpa*. *3* (*raro*) Obiettare, opporre, trovare da ridire. **B** **v. rifl.** • (*raro*) Farsi presso | (*fig.*) *Apporsi al vero*, indovinare.

apportaménto **s. m.** • (*raro*) Modo e atto dell'apportare.

apportàre [lat. *apportāre*, comp. di *ăd* e *portāre* 'portare'] **v. tr.** (*io appòrto*) *1* Portare verso o presso qc. (*anche fig.*): *il vento apporta i suoni e gli odori*. *2* Cagionare, produrre: *a. benessere, dolore, danni*; *agli occhi miei gravi di sonno apporta / ... fastidio* (SABA). *3* (*dir.*) Addurre, allegare, produrre: *a. fatti, prove, ragioni*; *a. q.c. a discarico, a colpa*. *4* Citare: *a. un motto, una sentenza famosa*. *5* †Annunziare, riferire.

apportatóre **agg.**; anche **s. m.** (f. *-trice*) • Che, chi apporta.

appòrto [da *apportare*] **s. m.** *1* Atto, effetto dell'apportare | Contributo: *dare un valido a. a una ricerca*. *2* (*metall.*) *Metallo, materiale di a.*, sostanza che viene colata allo stato liquido nella zona di unione di due pezzi da saldare e che costituisce il cordone di saldatura. *3* (*dir.*) Somma in denaro o complesso di beni che un socio conferisce per entrare in una società. *4* (*occult.*) Trasporto paranormale di corpi anche attraverso la materia solida.

appoṣitìvo [vc. dotta, lat. *appositīciu(m)*, da *appŏsitus* 'apposto'] **agg.** *1* Aggiunto, complementare. *2* (*ling.*) Detto di sostantivo aggiunto per apposizione. *3* †Falso, fittizio: *sotto nome a. d'altro padre, tenevano la nutricò* (BOCCACCIO).

†**appoṣitìzio** **agg.** • Fittizio, posticcio.

appòṣito [vc. dotta, lat. *appŏsitu(m)*. V. *apposto*] **agg.** *1* †Messo, posto, innanzi o vicino. *2* Ordinato apposta, conveniente, adatto: *scrivere sull'a. modulo*. ‖ **appositaménte**, **avv.** *1* Opportunamente: *linguaggio appositamente scelto*. *2* Apposta: *abito scelto appositamente*.

appoṣizióne [vc. dotta, lat. *appositiōne(m)*, da *appŏsitus* 'apposto'] **s. f.** *1* Atto, effetto dell'apporre | (*est.*) Ciò che è apposto. *2* (*ling.*) Sostantivo, solo o accompagnato da attributi o da complementi, che si unisce a un altro per meglio determinarlo.

appòsta o †**a pòsta** [comp. di *a-* (*2*) e *posta* (*1*)] **A** **avv.** *1* Con intenzione, di proposito: *l'ho detto a.*; *l'hai fatto proprio a. per indispettirmi*; *se invece fossimo riusciti ad annoiarvi, credete che non s'è fatto a.* (MANZONI). **SIN.** Deliberatamente. *2* Con lo scopo preciso, unicamente, appositamente: *è stato deciso a. per danneggiarmi*; *è venuto a. per te*; *a farlo a.*; *nemmeno, neanche a farlo a.* **B** in funzione di **agg. inv.** • Fatto appositamente, destinato, adatto: *una stanza a. per i bambini*, *ci vogliono dei chiodi a.*

appostaménto [da *appostare* (*1*)] **s. m.** *1* Atto dell'appostare e dell'appostarsi | Agguato, insidia: *preparare un a.* *2* Elemento della fortificazione campale per tiratori isolati. *3* Ogni genere di riparo o di tesa per attendervi la selvaggina: *a. fisso, vagante*.

appostàre (**1**) [lat. parl. **appositāre*, da *appŏsitus*, part. pass. di *appōnere* 'apporre'] **A** **v. tr.** (*io appòsto*) *1* Tenere d'occhio stando nascosto per spiare i movimenti di qc., per tendere un agguato, e sim.: *a. il nemico, la selvaggina*; *il gatto apposta gli uccelli* | (*est.*, *raro*) Spiare, tentare di scoprire. *2* (*est.*) †Riconoscere, raffigurare. **B** **v. rifl.** • Mettersi in agguato: *appostarsi dietro un cespuglio*.

†**appostàre** (**2**) [da *a posto*] **v. tr.** • Mettere a posto, assestare: *a. un colpo*.

appostìssimo [sup. della loc. *a posto*] **A** **agg. inv.** • (*fam.*) Detto di persona molto corretta, degna della massima stima e fiducia. **B** **avv.** • Benissimo, ottimamente, perfettamente: *stare, sentirsi a.*

appósto **part. pass.** di *apporre*; anche **agg.** • Nei sign. del v.

appovènta • V. *poventa*.

appozzàre (**1**) [comp. di *a-* (*2*) e il den. di *pozzo*] **v. tr.** (*io appózzo*) • Scavare pozze in un terreno.

appozzàre (**2**) [comp. di *a-* (*2*) e *pozzo*] **v. tr.** (*io appózzo*) • (*raro*) Immergere in un pozzo o (*est.*) in un liquido | *A. un avversario*, nella pallanuoto, mandarlo fallosamente sott'acqua spingendolo dall'alto.

appratiménto **s. m.** • Atto, effetto dell'appratire.

appratire [comp. di *a-* (*2*) e *prato*] **A** **v. tr.** (*io appratìsco, tu appratìsci*) • Coltivare a prato. **B** **v. intr.** (aus. *essere*) *1* Ridursi a prato: *il terreno appratisce*. *2* Mettere i fili fuori dal terreno, detto del grano.

apprèndere [lat. *apprehĕndere*, comp. di *ăd* e *prehĕndere* 'prendere'] **A** **v. tr.** (coniug. come *prendere*) *1* Comprendere, afferrare con la mente: *a. un difficile concetto*; *a. con facilità, con difficoltà* | Imparare: *a. un'arte, un lavoro*; *a. bene le regole grammaticali*. *2* Venire a conoscere: *ha appreso la notizia dal giornale*. *3* (*lett.*) †Insegnare, ammaestrare. *4* †Rappigliare, rapprendere. **B** **v. rifl.** • Afferrarsi, attaccarsi: *apprendersi a una corda*. **C** **v. intr. pron.** • (*fig.*, *lett.*) Propagarsi, detto spec. di incendio, passione e sim.: *Amor, ch'al cor gentil ratto s'apprende* (DANTE *Inf.* V, 100).

apprendìbile **agg.** • Che si può apprendere: *nozioni facilmente apprendibili*.

apprendiménto **s. m.** *1* Atto dell'apprendere: *a. di una poesia, di una notizia*. *2* (*psicol.*) Modificazione relativamente durevole indotta in un organismo direttamente dall'esperienza. *3* †Timore, apprensione.

apprendista **s. m. e f.** (pl. m. *-i*) *1* (*dir.*) Colui che è stato assunto con un contratto di apprendistato: *diritti e obblighi dell'a.* *2* Correntemente, chi si avvia all'apprendimento di un mestiere: *a. barbiere* | (*fig.*) *A. stregone*, chi promuove attività o provoca situazioni il cui successivo svolgimento non è poi in grado di controllare.

apprendistàto **s. m.** *1* (*dir.*) Rapporto di lavoro subordinato finalizzato al tirocinio dell'apprendista. *2* Periodo di tempo in cui un soggetto lavora in qualità di apprendista. *3* (*raro*) Insieme degli apprendisti.

apprensìbile [vc. dotta, lat. tardo *apprehensībile(m)*, da *apprehĕndere* 'apprendere'] **agg.** • (*lett.*) Apprendibile.

apprensióne [vc. dotta, lat. tardo *apprehensiōne(m)*, da *apprehĕndere* 'apprendere'] **s. f.** *1* (*raro*, *lett.*) Apprendimento, conoscimento | (*est.*) Percezione, comprensione. *2* Stato di inquietudine, più o meno irragionevole, derivante dal timore di eventi dolorosi, pericoli e sim.: *destare a.*; *mettere, vivere, stare in a.*; *provare a. per la salute di qc.* *3* †Intelligenza.

†**apprensìva** **s. f.** *1* Facoltà dell'apprendere: *Vostra a. da esser verace / tragge intenzione* (DANTE *Purg.* XVIII, 22-23). *2* (*raro*) Fantasia, immaginazione.

apprensìvo **agg.** *1* (*raro*, *lett.*) Che serve ad apprendere: *facoltà apprensiva* | (*raro*, *lett.*) Capace di apprendere: *intelligenza apprensiva*. *2* Che è facile all'apprensione: *carattere a.*; *donna apprensiva*. ‖ **apprensivaménte**, **avv.** Con apprensione.

†**appreṣentàre** [comp. di *a-* (*2*) e *presentare*] **A** **v. tr.** *1* (*lett.*) Presentare, offrire, porgere (*anche fig.*): *Mai non t'appresentò natura o arte / piacer, quanto le belle membra in ch'io / rinchiusa fui* (DANTE *Purg.* XXXI, 49-51). *2* Mettere davanti, palesare, dimostrare | *A. guerra*, dichiararla. **B** **v. rifl.** • Presentarsi, comparire.

appréso **part. pass.** di *apprendere*; anche **agg.** • Nei sign. del v.

appressaménto **s. m.** • (*raro*) Atto dell'appressare o dell'appressarsi.

appressàre [comp. di *a-* (*2*) e *presso*] **A** **v. tr.** (*io apprèsso*) • (*lett.*) Avvicinare. **B** **v. intr.** e **rifl.** (aus. *essere*) *1* (*raro*) Accostarsi, avvicinarsi: *appressarsi alla meta, alla fine di un lavoro*. *2* (*fig.*) †Rassomigliare.

apprèsso [lat. tardo *ăd prĕssu(m)*. V. *presso*] **A** **avv.** *1* Accanto, vicino | *Mettere due cose a.*, (*fig.*) a confronto. *2* Dopo, nel tempo, in seguito, più tardi: *come dice a.* (o *in a.*) *l'autore*; *come si seppe a.*; *subito a.* | *Poco a.*, poco dopo. *3* Dietro: *tutti li altri che venieno a., / non sappiendo 'l perché, fenno altrettanto* (DANTE *Purg.* III, 92-93). **B** **prep.** *1* Vicino: *attento! stammi a.* | *Portati a. l'ombrello*, con te. *2* (*lett.*) †Dopo: *a. la sua morte*; *a. il suo discorso*; *Come d'autunno si levan le foglie / l'una a. de l'altra* (DANTE *Inf.* III, 112-113). *3* †Dietro: *L'altro, ch'a. me la rena trita, / è Tegghiaio Aldobrandi* (DANTE *Inf.* XVI, 40-41) | Anche nella loc. prep. *a. a*: *andare a. a qc.*; *andare a. a q.c.*, (*fig.*) desiderarla. *4* (*lett.*) †Presso. **C** in funzione di **agg. inv.** • Che segue, successivo: *il mese, il giorno a.*; *due ore a.*; *qualche anno a.*; *perciò non lacrimai né rispuos'io / tutto quel giorno né la notte a.* (DANTE *Inf.* XXXIII, 52-53).

appressoché o **apprèsso che** [comp. di *appresso* e *che* (*2*)] **A** **cong.** • (*raro*) Dopoché (introduce una prop. temp. con il v. all'indic.). **B** **avv.** • (*raro*) Pressoché, circa, quasi.

apprestaménto **s. m.** *1* (*lett.*) Atto, effetto dell'apprestare. *2* (*mil.*) Ogni opera di fortificazione campestre: *a. difensivo*.

apprestàre [lat. parl. **adpraestāre*, comp. di *ăd* e *praestus* 'pronto'] **A** **v. tr.** (*io apprèsto*) *1* Preparare, mettere a punto: *a. le armi per una rivolta*. *2* Offrire, somministrare: *a. le cure del caso a un infortunato*. **B** **v. rifl.** • Prepararsi: *apprestarsi a sbarcare*.

†**apprèsto** **s. m.** • Apprestamento.

apprettaménto **s. m.** • (*tess.*, *conciar.*) Trattamento con appretto.

apprettàre [fr. *apprêter* 'preparare', dal lat. parl. **apprestāre*, dall'avv. lat. classico *praesto* 'alla portata di'] **v. tr.** (*io apprètto*) • (*tess.*, *conciar.*) Trattare con appretto.

apprettatóre **s. m.** (f. *-trice*) • (*tess.*, *conciar.*) Operaio addetto all'apprettatura.

apprettatrice **s. f.** • (*tess.*) Macchina per apprettare.

apprettatùra **s. f.** • (*tess.*, *conciar.*) Operazione dell'apprettare.

apprètto [fr. *apprêt*, da *apprêter*. V. *apprettare*] **s. m.** *1* (*tess.*) Sostanza chimica che viene incorporata nei tessuti per conferire particolari qualità e proprietà, quali la consistenza, la morbidezza, l'impermeabilità, la irrestringibilità, la resistenza alla piegatura e sim.: *a. addensante, incollante, impermeabilizzante, antipiega, antimacchia, antitarmico* | Soluzione a base di amido che si spruzza sui tessuti per facilitarne la stiratura e conferire loro lucentezza e rigidità. *2* (*conciar.*) Sostanza con cui si trattano cuoio o pelle per renderli lucenti od opachi nella misura desiderata. *3* (*tess.*, *conciar.*) Apprettatura. *4* (*tess.*, *conciar.*) Effetto raggiunto con l'apprettatura.

apprezzàbile [da *apprezzare*] **agg.** *1* Degno di

nota, pregio, rilievo e sim.: *tessuto di a. consistenza; non vi sono tra le due tesi differenze apprezzabili.* **2** (*raro*) Che si può valutare. || **apprezzabilménte**, avv.

apprezzaménto s. m. **1** Atto dell'apprezzare | Valutazione, stima, giudizio: *apprezzamenti benevoli, malevoli.* **2** (*econ.*) Maggior valutazione di una moneta rispetto a un'altra o a talune altre: *la lira presenta un a. dell'1% con il dollaro.*

apprezzàre [lat. tardo *appretiāre*, comp. di *ăd* e *prĕtium* 'valore'] v. tr. (*io apprèzzo*) **1** (*fig.*) Stimare: *a. molto una persona* | (*est.*) Gradire: *a. le premure di qc.* **2** (*raro*) Fissare, valutare un prezzo.

apprezzatìvo agg. ● (*raro*) Che apprezza: *sentimento a.*

apprezzàto part. pass. di *apprezzare*; anche agg. ● Nei sign. del v.

apprezzatóre agg.; anche s. m. (f. *-trice*) ● (*raro*) Che, chi apprezza.

†**approbàre** e *deriv.* ● V. *approvare e deriv.*

approcciàre [ant. fr. *aprocher*, dal lat. tardo *adpropiāre*, comp. di *ăd* e *prŏpe* 'vicino'] v. intr. e intr. pron. (*io appròccio*) **1** †Avvicinarsi: *Ma ficca li occhi a valle, chè s'approccia / la riviera del sangue* (DANTE *Inf.* XII, 46-47). **2** Accostarsi al recinto di una piazza, ad un'opera di fortificazione mediante approcci. **3** Accostare q.c. per stabilire un contatto, un approccio.

appròccio [da *approcciare*; nel sign. 3 per calco dall'ingl. *approach*] s. m. **1** Avvicinamento | *Zona d'a.*, zona in prossimità di una stazione dal lato degli arrivi | *Circuito d'a.*, circuito di binario che comprende la zona di approccio. **2** (*est.*) Atto di chi si accosta a qc. per conoscerne le intenzioni, disporlo ad ascoltare proposte o istanze, ottenerne i favori e sim.: *tentare un a.*; *fare degli approcci.* **3** Metodo usato, orientamento seguito per affrontare un argomento, una questione e sim.: *a. matematico allo studio della fisica.* **4** †Insieme di lavori di protezione eseguiti dagli assedianti per accostarsi con maggiore sicurezza a una piazza o a un'opera di fortificazione assediata.

approdàre (*1*) [comp. di *a-* (*2*) e *proda*] v. intr. (*io appròdo*; aus. *essere* o *avere*) **1** (*mar.*) Avvicinarsi alla costa per sbarcare o imbarcare oggetti o persone. **2** (*fig.*) Riuscire in ciò che ci si prefigge | *Non a. a nulla*, non riuscire affatto.

†**approdàre** (*2*) [comp. di *a-* (*2*) e *prode* 'interesse'] v. intr. ● Giovare: *nulla lo scudo approdava* (PULCI) | Essere utile | Profittare.

approdàre (*3*) [comp. di *a-* (*2*) e il den. di *proda*] v. tr. (*io appròdo*) ● (*raro*) Far le prode o i ciglioni di un campo.

appròdo [da *approdare* (*1*)] s. m. **1** Atto dell'approdare. **2** Località litoranea dove una nave può facilmente stabilire contatti con la terra. **3** (*fig.*) Punto d'arrivo di ricerche, indagini e sim.: *un a. culturale; il suo spirito cerca da tempo questo a.*

approfittàre [comp. di *a-* (*2*) e *profitto*] **A** v. intr. (aus. *avere*) ● Trarre profitto, utilità: *a. dell'esperienza, degli studi, delle occasioni favorevoli, dell'assenza di qc.* **B** v. intr. pron. ● Avvantaggiarsi sconvenientemente: *approfittarsi della buona fede di qc.*

approfittatóre [da *approfittare*] s. m. (f. *-trice*) ● Profittatore.

approfondàre v. tr. (*io approfóndo*) ● (*lett.*) Approfondire.

approfondiménto s. m. ● Atto dell'approfondire (*anche fig.*).

approfondìre [comp. di *a-* (*2*) e *profondo*] **A** v. tr. (*io approfondisco, tu approfondìsci*) **1** Rendere profondo o più profondo: *a. un pozzo.* **2** (*fig., lett.*) Rendere più intenso: *a. un dolore, un rimpianto.* **3** (*fig.*) Penetrare con la mente, studiare a fondo: *a. un argomento, una questione, una materia.* **B** v. intr. pron. ● Divenire profondo o più profondo (*anche fig.*).

approfondìto part. pass. di *approfondire*; anche agg. ● Nei sign. del v. || **approfonditaménte**, avv. (*raro*) In modo approfondito.

approntaménto s. m. **1** (*raro*) Atto dell'approntare. **2** (*mil.*) Complesso delle operazioni di mobilitazione e delle attività addestrative per portare un'unità al voluto grado di efficienza operativa.

approntàre [comp. di *a-* (*2*) e *pronto*] v. tr. (*io appróntο*) ● Apprestare, apparecchiare: *a. gli abiti da lavoro, la tavola, il letto* | †Far pronto.

approntatùra s. f. ● Atto o effetto di disporre pezzi meccanici in posizione tale da essere pronti per il loro impiego.

†**appropiàre** ● V. *appropriare.*

appropinquàre [vc. dotta, lat. *adpropinquāre*, comp. di *ăd* e *propĭnquus* 'vicino'] **A** v. tr. ● †Avvicinare, accostare. **B** v. intr. e intr. pron. (aus. *essere*) ● †Avvicinarsi, accostarsi | Oggi scherz.: *appropinquati, ch'io ti veda bene.*

†**appropòsito** [comp. di *a-* (*2*) e *proposito*] **A** avv. ● Convenientemente. **B** in funzione di agg. inv. ● (*raro*) Che è opportuno, conveniente.

appropriàbile agg. ● (*raro*) Detto di cosa della quale ci si può appropriare.

appropriaménto s. m. ● Atto, effetto dell'appropriare o dell'appropriarsi (*spec. fig.*) | (*raro, lett.*) Adattamento.

appropriàre o †**appropiàre** [lat. tardo *appropriāre*, comp. di *ăd* e *prŏprius* 'proprio'] **A** v. tr. (*io appròprio*) **1** Fare proprio, spec. con arbitrio o inganno: *appropriarsi le cose smarrite da altri* | †*a. q.c. a qc.*, darla in proprietà. **2** (*lett.*) Adattare, applicare: *a. un principio a un'idea.* **3** †Ritrarre | †Rassomigliare. **B** v. intr. pron. ● (*raro*) Convenirsi, confarsi: *questo colore non ti si appropria.*

appropriàto part. pass. di *appropriare*; anche agg. **1** Nei sign. del v. **2** Adeguato, preciso, calzante: *risposta appropriata; parlare usando i termini appropriati.* || **appropriataménte**, avv. In modo appropriato: *citare appropriatamente q.c.*

appropriazióne [vc. dotta, lat. tardo *appropriatiōne(m)*, da *appropriāre* 'appropriare'] s. f. ● Atto, effetto dell'appropriare e dell'appropriarsi | (*dir.*) *A. indebita*, il disporre arbitrariamente di denaro o di cosa mobile altrui, di cui si sia a qualunque titolo in possesso, per procurare a sé o ad altri un ingiusto profitto; correntemente, arbitraria disposizione di cosa mobile altrui da parte di chi l'ha in consegna.

approssimàre [lat. tardo *approximāre*, comp. di *ăd* e *prŏximus* 'vicinissimo'. V. *prossimo*] **A** v. tr. (*io appròssimo*) ● Mettere molto vicino. SIN. Accostare, avvicinare. **B** v. rifl. e intr. pron. ● Farsi vicino (*anche fig.*): *approssimarsi alla riva del mare; la bella stagione e le vacanze si approssimano; approssimarsi alla meta prefissa.*

approssimatìvo agg. **1** Che si avvicina al vero: *calcolo, conto a.* **2** (*est.*) Non esatto, vago, impreciso: *avere una conoscenza approssimativa di q.c.* || **approssimativaménte**, avv. In modo approssimativo: *capire q.c. approssimativamente.*

approssimàto part. pass. di *approssimare*; anche agg. ● Nei sign. del v.

approssimazióne s. f. **1** Atto, effetto dell'approssimare e dell'approssimarsi | *Per a.*, approssimativamente, all'incirca. **2** (*mat.*) Avvicinamento a un numero, o quantità, mediante numeri, o quantità più semplici da rappresentare o da calcolare.

approvàbile o †**approbàbile** [lat. tardo *adprobābile(m)*, da *adprobāre* 'approvare'] agg. ● Che si può o si deve approvare: *progetto a.*

approvàre o †**approbàre** [lat. *adprobāre*, comp. di *ăd* e *probāre*. V. *provare*] v. tr. (*io appròvo*) **1** Giudicare buono, giusto: *a. le idee, le asserzioni di qc.* | (*est.*) Lodare: *a. incondizionatamente qc.* **2** Ritenere idoneo: *la commissione approvò il candidato.* **3** (*dir.*) Conferire efficacia, da parte di una autorità amministrativa, a un atto emanato da un'autorità inferiore: *a. una concessione in appalto; a. l'apertura di un pubblico servizio* | Deliberare favorevolmente, da parte di un organo collegiale: *il bilancio non è ancora stato approvato; entrambe le Camere hanno già approvato il progetto di legge.* **4** †Sperimentare, provare.

approvatìvo o †**approbatìvo** [lat. tardo *adprobatīvu(m)*, da *adprobāre* 'approvare'] agg. ● (*raro*) Atto ad approvare: *disegno a.*

approvatóre o †**approbatóre** [lat. *adprobatōre(m)*, da *adprobāre* 'approvare'] agg.; anche s. m. (f. *-trice*) ● Che, chi approva.

approvazióne o †**approbazióne** [lat. *adprobatiōne(m)*, da *adprobāre* 'approvare'] s. f. **1** Consenso: *riportare l'a. generale* | (*est.*) Lode: *ottenere l'a. del collegio dei professori.* **2** (*dir.*) Manifestazione di assenso di un privato o di una autorità pubblica condizionante l'efficacia di un negozio giuridico da altri concluso o di un atto emanato da una autorità inferiore: *ha dato la propria a. alla compravendita; attendere l'a. del prefetto* | *A. delle leggi*, atto con cui i due rami del Parlamento stabiliscono il testo definitivo delle leggi concludendone il procedimento di formazione.

approviṣionàre ● V. *approvvigionare.*

approvvigionaménto o †**approviṣionaménto** s. m. **1** Atto, effetto dell'approvvigionare e dell'approvvigionarsi. **2** (*org. az.*) Attività consistente nel rifornire l'azienda delle materie prime, delle attrezzature, dei materiali e sim. necessari alla produzione. **3** (*al pl.*) Insieme di mezzi e materiali necessari spec. al mantenimento e all'attività di un esercito.

approvvigionàre o (*raro*) **approviṣionàre** [comp. di *a-* (*2*) e *provvigione*] **A** v. tr. (*io approvvigióno*) **1** Fornire di provviste: *a. una casa, una città.* **2** (*mar.*) Fornire il bastimento di attrezzi, o strumenti, o viveri. **3** (*mil.*) Provvedere i materiali e i mezzi necessari per le esigenze di vita, di movimento e di combattimento dell'esercito. **B** v. rifl. **1** Fornirsi di provviste. **2** Rifornirsi delle merci o delle materie prime per la produzione.

approvvigionatóre s. m. (f. *-trice*) ● (*org. az.*) Funzionario addetto all'approvvigionamento. SIN. Buyer.

appruaménto s. m. ● Abbassamento manuale della prua di una nave o di un aeromobile.

appruàre [comp. di *a-* (*2*) e *prua*] **A** v. tr. (*io apprùo*) ● Spostare verso la prua: *a. un carico.* **B** v. intr. e intr. pron. (aus. *essere*) ● Abbassare più del normale la prua, detto di natante o aereo, per eccessivo carico, per avaria o per manovra.

†**appulcràre** [comp. di *a-* (*2*) e del lat. *pŭlcher* 'bello'] v. tr. ● Abbellire, aggiungere per ornamento: *parole non ci appulcro* (DANTE *Inf.* VII, 60).

†**appùlso** [vc. dotta, lat. *appŭlsu(m)* 'spinta', da *appĕllere* 'accostare, muovere a'] s. m. **1** Impulso, spinta, propulsione. **2** (*astron.*) Congiunzione.

appuntàbile [da *appuntare* (*2*)] agg. ● (*raro*) Che è suscettibile di biasimo: *contegno, comportamento a.*

appuntaménto (*1*) [da *appuntare* (*1*)] s. m. ● (*raro*) Atto dell'appuntare, nel sign. di *appuntare* (*1*).

appuntaménto (*2*) [fr. *appointement* 'sentenza interlocutoria con cui il giudice ordina alle parti di produrre nuovi testimoni o prove scritte sui punti (*point*) del fatto o della questione che non sono stati sufficientemente chiariti nell'udienza'] s. m. **1** Intesa, promessa fra due o più persone di trovarsi in un dato luogo in un giorno e a un'ora determinati: *darsi a.*; *dare un a.*; *avere un a.*; *tardare, mancare, a un a.*; *a. d'affari*; *a. amoroso* | (*euf.*) *Casa d'appuntamenti*, nella quale si tengono convegni amorosi clandestini | *Mancare all'a.*, (*fig.*) deludere le aspettative di qc.: *la squadra è mancata all'a. col suo pubblico* | *A. spaziale*, in *orbita*, manovra astronautica nella quale un veicolo spaziale insegue, raggiunge ed eventualmente si aggancia a un altro. **2** (*raro, lett.*) Accordo, convenzione: *un nuovo a. simile a quello di Cambrai* (GUICCIARDINI). **3** †Compenso | †Salario.

appuntàre (*1*) [comp. di *a-* (*2*) e *punta*] **A** v. tr. **1** Fissare mediante oggetti appuntiti: *a. una decorazione, un fiore* | *A. l'ago, uno spillo*, fissarlo introducendolo per la punta. **2** Fare la punta: *a. una matita* | Rendere aguzzo: *a. un bastone.* **3** Dirigere la punta verso una determinata direzione, puntare (*anche fig.*): *a. le artiglierie*; *a. l'indice accusatore* | *A. gli occhi, lo sguardo*, guardare fissamente | *A. le orecchie*, ascoltare attentamente. **4** (*raro*) Appoggiare con forza: *a. i piedi, le mani al suolo.* **B** v. rifl. ● (*raro, lett.*) Attaccarsi, appoggiarsi. **C** v. intr. pron. **1** (*raro*) Divenire aguzzo. **2** Rivolgersi (*anche fig.*): *su quei fatti s'appunta il nostro interesse.* **3** (*raro*) †Far punto, concludersi.

appuntàre (*2*) [comp. di *a-* (*2*) e *punto*] v. tr. **1** Prendere appunti, segnare, notare: *a. q.c. su un taccuino, su un libro.* **2** Nell'antiquato linguaggio amministrativo, prendere nota di chi non si presenta in ufficio. **3** (*fig., lett.*) Biasimare, riprendere: *un tempo si usava a. di grave imperfezione questo o quel libro di storia* (CROCE).

appuntàta [da *appuntare* (*1*)] s. f. **1** Cucitura

leggera, fatta alla svelta. *2* Nella scherma, uscita in tempo sulla risposta composta dall'avversario. || **appuntatina**, dim.

appuntàto (1) part. pass. di *appuntare (1)*; anche agg. *1* Nei sign. del v. *2* (*arald.*) Detto di due figure che si toccano con le punte. *3* (*fig., lett.*) Pungente. *4* (*fig.*) Affettato.

appuntàto (2) [calco sul fr. *appointé*, part. pass. di *appointer* nel senso di 'mandare un soldato a fare una *puntata* (fr. *pointe*, propr. 'punta') pericolosa'] s. m. *1* Grado tra soldato e caporale nelle antiche armi a cavallo. *2* Nelle armi dei carabinieri, delle guardie di finanza e delle guardie carcerarie, primo grado della gerarchia | Nel soppresso ordinamento delle guardie di pubblica sicurezza, grado sostituito dalla nuova qualifica di assistente.

†appuntatóre [da *appuntare (2)*] s. m. (f. *-trice*) *1* Chi è incaricato di annotare le mancanze altrui in un ufficio. *2* (*fig.*) Chi è facile al biasimo, alla censura.

appuntatùra (1) [da *appuntare (1)*] s. f. ● (*raro*) Atto, effetto dell'appuntare, nel sign. di *appuntare (1)*.

†appuntatùra (2) [da *appuntare (2)*] s. f. *1* Notа, rilevazione di assenza in un ufficio | Multa. *2* Biasimo, censura.

appuntellàre [comp. di *a- (2)* e *puntellare*] **A** v. tr. (*io appuntèllo*) *1* Sostenere con puntelli: *a. una costruzione*. *2* (*raro, fig.*) Appoggiare, sostenere. **B** v. rifl. ● Appoggiarsi, sostenersi: *appuntellarsi con le mani sul terreno*.

appuntellatùra s. f. ● Atto, effetto dell'appuntellare: *iniziare l'a. di una casa* | Insieme di travi che fanno da puntello.

appuntìno o **a puntìno** [dim. di *appunto (2)*] avv. ● Con grande cura e precisione, con meticolosità, esattamente: *eseguire, riferire a.*; *ricordati di fare tutto a.*; *non è possibile fare tutto a puntino*.

appuntìre [comp. di *a- (2)* e un den. di *punta*] v. tr. (*io appuntìsco, tu appuntìsci*) ● Rendere aguzzo.

appuntìto part. pass. di *appuntire*; anche agg. ● Nei sign. del v.

appùnto (1) [da *appuntare (2)*] s. m. *1* Annotazione scritta, rapida e concisa, fatta per aiuto della memoria: *prendere appunti*; *dettare degli appunti*; *gli appunti delle lezioni*. *2* (*fig.*) Rimprovero: *muovere un a. a qc.* *3* (*banca*) Effetto. || **appuntìno**, dim.

appùnto (2) o **a pùnto** [lat. *ăd pŭnctu(m)* 'al punto'] avv. *1* Proprio: *stavo a. pensando a questo*; *le cose stanno a. così*; *a. per ciò desideravo vederti* | Con valore raff.: *Avevo per l'a. intenzione di venire* | *A. tu! capiti a proposito*; *a. voi due! aiutatemi a risolvere questa questione* | (*iron.*) *Ci mancava a. solo il suo consiglio!* SIN. Esattamente, giusto, precisamente. *2* Si usa nelle risposte, come affermazione energica: '*intendevi parlare di questo?*' '*a.!*'; '*Sei ancora qui?*' '*Per l'a.!*'.

appuraménto s. m. ● Atto dell'appurare.

appuràre [comp. di *a- (2)* e *puro*, letteralmente 'render puro'] v. tr. *1* Controllare la verità di q.c.: *non è stato possibile a. se i suoi dubbi erano fondati* | *A. un conto corrente*, verificarlo | Mettere in chiaro: *a. l'accaduto*. *2* †Purificare.

appuzzàre [comp. di *a- (2)* e *puzzo*] v. tr. *1* (*raro, lett.*) Rendere puzzolente. *2* (*est.*) Ammorbare, appestare (*anche fig.*): *Ecco colei che tutto il mondo appuzza!* (DANTE *Inf.* XVII, 3).

aprassìa [vc. dotta, gr. *apraxía* 'inazione, inerzia', comp. di *a- (1)* e un deriv. di *prássein* 'agire' (V. *prassi*)] s. f. ● (*med.*) Incapacità di eseguire movimenti preordinati, in assenza di paralisi o disturbi sensoriali.

apribàlle [comp. di *apri(re)* e del pl. di *balla*] **A** s. m. inv. ● (*tess.*) Macchina per aprire il cotone pressato nelle balle e dividerlo in fiocchi. **B** s. m. e f. inv. ● Operaio addetto a tale macchina.

apribile agg. ● Che si può aprire.

apribócca [comp. di *apri(re)* e *bocca*] s. m. inv. ● (*med.*) Strumento di legno o metallo per aprire e tenere divaricate le mascelle del paziente durante ispezioni diagnostiche o interventi chirurgici.

apribottìglie [comp. di *apri(re)* e il pl. di *bottiglia*] s. m. inv. ● Arnese per togliere il tappo a corona delle bottiglie a chiusura ermetica. SIN. Levacapsule.

aprïbùste [comp. di *apri(re)* e del pl. di *busta*] s. m. inv. ● Apparecchio per aprire rapidamente le buste delle lettere.

†apricàre [da *aprico*] v. intr. ● Stare all'aria aperta.

apricàsse [comp. di *apri(re)* e del pl. di *cassa*] s. m. inv. ● Strumento di ferro a foggia di S usato per sollevare il coperchio delle casse.

aprìco [vc. dotta, lat. *aprīcu(m)*, di etim. incerta] agg. (pl. m. *-chi* o †*-ci*) *1* (*lett.*) Aperto, esposto al sole e all'aria. *2* (*lett.*) Luminoso, sereno: *l'a. raggio di Febo* (LEOPARDI).

aprilànte agg. ● Di aprile, solo nel prov. *Terzo (o quarto) a., quaranta dì durante*.

aprìle [lat. *aprīle(m)*, di etim. incerta] s. m. ● Quarto mese dell'anno nel calendario gregoriano, di 30 giorni | (*fig.*) *L'a. della vita*, la giovinezza || PROV. Aprile ogni goccia un barile; Aprile, dolce dormire.

aprilìno agg. ● (*lett.*) Di aprile.

a priori /lat. a pri'ɔri/ [lat. 'da ciò che è prima', comp. di *ā* 'da' e *priōri*, abl. di *prĭor* 'precedente'] **A** loc. agg. e avv. ● (*filos.*) Detto di dimostrazione che procede dalle cause agli effetti: *dimostrazione a priori*; *dimostrare a priori q.c.* CONTR. A posteriori. **B** loc. sost. m. ● (*filos.*) Complesso delle conoscenze o dei giudizi cui si perviene con la pura ragione prescindendo dall'esperienza.

apriorìsmo [dalla loc. lat. *a priori*] s. m. ● (*filos.*) Atteggiamento filosofico di chi rifiuta i dati dell'esperienza e fonda le proprie conoscenze e i propri giudizi sui principi della pura ragione.

aprioristico agg. (pl. m. *-ci*) *1* (*filos.*) Che concerne o interessa l'apriorismo. *2* (*est.*) Non verificato, non sufficientemente meditato: *giudizio a.*; *affermazioni aprioristiche*. || **aprioristicaménte**, avv.

apriorità s. f. ● Carattere di ciò che è 'a priori'.

apripista [comp. di *apri(re)* e *pista*] s. m. (anche f. nel sign. 1; inv. nel sign. 2) *1* (*sport*) Chi prepara una pista sciistica battendo la neve con gli sci | Chi è incaricato di aprire ufficialmente la pista prima di una gara di discesa. *2* (*mecc.*) Bulldozer.

apripòrta [comp. di *apri(re)* e *porta (1)*] s. m. inv. ● Dispositivo, gener. elettrico, per comandare a distanza l'apertura di porte e cancelli.

aprìre [lat. *aperīre*, di etim. incerta] **A** v. tr. (pass. rem. *io aprìi* o *apèrsi*, *tu aprìsti*, *egli apèrse* o *aprì*, *noi aprìmmo*, *voi aprìste*, *essi apèrsero* o *aprìrono*; part. pass. *apèrto*) *1* Disserrare, schiudere: *a. una finestra, una porta, una cassa* | (*est.*) Scavare: *a. un fossato, una via sotterranea* | (*est.*) Tagliare, fendere: *a. un cadavere per farne l'autopsia* | †*a. la vena*, salassare | *A. il mare con la prora*; *a. la terra con l'aratro*. *2* Allargare, distendere: *a. il compasso, un tessuto piegato* | *A. la guardia*, nel pugilato, offrire dei bersagli all'avversario | *A. il gioco*, nel calcio, sviluppare azioni a largo raggio | *A. la bocca*, parlare | *Non aprir bocca*, (*fig.*) mantenere un completo silenzio | *A. le vele*, spiegarle al vento. *3* Dichiarare, spiegare | Manifestare, palesare, rivelare: *a. l'animo, il cuore a qc.* | *A. gli occhi*, (*fig.*) riconoscere una data realtà, spec. dopo un periodo di inganni o illusioni | *A. gli occhi a qc.*, fargli conoscere la realtà | *A. gli occhi alla luce*, (*fig.*) nascere| (*fig.*) *A. la mente*, allargare il campo delle proprie riflessioni, cognizioni e sim. | *A. gli orecchi*, prestare attenzione. *4* (*fig.*) Fondare, istituire: *a. una scuola, un istituto di beneficienza*. *5* Cominciare, iniziare: *a. l'anno, un corso di lezioni, la legislatura, la seduta* | *A. una via*, nell'alpinismo, tracciare un nuovo itinerario di scalata | *A. la caccia*, esercitare il diritto di caccia nel primo giorno permesso dalla legge | *A. il corteo, la processione*, guidarli | *A. il fuoco*, cominciare a sparare | *A. casa*, metter su casa | *A. la luce*, (*fig.*) accenderla | *A. l'acqua*, (*fig.*) farla scorrere dal rubinetto. *6* (*ass.*) Nel gioco delle carte, iniziare la partita. **B** v. intr. e intr. pron. (aus. *essere*) *1* Fendersi, spaccarsi: *la montagna si è aperta su un lato*; *la nave si aprì su una fiancata* | Schiudersi: *questa giacca apre troppo davanti*. *2* (*est.*) Allargarsi: *dopo la strettoia la caverna si apriva* | (*fig., lett.*) Distendersi: *una vasta pianura si aprì dinnanzi a noi* | Sbocciare: *i fiori si aprono al calore*. *3* Cominciare: *una nuova giornata si apre davanti a noi* | Iniziare un'attività: *il droghiere apre alle 3*; *la sessione si aprì in autunno* | (*fig.*) Dimostrare disponibilità a forme di accordo o collaborazione con forze politiche o sociali di diverso orientamento: *a. a destra, a sinistra*. **C** v. rifl. ● (*fig.*) Confidarsi: *aprirsi a un amico, al confessore*.

apriscàtole [comp. di *apri(re)* e il pl. di *scatola*] s. m. inv. ● Arnese tagliente che serve ad aprire le scatole di latta dei cibi conservati.

†aprìtivo agg. ● Lassativo.

apritóio [da *aprire*] s. m. ● Nell'industria tessile, macchina a griglia per l'espulsione delle impurità dai fiocchi di cotone.

apritóre s. m. (f. *-trice*) *1* †Chi, ciò che, apre. *2* Operaio vetraio che dà la forma precisa all'oggetto di vetro ottenuto per pressatura o soffiatura in stampi nella lavorazione semiautomatica del vetro.

apritùra s. f. *1* †Apertura, fessura | Gola di montagna. *2* (*ling.*) †Iato. *3* Nell'industria tessile, apertura e spolveratura dei fiocchi di cotone.

†àpro [vc. dotta, lat *ăpru(m)*, di origine indeur.] s. m. ● (*lett.*) Cinghiale: *ecco, tra i nostri pascoli ... / fier apri, aspri orsi* (ARIOSTO).

aprossessìa [dal neerl. *aprosexia*, dal gr. *aprosexía* 'disattenzione', comp. di *a-* priv. e di un deriv. del v. *proséchein* 'fare attenzione'] s. f. ● (*med., psicol.*) Disturbo dell'attenzione causato da lesioni cerebrali, da depressione grave o da ossessioni.

aprutìno [vc. dotta, da *Aprutium*, n. lat. mediev. dell'Abruzzo] agg. ● (*lett.*) Abruzzese.

àpside [vc. dotta, lat. *apsīda*, dal gr. *hapsís*, genit. *hapsîdos* 'circonferenza, volta, arco', der. di *hápsos* 'articolazione, giuntura', da *háptein* 'connettere', d'orig. sconosciuta] s. m. ● (*astron.*) Ognuno dei punti dell'orbita di un pianeta situati alla maggiore o alla minore distanza dal Sole.

Apterigifórmi [comp. di *a- (1)*, del gr. *ptéryx*, genit. *ptérygos* 'ala' (V. *pterigio*) e del pl. di *-forme*] s. m. pl. ● Nella tassonomia animale, ordine di Uccelli con ali ridotte, lungo becco e collo corto, senza carena (*Apterygiformes*) | (al sing. *-e*) Ogni individuo di tale ordine.

Apterigòti [comp. di *a- (1)* e gr. *pterygōtos* 'alato' (da *ptérix*, genit. *ptérygos* 'ala'. V. *pterigio*)] s. m. pl. ● Nella tassonomia animale, sottoclasse di Insetti ametaboli e privi di ali per tutta la loro vita (*Apterygota*) | (al sing. *-o*) Ogni individuo di tale sottoclasse.

àptero o **àttero** [vc. dotta, gr. *ápteros* 'senza ali', comp. di *a-* priv. e *pterón* 'ala'] agg. *1* Che è privo di ali: *insetti atteri*. *2* (*scult.*) Detto di figura alata rappresentata senza ali: *vittoria aptera*. *3* (*arch.*) Detto del tempio che ha porticati solo alle facciate, anteriore e posteriore.

apuàno A s. m.; anche agg. (f. *-a*) ● Appartenente a un antico popolo di stirpe ligure, stanziatosi nei territori corrispondenti all'attuale Toscana nord-occidentale | *Alpi Apuane*, catena montuosa sita in tale regione. **B** agg. ● Delle Alpi Apuane e del territorio circostante.

àpulo A agg. ● Dell'antica Apulia | *Vasi apuli*, antichi prodotti di terracotta fabbricati nell'Italia meridionale. **B** s. m. (f. *-a*) ● Abitante dell'antica Apulia.

a puntìno ● V. *appuntino*.

a pùnto ● V. *appunto (2)*.

†àqua ● V. *acqua*.

aquaplaning /akkwa'pleinin(g)/, *ingl.* 'ækwəpleiniŋ/ [vc. ingl., dapprima 'sport dell'acquaplano', poi 'scivolare', da *to aquaplane* 'andare sull'acquaplano'] s. m. inv. ● (*autom.*) Fenomeno per cui, sull'asfalto bagnato e a una certa velocità, gli pneumatici di un veicolo perdono l'aderenza al terreno, rendendo il veicolo stesso ingovernabile, a causa dell'interposizione di un velo d'acqua fra il battistrada e il manto stradale.

aquàrio (1) ● V. *acquario (1)*.

Aquàrio (2) ● V. *Acquario (2)*.

†aquàtico ● V. *acquatico*.

†aquàtile ● V. *acquatile*.

†àqueo ● V. *acqueo*.

Aquifoliàcee [comp. del lat. scient. *aquifoli(um)* e *-acee*] s. f. pl. ● Nella tassonomia vegetale, famiglia di piante arboree e arbustive con foglie sempreverdi e fiori regolari giallo-verdognoli, utilizzate per il legname, per gli estratti medicamentosi e per ornamento (*Aquifoliaceae*) | (al sing. *-a*) Ogni individuo di tale famiglia.

àquila [lat. *ăquila(m)*, di etim. incerta] s. f. *1* Uccello rapace dei Falconiformi con zampe piumate, forti artigli e becco robusto ricurvo (*Aquila*) | *A. reale*, rapace diurno, bruno, di grossa statura (*Aquila chrysaëtus*) | *Occhio, sguardo d'a.*, (*fig.*) acutissimo | *Nido d'a.*, (*fig.*) luogo solitario, appartato, in cima a una vetta montagnosa | (*fig.*) *A. selvaggia*, denominazione polemica della categoria dei piloti civili in sciopero. *2* Effigie dell'uccello omonimo, spec. come emblema o vessillo di eserciti, imperi, ordini cavallereschi. *3* (*fig.*) Persona dotata di intelligenza non comune | *Non essere un'a.*, essere mediocre, limitato. *4 A. di mare*, pesce cartilagineo dei Batoidei con corpo largo discoidale e coda lunga, sottile (*Myliobatis aquila*). || **aquilàccia**, pegg. | **aquilétta**, dim. | **aquilìna**, dim. | **aquilìno**, dim. m. | **aquilóne**, accr. m. | **aquilòtto**, dim. m. (V.).

aquilàno A agg. ● Dell'Aquila. **B** s. m. (f. *-a*) ● Abitante, nativo dell'Aquila.

aquilàstro [da *aquila*] s. m. ● (*zool.*) Falco pescatore.

aquilègia [dal lat. *aquĭlegus* 'che serve a tirar su l'acqua'] s. f. (pl. *-gie*) ● Pianta erbacea delle Ranuncolacee con fiori a cinque petali e cinque sepali di colore vario rivolti verso terra (*Aquilegia vulgaris*). SIN. Amor nascosto.

aquiliàno [dalla (*legge*) *aquilia*, proposta a Roma dal tribuno *Aquilio* nel III sec. a.C.] agg. ● (*dir.*) Extracontrattuale: *danno a.*

aquilìfero [vc. dotta, lat. *aquilĭferu(m)*, comp. di *ăquila* (l'insegna) e *ferre* 'portare'] s. m. ● Legionario romano che portava l'insegna dell'aquila.

aquilìno (**1**) [dall'*aquila* che vi era impressa] s. m. ● Moneta d'argento recante incisa sul rovescio l'aquila, coniata dai conti del Tirolo in Merano nel XIII sec. e imitata da varie zecche dell'Italia settentrionale.

aquilìno (**2**) [vc. dotta, lat. *aquilīnu(m)*, da *ăquila* 'aquila'] agg. ● Proprio dell'aquila | (*est.*) Adunco: *naso a.*

aquilonàre [vc. dotta, lat. tardo *aquilonāre(m)*, da *ăquilo*, genit. *aquilōnis* 'aquilone'] agg. *1* (*lett.*) Che è proprio del vento d'aquilone: *turbini aquilonari*. *2* (*lett.*) Che guarda a settentrione | Settentrionale.

aquilóne (**1**) [vc. dotta, lat. *aquilōne(m)*, di etim. incerta] s. m. *1* Vento di tramontana. *2* (*lett.*) Settentrione.

aquilóne (**2**) [da *aquila*] s. m. *1* Gioco infantile consistente in un foglio di carta montato su un'ossatura di cannucce, che, tirato contro vento con un filo, può sostenersi in aria. SIN. Cervo volante. *2* Aeromobile che, assicurato a una fune, si solleva in aria, librandosi, usato per osservazioni, spec. meteorologiche. SIN. Cervo volante. *3* Deltaplano. *4* (*pesca*) Divergente. *5* (*mar.*) Apparecchio a forma di diedro trainato da un cavo, che si usa nella navigazione sottocosta per mantenere a una determinata profondità uno scandaglio e segnalare acusticamente la presenza di fondali pericolosi. SIN. Sentinella sottomarina.

aquilòtto s. m. *1* Dim. di *aquila*. *2* Aquila giovane. *3* (*arald.*) Piccola aquila posta in numero nello scudo. *4* (*fig.*) Giovane pilota di aerei.

aquinàte A agg. ● Di Aquino. **B** s. m. e f. ● Abitante, nativo di Aquino | *L'Aquinate*, (*per anton.*) S. Tommaso d'Aquino.

a quo /lat. a 'kwɔ/ [lat., 'dal quale, dopo il quale'] loc. agg. inv. ● Si dice, spec. nel linguaggio giuridico o storico, per qualificare un punto di riferimento iniziale: *dies a quo*.

†**aquóso** e *deriv.* ● V. *acquoso* e *deriv.*

àra (**1**) [vc. dotta, lat. *āra(m)*, di etim. incerta] s. f. *1* Presso gli antichi romani, altare sul quale si offrivano i sacrifici. *2* (*est., lett.*) Altare: *i sacrileghi don su l'ara pone* (MANZONI). *3* (*est., lett.*) Tempio.

àra (**2**) [guarani *arara*, attrav. il fr.] s. f. ● Genere di grossi pappagalli con lunga coda e piumaggio di color rosso vivo, giallo, blu o verde (*Ara*).

àra (**3**) [fr. *are*, dal lat. *ārea(m)*. V. *aia*] s. f. ● Unità di misura di superficie usata in agrimensura e corrispondente a 100 m^2. SIMB. a.

arabésca s. f. *1* (*mus.*) Tipo di composizione dall'andamento elegante e sinuoso. *2* Una delle posizioni della danza classica, usata anche nel pattinaggio artistico.

arabescàre o **rabescàre** [da *arabesco*] v. tr. (*io arabésco, tu arabéschi*) *1* In oreficeria, decorare con arabeschi mediante incisione, cesello, agemina. *2* (*est.*) Decorare con disegni bizzarri: *a. una parete, le pagine di un libro*.

arabescàto part. pass. di *arabescare*; anche agg. ● Nei sign. del v.

arabésco o **rabésco** [da *arabo*] **A** agg. (pl. m. *-schi*) ● Arabo | Fatto a foggia araba. **B** s. m. (pl. *-schi*) *1* Decorazione tipica dell'arte islamica a motivi rigorosamente stilizzati disposti sul piano, con valore puramente lineare e grafico. *2* In oreficeria, motivo decorativo ornamentale a intreccio bizzarro. *3* (*est.*) Insieme di linee capricciose, bizzarre e intricate | (*scherz.*) Scrittura decifrabile a fatica.

aràbico [vc. dotta, lat. *arăbicu(m)*. V. *arabo*] agg. (pl. m. *-ci*) *1* Dell'Arabia: *deserto a.* | (*est.*) Arabo: *tribù arabiche* | *Cifre arabiche*, numeri arabi | *Gomma arabica*, resina ricavata da alcune specie di acacie. *2* (*fig.*) Indecifrabile, incomprensibile. *3* (*fig.*) †Strano, bisbetico, stizzoso.

aràbile [vc. dotta, lat. *arābile(m)*, da *arāre* 'arare'] agg. ● Che si può arare: *terreno, campo a.*

arabìsmo s. m. ● Parola o locuzione propria dell'arabo, entrata in un'altra lingua.

arabìsta s. m. e f. (pl. m. *-i*) ● Esperto di lingua, di letteratura, di civiltà araba.

arabizzàre A v. tr. ● Adattare agli usi, ai costumi arabi. **B** v. intr. pron. ● Conformarsi agli usi, ai costumi arabi.

àrabo [ar. *'arab* 'nomadi'] **A** s. m. (f. *-a*) *1* Abitante musulmano dell'Arabia. *2* Chi appartiene a popolazioni o gruppi etnici che hanno subìto in modo determinante la dominazione etnica, politica e culturale degli Arabi, assumendone le caratteristiche proprie, spec. la lingua e la religione: *gli arabi del Marocco*. **B** s. m. solo sing. ● Lingua della famiglia semitica parlata dagli Arabi | *Parlare a.*, (*fig.*) in modo incomprensibile. **C** agg. ● Degli Arabi: *lingua, arte, religione araba* | *Pane a.*, tipo di pane tondo, basso, con poco sale e lievito.

àrac ● V. *arak*.

Aràcee [dal lat. *ărum*. V. *aro* (*1*)] s. f. pl. ● Nella tassonomia vegetale, famiglia di piante a tubero delle Spadiciflore, con fiori raccolti in spighe avvolte da una grande brattea e frutti carnosi (*Araceae*) | (al sing. *-a*) Ogni individuo di tale famiglia. ➡ ILL. **piante** /10.

aràchide [vc. dotta, gr. *árachos*, di etim. incerta] s. f. ● Pianta erbacea delle Papilionacee, con fusto eretto, foglie paripennate, frutti sotterranei oblunghi e spugnosi (*Arachis hypogaea*) | Il frutto di tale pianta, da cui si ricava un olio commestibile.

arachidònico [da *arachide*] agg. (pl. m. *-ci*) ● (*chim.*) Di, relativo ad acido arachidonico | *Acido a.*, acido grasso a 20 atomi di carbonio, contenente quattro doppi legami, precursore metabolico di leucotrieni e prostaglandine.

aracnèo [vc. dotta, lat. tardo *Arachnēu(m)*, nom. *Arachnēus*, dal gr. *arachnâios*, agg. di *aráchnē* 'ragno', di origine indeur.] agg. ● (*lett.*) Di ragno.

Aràcnidi [vc. dotta, comp. del gr. *aráchnē* 'ragno' e di *-idi*] s. m. pl. ● Nella tassonomia animale, classe di Chelicerati privi di antenne, aventi capo fuso col torace, otto paia di zampe, respirazione polmonare o tracheale (*Arachnida*) | (al sing. *-e*) Ogni individuo di tale classe. ➡ ILL. **animali** /3; **zoologia generale**.

aracnidìsmo s. m. ● (*med.*) Intossicazione prodotta da veleno di ragno.

aracnòide [vc. dotta, lat. tardo *arachnoīde(n)*, nom. *arachnoīdes*, dal gr. *arachnoeidḗs* 'simile a tela di ragno'. V. *aracnidi* e *-oide*] s. f. *1* (*anat.*) Una delle membrane meningee che avvolgono l'encefalo e il midollo spinale, tra la dura e la pia madre. *2* †Retina.

aracnoidèo agg. ● (*anat.*) Relativo all'aracnoide.

aracnoidìte [comp. di *aracnoide* e *-ite* (*1*)] s. f. ● (*med.*) Infiammazione dell'aracnoide.

aragonése A agg. ● Della, relativo all'Aragona, regione della Spagna: *città aragonesi*; *regno a.* | Proprio del regno d'Aragona: *dinastia a.* **B** s. m. e f. *1* Abitante, nativo dell'Aragona. *2* Sovrano del regno d'Aragona: *la politica degli aragonesi*.

aragonìte [dall'*Aragona*, regione della Spagna] s. f. ● (*miner.*) Carbonato di calcio in cristalli prismatici incolori o in concrezioni arborescenti.

aragósta o **aragòsta** o †**aligùsta** [lat. *locŭsta(m)* 'cavalletta' e 'aragosta', di etim. incerta] **A** s. f. ● Grosso crostaceo marino commestibile dei Decapodi, privo di chele, con lunghe antenne e corazza spinosa di color bruno violaceo (*Palinurus vulgaris*). **B** in funzione di agg. inv. ● (posposto a un s.) Che ha il colore rosso aranciato caratteristico dell'aragosta cotta: *automobile color a.*

àrak o **àrac**, **àrrak** [ar. *araq*] s. m. ● Acquavite di succo di canne e aromi originaria dell'Indostan.

aràldica s. f. ● Scienza che studia gli stemmi e le insegne araldiche. ➡ ILL. **araldica**.

aràldico [da *araldo*] agg. (pl. m. *-ci*) ● Relativo all'araldica, agli stemmi e blasoni nobiliari.

araldìsta s. m. (pl. *-i*) ● Studioso, esperto di araldica.

aràldo [fr. *héraut*, dal francone **hariwald* 'capo di esercito'] s. m. *1* Nel Medioevo, ufficiale della corte reale o feudale o del comune incaricato di rendere pubbliche le decisioni e le leggi del signore o delle autorità comunali, di compiere missioni e sim. *2* (*est.*) Messaggero, banditore.

aràlia [origine incerta (forse canadese)] s. f. ● Genere di piante delle Araliacee con foglie alterne pennate e infiorescenza a ombrella o a capolino (*Aralia*).

Araliàcee [comp. di *aralia* e *-acee*] s. f. pl. ● Nella tassonomia vegetale, famiglia di piante legnose con grandi foglie, fiori riuniti in capolini o spighe e frutti a drupa (*Araliaceae*) | (al sing. *-a*). Ogni individuo di tale famiglia. ➡ ILL. **piante** /7.

aramàico [da *Aram*, n. biblico della Siria] **A** agg. (pl. m. *-ci*) ● Degli Aramei. **B** s. m. solo sing. ● Lingua della famiglia semitica parlata dagli Aramei.

aramèo [V. *aramaico*] **A** agg. ● Appartenente a uno dei gruppi etnico-linguistici, in cui si dividono i Semiti. **B** anche s. m.

arancèra ● V. *aranciera*.

arancéto [da *arancio*] s. m. ● Terreno piantato ad aranci.

arància [da *arancio*] s. f. (pl. *-ce*) *1* Frutto dell'arancio, di forma sferica, con buccia di colore acceso fra il giallo e il rosso. *2 A. meccanica*, (dal titolo di un film di S. Kubrick del 1971) manifestazione di crudele vandalismo o di inutile e feroce violenza di gruppo. || **arancìno**, dim. m. (V.).

aranciàta o †**granciàta** s. f. *1* Bevanda preparata con acqua, succo d'arancia e, talora, zucchero | Bibita analcolica preparata con acqua, succo d'arancia, zucchero, acido citrico, anidride carbonica e aromatizzata con essenza d'arancia. *2* †Colpo d'arancia.

aranciàto o (*raro*) **granciàto** agg. ● Che ha il colore dell'arancia: *abito a.*

arancièra o **arancèra** [da *arancio*] s. f. ● Serra ove si collocano nei mesi freddi le piante di agrumi in vaso.

arancìno (**1**) agg. *1* Di arancia: *sapore, profumo a.* *2* Simile a un'arancia: frutto a. | (*lett.*) Che ha il colore dell'arancia: *raso a.*

arancìno (**2**) s. m. *1* Dim. di *arancia*. *2* Frutto dell'arancio che, non ancora maturo, cade al suolo. *3* Crocchetta di riso a forma di arancia, farcita di rigaglie e sugo di carne.

aràncio o †**narància**, (*poet.*) **ràncio** (**2**), solo nei sign. A 1 e 2 [ar. *nārang'*, persiano *nārang'*, prob. dal sanscrito] **A** s. m. *1* Albero delle Rubiacee con fiori bianchi molto profumati, foglie ovali con picciolo allargato e frutti sferici dal colore caratteristico | *A. dolce*, varietà coltivata di arancio con frutta dalla polpa agrodolce (*Citrus sinensis*). SIN. Melarancio, portogallo | *A. amaro, a. forte*, varietà coltivata di arancio con foglie più scure dell'arancio dolce e polpa del frutto amara (*Citrus amara*). SIN. Cedrangolo, melangolo | *Fiori d'a.*, quelli portati tradizionalmente dalla sposa nel giorno delle nozze come simbolo di purezza. *2* Arancia: *spremuta d'a.* *3* (*est.*) Colore intermedio fra il colore giallo e il rosso, caratteristico del frutto dell'arancio. *4* (*est.*) †Sostanza che ha tale colore: *a. di cromo* | *A. di metile*, metilarancio. **B** agg. (pl. f. *-ce*) ● Che ha il colore dell'arancia: *le barche si avanzavano ... con ... grandi vele, arance* (D'ANNUNZIO).

arancióne [da *arancia*] **A** agg. (pl. *-ne* o *-ni*) ● Che ha il colore acceso dell'arancia matura: *ve-*

stito a. **B** s. m. *1* Il colore arancione. *2* (*pop.*) Aderente alla comunità spirituale degli Hare Krishna, indossanti spesso vesti di foggia indiana dal caratteristico colore arancione.

Aranèidi [vc. dotta, comp. del lat. *arānea* 'ragno' e di *-idi*] s. m. pl. • Nella tassonomia animale, ordine degli Aracnidi comprendente i ragni (*Araneina*) | (al sing. *-e*) Ogni individuo di tale specie.

arapàima [vc. della Guaiana] s. m. inv. • Grande pesce osseo commestibile americano dei Clupeiformi (*Arapaima*).

aràre [lat. *arāre*, di origine indeur.] v. tr. *1* Assolcare e rivoltare la terra con l'aratro (*anche ass.*): *i contadini arano sotto il sole* | *A. in su e in giù*, (*fig.*) andare innanzi e indietro senza combinar nulla | *A. diritto*, (*fig.*) comportarsi bene. *2* (*fig., lett.*) Solcare: *a. il mare, il cielo* | *A. il mare*, (*fig.*) fare q.c. di inutile. *3* (*mar.*) Strisciare sul fondo del mare senza farvi buona presa, detto dell'ancora (*anche ass.*).

aratìvo agg. • Seminativo.

aràto part. pass. di *arare*; anche agg. • Nei sign. del v.

aratóre [vc. dotta, lat. *aratōre(m)*, da *arāre* 'arare'] agg.; anche s. m. (f. *-trice*) • Che, chi ara.

aratòrio [vc. dotta, lat. tardo *aratōriu(m)*, da *arāre* 'arare'] agg. • Che serve per arare.

aratrice s. f. • (*raro*) Macchina agricola usata per arare.

aràtro [lat. *arātru(m)*. V. *arare*] s. m. • Attrezzo agricolo atto a rompere, frammentare, dissodare il terreno | *A. affossatore*, per scavare fossi | *A. assolcatore*, per aprire solchi nel terreno lavorato e per rincalzare piante | *A. monovomere, polivomere*, dotato rispettivamente di uno o più vomeri | *A. a bilanciere*, a due corpi lavoranti contrapposti per l'aratura funicolare. ➡ ILL. p. 353 AGRICOLTURA.

aratùra [vc. dotta, lat. tardo *aratūra(m)*, da *arāre* 'arare'] s. f. *1* Atto, effetto dell'arare. *2* Terreno arato. *3* La stagione in cui si ara.

araucàno [da *Arauco*, n. di una provincia del Cile] agg.; anche s. m. (f. *-a*) • Che, chi appartiene a una popolazione indigena americana attualmente abitante la zona centrale del Cile: *lingua araucana*.

araucària [da *Arauco*, n. di una provincia del Cile] s. f. • Genere di alberi delle Araucariacee molto ramificati, con foglie aculeate e fitte (*Araucaria*).

Araucariàcee [vc. dotta, comp. di *araucaria* e *-acee*] s. f. pl. • Nella tassonomia vegetale, famiglia di piante arboree sempreverdi delle Pinali con foglie acicolari molto fitte sui rami (*Araucariaceae*) | (al sing. *-a*) Ogni individuo di tale famiglia.

†**arazzàme** s. m. • Addobbo di arazzi | (*spreg.*) Quantità di arazzi.

arazzerìa s. f. *1* Arte del tessere arazzi. *2* Manifattura di arazzi. *3* L'insieme degli arazzi che ornano un luogo o che sono destinati a tale scopo.

arazzière s. m. • Chi tesse o vende arazzi.

aràzzo o †**ràzzo** (1) [dal n. della città fr. di *Arras*, famosa per la lavorazione degli arazzi] s. m. • Tessuto eseguito a mano su telaio con figure a motivi ornamentali destinato a decorare una parete.

arbitràggio [fr. *arbitrage*. V. *arbitro*] s. m. *1* (*sport*) Azione di direzione e di controllo svolta da un arbitro in una competizione sportiva. *2* (*dir.*) Arbitramento: *ricorrere all'a.* *3* (*econ.*) Operazione di acquisto e immediata rivendita di beni su piazze diverse.

arbitraggista s. m. e f. (pl. m. *-i*) *1* (*econ.*) Chi svolge operazioni di arbitraggio. *2* (*econ.*) Chi predispone i calcoli alla base di un'operazione di arbitraggio.

arbitràle [vc. dotta, lat. tardo *arbitrāle(m)*, da *ărbiter* 'arbitro'] agg. • Di arbitro: *decisione a.*; *sentenza a.* | *Collegio a.*, di arbitri | (*dir.*) *Clausola a.*, con cui le parti si impegnano a sottoporre la composizione di eventuali controversie al giudizio di arbitri.

arbitraménto s. m. *1* (*dir.*) Procedimento per cui la determinazione del contenuto di una clausola contrattuale lasciata in bianco è affidata dalle parti all'arbitrio o all'apprezzamento di un terzo. SIN. Arbitraggio. *2* †Arbitrio.

arbitràre o †**albitràre** [vc. dotta, lat. *arbitrāre*, da *ărbiter* 'arbitro'] **A** v. tr. (*io àrbitro*) *1* Decidere una controversia e sim. in qualità di arbitro (*anche ass.*) *2* Dirigere una gara in qualità di arbitro: *a. una partita di calcio, un incontro di tennis, di pugilato.* **B** v. intr. (aus. *avere*) *1* (*raro*) Agire di propria volontà. *2* †Pensare, congetturare. **C** v. intr. pron. • (*raro*) Prendersi la libertà di agire senza autorizzazione.

arbitrarietà s. f. *1* Qualità di ciò che è arbitrario. *2* (*ling.*) Principio fondamentale della linguistica moderna per cui il rapporto che unisce un significante e un significato è arbitrario, cioè convenzionale.

arbitràrio o †**albitràrio** [vc. dotta, lat. *arbitrāriu(m)*, da *ărbiter* 'arbitro'] agg. • Fatto, scelto ad arbitrio: *atto, discorso a.*; *esercizio a. delle proprie ragioni* | (*est.*) Abusivo, opinabile: *intervento a.* ‖ **arbitrariaménte**, avv. Secondo l'arbitrio del singolo; abusivamente.

arbitràto [vc. dotta, lat. *arbitrātu(m)*, da *ărbiter* 'arbitro'] s. m. *1* Ufficio, o giudizio dell'arbitro. *2* (*dir.*) Procedimento civile con cui uno o più privati definiscono, per incarico delle parti, una contesa fra queste insorta: *a. rituale, irrituale, libero.*

arbitratóre s. m. • (*dir.*) Terza persona cui le parti di un contratto hanno affidato la determinazione del contenuto di una clausola dello stesso.

arbitrio o †**albitrio**, †**albitro** [vc. dotta, lat. *arbĭtriu(m)*, da *ărbiter* 'arbitro'] s. m. *1* Facoltà di giu-

araldica

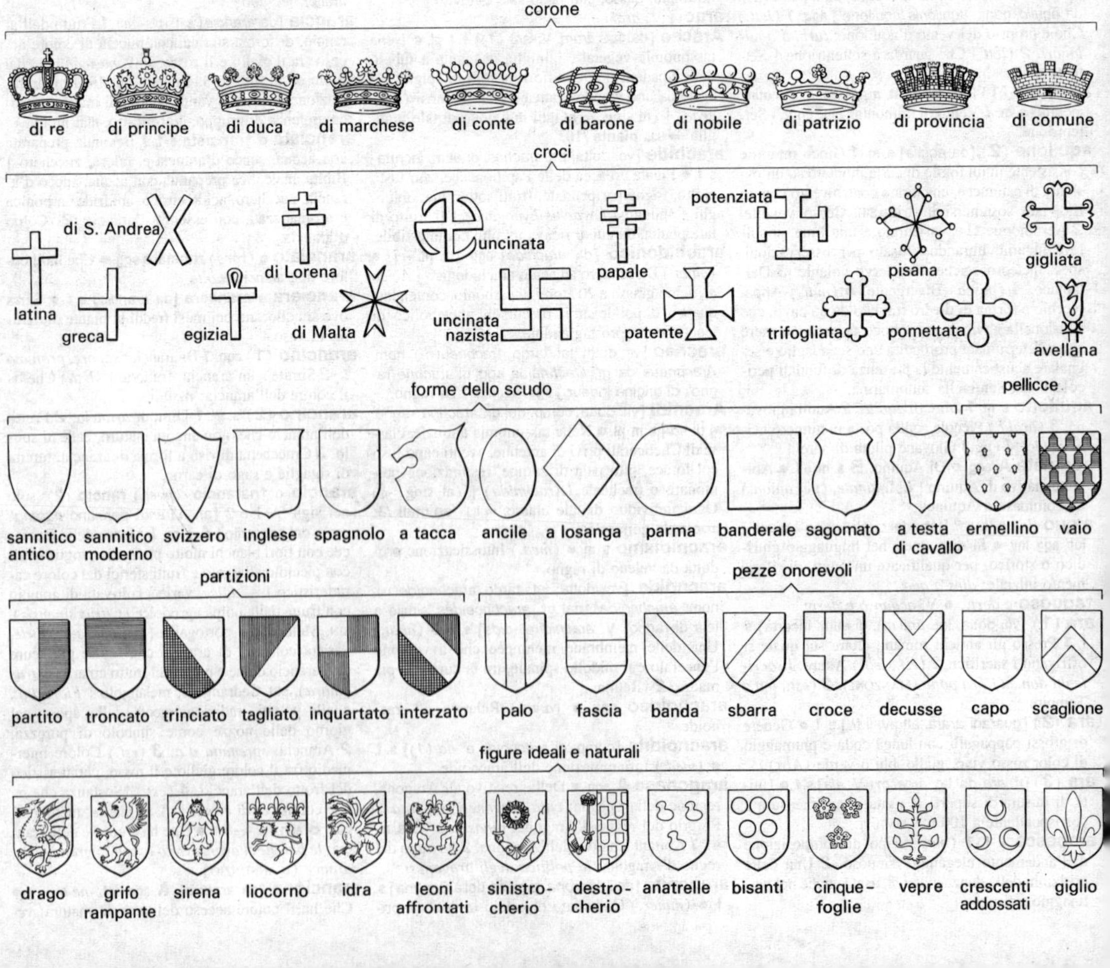

corone

di re — di principe — di duca — di marchese — di conte — di barone — di nobile — di patrizio — di provincia — di comune

croci

latina — di S. Andrea — greca — di Lorena — egizia — di Malta — uncinata — uncinata nazista — papale — patente — potenziata — pisana — trifogliata — pomettata — gigliata — avellana

forme dello scudo

sannitico antico — sannitico moderno — svizzero — inglese — spagnolo — a tacca — ancile — a losanga — parma — banderale — sagomato — a testa di cavallo

pellicce

ermellino — vaio

partizioni

partito — troncato — tinciato — tagliato — inquartato — interzato

pezze onorevoli

palo — fascia — banda — sbarra — croce — decusse — capo — scaglione

figure ideali e naturali

drago

grifo rampante

sirena

liocorno

idra

leoni affrontati

sinistrocherio

destrocherio

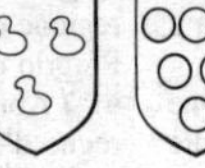
anatrelle

bisanti

cinquefoglie

vepre

crescenti addossati

giglio

dicare e operare liberamente le proprie scelte e la propria volontà: *agire, comportarsi, secondo il proprio a.* | *Ad a. di qc.*, a sua volontà | *Libero a.*, la possibilità da parte dell'uomo di scegliere senza essere determinato da alcuna necessità. **2** Autorità, potestà assoluta: *tutto dipende dal suo a.* **3** Atto abusivo, illegale: *commettere un a.* | (*est.*) Prepotenza, capriccio: *prendersi un a.* | *D'a.*, arbitrariamente (V. nota d'uso ACCENTO).

àrbitro o **†àlbitro** [vc. dotta lat. *ărbitru(m)*, di etim. incerta] s. m. (f. *-a*) **1** Chi può volere e disporre delle cose a piacer suo: *essere a. della propria vita* | (*est.*) Padrone assoluto: *a. dei destini dello Stato* | *A. dell'eleganza, della moda*, chi detta legge in tali campi. **2** (*dir.*) Privato cittadino investito, dalle parti di una controversia, del compito di decidere la stessa. **3** (*sport*) Ufficiale di gara incaricato di far osservare il regolamento tecnico e le norme federali e di giudicare i vari casi di infrazione riscontrati durante lo svolgimento di una competizione e di convalidarne il risultato.

†arboràre ● V. *alberare.*

arboràto [dal lat. *ărbor* 'albero'] agg. ● Alberato, piantato ad alberi.

†àrbore ● V. *albero.*

arbòreo [vc. dotta, lat. *arbŏreus*, da *ărbor* 'albero'] agg. ● Che ha qualità o forma d'albero: *vegetazione, massa arborea* | (*est., poet.*) *Corna arboree*, ramose.

arborescènte [vc. dotta, lat. *arborescĕnte(m)*, part. pres. di *arborēscere* 'diventar albero', da *ărbor* 'albero'] agg. **1** (*miner.*) Che imita una forma arborea: *cristallizzazione a.* **2** (*bot.*) Detto di frutice o arbusto che raggiunge quasi la dimensione e la forma di un albero.

arborescènza s. f. ● Il generale sviluppo di una pianta.

arboréto s. m. **1** †V. *albereto.* **2** Raccolta di alberi e arbusti fatta a scopo di studio.

arborìcolo [comp. del lat. *ărbor*, genit. *ărboris* 'albero' e *-colo*] agg. ● Detto di animale o vegetale che vive sugli alberi.

arboricoltóre [comp. di *arbore* e *-coltore*] s. m. (f. *-trice*) ● Chi s'interessa di arboricoltura.

arboricoltùra [comp. di *arbore* e *-coltura*] s. f. ● Coltivazione delle piante arboree | Scienza relativa a tale coltivazione.

arborìfero [comp. di *arbore* e *-fero*] agg. ● (*lett.*) Che produce alberi.

arborifórme [comp. di *arbore* e *-forme*] agg. ● (*raro*) Arboreo.

arborizzàto agg. ● (*miner.*) Detto di aggregato dendritico di cristalli.

arborizzazióne s. f. ● (*med.*) Disposizione degli elementi anatomici, quali nervi, vasi e sim. come i rami di un albero. ➡ ILL. p. 364 ANATOMIA UMANA.

arboscèllo o **†arbuscèllo** [lat. **arbuscĕllu(m)* 'alberetto', da *arbŭscula*, dim. di *ărbor* 'albero'] s. m. ● Piccolo albero, piantina.

arbustàceo agg. ● Relativo ad arbusto | Costituito di arbusti: *vegetazione arbustacea.*

arbustìvo [da *arbusto*] agg. ● Che ha forma di arbusto.

arbùsto [vc. dotta, lat. *arbŭstu(m)*, da *ărbor* 'albero'] s. m. ● Pianta legnosa con fusto perenne ramificato fin dalla base. SIN. Frutice. ‖ **arbustìno**, dim.

àrbuto [lat. *arbūtu(m)* 'corbezzolo'] s. m. ● Genere di piante sempreverdi delle Ericacee cui appartiene il corbezzolo (*Arbutus*).

àrca [lat. *ărca(m)*, da accostare ad *arcēre* 'allontanare'] s. f. **1** Sarcofago che, per la sua stessa struttura e per le decorazioni, assume carattere monumentale. **2** Cassa di legno usata per riporvi tessuti, oggetti preziosi, reliquie e sim.: *riporre il corredo in un'a.* | *A. dell'Alleanza*, presso gli antichi Ebrei, quella che conteneva le tavole della Legge, la verga di Aronne e un vaso della manna del deserto, ed era simbolo dell'unità delle tribù e del patto stretto con Dio | (*fig.*) *A. di scienza, di virtù e sim.*, persona estremamente dotta, virtuosa e sim. | Madia. **3** *A. di Noè*, imbarcazione con la quale il patriarca biblico Noè si salvò dal diluvio insieme con una coppia di ciascun genere di animali viventi; (*fig.*) luogo in cui sono raccolti molti animali | *Essere vecchio come l'a. di Noè*, essere vecchissimo, decrepito. **4** †Cassa del carro. **5** Parte inferiore del pozzo, formata di pietre ben commesse per conservare l'acqua. **6** Mollusco marino dei Lamellibranchi con conchiglia spessa e rugosa (*Arca noae*). ‖ **arcàccia**, pegg. (V.) | **†arcèlla**, dim. | **archétta**, dim.

-àrca [dal gr. *-árchēs*, forma parallela di *-archos*, da *árchein* 'essere a capo', di etim. incerta] secondo elemento ● In parole composte dotte significa 'capo' o 'comandante', e sim.: *monarca, patriarca.*

arcàccia s. f. (pl. *-ce*) **1** Pegg. di *arca.* **2** †Ossatura della poppa di una nave in legno.

àrcade [vc. dotta, lat. *ărcade(m)*, nom. *ărcas*, dal gr. *arkás*, dalla regione dell'*Arcadia*] **A** agg. ● (*lett.*) Dell'antica Arcadia. **B** s. m. (f. *-essa*, scherz.) **1** (*lett.*) Abitante dell'antica Arcadia. **2** Socio dell'Accademia dell'Arcadia. **3** (*est.*) Scrittore vuoto e retorico, manierato: *quel romanziere è un a.*

arcàdia [dall'omonima regione della Grecia, mitica patria della poesia bucolica] s. f. **1** Luogo ideale di vita amena, idillica e del tutto separata dalla realtà, come nella favolosa e mitica regione greca dell'Arcadia. **2** Accademia letteraria, sorta nel 1690, il cui scopo era rievocare una poesia semplice e limpida vicina ai modelli bucolici greci e all'elegia latina; dal 1925 col nome di Accademia Letteraria Italiana si occupa di studi di storia letteraria | Corrente letteraria settecentesca collegata all'omonima accademia, la cui poesia, caratterizzata da una eccessiva ostentazione di semplicità, amore per la natura e sim., si risolse in vuota esercitazione stilistica, convenzionale e frivola. **3** (*fig.*) Ogni riunione di persone, ogni corrente culturale e sim., che tratti futilmente di cose senza importanza: *fare dell'a.*

arcàdico [vc. dotta, lat. *arcădicu(m)*, nom. *arcădicus*, dal gr. *Arkadikós*, da *Arcadia*] agg. (pl. m. *-ci*) **1** Dell'Arcadia | *Motivo a.*, motivo ornamentale d'ispirazione pastorale di moda nel XVIII sec. **2** Proprio degli accademici dell'Arcadia: *stile a.* **3** (*fig.*) Languido, svenevole, pastorale. ‖ **arcadicaménte**, avv. In modo arcadico, secondo lo stile dell'Arcadia.

†arcadóre o **†arcatóre** [da *arco*] s. m. **1** Arciere. **2** Truffatore, gabbamondo.

arcagète ● V. *archegeta.*

arcàica s. f. ● (*ell.*) Scrittura arcaica.

arcaicità s. f. ● Qualità di ciò che è arcaico.

arcaicizzàre e *deriv.* ● V. *arcaizzare* e *deriv.*

arcàico [vc. dotta, lat. tardo *archăicu(m)*, nom. *archăicus*, dal gr. *archaikós*, da *archâios* 'antico'] **A** agg. (pl. m. *-ci*) ● Che è molto antico, che risale alla prima antichità: *statue arcaiche, miti arcaici* | *Scrittura arcaica*, la più antica forma di scrittura latina, derivata dall'alfabeto etrusco, talora con andamento bustrofedico. ‖ **arcaicaménte**, avv. **B** s. m.; anche agg. ● (*geol.*) Archeozoico.

arcaìsmo [vc. dotta, lat. tardo *archaĭsmu(m)*, nom. *archaĭsmos*, dal gr. *archaïsmós*, da *archaikós* 'arcaico'] s. m. **1** Forma linguistica o scomparsa dall'uso o ripresa come preziosismo a fini stilistici. **2** Tendenza, presente nell'arte o nella letteratura, verso il ritorno a forme primitive.

arcaìsta s. m. (pl. *-i*) ● Scrittore che riprende a fine artistico o prezioso frasi e locuzioni desuete o arcaiche.

arcaìstico agg. (pl. m. *-ci*) ● Di stile o di artista che si rifà a moduli e modelli arcaici.

arcaizzànte o **arcaicizzànte**. part. pres. di *arcaizzare*; anche agg. **1** Nei sign. del v. **2** Che si ispira a forme e modi arcaici: *poesia a.*

arcaizzàre o **arcaicizzàre**. v. intr. (aus. *avere*) ● Usare forme e modi arcaici.

arcàle [da *arco*] s. m. ● Forma ad arco della centina | Parte curva di muratura che delimita un arco.

†arcàme [da *arca*] s. m. ● Scheletro di un animale morto.

arcangèlica s. f. ● (*bot.*) Angelica.

arcàngelo o **arcàngiolo** [vc. dotta, lat. tardo *archăngelu(m)*, nom. *archăngelus*, dal gr. *archángelos*. V. *archi-* e *angelo*] s. m. ● Spirito celeste di grado superiore a quello dell'angelo, comune alle religioni cristiana e musulmana: *l'a. Michele, Gabriele, Raffaele.*

arcàno [vc. dotta, lat. *arcānu(m)*, da *ărca*, in quanto significava 'rinchiuso, riposto'] **A** agg. ● Misterioso, nascosto, segreto: *gli arcani voleri della Provvidenza.* ‖ **arcanaménte**, avv. **B** s. m. ● Mistero: *svelare l'a.*

†arcàre [da *arco*] v. tr. **1** Curvare ad arco, inarcare. **2** Scagliare, tirare con l'arco. **3** (*fig.*) Ingannare.

arcarèccio [da *arco*] s. m. ● (*edil.*) Trave, disposta normalmente alla pendenza del tetto, che appoggia sui puntoni di capriata e sorregge l'orditura superiore.

arcàta [da *arco*] s. f. **1** (*arch.*) Struttura ad arco o a volta cilindrica avente funzione statica di sostegno: *le arcate dei ponti.* **2** Qualunque formazione disposta ad arco: *a. sopraccigliare, a. dentaria*; (*fam.*) *l'a. degli occhi.* **3** Spazio percorso da una freccia lanciata con l'arco | Traiettoria di una freccia o di un proiettile | *Tirare in a.*, con artiglieria puntata ad angoli elevati, perché sia più lunga la gittata o per colpire bersagli situati al di là di ostacoli. **4** (*mus.*) Toccata all'arco di uno strumento per farne vibrare le corde. ‖ **arcatèlla**, dim. (V). ‖ **arcatìna**, dim.

arcatèlla s. f. **1** Dim. di *arcata.* **2** (*arch.*) Piccolo arco facente parte di una serie, usato come elemento costruttivo o, spec. nell'architettura romanica, come elemento ornamentale. SIN. Archetto.

arcàto part. pass. di *arcare*; anche agg. ● Nei sign. del v.

†arcatóre ● V. *†arcadore.*

arcàvolo [comp. di *archi-* e *avolo*] s. m. (f. *-a*) ● Genitore del bisavolo | (*est.*) Lontano antenato.

†àrce [vc. dotta, lat. *ărce(m)*, forse da avvicinare ad *ărca*. V. *arca*] s. f. ● Rocca.

arcèlla [vc. dotta, lat. tardo *arcĕlla(m)* 'piccola (*-ĕlla*) arca'] s. f. **1** Nelle chiese paleocristiane, vano sotto l'altare contenente reliquie. **2** Cassone nuziale decorato.

archaeopteryx /lat. arke'ɔpteriks/ ● V. *archeotterige.*

archè [vc. dotta, gr. *archḗ* 'principio', di etim. incerta] s. f. ● (*filos.*) Principio.

archeàno [dal gr. *archḗ* 'principio'. V. *archè*] **A** s. m. ● (*geol.*) Il più antico dei due periodi dell'era precambriana. **B** anche agg.: *periodo a.*

archègeta o **archègete** [gr. *archēgétēs*, comp. di *arch(e)-* 'archi-' e del tema di *hēgêisthai* 'condurre'] s. m. (pl. *-i*) ● (*lett.*) Capo, guida, duce.

archègete o **arcagète** [vc. dotta, gr. *archēgétēs* 'iniziatore, fondatore', comp. di *arch(i)-* e *hēgéomai* 'io conduco'] s. m. ● Tra i greci, fondatore di città e di colonie | Epiteto di alcune divinità greche, spec. di Apollo, patrone dei colonizzatori | Dio della stirpe.

archeggiaménto s. m. ● (*mus.*) Atto, effetto dell'archeggiare.

archeggiàre [da *arco*] **A** v. tr. e intr. (*io archéggio*; aus. *avere*) ● (*mus.*) Suonare uno strumento a corde per mezzo dell'arco. **B** v. tr. ● †Torcere, piegare a guisa d'arco.

archeggiatùra s. f. ● (*arch.*) Successione in serie di arcate o arcatelle.

archéggio (1) [da *archeggiare*] s. m. ● (*mus.*) Movimento dell'arco sulle corde di uno strumento per trarne suoni | Tecnica di tale movimento.

archeggìo (2) [da *archeggiare*] s. m. ● Archeggio continuato.

Archegoniàte [da *archegonio*] s. f. pl. ● Nella tassonomia vegetale, gruppo di piante che presentano una medesima struttura degli archegoni (*Archegoniatae*) | (al sing. *-a*) Ogni individuo di tale gruppo.

archegònio [comp. del gr. *archḗ* 'principio' e *-gonio*] s. m. ● (*bot.*) Organo riproduttore femminile pluricellulare di alcune piante che contiene l'oosfera.

archèo- [dal gr. *archâios* 'antico'] primo elemento ● In parole composte dotte significa 'antico' o 'primitivo': *archeografia, archeozoico.*

archeoastronomìa [comp. di *archeo-* e *astronomia*] s. f. ● Ricerca e studio di resti archeologici atti a documentare le conoscenze astronomiche degli antichi e la loro applicazione nel campo della religione, della misurazione del tempo, ecc.

archeobiologìa [comp. di *archeo-* e *biologia*] s. f. ● Studio dei reperti biologici dell'era arcaica.

archeobotànica [comp. di *archeo-* e *botanica*] s. f. ● Studio dei reperti botanici dell'era arcaica.

archeografìa [comp. di *archeo-* e *-grafia*] **s. f.** ● Descrizione dei monumenti antichi.

archeogràfico **agg.** (pl. m. *-ci*) ● Relativo all'archeografia: *testo a.*

archeògrafo **s. m.** (f. *-a*) ● Studioso, esperto di archeografia.

archeologìa [vc. dotta, gr. *archaiología*, comp. di *archeo-* e *-logia*] **s. f.** (pl. *-gie*) ● Scienza che si occupa delle antichità sotto il profilo storico e artistico | *A. industriale*, disciplina che si occupa della scoperta, della catalogazione e dello studio dei resti fisici di processi e metodi industriali del passato, spec. del XVIII e XIX sec. | *A. subacquea*, disciplina che si occupa della ricerca di reperti sommersi e, spec., della localizzazione di antiche navi naufragate | *A. urbana*, disciplina che analizza le stratificazioni degli insediamenti urbani dall'antichità ai nostri giorni. ➡ **ILL. archeologia.**

archeològico **agg.** (pl. m. *-ci*) ● Relativo all'archeologia: *studi, scavi archeologici*; *anfore di grande valore a.*; *reperti archeologici.* || **archeologicaménte**, **avv.** Dal punto di vista dell'archeologia.

archeòlogo [vc. dotta, gr. *archaiológos*. V. *archeologia*] **s. m.** (f. *-a*; pl. m. *-gi*, pop. *-ghi*) ● Studioso, esperto di archeologia.

archeometrìa [comp. di *archeo-* e *-metria*] **s. f.** ● (*archeol.*) Scienza di supporto all'archeologia che, nello studio e nell'analisi dei reperti, utilizza metodi e strumenti propri della matematica e delle scienze naturali.

archeottèrige o **archaeopteryx** [dal lat. scient. *Archaeopteryx*, comp. del gr. *archâios* 'antico' (V. *arcaico*) e *ptéryx* 'ala' (V. *pterigio*)] **s. m.** ● Uccello primitivo dei Saururi, fossile del Giurassico, con penne, coda ben sviluppata e mascelle fornite di denti (*Archaeopteryx*). ➡ **ILL. paleontologia.**

archeozòico (*Archeozoico* come s. m.) [comp. di *archeo-* e *-zoico*] **A** **s. m.** (pl. m. *-ci*) ● La più antica era geologica, durata circa 230 milioni di anni, che si chiude con la comparsa dei primi fossili. **B** anche **agg.** (pl. m. *-ci*): *era archeozoica.*

archetìpico **agg.** (pl. m. *-ci*) ● (*lett.*) Di archetipo | Che costituisce un archetipo: *eroi archetipici.*

archètipo [vc. dotta, lat. *archĕtypu(m)*, dal gr. *archétypon*, comp. del gr. *archḗ* 'principio' e di *-tipo*] **A** **s. m.** *1* Nella filosofia di Platone, modello originario e ideale delle cose sensibili. *2* Nella terminologia psicologico-religiosa, ciascuno dei moduli ancestrali universali di intuizione e di pensiero che emergono, come rappresentazioni, nei sogni individuali e nei miti religiosi. *3* (*psicoan.*) Nella dottrina di Jung, rappresentazione, nell'inconscio, di una esperienza comune a tutti gli uomini. **SIN.** Immagine primordiale. *4* Redazione non conservata di un'opera letteraria, ricostruibile attraverso le testimonianze di altri manoscritti o stampe da essa derivati, che rappresenta il testo ipotetico più vicino all'originale perduto. *5* Primo esemplare e modello. **B** **agg.** ● (*lett.*) Primitivo, esemplare: *forme archetipe.*

archétto **s. m.** *1* Dim. di *arco*. *2* (*mus.*) Arco per suonare strumenti a corda: *l'a. del violino.* *3* (*arch.*) Arcatella. *4* Ordigno a scatto per prendere uccelli, proibito dalla legge. **SIN.** Fionda a elastico. *5* (*ferr.*) Tipo di apparecchio portato dai mezzi di trazione elettrici per captare la corrente da una linea di contatto: *presa di corrente ad a.* || **archettino**, **dim.**

àrchi- [primo termine (*arch(i)-* e *arch(e)-*) di numerosi comp. gr., dal v. *árchein* 'essere al comando', di origine incerta] primo elemento ● In parole composte dotte o scientifiche significa 'primo' o 'capo', o indica primato e sim.: *archiatra, archidiocesi, archimandrita, archimiceti* | Può subire anche l'elisione: *arcangelo.*

-archìa [gr. *-archía*, propriamente di deriv. nom. dei n. in *-archos* '-arca'] secondo elemento ● In parole composte dotte significa 'governo' o 'dominio': *monarchia, oligarchia.*

archiacùto [comp. di *arco* e *acuto*] **agg.** ● Che ha forma di arco acuto: *finestra archiacuta* | (*est.*) Che è costituito da archi acuti: *loggia archiacuta.*

Archianèllidi [comp. di *archi-* e *anellidi*] **s. m. pl.** ● Nella tassonomia animale, classe di Anellidi per la maggior parte marini, privi di parapodi, ritenuti forme primitive (*Archianellida*) | (al sing. *-e*) Ogni individuo di tale classe.

archiàtra o **archiàtro** [vc. dotta, lat. tardo *archiātru(m)*, nom. *archiātrus*, dal gr. *archíatros*, comp. di *archi-* e *iatrós* 'medico'] **s. m.** (pl. *-i*) ● Medico primario di clinica o di corte: *archiatra pontificio.* **SIN.** Protomedico.

archibugétto o †**archibuṣétto** **s. m.** *1* Dim. di *archibugio*. *2* Antica arma da fuoco corta.

†**archibugiàre** o †**archibuṣàre** **v. tr.** ● Assalire, uccidere a colpi di archibugio.

archibugiàta o †**archibuṣàta** **s. f.** ● Colpo d'archibugio | (*est.*) Ferita prodotta da un colpo d'archibugio.

archibugière o †**archibuṣière** **s. m.** *1* Soldato armato di archibugio | *A. a cavallo*, cavalleggero armato d'archibugio. *2* †Fabbricante o venditore di armi.

archibùgio o †**archibùṣo** [ant. fr. *harquebusse*, dall'ol. *hakebusse*, propriamente 'canna con l'uncino'] **s. m.** ● Antico schioppo per uso militare di calibro costante, in origine arma da posta divenuta in seguito portatile e data in dotazione alla fanteria e alla cavalleria leggera: *a. a ruota, a serpentino.* || **archibugétto**, **dim.** (V.) | **archibugióne**, **accr.**

archibùṣo e *deriv.* ● V. *archibugio* e *deriv.*

archicémbalo [comp. di *archi-* e *cembalo*] **s. m.** ● Cembalo grande a sei tastiere, la cui invenzione risale al XVI sec.

archicortéccia [comp. di *archi-* e *corteccia*] **s. f.** (pl. *-ce*) ● (*anat.*) Semplice struttura corticale nervosa presente nell'archipallio, alla quale vengono trasmesse informazioni olfattive e gustative.

archidiòcesi /arkidi'ɔtʃezi, arki'djɔtʃezi/ o **arcidiòcesi** [comp. di *archi-* e *diocesi*] **s. f.** ● Diocesi dell'arcivescovo | Provincia sulla quale l'arcivescovo ha giurisdizione.

archiepiscopàle [comp. di *archi-* ed *episcopale*] **agg.** ● Arcivescovile.

†**archiepìscopo** [vc. dotta, lat. tardo *archiepĭscopu(m)*, nom. *archiepĭscopus*, dal gr. *archiepískopos*, comp. di *archi-* 'archi' ed *epískopos* 'vescovo'] **s. m.** ● Arcivescovo.

archiginnàṣio [comp. di *archi-* e *ginnasio*] **s. m.** ● Titolo attribuito in passato alle Università di Roma e di Bologna | Nome del palazzo che dal 1563 al 1803 fu sede dell'Università di Bologna.

archilochèo o **archilòchio** [vc. dotta, lat. *archilochīu(m)*, nom. *archilochius*, dal gr. *archilócheios*, dal n. del poeta *Archiloco* che lo inventò] **A** **agg.** ● Del poeta greco Archiloco (VII sec. a.C.) | *Sistema a.*, strofa di varia struttura in metri dattilici o in metri dattilici e giambici. **B** **s. m.** ● Verso della poesia greca e latina formato da una tetrapodia dattilica e da una tripodia trocaica.

archimandrìta [vc. dotta, lat. tardo *archimandrīta(m)*, nom. *archimandrīta*, dal gr. *archimandrítēs*, comp. di *archi-* e *mándra* 'mandra', poi 'monastero'] **s. m.** (pl. *-i*) *1* Nelle chiese cristiane orientali, superiore di monastero importante o di congregazione monastica | Titolo onorifico concesso a sacerdoti secolari. *2* (*fig.*, *lett.*) Antesignano, capo.

Archimicèti [comp. di *archi-* e gr. *mýkēs*, genit. *mýkētos*, 'fungo' (V. *micelio*)] **s. m. pl.** ● Nella tassonomia vegetale, classe di Funghi unicellulari parassiti di Alghe e di piante terrestri (*Archimycetes*) | (al sing. *-e*) Ogni individuo di tale classe.

archipàllio [comp. di *archi-* e *pallio*] **s. m.** ● (*anat.*) Porzione dorsale e mediale del pallio, esclusivamente mediale nei Mammiferi, caratterizzata da un'elementare corteccia nervosa.

archipèndolo o **archipènzolo** [comp. di *arco* e *pendolo*] **s. m.** ● Strumento atto a verificare l'orizzontalità di un piano, costituito da due aste uguali unite da un angolo retto, da cui pende un filo a piombo, e collegate da un'asta trasversale con segnata nel mezzo una linea di fede.

archipreṣbìtero [vc. dotta, lat. *archipresbўteru(m)*, comp. di *archi-* e *prĕsbyter*, genit. *presbўteri* 'prete'] **s. m.** ● Arciprete.

†**archisinagògo** [vc. dotta, lat. tardo *archisynagōgu(m)*, nom. *archisynagōgus*, dal gr. *archisynágōgos*. V. *archi-* e *sinagoga*] **s. m.** ● Capo della sinagoga, nei paesi di lingua latina e greca.

architettàre [vc. dotta, lat. *architectāri*, da *architĕctus* 'architetto'] **v. tr.** (*io architétto* o *architètto*) *1* Ideare il progetto di una costruzione dal punto di vista architettonico. *2* (*fig.*) Ideare: *a. un nuovo sistema* | Macchinare: *a. imbrogli a danno di qc.*

architétto o **architètto** [vc. dotta, lat. *architĕctu(m)*, dal gr. *architéktōn*, comp. di *archi-* e *téktōn* 'costruttore'] **s. m.** (f. *-a*; V. nota d'uso FEMMINILE) *1* Chi esercita l'architettura: *si è laureato a.* *2* (*fig.*) Ideatore, artefice | *Il divino, l'eterno a.*, (*per anton.*) Dio | *Il grande a. dell'Universo*, il Dio dei massoni.

†**architettònica** [vc. dotta, lat. *architectŏnica(m)*, nom. *architectŏnica*, dal gr. *architektonikḗ* (sottinteso *téchnē* 'arte'), da *architéktōn* 'architetto'] **s. f.** ● Architettura.

architettònico [vc. dotta, lat. *architectŏnicus*, dal gr. *architektonikós*. V. *architettonica*] **agg.** (pl. m. *-ci*) *1* Di, relativo all'architettura | Che è proprio dell'architettura: *elemento a.* *2* (*est.*) Che soddisfa esigenze di ordine e di equilibrio, tipiche dell'architettura: *lo stile a. di Piero della Francesca.* || **architettonicaménte**, **avv.** Secondo le esigenze dell'architettura.

†**architettóre** [vc. dotta, lat. tardo *architectōre(m)*, da *architĕctus* 'architetto'] **s. m.** (f. *-trice*) ● Architetto (*anche fig.*).

architettùra [vc. dotta, lat. *architectūra(m)*, da *architĕctus* 'architetto'] **s. f.** *1* Arte e tecnica di progettare e costruire edifici o altre opere: *a. di edifici pubblici*; *a. di giardini*; *a. navale* | *A. grafica*, l'arte di progettare uno stampato conferendogli ritmo, equilibrio, essenzialità, funzionalità | *A. del paesaggio*, l'arte e la tecnica di strutturare in senso significativo lo spazio fisico abitato dall'uomo. *2* L'opera architettonica e l'insieme dei suoi caratteri costruttivi ed estetici: *le architetture del Foro Romano*; *l'a. del Partenone.* *3* Il complesso delle manifestazioni architettoniche di un determinato luogo e periodo: *l'a. francese del Seicento* | Insieme di manifestazioni architettoniche legate da comuni caratteristiche di stile: *l'a. barocca, neoclassica, funzionale.* *4* Schema o struttura secondo cui si articola la trama o la composizione di un'opera o di un organismo: *l'a. di un romanzo, di una sinfonia, di un convegno.* *5* (*elab.*) *A. di rete, di sistema*, in un sistema di elaborazione, struttura logica di collegamento tra diversi elaboratori o dispositivi | *A. software*, modalità di strutturazione logica di un programma. ➡ **ILL.** p. 356-361 ARCHITETTURA.

architravàta [da *architrave*] **s. f.** ● Disposizione degli architravi.

architravàto **agg.** ● Munito di architrave: *colonne architravate.*

architravatùra **s. f.** ● Complesso degli architravi di un edificio | La loro messa in opera.

architràve [comp. di *archi-* e *trave*] **s. m.** ● Trave principale | Elemento della trabeazione che poggia sopra i capitelli delle colonne, i pilastri o gli stipiti, ed è sormontata dal fregio | Ogni struttura orizzontale posta a chiusura superiore di un'apertura. ➡ **ILL.** p. 356-358 ARCHITETTURA.

archiveconomìa [comp. di *archivio* ed *economia*] **s. f.** ● Archivistica.

archiviàre **v. tr.** (*io archìvio*) *1* Registrare e collocare in archivio: *a. un documento, una pratica* | (*est.*) Tralasciare di occuparsi di q.c.: *a. una questione.* *2* (*dir.*) Procedere all'archiviazione: *a. un procedimento.*

archiviazióne **s. f.** *1* Registrazione nel protocollo e deposito di uno o più documenti o di intere serie nei luoghi adibiti alla loro conservazione. *2* (*dir.*) Provvedimento con cui il giudice delle indagini preliminari dichiara che l'azione penale non deve essere promossa per i motivi previsti dalla legge: *decreto di a. per manifesta infondatezza della notizia di reato.*

archìvio [vc. dotta, lat. tardo *archīvu(m)* e *archīu(m)*, dal gr. *archêion* 'residenza dei magistrati', da *archḗ* 'comando, magistratura'] **s. m.** *1* Raccolta privata o pubblica di documenti destinati a essere conservati: *a. di famiglia, a. fotografico* | *A. storico*, complesso di documenti non più suscettibile di aumento in quanto appartenente ad una amministrazione cessata. *2* Luogo in cui tali documenti vengono conservati secondo determinati criteri atti a facilitarne la ricerca e il reperimento: *depositare in a.*; *compiere ricerche in a.* | *A. notarile*, pubblico ufficio destinato alla raccolta degli atti notarili | *A. di Stato*, ufficio pubblico incaricato della conservazione dei documenti di Stato e degli atti storici che interessano lo Stato stesso. ***3*** Nella redazione di un giornale, ufficio che raccoglie, custodisce e tiene aggiornata tutta la documentazione, le biografie e il materiale iconografico. ***4*** (*elab.*) File. ***5*** Titolo di riviste, spec. di carattere scientifico: *a. giuridico*; *a. storico italiano*.

archivìsta s. m. e f. (pl. m. *-i*) ● Chi è addetto a un archivio o alla sua custodia.

archivìstica s. f. ● Complesso di norme e nozioni concernenti la tenuta degli archivi.

archivìstico agg. (pl. m. *-ci*) ● Che si riferisce agli archivi, all'archivistica o agli archivisti.

archivòlto [comp. di *arco* e *volto* (*2*) (?)] s. m. ● Elemento di decorazione architettonica costituito da una fascia variamente lavorata che si svolge sulla fronte di un arco. ➡ ILL. p. 358 ARCHITETTURA.

àrci- **A** primo elemento ● In parole composte, corrisponde ad 'archi-': *arcidiavolo, arciprete, arciduca*. **B** pref. ● Rafforzativo usato nella formazione di superlativi: *arcicontento, arcinoto, arciricco*.

arcibașìlica [comp. di *arci-* e *basilica*] s. f. ● Basilica maggiore.

arcibișnònno [comp. di *arci-* e *bisnonno*] s. m. (f. *-a*) ● Bisarcavolo.

arciconfratèrnita [comp. di *arci-* e *confraternita*] s. f. ● Confraternita principale o distinta per particolari titoli e privilegi.

arciconsolàre agg. ● (*lett.*) Dell'arciconsolo: *ufficio a.*

arciconsolàto s. m. ● Ufficio, carica di arciconsolo.

arcicònsolo [comp. di *arci-* e *consolo*] s. m. ● Titolo (dal 1575 al 1915) del presidente dell'Accademia della Crusca.

arcicontènto [comp. di *arci-* e *contento*] agg. ● (*fam.*) Contentissimo, felice.

arcidiaconàle [da *arcidiacono*] agg. ● Relativo ad arcidiacono.

arcidiaconàto /artʃidiako'nato, artʃidjako'nato/ [vc. dotta, lat. tardo *archidiaconātu*(*m*), da *archidiāconus* 'arcidiacono'] s. m. ● Titolo, ufficio e dignità di arcidiacono.

arcidiàcono /artʃidi'akono, artʃi'djakono/ [vc. dotta, lat. tardo *archidiāconu*(*m*), nom. *archidiāconus*, dal gr. *archidiákonos*. V. *archi-* e *diacono*] s. m. ● Capo dei diaconi | Dignità dell'ordine dei diaconi nel collegio dei Cardinali.

arcidiàvolo [comp. di *arci-* e *diavolo*] s. m. ***1*** Capo dei diavoli: *la sorte ... cadde sopra Belfagor a.* (MACHIAVELLI). ***2*** (*bot.*, *pop.*) Bagolaro.

arcidiocesàno /artʃidiotʃe'zano, artʃidjotʃe'zano/ agg. ● Di, relativo ad, archidiocesi.

arcidiòcesi /artʃidi'ɔtʃezi, artʃi'djɔtʃezi/ ● V. *archidiocesi*.

arcidùca [comp. di *arci-* e *duca*] s. m. (pl. *-chi*) ***1*** Duca di maggior potere e prestigio. ***2*** Principe della casa regnante di Asburgo-Austria e Asburgo-Lorena.

arciducàle agg. ● Di arciduca: *dignità a.*

arciducàto s. m. ● Titolo e dignità di arciduca | Territorio posto sotto il dominio di un arciduca.

arciduchéssa s. f. ***1*** Moglie di arciduca. ***2*** Principessa della casa regnante di Asburgo-Austria e Asburgo-Lorena.

arcièra s. f. ● Feritoia nelle antiche fortificazioni per scagliare le frecce.

arcière o †**arcièro** [fr. *archier*, da *arc* 'arco'] s. m. (f. *-a*) ***1*** Milite a piedi o a cavallo, armato d'arco. ***2*** Tiratore d'arco. ➡ ILL. p. 1287 SPORT. ***3*** (*scherz.*) †Truffatore, imbroglione.

arcifànfano [comp. di *arci-* e *fanfano*] s. m. (f. *-a*) ● (*raro*) Fanfarone, millantatore.

arcìgno [etim. incerta] agg. ***1*** Severo e piuttosto scostante: *atteggiamento, sguardo, viso a.*; *aria arcigna*; *zitella arcigna*. ***2*** †Di gusto aspro, acerbo, detto spec. di frutta. || **arcignaménte**, avv. Con asprezza: *trattare arcignamente qc.*

arcìle [da *arca* (*1*)] s. m. ● (*sett.*) Madia a forma di cassone, munita di uno o due cassetti e di un coperchio ribaltabile | (*centr.*) Cassa per riporre la farina di castagne e sim. SIN. Cassamadia.

arciliùto [comp. di *arci-* e *liuto*] s. m. ● (*mus.*) Specie di liuto con due manici, come le tiorbe, ma più lunghi.

arcionàto agg. ● Detto di sella fornita di arcioni.

arcióne [lat. parl. **arciōne*(*m*), da *ărcus* 'arco', prob. attrav. il fr. *arçon*] s. m. ● Ossatura arcuata della sella | (*est.*) Sella: *stare, montare in a.* | *Stare bene in a.*, andare bene a cavallo.

arcipèlago [comp. di *archi-* e del gr. *pélagos* 'mare' ('mare principale')] s. m. (pl. *-ghi*) ***1*** Gruppo di isole vicine le une alle altre situate nello stesso mare e con uguali caratteristiche morfologiche. ***2*** (*est.*, *fig.*, *lett.*) Gruppo, insieme di oggetti, spec. simili fra loro.

†**arciprèsso** [V. *cipresso*] s. m. ● (*lett.*) Cipresso: *l'odo fuggir fra gli arcipressi foschi* (D'ANNUNZIO).

arciprète [lat. tardo *archipresbýteru*(*m*). V. *arci-* e *prete*] s. m. ● Titolo di parroco o di rettore di chiesa che abbia posizione di preminenza | Titolo onorifico del primo dei canonici di un capitolo importante.

arcipretùra [da *arciprete*] s. f. ● Ufficio, carica, titolo, beneficio e residenza di arciprete.

arcispedàle [comp. di *arci-* e *spedale*] s. m. ● (*raro*) Ospedale principale.

arcivescovàdo o **arcivescovàto** nel sign. 1 [da *arcivescovo*] s. m. ***1*** Titolo, ufficio e dignità di arcivescovo. ***2*** Sede dell'arcivescovo.

arcivescovìle [da *arcivescovo*] agg. ● Di, relativo ad, arcivescovo: *dignità a.*

arcivéscovo [lat. tardo *archiepĭscopu*(*m*), nom. *archiepĭscopus*, dal gr. *archiepískopos*. V. *arci-* e *vescovo*] s. m. ● Titolo onorifico che, per tradizione storica o autonoma decisione del pontefice, spetta a taluni vescovi | *A. metropolita*, che è preposto al governo di una provincia ecclesiastica.

àrco [lat. *ărcu*(*m*), di etim. incerta] s. m. (pl. *àrchi*, †*àrcora*, f.) ***1*** Arma da lancio costituita da un'asta elastica di legno, corno o acciaio che, curvata tendendo una corda fissata alle estremità, scaglia una freccia | *Tendere l'a.*, (*fig.*) mirare a q.c. | *Stare con l'a. teso*, (*fig.*) fare estrema attenzione, stare in guardia, stare col fucile spianato. ➡ ILL. p. 1287 SPORT. ***2*** (*mat.*) Applicazione continua dell'intervallo reale di estremi 0 ed 1 in uno spazio topologico | Immagine del predetto intervallo per effetto dell'applicazione | Porzione di curva | In un grafo, percorso che non passa due volte per alcun vertice. ***3*** (*arch.*) Struttura ad asse curvilinea, generalmente in muratura, posta a copertura di una luce di porta, finestra, ponte, con funzione statica di scaricare sui piedritti il peso della struttura sovrastante | *A. a tutto sesto*, con altezza uguale al raggio | *A. a sesto acuto*, con altezza maggiore del raggio | *A. a sesto ribassato*, *scemo*, con altezza minore del raggio | *A. cieco*, a luce chiusa, murata | *A. rampante*, usato come organo di controspinta | *A. scenico*, V. anche *arcoscenico*. ➡ ILL. p. 358, 359 ARCHITETTURA. ***4*** (*est.*) Struttura, formazione, linea e sim., arcuata: *l'a. delle sopracciglia*, *dell'orizzonte* | (*lett.*) *L'a. del cielo*, *l'a. celeste*, la volta celeste | *Ad a.*, piegato ad arco | (*anat.*) *A. dell'aorta*, tratto arcuato dell'aorta toracica, fra la porzione ascendente e quella discendente | (*anat.*) *A. neurale*, *vertebrale*, componente dorsale della vertebra che assieme al corpo della stessa delimita lo spazio attraversato dal midollo spinale | (*fisiol.*) *A. riflesso*, semplice circuito nervoso costituito da un neurone afferente, che conduce lo stimolo, e da una via efferente, che conduce la risposta | (*astron.*) *A. diurno*, traiettoria apparente descritta sulla sfera celeste da un astro sopra l'orizzonte | (*astron.*) *A. notturno*, traiettoria apparente descritta sulla sfera celeste da un astro sotto l'orizzonte | (*geol.*) *Archi insulari*, festoni di isole allineate e disposte ad arco lungo un margine di continente, che sono sede di attività vulcanica e di terremoti. ➡ ILL. p. 363 ANATOMIA UMANA. ***5*** (*fis.*) *A. voltaico*, *a. elettrico*, o (*ass.*) *arco*, arco luminoso che si forma al passaggio della corrente nella atmosfera fortemente ionizzata che si crea tra due elettrodi di carbone collegati a una sorgente elettrica | *Lampada ad a.*, sorgente luminosa che utilizza l'emissione di un arco elettrico fra due elettrodi di carbone | *Saldatura ad a.*, processo di saldatura che sfrutta il calore prodotto dallo scoccare di un arco voltaico. ***6*** (*mil.*) Ciascuno dei due tratti in cui si suddivide la traiettoria di un proiettile | *Primo a.*, dall'origine fino a un punto situato poco oltre il vertice | *Secondo a.*, il restante tratto discendente tipico del tiro di obici e mortai. ***7*** (*polit.*) *A. costituzionale*, l'insieme dei

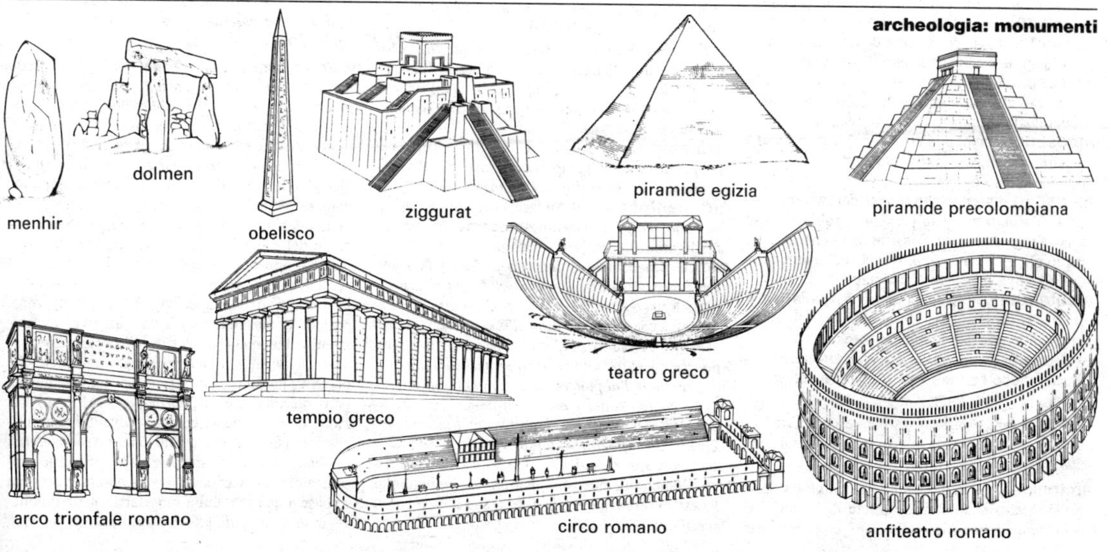

partiti che collaborarono alla stesura della Costituzione, della quale, nella loro attività politica, difendono lo spirito e il significato. *8* (*fig.*) Serie di avvenimenti che dura nel tempo, caratterizzata da una fase ascendente e una discendente: *l'a. degli anni, della vita*; *nell'a. di quattro secoli quella civiltà si sviluppò e decadde*. *9* (*mus.*) Oggetto costituito da crini di cavallo tesi su una bacchetta, atto a far vibrare le corde di determinati strumenti musicali | *Gli archi*, (*per anton.*) gli strumenti musicali che si suonano con l'arco || PROV. L'arco troppo teso si spezza. || **archétto**, dim. (V.) | **archicèllo**, dim. | **arconcèllo**, dim. | **arcóne**, accr. | **arcùccio**, dim.

arcobaléno [comp. di *arco* e *baleno*] s. m. • Fenomeno ottico dovuto alla rifrazione dei raggi del sole su gocce d'acqua sospese nell'aria; è costituito da una serie di archi coi colori dello spettro solare e appare dopo la pioggia o vicino a una cascata. ➡ ILL. p. 823 SCIENZE DELLA TERRA ED ENERGIA.

arcobalèstro [lat. tardo *arcuballīsta(m)*; V. *arco* e *balestra*] s. m. • Antica arma da lancio individuale, costituita da un grosso arco, fissato al vertice di un fusto, la cui corda veniva tesa con una leva o un martinetto e poteva lanciare quadrelli e verrettoni.

arcocosecànte [comp. di *arco* e *cosecante*] s. m. • (*mat.*) Misura, solitamente in radianti, dell'arco del quale il numero dato è la cosecante.

arcocoséno [comp. di *arco* e *coseno*] s. m. • (*mat.*) Misura, solitamente in radianti, dell'arco del quale il numero dato è il coseno.

arcocotangènte [comp. di *arco* e *cotangente*] s. m. • (*mat.*) Misura, solitamente in radianti, dell'arco del quale il numero dato è la cotangente.

arcolàio [da *arcora*, ant. pl. di *arco*] s. m. *1* Utensile composto di stecche o cannucce usato per dipanare o incannare matasse, azionato a mano o a pedale, spesso artisticamente lavorato. SIN. Bindolo, guindolo, incannatoio, dipanatoio. *2* (*fig.*) †Persona volubile e bizzarra | †Imbroglione. *3* (*fig.*) †Ghiribizzo, pensiero stravagante.

arcologìa [vc. dotta, comp. di *arc(hitettura)* ed *(ec)ologia*] s. f. • Metodo che, nell'ideazione e progettazione di modelli abitativi del futuro, tiene conto delle esigenze sia architettoniche sia ecologiche.

arcontàto s. m. • Titolo, carica e dignità di arconte | Durata di tale carica.

arcónte [vc. dotta, lat. tardo *archŏnte(m)*, nom. *ărchon*, dal gr. *árchōn*, da *archós* 'comandante, capo'] s. m. • Nell'antico diritto greco, il magistrato ateniese cui erano affidati i compiti più importanti.

Arcosàuri [comp. del gr. *archo-* 'che sta al principio' e il pl. di *sauro*] s. m. pl. • Nella tassonomia animale, sottoclasse dei Rettili, attualmente rappresentata dai soli Loricati, ma in passato costituita da numerosi gruppi di aspetto terrificante, tra i quali le forme terrestri note come Dinosauri | (al sing. *-o*) Ogni individuo di tale sottoclasse.

arcoscènico o **àrco scènico** [comp. di *arco* e *scenico*] s. m. (pl. *-ci*) • Arco di varia profondità, collegante la sala teatrale con il palcoscenico.

arcosecànte [comp. di *arco* e *secante*] s. f. • (*mat.*) Misura, solitamente in radianti, dell'angolo del quale il numero dato è la secante.

arcoséno [comp. di *arco* e *seno*] s. m. • (*mat.*) Misura, solitamente in radianti, dell'arco del quale il numero dato è il seno.

arcosòlio o **arcosòglio** [comp. del lat. *ărcus* 'arco' e di *sŏlium* 'sepolcro'] s. m. • Sepoltura in uso spec. nelle catacombe, consistente in una nicchia, per lo più a forma di arco, scavata nel muro, nella quale veniva incassato il sarcofago.

arcotangènte [comp. di *arco* e *tangente*] s. f. • (*mat.*) Misura, solitamente in radianti, dell'angolo la cui tangente è il numero dato.

arctazióne [vc. dotta, lat. tardo *arctatiōne(m)*, da *ărctus* 'stretto'] s. f. • (*med.*) Coartazione.

àrcto- o **àrto-** [dal gr. *árktos* 'orso' (d'orig. indeur.)] primo elemento • In parole composte significa 'orso', o indica relazione con gli orsi: *arctocefalo*, *artocebo*.

arctocèfalo [comp. di *arcto-* e *-cefalo*] s. m. • Nella tassonomia animale, genere di Mammiferi dei Pinnipedi con muso allungato, orecchie corte e pelliccia molto pregiata (*Arctocephalus*).

Arctòidi [comp. di *arcto-* e *-oidi*] s. m. pl. • (*zool.*) Orsiformi.

arcuàre [vc. dotta, lat. *arcuāre*, da *ărcus* 'arco'] **A** v. tr. (*io àrcuo*) • Piegare ad arco: *a. un ferro, la schiena*. **B** v. rifl. • Piegarsi ad arco: *lo vidi arcuarsi sotto il peso*.

arcuàto part. pass. di *arcuare*; anche agg. • Nei sign. del v.

arcuatùra s. f. • Incurvamento di tavole di legno non stagionato. SIN. Imbarcatura.

ardèa [lat. *ardĕa*, specie di airone] s. f. • Genere di uccelli con becco diritto, talvolta curvato, cui appartiene l'airone (*Ardea*).

Ardèidi [vc. dotta, comp. di *ardea* e *-idi*] s. m. pl. • Nella tassonomia animale, famiglia di Uccelli dei Ciconiformi cui appartengono gli aironi e i tarabusi (*Ardeidae*) | (al sing. *-e*) Ogni individuo di tale famiglia.

ardènte part. pres. di *ardere*; anche agg. *1* Nei sign. del v. *2* (*est.*) *Sole a.*, cocente | *Sabbia a.*, infuocata | *Febbre a.*, alta | *Camera a.*, locale parato a lutto, con ceri e fiori, ove viene esposto il cadavere, prima che gli si rendano gli onori funebri | *Acqua a.*, alcol. *3* (*fig.*) Impetuoso, animoso: *cuore, carattere a.* | Appassionato: *amore, invocazione a.* | Desideroso: *a. di apprendere l'arte* | Brillante, luminoso: *occhio, sguardo, colore a.* *4* †Acre, piccante, frizzante. *5* (*mar.*) Orziero. || **ardentétto**, dim. | **ardentùccio**, dim. || **ardenteménte**, avv. Con ardore.

ardènza [da *ardere*] s. f. • (*lett.*) Ardore, veemenza.

àrdere [lat. *ardēre*, da *arēre* 'esser secco'] **A** v. tr. (pass. rem. *io àrsi*, *tu ardésti*; part. pass. *àrso*) *1* Bruciare: *a. la legna*; *a. una casa*; *a. gli eretici sul rogo*. *2* Inaridire, seccare: *il gelo arse le piantine*; *il solleone ha arso la campagna*. *3* (*fig.*) Infiammare, struggere: *lo arde il desiderio di affermarsi*. **B** v. intr. (aus. *essere*) *1* Essere acceso in fiamme: *il fuoco arde nel caminetto*; *la legna arde nella stufa* | Risplendere: *le fiaccole ardevano nella notte*. *2* Essere intenso, forte, detto di sentimenti, passioni e sim.: *l'ira gli arde in petto* | Provare intensamente una passione, un sentimento: *ardere d'ira, d'impazienza, d'amore*. *3* Essere molto caldo, emanare calore intenso: *a. di febbre*; *la strada arde sotto il sole*; *senti come arde il sole*. *4* (*fig., lett.*) Infierire, imperversare: *accorrere dove arde la mischia*.

ardèsia [fr. *ardoise*, di etim. incerta] **A** s. f. *1* Roccia argillosa metamorfosata facilmente divisibile in lastre sottili di colore grigio o verdastro. *2* Colore grigio bluastro caratteristico della sostanza omonima: *cielo d'a.* **B** in funzione di agg. inv. • (posposto al s.) Nella loc. *grigio a.*, detto delle tonalità di grigio tendente al blu, tipica dell'omonimo minerale: *abito, tessuto grigio a.*

ardesìaco agg. (pl. m. *-ci*) • Che ha il colore grigio tendente al blu proprio dell'ardesia.

àrdica [gr. biz. *nárthēka*, per il classico *nárthēx*, genit. *nárthēkos* 'nartece'] s. f. • Portico delle basiliche paleocristiane ravennati.

ardiglióne [ant. fr. *hardillon*, dal franc. **hard* 'filo ritorto'] s. m. *1* Ferretto acuminato per la chiusura della fibbia. *2* Piccola punta acuminata all'interno della curvatura dell'amo per impedire lo sganciamento del pesce. SIN. Barbiglio.

ardiménto s. m. *1* (*lett.*) Coraggio: *mostrare il proprio a.* *2* (*lett.*) Impresa ardita | (*fig.*) Audacia letteraria: *gli ardimenti di un poeta*.

ardimentóso agg. • Audace, coraggioso: *giovane, atto, gesto a.* || **ardimentosaménte**, avv. In modo ardito: *agire ardimentosamente*.

ardìre [francone **hardjan* 'render duro'] **A** v. intr. e intr. pron. (*io ardìsco, tu ardìsci*; dif. per le forme coincidenti con quelle di *ardere* (*ardiàmo, ardiàte, ardènte*), sostituite nell'uso con quelle di *osare*; aus. intr. *avere*) • Avere forza d'animo, audacia, coraggio, per compiere q.c.: *non ardiva protestare*; *non ardì di presentarsi al padre*; †*a. compiere un'impresa*; *e coglierlo noi / non ci ardimmo* (D'ANNUNZIO). **B** v. tr. • (*raro, lett.*) Osare: *l'altezza de' Troian che tutto ardiva* (DANTE *Inf.* XXX, 14). **C** in funzione di s. m. • Audacia, coraggio, spec. eccessivo e temerario: *mostrare un grande a. in battaglia* | (*est.*) Presunzione, temerità: *il suo a. non conosce limiti*.

†arditànza s. f. • Arditezza.

arditézza s. f. • Qualità di chi, di ciò che, è ardito.

arditìsmo [da *ardito*] s. m. • Arditezza, stato d'animo, atteggiamento spirituale spesso retorico tipico degli Arditi durante e dopo il primo conflitto mondiale, fatto di sprezzo del pericolo, gusto dell'avventura, esaltazione della lotta cruenta.

ardito **A** part. pass. di *ardire*; anche agg. *1* Nei sign. del v. *2* Coraggioso: *spirito a.* | Temerario, spavaldo, avventato: *atto, comportamento a.* | Impertinente, insolente, sfacciato: *frasi, parole, ardite*; *complimento a.* | *Farsi a.*, prendere coraggio | *Farsi a. di*, osare. *3* (*fig.*) Nuovo, originale: *concetto a.*; *idea, immagine ardita*. *4* (*tosc.*) Erto, ripido: *strada ardita*. *5* (*tosc.*) Abbondante, detto di peso, misura e sim. || **arditaménte**, avv. **B** s. m. • Soldato dei reparti costituiti, durante la guerra 1915-18, con personale scelto, volontario, particolarmente addestrato per azioni rischiose d'assalto e dotato di pugnale, in aggiunta all'armamento normale.

arditóre [da *ardere*] s. m. • Operaio addetto nelle fonderie all'accensione dei forni.

-àrdo [originariamente suff. germ., impiegato come secondo elemento di n. di pers., denotante una qualità espressa dalla prima parte del n. (*Adalbard* 'uomo di grande nobiltà'); acquistò poi un'autonomia semantica a carattere spreg.] suff. derivativo • Forma aggettivi, quasi sempre sostantivati, di valore spregiativo o che indicano generalmente una qualità negativa: *beffardo, bugiardo, codardo, gagliardo, infingardo, testardo, vegliardo*.

ardóre [vc. dotta, lat. *ardōre(m)*, da *ardēre* 'ardere'] s. m. *1* Calore veemente e intenso: *l'a. della canicola* | (*fig.*) Arsura | †Bruciore. *2* (*fig.*) Passione, sentimento intenso: *desiderare con a. qc. o q.c.* *3* Alacrità, fervore: *lavorare, studiare con a.* *4* †Fiamma, fuoco. *5* †Violenza, furore. *6* (*per anton.*) †Lo Spirito Santo.

arduità [vc. dotta, lat. *arduitāte(m)*, da *ărduus* 'arduo'] s. f. • (*lett.*) Qualità di ciò che è arduo: *vedevano l'a. della proposta* (SARPI).

àrduo [vc. dotta, lat. *ărduu(m)*, di etim. incerta] agg. *1* Difficile a salire: *pendio, sentiero a.* | (*lett.*) Posto in alto. *2* (*fig.*) Difficile a compiersi, a comprendersi, a risolversi, e sim.: *impresa ardua*; *passo, concetto a.*; *affare, caso a.* || **arduaménte**, avv. (*raro*) Con difficoltà: *affrontare arduamente un problema*.

ardùra [da *ardore* con suff. mutato sul modello di *pastura*] s. f. • Ardore.

-àre (1) [dalla desinenza lat. dei v. della prima coniug. (*-āre*)] suff. • Proprio dei verbi della prima coniugazione: *mangiare, parlare, studiare*.

-àre (2) [dal suff. agg. lat. *-āre(m)*, parallelo di *-āle(m)*, usato quando nel tema vi era una *-l-*; p. es. *lunāre(m)*, anziché *lunāle(m)*] suff. • Forma aggettivi di origine latina o tratti da sostantivi che indicano 'qualità', 'relazione': *ancillare, crepuscolare, esemplare, militare, polmonare, salutare, titolare*.

àrea [vc. dotta, lat. *ārea(m)*. V. *aia*] s. f. *1* Spazio delimitato di terreno: *i giardini pubblici occupano una vasta a.* | *A. fabbricabile*, destinata alla costruzione di edifici | *A. di servizio*, spiazzo munito di attrezzature per assistenza ad automobilisti e rifornimento o riparazioni ad autoveicoli | (*sport*) Nei giochi della palla, zona del campo opportunamente delimitata | *A. di rigore*, nel calcio, zona nella quale i falli dei giocatori subiscono la punizione del calcio di rigore | *A. di porta*, in cui il portiere non può essere caricato | (*per anton.*) Area di rigore: *entrare in a.* *2* (*mat.*) Misura dell'estensione di una superficie. *3* (*est.*) Parte, zona, regione e sim., interessata da particolari avvenimenti o fenomeni: *a. di alte, di basse pressioni*; *area ciclonica, anticiclonica* | *A. linguistica*, che presenta un fatto o un insieme di fatti linguistici particolari | (*anat.*) *A. corticale*, (*ell.*) *area*, porzione della corteccia cerebrale distinta dalle circostanti per struttura e funzione | *A. monetaria, a. del dollaro, della sterlina e sim.*, in cui le contrattazioni internazionali avvengono praticamente in base a una sola unità monetaria, quale il dollaro, la sterlina e sim. | *A. depressa, sottosviluppata,* caratterizzata da una situazione economica e sociale di persistente povertà, sottosviluppo e sim. **4** (*est., fig.*) Raggruppamento, schieramento, settore: *le aree politiche parlamentari*; *a. di destra, di centro, di sinistra* | *A. democratica*, comprendente tutti coloro che accettano le istituzioni democratiche costituzionali. **5** (*fig.*) Complesso di fenomeni, spec. localizzati in un definito ambito territoriale: *a. culturale* | (*ling.*) *A. di dispersione*, insieme delle varie realizzazioni di un fenomeno.

area Celsi /*lat.* 'area 'tʃɛlsi/ [lat. 'area di Celso', che per primo la descrisse] **loc. sost. f. inv.** ● (*med.*) Chiazza glabra, rotondeggiante, sul cuoio capelluto, dovuta alla mancanza di capelli. **SIN.** Alopecia areata.

areàle A agg. ● Di, relativo a un'area | (*ling.*) *Linguistica a.*, quella che considera i fenomeni linguistici secondo la loro distribuzione geografica | (*fis.*) *Velocità a.*, rapporto fra l'area descritta da un segmento orientato che ruota o si muove altrimenti in un piano e l'intervallo di tempo impiegato per descriverla. **B s. m.** ● (*biol.*) Area occupata da una specie che, supposta originata in un dato luogo, si è diffusa fino a che non ha trovato ostacoli alla sua espansione e la sua capacità moltiplicativa.

àrea mànager /'area 'manadʒer, *ingl.* 'ɛərjə 'mænidʒə*/ [loc. ingl., 'dirigente, capo (*manager*) di una zona (*area*) di vendita'. V. *area* e *manager*] **loc. sost. m. e f. inv.** (**pl.** ingl. *area managers*) ● (*org. az.*) Capoarea.

areàre ● V. *aerare*.

area test /'area 'tɛst, *ingl.* 'ɛəriə test/ [loc. ingl., propr. 'prova su una zona'. V. *area* e *test*] **loc. sost. m. inv.** (**pl.** ingl. *area tests*) ● Nel marketing, studio di un mercato fatto mediante prove di lancio di uno o più prodotti in aree geografiche limitate.

areàto [da *area*] **agg.** ● (*med.*) Circoscritto, limitato a una o più aree, nella loc. *alopecia areata*.

arèca [port. *areca*, di origine malese] **s. f.** ● Palma con foglie pennate e frutto a drupa (*Areca catechu*).

†**arefàtto** [lat. *ārēfactus*, part. pass. di *arefacĕre* 'rendere arido'] **agg.** ● Inaridito.

arèico (1) [comp. di *a-* (*1*) e un deriv. del gr. *rêin* 'scorrere, fluire'] **agg.** (**pl. m.** *-ci*) ● Che è privo di corsi di acqua per scarsa piovosità o per considerevole evaporazione: *regione, zona areica*.

arèico (2) [da *area* e *-ico*] **agg.** (**pl. m.** *-ci*) ● (*fis.*) Riferito all'area, detto di grandezza fisica: *carica, massa areica*.

areligióso [comp. di *a-* (*1*) e *religioso*] **agg.** ● Che prescinde dalla religione, che non ha religione.

arèlla [vc. sett., dim. del lat. *hăra* 'porcile', di origine indeur. (?)] **s. f.** ● Graticcio di canna palustre usato per allevare bachi da seta, essiccare frutti e sim.

arèm o **àrem** ● V. *harem*.

arèmme ● V. *harem*.

aréna (1) o **arèna, réna** nel sign. 1 [vc. dotta, lat. *arēna(m)*, prob. di origine etrusca] **s. f.** **1** Terra arida, trita, infeconda che si trova spec. sul lido del mare, sul greto dei fiumi, nei deserti: *sdraiarsi sull'a.*; *a. di mare, di fiume*; *mischiare la rena con calce*; *spargere la rena sul lastricato per non scivolare* | *Seminare nell'a., costruire sull'a.*, fare q.c. di inutile. **SIN** Sabbia. **2** (*lett.*) Lido marino | (*est.*) Terra, suolo. **3** (*med.*) Renella. || †**arenèlla, dim.**

arèna (2) [vc. dotta, lat. *arēna(m)* 'anfiteatro (sparso di sabbia)', da *arēna* 'sabbia'] **s. f.** **1** Spazio pianeggiante nel mezzo degli antichi anfiteatri, nel quale si svolgevano i ludi gladiatorii | *Scendere nell'a.*, (*fig.*) affrontare la lotta, scendere in campo | *A. del circo*, pista. **2** Anfiteatro | Resti di un anfiteatro classico, a volte ancora utilizzati per manifestazioni pubbliche, spettacoli e sim.: *stagione operistica all'a. di Verona* | (*est.*) Cinema o teatro all'aperto. **3** (*est.*) Campo di gara, di competizione, spec. stadio calcistico | Luogo adibito allo svolgimento della corrida. || **arenàccio, pegg. m.** | **arenòne, accr. m.**

arenàceo [vc. dotta, lat. *arenāceu(m)*, da *arena* 'rena'] **agg.** ● Che è composto o ha natura di arena: *roccia arenacea*.

arenaménto o (*lett.*) **arrenaménto. s. m.** **1** Atto, effetto dell'arenare e dell'arenarsi. **2** (*fig.*) Fermata, impedimento. **3** Deposito di arena che rialza il fondo di un alveo.

arenàre o (*lett.*) **arrenàre** nel sign. B [da *arena* (*1*)] **v. intr. e intr. pron.** (*io aréno* o *arèno* ecc.; aus. *essere*) **1** Sprofondare nella rena o dare in secco, detto di imbarcazioni. **2** (*fig.*) Fermarsi per il sopraggiungere di impedimenti: *l'affare arenò*; *la conversazione si è arenata*.

arenària [da *arena* (*1*)] **s. f.** **1** (*miner.*) Roccia detritica costituita da elementi sabbiosi cementati più o meno tenacemente. **2** Genere di piante erbacee delle Cariofillacee con foglie opposte, fiori solitari e frutto a capsula (*Arenaria*).

arenàrio [vc. dotta, lat. tardo *arenāriu(m)*, da *arēna* 'arena (1)'] **agg.** ● Di arena.

arengàrio [da *arengo*] **s. m.** ● Palazzo municipale tipico spec. dell'Italia settentrionale caratterizzato da un balcone esterno per arringare il popolo | Costruzione fascista avente le stesse funzioni.

aréngo o **arèngo, arringo** [V. *arringo*] **s. m.** (**pl.** *-ghi*) ● Nel medioevo, assemblea popolare comunale | (*est.*) Luogo ove l'assemblea si riuniva.

arenìcola [comp. di *arena* (*1*) e *-cola*] **s. f.** ● Genere di anellidi marini dei Policheti con branchie a forma di ciuffi sporgenti (*Arenicola*). ➡ **ILL. zoologia generale**.

arenìcolo o †**renicolo** [comp. di *arena* (*1*) e *-colo*] **agg.** ● Detto di organismo animale o vegetale che vive nella sabbia.

arenìle s. m. ● Tratto sabbioso della spiaggia marina o della riva di fiumi e laghi.

arenosità o **renosità s. f.** ● L'essere arenoso.

arenóso o **renóso** [lat. *arenōsu(m)*, da *arēna* 'arena (1)'] **agg.** **1** Sabbioso. **2** (*fig., lett.*) Instabile, malfermo.

arènte [vc. dotta, lat. *arĕnte(m)*, part. pres. di *arēre* 'esser secco', di origine indeur.] **agg.** ● (*lett.*) Arido.

àreo- ● V. *aero-* (*1*) e *aero-* (*2*).

areògrafo e *deriv.* ● V. *aerografo* e *deriv.*

areogràmma [comp. di *are(a)* e *-gramma*] **s. m.** (**pl.** *-i*) ● (*stat.*) Diagramma di forma circolare in cui l'ampiezza degli spicchi è proporzionale alla grandezza dei valori. **SIN.** Grafico a torta. ➡ **ILL. diagramma**.

arèola [vc. dotta, lat. *arĕola(m)*, dim. di *ārea* 'area'] **s. f.** **1** Piccola superficie. **2** (*anat.*) Area di cute bruna attorno al capezzolo: *a. mammaria*. **SIN.** Aureola.

areolàre agg. **1** Di, relativo a un'areola. **2** Areale: *velocità a.*

areolàto agg. ● Dotato di areola.

areometrìa [comp. del gr. *araiós* 'leggero' e *-metria*] **s. f.** **1** (*fis.*) Determinazione del peso specifico di liquidi e solidi. **2** In geotecnica, esame granulometrico della parte di un terreno costituita da limo e argilla.

areòmetro [comp. del gr. *araiós* 'leggero' e di *-metro*] **s. m.** ● (*fis.*) Apparecchio usato per determinare il peso specifico o la densità di liquidi e di solidi | *A. a peso costante*, densimetro | *A. a volume costante*, per la determinazione della densità di solidi o liquidi.

areonàutica ● V. *aeronautica*.

areopagìta [vc. dotta, lat. *Areopagīte(m)*, nom. *Areopagītes*, dal gr. *Areiopagítēs*, da *Áreios págos* 'areopago'] **s. m.** (**pl.** *-i*) ● Giudice facente parte dell'Areopago.

areopagìtico [vc. dotta, lat. *Areopagītĭcu(m)*, nom. *Areopagitikós*, da *Areiopagítēs* 'areopagita'] **agg.** (**pl. m.** *-ci*) ● Relativo all'Areopago e ai suoi membri.

areòpago o **areopàgo** [vc. dotta, lat. *Areŏpagu(m)*, nom. *Areŏpagus*, dal gr. *Áreios págos*, propriamente 'monte di Ares', comp. di *Árēs* 'Ares' e *págos* 'collina, rialzo' da *pēgnýnai* 'conficcare, fissare', di origine indeur.] **s. m.** (**pl.** *-ghi*) **1** Nell'antica Atene, il supremo tribunale con competenze anche politiche. **2** (*fig.*) Alto e importante consesso.

areoplàno ● V. *aeroplano*.

areopòrto ● V. *aeroporto*.

areòstilo [vc. dotta, lat. *araeostȳlo(n)*, nom. *araeostȳlos*, comp. del gr. *araiós* 'non denso', di etim. incerta, e *-stilo*] **A s. m.** ● Specie d'intercolunnio nel quale le colonne si trovano disposte a tre diametri di distanza l'una dall'altra. **B agg.** ● Detto di tempio con tale intercolunnio.

aretìno [lat. *arretīnu(m)*, da *Arrētium* 'Arezzo'] **A agg.** ● Di Arezzo: *ceramiche aretine*. **B s. m.** (f. *-a* nel sign. 1) **1** Abitante, nativo di Arezzo | *L'Aretino*, (*per anton.*) Pietro Aretino, scrittore del XVI sec. **2** (*raro, est., spreg.*) Individuo spregiudicato, maledico e sboccato (V. nota d'uso STEREOTIPO). **C s. m. solo sing.** ● Dialetto del gruppo toscano, parlato ad Arezzo.

arfaṣàtto [da *Arfassad*, re dei Medi] **s. m.** ● (*raro*) Uomo sciocco, volgare e arruffone.

argàli [persiano *ārgālī* 'pecora selvatica'] **s. m.** ● Grossa pecora asiatica selvatica fornita di robuste corna (*Ovis ammon*).

arganìsta s. m. (**pl.** *-i*) ● Addetto alla manovra di un argano.

àrgano [lat. parl. **ārganu(m)*, dal gr. *tà órgana*, pl. di *órganon* 'attrezzo'] **s. m.** ● Apparecchio di sollevamento costituito da un cilindro di legno o metallo su cui si avvolge la fune portante, trascinato in rotazione da un motore, o azionato manualmente mediante manovella | *Con gli argani, a forza d'argani*, (*fig.*) con grande fatica, difficoltà e sim. || **arganèllo, dim.** | **arganétto, dim.**

argànte [da *Argante*, personaggio della Gerusalemme Liberata del Tasso] **s. m.** **1** Arganista, in teatri antichi. **2** Palo un tempo collocato tra le quinte dei teatri, sul quale si affiggeva una lista degli attori secondo l'ordine di entrata in scena, o anche una tavola recante oggetti che gli attori dovevano portare in scena | Reggilume mobile, a tre piedi, da palcoscenico.

argàto [dal grecismo serbocroato *àrgatin* 'lavoratore giornaliero, bracciante'] **s. m.** ● Bambino rapito o comprato da nomadi e avviato al furto o all'accattonaggio.

argentàna s. f. ● Correntemente, argentone, alpacca.

argentàre [lat. tardo *argentāre*, da *argĕntum* 'argento'] **v. tr.** (*io argènto*) ● Rivestire di un sottile strato di argento la superficie di un oggetto: *a. a foglia, ad amalgama*.

argentària [dal colore *d'argento* delle foglie] **s. f.** ● Pianta erbacea perenne delle Composite con foglie lanose argentee e fiori gialli (*Jacea ragusina*).

argentàrio [vc. dotta, lat. *argentāriu(m)*, da *argĕntum* 'argento'] **A agg.** **1** Che contiene argento | Che ha somiglianza con l'argento o ne possiede le qualità. **2** Relativo agli argentieri. **B s. m.** **1** Argentiere. **2** Nella Roma antica, colui che svolgeva attività bancaria.

argentàto part. pass. di *argentare*; anche **agg.** **1** Nei sign. del v. **2** Che ha il colore o la lucentezza dell'argento: *foglie argentate*. **3** Detto di mantello o di piumaggio che presenta un riflesso grigio brillante: *il manto a. del cincillà*; *volpe argentata*.

argentatóre s. m.; anche **agg.** (f. *-trice*) ● Chi, che argenta.

argentatùra s. f. **1** Operazione dell'argentare. **2** Rivestimento più o meno sottile di argento.

argent de poche /*fr.* ar'ʒɑ̃ də 'pɔʃ/ [loc. fr., propr. 'denaro di tasca'] **loc. sost. m. inv.** ● Denaro per le spese minute.

argènteo [vc. dotta, lat. *argĕnteu(m)*, da *argĕntum* 'argento'] **A agg.** **1** D'argento. **2** Che ha il colore, lo splendore dell'argento: *chiome argentee*; *metallo a.* | *Periodo a.*, epoca letteraria, spec. della letteratura latina, successiva al periodo aureo. **B s. m.** ● Moneta d'argento di Diocleziano.

argenterìa s. f. **1** Complesso di oggetti d'argento, quali vasellame, posate e sim.: *l'a. di famiglia*; *apparecchiare la tavola con l'a.*; *hanno rubato tutta l'a.* **2** Negozio dove si commerciano oggetti d'argento.

argentièra [da *argento*] **s. f.** ● Miniera o cava d'argento.

argentière [lat. *argentāriu(m)* 'argentaio', attrav. il fr. *argentier*] **s. m.** **1** Artigiano che lavora l'argento. **2** Chi vende oggetti d'argento. **3** †Banchiere.

argentìfero [comp. di *argento* e *-fero*] **agg.** ● Che contiene argento: *terreni argentiferi* | Ricco di argento: *filone a.*

argentìna (1) [da *argento*, per il colore delle squame] **s. f.** ● Piccolo pesce osseo commestibile dei Clupeiformi, dalle sottili squame argentee (*Argentina sphyraena*).

argentìna (2) [da *argento*, per il colore] **s. f.** ● Pianta erbacea delle Rosacee con foglie composte argentee nella pagina inferiore e piccoli fiori gialli

(*Potentilla anserina*).

argentìna (3) [dal nome della Repubblica Argentina, ove cominciò l'uso] s. f. ● Specie di maglietta a girocollo, con maniche lunghe dall'attaccatura larga.

argentìno (1) [da *argento*] agg. *1* (*lett.*) Che ha il colore, lo splendore dell'argento: *un laghetto, limpido ed a. come la faccia d'uno specchio* (NIEVO) | (*dial.*) †*Pesce a.*, argentina. *2* Che ha un suono chiaro e limpido, simile al timbro dell'argento percosso: *un'argentina voce di fanciulla.*

argentìno (2) **A** agg. ● Dell'Argentina: *prateria argentina*; *tango a.* **B** s. m. (f. *-a*) ● Abitante, nativo dell'Argentina.

argentìte [comp. di *argento* e *-ite* (*2*)] s. f. ● (*miner.*) Solfuro di argento in cristalli cubici dalla lucentezza metallica.

argènto o †**arïènto** [lat. *argĕntu(m)*, da avvicinare al gr. *argós* 'chiaro, brillante'] s. m. *1* Elemento chimico, metallo nobile, bianco, duttile e malleabile, ottenuto per coppellazione dai suoi minerali arricchiti; è usato per monili, oggetti di lusso, leghe per monete, gelatine fotografiche e conduttori | *Medaglia d'.*, (*ell. argento*), quella assegnata al secondo classificato in una competizione sportiva | *A. vivo*, (*pop.*) mercurio | (*fig.*) *Avere l'a. vivo addosso*, essere molto irrequieto, non poter stare fermo | (*fig.*) *Nozze d'a.*, venticinquesimo anniversario di matrimonio. *2* (*est.*) Ciò che è bianco e lucente come l'argento: *l'a. della luna, dei capelli* | *D'a.*, argenteo | *Capelli d'a.*, canuti. *3* Oggetto d'argento | *Gli argenti*, argenteria, vasellame, arredi sacri d'argento. *4* (*raro, lett.*) Moneta d'argento, danaro: *El piange qui l'a. de' Franceschi* (DANTE *Inf.* XXXII, 115).

argentóne s. m. ● Correntemente, alpacca, argentana.

argìlla [lat. *argĭlla(m)*, dal gr. *árgillos*, da avvicinare ad *argós* 'bianco'] s. f. ● Roccia sedimentaria formatasi con il consolidamento di fango alluvionale, usata, per le sue qualità plastiche, nella fabbricazione della ceramica | (*edil.*) *A. espansa*, quella trattata industrialmente per ottenere materiale poroso, gener. sotto forma di piccole sfere, con elevata capacità di isolamento termico e acustico. | (*poet.*) *Creata, mortale a.*, corpo umano | *Essere fatto della stessa a.*, (*fig.*) avere la stessa natura, inclinazione, e sim.

argillàceo [vc. dotta, lat. *argillāceu(m)*, da *argilla* 'argilla'] agg. ● Di argilla | Che ha le proprietà dell'argilla.

argillóso [vc. dotta, lat. *argillōsu(m)*, da *argilla* 'argilla'] agg. *1* Che contiene argilla: *terreno a.* | Ricco di argilla: *sedimento a.* *2* Simile all'argilla, per qualità e sim.: *materiale a.*

arginàle agg. ● Di, relativo a, argine | *Sentiero a.*, parallelo a, tracciato lungo, un argine.

arginaménto s. m. ● Atto, effetto dell'arginare.

arginàre [da *argine*] v. tr. (*io àrgino*) *1* Fornire, cingere, di argini: *a. un fiume*. *2* Porre freno (*anche fig.*): *a. un allagamento*; *a. un disastro finanziario.*

arginatùra s. f. ● Complesso delle opere eseguite lungo un fiume per disciplinarne il corso e contenerne le piene.

àrgine [lat. parl. **ărgere(m)* (*ăggerem*), da *aggĕrere* 'accumulare', comp. di *ăd* e *gĕrere* 'portare'] s. m. *1* Rialzo di terra naturale o artificiale, che impedisce lo straripamento dei corsi d'acqua | (*fig.*) Barriera, riparo, freno: *opporre, porre un a. al vizio, alla corruzione e sim.* *2* (*mil.*) Rialzo di terra o di muro per la difesa di un accampamento o di una piazza. *3* (*est.*) Terrapieno: *gli argini della ferrovia*. *4* Nell'equitazione, ostacolo artificiale nei concorsi ippici. || **arginèllo**, dim.

arginìna [dal gr. *árgyros* 'argento'] s. f. ● (*chim.*) Amminoacido presente nelle proteine che, nelle cellule epatiche, partecipa alla biosintesi dell'urea.

argìnnide [dal n. mitologico lat. *Argynnu(m)*, nom. *Argynnus*, dal gr. *Árgynnos*, fanciullo amato da Agamennone, il quale annegò nel fiume Cefisso, sulla cui sponda quegli innalzò a lui una tomba e a Venere un tempio] s. f. ● Farfalla diurna con ali posteriori ornate di macchie argentee su fondo scuro (*Argynnis aglaja*).

argirìa s. f. ● (*med.*) Argiriasi.

argirìaṣi [dal gr. *árgyros* 'argento'] s. f. ● (*med.*) Colorazione grigio-nerastra della congiuntiva e della cute del volto, dovuta ad argirismo.

argirìṣmo s. m. ● (*med.*) Intossicazione cronica da argento.

argirìte [comp. di *argir(o)-* e *-ite* (*2*)] s. f. ● (*miner.*) Argentite.

argiro- [dal gr. *árgyros* 'argento'] primo elemento ● In parole composte significa 'argento', o indica relazione con l'argento: *argirismo, argironeta.*

argironèta [comp. di *argiro-* e del gr. *néō* 'io filo'] s. f. ● Ragno acquatico verde rossiccio caratteristico per l'aspetto argenteo conferitogli dal piccolo strato d'aria trattenuta dai peli del corpo e per la tela, a forma di campana, costruita sott'acqua (*Argyroneta aquatica*).

argiròṣi [comp. di *argiro-* e *-osi*] s. f. ● (*med.*) Argiriasi.

argìvo [vc. dotta, lat. *Argīvu(m)*, nom. *Argīvus*, dal gr. *Argêios* 'di Argo'] **A** agg. *1* Di Argo: *i re argivi* | Dell'Argolide: *popolazioni argive*. *2* (*est., lett.*) Greco: *le falangi argive*. **B** s. m. (f. *-a*) *1* Abitante, nativo, di Argo o dell'Argolide. *2* (*est., lett.*) Greco.

àrgo (1) [vc. dotta, lat. *Ărgu(m)*, nom. *Ărgus*, dal gr. *Árgos*, mostro mitologico dai molti occhi, posto a guardia di Io] s. m. (pl. *-ghi*) ● Persona vigile, cui non sfugge nulla.

àrgo (2) [V. prec.] s. m. (pl. *-ghi*) ● Grosso uccello dei Galliformi con coda molto lunga, piumaggio bruno e numerose macchie chiare, simili a occhi, sparse sulle ali (*Argusianus argus*).

àrgo (3) o **àrgon** [dal gr. *argós* 'inerte', comp. di *a-* (*1*) ed *érgon* 'opera', di origine indeur. detto così per la sua inerzia chimica] s. m. ● Elemento chimico, gas nobile, incolore, inodore, componente dell'aria da cui si ottiene per liquefazione, usato per creare un ambiente inerte nelle saldature ad arco e nelle lampade a incandescenza. SIMB. Ar.

argòlico [vc. dotta, lat. *Argŏlicu(m)*, nom. *Argŏlicus*, dal gr. *Argolikós* 'dell'Argolide'] agg. (pl. m. *-ci*) ● Dell'Argolide | (*est., lett.*) Della Grecia.

argomentàbile [vc. dotta, lat. tardo *argumentābile(m)*, da *argumĕntum* 'argomento'] agg. ● Che si può argomentare.

argomentàre o †**argumentàre** [vc. dotta, lat. *argumentāri*, da *argumĕntum* 'argomento'] **A** v. tr. (*io argoménto*) ● (*raro*) Dedurre da argomenti, ragioni, indizi e sim.: *dalla lettera che scrisse si poté a. il suo stato d'animo*. **B** v. intr. (aus. *avere*) *1* Addurre argomenti, ragionare, provare con argomenti: *a. bene, male, con abilità, con sottigliezza*; *a. contro qc.*; *a. a dispetto della realtà*. *2* Procedere per via di argomentazioni. **C** v. intr. pron. ● †Ingegnarsi, adoperarsi, apparecchiarsi: *in van pur s'argomenta / di ritenerlo* (TASSO). **D** in funzione di s. m. ● Ragionamento, discussione: *sosteneva la sua tesi con un a. sottile.*

argomentatìvo [vc. dotta, lat. tardo *argumentatīvu(m)*, da *argumĕntum* 'argomento'] agg. ● Che riguarda l'argomentazione | Che procede per argomentazioni: *ragionamento a.*

argomentatóre o †**argumentatóre**. s. m. (f. *-trice*) ● Chi argomenta.

argomentazióne o †**argumentazióne** [vc. dotta, lat. *argumentatiōne(m)*, da *argumĕntum* 'argomento'] s. f. ● Atto dell'argomentare | Complesso di ragionamenti opportunamente concatenati allo scopo di convalidare o confutare una tesi: *argomentazioni giuridiche, filosofiche.*

argoménto o †**arguménto** [vc. dotta, lat. *argumĕntu(m)*, da *argŭere* 'dimostrare'] s. m. *1* (*filos.*) Ogni serie di proposizioni di cui si suppone che una consegua dalle altre che costituiscono pertanto la garanzia sufficiente per la sua verità | *A. cornuto*, dilemma. *2* Correntemente, ragionamento e prova con cui si sostiene una tesi: *addurre, sostenere, confutare un a.*; *offrire argomenti logici e persuasivi* | (*raro, lett.*) *Fare a. a qc.*, fornirgli una prova | *Argomenti di prova*, semplici presunzioni che il giudice trae dal comportamento delle parti nel processo. *3* Occasione, motivo: *questo è un ottimo a. per seguire il suo esempio* | *Dare a. a qc.*, dargli il pretesto per credere o fare q.c. *4* (*raro*) Indizio, segno: *argomenti inequivocabili di colpa*. *5* Materia di un discorso, di un'opera e sim.: *dissertare su argomenti interessanti, astrusi*; *scegliere un a. difficile* | *Uscire dall'a.*, staccarsi dal tema iniziale | *Entrare in a.*, affrontare un tema | *Complemento di a.*, indica la cosa di cui si parla o scrive | (*est.*) Esposizione riassuntiva di un'opera. *6* (*mat.*) Elemento cui si applica un'operazione o spec. una funzione. *7* (*mat.*) Anomalia di un numero complesso considerato nella sua rappresentazione come punto del piano. *8* †Mezzo, rimedio, cura | †Serviziale. || **argomentàccio**, pegg. | **argomentìno**, dim. | **argomentóne**, accr. | **argomentùccio**, dim.

àrgon ● V. *argo* (*3*).

argonàuta [vc. dotta, lat. *Argonauta(m)*, dal gr. *Argonáutēs*, comp. di *Argo* (n. della nave) e *náutēs* 'nocchiero'] s. m. (pl. *-i*) *1* Ciascuno dei navigatori che parteciparono, con Giasone, alla conquista del vello d'oro imbarcandosi sulla nave Argo. *2* (*lett., fig.*) Ardito navigatore. *3* Mollusco cefalopode munito di otto tentacoli, con due dei quali la femmina sostiene una fragile conchiglia bianca destinata a contenere le uova (*Argonauta argo*).

argot /fr. ar'go/ [fr., dapprima 'corporazione di ladri', di etim. incerta] s. m. inv. ● Gergo, spec. quello dei malviventi parigini.

arguìre [vc. dotta, lat. *argŭere* 'dimostrare', il cui primo sign. era 'far brillare, rischiarare'. Cfr. *argento*] v. tr. (*io arguìsco, tu arguìsci*) *1* Giungere a una conclusione attraverso indizi, premesse e sim.: *dalla sua espressione arguisco che mente*. *2* †Dimostrare, argomentare | (*est.*) †Dare a vedere | †Redarguire.

†**arguménto** e *deriv.* ● V. *argomento* e *deriv.*

argutézza s. f. ● Arguzia.

argùto [vc. dotta, lat. *argūtu(m)*, da *argŭere* 'dimostrare, indicare'] agg. *1* Che ha o dimostra prontezza e vivacità d'ingegno miste a uno spirito sottile, garbato e spesso anche piacevolmente mordace: *vecchietto a.*; *è un conversatore a. e simpatico* | Che è pensato, detto o fatto in modo arguto: *motto, scherzo a.*; *facezia, domanda, risposta, osservazione, conversazione, burla, arguta*. *2* Penetrante, espressivo: *sguardo a.*; *viso a.*; *faccia arguta*. *3* (*lett.*) Detto di suono, argentino, squillante: *odo sonar nelle romite stanze / l'a. canto* (LEOPARDI) | Stridulo: *l'a. frinire delle cicale*. *4* †Piccante, detto di sapore o di odore | (*est.*) †Intenso, detto di dolore, passione, e sim. || **argutaménte**, avv.

argùzia [vc. dotta, lat. tardo *argūtia(m)*, da *argūtus* 'arguto'] s. f. *1* Qualità di chi, di ciò che è arguto: *esprimersi con a.*; *mancare di a.*; *sguardo pieno di a.* *2* Motto, pensiero, concetto arguto: *le arguzie del Seicento* | Gioco di parole, facezia: *discorso ricco di arguzie.*

ària (1) [lat. *āera*, nom. *āer*, dal gr. *aḗr*, di etim. incerta] **A** s. f. *1* Miscuglio gassoso inodoro, insaporo, comburente, costituito essenzialmente di azoto e ossigeno, che forma l'atmosfera indispensabile alla vita animale e vegetale: *a. fresca, pura*; *a. viziata, chiusa, surriscaldata* | *A. aperta*, libera, circolante; nella pittura spec. impressionistica, detto di effetti cromatici che traggono spunto diretto dall'azione della luce naturale esterna | *A. colata*, (*fig.*) quasi stagnante | *A. liquida*, miscela di ossigeno ed azoto liquidi nelle proporzioni in cui si trovano nell'aria a temperatura ambiente | *A. compressa*, a pressione superiore a quella atmosferica la cui forza espansiva è utilizzata in varie forme | *A. condizionata*, artificialmente trattata fino a raggiungere condizioni volute di temperatura, umidità e purezza | *A. fritta*, pesante, greve; (*fig.*) discorsi insinceri, frasi fatte, luoghi comuni e sim. | *Dare a. a q.c.*, esporla all'aria | *Dare a. a un ambiente*, aerarlo | *Cambiare l'a.*, rinnovarla aprendo le finestre | *Pigliare, prendere a., un po' d'a.*, uscire all'aperto, fare una breve passeggiata | *Sentirsi mancare l'a.*, sentirsi soffocare | *Campare d'a.*, (*fig.*) nutrirsi di niente | *Avere paura dell'a.*, (*fig.*) temere tutto e tutti | *Corrente d'a.*, aria in movimento | *Colpo d'a.*, leggera infreddatura causata da una corrente d'aria. *2* Spazio libero verso il cielo: *guardare, alzarsi in a.* | *All'a., in a., per a.*, in alto, all'insù | *Col naso all'a., colla testa per a.*, (*fig.*) distrattamente, svagatamente | *A pancia all'a.*, supino | *Finire a gambe all'a.*, cadere, spec. all'indietro | *Andare, essere, trovarsi, buttare in a., per a., all'a.*, sossopra, a soqquadro (*anche fig.*) | *Sparare in a., sparare un colpo in a.*, in alto, per non colpire | *Saltare* *in a.*, esplodere; (*fig.*) essere eliminato, distrutto, fare una brutta fine, detto di q.c. o qc. | *Per a.*, *nell'a.*, *in a.*, sospeso in alto, nel vuoto | *Progetto per a.*, *campato in a.*, (*fig.*) incerto, difficile, irrealizzabile | *C'è q.c. per a.*, *nell'a.*, (*fig.*) q.c. sta per accadere | (*raro*) *Intendere, capire per a.*, con prontezza | *Fare castelli in a.*, fantasticare | *A mezz'a.*, né in alto né in basso | *Discorso a mezz'a.*, *campato in a.*, (*fig.*) carico di sottintesi, incerto. **3** (*est.*) Clima: *l'a. di montagna non gli si confà*; *ha bisogno di cambiare a.* | (*fig.*) Ambiente, situazione più o meno sfavorevole: *questa non è a. per noi* | *Cambiare a.*, trasferirsi, smettere di frequentare un dato ambiente, fuggire | *Non è a. di fare q.c.*, non è il momento. **4** L'ora d'uscita all'aperto, nel cortile del carcere e sim., per i detenuti in cella. **5** Ogni elemento scenografico in tela dipinta, rappresentante volte, soffitti e sim., atti a evitare lo sforo. **6** (*mus.*) Nel melodramma e in tutti i generi vocali dal XVII al XIX sec., pezzo per voce e orchestra di struttura prima strofica, poi in 3 sezioni, quindi in 2 parti o libera | *A. con da capo*, dove la terza e ultima sezione riproduce e varia la prima | *A. classico-romantica*, in due grandi parti contrastanti, la seconda delle quali da ripetere con variazioni | *A. da camera*, con pianoforte | Nella poesia per musica, coppia o breve serie di strofe: *a. di Metastasio* | Nella musica strumentale, pezzo melodico di carattere quasi vocale. **7** (*al pl.*) Nell'equitazione, esercizi di abilità: *arie di maneggio*, *arie di alta scuola* | *Arie basse*, con il cavallo che poggia sul terreno | *Arie alte*, con il cavallo sollevato dal suolo | *Arie rilevate*, costituite da salti e praticate principalmente nei circhi equestri. **8** (*astrol.*) *Elemento a.*, (*ell.*) *aria*, nella suddivisione dei pianeti secondo l'elemento che vi domina, trigono a cui appartengono i segni dei Gemelli, della Bilancia e dell'Acquario. ➡ ILL. **zodiaco**. **B** in funzione di inter. ● Si usa come esortazione a uscire, ad andarsene e (*fig.*) a concludere, troncare uno stato di cose insostenibile, intollerabile e sim.: *ora via, svelta, a.!*; (*scherz.*) *a. ai monti!*; *chi non gli piace, a.!* (BACCHELLI) || **ariàccia**, pegg. | **ariétta** dim. (V.).

ària (**2**) [V. *aere* (*2*)] s. f. **1** Aspetto, apparenza, espressione del volto: *avere un'a. stanca, strana, allegra* | *Avere l'a. di*, parere, sembrare | *Senza averne l'a.*, senza parere | *Con un'a. da nulla*, fingendo indifferenza | *Darsi un'a. di, da*, assumere un certo atteggiamento | *Darsi delle arie*, darsi eccessiva importanza. **2** †Bizzarria, capriccio. || **ariàccia**, pegg. | **ariétta**, dim.

ària-àcqua loc. agg. inv. ● (*mil.*) Detto di missile destinato a essere lanciato da un aeromobile in volo contro bersagli posti sopra o sotto la superficie del mare.

ària-ària loc. agg. inv. ● (*mil.*) Detto di missile destinato a essere lanciato da un aeromobile in volo contro bersagli aerei.

arianésimo [da *ariano* (*1*)] s. m. ● Eresia trinitaria che sosteneva essere il Cristo differente per natura dal Padre, a lui inferiore, non da lui generato e da lui adottato come figlio.

arianizzàre [da *ariano* (*2*)] v. tr. ● Rendere ariano.

ariàno (**1**) [vc. dotta, lat. *Ariānu(m)*, dal n. dell'eresiarca *Arīus*, in gr. *Áreios*, letteralmente 'marziale'] **A** agg. ● Di Ario, dell'arianesimo: *eresia ariana*. **B** s. m. (f. *-a*) ● Seguace di Ario (280-336), dell'arianesimo.

ariàno (**2**) [da *ario*] **A** agg.; anche s. m. (f. *-a*) ● Che, chi fa parte della supposta razza portatrice delle lingue indeuropee, che i nazisti assunsero come razza superiore in contrapposizione alle altre. **B** agg. ● (*ling.*) Indeuropeo: *lingue ariane*.

ària-sott'àcqua loc. agg. inv. ● (*mil.*) Detto di missile destinato a essere lanciato da un aeromobile in volo contro bersagli sommersi. SIN. Aria-acqua.

ària-spàzio loc. agg. inv. ● (*mil.*) Detto di missile destinato a essere lanciato da un aeromobile in volo contro bersagli spaziali.

ària-superfìcie loc. agg. inv. ● (*mil.*) Detto di missile destinato a essere lanciato da un aeromobile in volo contro bersagli in superficie, terrestri o navali. SIN. Aria-terra.

ària-tèrra loc. agg. inv. ● (*mil.*) Aria-superficie.

aribàllo [vc. dotta, gr. *arýballos*, da *arýein* 'attingere', di etim. incerta] s. m. ● Vaso di produzione arcaica greca con corpo panciuto, collo stretto e corto, bocca con labbro largo e appiattito e un'ansa verticale.

aridézza s. f. ● (*raro*) Aridità.

aridità [vc. dotta, lat. *ariditāte(m)*, da *āridus* 'arido'] s. f. **1** Qualità di chi, di ciò che è arido. **2** (*fig.*) Povertà, mancanza di sentimento, sensibilità, affetto e sim.

àrido [vc. dotta, lat. *āridu(m)*, da *arēre* 'esser arido'] **A** agg. **1** Che è privo di umidità, secco: *deserto a.*; *campagna, terra, arida*; *pianura arida e desolata* | *Clima a.*, con scarsissime precipitazioni, comunemente al di sotto di 250 mm annui. **2** (*est.*) Sterile, infecondo: *gli aridi campi del Vesuvio*. **3** (*fig.*) Povero di idee, sentimenti, sensibilità, e sim.: *stile a.*; *parole aride*; *cuore a.* **4** (*raro*) †Scarso. || **aridétto**, dim. | **aridùccio**, dim. || **aridaménte**, avv. **B** s. m. pl. ● Materiale incoerente secco e granuloso, che si misura in modo analogo ai liquidi: *misure per aridi*.

aridocoltùra o **aridocultùra** [comp. di *arido* e *coltura*; calco sull'ingl. *dry-farming*] s. f. ● Coltivazione di piante in clima semiarido ed arido, in assenza di irrigazione.

†aridóre s. m. ● Aridità, spec. spirituale.

arieggiaménto s. m. **1** Il dare aria a un ambiente. **2** L'immettere aria in un liquido per arricchirlo di ossigeno.

arieggiàre [da *aria* (*1*)] **A** v. tr. (*io ariéggio*) **1** Dare aria, far entrare l'aria in un ambiente: *a. le stanze* | (*est.*) Esporre all'aria: *a. gli abiti*. **2** Somigliare: *è una composizione che arieggia il sonetto*. **3** Imitare: *a. gli atteggiamenti*, *le espressioni di qc.* **B** v. intr. (aus. *avere*) ● Affettare un atteggiamento; *quella giovane arieggia a gran dama*.

arieggiàto part. pass. di *arieggiare*; anche agg. ● Nei sign. del v.

†ariènto ● V. *argento*.

arietàre [da *ariete*] v. tr. (*io arièto* /a'rjɛto, ari'ɛto/ o *arìeto*) **1** Percuotere coll'ariete: *a. le mura della città assediata*. **2** (*est.*, *lett.*) Urtare, spingere con violenza.

arïète /a'rjete, ari'ete/ o (*raro*) **arìete** [vc. dotta, lat. *arĭete(m)*, di etim. incerta] s. m. (*Arïete* nei sign. 4 e 5) **1** Maschio della pecora. SIN. Montone. **2** Antica macchina da guerra ossidionale, costituita da trave armata di una testa di ferro, che veniva fatta battere contro porte e muraglie di opere fortificate per demolirle. **3** Nave da guerra a propulsione meccanica munita di sperone, usata nella seconda metà del XIX sec. **4** (*astron.*) Costellazione dello zodiaco nella quale, due millenni or sono, si trovava l'equinozio di primavera. **5** (*astrol.*) Primo segno dello zodiaco, compreso tra zero e trenta gradi dell'anello zodiacale, che domina il periodo compreso tra il 21 marzo e il 20 aprile | (*est.*) Persona nata sotto il segno dell'Ariete: *essere un a.* ➡ ILL. **zodiaco**.

ariétta s. f. **1** Dim. di *aria* (*1*). **2** Brezza fresca e leggera: *un'a. deliziosa*. **3** Breve aria musicale, di carattere leggero. **4** (*letter.*) Aria elegante e leziosa: *le ariette del Metastasio*. || **ariettina**, dim.

arìle [da *ar(omatico)* col suff. *-ile* (*2*)] s. m. ● (*chim.*) Radicale monovalente derivato dagli idrocarburi aromatici per eliminazione di un atomo di idrogeno.

arìlico agg. (pl. m. *-ci*) ● Relativo a, derivato da un, arile | Che contiene un arile.

arìllo [etim. incerta] s. m. ● (*bot.*) Estremità superiore del funicolo che forma un involucro carnoso o peloso attorno al seme.

arimànnia o **arimannìa** [da *arimanno*] s. f. ● Nel mondo medioevale, terra concessa in godimento a singoli o a gruppi di soldati con l'obbligo di prestare il servizio militare a cavallo e di pagare un'imposta personale o reale.

arimànno [longb. *hariman* 'uomo dell'esercito'] s. m. ● Nell'antico diritto germanico e longobardo, l'uomo libero compreso nell'ordine degli armati e con diritto all'assegnazione di terre.

arìnga (**1**) [germ. **haring*] s. f. ● Pesce osseo commestibile dei Clupeidi, tipico dei mari freddi, argenteo sul ventre e blu-verdastro sul dorso, con mandibola sporgente e denti piccoli (*Clupea harengus*).

†arìnga (**2**) ● V. *arringa*.

arìngo e *deriv.* ● V. *arringo* e *deriv.*

arinìa [comp. di *a-* (*1*) e un deriv. di *-rino*] s. f. ● (*med.*) Mancanza totale e congenita del naso.

àrio [dal sanscrito *ārya* 'nobile'] agg.; anche s. m. **1** Indoiranico. **2** (*raro*) Indoeuropeo.

-àrio [corrispondente in vc. dotte al pop. *-aio*, continua direttamente il lat. *-ariu(m)*] suff. ● Forma aggettivi (spesso sostantivati) di origine latina o tratti da sostantivi, come: *annuario*, *confinario*, *ferroviario*, *necessario*, *ordinario*, *pubblicitario*, *rivoluzionario*, *sedentario* | Entra anche nella formazione di sostantivi indicanti oggetti o strumenti: *casellario*, *lampadario*, *macchinario*.

arióso [da *aria* (*1*)] **A** agg. **1** Ricco d'aria e di luce: *un locale a.* | (*est.*) Aperto, spazioso: *un panorama a.* **2** (*fig.*, *lett.*) Di respiro ampio, sviluppo armonico, ritmo vasto e sim.: *poesia ariosa*. **3** †Presuntuoso. **4** †Capriccioso, bizzarro, estroso. **5** †Arduo. || **ariosaménte**, avv. **B** s. m. (f. *-a*) ● (*sett.*) Contadino da poco inurbato. **C** agg.; anche s. m. ● (*mus.*) Forma intermedia fra l'aria e il recitativo, con andamento declamatorio e accompagnamento strumentale.

ariostèo /arjos'tɛo, arios'tɛo/ agg. ● Ariostesco.

ariostésco /arjos'tesko, arios'tesko/ agg. (pl. m. *-schi*) ● Che è proprio del poeta L. Ariosto (1474-1533).

arìsta (**1**) [lat. *arĭsta(m)*, forse prestito da una lingua sconosciuta] s. f. **1** (*bot.*) Filamento rigido situato all'apice delle glume e glumette del fiore di alcune Graminacee. SIN. Resta. **2** (*est.*, *lett.*) Spiga.

àrista (**2**) [etim. incerta] s. f. ● Schiena del maiale macellato cotta arrosto, specialità della cucina toscana.

aristàto [da *arista* (*1*)] agg. ● (*bot.*) Che è munito di arista: *grano a.*

aristocràtico [vc. dotta, gr. *aristokratikós*, da *aristokratía* 'aristocrazia'] **A** agg. (pl. m. *-ci*) **1** Che appartiene all'aristocrazia: *giovani aristocratici* | (*est.*) Raffinato, elegante: *modi aristocratici*. **2** Che è retto dall'aristocrazia: *potere*, *governo*, *stato a.* | Fautore dell'aristocrazia: *partito a.* || **aristocraticaménte**, avv. **B** s. m. (f. *-a*) **1** Chi fa parte del ceto nobile | Chi ostenta atteggiamenti troppo raffinati: *si dà arie da a.* **2** Chi favorisce o sostiene un partito aristocratico.

aristocrazìa [vc. dotta, lat. tardo *aristocrătia(m)*, nom. *aristocrătia*, dal gr. *aristokratía* 'governo dei migliori', comp. di *áristos* 'il migliore' e *kratéo* 'io domino'] s. f. **1** Forma di governo in cui il potere è detenuto dai nobili. **2** La classe dei nobili che detengono il potere. **3** (*est.*) Il ceto nobile: *l'a. di Francia*; *l'a. inglese*. **4** (*fig.*) Il complesso delle persone meglio qualificate per svolgere una determinata attività: *l'a. dei poeti italiani*; *l'a. dello sport dilettantistico*. **5** (*fig.*) Comportamento raffinato e signorile: *trattare qc. con a.*

aristofanèo o **aristofanìo** [vc. dotta, lat. *Aristophanēu(m)*, nom. *Aristophanēus*, dal gr. *aristopháneios*, da *Aristophánēs* 'Aristofane' (444 a.C.-385 a.C.), che lo usò frequentemente] **A** s. m. ● Verso greco e latino di sette sillabe. **B** anche agg.: *verso a.*

aristofanésco [da *Aristofane*] agg. (pl. m. *-schi*) **1** Che è proprio del commediografo greco Aristofane | Conforme all'arte, allo stile di Aristofane. **2** (*est.*) Arguto, mordace, satirico.

aristofanìo o **aristofànio** ● V. *aristofaneo*.

aristolòchia [vc. dotta, lat. *aristolŏchia(m)*, nom. *aristolŏchia*, dal gr. *aristolochía*, comp. di *áristos* 'ottimo' e *lóchos* 'parto', perché la pianta era ritenuta efficace contro le infezioni da parto] s. f. ● Pianta erbacea delle Aristolochiacee con foglie picciolate alterne e fiori giallo-verdastri allungati (*Aristolochia clematitis*). SIN. (*pop.*) Stalloggi.

Aristolochiàcee [vc. dotta, comp. di *aristolochia* e *-acee*] s. f. pl. ● Nella tassonomia vegetale, famiglia di piante policarpiche, erbacee o arbustive, delle Dicotiledoni con foglie semplici alternate e fiori ascellari (*Aristolochiaceae*) | (al sing. *-a*) Ogni individuo di tale famiglia.

aristotèlico [vc. dotta, lat. tardo *Aristotĕlicu(m)*, nom. *Aristotĕlicus*, dal gr. *Arisrotelikós*, agg. di *Aristotele*] **A** agg. (pl. m. *-ci*) ● Che è proprio del filosofo Aristotele (384 a.C.-322 a.C.). || **aristotelicaménte**, avv. Secondo il pensiero di Aristotele.

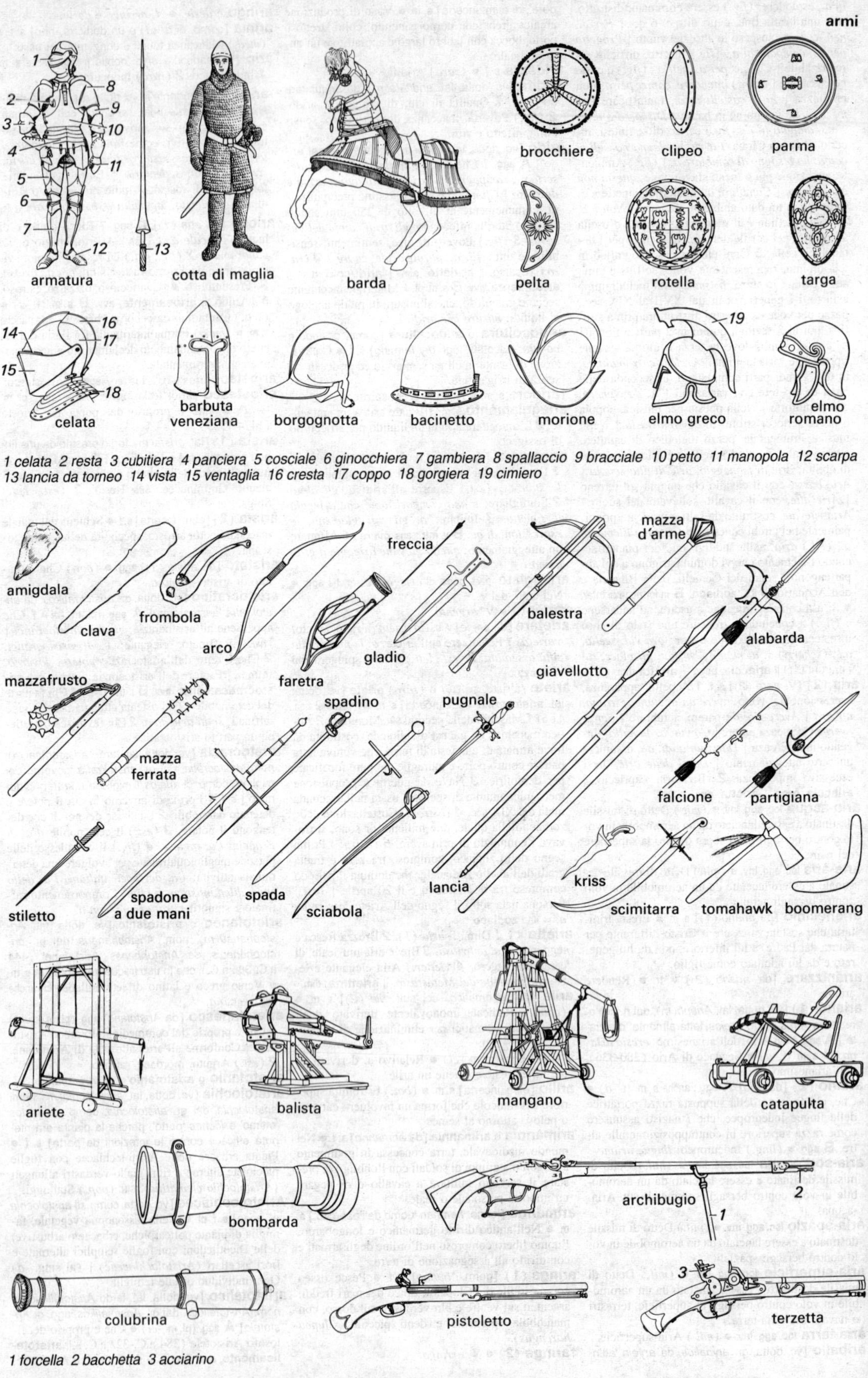

armi

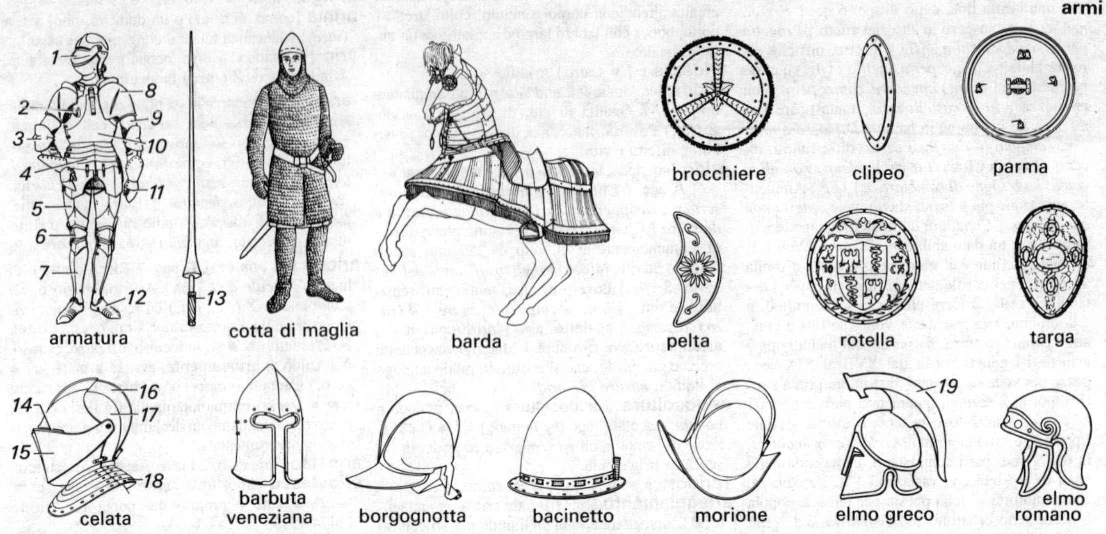

1 celata 2 resta 3 cubitiera 4 panciera 5 cosciale 6 ginocchiera 7 gambiera 8 spallaccio 9 bracciale 10 petto 11 manopola 12 scarpa 13 lancia da torneo 14 vista 15 ventaglia 16 cresta 17 coppo 18 gorgiera 19 cimiero

amigdala
frombola
clava
arco
freccia
gladio
faretra
balestra
mazza d'arme
alabarda
giavellotto

mazzafrusto
mazza ferrata
spadino
pugnale
falcione
partigiana

stiletto
spadone a due mani
spada
sciabola
lancia
kriss
scimitarra
tomahawk
boomerang

ariete
balista
mangano
catapulta

bombarda
archibugio
1
2
3
colubrina
pistoletto
terzetta

1 forcella 2 bacchetta 3 acciarino

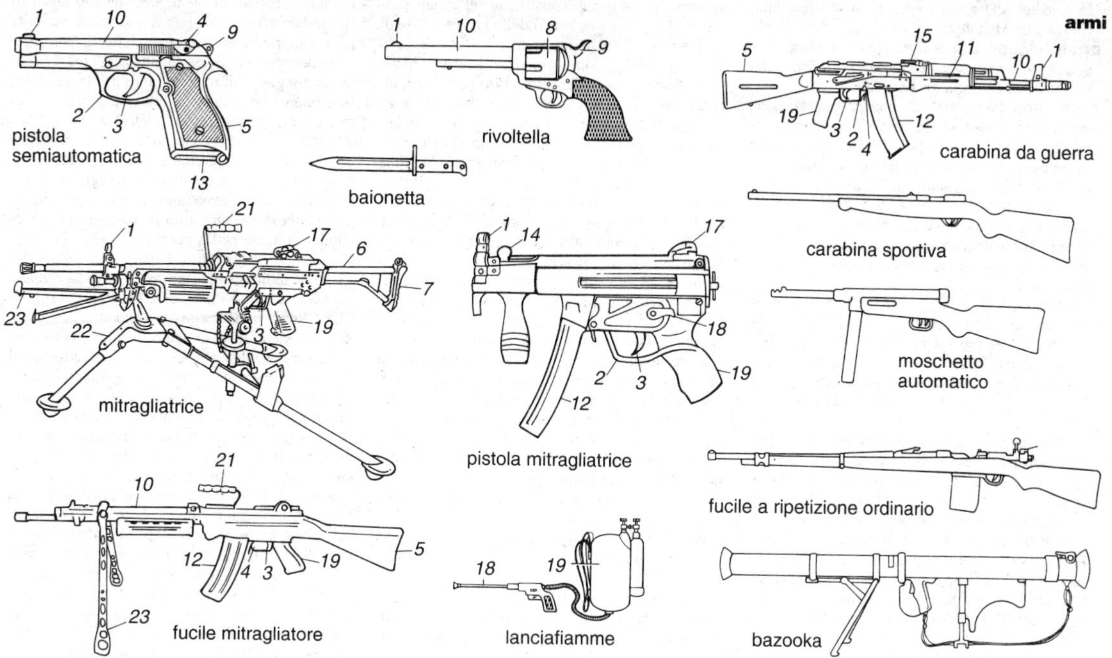

1 mirino 2 ponticello 3 grilletto 4 sicura 5 calcio 6 calcio pieghevole 7 calciolo 8 tamburo 9 cane 10 canna 11 copricanna 12 caricatore 13 fondello del caricatore 14 pomello di caricamento 15 congegno di mira 16 congegno di puntamento 17 tacca di mira 18 selettore del tiro 19 impugnatura a pistola 20 otturatore 21 maniglia di trasporto 22 treppiede 23 bipiede 24 lancia 25 serbatoio

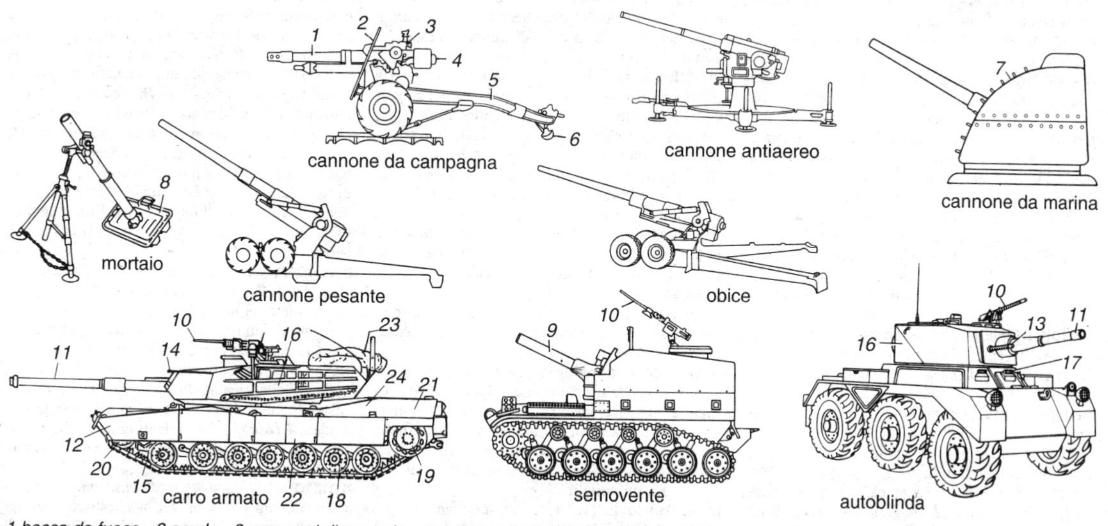

1 bocca da fuoco 2 scudo 3 congegni di punteria 4 culatta 5 affusto 6 vomere 7 torre corazzata 8 piastra 9 obice 10 mitragliatrice contraerea 11 cannone 12 scafo 13 mitragliatrice 14 mitragliatrice coassiale 15 cingolo 16 torretta 17 periscopio 18 ruota portante 19 ruota motrice 20 ruota di rinvio 21 corazza 22 piastra di protezione del cingolo 23 antenna radio 24 cavo d'acciaio per il traino

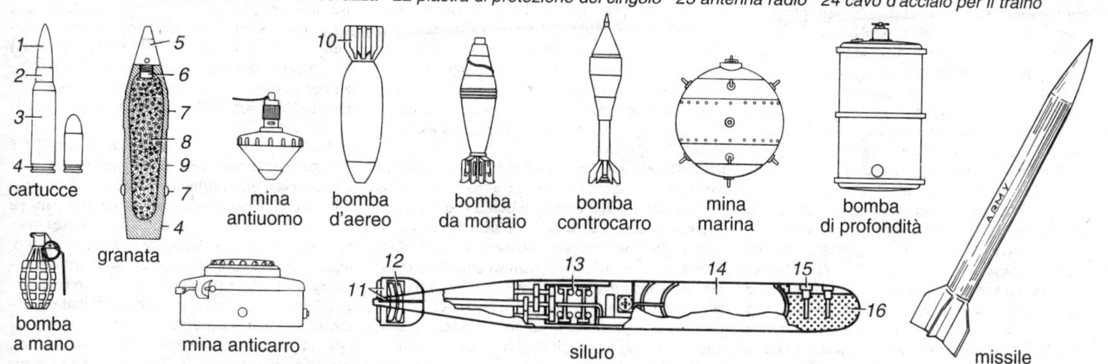

1 proiettile 2 colletto 3 bossolo 4 fondello 5 ogiva 6 spoletta 7 corona 8 carica 9 bicchiere 10 alette 11 timoni 12 eliche 13 motore 14 serbatoio 15 acciarino 16 testa esplosiva

B s. m. (pl. *-ci*) ● Chi segue la, o si ispira alla, filosofia di Aristotele.

aristotelismo s. m. ● Corrente di pensiero propria del mondo classico medievale e moderno che si ispira alla filosofia di Aristotele.

aritmètica [vc. dotta, lat. *arithmētica(m)*, nom. *arithmētica* (sottinteso *ārs* 'arte'), dal gr. *arithmētikḗ*, da *arithmós* 'numero'] s. f. *1* (*mat.*) Ramo della matematica che studia le proprietà dei numeri naturali | *A. razionale*, studio dell'aritmetica condotto con metodo rigoroso. *2 A. politica*, metodo quantitativo d'indagine economica, originariamente formulato e adattato da alcuni autori del sec. XVII, da cui sono derivate l'econometria e la statistica.

aritmètico [vc. dotta, lat. *arithmēticu(m)*, nom. *arithmēticus*, dal gr. *arithmētikós*, da *arithmētikḗ* 'aritmetica'] **A** agg. (pl. m. *-ci*) *1* (*mat.*) Relativo all'aritmetica. *2* (*est.*, *fig.*) Che è regolare e preciso: *ordine a.* || **aritmeticaménte**, avv. Secondo i principi e i sistemi dell'aritmetica. **B** s. m. ● Studioso di aritmetica.

aritmìa [comp. di *a-* (*1*) e gr. *rythmós* 'misura, battuta'] s. f. *1* Mancanza di ritmo. *2* (*med.*) Irregolarità di qualsiasi fenomeno ritmico dell'organismo umano: *a. mestruale* | *A. cardiaca*, o (*ass.*) *aritmia*, nel battito del cuore.

aritmico [comp. di *a-* (*1*) e gr. *rythmikós* 'ritmico'] **A** agg. (pl. m. *-ci*) ● Che presenta aritmia: *fenomeno a.*; *polso a.* **B** agg.; anche s. m. (f. *-a*) ● (*med.*) Che, chi è affetto da aritmia cardiaca.

aritmomanzìa [comp. del gr. *arithmós* 'numero' (d'orig. indeur.) e *-manzia*] s. f. ● Forma di predizione del futuro per mezzo dei numeri.

a rivedérci ● V. *arrivederci*.

arizotònico [comp. di *a-* (*1*), *rizo-* e del gr. *tonikós* (agg. di *tónos* 'accento'. V. *tono* (*1*))] agg. (pl. m. *-ci*) ● (*ling.*) Detto di parola non accentata sul radicale. SIN. Rizoatono.

arlecchinàta s. f. ● Azione, comportamento di Arlecchino, o degni di Arlecchino | Buffonata.

arlecchinésco agg. (pl. m. *-schi*) ● Tipico, degno di Arlecchino: *casacca arlecchinesca* | Buffonesco, ridicolo: *scherzi arlecchineschi.*

arlecchìno [dal nome della famosa maschera di Bergamo dal caratteristico abito a losanghe multicolori; fr. *hellequin*, di etim. incerta] **A** s. m. *1* Persona mascherata da Arlecchino. *2* (*fig.*) Buffone: *fare l'a.* | *Discorso da a.*, incoerente, privo di serietà | *Essere un a.*, mancare di parola, di carattere. **B** in funzione di agg. inv. ● Di colori vivaci e diversi fra loro, come il costume di Arlecchino: *tovaglia a.* | (*zoot.*) *Alano a.*, col mantello maculato.

†**arlòtto** [ant. fr. *arlot* 'briccone', di etim. incerta] s. m. ● Pezzente, miserabile | Uomo vile, sporco e ingordo: *e comimciò a mangiar come un a.* (PULCI).

arm [da *arm(a)*] s. f. ● (*mil.*) Solo nelle loc. inter. *presentat'arm*, *spall'arm*, *pied'arm e sim.*, presentare l'arma, arma in spalla, arma al piede e sim., nei comandi militari.

àrma o †**àrme** [lat. *ărma*, nt. pl., di origine indeur.] s. f. (pl. *àrmi*, †*àrme*) *1* Tutto ciò che serve all'uomo quale strumento di offesa o di difesa: *a. automatica, portatile*; *a. convenzionale, atomica*; *a. offensiva, difensiva* | *A. bianca*, qualunque arma che ferisca di punta o di taglio, come il pugnale, la spada e sim.: *assalto all'a. bianca* | *A. da fuoco*, quella che lancia a distanza proiettili e sim. mediante sostanze esplosive | *A. impropria*, V. *improprio* | *Armi biologiche, chimiche*, complesso degli aggressivi biologici e chimici e dei relativi mezzi di diffusione | *Presentare le armi*, rendere gli onori militari | *Concedere l'onore delle armi*, rendere gli onori militari ad assediati arresisi dopo strenua, valorosa resistenza | *Passare per le armi*, (*fig.*) giustiziare, in tempo di guerra o in casi di emergenza armata | *Venire alle armi*, scontrarsi in battaglia | *Prendere le armi*, prepararsi alla guerra | *Deporre, abbassare, posare le armi*, (*fig.*) cessare le ostilità, arrendersi | *Stare con le armi al piede*, (*fig.*) essere in procinto di fare la guerra | *Uomo d'armi*, esperto in arte militare | *Piazza d'armi*, ove si svolgono esercizi militari e (*fig.*) casa, stanza e sim. molto vasta | †*Gente d'armi*, soldati a cavallo con armatura pesante | *Porto d'armi*, licenza di tenerle | *Porto abusivo di armi*, illecito penale consistente nel portare fuori della propria abitazione o delle appartenenze di essa un'arma senza la licenza dell'Autorità, o un'arma per cui non è ammessa licenza | *Atto, fatto d'armi*, combattimento | *Viso dell'arme*, cipiglio burbero, severo | *Affilare le armi*, prepararsi a una lotta (*anche fig.*) | *Muovere le armi*, iniziare una guerra, un combattimento (*anche fig.*) | *Essere alle prime armi*, partecipare per la prima volta a un'attività militare; (*est.*) essere agli inizi di un'attività, una professione, e sim. | *Armi e bagagli*, tutto l'equipaggiamento di una persona (*anche fig.*). ➡ ILL. **armi**. *2* (*fig.*) Mezzo, anche non materiale, usato a propria difesa o a danno altrui: *le unghie sono le armi del gatto*; *l'intelligenza è la sua a. più efficace*; *il pianto è una tipica a. femminile* | *A. a doppio taglio*, (*fig.*) argomento, fatto, che, sebbene sembri comportare solo vantaggi, può altrettanto facilmente volgersi in danno. *3* (*est.*) Esercito, milizia | Parte dell'esercito specializzato per un particolare impiego: *a. di fanteria, di cavalleria, dei carabinieri* | *Armi dotte*, (*fig.*) l'artiglieria e il genio | *L'a. azzurra*, l'aeronautica militare | *L'a. benemerita*, i carabinieri. *4* Servizio militare: *chiamare alle armi*; *andare, essere sotto le armi* | *Compagno d'armi*, commilitone. *5* (*arald.*) V. *arme*.

armacòllo [da *arma a collo*] s. m. *1* †Correggia posta trasversalmente sul petto. *2* Gorgiera. *3* Nella loc. avv. *ad a.*, detto del modo di portare un oggetto, spec. un'arma, con una cinghia attaccata che, attraversando il petto o la schiena, scende da una spalla al fianco opposto: *portare il fucile ad a.*

armadìllo [sp. *armadillo*, da *armado* 'armato'] s. m. ● Mammifero americano degli Sdentati con testa e tronco protetti da un'armatura articolata formata di placche ossee rivestite da squame cornee disposte in modo da permettere l'avvolgimento a palla dell'animale in caso di pericolo (*Dasypus novemcinctus*).

armàdio o †**armàrio** [lat. *armāriu(m)* 'deposito di armi', con dissimilazione, da *ărma* 'armi'] s. m. ● Grande mobile a uno o più battenti e a uno o più corpi usato per conservare indumenti, cibi, stoviglie o oggetti vari: *a. a specchio, a tre luci, a due corpi, frigorifero, guardaroba* | *A. a muro*, vano nella parete chiuso da uno o ante | *A. d'angolo*, di forma triangolare, in modo da potersi inserire nell'angolo formato da due pareti. || **armadiàccio**, pegg. | **armadiétto**, dim. | **armadìno**, dim. | **armadióne**, accr. | **armadiùccio**, dim.

armagnac /fr. arma'ɲak/ [fr., dal n. della regione fr. ove viene prodotto] s. m. inv. ● Acquavite francese, ricavata per distillazione dall'uva della regione omonima.

armaiòlo o †**armaiuòlo** [da *arma*] s. m. *1* Chi fabbrica, vende e ripara armi | †Chi fabbrica armature difensive, corazze e sim. *2* (*mil.*) Soldato specializzato o sottufficiale addetto alla custodia e alla manutenzione delle armi portatili | (*mar.*) Cannoniere specializzato nella riparazione di artiglierie e armi portatili.

armamentàrio [vc. dotta, lat. *armamentāriu(m)* 'deposito di armi', da *ărma* 'armi'] s. m. *1* Complesso di strumenti necessari allo svolgimento di un'attività, un lavoro, e sim.: *l'a. da orologiaio, del falegname, chirurgico* | Luogo in cui tali strumenti sono conservati | (*scherz.*) Complesso di strumenti, inutilmente complicati e ingranditi, per il compimento di un'attività in sé semplice e modesta: *arrivò in spiaggia con tutto l'a. per l'abbronzatura.* *2* (*fig.*) Complesso di idee, cognizioni, e sim.: *è orgoglioso del suo imponente a. filosofico.* *3* †Armeria.

armaménto [lat. *armamĕntu(m)* 'fornimento, attrezzatura' (spec. di navi), da *ărma* 'armi'] s. m. *1* Atto, effetto dell'armare o dell'armarsi | †Apparecchio di guerra. *2* Insieme delle armi d'ogni specie che costituiscono dotazione individuale o di reparto o di un intero organismo militare complesso: *a. del fante, della divisione* | (*est.*) Il complesso delle armi e dei mezzi di guerra che determinano, con gli impianti di produzione, il potenziale bellico di una nazione: *corsa agli armamenti.* *3* (*mar.*) Situazione in cui si trova una nave pronta a intraprendere l'attività cui è destinata | *A. di un pezzo*, gli uomini a esso destinati | *A. di regata, di lancia*, l'insieme dei vogatori destinati sull'imbarcazione | *Società di a.*, società costituita fra i comproprietari della nave, allo scopo di gestirla direttamente e con finalità di lucro. *4* Insieme di congegni, di materiali e di mezzi, atti a far funzionare uno strumento, una macchina, un motore e sim.: *a. ferroviario, telefonico.*

armàre [lat. *armāre*, da *ărma* 'armi'] **A** v. tr. *1* Fornire di armi: *a. l'esercito, i ribelli* | *A. qc. cavaliere*, nel medioevo, nominarlo cavaliere mediante la cerimonia dell'investitura | (*est.*) Fortificare: *a. un caposaldo, una testa di ponte* | (*est.*) Costituire un'unità per la guerra: *a. nuove divisioni.* *2* Chiamare alle armi: *a. i riservisti* | (*ass.*) Potenziarsi militarmente: *in quell'epoca la Francia stava armando.* *3* Provvedere un'arma del proiettile e sim.: *a. il fucile, il cannone*; *a. l'arco.* *4* Provvedere un bastimento di tutto ciò che occorre per la navigazione e le specifiche attività cui lo stesso è destinato: *a. un veliero, una baleniera, un sommergibile* | *A. i remi*, disporli negli scalmi, pronti alla voga | Nel canottaggio, destinare a un'imbarcazione gli uomini e le attrezzature necessarie. *5* Provvedere di strutture di sostegno, spec. provvisorie, costruzioni, scavi e sim.: *a. una galleria.* *6* (*teat.*) Applicare un telaio di legno alla tela o carta su cui è dipinta la scena. *7* (*mus.*) *A. la chiave*, porre dopo di essa il numero di diesis o di bemolli richiesti dal tono di un pezzo. **B** v. rifl. *1* Prendere le armi, fornirsi di armi: *l'esercito si armò* | (*est.*) Fornirsi di oggetti atti alla difesa o all'offesa: *armarsi di un bastone, di un sasso, di una catena*; *armarsi fino ai denti.* *2* (*fig.*) Provvedersi, spec. di qualità morali: *armarsi di pazienza, di coraggio, di sottomissione*; *armatosi di ombrello, uscì sotto la pioggia.*

†**armàrio** ● V. *armadio*.

armàta [da *armare*] s. f. *1* (*mil.*) Unità militare complessa, articolata in corpi e dotata di propria organizzazione logistica: *la VI armata*; *generale di corpo d'a.* | *Corpo d'a.*, unità in cui si articola un'armata, composta da due a quattro divisioni | (*est.*) Esercito | (*fig.*) *L'a. Brancaleone*, (dal titolo del film di M. Monicelli del 1966) gruppo raccogliticcio di persone, le cui imprese maldestre hanno esito negativo o ridicolo. *2* (*mar.*) La maggiore unità operativa navale da guerra, composta di squadre, a loro volta articolate in divisioni: *l'Invincibile a.* | (*est.*) Flotta. *3* (*est.*) La maggiore unità operativa aerea da guerra | (*est.*) Flotta aerea.

armàto **A** part. pass. di *armare*; anche agg. *1* Nei sign. del v. *2 A mano armata*, (*lett.*) *armata mano*, con le armi in mano | *Cavo a.*, protetto esternamente da numerosi strati intrecciati di tela catramata particolarmente resistente | *Cassa armata*, le cui pareti sono unite tra loro da fili metallici per un facile montaggio. *3* (*zool.*) Detto di animale che ha il corpo rivestito di scaglie, spine o aculei. *4* (*arald.*) Detto degli animali che hanno le zanne o gli artigli di smalto diverso da quello del corpo. **B** s. m. ● Soldato.

armatóre [vc. dotta, lat. tardo *armatōre(m)*, da *armāre* 'armare'] **A** s. m. *1* Chi allestisce navi per conto proprio o d'altri | Chi esercita l'impresa di navigazione: *l'a. nomina il comandante della nave* | Chi in tempo di guerra armava a sue spese una nave per pirateggiare. *2* Operaio addetto alla messa in opera delle armature nelle gallerie di miniera e negli scavi sotterranei in genere. *3* (*ferr.*) Addetto alla posa e manutenzione dei binari. **B** anche agg. (f. *-trice*): *Compagnia, società armatrice.*

armatoriàle agg. ● Che attiene all'esercizio della navigazione: *impresa a.*

armatùra [lat. *armatūra(m)*, da *ărma* 'armi'] s. f. *1* Protezione per la difesa individuale fatta di qualunque materiale resistente, cuoio, tessuto, maglia e piastre di ferro e sim., adattabile alla persona senza impedirne i movimenti | (*est.*) Antica macchina da guerra, generalmente mobile, per la protezione collettiva di gruppi d'assalto durante l'avvicinamento del nemico. *2* (*est.*) Insieme di organi, strutture e sim. che proteggono dall'esterno piante, animali, manufatti e sim.: *l'a. del granchio, di un cavo sottomarino* | (*fig.*) Difesa, riparo: *un'a. di coraggio.* *3* Ossatura metallica delle strutture in calcestruzzo, costituita normalmente da tondini di ferro omogeneo o di acciaio disposti longitudinalmente o ripiegati in modo da sopportare gli sforzi di trazione e di taglio | *A. di servizio*, opera provvisoria di sostegno di una costruzione durante la esecuzione o in caso di pericolo. *4* (*est.*) Tutto ciò che sostiene, rinforza, e sim.: *a. di scena*; *l'a. di un vetro, di una pianta.* *5* (*tess.*) Intreccio di trama e ordito che caratterizza un tessuto. *6* (*elettr.*) Uno dei due elementi conduttori che, separati dal dielettrico, costituiscono un condensatore elettrico | Àncora di un circuito magnetico. || **armaturétta**, dim.

àrme s. f. *1* (*arald.*) Complesso dello scudo, degli ornamenti e dei contrassegni onorifici propri di una famiglia o di un ente. *2* †V. *arma*.

armeggiaménto [da *armeggiare*] s. m. *1* †Gioco d'armi. *2* Atto dell'affaccendarsi in modo disordinato e inconcludente.

armeggiàre [da *arma*] v. intr. (*io arméggio*; aus. *avere*) *1* †Maneggiare le armi | †Fare preparativi di guerra | †Combattere. *2* †Fare spettacoli d'armi, come giostre, tornei, e sim. *3* (*fig.*) Dimenarsi, annaspare: *l'ubriaco armeggiava per le strade* | Darsi dattorno, affaccendarsi confusamente e con scarsi risultati: *armeggia da un'ora intorno ai fornelli.* *4* (*fig.*) Farneticare, fantasticare: *che cosa armeggi con quel tuo cervellino?* *5* (*fig.*) Intrigare, tramare: *a. per essere eletto*; *a. in segreto.*

†**armeggiatóre** s. m. ● Giostratore, schermitore: *fu molto onorato con palio, e con armeggiatori* (COMPAGNI).

arméggio (1) [da *armeggiare*] s. m. *1* †Armamento. *2* (*raro*) Armeggìo.

armeggìo (2) [da *armeggiare*] s. m. ● Atto del continuo e frequente armeggiare: *tutto quel loro a. non mi convince.*

armeggióne s. m. (f. *-a*) ● Chi si dà da fare senza costrutto | (*fig.*) Imbroglione.

armellìna ® [da *armellino*, vc. veneta per 'albicocca', propriamente 'armeno'] s. f. ● Nome commerciale dei semi di pesca e di albicocca usati nell'industria dei dolci.

armellinàto ● V. *ermellinato*.

armellìno ● V. *ermellino*.

armèno [lat. *armĕniu(m)* 'dell'Armenia', rifatto sul pl. it. *armeni*] **A** agg. ● Dell'Armenia | *Chiesa armena*, chiesa cristiana monofisita sorta in Armenia a cavallo del IV sec., staccatasi dall'ubbidienza a Roma nel XV sec. | *Rito a.*, liturgia dei cattolici armeni. **B** s. m. (f. *-a*) ● Abitante, nativo dell'Armenia. **C** s. m. solo sing. ● Lingua della famiglia indoeuropea, parlata dagli Armeni.

armentàrio o **armentière** [vc. dotta, lat. *armentāriu(m)*, da *armentum* 'armento'] **A** agg. ● Che si riferisce all'armento. **B** s. m. (f. *-a*) ● Guardiano di armenti.

arménto [vc. dotta, lat. *armĕntu(m)*, dalla stessa radice di *ărma* 'armi'] s. m. ● Branco di grossi quadrupedi domestici: *un a. di buoi, di cavalli.*

armerìa [da *arma*] s. f. *1* (*mil.*) Locale dove si custodiscono ordinatamente le armi di un reparto. *2* Collezione di armi spec. antiche | Galleria d'armi.

armerìsta s. m. (pl. *-i*) ● (*arald.*) Armoriale.

armière s. m. *1* Armaiolo. *2* In artiglieria e in aviazione, soldato specializzato addetto all'impiego, manutenzione, conservazione del materiale di armamento.

armìgero [vc. dotta, lat. *armĭgeru(m)*, comp. di *ărma* 'armi' e *gĕrere* 'portare'] **A** agg. *1* (*lett.*) Che porta e usa le armi. *2* (*est., fig.*) Animoso, bellicoso: *quella valle è fortissima e i valligiani armigeri* (MACHIAVELLI). **B** s. m. *1* Uomo d'armi | (*fig.*) Guardia del corpo (*anche scherz.*): *appare in pubblico seguito dai suoi armigeri.* *2* †Scudiero.

armilla [vc. dotta, lat. *armĭlla(m)*, da *ărmus* 'parte alta del braccio'] s. f. *1* Cerchio d'oro o d'argento portato dai soldati romani al braccio sinistro come distintivo di ricompensa al valor militare | (*est.*) Bracciale per ornamento. *2* (*astron.*) Anello fisso o mobile costituente la sfera armillare.

armillàre agg. ● Di armilla | *Sfera a.*, antico strumento astronomico costituito da un insieme di anelli, corrispondenti ai principali cerchi della sfera celeste, con il quale era possibile rappresentare il moto dei pianeti.

armillària [da *armilla*, per l'anello che ne circonda il piede] s. f. ● Genere di funghi Basidiomiceti delle Agaricacee con spore di colore bianco e anello nel gambo (*Armillaria*).

armillàto [vc. dotta, lat. *armillātu(m)*, da *armĭlla* 'armilla'] agg. ● (*lett.*) Ornato di armille.

armilùstrio [vc. dotta, lat. *armilŭstriu(m)*, comp. di *ărma* 'armi' e *lustrāre* 'purificare'] s. m. ● Festa militare dei Romani in cui si offrivano sacrifici e si facevano gare d'armi.

armipotènte [vc. dotta, lat. *armipotĕnte(m)*, nom. *armĭpotens*, comp. di *ărma* 'armi' e *pŏtens* 'potente'] agg. ● (*poet.*) Potente in armi: *di Giove invitta a. figlia* (MONTI).

armistiziàle agg. ● Relativo a un armistizio.

armistìzio [dal fr. *armistice*, formato sul modello di parole lat. come *solstĭtium* 'solstizio'] s. m. ● Sospensione, totale o parziale, a tempo determinato o indeterminato, delle ostilità fra belligeranti | Accordo tra parti belligeranti di porre in essere tale sospensione.

àrmo [da *armare*] s. m. ● (*mar.*) Armamento | Nel canottaggio e nella vela, equipaggio di un'imbarcazione.

armoire /fr. ar'mwar/ [fr., dal lat. *armāriu(m)*. V. *armadio*] s. f. (pl. *armoires* /fr. ar'mwar/) ● Armadio, spec. con specchi.

armonìa [vc. dotta, lat. *harmŏnia(m)*, nom. *harmŏnia*, dal gr. *harmonía*, da *harmózō* 'io congiungo, compongo', da *harmós* 'giuntura'] s. f. *1* (*mus.*) Concordanza di suoni e di voci | Suoni che hanno il doppio, il triplo e sim. di vibrazioni rispetto ad un suono fondamentale | *A. figurata*, quella in cui i suoni sono arpeggiati o ripetuti simultaneamente con combinazioni ritmiche caratteristiche | *A. ellenica*, ottava dorica, scala nazionale dei Greci antichi | Scienza degli accordi: *studiare a.* *2* (*est.*) Diposizione delle parole che rende un suono gradevole | *A. imitativa*, che attraverso il suono delle parole rende le impressioni di un evento o cose | *A. vocalica*, adattamento della vocale postonica alla qualità della tonica. *3* (*est.*) Insieme gradevole di suoni, voci, rumori e sim: *una dolce a. vagava per l'aria.* *4* (*fig.*) Combinazione di elementi diversi che produce effetti piacevoli ai sensi: *l'a. del creato, dell'universo*; *un'a. di colori e di proporzioni.* *5* (*fig.*) Concordia di idee, sentimenti, e sim.: *vivere in buona a.*; *essere in buona a. con qc.*; *a. tra le nazioni, tra i popoli* | Conformità: *agire in a. con le leggi vigenti.*

armònica [dall'ingl. *harmonica*, prob. attrav. il fr. *harmonica*] s. f. *1* (*mus.*) Strumento formato di globi o di lame di vetro, di bicchieri o sottocoppe, di verghe di legno o metalliche, in voga spec. nel XVIII sec. | *A. a bocca*, strumento popolare formato da una scatoletta forata, fornita di ance vibranti, che si suona facendolo scorrere sulle labbra e soffiando negli appositi fori. ➡ ILL. **musica**. *2* Arte musicale | Scienza degli intervalli dei suoni. *3* (*fis., mat.*) Ciascuna oscillazione della serie di oscillazioni sinusoidali nelle quali può essere scomposta qualsiasi oscillazione periodica non sinusoidale | Ciascuna oscillazione sinusoidale che accompagna l'oscillazione fondamentale con frequenza multipla di quella fondamentale.

armonicìsta s. m. (pl. *-i*) *1* Suonatore di armonica. *2* Operaio che costruisce strumenti musicali.

armònico [vc. dotta, lat. *harmŏnicu(m)*, nom. *harmŏnicus*, dal gr. *harmonikós*, da *harmonìa* 'armonia'] **A** agg. (pl. m. *-ci*) *1* Che ha o produce armonia: *insieme a. di suoni* | *Cassa armonica*, cassa di uno strumento musicale che sfrutta la risonanza per amplificare e migliorare il suono | *Suono a.*, o (*ell.*) *a.*, suono secondario prodotto da un corpo in vibrazione accanto al suono fondamentale; negli strumenti ad arco, suono ottenuto sfiorando una corda in determinate parti della sua lunghezza, in luogo di premerla come si usa per i suoni ordinari. *2* (*fig.*) Che è ben proporzionato, ben accordato, in ogni sua parte: *l'a. sviluppo del corpo umano.* *3* Detto di vino i cui sapori gradevolmente si fondono e si esaltano. || **armonicaménte**, avv. **B** s. m. ● †Armonista.

armònio ● V. *armonium*.

armonióso agg. *1* Che produce armonia: *suono, discorso a.*; *lingua armoniosa.* *2* (*fig.*) Che è ben proporzionato, ben accordato in ogni sua parte: *un'armoniosa struttura architettonica.* || **armoniosétto**, dim. || **armoniosaménte**, avv.

armonìsta s. m. e f. (pl. m. *-i*) ● Chi possiede la scienza degli accordi e sa valersene a scopo artistico | (*est.*) Maestro d'armonia, compositore.

armonìstico agg. (pl. m. *-ci*) ● Relativo all'armonia.

armònium o **armònio**, **harmònium** [dal fr. *harmonium*, dal gr. *harmónios* 'armonioso'. V. *armonia*] s. m. ● (*mus.*) Strumento fornito di tasti, pedali e mantice con voce simile a quella dell'organo. ➡ ILL. **musica**.

armonizzaménto s. m. ● (*raro*) Atto, effetto dell'armonizzare (*spec. fig.*)

armonizzàre [da *armonia*] **A** v. tr. *1* Mettere in armonia, musicare secondo l'armonia. *2* Rendere armonioso: *a. i versi di una composizione*; *a. il proprio stile.* *3* (*fig.*) Rendere privo di contrasti: *a. i colori di un quadro*; *a. le diverse parti di un'opera.* **B** v. intr. (aus. *avere*) ● Essere in armonia: *questi colori armonizzano tra loro*; *il suo temperamento non armonizza col nostro.*

armonizzàto part. pass. di *armonizzare*; anche agg. *1* Nei sign. del v. *2* (*lett., fig.*) Proporzionato in modo perfetto.

armonizzatóre s. m. (f. *-trice*) ● Chi armonizza.

armonizzazióne s. f. ● Atto, effetto dell'armonizzare.

armoràccio [lat. *armorăciu(m)*, di etim. incerta] s. m. ● Pianta erbacea perenne delle Crocifere con le foglie basali picciolate, quelle superiori dentate e la radice di sapore acre (*Armoracia rusticana*). SIN. Barbaforte, rafano rusticano.

armoriàle [fr. *armorial*, dal lat. *ărma* 'armi', sul modello di *historial* 'storico'] s. m. ● (*arald.*) Libro in cui sono designate o blasonate le armi delle famiglie, oppure quelle di città, nazioni, corporazioni e sim.

armoricàno [ingl. *armorican*, dal lat. tardo *Armoricānu(m)* 'dell'Armorica'] agg. ● Relativo a un'antica popolazione di origine celtica che abitava la zona della Gallia sulle coste dell'Atlantico.

arnése [ant. fr. *herneis* 'equipaggiamento di un soldato', dallo scandinavo **hernest* 'provviste per l'armata'] s. m. *1* Attrezzo da lavoro: *gli arnesi del meccanico, dell'elettricista* *2* (*est., fam.*) Oggetto, strumento di cui non si conosce o non si vuole dire il nome: *che cos'è quell'a.?*; *teneva in mano uno strano a.* *3* Modo di abbigliarsi: *non posso ricevere gli ospiti in quest'a.* *4* Condizioni economiche o fisiche: *essere bene, male in a.*; *rimettersi in a.* *5* †Armatura del cavaliere e del cavallo: *pien tutto il campo è di spezzate lance / di rotti scudi e di troncato a.* (TASSO). *6* (*fig., fam.*) Individuo poco raccomandabile (*spec. spreg.*): *frequentava un brutto a.*; *è il peggiore a. di tutta la banda* | *Tristo a., a. da galera*, pessimo soggetto. *7* (*lett., spec. al pl.*) Masserizie, suppellettili, oggetti di arredamento. *8* (*spec. al pl.*) †Carriaggi, bagagli.

àrnia [etim. incerta] s. f. ● Abitazione di una colonia di api allo stato naturale, costituita dalla cavità di un albero, di una roccia e sim. | Abitazione di una colonia di api allo stato di domesticità, consistente gener. in una struttura lignea a forma di casetta destinata ad accogliere i favi per costituire l'alveare. ➡ ILL. p. 353 AGRICOLTURA.

àrnica [prob. gr. *ptarmikḗ* 'pianta che fa starnutire', da *ptáirō* 'io starnuto'] s. f. ● Pianta erbacea delle Composite con foglie basali a rosetta e capolini di color arancione (*Arnica montana*).

arnióne [romagnolo *argnón*. V. *rognone*] s. m. ● (*dial.*) Rognone.

arnoglòssa [vc. dotta, lat. tardo *arnoglŏssa(m)*, dal gr. *arnóglōsson*, propriamente 'lingua di agnello', comp. di *arḗn*, genit. *arnós* 'agnello' e *glôssa* 'lingua'] s. f. ● (*bot.*) Piantaggine.

àro (1) [vc. dotta, gr. *áron*, di etim. incerta] s. m. ● Pianta erbacea velenosa delle Aracee con rizoma tuberoso e fiori gialli (*Arum maculatum*). SIN. Gigaro.

àro (2) [V. *ara* (3)] s. m. ● (*agr.*) Ara.

-àro ● V. *-aio* (2).

aròma [vc. dotta, lat. *arōma*, dal gr. *árōma*, di etim. incerta] s. m. (pl. *aròmi*, †*aròmati*) *1* Sostanza naturale o chimica che determina una gradevole azione olfattiva o gustativa. *2* (*spec. al pl.*) Sostanze odorose usate per profumare o insaporire. *3* Odore penetrante e gradevole, emanato dalle sostanze aromatiche: *a. d'incenso, di caffè* | (*lett.*)

Fragranza, profumo (*anche fig.*): *l'amaro a. del mare* (MONTALE); *l'a. della terra natia.*

†**aromatàrio** [vc. dotta, lat. tardo *aromatāriu(m)*, da *arōma* 'aroma'] s. m. ● Droghiere.

aromaticità s. f. ● Qualità di ciò che è aromatico.

aromàtico [vc. dotta, lat. tardo *aromăticu(m)*, nom. *aromăticus*, dal gr. *arōmatikós*, da *árōma* 'aroma'] agg. (pl. m. *-ci*) *1* Che ha odore e sapore d'aroma: *cibo a.*; *erbe aromatiche* | *Piante aromatiche*, dalle quali si ricavano aromi | *Vino a.*, che conserva l'aroma dell'uva d'origine. ➡ ILL. verdura. *2* (*chim.*) Detto di composto organico caratterizzato dalla presenza di almeno un anello benzenico: *serie aromatica.* CONTR. Alifatico, grasso. *3* (*raro*) †Strano, fantastico.

aromatizzànte A part. pres. di *aromatizzare*; anche agg. ● Nei sign. del v. **B** s. m. ● Additivo alimentare che permette di soddisfare gli organi del gusto e dell'olfatto.

aromatizzàre [vc. dotta, lat. tardo *aromatizāre*, dal gr. *arōmatízō*, da *árōma* 'aroma'] v. tr. ● Rendere aromatico, spec. una vivanda: *a. la carne.*

aromatizzazióne s. f. ● (*raro*) Atto, effetto dell'aromatizzare.

àrpa (1) [lat. tardo *hărpa(m)*, dal germ. **harpa*] s. f. ● Grande strumento a corde, di forma triangolare, che si suona pizzicando con le dita: *a. semplice, a pedali, doppia* | *A. eolia*, strumento con cassa armonica le cui corde sono messe in vibrazione da una corrente d'aria. ➡ ILL. musica.

àrpa (2) o †**àrpe** [vc. dotta, lat. *hărpe(m)*, nom. *hărpe*, dal gr. *hárpē* 'falce', di origine indeur.] s. f. ● Antica spada falcata con un uncino tagliente sporgente dalla lama presso la punta, in uso spec. in Oriente.

arpacòrdo ● V. *arpicordo.*

arpagóne (1) [lat. *harpagōne(m)*, dal gr. *harpágē* 'uncino, gancio', da *harpázō* 'io strappo a forza'] s. m. ● Arnese provvisto di uncini, anticamente usato per afferrare le navi nemiche o per abbattere i merli delle mura.

arpagóne (2) [dal n. del protagonista dell'*Avare* di Molière] s. m. ● (*lett.*) Persona estremamente avara.

†**àrpe** ● V. *arpa* (2).

arpeggiaménto s. m. *1* Esecuzione arpeggiata di un brano musicale. *2* (*veter.*) Arpeggio.

arpeggiàre [da *arpa* (*1*)] v. intr. (*io arpéggio*; aus. *avere*) *1* Suonare l'arpa o altri strumenti a corda | Eseguire l'arpeggio. *2* (*veter.*) Presentare il difetto dell'arpeggio.

arpeggiàto A part. pass. di *arpeggiare*; anche agg. ● Nei sign. del v. **B** s. m. ● (*mus.*) Esecuzione o arpeggio di un accordo o di una serie di accordi | Segno con cui ne viene data l'indicazione.

arpeggiatóre s. m. (f. *-trice*) ● Suonatore d'arpa.

arpéggio (1) s. m. *1* (*mus.*) Esecuzione successiva anziché simultanea delle note costituenti un accordo. *2* (*veter.*) Andatura difettosa del quadrupede che flette di scatto il garretto sollevando esageratamente il piede posteriore.

arpeggìo (2) s. m. ● (*mus.*) Arpeggiare continuato e frequente.

arpeggióne s. m. ● (*mus.*) Strumento ad arco con sei corde e manico fornito di ventiquattro traversini.

arpènto [fr. *arpent*, dal lat. *arepĕnne(m)*, vc. di origine gallica] s. m. ● Antica misura di superficie usata in Francia e in Germania.

arpése o **arpese** [gr. tardo *hárpax*, genit. *hárpagos* 'gancio di ferro'. Cfr. *arpagone* (*1*)] s. m. ● (*costr.*) Perno di ferro o rame a doppia grappa per collegare verticalmente i conci di pietra.

arpìa [vc. dotta, lat. *harpȳia(m)*, nom. *harpȳia*, dal gr. *hárpyia* 'la rapace'] s. f. *1* Mostro mitologico, rappresentato con volto di donna, corpo di vari animali e ali di uccello. *2* (*est.*) Persona avara e rapace | Donna d'aspetto sgradevole e di carattere astioso. *3* Uccello rapace americano dei Falconiformi, feroce carnivoro, fornito di un caratteristico ciuffo di piume sul capo (*Thrasaëtus harpyia*). *4* Farfalla notturna dei Lepidotteri dall'addome terminante in due lunghe appendici (*Cerura vinula*). || **arpiàccia**, pegg.

arpicòrdo o **arpacòrdo** [comp. di *arpa* (*1*) e *corda*] s. m. ● (*mus.*) Antico nome della spinetta poligonale, con cordiera dalla forma simile a quella dell'arpa | Clavicembalo, simile nel suono a un'arpa, col fondo di legno.

arpinàte [vc. dotta, lat. *Arpīnāte(m)*, da *Arpīnum* 'Arpino'] **A** agg. ● Di Arpino. **B** s. m. e f. ● Abitante, nativo di Arpino | *L'a.*, (*per anton.*) M. Tullio Cicerone.

arpionàre [da *arpione*] v. tr. (*io arpióno*) ● Colpire con l'arpione.

arpióne [lat. parl. **harpigōne(m)* per il classico *harpagōne(m)*. V. *arpagone* (*1*)] s. m. *1* (*mecc.*) Elemento dell'arpionismo, a forma di virgola, montato su un perno fisso, che permette alla ruota dentata a denti di sega di girare solo in un senso. SIN. Nottolino | Ferramenta di persiana a ventola e di porta, che permette la rotazione del battente | Organo di fissaggio della rotaia alla traversa. *2* Ferro uncinato infisso spec. in un muro, per appendere q.c. *3* (*pesca*) Arpone. *4* Nell'alpinismo su ghiaccio, particolare tipo di chiodo costituito da un tubo metallico munito di un anello a un'estremità e affilato dall'altra per agevolarne la penetrazione.

arpionismo s. m. ● (*mecc.*) Meccanismo costituito da una ruota dentata a denti di sega, contro i quali viene a puntare l'arpione montato su un perno fisso, in modo da permettere alla ruota di girare solo in un senso.

arpista [da *arpa* (*1*)] s. m. e f. (pl. m. *-i*) ● Suonatore d'arpa.

arponàre [da *arpone*] v. tr. (*io arpóno*) ● Arpionare.

arpóne [fr. *harpon*, da *harper* 'afferrare'] s. m. ● Ferro in forma di lancia a due o più denti semplici o con ardiglione, normalmente snodati, fissato ad una asta o freccia, che viene lanciato a mano o con altro mezzo contro grossi pesci e cetacei: *a. da balena.* ➡ ILL. pesca.

arquebuse /fr. ark'byz/ [fr., propriamente 'archibugio', perché serviva a curare le ferite causate da armi da fuoco] s. m. ● Liquore ottenuto per distillazione da erbe aromatiche.

àrra [vc. dotta, lat. *ărra(m)*, abbr. di *ărrabo*, dal gr. *arrabṓn*, di origine ebr.] s. f. *1* Nel diritto romano, anticipo sul prezzo della compravendita a riprova della conclusione del contratto e a garanzia dell'esatto adempimento | Caparra. *2* (*fig.*) Pegno, promessa.

arrabattàrsi [sp. *arrebatarse* 'andare in collera, accorrere in folla', da *rebato* 'attacco improvviso, allarme'] v. intr. pron. ● Affaticarsi, sforzarsi, agitarsi per arrivare a q.c., per ottenere q.c. e sim.: *s'arrabatta per trovare lavoro.*

arrabbiaménto s. m. *1* Atto dell'arrabbiare: *l'a. dei cani.* *2* (*raro*) Arrabbiatura.

arrabbiàre [comp. di *a-* (*2*) e *rabbia*] **A** v. intr. (*io arràbbio*; aus. *essere*) ● Prendere la rabbia, diventare idrofobo: *il cane arrabbiò improvvisamente.* **B** v. intr. e intr. pron. *1* Essere preso dall'ira, dalla collera, detto di persona: *si arrabbiò e cominciò a dare in escandescenze*; *non devi far a. tuo padre* | (*raro*) *A. dalla fame, dalla sete*, e sim., soffrire per la troppa fame, sete, e sim. *2* (*fam.*) Dedicarsi con caparbietà a un lavoro, al raggiungimento di uno scopo e sim.: *s'arrabbia tutto il giorno ad accumulare denaro.* *3* Perdere vigore, detto del frumento coltivato in terreno che non contiene la giusta quantità d'acqua.

arrabbiàta s. f. *1* Arrabbiatura: *prendersi un'a.* *2* V. anche *arrabbiato*: *all'a.*

arrabbiatìccio s. m. ● Terreno che non contiene la giusta quantità d'acqua.

arrabbiàto part. pass. di *arrabbiare*; anche agg. *1* Nei sign. del v. *2* Di chi pratica e sostiene q.c. con accanimento: *giocatore, polemista a.* *3* *Giovani arrabbiati*, gli aderenti a una corrente letteraria inglese del secondo dopoguerra, costituita di giovani scrittori che esprimevano con amarezza la loro mancanza di fiducia nella società. *4* Detto di cibo cotto a fuoco vivo e con poco grasso o in padella e con forti odori: *fritto a.*; *pollo a.* *5* Nella loc. avv. *all'arrabbiata*, in fretta, senza cura, alla carlona | (*cuc.*) *Penne all'arrabbiata*, condite con sugo molto piccante. || **arrabbiatèllo**, dim. || **arrabbiataménte**, avv. Con rabbia.

arrabbiatùra s. f. ● Atto, effetto dell'arrabbiarsi.

arraffàre [comp. di *a-* (*2*) e *raffare*] v. tr. ● Afferrare, strappare con violenza | (*est.*) Rubare con sveltezza: *è uno che arraffa tutto quello che può.*

arraffatóre s. m. (f. *-trice*) ● Chi arraffa.

arraffóne s. m. ● Chi arraffa.

àrrak ● V. *arak.*

arrampicaménto s. m. ● Atto dell'arrampicarsi.

arrampicàre [comp. di *a-* (*2*) e *rampicare*] **A** v. intr. (*io arràmpico, tu arràmpichi*; aus. *essere*) ● Nell'alpinismo, procedere facendo uso delle mani per conservare l'equilibrio | Nel ciclismo, superare una salita. **B** v. intr. pron. *1* Salire attaccandosi a q.c.: *arrampicarsi sugli alberi, sulle pareti scoscese* | (*est.*) Crescere in altezza appoggiandosi a q.c., detto di piante: *il glicine, l'edera si arrampicano lungo i muri.* *2* (*est.*) Inoltrarsi con fatica per una strada scoscesa: *l'autobus si arrampica ogni giorno su per i colli* | (*fig.*) *Arrampicarsi sui vetri, sugli specchi*, tentare di sostenere tesi inaccettabili o di realizzare imprese impossibili.

arrampicàta s. f. *1* Atto dell'arrampicarsi. *2* Nell'alpinismo, l'azione dell'arrampicare, gener. ascensione su roccia o su ghiaccio: *tecnica dell'a.*, *effettuare un'a.* | *A. libera*, (*ell.*) *libera*, in cui si sfruttano soltanto gli appigli naturali offerti dalla parete | *A. artificiale*, in cui si ricorre a chiodi, staffe, due e tre corde come mezzi di progressione. SIN. Scalata | Nella ginnastica, esercizio di salita alla fune o alla pertica compiuto con le braccia e le gambe o con le sole braccia | Nel ciclismo, superamento di una salita a forte pendenza.

arrampicatóre s. m. (f. *-trice*) *1* Chi si arrampica | (*fig.*) *A. sociale*, persona ambiziosa, spec. di modeste origini, che tenta con ogni mezzo di raggiungere un'elevata posizione sociale. *2* Nell'alpinismo, chi arrampica, chi compie scalate. SIN. Rocciatore, scalatore | Nel ciclismo, scalatore.

arrancàre [comp. di *a-* (*2*) e *ranco*] v. intr. (*io arrànco, tu arrànchi*; aus. *avere*) *1* Camminare dimenandosi come gli zoppi o gli sciancati: *l'animale arrancava sulle gambe malferme* | (*est.*) Avanzare a fatica, tendendo di andare in fretta: *la vecchia arrancava su per la salita*; *il carro arranca fra la polvere* | (*raro, fig.*) Affannarsi, angustiarsi: *a. fra le difficoltà quotidiane.* *2* Vogare di forza | *Arranca!*, nel canottaggio, comando dato all'equipaggio perché rinforzi la remata.

arrancàta s. f. *1* Atto dell'arrancare. *2* Successione di colpi di remi dati vogando di forza.

arrandellàre [comp. di *a-* (*2*) e *randello*] v. tr. (*io arrandèllo*) *1* Percuotere con randello. *2* (*fig.*, *pop.*, *tosc.*) Vendere a bassissimo prezzo. *3* †Gettare, scagliare con forza.

arrangiaménto [fr. *arrangement*. V. *arrangiare*] s. m. *1* Accordo, accomodamento: *cercare, trovare un a.*; *venire a un a.* *2* Nella musica leggera, armonizzazione e strumentazione di una melodia. *3* Furto, da parte d'un militare, di oggetti di vestiario o di equipaggiamento militare al solo scopo di sopperire a deficienze del proprio corredo.

arrangiàre [fr. *arranger*, da *rang*. V. *rango*] **A** v. tr. (*io arràngio*) *1* Sistemare, accomodare alla meglio: *vedremo di a. anche questa faccenda* | (*fig.*, *fam.*) *A. qc.*, malmenarlo. *2* (*fig.*) Mettere insieme in qualche modo: *cercate di a. la cena* | (*est.*, *fam.*) Rubare. *3* Nella musica leggera, effettuare un arrangiamento. **B** v. intr. pron. ● Addivenire a un accordo: *tra noi ci arrangeremo benissimo* | (*est.*) Risolvere alla meglio i propri problemi: *nelle difficoltà occorre arrangiarsi.*

arrangiatóre s. m. (f. *-trice*) ● Nella musica leggera, chi cura l'arrangiamento di una melodia.

†**arrangolàre** [comp. di *a-* (*2*) e *rangola*] **A** v. intr. ● Parlare con voce rauca, affannata, soffocata. **B** v. intr. pron. ● Stizzirsi, arrabbiarsi.

arrantolàto [dal part. pass. di *rantolare*] agg. ● (*raro*, *lett.*) Che rantola | Che è rotto da rantoli: *la parola gli usciva arrantolata dalla gola* (MANZONI).

arrapàre [nap. *arrapà*, forse da *rapa*, intesa nel sign. metaforico di 'membro virile'] **A** v. tr. ● (*pop.*) Eccitare sessualmente. **B** v. rifl. ● Eccitarsi sessualmente.

arrapàto part. pass. di *arrapare*; anche agg. ● Nei sign. del v.

arrapinàre [comp. di *a-* (*2*) e *rapina*] **A** v. tr. ● †Fare arrabbiare. **B** v. intr. pron. *1* (*raro*) Arrabbiarsi. *2* (*raro, fig.*) Affannarsi, arrovellarsi.

†**arrappàre** [provz. *arrapar*, forse dal got. **hrapōn*] | **A** v. tr. ● Togliere con violenza, strappare, afferrare | (*est.*) Rubare. **B** v. intr. pron. ● (*raro*) Arrampicarsi.

†arraspàre [comp. di *a-* (*2*) e *raspare*] **v. tr.** ● Raspare | (*fig.*) Rubare, portar via.

arrazzàre [comp. di *a-* (*2*) e *razzo*] **A v. tr.** ● Fare esplodere, incendiare | (*fig.*) Eccitare. **B v. intr.** e **intr. pron.** (aus. *essere*) ● Ardere come un razzo | (*est.*) Brillare, rifulgere.

arrecàre [comp. di *a-* (*2*) e *recare*] **A v. tr.** (*io arrèco, tu arrèchi*) **1** Recare, portare. **2** (*fig.*) Cagionare: *a. noia, disturbo a qc.*; *arrecar danno alle cose altrui.* **3** †Attribuire | †Citare, allegare. **B v. rifl. 1** †Indursi, adattarsi. **2** †Portarsi, avvicinarsi.

arrecatóre **agg.**; anche **s. m.** (f. *-trice*) ● (*raro, lett.*) Che, chi arreca.

arredaménto **s. m. 1** Studio della disposizione di mobili e arredi in abitazioni, uffici, negozi e sim. | Arte di arredare una scena teatrale, cinematografica e sim. **2** (*est.*) Complesso di mobili, arredi e decorazioni presenti in un'abitazione e sim. | Mobilio e suppellettili sceniche che completano la scenografia.

arredàre [cfr. *corredare*] **v. tr.** (*io arrèdo*) ● Fornire un locale di mobili, suppellettili, decorazioni e sim. disponendoli secondo un dato gusto e criterio | (*est.*) Ammobiliare.

arredatóre **s. m.** (f. *-trice*) **1** Chi progetta e realizza un arredamento. **2** Operaio specializzato nell'esecuzione di lavori di arredamento. **3** Incaricato dell'arredamento di una scena.

arrèdo **s. m.** ● Ogni singolo oggetto o il complesso degli oggetti che servono a guarnire uno o più ambienti | *Arredi sacri*, gli oggetti usati per il culto, come calice, ampolline, argenti, paramenti sacerdotali e sim. | *A. urbano*, complesso delle attrezzature che servono a completare la funzionalità degli spazi pubblici urbani, come panchine, fontanelle, lampioni, paline segnaletiche, ecc.

arrembàggio [da *arrembare* (*1*)] **s. m. 1** (*mar.*) Atto dell'arrembare | Assalto | Saccheggio | *All'a.!*, grido di combattimento. **2** (*fig.*) Azione, attacco, tentativo disperato | *Andare, buttarsi, gettarsi, all'a.*, partire di slancio per conquistare q.c. o qc.

arrembàre (**1**) [etim. incerta] **v. tr.** (*io arrèmbo*) **1** Dare l'assalto a un bastimento dopo averlo abbordato. **2** Attraccare.

arrembàre (**2**) [etim. incerta] **A v. intr.** e **intr. pron.** (*io arrèmbo*; aus. *essere*) **1** Manifestare arrembatura, detto del cavallo. **2** (*fig.*) Camminare trascinandosi a fatica. **B v. tr.** ● (*raro*) Piegare su un fianco.

arrembàta [da *arrembare* (*1*)] **s. f.** ● (*raro*) Arrembaggio.

arrembàto (**1**) **part. pass.** di *arrembare* (*1*); anche **agg. 1** Nei sign. del v. **2** Aggredito.

arrembàto (**2**) **part. pass.** di *arrembare* (*2*); anche **agg. 1** Nei sign. del v. **2** Detto del cavallo che ha il nodello permanentemente deviato in avanti, con conseguente deviazione dello zoccolo.

arrembatùra [da *arrembare* (*2*)] **s. f.** ● Difetto del cavallo arrembato.

arrèmbo [da *arrembare* (*1*)] **s. m.** ● (*raro, lett.*) Arrembaggio.

arrenaménto ● V. *arenamento.*

arrenàre [comp. di *a-* (*2*) e *rena*] **A v. tr.** (*io arréno*) ● Pulire strofinando con la sabbia: *a. stoviglie, metalli.* **B v. intr.** e **intr. pron.** (aus. *essere*) ● V. *arenare.*

arrendaménto [sp. *arrendamiento*, da *arrendar* 'appaltare', da *rendir* 'dare, consegnare', dal lat. *rĕddere* 'rendere'] **s. m.** ● Gabella la cui riscossione era data in appalto a privati.

arrendatóre **s. m.** ● Appaltatore privato di gabelle.

arrèndere [comp. di *a-* (*2*) e *rendere*] **A v. tr.** (coniug. come *rendere*) ● †Rendere, restituire, consegnare: *arrendé la terra a' Francesi* (GUICCIARDINI). **B v. intr. pron. 1** Darsi in mano al nemico: *la città si arrese in pochi giorni.* **2** (*fig.*) Abbandonarsi, cedere, darsi per vinto: *arrendersi all'evidenza, alla ragione*; *esitò prima di arrendersi*; *lottò a lungo ma non si arrese.* **3** (*raro, lett.*) Piegarsi, flettersi: *i rami si arrendono al vento.*

arrendévole **agg.** ● Che non resiste e cede facilmente: *essere, mostrarsi a.* | Che si piega e si volge agevolmente per ogni verso: *legno, ramo a.* || **arrendevolménte**, **avv.**

arrendevolézza **s. f.** ● Qualità di chi, di ciò che, è arrendevole.

arréso **part. pass.** di *arrendere*; anche **agg.** ● Nei sign. del v.

arrestaménto **s. m.** ● (*raro*) Arresto | †Cattura, sequestro.

arrestàre (**1**) [lat. mediev. *adrestāre*, comp. di *ăd* e *restāre* 'stare ancora, fermarsi'] **A v. tr.** (*io arrèsto*) **1** Fermare, impedire la continuazione di un movimento (*anche fig.*): *a. una macchina, un treno*; *a. un'emorragia*; *il suo sguardo arrestò il mio gesto*; *la guerra ha arrestato lo sviluppo del paese* | *A. i passi*, fermarsi | *A. il gioco*, ordinare la sospensione da parte dell'arbitro, per la punizione di un fallo. **2** Trattenere una persona per assicurarla alla giustizia, sottoporre ad arresto: *fu arrestato sotto l'accusa di omicidio.* **3** †Sequestrare. **B v. rifl.** ● Fermarsi, indugiare: *il treno si arresta di colpo*; *si arrestarono di fronte al pericolo.*

†arrestàre (**2**) [comp. di *a-* (*2*) e *resta* (*2*)] **v. tr.** ● Mettere la lancia in resta.

arrestàto **A part. pass.** di *arrestare* (*1*); anche **agg. 1** Nei sign. del v. **2** (*arald.*) Detto delle navi senza alberatura e dei quadrupedi fermi sulle quattro zampe. **B s. m.** (f. *-a*) ● Persona sottoposta ad arresto.

arrestatóio [da. *arrestare* 'fermare'] **s. m.** ● (*mar.*) Stopper.

arrèsto [da *arrestare* (*1*)] **s. m. 1** Atto, effetto dell'arrestare o dell'arrestarsi: *l'a. di un'auto*; *subire un a.* | (*est.*) Indugio, ritardo | *Senza a.*, senza indugio | *Battuta d'a.*, intervallo, interruzione. **2** Qualsiasi dispositivo tendente a limitare la corsa o a impedire il movimento di una direzione di un organo meccanico. **3** Nei giochi della palla, sospensione di un'azione da parte dell'arbitro per la punizione di un fallo | Atto effettuato sul pallone da un giocatore in seguito a un passaggio, a un tiro avversario o dopo un palleggio: *a. al volo* | Nella scherma, uscita in tempo su attacco composto dell'avversario, che impedisce il proseguimento dell'azione. **4** (*dir.*) Limitazione della libertà personale prevista dalla legge come pena detentiva per le contravvenzioni, come provvedimento di carattere provvisorio introduttivo alla carcerazione preventiva o come misura di polizia a tutela di un interesse. **5** (*spec. al pl.*) Punizione disciplinare esclusiva per ufficiali e marescialli delle forze armate: *arresti semplici, di rigore* | *Arresti in fortezza*, solo per ufficiali. **6** (*med.*) Cessazione improvvisa di una funzione organica: *a. cardiaco* | Interruzione nello sviluppo: *a. psichico.*

arretraménto **s. m.** ● Atto, effetto dell'arretrare o dell'arretrarsi.

arretràre [comp. di *a-* (*2*) e *retro*] **A v. tr.** (*io arrètro*) ● Mandare indietro: *il comandante arretrò le truppe dietro la collina.* **B v. intr.** (aus. *essere*) ● Retrocedere, ritirarsi: *a. di fronte al pericolo* | (*fig.*) Rinunciare, venir meno: *non ho intenzione di a. dalle mie decisioni.* **C v. rifl.** e **intr. pron.** ● Tirarsi indietro: *mi arretrai in fretta*; *il carro si arretrò in salita.*

arretratézza **s. f.** ● Condizione di chi, di ciò che è arretrato: *a. mentale*; *a. economica, culturale di un Paese.*

arretràto **A part. pass.** di *arretrare*; anche **agg. 1** Nei sign. del v. **2** *Numero, fascicolo a.*, di un giornale, di una rivista e sim., pubblicato precedentemente, al quale altri sono seguiti | *Lavoro, affare a.*, non sbrigato a suo tempo. **3** Detto di chi, di ciò che non ha avuto un normale sviluppo: *bambino mentalmente a.* | *Area arretrata*, di accentuato sottosviluppo | *Paese a.*, sottosviluppato economicamente, politicamente e socialmente. **4** (*ling.*) Detto di suono che, rispetto a un suono avanzato, è articolato più verso la gola. **B s. m. 1** Debito scaduto e non pagato a suo tempo | Somma non incassata e rimasta da esigere. **2** (*fig.*) Faccenda, conto, in sospeso: *avere degli arretrati con la giustizia.*

àrri [vc. onomat.] **inter.** ● Si usa come voce d'incitamento agli animali da soma e da tiro: *a.! a.!*; *a. là.*

arriba /*sp.* ar'riba/ [sp., 'su, di sopra', comp. del lat. *ăd* e *rīpa* 'riva'] **inter.** ● Esclamazione di augurio, di plauso, esaltazione e sim. equivalente a *evviva!*

arricchiménto **s. m. 1** Modo, atto dell'arricchire o dell'arricchirsi (*anche fig.*) **2** (*tecnol.*) Processo che, per successive operazioni, porta a un aumento di un dato elemento, di una data sostanza, o di un minerale utile in seno a un miscuglio o a un minerale grezzo.

arricchìre [comp. di *a-* (*2*) e *ricco*] **A v. tr.** (*io arricchìsco, tu arricchìsci*) ● Rendere ricco: *a. la propria famiglia* | (*fig.*) Aumentare, apportare nuovi elementi: *a. la propria cultura*; *ha arricchito la biblioteca di due preziosi volumi* | (*fig.*) Adornare: *arricchì il suo giardino di fiori.* **B v. intr.**, **rifl.** e **intr. pron.** (aus. intr. *essere*) ● Diventare ricco: *a. alle spalle, a spese di qc.*; *si sono arricchiti in breve tempo*; *la letteratura si arricchisce di nuovi poeti.*

arricchìto **A part. pass.** di *arricchire*; anche **agg. 1** Nei sign. del v. **2** Detto di minerale grezzo e sim. che ha subito l'arricchimento. **B s. m.** (f. *-a*) ● Chi è riuscito a diventare ricco in poco tempo (*anche spreg.*).

arricciabùrro [comp. di *arriccia(re)* e *burro*] **s. m. inv.** ● Utensile di cucina, a lama curvata e scannellata, atto a ridurre il burro in ricci.

arricciacapélli [comp. di *arriccia(re)* e il pl. di *capello*] **s. m.** ● Arnese di ferro usato per arricciare e ondulare i capelli.

arricciaménto **s. m. 1** Atto, effetto dell'arricciare o dell'arricciarsi. **2** (*bot.*) Deformazione del lembo fogliare causata da parassiti. **SIN.** Virosi.

arricciàre [comp. di *a-* (*2*) e *riccio*] **A v. tr.** (*io arrìccio*) **1** Piegare avvolgendo in forma di riccio: *a. i capelli*; *arricciarsi i baffi* | (*est.*) Accartocciare: *a. gli angoli di una pagina.* **2** Increspare, corrugare | *A. il naso, le labbra, il muso*, in segno di riprovazione, stizza, disgusto, e sim.; (*est.*) disapprovare, biasimare: *quella proposta gli fece a. il naso* | *A. il pelo*, rizzarlo, sollevarlo, in segno di spavento o di rabbia | (*raro*) *A. i capelli*, rizzarli, in segno di paura. **3** Incalcinare il muro prima di dare l'intonaco definitivo. **B v. intr. pron.** (aus. *essere*) **1** Diventare riccio: *i suoi capelli si arricciano con facilità* | (*est.*) Accartocciarsi: *le foglie si arricciano al sole.* **2** (*raro*) †Inorridire. **C v. intr.** e **intr. pron.** (aus. *essere*) **1** (*raro*) Rizzarsi, sollevarsi, del pelo o dei capelli, per paura, rabbia o sim. **2** (*raro*) †Sdegnarsi, incollerirsi.

arricciàto **A part. pass.** di *arricciare*; anche **agg.** ● Nei sign. del v. **B s. m. 1** Arricciatura nel sign. 3 | Nella tecnica di preparazione per l'affresco, strato di intonaco ruvido sul quale si traccia la sinopia. **2** †Broccato.

arricciatùra **s. f. 1** Atto, effetto dell'arricciare o dell'arricciarsi. **2** Ondulazione caratteristica delle lane fini. **3** Incalcinatura ruvida, primo strato di intonaco.

arrìccio [da *arricciare*] **s. m.** ● Arricciatura, nel sign. 3.

arricciolaménto **s. m.** ● Atto, effetto dell'arricciolare.

arricciolàre [comp. di *a-* (*2*) e *ricciolo*] **A v. tr.** (*io arrìcciolo*) ● Modellare a forma di ricciolo | *A. il burro*, tagliarlo a riccioli. **B v. intr. pron.** ● (*raro*) Prendere forma di ricciolo.

arridàre [fr. *rider*, dall'ol. *riden*] **v. tr.** ● (*mar.*) Tesare le manovre dormienti che sostengono e fissano l'alberatura, in modo che non vi sia imbando.

arridatóio **s. m.** ● (*mar.*) Strumento di ferro a vite per arridare.

arrìdere [lat. *arridēre*, comp. di *ăd* e *ridēre* 'ridere'] **A v. intr.** (coniug. come *ridere*; aus. *avere*) **1** Mostrarsi ridente, piacevole, favorevole, propizio: *la fortuna gli arride*; *in futuro ci arrideranno tempi migliori*; *il successo arride alla nostra impresa.* **2** (*lett.*) Essere gradito. **B v. tr.** (coniug. come *ridere*) **1** (*lett.*) Rendere ridente, gaio. **2** (*lett.*) Elargire, concedere: *la luce, etereo dono, / arrisi ... / a l'uom* (CARDUCCI).

arrière-goût /*fr.* arjer'gu/ [vc. fr., comp. di *arrière* 'indietro' e *goût* 'gusto, sapore'] **s. m. inv.** (**pl.** fr. *arrière-goûts*) ● Retrogusto, retrosapore.

arrière-pensée /*fr.* a'rjerpã'se/ [vc. fr., comp. di *arrière* 'dietro' e *pensée* 'pensiero'] **s. f.** e **m. inv.** (**pl.** fr. *arrière-pensées*) ● Pensiero non espresso | Scopo recondito, secondo fine.

arriffàre [comp. di *a-* (*2*) e *riffa*] **v. tr.** ● (*raro*) Giocare alla riffa | (*est.*) Arrischiare.

arrìnga o **†aringa** (**2**) [got. *hrings* 'cerchio'. Cfr. ted. *Ring* 'cerchio, anello'] **s. f. 1** Discorso solenne, pronunciato davanti a un'assemblea, al popolo e sim. *2* (*dir.*) Perorazione del difensore o del pubblico ministero nel processo penale: *fare, pronunciare, scrivere un'a.*

†arringaménto o **†aringaménto**, s. m. ● Atto dell'arringare.

arringàre o **†aringàre**. v. tr. e intr. (*io arrìngo, tu arrìnghi*) *1* Pronunciare un'arringa, parlare in pubblico: *nel Foro i tribuni arringavano la folla; il deputato arringa dal balcone; †a. al popolo* | (*est.*) Esortare col discorso: *a. i soldati prima del combattimento.* *2* †Giostrare in aringo | Schierare i soldati in ordinanza.

arringatóre o **†aringatóre**. s. m. (f. *-trice*) ● (*lett.*) Chi arringa.

†arringheria o **†aringheria**. s. f. ● Concione.

arrìngo o **aringo** [V. *arringa*] s. m. (pl. *-ghi*) *1* Anticamente, campo, recinto in cui si gareggiava nei tornei: *scendere, entrare, nell'a.* | *Correre l'a.*, giostrare. *2* (*fig.*) Gara, lotta, disputa | (*raro*) *Mantenere l'a.*, sostenere una sfida. *3* †Orazione. *4* V. *arengo.*

arrischiàre o **†arriscàre**, (*tosc.*) **arrișicàre** [comp. di *a-* (*2*) e *rischiare*] **A** v. tr. (*io arrìschio*) *1* Mettere a rischio, in pericolo: *a. la vita.* *2* Osare: *ha arrischiato una mossa molto audace* | (*est.*) Trovare il coraggio per fare o dire q.c.: *a. un giudizio, un intervento* | (*ass.*) Correre un rischio: *preferì a. piuttosto che rinunciare all'impresa.* **B** v. rifl. *1* Esporsi a un rischio: *non so se devo arrischiarmi a fare questa proposta.* *2* Osare: *come hai potuto arrischiarti a tanto?*

arrischiàto part. pass. di *arrischiare*; anche agg. ● Nei sign. del v. || **arrischiataménte**, avv.

arrischio s. m. ● (*lett.*) Rischio.

arrișicàre ● V. *arrischiare.*

arriso part. pass. di *arridere*; anche agg. ● Nei sign. del v.

arriva [sp. *arriba*. V. *arrivare*] inter. ● (*mar.*) Si usa come comando di salire in alto, sull'alberatura.

arrivàbile agg. ● (*raro*) Raggiungibile.

arrivàre [lat. **adripāre* 'portare, giungere a riva', comp. di *ăd* e *rīpa* 'riva'] **A** v. intr. (aus. *essere*) *1* Raggiungere un dato punto, nello spazio o nel tempo: *a. a casa, in chiesa, a teatro; a. alla laurea, alla conoscenza di q.c., al cuore di qc.* | *A. sopra, addosso,* (*fig.*) sopraggiungere all'improvviso | *A. in gruppo, in un fazzoletto*, detto dei concorrenti di una gara di corsa che giungono al traguardo tutti assieme e quasi sulla stessa linea | *A. a q.c.*, giungere a toccare o a prendere un oggetto | (*est.*) Raggiungere lo stesso livello di qc. o di q.c.: *chi può a. alla tua bontà?; nessun altro uomo è mai arrivato a tale abisso di crudeltà.* *2* Riuscire a procurarsi, ottenere q.c.: *a. a un certo prezzo; a. a un certo ambiente; a. a lavorare, a studiare, ecc.* | (*fig.*) Riuscire a capire: *non ci arrivi? eppure è molto semplice.* *3* Toccare un determinato livello di lunghezza, altezza, prezzo, tempo, e sim.: *le trecce le arrivavano fino alla cintura; le vette dei monti pare arrivino fino al cielo; questa pelliccia arriverà a tre milioni di lire; è arrivato felicemente a 80 anni* | (*est.*) Essere della misura giusta, detto di abiti: *la giacca dell'anno scorso gli arriva appena appena* | (*fig.*) Giungere a quello che è considerato un limite estremo nel pensare, dire, fare q.c., o superare questo limite: *se continua così arriveremo a odiarci; è arrivato a dire che siamo tutti in mala fede.* *4* Affermarsi nella vita, nel mondo: *tu desideri solo a.* *5* Sopraggiungere: *eravamo tutti d'accordo ed ecco, arrivà lui a sollevare questioni* | Accadere: *arriverà questo: che tutti sarete puniti.* *6* †Accostarsi a riva | †Approdare. **B** v. tr. *1* (*raro, lett.*) Raggiungere | (*fig.*) Conseguire: *a. uno scopo.* *2* (*fam.*) Riuscire a toccare, a prendere: *a. un frutto, un oggetto* | Colpire con un'arma: *l'hanno arrivato con tre colpi di fucile.* **C** v. rifl. rec. ● (*fam.*) Colpirsi con armi: *si arrivarono l'un l'altro, e caddero entrambi al suolo.*

arrivàto A part. pass. di *arrivare*; anche agg. *1* Nei sign. del v. *2* *Nuovo a.*, di chi è giunto da poco | *Essere il ben a.*, essere ben accolto, bene accetto | *Dare il ben a.*, il benvenuto | (*escl.*) *Ben a.!*, benvenuto. *3* Che ha raggiunto una solida posizione sociale: *ormai è un uomo a.* **B** s. m. ● Chi ha raggiunto una solida posizione sociale.

arrivatùra [da *arrivare*] s. f. ● (*tip.*) In un manoscritto o in uno stampato, punto dove finisce il lavoro di un compositore e comincia quello di un altro.

arrivedélla ● V. *arrivederla.*

arrivedéllo ● V. *arrivederla.*

arrivedérci o (*raro*) **a rivedérci** nel sign. A. [da intendersi (*addio fino*) *a rivederci*] **A** inter. *1* Si usa come saluto nell'accomiatarsi da persona che si desidera rivedere o come espressione di augurio: *a.* (*a*) *stasera; a.* (*a*) *presto* | V. anche *arrivederla.* *2* (*fam.*) Si usa per troncare una discussione che non si vuole o non è possibile continuare: *a., ho capito; sì, a.!; a. e grazie!* **B** s. m. ● La formula stessa del saluto: *un felice a.; le esprimo il mio più cordiale a.; ripetuti, rinnovati a.*

arrivedérla o (*scherz., dial.*) **arrivedélla**, (*scherz., dial.*) **arrivedéllo**, (*fam.*) **arrivedérlo** [var. rispettosa (*-la*) di *arriveder*(*ci*)] inter. ● Si usa come saluto nell'accomiatarsi da persona di rispetto che si desidera rivedere | (*fam.*) Si usa per troncare una discussione: *arrivederla e tanti saluti a casa!*

arrivișmo [da *arrivare*, calco sul fr. *arrivisme*] s. m. ● Smania di raggiungere presto e a ogni costo un'elevata condizione sociale, economica, politica e sim.

arrivista s. m. e f. (pl. m. *-i*) ● Chi si prefigge, come scopo principale, di raggiungere in breve tempo e a qualunque costo una elevata posizione sociale, economica, politica e sim.

arrivìstico agg. (pl. m. *-ci*) ● Caratterizzato da arrivismo: *smanie arrivistiche.*

arrivo [da *arrivare*] s. m. *1* Atto dell'arrivare: *l'a. dell'autobus, di un amico, di un gruppo di turisti* | *Essere in a.*, stare per arrivare | *Avere in a.*, essere in attesa di q.c. che si è richiesto. *2* Luogo in cui si arriva e, nel linguaggio sportivo, in cui si conclude una corsa | (*al pl.*) Nelle stazioni ferroviarie, nelle autostazioni e negli aeroporti, elenco degli orari dei mezzi in arrivo. *3* (*sport*) L'azione con cui l'atleta, la macchina, l'animale passa sul traguardo alla fine di una corsa: *a. in gruppo, in volata* | *A. frazionato*, quando i concorrenti arrivano al traguardo isolati o in piccoli gruppi con un certo distacco | Nella ginnastica, presa di contatto col terreno e modo in cui ciò avviene al termine di un esercizio. *4* (*al pl.*) L'insieme delle merci arrivate di recente al venditore: *esporre, mostrare gli ultimi arrivi.*

arroccaménto [da *arroccare* (*2*)] s. m. *1* Arrocco. *2* *Linea di a.*, comunicazione o fascio di comunicazioni di qualunque specie che, svolgendosi parallelamente a un fronte di operazioni, consente spostamenti di forze per manovrarle opportunamente.

arroccàre (**1**) [comp. di *a-* (*2*) e *rocca* (*1*)] v. tr. (*io arròcco* o *arròcco, tu arròcchi* o *arròcchi*) ● Porre canapa, lino, seta e sim. sulla rocca per filare.

arroccàre (**2**) [comp. di *a-* (*2*) e *rocco* nel sign. di 'torre'] **A** v. tr. (*io arròcco, tu arròcchi*) *1* Nel gioco degli scacchi, coprire il re con la torre, movendoli simultaneamente. *2* Muovere le truppe per linee coperte, interne al fronte. *3* (*fig.*) Mettere al riparo, al sicuro. **B** v. rifl. *1* Nel gioco degli scacchi, coprire il proprio re con la torre. *2* Nel calcio, chiudersi in stretta difesa. *3* (*fig.*) Mettersi al sicuro: *si arroccarono sui colli.*

arrocchettàto [comp. di *a-* (*2*) e un deriv. di *rocchetto*] agg. ● (*fam.*) Mal ridotto | Fatto alla meglio.

†arrocchiàre [comp. di *a-* (*2*) e *rocchio*] v. tr. *1* Ridurre in rocchi, arrotolare. *2* Abborracciare.

arrocciàrsi [comp. di *a-* (*2*) e il den. di *roccia*] v. intr. pron. ● Incrodarsi.

arròcco [da *arroccare* (2)] s. m. (pl. *-chi*) ● Nel gioco degli scacchi, movimento simultaneo del re e della torre.

arrochiménto s. m. ● Atto, effetto dell'arrochire o dell'arrochirsi.

arrochire [comp. di *a-* (*2*) e *roco*] **A** v. tr. (*io arrochìsco, tu arrochìsci*) ● Rendere roco, rauco: *il freddo improvviso ha arrochito le nostre voci.* **B** v. intr. e intr. pron. (aus. *essere*) ● Divenire roco, rauco: *arrochisce spesso; si è arrochito con l'umidità.*

arrochito part. pass. di *arrochire*; anche agg. ● Nei sign. del v.

arrogànte [vc. dotta, lat. *adrogănte*(*m*) 'persona che richiede, pretende', da *adrogāre* 'arrogare'] agg.; anche s. m. ● Che, chi dimostra presunzione e superbia: *dalla sua bocca escono solo parole arroganti; sei un bell'a.* || **arrogantàccio**, pegg. | **arrogantèllo**, dim. | **arrogantóne**, accr. | **arrogantùccio**, dim. || **arroganteménte**, avv. Con arroganza.

arrogànza [vc. dotta, lat. *adrogăntia*(*m*). V. *arrogante*] s. f. ● Modo di comportarsi insolente e troppo presuntuoso di sé: *parlare, rispondere, trattare gli altri con a.*

arrogàre [vc. dotta, comp. dal lat. *ăd* e *rogāre* 'chiedere'] v. tr. (*io arrògo, tu arròghi*) *1* Attribuirsi q.c. senza averne il diritto: *a. a sé stesso ogni privilegio; arrogarsi un diritto, un merito, un vanto, un titolo.* *2* (*dir.*) Compiere un'arrogazione.

arrogazióne [vc. dotta, lat. tardo *adrogatiōne*(*m*) 'adozione di una persona', da *adrogāre* 'arrogare'] s. f. ● Nel diritto romano, assunzione di un capofamiglia sotto la patria potestà di un altro capofamiglia.

†arrògere [dal lat. *adrogāre* 'attribuire', poi 'aggiungere un magistrato a un altro'. V. *arrogare*] v. tr. (oggi dif. usato solo nella seconda pers. dell'indic. pres. *arròge* o (*bur.*) *arrògi* e nel part. pass. (*raro*) *arròto*) ● Aggiungere, integrare: *duolmi ch'ogni giorno arroge al danno* (PETRARCA).

arrolàre e *deriv.* ● V. *arruolare* e *deriv.*

arroncaménto s. m. ● Atto, effetto dell'arroncare.

arroncàre [da *ronca*] v. tr. (*io arrónco*) ● (*raro*) Tagliare con la ronca | Togliere le erbe infestanti da un campo coltivato.

arroncigliàre [comp. di *a-* (*2*) e *roncigliare*] **A** v. tr. (*io arroncìglio*) *1* †Afferrare col ronciglio. *2* †Torcere, avvolgere. **B** v. rifl. ● (*raro*) Attorcigliarsi.

arronzàre [comp. di *a-* (*2*) e *ronzare*] **A** v. tr. (*io arrónzo*) *1* (*fam.*) Lavorare in fretta e male (*anche ass.*): *non fa le cose per bene, arronza troppo.* *2* (*mar.*) Urtare con violenza un'altra nave o imbarcazione. **B** v. intr. pron. ● (*fam., tosc.*) Affaccendarsi, darsi d'attorno.

†arroșàre [vc. dotta, lat. tardo *arrōsāre*, da *rōs*, genit. *rōris* 'rugiada'] v. tr. ● Spruzzare leggermente a guisa di rugiada.

arrossaménto s. m. ● Atto, effetto dell'arrossare o dell'arrossarsi.

arrossàre [comp. di *a-* (*2*) e *rosso*] **A** v. tr. (*io arrósso*) ● Far divenire rosso, tingere di rosso: *il vento forte arrossa gli occhi; l'autunno arrossa le foglie.* **B** v. intr. e intr. pron. (aus. *essere*) *1* Diventare rosso: *al tramonto le acque del lago arrossano.* *2* †Vergognarsi.

arrossiménto s. m. ● (*raro*) Atto, effetto dell'arrossire.

arrossire [comp. di *a-* (*2*) e *rosso*] **A** v. intr. (*io arrossìsco, tu arrossìsci*; aus. *essere*) ● (*raro*) Diventare rosso. **B** v. intr. e intr. pron. ● Diventare rosso in viso, per vergogna, emozione, gioia e sim.: *arrossisce appena lo si guarda; nel viso s'arrossì l'Angel beato* (ARIOSTO) | (*est.*) Vergognarsi: *è incapace di a.*

†arrostàre [comp. di *a-* (*2*) e *rosta*] **A** v. tr. ● Dimenare, agitare. **B** v. rifl. ● Schermirsi, difendersi: *dall'altra man col battaglio s'arrosta* (PULCI).

arrostiménto s. m. *1* Atto, effetto dell'arrostire o dell'arrostirsi. *2* Trattamento termico di un minerale, consistente in un riscaldamento al di sotto del punto di fusione e in corrente d'aria, che serve per eliminare parti volatili e per facilitare l'estrazione del metallo.

arrostire [germ. **raustjan*] **A** v. tr. (*io arrostìsco, tu arrostìsci*) *1* Cuocere per azione diretta del calore, allo spiedo, sulla brace, alla graticola, al forno, in casseruola: *a. il pesce, le bistecche, un maialino.* *2* (*est.*) Abbrustolire, tostare: *a. il pane, le castagne.* *3* Sottoporre sostanze o certi minerali ad arrostimento. *4* †Inaridire, disseccare. **B** v. intr. e intr. pron. (aus. *essere*) ● (*fig.*) Abbronzarsi troppo e in fretta: *gli piace a. al sole.*

arrostita s. f. ● Caldarrosta. SIN. Bruciata.

arrostitùra s. f. ● (*raro*) Arrostimento.

arròsto A s. m. *1* Carne arrostita: *a. di vitello, di tacchino* | *A. morto*, carne cotta nella casseruola con pochissimo liquido | *Fumo d'a.*, (*fig.*) cosa vana | *Più fumo che a.*, (*fig.*) più apparenza che sostanza. **2** †Cosa mal fatta, abborracciata. || **arrostino**, dim. **B** agg. inv. ● Detto di vivanda arrostita: *pollo a.*; *carne a.*; *galline a.*; *castagne arrosto* (*dial. arroste*). **C** avv. ● A modo di arrosto: *cuocere, fare, mettere a.*

arrotaménto s. m. ● Atto dell'arrotare.

arrotàre [comp. di *a-* (2) e *ruota*] **A** v. tr. (*io arròto*, †*arruòto*) **1** Ridare il taglio a una lama, mediante la mola o la cote: *a. la scure, la falce, il coltello.* **2** Levigare il pavimento con l'arrotatrice. **3** Stropicciare, sfregare insieme | *A. i denti*, farli scricchiolare, sfregando quelli di sopra con quelli di sotto, in segno di rabbia, minaccia e sim. | (*fig.*) *A. la lingua*, parlare male di qc. | (*fig.*) *A. la erre*, pronunciarla in modo difettoso rispetto al normale uso italiano | (*pop., tosc.*) *A. i panni, gli abiti*, logorarli. **4** Investire, urtare con le ruote: *poco mancò che l'automobile ci arrotasse.* **5** †Sottoporre al supplizio della ruota. **B** v. rifl. e rifl. rec. **1** Urtarsi con le ruote. **2** (*raro, lett.*) Agitarsi con inquietudine.

arrotatóre s. m. ● (*raro*) Arrotino.

arrotatrìce s. f. ● Macchina per levigare pavimenti, mediante piastre di abrasivo.

arrotatùra s. f. ● Modo, atto ed effetto dell'arrotare o dell'arrotarsi.

arrotìno s. m. ● Chi per mestiere arrota lame, coltelli, forbici e sim.

arrotìo s. m. ● (*raro*) Atto del continuo arrotare.

arròto A part. pass. di †*arrogere*; anche agg. ● Nei sign. del v. **B** s. m. ● A Firenze, nel Medioevo, persona assegnata come aiuto a un magistrato.

arrotolaménto s. m. ● Atto, effetto dell'arrotolare.

arrotolàre [comp. di *a-* (2) e *rotolo*] v. tr. (*io arròtolo*) ● Ridurre in forma di rotolo.

arrotolàto part. pass. di *arrotolare*; anche agg. ● Nei sign. del v.

arrotolatrice s. f. ● Macchina per arrotolare fogli di lamiera.

arrotondadòrsi o **arrotondadòrsi** [comp. di *arrotonda(re)* e il pl. di *dorso*] s. m. ● In legatoria, macchina con cui si conferisce ai dorsi una rotondità più o meno accentuata.

arrotondaménto s. m. ● Atto, effetto dell'arrotondare o dell'arrotondarsi.

arrotondàre [comp. di *a-* (2) e *rotondo*] **A** v. tr. (*io arrotóndo*) **1** Dare forma rotonda o più rotonda | (*fig.*) *A. il periodo*, renderlo più scorrevole e armonioso. **2** (*mat.*) Sostituire a un numero non esprimibile con un numero finito di cifre decimali, o comunque complicato, un altro numero a esso prossimo ma più semplice: *a. per difetto, per eccesso* | *A. alla seconda, alla terza cifra decimale*, fermarsi a tale cifra | *A. lo stipendio, la paga e sim.*, integrarli con altri guadagni. **B** v. intr. pron. ● Diventare rotondo | (*est.*) Ingrassare.

arrotondàto part. pass. di *arrotondare*; anche agg. **1** Nei sign. del v. **2** (*ling.*) Detto di suono pronunciato con le labbra arrotondate.

arrovellaménto s. m. ● Modo, atto dell'arrovellarsi.

arrovellàre [dal lat. *rebellāre* 'rinnovare la guerra', da *bellum* 'guerra'] **A** v. tr. (*io arrovèllo*) ● †Tormentare | (*fig.*) *Arrovellarsi il cervello*, pensare intensamente per trovare la soluzione di q.c. **B** v. rifl. **1** Provare stizza rabbiosa: *non arrovellarti per questa sciocchezza!* **2** Accalorarsi, agitarsi per riuscire in q.c. o per ottenere q.c. di particolarmente difficile: *da ieri mi sto arrovellando per convincerti.*

arroventaménto s. m. ● Atto, effetto dell'arroventare o dell'arroventarsi.

arroventàre [comp. di *a-* (2) e *rovente*] **A** v. tr. (*io arrovènto*) ● Rendere rovente: *a. il ferro prima di batterlo*; *il sole d'agosto arroventa la città.* **B** v. intr. pron. ● Diventare rovente: *la sabbia si arroventa sotto il sole.*

arroventàto part. pass. di *arroventare*; anche agg. **1** Nei sign. del v. **2** (*fig.*) *Estate arroventata*, caldissima.

arroventatùra s. f. ● Effetto dell'arroventare o dell'arroventarsi.

arrovesciaménto s. m. ● Modo, atto dell'arrovesciare o dell'arrovesciarsi.

arrovesciàre [comp. di *a-* (2) e *rovesciare*] **A** v. tr. (*io arrovèscio*) **1** Mettere a rovescio: *a. un abito*; *a. un piatto, una scatola.* **2** Volgere, piegare, lasciar cadere all'indietro: *s'attaccò al fiasco arrovesciando il capo all'indietro* (VERGA). **B** v. rifl. ● Lasciarsi cadere all'indietro: *si arrovesciò al suolo.*

arrovesciatùra s. f. ● Atto, effetto dell'arrovesciare.

arrubinàre [comp. di *a-* (2) e *rubino*] v. tr. ● (*raro, lett.*) Rendere del colore del rubino | (*scherz.*) *A. il fiasco*, riempirlo di vino rosso.

arruffamatàsse [comp. di *arruffa(re)* e il pl. di *matassa*] s. m. e f. inv. ● Chi imbroglia creando disordine.

arruffaménto s. m. ● Atto, effetto dell'arruffare o dell'arruffarsi.

arruffapòpoli o **arruffapòpolo** [comp. di *arruffa(re)* e *popolo*] s. m. e f. ● Chi, intrigando, spinge il popolo alla rivolta: *d'ora innanzi non ci saranno più a.* (VERGA).

arruffàre [longob. *rauffen*] **A** v. tr. **1** Scompigliare, mettere in disordine, detto spec. di capelli, fili e sim.: *gli arruffai i capelli con la mano* | *A. la matassa*, scompigliarne i fili e (*fig.*) imbrogliare, complicare le cose. **2** (*fig.*) Confondere, turbare: *a. la questione, i pensieri.* **B** v. rifl. ● Scarmigliarsi. **C** v. intr. pron. ● Diventare arruffato: *col vento mi si arruffano i capelli.*

arruffàto part. pass. di *arruffare*; anche agg. ● Nei sign. del v. || **arruffataménte**, avv. Disordinatamente.

arruffianaménto s. m. ● Atto, effetto dell'arruffianare o dell'arruffianarsi.

arruffianàre [comp. di *a-* (2) e *ruffiano*] **A** v. tr. **1** (*pop.*) Sedurre per conto d'altri | (*est.*) Indurre a soddisfare i desideri altrui | *Arruffianarsi qc.*, renderselo amico. **2** (*raro, fig.*) Raffazzonare una cosa perché appaia bella pur non essendo tale. **B** v. intr. pron. ● (*pop.*) Arruffianarsi con qc., accordarsi, spec. per fini equivoci.

arruffìo [da *arruffare*] s. m. ● Disordine, scompiglio (*anche fig.*): *il pollaio era tutto un a. di piume*; *la sua mente è un a. di idee strambe.*

arruffóne [da *arruffare*] s. m. (f. *-a*) ● Persona disordinata e confusionaria | (*fig.*) Imbroglione.

arrugginiménto s. m. ● Atto, effetto dell'arrugginire o dell'arrugginirsi.

arrugginire [comp. di *a-* (2) e *ruggine*] **A** v. tr. (*io arrugginìsco, tu arrugginìsci*) ● Rendere rugginoso: *la salsedine e l'acqua hanno arrugginito l'ancora* | (*fig.*) Indebolire, rendere inabile: *l'inattività arrugginisce i muscoli.* **B** v. intr. e intr. pron. (aus. *essere*) **1** Ricoprirsi di ruggine: *il ferro arrugginisce*; *la lima si è arrugginita.* **2** Essere attaccato dalla ruggine, detto dei vegetali. **3** (*fig.*) Perdere forza fisica, agilità intellettuale e sim.: *con la vecchiaia si è arrugginito.*

arrugginìto part. pass. di *arrugginire*; anche agg. ● Nei sign. del v.

†arrugiadàre [comp. di *a-* (2) e *rugiada*] v. tr. ● Cospargere di rugiada, irrorare.

arruolaménto o (*raro*) **arrolaménto**. s. m. ● Atto, effetto dell'arruolare o dell'arruolarsi: *l'a. dei volontari.*

arruolàre o (*raro*) **arrolàre** [fr. *enrôler*, da *rôle*. V. *ruolo*] **A** v. tr. (*io arruòlo*; in tutta la coniug., *-uò-* se tonico, *-uo-* o raro *-o-* se atono) ● Reclutare, chiamare alle armi. **B** v. rifl. ● Entrare volontariamente a far parte delle forze armate.

†arruvidàrsi v. intr. pron. ● Divenir ruvido.

arruvidiménto s. m. ● (*raro*) Atto, effetto dell'arruvidire o dell'arruvidirsi.

arruvidìre [comp. di *a-* (2) e *ruvido*] **A** v. tr. (*io arruvidìsco, tu arruvidìsci*) ● (*raro*) Far diventare ruvido. **B** v. intr. e intr. pron. (aus. *essere*) ● (*raro*) Diventare ruvido: *spesso le mani arruvidiscono per il freddo.*

ars dictandi /lat. 'ars dik'tandi/ [lat., propriamente 'arte di comporre'. V. *dettare*] loc. sost. f. inv. ● Nel Medioevo, il complesso di regole ed esempi per scrivere lettere in latino.

arsèlla [genov. *arsela*, dal lat. tardo *arcĕlla(m)* 'cassettina', dim. di *ărca*] s. f. ● (*dial.*) Vongola.

arsenàle o (*sett.*) †**arzanà** [ar. *dâr-sinâ'a* 'cala del mestiere, dove si fabbrica'] s. m. **1** Luogo, edificio o insieme di edifici marittimi dove si costruiscono, riparano e armano i bastimenti. **2** Stabilimento militare dove vengono costruiti e riparati armamenti, attrezzature ed equipaggiamenti vari per l'esercito | (*est.*) Grande quantità di armi: *la polizia gli ha trovato in casa un vero a.* **3** (*est.*) Luogo in cui sono raccolti, spec. in modo disordinato, oggetti diversi: *la sua cantina è un a. di roba vecchia* | Insieme di oggetti diversi: *è partito portando con sé un vero a.* | (*fig.*) Deposito di dottrina, di sapere: *quello studioso è un a. di scienza.*

arsenalòtto [veneto *arsenaloto*. V. *arsenale*] s. m. ● Operaio di un arsenale.

arseniàto s. m. ● Sale o estere dell'acido arsenico.

arsenicàle agg. ● Di, relativo ad arsenico | Detto di composto o preparato contenente arsenico.

arsenicàto A s. m. ● Sostanza trattata con arsenico, o con i suoi composti | Sostanza contenente arsenico. **B** anche agg.: *sostanze arsenicate.*

arsenicìsmo s. m. ● (*med.*) Avvelenamento cronico da arsenico.

arsènico [vc. dotta, lat. tardo *arsĕnicu(m)*, dal gr. *arsenikón*, di origine orient., con avvicinamento ad *ársēn* 'maschio'] **A** s. m. ● Elemento chimico, semimetallo, fragile, di colore grigio, presente in natura in quasi tutti i sali metallici da cui si ricava, usato per prodotti farmaceutici, insetticidi e acceleratori di crescita in zootecnia. SIMB. As | *A. bianco*, anidride arseniosa. **B** agg. (pl. m. *-ci*) ● Detto di composto dell'arsenico pentavalente | *Acido a.*, acido inorganico, tribasico, solido, incolore, solubile in acqua, derivato dall'anidride arsenica | *Anidride arsenica*, bianca, velenosa, impiegata per preparare arseniati, insetticidi e sim.

arsenióso agg. ● Detto di composto dell'arsenico trivalente | *Acido a.*, acido inorganico, tribasico, derivato dall'anidride arseniosa | *Anidride arseniosa*, polvere bianca, preparata per arrostimento di minerali d'arsenico, adoperata in tintoria e nell'industria vetraria.

arseniùro [da *arsenico*, col suff. chimico *-uro* (2)] s. m. ● Composto chimico binario dell'arsenico con i metalli.

arsèno- primo elemento ● In parole composte della terminologia chimica indica la presenza di uno o più atomi di arsenico: *arsenobenzolo.*

arsenobenzòlo [comp. di *arseno-* e *benzolo*] s. m. ● Ogni composto organico in cui a ciascuno di due atomi di arsenico trivalente, collegati tra di loro, sono uniti un radicale benzenico monovalente o un suo derivato, usato spec. nella cura della sifilide.

arsenopirite [comp. di *arseno-* e *pirite*] s. f. ● (*miner.*) Solfuro di ferro e arsenico in cristalli prismatici, o più spesso in masserelle, dalla lucentezza metallica e dal color bianco stagno.

àrsi [vc. dotta, lat. *ărsi(m)*, nom. *ărsis*, dal gr. *ársis* 'elevamento', da *áirō* 'io sollevo'] s. f. **1** (*mus.*) Il levare della battuta. CONTR. Tesi. **2** Nella metrica greca, il tempo debole del piede, nella metrica latina il tempo forte.

arsicciàre [da *arsiccio*] v. tr. (*io arsìccio*) ● (*raro*) Rendere arsiccio.

arsìccio [da *arso*] agg. (pl. f. *-ce*) ● Alquanto arso, bruciacchiato | *Sapere d'a.*, mandare odore di bruciato | (*est.*) Riarso, arido: *campo a.*

arsìna [fr. *arsine*, dall'abbr. di *arsenic* 'arsenico'] s. f. ● Composto gassoso, incolore, velenosissimo, dell'arsenico con l'idrogeno, usato nell'industria dei semiconduttori e nella preparazione di composti organici arsenicali. | Ogni derivato organico dell'arsina ottenuto per sostituzione degli atomi di idrogeno con radicali alchilici o arilici, usato nella preparazione di composti aggressivi e vescicanti.

arsióne s. f. **1** (*lett.*) Sensazione di bruciore, di calore, per febbre, sete, e sim. **2** †Incendio, abbruciamento.

àrso part. pass. di *ardere*; anche agg. ● Nei sign. del v.

arsùra [lat. tardo *arsūra(m)*. V. *arso*] s. f. **1** Calore eccessivo: *l'a. d'agosto* | (*est.*) Aridità, siccità: *l'a. del deserto.* **2** Secchezza, spec. della gola, dovuta a sete, febbre e sim.: *sento una terribile a.* **3** †Arsione, incendio.

†artàre [lat. *artāre*, da *ărtus* 'stretto'] v. tr. ● Costringere, coartare, sforzare.

artàto [part. pass. di †*artare* nel sign. 1; da *arte* nel sign. 2] agg. **1** (*lett.*) Sforzato, non spontaneo. **2** (*lett.*) Fatto ad arte, con lo scopo di ingannare, raggirare e sim. ‖ **artataménte**, avv. Con arte astuta, con inganno.

art dirèctor /ˈart diˈrektor, *ingl.* ˈaːt diˈrektə/ [vc. ingl., letteralmente 'direttore (*director*) artistico (*art* 'arte')', con due componenti di origine lat.] loc. sost. m. e f. inv. (pl. ingl. *art directors*) ● Responsabile del settore grafico di un'agenzia pubblicitaria.

àrte [lat. *ărte(m)*, di origine indeur.] s. f. *1* Attività umana regolata da accorgimenti tecnici e fondata sullo studio e sull'esperienza | *Arti meccaniche*, (*lett.*) manuali | *Arti liberali*, (*lett.*) intellettuali | *Le sette arti*, del Trivio e del Quadrivio, e insieme dei precetti, delle regole necessarie per svolgere adeguatamente questa attività: *a. grammatica, retorica, dialettica* | *L'a.*, nell'educazione medievale, retorica | *Arti grafiche*, che riguardano le varie tecniche della stampa | *A. militare*, applicazione dei principi, dei metodi e dei procedimenti che regolano l'impiego delle forze armate in pace e in guerra | *Arti marziali*, insieme di varie tecniche di difesa personale, d'antica origine orientale, volte a neutralizzare l'aggressore mediante particolari colpi o movimenti, senza ricorrere all'uso delle armi da punta, da taglio e da fuoco | (*scherz.*) *L'a. di Michelaccio*, dei fannulloni | *A regola d'a.*, in modo eccellente | (*fig.*) *Essere senz'a. né parte*, non saper fare niente. *2* L'attività, individuale o collettiva, da cui nascono prodotti culturali o comportamenti e sim. che sono oggetto di giudizi di valore, reazioni di gusto e sim., e il risultato di questa attività: *vissi d'a., vissi d'amore*; *è una grande opera d'a.* | *Arti maggiori*, architettura, pittura, scultura | *Arti minori*, oreficeria, ceramica, glittica, ecc. | *Arti belle, belle arti, arti figurative*, scultura, pittura, architettura e, talvolta, musica | *A. sacra*, di soggetto religioso | *A. ambientale*, land art | *A. concettuale*, termine generico che racchiude varie esperienze artistiche tendenti a privilegiare una definizione dell'arte come pensiero, piuttosto che come espressione attraverso un oggetto | *A. processuale*, corrente artistica che concentra l'attenzione sul momento di creazione dell'opera piuttosto che sull'opera stessa | *A. povera*, tendenza artistica, nata negli anni '60, che rifiuta i mezzi convenzionali della tela e del colore a favore dell'uso di materiali arcaici ed elementari tratti dal mondo animale, vegetale, minerale | *Storia dell'a.*, che studia le arti figurative nel loro sviluppo | *L'a. per l'a.*, poetica secondo cui l'arte non deve proporsi alcun fine pratico | *Settima a.*, la cinematografia | (*per anton.*) Il complesso delle arti figurative | *Figlio d'a.*, discendente da una famiglia di attori | *Nome d'a.*, nuovo nome che un artista usa nella sua carriera professionale, sostituendolo in tutto o in parte al suo nome legale | *In a.*, secondo il nome d'arte: *Alberto Pincherle, in a. Moravia*; *Antonio De Curtis, in a. Totò*. *3* Complesso delle opere artistiche, spec. di arte figurativa, di un dato paese, di una data epoca e sim.: *l'a. del Medioevo, del Rinascimento*; *l'a. italiana, greca*. *4* (*est.*) Abilità, accorgimento: *l'a. di farsi benvolere* | *Male arti*, lusinghe | *Ad a.*, con artificio o a bella posta. *5* Dall'antichità alla Rivoluzione francese, organizzazione di artigiani, mercanti e lavoratori in genere, per tutelare i propri interessi economici e politici | *Arti maggiori*, quelle dei giudici, notai, speziali, mercanti, cambiatori, pellicciai e quelle della lana e della seta | *Arti minori*, quelle dei fornai, dei calzolai, dei fabbri, ecc. *6* (*est.*) †Incantesimo, malia, sortilegio | *Fare, gettar l'a.*, operare incantesimo ‖ PROV. Impara l'arte e mettila da parte. ‖ **artàccia**, pegg. | **articèlla**, dim. | **articina**, dim.

artefàre [comp. dal lat. *ărte* 'con arte' e *fare*] v. tr. (coniug. come *fare*) ● Alterare, modificare con accorgimenti particolari.

artefàtto A part. pass. di *artefare*; anche agg. *1* Nel sign. del v. *2* Non genuino: *vino a.*; *cibi artefatti*. *3* (*fig.*) Falso, innaturale: *maniere artefatte*; *modi artefatti*. B s. m. ● †Opera eseguita con arte dalla mano umana.

artéfice [lat. *artĭfice(m)*, comp. di *ărs* 'arte' e *făcere* 'fare'] s. m. e f. *1* Chi realizza opere per le quali è richiesta una specifica capacità. *2* (*est.*) Artista, autore, creatore | *Il Sommo a.*, (*per anton.*) Dio. ‖ **arteficèllo**, dim. | **arteficiàccio**, pegg.

†**artefìcio** ● V. *artificio*.

†**artefìzio** ● V. *artificio*.

artèmia [vc. dotta del lat. scient. con incerto riferimento] s. f. ● (*zool.*) Genere di Crostacei che annovera *Artemia salina*, abitatrice di acque interne salate.

artemìsia [vc. dotta, lat. *artemīsia(m)*, nom. *artemisia*, dal gr. *artemisía* 'pianta sacra ad Artemide'] s. f. ● Pianta erbacea delle Composite con foglie inferiormente lanose e superiormente di color verde scuro e capolini gialli oblunghi (*Artemisia vulgaris*).

artèria [vc. dotta, lat. tardo *artēria(m)*, nom. *artēria*, dal gr. *artēría*, da *artáō* 'io sospendo, sono connesso'] s. f. *1* (*anat.*) Ciascuna delle formazioni tubolari, muscolari ed elastiche che portano il sangue dal cuore a tutte le parti del corpo: *a. basilare, brachiale, celiaca, coronaria, aorta, femorale, radiale, ulnare* | *A. anonima*, che dall'arco dell'aorta raggiunge l'articolazione sternoclavicolare destra suddividendosi nelle arterie carotide e succlavia destra. ➡ ILL. p. 363, 365 ANATOMIA UMANA. *2* (*est., fig.*) Importante via di comunicazione terrestre: *arterie stradali, autostradali, ferroviarie*; *un'a. di grande traffico*. ‖ **arteriola**, dim. (V.) | **arteriùccia**, **arteriùzza**, dim.

arteriàle agg. ● Di arteria: *sangue a.*

arterializzazióne s. f. ● (*med.*) Trasformazione di sangue venoso in sangue arterioso.

arteriectomìa [comp. di *arteri(a)* ed *-ectomia*] s. f. ● (*chir.*) Asportazione chirurgica di un'arteria o di un suo tratto.

arteriografìa [comp. di *arteria* e *-grafia*] s. f. *1* Tecnica radiologica di visualizzazione delle arterie mediante introduzione in esse di sostanze radiopache. *2* (*est.*) Arteriogramma.

arteriogràmma [comp. di *arteria* e *-gramma*] s. m. (pl. *-i*) ● Immagine radiografica di un'arteria.

arterìola s. f. *1* Dim. di *arteria*. *2* (*anat.*) Ogni piccolo vaso arterioso di diametro inferiore a 0,3 mm | *A. terminale*, porzione terminale dell'arteria prima dei capillari.

arteriologìa [comp. di *arteria* e *-logia*] s. f. (pl. *-gie*) ● Studio sistematico delle arterie.

arteriolosclerò̀si [comp. di *arteriol(a)* e *sclerosi*] s. f. ● (*med.*) Forma di arteriosclerosi delle arteriole.

arteriopatìa [comp. di *arteria* e *-patia*] s. f. ● Qualsiasi malattia delle arterie.

arterioscleròsi o **arteriosclèrosi** [comp. di *arteria* e del gr. *sklḗrōsis* 'indurimento', da *sklērós* 'duro'] s. f. ● (*med.*) Qualsiasi condizione patologica delle arterie caratterizzata da ispessimento, indurimento, perdita di elasticità delle pareti arteriose con conseguente riduzione dell'apporto ematico ai tessuti; la forma più comune di arteriosclerosi è rappresentata dall'aterosclerosi. CFR. Arteriolosclerosi, aterosclerosi.

arterioscleròtico A agg. (pl. m. *-ci*) ● Di, relativo ad, arteriosclerosi. B agg.; anche s. m. (f. *-a*) ● Che, chi è affetto da arteriosclerosi.

arterióso agg. ● Di, relativo ad, arteria: *pressione arteriosa*.

arterite [comp. di *arteria* e *-ite* (*1*)] s. f. ● Infiammazione della parete arteriosa.

artesiàno [fr. *artésien*, dalla regione dell'*Artois* in Francia ove furono scavati per la prima volta] agg. ● Detto di pozzo scavato per mezzo di trivelle e rivestito di tubo, dal quale l'acqua zampilla elevandosi sopra la superficie del suolo | *Falda artesiana*, detto di acque sotterranee che scorrono sotto pressione, in modo da risalire spontaneamente quando si crea un passaggio verso l'alto.

†**artézza** [da †*arto* (*2*)] s. f. ● Angustia, strettoia.

àrtico [vc. dotta, lat. *ărcticu(m)*, nom. *ărcticus*, dal gr. *arktikós* 'dell'emisfero dell'Orsa', da *árktos* 'orso'] A agg. (pl. m. *-ci*) ● Che si riferisce al polo nord: *zona artica* | *Calotta artica*, quella delimitata dal circolo polare artico, con al centro il polo nord. B s. m. ● Il polo nord e la zona geografica posta attorno a esso.

articolàre (*1*) [vc. dotta, lat. *articulāre*, da *artĭculus*, da *ărtus* 'arto (1)'] A v. tr. (*io artìcolo*) *1* Muovere le parti del corpo attorno alle articolazioni: *a. un braccio, una gamba*. *2* Pronunciare le parole distintamente, quasi sillabandole | (*est.*) Dire, pronunciare: *tanto fu lo stupore che non riuscì ad a. parola*. *3* (*mus.*) Distinguere le note, legarle o staccarle. *4* (*est.*) Scindere, suddividere: *articolò la relazione in più sezioni*. *5* †Organare, formare le membra. B v. rifl. *1* Di arti, congiungersi insieme in modo da potersi muovere. *2* Scindersi, suddividersi: *l'opera si articola in sedici volumi*.

articolàre (*2*) [vc. dotta, lat. *articulāre(m)*, da *artĭculus*. V. prec.] agg. ● Di, relativo ad, articolazione del corpo: *dolore a.* | *Capsula a.*, apparato ligamentoso e fibroso che tiene a contatto le estremità di due ossa, formando della articolazione una cavità chiusa.

articolàto (*1*) part. pass. di *articolare* (*1*); anche agg. *1* Nei sign. del v. *2* Detto di meccanismo snodabile non rigido. *3* (*fig.*) Chiaro, scorrevole: *discorso, scritto, bene a.* *4* (*bot.*) Detto di fusto fornito di nodi. *5* *Linguaggio a.*, il linguaggio umano fondato essenzialmente sull'uso della voce. *6* Sinuoso, frastagliato: *linea costiera articolata*. ‖ **articolataménte**, avv.

articolàto (*2*) [da *articolo*] agg. ● (*ling.*) Detto di preposizione congiunta con l'articolo.

articolatóre s. m. ● (*ling.*) Parte mobile dell'apparato di fonazione.

articolatòrio agg. ● (*ling.*) Relativo all'articolazione.

articolazióne [vc. dotta, lat. *articulatiōne(m)*, da *articulāre* 'articolare'] s. f. *1* Atto, effetto dell'articolare o dell'articolarsi: *l'a. della nota, della voce, di un concetto*. *2* (*anat.*) Mezzo di unione tra due ossa, fisso o mobile | *A. sterno-claveare*, tra lo sterno e la clavicola. *3* (*bot.*) Connessione fra due parti di un vegetale. *4* (*ling.*) Insieme dei movimenti degli organi della voce nel processo della fonazione | *Punto, luogo di a.*, luogo in cui avviene la chiusura o il restringimento del canale vocale | *Base di a.*, insieme delle caratteristiche articolatorie di una data lingua | *Modo di a.*, insieme dei coefficienti articolatori propri di un dato suono. *5* (*mecc.*) Collegamento di due organi che permette la rotazione dell'uno rispetto all'altro.

articolèssa [da *articolo*, col suff. *-essa* di alcuni n. f.] s. f. ● (*spreg.*) Articolo di giornale prolisso e noioso.

articolista s. m. e f. (pl. m. *-i*) ● Scrittore di articoli di giornale.

artìcolo [vc. dotta, lat. *artĭculu(m)*, dim. di *ărtus* 'articolazione'] s. m. *1* (*ling.*) Particella premessa al nome per determinarlo. *2* Punto essenziale di una dottrina religiosa | *A. di fede*, verità di fede contenuta nel Credo | (*est.*) Affermazione che si ritiene vera e in cui si crede completamente. *3* Una delle proposizioni in cui sono suddivise le leggi, i regolamenti e sim. | *A. di prova*, suddivisione del capitolato di prova. SIN. Capitolo. *4* Scritto piuttosto ampio che in un giornale, una rivista, un bollettino e sim. tratta un determinato argomento | *A. di apertura, di fondo*, commento ai fatti di maggiore attualità, firmato dal direttore o da autorevoli collaboratori, pubblicato gener. dai giornali italiani in apertura di prima pagina e da molti giornali stranieri nella pagina centrale di sinistra | *A. di spalla*, pubblicato in alto a destra nella pagina di giornale per dargli particolare rilievo | *A. di taglio*, pubblicato a mezza pagina su più colonne | *A. o pezzo di colore*, di varietà e descrittivo | *A. o pezzo di centro*, collocato al centro della pagina di giornale. *5* Voce, nei vari usi lessicografici: *redigere un a. per un dizionario*; *vocabolario di 118 000 articoli*. *6* (*rag.*) Complesso di registrazioni fatte sul giornale a partita doppia riferentisi a un fatto amministrativo. *7* Oggetto, capo di mercanzia posto in vendita: *negozio di articoli sportivi* | (*est., fig., iron.*) Persona bizzarra, singolare: *quel tuo amico è un bell'a.* *8* (*zool.*) Parte di organo separata dalle parti contigue mediante un'articolazione. *9* (*bot.*) Parte di organo distinta dalle parti contigue mediante una strozzatura o un nodo. ➡ ILL. **zodiaco**. *10* †Istante, momento | †*In a. di morte*, in punto di morte. ‖ **articolàccio**, pegg. | **articolétto**, dim. | **articolìno**, dim. | **articolóne**, accr.

artière [da *arte*] s. m. *1* (*raro*) Chi esercita un'arte | Artigiano: *il poeta è un grande a.* (CARDUCCI). *2* (*est., lett.*) Artista, poeta. *3* Soldato dell'arma del genio. *4* (*ippica*) Chi ha cura di un cavallo da corsa. ‖ **artierùccio**, dim.

artificiàle o (*lett.*) **artifiziàle** [vc. dotta, lat. tardo *artificiāle(m)*, da *artifĭcium* 'artificio'] agg. *1* Detto di ciò che è prodotto, ottenuto e sim. con artificio (spec. in contrapposizione a *naturale*): *allattamento, lago a.*; *bellezza a.* | *Lingua a.*, lingua convenzionale per la comunicazione gergale o internazionale. **2** Fatto a imitazione della natura con un procedimento tecnico: *ghiaccio, pioggia a.*; *fiori artificiali* | *Fuochi artificiali*, d'artificio | *Scalata a.*, effettuata con l'ausilio di mezzi meccanici come chiodi, moschettoni, staffe e sim. **3** (*fig.*) Artificioso, non spontaneo: *cordialità a.* || **artificialménte**, avv.

artificialìşmo [da *artificiale*] s. m. ● (*psicol.*) Tendenza, presente nel bambino, a ritenere che oggetti e fenomeni naturali siano opera dell'essere umano.

artificialità s. f. ● Qualità di ciò che è artificiale (*anche fig.*).

†artificiàre o **†artifiziàre**. v. tr. ● Lavorare, costruire con artifizio.

artificiàto o (*lett.*) **artifizàto**. part. pass. di *†artificiare*; anche agg. **1** Nei sign. del v. **2** Alterato, falsificato | Adulterato: *vino a.* || **artificiataménte**, avv. Con artificio.

artificière [da *artificio*] s. m. **1** Operaio, soldato, aviere o marinaio specializzato per la custodia e il maneggio degli esplosivi e degli artifici | Servente di un pezzo d'artiglieria addetto alla preparazione e al maneggio delle cariche di lancio durante il tiro. **2** Pirotecnico.

artifìcio o **†artefìcio**, **†artefìzio**, (*lett.*) **artifìzio** [vc. dotta, lat. *artifĭciu(m)*, da *ărtifex*, genit. *artĭficis* 'artefice'] s. m. **1** Uso dell'arte per ottenere un determinato fine | (*est.*) Maestria, abilità: *cantare, suonare, con mirabile a.* **2** (*est.*) Espediente abile e ingegnoso diretto a supplire alle deficienze della natura o a migliorare l'apparenza, il risultato, l'effetto, e sim. di q.c.: *usa ogni a. per sembrare più bella*; *gli artifici della moda*; *le luci erano diffuse qua e là con a.* | (*est.*) Astuzia, inganno: *gli artifici della magia*; *ricorrere a un a. per ottenere q.c.* **3** Eccessiva ricerca di effetto, mancanza di naturalezza: *parlare, scrivere, agire, con a.* **4** Dispositivo, congegno, ordigno, spec. esplosivo, variamente usato per segnalazioni, inneschi, brillamenti di mine e sim. | *Fuochi d'a.*, pirotecnici, con girandole, razzi e figure.

artificiosità o (*raro*) **artifiziosità**. s. f. ● Qualità di chi, di ciò che, è artificioso: *l'a. dell'invenzione*.

artificióso o (*lett.*) **artifizióso**. agg. **1** Fatto con arte o artificio: *argomentazioni artificiose* | †Ingegnoso. **2** Non spontaneo, artefatto: *affettuosità artificiosa*; *espressioni artificiose* | (*est.*) Malizioso, astuto | (*est.*) Falso. || **artificiosaménte**, avv. In modo non naturale e non spontaneo.

artifìzio e *deriv.* ● V. *artificio* e *deriv.*

artigianàle agg. ● Pertinente agli artigiani: *consorzio a.* || **artigianalménte**, avv.

artigianàto s. m. **1** Attività produttiva posta in essere dagli artigiani: *l'a. sardo.* **2** Il ceto, l'insieme e la condizione degli artigiani. **3** (*est.*) Insieme dei prodotti del lavoro degli artigiani: *un a. che ha notevoli pregi artistici.*

artigianèllo s. m. **1** Dim. di *artigiano*. **2** Allievo di una scuola di attività artigiane tenuta da religiosi.

artigianésco agg. (pl. m. *-schi*) ● (*raro*) Di artigiano.

artigiàno [da *arte*] **A** s. m. (f. *-a*) ● Chi produce beni o presta servizi impiegando il proprio lavoro, anche manuale, in maniera prevalente rispetto al capitale investito nell'impresa. **B** agg. ● Relativo all'artigiano o all'artigianato: *lavoro a.*; *produzione artigiana*; *associazioni artigiane.* || **artigianèllo**, dim. (V.) | **artigianùccio**, dim.

artigliàre [da *artiglio*] v. tr. (*io artiglio*) ● Afferrare con gli artigli: *l'aquila piombò sull'agnello e lo artigliò.*

artigliàto part. pass. di *artigliare*; anche agg. **1** Nei sign. del v. **2** Munito di artigli: *un rapace a.* | (*est.*) Piegato in forma d'artiglio: *mano artigliata.* **3** Ferito da artigli.

artiglière s. m. ● Appartenente all'arma di artiglieria.

artiglierìa [fr. *artillerie*, di etim. incerta] s. f. **1** Complesso di tutte le armi da fuoco non portatili, che si dividono in cannoni, obici e mortai: *a. da montagna, semovente, corazzata, pesante-campale, pesante, contraerea, controcarro*; *a. di piccolo, medio, grosso calibro* | *A. da campagna*, all'immediato seguito dei reparti operanti | *Pezzo di a.*, la singola arma o pezzo | *Arma d'a.*, aliquota costitutiva dell'esercito specializzata nell'impiego delle artiglierie. **2** (*spec. al pl.*) Il complesso dei pezzi operanti unitariamente su un dato fronte. **3** (*spec. al pl.*) †Macchine belliche da lancio anteriori alle armi da fuoco.

artìglio [provz. *artelh*, dal lat. *artĭculu(m)*, dim. di *ărtus* 'arto'] s. m. **1** Unghia adunca e pungente di animali rapaci, volatili o terrestri. **2** (*fig.*) Mano di persona avida, feroce, spietata: *gli artigli dell'assassino* | *Cadere negli artigli di qc.*, cadere in suo potere. **3** (*raro, spec. al pl.*) Antica macchina da guerra.

†artimóne [lat. *artemōne(m)*, nom. *ărtemon*, dal gr. *artémōn* 'vela di gabbia', di etim. incerta] s. m. ● (*mar.*) Vela di gabbia, o del secondo ordine, messa al disopra dei trevi.

Artiodàttili [comp. del gr. *ártios* 'pari' e *dáktylos* 'dito' (in quanto hanno numero pari di dita)] s. m. pl. ● Nella tassonomia animale, ordine di Mammiferi erbivori il cui arto è costituito da un numero pari di dita funzionanti munite di zoccolo (*Artiodactyla*) | (al sing. *-o*) Ogni individuo di tale ordine.

artìsta [da *arte*] s. m. e f. (pl. m. *-i*) **1** Chi opera nel campo dell'arte: *Raffaello fu un grande a.*; *la Duse è stata una delle artiste più famose del teatro italiano*; *a. di caffè concerto*; *a. del varietà* | *A. di cartello*, il cui nome spicca sugli avvisi pubblicitari e (*est.*) popolare, famoso | (*est.*) Chi eccelle nel proprio lavoro, spec. manuale (*anche iron.*): *quel falegname è un vero a.*; *non c'è che dire, come scassinatore è proprio un a.!* **2** (*est.*) Chi ha e manifesta sensibilità per le opere d'arte | (*est.*) Chi ha e manifesta sensibilità per i vari aspetti della realtà, in misura considerata superiore alla media: *il suo animo è quello di un a.* | (*est.*) Persona considerata bizzarra e stravagante, i cui rapporti con il mondo della produzione artistica vera e propria sono vaghi o inesistenti. **3** †Professore di una delle arti liberali | †Artigiano, artiere. || **artistóne**, accr. m. | **artistùcolo** spreg.

artìstico agg. (pl. m. *-ci*) **1** Pertinente all'arte e agli artisti: *ambiente a.*; *attività artistica*; *liceo a.*, *educazione artistica.* **2** Che è fatto secondo i canoni dell'arte: *opera artistica* | (*est.*) Che rivela un gusto raffinato e sim. || **artisticaménte**, avv.

art nouveau /fr. 'ar nu'vo/ [loc. fr., 'arte nuova'] loc. sost. m. inv. ● Movimento artistico a cavallo tra il XIX e XX sec., con una particolare tendenza alla stilizzazione delle figure in funzione simbolica o decorativa.

àrto (1) [vc. dotta, lat. *ărtu(m)*, s. di origine indeur.] s. m. ● (*anat.*) Parte del corpo umano e animale applicata al tronco, formata da vari segmenti mobili tra loro e rispetto al tronco stesso: *A. superiore*, braccio | *A. inferiore*, gamba | (*med.*) *A. fantasma*, sensazione dolorosa e ossessionante della presenza di un arto precedentemente amputato. ➡ ILL. **zoologia generale**.

†àrto (2) [vc. dotta, lat. *ărtu(m)*, aggettivo di origine indeur.] agg. ● Stretto, angusto.

àrto- ● V. *arcto-*.

artocàrpo [comp. del gr. *ártos* 'pane' e *karpós* 'frutto'] s. m. ● Albero delle Moracee con grosse infruttescenze sferiche commestibili (*Artocarpus incisa*). SIN. Albero del pane.

artocèbo [comp. di *arto-*, var. di *arcto-* e del gr. *kêbos* 'scimmia' (V. *cebo*)] s. m. ● Genere di proscimmie viventi nell'Africa occidentale, caratterizzate da forme tozze e arti brevi (*Arctocebus*).

artrìte [vc. dotta, lat. tardo *arthrītis*, nom., dal gr. *arthrîtis*, da *árthron* 'articolazione'] s. f. ● (*med.*) Infiammazione articolare.

artrìtico [vc. dotta, lat. *arthrīticu(m)*, nom. *arthrīticus*, dal gr. *arthritikós*, da *arthrîtis* 'artrite'] **A** agg. (pl. m. *-ci*) ● Di, relativo ad artrite. **B** agg.; anche s. m. (f. *-a*) ● Che, chi è affetto da artrite.

artritìşmo [comp. di *artrit(e)* e del suff. *-ismo*] s. m. ● (*med.*) Predisposizione costituzionale a contrarre infiammazioni articolari.

àrtro- [dal gr. *árthron* 'giuntura, articolazione'] primo elemento ● In parole composte significa 'arto' o 'articolazione': *artropatia, artrosi.*

artrologìa [comp. di *artro-* e *-logia*] s. f. (pl. *-gie*) ● Parte dell'anatomia che studia la morfologia e la funzione delle articolazioni.

artropatìa [comp. di *artro-* e *-patia*] s. f. ● Malattia articolare in genere.

artroplàstica [comp. di *artro-* e *plastica*] s. f. ● Operazione chirurgica per correggere l'articolazione lesa.

Artròpodi [comp. di *artro-* e del pl. di *-podo*] s. m. pl. ● Nella tassonomia animale, tipo di animali invertebrati con zampe articolate, corpo suddiviso in capo, torace e addome rivestito di chitina (*Arthropoda*) | (al sing. *-e*) Ogni individuo di tale tipo. ➡ ILL. **animali** /2-3.

artroscopìa [comp. di *artro-* e *-scopia*] s. f. ● (*med.*) Indagine endoscopica di una articolazione.

artròşi [comp. di *artro-* e *-osi*] s. f. ● Malattia degenerativa delle articolazioni.

artròşico **A** agg. (pl. m. *-ci*) ● Di, relativo ad artrosi: *degenerazione artrosica.* **B** agg.; anche s. m. (f. *-a*) ● Che, chi è affetto da artrosi.

artrotomìa [comp. di *artro-* e *-tomia*] s. f. ● Apertura chirurgica di un'articolazione.

arturiàno agg. ● Di Artù, leggendario re di Britannia | Del ciclo bretone.

arùndine [vc. dotta, lat. *arŭndine(m)* 'canna', di etim. incerta] s. f. ● Asta ornata di fiori, portante in alto tre candele disposte a triangolo, usata, nelle funzioni del Sabato Santo, per accendere il cero pasquale e i lumi della chiesa.

aruspicàle agg. ● (*lett.*) Di aruspice.

aruspicàre o **aruspiciàre**. v. tr. (*io arùspico, tu arùspichi*) ● Esercitare l'aruspicina.

arùspice [vc. dotta, lat. *harŭspice(m)*, comp. di **haru* da avvicinare al sanscrito *hirā* 'vena' e *-spex*, da *spĕcere* 'guardare'] s. m. ● Sacerdote divinatore etrusco e romano che prediceva il futuro esaminando le viscere delle vittime.

aruspiciàre ● V. *aruspicare.*

aruspicìna [vc. dotta, lat. *haruspicīna(m)* (*ărtem*) 'arte dell'aruspice', da *harŭspex* 'aruspice'] s. f. ● Tecnica della divinazione per mezzo delle viscere di animali, propria di molte religioni antiche.

aruspìcio [vc. dotta, lat. *haruspĭciu(m)*, da *harŭspex* 'aruspice'] s. m. **1** Responso divinatorio tratto dall'esame delle viscere delle vittime. **2** Atto d'interpretare i segni divinatori delle viscere e di trarne il responso.

arvàli [vc. dotta, lat. *arvāles*, pl. da *ărvum* 'campo'] s. m. pl. ● Presso gli antichi romani, sacerdoti del collegio che provvedeva, in maggio, alle cerimonie in onore della dea Dia, alla propiziazione delle divinità agresti e alla purificazione dei campi.

arvènse [dal lat. *ărvum* 'campo'. V. *arvali*] agg. ● Detto di vegetale che cresce nei campi coltivati.

arvìcola [comp. del lat. *ărvum* 'campo' e di *-cola*] s. f. ● Piccolo mammifero roditore simile a un topo, con coda breve, che arreca gravi danni alle coltivazioni (*Arvicola arvalis*).

arzàgola ● V. *alzavola.*

†arzanà ● V. *arsenale.*

arzàvola ● V. *alzavola.*

arẓènte [lat. *ardĕnte(m)* 'ardente'] **A** s. m. ● (*raro*) Acquavite. **B** agg. ● †Ardente | *Acqua a.*, acquavite.

arẓigogolàre [etim. incerta] v. intr. (*io arẓigògolo*; aus. *avere*) ● Fare arzigogoli, perdersi in ragionamenti tortuosi e complicati: *a. ingegnosamente, sottilmente*; *a. su un caso controverso* | (*raro*) Ingegnarsi per trovare un espediente: *arzigogola per vivere alle spalle degli altri.*

arẓigogolàto part. pass. di *arzigogolare*; anche agg. **1** Nei sign. del v. **2** Complicato, artificioso.

arẓigògolo [etim. incerta] s. m. **1** Congettura troppo ingegnosa e strana | (*est.*) Giro di parole artificioso e bizzarro. **2** Trovata sottile e fantasiosa.

arẓigogolóne s. m. (f. *-a*) ● Chi è solito arzigogolare.

arẓìllo [lat. *asīlu(m)* 'tafano' (?)] agg. ● Agile, vispo, vivace: *un vecchietto a.*; *come mai oggi sei così a.?* | *Vino a.*, frizzante.

arẓìnca o **arẓìnga** [medio alto ted. **arzzinke* 'tenaglia appuntita'] s. f. ● Lunga tenaglia appuntita usata dal fabbro per tenere il ferro incandescente mentre lo lavora.

ÀSA [sigla dell'ingl. *American Standards Association*] s. m. inv. ● Unità di misura della sensibilità delle pellicole fotografiche; oggi sostituita da ISO.

àsaro [vc. dotta, lat. *ăsaru(m)*, dal gr. *ásaron*, di origine preindeur.] s. m. ● Genere di piante erbacee perenni delle Aristolochiacee, con rizoma strisciante, foglie reniformi e fiori privi di corolla (*Asarum*).

†asbèrgo ● V. *usbergo*.

asbèsto [vc. dotta, lat. *asbĕstu(m)*, nom. *asbĕstos*, dal gr. *ásbestos* 'inestinguibile', da *sbénnymi* 'io spengo'] s. m. ● (*miner.*) Nome generale per le varietà fibrose di vari silicati resistenti al calore e agli attacchi chimici, usate nell'industria per la confezione di crogioli e di tessuti ignifughi. SIN. Amianto.

asbestòsi [comp. di *asbesto* e *-osi*] s. f. ● Malattia professionale dei minatori delle miniere di amianto, causata dalla inalazione di polveri di tale minerale.

asbùrgico o **absbùrgico** agg. (pl. m. *-ci*) ● Degli, relativo agli Asburgo: *monarchia asburgica*.

ascàride [vc. dotta, lat. tardo *ascărida(m)*, dal gr. *askarís*, genit. *askarídos*, da *askarízō* 'io salto' (?)] s. m. ● Verme dei Nematodi parassita intestinale (*Ascaris lumbricoides*).

àscaro o **àscari** [ar. *'askarī* 'soldato'] s. m. *1* Soldato indigeno delle vecchie truppe coloniali europee, spec. quelle italiane in Eritrea, Somalia e Libia. *2* (*fig.*) Appartenente a un piccolo raggruppamento politico che serve da ausiliario ai grandi partiti.

†àsce ● V. *ascia*.

ascèlla [lat. *axĭlla(m)*, dim. di *āla* 'ala'] s. f. *1* (*anat.*) Regione del corpo a forma di cavità piramidale compresa fra la radice del braccio e il torace. *2* (*bot.*) Angolo compreso fra la foglia e il ramo a cui essa si attacca.

ascellàre agg. *1* (*anat.*) Di, relativo ad, ascella: *arteria, temperatura a.* *2* (*bot.*) Detto di organo situato all'ascella di una foglia o di una brattea.

ascendentàle agg. *1* Che ascende: *movimento a.* *2* Che si riferisce agli antenati | *Linea a.*, linea ascendente.

ascendènte [vc. dotta, lat. *ascendĕnte(m)*, part. pres. di *ascĕndere* 'ascendere'] **A** part. pres. di *ascendere*; anche agg. *1* Nei sign. del v. *2* *Cronaca a.*, (*fig.*) che comincia dal presente e risale al remoto | *Linea a.*, rapporto intercorrente tra un soggetto e i parenti da cui esso discende (genitori, nonni, bisnonni, ecc.) | *Ritmo a.*, in poesia, detto dei metri e delle serie metriche che iniziano con la posizione debole | (*mus.*) *Scala a.*, in cui ogni suono è più acuto di quello immediatamente precedente. *3* (*astron.*) Detto della posizione di un astro che si muove verso settentrione. *4* (*ling.*) Detto di dittongo il cui primo elemento è una semivocale e il secondo è una vocale. **B** s. m. *1* Parente in linea ascendente (genitore, nonno, bisnonno, ecc.). *2* (*astrol.*) Grado del segno zodiacale che si alza all'orizzonte al momento della nascita di una persona. *3* (*fig.*) Autorità morale, influsso: *aveva un grande a. su di lui*.

ascendènza [vc. dotta, lat. *ascendĕntia*, nt. pl. di *ascĕndens*. V. *ascendente*] s. f. *1* (*raro*) Qualità di ascendente. *2* Complesso degli antenati di una famiglia. *3* (*est.*) Origine, matrice di q.c. *4* †Salita.

ascéndere o **ascèndere** [lat. *ascĕndere*, comp. di *ăd* e *scăndere* 'salire'] **A** v. intr. (coniug. come *scendere*; aus. *essere*) *1* Andare verso l'alto: *a. per un erto colle* | (*fig.*) Innalzarsi: *a. al trono, all'onore degli altari*. *2* Ammontare: *gli utili ascendono a qualche milione*. **B** v. tr. ● (*raro, lett.*) Salire: *a. il monte*.

†ascènsa [vc. dotta, lat. tardo *ascēnsa(m)*, da *ascēnsio* 'ascensione'] s. f. ● Ascensione.

ascensionàle [fr. *ascensionnel*, da *ascension* 'ascensione'] agg. *1* Che tende a salire: *andamento a.* *2* (*fis.*) Detto di velocità, forza, spinta, traslazione e sim. verso l'alto, o di una sua componente verticale.

ascensióne [vc. dotta, lat. *ascensiōne(m)*, da *ascēndere* 'ascendere'] s. f. (*Ascensióne* nel sign. 2) *1* Atto, effetto dell'ascendere | Nell'alpinismo, la salita di una vetta, l'arrampicata su roccia, il superamento di tratti difficili su ghiaccio o neve | *A. invernale*, compiuta d'inverno. *2* Salita di Gesù Cristo al cielo, dopo la Resurrezione | Festa liturgica cattolica, con la quale si celebra la salita di Gesù al cielo, originariamente nel quarantesimo giorno dopo Pasqua e, attualmente, nella domenica successiva. *3* (*astron.*) *A. retta*, la prima coordinata di un astro misurata in gradi o unità di tempo sull'equatore celeste a partire dal punto gamma.

ascensóre [vc. dotta, lat. tardo *ascensōre(m)* 'che sale', dal v. *ascĕndere* 'ascendere'] s. m. ● Apparecchio per il trasporto di persone o cose in senso verticale, da un piano all'altro degli edifici o fra punti a diverso livello di una città.

ascensorìsta s. m. e f. (pl. m. *-i*); *anche* agg. ● Persona addetta alla manovra di un ascensore | Tecnico addetto al montaggio, manutenzione e riparazione degli ascensori.

ascésa [f. sost. di *asceso*] s. f. ● Atto dell'ascendere (*spec. fig.*): *a. al potere, al trono*.

ascèsi [vc. dotta, lat. tardo *ascēsi(n)*, nom. *ascēsis*, dal gr. *áskēsis* 'esercizio', da *askéō* 'io esercito'] s. f. ● Tirocinio spirituale e fisico che, attraverso digiuno, isolamento, meditazioni e preghiera, procura la perfezione interiore e il distacco dal mondo e dagli istinti.

ascéso part. pass. di *ascendere*; anche agg. ● Nei sign. del v.

ascèsso [vc. dotta, lat. *abscĕssu(m)*, da *abscēdere* 'andar via'] s. m. ● (*med.*) Raccolta circoscritta di pus, senza tendenza infiltrativa.

ascessuàle agg. ● Relativo ad ascesso.

ascèta [vc. dotta, lat. tardo *ascēta(m)*, nom. *ascēta*, dal gr. *askētḗs*. V. *ascesi*] s. m. (pl. *-i*) *1* Chi è dedito a esercizi di perfezione spirituale | Monaco, cenobita, eremita. *2* (*est.*) Chi è dedito a vita austera e contemplativa.

ascètica s. f. ● Parte della teologia che tratta della perfezione cristiana.

ascètico [gr. *askētikós*, da *áskēsis*. V. *ascesi*] agg. (pl. m. *-ci*) *1* Di, da asceta. *2* (*est.*) Contemplativo, mistico: *vita, condotta ascetica*. ‖ **asceticaménte**, avv.

ascetìsmo s. m. *1* Regola di vita fondata sull'ascesi. *2* (*est.*) Modo di vivere austero e contemplativo.

àscia o (*tosc.*) **†àsce** [lat. *ăscia(m)*, di origine indeur.] s. f. (pl. *àsce*) *1* In carpenteria, utensile per smussare e abbozzare il legname, avente il taglio perpendicolare al manico di legno | *Maestro d'a.*, carpentiere navale | *Fatto, tagliato, con l'a.*, rozzo, grossolano e (*fig.*) affrettato, fatto senza cura. *2* Correntemente, scure | *A. di guerra*, nel mondo medievale, scure da combattimento; presso i pellirosse del Nord America, tomahawk | *Dissotterrare l'a. di guerra*, (*fig.*) avere intenzioni bellicose e (*scherz.*) dare inizio a una controversia. *3* Falegname, carpentiere. *4* *A. d'argento*, pesce osseo abissale dei Clupeiformi provvisto di organi luminosi dalla forma simile a quella di un'ascia (*Argyropelecus hemigymnus*). ‖ **ascétta**, dim. | **asciòla**, **asciuòla**, dim. | **asciòlo**, **asciuòlo**, dim. m.

asciàle [lat. parl. **axāle(m)*, da *ăxis* 'perno'] s. m. ● Ciascuno dei due pezzi di legno che fiancheggiano il timone dell'erpice.

ascialìa ● V. *asialia*.

ascialóne [da *asciale*] s. m. ● (*edil.*) Specie di mensola che si conficca alle antenne, e su cui si posano le assi con le quali fare i ponti per murare o restaurare fabbriche.

asciànti ● V. *ashanti*.

asciàre [da *ascia*] v. tr. (*io àscio*) ● Sgrossare con l'ascia.

asciàta s. f. ● Colpo d'ascia.

asciàtico [comp. di *a-* (*1*) e un deriv. del gr. *skiá* 'ombra', di origine indeur.] agg. (pl. m. *-ci*) ● Scialitico.

ascìdia [V. *ascidio*] s. f. ● Tunicato acquatico degli Ascidiacei che nella forma adulta vive fisso sul fondo e ha forma larvale libera (*Ascidia*).

Ascidiàcei [da *ascidia*] s. m. pl. ● Nella tassonomia animale, classe di Tunicati con corpo a forma di sacco, fisso sul fondo marino e due aperture all'estremità libera cui appartengono le ascidie (*Ascidiacea*) | (al sing. *-o*) Ogni individuo di tale classe.

ascìdio [gr. *askídion*, dim. di *askós* 'otre'. V. *asco*] s. m. ● Organo caratteristico di alcune piante carnivore derivante da una modificazione delle foglie che serve per la cattura di piccoli animali.

ascidiòsi [comp. di *ascidio* e *-osi*] s. f. ● (*bot.*) Fenomeno per cui le foglie si trasformano in ascidi.

asciòlvere o **†sciòlvere** [lat. *absŏlvere* (*ieiūnia*) 'sciogliere il digiuno'] **A** v. intr. (aus. *avere*) ● †Fare colazione, merenda: *asciolverono molto bene la domenica mattina* (SACCHETTI). **B** v. tr. ● †Mangiare. **C** in funzione di s. m. ● (*lett.*) Colazione, merenda, refezione: *un piccolo a.*

ascìsc ● V. *hascisc*.

ascìssa [vc. dotta, lat. *abscīssa(m)* (sottinteso *līneam*) 'linea tagliata', da *abscīndere* 'tagliar via'] s. f. ● (*mat.*) Misura del segmento avente per estremi un punto fisso, e l'origine di una retta o di una curva orientata | La prima delle coordinate cartesiane di un punto del piano o dello spazio.

ascìte [vc. dotta, lat. tardo *ascīte(n)*, nom. *ascītes*, dal gr. *askítēs* (sottinteso *nósos*) 'malattia del ventre', da *askós* 'otre'] s. f. ● (*med.*) Raccolta patologica di liquido trasudatizio nella cavità peritoneale.

ascìtico agg. (pl. m. *-ci*) ● (*med.*) Di, relativo ad, ascite: *liquido a.*

ascitìzio [dal lat. *adscīre* 'adottare'] agg. ● (*raro, lett.*) Accessorio, aggiunto: *qualità ascitizia*.

asciugabiancherìa [comp. di *asciuga(re)* e *biancheria*] s. m. o f. inv. ● Asciugatrice.

asciugacapélli [comp. di *asciuga(re)* e il pl. di *capello*] **A** s. m. ● Apparecchio elettrico producente aria calda per asciugare i capelli. **B** anche agg.: *casco a.*

†asciugàggine s. f. ● Asciuttezza, secchezza: *tanta è l'a. e l'arsura, la quale io v'ho dentro* (BOCCACCIO).

asciugamàno o (*pop.*) **sciugamàno** [comp. di *asciuga(re)* e *mano*] s. m. ● Pezzo di tela o di spugna di varie dimensioni per asciugarsi le mani o il viso. ‖ **asciugamanino**, dim.

asciugaménto s. m. ● Modo e atto dell'asciugare o dell'asciugarsi.

asciugànte **A** part. pres. di *asciugare*; anche agg. ● Nei sign. del v. **B** s. m. ● (*tess.*) Asciugatoio.

asciugàre o (*pop.*) **sciugàre** [lat. tardo *exsucāre* 'estrarre il succo', comp. di *ĕx* e *sūcus* 'sugo'] **A** v. tr. (*io asciùgo, tu asciùghi*) *1* Privare dell'acqua o dell'umidità: *a. i piatti, il pavimento, con un panno*; *un sole caldo asciuga i campi*; *asciugarsi le mani, il viso, i capelli* | (*est.*) Prosciugare: *a. le valli, le paludi*. *2* Tergere: *gli asciugò le lacrime con un gesto affettuoso*; *asciugarsi la fronte* | *A. le lacrime di qc.*, (*fig.*) consolarlo. *3* (*fig.*) Svuotare, privare, spec. di denaro: *gli hanno asciugato le tasche in pochi giorni* | *A.*, *asciugarsi un fiasco*, berne tutto il contenuto. **B** v. rifl. ● Detergersi da un liquido: *asciugati prima di uscire*. **C** v. intr. e intr. pron. (aus. *essere*) ● Diventare asciutto: *è un tessuto che si asciuga subito*.

asciugatóio o **†sciugatóio**. s. m. *1* Panno per asciugare, di uso personale o domestico. *2* Panno per coprire il guanciale. *3* Macchina usata nell'industria tessile per asciugare fibre sciolte o filati o tessuti. SIN. Asciugante.

asciugatóre s. m. *1* Chi asciuga. *2* Apparecchio elettrico che produce aria calda, usato, spec. in locali pubblici, per asciugarsi le mani.

asciugatrìce s. f. ● Macchina per l'asciugatura della biancheria. SIN. Asciugabiancheria.

asciugatùra s. f. ● Atto, effetto dell'asciugare o dell'asciugarsi: *l'a. dei panni*. ‖ **asciugaturina**, dim.

asciùtta [da *asciutto*] s. f. *1* (*pop.*) Siccità. *2* Nella risicoltura, tempo in cui si toglie l'acqua dalle risaie. *3* (*veter.*) Periodo compreso tra due lattazioni | *Essere in a.*, di bovina che ha sospeso la lattazione.

asciuttézza s. f. ● Qualità di chi, di ciò che, è asciutto.

asciùtto [lat. *exsūctu(m)*, part. pass. di *exsūgere* 'succhiare, suggere'] **A** agg. *1* Che è privo di acqua, di umidità: *stagno, torrente a.* | *Tempo a.*, senza pioggia o umidità | *Vento a.*, secco | *A piedi asciutti*, senza bagnarli | *Pasta asciutta*, V. *pastasciutta* | *Pane a.*, (*fig.*) senza companatico | *Balia asciutta*, che ha cura di un bambino ma non lo allatta | (*lett.*) Arido, sterile: *terra asciutta*; *cam-*

pi asciutti | (*raro*) Asciugato: *panni asciutti.* **2** (*est.*) Assetato, inaridito: *labbra asciutte; gola, bocca asciutta* | *Restare a bocca asciutta,* (*fig.*) rimanere deluso | *Rimanere a denti asciutti,* (*fig.*) restare a digiuno. **3** (*fig.*) Privo di lacrime: *occhi asciutti; viso a.* | *A ciglio a.*, senza versare lacrime. **4** Detto di vino che, pur completamente fermentato, conserva piccolissime tracce di zucchero. **5** (*fig.*) Magro, snello: *corpo a.; un viso a. ed espressivo* | †Macilento. **6** (*fig.*) Privo, spec. di denaro: *avere le tasche asciutte; sono completamente a.* **7** (*fig.*) Estremamente sobrio e misurato, privo di calore, di cordialità, e sim.: *un uomo a. di parole e di gesti; ha un modo di fare a.* | (*est.*) Breve, conciso, energico: *è una risposta asciutta che non ammette repliche; mi congedò con due parole asciutte.* || **asciuttaménte**, avv. Seccamente, senza complimenti: *rispondere asciuttamente a qc.* **B** s. m. ● Luogo, terreno, asciutto: *finché piovve restò in casa all'a.* | *Restare, rimanere all'a.*, (*fig.*) senza soldi. || **asciuttino**, dim.

Asclepiadàcee [vc. dotta, comp. di *asclepiade* e *-acee*] s. f. pl. ● Nella tassonomia vegetale, famiglia di piante erbacee o legnose delle Contorte con fusto spesso ingrossato e carnoso contenente un latice (*Asclepiadaceae*) | (al sing. *-a*) Ogni individuo di tale famiglia.

asclepìade [vc. dotta, lat. *asclepĭade(m)*, nom. *asclēpias*, dal gr. *asklēpiás*, dal n. del dio *Asclepio*] s. f. ● Pianta erbacea perenne delle Genzianacee con foglie opposte e fiori grandi azzurri (*Gentiana asclepiadea*).

asclepiadèo [vc. dotta, lat. *asclepiadēu(m)*, dal gr. *asklēpiádeion*, dal n. del poeta *Asclepiade* (IV-III sec. a.C.), ritenutone l'inventore] **A** agg. ● Che è proprio del poeta greco Asclepiade: *verso a.* | *Sistema a.*, strofa di varia struttura, formata da asclepiadei, gliconei e ferecratei. **B** s. m. ● Verso asclepiadeo | *A. minore*, di dodici sillabe | *A. maggiore*, di sedici sillabe.

asclepiadina [da *asclepiade*] s. f. ● Sostanza amara, dotata di proprietà purgative e depurative, presente nel rizoma di una specie di asclepiade.

àsco [gr. *askós* 'otre', di etim. incerta] s. m. (pl. *-schi*) ● (*bot.*) Organo dei funghi e dei licheni a forma sferica o di clava, contenente le spore.

àsco- [dal gr. *askós* 'otre', di etim. incerta] primo elemento ● In parole composte significa 'sacco' o 'a forma di sacco': *ascocarpo, ascogonio.*

ascocàrpo [comp. di *asco-* e *-carpo*] s. m. ● (*bot.*) Ricettacolo che nei funghi ascomiceti contiene gli aschi.

ascogònio [comp. di *asco-* e *-gonio*] s. m. ● (*bot.*) Organo riproduttore femminile degli ascomiceti.

ascolàno A agg. ● Di Ascoli. **B** s. m. (f. *-a*) ● Abitante, nativo di Ascoli.

ascoliàṣmo [vc. dotta, gr. *askōliasmós*, da *askōliázein* 'saltare sull'otre', da *askós* 'otre'. V. *asco*] s. m. ● Gioco degli antichi Greci e Romani consistente nello stare in equilibrio su di un otre gonfiato.

†ascólta (1) ● V. *scolta.*

ascólta (2) [da *ascoltare*] s. f. ● Luogo dal quale si può ascoltare senza essere veduti | *Andare all'a.*, andare a caccia presto al mattino, per udire il canto delle starne e individuarle.

ascoltàbile agg. ● Che si può ascoltare.

ascoltàre o (*dial.*) **†scoltàre** [lat. parl. **ascultāre* (classico *auscultāre*), prob. dalla radice di *auris* 'orecchio'] v. tr. (*io ascólto*) **1** Stare a sentire attentamente, prestare orecchio (*anche ass.*): *a. la lezione, un oratore; ascoltava con interesse tutto ciò che il professore diceva; si udì un rumore: tutti ascoltarono; tacque e ascoltò* | *A. la Messa*, assistervi. **2** Dare retta: *ha ascoltato i consigli del medico* | Ubbidire: *non vuole mai a. i suoi genitori* | Esaudire: *Dio ascolterà le nostre preghiere.* **3** (*med.*) V. *auscultare.*

ascoltatóre o (*raro*) **auscultatóre** [lat. *auscultatōre(m)*, da *auscultāre* 'ascoltare'] s. m. (f. *-trice*) ● Chi ascolta.

ascoltazióne [lat. *auscultatiōne(m)*, da *auscultāre* 'ascoltare'] s. f. **1** (*lett.*) Atto dell'ascoltare. **2** (*med.*) V. *auscultazione.*

ascólto [da *ascoltare*] s. m. **1** Atto dell'ascoltare | *Essere, stare, mettersi in a.*, porsi ad ascoltare | *Dare, porgere, prestare a.*, prestare attenzione, dare retta | *Gruppo d'a.*, quello formato da utenti radiotelevisivi, sul giudizio dei quali è calcolato l'indice di gradimento dei programmi | *Indice di a.*, quello che misura la percentuale di utenti radiotelevisivi di un programma, calcolato in rapporto agli utenti di altri programmi. **2** †Spia, esploratore.

Ascomicèti [comp. di *asco-* e del gr. *mýkēs*, genit. *mýkētos* 'fungo'] s. m. pl. ● Nella tassonomia vegetale, classe di Funghi parassiti, saprofiti o simbionti, che formano le spore entro gli aschi (*Ascomycetes*) | (al sing. *-e*) Ogni individuo di tale classe.

ascóndere [lat. *abscŏndere*, comp. di *ăbs* e *cŏndere* 'mettere insieme, riporre', a sua volta da *dăre* 'dare'] v. tr. (pass. rem. *io ascósi, tu ascondésti*; part. pass. *ascóso, †ascósto*) ● (*lett.*) Nascondere, occultare.

ascòrbico [comp. di *a-* (*1*) e *scorb(uto)*, con il suff. chimico *-ico*] agg. (pl. m. *-ci*) ● Detto di acido organico che si trova nei succhi della frutta, spec. degli agrumi, e nelle verdure, usato nella cura dello scorbuto, delle astenie, degli stati emorragici.

ascorbina [comp. di *a-* (*1*) e *scorb(uto)*, con il suff. chimico *-ina*] s. f. ● Vitamina C.

ascóso o **†ascósto** [lat. *abscōsu(m)*, da *abscŏndere* 'ascondere'] part. pass. di *ascondere*; anche agg. ● Nei sign. del v.

ascospòra [comp. di *asco-* e *spora*] s. f. ● (*bot.*) Spora che si forma nell'interno degli aschi.

†ascósto ● V. *ascoso.*

ascrèo [vc. dotta, lat. *Ascraeu(m)*, nom. *Ascraeus*, dal gr. *Askrâios*, dalla città di *Ascra*] agg. **1** Della città di Ascra, patria di Esiodo. **2** (*est.*) Detto di poesia didascalica ispirata a Esiodo.

ascrìtto [vc. dotta, lat. *adscrīptu(m)*, part. pass. di *adscrībere* 'ascrivere'] **A** part. pass. di *ascrivere*; anche agg. **1** Nei sign. del v. **2** (*raro*) Scritto accanto. **B** s. m. (f. *-a*) ● Iscritto: *gli ascritti a una società; gli ascritti in un registro.*

ascrìvere [vc. dotta, lat. *adscrībere*, comp. di *ăd* e *scrībere* 'scrivere'] v. tr. (coniug. come *scrivere*) **1** Annoverare, scrivere nel numero: *in quella prova fu ascritto fra i migliori.* **2** Attribuire, imputare: *a. q.c. a merito, a beneficio, a lode di qc.*

ascrivìbile agg. ● Che può essere ascritto: *uno sbaglio a. a distrazione.* SIN. Attribuibile.

Àsdic /'azdik, *ingl.* 'æzdik/ [sigla dell'ingl. *Allied Submarine Detection Investigation Committee* 'Comitato alleato di ricerche per l'individuazione dei sommergibili'] s. m. ● Ecogoniometro.

aseità [dal lat. *ā sē* 'da sé'] s. f. ● (*filos.*) Qualità dell'essere che ha in sé stesso la ragione della propria esistenza.

asèllo [lat. *asĕllu(m)*, dim. di *ăsinus* 'asino'] s. m. ● Piccolo crostaceo isopode di acqua dolce, fornito di sette paia di zampe terminanti a uncino (*Asellus aquaticus*).

asemanticità s. f. ● Qualità di ciò che è asemantico.

asemàntico [comp. di *a-* (*1*) e *semantico*] agg. (pl. m. *-ci*) ● (*ling.*) Che non ha un significato proprio, autonomo: *unità asemantiche* | Non conforme alle regole semantiche di una lingua: *frase asemantica.*

asèpsi [comp. di *a-* (*1*) e del gr. *sêpsis* 'putrefazione', da *sḗpō* 'io putrefaccio'] s. f. ● (*med.*) Condizione di assenza di contaminazione microbica in un ambiente o substrato: *a. di laboratori biomedici* | Insieme di tecniche dirette a impedire la contaminazione da germi patogeni delle ferite o degli organi e tessuti interessati da interventi chirurgici, al fine di evitare le infezioni | *A. chirurgica*, l'insieme delle misure adottate a protezione del campo e dell'ambiente operatorio.

asessuàle [comp. di *a-* (*1*) e *sessuale*] agg. ● (*biol.*) Detto di riproduzione che avviene senza il concorso degli organi di sesso. SIN. Agamico. || **asessualménte**, avv. Per via asessuale.

asessuàto agg. **1** Privo di organi sessuali differenziati. **2** (*biol.*) Asessuale. **3** (*fig.*) Neutro, indifferenziato, privo di specifica caratterizzazione.

asèttico [comp. di *a-* (*1*) e del gr. *sēptikós* 'putrefativo'. V. *asepsi*] agg. (pl. m. *-ci*) **1** Di, relativo all'asepsi | Detto di ferita, campo operatorio, ferro chirurgico e sim. in condizioni di asepsi. **2** (*fig.*) Che è privo di passionalità, freddo, sterile: *temperamento, contegno, stile a.; in tempi meno asettici dei nostri* (SCIASCIA). || **asetticaménte**, avv.

asfaltàre [da *asfalto*] v. tr. ● Coprire, pavimentare con asfalto, misto ad altro bitume ed eventualmente a ghiaia, una massicciata stradale per renderla liscia e impermeabile.

asfaltatóre s. m. ● Chi è addetto all'asfaltatura di strade e sim.

asfaltatùra s. f. ● Atto, effetto dell'asfaltare.

asfàltico agg. (pl. m. *-ci*) ● Che contiene asfalto.

asfaltista s. m. (pl. *-i*) ● Asfaltatore.

asfàlto [vc. dotta, lat. tardo *asphăltu(m)*, nom. *asphăltus*, dal gr. *ásphaltos*, di origine semitica] s. m. **1** Miscela di idrocarburi fluidi e viscosi, di origine organica, parzialmente ossidati, con impurità minerali, usato per le sue caratteristiche impermeabilizzanti per calafatare, coprire terrazzi, tetti e spec. per la pavimentazione stradale. **2** (*est.*) Strada, via asfaltata: *gli pneumatici mordono l'a.; a. insanguinato dagli incidenti.*

asfèrico [comp. di *a-* (*1*) e *sferico*] agg. (pl. m. *-ci*) ● (*ott.*) Detto di dispositivo ottico che non presenta aberrazione sferica.

asfissia [gr. *asphyxía* 'arresto del polso', comp. di *a-* (*1*) e *sphýzō* 'io palpito'] s. f. ● (*med.*) Impedimento alla penetrazione o al rinnovamento dell'aria nell'alveolo polmonare.

asfissiànte part. pres. di *asfissiare*; anche agg. ● Nei sign. del v.

asfissiàre A v. tr. (*io asfissio*) **1** (*med.*) Provocare asfissia. **2** (*est.*) Dare l'impressione che il respiro venga a mancare (*anche ass.*): *l'aria viziata di quell'ambiente ci asfissiava; c'è un caldo che asfissia.* **3** (*fig., fam.*) Opprimere, molestare: *asfissia tutti con le sue continue domande.* **B** v. intr. (aus. *essere*) **1** Essere colpito da asfissia. **2** (*est.*) Sentirsi mancare il respiro: *quasi asfissiava per il fetore di quel luogo.* **C** v. rifl. ● Uccidersi mediante asfissia: *la ragazza tentò di asfissiarsi per amore.*

asfìttico [dal gr. *ásphyktos* 'senza polso', comp. di *a-* (*1*) e un deriv. di *sphýzein* 'pulsare'. V. *asfissia*] agg. (pl. m. *-ci*) **1** Che è in stato di asfissia totale o parziale. **2** (*fig.*) Privo di vitalità.

asfodèlo o (*raro*) **asfòdelo** [vc. dotta, lat. *asphŏdelu(m)*, nom. *asphŏdelus*, dal gr. *asphódelos*, di origine preindeur.] **A** s. m. ● Pianta erbacea delle Liliacee con lunghe foglie e fiori bianchi raccolti in grappoli, presso gli antichi greci e Romani sacra ai morti (*Asphodelus albus*). **B** in funzione di agg. ● (*posposto al s., poet.*) Che è coperto di asfodeli: *le anime s'avanzano sul prato a.* (D'ANNUNZIO).

ashànti /aʃ'ʃanti/ o **asciànti** [dal n. indigeno (?)] agg.; anche s. m. e f. ● Appartenente al popolo Ashanti, del Ghana e della Costa d'Avorio, di elevata cultura.

ashkenaẓita /aʃkenad'dzita/ ● V. *askenazita.*

-àṣi [dalla parte finale del primo enzima isolato, la (*diast*)*asi*] suff. ● In parole scientifiche forma le denominazioni di enzimi: *amilasi, maltasi.*

aṣiaco [vc. dotta, lat. tardo *asĭacu(m)*, nom. *asĭacum*, da *Asia* 'Asia'] agg. (pl. m. *-ci*) ● (*lett.*) Asiatico.

aṣiàgo [dal n. della città di Asiago, in prov. di Vicenza] s. m. ● Tipo di formaggio semicotto, a maturazione media, prodotto con latte vaccino in forme piuttosto grandi.

aṣialia o **ascialia** [comp. di *a-* (*1*) e del gr. *síalon* 'saliva' (di etim. incerta)] s. f. ● (*med.*) Mancanza della secrezione salivale.

aṣianéṣimo o **aṣianiṣmo** [da *asiano*] s. m. ● Movimento letterario dell'antichità greco-romana fautore di una imitazione stilistica degli ampollosi retori dell'Asia Minore | (*est.*) Retorica sovrabbondanza e ricercatezza nello stile letterario.

aṣiàno [vc. dotta, lat. *asiānu(m)*, propr. 'asiatico', poi 'seguace della scuola retorica asiatica', dal gr. *asianós*, agg. di *Asia* 'Asia'] **A** agg. **1** (*poet.*) Dell'Asia. **2** Relativo all'asianesimo o atteggiato ai suoi canoni estetici. **B** s. m. ● Retore, scrittore ligio ai canoni dell'asianesimo.

aṣiàtica [f. sost. di *asiatico*] s. f. ● Influenza asiatica.

aṣiàtico [vc. dotta, lat. *Asiātĭcu(m)*, nom. *Asiāticus*, dal gr. *Asiatikós* 'dell'Asia'] **A** agg. (pl. m. *-ci*) ● Che è proprio dell'Asia: *popolazioni asiatiche;*

animali asiatici | *Influenza asiatica*, epidemia di influenza provocata da un virus proveniente dall'Asia | *Stile a.*, (*fig.*) prolisso, ampolloso, eccessivamente ornato | *Lusso a.*, (*fig.*) eccessivamente sfarzoso. **B** s. m. (f. *-a*) ● Abitante, nativo dell'Asia: *gli europei e gli asiatici*.

asigmàtico [comp. di *a-* (*1*) e *sigmatico*] agg. (pl. m. *-ci*) ● (*ling.*) Privo di sigma: *aoristo a.*

asillàbico [comp. di *a-* (*1*) e *sillabico*] agg. (pl. m. *-ci*) *1* (*ling.*) Che non è centro di sillaba: *fonema a.*; *vocale asillabica*. *2* Detto di verso il cui ritmo non è fondato su un numero fisso di sillabe.

așilo [vc. dotta, lat. *asȳlu(m)*, dal gr. *ásylon* 'inviolabile', comp. di *a-* (*1*) e *sȳlon* 'violenza, rapina'] s. m. *1* Rifugio, ricovero, ricetto: *cercare, chiedere, trovare a.* | *Diritto di a.*, nell'antichità e secondo il vigente diritto canonico, inviolabilità accordata al rifugiato in un tempio o in una chiesa | *A. politico*, inviolabilità, accordata allo straniero rifugiato per motivi politici in territorio estero o in luoghi che godono della extraterritorialità. *2* Luogo in cui si raccolgono persone bisognose di assistenza e aiuto | *A. di mendicità*, ricovero per vecchi in disagiate condizioni | *A. notturno*, dove si offre da dormire a chi non ha tetto. *3* Istituzione educativa che accoglie i bambini dai tre ai sei anni: *a. infantile, d'infanzia* | *A. nido*, quello che custodisce i bambini fino a tre anni, spec. quando entrambi i genitori lavorano.

asimmetrìa [comp. di *a-* (*1*) e *simmetria*] s. f. ● Mancanza, difetto, di simmetria tra le parti di un oggetto.

asimmetricità s. f. ● (*raro*) Qualità di ciò che è asimmetrico.

asimmètrico [comp. di *a* (*1*) e *simmetrico*] agg. (pl. m. *-ci*) *1* Privo di simmetria. *2* (*chim.*) Detto di derivato sostituito in cui i gruppi sostituenti non sono sistemati simmetricamente | Detto di atomo le cui valenze sono saturate da atomi o gruppi atomici diversi: *atomo di carbonio a.* || **asimmetricaménte**, avv.

asinàggine s. f. ● Grande ignoranza.

asinàio [lat. *asināriu(m)*, da *ăsinus* 'asino'] s. m. ● Chi guida l'asino.

asinartèto o **asinàrteto** [vc. dotta, gr. *asynártētos* 'senza connessione', comp. di *a-* (*1*) e un deriv. di *synartân* 'connettere, congiungere', comp. di *sýn* 'con' (V. *simpatia*) e *artân* 'attaccare, connettere', da *aérein* 'attaccare', di origine indeur.] agg. ● Detto di verso formato da due membri di andamento ritmico contrario.

asinàta [da *asino*] s. f. ● Atto, discorso ignorante e villano.

asincronìa [comp. di *a-* (*1*) e *sincronia*] s. f. ● Mancanza di sincronia.

asincronișmo [comp. di *a-* (*1*) e *sincronismo*] s. m. *1* (*fis.*) Caratteristica di ciò che è asincrono. *2* Nella tecnica cinematografica, effetto di mancata sincronizzazione fra colonna visiva e colonna sonora.

asìncrono [comp. di *a-* (*1*) e *sincrono*] agg. *1* (*fis.*) Detto di processo non coincidente nel tempo con altri processi. *2* Detto di motore elettrico a corrente alternata la cui velocità dipende, ma non rigidamente, dal numero di poli e dalla frequenza della corrente.

asindètico agg. (pl. m. *-ci*) ● (*ling.*) Coordinato per asindeto.

asìndeto [vc. dotta, lat. *asýndeto(n)*, dal gr. *asýndeton* 'slegato', comp. di *a-* (*1*) e *sundéō*,'io lego'] s. m. ● (*ling.*) Figura retorica che consiste nell'accostare fra loro i membri di un'enumerazione senza l'impiego delle congiunzioni: *le donne in festa, in alegreza, in gioco, / in danze perregrine, in dolci canti* (BOIARDO).

asinergìa [comp. di *a-* (*1*) e *sinergia*] s. f. *1* (*med.*) Incoordinazione fra più organi o parti corporee che normalmente interagiscono in modo armonico. *2* (*med.*) Alterazione dell'intensità e della regolare successione dei movimenti elementari che formano un atto volontario; è causata da malattie del cervelletto.

asinerìa s. f. ● Discorso, comportamento da ignorante, da sciocco.

asinésco agg. (pl. m. *-schi*) ● Da persona ignorante e zotica. || **asinescaménte**, avv.

asinìno [vc. dotta, lat. *asinīnu(m)*, da *ăsinus* 'asino'] agg. *1* Di, da asino: *orecchie asinine* | (*fig.*) Di, da zotico: *comportamento a.* *2* *Tosse asinina*, pertosse.

asinità s. f. ● Ignoranza grossolana | Azione, discorso e sim. che dimostra ignoranza.

àsino [lat. *ăsinu(m)* di origine preindeur.] **A** s. m. (f. *-a*) *1* Mammifero dei Perissodattili, più piccolo del cavallo e con orecchie più lunghe, grigio e biancastro sul ventre con lunghi crini all'estremità della coda (*Equus asinus*) | *Fare l'a.*, (*fig.*) comportarsi in modo sciocco o buffo; (*est.*) fare il cascamorto | *Legare l'a. dove vuole il padrone*, (*fig.*) obbedire docilmente | *Lavare la testa all'a.*, (*fig.*) far cosa inutile | *Calcio dell'a.*, disprezzo o ingratitudine verso chi, prima potente, è caduto in basso | *A schiena d'a.*, (*fig.*) detto di superficie convessa | *Bellezza dell'a.*, (*fig.*, *fam.*) quella esclusivamente fisica caratteristica della prima giovinezza | *Fare, essere come l'a. di Buridano*, rimanere incerti sul partito da prendere. SIN. Ciuco, somaro. *2* (*fig.*) Persona ignorante, zotica: *è un a. calzato e vestito* | *A. risalito*, ignorante divenuto ricco. **B** in funzione di agg. ● (*raro*) Ignorante, grossolano: *gente asina* || PROV. Meglio un asino vivo che un dottore morto; chi non può dare all'asino dà al basto. || **asinàccio**, pegg. | **asinèllo**, dim. | **asinettàccio**, pegg. | **asinétto**, dim. | **asinino**, dim. | **asinóne**, accr. | **asinòtto**, dim. | **asinùccio**, dim. || †**asinaménte**, avv. Da ignorante.

asintàttico [comp. di *a-* (*1*) e *sintattico*] agg. (pl. m. *-ci*) ● Privo di sintassi: *periodo a.*

asintomàtico [comp. di *a-* (*1*) e *sintomatico*] agg. (pl. m. *-ci*) ● Che non presenta sintomi.

asintòtico agg. (pl. m. *-ci*) ● (*mat.*) Di asintoto | Di proprietà o comportamento d'una funzione al tendere delle variabili all'infinito.

asìntoto o **asintòto** [vc. dotta, gr. *asýmptōtos*, comp. di *a-* (*1*) e dall'agg. verbale di *sympíptō* 'io coincido'] s. m. ● (*mat.*) Per una curva che si estende all'infinito, retta cui la curva data si avvicina quanto si vuole, allorché un punto s'allontana indefinitamente sulla curva | Tangente in un punto improprio.

așìșmico [comp. di *a-* (*1*) e *sismico*] agg. (pl. m. *-ci*) *1* Che non è soggetto al terremoto: *zona asismica*. *2* Antisismico.

askenazita /askenad'dzita/ o **ashkenazita**, **askenàzi** [ebr. *ashkĕnaz*, parola della Bibbia indicante una nazione discendente da Iafet, che nel Medioevo fu identificata con la Germania] agg.; anche s. m. e f. (pl. m. *-i*) ● Ebreo originario dell'Europa centrale e orientale.

àșma [vc. dotta, lat. *ăsthma*, dal gr. *ásthma* 'respirazione faticosa', di etim. incerta] s. m. o f. ● (*med.*) Condizione morbosa caratterizzata da intensa difficoltà respiratoria | *A. bronchiale*, provocato da spasmo dei piccoli bronchi | *A. cardiaco*, da insufficienza cardiaca | *A. allergico*, provocato da allergeni.

așmàtico [vc. dotta, lat. *asthmăticu(m)*, nom. *asthmăticus*, dal gr. *asthmatikós*, da *ásthma* 'asma'] **A** agg. (pl. m. *-ci*) ● Di, relativo ad asma. **B** agg.; anche s. m. (f. *-a*) ● Che, chi è affetto da asma.

asociàle [comp. di *a-* (*1*) e *sociale*] **A** agg. *1* Che è privo di coscienza sociale, che non sente o rifiuta le esigenze della vita sociale. *2* Detto di persona chiusa e introversa. **B** s. m. e f. ● Persona asociale.

asocialità s. f. ● Qualità di chi, di ciò che, è asociale: *l'a. di un atto*.

àșola [lat. *ănsula(m)*, dim. di *ănsa* 'impugnatura'] s. f. *1* Piccolo taglio nel tessuto di un abito, orlato con punto a smerlo, destinato ad accogliere il bottone. *2* Occhiello di metallo in cui entra un perno | Fessura, ove si introduce la moneta o il gettone, in apparecchi automatici di distribuzione di sigarette, generi alimentari e sim.

așolàia [da *asola*] s. f. ● Lavorante specializzata nell'esecuzione delle asole. SIN. Occhiellaia.

așolàre [etim. incerta] v. intr. (*io àșolo*; aus. *avere*) *1* (*lett.*) Alitare, spirare, spec. del vento. *2* (*lett.*) Prendere aria, rinfrescarsi. *3* †Aggirarsi frequentemente intorno a un luogo.

àșolo [da *asolare*] s. m. ● (*lett.*) Alito, soffio di vento.

a sólo ● V. *assolo*.

àspa [da *aspo*] s. f. ● (*mar.*, *tess.*) Aspo.

Asparagàcee [vc. dotta, comp. di *asparago* e *-acee*] s. f. pl. ● Nella tassonomia vegetale, sottofamiglia di piante erbacee rizomatose delle Liliacee con frutti a bacca (*Asparagaceae*) | (al sing. *-a*) Ogni individuo di tale sottofamiglia.

asparagéto s. m. ● Luogo coltivato ad asparagi.

asparagiàia o (*pop.*) **sparagiàia**. s. f. ● Asparageto.

asparagìna [da *asparago*] s. f. ● (*chim.*) Amminoacido presente nelle proteine, ammide dell'acido aspartico.

aspàrago o (*tosc.*) **aspàragio**, (*pop.*) **spàrago**, †**spàrago** [lat. *aspăragu(m)*, nom. *aspăragus*, dal gr. *aspáragos*, di etim. incerta] s. m. (pl. *-gi*) ● Pianta erbacea delle Liliacee con rizoma corto e grosso dal quale spuntano germogli commestibili (*Asparagus officinalis*) | *A. selvatico*, pianta suffruticosa delle Liliacee fornita di acute spine (*Asparagus acutifolius*).

aspargicoltóre [comp. di *aspar(a)go* e *-coltore*] s. m. (f. *-trice*) ● Coltivatore di asparagi.

aspargicoltùra [comp. di *aspar(a)go* e *-coltura*] s. f. ● Coltivazione degli asparagi.

aspartàme [dal fr. *aspartique*, n. di un acido nel quale si trasforma l'*asparagina*] s. m. ● Dolcificante ipocalorico a base di amminoacidi.

aspàrtico [fr. *aspartique*, acido che si ottiene dall'*asparagina*] agg. (pl. m. *-ci*) ● (*chim.*) Detto di un acido bicarbossilico presente nelle proteine, simile all'acido glutammico: *acido a.*

aspàta s. f. ● Quantità di filato che resta avvolto all'aspo.

aspatóio s. m. ● Aspo industriale.

aspatóre s. m. (f. *-trice*) ● Operaio addetto all'aspatura.

aspatùra [da *aspo*] s. f. ● Svolgimento di un filato da bobine o rocche per avvolgerlo su aspi onde formare matasse.

àspe ● V. *aspide*.

aspecìfico [comp. di *a-* (*1*) e *specifico*] agg. (pl. m. *-ci*) ● (*med.*) Detto di malattia la cui causa non è specifica.

asperèlla o **asprèlla**, **sperèlla**, **sprèlla** [lat. parl. **asperĕlla(m)*, da *ăsper* 'ruvido'] s. f. ● (*bot.*) Coda di cavallo | Attaccamani

†**asperézza** ● V. *asprezza*.

aspèrge ● V. *asperges*.

aspèrgere [vc. dotta, lat. *aspĕrgere*, comp. di *ăd* e *spărgere* 'spargere'] v. tr. (pres. *io aspèrgo, tu aspèrgi*; pass. rem. *io aspèrsi, tu aspergésti*; part. pass. *aspèrso*) *1* Bagnare, spruzzare leggermente. *2* Spruzzare ritualmente d'acqua benedetta i fedeli o l'altare. *3* (*lett.*) Spargere, cospargere.

asperges /*lat.* as'perdʒes/ o **aspèrge** [dal versetto che il sacerdote pronunzia aspergendo con l'acqua benedetta: *Asperges me, Domine, hyssopo et mundabor*] s. m. ● Aspersorio.

Aspergillàcee [vc. dotta, comp. di *aspergillo* e *-acee*] s. f. pl. ● Nella tassonomia vegetale, famiglia di Funghi degli Ascomiceti che formano muffe verdastre sulle sostanze in decomposizione (*Aspergillaceae*) | (al sing. *-a*) Ogni individuo di tale famiglia.

aspergìllo [dalla forma, come di un *aspersorio*] s. m. ● Genere di funghi Ascomiceti delle Aspergillacee, a forma di aspersorio, patogeni per l'uomo in alcune specie (*Aspergillus*).

aspergillòși [comp. di *aspergillo* e *-osi*] s. f. ● Malattia dell'uomo e degli animali prodotta da una specie patogena di aspergillo, localizzata spec. nei polmoni.

asperità o †**asprità** [vc. dotta, lat. *asperitāte(m)*, da *ăsper* 'aspro'] s. f. ● Asprezza, scabrosità: *l'a. del terreno* | (*fig.*) Difficoltà, impedimento: *le a. della vita*.

†**àspero** ● V. *aspro*.

aspèrrimo [sup. di *aspro*] agg. ● Che è estremamente aspro (*spec. fig.*)

aspersióne [vc. dotta, lat. *aspersiōne(m)*, da *aspĕrgere* 'aspergere'] s. f. *1* Atto, effetto dell'aspergere. *2* Rito dell'aspergere con acqua benedetta.

aspèrso part. pass. di *aspergere*; anche agg. ● Nei sign. del v.

aspersòrio [vc. dotta, lat. mediev. *aspersoriu(m)*, da *aspĕrgere* 'aspergere'] s. m. ● Strumento per aspergere con l'acqua benedetta.

aspèrula [dal lat. *ăsper* 'aspro', con suff. dim.] s. f. ● Genere di piante erbacee delle Rubiacee con foglie verticillate e fiori in pannocchie (*Asperula*) | *A. odorosa*, stellina odorosa.

†aspettàbile agg. ● Che si può aspettare.

†aspettànza s. f. ● Aspettazione.

aspettàre [lat. parl. *aspectāre per exspectāre, da spectāre 'guardare'] v. tr. (*io aspètto*) **1** Stare con l'animo e la mente, spec. improntati di desiderio, ansia, timore, e sim. rivolti al verificarsi di un evento o all'arrivo di una persona o di una cosa: *a. un amico, una telefonata, una notizia*; *non aspetto nessuno*; *aspettava da anni il ritorno del padre*; *aspetta di ottenere la promozione*; *aspettiamo che avvenga q.c. di nuovo*; *non gli resta che a. la morte* | *Farsi a.*, arrivare in ritardo rispetto all'ora convenuta: *le piace farsi a.*; *stamattina l'autobus si fa a.* | *A. un bambino*, (*fig.*) essere in stato di gravidanza | *A. la manna, la Provvidenza*, (*fig.*) non fare nulla per togliersi dagli impicci | *A. qc. a braccia aperte*, (*fig.*) con vivo desiderio | *A. la palla al balzo*, (*fig.*) l'occasione buona | *A. qc. al varco*, (*fig.*) aspettare il momento, particolarmente difficile da superare, in cui appariranno evidenti i difetti e i meriti di una persona | *Qui t'aspettavo!*, (*fig.*) ecco il momento in cui ti si può cogliere in errore. **2** Subordinare il compimento di un'azione al verificarsi di un evento: *aspetterò il suo arrivo fino a domani, poi deciderò io stesso*; *prima di uscire aspettò che il temporale finisse* | Stare in attesa di qc. o di q.c. (*anche ass.*): *aspettava il treno*; *sono due ore che aspetto*; *è stanco di a.* | *Ma che cosa aspetti?*, detto a chi esita a fare q.c. | (*ass.*) Indugiare: *ricordati che il tempo non aspetta*; *abbiamo aspettato troppo*. **3** Prevedere per sé stesso: *non devi aspettarti niente da lui*; *non m'aspetto nulla di buono*; *questa me l'aspettavo*; *al mondo bisogna aspettarsi di tutto* | *C'era da aspettarselo!*, di situazione facilmente prevedibile || PROV. Chi la fa l'aspetti.

aspettatìva s. f. **1** Attesa: *essere, stare in a. di q.c.* | (*est.*) Ciò che si aspetta: *essere inferiore, superiore, all'a.* **2** Condizione di un lavoratore dipendente che, dietro sua richiesta, è dispensato dal prestare servizio per un determinato periodo di tempo: *chiedere un anno di a.*; *mettersi in a. per motivi di salute, di famiglia*.

†aspettatóre s. m. (f. *-trice*) ● Chi aspetta.

aspettazióne [lat. expectatiōne(m). V. aspettare] s. f. **1** (*lett.*) Atto dell'aspettare: *stare in a.* | Stato d'animo di chi aspetta; *era un'a. insostenibile*; *contro ogni a. tutto andò per il meglio*. **2** (*est.*) Speranza: *è stato un anno di intensa a.*; *rispondere, venire, meno all'a.*; *deludere l'a.*

aspètto (**1**) [da aspettare] s. m. ● Atto dell'aspettare: *stare in a.* | *Sala d'a.*, nelle stazioni e in altri luoghi di pubblico servizio, quella in cui le persone aspettano di partire o di essere ricevute | *Battuta d'a.*, temporeggiamento per pensare o stare a vedere prima di fare q.c. | *Caccia all'a.*, praticata aspettando i selvatici nei luoghi di pastura o di abbeverata.

aspètto (**2**) [vc. dotta, lat. aspĕctu(m), da aspĭcere 'guardare'] s. m. **1** (*lett.*) Vista | *A primo a.*, a prima vista. **2** Ciò che si presenta alla vista | (*est.*) Modo in cui q.c. si presenta alla vista: *l'a. del paese era tranquillo*. **3** (*est.*) Sembianza, apparenza, spec. umana: *avere un brutto, un bell'a.*; *essere di a. gradevole, sgradevole, florido, sofferente*; *un uomo di umile a.* **4** Punto di vista, modo di considerare una questione, un problema, e sim.: *sotto certi aspetti sono d'accordo*; *alla luce dei nuovi fatti la faccenda cambia a.*; *i diversi aspetti di uno stesso problema*. **5** (*ling.*) Modo di rappresentare il processo verbale nella sua durata, nel suo svolgimento, nel suo compimento: *a. progressivo, a. risultativo*. **6** (*astrol.*) Distanza in gradi tra due pianeti | *Pianeta in buon a.*, favorevole.

aspic /fr. as'pik/ [uso figurato di aspic 'serpente' (dal gr. áspis 'serpente aspide', con la terminazione in -ic di basilisk 'basilisco'), perché la gelatina può ricordare il colore della pelle del serpente, o dalla forma a serpente degli stampi] s. m. inv. ● Vivanda, spec. a base di carne o pesce, in gelatina, modellata in piccoli stampi.

àspide o (*lett.*) **àspe**, **†àspido** [vc. dotta, lat. ăspide(m), nom. ăspis, dal gr. aspís, vc. prob. preindeur.] s. m. **1** (*lett.*) Serpente velenoso. **2** *A. di Cleopatra*, serpente velenoso bruno a macchie nere irregolari capace, in stato di agitazione, di dilatare il collo (*Naja haje*). SIN. Cobra egiziano. **3** Antica bocca da fuoco di piccolo calibro del genere colubrina. **4** (*fig.*) Persona malvagia e irosa.

aspidìstra [dal gr. aspís, genit. aspídos 'scudo' (di etim. incerta), col suff. -istra dei n. d'agente f. gr.; detta così dall'aspetto delle sue foglie] s. f. ● Pianta ornamentale delle Liliacee, con larghe foglie coriacee, molto resistente alla siccità, alla mancanza di luce e alla polvere (*Aspidistra elatior*).

†àspido ● V. *aspide*.

aspirànte **A** part. pres. di *aspirare*; anche agg. ● Nei sign. del v. **B** s. m. e f. **1** Chi aspira a raggiungere, a ottenere q.c.: *a. a un ufficio, a un premio, a una nomina* | *A. al titolo*, nel pugilato, l'atleta professionista al quale è stato riconosciuto il diritto di incontrare il detentore di un titolo di campione messo in palio. **2** *A. ufficiale*, grado istituito in tempo di guerra per la categoria degli ufficiali di complemento, intermedio fra quello di aiutante di battaglia e quello di sottotenente.

aspirapólvere [comp. di aspira(re) e polvere] s. m. inv. ● Aspiratore elettrico per la pulizia dei locali, che in un piccolo sacco succhia polvere e rifiuti.

aspiràre [vc. dotta, lat. aspirāre 'inspirare, infondere', comp. di ăd e spirāre 'soffiare'] **A** v. tr. **1** Attrarre aria, o sim. attraverso la bocca o il naso mandandola nei polmoni: *a. l'aria pura del primo mattino*. SIN. Inspirare. **2** (*est.*) Trarre a sé, detto di apparecchi che servono a estrarre da un ambiente, gas, liquidi, solidi e sim. **3** (*ling.*) Articolare, pronunziare con aspirazione: *a. la consonante c*. **4** (*lett.*) †Ispirare. **5** †Essere favorevole. **B** v. intr. (aus. *avere*) **1** Anelare, mirare a q.c.: *a. al successo mondano, all'amore, alla gloria*. **2** (*lett.*) †Spirare | (*fig.*) Favorire.

aspiràto part. pass. di *aspirare*; anche agg. **1** Nei sign. del v. **2** (*autom.*) Detto di motore a scoppio a quattro tempi con carburatore in cui la miscela aria-carburante viene aspirata nel cilindro dal solo movimento del pistone.

aspiratóre [fr. aspirateur, dal lat. aspirāre 'aspirare'] s. m. **1** Apparecchio per estrarre aria, gas o polvere da un ambiente. **2** (*med.*) Strumento chirurgico per aspirare liquidi o sangue in una ferita.

aspirazióne [vc. dotta, lat. aspiratiōne(m), da aspirāre 'aspirare'] s. f. **1** (*med.*, *raro*) Atto dell'aspirare con la bocca o con il naso; inspirazione | (*med.*) Operazione dell'aspirare liquidi o sim. dalle cavità o da altre parti del corpo. **2** (*ling.*) Soffio espiratorio che accompagna la pronuncia di certi suoni. **3** Complesso di condotti attraverso cui l'aria o la miscela combustibile è aspirata in un motore a combustione interna | Fase in cui lo stantuffo, discendendo nel cilindro, aspira tale miscela. **4** In una pompa idraulica di sollevamento, formazione di depressione che provoca il sollevamento dell'acqua dal pozzo inferiore al corpo di pompa: *tubo di a.*; *capacità di a.* **5** (*fig.*) Fervente desiderio, spec. verso cose alte e nobili. **6** †Favore. || **aspirazioncèlla**, dim.

aspirìna ® [nome commerciale] s. f. ● Acido acetilsalicilico in compresse, usato come antipiretico, analgesico e antireumatico.

asplènio o **†asplèno** [vc. dotta, lat. asplēno(n), nom. ásplēnos, comp. di a- (1) e gr. splḗn, splēnós 'milza', perché si riteneva efficace contro i mali di questo organo] s. m. ● Genere di felci, spec. tropicali, delle Polipodiacee, con foglie intere o variamente divise, indusio univalve e fori lineari (*Asplenium*).

àspo [got. *haspa] s. m. **1** Legno appuntito con avvolta una matassa di spago, usato in giardinaggio per tracciare rettifili o aiuole. **2** Organo rotante della mietitrebbiatrice che colloca gli steli sul trasportatore. ➡ ILL. p. 355 AGRICOLTURA. **3** (*tess.*) Attrezzo formato da un perno da cui si dipartono a raggera dei supporti per il filato che serve ad eseguire l'aspatura. SIN. Aspa, annaspo, naspo. **4** (*mar.*) Arnese per girare l'argano.

asportàbile agg. ● Che si può asportare.

asportàre [vc. dotta, lat. asportāre, comp. di ăbs 'da' e portāre 'portare'] v. tr. (*io aspòrto*) **1** Portare via da un luogo: *vino da a.*; *i ladri asportarono un prezioso quadro* | (*est.*) Estirpare: *a. una pianta*. **2** Eliminare chirurgicamente una parte del corpo.

asportazióne [vc. dotta, lat. asportatiōne(m), da asportāre 'asportare'] s. f. ● Atto, effetto dell'asportare: *a. chirurgica di un tumore*.

aspòrto s. m. **1** Atto dell'asportare: *a. di materiali*. **2** Nella loc. avv. *da a.*, da portarsi via, da non consumarsi sul posto: *pizza da a.*

aspreggiàre [da aspro] v. tr. (*io aspréggio*) **1** †Allegare i denti. **2** (*lett.*) Trattare con asprezza, tormentare: *oh cielo! / Perché aspreggiarmi anzi che udirmi vuoi?* (ALFIERI) | (*est.*) Inasprire.

asprèlla ● V. *asperella*.

asprétto **A** agg. **1** Dim. di *aspro*. **2** Che ha sapore tendente all'aspro: *vino a.* **3** (*raro*) Scabroso | (*fig.*) Piuttosto duro di maniere. **B** s. m. ● Sapore leggermente aspro del vino. || **asprettìno**, dim.

asprézza o **†asperézza** [da aspro] s. f. **1** Qualità di ciò che è aspro al gusto, al tatto, all'udito: *l'a. di un sapore, di un aroma, di un suono* | (*ling.*) Incontro sgradevole di più consonanti. **2** Ruvidezza, scabrosità: *l'a. di una superficie* | (*est.*) Impraticabilità: *l'a. del cammino* | Qualità di ciò che è brullo e selvaggio: *l'a. delle steppe nordiche*. **3** (*fig.*) Alterezza, severità: *riprendere qc. con a.* | (*est.*) Durezza: *mitigare l'a. del proprio carattere* | (*est.*) Crudeltà, ferocia: *l'a. della lotta, della battaglia*. **4** Freddo intenso: *l'a. del clima invernale, della notte polare*.

asprì [fr. esprit, dal lat. spīritu(m) 'soffio'] s. m. ● Pennacchio formato da numerosi fili di aigrette, usato come ornamento di copricapi militari e di cappelli o acconciature femminili.

asprìgno agg. **1** Che ha sapore alquanto aspro: *vino a.* **2** (*fig.*) Ostile, accanito.

asprìno [da aspro] s. m. ● Vino bianco, leggero, della Campania.

†asprità ● V. *asperità*.

àspro o **†àspero** [lat. ăsperu(m), di etim. incerta] agg. (sup. *aspèrrimo* (V.), o *asprissimo*) **1** Che ha sapore agro e irritante per la gola, caratteristico della frutta acerba: *vino a.*; *uva aspra*; *prugne aspre* | (*est.*) Pungente, acre, detto di odore: *l'odore a. dell'aceto* | Sgradevole, stridulo, detto di suono: *voce aspra*. **2** (*ling.*) Detto di suono la cui pronuncia è relativamente intensa | *Spirito a.*, nelle vocali iniziali aspirate del greco. **3** Ruvido al tatto, scabro: *una superficie assai aspra*. **4** (*est.*) Malagevole, scosceso: *seguirono un a. cammino fra le rocce* | Brullo, selvaggio: *l'a. paesaggio andino*. **5** (*fig.*) Che mostra severità, alterezza: *trattare qc. in modo a.* | (*lett.*) Crudele: *i ludi aspri di Marte* (FOSCOLO). **6** Rigido, freddo, detto di clima: *l'a. inverno nordico*. || **asprétto**, dim. (V.) | **asprìno**, dim. (V.) | **asprùccio**, dim. || **aspraménte**, avv.

aspromontàno agg. ● Dell'Aspromonte, regione montuosa della Calabria.

assaettàre [comp. di a- (2) e saetta] **A** v. tr. (*io assaétto*) **1** (*tosc.*) Colpire con saetta. **2** (*fig.*, *lett.*) Molestare grandemente. **B** v. intr. (aus. *essere*) ● (*tosc.*) Essere colpito dal fulmine, spec. in imprecazioni: *che io possa a. se non è vero!* | Con valore raff.: *a. dalla sete*, avere una sete terribile. **C** v. intr. e intr. pron. (aus. intr. *essere*) ● (*fig.*) Arrabbiarsi, arrovellarsi.

assaettàto part. pass. di *assaettare*; anche agg. **1** Nei sign. del v. **2** (*tosc.*) Posposto ad altro agg., assume valore raff.: *pane duro a.*, durissimo; *oggetto caro a.*, carissimo e sim.

assafètida [comp. del lat. mediev. asa, di etim. incerta, e foetida 'puzzolente'] s. f. **1** Pianta delle Ombrellifere con foglie inferiormente pelose e fiori giallastri che fornisce una gomma resinosa di odore sgradevole (*Ferula asafoetida*). **2** (*farm.*) Gommoresina ricavata dalla pianta omonima, usata un tempo come carminativo, antispastico, sedativo e antielmintico.

†assaggiaménto s. m. ● Modo e atto dell'assaggiare.

assaggiàre [comp. di a- (2) e saggiare] v. tr. (*io assàggio*) **1** Provare il sapore di un cibo, di una bevanda: *a. il caffè, il pranzo* | (*est.*) Mangiare pochissimo: *non ho fame, assaggerò q.c.* | Cominciare a bere o a mangiare: *non gli lasciarono neppure il tempo di a. la cena* | (*fig.*) *A. i pugni di qc.*, prenderli. **2** (*raro*) Saggiare (*anche fig.*): *a. l'oro*; *a. la propria resistenza* | *A. il terreno*, (*fig.*) cercare di conoscere, spec. senza darlo a vedere, le eventuali reazioni di una persona, di un ambiente e sim.

assaggiatóre s. m. (f. *-trice*) *1* Chi ha il compito di assaggiare vini o cibi per definirne le caratteristiche. *2* Saggiatore.

assaggiatùra s. f. ● Atto, effetto dell'assaggiare.

assaggino s. m. *1* Dim. di *assaggio*. *2* Piccola porzione di cibo o di bevanda che alcuni locali pubblici servono per permettere ai clienti di assaggiare una grande varietà di preparazioni.

assàggio [lat. tardo *exăgiu(m)* 'pesatura', con cambio di suff.] s. m. *1* Modo e atto dell'assaggiare | (*est.*) Piccola quantità di cibo o bevanda: *prendere un a. di dolce*. *2* (*fig.*) Campione: *ecco un a. della nostra merce* | Prova: *vi darò un a. delle mie capacità*. || **assaggino**, dim. (V.).

assài [lat. parl. **ăd sătis*, da *sătis* 'abbastanza'] **A** avv. *1* Abbastanza, sufficientemente: *ho già visto a.*; *ho già lottato a.* | *Averne a. di qc.*, *di q.c.*, esserne stanco, non volerne più sapere. *2* Molto: *ha fatto a. per i suoi parenti*; *a. lo loda, e più lo loderebbe* (DANTE *Par.* VI, 142); *bere, mangiare a.* | *È un uomo che beve a.*, moltissimo | *È una persona che ha viaggiato a.*, parecchio | Si usa a formare il sup. ass. avv.: *a. contento*; *uno spettacolo a. interessante*; *a. meno*; *a. più*; *a. prima*; *a. dopo*; *a. tardi*. *3* (*antifr.*) Nelle loc.: *sapere, importare a.*, non sapere nulla, non importare nulla: *so a.!*; *m'importa a. di tutto questo!*; *m'importa a. di quello che dite o fate voi!* *4* Nella loc. avv.: *D'a.*, di molto, di gran lunga: *la sua influenza era cresciuta d'a.* (BACCHELLI) | Di valore, di notevole importanza, autorevole, riferito a persona: *Carlo Magno fu re ... d'a. e coraggioso molto* (SACCHETTI). **B** in funzione di agg. ● Molto, parecchio, in gran numero: *ho avuto a. fastidi*; *ci hai messo a. tempo*; *c'era a. gente*. || **assaissimo**, sup. (V.). **C** in funzione di s. m. *1* (*al pl.*) I molti, i più: *sono a. quelli che la pensano così*; *eravamo in a. a volerlo*; *i Fiorentini rimproverarono i loro che gli a. si lasciassino superare da pochi* (MACHIAVELLI). *2* Grande quantità: *per guadagnare l'a., avventurano il poco* (CASTIGLIONE).

assaìssimo **A** avv. ● Sup. di *assai*. **B** in funzione di agg. ● Molto, assai vario: *ben può il musico modificare in assaissime guise queste assuefazioni* (LEOPARDI).

assàle [lat. parl. **axāle(m)*, da *ăxis* 'asse (2)'] s. m. ● Parte dell'autoveicolo che ha la funzione di trasmettere il carico del telaio alle ruote con interposizione di molle e di trasmettere la forza motrice nonché sterzante alle ruote.

†**assaliménto** s. m. ● Assalto.

assalìre [lat. parl. **assalīre*, per il classico *assilīre* comp. di *ăd* e *salīre* 'saltare'] v. tr. (pres. *io assàlgo*, o *assalisco*, *tu assàli*, o *assalisci*; pass. rem. *io assalìi*, o †*assàlsi*, *tu assalìsti*, *essi assalìrono*, o †*assàlsero*) *1* Investire con impeto, aggredire con violenza (*anche fig.*): *assalì l'avversario alle spalle*; *lo assalirono con insulti d'ogni genere*. *2* (*fig.*) Impadronirsi dell'animo o del corpo di qc., detto di sentimenti, passioni, malattie: *un ricordo doloroso lo assale*; *me, s'io giaccio in riposo, il tedio assale* (LEOPARDI); *la polmonite l'assalì all'improvviso*. *3* †Corrompere | †Violentare.

assalitóre s. m. (f. *-trice*) ● Chi assale.

assaltàre [lat. par. **assaltāre*, comp. di *ăd* e *saltāre* 'saltare'] v. tr. ● Dare l'assalto, prendere d'assalto | †*a. alla strada*, rapinare qc. per la strada.

assaltatóre s. m. (f. *-trice*) ● Chi assalta.

assàlto [da *assaltare*] s. m. *1* (*mil.*) Atto tattico con cui le truppe più avanzate nel combattimento concludono la fase decisiva dell'attacco: *reparti d'a.* | *Mezzi d'a.*, in marina, mezzi navali destinati a colpire le unità nemiche rifugiate nei porti. *2* (*est.*) Azione violenta, che si vale spec. di mezzi fisici, atta a danneggiare qc. o q.c.: *l'a. al treno*; *muovere all'a.*; *dare l'a. a una banca*; *la città fu conquistata al primo a.* | *Prendere d'a.*, conquistare di slancio e, fig., affrontare qc. o q.c. con decisione | *A. alla diligenza*, (*fig.*) tentativo, da parte di più persone, di impossessarsi di q.c. con foga o bramosia | Nella loc. avv. *d'a.*, detto di chi svolge un incarico o una professione con grande risolutezza o particolare grinta: *pretore d'a.*; *finanziere d'a.* *3* (*sport*) Scontro tra due schermitori: *a. in sala*; *a. in gara* | *A. accademico*, di esibizione | Nel pugilato, ripresa. *4* (*fig.*) Manifestazione brusca e improvvisa di malattie, sentimenti, passioni e sim.: *l'a. del male*; *l'a. dei ricordi*.

†**assannàre** ● V. *azzannare*.

assaporaménto s. m. ● Modo e atto dell'assaporare.

assaporàre o †**saporàre** (1) [comp. di *a-* (*2*) e *sapore*] v. tr. (*io assapóro*) *1* Gustare un cibo o una bevanda con voluta lentezza per prolungare la piacevole sensazione che ne deriva: *assaporava il dolce in silenzio*. *2* (*fig.*) Godere spiritualmente: *finalmente assaporava la riconquistata libertà*. *3* †Dare sapore, insaporire.

assaporìre v. tr. (*io assaporìsco*, *tu assaporìsci*) ● Insaporire.

assassinaménto s. m. *1* (*raro*) Assassinio. *2* (*fig., lett.*) Aggressione, angheria | (*est.*) Grave danno.

assassinàre [da *assassino*] v. tr. *1* Uccidere per odio, vendetta, rapina. *2* (*lett.*) Maltrattare, tormentare, opprimere: *e dipoi faceva assassinare quel popolo da un suo governatore* (MACHIAVELLI). *3* (*fig.*) Danneggiare gravemente, rovinare: *a. la reputazione di qc.* | (*fig.*) *A. una poesia*, *un brano musicale*, eseguirli molto male.

†**assassinatóre** s. m. (f. *-trice*) ● Chi assassina.

assassìnio s. m. *1* Uccisione di un essere umano, spec. in modo efferato e per scopi abbietti: *si è reso colpevole d'a.* *2* (*fig., lett.*) Oppressione, violenza.

assassìno [ar. *haššāšī* 'bevitore di *hašīš*', nome di una setta orientale comandata dal vecchio della Montagna] **A** s. m. (f. *-a*) *1* Chi commette un assassinio: *ricercare, scoprire, processare, condannare un a.*; *l'a. cancellò le sue tracce*; *è comune convinzione che l'a. torni sempre sul luogo del delitto*. *2* (*relig.*) Affiliato alla setta segreta degli Assassini che, nel XII sec., in Siria, praticavano l'omicidio per fini religiosi trovandosi sotto l'azione stupefacente dell'hascisc. *3* (*raro, lett.*) Sicario | (*est.*) Chi arreca danno a q.c. o a qc. per malvagità o incapacità. **B** agg. *1* Malvagio, criminale: *tendenze assassine*. *2* (*fig.*) Che conquista, seduce: *occhi assassini* | *Mosca assassina*, neo artificiale, nel sec. XVIII messo per civetteria dalle dame all'angolo dell'occhio o della bocca.

assatanàto [parasintetico di *Satana*] agg. ● (*rom.*) Indemoniato | (*est.*) Eccitato sessualmente.

àsse (1) [lat. *ăsse(m)*, di etim. incerta] s. f. (pl. *àssi*, pop. *àsse*) ● Tavola di legno, stretta, lunga e di poco spessore, ricavata per sezione longitudinale da un tronco d'albero: *ammucchiare le assi nel magazzino* | *A. da stiro*, tavola oblunga ricoperta con lana, panno o sim., sulla quale si stirano gli indumenti | *A. di battuta*, attrezzo usato per l'esecuzione di esercizi ginnici, di gare di salto | *A. di equilibrio*, attrezzo per esercizi ginnici costituito da una barra di legno sollevata dal suolo a mezzo di supporti | *Essere, trovarsi, stretto fra due assi*, (*fig.*) trovarsi in una situazione molto difficile | *Fra quattro assi*, (*fig.*) nella bara. || **assàccia**, pegg. | **assicèlla**, dim. | **assicina**, dim. | **assóna**, accr. | **assóne**, accr. m.

àsse (2) [lat. *ăxe(m)*, di origine indeur.] s. m. *1* (*tecnol.*) Organo di macchina, a forma di cilindro allungato, che sostiene gli elementi rotanti, con funzione essenzialmente portante | *A. fisso*, se gli elementi rotanti girano folli su di esso | *A. rotante*, se gli organi sono calettati sull'asse. *2* (*mat.*) *A. di simmetria d'una figura piana*, retta tale che i punti di una figura si possano accoppiare in modo che la congiungente punti associati sia parallela a una retta fissa, solitamente ortogonale all'asse, mentre il loro punto medio sta sull'asse | *A. d'un segmento*, luogo dei punti del piano equidistanti dagli estremi del segmento | *A. cartesiano*, ciascuna delle rette usate per associare a un punto del piano le sue coordinate cartesiane | *A. di rotazione*, retta fissa intorno alla quale si fa ruotare una figura. *3* (*est.*) Retta immaginaria dotata di particolari proprietà rispetto a una figura o a un corpo, con specifici sign. nelle varie discipline: *a. trasversale*, *verticale della nave*; *assi aerodinamici di un aeromobile* | *A. stradale*, linea mediana della carreggiata di una strada | *A. attrezzato*, strada urbana i cui attraversamenti sono ridotti al minimo e muniti di semafori, così da consentire il traffico veloce | *A. ottico*, in fisica, retta congiungente i centri di curvatura di tutte le superfici sferiche riflettenti o rifrangenti che costituiscono un sistema ottico; in mineralogia, direzione lungo la quale in un cristallo non si nota birifrazione | *A. cristallografico*, uno dei tre assi non complanari che corrispondono a tre spigoli presenti o possibili in un cristallo | *A. terrestre*, linea immaginaria che passando per il centro della Terra unisce i due poli, e attorno alla quale la Terra compie il movimento di rotazione *4* (*fig.*) Alleanza politica fra due Stati, indicati per lo più dal nome delle rispettive capitali: *a. Roma-Berlino*, *a. Parigi-Bonn*. *5* (*anat.*) Epistrofeo. || **assóne**, accr. (V.).

àsse (3) [vc. dotta, lat. *ăsse(m)*, prestito da una lingua straniera, forse dall'etrusco] s. m. *1* Unità della moneta romana di bronzo antica, divisibile in 12 once, che variò nel tempo di valore e di peso. *2* (*dir.*) *A. ereditario*, il patrimonio lasciato dal defunto, valutato nel suo complesso al fine di calcolarne le singole quote spettanti agli eredi | *A. ecclesiastico*, il complesso di beni appartenenti alla Chiesa.

assécco [da *asseccare* 'seccare'] s. m. (pl. *-chi*) ● (*mar.*) Parte del fondo della barca in cui si raccoglie l'acqua e in cui si trova l'alleggio.

assecondàre [da *secondare*] v. tr. (*io assecóndo*) ● Favorire: *a. i tentativi*, *le ricerche di q.c.* | Soddisfare: *a. i capricci di un bambino* | Seguire: *a. col corpo il ritmo della musica*.

†**assecuràre** e *deriv.* ● V. *assicurare* e *deriv.*

†**assedére** [vc. dotta, lat. *assidēre*, comp. di *ăd* e *sedēre* 'sedere'] **A** v. tr. ● Circondare alla larga e fuori delle offese il recinto di un luogo fortificato per impedirne il vettovagliamento e affamarlo. **B** v. intr. ● (*raro*) Sedere presso | Dimorare. **C** v. rifl. ● Sedersi: *se volete che con voi m'asseggia, / faròl, se piace a costui che vo seco* (DANTE *Inf.* XV, 35-36).

assediànte **A** part. pres. di *assediare*; anche agg. ● Nei sign. del v. **B** s. m. e f. ● Chi assedia.

assediàre [adattamento mediev. del lat. *obsidēre* 'star fermo (*sedēre*) davanti (*ŏb*)'] v. tr. (*io assèdio*) *1* Circondare con un esercito un luogo fortificato per impadronirsene con la forza. *2* (*est.*) Chiudere tutt'attorno, bloccare, isolare: *il villaggio era assediato dalla neve*; *le acque ci assediano da giorni* | Attorniare: *una folla festante lo assedia*. *3* (*fig.*) Importunare, infastidire: *lo assediavano con richieste insistenti*; *da tempo un grave problema ci assedia* | Circuire: *a. una donna*.

assediàto **A** part. pass. di *assediare*; anche agg. ● Nei sign. del v. **B** s. m. (f. *-a*) ● Chi subisce un assedio: *gli assediati attendevano rinforzi*.

assediatóre s. m. (f. *-trice*) ● (*lett.*) Chi assedia.

assèdio [lat. par. **adsĕdiu(m)*, per il classico *obsĭdium*, da *obsidēre* 'star seduto davanti, tenere il campo'] s. m. *1* Complesso delle operazioni svolte da un esercito attorno a un luogo fortificato per impadronirsene con la forza | *Stato d'a.*, stato di pericolo pubblico, insieme di provvedimenti che limitano la libertà personale dei cittadini, presi in occasione di rivolte, gravi sommosse e sim. | *A. economico*, stato di isolamento dal mercato mondiale di un paese che non può vendere o rifornirsi all'estero. *2* (*est.*) Blocco, ressa (*anche fig.*): *l'a. dei dimostranti durava da giorni*; *i fotografi cinsero d'a. la casa*; *i creditori hanno posto l'a. alla ditta*; *i ricordi lo strinsero d'a.* | *Porre l'a. a una donna*, corteggiarla con esasperante insistenza.

assegnàbile agg. ● Che si può assegnare.

assegnaménto s. m. *1* Assegnazione, attribuzione. *2* Rendita, provento: *è rimasta povera e senza assegnamenti* (PIRANDELLO). *3* (*fig.*) Fiducia, speranza | *Fare a. su qc.*, *su q.c.*, contarci sopra, fondarci le proprie speranze. || **assegnamentùccio**, dim.

assegnàre [lat. *assignāre*, comp. di *ăd* e *sĭgnum* 'segno'] v. tr. (*io asségno*) *1* (*dir.*) Disporre di q.c. a favore di qc., spec. attribuire la proprietà di un bene espropriato con provvedimento d'autorità: *a. ai braccianti i terreni espropriati*; *a. un bene in seguito a vendita*. *2* (*lett.*) Conferire, riconoscere come segno caratteristico, prerogativa, e sim.: *Dio assegnò agli uomini il dono della parola* | (*est.*) Destinare a favore, dare in proprietà: *a. una dote cospicua alla figlia*; *gli hanno assegnato una ren-*

dita vitalizia. **3** (*lett.*) Addurre: *a. un argomento a sostegno della propria tesi.* **4** Affidare: *gli assegnarono una mansione di grande responsabilità* | Destinare: *fu assegnato al reparto vendite.* **5** Stabilire, prescrivere: *a. un termine, una scadenza.*

assegnatàrio s. m. (f. *-a*) ● Persona cui è assegnato q.c., spec. colui al quale è attribuita, mediante ordinanza del giudice dell'esecuzione, la proprietà di un bene espropriato: *a. di un terreno nel corso di una riforma fondiaria.* SIN. Aggiudicatario.

assegnàto (**1**) part. pass. di *assegnare*; anche agg. **1** Nei sign. del v. **2** Che è da pagare: *porto a.* **3** †Parco | †Cauto. ‖ **assegnataménte**, avv. Con precisione ed esattezza; parsimoniosamente.

assegnàto (**2**) [fr. *assignats*] s. m. ● (*spec. al pl.*) Moneta cartacea emessa nel XVIII sec. dall'Assemblea nazionale francese il cui valore era garantito dai beni confiscati durante la Rivoluzione.

assegnatóre [vc. dotta, lat. tardo *assignatō̆re(m)*, da *assignāre* 'assegnare'] s. m. (f. *-trice*) ● (*raro*) Chi assegna.

assegnazióne [vc. dotta, lat. *assignatiōne(m)*, da *assignāre* 'assegnare'] s. f. ● Atto, effetto dell'assegnare | Aggiudicazione: *a. di un bene pignorato.*

assegnìsta [da *assegno*] s. m. e f. (pl. m. *-i*) ● Laureato che svolge attività scientifica presso un'università o altro ente di ricerca pubblico e viene, solitamente, retribuito mediante assegno.

asségno [da *assegnare*] s. m. **1** Attribuzione patrimoniale data in corrispettivo di prestazioni di lavoro o per altro motivo: *assegni al lavoratore*; *a. di carovita*; *a. alimentare*; *a. di presenza* | *Assegni per il nucleo familiare* o *assegni familiari*, integrazioni salariali, versate da enti previdenziali a lavoratori o pensionati, di ammontare variabile a seconda del reddito e della dimensione del nucleo familiare | *A. di studio*, sussidio versato dallo Stato a studenti universitari meritevoli e di modeste condizioni economiche, perché possano proseguire negli studi. SIN. Presalario. **2** (*est.*) Rendita: *vivere con un piccolo a. mensile.* **3** *A. bancario* o (*per anton.*) *assegno*, mezzo di pagamento consistente nell'ordine scritto a una banca di pagare una somma determinata alla persona ivi indicata | *A. a vuoto*, emesso malgrado la inesistenza presso la banca di fondi disponibili sufficienti | *A. postdatato*, emesso con data futura e pertanto non ammesso dalla legge | *A. circolare*, titolo di credito emesso da una banca e contenente la promessa di pagare una somma determinata già depositata presso la stessa | *A. a copertura garantita*, su cui la banca attesta la presenza di fondi disponibili | (*banca*) *A. sbarrato*, pagabile dalla banca trassata solo a un'altra banca o al prenditore se suo cliente | *A. non trasferibile*, che può essere riscosso soltanto dalla persona indicata dall'emittente | *A. turistico*, tratto da una banca su una propria filiale e incassabile solo mediante una doppia sottoscrizione conforme della persona indicata. SIN. Traveller's cheque. **4** Somma da pagare all'atto del ritiro di una merce: *pacco gravato di a.*; *spedire q.c. contro a.*, o *contr'a.*

†**asseguìre** [vc. dotta, lat. *ăssequi*, rifatto su *seguire*] v. tr. **1** Raggiungere, conseguire. **2** Seguire, tenere dietro (*anche fig.*).

†**assembiàre** e *deriv.* ● V. *assembrare (2)* e *deriv.*

assemblàggio [fr. *assemblage*, da *assembler*. V. *assemblare*] s. m. **1** In varie tecnologie, operazione produttiva costituita dall'accoppiamento e unione di due o più parti del prodotto allo scopo di ottenere il prodotto finito, un gruppo premontato o un sottogruppo. **2** Nei sistemi elettronici per l'elaborazione dei dati, operazione svolta dai programmi compilatori o traduttori di linguaggi simbolici per cui alle frasi del linguaggio simbolico vengono sostituite le corrispondenti sequenze d'istruzioni in linguaggio macchina. **3** (*arte*) Opera d'arte realizzata con materiali eterogenei.

assemblàre [fr. *assembler*, dal lat. parl. *assimulāre*, comp. di *ăd* e il den. di *sĭmul* 'insieme' di origine indeur.] v. tr. (*io assémblo*) **1** Sottoporre ad assemblaggio. **2** V. *assembrare (2).*

assemblatóre **A** s. m. ● Operaio addetto all'assemblaggio. **B** in funzione di agg. (posposto al s.) ● (*elab.*) *Programma a.*, programma che, mediante un'operazione di assemblaggio, produce da un programma scritto in linguaggio simbolico il corrispondente programma in linguaggio macchina.

assemblèa [fr. *assemblée*, dal part. di *assembler* 'riunire'. V. *assembrare (2)*] s. f. **1** Riunione degli appartenenti a una collettività per discutere problemi di interesse comune: *a. studentesca*; *a. degli iscritti al sindacato*; *a. di quartiere* | *A. di reparto*, nelle fabbriche | *A. aperta*, nella quale può intervenire anche chi non fa parte della collettività direttamente interessata | (*relig.*) *A. liturgica*, il complesso dei fedeli che assistono alla celebrazione della Messa. **2** (*dir.*) Collettività degli appartenenti a un gruppo organizzato cui sono affidate funzioni deliberative: *a. generale*; *a. dei soci*; *a. generale delle Nazioni Unite*; *convocare, sciogliere l'a.* | *A. deserta*, quando non si è raggiunto il numero legale dei partecipanti | *A. legislativa*, Parlamento | *Assemblee parlamentari*, camere parlamentari | *A. regionale*, organo legislativo delle regioni. **3** (*mar.*) Adunata giornaliera degli equipaggi per gli esercizi, la distribuzione dei lavori e sim.

assembleàre agg. ● Pertinente a un'assemblea: *deliberazione a.*; *riunioni assembleari.*

assemblearìsmo s. m. **1** Concezione della democrazia diretta tendente ad attribuire alle assemblee di base i poteri decisionali degli organi rappresentativi. **2** (*spreg.*) Tendenza a eccedere nella durata e nel numero delle assemblee | (*est.*) Tendenza a strumentalizzare un'assemblea.

assemblearìstico agg. (pl. m. *-ci*) ● Proprio, tipico delle assemblee: *gergo a.*

assembraménto o †**assembiaménto** [da *assembrare (2)*] s. m. **1** Adunata di persone, spec. in luogo aperto, per dimostrazioni, spettacoli insoliti, e sim.: *l'a. della folla, dei curiosi*; *sul luogo dell'incidente si formò un grande a.* **2** †Massa di armati | †Esercito.

†**assembràre** (**1**) [ant. fr. *assembler*, dal lat. *adsimilāre* 'far simile'] **A** v. intr. **1** (*lett.*) Sembrare, parere. **2** Somigliare. **B** v. tr. ● Rappresentare in modo simile | Paragonare.

assembràre (**2**) o †**assembiàre**, †**assemblàre** [fr. *assembler*, dal lat. *assimulāre*] **A** v. tr. (*io assémbro*) **1** V. *assemblare.* **2** (*lett.*) Mettere insieme | (*raro*) Radunare. **B** v. intr. e intr. pron. (aus. intr. *essere*) ● Affollarsi: *i curiosi si assembravano per vedere la scena* | †Unirsi.

†**assèmpro** e *deriv.* ● V. *esempio* e *deriv.*

†**assennàre** [comp. di *a-* (*2*) e *senno*] v. tr. ● Dare senno | Istruire.

assennatézza s. f. ● Qualità di chi è assennato.

assennàto part. pass. di †*assennare*; anche agg. **1** Nei sign. del v. **2** Che ha senno, giudizio: *fanciulla assennata.* ‖ **assennataménte**, avv. Con senno, giudizio: *comportarsi assennatamente.*

assènso [vc. dotta, lat. *assēnsu(m)*, da *assentīre* 'assentire'] s. m. **1** (*dir.*) Manifestazione di volontà di un terzo condizionante la validità di un atto da altri emanato: *a. del genitore al matrimonio del figlio minorenne* **2** (*est.*) Consenso, approvazione: *dare, negare, il proprio a.*; *gli fece un cenno di a.*; *un mormorio di a. si levò dalla folla.*

†**assentàre** (**1**) [vc. dotta, lat. *assentari*, ints. di *assentire*, comp. di *a-* (*2*) e *sentire* 'sentire'] **A** v. intr. ● Consentire. **B** v. tr. ● (*lett.*) Lusingare, adulare: *continui ad a. chi ti avea pria beneficato* (FOSCOLO).

assentàre (**2**) [vc. dotta, lat. tardo *absentāre* 'allontanare', da *ăbsens*, genit. *absēntis* 'assente'] **A** v. tr. (*io assènto*) ● †Allontanare | †Rimuovere. **B** v. intr. pron. ● Rimanere assente da un luogo per un periodo di tempo più o meno breve: *si assentò qualche minuto dal lavoro*; *cominciò ad assentarsi da casa per molte ore.*

assentàre (**3**) [lat. parl. **adsentāre*, da *sedēre* 'star seduto'] **A** v. tr. ● (*raro*) Mettere a sedere. **B** v. intr. pron. ● Mettersi a sedere.

assènte [vc. dotta, lat. *absĕnte(m)*, part. pres. di *ăbsum* 'sono assente', comp. di *ăb* che indica allontanamento e *sŭm* 'io sono'] **A** agg. **1** Che non è presente nel luogo in cui dovrebbe essere o in cui ci si aspetterebbe che fosse: *essere a. da casa, da scuola*; *essere a. alle lezioni*; *gli alunni assenti saranno puniti* | (*est.*) Lontano: *non parlava mai del padre a.* **2** (*fig.*) Distratto: *sguardo, espressione a.* **3** (*dir.*) Che è scomparso da tempo dall'ultimo domicilio o dimora e da almeno due anni non dà più notizie di sé. **B** s. m. e f. **1** Persona assente: *gli assenti hanno sempre torto*; *chiamata alla successione di un a.* **2** (*fig.*) Persona defunta: *tutti rivolsero un pensiero all'a.*; *la memoria dell'a.*

assenteìsmo [fr. *absentéisme*, dall'ingl. *absenteeism*, da *absentee* 'assente', dal lat. *absĕnte(m)* 'assente'] s. m. **1** Spec. nell'Inghilterra dell'800, abitudine dei grandi proprietari terrieri di vivere, sporadicamente o continuamente, lontani dai propri possedimenti dedicando a questi scarsa o nessuna cura. **2** (*fig.*) Disinteresse, indifferenza, spec. verso i problemi politici e sociali: *l'a. politico dei cittadini favorisce i cattivi governi.* **3** In un'azienda, assenza dal proprio posto di lavoro di un lavoratore dipendente: *a. per cause individuali, per cause sindacali* | *Tasso di a.*, (*ell.*) *assenteismo*, rapporto fra le assenze dal posto di lavoro e le giornate lavorative di un dato periodo.

assenteìsta [fr. *absentéiste*, da *absentéisme* 'assenteismo'] agg.; anche s. m. e f. (pl. m. *-i*) **1** (*fig.*) Che, chi rimane indifferente di fronte ai problemi politici e sociali. **2** Che, chi è spesso assente dal proprio posto di lavoro.

assenteìstico agg. (pl. m. *-ci*) ● Dell'assenteismo o degli assenteisti.

assentiménto s. m. ● Modo e atto dell'assentire.

assentìre [vc. dotta, lat. *assentīre*, comp. di *ăd* e *sentīre* 'sentire, ritenere'] **A** v. intr. (pres. *io assènto*; part. pres. *assenziènte*; aus. *avere*) ● Dare il proprio assenso: *a. a una proposta.* SIN. Consentire. **B** v. tr. ● (*lett.*) Permettere, accordare.

assènza [vc. dotta, lat. *absĕntia(m)*, da *ăbsens*, genit. *absĕntis* 'assente'] s. f. **1** Lontananza di una persona dal luogo in cui dovrebbe essere o in cui ci si aspetterebbe che fosse: *giustificare le assenze*; *registro delle assenze*; *quest'anno ha fatto molte assenze*; *spero che in nostra a. non succeda nulla* | Mancanza: *a. di luce, d'aria, di sole.* **2** (*dir.*) Scomparsa di una persona protratta nel tempo dall'ultimo domicilio o dimora e mancanza di notizie da almeno due anni: *dichiarazione di a.* **3** (*med.*) *A. epilettica*, breve e totale sospensione della coscienza, con o senza movimenti automatici, seguita da amnesia, propria del piccolo male epilettico.

assenziènte part. pres. di *assentire*; anche agg. ● Nei sign. del v.

assènzio o †**assènzo** [lat. *absĭnthiu(m)*, dal gr. *apsínthion*, di origine preindeur.] s. m. **1** Pianta erbacea perenne delle Composite con foglie pelose e fiori gialli riuniti in capolini (*Artemisia absinthium*). **2** Liquore ottenuto per macerazione e distillazione dei fiori e delle foglie della pianta omonima. **3** (*fig., lett.*) Amarezza, dolore.

†**àssere** [lat. *ăssere(m)*. Cfr. *asse (1)*] s. m. ● (*mar.*) Trave ferrata che si adoperava in guerra per sconquassare macchine nemiche | Specie di ariete navale.

†**asserenàre** [comp. di *a-* (*2*) e *sereno*] v. tr., intr. e intr. pron. ● (*lett.*) Rasserenare.

†**asseriménto** s. m. ● Modo e atto dell'asserire | Asserzione.

asserìre [vc. dotta, lat. *assĕrere*, comp. di *ăd* e *sĕrere* 'connettere, intrecciare'] v. tr. (*io asserìsco, tu asserìsci*; part. pass. *asserìto*, †*assèrto (1)*) ● Affermare, sostenere con vigore: *asserisce di essere stato ammalato* | *A. q.c. in giudizio*, vantare una pretesa in un processo | *A. uno debitore*, sostenere che qc. è obbligato a q.c.

asserpolàrsi [comp. di *a-* (*2*) e lat. *sĕrpula* 'piccola serpe'] v. rifl. (*io assèrpolo*) ● Attorcersi come una serpe.

asserpolàto part. pass. di *asserpolarsi*; anche agg. ● Nel sign. del v.

asserragliaménto s. m. ● Atto, effetto dell'asserragliare o dell'asserragliarsi.

asserragliàre [comp. di *a-* (*2*) e *serraglio*] **A** v. tr. (*io asserràglio*) ● Chiudere con serragli, con barre | (*est.*) Barricare, sbarrare. **B** v. rifl. ● Rifugiarsi, spec. in luogo chiuso, per mettersi al sicuro: *asserragliarsi in casa*; *la gente s'asserragliò sul ponte.*

assertività s. f. ● Qualità di chi è assertivo.

assertivo [ingl. *assertive*, dal lat. *assĕrtus*, part.

pass. di *assĕrere* (V. *asserto* (*2*)) nel sign. 2] **agg.** *1* (*lett.*) Che asserisce, che afferma. *2* Detto di chi è in grado di far valere le proprie opinioni e i propri diritti pur rispettando quelli degli altri. || **assertivaménte**, **avv.** In modo affermativo.

†**assèrto** (1) **part. pass.** di *asserire*; anche **agg.** ● Nei sign. del v.

assèrto (2) [vc. dotta, lat. tardo *assĕrtu*(*m*), s. dal part. pass. di *assĕrere*. V. *asserire*] **s. m.** ● (*lett.*) Asserzione, affermazione: *dimostrare, confermare un a.*

assertóre [vc. dotta, lat. *assertōre*(*m*), da *assĕrere* 'asserire'] **s. m.** (f. *-trice*) ● Chi asserisce, sostiene con vigore, un principio, una dottrina, e sim.

assertòrio [vc. dotta, lat. tardo *assertōriu*(*m*), da *assĕrere* 'asserire'] **agg.** ● Assertivo.

asserviménto **s. m.** *1* Modo, atto, effetto dell'asservire o dell'asservirsi. *2* (*mecc.*) Collegamento fra due elementi di un meccanismo, che obbliga uno di essi a seguire l'azione comandata dall'altro.

asservìre [comp. di *a-* (*2*) e *servire*] **A** **v. tr.** (*io asservisco, tu asservisci*) *1* Rendere servo, assoggettare (*anche fig.*): *a. gli istinti alla ragione.* *2* (*tecnol.*) Collegare due grandezze fisiche di un sistema, due elementi di una macchina o di un impianto stabilendo fra loro un asservimento. **B** **v. rifl.** ● Rendersi servo, sottomettersi: *asservirsi al nemico.*

asserzióne [vc. dotta, lat. *assertiōne*(*m*), da *assĕrere* 'asserire'] **s. f.** *1* Atto dell'asserire. *2* Giudizio positivo o negativo con cui si esprime una semplice verità di fatto.

assessoràto **s. m.** ● Carica di assessore | Durata di tale carica | Sede degli uffici che dipendono dall'assessore.

assessóre [lat. *assessōre*(*m*), letteralmente 'colui che siede accanto'. V. *assidere*] **s. m.** (f. *-a*; V. nota d'uso FEMMINILE) *1* Membro della giunta regionale, provinciale o comunale. *2* †Funzionario incaricato di coadiuvare altro funzionario superiore nella esplicazione delle proprie funzioni. *3* †Membro laico della corte d'assise o della corte d'assise d'appello.

assessoriàle **agg.** ● (*raro*) Di assessore.

assessorìle **agg.** ● Di assessore: *commissione a.*

assestacovóni [comp. di *assesta*(*re*) e il pl. di *covone*] **s. m.** ● Organo della mietitrice-legatrice che allinea gli steli del frumento per la legatura.

assestaménto **s. m.** *1* Atto, effetto dell'assestare o dell'assestarsi | *A. forestale*, programma tecnico-economico per la conservazione e l'utilizzazione dei boschi | *A. del terreno*, complesso di fenomeni relativi al costipamento delle terre lavorate | (*geol.*) Movimento del suolo o delle rocce che si dispongono in modo da conseguire un migliore equilibrio. *2* (*edil.*) Piccolo abbassamento delle murature, dovuto a cedimento delle malte o a graduale aumento del peso sovrastante durante la costruzione. **SIN.** Calo.

assestàre o (*raro*) †**sestàre** [comp. di *a-* (*2*) e *sesto*] **A** **v. tr.** (*io assèsto*) *1* Mettere in sesto, in ordine, a posto: *a. i volumi di una biblioteca.* *2* (*est.*) Sistemare, regolare con cura: *a. una carica di esplosivo, un meccanismo* | *A. un colpo*, colpire con abilità nel punto voluto. **B** **v. rifl.** ● Mettersi a posto, adattarsi: *s'assestò ben bene sulla poltrona* | Sistemarsi: *si è assestato nella nuova casa.* **C** **v. intr. pron.** ● Raggiungere un assetto stabile (detto spec. di costruzioni o terreni).

assestatézza **s. f.** ● Qualità di chi, di ciò che, è assestato.

assestàto **part. pass.** di *assestare*; anche **agg.** *1* Nei sign. del v. *2* Assennato, avveduto, detto di persona: *un buon giovine, a.* (MANZONI). || **assestataménte**, **avv.** Ordinatamente.

assèsto **s. m.** ● (*raro*) Ordine.

assetàre [comp. di *a-* (*2*) e *sete*] **A** **v. tr.** (*io asséto*) *1* Portare, ridurre alla sete: *a. una città, un paese.* *2* (*fig., lett.*) Rendere desideroso, bramoso. **B** **v. intr.** (aus. *essere*) ● (*raro*) Avere, patire sete: *i Numidi ... pochissimo assetano* (ALFIERI).

assetàto **A** **part. pass.** di *assetare*; anche **agg.** *1* Nei sign. del v. *2* (*est.*) Riarso: *campi assetati.* **B** **s. m.** (f. *-a*) ● Chi ha molta sete.

assettaménto **s. m.** *1* Atto, effetto dell'assettare o dell'assettarsi. *2* (*edil.*) raro Assestamento. *3* †Seduta, consesso.

assettàre [lat. parl. **asseditāre*, freq. di *sedēre* 'sedere'] **A** **v. tr.** (*io assètto*) *1* Mettere in ordine, sistemare: *quando la sala fu assettata iniziarono le danze* | (*est.*) Acconciare, adornare: *assettarsi i capelli, il vestito*; *a. un abito.* *2* Collocare nel luogo adatto: *assettò i libri sopra il tavolo* | (*raro*) †*a. una fanciulla*, accasarla. *3* (*raro*) Allestire, preparare: *a. gli altari, gli arnesi del lavoro* | (*lett., iron.*) Conciare per le feste. **B** **v. rifl.** *1* Abbigliarsi, adornarsi: *si assettò prontamente e uscì.* *2* (*lett.*) Prepararsi, spec. a dire o a fare q.c. *3* †Adagiarsi, sedersi: *il re s'assettò ad una tavola* (BOCCACCIO).

assettàto **part. pass.** di *assettare*; anche **agg.** ● Nei sign. del v. || **assettataménte**, **avv.** Con ordine; (*est.*) acconciatamente; *parlare assettatamente*, con posatezza e proprietà.

assètto [da *assettare*] **s. m.** *1* Atto, effetto dell'assettare o dell'assettarsi | Ordine, sistemazione | *Dare a.*, sistemare | *Mettere in a.*, mettere in ordine | *Mettersi in a.*, disporsi, prepararsi | *Pigliare a.*, sistemarsi. *2* (*est.*) Modo di vestire, tenuta, equipaggiamento: *essere in a. di guerra* | *Essere bene, male in a.*, essere bene, male, in arnese | *Essere in pieno, in perfetto a.*, essere perfettamente equipaggiato. *3* Disposizione, positura di un aereo o natante rispetto a riferimenti fissi o mobili: *a. appoppato, appruato, cabrato, picchiato.* *4* †Sede.

asseveraménto **s. m.** ● Atto dell'asseverare.

asseveràre [vc. dotta, lat. *adseverāre*, comp. di *ăd* e *sevērus* 'severo, solenne'] **v. tr.** (*io assèvero*) ● Affermare con certezza ed energia.

asseveratìvo **agg.** ● (*lett.*) Affermativo: *tono a.*

asseverazióne [vc. dotta, lat. *adseveratiōne*(*m*), da *adseverāre* 'asseverare'] **s. f.** *1* Atto, effetto dell'asseverare. *2* (*dir.*) Certificazione, nei modi previsti dalla legge, della verità di quanto affermato in una perizia, o della conformità al testo originale di una traduzione, o della verità di fatti determinati.

assiàle [da *asse* (*2*)] **agg.** ● Relativo all'asse: *piano a.*

assibilàre [comp. di *a-* (*2*) e *sibilo*] **A** **v. tr.** (*io assìbilo*) *1* (*lett.*) †Fischiare insieme | Sussurrare. *2* (*ling.*) Sottoporre un suono ad assibilazione. **B** **v. intr. pron.** ● (*ling.*) Subire l'assibilazione.

assibilazióne [da *assibilare*] **s. f.** ● (*ling.*) Trasformazione per la quale un suono diventa sibilante.

assicèlla **s. f.** *1* Dim. di *asse* (*1*). *2* Piccola tavola di legno.

assicellàto [da *assicella*, dim. di *asse* (*1*)] **s. m.** ● (*arald.*) Partizione costituita da file di rettangoli a due smalti alternati | *A. innestato*, partizione costituita da file di rettangoli a due smalti solo parzialmente contrapposti.

assicuràbile **agg.** ● Che si può assicurare.

assicurànte **A** **part. pres.** di *assicurare*; anche **agg.** ● Nei sign. del v. **B** **s. m. e f.** ● (*dir.*) Chi conclude un contratto di assicurazione con un'impresa assicuratrice | Nel rapporto di assicurazione sociale, colui cui fa carico l'obbligazione di pagare il contributo.

assicuràre o †**assecuràre** [lat. parl. **assecurāre*, comp. di *ăd* e *secūrus* 'sicuro'] **A** **v. tr.** *1* Rendere certo: *a. un buon lavoro, una buona retribuzione* | Proteggere, preservare: *a. la propria vecchiaia, i propri beni.* *2* Dare certezza, incoraggiando e tranquillizzando: *ti assicuro che non accadrà nulla.* *3* Fermare, legare saldamente: *a. q.c. con ganci, con corda*; *a. un compagno di cordata* | (*fig.*) *A. qc. alla giustizia*, farlo arrestare. *4* (*dir.*) Concludere un contratto di assicurazione: *a. un bene contro i furti* | (*est.*) *A. una lettera, un plico e sim.*, spedirli assicurandosi contro il caso di perdita o manomissione dietro pagamento di una soprattassa. *5* (*mar.*) *A. la bandiera*, sulle navi, alzare la bandiera e sparare contemporaneamente un colpo di cannone, per garantirne l'autenticità. *6* †Munire, fortificare: *e ben quel muro che assecura il sito / d'arme e d'opere men dev'essere munito* (TASSO). **B** **v. rifl.** *1* Acquistare certezza: *assicurarsi di poter realizzare un'impresa* | (*lett.*) Tranquillizzarsi | †Fidarsi, aver fiducia. *2* Mettersi al sicuro. *3* Garantirsi la copertura di un rischio, mediante un contratto di assicurazione: *assicurarsi contro i furti, gli incidenti* e sim.

assicuràta [f. sost. di *assicurato*] **s. f.** ● Lettera o plico postale a valore dichiarato di cui le Poste, dietro pagamento di una speciale soprattassa, garantiscono l'inoltro al destinatario con particolari misure di sicurezza o il rimborso in caso di danneggiamento o smarrimento.

assicurativo **agg.** *1* Che serve ad assicurare. *2* (*dir.*) Che concerne una assicurazione: *prestazioni assicurative.*

assicuràto o †**assecuràto**. **A** **part. pass.** di *assicurare*; anche **agg.** ● Nei sign. del v. || **assicurataménte**, **avv.** Con certezza. **B** **s. m.** (f. *-a*) ● (*dir.*) Colui verso il quale l'assicuratore è obbligato con il contratto di assicurazione o a favore del quale è stata conclusa l'assicurazione: *obblighi dell'a.*

assicuratóre **A** **s. m.** *1* (*dir.*) Ente che assume il rischio oggetto del contratto di assicurazione. *2* Correntemente, chi stipula contratti di assicurazione come agente di una società assicuratrice. **B** anche **agg.** (f. *trice*): *ente a.*; *società assicuratrice.*

assicurazióne o †**assecurazióne** **s. f.** *1* Atto, effetto dell'assicurare o dell'assicurarsi. *2* (*dir.*) Contratto con cui un assicuratore, verso pagamento di un premio, si obbliga a tenere indenne l'assicurato dagli effetti dannosi di un evento futuro e incerto | *A. contro i danni*, il cui oggetto è il rischio di un danno che derivi eventualmente da un sinistro | *A. sulla vita*, il cui oggetto è il rischio del verificarsi di un avvenimento riguardante la vita umana | *A. sociale, obbligatoria, pubblica*, con cui il prestatore di lavoro è rilevato dal rischio dei pregiudizi che lo stesso subirebbe a causa o in occasione del lavoro | *Società d'a.*, *d'assicurazioni*, ente che esplica attività assicurativa | *Polizza d'a.*, documento probatorio del contratto d'assicurazione: *a. auto.* *3* Nell'alpinismo, l'insieme dei procedimenti che si attuano durante un'ascensione allo scopo di arrestare un'eventuale caduta: *fare a.* | *A. a spalla*, quando lo scalatore è trattenuto da una corda che passa sulla schiena e sulla spalla di chi assicura | *A. diretta*, quella effettuata con il solo ausilio della corda | *A. indiretta*, quando la corda passa per chiodi o spuntoni di roccia per ridurre l'altezza di caduta libera.

assideraménto **s. m.** ● (*med.*) Complesso degli effetti dannosi causati dal freddo quando è superata la capacità di termoregolazione dell'organismo umano.

assideràre [lat. parl. **assiderāre*, comp. di *ăd* e *sīdus*, genit. *sīderis* 'costellazione, clima, stagione'] **A** **v. tr.** (*io assìdero*) *1* Esporre al freddo | Gelare: *il freddo ha assiderato le pianticelle.* *2* (*med.*) Sottoporre ad assideramento. **B** **v. intr.** e **intr. pron.** (aus. *essere*) *1* Intorpidire per il freddo. *2* (*med.*) Rimanere colpito da assideramento.

assideràto **part. pass.** di *assiderare*; anche **agg.** *1* Nei sign. del v. *2* (*raro, fig.*) Torpido.

assìdere [lat. *assīdere* 'porsi a sedere', comp. di *ăd* e *sīdere*. V. *sedere*] **A** **v. tr.** (**pass. rem.** *io assiṣi, tu assidésti*; **part. pass.** *assiṣo*) *1* Far sedere | Collocare. *2* †Assediare. **B** **v. intr. pron.** ● (*lett.*) Porsi a sedere: *il re si assise sul trono*; *e pietosa s'asside in su la sponda* (PETRARCA) | (*est.*) Posarsi; fermarsi.

assiduità [vc. dotta, lat. *assiduitāte*(*m*), da *assīduus* 'assiduo'] **s. f.** ● Qualità di chi, di ciò che, è assiduo: *a. nel lavoro, nello studio.*

assìduo [vc. dotta, lat. *assīduu*(*m*); da *assidēre* 'sedere accanto'] **agg.** *1* Che attende a q.c. con cura costante e continua: *studente, lettore a.*; *un a. studioso.* *2* Che è fatto con costanza e continuità: *cure, ricerche assidue*; *lo studio a. dà buoni risultati.* *3* Che si reca con frequenza e regolarità in un luogo per dovere, necessità, utilità, e sim.: *pochi di voi sono assidui alle lezioni*; *è un a. cliente del nostro bar.* || **assiduaménte**, **avv.**

assiemàggio [da *assieme*] **s. m.** *1* (*tecnol.*) Assemblaggio. *2* (*polit.*) Unione di forze politiche, spec. di correnti all'interno di uno stesso partito.

assiemàre **v. tr.** (*io assièmo*) ● Mettere, tenere assieme.

assième [da *insieme*, con cambio di pref.] **A** **avv.** ● Insieme: *stare a.*; *mettere, riunire a.*; *aspettami, usciremo a.* **B** nelle **loc. prep.** *a. a*, (*raro*) *a. con* ● In compagnia di, insieme con: *verrò a. a te.* **C** **s.**

m. ● Complesso, gruppo di persone o cose in cui ci sia coesione, fusione tra le singole parti; visione o considerazione complessiva di elementi diversi: *una squadra di calcio che forma un bell'a.*; *l'a. orchestrale*; *gioco d'a.*; *ottima recitazione d'a.*; *tutto l'a. delle costruzioni è di una perfetta simmetria.*

assiepaménto s. m. *1* Modo e atto dell'assieparе o dell'assieparsi: *un a. di curiosi intralcia la circolazione.* *2* †Recinto di siepi.

assiepàre [comp. di *a-* (2) e *siepe*] **A** v. tr. (*io assièpo*) ● (*lett.*) Far siepe | (*est.*) Chiudere con una siepe | (*fig.*) Circondare. **B** v. intr. pron. ● Affollarsi intorno: *la gente si assiepa lungo la strada*; *si assieparono in piazza*; *la folla si assiepava intorno al vincitore.*

assiepàto part. pass. di *assiepare*; anche agg. ● Nei sign. del v.

assìle [da *asse* (2)] agg. ● Detto di organo animale o vegetale che è situato lungo o verso l'asse longitudinale di un altro organo.

assillabazióne [comp. di *a-* (2) e *sillaba*] s. f. ● (*ling.*) Figura retorica che consiste nella ripetizione della medesima sillaba all'inizio di più parole: *di me medesmo meco mi vergogno* (PETRARCA). CFR. Allitterazione.

assillànte part. pres. di *assillare*; anche agg. ● Nei sign. del v.

assillàre [da *assillo*] **A** v. tr. ● Molestare, tormentare: *a. qc. con preghiere insistenti*; *un pensiero continuo l'assillava* | (*est.*) Incitare. **B** v. intr. (aus. *avere*) ● (*lett.*) Smaniare: *e parve un toro bravo quando assilla* (PULCI).

assìllo [lat. *asīlu(m)* 'tafano', di etim. incerta] s. m. *1* Insetto dittero predatore di color bruno-giallastro fornito di proboscide con la quale punge gli animali domestici. *2* (*fig.*) Pensiero tormentoso e continuo: *l'a. degli esami*; *senza l'a. della scuola* | *Avere l'a.*, essere inquieto, smaniare.

assimigliàre e *deriv.* ● V. *assomigliare* e *deriv.*

assimilàbile agg. ● Che si può assimilare.

assimilabilità s. f. ● Qualità di ciò che è assimilabile.

assimilàre [vc. dotta, lat. tardo *assimilāre*, comp. di *ăd* e *sĭmilis* 'simile'] **A** v. tr. (*io assìmilo*) *1* (*lett.*) Rendere simile. *2* (*ling.*) Sottoporre un suono al processo di assimilazione. *3* (*biol.*) Assorbire materiale nutritizio dal tubo digerente verso il sangue, a formare parte integrante dell'organismo vivente. *4* (*fig.*) Far proprio: *a. idee, concetti, abitudini.* **B** v. intr. pron. *1* Diventare, rendersi simile: *nella coscienza dei più il bene si assimila all'utile.* *2* (*ling.*) Subire un'assimilazione.

assimilatìvo agg. ● Che è atto ad assimilare.

assimilatóre agg. (f. *-trice*) ● Che assimila: *organo a.*; *capacità assimilatrice.*

assimilazióne [vc. dotta, lat. *assimilatiōne(m)*, comp. di *ăd* e *sĭmilis* 'simile'] s. f. *1* Atto, effetto dell'assimilare o dell'assimilarsi: *l'a. delle sostanze digerite.* *2* (*psicol.*) Processo di apprendimento, in cui ciò che è studiato diventa parte di sé stessi, come il cibo diventa parte del corpo | Processo di percezione o di appercezione in cui un contenuto nuovo è talmente simile a un contenuto famigliare che i due sembrano quasi identici. *3* (*ling.*) Processo per cui due suoni a contatto o a breve distanza tendono a divenire identici o ad assumere caratteri comuni.

assiòlo o †**assiuòlo** [comp. del lat. *ăxio*, n. di quest'uccello, di origine incerta, e del suff. dim. *-olo*] s. m. ● Piccolo uccello rapace notturno degli Strigiformi con livrea grigia venata di nero e grandi occhi vivaci (*Otus scops*). SIN. Chiù | †*Capo d'a.*, ignorante.

assiologìa [comp. del gr. *áxios* 'degno' e *-logia*] s. f. (pl. *-gie*) *1* Scienza che studia l'origine e la storia dei titoli e dei gradi nobiliari e dignitari. *2* V. *axiologia.*

assiològico agg. (pl. m. *-ci*) *1* Relativo all'assiologia. *2* V. *axiologico.*

assiòma [gr. *axíōma* 'dignità', da *áxios* 'degno'] s. m. (pl. *-i*) *1* (*filos.*, *mat.*) Principio generale evidente e indimostrabile che può fare da premessa a un ragionamento, una teoria e sim. *2* (*est.*) Affermazione che è superfluo dimostrare perché palesemente vera.

assiomàtica [f. sost. di *assiomatico*] s. f. ● (*filos.*) La totalità dei principi posti alla base di una qualsiasi scienza deduttiva.

assiomàtico [vc. dotta, gr. *axiōmatikós*, da *axíōma*. V. *assioma*] agg. (pl. m. *-ci*) *1* (*filos.*) Che concerne l'assioma o ne ha il carattere. *2* (*est.*) Indiscutibile, irrefutabile: *verità assiomatica.* ‖ **assiomaticaménte**, avv. Indiscutibilmente, irrefutabilmente.

assiomatizzàre v. tr. ● Trattare in base ad assiomi: *a. una scienza.*

assiomatizzazióne s. f. ● Atto, effetto dell'assiomatizzare.

assiòmetro [comp. del gr. *axía* 'valore' e *-metro*] s. m. ● Strumento posto sulle navi che si governano con la ruota, e che indica costantemente al timoniere la direzione del timone.

assiriologìa [comp. del gr. *assýrios* 'assiro' e *-logia*] s. f. (pl. *-gie*) ● Scienza che studia la storia e la civiltà degli Assiri.

assiriòlogo [comp. del gr. *assýrios* 'assiro' e *-logo*] s. m. (pl. *-gi*) ● Studioso, esperto di assiriologia.

assìro [vc. dotta, lat. *Assȳr(i)u(m)*, dal gr. *Assýrios*, di origine semitica (dal n. della città di *Aššur*)] **A** agg. ● Dell'Assiria: *iscrizioni assire*; *i resti delle antiche città assire.* **B** s. m. (f. *-a*) ● Abitante, nativo dell'Assiria. **C** s. m. solo sing. ● Lingua parlata dagli Assiri.

assiro-babilonése agg. (pl. *assirobabilonési*) ● Che si riferisce all'Assiria e alla Babilonia, considerate come unità: *civiltà assiro-babilonese.*

assìsa (1) [ant. fr. *assise* 'uniforme', da *asseoir* 'stabilire', dal lat. parl. **assedēre*, per il classico *assidēre*] s. f. *1* Foggia di vestiario propria di un determinato ordine di persone, livrea, uniforme: *ei nudo andonne / dell'a. spogliato* (PARINI). *2* *A. geologica*, insieme di strati rocciosi distinto dagli altri per particolari caratteri litologici o paleontologici. *3* (*biol.*) Strato di cellule.

assìsa (2) [V. *accisa*] s. f. ● Balzello, imposta.

assìse [fr. *assise* 'seduta', var. di *accise*. V. *accisa*] s. f. pl. *1* Nel mondo medievale, le assemblee giudiziali e (*est.*) talune compilazioni legislative: *a. del regno di Sicilia*; *a. di Gerusalemme* | (*est.*) Congresso, riunione plenaria: *le a. dei rivoluzionari in esilio.* *2* Corte d'Assise: *difendere qc. in a.*

assisiàte **A** agg. ● Di Assisi. **B** s. m. e f. ● Abitante, nativo di Assisi | *L'Assisiate*, (*per anton.*) S. Francesco d'Assisi.

assìso part. pass. di *assidere*; anche agg. ● Nei sign. del v.

àssist /'assist, *ingl.* ə'sist/ [vc. ingl., propr. 'assistere'] s. m. inv. ● (*sport*) Nella pallacanestro e nel calcio, ultimo passaggio che dà, a chi lo riceve, buone possibilità di segnare.

assistentàto s. m. ● Ufficio di assistente: *a. universitario* | La durata di tale ufficio.

assistènte **A** part. pres. di *assistere*; anche agg. ● Nei sign. del v. **B** s. m. e f. *1* Chi collabora con qc. in una determinata attività | *A. di volo*, *a. di bordo*, la persona di sesso maschile (*steward*) o femminile (*hostess*) addetta al conforto dei passeggeri e dell'equipaggio sugli aerei civili | Negli studi televisivi, incaricato del regolare andamento del lavoro in studio o in sala di prove | *A. universitario*, ausiliare del professore titolare di cattedra o di corsi di insegnamento; tale ruolo, abolito nel 1980, è stato parzialmente sostituito da quelli di 'ricercatore' e di 'professore associato' | *A. alla poltrona*, *a. dentale*, aiutante del medico dentista. *2* (*org. az.*) Persona che lavora a stretto contatto con un dirigente di azienda al quale fornisce consulenza tecnica, specialistica o professionale. *3* Chi presta la propria opera a fini assistenziali, spec. nell'ambito sociale, culturale e religioso: *a. sanitario* | *A. sociale*, chi, all'interno di appositi organismi, si occupa dell'aiuto morale e materiale a persone in particolari condizioni di disagio. *4* *A. al soglio*, dignitario ecclesiastico o laico, fornito, per diritto ereditario o per nomina pontificia, di particolari funzioni e prerogative personali nell'organizzazione e nel cerimoniale della corte papale. *5* Nel nuovo ordinamento della polizia di stato italiana, qualifica corrispondente al grado soppresso di appuntato; la persona di sesso maschile che ha tale qualifica | *A. di polizia femminile*, qualifica corrispondente a quella di ispettore, per le donne arruolate nella polizia di stato; la persona di sesso femminile che ha tale qualifica.

assistènza s. f. *1* Atto, effetto dell'assistere, dell'intervenire: *a. alle lezioni*, *alle esercitazioni.* *2* (*dir.*) Intervento attivo o passivo al compimento di un'attività altrui: *a. legale.* *3* Complesso delle attività prestate al fine di aiutare materialmente o moralmente qc. | *A. sociale*, insieme delle attività svolte da appositi organismi per l'aiuto morale e materiale di persone in particolari condizioni di disagio | *A. sanitaria ai lavoratori*, garantita agli stessi mediante le assicurazioni sociali e altri mezzi predisposti all'interno delle aziende | *A. tecnica*, servizio di riparazione dei guasti fornito ai propri clienti da un produttore o da un venditore di beni di consumo durevole. *4* Aiuto, soccorso: *prestare a. ai feriti*, *ai malati*, *ai bisognosi* | (*est.*) Cura assidua: *l'a. del medico*, *dell'infermiera*, *dell'avvocato.*

assistenziàle agg. ● Che concerne l'assistenza, spec. quella pubblica o sociale: *attività*, *ente a.*

assistenzialìsmo s. m. ● Eccesso, degenerazione del sistema di assistenza pubblica o sociale praticata in uno Stato a favore di cittadini ed enti privati o parastatali.

assistenzialìstico agg. (pl. m. *-ci*) ● Relativo all'assistenzialismo: *regime a.*; *politica assistenzialistica.*

assistenziàrio s. m. ● Istituto che assiste chi sia stato escluso dalla società aiutandolo a reinserirsi.

assìstere [vc. dotta, lat. *adsĭstere*, comp. di *ăd* 'presso, davanti' e *sĭstere* 'stare'] **A** v. intr. (pass. rem. *io assistéi*, o *assistètti*, *tu assistésti*; part. pass. *assistito*; aus. *avere*) *1* Essere presente, intervenire: *a. a uno spettacolo*, *a una lezione*, *alla Messa.* *2* (*raro*) Stare vicino a qc. per soccorrerlo, aiutarlo, servirlo, e sim.: *a. al soglio pontificio*, *all'altare*, *al trono.* **B** v. tr. ● Curare, soccorrere: *a. un ferito*, *un ammalato* | Coadiuvare: *a. un tecnico nel proprio lavoro* | Curare con assiduità gli interessi di q.c.: *l'avvocato assiste i propri clienti.*

assistìbile agg. ● (*raro*) Che può essere assistito.

assistìto **A** part. pass. di *assistere*; anche agg. ● Nei sign. del v. **B** s. m. (f. *-a*) ● Chi beneficia dell'assistenza di qc. | (*dial.*) Chi, per ispirazione, dà i numeri del lotto.

assìto [da *asse* (1)] s. m. *1* Tramezzo di assi connesse per dividere una stanza o una camera in due più piccole. *2* Pavimento, solaio di tavole percorribile da persone. SIN. Impalcato, tavolato.

†**assiuòlo** ● V. *assiolo.*

àsso [vc. dotta, lat. *ăsse(m)*. V. *asse* (3)] s. m. *1* Faccia di dado o di tavoletta di domino segnata con un sol punto | Carta da gioco che porta un solo segno: *a. di picche* | *Avere l'a. nella manica*, (*fig.*) avere ottime possibilità di successo | *A. di bastoni*, (*raro*, *fig.*) percosse | (*raro*, *fig.*) *A. fermo*, *fisso*, chi sta sempre nello stesso luogo, chi frequenta assiduamente un luogo | (*fig.*) *Lasciare*, *piantare in a.*, abbandonare qc. sul più bello, in cattivo stato, senza aiuto, e sim. | (*fig.*) *Restare in a.*, essere abbandonato, rimanere solo. *2* (*fig.*) Chi eccelle in una particolare attività per speciali doti e bravura: *è un a. in matematica*; *gli assi del ciclismo.*

associàbile agg. ● Che si può associare.

associabilità s. f. ● Qualità di ciò che è associabile.

associaménto s. m. ● Atto dell'associare o dell'associarsi.

associànte **A** part. pres. di *associare*; anche agg. ● Nei sign. del v. **B** s. m. ● Colui che ammette un'altra persona alla ripartizione del risultato economico di un affare o dell'intera gestione della sua impresa.

associàre [vc. dotta, lat. tardo *associāre*, comp. di *ăd* e *sŏcius* 'amico'] **A** v. tr. (*io assòcio*) *1* Rendere partecipe di un'attività, spec. mediante l'unione a un gruppo preesistente: *hanno associato molti giovani al loro partito*; *volle a. il figlio negli affari.* *2* Mettere insieme, unire (*anche fig.*): *a. un gruppo di amici*; *a. immagini e idee diverse.* *3* Trasferire qc. da un luogo a un altro determinato accompagnandolo o scortandolo, spec. nelle loc.: *a. un morto alla chiesa*; *a. qc. alle carceri.* **B** v. rifl. *1* Partecipare agli utili di un'impresa dietro il corrispettivo di un determinato apporto. *2* Unirsi in società: *si associarono con gli antichi avversari per fronteggiare le difficoltà*; *potete associarvi a* *noi in questo tentativo* | (*est.*) Aggregarsi a un'associazione: *associarsi a un club, a un partito politico.* **3** (*fig.*) Unirsi ai sentimenti di qc.: *associarsi al dolore, alla gioia, e sim. di qc.*; *tutti i colleghi si associarono al lutto.*

associatività s. f. ● (*mat.*) Qualità di ciò che è associativo.

associativo agg. **1** Atto ad associare. **2** (*mat.*) Di operazione per la quale, tutte le volte che sono definiti *a*(*bc*) ed (*ab*)*c*, essi sono uguali | Di struttura algebrica individuata da una operazione associativa. **3** (*anat.*) Detto di struttura nervosa o di funzione in grado di integrare varie informazioni, determinando risposte complesse: *corteccia associativa.*

associàto **A** part. pass. di *associare*; anche agg. **1** Nei sign. del v. **2** *Professore a.*, nell'ordinamento universitario italiano, quello appartenente a un ruolo intermedio tra il ricercatore e il professore ordinario. **B** s. m. (f. *-a*) **1** Chi fa parte di un'associazione. **2** Professore associato.

associazióne s. f. **1** Atto, effetto dell'associare o dell'associarsi | Nell'ordinamento universitario italiano, insieme di pratiche concorsuali necessarie per entrare nel ruolo di professore associato | *A. di medicamenti*, somministrazione contemporanea o a breve distanza di due farmaci | *A. stellare*, insieme di stelle che presentano alcune caratteristiche fisiche comuni. **2** Unione di due o più individui allo scopo di esercitare in comune una medesima attività: *a. politica, di beneficenza*; *libertà di a.* | *a. in partecipazione*, contratto con cui un soggetto, associante, riceve da un altro soggetto, associato, un apporto e gli attribuisce, in cambio, una partecipazione agli utili di una sua impresa o affare | *a. a, per delinquere*, accordo di tre o più persone allo scopo di commettere più delitti; correntemente, accordo tra più persone associate allo scopo di commettere uno o più reati | *A. segreta*, caratterizzata dal fatto di occultare la propria esistenza, o i propri fini, o i propri soci | *A. di tipo mafioso*, i cui membri si avvalgono della forza di intimidazione del vincolo associativo e della condizione di assoggettamento e di omertà che ne deriva per commettere delitti od ottenere vantaggi ingiusti | *Associazioni d'arma*, associazioni corrispondenti ad armi, corpi, specialità e servizi attualmente esistenti nelle Forze Armate. **3** (*psicol.*) Relazione funzionale tra fenomeni psicologici stabilita nel corso dell'esperienza individuale e tale che la presenza di uno tende a evocare l'altro. **4** (*biol.*) Linkage.

associazionìsmo [ingl. *associationisme*, attrav. il fr. *associationism*] s. m. **1** Il fenomeno sociopolitico dell'aggregarsi in associazione | Il complesso delle associazioni aventi indirizzo ideologico comune: *l'a. cattolico.* **2** (*psicol.*) Teoria per cui l'apprendimento e lo sviluppo dei processi superiori consistono fondamentalmente nella combinazione di elementi mentali irriducibili.

associazionìsta s. m. e f. (pl. m. *-i*) ● (*psicol.*) Seguace dell'associazionismo.

associazionìstico agg. (pl. m. *-ci*) ● Relativo all'associazionismo.

assodaménto s. m. ● Atto, effetto dell'assodare o dell'assodarsi.

assodàre [comp. di *a-* (*2*) e *sodo*] **A** v. tr. (*io assòdo*) **1** Rendere sodo, duro | (*est.*) Consolidare (*anche fig.*): *a. un muro, un argine*; *a. la propria posizione, il carattere.* **2** (*fig.*) Accertare: *a. la verità, i fatti.* **B** v. intr. pron. **1** Divenire sodo: *la colla si assoda raffreddandosi.* **2** (*fig.*) Consolidarsi, rafforzarsi: *con l'esercizio le capacità naturali si assodano.*

assoggettàbile agg. ● Che si può assoggettare.

assoggettaménto s. m. ● Atto, effetto dell'assoggettare o dell'assoggettarsi.

assoggettàre [comp. di *a-* (*2*) e *soggetto* (*1*)] **A** v. tr. (*io assoggètto*) ● Rendere soggetto, sottomettere | Costringere all'ubbidienza, alla servitù. **B** v. rifl. ● Adattarsi, sottomettersi: *si è assoggettato alla sua autorità.*

assoggettatóre s. m. (f. *-trice*) ● (*lett.*) Chi assoggetta.

assolàre (**1**) o **assuolàre** [comp. di *a-* (*2*) e *suolo*] v. tr. (*io assuòlo*, pop. *assòlo*) ● (*raro*) Collocare a strati.

assolàre (**2**) [comp. di *a-* (*2*) e *solo*] v. tr. (*io assólo*) ● (*raro*) Rendere solo | *A. una carta*, nel gioco del tressette e della calabresella, tenere in mano una sola carta di un dato seme o colore.

assolàre (**3**) [comp. di *a-* (*2*) e *sole*] **A** v. tr. (*io assólo*) ● (*raro, lett.*) Esporre, stendere al sole: *a. il fieno.* **B** v. intr. (aus. *essere*; anche impers.) ● (*raro, lett.*) Far giorno.

assolàto [da *sole*] agg. ● Pieno di sole, esposto completamente al sole: *casa assolata*; *campi assolati.*

assolcàre [comp. di *a-* (*2*) e *solco*] v. tr. (*io assólco, tu assólchi*) ● Aprire, fare solchi: *a. un campo.*

assolcatóre **A** agg. ● Che compie l'assolcatura. **B** s. m. ● Organo della seminatrice a righe che apre i solchetti nei quali è posto il seme.

assolcatùra s. f. ● Apertura dei solchi su un terreno già arato e spianato.

assoldaménto s. m. ● Modo, atto ed effetto dell'assoldare.

assoldàre [comp. di *a-* (*2*) e *soldo*] v. tr. (*io assòldo*) **1** Prendere uomini a soldo, per servizio militare | Arruolare mercenari. **2** (*est.*) Prendere al proprio servizio: *a. una spia.*

assólo o **a sólo** [comp. di *a-* (*2*) e *solo*] s. m. inv. **1** Brano musicale affidato a un solo esecutore, strumentale o vocale, in un complesso di strumenti o voci. **2** (*est.*) Brillante azione individuale, spec. di un atleta.

assolòtto s. m. ● Adattamento di *axolotl* (V.).

assòlto part. pass. di *assolvere*; anche agg. ● Nei sign. del v.

assolutézza s. f. ● Qualità di ciò che è assoluto.

assolutìsmo [ingl. *absolutism*, prob. attrav. il fr. *absolutisme*] s. m. ● Sistema politico in cui il potere del sovrano è senza limiti e controlli.

assolutìsta [ingl. *absolutist*, prob. attrav. il fr. *absolutiste*] s. m. e f. (pl. m. *-i*) **1** Fautore dell'assolutismo. **2** (*fam.*) Chi cerca di imporre agli altri la propria volontà.

assolutìstico agg. (pl. m. *-ci*) ● Dell'assolutismo: *governo a.* ‖ **assolutisticaménte**, avv.

assolutizzàre v. tr. (*io assolutìzzo*) ● Fare di un'idea, un problema, una situazione e sim., q.c. di definitivo e immutabile.

assolutizzazióne s. f. ● Atto, effetto dell'assolutizzare.

assolùto **A** †part. pass. di *assolvere* ● (*raro*) Nei sign. del v. **B** agg. **1** (*lett.*) Libero da relazioni, limiti, circostanze particolari: *Voglia assoluta non consente al danno* (DANTE *Par.* IV, 109) | *Stato a.*, in cui tutta l'autorità politica è accentrata in un capo. **2** (*fig.*) Deciso, perentorio, autoritario: *mio padre fiero e a. nelle sue risoluzioni* (FOSCOLO). **3** Generale, universale: *verità assoluta* | *In a.*, (*ell.*) in modo assoluto, assolutamente: *ciò vale in a.* | (*comm.*) *In a.*, detto di operazione commerciale effettuata senza clausole sospensive. **4** Totale, pieno, intero: *un'assoluta padronanza di sé* | *Bisogno a.*, urgente, imprescindibile | *Fede assoluta*, cieca | *Maggioranza assoluta*, costituita nei collegi pari dalla metà più uno dei votanti e nei collegi dispari dal numero che raddoppiato supera quello dei votanti | (*mat.*) *Valore a. d'un numero reale*, il numero stesso se esso non è negativo, altrimenti il suo opposto | (*fis.*) *Peso specifico a.*, peso dell'unità di volume di un corpo, cioè rapporto fra il suo peso e il suo volume | *Temperatura assoluta*, che parte dallo zero assoluto, uguale alla temperatura centigrada più 273°. **5** (*ling.*) Detto di costruzione che sta a sé nella proposizione | *Ablativo a.*, senza legame sintattico col resto della proposizione. ‖ **assolutaménte**, avv. **C** s. m. ● (*filos.*) Ciò che ha in sé stesso la propria ragione d'essere e costituisce il fondamento primo di tutte le cose.

assolutóre [vc. dotta, lat. tardo *absolutōre*(*m*), da *absŏlvere* 'assolvere'] s. m. (f. *-trice*) ● Chi assolve.

assolutòrio [vc. dotta, lat. tardo *absolutōriu*(*m*), da *absŏlvere* 'sciogliere, assolvere'] agg. ● Che assolve: *sentenza assolutoria.*

assoluzióne [vc. dotta, lat. *absolutiōne*(*m*), da *absŏlvere* 'assolvere'] s. f. **1** Atto, effetto dell'assolvere. **2** (*dir.*) Dichiarazione dell'innocenza dell'accusato o imputato emessa con la sentenza conclusiva del processo: *sentenza di a.* **3** Remissione dei peccati concessa dal sacerdote cattolico al penitente che si è confessato.

assòlvere [vc. dotta, lat. *absŏlvere*, comp. di *ăb* 'da' e *sŏlvere* 'sciogliere'] v. tr. (pres. *io assòlvo*; pass. rem. *io assolvéi*, o *assolvètti*, o *assòlsi*, *tu assolvésti*; part. pass. *assòlto*, †*assolùto*) **1** Liberare da un obbligo, da un impegno, da una promessa, e sim.: *il principe assolse i sudditi dal giuramento* | *A. un debito*, pagare un debito. **2** (*dir.*) Dichiarare innocente, riconoscendo infondata l'accusa: *è stato assolto, a. il convenuto, l'imputato.* **3** Rimettere al penitente la colpa dei suoi peccati. **4** Condurre a termine: *a. il proprio dovere.*

assolviménto s. m. ● Atto dell'assolvere.

assomigliànza o †**assimigliànza**. s. f. ● Somiglianza.

assomigliàre o (*lett.*) **assimigliàre** [comp. di *a-* (*2*) e *somigliare*] **A** v. tr. (*io assomìglio*) **1** Ritenere simile, paragonare: *a. la gioventù alla primavera.* **2** Rendere simile: *la lunga barba lo assomiglia a un vecchio.* **B** v. intr. e intr. pron. (aus. intr. *essere* o *avere*) ● Essere simile: *il bambino assomiglia alla madre*; *i due racconti si assomigliano molto.* **C** v. rifl. rec. ● Essere somigliante: *si assomigliano come due gocce d'acqua.*

assommàre (**1**) [comp. di *a-* (*2*) e *sommare*] **A** v. tr. (*io assómmo*) ● Sommare, raccogliere insieme, riunire (*spec. fig.*): *egli assomma in sé vizi e virtù* | †Fare la somma. **B** v. intr. (aus. *essere*) ● Ammontare: *i danni accertati assommano a vari milioni.* **C** v. intr. pron. ● (*fig.*) Sommarsi: *molte imperfezioni si assommano nell'uomo.*

assommàre (**2**) [comp. di *a-* (*2*) e *sommo*] **A** v. tr. (*io assómmo*) **1** (*lett.*) Condurre a termine: *Acciò che tu assommi / perfettamente ... il tuo cammino* (DANTE *Par.* XXXI, 94-95). **2** Tirare a galla: *i pescatori assommano le reti* | Tirare su, dal fondo del mare: *a. una torpedine.* **B** v. intr. (aus. *essere*) **1** Venire a galla. SIN. Aggallare. **2** (*mar.*) Salire in coperta.

assonànte part. pres. di *assonare*; anche agg. **1** Nei sign. del v. **2** (*ling.*) Che determina assonanza.

assonànza s. f. **1** (*ling.*) Uguaglianza delle vocali nel suono finale (cioè dopo la vocale accentata compresa) di due parole o di due versi: *piove su i pini / scagliosi ed irti* (D'ANNUNZIO) | Ripetizione di sillabe omofone alla fine di più parole della stessa frase. **2** (*fig., lett.*) Corrispondenza armonica di suoni, colori e sim.

assonanzàto agg. ● (*ling.*) Detto di verso collegato con altri da assonanza.

assonàre [vc. dotta, lat. *adsonāre*, comp. di *ăd* e *sonāre* 'suonare'] v. intr. (*io assuòno*; la *o* dittonga in *uo* se tonica; aus. *essere* e *avere*) ● (*lett.*) Rispondere armonicamente a un suono.

assóne o **axóne** [dal gr. *áxōn*, genit. *áxonos* 'asse'] s. m. ● (*anat.*) Cilindrasse. ➡ ILL. p. 364 ANATOMIA UMANA.

assonèma o **axonèma** [comp. di *asso*(*ne*) e del gr. *nêma* 'filamento'] s. m. ● (*biol.*) Struttura interna dei flagelli e delle ciglia delle cellule eucariotiche, risultante da un'ordinata disposizione di microtubuli.

assonemàle [da *assonema* col suff. *-ale* (*1*)] agg. ● (*biol.*) Riferito ad assonema.

assonnàre [comp. di *a-* (*2*) e *sonno*] **A** v. tr. (*io assónno*) ● (*lett.*) Indurre al sonno, far addormentare. **B** v. intr. (aus. *essere*) **1** (*lett.*) Essere preso dal sonno, insonnolirsi: *mi richinava come l'uom ch' assonna* (DANTE *Par.* VII, 15). **2** (*fig., lett.*) Restare inattivo: *ma non assonno io già sul sanguinoso / trono* (ALFIERI).

assonnàto part. pass. di *assonnare*; anche agg. **1** Nei sign. del v. **2** (*fig., lett.*) Pigro, torpido.

assonniménto s. m. ● Atto, effetto dell'assonnire o dell'assonnirsi.

assonnìre [den. di *sonno*] v. intr. e intr. pron. (pres. *io assonnìsco*) ● (*raro*) Essere preso dal sonno, insonnolirsi: *leggendo i giornali mi ero assonnito.*

assonometrìa [comp. del gr. *áxōn*, genit. *áxonos* 'asse' e di *-metria*] s. f. ● Rappresentazione prospettica di un oggetto secondo tre assi corrispondenti alle tre dimensioni: altezza, lunghezza, larghezza.

assopiménto s. m. ● Atto, effetto dell'assopire o dell'assopirsi.

assopìre [lat. parl. **assopīre*, comp. di *ăd* e *sopīre* 'assopire'] **A** v. tr. (*io assopìsco, tu assopìsci*) **1** Indurre sopore, rendere sonnolento: *il calmante lo* *assopì subito.* **2** (*fig.*) Calmare, placare: *le buone parole assopirono il suo dolore.* **B** v. intr. pron. **1** Essere preso da sopore, addormentarsi leggermente: *si è appena assopito.* **2** (*fig.*) Calmarsi, acquietarsi.

assorbènte A part. pres. di *assorbire*; anche agg. **1** Nei sign. del v. **2** (*edil.*) *Elementi assorbenti*, quelli appositamente costruiti per assorbire i suoni, come la lana di vetro, la gommapiuma, e sim. **B** s. m. **1** Sostanza che compie l'assorbimento. **2** Tampone di ovatta o cellulosa in fiocco per l'igiene intima femminile durante il periodo mestruale: *a. interno.*

assorbènza s. f. ● Caratteristica di ciò che è assorbente | Capacità di assorbire.

assorbiménto s. m. **1** Atto, effetto dell'assorbire. **2** (*biol.*) Processo mediante il quale i prodotti ultimi della digestione vengono assunti dalle cellule | *A. radicale*, processo per cui sostanze nutritive sciolte in acqua, dal terreno passano ai vasi legnosi. **3** Fenomeno per cui certi solidi o liquidi vengono impregnati di sostanze liquide o gassose. **4** (*fis.*) Fenomeno per cui una parte dell'energia di una radiazione incidente su un corpo viene trasformata in calore, anziché essere trasmessa o riflessa. **5** (*sport*) Nello sci, esercizio consistente nel piegamento e nella successiva distensione delle gambe, eseguito su terreni pieni di gobbe e cunette.

assorbìmetro [comp. di *assorbi(re)* e *-metro*] s. m. ● Apparecchio che misura l'assorbimento di gas nei liquidi.

assorbìre [vc. dotta, lat. *absorbēre*, comp. di *ăb* e *sorbēre* 'sorbire'] v. tr. (pres. *io assorbìsco* o *assòrbo, tu assorbìsci* o *assòrbi*; part. pass. *assorbìto*, poet. *assòrto* (*2*)) **1** Attrarre q.c. a sé e penetrarsene, attraverso pori, meati, interstizi, detto spec. di corpi porosi: *le spugne assorbono l'acqua*; *la terra assorbe la pioggia*; *i tessuti impermeabili non assorbono l'umidità* | (*fig.*) *A. un colpo*, nel pugilato, ricevere un pugno senza dimostrare di risentirne | *A. gli attacchi avversari*, nel calcio, neutralizzarli. **2** (*est., lett.*) Ingoiare, inghiottire: *le onde assorbirono la piccola imbarcazione.* **3** (*fig.*) Rendere proprio: *quell'autore assorbì la cultura del suo tempo* | Consumare, esaurire: *ogni suo risparmio è stato assorbito da quell'affare* | Impegnare: *il lavoro assorbe tutto il suo tempo.*

assordaménto s. m. ● Atto, effetto dell'assordare.

assordànte part. pres. di *assordare*; anche agg. ● Nei sign. del v.

assordàre [comp. di *a-* (*2*) e *sordo*] **A** v. tr. (*io assórdo*) **1** Rendere sordo: *un rumore che assorda* | (*est.*) Far quasi perdere l'udito col troppo rumore, col grido insistente, e sim.: *il frastuono della città ci assorda.* **2** (*fig.*) Infastidire, annoiare, con discorsi, lamenti, e sim., continui: *lo assorda tutto il giorno con le sue chiacchiere inutili.* **3** Attutire un suono. **B** v. intr. (aus. *essere*) ● Divenire sordo: *è assordato per l'esplosione.* **C** v. intr. pron. ● Attutirsi, smorzarsi, detto di suono: *il rumore si assordò improvvisamente.*

assordiménto s. m. **1** (*raro*) Assordamento. **2** (*ling.*) Passaggio di un suono sonoro al corrispondente suono sordo.

assordìre v. tr., intr. e intr. pron. (*io assordìsco, tu assordìsci*; aus. intr. *essere*) ● (*raro*) Assordare.

†**assórgere** ● V. *assurgere.*

assortatìvo [ingl. *assortative*, da *to assort* 'distribuire, classificare, mettere nello stesso gruppo con altri' (stessa etim. dell'it. *assortire* (*1*))] agg. ● (*biol.*) Detto di accoppiamento non casuale fra individui che si somigliano in uno o più caratteri fenotipici.

assortiménto [da *assortire* (*1*)] s. m. **1** Disponibilità e varietà di merci esistenti in un punto di vendita e destinate alla vendita: *un vasto a. di articoli sportivi.* **2** Insieme di oggetti di uno stesso genere ma differenti nei particolari: *a. di piatti, di mobili, di suppellettili.* **3** (*tess.*) Operazione di classificazione delle fibre tessili naturali.

assortìre (1) [comp. di *a-* (*2*) e il den. di *sorta*] v. tr. (*io assortìsco, tu assortìsci*) **1** Ordinare e disporre secondo criteri particolari: *a. i libri secondo l'altezza*; *a. gli abiti secondo il colore* | Accordare oggetti diversi secondo criteri estetici: *a. gli accessori all'abito.* **2** Rifornire negozi e sim. di molti articoli: *a. una merceria.*

†**assortìre (2)** [comp. di *a-* (*2*) e *sorte*] v. tr. ● Eleggere, estrarre a sorte.

assortìto part. pass. di *assortire* (*1*); anche agg. **1** Nei sign. del v. **2** Di varie qualità: *caramelle assortite.*

assortitóre [da *assortire* (*1*)] s. m. (f. *-trice*) ● Chi effettua assortimenti, spec. operaio specializzato dell'industria laniera addetto all'assortitura.

assortitùra [da *assortire* (*1*)] s. f. ● Operazione manuale dell'industria laniera eseguita da personale specializzato, consistente nella divisione e classificazione dei velli e dei pezzami di lana sucida.

assòrto (1) A part. pass. di *assorbire* ● (*poet.*) Nei sign. del v. **B** agg. ● Che è profondamente intento con l'animo e la mente a q.c.: *essere a. in profondi pensieri.*

†**assórto (2)** ● V. *assurto.*

assottigliaménto s. m. ● Atto, effetto dell'assottigliare o dell'assottigliarsi.

assottigliàre [comp. di *a-* (*2*) e †*sottigliare*] **A** v. tr. (*io assottìglio*) **1** Far sottile, aguzzare: *a. un palo* | (*est.*) Affilare, arrotare: *a. una lama* | (*fig.*) *A. il sangue*, renderlo più fluido, meno denso | (*fig.*) †*a. il vino*, annacquarlo. **2** Ridurre, scemare: *a. le scorte dei viveri, le rendite* | *A. la borsa*, (*fig.*) vuotarla | (*fig.*) *A. le tenebre*, diradarle. **3** (*fig.*) Rendere perspicace: *a. la mente, il cervello* | Acuire, affinare: *a. un'idea, la propria sensibilità.* **B** v. intr. pron. ● Divenire sottile, magro: *assottigliarsi per una malattia* | (*fig.*) Ridursi: *il numero degli aderenti si assottigliava.* **C** v. rifl. ● †Ingegnarsi, sforzarsi.

assuccàre [genov. *assuccâ* 'acciuffare, acchiappare'] v. tr. (*io assùcco, tu assùcchi*) ● (*mar.*) Stringere, tesare: *a. un nodo, una legatura, una cima* | Far serrare il personale in un dato spazio, perché occupi il minor posto possibile.

assuefacènte part. pres. di *assuefare* ● (*raro*) Nei sign. del v.

assuefàre [vc. dotta, lat. *adsuefăcere*, comp. di *adsuē(tus)* 'abituato' e *făcere* 'fare'] **A** v. tr. (coniug. come *fare*) ● Avvezzare, far prendere un'abitudine: *a. il palato a nuovi sapori.* **B** v. rifl. ● Avvezzarsi, abituarsi: *Mitridate si assuefaceva ai veleni.*

assuefàtto A part. pass. di *assuefare*; anche agg. ● Nei sign. del v. **B** agg.; anche s. m. (f. *-a*) ● (*med.*) Che, chi è colpito da assuefazione.

assuefazióne s. f. **1** Atto, effetto dell'assuefare o dell'assuefarsi: *a. al fumo, al clima, alla fatica.* **2** (*med.*) Abitudine a certe sostanze, tossiche o curative, da parte dell'organismo, per cui ne occorrono dosi sempre crescenti per ottenere l'effetto voluto: *a. agli stupefacenti.*

†**assuèto** [vc. dotta, lat. *adsuētu(m)*, part. pass. di *adsuēscere*. V. *consueto*] agg. ● Avvezzo, assuefatto.

†**assuetùdine** [vc. dotta, lat. *adsuetūdine(m)*, da *adsuētus* 'assueto'] s. f. ● Uso, consuetudine.

assùmere [vc. dotta, lat. *adsūmere*, comp. di *ăd* e *sūmere* 'prendere'] v. tr. (pass. rem. *io assùnsi, tu assuméstì*; part. pass. *assùnto*) **1** Prendere su di sé: *a. una responsabilità, un impegno, una carica* | *A. il pontificato*, diventare papa | *Assumersi un onere*, addossarselo | *Assumersi il merito di q.c.*, attribuirselo. **2** Fare proprio: *a. un contegno distaccato, un tono confidenziale.* **3** (*gener.*) Prendere: *le sue parole assunsero un tono minaccioso* | (*est.*) Ingerire, consumare: *a. un farmaco, una droga, a. una sostanza, una medicina.* **4** Acquisire a un'azienda il personale necessario alla gestione mediante accordo tra la direzione dell'azienda e i singoli lavoratori: *a. un operaio, un impiegato, un dirigente*; *è stata assunta come segretaria* | (*est.*) Prendere alle proprie dipendenze: *a. un giardiniere, una cameriera.* **5** Innalzare a un onore, a una carica: *a. al trono, al pontificato.* **6** (*dir.*) Ricercare, procurarsi, accogliere, spec. prove, elementi utili e sim.: *a. mezzi di prova* | *A. testimonianze*, accogliere le deposizioni dei testimoni | *A. informazioni su qc.*, informarsi su di lui. **7** Ammettere come ipotesi una proposizione per constatare le conseguenze che ne risultano.

assumìbile agg. ● (*raro*) Che si può assumere.

Assùnta [V. *assunto* (*1*)] s. f. **1** Maria Vergine elevata al cielo in anima e corpo: *chiesa dedicata all'Assunta.* **2** Festa dell'Assunzione di Maria Vergine | (*est.*) Il giorno in cui è celebrata tale festa (15 agosto).

assuntìvo [vc. dotta, lat. *assumptīvu(m)*, da *adsūmptus* 'assunto'] agg. ● Che si assume: *ipotesi assuntiva.*

assùnto (1) part. pass. di *assumere*; anche agg. ● Nei sign. del v.

assùnto (2) [vc. dotta, lat. *assūmptu(m)*, part. pass. di *assūmere* 'assumere'] s. m. **1** Ciò che si deve dimostrare: *sostenere il proprio a.* SIN. Tesi. **2** (*filos.*) Proposizione scelta come premessa minore di un sillogismo. **3** Impegno, incarico: *mi sono liberato di un gravoso a.*

assuntóre agg.; anche s. m. **1** (*dir.*) Che, chi assume un obbligo mediante regolare contratto. **2** *A. di stazione, a. ferroviario*, titolare di un'assuntoria, legato all'amministrazione centrale o da rapporti di impiego o da una particolare convenzione d'appalto. **3** (*raro*) Consumatore abituale, spec. di droga.

assuntorìa [da *assuntore*] s. f. ● Stazione ferroviaria retta da un assuntore.

assunzióne [vc. dotta, lat. *adsumptiōne(m)*, da *adsūmptus* 'assunto'] s. f. (*Assunzióne* nel sign. 3) **1** Atto, effetto dell'assumere: *a. di un obbligo, di un impegno morale*; *a. di mezzi di prova*; *a. in prova di un lavoratore* | Elevazione a una dignità: *a. al soglio pontificio, alla corona* **2** (*filos.*) Operazione in base alla quale si ammette una proposizione solamente per dimostrarne un'altra. **3** Elevazione di Maria Vergine in cielo | Festa dell'Assunta (15 agosto): *il giorno dell'Assunzione.*

assunzionìsta [fr. *assomptioniste*] s. m. e f. (pl. m. *-i*) ● Religioso della Congregazione dell'Assunzione, fondata in Francia nel XIX sec.

assuolàre ● V. *assolare* (*1*).

assurdità [vc. dotta, lat. tardo *absurditāte(m)*, da *absŭrdus* 'assurdo'] s. f. ● Qualità di ciò che è assurdo: *a. di una tesi, di un'affermazione* | (*est.*) Ciò che è assurdo: *stai dicendo delle a.*

assùrdo [vc. dotta, lat. *absŭrdu(m)* 'dissonante', di origine indeur.] **A** agg. ● Che è contrario alla ragione, al senso comune e all'evidenza: *preconcetto, giudizio, pensiero a.*; *tutto questo mi sembra a.* | *Equazione assurda*, impossibile. ‖ **assurdaménte**, avv. **B** s. m. **1** (*filos.*) Proposizione o giudizio contrario alle leggi di un determinato sistema di inferenze. **2** Correntemente, ciò che contrasta con la ragione e con la logica: *sostenere un a.* | *Dimostrazione per a.*, procedimento logico consistente nello stabilire la verità di una proposizione dimostrando che la sua contraddittoria è falsa.

assùrgere o †**assórgere** [vc. dotta, lat. *assŭrgere*, comp. di *ăd* e *sŭrgere* 'sorgere'] v. intr. (pres. *io assùrgo, tu assùrgi*; pass. rem. *io assùrsi, tu assurgésti*; part. pass. *assùrto*, †*assòrto* (*2*); aus. *essere*) ● (*lett.*) Levarsi in piedi | (*fig.*) Levarsi in alto, elevarsi, innalzarsi.

assùrto o †**assórto (2)**. part. pass. di *assurgere*; anche agg. ● Nei sign. del v.

àsta [lat. *hăsta(m)* 'lancia', di origine indeur. Il senso di 'vendita all'incanto' deriva dal fatto che si piantava un'asta nel luogo ove si ponevano in vendita i beni dei debitori del tesoro pubblico] s. f. **1** Bastone sottile, lungo, liscio e diritto, di legno o di altro materiale, per usi diversi: *l'a. della bandiera* | *Bandiera a mezz'a.*, fissata al centro dell'asta, in segno di lutto | *A. della stadera*, il braccio graduato su cui vien fatto scorrere il contrappeso | *A. del compasso*, ciascuna delle due metà articolate del compasso | *A. degli occhiali*, ciascuna delle stanghette di una montatura da occhiali | (*est.*) Manico. **2** (*mar.*) Nei velieri, il bompresso o parte di esso. **3** Nell'atletica, attrezzo di forma tubolare e di materiale elastico sul quale l'atleta fa leva impugnandolo, per innalzarsi ed eseguire un tipo di salto: *salto con l'a.* ➡ ILL. p. 1283 SPORT. **4** Lancia | *A. broccata*, lancia da scherma con ferro a testa non perforante per disarcionare l'avversario senza ferirlo. **5** Tratto verticale di molte lettere dell'alfabeto latino: *l'a. della b* | La parte dei caratteri tipografici di certe lettere dell'alfabeto che fuoriesce dall'occhio medio | *A. ascendente*, quella della b | *A. discendente*, quella della p. **6** (*spec. al pl.*) Linea diritta e verticale che il bambino traccia come primo esercizio di scrittura: *è piccolo, ma sa già fare le aste.*

7 Procedimento di vendita al migliore offerente fatta secondo formalità legislativamente disciplinate: *a. deserta*; *a. fallimentare* | *Vendita all'a.*, all'incanto | (*econ.*) *A. competitiva*, collocamento di titoli o azioni mediante assegnazione ai vari aggiudicatari ai prezzi da essi offerti in ordine decrescente, cioé privilegiando coloro che hanno offerto il prezzo più alto fino a esaurimento dell'emissione | (*econ.*) *A. marginale*, collocamento di titoli o azioni per cui il prezzo di vendita definitivo di tutta l'emissione è pari al prezzo più basso offerto da uno qualsiasi degli offerenti. *8* (*raro*) Pene. *9* (*bot.*, *tosc.*) *a. regia*, asfodelo. || **asticciòla**, **asticciuòla**, dim. (V.) | **asticèlla**, dim. (V.).

astàbile [comp. di *a-* (*1*) e *stabile*] agg. ● (*elettron.*) Detto di circuito elettronico che oscilla regolarmente fra due condizioni non stabili.

astacicoltùra [comp. del lat. *ăstacus* 'gambero' e *-coltura*] s. f. ● Allevamento di gamberi d'acqua dolce e di altri crostacei.

àstaco [vc. dotta, lat. *ăstacu(m)*, nom. *ăstacus*, dal gr. *ostakós*, da *ostéon* 'osso'] s. m. (pl. *-ci*) ● (*zool.*) Gambero di fiume.

astànte [vc. dotta, lat. *adstănte(m)*, part. pres. di *adstāre* 'stare vicino', comp. di *ăd* 'presso' e *stāre* 'stare'] s. m. *1* Chi è presente: *gli astanti applaudirono*. *2* †Medico di guardia negli ospedali.

astanterìa [da (*medico*) *astante* 'medico di guardia'] s. f. ● Locale ospedaliero dove si prestano le prime cure agli ammalati.

astàta [da *asta*] s. f. ● (*raro*) Colpo d'asta.

astaticità s. f. ● (*fis.*) Condizione di un corpo astatico.

astàtico [comp. di *a-* (*1*) e *statico*] agg. (pl. m. *-ci*) *1* (*elettr.*) Detto di un sistema di magneti solidali fra loro e con polarità contrapposte, sì da essere insensibili all'azione direttiva del campo magnetico terrestre. *2* (*mecc.*) Detto di regolatore che mantenga la velocità costante per qualunque valore del carico.

astàto (*1*) [vc. dotta, lat. *hastātu(m)*, da *hăsta* 'asta'] **A** agg. *1* Armato di asta. *2* (*fig.*) Che è diritto come un'asta. *3* Detto di foglia a forma di punta di lancia. **B** s. m. ● (*spec. al pl.*) Soldati armati d'asta che, nello schieramento della legione romana, combattevano originariamente in seconda e, in seguito, in prima fila.

àstato (*2*) [dal gr. *ástatos* 'instabile', comp. di *a-* (*1*) e *statós* 'stazionario' (V. *-stato*)] s. m. ● Elemento chimico, non metallo, artificiale, del gruppo degli alogeni, preparato per bombardamento del bismuto con particelle alfa nel ciclotrone. SIMB. At. SIN. (*raro*) Alabamio.

asteggiàre [da *asta*] v. intr. (*io astéggio*; aus. *avere*) ● Fare le aste, come primo esercizio per imparare a scrivere.

asteggiatùra s. f. ● Atto dell'asteggiare.

astèmio [vc. dotta, lat. *abstēmiu(m)*, che va ricollegato a *temētum* 'vino', prob. da un s. *tēnum* che indicava una bevanda inebriante] agg.; anche s. m. (f. *-a*) ● Che, chi non beve vino o altri alcolici.

astenére [vc. dotta, lat. *abstinēre*, comp. di *ăbs* 'da' e *tenēre* 'tenere'] **A** v. tr. (coniug. come *tenere*) ● (*lett.*) Tenere lontano: *e chi la scure / asterrà pio dalle devote frondi* (FOSCOLO). **B** v. rifl. *1* Tenersi lontano: *astenersi dal vino, dal fumo, dal gioco* | Trattenersi dal fare o dal dire q.c.: *astenersi dalla maldicenza, dai giudizi avventati*; *astenersi dal testimoniare*. *2* Nel linguaggio politico, non votare (*anche ass.*): *astenersi dal voto*; *molti si sono astenuti*. *3* (*dir.*) Dichiarare, da parte degli organi giudiziari o degli ausiliari di giustizia, di non volere prendere parte a determinati giudizi: *il giudice si è astenuto*.

astenìa [vc. dotta, gr. *asthéneia*, comp. di *a-* (*1*) e *sthénos* 'forza', d'orig. indeur.] s. f. ● Diminuzione della capacità al lavoro muscolare | Senso di debolezza, mancanza di forze.

astènico **A** agg. (pl. m. *-ci*) ● Di, relativo ad, astenia. **B** agg.; anche s. m. (f. *-a*) ● Che, chi è affetto da astenia.

astenopìa [comp. del gr. *asthenḗs* 'debole' (V. *astenia*) e *ṓpē* 'vista'] s. f. ● Senso di stanchezza agli occhi per sforzo di accomodazione o per eccesso di lavoro dei muscoli oculari.

astenosfèra [comp. del gr. *asthenḗs* 'debole' (V. *astenia*), e *sfera*] s. f. ● (*geol.*) Porzione del mantello terrestre, fra 100 e 700 km, su cui scorrono le zolle della litosfera. ➡ ILL. p. 818 SCIENZE DELLA TERRA ED ENERGIA.

astensióne [vc. dotta, lat. tardo *abstentiōne(m)*, comp. di *ăbs* 'da' e *tĕneo* 'io tengo', prob. attrav. il fr. *abstention*] s. f. ● Atto, effetto dell'astenersi, spec. dal dare il proprio voto: *abbiamo notato troppe astensioni* | *A. tecnica*, in Parlamento, quella che non ha il significato di fiducia o adesione al governo.

astensionìsmo [fr. *abstentionnisme*, da *abstentionniste* 'astensionista'] s. m. ● Tendenza di persone o gruppi politici a non partecipare alla vita politica o a dati atti politici, quali votazioni, elezioni e sim.

astensionista [fr. *abstentionniste*, dall'ingl. *abstentionist*] s. m. e f.; anche agg. (pl. m. *-i*) ● Chi, che pratica o teorizza l'astensionismo.

astensionìstico agg. (pl. m. *-ci*) ● Relativo all'astensionismo.

astenùto **A** part. pass. di *astenere* ● Nei sign. del v. **B** s. m. (f. *-a*) ● Chi si astiene dal dare il proprio voto: *gli astenuti sono diciotto*.

àster [gr. *astḗr*, propr. 'stella' (di origine indeur.), per la sua forma] s. m. ● (*bot.*) Astro della Cina.

Asteràcee [vc. dotta, comp. di *aster* e *-acee*] s. f. pl. ● (*bot.*) Composite.

astèrgere [vc. dotta, lat. *abstergēre*, comp. di *ăbs* 'da' e *tergēre* 'pulire'] v. tr. (coniug. come *tergere*) *1* (*lett.*) Lavare delicatamente: *a. una ferita* | Pulire, nettare: *a. la fronte dal sudore*. *2* (*fig.*, *lett.*) Cancellare.

astèria [vc. dotta, gr. *asterías* 'stellato', agg. di *astḗr* 'stella'] s. f. *1* (*zool.*) Stella di mare. *2* (*miner.*) Varietà di corindone con una caratteristica luminosità stellata interna.

asterisco [vc. dotta, lat. tardo *asterĭscu(m)*, nom. *asterĭscus*, dal gr. *asterískos* 'stelletta', dim. di *astḗr* 'stella'] s. m. (pl. *-schi*) *1* Segno tipografico a forma di stelletta a cinque o più punte usato per evidenziare un tratto di un discorso o rimandare a una nota od omettere un nome. *2* Ciascuno dei brevi articoli in cui sono divise certe rubriche. SIN. Stelloncino.

asteroidàle agg. ● (*astron.*) Di asteroide.

asteròide [vc. dotta, gr. *asteroidḗs* 'simile a stella', comp. di *astḗr* 'stella' e *-oide*] s. m. ● (*astron.*) Ognuno dei molti piccoli pianeti in orbita attorno al Sole, la cui posizione è generalmente compresa fra le orbite di Marte e Giove. SIN. Pianetino. ➡ ILL. p. 830 SISTEMA SOLARE.

Asteroidèi [dal gr. *asteroeidḗs* 'simile a stella'. V. *asteroide*] s. m. pl. ● Nella tassonomia animale, classe di Echinodermi con corpo a disco che continua alla periferia in cinque o più braccia a forma triangolare, cui appartengono le stelle di mare (*Asteroidea*) | (al sing. *-o*) Ogni individuo di tale classe.

astersióne [vc. dotta lat. tardo *abstersiōne(m)*, da *abstergēre* 'astergere'] s. f. *1* Atto, effetto dell'astergere (*anche fig.*) *2* Decapaggio.

astèrso part. pass. di *astergere*; anche agg. ● Nei sign. del v.

asticciòla o (*lett.*) **asticciuòla** s. f. *1* Dim. di *asta*. *2* Stecca della freccia. *3* Penna per scrivere a un'estremità della quale si inserisce il pennino.

àstice [lat. *ăstacu(m)*, nom. *ăstacus*, dal gr. *astakós*, di origine indeur.] s. m. ● Grosso gambero di mare con corpo color turchino scuro e robuste chele (*Homarus vulgaris*). SIN. Omaro.

asticèlla s. f. *1* Dim. di *asta*. *2* Regolo di metallo o di legno, posto sui ritti, da superare nel salto in alto o nel salto con l'asta. ➡ ILL. p. 1283 SPORT.

astigiàno **A** agg. ● Di Asti: *vigneti, vini astigiani*. **B** s. m. (f. *-a*) ● Abitante, nativo di Asti | *L'Astigiano*, (*per anton.*) V. Alfieri.

astigmàtico **A** agg. (pl. m. *-ci*) ● Del, relativo all'astigmatismo | *Lente astigmatica*, avente una superficie piana o sferica e l'altra superficie cilindrica o torica, atta a correggere l'astigmatismo dell'occhio. **B** agg.; anche s. m. (f. *-a*; pl. m. *-ci*) ● (*med.*) Che, chi è affetto da astigmatismo.

astigmatìsmo [comp. di *a-* (*1*) e del gr. *stígma* 'punto', perché questa imperfezione produce la conseguenza che un punto luminoso dà sulla retina non un punto ma una macchia] s. m. *1* (*med.*) Difetto di rifrazione dell'occhio, dovuto a irregolarità della sfericità corneale, per cui un punto viene percepito allungato. *2* (*fis.*) Aberrazione delle lenti per cui l'immagine di un punto è costituita da due linee focali perpendicolari fra loro, e situate a diversa distanza dalla lente.

astigmòmetro [comp. di *astigm(atism)o* e *-metro*] s. m. ● Strumento ottico atto a misurare l'astigmatismo.

astìle [vc. dotta, lat. *hastīle*, da *hăsta* 'asta'] **A** s. m. *1* (*lett.*) Legno della lancia | (*est.*) Lancia. *2* †Virgulto | †Bacchetta. **B** agg. ● Detto di croce processionale posta alla sommità di un'asta.

àstilo [vc. dotta, gr. *ástylos*, comp. di *a-* priv. e del gr. *-stilo*] agg. ● Che è privo di colonne: *tempio, edificio a.*

astinènte [vc. dotta, lat. *abstinĕnte(m)*, part. pres. di *abstinēre*, comp. di *ăbs* 'da' e *tenēre* 'trattenere'] agg. ● Che si astiene, spec. dai piaceri dei sensi: *essere a. dai piaceri della carne*; *essere a. nel bere, nel mangiare*. || **astinenteménte**, avv. (*raro*) Castamente; con temperanza.

astinènza o (*raro*) †**stinènzia** [vc. dotta, lat. *abstinĕntia(m)*, da *ăbstinens*, genit. *abstinĕntis* 'astinente'] s. f. *1* Abitudine e proposito di tenersi lontano dai piaceri dei sensi: *fare vita di a.* | Castità, continenza | (*est.*) Rigidezza e austerità di vita. *2* Astensione da alcuni cibi comandata dalla Chiesa cattolica in certi giorni e periodi dell'anno | In religioni non cattoliche, astensione permanente da alcuni alimenti per precetto divino o per motivi rituali.

àstio [got. *haifsts* 'lotta'] s. m. ● Rancore, malanimo, spec. causato da invidia o dispetto: *portare a. a qc.*; *avere, nutrire, provare a. verso, contro, qc.*

astiosità s. f. ● Qualità di chi, di ciò che, è astioso.

astióso agg. ● Che è pieno di astio: *uomo, carattere a.* | Che dimostra astio: *voce astiosa*; *parole astiose*. || **astiosaménte**, avv.

astìsta [da *asta*] s. m. (pl. *-i*) ● Specialista del salto con l'asta.

†**àsto** [vc. dotta, lat. *ăstu(m)* 'astuzia'. V. *astuto*] s. m. ● Astuzia | *Ad a.*, con astuzia, con inganno; a gara.

astóre [provz. *astor*, dal lat. *acceptōre(m)*, di origine indeur., con avvicinamento ad *accĭpere* 'prendere'] s. m. *1* Uccello rapace dei Falconiformi simile allo sparviero ma di maggiori dimensioni, con ali corte e rotonde, piumaggio grigio sul dorso e bianco sul ventre (*Astur palumbarius*). *2* (*fig.*) Persona avida e furba.

astòrico [comp. di *a-* (*1*) e *storico*] agg. (pl. m. *-ci*) ● Che non ha rapporto con la storia, che è estraneo alla storia: *giudizio a.*

àstracan ● V. *astrakan*.

astraènte part. pres. di *astrarre*; anche agg. ● Nei sign. del v.

†**astràere** ● V. *astrarre*.

astràgalo [vc. dotta, lat. *astrăgalu(m)*, nom. *astrăgalus*, dal gr. *astrágalos*, di etim. incerta] s. m. *1* (*anat.*) Osso del piede che si articola con la tibia e il perone in alto, il calcagno in basso e lo scafoide in avanti. ➡ ILL. p. 362 ANATOMIA UMANA. *2* Dado a quattro facce ricavato dall'omonimo osso della capra o del montone, usato dagli antichi per vari giochi. *3* Genere di piante delle Papilionacee con foglie trasformate in spine e fiori di vari colori raccolti in grappoli (*Astragalus*). *4* (*arch.*) Modanatura che separa il fusto della colonna dal capitello e dalla base. SIN. Tondino. ➡ ILL. p. 357 ARCHITETTURA.

astragalomanzìa [comp. di *astragalo* e *-manzia*] s. f. ● Divinazione dell'ignoto per mezzo dei dadi.

†**astràggere** ● V. *astrarre*.

àstrakan o **astrakàn**, **àstracan** [dal n. della città russa di *Astrachan'*, dove la pelliccia veniva fabbricata] s. m. inv. *1* Pelliccia pregiata, ottenuta dal vello nero, fine e ricciuto dell'agnellino, di razza karakul, sacrificato pochi giorni dopo la nascita. *2* Tessuto di lana imitante la pelliccia omonima.

astràle [vc. dotta, lat. *astrāle(m)*, agg. di *ăstrum* 'astro'] agg. ● Proprio degli astri: *mondo a.*; *influenza a.*; *influssi astrali* | *Corpo a.*, secondo gli occultisti, l'alone fluidico, non visibile, di cui è dotato ogni corpo fisico, capace di dar vita a particolari fenomeni | (*fig.*) Straordinario, smisurato: *successo, lontananza a.*

astrànzia [etim. incerta] s. f. ● Pianta erbacea delle Ombrellifere con l'infiorescenza accompagnata da un involucro colorato (*Astrantia major*).

astràrre o †**astràere**, †**astràggere** [vc. dotta, lat. *abstrăhere*, comp. da *ăbs* 'da' e *trăhere* 'trarre'] **A** v. tr. (coniug. come *trarre*) **1** (*filos.*) Separare mentalmente nell'oggetto dato qualche proprietà particolare per considerarla separatamente. **2** (*lett.*) Allontanare, distogliere: *a. la mente dallo studio*; *a. l'anima dalle cose materiali*. **B** v. intr. (aus. *avere*) ● Prescindere: *non si può giudicare astraendo dai fatti*. **C** v. rifl. ● Concentrarsi in q.c. distogliendosi da ogni elemento circostante: *quando studia si astrae completamente*.

astràto ● V. *adstrato*.

astrattézza s. f. **1** Qualità di ciò che è astratto | Indeterminatezza, spec. di concetto o ragionamento. **2** (*raro*) Distrazione, sbadataggine.

astrattìsmo s. m. **1** In pittura e scultura, assenza di qualsiasi riferimento alla realtà oggettiva. **2** Corrente artistica del Novecento che tende ad astrarre da ogni rappresentazione delle forme della realtà sensibile.

astrattìsta **A** s. m. e f. (pl. m. *-i*) ● Seguace dell'astrattismo. **B** anche agg.: *pittura a.*; *pittore a.*

astrattìstico agg. (pl. m. *-ci*) ● (*raro*) Relativo all'astrattismo e agli astrattisti.

astrattìvo agg. ● Che tende all'astratto: *intelligenza astrattiva*.

astràtto o †**stràtto** (1) **A** part. pass. di *astrarre*; anche agg. **1** Nei sign. del v. **2** Che deriva da astrazione: *concetto a.* | (*ling.*) *Nome a.*, che indica qualità non percepibili dai sensi | Che non ha rapporti con la realtà empirica: *arte, scienza, astratta* | *In a.*, (*ell.*) in modo astratto, senza concreti rapporti con la realtà, senza determinazioni particolari: *parlare, discutere, in a.* **3** (*dir.*) *Negozio giuridico a.*, quello che è valido ed efficace anche senza che ne sia indicata la causa tipica o atipica. **4** (*dir.*) *Negozio giuridico a.*, quello per la cui efficacia non si richiede il conseguimento di uno scopo prefissato dalla legge. || **astrattaménte**, avv. **B** s. m. ● Ciò che deriva da astrazione: *l'a. e il concreto*.

astraziòne [vc. dotta, lat. tardo *abstractiōne(m)*, da *abstrăhere* 'astrarre'] s. f. **1** Atto, effetto dell'astrarre | *Fare a. da q.c.*, prescindere da q.c. | (*filos.*) Operazione consistente nel trarre da enti fra di loro distinti i loro caratteri comuni in modo da istituire una teoria generale, valevole per tutti. **2** (*fig.*) Ipotesi assurda e irrealizzabile: *questo progetto è un'a.*

astrétto part. pass. di *astringere*; anche agg. ● Nei sign. del v.

†**astrìgnere** ● V. *astringere*.

astringènte **A** part. pres. di *astringere*; anche agg. ● Nei sign. del v. **B** s. m. ● Rimedio che tende a diminuire o, arrestare una secrezione o un'emorragia, usato in terapia contro le forme infiammatorie della cute e delle mucose | Sostanza, preparato o farmaco che ha tale potere, usato spec. per ridurre l'evacuazione intestinale.

astrìngere o †**astrìgnere** [vc. dotta, lat. *adstrĭngere*, comp. di *ăd* e *strĭngere* 'stringere'] v. tr. (coniug. come *stringere*) **1** (*lett.*) Costringere, obbligare | Stringere: *l'universo nel pugno astringe e serra* (TASSO). **2** (*med.*) Ridurre la secrezione dei tessuti, esercitare un'azione astringente.

àstro [lat. *ăstru(m)*, dal gr. *ástron*, di etim. incerta] s. m. **1** Corpo celeste. **2** (*fig.*) Chi occupa una posizione di primo piano in determinati settori, spec. dello sport e dello spettacolo: *un a. del varietà, del ciclismo* | *A. nascente*, chi ha intrapreso un'attività con ottimi risultati facendo presagire una brillante carriera. **3** *A. della Cina*, pianta arborea perenne delle Composite con fiori di vario colore il cui capolino è circondato da brattee disposte a raggiera (*Callistephus chinensis*).

àstro- primo elemento ● In parole composte dotte o scientifiche significa 'astro' o 'a forma di astro', o indica relazione con la navigazione spaziale: *astrofisica, astrolatria, astronauta, astronave*.

-àstro [dal lat. *-ăstru(m)*, da un precedente *-tro-* ampliato con *-as-* di origine incerta] suff. alterativo **1** Conferisce a sostantivi valore peggiorativo o spregiativo: *giovinastro, medicastro, poetastro, velocipedastro*. **2** Unendosi agli aggettivi di colore fa loro assumere un senso, oltre che peggiorativo, di approssimazione: *biancastro, nerastro, olivastro, verdastro*.

astrobiologìa [comp. di *astro-* e *biologia*] s. f. ● Parte della biologia che cerca nello spazio l'origine della vita.

astrobùssola [comp. di *astro-* e *bussola* (*2*), sul modello dell'ingl. *astrocompass*] s. f. ● Strumento per controllare la rotta di un velivolo.

astrochìmica [comp. di *astro-* e *chimica*] s. f. ● Parte dell'astronomia che studia la composizione chimica dell'universo.

astrodinàmica [comp. di *astro* e *dinamica*] s. f. ● Parte dell'astronomia che studia il moto degli astri.

astròfico [comp. di *a-* (*1*) e *strofico*] agg. (pl. m. *-ci*) ● Detto di componimento poetico in cui i versi si susseguono liberamente prescindendo da una determinata struttura strofica.

astròfilo [comp. di *astro-* e *-filo*] s. m. ● Astronomo dilettante.

astrofìsica [comp. di *astro-* e *fisica*] s. f. ● Parte dell'astronomia che studia la costituzione fisica dell'universo.

astrofìsico **A** agg. (pl. m. *-ci*) ● Attinente all'astrofisica. **B** s. m. (pl. *-ci*) ● Cultore, studioso di astrofisica.

astrofotometrìa [comp. di *astro-* e *fotometria*] s. f. ● Misurazione della luminosità degli astri.

astrofotòmetro [comp. di *astro-* e *fotometro*] s. m. ● Strumento per la misura della luminosità degli astri.

astrografìa [comp. di *astro-* e *-grafia*] s. f. ● Fotografia dei corpi celesti.

astrògrafo [comp. di *astro* e *-grafo*] s. m. ● Strumento astronomico adatto per la fotografia del cielo.

astrolàbio [lat. med. *astrolabiu(m)*, dal gr. *astrolábon* (sottinteso *órganon*) 'strumento che prende gli astri', comp. di *astḗr* 'stella' e *lambánō* 'io prendo'] s. m. ● Antico strumento usato dai naviganti per determinare la posizione degli astri, sostituito poi dal sestante.

astròlago e *deriv.* ● V. *astrologo* e *deriv.*

†**astrolamìa** ● V. *astronomia*.

astrolatrìa [comp. di *astro-* e *-latria*] s. f. ● Culto degli astri deificati, praticato da molti popoli dell'antico Oriente.

astrologàre o (*pop.*) **astrolagàre**, (*pop.*) **strolagàre**, (*pop.*) **strologàre**. v. intr. (*io astròlogo, tu astròloghi*; aus. *avere*) **1** Esercitare l'astrologia. **2** (*fig.*) Congetturare, fantasticare.

astrologìa [vc. dotta, lat. *astrolŏgia(m)*, nom. *astrolŏgia*, dal gr. *astrología* 'astronomia'. V. *astro-* e *-logia*] s. f. (pl. *-gie*) ● Arte di antica origine che presume di scoprire influssi degli astri sulla vita umana, al fine di prevedere avvenimenti futuri | *A. mondana*, antica arte divinatoria sulle sorti della nazione e dei re | *A. natale*, arte di formulare e interpretare l'oroscopo individuale.

astrològico [vc. dotta, lat. tardo *astrolŏgicu(m)*, nom. *astrolŏgicus*, dal gr. *astrologikós* 'astronomico', da *astrología*. V. *astrologia*] agg. (pl. m. *-ci*) ● Relativo all'astrologia: *segno, campo a.* | *Anno a.*, ciclo solare annuale che comincia il 21 marzo. || **astrologicaménte**, avv. Per quanto riguarda l'astrologia.

astròlogo o (*pop.*) **astròlago**, (*pop.*) **stròlago**, (*pop.*) **stròlogo** [vc. dotta, lat. *astrŏlogu(m)*, nom. *astrŏlogus*, dal gr. *astrológos* 'astronomo'. V. *astrologia*] s. m. (pl. *-gi*, pop. *-ghi*) ● Chi pratica l'astrologia | *Crepi l'a.!*, escl. scherz. rivolta a chi predice sciagure.

astrometrìa [comp. di *astro-* e *-metria*] s. f. ● Astronomia di posizione.

astronàuta [comp. di *astro-* e *-nauta*] s. m. e f. (pl. m. *-i*) ● Chi viaggia oltre l'atmosfera terrestre | Addetto alla condotta o ai servizi di bordo di un'astronave.

astronàutica [fr. *astronautique*. V. *astro-* e *nautica*] s. f. ● Scienza, tecnica e attività relative alla costruzione e all'impiego dei mezzi che vanno oltre l'atmosfera terrestre. ➡ ILL. **astronautica**.

astronàutico agg. (pl. m. *-ci*) ● Attinente all'astronautica.

astronàve [comp. di *astro-* e *nave*] s. f. ● Veicolo spaziale. SIN. Cosmonave.

astronomìa o †**astrolamìa**, †**stronomìa** [vc. dotta, lat. *astronŏmia(m)*, nom. *astronŏmia*, dal gr. *astronomía*, comp. di *ástron* 'astro' e *nómos* 'legge'] s. f. ● Scienza che studia gli astri e i fenomeni celesti | *A. di posizione*, parte dell'astronomia che studia le posizioni e i movimenti dei corpi celesti. SIN. Astrometria.

astronòmico [vc. dotta, lat. tardo *astronŏmicu(m)*, nom. *astronŏmicus*, dal gr. *astronomikós*, da *astronomia* 'astronomia'] agg. (pl. m. *-ci*) **1** Attinente all'astronomia: *cannocchiale a.* **2** (*fig.*) Esagerato, eccessivo, inarrivabile: *prezzo a.*; *cifre astronomiche*. || **astronomicaménte**, avv. Per quanto riguarda l'astronomia.

astrònomo [vc. dotta, lat. tardo *astrŏnomu(m)*, nom. *astrŏnomus*, dal gr. *astronómos*. V. *astronomia*] s. m. (f. *-a*) ● Studioso di astronomia.

astropòrto [comp. di *astro-* e *porto*] s. m. ● Cosmodromo.

astruṣàggine s. f. ● Astruseria goffa e inutile.

astruṣerìa s. f. ● Qualità di chi, di ciò che è astruso: *l'a. di un discorso* | (*est.*) Idea, discorso, teoria oscura, incomprensibile: *queste sono tutte astruserie*.

astruṣità s. f. ● Astruseria: *l'a. di una teoria*.

astrùṣo [vc. dotta, lat. *abstrūsu(m)*, part. pass. di *abstrūdere* 'mettere da parte', comp. di *ăbs* 'da' e *trūdere* 'spingere'] agg. **1** Che è difficile da capire perché oscuro, complicato, troppo sottile, e sim.: *problema, concetto, ragionamento a.*; *scienze, formule astruse*; *termini astrusi*; *parlare, esprimersi, in modo a.* **2** (*raro, lett.*) Nascosto, recondito. || **astrusétto**, dim. || **astrusaménte** avv.

astucciàio s. m. ● Chi fabbrica o vende astucci.

astùccio [provz. *estug*, di etim. incerta] s. m. **1** Scatola foderata e modellata, spec. all'interno, secondo la forma dell'oggetto da contenere: *l'a. della collana, della macchina fotografica*; *a. per gioielli*. **2** (*est.*) Guaina, fodero per armi: *l'a. del fucile*. || **astuccino**, dim.

astutézza s. f. ● (*raro*) Astuzia.

astùto [lat. *astūtu(m)*, dalla forma *ăstu* 'con astuzia', vc. del gergo teatrale] agg. ● Che ha o dimostra la capacità di escogitare e di usare i mezzi più opportuni al raggiungimento di un dato scopo, anche non buono: *essere a. come, più di, una volpe*; *se crede di essere a. con noi si sbaglia* | Che è pensato, detto o fatto in modo astuto: *idea astuta*; *parole astute*; *risposta astuta*; *sguardo, sorriso a.*; *trovata, trappola astuta*. || **astutaménte**, avv. Con astuzia.

astùzia o (*pop., tosc.*) †**stùzia** [vc. dotta, lat. *astūtia(m)*, da *astūtus* 'astuto'] s. f. **1** Qualità di chi, di ciò che, è astuto: *in questo caso l'a. è necessaria*; *giocare d'a.* **2** Idea, azione astuta: *astuzie amorose, oratorie*; *le piccole astuzie delle donne*; *ricorrere alle più sottili astuzie* | Accorgimento, stratagemma: *le astuzie di Ulisse*.

-àta [originariamente in s. astratti ricavati dal part. pass. di verbi della prima coniug.] suff. ● Forma sostantivi che indicano azione, effetto, risultato o hanno valore collettivo: *armata, cavalcata, cucchiaiata, manciata, nevicata, passeggiata, pedata, pennellata, pugnalata*.

atabàgico [comp. di *a-* (*1*) e *tabagico* (V. *tabagismo*)] s. m. (pl. *-ci*) ● Preparato farmaceutico per disassuefarsi al fumo.

atalànta [dal n. di un personaggio mitologico gr.] s. f. ● Bellissima farfalla diurna dalle ali bruno-rosse a macchie azzurre (*Vanessa atalanta*).

atalantìno agg.; anche s. m. (f. *-a* nel sign. 2) **1** Che, chi gioca nella squadra di calcio bergamasca dell'Atalanta. **2** Che, chi è tifoso dell'Atalanta.

atamàno [russo *ataman*] s. m. ● Antico comandante militare cosacco.

atarassìa [vc. dotta, gr. *ataraxía*, comp. di *a-* (*1*) e *táraxis* 'turbamento'] s. f. ● (*filos.*) Ideale etico degli scettici e degli epicurei consistente nel raggiungimento dell'imperturbabilità attraverso il dominio sulle passioni.

ataràssico **A** agg. (pl. m. *-ci*) **1** Relativo all'atarassia. **2** (*fig.*) Imperturbabile: *atteggiamento a.* **B** s. m. (pl. m. *-ci*) ● (*raro, farm.*) Tranquillante.

†**atàre** ● V. *aiutare*.

atassìa [vc. dotta, gr. *ataxía*, comp. di *a-* (*1*) e *táxis* 'ordine'] s. f. ● (*med.*) Mancanza di coordinazione dei movimenti muscolari volontari: *a. cinetica*.

atàssico **A** agg. (pl. m. *-ci*) ● Di, relativo ad, atassia. **B** agg.; anche s. m. (f. *-a*) ● Che, chi è affetto da atassia.

atàttico [comp. di *a-* (*1*) e del gr. *taktikós* 'ordinato', dal v. *tássein* di etim. incerta] agg. (pl. m. *-ci*) ● (*chim.*) Detto di polimero privo di ordine configurazionale: *polistirene a.*

atàvico [fr. *atavique*, dal lat. *ătavus* 'atavo'] agg. (pl. m. *-ci*) **1** Che deriva da remoti antenati: *tendenze ataviche*. **2** (*med.*) Di, relativo ad, atavismo: *anomalie ataviche*. ‖ **atavicaménte**, avv.

atavìșmo [fr. *atavisme*. V. *atavico*] s. m. ● (*biol.*) Ricomparsa in un individuo di caratteri anatomici o funzionali esistenti in lontanissimi antenati.

atavìstico [fr. *atavistique*. V. *atavico*] agg. (pl. m. *-ci*) ● Di, relativo ad, atavismo.

àtavo [vc. dotta, lat. *ătavu*(*m*), comp. di *ătta* 'nonno' e *ăvus* 'avo'] s. m. (f. *-a*) **1** (*raro*) Padre del trisnonno o della trisnonna. **2** (*spec. al pl., lett.*) Avi, antenati.

atavotàra [comp. di *atavo* e *tara*] s. f. ● (*raro*) Tara ereditaria.

atciù /at'tʃu*/ ● V. *eccì*.

ateìșmo [da *ateo*] s. m. ● Negazione di Dio | Dottrina fondata su tale negazione.

ateìsta s. m. e f. (pl. m. *-i*) ● Chi professa l'ateismo.

ateìstico agg. (pl. m. *-ci*) ● Relativo all'ateismo e all'ateista.

àtele [gr. *atelḗs* 'imperfetto, senza (*a-*) fine (*télos*)'] s. m. ● Genere di scimmie platirrine americane con lunghissimi arti, lunga coda prensile, testa piccola e corpo esile (*Ateles*).

atelettașìa o **atelectașìa** [comp. del gr. *atelḗs* 'imperfetto' e *éktasis* 'dilatazione'] s. f. ● (*med.*) Incompleta distensione della parte terminale di un organo | *A. polmonare*, stato di collasso degli alveoli polmonari con scomparsa dell'aria al loro interno.

atelettàșico agg. (pl. m. *-ci*) ● (*med.*) Di, relativo ad atelettasia.

atelier /fr. atə'lje/ [vc. fr., 'mucchio di schegge di legno', poi 'cantiere', dall'ant. fr. *astelle* 'scheggia di legno', dal lat. parl. **astĕlla*(*m*), per il classico *ăstula*(*m*), var. di *ăssula*(*m*), dim. di *ăssis* 'asse'] s. m. inv. **1** Locale, luogo di lavoro di artigiani o artisti | *A. fotografico*, studio di fotografo. **2** (*per anton.*) Sartoria per signora.

atellàna [vc. dotta, lat. *atellāna*(*m*) (sottinteso *fābulam*), rappresentazione teatrale, dalla città di *Atĕlla*] s. f. ● (*letter.*) Farsa campana diffusasi nell'antica Roma come rappresentazione teatrale a maschere fisse con intrecci di spirito assai salace e popolare.

atemàtico [comp. di *a-* (*1*) e *tematico*] agg. (pl. m. *-ci*) ● (*ling.*) Nelle lingue indoeuropee, detto di forma in cui la terminazione viene direttamente connessa alla radice.

atemporàle [comp. di *a-* (*1*) e *temporale* (*1*)] agg. ● (*filos.*) Che è fuori del tempo, che trascende il tempo.

atemporalità s. f. ● Qualità di ciò che è atemporale.

atenèo [vc. dotta, lat. *Athenaeu*(*m*), dal gr. *Athḗnaion* 'tempio di Atena', istituto d'istruzione superiore fondato in Roma da Adriano] s. m. **1** Istituto di ricerca scientifica o di insegnamento superiore | Università. **2** Nome di riviste scientifiche o letterarie.

atenièse A agg. ● Di Atene: *tempio a.* **B** s. m. e f. ● Abitante, nativo di Atene.

àteo [vc. dotta, lat. tardo *ătheu*(*m*), nom. *ătheos*, dal gr. *átheos*, comp. di *a-* (*1*) e *theós* 'dio'] agg.; anche s. m. (f. *-a*) ● Che, chi nega l'esistenza di Dio: *filosofia atea*. CFR. Agnostico, non credente.

aterìna [gr. *atherínē*, n. di un piccolo pesce di mare, da *athḗr*, genit. *athéros* 'punta, barba della spiga', poi 'punta di un pesce', di etim. incerta] s. f. ● Genere di piccoli pesci Teleostei, cui appartiene il latterino, che si trovano nei mari temperati e tropicali, spec. in prossimità delle coste (*Atherina*).

atermàno [comp. di *a-* (*1*) e del gr. *thermón* 'calore'] agg. ● (*raro*) Detto di corpo opaco alle radiazioni termiche o calorifiche, cioè alle radiazioni ultrarosse.

atèrmico [comp. di *a-* (*1*) e *termico*] agg. (pl. m. *-ci*) ● Che assorbe le radiazioni infrarosse: *vetro a.*

aterogenètico [comp. di *atero*(*ma*) e *genetico*] agg.; anche s. m. (pl. m. *-ci*) ● (*med.*) Sostanza che favorisce la genesi dell'ateromasia.

ateròma [vc. dotta, lat. tardo *atherōma*, dal gr. *athḗrōma*, da *athḗra* 'poltiglia'] s. m. (pl. *-i*) **1** (*med.*) Lesione degenerativa a forma di placca giallastra della parete arteriosa; risulta costituita da deposito di lipidi, spec. colesterolo, circondato da tessuto connettivale fibroso e da una massa di cellule muscolari lisce proliferanti. CFR. Aterosclerosi, arteriosclerosi. **2** (*med.*) Formazione cistica abitualmente del cuoio capelluto, contenente cheratina e dovuta all'ostruzione del dotto di una ghiandola sebacea.

ateromașìa [da *ateroma*] s. f. ● (*med.*) Aterosclerosi.

ateromatóso agg. ● (*med.*) Pertinente a, affetto da ateroma | *Placca ateromatosa*, ateroma.

ateroscleròși o **ateroscleròsi** [comp. di *atero*(*ma*) e *sclerosi*] s. f. ● (*med.*) Forma di arteriosclerosi delle grandi e medie arterie, spec. dell'aorta, delle coronarie e delle carotidi; è caratterizzata dalla formazione di ateromi a livello dell'intima con diminuita elasticità e restrizione del lume vasale e ridotto afflusso di sangue ai tessuti. CFR. Arteriosclerosi, ateroma.

ateroscleròtico agg. (pl. m. *-ci*) ● (*med.*) Relativo ad aterosclerosi: *placche aterosclerotiche*.

ateșìno A agg. ● Dell'Adige, della Val d'Adige. **B** s. m. (f. *-a*) ● Abitante, nativo della Val d'Adige.

atestìno A agg. ● Di Ateste, nome latino della città veneta di Este | *Civiltà atestina*, civiltà dell'età del ferro che ebbe come centro l'antica Ateste. **B** s. m. (f. *-a*) ● Abitante, nativo della regione di Este.

atetèși [vc. dotta, gr. *athétēsis* 'abolizione, reiezione', da *áthetos* 'abrogato, messo da parte', comp. di *a-* priv. e un deriv. di *tithénai* 'porre' di origine indeur.] s. f. ● Nell'edizione critica di un testo letterario, eliminazione di un passo ritenuto, dal punto di vista filologico, spurio o interpolato.

atetòși [dal gr. *áthetos* 'disordinato, sconnesso', comp. di *a-* priv. e *tithénai* 'porre': detta così perché caratterizzata da movimenti involontari] s. f. ● (*med.*) Disturbo neurologico caratterizzato da movimenti di contorsione involontari, lenti e ripetitivi spec. a carico di faccia, lingua e arti.

atimìa [vc. dotta, dal gr. *atimía*, propr. 'infamia'] s. f. ● (*dir.*) Istituto del diritto greco in base al quale chi avesse commesso fatti di particolare gravità contro lo Stato era privato completamente o parzialmente dei diritti civili.

atipicità s. f. ● Qualità di ciò che è atipico.

atìpico [comp. di *a-* (*1*) e *tipico*] agg. (pl. m. *-ci*) **1** Che non è tipico, che è diverso dal tipo normale: *caso a.* **2** (*dir.*) Non specificatamente previsto e disciplinato dalla legge: *negozio giuridico a.* SIN. Innominato. ‖ **atipicaménte**, avv.

-ativo ● V. *-ivo*.

atlànte (**1**) [vc. dotta, lat. *atlānte*(*m*)] s. m. **1** Figura maschile rappresentata in funzione di sostegno architettonico. SIN. Telamone. **2** (*anat.*) Prima vertebra cervicale, sulla quale si articola il cranio. ➡ ILL. p. 362 ANATOMIA UMANA.

atlànte (**2**) [dalla figura del titano *Atlante* stampata sulla copertina di una raccolta di carte geografiche di Mercatore (a. 1595)] s. m. ● Raccolta di carte geografiche rilegate in volume: *a. geografico* | (*est.*) Raccolta di tavole figurate relative a

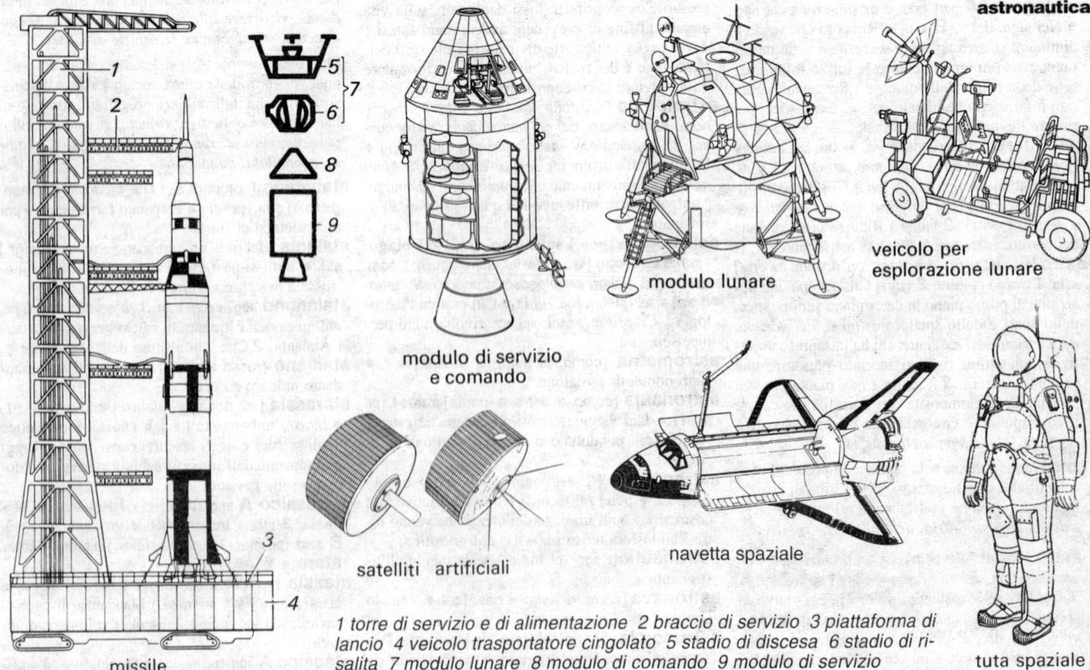

1 torre di servizio e di alimentazione 2 braccio di servizio 3 piattaforma di lancio 4 veicolo trasportatore cingolato 5 stadio di discesa 6 stadio di risalita 7 modulo lunare 8 modulo di comando 9 modulo di servizio

una data disciplina: *a. anatomico, botanico, storico, linguistico*. || **atlantino**, dim.

atlàntico (1) [vc. dotta, lat. *atlănticu(m)*, nom. *atlănticus*, dal gr. *atlantikós*, da *Átlas*, genit. *Átlantos* 'Atlante'] agg. (pl. m. *-ci*) **1** (*raro, lett.*) Vasto, imponente, poderoso: *opera atlantica*. **2** In bibliografia, che ha il formato massimo a foglio disteso proprio degli atlanti: *volume a*.

atlàntico (2) [vc. dotta, lat. *Atlănticu(m)*, nom. *Atlănticus*, dal gr. *Atlantikós*, dal nome del monte *Atlante*] agg. (pl. m. *-ci*) **1** Dell'Oceano Atlantico: *corrente atlantica* | *Dorsale atlantica*, il rilievo sottomarino dell'Oceano Atlantico. **2** Detto del patto di reciproca assistenza politica, economica e militare, stipulato fra gli Stati Uniti e i Paesi dell'Europa occidentale nel 1949, e di quanto a esso si riferisce: *patto a.*; *politica atlantica*.

atlantişmo s. m. • Linea di politica estera basata sul Patto Atlantico | Ideologia dell'alleanza atlantica.

atlèta [vc. dotta, lat. *athlēta(m)*, nom. *athlēta*, dal gr. *athlētḗs*, da *âthlos* 'lotta'] s. m. e f. (f. raro *-essa*; pl. m. *-i*) **1** Chi pratica uno sport con speciale addestramento e spirito agonistico | Chi pratica una specialità dell'atletica leggera | *A. di cartello*, il cui nome spicca negli avvisi pubblicitari e (*est.*) popolare, di grande richiamo sul pubblico. **2** Persona forte, robusta e armonicamente sviluppata. **3** (*fig., lett.*) Chi difende con forza ed eroismo un nobile ideale.

atlètica [vc. dotta, lat. *athlētica(m)* (sottinteso *ărtem* 'tecnica'), da *athlēta* 'atleta'] s. f. • Complesso degli esercizi, delle tecniche e delle discipline agonistiche praticate senza l'impiego di mezzi meccanici e che mirano a dare al corpo umano la massima efficienza e armonia funzionale | *A. leggera*, comprende le gare di corsa e di marcia, i lanci e i salti | *A. pesante*, comprende le specialità della lotta e del sollevamento pesi. ➡ ILL. p. 1282 SPORT.

atlètico [vc. dotta, lat. tardo *athlēticu(m)*, nom. *athlēticus*, dal gr. *athlētikós*, da *athlēta* 'atleta'] agg. (pl. m. *-ci*) **1** Che si riferisce all'atletica: *prova atletica*. **2** Di, da atleta: *forza, struttura atletica* | (*est.*) Armonico, robusto, ben strutturato: *taglia atletica*; *forme atletiche*. || **atleticaménte**, avv.

atletişmo s. m. • Attività degli atleti | Insieme delle gare atletiche.

atmosfèra [comp. del gr. *atmós* 'vapore' e *sphâira* 'sfera'] s. f. **1** (*geogr.*) Involucro gassoso che circonda un corpo celeste | *A. terrestre*, quella, costituita di aria, che circonda la Terra, fino a un'altezza non ben determinata, con densità decrescente verso l'alto, sede dei fenomeni meteorologici. ➡ ILL. p. 817 SCIENZE DELLA TERRA ED ENERGIA. **2** (*fig.*) Complesso di situazioni e condizioni ambientali in cui si vive: *essere immerso in un'a. ostile*. **3** (*fis.*) Unità di misura della pressione di un gas o di un vapore, pari a 10,132 newton/m^2. SIMB. atm.

atmosfèrico agg. (pl. m. *-ci*) • (*geogr., fis.*) Della, relativo alla, atmosfera: *pressione atmosferica* | *Circolazione atmosferica*, complesso degli spostamenti di masse d'aria fra zone con diversa pressione | *Disturbi atmosferici*, quelli della ricezione radio dovuti a disturbi elettrici nell'atmosfera. || **atmosfericaménte**, avv. Dal punto di vista atmosferico.

-àto (1) [dal lat. *-ātu(m)*, propriamente desinenza di part. pass., di origine indeur.; anche suff. denotante carica o condizione: p. es. *tribunātu(m)*] suff. **1** Forma nomi astratti indicanti ufficio, carica, condizione (talora con valore collettivo): *artigianato, bracciantato, consolato, papato*. **2** In aggettivi che significano 'provvisto di q.c.', 'che possiede q.c.' o che si riferiscono a quantità: *alato, costumato, dentato, garbato, pepato, stellato*. **3** Forma i participi passati dei verbi in *-are*: *parlare - parlato, amare - amato*.

-àto (2) [dal lat. *-ātu(m)*, nt. di *-ātus* 'ato (1)', attraverso un modulo del tipo *plŭmbum acetātum* 'sale prodotto dall'azione dell'acido acetico sul piombo'] suff. • In chimica indica i sali derivati da un acido in *-ico*: *solfato, clorato*; o gli esteri derivati da un acido in *-ico*: *acetato, nitrato*; o i sali degli acidi aromatici: *benzoato, ftalato*; o gli alcolati: *metilato, etilato*.

atòllo [ingl. *atoll*, prob. dal singalese *ātul* 'dentro'] s. m. **1** Isola corallina elevata fino a 4 m, formata da un anello nel cui centro sta una laguna comunicante col mare. ➡ ILL. p. 821 SCIENZE DELLA TERRA ED ENERGIA. **2** (*mar.*) Grosso galleggiante di salvataggio, di forma gener. anulare, atto a fornire a più naufraghi immersi in mare un aiuto per il galleggiamento.

atòmica s. f. • Acrt. di *bomba atomica*.

atomicità s. f. • Proprietà di ciò che è costituito da un insieme di atomi.

atòmico agg. (pl. m. *-ci*) **1** (*fis., chim.*) Di, relativo all'atomo: *stato a.* | *Peso a.*, peso di un atomo riferito all'unità di misura data dalla dodicesima parte di un atomo di carbonio 12. **2** Nucleare: *guerra atomica*; *tregua atomica* | *Energia atomica*, energia interna dell'atomo; correntemente energia nucleare | *Bomba atomica*, fondata sui processi di disintegrazione del nucleo dell'uranio | *Sottomarino a.*, che per la propulsione sfrutta l'energia nucleare | *Era atomica*, quella, condizionata dall'impiego dell'energia nucleare, che si fa convenzionalmente decorrere dalla metà del XX secolo. **3** (*fig.*) Eccezionale, straordinario, travolgente: *bellezza atomica*. || **atomicaménte**, avv. Relativamente all'atomo o all'energia atomica.

atomişmo s. m. • (*filos.*) Dottrina filosofica secondo cui la realtà è il frutto di un aggregarsi spontaneo e casuale di atomi in continuo movimento.

atomìsta s. m. (pl. *-i*) • (*filos.*) Chi segue e sostiene le teorie dell'atomismo.

atomìstica s. f. • (*raro*) Fisica atomica.

atomìstico agg. (pl. m. *-ci*) • (*filos.*) Che concerne l'atomismo. || **atomisticaménte**, avv. Secondo l'atomismo.

atomizzàre [ingl. *to atomize*. V. *atomo*] v. tr. **1** Nebulizzare. **2** Distruggere con un bombardamento atomico.

atomizzatóre s. m. **1** Apparecchio per nebulizzare. **2** Apparecchio usato per diffondere antiparassitari o liquidi su alberi o coltivazioni.

atomizzazióne s. f. **1** Atto, effetto dell'atomizzare. **2** (*chim.*) Sistema di essiccamento secondo cui una sostanza in soluzione viene dispersa in finissime particelle per mezzo d'una corrente calda e secca che elimina il solvente.

àtomo [vc. dotta, lat. *ătomu(m)*, nom. *ătomus*, dal gr. *átomos* 'indivisibile', comp. di *a-* (*1*) e *témnō* 'io taglio'] s. m. **1** (*fis., chim.*) Minima parte di elemento chimico costituito da un nucleo positivo intorno al quale ruotano cariche negative. **2** (*fig.*) Quantità minima: *un a. di vita, di verità*.

atonàle [comp. di *a-* (*1*) e *tonale*] agg. • Detto di musica che non segue i principi classici della tonalità.

atonalità [comp. di *a-* (*1*) e *tonalità*] s. f. • Mancanza di tonalità | Sistema musicale che prescinde dalle norme dell'armonia tonale.

atonìa [vc. dotta, lat. tardo *atŏnia(m)*, nom. *atŏnia*, dal gr. *atonía*, da *átonos* 'atono'] s. f. **1** (*med.*) Mancanza o diminuzione del tono muscolare. **2** (*ling.*) Mancanza di accento tonico.

atonicità [comp. di *a-* (*1*) e *tonicità*] s. f. • (*ling.*) Qualità di ciò che è atono.

atònico [da *atono*] agg. (pl. m. *-ci*) • (*med.*) Affetto da atonia: *muscolatura atonica*.

àtono [vc. dotta, gr. *átonos*, comp. di *a-* priv. e *tónos* 'energia, accento'] agg. **1** (*ling.*) Detto di sillaba o di vocale non accentata (V. nota d'uso ACCENTO). **2** (*raro*) Che è privo, che scarseggia di tono muscolare | (*est.*) Debole, fiacco.

atopìa [comp. di *a-* (*1*), del gr. *tópos* 'luogo' e del suff. *-ia*] s. f. • (*med.*) Tendenza ereditaria a sviluppare una ipersensibilità immediata (allergia) verso antigeni ambientali come la polvere delle abitazioni, il polline, la forfora di animali.

a tórno • V. *attorno*.

atòssico [comp. di *a-* (*1*) e *tossico* (*1*)] agg. (pl. m. *-ci*) • Privo di tossicità: *farmaco a.*

atout /fr. a'tu/ [fr., da *à tout*, propriamente 'a tutto'] s. m. inv. **1** Nei giochi di carte, seme che, predominando sugli altri, è avvantaggiato nelle prese. **2** (*fig.*) Possibilità, probabilità di vittoria, di successo e sim.: *avere qualche a.*

ATP [sigla dell'ingl. *Adenosine TriphosPhate* 'adenosintrifosfato'] s. m. inv. • (*biol.*) Nucleotide diffuso in tutto il mondo vivente, che partecipa a numerose reazioni biochimiche.

atràbile [vc. dotta, lat. *ātra(m) bīle(m)* 'bile nera'] s. f. **1** †Nell'antica medicina, uno degli umori dell'organismo umano che diviene nero per cause morbose e infonde la malinconia. **2** (*fig., lett.*) Ipocondria, pessimo umore.

atrabiliàre o (*raro*) **atrabiliàrio A** agg. **1** (*med.*) †Della, relativo all'atrabile. **2** (*est.*) Bilioso, irascibile: *un vecchio scettico, intelligente, a.* (FOGAZZARO). **B** agg.; anche s. m. • (*med.*) †Che, chi è affetto da atrabile.

†atraménto [vc. dotta, lat. *atramĕntu(m)*, da *āter* 'nero'] s. m. • Inchiostro.

a travèrso • V. *attraverso*.

atrazìna [deriv. dal n. del composto chimico *triazina*] s. f. • (*chim.*) Composto chimico organico aromatico azotato, usato come erbicida.

atrèplice o **†atrèbice**, **†atrèpice**, **atrìplice** [lat. *atrĭplice(m)*, dal gr. *atráphaxys*, di origine sconosciuta] s. m. e f. • (*bot.*) Pianta erbacea delle Chenopodiacee con fiori verdastri raccolti in infiorescenze a grappolo (*Atriplex hortense*). SIN. Bietolone.

atrepsìa [fr. *athrepsie*, comp. di *a-* (*1*) e del gr. *thrépsis* 'nutrizione'] s. f. • (*med.*) Grave deperimento organico, spesso mortale, spec. dei lattanti.

atreşìa [fr. *atrésie*, comp. di *a-* (*1*) e del gr. *trêsis* 'foro'] s. f. • (*med.*) Incompleto sviluppo dell'orifizio di una formazione canalicolare: *a. anale, esofagea*.

atriàle /atri'ale, a'trjale/ [da *atrio* nel sign. 3] agg. • (*med.*) Dell'atrio: *affezione a.*

atrichìa [comp. di *a-* (*1*) e del gr. *thríx*, genit. *trichós* 'pelo'] s. f. • (*med.*) Malattia congenita consistente nella mancanza di peli e capelli.

atrìchico agg. (pl. m. *-ci*) • Affetto da atrichia.

àtrio [vc. dotta, lat. *ătriu(m)*, forse di origine etrusca] s. m. **1** Vestibolo della casa romana e greca, con l'impluvio. **2** Prima entrata, esterna o interna, di un edificio, ornata per lo più da colonne o pilastri: *a. dell'albergo, della stazione*. **3** (*anat.*) Qualsiasi camera o vestibolo che, connesso ad altra cavità, la precede lungo una direttrice di flusso | *A. cardiaco*, nei Vertebrati, cavità del cuore che riceve il sangue refluo dei grandi vasi venosi; nell'uomo, ciascuna delle due camere superiori del cuore dove giunge il sangue venoso (a. destro) e arterioso (a. sinistro). SIN. Orecchietta. ➡ ILL. p. 363 ANATOMIA UMANA. **4** (*geogr.*) Zona intermedia tra un cono vulcanico formatosi nell'interno di un altro e l'orlo del vecchio cratere.

atrioventricolàre [comp. di *atrio* 'orecchietta' e *ventricolare*] agg. • (*anat.*) Relativo agli atri e ai ventricoli cardiaci | *Nodo a.*, gruppo di cellule specializzate del miocardio che, a partire dalla regione atriale, proiettano impulsi contrattili verso i ventricoli.

atrìplice • V. *atreplice*.

àtro [lat. *ătru(m)* 'scuro', da confrontare con forme analoghe dei dial. italici significanti 'annerito dal fuoco'] agg. **1** (*lett.*) Nero, oscuro: *un velo a. m'ha ingombre / le luci* (ALFIERI) | (*est.*) Torbido, sudicio. **2** (*fig., lett.*) Atroce, crudele | Tetro.

atróce [vc. dotta, lat. *atrōce(m)*, da *āter* 'nero'] agg. **1** Che suscita terrore, spavento, raccapriccio: *scena, spettacolo, delitto a.*; *ghigno a.*; *è la cosa più a. che potesse capitare* | (*est.*) Terribile, crudele; *desiderio, delusione a.*; *la sua morte fu a.* | *Dolore, fitta, crampo a.*, molto intensi. **2** Spietato, malvagio: *uomo, carattere a.* || **atroceménte**, avv.

atrocità [vc. dotta, lat. *atrocitāte(m)*, da *ătrox*, genit. *atrōcis* 'atroce'] s. f. **1** Qualità di chi, di ciò che, è atroce. **2** (*est.*) Azione, avvenimento atroce: *le a. della guerra*.

atrofìa [vc. dotta, lat. tardo *atrŏphia(m)*, nom. *atrŏphia*, dal gr. *atrophía*, comp. di *a-* (*1*) e *tréphō* 'io nutro'] s. f. **1** (*med.*) Diminuzione di volume di un organo o di un tessuto per riduzione numerica o volumetrica degli elementi costituenti | *A. gialla acuta del fegato*, necrosi acuta del fegato, con degenerazione grassa, per cause tossiche o infettive. **2** (*bot.*) Sviluppo totalmente o parzialmente incompleto di un organo vegetale. **3** (*fig.*) Ridotta funzionalità: *l'a. degli uffici pubblici*.

atròfico agg. (pl. m. *-ci*) • Di, relativo ad, atrofia | Che è affetto da atrofia: *organo, muscolo a.*

atrofizzàre A v. tr. **1** Rendere atrofico. **2** (*fig.*)

Consumare: *l'abitudine atrofizza le passioni.* **B** v. intr. pron. **1** Essere colpito da atrofia, cadere in atrofia. **2** (*fig.*) Consumarsi.

atrofizzazióne s. f. ● Atto, effetto dell'atrofizzare o dell'atrofizzarsi (*anche fig.*).

àtropa [prob. da *Átropos*, n. di una delle Parche. V. *atropo*] s. f. ● Genere di piante delle Solanacee con fusto eretto, foglie ovali pubescenti e fiori di colore violaceo (*Atropa*).

atropina [da *atropa*] s. f. ● Alcaloide velenoso contenuto in diverse Solanacee, spec. nella belladonna e nello stramonio, usato in medicina.

àtropo [gr. *Átropos*, propriamente 'inflessibile', comp. di *a-* priv. e *trépō* 'io volgo'] s. m. ● (*zool.*) Acheronzia, testa di morto.

attaccàbile agg. ● Che si può attaccare.

attaccabottóni [comp. di *attacca(re)* e il pl. di *bottone*] s. m. e f. **1** Chi è addetto ad attaccare i bottoni | Macchina per attaccare i bottoni. **2** (*fig., fam.*) Chiacchierone importuno e spesso maligno.

attaccabrìghe [comp. di *attacca(re)* e il pl. di *briga*] s. m. e f. inv. ● (*fam.*) Chi si comporta in modo litigioso e provocatorio.

attaccàgnolo [da *attaccare*] s. m. **1** (*tosc.*) Cosa a cui se ne può attaccare un'altra. **2** (*fig.*) Cavillo, pretesto.

attaccalìte [comp. di *attacca(re)* e *lite*] s. m. e f. inv. ● (*raro*) Chi litiga spesso e per motivi futili.

attaccamàni o **attaccamàno** [comp. di *attacca(re)* e il pl. di *mano*] s. m. ● Pianta erbacea delle Rubiacee con fusto e foglie muniti di aculei e frutti spinosi che si attaccano ai vestiti o al vello degli animali (*Galium aparine*). SIN. Attaccavesti.

attaccaménto s. m. **1** (*raro*) Atto, effetto dell'attaccare o dell'attaccarsi. **2** (*fig.*) Legame affettivo, affezione. **3** †Concrezione.

attaccànte **A** part. pres. di *attaccare*; anche agg. ● Nei sign. del v. **B** s. m. e f. **1** Chi attacca: *gli attaccanti furono respinti.* **2** Nel calcio e sim., chi gioca in prima linea, in posizione avanzata, con il compito di sviluppare azioni offensive e di segnare punti. SIN. Avanti.

attaccapànni [comp. di *attacca(re)* e il pl. di *panno*] s. m. ● Arnese di varia forma, di legno o altro materiale, a cui si appendono cappotti, cappelli e sim.

attaccàre [da *staccare*, con cambio di pref.] **A** v. tr. (*io attàcco, tu attàcchi*) **1** Unire strettamente, mediante adesivi, cuciture e sim.: *a. la fodera a un vestito*; *a. un francobollo* | Applicare: *a. un cerotto* | *A. un manifesto*, affiggerlo | *A. due pezzi di corda, di filo*, legarli | *A. i buoi, i cavalli al carro*, aggiogarli con finimenti | *A. due frammenti di metallo*, saldarli | *A. un bottone*, (*fig., fam.*) molestare con discorsi e chiacchiere interminabili | (*est.*) Appendere: *a. la giacca all'attaccapanni*; *a. un quadro.* **2** (*fig.*) Trasmettere, spec. per contagio: *a. l'influenza, la tisi, un vizio.* **3** Assalire con violenza: *a. il nemico* | (*fig.*) Osteggiare: *a. la politica del governo, le iniziative di qc.* | (*fig.*) *Attaccarla a, con qc.*, venire a contesa. **4** (*ass.*) Nel calcio, sviluppare azioni offensive: *la squadra ha attaccato per tutto il primo tempo.* **5** Cominciare: *a. zuffa, lite, discorso, la recita* | *A. la salita*, nel ciclismo, iniziare la salita | *A. il fuoco*, appiccarlo. **B** v. intr. (aus. *avere*) **1** Aderire: *questa vernice non attacca.* **2** Attecchire (*anche fig.*): *gli innesti hanno attaccato bene*; *questa moda non attaccherà* | *Non attacca!*, non c'è niente da fare. **3** Andare, muovere all'assalto: *i soldati attaccarono allo scoperto.* **4** Cominciare: *la recita attaccò con il prologo.* **C** v. intr. pron. **1** Farsi aderente: *le pagine, le carte si sono attaccate* | *La carne, la salsa si attaccano*, bruciando, aderiscono al fondo del recipiente di cottura. **2** Trasmettersi per contagio: *molte sono le malattie che si attaccano.* **3** Appigliarsi, aggrapparsi (*anche fig.*): *salendo si attaccava alle sporgenze delle rocce*; *l'edera si attacca al tronco*; *quando uno ha bisogno si attacca a tutto* (GOLDONI) | (*fam.*) *Attaccarsi alla bottiglia, al fiasco*, (*fig.*) bere avidamente | Attaccarsi, arrangiarsi, accettare una situazione non gradita. **4** Affezionarsi: *mi sono attaccato a lui come a un figlio.* **D** v. rifl. rec. ● Assalirsi a vicenda, scontrarsi, azzuffarsi: *i contendenti si attaccarono con gran coraggio.*

attaccatìccio **A** agg. (pl. f. *-ce*) **1** Che si attacca facilmente: *fango a.* **2** Contagioso (*anche fig.*): *male a.*; *allegria attaccaticcia.* **3** (*fig.*) Di persona molesta della cui compagnia è difficile liberarsi: *è un tipo a.* **B** s. m. ● Parte di vivanda che si attacca al fondo del tegame per eccesso di cottura: *avere sapore, odore d'a.*; *sapere d'a.*

attaccàto part. pass. di *attaccare*; anche agg. ● Nei sign. del v. || **attaccatóne**, accr. || †**attaccataménte**, avv. Con attaccamento.

attaccatùra s. f. ● Atto, effetto dell'attaccare | (*est.*) Punto dove una cosa si attacca a un'altra: *l'a. della manica.*

attaccavèsti [comp. di *attacca(re)* e il pl. di *veste*] s. m. ● (*bot.*) Attaccamani.

attacchinàggio s. m. ● Atto, effetto dell'attacchinare.

attacchinàre [da *attacchino*] v. intr. (aus. *avere*) ● Attaccare manifesti, spec. da parte di attivisti politici e sindacali.

attacchino [da *attaccare*] s. m. **1** Chi per mestiere attacca manifesti murali. **2** (*fam., tosc.*) Individuo petulante e litigioso.

attàcco [da *attaccare*] s. m. (pl. *-chi*) **1** Unione, giunzione: *l'a. delle maniche*; *punto di a. di due oggetti.* **2** Dispositivo che serve a fissare, congiungere e sim. | Nello sci, dispositivo per garantire il bloccaggio dello scarpone | Nello sci nautico, dispositivo a forma di scarpa per trattenere il piede sull'attrezzo. ➡ ILL. p. 1294, 1295 SPORT. **3** Organo atto all'inserzione di apparecchi elettrici sulle linee di distribuzione di energia elettrica: *a. a spina, a morsetto* | Organo per l'inserzione dell'apparecchio telefonico nella linea. **4** Insieme di bestie da tiro necessario per un veicolo, un aratro e sim.: *a. a quattro, a sei.* **5** Azione offensiva, nella tecnica militare o sportiva: *muovere all'a.*; *a. di balestra* | (*est.*) Nel calcio, l'insieme dei giocatori della linea più avanzata della squadra che conducono tale azione. **6** (*med.*) Accesso: *a. isterico, epilettico.* **7** (*fig.*) Critica, spec. violenta e ostile: *muovere un a. alla politica governativa.* **8** Avvio, inizio: *l'a. di una ballata*; *a. della battuta, dell'inquadratura* | *A. vocalico*, modo di dare inizio all'articolazione di una vocale | Nell'alpinismo, l'inizio di una via di arrampicata. **9** (*fig.*) Appiglio: *trovare un solido a.* | (*lett.*) Occasione, pretesto. **10** (*chim.*) Operazione consistente nel rivelare, all'osservazione microscopica, differenze di struttura o composizione esistenti sulle superfici dei metalli.

attaché /fr. ata'ʃe/ [vc. fr., propriamente 'attaccato', part. pass. di *attacher* 'attaccare'] s. m. inv. ● Nel linguaggio diplomatico, addetto.

Attàcidi [dal n. del genere *Attacus*, che è il lat. tardo *attăcus*, dal gr. *áttakos* 'locusta', d'orig. sconosciuta] s. f. pl. ● Nella tassonomia animale, famiglia di farfalle notturne, spec. tropicali, spesso di enormi dimensioni e con ali caudate | (al sing. *-e*) Ogni individuo di tale famiglia.

attagliàre [comp. di *a-* (2) e *tagliare*] **A** v. tr. (*io attàglio*) ● †Tagliare | †Adattare. **B** v. intr. (aus. *essere*) ● †Piacere, andare a genio. **C** v. intr. pron. ● Adattarsi, confarsi: *questo ruolo ti si attaglia alla perfezione*; *la tua risposta non si attaglia alla domanda.*

†**attalentàre** [comp. di *a-* (2) e *talento*] v. intr. ● Piacere, essere di gradimento | Andare a genio.

attanagliaménto s. m. ● Atto, effetto dell'attanagliare | Nel diritto intermedio, inasprimento della pena capitale consistente nello strappare con tenaglie arroventate le carni al condannato.

attanagliàre [comp. di *a-* (2) e *tanaglia*] v. tr. (*io attanàglio*) **1** Afferrare con le tenaglie. **2** (*est.*) Stringere forte: *gli attanagliò i polsi con le mani.* **3** (*fig.*) Assillare, travagliare: *il rammarico lo attanagliava.*

attànte [fr. *actant*, da *act(ion)* 'azione'] s. m. e f. (pl. m. *-i*) **1** (*ling.*) Soggetto che compie l'azione espressa dal verbo | (*est.*) Ciascuno degli esseri o delle cose che partecipano al processo verbale. **2** Nell'analisi strutturale del racconto, ciascuno dei protagonisti che svolgono funzioni diverse.

†**attapinàrsi** [comp. di *a-* (2) e *tapino*] v. intr. pron. **1** (*raro, tosc.*) Arrabattarsi. **2** †Umiliarsi, avvilirsi, lamentarsi.

†**attarantàto** [comp. di *a-* (2) e *tarantola*] agg. ● Morso dalla tarantola.

†**attarantolàto** agg. ● (*raro*) Attarantato.

attardàre [comp. di *a-* (2) e *tardi*] **A** v. tr. ● (*lett.*) Rallentare: *il fango attarda la marcia dei soldati.* **B** v. intr. pron. ● Fermarsi, trattenersi: *attardarsi in ufficio, per strada.*

†**attàre** [vc. dotta, lat. *aptāre*, da *ăptus* 'adatto'] v. tr. ● Adattare.

attecchiménto s. m. ● Atto, effetto dell'attecchire.

attecchìre [got. **thiklan* 'prosperare'] v. intr. (*io attecchìsco, tu attecchìsci*; aus. *avere*) **1** Mettere radici, crescere, prosperare. SIN. Allignare, barbicare, barbificare, radicarsi. **2** (*fig.*) Prendere vigore, diffondersi: *è una moda che non può a.*

attediàre [vc. dotta, lat. mediev. *attaediāre*, comp. di *ăd* e *taedium* 'tedio'] **A** v. tr. (*io attèdio*) ● (*lett.*) Tediare. **B** v. intr. pron. ● (*lett.*) Provare tedio.

atteggiaménto s. m. **1** Modo di atteggiare il corpo o parti di esso: *a. dimesso, minaccioso, sospetto.* **2** (*est.*) Comportamento, espressione: *a. ostile*; *a. da superuomo* | (*fig.*) Posizione concettuale assunta rispetto a un problema, a una dottrina e sim.

atteggiàre [da *atto*] **A** v. tr. (*io attéggio*) **1** Imporre al corpo o a sue parti determinate posizioni o espressioni: *a. le mani a preghiera*; *a. il volto a dolore.* **2** †Rappresentare. **B** v. rifl. ● Assumere ostentatamente una certa apparenza o condizione: *atteggiarsi a martire, a vittima.*

attempàre [comp. di *a-* (2) e *tempo*] v. intr. e intr. pron. (*io attèmpo*; aus. *essere*) **1** (*lett.*) Andare avanti negli anni. **2** †Indugiare, tardare.

attempàto [part. pass. di *attempare*] agg. ● Detto di chi è piuttosto avanti negli anni: *un uomo a. e distinto*; *una donna piuttosto attempata.* || **attempatèllo**, dim. | **attempatino**, dim. | **attempatùccio**, dim.

attendaménto s. m. ● Accampamento di tende. | Atto, effetto dell'attendarsi.

attendàrsi [comp. di *a-* (2) e *tenda*] v. intr. pron. (*io mi attèndo*) ● Piantare, drizzare le tende: *le truppe si sono attendate a mezza costa.* SIN. Accamparsi.

attendàto part. pass. di *attendarsi*; anche agg. **1** Nei sign. del v. **2** (*scherz.*) Alloggiato in modo provvisorio e sommario.

attendènte **A** part. pres. di *attendere*; anche agg. ● †Nei sign. del v. **B** s. m. ● Nell'ordinamento militare italiano, fino all'abolizione di tale mansione, soldato addetto al servizio personale di un ufficiale.

attèndere [lat. *attĕndere* 'prestare attenzione a qualche cosa', comp. di *ăd* e *tĕndere* 'tendere'] **A** v. tr. (coniug. come *tendere*) **1** Aspettare (*anche ass.*): *attenderò che il treno parta*; *attende da molto il tuo ritorno*; *a. qc. con ansia, con impazienza, con gioia*; *ormai non si può più a.* **2** †Custodire con cura. **3** †Mantenere una promessa. **B** v. intr. (aus. *avere*) **1** Porgere l'animo, la mente, verso q.c., dedicarsi con impegno a qc. o q.c.: *a. ai propri affari, a un lavoro, agli studi, alle faccende domestiche, a un malato.* **2** †Stare attento, considerare, osservare.

attendìbile agg. ● Che si può prendere in considerazione | Che è degno di fede: *notizia a.*

attendibilità s. f. ● Qualità di ciò che è attendibile: *l'a. di un'informazione.*

attendìsmo [da *attendere* e *-ismo* sul modello del fr. *attentisme*] s. m. ● Posizione di attesa politica, in vista del maturarsi di determinati eventi.

attendista agg.; anche s. m. e f. (pl. m. *-i*) ● Che, chi si ispira all'attendismo.

†**attenebràre** ● V. *ottenebrare.*

attenènte **A** part. pres. di *attenere*; anche agg. ● (*raro*) Nei sign. del v. **B** s. m. ● †Parente | †Conoscente.

attenére [lat. parl. **attenēre*, per il classico *attinēre*, comp. di *ăd* e *tenēre* 'tenere'] **A** v. tr. (coniug. come *tenere*) ● (*lett.*) Mantenere. **B** v. intr. (aus. *essere*) ● Spettare, concernere: *simili obiezioni non attengono al problema.* **C** v. rifl. **1** (*raro*) Tenersi, attaccarsi: *attenersi a un sostegno* | Appoggiarsi | †Sostenersi. **2** (*fig.*) Aderire, conformarsi strettamente: *attenersi alle istruzioni ricevute.*

attentàre [vc. dotta, lat. *attemptāre*, comp. di *ăd* e *temptāre* 'tentare'] **A** v. intr. (*io attènto*; aus. *avere*) **1** Tentare di arrecare danno ad altri nella persona o negli interessi: *a. alla vita, all'incolumità, all'onore di qc.*; *a. a una persona, al sovrano.* **2** †Tentare, provare: *avendo attentato di ridurre*

... *le loro repubbliche da popolari in aristocratiche, tutti furono spenti* (VICO). **B** v. intr. pron. ● Osare, ardire: *non s'attentò di tornare a casa; nessuno si attentava a contraddirlo.*

attentàto **A** part. pass. di *attentare*; anche agg. *1* Nei sign. del v. *2* Ardito, osato. **B** s. m. *1* Atto con cui si attenta a q.c. o qc.: *a. alla vita altrui, attentati alla morale* | (*est.*) Atto di violenza con cui si intende e tenta di uccidere una o più persone a scopi politici: *l'a. di Felice Orsini; attentati terroristici.* *2* (*dir.*) Fatto punito dalla legge come reato anche se è mancata la produzione del danno: *a. alla sicurezza dello Stato.*

attentatóre s. m. (f. *-trice*) ● Chi compie un attentato.

attènti [pl. di *attento*] **A** inter. ● Si usa come comando a militari, ginnasti, alunni, perché assumano, in segno di saluto rispettoso o in attesa di ulteriori ordini, una posizione eretta del corpo, con la testa alta, lo sguardo volto in avanti, le braccia tese lungo i fianchi, i talloni uniti e le punte dei piedi divaricate, restando immobili e in silenzio | *A. a destra!, a. a sinistra!*, rispettivamente, durante una sfilata, comandi di volgere di scatto e contemporaneamente il capo a destra o a sinistra in segno di saluto, passando davanti ad autorità, superiori e sim. **B** in funzione di s. m. *1* La posizione d'attenti: *mettersi sull'a.; stare sull'a.* | *Mettere sull'a.*, (*fig.*) far rigare diritto. *2* Segnale suonato con la tromba o comandato a voce per far assumere ai militari la posizione di attenti: *suonare l'a.; dare l'a.*

attènto [lat. *attĕntu(m)*, part. di *attĕndere* 'tendere verso', comp. di *ăd* e *tĕndere* 'tendere'] **A** agg. *1* Che dedica ogni facoltà dell'animo e dei sensi a quello che fa, agendo con cautela e cura al fine di evitare inesattezze, errori, e sim.: *un a. osservatore; stare a. a un discorso, a una lezione; dovresti stare più a. a quello che fai* | In tono escl., per richiamare l'attenzione di qc. su un pericolo: *attenta, figlia mia!; attenti, ragazzi!* | (*est.*) Che dimostra attenzione: *sguardo a.; occhi attenti; viso a. e compunto* | Diligente, sollecito: *è molto a. ai suoi doveri; è il nostro impiegato più a.* *2* Che è pensato, detto o fatto in modo attento: *un'attenta analisi dei fatti; la lettura del testo è stata molto attenta.* || **attentaménte**, avv. In modo attento. **B** s. m. ● †Intento, scopo.

attenuaménto s. m. ● Modo e atto dell'attenuare o dell'attenuarsi.

attenuànte **A** part. pres. di *attenuare*; anche agg. *1* Nei sign. del v. *2* (*dir.*) *Circostanza a.*, elemento eventuale del reato che determina una diminuzione della pena legislativamente prevista per lo stesso. **B** s. f. ● (*dir.*) Circostanza attenuante: *concedere le attenuanti generiche, specifiche.*

attenuàre [vc. dotta, lat. *attenuāre*, comp. di *ăd* e *tĕnuis* 'tenue'] **A** v. tr. (*io attènuo*) *1* Rendere tenue, meno grave e meno forte: *a. l'urto, il dolore, il rumore.* *2* Alleggerire, diminuire: *a. la pressione fiscale, la pena* | (*lett.*) †Dimagrire, estenuare. **B** v. intr. pron. ● Divenire tenue, perdere forza, virulenza, intensità e sim.: *il maltempo si va attenuando; il dolore si attenua.*

attenuatìvo agg. ● Che attenua, che serve ad attenuare.

attenuàto part. pass. di *attenuare*; anche agg. ● Nei sign. del v. || **attenuataménte**, avv.

attenuazióne [vc. dotta, lat. tardo *attenuatiōne(m)*, da *attenuāre* 'attenuare'] s. f. *1* Atto, effetto dell'attenuare o dell'attenuarsi. *2* (*med.*) Diminuzione dell'attività di una sostanza, della virulenza o potere patogeno di microrganismi e sim. *3* (*fis.*) Diminuzione di ampiezza di una oscillazione.

attenzióne [vc. dotta, lat. *attentiōne(m)*, da *attĕntus* 'attento'] **A** s. f. *1* Intensa concentrazione dei sensi e della mente intorno a un determinato oggetto: *attirare, concentrare, fermare, destare, suscitare, sviare l'a.; osservare q.c. con a.; per favore, un istante di a.* | *Fare, prestare a.*, state attento | (*est.*) Cura, diligenza: *mettere a. nel fare q.c.; studiare, lavorare, con a.* *2* (*spec. al pl.*) Atto gentile, affettuoso e riguardoso: *colmare qc. di attenzioni; prodigare attenzioni; usare mille attenzioni a qc.; essere pieno di attenzioni per qc.* *3* (*psicol.*) Processo cognitivo che consente di selezionare le informazioni in base alla loro rilevanza biologica o psicologica. **B** in funzione di inter. ● Si usa per richiamare l'interesse di qc. o per segnalare un pericolo. || **attenzioncèlla**, dim.

attergàre [comp. di *a-* (*2*) e *tergo*] **A** v. tr. (*io attèrgo, tu attèrghi*) ● (*bur.*) Scrivere, annotare a tergo di un documento. **B** v. rifl. *1* †Mettersi a tergo: *a gli ultimi s'atterga* (TASSO). *2* (*raro*) †Voltare le spalle.

attergàto **A** part. pass. di *attergare*; anche agg. ● Nei sign. del v. **B** s. m. ● (*bur.*) Nota scritta a tergo di una pratica.

attèrige [gr. *aptérygos* 'senza ali', comp. di *a-* priv. e del gr. *ptéryx* 'ala'] s. m. ● (*zool.*) Kivi.

àttero ● V. *aptero.*

atterràggio [dal fr. *atterrissage*, da *atterrir* 'toccar terra'] s. m. *1* Atto o manovra per cui un aereo atterra | *A. forzato*, inevitabile, generalmente per avaria, su terreno qualunque | *A. guidato*, spec. con mezzi radioelettrici per scarsa visibilità | *A. mancato*, non effettuato o terminato, riprendendo il volo | *A. strumentale*, effettuato a mezzo degli strumenti per scarsa visibilità | *Campo d'a.*, aerodromo. *2* (*mar.*) Punto della costa facilmente riconoscibile e atto quindi a costituire punto di riferimento nella determinazione della posizione della nave.

atterraménto s. m. *1* Atto, effetto dell'atterrare. *2* Nella lotta greco-romana o nella lotta libera, il toccare con entrambe le spalle il tappeto | Nel pugilato, il finire sul tappeto rimanendovi per il conto totale di dieci secondi, o parziale.

atterràre [comp. di *a-* (*2*) e *terra*; nel sign. B, calco sul fr. *atterrir*] **A** v. tr. (*io attèrro*) *1* Gettare a terra, abbattere: *a. un muro, un edificio; i contadini atterrano gli alberi* | *A. l'avversario*, nella lotta e nel pugilato, effettuarne l'atterramento. *2* †Volgere verso terra, spec. il viso, lo sguardo e sim. *3* (*fig., lett.*) Umiliare, avvilire: *il Dio che atterra e suscita* (MANZONI) | Debellare, sottomettere. **B** v. intr. e intr. pron. (aus. intr. *avere*, raro *essere*) *1* Scendere con un aeromobile fino a posarsi sul terreno o altra superficie solida. *2* (*mar.*) Accostarsi verso terra venendo da alto mare. *3* (*sport*) Toccare terra: *il saltatore atterrò malamente.* *4* (*lett.*) Cadere a terra, abbattersi al suolo. *5* (*fig.*) †Avvilirsi, abbattersi.

atterriménto s. m. ● Atto, effetto dell'atterrire.

atterrìre [dal lat. *terrēre* (cfr. *terrore*), con *a* (*2*) e con metaplasmo] **A** v. tr. (*io atterrìsco, tu atterrìsci*; dif. per le forme coincidenti con quelle di *atterrare* (*atterriamo, atterriate*), sostituite nell'uso con quelle di *spaventare, impaurire* e sim.) ● Incutere spavento, terrore: *a. qc. con minacce di morte.* **B** v. intr. pron. ● Provare terrore, spaventarsi.

atterrìto part. pass. di *atterrire*; anche agg. ● Nei sign. del v.

†atterzàre [comp. di *a-* (*2*) e *terzo*] v. tr. ● Ridurre di un terzo | Raggiungere la terza parte di q.c.: *già eran quasi che atterzate l'ore / del tempo che onne stella n'è lucente* (DANTE).

attésa [da *atteso*] s. f. ● Atto dell'attendere: *sala d'a.; l'a. del treno, di un amico* | Periodo di tempo che trascorre nell'attendere: *quell'a. non finiva mai; l'a. durò a lungo* | Stato d'animo di chi attende: *l'a. fu penosa; si consumava nell'a.* | *Essere, stare in a.* attendere, aspettare.

attesìsmo [da *attesa*, sul modello del fr. *attentisme*] s. m. ● Attendismo.

attesìsta [da *attesismo*] s. m. e f. (pl. m. *-i*) ● Attendista.

attéso part. pass. di *attendere*; anche agg. *1* Nei sign. del v. *2* (*lett.*) Dato, considerato, spec. in fasi con valore avverbiale: *attese le circostanze, non proferì parola* | *A. che*, dato che, considerato che. *3* †Attento.

attestàbile [da *attestare* (*1*)] agg. ● Che si può attestare.

attestaménto [da *attestare* (*2*)] s. m. ● (*mil.*) Operazione dell'attestarsi: *l'a. delle truppe.*

attestànte part. pres. di *attestare* (*1*); anche agg. ● Nei sign. del v.

attestàre (1) [vc. dotta, lat. *attestāri*, comp. di *ăd* e *testāri* 'attestare', da *tĕstis* 'testimone'] v. tr. (*io attèsto*) *1* Affermare come testimone, per diretta conoscenza o esperienza: *a. la verità dei fatti* | (*est.*) Asserire solennemente e con passione: *a. la propria innocenza.* *2* (*fig.*) Dimostrare in modo evidente: *il rossore attestava la sua timidezza.*

attestàre (2) [comp. di *a-* (*2*) e *testa*] **A** v. tr. (*io attèsto*) *1* Porre due cose testa a testa: *a. mattoni* | *A. un ponte alla riva*, fermarne saldamente le due testate alla riva. *2* Schierare le truppe in luogo adatto all'attacco o alla difesa. **B** v. rifl. *1* (*mil.*) Schierarsi ricomponendo le forze e organizzarsi per difendersi o per proseguire l'azione, dopo il superamento di un ostacolo sito in zona nemica. *2* †Affrontarsi per combattere, venire a battaglia.

attestàto **A** part. pass. di *attestare* (*1*); anche agg. ● Nei sign. del v. **B** s. m. ● Dichiarazione scritta: *a. di benemerenza* | (*est.*) Certificato: *rilasciare un a.* | Documento: *portare sempre con sé i propri attestati* | *In a. di*, in segno di.

attestatóre [vc. dotta, lat. *attestatōre(m)*, da *attestāri* 'attestare (1)'] s. m. (f. *-trice*) ● (*raro*) Chi attesta, chi testimonia.

attestatùra [da *attestare* (*2*)] s. f. ● (*agr.*) Tipo di allacciamento orizzontale di tralci o rami.

attestazióne [vc. dotta, lat. tardo *attestatiōne(m)*, da *attestāri* 'attestare (1)'] s. f. *1* Affermazione, testimonianza: *a. delle proprie colpe* | (*est.*) Attestato: *rilasciare una falsa a.* *2* (*fig.*) Dimostrazione di un sentimento: *a. di stima, di affetto, di biasimo* | (*raro*) *In a. di*, in segno di.

atticciàto [etim. incerta: forse longob. *thikki* 'grosso', col pref. *ad-* raff. e un suff. di tipo participiale] agg. ● Che ha corporatura robusta e tarchiata. || **atticciatèllo**, dim.

atticìsmo [vc. dotta, lat. tardo *atticĭsmu(m)*, nom. *atticĭsmus*, dal gr. *attikismós*, da *attikós* 'attico'] s. m. *1* (*letter.*) Movimento letterario dell'antichità greco-romana fautore di una imitazione stilistica dei concisi oratori attici | (*est.*) Purezza di lingua e di stile improntata alla massima stringatezza. *2* (*ling.*) Caratteristica del dialetto attico.

atticìsta [vc. dotta, gr. *attikistḗs*. V. *atticismo*] s. m. (pl. *-i*) ● Oratore o scrittore seguace dell'atticismo | (*est.*) Letterato con ricercata purezza e semplicità di stile.

atticizzànte **A** part. pass. di *atticizzare*; anche agg. ● Nei sign. del v. **B** s. m. ● Chi impiega, parlando o scrivendo, lo stile attico.

atticizzàre [vc. dotta, gr. *attikízō*. V. *atticismo*] v. intr. (aus. *avere*) ● Impiegare parlando o scrivendo lo stile attico | (*est.*) Parlare, scrivere con limpida eleganza.

àttico (1) [vc. dotta, lat. *ăttĭcu(m)*, nom. *ătticus*, dal gr. *attikós*, agg. della regione dell'*Attica*] **A** agg. (pl. m. *-ci*) *1* Dell'Attica: *tempio a.; popolazioni attiche.* *2* Relativo all'atticismo o che ne segue le teorie: *scrittore, scritto a.* *3* (*est., fig.*) Elegante, raffinato: *stile a.* | (*fig.*) *Sale a.*, fine arguzia. || **atticaménte**, avv. (*lett.*) Con grazia ed eleganza attica. **B** s. m. solo sing. ● Dialetto greco parlato nell'Attica.

àttico (2) [fr. *attique*. V. precedente] s. m. (pl. *-ci*) *1* (*arch.*) Parte di un edificio, sovrapposta al cornicione, con funzioni decorative e sim. *2* (*edil.*) Ultimo piano abitabile di un edificio, in genere sovrapposto al cornicione: *abitare in un a.* *3* (*anat.*) Parte dell'orecchio medio.

†attìgnere e *deriv.* ● V. *attingere* e *deriv.*

attiguità s. f. ● Qualità di ciò che è attiguo.

attìguo [vc. dotta, lat. *attĭguu(m)*, da *attĭngere* 'toccare', comp. di *ăd* e *tăngere* 'toccare'] agg. ● Contiguo, vicino: *nella stanza attigua.*

àttila [dal n. di *Attila*, re degli Unni, soprannominato per la sua opera di devastazione *flagello di Dio*] s. m. e f. inv. ● (*per anton.*) Devastatore, distruttore (*anche scherz.*).

attillàre [etim. incerta] **A** v. tr. *1* (*raro*) Abbigliare, vestire con cura e ricercatezza. *2* Rendere aderente al corpo: *a. una gonna, una giacca.* **B** v. rifl. ● Vestirsi con cura e ricercatezza: *attillarsi per una festa.*

attillatézza s. f. ● (*raro*) Qualità di chi, di ciò che, è attillato.

attillàto part. pass. di *attillare*; anche agg. *1* Nei sign. del v. *2* Detto di indumento che aderisce al corpo, sì da metterne in risalto le fattezze: *golfino, abito a.; un paio di calzoni molto attillati.* || **attillatìno**, dim. | **attillatùzzo**, dim. || **attillataménte**, avv. (*raro*) Con accurata eleganza.

attillatùra s. f. *1* Atto, effetto dell'attillare o dell'attillarsi | (*est.*) Ricercatezza nel vestire. *2* (*lett.*) Abito, veste molto elegante e raffinata. *3* Parte in cui l'abito aderisce al corpo.

attimìno **A** s. m. *1* Dim. di *attimo*. *2* (*fam.*) Spazio brevissimo di tempo: *aspetta un a.* **B** in funzione di avv. ● Nella loc. *un a.*, un po', appena appena: *questa minestra è un a. salata.*

àttimo [lat. *ătomu(m)*, nom. *ătomus*, dal gr. *átomos* 'indivisibile'. V. *atomo*] s. m. ● Brevissima frazione di tempo: *un a. fa era ancora qui*; *senza un a. di requie* | *In un a.*, in un istante, in un baleno | *Di a. in a.*, al più presto, da un momento all'altro | *Cogliere l'a. fuggente*, saper godere le brevi gioie che la vita offre | *Vivere nell'a.*, nel presente, senza preoccuparsi di ciò che avverrà in futuro. || **attimino**, dim. (V.).

attinènte [vc. dotta, lat. *attinĕnte(m)*, part. pres. di *attinēre*, comp. di *ăd* e *tenēre* 'tenere'] **A** agg. ● Che riguarda, che concerne: *questione a. alla ricerca scientifica.* **B** s. m. e f. ● (*raro*) Parente.

attinènza [da *attinente*] s. f. **1** Connessione, rapporto: *non c'è a. tra ciò che dici e ciò che fai.* **2** Legame di parentela o amicizia. **3** (*al pl.*) Annessi, accessori: *ha venduto il podere e le relative attinenze.*

attingere o †**attignere** [lat. *attĭngere* 'toccare, raggiungere', comp. di *ăd* e *tăngere* 'toccare'] **A** v. tr. (pres. *io attìngo, tu attìngi*; pass. rem. *io attìnsi, tu attingésti*; part. pass. *attìnto*) **1** (*lett.*) Toccare, raggiungere (*anche fig.*): *il mar si leva e quasi il cielo attinge* (ARIOSTO) | (*fig., lett.*) *A. con la vista*, vedere, scorgere | Ottenere, conseguire. **2** Prendere, tirar su acqua: *a. acqua a una sorgente, al fiume, al pozzo, dal pozzo* | (*est.*) Spillare: *a. il vino dalle botti.* **3** (*fig.*) Trarre, derivare, ricavare: *a. denaro dalle rendite della famiglia* | *A. al credito*, utilizzare le linee di credito messe a disposizione | Venire a sapere: *a quali fonti hai attinto queste notizie?* **B** v. intr. (aus. *avere*) ● (*lett.*) Pervenire, giungere (*anche fig.*): *a. alla suprema beatitudine.*

attingiménto o †**attigniménto**. s. m. ● (*raro*) Atto, effetto dell'attingere.

attingitóio o †**attignitóio**. s. m. ● (*raro*) Recipiente a forma di coppa, con manico, usato per attingere acqua.

attinia [dal gr. *aktís*, genit. *aktînos* 'raggio' (V. *attino-*)] s. f. ● Genere di animali marini dei Celenterati di aspetto simile a un fiore (*Actinia*).

attinicità [dall'ingl. *actinism*. V. *attinia*] s. f. ● Proprietà delle radiazioni attiniche.

attìnico [dal gr. *aktís*, genit. *aktînos* 'raggio'. V. *attinia*] agg. (pl. m. *-ci*) ● Detto di radiazione elettromagnetica, spec. di quella ultravioletta, capace di svolgere un'azione chimica | *Luce attinica*, adatta alla corretta impressione di una pellicola.

attìnide [da *attinio*] s. m. ● Ognuno dei 15 elementi chimici, di numero atomico compreso tra 89 e 130, simili tra loro e che formano una serie analoga a quella delle terre rare.

attìnio [V. *attinia*] s. m. ● Elemento chimico radioattivo, di proprietà chimiche simili al lantanio, reperibile in natura nei minerali uraniferi. SIMB. Ac.

attino- o **actino-** [dal gr. *aktís* genit. *aktînos* 'raggio', forse di origine indeur.] primo elemento ● In parole scientifiche composte significa 'raggio' o 'a struttura raggiata': *attinometria.*

attinografìa [fr. *actinographie*, comp. di *attino-* e *-grafia*] s. f. ● Fotografia che sfrutta l'attinicità dei raggi X.

attinologìa [comp. di *attino-* e *-logia*] s. f. (pl. *-gie*) ● Studio dei raggi luminosi, spec. relativamente alla loro azione medica e biologica.

attinometrìa [comp. di *attino-* e *-metria*] s. f. ● Procedimento di misurazione del grado di attività chimica o termica di radiazioni, spec. ultraviolette.

attinomètrico agg. (pl. m. *-ci*) ● Relativo ad attinometria | Basato sull'attinometria: *metodi attinometrici.*

attinòmetro [comp. di *attino-* e *-metro*] s. m. **1** Strumento per eseguire misurazioni con metodi attinometrici. **2** Sostanza campione per determinare l'efficacia d'una sorgente di radiazioni ultraviolette.

Attinomicèti ● V. *Actinomiceti.*

attinomòrfo ● V. *actinomorfo.*

attinon [V. *attinia*] s. m. ● Isotopo radioattivo del radon, che si genera dall'attinio per disintegrazione.

Attinopterigi [comp. di *attino-* e del gr. *ptéryx*, genit. *ptérygos* 'ala, pinna'] s. m. pl. ● Nella tassonomia animale, sottoclasse di Pesci con scheletro più o meno ossificato e corpo generalmente fusiforme (*Actinopterygii*) | (al sing. *-gio*) Ogni individuo di tale sottoclasse.

attinoterapìa [comp. di *attino-* e *-terapia*] s. f. ● Terapia che impiega raggi attinici e ultravioletti.

attinto part. pass. di *attingere*; anche agg. ● Nei sign. del v.

attintùra [da *attingere* 'toccare'] s. f. ● (*veter.*) Contusione e trauma provocati sull'arto del cavallo dal ferro dell'arto opposto, per difetto d'andatura.

attiràre [comp. di *a-* (*2*) e *tirare*] v. tr. ● Attrarre, tirare a sé (*anche fig.*): *il Nord attira l'ago della bussola*; *a. l'interesse di tutti*; *a. gli sguardi della gente*; *attirarsi la simpatia generale.*

attitudinàle [da *attitudine* (*1*)] agg. ● Di, relativo ad attitudine: *esame a.*

attitùdine (**1**) [vc. dotta, lat. tardo *aptitūdine(m)*, da *ăptus* 'adatto'] s. f. ● Disposizione naturale verso particolari attività, arti, discipline: *avere a. per le lettere*; *persona priva di particolari attitudini*; *cavallo che ha a. al trotto* | *A. al lavoro*, capacità giuridica dell'individuo di essere parte di un rapporto di lavoro.

attitùdine (**2**) [lat. **actitūdine(m)*, da *actuāre* 'trattare'] s. f. **1** Posizione, atteggiamento del corpo: *stare in a. di penitente.* **2** Comportamento, modo di fare | Opinione, punto di vista: *un a. scontrosa rispetto ai giovani.*

attivànte **A** part. pres. di *attivare*; anche agg. ● Nei sign. del v. **B** s. m. ● (*chim.*) Attivatore.

attivàre v. tr. **1** Mettere in azione, rendere operante, attivo: *a. un dispositivo di emergenza.* **2** (*bur.*) Sollecitare una pratica, una trattativa, e sim. **3** (*chim.*) Fare sì che le molecole di un sistema chimico aumentino la loro capacità di reazione o siano in grado di reagire.

attivatóre s. m. ● (*chim.*) Ciò che riesce ad attivare. SIN. Attivante.

attivazióne s. f. **1** Atto, effetto dell'attivare | (*chim.*) *A. di un catalizzatore*, trattamento mediante il quale lo si rende attivo o lo si rigenera | (*chim.*) *A. di un monomero*, trattamento con calore o radiazioni o sostanze chimiche che, attraverso la formazione di specie chimiche molto reattive, rende possibile la polimerizzazione di un monomero. **2** Aggiornamento delle registrazioni catastali.

attivìsmo s. m. **1** Dottrina filosofica in base alla quale tutti i valori sono subordinati alle esigenze dell'azione e della sua riuscita. **2** Dottrina pedagogica fondata sulla concezione dell'attività spontanea del fanciullo come elemento educativo determinante. **3** Tendenza ad accentuare il momento dell'azione nell'attività politica, sindacale e sim.

attivìsta **A** s. m. e f. (pl. m. *-i*) **1** Chi segue o si ispira alla dottrina dell'attivismo. **2** Militante di base che partecipa attivamente a creare consensi a un'organizzazione politica o sindacale. **B** agg. ● Attivistico.

attivìstico agg. (pl. m. *-ci*) **1** Che concerne l'attivismo o ne ha il carattere. **2** Dinamico: *assumere una posizione attivistica di fronte a un problema.*

attività [vc. dotta, lat. tardo *activitāte(m)*, da *actīvus* 'attivo'] s. f. **1** Qualità di chi, di ciò che, è attivo: *la vostra a. continua a stupirmi* | *Essere in a.*, in movimento, in azione. **2** (*geol.*) Fase di effettiva eruzione o emissione di lave, gas ed elementi piroclastici da parte di un vulcano. CONTR. Estinzione. **3** Insieme di operazioni, comportamenti e decisioni, proprie di un individuo o di una categoria di individui, tesi alla realizzazione di uno scopo: *a. produttiva, lucrativa*; *a. ricreativa, lavorativa*; *dedicarsi a una a. professionale, saltuaria*; *scegliere una determinata a.* | *A. primaria*, agricoltura | *A. secondaria*, industria | *A. terziaria*, commercio, trasporti e comunicazioni, credito e assicurazione, servizi e attività sociali varie, professionali libere e pubblica amministrazione. **4** Insieme dei valori inscritti nell'attivo di un bilancio. CONTR. Passività. **5** (*fis. nucl.*) Numero di decadimenti radioattivi che avvengono nell'unità di tempo in una sostanza radioattiva. **6** (*fis.*) *A. ottica*, capacità di determinate sostanze di ruotare il piano di polarizzazione della luce.

attivizzàre v. tr. ● Rendere attivo, operante: *a. un gruppo economico.*

attìvo [vc. dotta, lat. *actīvu(m)*, da *ăgere* 'fare'] **A** agg. **1** Che è caratterizzato dall'azione anziché dalla contemplazione: *intelletto a.*; *vita attiva*; *Il seme della lotta attiva non era sopravvissuto fino a noi* (LEVI). CONTR. Contemplativo. **2** Che agisce con alacrità ottenendo notevoli risultati pratici: *lavoratore a.*; *il mondo è delle persone attive*; *è un uomo a., non un sognatore.* **3** Che determina l'azione: *condizione attiva*; *attenzione attiva*; *parte attiva* | *Avere, prendere parte attiva a, in, un'impresa*, parteciparvi direttamente e in modo determinante. CONTR. Passivo. **4** (*ling.*) Detto di forma verbale, quando il soggetto compie l'azione o si trova in un determinato stato. **5** (*chim.*) Detto di sistema chimico che possiede reattività o proprietà catalitiche e adsorbenti diverse e generalmente superiori alle normali. **6** (*econ.*) Detto di bilancio, azienda, operazione contabile e sim. che attesta l'andamento positivo di una o più operazioni finanziarie: *bilancio a.*; *saldo a.*; *l'impresa è attiva.* CONTR. Passivo. **7** Detto di metodo pedagogico basato sull'attivismo. **8** (*mil.*) *Servizio a.*, quello dei militari che prestano servizio in tempo di pace. || **attivaménte**, avv. **B** s. m. **1** Forma verbale attiva: *coniugare un verbo all'a.* **2** (*econ.*) Complesso delle componenti positive del patrimonio di un'azienda | Complesso di beni e servizi di cui può disporre un'azienda in un determinato momento | *Segnare q.c. all'a., al proprio a.*, (*fig.*) considerarlo vantaggioso e (*est.*) annoverarlo fra i pregi, i meriti. **3** Insieme dei dirigenti e degli attivisti di un partito o di un sindacato: *si è riunito l'a. regionale.*

attizzaménto s. m. ● Atto, effetto dell'attizzare (*anche fig.*).

attizzàre [lat. parl. **attitiāre*, comp. di *ăd* e *tĭtio* 'tizzone'] v. tr. **1** Ravvivare il fuoco accostando i tizzoni, aggiungendo o favorendo comunque la combustione. **2** (*fig.*) Rendere più intenso, più ardente: *a. l'odio, il desiderio* | (*raro*) Aizzare, spec. gli animali.

attizzatóio s. m. ● Arnese atto ad attizzare il fuoco.

attizzatóre agg.; anche s. m. (f. *-trice*) ● Che, chi attizza il fuoco | (*fig.*) Istigatore.

àtto (**1**) [vc. dotta, lat. *ăctu(m)*, da *ăgere* 'fare'] s. m. **1** (*filos.*) Ciò che si realizza perdendo i caratteri della virtualità e della possibilità, in contrapposizione a ciò che è in potenza | *A. linguistico*, realizzazione pratica del linguaggio | *Essere in a.*, in corso di realizzazione. **2** Comportamento umano che deriva da una precisa volontà: *a. gentile, onesto, nobile*; *a. ambiguo, scorretto, vile, spregevole*; *a. di fiducia, di giustizia* | Atteggiamento, movimento fisico | *Fare l'a. di*, accennare un'azione senza eseguirla | (*raro, lett.*) Atteggiamento, posa leziosa | (*est.*) Dimostrazione, prova di un sentimento: *a. d'affetto, di stima, di amicizia* | *Mettere in a.*, realizzare | *All'a. pratico*, in pratica, in realtà | *Fare a. di presenza*, recarsi in un luogo per pura formalità. **3** (*est.*) Comportamento, movimento, anche al di fuori della volontà: *nell'a. di cadere si aggrappò alla ringhiera* | Momento in cui si compie un'azione: *all'a. della consegna*; *lo sorpresero nell'a. di rubare.* **4** (*dir.*) Comportamento umano produttivo di effetti giuridici in quanto volontario e consapevole: *a. lecito, illecito, libero, dovuto* | *A. amministrativo*, qualsiasi comportamento variamente espresso, tenuto dalla Pubblica Amministrazione nell'esercizio della propria funzione | *A. osceno*, quello commesso in luogo pubblico o aperto o esposto al pubblico che, secondo il comune sentimento, offende il pudore. **5** (*dir.*) Documento avente rilevanza giuridica: *a. pubblico*; *gli atti del processo* | *A. legislativo*, legge | *A. autentico*, scrittura redatta secondo prestabilite forme giuridiche e con caratteri esterni tali da dare piena fede al suo contenuto | *A. d'accusa*, quello con cui al termine dell'istruttoria penale si rendono noti all'imputato i fatti a lui attribuiti | (*est.*) Qualsiasi documento o scrittura che non tende a conseguire specifici fini giuridici: *atti d'archivio* | *Prendere a. di q.c.*, esserne a conoscenza e tenerla nella dovuta considerazione | *Dare a.*, riconoscere ufficialmente. **6** (*al pl.*) Raccolta di relazioni e interventi, comunicazioni e sim. di congressi, accademie, assemblee: *gli atti dell'assemblea Costituente, della Deputazione di storia patria* | *Atti degli Apostoli*, libro canonico del Nuovo Testamento, nel quale si narrano le vicende della Chiesa, dopo l'Ascensione di Gesù. *7* Dichiarazione, manifestazione orale: *a. di fede, di speranza, di carità* | *A. di dolore*, formula con la quale il penitente si accusa dei propri peccati e dichiara la propria contrizione. *8* Ognuna delle parti di cui si compone un'opera teatrale | *A. unico*, opera teatrale in un atto. || **atterèllo**, dim. | **attùccio**, dim.

àtto (2) [lat. *ăptu(m)* 'adatto', part. pass. di *ăpere* 'legare, attaccare'] agg. *1* Che ha attitudine, idoneità per q.c.: *a. alle armi, agli studi* | Adatto, conveniente: *mezzo a. allo scopo*. *2* †Valido, destro: *centauri agili et atti* (ARIOSTO).

àtto- [vc. dotta, lat. *ăctu(m)* 'misura di superficie' e, gener., 'serie di numeri', origine da *ăgere* 'condurre (buoi aranti)', v. di base indeur. (?)] primo elemento • Anteposto al nome di un'unità di misura la divide per un miliardo di miliardi, cioè la moltiplica per 10^{-18}. SIMB. a.

attòllere [vc. dotta, lat. *attŏllere* 'levare (*tŏllere*, di origine indeur.) verso (*ăd*) l'alto'] v. tr. (*io attòllo*) • (*raro, lett.*) Innalzare | Sollevare: *ed ei nel grembo molle / le posa il capo, e 'l volto al volto attolle* (TASSO).

attonimènto s. m. • Sbigottimento, stupore.

attònito [vc. dotta, lat. *attŏnitu(m)* 'stordito dal tuono', da *tonāre* 'tuonare'] agg. *1* Fortemente impressionato da un avvenimento violento o improvviso: *rimanere a. per la sorpresa, per la meraviglia, per lo stupore, per lo spavento* | (*est.*) Che dimostra profonda impressione: *guardare con occhi attoniti*; *sguardo, viso a.*; *espressione attonita*. *2* †Balordo, stolido. || **attonitaménte**, avv. Con grande stupore.

attoràle agg. • Di, relativo ad attore: *professione a.*

attòrcere [comp. di *a-* (2) e *torcere*] **A** v. tr. (coniug. come *torcere*) • Torcere all'intorno | Avvolgere con forza una cosa su sé stessa o più cose tra loro: *a. una corda, i panni bagnati*. **B** v. rifl. • Contorcersi.

attorcigliaménto s. m. • Atto, effetto dell'attorcigliare o dell'attorcigliarsi.

attorcigliàre [sovrapposizione di *attorcere* ad *attortigliare*] **A** v. tr. (*io attorcìglio*) • Attorcere su sé stesso: *a. la lana* | Avvolgere attorno: *a. una fune intorno a un palo*; *attorcigliava i capelli intorno alle dita*. **B** v. rifl. e intr. pron. • Avvolgersi più volte su sé stesso o intorno a q.c.: *la fune si attorcigliò inestricabilmente*.

attorcigliatùra s. f. • Atto, effetto dell'attorcigliare o dell'attorcigliarsi.

attorciménto s. m. • (*raro*) Modo e atto dell'attorcere.

attorcitùra s. f. *1* Atto, effetto dell'attorcere. *2* (*agr.*) Attralciatura.

attóre [vc. dotta, lat. *actōre(m)*, da *ăgere* 'fare'] s. m. (f. *-trice*) *1* Chi recita, interpreta una parte in uno spettacolo: *a. teatrale, cinematografico*; *a. di rivista, di avanspettacolo* | *Attor giovane*, ruolo del teatro drammatico italiano e (*est.*) attore adatto ad interpretare parti giovanili. *2* (*fig.*) Chi partecipa attivamente e direttamente a una vicenda reale: *quell'uomo fu a. di uno storico evento*. CONTR. Spettatore. *3* (*dir.*) Colui che agisce in giudizio promuovendo un'azione privata: *l'a. e il convenuto*. *4* (*tosc.*) †Agente | †Fattore. || **attorèllo**, dim. | **attorìno**, dim. | **attorùccio**, dim. | **attorùcolo**, spreg. | **atricétta**, dim. f.

attòrio o **attòreo** [da *attore*] agg. • (*dir.*) Di, relativo ad attore.

attorniàre [provz. *torneiar*] **A** v. tr. (*io attórnio*) *1* Circondare: *la folla festante lo attorniò* | Accerchiare: *a. le postazioni nemiche* | (*raro*) Percorrere all'intorno. *2* (*fig.*) Circuire, stare attorno per scopi non buoni: *l'hanno attorniato con mille promesse*. *3* †Fare tornei. **B** v. rifl. • Circondarsi di persone, spec. non buone: *si attornia di cattivi consiglieri*.

attórno o (*raro, lett.*) **a tórno** [comp. di *a* e *torno*] **A** avv. • In giro, in cerchio, all'intorno (in genere ha gli stessi usi di 'intorno', a eccezione di alcune locuzioni in cui è preferito) | *Mandare a.*, in giro e (*fig.*) spargere una voce, diffondere una diceria | *Andare a.*, andare di qua e di là, gironzolare e (*fig.*) propalarsi, detto di una chiacchiera, di diceria e sim. | *L'ho sempre a.*, mi sta sempre addosso, mi opprime | *Guardarsi a.*, (*fig.*) agire con cautela, usare precauzione | *Levarsi qc. o q.c. d'a.*, (*fig.*) liberarsene, sbrigarsene | *Darsi a.* (o *d'a.*), darsi da fare, industriarsi, darsi cura: *la Contessa ... si dava molto a. per far la vispa e la graziosa* (NIEVO) | Iterativo: *attorno attorno, tutt'intorno*. **B** nella loc. prep. *a. a* • Intorno a: *gli alunni stavano a. alla cattedra*; *si rincorrevano a. al tavolo* | *Stare a. a q.c.*, (*fig.*) attendere a essa con assiduità | *Stare a. a qc.*, non abbandonarlo mai e (*fig.*) insistere, importunarlo per ottenere q.c.

attortigliaménto s. m. • Atto, effetto dell'attortigliare.

attortigliàre [lat. parl. **tortiliāre*, comp. di *ăd* e *tŏrtilis* 'ricurvo'] **A** v. tr. (*io attortìglio*) • (*raro*) Avvolgere più volte q.c. su sé stesso, attorcigliare. **B** v. rifl. e intr. pron. • (*raro*) Avvolgersi su sé stesso, attorcigliarsi.

attòrto part. pass. di *attorcere*; anche agg. • Nei sign. del v.

attoscanàre [comp. di *a-* (2) e *toscano*] v. tr. • (*raro*) Rendere toscano: *a. una frase, la pronuncia*.

attossicàre o (*poet.*) **attoscàre** [comp. di *a-* (2) e *tossico* (1)] v. tr. (*io attòssico, tu attòssichi*) *1* (*lett.*) Avvelenare: *a. il cibo, l'acqua* | Infettare | † *a. d'odore*, puzzare, emanare fetore. *2* (*fig., lett.*) Amareggiare | Tormentare. *3* (*fig.*) Corrompere.

attossicatóre agg.; anche s. m. (f. -trice) • Che, chi attossica.

attraccàggio s. m. • Manovra per attraccare.

attraccàre [etim. incerta] v. tr. e intr. (*io attràcco, tu attràcchi*; aus. intr. *essere* e *avere*) • (*mar.*) Manovrare per approdare alla banchina, o accostarsi ad altra nave.

attràcco s. m. (pl. *-chi*) • (*mar.*) Atto e modo dell'attraccare | Punto in cui si attracca.

attraènte part. pres. di *attrarre*; anche agg. *1* Nei sign. del v. *2* Seducente, gradevole: *donna, visione a.* || **attraenteménte**, avv. (*raro*) In modo attraente.

†attràere • V. *attrarre*.

attralciatùra [da *tralcio*] s. f. • (*tosc.*) Legatura dei tralci della vite ai loro sostegni.

†attrappàre [fr. *attraper*, dal francone *trappa* 'trappola'] **A** v. tr. *1* Prendere, afferrare, con forza. *2* Rapire, rubare. **B** v. rifl. • Rattrappirsi, contrarsi.

attrappìre [ricavato da *rattrappire*] v. tr. • (*raro*) Rattrappire.

attràrre o **†attràere** [lat. *adtrăhere*, comp. di *ăd* e *trăhere* 'tirare'] v. tr. (coniug. come *trarre*) *1* Tirare a sé con forza: *la calamita attrae il ferro*; *quella visione attrasse il suo sguardo*. *2* (*fig.*) Allettare, lusingare, avvincere (*anche ass.*): *il suo sorriso e la sua grazia mi attraggono*; *ha un modo di fare che attrae* | (*est., raro*) Cattivarsi: *attrarsi la simpatia generale*.

attrattìva [da *attrattivo*] s. f. *1* Facoltà, capacità di attrarre (*spec. fig.*): *avere a.*; *esercitare una forte a. su qc.*; *sentire l'a. della poesia* | Fascino, seduzione: *è dotata di grande a.* *2* (*al pl.*) Qualità che attraggono, allettano: *le attrattive della vita*.

attrattìvo [vc. dotta, lat. tardo *attractīvu(m)*, da *attrăctus* 'attratto'] agg. • Che ha il potere di attrarre | (*fig.*) Amabile, seducente. || **attrattivaménte**, avv. (*raro*) Con attrazione.

attràtto A part. pass. di *attrarre*; anche agg. • Nei sign. del v. **B** s. m. • †Storpio, paralitico: *sanando infermi, e rizzando attratti* (VILLANI).

attraversaménto s. m. *1* Atto, effetto dell'attraversare | (*est.*) Zona in cui si può attraversare | *A. pedonale*, passaggio pedonale. *2* Incrocio di due strade.

attraversàre [da *attraverso*] **A** v. tr. (*io attravèrso*) *1* Passare attraverso (*anche fig.*): *per uscire attraversarono la siepe*; *durante il suo viaggio ha attraversato tutta l'Europa*; *attraversò in fretta la strada*; *il fiume attraversa tutta la città*; *un sospetto gli attraversò la mente* | *A. la strada, il passo, a qc.*, attraversare una strada, o sim., mentre un altro sta sopraggiungendo, costringendolo in tal modo a rallentare o a fermarsi; (*fig.*) ostacolare qc. | (*ass.*) Attraversare una strada, una piazza, e sim.: *esitò a lungo prima di a.* *2* (*mar.*) Incrociare con la propria rotta quella di un'altra nave, passandole a poca distanza. *3* (*raro*) Mettere per traverso | (*mar.*) *A. l'ancora*, metterne il fuso quasi orizzontale, dopo averla salpata. *4* (*fig.*) Vivere, sperimentare, dolori, crisi, e sim.: *stanno attraversando un momento difficile*. *5* (*fig., lett.*) Ostacolare, impedire: *mi attraversa tutti i progetti* | †Contraddire, contrariare. **B** v. rifl. *1* (*raro*) Mettersi di traverso. *2* (*fig.*) Opporsi, impedire, porre ostacoli.

attravèrso o **a travèrso** nel sign. A [comp. di *a-* (2) e *traverso*] **A** avv. • (*lett.*) Trasversalmente, obliquamente, di traverso, per traverso. **B** prep. *1* Da parte a parte, da una parte all'altra, in mezzo a, per entro: *mettere uno sbarramento a. la strada*; *passare a. la siepe*; *arrivare a. vicoli*; *guardare a. le imposte, il buco della serratura, i vetri*; *prendere la scorciatoia a. i campi* | (*fig.*) *Siamo passati a. grandi dolori*; *siamo riusciti a. gravi difficoltà* | Anche nella loc. prep. *a. a*: *mettere uno sbarramento a. alla strada*. *2* Mediante, per mezzo di, in seguito a: *a. ricerche*; *è stato appurato a. lunghe indagini*. *3* Obliquamente, in senso trasversale: *l'albero è caduto a. la strada e ha ostruito il traffico*.

attrazióne [vc. dotta, lat. tardo *attractiōne(m)*, da *attrăctus* 'attratto'] s. f. *1* Atto, effetto dell'attrarre: *l'a. del polo magnetico* | (*ling.*) Processo di assimilazione per il quale una parola adegua il proprio aspetto morfologico a quello di una parola con la quale è in rapporto | *A. modale*, uso del congiuntivo invece dell'indicativo per assimilazione del congiuntivo della fase sovraordinata. *2* (*fig.*) Facoltà di richiamare o risvegliare l'interesse di qc.: *esercitare una forte a. sulle masse* | (*est.*) Vivo interesse: *provare a. per qc., per q.c.* *3* (*est.*) Chi, ciò che richiama o risveglia l'interesse di qc. *4* Numero sensazionale, che attira il pubblico, in uno spettacolo di varietà o rivista: *gli elefanti ammaestrati sono l'a. di quel circo*. *5* †Contrazione.

†attrecciàre [comp. di *a-* (2) e *treccia*] v. tr. • Intrecciare | Fare le trecce coi capelli.

attrezzàggio [da *attrezzare*] s. m. *1* Attrezzatura. *2* (*mecc.*) Fase di predisposizione a una data lavorazione di una macchina utensile.

attrezzaménto s. m. *1* Modo e atto dell'attrezzare. *2* (*est.*) Insieme di attrezzi.

attrezzàre [da *attrezzo*] **A** v. tr. (*io attrézzo*) *1* Fornire di attrezzi: *a. uno studio dentistico, una nave*. *2* (*est.*) Fornire di tutto il materiale necessario alla realizzazione di q.c.: *a. una spedizione scientifica, un ufficio tecnico* | *A. una via*, nell'alpinismo, predisporre chiodi, corde fisse e sim. lungo l'itinerario di salita perché possa essere successivamente percorso con maggiore facilità. **B** v. rifl. • Fornirsi del necessario: *attrezzarsi per trascorrere una notte all'addiaccio*.

attrezzàto part. pass. di *attrezzare*; anche agg. *1* Nei sign. del v. *2* Detto di area urbana fornita di attrezzature sportive e ricreative: *parco a.*; *verde pubblico a.*

†attrezzatóre s. m. • Marinaio incaricato dell'attrezzatura.

attrezzatùra s. f. *1* Atto, effetto dell'attrezzare. *2* Complesso di attrezzi, strumenti, congegni e sim., necessari allo sviluppo di un'attività professionale o produttiva: *l'a. di un ristorante, di un albergo*; *l'a. di una nave* | *A. meccanica*, complesso di congegni, e dei mezzi ausiliari, necessari alla lavorazione in serie di un pezzo | (*est.*) Complesso del materiale necessario alla realizzazione di un fine: *le attrezzature ricreative, culturali di una città*. *3* (*mar.*) Operazione di messa a punto di vele e manovre di una imbarcazione.

attrezzerìa s. f. *1* Insieme degli oggetti necessari al completamento della scena teatrale e sim. *2* In varie tecnologie, reparto ausiliario alla produzione adibito alla costruzione, regolazione e messa a punto delle attrezzature specifiche di produzione.

attrezzìsta s. m. e f. (pl. m. *-i*) *1* Atleta specialista della ginnastica con attrezzi. *2* Trovarobe. *3* Operaio addetto all'attrezzeria o all'attrezzatura meccanica.

attrezzìstica s. f. • Ginnastica eseguita con l'impiego di attrezzi.

attrezzìstico agg. (pl. m. *-ci*) • Che è fatto con attrezzi: *ginnastica attrezzistica* | Che si riferisce agli attrezzi: *allestimento a. di una nave.*

attrézzo [ant. fr. *atrait*, dal lat. *attractu(m)* 'attratto'] **A** s. m. *1* Arnese, strumento necessario allo svolgimento di una determinata attività: *a. di cucina, del falegname, del coltivatore* | *Attrezzi navali*, complesso di tutto quanto è necessario per armare una nave. *2* (*sport*) Ogni oggetto, arnese, impalcatura usati per gare, concorsi sportivi e sim. | Nella ginnastica, strumento di varia forma per eseguire esercizi e assumere posizioni diverse: *ginnastica con attrezzi*; *esercizi agli attrezzi* | *Grandi attrezzi*, quelli che servono di appoggio o sospensione | *Piccoli attrezzi*, quelli che si trasportano con facilità. **B** in funzione di agg. • (posposto al s.) Nella loc. *carro attrezzi*, autoveicolo attrezzato per l'assistenza agli autoveicoli, per il loro traino e sim. || **attrezzàccio**, accr. | **attrezzùccio**, dim.

attribuìbile agg. • Che si può attribuire.

attribuìre [vc. dotta, lat. *attribŭere*, comp. di *ăd* e *tribŭere* 'tributare'] v. tr. (*io attribuìsco, tu attribuìsci*) *1* Assegnare, dare in proprietà: *a. a qc. una ricompensa, una parte degli utili* | (*est.*) Concedere: *a. a qc. la facoltà di decidere* | *Attribuirsi un diritto, un merito*, arrogarseli. *2* Rilevare o stabilire una connessione fra una causa e un effetto, un'opera e un autore e sim.: *a. una disgrazia all'imprudenza di qc.*; *a. un quadro al Mantegna* | *A. a lode, a biasimo*, ascrivere.

attributìvo agg. *1* Che ha funzione di attributo. *2* (*dir.*) *Negozio giuridico a.*, quello che ha l'effetto di determinare uno spostamento di diritti patrimoniali da un soggetto a un altro.

attribùto [vc. dotta, lat. *attribūtu(m)*, part. pass. di *attribŭere* 'attribuire'] s. m. *1* (*filos.*) Qualità fondamentale di un ente: *gli attributi di Dio* | (*est.*) Qualità caratteristica di una persona o di una cosa: *gli attributi muliebri*. *2* (*est.*) Elemento distintivo avente carattere simbolico usato nella rappresentazione di divinità pagane, personaggi mitologici, personificazioni e sim.: *le bilance sono l'a. della giustizia*. *3* (*arald.*) Aggettivo o participio che serve a indicare la posizione e le particolarità delle pezze e delle figure. *4* (*ling.*) Aggettivo che attribuisce una qualità o una circostanza al sostantivo cui si riferisce.

attribuzióne [vc. dotta, lat. *attributiōne(m)*, da *attribūtus* 'attribuito'] s. f. *1* Atto, effetto dell'attribuire: *l'a. di questo quadro è incerta* | Assegnazione: *l'a. di un premio*. *2* (*al pl.*) Facoltà e poteri spettanti a chi svolge una determinata attività: *tutto questo non entra nelle sue attribuzioni*.

attribuzionìsmo [da *attribuzione*] s. m. • Tendenza ad attribuire un'opera artistica a un autore semplicemente sulla base di affinità stilistiche, talora anche molto lievi.

†**attristaménto** s. m. • Afflizione, dolore.

attristàre [comp. di *a-* (*2*) e *triste*] **A** v. tr. *1* (*lett.*) Rendere triste, rattristare: *troppo e poco saper la vita attrista* (L. DE' MEDICI) | Affliggere | Tormentare. *2* †Rendere tristo, malvagio. **B** v. intr. pron. • (*lett.*) Divenire malinconico, triste: *tu non mi fai altro che chiamare e della mia lunga dimora t'attristi* (BOCCACCIO).

attristiménto s. m. • Atto, effetto dell'attristire.

attristìre **A** v. tr. (*io attristìsco, tu attristìsci*) *1* (*lett.*) Rattristare. *2* (*raro*) Rendere sterile, improduttivo. **B** v. intr. (aus. *essere*) *1* Perdere vigore, isterilire. *2* Perdere vigore e freschezza, spec. riferito a piante: *i fiori attristivano per la siccità*. **C** v. intr. pron. • (*raro, lett.*) Divenire triste.

attrìto (**1**) [vc. dotta, lat. *attrītu(m)* 'sfregamento', da *attĕrere* 'sfregare' comp. di *ăd* e *tĕrere* 'sfregare'] s. m. *1* Resistenza che incontra un corpo nel suo moto relativo a un altro corpo: *a. radente, volvente, misto*. *2* (*est.*) Logorio, strofinio: *si è assottigliato per l'a.* *3* (*fig.*) Contrasto, dissidio: *vi è fra loro un certo a. per questioni d'interesse*.

attrìto (**2**) [lat. *attrītu(m)*, part. pass. di *attĕrere*. V. precedente] agg. *1* (*lett.*) Logoro, consunto (*anche fig.*) *2* Pentito.

attrizióne [vc. dotta, lat. tardo *attritiōne(m)*, da *attrītus* 'attrito (2)'] s. f. *1* Nella teologia cattolica, il dolore e la detestazione dei peccati, ispirati da motivi imperfetti, quali il timore dei castighi e la bruttezza del peccato, e non dal puro amore verso Dio. *2* †Attrito, logoramento: *volendo mostrare come i corpi durissimi per l'a. d'altri più molli possano consumarsi* (GALILEI).

attruppaménto [fr. *attroupement*] s. m. • Modo e atto dell'attrupparsi | (*est.*) Assembramento.

attruppàre [fr. *attrouper*. V. *truppa*] **A** v. tr. • (*lett.*) Radunare confusamente, spec. animali. **B** v. intr. pron. • Riunirsi in modo confuso.

attuàbile agg. • Che si può attuare.

attuabilità s. f. • Qualità di ciò che è attuabile: *l'a. di un progetto*.

attuàle [vc. dotta, lat. tardo *actuāle(m)*, da *āctus*, da *ăgere* 'agire'] agg. *1* Che avviene nel momento presente: *esistenza a.* | Che appartiene o si riferisce al presente: *le attuali circostanze*; *l'a. stato delle cose* | *Era a.*, era quaternaria | Che è applicabile nel presente: *l'a. legislazione del lavoro* | Che rimane valido nel presente sebbene appartenga al passato: *il pensiero di Pascal è ancora a.* *2* (*filos.*) Che è in atto, che è passato dalla potenzialità alla realtà effettiva | (*relig.*) *Peccato a.*, nella teologia cattolica, quello commesso dalla persona, imputabile alla sua volontà | (*relig.*) *Grazia a.*, nella teologia cattolica, quella concessa da Dio all'uomo come aiuto transitorio, per illuminarlo nell'intelletto e spingerlo a compiere il bene. || **attualménte**, avv. Nel presente, oggi.

attualìsmo s. m. *1* (*filos.*) Insieme delle dottrine, riconducibili all'idealismo, che individuano il principio o la sostanza dell'essere in un atto o in una attività. SIN. Autoctisi. *2* (*geol.*) Teoria secondo la quale gli avvenimenti geologici del passato furono causati dagli stessi fenomeni e processi che agiscono nell'era presente.

attualista **A** s. m. e f. (pl. m. *-i*) • (*filos.*) Chi segue o si ispira all'attualismo. **B** agg. • Attualistico.

attualìstico agg. (pl. m. *-ci*) • (*filos.*) Che concerne o interessa l'attualismo.

attualità [vc. dotta, lat. mediev. *actualitāte(m)*, da *actuālis* 'attuale'] s. f. *1* Qualità di ciò che è attuale: *l'a. di una teoria, di un problema, di un'opera* | *Essere d'a.*, suscitare interesse nel momento presente | *Tornare d'a.*, di idea, movimento, o sim. che, sorto nel passato, riacquista significato nel presente. *2* Avvenimento, fatto, del presente o del recentissimo passato: *notizia d'a.*; *pubblicazione settimanale d'a.* | *Film d'a.*, composto di brevi servizi giornalistici su fatti e notizie d'attualità.

attualizzàre v. tr. *1* Rendere attuale un problema, una questione, spec. di natura economica, politica o sociale. *2* (*econ.*) Procedere all'attualizzazione di un'attività futura.

attualizzazióne s. f. • (*econ.*) Calcolo matematico del valore attuale, a un tasso stabilito, di attività finanziarie disponibili in futuro a scadenze note: *a. di una rendita*.

attuaménto s. m. • (*raro*) Attuazione.

attuàre [lat. mediev. *actuāre*, dal lat. *āctus* 'atto'] **A** v. tr. (*io àttuo*) • Mettere in atto, realizzare: *a. una riforma*. **B** v. intr. pron. • Venire in atto, farsi realtà: *i tuoi progetti si attueranno*.

attuariàle [ingl. *actuarial*, da *actuary*, di origine lat. (*actuārius* 'attuario (2)')] agg. • Detto del ramo della matematica finanziaria che si occupa del calcolo, sulla base di dati statistici, di interessi composti, rendita, montante e delle altre variabili contabili di un'assicurazione.

attuàrio (**1**) [vc. dotta, lat. *actuāriu(m)*, aggettivo da *āctus* 'atto', da *ăgere* 'fare'] agg. • Da trasporto | *Navi attuarie*, navi da guerra romane leggere e agili.

attuàrio (**2**) [vc. dotta, lat. *actuāriu(m)*, dal sign. metonimico di *āctus* 'documento scritto (di un *atto* compiuto)'] s. m. *1* Ufficiale romano addetto ai magazzini dell'esercito. *2* Nel diritto intermedio, ufficiale incaricato di trascrivere gli atti giudiziari. *3* Chi si occupa di matematica attuariale.

attuativo [da *attuare*] agg. • Che permette di realizzare, di mettere in atto q.c.

attuatóre agg.; anche s. m. (f. *-trice* nel sign. 1) *1* (*raro*) Che, chi, attua. *2* (*ing.*) Dispositivo che, in un sistema di controllo, effettua meccanicamente, elettricamente o in altro modo l'azione di regolazione.

attuazióne s. f. • Atto, effetto dell'attuare o dell'attuarsi.

attuffàre [comp. di *a-* (*2*) e *tuffare*] **A** v. tr. • (*raro, lett.*) Immergere, tuffare: *lo fa lavar Astolfo sette volte / e sette volte sotto acqua l'attuffa* (ARIOSTO) | (*fig.*) Sommergere, mandare a fondo. **B** v. rifl. • (*lett.*) Immergersi (*anche fig.*) **C** v. intr. e intr. pron. (aus. *essere*) • (*raro, lett.*) Tramontare | Sprofondarsi.

attuóso [vc. dotta, lat. *actuōsu(m)*, da *āctus* 'azione', da *ăgere* 'fare'] agg. • (*lett.*) Attivo, operoso.

†**attutàre** [comp. di *a-* (*2*) e del lat. *tutāri* 'proteggere, difendere'] **A** v. tr. • (*lett.*) Smorzare, calmare, mitigare. **B** v. intr. pron. • (*lett.*) Calmarsi, acquetarsi: *qui pon fine alle morti e in lui quel caldo / disdegno marzial par che s'attuti* (TASSO).

attutiménto s. m. • Atto, effetto dell'attutire e dell'attutirsi.

attutìre [metaplasmo di *attutare*] **A** v. tr. (*io attutìsco, tu attutìsci*) *1* Rendere meno violento, meno intenso: *a. l'urto, il dolore* | *A. un suono*, attenuarlo. *2* (*tosc.*) †Calmare, far star cheto un bambino bizzoso, una persona troppo loquace, e sim. **B** v. intr. pron. • Diminuire d'intensità (*anche fig.*): *il dolore s'attutisce per l'effetto dei sedativi*.

aucùba [dal giapp. *aoki*] s. f. • Arbusto sempreverde delle Cornacee con foglie lanceolate coriacee e lucenti, punteggiate di bianco e di giallo (*Aucuba japonica*).

aucùpio [vc. dotta, lat. *aucŭpium*, comp. di *ăvis* 'uccello' e *căpere* 'prendere'] s. m. • Arte di catturare uccelli, con mezzi leciti e illeciti, escluso il fucile.

audàce o †**aldàce** [vc. dotta, lat. *audāce(m)*, da *audēre* 'osare'] **A** agg. *1* Che non teme il pericolo e lo dimostra affrontando ogni difficoltà e sfidando il rischio che ne deriva: *Cristoforo Colombo fu un navigatore a.* *2* Che è detto o fatto in modo arrischiato: *a. consiglio*; *impresa, rapina a.* | (*est.*) Provocante: *sguardi, parole, proposte audaci*; *indossare abiti audaci* | (*est.*) Insolente: *risposta, gesto a.* *3* Che è in posizione innovatrice rispetto alla tradizione, alle norme vigenti, e sim.: *stile, moda a.*; *idee, teorie, opinioni audaci*; *un pittore dalla tecnica a.* || **audaceménte**, avv. **B** s. m. e f. • Persona audace: *la fortuna aiuta gli audaci*. || **audacétto**, dim.

audàcia o †**aldàcia** [vc. dotta, lat. *audācia(m)*, da *audax*, genit. *audācis* 'audace'] s. f. (pl. *-cie*) *1* Qualità di chi, di ciò che, è audace: *l'a. di un esploratore, di una concezione* | Azione audace: *quel viaggio è stato una vera a.* *2* Temerità, sfacciataggine, insolenza: *ha avuto l'a. di metterci alla porta*.

au-dessus de la mêlée /fr. od'sy də la me'le/ [loc. fr., propr. 'al di sopra della mischia', dal titolo di un libro di R. Rolland (1915)] loc. avv. • Al di fuori della lotta e delle competizioni, in una posizione di assoluta imparzialità e serenità di giudizio: *essere, trovarsi, restare au-dessus de la mêlée*.

audience /ingl. 'ɔ:djens/ [vc. ingl. dal lat. *audiĕntia*. V. *udienza*] s. f. inv. • Quantità di persone che si calcola siano raggiunte da un messaggio diffuso da mezzi di comunicazione di massa. SIN. Udienza nel sign. 5.

†**audiènza** • V. *udienza*.

àudio [dal lat. *audīre* 'udire'] **A** s. m. inv. • (*tv*) Tutto ciò che riguarda la trasmissione e la ricezione del suono | Il suono stesso. **B** anche agg.: *segnale a.*

àudio- [dal lat. *audio* 'io odo'] primo elemento • In parole composte indica relazione con l'udito o fa riferimento alla percezione acustica: *audiogramma, audiovisivo*.

audiocassétta [comp. di *audio-* e *cassetta*] s. f. • Nastro magnetico contenuto in un caricatore, usato per la registrazione e la riproduzione di suoni.

audiòfilo [comp. di *audio-* e *-filo*] s. m.; anche agg. • Chi, che è appassionato della riproduzione e dell'ascolto del suono mediante impianti stereofonici ad alta fedeltà.

audiofrequènza [comp. di *audio-* e *frequenza*] s. f. • In radiofonia e telefonia, frequenza elettrica compresa nella gamma delle frequenze udibili.

audiogràmma [comp. di *audio-* e *-gramma*] s. m. (pl. *-i*) • Fascio di curve che forniscono, in funzione della frequenza, i valori dell'intensità dell'onda sonora per ogni valore del livello di sensazione sonora.

audiolèṣo o **audiolèṣo** [comp. di *audio-* e *leso*] agg.; anche s. m. (f. *-a*) ● Che, chi è offeso nell'orecchio, nell'udito.

audiologìa [comp. di *audio-* e *-logia*] s. f. (pl. *-gie*) ● Branca della medicina che studia l'orecchio e la funzione uditiva.

audiològico agg. (pl. m. *-ci*) ● Relativo all'audiologia.

audiòlogo s. m. (f. *-a*; pl. *-gi*, pop. *-ghi*) ● Studioso di audiologia.

audiometrìa [comp. di *audio-* e *-metria*] s. f. ● (*med.*) Insieme delle misurazioni effettuate per determinare la sensibilità degli organi dell'udito.

audiomètrico agg. (pl. m. *-ci*) ● Di, relativo ad audiometria: *esame a.*

audiòmetro [comp. di *audio-* e *-metro*] s. m. ● Strumento per la determinazione della sensibilità degli organi dell'udito.

audiopròteṣi [comp. di *audio-* e *protesi*] s. f. ● (*med.*) Protesi acustica.

audioproteṣìsta [comp. di *audio-* e *protesista*] s. m. e f. (pl. m. *-i*) ● Chi costruisce o applica protesi per l'udito.

audioviṣióne [comp. di *audio-* e *visione*] s. f. ● (*gener.*) L'insieme dei sistemi audiovisivi.

audioviṣìvo [comp. di *audio-* e *visivo*] **A** agg. ● Che consente di udire e di vedere nello stesso tempo: *mezzi, sussidi audiovisivi.* **B** s. m. ● (*spec. al pl.*) L'insieme delle attrezzature, come videocassette, diapositive, film, usate come sussidi didattici. ➡ ILL. **audiovisivi**.

†**audìre** ● V. *udire.*

àuditel [comp. dell'ingl. *audi(ence)* (V.) e *tel(evision)* 'televisione'] s. m. inv. ● Sistema di rilevamento degli indici di ascolto radiotelevisivi.

auditing /*ingl.* 'ɔ:ditiŋ/ [vc. ingl., da *to audit* 'rivedere, verificare i conti', dal lat. *audītu(m)*, part. pass. di *audīre* 'ascoltare'] s. m. inv. ● (*org. az.*) Verifica della contabilità di un'azienda, per appurare se i valori del bilancio corrispondono o meno alle scritture contabili.

auditìvo ● V. *uditivo.*

auditor /*ingl.* 'ɔ:ditə*/ [vc. ingl., dal lat. *audītor* nom., 'uditore'. V. *auditing*] s. m. inv. ● (*org. az.*) Funzionario addetto alle operazioni di auditing.

auditóre s. m. (f. *-trice*) **1** V. *uditore.* **2** Adattamento di *auditor* (V.).

†**auditòrio** (**1**) ● V. *uditorio* (*1*).

auditòrio (**2**) o **auditòrium** nel sign. 1 [vc. dotta, lat. *auditōriu(m)*, da *audīre* 'udire'] s. m. **1** Edificio con una o più sale per l'audizione di musica, conferenze, prosa e sim. **2** V. *uditorio* (*2*).

audizióne o †**udizióne** [vc. dotta, lat. *auditiōne(m)*, da *audīre* 'udire'] s. f. **1** Atto dell'udire: *a. di testimoni*; *a. musicale* | (*raro*) Ciò che si ode. **2** Prova preliminare di ascolto di un programma, spec. radiofonico, prima della sua trasmissione.

aùf ● V. *uff.*

aùff ● V. *uff.*

aùffa ● V. *uff.*

aùffete ● V. *uff.*

àuge [ar. *'auǧ* 'altezza'] s. f. solo sing. **1** Nell'astronomia tolemaica, il punto più elevato dell'epicicloide, corrispondente alla massima distanza di un pianeta dalla Terra | Apogeo. **2** (*fig.*) Apice, culmine, massimo grado, e sim. | *Essere in a.*, trovarsi al vertice della notorietà, del successo, aver raggiunto il punto più alto della fama, della gloria, e sim. | *Venire in a.*, acquistare credito, fama, gloria.

†**augèllo** [lat. tardo *aucĕllu(m)*, dim. di *ăvis* 'uccello'] s. m. (f. *-a*) ● (*poet.*) Uccello: *in su' rami fra novelle fronde / cantano i loro amor soavi augelli* (POLIZIANO). || †**augellétto**, dim. | **augellìno**, dim.

†**auggiàre** ● V. *aduggiare.*

augìte [dal gr. *augḗ* 'splendore, luce'] s. f. ● (*miner.*) Silicato di calcio, ferro e magnesio, di colore verde scuro.

†**augnàre** o †**adugnàre** nel sign. A1 [da *ugnare*] **A** v. tr. **1** Adunghiare. **2** Tagliare obliquamente. **B** v. rifl. ● Afferrarsi, combaciarsi.

augnatùra s. f. ● In varie tecnologie, taglio obliquo con cui i diversi componenti di una struttura vengono uniti fa loro per agevolarne il collegamento | *Cassetta per augnature*, quella atta a tagliare le aste di legno con modanature secondo angoli dati, per formare le cornici.

†**augumentàre** e *deriv.* ● V. *aumentare* e *deriv.*

auguràbile agg. ● Che si può augurare.

auguràle o †**auguriàle** [vc. dotta, lat. *augurāle(m)*, da *augur*, genit. *auguris* 'augure'] agg. **1** Che reca o esprime augurio: *discorso a.* **2** Degli auguri: *pratiche augurali.*

auguràre o †**aguràre** [vc. dotta, lat. *augurāre* 'esercitare l'ufficio di augure', da *augur*, genit. *auguris* 'augure'] **A** v. tr. (*io àuguro*) **1** Esprimere un augurio per sé o per altri (*anche antifr.*): *a. buon viaggio*; *a. la buona notte*; *a. la buona riuscita di un affare*; *a. la morte, un malanno e sim.* | *A. il buon anno, il buon compleanno e sim.*, esprimere l'augurio che la ricorrenza o l'anniversario si compiano felicemente | *Augurarsi q.c.*, sperarlo. **2** †Predire, presagire, preannunziare. **B** v. intr. (aus. *avere*) **1** Pronosticare secondo la tecnica divinatoria degli àuguri | Adempiere alle funzioni di augure. **2** (*est.*) Trarre auspici.

auguràto A part. pass. di *augurare*; anche agg. ● Nei sign. del v. **B** s. m. ● Dignità e funzione di augure, nell'antica Roma.

auguratóre o †**aguratóre**. agg.; anche s. m. (f. *-trice*) ● (*raro*) Che, chi augura.

augurazióne [vc. dotta, lat. *auguratiōne(m)*, da *augur*, genit. *auguris* 'augure'] s. f. **1** (*raro*) Atto, effetto dell'augurare. **2** Atto e tecnica dell'augurare presso gli antichi Romani.

àugure [vc. dotta, lat. *āugure(m)*, da *augēre* 'aumentare'; il sign. originale era 'accrescimento accordato dagli dei a un'impresa' o 'colui che dà l'accrescimento, colui che dà i presagi favorevoli'] s. m. ● Sacerdote divinatore che, presso i Romani e gli Etruschi, prediceva il futuro e accertava la volontà degli dèi attraverso l'osservazione del volo e del movimento degli uccelli e l'interpretazione dei sogni e dei fenomeni naturali.

augùrio o †**agùrio**, †**augùro**, †**aùrio** [vc. dotta, lat. *augŭriu(m)*, da *augur*, genit. *auguris* 'augure'] s. m. **1** Responso divinatorio reso dagli àuguri | Rito con il quale si ricavava tale responso. **2** Segno, presagio, di cosa futura: *essere di buono, di cattivo a.* | Presentimento: *tristi auguri, e sogni, e penser negri, / mi danno assalto* (PETRARCA). **3** Speranza, voto di felicità, salute, benessere e sim.: *un a. di buona fortuna, di prosperità, di pronta guarigione* | Espressione di augurio: *formulare, porgere, presentare, un sincero, affettuoso a.* **4** (*spec. al pl.*) Formula di cortesia in particolari ricorrenze: *fare, porgere, gli auguri*; *biglietto di auguri*; *vi manderemo gli auguri per Pasqua.* || **auguriàccio**, pegg. | **auguróne**, accr.

auguróso o †**aguróso**, †**auguriόso** agg. ● Che è di augurio | *Bene a.*, di buon augurio | *Male a.*, di cattivo augurio. || **augurosaménte**, avv. (*raro*) Con buono o cattivo augurio.

augustàle [vc. dotta, lat. *augustāle(m)*, dal n. dell'imperatore *Augŭstus* 'Augusto'] **A** agg. **1** Di Augusto. **2** (*est.*) †Imperiale. **B** s. m. **1** Nella Roma imperiale, membro del collegio sacerdotale addetto al culto di Augusto (63 a.C.-14 d.C.) e di altri imperatori morti e divinizzati. **2** Moneta d'oro coniata da Federico II di Svevia con l'effigie laureata dell'imperatore sul rovescio.

augustèo [vc. dotta, lat. *augustēu(m)*, dal n. dell'imperatore *Augŭstus* 'Augusto'] agg. ● Dell'imperatore Augusto o della sua età: *legge augustea.*

augùsto (**1**) [vc. dotta, lat. *augŭstu(m)*, da *augur*, nel senso di 'consacrato dagli àuguri'] **A** agg. ● Sacro, maestoso, venerabile: *l'augusta persona del monarca, del pontefice*; *ci onorò con la sua augusta presenza.* **B** s. m. ● (*lett.*) Imperatore.

augùsto (**2**) [fr. *Auguste*, n. proprio di un tipo di clown creato nel sec. XIX] s. m. ● Pagliaccio del circo equestre, che indossa un abito da sera esageratamente largo e lungo, con lungo gilè bianco e corti pantaloni neri.

àula [vc. dotta, lat. *āula(m)*, nom. *aula*, dal gr. *aulḗ* 'cortile, dimora', di etim. incerta] s. f. **1** Locale adibito a lezioni scolastiche: *le alunne sono entrate in a.*; *l'a. di fisica, di disegno* | *A. magna*, nelle università, nelle scuole e in altri edifici pubblici, l'aula riservata alle occasioni solenni. **2** In vari edifici pubblici, vasto locale destinato a riunioni, assemblee e sim.: *l'a. di Montecitorio, di Palazzo Madama*; *le aule del Tribunale.* **3** (*lett.*) Sala di una reggia, di un palazzo e sim. | *A. regia*, reggia. || **aulétta**, dim.

aulènte part. pres. di *aulire*; anche agg. ● (*poet.*) Fragrante, odoroso, profumato: *i ginepri folti di coccole aulenti* (D'ANNUNZIO).

aulète o **aulèta** [vc. dotta, gr. *aulētḗs*, da *aulós* 'flauto'] s. m. ● (*lett.*) Suonatore di flauto: *dell'a. querulo, che piange* (PASCOLI).

aulètica [vc. dotta, gr. *aulētikḗ*, da *aulós* 'flauto'] s. f. ● Nella Grecia antica, l'arte di suonare l'aulos.

aulètico agg. (pl. m. *-ci*) ● Che si riferisce all'auletica.

aulètride [vc. dotta, gr. *aulētrís*, genit. *aulētrídos*, da *aulós* 'flauto'. V. *aulos*] s. f. ● (*lett.*) Suonatrice di flauto: *voci / alte destò l'a. col flauto* (PASCOLI).

àulico [vc. dotta, lat. *aulicu(m)*, nom. *aulicus*, dal gr. *aulikós*, da *aulḗ* 'aula'] agg. (pl. m. *-ci*) **1** Di corte: *consiglio, consigliere a.*; *camera aulica.* **2** Nobile, colto, raffinato, detto di lingua, stile e sim.: *linguaggio a.*; *scrittore, poeta a.* || **aulicaménte**, avv.

†**auliménto** o †**uliménto**. s. m. ● Fragranza.

aulìre o †**ulìre** [dal lat. classico *olēre* 'avere odore', attraverso una forma volg. *aulēre*] v. intr. (*io aulisco, tu aulisci*; dif. usato solo nelle forme del pres. e

audiovisivi

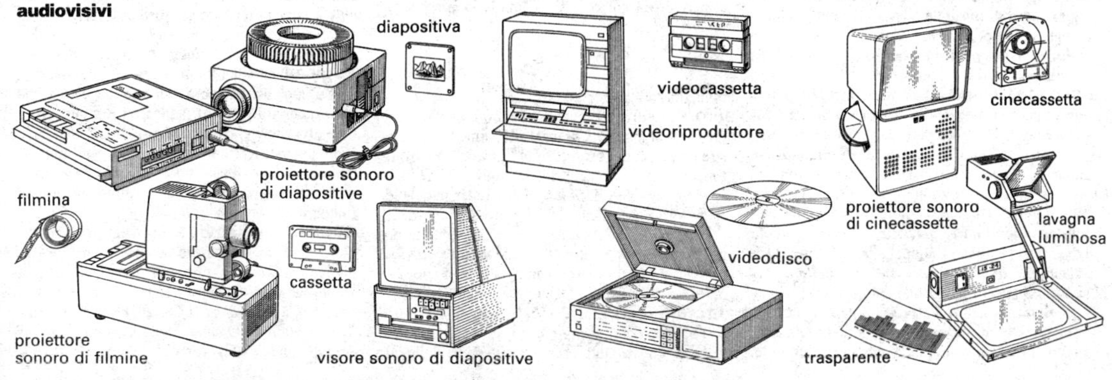

imperf. indic. e del part. pres.) ● (*lett.*) Olezzare, odorare: *lo suol che d'ogne parte auliva* (DANTE *Purg.* XXVIII, 6).

aulòs [vc. dotta, gr. *aulós* 'flauto', di origine indeur.] s. m. ● Antico strumento musicale greco a fiato, a due canne. ➡ ILL. **musica**.

aumentàbile o †**agumentàbile**, †**augumentàbile**. agg. ● Che si può aumentare.

aumentàre o †**agumentàre**, †**augumentàre** [vc. dotta, lat. tardo *augmentāre*, da *augmĕntum* 'aumento'] **A** v. tr. (*io auménto*) **1** Incrementare, ingrandire: *a. lo stipendio, le spese.* **2** Nei lavori a maglia, aggiungere punti (*anche ass.*): *a. i punti, le maglie; dopo dieci centimetri si deve a.* **B** v. intr. (aus. *essere*) **1** Crescere in quantità, estensione, potenza, e sim.: *gli abitanti del paese aumentano ogni giorno; la folla è aumentata; il rumore aumenta.* **2** (*fam.*) Crescere di prezzo, diventare più caro: *la carne aumenta; da domani aumenta la benzina.*

†**aumentatìvo** o †**agumentativo**, †**augumentativo**. agg. ● Atto ad aumentare.

aumentista [da *aumento*, col suff. *-ista*] s. m. (pl. *-i*) ● In borsa, chi specula sul rialzo. SIN. Rialzista.

auménto o †**aguménto**, †**auguménto** [vc. dotta, lat. *augmĕntu(m)* da *augēre* 'accrescere'] s. m. **1** Atto, effetto dell'aumentare: *a. di spese, di entrate, di intensità.* **2** (*fam.*) Rincaro: *è stato preannunciato un ulteriore a. del pane.*

aumônière /fr. omo'njɛr/ [fr., da *aumône* 'elemosina', perché era la borsa in cui si teneva il denaro per le elemosine] **A** s. f. inv. ● Antica borsa a forma di sacchetto, di cuoio o tessuto, per tenervi denaro, che si portava agganciata alla cintura. **B** in funzione di agg. ● (posposto al s.) Nella loc. *Scollatura a.*, a drappeggio.

àuna [fr. *aune*, dal francone *alina*, propriamente 'avambraccio'] s. f. ● Antica misura di lunghezza usata in Francia e in Belgio prima dell'adozione del sistema metrico decimale.

†**aunàre** e *deriv.* ● V. *adunare* e *deriv.*

†**aunghiàre** ● V. *adunghiare*.

au pair /fr. o 'pɛr/ [fr., propr. 'alla pari'] loc. agg. e avv. ● Detto di persona che svolge un lavoro, spec. di istitutrice, governante e sim., presso una famiglia senza ricevere da questa una retribuzione, ma soltanto il vitto e l'alloggio: *ragazza, studentessa au pair; lavorare au pair; stare au pair presso una famiglia.*

àura o †**òra** (**3**) [lat. *aura(m)*, nom. *aura*, dal gr. *áura* 'soffio', di etim. incerta] s. f. **1** (*raro, lett.*) Venticello leggero e piacevole: *trovossi al fiume in un boschetto adorno / che lievemente la fresca a. muove* (ARIOSTO) | †Vento. **2** (*raro*) L'aria che si respira | (*est.*) Alito, respiro. **3** (*fig., lett.*) Atmosfera, ambiente morale o sentimentale: *un'a. di sventura, di pace; un'a. di morte si stendeva sulla città.* **4** (*fig.*) Credito, favore, spec. nella loc.: *a. popolare.* **5** (*med.*) Sensazione di soffio d'aria o d'altra natura che spesso precede la crisi epilettica. **6** (*raro, lett.*) Effluvio, emanazione | Nell'occultismo, supposta emanazione del corpo umano percepibile dai chiaroveggenti. ‖ **aurétta**, dim.

†**auràre** v. tr. ● Dorare, indorare.

auràto o †**oràto** [vc. dotta, lat. *aurātu(m)*, da *āurum* 'oro'] **A** agg. ● (*lett.*) Che ha il colore dell'oro: *tra nuvolette aurate / vedeasi Amor con l'arco* (TASSO). **B** s. m. ● (*chim.*) Sale dell'acido aurico.

aurea mediocritas /lat. 'aurea me'djɔkritas/ [lat., propr. 'aurea mediocrità'] loc. sost. f. inv. **1** Atteggiamento di misura e di moderazione, lontano da ogni eccesso. **2** (*iron.*) Condizione di chi non si distingue per particolari doti o è contento della propria mediocrità.

àureo (**1**) [vc. dotta, lat. *āureu(m)*, agg. di *āurum* 'oro'] agg. **1** D'oro: *anello a.; corona aurea* | *Riserva aurea*, l'oro detenuto dagli istituti di emissione di uno Stato a garanzia della circolazione cartacea | *Sistema a.*, sistema monetario fondato sull'oro | *Valuta aurea*, moneta d'oro o convertibile in oro. **2** Che ha il colore, lo splendore dell'oro: *e molti d'auree ginestre si paravano i colli* (CARDUCCI) | (*est.*) Luminoso, splendente: *ed a. il giorno, e limpido il notturno aere stellato* (FOSCOLO). **3** (*lett., fig.*) Nobile, pregevole, prezioso: *a. libretto* | *Scrittore a.*, finissimo | *Periodo, secolo a.*, epoca di massimo splendore | *Età aurea*, l'età dell'oro, in cui l'uomo conobbe una completa e leggendaria felicità | *Aurea mediocrità*, V. *aurea mediocritas* **4** (*mat.*) *Sezione aurea*, segmento parte d'un altro, che sia medio proporzionale fra l'intero segmento e la parte residua | (*astron.*) *Numero a.*, per trovare l'epatta e che si ottiene dividendo per 19 l'era cristiana più uno.

àureo (**2**) [sost. del precedente] s. m. ● Moneta d'oro romana che variò di peso secondo le epoche.

auréola o †**lauréola** (**2**) [lat. *aurĕola(m)* (sottinteso *corōnam*) 'corona d'oro', da *aureus* 'aureo'] s. f. **1** (*relig.*) Luce che circonda il corpo dei Santi | Corona splendente applicata al capo dei Santi, della Vergine, del Cristo nell'iconografia e nella statuaria cattolica | In altre religioni, luce soprannaturale promanante dal corpo di asceti. **2** (*fig.*) Splendore di gloria che si acquista per particolari virtù: *a. di bontà, di santità.* **3** (*est.*) Contorno di luce, colore o sim., di un corpo: *l'a. della fiamma; un'a. di riccioli.* **4** (*anat.*) Areola del capezzolo.

aureolàre (**1**) v. tr. (*io aurèolo*) ● (*lett.*) Cingere con un'aureola (*anche fig.*)

aureolàre (**2**) [da *aureola* nel sign. 4] agg. ● (*anat.*) Relativo all'aureola del capezzolo: *ghiandole aureolari.*

aureolàto part. pass. di *aureolare* (1); anche agg. ● Nei sign. del v.

aureomicìna [dallo (*Strepto*)- *myces aureo* (*faciens*) da cui fu isolata] s. f. ● Antibiotico appartenente al gruppo delle tetracicline usato nella terapia di molte malattie infettive.

auri- o **àuro-** [dal lat. *āurum* 'oro', di origine indeur.] primo elemento ● In parole composte dotte o scientifiche significa 'oro', o fa riferimento al colore dell'oro: *aurifero.*

àurica [fr. *aurique*, dall'ol. *oorig*] **A** agg. solo f. ● (*mar.*) Detto di vela trapezoidale inferita sul picco, sull'albero e sul boma: *vela a.; randa a.* **B** s. f. ● (*mar.*) Vela aurica.

†**auricàlco** [V. *oricalco*] s. m. ● (*raro*) Oricalco.

àurico [dal lat. *āurum* 'oro'] agg. (pl. m. *-ci*) ● (*chim.*) Detto di composto dell'oro trivalente: *cloruro a.* | *Idrato a.*, composto ossigenato dell'oro con proprietà acide.

aurìcola [vc. dotta, lat. *aurĭcula(m)*, dim. di *auris* 'orecchia'] s. f. **1** (*med.*) Orecchietta del cuore. **2** Pianta erbacea rizomatosa delle Primulacee con foglie carnose e fiori gialli a ombrella (*Primula auricola*).

auricolàre [vc. dotta, lat. tardo *auriculāre(m)*, da *aurĭcula*. V. *auricola*] **A** agg. ● Dell'orecchio, relativo all'orecchio: *padiglione a.* | *Testimone a.*, che riferisce ciò che ha udito direttamente | *Confessione a.*, fatta all'orecchio del confessore | *Dito a.*, il mignolo. **B** s. m. **1** Accessorio telefonico per l'ascolto di una conversazione anche attraverso l'orecchio libero dal normale microtelefono. **2** Accessorio degli apparecchi radioriceventi e gener. di riproduzione del suono che, applicato all'orecchio, ne consente l'ascolto individuale.

aurìfero [vc. dotta, lat. *aurĭferu(m)*, comp. di *ăurum* 'oro' e *fĕrre* 'portare'] agg. ● Che contiene oro: *terreno a.*

aurìga [vc. dotta, lat. *aurīga(m)*, di etim. incerta] s. m. (pl. *-ghi*) **1** Anticamente, guidatore di cocchio. **2** (*raro, lett.*) Cocchiere.

aurignaciàno /auriɲɲa'tʃano, oriɲɲa'tʃano/ o **aurignaziàno** /auriɲɲa'tsjano, oriɲɲa'tsjano/ [dalla località di *Aurignac*] **A** agg. ● Che si riferisce a una cultura preistorica dell'epoca paleolitica e al periodo in cui essa si sviluppò. **B** anche s. m.: *reperti dell'a.*

†**àurio** ● V. *augurio*.

†**àuro** ● V. *oro*.

àuro- ● V. *auri-*.

auròra o **auróra** [vc. dotta, lat. *aurōra(m)*, di origine indeur.] s. f. **1** Chiarore dell'atmosfera terrestre che precede il sorgere del Sole, dovuto all'ultima luce crepuscolare del mattino | *All'a.*, allo spuntar del sole | *A. polare*, luminescenza del cielo notturno che si manifesta in prossimità dei circoli polari | *A. boreale, australe*, a seconda del polo interessato. ➡ ILL. p. 817 SCIENZE DELLA TERRA ED ENERGIA. **2** (*fig.*) Prima manifestazione, inizio: *l'a. della civiltà* | *L'a. della vita*, la fanciullezza.

auroràle agg. **1** Dell'aurora: *s'irraggiò alla luce a.* (D'ANNUNZIO) | *Righe aurorali*, caratteristiche righe di emissione presenti negli spettri delle aurore polari. **2** (*fig.*) Iniziale.

†**auṣàre** ● V. *adusare*.

auscultàre o **ascoltàre** [vc. dotta, lat. *auscultāre* 'ascoltare con attenzione', comp. di un primo elemento, nel quale si riconosce *āuris* 'orecchio', di origine indeur., e di una seconda parte (*-cultare*), di etim. incerta] v. tr. ● (*med.*) Eseguire un'auscultazione.

auscultatóre ● V. *ascoltatore*.

auscultazióne o **ascoltazióne** [vc. dotta, lat. *auscultatiōne(m)*, da *auscultātus*, part. pass. di *auscultāre* 'auscultare'] s. f. ● (*med.*) Esame obiettivo del malato consistente nel riconoscere con l'orecchio o con particolari strumenti, quali il fonendoscopio e lo stetoscopio, i suoni normali o anormali che provengono dagli organi interni.

auṣiliàre [vc. dotta, lat. *auxiliāre(m)* 'che aiuta', da *auxĭlium* 'aiuto'] **A** agg. ● Che aiuta: *milizia a.* | *Scienze ausiliari*, quelle che permettono di integrare o arricchire uno specifico ramo del sapere | *Verbo a.*, che serve a formare i tempi composti e il passivo. **B** s. m. e f. ● Chi presta aiuto, collaborazione. SIN. Coadiutore. **C** s. m. ● Verbo ausiliare.

auṣiliària [f. sost. di *ausiliario*] s. f. ● Donna impiegata in servizi assistenziali, amministrativi o tecnici al seguito dell'esercito operante.

auṣiliàrio [vc. dotta, lat. *auxiliāriu(m)*, da *auxĭlium* 'aiuto'] **A** agg. **1** Che aiuta: *truppe ausiliarie* | *Posizione di servizio a.*, nell'esercito, quella degli ufficiali non più atti al servizio attivo ma ancora impiegabili in servizi speciali nel territorio o al seguito delle truppe operanti | (*mar.*) *Motore a., velatura ausiliaria*, da impiegare in caso di emergenza | (*mar.*) *Naviglio a.*, nave mercantile che la marina militare requisisce e impiega come unità combattente | (*elettr.*) *Circuito a.*, che non è percorso dalla corrente elettrica principale, ma interessa egualmente il funzionamento della macchina o dell'apparecchiatura. **2** (*med.*) Di, relativo a, medicamento che aiuta l'azione del farmaco principale. **B** s. m. (f. *-a* (V.)) **1** Aiutante, collaboratore | *Ausiliari di giustizia*, soggetti cui possono essere affidate mansioni strumentali sussidiarie o sostitutive di quelle degli organi giurisdizionali. **2** (*spec. al pl.*) Corpi di milizia straniera che operavano in aiuto degli eserciti di Roma. **3** (*fam.*) Ufficiale in posizione di servizio ausiliario.

auṣiliatóre [vc. dotta, lat. *auxiliatōre(m)*, da *auxiliāri* 'recare soccorso', der. di *auxĭlium* 'aiuto' (V. *ausilio*)] agg.; anche s. m. (f. *-trice*) ● (*lett.*) Che porta aiuto, che soccorre | *Maria Ausiliatrice*, la Madonna, come soccorritrice dei cristiani.

auṣìlio [vc. dotta, lat. *auxĭliu(m)*, da *augēre* 'accrescere'] s. m. ● (*lett.*) Aiuto.

†**àuṣo** [vc. dotta, lat. *ausu(m)*, part. pass. di *audēre* 'osare'] agg. ● (*lett.*) Ardito, audace.

auṣònio [vc. dotta, lat. *Ausŏniu(m)*, dal popolo degli *Ausones*] **A** s. m. **1** Civiltà preistorica diffusa nell'età del bronzo nelle isole Eolie. **2** (*chim., raro*) Nettunio. **B** agg. ● (*lett.*) Italico: *le antiche popolazioni ausonie.*

auspicàbile agg. ● Che si può auspicare: *è a. che tutto si risolva presto.* ‖ **auspicabilménte**, avv.

auspicàle [vc. dotta, lat. *auspicāle(m)*, da *auspex*, genit. *auspicis* 'auspice'] agg. **1** Relativo all'auspice. **2** (*lett.*) Di buon augurio | *Pietra a.*, prima pietra di un edificio.

auspicàre [vc. dotta, lat. *auspicāri*, da *auspex*, genit. *auspicis* 'auspice'] v. tr. (*io àuspico, tu àuspichi*) **1** (*lett.*) Prendere gli auspici | (*est.*) Pronosticare. **2** (*est.*) Augurare: *a. la felice conclusione di un'impresa* | †Cominciare con buon augurio.

àuspice [vc. dotta, lat. *auspice(m)* 'che esamina il volo degli uccelli', comp. di *ăvis* 'uccello' e *spĕcere* 'guardare'] s. m. e f. **1** Presso i Romani, sacerdote divinatore che traeva l'auspicio. **2** (*lett.*) Chi promuove, favorisce, inizia e sim., un'impresa: *questa volta io sarei ... l'a. involontaria* (D'ANNUNZIO) | Spec. in fasi con valore avverbiale: *l'accordo fu firmato a. il ministro.*

auspìcio o †**auspìzio** [vc. dotta, lat. *auspĭciu(m)*, da *auspex*, genit. *auspicis* 'auspice'] s. m. **1** Presso gli antichi Romani, presagio tratto dall'osservazione del volo, del pasto e dei movimenti degli uccelli | Specie di augurio. **2** (*est.*) Pronostico: *iniziare un'attività con, sotto, buoni auspici* | *Essere di buono a.*, favorevole | *Essere di cattivo a.*, sfavorevole | Augurio, desiderio: *è nostro a. che la squadra vinca.* **3** (*fig.*) Protezione, favore: *la mostra fu inaugurata sotto gli auspici delle autorità locali.*

austerità o †**austeritàde**, †**austeritàte** [vc. dotta, lat. *austeritāte(m)*, da *austērus* 'austero'] s. f. **1** Qualità di chi, di ciò che, è austero: *l'a. dell'ascesa; a. di vita, di costumi, di comportamento.* **2** (*econ.*) Il complesso delle limitazioni dal governo imposte alle spese pubbliche o dallo stesso auspicate nei consumi privati per giungere a un risanamento economico. **3** †Asprezza di sapore.

austèrity /aus'teriti, *ingl.* ɔ:'steriti/ [ingl., dal fr. *austérité*, dal lat. *austeritāte(m)* 'austerità'] s. f. inv. ● Austerità, nel sign. 2.

austèro [vc. dotta, lat. *austēru(m)*, nom. *austērus*, dal gr. *austērós* 'duro, aspro', da avvicinare ad *âuos* 'secco'] agg. **1** Che ha o dimostra una rigida e severa norma di vita: *carattere, aspetto, costume, comportamento a.*; *vita, disciplina, morale, austera.* **2** (*raro*) Aspro, secco, asciutto, detto di sapore | *Vino a.*, la cui morbidezza è interrotta da un leggero sapore astringente | *Clima a.*, rigido, inclemente | *Colore a.*, scuro. || **austerétto**, dim. || **austeraménte**, avv.

austòrio [deriv. dal lat. tardo *haustōre(m)* 'colui che attinge', da *haurīre* 'attingere'] s. m. **1** (*archeol.*) Vaso sacrificale per attingere. **2** Organo di assorbimento caratteristico delle piante parassite.

austràle [vc. dotta, lat. *austrāle(m)*, da *auster* 'austro'] agg. ● Attinente all'emisfero compreso tra l'equatore e il polo sud.

australiàna [f. sost. di *australiano*] s. f. ● Gara ciclistica a inseguimento su pista con la partecipazione di tre o quattro corridori che partendo da punti diversi, equidistanti fra loro, devono eseguire un certo numero di giri nel minor tempo possibile.

australiàno A agg. ● Dell'Australia: *popolazioni australiane*; *lingua australiana.* **B** s. m. (f. *-a*) ● Abitante, nativo dell'Australia.

australòide [comp. di *Austral(ia)* e *-oide*] agg. ● Detto di razza umana i cui individui presentano caratteri quali capelli ricci, naso leggermente largo, pelle bruna.

australopitèco [comp. di *australe* e del gr. *píthēkos* 'scimmia'] s. m. (pl. *-chi* o *-ci*) ● Ogni tipo umano fossile, rinvenuto nell'Africa meridionale, che presenta caratteristiche di transizione tra le grandi scimmie antropomorfe e l'uomo.

austriacànte agg.; anche s. m. e f. ● (*spreg.*) Che, chi era favorevole al governo dell'Austria in Italia.

austrìaco A agg. (pl. m. *-ci*) ● Dell'Austria: *dominazione austriaca.* **B** s. m. (f. *-a*; pl. m. *-ci*) ● Abitante, nativo dell'Austria.

àustro [vc. dotta, lat. *austru(m)*, di etim. incerta] s. m. **1** Vento umido e caldo che soffia da mezzogiorno. **2** (*lett.*) Mezzogiorno.

àustro- (1) primo elemento ● In parole composte è accorciamento di 'australe': *austroafricano.*

àustro- (2) primo elemento ● In parole composte fa riferimento all'Austria o agli austriaci: *austroungarico.*

austroafricàno [comp. di *austro- (1)* e *africano*] agg. ● Che si riferisce all'Africa australe.

austroungàrico o (*raro*) **austrungàrico** [comp. di *austro- (2)* e *ungarico*] agg. (pl. m. *-ci*) ● Relativo alla monarchia asburgica costituita dall'Impero d'Austria e dal Regno d'Ungheria.

autarchìa (1) [gr. *autárkeia* 'il bastare a sé stesso', comp. di *auto-* e *arkéō* 'io basto'] s. f. **1** Nella filosofia cinica, condizione di autosufficienza del saggio il quale raggiunge la felicità liberandosi dalle passioni che lo legano al mondo degli altri. **2** Autosufficienza economica tale che un Paese possa produrre all'interno tutto ciò di cui ha bisogno ponendo termine alla dipendenza economica dall'estero.

autarchìa (2) [vc. dotta, gr. *autarchía* 'autocrazia', comp. di *auto-* e *archḗ* 'comando'] s. f. **1** Padronanza, dominio di sé | (*est.*) Potere assoluto. **2** (*dir.*) Capacità degli enti pubblici, spec. territoriali, di amministrare i propri interessi con l'esercizio di poteri pubblici.

autàrchico (1) [da *autarchia (1)*] agg. (pl. m. *-ci*) ● Che si riferisce alla, che è proprio della, autarchia economica: *politica autarchica* | Di merce prodotta con materie prime o procedimenti non importati dall'estero: *tessuti autarchici.* || **autarchicaménte**, avv. In modo autarchico, con autarchia.

autàrchico (2) [da *autarchia (2)*] agg. (pl. m. *-ci*) ● (*dir.*) Dotato di autarchia amministrativa: *ente a. territoriale.*

autarchizzàre [da *autarchico (2)*] v. tr. ● Rendere autarchico.

aut aut /*lat.* 'aut 'aut/ [lat., 'o ... o'] **A** loc. avv. ● Si usa con valore disgiuntivo per indicare un'alternativa: *decidetevi, aut aut.* **B** s. m. inv. ● Alternativa, scelta a cui non ci si può sottrarre | *Imporre un aut aut*, costringere a una scelta.

autèntica [da *autenticare*] s. f. ● Dichiarazione scritta atta a comprovare l'autenticità di un documento, di una firma, di un oggetto, di un'opera d'arte e sim.: *a. delle reliquie di un Santo*; *apporre l'a.*

autenticàbile agg. ● Che si può o si deve autenticare.

autenticàre [lat. mediev. *authenticāre*, da *authĕnticus* 'autentico'] v. tr. (*io autèntico, tu autèntichi*) **1** (*dir.*) Accertare autografo un documento da parte di pubblico ufficiale: *a. un testamento, una firma* | *A. una fotografia*, dichiarare, da parte di un pubblico ufficiale, che la persona in essa ritratta è la stessa che vi ha apposto la propria firma. **2** (*est.*) Confermare, convalidare con autorità: *a. le affermazioni di qc.* | *A. un'opera d'arte*, rilasciarne l'expertise.

autenticazióne s. f. ● Atto, effetto dell'autenticare: *a. di un atto di citazione.*

autenticità s. f. ● Qualità di ciò che è autentico: *provare l'a. di un documento, di una dichiarazione, di un'opera d'arte.*

autèntico [vc. dotta, lat. tardo *authĕnticu(m)*, nom. *authĕnticus*, dal gr. *authentikós*, da *authéntēs* 'che è fatto da sé'] agg. (pl. m. *-ci*) **1** Che proviene con certezza da chi ne è indicato quale autore: *documento a.*; *firma autentica* | *Copia autentica*, convalidata da un'autorità competente | *Interpretazione autentica*, fornita dallo stesso organo che ha emanato l'atto. **2** Vero, reale: *un fatto a.* | (*est.*) Originale: *un mobile a. del '700* | (*fig.*) Genuino: *gli aspetti più autentici della nostra civiltà.* **3** (*mus.*) Detto di certi modi del canto fermo. || **autenticaménte**, avv.

autentificàre v. tr. (*io autentìfico, tu autentìfichi*) ● (*raro*) Autenticare.

authority /*ingl.* ɔ:'θɔriti/ [vc. ingl., propr. 'autorità'] s. f. inv. (pl. ingl. *authorities*) ● Organo che sovrintende a un determinato settore amministrativo.

autière [da *auto (1)*] s. m. ● Militare addetto alla guida di automezzi.

autìsmo [ted. *Autismus*, dal gr. *autós* 'stesso' (V. *auto- (1)*)] s. m. ● (*med., psicol.*) Disturbo, frequente nella schizofrenia, caratterizzato dalla perdita di interesse per il mondo esterno, chiusura in se stessi e produzione di fantasie, deliri e allucinazioni | *A. infantile*, disturbo che compare nei primi anni di vita ed è caratterizzato dal mancato sviluppo di relazioni sociali, incapacità di usare il linguaggio, apatia, rigidità, giochi ripetitivi, movimenti ritmici.

autista (1) [da *auto (1)*] s. m. e f. (pl. m. *-i*) ● Chi guida, per mestiere, autoveicoli.

autìsta (2) [da *autismo*] agg.; anche s. m. e f. ● (*med, psicol.*) Che, chi è affetto da autismo.

autìstico agg. (pl. m. *-ci*) ● (*med., psicol.*) Caratterizzato da autismo | Detto di pensiero indisciplinato, impulsivo, non consapevole delle proprie contraddizioni. || **autisticaménte**, avv. In modo autistico, con autismo.

àuto (1) s. f. inv. ● Acrt. di *automobile*: *a. da corsa* | *A. blu*, V. *autoblù* | *A. civetta*, quella priva di segni distintivi usata da agenti di polizia e sim. in borghese per sorprendere più facilmente chi trasgredisca la legge | V. anche *automobile.*

auto (2) /*sp.* 'auto/ [dal lat. *ăctu(m)* 'azione drammatica', da *ăgere* 'fare, rappresentare'] s. m. (pl. *autos* /*sp.* 'autos/) ● Dramma sacro in un atto, diffuso in Spagna e Portogallo soprattutto tra il sec. XV e il sec. XVII | *A. sacramentale*, concernente l'Eucaristia.

àuto- (1) [dal gr. *autós* 'stesso'] primo elemento ● In parole composte dotte significa 'di sé stesso' o 'da sé': *autobiografia, autodifesa, autocombustione, autodidatta.*

àuto- (2) primo elemento ● In parole composte è accorciamento di 'automobile': *autoambulanza, autodromo, autotrasportato.*

autoabbronzànte [comp. di *auto- (1)* e *abbronzante*] **A** agg. ● Detto di prodotto che determina l'abbronzatura senza esporre il corpo al sole: *crema, olio a.* **B** anche s. m.

autoaccensióne [comp. di *auto- (1)* e *accensione*] s. f. ● (*autom.*) Fenomeno che si verifica spec. nei motori a scoppio surriscaldati quando la miscela si accende intempestivamente nei cilindri senza che scocchi la scintilla.

autoaccessòrio [comp. di *auto- (2)* e *accessorio*] s. m. ● (*spec. al pl.*) Accessorio per auto.

autoadesìvo [comp. di *auto- (1)* e *adesivo*] agg.; anche s. m. ● Detto di prodotto la cui superficie, grazie alle speciali sostanze di cui è spalmata, aderisce a un'altra mediante la semplice pressione: *nastro a.*; *etichette autoadesive.*

autoaffermazióne [comp. di *auto- (1)* e *affermazione*] s. f. ● Atteggiamento di chi mira a esprimere pienamente sé stesso, la propria personalità e a raggiungere una posizione di supremazia, di predominio.

autoaffondaménto [comp. di *auto- (1)* e *affondamento*] s. m. ● Affondamento di una nave provocato dallo stesso equipaggio per evitare che essa sia catturata dal nemico; (*anche fig.*) *l'a. di un partito.*

autoambulànza [comp. di *auto- (2)* e *ambulanza*] s. f. ● Autoveicolo attrezzato per il trasporto di ammalati o feriti | (*mil.*) *A. radiologica, odontoiatrica*, attrezzatura mobile e relativo personale per le cure speciali in zona di combattimento. ➡ ILL. **autoveicoli**.

autoanàlisi [comp. di *auto- (1)* e *analisi*] s. f. ● (*psican.*) Analisi che un soggetto compie su sé stesso secondo i procedimenti del metodo psicanalitico.

autoanticòrpo [comp. di *auto- (1)* e *anticorpo*] s. m. ● (*med.*) Anticorpo prodotto dall'organismo contro un autoantigene; la sua presenza è in genere correlata a malattie autoimmuni.

autoantìgene o **autoantigène** [comp. di *auto- (1)* e *antigene*] s. m. ● (*med.*) Componente con caratteristiche di antigene verso l'organismo cui appartiene che, nelle malattie autoimmuni, induce la formazione di anticorpi.

autoarticolàto [comp. di *auto- (2)* e *articolato (1)*] s. m. ● Autoveicolo costituito da una motrice e da un semirimorchio. CFR. Autosnodato. ➡ ILL. **autoveicoli**.

autobetonièra [comp. di *auto- (2)* e *betoniera*] s. f. ● Autoveicolo attrezzato di betoniera che consente l'impasto del calcestruzzo durante il tragitto dal luogo di caricamento al luogo di utilizzazione. ➡ ILL. **autoveicoli**.

autobiografìa [comp. di *auto- (1)* e *biografia*] s. f. ● Narrazione della propria vita | Biografia di sé stesso.

autobiogràfico agg. (pl. m. *-ci*) ● Che concerne l'autobiografia | Che si riferisce a casi ed esperienze della propria vita: *notizia autobiografica.* || **autobiograficaménte**, avv. In forma autobiografica.

autobiografìsmo s. m. ● Tendenza di uno scrittore a porsi come protagonista della propria opera, a collegare con la propria vita i temi di cui tratta.

autoblìnda [comp. di *auto- (2)* e *blinda*] s. f. ● Automezzo protetto da una blindatura a prova di proiettile di fucile e variamente armato.

autoblindàta s. f. ● Autoblinda.

autoblindàto [comp. di *auto- (2)* e *blindato*] agg. **1** Detto di autoveicolo armato e blindato. **2** (*est.*) Fornito di autoblinda, montato su autoblinda: *reparto, reggimento a.*

autoblìndo s. f. inv. ● Acrt. di *autoblindomitragliatrice.*

autoblindomitragliatrice s. f. ● Autoblinda armata con una o più mitragliatrici.

autobloccànte [comp. di *auto- (1)* e di un deriv. di *bloccare*] agg. **1** (*autom.*) Detto di un particolare tipo di differenziale che automaticamente impedisce a una delle due ruote motrici di arrestarsi quando l'altra gira a vuoto. *2* (*edil.*) Detto di masselli in cemento che in fase di posa si incastrano l'uno con l'altro senza bisogno di essere cementati, usati spec. per pavimentazioni esterne.

autoblù o *àuto blu* s. f. ● Automobile gener. di colore blu usata, spec. per scopi di rappresentanza, da personalità o alti funzionari del mondo politico, amministrativo, industriale e sim.

autobómba [comp. di *auto-* (*2*) e *bomba*] s. f. ● Automobile in cui è stato collocato un grosso quantitativo di esplosivo, parcheggiata e poi fatta esplodere a scopo terroristico.

autobótte [comp. di *auto-* (*2*) e *botte*] s. f. ● Autoveicolo per il trasporto di liquidi il cui serbatoio è internamente diviso in scomparti indipendenti fra loro.

autobrùco [comp. di *auto-* (*2*) e *bruco*, perché si muove sul terreno come un bruco] s. m. (pl. *-chi*) ● Autoveicolo le cui ruote sono sostituite da cingoli in grado di procedere su ogni terreno.

àutobus o (*pop.*) **autobùs**, (*evit.*) **autòbus** [fr. *autobus*, comp. di *auto-* (*2*) e *-bus*] s. m. ● Grande autoveicolo pubblico per trasporto urbano o interurbano di persone | (*fam.*) *Perdere l'a.*, non fare in tempo a prenderlo e (*fig.*) lasciarsi sfuggire l'occasione favorevole. ➡ ILL. **autoveicoli**.

autobussìstico agg. (pl. m. *-ci*) ● Relativo ad autobus | Che si effettua mediante autobus: *trasporti autobussistici*.

autocalùnnia [comp. di *auto-* (*1*) e *calunnia*] s. f. ● (*dir.*) L'incolpare sé stessi, presso l'autorità giudiziaria, di un reato che si sa non avvenuto o di un reato commesso da altri.

autocamionàle [comp. di *auto-* (*2*) e *camionale*] s. f. ● Strada costruita appositamente per essere percorsa da camion.

autocampéggio [comp. di *auto-* (*2*) e *campeggio*] s. m. ● Campeggio praticato servendosi dell'automobile quale mezzo di spostamento.

autocàravan [comp. di *auto-* (*2*) e *caravan*] s. f. inv. ● Autofurgone sul cui telaio cabinato è montata una struttura analoga a quella del caravan, attrezzata come un'abitazione essenziale. SIN. Motorcaravan. ➡ ILL. **campeggiatore**.

autocarràto [da *autocarro*] agg. ● Detto di truppe o materiali trasportati con autocarri.

autocàrro [fr. *autocar*, dall'ingl. *autocar*. V. *auto-* (*2*) e *carro*] s. m. ● Grande autoveicolo comprendente una cabina di guida e un cassone per trasporto di cose: *a. a cassone aperto, a cassone ribaltabile, a furgone*. ➡ ILL. **autoveicoli**.

autocàṣa [comp. di *auto-* (*2*) e *casa*] s. f. ● Autocaravan.

autocefalìa [lat. mediev. *autocephalia*, da *autocĕphalus* 'autocefalo'] s. f. ● Nella Chiesa greca, indipendenza delle chiese nazionali dall'autorità dei patriarchi.

autocèfalo [vc. dotta, lat. *autocĕphalu(m)*, nom. *autocĕphalus*, dal gr. *autoképhalos*, comp. di *auto-* e *kephalḗ* 'testa'] **A** agg. ● Detto di ogni Chiesa greca nazionale che si regge con il sistema dell'autocefalia. **B** s. m. ● Vescovo della Chiesa greca non dipendente dal patriarca.

autocensùra [comp. di *auto-* (*1*) e *censura*] s. f. ● Censura attuata spontaneamente dall'autore su una propria opera da pubblicare o rappresentare, allo scopo di uniformarla preventivamente alle direttive dell'autorità pubblica e quindi prevenire la probabile censura di questa | (*est.*, *gener.*) Controllo preventivo delle proprie azioni o espressioni, detto di individui od organizzazioni.

autocensuràrsi [comp. di *auto-* (*1*) e *censurare*] v. rifl. ● Compiere un'autocensura | (*est.*) Limitare sé stessi nella manifestazione di pensieri, sentimenti, convincimenti.

autocentrànte [comp. di *auto-* (*1*) e *centrante*] **A** agg. ● (*tecnol.*) Che centra automaticamente: *piattaforma a.* **B** s. m. ● Morsa munita di tre ganasce che centra e sopporta il pezzo sul tornio o su altre macchine utensili durante la lavorazione.

autocèntro [comp. di *auto-* (*2*) e *centro*] s. m. *1* Unità organica del servizio automobilistico militare esistente fino alla seconda guerra mondiale. *2* Centro di assistenza e vendita di autovetture.

autocertificazióne [comp. di *auto-* (*1*) e *certificazione*] s. f. ● Diritto del cittadino di sostituire ai certificati rilasciati dagli uffici pubblici proprie dichiarazioni debitamente sottoscritte, concernenti alcune condizioni personali quali data e luogo di nascita, residenza, cittadinanza, stato civile e sim.

autocestèllo [comp. di *auto-* (*2*) e *cestello*] s. m. ● Autoveicolo attrezzato con un braccio elevatore, telescopico, articolato e orientabile, alla cui estremità libera è fissata una piattaforma che consente di eseguire con sicurezza e facilità lavori di installazione e manutenzione di apparecchiature tecnologiche ovvero di potatura di piante a notevole altezza dal suolo.

autocìnema [comp. di *auto-* (*2*) e *cinema*] s. m. inv. ● Cineparco.

autocingolàto [comp. di *auto-* (*2*) e *cingolato*] s. m. ● Autoveicolo munito di cingoli al posto delle ruote.

autocistèrna [comp. di *auto-* (*2*) e *cisterna*] s. f. ● Autoveicolo per il trasporto di liquidi il cui serbatoio non è internamente diviso in scomparti indipendenti. ➡ ILL. **autoveicoli**.

autocisternìsta [da *autocisterna*] s. m. (pl. *-i*) ● Guidatore di un'autocisterna.

autocitàrsi v. tr. rifl. ● Citare un proprio scritto o discorso.

autocitazióne [comp. di *auto-* (*1*) e *citazione*] s. f. ● Citazione di un proprio scritto o discorso.

autoclàve [fr. *autoclave*, comp. di *auto-* (*1*) e lat. *clāvis* 'chiave', in quanto si chiude da sé] s. f. *1* Chiusura ermetica per recipienti nei quali la pressione interna è maggiore di quella esterna. *2* Recipiente a chiusura ermetica usato per ottenere temperature superiori a 100 °C, per il trattamento di oggetti da sterilizzare o di sostanze da trasformare: *a. di disinfezione, per tintoria*.

autoclavìsta s. m. (pl. *-i*) ● Operaio specializzato che sorveglia il funzionamento di un'autoclave.

autocolónna [comp. di *auto-* (*2*) e *colonna*] s. f. ● Gruppo di automezzi che viaggiano in colonna.

autocombustióne [comp. di *auto-* (*1*) e *combustione*] s. f. *1* (*gener.*) Incendio spontaneo di materiali vari, facilmente infiammabili, spec. per eccesso di calore estivo: *l'a. dei boschi*. *2* (*autom.*) Combustione che segue all'autoaccensione.

autocommiṣerazióne [comp. di *auto-* (*1*) e *commiserazione*] s. f. ● Il sentire pietà per sé stessi, per le proprie sventure e sim.

autocompensazióne [comp. di *auto-* (*1*) e *compensazione*] s. f. ● Il compensare sé stesso, il trovare compensazione da sé.

autocompiaciménto [comp. di *auto-* (*1*) e *compiacimento*] s. m. ● Il compiacersi di sé stessi, dei propri successi, delle proprie azioni e sim.

autoconcessionàrio [comp. di *auto-* (*1*) e *concessionario*] s. m. ● Concessionario di vendita di automobili per conto di una casa produttrice.

autoconservazióne [comp. di *auto-* (*1*) e *conservazione*] s. f. ● Conservazione di sé stessi, difesa della propria vita: *istinto di a.*

autoconsùmo [comp. di *auto-* (*1*) e *consumo*] s. m. ● Utilizzazione da parte degli agricoltori di un'aliquota del prodotto per le necessità familiari.

autocontràtto [comp. di *auto-* (*1*) e *contratto*] s. m. ● Correntemente, contratto che il rappresentante conclude con sé stesso in proprio o come rappresentante di un'altra parte.

autocontròllo [comp. di *auto-* (*1*) e *controllo*] s. m. ● Dominio, padronanza delle proprie azioni e reazioni: *perdere l'a.*

autoconvocàto [comp. di *auto-* (*1*) e *convocato*] agg.; anche s. m. (f. *-a*) ● Nel linguaggio sindacale, che, chi, senza alcuna convocazione ufficiale, ha deciso di propria iniziativa di riunirsi per dar vita a un'assemblea, una riunione, una manifestazione e sim.

autoconvòglio [comp. di *auto-* (*2*) e *convoglio*] s. m. ● Convoglio di automezzi.

autocopiànte [comp. di *auto-* (*1*) e del part. pres. di *copiare*] agg. ● Detto di carta che permette di ottenere una o più copie di una scrittura senza bisogno della carta carbone.

autocorìa s. f. ● (*bot.*) Disseminazione senza l'aiuto di agenti esterni. SIN. Autodisseminazione.

autocòro [comp. di *auto-* (*1*) e un deriv. del gr. *chōrêin* 'scagliarsi'] agg. ● (*bot.*) Che presenta autocoria.

autocorrelazióne [comp. di *auto-* (*1*) e *correlazione*] s. f. ● (*stat.*) Correlazione fra i valori assunti da una variabile statistica in tempi diversi.

autocorrezióne [comp. di *auto-* (*1*) e *correzione*] s. f. *1* Depurazione che l'acqua dei fiumi e dei laghi subisce naturalmente. *2* (*pedag.*) Controllo che l'alunno esercita da solo sulle proprie risposte per verificarne l'esattezza.

autocorrièra [comp. di *auto-* (*2*) e *corriera*] s. f. ● Autoveicolo che compie un servizio pubblico di comunicazioni per viaggiatori, oggetti, posta, con percorso, prezzi e orario stabiliti.

autocosciènza [comp. di *auto-* (*1*) e *coscienza*] s. f. *1* Nella filosofia idealistica, la consapevolezza che ha di sé un principio infinito condizione di tutta la realtà. *2* Forma di analisi collettiva in cui varie persone si radunano per analizzare e confrontare le proprie esperienze di vita: *fare a.*; *gruppo di a.*

autòcrate o (*raro*) **autòcrata** [gr. *autocratḗs*, comp. di *auto-* 'auto- (*1*)' e *krátos* 'forza', attrav. il fr. *autocrate*] s. m. ● Sovrano assoluto | (*est.*) Despota, prepotente.

autocràtico [fr. *autocratique*, da *autocrate* 'autocrate'] agg. (pl. m. *-ci*) ● Di, da autocrate: *governo a.*; *leggi autocratiche*. SIN. Dispotico. || **autocraticaménte**, avv.

autocrazìa [vc. dotta, gr. *autokráteia*, da *autokratḗs* 'autocrate', prob. attrav. il fr. *autocratie*] s. f. ● Governo dispotico, tirannico.

autocrìtica [comp. di *auto-* (*1*) e *critica*] s. f. *1* Capacità di giudicare e di criticare direttamente sé stessi, le proprie azioni, le proprie opere e sim.: *essere dotati di a.* *2* Nel lessico comunista, riconoscimento fatto in pubblico dei propri errori.

autocrìtico agg. (pl. m. *-ci*) ● Proprio dell'autocritica: *assumere un atteggiamento a.*

autocròss /auto'krɔs/ [comp. di *auto-* (*2*) e dell'ingl. *cross* sul modello di *motocross*] s. m. inv. ● Sport automobilistico consistente nel percorrere piste accidentate di 1-2 km, con vecchie auto riadattate o con auto costruite appositamente.

autòctiṣi [comp. di *auto-* (*1*) e gr. *ktísis* 'creazione'] s. f. ● (*filos.*) Attualismo.

autoctonìa s. f. ● Qualità di chi, di ciò che è autoctono.

autòctono [vc. dotta, lat. tardo *autŏchthone(m)*, nom. *autŏchthon*, dal gr. *autóchthōn*, comp. di *auto-* 'auto- (1)' e *chthṓn*, genit. *chthonós* 'terra'] **A** agg. ● Detto di roccia o corpo geologico formatosi nel luogo in cui si trova senza aver subito trasporti tettonici. **B** agg.; anche s. m. (f. *-a*) ● Che, chi è nato nel luogo in cui risiede: *popolazioni autoctone*; *gli autoctoni della Valle Aurina*.

autodafé [port. *auto da fe* 'atto della fede'] s. m. ● In Spagna, proclamazione solenne della sentenza dell'inquisitore ed esecuzione della stessa | Il bruciare sul rogo degli eretici.

autodeciṣióne [comp. di *auto-* (*1*) e *decisione*] s. f. ● Capacità di prendere decisioni autonome, senza subire influenze estranee o costrizioni | *A. dei popoli*, diritto dei popoli di decidere liberamente del loro destino.

autodemolizióne [comp. di *auto-* (*2*) e *demolizione*] s. f. *1* Demolizione di autoveicoli vecchi o inutilizzabili, da cui vengono recuperati i pezzi ancora in buono stato. *2* (*est.*) Luogo, centro di raccolta degli autoveicoli destinati a essere demoliti.

autodenùncia o **autodenùnzia** [comp. di *auto-* (*1*) e *denuncia*] s. f. (pl. *-ce* o *-cie*) *1* Denuncia di sé stesso | Spontanea confessione dei propri errori e delle proprie colpe. *2* (*dir.*) Denuncia di un reato all'autorità competente da parte dell'autore dello stesso che se ne confessa colpevole.

autodeterminazióne [comp. di *auto-* (*1*) e *determinazione*] s. f. *1* Autodecisione: *l'a. dell'uomo, dei popoli*. *2* In topografia, operazione per individuare sulla carta la posizione in cui ci si trova, cioè il punto di stazione.

autodi̯àgnoṣi [comp. di *auto-* (*1*) e *diagnosi*] s. f. ● Controllo delle condizioni e del funzionamento delle varie parti di un'apparecchiatura, di un motore e sim., compiuto automaticamente da un sistema elettronico-meccanico di cui la macchina è dotata.

autodidàtta [gr. *autodídaktos*, comp. di *auto-* (*1*) e *didáskō* 'io insegno' attrav. il fr. *autodidacte*] s. m. e f. (pl. m. *-i*) ● Chi si è istruito o ha ampliato la propria cultura senza frequentare scuole e senza l'aiuto di insegnanti.

autodidàttico agg. (pl. m. *-ci*) ● Proprio dell'autodidatta: *metodo a.*

autodifésa [comp. di *auto-* (*1*) e *difesa*] s. f. *1* Attività difensiva esplicata personalmente. *2* Autotutela.

autodìna [comp. di *auto-* (*1*) e (*etero*)*dina*] s. f. ● Autoeterodina.

autodirètto [comp. di *auto-* (*1*) e *diretto*] agg. ● Detto di chi ha autonoma capacità di decisione e non si lascia influenzare dai consigli degli altri.

autodisciplina [comp. di *auto-* (*1*) e *disciplina*] s. f. ● Disciplina che l'individuo impone a sé stesso o che trova in sé stessa i motivi che la determinano.

autodisseminazióne [comp. di *auto-* (*1*) e *disseminazione*] s. f. ● (*bot.*) Autocoria.

autodistrùggersi [comp. di *auto-* (*1*) e *distruggere*] v. rifl. (coniug. come *distruggere*) ● Comportarsi in modo tale da causare, più o meno coscientemente, la propria rovina fisica e psichica.

autodistruttivo agg. ● Di autodistruzione: *tendenze autodistruttive.*

autodistruzióne [comp. di *auto-* (*1*) e *distruzione*] s. f. ● Atto, effetto dell'autodistruggersi.

autodonazióne [comp. di *auto-* (*1*) e *donazione*] s. f. ● (*med.*) Pratica medica consistente nel prelievo di sangue, nella sua modificazione o arricchimento e reintroduzione nello stesso individuo donatore; è effettuata a scopo terapeutico o sperimentale. CFR. Plasmaferesi.

autòdromo o (*evit.*) **autodròmo** [comp. di *auto-* (*2*) e del gr. *drómos* 'corsa'] s. m. ● Pista destinata a gare automobilistiche e motociclistiche.

autoeccitazióne [comp. di *auto-* (*1*) ed *eccitazione*] s. f. ● Fenomeno per cui una macchina elettrica si eccita con i suoi propri mezzi.

autoeducazióne [comp. di *auto-* (*1*) ed *educazione*] s. f. ● Educazione spontanea di sé stesso.

autoemarginazióne [comp. di *auto-* (*1*) e *emarginazione*] s. f. ● Atto di chi volutamente e consapevolmente si mette ai margini della società, si esclude dalla vita sociale.

autoemotèca [comp. di *auto-* (*2*) ed *emoteca*] s. f. ● Autoveicolo attrezzato a emoteca.

autoemoterapìa [comp. di *auto-* (*1*) ed *emoterapia*] s. f. ● (*med.*) Cura di malattie mediante introduzione di sangue prelevato dallo stesso soggetto per via parenterale.

autoemotrasfuṣióne [comp. di *auto-* (*1*), *emo-* e *trasfusione*] s. f. ● (*med.*) Autotrasfusione.

autoerotìṣmo [comp. di *auto-* (*1*) ed *erotismo*] s. m. ● Ricerca di sensazioni di tipo sessuale sulla propria persona | (*est.*) Masturbazione.

autoeṣàme [comp. di *auto-* (*1*) e *esame*] s. m. ● Esame di una parte del corpo che una persona compie da sé | *A. del seno*, esame delle mammelle che la donna esegue da sola per controllare la comparsa di noduli o altre alterazioni.

autoesclùdersi [comp. di *auto-* (*1*) ed *escludere*] v. rifl. ● Porsi deliberatamente al di fuori di q.c., estromettersi dalla partecipazione a un'attività, a un diritto o dal godimento di un bene.

autoeterodìna [comp. di *auto-* (*1*) ed *eterodina*] s. f. ● Circuito per la ricezione radiotelegrafica di segnali che si sovrappongono alle oscillazioni da esso generate.

autofagìa [comp. di *auto-* (*1*) e *-fagia* attraverso il fr. *autophagie*] s. f. *1* (*fisiol.*) Durante un digiuno prolungato, consumo da parte dell'organismo di materiale presente nei propri tessuti. *2* (*psicol.*) Manifestazione psicotica consistente in un impulso irrefrenabile a mordersi. *3* (*biol.*) Digestione intracellulare di materiale endogeno appartenente alla cellula stessa, che si verifica all'interno di un lisosoma.

autofagosòma [vc. dotta, comp. del gr. *autophágos* 'che divora (da *phagêin* 'mangiare') sé stesso (*autós*)' e *soma*] s. m. (pl. *-i*) ● (*biol.*) Struttura citoplasmatica delimitata da membrana e costituita da porzioni cellulari destinate a essere demolite.

autofattùra [comp. di *auto-* (*1*) e *fattura*] s. f. ● Fattura emessa nei propri confonti dall'acquirente di merci o servizi, anziché dal fornitore, spec. a fini fiscali.

autofecondazióne [comp. di *auto-* (*1*) e *fecondazione*] s. f. ● (*biol.*) Fecondazione in cui le cellule maschili di un individuo ermafrodito fecondano le cellule femminili dello stesso individuo.

autoferrotranviàrio /autoferrotran'vjarjo, autoferrotranvi'arjo/ [comp. di *auto*(*mobilistico*), *ferro*(*viario*) e *tranviario*] agg. ● Che si riferisce ai trasporti pubblici automobilistici, ferroviari e tranviari.

autoferrotranvière s. m. ● Lavoratore dei trasporti autoferrotranviari.

autofertilizżànte [comp. di *auto-* (*1*) e *fertilizzante*] agg. ● (*fis.*) Detto di reattore nucleare in cui sono presenti nuclei non fissili che vengono trasformati in fissili dai neutroni emessi nelle reazioni di fissione.

autofficìna [comp. di *auto-* (*2*) e *officina*] s. f. ● Officina mobile autonoma montata su autocarro | Officina dove si riparano automobili.

autofilettànte [comp. di *auto-* (*1*) e il part. pres. di *filettare*] agg. ● Detto di vite di acciaio che filetta direttamente il foro mentre viene avvitata.

autofilotranviàrio /autofilotran'vjarjo, autofilotranvi'arjo/ [comp. di *auto*(*mobilistico*), *filo*(*bus*) e *tranviario*] agg. ● Relativo agli autobus, ai filobus e ai tram: *rete autofilotranviaria.*

autofinanziaménto [comp. di *auto-* (*1*) e *finanziamento*] s. m. ● Reimpiego totale o parziale, nell'ambito di un'impresa, degli utili da essa stessa conseguiti.

autofinanziàrsi [comp. di *auto-* (*1*) e *finanziare*] v. rifl. ● Provvedere con fonti interne di finanziamento ai fabbisogni aziendali.

autofòcus [dall'ingl. *autofocus*, comp. di *auto-* (*1*) e *focus* 'fuoco fotografico'] agg. ● Detto di macchina fotografica e di proiettore per diapositive dotati di speciale dispositivo per la messa a fuoco automatica dell'immagine.

autofurgóne [comp. di *auto-* (*2*) e *furgone*] s. m. ● Autocarro chiuso: *a. funebre, cellulare.*

autogamìa [comp. di *auto-* (*1*) e *-gamia*] s. f. ● (*bot.*) Impollinazione diretta.

autogèneṣi [comp. di *auto-* (*1*) e *genesi*] s. f. ● Generazione spontanea di esseri viventi.

autògeno [gr. *autogenḗs*, comp. di *auto-* (*1*) e *-geno*] agg. *1* Che si genera da sé | (*psicol.*) *Training a.*, insieme di tecniche psicoterapeutiche fondate sulla distensione spontanea del soggetto che si concentra su se stesso, controllando e ripristinando il buon funzionamento degli organi su cui si scaricano solitamente conflitti e tensioni psichiche. *2* Detto di saldatura di due parti metalliche ottenuta mediante fusione del metallo stesso, senza aggiunta di metallo di apporto o con l'aggiunta di materiale uguale a quello da saldare.

autogestióne [comp. di *auto-* (*1*) e *gestione*] s. f. ● Gestione di un'azienda da parte dei lavoratori della stessa | (*est.*) Gestione di un qualsiasi organismo o attività da parte di coloro che vi operano: *a. di una scuola, di un asilo.*

autogestire [comp. di *auto-* (*1*) e *gestire*] v. tr. (*io autogestìsco*) ● Sottoporre ad autogestione.

autogìro [comp. di *auto-* (*2*) e *giro*] s. m. ● (*aer.*) Aerogiro mosso da una normale elica a motore e sostentato da uno o più rotori folli orizzontali mossi dal vento dovuto al movimento.

autognoṣìa [vc. dotta, gr. *autognōsía* 'assoluta conoscenza', comp. di *auto-* 'auto- (1)' e *gnôsis* 'conoscenza'] s. f. ● (*filos.*) Autocoscienza.

autogòl o **autogoal** /auto'gɔl, *semi-ingl.* 'auto 'goul/ [comp. di *auto-* (*1*) e *gol*] s. m. inv. *1* Nel calcio, punto a vantaggio della squadra avversaria segnato da un calciatore che manda erroneamente il pallone nella propria porta. SIN. Autorete. *2* (*fig.*) Iniziativa che si rivela dannosa per chi l'ha assunta.

autogonfiàbile [comp. di *auto-* (*1*) e *gonfiabile*] **A** agg. ● Che si gonfia da sé, automaticamente: *canotto, zattera a.* **B** s. m. ● Canotto, zattera autogonfiabile.

autogonìa [comp. di *auto-* (*1*) e *-gonia*] s. f. ● Autogenesi.

autogovernàrsi [comp. di *auto-* (*1*) e *governare*] v. rifl. (*io mi autogovèrno*) ● Amministrarsi da soli, senza controlli esterni.

autogovèrno [comp. di *auto-* (*1*) e *governo*] s. m. ● Facoltà concessa a un gruppo sociale di amministrarsi da solo | *A. locale*, delle comunità locali governate da organi elettivi locali | *A. dei popoli*, concesso ai Paesi che raggiungono l'indipendenza, spec. alle ex-colonie.

autografìa s. f. *1* Qualità di ciò che è autografo. *2* Tecnica semplice, ma grossolana e in disuso, per trasportare su pietra litografica o lastra di zinco un disegno eseguito con inchiostro grasso su carta speciale.

autogràfico agg. (pl. m. *-ci*) *1* Di, relativo ad, autografo. *2* Di, relativo a, autografia: *riproduzione autografica.*

autògrafo [vc. dotta, lat. *autŏgraphu*(*m*), nom. *autographus*, dal gr. *autógraphos*, comp. di *auto-* 'auto- (1)' e *-graphos* '-grafo'] **A** agg. ● Scritto di pugno dall'autore: *manoscritto a.* **B** s. m. *1* Manoscritto di opera letteraria vergato di mano propria dall'autore. *2* Qualsiasi documento scritto di pugno da una persona: *abbiamo tre autografi di Garibaldi* | (*est.*) Firma: *chiedere un a. a un famoso attore.*

autogrill ® /auto'gril/ [nome commerciale; comp. di *auto-* (*2*) e dell'ingl. *grill* (*room*) 'rosticceria'] s. m. ● Posto di ristoro per automobilisti situato nelle aree di servizio delle autostrade.

autogrù [comp. di *auto-* (*2*) e *gru*] s. f. ● Autoveicolo munito di gru, usato spec. per la rimozione di altri veicoli in avaria o in sosta abusiva. ➡ ILL. **autoveicoli**; **vigili del fuoco**.

autoguìda (**1**) [comp. di *auto-* (*1*) e *guida*] s. f. ● (*aer., mil.*) Guida automatica di un missile, un siluro e sim. verso un bersaglio fisso o mobile, mediante informazioni ricevute direttamente dal bersaglio stesso. SIN. Homing.

autoguìda (**2**) [comp. di *auto-* (*2*) e *guida*] s. f. ● Scuola di guida automobilistica.

autoguidàto agg. ● Detto di ciò che è dotato di autoguida: *missile a.*

autoimbustànte [comp. di *auto-* (*1*) e del part. pres. di *imbustare*] **A** s. m. ● Modulo che si può ripiegare e chiudere a busta. **B** anche agg.: *modulo a.*

autoimmondìzie [comp. di *auto-* (*2*) e il pl. di *immondizia*] s. m. inv. ● Autoveicolo dotato di una parte ribaltabile per il carico e lo scarico delle immondizie. ➡ ILL. **autoveicoli**.

autoimmùne [da *autoimmunità*] agg. ● (*biol.*) Caratterizzato da, relativo ad autoimmunità: *malattia a.*

autoimmunità [ingl. *autoimmunity*. V. *auto-* (*1*) e *immunità*] s. f. ● (*med.*) Stato patologico in cui, per errato riconoscimento immunitario, si ha, in un organismo, produzione di anticorpi specifici contro i costituenti dello stesso organismo.

autoimmunizżazióne [da *autoimmunità*] s. f. ● (*med.*) Processo spontaneo o indotto in grado di determinare autoimmunità.

autoimpollinazióne [comp. di *auto-* (*1*) e *impollinazione*] s. f. ● (*bot.*) Impollinazione dell'ovario di un fiore da parte del polline dello stesso fiore.

autoincèndio [comp. di *auto-* (*2*) e *incendio*] s. m. ● Autoveicolo dotato di apposite attrezzature per domare gli incendi. ➡ ILL. **autoveicoli**; **vigili del fuoco**.

autoindótto [comp. di *auto-* (*1*) e *indotto*, sul modello di *autoinduzione*] agg. ● (*fis.*) Relativo all'autoinduzione.

autoinduttànza [comp. di *auto-* (*1*) e *induttanza*] s. f. ● (*fis.*) Coefficiente di autoinduzione di un circuito elettrico.

autoinduzióne [calco dell'ingl. *self-induction*. V. *auto-* (*1*) e *induzione*] s. f. ● (*fis.*) Fenomeno per cui il campo magnetico generato da una corrente circolante in un circuito lo influenza, e il cui risultato è la creazione di corrente indotta che si sovrappone e compone con la corrente principale.

autoinnaffiatrice [comp. di *auto-* (*2*) e *innaffiatrice*] s. f. ● Autobotte attrezzata per innaffiare le strade.

autoinnèsto [comp. di *auto-* (*1*) e *innesto*] s. m. ● (*chir.*) Autotrapianto.

autointossicazióne [fr. *autointoxication*. V. *auto-* (*1*) e *intossicazione*] s. f. ● (*med.*) Intossicazione dell'organismo per azione di tossici prodotti dallo stesso.

autoipnòṣi [comp. di *auto-* (*1*) e *ipnosi*] s. f. ● Ipnosi esercitata su sé stessi.

autoironìa [comp. di *auto-* (*1*) e *ironia*] s. f. ● Capacità di ironizzare, ridere di sé stessi.

autolàtra s. m. e f. (pl. m. *-i*) ● Chi dà prova di autolatria.

autolatrìa [comp. di *auto-* (*1*) e *latria*] s. f. • (*psicol.*) Esagerata stima e adorazione di sé stesso. SIN. Egolatria.

autolavàggio [comp. di *auto-* (*2*) e *lavaggio*] s. m. • Luogo appositamente attrezzato per la pulizia e il lavaggio di autoveicoli.

autolesióne [comp. di *auto-* (*1*) e *lesione*] s. f. • Lesione, minorazione e sim. prodotta deliberatamente sul proprio corpo.

autolesionismo [da *autolesione*] s. m. *1* Il produrre deliberatamente una minorazione, temporanea o permanente, sul proprio corpo. *2* (*est.*) Comportamento di chi cagiona il proprio danno (*anche fig.*): *il suo discorso è un brillante esempio di a.*

autolesionista s. m. e f. (pl. m. *-i*) • Chi commette autolesionismo (*anche fig.*)

autolesionistico agg. (pl. m. *-ci*) • Che è proprio dell'autolesionista o dell'autolesionismo.

autolettiga [comp. di *auto-* (*2*) e *lettiga*] s. f. • Autoambulanza.

autolettùra [comp. di *auto-* (*1*) e *lettura*] s. f. • Lettura dei contatori che registrano il consumo periodico di acqua, elettricità o gas, compiuta dall'utente stesso e comunicata per posta o per telefono all'azienda erogatrice.

autolibro [comp. di *auto-* (*2*) e *libro*] s. m. • Bibliobus.

autolinea [comp. di *auto-* (*2*) e *linea*] s. f. • Linea di comunicazione percorsa regolarmente da autoveicoli pubblici.

autòlisi [comp. di *auto-* (*1*) e del gr. *lýsis* 'scioglimento'] s. f. • (*med.*) Disintegrazione spontanea delle cellule o dei tessuti per azione di sostanze da essi stessi prodotte.

autòlogo [vc. dotta, comp. di *aut(o)-* e *-ologo*, tratto da *omologo*] agg. (pl. m. *-gi*) • (*biol.*) Derivato dai o localizzato nei tessuti propri di un individuo: *trapianto a.*

autòma o †**autòmato** [vc. dotta, lat. tardo *autŏmatu(m)*, dal gr. *autómatos* 'semovente', da *autós*. V. *auto-* (*1*). La forma *automa* è ricavata dal pl. *automati*] s. m. (pl. *-i*) *1* Dispositivo meccanico che riproduce i movimenti, e generalmente l'aspetto esterno, dell'uomo e degli animali | In cibernetica, sistema dotato di alcune delle proprietà che caratterizzano gli organismi viventi superiori, compreso l'uomo, quali la capacità di autoregolazione, l'adattamento all'ambiente e l'apprendimento. *2* (*est.*) Chi agisce, si muove, e sim. in modo meccanico, senza rendersi conto dei propri atti: *camminare come un a.*; *eseguire un ordine come un a.*; *essere impassibile come un a.*

automàtica [f. sost. di *automatico*] s. f. • Scienza che si occupa della costruzione di macchine capaci di svolgere tutta la successione di operazioni necessarie alla produzione di un bene, senza l'intervento fisico dell'uomo. CFR. Automazione.

automaticità [da *automatico*] s. f. • Qualità di ciò che è automatico: *l'a. di un congegno, di un atto.*

automaticizzàre v. tr. • Automatizzare.

automaticizzazióne s. f. • Automazione.

automàtico [da †*automato* o dal fr. *automatique*] **A** agg. (pl. m. *-ci*) *1* (*tecnol.*) Detto di operazione che si compie da sé, senza intervento di un manovratore: *chiusura automatica*; *scatto a.* *2* (*est.*) Detto di macchina o meccanismo che, regolato opportunamente, è in grado di compiere date operazioni senza il diretto intervento dell'uomo: *lavatrice automatica* | *Distributore a. di biglietti*, che funziona con l'introduzione di una moneta o di un gettone | *Telefono a selezione automatica*, con cui si possono fare telefonate interburbane formando un prefisso prima del numero desiderato | *Orologio a.*, da polso, nel quale un congegno particolare utilizza i movimenti del braccio per caricare la molla | *Bottone a.*, bottone metallico in due parti che si incastrano a pressione mediante una molla | *Arma automatica*, arma da fuoco moderna a ripetizione, in cui appositi congegni provvedono all'estrazione del bossolo scarico ed al ricaricamento. *3* (*fig.*) Detto di movimento eseguito senza la diretta partecipazione della coscienza e della volontà: *gesti automatici*; *fece un a. cenno del capo* | Detto di ciò che si verifica come diretta conseguenza di un altro fatto: *l'aumento del prezzo della benzina provoca l'a. aumento di tutti gli altri prezzi.* || **automaticaménte**, avv. **B** s. m. *1* Bottone automatico. *2* Fucile automatico, spec. da caccia.

automatismo [fr. *automatisme*] s. m. *1* Qualità di ciò che è automatico: *l'a. di una lavorazione meccanica, di una macchina.* *2* Attrezzatura automatica che sostituisce completamente l'attività manuale per l'esecuzione di un'operazione. *3* (*psicol.*) Carattere degli atti compiuti meccanicamente, senza partecipazione della coscienza.

automatizzàre [fr. *automatiser*] v. tr. • Rendere automatico | *A. gli impianti*, in modo da renderli efficienti al massimo con limitato intervento della manodopera.

automatizzazióne s. f. • Automazione.

†**autòmato** • V. *automa*.

automazióne [ingl. *automation*, accorciamento di *automatization*] s. f. • Ogni tecnica che prevede la sostituzione della macchina all'uomo non solo per quanto riguarda l'esecuzione delle operazioni materiali ma anche per quanto riguarda il controllo del processo.

automedónte [da *Automedonte*, n. dell'auriga di Achille] s. m. • (*scherz.*) Cocchiere.

automercàto [comp. di *auto-* (*2*) e *mercato*] s. m. *1* Mercato automobilistico. *2* Esercizio commerciale che si occupa della compravendita di automobili.

automèzzo [comp. di *auto-* (*2*) e *mezzo* (di trasporto)] s. m. • Autoveicolo.

automobilàstro s. m. (f. *-a*) • (*spreg.*) Automobilista inesperto e spericolato.

automòbile [fr. *automobile*, comp. di *auto-* 'auto- (1)' e *mobile* 'che si muove'] **A** agg. • Che si muove per forza propria: *congegno, macchina a.* **B** s. f. o †m. • Veicolo, generalmente a quattro ruote, mosso da un proprio motore per lo più a combustione interna e destinato al trasporto su strada di un numero limitato di passeggeri | *A. da corsa*, monoposto, di linea affusolata, priva degli accessori non essenziali e con motore potentissimo, usata per gare in pista | *A. da turismo*, a due o più posti, generalmente coperta, per viaggiare sulle normali strade | *A. elettrica*, mossa da uno o più motori elettrici | *A. sportiva*, generalmente a due posti, molto veloce | *A. di piazza*, tassì. ➡ ILL. p. 1748-1751 TRASPORTI. || **automobilàccia**, pegg. | **automobilina**, dim. (V.) | **automobilóna**, accr.

automobilina s. f. *1* Dim. di *automobile*. *2* Piccola vettura elettrica con cui, nei parchi di divertimento, si corre su apposite piste.

automobilismo s. m. • Tutto ciò che riguarda gli autoveicoli e il loro impiego | (*per anton.*) Sport delle corse in automobile.

automobilista s. m. e f. (pl. m. *-i*) • Chi guida un'automobile | Chi pratica l'automobilismo.

automobilistico agg. (pl. m. *-ci*) • Che si riferisce all'automobile o all'automobilismo: *corse, gare automobilistiche* | Che si riferisce agli autoveicoli: *patente automobilistica*; *registro a.*

automodellismo [comp. di *auto-* (*2*) e *modellismo*] s. m. • Tecnica e attività che riguardano la riproduzione in scala ridotta di modelli d'automobile | Collezionismo di modelli d'automobile di piccole dimensioni.

automontàto [comp. di *auto-* (*2*) e *montato*] agg. • Montato su automezzi: *reparti automontati.*

automorfismo [comp. di *auto-* (*1*) e *-morfismo*] s. m. • (*mat.*) Isomorfismo in cui dominio e immagine del dominio sono la stessa struttura | Correntemente, isomorfismo di una struttura su sé stessa.

automóstra [comp. di *auto-* (*2*) e *mostra*] s. m. inv. • Autoveicolo internamente attrezzato per la mostra al pubblico di una data merce, in genere libri.

automotóre [fr. *automoteur*. V. *auto-* (*1*) e *motore*] agg. (f. *-trice* (V.)) • Detto di macchina o impianto che funziona per mezzo di un motore in essa contenuto | *Rotabile a.*, rotabile ferroviario provvisto di apparato motore e destinato a portare carico utile ed eventualmente a trainare altri rotabili ferroviari. SIN. Automotrice | *Gruppo a.*, insieme, funzionalmente inscindibile, di rotabili ferroviari tra loro articolati, provvisto di apparato motore. SIN. Elettrotreno.

automotrìce [comp. di *auto-* (*1*) e *motrice*] s. f. • Rotabile automotore. ➡ ILL. p. 1752 TRASPORTI.

automutilazióne [comp. di *auto-* (*1*) e *mutilazione*] s. f. • Il mutilare sé stessi | Il procurarsi diminuzioni nell'integrità fisica per fini illeciti.

autònica [comp. di *auto-* (*2*) e (*elettro*)*nica*] s. f. • Elettronica applicata agli autoveicoli.

autonoleggiatóre s. m. • Proprietario o gerente di un autonoleggio.

autonoléggio [comp. di *auto-* (*1*) e *noleggio*] s. m. • Noleggio di automobili | Azienda che esercita tale attività.

autonomìa [vc. dotta, gr. *autonomía*. V. *autonomo*] s. f. *1* Capacità di governarsi con proprie leggi: *l'a. dello Stato*; *a. legislativa regionale*; *a. politica, amministrativa.* *2* (*est.*) Indipendenza: *l'a. dell'ordine giudiziario* | *A. contrattuale*, libertà riconosciuta ai privati di concludere contratti previsti dalla legge o non previsti o previsti solo in parte | (*econ.*) *Protocollo di a.*, dichiarazione scritta obbligatoria con la quale i soci di una società di intermediazione mobiliare affermano la loro autonomia gestionale e il non impedimento a una gestione indipendente della società stessa | (*mil.*) *A. logistica*, capacità di vivere e di combattere, anche in caso di interruzione dei normali rifornimenti, mediante assegnazione suppletiva di materiali e mezzi. *3* (*est.*) Capacità di pensare e di agire liberamente, senza subire influenze estranee: *conservare la propria a.* *4* (*polit.*) Movimento spontaneo extraparlamentare, fiorito negli anni '70, che rifiuta totalmente le istituzioni tradizionali, e identifica il momento politico con quello personale. *5* In impianti, macchinari e sim., capacità di funzionare per un certo periodo senza ulteriore rifornimento di energia | Distanza che un mezzo di trasporto può percorrere con il quantitativo di combustibile di cui è capace il serbatoio, e il periodo di tempo corrispondente.

autonomismo s. m. • Tendenza all'autonomia politica o amministrativa.

autonomista **A** s. m. e f. (pl. m. *-i*) • Fautore dell'autonomia. **B** agg. • Autonomistico.

autonomistico agg. (pl. m. *-ci*) • Relativo all'autonomismo | Che mira all'autonomia.

autònomo [vc. dotta, gr. *autónomos* 'che si governa con proprie leggi', comp. di *auto-* 'auto- (1)' e *nómos* 'legge'] **A** agg. *1* Dotato di autonomia: *ente a.*; *regione autonoma*; *azienda autonoma* | *Lavoro a.*, che si presta senza vincolo di subordinazione. *2* (*est.*) Libero, indipendente: *attività autonoma* | Non condizionato da altri fattori: *mutamento fonetico a.* *3* (*anat.*) *Sistema nervoso a.*, V. *nervoso*. || **autonomaménte**, avv. **B** s. m. (f. *-a*) *1* (*polit.*) Chi si riconosce nelle posizioni del movimento dell'Autonomia. *2* Chi aderisce a organizzazioni sindacali di settore non collegate con la federazione sindacale unitaria C.G.I.L.-C.I.S.L.-U.I.L.

autoparchéggio [comp. di *auto-* (*1*) e *parcheggio*] s. m. • Parcheggio per autoveicoli.

autopàrco [comp. di *auto-* (*1*) e *parco*] s. m. (pl. *-chi*) *1* Autoparcheggio. *2* Il complesso degli autoveicoli addetti a un servizio o a un ente.

autopattùglia [comp. di *auto-* (*2*) e *pattuglia*] s. f. • Pattuglia di agenti delle forze dell'ordine che compiono servizio di vigilanza a bordo di un'automobile.

autopiàno [comp. di *auto-* (*1*) e *piano* 'pianoforte'] s. m. • Pianoforte i cui tasti sono mossi da un congegno azionato elettricamente o da pedali.

autopilòta [comp. di *auto-* (*1*) e *pilota*] s. m. (pl. *-i*) • Meccanismo usato spec. a bordo di aerei o natanti per sostituire in tutto o in parte il pilota umano | *A. giroscopico*, che funziona a mezzo di giroscopi.

autopìsta [comp. di *auto-* (*1*) e *pista*] s. f. *1* Strada naturale in regione desertica, percorribile da autoveicoli. *2* Nei parchi di divertimento, pista per piccole automobili elettriche.

autoplastìa [fr. *autoplastie*, comp. di *auto-* 'auto- (1)' e del gr. *plássō* 'io faccio'] s. f. • (*med.*) Riparazione chirurgica di difetti organici con innesti prelevati dallo stesso individuo.

autoplàstica s. f. • Autoplastia.

autopómpa [comp. di *auto-* (*2*) e *pompa*] s. f. • Autocarro attrezzato con pompa antincendio e prese d'acqua.

autoportànte [comp. di *auto-* (*1*) e *portante*] agg. • (*ing. civ., mecc.*) Detto di struttura che ha la capacità di sostenere sé stessa, eliminando così parte delle normali strutture di sostegno.

autopòrto [comp. di *auto-* (*1*) e *porto*] s. m. ● Ampio luogo di sosta per autoveicoli di trasporto e commerciali, situato nei pressi di un posto di frontiera o della periferia di grandi città, che ha lo scopo di rendere più celere lo smistamento o lo sdoganamento delle merci e di evitare ingorghi di traffico sulle strade.

autopropulsióne [comp. di *auto-* (*1*) e *propulsione*] s. f. ● Propulsione di un corpo qualsiasi dovuta a sviluppo o trasformazione d'energia all'interno del corpo stesso.

autopropùlso agg. ● Detto di missile, bomba e sim. dotati di un dispositivo atto a farli muovere.

autoprotètto [comp. di *auto-* (*1*) e del part. pass. di *proteggere*] agg. ● Detto di apparecchiatura provvista di un sistema automatico di protezione: *sirena antifurto autoprotetta* | *Tubo a.*, tubo radiologico che indirizza i raggi X in modo che il radiologo non sia toccato dalle radiazioni.

autopsìa [vc. dotta, gr. *autopsía* 'l'osservare coi propri occhi', comp. di *auto-* 'auto- (1)' e *ópsis* 'vista', prob. attrav. il fr. *autopsie*] s. f. ● Sezione del cadavere per ricercarne la causa di morte.

autòptico agg. (pl. m. *-ci*) ● Relativo ad autopsia: *esame a.*

autopùbblica [comp. di *auto-* (*1*) e *pubblico*] s. f. ● Automobile adibita a servizio pubblico, taxi.

autopulènte [comp. di *auto-* (*1*) e il part. pres. di *pulire*] agg. ● Detto di impianto o apparecchiatura i cui rifiuti si eliminano automaticamente con processi chimici | *Forno a.*, quello per la cottura dei cibi che elimina automaticamente i residui.

autopùllman /auto'pulman/ [comp. di *auto-* (*2*) e *pullman*] s. m. inv. ● Torpedone dotato di particolari comodità per lunghi percorsi.

autopunitivo [comp. di *auto-* (*1*) e *punitivo*] agg. ● Di, relativo ad autopunizione: *meccanismi autopunitivi.*

autopunizióne [comp. di *auto-* (*1*) e *punizione*] s. f. ● (*psicol.*) Desiderio inconscio di punirsi in conseguenza di un complesso di colpa.

autoràdio [comp. di *auto-* (*2*) e *radio*] s. f. inv. *1* Apparecchio radioricevente per autoveicoli. *2* Autoveicolo munito di apparecchio radio ricevente e trasmittente: *le a. della polizia.*

autoradùno [comp. di *auto-* (*1*) e *raduno*] s. m. ● Raduno di automobili, spec. a scopo sportivo o pubblicitario.

autóre [vc. dotta, lat. *auctōre(m)* 'colui che fa avanzare, il promotore, il fattore', da *augēre* 'far crescere, accrescere'] s. m. (f. *-trice*) *1* Chi dà origine, genera, muove, promuove, e sim.: *l'a. di un danno, di un crimine*; *è l'a. della nostra rovina* | *A. mediato*, chi commette un reato per mezzo di altra persona | (*scherz.*) *L'a. dei propri giorni*, il proprio padre | *Il sommo a.*, (*per anton.*) Dio. *2* (*dir.*) Dante causa. *3* Chi ha creato un'opera letteraria, artistica, scientifica: *l'a. di un romanzo, di un trattato* | *Diritto d'a.*, diritto morale e patrimoniale spettante all'autore sulle opere dell'ingegno letterarie e artistiche di carattere creativo; correntemente, compenso spettante all'autore che abbia concluso un contratto di edizione | *Quadro d'a.*, di artista noto e valente | *Fuori l'a.*, espressione spec. entusiastica del pubblico a teatro | (*per anton.*) Scrittore: *gli autori classici*; *autori latini.* || **autoróne**, accr. | **autorùccio**, **autorùzzo**, dim.

autoreattóre [comp. di *auto-* (*1*) e *reattore*] s. m. ● Particolare aeroreattore per altissime velocità, in cui la compressione dell'aria elimina il compressore e le sue turbine motrici, cioè tutti gli organi rotanti. SIN. Statoreattore.

autoreggènte [comp. di *auto-* (*1*) e del part. pres. di *reggere*] agg. ● Detto di calza da donna, lunga fino alla coscia, con un bordo elastico alto in grado di sostenerla senza bisogno di reggicalze.

autoregolamentazióne [comp. di *auto-* (*1*) e *regolamentazione*] s. f. ● Emanazione di norme atte a regolamentare la propria condotta, spec. nell'ambito sindacale: *a. del diritto di sciopero.*

autoregolazióne [comp. di *auto-* (*1*) e *regolazione*] s. f. ● Regolazione automatica di impianti e sim.

autorepàrto [comp. di *auto-* (*2*) e *reparto*] s. m. ● (*mil.*) Reparto del servizio automobilistico, costituito da un determinato numero di automezzi di varia specie e dal personale relativo.

autorespiratóre [comp. di *auto-* (*1*) e *respiratore*] s. m. ● Dispositivo alimentato da ossigeno che serve per la respirazione subacquea o in ambienti mefitici. ➡ ILL. **pesca**; **vigili del fuoco**.

autoréte [comp. di *auto-* (*1*) e *rete*] s. f. ● Autogol.

autoreverse /autore'vɛrs, *ingl.* ɔ:təri'və:s/ [comp. di *auto-* (*1*) e dell'ingl. *reverse* 'rovescio'] s. m. inv. ● In un registratore magnetico a cassette, funzione che consente l'ascolto continuo e successivo dei due lati di una cassetta, mediante l'inversione automatica del senso di trascinamento del nastro.

autorévole [vc. dotta, lat. tardo *auctorābile(m)*, da *auctor* 'autore'] agg. ● Che ha autorità: *uno scrittore a.* | (*est.*) Che proviene da persona tenuta in molta considerazione: *giudizio, consiglio, proposta a.* || **autorevolménte**, avv.

autorevolézza s. f. ● Qualità di chi, di ciò che, è autorevole.

autoribaltàbile [comp. di *auto-* (*1*) e *ribaltabile*] **A** agg. ● Che si ribalta da sé, da solo. **B** s. m. ● Autocarro con cassone ribaltabile.

autoricàmbio [comp. di *auto-* (*2*) e di *ricambio*] s. m. (spec. al pl. nel sign. 2) *1* Settore che produce e commercializza ricambi per autoveicoli. *2* Negozio in cui si vendono ricambi per automobile.

autoridùrre [comp. di *auto-* (*1*) e *ridurre*] v. tr. (coniug. come *ridurre*) ● Praticare l'autoriduzione: *a. i prezzi delle sale cinematografiche*; *si sono autoridotti l'affitto.*

autoriduttóre s. m. (f. *-trice*) ● Chi pratica l'autoriduzione.

autoriduzióne s. f. ● Forma di contestazione sociale consistente nella riduzione del prezzo di un qualsiasi bene o servizio, decisa da un singolo o, più spesso, da un gruppo organizzato.

autoriméssa [comp. di *auto-* (*2*) e *rimessa*] s. f. ● Locale o gruppo di locali adibiti alla custodia di veicoli, con annessi i servizi inerenti.

autoriparazióne [comp. di *auto-* (*2*) e *riparazione*] s. f. ● Luogo in cui si effettuano riparazioni su autoveicoli.

autorità o †**autoritàde**, †**autoritàte** [vc. dotta, lat. *auctorĭtāte(m)*, da *auctor* 'autore'] s. f. *1* (*dir.*) Potere, tutelato dalla legge, di emanare atti vincolanti l'attività dei destinatari: *l'a. della legge, dello Stato*; *non riconoscere nessuna a.* | *Agire d'a.*, in base a un potere legittimo | (*est.*) Forza vincolante per disposizione di legge: *a. di cosa giudicata.* *2* Complesso di organi, dotati di tale potere, esplicanti specifiche funzioni: *a. legislativa, giudiziaria, governativa* | (*per anton.*) Singolo organo, cui spetta nel caso concreto di esplicare le proprie funzioni | *L'a. costituita*, riconosciuta dallo Stato | (*raro*) Authority. *3* (*est.*) Insieme degli individui titolari di pubblici uffici: *a. civili, militari, ecclesiastiche*; *le a. cittadine.* *4* Ascendente, influsso che una persona esercita sulle altre: *abusare della propria a.* | *Principio d'a.*, quello per cui una tesi filosofica o scientifica si ritiene valida non intrinsecamente ma per l'autorevolezza di chi la sostiene. *5* (*est.*) Credito, stima: *il pregio ... della vecchiezza, el quale sia non altro che autoritate* (ALBERTI) | Qualità di chi merita fiducia: *l'a. di un filosofo, di uno scrittore* | *L'a. del proprio nome*, (*fig.*) il prestigio. *6* (*est.*) Chi, per grande esperienza, competenza e sim., gode di un particolare ascendente e di un'alta stima nell'ambito dei suoi interessi, studi, attività: *è un'a. nel campo matematico.* *7* (*raro, lett.*) Gravità, maestà di contegno.

autoritàrio [fr. *autoritaire*, dal lat. *auctōritas* 'autorità'] agg. ● Che fa valere la propria autorità | (*est.*) Prepotente: *carattere a. e ribelle* | *Governo a.*, dispotico | *Stato a.*, Stato in cui è incentrata tutta l'autorità politica, sicché la preposizione dei titolari ai vari organi statali è sottratta a qualsiasi sistema elettivo popolare. || **autoritariaménte**, avv.

autoritarìsmo s. m. ● Forma di esagerata autorità esercitata da persone o istituzioni.

†**autoritàte** ● V. *autorità.*

autoritativo agg. ● (*raro*) Autoritario. || **autoritativaménte**, avv. (*raro*) Con autorità.

autoritràtto [comp. di *auto-* (*1*) e *ritratto*] s. m. *1* Ritratto di sé stesso, dipinto, scolpito, disegnato. *2* (*letter., est.*) Descrizione dei propri caratteri fisici e morali.

autorizzàre [fr. *autoriser*, dal lat. mediev. *auctorizare*, dal lat. *auctōritas* 'autorità'] v. tr. *1* Permettere di compiere una determinata azione: *mi hanno autorizzato a parlarti*; *le autorità competenti non hanno autorizzato l'apertura del locale.* *2* Giustificare, legittimare: *il suo comportamento autorizza i nostri sospetti.*

autorizzazióne [fr. *autorisation*, da *autoriser* 'autorizzare'] s. f. *1* Atto, effetto dell'autorizzare. *2* (*dir.*) Atto di privato o di autorità amministrativa che conferisce a un soggetto la giuridica potestà di esercitare un diritto rimuovendo gli ostacoli e i limiti posti dalla legge all'esercizio dello stesso | Documento contenente tale atto | *A. a procedere*, atto con cui un'autorità a ciò legittimata consente l'inizio o la prosecuzione dell'azione penale nei confronti di una certa persona o per un certo reato.

autoroulòtte /autoru'lɔt/ [comp. di *auto-* (*2*) e *roulotte*] s. f. ● Autoveicolo formato da una roulotte montata sul telaio di un camioncino, che, pur mantenendo intatte le caratteristiche di abitabilità e confort della roulotte, ha il vantaggio di costituire un unico veicolo.

autosalóne [comp. di *auto* (*1*) e *salone*] s. m. ● Locale adibito all'esposizione di automobili per la vendita.

autoscàfo [fr. *autoscaphe*. V. *auto-* (*2*) e *scafo*] s. m. ● Motoscafo.

autoscàla [comp. di *auto-* (*2*) e *scala*] s. f. *1* Scala porta montata su autocarro e usata spec. dai vigili del fuoco e dagli elettricisti. *2* (*est.*) Scala idraulica montata su autocarro e usata per lavori di manutenzione, riparazione, potatura e sim. a grande altezza. ➡ ILL. **autoveicoli**; **vigili del fuoco**.

autoscàtto [comp. di *auto-* (*1*) e *scatto*] s. m. ● (*fot.*) Dispositivo che permette di far scattare l'otturatore dopo un numero di secondi prestabilito.

autoscioglimènto [comp. di *auto-* (*1*) e *scioglimento*] s. m. ● Scioglimento di un ente, di un partito e sim. attuato dagli elementi stessi che lo compongono.

autoscóntro [comp. di *auto-* (*2*) e *scontro*] s. m. ● Nei parchi di divertimento, piccola vettura elettrica che su apposita pista si porta allo scontro con altre simili | Pista attrezzata su cui circolano tali vetture.

autoscuòla [comp. di *auto-* (*2*) e *scuola*] s. f. *1* Scuola per l'insegnamento teorico e pratico della guida degli autoveicoli. *2* Automobile, munita di doppi comandi, sulla quale si apprende la guida da apposito istruttore.

autosemàntico [comp. di *auto-* (*1*) e *semantico*] agg. (pl. m. *-ci*) ● (*ling.*) Detto di parola che ha un significato autonomo, indipendente dal contesto. CONTR. Sinsemantico.

autoservìzio (1) [comp. di *auto-* (*2*) e *servizio*] s. m. *1* Il complesso dei rifornimenti e servizi che un'autorimessa può offrire all'automobilista. *2* Autolinea. *3* (*al pl.*) Rete di autolinee.

autoservìzio (2) [comp. di *auto-* (*1*) e *servizio*] s. m. ● Adattamento di *self-service* (V.).

autosilo [comp. di *auto-* (*1*) e *silo*] s. m. ● Vasto locale per parcheggio urbano di autoveicoli, a più piani, anche sotterraneo.

autosnodàto [comp. di *auto-* (*2*) e *snodato*] s. m. ● Veicolo per il trasporto stradale costituito da due o più elementi collegati non rigidamente tra loro. CFR. Autoarticolato. ➡ ILL. **autoveicoli**.

autosoccórso [comp. di *auto-* (*1*) e *soccorso*] s. m. *1* Autoveicolo dotato di attrezzatura per la rimozione o il traino di autovetture che hanno subito guasti o incidenti. *2* Il servizio effettuato con tale autoveicolo. ➡ ILL. **autoveicoli**.

autosòma [comp. di *auto-* e *-soma*, tratto da *cromosoma*] s. m. (pl. *-i*) ● (*biol.*) Ognuno dei cromosomi che non concorre alla determinazione genotipica del sesso.

autospazzatrice [comp. di *auto-* (*2*) e *spazzatrice*] s. f. ● Autoveicolo attrezzato per la pulizia delle strade, per lo più munito di spazzolone rotante.

autospeaker /*semi-ingl.* auto'spiker/ [comp. di *auto* (*1*) e dell'ingl. *speaker* (V.)] s. f. inv. ● Autovettura munita di altoparlante per diffondere annunci pubblicitari, politici e sim. nelle vie cittadine.

autospurgatóre [comp. di *auto-* (*2*) e *spurgatore*] s. m. ● Autobotte attrezzata per spurgare chiusini, tombini e gener. condotti del sistema fognario stradale, con lungo braccio flessibile a pompa aspirante.

autossidazióne [comp. di *auto-* (*1*) e *ossidazione*] s. f. ● Ossidazione di una sostanza che avviene spontaneamente spec. per reazione con l'ambiente in cui è posta: *l'a. dei grassi, degli oli.*

autostàrter /autos'tarter, *semi-ingl.* 'auto 'sta:tə/ [comp. di *auto-* (*2*) e *starter*] s. m. inv. **1** (*sport*) Nel trotto, automobile attrezzata posteriormente con due transenne pieghevoli che, disposte orizzontalmente, chiudono tutta la larghezza della pista, alle quali i cavalli si avvicinano perfezionando l'allineamento man mano che l'automobile accelera la velocità: *partenza con l'a.* **2** (*autom.*) Nei moderni motori a iniezione elettronica, starter che si inserisce e disinserisce automaticamente in base al regime di funzionamento raggiunto dal motore.

autostazióne [comp. di *auto* (*1*) e *stazione*] s. f. **1** Stazione di servizio per rifornimento, pulizia, revisione e riparazione degli autoveicoli. **2** Stazione ove fanno capo più autolinee.

autostèllo [comp. di *auto* (*1*) e *ostello*] s. m. ● Posto di sosta e ristoro per automobilisti dotato di attrezzatura alberghiera e di servizio di assistenza per gli autoveicoli. SIN. Motel.

autostìma [comp. di *auto-* (*1*) e *stima*] s. f. ● (*psicol.*) Valutazione positiva o negativa di sé, che esprime la misura in cui una persona si considera capace, importante e di valore.

autostòp [comp. di *auto* (*1*) e dell'ingl. (*to*) *stop* 'fermare'] s. m. inv. ● Il fermare autoveicoli in transito per chiedere il trasporto gratuito in qualche località | Il trasporto stesso.

autostoppista s. m. e f. (pl. m. *-i*) ● Chi pratica l'autostop.

autostràda [comp. di *auto-* (*2*) e *strada*] s. f. ● Strada riservata agli autoveicoli e anche ai motocicli, priva di attraversamenti e sovente a due o più carreggiate divise da uno spartitraffico, con pendenze ridotte e curve del più ampio raggio possibile tale da consentire alte velocità | *A. a pedaggio*, il cui uso è a pagamento | *A. libera*, a cui si può accedere gratuitamente | *A. del Sole*, quella che da Milano porta verso il sud dell'Italia.

autostradàle agg. ● Che si riferisce ad autostrada.

autostrangolaménto [comp. di *auto-* (*1*) e *strangolamento*] s. m. ● Atto dello strangolarsi da sé | Forma di omicidio adottata dalla mafia. CFR. Incaprettamento.

autosufficiènte [comp. di *auto-* (*1*) e *sufficiente*] agg. ● Che basta a sé stesso: *un individuo a.*

autosufficiènza [comp. di *auto-* (*1*) e *sufficienza*] s. f. ● Qualità di chi è autosufficiente.

autosuggestionàbile agg. ● Che si autosuggestiona facilmente.

autosuggestionàrsi v. rifl. (*io mi autosuggestióno*) ● Suggestionarsi da sé.

autosuggestióne [comp. di *auto-* (*1*) e *suggestione*] s. f. **1** Suggestione esercitata su sé stesso. **2** (*psicol.*) Tecnica per migliorare le proprie condizioni di salute o il proprio comportamento mediante la ripetizione di formule verbali fino a raggiungere il fine desiderato.

autosuggestivo [comp. di *auto-* (*1*) e *suggestivo*] agg. ● Di, relativo a, autosuggestione: *fenomeno a.*

autotassàrsi [comp. di *auto-* (*1*) e *tassare*] v. rifl. ● Eseguire l'autotassazione.

autotassazióne [comp. di *auto-* (*1*) e *tassazione*] s. f. ● Procedura amministrativa secondo cui il contribuente calcola egli stesso l'imposta gravante sui propri redditi non tassati definitivamente all'origine e ne versa il relativo importo.

autotelàio [comp. di *auto-* (*2*) e *telaio*] s. m. ● Telaio dell'autoveicolo, privo di carrozzeria, ma fornito degli organi meccanici.

autotipìa [comp. di *auto-* (*1*) e *-tipia*] s. f. ● (*tip.*) Zincografia.

autotomìa [comp. di *auto-* (*1*) e del gr. *tomḗ* 'taglio'] s. f. ● (*zool.*) Amputazione spontanea di una parte del corpo compiuta a scopo di difesa da molti Invertebrati e da alcuni Vertebrati.

autotrainàto [comp. di *auto-* (*2*) e *trainato*, part. pass. di *trainare*] agg. ● Trainato mediante automezzi: *cannone a.*

autotrapiànto [comp. di *auto-* (*1*) e *trapianto*] s. m. **1** (*chir.*) Trapianto di un tessuto da una parte a un'altra dello stesso organismo: *a. di cute negli ustionati, a. di midollo.* **2** (*chir.*) Tessuto od organo trapiantato nello stesso individuo. SIN. Autoinnesto.

autotrasformatóre [comp. di *auto-* (*1*) e *trasformatore*] s. m. ● (*elettr.*) Trasformatore il cui avvolgimento secondario non è elettricamente distinto dall'avvolgimento primario.

autotrasfusióne [comp. di *auto-* (*1*) e *trasfusione*] s. f. ● (*med.*) Trasfusione in un individuo di sangue proprio precedentemente prelevato. SIN. Autoemotrasfusione.

autotrasportàre [comp. di *auto-* (*2*) e *trasportare*] v. tr. (*io autotraspòrto*) ● Trasportare persone o cose mediante autoveicoli.

autotrasportatóre s. m. ● Chi esegue autotrasporti.

autotraspòrto [comp. di *auto-* (*2*) e *trasporto*] s. m. ● Trasporto di persone o di merci per mezzo di autoveicoli.

autotrazióne [comp. di *auto-* (*1*) e *trazione*] s. f. ● Trazione di mezzi meccanici capaci di movimento autonomo, come autovetture, camion e sim.: *gasolio per a.*

autotrenista s. m. (pl. *-i*) ● Guidatore di autotreno.

autotrèno [comp. di *auto-* (*2*) e *treno*] s. m. ● Su strada ordinaria, insieme di un trattore stradale, o di un autocarro atto al traino, e di uno o più rimorchi | Su strada ferrata, complesso automotore costituito da automotrici termiche ed, eventualmente, da veicoli rimorchiati meccanicamente e funzionalmente fra loro inseparabili. ➡ ILL. **autoveicoli**.

autotrofìa [comp. di *auto-* (*1*) e *-trofia*] s. f. ● (*biol.*) Proprietà di alcuni organismi di produrre sostanze nutritive a partire da materiali inorganici.

autòtrofo agg. ● (*bot.*) Dotato di autotrofia. CONTR. Eterotrofo.

autotutèla [comp. di *auto-* (*1*) e *tutela*] s. f. ● (*dir.*) Potere, proprio degli enti pubblici e consentito ai privati nei soli casi legislativamente indicati, di far valere i propri diritti senza ricorrere all'autorità giudiziaria | *A. collettiva*, difesa dei propri diritti che i lavoratori compiono mediante le organizzazioni sindacali.

autovaccino [comp. di *auto-* (*1*) e *vaccino*] s. m. ● (*med.*) Vaccino preparato con germi isolati dallo stesso focolaio infettivo che si vuole curare.

autoveìcolo [comp. di *auto-* (*2*) e *veicolo*] s. m. ● Veicolo stradale per il trasporto di persone o cose, per lo più a quattro ruote, mosso dal proprio motore. ➡ ILL. **autoveicoli**.

autovelox® /auto'veloks/ [comp. di *auto-* (*2*) e *velox* per 'velocità'] s. m. inv. ● Nome commerciale di un dispositivo per la rilevazione della velocità dei veicoli su strada, costituito da un tachimetro radar e da una macchina fotografica, utilizzato nel controllo del traffico.

autoventilàto [comp. di *auto-* (*1*) e *ventilato*] agg. ● Provvisto di un impianto di ventilazione: *organi meccanici autoventilati.*

autovettùra [comp. di *auto-* (*2*) e *vettura*] s. f. ● Automobile per il solo trasporto di persone.

autunite /autu'nite, otu'nite/ [dalla città fr. di *Autun*] s. f. ● Minerale dell'uranio.

autunnàle [vc. dotta, lat. *autumnāle(m)*, da *autŭmnus* 'autunno'] agg. ● Di autunno: *brume autunnali* | Che si svolge in autunno: *vacanze, ferie autunnali.*

autùnno o †**utónno** [vc. dotta, lat. *autŭmnu(m)*, di origine etrusca] s. m. **1** Stagione dell'anno che dura 89 giorni e 18 ore dall'equinozio d'autunno al solstizio d'inverno, corrispondente alla primavera nell'emisfero australe | (*fig.*) *A. caldo*, quello del 1969, in cui le battaglie sindacali furono particolarmente dure; per estens., qualunque periodo caratterizzato da intense lotte sindacali. **2** (*fig.*) Età avanzata dell'uomo, già vicina alla vecchiaia: *l'a. della vita.*

auxìna [comp. di *aux(o)-* e *-ina*] s. f. ● (*bot.*) Ormone vegetale che regola la crescita delle piante.

auxo- /'aukso/ [dal gr. *auxánein* 'aumentare'] primo elemento ● In parole composte, spec. della terminologia medica, significa 'accrescimento': *auxologia, auxopatia.*

auxologìa [comp. di *auxo-* e *-logia*] s. f. (pl. *-gie*) ● Scienza che studia i processi di accrescimento dell'organismo nell'età evolutiva.

auxològico agg. (pl. m. *-ci*) ● Dell'auxologia.

auxometrìa [comp. di *auxo-* e *-metria*] s. f. ● Studio quantitativo dei fenomeni relativi allo sviluppo di un organismo.

auxopatìa [comp. di *auxo-* e *-patia*] s. f. ● (*gener.*) Malattia dell'accrescimento.

†**auzzìno** ● V. *aguzzino.*

†**avacciàre** [da †*avaccio*] **A** v. tr. ● Affrettare, sollecitare. **B** v. intr. pron. ● Affrettarsi: *tutta la congiura si avacciò di ucciderlo* (COMPAGNI).

†**avàccio** [lat. *vivācius*, avv. compar. di *vīvax*, genit. *vivācis* 'vivace'] avv. ● Presto: *a. sarai dove / di ciò ti farà l'occhio la risposta* (DANTE *Inf.* XXXIII, 106-107).

avallànte **A** part. pres. di *avallare*; anche agg. ● Nei sign. del v. **B** s. m. e f. ● Chi avalla.

avallàre v. tr. **1** Garantire con avallo: *a. una cambiale.* **2** (*fig.*) Sostenere, confermare: *le prove raccolte avallano la mia ipotesi.*

avallàto **A** part. pass. di *avallare*; anche agg. ● Nei sign. del v. **B** s. m. (f. *-a*) ● Obbligato cambiario a favore del quale è stato prestato l'avallo.

avàllo [fr. *aval*, di etim. incerta] s. m. ● Garanzia di pagamento di un debito cambiario altrui mediante dichiarazione apposta sul titolo.

avambàgno [comp. di *avan-* e *bagno*] s. m. ● Antibagno.

avambécco [comp. di *avan-* e *becco* (*1*) nel sign. 6] s. m. (pl. *-chi*) ● Sperone sporgente a monte dalla pila di un ponte che serve a regolare il deflusso delle acque sotto le arcate. SIN. Antibecco.

avambràccio [fr. *avant-bras*, letteralmente 'avanti-braccio'] s. m. (pl. *-ci*) ● (*anat.*) Parte dell'arto superiore compresa tra il gomito e la mano nell'uomo e in altri Mammiferi. SIN. Antibraccio.

avampiède [comp. di *avan-* e *piede*] s. m. ● (*anat.*) Porzione distale del piede, in riferimento all'uso di protesi.

avampòrto [fr. *avant-port*] s. m. ● Porto situato in posizione avanzata sul mare rispetto al retroterra: *l'a. di Le Havre, di Hong Kong.*

avampósto [fr. *avant-poste*] s. m. ● (*mil.*) Ogni nucleo di forze che un'unità in sosta schiera a intercettazione del nemico, per garantirsi da sorprese e assicurarsi il tempo e lo spazio necessari per entrare in azione.

avan- [per *avan(ti)*] primo elemento (assume davanti a *p* e *b* la forma *avam* per assimilazione) ● In parole composte indica 'anteriorità' o 'precedenza' di luogo o di tempo: *avancarica, avanguardia, avamporto, avamposto, avanspettacolo, avantreno.*

avàna [dal colore dei sigari dell'*Avana*, capitale della repubblica di Cuba] **A** s. m. inv. **1** Tipo di tabacco coltivato nell'America centrale, spec. a Cuba | Sigaro fine fatto con tale tabacco. **2** Colore marrone chiaro, caratteristico del tabacco omonimo. **B** in funzione di agg. inv. ● (posposto a un s.) Che ha colore avana: *soprabito, vestito, guanti a.*

avancàrica [comp. di *avan-* e *carica*] s. f. ● Solo nella loc. *ad a.*, detto di arma da fuoco che si carica dalla bocca: *cannoni, fucili ad a.*; *i mortai da fanteria sono ad a.*

avance /*fr.* a'vɑ̃s/ [fr., da *avancer* 'avanzare'] s. f. inv. (usato spec. al pl. fr. *avances*) ● Approccio, proposta: *fare un'a. a una donna*; *respingere le a. di qc.*

avancòrpo [fr. *avant-corps*] s. m. ● Tutto ciò che in un edificio sporge dal corpo principale.

avanèra [sp. *habanera*, dalla città dell'*Avana*] s. f. ● Adattamento di *habanera* (V.).

avanguàrdia o †**vanguàrdia** [fr. *avant-garde* 'avanti-guardia'] s. f. **1** (*mil.*) Aliquota di forze che un'unità in movimento spinge innanzi a sé per garantirsi da sorprese e assicurarsi il tempo e lo spazio necessari per entrare in azione. CONTR. Retroguardia. | *Essere all'a.*, (*fig.*) essere in una posizione molto avanzata, anche in campo ideologico, politico e sim. **2** Movimento artistico e letterario caratterizzato da atteggiamenti polemici e innovatori nei confronti della tradizione: *le avanguardie del Novecento*; *scrittore, artista d'a.*

avanguardismo [da *avanguardia*, col suff. *-ismo*] s. m. ● In arte e letteratura, tendenza all'avanguardia.

avanguardista s. m. e f. (pl. m. *-i*) **1** In arte e letteratura, partecipe di idee, correnti, scuole d'avanguardia. **2** Giovane componente di organizzazioni paramilitari fasciste.

†**avania** o †**vania** [ar. *hawân* 'tradimento' (?)] s. f. **1** Pesante imposta che i Turchi imponevano ai Cristiani in Oriente. **2** (*raro, fig.*) Torto, sopruso.

avannotto ['pesce nato quest'anno', dall'ant. *uguanno* 'quest'anno'] s. m. **1** Pesce appena nato, spec. d'acqua dolce. **2** (*fig.*) †Semplicione.

avanscena [comp. di *avan-* e *scena*; calco sul fr. *avant-scène*] s. f. ● Proscenio.

avanscoperta [comp. di *avan-* e *scoperta*] s. f. ● (*mil.*) Ricognizione a grande distanza per individuare la posizione o i movimenti del nemico | (*fig.*) Sondaggio, ricerca, indagine: *vai in a. per trovare un ristorante*.

avanscorta [comp. di *avan-* e *scorta*] s. f. ● Nave che scorta un convoglio, precedendolo | (*est.*) La funzione di tale nave: *navigare in a.*

avanspettacolo [comp. di *avan-* e *spettacolo*] s. m. ● Spettacolo di varietà artisticamente mediocre, rappresentato in alcune sale di cinema-teatro prima della proiezione del film.

†**avantaggio** e *deriv.* ● V. †*avvantaggio* e *deriv.*

avanti o †**avante** [lat. tardo *abănte*, comp. di *ăb* 'da' e *ănte* 'prima'] **A** avv. **1** Indica antecedenza nello spazio: *il capofila faccia due passi a.*, o *in a.* | *Andare a.*, procedere e (*fig.*) avanzare, continuare, fare progressi: *non aspettatemi, andate a.*; *il lavoro va a. bene*; *speriamo che andando a. lo spettacolo migliori* | *Così non si può andare a.*, per indicare impossibilità di proseguire in una data cosa, a causa dei gravi problemi che stanno di fronte | *Tirare a.*, vivere alla meno peggio: *'Come va?' 'Mah, si tira a.'* | *Mettere a. scuse*, addurle, accamparle | *Mettersi, farsi a.*, (*fig.*) mettersi in vista, affermarsi | *Mandare a. bene la famiglia*, farla vivere discretamente | *Mettere le mani a.*, (*fig.*) prendere precauzioni, cautelarsi, porre prudentemente delle condizioni | (*fig.*) *Essere a. negli studi, in un affare, in un'impresa* e sim., essere a buon punto, in via di conclusione: *sono abbastanza a. nella verifica della contabilità* | Anche con riferimento allo sviluppo, al progresso: *essere a. nella legislazione sociale* | (*fig.*) *Essere a. con gli anni, negli anni*, essere in età attempata | *A. e indietro*, da un punto a un altro dello stesso luogo | *Tanto a.*, a tal punto, tanto oltre. SIN. Dinnanzi, innanzi. CONTR. Dietro, indietro. **2** Indica anteriorità nel tempo: *perché non hai provveduto a.?* SIN. Dapprima, prima. **3** Indica posteriorità nel tempo nelle loc. *d'ora in a.*, *di qui in a.*, d'ora in poi. **B** nelle loc. cong. *a. di*, *a. che* ● Prima di (introduce una prop. temp. sia implicita con il v. all'inf., sia esplicita con il v. al congv.): *a. di decidersi chiede consiglio a destra e a sinistra*; *a. che se ne andasse lo pregai di un favore*. **C** inter. **1** Si usa come comando di avanzare o come invito a entrare a chi bussa alla porta, o sta su di essa: *a.! si accomodi!* | *A.!, march!*, comando a militari o ginnasti di iniziare la marcia | *A. c'è posto!*, anche iron. | (*mar.*) *A. tutta forza! a. tutta!*, ordine alla sala macchine di fare avanzare la nave sviluppando la massima potenza consentita. **2** Si usa come esortazione o come sollecitazione: *a.! non abbia paura*; *a.! scherzavo, non avertene a male*; *a.! smettila*; *a., o popolo!* **D** prep. **1** Davanti: *ti aspetto a. casa* | Anche nella loc. prep. *a. a*, davanti a, alla presenza di: *camminava a. a tutti*; *a. al sindaco*. **2** Prima di: *a. lo spuntar del sole*; *a. Cristo*; *a. la giornata di Rocroi* (MANZONI) | V. anche *avant'ieri*. **E** in funzione di agg. ● (posposto a un s.) Prima, precedente: *il giorno a.*; *la settimana a.*; *un anno a.*; *ti avviserò un mese a.* **F** s. m. ● (*sport*) Nel calcio e sim., attaccante.

avantielenco [comp. di *avanti* ed *elenco*] s. m. ● Parte iniziale dell'elenco telefonico che contiene informazioni utili alla consultazione dello stesso e al miglior uso dei servizi telefonici.

avant'ieri o **avantieri** [comp. di *avanti* e *ieri*, o dal fr. *avant-hier*] avv. ● Il giorno prima di ieri, ieri l'altro: *l'ho visto proprio avant'ieri*; *rispondo alla tua lettera d'avant'ieri*.

avantilèttera o **antilèttera**, **avantilèttera avànti lèttera** [fr. *avant la lettre*; V. *ante litteram* nel sign. B] **A** s. f. inv. ● Prova d'incisione tirata prima che vi sia apposta l'iscrizione e perciò di maggior pregio. **B** avv. ● (*fig.*) Prima del tempo, anzitempo.

avantrèno [fr. *avant-train*] s. m. **1** (*autom.*) Gruppo anteriore dell'autoveicolo comprendente le ruote, le sospensioni, i freni e gli organi dello sterzo. **2** Nelle artiglierie ippotrainate, parte anteriore di ogni vettura a quattro ruote.

avanvòmere [comp. di *avan-* e *vomere*] s. m. ● Piccolo corpo dell'aratro che si applica sulla bure dinanzi al coltello per tagliare e rovesciare una fetta superficiale di terreno.

avanzaménto [da *avanzare* (*1*)] s. m. **1** Atto, effetto dell'avanzare: *stato di a. dei lavori* | Lunghezza di cui progredisce lo scavo di una galleria in un prefissato intervallo di tempo | *A. in calotta*, sistema di scavo e di rivestimento di galleria che si inizia dalla parte superiore di essa. **2** (*bur.*) Promozione: *ottenere un a. di grado*. **3** (*fig.*) Progresso: *l'a. della tecnica, delle ricerche* | †Superiorità. **4** Nell'organizzazione aziendale, registrazione sistematica a consuntivo della produzione, che può essere utilizzata per la conoscenza istantanea della situazione produttiva e come controllo di impostazione del programma preventivo. **5** Nelle macchine utensili, il moto, dato all'utensile o al pezzo da lavorare, che consente di portare quest'ultimo alla forma richiesta con taglio continuo o con successive passate.

avanzàre (**1**) [lat. parl. **abantiāre*, da *abănte*. V. *avanti*] **A** v. intr. (aus. *essere* nei sign. 1 e 3, *avere* nel sign. 2) **1** Andare o venire avanti: *a. a piedi* | *A. alla cieca, a tentoni*, (*fig.*) con estrema incertezza | *A. negli anni*, (*fig.*) invecchiare | (*fig.*) Progredire: *a. nella conoscenza, nello studio* | (*raro, fig.*) Crescere: *a. in altezza*. **2** (*mil.*) Accorciare la distanza che separa dall'avversario. **3** Sporgere in fuori: *la siepe avanza parecchi centimetri dallo steccato* | (*fig.*) †Arrischiare, osare dire. **B** v. tr. **1** Spostare in avanti, portare in avanti: *a. le trin-*

autoveicoli industriali e speciali

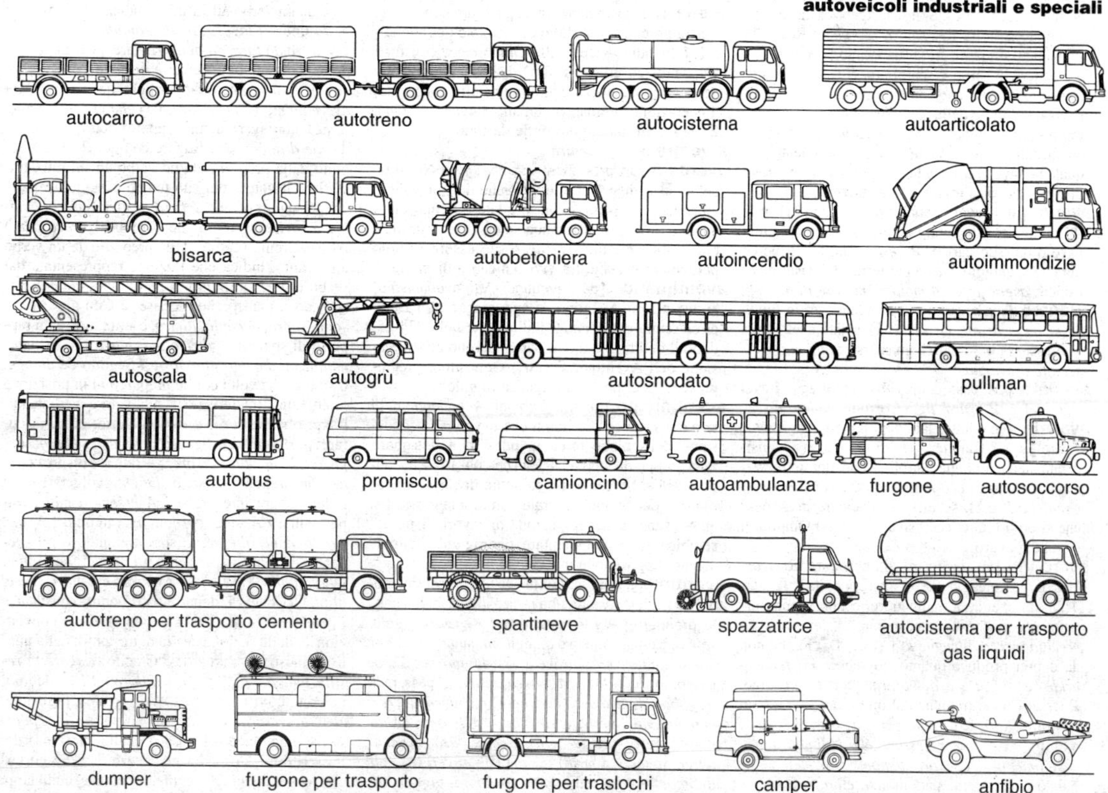

cee | *A. un lavoro*, (*fig.*) farlo progredire | (*est.*) Mettere, portare davanti a qc. (*anche fig.*): *a. una domanda, una proposta*. **2** (*fig.*) Superare: *a. qc. in astuzia, in sapienza* | (*est.*) Vincere: *a. qc. nella corsa, nel salto*. **3** (*fig.*) Elevare, promuovere: *spero che mi avanzino presto di grado* | (*lett.*) Accrescere, spec. in potenza. **C** v. intr. pron. **1** Farsi innanzi: *si avanzò timidamente* | (*fig., lett.*) Spingersi troppo oltre. **2** (*fig.*) Approssimarsi: *la primavera s'avanza*.

avanzàre (2) [da *avanzo*] **A** v. tr. **1** Dovere avere q.c. da qc.: *avanzo da te una forte somma*. **2** (*raro*) Guadagnare risparmiando (*anche fig.*): *a. tempo e fatica* | †*A. denari*, risparmiarli. **B** v. intr. (aus. *essere*) **1** Rimanere: *non mi è avanzato un soldo* | (*est.*) Essere sovrabbondante: *il tempo e le provviste avanzano* | *La vita, il tempo che avanza*, che ancora deve trascorrere. **2** (*raro, fig.*) Sopravvivere: *a. all'incendio*.

avanzàta [da *avanzare* (*1*)] s. f. **1** Atto dell'avanzare | (*raro, fig.*) Progresso, promozione. **2** Progressione di truppe vittoriose | *A. per l'assalto*, movimento che un'unità compie per portarsi a distanza di assalto.

avanzatìccio s. m. ● (*raro*) Rimasuglio: *gli avanzaticci della cena*.

avanzàto part. pass. di *avanzare* (*1*); anche agg. **1** Nei sign. del v. **2** Audace, innovatore, riferito a una persona, o alle sue idee, alla posizione sociale, culturale e sim.: *essere di idee avanzate*; *portarsi su posizioni più avanzate*; *come ricercatore è uno dei più avanzati*. **3** Inoltrato, detto di tempo, ora, età, e sim.: *era notte avanzata*; *in età avanzata*. **4** (*ling.*) Detto di suono che, rispetto a un suono arretrato, è articolato più vicino alle labbra.

avanzatóre s. m. (f. *-trice*) ● Chi avanza | *A. di produzione*, in una fabbrica, chi controlla l'avanzamento del programma.

avànzo [da *avanzare* (*1*)] s. m. **1** Ciò che resta di q.c.: *a. di tessuto, di pane* | *Averne, essercene d'a.*, in abbondanza, di troppo | *Gli avanzi dell'Acropoli, di Pompei*, le rovine | *Gli avanzi di un'antica civiltà*, i resti | (*lett.*) *Gli avanzi mortali*, le spoglie | (*fig.*) *A. di galera, di forca*, delinquente. **2** In contabilità, eccedenza dell'entrata sulla uscita | Utili o parte di utili provenienti da esercizi precedenti | Somma algebrica fa le attività e le passività finanziarie. **3** (*mat.*) Resto, in aritmetica. **4** (*raro, lett.*) Risparmio | †*Mettere in a.*, mettere in serbo, risparmiare. **5** (*mar.*) *A. dell'elica*, spazio percorso in un giro dall'elica, in direzione del moto della nave, rispetto all'acqua calma | *A. nella manovra di evoluzione*, spazio percorso dall'inizio della manovra al momento nel quale la nave si trova a 90° rispetto alla direzione di partenza. **6** †Progresso. ‖ **avanzìno**, dim.

avarìa [ar. 'awâr 'danno, mancanza'(?)] s. f. **1** Danno o guasto subito durante il viaggio da una nave o dal suo carico. **2** (*est.*) Guasto di merce durante il viaggio, anche per terra. **3** Guasto meccanico: *avere un'a. al motore*; *motore in a.*

avariàre A v. tr. (*io avàrio*) ● Guastare: *la lunga sosta ha avariato le merci*. **B** v. intr. e intr. pron. (aus. *essere*) ● Alterarsi, guastarsi: *i cibi mal conservati si avariano*.

avariàto part. pass. di *avariare*; anche agg. **1** Nei sign. del v. **2** (*raro, fig.*) Corrotto: *animo a.*

avarìzia [vc. dotta, lat. *avarĭtia(m)*, da *avārus* 'avaro'] s. f. **1** Caratteristica di chi è avaro, considerata nella teologia cattolica uno dei sette vizi capitali: *la sua a. è nota a tutti*; *peccare d'a.* | *Crepi l'a.!*, escl. scherz. nel decidere una spesa che si era ritenuta eccessiva. **2** (*raro*) Qualità di ciò che è avaro.

avàro (1) [lat. *avāru(m)*, da collegare ad *avēre* 'desiderare vivamente', di etim. incerta] **A** agg. **1** Di chi spende a malincuore, o non spende affatto, per morboso attaccamento al denaro: *è un vecchio incredibilmente a.* | (*est.*) Di ciò che non dà o non produce quanto dovrebbe: *un terreno arido e a.*; *l'avara natura*. CONTR. Prodigo. **2** (*fig.*) Che si trattiene dal dire o dal fare q.c. in favore di altri, dall'usare per altri o dare ad altri q.c. di sua proprietà: *essere avari di parole, di complimenti, del proprio tempo* | (*est., lett.*) Che è dato con estrema parsimonia: *cibo a.* **3** (*raro, lett.*) Avido, ingordo di beni e ricchezze. ‖ **avaraménte**, avv. Con avarizia. **B** s. m. (f. *-a*) ● Persona avara. ‖ **avaràccio**, pegg. | **avarétto**, dim. | **avaronàccio**, accr. | **avaróne**, accr. | **avarùccio**, **avarùzzo**, dim.

àvaro (2) agg.; anche s. m. (f. *-a*) ● Appartenente a un antico popolo nomade di stirpe unno-tatara, originario della Mongolia.

àve [vc. dotta, lat. *ăve*, formula di saluto, forse di origine punica] **A** inter. ● Si usa come saluto augurale nel linguaggio religioso cattolico, spec. in preghiere e invocazioni liturgiche | (*lett., scherz.*) *Ave, o rima! Con bell'arte / su le carte / te persegue il trovadore* (CARDUCCI). **B** s. f. e m. inv. ● (*pop.*) Acrt. di *Ave Maria* | (*fig.*) *In un ave, in meno di un'ave*, in un attimo, nel tempo in cui si reciterebbe un'ave.

avèlia ● V. *averla*.

avellàna [lat. *abellāna(m)* (*nŭcem*) 'noce della città di Avella'] s. f. **1** Nocciola. **2** (*arald.*) Croce avellana.

avellàno A s. m. ● (*lett.*) Nocciolo (1): *rinnovato hanno verga d'a.* (D'ANNUNZIO). **B** agg. ● (*arald.*) *Croce avellana*, composta di quattro avellane, racchiuse nei loro involucri fogliacei e congiunte per le estremità rotonde.

avèllere [vc. dotta, lat. *avĕllere* 'svellere', comp. di *ā* e di *vĕllere* 'tirare'] v. tr. (pres. *io avèllo*; pass. rem. *io avùlsi*; part. pass. *avùlso*) ● (*lett.*) Svellere, strappare: *ch'ogni basso pensier del cuor m'avulse* (PETRARCA).

avellinése A agg. ● Di Avellino. **B** s. m. e f. ● Abitante, nativo di Avellino.

avèllo [lat. *labĕllu(m)* 'bacino, tinozza', con la caduta della *l-* sentita come articolo] s. m. ● (*lett.*) Tomba, sarcofago | (*est.*) Sepoltura.

avemarìa o **avemmarìa**, (*raro*) **àve marìa** [lat. eccl. *Ave Maria*, saluto dell'Angelo a Maria] s. f. (*Ave Maria* nel sign. 1) **1** Preghiera alla Madonna, composta, nella prima parte, dalle parole di saluto a lei rivolte dall'arcangelo Gabriele | Salutazione angelica: *dire, recitare l'Ave Maria*; *biascicare un'a.* | *Sapere q.c. come l'a.*, saperla a memoria. **2** Squilla dell'ora della sera, dell'alba e del mezzogiorno data con tre tocchi di campana | Correntemente, squilla dell'ora della sera | L'ora stessa: *è già suonata l'a.*; *vediamoci dopo l'a.* **3** Ciascuno dei piccoli grani di cui si compone il rosario.

avéna [lat. *avēna(m)*, di origine preindeur.: nel sign. 2 perché 'zufolo fatto con lo stelo dell'avena'] s. f. **1** Pianta erbacea delle Graminacee con fusti alti, vuoti ed erbosi, e fiori disposti in spighette pendenti in pannocchie terminali, coltivata per l'alimentazione animale e umana (*Avena sativa*). **2** (*lett.*) Strumento pastorale da fiato.

a venìre ● V. *avvenire*.

avènte A part. pres. di *avere*; anche agg. ● Nei sign. del v. **B** s. m. ● Nelle loc. tipiche del linguaggio giuridico, *a. diritto*, colui al quale è riconosciuto un dato diritto, in base a una valutazione giuridica, burocratica e sim.; *a. causa*, successore a titolo particolare per atto tra vivi o a causa di morte.

aventiniàno [da *Aventino*. V. *aventinismo*] **A** agg. ● Dell'Aventino. **B** agg.; anche s. m. **1** Detto di ciascuno dei deputati italiani che nel 1924-25, dopo il delitto Matteotti, parteciparono alla secessione dell'Aventino. **2** (*est.*) Oppositore pregiudiziale, spec. per intransigenza morale.

aventinìsmo [da *Aventino*, lat. *Aventīnum*, n. di uno dei sette colli di Roma ove avvenne la secessione della plebe romana, passato a designare quel gruppo di deputati italiani che nel 1924-25, dopo il delitto Matteotti, si astennero dai lavori parlamentari per protesta morale contro il fascismo] s. m. ● Mancata partecipazione ai lavori di un'assemblea, spec. parlamentare, per ragioni di intransigente opposizione morale.

aventinìsta agg.; anche s. m. (pl. *-i*) ● Aventiniano.

avére [lat. *habēre*, da una radice indeur. significante 'prendere'] **A** v. tr. (pres. *io ho* /ɔ*/, raro *ò*, †*àggio*, †*àbbo*, †*àio*, *tu hài*, raro *ài*, *egli ha*, raro *à*, †*àve*, *noi abbiàmo*, †*avémo*, *voi avéte*, *essi hànno*, raro *ànno*; imperf. *io avévo*, †*avéva*, †*avéa*, *tu avévi*; pass. rem. *io èbbi*, †*èi*, *tu avésti*, *egli èbbe*, *noi avémmo*, raro *èbbimo*, *voi avéste*, *essi èbbero*, †*èbbono*; fut. *io avrò*, †*averò*, †*arò*, *tu avrài*, †*averài*, †*arài*; cond. *io avrèi*, †*averèi*, †*avrìa*, *tu avrésti*, †*averésti*, *egli avrèbbe*, †*avrìa*; congv. pres. *io àbbia*, †*àggia*, *noi abbiàmo*, *voi abbiàte*, *essi àbbiano*, †*àggiano*; imp. *àbbi*, *abbiàte*; part. pass. *avùto*, †*aùto*; le altre forme sono regolari. È v. aus. nella formazione dei tempi composti di tutti i v. tr. attivi, di vari v. intr. e dei v. servili quando il v. che segue all'infinito richiede l'aus. avere) **I** Possedere, come risultato di un atto di appropriazione o come caratteristica fisica, psicologica, culturale e sim., oppure come disposizione soggettiva più o meno durevole. **1** Possedere, con riferimento a beni materiali: *a. molto denaro, una biblioteca aggiornata*; *a. l'automobile, una villa al mare* | Con riferimento a entità non materiali: *a. qualche speranza*; *a. la sicurezza di riuscire*; *a. fiducia*; *a. molte amicizie* | Con riferimento a qualità fisiche, psicologiche, culturali, a età e sim.: *a. i capelli bianchi*; *a. dieci anni*; *a. una discreta voce, molta memoria, poco spirito* | *A. q.c. per la testa*, (*fig.*) essere preoccupato | *A. qc. dalla propria parte*, (*fig.*) averne l'appoggio | (*fig.*) *A. un diavolo per capello*, essere molto irritato | *Averne fin sopra i capelli, fin sopra gli occhi, fin qui*, (*fig.*) essere stanco di q.c., esasperato | *Averne per un pezzo*, impiegare molto tempo in una data attività e sim. | *A. da mangiare, da bere*, ecc., avere di che mangiare, bere e sim. a sufficienza | *A. le mani bucate*, (*fig.*) essere molto prodigo | *A. qc. sullo stomaco*, (*pop.*) non sopportarlo | *Avercela con qc.*, provare antipatia, rancore per qc. | *A. bisogno*, abbisognare, necessitare | *A. un po' dell'incosciente, dello sciocco*, e sim., essere un po' incosciente, sciocco e sim. | *A. molto del padre*, assomigliargli. **2** Tenere: *a. un pacco in mano*; *a. i vestiti nell'armadio* | *A. le mani in pasta*, (*fig.*) essere coinvolto in q.c. | Indossare: *a. un vestito elegante*; *a. sempre il cappello in testa* | (*dial.*) *Aver su*, portare indosso: *aveva su un maglione rattoppato*. **3** Ottenere: *a. una forte gratifica*; *a. un posto importante*; *a. un'eredità insperata* | Acquistare: *ho avuto questo libro a poco prezzo* | Ricevere: *a. una lettera*; *a. delle pessime notizie* | *Dover a.*, essere creditore. **4** Sentire, provare: *a. sonno, freddo, dolore, compassione* | Essere affetto da: *a. la febbre, il raffreddore, la polmonite*. **5** (*raro, lett.*) Venire a sapere | (*raro, lett.*) Conoscere, sapere un'arte, una disciplina, e sim. **II** Essere in un dato stato, spec. in rapporto all'azione o al concetto espressi da un altro verbo, oppure da un aggettivo o sostantivo. **1** Seguito dalle prep. *a* o *da* e da un verbo all'infinito, indica obbligazione: *a. da finire il lavoro*; *ho da confidarti un segreto* | *A. altro da fare, da pensare*, fare, pensare a cose più importanti | A. (*a*) *che fare*, (*a*) *che vedere con qc.* o *q.c.*, avere rapporti con qc. o q.c. | *Non avere niente* (*a*) *che fare*, (*a*) *che vedere con qc.* o *q.c.*, non avere alcun rapporto con qc. o q.c. | *A. che dire con qc.*, litigare con qc. **2** (*lett.*) Seguito dalla prep. *a* e da un verbo all'infinito, trasferisce il valore del suo tempo e modo al verbo che lo segue: *ebbe a soffrire*, soffrì; *temo che abbia a rovinarsi*, temo che si rovini | (*raro, lett.*) Al pass. rem., seguito dalla prep. *a* e da un verbo all'infinito, indica che l'azione rappresentata dal verbo è stata sul punto di realizzarsi: *ebbe a morire*, poco mancò che morisse. **3** Con gli avverbi *sotto, sopra, accanto, dietro*, e sim., indica un rapporto di spazio: *a. dietro una lunga fila di automobili*; *a. davanti un muro*. **4** Seguito da un agg. o s., qualche volta con le prep. *a* o *in* in posizione intermedia, trasferisce il suo valore verbale all'agg. o s.: *a. caro, a caro*, gradire; *a. cura*, curare; *a. riguardo, diligenza, zelo*; *a. a sdegno*, sdegnare; *a. in odio, disprezzo*, odiare, disprezzare; *a. a mente*, ricordarsi; *a. luogo*, svolgersi; *a. in animo*, avere intenzione | *Aversene a male*, impermalirsi | *A. sulle corna*, (*fig.*) in odio | *A. q.c. per le mani, alle mani*, stare trattando o provvedendo. **B** v. intr. (aus. *avere*) ● (*raro*) Esserci: *non v'ha dubbio, motivo*. **C** in funzione di s. m. **1** (*spec. al pl.*) Ricchezza, denaro, patrimonio: *consumare i propri averi*. **2** (*rag.*) Denominazione convenzionale della sezione destra di un conto, nella quale si registrano i crediti. **3** Credito: *esigere la restituzione del proprio a.* | *Il dare e l'a.*, i debiti e i crediti. CONTR. Dare ‖ PROV. Chi più ha, più vuole.

avèrla o (*raro*) **avèlia**, (*pop.*) **vèlia (1)**, (*pop.*) **vèrla** [etim. incerta] s. f. ● Uccello carnivoro dei Passeriformi, di media grandezza, con becco uncinato, gambe lunghe e unghie robuste, coda larga a ventaglio (*Lanius collurio*).

avernàle [da *averno*] agg. ● (*lett.*) Infernale.
avèrno [vc. dotta (*lăcus*) *Avĕrnu(m)* 'lago di Averno'] s. m. *1* (*lett.*) Inferno. *2* †Luogo esalante vapori pestilenziali.
averroìsmo [dal n. del filosofo *Averroè* (1126-1198)] s. m. ● Indirizzo della filosofia scolastica che si ispira alla dottrina di Averroè.
averroìsta A agg. ● Che è proprio del filosofo Averroè. B s. m. (pl. *-i*) ● Seguace di Averroè e dell'averroismo.
averroìstico agg. (pl. m. *-ci*) ● Conforme alla filosofia di Averroè.
†aversièra ● V. *versiera*.
†aversière ● V. *†avversiere*.
†aversièro ● V. *†avversiere*.
†aversióne [vc. dotta, lat. *aversiōne(m)*, da *avĕrsus* 'averso'] s. f. ● Allontanamento.
†avèrso part. pass. di *†avertere*; anche agg. ● (*lett.*) Nei sign. del v.
†avèrtere [vc. dotta, lat. *avĕrtere*, comp. di *ā* 'da' e *vĕrtere* 'volgere'] v. tr. ● (*lett.*) Allontanare, volgere altrove: *Avertano gli dei qualche sciagura!* (BRUNO).
Avèsta [persiano mediev. *apastāk*, prob. 'testo fondamentale'] s. m. inv. ● Libro sacro della religione zoroastriana, composto di cinque parti.
avèstico A agg. (pl. m. *-ci*) ● Che si riferisce all'Avesta e alla lingua persiana antica usata nell'Avesta. B s. m. solo sing. ● Antica lingua iranica, usata nell'Avesta.
avi- [dal lat. *ăvis* 'uccello', di origine indeur.] primo elemento ● In parole composte significa 'uccello' o 'volatile': *avicoltura*.
aviàrio [vc. dotta, lat. *aviāriu(m)*, da *ăvis* 'uccello'] A agg. ● Degli uccelli: *malattie aviarie*. B s. m. ● Grande uccelliera, spec. nei giardini zoologici.
aviatóre [fr. *aviateur*, dal lat. *ăvis* 'uccello'] s. m. (f. *-trice*) ● Addetto alla condotta o ai servizi di bordo di velivoli, elicotteri e sim.
aviatòrio agg. ● Che concerne l'aviazione.
aviazióne [fr. *aviation*, dal lat. *ăvis* 'uccello'] s. f. *1* Scienza, tecnica e attività relative alla costruzione e all'impiego delle aerodine: *a. costiera*; *a. da bombardamento, da caccia, da combattimento*; *a. civile, commerciale, da diporto, sportiva*. SIN. Aeronautica. *2* (*est.*) Insieme degli aviatori e dei velivoli, spec. di un determinato Paese: *l'a. italiana, inglese, statunitense* | Arma Aeronautica.
avìcolo agg. ● Che si riferisce all'avicoltura.
avicoltóre o **avicultóre** s. m. ● Chi esercita l'avicoltura.
avicoltùra o **avicultùra** [comp. di *avi-* e *coltura*] s. f. ● Scienza dell'allevamento degli uccelli, spec. di quelli da cortile.
avicunìcolo [comp. del lat. *ăvis* 'uccello' e *cunīculus* 'coniglio'] agg. ● Relativo alla avicunicoltura o agli avicunicoltori.
avicunicoltóre s. m. ● Chi si dedica all'avicunicoltura.
avicunicoltùra o **avicunicultùra** s. f. ● Tecnica di allevamento contemporaneo di polli e conigli.
†avidézza s. f. ● Avidità.
avidità [vc. dotta, lat. *aviditāte(m)*, da *ăvidus* 'avido' (V.)] s. f. ● Qualità di chi è avido: *bevve con grande a.* | (*est.*) Brama, cupidigia: *a. di denaro, di gloria*.
àvido [vc. dotta, lat. *ăvidu(m)*, da *avēre* 'bramare'] agg. ● Che sente e manifesta uno smodato e ardente desiderio di q.c.: *è un giovane a. di gloria*; *sono a. di conoscere la verità* | (*est.*) Che rivela avidità: *fissava la preda con occhi avidi*. SIN. Bramoso, cupido. || **avidaménte**, avv.
avière [comp. di *avio-* e *-iere*] s. m. ● Militare di truppa dell'Arma Aeronautica: *a. semplice* | *A. scelto*, di grado corrispondente a caporale | *Primo a.*, corrispondente a caporalmaggiore.
avifàuna [comp. di *avi-* e *fauna*] s. f. ● L'insieme degli uccelli di una data località.
avifaunìstico [comp. di *avi-* e *faunistico*] agg. (pl. m. *-ci*) ● Che si riferisce alla avifauna: *patrimonio a.*
avignonése A agg. ● Di Avignone, città della Francia meridionale | *Esilio, cattività a.*, periodo durante il quale i papi fissarono la residenza in Avignone (1305-1377). B s. m. e f. ● Abitante, nativo di Avignone.
†avìncere ● V. *avvincere*.
àvio [uso autonomo del prefissoide *avio-*] agg. inv. ● Adatto, relativo ad aeromobile: *benzina a.*; *pneumatici a.*
avio- [tratto da *aviazione*] primo elemento ● In parole composte significa 'aeromobile' o indica relazione con l'aeronautica: *avioimbarco, aviolinea, avioraduno, aviorimessa, aviotrasportato*.
aviocistèrna [comp. di *avio-* e *cisterna*] s. f. ● Aerocisterna.
aviogètto [comp. di *avio-* e *getto* (*2*)] s. m. ● Velivolo propulso da uno o più motori a reazione diretta. ➡ ILL. p. 1758-1759 TRASPORTI.
avioimbàrco [comp. di *avio-* e *imbarco*] s. m. (pl. *-chi*) ● L'operazione di prendere posto su un aereo.
aviolanciàre [comp. di *avio-* e *lanciare*] v. tr. (*io aviolàncio*) ● Lanciare cose o persone da un aereo per mezzo di paracadute.
aviolàncio [comp. di *avio-* e *lancio*] s. m. ● Lancio di cose o persone da un aereo per mezzo di paracadute.
aviolìnea [comp. di *avio-* e *linea*] s. f. ● (*raro*) Aerolinea effettuata a mezzo di velivoli, elicotteri, e sim.
avional ® /avjo'nal/ [nome commerciale] s. m. inv. ● (*metall.*) Lega leggera da lavorazione plastica costituita da alluminio, rame, manganese, magnesio e silicio, usata per costruzioni aeronautiche e meccaniche molto sollecitate.
aviònica [ingl. *avionics*, da *avion* 'aeromobile', che è il fr. *avion* (dal lat. *ăvis* 'uccello': V. *aviazione*)] s. f. ● Scienza della progettazione e produzione di apparecchiature elettroniche per uso aeronautico. SIN. Aeroelettronica.
aviònico agg. (pl. m. *-ci*) ● Relativo all'avionica: *settore a.*; *apparati avionici*.
avioradùno [comp. di *avio-* e *raduno*] s. m. ● Raduno di mezzi aerei a scopo sportivo o propagandistico.
avioràzzo [comp. di *avio-* e *razzo*] s. m. ● (*aer.*) Razzo trasportato e lanciato da un aeroplano.
aviorimèssa [comp. di *avio-* e *rimessa*] s. f. ● Locale chiuso per il ricovero di aerodine. SIN. Aerorimessa, hangar.
aviosbàrco [comp. di *avio-* e *sbarco*] s. m. (pl. *-chi*) ● Azione condotta da unità paracadutiste, seguita da truppe aerotrasportate, per costituire una testa di sbarco aereo in territorio nemico, o per compiervi atti di guerra.
aviotrasportàre [comp. di *avio-* e *trasportare*] v. tr. (*io aviotraspòrto*) ● Aerotrasportare.
aviotraspòrto [comp. di *avio-* e *trasporto*] s. m. ● Aerotrasporto.
aviotrùppa [comp. di *avio-* e *truppa*] s. f. ● Unità paracadutista | Unità aerotrasportabile.
avitaminòsi [comp. di *a-* (*1*), *vitamina*, e *-osi*] s. f. ● (*med.*) Stato patologico causato da mancanza di una o più vitamine nell'organismo. CFR. Ipovitaminosi.
avìto [vc. dotta, lat. *avītu(m)*, da *ăvus* 'avo'] agg. ● Degli avi | (*est.*) Che proviene dagli avi: *patrimonio a.*; *usanza avita*.
àvo [lat. *ăvu(m)*, di origine indeur. col sign. di 'anziano'] s. m. (f. *-a*) *1* (*lett.*) Padre del padre o della madre. SIN. Nonno. *2* (*spec. al pl.*) Antenato: *gli avi materni*.
avocàdo [sp. del Messico *aguacate*, dall'azteco *ahuacatl*, n. dell'albero e del frutto] A s. m. inv. *1* Albero delle Lauracee, sempreverde, molto alto, con foglie coriacee, fiori in pannocchia e frutto a forma di pera (*Persea gratissima*). *2* Frutto dell'albero omonimo, di color verde, con polpa gialliccia commestibile e profumata. B in funzione di agg. inv. nel sign. 2 ● Nella loc. *pera a.*
avocàre [vc. dotta, lat. *avocāre*, comp. di *ā* 'da' e *vocāre* 'chiamare'] v. tr. (*io àvoco, tu àvochi*) ● (*dir.*) Esercitare il potere di avocazione: *a. a sé l'emanazione di un provvedimento*.
avocatòrio agg. ● (*dir.*) Di, relativo ad, avocazione.
avocazióne [vc. dotta, lat. *avocatiōne(m)*, da *avocāre* 'avocare'] s. f. ● (*dir.*) Potere legislativamente riconosciuto a organi o enti di sostituirsi ad altri nella prosecuzione di data attività.
avocétta [etim. incerta] s. f. ● Uccello di palude dei Caradriformi, grande come un fagiano, con lungo becco rivolto all'insù, lunghe zampe e piumaggio bianco e nero (*Recurvirostra avocetta*). SIN. Monachina.
avogadóre [vc. dotta, lat. tardo *advocatōre(m)*, da *advocāre* 'chiamare a sé'] s. m. *1* Magistrato della Repubblica di Venezia, che in origine sosteneva le ragioni del fisco nei processi civili e penali, divenuto più tardi giudice d'appello. *2* †Avvocato.
àvolo [vc. dotta, lat. *ăvulu(m)*, dim. di *ăvus* 'avo'] s. m. (f. *-a*) *1* (*raro, lett.*) Avo. *2* (*spec. al pl.*) Antenato.
†avolteràre e *deriv.* ● V. *adulterare* e *deriv.*
†avoltóio ● V. *avvoltoio*.
avòrio [lat. tardo *ebŏreu(m)*, agg. di *ĕbur* 'avorio'] A s. m. *1* Sostanza bianca, dura e compatta, che forma uno dei costituenti principali dei denti dei Vertebrati | *Nero d'a.*, carbone d'avorio in polvere di colore nero, usato come colorante e come levigante in oreficeria | *A. artificiale*, imitazione dell'avorio, costituita generalmente da celluloide, acetilcellulosa, galalite, impastata con sostanze minerali, con ossa, con residui di avorio e cementate con colla | *A. vegetale*, sostanza simile all'avorio animale, ricavata dai semi di varie piante, usata spec. per bottoni | (*fig.*, *euf.*) *Mercante di a. nero*, mercante di schiavi negri. *2* Colore bianco tendente al giallo, caratteristico della sostanza omonima: *una vecchia signora vestita d'a.* *3* (*fig.*, *lett.*) Candore: *l'a. delle mani, del seno, delle spalle*. *4* (*spec. al pl.*) Oggetti d'arte in avorio: *una collezione di avori cinesi*. B in funzione di agg. inv. ● (posposto a un s.) Che ha colore avorio: *pizzo a.*; *abito color a.*
avornièllo o **avornèllo** s. m. *1* Dim. di *†avornio*. *2* (*bot.*) Ornello.
†avórnio o **†avórno** [lat. *labŭrnu(m)*, con la caduta della *l-* iniziale interpretata come articolo] s. m. *1* (*bot.*) Frassino. *2* (*bot.*) Maggiociondolo. || **avornièllo** dim. (V.).
avulsióne [vc. dotta, lat. *avulsiōne(m)*, da *avŭlsus* 'avulso'] s. f. *1* (*dir.*) Distacco naturale di parte di un fondo rivierasco e incorporazione della stessa a uno o più fondi frontisti o contigui. *2* (*raro*) Asportazione.
avulsìvo agg. *1* Che si può staccare, svellere. *2* (*ling.*) Detto di suono prodotto durante l'inspirazione.
avùlso part. pass. di *avellere*; anche agg. *1* Nei sign. del v. *2* (*fig.*) Staccato: *un individuo a. dalla società*; *una parola avulsa dal contesto*. *3* (*sport*) *Classifica avulsa*, nei tornei a squadre, particolare classifica basata soltanto sugli scontri diretti tra formazioni che al termine della stagione si trovino a pari punteggio.
avuncolàto [dal lat. *avunculus* 'zio materno', dim. di *avus* 'nonno'] s. m. ● (*antrop.*) Rapporto di autorità che si instaura, nelle società matrilineari, tra un individuo e il figlio della propria sorella e che corrisponde a quello padre-figlio nelle società patrilineari.
avùto part. pass. di *avere* ● Nei sign. del v.
avvalènte A part. pres. di *avvalersi*; anche agg. ● Nel sign. del v. B s. m. e f. ● Chi si avvale, si serve di q.c.
avvalérsi [comp. di *a-* (*2*) e *valere*] v. intr. pron. (coniug. come *valere*) ● (*lett.*) Valersi: *a. dei consigli di qc.*
avvallaménto s. m. *1* (*geogr.*) Depressione del terreno rispetto alle zone circostanti. CONTR. Prominenza. *2* (*est.*) Abbassamento, cedimento del terreno, dovuto a varie cause: *la strada era piena di buchi e di avvallamenti*.
avvallàre [comp. di *a-* (*2*) e *valle*] A v. tr. *1* (*raro, lett.*) Mandare a valle | (*est.*) Spingere verso il basso | (*est.*) Abbassare verso terra. *2* (*raro, fig.*) Avvilire, umiliare. B v. intr. (aus. *essere*) ● (*raro, lett.*) Scendere a valle. C v. intr. pron. *1* Abbassarsi, affondarsi: *un terreno che s'avvalla con facilità*. *2* (*fig.*) †Avvilirsi, umiliarsi.
avvallàto part. pass. di *avvallare*; anche agg. *1* Nei sign. del v. *2* Posto in fondo a una valle: *paese a.*
avvallatùra s. f. ● Avvallamento.
avvaloraménto s. m. ● Modo e atto dell'avvalorare o dell'avvalorarsi.
avvaloràre [comp. di *a-* (*2*) e *valore*] A v. tr. (*io avvalóro*) *1* Dare valore, convalidare: *le sue risposte avvalorano la mia testimonianza*. *2* (*banca*) Garantire l'autenticità della firma del traente

mediante l'apposizione di un visto da parte di un impiegato bancario. *3* (*raro*) Dar forza, rinvigorire (*anche fig.*) **B** v. intr. pron. ● Prendere forza, vigore: *è una congettura che si sta avvalorando.*

avvàlso part. pass. di *avvalersi* ● Nei sign. del v.

avvampaménto s. m. ● Atto, effetto dell'avvampare.

avvampàre [comp. di *a-* (*2*) e *vampa*] **A** v. intr. (aus. *essere*) *1* Ardere divampando: *la legna secca avvampa facilmente* | (*est.*) Divenire rosso e luminoso come fiamma: *cielo e mare avvamparono al calar del sole* | Arrossire: *a. in viso per eccessiva timidezza.* *2* (*fig.*) Lasciarsi trasportare da sentimenti violenti: *a. di sdegno, di ira, di rabbia.* **B** v. tr. *1* (*raro, lett.*) Accendere, bruciare (*anche fig.*): *nel pericolo dello ardentissimo fuoco che l'avvampa* (VASARI). *2* Abbruciacchiare, detto della biancheria posta a contatto di un ferro da stiro troppo caldo. SIN. Strinare.

avvantaggiaménto s. m. ● (*raro*) Atto, effetto dell'avvantaggiare o dell'avvantaggiarsi.

avvantaggiàre o †**avantaggiàre** [da *avvantaggio*] **A** v. tr. (*io avvantàggio*) *1* Dare vantaggio, precedenza, superiorità, e sim.: *a. la comunità* | (*est.*) Far progredire, migliorare: *a. l'agricoltura, l'economia.* *2* (*raro*) Superare. **B** v. rifl. *1* Procurarsi un vantaggio: *avvantaggiarsi negli affari, nello studio, in una competizione.* *2* (*est.*) Approfittare di q.c.: *avvantaggiarsi di qualche informazione sicura.* *3* (*est.*) Prevalere su qc.: *avvantaggiarsi su tutti i concorrenti.*

avvantaggiàto part. pass. di *avvantaggiare*; anche agg. *1* Nei sign. del v. *2* (*raro*) Di buona qualità. *3* †Sovrabbondante, eccedente.

†**avvantàggio** o †**avantàggio** [ant. fr. *avantage*, da *avant* 'avanti'] s. m. ● Vantaggio, superiorità, preminenza | *Prendere l'a.*, prendere il sopravvento in una gara o contesa | *D'a.*, di più, d'avanzo.

†**avvantaggióso** agg. ● Vantaggioso. || †**avvantaggiosaménte**, avv. Vantaggiosamente.

avvedérsi [comp. di *a-* (*2*) e *vedere*] v. intr. pron. (coniug. come *vedere*) *1* Rendersi conto: *sbagliò senza avvedersene.* *2* (*raro*) †Ravvedersi.

†**avvediménto** s. m. ● Avvedutezza, accortezza, intendimento | Espediente ingegnoso.

avvedutézza s. f. ● Qualità di chi è avveduto.

avvedùto part. pass. di *avvedersi*; anche agg. *1* Nei sign. del v. *2* Sagace, accorto, giudizioso: *è un professionista a.* | (*raro*) Che ha coscienza o certezza di una cosa | *Fare a. qc.*, avvertirlo. || **avvedutaménte**, avv. Accortamente; (*raro*) a bella posta.

†**avvegnaché** o †**avvègna che**, †**avvègna che**, †**avvengaché** [comp. di *avvenga* e *che* (*2*)] cong. *1* Benché, quantunque, sebbene (introduce una prop. conc. con il v. al congv.): *avvegna che la subitanea fuga / dispergesse color per la campagna, / rivolti al monte ove ragion ne fruga, / i' mi ristrinsi a la fida compagna* (DANTE *Purg.* III, 1-4). *2* Poiché, per il motivo che (introduce una prop. caus. con il v. all'indic.): *avvegna che per molte condizioni di grandezze le cose si possono magnificare* (DANTE).

avvelenaménto s. m. ● Atto, effetto dell'avvelenare o dell'avvelenarsi: *presentare sintomi di a.*; *a. delle acque* | (*pop.*) *A. del sangue*, setticemia.

avvelenàre [comp. di *a-* (*2*) e *veleno*] **A** v. tr. (*io avveléno*) *1* Rendere velenoso, mettere veleno in q.c.: *a. il cibo, le acque, un'esca* | Ammorbare, inquinare: *a. l'aria.* *2* Intossicare con veleno | Uccidere mediante veleno. *3* (*fig.*) Turbare, amareggiare: *i continui dispiaceri gli avvelenavano l'esistenza* | Corrompere: *certi esempi avvelenano i giovani.* **B** v. rifl. ● Prendere il veleno | Uccidersi col veleno.

avvelenàto part. pass. di *avvelenare*; anche agg. *1* Nei sign. del v. *2* (*fig.*) Irato, rabbioso | *Avere il dente a. con qc.*, nutrire profondo rancore.

avvelenatóre agg.; anche s. m. (f. *-trice*) ● Che, chi avvelena.

†**avvelenìre** v. tr. ● Avvelenare.

†**avvenànte** [fr. *avenant*, dal lat. *advenīre* 'arrivare, venir bene'] agg. *1* Avvenente. *2* Conveniente. *3* Nelle loc. avv. *all'a.*; *a questo a.*, al paragone, in proporzione.

avvenènte [provz. *avinent*. V. †*avvenante*] agg. *1* Che piace per bellezza e leggiadria: *un giovane, una ragazza a.* *2* †Di maniere graziose.

avvenènza s. f. ● Qualità di chi, di ciò che, è avvenente | (*raro*) *A. di stile*, decoro, piacevolezza.

†**avvenévole** agg. ● Avvenente, leggiadro, grazioso.

†**avvengaché** ● V. †*avvegnaché*.

avvènga che /av'venga 'ke*, av'venga ke*/ ● V. †*avvegnaché*.

avveniménto s. m. *1* Fatto importante, pubblico o privato, che avviene o che è avvenuto: *questo è il principale a. del secolo*; *gli avvenimenti della mia vita*; *per i bambini la festa fu un a.* *2* †Esito, riuscita, successo. *3* †Venuta, avvento: *assai ... dopo l'a. di Cristo* (VILLANI).

avvenire (*1*) [lat. *advenīre*, comp. di *a-* (*2*) e *venīre* 'venire'] **A** v. intr. (coniug. come *venire*; aus. *essere*) ● Accadere, capitare, succedere: *l'episodio avvenne molto tempo fa*; *voglio sapere come è avvenuto l'incidente*; *ha deciso di partire, avvenga quel che vuole*; *come spesso avviene*; *come suole a.* **B** v. intr. pron. *1* (*raro, tosc.*) Addirsi, convenire: *non ti si avviene.* *2* †Imbattersi, scontrarsi: *avvenirsi a, in qc.* | †Capitare: *avvenirsi in un luogo.*

avvenire (*2*) o (*raro*) **a venire** nel sign. A [da *avvenire* (*1*)] **A** agg. inv. ● Che deve venire, futuro: *il tempo, le generazioni, la vita a.* **B** s. m. inv. *1* Ciò che deve venire, tempo futuro: *bisogna pensare all'a.*; *l'a. è nelle mani di Dio* | *Per l'a.*, *in a.*, nel tempo che verrà, in futuro | (*raro*) *Gli a.*, i posteri. *2* (*est.*) Sorte futura: *fantasticare sul proprio a.* | Benessere, grandezza, fortuna futuri: *pensare all'a. dei figli*; *popolo di grande a.*

avvenirismo [da *avvenire* (*2*)] s. m. ● Fiducia in, o enunciazione di, idee e progetti nuovi che si credono destinati ad aver fortuna in avvenire: *ostentare il proprio a.*

avvenirista **A** s. m. e f. (pl. m. *-i*) ● Chi crede entusiasticamente nel futuro. **B** agg. ● Avveniristico.

avveniristico agg. (pl. m. *-ci*) ● Pertinente all'avvenirismo, all'avvenirista: *edificio a.* | (*est.*) Che anticipa il futuro.

†**avveniticcio** ● V. *avventizio*.

†**avvenitìzio** ● V. *avventizio*.

avventaménto s. m. ● Modo e atto dell'avventare.

avventàre [lat. parl. **adventāre*, comp. di *a-* (*2*) e *vĕntus* 'vento'] **A** v. tr. (*io avvènto*) *1* Lanciare, scagliare con forza: *a. un sasso contro qc.*; *avventò il libro sul pavimento*; *gli ha avventato uno schiaffo.* *2* (*fig.*) Dire inconsideratamente: *a. giudizi azzardati.* **B** v. rifl. ● Lanciarsi, gettarsi con impeto contro, o addosso a, qc. o q.c.: *avventarsi armati sul nemico*; *si avventò al collo del padre*; *la folla si avventa su per le scale.* **C** v. intr. (aus. *avere*) ● (*raro, lett.*) Risaltare, spiccare violentemente: *un rosso che avventa.*

avventatàggine s. f. ● (*raro*) Avventatezza.

avventatézza s. f. ● Qualità di chi, di ciò che, è avventato: *agire con a.* | (*est.*) Azione, discorso, da persona avventata.

avventàto part. pass. di *avventare*; anche agg. *1* Nei sign. del v. *2* Fatto, detto e sim. con eccessiva impulsività, senza riflessione: *un giudizio a.* | (*est.*) Di persona che agisce con precipitazione, senza riflettere: *un ragazzo a.* *3* (*raro*) Nella loc. avv. *all'avventata*, in modo avventato, sconsiderato, senza riflessione: *parlare, agire all'a.* || **avventataménte**, avv. In modo avventato, senza riflessione. || **avventatèllo**, dim.

†**avventìccio** ● V. *avventizio*.

avventista [ingl. *Adventist*, da *advent* 'avvento'] s. m. e f. (pl. m. *-i*) ● Seguace di una delle sètte cristiane evangeliche, in prevalenza di origine americana, che predicano l'imminenza del ritorno del Cristo trionfante.

avventiziàto s. m. *1* Condizione, stato di chi è avventizio in un impiego o in un lavoro | Periodo durante il quale si è in tale stato: *fare un anno di a.*; *un a. di due anni.* *2* La categoria dei lavoratori avventizi.

avventìzio o †**avveniticcio**, †**avvenitìzio**, †**avventìccio** [vc. dotta, lat. *adventīciu(m)*, da *advenīre* 'sopraggiungere'] **A** agg. *1* Che viene da fuori | (*est.*) Straniero | *Gente, popolazione avventizia*, straniera e non fissa. *2* Temporaneo, provvisorio, detto spec. di impiego, lavoro e sim.: *impiegato a.*; *personale a.* *3* Casuale, occasionale, incerto: *guadagno a.* *4* (*anat.*) *Tunica avventizia* o (*ell.*) *avventizia*, strato di tessuto connettivo e fibre elastiche che riveste varie strutture tubulari. *5* (*bot.*) Detto di organo che si sviluppa in posizione anomala | *Radici avventizie*, quelle che si sviluppano sul fusto. **B** s. m. (f. *-a*) ● Chi è stato assunto per sopperire a necessità transitorie, spec. nel pubblico impiego: *assumere avventizi.*

avvènto [vc. dotta, lat. *advĕntu(m)*, da *advenīre* 'arrivare'] s. m. *1* Venuta: *sperare nell'a. di un futuro migliore.* *2* (*est.*) Il pervenire a una carica, a un grado e sim.: *l'a. al trono, al soglio pontificio.* *3* (*relig.*) Venuta di Gesù nel mondo e sua incarnazione | Tempo liturgico che alcune chiese cristiane dedicano alla preparazione del Natale, nelle quattro settimane che lo precedono.

avventóre [lat. *adventōre(m)*, da *advenīre* 'venire'] s. m. (f. *-trìce*) ● Chi compera abitualmente in uno stesso negozio o fequenta lo stesso locale pubblico: *il locale è pieno di avventori.*

avventùra (*1*) [fr. *aventure*, dal lat. *adventura*, part. fut. nt. pl. di *advenīre* 'avvenire'] s. f. *1* Avvenimento insolito, emozionante o imprevisto: *un'a. di viaggio*; *ha avuto una vita piena di avventure* | (*est.*) Impresa, evento straordinario, rischioso o audace: *amare l'a.* | †*Mettersi in a.*, avventurarsi | *Per a.*, per caso. *2* Relazione amorosa breve e non impegnativa: *ha l'abitudine di raccontare le sue avventure*; *è stata solo un'a.*; *un'a. galante.* || **avventurétta**, dim. | **avventurina**, dim.

avventùra (*2*) [comp. di *a-* (*2*) e *ventura*] s. f. ● Sorte, fortuna.

avventuràre (*1*) [comp. di *a-* (*2*) e *ventura* 'caso'] **A** v. tr. ● Affidare alla sorte, esporre a un rischio: *a. il proprio patrimonio in un'impresa azzardata* | (*fig.*) *A. una domanda*, osare formularla. **B** v. rifl. ● Mettersi in pericolo: *avventurarsi in mare con la tempesta* | (*fig.*) Arrischiarsi, azzardarsi: *avventurarsi ad avanzare una proposta.*

†**avventuràre** (*2*) [comp. di *a-* (*2*) e *ventura* 'fortuna'] v. tr. ● Rendere prospero, fortunato.

avventuràto (*1*) part. pass. di *avventurare* (*1*); anche agg. ● Nei sign. del v. || **avventurataménte**, avv. Alla ventura.

avventuràto (*2*) part. pass. di †*avventurare* (*2*); anche agg. *1* Nei sign. del v. *2* *Bene a.*, fortunato | †*Male a.*, sfortunato. || †**avventurataménte**, avv. Con fortuna, con successo.

avventurièro o (*lett.*) **avventurière** [fr. *aventurier*] **A** s. m. (f. *-a* nel sign. 1) *1* Chi va in giro per il mondo cercando con ogni mezzo di fare fortuna | (*est.*) Imbroglione: *è un a. di pochi scrupoli.* *2* Soldato di ventura, mercenario. **B** agg. ● (*lett.*) Che ama e cerca l'avventura: *gioventù avventuriera.*

avventurina o **venturina** [fr. *aventurine*, da *aventure*, in quanto si credeva che le pagliuole venissero messe nel vetro fuso *à l'aventure* 'a caso'] s. f. ● (*miner.*) Varietà di quarzo contenente lamelle di mica e clorite.

avventurismo [da *avventura* (*1*)] s. m. ● Atteggiamento di chi, spec. in politica, propone soluzioni o fa delle scelte piuttosto avventate, di cui non è possibile prevedere tutte le conseguenze.

avventurista agg.; anche s. m. e f. (pl. m. *-i*) ● Che, chi dà prova di avventurismo.

avventuristico agg. (pl. m. *-ci*) ● Improntato ad avventurismo: *comportamento a.*

avventuróso (*1*) [da *avventura* (*1*)] agg. *1* Che è attratto dall'avventura: *un carattere a.* | (*est.*) Ricco di avventura: *racconto, viaggio a.* *2* (*fig.*) Rischioso: *seguire una politica avventurosa.* || **avventurosaménte**, avv.

†**avventuróso** (*2*) [da *avventurare* (*2*)] agg. ● (*lett.*) Fortunato | *Male a.*, sfortunato. || †**avventurosaménte**, avv. Con buona fortuna.

avvenùto **A** part. pass. di *avvenire*; anche agg. ● Nei sign. del v. **B** s. m. solo sing. ● (*lett.*) Accaduto: *la signora Lanucci non voleva apparire di dare importanza all'a.* (SVEVO).

avveràbile agg. ● Che si può avverare: *una speranza a.*

avveraménto s. m. ● Atto, effetto dell'avverare o dell'avverarsi.

avveràre [comp. di *a-* (*2*) e *vero*] **A** v. tr. (*io avvéro*) *1* Rendere vero, reale, effettivo. *2* †Affermare per vero | †Confermare: *i fatti in brieve tempo avverarono le parole* (BARTOLI). **B** v. intr. pron.

• Realizzarsi, verificarsi: *molte profezie si sono avverate*.

avverbiàle [vc. dotta, lat. tardo *adverbiāle(m)*, da *advĕrbium* 'avverbio'] **agg.** • (*ling.*) Di avverbio: *suffisso a.* | Che ha funzione d'avverbio: *locuzione a.* || **avverbialménte**, avv. In modo di avverbio.

avvèrbio [vc. dotta, lat *advĕrbiu(m)*, comp. di *ăd* 'presso' e *vĕrbum* 'parola'] **s. m.** • (*ling.*) Parte invariabile del discorso che modifica il senso del verbo o dell'aggettivo o di un altro avverbio: *avverbi di tempo, di maniera*.

avversàre [vc. dotta, lat. *adversāri* 'fare opposizione', da *advĕrsus* 'contro'] **A v. tr.** (*io avvèrso*) • Contrariare, perseguitare: *ti ho avversato a lungo*. **B v. rifl. rec.** • Contrastarsi, ostacolarsi l'un l'altro: *i due concorrenti s'avversarono con ogni mezzo*.

avversàrio o †**avversàro** [vc. dotta, lat. *adversāriu(m)*, da *advĕrsus* 'avverso'] **A s. m.** (f. *-a*) **1** Chi sta dalla parte avversa, rispetto a un'altra persona, in una lotta, una gara, un concorso, una discussione, e sim.: *i due avversari erano uno di fronte all'altro*; *scagliò l'arma contro l'a.*; *demolì tutti gli argomenti dell'a.* | *A. di comodo*, disposto per accordo illecito a farsi sconfiggere | *L'a. d'ogni male*, Dio | (*per anton.*) *L'a., il maligno a.*, il demonio. **2** (*dir.*) Nel processo, la parte contraria: *replicare alle argomentazioni dell'a.* **B agg. 1** Contrario, avverso: *fazione, squadra avversaria*. **2** (*dir.*) Che si oppone in giudizio: *parte avversaria* | *Avvocato a.*, difensore della controparte | *Ragioni avversarie*, quelle dedotte in giudizio dalla parte contraria.

avversatìvo [vc. dotta, lat. tardo *adversatīvu(m)*, da *adversātus*, part. pass. di *adversāri* 'avversare'] **agg.** • (*ling.*) Detto di congiunzione che coordina due parole o due fasi, opponendole.

avversatóre [vc. dotta, lat. *adversatōre(m)*, da *adversāri* 'avversare'] **s. m.**; anche **agg.** (f. *-trice*) • Chi, che avversa, contrasta.

†**avversièra** • V. *versiera*.

†**avversière** o †**aversière**, †**aversièro** [fr. ant. *aversier* 'avversario', cioè il diavolo] **s. m.** (f. *-a* (V.)) **1** Nemico, avversario. **2** (*per anton.*) Diavolo, demonio.

avversióne [da *avverso*] **s. f.** • Viva ostilità, antipatia: *provare, nutrire, sentire, dimostrare a. per qc.* o *q.c.* | (*est.*) Ripugnanza, nausea: *ha una vera a. a certi cibi*.

avversità [vc. dotta, lat. *adversitāte(m)*, da *advĕrsus* 'avverso'] **s. f. 1** Qualità di ciò che è avverso: *l'a. della sorte* | (*est.*) Ciò che procura danni e contrarietà. **2** (*spec. al pl.*) Calamità, disgrazia: *le a. della vita, della sorte*; *le a. sono materia della virtù* (ALBERTI).

avvèrso (1) [vc. dotta, lat. *advĕrsu(m)*, part. pass. di *advĕrtere* 'voltare verso', comp. di *ăd* 'contro' e *vĕrtere* 'voltare'] **agg. 1** Contrario, sfavorevole (*anche fig.*): *fortuna avversa*; *destino a.* | (*est.*) Sfortunato, infelice: *stato a.*; *condizione avversa*. **2** (*lett.*) †Opposto, contrapposto: *i bei crin d'auro / scherzon nel petto per lo vento a.* (POLIZIANO). || **avversaménte**, avv. Contrariamente.

avvèrso (2) [lat. *advĕrsu(m)*. V. prec.] **prep. 1** (*lett.*) †Contro, in opposizione: *certo assai vedrai sommerso / nel falso il creder tuo, se bene ascolti / l'argomentar ch'io li farò a.* (DANTE *Par.* II, 61-63) | Usata oggi solo nel linguaggio giuridico e burocratico: *ricorrere a. la sentenza*; *proporre ricorso a. un atto della pubblica amministrazione*. **2** (*raro*) Nella loc. avv. *per a.*, all'opposto, al contrario, viceversa.

avvertènte **part. pres.** di *avvertire*; anche **agg. 1** Nei sign. del v. **2** †Prudente, cauto, consapevole.

avvertènza **s. f. 1** Qualità di chi possiede attenzione e riflessione: *procedere con molta a.* SIN. Cautela. **2** Ammonimento, avviso, consiglio: *un'utile a.* **3** Dichiarazione premessa a uno scritto o a un libro in cui l'autore o l'editore spiegano al lettore il modo in cui sono stati affrontati e risolti certi problemi del testo: *quel saggio ha un'a. molto ampia*. **4** (*spec. al pl.*) Istruzioni: *avvertenze per l'uso di un medicinale*.

avvertìbile **agg.** • Che si può percepire, spec. con l'udito.

avvertiménto **s. m. 1** Atto, effetto dell'avvertire: *un amichevole a.* | (*est.*) Mezzo usato per avvertire. SIN. Avviso. **2** Nel calcio, nel pugilato e nella scherma, invito da parte dell'arbitro o del giudice di gara agli atleti di comportarsi correttamente.

avvertìre [lat. *advĕrtere* 'volgere verso'. V. *avverso (1)*] **A v. tr.** (*io avvèrto*; raro *io avvertìsco, tu avvertìsci*) **1** Percepire: *a. il calore del sole, la stanchezza, un lieve rumore* | (*est.*) Scoprire, considerare con attenzione: *a. la bellezza di un paesaggio*. **2** Rendere consapevole qc. di una circostanza a lui ignota: *a. un amico di un pericolo*. **3** (*est.*) Avvisare, ammonire, consigliare: *ti avverto che devi stare molto attento* | Minacciare: *vi avverto che, in caso contrario, dovrò ricorrere alle maniere forti*. **B v. tr. e intr.** (aus. intr. *avere*) • (*raro, lett.*) Fare attenzione, badare.

avvertìto **part. pass.** di *avvertire*; anche **agg. 1** Nei sign. del v. **2** Avveduto, cauto: *guardare con occhio a.*; *mestiere che voleva orecchio a.* (BACCHELLI). || **avvertitaménte**, avv. Intenzionalmente.

avvezióne [vc. dotta, lat. *advectiōne(m)* 'trasporto', da *advĕctus*, part. pass. di *advĕhere* 'condurre, trasportare', comp. di *a-* (*2*) e *vĕhere* 'trasportare' (V. *veicolo*)] **s. f.** • (*meteor.*) Movimento, trasporto orizzontale di aria: *a. di aria calda, di aria fredda*.

avvezzaménto **s. m.** • (*raro, lett.*) Atto, effetto dell'avvezzare o dell'avvezzarsi.

avvezzàre [lat. parl. **advitiāre*, comp. di *a-* (*2*) e *vĭtium* 'vizio, difetto'] **A v. tr.** (*io avvézzo*) • Dare un'abitudine, una consuetudine: *a. il popolo all'ubbidienza* | (*est.*) Educare: *a. bene i figli*. **B v. rifl.** • Abituarsi: *avvezzarsi ai rumori, alle fatiche*.

avvézzo **A agg.** • Abituato: *uomo a. a ogni sacrificio* | *Male a.*, educato male. **B s. m.** • †Vezzo | †Uso | †Assuefazione.

avviaménto **s. m. 1** Atto, effetto dell'avviare o dell'avviarsi: *a. al lavoro, allo studio*; *codice di a. postale* | *Scuola d'a.*, scuola triennale che, nell'ordinamento precedente all'istituzione della scuola media unica, forniva un primo insegnamento secondario per la preparazione ai vari mestieri. **2** Valore riconosciuto a un'azienda economica, sulla base di elementi quali il buon nome sul mercato, il volume degli affari, la clientela e sim. **3** (*mecc.*) Fase transitoria di passaggio dalla quiete alla velocità di regime, di un motore, di una macchina, di una locomotiva: *dispositivi di a.*; *tempo, spazio d'a.* | Correntemente, messa in moto: *a. difettoso*. **4** In tipografia, complesso di operazioni necessarie per mettere la macchina da stampa in condizioni di produrre copie perfette, spec. compensazione delle differenze di livello fra i vari elementi stampanti mediante strati di carta sottilissima o procedimenti speciali.

avviàre [comp. di *a-* (*2*) e *via*] **A v. tr.** (*io avvìo*) **1** Mettere in via, mettere sul cammino da percorrere: *a. l'ospite alla stazione*; *avviò il bambino verso la madre* | Indirizzare (*spec. fig.*): *a. qc. agli studi giuridici*. **2** Iniziare, dare principio, cominciare a eseguire: *a. una nuova costruzione*; *a. l'attività di un'impresa*; *a. un colloquio, un interrogatorio* | Intraprendere: *a. un'indagine* | *A. il fuoco*, accenderlo, appiccarlo. **3** Mettere in moto: *a. il motore* | In tipografia, provvedere all'avviamento: *a. una macchina da stampa*. **B v. intr. pron. 1** Mettersi in via, incamminarsi: *si avviarono di corsa verso l'uscita*; *avviarsi alla fine, al trionfo*. **2** (*fig.*) Essere sul punto di, stare per: *si avvia a diventare un ottimo chirurgo*.

avviàto **part. pass.** di *avviare*; anche **agg. 1** Nei sign. del v. **2** Detto di impresa commerciale solida, ben fornita di clientela: *un negozio, un commercio ben a.*

avviatóre **s. m.** • Congegno meccanico di vario tipo usato per avviare un motore.

avviatùra **s. f. 1** (*raro*) Inizio | (*est.*) Parte di lavoro già avviata | Brace che serve ad accendere il fuoco. **2** Primo giro della calza o d'altro lavoro a maglia.

avvicendaménto **s. m. 1** Atto, effetto dell'avvicendare o dell'avvicendarsi: *a. di pubblici impiegati*; *a. di truppe in prima linea*. **2** Successione nel tempo di colture diverse sul medesimo terreno.

avvicendàre [comp. di *a-* (*2*) e *vicenda*] **A v. tr.** (*io avvicèndo*) • Alternare, spec. con metodo e sistematicità: *a. il lavoro allo svago*. **B v. rifl. rec.** • Succedersi, mutare a vicenda: *le stagioni si avvicendano*.

avvicinàbile **agg.** • Che si può avvicinare | (*fig.*) Di persona facilmente accostabile.

avvicinaménto **s. m. 1** Atto, effetto dell'avvicinare o dell'avvicinarsi | *Marcia d'a.*, movimento tattico che si compie per portarsi a distanza di attacco. **2** (*tip.*) Distanza fra le superfici esterne di destra e di sinistra, trasversalmente rispetto all'occhio, del fusto di un carattere o di uno spazio.

avvicinàre [comp. di *a-* (*2*) e *vicino*] **A v. tr. 1** Mettere vicino o più vicino: *a. la sedia al tavolo, il libro alla luce* | (*fig.*) *A. una data*, anticiparla. **2** Trattare con una persona per parlarle, entrare in rapporti con lei, conoscerla, e sim.: *avvicinò il ministro per congratularsi con lui*; *non è facile avvicinarlo*. **B v. intr. pron.** • Farsi, porsi vicino o più vicino (*anche fig.*): *il fanciullo si avvicinò alla madre*; *il freddo si avvicina* | (*fig.*) Essere simile: *la traduzione si avvicina molto all'originale*.

avvignàre [comp. di *a-* (*2*) e *vigna*] **v. tr.** • Coltivare un terreno a vite.

avvilènte o †**avviliènte** **part. pres.** di *avvilire*; anche **agg.** • Nei sign. del v.

avviliménto **s. m. 1** Atto, effetto dell'avvilire o dell'avvilirsi: *gettare nell'a.*; *cadere in un profondo a.*; *abbattersi nell'a.* **2** Umiliazione | (*est.*) Degradazione morale.

avvilìre [comp. di *a-* (*2*) e *vile*] **A v. tr.** (*io avvilìsco, tu avvilìsci*) **1** Rendere vile, disprezzabile: *la menzogna avvilisce le tue qualità*. SIN. Degradare. **2** Deprimere, umiliare: *le tue parole mi avviliscono*. **3** †Far diminuire il prezzo, valore, e sim. **B v. intr. pron. 1** Perdersi d'animo: *si è molto avvilito per la recente disgrazia*. **2** (*raro*) Rendersi vile, abbietto, spregevole: *s'è avvilito nei vizi* | (*lett.*) Umiliarsi.

avvilitìvo **agg.** • (*raro*) Avvilente.

avvilìto **part. pass.** di *avvilire*; anche **agg.** • Nei sign. del v.

avviluppaménto **s. m.** • (*raro*) Atto, effetto dell'avviluppare o dell'avvilupparsi | Viluppo, intrico.

avviluppàre [comp. di *a-* (*2*) e *viluppo*] **A v. tr.** (*io avvilùppo*) **1** Avvolgere in modo disordinato e confuso: *a. fili, cordami* | (*fig.*) Imbrogliare: *a. qc. con astuzie e raggiri*. **2** Avvolgere con cura: *avvilupparono il ferito in una coperta*. **B v. rifl.** • Ravvolgersi in q.c.: *avvilupparsi in un mantello* | (*raro, fig.*) Intricarsi, imbrogliarsi: *si avviluppa in mille fantasie*. **C v. intr. pron.** • Ingarbugliarsi: *vele e corde si avviluppavano inestricabilmente*.

avviluppàto **part. pass.** di *avviluppare*; anche **agg. 1** Nei sign. del v. **2** (*raro*) Incerto: *entra con passo a.* (DE SANCTIS). || **avviluppataménte**, avv. (*raro*) In modo confuso e intricato.

†**avviluppatùra** **s. f.** • Avviluppamento.

avvinàre [comp. di *a-* (*2*) e *vino*] **v. tr. 1** Lavare con vino una botte nuova per toglierle l'odore del legno e conferirle quello del vino | Lavare con vino una bottiglia che è stata lavata con acqua per toglierne quella residua prima dell'imbottigliamento. **2** (*raro*) Mischiare con vino: *a. l'acqua*.

avvinatóre **s. m.** • Apparecchio per avvinare le bottiglie.

avvinazzàre [comp. di *a-* (*2*) e del lat. tardo *vināceu(m)* 'vinacciolo'] **A v. tr.** • (*raro*) Ubriacare. **B v. rifl.** • (*raro*) Ubriacarsi.

avvinazzàto **A** **part. pass.** di *avvinazzare*; anche **agg. 1** Nei sign. del v. **2** Alterato dal vino: *voce avvinazzata*. **B s. m.** (f. *-a*) • Ubriaco.

avvincènte **part. pres.** di *avvincere*; anche **agg.** • Nei sign. del v.

avvìncere o (*ant.*) **avìncere**. [comp. di *a-* (*2*) e del lat. *vincīre* 'legare'] **v. tr.** (coniug. come *vincere*) **1** (*lett.*) Legare, stringere | Cingere intorno. **2** (*fig.*) Attrarre fortemente, legare a sé (*anche ass.*): *le sue parole mi avvincono*; *è un uomo che avvince*.

†**avvinchiàre** • V. *avvinghiare*.

†**avvincigliàre** [comp. di *a-* (*2*) e *vinciglio*] **v. tr.** • Legare, stringere | Attorcigliare, intrecciare.

avvinghiàre o †**avvinchiàre** [comp. di *a-* (*2*) e del lat. tardo *vinculāre*, da *vĭnculum* 'legame'] **A v. tr.** (*io avvìnghio*) • Cingere con forza: *lo avvinghiò con le braccia*. **B v. rifl. e rifl. rec.** • Stringersi con forza: *si avvinghiò al collo della madre*.

avvìnto **part. pass.** di *avvincere*; anche **agg.** • Nei sign. del v.

avvìo [da *avviare*] **s. m.** • Avviamento, principio: *l'a. di un lavoro, di una impresa* | *Dare l'a.*, mettere in movimento e (*fig.*) dare inizio | *Prendere l'a.*, mettersi in movimento e (*fig.*) avere inizio.

avvisàglia [da *avviso* (*1*)] s. f. *1* Indizio, sintomo, presentimento: *le prime avvisaglie del male si manifestarono all'improvviso.* *2* (*mil.*) Breve combattimento, repentino e tumultuoso.

avvisàre (**1**) [da *avviso* (*1*)] **A** v. tr. *1* Dare avviso, avvertire: *non ti ho avvisato della mia partenza* | Far sapere: *ti avviso che sono iniziati i lavori.* *2* Ammonire, consigliare: *lo avvisammo che non doveva mentire.* **B** v. intr. (aus. *avere*) ● (*raro, lett.*) Credere, stimare. **C** v. intr. pron. ● †Deliberare, proporsi: *s'avvisò di voler prima veder chi fosse e poi prender partito* (BOCCACCIO) | (*raro*) †Porre mente, fare attenzione || PROV. Uomo avvisato mezzo salvato.

avvisàre (**2**) [ant. fr. *aviser*, comp. di *à* 'a' e *viser* 'vedere', dal lat. parl. **visāre*, per il classico *vīsere*, ints. di *vidēre* 'vedere'] **A** v. tr. *1* †Scorgere, osservare, ravvisare. *2* †Prendere di mira. **B** v. intr. pron. ● (*raro, lett.*) Accorgersi, avvedersi: *ben s'avvisaro i franchi onde de l'ire / l'impeto novo e 'l minacciar procede* (TASSO).

avvisàrsi [da *viso*] v. rifl. ● (*raro*) Mettersi viso a viso, affrontarsi, spec. in un combattimento.

avvisàto part. pass. di *avvisare* (*1*); anche agg. *1* Nei sign. del v. *2* (*lett.*) *Bene a.*, accorto | *Male a.*, malaccorto | †*Andare, stare a.*, comportarsi con attenzione. || **avvisataménte**, avv. (*raro*) Deliberatamente.

avvisatóre [da *avvisato*, part. pass. di *avvisare* (*2*)] s. m. (f. *-trice* nel sign. 1) *1* Chi avvisa. *2* Apparecchio per segnalazione: *a. di grisou, d'incendio* | *A. acustico*, dispositivo di segnalazione acustica sugli autoveicoli. SIN. Clacson.

avvìso (**1**) [fr. ant. *avis*, comp. di *à* 'a' e *vis*, dal lat. *vīsu(m)* (part. pass. di *vidēre*) 'ciò che sembra buono'] s. m. *1* Avvertimento, anche a carattere ufficiale: *un a. importante* | *A. telefonico*, convocazione di una persona, a mezzo di un posto di telefono pubblico, per una conversazione telefonica | (*dir.*) Avvertenza spec. scritta di fatti o atti o intenzioni, che si dà all'interessato: *a. di sfratto*; *a. d'asta* | *A. di reato*, informazione di garanzia | *A. di procedimento*, comunicazione giudiziaria | (*est.*) Lo scritto recante tale avvertimento o avvertenza. *2* Notizia, annuncio: *dare a. di q.c.* | (*est.*) Qualunque tipo d'inserzione pubblicitaria in giornali, riviste e periodici in genere: *avvisi economici, commerciali* | (*est.*) Cartellone, manifesto. *3* Consiglio, ammonimento: *spero che questo a. ti faccia riflettere* | *Stare sull'a.*, stare attento, in guardia | (*raro*) *Andare sull'a.*, procedere con cautela. *4* Parere, opinione: *a mio a.*, *a mio modesto a.*; *secondo il mio a.* | *Essere d'a.*, pensare, credere: *essere dello stesso a.*; *essere di a. contrario.* *5* (*raro, lett.*) Divisamento, disegno, piano | (*est.*) †Trovata: *nuovi avvisi hanno li piacevoli uomeni, e spezialmente i buffoni* (SACCHETTI). || **avvisàccio**, pegg. | **avvisétto**, dim. | **avvisìno**, dim. | **avvisùccio**, dim.

avvìso (**2**) [sp. (*barca de*) *aviso*. V. prec.] s. m. ● Nave a vapore da guerra, leggera e molto veloce, che serviva a trasmettere ordini e recar notizie da un porto all'altro.

avvistaménto s. m. ● Atto, effetto dell'avvistare.

avvistàre [comp. di *a-* (*2*) e *vista*] v. tr. *1* Scorgere, riconoscere di lontano: *a. una luce, un bastimento, la riva*; *finalmente avvistarono terra.* *2* †Guardare attentamente | †Misurare con la vista.

avvistàto part. pass. di *avvistare*; anche agg. *1* Nei sign. del v. *2* †Appariscente, vistoso.

avvisto part. pass. di *avvedersi*; anche agg. ● (*raro*) Nei sign. del v.

avvitaménto [da *avvitare* (*1*)] s. m. *1* Atto, effetto dell'avvitare. *2* (*aer.*) Atto e modo di entrare in vite o di effettuare la figura della vite. *3* In ginnastica e alcuni sport, movimento rotatorio del corpo sul suo asse longitudinale.

avvitàre (**1**) [comp. di *a-* (*2*) e *vite*] v. tr. *1* Serrare, fermare con viti. *2* Inserire, in un supporto o in una cavità apposita, un oggetto filettato come una vite, girandolo su sé stesso: *a. una lampadina.*

avvitàre (**2**) [comp. di *a-* (*2*) e *vita*] v. tr. ● Stringere alla vita, rendere attillato in vita: *a. un abito.*

avvitàta [da *avvitare* (*1*)] s. f. *1* L'atto dell'avvitare qc. sommariamente o in fretta. *2* (*aer.*) Avvitamento.

avvitàto (**1**) part. pass. di *avvitare* (*1*); anche agg. *1* Nei sign. del v. *2* Detto di tuffo o salto in alto eseguito imprimendo al corpo un moto di avvitamento.

avvitàto (**2**) [da *vita*] agg. ● Stretto in vita: *una giacca avvitata.*

avvitatóre [di *avvitare* (*1*)] s. m. ● Apparecchio, per lo più elettrico o ad aria compressa, per l'avvitamento rapido di dadi e viti. SIN. Avvitatrice.

avvitatrice s. f. ● Avvitatore.

avvitatùra s. f. ● Atto, effetto dell'avvitare, nel sign. di *avvitare* (*1*).

avviticchiaménto s. m. ● (*lett.*) Atto, effetto dell'avviticchiare o dell'avviticchiarsi.

avviticchiàre [comp. di *a-* (*2*) e *viticchio*] **A** v. tr. (*io avviticchio*) ● Cingere intorno con movimento avvolgente: *come l'... ellera avviticchia il robusto olmo, così le tue braccia il mio collo avvinsero* (BOCCACCIO). **B** v. intr. pron. e rifl. ● Afferrarsi, avvolgersi: *i tralci della vite s'avviticchiano al tronco* | (*fig.*) Stringersi: *avviticchiarsi al collo della madre.*

avvivaménto s. m. ● (*raro*) Atto, effetto dell'avvivare o dell'avvivarsi.

avvivàre [comp. di *a-* (*2*) e *vivo*] **A** v. tr. *1* (*lett.*) Rendere vivo, dare la vita: *la linfa avviva le piante* | (*fig.*) Dare vigore: *a. le forze, la memoria.* *2* (*fig.*) Animire, rendere vivace: *il suo intervento avvivò la conversazione* | (*est.*) Rendere allegro, brillante, luminoso, e sim.: *i mobili chiari avvivano la casa.* **B** v. intr. pron. ● Acquistare vita, vigore, vivacità, e sim.: *a quella vista il suo sguardo s'avvivò.*

avvizziménto s. m. *1* Atto, effetto dell'avvizzire. *2* (*bot.*) Perdita permanente di turgore della pianta per deficienza d'acqua | Malattia provocata da funghi o da batteri localizzati nei vasi conduttori della linfa.

avvizzìre [comp. di *a-* (*2*) e *vizzo*] **A** v. tr. (*io avvizzisco, tu avvizzisci*) ● Rendere vizzo | (*fig.*) Privare di freschezza, giovinezza, e sim.: *il tempo e le privazioni l'hanno avvizzita.* **B** v. intr. (aus. *essere*) ● Diventare vizzo: *con la siccità i fiori e le foglie avvizziscono* | (*fig.*) Perdere freschezza, giovinezza, e sim.: *le carni avvizziscono.*

avvizzito part. pass. di *avvizzire*; anche agg. ● Nei sign. del v.

avvocàta s. f. (*Avvocàta* nel sign. 1) *1* Patrona, titolo della Madonna. *2* Donna che esercita l'avvocatura. *3* (*fam., scherz.*) Donna ciarliera e presuntuosa.

avvocaterìa s. f. *1* (*raro*) Artificio da avvocato. *2* (*spreg.*) Gruppo di avvocati.

avvocatésco agg. (pl. m. *-schi*) ● Di, da avvocato (*spec. spreg.*): *eloquenza avvocatesca*; *cavilli avvocateschi.*

avvocatéssa s. f. *1* Donna che esercita l'avvocatura. *2* (*scherz.*) Moglie dell'avvocato | (*scherz.*) Donna dall'eloquenza facile che ama la polemica, la discussione, e sim.

avvocaticchio s. m. *1* (*merid.*) Dim. di *avvocato.* *2* Legale cavilloso (V. nota d'uso STEREOTIPO).

avvocàto [lat. *advocātu(m)*, part. pass. di *advocāre* 'chiamare in giudizio'] s. m. (f. *-a* (V.); *-essa* (V.)) *1* Dottore in diritto abilitato ad assistere una parte, davanti a tutte le corti d'appello, in processi civili e penali | *A. di fiducia*, difensore di fiducia | *A. d'ufficio*, difensore d'ufficio | (*fam.*) *Parlare come un a.*, avere facilità di parola, sapere persuadere gli altri | *Saperne quanto un a.*, essere molto abile negli imbrogli | (*scherz.*) *A. delle cause perse*, chi si batte per sostenere opinioni impossibili | *A. del diavolo*, ecclesiastico che è incaricato di sostenere le tesi contraddittorie nei processi di canonizzazione; (*fig.*) chi, in una discussione, sostiene intenzionalmente opinioni contrarie a quelle generalmente affermate, allo scopo di dimostrarne l'incongruenza. *2* (*est.*) Protettore, patrocinatore: *si è fatto a. delle opinioni correnti.* || **avvocaticchio**, dim. (V.) | **avvocatìno**, dim. | **avvocatóne**, accr. | **avvocatùccio**, **avvocatùzzo**, dim. | **avvocatùcolo**, dim.

†**avvocatòrio** agg. ● Avvocatesco.

avvocatùra s. f. *1* Professione dell'avvocato: *esercitare l'a.* *2* Complesso di avvocati | *A. dello Stato, erariale*, complesso di organi costituiti da abilitati alla professione di avvocato cui è demandata la funzione di difendere lo Stato in giudizio.

avvogliàrsi [comp. di *a-* (*2*) e *voglia*] v. intr. pron. (*io mi avvòglio*) ● (*raro*) Invogliarsi.

avvogliàto part. pass. di *avvogliarsi*; anche agg. *1* Nei sign. del v. *2* Pieno di voglie.

avvolgénte part. pres. di *avvolgere*; anche agg. *1* Nei sign. del v. *2* Molto comodo e spazioso: *sedili avvolgenti.* *3* (*fig.*) Circondante: *manovra a.*

avvòlgere o (*lett.*) **avvòlvere** [lat. *advŏlvere*, comp. di *a-* (*2*) e *vŏlvere* 'volgere'] **A** v. tr. (coniug. come *volgere*) *1* Volgere intorno, piegare attorno o su sé stesso: *a. una fascia, una corda*; *a. una benda attorno a una ferita* | (*est.*) Avviluppare: *a. un oggetto nella carta per confezionarlo*; *a. un bambino nelle coperte*; *le fiamme avvolgono l'edificio.* *2* (*raro, fig.*) Aggirare, ingannare. **B** v. intr. pron. *1* Girarsi intorno | (*est.*) Aggrovigliarsi, attorcigliarsi: *il filo si avvolgeva in una grossa matassa*; *come sul capo al naufrago / l'onda s'avvolve e pesa* (MANZONI). *2* (*fig., tosc.*) †Confondersi, non venire a capo di nulla. **C** v. rifl. ● Avvilupparsi: *avvolgersi in una coperta.*

avvolgìbile **A** agg. ● Che si può avvolgere: *persiana a.* **B** s. m. ● Persiana formata di listelli di legno o plastica collegati trasversalmente, che si avvolgono su di un rullo. SIN. Tapparella.

avvolgiménto s. m. *1* Atto, effetto dell'avvolgere o dell'avvolgersi. *2* (*raro, fig.*) Inganno, intrigo. *3* (*mil.*) Manovra per superare un'ala dello schieramento nemico e investirne il tergo, dopo averne fissato il fronte. *4* (*elettr.*) Complesso di conduttori che creano un campo magnetico o sono sedi di correnti indotte in una macchina o apparecchio elettrico: *a. a disco.*

avvolgitóre agg.; anche s. m. (f. *-trice*) *1* Che, chi, avvolge. *2* (*raro, fig.*) Ingannatore. *3* Operaio specializzato nella realizzazione di avvolgimenti elettrici.

avvolgitrice s. f. ● Macchina per avvolgere.

†**avvolpacchiàre** [comp. di *a-* (*2*) e *volpe*, *volpacchiotto*] **A** v. tr. ● Aggirare con arti subdole, da volpe. **B** v. intr. pron. ● Intricarsi | Confondersi, imbrogliarsi.

avvolticchiàre [da *avvolto* con suff. verb. iter.] **A** v. tr. (*io avvolticchio*) ● (*raro*) Avvolgere strettamente a più capi. **B** v. intr. pron. e rifl. ● (*raro*) Attorcigliarsi | (*raro, fig.*) Confondersi.

avvòlto part. pass. di *avvolgere*; anche agg. ● Nei sign. del v.

avvoltóio o †**avoltóio** [lat. *vultŭriu(m)*, da *vŭltur* 'avvoltoio', di origine etrusca: 'l'uccello del dio Vel', o da avvicinare a *vĕllere* 'strappare'] s. m. *1* Uccello rapace dei Falconiformi, con testa nuda e becco uncinato, collo rivestito di pelle rugosa, apertura alare superiore ai due metri e forti zampe ricoperte da un ciuffo di piume (*Aegypius monachus*) | *A. degli agnelli*, grande specie, quasi estinta in Italia, caratterizzata da un ciuffo di setole sotto al becco (*Gypaetus barbatus*). *2* (*fig.*) Persona avida, rapace e crudele.

avvoltolàre [da *avvolto*] **A** v. tr. (*io avvòltolo*) ● Avvolgere più volte e disordinatamente: *a. un oggetto in un foglio di carta.* **B** v. rifl. ● Avvolgersi più volte: *si avvoltolò nello scialle* | Rotolarsi: *i maiali si avvoltolano nel fango.*

avvoltolàto part. pass. di *avvoltolare*; anche agg. ● Nei sign. del v. || **avvoltolataménte**, avv. (*raro*) In modo avvoltolato; confusamente.

avvòlvere ● V. *avvolgere.*

axeroftòlo [comp. di *a-* (*1*), *xeroft(almina)* e il suff. chim. *-olo*] s. m. ● Vitamina A.

axiologìa o **assiologìa** [comp. del gr. *áxios* 'degno' e *-logia*] s. f. (pl. *-gie*) ● (*filos.*) Scienza o teoria dei valori.

axiològico o **assiològico**. agg. (pl. m. *-ci*) ● (*filos.*) Che concerne l'axiologia | Che costituisce un valore.

axolòtl [vc. azteca, propriamente 'servo dell'acqua'] s. m. inv. ● (*zool.*) Forma larvale branchiata di anfibio urodelo capace di riprodursi.

axóne ● V. *assone.*

axonèma ● V. *assonema.*

ayatollah /ajatol'la*/ [dall'ar. *'āyatu-llāh* 'miracoloso segno di Dio', adattato alla fonetica pers.] s. m. inv. ● Nell'Islam sciita, la massima autorità religiosa, cui si riconoscono unanimemente particolari doti di saggezza, di preparazione teologica, dirittura morale e dedizione alla collettività.

àye àye /'aje 'aje/ [da una vc. malgascia di origine onomat.] s. m. inv. ● Proscimmia con lunga coda terminante a pennacchio e alluce privo di artiglio (*Cheiromys madagascariensis*).

azalèa [vc. dotta, gr. *azaléa*, f. dell'agg. *azaleós* 'arido, secco', da *ázō* 'io asciugo'] s. f. ● Arbusto delle Ericacee molto ramificato, con piccole foglie persistenti e grandi fiori di vari colori (*Rhododendron indicum*).

azeotropìa [comp. di *a-* (*1*), del gr. *zeîn* 'bollire' e di *-tropia*] s. f. ● (*chim.*) Fenomeno tipico dei miscugli azeotropici.

azeotròpico [ingl. *azeotropic*, comp. del gr. *a-* privativo, di un der. del v. *zéin* 'bollire', di estensione indeurop., e *-tropic* '-tropico'] agg. (pl. m. *-ci*) ● (*chim.*) Detto di un miscuglio di liquidi che bolle a una definita temperatura producendo un vapore di uguale composizione: *miscela azeotropica*.

azerbaigiàno **A** agg. ● Dell'Azerbaigiàn, regione della Transcaucasia. **B** s. m. (f. *-a*) ● Abitante, nativo dell'Azerbaigiàn. **C** s. m. solo sing. ● Lingua affine al turco parlata nell'Azerbaigiàn.

azèro s. m. (f. *-a*) ● Abitante, nativo dell'Azerbaigiàn. SIN. Azerbaigiano.

azerty /ad'dzɛrti/ [dalle lettere che compaiono nei primi sei tasti della prima riga dell'area alfabetica] agg. inv. ● (*elab.*) Nella loc.: *tastiera a.*, tipo di tastiera la cui distribuzione dei tasti è adottata come standard sulle macchine per scrivere e nell'informatica in Francia. CFR. Qwerty, qzerty.

azeruòlo ● V. *lazzeruolo*.

azidotimidìna [n. chim., da *azoto* e *timina*] s. f. ● (*farm.*) Farmaco antivirale particolarmente attivo sul virus HIV dell'AIDS di cui inibisce la replicazione; in sigla AZT.

azièenda [sp. *hacienda*; stessa etim. dell'it. *faccenda*] s. f. ● Complesso di beni organizzato per la produzione di altri beni o servizi | (*com.*) Impresa produttrice di beni o servizi | *A. familiare*, quella costituita dai beni e dal lavoro prevalentemente forniti dai componenti una famiglia | *A. autonoma*, ufficio particolare di organi o enti amministrativi cui è riconosciuta una speciale autonomia contabile e finanziaria | (*est.*, *fig.*) Settore, categoria, organismo e sim. considerato nel suo insieme sotto il profilo economico: *l'a. cinema è in crisi*; *l'a. Italia*. || **aziendina**, dim.

aziendàle agg. ● Di una azienda: *organizzazione a.*; *avviamento a.* | *Contratto collettivo a.*, contratto stipulato tra l'imprenditore e l'insieme dei lavoratori dell'impresa o una rappresentanza di essi | *Economia a.*, scienza che studia l'utilizzazione dei beni di un'azienda per il raggiungimento dei fini prefissi. || **aziendalménte**, avv. Dal punto di vista aziendale.

aziendalìsmo s. m. *1* Studio dei problemi dell'azienda. *2* Tendenza a privilegiare gli interessi delle aziende o di quella in cui si lavora.

aziendalìsta **A** s. m. e f. (pl. m. *-i*) *1* Esperto, studioso di economia aziendale. *2* Chi attribuisce un'importanza primaria agli interessi delle aziende o di quella in cui lavora. **B** agg. ● Aziendalistico.

aziendalìstica [f. sost. di *aziendalistico*] s. f. ● Scienza che studia la gestione aziendale.

aziendalìstico agg. (pl. m. *-ci*) ● Proprio, tipico dell'aziendalismo, degli aziendalisti | Che si riferisce all'azienda.

aziendalizzazióne s. f. ● Trasformazione di un ente pubblico in azienda.

aziliàno [dal n. della località di Mas d'Azil, nei Pirenei] agg. ● Nella loc. *cultura aziliana*, cultura dell'età della pietra le cui manifestazioni artistiche consistono in ciottoli incisi dipinti a punti e a lineette.

àzima ● V. *azzima*.

àzimo ● V. *azzimo*.

àzimut [ar. *as-sumūt*, pl. di *as-samt* 'direzione'] s. m. ● (*astron.*) Angolo tra il circolo verticale di un astro e il meridiano del luogo di osservazione | Angolo che la retta congiungente un punto con l'origine di un sistema di coordinate forma con una retta o un piano fissi.

azimutàle agg. ● (*astron.*) Attinente all'azimut | *Goniometro a.*, munito soltanto di cerchio graduato orizzontale, che permette di misurare l'azimut.

azionàbile [da *azionabile*] agg. *1* (*gener.*) Che si può azionare, che si può muovere, mettere in azione. *2* (*dir.*) Detto di diritto che si può far valere in giudizio.

azionaménto [da *azionare*] s. m. ● Messa in azione, in movimento.

azionàre [fr. *actionner*, da *action* 'azione (1)'] v. tr. (*io azióno*) ● Muovere, mettere in azione: *a. il dispositivo di sicurezza*.

azionariàto [da *azionario*] s. m. *1* Partecipazione nel possesso di azioni di una società. *2* Insieme dei possessori di azioni di una società: *a. operaio*, *popolare*, *di Stato*.

azionàrio [da *azione* (*2*)] agg. ● Costituito da azioni: *capitale a. di una società*; *pacchetto a.*

azionatóre [da *azionare*] agg., anche s. m. ● Che, chi aziona.

azióne (**1**) [vc. dotta, lat. *actiōne(m)*, da *ăgere* 'fare'] **A** s. f. *1* Atto dell'agire, dell'operare: *far seguire l'a. ai discorsi*, *alle decisioni*; *pensiero e a.*; *passare all'a.*; *partito d'a.* | *Filosofia dell'a.*, dottrina filosofica che sostiene il primato dell'azione sulla conoscenza intellettiva | *Uomo d'a.*, attivo, energico | *Entrare in a.*, cominciare ad agire, a operare. *2* Atto del funzionare, del produrre determinati effetti e sim., anche con riferimento a oggetti inanimati, concetti astratti o altro: *mettere q.c. in a.* | *A. elettiva*, quella di un medicamento su un particolare organo o in determinate malattie. *3* Operato individuale che implica una valutazione morale: *commettere un'a. buona*, *cattiva*, *infame*, *indegna*; *bisogna avere il coraggio delle proprie azioni* | †Faccenda, negozio. *4* (*raro*) Movimento, gesto che dà forza ed espressione alla parola: *sottolineava il suo discorso con azioni efficaci*. *5* Manifestazione di un'energia, di una forza fisica o spirituale: *a. elettromagnetica*; *l'a. delle sue parole è nulla*; *studiare l'a. dei gas tossici*. SIN. Efficacia. *6* Soggetto di un'opera letteraria, drammatica o narrativa, in prosa, in poesia o destinata a una elaborazione musicale: *l'a. del romanzo si svolge in Africa* | *Unità d'a.*, semplicità dell'intreccio di un dramma o poema. *7* (*dir.*) Attività di un privato o del Pubblico Ministero atta a provocare una decisione del giudice. *8* (*mil.*) Combattimento, fatto d'armi: *a. terrestre*, *navale* | *A. di fuoco*, tiro o complesso di tiri volti al raggiungimento di uno scopo tattico. *9* (*sport*) Modo in cui si svolge o viene condotta una gara o una fase di essa: *a. lenta*, *decisa*, *travolgente* | Manovra o insieme di manovre di uno o più atleti per realizzare o sviluppare il proprio gioco in un dato momento: *a. d'attacco*, *difensiva*. *10* (*fis.*) Forza che un sistema fisico esercita su un altro sistema: *principio di a. e di reazione* | Grandezza fisica avente le dimensioni del prodotto di un'energia per un tempo. **B** in funzione di inter. ● Si usa come ordine agli attori da parte del regista cinematografico all'inizio di ogni ripresa: a.! || **azionàccia**, pegg. | **azioncèlla**, dim. | **azioncìna**, dim. | **azionùccia**, dim.

azióne (**2**) [fr. *action*, a sua volta dall'ol. *aktie*] s. f. ● (*dir.*) Quota del capitale di una società commerciale, e documento che incorpora il diritto del socio a una quota di capitale sociale della stessa: *la società ha emesso nuove azioni* | *A. privilegiata*, che accorda al titolare un diritto di preferenza nella distribuzione degli utili | *A. di godimento*, attribuita ai possessori di azioni rimborsate in caso di riduzione per esuberanza del capitale sociale | *A. di risparmio*, caratterizzata dal fatto di essere al portatore e di avere una remunerazione e un trattamento fiscale più favorevoli rispetto all'azione ordinaria.

azionìsta (**1**) [da *azione* (*2*)] s. m. e f. (pl. m. *-i*) ● Titolare di azioni di una società: *diritto di voto degli azionisti* | *A. di riferimento*, chi detiene una partecipazione tale da consentirgli il controllo della società.

azionìsta (**2**) [da *azione* (*1*)] s. m. e f. (pl. m. *-i*) ● Aderente al Partito d'Azione, operante, fra il 1942 e il 1947, con un programma di conciliazione fra liberalismo e socialismo.

azionìstico [da *azionista* (*1*)] agg. (pl. m. *-ci*) ● Azionario.

àzo- [tratto da *azoto*] prefisso ● In parole composte della terminologia chimica indica la presenza del gruppo –N=N–: *azocolorante*, *azocomposto*.

azocolorànte [comp. di *azo-* e *colorante*] s. m. ● (*chim.*) Colorante azoico.

azocompósto [comp. di *azo-* e *composto*] s. m. ● (*chim.*) Composto azoico.

azòico (**1**) [dal gr. *ázōos* 'privo (*a-*) di vita (*zōḗ*)' con la terminazione aggettivale *-ico*] agg. (pl. m. *-ci*) ● (*geol.*) Arcaico.

azòico (**2**) [comp. di *azo-* e *-ico*] agg. (pl. m. *-ci*) ● (*chim.*) Detto di composto organico in cui è presente il gruppo –N=N–.

azòlla [dal gr. *áz(ein)* 'seccare' e *oll(ýnai)* 'perdere' (?)] s. f. ● Felce acquatica galleggiante con fusto ramificato e foglioline alterne squamiformi (*Azolla caroliniana*).

azònio [da *azoto* col suff. *-onio*, ricavato da *ammonio*] s. m. ● (*chim.*) Composto chimico contenente il radicale azo- insieme con un atomo di alogeno e un radicale idrocarburico.

azoospermìa [comp. di *a-* (*1*) e un deriv. di *zoosperma*] s. f. ● (*med.*) Assenza di spermatozoi nel liquido spermatico.

azotàto **A** agg. ● Detto di composto chimico che contiene azoto: *concime a.* **B** s. m. ● †Nitrato.

azotatùra s. f. ● Somministrazione di concimi azotati alle colture durante la vegetazione.

azotemìa [comp. di *azot(o)* ed *-emia*] s. f. ● (*med.*) Presenza nel sangue di urea o di altri composti azotati.

azòtico agg. (pl. m. *-ci*) ● (*chim.*) Nella loc. *acido a.*, acido nitrico.

azòto [comp. di *a-* (*1*) e del gr. *zoḗ* 'vita'] s. m. ● Elemento chimico, non metallo, gassoso, incolore, inodore, che non mantiene la combustione e la respirazione, costituente principale dell'aria, da cui si ottiene per liquefazione, usato per la produzione dell'ammoniaca e di fertilizzanti. SIMB. N. SIN. (*raro*) Nitrogeno.

azotofissatóre [comp. di *azoto* e *fissatore*] **A** s. m. ● (*biol.*) Organismo capace di fissare l'azoto atmosferico. **B** anche agg. (f. *-trice*): *batteri azotofissatori*.

azotoiprìte [comp. di *azoto* e *iprite*] s. f. ● Liquido oleoso incolore dotato di forte potere vescicante, per cui è usato, oltre che in biologia e in medicina, anche come aggressivo chimico.

azotùria o **azoturìa** [comp. di *azoto* e del gr. *ôuron* 'urina'] s. f. ● (*med.*) Quantità di azoto ureico presente nelle urine.

azotùro [comp. di *azoto* e *-uro*] s. m. ● Composto ottenuto per reazione, ad elevata temperatura, di azoto con un elemento più elettropositivo.

aztèco /as'tɛko, ats'tɛko/ [dall'indigeno *Astekatl* 'abitante di *Aztlan*', il mitico paese di provenienza, letteralmente 'la terra degli aironi'] **A** s. m. (f. *-a*; pl. m. *-chi*) ● Appartenente a una antica popolazione indigena dell'America centrale, stanziata nell'attuale Messico. **B** s. m. solo sing. ● Lingua parlata dagli Aztechi. **C** agg. (pl. m. *-chi*) ● Degli Aztechi: *lingua*, *civiltà azteca*.

azuki /*giapp.* a'(d)zuki/ [vc. di provenienza giapp.] s. m. inv. ● Varietà di soia che si presenta in forma di semi di vari colori; in cucina ha lo stesso impiego dei fagioli.

azulejo /*sp.* aθu'lexo/ [vc. sp., prob. dall'ar. *az-zulaig*] s. m. inv. ● Piastrella di terracotta maiolicata o verniciata, usata per pavimentazioni o per rivestimenti di pareti.

azulène [comp. dello sp. *azul* 'azzurro' (di origine ar.) e del suff. chim. di idrocarburi *-ene*] s. m. ● Idrocarburo liquido, oleoso, di colore azzurro, isomero della naftalina, ottenuto da molti oli essenziali, impiegato nella preparazione di cosmetici.

àzza o †**àccia** (**2**) [fr. *hache*, dal germ. *hapja*] s. f. ● Antica arma in uso fino al XVI secolo, costituita da una corta asta e da una testa a forma di accetta con penna solitamente a punta.

azzannàre o †**assannàre** [comp. di *a-* (*2*) e *zanna*] v. tr. *1* Afferrare e stringere con le zanne: *il cane gli azzannò le gambe*. *2* (*raro*, *fig.*) Criticare ferocemente.

azzannàta s. f. ● Morso dato con le zanne: *l'a. del lupo*.

azzannatùra s. f. ● Segno dell'azzannata.

azzardàre [fr. *hasarder*, da *hasard* 'azzardo'] **A** v. tr. *1* Arrischiare, avventurare: *a. una speculazione* | Fare, dire, con esitazione, incertezza, e sim.: *a. un intervento*, *una domanda* | *A. un'ipo-*

tesi, avere il coraggio di proporla. **2** (*ass.*) Esporsi a un rischio, agire avventatamente: *ha azzardato troppo e si è rovinato.* **B** v. intr. pron. ● Avventurarsi, arrischiarsi: *non si azzardava a intervenire.*

azzardàto part. pass. di *azzardare*; anche agg. **1** Nei sign. del v. **2** Audace, temerario, arrischiato: *risposta, impresa azzardata.*

azzàrdo [fr. *hasard*, dall'ar. *az-zahr*] s. m. **1** Complesso di circostanze casuali che implica, fra gli esiti possibili, rischi, pericoli, e sim.: *sfidare l'a.*; *esporsi all'a.*; *mettersi all'a.* | *Giochi d'a.*, quelli in cui la vincita dipende dalla sorte anziché dalla bravura del giocatore, e perciò vietati dalla legge nei luoghi pubblici o aperti al pubblico e in circoli privati | Atto azzardoso: *affrontare quel viaggio è stato un bell'a.*; *uscire con un simile freddo è un a.* **2** (*est.*, *raro*) Caso, sorte.

azzardóso [da *azzardo*] agg. **1** Che rivela o implica azzardo: *atto a.*; *impresa azzardosa* | (*est.*) Dubbio, incerto. **2** Che ama esporsi al rischio, detto spec. di persona. || **azzardosaménte**, avv.

-azzàre suff. derivativo e alterativo di verbi ● Forma verbi ai quali conferisce valore frequentativo, attenuativo o peggiorativo: *sbevazzare, scopiazzare, scorrazzare, sghignazzare, spiegazzare, svolazzare.*

azzeccagarbùgli [dal nome di un celebre personaggio manzoniano] s. m. ● Leguleio da strapazzo | Intrigante (V. nota d'uso STEREOTIPO).

azzeccàre [medio alto ted. *zecken* 'menare un colpo'] v. tr. (*io azzécco, tu azzécchi*) **1** Colpire nel segno | (*est.*) Appioppare | *Azzeccarla a qc.*, (*fig.*) fargliela. **2** (*fig.*) Indovinare: *ha azzeccato la risposta esatta* | *Non azzeccarne mai una*, (*fam.*) non riuscire in nulla.

azzeccàto part. pass. di *azzeccare*; anche agg. ● Nei sign. del v.

azzeraménto s. m. ● Atto, effetto dell'azzerare.

azzeràre [comp. di *a-* (*2*) e *zero*] v. tr. (*io azzèro*) **1** (*gener.*) In vari strumenti di misurazione o apparecchi di calcolo, ridurre, portare a zero. **2** (*est.*) Annullare, cancellare: *a. le conclusioni di un dibattito.*

azzeruòla ● V. *lazzeruola.*

azzeruòlo ● V. *lazzeruolo.*

àzzima o **àzima** [V. *azzimo*] s. f. ● Pane non lievitato, pane azzimo. || **azzimèlla**, dim.

azzimàre [provz. *azesmar*, dal lat. *adaestimāre* 'apprezzare'] **A** v. tr. (*io azzimo* o *àzzimo*) ● Ornare, agghindare: *a. la propria persona* | Acconciare: *azzimarsi i capelli.* **B** v. rifl. ● Ornarsi con ricercatezza (*spec. iron.*)

azzimàto part. pass. di *azzimare*; anche agg. ● Nei sign. del v.

àzzimo o (*lett.*) **àzimo** [vc. dotta, lat. tardo *azȳmu(m)*, nom. *azȳmus*, dal gr. *ázymos* 'senza lievito', comp. di *a-* priv. e *zýmē* 'lievito'] **A** agg. ● Non lievitato, detto spec. del pane. **B** s. m. ● Pane non lievitato consumato dagli Ebrei nella settimana pasquale e dai Cattolici durante il rito della Messa | *Festa degli azzimi*, quella che, presso gli antichi Ebrei, cadeva sette giorni dopo la Pasqua.

azzittàre v. tr., intr. e intr. pron. (aus. intr. *essere*) ● Azzittire.

azzittìre [comp. di *a-* (*2*) e *zitto*] **A** v. tr. (*io azzittìsco, tu azzittìsci*) ● Fare star zitto: *a. la scolaresca.* **B** v. intr. e intr. pron. (aus. *essere*) ● Tacere: *si azzittì di colpo.*

-àzzo [var. non tosc. di *-accio*] suff. derivativo ● Forma sostantivi con valore per lo più spregiativo: *amorazzo, andazzo, codazzo, pupazzo.*

azzonaménto [da *zona*, sul modello dell'ingl. *zoning*] s. m. ● (*urban.*) Suddivisione di un ambito territoriale in zone a scopo di pianificazione e controllo delle trasformazioni urbanistiche del territorio stesso. SIN. Zonizzazione.

azzoppaménto s. m. ● Atto, effetto dell'azzoppare.

azzoppàre [comp. di *a-* (*2*) e *zoppo*] **A** v. tr. (*io azzòppo*) ● Far diventare zoppo. **B** v. intr. e intr. pron. (aus. *essere*) ● Diventare zoppo: *è azzoppato dopo quella brutta caduta*; *il cavallo si azzoppò.*

azzoppiménto s. m. ● Atto, effetto dell'azzoppire o dell'azzoppirsi.

azzoppìre v. intr. e intr. pron. (*io azzoppìsco, tu azzoppìsci*; aus. *essere*) ● Diventare zoppo.

azzuffaménto s. m. ● (*raro*) Atto dell'azzuffarsi.

azzuffàre [comp. di *a-* (*2*) e *zuffa*] **A** v. tr. ● (*raro*) Far venire a zuffa. **B** v. rifl. e rifl. rec. ● Venire alle mani picchiarsi: *si azzuffarono davanti a tutti* | *Azzuffarsi col vino*, (*raro, fig.*) bere troppo.

azzurràbile [da *azzurro*, n. dei componenti delle squadre sportive nazionali italiane (dal colore della maglia)] agg. ● Detto dell'atleta che potrà essere scelto quale componente di una squadra nazionale italiana.

azzurràggio s. m. ● (*chim.*) Operazione consistente nell'aggiungere a sostanze giallicce un prodotto azzurro, per renderle bianche | L'effetto di tale operazione.

azzurraménto s. m. ● (*fis.*) Trattamento mediante il quale si deposita sulla superficie di una lente uno strato molto sottile di una sostanza trasparente, con lo scopo di diminuire la riflessione e quindi di aumentare la trasparenza della lente per certe radiazioni dello spettro, per cui i riflessi che rimangono hanno colore azzurrino.

azzurràre v. tr. e intr. pron. ● Tingere, tingersi d'azzurro.

azzurràto **A** part. pass. di *azzurrare*; anche agg. **1** Nei sign. del v. **2** *Obbiettivo a.*, le cui lenti sono ricoperte da uno strato antiriflettente che elimina completamente la riflessione di alcune radiazioni, ma lascia dei riflessi azzurrini. **B** s. m. ● Fregio tipografico composto da più filetti chiari, paralleli e vicinissimi l'uno all'altro.

azzurreggiàre v. intr. (*io azzurréggio*; aus. *avere*) ● (*lett.*) Essere di, tendere al, colore azzurro: *dei vigneti sul ciglio dell'altura / azzurreggiano i pali* (SABA).

azzurrìccio agg. (pl. f. *-ce*) ● (*raro*) Che tende all'azzurro.

azzurrìgno agg. ● Che ha un colore azzurro chiaro, tendente al grigio: *fumo a.*

azzurrìno **A** agg. ● Che ha un colore azzurro tenue e delicato: *nebbia, aria azzurrina.* **B** s. m. **1** Il colore azzurrino. **2** Atleta che fa parte di una squadra nazionale italiana di categoria junior.

azzurrità s. f. ● Qualità di ciò che è azzurro: *l'a. degli oceani* | (*lett.*) Distesa d'azzurro: *volare nell'immensa a.*

azzurrìte s. f. ● (*miner.*) Carbonato idrato di rame in cristalli o in concrezioni di colore azzurro intenso.

azzùrro [persiano *lāžward*, con la caduta della *l-* iniziale interpretata come articolo] **A** agg. **1** Che ha un colore variabile tra il celeste e il turchino: *cielo, mare a.*; *occhi azzurri*; *veste azzurra* | *Principe a.*, nelle fiabe, il principe che sposa la protagonista; (*est.*) lo sposo ideale a lungo sognato | *Pesce a.*, acciughe, sardine, sgombri. **2** Detto di atleta che sia stato chiamato a far parte di una formazione rappresentativa italiana contrassegnata dalla maglia di tale colore, in una competizione internazionale: *i calciatori azzurri* | (*est.*) Relativo a una squadra sportiva nazionale italiana: *il basket a.* | (*est.*) Relativo all'attività sportiva italiana sul piano internazionale: *il ritiro a.*; *dirigenti azzurri* | (*per anton.*) Italiano: *le affermazioni dello sport a. alle olimpiadi.* **3** Detto di atleta che gioca nella squadra di calcio del Napoli. **B** s. m. (f. *-a* nel sign. 2) **1** Il colore azzurro. **2** Atleta che fa parte di squadra nazionale italiana: *gli azzurri scendono in campo con speranze di vittoria* | Rappresentante italiano a gare, tornei e sim., internazionali. **3** Atleta che gioca nella squadra di calcio del Napoli. **4** Composto chimico di colore azzurro: *a. di rame* | Sostanza che colora in azzurro | *A. di Berlino*, blu di Prussia | *A. di metilene*, blu di metilene | *A. oltremarino*, oltremare. || **azzurràstro**, pegg. | **azzurrétto**, dim.

azzurrógnolo o **azzurrògnolo** agg. ● Che ha un colore azzurro pallido e sbiadito: *velo a.*; *luce azzurrognola*; *nubi azzurrognole.*

b, B

Il suono rappresentato in italiano dalla lettera *B* è quello della consonante esplosiva bilabiale sonora /b/. Questa consonante, quando è preceduta da una vocale e seguita da un'altra vocale, da una semiconsonante /j, w/ o da una liquida /l, r/, può essere, secondo i casi, di grado tenue (es. *rubàre* /ru'bare/, *tìbia* /'tibja/, *lìbro* /'libro/, *la bellézza* /la bel'lettsa/) oppure di grado rafforzato (es. *gòbbo* /'gɔbbo/, *ràbbia* /'rabbja/, *lìbbra* /'libbra/, *che bellézza* /ke bbel'lettsa/), mentre nelle altre posizioni è sempre di grado medio (es. *tórbo* /'torbo/, *bellézza* /bel'lettsa/, *gran bellézza* /'gram bel'lettsa/).

b, B /nome per esteso: *bi*, † e (*dial.*) *be* (2)/ s. f. o m. ● Seconda lettera dell'alfabeto italiano: *b minuscola*; *B maiuscolo* | *B come Bologna*, nella compitazione, spec. telefonica, delle parole | (*sport*) *Serie B*, suddivisione comprendente gli atleti o le squadre di valore intermedio | *Di serie B*, (*fig.*) di qualità inferiore | (*chim.*) *Vitamine del gruppo B*, *vitamina* B_c, V. *vitamina*.

ba ● V. *bah*.

bàba [slov. *bába* di ampia area slava, voce del l. inft.] s. f. ● (*sett.*) Vecchia: *gli uomini facevano la convalescenza in bottega e le babe in letto* (SVEVO).

babà [fr. *baba*, dal pol. *baba*, letteralmente 'nonna, vecchia'] s. m. ● Dolce di pasta lievitata, a forma di fungo, intriso di rum, talvolta con l'aggiunta di uva passa.

babàco [dal port. *babacu*] s. m. (pl. *-chi*) **1** (*bot.*) Palma del Brasile nordorientale coltivata per l'olio che si estrae dalle sue drupe (*Orbygnia speciosa*). **2** (*bot.*) Alberello delle Caricacee coltivato nelle regioni a climi intertropicale e mediterraneo per le grandi bacche eduli (*Carica pentagona*) | Il frutto di tale pianta.

babàu o **babào**, **bào**, **bàu** (2) [vc. onomat.: imitativa della voce del *Bau* 'pauroso essere fantastico' (?)] s. m. ● Mostro immaginario, spauracchio per bambini: *se non stai buono chiamo il b.* | (*est.*) Persona che è, o finge di essere, terribile.

babbaccióne [da *babbeo*] s. m. (f. *-a*) ● (*tosc.*) Persona molto semplice e bonaria.

babbagigi [ar. *habb'azīz* 'mandorla, bacca buona', comp. di *habb* 'grano, seme' e *'azīz* 'forte, sacro'] s. m. ● (*bot. tosc, spec. al pl.*) Tubercolo zuccherino mangereccio del cipero. SIN. (*pop.*) Dolcichini.

babbalèo agg.; anche s. m. ● (*tosc.*) Babbeo.

babbalòcco [da *babbaleo* col suff. diminutivo spreg. *-òcco* di origine poco chiara] agg.; anche s. m. (pl. m. *-chi*) ● Balordo, sciocco.

babbàno agg.; anche s. m. ● (*tosc.*) Babbeo.

babbèo [vc. onomat. con suff. spreg.] agg.; anche s. m. ● Sciocco, semplicione: *si sa che i babbei non hanno memoria* (SCIASCIA).

†**bàbbio** [lat. *băbulu(m)* 'sciocco, stolto', vc. onomat.] s. m. (f. *-a*) ● Stolto, sciocco. ‖ **babbióne**, accr. (V.).

babbióne [accr. di †*babbio*] agg.; anche s. m. ● (*tosc.*) Stupido, scioccone.

bàbbo [lat. parl. **băbbu(m)*, vc. inft.] s. m. ● (*fam.*) Padre (spec. in Toscana): *questo è il mio b.*; *vieni, b.!* | *A b. morto*, di debito che si salderà coi denari dell'eredità paterna | *Cose che non hanno né b. né mamma*, prive di fondamento | *Babbo Natale*, personaggio fantastico dall'aspetto di vecchio con una lunga barba bianca che, secondo quanto si racconta ai bambini, viene a portar loro regali la notte di Natale: *non credere più, credere ancora, a Babbo Natale*. SIN. Papà. ‖ **babbàccio**, pegg. | **babbétto**, dim. | **babbino**, dim. | **babbùccio**, dim. | **babbóne**, accr.

babbomòrto [comp. di *babbo* e (quando sarà) *morto*] s. m. (pl. *babbimòrti*) ● Debito fatto dal figlio e pagabile alla morte del padre con l'eredità.

babborivéggoli o †**babborivéggioli** [nome d'invenzione, comp. di *babbo* e un deriv. scherz. di *rivedere*] s. m. ● (*tosc.*, *scherz.*) Solo nella loc. *andare a b.*, morire.

†**babbuàsso** [da *babbuino* con sostituzione di suff. spreg.] agg.; anche s. m. ● Sciocco, scimunito.

babbùccia [fr. *babouche*, dall'ar. *bābūš*, e questi dal persiano *pāpūš*, comp. di *pā* 'piede' e *pûš* 'coperta'] s. f. (pl. *-ce*) **1** Calzatura di tipo orientale, con punta rivolta all'insù. **2** Pantofola, pianella da camera | Calzatura di lana a maglia per neonati.

babbucciàio s. m. ● Chi fa o vende babbucce.

babbuìno o †**babuìno** [fr. *babouin*, da *babine* 'labbra' di origine onomat., per le labbra prominenti di questa scimmia] s. m. (f. *-a*) **1** Grossa scimmia africana cinocefala, con pelo liscio di color bruno olivastro (*Papio cynocephalus*). **2** (*fig.*) Persona goffa e sciocca.

babbùsco [da †*babbio*] agg. ● (*lett.*) Grande e grosso: *sì b., tarchiato e rubesto da reggere a ogni fatica* (PARINI).

babèle [vc. dotta, lat. *Băbele(m)*, nome ebr. (*Bābēl*) della capitale assira, dal babil. *Bāb-ilu* 'porta di Dio', resa celebre dal racconto biblico della torre incompiuta] s. f. ● Confusione, disordine, trambusto: *che b. in quest'aula!* | Luogo di confusione, di disordine: *il tuo ufficio è una vera b.*

babèlico [fr. *babélique*, da *Babel* 'babele'] agg. (pl. m. *-ci*) **1** (*lett.*) Di Babele. **2** (*fig.*) Chiassoso | Disordinato.

†**babelònia** ● V. *babilonia*.

†**babillòna** /babil'lɔna?/ ● V. *babilonia*.

babilonése A agg. ● Di Babilonia: *arte, cattività b.* **B** s. m. e f. ● Abitante di Babilonia.

babilònia o †**babelònia**, †**babillòna** [vc. dotta, lat. *Babylōnia(m)* 'provincia di Babele', nota dalla Bibbia per i suoi disordini] s. f. ● Babele.

babilònico [vc. dotta, lat. *Babylōnicu(m)* 'di Babele'] agg. (pl. m. *-ci*) **1** Di Babilonia. **2** (*fig.*) Confuso, disordinato.

babirùssa [fr. *babiroussa*, dal malese *bābī* 'maiale' e *rūsa* 'cervo'] s. m. inv. ● Mammifero artiodattilo dei Suidi simile a un piccolo maiale, caratteristico delle isole Molucche, con grandi zanne che, nel maschio, sono arcuate verso l'alto (*Babirussa babirussa*).

babìsmo [dal n. del suo fondatore, Ali Muhammad di Shīrāz (1819-1850), che si proclamò *Bāb*, cioè 'porta' (di accesso alla conoscenza del Capo supremo)] s. m. ● Dottrina professata da una setta persiana dell'Ottocento, che avversava la corruzione dei costumi, l'accattonaggio, la poligamia.

babórdo [fr. *bâbord*, dall'ol. *bakboord*, comp. di *bak* 'dietro' e *boord* 'bordo,' perché il pilota voltava le spalle al lato sinistro] s. m. ● Correntemente, parte sinistra della nave, guardando verso prora (il termine non è usato nel linguaggio della marina; v. *sinistra*).

†**babuìno** ● V. *babbuino*.

baby /'bɛbi, *ingl.* 'beibi/ [ingl., dim. di *babe*, voce inft.] **A** s. m. e f. inv. (pl. ingl. *babies*) **1** Neonato | Bambino. **2** (*fig.*) Piccola dose di whisky. **B** s. f. inv. ● (*raro, fam.*) Ragazza, giovane donna: *ciao b.!* **C** in funzione di agg. ● Infantile: *moda b.* | Piccolo: *zucchine, carote b.*; *computer b.*

baby boom /'bɛbi 'bum/ [loc. ingl., propr. 'esplosione (*boom*) di (nascite di) bambini (*baby*)'] loc. sost. m. inv. (pl. ingl. *baby booms*) ● Rapido aumento della natalità: *il baby boom degli anni '60 in Italia*.

baby-doll /*ingl.* 'beibi dɔl/ [letteralmente 'piccola bambola' (*doll*, vezz. del n. proprio *Dorothy* 'Dorotea'); dal nome della protagonista del film omonimo di E. Kazan] s. m. inv. (pl. ingl. *baby-dolls*) ● Camicia da notte femminile corta, completata o no da mutandine.

baby killer /'bɛbi 'killer/ [dall'ingl. *baby* 'giovane' e *killer* 'uccisore'] loc. sost. m. e f. inv. ● Giovane assassino per commissione.

baby pensionàto /'bɛbi pensjo'nato/ [da *baby* nel senso di 'piccolo, giovine' e *pensionato*] s. m. (f. *-a*) ● Chi, dopo una breve attività lavorativa, può fruire di una rendita pensionistica in età relativamente giovane.

baby pusher /'bɛbi 'puʃʃer/ [dall'ingl. *baby* 'giovane' e *pusher* 'spacciatore'] loc. sost. m. e f. inv. ● Ragazzo molto giovane che spaccia sostanze stupefacenti.

baby-sìtter /bebi'sitter, *ingl.* 'beibi-sitə*/ [letteralmente 'assistente (*sitter*, da *sit* 'sedere, star seduto') di bambino (*baby*)'] s. f. e m. inv. (pl. ingl. *baby-sitters*) ● Chi custodisce i bambini durante l'assenza dei genitori.

babysitteràggio /bebisitte'raddʒo/ [da *baby-sitter*] s. m. ● L'attività di baby-sitter: *nella fiera funziona un servizio di b.*

baby-sitting /'bɛbi 'sittin(g), *ingl.* 'beibi 'sitiŋ/ [loc. ingl., da *baby-sitter*] loc. sost. m. inv. ● L'attività di baby-sitter: *nella fiera funziona un servizio di baby sitting*. SIN. Babysitteraggio.

bacàccio s. m. **1** Pegg. di *baco* (*1*). **2** Baco da seta morto.

bacàio [da *baco* (*1*)] s. m. ● (*raro*) Chi accudisce ai bachi da seta.

bacalàre ● V. *baccalare* (*2*).

bacalàro ● V. *baccalaro*.

bacaménto s. m. ● Modo e atto di bacare.

bacàre [da *baco* (*1*)] **A** v. tr. (*io bàco, tu bàchi*) ● Guastare, spec. moralmente: *le cattive letture gli bacano la mente*. SIN. Corrompere. **B** v. intr. e intr. pron. (aus. *essere*) ● Fare vermi, guastarsi: *la carne baca se non è cotta*; *con la grandine la frutta si baca*.

bacaròzzo ● V. *bacherozzolo*.

bacàto A part. pass. di *bacare*; anche agg. **1** Nei sign. del v. **2** *Mente bacata*, con idee sbagliate. **B** s. m. **1** (*tosc.*) Allevamento dei bachi. **2** (*tosc.*) Produzione della seta naturale. ‖ **bacatìccio**, pegg. | **bacatùccio**, dim.

bacatùra s. f. ● Modo e atto di bacare.

bàcca (**1**) [vc. dotta, lat. *băc(c)a(m)* 'frutto d'albero agreste', di etim. incerta] s. f. **1** (*bot.*) Tipo di frutto carnoso indeiscente con endocarpo membranoso e sottile | *B. di ginepro*, coccola. **2** †Perla. **3** Grano di collana.

†**bàcca** (**2**) [lat. *Baccha*, dal gr. *Bákchē*, sacerdotessa di Bacco] s. f. ● (*lett.*) Baccante.

baccagliàre [etim. discussa: lat. *bacchāre* 'baccare, schiamazzare'(?)] v. intr. (*io baccàglio*; aus.

avere) ● (*fam.*) Vociare, altercare in modo rumoroso.

baccalà (**1**) [etim. discussa: dall'ol. ant. *bakeljauw* (*per kabeljauw*), attraverso lo sp. *bacalao*(?)] s. m. *1* Merluzzo salato ed essiccato all'aria | (*pop.*, *sett.*) Stoccafisso: *b. alla vicentina.* *2* (*fig.*) Persona stupida. *3* (*fig.*) Persona magra, asciutta, rinsecchita.

baccalà (**2**) [da *baccalare* (*2*), omofono di *baccalare* (*1*), parallelo di *baccalà* (*1*)] s. m. ● (*fam.*, *tosc.*) Persona miscredente.

baccalaràio [da *baccalà* (*1*)] s. m. (f. *-a*) ● (*tosc.*) Venditore di baccalà.

baccalàre (**1**) [etim. incerta] s. m. ● (*mar.*, *spec. al pl.*) Ciascuno dei legni sporgenti in fuori dal bordo della galea.

baccalàre (**2**) o **bacalàre** [provz. *bacalar* 'giovane', dal lat. parl. *baccalārem*, di etim. incerta] s. m. ● (*raro*) Baccelliere. || **baccalaróne**, accr.

baccalarìa [da *baccalare* (*2*)] s. f. *1* (*st.*) Podere feudale, nel Medio Evo. *2* (*raro*) Baccellierato.

baccalàro o **bacalàro** [da *baccalare* (*2*) con sostituzione spreg. di suff.] s. m. ● (*tosc.*) Chi accudiva ai cavalli delle vetture pubbliche.

baccalaureàto [lat. mediev. *baccalaureātu*(*m*), da **baccalāris* 'baccalare (2)' con sovrapposizione di *laureātus* 'coronato di lauro'] s. m. (f. *-a* nel sign. 2) *1* In Francia, titolo di licenza media superiore | Nei paesi anglosassoni, laurea di grado inferiore al dottorato. CFR. Baccelliere. *2* Chi ha conseguito il baccalaureato.

baccanàle [vc. dotta, lat. *Bacchanāle*, abl. sing. tratto dall'usuale pl. *Bacchanālia*] s. m. *1* (*spec. al pl.*) Nell'antica Roma, festa orgiastica del culto orfico-dionisiaco. *2* (*fig.*) Festa chiassosa e orgiastica: *fare un b.* SIN. Baldoria, gozzoviglia. *3* †Carnevale. *4* (*mus.*) Composizione corale simile al canto carnascialesco toscano, in uso nei secc. XVI e XVII.

†**baccanàlia** [vc. dotta, lat. *Bacchanālia* (pl.) 'feste in onore di *Bacco*', che degeneravano facilmente in orge] s. f. *1* Fracasso di chi scherza o ruzza con clamore e strepito. *2* Scena bacchica, in opere pittoriche.

†**baccanàrio** agg. ● Bacchico, spec. in pittura: *storie baccanarie* (VASARI).

†**baccanèlla** [dim. dell'ant. *baccana* 'bettola', da *baccano*] s. f. *1* Adunanza di gente chiassosa. *2* Taverna, bettola.

baccàno [da *baccanale*] s. m. *1* Rumore forte provocato da un certo numero di persone che parlano a voce alta: *fare un b. infernale.* SIN. Chiasso, confusione, strepito. *2* †Ritrovo di gente dissoluta | Orgia.

baccànte [vc. dotta, lat. *bacchāntes* (pl.), dal part. di *bacchāri* 'baccare'] **A** s. f. *1* Nell'antichità classica, donna che partecipava ai sacrifici orgiastici in onore di Dioniso ed era iniziata ai suoi misteri. *2* (*est.*) Donna dominata da una forte passione, spec. sensuale. **B** agg. ● (*lett.*) Furente, come una baccante | (*est.*, *lett.*) Scomposto nei movimenti.

baccàntico agg. (pl. m. *-ci*) ● (*raro*) Di, da baccante.

bàccara o **bàcchera** [lat. *băccare*, abl. di *băccar* 'pianta non determinata', dal gr. *bákkar*, vc. lidia] s. f. ● Pianta erbacea delle Aristolochiacee con fusto strisciante, foglie reniformi e fiore a campanula di color violaceo (*Asarum europaeum*). SIN. Renella.

baccarà (**1**) [fr. *baccara*, di etim. incerta] s. m. ● Specie di gioco d'azzardo fatto con le carte | *B. all'italiana*, macao.

baccarà (**2**) s. m. ● Adattamento di *baccarat* (V.).

baccarat /fr. baka'ra/ [dal nome della città francese di *Baccarat*, celebre per le sue vetrerie] **A** s. m. inv. ● Specie di cristallo, finissimo: *una coppa di b.* **B** in funzione di agg. inv.: *cristallo b.*

†**baccàre** [vc. dotta, lat. *bacchāri* 'festeggiare *Bacco*' e 'agitarsi sfrenatamente'] v. intr. ● Tripudiare come fanno le baccanti.

baccellàio [da *baccello*] s. m. *1* (*tosc.*) Campo di baccelli | (*fig.*, *scherz.*) *Restar padrone del b.*, restare senza competitori. *2* (*tosc.*) Venditore di baccelli.

baccellàto agg. ● (*arch.*) Decorato con baccelli.

baccellatùra s. f. ● Motivo ornamentale architettonico a baccelli.

†**baccellerìa** (**1**) s. f. ● Grado e titolo di baccelliere.

baccellerìa (**2**) [da *baccello*, nel sign. 3] s. f. ● (*tosc.*) Atto o detto sciocco.

baccellétto s. m. *1* Dim. di *baccello*. *2* Baccello, nel sign. 3.

baccellieràto s. m. ● (*lett.*) Grado e titolo accademico di baccelliere.

baccellière [fr. *bachelier* 'giovane aspirante a essere cavaliere', dal lat. parl. **baccalāre*(*m*), di etim. incerta] s. m. *1* Aspirante cavaliere, nella cavalleria medievale. *2* Nell'ordinamento universitario medievale (spec. nelle facoltà di teologia), e in alcuni ordinamenti universitari moderni, grado accademico che precede la laurea e il dottorato. CFR. Baccalaureato. *3* (*fig.*) Saccente, sapientone.

baccellìno agg. ● (*bot.*) Che produce baccelli | *Piante bacelline*, leguminose.

baccèllo [lat. *bacĭllu*(*m*) 'bastoncino' sovrapposto a *bacca* (*1*) (?)] s. m. (f. *-a*, nel sign. 3) *1* Frutto deiscente delle Leguminose a forma allungata, con due valve in cui sono contenuti i semi | (*tosc.*) Frutto della fava fresca. *2* Elemento decorativo, a rilievo o incavo, ottenuto dalla stilizzazione del baccello vegetale. *3* (*fig.*, *tosc.*) Persona semplice, sciocca, sprovveduta | *Esser fiori e baccelli*, florido e prosperoso (magari soltanto all'apparenza) || PROV. Chi ha mangiato i baccelli, spazzi i gusci. || **baccellàccio**, pegg. | **baccellétto**, dim. (V.) | **baccellìno**, dim. | **baccellóne**, accr. (V.).

baccellóne (**1**) s. m. (f. *-a*, nel sign. 2) *1* Accr. di *baccello*. *2* (*fig.*) Persona sempliciona e sprovveduta.

baccellóne (**2**) agg. ● (*tosc.*) Solo nelle loc. *cacio b.*, cacio pecorino adatto a mangiarsi coi baccelli (fave); *piselli baccelloni*, simili per grossezza e sapore alle fave.

baccellonerìa [da *baccellone* (*1*)] s. f. ● (*tosc.*) Atto o detto sciocco.

baccheggiàre [vc. dotta, da *Bacco*, come †*baccare*] v. intr. (*io bacchéggio*; aus. *avere*) ● (*lett.*) Comportarsi da baccante | (*est.*, *lett.*) Muoversi in modo scomposto, agitarsi chiassosamente: *la Pisana baccheggiava come una vivandiera* (NIEVO).

bacchèo (**1**) o **bacchio** (**3**) [vc. dotta, lat. *bacchīu*(*m*), dal gr. *bakchêios*, 'di Bacco', perché frequentemente usato nei canti in onore del dio] s. m. ● (*ling.*) Piede metrico della poesia greca e latina costituito da una breve più due lunghe, usato nei canti in onore di Bacco | Verso formato da piedi bacchei.

†**bacchèo** (**2**) [vc. dotta, lat. *Bacchēu*(*m*) 'proprio di *Bacco*'] **A** agg. ● Bacchico. **B** s. m. ● Luogo ove si teneva il baccanale.

bàcchera ● V. *baccara*.

bacchétta [da *bacchetto*] s. f. *1* Verga di qualsiasi materia | *B. magica*, quella dei maghi e delle fate | *Con un colpo di b. magica*, (*fig.*) improvvisamente e radicalmente, quasi per magia | *B. divinatoria*, quella biforcuta che usano i rabdomanti. *2* Bastone di comando | *Comandare a b.*, (*fig.*) con piena e assoluta autorità | *Dare, rendere, gettare la b.*, il comando, la potestà. *3* (*mus.*) Verghetta, gener. di legno, usata dai direttori d'orchestra per battere il tempo e dare gli attacchi agli strumenti; (*est.*) direttore d'orchestra | (*spec. al pl.*) Asticciole di legno con punta a forma di pallina usate in coppia per suonare il tamburo | Parte superiore dell'archetto, che tiene tese le corde. *4* Attrezzo leggero a forma d'asta cilindrica usato in esercizi ginnici collettivi | *B. del pittore*, asticciola di legno usata, spec. un tempo, dai pittori per appoggiarvi la mano. *5* Verga di legno o ferro fornita di battipalla e cavastracci per caricare le armi da fuoco ad avancarica | Asticciola metallica usata per pulire l'anima del fucile. || **bacchettìna**, dim.

bacchettàre v. tr. (*io bacchétto*) *1* Percuotere tessuti con una bacchetta per liberarli dalla polvere | (*raro*) Punire a colpi di bacchetta; (*fig.*) criticare aspramente. *2* (*tosc.*, *fig.*) Vendere a bassissimo prezzo.

bacchettàta s. f. ● Colpo di bacchetta | (*fig.*) *Dare, distribuire bacchettate sulle mani, sulle dita*, rimproverare, criticare aspramente.

bacchétto [dim. del lat. parl. **băccu*(*m*), da *băculum* 'bastone'] s. m. ● Bastoncino tondo, leggermente più grosso della bacchetta | *B. della frusta*, manico. || **bacchettìno**, dim.

bacchettonàggine s. f. ● (*raro*) Bacchettoneria.

bacchettóne [dal *bacchetto* con cui i devoti flagellanti si percuotevano (?)] s. m. (f. *-a*) *1* Chi è eccessivamente zelante nelle pratiche religiose. SIN. Bigotto, baciapile. *2* (*est.*) Persona solo apparentemente devota o dabbene | *Fare il b.*, l'ipocrita.

bacchettonerìa s. f. ● Comportamento, azione da bacchettone: *la b. che era ipocrisia* (CROCE). SIN. Bigottismo, santimonia.

bacchiàre [da *bacchio* (*1*)] v. tr. (*io bàcchio*) *1* Percuotere col bacchio un albero d'alto fusto per farne cascare i frutti: *b. le castagne, le noci, le olive.* *2* (*fam.*, *tosc.*) Vendere a poco prezzo.

bacchiàta [da *bacchiare*] s. f. *1* Colpo di bacchio. *2* (*fig.*) Batosta.

bacchiatóre s. m. (f. *-trice*) ● Chi bacchia.

bacchiatùra s. f. ● Atto, effetto del bacchiare.

bàcchico [vc. dotta, lat. *Băcchicu*(*m*) 'pertinente a Bacco'] agg. (pl. m. *-ci*) ● Caratteristico di Bacco | Fatto in onore di Bacco: *orge bacchiche.*

bacchillóne [etim. discussa: simile a *baccellone* (?)] s. m. (f. *-a*) ● (*tosc.*) Individuo che perde tempo in cose puerili | Fannullone.

bàcchio (**1**) [lat. *băculu*(*m*) 'bastone', di origine indeur.] s. m. ● Pertica per bacchiare | *A b.*, a casaccio.

bàcchio (**2**) ● V. *abbacchio*.

bacchìo (**3**) o **bàcchio** ● V. *baccheo* (*1*).

baccìfero [vc. dotta, lat. *bacĭferu*(*m*), comp. di *băca* 'bacca (1)' e *-fer* '-fero'] agg. ● Che produce bacche.

baccifórme [comp. di *bacca* (*1*) e *-forme*] agg. ● Che ha forma di bacca.

bàcco [vc. dotta, lat. *Băcchu*(*m*), dal nome del dio del vino *Bacco*] s. m. *1* (*lett.*) Vino: *un nappo / di dolcissimo b.* (MONTI) | (*scherz.*) Vizio del bere: *gli effetti di b.*; *dedito a b.* *2* (*fam.*, *euf.*) Nelle loc. inter. che esprimono meraviglia, stupore o contrarietà: *per b.!*; *corpo di b.!* || **baccóne**, accr. e **bacchissimo**, (*scherz.*) solo nelle loc. inter. *per b. baccone!*, *per b. bacchissimo!*, che esprimono meraviglia, stupore e sim.

bachèca [vc. dotta, di etim. incerta] s. f. *1* Cassetta con coperchio di cristallo, ove si mettono in mostra oggetti preziosi, libri rari e sim. *2* Riquadro, generalmente di legno, appeso al muro, ove si espongono documenti, avvisi, circolari e sim.

bachelite o **bakelite** [dal nome dell'inventore, L.H. *Baekeland* (1853-1944)] s. f. ● (*chim.*) Resina termoindurente ottenuta per polimerizzazione di fenolo e formaldeide; insolubile e infusibile, è usata per fabbricare materiali isolanti e oggetti vari.

†**bacherìa** [da *baco* (*1*)] s. f. ● Bigattiera.

bacheròzzolo o (*dial.*) **bacaròzzo**, **bacheròzzo**, **bagaròzzo**, **bagheròzzo** [etim. discussa: dim. di *baco* (*1*) con sovrapposizione di *bozzolo* (?)] s. m. *1* Bruco | Insetto. *2* (*dial.*) Scarafaggio. *3* (*fig.*) Uomo importuno o disgustoso. || **bacherozzolino**, dim.

bachicoltóre o **bachicultóre** [comp. di *baco* (*1*) e *-coltore*] s. m. (f. *-trice*) ● Chi alleva bachi da seta.

bachicoltùra o **bachicultùra** [comp. di *baco* (*1*) e *coltura*] s. f. ● Allevamento dei bachi da seta.

bachicultóre e *deriv.* ● V. *bachicoltore* e *deriv.*

†**bachiòcco** ● V. †*baciocco*.

†**baciabàsso** [comp. di *bacia*(*re*) e *basso*] s. m. ● Baciamano, inchino.

baciamàno [comp. di *bacia*(*re*) e *mano*] s. m. (pl. *baciamàno* o *baciamàni*) ● Atto del baciare la mano in segno di rispetto, riverenza o galanteria.

baciaménto s. m. ● (*raro*) Modo e atto del baciare ripetutamente.

baciapile [comp. di *bacia*(*re*) e il pl. di *pila* (dell'acqua santa)] s. m. e f. inv. *1* Chi ostenta un'eccessiva devozione religiosa. SIN. Bacchettone, bigotto. *2* (*est.*) Persona solo apparentemente devota o dabbene.

baciapólvere [comp. di *bacia*(*re*) e *polvere*] s. m. e f. inv. ● (*raro*) Bacchettone.

baciàre o †**basciàre** [lat. *basiāre*, da *bāsium* 'bacio'] **A** v. tr. (*io bàcio*) *1* Premere le labbra su qc. o q.c. in segno di affetto, amore, rispetto: *b. qc.*

in fronte, sulle labbra, sulle guance; *b. la mano a qc.* | *Bacio, baciamo le mani!*, espressione di saluto in Sicilia | (*fig.*) *La fortuna ti ha baciato in fronte*, ti ha favorito moltissimo. **2** (*fig.*) Sfiorare, toccare: *il colle era baciato dal sole* | *B. il fiasco*, bere avidamente | *B. il chiavistello*, andarsene senza speranza di ritornare | (*lett.*) *B. la polvere*, cadere a terra sconfitto. SIN. Lambire. **B** v. rifl. rec. ● Darsi scambievolmente dei baci. **C** v. intr. pron. ● (*raro*) Combaciare: *le estremità delle assi si baciano perfettamente.* **D** in funzione di s. m. ● †Atto di baciare | Il bacio stesso.

baciasànti [comp. di *bacia(re)* e il pl. di *santo* 'immagine sacra'] s. m. e f. ● Bacchettone.

baciàtico [dal *bacio*, che suggellava la donazione] s. m. (pl. *-ci*) ● Nel Medio Evo, donazione assegnata o promessa dal fidanzato nell'atto di baciare la futura sposa.

baciàto part. pass. di *baciare*; anche agg. **1** Nei sign. del v. **2** (*raro*) *A mano baciata, a bocca baciata*, senza fatica. **3** (*letter.*) *Rima baciata*, accoppiata.

baciatóre [lat. *basiatōre(m)*, da *basiāre* 'baciare'] s. m. (f. *-trice*) ● (*raro*) Chi bacia.

bacìcci [etim. incerta] s. m. ● Nome di varie piante, tra cui il finocchio marino, il riscolo, il cipero dolce.

bacìccia [vezz. genov. di (Giovanni) *Battista* con sovrapposizione scherz. di *ciccia*] s. m. inv. **1** (*scherz.*) Appellativo che si dà ai genovesi. **2** Uomo grasso e pigro.

bacìle [etim. discussa: da *bacino* con sostituzione di suff. (?)] s. m. **1** Grande piatto con cavo centrale molto profondo, usato per lavarsi. **2** (*arch.*) Echino del capitello dorico.

bacillàre [da *bacillo*] agg. ● Relativo a bacilli | Causato da bacilli.

Bacillariòfite [comp. di un deriv. del lat. *bacĭllum* 'piccolo bastone', e un deriv. del gr. *phytón* 'pianta'] s. f. pl. ● (*bot.*) Diatomee.

bacillìfero [comp. di *bacillo* e *-fero*] agg. ● Che porta bacilli.

bacillifórme [comp. di *bacillo* e *-forme*] agg. ● Che ha forma di bacillo.

bacìllo [vc. dotta, lat. *bacĭllu(m)* 'bastoncello', dim. di *băculum*. V. *bacchio* (*1*) e *bacolo*] s. m. **1** (*biol.*) Organismo microscopico unicellulare a forma di bastoncello dritto o curvo, utile come agente di molte fermentazioni o pericoloso portatore di malattie: *b. del carbonchio, del tetano* | *B. di Koch*, della tubercolosi. **2** (*zool.*) *B. di Rossi*, insetto ortottero dal mimetismo spiccato, con corpo esile, allungato, privo di ali e con lunghe zampe (*Bacillus Rossii*).

bacillòsi [comp. di *bacill(o)* e *-osi*] s. f. ● (*gener.*) Qualunque malattia di origine bacillare.

bacinèlla s. f. **1** Dim. di *bacino* nel sign. 1. **2** Recipiente di forma tonda e vario materiale, adibito a usi domestici e industriali.

bacinétto [fr. ant. *bacinet*, da *bacin* 'bacino'] s. m. **1** (*anat.*) Piccola cavità imbutiforme del rene che raccoglie l'orina convogliandola verso l'uretere. **2** (*mil.*) Armatura leggera del capo col coppo generalmente appuntito e falda stretta | †Celata | †Scodellino.

bacìno [lat. parl. **baccīnu(m)* 'vaso di legno', forse di origine gallica] s. m. **1** Recipiente di forma tonda, generalmente basso e a bordi rovesciati, un tempo spec. metallico, atto a contenere acqua e altri liquidi. **2** (*anat.*) Parte del corpo compresa tra l'addome e gli arti inferiori, formata da uno scheletro osseo imbutiforme e dalle parti molli circostanti | *B. osseo*, cavità ossea formata dalle due ossa dell'anca, dal sacro e dal coccige. SIN. Pelvi. **3** (*arch.*) *Volta a b.*, avente per intradosso una calotta sferica o ellissoidale, atta a coprire un'area circolare. **4** Regione strutturalmente concava della superficie terrestre | (*geol. min.*) Area depressa, continentale o marina, in cui si accumulano i sedimenti | Correntemente, regione ricca di giacimenti minerali: *b. aurifero, carbonifero, petrolifero* | (*geogr.*) *B. idrografico*, tratto di superficie terrestre sul quale scorrono le acque che affluiscono a un dato corso d'acqua, a un dato lago, a un dato mare | *B. imbrifero*, bacino idrografico con particolare riferimento al concorso delle acque di pioggia | *B. montano*, regione avente un unico sistema idrografico | *B. morenico*, zona limitata a valle e ai fianchi da apparati morenici | *B. orografico*, zona compresa fra importanti rilievi, spec. con fondo alluvionale | *B. ablatore*, parte inferiore di un ghiacciaio, sotto il limite delle nevi persistenti in cui avviene la fusione del ghiaccio | *B. collettore*, parte superiore di un ghiacciaio, sopra il limite delle nevi persistenti in cui si accumula la neve che si trasforma in ghiaccio | (*idraul.*) Depressione del terreno in cui ha luogo una raccolta naturale o artificiale di acqua: *b. idroelettrico* | (*est.*, *fig.*) *B. d'utenza*, area territoriale i cui abitanti utilizzano un determinato servizio, spec. pubblico | *B. di crisi*, area territoriale colpita da disoccupazione industriale o ristagno produttivo, che necessita di aiuti speciali. ➡ ILL. p. 826, 827 SCIENZE DELLA TERRA ED ENERGIA. **5** (*mar.*) Specchio d'acqua riparato naturalmente o artificialmente | *B. di carenaggio, di raddobbo*, lunga fossa semiellittica, scavata sotto il livello del mare nei porti maggiori e murata a scaglioni, per contenere all'asciutto le navi e poter lavorare sotto la linea di galleggiamento | *B. galleggiante*, zatterone con due grandi cassoni laterali zavorrabili, che può essere affondato, posto sotto una nave e fatto riemergere sollevando la nave stessa per riparazioni sul posto | *B. di ricovero*, darsena. ➡ ILL. p. 1755 TRASPORTI. || **bacinèlla**, dim. f. (V.) | **bacinétto**, dim. (V.) | **bacinùzzo**, dim.

bàcio (**1**) o †**bàscio** [lat. *bāsiu(m)*, di prob. origine celt.] s. m. ● Atto del baciare: *dare, buttare, stampare, suggere baci* | *Coprire, mangiare di baci*, baciare ripetutamente, con effusione | *B. alla francese*, sulla gota, stringendola fra l'indice e il medio | *B. di Giuda*, (*fig.*) lusinga di traditore | *B. della pace*, segno di riconciliazione | *B. della buonanotte*, che si scambia fra persone legate da affetto, prima di addormentarsi | (*med.*) *Malattia del b.*, mononucleosi | (*fig.*) *B. della morte*, gesto, atto che provoca a chi lo subisce conseguenze rovinose e irreparabili | (*fig.*, *fam.*) *Al b.*, alla perfezione, a puntino, detto di cosa fatta come si deve e ben riuscita. || **bacétto**, dim. | **bacino**, dim. | **bacióne**, accr.

bacìo (**2**) [lat. parl. **opacīvu(m)*, da *opācus* 'ombroso'] **A** agg. ● (*raro*) Volto a tramontana | Ombroso: *luogo b.* CONTR. Solatio. **B** s. m. ● Luogo esposto a tramontana | *A b.*, a tramontana.

†**baciòcco** o †**bachiòcco** [etim. incerta] agg.; anche s. m. ● Sempliciotto, melenso.

baciucchiaménto s. m. ● (*raro*) Sbaciucchiamento.

baciucchiàre [iter. di *baciare*] v. tr. (*io baciùcchio*) ● (*raro*) Sbaciucchiare.

baciùcchio (**1**) s. m. ● (*raro*) Bacio affrettato.

baciucchìo (**2**) s. m. ● (*raro*) Sbaciucchio.

backgàmmon /bɛk'gɛmon, *ingl.* 'bækgæmən/ [vc. ingl., comp. di *back* 'indietro' e di *gammon*, var. mediev. di *gamen* 'gioco, divertimento', forse perché a volte le pedine di un giocatore sono obbligate a tornare *indietro* al punto di partenza] s. m. inv ● Tavola reale, tric-trac.

background /bɛk'graund, *ingl.* 'bækgraund/ [vc. ingl., letteralmente 'retrofondo', comp. di *back* 'dietro' e *ground* 'fond(ament)o'] s. m. inv. ● Complesso di condizioni, circostanze, idee e sim. che fanno da sfondo alla realizzazione di un evento, allo sviluppo di un processo, alla formazione psicologica e culturale di un individuo: *il b. storico e sociale del romanticismo*.

backup /bɛk'ap, *ingl.* 'bækʌp/ [vc. ingl., comp. di *to back* 'appoggiare' (da *back* 'schiena, schienale', d'orig. germ.) e *up* 'su' (V. *pin-up girl*)] s. m. inv. ● In varie tecnologie, sistema di riserva il cui intervento è previsto in caso di guasto del sistema principale.

bàco (**1**) [estensione del sign. di *baco* 'essere pauroso' per indicare genericamente un 'verme'] s. m. (pl. *-chi*) **1** (*zool.*) Insetto che passa per il triplice stadio di bruco, crisalide e farfalla | *B. da seta*, insetto lepidottero dei Bombicidi le cui larve bianchicce dopo quattro mute producono la seta sotto forma di filo, con il quale formano un bozzolo da cui uscirà la farfalla, bianca, pelosa, con antenne a pettine (*Bombyx mori*) SIN. Bombice | *Fare i bachi*, allevarli per ricavarne la seta | *Castello dei bachi*, intelaiatura di legno ove si tengono le stuoie dei bachi. **2** (*pop.*) Verme della farina e dei frutti | *Avere il b.*, essere bacato | (*spec. al pl.*) Vermi degli intestini, spec. dei bambini. **3** (*fig.*) Pensiero fisso e continuo: *avere il b. del guadagno, della gelosia*; *ci aveva in corpo quel b.* (FOGAZZARO). SIN. Rodimento, tarlo. || **bacàccio**, pegg. (V.) | **bacherèllo**, dim. | **bacheròzzolo**, dim. (V.) | **bachino**, dim. | **bacolino**, dim.

bàco (**2**) [di etim. discussa: da *Bau* 'pauroso essere fantastico' (?)] s. m. ● (*scherz.*) Solo nella loc.: *fare b.*, *fare b. b.*, giocare a nascondersi e fare capolino all'improvviso, ovvero a coprirsi e scoprirsi il viso con le mani, per spaventare o far divertire i bambini.

†**bacòcco** ● V. *bacucco* (*1*).

bàcolo o †**bàculo** [vc. dotta, lat. *băculu(m)* 'bastone', di origine indeur.] s. m. **1** (*lett.*) Bastone. **2** Bastone vescovile, pastorale. **3** †Strumento per misurare le distanze.

bacologìa [comp. di *baco* (*1*) e *-logia*] s. f. (pl. *-gie*) ● Studio dell'allevamento dei bachi da seta.

bacològico agg. (pl. m. *-ci*) ● Relativo alla bacologia, ai bachi da seta | *Campagna bacologica*, periodo in cui si allevano i bachi da seta.

bacòlogo [comp. di *baco* (*1*) e *-logo*] s. m. (pl. *-gi*, pop. *-ghi*) ● Studioso di bacologia.

bacon /'bɛkon, *ingl.* 'beikən/ [vc. ingl., dall'ant. fr. *bacon*, di origine francone (*bakko*, della stessa radice dell'ingl. *back* 'parte posteriore del corpo')] s. m. inv. ● Ventresca di maiale affumicata.

baconiàno agg. ● Relativo al filosofo F. Bacon (1561-1626).

bactèrio e *deriv.* ● V. *batterio* e *deriv.*

bacùcco (**1**) o †**bacòcco** [dal n. del profeta *Abacuc*] agg.; anche s. m. (pl. m. *-chi*) ● Detto di persona vecchia e rimbecillita: *vecchio b.*; *un gran b.* SIN. Cucco.

†**bacùcco** (**2**) [etim. incerta] s. m. ● Specie di cappuccio usato anticamente per celare il volto, spec. dei prigionieri.

†**bàculo** ● V. *bacolo*.

bàda [da *badare*] s. f. ● (*lett.*, *raro*) Attesa, indugio | *Tenere a b. qc.*, trattenere qc. sorvegliandolo.

†**badalóne** (**1**) [etim. discussa: da *badare* nel significato ant. di 'indugiare' (?)] s. m. **1** Bighellone, perdigiorno. **2** Uomo grande, grosso e semplicione.

badalóne (**2**) [per *bad(i)alone*, da *badiale* nel senso di 'grande'] s. m. ● Grande leggio che si pone al centro del coro nelle chiese.

†**badaluccàre** [da *badalucco*] v. intr. **1** Scaramucciare col nemico: *i ragazzi de' Franceschi si misono a b., e a combattere* (VILLANI). **2** Indugiare | Baloccarsi.

†**badalùcco** [da *badare* con sovrapposizione d'altra parola] s. m. (pl. *-chi*) **1** (*lett.*) Passatempo, trastullo. **2** (*mil.*) Combattimento non impegnativo e saltuario ingaggiato per tenere a bada il nemico.

badanài o **badanàio**, **tatanài** [ebr. *be-adonaj* 'per il mio signore', dal Salmo CXVII, ripetuto come escl. 'per Dio'] s. m. ● (*tosc.*) Chiasso di gente che spettegola.

badànte **A** part. pres. di *badare*; anche agg. ● Nei sign. del v. **B** s. m. e f.; anche agg. ● (*fam.*) Chi, che assiste a pagamento degenti ricoverati in ospedali o case di cura.

badàre [lat. parl. **badāre* 'aprire la bocca', di origine onomat.] **A** v. intr. (aus. *avere*) **1** Sorvegliare, prendersi cura, occuparsi di qc. o q.c.: *b. ai bambini, alla casa, al gregge*. **2** Fare attenzione: *bada di non perdere i soldi*; *bada a quel che fai*; *non b. a spese* | *Bada, veh!* per raccomandazione o minaccia | Dedicarsi con impegno, interessarsi di q.c. o qc.: *b. ai fatti propri*; *b. solo a divertirsi*; *passando non avevo badato a loro*. **3** †Indugiare, esitare: *consolate lei dunque ch'ancor bada* (PETRARCA). **B** v. tr. **1** Sorvegliare, custodire: *b. le pecore* | Fare oggetto di viva attenzione: *badatemi con un po' di serietà* (GOLDONI); *senza badarlo neppure*. **2** †Considerare con attenzione: *se lo 'ntelletto tuo ben chiaro bada* (DANTE *Purg.* IV, 75).

badatóre [da *badare*] s. m. ● Chi sorveglia, spec. la selvaggina.

badatùra [da *badare*] s. f. ● (*tosc.*) Guardia fatta dai contadini di notte: *b. dell'uva*.

†**badèrla** [per *bader(el)la* 'che serve a tenere a bada'] s. f. ● Donna sciocca.

badèrna [fr. *baderne*, dal provz. *baderno*, di etim.

incerta] s. f. *1* (*mar.*) Specie di cercine fatto a mano, con filacce, cenci o stoppe intrecciate a guisa di stuoia, usato, tra l'altro, a difesa degli ormeggi contro lo sfregamento. *2* (*tecnol.*) Guarnizione di una tenuta a premistoppa.

badéssa o †**abadéssa**, †**abbadéssa** [lat. eccl. *abatīssa(m)*, da *ăbbas* 'abate'] s. f. *1* Superiora di un monastero di religiose: *madre b.* *2* (*fig.*) Donna grassa e grossa | Donna piena di gravità, spec. ostentata.

badge /bɛdʒ, *ingl.* bædʒ/ [vc. ingl., dapprima 'emblema, segno destinato a distinguere un cavaliere o una schiera di soldati', da una vc. anglo-normanna d'orig. incerta] s. m. inv. *1* Placchetta di riconoscimento, corredata di fotografia, dei partecipanti a convegni, congressi e sim. *2* Distintivo recante sovraimpressa l'immagine di un personaggio politico, cantante e sim.

badìa [lat. eccl. *abbatīa(m)*, da *ăbbas* 'abate'] s. f. *1* V. *abbazia*. *2* (*fig.*) Luogo dove regna l'abbondanza || PROV. Casa mia, casa mia, benché piccola tu sia, tu mi pari una badia. || **badiòla**, o †**badiuòla**, dim. | **badiùccia**, dim. | **badiùzza**, dim.

badiàle /badi'ale, ba'djale/ [da *badia*] agg. *1* V. *abbaziale*. *2* (*lett.*) Di badia. *3* (*est.*) Spazioso, enorme: *casa b.* | *Errore b.*, madornale. *4* (*est.*) Prosperoso, grande: *così fresco*, *grassoccio e b.* (CARDUCCI) | Gioviale, pacioccone. || **badialóne**, accr. || **badialménte**, avv. Con tutto agio e comodo.

badiàna [fr. *badiane*, da una lingua orient.: persiano *bād(i)yān*] s. f. ● (*bot.*) Piccolo albero delle Magnoliacee i cui frutti aromatici disposti a stella sono usati nella fabbricazione dei liquori (*Illicium verum*). SIN. Anice stellato.

†**badiàno** [da *badare*] s. m. ● Guardiano di campi o di armenti.

badilàio s. m. ● Chi fa o vende badili.

badilànte s. m. ● Manovale addetto a lavori col badile. SIN. Spalatore, sterratore.

badilàta s. f. ● Colpo dato col badile | Quantità di materiale che si raccoglie in una volta sola con un badile.

badìle [lat. parl. **batīle(m)* per *batīllum*, di etim. incerta] s. m. ● Strumento con manico di legno e lama di ferro ampia, leggermente concava, di varia forma, usato per rimuovere sabbia o terra già smossa. SIN. Pala.

badinage /*fr.* badi'naʒ/ [vc. fr., propriamente 'scherzo', da *badin*, originariamente 'stupido, sciocco', secondo il sign. dell'ant. provz. *badar* 'restare a bocca aperta' (V. *badare*)] s. m. inv. ● (*mus.*) Movimento di danza in suite o sonata del secolo XVIII.

badiòtto o **badiòto** A agg. ● Di Val Badia, in Alto Adige. B s. m. (f. *-a*) ● Abitante, nativo della Val Badia. C s. m. solo sing. ● Dialetto ladino parlato in Val Badia.

badminton /'bɛdminton, *ingl.* 'bædmintən/ [vc. ingl., da *Badminton*, residenza del duca di Beaufort, nel Gloucestershire] s. m. inv. ● Gioco simile al tennis che si svolge all'aperto o al chiuso, in singolo o doppio, col volano.

badogliàno A agg. ● Relativo al maresciallo d'Italia P. Badoglio, spec. negli anni 1943-45: *governo b.* B s. m. ● Seguace del maresciallo Badoglio.

Baedeker /*ted.* 'bɛ:dɛkər, 'bɛ:dəkər/ [dal n. del libraio K. *Baedeker* (1801-1859) che pubblicò per primo le rinomatissime guide] s. m. inv. ● Denominazione di guida turistica redatta in tedesco o in altre lingue.

†**baerìa** [ant. fr. *baverie* 'loquacità, stoltezza', da *baver* 'cianciare', da *bava* 'bava'] s. f. ● Boria, vanità.

bàffo [etim. discussa: gr. *baphḗ* 'tintura' (?)] s. m. *1* (*spec. al pl.*) Ciuffi di peli che crescono sul labbro superiore dell'uomo: *baffi biondi*, *bruni*, *brizzolati*; *radersi*, *portare i baffi*; *lasciarsi crescere i baffi*, *tagliarsi i baffi*; *un bel paio di baffi* | *Ridere sotto i baffi*, di nascosto, con malizia o compiacenza | *Torta da leccarsi i baffi*, particolarmente gustosa | (*fam.*) *Mi fa un b.*, non me ne importa | (*fam.*) *Il suo vestito non fa un b. al tuo*, non regge il confronto col tuo | *Coi baffi*, (*fig.*) di persona o cosa valente, buona e sim.: *è un maestro coi baffi*. *2* (*spec. al pl.*) Lunghi peli setolosi che crescono sul muso di alcuni animali: *i baffi del gatto*, *del topo*, *del leone*. *3* (*fig.*, *est.*) Macchia, sgorbio: *fare baffi con l'inchiostro*. *4* (*spec. al pl.*, *fig.*) Onde spumose che si formano ai lati della prua di una nave in moto. *5* (*autom.*) Piccolo alettone anteriore montato sulle monoposto da corsa. || **baffettìno**, dim. | **baffétto**, dim. | **baffóne**, accr. (V.).

baffóne s. m. (f. *-a* nel sign. 2) *1* Accr. di *baffo*. *2* (*scherz.*) Persona con baffi folti e lunghi | (*per anton.*, *scherz.*, *pop.*) Denominazione di Josif V. Stalin, spec. negli anni successivi al termine della seconda Guerra Mondiale.

baffùto agg. ● Provvisto di baffi.

†**bàga** (1) [fr. *bague*, dall'ol. ant. *bōghe* 'cerchio, anello' (?)] s. f. ● Oggetto preziosamente lavorato, gioiello.

†**bàga** (2) [etim. incerta] s. f. ● Sacco di pelle, otre.

†**bagàglia** s. f. ● Bagaglio: *tutti due gli eserciti*, *espediti*, *senza alcuna b.*, *passassino il Po* (GUICCIARDINI).

bagagliàio s. m. *1* (*ferr.*) Veicolo destinato essenzialmente al trasporto di merci spedite a bagaglio e provvisto di compartimento per il personale di scorta | Deposito di bagagli, nelle stazioni. *2* (*aer.*) Sugli aerei, vano usato per contenere bagagli, posta, merci e sim. *3* (*autom.*) Vano adibito al trasporto dei bagagli.

bagaglièra s. f. ● (*autom.*) Bagagliaio.

†**bagaglière** s. m. ● Chi porta i bagagli.

bagàglio [fr. *bagage*, da *baga* 'fagotto, borsa', di origine provz. e di etim. incerta] s. m. *1* Tutto quanto si porta con sé in viaggio | (*ferr.*) *B. presso*, correntemente *b. appresso*, l'insieme dei colli ammessi gratuitamente nella carrozza a seguito del viaggiatore | *B. a mano*, quello di piccolo ingombro che il passeggero di un aereo o di un pullman può recare agevolmente e gratuitamente con sé all'interno del mezzo di trasporto. *2* (*fig.*) Ciò che una persona ha appreso con lo studio, la ricerca, l'esperienza e sim.: *b. di nozioni tecniche*; *b. culturale*; *b. di ricordi*. *3* Salmeria della truppa | *Con armi e bagagli*, (*fig.*) con tutto ciò che si possiede: *andarsene*, *partire con armi e bagagli*.

†**bagaglióne** s. m. ● Negli eserciti antichi, schiavo o soldato addetto ai bagagli.

bagagliùme s. m. ● (*spreg.*) Grande quantità di bagagli.

bagarinàggio s. m. ● Attività di bagarino. SIN. Incetta.

bagarìno [dall'ar. parl. *baggālīn* 'mercanti che vendono al minuto' (?)] s. m. ● Incettatore di cose che si prevede di rivendere a un prezzo più elevato: *b. di biglietti teatrali*.

bagaròzzo ● V. *bacherozzolo*.

bagarre /*fr.* ba'gar/ [vc. fr., dal provz. *bagarro*, di origine basca (*batzarre* 'riunione')] s. f. inv. *1* (*sport*) Nel ciclismo, fase di gara tumultuosa e veloce, determinatasi improvvisamente e disputata in gruppo: *b. finale*. *2* (*fig.*) Tafferuglio, trambusto, tumulto: *l'episodio finì con una b. generale*.

bagàscia [etim. incerta] s. f. (pl. *-sce*) ● Meretrice | Sgualdrina. || **bagascióna**, accr.

bagàscio s. m. ● (*lett.*) Bagascione.

bagascióne s. m. *1* Chi frequenta bagasce. *2* Omosessuale maschile.

bagàssa [fr. *bagasse*, dallo sp. *bagazo*, da *baga* 'capsula che contiene i semi di lino', dal lat. *băca* 'bacca'] s. f. ● Residuo della lavorazione della canna da zucchero.

bagattèlla o **bagatèlla** [etim. discussa: da *gabbatella*, da *gabbare* (?)] s. f. *1* Cosa frivola e senza troppa importanza. SIN. Bazzecola, inezia. *2* (*mus.*) Breve composizione musicale di struttura formale semplice. *3* Gioco analogo al biliardo. *4* †Gioco di prestigio fatto coi bussolotti. || **bagattellìna**, dim. | **bagattellùccia**, **bagattellùzza**, dim.

†**bagattellàre** v. intr. ● Perdere il tempo in bagattelle.

†**bagattellière** [da *bagattella*] s. m. ● Giocoliere.

bagattìno [etim. discussa: affine a *bagattella* (?)] s. m. *1* Piccola moneta di mistura e poi di rame, coniata tra il XIII e il XVI sec. spec. nel Veneto. *2* (*fig.*) Uomo da nulla.

bagàtto [etim. discussa: da *Bagdad*, città di provenienza di caratteristici giocolieri (?)] s. m. ● Nel gioco dei tarocchi, la carta con figura di villano.

baggèo [da *babbeo* con sovrapposizione di *baggiano*] s. m.; anche agg. (f. *-a*) ● Babbeo, sciocco.

baggiàna [lat. *baiăna(m)* 'fava proveniente dalla città di *Baia*, in Campania'] s. f. *1* (*bot.*) Varietà di fava a semi molto grossi. *2* (*al pl.*) †Fandonie, belle parole ingannevoli | *Dar baggiane*, raccontare fandonie.

baggianàta [da *baggiano*] s. f. ● Stupidaggine, sciocchezza.

†**baggianerìa** s. f. ● Cosa o azione da baggiano.

baggiàno [da *baggiana* attraverso il sign. osceno di 'fava'] agg.; anche s. m. (f. *-a*). *1* Sciocco, grullo. *2* Soprannome dato un tempo ai contadini milanesi, nel Bergamasco soggetto a Venezia. || **baggianàccio**, pegg. | **baggianèllo**, dim.

baggiolàre [da *baggiolo*] v. tr. (*io bàggiolo*) ● (*raro*) Porre in equilibrio | Mettere i baggioli.

bàggiolo [lat. *bāiulu(m)* 'portatore, facchino', di etim. incerta] s. m. ● Sostegno architettonico per marmi e pietre.

bàgher [forse dal ceco *bagr* 'draga, scavatrice'] s. m. inv. ● (*sport*) Nella pallavolo, colpo difensivo eseguito opponendosi alla palla con gli avambracci tesi e uniti.

bàghero o **bàgher** [ted. dial. *Wagerl(e)*, dim. di *Wagen* 'vettura'] s. m. ● Carrozza leggera a quattro ruote, senza cassetta || **bagherìno**, dim.

bagheròzzo ● V. *bacherozzolo*.

baghétta [fr. *baguette*, dall'it. *bacchetta*] s. f. ● Motivo ornamentale laterale sulle calze, che dalla caviglia risale al polpaccio e termina spesso con piccolo motivo a freccia | Guarnizione laterale, nei guanti. SIN. Freccia, spighetta.

bagìgi [per (*bab*)*bagigi* (V.)] s. m. pl. ● (*sett.*) Noccioline americane.

†**baglì** ● V. *balì*.

bagliétto s. m. ● (*mar.*) Trave di legno più sottile del baglio. SIN. Lata.

bàglio [etim. discussa: lat. parl. **bāliu(m)* per *bāiulu(m)* 'portatore', di etim. incerta] s. m. ● (*mar.*) Grossa trave, di legno, acciaio o ferro, a traverso della nave da un fianco all'altro nel senso della larghezza, per sostenere i ponti.

baglionàto [fr. *bâillonné*, detto di animale con la bocca spalancata, da *bâiller*, propriamente 'sbadigliare' (dal lat. *bataculāre*)] agg. ● (*arald.*) Detto di animale che tiene in bocca un osso o un bastone.

baglióre [etim. discussa: da *abbagliare* (?)] s. m. *1* Luce subitanea, che abbaglia: *corre il baglior della funerea lava* (LEOPARDI). SIN. Baleno, fulgore, splendore. *2* (*fig.*) Splendida manifestazione di q.c.: *i primi bagliori di una nuova era*; *gli ultimi bagliori di una civiltà*. *3* (*fig.*) Apparizione breve e improvvisa di q.c.: *il b. di uno sguardo*, *di un sorriso* | Splendore falso e ingannevole. *4* (*med.*, *raro*) Disturbo dell'occhio per cui la vista è offuscata da strie luminose.

†**baglìvo** ● V. *balivo*.

bàgna [sett. da *bagnè* 'bagnare'] s. f. ● (*sett.*) Intingolo | Liquore a bassa gradazione alcolica usato in pasticceria per inzuppare dolci | *Lasciare nella b.*, (*fig.*) negli impicci, nell'imbarazzo.

bagnàbile agg. *1* Che può essere bagnato. *2* Detto di materiale che è permeabile all'acqua: *zolfo b.*

bagnacàuda o **bàgna càuda** [vc. piem., comp. di *bàgna* 'intingolo' e *càuda* 'calda'] loc. sost. f. ● (*sett.*) Intingolo preparato con olio, aglio e acciughe, in cui si immergono verdure spec. crude.

†**bagnaiuòlo** s. m. (f. *-a*) ● Bagnino | Bagnante.

†**bagnaménto** s. m. ● Modo e atto di bagnare.

bagnànte A part. pres. di *bagnare*; anche agg. ● Nei sign. del v. | Inoltre: (*agr.*) Detto di sostanza chimica aggiunta agli antiparassitari per favorirne l'azione sulle superfici da trattare. B s. m. e f. ● Chi fa il bagno o i bagni, spec. nel mare | (*est.*) Chi d'estate villeggia in una località marina.

bagnàre [lat. parl. **baniāre* per *balneāre*, da *bălneum* 'bagno (1)'] A v. tr. *1* Spargere liquido su q.c. o qc. | *B. i panni prima di stirarli*, inumidirli con acqua | *Bagnarsi la bocca*, *le labbra la lingua e sim.*, bere. SIN. Aspergere, immollare, innaffiare. CONTR. Asciugare. *2* (*fig.*) Festeggiare q.c. bevendo: *b. i galloni*, *una laurea*. *3* Toccare, lambire, detto di mari e fiumi a proposito di città, coste e sim.: *il Tirreno bagna Napoli*; *Torino è bagnata dal Po*. B v. rifl. ● Fare il bagno. C v. intr.

pron. ● Ammollarsi: *bagnarsi per la pioggia come un pulcino.*

bagnaròla [da *bagnare*] s. f. **1** (*dial.*) Tinozza per il bagno. **2** (*scherz.*) Mezzo di trasporto in cattive condizioni: *quel battello è una b.*

bagnasciùga [comp. di *bagna(re)* e *asciuga(re)*] s. m. inv. **1** (*mar.*) Zona compresa tra la linea di immersione massima e quella di immersione minima di una nave. **2** (*pop.*) Zona di una spiaggia di costa bassa ove si rompono le onde e che per questo appare ora asciutta e ora bagnata. SIN. Battigia, battima.

bagnàta s. f. ● Atto del bagnare o del bagnarsi.

bagnàto A part. pass. di *bagnare*; anche agg. **1** Nei sign. del v. **2** *Sembrare, essere come un pulcino b.*, (*fig.*) starsene umile, pauroso, mortificato. **B** s. m. ● Terreno, luogo bagnato | *Piovere sul b.*, (*fig.*) aggiungersi di disgrazie a disgrazie e (*scherz., antifr.*) di fortune a fortune.

bagnatóre [lat. *balneatōre(m)*, da *bălneum* 'bagno (1)'] s. m. (f. *-trice*) ● (*raro*) Chi o ciò che bagna.

bagnatùra s. f. **1** Atto, effetto del bagnare o del bagnarsi. **2** (*spec. al pl.*) La stagione dei bagni | Serie di bagni.

bagnìno s. m. (f. *-a*) ● Chi sorveglia e assiste i bagnanti sulle spiagge.

bàgno (1) [lat. parl. **băneu(m)* per *bălneu(m)*, dal gr. *balnêion*, di origine sconosciuta] s. m. **1** Immersione di qc. o q.c. nell'acqua o in altro liquido: *bagni di mare; b. di schiuma, di fanghi; fare il b., costume da b.; vasca da b.* | *Essere in un b. di sudore*, grondare di sudore | (*fig.*) *B. di sangue*, strage, massacro, spec. nell'ambito di lotte fra avversari politici | *Fare un b.*, (*fig., gerg.*) subire una pesante sconfitta in giochi di carte, spec. al bridge | (*fig.*) *B. di folla*, il trattenersi a lungo tra una folla entusiasta durante una manifestazione pubblica, detto spec. di personaggio famoso. **2** (*est.*) Esposizione del corpo a vari agenti fisici: *b. di sole, di luce, di vapore* | *B. turco*, bagno caldo di vapore cui seguono doccia e massaggio | V. anche *bagnomaria* | *A b. d'olio*, detto di lubrificazione di organi meccanici. **3** Acqua o altro liquido in cui avviene l'immersione: *mettere a b.; il b. è pronto* | *B. fotografico*, soluzione che permette il trattamento chimico del materiale sensibile negativo o positivo | *B. galvanico*, in cui si immergono i metalli per galvanizzarli. **4** Vasca in cui si fa il bagno | (*chim.*) Recipiente contenente una data sostanza in cui si immerge un corpo per riscaldarlo indirettamente e mantenere la temperatura uniforme. **5** Locale in cui sono situati gli apparecchi igienici nell'abitazione: *b. padronale, di servizio* | *B. pubblico*, locale attrezzato per fare il bagno, e gener. per provvedere alla pulizia personale, a pagamento. **6** (*spec. al pl., fig.*) Specchio d'acqua dove si possono fare i bagni spec. di mare | (*est.*) Stabilimento per bagni di mare o di acque e fanghi termali: *b. Margherita; Bagni di Montecatini.* ‖ **bagnàccio**, pegg. | **bagnétto**, dim. | **bagnettino**, dim. | **bagnolino**, dim.

bàgno (2) [da un *bagno* (di Costantinopoli o di Livorno), adibito a prigione] s. m. ● Luogo in cui si scontava la pena dei lavori forzati: *il b. penale di Tolone.*

bagnòlo o (*lett.*) **bagnuòlo** [lat. parl. **baneŏlu(m)* per *balnĕolum*, dim. di *bălneum* 'bagno (1)'] s. m. **1** (*med.*) Applicazione di pezzuole bagnate sulla parte lesa. **2** (*edil.*) Vasca trapezoidale nella quale si estingue la calce viva.

bagnomarìa o **bàgno marìa, bàgno Marìa** [comp. di *bagno (1)* e *Maria* 'Ebrea, sorella di Mosè, ritenuta popolarmente un'alchimista'] s. m. ● Sistema indiretto di riscaldamento di un recipiente mediante un fluido, in genere acqua, che viene direttamente scaldato: *mettere a b.; cuocere a b.* | (*est.*) L'apparecchio contenente il fluido scaldato direttamente.

bagnoschiùma [n. commerciale; comp. di *bagno (1)* e *schiuma*] s. m. inv. ● Prodotto che sciolto nell'acqua del bagno produce una schiuma saponosa profumata.

†**bagnucchiàre** [iter. di *bagnare*] v. tr. ● Bagnare spesso.

bagnuòlo ● V. *bagnolo.*

bàgola [lat. *bācula(m)* 'piccola bacca'] s. f. **1** (*bot., dial.*) Bacca. **2** (*sett.*) Ciancia, fandonia.

bagolàre [da *bagola*, nel sign. 2] v. intr. (*io bàgolo*; aus. *avere*) ● (*dial.*) Chiacchierare, ciarlare.

bagolàro [da *bagola*] s. m. ● Albero delle Ulmacee con fusto liscio, fiori verdi in grappolo ascellare, corteccia grigiastra e rami molto flessibili e duri (*Celtis australis*). SIN. Arcidiavolo.

bàgolo [lat. *băcula(m)* 'piccola bacca'] s. m. ● (*dial.*) Mirtillo.

bagolóne [dal dial. *bagola*, nel sign. 2] s. m. (f. *-a*) ● (*dial.*) Chiacchierone, fanfarone.

bagónghi [dal n. pr. di un celebre nano da circo] s. m. e f. ● Persona dalla statura molto al di sotto della media | Persona che unisce a una bassa statura andatura e movenze goffe e sgraziate.

bagordàre o †**bigordàre** nel sign. 2 [ant. provz. *ba(g)ordar* 'correre la giostra', dal francone **bihurdan* 'recingere lo spiazzo per il torneo'] v. intr. (*io bagórdo*; aus. *avere*) **1** Fare stravizi, gozzovigliare. **2** (*mil.*) †Armeggiare, dar prova di abilità nel maneggiare le armi, spec. il bagordo.

bagórdo o †**bigórdo** nel sign. 2 [ant. provz. *beort*, dall'ant. fr. *behorder* 'bagordare'] s. m. **1** (*spec. al pl.*) Stravizi, gozzoviglie: *far bagordi; darsi ai bagordi.* **2** (*mil.*) †Lancia usata nei tornei, nelle giostre | Prova di abilità nel maneggiare le armi.

baguette /fr. ba'gɛt/ [vc. fr., letteralmente 'bacchetta', dall'it. *bacchetta*] s. f. inv. **1** Baghetta. **2** Brillante tagliato a forma di rettangolo allungato | Taglio rettangolare allungato del diamante. **3** Filone di pane di notevole lunghezza.

baguttiàno A agg. ● Proprio del, relativo al premio letterario Bagutta: *il cenacolo b.* **B** s. m. ● Giudice, concorrente, frequentatore del premio stesso.

bah o (*raro*) **ba** [vc. onomat.] inter. ● Esprime incertezza, rassegnazione, incredulità, disprezzo con sign. analogo a 'chissà', 'forse è così', 'vada come vuole' e sim.: bah! *non so proprio cosa pensare.*

baht /bat/ [etim. incerta] s. m. inv. ● Unità monetaria della Thailandia.

bài (1) [vc. onomat.] inter. ● Riproduce l'abbaiare del cane: *baiii; il cane giù nel cortile continua a fare bai bai.*

bài (2) [vc. onomat.] vc. ● (*fam.*) Solo nella loc.: *non dire né ai nébai*, non pronunciare parola, non dire nulla.

bàia (1) [da *(ab)baiare*, propriamente 'scherzo rumoroso'] s. f. **1** Burla, canzonatura | *Dare la b. a qc.*, burlare qc., spec. schiamazzandogli dietro. **2** Bagattella, inezia. ‖ **baiàccia**, pegg. | **baiétta**, dim.

bàia (2) [sp. *bahía*, di etim. incerta; calco sull'ingl. *bay* 'recesso, campata, posta (nella stalla)' nel sign. 2] s. f. **1** (*geogr.*) Insenatura della costa, meno ampia di un golfo, con imboccatura relativamente stretta. **2** (*aer.*) La parte opportunamente strutturata e attrezzata di un hangar in cui un aeromobile è ospitato per essere sottoposto a lavori di manutenzione.

bàia (3) [fr. *baille*, dal lat. *bāiula* 'portatrice (d'acqua)', di etim. incerta] s. f. ● (*mar.*) Tinozza di legno a doghe, cerchiata di metallo.

baiadèra [fr. *bayadère*, dal port. *balhadeira* 'ballerina', da *balhar* 'ballare'] **A** s. f. **1** Danzatrice indù | (*est.*) Ballerina di avanspettacolo specialista in danze esotiche. **2** (*raro*) Meretrice. **B** in funzione di agg. inv. ● Detto di tessuto rigato a tinte vivaci in seta, cotone o lana.

†**baiàre** [da *abbaiare*] v. intr. ● Abbaiare.

baiàta [da *baiare*] s. f. **1** Chiasso scherzoso, o fatto per burlare qc. **2** Cosa insensata, sciocchezza.

baìcolo [venez. *baicolo* 'piccolo cefalo', per la forma] s. m. ● Biscottino secco, tipico di Venezia.

baignoire /fr. bɛ'ɲwar/ [vc. fr., propriamente '(vasca da) bagno', da *baigner* 'bagnar(si)'] s. f. inv. ● Barcaccia di teatro.

†**bàila** ● V. *balia (1).*

bailàmme o (*raro*) **bailàm** (*raro, tosc.*) †**bilièmme** [dalla rumorosa festa turca del *bairam*] s. m. inv. ● Confusione di gente e di voci. SIN. Baraonda, chiasso.

†**bailìa** ● V. *balia (2).*

†**bàilo** [ant. provz. *baile*, dal lat. *bāiulus* 'portatore, facchino'] s. m. ● Ambasciatore.

bàio [provz., fr. bai, dal lat. *bădius*, di etim. incerta] **A** agg. ● Detto di un tipo di mantello equino di color rosso, con le estremità degli arti, la coda e la criniera nere. **B** s. m. ● Cavallo con mantello baio.

baiòcco [etim. incerta] s. m. (pl. *-chi*) **1** Moneta d'argento, poi di rame, in uso negli Stati pontifici fino al 1866. ➡ ILL. **moneta**. **2** (*spec. al pl.*) Soldi, quattrini: *non avere baiocchi* | *Non valere un b.*, (*fig.*) essere di poco o nessun valore. **3** (*fig.*) †Uomo dappoco.

baióne [da *baia (1)*] s. m. **1** †Chi burla e fa chiasso. **2** (*tosc.*) Schiamazzo, canzonatura | *Fare il b. a qc.*, dileggiarlo schiamazzando e battendosi la bocca con la mano.

baionétta [fr. *baïonnette*, dal nome della città di *Bayonne*, dove si fabbricò la prima volta] **A** s. f. **1** Arma bianca, corta, con lama d'acciaio di varia forma da inastare all'estremità del fucile o del moschetto per farne un'arma d'asta: *assalto alla b.* | *B. in canna*, inastata. **2** (*fig.*) Soldato: *un esercito di otto milioni di baionette.* **3** (*mecc.*) *Innesto a b.*, quello, tra due pezzi, in cui uno di questi si infila in parte sull'altro e poi si fissa mediante rotazione. **B** in funzione di inter. ● Si usa come comando, per far inastare la baionetta sul fucile o sul moschetto.

baionettàta s. f. ● Colpo di baionetta.

bairàm [turco *bayram* 'festa'] s. m. inv. ● (*relig.*) Nome di due feste musulmane | *Piccolo b.*, della durata di tre giorni, successivo al digiuno del Ramadan | *Grande b.*, della durata di quattro giorni, settanta giorni dopo il piccolo bairam.

†**baire** [ant. fr. *esbahir*, da *baer*, forma ant. di *bayer* 'avere la bocca aperta' dal lat. parl. **batāre*, vc. onomat.] v. intr. ● Sbigottirsi, sgomentarsi.

baironiàno ● V. *byroniano.*

bàita [vc. alpina di etim. discussa: dall'ant. alto ted. *Wahta* 'guardia' (?)] s. f. ● Piccola costruzione di sassi o di legname, assai comune in alta montagna, usata spec. come deposito o come ricovero dei pastori.

†**baiùcola** o †**baiùca** [dim. di *baia (1)*] s. f. ● Bagattella, sciocchezza.

†**baiulàre** [vc. dotta, lat. *baiulāre* 'portare, trasportare', da *bāiulus* 'baiulo'] v. tr. ● Portare sulle spalle.

†**bàiulo** [vc. dotta, lat. *bāiulu(m)* 'portatore, facchino', di etim. incerta] s. m. **1** Portatore. **2** Balio, aio.

bakelite ● V. *bachelite.*

bàlacron® o **balacròn** [nome commerciale] s. m. inv. ● Materiale vinilico usato spec. per legatoria.

balafòng o **balafò**, o **balafòn** [fr. *balafo(n)*, dal mandingo *balafo*, comp. di *bala* 'xilofono' e *fo* 'battere'] s. m. inv. ● (*mus.*) Strumento a percussione africano e afro americano costituito da una cassa armonica in legno che sostiene verghe pure di legno percosse con martelletti dai suonatori.

balalàica o **balalàika** [russo *balalajka*, di etim. incerta] s. f. ● (*mus.*) Strumento musicale a corde, con cassa armonica triangolare e lungo manico, tipico della tradizione russa. ➡ ILL. **musica**.

balançage /fr. balã'saʒ/ [vc. fr., propr. 'movimento a pendolo, a bilancia (*balance*)'] s. m. inv. ● (*sport*) Nelle gare ciclistiche, il procedere a zig zag per non essere superati o per ostacolare la fuga degli avversari.

balànico [da *balano-*] agg. (pl. m. *-ci*) ● (*anat.*) Relativo al glande.

balanìno [da *balano*] s. m. ● Piccolo insetto coleottero con lunghissimo rostro, le cui larve sono parassite di nocciole, ghiande e sim. (*Balaninus nucum*).

balanìte (1) [comp. di *balano-* e *-ite (1)*] s. f. ● (*med.*) Infiammazione del glande.

balanìte (2) [dal gr. *bálanos* 'ghianda', di etim. incerta] s. f. ● Genere di piccoli alberi tropicali che forniscono legno da lavoro e semi ricchi di olio (*Balanites*).

bàlano [vc. dotta, lat. *bălanu(m)* 'ghianda', dal gr. *bálanos*, di etim. incerta] s. m. ● Crostaceo cirripede marino con sei paia di zampe che sporgono da una nicchia calcarea conica (*Balanus tintinnabulum*). SIN. Dente di cane.

bàlano- [dal gr. *bálanos* 'ghianda'. V. *balano*] primo elemento ● In parole composte della terminologia medica significa 'glande' o indica relazione col glande: *balanite (1).*

balàscio o **balàsso** [ar. *baláhš*, dal nome della provincia afgana *Badakhšān*, donde provenivano queste pietre] **s. m.** ● Varietà preziosa di spinello trasparente e di colore rosso.

balàta [vc. caraibica (*bálata* nelle isole, *paláta* in terraferma)] **s. f.** ● Gommoresina dura, simile al caucciù, ricavata dal lattice di alberi dell'America meridionale, usata per impermeabilizzare tessuti e come isolante.

†**bàlatro** ● V. *baratro*.

balaùsta o †**balaùstra** (**1**) [fr. *balauste*, dal lat. *balaŭstium*, e questo dal gr. *balaýstion*, di etim. incerta] **s. f.** ● Frutto del melograno.

balaùstio o **balaùsto** **s. m.** ● (*raro*, *lett.*) Balausta.

†**balaùstra** (**1**) ● V. *balausta*.

balaùstra (**2**) **s. f.** ● Balaustrata.

balaustràta [perché costituita di *balaustri*] **s. f.** ● Struttura a colonnette, collegate da un basamento e una cimasa, che serve da parapetto o divisorio.

balaustràto **A** **agg.** ● Composto, provvisto di balaustri: *finestra balaustrata*. **B** **s. m.** ● †Balaustrata.

balaustrìno [da *balaustro*, per la forma] **s. m.** ● Compasso di precisione usato per tracciare circonferenze di piccolo raggio.

balaùstro [vc. dotta, lat. *balaŭstiu(m)* 'melograno', col quale si paragonò l'ornamento del capitello] **s. m.** ● Colonnetta ornamentale di balaustrate e parapetti, ballatoi e terrazze.

balayeuse /fr. bale'jøz/ [vc. fr., (= *machine à balayer*) da *balayer* 'spazzare', dalla vc. di origine gallica *balai* 'scopa'] **s. f. inv.** ● Orlo a frangia, un tempo applicato per protezione alle gonne lunghe. **SIN.** Salvagonna.

†**balbàre** [lat. tardo *balbāre* da *bălbus* 'balbo'] **v. intr.** ● Balbettare, vagire.

balbettaménto **s. m.** ● Modo e atto di balbettare. **SIN.** Balbettio, barbugliamento, tartagliamento.

balbettàre [iter. del lat. tardo *balbāre* '†balbare'] **A** **v. intr.** (*io balbétto*; aus. *avere*) **1** Parlare, esprimersi con titubanza, con ripetizione di sillabe o arresti di parole, per malformazione anatomica o per cause psicologiche. **SIN.** Barbugliare, tartagliare. **2** Cominciare a parlare: *quel bambino già balbetta* | (*fig.*) Manifestarsi ancora incerto in una scienza o altro. **B** **v. tr.** ● Pronunciare, dire, in modo confuso e spezzato: *b. una scusa* | (*fig.*) Conoscere alla peggio una lingua, una disciplina scientifica e sim.: *b. un po' di francese*.

†**balbettatóre** **s. m.** ● Chi balbetta.

†**balbetticàre** **v. intr.** ● Balbettare.

balbettìo **s. m.** ● Balbettamento continuo.

balbettóne **agg.**; anche **s. m.** ● (*raro*) Che, chi balbetta.

†**bàlbo** [lat. *bălbu(m)* 'balbuziente', di origine onomat.] **agg.** ● (*lett.*) Balbuziente: *mi venne in sogno una femmina balba* (DANTE *Purg.* XIX, 7).

balbòa /bal'bɔa, *sp.* bal'boa/ [dal n. dell'esploratore sp. Vasco Núñez de *Balboa* (1475-1519)] **s. m. inv.** ● Unità monetaria di Panamà.

balbutìre o (*raro*) **balbotìre**, †**balbuzzìre** [vc. dotta, lat. tardo *balbutīre* 'balbettare', da *bălbus* 'balbo'] **v. intr.** e **tr.** (**pres.** *io balbutìsco, tu balbutìsci*; **part. pres.** *balbuziènte* (V.); aus. *avere*) ● (*lett.*) Balbettare.

balbùzie [da *balbuziente*] **s. f. inv.** ● (*med.*) Ripetizione parziale e convulsa di sillabe o frequenti interruzioni della frase causata da spasmo intermittente dell'apparato fonatorio.

balbuziènte [vc. dotta, lat. *balbutiĕnte(m)*, part. pres. di *balbutīre* 'balbettare'] **agg.**; anche **s. m.** e **f.** ● Che, chi è affetto da balbuzie.

†**balbuzzàre** [vc. dotta, lat. *balbutīre* attraverso il pres. *balbŭtio* 'io balbetto'] **v. intr.** ● Balbettare.

†**balbuzzìre** ● V. *balbutire*.

balcànico [fr. *balkanique*, dal turco *balkan* 'catena di montagne' forse da *balk* 'fango'] **agg.** (**pl. m.** *-ci*) **1** Dei, relativo ai Balcani: *penisola balcanica*. **2** (*est.*) Caotico, violento, secondo la maniera di governo ritenuta tipica degli antichi Stati balcanici.

balcanizzàre **v. tr.** ● (*polit.*) Ridurre uno Stato nelle condizioni di disordine interno ed esterno un tempo caratteristiche degli Stati balcanici | Dividere uno Stato in una pluralità di piccoli Stati, come è caratteristico dei Balcani.

balcanizzazióne **s. f.** ● Atto, effetto del balcanizzare.

†**bàlco** [longob. **balko*, di etim. incerta] **s. m.** **1** Balcone: *per tetti, per li balchi e per le torre, / ciascun con lumi accesi intorno corre* (BOIARDO). **2** (*tosc.*) Palco dove i contadini mettono il fieno.

balconàta **s. f.** **1** Balcone prolungato sul quale si aprono diverse finestre. **2** Nelle moderne sale da spettacolo, concerto e sim., parte sovrastante la platea, con diverse file digradanti di posti. **3** (*mar.*) Nei vascelli e nei grandi velieri, galleria di balconi nell'estremità poppiera.

balconcìno **s. m.** **1** Dim. di *balcone*. **2** *Reggiseno, busto a b.*, privo di spalline, spec. da sera. **SIN.** Balconnet.

balcóne [da *balco*] **s. m.** **1** Struttura sporgente dal muro esterno di un edificio, contornata da una balaustra o ringhiera, costituente uno spazio accessibile esterno | (*est.*) Finestra grande, aperta fino al pavimento, con balaustra o ringhiera. **2** †Palco. ‖ **balconcino**, **dim.** (V.).

balconnet ® /fr. balkɔ'nɛ/ [vc. fr., dim. di *balcon* 'balcone', per la forma (?)] **s. m. inv.** ● Nome commerciale di reggiseno, busto e sim., a balconcino.

baldacchìno [da *Baldac(co)*, antico nome di *Bagdad*, donde provenivano questi drappi] **s. m.** **1** Copertura mobile a forma di padiglione retta da aste, sotto la quale si porta in processione il SS. Sacramento. **2** Ricco drappo sorretto da aste o colonne o sostenuto da un telaio che sta a coronamento di altari, troni, seggi, letti signorili. **3** (*arch.*) Coronamento in marmo, pietra o bronzo usato per nicchie, edicole, tombe medievali e tabernacoli contenenti la pisside | Ciborio, nelle basiliche cristiane e nelle chiese barocche: *il b. del Bernini in S. Pietro in Roma*. **4** (*fig.*) Nella loc. *di b.*, detto di persona molto valente e capace (*spec. scherz.*): *dottore, pittore di b.*

baldànza [da *baldo*] **s. f.** ● Esuberante sicurezza nelle proprie forze che si manifesta nelle parole e nei fatti. **SIN.** Arditezza, arroganza, spavalderia.

†**baldanzeggiàre** **v. intr.** ● Dimostrare baldanza.

baldanzóso **agg.** ● Che dimostra baldanza: *aspetto b.*; *arrivò con passo b.* **SIN.** Ardito, arrogante, spavaldo. ‖ **baldanzosétto**, **dim.** ‖ **baldanzosaménte**. **avv.** Con baldanza.

†**baldézza** [ant. provz. *baudeza* 'ardire', da *baut* 'baldo'] **s. f.** ● Baldanza, fiducia, sicurezza: *voi mi date a parlar tutta b.* (DANTE *Par.* XVI, 17).

†**baldiménto** [ant. provz. *baudimen* 'coraggio', da *baut* 'baldo'] **s. m.** ● Baldanza.

bàldo [ant. fr. *bald, baud*, ant. provz. *baut* 'fiero, ardente', dal franc. *bald* 'ardito, fiero, vivace'] **agg.** ● Che mostra disinvoltura e sicurezza. **SIN.** Animoso, ardito, sicuro di sé. ‖ **baldaménte**, **avv.** Arditamente; con franchezza.

†**baldóre** [provz. *baudor*, da *baut* 'baldo'] **s. m.** ● Baldanza | Letizia, brio.

baldòria [ant. fr. *baudoire*, da *baud* 'baldo'] **s. f.** **1** Allegria rumorosa: *fare un po' di b. con gli amici* | Festa allegra. **2** (*spreg.*) Gozzoviglia: *fare b.* **SIN.** Baccanale, crapula, stravizio. **3** (*tosc.*) Fuoco acceso in occasione di feste.

baldósa [provz. *baudosa*, da *baudos* 'giocoso, allegro', a sua volta da *baut* 'baldo'] **s. f.** ● Antico strumento musicale a corde usato spec. in campagna.

baldràcca [etim. discussa: da *Baldac(co)*, nome antico della città di *Bagdad* (?)] **s. f.** ● (*spreg.*) Meretrice ‖ **baldraccàccia**. **pegg.** | **baldraccóna**, **accr.**

baléna [lat. *bal(l)ēna(m)* 'balena', forse di origine illirica] **s. f.** **1** Enorme cetaceo dei Misticeti con corpo sagomato a pesce, pelle liscia e nera, arti anteriori a forma di pinna e arti posteriori assenti, pinna caudale battente su un piano frontale, e numerose lamine cornee lunghe e strette, dette fanoni, in luogo dei denti (*Balaena* ed *Eubalena*) | Correntemente, ogni grosso cetaceo marino: *caccia alla b.* | *Stecche di b.*, lamine flessibili e resistenti, ricavate dai fanoni delle balene, usate per intelaiare ombrelli e articoli di corsetteria femminile. **2** (*fig., scherz.*) Persona deforme per grassezza. ‖ **balenòtto**, **dim. m.** (V.) | **balenòttero**, **dim. m.** (V.).

balenaménto **s. m.** ● Modo e atto del balenare. **SIN.** Lampeggiamento, lampo.

balenàre [da *baleno*] **A** **v. intr.** (**impers.** *baléna*; anche **pers.**; aus. *essere*) **1** Lampeggiare | *B. a secco*, senza tuono. **2** (*est.*) Splendere all'improvviso. **SIN.** Baluginare, brillare. **3** (*fig.*) Apparire subitamente: *mi balenò un sospetto*. **4** (*raro*) Barcollare | (*fig.*) Tentennare. **B** **v. tr.** ● (*lett.*) Emanare, emettere luce: *fatta ella allor più gaia nel sembiante, / balenò intorno uno splendor vermiglio* (POLIZIANO).

balenerìa [da *balena*] **s. f.** ● (*lett.*) La tecnica, l'insieme, la maniera di vita dei balenieri.

balèngo o **balèngo** [etim. incerta] **agg.** (**pl. m.** *-ghi*) ● (*dial.*) Bizzarro, strano.

balenièra [da *balena*] **s. f.** ● Nave da caccia alle balene | Imbarcazione a remi con prora e poppa affilate, con sei o più banchi, adibita al tempo della marina velica per uso personale dei comandanti e ammiragli.

balenière **s. m.** ● Marinaio di una baleniera | Cacciatore di balene.

balenièro **A** **agg.** ● Attinente alle balene e alla loro caccia. **B** **s. m.** ● †Baleniera.

balenìo [da *balenare*] **s. m.** ● Atto del balenare continuo.

baléno (**1**) [etim. discussa: da *balena*, popolarmente considerata un essere misterioso guizzante per l'aria (?)] **s. m.** ● Folgorio di luce su una superficie lucida | (*fig.*) *In un b.*, in un attimo. **SIN.** Bagliore, lampo ‖ **PROV.** Dopo il baleno viene il tuono.

†**baléno** (**2**) [etim. discussa: da *balena* in impiego di agg., come dimostra la formula piena *pesce baleno* (?)] **agg.** ● Solo nella loc. *pesce b.*, balena.

balenòttera [vc. dotta, lat. *balenŏptera(m)*, comp. del lat. *balēna* e del gr. *-pteros*, da *pterón* 'ala, piuma', per la caratteristica pinna dorsale] **s. f.** ● (*zool.*) Cetaceo dei Misticeti simile alle balene ma con corpo più snello, testa più piccola e con pinna dorsale e tipiche pieghe longitudinali sulla gola e sulla porzione anteriore e ventrale del tronco (*Balaenoptera*) | *B. azzurra*, la maggiore delle balenottere, con pelle di color acciaio sul dorso, vivente negli oceani polari.

balenòttero [dim. di *balena*] **s. m.** ● Balenotto.

balenòtto [dim. di *balena*] **s. m.** ● Balena giovane.

balèra o (*sett.*) **baléra** [da *ballare*, con esito dial. lombardo] **s. f.** ● Locale da ballo di modeste pretese | Pista da ballo, spec. all'aperto.

balèstra [lat. *ba(l)lĭsta(m)* 'macchina militare lancia-proiettili' da una vc. gr. deriv. da *ballízein* 'lanciare', di etim. incerta] **s. f.** **1** Antica arma lanciatoia costituita da un fusto di legno con un arco fissato a croce a un'estremità per lanciare saette e grossi dardi: *b. manesca, da posta* | (*fig., lett.*) *Tiro di b.*, indicazione approssimata di distanza | (*lett.*) *Dare il pane con la b.*, (*fig.*) fare un favore malvolentieri o con mala grazia | *Essere una b. furlana*, (*fig.*) colpire senza riguardo amici e nemici. **2** (*spec. al pl.*) Molla semiellittica composta di più foglie o lame, usata per la sospensione dei veicoli. **3** Leva di gran forza usata nel varo dei bastimenti. **4** In tipografia, speciale tipo di vantaggio con piano di sostegno estraibile. ‖ **balestrino**, **dim. m.** | **balestrùccio**, **dim. m.**

†**balestràio** **s. m.** ● Fabbricante o venditore di balestre.

balestràre **A** **v. tr.** (*io balèstro*) **1** Scagliare, tirare con la balestra: *tender le reti o b. il dardo* (MARINO) | (*est.*) Trafiggere | (*fig.*) Affliggere. **2** (*raro*) Sbalestrare, scaraventare. **B** **v. intr.** (aus. *avere*) ● Tirare con la balestra.

balestràta **s. f.** ● Tiro o colpo di balestra.

balestratóre **s. m.** ● Balestriere.

balestrerìa **s. f.** **1** Deposito per le balestre. **2** Compagnia di balestrieri | (*est.*) Azione collettiva di balestrieri.

balestrièra **s. f.** ● Feritoia per balestre.

balestrière [ant. provz. *balestrier*, dal lat. *ballĭstārium* nel senso tardivo di 'tiratore di balestra'] **s. m.** ● Tiratore di balestra | Soldato armato di balestra.

balestrìglia o **ballestrìglia** [sp. *ballestrilla*, dim. di *ballesta* 'balestra'] **s. f.** ● Antico strumento usato per misurare gli angoli.

balestrìna **s. f.** ● Balestriglia.

balèstro [da *balestra*] **s. m.** ● (*mil.*) Grossa balestra.

balestróne [accr. di *balestro*, cui può assomigliare] **A** **s. m.** ● (*mar.*) Pertica che si mette in diagonale a sostenere le punte di alcune vele. **SIN.** Livarda, struzza. **B** **agg.** ● (*dial.*) Solo nella loc. *pan* *b.*, fatto con miele, fichi secchi e noci.

balestrùccio [per la forma, che ricorda una *balestra*] s. m. ● Uccello dei Passeriformi simile alla rondine ma più piccolo, con gola e parte posteriore del dorso bianche e coda poco forcuta (*Martula urbica*) | (*fig.*) *Avere le gambe, le dita a b.*, storte.

balì o †**baglì** [fr. *bailli*, dal lat. *bāiulus* 'portatore'] s. m. ● Cavaliere di grado superiore in alcuni antichi ordini cavallereschi | Nell'Ordine di Malta, cavaliere di grado superiore a quello di commendatore | Nell'ordinamento feudale, funzionario di nomina regia a capo di una circoscrizione territoriale. SIN. Balivo.

bàlia (1) o †**bàila** [lat. parl. **bāila(m)*, da *bāiula* 'portatrice'] s. f. *1* Donna che allatta dietro compenso i figli altrui | *B. asciutta*, donna che ha cura dietro compenso di un bambino senza allattarlo | (*fig.*) *Morire a b.*, morire giovane | *Avere bisogno della b.*, (*fig.*) non essere capace di togliersi dagli impicci | (*fig.*) *Tenere a b. q.c.*, ritardarne la realizzazione. SIN. Nutrice. *2* †Levatrice. || **baliàccia**, pegg. | **balióna**, accr. | **baliùccia**, dim.

balìa (2) o †**bailìa** [fr. *baillie*, da *bail* 'bailo'] s. f. *1* (*lett.*) Autorità, potere assoluto, potestà di governo. *2* Nella loc. *in b.*, in potere, alla mercè (*anche fig.*): *essere, cadere, darsi, sentirsi in b. delle onde, della sorte*; *in sua b.*; *in b. di se stesso.* *3* (*lett.*) †Forza, energia, vigore: *ella riman d'ogni vigor sì vòta / che di tenersi in piè non ha b.* (ARIOSTO). *4* Nei comuni medievali, magistratura collegiale straordinaria con poteri eccezionali, che veniva creata in situazioni di emergenza e per un periodo di tempo limitato: *gli Otto di b.*

baliàggio /bali'addʒo, ba'ljaddʒo/ [fr. *bailliage*, da *bail* 'bailo'] s. m. ● Grado di balì | Ufficio del balì | Territorio governato dal balì.

baliàtico [da *balia* (*1*)] s. m. (pl. *-ci*) *1* Compito della balia e suo salario: *contratto di b.* *2* Bambino affidato a balia.

†**baliàto** (1) [da *balio* (*2*)] s. m. ● Ufficio di balio o di aio.

†**baliàto** (2) part. pass. di †*baliare*; anche agg. *1* Nei sign. del v. *2 Mal b.*, malconcio.

baliàto (3) [da *bali(a)* (*2*)] s. m. ● Carica, ufficio e rendita del balì | Territorio governato dal balì.

balilla [vezz. di *Battista*, con riferimento a Giovanni Battista Perasso, il ragazzo che nel 1746 diede inizio all'insurrezione dei Genovesi contro gli occupanti austriaci; nel sign. B nome commerciale] **A** s. m. inv. ● Al tempo del fascismo, ognuno dei ragazzi tra gli otto e i quattordici anni organizzati in formazioni a carattere paramilitare. **B** s. f. inv. (*Balilla* ®) ● Automobile utilitaria italiana a quattro posti, diffusa negli anni 30.

balinése A agg. ● Dell'isola di Bali. **B** s. m. e f. ● Abitante dell'isola di Bali.

†**balio** (1) [variante di *balivo*] s. m. ● Governatore | Ambasciatore, messo.

bàlio (2) [da *balia* (*1*)] s. m. ● Marito della balia | Chi alleva ragazzi.

†**balióso** /bali'oso, ba'ljoso/ [sp. *valioso*, da *valer* 'aver prezzo, valere', dal lat. *valēre* 'essere forte, vigoroso'] agg. ● Vigoroso, forte: *baliosi del lungo esercizio delle armi* (CARDUCCI).

balipèdio [vc. dotta, comp. della prima parte di *bali(stica)* e del gr. *pedíon* 'spianata, campo'] s. m. ● (*mil.*) Campo sperimentale di tiro, nel quale si eseguono tutte le prove necessarie a determinare esattamente il comportamento di un'arma da fuoco.

†**balire** (1) [da *balia* (*1*)] v. intr. ● Fare la balia.

†**balire** (2) [da *balia* (*2*)] v. tr. *1* Sostenere, portare. *2* Reggere, governare.

balista [vc. dotta, lat. *bal(l)ĭsta(m)* 'balestra'] s. f. ● Specie di balestra atta a lanciare sassi o grossi dardi, usata negli antichi eserciti dei Greci e dei Romani.

balistica [da *balistico*] s. f. ● Scienza che studia il movimento e la direzione dei proiettili.

balistico [da *balista*] agg. (pl. m. *-ci*) ● Relativo alla balistica.

Balistidi [comp. del lat. *balīsta* 'balestra' (detti così dalla pinna dorsale anteriore, formata da tre spine erettili, che ricorda la forma d'una balestra) e *-idi*] s. m. pl. ● Nella tassonomia animale, famiglia di Pesci dei Tetrodontiformi con il corpo ricoperto di scudetti mobili o scaglie (*Balistidae*) | (al sing. *-e*) Ogni individuo di tale famiglia.

balistite [vc. dotta, comp. di *balist(ica)* e *-ite* (*2*)] s. f. ● Esplosivo da lancio formato da nitroglicerina e nitrocellulosa.

†**balitóre** [da †*balire* (*2*)] s. m. ● Reggitore, governatore.

balivo o †**baglivo** [ant. fr. *baillif* da *bail* 'bailo'] s. m. ● Nell'ordinamento feudale, funzionario di nomina regia a capo di una circoscrizione territoriale | Cavaliere di grado superiore in alcuni ordini cavallereschi. SIN. Balì.

bàlla [fr. *balle*, dal francone **ballā* 'palla', di origine indeur.] s. f. *1* Quantità di merci messe insieme e avvolte in tela o altra materia per essere trasportate: *b. di lana.* SIN. Involto. *2* (*est.*, *tosc.*) Sacco di tessuto grossolano. *3* (*fig.*) Frottola, fandonia, bugia: *dire, raccontare balle*; *quante balle!*; *sono tutte balle!*; (*raro*) *Essere di b.*, intendersela con qc. per uno scopo non buono. *4* (*dial.*) Sbornia: *prendere, avere la b.* *5* (*spec. al pl.*, *volg.*) Testicoli. || **ballàccia**, pegg. | **ballétta**, dim. | †**ballino**, dim. m. (V.) | **ballòtto**, dim. m. | **ballóne**, accr. m.

ballàbile [da *ballare*] **A** agg. ● Detto di musica o canto adatto alla danza. **B** s. m. ● Canzone o motivo per ballo.

ballabilità s. f. ● Caratteristica di ciò che è ballabile: *la b. di un disco, di una canzone.*

†**balladóre** [forma sett. di *ballatoio* (*1*)] s. m. ● Ballatoio di nave.

†**ballaménto** s. m. ● Modo e atto di ballare.

ballàre [lat. tardo *ballāre* 'danzare', forse dal gr. *bállein* nel senso di 'ballare'] **A** v. intr. (aus. *avere*) *1* Muovere i piedi andando o saltando a tempo misurato di suono o anche di voce: *ballate con noi*; *oh! come balli bene, bella bimba* | *B. come un orso*, goffamente. SIN. Danzare. *2* (*est.*) Saltare, saltellare: *b. per la gioia* | Agitarsi: *b. dal nervoso* | Oscillare, tentennare, sobbalzare: *le finestre ballarono per il bang*; *la nave ha ballato durante la burrasca.* *3* (*est.*) Muoversi: *le monete gli ballano in tasca* | *Far b. i quattrini*, spenderli | *Far b. qc.*, sottoporlo a un elevato ritmo di lavoro, fargli subire la propria schiacciante superiorità: *far b. gli impiegati, l'avversario.* *4* (*fig.*) Essere largo, di misure sproporzionate, detto di capi di vestiario: *la giacca gli balla addosso.* **B** v. tr. ● Eseguire, con riferimento a una danza: *b. un valzer* || PROV. Quando manca la gatta i topi ballano; quando si è in ballo bisogna ballare.

ballast /*ingl.* 'bæləst/ [vc. ingl., propriamente 'zavorra', per assimilazione da un precedente *barlast*, di origine nordica: letteralmente 'peso (*last*) netto (*bar*)' (?)] s. m. inv. *1* (*ferr.*) Strato compresso di pietrisco o ghiaia, che sostiene le traversine dei binari. SIN. Massicciata. *2* In varie tecnologie, zavorra.

ballàta [provz. *balada*, da *balar* 'ballare'] s. f. *1* (*raro*) Breve giro di ballo. *2* (*letter.*) Componimento poetico popolare, sorto in rapporto con la musica e la danza, in versi o tutti endecasillabi o tutti settenari, oppure endecasillabi e settenari, formato da una o più stanze cantate a solo e da un ritornello per il coro. SIN. Canzone a ballo | *B. romantica*, componimento lirico narrativo della poesia romantica spec. in versi ottonari accompagnato talora dal ritornello. SIN. Romanza | Correntemente, canto narrativo popolare in versi. *3* (*mus.*) Composizione vocale o strumentale a sfondo narrativo del periodo romantico | Canzonetta sentimentale a ritmo lento o moderato dell'uso contemporaneo. *4* Piatto concavo di ceramica, su cui anticamente si offrivano dolci durante le feste. || **ballatèlla**, dim., nel sign. 2 | **ballatétta**, dim., nel sign. 2 | **ballatina**, dim., nei sign. 1 e 2.

ballatista s. m. e f. (pl. m. *-i*) ● Scrittore di ballate.

ballatóio (1) [etim. discussa: da *bellatōriu(m)* 'galleria di combattimento (*bēllum*)' con sovrapposizione di *ballare* (?)] s. m. *1* Balcone che gira intorno a un edificio o a parte di esso sia esternamente che internamente, con parapetto di protezione. SIN. Pianerottolo, terrazzino. *2* Nell'alpinismo, tipo di cengia aerea. *3* Sporto intorno al cassero e ai castelli delle navi antiche da guerra.

ballatóio (2) [da *ballare*] s. m. ● (*spec. al pl.*) Bacchettine poste di traverso nelle gabbie degli uccelli.

†**ballatóre** [lat. *ballatōre(m)* 'danzatore', da *ballāre* 'ballare'] s. m. ● Chi balla.

ballerìna s. f. *1* Femminile di *ballerino* nei sign. 1 e 2: *classica, di night*; *una brava, una pessima b.* *2* Scarpa scollata femminile con tacco basso, molto flessibile e generalmente sfoderata. *3* (*zool.*) Cutrettola. *4* (*bot.*) Morella. || **ballerinétta**, dim.

ballerìno [da *ballare*] **A** s. m. (f. *-a* nei sign. 1 e 2 (V.)) *1* Chi balla per professione, spec. in luoghi di pubblico spettacolo: *i ballerini russi.* SIN. Danzatore. *2* (*est.*) Chi balla per diletto, spec. con abilità: *un ottimo b.* | Maestro di ballo. *3* Pianta delle Orchidacee con tuberi ovoidali, foglie lanceolate con lunga spiga terminale con molti piccoli fiori gialli e rossi, e parte del calice simile a una figura umana (*Aceras anthropophorum*). **B** agg. *1* Che balla | *Cavalli ballerini*, quelli del circo. *2* (*est.*) Instabile | *Terre ballerine*, soggette a frequenti terremoti | (*fig.*) *Asso b.*, quello che a poker il giocatore, già in possesso di una coppia, non scarta per puntare alla doppia coppia o per lasciar credere di possedere già un tris. *3* Detto di una specie di bomba a mano con impennaggio di tela.

ballestrìglia ● V. *balestriglia.*

ballettàre [da *balletto*] v. intr. (*io ballétto*; aus. *avere*) ● (*raro*) Camminare saltellando | Ballare senza grazia | (*est.*) Dimenarsi, vibrare nervosamente.

ballettìstico agg. (pl. m. *-ci*) ● Di balletto.

ballétto s. m. *1* Dim. di *ballo.* *2* Componimento musicale a ritmo di danza | Azione pantomimica con musica e danza: *i balletti russi del primo Novecento* | (*fig.*) *Balletti rosa, verdi*, incontri erotici di adulti con ragazze o, rispettivamente, ragazzi. *3* Corpo di ballo, compagnia di ballerini professionisti: *il b. della Scala.* *4* (*fig.*) Alternanza di dati, notizie o fatti che si accavallano: *continua il b. delle cifre fra sindacati e imprenditori.*

†**ballino** s. m. *1* Dim. di *balla.* *2* Involucro delle balle di lana. *3* Paglericcio dei soldati.

ballista [da *balla*, nel sign. 3] s. m. e f. (pl. m. *-i*) ● (*scherz.*) Chi racconta fandonie.

bàllo [da *ballare*] s. m. *1* Movimento ordinato del corpo e spec. dei piedi, secondo il tempo musicale segnato dal canto o dagli strumenti: *maestro, scuola di b.* | *Corpo di b.*, l'insieme dei ballerini stabili di un teatro lirico o di una compagnia di balletti | V. anche *canzone a b.* | (*fig.*) *Essere in b.*, detto di qc., essere coinvolto in un impegno molesto cui non ci si può sottrarre; detto di q.c., andare di mezzo, patire le conseguenze: *è in b. la mia vita* | *Mettere, tirare in b. qc.*, renderlo partecipe di faccende, vicende difficili | *Mettere, tirare in b. q.c.*, prenderla in esame, in considerazione, spec. per discuterla o contestarla. SIN. Danza. *2* Giro di danza, durata di un ballabile | (*est.*) Il girare in cerchio dei tonni nelle tonnare. *3* Tipo di ballabile: *il valzer è un b. a tre tempi* | *B. liscio*, tradizionale, come il valzer, la mazurka, la polka, in contrapposizione a quello moderno con musica sincopata. *4* Festa danzante: *dare un b.*; *invitare a un b.*; *aprire il b.*; *il b. delle matricole*; *b. in maschera*; *b. a corte.* SIN. Veglia, veglione. *5* Azione scenica espressa per mezzo della pantomima e della danza, con accompagnamento di musica: *b. Excelsior.* *6* Sobbalzo di un aereo dovuto ad aria agitata: *il volo è stato tutt'un b.* | L'agitazione dell'aria che provoca il ballo: *sulle città c'è sempre b.* *7* (*med.*) *B. di S. Vito*, malattia del sistema nervoso caratterizzata da contrazioni muscolari e da movimenti involontari | *Avere il b. di S. Vito*, (*fig.*) essere in continuo movimento. *8* †Battaglia. || **ballétto**, dim. (V.) | **ballónzolo**, dim.

†**ballonchiàre** [da †*ballonchio*] v. intr. ● Ballare a salti, senz'ordine.

†**ballónchio** [da *ballo*, con sviluppo pegg.] s. m. ● Ballo rustico, contadinesco.

ballon d'essai /*fr.* ba'lɔ̃ d e'sɛ/ [vc. fr., letteralmente 'pallone (*ballon*, dall'accr. dell'it. *balla*) di prova (*essai* da *essayer* 'assaggiare')', cioè 'palloncino lanciato (un tempo) per saggiare la direzione del vento'] loc. sost. m. inv. (pl. fr. *ballons d'essai*) ● Notizia diffusa o iniziativa attuata per saggiare le reazioni altrui.

ballonzàre A v. intr. (*io ballónzo*; aus. *avere*) ● Ballonzolare. **B** v. tr. ● (*raro*) Palleggiare.

ballonzolàre [da *ballonzolo*] v. intr. (*io ballónzolo*; aus. *avere*) *1* Ballare a salti | Ballare alla buona, in famiglia. **2** (*est.*) Saltellare, camminare saltellando; *il cane gli ballonzola fra i piedi* | Muoversi, agitarsi sussultando: *le barche ballonzolano nel porto*; *far b. un mazzo di chiavi.*

ballónzolo [dim. di *ballonzo*, parallelo sett. di *ballonchio*] s. m. ● Ballo alla buona, senza pretese.

balloon /bal'lun, *ingl.* bə'lu:n/ [vc. ingl., propr. 'pallone' per la sua forma tondeggiante] s. m. inv. ● Nei fumetti, palloncino o nuvoletta con i testi di ciò che i personaggi dicono o pensano.

ballòtta (1) [ar. *ballūt* 'ghianda'(?)] s. f. ● Castagna lessata con la buccia. SIN. Caldallessa.

ballòtta (2) [venez. *balota* 'pallottola' per esprimere il voto, dim. di *bala* 'palla'] s. f. **1** Pallottola, piccolo oggetto a forma di palla usato nel Medio Evo per votare. **2** †Palla, proietto. || †**ballottina** dim. (V.).

ballottàggio [fr. *ballottage*, da *ballotte* 'ballotta (per votazione)'] s. m. **1** Secondo scrutinio decisivo fra i due candidati che hanno riportato più voti nel primo scrutinio: *essere, entrare in b.* **2** Gara a oltranza per l'assegnazione di un titolo sportivo fra due concorrenti a pari merito.

†**ballottaménto** s. m. ● Votazione.

ballottàre [da *ballotta (2)*] v. tr. (*io ballòtto*) **1** Votare, con le ballotte | Mettere ai voti. **2** (*lett.*) Sballottare.

ballottàta (1) [da *ballotta (1)*] s. f. ● (*raro*) Mangiata di ballotte tra amici.

ballottàta (2) [da *ballottare*, nel sign. 2] s. f. **1** (*sport*) Nell'equitazione, figura delle arie alte, nella quale il cavallo compiendo un salto piega all'indietro le zampe anteriori e tiene gli stinchi delle posteriori perpendicolari al terreno. **2** (*mar.*) †Movimento irregolare di naviglio per venti contrari.

†**ballottìna** s. f. **1** Dim. di *ballotta (2)*. **2** Pallottola per schioppetto.

ballottìno s. m. (f. *-a*, nel sign. 2) **1** (*tosc.*) Dim. di *ballotto*. **2** (*scherz.*, *tosc.*) Ragazzo col naso a ballotta.

ballòtto [da *ballotta (1)*] s. m. **1** (*tosc.*) Castagna. **2** (*centr.*) Varietà di castagno. || **ballottino**, dim. (V.).

bàlma [vc. del sostrato ligure, dalla base **bala/pala* 'altura tondeggiante'] s. f. ● (*dial.*) Roccia sporgente | (*est.*) Grotta.

balneàbile agg. ● Detto di spiaggia, acque e sim. in cui è possibile o consentita la balneazione.

balneàre [vc. dotta, lat. *balneāre(m)* 'pertinente al bagno', agg. di *bălneum* 'bagno (1)'] agg. ● Pertinente ai bagni, spec. di mare: *stabilimento b.* | (*polit.*, *fig.*) *Governo b.*, quello costituito per risolvere una crisi ministeriale scoppiata all'improvviso in estate e destinato a rimanere in carica per la sola durata di questa in attesa che alla ripresa autunnale maturino le condizioni per un accordo stabile fra le forze politiche; (*est.*) governo che sin dalla sua formazione si prevede effimero, interlocutorio, di breve durata.

balneàrio [vc. dotta, lat. *balneāriu(m)* 'relativo al bagno (*bălneum*)'] agg. ● (*raro*) Balneare.

balneazióne [da *balneare*] s. f. ● L'attuazione di pratiche balneoterapiche | (*est.*) Il fare i bagni in mare: *in questo tratto di mare è vietata la b.*

bàlneo [dal lat. *bălneu(m)* 'bagno (1)'] s. m. ● Edificio in cui si faceva il bagno, nell'antichità classica.

balneoterapìa [vc. dotta, comp. del lat. *bălneum* 'bagno (1)' e *terapia*] s. f. ● Idroterapia praticata mediante bagni in vasca o in piscina, impacchi o docce.

balneoteràpico agg. (pl. m. *-ci*) ● Della balneoterapia: *pratiche balneoterapiche.*

†**baloàrdo** ● V. *baluardo.*

baloccàggine s. f. ● (*raro*, *lett.*) Attività inutile e puerile | Balocco, trastullo.

baloccaménto s. m. ● Modo e atto di baloccare o di baloccarsi.

baloccàre [etim. incerta] **A** v. tr. (*io balòcco, tu balòcchi*) ● Far divertire qc. | (*raro*) Tenere a bada con arte. SIN. Trastullare. **B** v. rifl. **1** Trastullarsi, gingillarsi. **2** Passare il tempo in cose da nulla. SIN. Oziare.

†**baloccatóre** [da *baloccare*] s. m. ● Chi intrattiene, diverte altre persone.

†**baloccherìa** s. f. ● Atto del baloccarsi | L'agire in modo puerile.

balòcco [da *baloccare*] s. m. (pl. *-chi*) **1** Trastullo, giocattolo per bambini | (*fig.*) Passatempo. **2** (*raro*) Persona sciocca e balorda. || **balocchìno**, dim. | **baloccùccio**, dim.

baloccóne [da *balocco*] **A** s. m. (f. *-a*) ● (*fam.*, *tosc.*) Chi perde il tempo in trastulli. **B** †avv. ● Solo nella loc. *andare b.*, oziando, con aria svagata.

balògio [it. sett. *balòs* 'birbante', di etim. incerta] agg. (pl. f. *-gie* o *-ge*) ● (*tosc.*) Melenso, balordo, privo di vivacità | Malaticcio | Incerto, uggioso: *tempo b.*

balordàggine s. f. ● Storditaggine, stolidezza | Atto o detto da balordo. SIN. Sciocchezza.

†**balorderìa** s. f. ● Balordaggine.

†**balordìa** s. f. ● Balordaggine.

balórdo [etim. discussa: fr. *balourd*, ant. fr. *besluord*, comp. del pref. aument. *bis-* e del lat. *lūridus* 'pallido' e, quindi 'sbalordito' (?)] **A** agg. **1** Sciocco, tonto, che ha poco senno o giudizio: *voglio esser buona, ma non balorda* (GOLDONI) | Privo di senso, strampalato: *idea balorda.* **2** Stordito, intontito, per stanchezza, sonno, stupore e sim.: *mezzo b. dal vino.* **3** Mal riuscito, mal fatto, guasto: *affare b.*; *merce balorda* | Che vale poco, non dà affidamento, non è in regola: *cavallo b.*; *tempo b.*; *vita balorda.* || **balordaménte**, avv. **B** s. m. (f. *-a*) **1** Persona sciocca, stolida. **2** (*gerg.*) Appartenente alla malavita. || **balordàccio**, pegg. | †**balordèllo**, dim. | †**balordìccio**, dim. | **balordóne**, accr. | **balordùccio**, dim.

balordóne [da *balordo*] s. m. ● (*veter.*) *b. addominale*, grave enterite tossica del cavallo con epatite, fenomeni di eccitazione, paralisi e morte.

†**balovàrdo** ● V. *baluardo.*

bàlsa [da una vc. indigena attraverso lo sp. *balsa*] s. m. e f. ● Legno più leggero del sughero, fornito dall'*Ochroma lagopus*, albero del versante pacifico dell'America meridionale usato nell'aeromodellismo e per salvagenti.

balsamèlla ● V. *besciamella.*

balsàmico A agg. (pl. m. *-ci*) **1** Di, relativo a balsamo | Che ha le proprietà di un balsamo. SIN. Aromatico, odoroso. **2** (*fig.*) Odoroso, salubre: *che aria balsamica c'è quassù!* CONTR. Fetido, malsano, puzzolente. **B** s. m. ● Medicamento che, come il balsamo, ha la proprietà di curare infiammazioni della cute, dei bronchi, delle mucose, ecc.

balsamìna [gr. *balsamínē*, da *bálsamon* 'balsamo'] s. f. **1** Pianta erbacea delle Balsaminacee con fusto traslucido, fiori ascellari di vario colore e capsula con valve che a maturità scagliano lontano i semi (*Impatiens balsamina*). SIN. Begliuomini. **2** Nome dato a diverse varietà di uve.

Balsaminàcee [comp. di *balsamin(a)* e *-acee*] s. f. pl. ● Nella tassonomia vegetale, famiglia di piante erbacee delle Terebintali con foglie alterne od opposte e fiori zigomorfi (*Balsaminaceae*) | (al sing. *-a*) Ogni individuo di tale famiglia.

balsamìno [da *balsamina*] s. m. **1** Pianta dal cui frutto si estrae un balsamo. **2** Vitigno dell'Emilia e delle Marche, che dà uva nera e dolce.

balsamìte [da *balsamo*] s. f. ● Pianta perenne delle Composite, a fiori gialli, con foglie odorose e vellutate, da cui si estrae un'essenza (*Chrysanthemum balsamita*).

bàlsamo o †**bàlsimo** [lat. *bălsamu(m)* 'balsamino (albero)' e 'balsamo', dal gr. *bálsamon*, di origine semitica] s. m. **1** Sostanza contenente resine, gomma, oli volatili, acidi aromatici, estratta dal tronco di molte specie di piante con particolari doti medicinali | Sostanza emolliente per capelli da applicare dopo lo shampoo. **2** Lenimento efficace per un dolore | (*fig.*) Cibo o bevanda che abbia proprietà ristoratrici o sia di squisito sapore. **3** (*fig.*) Conforto, lenimento, sollievo: *quella notizia è stata un b. per lui.*

bàlta [da **baltare* 'ribaltare'] s. f. ● Sbalzo, rovesciamento | *Dare la b.*, *dare di b.*, andare, mandare sottosopra | *Gli ha dato di b. il cervello*, è impazzito | *Dare la b. al matrimonio*, consumarlo.

bal tabarin /fr. 'bal taba'rɛ̃/ [vc. fr. comp. di *bal* 'ballo' e *tabarin* (V.)] loc. sost. m. inv. ● Tabarin.

bàlteo [vc. dotta, lat. *bălteu(m)* 'cinturone', forse di origine etrusca] s. m. **1** Cintura di cuoio che il soldato romano portava dalla spalla destra al fianco sinistro per appendervi la spada o altro. **2** (*est.*) Fascia o cintura portata ai fianchi o a tracolla.

bàltico [dal lituano *baltas* 'palude'] agg. (pl. m. *-ci*) ● Relativo ai paesi e ai popoli rivieraschi del Mar Baltico: *razza baltica* | *Lingue baltiche*, gruppo di lingue della famiglia indoeuropea.

baltoslàvo [comp. di *balt(ic)o* e di *-slavo*] agg. ● (*ling.*) Relativo al gruppo linguistico delle lingue baltiche e delle lingue slave.

baluàrdo o (*raro*) †**baloàrdo**, †**balovàrdo** [ant. provz. *baloart*, ant. fr. *boloart*, dal medio alto ted. *bolwerk* 'balestra', comp. del v. *boln* 'gettare' e di *werk* 'macchina', protetta poi da un *baluardo*] s. m. **1** (*mil.*) Gran bastione di una fortificazione. **2** (*fig.*) Difesa, sostegno.

balùba [dal n. della tribù (*Luba*) col pref. della classe del pl. (*ba*)] **A** agg. inv. ● Detto di popolazione di lingua bantu dello Zaire **B** s. m. e f. inv. ● Persona appartenente alla popolazione baluba | (*scherz.*) Persona rozza e incolta.

balùci o **belùci** [da *Balōč*, n. indigeno degli abitanti del Belucistan] **A** s. m. e f. inv. ● Abitante, nativo del Belucistan. **B** s. m. solo sing. ● Lingua del gruppo dialettale iranico nord-occidentale parlata nel Belucistan.

baluginaménto s. m. ● Atto, effetto del baluginare.

baluginàre [etim. discussa: comp. di *ba* (per *bis*) e del lat. parl. **lucināre* 'splendere' (?)] v. intr. (*io balùgino*; aus. *essere*) **1** Apparire e sparire di cosa o persona velocemente, e in modo che appena si discerne. **2** (*fig.*) Presentarsi alla mente in modo rapido e confuso: *mi baluginò un sospetto.* SIN. Balenare. **3** Guardare, e vedere non chiaramente.

†**balùgine** [da *baluginare* (?)] s. f. ● Chiarore scialbo e intermittente.

baluginìo [da *baluginare*] s. m. ● Chiarore tenue e intermittente.

balùmina [dallo sp. *balumo*, e questo dal lat. *volūmen* 'tutto ciò che viene avvolto'] s. f. ● (*mar.*) Ultimo telo della vela latina, verso poppa.

bàlza [lat. *bāltea*, pl. di *bălteu(m)* 'mura che separavano i diversi ordini nella scalea degli anfiteatri, come una cintura (*bălteus*)'] s. f. **1** Luogo scosceso e dirupato di collina o di montagna. SIN. Dirupo. **2** Breve tratto pianeggiante che interrompe un dirupo. **3** Fregio che incornicia l'arazzo. **4** Striscia di stoffa posta a ornamento e rinforzo in fondo alle vesti femminili, tende, coperte, e sim. SIN. Falpalà, frangia, orlo. **5** Balzana di cavallo.

balzachiàno /baldzak'kjano/ o **balzacchiàno** agg. ● Che è proprio dello scrittore francese H. De Balzac (1799-1850).

balzàna [da *balza*] s. f. **1** Guarnizione all'orlo di vesti, tende e sim. **2** (*sett.*) Risvolto dei calzoni. **3** Striscia di pelo biancastro sopra gli zoccoli dei cavalli.

balzàno [da *balzana*, nel sign. 3] agg. **1** Detto di cavallo che ha le balzane in uno o più arti. **2** (*fig.*) Stravagante, bizzarro: *cervello b.*; *idea balzana.*

balzàre [lat. tardo *balteāre*, da *bălteum* 'balzo (2)'] **A** v. intr. (aus. *essere*) **1** Saltare su, alla maniera dei corpi elastici | (*est.*) Lanciarsi: *b. sul tram in moto* | Muoversi repentinamente: *b. dalla poltrona* | Sussultare. **2** (*fig.*) Risaltare con assoluta evidenza | *B. agli occhi*, apparire evidente. **B** v. tr. ● (*raro*) Sbalzare.

†**balzatóre** agg.; anche s. m. ● Che, chi balza.

†**balzeggiàre** v. tr. ● Far balzare.

balzellàre [iter. di *balzare*] **A** v. intr. (*io balzèllo*; aus. *essere* e *avere*) ● Andare a piccoli balzi, saltellare. **B** v. tr. ● (*tosc.*) Appostare: *b. la lepre.*

balzèllo (1) A s. m. **1** Dim. di *balzo (1)*. **2** Appostamento per abbattere selvaggina | *Fare il b.*, fare la posta | *Andare, stare a b.*, andare, stare alla posta | *A b.*, stando in agguato, con riferimento ai cacciatori che fanno la posta a lepri, cinghiali e sim. nelle notti di luna o al crepuscolo, a un passaggio obbligato. **B** avv. ● A piccoli salti, saltellando: *camminando, b. b., dietro ai passi dei due uomini.* || **balzellóne**, accr.

balzèllo (2) [da *balzo (1)*, perché imposta che colpiva a *balzi* imprevisti] s. m. ● Imposta straordinaria e particolarmente gravosa.

balzellóni avv. ● A piccoli balzi, a saltelli, saltellando: *camminare, procedere b.* | A scossoni, con sobbalzi: *la macchina fatale s'avanza b., e serpeggiando* (MANZONI); *il convoglio fischiava e andava b. rallentando la corsa* (VERGA) | (*fig.*) In modo interrotto e irregolare | Anche nella loc.

avv. *a b.*

balzìculo (1) s. m. ● Dim. di *balzo (1)*.

balzicùlo (2) [comp. di *balzare* e *culo*] s. m. ● (*tosc.*) Capitombolo.

bàlzo (1) [da *balzare*] s. m. *1* Salto che fa un corpo elastico dopo aver picchiato in terra | *Prendere la palla al b.*, (*fig.*) cogliere l'occasione. *2* Movimento repentino: *Attraversò così, a balzi delle sue gambe magre, metà della scogliera* (CALVINO). *3* (*fig.*) Superamento di una posizione precedente | *Fare un b. nella propria carriera*, migliorarla nettamente. ‖ **balzèllo**, dim. (V.) | **balzétto**, dim. | **balzìculo**, dim. (V.).

bàlzo (2) [lat. *bălteu(m)* 'cintola'] s. m. *1* Prominenza, sporgenza del terreno | Luogo scosceso, balza. *2* Striscia, guarnizione.

balzòla [da *balza*] s. f. ● (*centr.*) Nelle case coloniche, terrazzino coperto a capo della scala esterna che dà accesso alla casa.

†**bàmba** (1) [da †*bambo*] s. f. ● Bambola.

bàmba (2) [reduplic. onomat. di tipo inft.] s. m. e f. inv. ● (*sett.*) Persona rimbambita.

bambàgia [lat. tardo *bambāce(m)*, di etim. discussa: dal gr. *bómbyx* 'baco da seta' (?)] s. f. (pl. *-gie*) *1* Materia cellulosica di cui è rivestito il seme del cotone | Cascame della filatura del cotone | Cotone non filato, in fiocchi | *Vivere, stare, allevare, tenere nella b.*, (*fig.*) con ogni riguardo, nella mollezza | *Essere di b.*, (*fig.*) delicato, debole. *2* (*bot.*) *B. selvatica*, pianta erbacea delle Composite con foglie alterne cotonose al rovescio e fiori in capolini di colore grigio o bianco (*Antennaria dioica*).

†**bambagiàro** s. m. ● Lavoratore, venditore di bambagia.

bambagiàto [da *bambagia*] s. m. ● Bozzolo difettoso per tessitura irregolare dello strato esterno.

bambagìna s. f. *1* Tela di bambagia. *2* Carta fabbricata con sola mezzapasta di canapa e lino.

bambagìno A agg. ● Di bambagia | *Tela bambagina*, bambagina. B s. m. ● †Tela bambagina.

bambagióna [da *bambagia*] s. f. ● Pianta erbacea delle Graminacee con foglie pelose e fiori in pannocchia (*Holcus lanatus*). SIN. Bozzolina, fieno bianco.

bambagióne [da *bambagia*] s. m. (f. *-a*) ● Persona grassoccia e placida | Sciocco.

bambagióso agg. ● Fatto a modo di bambagia | Contenente bambagia | Morbido come bambagia.

bambàra [sp. *bambarria* 'caso, fortuna (al gioco)' da *bambo* 'sciocco'] s. f. ● Gioco di carte simile alla primiera.

bambarìna s. f. ● Partita di bambara.

bamberòttolo [da †*bambo*] s. m. (f. *-a*) *1* (*raro, spreg.*) Bambino non ben proporzionato e grassoccio. *2* (*fig.*) Persona rimasta un po' bambina di fisico e di mente. SIN. Bamboccio.

bambinàggine [da *bambino*] s. f. ● (*raro, spreg.*) Azione, comportamento ingenuo, da bambino: *è stata una b. senza malizia.*

bambinàia s. f. ● Donna stipendiata per prendersi cura dei bambini | (*fig.*) *Avere ancora bisogno della b.*, essere molto inesperto e immaturo. SIN. Balia asciutta.

bambinàio s. m. ● Uomo che si prende cura dei bambini o che ama giocare e scherzare con loro.

bambinàta s. f. ● Atto, discorso ingenuo, da bambino. SIN. Ragazzata.

bambineggiàre v. intr. (*io bambinéggio*; aus. *avere*) ● Comportarsi ingenuamente, da bambino. SIN. Bamboleggiare, pargoleggiare.

bambinèllo s. m. *1* Dim. di *bambino*. *2* (*per anton., merid.*) Gesù Bambino.

bambinerìa s. f. ● (*raro*) Bambinata.

bambinésco agg. (pl. m. *-schi*) ● (*spreg.*) Ingenuo, puerile.

bambìno [da †*bambo*] A s. m. (f. *-a*) *1* L'essere umano dalla nascita all'inizio della fanciullezza: *allevare, educare un b.*; *i bambini ci guardano* | *B. prodigio*, dalle eccezionali capacità mnemoniche e intellettive | *B. blu*, affetto da morbo blu | *Gesù Bambino*, Gesù in età infantile e (*est.*) la sua raffigurazione in pittura e scultura. SIN. Bimbo, marmocchio, piccino, piccolo. *2* (*est., spec. al pl.*) Figlio, di sesso maschile o femminile: *ha due bambini* | (*fam.*) *Aspettare un b.*, essere incinta. *3* (*fig., iron.* o *scherz.*) Persona adulta che si comporta ingenuamente o scioccamente. *4* (*per anton.*) Gesù Bambino | (*sett.*) La festività natalizia e i suoi doni. B agg. *1* Molto giovane: *sposa bambina*. *2* Inesperto, semplice: *mente bambina* | Non del tutto sviluppato: *civiltà, cultura bambina*. ‖ **bambinàccio**, pegg. | **bambinèllo**, dim. (V.) | **bambinétto**, dim. | **bambinettìno**, dim. | **bambinìno**, dim. | **bambinóne**, accr. (V.) | **bambinùccio**, dim.

bambinóne s. m. (f. *-a*) *1* Accr. di *bambino*. *2* (*fig., scherz.*) Persona adulta che si comporta puerilmente.

†**bàmbo** [reduplic. onomat. di tipo inft.] A s. m. *1* Bambino. *2* (*fig.*) Sciocco. B agg. ● Sciocco.

bamboccerìa s. f. ● Bambocciata, nel sign. 1.

bambocciàio s. m. ● Fabbricante o venditore di bambocci.

bambocciànte s. m. ● Pittore di bambocciate.

bambocciàta [da *bamboccio*; nel sign. 2, da *Bamboccio*, soprannome del pittore olandese Pieter Van Laer] s. f. *1* Cosa o azione da bamboccio. *2* (*pitt.*) Genere secentesco di composizione pittorica, per lo più di piccolo formato, ispirato a scene quotidiane di vita popolare.

bambòccio [da †*bambo* con suff. vezz. spreg.] s. m. (f. *-a*) *1* Bambino vispo e grassoccio. *2* (*fig.*) Persona semplice e inesperta | *Fare il b.*, agire scioccamente. SIN. Scioccone, semplicione. *3* Fantoccio fatto con cenci o altro materiale | (*est.*) Disegno di figura umana eseguito rozzamente. SIN. Pupazzo. ‖ **bamboccétto**, dim. | **bamboccìno**, dim. | **bambocciόne**, accr. | **bambocciòtto**, dim.

bàmbola [vezz. f. di †*bambo* 'bambino'] s. f. *1* Fantoccio di vario materiale vestito da bambina o da donna, che serve da balocco spec. alle bambine: *b. di pezza, di celluloide*; *giocare con la b.* *2* (*fig.*) Giovane donna con viso bello ma inespressivo | Giovane donna vistosamente bella. *3* Nel gergo sportivo, stato di intontimento e di prostrazione dovuto allo sforzo e alla conseguente stanchezza: *avere la b.*; *andare in b.* *4* †Vetro dello specchio. ‖ **bambolétta**, dim. | **bambolìna**, dim. (V.) | **bambolóna**, accr. (V.).

bamboleggiaménto s. m. ● Atto, effetto del bamboleggiare.

bamboleggiàre [da *bambola*] v. intr. (*io bamboléggio*; aus. *avere*) ● Comportarsi in modo puerile | Assumere un atteggiamento affettato e lezioso, detto spec. di donna. SIN. Bambineggiare, pargoleggiare.

†**bamboleggiatóre** agg.; anche s. m. ● Che, chi bamboleggia.

bambolifìcio [comp. di *bambola* e *-ficio*] s. m. ● Fabbrica di bambole.

bambolìna s. f. *1* Dim. di *bambola*. *2* (*est.*) Bambina o giovane donna che pare una bambola.

bàmbolo [vezz. di †*bambo* 'bambino'] s. m. *1* (*lett.*) Bambino. *2* Piccolo arnese che serve nelle legatorie a passare olio sulla pelle per farvi aderire la polvere d'oro. ‖ **bambolìno**, dim. | **bambolóne**, accr. (V.) | **bambolòtto**, dim. (V.).

bambolóna s. f. *1* Accr. di *bambola*. *2* Donna anziana che affetta atteggiamenti caratteristici di donna giovane | Giovane donna vistosamente bella.

bambolóne s. m. (f. *-a* (V.)) *1* Accr. di *bambolo* nel sign. 1. *2* (*fig.*) Uomo spec. grosso, che si comporta in modo piuttosto goffo e puerile.

bambolòtto s. m. *1* Dim. di *bambolo* nel sign. 1. *2* Pupazzo, fantoccio.

bambù [port. *bambù*, dall'indiano *bāmbū*] s. m. *1* Denominazione di numerose specie di Graminacee, di taglia molto diversa, con fusto legnoso pieno o cavo, articolato, foglie lineari, brevi e picciolate, infiorescenze a pannocchia (*Arundinaria, Bambusa, Dendrocalamus*). *2* Fusto nodoso, cilindrico e flessibile delle piante omonime, usato per fare bastoni da passeggio, canne da pesca, mobili, scatole.

bambuṣàia [da *bambù* con la *s* del ted. *Bambus*] s. f. ● Terreno piantato a bambù.

banàle [fr. *banal* 'appartenente a un feudo (*ban*), d'uso comune'] agg. ● Detto di ciò che è convenzionale, assolutamente comune, privo di originalità e di significato particolare: *persona, conversazione b.*; *libro, film b.*; *si tratta di un b. incidente*. ‖ **banalménte**, avv. In modo banale, con banalità.

banalità s. f. *1* Qualità di ciò che è banale: *cadere nella b.* SIN. Mediocrità. *2* Cosa banale: *dire, fare delle b.*

banaliẓẓàre A v. tr. *1* Rendere banale. *2* Attrezzare una linea ferroviaria, a due o più binari, in modo da rendere possibile la circolazione indifferentemente su ogni binario nei due sensi di marcia. B v. intr. pron. ● Diventare banale, convenzionale.

banaliẓẓazióne s. f. ● Atto, effetto del banalizzare.

banàna [port. *banana*, da una lingua della Guinea] s. f. *1* Frutto del banano: *un casco di banane* | (*fig.*) *Scivolare su una buccia di b.*, incorrere in un errore o in un incidente imprevisto. *2* (*est.*) Rotolo di capelli a forma allungata, tipico di pettinature infantili. *3* (*est.*) Panino di forma stretta e lunga. *4* (*elettr.*) Tipo di spina a un solo polo usata per collegamenti provvisori, che si inserisce nella boccola. ‖ **bananìna**, dim. | **bananóna**, accr.

banana-split /ingl. bəˈnaːnə split/ [loc. ingl., comp. di *banana* 'banana' e *split* 'divisione, spaccata' (d'orig. germ.)] s. f. inv. (pl. ingl. *banana-splits*) ● Specie di dolce costituito da una banana tagliata nel senso della lunghezza, cosparsa di liquore e coperta di gelato, panna montata e nocciole tritate.

bananéto s. m. ● Piantagione di banani.

bananicoltóre s. m. ● Coltivatore di banani.

bananicoltùra s. f. ● Coltivazione dei banani.

bananièra [fr. (*cargo*) *bananier*, agg. di *banane* 'banana'] s. f. ● Nave attrezzata per il trasporto di banane.

bananièro A agg. ● Relativo alle banane, spec. con riferimento al loro commercio: *nave bananiera*. B s. m. ● Coltivatore, commerciante di banane.

banàno [da *banana*] s. m. ● Pianta tropicale delle Musacee alta fino a 5 m, con foglie inguainanti che simulano un tronco e si aprono in un'ampia corona nel mezzo della quale si formano i fiori e poi i frutti, gialli e oblunghi, riuniti in un'infruttescenza, detta casco (*Musa sapientium*) | *B. tessile*, abacà.

banàto [da *bano*] s. m. ● Titolo, ufficio di bano | Territorio governato da un bano.

banàuṣico [dal ted. *banausisch* deriv. a sua volta dal gr. *banausikós*, agg. di *bánausos* 'artigiano'] agg. (pl. m. *-ci*) ● (*lett.*) Detto di arte esclusivamente meccanica | (*est.*) Di cosa meramente utilitaria.

bànca [longob. *banka* 'panca', di origine indeur.] s. f. *1* Impresa avente funzione intermediaria tra risparmiatori e produttori, attuata con la raccolta e l'impiego di capitali forniti dai primi e richiesti dai secondi: *funzionario, impiegato di b.*; *biglietto di b.* | *B. d'affari*, le cui attività principali sono la consulenza e l'intermediazione finanziaria | *B. agente*, autorizzata a operare in divisa estera | *B. d'emissione* che può emettere carta moneta | *B. popolare*, di carattere locale, istituita spec. per favorire le attività artigiane | Edificio o parte di edificio in cui ha sede l'impresa stessa | *B. in casa*, servizio telematico che consente l'esecuzione di operazioni bancarie attraverso un terminale collegato alla rete telefonica. *2* (*med.*) Deposito di organi o liquidi organici a funzione integrativa o sostitutiva: *b. degli occhi, delle ossa, del sangue, del seme*. *3* (*elab.*) *B. dati*, insieme di informazioni raccolte e conservate per mezzo di sistemi elettronici. *4* Rinforzo a un argine di terra. *5* †Tavola, panca | †*Sedere alla b.*, sedere in tribunale, giudicare | *Capo di b.*, supremo magistrato medievale in varie città italiane. *6* †Tavola e registro per l'arruolamento dei soldati. ‖ **bancàccia**, pegg. (V.) | **bancarèlla**, **bancherèlla**, dim. (V.) | **banchétta**, dim. | **banchìna**, dim. (V.).

bancàbile agg. ● (*dir.*) Di titolo di credito che può essere presentato a una banca per lo sconto: *cambiale b.*

bancabilità s. f. ● Qualità di ciò che è bancabile.

bancàccia s. f. (pl. *-ce*) *1* Pegg. di *banca*. *2* (*mar.*) Panca dove sedevano i timonieri delle galere.

bancàle [lat. mediev. *bancāle(m)*, dal germ. *bank* 'banco'] A s. m. *1* Sedile per più persone lungo e stretto, fornito o no di schienale. *2* *B. di macchina utensile*, supporto, generalmente di ghisa, sul quale sono fissati tutti gli organi mobili. *3* Ricco drappo, spesso ricamato, usato per ornare e coprire i banchi delle chiese nelle occasioni solenni. *4* Pallet. **B** agg. ● †Pertinente a banca.

bancarèlla o **bancherèlla** s. f. *1* Dim. di *banca* nel sign. 4. *2* Carretto o banco di vendita all'aperto di oggetti nuovi o usati, spec. libri. || **bancarellina**, dim.

bancarellàro s. m. ● (*dial.*) Bancarellista.

bancarellista o **bancherellista** s. m. e f. (pl. m. *-i*) ● Chi vende oggetti su bancarelle.

bancàrio A agg. ● Pertinente a banca, che riguarda la banca: *assegno, vaglia b.* **B** s. m. (f. *-a*) ● Chi è impiegato in una banca.

bancaròtta [comp. di *banca* e del part. pass. di *rompere*, perché ai falliti era rotto, anticamente, il banco] s. f. *1* (*dir.*) Complesso di comportamenti pregiudizievoli per la massa dei creditori tenuto con colpa o dolo dall'imprenditore commerciale dichiarato fallito: *imprenditore condannato per b.* | *B. semplice*, quella commessa con colpa | *B. fraudolenta*, quella commessa con dolo. *2* (*fig.*) Cattiva riuscita, insuccesso, fallimento: *fare b.*; *la b. dei nostri progetti.*

bancarottière [da *bancarotta*] s. m. ● Chi fa bancarotta.

bancàta [da *banco*] s. f. *1* (*geol.*) Banco. *2* (*mar.*) †Distanza tra due banchi successivi di rematori. *3* (*autom.*) Nei motori alternativi a combustione interna, zona del basamento atta a sostenere i cilindri e i supporti che reggono l'albero motore, allineati e resi solidali tra loro.

†**bancàto** agg. ● Fornito di banco.

†**bancheàre** v. tr. ● (*mar.*) Mettere a posto i banchi.

bancherèlla e *deriv.* ● V. *bancarella* e *deriv.*

†**bancheròttolo** s. m. *1* Dim. di *banco*. *2* Banco o bottega del cambiamonete.

†**bancheròzzo** s. m. *1* Dim. di *banco*. *2* Bancarella di venditori di libri all'aperto.

banchettànte A part. pres. di *banchettare*; anche agg. ● Nei sign. del v. **B** s. m. e f. ● Chi banchetta. SIN. Commensale, convitato.

banchettàre A v. intr. (*io banchétto*; aus. *avere*) ● Partecipare a banchetti | (*est.*) Mangiare e bere lietamente. **B** v. tr. ● (*raro, lett.*) Convitare.

banchettatóre s. m. (f. *-trice*) ● Chi banchetta.

banchétto s. m. *1* Dim. di *banco*. *2* (*est.*) Bancarella. *3* Lauto pranzo cui partecipano molti convitati, spec. come dimostrazione di stima o riconoscenza verso una persona, o per festeggiare q.c.: *b. di nozze, di laurea.* SIN. Convito, simposio. || **banchettino**, dim. | **banchettóne**, accr. | **banchino**, dim.

banchière o **banchièro** [da *banca*] s. m. (f. *-a*) *1* Chi esercita l'attività bancaria. *2* Proprietario, grande azionista o amministratore di una banca. *3* Chi tiene il banco nei giochi d'azzardo. *4* †Mercante con banco fisso.

banchìglia [da *banchisa* con cambio di suff.] s. f. ● Banchisa.

banchina s. f. *1* Dim. di *banca*. *2* Costruzione lungo il molo o alla proda del porto, ove approdano le navi e si possono trasportare le merci | Molo per l'ormeggio delle navi e l'imbarco di persone e cose. ➡ ILL. p. 1755 TRASPORTI. *3* Marciapiede rialzato delle stazioni ferroviarie | Sentiero fiancheggiante il binario, adibito al passaggio del personale addetto alla sorveglianza e alla manutenzione. *4* Parte marginale della strada, non imbrecciata o non asfaltata, percorsa spec. da ciclisti e pedoni. *5* (*edil.*) Struttura orizzontale, posta sotto o sopra un muro, avente spessore poco differente da quello del muro stesso. *6* (*mil.*) Nelle antiche fortificazioni, gradino di terra sul quale montano i soldati per affacciarsi al parapetto e fare fuoco sul nemico. *7* (*raro*) Panchina.

banchinàggio s. m. ● (*edil.*) In un'armatura provvisoria, complesso di banchine.

banchinaménto s. m. ● Gradonamento.

banchiṣa [fr. *banquise*, dai banchi (*bancs*) di ghiaccio] s. f. ● Distesa glaciale sui mari delle regioni polari costituita da lastroni di ghiaccio più o meno saldamente uniti fra loro.

banchista s. m. e f. (pl. m. *-i*) ● Banconiere.

bànco [francone *bank* 'tavola, asse', di origine indeur.] s. m. (pl. *-chi*) *1* Sedile lungo e stretto, fornito, a seconda degli usi, di schienale, di piano di appoggio e sim.: *b. degli imputati*; *b. dei deputati*; *banchi dei rematori* | *B. di scuola*, fornito di scrittoio o di tavolino. *2* Mobile a forma di lungo tavolo ove vengono svolte certe attività | *B. di vendita*, piano che divide acquirente e venditore in negozio | *Roba di sotto b.*, detto di merce scelta, serbata per clienti di riguardo | *Sotto b.*, (*fig.*) di nascosto | (*farm.*) *Prodotto da b.*, di libera vendita nelle farmacie, non soggetto a prescrizione medica. *3* Grande tavolo sul quale tengono i loro ferri e attrezzi fabbri, tornitori, falegnami, scultori e sim. | *B. di tipografia*, dove si compone e si impagina un testo | *B. di prova*, attrezzatura dotata di appositi comandi e strumenti di misura sulla quale si fissa un motore per determinarne le caratteristiche; (*fig.*) situazione particolare, difficoltà che mette alla prova le intenzioni e le capacità di qc. o la validità e l'efficacia di q.c.: *l'esame sarà il b. di prova della sua preparazione* | *B. di manovra*, per il comando, la regolazione, il controllo del funzionamento di una macchina, di un impianto, di una linea ferroviaria. *4* Banca: *b. di Napoli*; *b. di Santo Spirito.* *5* Locale dove si vendono o si scambiano particolari beni o servizi: *b. dei preziosi, b. di pegni* | *B. del lotto*, botteghino dove si ricevono le giocate. *6* Nei giochi d'azzardo, posta che mette chi tiene il gioco per pagare le vincite dei giocatori: *tenere, perdere, avere il b.* | *Tenere b.*, (*fig.*) animare, guidare, dominare discussioni, riunioni e sim. | *Tenere b. contro tutti*, (*fig.*) resistere | (*est.*) Il giocatore che dirige e amministra il gioco, ricevendo le puntate, distribuendo le vincite, fornendo prestiti: *il b. vince.* *7* (*geol.*) Strato roccioso di notevole spessore | Spesso strato di minerale, di origine sedimentaria: *b. di carbon fossile, di calcare.* *8* Ammasso di elementi vari con notevole estensione orizzontale | *B. di sabbia*, elevazione sul fondo di un fiume o del mare, quasi affiorante alla superficie | *B. corallino, madreporico*, tipico dei mari caldi, costituito da coralli e madrepore viventi in colonie | *B. di nebbia*, spessa coltre di nebbia sopra una data località | *B. di pesci*, enorme quantità di pesci che nuotano insieme. || **bancàccio**, pegg. | †**bancheròttolo**, dim. (V.) | †**bancheròzzo**, dim. (V.) | **banchétto**, dim. (V.) | **banchino**, dim. | **bancóne**, accr. (V.) | **bancùccio**, dim. pegg.

bancogiro [comp. di *banco* nel sign. 4 e *giro*: 'giro di credito da conto (*banco*) a conto'] s. m. ● Operazione bancaria con cui si trasferisce una somma da un conto a un altro, senza materiale movimento di denaro.

Bàncomat® [nome commerciale, prob. da *banc(a aut)omat(ica)*] s. m. inv. ● Sistema nazionale di sportelli automatici che permette il prelievo di contanti dal proprio conto, fino a un determinato importo e anche oltre l'orario di apertura delle banche, presso qualsiasi istituto aderente a tale sistema | Tessera magnetica che permette l'accesso a tale sistema.

bancóne s. m. *1* Accr. di *banco*. *2* Lungo tavolo da un lato chiuso sino a terra che in uffici e negozi separa gli impiegati o i venditori dal pubblico. *3* Antico scrittoio italiano dei secc. XV-XVI, costituito da un piano poggiante su due cassetti sotto ai quali vi è una parte rientrante munita di tiretti. *4* Grosso mobile tipografico contenente le casse dei caratteri, usato dal compositore come piano d'appoggio | Banco di tipografia. || **banconcèllo**, dim.

banconière s. m. (f. *-a*) ● Chi serve il cliente al banco di vendita: *b. di bar, di macelleria, di tavola calda.*

banconista s. m. e f. (pl. m. *-i*) ● Banconiere.

banconòta [ingl. *banknote*, comp. di *bank* 'banco' e *note* 'biglietto'] s. f. ● Biglietto di banca pagabile a vista al portatore: *una b. da mille lire.*

bancopòsta [comp. di *banco* e *posta*] s. f. e m. inv. ● Effettuazione da parte dell'amministrazione postale italiana di operazioni di deposito e pagamento simili a quelli svolti dalle banche per mezzo di denaro, libretti a risparmio, vaglia, assegni e altri titoli postali.

band /ingl. bænd/ [vc. ingl., cfr. *banda* (*3*)] s. f. inv. ● Orchestra jazz o da ballo, in cui prevalgono gli strumenti a fiato e a percussione.

bànda (**1**) [provz. *banda*] s. f. *1* Lato, parte: *b. destra, sinistra, anteriore, posteriore* | *Da b.*, da parte | *Mettere da b.*, mettere in serbo | *Da b. ab.*, da una parte all'altra | †*Dall'altra b.*, d'altra parte, d'altronde | (*fig.*) Luogo, sito: *da quale b. vieni?* *2* †Partito, fazione: *gettarsi dalla b. di qc.* *3* (*mar.*) Ciascuno dei lati della nave a dritta e a sinistra | *Andare alla b.*, detto di imbarcazione a vela che in corsa piega da un lato | *Timone alla b.*, girato alla massima inclinazione | *Due, quattro, sei alla b.*, ordine che si impartisce sulle navi da guerra per rendere gli onori col fischio agli ufficiali che salgono o scendono da bordo. *4* Battente. *5* Ala della rete da pesca.

bànda (**2**) [ant. fr. *bande, bende* dal francone **binda* 'fascia'] s. f. *1* Striscia di colore contrastante col fondo: *cravatta a bande rosse e nere.* *2* Striscia di tessuto, di passamaneria e sim., spesso di tinta contrastante, applicata a un abito, alla cucitura laterale dei calzoni di un'uniforme e sim.: *calzoni con le bande rosse* | Striscia di cuoio nell'interno del cappello maschile. *3* (*arald.*) Striscia che attraversa il campo di uno scudo diagonalmente dalla destra del capo alla sinistra della punta. *4* Striscia di drappo con disegni che, legata per il lungo a un'asta con la croce, si porta in processione. *5* Fascia a tracolla. *6* (*fis.*) Insieme delle righe dello spettro di un gas | (*rad.*) *B. di frequenza*, serie completa di onde elettromagnetiche di frequenze comprese fra un minimo e un massimo | *B. passante*, insieme delle frequenze trasmesse o amplificate da un apparecchio elettronico, che ne determina i limiti | *B. cittadina*, l'insieme delle frequenze di onde corte comprese intorno ai 27 megacicli, generalmente utilizzate dai radioamatori | (*chim., fis.*) *B. di valenza*, campo degli stati di energia dello spettro di un cristallo solido comprendente le energie di tutti gli elettroni che intervengono nei legami degli atomi costituenti il cristallo | *Larghezza di b.*, gamma di frequenze assegnate a un canale di trasmissione | *Trasmissione in b. base*, emissione di un segnale non modulato. *7* (*elab.*) *B. perforata*, nastro perforato | *B. magnetica*, strato di materiale magnetizzabile, applicato su supporti diversi (schede, tessere, carte di credito), sul quale sono registrate informazioni. *8* (*cine*) *B. sonora*, colonna sonora di una pellicola cinematografica. || **bandina**, dim. (V.).

bànda (**3**) [got. *bandwa* 'segno', 'stendardo', di etim. incerta] s. f. *1* Striscia di drappo di determinato colore che distingueva le milizie di uno Stato da quelle di un altro: *Giovanni dalle bande nere* | (*est.*) Reparto di soldati contraddistinto da banda di egual colore. *2* Reparto di volontari che opera la guerriglia: *bande di partigiani* | Reparto di truppe irregolari indigene, inquadrato in un esercito coloniale europeo. *3* Gruppo organizzato di malviventi: *b. di rapinatori*; *la b. del buco* | (*est., scherz.*) Brigata, compagnia di amici: *uscire in b.* SIN. Cricca, ghenga. *4* Complesso di musicanti con strumenti a fiato e a percussione: *b. militare, municipale.*

bànda (**4**) [etim. incerta] s. f. ● Lastra metallica. || **bandèlla**, dim. (V.).

bandàio [da *banda* (*4*)] s. m. ● (*dial.*) Lattoniere.

bandàto [da *banda* (*2*)] **A** s. m. ● (*arald.*) Scudo col campo diviso diagonalmente in un numero pari di bande, a smalti alternati. **B** agg. ● Attraversato da banda.

bandeau /fr. bã'do/ [v. fr., cfr. *banda* (*2*)] s. m. inv. (pl. fr. *bandeaux*) ● Ciascuna delle due strisce di capelli lisci che, in un tipo di acconciatura femminile, inquadrano il volto raccogliendosi poi sulla nuca.

†**bandeggiàre** [da *bando*] v. tr. ● Mettere al bando.

bandéggio [da *banda* (*2*) sul modello dell'ingl. *banding* (*techniques*) '(tecniche) per ottenere bande'] s. m. ● (*biol.*) Metodologia di laboratorio usata in citologia che permette di evidenziare differenze strutturali dei cromosomi in forma di bande colorate.

bandèlla s. f. *1* Dim. di *banda* (*4*). *2* Piastra metallica infissa su imposte, sportelli e sim. recante all'estremità un anello che li fissa nei cardini. *3* Ala ribaltabile del piano di un tavolo | Piastra metallica lunga e stretta usata come decorazione e rinforzo di mobili. *4* (*edit.*) Aletta, risvolto, ribaltina.

banderàio s. m. *1* V. *bandieraio*. *2* †Soldato che porta la bandiera.

banderàle [da *bandiera*] s. m. ● (*arald.*) Scudo di forma rettangolare.

banderése [ant. fr. *banerez* 'portabandiera', da *bannière* 'bandiera'] s. m. ● Signore feudale che in guerra guidava un certo numero di suoi vassalli sotto la propria bandiera.

banderìglia s. f. ● Adattamento di *banderilla* (V.).

banderìlla /bande'rilla, *sp.* bande'riʎa/ [dim. dello sp. *bandera* 'bandiera'] s. f. (pl. *banderìlle*, sp. *banderillas*) ● Asticciola lignea, con punta metallica, ornata di nastri, che i toreri piantano nel collo del toro durante la corrida.

banderillèro /banderil'lɛro, *sp.* banderi'ʎero/ s. m. (pl. *banderillèri*, sp. *banderilleros*) ● Torero che durante la corrida pianta le banderille nel collo del toro.

banderuòla o **banderòla**, **bandieruòla**. s. f. *1* Dim. di *bandiera*. *2* Insegna metallica girevole posta sulla sommità di edifici per indicare la direzione del vento. SIN. Ventarola. *3* (*fig.*) Persona volubile, che cambia facilmente opinione. SIN. Girella.

bandièra [ant. provz. *bandiera*, da *banda* (3), nel sign. 2] **A** s. f. *1* Drappo di stoffa attaccato a un'asta, di uno o più colori e disegni, simboleggiante uno Stato, una città, un'associazione, un corpo militare e sim.: *alzare, ammainare la b.* | *Mettere fuori la b.*, esporla a finestre, balconi e sim. | *B. abbrunata*, con un drappo di panno nero legato all'asta in segno di lutto | *B. a mezz'asta*, abbassata fino a metà dell'asta, in segno di lutto | *B. bianca*, in segno di resa e per parlamentare | *Alzare b. bianca*, (*fig.*) desistere, rinunciare a un'impresa | *B. gialla*, per segnalare una malattia contagiosa | *B. rossa*, simbolo del socialismo e del comunismo | *B. tricolore*, (*per anton.*) quella nazionale italiana | *B. nazionale*, di uno Stato, della sua marina, del suo esercito, degli enti pubblici e sim. | *Battere b.*, appartenere, da parte di nave o aeromobile, a un dato Stato in seguito ad autorizzazione dello stesso a esporre il proprio vessillo; rivelare, da parte di nave o aeromobile, la propria nazionalità mediante esposizione di tale vessillo | *Stato della b.*, quello di cui una nave batte legittimamente la bandiera | *B. da segnali*, di forma e colori vari, isolata o a gruppi serve per le comunicazioni tra navi e tra queste e i semafori | *B. di cortesia*, quella dello stato straniero nelle cui acque territoriali si trova la nave | *B. di comodo*, quella offerta da alcuni paesi agli armatori desiderosi di usufruire di particolari facilitazioni fiscali | *B. ombra*, quella usata per nascondere la vera nazionalità di navi, yacht e sim. che vogliono evadere determinate imposizioni fiscali | *Aiutante di b.*, ufficiale addetto alla persona dell'ammiraglio | *A b.*, di oggetto attaccato per una estremità o un angolo e (*fig.*) a caso, senz'ordine | *A bandiere spiegate*, (*fig.*) con tutti gli onori, trionfalmente e (*est.*) con rapidità e decisione | *Piantare la b.*, prendere possesso di un luogo (*anche fig.*) | *Andare sotto la b.*, (*fig.*) prestare servizio militare | *Abbandonare la b.*, (*fig.*) disertare | *Alzare la propria b.*, (*fig.*) esprimere le proprie idee | *Portare la b.*, (*fig.*) primeggiare | *Portare alta la b.*, (*fig.*) fare onore al proprio paese, partito e sim. | *Il punto, il goal della b.*, (*fig.*) l'unico conseguito da chi ha subito una grave sconfitta | *Voltare, cambiare b.*, (*fig.*) cambiare opinione, idea, partito e sim. SIN. Insegna, stendardo, vessillo. *2* (*fig.*) Insegna, simbolo spec. dell'ideale, o dell'opinione a cui ci si ispira, per cui si lotta e sim.: *la b. della libertà, della scienza, del progresso*; *in esilio Turati fu una b. dell'antifascismo* | *Candidato di b.*, nell'elezione a una carica, chi viene proposto da un gruppo, un partito e sim. come la persona più rappresentativa del gruppo o del partito stesso, e la cui candidatura viene portata avanti anche nel caso in cui non si preveda la possibilità di un'affermazione. *3* Gioco tra due gruppi di ragazzi, che gareggiano per impossessarsi di una bandiera. *4* Riquadro nero di stoffa o di cartone, applicato a un'asta e usato in scenotecnica per interrompere un fascio di luce. *5* (*aer.*) *A b., in b.*, detto di un corpo aerodinamico disposto come una bandiera rispetto al vento, in modo da offrire la minima resistenza aerodinamica. *6* (*tip.*) *B. destra, b. sinistra*, linea verticale ideale a cui poggiano rispettivamente l'ultima e la prima lettera di una serie di righe di testo non giustificato. *7* (*mil.*) †Truppa o compagnia di soldati raccolta sotto la stessa bandiera | Nelle antiche milizie italiane, soldato a cavallo armato di lancia con bandiera. **B** in funzione di agg. inv. ● (posposto a un s.). Nelle loc. *rosso, verde b.*, con riferimento ai toni di colore tipici della bandiera nazionale italiana || PROV. Bandiera vecchia onor di capitano. || **banderuòla**, dim. (V.) | **bandieràccia**, pegg. | **bandierìna**, dim. (V.). | **bandieróna**, accr. | **bandieróne**, accr. m. | **bandierùccia**, dim.

bandieràbile agg. ● (*aer.*) Che può essere disposto in bandiera: *elica, piano b.*

bandieràio o **banderàio**. s. m. ● Fabbricante o venditore di insegne, bandiere, drappi, paramenti da chiesa.

bandieràle agg. ● Attinente alla bandiera.

bandierìna s. f. *1* Dim. di *bandiera*. *2* (*sport*) Nel calcio, drappo bianco o giallo fissato a un'asta posta agli angoli del campo | *Tiro dalla b.*, calcio d'angolo.

bandieruòla ● V. *banderuola*.

†bandigióne ● V. *imbandigione*.

bandiménto [da *bandire*] s. m. ● Modo e atto di bandire.

bandìna s. f. *1* Dim. di *banda* (2). *2* (*arald.*) Alta striscia formata da pezzi, ritagli, teste o zampe di animali da pelliccia.

bandinèlla s. f. *1* Dim. di *banda* (2). *2* Tessuto rado e leggero fortemente apprettato usato per avvolgere e imballare tessuti e per modelli di sartoria. *3* Drappo per coprire il leggio nelle chiese | Labaro di confraternita religiosa. *4* Asciugatoio lungo per le mani, girante sopra due rulli fissati al muro. *5* (*arch.*) Decorazione rinascimentale a forma di nastro. *6* Protezione di frasche o stuoie usata nei vivai.

bandìre o **†bannìre** [got. *bandwjan* 'dare un segno', perché si notificava l'esilio di qualcuno con un segno di tromba] v. tr. (*io bandìsco, tu bandìsci*) *1* Pubblicare, notificare, annunziare con pubblico avviso o bando: *b. un concorso*. SIN. Indire. *2* Esiliare, mettere al bando: *Dante fu bandito dai fiorentini* | (*fig.*) Mettere da parte, evitare: *b. i complimenti*; *b. le malinconie*.

bandìsta [da *banda* (3), nel sign. 4] s. m. e f. (pl. *-i*) ● Suonatore in una banda musicale.

bandìstico agg. (pl. m. *-ci*) ● Di, relativo a banda musicale: *corpo b.*

bandìta [da *bandire*] s. f. ● Zona di protezione e ripopolamento costituita da privati o enti pubblici dove sono proibiti caccia, pesca, pascolo, raccolta dei prodotti del sottobosco e passaggio senza autorizzazione.

banditésco agg. (pl. m. *-schi*) ● Da bandito: *azione, impresa banditesca* | Degno di un criminale; violento, sopraffattorio: *comportamento b.*

banditìsmo s. m. ● Presenza, attività di banditi: *la repressione del b.*

bandìto **A** part. pass. di *bandire*; anche agg. *1* Nei sign. del v. *2* *Corte bandita*, nel Medioevo, festa organizzata da un grande feudatario in onore dei signori dei dintorni. **B** s. m. *1* Chi è messo al bando, esiliato dalla patria: *fu fatta la convenzione ... concedendo ... li banditi ricuperassero li loro beni* (SARPI). *2* Chi, da solo o in banda, commette, per lo più abitualmente, atti criminosi quali rapine, assassini e sim.: *agguato, aggressione di banditi*; *dare la caccia a un b.* | *Faccia, ceffo da, di b.*, (*fig.*) viso tristo, truce | *Capo b.*, V. *capobandito*. SIN. Brigante, delinquente, fuorilegge, malvivente.

banditóre [da *bandire*] s. m. (f. *-trice*) *1* Chi legge ad alta voce nelle strade notizie d'interesse pubblico | (*fig.*) Promotore e sostenitore di un'idea, di una dottrina e sim. *2* Chi, nelle vendite all'incanto, grida gli oggetti, i prezzi e le offerte relative.

bàndo o **†bànno** [fr. *ban*, dal fran. cone *ban* 'banno'] s. m. *1* Pubblico annuncio, un tempo dato verbalmente a suon di tromba o di tamburo, e oggi notificato con affissi, fogli ufficiali e sim.: *b. di vendita, d'asta* | Correntemente, decreto, legge e, gener., ordine dell'autorità: *b. d'arruolamento, di concorso*. SIN. Avviso, editto, ordine, proclama. *2* (*dir.*) Ordine avente forza di legge emanato dalle autorità militari in zona di guerra durante le ostilità. *3* Condanna, spec. di esilio, proclamata in pubblico: *minacciare, intimare il b.*; *mandare in b.*; *mettere al b.* | (*est.*) Esilio, cacciata: *b. perpetuo* | *Rompere il b.*, tornare dall'esilio prima del tempo | *Porre in b.*, (*fig.*) mettere da parte | (*fig.*) *B. alle chiacchiere, agli scrupoli*, lasciamoli da parte, basta.

bandòla [sp. *bandola*, dal lat. *pandūra*, dal gr. *pandûra* 'strumento musicale a tre corde'] s. f. ● Strumento musicale a corda, di origine orientale, con corpo ovale a fondo piatto e manico corto.

bandolèro /bando'lɛro, *sp.* bando'lero/ [vc. sp., cfr. *banda* (3)] s. m. (pl. *bandolèri*, sp. *bandoleros*) ● Bandito.

bandolièra [fr. *bandoulière*, da *bande* 'banda, fascia'] s. f. *1* (*mil.*) Striscia di cuoio o tessuto con tasche o giberne per le munizioni portata ad armacollo dai soldati o per ornamento sulle uniformi da parata. *2* Nella loc. avv. *a b.*, ad armacollo, a tracolla.

bàndolo [da *banda* (2) 'striscia'] s. m. ● Capo della matassa | (*fig.*) *Trovare il b.*, trovare la soluzione | *Perdere il b.*, confondersi.

bandóne [da *banda* (4)] s. m. *1* Grossa lastra di metallo, simile alla latta, per fare recipienti e utensili da cucina. *2* Saracinesca metallica di negozi, o magazzini.

bandònion o **bandòneon** [ted. *bandoneon*, chiamato così perché messo in commercio dal negoziante H. *Band*, sul modello del n. di altri strumenti musicali terminanti in *-eon*] s. m. ● Strumento musicale consistente in una piccola fisarmonica avente alle due estremità una tastiera formata completamente di bottoni.

bandùra [lat. *pandūra*, dal gr. *pandûra* 'strumento musicale a tre corde'] s. f. ● (*mus.*) Bandola.

bang /bang, *ingl.* bæŋ/ o **bànghete** nel sign. A, **bèng** nel sign. A [vc. onomat.] **A** inter. ● Riproduce il rumore di uno sparo, di un urto o di uno schianto, spec. nei fumetti. **B** s. m. *1* Il rumore stesso. *2* (*aer.*) *B. sonico*, effetto acustico molto intenso determinato dal passaggio di un aereo, anche ad alta quota, a velocità prossima o superiore a quella del suono.

bàngio s. m. ● Adattamento di *banjo* (V.).

bangioìsta s. m. e f. (pl. m. *-i*) ● Suonatore di banjo.

bangladése **A** agg. ● Del Bangladesh. **B** s. m. e f. ● Abitante, nativo del Bangladesh.

banjo /'bɛndʒo, *ingl.* 'bændʒou/ [ingl. *banjo*, di etim. discussa: da *bandura*, secondo la pronuncia degli schiavi negri (?)] s. m. inv. (pl. ingl. *banjos* o *banjoes*) ● Strumento musicale simile alla chitarra, con cassa armonica rotonda a fondo piatto. ➡ ILL. **musica**.

banlieue /*fr.* bɑ̃'ljø/ [vc. fr., propr. 'giurisdizione (*ban* 'bando') fino a una lega (lat. mediev. *leuca*) dalla città'] s. f. inv. ● Con riferimento a Parigi, esteso territorio periferico comprendente sobborghi con zone verdi, abitazioni e strutture industriali | (*est.*) Fascia periferica di una grande città.

bannalità [da †*banno*] s. f. ● (*dir.*) Nell'ordinamento feudale, diritto del feudatario di imporre lo svolgimento di alcune attività agricole o industriali in luoghi di sua proprietà e dietro pagamento di una tassa.

†bannìre ● V. *bandire*.

†bànno ● V. *bando*.

bàno [serbo-croato *ban*, dal mongolo *bajan* 'opulento'] s. m. ● Governatore di province in Ungheria e nei paesi slavi, fino alla metà del XIX sec.

bansìgo [vc. genovese da *bansa* 'bilancia'] s. m. (pl. *-ghi*) ● Tavola di legno sospesa a due cavi lungo la murata di una nave su cui siede chi restaura le murate stesse.

bàntam [ingl. *bantam* 'piccolo gallo da combattimento'] s. m. inv. ● (*sport*) Nel pugilato, peso gallo.

banteng /*indonesiano* 'banteŋ/ [dal malese *banteng, banting*] s. m. inv. ● (*zool.*) Bue selvatico dal pelame bruno, con zampe bianche e corna ricurve, che vive a piccoli gruppi nelle foreste dell'Indonesia (*Bos javanicus*).

bàntu o **bantù** [vc. indigena *bantu* pl. di *muntu* 'uomo'] agg.; anche s. m. e f. inv. ● Che, chi appartiene alla famiglia linguistica di popoli dell'Africa nera stanziati al di sotto del 5° parallelo Nord, a eccezione dei Pigmei, Boscimani e Ottentotti | *Lingue b.*, gruppo di lingue africane.

bào • V. *babau* e *bau* (*1*).

baobàb [fr. *baobab*, da una lingua dell'Africa] **s. m. inv.** • Albero tropicale delle Bombacacee, con frutti a forma di zucca superficialmente legnosi e fusto di legno molle che può raggiungere i 40 m di circonferenza (*Adausonia digitata*).

bar (**1**) [fr. *bar*, dall'ingl. *bar* 'barra', per la sbarra che esisteva in alcuni locali per appoggio] **s. m. inv.** *1* Locale pubblico in cui si consumano caffè, liquori, bibite, spec. al banco. *2* Mobile per tenervi liquori e bevande in genere. ‖ **barettino**, **dim.** | **barétto**, **dim.** | **barino**, **dim.**

bar (**2**) [vc. dotta, abbr. del gr. *barýs* 'pesante'] **s. m. inv.** • (*fis.*) Unità di misura della pressione pari a 10^5 pascal. SIMB. bar.

bàra [longob. *bāra* 'lettiga', dal germ. **beran* 'portare'] **s. f.** *1* Feretro, cassa da morto | (*fig.*) *Avere un piede nella b.*, essere vicino alla morte. *2* (*raro*) Lettuccio con due stanghe per portare a spalle i morti dalla casa al cimitero. *3* Carro per portare in processione le reliquie di un santo. *4* †Barella, lettiga, portantina. ‖ **barèlla**, **dim.** (V.).

barabàsso • V. *barbasso*.

baràbba [dal n. proprio del malfattore liberato al posto di Cristo, gr. *Barabbâs*, dall'aramaico *bar abbā*, letteralmente 'figlio (*bar*) del padre o del padrone (*abbā*)'] **s. m. inv.** • Vagabondo, briccone | (*sett.*) Uomo appartenente alla malavita.

barabùffa [da *baruffa* con sovrapposizione d'altra parola] **s. f.** • Baraonda | Zuffa.

baracàno o †**baracàne** **s. m.** *1* Tessuto di pelo di cammello o di lana di capra. *2* V. *barracano*.

baràcca [etim. incerta] **s. f.** *1* Costruzione di legno o metallo per ricovero provvisorio di persone, animali, materiali e attrezzi | *Piantare b. e burattini*, (*fig.*) abbandonare ogni cosa, ogni faccenda. SIN. Capanno, casetta. *2* (*fam.*) Complesso di una famiglia, di un'amministrazione, di un'impresa e sim., e dei problemi a queste connessi: *mandare avanti la b.* *3* (*spreg.*) Ciò che è in cattive condizioni o male organizzato: *questa motocicletta è una b.* | (*tip.*) *Andare in b.*, infortunio che capita al tipografo quando si scompiglia un pezzo già composto | *Andare, mandare in b.*, (*fig.*) a catafascio. *4* Baldoria, bisboccia e sim., spec. nella loc. *far b.* *5* (*tess.*) Congegno formato da cilindri, montati su appositi supporti, sui quali si fanno scorrere i tessuti, dopo la tessitura o la finitura, per controllarne la regolarità o eseguirne la misurazione. ‖ **baraccàccia**, **pegg.** | **baracchina**, **dim.** | **baracchino**, **dim. m.** (V.) | **baraccóna**, **accr.** | **baraccóne**, **accr. m.** (V.). | **baraccùccia**, **baraccùzza**, **dim.**

baraccaménto **s. m.** • Modo e atto del baraccare | (*est.*) Insieme di baracche.

baraccàno • V. *barracano*.

baraccàre [da *baracca*] **v. intr.** (*io baràcco, tu baràcchi*) *1* Rizzare baracche. *2* (*fig., lett., dial.*) Gozzovigliare. *3* (*fig., lett.*) Assediare con premure, circuire.

baraccàto **s. m.** (**f.** *-a*) • Chi abita in una baracca, spec. nell'ambito di una baraccopoli.

baracchino **s. m.** *1* Dim. di *baracca*. *2* Piccolo ricovero provvisorio per militari o alpinisti. *3* (*pop.*) Edicola, chiosco di bibite e sim. *4* (*gerg.*) Piccolo apparecchio ricetrasmettitore per radioamatori.

baraccóne **s. m.** *1* Accr. di *baracca*. *2* Costruzione provvisoria per spettacoli popolari, spec. di circo, saltimbanchi e sim. | *Fenomeno da b.*, (*fig., scherz.*) chi per inconsuete caratteristiche fisiche o mentali suscita intorno a sé divertita curiosità. *3* (*fig.*) Famiglia, azienda e gener. ogni collettività disorganizzata e inefficiente.

baracconista **s. m. e f.** (**pl.** *-i*) • Proprietario o lavorante di baraccone da fiera.

baraccòpoli [comp. di *baracca* e *-poli*] **s. f.** • Complesso di misere baracche abitate, spec. alla periferia di una grande città.

baràggia o (*raro*) **barràggia** [da una base preromana **barra* 'terreno roccioso'] **s. f.** (**pl.** *-ge*) • Terreno argilloso e compatto pressoché sterile.

baraónda [sp. *barahunda*, di etim. incerta] **s. f.** • Confuso e tumultuoso movimento di gente | (*est.*) Confusione, disordine: *c'è una gran b.*; *che b. avete combinato!*

baràre [da *baro*] **v. intr.** (**aus.** *avere*) *1* Ingannare al gioco di carte o dadi. *2* (*est.*) Comportarsi in modo disonesto: *b. in amore*.

bàratro o †**bàlatro** [lat. *bărathru(m)* 'abisso', dal gr. *bárathron*, di etim. incerta] **s. m.** • Luogo profondo, cavernoso e buio: *b. infernale*; *sprofondare in un b.* | (*fig.*) Subisso, quantità immensa in cui ci si perde: *b. di miserie*; *nel b. del vizio*. SIN. Abisso, precipizio.

†**baràtta** (**1**) [provz. *barata*, di etim. incerta] **s. f.** • Contesa, zuffa.

†**baràtta** (**2**) **s. f.** • (*raro*) Baratto, negozio.

barattaménto **s. m.** • Scambio, baratto.

barattàre [provz. *baratar*, da *barata* (V. *baratta* (*1*))] **A** **v. tr.** *1* Scambiare una cosa con un'altra: *b. un libro con un disco* | (*fig.*) *B. parola*, chiacchierare | *B. le carte in mano a qc.*, deformare il significato delle altrui parole. SIN. Cambiare, permutare. *2* †Truffare, ingannare | †Sbaragliare. **B** **v. intr.** • †Cedere, arrendersi.

barattatóre **s. m.** (**f.** *-trice*, **pop.** *-tora*) • (*raro*) Chi baratta.

†**barattazióne** **s. f.** • Barattamento.

baratterìa [provz. *baratarie*, da *barata* (V. *baratta* (*1*))] **s. f.** *1* †Peculato | (*est.*) Inganno, frode. *2* Il tener banco di gioco all'aperto, nel Medioevo.

barattière o †**barattièro** [provz. *baratiers*, da *barata* (V. *baratta* (*1*))] **s. m.** *1* †Negoziante al minuto. *2* Reo di peculato | Truffatore | (*raro, est.*) Uomo di malavita che vive di guadagni illeciti. *3* Nel Medioevo, chi teneva banco di gioco.

baràtto (**1**) [provz. *barat*, da *barata* (V. *baratta* (*1*))] **s. m.** *1* Scambio diretto di un bene o di un servizio con un altro, senza l'uso della moneta: *fare un b. con qc.* *2* (*dir.*) Permuta. *3* (*tosc.*) Spazio sufficiente, in una strada stretta, perché due veicoli si incrocino liberamente, spec. nelle loc.: *esserci, non esserci b.* | (*est., tosc.*) Scambio nelle rotaie. *4* †Baratteria | (*est.*) †Scaltrezza, inganno. ‖ **barattina**, **dim. f.** | **barattùccio**, **dim.**

†**baràtto** (**2**) [da †*baratta* (*1*)] **s. m.** • Scontro, mischia: *Tramontana e Libezzo ad un tratto / urtarno il mare insieme a rio b.* (BOIARDO).

baràttolo [etim. incerta] **s. m.** • Contenitore di banda stagnata, di vetro, di alluminio o di plastica, di forma generalmente cilindrica, con coperchio, atto a contenere prodotti alimentari, farmaceutici e sim. | (*est.*) Quanto può essere contenuto in un barattolo: *si è mangiato un b. di marmellata*. ‖ **barattolétto**, **dim.** | **barattolino**, **dim.** | **barattolóne**, **accr.**

bàrba (**1**) [lat. *bărba(m)*, di origine indeur.] **s. f.** *1* Insieme dei peli che spuntano sulle guance, sul mento e su parte della gola dell'uomo: *b. dura, morbida, lunga*; *radersi la b.* | *Farsi la b.*, radersela | *Fare la b. a qc.*, radergliela e (*fig.*) essergli superiore, sopraffarlo | *Avere la b. lunga*, da radere | *Avere la b. di qc.*, (*fig.*) esserne stanco, annoiato | *Uomo di prima b.*, molto giovane | (*fig.*) *B. d'uomo*, uomo di valore | (*antifr.*) *Che b. d'un uomo!*, che persona noiosa! | *Che b.!*, (*fig.*) che noia! | *Farla in b. a qc.*, ingannarlo | *Servire qc. di b. e capelli*, (*fig.*) trattarlo duramente. *2* (*est.*) Insieme di questi peli, in quanto vengono lasciati crescere fino a costituire un'appendice del viso: *b. fluente, corta, folta, rada, curata, incolta*; *b. da cappuccino, da missionario*; *b. alla nazarena, alla Mefistofele*; *portare, avere la b.* *3* (*fig.*) Uomo che porta la barba (nel sign. 2) | (*est.*) Uomo fornito di buon senso, esperienza, autorità: *vecchie barbe tradizionali*. *4* (*est.*) Ciuffo di peli sul mento di alcuni animali: *la b. del capro* | Insieme di fili o ramificazioni in alcuni fiori e frutti: *le barbe del granoturco* | *Carciofi con la b.*, vecchi, col girello peloso. *5* (*spec. al pl.*) Radici sottili e filamentose dei vegetali | (*est.*) La radice stessa | *Mettere le barbe*, attecchire, mettere le radici (*anche fig.*): *li stati che vengano subito ... non possono avere le barbe e corrispondenzie loro* (MACHIAVELLI). *6* (*bot.*) *B. di becco*, genere di piante erbacee delle Composite con capolini gialli o viola, foglie abbraccianti il fusto e acheni provvisti di un pappo a lunghi peli (*Tragopogon*). SIN. Salsefica, sassefrica | *B. di bosco*, lichene grigiastro, molto ramoso (*Usnea barbata*) | *B. di cappuccino*, pianta erbacea perenne delle Plantaginacee con foglie a rosetta, commestibile (*Plantago coronopus*). SIN. Erba stella | *B. di capra*, fungo basidiomicete delle Idnacee il cui gambo esce dalla scorza degli alberi dividendosi in tanti rametti (*Hydnum coralloides*) | *B. di Giove*, arbusto sempre verde delle Papilionacee con foglie coperte di morbida peluria e piccoli fiori in ombrelle (*Anthyllis barba-Iovis*). ➡ ILL. **lichene**. *7* (*anat.*) Ciascuno dei rami principali che si distaccano a spina di pesce dal rachide di una penna, costituendo insieme alle barbule da loro emergenti il vessillo della stessa. *8* (*spec. al pl.*) Nell'incisione su metallo, sottili lamine o rialzi sollevati dal bulino o dalla punta secca ai lati del segno. *9* Sfrangiatura degli orli non rifilati dei libri. *10* (*mar.*) †Piccola fune, gener. di materiale scadente | *Ormeggio a b. di gatto*, con le due ancore di prora sguardate tra loro da circa cento gradi ‖ PROV. A barba folle rasoio molle. ‖ **barbàccia**, **pegg.** | **barbétta**, **dim.** (V.) | **barbétto**, **dim. m.** (V.) | **barbicciuòla**, **dim.** | **barbicèlla**, **dim.** | **barbicina**, **dim.** | **barbina**, **dim.** (V.) | **barbino**, **dim. m.** (V.) | **barbolina**, **dim.** | **barbóna**, **accr.** | **barbóne**, **accr. m.** (V.) | **barbùccia**, **dim.** | **barbucino**, **dim. m.**

bàrba (**2**) o †**barbàno** [da *barba* (*1*)] **s. m. inv.** • (*sett.*) Zio: *l'opere sozze / del b. e del fratel* (DANTE *Par.* XIX, 136-137) | (*est.*) Uomo anziano | †Pastore valdese.

barbabiètola [lat. *hĕrba(m) bēta(m)* 'bietola' con sovrapposizione di *barba* (*1*)] **s. f.** *1* Pianta erbacea biennale delle Chenopodiacee con fusto di notevole altezza, grandi foglie, grossa radice carnosa: *b. da zucchero, da distilleria, da foraggio, da orto* (*Beta vulgaris*). *2* La radice commestibile della barbabietola da orto, di colore rosso cupo e di sapore dolciastro: *barbabietole in insalata*.

barbablù [dal nome del protagonista di una fiaba di Ch. Perrault] **s. m.** • Marito violento e brutalmente geloso | (*est., scherz.*) Persona che incute paura.

barbacàne [etim. discussa: ar. volgarizzato *b-al-baqára* 'porta delle vacche', perché in origine proteggeva un recinto, posto tra esso e la muraglia principale, dove si custodiva il bestiame per il vettovagliamento (?)] **s. m.** • (*mil.*) Opera dell'antica fortificazione fatta per rinforzo di altre opere | Muro con feritoie che s'innalzava davanti alla porta della fortezza per accrescerne la difesa.

barbacàrlo [etim. incerta] **s. m.** • Vino della regione di Pavia, di colore rosso rubino, di gusto simile alla mandorla, e di vivace schiuma.

†**barbachéppio** [formaz. scherz. del tipo di *barbagianni*] **s. m.** • Scioccone, scimunito.

barbafòrte [comp. di *barba* (*1*) 'radice' e *forte*] **s. m. o f.** • Pianta erbacea delle Crocifere con piccoli fiori bianchi e grosse radici dal sapore piccante (*Armoracia rusticana*) SIN. Cren, rafano.

†**barbagianneria** **s. f.** • Branco di barbagianni.

†**barbagiannésco** **agg.** • Caratteristico di barbagianni.

barbagiànni [comp. di *barba* (*2*) 'zio' e *Gianni* 'Giovanni' per il frequente trapasso da nomi d'uomo a nomi d'animali] **s. m.** *1* Uccello rapace notturno degli Strigiformi con becco incurvato all'apice, piumaggio molle e abbondante di color giallo-rossiccio macchiettato di grigio sul petto (*Tyto alba*). *2* (*fig.*) Uomo sciocco, balordo | Persona pesante da sopportare.

barbagliàre (**1**) [da *barbaglio* (*1*)] **v. intr.** (*io barbàglio*) • (*raro*) Sfavillare.

†**barbagliàre** (**2**) [vc. di origine onomat.] **v. intr.** • (*raro*) Balbettare, tartagliare.

barbagliàta o **barbaiàda** [etim. incerta] **s. f.** • (*sett.*) Bevanda calda, a base di latte e cioccolato.

barbàglio (**1**) [etim. incerta: comp. di *bis* (passato a *bar-*) e *baglio* (?)] **s. m.** • Abbagliamento prodotto da luce intensa | Lampo improvviso di luce.

barbaglio (**2**) [da *barbagliare* (*1*)] **s. m.** • Bagliore intenso e ripetuto.

barbaiàda • V. *barbagliata*.

†**barbalàcchio** [comp. di *barba* (*2*) e della deformaz. di qualche nome proprio] **s. m.** • Uomo buono a nulla.

barbanéra [dalla figura pop. dell'astronomo caratterizzato da una fluente *barba nera*] **s. m. inv.** • Calendario popolare diffuso spec. fra gli agricoltori, contenente previsioni, consigli e aneddoti | (*est.*) Lunario.

†**barbàno** • V. *barba* (*2*).

†**barbàre** [da *barba* (*1*)] **A** **v. intr.** *1* Mettere ra-

dici, attecchire. *2* (*fig.*) Crescere, rafforzarsi. **B** v. tr. *1* Conficcare, cacciar dentro. *2* (*fig.*) Giocare un brutto scherzo.

barbareggiàre [da *barbaro*] v. intr. (*io barbaréggio*; aus. *avere*) ● (*lett.*) Scrivere o parlare usando barbarismi.

barbarésco (1) [da *barbaro*] agg. (pl. m. *-schi*) ● Barbarico | (*est.*) Strano.

barbarésco (2) o **barberésco (2)**, **berberésco** [da *Barbaria* 'Barberia'] **A** agg. (pl. m. *-schi*) ● Della, relativo alla Barberia: *pirati barbareschi.* **B** s. m. *1* Abitante della Barberia | (*est.*) Saraceno | Pirata barbaresco. *2* Cavallo da corsa della Barberia.

barbarésco (3) [dal nome del comune di *Barbaresco* (Cuneo)] s. m. ● Vino rosso tipico piemontese, asciutto, dai 12° ai 14° gradi, di vitigno Nebiolo.

†**barbària** ● V. *barbarie.*

barbaricìno **A** agg. ● Della Barbagia, regione della Sardegna. **B** s. m. (f. *-a*) ● Nativo o abitante della Barbagia.

barbàrico [vc. dotta, lat. *barbăricu(m)*, da *bărbarus* 'barbaro'] agg. (pl. m. *-ci*) *1* Dei barbari: *invasioni barbariche.* *2* (*est.*) Degno di barbari: *usanze barbariche.* || **barbaricaménte**, avv.

barbàrie o †**barbària** [vc. dotta, lat. *barbărĭe(m)*, da *bărbarus* 'barbaro'] s. f. inv. *1* Condizione di popolo barbaro e arretrato: *essere ancora allo stato di b.* SIN. Inciviltà. CONTR. Civiltà. *2* (*est.*) Atto crudele degno di barbari: *le b. della guerra.* SIN. Efferatezza, ferocia.

barbarìsmo [vc. dotta, lat. *barbarĭsmu(m)*, da *bărbarus* 'barbaro'] s. m. *1* (*ling.*) Forma di una parola non generata dalle regole della lingua, spec. dalle regole morfologiche e fonologiche, in un'epoca determinata. *2* (*raro*) Ciò che è contrario alle regole, al buon gusto, nelle arti.

barbarità [da *barbaro*] s. f. ● (*raro*) Crudeltà | Azione crudele.

barbarizzàre [vc. dotta, lat. tardo *barbarizāre*, dal gr. *barbarìzein* 'parlare al modo dei barbari'] v. intr. (aus. *avere*) ● (*lett.*) Barbareggiare.

bàrbaro o †**bàrbero (2)** [vc. dotta, lat. *bărbaru(m)*, dal gr. *bárbaros* 'straniero, propriamente balbettante, perché non sa farsi capire' con reduplicazione di origine onomat.] **A** s. m. *1* Per i Greci dell'antichità, e in seguito per i Romani, chi non apparteneva alla loro stirpe e civiltà | (*lett., est.*) Straniero. *2* Appartenente a una nazione considerata arretrata e incivile, spec. rispetto al mondo e alla civiltà occidentale: *gli usi, la religione dei barbari.* *3* (*al pl.*) Popoli, di diversa stirpe, che occuparono con la forza i territori dell'Impero Romano: *le invasioni dei barbari.* **B** agg. *1* Che è proprio di una popolazione straniera: *lingua barbara; voci, parole barbare* | *Poesia, metrica barbara*, che si propone di riprodurre in italiano il suono e la misura dei metri classici, così detta perché tale suonerebbe all'orecchio dei Greci e dei Latini che non vi sentirebbero alla base il senso della quantità per loro essenziale. *2* Dei barbari, barbarico: *costumi barbari* | (*est.*) Primitivo, selvaggio: *popolo b.*; *usi barbari* | (*fig.*) Rozzo, incolto: *gusti barbari; vestire in modo b.*; *scrivere in un latino b.* *3* (*fig.*) Crudele, inumano: *una barbara rappresaglia.* || **barbaràccio**, pegg. || **barbaraménte**, avv. Crudelmente; rozzamente.

barbaróssa [comp. di *barba (1)* e il f. di *rosso*] s. f. ● Denominazione di vari tipi di uva color rosso ciliegia.

barbàsso o (*tosc.*) **barabàsso** [lat. *verbăscu(m)*, di etim. incerta] s. m. ● (*bot.*) Tasso barbasso.

barbassòro o **barbassóre** [da *valvassore*, con sovrapposizione di *barba (2)*] s. m. *1* †Valvassore | (*est.*) Persona autorevole: *mia nonna materna, ... vedova di uno dei barbassori di Corte* (ALFIERI). *2* (*lett., scherz., est.*) Chi si dà arie di persona dotta e solenne.

barbastèllo [lat. *vespertĭlio* 'pipistrello' con sovrapposizione di *barba (1)*] s. m. ● Pipistrello con pelame bruno sul dorso e grigiastro sul ventre, occhi scuri e orecchie basse e molto larghe (*Barbastella Barbastellus*).

barbàta [da *barba (1)* nel sign. 4] s. f. *1* Barbatella. *2* L'insieme delle barbe di una pianta. *3* (*raro*) Semenzaio ove si piantano le barbatelle. || **barbatèlla**, dim. (V.).

barbatèlla s. f. *1* Dim. di *barbata.* *2* Talea di vite o di albero che ha messo le barbe.

barbatellàio [da *barbatella*] s. m. ● Parte del vivaio dove si mettono a radicare le talee di viti franche o innestate.

barbàto [lat. *barbātu(m)*, da *bărba* 'barba (1)'] agg. *1* Detto di organo vegetale circondato da peli paralleli fra loro. *2* (*lett.*) Che ha la barba: *in compagnia d'un monaco b.* (ARIOSTO). *3* †Savio.

barbazzàle ● V. *barbozzale.*

barbecue /ingl. 'ba:bikju:/ [vc. ingl., dallo sp. *barbacoa*, da una l. indigena amer.] s. m. inv. ● Cottura delle carni all'aria aperta, su braci o alla griglia | Griglia per tale cottura.

barbèra [etim. incerta] s. m. e f. ● Vino del Piemonte, di color rosso rubino intenso, austero, dai 12° ai 15° gradi: *serba la tua purpurea b.* (PASCOLI); *d'Asti, d'Alba, del Monferrato.*

†**barberàre** [dai salti del cavallo *barbero*] v. intr. ● Girare a salti, al modo caratteristico della trottola | Ruzzare.

barberésco ● V. *barbaresco (2).*

barberìa ● V. *barbieria.*

bàrbero (1) [da *Barberia* 'regione dei barbari'] s. m. *1* Cavallo berbero | Cavallo assai veloce impiegato per correre il palio. *2* (*fig., tosc.*) Uomo vivace, brillante.

†**bàrbero (2)** ● V. *barbaro.*

barbétta **A** s. f. *1* Dim. di *barba (1)* | *B. a pizzo*, intorno al mento | *B. a mosca*, sotto il labbro inferiore. *2* Ciuffo di peli situato sulla faccia posteriore dello stinco degli equini, molto sviluppato nei cavalli da tiro | Nel ferro da cavallo, prolungamento a forma di linguetta triangolare che si ribatte sulla parete dello zoccolo. *3* Luogo più eminente sul terrapieno di un'opera di fortificazione, sul quale si collocavano pezzi d'artiglieria allo scoperto | *B. protetta, corazzata*, installazione a pozzo per artiglieria, protetta da cupola corazzata. *4* Corda leggera che le imbarcazioni usano per l'ormeggio e il rimorchio | *Dare la b.*, (*scherz.*) superare in velocità una imbarcazione similare | †Cintura corazzata posta sul ponte, entro la quale ruotava la piattaforma del cannone. **B** s. m. inv. ● (*fig.*) Uomo che porta la barbetta. || **barbettàccia**, pegg. | **barbettìna**, dim. | **barbettìno**, dim. m.

barbétto (1) s. m. *1* (*raro*) Dim. di *barba (1).* *2* Pezzuola per pulire il rasoio. || **barbettìno**, dim.

barbétto (2) [piemontese *barbét*, di etim. discussa: per la *barba* dei pastori valdesi (?)] s. m. ● (*sett., scherz.*) Valdese.

barbicaménto s. m. ● (*raro*) Modo e atto di barbicare.

barbicàre [da *barba (1)* con sovrapposizione di *radicare*] v. intr. (*io bàrbico, tu bàrbichi*; aus. *avere*) ● Mettere radici | Apprendersi al terreno, attecchire, allignare.

†**barbicazióne** [da *barbicare*] s. f. ● Capacità di una pianta di mettere le radici.

barbière o †**barbièro** [fr. *barbier*, da *barbe* 'barba (1)'] s. m. (f. *-a*) *1* Chi taglia e rade per mestiere la barba e i capelli. *2* †Chirurgo di basso livello.

barbierìa o **barberìa** s. f. ● (*region.*) Negozio di barbiere.

†**barbièro** ● V. *barbiere.*

barbificàre [vc. dotta, comp. di *barba (1)* nel sign. 4 e *-ficare*] v. intr. (*io barbìfico, tu barbìfichi*; aus. *avere*) ● (*bot.*) Moltiplicare ed estendere le radici nel terreno.

barbìgio [lat. *barbĭtiu(m)*, da *bărba* 'barba (1)'] s. m. ● (*spec. al pl., scherz.*) Basetta | Baffo.

barbìglio [da *barba (1)* (?)] s. m. *1* (*zool.*) Appendice cutanea con funzioni sensoriali che in alcuni pesci e larve di anfibi è situata all'angolo della bocca o sotto la mandibola. *2* Bargiglio. *3* Ciascuno dei due prolungamenti laterali della freccia che impediscono alla punta di uscire dal corpo in cui è infitta. *4* Parte uncinata dell'amo. SIN. Ardiglione.

barbìna s. f. *1* Dim. di *barba (1).* *2* Sorta di pasta lunga simile a spaghetti estremamente fini. *3* (*al pl.*) Guarnizione laterale di velo, pizzo, nastri delle cuffiette ottocentesche | Veli o nastri del cappello femminile, per cingere il viso da ambo i lati.

barbìno **A** s. m. *1* Dim. di *barba (1).* *2* (*tosc.*) Nettatoio per rasoio. **B** agg. *1* Gretto, meschino: *gente barbina.* *2* Fatto male, senza grazia o qualità: *pittura barbina* | *Fare una figura barbina*, una gran brutta figura. *3* Difficoltoso, duro a sopportare.

bàrbio ● V. *barbo.*

bàrbito [vc. dotta, lat. tardo, *bărbitu(m)*, dal gr. *bárbitos*, di etim. incerta] s. m. ● Strumento musicale a più corde della Grecia antica.

barbitonsóre [lat. mediev. *barbitonsōre(m)*, da *bărba* 'barba (1)' e *tōnsor* 'tagliatore'] s. m. ● (*scherz.*) Barbiere.

barbituràto s. m. ● Barbiturico.

barbitùrico [vc. dotta, suggerita dal nome scient. del lichene *Usnea barbata* e dall'*urea*, dai quali sono stati tratti i componenti dell'acido] **A** agg. (pl. m. *-ci*) ● Detto di acido ottenuto per azione dell'acido malonico sull'urea, e dei composti da esso derivati. **B** s. m. ● Composto velenoso, derivato dall'acido barbiturico, impiegato in piccole dosi come sedativo e ipnotico.

barbiturìsmo s. m. ● Intossicazione da barbiturici | Tossicomania da barbiturici.

bàrbo o **bàrbio** [lat. *bărbu(m)*, da *bărba* 'barba (1)' a causa dei suoi barbigli] s. m. ● Pesce commestibile di acqua dolce dei Cipriniformi con quattro barbigli sul muso (*Barbus barbus*).

barbòcchio [comp. di *barba (1)* nel sign. 4 e *occhio* nel sign. 4] s. m. ● Pezzo di rizoma di canna con una o più gemme, usato per la moltiplicazione della pianta.

barbògio [etim. incerta] agg.; anche s. m. (pl. f. *-gie* o *-ge*) *1* Che, chi è vecchio, melenso e rimbambito: *un vecchio b.* | *Età barbogia*, decrepita. *2* (*est.*) Che, chi brontola, si lagna spesso | Che, chi desta antipatia, insofferenza.

barbóne **A** s. m. (f. *-a* nel sign. 4) *1* Accr. di *barba (1).* *2* Cane con bel pelame arricciato, di colori diversi ma uniformi. *3* Chi ha la barba lunga. *4* (*est.*) Vagabondo che vive di espedienti ai margini della società. *5* Pianta erbacea delle Orchidacee che possiede infiorescenze di fiori con labello a margini divisi in più lobi (*Loroglossium hircinum*). *6* Malattia infettiva e contagiosa dei bufali caratterizzata da tumefazione alla mascella. *7* Moneta d'argento di Lucca tra il XV e il XVIII sec. || **barboncìno**, dim. del sign. 2. **B** anche agg. nel sign. 2: *cane b.*

barbóso [da *barba (1)*] agg. ● (*fam.*) Noioso: *discorso b.*

barbotin /fr. barbo'tẽ/ [dal n. dell'inventore, il comandante fr. *Barbotin*] s. m. inv. ● (*mar.*) Ruota speciale per ingranare la catena dell'ancora al tamburo del verricello.

barbòtta [etim. incerta: dallo sprone coperto di cuoio irsuto, come *barba (1)* (?)] s. f. *1* Nave medievale protetta con piastre metalliche e di cuoio, impiegata per l'assalto a fortezze marittime. *2* Barchetto armato di spingarda usato un tempo per la caccia alle anatre selvatiche.

barbottàre [vc. onomat.] **A** v. tr. e intr. (*io barbòtto*; aus. *avere*) ● (*dial.*) Borbottare (*anche fig.*) **B** v. intr. (aus. *avere*) ● Bollire.

barbòtto o **barbòzzo** [da *barba (1)*] s. m. ● Nelle antiche armature, pezza aggiuntiva per integrare la celata aperta a difesa della gola e del mento.

barbòzza [da *barba (1)* nel senso di 'mento', con sovrapposizione di un deriv. di *bŭcca(m)* 'bocca'] s. f. *1* Regione della testa del cavallo sita tra il canale delle ganasce ed il rilievo del mento. *2* Barbotto.

barbozzàle o **barbazzàle** [dalla *barbozza* del cavallo] s. m. *1* Catenella metallica che gira attorno alla barbozza degli equini e si unisce, per mezzo di ganci, alle stanghette del morso della briglia. ➡ ILL. p. 1288 SPORT. *2* (*raro, fig.*) Freno | *Senza b.*, senza riguardo o ritegno. *3* (*zool.*) Ciascuna delle due appendici cutanee che pendono ai lati del collo di alcune razze di capra. SIN. Tettola.

barbòzzo ● V. *barbotto.*

barbùdo /sp. bar'budo/ [vc. sp., letteralmente 'barbuto', da *barba (1)*, per la folta barba che lo caratterizza] s. m. inv. ● Partigiano o seguace di Fidel Castro | (*est.*) Simpatizzante per il castrismo.

barbugliaménto s. m. ● Modo e atto di barbugliare.

barbugliàre [vc. onomat.] **A** v. tr. (*io barbùglio*) ● Parlare in modo confuso, smozzicando le parole: *non capisco cosa barbugli.* SIN. Balbettare, borbottare. **B** v. intr. (aus. *avere*) ● Gorgogliare, borbottare, detto di liquidi e sim. sottoposti a ebollizione: *la polenta barbuglia nel paiolo.*

barbuglióne s. m. (f. *-a*) ● (*raro*) Chi parla barbugliando.

bàrbula [vc. dotta, lat. *bărbula(m)* 'piccola barba', dim. di *bărba* 'barba (1)'] s. f. *1* Ciascuno degli elementi che, agganciati fra loro per mezzo di microscopici uncini, tengono unite le barbe delle penne degli uccelli. *2* Ciascuna delle due piccole escrescenze carnose poste sotto la lingua del cavallo.

barbùṣa [vc. emiliana, propr. 'barbosa', per le sue *barbe*] s. f. ● Muschio comune sui muri, sui tetti e sui terreni calcarei, di color verde in ambiente umido, grigiobiancastro in ambiente secco.

barbùta [da *barba* (*1*) 'mento'] s. f. *1* Foggia di celata aperta, fornita di visiera o semplice nasale | *B. veneziana*, la cui forma imita l'elmo greco classico. *2* (*est.*) Soldato fornito di tale celata.

barbùto [lat. parl. **barbūtu(m)* per *barbātu(m)*, da *bărba* 'barba (1)'] agg. ● Che è provvisto di barba | Che ha una grande barba. CONTR. Glabro, imberbe, sbarbato.

bàrca (1) [origine prelatina (?)] s. f. *1* Cumulo di covoni di grano o altri cereali, di foraggi e sim., accatastati all'aperto gli uni sugli altri. SIN. Bica. *2* (*fig.*) Mucchio, cumulo: *avere una b. di soldi.* || **barcóne**, accr. m. (V.).

bàrca (2) [lat. tardo *bărca(m)*, da *bāris* 'barchetta a remi egizia', gr. *bâris*, di etim. incerta] s. f. *1* Imbarcazione di dimensioni modeste, con forme atte alla navigazione, per trasporto di persone e cose: *b. da pesca, da diporto*; *b. a remi, a vela, a motore* | *Andare, essere in b.*, (*fig.*) in uno stato di gran confusione mentale e pratica, che impaccia, impedisce l'agire | *La b. di Pietro*, (*fig.*) la Chiesa cattolica | (*est.*) Qualsiasi imbarcazione da diporto, anche di grosse dimensioni: *avere la b. a Portofino*; *fare le vacanze in b.* *2* (*fig.*) Insieme della famiglia, del lavoro e dei propri affari: *mandare avanti la b.*; *mantenere la b. dritta* | *Essere tutti nella stessa b.*, essere tutti in una stessa condizione, detto di un gruppo di persone | *Reggere la b.*, secondare una frode. *3* Vasca o tino per la tintura delle fibre tessili. || **barcàccia**, pegg. (V.) | **barchèlla**, dim. | **barchèllo**, dim. m. | **barchétta**, dim. (V.) | **barchétto**, dim. m. (V.) | **barchina**, dim. | **barchino**, dim. m. (V.) | **barcóna**, accr. | **barcóne**, accr. m. (V.).

barcàccia s. f. (pl. *-ce*) *1* Pegg. di *barca* (*2*). *2* Sui velieri, l'imbarcazione più grande tra quelle di bordo, per trasporto di materiali e di uomini. *3* Grande palco laterale nei teatri.

barcaiòlo o †**barcaiuòlo**, (*dial.*) **barcaròlo**, †**barcaruòlo**, †**barcheròlo**. s. m. *1* Chi per mestiere governa una barca | Traghettatore. *2* Chi noleggia barche.

barcalà o **barcalài** [comp. di *barca* (*2*) e il venez. *lai* 'lati, fianchi di un'imbarcazione'] inter. ● Si usa come comando a scialuppe perché si portino sotto bordo.

barcamenàrsi [comp. di *barca* (*2*) e *menarsi*] v. intr. pron. (*io mi barcaméno*) ● Agire con accortezza e senza compromettersi, in situazioni difficili: *riesce a b. tra l'ufficio e la casa.*

barcàna [da una vc. indigena (?)] s. f. ● Duna semilunare con la convessità rivolta verso la parte da cui spira il vento.

barcaréccio o **barcheréccio** [da *barca* (*2*)] s. m. ● Insieme delle imbarcazioni che nelle stesse acque sono adibite al medesimo lavoro: *b. da pesca, portuale.*

barcarìzzo [comp. di *barca* (*2*) e *rizza(re)* (?)] s. m. ● Apertura sul fianco della nave all'altezza della coperta, cui viene applicata la scala esterna per scendere e salire a bordo | (*gener.*) Nella marina militare, scala esterna.

barcaròla [dal venez. *barcaròl* 'barcaiolo'] s. f. *1* Tipica canzone dei gondolieri di Venezia. *2* Composizione musicale ispirata a suggestioni marinaresche o a cantilene di barcaiuoli.

barcaròlo ● V. *barcaiolo.*

†**barcaruòlo** ● V. *barcaiolo.*

barcàta [da *barca* (*2*)] s. f. *1* Quantità di carico portata da una barca: *Caronte, passando dall'una all'altra riva ... una b. d'anime* (BARTOLI). *2* (*fig., fam.*) Grande quantità: *guadagna una b. di soldi.*

barcellétta ● V. *barzelletta.*

barcheggiàre [da *barca* (*2*)] A v. intr. (*io barchéggio*; aus. *avere*) ● (*raro*) Andare in barca per diporto, senza meta fissa. B v. intr. e intr. pron. (aus. *avere*) ● (*fig., lett.*) Destreggiarsi.

barchéggio s. m. *1* Atto, effetto, del barcheggiare. *2* Andata e ritorno delle barche dalla nave alla spiaggia, o tra due sponde.

barcheréccio ● V. *barcareccio.*

†**barcheròlo** ● V. *barcaiolo.*

barchéssa [da *barca* (*1*)] s. f. ● Tettoia annessa alla casa colonica per riporvi fieno e grano.

barchétta s. f. *1* Dim. di *barca* (*2*). *2* Ogni oggetto che ha forma di piccola barca | *Scollatura a b.*, quella che si allarga verso le spalle. *3* Rete da trote usata in Piemonte e in Lombardia. *4* (*mar.*) Spazio sotto la chiglia che, in un sommergibile, viene riempito con la zavorra fissa per abbassare il centro di gravità. || **barchettèlla**, dim. | **barchettina**, dim.

barchettàta s. f. ● Barcata.

barchétto s. m. *1* Dim. m. di *barca* (*2*) | *B. del nostromo*, piccola barca di bordo, di forma quasi rettangolare, usata per controllare la verniciatura e lo stato esterno dello scafo della nave. *2* Grossa barca a vela con due alberi usata per la pesca. *3* Barchino nel sign. 2. || **barchettùccio**, dim.

barchettóne [etim. incerta] s. m. ● Tipo di letto caratteristico dello stile Impero, costituito da un alto cassone con spalliere ricurve sui lati stretti. SIN. Battello nel sign. 2.

†**barchière** [sp. *barquero*, da *barca* (*2*) (?)] s. m. ● Barcaiolo.

barchìno s. m. *1* Dim. di *barca* (*2*). *2* Piccola imbarcazione, a fondo piatto e di basse sponde, per caccia in palude. *3* Piccolo motoscafo usato come mezzo d'assalto.

bàrco (1) [da *barca* (*2*)] s. m. (pl. *-chi*) ● Veliero da trasporto con due o più alberi.

bàrco (2) s. m. (pl. *-chi*) ● Barca, nel sign. di *barca* (*1*).

†**bàrco (3)** ● V. *parco* (*1*).

barcollaménto s. m. ● Modo e atto di barcollare.

barcollàre o (*tosc.*) †**barcullàre** [etim. incerta] v. intr. (*io barcòllo*; aus. *avere*) ● Stare malfermo sulle gambe piegando ora da un lato ora dall'altro: *b. sotto i colpi*; *camminava barcollando* | (*fig.*) Perdere autorità, stabilità: *il trono barcolla.* SIN. Ondeggiare, traballare, vacillare.

barcollìo s. m. ● Barcollamento continuato.

barcollóni o (*raro*) **barcollóne** avv. ● Barcollando, vacillando: *camminare, avanzare b.*; *l'ubriaco veniva avanti b.* | Con valore raff.: *barcollon b.*

barcóne (1) s. m. *1* Accr. di *barca* (*2*). *2* Barca a fondo piatto per la costruzione di ponti provvisori.

barcóne (2) s. m. *1* Accr. di *barca* (*1*). *2* Barca di covoni a base ampia, spec. quadrangolare.

†**barcullàre** ● V. *barcollare.*

bàrda [ar. occid. *bard'a* per *barda'a* 'coprisella, basto', di origine persiana] s. f. *1* Armatura del cavallo d'arme, in cuoio o in ferro, a difesa della testa, del collo, del petto e della groppa. *2* Sella senza arcioni. || **bardèlla**, dim. (V.).

bardàglio [da *barda*] s. m. ● Sacco imbottito, usato al posto della sella o del basto.

bardaménto s. m. ● Modo e atto del bardare.

bardàna [etim. incerta] s. f. *1* (*bot.*) Pianta erbacea delle Composite con grosse radici e piccoli fiori rossi raccolti in capolini sferici con brattee uncinate che si attaccano alle vesti e al vello degli animali, attuando così la disseminazione (*Arctium lappa*). *2* (*bot.*) *B. minore*, pianta erbacea delle Composite che vive in luoghi aridi e sabbiosi e i cui capolini hanno brattee uncinate (*Xanthium strumarium*).

bardàre [da *barda*] A v. tr. *1* Munire di barda un cavallo d'arme | Mettere i finimenti: *b. il cavallo.* *2* (*fig.*) Caricare di abiti e accessori vistosi, pretenziosi: *come hanno bardato quel bambino!* B v. rifl. ● (*scherz.*) Adornarsi in modo eccessivo: *bardarsi a festa.*

†**bardàro** s. m. ● Fabbricante di bardature.

bardàssa o **bardàsso** nei sign. A1 e A3 [ar. *bardăğ* 'schiava', di etim. incerta] A s. m. (pl. *-i*) *1* (*lett., spreg.*) Giovane omosessuale maschile che si prostituisce. SIN. Cinedo. *2* (*lett., spreg.*) Ragazzaccio, giovinastro. *3* (*dial.*) Ragazzetto. || **bardassóne**, accr. B s. f. *1* (*lett., spreg.*) Prostituta. SIN. Bagascia. *2* (*dial.*) Ragazzetta.

bardassàta s. f. ● Ragazzata.

bardàsso ● V. *bardassa A* nei sign. 1 e 2.

bardàto part. pass. di *bardare*; anche agg. ● Nei sign. del v.

bardatùra s. f. *1* Atto, effetto del bardare e del bardarsi. *2* Barda, sella e tutti i finimenti del cavallo. *3* (*scherz.*) Abbigliamento ricco di accessori inutili e vistosi.

bardèlla s. f. *1* Dim. di *barda*. *2* Sella larga, spec. di legno, con alto arcione, usata nella Maremma e nella campagna romana. *3* Imbottitura sotto l'arcione della sella. || **bardellóne**, accr. m. (V.).

bardellàre v. tr. (*io bardèllo*) ● Munire di bardella un cavallo.

bardellóne s. m. *1* Accr. di *bardella*. *2* Grossa bardella usata per domare i puledri.

bardìglio [sp. *pardillo*, da *pardo* 'il colore scuro del manto del *leopardo*'] s. m. ● Varietà di marmo di colore bigio o azzurro cinereo.

bardìto [vc. dotta, lat. *bardītu(m)* 'canto di guerra dei Germani', da *bărdus* 'bardo'] A agg. ● (*raro, lett.*) Caratteristico dei bardi. B s. m. ● (*raro, lett.*) Canto guerresco degli antichi popoli germanici.

bàrdo (1) [vc. dotta, lat. *bardu(m)*, dal celt. **bardo*, di origine indeur.] s. m. *1* Poeta vate dei popoli celtici, che celebrava le imprese dei capi illustri. *2* (*est.*) Cantore, poeta patriottico.

†**bàrdo (2)** [sp. *balde*, originariamente d'impiego marittimo e di etim. incerta] agg. ● Sciocco, balordo: *b. ed ignobile ingegno* (BRUNO).

bardolìno [dal nome del paese veronese, dove viene principalmente prodotto (*Bardolino*, dal nome pers. germ. *Bardilo*)] s. m. ● Vino di color rubino, aroma sottile, asciutto, di 10-11 gradi.

†**bardòsso** [da *bisdosso*, con sostituzione di pref.] vc. ● Solo nella loc. avv. *a b.*, sul dorso nudo, senza sella, di cavallo e sim. e (*fig.*) in modo trascurato, confusamente.

bardòtto [etim. discussa: fr. *bardot*, da *barda* (?)] s. m. *1* Animale ibrido non fecondo che si ottiene dall'incrocio di un'asina con un cavallo. *2* (*fig.*) Garzone, apprendista. *3* Chi è addetto al traino di natanti con l'alzaia lungo l'argine di un fiume.

barèlla s. f. *1* Dim. di *bara*. *2* Specie di lettuccio usato per il trasporto a braccia o a spalla di ammalati o feriti. SIN. Lettiga. *3* Tavola rettangolare con due stanghe, per il trasporto a mano di sassi, terra e sim. *4* Arnese che serve a portare in processione statue o immagini sacre.

barellànte s. m. e f. ● Barelliere nel sign. 1.

barellàre [da *barella*] A v. tr. (*io barèllo*) ● Portare q.c. o qc. con la barella: *b. le pietre, il fieno tagliato, un ammalato.* B v. intr. (aus. *avere*) ● Vacillare: *lo zio... barellava davvero come un ubbriaco* (VERGA) | (*raro, fig.*) Tenersi in equilibrio precario.

barellàta s. f. ● Quantità di materiale che sta in una barella.

barellière s. m. *1* Chi trasporta ammalati o feriti con la barella, denominato anche agente sociosanitario | (*est.*) Infermiere volontario spec. nei pellegrinaggi ai santuari. *2* Manovale addetto al trasporto con la barella di sassi, terra e sim.

barèna (1) [venez. *baro* 'cespo, fondura', anticamente 'terreno incolto', forse dal celt. **barros* 'ciuffo', di origine indeur.] s. f. ● Terreno che, nei periodi di bassa marea, emerge dalle acque lagunari.

barèna (2) s. f. ● Bareno.

barenatóre s. m. ● Operaio addetto alla barenatura.

barenatrice s. f. ● Alesatrice speciale per operazioni di barenatura.

barenatùra [dal v. sp. *barrenar* 'trivellare', da *barrena* 'succhiello, trivella' (?)] s. f. ● Lavorazione della superficie di un foro cilindrico che precede l'alesatura quando quest'ultima non è sufficiente.

barèno [sp. *barrena*, dall'ar. di Spagna *barrīna*, dal lat. *veruīna*, da *vĕrus*, di origine indeur.] s. m. ● Barra porta-utensili innestata al mandrino dell'alesatrice. SIN. Barena.

†**barerìa** o (*raro*) †**barrerìa** [da *baro*] s. f. ● Briconata, imbroglio.

baresàna s. f. ● Uva bianca da tavola tipica della regione pugliese.

barése A agg. ● Di Bari. B s. m. e f. ● Abitante

di Bari.

barestesìa [vc. dotta, comp. del gr. *báros* 'peso' e *aísthēsía* 'sensazione'] s. f. • (*med.*) Sensibilità degli organi, o di parti del corpo umano, alla pressione.

barestesiòmetro [vc. dotta, comp. di *barestesia* e *-metro*] s. m. • Apparecchio per misurare la barestesia.

†**bargagnàre** [etim. incerta] v. intr. • Trattare, mercanteggiare.

†**bargàgno** (1) [da *bargagnare*] s. m. • Contratto, trattato.

†**bargàgno** (2) [etim. incerta] s. m. • Draga.

†**bargellàto** s. m. • Ufficio e carica di bargello.

bargèllo o †**barigèllo** [francone *barigildus* 'funzionario elevato della giustizia franca'] s. m. (f. *-a*, nel sign. 3) **1** Nei comuni medievali, magistrato incaricato del servizio di polizia | (*est.*) Capo di birri | Birro, poliziotto: *i bargelli mordevano gli uomini come lui* (SCIASCIA). **2** Palazzo, con adiacente prigione, in cui risiedeva tale magistrato. **3** (*raro, tosc.*) Impiccione, ficcanaso. || **bargellìno**, dim.

†**bàrgia** [etim. incerta] s. f. • Giogaia dei ruminanti.

bargigliàto agg. • (*raro*) Bargigliuto.

bargìglio [da *bargia*] s. m. • Escrescenza carnosa che pende sotto il becco di alcuni uccelli, spec. gallinacei. SIN. Barbiglio. || **bargiglióne**, accr. (V.).

bargiglióne s. m. **1** Accr. di *bargiglio*. **2** Escrescenza carnosa del collo, caratteristica di alcune razze di suini. SIN. Tettola.

bargigliùto agg. • Che è fornito di bargigli.

bàri- [dal gr. *barýs* 'pesante', di origine indeur.] primo elemento • In parole composte spec. della terminologia scientifica significa 'pesante' o 'grave': *baricentro, barisfera*.

barìa [vc. dotta, gr. *barýs* 'pesante'] s. f. • Unità di pressione corrispondente alla pressione di 1 dina per cm^2.

bàribal [n. indigeno messicano] s. m. inv. • Orso americano di forma tozza e pesante, onnivoro, con pelame bruno e fitto (*Enarctos americanus*).

baricentràle agg. • Baricentrico.

baricèntrico agg. (pl. m. *-ci*) • Relativo al baricentro.

baricèntro [vc. dotta, comp. di *bari-* e *centro*] s. m. **1** (*fis.*) Punto di applicazione della forza peso di un corpo. SIN. Centro di gravità. **2** (*mat.*) *B. d'un triangolo*, punto d'intersezione delle mediane.

bàrico (1) [dal gr. *báros* 'peso', di origine indeur.] agg. (pl. m. *-ci*) **1** Della pressione atmosferica. **2** Relativo al peso, come grandezza fisica.

bàrico (2) [da *bario*] agg. (pl. m. *-ci*) • (*chim.*) Di, relativo al bario.

†**barigèllo** • V. *bargello*.

barigliónе [fr. *barillon*, dim. di *baril* 'barile'] s. m. **1** Barile usato nei magazzini militari per conservare polveri da sparo o generi alimentari. **2** (*raro, tosc.*) Grosso barile lungo e rotondo per conservare pesci in salamoia e sim. | *A barigliori*, (*fig.*) in grande quantità.

barilàio o (*dial.*) **barilàro**. s. m. **1** Fabbricante o venditore di barili. **2** Portatore di barili.

barilàme s. m. • (*raro*) Quantità più o meno grande di barili.

barilàro • V. *barilaio*.

barile [etim. incerta; calco sull'ingl. *barrel* 'barile' nel sign. di unità di misura del petrolio] s. m. **1** Piccola botte in legno, della capacità fino a 230 litri circa, destinata a contenere prodotti liquidi e in polvere | V. anche *scaricabarile*. ➡ ILL. **vino**. **2** (*est.*) Ciò che è contenuto in un barile: *un b. d'olio, di petrolio*; *un b. d'acciughe* | (*fig.*) *Essere un b. di lardo, di ciccia, essere grasso come un b.*, essere molto grasso. **3** Unità di misura del volume di liquidi, variabile dai 30 ai 70 litri | (*per anton.*) Unità di misura del petrolio, pari a 158,98 l. **4** (*fis.*) Aberrazione di distorsione di una lente per cui un oggetto quadrato ha come immagine una figura a lati curvilinei convessi. **5** (*mar.*) Parrocchetto fisso. **6** Moneta d'argento fiorentina della prima metà del XVI sec. con il Redentore e il Battista da un lato e il giglio dall'altro. || **barilàccio**, pegg. | †**barilétta**, dim. (V.) | **barilétto**, dim. (V.) | **barilòtto**, **barilòzzo**, dim. (V.)

†**barilétta** o †**barlétta**. s. f. **1** Dim. di *barile*. **2** Bariletto nei sign. 1 e 2.

barilétto o †**barlétto** (1). s. m. **1** Dim. di *barile*. **2** †Fiaschetta da viaggio | †Piccolo recipiente. **3** Nell'orologio, ruota dentata composta da un disco circolare e da un cilindro scatolato, contenente la molla. **4** *B. dell'obiettivo*, in apparecchi ottici, parte anteriore o posteriore della montatura di un obiettivo sulla quale sono fissate le lenti.

barilòtto o **barilòzzo** nei sign. 1 e 2, †**barlòtto**, †**barlòzzo** nei sign. 1 e 2. s. m. (f. *-a* nel sign. fig.) **1** Dim. di *barile*. **2** (*fig.*) Persona piccola e tozza. **3** (*mus.*) Parte del clarinetto che si intercala tra il becco e la parte superiore. **4** Nel tiro a segno, il centro del bersaglio.

barimetrìa [vc. dotta, comp. di *bari-* e *-metria*] s. f. **1** Valutazione approssimativa del peso di animali vivi, compiuta basandosi sulla misura di alcune parti del corpo. **2** Ognuno dei metodi di misura della pressione atmosferica.

bàrio [vc. dotta, ingl. *barium*, da *barytes* 'barite', minerale che contiene questo elemento] s. m. • Elemento chimico, metallo alcalino terroso, bianco-argenteo, diffuso in natura nei suoi minerali. SIMB. Ba | *Solfato di b.*, usato come mezzo di contrasto nelle indagini radiologiche del tubo digerente.

barióne [dal gr. *barýs* 'grave, pesante' col suff. *-one*] s. m. • (*fis.*) Ogni particella subnucleare di spin semintero soggetta a interazione forte.

bariònico agg. (pl. m. *-ci*) • Relativo a barione.

barisfèra [comp. di *bari-* e *sfera* nel senso di 'globo (terrestre)'] s. f. • (*geol.*) Nucleo centrale della terra, formato da materiale ad alta densità e quindi molto pesante.

barista o (*tosc.*) **barrista** [da *bar* (1)] s. m. e f. (pl. m. *-i*) • Chi, in un bar, serve al banco | Chi possiede un bar.

barite [vc. dotta, comp. del gr. *barýs* 'pesante' e *-ite*] s. f. **1** Idrossido di bario. **2** Correntemente, solfato di bario.

baritina [da *barite*] s. f. • Solfato di bario naturale.

baritonàle agg. • Caratteristico di baritono: *tono b.*

baritoneggiàre [da *baritono*] v. intr. (*io baritonéggio*; aus. *avere*) • (*fam.*) Fare voce da baritono.

baritonèsi [gr. *barytónēsis*, da *barýtonos* 'dal tono (*tónos*) grave (*barýs*)'] s. f. • (*ling.*) In alcuni antichi dialetti greci, e talora nelle lingue moderne, fenomeno per cui l'accento risale dall'ultima sillaba verso l'inizio della parola.

barìtono [vc. dotta, lat. *barýtono(n)*, 'non accentato sull'ultima sillaba', dal gr. *barý tonos*, comp. di *barýs* 'grave' e *tónos* 'tono'] **A** s. m. • (*mus.*) Voce virile intermedia tra quella di tenore e quella di basso | (*est.*) Cantante dotato di voce di baritono. **B** agg. • (*ling.*) Nella grammatica greca, detto di parola con l'accento grave sull'ultima sillaba | Di parola con l'ultima sillaba atona.

barlàccio [etim. incerta] agg. (pl. f. *-ce*) **1** (*tosc.*) Andato a male, detto di uovo. **2** (*fig.*) Malaticcio, debole, detto di persona.

†**barlétta** • V. †*bariletta*.

†**barlettàio** s. m. • Chi fa e vende barlette.

†**barlétto** (1) • V. *bariletto*.

barlétto (2) [etim. incerta] s. m. • Specie di morsetto usato dal falegname per fissare al banco di lavoro le tavole da piallare.

barlòtta [fr. *varlope*, dal medio ol. *vorloop* 'che corre (*loop*) avanti (*vor*)', con mutamento di suff.] s. f. • Pialla da lisciare.

†**barlòtto** • V. *barilotto*.

†**barlòzzo** • V. *barilotto*.

barlùme [comp. di *bar-* (per *bis-* (2)) e *lume*] s. m. **1** Luce debole e incerta che non permette di vedere con chiarezza: *un tenue b. illuminava la stanza*. **2** (*fig.*) Indizio debole e confuso dell'esistenza di q.c.: *un b. d'intelligenza, di speranza, di coraggio*. SIN. Parvenza, segno.

barmaid /'barmeid, *ingl.* 'ba:meid/ [vc. ingl., comp. di *bar* 'bar' e *maid* 'serva'] s. f. inv. • Ragazza o donna addetta a servire alcolici e a preparare cocktail in locali pubblici.

barman /'barman, *ingl.* 'ba:mən/ [vc. ingl., letteralmente 'uomo (*man*) del bar (*bar*)', secondo un modello com. di comp.] s. m. inv. (pl. ingl. *barmen*) • Uomo addetto a preparare cocktail in locali pubblici | Chi, in un bar, serve al banco.

barn /barn, *ingl.* ba:n/ [vc. ingl., che pare nata dall'espressione *as big as a barn* 'molto grande' rispetto al bombardamento nucleare] s. m. inv. • (*fis.*) Unità di misura della sezione d'urto in processi nucleari pari a 10^{-28} m^2. SIMB. b.

barnabìta [da S. *Barnaba*, titolo della chiesa milanese dove ebbe la prima sede l'ordine] s. m. (pl. *-i*) • Chierico regolare dell'ordine di San Paolo, fondato da S. Antonio Maria Zaccaria.

barnabìtico agg. (pl. m. *-ci*) • Dei Barnabiti: *ordine, pellegrinaggio b.*

†**barnàggio** • V. *baronaggio*.

bàro o †**bàrro** (2) [etim. incerta; da *barone* in senso spreg. (?)] s. m. (f. *-a*) • Chi truffa al gioco, spec. delle carte | (*est.*) Imbroglione.

bàro-, -baro [dal gr. *báros* 'peso, pressione'] primo o secondo elemento • In parole composte della terminologia scientifica significa 'pressione' o 'gravità': *barometro*; *isobaro*.

barocchеggiànte agg. • Che si ispira o tende al barocco: *stile b.* | (*est.*) Vistoso, eccessivo, di gusto discutibile: *abbigliamento b.*; *moda b.*

barocchétto [da *barocco* (1)] s. m. **1** Aspetto tardo del barocco che si manifesta con un alleggerimento delle forme preannunciante il rococò. **2** Stile di mobili composto di elementi barocchi, rococò e cinesi.

†**baròcchio** o †**baròcco** (2), †**baròccolo** [etim. discussa: da *baro* (?)] s. m. • Tipo di usura, mascherata sotto forma di vendita da parte dell'usuraio di q.c. a prezzo altissimo | Frode.

barocchìsmo [da *barocco* (1)] s. m. • Tendenza a un gusto barocco, sia in anticipo sia come riecheggiamento posteriore nei confronti del barocco storico (*anche spreg.*): *il b. del Marino*; *il b. di De Chirico*.

baròccio e *deriv.* • V. *barroccio* e *deriv.*

baròcco (1) [etim. incerta: forse vc. dell'Italia sett. che significa 'balordo, strano, irregolare, bizzarro'] **A** s. m. (pl. *-chi*) • Gusto e stile affermatisi nell'arte e nella letteratura del Seicento, tendenti a effetti bizzarri, inconsueti, declamatori, illusionisticamente scenografici. SIN. Secentismo. **B** agg. (pl. m. *-chi*). **1** Di, relativo a opera artistica o letteraria che partecipi del barocco: *poemetto b.*; *facciata barocca* | (*est.*) Che si riferisce o si ispira al gusto e allo stile del barocco: *decorazione, scenografia barocca*. **2** (*fig.*) Fastoso, enfatico, pesante: *gusto b.* || **baroccaménte**, avv. In modo barocco, secondo il gusto barocco.

†**baròcco** (2) • V. †*barocchio*.

†**baròccolo** • V. †*barocchio*.

baroccùme [da *barocco* (1)] s. m. **1** (*spreg.*) Qualità di barocco nei suoi aspetti deteriori. **2** (*est., spreg.*) Opera che presenta tale qualità. **3** (*fig., spreg.*) Insieme di oggetti pretenziosi e di cattivo gusto.

barocettóre [comp. di *baro-* e (*re*)*cettore*] s. m. • (*med.*) Recettore per la sensibilità alla pressione.

barogràfico agg. (pl. m. *-ci*) • Del, relativo al barografo | Che è misurato dal barografo.

baròografo [vc. dotta, comp. di *baro-* e *-grafo*] s. m. • Barometro con dispositivo per la registrazione cronologica delle variazioni della pressione atmosferica.

barogràmma [comp. di *baro-* e *-gramma*] s. m. (pl. *-i*) • Diagramma di registrazione di un barografo.

baròlo [dal nome del paese *Barolo*, forse di origine celt.] s. m. • Vino rosso piemontese, asciutto, austero, di 13-15°, di vitigno Nebiolo.

barometrìa [comp. di *baro-* e *-metria*] s. f. • (*fis.*) Misurazione delle variazioni della pressione atmosferica col barometro.

baromètrico agg. (pl. m. *-ci*) • Del, relativo al barometro | Che è misurato dal barometro: *pressione barometrica*.

baròmetro [ingl. *barometer*, comp. di *baro-* 'baro-' e *-meter* '-metro'] s. m. **1** Strumento per la misurazione della pressione atmosferica | *B. a mercurio*, nel quale la pressione atmosferica viene equilibrata dalla pressione idrostatica di una colonnina di mercurio contenuta in una canna di vetro | *B. aneroide o metallico*, il cui elemento sensibile è costituito da una o più capsule metalliche che si deformano sotto l'effetto della pressione atmosferica | *B. registratore*, barografo. *2* (*fig.*) Persona che risente le variazioni atmosferiche: *stava come quei barometri ambulanti nei quali ogni costola, ogni giuntura con doloruzzi e scricchiolamenti dà indizio del cambiar del tempo* (NIEVO) | Ciò che è sensibile alle variazioni di un determinato ambiente, e permette di valutarle: *la borsa valori è il b. della fiducia pubblica.*

baronàggio o †**barnàggio** [ant. fr. *barnage*, da *baron* 'barone (1)'] s. m. *1* Titolo e dominio di barone. *2* †Insieme di baroni. *3* (*lett.*) †Nobiltà di stato e di costume.

baronàle agg. ● Pertinente a barone o a baronia: *titolo, dignità b.*

baronàre v. intr. ● Fare baronate.

baronàta [da *barone* (2)] s. f. ● (*lett., raro*) Azione sconveniente. SIN. Bricconata, prepotenza, sopraffazione.

baronàto [da *barone* (1)] s. m. ● Baronia.

baroncìno s. m. *1* Dim. di *barone* (*1*). *2* Figlio di barone | Giovane barone.

baróne (1) [fr. *baron*, dal francone *baro* 'uomo libero, atto a lottare'] s. m. (f. *-essa* (V.)) *1* Titolo feudale dato dapprima a tutti i grandi di un regno, poi ai maggiori feudatari. *2* Titolo nobiliare immediatamente inferiore a visconte | (*est.*) La persona insignita di tale titolo. *3* (*est.*) Personaggio nobile e molto potente | Signore, capo: *se non torna tuo fratello Menico tu resti il b. della casa* (VERGA). *4* Chi esercita e amministra un grande potere economico: *i baroni dell'industria, dell'alta finanza* | (*est.*) Chi, in un ambiente professionale, dispone di un certo potere e autorità, dei quali si serve con abuso e senza controllo, spesso per tornaconto personale: *i baroni dell'università, della medicina.* *5* †Specie di gioco coi dadi. || **baroncèllo**, dim. | **baroncìno**, dim. (V.) | **baronèllo** dim. | **baronùccio**, dim.

baróne (2) [etim. discussa: lat. *barōne(m)* 'sciocco, imbecille' (?)] s. m. ● (*lett.*) Furfante. || **baroncèllo**, dim. | **baronèllo**, dim.

baronésco (1) [da *barone* (*1*)] agg. ● Pertinente a barone.

baronésco (2) [da *barone* (*2*)] agg. ● (*lett.*) Furfantesco.

baronéssa s. f. *1* Moglie di barone. *2* Signora di nobili condizioni. || **baronessina**, dim.

baronétto [ingl. *baronet*, dim. di *baron* 'barone (1)'] s. m. ● Titolo nobiliare inglese, di grado immediatamente inferiore a barone.

baronìa s. f. *1* Titolo, dignità di barone. *2* Dominio, giurisdizione del barone. *3* †Il ceto dei baroni | (*est.*) Insieme di nobili. *4* Potere economico o politico di ambito molto esteso e dispoticamente esercitato.

baronìşmo [da *baron(e)* in senso professionale col suff. *-ismo*] s. m. ● Comportamento di chi sfrutta o fa pesare il prestigio e l'autorità acquistati con attività professionali di alto livello.

baropatìa [comp. di *baro-* e *-patia*] s. f. ● (*med.*) Insieme di sintomi clinici provocati sull'organismo da brusche variazioni della pressione atmosferica.

baroscòpio [comp. di *baro-* e *-scopio*] s. m. ● (*fis.*) Apparecchio usato per valutare approssimativamente la pressione atmosferica | Apparecchio usato per la verifica del principio di Archimede nei gas.

barotermògrafo [comp. di *baro-*, *termo-* e *-grafo*] s. m. ● Strumento per la registrazione cronologica e contemporanea su di un'unica cartina dell'andamento della pressione atmosferica e della temperatura dell'aria.

bàrra [etim. incerta] s. f. *1* Asta di legno o metallo, che funge spec. da leva di comando in congegni, meccanismi e sim.: *b. del timone, degli alettoni* | *B. spaziatrice*, nella macchina da scrivere, quella il cui abbassamento provoca l'automatico inserimento di spazi fra caratteri scritti | *B. scanalata*, nel tornio parallelo, quella che trasmette il movimento dal mandrino al carrello portautensili | *B. di rimorchio, di traino*, quella, spec. a snodo, per l'attacco posteriore dei rimorchi, attrezzi agricoli e sim. ai veicoli trainanti | *B. di torsione*, nelle sospensioni di autoveicoli, sbarra elastica di acciaio un estremo del quale è vincolato rigidamente al telaio, mentre l'altro compie piccole rotazioni solidalmente con un elemento che trasmette il moto del perno della ruota | *B. di controllo*, nei reattori nucleari, barra di materiale capace di assorbire bene i neutroni, usata per regolare l'andamento della reazione. *2* Asta metallica piena, a sezione gener. cilindrica: *b. di rame.* *3* Verghetta del morso del cavallo | Spazio privo di denti dove questa poggia, nella mandibola del cavallo e di altri mammiferi domestici. *4* (*mar., spec. al pl.*) Crocette a due terzi di altezza dell'albero dei velieri. *5* (*raro*) Sbarramento, steccato | Tramezzo che nell'aula giudiziaria divide lo spazio riservato ai giudici, avvocati, ecc. da quello per il pubblico | *Andare, stare alla b.*, (*fig.*) difendere in giudizio. *6* Lineetta tirata dall'alto in basso che funge da segno grafico di separazione: *dividere i versi con una b.* | *Codice a barre*, V. *codice*. *7* Ammasso di sabbia, sassi, fanghiglia, situato alla bocca dei porti, alla foce dei fiumi e sim. || **barrétta**, dim.

La barra si usa per separare i versi di una poesia, quando non si va a capo; per indicare un'alternativa o un'opposizione fra due termini: *un'attesa dolce/amara*; per descrizioni scientifiche: *125/220 V*. Frequente è l'uso della congiunzione *e/o*, di valore aggiuntivo e disgiuntivo: *cercansi tecnici e/o disegnatori.*

barracàno o **baraccàno** [ar. *barrakān* 'stoffa grossolana' e 'mantello fatto di quella stoffa'] s. m. *1* V. *baracano*. *2* Pesante veste di lana o di tela usata dalle popolazioni dell'Africa settentrionale.

barracellàre agg. ● Relativo al barracello: *compagnia b.*

barracèllo [vc. di area sarda, dallo sp. *barrachel*, della stessa origine dell'it. *bar(i)gello*] s. m. ● Guardia privata per la repressione e prevenzione della delinquenza rurale in Sardegna.

barracùda [prob. vc. indigena dell'America Latina] s. m. inv. ● Pesce teleosteo feroce e aggressivo dei Perciformi, con corpo allungato e compresso e denti robusti (*Sphyraena picuda*).

barrage /fr. ba'raʒ/ [vc. fr., letteralmente 'barriera, sbarramento', da *barre* '(s)barra'] s. m. inv. ● Spareggio, spec. in competizioni ippiche.

barràggia ● V. *baraggia*.

barramìna [comp. di (*s*)*barra* e *mina*, per la sua funzione] s. f. ● Attrezzo per la perforazione delle rocce, costituito da una pesante asta di acciaio terminante in una punta tagliente.

barrànco [sp. *barranco*, di origine prerom.] s. m. (pl. *-chi*) ● Profonda incisione scavata sui fianchi di un cono vulcanico.

barràre [da *barra*] v. tr. *1* Delimitare, contrassegnare con una o più barre. *2* (*raro*) Barricare.

barràto part. pass. di *barrare*; anche agg. ● Nei sign. del v.

barratùra s. f. ● Atto, effetto del barrare.

†**barrerìa** ● V. †*bareria*.

barricadièro o **barricardièro** [fr. *barricadier*, da *barricade* 'barricata'] agg. ● Rivoluzionario, estremista: *atteggiamento, discorso b.*

barricaménto [da *barricare*] s. m. *1* Atto del barricare o del barricarsi. *2* L'insieme di ciò che costituisce una barricata.

barricàre [fr. *barriquer*, da *barrique* 'botte', perché spesso ci si serviva di botti per i barricamenti] **A** v. tr. (*io bàrrico, tu bàrrichi*). *1* Ostruire un passaggio con barricate allo scopo di difendersi e combattere: *b. una strada.* *2* (*est.*) Chiudere, sprangare tutte le vie d'uscita, gener. a scopo di difesa: *barricarono porte e finestre.* **B** v. rifl. ● Rinchiudersi, ripararsi in luogo ben protetto (*anche fig.*): *gli studenti si barricarono sotto il portico*; *si è barricato nel silenzio* | *Barricarsi in casa*, rinchiudervisi rifiutando ogni contatto col mondo esterno. SIN. Asserragliarsi.

barricàta [fr. *barricade*, da *barriquer* 'barricare'] s. f. *1* Riparo per lo più occasionale di pietre, legname e sim. apprestato attraverso vie o passaggi obbligati per impedire il transito e consentire la difesa: *combattere sulle barricate* | *Fare le barricate*, (*fig.*) insorgere | *Essere dall'altra parte della b.*, (*fig.*) essere in una posizione di radicale dissenso, spec. politico e ideologico. *2* *B. di appontaggio*, rete all'estremità del ponte di volo di una portaerei per arrestare gli aerei che non siano stati trattenuti dalla barriera di appontaggio.

barrièra [fr. *barrière*, da *barre* 'barra'] s. f. *1* Sbarramento, cancello, steccato e sim., che serve a chiudere un passo, a segnare un posto, un confine: *b. daziaria*; *b. doganale* | *Barriere architettoniche*, gli ostacoli di natura costruttiva che impediscono o rendono difficile agli handicappati l'accesso agli edifici, e il loro uso | Elemento di chiusura di un passaggio a livello | *B. stradale*, struttura di acciaio o calcestruzzo posta ai lati di una strada per trattenere i veicoli che escono dalla carreggiata | *B. di appontaggio*, sistema di cavi sul ponte di una portaerei per frenare in poco spazio gli aerei che appontano. *2* (*est.*) Linea di elevazione del terreno: *una b. di montagne* | *B. corallina*, formazione madreporica che forma una frangia a breve distanza dalla costa. *3* (*fig.*) Impedimento, difficoltà, divisione: *superare ogni b.* | *B. doganale*, eccessiva onerosità dei dazi d'importazione a scopo protezionistico | *B. razziale*, serie di ostacoli, sociali e psicologici, che una razza dominante pone tra sé e la razza dominata. *4* (*aer.*) Nel progressivo aumento della velocità degli aerei, ostacolo difficoltoso per superare il quale occorrono nuovi studi, tecniche, dispositivi particolari | *B. del suono*, complesso di fenomeni, come aumento della resistenza, vibrazioni e instabilità, che si verificano quando un aereo arriva a velocità prossime a quella del suono | *B. del calore, termica*, riscaldamento aerodinamico delle superfici che si verifica ai numeri di Mach supersonici e ipersonici e costituisce ostacolo al raggiungimento di quelle velocità. *5* (*est.*) Schieramento difensivo di calciatori affiancati in appoggio al proprio portiere. *6* (*fig.*) Riparo, protezione. *7* Nell'equitazione, ostacolo formato da sbarre orizzontali. ➡ ILL. p. 1288 SPORT.

barrique /fr. ba'rik/ [vc. fr. di provenienza merid., da un tipo gallo-romanzo **barrica*] s. f. inv. ● Botte di legno della capacità da 200 a 250 litri, destinata a contenere o a trasportare prodotti liquidi, spec. vino.

barrìre [vc. dotta, lat. *barrīre*, da *bărrus* 'elefante', di origine indiana] v. intr. (*io barrìsco, tu barrìsci*; aus. *avere*) ● Emettere barriti: *gli elefanti barriscono.*

barrìsta ● V. *barista*.

barrìto [vc. dotta, lat. *barrītu(m)*, da *bărrus* 'elefante', di origine indiana] s. m. *1* Urlo acuto e potente caratteristico dell'elefante e (*est.*) di altri animali: *la giungla risuonava di barriti.* *2* (*est.*) Urlo forte e sgraziato, spec. umano: *i barriti di un cantante stonato.*

bàrro (1) [sp. *barro*, di origine preromana] s. m. *1* Terra per fare i buccheri. *2* Bucchero.

†**bàrro (2)** ● V. *baro*.

barrocciàio o **barocciàio**, (*dial.*) **birocciàio**. s. m. *1* Chi per mestiere trasporta merci e materiali vari, conducendo un barroccio. *2* (*est.*) Uomo rozzo, di modi rudi: *hai la grazia di un b.*

barrocciàta o **barocciàta**. s. f. ● Quantità di oggetti o di materiale contenuti in un barroccio: *una b. di pietre, di fieno* | *A barrocciate*, (*fig.*) in grande quantità.

barroccìno o **baroccìno**, (*dial.*) **biroccìno**. s. m. *1* Dim, di *barroccio*. *2* Veicolo leggero e scoperto, a due ruote, per il trasporto di persone. ➡ ILL. carro e carrozza.

barròccio o **baròccio**, (*dial.*) **biròccio** [lat. parl. **birŏtiu(m)*, comp. di *bi-* 'con due' e *rŏta* 'ruota'] s. m. *1* Carro a due o a quattro ruote per il trasporto di merci e materiali vari. *2* (*est.*) Barrocciata: *un b. di pietre.* || **barroccìno**, dim. (V.).

barròtto [fr. *barrot*, di etim. incerta] s. m. ● (*mar., spec. al pl.*) Filari del boccaporto.

†**bartolommèo** [dal n. pr. *Bartolo(m)meo*, preso in senso spreg.] s. m. ● (*raro*) Uomo sciocco.

barùffa [germ. **raup-* (prob. imparentato con il lat. *rŭmpo*), in una forma che ha subito la seconda rotazione consonantica] s. f. ● Litigio confuso e rumoroso: *far b. con qc.*; *sono piccole baruffe di innamorati.*

baruffàre [da *baruffa*] v. intr. (aus. *avere*) ● Litigare in modo confuso e rumoroso.

†**barullàre** [comp. del pref. *ba(r)-* e *rullare*] v. tr. ● (*raro*) Rivendere al minuto, spec. generi alimentari.

†**barùllo** [da †*barullare*] s. m. *1* Rivenditore al minuto. *2* (*fig.*) Sciocco, scimunito.

barzamino o **barzamino** • V. *barzemino*.

barzellètta o (*sett.*) **barcellètta** [etim. incerta] s. f. *1* Breve e rapida canzone a ballo popolare composta di settenari e ottonari. SIN. Frottola. *2* (*est.*) Storiella spiritosa e divertente: *dire, raccontare barzellette; una b. spinta* | Aneddoto scherzoso | *Prendere, pigliare q.c. in b.*, scherzarci sopra. SIN. Arguzia, freddura.

†**barzellettàre** v. intr. • (*raro*) Raccontare barzellette | Discorrere burlando, dire facezie.

barzellettàro [da *barzellett(a)* col suff. pop. *-aro* (V. *-aio (2)*)] agg. • Che riguarda, è caratteristico delle barzellette (*anche spreg.*): *spirito b.*

barzellettìstica [da *barzelletta* col suff. *-istico* sostantivato al f.] s. f. *1* Genere umoristico che si esprime nella creazione di barzellette. *2* La produzione di barzellette di un autore, un'epoca, un paese.

barzellettìstico agg. (pl. m. *-ci*) • Di, da barzelletta | (*est.*) Che riflette una comicità di gusto poco raffinato.

barzemìno o **barzemino**, **barzamino**, **berzemìno**, **berzamino** [da una variante di *balsamo*, per il suo sapore (?)] s. m. • Vitigno della Lombardia, che dà un'uva dolce e aromatica.

barzòtto • V. *bazzotto*.

†**bàsa** • V. *base*.

basàle **A** agg. *1* Relativo alla base | Che è alla base o la costituisce. *2* (*med.*) Relativo al, essenziale per il mantenimento delle attività fondamentali di un organismo: *metabolismo b.* | Detto di condizione iniziale di un'attività fisiologica o di un esame clinico. *3* (*fig.*) Fondamentale, basilare, essenziale. **B** s. m. • †Base nel sign. 1.

†**basalìschio** • V. *basilisco*.

basalìsco • V. *basilisco*.

basàlte • V. *basalto*.

basàltico agg. (pl. m. *-ci*) • Detto di roccia che possiede la composizione e la struttura del basalto.

basaltìno agg. • (*raro*) Basaltico.

basàlto o (*raro*) **basàlte** [vc. dotta, lat. *basălte(m)* 'durissimo marmo etiopico' altra forma di *basanītes*, dal gr. *basanítēs*, di origine afric.] s. m. • Roccia effusiva nerastra, costituita da plagioclasio e augite.

basaménto [da *basare*] s. m. *1* Parte inferiore di un monumento o di un edificio, spesso sottolineata da diverso paramento murario | Porzione di colore diverso che termina in basso le pareti interne di un locale | Zoccolo continuato di mobili a struttura architettonica, quali armadi e librerie. *2* Struttura sulla quale appoggia una macchina in generale: *b. metallico*; *b. in cemento armato* | Incastellatura dei motori a combustione interna. *3* (*geol.*) Substrato cristallino della crosta terrestre | Complesso di rocce cristalline e metamorfiche irrigidite su cui poggiano i terreni sedimentari. CONTR. Copertura.

basamìna [vc. dotta, comp. di *basa(re)* e *mina*] s. f. • Mazza di ferro con la punta a taglio, usata per scavare la camera per la mina.

basàre **A** v. tr. *1* Collocare, stabilire su una base: *b. un edificio, una statua*. *2* (*fig.*) Fondare: *b. un'accusa su dati certi*. **B** v. rifl. • Attenersi a determinati elementi nel giudicare, nel ragionare e sim.: *basarsi sulle apparenze porta spesso a conclusioni errate; io mi baso su dati di fatto*.

bas-bleu /fr. ba'blø/ [loc. fr., propr. 'calza turchina', calco sull'ingl. *blue-stocking*, dal colore delle calze di un certo Stillingfleet, brillante frequentatore nel XVIII sec. del salotto di lady Montague] s. f. inv. (pl. fr. *bas-bleus*) • (*spreg.*) Scrittrice, donna letterata pedante e saccente.

bàsca s. f. • Baschina.

baschìna [fr. *basquine*, dallo sp. *basquina*, forma più castigliana del precedente *basquiña*, dal port. *vasquinha* 'proprio dei Baschi'] s. f. • Negli abiti femminili, parte di stoffa riportata, gener. sghemba, che va dalla vita al fianco.

†**bascià** • V. *pascià*.

†**bàscio** e *deriv.* • V. *bacio (1)* e *deriv.*

bàsco [sp. *vasco*, dal lat. *văsco*, di etim. incerta] **A** agg. (pl. m. *-schi*) • Che appartiene a una popolazione stanziata nella regione litoranea del golfo di Biscaglia, presso i Pirenei, in Francia e Spagna: *lingua basca; berretto b.* | *Palla basca*, pelota. **B** s. m. (f. *-a* nel sign. 1) *1* Individuo della popolazione basca. *2* Copricapo di panno a forma di cupolino tondo, senza tesa e aderente | Berretto militare in dotazione a tutte le unità dell'esercito italiano con diverse colorazioni a seconda dell'arma o corpo | *B. blu*, agente di polizia, spec. in tenuta da ordine pubblico | *B. nero*, carrista | *B. rosso*, *b. cremisi*, paracadutista | *B. verde*, militare della Guardia di Finanza | *B. verde*, appartenente all'Azione Cattolica negli anni'50. **C** s. m. solo sing. • Lingua appartenente al gruppo delle lingue preindoeuropee, parlata dai baschi. || **baschétto**, dim. nel sign. B2.

basculànte o **bascullànte** [da *bascula*] agg. • (*tecnol.*) Detto di sbarra, congegno e sim. che può oscillare intorno a un asse.

bascùlla o **bàscula** [fr. *bascule*, dal più ant. *bacule* (con avvicinamento a *basse* 'bassa'), dal v. *baculer* 'battere il didietro (*cul*) a terra, abbasso (*bas*)'] s. f. *1* Bilancia a bilico, per corpi di grandi dimensioni. *2* Nei fucili da caccia, blocco d'acciaio al quale sono agganciate le canne mediante i ramponi.

bàse o †**bàsa** [lat. *băse(m)*, dal gr. *básis*, dal v. *baínein* 'andare', 'sostenere'] **A** s. f. *1* Parte inferiore di un'intera costruzione o di una membratura che funge da sostegno alle parti sovrastanti | Nella colonna e nel pilastro, elemento interposto tra il fusto e il piano d'appoggio, costituente il raccordo fra la membratura verticale e quella orizzontale sottostante. ➡ ILL. p. 357 ARCHITETTURA. *2* (*est.*, *fig.*) Sostegno, parte inferiore di q.c.: *la b. di un mobile, di un bicchiere*; *b. cranica*. *3* (*fig.*) Principio, fondamento, sostegno culturale di q.c.: *la sua moralità ha solide basi* | *Gettare, porre le basi di una dottrina*, formularne i principi | *Avere buone basi*, essere preparato per un lavoro | *Mancare di basi*, essere impreparato | *In b. a, sulla b. di*, sul fondamento di | *A b. di*, formato, costituito specialmente da. *4* (*est.*) Elemento costitutivo, componente essenziale o attiva di q.c.: *il riso è la b. dell'alimentazione giapponese*; *la b. di un medicinale*. *5* Zona appositamente attrezzata ove stazionano forze militari: *b. aerea, navale*; *basi militari all'estero* | *B. d'operazione*, da cui un esercito operante trae i rifornimenti e su cui appoggia le sue comunicazioni durante una campagna di guerra | *B. di armamento*, aeroporto dove un aereo risiede abitualmente | *B. spaziale*, luogo, naturale o artificiale, dove si svolgono attività spaziali | (*est.*) Qualunque luogo da cui si parte per un'impresa, a cui si fa capo per assistenza organizzativa e sim. | (*fig.*) *Rientrare alla b.*, riferito a cose o persone, tornare al luogo di partenza | *Non fare ritorno alla b.*, detto di reparti militari, navi e aerei che non rientrano dalla missione operativa e (*fig.*) di persone che non tornano, di cose che si smarriscono. *6* (*mat.*) *B. di una potenza*, il numero da elevare a potenza | *B. di un logaritmo*, numero che, elevato a una potenza pari al logaritmo di un secondo numero, vale quest'ultimo | Lato o poligono arbitrariamente prescelto in relazione al quale si calcola l'altezza di una figura piana o solida: *b. di un quadrato, di un triangolo, di una piramide* | In un sistema numerico, numero intero le cui potenze permettono di rappresentare tutti i numeri del sistema: *sistema a b. 10, a b. 2*. *7* *B. geodetica, topografica*, tratto di terreno fra due punti fissati, misurato direttamente con la massima precisione, che serve come base di una triangolazione. *8* (*econ.*) *B. imponibile*, valore cui si deve commisurare l'aliquota per determinare l'imposta | *B. monetaria*, insieme di moneta legale in circolazione, depositi delle banche presso la Banca Centrale e passività a breve delle autorità monetarie. *9* (*ling.*) *B. apofonica*, gruppo radicale o suffissale che presenti alternanza nel vocalismo. *10* Nel baseball, ciascuno dei vertici del diamante, che i giocatori in attacco cercano di occupare successivamente per fare punti. *11* Uno degli elettrodi del transistor. *12* L'insieme degli iscritti a un partito, a un sindacato e sim., rappresentato al vertice dagli organi direttivi che ne coordinano e ne esprimono la volontà: *consultare la b.*; *la b. preme per lo sciopero*. *13* (*chim.*) Composto, la cui soluzione acquosa ha sapore di liscivia e rende di colore azzurro la cartina di tornasole, che combinato con acidi forma i sali: *b. inorganica, b. organica*. CONTR. Acido. SIN. Alcali. *14* Ogni crema o liquido incolore che si applica sul volto per prepararlo al trucco | Smalto incolore protettivo che si applica sulle unghie prima di quello colorato. **B** in funzione di agg. inv. • (posposto a un s.) Fondamentale, essenziale, principale: *salario b.*; *problema b.*; *testo b.*; *campo b.*

baseball /'bɛzbol, *ingl.* 'beisbɔ:l/ [vc. ingl., letteralmente 'palla (*ball*) a base (*base* nel sign. 10)'] s. m. inv. • Gioco di palla che si svolge su un campo dove è tracciato un quadrato ai cui vertici sono segnate le basi, tra due squadre di nove giocatori.

basedowiàno /bazedo'vjano/ [dal n. del medico ted. che descrisse la malattia, K. v. *Basedow* (1799-1854)] **A** agg. • Del, relativo al morbo di Basedow. **B** s. m. (f. *-a*) • Chi è affetto dal morbo di Basedow.

basedowìsmo /bazedo'vizmo/ s. m. • Morbo di Basedow, malattia endocrina caratterizzata da esoftalmo e disturbi neurovegetativi.

baseline /ingl. 'beislain/ [vc. ingl., propr. 'linea (*line*) di base (*base*)'] s. f. inv. • Nel linguaggio della pubblicità, breve testo, generalmente in calce o ai margini di un annuncio, con il nome, l'indirizzo e il logotipo dell'azienda committente.

basèno • V. *basino*.

basèo [variante di *baggeo*] s. m.; anche agg. • Sciocco.

basétta (1) [etim. incerta] s. f. *1* Parte dei capelli che scende lungo la guancia, davanti all'orecchio, congiungendosi eventualmente con la barba. *2* (*spec. al pl.*) †Baffi. || **basettàccia**, pegg. | **basettìna**, dim. | **basettóne**, accr. m. (V.).

basétta (2) [da *base*] s. f. • (*elettron.*) Supporto di plastica, ceramica o altro materiale isolante per circuiti stampati.

basettìno [detto così per le due *basette* nere ai lati del becco] s. m. • Piccolo passeriforme che vive nei canneti (*Panurus biarmicus*).

basettóne s. m. *1* Accr. di *basetta*. *2* (*est.*) Chi porta grandi basette.

basic English /ingl. 'beisik 'iŋgliʃ/ [loc. ingl., propr. 'inglese (*English*) di base (*basic*)'] loc. sost. m. inv. • Sistema linguistico semplificato, con un lessico e una grammatica elementari, basato sull'inglese.

basicità [da *basico* nel sign. 2] s. f. • (*chim.*) Proprietà delle basi. SIN. Alcalinità. CONTR. Acidità | Proprietà di un acido di neutralizzare uno o più equivalenti di una base mediante gli atomi di idrogeno salificabili della sua molecola.

bàsico [da *base*] agg. (pl. m. *-ci*) *1* Basilare, fondamentale (*spec. fig.*): *gli elementi basici di un problema*. *2* (*chim.*) Di, relativo a, caratteristico di una base: *reazione basica* | *Terreno b.*, ricco di sali naturali e povero di acidi. *3* Detto di roccia eruttiva povera di silicio e di colore scuro.

basìdio [vc. dotta, lat. *basīdiu(m)*, corrispondente a un gr. **basídion*, dim. di *básis* 'base, piedestallo'] s. m. • (*bot.*) Organo a forma di clava che nei funghi basidiomiceti porta le spore.

Basidiomicèti [vc. dotta, comp. di *basidio* e del gr. *mýkētes* 'funghi'] s. m. pl. • Nella tassonomia vegetale, classe di Funghi caratterizzata dalla produzione di basidiospore portate dai basidi (*Basidiomycetes*) | (al sing. *-e*) Ogni individuo di tale classe.

basidiospòra [comp. di *basidio* e *spora*] s. f. • Spora dei basidiomiceti.

basificàre [comp. di *base* e *-ficare*] v. tr. (*io basìfico, tu basìfichi*) • Aggiungere una base a un liquido per renderlo basico o per neutralizzarne l'acidità.

basificazióne s. f. • Atto, effetto del basificare.

basìfilo [comp. di *base* e *-filo*] agg. • Detto di vegetale che cresce di preferenza su terreni basici.

basilàre [vc. dotta, lat. *basilāre(m)*, rifatto erroneamente da *băsis* 'base' sul tipo di *similare*] agg. *1* Che fa da base. *2* (*fig.*) Fondamentale, essenziale: *principi basilari*.

basilarità s. f. • Caratteristica di ciò che è basilare.

basilìano [dal nome di S. *Basilio* (330 ca.-379) di Cesarea, che ne dettò le regole] **A** agg. • Che si riferisce a S. Basilio il Grande o alle correnti monastiche orientali che seguono la sua regola. **B** s. m. • Religioso che segue la regola di S. Basilio.

basìlica [vc. dotta, lat. *basilica(m)* 'edificio pubblico', lat. eccl. 'edificio destinato al culto cristiano', dal gr. *basilikḗ* (*oikía*) '(casa) reale, reggia', da *basiléus* 're'] s. f. *1* Edificio pubblico romano con grandi sale e corridoi per adunanze giudiziarie e politiche, comizi, letture, e sim.: *la b. di Massenzio*. *2* Edificio dell'antica architettura cristiana, a sviluppo longitudinale e terminazione ad abside, derivato dalla basilica romana e destinato al culto: *la b. di S. Apollinare in Classe*. *3* Titolo di chiesa derivante da concessione apostolica o da consuetudine immemorabile, con annessi privilegi liturgici: *la b. di Pompei, di Santa Maria Maggiore*.

bașilicàle agg. ● Che è proprio delle basiliche, o che si riferisce a esse: *edificio a pianta b.*; *arte b.*

bașìlico (1) o (*tosc.*) **bassìlico** [lat. *basĭlicu(m)*, dal gr. *basilikón* 'regio' nel senso di '(erba, pianta) regale'] s. m. ● Pianta erbacea delle Labiate con foglie ovali molto aromatiche e fiori chiari raccolti in spighe (*Ocymum basilicum*).

bașìlico (2) [vc. dotta, lat. *basĭlicu(m)*, dal gr. *basilikós* 'regio', da *basiléus* 're', di etim. incerta] agg. (pl. m. *-ci*) *1* Regio | *Libri basilici*, codificazione dell'età bizantina che ha ridotto e unificato l'opera legislativa di Giustiniano. *2* (*raro*) Principale | (*anat.*) *Vena basilica*, superficiale del braccio, nella faccia anteriore interna.

bașilìsco o †**bașalìschio**, **bașalìsco**, †**bașilìschio** [vc. dotta, lat. *basilĭscu(m)*, dal gr. *basilískos* 'reuccio' dim. di *basiléys* 're'] s. m. (pl. *-schi*) *1* Rettile tropicale sauro con caratteristiche creste laminari erettili sul capo e sul dorso, di colore verdastro con fasce nere (*Basiliscus americanus*) *2* Nella zoologia greco-romana, mostro fantastico, con poteri malefici e terribili, spesso rappresentato con una cresta a guisa di corona | *Occhi di b.*, *sguardo di b.*, (*fig.*) che incutono spavento. *3* Grossa colubrina del XV sec., che armava la prua di alcune galee.

bașilìssa o **bașilissa** [gr. *basílissa*, f. di *basiléys* 're' col suff. proprio del f. *-issa*] s. f. ● Imperatrice | Regina.

†**bașiménto** [da *basire*] s. m. ● (*raro*) Svenimento, illanguidimento.

bașìno o **bașèno** [fr. *basin*, da *bombasin* 'bambagino', di origine it. da cui è stata staccata la prima parte, intesa come *bon* 'buono'] s. m. ● Tessuto di cotone, con effetto diagonale, usato spec. per fodere.

bașìre [vc. gall. **basire*, da una base *ba-* 'morire'] v. intr. (*io basisco, tu basisci*; aus. *essere*) *1* Cadere in deliquio, svenire: *b. di fame*; *b. per estrema debolezza* | (*est.*) Allibire, sbalordire per forte, o improvvisa, emozione: *b. di paura*. *2* †Morire.

bașìsta [da *base*] s. m. e f. (pl. m. *-i*) *1* (*polit.*) Chi sostiene e segue l'orientamento politico della base di un partito in contrasto con le direttive della direzione centrale | Chi appartiene alla corrente democristiana denominata Sinistra di Base. *2* (*gerg.*) Chi organizza imprese criminose dopo avere raccolto informazioni e stabilito un piano d'azione.

bașìto part. pass. di *basire*; anche agg. *1* Nei sign. del v. *2* Fortemente sbalordito, attonito: *quando ci vide, rimase b.*

bàsket /'basket, *ingl.* 'ba:skit/ s. m. inv. ● Acrt. di *basket-ball*.

bàsket-ball /'basketbol, *ingl.* 'ba:skit bɔ:l/ [loc. ingl., comp. di *basket* 'cesto' (in origine per frutta) e *ball* 'palla'] loc. sost. m. inv. ● Pallacanestro.

†**bașòffia** o **bașòffia** ● V. *bazzoffia*.

bașofilìa [comp. di *base* e *-filia*] s. f. ● Qualità di basofilo.

bașòfilo [comp. di *base-* e *-filo*] agg. ● (*biol.*) Detto di costituente del protoplasma che si colora con i coloranti basici: *granulocita b.* CONTR. Acidofilo, ossifilo.

bașofobìa [vc. dotta, comp. del gr. *básis* 'base, appoggio' e *-fobia*] s. f. ● Paura morbosa di camminare o di stare in posizione eretta.

†**bàșola** s. f. ● Basolo nel sign. 2.

bașolàio s. m. ● Basolatore.

bașolàto s. m. ● Pavimentazione stradale fatta con basoli.

bașolatóre s. m. ● Operaio pavimentatore.

bașolatùra s. f. ● Pavimentazione di una strada con basoli.

bàșolo [da *base*] s. m. *1* (*raro*) Basamento, appoggio. *2* Grossa lastra di pietra di origine eruttiva, usata, spec. nell'Italia merid., per pavimentazioni stradali.

bàssa (1) [da *basso*, come contrapposto a *alto* 'elevato'] s. f. *1* Parte pianeggiante e depressa di una regione geografica: *b. padana*; *b. ferrarese*. *2* (*meteor.*) Zona mobile con pressione atmosferica inferiore ai valori normali. SIN. Depressione.

bàssa (2) [dal tagliando inferiore da staccare e consegnare] s. f. ● (*bur.*) Lasciapassare: *b. d'uscita*.

†**bassà** ● V. *pascià*.

bassacórte [adattamento del fr. *basse-cour* 'cortile (*cour*, f.) basso (*basse*)', anche materialmente, destinato alla servitù] s. f. ● Spazio attiguo al fabbricato colonico ove si allevano il pollame e altri piccoli animali domestici.

bassadànza [sp. *baja danza*: perché caratterizzata da un passo inclinato, *basso* (?)] s. f. ● Danza lenta del cerimoniale di corte, tipica del Quattrocento.

bassanèllo [dal n. dell'inventore, G. *Bassano* (XVI sec.) (?)] s. m. ● Strumento musicale simile al fagotto in uso nei secc. XVI e XVII.

†**bassàre** [da *basso*] **A** v. tr. ● Abbassare: *questo detto bassò il viso, piagnendo* (BOCCACCIO). **B** v. intr. pron. e rifl. ● Abbassarsi.

bassàrico [vc. dotta, lat. *Bassăricu(m)* 'di Bacco', dal gr. *bassarikós* '(pelle) propria della volpe (*bassára*, di etim. incerta)' e 'baccante', che di quella pelle si rivestiva] s. m. (pl. *-ci*) ● (*lett.*) Bacchico.

bassàride [vc. dotta, lat. *Bassăride(m)* 'baccante', nom. *Băssaris*, dal gr. *bassarís* 'baccante' e 'volpe' (V. *bassarico*)] s. f. ● (*lett.*) Baccante, menade.

bassarìsco [dal gr. *bossára* 'volpe', di etim. incerta, col suff. dim. *-ískos*] s. m. (pl. *-schi*) ● Piccolo mammifero onnivoro dei Procionidi con coda molto lunga ad anelli bianchi e neri (*Bassariscus astutus*).

basset hound /*ingl.* 'bæsit haund/ [loc. ingl., propr. 'cane da caccia (*hound*) basso (*basset*, di orig. fr.)'] loc. sost. m. inv. (pl. ingl. *basset hounds*) ● Cane da caccia con arti corti, corpo molto robusto e allungato e orecchie pendenti.

bassétta (1) [perché gioco basato sulle carte *basse*] s. f. ● Antico gioco d'azzardo a carte, simile al faraone.

bassétta (2) [da *basso* 'piccolo (d'anni)'] s. f. *1* (*tosc.*) Fiasco rotto. *2* (*est.*, *tosc.*) Persona piccola o malaticcia. *3* †Pelle di agnello ucciso appena nato.

†**bassettàre** [da *basso*, come *abbassare*] v. tr. (*io bassétto*) ● (*raro*) Ridurre in cattive condizioni fisiche | Far morire.

bassétto [dim. di *basso C*, nel sign. 2] s. m. ● Antico strumento musicale a corde, tra la viola e il violoncello.

bassézza s. f. *1* Qualità di ciò che è basso | (*fig.*) Pochezza, miseria spirituale, viltà: *b. d'animo*; *b. morale*. *2* †Posizione bassa, depressione, bassura: *nelle bassezze delle valli* (LEONARDO) | (*fig.*) †Condizione sociale umile, inferiore | (*fig.*) †Decadenza politica e sociale | (*fig.*) †Volgarità di parole o costrutti verbali. *3* (*fig.*) Azione vile e abietta: *è capace di qualsiasi b.*

bassìlico ● V. *basilico* (*1*).

bassìna [variante di *bacina* (?)] s. f. ● Speciale bacinella rotativa di forma sferica usata nell'industria dolciaria per la preparazione dei confetti.

bassinatóre s. m. (f. *-trice*) ● Operaio addetto al funzionamento di una bassina.

bassìsta s. m. e f. (pl. m. *-i*) ● Chi suona una chitarra basso.

bàsso [lat. tardo *băssu(m)*, d'origine osca (?)] **A** agg. (compar. di maggioranza: *più basso*, o *inferiore* (V.); sup. *bassissimo*, o *infimo* (V.)) *1* Che non si eleva molto rispetto a un piano, in confronto a strutture analoghe: *casa bassa* | *Statura bassa*, inferiore alla normale | (*est.*) Che occupa una posizione poco elevata: *i quartieri poveri sono nella parte bassa della città* | (*fig.*) *Fare man bassa di q.c.*, prenderne più che si può | (*fig.*) *Avere il morale b.*, essere triste, abbattuto. CONTR. Alto. *2* Che è privo di rilievi montagnosi: *regione bassa*. *3* Poco profondo: *fondale b.*; *l'acqua di questo fiume è bassa* | (*fig.*) *Essere in basse acque*, passarsela male. CONTR. Alto. *4* Grave, profondo: *le note basse della scala musicale* | Sommesso: *tono b.*; *voce bassa*. *5* Stretto: *tessuto, nastro b.* | Di esiguo spessore. *6* (*est.*) Pertinente alla parte più tarda di un'epoca storica, dello sviluppo di una lingua e sim.: *b. Impero*; *b. latino*; *b. Medioevo* | Che è in anticipo rispetto al tempo in cui ricorre normalmente, riferito a festività mobile e sim.: *Pasqua bassa* | *Bassa stagione*, il periodo meno frequentato di una stagione turistica, spec. all'inizio e alla fine dell'estate o dell'inverno. CONTR. Alto. *7* (*est.*) Meridionale: *la bassa Italia* | Che è situato a valle, verso il mare: *b. Polesine* | Vicino alla foce, riferito a un corso d'acqua: *il b. Po*. *8* (*est.*) Che occupa un posto non elevato in una graduatoria di importanza, meriti, abilità, esperienza, autorità burocratica, eleganza mondana e sim.: *bassa forza*; *bassa macelleria*; *spirito di bassa lega*; *gente di b. rango*; *i ceti più bassi*; *b. clero* | *Messa bassa*, non cantata. CONTR. Alto. *9* (*est.*) Volgare, meschino, immorale: *bassi scopi*; *bassi istinti*; *persona, azione bassa*. *10* (*est.*) Piccolo, scarso: *b. prezzo, stipendio*; *un b. quoziente di intelligenza*; *pressione bassa*. || **bassaménte**, avv. *1* In modo basso, vile. *2* A voce bassa. **B** avv. *1* In giù, verso il basso, in una parte bassa: *guardare b.*; *mirare, colpire b.* | *Volare b.*, a bassa quota. *2* Con voce sommessa: *parlare b.* **C** s. m. *1* La parte inferiore di q.c.: *l'iscrizione si trova sul b. della colonna* | *Scendere a b.*, *da b.*, giù, al pianterreno; V. anche *abbasso* e *dabbasso* | *Cadere in b.*, (*fig.*) ritrovarsi in una misera condizione | (*fig.*) *Guardare qc. dall'alto in b.*, con ostentata alterigia | (*fig.*) *Gli alti e bassi della vita*, i momenti favorevoli e quelli sfavorevoli. *2* (*mus.*) La voce maschile più grave, che canta nel registro di petto | Cantante con voce di basso: *b. cantante*, *b. comico*, *b. profondo* | Lo strumento più grave di una famiglia: *b. di viola* | Chiave di basso | *B. continuo*, la parte più grave di una composizione vocale o strumentale del periodo barocco che va realizzata dall'esecutore, cioè armonizzata secondo le regole dell'armonia e affidata a uno o più strumenti (organo in chiesa, clavicembalo in camera, chitarrone, violoncello) | *B. fondamentale*, la nota più grave dell'accordo scritto o sentito nella forma fondamentale | *B. ostinato*, basso continuo che ripete variamente una stessa formula melodica | (*per anton.*) Chitarra elettrica cui è affidata, in un complesso, la voce più grave dell'accompagnamento ritmico. *3* A Napoli, locale d'abitazione seminterrato, con porta di ingresso a livello stradale. *4* (*pesca*) *B. di lenza*, finale, bava. *5* (*tess.*, *al pl.*) *Primi, secondi, terzi, quarti bassi*, gradi di qualità nella classifica della canapa: *i primi bassi indicano la qualità superiore*. || **bassétto**, dim. | **bassìno**, dim. | **bassòtto**, dim. (V.) | **bassùccio**, dim.

bassofóndo [fr. *bas-fond*, comp. di *bas* 'basso' e *fond* 'fondo'] s. m. (pl. m. *bassifóndi* o *bassofóndi*) *1* Zona del mare poco profonda, con banchi o secche pericolose per la navigazione. *2* (*al pl.*, *fig.*) Strati sociali inferiori viventi ai margini della legge | (*est.*) I luoghi, i quartieri cittadini abitati o frequentati dalla malavita: *i bassifondi della metropoli*.

bassoparlànte [comp. di *basso* e *parlante*] s. m. ● Apparecchio che riproduce suoni a basso volume.

bassopiàno [comp. di *basso* e *piano*] s. m. (pl. *bassipiàni* o *bassopiàni*) ● Estesa regione pianeggiante poco elevata sul livello del mare.

bassorilièvo [comp. di *basso* e *rilievo*] s. m. (pl. *bassirilièvi* o *bassorilièvi*) ● Rappresentazione scultoria a rilievo, in cui le forme sporgono di poco dal piano di fondo.

bassòtto A agg. ● Dim. di *basso*. **B** s. m. ● Cane da tana con pelo raso, arti cortissimi, corpo molto allungato, forte e muscoloso.

bassotùba [per la funzione di *basso* che assume lo strumento a fiato chiamato generalmente *tuba*] s. m. ● (*mus.*) Principale rappresentante del gruppo della tube nella famiglia dei flicorni, usato dall'orchestra e dalla banda moderna. SIN. Tuba bassa. ➡ ILL. **musica**.

bassovèntre o **bàsso vèntre** [comp. di *basso* e *ventre*] s. m. ● Parte inferiore dell'addome | (*est. euf.*) Organi genitali esterni.

bass reflex /*ingl.* 'beis ri'fleks/ [loc. ingl., propr. 'riflesso (*reflex*) di tono basso (*bass*)'] loc. sost. m. inv. ● Tecnica di realizzazione di altoparlanti per alta fedeltà che consente una resa migliore delle frequenze più basse.

bassùra [da *basso* con contrapposizione ad *altura*] s. f. *1* Zona pianeggiante, bassa: *la superficie lunare ... piena di eminenze e bassure* (GALILEI). *2* (*raro, fig.*) Condizione moralmente bassa.

bàsta (1) o (*raro*) **bàstia** (1) [da *bastire*] s. f. *1* Cucitura a punti lunghi, propria dell'imbastitura. *2* Piega in dentro, fatta a una veste per accorciarla o per poterla poi allungare.

bàsta (2) [da *bastare*, forma nel contempo impersonale e imperativale] **A** inter. ● Si usa per imporre silenzio o per porre termine a un discorso o per esigere la cessazione di q.c., anche con il valore concl. di 'insomma': *b.! state zitti!*; *b. con queste lamentele!*; *b., per farla breve, decisi di fare tutto da solo*; *sono brutte situazioni ma b.! cambiamo discorso* | *Ma b. là, oh b. là*, (*sett.*) per esprimere meraviglia, stupore. **B** cong. ● Purché (introduce una prop. conc. con il v. al congv. o all'inf.): *otterrete il permesso, b. non insistiate*; *si riesce a fare anche le cose molto difficili, b. insistere*. **C** nella loc. cong. *b. che* ● Purché, a condizione che (introduce una prop. cond. con il v. al congv.): *fai quello che vuoi, b. che tu non esageri*. **D** in funzione di sost., nella loc. (*fam.*) *averne* (*a*) *b. di...*, averne abbastanza, non poterne più.

bastàgio o **vastàgio** [gr. **bastásios*, da *bastázein* 'portare (un carico)'] s. m. *1* Addetto ai servizi più umili nelle tonnare. *2* †Facchino.

bastàio [da *basto*] s. m. ● Chi fabbrica o vende basti.

bastànte part. pres. di *bastare*; anche agg. ● Nei sign. del v. || **bastanteménte**, avv. A sufficienza.

†**bastànza** [da *bastare*] s. f. ● Sufficienza | (*raro*) Durata | *A b.*, abbastanza.

bastàrda [f. sost. di *bastardo*] s. f. *1* Figlia illegittima. *2* Tipo di scrittura caratterizzata da una forte inclinazione a destra, dalle aste grosse all'inizio e terminanti in punte sottili e acute. *3* Barcone delle tonnare che manovra le reti con un argano durante la mattanza. *4* Cannone dotato di canna molto corta rispetto al calibro.

bastardàggine s. f. ● (*spreg.*) Condizione di chi o di ciò che è bastardo.

†**bastardàto** agg. ● Imbastardito.

bastardèlla [da *bastardo A* nel sign. 3 'irregolare'] s. f. ● Recipiente di terracotta o di rame stagnato più fondo del tegame, per cuocere la carne.

bastardèllo [da *bastardo A* nel sign. 3, 'eterogeneo' per il carattere vario delle annotazioni] s. m. ● Registro di note tenuto anticamente da notai o da pubblici ufficiali.

†**bastardìgia** s. f. ● Condizione di bastardo (*anche fig.*).

bastàrdo [ant. fr. *bastard*, di etim. incerta] **A** agg. *1* Nato da genitori non legittimamente coniugati: *figlio b.* SIN. Illegittimo. *2* Detto di animale o vegetale nato da incrocio fra due razze diverse. *3* (*fig.*) Spurio, non schietto, corrotto: *parole bastarde*; *tempi bastardi* | Irregolare, eterogeneo, che si discosta dal modello comune: *caratteri tipografici bastardi* | (*tecnol.*) *Lima bastarda*, usata per lavori di sgrossatura e sbavatura, è al secondo posto nella classificazione delle lime per grossezza di taglio. *4* (*mar.*) *Vela bastarda*, vela latina più grande, usata sulle galee | *Galea bastarda*, di grandi dimensioni. **B** s. m. (f. *-a*) *1* Figlio nato da un'unione illegittima (*spec. spreg.*): *taci, b.!*; *maledetto b.!* *2* Animale, spec. cane, bastardo. || **bastardàccio**, pegg. | **bastardèllo**, dim. | **bastardìno**, dim. | **bastardóne**, accr. | **bastardùccio**, dim.

bastardùme s. m. *1* (*spreg.*) Progenie bastarda | (*est.*) Bastardaggine. *2* (*est.*) Insieme di persone o cose spregevoli o eterogenee.

bastàre [lat. parl. **bastāre*, dal gr. *bastázein* 'portare, sostenere' (?)] **A** v. intr. (aus. *essere*) ● Essere sufficiente: *i soldi non ti bastano mai* | *Quel tanto che basta*, che è necessario | *B., non b., l'animo*, avere, non avere il coraggio | (*est.*) Durare, resistere: *questa somma mi basterà per un mese*. **B** v. intr. impers. ● Essere sufficiente: *bastava dirmelo e avrei provveduto* | *Basta che*, purché | *E non basta!*, e c'è dell'altro, di più | V. anche *basta e basta che*.

†**bastèrna** [vc. dotta, lat. tardo *bastĕrna(m)*, da *bastum* 'bastone' (?)] s. f. ● Sorta di lettiga | Carro.

bastétto s. m. *1* Dim. di *basto*. *2* (*mar.*) Lista di legno presso la murata sul ponte di alcune navi.

bastévole [da *bastare*] agg. ● (*lett.*) Bastante. || **bastevolménte**, avv. Sufficientemente, abbastanza.

bàstia (1) ● V. *basta* (*1*).

bastìa (2) o **bastìda**, **bastìta** [ant. provz. *bastida*, da *bastir* 'bastire, costruire (una casa)'] s. f. ● Piccola fortezza di forma quadra, chiusa intorno da un fossato e da un terrapieno.

bastiàn [abbreviazione familiare di Sebastiano] pers. m. ● (*sett.*) Solo nella loc. *b. contrario*, oppositore programmatico, contraddittore per partito preso o per il gusto di distinguersi.

bastìda ● V. *bastia* (*2*).

†**bastière** [da *basto*, nel sign. 4 dell'ant. senso mar.] s. m. *1* †Bastaio. *2* (*mar.*) Barra che si interpone trasversalmente alla base delle sartie, per mantenerle a distanza.

bastiménto [da *bastire*] s. m. *1* Naviglio grande o piccolo, in legno o in ferro, a vela o a vapore, di mare o di fiume: *partono i bastimenti*; *è arrivato un b. carico di ...*; *b. di linea, da battaglia* | †*B. corrente*, corsaro. *2* (*est.*) Quantità di merci contenuta in un bastimento: *un b. di grano*. || **bastimentino**, dim.

bastingàggio [fr. *bastingage*, da *bastingue*, dal provz. *bastengo*, da *bastir* 'bastire'] s. m. ● Impavesata.

bastionàre v. tr. (*io bastióno*) ● Fortificare con bastioni.

bastionàta s. f. *1* Complesso di bastioni. *2* (*est.*) Grande muraglia rocciosa.

bastionatóre s. m. ● (*raro*) Costruttore di bastioni.

bastionatùra s. f. ● Atto, effetto del bastionare.

bastionazióne s. f. ● (*raro*) Bastionatura.

bastióne [fr. *bastillon*, dim. di *bastille*, adattamento del provz. *bastide* (V. *bastia* (*2*))] s. m. *1* Opera di fortificazione costituita da una massa di terra, piena o vuota nel mezzo, incamiciata di mattoni o di pietre, disposta ordinatamente agli angoli del recinto delle fortezze, con angolo saliente verso la campagna. ➡ ILL. p. 361 ARCHITETTURA. *2* (*fig.*) Riparo, difesa. || **bastioncèllo**, dim.

†**bastìre** [ant. fr., provz. *bastir*, dal germ. **bastjan* 'tessere, intrecciare'] v. tr. ● (*raro*) Costruire, fabbricare.

bastìta ● V. *bastia* (*2*).

bàsto [lat. *băstu(m)*, den. del grecismo **bastāre* 'portare un peso' (V. *bastare*)] s. m. *1* Rozza sella imbottita, con arcioni alti, usata soprattutto per cavalcare muli e asini | Bardatura delle bestie da soma, per assicurarvi il carico. *2* (*fig.*) Peso eccessivo e ingrato: *avere, portare il b.* | *Essere da b. e da sella*, adatto a varie cose | *Mettere il b.*, ridurre in soggezione | *Non portare il b.*, non essere schiavo di nessuno. *3* *B. rovescio*, cunetta per lo scolo delle acque, nelle strade lastricate. *4* (*mar.*) †Barra di legno incastrata nei riempimenti da una parte e dall'altra della ruota di prua, seguendo la curva dell'opera morta. || **bastétto**, dim. (V.) | **bastìna**, dim. f.

bastonàbile agg. ● (*raro*) Che si può bastonare | Meritevole d'una bastonatura.

bastonaménto s. m. ● (*raro*) Modo e atto del bastonare.

bastonàre [da *bastone*] **A** v. tr. (*io bastóno*) *1* Percuotere con un bastone | (*est.*) Picchiare: *lo hanno bastonato di santa ragione*. SIN. Battere, legnare. *2* (*fig.*) Attaccare con critiche violente, strapazzare: *con poche parole l'hanno proprio bastonato* | *B. l'organo, il violino*, suonarli male. **B** v. rifl. rec. ● Percuotersi l'un l'altro, spec. con bastoni: *si stanno bastonando*.

bastonàta s. f. *1* Colpo, percossa data con un bastone: *prendere una bella b.*; *fare alle bastonate*. SIN. Bussa, legnata. *2* (*fig.*) Batosta: *prendere una b. in affari*; *la malattia è stata una vera b. per lui*. || **bastonatìna**, dim.

bastonàto part. pass. di *bastonare*; anche agg. *1* Nei sign. del v. *2* (*raro*) Rotto di fatica | *Sembrare un cane b.*, essere triste e avvilito.

bastonatóre s. m.; anche agg. (f. *-trice*) ● (*raro, lett.*) Chi, che bastona.

bastonatùra s. f. *1* Atto, effetto del bastonare e del bastonarsi. *2* (*fig.*) Danno.

bastoncèllo s. m. *1* Dim. di *bastone*. *2* Panino bislungo. *3* (*tip.*) Bastoncino. *4* (*al pl.*) Stecche maestre del ventaglio. *5* (*biol.*) Ciascuno degli apici cilindrici delle cellule recettrici della retina, responsabili della visione a bassa intensità luminosa. CFR. Cono.

bastoncìno s. m. *1* Dim. di *bastone*. *2* Racchetta da sci. *3* (*arch.*) Astragalo. *4* (*edil.*) Tondino, nelle armature. *5* (*anat.*) Ciascuno dei terminali del nervo ottico all'interno dell'occhio. *6* (*tip.*) Carattere tipografico più piccolo di quello a bastone. *7* (*al pl.*) *Bastoncini di pesce*®, nome commerciale di alimento costituito da polpa di pesce tritata e impanata in piccole forme rettangolari, da mangiarsi fritte.

bastóne [lat. parl. **bastōne(m)*, parallelo di *băstum* 'basto' (V.)] s. m. *1* Ramo d'albero arrotondato e lavorato usato per appoggiarsi camminando e come arma: *b. nodoso*; *b. da passeggio, da montagna*; *minacciare qc. con il b.*; *un colpo di b.* | *B. bianco*, quello usato dai ciechi | *B. animato*, vuoto e contenente una lama | *Tirare di b.*, fare la scherma col bastone | (*fig.*) *Mettere i bastoni fra le ruote a qc.*, creargli delle difficoltà | *Usare il b. e la carota*, (*fig.*) alternare la maniera dura a quella dolce. *2* Insegna di autorità, spec. militare: *b. di maresciallo di Francia* | *B. vescovile*, pastorale | *Avere il b. del comando*, (*fig.*) essere la massima autorità, comandare. *3* Ciascuno dei vari tipi di attrezzo sportivo usato per tirare, colpire, respingere palle, palline, dischi e sim.: *b. da golf*. SIN. Mazza | In ginnastica, lunga sbarra cilindrica di ferro pieno con cui si eseguono vari esercizi. ➡ ILL. p. 1290 SPORT. *4* (*spec. al pl.*) Uno dei quattro semi delle carte da gioco italiane e dei tarocchi | *Asso di bastoni*, (*fig.*) busse | *Accennare in coppe e dare in bastoni*, (*fig.*) dire una cosa e farne un'altra. *5* (*fig.*) Aiuto, sostegno: *sarai il b. della mia vecchiaia*. *6* Pane di forma allungata. SIN. Filone, sfilatino. *7* (*arald.*) Cotissa diminuita di metà della larghezza. *8* (*arch.*) Toro (2). *9* (*tip.*) *Carattere a b.*, carattere tipografico privo di grazia, con aste di spessore costante. || **bastoncèllo**, dim. (V.) | **bastoncétto**, dim. | **bastoncìno**, dim. (V.) | **bastoncióne**, accr. | **bastonciòtto**, dim. | †**bastonèllo**, dim. | †**bastonétto**, dim. | **bastonùccio**, dim.

†**bastonière** [ant. provz. *bastonier*, da *baston* 'bastone'] s. m. ● (*raro*) Mazziere.

†**bastracóne** [etim. discussa: da *bastagio* (?)] s. m. ● Uomo grosso e forzuto.

batacchiàre v. tr. (*io batàcchio*) ● Colpire col batacchio | (*est.*) Percuotere, bastonare.

batacchiàta s. f. ● (*raro*) Colpo di batacchio | (*est.*) Percossa.

batàcchio o (*raro*) **battàcchio** [lat. parl. **battuācŭlu(m)*, da *băttuere* 'battere'] s. m. *1* Bastone usato per bacchiare. *2* Battaglio di campana. *3* Anello di ferro o altro arnese infisso sulle porte per bussare o per ornamento. SIN. Battiporta, picchiotto.

bàtalo o **bàtolo** [etim. incerta] s. m. ● Lista di panno con cappuccio che, apposta alla toga, indicava la dignità dei dottori, usata tuttora da vari dignitari ecclesiastici nelle cerimonie.

†**batastèo** [sovrapposizione scherz. di *battere* a *battiste(r)o*] s. m. ● (*raro*) Lite, contesa.

batàta [da una vc. delle Antille] s. f. *1* Pianta erbacea delle Convolvulacee con fiori riuniti in gruppetti e radici a tubero. *2* Il tubero della pianta omonima, farinoso e zuccherino, usato nell'alimentazione umana e animale. SIN. Patata americana, patata dolce.

batàvo o **bàtavo** [vc. dotta, lat. *Batāvu(m)*, di etim. incerta] **A** agg. ● Dei Batavi, antica popolazione dell'Olanda meridionale. **B** s. m. (f. *-a*) ● Chi appartiene alla popolazione batava.

batch processing /*ingl.* 'bætʃ 'prousesiŋ/ [vc. ingl., letteralmente 'lavorazione a blocchi'] loc. sost. m. inv. ● (*elab.*) Elaborazione a posteriori e su dati preventivamente raggruppati.

bàti- [dal gr. *batýs* 'profondo', di origine oscura] primo elemento ● In parole composte della terminologia scientifica significa 'profondo' o 'profondità': *batiscafo*, *batisfera*.

batida /*port.* ba'tida/ [vc. port., propr. '(s)battuta, frullato', dal v. *bater* 'battere'] s. f. inv. (pl. port. *bati-*

das) • (enol.) Bevanda di origine brasiliana costituita da una miscela di succo di frutta e alcol, gener. di canna da zucchero.

batigrafìa [comp. di bati- e -grafia] s. f. • Scienza che studia la profondità dei mari e dei laghi.

batigràfico agg. (pl. m. -ci) • Della, relativo alla, batigrafia.

batik [giavanese batik 'disegno'] s. m. inv. • Procedimento indonesiano di colorazione delle stoffe, consistente nell'immergere il tessuto in bagni di colore, avendo prima ricoperto con cera liquida le parti destinate a rimanere incolori | Il prodotto così ottenuto.

†batillo [vc. dotta, lat. Batyllu(m), n. di un giovane greco (Báthyllos), cantato da Anacreonte] s. m. • (lett.) Cinedo.

batimetria [vc. dotta, comp. di bati- e -metria] s. f. • Parte dell'oceanografia che riguarda la misurazione scientifica della profondità delle acque marine e lacustri.

batimètrico agg. (pl. m. -ci) • Relativo alla batimetria.

batimetro [vc. dotta, comp. di bati- e -metro] s. m. • Scandaglio per misurare le profondità delle acque.

batinàuta [comp. dell'agg. gr. bathýs 'profondo' e -nauta] s. m. e f. (pl. m. -i) • Chi, a bordo di un batiscafo o di una batisfera, compie esplorazioni nelle profondità marine.

batiscàfo [vc. dotta, comp. di bati- e scafo] s. m. • Piccolo sommergibile per esplorare le profondità marine.

batisfèra [vc. dotta, ingl. bathysphere, comp. di bathy- 'bati-' e sphere 'sfera'] s. f. • Cabina metallica sferica, atta a resistere a forti pressioni, per esplorare le profondità marine.

batìsta o **battìsta** (1) [fr. batiste, prob. da Baptiste, nome del primo fabbricante di questa stoffa] **A** s. f. • Tessuto con armatura a tela, assai fine: *b. di lino*. **B** in funzione di agg. • (posposto al s.): *tela b.*

†batistèo • V. *battistero*.

batmòtropo [comp. del gr. bathmós 'passo', 'grado' e -tropo, perché si riferisce al grado di eccitabilità del muscolo cardiaco] agg. • (fisiol.) Che è in grado di eccitare le fibre muscolari, spec. con riferimento all'attività cardiaca: *alcuni farmaci hanno un effetto b.*

bàto-, -bàto [dal gr. báthos 'profondità' (V. bati-)] primo o secondo elemento • In parole composte della terminologia scientifica significa 'profondità' o 'abbassamento': *batometro, batosfera, isobato.*

batòcchio [lat. parl. *battŭculu(m), da băttuere 'battere'] s. m. **1** Grosso bastone a forma di spatola, usato spec. dalle maschere della commedia dell'arte | Bastone per i ciechi. **2** Batacchio di campana. **3** Battiporta.

batofobìa [comp. di bato- e fobia] s. f. • Paura morbosa del vuoto.

Batoidèi [comp. del gr. bátos 'pesce razza', forse di origine preindeur., e -oidei] s. m. pl. • Nella tassonomia animale, ordine di Pesci cartilaginei dal corpo appiattito, cui appartengono le razze e le torpedini (*Batoidei*) | (al sing. -eo) Ogni individuo di tale ordine.

batolite [comp. di bato- e del gr. líthos 'pietra'] s. f. • Corpo geologico di grandi dimensioni, affiorante per almeno 100 km^2 che, in profondità, si collega al Sial.

bàtolo • V. *batalo*.

batometrìa [comp. di bato- e -metria] s. f. • Batimetria.

batomètrico agg. (pl. m. -ci) • Batimetrico.

batòmetro [comp. di bato- e -metro] s. m. • Batimetro.

batoscòpico agg. (pl. m. -ci) • Atto a esplorare le profondità dei mari e dei laghi | *Sfera batoscopica*, batisfera.

batosfèra [vc. dotta, comp. di bato- e sfera] s. f. • Batisfera.

batòsta [da battere] s. f. **1** Percossa | (est., lett.) Lite, zuffa. **2** (fig.) Sconfitta | Grave disgrazia o danno negli affari o nella salute: *non si è ancora ripreso dalla b.* || **batostina**, dim.

†batostàre [da batosta] v. intr. • (raro) Litigare violentemente.

bàtrace o **batràce** o **batràcio**, **bàtraco** [vc. dotta, gr. batrácheios 'relativo alla rana (bátrachos)', di etim. incerta] s. m. (pl. -ci) **1** (lett.) Rana, rospo. **2** (zool., raro) Anfibio.

Batracoidifórmi [comp. del gr. bátrachos 'rana' con i suff. -oide e -forme] s. m. pl. • Nella tassonomia animale, ordine di Pesci ossei aventi la parte anteriore del corpo più pronunciata della posteriore e la superficie vischiosa e priva di scaglie (*Batracoidiformes*) | (al sing. -e) Ogni individuo di tale ordine.

batracomiomachìa [vc. dotta, gr. batrachomyomachía, comp. di bátrachos 'rana', mŷs 'topo' e máchē 'battaglia'; dal titolo di un poemetto comico della letteratura classica greca] s. f. • (lett.) Contesa futile e ridicola.

battàcchio • V. *batacchio*.

battage /fr. ba'taʒ/ [vc. fr., propriamente 'battitura', dal v. battre nell'espressione battre la grosse caisse 'battere la grancassa'] s. m. inv. • Campagna pubblicitaria condotta attraverso ogni mezzo di comunicazione, per far conoscere al pubblico un determinato prodotto | (est.) Pubblicità chiassosa ed esagerata attorno a qc. o q.c.

battàglia [lat. tardo batt(u)ālia(m), der., attrav. l'agg. battuāle(m), di cui rappresenta il s. m. pl. (battuālia 'esercizi di soldati e gladiatori'), da bătt(u)ere 'battere'] s. f. **1** Scontro tra eserciti o grandi unità nemiche, costituito da un complesso di combattimenti coordinati e inteso a sortire esito risolutivo: *b. offensiva, difensiva, controffensiva; b. aerea, terrestre; b. d'incontro, d'arresto; dare, ingaggiare, attaccare, accettare, rifiutare b.* | *B. campale*, quella combattuta in campo aperto tra gli eserciti contrapposti; (fig.) impegno gravoso il cui esito ha spesso un valore decisivo | *B. di retroguardia*, (fig.) atteggiamento difensivo, di chi, privo di iniziativa propria, reagisce solo alle iniziative altrui | *B. navale*, gioco per ragazzi in cui ciascuno dei giocatori tenta di individuare la posizione, a lui ignota, delle navi dell'avversario, segnate su una tabella quadrettata o disposte in sagoma su una scacchiera. SIN. Combattimento, conflitto. **2** (fig.) Contrasto, lotta: *la vita è una continua b.* | Conflitto sentimentale: *il dì che la b. / d'amor sentii la prima volta* (LEOPARDI) | *Nome di b.*, soprannome spesso adottato da chi combatte clandestinamente: *la 'Pasionaria' fu nome di b. di Dolores Ibarruri* | *Cavallo di b.*, (fig.) materia, lavoro in cui si eccelle. **3** Grande campagna propagandistica per il raggiungimento di un determinato fine: *la b. del grano, la b. per il disarmo.* **4** †Schiera di soldati | Battaglione. **5** Composizione musicale polifonica su testi descriventi scene di battaglia. || **battagliàccia**, pegg. | **battagliétta**, dim. | **battagliùccia**, **battagliùzza**, dim.

battagliànte A part. pres. di battagliare; anche agg. • (raro) Nei sign. del v. **B** s. m. • (raro, lett.) Combattente.

battagliàre A v. intr. (io battàglio; aus. avere) • Prendere parte a una battaglia | (est.) Combattere, lottare, disputare: *b. con sottili argomenti.* **B** v. tr. • †Assalire.

battagliatóre s. m.; anche agg. (f. -trice) • (raro, lett.) Chi, che fa o cerca battaglia.

†battaglière A s. m. • (raro, lett.) Chi combatte | Guerriero. **B** agg. • V. *battagliero*.

battaglierésco agg. (pl. m. -schi) • Pertinente a battaglia | Bellicoso, battagliero.

battaglièro o **†battaglière**. agg. • Che ama combattere ed è valente in battaglia: *esercito, giovane b.* | (fig.) Bellicoso, combattivo: *animo, temperamento b.*

†battagliévole agg. • Pertinente a battaglia | Bellicoso, battagliero. || **battaglievolménte**, avv. Per via di battaglia.

battàglio [provz. batalh, che corrisponde, per origine e sign., a battacchio (V.)] s. m. **1** Ferro che pende dentro la campana per farla suonare, quando è mossa | *Capo del b.*, parte più grossa che batte sulla campana. **2** Batacchio, battiporta, picchiotto. || **battaglino**, dim. | **battaglióne**, accr. | **battagliùccio**, dim.

battagliòla o (lett.) **battagliuola** [da battaglia: perché di difesa durante la battaglia (?)] s. f. • Ringhiera costituita da una catenella o da un cavetto d'acciaio, sorretto da paletti metallici abbattibili, che corre sul bordo dei ponti scoperti delle navi.

battaglióne [da battaglia nel sign. 4] s. m. • (mil.) Nell'esercito italiano, unità tattica fondamentale della fanteria, costituita da più compagnie e comandata da un maggiore o da un tenente colonnello.

battagliuòla • V. *battagliola*.

battàna [da 1batto] s. f. • Piccolo battello a fondo piatto usato nelle lagune venete e di Comacchio.

battellànte s. m. • (raro) Battelliere.

†battellàta s. f. • Carico per un battello.

battellière [fr. batelier, da batel 'battello'] s. m. • Chi pilota un battello.

battèllo [ant. fr. batel, dim. dell'anglosassone bât 'imbarcazione'] s. m. **1** Imbarcazione generalmente a motore adibita a particolari impieghi: *b. da pesca, b. pilota* | *B. porta*, speciale battello usato per la chiusura dei bacini di carenaggio | Imbarcazione a remi o a vela che, in passato, era all'ordine di una grande nave a vela | *B. a vapore*, usato spec. in laguna o lago, per passeggeri | *B. elettrico*, con motore elettrico | *B. sottomarino*, sommergibile | *B. porta*, cassone galleggiante all'occorrenza affondabile, per la chiusura dei bacini di carenaggio | *B. pneumatico*, canotto pneumatico. ➡ ILL. **vigili del fuoco**. **2** Barchettone. || **battellétto**, dim. | **battellino**, dim. | **battellóne**, accr.

battentatùra [da battente] s. f. • Elemento ligneo aggettante della parte inferiore esterna dei battenti di porte e finestre per assicurarne la chiusura e l'impenetrabilità all'acqua.

battènte A part. pres. di battere; anche agg. **1** Nei sign. del v. **2** *A tamburo b.*, (fig.) con grande rapidità e decisione. **B** s. m. **1** Imposta d'uscio o di finestra | Parte dello stipite su cui battono l'uscio o la finestra quando si chiudono. **2** Incavo di una cornice o di una specchiera, ove s'incastra il quadro o il cristallo. **3** Batacchio, battiporta, picchiotto. **4** Parte del telaio per tessitura che serve da appoggio alla navetta nel suo moto e serra fortemente la trama dopo il suo passaggio. **5** Pezzo mobile che batte le ore sulla campana, negli orologi a suoneria. **6** Lembo della campana contro cui picchia il battaglio. **7** Lato mobile di una cassa, da alzarsi e abbassarsi. **8** Bordura esterna della tasca tagliata: *tasca a b.* **9** (idraul.) *Luce, bocca a b.*, apertura praticata nel fondo o nel fianco di un recinto contenente del liquido e totalmente sommersa sotto la superficie libera | (est.) In una luce a battente, differenza di quota fra la superficie e il punto più alto della luce stessa. || **battentino**, dim. (V.).

battentino s. m. **1** Dim. di battente. **2** Passamano usato nella bordatura dei cuscini delle carrozze ferroviarie e delle automobili.

bàttere [lat. băttuere, attrav. il lat. parl. băttere, di etim. sconosciuta] **A** v. tr. (pass. rem. battéi; part. pass. battùto) **1** Effettuare una serie di colpi su qc. o q.c., con vari mezzi e per vari fini: *b. il cavallo con la frusta, un chiodo col martello; Caron dimonio ... / batte col remo qualunque s'adagia* (DANTE Inf. III, 109-111) | *B. i panni, i tappeti*, spolverarli | *B. il grano*, trebbiarlo | *B. i frutti*, bacchiarli | *B. la carne*, pestarla | *B. la verdura*, tritarla | *B. la porta*, bussare | *B. un colpo*, nelle sedute spiritiche, detto di spirito evocato che segnala la sua presenza: *se ci sei, batti un colpo*, (anche scherz.) | *B. un calcio di punizione, di rigore*, nel calcio e nel rugby, effettuarne il tiro | *B. moneta*, coniarla | *B. a macchina*, o (ass.) *battere*, dattilografare | *B. il tamburo*, suonarlo | *B. la grancassa*, (fig.) fare gran pubblicità | *B. cassa*, (fig.) chiedere soldi | *B. banco*, (fig.) tenerlo, in giochi di carte e sim. | *B. il chiodo*, (fig.) insistere sullo stesso argomento | *B. il ferro finché è caldo*, (fig.) operare senza dilazioni, insistere approfittando delle disposizioni favorevoli | *B. l'acqua nel mortaio*, (fig.) affaticarsi inutilmente | *B. la fiacca*, (fig.) evitare la fatica, lavorare poco e svogliatamente | *B. i tacchi*, (fig.) fuggire | *B. la strada, il marciapiede*, (fig.) esercitare la prostituzione per strada | *B. i denti*, per freddo, paura e sim. | *B. le mani*, applaudire | *B. i piedi*, di bambino bizzoso, e (fig.) di adulto caparbio, ostinato | *B. il naso*, (fig.) imbattersi | *B. il capo*, (fig.) ostinarsi in q.c. senza riuscirci | *Non sapere dove b. il capo*, (fig.) essere disperato; non sapere che fare | *Battersi il petto*, (fig.) pentirsi | *Bat-*

tersi i fianchi, (*fig.*) esaltarsi a freddo, artificialmente; rammaricarsi | *Non batter ciglio*, (*fig.*) prestare un'intensa attenzione; rimanere imperturbabile | *Senza batter ciglio*, (*fig.*) con impassibilità, senza scomporsi | *B. le ali, le penne*, prendere il volo (*anche fig.*) | *In un batter d'occhio, di ciglio, di palpebre, d'ali*, (*fig.*) in un attimo | *B. bandiera*, nelle navi, inalberarla, portarla spiegata | *B. il passo*, segnarlo ritmicamente coi piedi sul terreno | *B. il tempo*, in musica, dirigerlo, marcarlo | *B. le ore*, scandirle con rintocchi | *B. la diana, la ritirata*, darne il segnale con suoni di tromba o rulli di tamburo | *B. le sillabe*, (*fig.*) pronunciarle distintamente | *B. il sostantivo*, (*fig.*) recitare enfaticamente, a teatro | *B. una fortezza, una città*, colpirla ripetutamente con tiro d'artiglieria o altri mezzi di offesa bellica | *B. in breccia*, dirigere i tiri delle artiglierie in un solo luogo per far breccia e (*fig.*) sconfiggere, superare nettamente. **2** Percorrere: *b. la via, il cammino* | (*fig.*) *B. la strada degli impieghi, dello studio*, dedicarsi a tali carriere | Frequentare, girare, scorrere: *b. la città, il mercato* | *B. la campagna*, (*fig.*) divagare | *B. un bosco*, con fracasso e percosse per smuovere la selvaggina | *B. il marciapiede*, (*ass.*) *battere*, (*fig.*) esercitare la prostituzione per strada. **3** (*fig.*) Vincere: *b. il nemico, l'orgoglio altrui*; *b. qc. in velocità*; *Italia batte Bulgaria 2 a 0* | Superare: *b. un primato, il record degli incassi* | †Combattere | †Umiliare, castigare. **4** Dominare, essere a cavaliere su una zona di territorio: *fece una fortezza ... in su una punta di colle, e per questo batteva tutto il porto e gran parte della città di Genova* (MACHIAVELLI). **5** (*lett.*) Lambire, bagnare, toccare, detto del mare, dell'onda: *il mare detto Terreno ... che colle sue rive batte la contrada di Maremma* (VILLANI). **B** v. intr. (aus. *avere*) **1** Cadere con insistenza, con violenza: *sul castello di Verona / batte il sole a mezzo giorno* (CARDUCCI); *la pioggia batte sui vetri* | Bussare: *b. alla porta* | Pulsare, palpitare: *il polso batte regolarmente*; *il cuore mi batteva per l'emozione*. **2** Sbattere, urtare contro q.c. | *B. in testa*, detto del rumore caratteristico prodotto, nei motori a scoppio, da una combustione irregolare: *il motore batte in testa*. **3** Effettuare la battuta, nel tennis, nel baseball e in altri sport di palla. **4** Rintoccare: *all'orologio del campanile battevano le quattro*. **5** (*fig.*) Insistere: *non si stancherà di b. su questi principi* | *B. su un tasto, sullo stesso tasto*, insistere sulla stessa questione | †Tendere, andare a parare: *l'instanza di questo filosofo batte qua* (GALILEI). **6** Fuggire, svignarsela, nella loc. *b. in ritirata* | *Battersela*, andarsene via di nascosto, svignarsela. **C** v. intr. pron. **1** Lottare, combattere: *battersi per un'idea, per vincere*; *battersi all'ultimo sangue*. **2** (*raro*) Imbattersi: *battersi in qc.* **D** v. rifl. rec. ● Combattere, duellare: *battersi all'ultimo sangue*. **E** in funzione di s. m. ● (*mus.*) Nella loc. *In b.*, che indica i tempi forti di una battuta. CONTR. In levare || PROV. Bisogna battere il ferro finché è caldo.

batterìa [fr. *batterie*, da *battre* 'battere'] s. f. **1** Minore unità d'artiglieria costituita dall'insieme di quattro o sei pezzi e del personale, dei materiali vari e dei mezzi occorrenti per farla combattere e muovere: *b. costiera, contraerea* | *Scoprire le proprie batterie*, (*fig.*) rivelare le proprie intenzioni, i propri piani e pensieri | †Atto del battere con artiglierie le mura di una fortezza per aprirvi breccia e distruggerle | †Luogo nel quale si collocavano i pezzi d'artiglieria per battere le mura di una fortezza o città. **2** (*mar.*) Primo ponte sotto coperta delle navi da guerra, dove un tempo erano sistemati i cannoni sui due fianchi. **3** Insieme di vari elementi riuniti preordinatamente per uno scopo comune: *b. di test psicotecnici* | *B. da cucina*, l'insieme degli utensili e recipienti usati in cucina | *B. elettrica*, unione di elementi voltaici, quali pile, accumulatori e sim., per ottenere tensioni, correnti, capacità o potenze superiori a quelle dei singoli elementi che la compongono: *caricare la b. dell'automobile* | *B. anodica*, unione di pile a secco o di accumulatori per l'alimentazione dei circuiti anodici di tubi elettronici. **4** Insieme di strumenti ritmici a percussione nelle orchestre spec. di jazz e di musica leggera. ➡ ILL. **musica**. **5** Meccanismo di orologio che fa battere le ore. **6** Meccanismo di sparo di un fucile, spec. da caccia. **7** Speciale gabbia a più compartimenti utilizzata per l'allevamento industriale del pollame e di altri animali: *polli allevati in b.* **8** Nello sport, turno eliminatorio per la qualificazione a prove successive, che si disputa quando i concorrenti sono tanto numerosi da non poter gareggiare insieme in un confronto diretto. **9** Muta di cani da caccia, spec. da seguito | Insieme dei richiami in una rete per uccelli.

battericìda o **bactericìda** [vc. dotta, comp. di *batteri(o)* e *-cida*] **A** s. m. (pl. *-i*) ● Qualsiasi sostanza in grado di distruggere i batteri. **B** anche agg.: *sostanza b.*

battèrico o **bactèrico**. agg. (pl. m. *-ci*) ● Di, relativo a batteri: *coltura batterica*. || **battericaménte**, avv. Per quanto riguarda i batteri. SIN. Batteriologicamente.

batteriemìa [comp. di *batteri(o)* ed *-emia*] s. f. ● (*med.*) Presenza di batteri vitali nel circolo sanguigno.

battèrio o **bactèrio** [vc. dotta, lat. scient. *bacteriu(m)*, dal gr. *baktḗrion* 'bastoncino', dim. di *báktron*, di origine indeur.] s. m. ● (*biol.*) Microrganismo unicellulare senza nucleo distinto | *B. patogeno*, che produce malattie. SIN. Schizomicete.

batteriòfago o **bacteriòfago** [vc. dotta, comp. di *batterio* e *-fago*] s. m. (pl. *-gi*) ● (*biol.*) Qualsiasi virus che infetta una cellula batterica, dalla quale viene moltiplicato e di cui in genere induce la lisi. SIN. Fago.

Batteriòfite [comp. di *batterio* e del pl. f. di *-fito*] s. f. pl. ● (*bot.*) Nella tassonomia vegetale, divisione della sistematica botanica comprendente gli organismi procarioti comunemente noti come batteri (*Bacteriophyta*) | (al sing. *-a*) Ogni individuo di tale divisione.

batteriolìṣi [comp. di *batterio* e *-lisi*] s. f. ● Fenomeno di distruzione dei batteri per dissolvimento, determinato da speciali sostanze, o da un particolare fermento, o da cause fisiche o chimiche.

batteriolìtico agg. (pl. m. *-ci*) ● Relativo a batteriolisi | Che provoca batteriolisi: *enzima b.*

batteriologìa o **bacteriologìa** [vc. dotta, comp. di *batterio* e *-logia*] s. f. (pl. f. *-gie*) ● Branca della biologia che ha per oggetto lo studio dei batteri.

batteriològico o **bacteriològico**. agg. (pl. m. *-ci*) ● Che si riferisce alla batteriologia o ai batteri: *esame b. del sangue* | *Guerra batteriologica*, che prevede l'uso di batteri patogeni come armi di offesa. || **batteriologicaménte**, avv. Per quanto riguarda la batteriologia, sotto l'aspetto batteriologico.

batteriòlogo o **bacteriòlogo** [vc. dotta, comp. di *batterio* e *-logo*] s. m. (pl. *-gi*) ● Studioso di batteriologia.

batteriòṣi o **bacteriòṣi** [comp. di *batteri(o)* e *-osi*] s. f. ● Malattia delle piante provocata da batteri.

batteriostàtico o **bacteriostàtico** [vc. dotta, comp. di *batterio* e dell'agg. gr. *statikós* 'che ferma, arresta'] agg. (pl. m. *-ci*) ● Che impedisce o rallenta lo sviluppo dei batteri: *sostanze batteriostatiche*.

batterioterapìa o **bacterioterapìa** [vc. dotta, comp. di *batterio* e *terapia*] s. f. ● Cura di alcune malattie per mezzo di batteri.

batterioteràpico o **bacterioteràpico** agg. (pl. m. *-ci*) ● Della, relativo alla batterioterapia.

batterista [da *batteria*] s. m. e f. (pl. m. *-i*) ● Suonatore di batteria.

batteṣimàle [lat. mediev. *baptisimāle(m)*, der. di *baptĭsmus* 'battesimo'] agg. ● Relativo al battesimo: *rito, cerimonia, acqua, fonte, vasca b.* | *Innocenza b.*, (*fig.*) totale.

battéṣimo o (*lett.*) †**battéṣmo** [vc. dotta, lat. eccl. *baptĭsmu(m)*, dal gr. *baptismós* 'immersione', da *báptein* 'immergere'] s. m. **1** Rito di immersione nell'acqua, a mezzo del quale si era iniziati in alcune sette orientali precristiane. **2** Primo sacramento di molte chiese cristiane, amministrato per versamento dell'acqua sulla testa o per immersione | *Tenere qc. a b.*, fare da padrino o da madrina a un neonato | *Nome di b.*, quello personale che precede il cognome, imposto all'atto del battesimo. **3** (*fig.*) Cerimonia inaugurativa di q.c.: *b. di una campana, di una nave* | *Ricevere il b. del fuoco*, partecipare per la prima volta a un combattimento o a una esercitazione a fuoco | *Ricevere il b. dell'aria*, volare per la prima volta | *B. della linea*, festa al passaggio delle linee equinoziale e tropicale, a spese dei marinai novelli.

†**battezzaménto** s. m. ● (*raro*) Battesimo.

battezzàndo s. m.; anche agg. (f. *-a*) ● Chi, che deve ricevere il battesimo.

battezzànte A part. pres. di *battezzare* ● Nei sign. del v. **B** s. m. ● Chi amministra il battesimo.

battezzàre [vc. dotta, lat. eccl. *baptizāre*, dal gr. *baptízō*, da *báptein* 'immergere'] **A** v. tr. (*io battézzo*) **1** Amministrare il battesimo. **2** Tenere a battesimo, far da padrino o madrina: *gli ho battezzato l'ultimo figlio*. **3** Dare il nome per mezzo del battesimo: *lo hanno battezzato Giuseppe* | (*est.*) Denominare, chiamare. **4** (*est.*) Bagnare | (*scherz.*) *B. il vino*, annacquarlo. **B** v. intr. pron. **1** Ricevere il battesimo. **2** (*fig.*) Assumere arbitrariamente un titolo, una qualifica e sim.: *battezzarsi principe*.

battezzàto A part. pass. di *battezzare*; anche agg. ● Nei sign. del v. **B** s. m. (f. *-a*) ● Chi ha ricevuto il battesimo.

battezzatóio ● V. *battezzatorio*.

battezzatóre [vc. dotta, lat. eccl. *baptizatōre(m)*, da *baptizāre* 'battezzare'] s. m. ● Chi battezza.

battezzatòrio o **battezzatóio**. s. m. ● Vasca dove si battezzava per immersione | Recipiente che contiene l'acqua per battezzare.

battezzière s. m. ● Battezzatore.

battibaléno [comp. di *battere* e *baleno*] s. m. ● Attimo, momento brevissimo, spec. nella loc. *in un b.*

battibeccàre [da *battibecco*] v. intr. (*io battibécco*) ● Avere battibecchi, discutere vivacemente: *hanno battibeccato a lungo su chi doveva pagare il conto*.

battibécco [comp. di *battere* e *becco* (*1*)] s. m. (pl. *-chi*) ● Breve disputa verbale. SIN. Alterco, diverbio.

battìbile agg. ● Che può essere battuto, sconfitto.

†**battibùglio** [da *battere* col suff. d'altri n. semanticamente vicini, come (*subb*)*uglio*, (*taffer*)*uglio*, (*guazzab*)*uglio*] s. m. ● Lite, disputa: *dopo che ... ebbe con voi quel certo b. rissoso* (GOLDONI).

batticàrne [comp. di *battere* e *carne*] s. m. inv. ● Arnese da cucina costituito da un manico e da una spessa lastra spec. circolare in metallo o legno, usato per battere le fette di carne per renderle più sottili e ammorbidirle prima della cottura.

battichiàppe [comp. di *battere* e il pl. di *chiappa*] s. m. inv. ● Anticamente, pugnale che pendeva sulle natiche.

batticóda [comp. di *battere* e *coda*] s. f. inv. ● (*zool.*) Cutrettola.

batticòffa [comp. di *battere* e *coffa*] s. f. ● (*mar.*) Rinforzo di tela cucito sul fondo delle vele di gabbia per garantirle dall'attrito delle coffe.

batticòre ● V. *batticuore*.

batticùlo [comp. di *battere* e *culo*] s. m. **1** Nelle antiche armature, parte appesa alla schiena della corazza, per proteggere le natiche. **2** Giberna, appesa alla bandoliera, poggiante sulla natica destra. **3** Falde dell'abito a coda maschile. **4** (*mar.*) Bozza per mantenere il cavo di rimorchio lungo l'asse del rimorchiatore | †Vela aurica portata all'estrema poppa. SIN. Mezzanella.

batticuòre o (*pop.*) **batticòre** [comp. di *battere* e *cuore*] s. m. ● Palpitazione di cuore per fatica, timore o altro | *Avere il b.*, (*fig.*) essere ansioso, trepidante | *Far venire il b.*, (*fig.*) provocare ansia, trepidazione.

battifàlce [comp. di *battere* e *falce*] s. m. inv. ● Sorta di piccola incudine per battervi la lama della falce, quando ha perso il filo.

battifèrro [comp. di *battere* e *ferro*] s. m. ● Grande maglio mosso da una ruota per battere il metallo a caldo.

battifiàcca [comp. di *battere* (*la*) *fiacca*, loc. di origine mil., nata da un ironico impiego di *battere* (i segnali col tamburo)] s. m. e f. inv. ● Bighellone, fannullone.

battifiànco [comp. di *battere* e *fianco*] s. m. (pl. *-chi*) ● Parete o asse mobile che separa le poste dei cavalli nella stalla.

battifólle [comp. di *battere* e *follare*, per il prob. sign. originario di 'gualchiera'] s. m. ● Bastita, per lo più di grossi legnami e in forma di torre.

battifóndo [comp. di *battere* e *fondo*] s. m. ● Gioco d'azzardo al biliardo, con un fondo, o posta, illimitato | Partita di carte in cui un solo sfidante si cimenta successivamente con più avversari.

battifrédo [ant. fr. *berfroi*, dal medio alto ted. *bërcvrit*, comp. di *bërgen* 'assicurare' e *vride* 'protezione', con sovrapposizione di *battere*] s. m. • Torre di vedetta tipica delle fortificazioni medievali | Torre mobile lignea usata negli assedi.

†**battifuòco** [comp. di *battere* e *fuoco*] s. m. • Acciarino.

battìgia (1) [da *battere*] s. f. (pl. *-gie* o *-ge*) • Parte della spiaggia battuta dalle onde. SIN. Bagnasciuga, battima.

†**battigia** (2) [dal (*di*)*batter*(*si*) dei colpiti dal male] s. f. • (*med.*) Epilessia.

battilàno o **battilàna** [comp. di *battere* e *lana*, con la terminazione m.] s. m. • Operaio che batte e unge la lana, preparando l'imbottitura dei materassi.

battilàrdo [comp. di *battere* e *lardo*] s. m. inv. • Tagliere in legno di piccole dimensioni su cui si battono carne, lardo, verdure e sim.

battilàstra [comp. di *battere* e *lastra* (di metallo)] s. m. inv. • Operaio che raddrizza la lamiera grezza battendola con speciali martelli.

battilòcchio [fr. *battant-l'oeil*, comp. di *battant* 'che batte' e *oeil* 'occhio'] s. m. • Sorta di antica cuffia femminile ricadente sugli occhi.

battilòglia s. f. • Battilocchio.

battilòglio s. m. • Battilocchio.

battilòro [comp. di *battere* e *oro*] s. m. • Artigiano che batte l'oro e l'argento, riducendoli in sottili lamine o foglie.

bàttima [dal *battere* delle onde sulla spiaggia] s. f. • Battigia, bagnasciuga.

battimàno o **battimàni** [comp. di *battere* e *mano*] s. m. • (*spec. al pl.*) Dimostrazione di favore e approvazione espressa battendo le mani: *battimani frequenti si levavano dall'assemblea.*

battimàre [propriamente 'dove *batte il mare*'] s. m. inv. • Riparo a poppa delle navi per proteggerle dalla violenza delle onde.

battimàzza [comp. di *battere* e *mazza*] s. m. inv. • Chi nella fucina batte la mazza | Garzone del fabbro.

battiménto s. m. *1* (*raro*) Modo e atto del battere | Sbattimento | Palpito: *i battimenti del cuore rallentarono.* *2* (*fis.*) Alternativo aumentare e diminuire dell'ampiezza di oscillazioni acustiche, ottiche o di altro genere, dovuto alla sovrapposizione di due onde di frequenze vicine. *3* (*mecc.*) Detonazione provocata in un motore a scoppio dalla difettosa accensione del carburante.

battimùro [comp. dell'imperat. di *battere* e *muro*] s. m. inv. • Gioco di ragazzi nel quale vince chi fa cadere più vicino alla base di un muro una moneta, una figurina, un bottone o altro oggetto, che diventa proprietà del vincitore.

battipàlle [comp. di *battere* e *palla*] s. m. inv. • Estremità più massiccia della bacchetta che si usava per calcare la munizione nei fucili ad avancarica.

battipàlo [comp. di *battere* e *palo*] s. m. *1* Macchina che serve a infiggere pali nel terreno mediante caduta di un maglio. SIN. Berta. *2* Operaio addetto alla manovra della macchina omonima.

battipànni [comp. di *battere* e il pl. di *panno*] s. m. • Spatola di giunco intrecciato o di plastica con cui si battono panni, tappeti e sim. per farne uscire la polvere.

battipénna [comp. di *battere* e *penna* nel sign. di 'plettro'] s. m. • (*mus.*) La parte del plettro opposta a quella appuntita.

†**battipètto** [comp. di *battere* e *petto*] s. m. • (*raro*) Atto del percuotersi il petto per dolore, pentimento e sim.

battipista [comp. di *battere*, nel senso di 'preparare (avanzando per primo)' e *pista*] **A** s. m. inv. *1* Chi rende percorribile una pista sciistica battendo la neve con gli sci. *2* (*est.*) Mezzo semovente cingolato che svolge la stessa funzione. **B** anche agg. inv. nel sign. 2: *mezzi b.*

battipólvere [comp. di *battere* e *polvere*] s. m. • (*sett.*) Battipanni.

battipóppa [comp. di *battere* e *poppa*] s. f. inv. • (*mar.*) Pezza della tenda che pende a coprire le spalle di poppa.

battipòrta [comp. di *battere* e *porta*] s. m. *1* Batacchio, picchiotto. *2* Seconda porta, di rinforzo alla prima.

†**battipòrto** [comp. di *battere* e *porto*, sul modello di *boccaporto*] s. m. • Boccaporto.

battiràme [comp. di *battere* e *rame*] s. m. inv. *1* Artigiano che lavora il rame. *2* Officina in cui si lavora il rame.

battiscàrpa [comp. di *battere* e *scarpa*] vc. • (*tosc.*) Solo nella loc. *a b.*, in fretta, e in piedi: *mangiare a b.*

battiscópa [comp. di *battere* (durante la pulizia) e *scopa*] s. m. inv. • Fascia di legno, pietra o altro materiale che corre in basso lungo le pareti di una stanza a protezione del muro. SIN. Salvamuro.

battiségola [comp. di *battere* e *segola*] s. m. inv. • (*bot.*, *tosc.*) Fiordaliso.

battisóffia [comp. di *battere* e *soffiare* (del cuore)] s. f. • (*raro*, *lett.*) Paura che provoca palpitazioni di cuore.

battispiàggia [comp. di *battere* e *spiaggia*] s. m. inv. • Antico battello doganale guardiacoste.

battispólvero o **battispólvere** [comp. di *battere* e *spolvero*] s. m. • Specie di sacchetto di tessuto molto rado, pieno di gesso o di polvere di carbone, usato dai disegnatori per spolverizzare un disegno.

battista (1) • V. *batista*.

battista (2) [vc. dotta, lat. eccl. *baptīsta*(*m*) 'battezzatore', dal gr. *baptistḗs*, da *baptízein* 'battezzare'] **A** s. m. e f. (pl. *-i*) *1* Battezzatore | *Giovanni b.*, San Giovanni, profeta e precursore di Gesù. *2* Chi apparteneva a una delle antiche sette orientali che praticavano il battesimo. *3* Chi appartiene a una delle confessioni cristiane riformate che ritengono efficace soltanto il battesimo amministrato al fedele adulto e consapevole del significato del sacramento. **B** agg. • Che si riferisce a una di tali sette o confessioni: *chiesa b.*

battistèro o †**batistèo**, (*raro*) **battistèrio** [vc. dotta, lat. *baptistēriu*(*m*) 'bagno, piscina', lat. eccl. 'fonte battesimale', dal gr. *baptistḗrion*, da *baptízein* 'battezzare'] s. m. • Costruzione a pianta centrale situata un tempo nelle immediate vicinanze della chiesa e contenente il fonte battesimale che venne successivamente incorporato alla chiesa stessa, spec. sotto forma di cappella: *il b. di Parma, di Firenze, di Pisa* | (*est.*) †Fonte battesimale.

battistràda [comp. di *battere* e *strada*] s. m. inv. *1* Servitore che precedeva a cavallo la carrozza del padrone | Chi, spec. per motivi di sicurezza, apre la strada a cortei ufficiali, processioni e sim. *2* (*scherz.*) Chi precede o annunzia altri: *è il suo b.*; *col marito davanti, b., si disponeva a uscire dalla sala* (PIRANDELLO) | (*iron.*) Chi agevola o favorisce qc.: *fare da b. a una persona per un impiego.* *3* Chi, in una gara di corsa, fa l'andatura in testa a tutti, guidando e regolando la gara. *4* Parte sagomata esterna del pneumatico, che viene a contatto con la strada, normalmente provvista di disegni in rilievo per aumentarne l'aderenza al suolo. ➡ ILL. p. 353 AGRICOLTURA; p. 1750 TRASPORTI.

battisuòcera [comp. di *battere* e *suocera*] s. m. inv. • (*bot.*, *tosc.*) Fiordaliso.

battitàcco [comp. di *battere* e *tacco*] s. m. (pl. *-chi*) • Nastro di rinforzo per proteggere l'orlo interno dei calzoni.

battitappéto [comp. di *battere* e *tappeto*] s. m. • Specie di aspirapolvere per pulire tappeti, moquette e sim.

battiticcio [da *battere* nel sign. di 'trebbiare'] **A** s. m. • Residuo, sull'aia, del grano battuto. **B** anche agg.: *paglia battiticcia.*

bàttito s. m. *1* Atto di battere, di palpitare | (*est.*) Serie di colpi continui e regolari: *il b. della pioggia, dell'orologio.* *2* (*med.*) Fenomeno acustico provocato dalla contrazione cardiaca e dalla pulsazione arteriosa. *3* (*mecc.*) *B. in testa*, fenomeno di combustione irregolare nei motori a scoppio che si manifesta come una rapida successione di rumori metallici. *4* †Tremito.

battitóia [da *battere*] s. f. • (*tip.*) Legno squadrato con cui si pareggiano i caratteri o la forma prima di stampare.

battitóio s. m. *1* Battente nei sign. 1 e 2. *2* Bacchetta o rotolo di carta per battere la musica, spec. nelle chiese. *3* Macchina dell'industria cotoniera usata per la battitura del cotone. *4* Specie di ariete a bolzone anticamente usato per abbattere le mura. *5* †Lastrico.

battitóre s. m. (f. *-trice*) *1* Chi batte: *b. di grano, di lana, di ferro.* *2* Nei giochi di palla, chi effettua la battuta | Nel baseball, giocatore della squadra in fase d'attacco che, stando nella casa-base, rimanda la palla con la mazza | *B. libero*, nel calcio, giocatore della difesa senza specifici compiti di marcatura. *3* Chi batte un bosco, un tratto di campagna e sim. per stanare la selvaggina. *4* Battente. *5* Organo della trebbiatrice che ruota dentro il controbattitore.

battitrìce s. f. • Trebbiatrice.

battitùra s. f. *1* Atto, effetto del battere | *B. a macchina*, o (*ass.*) *battitura*, scrittura eseguita con macchina per scrivere. *2* Trebbiatura del grano e di altri cereali sull'aia | Periodo in cui si compie tale operazione. *3* Percossa, colpo: *recare i segni delle battiture subite* | (*est.*) Impronta lasciata da un colpo, spec. di martello. *4* (*fig.*) Castigo | Danno: *le battiture della fortuna* (FOSCOLO). *5* Parte del rame che, sotto forma di scaglie, cade a terra nel batterlo a caldo | Impronta prodotta sul rame dai colpi di martello. *6* (*edit.*) Operazione consistente nel comprimere il dorso dei libri, dopo averli cuciti, con un martello o con arnesi appositi.

†**bàtto** [retroformazione da *battello*, inteso come dim.] s. m. • Imbarcazione a remi.

battòcchio [da *batacchio* con sostituzione di suff. e il *-tt-* di *battere* (?)] s. m. • (*raro*) Batacchio.

bàttola [da *battere*] s. f. *1* Tabella nel sign. 2 | Arnese da caccia che, agitato, produce rumore per fare alzare la selvaggina. *2* Utensile per spianare, in varie tecnologie. *3* (*al pl.*) Davantini di tela bianca inamidata che completano la toga di magistrati, avvocati e, anticamente, di religiosi. *4* (*relig.*) Crepitacolo. *5* (*raro*, *fig.*) Ciarlone | Vizio del ciarlare.

battologìa [vc. dotta, lat. *battologīa*(*m*), dal gr. *battología*, da *battologêin* 'ciarlare', di origine onomat.] s. f. (pl. *-gie*) • (*lett.*) Inutile e noiosa ripetizione di parole e frasi.

battològico agg. (pl. m. *-ci*) • Che ripete inutilmente parole o frasi.

†**battolóne** [da *battola*, nel sign. 4] s. m. • (*dial.*) Ciarlone.

battóna [da *battere* nel sign. B 5] s. f. • (*pop.*, *centr.*) Prostituta da strada.

battùra [dal *battere* per 'incassare' le tavole (?)] s. f. • (*mar.*) Incavo longitudinale sui due lati del trave di chiglia in legno.

battùta s. f. **I** Atto, effetto del battere. *1* Percossa o serie di percosse | (*est.*) Il segno che resta impresso. *2* Colpo o serie di colpi dati sulla superficie di un corpo: *b. del pettine di un telaio* | Nella macchina da scrivere, abbassamento di un tasto o della barra spaziatrice: *180 battute al minuto* | (*est.*) Spazio di un carattere o intervallo fra parole. *3* Accento, nella metrica latina e greca. *4* Nel dialogo teatrale, ciò che dice ogni volta ciascun attore: *saltare, perdere, dare la b.* | *Non perdere una b.*, (*fig.*) prestare molta attenzione a ciò che viene detto | (*est.*) Frase, motto spiritoso e mordace: *avere la b. pronta*; *da quella b. rampollava una antica storiella* (SCIASCIA) | *Dare la b. a qc.*, (*fig.*) motteggiarlo, prenderlo in giro. *5* Misura di tempo musicale, raffigurata graficamente da una porzione del rigo delimitata da due stanghette verticali | *B. d'aspetto, d'arresto*, quella in cui tace una voce o uno strumento; (*fig.*) temporeggiamento prima di un'azione o decisione | *A b.*, a tempo | *Contro b.*, contro tempo | *Alle prime battute*, (*fig.*) agli inizi di q.c. *6* Caccia fatta con battitori | (*est.*) Ogni partita di caccia in comitiva | (*fig.*) Vasta operazione di polizia per la cattura di malviventi. *7* Nei giochi di palla, azione di mettere o rimettere in gioco la palla o di rinviarla | Nel tennis o nel ping-pong, servizio | Nel salto, colpo di stacco battuto col piede. **II** Luogo dove batte q.c. *1* Parte dello stipite o della soglia su cui si arresta il battente. *2* *B. di un fiume*, parte della riva ove l'acqua picchia più forte. *3* (*raro*) Via frequentata, pista | *Andare per la b.*, fare ciò che fanno gli altri. || **battutàccia**, pegg. | **battutèlla**, dim. | **battutina**, dim.

battùto **A** part. pass. di *battere*; anche agg. *1* Nei sign. del v. *2* *Ferro, rame b.*, lavorato al martello | *Denaro b.*, coniato | *A spron b.*, (*fig.*) a tutta velocità | *Un posto b. dal vento*, in cui il vento soffia spesso o impetuosamente. **B** s. m. *1* Trito o pesto di verdure, di solito con lardo o prosciutto per condimento. *2* Pesto di carne e uova o altro, per ripieni di vivande. *3* Pavimento costruito con calcestruzzo di cemento, costipato, lisciato e per lo più bocciardato: *b. di un marciapiede*. || **battutino**, dim.

batùffolo o (*raro*) **batùfolo** [etim. incerta] s. m. • Piccolo e soffice ammasso di bambagia, lana, cotone e sim.: *un b. di cotone* | (*fig.*) Bambino o animale piccolo e grasso: *quel piccino è un b. roseo*. || **batuffolétto**, dim. | **batuffolino**, dim. | **batuffolóne**, accr.

bàu (1) o **bào** [vc. onomat.] inter. • Riproduce l'abbaiare del cane: bau bau | *Fare bau bau*, fare paura ai bambini, spaventarli.

bàu (2) • V. *babau*.

baud /bod/ [dal n. dell'ingegnere J. M. E. *Baud(ot)* (1845-1903)] s. m. inv. • Unità di misura della velocità di trasmissione dei dati su linee telegrafiche e telefoniche, pari a 1 bit al secondo. SIMB. B o Bd.

baulàre [da *baule*] v. tr. (*io baùlo*) • Sistemare un terreno mediante baulatura.

baulatùra [da *baulare*] s. f. • Sistemazione della superficie del terreno a schiena d'asino per facilitare lo sgrondo delle acque.

baùle o (*evit.*) **bàule** [sp. *ba(h)úl*, dall'ant. fr. *bahur*, di etim. incerta] s. m. *1* Cassa da viaggio in legno o cuoio, spesso rinforzata da bandelle o borchie metalliche, munita di solito di coperchio ricurvo e, ai lati, di grosse maniglie | *Fare, disfare il b.*, riempirlo, vuotarlo | *Fare i bauli*, (*fig.*) andarsene | (*fig.*) *Viaggiare come i bauli*, senza vedere niente. *2* (*autom.*) Bagagliaio. SIN. Bagagliera. *3* (*fig.*, *scherz.*) Gobba. *4* (*raro*) †Zaino. || **baulàccio**, pegg. | **baulétto**, dim. (V.) | **baulino**, dim. | **baulóne**, accr.

baulerìa s. f. • Assortimento di bauli.

baulétto s. m. *1* Dim. di *baule*. *2* Cofanetto per oggetti femminili, spec. per gioielli | (*est.*) Borsetta da signora a forma di baule. *3* (*cuc.*) Involtino di carne ripieno.

baulièra [da *baule*] s. f. • (*raro*) Bagagliera.

baùscia /ba'uʃʃa, *lomb.* ba'yʃa/ [senso fig. del lombardo *bauscia* 'bava'] s. m. inv. *1* (*sett.*) Fanfarone. *2* (*scherz.*) Milanese.

baussite • V. *bauxite*.

baùtta o (*raro*) **baùta** [venez. *bauta*, connesso con *bava*] s. f. *1* Mantellina nera, di seta o velluto e pizzo, con cappuccio e maschera, usata dai veneziani durante il carnevale nel Settecento. *2* Mascherina di seta o velluto per coprire la parte superiore del volto.

bauxìte o **baussite** [fr. *bauxite*, dal nome della località provz. di Les *Baux*, dove si trovano giacimenti di questo minerale] s. f. • (*miner.*) Miscuglio di differenti minerali idrati di alluminio.

bàva [da **baba*, vc. espressiva propria del l. inft.] s. f. *1* Liquido schiumoso che esce dalla bocca di certi animali e da quella di persone in un particolare stato fisico e psicologico | *Avere la b. alla bocca*, (*fig.*) essere furibondo | *Fare la b.*, (*fig.*) dimostrare sdegno o collera | *Far venire la b. alla bocca a qc.*, (*fig.*) farlo arrabbiare molto. *2* Filo di materia serica avvolto attorno al bozzolo, prodotto dal baco | Seta fiacca, che non può filarsi. *3* Soffio leggero di vento, spec. sul mare tranquillo, che spira con forza 1 della scala del vento Beaufort: *b. di vento, di scirocco, d'aria*. *4* (*tecnol.*, *al pl.*) Scabrosità dei metalli che escono dalla forma | Parti di metallo che nella fusione scappano per le fessure. *5* (*pesca*) Finale, nella lenza || **bavétta**, dim. | **bavùccia**, dim.

bavaglìno s. m. *1* Dim. di *bavaglio*. *2* Piccolo tovagliolo che si allaccia al collo dei bambini piccoli, perché non si sporchino i vestiti spec. mangiando. SIN. Bavetta.

bavàglio [da *bavagliolo*] s. m. • Panno o fazzoletto che, strettamente applicato alla bocca, impedisce a qc. di parlare o di gridare | *Mettere il b. a qc.*, (*fig.*) impedirgli di esprimere la sua volontà e le sue idee | *Mettere il b. alla libertà*, (*fig.*) ridurla o eliminarla. || **bavaglino**, dim. (V.). | **bavaglióne**, accr.

bavagliòlo o (*lett.*) **bavagliuòlo** [da *bava*] s. m. • Bavaglino. || **bavagliolino**, dim.

bavarése A agg. • Della Baviera: *costumi bavaresi*. **B** s. m. e f. • Abitante della Baviera. **C** s. f. *1* Bevanda calda a base di latte, cioccolata o tè, uova e liquore, preparata frullando tutti gli ingredienti. *2* Semifreddo a base di latte, uova, panna e gelatina.

bavàrico agg. (pl. m. *-ci*) • (*lett.*) Dei Bavari, della Baviera.

bàvaro (1) s. m. • (*lett.*) Abitante della Baviera.

†bàvaro (2) • V. *bavero*.

bavatùra s. f. • (*tecnol.*) Sbavatura.

bavèlla [da *bava*] s. f. *1* Insieme delle bave esterne del bozzolo del filugello che si estraggono come cascame prima di estrarre il filamento continuo di seta. *2* (*est.*) Tessuto ricavato dal filo omonimo.

bàvera [da *bavero*] s. f. • Collo ampio increspato o pieghettato che circonda una scollatura | Scialletto o mantellina femminile, che scende sulle spalle e sul petto. || **baverina**, dim.

bàvero o (*dial.*) **†bàvaro (2)** [etim. discussa: da *bava* (?)] s. m. • Colletto della giacca, del soprabito, del cappotto | *Prendere qc. per il b.*, (*fig.*) aggredirlo o turlupinarlo. || **baverino**, dim. | **baveróne**, accr.

bavétta [da *bava*] s. f. *1* Bavaglino | Pettorina. *2* Sbavatura del metallo fuso. *3* Riparo, per lo più di gomma o tela gommata, sospeso dietro le ruote dei veicoli contro gli spruzzi e la polvere. *4* (*al pl.*) Sorta di pasta alimentare a forma di strisce strette e sottili.

bavièra [fr. *bavière*, da *bave* 'bava'] s. f. *1* Nelle antiche armature, parte mobile della celata chiusa che protegge la gola e il mento. *2* Striscia attaccata a berretti di lana usata un tempo per riparare la bocca dal freddo.

bavósa [per il muco (*bava*) abbondante] s. f. • (*pop.*) Denominazione di vari pesci ossei marini commestibili, appartenenti al genere blennio.

bavóso agg. • Cosparso di bava | Che cola bava: *vecchio, bambino b.*

bazàr [persiano *bāzār* 'mercato'] s. m. inv. *1* Mercato tipico dell'Oriente islamico e dell'Africa settentrionale. *2* (*est.*) Emporio di merci d'ogni genere. *3* (*fig.*) Luogo in cui regna un grande disordine: *la tua stanza è un vero b.*

†bazariòto [gr. moderno *bazariótis*, da *pazári* 'bazar' e il suff. *-ótis*] s. m. • (*raro*) Rivendugliolo.

bazooka /bad'dzuka, *ingl.* bə'zu:kə/ [vc. ingl. d'America, propriamente 'strumento simile al trombone': dal pop. *bazoo* 'trombetta' (?)] s. m. inv. *1* (*mil.*) Lanciarazzi anticarro portatile. *2* (*cine*) Cavalletto a un solo piede usato per sostenere la cinepresa durante riprese in luoghi angusti.

bazùca s. m. • Adattamento di *bazooka* (V.).

bàzza (1) [etim. incerta] s. f. *1* Ognuna delle carte vinte all'avversario e poste a mucchietto innanzi al giocatore. *2* Colpo fortunato: *che b.!*; *è proprio una b.!*

bàzza (2) [etim. incerta] s. f. • Mento molto sporgente | (*fam.*, *scherz.*) Mento: *pulirsi la b.* || **bazzìna**, dim. | **bazzóna**, accr.

bazzàna [ant. provz. *bazana*, dall'ar. parl. *batâna* 'pelle di pecora' e 'fodera'] s. f. • Pelle assai morbida di pecora, usata per rilegare libri.

bazzècola o **bazzécola** [etim. incerta; da *bazza* (*1*) (?)] s. f. • Cosa insignificante, di poco conto: *questo problema è una b. per me*. SIN. Bagattella, inezia.

bàzzica (1) [etim. incerta] s. f. *1* Gioco di carte, simile alla briscola | Gruppo di tre o quattro carte uguali nel gioco medesimo. *2* Gioco al biliardo. SIN. Trentuno reale.

†bàzzica (2) [da *bazzicare*] s. f. *1* (*dial.*) Amicizia. *2* (*spreg.*) Compagno di baldoria.

bazzicàre [etim. sconosciuta] **A** v. tr. (*io bàzzico, tu bàzzichi*) • Frequentare abitualmente: *b. luoghi pericolosi*. **B** v. intr. (aus. *avere*) • Intrattenersi sistematicamente in qualche luogo o presso qc.: *quel tale bazzica troppo in casa nostra* || PROV. Chi bazzica lo zoppo impara a zoppicare.

†bazzicatùra s. f. • (*spec. al pl.*) Cianfrusaglie, cose di poco pregio.

†bazzicherìa s. f. • (*raro*) Cosa insignificante, bazzecola.

bazzicòtto [da *bazzica* (*1*)] s. m. *1* Nel gioco della bazzica, combinazione di tre carte uguali. *2* Nella bazzica al biliardo, colpo che abbatte tutti i birilli meno il centrale. || **bazzicottóne**, accr. (V.).

bazzicottóne [accr. di *bazzicotto*] s. m. • Nel gioco della bazzica, combinazione di quattro carte uguali.

bazzòffia o **bazzóffia** o **†basòffia** [etim. incerta] s. f. *1* (*tosc.*) Minestrone abbondante e grossolano | (*est.*) Cibo abbondante. *2* (*fig.*) Complesso di cose in disordine | Discorso, scritto e sim., lungo e confuso.

bazzóne [da *bazza* (*2*)] s. m. (f. *-a*) • Chi ha una grande bazza.

bazzòtto o (*dial.*) **barzòtto** [lat. *bădiu(m)* '(di colore) baio', cioè 'intermedio', con suff. attenuante] agg. *1* Detto di uovo cotto in acqua bollente in modo tale da non diventare completamente sodo. *2* (*fig.*) Detto di cosa o persona che si trova in una condizione incerta, oscillante fra due estremi | *Tempo b.*, né sereno né piovoso.

bazzùto [da *bazza* (*2*)] agg. • (*raro*) Che ha il mento molto sporgente | (*raro*) Aguzzo.

bè o **bèe** [vc. onomat., come il lat. *bee*] inter. *1* Riproduce il belato delle pecore, degli agnelli, delle capre e sim. *2* (*fig.*) Esprime derisione verso chi si dimostra pauroso.

†be /be*/ • V. *bi*.

be' (1) /bɛ/ agg. • (*tosc.*) Troncamento di *bei* (pl. m. di *bello* (V.)).

be' (2) /bɛ/ • V. *beh*.

beach volley /*ingl.* 'bi:tʃ 'vɔli/ [dall'ingl. *beach* 'spiaggia' e *volley* 'pallavolo'] loc. sost. m. inv. • Pallavolo che si gioca sulla spiaggia con squadre costituite da due giocatori.

beagle /*ingl.* 'bi:gəl/ [vc. ingl., di orig. sconosciuta] s. m. inv. • Piccolo cane da caccia di origine inglese, dal mantello generalmente tricolore a tinte vivaci.

beànte (1) [ant. fr. *béant*, part. pres. di *beer*, da *baer* 'stare aperto', dal lat. parl. **batāre* 'stare a bocca aperta', di origine onomat.] agg. *1* Che rimane aperto: *vena b.* *2* (*geol.*) Detto di faglia o sim. che separa due masse rocciose per mezzo di una fessura.

beànte (2) part. pres. di *beàre*; anche agg. • (*raro*) Nei sign. del v.

bear /*ingl.* bɛə*/ [vc. ingl., propr. 'orso', deriv. prob. da frasi prov., come il noto *vendere la pelle dell'orso prima di averlo preso*] s. m. inv. • (*banca*) Nel linguaggio della borsa, speculatore al ribasso.

beàre [vc. dotta, lat. *beāre* 'rendere felice', di etim. incerta] **A** v. tr. (*io bèo*) • Far contento, felice, deliziare qc.: *b. qc. di parole*; *il raggio / che primo la beò: un amico* (SABA). **B** v. intr. pron. • Dilettarsi, compiacersi, estasiarsi: *bearsi alla vista di un quadro*.

bearnése agg. • Del Béarn, regione storica della Francia | (*per anton.*) *Il b.*, Enrico IV di Francia | *Salsa b.*, salsa a base di rosso d'uovo, cipolla, burro fuso, aceto, sale e pepe particolarmente adatta ad accompagnare carne o pesce alla griglia.

beat (1) /*ingl.* bi:t/ [vc. ingl., che traduce letteralmente 'battuta', dal part. pass. di *to beat* 'colpire', di origine indeur.] s. m. inv. • Termine usato nella musica jazz per indicare la forza ritmica di un complesso o di un esecutore.

beat (2) /*ingl.* bi:t/ [vc. ingl., letteralmente 'battuto, avvilito, esaurito', sottinteso *generation* 'generazione'] **A** s. m. e f. inv. *1* Appartenente a un movimento letterario e in genere culturale di protesta sorto negli Stati Uniti d'America negli anni '50. *2* (*est.*) Negli anni '60, giovane protestatario verso il costume di vita contemporaneo, spec. degli adulti | (*gener.*) Capellone. **B** agg. inv. • Pertinente ai beat: *letteratura, moda, locale b.*

†beatànza s. f. • Beatitudine.

†beatézza s. f. • (*raro*) Qualità di ciò che è beato.

beatificàbile agg. • Che si può dichiarare beato.

beatificàre [vc. dotta, lat. tardo *beatificāre*, comp. di *beātus* 'felice' e *fācere* 'fare'] v. tr. (*io beatìfico, tu beatìfichi*) *1* (*raro*) Colmare di beatitudine, di gioia. *2* Dichiarare beato, per autorità ecclesiastica, un servo di Dio e permetterne il culto pubblico.

beatificazióne s. f. • Atto con il quale la chiesa cattolica permette che un servo di Dio, morto in fama di santità, sia onorato con culto pubblico e con titolo di beato | Cerimonia pontificia nella quale un servo di Dio è proclamato beato | *Causa* *di b.*, processo canonico nel quale si approvano o si respingono i titoli per una proposta di beatificazione.

beatìfico [vc. dotta, lat. tardo *beatĭficu(m)*, comp. di *beātus* 'felice' e *făcere* 'fare'] **agg.** (**pl. m.** *-ci*) ● Che fa beato | *Visione beatifica*, godimento di Dio, proprio dei beati.

beatìglia [sp. *beatilla*, da *beata* 'monaca', perché usata soprattutto per le suore] **s. f.** ● (*raro*) Tipo di mussolina rada e sottile.

beatitùdine [vc. dotta, lat. *beatitūdine(m)*, da *beātus* 'felice'] **s. f.** *1* Condizione perfetta dell'anima, che, nel Paradiso, gode della contemplazione di Dio. *2* Ciascuno dei principi di perfezione evangelica che sono contenuti nel Discorso della Montagna. *3* (*est.*) Stato di felicità completa: *aspirare alla b.*; *essere immerso in una totale b.*

beatnik /*ingl.* 'bi:tnik/ [vc. ingl., da *beat* col suff. d'altra vc., come in (*sput*)*nik*] **s. m. e f. inv.** ● Beat (2).

beàto [vc. dotta, lat. *beātu(m)* 'felice', part. pass. di *beāre* 'beare'] **A part. pass.** di *beare*; anche **agg.** *1* Nei sign. del v. *2* Si usa in escl. per esprimere ammirazione, invidia benevola o indicare sorte fortunata: *b. lui!*; (*dial.*) *b. a lui!* | *B. fra le donne*, di chi si trova, unico uomo, fra più donne | *B. chi lo vede!*, di chi si vede raramente | *Vita beata*, serena | (*iron.*) *Uomo b.*, sciocco; (*antifr.*) *quel b. uomo è la mia rovina.* *3* Che gode della visione beatifica di Dio: *la Beata Vergine*. || **beataménte**, **avv.** Con beatitudine, con contentezza. **B s. m.** (**f.** *-a*, †*-essa* nel sign. fig.) *1* Chi gode della perfetta felicità nella contemplazione di Dio | *Il Regno dei beati*, il Paradiso. *2* Titolo con il quale un servo di Dio, in seguito a processo canonico di beatificazione, è elevato all'onore degli altari. *3* (*fig.*, *spreg.*) †Bacchettone, bigotto. || **beatìna**, **dim. f.** | **beatóna**, **accr. f.**

†**beatóre** **s. m.**; anche **agg.** (**f.** *-trice* (V.)) ● (*raro*) Chi, che dispensa beatitudine, rende beati.

beatrìce A s. f. *1* (*raro, lett.*) †Dispensatrice di beatitudine, di gioia spirituale. *2* (*raro, lett.*) Ispiratrice sentimentale e intellettuale: *disse*: *'Ritroverai la b.'* (PASCOLI). **B** anche **agg.**

beau geste /*fr.* bo 'ʒɛst/ [loc. fr. comp. di *beau* 'bello' e *geste* 'gesto'] **loc. sost. m. inv.** (**pl.** fr. *beaux gestes*) ● (*iron.*) Bel gesto.

beaujolais /*fr.* boʒɔ'lɛ/ [vc. fr., ellissi di *vin du Beaujolais* 'vino della regione del Beaujolais', sul Massiccio Centrale, dove si produce] **s. m. inv.** ● (*enol.*) Vino rosso dell'omonima regione francese, commercializzato particolarmente come vino novello (*b. nouveau*).

beauty /*ingl.* 'bju:ti/ **s. m. inv.** ● Acrt. di *beauty-case* (V.).

beauty-case /*ingl.* 'bju:ti 'keis/ [comp. con le vc. ingl. *beauty* 'bellezza' (dal fr. *beauté*) e *case* 'cassetta' (dall'ant. fr. sett. *casse*)] **s. m. inv.** (**pl.** ingl. *beauty-cases*) ● Piccola valigia a forma di bauletto atta ad accogliere gli oggetti di toeletta e i prodotti di bellezza necessari per il trucco.

beauty farm /*ingl.* 'bju:ti fa:m/ [dall'ingl. *beauty* 'bellezza' e *farm* 'fattoria'] **loc. sost. f. inv.** (**pl.** ingl. *beauty farms*) ● Albergo che, in un ambiente di notevole comfort, offre ai propri ospiti terapie fisiche e trattamenti estetici o dietetici.

bebè [fr. *bébé*, prob. adattam. dell'ingl. *baby* (V.)] **s. m.** *1* Bambino molto piccolo: *è nato un b.*; *il mio b. compie tre mesi.* *2* Nella loc. *alla b.*, detto di ciò che è destinato ai bambini, oppure presenta caratteristiche di tipo infantile | *Scarpe alla b.*, calzature classiche per bambini scollate e con cinturino orizzontale sul collo del piede | *Capelli alla b.*, taglio di capelli femminili molto corto alla nuca | *Colletto alla b.*, piccolo e rotondo.

be-bop /*ingl.* bi'bɔp/ [vc. di creazione arbitraria (onomat.) per indicare l'incoerente dissonanza di questo tipo di jazz] **s. m. inv.** *1* Stile jazzistico caratterizzato dall'impiego sistematico di accordi dissonanti e note estranee all'armonia, dalla maggiore libertà degli strumenti ritmici e dall'uso di temi speciali e salti di note. *2* Ballo moderno a ritmo veloce, derivante dall'omonimo stile jazzistico.

†**bécca** (**1**) [etim. incerta] **s. f.** *1* Specie di sciarpa di seta nera portata anticamente da professori universitari e magistrati. *2* Bandoliera militare. *3* Sorta di giarrettiera in seta.

bécca (**2**) [da *becco* (*1*)] **s. f.** *1* Angolo, estremità di un fazzoletto e sim. *2* Piega che si fa all'angolo esterno di un foglio. *3* (*sett.*) Picco montano. *4* Berretta a due punte tipica dei dogi veneziani. *5* Nella piccozza da alpinismo, solida lama d'acciaio appuntita e seghettata.

beccàbile **agg.** ● (*raro*) Che si può beccare.

beccàccia [per la forma del *becco*] **s. f.** (**pl.** *-ce*) ● Uccello commestibile dei Caradriformi con zampe brevi, becco lungo e diritto, piumaggio molto mimetico (*Scolopax rusticola*) | *B. di mare*, con becco rosso più corto e zampe rosse più lunghe della beccaccia (*Haematopus ostralegus*).

beccaccìno [da *beccaccia*] **s. m.** *1* Uccello commestibile migratore dei Caradriformi, più piccolo della beccaccia e con zampe più lunghe (*Capella gallinago*). *2* Piccola imbarcazione da regata con scafo in legno, deriva, randa e fiocco.

beccaccióne [pegg. di *becco* nel senso di 'cornuto'] **s. m.** (**f.** *-a* nel sign. *est.*) ● (*rom.*) Marito tradito | (*est.*) Persona sciocca, credulona.

†**beccaficàta** **s. f.** *1* (*raro*) Scorpacciata di beccafichi. *2* Banchetto tenuto dagli Accademici della Crusca, al momento del rinnovo delle cariche.

beccafìco [comp. di *becca(re)* e *fico*] **s. m.** (**pl.** *-chi*) ● Uccello canoro dei Passeriformi simile alla capinera ma di colore bigio, con carni pregiate (*Sylvia borin*).

beccàio [da *becco* (*2*)] **s. m.** *1* Chi anticamente vendeva carne di caprone. *2* Macellaio | (*est.*, *spreg.*) Carnefice | (*iron.*, *spreg.*) Cattivo chirurgo.

†**beccalìte** [comp. di *becca(re)* e *lite*] **s. m. e f.** ● Attaccabrighe.

beccamòrti o (*dial.*) **beccamòrto** [comp. di *becca(re)* e il pl. di *morto*] **s. m.** ● (*spreg.*) Becchino.

beccamòrto **s. m.** *1* V. *beccamorti*. *2* (*fig.*, *scherz.*) Corteggiatore, spasimante: *fa il b. con tutte le donne.*

beccamoschìno [comp. di *becca(re)* e *moschino* (*1*)] **s. m.** ● Piccolo uccello dei Passeriformi con piumaggio rossiccio e sottili strisce nere (*Cisticola iuncidis*).

beccapésci [comp. di *becca(re)* e il pl. di *pesce*] **s. m.** ● Uccello marino dei Lariformi con becco nero slanciato dalla punta gialla, coda sviluppatissima e piedi palmati neri (*Sterna sandvicensis*).

beccàre [da *becco* (*1*)] **A v. tr.** (*io bécco, tu bécchi*) *1* Prendere col becco: *la gallina becca il granoturco* | Colpire, ferire col becco: *quell'uccello ha beccato il compagno* | (*est.*, *scherz.*) Mangiucchiare: *b. q.c. prima di pranzo.* *2* (*fig.*, *fam.*) Acquistare, ottenere, con fortuna o astuzia: *ogni moglie che becca un marito* (PARINI); *beccarsi un premio* | Prendere, pigliare, spec. q.c. di sgradito: *beccarsi un malanno*, *un ceffone*, *la prigione* | *B. questioni*, cercar lite | Sorprendere, cogliere spec. in fallo: *l'hanno beccato mentre rubava.* *3* In teatro, disapprovare con vivace prontezza battute o sbagli di attori: *i loggionisti hanno beccato il tenore* | *Farsi b. dal pubblico*, farsi disapprovare vivacemente. **B v. intr.** *1* (*fam.*) Subire una sconfitta: *la Juventus ha beccato dall'ultima in classifica.* *2* Cadere in un tranello scherzoso, credere ingenuamente | *Ha beccato*, ci è cascato, l'ha bevuta. *3* Difettare d'equilibrio, detto di fucile da caccia. **C v. rifl. rec.** ● Colpirsi reciprocamente col becco | (*fig.*) Bisticciarsi: *quei due si beccano sempre per delle stupidaggini* || **PROV.** Gallina secca spesso becca.

beccastrìno [da **beccastro*, pegg. di *becco* (*1*) (?)] **s. m.** ● Zappa grossa e stretta per cavare sassi.

beccàta **s. f.** *1* Colpo di becco | (*est.*) Quantità di cibo che un uccello prende col becco. *2* In teatro, commento ironico e derisorio del pubblico a un qualsiasi incidente o errore scenico. || **beccatàccia**, **pegg.** | **beccatèlla**, **dim.** (V.). | **beccatìna**, **dim.**

beccatèlla **s. f.** *1* Dim. di *beccata*. *2* Pezzetto di carne che anticamente si gettava al falcone quando girava sopra la ragnaia. *3* (*fig.*) †Bazzecola.

beccatèllo [da *becco* (*1*), per la forma] **s. m.** *1* (*arch.*) Mensoletta spec. di legno per sostenere parti in aggetto di un edificio | Nell'antica architettura militare, elemento costituito, in genere, da un archetto su mensole aggettanti, destinato a respingere dall'alto gli assalitori. *2* Piolo dell'attaccapanni.

beccàto **part. pass.** di *beccare*; anche **agg.** *1* Nei sign. del v. *2* Perforato col becco | Foracchiato.

beccatóio [da *beccare*] **s. m.** ● Recipiente che contiene il becchime nella gabbia per uccelli.

beccatùra **s. f.** ● Atto, effetto del beccare | (*est.*) Segno lasciato da un colpo di becco.

beccheggiàre [freq. di *beccare*, per il movimento simile a quello di un uccello che becca] **v. intr.** (*io becchéggio, tu becchéggi*; aus. *avere*) ● Compiere movimenti di beccheggio, detto di nave e di aeromobile.

beccheggiàta **s. f.** ● Movimento di beccheggio.

becchéggio [da *beccheggiare*] **s. m.** ● Serie di oscillazioni ripetute della nave da poppa a prua, o dell'aereo nel verso longitudinale | *Asse di b.*, asse attorno al quale avviene tale oscillazione.

beccherìa [da *beccaio*] **s. f.** ● Macelleria.

becchettàre [da *beccare*] **A v. tr.** (*io becchétto*) ● Beccare con frequenza e rapidità. **B v. rifl. rec.** ● Beccarsi a piccoli colpi | (*fig.*) Bisticciarsi.

becchettìo **s. m.** ● Atto, effetto del becchettare | Il rumore insistente che ne deriva.

becchétto [da *becca* (*1*) con suff. dim.] **s. m.** *1* Punta del cappuccio medievale. *2* Parte superiore e laterale delle scarpe dove sono i fori per infilare le stringhe.

becchìme [da *beccare*] **s. m.** ● Cibo per volatili, spec. domestici.

becchincróce [dal *becco* a punte *incrociate*] **s. m.** ● (*zool.*) Crociere.

becchìno [da *beccare*. V. *beccamorti*] **s. m.** ● Chi trasporta e seppellisce i morti.

bécco (**1**) [lat. *bĕccu(m)*, di prob. origine celt.] **s. m.** (**pl.** *-chi*) *1* Caratteristica formazione cornea costituita da due pezzi che rivestono la mascella e la mandibola degli Uccelli, dei Cheloni e dei Monotremi, la cui forma e grandezza è in rapporto al regime alimentare | (*fig.*, *scherz.*) *Ecco fatto il b. all'oca*, ecco fatto tutto | (*fig.*) *Non avere il b. d'un quattrino*, essere senza un soldo. ➡ **ILL. zoologia generale.** *2* (*fig.*, *scherz.*) Bocca umana | *Aprire, chiudere il b.*, parlare, cessare di parlare | *Tenere il b. chiuso*, tacere | *Avere il b. lungo*, parlare eccessivamente, con petulanza e a sproposito | *Mettere il b. in q.c.*, intromettersi, ingerirsi spec. a sproposito | *Dare di b.*, addentare e (*est.*) fare il saccente | *Avere paglia in b.*, essere a parte di qualche segreto | *Restare a b. asciutto*, essere escluso da q.c. | *Bagnarsi il b.*, *mettere il b. a*, *in molle*, bere. *3* (*est.*) Sporgenza appuntita di vari oggetti: *il b. della caffettiera*, *della piccozza*, *del bulino*, *del calcio del fucile* | Bocchino di alcuni strumenti a fiato. *4 B. d'oca*, specie di pinzetta usata per mantenere l'arricciatura dei capelli femminili. **SIN.** Beccuccio. *5* Bruciatore per gas o vapori provvisto di parti atte a regolare la temperatura e la luminosità della fiamma: *b. Bunsen.* *6* (*edil.*) *B. di civetta*, tipo di modanatura incurvata | Piastrella di rivestimento con spigolo arrotondato, usata come terminale di una fascia di rivestimento. *7* (*miner.*) *B. di stagno*, cassiterite a cristalli geminati. *8* Monte dalla vetta affilata e dai fianchi scoscesi. || **becchétto**, **dim.** | **beccóne**, **accr.** | **beccùccio**, **dim.** (V.).

bécco (**2**) [etim. incerta] **s. m.** (**pl.** *-chi*) *1* Maschio della capra. **SIN.** Caprone. *2* (*pop.*, *fig.*) Marito di donna infedele | *B. contento*, marito tradito che si adatta | *B. e bastonato*, chi, oltre al danno, ha anche le beffe.

†**bécco** (**3**) [fr. *bec* 'becco (d'uccello)' in impiego fig.] **s. m.** (**pl.** *-chi*) ● (*mar.*) Prua.

beccofrusóne o **beccofrosóne** [comp. di *becco* (*1*) e *frusone*] **s. m.** ● Uccello dei Passeriformi con ampia bocca fornita di becco corto e diritto, ciuffo erettile sul capo e piumaggio soffice e denso di color grigio rossastro (*Bombycilla garrulus*). **SIN.** Galletto di bosco.

beccolàre **v. tr.** e **intr.** (*io béccolo*; aus. intr. *avere*) ● (*raro*) Beccare lentamente (*anche fig.*).

beccucchiàre **v. tr.** (*io beccùcchio*) ● (*raro*) Beccare leggermente, a riprese.

beccùccio **s. m.** *1* Dim. di *becco* (*1*). *2* Piccolo prolungamento sporgente e adunco di ampolle, anfore, storte e sim. da cui si versa un liquido. *3* Pinzetta usata per conservare l'arricciatura ai capelli.

beccùme **s. m.** ● (*tosc.*) Becchime.

beccùto agg. ● (*raro*) Fornito di becco | (*est.*) Che ha un lungo becco.

beccuzzàre v. tr. (*io beccùzzo*) ● (*raro*) Beccucchiare.

beceràggine s. f. ● (*tosc.*) Comportamento, discorso o azione da becero.

beceràta s. f. ● (*tosc.*) Azione da becero.

beceresco agg. (pl. m. *-schi*) ● (*tosc.*) Caratteristico di becero.

bécero [etim. incerta] **A** s. m. (f. *-a*) ● (*tosc.*) Persona volgare e insolente | Persona rozza e ineducata. **B** agg. ● Volgare, insolente: *gente becera.* || **beceràccio**, pegg. | **beceróne**, accr.

becerùme [da *becero*] s. m. ● (*tosc.*) Marmaglia, gentaglia.

béchamel /fr. beʃa'mɛl/ s. f. inv. ● Besciamella.

Becher /ted.'bɛxer/ [ted. *Becher*, dal lat. parl. *bicārium* 'bicchiere' (V.)] s. m. inv. (pl. ted. inv.) ● Recipiente cilindrico, spec. di vetro, munito di beccuccio, resistente al fuoco, usato nei laboratori chimici.

bèchico [vc. dotta, lat. *bēchicu(m)*, dal gr. *bēchikós*, da *bḗx* genit. *bēchós* 'tosse' di etim. incerta] **A** agg. (pl. m. *-ci*) ● Detto di medicamento contro la tosse. **B** anche s. m.

béco [da *Beco*, dim. di *Domenico*] s. m. (f. *-a*; pl. m. *-chi*) ● (*tosc.*) Contadino o popolano rozzo, goffo.

becquerel /fr. bɛkə'rɛl/ [dal n. del fisico fr. A.H. *Becquerel* (1852-1908)] s. m. inv. ● (*fis.*) Unità di misura dell'attività di una sostanza radioattiva nel Sistema Internazionale, pari a un decadimento al secondo. SIMB. Bq.

bedanatrice [dal fr. *bédâne*, comp. di *bec d'ane* 'becco d'anitra' (per la forma), confuso poi con (*bec*) *d'âne* 'd'asino'] s. f. ● Macchina per forare tavole di legno.

bedàno (1) [fr. *bédâne*, da intendere *be(c) d'âne* 'becco d'asino'] s. m. ● Scalpello a lama stretta, adatto per eseguire scanalature e incastri.

†**bedàno (2)** [dall'emiliano *beda* 'bieta'] agg. ● (*sett.*) Sciocco, stupido.

bedùina [da *beduino*, per la foggia] s. f. ● Lungo mantello femminile con cappuccio, usato un tempo per la sera.

bedùino [ar. *bedawī* 'abitante del deserto (*badw*)'] **A** s. m. (f. *-a*) **1** Nomade arabo delle steppe e dei deserti del Medio Oriente e dell'Africa settentrionale. **2** (*fig.*) Persona dall'apparenza rozza o strana. **B** agg. ● Di, dei beduini: *tribù beduine.*

bèe ● V. *bè.*

bèen [fr. *been*, dal persiano *bahman* 'undicesimo mese dell'anno (corrispondente circa a gennaio)', quando la radice è raccolta e mangiata] s. m. ● Albero con fiori bianchi profumati e semi contenuti in capsule, i quali forniscono l'olio di been (*Moringa oleifera*).

beeper /ingl. 'bi:pə*/ [vc. ingl., dal v. *to beep* 'far bip (*beep*)'] s. m. inv. ● Cercapersone.

beethoveniàno /betove'njano/ **A** agg. ● Che è proprio del musicista tedesco Ludwig van Beethoven (1770-1827) o riguarda la sua produzione: *le nove sinfonie beethoveniane.* **B** s. m. (f. *-a*) ● Cultore o studioso di Beethoven.

befàna [lat. *epiphănia(m)*, dal gr. *epipháneia* 'manifestazione (della divinità attraverso chiari segni)'] s. f. (*Befàna* nel sign. 1) **1** (*pop.*) Epifania: *per la b. andremo a sciare; fra due giorni è la b.* **2** Personaggio fantastico dall'aspetto di vecchia che, secondo quanto si racconta ai bambini, scende per la cappa del camino a portar loro doni nella notte dell'Epifania: *che cosa ti ha portato la b.?; credere, non credere più, alla b.* **3** (*est.*) Donna vecchia e brutta: *tua suocera è diventata proprio una b.!* **4** (*est.*) I regali fatti per l'Epifania: *guarda che bella b. hai avuto!* || **befanàccia**, pegg. | **befanóna**, accr. | **befanóne**, accr. m.

bèffa [di origine onomat.] s. f. ● Burla complicata e piuttosto pesante: *fare una b. a qc.* | Gesto o parola di scherno | *Farsi beffe di qc.*, prendersi gioco di qc. | *Restare col danno e con le beffe*, danneggiato e deriso. SIN. Baia, derisione, dileggio.

†**beffàbile** agg. ● (*raro*) Degno di beffa, di scherno.

†**beffaménto** s. m. ● (*raro*) Beffa | (*raro*) Illusione tentatrice.

beffàrdo **A** agg. **1** Che si compiace di deridere e beffare: *un tipo cinico e b.* SIN. Mordace. **2** Che rivela scherno o ironia: *riso b.; espressione beffarda.* SIN. Derisore, ironico, schernitore. || **beffardaménte**, avv. **B** s. m. ● †Burlone, canzonatore.

beffàre [da *beffa*] **A** v. tr. (*io bèffo*) ● Illudere, ingannare | Schernire, deridere: *si è lasciato b. come uno sciocco.* **B** v. intr. pron. (*io bèffo*) ● Prendersi gioco di qc. o q.c.: *beffarsi di tutto e di tutti.*

beffatóre s. m.; anche agg. (f. *-trice*) ● Beffeggiatore: *sia preso questo traditore e b. di Dio e de' santi* (BOCCACCIO).

beffeggiaménto s. m. ● (*raro*) Atto, effetto del beffeggiare.

beffeggiàre v. tr. (*io befféggio*) ● Beffare con particolare cattiveria e accanimento: *b. le cose sacre e profane.*

beffeggiatóre **A** s. m.; anche agg. (f. *-trice*) ● (*raro, lett.*) Chi, che fa beffe. **B** agg. ● (*raro*) Ironico, canzonatorio.

†**beffeggiatòrio** agg. ● (*raro*) Derisorio.

†**beffévole** agg. ● Degno di scherno | Beffardo, canzonatorio.

bèga o **béga** [got. **bēga*, connesso con l'ant. alto ted. *bâga* 'lite, contesa'] s. f. **1** Litigio, contrasto. **2** Affare, situazione, impegno e sim. che arreca comunque noia e fastidio: *cacciarsi nelle beghe, in una b.; pigliarsi delle beghe; non voler beghe.*

begàrdo [ant. fr. *bégard*, da *béguin*, con sostituzione di suff. spreg.] s. m. ● Membro di un movimento cattolico riformatore sorto in Fiandra nel XIII sec., che adottò la regola e la dottrina delle beghine e fu dichiarato eretico.

beghìna [fr. *béguine*, di etim. discussa: di origine fiamminga (?)] s. f. **1** Religiosa di comunità cattoliche fondate nel XII sec., poi in parte assorbite dai movimenti francescano e domenicano. **2** Donna che vive in una comunità religiosa osservando i voti temporanei di castità e ubbidienza. **3** (*spreg.*) Bigotta, bacchettona.

beghinàggio [fr. *béguinage*, da *béguine* 'beghina'] s. m. **1** Comunità delle beghine | Piccolo quartiere nel quale dimoravano le beghine. **2** (*spreg.*) Devozione esagerata e ostentata, da beghina.

beghinìsmo s. m. ● (*spreg.*) Atteggiamento, comportamento da beghina. SIN. Bigottismo.

beghìno [fr. *béguin*, da *béguine* 'beghina'] s. m. (f. *-a*) **1** Religioso del movimento dei Begardi. **2** (*spreg.*) Bigotto, bacchettone.

begliuòmini o **begliòmini** [comp. dei pl. di *bello* e *uomo*] s. m. pl. ● (*bot.*) Balsamina.

†**begolàrdo** [da †*begolare*] s. m. ● Ciarlatano, imbonitore | Chi conta frottole.

†**begolàre** ● V. †*bergolare.*

†**bègole** o **bégole** [da †*begolare*] s. f. pl. ● Chiacchiere, frottole.

begònia [fr. *bégonia*, dal cognome dell'intendente di S. Domingo, Michel *Bégon* (1638-1710), in onore del quale fu imposto il nome a questa pianta] s. f. ● Genere di piante arbustive o erbacee delle Begoniacee, comprendente molte specie coltivate per i fiori e le foglie variamente colorate (*Begonia*).

Begoniàcee [comp. di *begonia* e *-acee*] s. f. pl. ● Nella tassonomia vegetale, famiglia di piante delle Dicotiledoni spesso succulente e con foglie alterne provviste di lobi (*Begoniaceae*) | (al sing. *-a*) Ogni individuo di tale famiglia. ➡ ILL. **piante** /3.

béguine /fr. be'gin/ [vc. creola delle Antille (*biguine*) di origine ingl. (dal v. *begin* 'dar inizio, attaccare')] s. f. inv. ● Ballo d'origine caraibica, a ritmo lento.

bègum o **begùm** [vc. ingl. di origine persiana (*begam*, dal turco orient. *bigím* 'principessa', f. di *big* 'principe, bey')] s. f. inv. ● Principessa, signora di rango elevato nel mondo musulmano.

bèh /bɛ/ o (*fam.*) **be' (2)**. inter. ● (*fam.*) Con valore concl., bene, proprio così | Con valore conc., concl. o interr., ebbene, e così, e allora, dunque: *beh! fate voi; beh!, hai ragione tu!; beh, andiamocene!; beh, cosa vuoi?; beh, cosa vogliamo fare?; beh, che ve ne sembra?*

behaviorìsmo /beavjo'rizmo/ [dall'ingl. *behaviour*, variante americana *behavior*, 'comportamento', formato dal v. *to behave* con sovrapposizione di *havior* 'possesso'] s. m. ● (*psicol.*) Comportamentismo.

behaviorìstico /beavjo'ristiko/ agg. (pl. m. *-ci*) ● (*psicol.*) Comportamentistico.

bèi o (*evit.*) **beì** s. m. ● Adattamento di *bey* (V.).

beige /fr. bɛʒ/ [vc. fr., di etim. incerta] **A** agg. inv. ● Detto di sfumatura di grigio tendente al nocciola più o meno chiaro. **B** s. m. inv. ● Il colore beige.

beignet /fr. bɛ'ɲɛ/ s. m. inv. ● Bignè.

beilicàle [turco *beylik* 'relativo al *bey*, principato', ampliato col suff. *-ale*] agg. ● Relativo al bey e alla sua carica.

beilicàto s. m. ● Giurisdizione, carica di un bey.

bèisa [vc. somala] s. f. ● Antilope dell'Africa Orientale caratterizzata da lunghe corna diritte (*Oryx beisa*).

bèl [dal nome del fisico A. Graham *Bell* (1847-1922)] s. m. inv. ● (*fis.*) Unità di misura del guadagno o dell'attenuazione di potenza di strumenti, componenti e sim. espresso mediante il logaritmo decimale del rapporto tra le potenze di due segnali. SIMB. B.

†**belaménto** s. m. ● (*raro*) Modo e atto di belare.

belànte **A** part. pres. di *belare*; anche agg. **1** Nei sign. del v. **2** (*fig.*) Lamentoso, noioso: *voce, pianto b.* **B** s. f. e m. ● (*raro, lett.*) Pecora, agnello: *un branco ... / di candide belanti* (MONTI).

belàre [lat. *belāre*, di origine onomat.] **A** v. intr. (*io bèlo*; aus. *avere*) **1** Emettere belati: *il gregge belava lamentosamente.* **2** (*fig.*) Frignare, piagnucolare, lamentarsi: *il bambino non smette di b.* | Cicalare noiosamente: *sta tutto il giorno a b. d'amore.* **B** v. tr. e intr. ● (*fig.*) Recitare, declamare, cantare, in modo lamentoso e sdolcinato: *b. una poesia, un inno, una canzone; un coro che belava pietosamente.*

belàto [da *belare*] s. m. **1** Verso flebile e lamentoso caratteristico della pecora, dell'agnello e della capra: *i dolci belati delle pecore al pascolo.* **2** (*fig.*) Piagnisteo: *non sopporto i belati di quella donna* | Canto, recitazione e sim. lamentosi e affettati: *un b. di zampogne.*

†**belatóre** agg.; anche s. m. ● (*raro*) Che, chi bela (*spec. fig.*).

belcantìsmo s. m. ● Tecnica o culto del belcanto.

belcantìstico agg. (pl. m. *-ci*) ● Che riguarda il belcanto o ne riflette le caratteristiche: *gusto b.; esecuzione belcantistica.*

belcànto o **bèl cànto** s. m. ● Nel melodramma italiano, spec. fino al XVIII sec., canto rispondente ai canoni tradizionali che richiedono intonazione, espressività, chiarezza di timbro e voce educata ai virtuosismi.

†**belecchiàre** v. intr. ● (*raro*) Belare debolmente, a più riprese.

belemnìta o **belemnìte** [dal gr. *belemnîtēs* (sottinteso *líthos*) '(pietra) a forma di dardo (*bélemnon*, da *bállein* 'lanciare, scagliare')'] s. m. (pl. *-i*) ● Cefalopode fossile dei Dibranchiati la cui parte massiccia è facilmente rinvenibile in sedimenti mesozoici (*Belemnites*).

bèlga [vc. dotta, lat. *Bĕlga(m)*, di prob. origine celt.] **A** agg. (pl. m. *-gi*; pl. f. *-ghe*) **1** Del Belgio: *popolo b.* **2** *Razza b.*, pregevole razza equina da tiro pesante, di tipo brachimorfo. **3** *Insalata b.*, varietà di cicoria bianca dal caratteristico cespo compatto sottile e allungato, di sapore amarognolo. **B** s. m. e f. (pl. m. *belgi*) ● Abitante, nativo del Belgio.

†**belgioìno** ● V. *benzoino.*

†**belgiuìno** ● V. *benzoino.*

bèlio [da *belare*] s. m. ● (*raro, lett.*) Il belare continuo (*spec. fig.*).

bèlla s. f. **1** Donna bella, avvenente: *la b. del quartiere; la b. e la bestia* | *B. mia!*, appellativo affettuoso (*spec. scherz.* o *iron.*) **2** (*per anton.*) La donna amata: *addio, mia b., addio!* **3** Bella copia: *copiare, mettere in b.* **4** (*pop.*) Nei giochi, spec. di carte, e negli sport, l'ultima partita decisiva tra avversari alla pari. SIN. Spareggio. **5** (*bot.*) *B. di giorno*, pianta erbacea delle Convolvulacee con fusti eretti e fiori con corolle imbutiformi, molto delicate, di color roseo o violetto (*Convolvulus tricolor*) | *B. di notte*, pianta erbacea delle Nictaginacee con foglie ovali lanceolate e fiori di color giallo o rosso o bianco (*Mirabilis jalapa*); (*fig.*) prostituta che di preferenza si mette in mostra nelle ore notturne | *B. vedova*, pianta erbacea rizomatosa delle Iridacee con foglie lunghe e fiori giallo-verdastri (*Hermodactylus tuberosus*) | *B. di* *undici ore*, giacinto del Perù | *B. montanina*, (*tosc.*) varietà di giglio. ***6*** Piatto di ceramica rinascimentale in cui venivano ritratti volti di giovani donne, prodotto spec. a Casteldurante e Faenza. || **bellóna**, accr. (V.).

belladònna [comp. di *bello* e *donna*: perché sta a base di un unguento di bellezza (?)] s. f. (pl. *belledònne*) ***1*** Pianta erbacea delle Solanacee con fusto ramoso alto circa 1 m, foglie ovate, fiori bruni ascellari, bacche brune e lucenti (*Atropa belladonna*). ***2*** (*est.*) Estratto ottenuto dalle foglie e dalle radici della pianta omonima, usato in farmacologia.

belladonnina [da *belladonna*] s. f. ● (*chim.*) Alcaloide estratto dalle foglie di belladonna.

†**bellagàmba** [comp. di *bello* e *gamba*, mostrata col costume di un tempo] s. m. ● Zerbinotto.

†**bellàre** [vc. dotta, lat. *bellāre*, da *bĕllum* 'guerra', di etim. incerta] v. intr. ● Combattere, guerreggiare.

†**bellatóre** [vc. dotta, lat. *bellatōre(m)*, da *bellāre* 'combattere'] agg.; anche s. m. ● (*raro*) Guerriero.

bellavista o **bèlla vista** [comp. di *bello* e *vista* 'dalla bella apparenza'] s. f. (pl. *belleviste*) ***1*** Bella veduta, bello spettacolo. ***2*** Nella loc. *in b.*, riferita a vivande servite in gelatina, con bordure varie di verdure, sottaceti e sim.: *salmone in b.*

belle époque /*fr.* bel e'pɔk/ [espressione fr., letteralmente 'bella epoca'] loc. sost. f. inv. ● Periodo che va dalla fine dell'Ottocento all'inizio della prima guerra mondiale, caratterizzato, nell'ambito della borghesia, da benessere economico e vita spensierata: *il can can è il ballo tipico della belle époque.*

bellétta [forse var. di *melletta*, affine a *melma*] s. f. ● (*lett.*) Fanghiglia, melma.

belletterista o **bellettrista** [adatt. del fr. *bellettriste*, da *belles lettres* 'belle lettere'] s. m. e f. (pl. m. *-i*) ● (*spreg.*) Cultore, spec. dilettante, di letteratura, di belle lettere.

belletterìstica o **bellettrìstica**. s. f. ● (*spreg.*) Letteratura, spec. dilettantesca.

belletterìstico o **bellettrìstico**. agg. (pl. m. *-ci*) ● (*spreg.*) Relativo alla letteratura, spec. dilettantesca.

†**bellettière** s. m. (f. *-a*) ● Chi prepara o vende belletti.

bellétto [prob. da *bello*, per la sua funzione] s. m. ***1*** Crema o cosmetico per il trucco del viso: *darsi il b.* ***2*** (*fig.*) Artifizio stilistico.

†**bellettóso** [da *belletta*] agg. ● Limaccioso.

bellettrìsta e *deriv.* ● V. *belletterista* e *deriv.*

bellettrìstica ● V. *belletteristica*

bellézza [lat. parl. **bellĭtia(m)*, da *bĕllus* 'bello'] s. f. ***1*** Qualità di chi o di ciò che è bello: *la b. di una donna, di un'opera d'arte*; *le bellezze naturali*; *la b. della virtù*; *la b. è una specie di armonia visibile che penetra soavemente nei cuori umani* (FOSCOLO) | *B. greca*, conforme ai canoni estetici di proporzioni ed euritmia propri della civiltà greca classica | *B. dell'asino*, (*fig., fam.*) quella propria della prima giovinezza | *Concorso di b.*, dove si premiano le ragazze più belle | *Istituto di b.*, per il trattamento estetico della persona | *Per b.*, per ornamento | *Che b.!*, escl. di gioia (*anche iron.*) | *Chiudere, finire in b.*, concludere un'attività con un gesto clamoroso, che lasci buona memoria. CONTR. Bruttezza. ***2*** Cosa, persona bella: *è una b.*; *ciao, b.!* | *B. mia!*, escl. affettuosa (*anche iron.*) | *Il lavoro procede che è una b.*, di bene in meglio. ***3*** (*fig.*) Grande quantità, lunga durata: *durare la b. di dieci anni.* ***4*** (*fis.*) Numero quantico corrispondente al quinto tipo (o sapore) di quark, introdotto per evitare un'asimmetria tra le proprietà dei leptoni e quelle dei quark. || **bellezzina**, dim. | **bellezzóna**, accr.

bellicìṣmo [fr. *bellicisme*, dal lat. *bĕllicus* 'bellico', sul modello di *pacifisme* 'pacifismo'] s. m. ● Atteggiamento di chi crede di risolvere i problemi internazionali con la forza.

bellicista [fr. *belliciste*, da *bellicisme* 'bellicismo'] s. m. e f.; anche agg. (pl. m. *-i*) ● Chi, che sostiene il bellicismo.

bellicìstico agg. (pl. m. *-ci*) ● Relativo al bellicismo.

bèllico (**1**) [vc. dotta, lat. *bĕllicu(m)*, da *bĕllum* 'guerra', forma recente di *duĕllum*, di etim. incerta] agg. (pl. m. *-ci*) ● Pertinente alla guerra: *apparato, sforzo b.* | *Occupazione bellica*, di tutto o di parte del territorio di uno Stato belligerante da parte del nemico.

bellìco (**2**) [lat. *umbilīcu(m)* 'ombelico' (V.)] s. m. (pl. *-chi*) ***1*** (*bot.*) Infossamento lasciato dal picciolo nel punto in cui si è staccato il frutto. ***2*** V. *ombelico*.

†**bellicóncio** [da *bellico (2)*] s. m. ● (*raro*) Cordone ombelicale.

†**bellicóne** (**1**) [medio alto ted. *willekomen* 'benvenuto', comp. di *wille* 'volere, desiderare' e *kome* 'venire'] s. m. ● Bicchiere panciuto.

bellicóne (**2**) [da *bellico (2)*] s. m. ● (*raro*) Uomo grande e grosso.

bellicosità s. f. ● L'essere bellicoso | (*est.*) Spirito battagliero.

bellicóso [vc. dotta, lat. *bellicōsu(m)*, da *bĕllicus* 'bellico (1)'] agg. ***1*** Dedito e pronto alla guerra: *nazione bellicosa.* ***2*** (*est.*) Indocile, battagliero: *individuo, atteggiamento, spirito b.* || **bellicosaménte**, avv. In modo guerresco, battagliero.

bèllide [vc. dotta, lat. *bĕllide(m)*, da *bĕllus* 'bello' (?)] s. f. ● (*bot.*) Margheritina.

belligerànte [vc. dotta, lat. *belligerānte(m)*, part. pres. di *belligerāre*, comp. di *bĕllum* 'guerra' e *gĕrere* 'fare'] agg.; anche s. m. e f. ● Che, chi è in stato di guerra: *Stati belligeranti*; *violento scontro tra belligeranti.*

belligerànza [vc. dotta, da *belligerante*] s. f. ● Condizione di uno Stato in guerra implicante un complesso di diritti o di obblighi allo stesso riconosciuti o imposti dal diritto internazionale: *rapporto di b. tra Stati.*

bellìgero [vc. dotta, lat. *bellĭgeru(m)*, comp. di *bĕllum* 'guerra' e *gĕrere* 'condurre, fare'] agg. ● (*lett.*) Guerresco | Bellicoso.

bellimbùsto o †**bell'imbùsto** [comp. di *bello* e *busto*] s. m. (pl. *bellimbùsti*, ant. anche *beglimbùsti*) ● Uomo ricercato nel vestire, fatuo e galante. SIN. Cicisbeo, ganimede, zerbinotto.

belliniàno A agg. ● Che riguarda il musicista italiano Vincenzo Bellini (1801-1835) e la sua arte: *la produzione operistica belliniana.* **B** s. m. (f. *-a*) ● Ammiratore, seguace di V. Bellini.

bellino agg. ***1*** Dim. di *bello.* ***2*** Affettato | *Fare il bello b., le belle belline*, (*lett.*) fare moine.

bèllo [lat. *bĕllu(m)*, dim. di *bŏnus* 'buono'] **A** agg. (sing. m. *bèllo*, pl. m. *bèlli*, posposti al s.; sing. m. *bèl*, pl. m. *bèi* (tosc. *be'*) davanti a consonante che non sia *s* impura, *gn, pn, ps, x, z*; sing. m. *bèllo*, pl. m. *bègli*, davanti a vocale, *s* impura, *gn, pn, ps, x, z*; pl. f. regolare. Si elide al sing. in *bell'* davanti a vocale). *Bello* si tronca in *bel* davanti a consonante: *un bel gatto, bel tempo, che bel tipo*; rimane però *bello* davanti a *s impura, z, x, gn, ps* e (ma non sempre) *pn*: *bello scrittoio, bello stivale, bello zaino*; si elide in *bell'* davanti a vocale: *bell'aspetto, bell'e fatto, bell'operaio, bell'uomo.* Al plurale, *belli* diventa *bei* davanti a consonante: *bei pomodori, bei fiori, bei libri*; diventa però *begli* davanti a vocale o a *s impura, z, x, gn, ps* e (ma non sempre) *pn*: *begli atleti, begli uomini, begli stupidi.* Al femminile, la forma del singolare *bella* si può elidere davanti a vocale: *bell'attrice*; invece il plurale *belle* si elide raramente: *belle immagini* (meglio di *bell'immagini*). (V. nota d'uso ELISIONE e TRONCAMENTO) ***1*** Che, per aspetto esteriore o per qualità intrinseche, provoca impressioni gradevoli: *faccia, mano, persona, cosa, donna bella*; *è troppo b. per essere vero* | (*est.*) *Belle lettere*, letteratura | *Belle arti, arti belle*, arti figurative | *B. scrivere*, stile letterario considerato come modello di eleganza e di correttezza | *Bel tempo*, sereno | *Bella giornata*, serena | *Bel mare*, calmo | *Belle parole*, maniere, modi ingannevoli | *Bel sesso*, il sesso femminile | *Bel mondo*, società ricca ed elegante | *Bell'ingegno*, persona di intelligenza vivace, brillante | *B. spirito*, (*iron.*) persona superficialmente spiritosa e frivola | *Begli anni*, la gioventù | *Bella stagione*, primavera | *Bella vita*, (*spreg.*) scioperata, galante | *Farsi b.*, adornarsi, agghindarsi | *Farsi b. di q.c.*, (*fig.*) vantarsene, attribuirsene i meriti quando non sono propri | *Darsi bel tempo*, (*fig.*) dedicarsi all'ozio e ai piaceri. CONTR. Brutto. ***2*** Vistoso, cospicuo, grande: *una bella altezza, rendita, eredità, spesa*; *un bel patrimonio* | Con valore ints. (preposto a un s.): *un bel nulla*; *un bel sì*; *è bell'e fatto*; *è bell'e morto*; *nel bel mezzo*; *al bel principio*; *a bell'agio* | *A b. studio, a bella posta*, con tutta l'intenzione | *Bell'e buono*, vero e proprio | Con valore ints. scherz. (preposto a un s.): *una bella insolenza*; *un bel matto*; *una bella bestia* | *Questa è bella, l'hai fatta bella*, (*iron.*) questa è grossa, l'hai fatta grossa | *Oh bella!*, (*ell., iron.*) esprime sorpresa, disapprovazione, disappunto e sim. | *Ne ha dette delle, di belle*, (*iron.*) ha detto delle assurdità, delle enormità | *Belle cose!*, (*antifr.*) brutte cose | *Bella figura!*, (*antifr.*) brutta figura | Con valore pleon.: *un bel giorno, una bella mattina.* ***3*** Buono: *una bella azione* | Dignitoso: *un bel morir tutta la vita onora* (PETRARCA) | *Giovane di belle speranze*, promettente | *Fare una bella riuscita*, riuscire bene | *Un bel lavoro*, fatto bene (*anche iron.*) || **bellaménte**, avv. In modo garbato, acconcio, conveniente. **B** in funzione di avv. ***1*** Nella loc. *bel b.*, adagio adagio, lemme lemme; (*anche raff.*) *pian piano, bel b.* ***2*** Nella loc. *alla bell'e meglio*, in modo approssimativo. **C** s. m. solo sing. ***1*** Ciò che per aspetto esteriore o per qualità intrinseche provoca impressioni gradevoli: *avere il gusto, l'amore del b.* | *Che b.!*, che bellezza. ***2*** Nella filosofia platonica, manifestazione del bene. ***3*** Tempo bello, sereno: *la stagione si mette al b.*; *fa b.* ***4*** Con valore neutro e gener. raff.: *il b. è che*, la cosa strana è che | *Ha di b. che*, il suo lato positivo è che | *Sul più b.*, nel momento culminante, più importante | *Ci volle del b. e del buono*, molta fatica | (*scherz.*) *Adesso viene, comincia il b.*, il difficile | (*fam.*) *Cosa fai di b.?* ***5*** Con valore neutro e gener. enfatico, in riferimento a categorie generali di cui si vuole esaltare una qualità peculiare. *donna è b.*; *single è b.* **D** s. m. (f. *-a* (V.)) ***1*** Uomo avvenente: *il b. del paese* | *Fare il b.*, civettare | *Fare il b. in piazza*, pavoneggiarsi | *B. mio!*, (*dial.*) *b. di mamma!*, appellativi affettuosi (*spec. scherz.* o *iron.*). ***2*** (*per anton.*) L'uomo amato. || **bellino**, dim. (V.) | **bellòccio**, accr. (V.) | **bellóne**, accr. | †**bellùccio**, dim.

bellòcchio [lat. tardo *belŏculu(m)*, comp. di *ŏculis* 'occhio' e *Bēli* 'del dio Belo', con sovrapposizione di *bello*] s. m. ● (*miner.*) Occhio di gatto.

bellòccio agg. (pl. f. *-ce*) ***1*** Accr. di *bello.* ***2*** Che ha un tipo di bellezza fresca, semplice e non particolarmente raffinata.

bellóna s. f. ***1*** Accr. di *bella.* ***2*** Donna avvenente, spec. di bellezza vistosa e non particolarmente raffinata.

†**bellóre** s. m. ● Bellezza.

bellospìrito o **bèllo spìrito** [comp. di *bello* e *spirito*] s. m. (pl. *bègli spìriti*) ● Persona di ingegno vivace e piacevole | (*iron.* o *spreg.*) Chi è spiritoso in modo superficiale e affettato. SIN. Bellumore, burlone.

belluino [vc. dotta, lat. tardo *bel(l)uīnu(m)* 'bestiale', da *bē(l)lua* 'animale'] agg. ● (*lett.*) Pertinente a belva | (*est.*) Feroce, selvaggiamente brutale: *ira belluina.* SIN. Ferino.

bellumóre o **bell'umóre** [comp. di *bello* e *umore*] s. m. (pl. *bègli umóri*, raro *bellumóri*) ● Persona di carattere allegro e bizzarro (*anche iron.*). SIN. Bellospirito, burlone.

bellunése [da *Belluno*, di etim. discussa: di origine celt. per contrazione di **Belodunum*, come dire la 'città fortificata (*dunum*) brillante (radicale **bel-*)' in senso esornativo (?)] **A** agg. ● Della città di Belluno. **B** s. m. e f. ● Abitante di Belluno. **C** s. m. solo sing. ● Dialetto del gruppo veneto, parlato a Belluno.

bellùria [da *bello* con suff. ripreso da altre vc. in *-uria*] s. f. ***1*** (*fam., tosc.*) Bellezza apparente: *fiori di b.* ***2*** (*lett., spec. al pl.*) Eleganza sforzata e di gusto mediocre, spec. nello scrivere.

bèlo [per *bel(at)o*] s. m. ● (*raro, lett.*) Belato: *il doloroso b. / della madre, che perde il caro agnello* (L. DE' MEDICI).

belodónte [vc. dotta, comp. del gr. *bélos* 'dardo' e *odóys*, genit. *odóntos* 'dente'] s. m. ● Genere di grandi rettili fossili del triassico superiore (*Belodon*).

Beloniформi [comp. del n. scient. *Belone*, dal gr. *belónē* 'ago' e *-forme*] s. m. pl. ● (*zool.*) Ordine di pesci Teleostei marini dal corpo affusolato e pinne a raggi molli, tra cui l'aguglia (*Beloniformes*) | (al sing. *-e*) Ogni individuo di tale ordine.

belorùsso ● V. *bielorusso.*

belpaéṣe ® o **bèl paése** nel sign. 2, **Belpaése** [dal titolo d'ispirazione petrarchesca del noto libro di divulgazione scientifica *Il Bel Paese* di A. Stoppani, pubblicato nel 1875] s. m. inv. *1* Nome commerciale di un tipico formaggio a pasta molle ma compatta, prodotto in Lombardia. *2* (*per anton.*) L'Italia.

beltà o †**beltàde**, †**beltàte**, †**biltà** [ant. provz. *beltat*, dal lat. parl. **bellitāte(m)*, da *bĕllus* 'bello'] s. f. *1* (*lett.*) Bellezza: *questo nostro caduco e fragil bene, / ch'è vanto et ombra, et ha nome beltate* (PETRARCA). *2* (*lett.*) Donna di grande bellezza.

belùci ● V. *baluci*.

belùga [vc. russa, da *bélyj* 'bianco', di origine indeur.] s. m. inv. ● Grosso cetaceo candido, munito di denti e privo di pinna dorsale (*Delphinapterus leucas*).

bèlva [lat. *bēl(l)ua(m)* 'bestia': vc. onomat. (?)] s. f. ● Animale feroce (*anche fig.*): *di sua tana stordita esce ogni b.* (POLIZIANO); *quando beve diventa una b.* SIN. Fiera.

belvedére [comp. di *bel(lo)* e *vedere*] **A** s. m. (pl. *-i* o *-e*). *1* Luogo elevato da cui si gode una bella veduta. *2* (*mar.*) Terzultima vela quadra, a partire dal ponte, dell'albero di mezzana. ➡ ILL. p. 1757 TRASPORTI. *3* Pianta erbacea delle Chenopodiacee con foglie verde chiaro che in autunno acquistano una colorazione rossa (*Kochia scoparia*). SIN. Cipressina, granata. **B** in funzione di agg. inv. ● (posposto a un s.) Che consente una bella veduta | *Carrozza b.*, alla testata di alcuni tipi di elettrotreni.

Belzebù [vc. dotta, lat. eccl. *Beelzebūb*, dal gr. *Beelzeboúb*, nome di un'antica deità fenicia] pers. m. ● Nome con il quale negli Evangeli si indica il principe dei Diavoli.

†**belzoìno** ● V. *benzoino*.

†**belzuìno** ● V. *benzoino*.

bèma [dal gr. *bêma* 'passo', dipendente dal v. *báinein* 'camminare', di struttura indeur.] s. m. inv. *1* Nell'antica Grecia, unità di misura di lunghezza equivalente a m 0,74. *2* Nell'antica Grecia, piedistallo di pietra o legno da cui parlavano gli oratori. *3* Nella basilica cristiana, banco situato lungo la curva dell'abside | Nella chiesa bizantina, il presbiterio con la relativa abside.

bemberg ® /'bɛmberg, *ted.* 'bɛmbɛrk/ [orig. sconosciuta] s. m. inv. ● Nome commerciale di una fibra tessile artificiale composta soprattutto di cellulosa, succedanea della seta, usata spec. nella produzione di fodere.

†**bemollàre** v. tr. ● (*mus.*, *raro*) Bemollizzare.

bemòlle o (*raro*) **bimòlle** [comp. di *be*, n. ant. della nota musicale si, e *molle*, riferito al Si più basso dei due possibili nella scala diatonica] s. m. ● (*mus.*) Nella notazione, segno che abbassa di un semitono la nota cui è preposto o la stessa nota tutte le volte che essa compare nel brano, collocandosi nei singoli pentagrammi dopo la chiave e al posto della nota: *Re b.*; *un b. in chiave*.

bemollizzàre v. tr. ● (*mus.*) Alterare una nota con un bemolle.

bemparlànte ● V. *benparlante*.

bempensànte ● V. *benpensante*.

bemportànte ● V. *benportante*.

benaccètto o **ben accètto**, **beneaccètto** [comp. di *ben(e)* e *accetto*] agg. ● (*lett.*) Gradito: *questo tuo dono è b.*

benaffètto o **ben affètto** [comp. di *ben(e)* e *affetto* (V.)] agg. ● (*raro*) Affezionato, ben disposto.

benallevàto [comp. di *ben(e)* e *allevato*] agg. ● (*raro*, *lett.*) Che ha ricevuto una buona educazione.

benalzàto o **ben alzàto** [comp. di *ben(e)* e *alzato*] **A** agg. spec. in funzione di inter. ● Si usa come saluto augurale a chi si è alzato dal letto (*anche iron.*): *b.!*; *benalzata!* **B** anche s. m. ● La formula stessa del saluto: *dare il b. a qc.*

benamàto o **beneamàto** [comp. di *ben(e)* e *amato*] agg. ● (*lett.*) Che è molto amato.

benànche o (*lett.*) **benànco**, (*lett.*) **ben ànco** [comp. di *ben(e)* e *anche*] avv. ● Anche se, perfino, pure, ancorché (con valore raff., talora posposto al v.): *voglio riuscire, dovessi b. impiegarci un anno*; *ben anco a noi la tua possanza invitta / è manifesta* (MONTI).

benandànte [comp. di *ben(e)* e *andante*] s. m. ● Portatore di culti agrari di fertilità in difesa dei raccolti contro streghe e stregoni, nel Friuli tra il Cinquecento e il Seicento, perseguitato a sua volta come stregone dall'Inquisizione | (*est.*) Stregone.

benandàre [comp. di *ben(e)* e *andare*] s. m. ● (*raro*) Licenza di continuare il lavoro ben avviato.

benandàta [comp. di *ben(e)* e *andata*] s. f. *1* (*raro*) Mancia che si lascia ai camerieri d'albergo. *2* (*raro*) Buonuscita.

benarrivàto o **ben arrivàto** [comp. di *ben(e)* e *arrivato*] **A** agg. spec. in funzione di inter. ● Si usa come saluto a chi arriva, per esprimere buona accoglienza: *b.!*; *benarrivata!*; *benarrivati a casa nostra!* **B** anche s. m. (f. *-a* nel sign. 1) *1* Persona che giunge gradita: *siate i benarrivati*; *sei il b.* *2* La formula stessa del saluto: *dare il b. a qc.*

benaugurànte [da *ben(e)* e *augurante*] agg. ● Che è di buon augurio: *formula b.*

†**benauguràto** [comp. di *ben(e)* e *augurato*] agg. ● (*raro*) Fortunato. ‖ **beneauguratamènte**, avv. Con buon augurio.

benauguróso [comp. di *ben(e)* e *auguroso*] agg. ● (*raro*, *lett.*) Di buon augurio.

benavére o **ben avére**, **beneavére** [comp. di *ben(e)* e *avere*] **A** v. intr. (dif. usato solo all'inf.) ● Avere bene, tranquillità, pace, spec. nella loc. *non lasciare b. qc.* **B** anche in funzione di s. m. solo sing.: *non lascia più b. a nessuno*.

†**benavvedùto** [comp. di *ben(e)* e *avveduto*] agg. ● (*raro*) Accorto, prudente.

†**benavventuràto** [comp. di *ben(e)* e *avventurato*] agg. ● Fortunato, felice: *re per molte vittorie ottenute con gravissimi pericoli chiamato b.* (GUICCIARDINI).

†**benavventuróso** [comp. di *ben(e)* e *(av)venturoso*] agg. ● Benavventurato. ‖ **benavventurosamènte**, avv. Con buona fortuna.

benché o (*lett.*) †**ben che** [da *ben(e)* e *che* (*2*)] cong. *1* Sebbene, quantunque (introduce una prop. conc. di preferenza con il v. al congv.): *b. sia tardi, passerò a prenderti* | Con l'ellissi del v.: *b. ammalato volle uscire ugualmente* | (*ass.*) Con il v. all'indic.: *b., per dir il ver, non han bisogno / di maestro* (TASSO). *2* Ma, tuttavia (con valore avvers. e il v. all'indic.): *furon marito e moglie: b. la poveretta se ne pentì poi, in capo a tre giorni* (MANZONI). *3* Con valore raff. nella loc. *il b. minimo*, nemmeno il più piccolo: *non fa il b. minimo sforzo*.

†**bencondizionàto** [comp. di *ben(e)* e *condizionato*] agg. ● Preparato con diligenza.

bencreàto [comp. di *ben(e)* e *creato*] agg. ● (*raro*, *lett.*) Bene educato.

bènda o **bénda** [germ. **binda* 'fascia', di origine indeur.] s. f. *1* Striscia di tela o garza per la fasciatura di ferite, fratture e sim. | *B. elastica*, di tessuto elastico | *B. gessata*, impiegata nella confezione di apparecchi gessati. *2* Striscia di tessuto avvolta intorno al capo in segno di sovranità, dignità, onore e sim., o per ornamento: *bende sacerdotali* | *Auree bende*, il diadema regale | *Le sacre bende*, quelle dei sacerdoti pagani o delle monache. *3* Velo o drappo portato in capo dalle donne, spec. nel Medio Evo, secondo l'età e la condizione | *Bende vedovili*, i veli neri portati in segno di lutto dalle vedove | (*fig.*) Striscia, banda, nella capigliatura: *due bende ondulate di capelli*. *4* Fascia che copre gli occhi e impedisce la vista, applicata a qc. per gioco, per ragioni di sicurezza o per protezione psicologica: *la b. nera dei condannati a morte* | *Avere la b. agli occhi*, (*fig.*) non rendersi conto della realtà | *Gli è caduta la b. dagli occhi*, (*fig.*) si è accorto di come stanno realmente le cose. *5* (*mar.*) Nelle vele, striscia di tela trasversale di rinforzo dove sono cucite le legature. ‖ †**bendèlla**, dim. | †**benderèlla**, dim. | **bendina**, dim. | **bendóne**, accr. m. (V.) | **bendùccia**, dim. | †**bendùccio**, dim. m. (V.).

bendàggio [fr. *bandage*, da *bande* 'benda'] s. m. *1* Atto del bendare | Insieme delle bende con cui si effettua una medicazione. SIN. Fasciatura. *2* Nel pugilato, fasciatura che protegge le mani e i polsi del pugile sotto i guantoni: *b. duro, molle*.

bendàre v. tr. (*io bèndo* o *béndo*) *1* Fasciare con bende: *b. un occhio, una ferita, un arto malato*. *2* Coprire gli occhi a qc. con una benda, per impedirgli la vista: *b. un condannato*; *b. qc. per gioco* | *B. gli occhi a qc.*, (*fig.*) confondergli la mente, impedirgli d'accorgersi di qc.: *l'animosità gli occhi non benda* (TASSO).

bendàto part. pass. di *bendare*; anche agg. *1* Nei sign. del v. *2* (*est.*, *lett.*) Che porta la benda, detto spec. di monache | Che porta il turbante: *i bendati Sultani* (PARINI).

bendatùra s. f. ● Atto, effetto del bendare | †Modo di bendare.

bending [vc. ingl., propr. 'il piegarsi', 'il curvarsi'] s. m. inv. ● (*chim.*) Moto di vibrazione dei legami chimici secondo direzioni diverse da quelle della loro lunghezza. CFR. Stretching.

bendispósto o **ben dispósto** [comp. di *ben(e)* e *disposto*] agg. ● Favorevole a qc. o q.c.: *essere b. verso qc.*

bendóne s. m. *1* Accr. di *benda*. *2* Striscia pendente da mitrie, cuffie e sim.

†**bendùccio** s. m. *1* Dim. di *benda*. *2* Fazzoletino per bambini, che si attacca alla spalla o alla vita. *3* Fazzoletto per fasciarsi la fronte di notte.

bène (1) [lat. *bĕne*, da *bŏnus*, di etim. incerta] **A** avv. (troncato in *bèn*, spec. se in posizione proclitica; compar. di maggioranza *meglio*; sup. *benissimo*, o *ottimamente*). *1* In modo buono, giusto, retto: *fare q.c. b.*; *agire b.*; *comportarsi b.* *2* In modo soddisfacente, pienamente adeguato: *crescere b.*; *lo conosco b.*; *il conto torna b.*; *gli affari vanno b.*; *gli è andata b.*; *vestire b.*; *quest'abito mi sta b.*; *stare, sentirsi b.* | *Stare, sentirsi poco b.*, essere indisposto, ammalato | *Gli sta b.!*, *ben gli sta!*, se lo merita | *Vederci, sentirci, b.*, in modo chiaro e distinto | *Va b.!*, d'accordo | *Ben detto, ben fatto!*, di cosa detta o fatta a proposito | *Trattare b.*, con riguardo | *Passarsela b.*, vivere con agiatezza | *Nascere b.*, da famiglia socialmente elevata | *B. o male*, in un modo o nell'altro, comunque: *b. o male abbiamo finito* | *Di b. in meglio*, sempre meglio | *Guadagnare b.*, molto | *Star b. a quattrini*, possederne molti | (*iter.*) *Ben b.*, molto bene, molto, completamente, accuratamente e sim.: *legare, chiudere ben b.*; *guardare ben b. in viso qc.* CONTR. Male. *3* Con valore raff. e ints.: *è ben grande!*; *ben cotto*; *si tratta di ben altro*; *pesa ben cento kili*; *ne sei ben certo?*; *sai b. che non lo posso fare*. *4* Per antifr.: *si è conciato b.!*; *adesso sì che siamo ben messi!* **B** in funzione di agg. inv. ● Che appartiene o si riferisce ai ceti socialmente più elevati: *gente b.*; *quartiere b.* **C** in funzione di inter. *1* Esprime soddisfazione, consenso, ammirazione, entusiasmo: *b., adesso puoi andare!*; *bravo!, b.!, b. bis!* *2* Si usa per introdurre o concludere un discorso, una conversazione, per tagliar corto: *b., sentiamo cos'hai da dirmi*; *b., b., ora possiamo andarcene*; *b., basta così* | V. anche *beh*. ‖ **benino**, dim. | **benóne**, accr.

bène (2) [V. vc. precedente] s. m. *1* Concetto normativo su cui si fonda l'ordine etico | (*est.*) Ciò che è buono, giusto e onesto: *tendere, aspirare al b.* | Azione buona: *non c'è nessuno scellerato che non faccia qualche b.* (GUICCIARDINI); *fate b., fratelli* | *A fin di b.*, con buone intenzioni | (*raro*) *Avere per b.*, giudicare cosa buona | (*tosc.*) *Pensare a b.*, non giudicare male | *Opere di b.*, opere buone, di carità. CONTR. Male. *2* Nella teologia cristiana, Dio come fine ultimo dell'uomo: *il sommo Bene*. SIN. Beatitudine. *3* Ciò che è utile, piacevole, conveniente: *il b. della patria*; *pace e b.* | *L'ha fatto per il tuo b.*, per la tua felicità, nel tuo interesse | (*lett.*) *Condurre, portare a b.*, ottenere un risultato favorevole | †*Partorire a b.*, regolarmente. *4* Affetto, amore | *Voler b.*, *voler del b. a qc.*, amare | *Un b. dell'anima*, un grandissimo affetto | (*est.*) La persona per cui si nutre affetto: *l'amato b.* *5* Pace, quiete: *non avere un giorno di b.* *6* (*dir.*) Ogni possibile oggetto di diritti: *b. mobile, immobile*; *b. privato, demaniale*; *comunione di beni tra coniugi*; *beni dotali, parafernali* | *Beni culturali*, beni, mobili o immobili, di notevole importanza per il patrimonio culturale e che costituiscono documento di storia, arte e scienza: *Ministero dei beni culturali e ambientali*. *7* (*econ.*) Tutto quanto serve a soddisfare i bisogni dell'uomo: *b. complementare, supplementare*; *b. produttivo, improduttivo* | *Beni di consumo*, destinati a un consumo immediato, consistente nella loro distruzione o trasformazione fisica, e non alla produzione di altri beni | *Beni di rifugio*, o *beni rifugio*, quelli che conservano il loro potere d'acquisto nel tempo, e che si acquistano quindi per sicurezza, spec. durante l'inflazione. *8* (*spec. al* *pl.*) Ricchezze, averi: *ha perso tutti i suoi beni*; *i beni altrui* | *Ben di Dio*, grande quantità di cose materiali, spec. cibi, leccornie e sim.; *alla festa c'era ogni ben di Dio*.

beneaccètto • V. *benaccetto*.

beneamàto • V. *benamato*.

beneavére • V. *benavere*.

benedettìno (**1**) [dal nome di S. *Benedetto* (480 ca.-547), che dettò la regola] **A** agg. • Di S. Benedetto da Norcia: *regola benedettina* | Che si riferisce a uno degli ordini monastici di S. Benedetto o di S. Scolastica: *monaca benedettina*. **B** s. m. (f. *-a*) **1** Appartenente agli ordini benedettini. **2** (*fig.*) Persona molto erudita e paziente: *lavoro da b.*

benedettìno (**2**) s. m. • Sorta di liquore distillato da erbe aromatiche, originariamente prodotto dai benedettini di Fécamp in Normandia.

benedétto A part. pass. di *benedire*; anche agg. **1** Nei sign. del v. **2** Beato, santo, sacro: *b. colui che viene nel nome del Signore*; *la memoria benedetta di mio nonno*. **3** (*est.*) Colmo di ogni bene | *Terra benedetta*, assai fertile | *Clima b.*, assai salubre. **4** Fausto: *in quel giorno b. l'ho conosciuto*. CONTR. Maledetto. **5** Si usa in escl. per esprimere ammirazione, lode o impazienza, rimprovero benevolo: *b. te che puoi correre!*; *benedetti ragazzi che non stan mai fermi!* **B** s. m. • (*pop., tosc.*) Convulsione dei bambini.

benedicènte part. pres. di *benedire*; anche agg. • Nei sign. del v.

†**benedicènza** [da *benedicente*] s. f. • (*raro*) Lode.

†**benedìcere** • V. *benedire*.

benedicite /*lat.* bene'ditʃite/ [dalla prima parola (*benedīcite* 'benedite') di una preghiera lat.] s. m. inv. • Formula di preghiera che gli appartenenti a ordini religiosi fanno precedere alla consumazione dei pasti.

benedìcola [dim. di *benedica*, dalla formula augurale *'benedica* il Signore...'] s. f. • (*raro, spreg.*) Funzione religiosa.

benedìre o †**benedìcere** [vc. dotta, lat. *benedīcere*, comp. di *bene* 'bene' e *dīcere* 'dire', adattato nel lat. eccl. al significato dal gr. *eulogêin* 'benedire'] v. tr. (imperf. indic. *io benedicévo*, pop. *benedìvo*; pass. rem. *io benedìssi*, pop. *benedìi*; imp. *benedìci*; per le altre forme coniug. come *dire*) **1** Invocare la protezione divina su qc. o su q.c.: *b. il cibo*; *tutti, o figli miei, vi benedissi* (PASCOLI) | Consacrare con rito religioso, in particolare con la benedizione: *b. una chiesa* | (*fam.*) *Mandare qc. a farsi b.*, mandarlo alla malora | (*fam.*) *È andato tutto a farsi b.*, è andato tutto perduto | *B. con le pertiche*, (*fig.*) bastonare. **2** Esprimere gratitudine per q.c. o qc.: *benedico il suo buon cuore*. **3** Accordare protezione, grazie e sim., detto spec. di Dio: *Dio benedica la tua casa*; *è un'iniziativa che la fortuna ha benedetto* | *Dio ti benedica!*, escl. di gratitudine e sim. CONTR. Maledire. **4** Lodare, esaltare: *b. il nome, la memoria di qc.*

benedizionàle s. m. • Libro liturgico, contenente le formule rituali della benedizione, ad uso del vescovo.

benedizióne [vc. dotta, lat. eccl. *benedictiōne(m)*, da *benedīcere* 'benedire'] s. f. **1** In alcune religioni (Ebraismo, Cristianesimo, Islamismo), azione sacra che una persona, rivestita di potere sacerdotale, compie per attrarre il favore divino su persone e su cose | Nella teologia cattolica, uno dei sacramenti che, compiuti ritualmente, attribuisce santità e attrae grazie: *dare, impartire la b.*; *b. delle palme*; *b. nuziale*; *b. col Santissimo Sacramento* | *B. apostolica*, del Papa | *B. papale*, del vescovo in nome e per delegazione del Papa. **2** (*per anton.*) Correntemente, funzione religiosa cattolica nella quale si benedicono i fedeli con il SS. Sacramento. **3** Invocazione di bene per qc. o q.c.: *ecco la mia paterna b.* | (*est.*) Chi o ciò che è fonte di bene e di gioia: *tu sei la mia b.*; *quest'acqua è una b. per la terra* | †*Dar la b. a q.c.*, disfarsene. CONTR. Maledizione. || **benedizioncèlla**, dim.

beneducàto o **ben educàto** [comp. di *ben(e)* e *educato*] agg. • Che ha ricevuto una buona educazione | (*est.*) Che ha maniere garbate: *giovane b.* CONTR. Maleducato.

†**benefàre** [vc. dotta, lat. *benefăcere*, comp. di *bĕne* 'bene' e *făcere* 'fare'] v. tr. • Beneficare.

†**benefattìvo** [comp. di *bene* e *fattivo*] agg. • (*raro*) Benefico.

†**benefàtto** [vc. dotta, lat. *benefăctu(m)*, comp. di *bĕne* e *făctum* 'fatto'] s. m. • (*raro*) Azione ben condotta a termine, vantaggiosa.

benefattóre [vc. dotta, lat. tardo *benefactōre(m)*, da *benefăcere* 'benefare'] s. m.; anche agg. (f. *-trice*; pop. *-tora*) **1** Chi, che fa del bene | Chi, che fa sistematicamente della beneficenza. SIN. Filantropo. **2** Chi, che attribuisce elemosina o lasciti a enti religiosi.

beneficàre [vc. dotta, lat. *beneficāre*, da *benĕficus* 'benefico'] v. tr. (*io benèfico, tu benèfichi*) • Fare del bene, aiutare: *b. un'opera pia con lasciti testamentari*.

†**beneficatìvo** agg. • (*raro*) Atto a beneficare.

beneficàto A part. pass. di *beneficare*; anche agg. • Nei sign. del v. **B** s. m. (f. *-a*) • Chi ha ricevuto benefici.

beneficatóre [da *beneficare*] s. m.; anche agg. (f. *-trice*) • Chi, che dà un beneficio.

beneficènte [da *beneficenza*] agg. • (*lett.*) Benefico.

beneficènza o (*evit.*) **beneficiènza** [vc. dotta, lat. *beneficĕntia(m)*, da *benĕficus* 'benefico'] s. f. • Abituale opera di aiuto agli indigenti: *fare della b.*; *elargire denaro in b.*; *opera, istituto di b.*; *serata, ballo, lotteria di b.* | *Qui non si fa della b.*, (*fig.*) non si regala niente | Opera buona | †Liberalità, generosità. SIN. Carità, filantropia.

beneficiàle [vc. dotta, lat. tardo *beneficiāle(m)*, da *benefĭcium* 'beneficio'] agg. • Attinente a beneficio ecclesiastico: *lite b.*, *fondo b.* SIN. Beneficiario.

beneficialìsta s. m. e f. (pl. *-i*) • Giurista particolarmente versato nelle materie beneficiali.

beneficiàre o †**benefiziàre** [vc. dotta, lat. tardo *beneficiāre*, da *benefĭcium* 'beneficio'] **A** v. tr. (*io benefìcio*) **1** Fare del bene, aiutare: *b. qc. di una rendita*. **2** †Mettere in uso. **B** v. intr. (aus. *avere*) • Trarre beneficio o vantaggio da q.c.: *b. di una tessera gratuita*. SIN. Godere, usufruire.

beneficiàrio [vc. dotta, lat. *beneficiāriu(m)* 'che concerne un favore', da *benefĭcium* 'beneficio'] **A** agg. **1** Beneficiale: *fondo b.* | *Erede b.*, che ha accettato l'eredità con beneficio di inventario. **2** Detto di persona rispetto alla quale si producono gli effetti favorevoli di un contratto o di un atto: *terzo b.* **B** s. m. • Beneficiato.

beneficiàta s. f. **1** Rappresentazione teatrale il cui introito va a profitto di uno o più attori. **2** (*fig.*) Periodo di tempo durante il quale la sorte favorisce più volte la stessa persona. **3** Polizza del gioco del lotto recante l'ammontare del premio da guadagnare.

beneficiàto A part. pass. di *beneficiare*; anche agg. **1** Nei sign. del v. **2** *Eredità beneficiata*, accettata col beneficio d'inventario. **B** s. m. **1** Chierico titolare di un beneficio ecclesiastico. SIN. Beneficiario. **2** Persona in favore della quale si compie un atto o si rilascia un titolo: *il b. di una cambiale*.

beneficiènza • V. *beneficenza*.

benefìcio o **benefìzio** [vc. dotta, lat. *benefĭciu(m)*, da *benĕficus* 'benefico'] s. m. **1** Azione che reca ad altri un vantaggio, un bene: *colmare qc. di benefici*; *non è la più labile cosa che la memoria de' benefici ricevuti* (GUICCIARDINI). **2** (*est.*) Utilità, giovamento: *trarre b. dalla cura* | *B. di legge*, vantaggio accordato legislativamente | (*org. az.*) *B. accessorio*, V. *fringe benefit* | (*dir.*) *B. d'inventario*, facoltà dell'erede di accettare un'eredità mantenendo la propria responsabilità per i debiti ereditari nei limiti della consistenza del patrimonio ereditato | *Con b. d'inventario*, (*fig.*) con riserve | Nel diritto feudale, concessione di terreno come compenso di servizi resi. **3** *B. ecclesiastico*, ente giuridico, eretto dalla competente autorità ecclesiastica, costituito da un complesso di beni stabilmente destinati al mantenimento del titolare di un ufficio sacro | Correntemente, complesso dei beni oggetto del beneficio. || **beneficétto**, dim. | **beneficióne**, accr. | **beneficiòtto**, dim. | **beneficiùccio**, dim. | **beneficiuòlo**, dim.

benèfico [vc. dotta, lat. *benĕficu(m)*, comp. di *bĕne* 'bene' e *-ficus*, da *făcere* 'fare'] agg. (pl. m. *-ci*; dif. del sup., sostituito, nell'uso, da *molto benefico* o da *beneficentìssimo*, sup. di *beneficente*) **1** Che è utile, vantaggioso, che arreca beneficio: *clima b.* **2** Che fa del bene | Che fa sistematicamente opere di beneficenza: *persona benefica*; *ente b.* || **beneficaménte**, avv.

bènefit /'bɛnefit, *ingl.* 'benɪfɪt/ s. m. inv. • Acrt. di *fringe benefit*.

benefìzio e *deriv.* • V. *beneficio* e *deriv.*

†**benègno** • V. *benigno*.

beneinformàto • V. *beninformato*.

beneintenzionàto • V. *benintenzionato*.

beneintéso • V. *beninteso*.

benemerènte [vc. dotta, lat. *bĕne merĕnte(m)*, comp. di *bĕne* 'bene' e del part. pres. di *merēre* 'meritare'] agg. • (*raro*) Benemerito.

benemerènza [vc. dotta, da *benemerente*] s. f. • Merito acquisito nei confronti di istituzioni, comunità e sim. | *Attestato di b.*, riconoscimento ufficiale dei meriti.

benemeritàre v. intr. (aus. *avere*) • (*lett.*) Divenire benemerito: *b. della patria*.

benemèrito [vc. dotta, lat. *bĕne mĕritu(m)*, comp. di *bĕne* 'bene' e del part. pass. di *merēre* 'meritare'] **A** agg.; anche s. m. (f. *-a*; dif. del sup., sostituito, nell'uso, da *molto benemerito*, o da *benemerentìssimo*, sup. di *benemerente*) • Che, chi ha acquisito merito nei confronti di istituzioni, comunità e sim.: *b. della cultura* | *L'arma benemerita*, o (*ell.*) *la Benemerita*, l'arma dei carabinieri. **B** s. m. • †Beneficio, benemerenza, merito.

†**benenànza** • V. †*benignanza*.

beneplàcito [vc. dotta, lat. *beneplăcitu(m)*, comp. di *bĕne* 'bene' e del part. pass. di *placēre* 'piacere, acconsentire'] s. m. **1** Approvazione, consenso: *ottenere il b. dalle autorità*. **2** Volontà, arbitrio, potestà.

benèssere [comp. di *ben(e)* e *essere*] s. m. solo sing. **1** Buono stato di salute: *provare un senso di b.* | (*est.*) Stato di soddisfazione interiore generata dal giusto equilibrio di fattori psico-fisici. **2** Agiatezza: *vivere nel b.*; *b. borghese* | *Economia, società del b.*, sistema economico-sociale che si prefigge determinate finalità a vantaggio di tutto l'aggregato sociale come aumento e stabilità dell'occupazione, elevato reddito nazionale, perequazione sociale, aumento dei consumi e sim.

benestànte [comp. di *bene* e *stante*] s. m. e f.; anche agg. • Chi, che possiede mezzi finanziari sufficienti per vivere con una certa larghezza: *è una persona b.* SIN. Abbiente, agiato, facoltoso.

benestàre [comp. di *bene* e *stare*] s. m. inv. **1** Benessere, tranquillità, agiatezza | *È finito il b.*, cominciano tempi duri. **2** Esplicita e formale approvazione di conti, progetti e sim.: *il chirurgo dette il b. all'operazione*. SIN. Autorizzazione, consenso.

benestarìsta [da *benestare*] s. m. e f. (pl. m. *-i*) • (*org. az.*) Chi è addetto al controllo o collaudo di prodotti industriali, dei quali attesta la compatibilità con le norme o le tolleranze prestabilite.

beneventàno A agg. • Di Benevento | (*paleogr.*) *Scrittura beneventana*, tipo di scrittura molto geometrica e con i tratti diritti spezzati, entrata nell'uso alla fine dell'VIII sec. e diffusa nel ducato di Benevento fino al XIII sec. **B** s. m. (f. *-a*) • Abitante, nativo di Benevento.

benevolènte o †**benevogliènte**, †**benivolènte**, †**benvogliènte**, **benvolènte** [vc. dotta, lat. *benevolĕnte(m)*, comp. di *bĕne* 'bene' e *vĕlle* 'volere'] **A** agg. • (*lett.*) Favorevolmente disposto. || **benevolenteménte**, avv. Con segni di benevolenza. **B** s. m. • †Chi ha buoni rapporti di amicizia con qc.

benevolènza o †**benevogliènza**, †**benvogliènza** [vc. dotta, lat. *benevolĕntia(m)*, da *benĕvolus* 'benevolo'] s. f. **1** Buona e affettuosa disposizione d'animo verso qc.: *provare, dimostrare b. verso qc.*; *trattare qc. con b.*; *cattivarsi la b. di tutti*. CONTR. Malevolenza. **2** Indulgenza, favore, spec. nell'ambito di rapporti gerarchici: *mi affido alla sua b.*

benèvolo o †**benìvolo** [vc. dotta, lat. *benĕvolu(m)*, comp. di *bĕne* 'bene' e *vĕlle* 'volere'] agg. (dif. del sup., sostituito, nell'uso, da *molto benevolo* o da *benevolentìssimo*, sup. di *benevolente*) • Che è ben disposto, indulgente, amichevole, affettuoso: *è stato b. verso i miei errori* | Benigno, affabile: *è b. con tutti*. CONTR. Malevolo. || **benevolménte**, avv. Con benevolenza, in modo favorevole.

†**benfàre** [comp. di *ben(e)* e *fare*] s. m. solo sing. • (*raro*) L'operare bene | Condotta virtuosa.

benfàtto o **ben fàtto** [comp. di *ben(e)* e *fatto*] agg. *1* Ben formato fisicamente: *corpo b.*; *una ragazza molto benfatta*. CONTR. Malfatto. *2* Compiuto, costruito bene.

bèng • V. *bang*.

bengàla [dal nome della regione indiana *Bengala* (*Bangāla*, dall'ant. popolo dei *Bang*, che l'occupava)] s. m. (pl. *-a* e *-i*) • Fuoco d'artificio variamente colorato.

bengalése A agg. • Relativo al Bengala. B s. m. e f. • Abitante, nativo del Bengala. C s. m. solo sing. • (*ling.*) Lingua indiana parlata nella regione del delta del Gange.

bengàli [hindi *baṅgālī*, dal n. della regione (*Baṅgāl*)] s. m.; anche agg. • Bengalese (nel sign. C): *letteratura in b.*; *lingua b.*

bengalìna s. f. • Stoffa di lana o seta con trama cordonata, originariamente prodotta nel Bengala.

bengalìno (1) agg.; anche s. m. (f. *-a*) • Bengalese.

bengalìno (2) [dal nome del presunto paese di provenienza, il *Bengala*] s. m. • Piccolo uccello canoro dei Passeriformi di colore grigiastro, con vivace livrea nuziale a capo rosso (*Amandava amandava*).

bengòdi [comp. di *ben(e)* e *godi*, imperat. di *godere*] s. m. • Paese immaginario di abbondanza | (*est.*) Luogo ove si mangia e beve a sbafo. SIN. Cuccagna.

beniamìno [dal nome del figlio prediletto di Giacobbe, ebr. *Binyāmîn*, comp. di *bēn* 'figlio' e *yāmîn* '(mano) destra', del lato, cioè, di buon auspicio] s. m. (f. *-a*) *1* Figlio prediletto. *2* (*est.*) Chi gode di particolare predilezione: *b. della sorte*; *il b. del superiore*. SIN. Favorito, preferito.

†**benignànza** o †**benenànza**, †**beninànza** [adattamento di *beninanza*, dall'ant. provz. *benenansa* 'benessere', da *benigne* 'benigno'] s. f. • Benignità, bontà.

†**benignàrsi** [da *benigno*] v. intr. pron. • (*raro*) Compiacersi, degnarsi.

benignità [lat. *benignitāte(m)*, da *benīgnus* 'benigno'] s. f. *1* Disposizione alla bontà, cortesia, affabilità: *trattare, considerare con b.*; *usare b. verso qc.* | (*est.*) Mitezza, bontà: *b. del clima*. *2* Indulgenza, clemenza.

benìgno o †**benègno** [lat. *benīgnu(m)* 'di buona natura', comp. di *bĕne* 'bene' e *gīgnere* 'nascere, produrre'] agg. *1* Che è ben disposto, comprensivo, cortese: *rivolgere uno sguardo b.*; *sorriso, gesto b.* *2* Indulgente, clemente, favorevole: *sorte benigna*; *interpretazione benigna*; *critica benigna*; *astro b.* *3* Di malattia e sim., non pericolosa per la vita: *forma benigna*; *decorso b.* | *Tumore b.*, che non produce metastasi. || **benignaménte**, avv. Con benignità, affabilmente; con indulgenza, favorevolmente.

†**beninànza** • V. †*benignanza*.

beninformàto o **beneinformàto** [comp. di *ben(e)* e *informato*] agg.; anche s. m. • Che, chi possiede od ottiene informazioni, notizie e sim. sicure e di prima mano.

benintenzionàto o **beneintenzionàto**, **ben intenzionàto** [comp. di *ben(e)* e *intenzionato*] agg.; anche s. m. • Che, chi ha propositi favorevoli: *essere b. verso qc.* CONTR. Malintenzionato.

benintéso o **beneintéso**, **ben intéso** [comp. di *ben(e)* e *inteso*, preso dal fr. *bien entendu*] A avv. • Certamente, naturalmente, come risposta affermativa per sottolineare il consenso o come raff.: *'allora ci pensi tu?' ' b.!'*; *ci divideremo, b., anche le responsabilità*. B nella loc. cong. *b. che* • Purché, alla condizione che (introduce una prop. conc. con il v. al congv.): *ti darò una risposta, b. che tu ti faccia vedere*. C agg. • (*raro*) Conveniente, retto, giusto, inteso opportunamente, a proposito: *un ben inteso orgoglio*; *un senso di carità b.* CONTR. Malinteso.

†**benivolènte** • V. *benevolente*.

†**benìvolo** • V. *benevolo*.

benmeritàre [comp. di *ben(e)* e *meritare*, come in lat. *merēre bĕne*] v. intr. (*io benmèrito*; aus. *avere*) • (*raro*) Essere benemerito.

bènna [lat. *bĕnna(m)* 'caretta gallica su quattro ruote', di origine celt.] s. f. *1* Recipiente rovesciabile o apribile, retto da una gru, per il sollevamento, il trasporto e lo scarico di materiale sciolto: *b. trascinata*; *b. mordente*. *2* Grande tenaglia che da una nave si cala in mare sugli oggetti da recuperare, usata dai palombari. *3* (*tosc.*) Carretta di vimini a quattro ruote usata in montagna.

bennàto o (*lett.*) **ben nàto** [comp. di *ben(e)* e *nato*, propriamente *'nato* sotto *buona* stella'] agg. • (*lett.*) Gentile, beneducato | †Nato da una famiglia socialmente elevata | †Nato al bene.

benparlànte o (*raro*) **bemparlànte**, **ben parlànte** [comp. di *ben(e)* e *parlante*] s. m.; anche agg. *1* Chi, che parla la propria lingua materna secondo una certa idea di correttezza. *2* (*raro*, *lett.*) Chi, che parla con facilità ed eloquenza.

†**benparlàre** [comp. di *ben(e)* e *parlare*] s. m. solo sing. • (*raro*) Il parlare con eleganza.

benpensànte o (*raro*) **bempensànte**, **ben pensànte** [comp. di *ben(e)* e *pensante*, ripreso dal fr. *bien pensant*] s. m.; anche agg. • Chi, che segue le idee morali, politiche, e sociali dominanti, spec. in senso conservatore e tradizionalistico.

benportànte o (*raro*) **bemportànte**, **ben portànte** [comp. di *ben(e)* e *portante*, calcato dal fr. *bien portant*] agg. • Di aspetto sano e giovanile, nonostante l'età: *un vecchio b.*

†**bensedènte** [comp. di *ben(e)* e *sedente*, come nell'ant. fr. *bien seant*] agg. • Conveniente.

benservìto [comp. di *ben(e)* e *servito*, da *servire*] s. m. • Dichiarazione relativa alle capacità di un lavoratore rilasciata dal datore di lavoro al momento della cessazione del rapporto di lavoro | *Dare il b. a qc.*, (*iron.*) licenziarlo.

bensì [comp. di *ben(e)* e *sì*] cong. *1* Con valore avvers., però, ma, invece, anzi (in correlazione con una espressione negativa): *non bisogna indugiare, b. agire* | Unito a 'ma' raff.: *è chiaro che la polizia non aveva voluto minacciare la folla, ma b. ristabilire l'ordine* | Tuttavia, per altro: *l'ho trattato male, b. a malincuore*. *2* Con valore raff., sì, certo, certamente (con sign. più efficace del solo 'sì'): *più delle leggi può b. la forza delle ragioni e l'onore delle opinioni* (FOSCOLO) | Contrapposto a un 'ma' successivo: *conclusero che i guai vengono b. spesso, perché ci si è dato cagione; ma che la condotta più cauta e più innocente non basta a tenerli lontani* (MANZONI).

bentazóne [nome commerciale] s. m. • (*chim.*) Diserbante indicato per il trattamento selettivo del riso, del frumento e di altre colture.

bènthos /'bɛntos/ o **bèntos** [vc. dotta, gr. *bénthos* 'abisso (del mare)', connesso con l'agg. *bathýs* 'profondo' (V. *bati-*)] s. m. inv. • (*biol.*) Il complesso degli organismi animali e vegetali che vivono a diretto contatto con il fondo del mare o delle acque interne.

bentònico agg. (pl. m. *-ci*) • Che appartiene al benthos: *organismi bentonici*.

bentonìte [dal nome della località di Fort *Benton*, nel Montana] s. f. • Tipo di argilla formatasi per alterazione idrotermale di rocce feldspatiche o di ceneri vulcaniche, con alte proprietà di adsorbimento e assorbimento.

bentornàto o **ben tornàto** [comp. di *ben(e)* e *tornato*] A agg. spec. in funzione di inter. • Si usa come saluto a chi torna da un viaggio o comunque dopo una lunga assenza: *bentornati!*; *b. fra noi!* B anche s. m. (f. *-a* nel sign. 1) *1* Persona bene accolta al suo ritorno. *siate i bentornati!* *2* La formula stessa del saluto: *dare il b. a qc.*

bèntos • V. *benthos*.

bentòsto o **ben tòsto** [comp. di *bene* e *tosto* 'subito', sull'es. del corrispondente fr. *bien tôt*] avv. • (*lett.*) Presto, subito: *l'ordine feudale ... fu b. sopraffatto* (CARDUCCI).

bentrovàto o **ben trovàto** [comp. di *ben(e)* e *trovato*] agg. spec. in funzione di inter. • Si usa come saluto rivolto a chi si incontra o si trova in un luogo, anche come risposta a 'bentornato' e a 'benvenuto': *ben trovato!*; *ben trovata!*; *ben trovati!*

benvedùto o **ben vedùto** [comp. di *ben(e)* e *veduto*] agg. • (*raro*) Benvisto.

benvenùto o **ben venùto** [comp. di *ben(e)* e *venuto*] A agg. spec. in funzione di inter. • Si usa come saluto per esprimere buona accoglienza e gradimento a chi arriva o si presenta in un luogo o giunge, in buon punto: *b. a casa nostra!*; *benvenuti a Roma!* B anche s. m. (f. *-a* nel sign. 1) *1* Persona o cosa ben accolta, gradita: *siate il b. tra noi*. *2* La formula stessa del saluto: *dare il b. a qc.*

benvìsto o **ben vìsto** [comp. di *ben(e)* e *visto*] agg. • Che gode stima e rispetto: *la sua attività è benvista in tutti gli ambienti*. CONTR. Malvisto.

†**benvogliènte** • V. *benevolente*.

†**benvogliènza** • V. *benevolenza*.

†**benvolènte** • V. *benevolente*.

benvolére o **ben volére** nel sign. A [comp. di *ben(e)* e *volere*] A v. tr. (dif., usato solo all'inf. pres. e al part. pass.) • Provare e manifestare stima, simpatia, affetto per qc.: *farsi b. da qc.*; *prendere qc. a b.*; *è benvoluto da tutti*. CONTR. Malvolere. B in funzione di s. m. solo sing. • Affetto, stima.

benvolùto part. pass. di *benvolere*; anche agg. • Nei sign. del v.

benẓaldèide [comp. di *benz(oe)* e *aldeide*] s. f. • Aldeide liquida, incolore, con odore di mandorle amare, ottenuta per ossidazione del toluolo, usata nell'industria dei profumi e come intermedio per molti processi industriali. SIN. Aldeide benzoica.

benẓedrìna [di formaz. incerta] s. f. • Composto organico stimolante del sistema nervoso centrale, il cui uso provoca impressione di benessere e di forza con conseguente facilitazione del lavoro intellettuale e maggiore resistenza alla fatica. SIN. Amfetamina.

benẓène [vc. dotta, da *benzoe*] s. m. • Benzolo.

benẓènico agg. (pl. m. *-ci*) • Derivato dal, relativo al benzene: *anello b.*; *serie benzenica* | Detto di composto aromatico caratterizzato da un anello benzenico.

benẓidìna [prob. dal ted. *Benzidine*, comp. di *Benzi(n)* 'benzina' e dei due suff. frequenti in chim. *-id* '-ide' e *-ine* '-ina'] s. f. • (*chim.*) Diammina aromatica dalla quale derivano importanti sostanze coloranti; trova anche impiego nell'analisi chimica.

benẓìle [comp. di *benz(oe)* e del suff. chimico *-ile*] s. m. • Radicale aromatico, monovalente, derivato dal toluolo.

benẓìlico agg. (pl. m. *-ci*) • Detto di composto contenente il radicale benzile o da questo derivabile.

benẓìna [vc. dotta, da *benzoe*] s. f. • Liquido volatile e infiammabile ottenuto dal petrolio, formato da quantità variabili di idrocarburi alifatici e aromatici, usato come carburante e come solvente | *B. auto*, per motori di autoveicoli | *B. normale*, *super*, carburante per auto con diverso numero di ottano | *B. avio*, per motori di aerei | *Benzine leggere*, *medie*, *pesanti*, successive frazioni della distillazione degli oli leggeri del petrolio | *B. naturale*, ottenuta dal gas naturale | *B. verde*, di speciale composizione, libera nella combustione sostanze meno dannose per l'ambiente rispetto alle benzine tradizionali per il suo minor contenuto di piombo | *B. etilata*, contenente piombo tetraetile, colorata artificialmente in rosso o azzurro | (*fam.*) *Fare b.*, rifornire di carburante la propria automobile | *Rimanere senza b.*, (*fig.*) arrestarsi nel compimento di q.c. spec. per mancanza di energie fisiche o psicologiche.

benẓinàio o **benẓinàro**. s. m. • Persona addetta ad un distributore di benzina.

bènẓo- o **benẓ-** [vc. dotta, da *benzoe*] primo elemento • In parole composte della terminologia chimica indica le molecole organiche derivate dal benzolo: *benzaldeide*, *benzopirene*.

benẓoàto [vc. dotta, da *benzoe*] s. m. • Sale o estere dell'acido benzoico.

benẓocaìna [comp. di *benzo-* e *(co)caina*] s. f. *1* (*chim.*) Molecola organica ad azione protettiva contro i raggi ultravioletti. *2* (*farm.*) Anestetico locale in grado di mediare la soppressione del dolore in una zona delimitata del corpo.

benẓochinóne [comp. di *benzo-* e *chinone*] s. m. • (*chim.*) Ciascuno dei tre chinoni aromatici isomeri diffusi in natura come coloranti.

benẓodiạẓepìna [comp. di *benzo-*, *diazo-* e del suff. *-ina*] s. f. • (*chim.*, *farm.*) Sostanza organica azotata comunemente usata in terapia come ansiolitico, miorilassante e come farmaco induttore del sonno.

benẓòe [lat. mediev. *benzoe*, della stessa origine di *benzoino*] s. m. • Benzoino nel sign. 2.

benzofenóne [ingl. *benzophenone*, comp. di *benzo-* per *benzoic* 'benzoico' e *phenone* 'fenone'] s. m. ● (*chim.*) Chetone aromatico dall'intenso odore di geranio; usato nell'industria dei cosmetici per saponi e profumi, in quella farmaceutica per ipnotici e antistaminici.

benzòico agg. (pl. m. *-ci*) ● Detto di composto contenente il radicale benzoile o da questo derivabile | *Acido b.*, acido organico bianco, cristallino, impiegato in profumeria, medicina e industria alimentare | *Aldeide benzoica*, benzaldeide.

benzoile s. m. ● Radicale aromatico, monovalente, derivato dall'acido benzoico.

benzoino o †**belgioino**, †**belgiuino**, †**belzoino**, †**belzuino** [ar. *lubān Giāwī* 'incenso di Giava'] s. m. *1* Albero delle Ebenacee con foglie alterne, ovali e fiori bianchi riuniti in grappoli terminali (*Styrax benzoin*). *2* Sostanza balsamica ottenuta da varie specie della pianta omonima, costituita principalmente di resina e acido benzoico, usata in profumeria e in medicina. SIN. Benzoe. *3* (*chim.*) Composto della serie aromatica ottenuto per condensazione della benzaldeide.

benzolismo s. m. ● (*med.*) Intossicazione cronica dovuta a benzolo.

benzòlo [vc. dotta, da *benzoe*] s. m. ● Idrocarburo aromatico liquido, tossico, ottenuto da catrame di carbon fossile e da petrolio, usato come solvente e nella preparazione di intermedi per l'industria chimica e farmaceutica. SIN. Benzene.

benzopirène [comp. di *benzo(e)* e *pirene*] s. m. ● Idrocarburo aromatico policiclico, contenuto nel catrame del carbon fossile.

benzopiridina [comp. di *benzo(e)* e *piridina*] s. f. ● (*chim.*) Chinolina.

bèo [ampliamento di *be* 'bi' in espressioni simili: *non dire (né a né) bi*] vc. ● (*fam.*) Solo nella loc.: *non dire beo*, non pronunciar parola, non dir nulla.

bèola [dal nome della località di *Beura* (sul Toce, nei pressi di Domodossola), dove esistono grandi cave di gneiss] s. f. ● (*miner.*) Varietà di gneiss non troppo scistosa, riducibile in lastre, usata in edilizia per finiture.

beóne o (*lett.*) **bevóne** [per *bevone*, da *bevere*, var. di *bere*] s. m. (f. *-a*) ● Chi beve abitualmente molto vino. SIN. Ubriacone.

beòta [vc. dotta, lat. *Boeōtu(m)* 'della *Beozia*', regione greca nota per i suoi abitanti, ritenuti rozzi e stupidi] **A** s. m. e f. (pl. m. *-i*) *1* Abitante della Beozia, regione della Grecia. *2* (*fig.*) Persona stupida, dura d'ingegno. SIN. Idiota, sciocco, tardo. **B** agg. ● Di, da stupido: *sguardo, riso b.*

beòtico [vc. dotta, lat. *Boeōticu(m)*, dal gr. *boiōtikós* 'abitante della Beozia (*Boiōtía*, n. di prob. origine illirica)'] agg. (pl. m. *-ci*) ● Della, relativo alla Beozia.

bequàdro o **beqquàdro**, †**biquàdro** [comp. di *be*, dalla lettera *b*, che indicava la nota musicale 'si', e di *quadro* (o *duro*) in etimologia alla fine del lemma, riferito al Si più alto dei due possibili nella scala diatonica] s. m. ● (*mus.*) Nella notazione, segno che, preposto a una nota precedentemente alterata, la riporta alla sua altezza naturale.

berberésco ● V. *barbaresco (2)*.

Berberidàcee [comp. di *berberid(e)* e *-acee*] s. f. pl. ● Nella tassonomia vegetale, famiglia di piante arbustive o erbacee con foglie semplici o variamente composte, fiori attinomorfi e frutti a bacca (*Berberidaceae*) | (al sing. *-a*) Ogni individuo di tale famiglia. ➡ ILL. **piante** /3.

berbèride [lat. scient. *Berberide(m)*, nom. *Berberis*, dall'ar. *barbāris*] s. f. ● Genere di piante arbustive delle Berberidacee, con foglie dai rami lunghi e spinosi, fiori in grappoli e frutto a bacca (*Berberis*).

bèrbero [ar. *al-Barbar*, dal gr. *bárbaros* 'barbaro'] **A** agg. *1* (*etn.*) Detto di chi appartiene a gruppi fisicamente affini a quelli mediterranei, parlanti una lingua semitica diffusa in Africa settentrionale e in particolare nelle regioni dell'Atlante e nell'interno dell'Algeria, della Tunisia e della Libia. *2* (*raro*) Barbaresco: *pirati berberi*. **B** s. m. (f. *-a*) *1* Chi appartiene alla popolazione berbera. *2* Cavallo berbero. *3* (*raro*) Abitante della Barberia. **C** s. m. solo sing. ● Lingua della famiglia camitica, parlata dai Berberi.

†**berbice** [lat. parl. *berbīce(m)*, di etim. incerta] s. f. ● Pecora, agnello.

berceau /fr. bɛr'so/ s. m. inv. (pl. fr. *berceaux*) ● Bersò.

berceuse /fr. bɛr'søz/ [vc. fr., letteralmente 'la cullatrice', da *bercer* 'cullare', dal lat. parl. **bertiāre*, di origine gallica] s. f. inv. ● Composizione musicale ispirata alla ninna-nanna.

berchèlio o **berkèlio** [da *Berkeley*, in California, dove è stato isolato] s. m. ● Elemento chimico, metallo artificiale transuranico, appartenente al gruppo degli attinidi, ottenuto per bombardamento dell'americio con particelle alfa. SIMB. Bk.

berciàre [dal lat. tardo *bĕrbex* 'pecora'] v. intr. (*io bèrcio*; aus. *avere*) ● (*tosc.*) Gridare, strillare in modo sguaiato.

bèrcio [da *berciare*] s. m. ● (*tosc.*) Grido sguaiato, strillo.

berciόne s. m. (f. *-a*) ● (*tosc.*) Chi bercia spesso.

bére o †**bévere** [lat. *bĭbere*, di origine indeur.] **A** v. tr. (pres. *io bévo*; pass. rem. *io bévvi* o *bevètti*, raro *bevéi*, *tu bevésti*; fut. *io berrò* o *beverò*; condiz. *io berrèi* o *beverèi*; le altre forme dal tema *bev-*). *1* Inghiottire un liquido: *b. acqua*; *b. un bicchiere di vino*; *beviamo qualcosa?* | *B. a garganella*, farsi cadere il liquido in bocca senza toccare il recipiente | *B. a centellini*, a piccoli sorsi | *B. a collo*, *a fiasco*, senza servirsi del bicchiere | *B. come una spugna*, molto | *B. alla salute*, brindare | *B. un bicchiere di più*, ubriacarsi | *B. un uovo*, suggerlo da un foro fatto nel guscio | *Uova da b.*, molto fresche | †*B. a paesi*, giudicare il vino dalla provenienza più che dal sapore | (*fig.*) *Bersi lo stipendio*, spendere tutto in alcolici | (*fig.*) *B. il sangue di qc.*, sfruttarlo | (*fig., pop.*) *B. un avversario*, vincerlo con grande facilità | *O b. o affogare*, (*fig.*) non avere alternative, avere una sola via d'uscita. *2* (*ass.*) Ingerire bevande alcoliche, spec. abitualmente: *beve per dimenticare*; *quella donna beve*; *offrire, pagare da b. a qc.* *3* (*fig.*) Credere ingenuamente: *questa non la bevo*; *l'ha bevuta!*, *darla a b. a qc.* | *B. le parole di qc.*, ascoltarlo con attenzione | *B. grosso*, *b. tutto*, essere credulone. *4* Assorbire: *questo terreno beve acqua* | Consumare benzina o sim. in quantità eccessiva (*anche ass.*): *questo motore beve benzina, olio*; *una macchina che beve* | *Il cavallo non beve*, (*fig.*) detto di situazione economica generale che ristagna a causa dell'assenza di domanda e di investimenti produttivi. *5* Al gioco del biliardo, perdere per un tiro mal riuscito i punti già fatti. *6* †Ricevere un colpo. **B** in funzione di s. m. solo sing. ● Atto del bere o ciò che si beve, spec. con riferimento a bevande alcoliche: *per dimenticare si è dato al b* ‖ PROV. Chi ha bevuto berrà.

berecìnzio o **berecìntio** [lat. *berecy̆ntiu(m)* 'proprio dei Frigi o Berecinti (*Berecy̆ntes*, dal gr. *Berékyntes*)'] agg. ● (*lett.*) Frigio.

†**berétta** (1) ● V. *berretta*.

Berétta® (2) [dal n. della ditta bresciana *Beretta* che la costruì nel 1915] s. f. ● (*per anton.*) Pistola semiautomatica calibro 9 in dotazione alle Forze armate italiane.

berettino ● V. *berrettino*.

†**bèrga** [medio alto ted. *bërge*, da *bërgen* 'coprire, difendere'] s. f. ● (*sett.*) Argine.

bergamàsca s. f. ● Antica canzone a ballo popolare, originaria della città di Bergamo | (*est.*) Brano musicale a essa ispirato.

bergamàsco **A** agg. (pl. m. *-schi*) ● Di Bergamo. **B** s. m. (f. *-a*) ● Abitante, nativo di Bergamo. **C** s. m. solo sing. ● Dialetto parlato a Bergamo.

bergamina [dal n. delle Prealpi di Bergamo donde le vacche scendevano stagionalmente] s. f. *1* (*sett.*) Vacca lattifera. *2* Impresa di allevamento e produzione di bovini da latte.

bergamino [da *bergamina*] s. m. ● (*zoot.*) Imprenditore o lavoratore che alleva bovini da latte.

bergamòtta [turco *beg armūdī* 'pera (*armūdī*) del signore (*beg*)'] **A** agg. solo f. ● Detto di varietà di pera dal profumo di cedro. **B** anche s. f.

bergamòtto [V. vc. precedente] s. m. *1* Pregiata varietà di pero. *2* Albero delle Rutacee simile all'arancio, con fiori bianchi e frutto piccolo e rotondo (*Citrus bergamia*). *3* Il frutto non commestibile dell'albero omonimo, giallo e rotondo | *Essenza, olio di b.*, olio etereo che si estrae dalla buccia del frutto omonimo, usato in profumeria e nell'industria dei liquori.

bergère /fr. bɛr'ʒɛr/ [vc. fr., letteralmente 'pastora' (forse per le raffigurazioni di scene di pastori frequenti nella tapezzeria), f. di *berger*, dal lat. parl. **vervecārius*, da *vĕrvex*, genit. *vervēris* 'pecora'] s. f. inv. ● Poltrona imbottita, ampia e profonda con orecchioni laterali.

†**berghinèlla** [etim. incerta] s. f. ● Ragazza ciarliera | Ragazza scostumata.

†**bergolàre** o †**begolàre** [lat. parl. **berbecāre*, da *bĕrbex* 'pecora'] v. intr. ● Cianciare, cicalare.

†**bèrgolo** (1) [da †*bergolare*] s. m. ● Chiacchierone.

bèrgolo (2) [da *berga*] s. m. ● Specie di cesta di vimini.

beribèri o **bèri bèri** [vc. indigena malese (*biri-biri* 'pecora, montone', per l'aspetto assunto dai colpiti da questa malattia)] s. m. ● Malattia da carenza di vitamina B_1, caratterizzata da polineurite.

Bericifórmi [comp. del n. lat. scient. del genere *Beryx* e del pl. di *-forme*] s. m. pl. ● Nella tassonomia animale, ordine di Pesci ossei viventi lungo le coste dei mari caldi, con occhi grandi e colori vivaci (*Beryciformes*) | (al sing. *-e*) Ogni individuo di tale ordine.

berillio [dal *berillo*, dal quale è estratto] s. m. ● Elemento chimico, metallo raro, leggero, grigiastro, ottenuto spec. per elettrolisi di suoi sali, richiesto dalla tecnologia nucleare quale moderatore di neutroni. SIMB. Be.

berillo [vc. dotta, lat. *bery̆llu(m)*, dal gr. *béryllos*, di origine indiana] s. m. ● Principale minerale del berillio in cristalli prismatici con lucentezza vitrea.

beriòlo o (*lett.*) **beriuòlo** [it. sett. *beveròlo*, da *bevere*] s. m. ● Beverino.

berk /'berk/ [formaz. incerta] s. m. ● (*fis.*) Unità di misura del potenziale gravitazionale terrestre.

berkèlio ● V. *berchelio*.

†**berlèffe** [ant. fr. **beleffre*, da *be-* (per *bis-* (1)) e *leffre* 'labbra'] s. m. ● Sberleffo.

†**berléngo** o **berlèngo** [francone *brëdling*, dim. di *brët* 'tavola (da gioco)', forse attraverso l'ant. fr. *brelenc*, *berlenc*] s. m. ● (*gerg.*) Tavola da pranzo o da giuoco.

berlicche o **berlic**, (*raro*) **berlòc**, **berlòcche** [vc. di origine espressiva] s. m. inv. ● (*scherz.*, *pop.*) Diavolo | (*fig.*) *Far b. berlocche*, mancare di parola | (*fig.*) *Restare come b.*, restare scornato.

berlina (1) [di etim. incerta] s. f. *1* Antica pena inflitta a certi condannati esponendoli in luogo pubblico e rendendo noto con bando o per iscritto la loro colpa | (*est.*) Il luogo stesso della pena. *2* (*fig.*) Scherno, derisione | *Mettere in, alla, b.*, esporre al ridicolo. *3* Gioco di società in cui un giocatore deve indovinare quale degli altri giocatori ha espresso su di lui i giudizi che gli vengono riferiti.

berlina (2) [fr. *berline*, dal nome della città di Berlino, dove apparve per la prima volta questo tipo di vettura] s. f. *1* Carrozza di gala a quattro ruote e a doppio fondo. *2* Automobile chiusa a due o quattro porte, con quattro o più posti. ➡ ILL. p. 1751 TRASPORTI. *3* Vagoncino usato nelle miniere per trasportare il carbone estratto fino all'ascensore. ‖ **berlinetta**, dim.

berlinése **A** agg. ● Di Berlino. **B** s. m. e f. ● Abitante, nativo di Berlino.

berlinga [fr. *brelingue*, in origine 'moneta per giocare', dall'ant. fr. *brelenc* 'tavola da gioco' (V. *berlengo*)] s. f. ● Moneta milanese d'argento del valore di 20 soldi coniata nel XVI-XVII secolo.

berlingàccio [spreg. da *berlengo*, col sign. di 'giovedì grasso'] s. m. ● (*tosc.*) Giovedì grasso, ultimo giovedì di Carnevale.

†**berlingàre** [da *berlengo* nel senso di 'tavola da mangiare'] v. intr. ● Ciarlare, pettegolare: *millanterie ch'ella fa quando berlinga con l'altre femmine* (BOCCACCIO).

†**berlingatóre** s. m. ● Chiacchierone.

†**berlinghière** s. m. ● Ciarlone.

†**berlinghino** s. m. ● Chiacchierio.

berlingòzzo [da *berlingaccio*, perché mangiato soprattutto a carnevale (?)] s. m. ● Sorta di ciambella di crosta croccante e internamente soffice, tipica della Toscana.

berlòc ● V. *berlicche*.

berlòcca [fr. *berloque*, *breloque*, 'segnale, col tamburo, dell'ora del pasto', di origine onomat.] s.

f. • L'ora del pasto e del riposo di mezzogiorno per i marinai e gli operai dei cantieri navali.

berlòcche • V. *berlicche*.

bèrma [fr. *berme*, dal neerlandese *berm* 'argine', di origine indeur.] s. f. • (*edil.*) Platea in calcestruzzo costruita ai piedi di una traversa trascinabile per proteggerla dal pericolo di erosioni del terreno.

bermùda [ingl. *bermudas* per *Bermuda shorts*, dal n. delle isole *Bermuda*, dove questo tipo di indumento è abitualmente indossato] s. m. pl. • Tipo di calzoni maschili e femminili che scendono fino a sopra il ginocchio.

bermudiàna [ingl. d'America *Bermudian* 'proprio delle isole Bermuda'] s. f. *1* Albero delle Cupressacee con fiori turchini e legno bianco (*Juniperus bermudiana*). *2* Vela triangolare e relativa attrezzatura per imbarcazione da diporto.

†**bernàcla** o †**bernicca** [fr. *bernacle*, ingl. *barnacle*, dall'irl. *bairneach* con sovrapposizione di *bernicle*, dal bret. *bernic* 'sorta di conchiglia' per la credenza popolare che quest'oca nascesse dalle conchiglie] s. f. • Palmipede simile all'anatra, dal tipico collo bianco.

bernàrda [da *Bernardo*, secondo l'uso di chiamare l'organo genitale femminile con nomi di persona] s. f. • (*volg.*) Organo genitale femminile.

bernardino A agg. • Relativo all'ordine religioso fondato da Bernardo di Chiaravalle (1091-1153). **B** s. m. • Monaco appartenente a tale ordine.

Bernàrdo l'eremita [in fr. *Bernard-l'hermite*, denominazione scherz. suggerita dall'abitudine del crostaceo di ritirarsi nel guscio vuoto di un mollusco] loc. sost. m. inv. • (*zool.*) Paguro.

bernècche [vc. espressiva] vc. • (*tosc.*) Solo nelle loc. *essere, andare in b.*, essere ubriaco, ubriacarsi.

berneggiàre [dal n. del poeta giocoso F. *Berni*] v. intr. (*io bernéggio*; aus. *avere*) • Imitare lo stile poetico giocoso e satirico del Berni.

bernésca s. f. • Genere di poesia, modellato su quella di F. Berni.

bernésco agg. (pl. m. *-schi*) *1* Che è proprio del poeta F. Berni (1497-1535). *2* (*fig.*) Giocoso, faceto, satirico.

bernése A agg. • Della città di Berna o dell'omonimo cantone svizzero. **B** s. m. e f. • Abitante, nativo della città o del cantone di Berna.

bèrnia [sp. *bernia*, di etim. incerta] s. f. • Sontuoso mantello femminile, in voga nell'epoca rinascimentale.

†**bernicca** • V. †*bernacla*.

berniniàno agg. • Che riguarda l'arte e la produzione dell'architetto e scultore Gian Lorenzo Bernini (1598-1680): *il barocco b.*; *le fontane berniniane*.

bernòccolo o **bernòcchio** [etim. discussa: da *ber* (per *bis*) e *nocchio* (?)] s. m. *1* Piccola protuberanza cranica naturale o dovuta a contusione: *cadendo si è fatto un b. in fronte*. *2* (*fig.*) Naturale disposizione a certi studi o attività: *avere il b. della matematica, del critico, dell'inventore*. SIN. Attitudine, inclinazione. *3* Piccola sporgenza su una superficie. ‖ **bernoccolètto**, dim. | **bernoccolino**, dim. | **bernoccolóne**, accr.

bernoccolùto agg. • Che ha bernoccoli.

berrétta o †**berétta** [da *berretto*] s. f. *1* Copricapo di foggia varia: *b. da notte* | *B. da prete*, rigida, di forma quadrata, a tre o quattro spicchi con una piccola nappa nel mezzo | *B. vescovile, prelatizia*, di color rosso | *Far di b.*, (*fam.*) scoprirsi il capo in segno di rispetto. *2* (*bot.*) *B. da prete*, arbusto delle Celastracee con foglie opposte, fiori piccoli giallognoli e frutti rossi a capsula quadrangolare di forma simile alla berretta di un prete (*Evonymus europaea*). SIN. Fusaggine. ‖ **berrettàccia**, pegg. | **berrettina**, dim. | **berrettùccia**, dim.

berrettàio s. m. (f. *-a*) • Chi fabbrica o vende berretti | †*Menar le mani come i berrettai*, con grande rapidità.

berretterìa s. f. • Negozio di berretti.

berrettificio s. m. • Fabbrica di berretti.

berrettinàio s. m. • Berrettaio.

berrettino o (*raro*) **berettino**, †**bertino** [etim. discussa: ar. *bārūdī* 'colore della polvere da sparo (*bārūd*)' (?)] **A** agg. *1* †Grigio, cenerognolo: *essendo le piante spogliate delle loro foglie, si dimostran di colore b.* (LEONARDO). *2* Detto del colore azzurro cinereo applicato su piatti e vasi prodotti nel Rinascimento dai maiolicari faentini. *3* (*raro, lett., fig.*) Ingannatore, malvagio: *gente berrettina*. **B** s. m. • †Il colore berrettino.

berrétto [ant. provz. *berret*, dal lat. tardo *bĭrrus* 'mantello con cappuccio'] s. m. • Copricapo aderente al capo, con o senza visiera: *b. da fantino, da collegiale, da ciclista*; *b. basco* | *B. da notte*, di maglia e lana a forma di cono con nappa sulla punta | *B. goliardico*, usato dagli studenti universitari, di diverso colore a seconda delle Facoltà | *B. frigio*, a corno, con la punta piegata in avanti, simbolo di libertà durante la Rivoluzione francese | *B. verde*, appartenente a reparti speciali dell'esercito degli Stati Uniti particolarmente addestrati a reprimere la guerriglia | *Levarsi il b.*, (*fig.*) salutare rispettosamente | *B. dogale*, corno, acidario. ‖ **berrettàccio**, pegg. | **berrettino**, dim. | **berrettóne**, accr. (V.) | **berrettùccio**, dim.

berrettóne s. m. *1* Accr. di *berretto*. *2* Copricapo speciale di pelle d'orso, col pelo in fuori, usato dai granatieri del vecchio esercito piemontese. *3* †Copricapo di dottori, giudici e sim. *4* (*est.*) Persona tronfia e presuntuosa del proprio sapere.

†**berriuòla** [etim. discussa: da *berretta* con mutamento di suff. (?)] s. f. (m. *-o*) • Berretta, papalina.

†**berrovàglia** s. f. • Sbirraglia.

†**berroverìa** s. f. • Azione da berroviere.

†**berrovière** o †**birrovière** [ant. fr. *berruier*, perché dalla prov. di *Berry* venivano arditi cavalieri] s. m. • Sbirro | Masnadiero.

bersagliàre [da *bersaglio*] v. tr. (*io bersàglio*) *1* Mirare a un bersaglio: *b. il nemico*. *2* (*est.*) Colpire ripetutamente: *b. qc. di pugni* | (*fig.*) Perseguitare: *b. qc. di scherzi*.

bersaglièra s. f. *1* (*scherz.*) Donna molto pronta e decisa. *2* Nella loc. avv. *alla bersagliera*, alla maniera dei bersaglieri e (*fig.*) con energica disinvoltura: *portare il cappello alla b.*; *correre, affrontare q.c. alla b.*

bersaglière [da *bersaglio*, di cui erano esperti i primi *bersaglieri*] s. m. *1* Soldato addestrato ed esperto nel tiro | Soldato dello speciale Corpo di fanteria leggera istituito nel 1836. SIN. Fante piumato. *2* (*fig.*) Persona molto energica e decisa: *hai un passo da b.!*

bersaglierésco agg. (pl. m. *-schi*) • Tipico del bersagliere | (*est.*) Pronto, impulsivo, spavaldo | Agile, svelto: *passo b.*

bersàglio o †**berzàglio** [ant. fr. *bersail*, da *berser* 'tirare con l'arco', di origine francone (**birson* 'andare a caccia')] s. m. *1* Luogo, oggetto, corpo o parte di esso che è lecito o necessario colpire, spec. in competizioni sportive e sim.: *b. fisso, mobile*; *mirare al b.*; *colpire, mancare il b.*; *tiro al b.* | *B. grosso*, nel pugilato, il torace. ➡ ILL. p. 1286, 1287 SPORT. *2* (*est.*) Obiettivo | *Colpire il b.*, (*fig.*) raggiungere i propri intenti. *3* (*fig.*) Persona o cosa perseguitata da scherzi, critiche, sfortuna e sim.: *mi truovo l di sciocchi e d'empi favola e b.* (CAMPANELLA). *4* (*elettron.*) Superficie anodica colpita dagli elettroni emessi dal catodo di un tubo a raggi X | Elettrodo del tubo a raggi catodici della telecamera soggetto al bombardamento del pennello elettronico analizzatore. *5* (*fis.*) L'atomo o il nucleo che in una reazione atomica o nucleare è inizialmente fermo. *6* †Zuffa, combattimento.

bersò [adattamento, secondo la prn., del fr. *berceau*, dal lat. parl. *bertiāre*, di origine gallica] s. m. • Tipo di pergolato a cupola formato da strutture di legno o metallo ricoperte da piante rampicanti.

bèrta (1) [dal n. pr. *Berta*, deprezzato per la sua frequenza (?)] s. f. • (*lett.*) Burla, beffa | *Dar la b.*, deridere | †Bagatella.

bèrta (2) [fr. *berthe* 'leggera pellegrina per coprire la scollatura', vc. pubblicitaria richiamantesi alla saggia e modesta madre di Carlo Magno, *Berta*] s. f. • Nell'abbigliamento femminile ottocentesco, ampia bordura di merletto nelle scollature | Scialle di merletto.

bèrta (3) [da *bert(esc)a* (?)] s. f. • Maglio, battipalo.

bèrta (4) [etim. incerta] s. f. • (*zool.*) Puffino.

bèrta (5) [dal n. di *Bertha* Krupp nelle cui officine veniva fabbricato] s. f. • Nella loc. *Grossa, gran b.*, cannone a gran potenza di fuoco e lunga gittata, usato dai Tedeschi nella prima guerra mondiale.

bertabèllo • V. *bertuello*.

†**berteggiaménto** [da *berteggiare*] s. m. • (*raro*) Motteggio.

berteggiàre [da *berta (1)*] v. tr. (*io bertéggio*) • (*lett.*) Burlare, beffeggiare (*anche ass.*): *quel l'uomo non si propone di b. né di censurare, ma unicamente di sfogare il suo umore* (DE SANCTIS).

†**berteggiatóre** s. m. • (*raro*) Chi berteggia.

bertésca [lat. mediev. *brittĭsca(m)*, dal lat. parl. **brĭttus* 'bretone': 'fortificazione di tipo bretone' (?)] s. f. *1* Riparo mobile, da potersi alzare e abbassare, posto tra due merli di fortezza, a protezione dei difensori | Torretta guarnita di feritoie e posta sulla sommità delle antiche fortificazioni. *2* (*caccia*) Osservatorio rialzato, con feritoie, nei roccoli. *3* Impalcatura per pittori, muratori e sim. ‖ **bertescóne**, accr. m.

†**bertescàre** v. tr. e intr. • Fortificare con bertesche | (*fig.*) Affaticarsi, armeggiare.

bertibèllo • V. *bertuello*.

†**bertìno** • V. *berrettino*.

bertòccio [da *vertecchio* con mutamento di suff.] s. m. • (*mar.*) Pallottola di legno bucata che s'infila nel bastardo per formare la trozza.

bertòldo o **bertóldo** [dal n. pr. *Bertoldo* col sign. spreg. attribuitogli dal personaggio di G. C. Croce] s. m. • Uomo rozzo ma astuto | Finto tonto.

bertóne [etim. incerta] s. m. *1* †Cavallo con le orecchie mozze. *2* (*lett.*) Amante di donna di malaffare.

bertovèllo • V. *bertuello*.

bertùccia [dal n. proprio *Berta*, passato a indicare una 'donna ciarliera'] s. f. (pl. *-ce*; m. *†-o*) *1* Scimmia catarrina priva di coda, con pelame folto di color grigio bruno, muso molto espressivo color carne umana come i piedi e le mani (*Macacus inuus*) | (*est.*) *Far la b. a qc.*, scimmiottarlo. *2* (*fig.*) Persona brutta e goffa, spec. donna. *3* Nella loc. *†pigliare la b.*, pigliare una sbornia. *4* Specie di antico cannone. ‖ **bertuccina**, dim. | **bertuccino**, dim. m. | **bertuccióne**, accr. m. (V.).

bertucciàta s. f. • Imitazione sciocca e ridicola.

bertuccióne s. m. *1* Accr. di *bertuccia*. *2* (*fig.*) Uomo goffo e brutto.

bertuèllo o **bertabèllo**, **bertibèllo**, **bertovèllo** [lat. parl. **vertibĕllu(m)*, dim. di *vertĭbulum* 'vertebra', da *vĕrtere* 'volgere, girare'] s. m. *1* Specie di nassa con più ritrosi per la pesca di orate, saraghi, e sim. ➡ ILL. pesca. *2* Rete a imbuto per la cattura di uccelli. *3* (*tosc., fig.*) Imbroglio, impiccio, nelle loc. *lasciare, mettere, entrare, nel b.*; *togliere dal b.*

berùzzo [da *bere* (propriamente 'bevutina')] s. m. • (*raro, tosc.*) Colazione di contadini al campo | Spuntino.

†**bèrza** [etim. incerta] s. f. • Parte della gamba dal ginocchio al piede | Calcagno, tallone.

†**berzàglio** • V. *bersaglio*.

berzamìno • V. *barzemino*.

berzemìno • V. *barzemino*.

besciamèlla o (*pop.*) **balsamèlla** [fr. (*sauce à la*) *Béchamel*, dal nome di un noto buongustaio del Seicento, L. de *Béchamel*] s. f. • Salsa a base di farina cotta in latte e burro.

†**bèscio** /'bɛʃʃo?/ • V. †*besso*.

†**bessàggine** [da †*besso*] s. f. • Balordaggine.

†**bèsso** /'bɛsso?/ o †**bèscio** [etim. incerta] agg. • (*tosc.*) Sciocco, insulso.

bestémmia o (*tosc.*) †**bestégna**, †**biastéma**, †**biastèmia** [lat. eccl. *blasphēmia(m)* con sovrapposizione di *bestemmiare*] s. f. *1* Invettiva o parola oltraggiosa contro la divinità, i simboli, le persone venerati da una religione: *dire, tirare delle bestemmie*. SIN. (*fam.*) Moccolo. *2* (*est.*) Espressione, giudizio e sim. gravemente offensivi nei confronti di persone degne di considerazione e rispetto: *parlare male di tuo padre è una b.!* | Imprecazione, maledizione. *3* (*est.*) Sproposito, affermazione assurda. ‖ **bestemmiàccia**, pegg. | **bestemmiùccia**, **bestemmiùzza**, dim.

bestemmiàre o (*tosc.*) †**bestegnàre**, †**bistemàre**, †**biastemiàre** [lat. parlato *blastemāre* per il lat. eccl. *blasphemāre*, dal gr. *blasphemêin*, di origine incerta] v. tr. (*io bestémmio*) *1* Offendere la divinità o le cose sacre con espressioni ingiuriose

| (*ass.*) Pronunziare bestemmie | *B. come un turco, come un facchino*, frequentemente. SIN. (*fam.*) Smoccolare. *2* Maledire: *b. la propria sorte*; *poco manca ch'io non bestemmi il cielo e la natura* (LEOPARDI) | Parlare una lingua stentatamente: *b. un po' di inglese*.

bestemmiatóre o †**biastematóre** [lat. eccl. *blasphematōre(m)* con sovrapposizione di *bestemmiare*] s. m.; anche agg. (f. *-trice*, pop. *-tora*) ● Chi, che bestemmia abitualmente.

†**bestemmiévole** agg. ● Che bestemmia.

bestemmióne s. m. ● Bestemmiatore.

béstia [lat. *bēstia(m)*, di etim. incerta] s. f. *1* Animale in senso generico | *Bestie feroci*, fiere | *Bestie da soma*, che portano carichi | *Bestie da tiro*, che trainano veicoli | *Lavorare, sudare, faticare come una b.*, molto duramente | *Vivere, dormire, mangiare come una b.*, in modo adatto più a un animale che a un uomo | *Andare in b.*, infuriarsi | *B. rara*, (*fig.*) persona fuori dal comune | *B. nera*, (*fig.*) cosa o persona che ossessiona fino all'odio | *Brutta b.*, (*fig.*) cosa o persona che si teme. *2* (*fig.*) Persona rozza, ignorante e violenta | Insulto generico: *sei una b.!* *3* (*scherz.*) Stola, piccola pelliccia. *4* Gioco d'azzardo a carte. || **bestiàccia**, pegg. | **besticciuòla**, dim. | **bestióna**, accr. | **bestióne**, accr. m. (V.) | **bestiùccia**, dim. | †**bestiuòlo**, dim. m.

bestiàio s. m. ● (*tosc.*) Chi governa il bestiame.

bestiàle [vc. dotta, lat. tardo *bestiāle(m)*, da *bēstia* 'bestia'] agg. *1* Pertinente a bestia. *2* (*est.*) Simile a bestia: *espressione, violenza b.* | Crudele, disumano: *'l suo gran successore, / che superbia condusse a bestial vita* (PETRARCA). *3* (*est., fam.*) Molto intenso: *fa un freddo b.*; *una fame b.*; *ho sentito un male b.* || **bestialàccio**, pegg. | **bestialonàccio**, accr. | **bestialóne**, accr. || **bestialménte**, avv. In modo bestiale, da bestia.

bestialità s. f. *1* Qualità di chi o di ciò che è bestiale: *ha mostrato la sua b.* | (*fig.*) Grosso sproposito: *ha fatto due b. nel compito di matematica*. *2* Rapporto sessuale con un animale.

bestiàme [da *bestia* col suff. *-ame*] s. m. ● L'insieme degli animali domestici: *allevamenti di b.* | *B. grosso*, buoi, vacche e sim. | *B. minuto*, capre, pecore e sim.

bestiàrio (**1**) [da *bestia*] s. m. *1* Nell'antica Roma, chi combatteva contro le fiere nel circo. *2* (*est.*) Chi custodisce bestie feroci.

bestiàrio (**2**) [vc. dotta, lat. *bestiāriu(m)*, da *bēstia* 'bestia'] s. m. *1* Trattato medioevale che descrive, gener. con scopo allegorico, qualità e comportamento, veri o presunti, degli animali. *2* Decorazione scultoria a base di mostri e bestie in edifici medievali.

†**bestiévole** agg. ● Bestiale.

bestino [lat. parl. **bestīnu(m)*, da *bēstia* 'bestia'] s. m. ● (*raro*) Odore o tanfo di bestia | Odore sgradevole.

bestiòla o (*lett.*) **bestiuòla** [vc. dotta, lat. *bestiŏla(m)*, dim. di *bēstia* 'bestia'] s. f. *1* Piccola bestia. *2* (*fig., fam.*) Persona poco intelligente. || **bestiolétta**, dim. | **bestiolina**, dim.

bestióne s. m. (f. *-a*) *1* Accr. di *bestia*. *2* (*fig.*) Persona di grande corporatura, rozza e poco intelligente. || **bestionàccio**, pegg.

bestiuòla ● V. *bestiola*.

bestsèller /bɛst'sɛller, *ingl.* best'selə*/ [vc. ingl., comp. di *best* 'il meglio' e *seller* 'ciò che si vende'] s. m. inv. ● Libro, disco e sim. che per numero di copie vendute supera tutti gli altri, per un certo periodo di tempo.

bestsellerista s. m. e f. (pl. m. *-i*) ● Autore di best seller.

bèta [gr. *bêta*, adattamento della seconda lettera dell'alfabeto fenicio *beth* 'casa'] **A** s. m. o f. inv. *1* Nome della seconda lettera dell'alfabeto greco. *2* (*astron.*) Seconda stella in ordine decrescente della luminosità visuale di una costellazione. **B** in funzione di agg. inv. (posposto al s.) *1* (*fis.*) Nelle loc. *raggi, particelle b.*, elettroni emessi dal nucleo durante alcune disintegrazioni radioattive. *2* (*fisiol.*) Detto di recettore adrenergico la cui stimolazione tende ad aumentare l'attività delle cellule cardiache e arteriose.

betabloccànte [comp. di (*adrenergico*) *beta* e del part. pr. di *bloccare*] **A** s. m. ● (*farm.*) Agente capace di inibire la trasmissione beta adrenergica. **B** anche agg.: *farmaco b.*

betaìna [dal lat. *bēta* 'bietola', da cui si ricava] s. f. ● Sostanza cristallina derivata dalla glicocolla, che rappresenta un costituente naturale dei tessuti vegetali e animali.

bèta-lattàmico [da *beta*, *lattam(e)* col suff. *-ico*] agg. (pl. m. *bèta-lattàmici*) ● (*farm.*) Relativo, pertinente a una struttura molecolare organica eterociclica con gruppo ammidico, tipica di antibiotici naturali prodotti da funghi quali le penicilline e le cefalosporine: *antibiotico beta-lattamico*.

betamimètico [comp. di *beta* nel sign. B2 e *mimetico*] agg. (pl. m. *-ci*) ● (*farm.*) Detto di farmaco o agente capace di produrre risposte fisiologicamente analoghe a quelle prodotte dalla stimolazione dei recettori adrenergici di tipo beta. SIN. Betastimolante.

betastimolànte [comp. di *beta* nel sign. B2 e *stimolante*] agg. ● (*farm.*) Betamimetico.

betatróne [vc. dotta, ingl. *betatron*, comp. di (*raggi*) *beta* e (*elec*)*tron*] s. m. ● (*nucl.*) Acceleratore per elettroni nel quale l'accelerazione è ottenuta mediante un campo elettrico d'induzione.

bètel [port. *bétel(e)*, nel Malabar *véttila*, comp. di *veru* 'semplice' e *ila* 'foglia'] s. m. *1* Pianta arbustiva rampicante delle Piperacee con foglie acuminate e aromatiche (*Piper betle*). *2* Bolo da masticare costituito da noce di areca, calce viva, aromi, avvolti in una foglia di betel, in uso nel mondo indomalese.

bètilo [vc. dotta, lat. *bāetulu(m)*, dal gr. *báitylos*, forse dall'ebr. *bēt'ēl* 'casa del Dio'] s. m. ● (*archeol.*) Pietra rituale alta più di un metro, a forma conica, che si trova spec. in Sardegna.

†**betizzàre** [vc. dotta, lat. *betizāre*, da *bēta* 'bietola, tipo d'erba molle'] v. intr. ● (*raro*) Inebetire.

betlemita **A** agg. ● Di Betlemme. **B** s. m. e f. ● Abitante, nativo di Betlemme.

betòn [fr. *béton*, ant. fr. *betun* 'fango' dal lat. *bitūmen* 'bitume'] s. m. ● Calcestruzzo.

betonàggio [fr. *bétonnage*, da *béton* 'beton'] s. m. ● Complesso di operazioni occorrenti alla preparazione del calcestruzzo.

betònica ● V. *bettonica*.

betonièra [fr. *bétonnière*, da *béton* 'beton'] s. f. ● Impastatrice per calcestruzzo.

betonista [da *beton*] s. m. (pl. *-i*) ● Operaio edile addetto alla preparazione del calcestruzzo.

bétta (**1**) [etim. incerta] s. f. ● Piccola nave ausiliaria, per trasporto. || **bettolina**, dim. (V.).

bètta (**2**) [giavanese *bettah* 'guerriero' (?)] s. f. ● Piccolo pesce d'acqua dolce dei Perciformi il cui maschio è noto per l'aggressività verso i suoi simili (*Betta splendens*). SIN. Pesce combattente.

béttola (**1**) [etim. incerta] s. f. ● Osteria di basso livello | (*fig.*) *Parole, modi da b.*, volgari. || **bettolàccia**, pegg. | **bettolétta**, dim. | **bettolino**, dim. m. (V.) | **bettolùccia**, dim.

béttola (**2**) [adattamento del genov. *béttoa*, da *betta* (*1*)] s. f. ● (*tosc.*) Grossa chiatta da rimorchio, per trasporto di terriccio e sim.

bettolànte **A** part. pres. di *bettolare* ● (*raro*) Nei sign. del v. **B** s. m. e f. ● (*raro, lett.*) Chi frequenta le bettole | Bettoliere.

bettolàre [da *bettola* (*1*)] v. intr. (aus. *avere*) ● (*raro, lett.*) Frequentare bettole.

bettolière s. m. (f. *-a*) ● (*lett.*) Chi gestisce una bettola. SIN. Oste, taverniere.

bettolina [dim. di *betta* (*1*)] s. f. ● Grossa chiatta per trasporto di materiali e di merci.

bettolino s. m. *1* Dim. di *bettola* (*1*). *2* Spaccio di bevande e cibi nelle stazioni, caserme, carceri e sim.

bettolio [da *bettola* (*1*)] s. m. ● (*raro*) Brusio, chiacchiericcio.

bettònica o **betònica**, (*pop.*) **brettònica**, (*pop.*) **vettònica** [lat. *vettŏnica(m)*, di etim. discussa: dal nome del popolo ibero-celtico dei *Vettōnes* (?)] s. f. ● Pianta erbacea perenne delle Labiate con fiori rosa riuniti in spiga e foglie dalle nervature molto marcate (*Betonica officinalis*) | (*fig., scherz.*) *Avere più virtù della b.*, possedere ottime qualità | (*fig., scherz.*) *Essere conosciuto come, più della b.*, essere conosciutissimo.

bètula ● V. *betulla*.

Betulàcee [comp. del lat. *bĕtula* 'betulla' e di *-acee*] s. f. pl. ● Nella tassonomia vegetale, famiglia di piante delle Dicotiledoni con foglie alterne, fiori in amenti e frutto a cono (*Betulaceae*) | (al sing. *-a*) Ogni individuo di tale famiglia. ➡ ILL. piante /2.

betùlla o (*dial.*) **bètula** [lat. *bĕtula(m)*, *betŭlla(m)*, di origine celt.] s. f. ● Albero delle Betulacee con corteccia biancastra che si sfoglia facilmente, foglie romboidali dal lungo picciolo e frutti alati (*Betula alba*).

bèuta o **bevuta** (**1**) [etim. incerta] s. f. ● Recipiente conico di vetro resistente al calore, usato nei laboratori chimici.

BeV [abbr. dell'ingl. *b(illion) e(lectron) V(olts)* '(del valore di un) miliardo di elettronvolt'] s. m. ● (*fis.*) Unità di misura di energia, pari a un miliardo di elettronvolt. SIN. GeV.

béva [da †*bevere*] s. f. *1* (*raro, lett.*) Bevanda. *2* Degustazione del vino | Gusto di un vino | Momento in cui un vino è nelle migliori condizioni per essere bevuto: *vino di pronta b.*

bevàce o (*lett.*) **bibàce** [lat. *bibāce(m)*, da *bĭbere* 'bere'] agg. ● (*raro, lett.*) Facile a imbeversi.

†**bevacità** [da *bevace*] s. f. ● (*raro*) Qualità di ciò che è bevace.

bevànda [dal gerundio di †*bevere* col suff. di altra vc.] s. f. ● Ogni liquido che si beve: *b. alcolica, medicinale*. || **bevandàccia**, pegg. | **bevandina**, dim.

†**bevànte** [da *bevere*] s. m. ● Parte del bicchiere dove si appoggiano le labbra per bere | (*est.*) Orlo del crogiolo.

bevatróne [ingl. *bevatron*, da *bev* con la seconda parte di (*elec*)*tron* '(elet)trone'] s. m. ● (*fis.*) Sincrotrone per protoni che produce energie di circa 6 Bev.

bevazzàre v. intr. (aus. *avere*) ● (*raro*) Sbevazzare.

beveràggio [ant. fr. *bevrage*, dal lat. *bĭbere* 'bere'] s. m. *1* Bevanda, beverone | (*est.*) Pozione avvelenata, intruglio | (*scherz., fam.*) Bevanda in genere: *dove posso trovare del beveraggio?*; *ho comprato un po' di beveraggi per la festa*. *2* (*raro*) Mancia, ricompensa.

†**beveràglia** [da †*beverare*] s. f. ● Beveraggio, beverone.

†**beveràre** [da †*bevere*] v. tr. ● Abbeverare.

beveratóio s. m. ● Abbeveratoio.

†**bévere** ● V. *bere*.

†**beveréccio** [da †*bevere*] agg. ● Gradevole a bersi.

beverèllo s. m. ● Beverino.

†**beveria** [ant. provz. *beveria*, da *beure* 'bere'] s. f. ● Sbevazzamento: *gioco, beverie, donne erano le sue tre virtù principali* (NIEVO).

beverino [da †*bevere*] s. m. ● Abbeveratoio nelle gabbie degli uccelli.

†**bévero** ● V. †*bivero*.

beveròlo [da †*bevere*] s. m. ● (*sett.*) Beverino.

beveróne [da †*bevere*] s. m. *1* Bevanda per le bestie, composta d'acqua e farina o crusca. *2* Bevanda abbondante, insipida o disgustosa | (*est.*) Bevanda medicamentosa: *trangugiare il b.* | †Filtro. *3* (*fig.*) Discorso o scritto prolisso e sconclusionato.

bevìbile agg. ● Che si può bere | (*fig., scherz.*) Plausibile: *la notizia non è b.*

bevicchiàre v. tr. (*io, bevìcchio*) ● Bere poco, di tanto in tanto.

†**bevigióne** ● V. †*bevizione*.

†**bevilàcqua** [comp. di *bevi* e *l'acqua*] s. m. e f. ● (*raro*) Persona astemia.

beviménto s. m. ● (*raro, lett.*) Atto di bere.

†**bevirólo** [it. sett. *beveròlo*, da †*bevere* (V. *beriuolo*)] s. m. ● Beverino.

bevitóre [lat. tardo *bibitōre(m)*, da *bĭbere* 'bere'] **A** s. m. (f. *-trice*, pop. *-tora*) ● Chi beve | Chi beve abitualmente, spec. bevande alcoliche in locali pubblici: *rissa tra bevitori* Chi beve molto, spec. bevande alcoliche, e resiste bene agli effetti di queste: *è un buon b.*, *un gran b.* **B** agg. ● (*raro*) Che beve.

†**bevitùra** s. f. ● Bevuta.

†**bevizióne** o †**bevigióne** [lat. tardo *bibitiōne(m)*, da *bĭbere* 'bere'] s. f. ● Atto del bere, bevuta | Bevanda.

bevóne ● V. *beone*.

bevucchiàre v. tr. (*io bevùcchio*) ● Bevicchiare.

bevùta (**1**) ● V. *beuta*.

bevùta (**2**) [da †*bevere*] s. f. *1* Atto, effetto del bere | *Fare una b.*, bere parecchio | Ciò che si beve in una volta. **2** Bicchierata, rinfresco: *una b. tra amici*; *offrire una b.* **3** (*fig.*) Nel gioco del biliardo, errore, sbaglio. || **bevutina**, **dim.**

bevùto **part. pass.** di *bere*; anche **agg.** **1** Nei sign. del v. **2** (*fam.*) Ubriaco, ebbro: *dalla festa tornò a casa b.*

bèy /'bεi, *evit.* be'i/ [vc. turca, *bey* 'capo, signore', dal turco ant. *băg*, forse di origine iranica (*bag* 'divino')] **s. m. inv.** ● Nell'impero ottomano, titolo attribuito ai governatori di province, agli alti ufficiali dell'esercito e ai funzionari amministrativi.

†**bezìòli** [dall'espressione fr. *tailler en biseau* 'tagliare obliquamente', da *biais* 'obliquo'] **s. m. pl.** ● Occhiali per correggere lo strabismo.

bezzicàre [da *beccare* con sovrapposizione di *pizzicare*] **A** **v. tr.** (*io bézzico, tu bézzichi*) **1** Beccare rapidamente. **2** (*fig.*) †Pungere con parole offensive. **B** **v. rifl. rec.** ● †Litigare, bisticciarsi.

†**bezzicàta** [da *bezzicare*] **s. f.** ● Colpo di becco.

bezzicatùra **s. f.** ● (*raro*) Atto, effetto, segno del bezzicare.

bèzzo [ted. della Svizzera *Bätzen* 'monete di Berna con la raffigurazione di un orso (*petz*)'] **s. m.** **1** Antica moneta veneziana da mezzo soldo, d'argento, poi di rame e di lega. **2** (*spec. al pl., region.*) Soldi, quattrini: *il vecchio ... cantava sempre miseria, e nascondeva i suoi bezzi* (VERGA).

bhutanése /buta'nese/ o **butanése**. **A** **agg.** ● Del Bhutan. **B** **s. m. e f.** ● Abitante del Bhutan.

bi o †dial. **be**. **s. m. o f.** ● Nome della lettera *b*.

bi- [dal lat. *bĭs* 'due (volte)'] primo elemento ● In parole composte significa 'due', 'due volte', 'composto di due', 'che ha due', 'doppio', e sim.: *bilinguismo, bisettimanale, bimensile* | In parole composte della terminologia chimica indica la presenza di due atomi o di due molecole o di due radicali uguali in un composto: *bicloruro*; ovvero i sali acidi: *bicarbonato*.

biàcca [longob. *blaich* 'sbiadito'] **s. f.** **1** Sostanza colorante bianca | *B. di piombo*, carbonato basico di piombo, tossico, che annerisce all'aria, usato per vernici | *B. di zinco*, litopone | *B. usta*, prodotto della calcinazione della biacca. **2** (*per anton.*) Correntemente, biacca di piombo.

biàcco [come il prec., forse dal longob. *blaich* 'pallido', per il suo colore (?)] **s. m.** (**pl.** *-chi*) ● Rettile non velenoso degli Ofidi con corpo agilissimo e snello di color giallo verdastro macchiettato di nero (*Coluber viridiflavus*).

biàda [lat. mediev. *blāda*, dal francone **blād* 'prodotto di un campo'] **s. f.** **1** (*gener.*) Qualunque cereale usato per l'alimentazione del bestiame, spec. da soma e da cavalcare: *dare la b. ai cavalli*. **SIN.** Foraggio. **2** (*lett., spec. al pl.*) Messi: *veggionvisi... i campi pieni di biade* (BOCCACCIO).

biadaiòlo o †**biadaiuòlo** **s. m.** ● (*raro*) Venditore di biade.

biadàre **v. tr.** ● (*tosc.*) Dare la biada alle bestie.

biadeşìvo [comp. di *bi-* e *adesivo*] **agg.** ● Che è adesivo da ambo i lati: *nastro b.*

biadétto [da †*biado* (*1*)] **A** **s. m.** ● Colore azzurrognolo. **B** **agg.** ● Che ha colore azzurrognolo.

†**biàdo** (1) ● V. *biavo*.

†**biàdo** (2) **s. m.** ● Biada.

†**biadùle** [vc. dotta, da *biada* con la terminazione di consimili vc. lat.] **s. m.** ● (*tosc.*) Insieme di steli delle biade.

biadùme **s. m.** ● †Biade | (*raro*) Residuo delle biade.

biàlbero [comp. di *bi-* e *albero*] **agg.** ● (*autom.*) Detto di motore a combustione interna che ha due alberi a camme in testa che comandano rispettivamente le valvole di scarico e quelle di aspirazione: *propulsore b.*

biànca [da *bianco*] **s. f.** **1** (*zool.*) Primo sonno dei bachi da seta. **2** (*tip.*) Facciata del foglio o del nastro di carta, che viene stampata per prima o in cui compare la prima pagina della segnatura | *B. e volta*, le due facciate contrapposte di un foglio di carta da stampare. **3** (*edit., ell.*) Cronaca bianca.

†**biancàgno** **agg.** ● Biancastro.

biancàna **s. f.** ● (*geol.*) Formazione rotondeggiante, di natura argillosa o arenaceo-argillosa, tipica delle zone collinari circostanti Siena e Volterra. **SIN.** Creta.

†**biancàre** **v. tr.** ● Imbiancare.

biancàstro **agg.** ● Che tende al bianco | *Viso b.*, pallido.

biancheggiaménto **s. m.** ● Atto, effetto del biancheggiare.

biancheggiàre **A** **v. intr.** (*io bianchéggio*; aus. *avere*) **1** Apparire bianco, tendere al colore bianco | *Il mare biancheggia*, per le spume mosse dal vento. **2** (*est.*) Divenire bianco di capelli, incanutire. **B** **v. tr.** ● Imbiancare: *b. le pareti*.

biancherìa [da *bianco*: col suff. di (*te*)*leria*] **s. f.** ● Complesso degli indumenti intimi: *b. personale*; *b. di seta, di nailon, di cotone*; *b. da uomo, b. per signora* | Complesso dei panni di uso domestico | *B. da letto*, lenzuola, federe e sim. | *B. da tavola*, tovaglie, tovaglioli e sim. | *B. da bagno*, asciugamani e sim.

biancherìsta **s. f.** ● Operaia addetta alla confezione o al ricamo della biancheria | Cucitrice di bianco.

bianchétto o (*sett.*) **gianchétto**, nel sign. B2 **A** **agg.** **1** Dim. di *bianco*. **2** (*raro*) Che ha un debole colore bianco. **B** **s. m.** **1** Sostanza imbiancante, in polvere o liquida, a base di biacca, variamente impiegata: *b. per i muri, per le scarpe, per i panni*; *b. per cancellare*. **2** (*al pl.*) Sardine e acciughe neonate, trasparenti e incolori, che lessate diventano bianche. **3** Bicchiere di vino bianco.

bianchézza **s. f.** ● Qualità di ciò che è bianco. **SIN.** Biancore, candidezza.

bianchìccio **agg.** (**pl. f.** *-ce*) **1** Dim. di *bianco*. **2** Che tende al colore bianco, che ha un colore bianco sporco.

bianchiménto **s. m.** **1** Atto, effetto del bianchire. **2** Soluzione di acido solforico e acqua che serve a pulire i metalli preziosi.

bianchìno **s. m.** **1** Dim. di *bianco*. **2** Bicchiere di vino bianco.

bianchìre **A** **v. tr.** (*io bianchìsco, tu bianchìsci*) **1** Far diventare bianco: *b. lo zucchero, il sale*. **SIN.** Imbiancare. **2** Pulire i metalli preziosi. **3** Scottare, per rapida immersione in acqua bollente: *b. la carne*. **B** **v. intr.** (aus. *essere*) ● (*raro*) Diventar bianco.

†**bianciàrdo** [fr. *blanchard*, da *blanc* 'bianco'] **agg.** ● (*raro*) Biancastro.

biancicàre [da *bianco*: sull'es. del corrisp. lat. *albicāre*] **v. intr.** e **tr.** (*io biàncico, tu biàncichi*; aus. *avere*) ● (*lett.*) Biancheggiare.

biancicóre **s. m.** ● (*lett.*) Biancore diffuso: *un b. dubbio stendevasi innanzi nella chiarità plenilunare* (D'ANNUNZIO).

biànco [germ. *blank* 'bianco', in origine 'lucente'] **A** **agg.** (**pl. m.** *-ci*) **1** Detto di sensazione visiva dovuta a una particolare miscela di luci monocromatiche | (*est.*) Di tutto ciò che ha colore chiaro in antitesi a un equivalente scuro: *razza bianca*; *vino b.*; *uva bianca*; *carni bianche*; *pane b.*; *b. come la neve, come il latte*; *b. rosato*; *b. avorio* | *Diventare b. per la paura* pallidissimo | *Mosca bianca*, (*fig.*) cosa o persona molto rara | *Carbone b.*, (*fig.*) forza idraulica per produrre elettricità | *Notte bianca*, (*fig.*) insonne | *Arma bianca*, (*fig.*) non da fuoco | *Calor b.*, temperatura altissima | (*fig.*) *Portare l'entusiasmo al calor b.*, al parossismo | *B. e rosso*, di colorito sano, spec. nel volto | *Bandiera bianca*, segno di resa (*anche fig.*). **2** Immacolato, pulito (*anche fig.*): *il camice b.*; *la veste bianca* | Canuto: *vecchio dai capelli bianchi* | *Fare i capelli bianchi in un lavoro*, dedicarvi molti anni | *Far venire i capelli bianchi a qc.*, dargli molte preoccupazioni | Non scritto, privo dei segni di scrittura: *scheda bianca*; *consegnare il foglio b. in un compito di esame* | *Dare, avere carta bianca*, piena libertà d'azione | *Libro b.*, raccolta di documenti divulgati nonostante la loro riservatezza | *Matrimonio b.*, non consumato | *Vedove bianche*, le mogli degli emigrati, rimaste senza marito nel paese d'origine | *Voce bianca*, quella di bambino o di cantore evirato | *Arte bianca*, quella dei fornai | *Omicidio b.*, la morte di operai sul lavoro, causata dalla mancanza di adeguate misure di sicurezza. **3** Invernale, nevoso: *sport b.*; *b. Natale* | *Settimana bianca*, quella trascorsa d'inverno in una località di montagna, spec. per dedicarsi agli sport sciistici. **4** (*fig.*) Reazionario, legittimista: *terrore b.*; *Russi bianchi*. **5** Detto di organizzazioni sociali d'ispirazione cristiana: *cooperative bianche*. **6** (*st.*) Detto di molte fazioni cittadine durante l'età dei Comuni: *guelfo di parte bianca*. **B** **s. m.** **1** Il colore bianco: *il b. delle nevi*; *b., rosso e verde*; *un b. accecante* | *Non distinguere b. da nero*, (*fig.*) non capire nulla | *Far vedere nero per b.*, (*fig.*) dare a intendere una cosa per un'altra | *Di punto in b.*, all'improvviso. **2** Parte bianca di q.c. | (*pop.*) *Il b. dell'occhio*, la sclerotica | (*pop.*) *Il b. dell'uovo*, l'albume, spec. cotto. **3** Ogni sostanza o composto di colore bianco o che colora di bianco: *b. di barite*; *b. di zinco* | Intonaco delle pareti: *dare il b.*; *dare una mano di b.* **4** Abito, ornamento bianco, spec. nelle loc. *sposarsi in b.*; *vestire di b.* **5** Biancheria, spec. nella loc. *cucitrice in b., di b.* **6** Foglio di carta non scritto, nella loc. *mettere nero su b.*, mettere per iscritto, spec. con riferimento a un accordo, un'intesa e sim. **7** Nella loc. *b. e nero*, in contrapposizione a colorato: *disegno, fotografia, cinema in b. e nero*. **8** *B. tipografico*, elemento della composizione che non risulta nella stampa e dà quindi luogo a uno spazio bianco. **9** Nel gioco degli scacchi, il giocatore che ha i pezzi bianchi e cui tocca la prima mossa: *il b. muove e matta in tre mosse*. **10** (*numism.*) Denominazione di molte monete di basso billone imbiancate con un leggero strato d'argento. **11** Uomo di pelle bianca, appartenente alla razza caucasoide, abitante in Europa o da questa emigrato: *discriminazioni fra Bianchi e Negri*; *la tratta delle bianche*. **12** (*st.*) Appartenente a una fazione bianca durante l'età dei Comuni: *i Bianchi e i Neri*. **13** Russo controrivoluzionario: *i Bianchi e i Rossi*. **14** Vino bianco: *b. dei Colli Berici*. **15** Nella loc. *in b.*, di foglio, documento e sim., privo di segni di scrittura: *consegnare il compito in b.* | *Foglio in b.*, documento già firmato che dovrà essere riempito secondo l'accordo intervenuto tra le parti | *Firmare in b.*, (*fig.*) prendere un impegno senza conoscere condizioni, rischi, responsabilità | *Cambiale, assegno in b.*, privo, al momento dell'emissione, di una o più indicazioni essenziali; correntemente, privo dell'indicazione dell'importo. **16** (*fig.*) Nella loc. *in b.*, privo di sughi e droghe, con riferimento a vivande lessate e poco condite: *mangiare in b.* | *Pesce in b.*, lesso, condito solo con olio e limone. **17** (*fig.*) Nella loc. *in b.*, relativa a scopi primari o usuali per qualunque ragione non conseguiti: *notte in b.*; *matrimonio in b.* | *Andare in b.*, fallire, non riuscire in un'impresa. || **biancàccio**, **pegg.** | **biancàstro**, **pegg.** | **bianchétto**, **dim.** (V.) | **bianchìccio**, **dim.** (V.) | **bianchìno**, **dim.** (V.) | **biancolìno**, **dim.** | **biancóne**, **accr.** | †**biancòzzo**, **dim.** | **biancùccio**, **dim.**

biancoazzùrro [comp. di *bianco* e *azzurro*] **agg.**; anche **s. m.** (**pl. m.** *-i*) ● Biancoceleste.

biancocelèste [comp. di *bianco* e *celeste*, i colori della squadra] **A** **agg.**; anche **s. m.** (**pl.** *-i*) ● Che, chi gioca nella squadra di calcio romana della Lazio. **B** **agg.** ● Che è sostenitore o tifoso di tale squadra di calcio.

biancofióre [da *Biancofiore*, n. dell'eroina di una diffusa leggenda mediev. (?)] **s. m.** ● Antica danza ballata da due coppie.

biancolìna **s. f.** ● Seconda dormita dei bachi da seta.

biancomangiàre [fr. *blanc-manger* per il colore 'bianco' (*blanc*) di questo 'cibo' (*manger*)] **s. m.** **1** Dolce a base di latte o latte di mandorle e farina rappresi. **2** (*merid.*) Bianchetti fritti.

bianconàto **agg.** ● Detto del grano duro affetto da bianconatura.

bianconatùra [da *bianco*: per le macchie farinose che provoca nelle cariossidi] **s. f.** ● Malattia caratteristica delle cariossidi dei grani duri che presentano in alcuni punti fattura farinosa e non vitrea.

biancóne **s. m.** ● Uccello rapace diurno dei Falconiformi, con testa grossa e larga, becco corto e uncinato, ali lunghe e piumaggio bruno sul dorso e bianco sulla parte inferiore del corpo (*Circaetus gallicus*).

bianconéro [comp. di *bianco* e *nero*, i colori della squadra] **A** **agg.**; anche **s. m.** (**pl.** *-i*) ● Che, chi gioca nella squadra di calcio torinese della Juventus. **B** **agg.** ● Che è sostenitore o tifoso di tale squadra

di calcio.
biancóre s. m. ● (*lett.*) Candore, bianchezza | Lucore, luce diffusa.
biancorùsso agg.; anche s. m. ● Bielorusso.
biancoségno [comp. di *bianco* e *segno*, sul mod. del corrisp. fr. *blanc-seign*] s. m. ● (*dir.*) Scrittura privata firmata in bianco e destinata a essere riempita da un terzo in base a un accordo di riempimento.
biancóso agg. ● (*raro*, *lett.*) Bianco, bianchiccio.
biancospìno [comp. di *bianco* e *spino*] s. m. (pl. *biancospìni*) ● Frutice delle Rosacee con rami spinosi, foglie ovali e divise e piccoli fiori bianchi raccolti in corimbi (*Crataegus oxyacantha*).
biancostàto [etim. incerta] s. m. ● (*sett.*) Spuntatura di maiale e di bue.
biancovestìto [vc. dotta, comp. di *bianco* e *vestito*] agg. ● (*lett.*) Vestito di bianco.
biancùme s. m. ● (*raro*, *lett.*) Biancheggiamento | Insieme di cose bianche.
†**biànte** ● V. †*viante*.
biàscia [da *biasciare*] s. f. (pl. *-sce*) ● (*tosc.*) Saliva che si forma sulle labbra di chi biascica.
biasciaménto s. m. ● Atto, effetto del biasciare.
biasciàre [vc. onomat.] v. tr. (*io biàscio*) ● Biascicare.
biasciatùra s. f. ● Biasciamento.
biascicaménto s. m. ● Atto, effetto del biascicare.
biascicapaternòstri [comp. di *biascica(re)* e il pl. di *paternostro*] s. m. e f. ● (*raro*) Persona bigotta.
biascicàre [iter. di *biasciare*] v. tr. (*io biàscico*, *tu biàscichi*) ● Mangiare lentamente q.c. masticandola male e facendo rumore: *b. un pezzo di pane* | (*fig.*) Parlare lentamente, accorciando e pronunciando male le parole | *B. orazioni*, recitare stentatamente le orazioni | *B. le parole*, parlare in modo inintelligibile, balbettare.
biascicaroṣàri [comp. di *biascica(re)* e il pl. di *rosario*] s. m. e f. ● (*raro*) Persona bigotta.
biascicatùra s. f. ● (*raro*) Biascicamento | (*raro*) Cosa biascicata.
biascichìo s. m. ● Biascicamento intenso e continuo | (*est.*) Rumore prodotto da una o più persone che biascicano.
biascicóne s. m. (f. *-a*) ● (*fam.*) Chi ha l'abitudine di biascicare.
biascicòtto s. m. ● Frammento di cibo biascicato e poi tolto di bocca.
biascìno s. m.; anche agg. (f. *-a*) ● (*raro*) Chi, che è schifiltoso nel mangiare | (*raro*) Chi, che biascica le parole, detto spec. di bambini.
biascióne s. m. (f. *-a*) ● Biascicone.
biaṣimàbile agg. ● (*raro*) Biasimevole.
†**biaṣimaménto** s. m. ● (*raro*) Biasimo.
biaṣimàre o †**biaṣmàre**, †**blaṣmàre** [ant. fr. *blasmer*, dal lat. parl. *blastemāre* 'bestemmiare'] **A** v. tr. (*io biàṣimo*) ● Esprimere un giudizio negativo su qc. o q.c.: *b. la condotta di qc.* SIN. Criticare, disapprovare, riprendere, riprovare. CONTR. Elogiare. **B** v. intr. pron. ● †Dolersi, lamentarsi || PROV. Chi ti loda in presenza, ti biasima in assenza.
†**biaṣimatìvo** agg. ● (*raro*) Atto a biasimare.
†**biaṣimatóre** s. m.; anche agg. ● Chi, che biasima.
biaṣimévole o †**biaṣmévole**. agg. ● Meritevole di biasimo: *tenere un comportamento b.* SIN. Riprovevole. CONTR. Lodevole. || **biasimevolménte**, avv.
biàṣimo o (*lett.*) †**biàṣmo**, †**blàṣmo** [da *biasimare*] s. m. ● Dura critica, rimprovero, disapprovazione: *meritare il b.* | *Dare b.*, biasimare | †*Avere b.*, essere biasimato.
†**biaṣimóne** s. m. (f. *-a*) ● (*raro*) Chi biasima ogni cosa.
†**biaṣmàre** e *deriv.* ● V. *biasimare* e *deriv.*
biassiàle [comp. di *bi-* e *asse* (*2*), con suff. aggettivale] agg. ● (*fis.*) Che ha due assi ottici.
biassico [comp. di *bi-* e *asse* (*2*), con suff. aggettivale] agg. ● (*fis.*) Biassiale.
†**biastéma** /bjas'tema?/ e *deriv.* ● V. *bestemmia* e *deriv.*
†**biastèmia** e *deriv.* ● V. *bestemmia* e *deriv.*
biathlèta o **biatlèta** s. m. e f. (pl. m. *-i*) ● Chi è specializzato o partecipa a gare di biathlon.
biathlon /'biatlon/, **biatlon** [vc. dotta, comp. di *bi-* e del gr. *âthlon* 'gara, lotta'] s. m. ● (*sport*) Negli sport invernali, gara comprendente due prove, lo sci da fondo e il tiro alla carabina | (*est.*) Gara comprendente due prove di diverse specialità, come ciclismo e nuoto o ciclismo e podismo.
biatòmico [comp. di *bi-* e *atomo*, con suff. aggettivale] agg. (pl. m. *-ci*) ● (*chim.*) Detto di molecola costituita da due atomi.
biauricolàre [comp. di *bi-* e *auricolare*] agg. ● Che riguarda entrambe le orecchie: *cuffia per audizione b.*
biàvo o (*dial.*) †**biàdo** (*1*) [ant. fr. *blau*, fr. dial. *blave*, dal francone *blāo*] agg. ● (*lett.*) Che ha un colore azzurro chiaro, sbiadito: *gli enormi occhi biavi* (PIRANDELLO).
bibàce ● V. *bevace*.
bibàgno o **bibàgni** [comp. di *bi-* e di *bagno* (*1*)] agg. ● Nel linguaggio degli annunci economici, che ha due bagni: *vendesi appartamento b.*
bibàṣico [comp. di *bi-* e *basico*] agg. (pl. m. *-ci*) ● Detto di composto chimico che ha due atomi di idrogeno sostituibili con atomi metallici.
bìbbia [vc. dotta, lat. eccl. *bĭblia(m)*, dal gr. *biblía* (pl.) 'libri'] s. f. (*Bìbbia* nei sign. 1 e 2) **1** Collezione delle Sacre Scritture (Antico e Nuovo Testamento), delle quali i libri dell'Antico Testamento sono comuni agli Ebrei e ai Cristiani | *B. vulgata*, nella traduzione latina di S. Girolamo. **2** (*est.*) Manoscritto o stampa del testo della Bibbia. **3** (*fig.*) Testo o autore considerato fondamentale e indiscutibile per completezza e autorità: *l'Eneide fu la b. di Dante.* **4** (*fig.*) †Discorso o scritto lungo e tedioso.
bìbbio [lat. *vīpio*, di origine onomat.] s. m. ● (*zool.*, *tosc.*) Fischione.
bibelot /fr. bibə'lo/ [vc. fr., di origine onomat.] s. m. inv. ● Soprammobile di poco pregio, anche se grazioso | Ninnolo, oggettino decorativo e da collezione.
biberòn /bibe'rɔn, *fr.* bibə'rõ/ [fr. *biberon*, dal lat. *bĭbere* 'bere'] s. m. inv. ● Poppatoio | *Avere ancora bisogno del b.*, (*fig.*) detto di adulto che si comporta con ingenuità e immaturità.
bìbita [vc. dotta, lat. *bĭbita* pl., da *bĭbitum*, part. pass. di *bĭbere* 'bere'] s. f. ● Bevanda dissetante, analcolica o a bassissimo contenuto alcolico.
bibitàro s. m. ● (*centr.*) Venditore di bibite.
biblicìṣmo s. m. ● La stretta aderenza alla Bibbia.
bìblico [vc. dotta, da *Bibbia*] **A** agg. (pl. m. *-ci*) **1** Della, relativo alla Bibbia: *testo b.*; *esegesi biblica* | Proprio dell'epoca e della civiltà documentate nell'Antico Testamento | *Stile b.*, proprio della Bibbia o che lo imita | *Società bibliche*, associazioni per diffondere la Bibbia. **2** (*fig.*) Solenne, drammatico, grandioso: *maledizione biblica*; *impresa biblica*. **B** s. m. ● (*raro*) †Espositore della Bibbia. || **biblicaménte**, avv. Secondo il testo della Bibbia.
biblio- [dal gr. *biblíon* 'libro', di origine incerta] primo elemento ● In parole dotte significa 'libro': *bibliofilo*, *biblioteca*.
bibliobus [comp. di *biblio-* e *-bus*] s. m. ● Autoveicolo, autobus o furgone, adibito a biblioteca o libreria.
bibliòfago [comp. di *biblio-* e *-fago*] agg. (pl. m. *-gi*) ● Detto di piccoli animali che rosicchiano o mangiano libri, carte, documenti: *la tarma è un insetto b.*
bibliofilìa [vc. dotta, comp. di *biblio-* e *-filia*] s. f. ● Amore per i libri, spec. se pregevoli e rari.
bibliòfilo [vc. dotta, comp. di *biblio-* e *-filo*] s. m. (f. *-a*) ● Amatore, conoscitore, ricercatore e collezionista di libri, spec. rari.
bibliografìa [vc. dotta, comp. di *biblio-* e *-grafia*] s. f. **1** Tecnica della descrizione sistematica e catalogazione di libri. **2** Elenco delle opere scritte intorno a una branca scientifica, un argomento, un autore e sim. | Elenco dei libri consultati per la compilazione di un'opera scientifica | *B. essenziale*, comprendente solo le opere più importanti. **3** Complesso delle opere pubblicate in un dato periodo.
bibliogràfico agg. (pl. m. *-ci*) ● Relativo alla bibliografia | *Bollettino*, *notiziario b.*, periodico con annunci di libri nuovi, recensioni e sim. || **bibliograficaménte**, avv. Secondo le norme bibliografiche.
bibliògrafo [vc. dotta, comp. di *biblio-* e *-grafo*] s. m. (f. *-a*) ● Esperto di bibliografia.
biblioiàtrica [vc. dotta, comp. di *biblio-* e *-iatrica*] s. f. ● (*raro*) Arte del restauro e manutenzione dei libri.
bibliolatrìa [vc. dotta, comp. di *biblio-* e *-latria*] s. f. ● (*raro*) Fede cieca nei libri, culto esagerato dei libri.
bibliologìa [vc. dotta, comp. di *biblio-* e *-logia*] s. f. (pl. *-gie*) ● Scienza dei libri, che ne tratta in generale, ne fa la storia, detta le norme per la loro conservazione e utilizzazione culturale.
bibliòlogo [comp. di *biblio-* e *-logo*] agg.; anche s. m. (f. *-a*; pl. m. *-gi*) ● Studioso, cultore di bibliologia.
bibliòmane [comp. di *biblio-* e *-mane*] s. m. e f. ● (*iron.*) Chi è affetto da bibliomania.
bibliomanìa [vc. dotta, comp. di *biblio-* e *-mania*] s. f. ● (*iron.*) Mania di ricercare e collezionare libri, spec. rari e antichi, spec. senza conoscenze adeguate in materia.
bibliomanzìa [vc. dotta, comp. di *biblio-* e *-manzia*] s. f. ● Divinazione ottenuta aprendo a caso un libro, spec. la Bibbia, e interpretando le prime parole che si leggono.
bibliopòla o (*evit.*) **bibliòpola** [vc. dotta, lat. *bibliopōla(m)*, dal gr. *bibliopṓlēs*, comp. di *bíblos* 'libro' e *pṓlēs* 'venditore'] s. m. (pl. *-i*) ● (*raro*, *scherz.*, *lett.*) Libraio.
bibliotèca [vc. dotta, lat. *bibliothēca(m)*, dal gr. *bibliothḗkē*, comp. di *biblio-* 'biblio-' e *thḗkē* '-teca'] s. f. **1** Luogo ove sono raccolti e conservati libri | Edificio, sala con grandi raccolte di libri a disposizione del pubblico per la lettura e la consultazione: *b. universitaria*, *comunale*, *popolare* | *B. capitolare*, annessa a una cattedrale | *B. circolante*, che dietro compenso dà in prestito libri ai soci | (*fig.*, *scherz.*) *B. ambulante*, *vivente*, persona molto erudita e pedante. **2** Collezione di libri, similari per formato, argomento, editore: *b. dei classici italiani*; *b. di monografie scientifiche Zanichelli.* **3** Mobile a muro munito di scaffali destinati a contenere libri. **4** (*elab.*) *B. di programmi*, software. || **bibliotechìna**, dim. | **bibliotecóna**, accr. | **bibliotecùccia**, pegg.
bibliotecàrio [vc. dotta, lat. *bibliothecāriu(m)*, da *bibliothēca* 'biblioteca'] s. m. (f. *-a*) ● Chi dirige una biblioteca o è comunque addetto al suo funzionamento.
biblioteconomìa [comp. di *biblioteca* e un deriv. del gr. *nómos* 'legge, regola'] s. f. ● Scienza che studia l'amministrazione e il funzionamento delle biblioteche.
biblioteconomìsta s. m. e f. (pl. m. *-i*) ● Chi è esperto di biblioteconomia.
biblìsta [dal lat. *bĭblia* 'bibbia'] s. m. e f. (pl. m. *-i*) ● Studioso di biblistica.
biblìstica s. f. ● Insieme delle discipline relative allo studio della Bibbia.
bìbulo [vc. dotta, lat. *bĭbulu(m)*, da *bĭbere* 'bere'] agg. **1** (*raro*, *lett.*) Che assorbe, che si imbeve facilmente | *Carta bibula*, carta assorbente. **2** (*raro*, *scherz.*, *lett.*) Che beve volentieri alcolici, beone.
bìca [longob. *bīga* 'mucchio'] s. f. **1** Cumulo di covoni di grano. SIN. Barca. **2** (*est.*) Cumulo, ammasso di cose. || **bicóne**, accr. m. (V.).
bicameràle [comp. di *bi-* e *camera*] agg. **1** Detto di sistema parlamentare basato su due Camere legislative. **2** Detto di commissione parlamentare formata da rappresentanti di ambedue le Camere.
bicameralìṣmo [da *bicamerale*] s. m. ● Sistema parlamentare in cui il potere legislativo è affidato a due Camere.
bicàmere [comp. di *bi-* e del pl. di *camera* (*1*)] agg. ● Nel linguaggio degli annunci economici, detto di appartamento costituito di due camere.
bicaràttere [comp. di *bi-* e *carattere*] s. m. ● (*elab.*) Byte.
bicarbonàto [vc. dotta, comp. di *bi-* e *carbonato*] s. m. **1** (*chim.*) Sale dell'acido carbonico. SIN. Carbonato acido | *B. di sodio*, *sodico*, sostanza cristallina, bianca, impiegata per bevande effervescenti, come antiacido e in vari usi domestici. **2** (*per anton.*) Correntemente, bicarbonato di sodio.
bicarbossìlico [comp. di *bi-* 'di due (gruppi)' e *carbossilico*] agg. (pl. m. *-ci*) ● (*chim.*) Dicarbossilico.
bicchèrna [etim. sconosciuta] s. f. ● (*st.*) Esat-

toria dell'antico comune di Siena | (*est.*) Registro annuale dei tributi | (*pitt.*) *Tavolette di b.*, tavolette dipinte usate come copertura dei registri dell'erario comunale di Siena.

bicchieràio s. m. • Chi fabbrica o vende bicchieri.

bicchieràta s. f. *1* Quantità di liquido che può essere contenuta in un bicchiere. *2* (*est.*) Bevuta, fatta in compagnia, spec. per festeggiare qc.

bicchière o †**bicchièri**, †**bicchièro** [etim. incerta] s. m. *1* Piccolo recipiente, spec. di vetro, di varie forme e misure, in cui si versa il liquido da bere: *b. di vetro, di cristallo, d'argento, di plastica, di cartone*; *b. da acqua, da vino, da birra, da cognac, da whisky*; *riempire un b. di vino*; *versare il vino nel b.* | *Il b. della staffa*, l'ultimo prima di congedarsi | *Levare il b.*, brindare | *Bere un b. di più, di troppo*, ubriacarsi | (*fig.*) *Affogare in un b. d'acqua*, confondersi davanti a piccole difficoltà | (*fig.*) *Tempesta in un b. d'acqua*, grande agitazione o rumore privi di conseguenze proporzionate | *Fondo, culo di b.*, (*fig.*) diamante falso. *2* (*est.*) Quantità di liquido contenuta in un bicchiere: *bere un b. di vino*. *3* Antica misura per liquidi. *4* Involucro esterno di una granata esplosiva. || **bicchieràccio**, pegg. | **bicchierétto**, dim. | **bicchierino**, dim. (V.) | **bicchieróne**, accr. | **bicchieròtto**, accr. | **bicchierùccio**, dim.

bicchierino s. m. *1* Dim. di *bicchiere*. *2* Bicchiere piccolo, da liquore | Quantità di liquido, spec. alcolico, contenuta in un bicchierino: *un b. di vermut*; *bere, farsi un b.* *3* Vasetto di vetro per luminarie, usato come ornamento di tombe e sim.

†**bicchièro** • V. *bicchiere*.

†**bicciacùto** [provz. *bezagut*, dal lat. *bisacūtus* 'a punta (*acūtus*) nell'una e nell'altra parte (*bis*)'] s. m. • Scure a due tagli.

bicciàrsi [da †*beccio* 'capro': dal lat. parl. **ibíceus*, agg. di *ībex* 'stambecco, capra selvatica' (?)] v. rifl. rec. • (*raro, lett.*) Cozzare, spec. di animali cornuti.

bicèfalo [vc. dotta, comp. del lat. *bi-* 'a due' e del gr. *kephalḗ* 'testa'] agg. • (*raro, lett.*) Che ha due teste: *mostro b.*

bicentenàrio [comp. di *bi-* e *centenario* (*1*)] s. m. • Secondo centenario di un avvenimento memorabile.

bichìni s. m. • Adattamento di *bikini* (V.).

bici s. f. • (*fam.*) Acrt. di *bicicletta*.

biciclétta [fr. *bicyclette*, dim. dell'ingl. *bicycle* 'biciclo'] s. f. • Veicolo leggero a due ruote allineate, collegate da un telaio per lo più di tubi metallici, mosso per mezzo di pedali, azionati dalla forza muscolare delle gambe del guidatore: *b. da corsa* | *B. a motore*, ciclomotore | *Appendere la b. al chiodo*, (*fig.*) di corridore ciclista, cessare l'attività agonistica | *B. da neve*, sky-bob. ➡ ILL. p. 1745 TRASPORTI. || **biciclettàccia**, pegg. | **biciclettina**, dim. | **biciclettóna**, accr.

biciclettàta s. f. • Giro, escursione in bicicletta, spec. a scopo ricreativo o di esercizio fisico.

bicìclo [ingl. *bicycle*, comp. del lat. *bi-* 'di due' e del gr. *kýklos* 'cerchio'] s. m. • Veicolo a due ruote con i pedali applicati alla ruota anteriore molto più grande della posteriore.

bicilìndrico [comp. di *bi-* e *cilindro*, con suff.] agg. (pl. m. *-ci*) *1* (*mecc.*) Dotato di due cilindri: *motore b.* *2* (*fis.*) Di lente avente due superfici cilindriche.

bicipattìno [comp. di *bici* e *pattino* (*2*)] s. m. • Mezzo di svago acquatico costituito da una bicicletta, montata su due pattini che sostituiscono le ruote.

bicìpite [vc. dotta, lat. *bicĭpite*(*m*), comp. di *bi-* 'di due' e *-cĭpitis*, da *căput* 'capo, testa'] **A** agg. *1* (*anat.*) Detto di muscolo a due capi che confluiscono in una massa comune. *2* Detto dell'animale spec. araldico raffigurato con due teste: *l'aquila b. austriaca*. **B** s. m. • (*anat.*) Ogni muscolo a due capi che confluiscono in una massa comune: *b. brachiale*; *b. femorale* | Bicipite brachiale. ➡ ILL. p. 362 ANATOMIA UMANA.

biclorùro [vc. dotta, comp. di *bi-* e *cloruro*] s. m. • (*chim.*) Sale dell'acido cloridrico, la cui molecola contiene due atomi di cloro | Composto organico contenente due atomi di cloro.

bicòcca [etim. incerta] s. f. *1* (*lett.*) Piccola rocca o castello alla sommità di un monte. *2* Piazza di guerra mal fortificata e disadatta alla difesa. *3* (*spreg.*) Casupola, catapecchia: *abitare in una b.*

bicòllo • V. *bigollo*.

bicolóre [vc. dotta, lat. *bicolōre*(*m*), comp. di *bi-* 'di due' e *cŏlor* 'colore'] **A** agg. • Che ha due colori: *nastro b.* | (*fig.*) *Governo b.*, formato da due partiti di diverse tendenze. **B** s. f. *1* Macchina tipografica che stampa a due colori. *2* Nella loc. *leva del b.*, quella che permette, nella macchina da scrivere, di utilizzare indifferentemente le due sezioni di diverso colore di un nastro dattilografico.

bicomàndo [vc. dotta, comp. di *bi-* 'con due' e (posti di) *comando*] agg. inv. • Dotato di doppio comando, detto di mezzi, dispositivi e sim. che possono essere comandati da due diversi agenti umani o meccanici: *aereo, apparato, vettura b.*

bicòncavo [vc. dotta, comp. di *bi-* 'ambo (le parti)' e *concavo*] agg. • Concavo da ambedue le parti, detto spec. di lente.

bicóne s. m. (f. *-a* nel sign. 2) *1* Accr. di *bica*. *2* (*fig., raro*) Persona molto grassa.

bicònico [comp. di *bi-* e *conico*] **A** agg. (pl. m. *-ci*) • Che ha forma di due coni contrapposti. **B** s. m. (pl. *-ci*) • (*archeol.*) Vaso funerario a forma di due coni uniti per la base, munito di coperchio e gener. di un solo manico.

biconvèsso [vc. dotta, comp. di *bi-* 'ambo (le parti)' e *convesso*] agg. • Convesso da ambedue le parti, detto spec. di lente.

bicòppia [vc. dotta, comp. di *bi-* 'doppio' e *coppia*] s. f. • Insieme di due coppie di fili telefonici o telegrafici.

bicòrdo [vc. dotta, comp. di *bi-* 'doppio' e *corda* 'nota'] s. m. • (*mus.*) Doppia corda | Doppia nota | Insieme di due suoni eseguiti contemporaneamente sopra uno strumento a corde.

bicoriàle [comp. di *bi-* e *corion*, con suff. aggettivale] agg. • (*biol.*) Che deriva da due corion, i quali producono due gruppi di annessi: *gemelli bicoriali*.

bicòrne o (*raro*) **bicòrno** [vc. dotta, lat. *bicŏrne*(*m*), comp. di *bi-* 'di due' e *cŏrnus* 'corno'] agg. • Che ha due corna o punte: *cappello b.*

bicòrnia [lat. parl. **bicŏrnia*, variante di *bicŏrnis* 'bicorne'] s. f. • Piccola incudine, spec. per orafi, orologiai e sim.

bicòrno [comp. di *bi-* 'doppio' e *corno*] **A** s. m. • Cappello a due punte volte verso l'alto e ornato di veli usato dalle donne del Medio Evo | Cappello voluminoso e con punte verso il basso portato dagli uomini nel primo Impero | Feluca, portata con l'alta uniforme dagli ufficiali di marina, dagli accademici di Francia, dai diplomatici. **B** agg. • V. *bicorne*.

bicornùto agg. *1* Bicorne. *2* (*filos.*) *Argomento b.*, dilemma.

bicromàto [comp. di *bi-* e *cromato* (*2*)] s. m. • Sale dell'acido bicromico.

bicromìa [fr. *bichromie*, vc. dotta, comp. di *bi-* 'a due' e *chromie*, dal gr. *chrôma* 'colore'] s. f. • Procedimento per ottenere una riproduzione colorata di soggetti utilizzando i due colori fondamentali arancio e bluverde | (*est.*) Riproduzione così ottenuta.

bicròmico [comp. di *bi-* e *cromico* (*1*)] agg. (pl. m. *-ci*) • Detto di composto chimico contenente due atomi di cromo.

bicùbito [vc. dotta, lat. *bicŭbitu*(*m*), comp. di *bi-* 'di due' e *cŭbitum* 'cubito (misura)'] s. m. • Misura di due cubiti.

bicuspidàle agg. • (*arch.*) Bicuspide: *facciata b.*

bicuspidàto agg. • Bicuspide.

bicùspide [vc. dotta, comp. di *bi-* 'con due' e *cuspide*] agg. *1* Che è formato di due cuspidi o punte. *2* (*anat.*) Di organo o formazione a due lembi lanceolati | *Valvola b.*, valvola mitrale.

bid bond /ingl. 'bid bɔnd/ [dall'ingl. *bid* 'offerta, cauzione' e *bond* 'titolo a garanzia'] loc. sost. m. inv. (pl. ingl. *bid bonds*) • (*econ.*) Nei contratti internazionali, garanzia bancaria riguardante la fornitura di un appalto o di una merce da esportare.

bidè [fr. *bidet*, propriamente 'cavallino', di etim. incerta] s. m. • Vaschetta bassa di forma allungata, su cui si sta a cavalcioni, per lavarsi le parti intime.

bidèllo [ant. fr. *bedel* 'poliziotto', dal francone **bidal* 'messo giudiziario'] s. m. (f. *-a*) *1* Chi è addetto alle pulizie e alla custodia di una scuola: *b. di Università*. *2* (*est.*) Inserviente presso un ufficio | †Inserviente di banda musicale.

bidentàle [vc. dotta, lat. *bidentāle*(*m*), da *bĭdens* 'animale (alla seconda dentizione) pronto a essere sacrificato'] s. m. • Presso gli antichi Romani, spazio sacro nel quale era caduto il fulmine ed era stata sacrificata, per espiazione, una pecora di due anni.

bidènte [vc. dotta, lat. *bidĕnte*(*m*), comp. di *bi-* 'di due' e *dēns* 'dente'] **A** s. m. *1* Zappa a due denti. *2* Forca a due rebbi. *3* Presso gli antichi Romani, animale, spec. pecora, di due anni adatto al sacrificio. **B** agg. • (*lett.*) Detto di animale che è alla seconda dentizione, che ha due anni: *pecora b.*

bidet /fr. bi'dɛ/ s. m. inv. • Bidè.

†**bidètto** [fr. *bidet*, di etim. incerta] s. m. • Piccolo cavallo da sella | Ronzino.

bidimensionàle [comp. di *bi-* e di *dimensione*, con suff. aggettivale] agg. • Che ha due dimensioni.

bidimensionalità s. f. • Proprietà di ciò che è bidimensionale.

bidirezionàle [comp. di *bi-* e *direzionale*] agg. • Che ha due direzioni, anche opposte: *corrente, antenna b.* | (*elab.*) Detto della scrittura di una stampante.

bidistillàto [comp. di *bi-* e *distillato*] agg. • Detto di liquido che ha subìto due procedimenti di distillazione.

bidonàre [da *bidone*, nel sign. 3] v. tr. (*io bidóno*) • (*pop.*) Imbrogliare, truffare.

bidonàta s. f. • (*pop.*) Imbroglio, truffa.

bidóne [fr. *bidon*, da una vc. nordica *bidha* 'recipiente', di etim. incerta] s. m. *1* Recipiente metallico o in materia plastica, di media capacità, di forma cilindrica, atto al trasporto di prodotti liquidi: *b. di benzina*. *2* (*mar.*) Recipiente metallico di forma tronco-conica per contenere il vino del rancio. *3* (*pop.*) Truffa, imbroglio: *fare un b. a qc.*; *prendersi un b., un gran b.* | Beffa o scherzo un po' pesante. *4* (*pop.*) Apparecchiatura, congegno, macchina che non funziona o funziona poco e male. *5* (*pop.*) Atleta di doti modeste e scarsa abilità. || **bidoncino**, dim.

bidonista [da *bidone*, nel sign. 3] s. m. e f. (pl. m. *-i*) • (*pop.*) Truffatore, imbroglione.

bidonvìa [sovrapposizione scherz. di *bidon*(*e*) a *cabina*] s. f. • Cabinovia. ➡ ILL. **funivia**.

bidonville /fr. bidɔ̃'vil/ [comp. fr., propriamente 'città (*ville*) dei bidoni (*bidons*, sing. *bidon*)'] s. f. inv. • Quartiere di baracche costruite con materiali vari, spec. lamiere di bidoni, alla periferia di una grande città.

bièco [lat. *oblīquu*(*m*) 'torto, piegato' con sovrapposizione di *aēquu*(*m*) 'uguale'] agg. (pl. m. *-chi*, †*-ci*) *1* Obliquo, torvo, spec. dello sguardo: *guardare con occhio b.* *2* Sinistro, minaccioso, turpe: *persona bieca*; *volto b.* || **biecaménte**, avv. Stortamente; malamente; torvamente: *usciva di là com'ebbro guardando biecamente il mare* (PIRANDELLO).

Biedermeier /ted. 'bi:dərmaier/ [vc. ted., dal n. di un personaggio inventato da Kussmaul e Eichrodt che rappresentava il tedesco borghese e conformista] agg.; anche s. m. inv. • Detto di stile di arredamento diffuso nelle case tedesche borghesi nella prima metà dell'Ottocento, ispirato allo stile Impero, ma più semplice e pratico.

bièlica [comp. di *bi-* 'a doppia' e *elica*] agg. inv. • Fornito di due eliche: *apparato motore b.*

bièlla [fr. *bielle*, di etim. incerta] s. f. • (*mecc.*) Parte intermedia tra due altre di una macchina che serve a trasformare il movimento rotatorio in rettilineo alternativo e viceversa | *B. madre*, nei motori stellari o a più file di cilindri, biella principale cui sono articolate altre bielle | *B. d'accoppiamento*, quella che collega l'asse motore agli assi accoppiati di una locomotiva. || **biellétta**, dim.

biellése **A** agg. • Di Biella. **B** s. m. e f. • Abitante o nativo di Biella.

bielorùsso o **belorùsso** [adattamento del russo *belorús*, letteralmente 'russo bianco', cioè di quella parte della Russia chiamata Bianca, epiteto d'incerta spiegazione] **A** agg. • Della, relativo alla, Russia Bianca. **B** s. m. (f. *-a*) • Abitante, nativo della Russia Bianca. **C** s. m. solo sing. ● Lingua appartenente al gruppo orientale delle lingue slave, parlata nella Russia Bianca.

biennàle [vc. dotta, lat. *biennāle(m)*, da *biĕnnium* 'periodo di due anni'] **A** agg. **1** Che dura due anni: *carica, impiego b.* **2** Che avviene o ricorre ogni due anni: *manifestazione b.; emigrazione b.* **3** (*bot.*) Bienne. || **biennalménte**, avv. Ogni due anni. **B** s. f. ● Manifestazione che si fa ogni due anni: *la b. di Venezia*.

biènne [vc. dotta, lat. *biĕnne(m)*, comp. di *bi-* e *ănnus* 'anno'] agg. **1** (*raro, lett.*) Di due anni. **2** (*bot.*) Detto di pianta erbacea il cui ciclo vitale dura due anni. SIN. Biennale.

biènnio [vc. dotta, lat. *biĕnniu(m)*, comp. di *bi-* e *ănnus* 'anno'] s. m. ● Periodo di due anni | Corso di studi con durata complessiva di due anni.

biergòlo [comp. di *bi-* ed *ergolo* sul modello di *monoergolo* e *propergolo*] s. m. ● (*chim.*) Bipropellente.

bièrre [dalla lettura (*bi erre*) della sigla *B(rigate) R(osse)*] s. m. e f. inv. ● (*gerg.*) Appartenente alle Brigate Rosse.

bierrìsta [dalla lettura (*bi erre*) della sigla *B(rigate) R(osse)*] s. m. e f. (pl. m. *-i*) ● (*gerg.*) Appartenente alle Brigate Rosse.

†bièscio [ant. provz. *biais* 'obliquità', dal gr. *epikársios*, di non chiara composizione] agg. ● Obliquo.

bièta ● V. *bietola*.

bietìcolo agg. ● Concernente la bieticoltura.

bieticoltóre o **bieticultóre** [vc. dotta, comp. di *bieta* e *-coltore*] s. m. (f. *-trice*) ● Chi coltiva barbabietole da zucchero.

bieticoltùra o **bieticultùra** [vc. dotta, comp. di *bieta* e *coltura*] s. f. ● Coltivazione per lo più intensiva delle barbabietole da zucchero per uso industriale.

bieticultùra e *deriv.* ● V. *bieticoltura* e *deriv.*

biètola o (*dial.*) **bièta** [lat. *bēta(m)*, di prob. origine celt., confuso con *blēta(m)*, *blītu(m)*, nome di altra pianta, dal gr. *blíton*, di etim. incerta] s. f. **1** Varietà di barbabietola da orto, con foglie e costole fogliari commestibili (*Beta vulgaris cicla*). **2** Correntemente, barbabietola. || **bietolìna**, dim. | **bietolóne**, accr. m. (V.).

bietolàggine [da *bietolone*, nel sign. 3] s. f. ● (*raro*) Stupidaggine, insulsaggine.

bietolàio s. m. ● Campo coltivato a barbabietole da zucchero.

bietolóne s. m. (f. *-a* nel sign. 3) **1** Accr. di *bietola*. **2** (*bot.*) Atreplice. **3** (*fig.*) Persona insulsa e sciocca, semplicione.

biétta [etim. incerta] s. f. **1** Pezzo di legno o di metallo, di forma troncoconica, usato per serrare, fendere legni e sim. | (*fig.*) *Mala b.*, persona che semina zizzania | (*fig.*) *Mettere b.*, seminare discordia. SIN. Chiavetta, cuneo. **2** (*edil.*) Pezzo di legno di forma parallelepipeda che viene inserito trasversalmente in due travi fra loro collegate, per trasmettere sforzi di taglio.

bifacciàle [comp. di *bi-* e di un deriv. di *faccia*] agg. ● Che ha due facce | Che presenta determinate caratteristiche su entrambe le facce.

bifamiliàre o **bifamigliàre** [comp. di *bi-* e *famil(g)liare*] agg. ● Che è adatto a ospitare due famiglie, detto di villa, casa e sim.

bifàse [vc. dotta, comp. di *bi-* e *fase*] agg. **1** Che ha due fasi. **2** (*elettr.*) Di sistema di due forze elettromotrici alternate di ugual periodo, sfasate tra loro di un quarto di periodo.

bìfero [vc. dotta, lat. *bĭferu(m)*, comp. di *bi-* 'doppio' e *-fer*, da *fĕrre* 'portare, produrre'] agg. ● (*bot.*) Detto di pianta che fiorisce o fruttifica due volte all'anno.

bìffa [longob. *wîffa* 'fastello di paglia' assunto come segno di confine] s. f. **1** Asta usata in operazioni di livellamento. **2** Piastra in gesso o vetro a X posta alla fenditura di un muro per verificare se si allarga.

biffàre (1) [da *biffa*] v. tr. **1** Marcare con biffe un terreno per rilevamenti topografici. **2** Apporre biffe alla fenditura di un muro.

biffàre (2) [fr. *biffer*, di etim. incerta] v. tr. **1** Segnare, cancellare uno scritto, uno stampato e sim. con un segno a forma di X. **2** (*fig.*) Rubare con abilità e destrezza.

bìfido [vc. dotta, lat. *bĭfidu(m)*, comp. di *bi-* 'in due' e *-fidus*, da *fĭndere* 'dividere, spaccare'] agg. ● Diviso in due parti: *lingua bifida* | (*med.*) *Spina bifida*, rachischisi.

bifilàre [comp. di *bi-* e dell'agg. di *filo*] **A** agg. **1** Composto di due fili | (*elettr., elettron.*) *Circuito b.*, costituito da due fili a conduttori metallici. **2** Detto di caricatore di pistola semiautomatica o automatica in cui le cartucce sono disposte in due file parallele. **B** s. m. ● Tipo di antenna a due conduttori per apparecchi radioriceventi.

bifocàle [comp. di *bi-* e dell'agg. di *f(u)oco*] agg. ● Di sistema ottico che possiede due fuochi | Detto di lente da occhiali, per presbiti, avente nella parte centrale la curvatura necessaria per vedere nitidamente da lontano, e nella parte inferiore la curvatura necessaria per vedere nitidamente da vicino.

†bifólca ● V. *biolca*.

bifolcherìa s. f. **1** (*raro*) Azione villana. **2** (*raro*) †Arte del bifolco.

bifólco o (*dial.*) **biólco** [lat. **bufŭlcu(m)*, variante di *bubŭlcu(m)* 'custode di buoi (*bŏves*)'] s. m. (f. *-a*; pl. m. *-chi*) **1** Salariato che accudisce al bestiame e lo impiega nei lavori agricoli. **2** (*fig.*) Uomo villano, di maniere rozze.

†bifonchiàre ● V. *bofonchiare*.

bìfora [vc. dotta, lat. *bĭfore(m)* 'che ha due (*bi-*) battenti o aperture (*fŏres*)'] **A** s. f. ● Finestra o porta suddivisa in due aperture per mezzo di un pilastrino o di una colonnina: *campanile con bifore*. **B** anche agg. solo f.: *Finestra b.*

biforcaménto s. m. ● Atto, effetto del biforcare e del biforcarsi.

biforcàre [da *†biforco*] **A** v. tr. (*io bifórco, tu bifórchi*) ● Dividere in due a guisa di forca. **B** v. intr. pron. ● Diramarsi a guisa di forca: *la strada si biforca presso il fiume*.

biforcatùra s. f. ● Atto, effetto del biforcare e del biforcarsi | Punto in cui q.c. si biforca.

biforcazióne [da *biforcare*] s. f. **1** Diramazione a guisa di forca: *la b. di un ramo*. **2** Separazione o divergenza di due linee ferroviarie, strade e sim. SIN. Bivio.

†bifórco [vc. dotta, lat. *bifŭrcu(m)*, comp. di *bi-* 'con due (punte)' e *fŭrca* 'forca'] s. m. ● Bidente.

biforcùto [comp. di *bi-* e *forcuto*] agg. ● Diviso in due, a guisa di forca: *ramo b.* | *Piede b.*, caprino | *Lingua biforcuta*, quella di alcuni rettili e (*fig.*) di persone velenose e maligne.

bifórme [vc. dotta, lat. *bifōrme(m)*, comp. di *bi-* 'di due' e *fōrma* 'forma'] agg. ● (*lett.*) Che ha due forme: *divinità, mostro b.*

bifrónte [vc. dotta, lat. *bifrŏnte(m)*, comp. di *bi-* 'con due' e *frōns* 'fronte, faccia'] **A** agg. **1** Che ha due fronti o due facce: *una costruzione b.* **2** Detto del dio latino Giano, che era rappresentato con due opposte facce. **3** (*fig.*) Che muta i suoi atteggiamenti in modo opportunistico e sleale: *individuo b.* | (*fig.*) Che presenta due aspetti contrastanti: *discorso, politica b.* **4** Detto di parola, che, letta alla rovescia, dà luogo a una diversa parola (p. es. Roma-amor; acetone-enoteca). CFR. Palindromo. **B** s. m. ● Gioco enigmistico che consiste nel trovare una o più parole o frasi bifronti.

big /ingl. big/ [vc. ingl., propriamente 'grosso', di etim. incerta: di origine scandinava (?)] s. m. inv. ● Personaggio importante, esponente autorevole: *un big dell'industria*.

bìga [vc. dotta, lat. *bīga(m)*, da *biiŭgum*, comp. di *bi-* 'a due' e *iŭgum* 'giogo'] s. f. **1** Nell'antichità classica, cocchio a due ruote tirato da due cavalli, usato anche nelle corse. ➡ ILL. **carro e carrozza**. **2** Carrozzella scoperta a due posti. **3** Negli ippodromi, carro che raccoglie i cavalli infortunati o deceduti in pista. **4** (*mar.*) Macchina formata di poderose travi fornite di paranchi e argani anticamente impiegata per lavori di gran potenza, come alberare navigli, sollevare grosse artiglierie e sim. | Coppia di grosse travi messe per rinforzare l'albero della nave. **5** (*mecc.*) Rudimentale gru costituita da due montanti uniti in modo da formare una V capovolta.

bigamìa s. f. **1** (*dir.*) Reato commesso dal bigamo. **2** Correntemente, condizione di chi è bigamo.

bìgamo [vc. dotta, lat. tardo *bĭgamu(m)* per *dĭgamu(m)*, dal gr. *dígamos*, comp. di *di-* 'doppio' e *gamêin* 'sposare'] **A** s. m. (f. *-a*) **1** (*dir.*) Secondo l'ordinamento civile chi, già coniugato, contrae un altro matrimonio avente effetti civili o, non coniugato, contrae matrimonio avente effetti civili con persona già coniugata | Secondo l'ordinamento canonico, chi, legato da matrimonio religioso, ne contrae un secondo anche solo con rito civile. **2** Correntemente, chi ha due mogli | †Chi legittimamente ha ripreso moglie. **B** anche agg.: *Uomo b.*

bìgaro ● V. *bighero*.

bigàto [vc. dotta, lat. *bigātu(m)*, da *bīga* 'biga'] s. m. ● Moneta d'argento romana repubblicana con il tipo della biga.

bigattàia [da *bigatto*] s. f. ● Bigattiera.

bigattièra s. f. ● Luogo predisposto per l'allevamento dei bachi da seta | Tavolo su cui si allevano i bachi.

bigattière s. m. ● (*sett.*) Addetto all'allevamento dei bachi da seta.

bigàtto [vc. sett. *bigàt*, di etim. incerta, forse dal lat. *bŏmbyce(m)* 'baco da seta' con il suff. dim. *-attu*] s. m. **1** (*sett.*) Baco da seta. **2** (*fig.*) †Uomo furbo e sornione. || **bigattìno**, dim. nel sign. 1.

big bang /big'beng, *ingl.* 'big 'bæŋ/ [loc. ingl., propr. 'grande esplosione', comp. di *big* 'grande' (V. *big*) e *bang* (V.)] loc. sost. m. inv. ● La grande esplosione dalla quale, secondo alcune teorie cosmologiche, ha avuto origine l'universo | (*fig.*) Evento nuovo e straordinario: *il big bang nella trattazione dei titoli in Borsa*.

bigèllo [da *bigio*, per il suo colore] s. m. ● Panno grossolano a pelo lungo di color bigio.

bigeminàta [vc. dotta, comp. del lat. *bi-* 'doppio' e *geminātus* 'geminato'] agg. solo f. ● Detto di foglia con lembo diviso in due parti e picciolo unico.

bigèmino [vc. dotta, lat. *bigĕminu(m)*, comp. di *bi-* e della seconda parte di analoghi comp. come *trigĕminu(m)* e *quadrigĕminu(m)*] agg. **1** Gemellare: *parto b.* **2** Che manifesta bigeminismo: *polso b., ritmo b.*

bighellàre [etim. incerta] v. intr. e intr. pron. (*io bighèllo*; aus. intr. *avere*) ● (*raro*) Bighellonare.

bighellonàre [da *bighellone*] v. intr. (*io bighellóno*; aus. *avere*) ● Perdere il tempo senza concludere nulla | Girellare senza scopo: *b. per le strade tutto il giorno*.

bighellóne [etim. discussa: per *bigolone* con sovrapposizione di altra parola (?)] s. m. (f. *-a*) ● Individuo perditempo e ozioso. SIN. Ciondolone, fannullone, infingardo, perdigiorno.

bighellóni avv. ● Bighellonando: *andar b. per la città*.

bigherìno [da *bighero*] s. m. ● Guarnizione di merletto applicata un tempo sull'orlo delle vesti femminili.

bìghero o **bìgaro** [it. sett. **bigo* da **(bom)bico* per *(bom)bice*] s. m. ● Trina, merletto.

bìgia [dal colore *bigio* delle penne] s. f. (pl. *-gie*) ● Piccolo uccello dei Passeriformi, grigio, con testa nera e petto bianco (*Sylvia hortensis*).

bigiàre [vc. dial. lombarda, di etim. incerta] v. tr. (*io bìgio*) ● (*sett.*) Marinare la scuola (*anche ass.*).

bigiarèlla [da *bigio* per il colore del piumaggio] s. f. ● Piccolo uccello canoro dei Passeriformi dal piumaggio grigio, simile alla capinera (*Sylvia curruca*).

bigìno [vc. dial. lombarda (*bigin* 'libriccino') di etim. incerta] s. m. ● (*sett., pop.*) Libretto contenente la traduzione letterale, spec. interlineare, di testi di autori greci e latini | (*est.*) Bignamino.

bìgio [etim. incerta] agg. (pl. f. *-gie* o *-ge*) **1** Che ha un colore grigio spento: *asino b.* | Cupo, tenebroso: *cielo b.* | *Tempo b.*, nuvoloso | *Scorgere il b. dal nero*, (*fig., raro*) sapere distinguere bene le cose. **2** (*fig.*) Indeciso, che non si schiera da nessuna parte, spec. in senso politico. **3** †Malvagio. || **bigìccio**, dim. | **bigìno**, dim. | **bigiùccio**, dim.

bigiógnolo o **bigiògnolo** agg. ● Di colore tendente al grigio.

bigiotterìa [fr. *bijouterie*, da *bijou* 'gioiello' (V. *bigiù*)] s. f. ● Assortimento di collane, spille, orecchini, bracciali decorativi realizzati con metalli e pietre non preziosi | (*est.*) Negozio dove si vendono tali oggetti.

bigiù s. m. ● Adattamento di *bijou* (V.).

bìglia ● V. *bilia*.

bigliàrdo e *deriv.* ● V. *biliardo* e *deriv.*

bigliettàio o **bigliettàrio** s. m. (f. *-a*) ● Chi vende biglietti per il viaggio su mezzi pubblici di trasporto o per l'accesso a locali pubblici.

bigliettazióne s. f. • L'atto di distribuire biglietti, spec. su mezzi pubblici di trasporto, e il modo in cui ciò viene effettuato: *b. automatica*.

biglietterìa s. f. • Luogo in cui si vendono biglietti d'ingresso a locali pubblici, per uso di mezzi pubblici di trasporto e sim.: *b. dello stadio*; *b. ferroviaria* | *B. del teatro*, botteghino.

bigliettinàio s. m. • (*raro*) Bigliettaio.

bigliétto o †**vigliétto** [fr. *billet*, ant. fr. *billette* da *bullette*, dim. di *bulle* 'bolla', per sovrapposizione di *bille* 'palla'] s. m. **1** Piccolo foglio di carta | (*est.*) Breve testo contenente comunicazioni private scritto a mano o a macchina su un piccolo foglio di carta. **2** Piccolo ed elegante foglio o cartoncino | (*est.*) Breve testo, manoscritto, dattiloscritto o stampato, contenente saluti, auguri e sim. | *B. da, di, visita*, cartoncino a stampa contenente il nome e il cognome di qc., e talvolta l'indirizzo, i titoli professionali e sim. **3** Pezzetto di cartone o carta stampata che dà diritto, dietro pagamento o no, ad assistere a spettacoli sia pubblici che privati, o a usufruire di pubblici servizi: *b. ferroviario, tranviario*; *b. d'ingresso, d'invito* | *B. di lotteria*, con cui si partecipa all'estrazione di una lotteria. **4** *B. di banca*, cartamoneta emessa da una banca, a ciò autorizzata dallo Stato. **5** *B. postale*, foglio di carta da scrivere che l'Amministrazione postale pone in vendita già piegato, gommato e affrancato. **6** †Ordine scritto. || **bigliettino**, dim. | **bigliettóne**, accr. (V.) | **bigliettùccio**, dim.

bigliettóne s. m. **1** Accr. di *biglietto*. **2** Banconota da diecimila lire o, gener., di grosso taglio.

biglióne • V. *billone*.

bignàmi [dal n. dell'autore ed editore di notissimi libretti riassuntivi di programmi scolastici, E. A. *Bignami*] s. m. • Testo di piccolo formato, a circolazione scolastica, che riassume in forma piana le nozioni basilari di una determinata disciplina. || **bignamino**, dim. (V.).

bignamìno [dim. di *bignami*] s. m. • (*pop.*) Bignami.

bignè [fr. *beignet*, da *beigne* 'bugna, bernoccolo' (di etim. incerta) per la forma gonfia e rotonda] s. m. inv. **1** Specie di pasta dolce, piccola e tonda, cotta in forno e farcita di crema, zabaione e sim. **2** (*centr.*) Panino a forma di grossa rosetta.

bignònia [dal cognome dell'abate fr. J. *Bignon* (1589-1656), a ricordo del quale fu dato il nome] s. f. • Genere di arbusti rampicanti delle Bignoniacee con foglie composte, fiori a campanula e frutti a capsula (*Bignonia*).

Bignoniàcee [comp. di *bignoni(a)* e *-acee*] s. f. pl. • Nella tassonomia vegetale, famiglia di piante legnose, rampicanti, con fiori irregolari e foglie composte (*Bignoniaceae*) | (al sing. *-a*) Ogni individuo di tale famiglia.

bìgo [da *biga*, nel sign. 4, con valore dim., di etim. incerta] s. m. (pl. *-ghi*) • (*mar.*) Albero di carico di una nave.

bigodìno o **bigodì**, **bigudìno** [fr. *bigoudi*, di etim. incerta] s. m. • Bastoncino di filo di ferro rivestito di stoffa o altro materiale, o cilindro di reticella di nailon e di crine, per avvolgere e arricciare ciocche di capelli. SIN. Diavoletto, diavolino.

bigòllo o **bicòllo** [vc. dial. di etim. discussa: comp. di *bi-* 'a due' e il pl. di *collo* col sign. di 'recipiente' (?)] s. m. • (*dial.*) Bastone ricurvo con uncini alle estremità per trasportare secchi d'acqua e sim.

bìgolo [vc. veneta, di etim. incerta] s. m. • (*spec. al pl.*) Pasta alimentare a forma di vermicelli, in uso nel Veneto.

bigóncia [da *bigoncio*] s. f. (pl. *-ce*) **1** Recipiente di legno a doghe privo di coperchio e di manici per trasportare l'uva durante la vendemmia | *A bigonce*, (*fig.*) in gran quantità. ➡ ILL. **vino**. **2** †Antica unità di misura di capacità per liquidi. **3** Pulpito, cattedra da cui si parlava nelle accademie e nelle università | *Montare, salire in b.*, (*fig.*) fare il saccente.

bigóncio [lat. parl. *bicŏngium e poi, per metatesi, *bigŏnciu(m), comp. di *bi-* 'a due' e *gŏncius per *cŏngius* 'congio, misura per liquidi'] s. m. **1** Recipiente più largo e più basso della bigoncia, con due doghe più alte e forate per introdurvi una pertica e facilitarne il trasporto. **2** Vaso di legno con manico usato per trasportare l'acqua. **3** All'ingresso dei teatri e dei cinema, cassetta in cui l'addetto introduce il tagliando del biglietto presentato dallo spettatore. || **bigoncìno**, dim. | **bigonciòlo**, dim. | **bigoncióne**, accr.

†**bigordàre** e *deriv.* • V. *bagordare* e *deriv.*

bigòtta [da *biga*] s. f. • (*mar.*) Carrucola senza girella, a faccia spianata e fornita di tre buchi sulla faccia, per tener rigida e tesa la manovra alla cui estremità è impiombata.

bigotterìa s. f. • Bigottismo | Azione da bigotto.

bigottìsmo [da *bigotto*] s. m. • Qualità o atteggiamento da bigotto. SIN. Bacchettoneria, santimonia. SIN. Bacchettoneria, beghinismo, santimonia.

bigòtto [fr. *bigot*, di etim. incerta: dall'escl. anglosassone *bî god* 'per Dio', intercalare attribuito per spregio ai Normanni (?)] s. m.; anche agg. (f. *-a*) • Chi, che ostenta una grande religiosità dedicandosi soprattutto alle pratiche minute ed esteriori del proprio culto: *fare il b.* | Bacchettone, ipocrita: *non è religioso, ma b.* SIN. Baciapile, collotorto, picchiapetto, tartufo.

bigudìno • V. *bigodino*.

†**bigùtta** [etim. incerta] s. f. **1** Marmitta. **2** Brodaglia.

biettìvo agg. • (*mat.*) Soddisfacente alla definizione di biiezione.

biezióne [comp. di *bi-* 'a doppia' e *-iezione* di altri comp. della stessa serie] s. f. • (*mat.*) Applicazione d'un insieme su un altro che mette in relazione ogni elemento del primo con uno e un solo elemento del secondo.

biiodùro [vc. dotta, comp. di *bi-* e *ioduro*] s. m. • Sale dell'acido iodidrico, la cui molecola contiene due atomi di iodio | Composto organico contenente due atomi di iodio.

bijou /fr. bi'ʒu/ [vc. fr., dal bretone *bizou* 'anello', da *biz* 'dito'] s. m. inv. (pl. fr. *bijoux*) **1** Gioiello. **2** (*fam.*, *fig.*) Persona o cosa che si ammirano per la loro grazia e raffinatezza: *con quel vestito sei proprio un b.*

bikìni ® o **bichìni** [dal n. di un atollo dell'Oceano Pacifico in cui furono eseguiti esperimenti atomici: quindi 'esplosivo'] s. m. • Nome commerciale di un costume da bagno femminile a due pezzi.

bilabiàle [vc. dotta, comp. di *bi-* 'a due' e *labiale*] **A** agg. • (*ling.*) Detto di suono articolato per mezzo del labbro inferiore e di quello superiore. **B** s. f. • Consonante bilabiale.

bilabiàto [vc. dotta, comp. di *bi-* 'a due' e *labiato*] agg. • Detto di organo vegetale che forma due labbra: *foglia bilabiata*.

bilabiodentàle [comp. di *bi-*, *labio-* e *dentale*] **A** agg. • (*ling.*) Detto di suono articolato mediante l'avvicinamento del labbro inferiore verso un punto intermedio tra il labbro superiore e gli incisivi superiori. **B** s. f. • Consonante bilabiodentale.

bilàma [comp. di *bi-* e *lama* (*1*)] agg. inv. • Detto di un tipo di rasoio a due lame sovrapposte: *rasoi b.*

bilaminàto [comp. di *bi-* e *laminato*] s. m. • Pannello truciolare rivestito su ambedue le facce con un foglio di laminato plastico.

bilancèlla [da *bilancia*, perché la pesca avviene con due barche in coppia] s. f. • Paranzella | Piccola barca da pesca.

bilància o †**bilànza** [lat. parl. *bilăncia(m), da *bĭlanx*, comp. di *bi-* 'con due' e *lănx* 'piatto'] s. f. (pl. *-ce*) (*Bilància* nei sign. 4 e 5) **1** Strumento a due bracci uguali con due piatti o coppe, che serve a misurare l'uguaglianza o la differenza di peso dei corpi posti sui piatti | *B. di precisione*, *b. da analisi*, con approssimazione, nelle pesate, a 0,2-0,1 mg | *B. automatica*, quella munita di una lancetta che indica su un quadrante il peso dell'oggetto posto sul piatto | *B. a molla*, dinamometro | *B. a bilico*, bascula | *B. romana*, stadera | *B. pesabambini*, V. *pesabambini* | *B. pesapersone*, V. *pesapersone* | *Dare il crollo, il tracollo, il tratto alla b.*, farla traboccare da una parte | *Porre sulla b.*, (*fig.*) mettere al vaglio | *Mettere sulla b. dell'orafo*, (*fig.*) valutare, esaminare, con cura minuziosa | *In b.*, (*fig.*) in bilico | (*fis.*) *B. di Archimede*, *b. idrostatica*, usata per la determinazione del peso volumico o specifico dei corpi, funzionante in base al fatto che un corpo immerso in un fluido riceve una spinta uguale e contraria al peso del fluido spostato. **2** (*econ.*) *B. commerciale*, rilevazione dell'andamento delle importazioni e delle esportazioni di merci di un Paese in un tempo determinato | *B. dei pagamenti*, delle uscite e delle entrate valutarie globali di un Paese in un dato periodo. **3** Simbolo e attributo della giustizia. **4** (*astron.*) Costellazione dello zodiaco. **5** (*astrol.*) Settimo segno dello zodiaco, compreso tra 180 e 210 gradi dell'anello zodiacale, che domina il periodo compreso tra il 24 settembre e il 23 ottobre | (*est.*) Persona nata sotto il segno della Bilancia. ➡ ILL. **zodiaco**. **6** Rete da pesca quadra, con gli angoli uniti a due braccia incrociate, appesa ad un'asta e sollevata con un argano o verricello, comandato a mano o elettricamente. ➡ ILL. **pesca**. **7** (*ferr.*) Valvola di sicurezza in opera sulle caldaie a vapore. **8** Asta orizzontale, cui sono applicate varie lampade, per l'illuminazione dall'alto del palcoscenico. **9** (*edil.*) Ponteggio provvisorio. **10** (*min.*) Elevatore a saliscendi. **11** Bilanciere in un orologio a pendolo. || **bilancétta**, dim. | **bilancìna**, dim. | **bilancìno**, dim. m. (V.) | **bilancióna**, accr. | **bilancióne**, accr. m.

bilanciàio s. m. • Chi fabbrica o vende bilance.

bilanciaménto s. m. **1** Modo e atto del bilanciare e del bilanciarsi. **2** Insieme di accorgimenti atti a ridurre le vibrazioni in una macchina. **3** Spostamento di pesi e masse a bordo di una nave inclinata per una falla, allo scopo di raddrizzarla.

bilanciàre [da *bilancia*] **A** v. tr. (*io bilàncio*) **1** Pesare con la bilancia | (*fig.*) Considerare attentamente più cose confrontandole: *b. le proprie possibilità, i propri argomenti*. **2** Pareggiare (*anche fig.*): *b. le entrate e le uscite*; *b. i vantaggi e gli svantaggi di q.c.* **3** Mantenere in equilibrio, equilibrare: *b. la vanga sulla spalla*; *b. una dieta quantitativamente e qualitativamente*. **B** v. intr. (aus. *avere*) • Essere esatto, corrispondere. **C** v. rifl. e rifl. rec. • Equilibrarsi: *le loro forze si bilanciano* | *Bilanciarsi fra due partiti*, (*fig.*) tenersi in posizione equidistante da entrambi.

bilanci'àrm o **bilanciàrm** [da *bilanci(ate)* (*le*) *arm(i)*] loc. sost. m. • Ordine impartito ai soldati perché durante la marcia impugnino l'arma col braccio teso in basso, tenendola orizzontale e bilanciata | Posizione assunta in seguito a tale ordine.

bilanciàto (**1**) part. pass. di *bilanciare*; anche agg. **1** Nei sign. del v. **2** (*fig.*) †Dubbio, ambiguo. || **bilanciataménte**, avv. In equilibrio.

bilanciàto (**2**) [da *bilancio*] agg. • Posto, iscritto in un bilancio: *spesa bilanciata*.

†**bilanciatóre** s. m.; anche agg. • Chi, che bilancia, esamina.

bilancière [da *bilancia*] s. m. **1** Organo meccanico costituito da un braccio oscillante, che serve a trasformare un moto oscillante in rotatorio, o viceversa | Organo oscillante che rende regolare la marcia degli orologi e dei pendoli. **2** Pressa comandata da vite munita superiormente di braccio portante due contrappesi, che si ruota a mano | Macchina per coniare monete e medaglie. SIN. Torchio a vite. **3** Lunga pertica per trasportare pesi agganciati alle estremità, appoggiandola alle spalle | Lunga e sottile asta con cui i funamboli si aiutano per mantenere l'equilibrio | (*sport*) Nel sollevamento pesi, sbarra di acciaio alle cui estremità vengono assicurati dischi di ferro o ghisa di vario peso. ➡ ILL. p. 1281 SPORT. **4** Elemento ligneo di alcune imbarcazioni mantenuto fuoribordo mediante traverse, atto a bilanciare i movimenti di rollio. **5** (*zool.*, *spec. al pl.*) Ali posteriori dei Ditteri trasformate in organi sottili a forma di piccola clava.

bilancìno s. m. **1** Dim. di *bilancia* nei sign. 1 e 6 | Bilancia di precisione, spec. in laboratori chimici, farmaceutici, e sim. | *Pesare col b.*, (*fig.*) esaminare con cura, prendere in attenta considerazione. **2** Parte del calesse sporgente dalle stanghe, cui si attaccano le tirelle del cavallo. **3** Cavallo da tiro aggiunto di rinforzo a fianco di quello che è tra le stanghe | (*fig.*) Chi aiuta un altro in un lavoro che da solo non potrebbe finire. **4** Impugnatura a forma di croce cui sono collegati i fili che muovono le marionette. **5** Nello sci nautico, asticella collegata con due corde alla fune congiunta all'imbarcazione trainante, cui ci si tiene durante la corsa.

bilàncio [da *bilanciare* 'equilibrare, pareggiare'] s. m. *1* Pareggiamento delle entrate e delle uscite di un'azienda | Prospetto, rendiconto che illustra la composizione del capitale e il correlativo reddito di un'azienda alla fine dell'esercizio | *B. preventivo*, compilato prima che si verifichino i fatti. SIN. Budget | *B. consuntivo*, redatto alla fine dell'esercizio | *B. di chiusura*, elenco dei componenti del capitale alla fine dell'esercizio | *B. consolidato*, quello unificato di diverse società di uno stesso gruppo industriale | *B. certificato*, esaminato da una società di revisione che ne garantisce l'attendibilità con lettera di certificazione | *B. ministeriale*, di ogni singolo ministero | *B. governativo*, *b. statale*, composto dai bilanci ministeriali | *Ministero del b.*, che esplica funzioni dirette a controllare e incrementare il gettito delle entrate e a regolare e contenere le erogazioni delle spese | *B. familiare*, rilevazione delle spese per consumi effettuate dalle famiglie, utilizzata spec. nel calcolo degli indici del costo della vita. *2* (*fig.*) Valutazione riassuntiva di una situazione in tutti i suoi aspetti, anche contrastanti: *il b. dell'affare è positivo*; *fare il b. delle proprie azioni*.

bilancista s. m. (pl. *-i*) *1* Bilanciaio. *2* Tecnico che cura la manutenzione di bilance elettriche, elettroniche e sim.

†**bilànza** • V. *bilancia*.

bilàrzia e *deriv.* • V. *bilharzia* e *deriv.*

bilateràle [vc. dotta, formata modernamente col lat. *bi-* 'a due' e con l'agg. *laterāle(m)* 'proprio del lato'] agg. *1* Che concerne due lati. *2* (*dir.*) Che concerne due parti | *Negozio giuridico b.*, quello per la cui efficace conclusione la legge richiede l'intervento di entrambe le parti dello stesso | *Contratto b.*, caratterizzato dalle obbligazioni che sorgono a carico di entrambi i contraenti. *3* (*rag.*) *Conto b.*, con due ordini di quantità. *4* (*biol.*) *Simmetria b.*, caratteristica di organo composto di due parti simmetriche. *5* (*ling.*) *Opposizione b.*, che intercorre fra due fonemi che si distinguono per un solo elemento. || **bilateralménte**, avv.

bilateralismo [da *bilaterale*] s. m. • (*polit.*) Nei rapporti internazionali, tendenza a privilegiare gli accordi diretti bilaterali.

bilateralità s. f. • Qualità di ciò che è bilaterale.

bilàtero [comp. di *bi-*, dal lat. *bĭs* 'due (volte)', e di un deriv. dal lat. *lătus*, genit. *lăteris* 'lato'] agg. *1* Che ha due lati o facce. *2* (*zool.*) Detto di animale a simmetria bilaterale.

bile [vc. dotta, lat. *bīle(m)*, di etim. incerta] s. f. *1* (*anat.*) Liquido vischioso e filante, giallo-verdastro, secreto dal fegato, che si raccoglie nella cistifellea. *2* (*fig.*) Collera, stizza: *sputare, ingoiare b.*; *rodersi, crepare dalla b.*

†**bilènco** o **bilénco** [ant. fr. *bellinc*, comp. del lat. *bis* e del francone **link* 'sinistro'] agg. • Storto | Sbilenco.

bilhàrzia /bi'lartsja/ o **bilàrzia** [dal n. dello scopritore, il medico ted. Th. *Bilharz* (1825-1862)] s. f. • (*med.*) Schistosoma.

bilharziòsi /bilar'tsjɔzi/ o **bilarziòsi** [da *bilharzia*] s. f. • (*med.*) Schistosomiasi.

bìlia o **bìglia** [fr. *bille*, di etim. incerta] s. f. *1* Palla d'avorio del biliardo | Buca del biliardo | *Fare b.*, mandare nella buca la palla dell'avversario. *2* Pallina di vetro, terracotta o plastica con cui giocano i ragazzi.

biliardàio o **bigliardàio** s. m. • Chi fabbrica o vende biliardi.

biliardàta o **bigliardàta**. s. f. • Partita di biliardo.

biliardière o **bigliardière**. s. m. • Gestore o custode d'una sala di biliardo.

biliardino o **bigliardino**. s. m. *1* Dim. di *biliardo*. *2* Biliardo di piccola misura, con diversa disposizione delle buche | *B. elettrico*, flipper.

biliàrdo o **bigliàrdo** [fr. *billard*, propriamente 'bastone ricurvo per spingere delle palle' da *bille* 'parte di albero pronta per essere lavorata'] s. m. *1* Gioco in cui bilie d'avorio vengono mosse con le mani o con una stecca secondo regole particolari su un tavolo apposito | *Palla da b.*, bilia d'avorio che si usa per tale gioco | (*scherz.*) *Essere calvo come una palla da b.*, essere completamente calvo. *2* Speciale tavolo rettangolare per il gioco omonimo, coperto di panno verde, con alte sponde, in cui si aprono sei buche e con piccoli birilli al centro | (*fig.*) *Liscio come un b.*, di piano o superficie del tutto priva di rugosità, sporgenze e sim. *3* (*est.*) Stanza ove si trova il biliardo. || **biliardino**, dim. (V.).

biliàre [da *bile*] agg. • (*anat.*, *med.*) Che concerne la bile: *secrezione b.*; *vie biliari* | *Acido b.*, ciascuno dei due acidi contenuti nella bile.

bilicàre [lat. parl. **umbilicāre*, da *umbilīcus*, nel senso di 'centro (di equilibrio)'] **A** v. tr. (*io bìlico, tu bìlichi*) *1* (*raro*) Mettere in bilico. *2* (*fig.*) †Riflettere bene prima di decidere. **B** v. rifl. e intr. pron. • (*raro*) Mettersi o essere in bilico.

bìlico [da *bilicare*] s. m. (pl. *-chi* o *-ci*) *1* Posizione di un corpo in equilibrio instabile: *porre in b.*; *essere, stare in b.* | (*fig.*) Stato di dubbio, di incertezza: *tenere qc. in b.*; *in b. tra la vita e la morte*. *2* Tipo di cerniera per sportelli, finestre e sim., costituita da due piccole piastre, di cui una munita di un perno cilindrico che s'introduce in un apposito foro dell'altra. *3* Ciascuno dei due perni di ferro su cui si muove la campana. *4* Punto della bilancia in cui è attaccato il ferro dal quale pendono i piatti. *5* (*ferr.*) *Ponte a b.*, per la pesatura dei carri. SIN. Stadera a ponte | *Carro con b.*, carro provvisto di traversa girevole su ralla montata al centro del pavimento per trasporto di elementi di carico di grande lunghezza. *6* †Centro | †Asse.

†**bilièmme** • V. *bailamme*.

bilineàre [comp. di *bi-* e dell'agg. di *linea*] agg. • (*mat.*) Detto di polinomio in due variabili che sia di primo grado in ciascuna di esse separatamente.

bilìneo [vc. dotta, comp. di *bi-* e *linea*] agg. • (*mat.*) Contenente due linee.

bilìngue o †**bilìnguo** [vc. dotta, lat. *bilĭngue(m)*, comp. di *bi-* 'di due' e *lĭngua*] **A** agg. (pl. m. *-i*) *1* Che usa o parla correntemente e normalmente due lingue: *persona b.*; *popolo b.* | *Zona, regione b.*, in cui si parlano due lingue | Scritto in due lingue: *iscrizione b.*; *dizionari bilingui*. *2* (*fig.*, *lett.*) Insincero. **B** s. m. e f. • Persona bilingue.

bilinguìsmo s. m. *1* Qualità di chi è bilingue. *2* Situazione linguistica nella quale i soggetti parlanti sono portati a utilizzare alternativamente due lingue diverse, a seconda delle circostanze | Divisione di una regione, di uno Stato e sim. in due gruppi linguistici.

bilinguità s. f. • (*raro*) Caratteristica di chi è bilingue.

†**bilìnguo** • V. *bilingue*.

bilióne o †**billióne** [fr. *billion*, comp. di *bi-* 'doppio' e (*mi*)*llion*] s. m. *1* Miliardo, secondo l'uso contemporaneo italiano, francese e statunitense. *2* Milione di milioni, mille miliardi, secondo l'uso italiano antico e quello contemporaneo tedesco e inglese.

†**biliórsa** [propriamente 'dalla doppia (*bi-*) natura di leone (*lio*) e orso (*orsa*)' (?)] s. f. • (*raro*) Orco, mostro, spauracchio.

bilióso [vc. dotta, lat. tardo *biliōsu(m)*, da *bīlis* 'bile'] agg. *1* (*raro*) Biliare. *2* (*fig.*) Facile a farsi prendere dall'ira, collerico: *carattere b.*; *persona biliosa*. || **biliosaménte**, avv.

biliottàto [da *bilia* sul modello del fr. *billeté*, da *bille*] agg. • (*arald.*) Cosparso di macchie a forma di gocce.

bilirubina [comp. del lat. *bīli(s)* 'bile' (nom.) e di un deriv. di *rŭber* 'rosso'] s. f. • Pigmento biliare di color giallo-rosso derivante dalla trasformazione dell'emoglobina.

bilirubinemìa [comp. di *bilirubina* ed *-emia*] s. f. • (*med.*) Concentrazione della bilirubina nel sangue, molto elevata in malattie emolitiche, epatiche e sim.

bilirubinùria o **bilirubinurìa** [comp. di *bilirubina* e *-uria*] s. f. • (*med.*) Presenza di bilirubina nell'urina.

biliverdìna [comp. del lat. *bīli(s)* 'bile' (nom.) e di un deriv. di *verde*] s. f. • Pigmento biliare di colore verde derivante dalla trasformazione dell'emoglobina.

†**bìlle** • V. †*billi* (*2*).

billétta [fr. *billette* 'bastone, sbarra', propr. dim. di *bille* 'tronco d'albero' (forse d'origine gallica)] s. f. • (*metall.*) Laminato metallico, da cui si ottengono barre e profilati, di sezione quadrata fino a 4 cm.

†**bìlli (1)** [vc. inft.] s. m. pl. • (*raro*) Giuoco dei birilli.

†**bìlli (2)** o †**bìlle** nel sign. B [dal grido di richiamo, proprio dei tacchini] **A** s. m. pl. • (*iter.*) Moine, carezze | (*fig.*) *Fare b. b. col capo*, tentennarlo. **B** inter. • (*dial.*, *iter.*) Si usa come richiamo per i polli, spec. per dar loro il becchime.

billing /*ingl.* 'biliŋ/ [vc. ingl., propr. 'elencazione, fatturato'] s. m. inv. • Budget che un'agenzia pubblicitaria amministra per conto dei clienti.

†**billióne** • V. *bilione*.

billóne o **biglióne** [fr. *billon*, ant. 'lingotto', 'lega di oro con altro metallo'] s. m. • Lega di rame e argento usata spec. nella monetazione imperiale romana del III sec. d.C.

bilobàto [comp. di *bi-* 'a due' e un agg. di *lobo*] agg. *1* (*bot.*) Detto di organo vegetale diviso in due lobi. *2* (*arch.*) Detto di arco o di elemento terminante ad arco, la cui centinatura forma due lobi o due archi di cerchio intersecanti tra loro: *finestra bilobata*.

bìlobo o **bilòbo** [comp. di *bi-* e *lobo*] agg. • Bilobato.

bilocàle [comp. di *bi-* e *locale* (*2*)] s. m. • Unità immobiliare composta di due vani abitabili.

bilocazióne [vc. dotta, comp. di *bi-* 'in due (luoghi)' e del lat. *locatiōne(m)* 'collocazione'] s. f. • In parapsicologia, presenza simultanea di un corpo in due posti diversi.

†**biltà** • V. *beltà*.

biltong /*afrikaans* 'biltɔŋ/ [vc. afrikaans, prob. dall'ol. *bil* 'posteriore di bue' e *tong* 'lingua, striscia'] s. m. inv. • Alimento tradizionale sudafricano, costituito da strisce di carne di bue o altri animali, seccate al sole.

bilùce [comp. di *bi-* e *luce*] agg. inv. • Detto di lampada a due luci, spec. di proiettori d'autoveicolo.

bilùstre [vc. dotta, lat. *bilūstre(m)*, comp. di *bi-* 'di due' e *lūstrum* 'quinquennio'] agg. • (*lett.*) Di due lustri.

bìmane [V. *bimano*] s. m. e f. • (*sport*) Giocatore di tennis che colpisce la palla impugnando la racchetta con entrambe le mani.

bìmano [vc. dotta, fr. *bimane*, comp. di *bi-* 'con due' e *mănus* 'mano'] agg. • Provvisto di due mani, detto spec. dell'uomo in contrapposizione ai quadrumani.

bìmare o **bimàre** [vc. dotta, lat. *bĭmare(m)*, comp. di *bi-* 'su due' e *măre* 'mare'] agg. • (*lett.*) Che si affaccia su due mari: *i folti riccioli simili alle uve / della b. Corinto* (D'ANNUNZIO).

bìmbo [vc. inft.] s. m. (f. *-a*) • Bambino. || **bimbàccio**, pegg. | **bimbétto**, dim. | **bimbino**, dim. | **bimbóne**, accr.

bimèmbre o (*lett.*) **bimèmbro** [vc. dotta, lat. *bimĕmbre(m)*, comp. di *bi-* 'di due' e *mĕmbrum* 'membro'] agg. • (*raro*) Che ha doppie membra | Che ha duplice natura | Che si compone di due parti.

bimensile [vc. dotta, comp. di *bi-* e *mensile*] agg. • Che ha luogo, si pubblica e sim. due volte al mese: *pagamento, seduta, rivista b.*

bimestràle [da *bimestre*] agg. • Che dura due mesi: *contratto b.* | Che ricorre ogni due mesi: *scadenza b.* || **bimestralménte**, avv. Ogni due mesi.

bimestralità [da *bimestrale*] s. f. *1* Caratteristica di ciò che ricorre ogni due mesi: *la b. di una bolletta*. *2* Somma di denaro pagata o riscossa ogni due mesi: *riscuotere le b. arretrate*.

bimèstre [vc. dotta, lat. *bimēstre(m)*, comp. di *bi-* 'di due' e *-mēstris*, da *mēnsis* 'mese'] s. m. • Periodo di due mesi | *Pagare a bimestri*, ogni due mesi.

bimetàllico [comp. di *bi-* e *metallico*] agg. (pl. m. *-ci*) • Che si compone di due metalli.

bimetallìsmo [vc. dotta, comp. di *bi-* e *metallismo*] s. m. • Sistema monetario in cui le monete a corso legale sono coniate in due metalli, di solito oro e argento.

bimetàllo [comp. di *bi-* e *metallo*] s. m. • Insieme di due metalli uniti in modo da formare un tutto unico mediante laminazione.

bimillenàrio [comp. di *bi-* e *millenario*] **A** s. m. • Celebrazione, ricorrenza di evento avvenuto duemila anni prima. **B** agg. • Che si verifica ogni duemila anni.

bimodàle (1) [comp. di *bi-* e *modale* in particolare accezione] agg. • Detto di mezzo di trasporto che può viaggiare sia su strada che su rotaia | *Fi-*

lobus b., che può circolare alimentandosi sia a rete che a carburante.

bimodàle (2) [comp. di *bi-* e *modale*] agg. *1* (*stat.*) Detto di una distribuzione di frequenza caratterizzata da due valori modali. *2* Detto di trasporto effettuato con due diversi mezzi, ad esempio treno e nave.

bimòlle • V. *bemolle*.

bimotóre [vc. dotta, comp. di *bi-* e *motore*] **A** agg. • Fornito di due motori: *aereo, apparato, motoscafo b.* **B** s. m. • Aeroplano bimotore.

binàre [lat. parl. **bināre*, da *bīni* 'a due a due', da *bis-* (*2*) (V.)] **A** v. tr. *1* (*raro*) Ripetere due volte una stessa azione | Unire due cose | *B. la messa*, celebrarne due in uno stesso giorno per autorizzazione vescovile | *B. una consonante*, raddoppiarla. *2* (*tess.*) Abbinare. **B** v. intr. (aus. *avere*) • †Partorire due gemelli.

binària [dal senso etim. di *binario* 'composto di due'] s. f. • (*astron.*) Ciascuna delle stelle che, in una coppia, ruota attorno all'altra.

binàrio [vc. dotta, lat. *bināriu(m)* 'doppio', da *bīni* 'a due a due', da *bis-* (*2*) (V.)] **A** agg. *1* Costituito di due parti | *Verso b.*, bisillabico. *2* (*chim.*) Detto di composto formato da due soli elementi. *3* (*mat.*) Detto di sistema di numerazione in base due, che utilizza cioè due soli segni, usato spec. nell'elaborazione elettronica. *4* (*astron.*) *Stelle binarie*, coppia di stelle che orbitano l'una attorno all'altra. *5* (*ling.*) *Tratto b.*, nella teoria fonologica di R. Jakobson (1896-1982), il tratto distintivo (acustico, articolatorio o percettivo) che può essere presente o assente in un fonema. **B** s. m. • Complesso delle due rotaie su cui rotolano, guidate, le ruote dei veicoli ferroviari e tranviari | *B. morto, b. tronco*, allacciato agli altri da un solo estremo, che non prosegue | *Essere su un b. morto*, (*fig.*) in una situazione che non mostra di avere vie d'uscita | *Rientrare nel b. della legalità*, (*fig.*) nell'ambito della legalità | *Politica del doppio b.*, (*fig.*) che si prefigge contemporaneamente due scopi, e attua due metodi diversi, per conseguirne almeno uno. ➡ ILL. p. 1754 TRASPORTI.

binarìsmo [da *binario*] s. m. • (*ling.*) Teoria fonologica che analizza i fonemi di una lingua facendo uso dei tratti binari.

†binàscere [vc. dotta, comp. di *bi-* e *nascere*] v. intr. • Nascere a coppia, di frutta, bambini.

†binàto (1) [lat. parl. **bināti* 'gemelli', da *bīni*; V. *binare*] agg. *1* Gemello. *2* Biforme.

binàto (2) part. pass. di *binare*; anche agg. *1* Nei sign. del v. *2* Accoppiato, duplicato. *3* Detto di torre corazzata, con due cannoni, in una nave da guerra.

binatóia s. f. • (*tess.*) Binatrice nel sign. 1.

binatóio s. m. • (*tess.*) Binatrice, nel sign. 1.

binatrìce s. f. *1* Macchina tessile che accoppia i fili per la torcitura. SIN. Accoppiatrice. *2* Operaia tessile addetta alla binatura.

binatùra [da *binare*] s. f. • (*tess.*) Operazione dell'accoppiare più fili per la torcitura.

binauràle [vc. dotta, comp. del lat. *bīni* 'a due a due' e di un deriv. di *āuris* 'orecchia'] agg. • Di relativo a entrambe le orecchie: *sordità b.*

binauricolàre [comp. del lat. *bīni* 'due per volta' (V. *binario*) e di *auricolare*] agg. • Detto di fenomeno che interessa entrambe le orecchie: *audizione b.*

binazióne s. f. • Atto, effetto del binare.

bìnda [ant. alto ted. *windâ* 'argano, arcolaio', dal v. *windan* 'torcere, avvolgere'] s. f. • Macchina per il sollevamento di carichi a piccola altezza, azionata a manovella. SIN. Cricco.

bindèlla [dim. di *binda* 'striscia di tela'] s. f. *1* Fettuccia, nastro. *2* Striscia di acciaio che unisce insieme, mediante saldatura, le canne di una doppietta.

bindellàre v. tr. (*io bindèllo*) • Applicare il bindello a scatole di lamiera stagnata.

bindellatùra s. f. • Atto, effetto del bindellare.

bindellìna [dim. di *bindella*] s. f. • Passamano metallico avvolto in seta, tipico di alcuni paramenti ecclesiastici.

bindèllo [dim. di *binda* 'striscia (originariamente di tela, poi anche di metallo)'] s. m. • Nastrino di latta impiegato per la chiusura ermetica di scatole contenenti generi alimentari.

binder /*ingl.* 'baində*/ [ingl. *binder* 'legante'] s. m. inv. • Nelle pavimentazioni stradali, manto di conglomerato bituminoso.

bindolàre [da *bindolo*] v. tr. (*io bìndolo*) • (*raro*) Abbindolare.

bindolàta s. f. • (*raro*) Azione da bindolo.

bindolerìa s. f. • (*raro*) Imbroglio, inganno.

bindolésco agg. (pl. m. *-schi*) • (*raro*) Ingannatore.

bìndolo [ant. alto ted. **windel*, dim. di *windâ* 'binda'] s. m. *1* Macchina idrovora che attinge acqua da pozzi e sim. per prosciugare terreni, irrigare campi e sim. spesso azionata da animali. *2* Arcolaio, aspo. *3* (*fig.*) Inganno, raggiro | (*est.*) Ingannatore, imbroglione. || **bindolìno**, dim. | **bindolóne**, accr.

bingo /'bingo, *ingl.* 'biŋgou/ [vc. ingl. d'orig. oscura, forse da *bing*, vc. onomat. indicante il suono del campanello che trilla per indicare il vincitore] s. m. inv. (pl. ingl. *bingos*) • Gioco affine alla tombola, organizzato gener. da un quotidiano o da altro mezzo di informazione di massa.

†bìno [lat. *bīnu(m)*, sing. di *bīni* 'a due a due', da *bis* (V.)] agg. • (*lett.*) Doppio, gemello: *i ben della nostr'anima vivente / son divisi da' savi in parte bina, / l'una razional, l'altra che sente* (L. DE' MEDICI).

binòcolo o **†binòcculo** [vc. dotta, comp. del lat. *bīni* 'a due' e di *ŏculus* 'occhio'] s. m. • Strumento costituito da due cannocchiali gemelli, usato per osservare con ambedue gli occhi oggetti lontani, e per vederli ingranditi | *B. prismatico*, con prismi incorporati che permettono di aumentare la distanza fra gli assi degli oculari, migliorando la sensazione di rilievo dovuta alla visione binoculare | (*fig.*) *Col b.!*, neanche per sogno!

binoculàre [da *binocolo*] agg. • Detto di visione di un oggetto che avviene mediante tutti e due gli occhi contemporaneamente.

binomiàle agg. • (*mat.*) Di, relativo a binomio | (*stat.*) *Distribuzione b.*, relativa a una variabile casuale che può assumere due modalità (ad esempio il risultato del lancio di una moneta).

binòmio [vc. dotta, lat. mediev. *binōmiu(m)*, da *bi-* 'con due' e *nōmen* 'nome'] **A** s. m. *1* (*mat.*) Polinomio costituito da due monomi. *2* (*est.*) Insieme di due cose o persone. **B** agg. • Che si compone di due nomi o di due termini: *denominazione binomia*.

bìnubo [vc. dotta, lat. *binūbu(m)*, comp. di *bis-* (*2*) e *nūbere* 'sposare'] agg.; anche s. m. (f. *-a*) • Che, chi si è sposato due volte.

bio-, -bio [dal gr. *bíos* 'vita', di origine indeur.] primo o secondo elemento • In parole composte della terminologia scientifica significa 'vita' o 'essere vivente': *biografia, biologia*; *anaerobio*.

bioagricoltùra [comp. di *bio-* e *agricoltura*] s. f. • (*agr.*) Tecnica di coltivazione della terra che, per limitare i danni all'ambiente, tende a ridurre o a eliminare l'impiego di fertilizzanti e pesticidi chimici.

bioarchitettùra [comp. di *bio-* e *architettura*] s. f. • (*arch.*) Orientamento e ramo dell'architettura che, spec. nella costruzione di abitazioni civili, si propone il rispetto dell'ambiente naturale, privilegiando l'impiego di materiali e di tecniche che consentano un risparmio energetico.

bioastronàutica [comp. di *bio-* e *astronautica*] s. f. • Studio dei problemi biologici, comportamentali e medici concernenti l'astronautica.

biobibliogràfico [comp. di *bio(grafico)* e *bibliografico*] agg. (pl. m. *-ci*) • Che riguarda la biografia e la bibliografia di un autore: *schedario, repertorio b.*

biocatalizzatóre [comp. di *bio-* e *catalizzatore*] s. m. • Sostanza che attiva o favorisce le reazioni biochimiche.

biòccolo [lat. *bŭccula(m)* nel senso tardivo di 'ricciolo' con sovrapposizione di *fiocco*] s. m. *1* Ciuffo di cotone o di lana non ancora filati: *lana in bioccoli*. *2* (*est.*) Batuffolo di qualsiasi materiale soffice: *b. di schiuma, di neve* | Colaticcio della candela | *Raccattare i bioccoli*, (*fig.*) raccogliere notizie, dicerie, per riferirle. *3* (*raro*) Grumo | Bernoccolo. || **bioccolétto**, dim. | **bioccolìno**, dim.

bioccolùme s. m. • (*raro*) Insieme di bioccoli di lana.

bioccolùto agg. • Fatto a bioccoli, pieno di bioccoli.

bioccupàto [comp. di *bi-* e *occupato*] s. m. (f. *-a*) • Chi svolge una doppia attività lavorativa.

biocenologìa [vc. dotta, comp. di *bio-*, *ceno-* (*3*) e *-logia*] s. f. • Branca della biologia che studia le comunità di organismi animali e vegetali in natura.

biocenòṣi [vc. dotta, comp. di *bio-* e del gr. *koinōsis* 'unione, comunanza'] s. f. • (*biol.*) Complesso di individui di diverse specie animali o vegetali che coabitano in un determinato ambiente.

biocentrìṣmo [comp. di *bio-* e *centrismo* in particolare accezione] s. m. • Concezione che pone al centro dell'universo la vita animale e vegetale, in tutte le sue manifestazioni. CFR. Antropocentrismo.

biochìmica [vc. dotta, comp. di *bio-* e *chimica*] s. f. • Disciplina che studia i processi chimici che avvengono negli esseri viventi.

biochìmico **A** agg. (pl. m. *-ci*) *1* Della, relativo alla biochimica. *2* Detto di sedimento formato dalla precipitazione di minerali, sia per l'azione diretta di organismi, sia per le condizioni ambientali determinate dagli organismi viventi. **B** s. m. (f. *-a*) • Studioso di biochimica.

biocìda [comp. di *bio-* e *-cida*] agg.; anche s. m. (pl. m. *-i*) • Detto di sostanza che distrugge la vita delle piante.

bioclàstico [vc. dotta, comp. di *bio-* e *clastico*] agg. (pl. *-ci*) • (*geol.*) Detto di sedimento formato da detriti di gusci e di altri resti organogeni | Detto di processo di fratturazione delle rocce causato da organismi viventi.

bioclimatologìa [comp. di *bio-* e *climatologia*] s. f. (pl. *-gie*) • Scienza che studia le relazioni tra organismi viventi e clima.

biocompatìbile [comp. di *bio-* e *compatibile*] agg. • Che non ha effetti dannosi sulle funzioni biologiche.

biocompatibilità [comp. di *bio-* e *compatibilità*] s. f. • Proprietà dei materiali che non danneggiano i tessuti organici o gli organi: *la b. di alcune protesi dentarie*.

bioculàre [comp. di *bi-* 'doppio' e *oculare*] agg. • Detto di microscopio con un obiettivo e due oculari per utilizzare la visione con i due occhi.

biodegradàbile [comp. di *bio-* e *degradabile*] agg. • (*biol., chim.*) Detto di composto organico inquinante scomponibile in composti meno o non inquinanti, ad opera di microrganismi, con processi catalizzati da enzimi.

biodegradabilità s. f. • Qualità di ciò che è biodegradabile.

biodegradàre v. tr. • Sottoporre a biodegradazione.

biodegradazióne s. f. • (*chim.*) Insieme delle trasformazioni chimiche di tipo demolitivo di molecole organiche mediate da microrganismi aerobici e anaerobici.

biodinàmica [comp. di *bio-* e *dinamica*] s. f. • Bioenergetica, nel sign. 1.

biodinàmico [comp. di *bio-* e *dinamico*] agg. (pl. m. *-ci*) *1* Che riguarda la biodinamica. *2* Che segue i principi e utilizza le tecniche della bioagricoltura: *coltura biodinamica* | *Cibo, alimento b.*, a base di prodotti naturali, provenienti da coltivazioni biologiche.

biodisponibilità [comp. di *bio-* e *disponibilità*] s. f. • (*farm., fisiol.*) Meccanismo che permette a una sostanza farmacologica o a un alimento di liberare i loro principi attivi nell'organismo che deve assorbirli | Percentuale di un farmaco o di un alimento utilizzata dall'organismo.

biodiversità [comp. di *bio-* e *diversità*] s. f. • (*biol.*) Differenziazione biologica tra gli organismi di una stessa specie in relazione alle condizioni ambientali.

biódo, **biòdo** o (*tosc.*) **biódolo** [lat. parl. **bluda(m)*, da **būdula(m)*, dim. di *būda(m)*] s. m. • Pianta erbacea delle Sparganiacee con rizoma strisciante, foglie coriacee erette e infiorescenze a pannocchia (*Sparganium erectum*).

bioelettricità [comp. di *bio-* e *elettricità*] s. f. • Elettricità di origine animale.

bioelèttrico agg. (pl. m. *-ci*) • Relativo alla bioelettricità.

bioelettrònica [comp. di *bio-* e *elettronica*] s. f.

• Scienza che studia l'applicazione delle tecniche elettroniche alla biologia.

bioenergètica [comp. di *bio-* e *energetica*] s. f. *1* Disciplina che studia gli effetti dei processi dinamici (movimento, accelerazione, mancanza di peso e sim.) negli organismi viventi. SIN. Biodinamica. *2* Branca della biologia che studia le trasformazioni di energia negli organismi viventi. *3* Scuola psicologica che interpreta la persona sulla base del corpo e dei processi energetici di questo.

bioenergètico agg. (pl. m. *-ci*) • Della, relativo alla bioenergetica.

bioenergìa [comp. di *bio-* ed *energia*] s. f. (pl. *-gie*) • Energia prodotta spec. con l'impiego di biogas o di etanolo.

bioèrma • V. *bioherma*.

bioètica [comp. di *bio-* e *etica*] s. f. • Disciplina che studia i problemi relativi all'applicazione all'uomo, agli animali e all'ambiente, delle nuove conoscenze acquisite dalla ricerca biologica e medica.

bioètico A agg. (pl. m. *-ci*) • Che riguarda la bioetica. **B** s. m. (f. *-a*) • Studioso o ricercatore nel campo della bioetica.

biofàbbrica [comp. di *bio(logico)* e *fabbrica*] s. f. • Azienda che fornisce all'agricoltura tecnologie per la lotta biologica.

biofarmacèutica [comp. di *bio-* e *farmaceutica*] s. f. • Settore della farmaceutica che studia le tecniche necessarie per ottenere farmaci nei quali si realizzi la massima disponibilità biologica dei principi attivi.

biofeedback /bio'fidbek/ [comp. di *bio-* e *feedback*] s. m. inv. • (*med., psicol.*) Tecnica che consente di acquisire il controllo di alcune funzioni fisiche quali il battito cardiaco, il grado di rilassamento e sim., tramite l'informazione immediata delle modificazioni ottenute, fornite da apparecchiature specifiche.

biofilìa [vc. dotta, comp. di *bio-* e *-filia*] s. f. • Istinto della conservazione di se stessi.

biòfilo [comp. di *bio-* e *-filo*] agg. • Che protegge o favorisce la vita: *l'ossigeno è un elemento b.*

biofìsica [vc. dotta, comp. di *bio-* e *fisica*] s. f. • Scienza che studia i fenomeni biologici mediante gli strumenti e i principi della fisica.

biofìsico A agg. (pl. m. *-ci*) • Della, relativo alla biofisica. **B** s. m. • Studioso di biofisica.

biofobìa [comp. di *bio-* e *fobia*] s. f. • Fobia causata dalla convivenza con esseri umani o animali.

biogàs [comp. di *bio-* e *gas*] s. m. • Gas naturale che si ottiene, a opera di batteri anaerobi, da escrementi umani e animali raccolti in contenitori stagni privi di ossigeno.

biogènesi [vc. dotta, comp. di *bio-* e *genesi*] s. f. • Dottrina dell'origine della sostanza vivente fondata sul principio che ogni essere vivente deriva da altro essere vivente preesistente. CONTR. Abiogenesi.

biogenètica [comp. di *bio-* e *genetica*] s. f. • Teoria che riguarda l'origine della vita, secondo la quale lo sviluppo embrionale dell'individuo passa attraverso i medesimi stadi dell'evoluzione della specie.

biogenètico agg. (pl. m. *-ci*) • Della, relativo alla biogenesi.

biogenìa [comp. di *bio-* e *-genia*] s. f. • Scienza che studia l'evoluzione degli organismi viventi.

biògeno [vc. dotta, comp. di *bio-* e *-geno*] **A** agg. • Che è stato formato da organismi viventi. **B** s. m. • Elemento chimico costitutivo della materia vivente.

biogeografìa [comp. di *bio-* e *geografia*] s. f. • (*biol.*) Disciplina che tratta la distribuzione degli organismi animali e di quelli vegetali sulla Terra e le cause che l'hanno determinata.

biografàre [da *biografia*] v. tr. (*io biògrafo*) • Scrivere una biografia su un determinato argomento: *i giornali son tutti intenti ... a b. i nuovi eletti* (SCIASCIA).

biografìa [dal gr. *biographía* 'scrittura' (*graphía*) di una vita (*bíos*)] s. f. • Storia della vita di una persona, spec. famosa | Opera letteraria in cui tale storia è narrata.

biogràfico [da *biografia*] agg. (pl. m. *-ci*) • Che concerne la biografia: *notizie biografiche* | *Dizionario b.*, che contiene biografie. || **biograficaménte**, avv.

biògrafo [vc. dotta, comp. di *bio-* e *-grafo*] s. m. (f. *-a*) • Autore di biografie.

biohèrma /bio'ɛrma/ [etim. incerta] s. m. inv. • Corpo geologico costituito prevalentemente da scheletri saldati di organismi bentonici fissi, come una scogliera corallina.

bioingegnère [comp. di *bio-* e *ingegnere*] s. m. • Studioso, esperto di bioingegneria.

bioingegnerìa [comp. di *bio-* e *ingegneria*] s. f. • (*biol.*) Applicazione di nozioni di matematica, chimica, ingegneria, biologia e fisiologia allo studio e progettazione di materiali, protesi e strumenti utilizzati in medicina e biologia.

biólca o (*dial.*) †**bifólca** [da *bifolco*, propriamente 'la terra che può arare un *bifolco* in un giorno'] s. f. • Antica misura agraria di superficie, tuttora in uso nell'Emilia e nel Veneto.

biólco • V. *bifolco*.

biologìa [vc. dotta, comp. di *bio-* e *-logia*] s. f. (pl. *-gìe*) • (*gener.*) Scienza che tratta di tutte le manifestazioni della vita, abbracciando anatomia, fisiologia, zoologia, botanica e sim. | Correntemente, scienza che studia i fenomeni comuni a tutti gli esseri viventi, animali e vegetali: *b. animale, vegetale*; *b. generale* | *B. molecolare*, ramo delle scienze biologiche che studia a livello molecolare struttura e funzionamento degli esseri viventi.

biològico agg. (pl. m. *-ci*) *1* Che si riferisce alla biologia. *2* (*agr.*) Detto di tecnica agricola che esclude o limita l'impiego di fertilizzanti e pesticidi chimici | *Agricoltura biologica*, V. *bioagricoltura*. SIN. Biodinamico. || **biologicaménte**, avv. Secondo le leggi della biologia.

biologìsmo [comp. di *bio(logia)* e *-ismo* sul modello dell'ingl. *biologism*] s. m. • Teoria che riconduce a fatti biologici l'interpretazione di fenomeni sociali, religiosi o politici.

biòlogo [vc. dotta, comp. di *bio-* e *-logo*] s. m. (f. *-a*; pl. m. *-gi*) • Studioso, esperto di biologia.

bioluminescènza [comp. di *bio-* e *luminescenza*] s. f. • Produzione di energia luminosa da parte di organismi viventi: *la b. della lucciola*.

biòma [dal gr. *bíos* '(ambiente di) vita'] s. m. (pl. *-i*) • (*biol.*) Complesso di comunità animali e vegetali stabilizzate mantenuto dalle condizioni ambientali di una determinata area.

biomanipolazióne [comp. di *bio-* e *manipolazione*] s. f. • (*biol.*) Modificazione del patrimonio genico di cellule indotta attraverso tecniche di ingegneria genetica.

biomàssa [comp. di *bio-* e *massa*] s. f. • Quantità totale di esseri viventi che si trova in un determinato volume d'acqua o di terreno.

biomateriàle [comp. di *bio-* e *materiale*] s. m. • Materiale costituito spec. da leghe, metalli, polimeri, sostanze ceramiche, utilizzato in chirurgia nella sostituzione di organi o di parti di organi dei quali è in grado di rispettare la funzione biologica.

biomeccànica [comp. di *bio-* e *meccanica*] s. f. • Scienza che studia le applicazioni della meccanica alla biologia e alla medicina.

biomeccànico agg. (pl. m. *-ci*) • Che riguarda la biomeccanica.

biomedicàle [comp. di *bio-* e dell'agg. ingl. *medical* 'della medicina'] agg. • Che è di supporto alla biomedicina o ne segue i principi: *apparecchiatura, tecnica b.*

biomedicìna [comp. di *bio-* e *medicina*] s. f. • Scienza che conduce studi e ricerche nel campo della medicina e in quello delle scienze biologiche.

biomèdico [comp. di *bio-* e *medico*] agg. (pl. m. *-ci*) • Che riguarda la biomedicina: *sperimentazione biomedica*.

biometeorologìa [comp. di *bio-* e *meteorologia*] s. f. (pl. *-gie*) • Scienza che studia gli effetti delle condizioni meteorologiche sugli esseri viventi.

biometrìa [comp. di *bio-* e *-metria*] s. f. • Ramo della statistica che tratta le discipline della biologia quantitativa, come genetica, etologia, sociobiologia e sim.

biomètrico [da *biometria*] agg. • Relativo alla biometria.

biometrìsta [da *biometria*] s. m. e f. (pl. m. *-i*) • Studioso, esperto di biometria.

biomicroscopìa [comp. di *bio-* e *microscopia*] s. f. • (*med.*) Esame microscopico di tessuti viventi, spec. dell'occhio umano.

biónda (1) [per il colore del tabacco (?)] s. f. *1* (*gerg.*) Sigaretta. *2* (*mar., scherz.*) Scopa.

biónda (2) • V. *blonda*.

†**biónda (3)** [fr. *blonde*, da *blond* '(di colore) biondo'] s. f. • Tintura per far diventare biondi i capelli.

biondàstro agg. • Che ha un colore tendente al biondo.

biondeggiànte part. pres. di *biondeggiare*; anche agg. • Nei sign. del v.

biondeggiàre v. intr. (*io biondéggio*; aus. *avere*) • Essere o apparire biondo | *Le messi biondeggiano*, cominciano a essere bionde, prossime alla maturazione.

biondèlla [dal colore *biondo*] s. f. • (*pop.*) Centaurea minore.

biondézza s. f. • Qualità di ciò che è biondo.

biondìccio agg. (pl. f. *-ce*) • Che ha un colore biondo pallido, slavato: *capelli biondicci*.

bióndo [etim. incerta] **A** agg. *1* Che ha un colore intermedio fra il giallo e il castano chiaro, con gradazioni diverse, detto spec. di capelli, barba e sim.: *testa, chioma bionda*; *baffi biondi* | (*fig.*) *Il b. metallo*, l'oro | (*fig.*) *Messi, spighe bionde*, mature | (*fig.*) *Il b. Tevere*, dal colore delle acque spesso cariche di fanghiglia | (*fig.*) *Il b. dio*, Apollo. *2* Di persona, che ha i capelli biondi: *fanciulla bionda*; *bambino b.* **B** s. m. (f. *-a* nel sign. 2) *1* Il colore biondo. *2* Persona che ha i capelli biondi: *una bella bionda*. || **biondàccio**, pegg. | **biondèllo**, dim. | **biondétto**, dim. | **biondino**, dim. | **biondóne**, accr.

biònica [ingl. *bionics*, comp. di *bio-* e *(tech)nics* 'tecniche'] s. f. • (*biol.*) Scienza che studia l'applicazione della biologia alla progettazione e realizzazione di dispositivi elettronici, meccanici e sim., che simulano il funzionamento di organi o apparati presenti negli esseri viventi. CFR. Cibernetica.

biònico A agg. (pl. m. *-ci*) *1* Della, relativo alla, bionica. *2* Nei romanzi di fantascienza, detto di simulazione tecnologica di una persona: *la donna bionica*. **B** s. m. (pl. m. *-ci*) • Esperto di bionica.

bionomìa [comp. di *bio-* e *-nomia*] s. f. • Scienza che studia le leggi organiche della natura.

biopatìa [comp. di *bio-* e *-patia*] s. f. • (*med.*) Qualsiasi perturbazione generalizzata dell'organismo.

biopsìa [vc. dotta, comp. di *bio-* e del gr. *ópsis* 'vista, vedere'] s. f. • (*med.*) Asportazione chirurgica di un frammento di tessuto vivente, a scopo diagnostico.

biòptico agg. (pl. m. *-ci*) • (*med.*) Relativo alla biopsia: *esame b.*

bioritmico agg. (pl. m. *-ci*) • Che riguarda il bioritmo o i bioritmi: *ciclo b.*

biorìtmo [comp. di *bio-* e *ritmo*] s. m. *1* Manifestazione ciclica di un fenomeno vitale. *2* L'insieme dei ritmi, positivi e negativi, relativi all'attività fisica, emotiva e intellettuale di una persona, calcolato secondo apposite tabelle.

biorizzazióne [etim. incerta] s. f. • Sterilizzazione del latte ottenuta nebulizzando il latte stesso sotto pressione in un recipiente scaldato per effetto degli ultrasuoni.

biosatèllite [comp. di *bio-* e *satellite*] s. m. • Satellite artificiale attrezzato per ospitare esseri umani e animali, per un determinato periodo di tempo, e in grado di ritornare poi sulla Terra.

biòscia [da †*bioscio*] s. f. (pl. *-sce*) *1* (*raro*) Neve che si scioglie appena caduta. *2* (*raro, fig.*) Bibita o minestra insipida.

†**biòscio** [longob. **blauz* 'nudo': di origine nordica (?)] agg. • (*raro*) Sbieco | *A b.*, di traverso (*anche fig.*).

bioscòpio [comp. di *bio-* e *-scopio*] s. m. • Specie di antico proiettore cinematografico.

biosensóre [comp. di *bio-* e *sensore*] s. m. • (*chim.*) Dispositivo che impiega materiale di origine biologica per la rivelazione e il dosaggio quantitativo di una sostanza.

biosfèra [vc. dotta, comp. di *bio-* e *sfera*] s. f. • Insieme delle parti della Terra, idrosfera e atmosfera comprese, abitate da organismi viventi | (*est.*) Insieme degli organismi viventi nella biosfera. SIN. Ecosfera. ➡ ILL. p. 817 SCIENZE DELLA TERRA

ED ENERGIA.

biosintesi [comp. di *bio-* e *sintesi*] s. f. • Sintesi chimica attuata da organismi viventi.

biosistèma [comp. di *bio-* e *sistema*] s. m. (pl. *-i*) • (*biol.*) Ecosistema.

biosociologìa [comp. di *bio-* e *sociologia*] s. f. (pl. *-gie*) • Disciplina ausiliaria della sociologia che indaga le relazioni tra fenomeni biologici e fenomeni sociali.

biòssido [vc. dotta, comp. di *bi-* e *ossido*] s. m. • (*chim.*) Ossido la cui molecola contiene due atomi di ossigeno. SIN. Diossido.

biostratigrafìa [comp. di *bio-* e *stratigrafia*] s. f. • Branca della geologia stratigrafica che suddivide le rocce in una successione ordinata distinguendole per mezzo del loro contenuto in fossili.

biot /*fr.* bjo/ [dal n. del fisico, matematico e astronomo fr. J.-B. *Biot* (1774-1862)] s. m. inv. • (*fis.*) Unità di misura dell'intensità di corrente elettrica, pari a 10 ampere. SIMB. Bi.

biotècnica s. f. • Settore della ricerca che applica i principi della tecnica alla biologia.

biotecnologìa [comp. di *bio-* e *tecnologia*] s. f. • (*biol.*) Insieme delle applicazioni delle tecniche della biologia molecolare, dell'ingegneria genetica e di altre discipline delle scienze biologiche allo sviluppo di nuovi processi o prodotti destinati alla commercializzazione.

biotecnològico agg. (pl. m. *-ci*) • Che riguarda la biotecnologia.

biotecnòlogo [comp. di *bio-* e *tecnologo*] s. m. (f. *-a*; pl. m. *-gi*) • Ricercatore, esperto nel campo della biotecnologia.

bioterapèuta [comp. di *bio-* e *terapeuta*] s. m. e f. (pl. m. *-i*) • Chi studia o si occupa di bioterapia.

bioterapìa [comp. di *bio-* e *terapia*] s. f. • (*med.*) Terapia effettuata con prodotti biologici quali vaccini e sieri, o microrganismi viventi come i lattobacilli.

biòtico [vc. dotta, gr. *biotikós* 'relativo alla vita (*bíos*)'] agg. (pl. m. *-ci*) • Biologico, spec. nel campo dell'ecologia o della biogeografia.

biotìna [dal gr. *biotikós* 'proprio della vita (*bíos*)' con sostituzione del suff., adattato ai n. chimici in *-ina*] s. f. • (*chim.*) Vitamina idrosolubile prodotta dai microrganismi, presente soprattutto nei tessuti animali. SIN. Vitamina H.

biotìpo o **biòtipo** [comp. di *bio-* e *tipo*] s. m. *1* (*biol.*) Insieme di individui che hanno il medesimo genotipo. *2* (*med.*) Complesso dei caratteri morfologici funzionali e degli aspetti intellettuali e psichici di una persona.

biotipologìa [comp. di *biotipo* e *-logia*] s. f. • Branca della medicina che studia i tipi costituzionali.

biotìte [ted. *Biotit*, dal n. del fisico fr. J.-B. *Biot* (1774-1862)] s. f. • (*miner.*) Mica di colore bronzeo molto diffusa nelle rocce eruttive.

biòtopo [vc. dotta, comp. di *bio-* e del gr. *tópos* 'luogo'] s. m. • (*biol.*) Unità dell'ambiente fisico in cui si svolge la vita di una singola popolazione di organismi o di un'associazione biologica.

biòttico [comp. di *bi-* e *ottico*] agg. (pl. m. *-ci*) • Detto di sistema ottico costituito da due gruppi di lenti ad assi paralleli.

†**biòtto** [got. *blauts* 'nudo', di prob. origine nordica] agg. • Misero, meschino | *A b.*, alla peggio.

biòva [vc. milan. d'etim. incerta] s. f. • Forma di pane tondeggiante a pasta soffice, diffusa nell'Italia settentrionale. || **biovétta**, dim.

biovulàre [comp. di *bi-* e *ovulo*, con suff. aggettivale] agg. • (*biol.*) Detto di ognuno dei due gemelli nati dalla fecondazione e dallo sviluppo di due uova. SIN. Dizigotico.

bip /bip/ [ingl. *beep* di orig. imitativa] s. m. inv. *1* Voce onomatopeica che riproduce il segnale acustico di alcuni apparecchi elettronici. *2* (*est.*) Cicalino, cercapersone e sim.

bipàla [comp. di *bi-* 'due' e *pala*] agg. inv. • (*aer.*) Fornito di due pale: *elica b.*; *rotore b.*

biparo [comp. di *bi-* e *-paro*] agg. • (*bot.*) Detto di un tipo di infiorescenza che si divide in due rami opposti al disotto dell'apice principale, il quale si arresta precocemente.

bipartìbile agg. • Che si può bipartire.

bipartìre [vc. dotta, lat. *bipartīre*, comp. di *bi-* 'in due (parti)' e *partīre* 'dividere'] **A** v. tr. (*io bipartisco, tu bipartìsci*) • Dividere in due parti (*anche fig.*). **B** v. intr. pron. • Biforcarsi.

bipartìtico [da *bipartito* (*1*)] agg. (pl. m. *-ci*) • Composto o attuato da due partiti: *sistema b.*

bipartitìsmo [da *bipartito* (*1*)] s. m. • Sistema politico caratterizzato dall'esistenza di due soli partiti che si alternano al governo e all'opposizione.

bipartìto (**1**) [comp. di *bi-* 'doppio' e *partito* (*1*)] **A** agg. • Pertinente a due partiti o parti politiche: *governo b.* **B** s. m. • Alleanza di due partiti o parti politiche.

bipartìto (**2**) part. pass. di *bipartire*; anche agg. *1* Nei sign. del v. *2* (*bot.*) Detto di organo vegetale diviso abbastanza profondamente in due parti.

bipartizióne [vc. dotta, lat. *bipartitiōne(m)*, da *bipartīre* 'bipartire'] s. f. • Divisione in due parti.

bipàsso s. m. • Adattamento di *by-pass* (V.).

bip bip /bip 'bip/ [vc. onomat., dall'ingl. *beep-beep*] s. m. inv. *1* Segnale acustico ripetuto di apparecchi elettronici. *2* (*est.*) L'apparecchio stesso, spec. con riferimento al cercapersone.

bìpede [vc. dotta, lat. *bĭpede(m)*, comp. di *bi-* 'con due' e *pēs* 'piede'] **A** agg. • Che ha due piedi: *animale b.* **B** s. m. *1* Animale con due piedi | (*per anton., scherz.*) L'uomo. *2* Coppia di arti di un quadrupede: *b. anteriore, posteriore, laterale, diagonale.*

bipennàto [comp. di *bi-* e *pennato*] agg. • Detto di foglia composta di fogliolíne disposte come le barbe di una penna su peduncoli secondari a loro volta attaccati su un peduncolo principale.

bipènne o **bipénne** [vc. dotta, lat. *bipĕnne(m)*, comp. di *bi-* 'a due' e *pĕnna* 'ala'] s. f. • (*lett.*) Scure a due tagli.

bipiràmide [comp. di *bi-* 'doppio' e *piramide*] s. f. • Solido formato da due piramidi uguali in semipiani opposti rispetto al poligono di base in comune.

biplàcca [comp. di *bi-* e *placca*] s. f. • Tubo elettronico che contiene due anodi distinti nello stesso involucro.

biplàno [fr. *biplan*, comp di *bi-* 'a due' e *plan* 'piano', nel senso di 'ala (d'aereoplano)'] **A** agg. • (*aer.*) Munito di due piani aerodinamici: *rotore, velivolo b.* **B** s. m. • Velivolo munito di due piani aerodinamici.

bipolàre [vc. dotta, comp. di *bi-* e *polo*, con suff. aggettivale] agg. *1* (*fis.*) Che ha due poli. *2* Detto di politica basata essenzialmente su due poli d'influenza.

bipolarìsmo [da *bipolare*] s. m. *1* Situazione per cui, nell'ambito di uno Stato pluripartitico, il sistema politico tende a restringersi ai due partiti maggiori. *2* Nell'ambito della politica internazionale, sistema di accordi politici, economici o commerciali basato su due sole nazioni e, in particolare, su due grandi potenze. *3* (*med.*) Condizione psicopatologica caratterizzata dall'alternarsi di stati depressivi a stati esageratamente euforici.

bipolarità s. f. • (*fis.*) Stato, proprietà di ciò che è bipolare.

bipolarizzazióne s. f. • (*polit.*) In uno Stato pluripartitico, tendenza dell'elettorato a raccogliersi intorno ai due partiti maggiori.

bipòlide [comp. di *bi-* 'con doppia' e del gr. *pólis* 'città'] agg.; anche s. m. e f. • Che, chi possiede una doppia cittadinanza.

bipòlo [comp. di *bi-* 'doppio' e *polo*] s. m. • Circuito elettrico a due morsetti.

bipósto [vc. dotta, comp. di *bi-* 'a due' e *posto*] **A** agg. inv. • Munito di due posti: *aereo, automobile b.* **B** s. m. inv. • Aereo a due posti.

bipropellènte [comp. di *bi-* e *propellente*] s. m. • (*chim.*) Propellente liquido costituito da un combustibile e da un ossidante messi a contatto solo al momento dell'impiego.

†**biquàdro** • V. *bequadro*.

biràcchio [etim. incerta] s. m. • (*raro, lett.*) Brandello, pezzo di stoffa lacera | †*Non saper b.*, nulla.

†**bìrba** (**1**) [etim. incerta] s. f. • Carrozza scoperta a due cavalli. || †**birbìno**, dim. m.

bìrba (**2**) [fr. *bribe* 'tozzo di pane dato per elemosina' (onomat.)] s. f. *1* Persona scaltra e malvagia. *2* (*scherz.*) Ragazzo scioperato, che unisce impertinenza a furberia: *come scolaro è una gran b.* SIN. Monello. *3* †Frode, malizia. || **birbacchiuòla**, dim. | **birbacchiuòlo**, dim. m. | **birbacciόne**, accr. m. | **birbettuòlo**, dim. m. | **birbóne**, accr. m. (V.).

birbantàggine s. f. • Azione, comportamento di, da birbante.

†**birbantàre** v. intr. • Birboneggiare.

birbànte [da **birbare* 'mendicare' (V. *birba* (*2*))] s. m. *1* Persona astuta e disonesta. SIN. Furfante, mascalzone. *2* (*scherz.*) Monello. || **birbantàccio**, accr. | **birbantèllo**, dim.

birbanteggiàre v. intr. (*io birbantéggio*; aus. *avere*) • Birboneggiare.

birbanterìa s. f. *1* Qualità di chi è birbante: *la sua b. è nota a tutti.* SIN. Birbonaggine, bricconaggine, furfanteria. *2* Azione da birbante. SIN. Bricconaggine, furfanteria, malefatta.

birbantésco agg. (pl. m. *-schi*) • Caratteristico di birbante. || **birbantescaménte**, avv.

†**birbàta** s. f. • (*raro*) Azione da birba.

birberìa s. f. • Birbanteria.

birbésco agg. (pl. m. *-schi*) • (*raro*) Birbantesco.

bìrbo s. m. • (*raro*) Birba.

birbonàggine s. f. • Birbanteria.

birbonàia s. f. • (*tosc.*) Accozzaglia, moltitudine di birboni.

birbonàio s. m. *1* (*tosc.*) Luogo abitato da birboni. *2* (*fig.*) Rumore, disordine.

birbonàta s. f. • Azione da birbone. SIN. Bricconata, malefatta.

birbóne **A** s. m. (f. *-a*) *1* Accr. di *birba* (*2*). *2* Furfante, persona scaltra e malvagia. SIN. Briccone, canaglia, mascalzone. *3* †Vagabondo, mendicante. **B** agg. *1* Cattivo, maligno: *un tiro b.* *2* Con valore raff. (*scherz.*) molto forte e intenso: *freddo b.*; *sete birbona*; *fame birbona.* || **birbonàccio**, pegg. | **birboncèllo**, dim. | **birboncióne**, accr.

birboneggiàre v. intr. (*io birbonéggio*; aus. *avere*) • Fare il birbone.

birbonerìa s. f. • Birbanteria. SIN. Bricconaggine, furfanteria.

birbonésco agg. (pl. m. *-schi*) • Birbantesco. || **birbonescaménte**, avv. Da birbone.

bìrcio o **sbìrcio** [etim. incerta] agg. (pl. f. *-ce*) • (*raro*) Che ha vista corta | Che guarda di traverso: *uomo b.* SIN. Guercio.

bird watcher /*ingl.* 'bɜːd 'wɒtʃə*/ [loc. ingl., propriamente 'osservatore' (*watcher*) di uccelli (*bird*)] loc. sost. m. e f. inv. (pl. ingl. *bird watchers*) • Chi pratica il bird watching.

bird watching /*ingl.* 'bɜːd wɒtʃiŋ/ [loc. ingl., propriamente 'osservazione' (*watching*) degli uccelli (*bird*)'] loc. sost. m. inv. • Attività ricreativa e sportiva consistente nell'osservare gli uccelli o talora altri animali, gener. attraverso un binocolo, andando a cercarli e seguendoli nel loro ambiente naturale.

bireattóre [comp. di *bi-* 'doppio' e *reattore*] **A** agg. • (*aer.*) Detto di aviogetto dotato di due propulsori a reazione diretta. **B** s. m. • (*aer.*) Aviogetto bireattore.

birème [vc. dotta, lat. *birēme(m)*, comp. di *bi-* 'a due' e *rēmus* 'remo'] s. f. • Antica nave leggera, a due ordini di remi. SIN. Galea.

biribìssi o **biribìsso** [vc. espressiva] s. m. *1* Antico gioco d'azzardo italiano simile alla lotteria, con puntate sui numeri da 1 a 70. *2* (*fig.*) Alea, azzardo. *3* Piccola trottola rudimentale costituita da uno stecco infilato nell'anima di un bottone.

birichinàta s. f. • Azione di, da birichino. SIN. Bambinata.

birichinerìa s. f. • Azione, comportamento di, da birichino.

birichìno [da *briccone* (?)] **A** s. m. (f. *-a*) • Ragazzo vivace, monello | Persona poco raccomandabile. SIN. Birba. **B** agg. • Vispo e irrequieto: *ragazzo b.*; *occhi birichini.* SIN. Furbo, vivace.

birifrangènte [fr. *biréfringent*, comp. di *bi-* 'doppio' e *réfringent* 'rifrangente'] agg. • Detto di corpo dotato di birifrangenza.

birifrangènza [fr. *biréfringence*, comp. di *bi-* 'doppio' e *réfringence* 'rifrangenza'] s. f. • (*fis.*) Proprietà di certi corpi cristallini di scindere il raggio luminoso che li attraversa in due raggi diversamente polarizzati e uscenti dal cristallo diversamente rifratti: *la b. dello spato d'Islanda.* CFR. Monorifrangenza.

birifrazióne [comp. di *bi-* e *rifrazione*] s. f. • Doppia rifrazione.

birignào [vc. onomat.] s. m. • Pronuncia artificiosa e ridicola ostentata da attori o da cantanti.

birillo [etim. incerta; da *brillare* 'roteare' (?)] s. m. *1* Cilindretto di legno o di avorio che, in alcuni giochi quali biliardo, bowling e sim., si tenta di far cadere mediante palle o bocce. *2* Gamba di mobile dalla forma di un birillo capovolto. *3* (*al pl.*) Gioco infantile consistente nell'abbattere con palle cilindri di legno.

birincèllo • V. *brincello*.

birmàno [ingl. *Burman*, con un'oscillazione vocalica della prn. loc. della regione (*bĕrna*)] **A** agg. • Della Birmania. **B** s. m. (f. *-a*) • Abitante, nativo della Birmania. **C** s. m. solo sing. • Lingua della famiglia cino-tibetana, parlata dai Birmani.

biro ® [nome commerciale, dal n. dell'inventore, l'ungh. László *Biró* (1899-1985)] **A** s. f. inv. • Penna a sfera. **B** anche agg. inv.: *penna b.* || **birétta**, dim.

biròccio e *deriv.* • V. *barroccio* e *deriv.*

biróldo [etim. incerta] s. m. • Budello ripieno di sangue di vitello o di maiale, condito con droghe. SIN. Sanguinaccio.

birotóre [comp. di *bi-* 'doppio', e *rotore*] agg. • Munito di due rotori: *elicottero, sistema b.*

birra [ted. *Bier*: dal lat. *bĭbere* 'bere' (?)] s. f. • Bevanda ottenuta per fermentazione alcolica di una decozione acquosa di malto di orzo o di altri cereali, mescolata a sostanze aromatizzanti come il luppolo e contenente anidride carbonica: *b. scura*; *b. rossa*; *b. chiara, bionda* | *B. alla spina*, spillata direttamente dalla botte | (*fig.*) *A tutta b.*, a grande velocità | *Dare la b. a qc.*, (*fig.*) superarlo nettamente, spec. in gare sportive | (*fig., pop.*) *Farci la b.*, considerare inutile q.c. || **birrétta**, dim.

birràcchio [da *birro* (*1*) per il colore del manto col suff. dim. *-acchio*] s. m. • (*dial.*) Vitello dal primo al secondo anno di età.

birràglia • V. *sbirraglia*.

birràio [da *birra*] s. m. • Chi fabbrica o vende birra.

birràrio agg. • Attinente alla fabbricazione della birra.

birrerìa (**1**) [da *birra*] s. f. *1* Locale pubblico dove si vende birra. *2* (*raro*) Fabbrica di birra.

†**birrerìa** (**2**) • V. †*sbirreria*.

birrésco • V. *sbirresco*.

birrifìcio [comp. di *birra* e *-ficio*] s. m. • Fabbricazione della birra | Fabbrica di birra.

birro (**1**) [lat. tardo *bĭrru(m)* 'rosso', per *bŭrru(m)*, dal gr. *pyrrós*, di etim. incerta] s. m. *1* Mozzetta dei vescovi cattolici. *2* V. *sbirro* (*1*).

birro (**2**) o **ṣbirro** (**2**) [da (*s*)*birro* (*1*), perché tiene legato un oggetto, come il birro fa con il prigioniero (?)] s. m. • (*mar.*) Specie di nodo fatto a braca, in modo che l'occhio di un doppino entra nell'altro, e quanto più peso solleva, tanto più la braca si stringe.

birrovière • V. †*berroviere*.

bis [vc. dotta, lat. *bĭs*, forma più recente di *dŭis* 'due volte'] **A** inter. • Si usa come acclamazione nei teatri, nelle sale di concerti e sim. per chiedere la replica di un brano: *bis!*, *bis!*; *bene, bis!*; *bravo, bis!* **B** in funzione di s. m. *1* Ripetizione immediata, richiesta dal pubblico, di un brano dello spettacolo o del concerto in corso: *chiedere un bis*; *concedere, fare il bis*. *2* (*est.*) Replica, ripetizione: *questo vino è ottimo*: *facciamo il bis*. **C** in funzione di agg. • (posposto a un s.) Supplementare o, spec. nelle numerazioni, aggiuntivo: *treno bis*; *Via Marconi, 12 bis*.

bis- (**1**) [lo stesso pref. *bis-* (*2*), che dal senso di allontanamento, presente in *bisnonno*, *bisdrucciolo*, ecc., ha assunto quello di diminuzione e, quindi, di peggioramento] pref. • Fa assumere significato peggiorativo ai verbi e agli aggettivi coi quali entra in composizione: *bistrattare, bislungo, bistorto*.

bis- (**2**) [dal lat. *bĭs* 'due volte'] primo elemento • In parole composte significa 'due', 'due volte', 'doppio' e sim.: *biscotto, bisavo* (cfr. *bi-*) | Indica anche, in nomi di parentela, un grado più remoto: *bisnipote, bisnonno*; in altri casi indica un grado successivo: *biscroma, bisdrucciola*.

†**biṣàcca** • V. *bisaccia*.

bisaccàride [comp. di *bi-* 'doppio', e *saccaride*] s. m. • (*chim.*) Disaccaride.

biṣàccia o †**biṣàcca** [lat. *bisăccia*, pl. di *bisăccium*, comp. di *bi-* 'con due' e *săccus* 'sacco'] s. f. (pl. *-ce*) *1* Grossa borsa floscia a due tasche, da appendere alla sella o da portare a tracolla, usata un tempo spec. da contadini e frati in questua | (*est.*) Ciascuna di queste due tasche | *Avere le bisacce ben fornite*, avere buone provviste. *2* Antica misura agraria di superficie della Sicilia. || **bisaccìna**, dim.

†**biṣacùto** [vc. dotta, lat. tardo *bisacūtu(m)* 'aguzzo (*acūtus*) da due (*bĭs*) lati'] agg. • A doppio taglio.

biṣànte [vc. dotta, gr. mediev. *byzántis* 'bizantino'] s. m. *1* Moneta d'oro dell'impero bizantino | Nome di varie altre monete coniate in Oriente. ➡ ILL. **moneta**. *2* Dischetto d'oro o d'argento, simile a moneta senza conio, usato anticamente per ornamento e sim. *3* (*arald.*) Figura simile a una moneta non impressa, posta da sola o in numero sullo scudo.

†**biṣantìno** • V. *bizantino*.

biṣàrca [comp. di *bis-* (*2*) e *arca*] s. f. • Grande automezzo a due piani che trasporta le automobili nuove dalla fabbrica ai luoghi di vendita. SIN. Cicogna nel sign. 3. ➡ ILL. **autoveicoli**.

biṣarcàvolo [vc. dotta, comp. di *bis-* (*2*) e *arcavolo* 'trisavolo'] s. m. (f. *-a*) • Padre dell'arcavolo o dell'arcavola. SIN. Arcibisnonno.

biṣàvo [vc. dotta, lat. mediev. *bisăvu(m)* 'due volte (*bĭs*) nonno (*ăvus*)'] s. m. (f. *-a*) *1* Bisnonno. *2* (*spec. al pl., est.*) Gli antenati.

biṣàvolo [da *bisavo*, col dim. *avolo*] s. m. (f. *-a*) • Bisavo.

biṣbètico [vc. dotta, gr. *amphisbētikós*, comp. di *amphís* 'dall'una e dall'altra parte' e un deriv. di *baìnein* 'andare'] agg.; anche s. m. (f. *-a*; pl. m. *-ci*) • Che, chi ha carattere stravagante, litigioso e difficilmente contentabile: *un vecchio b.*; *la bisbetica domata*. SIN. Lunatico. || **bisbeticaménte**, avv. Da bisbetico.

biṣbigliaménto s. m. • Bisbiglio.

biṣbigliàre [vc. onomat.] **A** v. intr. (*io biṣbìglio*; aus. *avere*) *1* Parlare sottovoce: *il pubblico cominciò a b.* SIN. Mormorare, sussurrare. *2* (*est.*) Far pettegolezzi su q.c. o qc.: *sul suo conto bisbigliano molto*. SIN. Mormorare, sparlare. **B** v. tr. *1* Dire sottovoce q.c.: *mi bisbigliò alcune parole incomprensibili*. SIN. Mormorare, sussurrare. *2* (*est.*) Dire male di qc. o di q.c.: *di lui bisbigliano cose terribili*. SIN. Mormorare.

†**biṣbigliatóre** [da *bisbigliare*, nel sign. A1] s. m.; anche agg. • Chi, che sparla di qc. o q.c.

†**biṣbigliatòrio** agg. • Che bisbiglia.

biṣbìglio (**1**) [da *bisbigliare*] s. m. *1* Il parlare sommessamente | (*est.*) Notizia che si diffonde nascostamente: *un b. infondato*. SIN. Mormorio, pissi pissi, sussurro. *2* (*poet.*) Fruscio, sussurro: *il b. de' zefiri fra le frondi* (FOSCOLO).

biṣbiglìo (**2**) s. m. • Bisbigliare frequente, continuato: *il b. delle vecchiette*. SIN. Brusio.

†**biṣbiglióne** s. m. (f. *-a*) • Chi ha l'abitudine di bisbigliare.

biṣbòccia [dal fr. *débauche*, di etim. incerta] s. f. (pl. *-ce*) • Allegra riunione per mangiare e bere abbondantemente. SIN. Baldoria, festa.

biṣbocciàre v. intr. (*io biṣbòccio*; aus. *avere*) • Fare bisboccia, baldoria.

biṣboccióne s. m. (f. *-a*) • Chi fa abitualmente bisboccia.

bisca [etim. incerta] s. f. • Locale ove si gioca d'azzardo: *b. clandestina*. || **biscàccia**, **biscàzza**, pegg.

biscaglìna [dal nome della regione di provenienza, la *Biscaglia*] s. f. • (*mar.*) Scaletta volante di corda.

biscaglìno **A** agg. • Della Biscaglia. **B** s. m. (f. *-a* nel sign. *1*) *1* Abitante della Biscaglia. *2* Grosso fucile usato come arma da spalto fino al XVIII secolo.

biscaiòlo o †**biscaiuòlo** [da *bisca*] s. m. • (*raro*) Frequentatore di bische.

†**biscantàre** [da *discantare* con sovrapposizione di *bis-* (*1*)] v. tr. • Canterellare.

†**biscànto** (**1**) [da *biscantare*] s. m. • Cantilena.

†**biscànto** (**2**) [comp. di *bis-* (*2*) e *canto* 'cantone'] s. m. • Doppio cantone | (*est.*) Angolo, cantonata: *un certo b. di muro, dove il muro muta cammino e gira* (MACHIAVELLI).

biscazzàre [da *biscazza*, pegg. di *bisca*] **A** v. intr. (aus. *avere*) • Giocare nelle bische. **B** v. tr. • (*raro*) Giocare q.c. in una bisca | (*fig.*) Scialacquare i propri beni: *biscazza e fonde la sua facultade* (DANTE *Inf.* XI, 44).

biscazzière s. m. *1* Gestore di una bisca | †Frequentatore di bische. *2* Chi segna i punti fatti dai giocatori al biliardo.

bischeràggine [da *bischero*] s. f. • (*pop., tosc.*) Sciocchezza, stupidità.

bischeràta s. f. *1* (*pop., tosc.*) Azione o discorso da bischero, stupidata. *2* Cosa da niente: *non preoccuparti*: *è una b.*

bischerèllo s. m. *1* Dim. di *bischero*. *2* Pezzetto di legno per chiudere l'otre.

†**bischerièra** s. f. • Parte dove si infiggono i bischeri negli strumenti musicali a corda.

bìschero [etim. sconosciuta] s. m. (f. *-a* nel sign. 3) *1* Legnetto per tendere le corde negli strumenti musicali a corda. SIN. Pirolo. *2* (*pop., tosc.*) Membro virile. *3* (*fig., pop., tosc.*) Sciocco, ingenuo. SIN. Minchione. || **bischerèllo**, dim. (V.).

bischétto [etim. discussa: da *dischetto* con sovrapposizione di *bis-* (*1*) (?)] s. m. • Deschetto da lavoro dei calzolai.

†**bischizzàre** [etim. discussa: longob. *biskizzan* 'ingannare' (?)] v. intr. • Far giochi di parole | Fantasticare, almanaccare.

†**bischìzzo** • V. *bisticcio*.

biscia [lat. tardo *bīstia(m)*, per *bēstia(m)* 'bestia'] s. f. (pl. *-sce*) • Serpe non velenosa | *B. d'acqua*, natrice | (*fig.*) *In, a b.*, a zig zag | (*fig.*) †*A b.*, a bizzeffe, a iosa. || **biscióne**, accr. m. (V.) | †**bisciòla**, **bisciuòla**, dim.

bìscio s. m. • (*tosc.*) Biscia.

†**bìsciola** • V. *visciola*.

bìsciolo [vc. onomat.] agg.; anche s. m. (f. *-a*) • Bleso.

biscióne s. m. *1* Accr. di *biscia*. *2* Nome dello stemma raffigurante una grossa biscia, appartenuto ai Visconti, signori di Milano, simbolo della città stessa. *3* Dolce emiliano a forma di biscia, a base di zucchero e pasta di mandorle.

biscóndola [comp. di *bis-* (*2*) e un deriv. del lat. *cŏndere* 'riporre, porre al riparo'] s. f. • (*tosc.*) Luogo soleggiato riparato dal vento.

biscottàre [da *biscotto*] v. tr. (*io biscòtto*) • Cuocere due volte o a lungo, togliendo all'alimento ogni umidità e rendendolo croccante.

biscottàto part. pass. di *biscottare*; anche agg. • Nei sign. del v.: *pane b.*; *fette biscottate*.

biscotterìa s. f. *1* Fabbrica di biscotti | Negozio dove si vendono i biscotti. *2* Assortimento di biscotti, dolci e sim.

biscottièra s. f. • Recipiente per biscotti.

biscottière s. m. • Fabbricante di biscotti.

biscottièro agg. • Attinente all'industria dei biscotti.

biscottifìcio s. m. • Fabbrica di biscotti.

biscottìno s. m. *1* Dim. di *biscotto*. *2* (*tosc.*) Leggero colpo dell'indice o del medio col pollice, fatti scattare sul volto di qc. in segno di scherzo. SIN. Buffetto. *3* Biella che nei veicoli collega una estremità della balestra al telaio.

biscòtto [lat. *biscŏctu(m)* 'cotto (*cŏctum*) due volte (*bĭs*)'] **A** s. m. *1* Pasta dolce, di varia forma, a base di farina, zucchero e grassi, con eventuale aggiunta di uova, cotta a lungo in forno: *b. all'anice*; *b. di Novara* | *B. medicinale*, contenente farmaci, spec. d'uso pediatrico | (*ippica, gerg.*) *Fare il b.*, somministrare a un cavallo sostanze proibite, truccare una corsa. *2* Pane cotto due volte per renderlo più conservabile, in uso spec. in marina come alimento di riserva | *Mettersi in mare senza b.*, (*fig.*) accingersi a un'attività senza adeguata preparazione. *3* Terracotta o porcellana di prima cottura destinata a ricevere il rivestimento vetroso. **B** agg. • Biscottato. || **biscottèllo**, dim. | **biscottìno**, dim. (V.).

biscròma [vc. dotta, comp. di *bis-* (*2*) e di (*semi*)*croma*, nel senso che due *biscrome* hanno il valore di durata di una *semicroma*] s. f. • (*mus.*) Figura di nota avente durata di 1/32 di semibreve.

biscugìno [vc. dotta, comp. di *bis-* (*2*) e *cugino*] s. m. (f. *-a*) • Cugino in secondo o terzo grado.

biscuit /fr. bis'kɥi/ [vc. fr., letteralmente 'biscotto', perché ottenuta con doppia cottura] s. m. inv. *1* Porcellana bianca, opaca, senza smalto, imitante il marmo usata, spec. nel sec. XVIII per statuette e altri oggetti ornamentali | Oggetto fabbricato con tale porcellana. *2* Biscotto nel sign. 3. *3* Gelato semifreddo.

bisdòsso [comp. di *bis-* (*1*) e *dosso*] vc. ● Solo nella loc. avv. *a b.*, sul dorso nudo, senza sella, di cavallo e sim.: *montare, cavalcare, andare a b.*

bisdrùcciolo [comp. di *bis-* (*2*) e *sdrucciolo*] agg. ● Detto di parola accentata sulla quart'ultima sillaba, come *diteglielo, scivolano, andandosene.* (V. nota d'uso ACCENTO)

bisecànte [comp. di *bi-* 'in due' e del lat. *secănte(m)*, part. pres. di *secāre* 'tagliare'] **A** agg. ● Che biseca. **B** s. f. ● Retta, semiretta bisecante.

bisecàre [comp. di *bi-* 'doppio', dal lat. *bĭs* 'due (volte)', e *secāre* 'tagliare'] v. tr. (*io bìseco, tu bìsechi*) ● (*mat.*) Dividere a metà un angolo.

bisecolàre [comp. di *bi-* 'doppio' e *secolare*] agg. ● Di due secoli, che ha due secoli: *quercia b.*

biségolo [comp. di *bi-* 'doppio' e *segolo*] s. m. ● Arnese di legno duro o metallo usato dal calzolaio, per la levigatura di suole e tacchi.

bisellàre [da *bisello*] v. tr. (*io bisèllo, tu bisèlli*) ● Smussare il bordo di lamiere, lenti, cliché e sim.

bisellatrìce s. f. ● (*mecc.*) Macchina con cui si esegue il bisello.

bisellatùra s. f. ● (*tecnol.*) Smussatura.

bisèllo [fr. *biseau* (ant. **bisel*): comp. del lat. *bis* 'due volte' e un deriv. di *āla* nel senso di 'angolo' (?)] s. m. *1* (*mecc.*) Smusso a piano inclinato inserito fra due superfici perpendicolari di un pezzo lavorato | Smusso ottenuto negli spigoli di una lamiera o di un altro pezzo lavorato mediante un taglio inclinato. *2* Profilo acuminato dell'orlo di una lente da occhiali. *3* (*arch.*) Modanatura costituita da un piano inclinato che collega due superfici parallele.

bisèmico [fr. *bisémique*, comp. di *bi-* e *sémique* 'semico, del significato' (V. *sema*)] agg. (pl. m. *-ci*) ● (*ling.*) Detto di parola che ha due significati diversi a seconda dei contesti.

bisènso [vc. dotta, comp. di *bi-* e *senso*] s. m. *1* Parola che ha doppio significato. *2* Gioco enigmistico consistente nel trovare una parola che ha doppio significato.

bisessuàle [vc. dotta, comp. di *bi-* 'doppio' e del lat. tardo *sexuāle(m)* 'pertinente al sesso'] **A** agg. ● Che ha i caratteri dei due sessi | *Fiore b.*, con stami e pistilli. **B** s. m. e f. ● Chi prova attrazione sessuale per persone di entrambi i sessi.

bisessualità s. f. ● Proprietà di ciò che è bisessuale | (*psicoan.*) Teoria freudiana secondo cui ogni persona avrebbe costituzionalmente disposizioni sessuali sia maschili che femminili.

bisessuàto [vc. dotta, da **sessuare*, formato su *sessuale*] agg. ● Bisessuale.

bisestìle [vc. dotta, lat. *bisextīle(m)*, da *bisĕxtus* 'bisesto'] agg. ● Detto dell'anno di 366 giorni e che perciò ha il bisesto.

bisèsto o **bisèsto** [vc. dotta, lat. *bisĕxtu(m)*, comp. di *bĭs* 'due volte' e *sĕxtum* 'sesto', perché era l'intercalare aggiunto al *sesto* giorno prima dell'inizio di marzo] **A** s. m. *1* Giorno che ogni quattro anni si aggiunge al mese di febbraio. *2* †Spazio di quattro anni. **B** agg. ● (*raro*) Bisestile, spec. nella loc. *anno b., anno funesto.*

bisettimanàle [comp. di *bi-* 'doppio' e *settimana*, con suff. aggettivale] agg. ● Che avviene, è pubblicato, trasmesso e sim., due volte ogni settimana: *lezioni bisettimanali.* ‖ **bisettimanalménte**, avv. Due volte la settimana: *le lezioni si terranno bisettimanalmente.*

bisettóre [comp. di *bi-* 'doppio' e del lat. *sectōre(m)* 'tagliatore, divisore'] agg. (f. *-trice*) ● (*mat.*) Che divide a metà: *piano b.*

bisettrìce [vc. dotta, comp. di *bi-* 'in due' e del lat. *sectrīce(m)*, f. di *sĕctor* (V. *settore*)] s. f. ● (*mat.*) Semiretta uscente dal vertice dell'angolo, che divide l'angolo stesso in due angoli uguali.

bisèx [abbr. di *bisessuale*, con influenza dell'ingl. *sex*] agg. e s. m. e f. inv. *1* Bisessuale. *2* Unisex.

bisezióne [vc. dotta, comp. di *bi-* 'in due' e *sectiōne(m)* 'sezione'] s. f. ● (*mat.*) Divisione in due parti uguali di un angolo piano o di un diedro.

bisfenòide [comp. di *bi-* e *sfenoide*] s. m. ● Solido geometrico che ha per facce quattro triangoli isosceli o scaleni.

†**bisgènero** [comp. di *bis-* (*2*) e *genero*] s. m. ● Marito della nipote.

bisillàbico agg. (pl. m. *-ci*) ● Bisillabo.

bisìllabo [vc. dotta, lat. *bisy̆llabu(m)*, comp. di *bi-* 'di due' e *sy̆llaba* 'sillaba'] **A** agg. ● Che è formato da due sillabe. **B** s. m. ● Parola formata da due sillabe | Verso di due sillabe con l'accento sulla prima.

bislaccherìa s. f. ● (*raro*) Stravaganza.

bislàcco o (*pop.*) †**sbillàcco** [vc. espressiva, di origine oscura] agg. (pl. m. *-chi*) ● Stravagante, strambo: *cervello b.*

†**bisleàle** [per *disleale* con sostituzione di pref. pegg.] agg. ● (*raro*) Sleale.

†**bislessàre** [comp. di *bis-* (*1*) e *lessare*] v. tr. (*io bislésso*) ● (*raro*) Lessare leggermente.

bislìngua [comp. di *bis-* (*2*) e *lingua*, nel senso di 'foglia simile a lingua'] s. f. ● Suffrutice sempreverde delle Liliacee, simile al pungitopo, con fillocladi non pungenti e fiori in piccole ombrelle (*Ruscus hypophillum*).

bislùngo [lat. mediev. *bislŏngu(m)*, comp. di *bis-* 'due volte' e *lŏngu(m)* 'lungo'] agg. (pl. m. *-ghi*) ● Che ha forma allungata | Che ha forma allungata e irregolare: *un naso b.* ‖ **bislungaménte**, avv. (*raro*) In modo bislungo.

bismàlva [forse lat. (*hi*)*bĭs(cum) mălva(m)*: V. *ibisco* e *malva*] s. f. ● (*bot.*) Altea.

bismùto o (*evit.*) **bìsmuto** [vc. dotta, ted. *Wismut*, comp. del topomino *Wiesen* e di *muten* 'sollecitare una concessione mineraria', ottenuta appunto nel sec. XV in Boemia, in località *Wiesen* 'Prati'] s. m. ● Elemento chimico, metallo bianco-rossiccio, fragile, ottenuto per lo più dalla lavorazione del rame e di altri metalli, usato spec. per leghe e per prodotti farmaceutici. SIMB. Bi.

bisnipóte [comp. di *bis-* (*2*) e di *nipote*] s. m. e f. ● Figlio o figlia di un nipote. SIN. Pronipote.

bisnònno [comp. di *bis-* (*2*) e *nonno*] s. m. (f. *-a*) ● Padre del nonno o della nonna. SIN. Bisavolo.

biśógna [ant. fr. *besoigne*, dal francone **bisunnja*, comp. del pref. germ. *bi-* 'presso, vicino' e di un deriv. del v. **sunnjôn* 'occuparsi'] s. f. ● (*lett.*) Affare, faccenda | Necessità: *le volgari bisogne della lor vita* (VICO).

†**bisognànza** s. f. ● Povertà.

bisognàre [da *bisogno*] **A** v. intr. (dif. usato solo nelle terze pers. sing. e pl.: *biśógna, biśógnano*; aus. *essere*, raro *avere*) *1* Essere necessario, occorrere: *ti bisognano altri denari?* SIN. Necessitare. *2* †Aver bisogno. **B** v. intr. impers. ● Essere necessario: *bisogna decidersi a partire*; (*enf.*) *Bisognava vedere! Bisognava sentire!*

bisognatàrio [dalla formula *al bisogno* (nel senso di 'all'occorrenza') che accompagna il suo nome nella cambiale] s. m. (f. *-a*) ● (*dir.*) Persona indicata sulla cambiale tratta per l'accettazione o per il pagamento, con diritto di rimborso, in vece di uno dei coobbligati inadempiente.

bisognévole **A** agg. *1* (*raro, lett.*) Che è necessario, opportuno, occorrente. *2* (*raro, lett.*) Che è bisognoso: *un poveraccio b. di tutto.* **B** s. m. solo sing. ● (*raro, lett.*) Ciò che è necessario.

bisognìno s. m. *1* Dim. di *bisogno*. *2* (*euf.*) Necessità corporale.

biśógno [germ. **bisundhī* 'lavoro, affare, cura' (V. *bisogna*)] s. m. *1* Necessità di procurarsi q.c. che manca: *bisogni reali, fittizi*; *essere pieno di bisogni*; *il quotidiano b. di denaro*; *avere b. di*; *esserci b. di* | (*gener.*) Necessità, occorrenza: *al b.*; *in caso di b.*; *secondo il b.* *2* (*est.*) Mancanza di mezzi, povertà: *essere, trovarsi, vivere in grande, urgente, assoluto, estremo b.* | (*spec. al pl.*) Necessità o desiderio diffuso che dà origine alla domanda di uno o più beni economici. *3* Forte stimolo fisico o psicologico a compiere una determinata azione: *sento il b. di sfogarmi* | (*spec. al pl., euf.*) La defecazione o la minzione: *ho un b. urgente*; *fare i propri bisogni.* ‖ **bisognino**, dim. (V.) | **bisognùccio**, dim.

bisognóso agg.; anche s. m. (f. *-a*) ● Che, chi ha bisogno: *b. di guida, di consigli* | Povero: *dare lavoro ai bisognosi*; *assistere famiglie bisognose* ‖ PROV. Giovane ozioso, vecchio bisognoso. ‖ **bisognosaménte**, avv.

bisolfàto [vc. dotta, comp. di *bi-* e *solfato*] s. m. ● Sale dell'acido solforico. SIN. Solfato acido.

bisolfìto [comp. di *bi-* e *solfito*] s. m. ● Sale dell'acido solforoso. SIN. Solfito acido.

bisolfùro [vc. dotta, comp. di *bi-* e *solfuro*] s. m. ● Sale dell'acido solfidrico, la cui molecola contiene due atomi di zolfo | Composto organico contenente due atomi di zolfo.

bisònico [comp. di *bi-* e dell'agg. di *s(u)ono*] agg. (pl. m. *-ci*) ● Che ha o raggiunge una velocità doppia della velocità del suono: *aereo b.*

bisónte [vc. dotta, lat. *bisŏnte(m)*, di etim. incerta] s. m. *1* Grosso mammifero selvatico degli Artiodattili con la parte anteriore del tronco molto più sviluppata di quella posteriore, gibbosità dorsale, fronte convessa e larga, corna brevi e lunghi peli sul corpo (*Bison*). *2* (*est., fig.*) *B. della strada*, ogni autotreno, autoarticolato e sim. di grandi dimensioni.

†**bisquìzzo** ● V. *bisticcio*.

bissàre [da *bis*] v. tr. ● Replicare, o far replicare un pezzo, un'esecuzione | (*est.*) Ripetere, rifare.

bìssino [vc. dotta, lat. *by̆ssinu(m)*, dal gr. *býssinos*, agg. di *býssos* 'bisso'] agg. ● Di bisso.

bìsso [vc. dotta, lat. tardo *by̆ssu(m)* dal gr. *býssos*, di origine egiz.] s. m. *1* Tessuto di lino, rado e sostenuto, per biancheria ricamata da tavola e da letto | Tela finissima di lino usata dagli antichi per vesti lussuose. *2* Sostanza secreta da molluschi lamellibranchi, che solidifica formando un fascio di filamenti con i quali l'animale si fissa a un sostegno. *3* Fibra tessile anticamente ricavata da tale sostanza | Tessuto ottenuto con questa fibra.

bissòlo [dall'it. sett. *bissa*, la 'biscia' dei Visconti, impressa sul conio] s. m. ● Tipo di moneta milanese dei Visconti, recante la figura di una piccola biscia.

bissóna [accr. venez. di *bissa* 'biscia', per la sua forma lunga] s. f. *1* Imbarcazione veneziana da parata a otto remi, per feste e regate. *2* Denaro milanese coniato da Bernabò Visconti con la biscia sul dritto | Grosso da tre soldi coniato nella zecca di Milano da Luigi XII.

bistàbile [comp. di *bi-* e *stabile*] agg. ● (*elettron.*) Detto di multivibratore caratterizzato da due stati stabili di funzionamento.

†**bistànte** [comp. di *bi(s)* (*2*) e *stante*] s. m. ● Tratto di tempo, tempo intermedio | (*raro*) *In bistanti*, con esitazione.

bistécca [ingl. *beefsteak*, comp. di *beef* 'carne di bue' e *steak* 'bistecca'] s. f. ● Fetta di carne di manzo o di vitello tagliata sulla costola, cotta sulla graticola o nel tegame: *b. alla fiorentina* | *B. con l'osso*, costata | *B. al sangue*, cotta solo in superficie | *B. alla Bismarck*, cotta sulla graticola e con uovo sopra | *B. alla svizzera*, di carne tritata. ‖ **bisteccàccia**, pegg. | **bistecchìna**, dim. | **bisteccóna**, accr.

bistecchièra s. f. ● Piastra o graticola usata per cuocere le bistecche.

†**bistentàre** [comp. di *bis-* (*1*) e *stentare*] v. intr. (*io bistènto*) ● Penare | Indugiare.

†**bistènto** [da *bistentare*] s. m. ● Stento, indugio, pena.

bisticciaménto s. m. ● Bisticcio.

bisticciàre [adattamento tosc. di †*bischizzare*] **A** v. intr. (*io bistìccio*; aus. *avere*) ● Altercare, litigare con particolare vivacità di espressioni verbali: *non voglio sentir b.* **B** v. rifl. rec. ● Litigarsi: *bisogna che smettiate di bisticciarvi.*

†**bisticcicàre** v. intr. ● Altercare, bisticciare.

bistìccio o †**bischìzzo** nel sign. 2, †**bisquìzzo** [da *bisticciare* (V.)] s. m. *1* Litigio, spec. passeggero e dovuto a cause non gravi: *bisticci fra amiche*; *sono i soliti bisticci degli innamorati.* *2* (*ling.*) Paronomasia. *3* Scioglilingua o gioco di parole basato sull'identità dei suoni e la varietà del senso, senza tener conto dell'ortografia: *i cantanti dell'opera.*

†**bistondàre** v. tr. ● Rendere bistondo.

bistóndo [comp. di *bis-* (*1*) e *tondo*] agg. ● Che ha forma irregolarmente rotonda. SIN. Tondeggiante.

bistorì ● V. *bisturi*.

†**bistornàre** [da *distornare*, con mutamento di pref.] v. tr. (*io bistórno*) ● Capovolgere, rovesciare, trasformare in peggio.

bistòrta [vc. dotta, per la forma *bistorta* della sua radice] s. f. ● (*bot.*) Pianta erbacea delle Poligonacee, rizomatosa, con foglie inferiormente glauche e fiori rosei raccolti in spighe (*Polygonum bistorta*).

bistòrto [da *distorto*, con mutamento di pref.] agg. *1* (*raro*) Torto malamente e per più versi. *2* (*fig.*)

Malizioso | Bisbetico.

bistràre [fr. *bistrer*, da *bistre* 'bistro'] v. tr. ● Tingere col bistro: *bistrarsi gli occhi*.

bistràto part. pass. di *bistrare*; anche agg. *1* Nei sign. del v. *2 Occhi bistrati*, truccati col bistro.

bistrattàre [comp. di *bis-* (*1*) e *trattare*] v. tr. ● Maltrattare.

bìstro [fr. *bistre*, di etim. incerta] s. m. ● Materia colorante nero-blu, preparata con fuliggine e perossido di manganese, usata in pittura e come cosmetico: *truccarsi gli occhi col b.*

bistrò s. m. ● Adattamento di *bistrot* (V.).

bistrot /*fr.* bis'tro/ [vc. fr., di etim. incerta] s. m. inv. ● Caffè, spec. a Parigi.

bìsturi o (*raro*) **bistorì** [fr. *bistouri*, originariamente 'pugnale', di etim. discussa: dal nome lat. (*Pistoria*) della città di *Pistoia*, celebre per la fabbricazione d'armi da taglio (?)] s. m. ● (*med.*) Coltello gener. a lama breve, di varia forma, usato negli interventi chirurgici spec. per incidere i tessuti molli | (*gerg.*) *B. freddo*, *b. di ghiaccio*, apparecchio e tecnica mediante i quali si realizzano interventi di criochirurgia | *B. laser*, (*gerg.*) *b. di luce*, apparecchio e tecnica che applica il laser a interventi di neurochirurgia | *B. elettrico*, V. *elettrobisturi*. ➡ ILL. **medicina e chirurgia**.

†**bisulcàre** v. tr. ● (*raro*) Dividere in due, solcare.

†**bisùlco** [vc. dotta, lat. *bisŭlcu(m)*, comp. di *bis* 'in due' e *sŭlcus* 'solco'] agg. (pl. m. *-chi*) ● (*lett.*) Diviso in due, detto spec. dei piedi dei ruminanti: *un'orma / che bisulca non sia, ferina e vaga* (SANNAZARO).

bisùnto [comp. di *bis-* (*2*) e *unto*] agg. ● Molto unto: *unto e b.*

bit /*ingl.* bit/ [abbr. dell'ingl. *bi(nary) (digi)t*, letteralmente 'cifra (*digit*) binaria (*binary*)'] s. m. inv. ● (*elab.*) Unità di misura della quantità di informazione, equivalente alla scelta di una fra due possibili alternative ugualmente probabili.

bitagliènte [comp. di *bi-* 'doppio' e *tagliente*] agg. ● Che ha doppio taglio.

bitartràto [comp. di *bi-* e *tartrato*] s. m. ● (*chim.*) Tartrato acido derivato dall'acido tartarico | *B. di potassio*, cremor tartaro.

bitemàtico [comp. di *bi-* 'doppio' e *tema*, con suff. aggettivale] agg. (pl. m. *-ci*) ● (*mus.*) Detto di sonate e composizioni affini, imbastite su due temi principali.

bitematismo [da *bitematico*] s. m. ● In una composizione musicale, impiego di due temi principali, aventi in genere carattere opposto.

bitonàle [comp. di *bi-* 'doppio' e *tono* (*1*), con suff. aggettivale] agg. *1* (*mus.*) Che presenta bitonalità. *2* Detto di avvisatore acustico a due note: *clacson b.*

bitonalità [da *bitonale*] s. f. ● In un pezzo musicale, uso simultaneo di due tonalità diverse.

†**bitórzo** s. m. ● (*raro*) Bitorzolo.

bitórzolo [comp. di *bis-* (*2*) e **torzo(lo)* per *torsolo* (?)] s. m. ● Piccola sporgenza irregolare sulla pelle o su altra superficie: *ha il viso pieno di bitorzoli*. ‖ **bitorzolétto**, dim. | **bitorzolino**, dim. | **bitorzolóne**, accr.

bitorzolùto agg. ● Pieno di bitorzoli: *naso b.*

bitta [fr. *bitte*, dallo scandinavo ant. *biti* 'traversa della nave'] s. f. ● (*mar.*) Traversa | Colonna di legno o di ferro, alla prua della nave o sulle banchine dei porti, per avvolgervi le gomene e le catene delle ancore | *Giro di b.*, bittatura e (*fig.*, *gerg.*) gallone a forma di anello nei gradi degli ufficiali della Marina Militare.

bittàre [fr. *bitter*, da *bitte* 'bitta'] v. tr. ● (*mar.*) Abbittare.

bittatùra s. f. ● (*mar.*) Giro della catena dell'ancora intorno alla bitta.

bìtter [ingl. *bitter*, dall'ol. *bitter* 'amaro', originariamente 'tagliente, pungente'] s. m. inv. ● Aperitivo amaro.

bittóne [da *bitta*] s. m. ● (*mar.*) Ciascuno dei pezzi di legno squadrati, posti in più punti del bastimento per allacciarvi cime e cavi | *B. d'ormeggio*, colonnetta che, sulla calata dei porti, serve per ormeggiare i natanti.

bitumàre v. tr. ● Rivestire con bitume: *b. una strada, la barca*.

bitumatóre s. m. ● Operaio addetto alla bitumatura.

bitumatrice s. f. ● Macchina per spargere il bitume sul fondo stradale.

bitumatùra s. f. ● Operazione ed effetto del bitumare.

bitumazióne s. f. ● Bitumatura.

bitùme o †**bitùmine** [vc. dotta, lat. *bitūmine(m)*, nom. *bitūmen*, di etim. incerta] s. m. *1* Miscela di idrocarburi solidi o semisolidi usata spec. per rivestimenti impermeabilizzanti e antipolvere di marciapiedi, strade e sim. *2* Miscela di catrame, zolfo, sego o olio di pesce, che si spalma calda sulla carena delle navi per proteggerla.

bituminàre [vc. dotta, lat. *bituminàre*, da *bitūmen* 'bitume'] v. tr. (*io bitùmino*) ● Bitumare.

†**bitùmine** ● V. *bitume*.

bituminóso [vc. dotta, lat. *bituminōsu(m)*, da *bitūmen* 'bitume'] agg. ● Che contiene bitume.

bitumizzazióne s. f. ● Trattamento con bitume di oggetti o costruzioni lignee a scopo protettivo.

biunivocità [da *biunivoco*] s. f. ● (*mat.*) Corrispondenza secondo cui a un elemento di un insieme corrisponde un solo elemento di un secondo insieme e inversamente.

biunìvoco [comp. di *bi-* 'doppio' e *univoco*] agg. (pl. m. *-ci*) *1* (*mat.*) Univoco in entrambi i sensi | *Corrispondenza biunivoca*, corrispondenza esistente fra due insiemi di oggetti quando ciascun elemento dell'uno è il corrispondente di uno e un solo elemento dell'altro, e viceversa. *2* (*mat.*) Biiettivo.

biùta [lat. parl. **ablūta(m)*, part. pass. f. di *ablŭere* 'lavare (*lŭere*) via (*ab*)'] s. f. ● Mistura di materie grasse, usata come intonaco o per turare buchi sui tronchi di piante | (*est.*) Belletto | (*dial.*) Crosta lucida sui dolci.

biutàre [da *biuta*] v. tr. ● Impiastrare.

bivaccàre [da *bivacco*] v. intr. (*io bivàcco, tu bivàcchi*; aus. *avere*) *1* Stare a bivacco, detto di soldati, escursionisti, alpinisti e sim.: *b. al campo*; *b. in parete*. *2* (*est.*) Sistemarsi provvisoriamente, alla meglio, in un luogo: *bivaccarono un mese dai parenti*.

bivàcco [fr. *bivouac*, dal ted. dial. *bûvache*, comp. di *bî* 'presso' e *wacht* 'guardia'] s. m. (pl. *-chi*) *1* Stazionamento di truppe allo scoperto | (*est.*) Qualunque sosta o sistemazione di fortuna all'aperto, spec. notturna: *fuochi di b.* | *B. in parete*, su una cengia o un'amaca, durante un'ascensione. *2* Luogo del bivacco | *B. fisso*, piccola costruzione in legno o lamiera per il pernottamento di un numero limitato di alpinisti.

bivalènte [vc. dotta, comp. di *bi-* e *valente*] **A** agg. *1* (*chim.*) Di atomo o raggruppamento atomico che può combinarsi con due atomi d'idrogeno | Di sostanza che presenta nella molecola due identici gruppi funzionali. *2* (*med.*) *Vaccinazione b.*, quella che imunizza contro due tipi di malattie. *3* (*fig.*) Che ammette due possibilità diverse di applicazione, interpretazione, soluzione: *principio, teoria b.* **B** s. f. ● (*med.*) Vaccinazione bivalente.

bivalènza s. f. *1* Proprietà di atomi e raggruppamenti atomici bivalenti. *2* (*fig.*) Qualità di ciò che è bivalente.

bivàlve [vc. dotta, comp. di *bi-* e il pl. di *valva*] agg. *1* (*zool.*) Detto di conchiglia di mollusco costituita da due valve unite da una specie di cerniera. *2* (*bot.*) Detto di frutto che, mediante due fenditure longitudinali, può essere diviso in valve.

Bivàlvi s. m. pl. ● (*zool.*) Lamellibranchi | (al sing. *-e*) Ogni individuo di tale classe. ➡ ILL. **animali** /4.

†**bìvero** o †**bévero** [lat. *bĭbru(m)*, di origine celt., parallelo al lat. *fĭber*, propriamente 'bruno'] s. m. ● Castoro.

bivière [siciliano *bìvieri*, dal lat. *vivārium* 'vivaio'] s. m. ● (*merid.*) Palude, lago: *il b. di Lentini*.

bìvio [vc. dotta, lat. *bĭviu(m)*, comp. di *bi-* 'con due' e *vĭa* 'via, strada'] s. m. *1* Punto in cui una via di comunicazione si biforca: *al b., imboccate il viottolo a sinistra*; *b. ferroviario*. SIN. Biforcazione. *2* (*fig.*) Punto, momento o condizione in cui due o più soluzioni, possibilità e sim. si presentano e determinano incertezza nella scelta: *la nostra attività è giunta a un b.* | (*est.*) Dubbio: *porre qc. davanti a un grave b.*

bivòmere [comp. di *bi-* e *vomere*] agg. inv. ● Detto di aratro con due vomeri.

bizantina s. f. *1* Moneta d'oro coniata a Bisanzio. *2* Sopravveste corta e impreziosita di gemme, usata dalle donne bizantine.

bizantineggiàre v. intr. (*io bizantinéggio*; aus. *avere*) *1* Imitare l'arte bizantina. *2* (*fig.*) Indugiare in sottigliezze eccessive e in distinzioni e discussioni pedanti.

bizantinerìa s. f. ● (*raro*) Bizantinismo.

bizantinìsmo s. m. *1* Nelle arti figurative, tendenza a uno stile affine a quello bizantino, o presenza, nell'opera di un artista, di elementi di gusto o di cultura bizantina: *il b. della basilica di S. Marco a Venezia*; *il b. di Duccio* | (*est.*) Preziosismo ricercato ed estetizzante in arte o in letteratura. *2* Atteggiamento di sottigliezza inutile e pedante | Disputa, distinzione pedante.

bizantinista s. m. e f. (pl. m. *-i*) ● Studioso dell'arte o della civiltà bizantina.

bizantìno o (*lett.*) †**bisantino** [vc. dotta, lat. tardo *Byzantīnu(m)* 'di Bisanzio'] agg. *1* Di Bisanzio | Della civiltà o dell'impero d'Oriente che aveva per capitale Bisanzio: *era, architettura, bizantina*. *2* (*est.*) Eccessivamente raffinato e ricco: *eleganza bizantina*. *3* (*fig.*) Sottile, cavilloso e pedante: *mente bizantina*.

bizza [etim. incerta] s. f. ● Accesso momentaneo di collera, capriccio, stizza | *Fare le bizze*, fare i capricci, detto spec. di bambini. ‖ **bizzàccia**, pegg. | **bizzina**, dim.

bizzarrìa s. f. *1* Qualità di chi o di ciò che è bizzarro: *la sua b. non ha limiti*. SIN. Stranezza, stravaganza. *2* Azione o idea bizzarra. SIN. Capriccio, stranezza. *3* †Iracondia, collera.

bizzàrro [etim. incerta; da *bizza* (?)] agg. *1* Che non segue i comportamenti considerati comuni e abituali: *ha modi bizzarri*; *non gli badare, è un tipo b.* SIN. Originale, stravagante. *2* Focoso, che si imbizzarrisce facilmente, detto spec. di cavallo. *3* (*raro, lett.*) Vivace | †Iracondo, stizzoso. ‖ **bizzarraménte**, avv.

bizzèffe [ar. dial. *bizzēf* 'molto'] vc. ● Solo nella loc. avv. *a b.*, in grande quantità, in grande abbondanza: *avere quattrini a b.*; *a primavera, fiori a b., e, a suo tempo, noci a b.* (MANZONI).

bizzòcco ● V. *bizzoco*.

†**bizzocherìa** s. f. ● Mentalità, comportamento da bizzoco.

bizzòco o (*raro*) **bizzòcco**, †**bizzòchero** [etim. incerta] s. m.; anche agg. (f. *-a*; pl. m. *-chi*) *1* Appartenente alla setta eretica italiana dei Fraticelli (XIV sec.), che respingevano l'autorità pontificia e dichiaravano essenziale per la salvezza la povertà assoluta. *2* (*fig., spreg.*) Bigotto.

bizzóso [da *bizza*] agg. ● Che fa le bizze, i capricci: *un bambino b.* | Che si irrita facilmente, detto spec. di cavallo. SIN. Ombroso. ‖ **bizzosétto**, dim. | **bizzosino**, dim. ‖ **bizzosaménte**, avv.

blablà o **bla bla**, **bla-blà**, **blablablà** [vc. onomat.] s. m. ● Chiacchiericcio futile, discorso inutile o senza costrutto, senza conclusione: *il b. dell'alta società* (MONTALE).

black-bottom /*ingl.* 'blæk-bɔtəm/ [ingl. d'America, letteralmente 'il fondo (*bottom*, di origine indeur.) nero (*black*, pure di origine indeur.)', e si spiega come danza imitatrice dei movimenti di chi è impantanato nel fango di un *bassofondo*] loc. sost. m. inv. ● Danza in voga negli Stati Uniti verso gli anni Trenta.

black comedy /*ingl.* 'blæk 'kɔmədi/ [loc. ingl., propr. 'commedia (*comedy*) nera (*black*)'] loc. sost. f. inv. (pl. ingl. *black comedies*) ● Genere teatrale o cinematografico caratterizzato dal ricorso al macabro e alla rappresentazione cruda di fatti di sangue, ma con intenti satirici.

black-jack /*ingl.* 'blækdʒæk/ [vc. ingl. d'America, comp. di *black* 'nero' e *jack* 'fante' (delle carte da gioco)] s. m. inv. ● Gioco d'azzardo, simile al sette e mezzo, che si gioca con due mazzi di carte.

black music /*ingl.* 'blæk 'mju:zik/ [loc. ingl., propr. 'musica (*music*) nera (*black*)'] loc. sost. f. inv. ● Musica afroamericana.

black-out /*ingl.* 'blækaut/ [vc. ingl., 'oscuramento', comp. di *black* 'nero, scuro' e *out* 'fuori', entrambi di origine indeur.] s. m. inv. *1* Oscurità totale e paralisi di qualsiasi apparecchiatura mossa dall'energia elettrica, che conseguono a un'improvvisa interruzione nell'erogazione dell'energia stessa: *ieri vi sono stati dieci minuti di black-out* | (*est.*)

Interruzione improvvisa e completa nell'erogazione di un servizio pubblico nell'ambito delle telecomunicazioni: *black-out telefonico, televisivo* | Interruzione delle comunicazioni tra un veicolo spaziale e le stazioni di collegamento a terra, durante l'ultima fase di rientro. **2** (*fig.*) Assoluta mancanza di notizie, silenzio completo nei riguardi di q.c.: *il black-out sul caso X è totale*; *black-out giornalistico* | (*est.*) Vuoto di memoria: *ho avuto un momento di black-out*.

black power /*ingl.* 'blæk 'pauə*/ [loc. ingl., propr. 'potere (*power*) nero (*black*)'] **loc. sost. m. inv.** • Movimento nato nella seconda metà degli anni '60 per la conquista di un potere politico ed economico da parte dei neri d'America.

blagueur /*fr.* bla'gœr/ [vc. fr., da *blague* 'borsa per tabacco' e, fig., 'vescica vuota, vanteria': dal neerlandese *blagen* 'gonfiarsi' (?)] **s. m. inv.** (f. fr. *blagueuse*) • Spaccone, persona che non va presa sul serio.

blandiménto [vc. dotta, lat. *blandimĕntu(m)*, da *blandīre* 'blandire'] **s. m.** • (*lett.*) Lusinga, carezza: *così vid'io quella / luce risplendere a' miei blandimenti* (DANTE *Par.* XVI, 29-30).

blandìre [vc. dotta, lat. *blandīri*, lat. tardo *blandīre*, da *blăndus* 'blando'] **v. tr.** (*io blandìsco, tu blandìsci*) **1** (*lett.*) Carezzare | (*fig.*) Lenire: *b. i dolori altrui*. **2** (*fig.*) Lusingare: *b. gli animi* | *B. le passioni, i vizi*, secondarli e fomentarli.

†**blanditìvo** **agg.** • (*raro*) Che blandisce | Vezzeggiativo.

blandìzia o **blandìzie** [lat. *blandĭtia(m)*, da *blăndus* 'blando'] **s. f.** • (*spec. al pl.*) Allettamento, lusinga: *discorso pieno di blandizie*.

blàndo [vc. dotta, lat. *blăndu(m)*, di etim. discussa: vc. espressiva (?)] **agg.** • Che si manifesta o che agisce con delicatezza: *una blanda punizione*; *cura, carezza blanda*; *rimedio b.* | †Che cede facilmente alle lusinghe: *La carne d'i mortali è tanto blanda* (DANTE *Par.* XXII, 85) | (*est.*) Dolce, delicato. **CONTR.** Energico. || **blandaménte**, **avv.** Con dolcezza e mitezza, quasi accarezzando.

blasé /*fr.* bla'ze/ [vc. fr., part. pass. di *blaser* 'rendere insensibile', di origine neerlandese (*blasen* 'soffiare')] **agg. inv.** • Che si mostra scettico, indifferente, vissuto.

blasfèma [vc. dotta, lat. eccl. *blasphēmia(m)* dal gr. *blasphēmía* da *blasphēmêin* 'blasfemare'] **s. m. e f.** (pl. m. *-i*) • (*raro, lett.*) Bestemmia.

blasfemàre [vc. dotta, lat. eccl. *blasphemāre*, dal gr. *blasphēmêin*, di etim. incerta] **v. intr.** (*io blasfèmo*; aus. *avere*) • (*raro, lett.*) Bestemmiare.

blasfematóre **s. m.**; anche **agg.** (f. *-trice*) • (*raro, lett.*) Bestemmiatore.

blasfematòrio **agg.** • (*raro, lett.*) Empio, irriverente.

†**blasfemìa** **s. f.** • (*raro*) Bestemmia.

blasfèmo [lat. tardo *blasphēmu(m)*, dal gr. *blásphēmos* 'che dice parole empie'] **A** **agg.** • Che costituisce un'offesa per la divinità: *atto b.*; *parola blasfema* | (*spreg.*) Eretico | Irriverente. **B** **s. m.** • Bestemmiatore.

†**blaṣmàre** e *deriv.* • V. *biasimare* e *deriv.*

blaṣonàre **v. tr.** (*io blaṣóno*) **1** Descrivere un blasone secondo le regole araldiche. **2** Fornire di blasone, anche mediante matrimonio.

blaṣonàrio **s. m.** • Raccolta di blasoni.

blaṣonàto **A** **agg.** • Fornito di blasone: *famiglia blasonata*. **SIN.** Nobile, titolato. **B** **s. m.** • Persona aristocratica, appartenente alla nobiltà.

blaṣóne [fr. *blason*, anche 'scudo', di etim. incerta] **s. m.** **1** Stemma gentilizio, insegna araldica: *ritratti di famiglia decorati da un grosso b.* | (*est.*) Disegno, motto e sim. che indica distinzione, appartenenza a un gruppo chiuso, a un'élite e sim.: *b. del collegio* | (*fig.*) Parola d'ordine, concetto dominante che riassume, ispira una situazione, un comportamento: *b. morale*; *ha fatto della generosità il suo b.* **2** Arte di comporre e descrivere le insegne araldiche. **SIN.** Araldica. **3** (*est.*) Nobiltà di stirpe.

†**blaṣònico** **agg.** • Pertinente al blasone.

blaṣonìsta **s. m. e f.** (pl. m. *-i*) • Studioso di blasoni, di araldica.

†**blastèma (1)** o †**blastèmia** [da *blasfema* con sovrapposizione di *bestemmia*] **s. f.** • Bestemmia.

blastèma (2) [fr. *blastème* dal gr. *blástēma*, da *blastánein* 'germogliare', di etim. incerta] **s. m.** (pl. *-i*) • (*biol.*) Tessuto embrionale ancora indifferenziato da cui si sviluppa un organo sia animale che vegetale.

†**blastèmia** • V. †*blastema (1)*.

blàstico [ricavato da *blast(oma)*] **agg.** (pl. m. *-ci*) **1** Che è causa di tumore: *attività blastica*. **2** Tumorale: *farmaco b.*

blàsto-, **-blàsto** [dal gr. *blastós* 'germe', di origine oscura] primo o secondo elemento • In parole composte della terminologia scientifica significa 'germe' o 'embrione' o 'cellula': *blastocele, blastomicete, eritroblasto*.

blastocèle [comp. di *blasto-* e del gr. *kóilos* 'cavità', di origine indeur.] **s. f.** • (*biol.*) Cavità delimitata da uno strato di cellule che si forma nel secondo stadio di segmentazione dell'uovo in molti animali.

blastòcero [vc. dotta, comp. di *blasto-* e *-cero*] **s. m.** • (*zool.*) Mammifero dei Cervidi diffuso in Argentina e Patagonia, che conduce vita notturna di branco presso i corsi d'acqua; i maschi possiedono corna che si biforcano alla radice (*Blastocerus campestris*).

blastocisti [comp. di *blasto-* 'germe' e *cisti* 'cavità'] **s. f.** • (*biol.*) Stadio dello sviluppo embrionale degli Euteri; corrisponde a un germe cavo ed è simile a una blastula, pur avendo un'origine e un significato diversi.

blastodèrma [comp. di *blasto-* e *-derma*] **s. m.** • (*biol.*) Strato di cellule che si forma dopo la fecondazione in corrispondenza della cicatricola delle uova molto ricche di tuorlo, come quelle degli Uccelli, dei Rettili e dei Pesci.

blastòfaga [comp. di *blasto-* e *fago*] **s. f.** • Genere di insetti appartenenti agli Imenotteri che realizza l'impollinazione del fico passando da un'infiorescenza all'altra (*Blastophaga*).

blastogèneṣi [comp. di *blasto-* e *genesi*] **s. f.** **1** (*biol.*) Riproduzione asessuata per gemmazione. **2** (*biol.*) Fase iniziale dello sviluppo di un embrione con formazione del blastoderma.

Blastòidi [comp. di *blasto-* e un deriv. del gr. *êidos* 'forma'] **s. m. pl.** • Nella tassonomia animale, classe di Echinodermi fossili dell'era paleozoica (*Blastoidea*) | (al sing. *-e*) Ogni individuo di tale classe.

blastòma [vc. dotta, comp. di *blast(o)-* e *-oma*] **s. m.** (pl. *-i*) • (*med.*) Tumore con cellule di tipo embrionale.

blastòmero [comp. di *blasto-* e del gr. *méros* 'parte'] **s. m.** • (*biol.*) Ciascuna delle cellule derivate dalla segmentazione dell'uovo.

blastomicète [comp. di *blasto-* e del gr. *mýkētes*, pl. di *mýkēs* 'fungo'] **s. m.** • Saccaromicete.

blastòporo [comp. di *blasto-* e del gr. *póros* 'passaggio' (V. *poro*)] **s. m.** • (*biol.*) Foro che mette la cavità interna della gastrula in comunicazione con l'esterno.

blàstula [vc. dotta, dim. del gr. *blástē* 'germe'] **s. f.** • (*biol.*) Stadio dello sviluppo embrionale di numerosi gruppi animali, esclusi i Placentati, in cui i blastomeri sono disposti a delimitare una cavità centrale.

blateraménto **s. m.** • Modo, atto di blaterare.

blateràre [vc. dotta, lat. *blaterāre*, vc. onomat.] **A** **v. intr.** (*io blàtero*; aus. *avere*) • (*spreg.*) Chiacchierare rumorosamente e a vanvera: *chi sta blaterando in questo modo?* | Ripetere insistentemente, in discorsi o scritti, affermazioni assurde o sgradevoli. **SIN.** Cianciare, ciarlare, cicalare. **B** **v. tr.** • Dire q.c. blaterando.

†**blateratóre** **s. m.**; anche **agg.** • (*raro*) Chi, che blatera.

†**blaterazióne** [vc. dotta, lat. tardo *blateratiōne(m)*, da *blaterāre* 'blaterare'] **s. f.** • Discorso prolisso e insulso. **SIN.** Sproloquio.

blateróne [vc. dotta, lat. *blaterōne(m)*, da *blaterāre* 'blaterare'] **s. m.**; anche **agg.** (f. *-a*) • (*raro, lett.*) Chiacchierone, sgradevolmente prolisso.

blàtta [vc. dotta, lat. *blătta(m)*, di etim. incerta] **s. f.** • Denominazione di vari insetti dei Blattoidei, attivi soltanto di notte, infestatori di case, magazzini e sim., con corpo piatto di color bruno scuro, zampe lunghe e antenne filiformi. **SIN.** Piattola nel sign. 3, scarafaggio | *B. orientale*, di color nerastro, con ali solo nel maschio | *B. americana*, di color ruggine.

Blattoidèi [comp. di *blatt(a)* e *-oidei*] **s. m. pl.** • Nella tassonomia animale, ordine di Insetti terrestri con lunghe zampe e antenne filiformi (*Blattoidea*) | (al sing. *-o*) Ogni individuo di tale ordine.

blazer /*ingl.* 'bleizə*/ [vc. ingl., letteralmente 'quello che fiammeggia', dal v. *blaze*, di origine indeur., con allusione al suo colore] **s. m. inv.** • Giacca sportiva a righe vistose o in tinta unita con stemma applicato sul taschino, tipica dei collegi inglesi | Giacca di maglia, senza collo né risvolti.

blé • V. *blu*.

blefarìte [vc. dotta, comp. di *blefaro-* e *-ite (1)*] **s. f.** • (*med.*) Infiammazione del margine delle palpebre.

blèfaro- [dal gr. *blépharon* 'palpebra'] primo elemento • In parole composte della terminologia medica significa 'palpebra': *blefarostato*.

blefaroplàstica [comp. di *blefaro-* e *plastica*] **s. f.** • (*med.*) Operazione di chirurgia plastica sui tessuti delle palpebre.

blefarospàṣmo [vc. dotta, comp. di *blefaro-* e *spasmo*] **s. m.** • Chiusura spastica delle palpebre.

blefaròstato [vc. dotta, comp. di *blefaro-* e del gr. *statós* 'fisso, fermo'] **s. m.** • Strumento usato per mantenere divaricate le palpebre durante interventi chirurgici sull'occhio.

bleffàre e *deriv.* • V. *bluffare* e *deriv.*

blènda [fr. *blende*, dal ted. *Blende*, da *blenden* 'accecare', 'ingannare', perché questo minerale assomiglia alla galena, ma non produce piombo] **s. f.** • Minerale costituito da solfuro di zinco in cristalli lucenti, di colore da bruno chiaro a bruno rossiccio.

blènnio [gr. *blénna* 'muco'] **s. m.** • Genere di pesci ossei marini commestibili dei Perciformi, cui appartiene la bavosa (*Blennius*).

blèno- [dal gr. *blénna* 'muco', 'pus'] primo elemento • In parole composte della terminologia medica significa 'muco' o 'pus': *blenorrea, blenostasi*.

blenorragìa [vc. dotta, comp. di *bleno-* e *-ragia*] **s. f.** (pl. *-gie*) • Malattia infettiva contagiosa, trasmessa di solito con i rapporti sessuali, causata dal gonococco: *b. acuta*; *b. cronica*. **SIN.** Blenorrea, gonorrea, (*pop.*) scolo.

blenorràgico **agg.**; anche **s. m.** (pl. m. *-ci*) • Che, chi è affetto da blenorragia.

blenorrèa [comp. di *bleno-* e *-rea*] **s. f.** • Blenorragia.

blenorròico [da *blenorrea*] **agg.**; anche **s. m.** (pl. m. *-ci*) • Blenorragico.

blenòstaṣi [vc. dotta, comp. di *bleno-* e del gr. *stásis* 'immobilità, l'essere stazionario'] **s. f.** • (*med.*) Arresto di scolo purulento.

blenùria [vc. dotta, comp. di *bleno-* e del gr. *ôuron* 'urina'] **s. f.** • (*med.*) Presenza di mucopus nelle urine.

bleṣità [da *bleso*] **s. f.** • (*med.*) Disturbo della parola caratterizzato da deformazione, sostituzione o soppressione di una o più consonanti.

blèṣo [vc. dotta, lat. *blaēsu(m)*, dal gr. *blaisós* 'storto, sbilenco', di etim. incerta] **agg.**; anche **s. m.** (f. *-a*) • Che, chi è affetto da blesità.

bleu /*fr.* blø/ [V. *blu*] **agg.**; anche **s. m. inv.** (pl. fr. *bleus*) • Blu.

blimp /*ingl.* blimp/ [vc. ingl., prob. comp. di (*type*) *B* e *limp* 'floscio'] **s. m. inv.** • Custodia per insonorizzare macchine per riprese cinematografiche usate in diretta.

blìnda [fr. *blinde*, dal ted. *Blende*, da *blenden* 'accecare, chiudere'] **s. f.** • Copertura o rivestimento per proteggere materiali o persone da esplosioni o tiri di armi da fuoco.

blindàggio [fr. *blindage*, da *blinder* 'blindare'] **s. m.** • Rafforzamento o protezione di una struttura per renderla più resistente agli effetti delle esplosioni.

blindaménto [da *blindare*] **s. m.** • Struttura resistente di materiale vario destinata ad aumentare la protezione dei lavori di fortificazione contro esplosioni.

blindàre **v. tr.** • Proteggere con blinda o blindatura: *b. un veicolo*.

blindàto **A** **part. pass.** di *blindare*; anche **agg.** • Nei sign. del v.: *proiettile, bossolo b.*; *carro, treno b.*; *camera blindata* | *Vetro b.*, a fogli sottilissimi alternati a strati di plastica, per schermo di pallottole e impedimento di furti | *Reparto b.*, dotato di veicoli blindati | (*est.*) Presidiato da mezzi blindati e forze di polizia: *quartiere b.* | (*fig.*) Protetto da rigorose misure di sicurezza: *vita blindata*; *comizio b.* | (*fig.*) Chiuso, bloccato. **B** s. m. ● (*mil.*) Veicolo blindato.

blindatùra [da *blindare*] s. f. ● Corazzatura leggera.

blindo s. m. ● Acrt. di *autoblindo*.

blindosbàrra ® [nome commerciale; comp. di *blinda* e *sbarra*] s. m. ● Sistema per la distribuzione di energia elettrica a soffitto o a parete, spec. per uso industriale, costituito da un involucro metallico rigido contenente barre di rame, dotato di aperture che consentono derivazioni dalla linea principale.

blinker /*ingl.* 'bliŋkə*/ [vc. ingl., riduzione di *blinker light* 'luce (*light*) intermittente (dal v. *to blink* 'lampeggiare')'] s. m. inv. ● Meccanismo che aziona il funzionamento a intermittenza di tutte le luci di direzione di un autoveicolo in sosta forzata e irregolare.

blìster /'blister, *ingl.* 'blistə*/ [vc. ingl., propr. 'vescica, bolla', di etim. incerta] s. m. inv. ● Tipo di confezione, spec. farmaceutica, per contenere capsule, compresse e sim., a forma di placchetta composta da un involucro trasparente incollato su alluminio da cui si estrae il prodotto custodito, al momento dell'uso, mediante pressione delle dita.

blitz /*ingl.* blits/ [ingl. *blitz*, dal ted. *Blitzkrieg*, propr. 'guerra lampo' (comp. di *Blitz* 'lampo' e *Krieg* 'guerra')] s. m. inv. (pl. ingl. *blitzes*) ● Operazione militare o di polizia, caratterizzata dall'imprevedibilità dell'attacco e dalla rapidità dell'esecuzione | (*est.*) Nel linguaggio giornalistico o familiare, azione di forza molto rapida, colpo di mano.

blizzard /*ingl.* 'blizəd/ [vc. ingl. d'America, di etim. incerta] s. m. inv. ● Violenta tempesta di neve tipica delle regioni settentrionali dell'America | Forte vento polare misto a neve.

blòb [dal n. del film dell'orrore americano *'The Blob'* del 1958, poi titolo di una fortunata trasmissione televisiva italiana] s. m. inv. ● Rapida successione di spezzoni selezionati da varie trasmissioni televisive, accostati in modo da provocare effetti comici, satirici o grotteschi | (*est.*) Serie di insoliti accostamenti, strana mescolanza, gioco di contrasti: *nei giornali c'è il b. della campagna elettorale*.

blobbàre [den. di *blob*] v. tr. (*io blòbbo*) ● Assemblare immagini o sequenze di immagini in modo apparentemente casuale, ma con l'intento di sottolineare aspetti comici o grotteschi | (*est.*) Fare oggetto di satira.

bloccàggio [fr. *blocage*, da *bloquer* 'bloccare'] s. m. ● Atto del bloccare.

bloccaménto s. m. ● Atto, effetto del bloccare.

bloccàre [fr. *bloquer*, da *blocus* 'blocco (2)'] **A** v. tr. (*io blòcco, tu blòcchi*) **1** Assediare città o territori del nemico occupando o controllando tutti gli accessi terrestri o marittimi, per impedire rifornimenti, soccorsi, commerci e comunicazioni. **2** Impedire l'accesso, il transito o l'uscita in, per, da, un luogo: *una frana ha bloccato la strada*; *b. il transito, le uscite*. SIN. Proibire, vietare. **3** Arrestare il movimento di qc. o q.c.: *la polizia bloccò il corteo dei dimostranti*. SIN. Fermare. **4** Arrestare l'azione dell'avversario | Nei giochi di palla, fermare il pallone trattenendolo, spec. da parte del portiere: *b. al volo, a terra*; *b. un tiro a rete*; *b. saldamente la palla*. **5** Vietare, limitare per legge la variazione di taluni fenomeni economici: *b. i prezzi, gli affitti, i licenziamenti* | *B. un conto, un assegno*, in banca, porre su di esso il fermo. **6** Interdire, con riferimento a tubi elettronici. **7** Fissare un organo meccanico mobile in una posizione voluta. **B** v. intr. e tr. (aus. *avere*) ● Fare blocco, concentrare i propri sforzi, i propri impegni, spec. politici o elettorali: *b. su un solo candidato*; *b. i voti su un'unica lista*. **C** v. intr. pron. ● Arrestarsi, fermarsi: *il motore si è bloccato*.

bloccaruòta [comp. dell'imperat. di *bloccare* e *ruota*] **A** s. m. inv. ● Congegno che serve a bloccare le ruote di un autoveicolo. **B** anche agg. inv.: *ceppi b.*

bloccastèrzo [comp. di *blocca(re)* e *sterzo*] s. m. ● Antifurto a serratura che blocca il volante di guida o il manubrio.

bloccàto part. pass. di *bloccare*; anche agg. **1** Nei sign. del v. **2** Ostacolato, impedito.

bloccatùra s. f. ● Atto, effetto del bloccare e del bloccarsi.

blocchétto s. m. **1** Dim. di *blocco* (*1*). **2** (*metrologia*) *B. di riscontro*, parallelepipedo d'acciaio di cui è nota la distanza fra le due coppie di facce con l'approssimazione del millesimo di millimetro. **3** Piccolo dado da incastrare nelle fessure della roccia, usato dagli alpinisti per la progressione o l'assicurazione. || **blocchettino**, dim.

blocchièra [da *blocco* (*1*)] s. f. ● Macchina impiegata per la costruzione di blocchi artificiali di calcestruzzo.

blocchista [da *blocco* (*1*)] s. m. e f. (pl. *-i*) ● Commerciante all'ingrosso.

blòcco (1) [fr. *bloc*, dall'ol. *blok* 'tronco squadrato'] s. m. (pl. *-chi*) **1** Massa compatta di considerevoli dimensioni: *un b. di granito, di marmo* | Notevole quantità di merce: *un b. di tessuti, di libri* | *In b.*, in massa | *Vendere, comprare in b.*, in una sola volta un'intera partita di merce | (*fig.*) *Considerare, valutare q.c. in b.*, nell'insieme. **2** (*geol.*) Elemento di roccia clastica di diametro superiore a 25 cm. | *B. di accrezione*, frammento della crosta terrestre, delimitato da faglie, caratterizzato da storia geologica propria. **3** (*autom.*) *B. cilindri*, *b. motore*, blocco, per lo più fuso in ghisa o in lega leggera, in cui sono ricavati i cilindri dei motori a combustione interna. **4** (*sport*) *Blocchi di partenza*, in atletica, nuoto e sim., attrezzi o strutture cui l'atleta si appoggia, spec. con i piedi, per prendere maggior slancio alla partenza. ➡ ILL. p. 1282, 1284 SPORT. **5** (*fig.*) Unione, alleanza: *unirsi in b.*, *in un b.* | *Fare, formare b.*, allearsi | *B. politico*, alleanza di due o più forze politiche per uno scopo definito, come elezioni e sim. **6** (*filat.*) Insieme di quattro o più francobolli ancora uniti tra loro. **7** (*elettr.*) Parte di un dispositivo elettrico avente una ben determinata funzione. **8** (*elab.*) Gruppo di informazioni, registrato in una certa memoria, avente propri indicativi d'individuazione e composto di un certo numero di caratteri, rappresentante la quantità unitaria di trasferimento nel trasferimento dei dati da una memoria a un'altra. **9** Insieme di fogli staccabili riuniti a formare un quaderno. || **blocchétto**, dim. (V.).

blòcco (2) [fr. *blocus*, dall'ol. *blochuus* 'casa di tronchi', quindi 'posto di sorveglianza, fortino'] s. m. (pl. *-chi*) **1** Atto, effetto del bloccare: *b. di una macchina, di un congegno*. **2** Sbarramento di forze militari, spec. navali, destinato a chiudere le vie di accesso, di rifornimento, di comunicazione con un luogo, un porto, uno Stato: *b. navale*; *b. continentale*; *b. pacifico, bellico*; *rompere il b.* | *Posto di b.*, sbarramento posto lungo le vie di comunicazione da forze militari o di polizia per effettuare operazioni di controllo. **3** Vincolo legislativamente imposto al mutamento di una data situazione, spec. per arrestare o regolare un fenomeno economico: *b. dei fitti, dei salari*. **4** (*med.*) Interruzione di una funzione organica: *b. cardiaco*; *b. renale*. **5** (*psicol.*) Arresto improvviso del pensiero o dell'azione, vuoto di memoria a seguito di un eccesso d'ansia: *b. emotivo*. **6** Regime di esercizio ferroviario che, mediante opportuni segnali telefonici o di apparecchiature elettriche, assicura il distanziamento dei treni su una linea: *sezione, posto di b.*

block-notes /*ingl.* 'blɔknouts/ [vc. ingl., letteralmente 'fogli (*notes*) (legati) in blocco (*block*)', l'uno e l'altro di provenienza fr.] s. m. inv. ● Bloc-notes.

bloc-notes /*fr.* blɔk'nɔt/ [comp. fr., 'blocco (*bloc*) per annotazione (*notes*)'] s. m. inv. (pl. fr. *blocs-notes*) ● Taccuino per appunti formato da fogli staccabili.

blónda o **biónda (2)** [fr. *blonde*, da *blond* 'biondo' perché originariamente del colore della seta cruda] s. f. ● Merletto a fuselli con fondo a rete in uso in Francia alla metà del XVIII secolo.

blondin /*fr.* blɔ̃'dɛ̃/ [vc. ingl., dal n. dell'acrobata fr. Ch. *Blondin* (1824-1897), che effettuò l'attraversamento del Niagara con un apparecchio di questo genere] s. m. inv. ● Apparecchiatura usata nella costruzione di dighe, ponti e sim., costituita da due piloni fissi o mobili che sostengono una o più funi portanti lungo le quali si muove il carrello che porta il carico, mobile verticalmente per mezzo di una fune di sollevamento.

blondinista [da *blondin*] s. m. (pl. *-sti*) ● Operaio addetto al funzionamento di un blondin.

bloom /*ingl.* blu:m/ [dall'antico ingl. *blóma*, che ha lo stesso significato; l'eventuale rapporto con l'omonimo *bloom* 'fiore', anche in altre lingue germaniche, non è chiarito] s. m. inv. ● (*metall.*) Blumo.

blouse /*fr.* bluz, *ingl.* blauz/ [vc. fr., V. *blusa*] s. f. inv. ● Camicetta, blusa.

blouson /*fr.* blu'zɔ̃/ [vc. fr., accr. di *blouse*, di etim. incerta] s. m. inv. ● Giubbotto piuttosto corto, di linea morbida.

blow-up /blo'ap, *ingl.* 'blou ʌp/ [vc. ingl., propr. 'esplosione', poi 'ingrandimento fotografico', comp. di *blow* 'colpo di vento, ventata' (d'origine germ.) e *up* 'sopra' (vc. germ. d'origine indeur.)] s. m. inv. (pl. ingl. *blow-ups*) ● Ingrandimento fotografico di notevoli dimensioni.

blu o (*pop.*) **blé**, (*evit.*) **blù** [fr. *bleu*, dal francone **blāo* 'biado'] **A** agg. ● Che ha un colore azzurro cupo, in varie sfumature: *il cielo blu di una notte serena* | *Avere il sangue blu, essere di sangue blu*, essere nobile | *Auto b*, usata da personalità, funzionari o dirigenti del mondo politico, amministrativo, industriale e sim. | (*fam.*) *Prendersi una fifa blu*, spaventarsi a morte | *Morbo blu*, (*pop.*) tetralogia di Fallot. **B** s. m. **1** Il colore blu | *Blu reale*, intenso | *Blu elettrico*, particolarmente brillante | *Blu navy*, molto scuro (dal colore della divisa della Marina Inglese). **2** Ogni sostanza o composto chimico di colore blu o che colora di blu: *blu di metilene*; *blu di Parigi, di Prussia*. (V. nota d'uso ACCENTO)

bluàstro [fr. *bleuâtre*, da *bleu* 'blu' col suff. *-âtre* proprio delle sfumature di colori] agg. ● Che ha un colore tendente al blu: *livido b.*; *sfumatura bluastra*.

blucerchiàto [comp. di *blu* e *cerchiato*, dal colore e disegno della maglia] **A** agg. anche s. m. (pl. *-i*) ● Che, chi gioca nella squadra di calcio genovese della Sampdoria. **B** agg. ● Che è sostenitore o tifoso di tale squadra di calcio.

blue chip /*ingl.* 'blu: tʃip/ [loc. ingl., propr. 'gettone blu' (quello di valore più elevato)] loc. sost. f. inv. (pl. ingl. *blue chips*) ● (*borsa*) Azione di società di primaria importanza.

blue-jeans /blu'dʒins, *ingl.* 'blu: dʒi:nz/ [vc. ingl., letteralmente '(calzoni) di tela (*jean*: dal n. fr. di Genova, *Gênes*?) di colore blu (*blue*)'] s. m. pl. ● Tipo di calzoni confezionati con tela ruvida e resistente, con larghe cuciture, spec. di colore blu.

blue movie /*ingl.* 'blu: 'mu:vi/ [loc. ingl., propr. 'film (*movie*) blu (*blue*)', dove *blue* ha il senso di 'caratterizzato da indecenza e oscenità'] loc. sost. m. inv. (pl. ingl. *blue movies*) ● Pornofilm.

blues /*ingl.* blu:z/ [vc. ingl., dalla loc. *to have the blues* 'essere malinconico'] s. m. inv. **1** Canto popolare negro-americano. **2** Ballo moderno, derivato dal canto omonimo.

bluette /bly'ɛt/ [f. del fr. *bleu* 'blu'] **A** agg. inv. ● Che ha un colore turchino tenue: *abito b.* **B** s. m. inv. ● Il colore bluette.

bluff /bluf, blɛf, *ingl.* blʌf/ [vc. di gioco dell'ingl. d'America di prob. origine ol.] s. m. inv. **1** In alcuni giochi di carte, spec. nel poker, mossa tattica tendente a ingannare l'avversario, facendogli credere di avere un gioco superiore a quello reale. **2** (*fig.*, *est.*) Montatura destinata a far credere ciò che non è, a intimidire avversari, concorrenti e sim.: *la sua ricchezza è un b.*; *la loro potenza militare era solo un b.*

bluffàre o **bleffàre** [da *bluff*] v. intr. (*io blùffo*; aus. *avere*) **1** In alcuni giochi di carte, spec. nel poker, comportarsi come se si avessero in mano ottime carte, per disorientare l'avversario. **2** (*fig.*, *est.*) Tentare di ingannare gli altri con false apparenze, millantando meriti, ricchezze o possibilità di cui si è privi: *non credergli, sta bluffando*.

bluffatóre o **bleffatóre** s. m. (f. *-trice*) ● Chi bluffa.

blùmo [adattamento di *bloom* (V.)] s. m. ● (*metall.*) Prodotto di laminatoio, con sezione fino a 40×40 cm, destinato a successive lavorazioni.

blùsa [fr. *blouse*, di etim. incerta] s. f. **1** Camicetta da donna non aderente. **2** Camiciotto da lavoro: *la b. del pittore.* || **blusétta**, dim. | **blusettina**, dim. | **blusina**, dim.

bluṣànte [da *blusa*] agg. • Detto di indumento non aderente, più o meno gonfio e sbuffante in vita.

bluṣòtto [da *blusa*] s. m. • Camiciotto da uomo, corto e con mezze maniche.

bo /bo/ • V. *boh.*

bòa (1) [vc. dotta, lat. *bŏa(m)*, di etim. incerta] s. m. inv. **1** Rettile dei Boidi lungo circa tre metri, con tronco poderoso, dorso bruno chiaro con macchie scure sui fianchi e ventre giallo punteggiato di nero (*Boa constrictor*). **2** (*fig.*) Specie di sciarpa fatta di piume di struzzo o peli pregiati, a forma di serpente, portata dalle donne intorno al collo.

bòa (2) [etim. discussa: sp. *boya*, dal medio neerlandese *bo(e)ye*, propriamente 'legame', dal fr. *boie, buie*, di origine lat. (*bōia*) (?)] s. f. **1** Galleggiante stagno, gener. metallico, solidamente ancorato, per l'ormeggio delle navi, per segnalare secche, bassifondi e sim. **2** *Boa aerea*, palloncino colorato per segnalazioni. **3** (*raro*) Segnale luminoso. || **boétta**, dim.

bòa (3) [fr. *bouée*, di etim. incerta] s. f. • (*sett.*) Frana, smottamento fangoso, spec. di terreni argillosi.

board /ingl. bɔːd/ [vc. ingl., propr. 'tavola', anche per riunioni] s. m. inv. • Consiglio, comitato direttivo di un ente, un'azienda e sim.

boarìa [da *boaro*] s. f. **1** Tipica azienda agricola con stalla centralizzata affidata a un salariato fisso. **2** Contratto di lavoro per aziende zootecniche.

boarìna o **bovarìna** [da *bo(v)aro*, perché come tale sembra comportarsi, essendo solita seguire i buoi al lavoro] s. f. • (*zool.*, *dial.*) Cutrettola.

boàrio [vc. dotta, lat. *boāriu(m)*, da *bōs* 'bue'] agg. • Relativo ai buoi, spec. nella loc. *foro b.*, luogo in cui si tiene un mercato di bovini.

boàro • V. *bovaro* nei sign. 1 e 2.

boàto [vc. dotta, lat. *boātu(m)*, da *boāre*, prestito dal gr. *boân*, di origine onomat.] s. m. **1** Rombo forte e cupo: *prima del terremoto si udì un b. sotterraneo.* SIN. Rimbombo, tuono. **2** (*aer.*) *B. sonico*, specie di tuono determinato da un aereo che vola a velocità prossima o superiore a quella del suono. SIN. Bang sonico.

boat people /ingl. 'bout 'piːpəl/ [loc. ingl., propr. 'gente (*people*) della barca (*boat*)'] loc. sost. m. inv. • Grande numero di profughi in fuga o alla deriva su imbarcazioni di fortuna, con riferimento alle vicende dell'Indocina | (*est.*) Fascia sociale di sradicati, senza patria e sim.

boattière [dall'it. sett. *bo* 'bue' con i suff. *-atto* e *-iere*] s. m. **1** Custode o mercante di buoi. **2** (*centr.*) Piccolo proprietario che lavora il terreno suo o di altri col proprio bestiame.

bob /ingl. bɔb/ [ingl. d'America, per *bobsled* o *bobsleigh*, comp. di *bob* 'coppia di guide di legno robusto' e *sled, sleigh* 'slitta'] s. m. inv. • (*sport*) Slitta da corsa, montata su quattro pattini, di cui gli anteriori girevoli | *Bob a due*, a due posti | *Bob a quattro*, a quattro posti | (*est.*) Sport praticato con tale slitta su speciali piste. SIN. Guidoslitta.

bòba (1) • V. *sbobba.*

bòba (2) [gr. *bóōpa*, acc. di *bóōps* 'pesciolino dai grandi occhi', comp. di *bôus*, genit. *boós* 'bue' e *ṓps*, genit. *ōpós* 'occhio'] s. f. • (*zool.*) Boga.

bòbba • V. *sbobba.*

bobbàre [da *bob*] v. intr. (aus. *avere*) • (*sport*) Nel bob, eseguire ritmici piegamenti in avanti per imprimere velocità alla slitta.

bòbbia (1) • V. *sbobba.*

bòbbia (2) o **ṣbiòbba**, **ṣbòbbia** [etim. incerta] s. f. • (*fam.*) Grossa bazza.

bobbìsta o **bobìsta** [da *bob*] s. m. e f. (pl. m. *-i*) • Chi pratica lo sport del bob.

bobìna [fr. *bobine*, di origine onomat.] s. f. **1** Conduttore elettrico isolato, avvolto in spire a uno o più strati su un isolante o su un nucleo di ferro, il cui scopo è quello di realizzare un'induttanza | *B. d'accensione*, negli autoveicoli, quella che trasforma la bassa tensione della batteria in alta tensione per le candele. **2** Lungo nastro di carta avvolto intorno a un'anima per la stampa di giornali e sim. su macchine da stampa rotative. **3** Rocchetto dove si avvolge la lenza: *b. del mulinello.* **4** Parte del caricatore sul quale viene avvolta la pellicola fotografica o cinematografica. **5** Insieme costituito da due dischi distanziati da un'anima centrale su cui si avvolge il nastro magnetico o la pellicola cinematografica pronta per la proiezione. **6** Cilindro sul quale si avvolge il nastro di fibre durante i vari passaggi di preparazione alla filatura.

bobinàre v. tr. • In varie tecnologie, avvolgere in bobine.

bobinatóre s. m. (f. *-trice* (V.)) • Operaio addetto alla bobinatura.

bobinatrìce s. f. **1** Operaia addetta alla bobinatura. **2** (*tess.*) Macchina per bobinare. SIN. Spolatrice.

bobinatùra s. f. • Operazione del bobinare.

bobista • V. *bobbista.*

†**bobólca** [vc. dotta, lat. **bubŭlca(m)* 'bifolca'] s. f. • Biolca.

†**bobólco** o †**bubùlco** [vc. dotta, lat. *bubŭlcu(m)* 'bifolco, custode di buoi (*bŏves*)'] s. m. • Bifolco.

bobtail /ingl. 'bɔbteil/ [vc. ingl., propr. 'dalla coda (*tail*) mozzata (dal v. *to bob*)'] s. m. inv. • Cane di razza inglese, originariamente da pastore, dal pelo grigio, folto e lungo, privo di coda e con grossa testa quadrata.

bócca [lat. *bŭcca(m)*, di etim. incerta] s. f. **1** (*anat.*) Cavità nella parte inferiore del capo, limitata dalle labbra, che costituisce la prima porzione del tubo digerente, ed è sede del senso del gusto e, nell'uomo, della parola | *Respirazione b. a b.*, nel soccorso in casi di asfissia e sim., quella in cui l'aria è direttamente insufflata dal soccorritore alla persona soccorsa | *B. fatta*, quella di un animale che presenta tutti gli incisivi permanenti | *Duro, tenero di b.*, di cavallo poco o molto sensibile al freno. ➡ ILL. p. 367 ANATOMIA UMANA. **2** (*fig.*) In varie loc. con riferimento alla cavità anatomica | *Restare a b. aperta*, per stupore, sbalordimento e sim. | *Cadere in b. al lupo, al nemico*, (*fig.*) finire proprio nel mezzo del pericolo | (*antifr.*) *In b. al lupo!*, formula d'augurio a chi affronta una prova difficile o va incontro a una sorte incerta, a un pericolo e sim. | *Avere, sentirsi il cuore in b.*, sentirlo battere molto forte per spavento, emozione e sim. | (*fig.*) *Non ricordare dal naso alla b.*, essere di memoria molto corta. **3** (*fig.*) In varie loc., con riferimento alle funzioni nutritive e gustative | *A b. asciutta*, digiuni | *Restare, lasciare qc. a b. asciutta*, (*fig.*) rimanere deluso, deludere qc. | *Avere, lasciare la b. buona, cattiva*, (*fig.*) restare soddisfatti, insoddisfatti | *Essere di b. buona*, mangiare di tutto e (*fig.*) contentarsi facilmente | *Essere di mezza b.*, *di b. dolce*, delicato nel mangiare e (*fig.*) difficilmente accontentabile | *Tenere qc. a b. dolce*, lusingarlo | *Fare la b. a q.c.*, abituarsi a q.c. | *Rifarsi la b.*, togliere un cattivo sapore e (*fig.*) cancellare una cattiva impressione | *Far venire l'acquolina in b.*, solleticare l'appetito e (*fig.*) far nascere il desiderio di q.c. | *Togliersi il pane di b.*, (*fig.*) fare grandi sacrifici | *Togliere, levare il pane di b. a qc.*, (*fig.*) privarlo anche del necessario per vivere | (*est.*) Persona a carico: *avere molte bocche da sfamare* | *B. inutile*, (*fig.*) chi consuma e non produce | (*fig.*) *Fare a b. e borsa*, in banchetti, cene e sim. pagare ognuno per sé, fare alla romana | *A b. libera*, detto di ristorante in cui, per un prezzo inizialmente convenuto, il cliente non ha limiti nella scelta e quantità delle portate. **4** (*fig.*) In varie loc., con riferimento alla funzione vocale | *Non aprir b.*, non dir niente | *Chiudere, cucire, tappare la b.*, (*fig.*) far tacere | (*fig.*) *B. d'oro*, chi dice cose sagge e giuste | (*fig.*) *B. d'inferno*, persona maldicente o che bestemmia | *Tenere la b. chiusa, cucita*, tacere ostinatamente | *Parlare, dire, suggerire, ammettere, rispondere a mezza b.*, con scarsa convinzione, con reticenza | *Promettere, lodare, ecc. con la b. e non col cuore*, solo a parole | *Dire per b. di qc.*, per mezzo di altra persona | *Cavar di b.*, (*fig.*) riuscire con fatica a far dire q.c. | *Mettere in b. a qc.*, (*fig.*) suggerire e attribuire q.c. a qc. | *Avere qc., q.c. in, sulla b.*, (*fig.*) parlarne sempre | *Essere, andare sulla b. di tutti*, (*fig.*) dare adito a molte chiacchiere | *Non avere né b. né orecchie*, (*fig.*) non voler parlare né ascoltare | *Passare di b. in b.*, (*fig.*) di cosa riferita dall'uno all'altro | *Essere larghi di b.*, (*fig.*) parlare con volgarità | *Essere di b. larga e di mano stretta*, (*fig.*) promettere con facilità e non mantenere | *Lasciarsi sfuggire, scappare q.c. di b.*, (*fig.*) dire ciò che non si dovrebbe | *Mettere b. in q.c.*, intromettersi | *Togliere la parola di b. a qc.*, (*fig.*) anticiparlo mentre sta per parlare | *Acqua in b.!*, silenzio! | (*pop.*) *Lavarsi la b. di qc.*, dirne male | *Parole che riempiono la b.*, pompose e altisonanti | *Essere la b. della verità*, (*fig.*) detto di persona sincera. **5** (*fig.*) Labbra: *baciare qc. sulla b.*; *picchiare, colpire sulla b.* | *Battere la b.*, battere le labbra | *Storcere la b.*, fare smorfie per disgusto, rabbia, scherno e sim. **6** (*fig.*) Apertura di recipienti e oggetti svariati: *b. del sacco, di un vaso, della manica* | *A raso b.*, di liquido che riempie completamente una bottiglia e sim. | *Sciogliere, slegare la b. al sacco*, (*fig.*) dire tutto quello che si sa | Imboccatura: *b. della strada* | *B. del forno*, l'apertura superiore del forno a tino, per l'introduzione del materiale | V. anche *boccadopera*. **7** (*tecnol.*) L'apertura compresa fra le ganasce di una pinza o una tenaglia, destinata a racchiudere il pezzo da afferrare o lavorare: *pinza a doppia b. per lattonieri e idraulici.* **8** Parte anteriore dell'anima di ogni arma da fuoco | *B. da fuoco*, parte del pezzo d'artiglieria che serve per il lancio del proietto, corrispondente alla canna di un'arma da fuoco portatile; (*per est.*) pezzo d'artiglieria. ➡ ILL. p. 361 ARCHITETTURA. **9** Foce di fiume: *b. di Magra* | (*al pl.*) Stretto passo di mare fra due terre: *bocche di Bonifacio* | Stretto passo di montagna fra rocce a picco: *b. di Brenta* | *B. del ghiacciaio*, apertura alla fronte del ghiacciaio dalla quale esce il torrente glaciale | *B. vulcanica*, apertura nel suolo da cui escono i prodotti vulcanici. **10** (*bot.*) *B. di leone*, antirrino | *B. di lupo*, piccola pianta erbacea delle Labiate con foglie ovali, cordate e grandi fiori rosei o bianchi (*Melittis melissophyllum*). **11** *B. di dama*, pasta dolce a base di uova, mandorle e zucchero. **12** (*mil.*) *B. di lupo*, difesa accessoria della fortificazione costituita da una luce troncoconica con uno o più pali aguzzi piantati verticalmente sul fondo; nelle carceri, schermo di cemento posto davanti alle finestre che lascia filtrare la luce attraverso una fessura e (*est.*) la finestra munita di tale schermo. **13** (*mar.*) *B. di lupo*, nodo scorsoio | *B. di rancio*, piastra metallica sagomata in forma di tenaglia aperta, entro la quale passano i cavi d'ormeggio. **14** (*elettron.*) *B. irradiante*, terminazione aperta di guida d'onda, generalmente a forma di tromba, avente funzione di antenna. **15** (*idraul.*) *B. d'acqua*, ogni apertura per far fluire un liquido all'esterno. **16** (*tess.*) *B. d'ordito*, apertura che si forma per lasciar passare la navetta, durante il movimento dei licci. **17** Foratico, nella tonnara. **18** *B. del martello*, la parte piana leggermente convessa con cui si batte || PROV. In bocca chiusa non entrano mosche. || **boccàccia**, pegg. (V.) | **bocchétta**, dim. (V.) | **bocchìna**, dim. | **bocchìno**, dim. m. (V.) | **boccùccia**, dim. (V.).

bócca- [V. vc. precedente] primo elemento • In parole composte significa 'apertura' in genere: *boccaporto, boccascena, boccadopera.*

boccaccésco agg. (pl. m. *-schi*) **1** Boccacciano. **2** (*est.*) Licenzioso, salace come in certe novelle del Boccaccio: *storielle boccaccesche*; *situazione boccaccesca.* || **boccaccescaménte**, avv. Licenziosamente.

boccaccévole agg. • (*lett.*, *spreg.*) Boccaccesco, detto spec. della lingua e dello stile di imitatori del Boccaccio.

boccàccia s. f. (pl. *-ce*) **1** Pegg. di *bocca.* **2** Smorfia fatta colla bocca, per disgusto, scherno e sim.: *fare le boccacce.* **3** Bocca amara, per cattiva digestione o altro: *svegliarsi con la b.* **4** (*fig.*) Persona maldicente o sboccata: *è una maledetta b. che non sa tacere.*

boccaccìano agg. • Che è proprio dello scrittore G. Boccaccio (1313-1375).

boccadòpera o **bócca d'òpera** [comp. di *bocca d(i) opera*] s. f. • Boccascena.

boccadòro [trad. del soprannome dell'eloquente padre della chiesa S. Giovanni *Crisostomo*, in gr. *Chrysóstomos*, comp. di *chrysós* 'oro' e *stóma* 'bocca'] s. m. **1** Epiteto di S. Giovanni patriarca di Costantinopoli. **2** (*est.*) Persona di grande eloquenza | (*iron.*) Persona saccente e troppo loquace.

boccàglio [da *bocca*] s. m. *1* (*idraul.*) Parte terminale di un tubo di scarico *2* (*idraul.*) Apparecchio di strozzamento per la misurazione della portata di un fluido in pressione. *3* Imboccatura di vari strumenti e apparecchi: *b. del megafono, del respiratore.*

boccalàio [da *boccale* (*1*)] s. m. ● Chi fabbrica o vende boccali.

boccàle (*1*) [lat. tardo *baucāle(m)*, dal gr. *baukális*, di origine egiz.] s. m. *1* Recipiente panciuto con beccuccio e manico: *b. di terracotta, di vetro* | *A boccali*, (*fig.*) abbondantemente. *2* Quantità di liquido contenuto in un boccale: *un b. di birra.* *3* Misura di capacità per liquidi, variante da l 0,8 a l 2,2. || **boccalétto**, dim. | **boccalino**, dim.

boccàle (*2*) o **buccàle** [da *bocca*] agg. ● (*anat.*) Pertinente alla bocca: *mucosa b.*

boccalerìa [da *boccale* (*1*)] s. f. ● Arte della maiolica in genere.

boccalino [da *bocca*, come 'apertura all'estremità'] s. m. ● Boccaglio terminale delle manichette di tela delle tubazioni d'incendio e di lavaggio a bordo delle navi.

boccalóne s. m. (f. *-a*) *1* Chi ha la bocca larga | Chi sta abitualmente a bocca aperta | (*est.*) Piagnucolone, spec. bambino. *2* (*fig.*) Persona volgare e sboccata | (*est.*) Persona maldicente.

boccàme [da *bocca*, come 'estremità (di colata)'] s. m. ● Materiale di recupero di fonderia proveniente dalla sbavatura del pezzo.

†**boccapòrta** s. f. ● Boccaporto.

boccapòrto [comp. di *bocca-* e *porto*] s. m. *1* Apertura munita di portello di chiusura a tenuta stagna, ricavata sul ponte delle navi, che immette nei locali sottostanti e nelle stive. *2* (*ferr.*) Apertura praticata nella parete anteriore del focolare delle caldaie a vapore per l'introduzione del combustibile. || **boccaportèllo** dim.

†**boccàre** [lat. tardo *buccāre*, da *bŭcca* 'bocca'] v. tr. (*io bócco*) *1* (*raro*) Prendere con la bocca, mangiare. *2* Misurare la boccatura: *b. le artiglierie.*

boccaròla [da *bocca*] s. f. ● (*pop.*) Fastidiosa lesione cutanea agli angoli della bocca.

boccascèna [comp. di *bocca-* e *scena*] s. m. inv. e f. (pl. f. *-e*) ● Apertura del palcoscenico verso la platea | L'insieme degli elementi scenografici che incorniciano tale apertura. SIN. Boccadopera.

boccàta [lat. parl. **buccāta(m)*, da *bŭcca* 'bocca'] s. f. *1* Ciò che si può tenere o prendere in bocca in una sola volta: *una b. di pane, di fumo, d'acqua* | *Prendere una b. d'aria*, fare una breve passeggiata. *2* (*raro*) †Colpo sulla bocca a mano aperta. SIN. Labbrata. || **boccatina**, dim.

†**boccàto** agg. ● (*raro*) Che ha la bocca grande.

†**boccatùra** s. f. ● Diametro della bocca di armi da fuoco.

boccétta s. f. *1* Dim. di *boccia*. *2* Bottiglietta: *una b. di profumo.* *3* Bilia di avorio più piccola di quelle usate negli altri giochi da biliardo. *4* (*al pl.*) Gioco analogo alle bocce ma praticato sul biliardo. || **boccettina**, dim. | **boccettùccia**, dim.

boccheggiaménto s. m. ● Modo, atto del boccheggiare: *il b. del pesce fuor d'acqua.*

boccheggiànte part. pres. di *boccheggiare*; anche agg. *1* Nei sign. del v. *2* (*est., fig.*) Agonizzante, moribondo.

boccheggiàre [da *bocca*] v. intr. (*io bocchéggio*; aus. *avere*) ● Aprire e chiudere la bocca, respirando affannosamente e muovendo le labbra ma senza emettere alcun suono: *i pesci fuor d'acqua boccheggiano*; *l'asmatico boccheggiava.*

bocchèllo [dim. di *bocca*] s. m. ● Piccola apertura negli argini dei canaletti d'irrigazione o di scolo per il deflusso delle acque.

bocchétta s. f. *1* Dim. di *bocca*. *2* Piccola apertura o imboccatura di vasi, canali, tubi, strumenti a fiato, e sim. *3* Borchia o cornicetta metallica che orna e protegge la toppa della serratura. *4* Nella linotype, organo attraverso cui viene immessa la lega nella forma. *5* *B. stradale*, coperchio traforato di ghisa o di pietra che copre i tombini. *6* Striscia di pelle che partendo dal gambino o quartiere fascia il collo del piede, nella scarpa. *7* Valico, sella, varco in una cresta montuosa, in genere all'estremità di un vallone. || **bocchettina**, dim. | **bocchettóne**, dim. (V.).

bocchettóne [accr. di *bocchetta*] s. m. *1* Imboccatura di un tubo o serbatoio gener. munita di raccordo per valvola, tappo o sim. a chiusura ermetica. *2* (*mecc.*) Elemento filettato di giunzione fra tubi.

bocchino s. m. *1* Dim. di *bocca*. *2* Smorfia fatta stringendo le labbra. *3* Nelle antiche armi da fuoco portatili, pezzo metallico all'estremità anteriore della cassa che guarnisce l'imboccatura del canale della bacchetta | Risalto per fissare la baionetta nei fucili. *4* Piccola imboccatura di alcuni strumenti a fiato. *5* Cannellino di foggia e materiale vari in cui si infila la sigaretta o il sigaro da fumare | Parte della sigaretta che si pone tra le labbra, di solito costituita dal filtro | Imboccatura della pipa.

bòccia [etim. incerta] s. f. (pl. *-ce*) *1* (*scherz.*) Capo, testa: *mi duole la b.* *2* (*spec. al pl.*) Bolla di sapone, di acqua piovana. *3* Vaso tondeggiante di vetro o cristallo per acqua o vino. *4* Palla di legno duro o di materiale sintetico usata in alcuni giochi: *b. da bowling.* *5* (*al pl.*) Gioco tra due giocatori o due squadre, in cui vince chi manda le proprie bocce più vicino al boccino di quelle avversarie: *giocare, fare una partita, alle bocce* | (*fig.*) *Ragionare a bocce ferme*, a cose fatte, dopo che la situazione si è stabilizzata | (*fig., fam.*) *B. persa*, persona che ha deluso tutte le aspettative e (*est.*) qualunque cosa che non si evolve, che non matura. *6* (*fig.*) †Fandonia. *7* †Pustola della pelle. SIN. Bolla. *8* (*lett.*) Bocciolo di fiore. || **boccétta**, dim (V.) | **boccettino**, dim. m. | **boccino**, dim. m. (V.) | **bocciòlo**, dim. (V.) | **bocciolina**, dim. | **boccióna**, accr. | **boccióne**, accr. m.

bocciàrda [fr. *boucharde*, adatt., per sovrapposizione di *bouche* 'bocca', di *bocard*, dal ted. *Pochwerk* 'utensile (*Werk*) per battere (*pochen*)'] s. f. *1* Pestello con cui si rende zigrinata la superficie dei battuti di cemento. *2* Martello con bocca munita di punte piramidali usato per lavorare le pietre.

bocciardàre v. tr. (*io bocciàrdo*) ● Trattare con la bocciarda o la bocciardatrice la superficie di pietre o battuti di cemento.

bocciardàto part. pass. di *bocciardare*; anche agg. ● Detto di superficie di pietra o di battuto di cemento trattati con una bocciarda o una bocciardatrice.

bocciardatrice s. f. ● Macchina utensile per bocciardare.

bocciardatùra s. f. ● Trattamento di una superficie di pietra o di cemento mediante una bocciarda o una bocciardatrice.

bocciàre o (*raro*) **ṣbocciàre** (*2*) nel sign. 3 [da *boccia*, nel sign. 4; nei sign. 1 e 2, sul modello dell'ingl. *to blackball* 'dar palla nera'] **A** v. tr. (*io bòccio*) *1* Respingere: *b. una legge, una proposta, un emendamento.* *2* (*fam.*) Respingere agli esami: *l'hanno bocciato e dovrà ripetere l'anno.* *3* Nel gioco delle bocce, colpire e spostare una boccia o il boccino con la propria, lanciata in aria a parabola. **B** v. intr. (aus. *avere*) *1* (*fam.*) Urtare, scontrarsi con l'automobile. *2* Effettuare una bocciata.

bocciàta s. f. *1* Nel gioco delle bocce, lancio a parabola per colpire e spostare una boccia o il boccino. *2* (*fam.*) Urto, scontro con l'automobile.

bocciatóre s. m. (f. *-trice*) ● Nel gioco delle bocce, chi effettua la bocciata.

bocciatùra s. f. *1* Atto, effetto del bocciare o dell'essere bocciato. *2* (*fam.*) Urto, scontro con l'automobile | Ammaccatura della carrozzeria causata dallo scontro.

bocciförme agg. ● (*raro*) Che ha forma di boccia.

boccino s. m. *1* Dim. di *boccia*. *2* (*scherz.*) Capo, testa: *girare, rompere il b.* *3* Nel gioco delle bocce, la palla più piccola alla quale si devono accostare le proprie bocce più di quelle avversarie per realizzare punti. SIN. Pallino.

bòccio [forma m. di *boccia*] s. m. *1* Bocciolo, spec. nella loc. *in b.*: *un fiore in b.*, non ancora sbocciato. *2* †Bozzolo, nel sign. di *bozzolo* (*1*).

bocciòdromo o (*evit.*) **bocciodròmo** [comp. di *boccia* e *-dromo*] s. m. ● Impianto attrezzato con vari campi per il gioco delle bocce.

bocciòfila s. f. ● (*ell.*) Società bocciofila.

bocciòfilo [comp. di *boccia* e *-filo*] **A** agg. ● Relativo al gioco delle bocce: *società bocciofila.* **B** s. m. ● Chi pratica il gioco delle bocce.

bocciòlo o (*raro*) **bòcciolo**, (*lett.*) **bocciuòlo**, **bucciòlo** (*1*) [dim. di *boccio*] s. m. *1* Fiore che non è ancora sbocciato | *Essere un b. di rosa*, (*fig.*) detto di donna giovane e graziosa. *2* Tratto della canna fra un nodo e l'altro | (*est.*) Cannello di vari materiali e con varie funzioni: *il b. della botte.* *3* (*mecc.*) Camma, eccentrico: *un b. dell'albero di distribuzione.* *4* Parte del candeliere in cui viene infilata la candela. || **bocciolétto**, dim. | **bocciolóne**, accr.

bóccola (*1*) [lat. *bŭccula(m)*, dim. di *bŭcca* 'bocca' e anche 'pomo dello scudo'] s. f. *1* Borchia da affibbiare, per ornamento. *2* (*mecc.*) Corpo cilindrico cavo di bronzo o di acciaio usato come supporto, cuscinetto o guida di perni e sim. *3* (*ferr.*) Nel materiale rotabile, organo destinato a trasmettere il carico ai fusi, a lubrificarli e a proteggerli. *4* (*elettr.*) Tipo di presa fissa a un solo polo dove si inserisce la banana, usata per collegamenti provvisori. *5* Anello di ferro che fascia la testata di un legno soggetto a notevole pressione. *6* Nelle armature antiche, umbone o brocco della rotella. *7* Nel pattinaggio artistico, figura obbligatoria composta di due cerchi e due occhielli. *8* Nel tessuto a maglia, ansa formata da un capo di filato intrecciantesi con se stesso o con altri fili disposti parallelamente. *9* (*falegnameria*) Cilindretto, inserito nel truciolare, che garantisce un solido collegamento con viti dei vari pezzi che compongono mobili, scaffalature e sim.

bóccola (*2*) ● V. *buccola*.

bóccolo o **bùccolo** [da *boccola* (*2*)] s. m. ● Ciocca di capelli avvolta a spirale. || **boccolétto**, dim. | **boccolòtto**, dim. | **boccolóne**, accr.

†**bocconàta** s. f. ● (*raro*) Boccone.

bocconcino s. m. *1* Dim. di *boccone*. *2* Boccone molto saporito | *B. del complimento, della vergogna*, che si è lasciato sul piatto | (*est.*) Cibo squisito: *sa preparare certi bocconcini!* *3* Piccola palla di ricotta fritta, specialità della cucina romana. *4* Piccola mozzarella di forma tondeggiante, del peso di circa 50 gr. *5* (*al pl.*) Spezzatino.

boccóne [da *bocca*] s. m. *1* Quantità di cibo che in una sola volta si mette in bocca e può stare nella bocca: *un b. di pane, di minestra* | *Mangiare, prendere, mandar giù un b.*, mangiare poco o in fretta | *Guadagnarsi un b. di pane*, (*fig.*) tanto da vivere | *Levarsi il b. dalla bocca*, (*fig.*) privarsi del necessario per darlo agli altri | *Contare i bocconi*, (*fig.*) dare da mangiare in quantità appena sufficiente | *B. di cardinale*, (*fig.*) squisito | *B. del prete*, (*fig.*) parte posteriore del pollo | *Bocconi amari*, (*fig.*) umiliazioni, rimproveri. *2* (*est., fig.*) Piccola quantità di q.c.: *si nutre solo di bocconi* | *A pezzi e bocconi*, poco per volta. *3* (*est.*) Cibo, pasto | *Fra un b. e l'altro*, durante il pasto | *Avere ancora il b. in bocca*, (*fig.*) avere appena finito di mangiare | (*fig.*) Cosa che piace, che si desidera: *è un b. che fa gola a molti.* *4* †Grossa pillola medicinale | Pezzetto di carne o altro cibo avvelenato, per animali | *Dare il b.*, avvelenare e (*fig.*) corrompere | *Pigliare il b.*, (*fig.*) lasciarsi corrompere | Esca, nella pesca. || **bocconcèllo**, dim. | **bocconcétto**, dim. | **bocconcino**, dim. (V.) | **bocconcióne**, accr.

boccóni avv. ● Stando disteso sul ventre con la faccia in giù: *giacere, dormire, cadere b.* | Anche nella loc. avv. *a b.*

bocconiàno agg.; anche s. m. (f. *-a*) ● Che, chi si è laureato o ha frequentato un corso di studi all'università Bocconi di Milano.

boccùccia s. f. (pl. *-ce*) *1* Dim. di *bocca* | *Fare b.*, mostrare disgusto o disprezzo. *2* (*est.*) Persona schifiltosa.

†**boccùto** agg. ● (*raro*) Che ha grande bocca.

†**bóce** ● V. *voce*.

boche /fr. bɔʃ/ [vc. fr., da (*Al*)*boche*, alterazione gerg. di *Allemand* 'tedesco', attraverso *Allemoche*] s. m. ● (*spreg.*) Tedesco, per i francesi.

bòcia [vc. ven., di etim. incerta] s. m. inv. ● (*sett.*) Ragazzo | (*est., gerg.*) Recluta degli alpini.

†**bociàre** e *deriv.* ● V. *vociare* e *deriv.*

bòdda ● V. *botta* (*2*).

bodino ● V. *budino*.

†**bòdola** ● V. *botola*.

bodóni [dal n. del tipografo G. *Bodoni* (1740-1813)] s. m. ● Carattere tipografico moderno dall'occhio rotondo e marcato.

bodoniàno agg. ● Che è proprio del tipografo Bodoni: *edizioni bodoniane* | Che ha o imita lo stile di Bodoni: *carattere b.* | (*ell.*) *Alla bodoniana*, detto di rilegatura di libri eseguita con semplice cartoncino.

†**bodrière** ● V. †*budriere*.

body /*ingl.* 'bɔdi/ [vc. ingl., propr. 'corpo', di origine germ.] s. m. inv. (pl. ingl. *bodies*) ● Indumento intimo femminile che riunisce in un solo pezzo corpetto e mutandine | Indumento analogo, anche maschile, usato in varie attività sportive.

body art /*ingl.* 'bɔdi a:t/ [loc. ingl., letteralmente 'arte (*art*) del corpo (*body*)'] loc. sost. f. inv. ● Movimento e fenomeno artistico degli anni '60-'70 in cui il corpo dell'artista diventa esso stesso strumento espressivo grazie a gesti e azioni dimostrative da questo compiute.

body building /*ingl.* 'bɔdi 'bildiŋ/ [loc. ingl., comp. di *body* 'corpo' (V. *body*) e *building*, part. pr. di *to build* 'fabbricare, trasformare' (d'orig. germ.)] loc. sost. m. inv. ● Culturismo.

body copy /*ingl.* 'bɔdi 'kɔpi/ [dall'ingl. *body* 'corpo' e *copy* 'testo'] s. m. inv. (pl. ingl. *body copies*) ● Testo descrittivo di uno slogan pubblicitario.

boèmo [lat. *Boihaēmiu*(*m*), appartenente alla tribù celt. dei *Boi*] **A** agg. ● Della Boemia: *popolo b.*; *lingua boema*. **B** s. m. (f. *-a*) ● Abitante della Boemia.

boèro [neerl. *Boer*, lett. 'contadino', di origine dial.] **A** agg. ● Dei, relativo ai, coloni olandesi trapiantatisi nel Sud Africa nel XVII secolo: *popolazione boera*; *guerra anglo-boera*. **B** s. m. (f. *-a* nel sign. 1) **1** Chi appartiene alla popolazione boera. **2** Grosso cioccolatino, contenente liquore e una ciliegia sotto spirito.

bòffice o **bóffice** [da *suffice* con sovrapposizione onomat. di *boff* (?)] agg. **1** (*raro*) Soffice, spugnoso, morbido | *Pane b.*, molto lievitato. **2** (*lett.*) Grassoccio, paffuto.

bofonchiàre o †**bifonchiàre**, †**bufonchiàre**, (*pop.*) **ṣbofonchiàre**, (*raro*, *pop.*) **ṣbufonchiàre** [da *bofonchio*] v. intr. e tr. (*io bofónchio*; aus. *avere*) ● Brontolare, borbottare, anche di animali: *se ne andò bofonchiando*; *bofonchiò alcune parole incomprensibili*.

†**bofonchièllo** s. m. (f. *-a*) ● Chi bofonchia spesso.

†**bofonchìno** s. m. ● Bofonchiello.

bofónchio [lat. parl. **bufūnculu*(*m*), da *bufōne*(*m*), var. region. di *bubōne*(*m*) 'gufo'] s. m. ● (*tosc.*) Calabrone.

†**bòga** (**1**) [longob. **bauga* 'anello'] s. f. ● Galleggiante con anelli ai quali le imbarcazioni possono agganciare i loro ormeggi.

bòga (**2**) o **bóga** [lat. *bōca*(*m*), dal gr. *bóax*, *bôx*, acc. *bôka*, fatto deriv. da *boē* 'grido, rumore', perché ritenuto l'unico pesce capace di gridare] s. f. ● Pesce osseo commestibile dei Perciformi dal corpo allungato ricoperto di squame sottili, grigie dorsalmente e bianche sul ventre (*Boops boops*). SIN. Boba.

bogàra [da *boga* (*2*)] s. f. ● Lunga rete per la pesca delle boghe alle foci dei fiumi.

†**bogliènte** ● V. *bollente*.

bógliolo [da **bóglio*, dal dial. *boglire* 'bollire' (?)] s. m. ● (*tosc.*) Uovo stantio o guasto.

boglìre ● V. *bollire*.

boh /bo/ o **bo** inter. ● Esprime incertezza, incredulità, disprezzo.

bohème /*fr.* bo'ɛm/ [fr. *bohème* 'boemo' e 'zingaro', diffuso con le *Scènes de la vie de bohème* di Murger e con l'omonima opera di Puccini] s. f. inv. ● Vita libera, disordinata e anticonformista, tipica di giovani artisti poveri | Insieme di persone che conducono tale vita.

bohémien /*fr.* boe'mjɛ̃/ s. m. inv. (f. fr. *bohémienne* (V.)) ● Chi conduce una vita di bohème.

bohémienne /*fr.* boe'mjɛn/ [vc. fr., *bohemiénne* 'zingaresca' (da *bohémien* 'zingaro', ritenuto proveniente dalla *Boemia*)] s. f. inv. ● Danza popolare simile alla mazurca.

bòia [lat. *bōia*(*m*) 'catena, ceppo', dal gr. *boêiai* (sottinteso *doraí*) '(corregge) per i buoi'] **A** s. m. inv. (f. *-essa*, raro) **1** Chi deve eseguire la sentenza capitale | *Essere il b. di qc.*, (*fig.*) tormentare qc. in modo spietato, crudele | (*fig.*) *Fare il b. e l'impiccato*, sostenere due parti in una commedia e (*gener.*) lavorare molto. SIN. Carnefice. **2** (*est.*) Delinquente, mascalzone: *è un vero b.* | *Faccia, espressione di, da b.*, viso sinistro, truce. **3** Nelle loc. inter. *b. d'un mondo!*, *b. d'un cane!*, *b. d'una miseria!* e sim. per esprimere ira, disappunto, rabbia e sim. **B** in funzione di agg. inv. ● (*pop.*) Cattivo, tristo, spec. in loc. inter.: *mondo b.!*; *b. cane!*; *miseria b.!*

boiabèssa s. f. ● Adattamento di *bouillabaisse* (V.).

boiàcca [etim. incerta] s. f. ● (*edil.*) Malta cementizia fluida usata, durante la messa in opera di piastrelle e mattoni di rivestimento, per unirli fra loro e farli aderire al pavimento o alla parete.

boiardésco agg. (pl. m. *-schi*) ● Che è proprio del poeta M. M. Boiardo (1441-1494): *poesia boiardesca*.

boiàrdo o **boiàro** [russo *bojar*, di etim. discussa: dall'agg. turco (ant.) *bai* 'ricco' col suff. persiano *-ar*, cioè 'uomo ricco, nobile' (?)] s. m. **1** In epoca zarista, nobile russo o slavo proprietario terriero. **2** (*fig.*, *spreg.*) Alto dirigente, spec. di un ente economico pubblico.

boiàta [da *boia*] s. f. ● (*pop.*) Azione cattiva, brutale: *è una delle sue solite boiate* | Frase volgare: *smettila di dire boiate!* | Cosa fatta o riuscita malissimo: *questo libro è una gran b.*

boicottàggio [fr. *boycottage*, da *boycotter* 'boicottare'] s. m. ● Atto, effetto del boicottare (*anche est.*): *atti di b.*

boicottàre [fr. *boycotter*, dall'ingl. *to boycott* 'comportarsi come i coloni di lord Erne verso il suo inumano amministratore, capitano J. *Boycott* (1832-1897), col quale troncarono ogni rapporto'] v. tr. (*io boicòtto*) **1** Danneggiare economicamente un imprenditore o uno Stato produttore di determinati beni sottraendogli elementi indispensabili alla produzione o impedendo la vendita delle merci prodotte. **2** (*est.*) Ostacolare la riuscita di q.c.: *hanno boicottato tutte le nostre iniziative* | Escludere qc. da un gruppo, un'associazione e sim.

boicottatóre s. m.; anche agg. (f. *-trice*) ● Chi, che boicotta.

Bòidi [vc. dotta, comp. di *bo*(*a*)(*1*) e del suff. *-idi*] s. m. pl. ● Nella tassonomia animale, famiglia di Rettili comprendente specie di grande mole, prive di veleno, ma dotate di grande forza muscolare (*Boidae*) | (al sing. *-e*) Ogni individuo di tale famiglia.

bòiler /'bɔiler, *ingl.* 'bɔilə*/ [ingl. *boiler* 'bollitore'] s. m. inv. ● Scaldaacqua ad accumulazione.

boina /*sp.* 'boina/ [vc. sp., di origine basca] s. f. inv. ● Berretto basco.

boiserie /*fr.* bwaz(ə)'ri/ [vc. fr., da *bois* 'legno' (dal sign. originario di 'bosco')] s. f. inv. ● Rivestimento ligneo di pareti variamente lavorato e decorato.

boîte /*fr.* bwat/ [vc. fr., propriamente 'scatola', dal lat. parl. *bŭxida* 'scatola di bosso', come *bussola* (V.)] s. f. inv. ● Piccolo locale notturno: *le boîtes di Parigi*.

bolarmènico o **bolarmèno** [vc. dotta, comp. di *bolo* e *armenico* 'armeno', dalla regione di provenienza] s. m. (pl. *-ci*) ● Bolo nel sign. 4.

bolcióne ● V. *bolzone*.

boldìna s. f. ● Alcaloide estratto dal boldo, dotato di azione coleretica e colagoga.

bòldo [sp. *boldo*, da una lingua dell'America merid.] s. m. ● Piccolo albero originario del Cile con foglie coriacee ovali di odore aromatico, usate come rimedio nelle affezioni epatiche, e fiori biancastri (*Peumus boldus*).

†**boldóne** [lat. *bŏtulu*(*m*) 'salsiccia', di etim. incerta, con sovrapposizione di altra parola] s. m. ● Sanguinaccio.

†**boldróne** [etim. incerta] s. m. ● Vello o pelle di pecora con tutta la lana.

bolentìno [genov. *bolentìn*, propr. 'volantino', cioè oggetto che vola] s. m. ● Lenza a mano per pesca sul fondo, spec. in mare, con più ami e grosso piombo terminale.

bolèro [sp. *bolero*, di etim. incerta] s. m. **1** Musica e danza popolare spagnola, forse d'origine araba, in ritmo ternario. **2** Corto giacchetto maschile, aperto sul davanti, caratteristico del costume spagnolo | Indumento femminile di foggia analoga, ma senza maniche. **3** Cappello di feltro, tipico dei toreri, a tesa diritta, gener. ornato di nappe. || **bolerìno**, dim. nel sign. 2.

bolèto o **boléto** [lat. *bolētu*(*m*), di etim. incerta] s. m. ● Genere di funghi basidiomiceti delle Poliporacee, comprendente varie specie per lo più commestibili, tra cui il porcino, caratterizzate da un cappello al di sotto del quale si trovano numerosi tubuli rivestiti dall'imenio | *Boletus satana*, fungo velenoso con cappello grigio-biancastro con piccoli tubuli gialli a piccoli pori rossi, la cui carne diviene azzurra se esposta all'aria.

bolgétta s. f. **1** Dim. di *bolgia*. **2** Borsa chiusa di pelle per documenti e sim. | Borsa dei postini.

bòlgia [ant. fr. *bolge* 'valigia', dal lat. *bŭlga*, di origine gall.] s. f. (pl. *-ge*) **1** †Borsa, bisaccia, valigia | Ampia tasca di stoffa o cuoio, per attrezzi e strumenti. **2** (*per anton.*) Ciascuna delle dieci fosse dell'ottavo cerchio dell'Inferno dantesco. **3** (*fig.*) Luogo in cui vi è agitazione, tumulto, confusione: *che b.!* || **bolgétta**, dim. (V.).

bòlide [vc. dotta, lat. *bŏlide*(*m*), dal gr. *bolís*, genit. *bolídos* 'oggetto lanciato', da *bállein* 'lanciare'] s. m. **1** (*astron.*) Meteorite assai luminosa e durevole. **2** (*est.*) Oggetto dotato di grande velocità: *è passato come un b.*; *sull'autostrada va come un b.* | Nel calcio, pallone tirato con molta forza contro la porta avversaria. **3** Automobile da corsa: *i bolidi di Les Mans*. **4** (*fam.*, *scherz.*) Persona grossa e corpulenta.

bolìna o **borìna**, **bulìna**, **burìna** [fr. *boline*, dall'ingl. *bowline*, comp. di *bow* 'prua' e *line* 'cavo'; le forme con la *-r-* provengono attrav. il catalano *borina*] s. f. ● (*mar.*) Fune per tener tesa la parte della ralinga di caduta della vela quadra in modo che questa prenda meglio il vento | *Navigare, andare di b.*, stringendo al massimo il vento | *B. stretta*, 40-45° rispetto al vento | *B. larga*, 45-90° rispetto al vento, fino al traverso. ➡ ILL. p. 1291 SPORT.

bolinàre v. tr. e intr. (aus. *avere*) **1** Tesare le boline. **2** (*raro*) Andare in bolina.

bolívar /*sp.* bo'libar/ [dal n. dell'eroe sudamericano Simón *Bolívar* (1783-1830)] s. m. ● Unità monetaria del Venezuela.

bolivìano **A** agg. ● Della Bolivia. **B** s. m. (f. *-a*, nel sign. 1) **1** Abitante, nativo della Bolivia. **2** Unità monetaria della Bolivia.

bólla (**1**) o (*raro*) †**bùlla** [lat. *bŭlla*(*m*), 'bolla d'acqua', vc. di origine espressiva che rimanda all'idea di rotondità] s. f. **1** Rigonfiamento di forma pressoché sferica formantesi sui liquidi per ebollizione o depressione | *B. di sapone*, quella che si ottiene soffiando aria, con una cannuccia, nell'acqua saponata e (*fig.*) cosa effimera | *È finito tutto in una b. di sapone*, (*fig.*) nel nulla | (*fig.*) *In b.*, perfettamente orizzontale, con riferimento alla livella a bolla d'aria. **2** (*med.*) Raccolta di liquido sieroso negli strati superficiali della cute, più grande della vescicola. **3** (*bot.*) Malattia fungina che si manifesta su germogli, frutti e foglie di alcune piante con rigonfiamenti e ispessimenti dei tessuti. **4** Occlusione gassosa che rimane nel vetro o nel metallo fuso per difetto di affinaggio. **5** Rigonfiamento sferoidale in vetro che è parte di alcuni apparecchi chimici e che ha diverse funzioni: *gorgogliatore*, *refrigerante a b.*; *b. di sicurezza* | Apparecchio per concentrare nel vuoto soluzioni sciroppose, conserve, succhi alimentari e sim., usato spec. negli zuccherifici. **6** Difetto di tessitura costituito da rigonfiamenti del tessuto. || **bollicèlla**, dim. | **bolliciàttola**, pegg. | **bollicìna**, dim. | **bollìcola**, dim. | **bollùccia**, **bollùzza**, dim.

bólla (**2**) o (*raro*) †**bùlla** [lat. *bŭlla*(*m*), che designava la 'borchia d'oro o di cuoio, che i giovani patrizi romani portavano al collo'; poi (dal VI sec.) quella simile nella forma, ma di piombo, attaccata ad atti e lettere, quindi la lettera stessa. Tutte est. del sign. fondamentale e primitivo di 'bolla d'acqua' (V. *bólla* (*1*))] s. f. **1** Sigillo pendente di metallo recante un'impronta su ciascuna faccia | Impronta di un sigillo apposta per l'autenticazione di atti. **2** Lettera papale o episcopale munita di sigillo pendente | Diploma degli imperatori del Sacro Romano Impero. **3** Ricevuta, rilasciata a prova dell'avvenuta consegna di merce o dell'avvenuto pagamento di diritti: *b. di spedizione*, *di carico*, *di scarico*, *di consegna*, *di accompagnamento*. **4** (*org. az.*) Nella catena di montaggio, ordine dato agli operai per iniziare un lavoro. **5** Ciondolo dei fanciulli liberi nell'antica Roma, spesso a forma di cuore. *6* (*lett.*) Borchia ornamentale d'oro o d'argento. || **bollétta**, dim. (V.).

bollandista [dal n. del gesuita J. *Bolland* (1596-1665)] s. m. (pl. *-i*) ● Scrittore di vite di santi secondo l'ordine dei giorni e dei mesi, in continuazione dell'opera iniziata nel XVII sec. dal gesuita Bolland.

bollàre [lat. *bullāre*, da *bŭlla* 'bolla (2)'] v. tr. (*io bóllo*) *1* Applicare un bollo su un documento, un atto e sim. per comprovarne la validità o attestare l'avvenuto pagamento di un tributo: *b. un registro, la merce, il passaporto* | *B. la cartolina, il cartellino*, con riferimento ai lavoratori subordinati all'inizio e alla fine d'ogni periodo giornaliero di lavoro. *2* (*fig.*) Segnare con marchio o traccia disonorevole: *le sue azioni lo bolleranno d'infamia*. SIN. Infamare, tacciare. *3* (*raro, fig.*) Ingannare, danneggiare.

bollàrio s. m. ● Raccolta di bolle pontificie.

bollàto part. pass. di *bollare*; anche agg. *1* Nei sign. del v. *2* (*fig.*) *Furbo b.* gran briccone.

bollatóre s. m. (f. *-trice*) ● Chi bolla documenti, lettere e sim.

bollatrìce s. f. ● Macchina per apporre bolli, timbri e sim.

bollatùra s. f. ● Atto, effetto del bollare.

bollazióne s. f. ● (*bur.*) Bollatura | *B. meccanica*, applicazione, mediante bollatrice, di un'impronta su atti, documenti e sim., soggetti a imposta di bollo, effettuabile da enti pubblici o privati a ciò autorizzati dagli uffici fiscali.

bollènte o †**bogliènte** part. pres. di *bollire*; anche agg. *1* Nei sign. del v. *2* Caldissimo: *il brodo appena versato è b.* | (*fig.*) Ardente, focoso: *temperamento, carattere b.*

bollétta (1) o (*raro*) **bullétta**. s. f. *1* Dim. di *bolla (2)*. *2* Polizza rilasciata a prova dell'avvenuta consegna di merce o dell'avvenuto pagamento di denaro: *b. di spedizione, b. del dazio* | *B. del gas, del telefono*, indica l'importo da pagare in relazione al consumo effettuato. *3* V. *bulletta* nel sign. 1. || **bollettino**, dim. m. (V.).

bollétta (2) o (*raro*) **bullétta** [dall'uso di affiggere in pubblico le polizze (*bollette*) dei falliti] s. f. ● Nella loc. *Essere, stare in b.*, senza denaro.

bollettàrio s. m. ● Blocco a madre e figlia, da cui si staccano bolle o ricevute.

bollettìno o (*raro*) **bullettino**. s. m. *1* Dim. di *bolletta (1)*. *2* Polizza: *b. di consegna, di acquisto, di carico e scarico* | *B. di versamento*, modulo da compilare per ogni versamento sul conto corrente postale. *3* Notiziario periodico specializzato, relativo ad argomenti riguardanti l'attività di istituzioni, organizzazioni, uffici e sim.: *b. dei protesti cambiari*; *b. d'informazione*; *b. meteorologico*; *b. dell'Unione Matematica Italiana* | *B. medico*, che informa sul decorso della malattia di qc., spec. di personaggi illustri o famosi | *B. bibliografico*, con annunci di libri nuovi, recensioni e sim. | *B. ufficiale*, periodico redatto a cura di ciascun ministero contenente gli atti amministrativi che interessano gli impiegati del ministero stesso | *B. ufficiale delle società per azioni e a responsabilità limitata*, sul quale vanno pubblicati gli atti delle società nei casi previsti dalla legge | *B. ufficiale della regione*, giornale per la pubblicazione degli atti regionali | *B. di guerra*, comunicato periodico sullo svolgimento delle operazioni militari emesso dal comando supremo delle forze armate in uno stato belligerante. *4* Nelle gare a punteggio e a cronometro, modulo su cui vengono registrati i risultati conseguiti dagli atleti.

†**bólli bólli** [dall'imperat. di *bolli(re)*, reduplicato] s. m. ● Tumulto, sommossa.

†**bollicàre** ● V. *bulicare*.

†**bollichìo** [da †*bollicare*] s. m. ● Brulichio.

bollilàtte [comp. di *bolli(re)* e *latte*] s. m. inv. ● Bollitore per latte con coperchio fornito di fori per impedire l'uscita della schiuma al momento dell'ebollizione.

bolliménto s. m. ● (*raro, lett.*) Bollore, ebollizione | (*fig., lett.*) Agitazione.

bollìno s. m. *1* Dim. di *bollo (2)*. *2* Tagliandino di carta variamente contrassegnato per comprovare l'avvenuto adempimento di un obbligo giuridico o di fatto: *i bollini della tessera universitaria, i bollini dei punti in un concorso a premi*. *3* Tagliando della carta annonaria | *B. sanitario*, ciascuno dei cedolini, spettanti a chi è del tutto esente dalla partecipazione alla spesa sanitaria, che danno diritto alle prescrizioni mediche gratuite. *4* Tacchetto, in alcune scarpe sportive.

bollìre o (*dial.*) **boglìre** [lat. *bullīre*, da *bŭlla* 'bolla (1)', propriamente 'fare *bul-bul*'] **A** v. intr. (*io bóllo*; aus. *avere*) *1* Formare bolle di gas, detto dei liquidi durante il loro passaggio dallo stato liquido allo stato di vapore: *l'acqua bolle a cento gradi* | *Avere il sangue che bolle*, (*fig.*) essere di temperamento passionale. *2* (*est.*) Cuocere in un liquido che bolle: *le patate bollono* | *Quel che bolle in pentola*, (*fig.*) ciò che si sta preparando più o meno in segreto | *Lasciar b. qc. nel suo brodo*, (*fig.*) non curarsene | Gorgogliare, detto di recipiente in cui bolle un liquido: *la pentola bolle*. *3* (*fig.*) Soffrire per l'eccessivo calore: *in quella camera si bolle* | Essere arrabbiato o in grande agitazione: *b. d'ira, di rabbia*. *4* Fermentare, del mosto. **B** v. tr. ● Far cuocere nell'acqua o in altro liquido bollente: *b. una gallina*. SIN. Lessare.

bollisiringhe [comp. di *bolli(re)* e del pl. di *siringa*] s. m. inv. ● Recipiente per la bollitura sterilizzante delle siringhe da iniezione.

bollìta s. f. ● Breve bollitura. || **bollitina**, dim.

bollìto **A** part. pass. di *bollire*; anche agg. ● Nei sign. del v. **B** s. m. ● Vivanda di carne, spec. bovina, bollita: *mangiare il b.*; *b. misto*; *b. con sottaceti* | (*est.*) Carne adatta a essere bollita. SIN. Lesso.

bollitóre s. m. *1* Ogni recipiente che nell'uso domestico, industriale o scientifico serve a portare un liquido all'ebollizione | Autoclave di grande capacità, usata spec. per farvi avvenire reazioni chimiche, resistente a pressioni e temperature modeste. *2* In varie industrie, operaio addetto alla bollitura.

bollitùra s. f. *1* Atto, effetto del bollire | Durata del bollire: *la b. della carne* | Acqua o altro liquido in cui sia stata bollita q.c. *2* (*metall.*) *B. a fuoco*, saldatura a fuoco.

†**bollizióne** s. f. ● Bollitura.

bóllo (1) [da *bollire*] s. m. ● (*dial.*) Bollore.

bóllo (2) [da *bollare*] s. m. *1* Impronta su atti, documenti, bestiame, generi alimentari, contenitori per vari usi, apposta per autentificazione, identificazione, tassa di registrazione o garanzia | *B. postale*, annullo per l'affrancatura delle spedizioni | *Imposta di b.*, tributo che grava su certi atti scritti | *Carta da b.*, quella legale munita di bollo | *B. ordinario*, carta bollata | *B. straordinario*, marca da bollo o bollo a puntone o visto per bollo | *B. virtuale*, pagamento del tributo all'ufficio competente senza che ciò risulti dall'atto | *B. di circolazione*, (*ell.*) *bollo*, disco di carta che si applica sul parabrezza degli autoveicoli per attestare l'avvenuto pagamento della tassa di circolazione. *2* Strumento che serve per bollare | *B. a secco*, impronta in rilievo di un sigillo | *B. a umido*, impronta con inchiostro. *3* (*pop.*) Francobollo. *4* †Marchio sul corpo, spec. sulla fronte, dei condannati per certi reati | (*fig.*) Segno, simbolo infamante. *5* (*fig., fam.*) Segno, livido: *ha le gambe piene di bolli*. || **bollino**, dim. (V.).

bollóre [da *bollire*] s. m. *1* Atto, stato di ebollizione di un liquido | *Dare un b.*, portare il liquido a ebollizione e subito sospenderla | *Levare, alzare il b.*, cominciare a bollire | *Essere a b.*, aver raggiunto la temperatura richiesta per la bollitura. *2* (*est.*) Caldo eccessivo: *il b. dell'estate*. *3* (*fig.*) Stato di agitazione, di eccitazione: *b. di sdegno, d'ira, di passioni* | (*fig.*) Entusiasmo, fervore: *al giovanil bollor, tutto par lieve* (ALFIERI).

bollóso [da *bolla (1)*] agg. ● Pieno di bolle.

bòlo [vc. dotta, lat. tardo *bōlu(m)* 'grossa pillola', dal gr. *bôlos* 'palla di terra', di etim. incerta] s. m. *1* Piccola massa di cibo masticato e insalivato pronto per la deglutizione: *b. alimentare, masticatorio* | *B. isterico*, sensazione di costrizione o di ingombro alla gola propria degli isterici. *2* (*zool.*) Piccola massa di sostanze non digerite, come peli o penne, che si forma nello stomaco di uccelli, spec. rapaci, e che viene poi rigurgitata. SIN. Borra. *3* Pillola molto voluminosa usata per somministrare forti quantità di medicamenti disgustosi. *4* Miscela argillosa contenente ossidi di ferro che le conferiscono una colorazione prevalentemente rossa. *5* Impasto costituito da tale argilla, usato da pittori e doratori per fare aderire la foglia d'oro su cornici, dipinti e sim.: *dorare a b.* SIN. Bolarmenico.

-bolo [dal gr. *bólos* 'lancio, getto'] secondo elemento ● In parole composte dotte o scientifiche significa 'che lancia' o 'che getta': *discobolo*.

bolognése **A** agg. ● Di Bologna | *Alla b.*, (*ell.*) detto di condimento fatto con odori e vari tipi di carne battuti, soffritti e cotti in salsa di pomodoro: *ragù alla b.* **B** s. m. e f. ● Abitante, nativo di Bologna. **C** s. m. solo sing. ● Dialetto di Bologna.

bolognino [dal n. della città di *Bologna*] s. m. ● Denaro coniato a Bologna dal 1191 al 1612.

bolòmetro [comp. del gr. *bolē* 'raggio' (con riferimento all'energia *raggiante*) e *-metro*] s. m. ● (*fis.*) Strumento che misura l'energia delle onde elettromagnetiche.

bolsàggine [da *bolso*] s. f. *1* Grave difficoltà respiratoria del cavallo, dovuta a uno stato enfisematoso del polmone. *2* (*fig.*) Fiacchezza, mancanza di vigoria.

bolscevico o (*evit.*) **bolscèvico** [russo *bol'ševík* 'uno della maggioranza', da *ból'šij* 'massimo'] agg.; anche s. m. (pl. m. *-chi*) ● Relativo o appartenente alla tendenza di sinistra e maggioritaria dell'antico partito socialdemocratico russo | (*est.*) Comunista.

bolscevismo [russo *bol'ševízm*, da *ból'šij* 'massimo'] s. m. ● Teoria e prassi del partito bolscevico | (*est.*) Comunismo.

bolscevizzàre [da *bolscevico*] v. tr. ● Rendere bolscevico.

bolsèdine s. f. ● Bolsaggine.

bólso [lat. *vŭlsu(m)*, part. di *vĕllere* 'schiantare'] agg. *1* Detto di animale, spec. cavallo, affetto da bolsaggine. *2* Che respira male, asmatico | (*est.*) Fiacco, floscio | *Carni bolse*, flaccide | (*fig.*) *Ferro b.*, ottuso | (*fig.*) Fiacco, che manca di vigoria: *un uomo dall'aria bolsa*; *prosa bolsa*.

†**bòlza** /'boltsa?/ s. f. ● Freccia, bolzone.

bolzanino o **bolzanino** **A** agg. ● Di Bolzano. **B** s. m. (f. *-a*) ● Abitante, nativo di Bolzano.

†**bolzonàre** o †**sbolzonàre** [da *bolzone*] v. tr. ● Percuotere col bolzone.

†**bolzonàta** s. f. ● Colpo di bolzone.

bolzonàto part. pass. di †*bolzonare*; anche agg. *1* Nei sign. del v. *2* *Moneta bolzonata*, segnata col bolzone per toglierla dal corso legale.

bolzóne o **bolcióne** [ant. fr. *bonzon*, dal lat. mediev. *bultiōne(m)*, di origine germ. (?)] s. m. *1* Testa in ferro dell'ariete per sfondare le muraglie | Specie di freccia con punta smussata o a corona. *2* Ciascuna delle travi usate per muovere il ponte levatoio. *3* Punzone a molla usato per macellare i maiali colpendoli sulla fronte. *4* Punzone usato per segnare monete, medaglie e sim. *5* (*mar.*) Convessità dei ponti dei bastimenti nel senso trasversale. *6* Argento in lega con metallo vile, usato per moneta. SIN. Billone. *7* (*arch.*) Asta trasversale passante, nella testa di chiavi da muro o da volta, destinata a trattenere le chiavi stesse durante la tensione.

bòma o **bòme** [fr. *bôme*, dall'ol. *boom*, di origine germ.] s. m. inv. ● (*mar.*) Trave orizzontale fissata con una estremità in basso all'albero poppiero, che serve a tenere tesa la vela di randa. ➡ ILL. p. 1291 SPORT; p. 1756 TRASPORTI.

bómba [di origine onomat.] **A** s. f. *1* Antico proietto da mortaio, di forma sferica, cavo, pieno di esplosivo, che scoppiava a distanza variante a seconda della lunghezza della miccia, accesa all'atto dello sparo dalla vampa della carica di lancio | Proietto dei moderni mortai, di forma aerodinamica, dotato di impennaggi e funzionante a percussione | Qualunque ordigno costituito da un involucro racchiudente materia esplosiva e munito di congegno di accensione | *B. a mano*, di impiego bellico, da lancio individuale, a raggio limitato | *B. a tempo*, il cui scoppio è prefissato per un dato momento | *B. carta*, rudimentale ordigno esplosivo costituito da polvere nera avvolta in molti fogli di carta legati strettamente, che, esplodendo, ha effetto rumoroso più che distruttivo | *B. Molotov*, bottiglia Molotov | *B. asfissiante, incendiaria, fumogena, lacrimogena, dirompente, illuminante*, con riferimento alle materie contenute, agli effetti corrispondenti | *B. di profondità*, contenente una notevole carica di scoppio, lanciata o lasciata cadere in mare | *B. da aereo*, lanciata da aeroplani | *B. da mortaio, da bombarda*, costruite in modo da poter essere lanciate a una certa distanza col mortaio o con la bombarda | *B. controcarro*, usata contro i carri armati | *B. a orologeria*, con dispositivo che provoca l'accensione con ritardo e al momento voluto | *B. A, atomica*, ordigno che utilizza come carica di scoppio una sostanza fatta esplodere per innesco di una reazione nucleare a catena | *B. H, all'idrogeno, termonucleare, nucleare*, che sfrutta l'energia liberata nella trasformazione dell'idrogeno in elio | *B. N, b. al neutrone*, ordigno nucleare di energia relativamente limitata, i cui effetti letali sono dovuti prevalentemente all'emissione di neutroni veloci | *A prova di b.*, detto di un ricovero o riparo resistentissimo e (*fig.*) di ciò che è particolarmente solido e resistente: *un'amicizia a prova di b.* | *Corpo di mille bombe!*, (*fig., scherz.*) per indicare stupore, dispetto e sim. **2** *B. d'artificio*, proietto sferico di cartone con polveri piriche, che scoppiando in alto provoca l'effetto d'una pioggia di stelle, scintille e sim. **3** *B. vulcanica*, frammento di lava fusa eruttato da un vulcano. **4** (*fig., tosc.*) Fandonia, balla: *non raccontar bombe!* | (*est.*) Notizia esplosiva, evento clamoroso, scandalo. **5** (*pop., fig.*) Sostanza eccitante usata dagli atleti per accrescere il loro rendimento in gara | (*gerg.*) Spinello. **6** Pasta dolce soffice, ripiena di marmellata o crema, a forma di palla. **7** Forma grande di sorbetto. **8** Pallottola di gomma da masticare che produce bolle colorate. **9** (*med.*) Apparecchiatura metallica di forma sferica usata in radioterapia: *b. al cobalto, al cesio*. ➡ ILL. **medicina e chirurgia**. **10** (*aer.*) Figura acrobatica in cui gli aerei, partendo da una formazione raccolta, puntano verso l'alto allargandosi in diverse direzioni così da simulare la deflagrazione di una bomba. **11** (*fis.*) *B. manometrica*, strumento usato per la determinazione della pressione dei gas provocati dall'accensione di una miscela esplosiva. **12** (*chim.*) *B. calorimetrica*, strumento usato per la determinazione del potere calorifico delle sostanze o per scopi di analisi chimica. **13** (*raro*) Cappello a cilindro. **14** Nei giochi infantili, luogo o punto che deve essere raggiunto prima di essere individuato dall'avversario | (*fig.*) *Tornare a b.*, dopo una divagazione, tornare all'argomento principale. **B** in funzione di agg. inv. ● (posposto a un s., *fig.*) Sensazionale, che desta scalpore, esplosivo: *notizia b.* || **bombetta**, dim. (V.).

Bombacàcee [comp. del lat. mediev. *bŏmbax*, variante di *bămbax* 'bambagia', e *-acee*] s. f. pl. ● Nella tassonomia vegetale, famiglia di piante arboree con foglie alterne, fiori grandi e frutti polposi (*Bombacaceae*) | (al sing. *-a*) Ogni individuo di tale famiglia. ➡ ILL. **piante** /4.

bombàggio [dal fr. *bomber* 'arrotondare come una bomba (*bombe*)'] s. m. ● Tipico rigonfiamento delle scatole di conserve alimentari, dovuto ad alterazione del prodotto in esse contenuto.

†**bombànza** [ant. provz. *bo(m)bansa*, ant. fr. *bo(m)bance*, di origine onomat.] s. f. ● Vanità, ostentazione.

bombàrda [ant. fr. *bombarde*, dal lat. *bŏmbus* 'bombo (2)'] s. f. **1** Rudimentale tipo di bocca da fuoco dei secc. XIII e XIV | Specie di mortaio di semplice struttura usato nelle prime linee durante la prima guerra mondiale per distruggere reticolati e lanciare aggressivi chimici. **2** Veliero con un albero a vele quadre quasi al centro e uno più piccolo a vele auriche quasi a poppa. **3** Strumento a fiato dal suono profondo. **4** (*mus.*) Uno dei registri dell'organo. || **bombardèlla**, dim. spec. nel sign. 1 | **bombardétta**, dim. spec. nel sign. 1 | **bombardino**, dim. m. nel sign. 3 (V.) | **bombardóne**, accr. m. nel sign. 3 (V.).

bombardaménto s. m. **1** Atto, effetto del bombardare: *b. a casaccio, a puntamento diretto*; *b. a tappeto*; *b. di copertura*; *aerei da b.*; *le vittime dei bombardamenti*. **2** (*fig.*) Serie rapida e intensa di domande, accuse e sim. **3** (*fis.*) *B. catodico, elettronico*, afflusso di elettroni sull'anticatodo che si verifica nella produzione dei raggi X. **4** (*fis. nucl.*) Invio contro un bersaglio di un fascio di particelle o fotoni per indurre reazioni nucleari o elettromagnetiche.

bombardàre [da *bombarda*] v. tr. **1** Colpire sistematicamente uno o più obiettivi con bombe o proiettili: *b. con l'aereo, con l'artiglieria pesante*. **2** (*fig.*) Sottoporre a un'azione intensa e insistente: *b. qc. di domande, di accuse*; *siamo bombardati da messaggi di ogni tipo*. **3** (*fis. nucl.*) Inviare contro un bersaglio un fascio di particelle o di fotoni.

†**bombardàta** s. f. ● Colpo di bombarda.

bombardatóre s. m.; anche agg. ● (*raro*) Chi, che bombarda.

bombardièra s. f. ● Feritoia nei muri delle fortezze per tirare con le bombarde.

bombardière s. m. **1** Aereo da bombardamento | Pilota o membro dell'equipaggio di tale aereo. **2** Pescatore di frodo che impiega esplosivi per la cattura del pesce. **3** Chi compie attentati terroristici servendosi di bombe. **4** Servente di una bombarda | †Artigliere. **5** Insetto coleottero rosso mattone che, se disturbato, emette una scarica di liquido irritante finemente polverizzato (*Brachinus crepitans*). **6** (*sport*) Nel calcio, cannoniere | Pugile che si distingue per l'eccezionale violenza ed efficacia dei colpi inferti all'avversario.

bombardièro agg. ● Dotato di bombarde | *Nave bombardiera*, antica nave armata di bombarde.

bombardino s. m. **1** Dim. di *bombarda*. **2** Specie di strumento a fiato. SIN. Flicorno baritono. ➡ ILL. **musica**.

bombardóne s. m. **1** Accr. di *bombarda*. **2** Specie di strumento a fiato. SIN. Flicorno basso grave.

bombàre (1) [da *bomba* 'bevanda', vc. inft.] v. tr. e intr. (*io bómbo*; aus. intr. *avere*) ● (*tosc.*) Bere abbondantemente.

†**bombàre (2)** [da *bomba*] v. intr. ● Rimbombare, tuonare.

bombàre (3) [fr. *bomber*, da *bombe* 'bomba' per la forma arrotondata] v. tr. ● In varie tecnologie, rendere convesse superfici metalliche battendole dal rovescio.

bombaròlo [forma romanesca, da *bomba*, sul mod. di *tombarolo*] s. m. (f. *-a*) ● Chi compie attentati terroristici deponendo bombe in luoghi e locali pubblici, sui treni e sim.

bombàto part. pass. di *bombare (3)*; anche agg. **1** Nei sign. del v. **2** Convesso, tondeggiante.

bombatùra s. f. ● In varie tecnologie, rigonfiamento.

bombé /fr. bɔ̃'be/ [vc. fr., per la forma 'a bomba (*bombe*)'] agg. inv. ● Che è o è diventato convesso: *bicchiere, coperchio b.* SIN. Rigonfio, tondeggiante.

bòmber /'bɔmber, *ingl.*'bɔmə/ [vc. ingl., propr. 'bombardiere', da *to bomb* 'bombardare' (*bomb* 'bomba')] s. m. inv. **1** (*sport*) Nel calcio, cannoniere | Nel pugilato, bombardiere. **2** Acrt. di *bomber jacket*.

bomberìna [etim. incerta] s. f. ● Chiodo a testa larga e convessa, simile alla bulletta.

bomber jacket /*ingl.* 'bɔmə 'dʒækit/ [dall'ingl. *bomber* '(pilota) bombardiere' e *jacket* 'giacca'] loc. sost. m. inv. (pl. ingl. *bomber jackets*) ● Tipo di giubbotto di linea abbondante indossato da piloti americani durante la seconda guerra mondiale | (*est.*) Giubbotto imbottito, corto e stretto in vita.

†**bòmbero (1)** [prob. vc. espressiva] agg. ● Sciocco, stupido.

†**bòmbero (2)** ● V. *vomere (1)*.

bombétta (1) [da *bomba* per la forma] s. f. ● Cappello maschile di feltro rigido con cupola tondeggiante e piccola tesa rialzata ai lati. SIN. Tubino.

bombétta (2) s. f. **1** Dim. di *bomba*. **2** Piccolo petardo che si fa esplodere per scherzo | Fialetta contenente liquido puzzolente, spec. acido solfidrico, che si infrange per scherzo, gioco e sim.

bombettàre [iter. di *bombare (1)*] v. intr. (*io bombétto*; aus. *avere*) ● (*dial.*) Bere spesso.

bómbice [vc. dotta, lat. *bombyce(m)*, dal gr. *bómbyx*, di origine orient.] s. m. ● (*zool.*) Baco da seta.

Bombìcidi [comp. di *bombic(e)* e *-idi*] s. m. pl. ● Nella tassonomia animale, famiglia di Insetti dei Lepidotteri con corpo tozzo e peloso, antenne filiformi o a pettine, cui appartiene il bombice o baco da seta (*Bombycidae*) | (al sing. *-e*) Ogni individuo di tale famiglia.

bombicìno (1) [vc. dotta, lat. *bombycinu(m)*, da *bŏmbyx* 'baco da seta'] agg. ● (*raro*) Di seta.

bombicìno (2) [vc. dotta, lat. tardo (*chărta(m)*) *bombȳcina(m)*, perché un tempo si riteneva fabbricata con la '*bambagia* (*bŏmbyx*, genit. *bombȳcis*, var. di *bămbyx*)'] agg. ● Nella loc. *carta bombicina*, carta proveniente dalla città araba di el-Mambiğ, anticamente chiamata Bambice.

†**bombìre** [vc. dotta, lat. *bombīre*, dal gr. *bombèin*, vc. onomat.] v. intr. ● Rumoreggiare | (*lett.*) Ronzare, spec. delle api.

bombìsta [da *bomba*] s. m. (pl. *-i*) **1** †Bombardiere. **2** (*fig., fam.*) Chi racconta bugie, frottole.

bómbito o **bòmbito** [da *bombire*] s. m. ● (*lett.*) Rimbombo.

bómbo (1) [di origine onomat.] s. m. **1** (*lett.*) Rumore cupo, rimbombo: *assorda il b. e il tuono* (TASSO). **2** Ronzio, spec. di api. **3** Insetto degli Imenotteri comunissimo nei prati, con corpo tozzo, peloso, a strisce di colore nero, rosso, giallo e bianco (*Bombus terrestris*).

bómbo (2) [lat. *bŏmbu(m)*, dal gr. *bómbos*, di origine onomat.] s. m. ● (*tosc.*) Bevanda.

bómbola [lat. parl. **bombyla(m)*, dal gr. *bombýlē*, da *bómbos*, di origine espressiva] s. f. **1** Recipiente di metallo a forma cilindrica, trasportabile, di capacità non superiore a 150 litri, destinato a contenere gas compressi o liquidi | *B. aerosol, b. spray*, recipiente cilindrico in alluminio, banda stagnata, vetro o materia plastica, il cui contenuto è proiettato all'esterno sotto forma di nebbiolina da un agente propulsore sotto pressione. **2** (*raro*) Recipiente in rame o altro materiale, di forma varia, per acqua calda da scaldare il letto o per tenere l'acqua in fresco. || **bombolétta**, dim. | **bombolina**, dim. | **bombolóna**, accr. | **bombolóne**, accr. m. (V.).

bómbolo [da *bombola*] s. m. ● (*scherz.*) Persona piccola e tozza.

bombolóne [accr. di *bomba* nel senso fig. di 'oggetto sferico'] s. m. **1** Accr. di bombola. **2** Piccolo dolce fritto, di forma tondeggiante, ripieno di crema o marmellata. **3** (*centr., merid.*) Caramella di zucchero fuso, variamente colorata, venduta spec. in occasione di fiere. **4** Grande bombola di capacità non superiore a 1 000 litri, trasportabile, destinata a contenere gas liquidi.

bombolòtto s. m. ● (*spec. al pl.*) Tipo di pasta da minestra in forma di cannelloni rigati e ricurvi.

bombóne (1) [da *bomba* nel sign. 4] s. m. (f. *-a*) ● (*tosc.*) Millantatore.

†**bombóne (2)** [da *bombare (1)*] s. m. ● Beone.

bombóne (3) s. m. ● Adattamento di *bonbon* (V.).

bombonièra [fr. *bonbonnière*, da *bonbon*] s. f. ● Vasetto o scatoletta contenente dolciumi, spec. confetti nuziali o di prima comunione.

bòme ● V. *boma*.

†**bomeràle** [da *vomere (1)*] s. m. ● Legno in cui s'incastra il vomere.

†**bomicàre** ● V. †*vomicare*.

†**bomìre** ● V. *vomire*.

bomprèsso [fr. *beaupré*, dal medio basso ted. *bâghsprêt*, comp. di *bâgh* 'braccio, prua' e *sprêt* 'verga, barra'] s. m. ● (*mar.*) Albero quasi orizzontale sistemato sulla prora. ➡ ILL. p. 1756 TRASPORTI.

bonàccia [etim. discussa: dal lat. parl. **bonăcia(m)* con mutamento della prima parte, ritenuta deriv. da *mălus* 'male', di *malăcia(m)*, preso dal gr. *malakía* 'mollezza', da *malakós* 'morbido' (?)] s. f. (pl. *-ce*) **1** Stato del mare in calma e privo di vento: *mare in b.*; *oggi c'è b.* **2** (*fig.*) Calma, pace | (*est., lett.*) Buona sorte: *Ruggier, mentre Agramante ebbe b. / mai non l'abbandonò* (ARIOSTO).

†**bonacciàre** v. intr. ● Essere in bonaccia.

bonàccio [da *buono*] agg. (pl. f. *-ce*) ● (*raro*) Bonario, semplice.

bonaccióne [da *bonaccio*] agg.; anche s. m. (f. *-a*) ● Che, chi ha indole semplice, buona e affabile. SIN. Bonario, gioviale, pacioccone.

†**bonaccióso** agg. ● Che è in bonaccia (*anche fig.*).

bonaerènse **A** agg. ● Della città di Buenos Aires. **B** s. m. e f. ● Abitante, nativo di Buenos Aires. SIN. Portegno.

bonàga [etim. incerta] s. f. ● (*bot., tosc.*) Ononide.

bonagràzia ● V. *buonagrazia*.

bonalàna ● V. *buonalana*.

bonamàno • V. *buonamano*.

bonamòrte • V. *buonamorte*.

bonànima • V. *buonanima*.

bonanòtte • V. *buonanotte*.

bonapartismo [dal n. della famiglia *Bonaparte*] s. m. *1* Orientamento politico di quanti, dopo la caduta di Napoleone Bonaparte (1769-1821), vivevano nel culto della sua memoria e vagheggiavano la restaurazione della sua dinastia. *2* (*est.*) Regime politico personale e autoritario, che richiede l'approvazione popolare mediante plebisciti.

bonapartista s. m. e f.; anche agg. (pl. m. *-i*) • Chi, che segue o sostiene il bonapartismo.

bonàrda [etim. sconosciuta] **A** s. f. • Nome di vari vitigni coltivati in Italia settentrionale che danno uva nera, da vino e da tavola. **B** s. m. • Vino rosso, profumato, talvolta amabile, prodotto in Lombardia, Piemonte ed Emilia-Romagna dal vitigno omonimo.

bonarietà s. f. • Qualità di chi o di ciò che è bonario. SIN. Affabilità, bonomia, mitezza.

bonàrio [ant. fr. *de bon aire* 'di buon aspetto'] agg. • Mite, indulgente e affabile: *è una persona semplice e bonaria*. ‖ **bonariamente**, avv. Affabilmente, con dolcezza, senza malizia.

bonasèra • V. *buonasera*.

bonavòglia • V. *buonavoglia*.

bonbon /*fr.* bɔ̃'bɔ̃/ [vc. fr., *bonbon*, reduplicazione inft. di *bon* 'buono'] s. m. (pl. *bonbons*) • Confetto, piccolo dolce.

boncinèllo [dim. di *bolcione*, var. di *bolzone*] s. m. • Ferro a staffa che riceve la stanghetta della serratura.

†**bóncio** • V. *broncio* (*1*).

bonderizzazióne [fr. *bondérisation*, dall'ingl. *bonderizing*, da *bond* 'fascia di protezione'] s. f. • (*metall.*) Trattamento antiruggine a base di fosforo per metalli ferrosi.

bondiòla o **bondòla** [da †*boldone*, con sostituzione di suff.] s. f. • Salume da cuocersi, tipico della Val d'Aosta.

bonèllo [prob. vc. d'origine gallica] s. m. • Ognuna delle zone ricoperte da pochi palmi d'acqua e da continui canneti tipiche del basso litorale veneto.

†**bonétta** [fr. *bonnette*, da *bonnet* 'berretto'] s. f. • Valigia, bisaccia.

bonetteria [fr. *bonneterie*, da *bonnet* 'berretto' (V. *bonetto*)] s. f. • Fabbrica di berretti.

bonétto [fr. *bonnet*, dal lat. mediev. *abonnis*, di etim. incerta] s. m. *1* (*raro*) Berretto di panno a foggia militare con visiera di cuoio lucido | Tipo di berretto calzato sotto il cappello. *2* Piccolo rialzo di terra sul lato fortificato della trincea a riparo del capo dei soldati.

bongiórno • V. *buongiorno*.

bòngo [vc. africana] s. m. (pl. *-ghi*) • Mammifero ruminante africano dal pelo fulvo a strisce bianche trasversali e con corna a spirale (*Boocercus eurycerus*).

bòngos /'bɔngos, *sp.* bon'gos/ [vc. dello sp. delle Antille, introdotta dai negri (*bongo* 'tamburo dei negri')] s. m. pl. • Strumento a percussione di origine afrocubana, formato da due piccoli tamburi che si battono con le dita. ➡ ILL. **musica**.

bongovèrno • V. *buongoverno*.

bongustàio • V. *buongustaio*.

bonheur-du-jour /*fr.* bɔ'nœr dy 'ʒur/ [vc. fr., del Settecento, letteralmente 'felicità (*bonheur*) del giorno (*jour*)'] s. m. inv. (pl. fr. *bonheurs-du-jour*) • Piccolo scrittoio per signora entrato nell'uso in Francia verso la metà del XVIII sec., costituito da un tavolo e da una minuscola alzata arretrata rispetto al piano.

bonìfica [da *bonificare*] s. f. *1* Complesso di lavori di varia natura coordinati tra loro, per risanare i terreni paludosi e renderli atti alla coltura | *B. integrale*, risanamento completo di un territorio dove, oltre alle opere idrauliche e agrarie, si costruiscono strade, acquedotti, case e sim.: *consorzio di b.* *2* (*est.*) Il terreno reso coltivabile mediante lavori di bonifica: *bonifiche ferraresi*. *3* *B. di guerra*, quella che si fa rimuovendo da un terreno proiettili inesplosi, mine, rottami e sim. *4* (*metall.*) Trattamento termico dell'acciaio consistente in una tempra seguita da rinvenimento. *5* (*fig.*) Risanamento, miglioramento: *b. di un quartiere malfamato*.

bonificàbile agg. • Che si può bonificare.

bonificaménto s. m. • Atto, effetto del bonificare. SIN. Risanamento.

bonificàre [lat. mediev. *bonificāre*, comp. di *bŏnus* 'buono' e *făcere* 'fare, rendere'] v. tr. (*io bonìfico, tu bonìfichi*) *1* Mettere a coltura un terreno rimuovendo le cause che ne impediscono la coltivazione: *b. una palude*. *2* Rimuovere mine o proiettili inesplosi da campi e terreni. *3* Ridurre di prezzo, abbuonare. *4* Ordinare o eseguire un bonifico bancario. *5* (*est.*) Risanare, depurare, migliorare.

bonificatóre s. m. (f. *-trice*) *1* Chi fa lavori di bonifica. *2* Chi è addetto alla bonifica di campi minati.

bonificazióne s. f. • Atto, effetto del bonificare.

bonìfico s. m. (pl. *-ci*) *1* Riduzione di prezzo, abbuono. *2* (*banca*) Operazione mediante la quale, su richiesta di un cliente, si trasferisce da un conto bancario a un altro, o si mette a disposizione di qc., una somma di denaro.

bon mot /*fr.* bõ 'mo/ [loc. fr., propr. 'buon motto'] s. m. inv. (pl. fr. *bons mots*) • Arguzia, battuta di spirito.

bonne /*fr.* bɔn/ [vc. fr., letteralmente 'buona', da espressione carezzevole inft., come *ma bonne* 'la mia buona ...'] s. f. inv. • Bambinaia, spec. francese.

bòno • V. *buono* (*1*).

bonomìa [fr. *bonhomie*, da *bonhomme* 'bonomo'] s. f. *1* Qualità di chi o di ciò che è mite e semplice. SIN. Benignità, bonarietà. *2* (*est.*) Semplicioneria, eccessiva ingenuità.

bonòmo • V. *buonuomo*.

bonsài /bon'sai, *giapp.* 'bonsai/ [vc. giapp., che significa 'piantato in vaso piatto'] s. m. inv. • Tecnica di coltivazione di alcune specie di piante e arbusti ornamentali mantenute nane in piccoli vasi bassi mediante taglio di radici, potatura di polloni, attorcigliamento di fili attorno ai rami | La pianta o l'arbusto così coltivato.

bontà o †**bontàde**, †**bontàte** [lat. *bonitāte*(*m*), da *bŏnus* 'buono'] s. f. *1* Qualità di chi o di ciò che è buono, disposizione naturale a fare del bene: *b. d'animo*; *non approfittare della sua b.* | (*est.*) Sentimento benevolo, benevolenza, gentilezza, cortesia: *abbiate la b. di dirmi*; *per b. tua*. *2* Qualità di ciò che è buono in sé stesso o in relazione alla sua funzione: *la b. di una merce, di una macchina*; *la b. del clima*. *3* †Titolo di una moneta.

†**bontadióso** [da *bontade*, var. di *bontà*] agg. • Prode, valoroso.

†**bontàte** • V. *bontà*.

bontempóne • V. *buontempone*.

bon ton /*fr.* bõ'tõ/ [loc. fr., propr. 'buon tono'] loc. sost. m. e agg. inv. • Un tempo, comportamento ricercato, elegante, garbato | (*est.*) Buone maniere; comportamento educato o conforme a quello predominante in un certo ambiente.

bonus /*lat.* 'bɔnus/ [vc. ingl. 'premio, gratifica (ai dipendenti)', dal lat. *bŏnus* 'buono'] s. m. inv. • (*org. az.*) Gratifica di entità variabile secondo la quantità e la qualità del lavoro svolto durante l'anno, erogata a titolo d'incentivo da un datore di lavoro spec. ai dirigenti d'azienda in aggiunta allo stipendio base.

bonus-malus /*lat.* 'bɔnus 'malus/ [loc. nata, pare, in Germania, comp. del ted. *Bonus* 'dividendo, premio assicurativo' (dal lat. *bŏnus* 'buono') e del lat. *mălus* 'cattivo' (V. *male* (*1*))] s. m. inv. • Tipo di polizza assicurativa per autoveicoli secondo la quale il premio annuale diminuisce per l'automobilista che non abbia subito incidenti.

bónza [vc. lomb. di etim. incerta] s. f. *1* Macchina per lavori stradali, atta a trasportare e mantenere fluido il bitume. *2* Grossa botte ovale per il trasporto del vino, dei liquami della latrina e sim.

bónzo (**1**) [port. *bonzo*, dal giapp. *bōzu*] s. m. *1* Monaco buddista. *2* (*fig.*) Persona che si dà arie di importanza e ostenta gravità.

bónzo (**2**) [etim. incerta] s. m. • Arnese di legno su cui i sarti spianano col ferro le costure.

boogie /*ingl.* 'bu:gi/ s. m. inv. • Acrt. di *boogie-woogie*.

boogie-woogie /*ingl.* 'bu:gi 'wu:gi/ [vc. ingl. d'Amer., di etim. discussa: da *boogie*, soprannome dei negri d'America, con altra parola con essa rimata (?)] loc. sost. m. inv. *1* Stile di jazz, originariamente pianistico, con cui si eseguono temi di blues, spesso ripetendone ossessivamente le frasi o le note. *2* Ballo derivato dall'omonimo stile di jazz.

bookmaker /*ingl.* 'bukmeikə*/ [vc. ingl., comp. di *book* 'libro, lista, registro' e *maker* 'colui che fa', o, in questo caso, 'compila'] s. m. inv. • Allibratore.

booleàno /bule'ano/ [dal n. del matematico G. *Boole* (1815-1864)] agg. • Relativo a G. Boole e alle sue teorie | *Algebra booleana*, sistema algebrico che rappresenta una logica a due valori.

boom /bum, *ingl.* bu:m/ [vc. ingl., di origine onomat.] s. m. inv. *1* Periodo di intenso sviluppo economico, solitamente accentuato da intenti speculativi e presto seguito da brusca inversione di tendenza. *2* (*aer.*) *B. sonico*, boato sonico. *3* (*fig.*) Rapido fiorire di un'industria, di un'azienda e sim.: *il b. dell'industria automobilistica* | Popolarità di una invenzione, di un prodotto e sim., improvvisamente conseguita.

boomerang /'bumeran(g), *ingl.* 'bu:məræŋ/ [forma ingl. di una vc. austral.] s. m. inv. *1* Arma da getto australiana costituita da un bastone ricurvo che ha la proprietà di ritornare nei pressi del lanciatore, quando non colpisce il bersaglio. *2* (*fig.*) Atto ostile che si ritorce contro l'autore.

boòpide [gr. *boôpis*, genit. *boṓpidos*, 'dall'occhio (*ṓps*, genit. *ōpós*) di bue (*bôus*)'] agg. • (*poet.*) Che ha occhi grandi.

booster /*ingl.* 'bu:stə*/ [vc. ingl., dal v. *to boost* 'spingere', di etim. incerta] s. m. inv. *1* (*gener.*) Apparecchio ausiliario, in varie tecnologie | (*mus.*) Amplificatore di suoni. *2* (*astron.*) Razzo ausiliario che fornisce una spinta supplementare a un missile o a un'astronave, impiegato spec. nelle fasi di lancio.

bootleg /*ingl.* 'bu:tleg/ [vc. ingl., propr. 'gambale', ma fig. 'edizione pirata'] s. m. inv. • Disco o cassetta musicale pirata.

bop /*ingl.* bɔp/ s. m. • Acrt. di *be-bop*.

bòra [lat. *bŏrea*(*m*) 'tramontana, borea'] s. f. • Vento di est-nord-est freddo, secco, violento, che scende dalle Alpi orientali sul golfo di Trieste e prosegue impetuoso sull'Adriatico | *B. scura*, o *b. ciclonica*, caratterizzata da nubi, pioggia e neve | *B. chiara*, o *b. anticiclonica*, caratterizzata da cielo sereno. ‖ **borino**, dim. m.

boràce o †**borràce** [vc. dotta, lat. mediev. *borā-ce*(*m*), dall'ar. *baūraq* e questo dal persiano *būraq* 'nitro'] s. m. • Borato idrato di sodio, bianco, solubile, cristallino, usato in farmacia, per saldature e nella fabbricazione di vetri e smalti.

boracèra s. f. • Piatto di marmo o pietra sul quale gli orefici preparano, sciolto in acqua, il borace per la saldatura.

boracìfero [vc. dotta, comp. di *borace* e *-fero*] agg. • Che contiene o che produce borace | *Soffione b.*, getto di vapore acqueo ricco di acido borico che sgorga violento dal terreno.

boracite [da *borace*] s. f. • Minerale rombico, bianco o grigio, cloroborato di magnesio.

Boraginàcee • V. *Borraginacee*.

boràgine • V. *borragine*.

boràsso [vc. dotta, gr. *bórassos*, di origine egiz.] s. m. • Pianta tropicale delle Palme con larghe foglie a ventaglio e frutto a drupa (*Borassus flabelliformis*).

boràto [da *boro*] s. m. • Sale o estere dell'acido borico | Etere borico.

†**borbogliaménto** s. m. • Modo, atto di borbogliare.

†**borboglianza** s. f. • Borbottio, gorgoglio, spec. del ventre.

borbogliàre [vc. onomat.] v. intr. (*io borbóglio*; aus. *avere*) • (*raro, lett.*) Mormorare, borbottare, gorgogliare: *chi mormora di qua, e chi borboglia di là* (SACCHETTI).

borbóglio (**1**) s. m. • (*raro*) Borbogliamento.

borboglìo (**2**) s. m. *1* Borbogliamento prolungato. *2* Rumore, frastuono. *3* †Tumulto.

borbònico **A** agg. (pl. m. *-ci*) *1* Dei, relativo ai Borboni: *la politica borbonica in Italia*. *2* (*fig.*) Retrivo, retrogrado: *un governo autoritario e b.* **B** s. m. • Fautore, seguace dei Borboni.

borborìgmo [vc. dotta, fr. *borborygme*, dal gr. *borborygmós*, di origine onomat.] s. m. • (*med.*) Gorgoglio addominale spontaneo prodotto dal rapido spostamento dei gas e liquidi intestinali.

borbottaménto s. m. • Atto, effetto del borbottare.

borbottàre [vc. onomat.] **A** v. intr. (*io borbòtto*; aus. *avere*) **1** Parlare in modo confuso, indistinto o sottovoce | Brontolare, lamentarsi. SIN. Bofonchiare, mormorare, parlottare. **2** (*est.*) Produrre un rumore sordo e confuso, rumoreggiare: *la pentola borbotta*; *lo stomaco borbotta per la fame*. **B** v. tr. ● Pronunciare in modo indistinto: *la vecchina borbottava le preghiere*; *sorrise e borbottò qualche cosa in meneghino* (SVEVO).

†**borbottatóre** s. m. ● Chi borbotta.

borbottino [da *borbottare*] s. m. **1** Vaso di vetro con collo lungo e ritorto, donde esce il liquido gorgogliando. **2** (*raro, lett.*) Manicaretto molto gustoso, che cuocendo ha gorgogliato a lungo.

borbottìo [da *borbottare*] s. m. **1** Rumore sommesso e continuato, spec. di parole umane | Recitazione confusa e indistinta. **2** Gorgoglio di liquidi.

borbottóne s. m.; anche agg. (f. *-a*) ● Chi, che abitualmente borbotta, brontola.

bòrchia [lat. parl. **borcula* per **broccula* '(cosa) puntuta' con sovrapposizione di altra parola (?)] s. f. **1** Capocchia ornamentale di chiodi usati per fissare cuoi e tessuti su mobili, oggetti d'arredamento, infissi, serramenti e sim. **2** Piccolo disco in metallo, avorio, plastica e sim. usato per chiusura, ornamento, protezione in cinture, borse e altri oggetti di pelletteria, abiti, antiche armature e rilegature di libri. **3** Bocchetta della serratura. **4** Guarnizione circolare convessa in metallo, legno, plastica, usata come rifinitura per attacchi, allacciamenti, in varie tecnologie. || **borchiétta**, dim. | **borchióna**, accr. | **borchióne**, accr. m.

borchiàio s. m. ● Chi fa o applica borchie.

borchiàto agg. ● Ornato di borchie.

borchiettàto agg. ● Borchiato.

bórda (1) [etim. incerta] s. f. ● Vela latina all'albero maestro delle galee.

bòrda (2) /'bɔrda, *fr.* bor'da/ [dal n. dell'inventore J. Ch. *Borda* (1733-1799)] s. m. ● (*idraul.*) Tubo addizionale applicabile internamente a una luce a battente per ridurre la contrazione della vena.

bordàglia [etim. incerta] s. f. ● (*raro*) Ciurmaglia, marmaglia: *si tenevano in disparte a tutto potere da questa b.* (NIEVO).

bordàme [da *bordo*] s. m. ● (*mar.*) Lato inferiore di una vela. ➡ ILL. p. 1291 SPORT.

bordàre (1) [da *bordo* nel sign. 3] v. tr. (*io bórdo*) **1** Fare un orlo o un bordo a q.c.: *b. una tovaglia, un vestito*; *b. una lamiera*; *b. la tomaia della scarpa* | (*fig.*) Delimitare con un segno: *b. una busta a lutto*. SIN. Orlare. **2** (*mar.*) Spiegare e distendere una vela per prendere il vento: *b. le gabbie, i fiocchi, la randa*. **3** †Mettere il fasciame all'ossatura di una nave. **4** †Percuotere.

†**bordàre (2)** [etim. incerta] v. intr. ● (*raro*) Darsi da fare con lena e incessantemente.

bordàta [da *bordo* nel sign. 1] s. f. **1** Percorso obliquo di un veliero rispetto alla direzione del suo moto. **2** Sparo simultaneo dei cannoni di una nave sullo stesso lato: *una b. a salve*. **3** (*fig.*) Serie, successione rapida di q.c.: *una b. d'ingiurie, di applausi*.

bordatìno [da *bordare* (*1*)] s. m. ● Tessuto di cotone forte, a righe sottili, adatto per grembiulini e abiti per bambini. SIN. Bordato, rigatino.

bordàto s. m. ● Bordatino.

bordatóre s. m. (f. *-trice* (V.)) **1** Chi rifinisce orli e bordi nei manufatti. **2** Nella macchina per cucire, dispositivo per fare gli orli. SIN. Orlatore.

bordatrìce s. f. **1** Rifinitrice di orli e bordi nei manufatti. **2** Macchina che esegue sagome e bordature su lamiere sottili | Macchina per formare i bordi dei contenitori metallici e predisporli alle successive lavorazioni.

bordatùra s. f. **1** Operazione consistente nel sagomare o bordare le estremità delle lamiere. **2** Orlatura per evitare la sfilacciatura o a fine ornamentale di vesti, tende, coperte e sim.

bordeaux /*fr.* bɔr'do/ [dal n. della città di *Bordeaux*, in lat. *Burdigala*, di oscura interpretazione] **A** s. m. inv. **1** Vino francese, bianco o rosso, prodotto nella regione di Bordeaux. **2** Colore rosso tendente al bruno. **B** in funzione di agg. inv. ● (posposto a un s.) Che ha colore rosso tendente al bruno: *rosso b.*; *scarpe b.*

bordeggiaménto s. m. ● Atto, effetto del bordeggiare.

bordeggiàre [fr. *bordoyer*, da *bord* 'bordo' (?)] v. intr. (*io bordéggio*; aus. *avere*) **1** (*mar.*) Veleggiare con vento obliquo per diagonali, cambiando di volta in volta di bordo. **2** (*est.*) Camminare a sghimbescio. **3** (*fig., lett.*) Destreggiarsi fra varie difficoltà.

bordéggio s. m. **1** (*mar.*) Nella vela, andatura per diagonali, con vento obliquo, che si effettua cambiando di volta in volta di bordo. **2** Bordeggiamento.

†**bordellàre** v. intr. ● Stare in un bordello.

bordellière s. m. ● Chi frequenta abitualmente bordelli.

bordèllo [ant. provz. *bordel*, dim. di *borda* 'capanna', dal francone *bord* 'tavola'] s. m. **1** Casa ove si esercita la prostituzione. **2** (*fig.*) Ambiente corrotto e malfamato. **3** (*fig.*) Luogo pieno di confusione e disordine | (*est.*) Schiamazzo | *Fare b.*, fare fracasso.

bordereau /*fr.* bɔrdə'ro/ [da *bord* 'orlo, margine', perché le note erano scritte sul margine del foglio] s. m. inv. (pl. fr. *bordereaux*) ● Borderò.

borderline /*ingl.* 'bɔ:dəlain/ [vc. ingl., propr. 'linea di confine' comp. di *border* 'confine, limite' e *line* 'linea'] agg. e s. m. e f. inv. ● Detto di chi o di ciò che si trova al limite tra due diverse condizioni, spec. patologiche: *un caso di demenza precoce b.*

borderò [adattamento di *bordereau*] s. m. **1** Distinta, elenco di documenti o titoli di credito o monete, che si producono o versano in pagamento | *B. di sconto*, distinta di effetti scontati. **2** Nei cinema o teatri, nota degli incassi compilata ogni sera. **3** Cifra che un giornale spende mensilmente per la remunerazione di collaborazioni varie | Distinta di tali collaborazioni.

†**bordiglióne** [etim. incerta] s. m. **1** Grossezza più o meno lunga che s'incontra nella seta sciolta e rende il filo disuguale. **2** Tipo di filato irregolare.

bordìno s. m. **1** Dim. di *bordo* | Piccola orlatura. **2** Parte del cerchione delle ruote dei veicoli ferroviari e tranviari che serve per guidare il veicolo nel binario.

†**bordìzio** [ant. fr. *behordeis* 'giostra, torneo', da *behorder* 'giostrare' e questo dal francone **bihurdan* 'recintare'] s. m. ● Giostra | Bagordo.

bórdo [ant. fr. *bort*, fr. *bord*, dal francone *bord* 'tavola, asse'] s. m. **1** (*mar.*) Contorno estremo del bastimento | Fianco della nave | Tratto percorso da una barca a vela che sta bordeggiando, tra una virata e l'altra | *Virare di b.*, manovrare in modo da prendere il vento dall'altro lato dell'imbarcazione | *Nave di alto b.*, che ha fianchi assai alti, e più ordini di ponti e di batterie | *Persona, gente d'alto b.*, (*fig.*) altolocata, d'elevata posizione sociale | (*est.*) La nave nel suo complesso: *carta, documento, libro di b.*; *vita, gente di b.* | *Virare di b.*, volgere il bastimento dall'altro lato; (*fig.*) detto di qc., mutare la direzione del cammino, e anche opinione, argomento e sim. | *Andare, salire a b.*, sulla nave | *A b.!*, comando di salire sul bastimento | *Fuori b.*, sul lato esterno della murata; V. anche *fuoribordo* | *Star sui bordi*, aspettare bordeggiando | *B. libero*, la distanza dal pelo dell'acqua al ponte di coperta di una nave. **2** Lo spazio interno di qualunque mezzo di trasporto, spec. nella loc. *a b. di*; *a b. di un'automobile, di un aereo*. **3** Orlo, margine, contorno di q.c.: *il b. del fazzoletto*; *sedersi sul b. del divano*; *il b. delle aiuole* | (*aer.*) *B. d'attacco* o *d'entrata*, *b. di fuga* o *d'uscita*, quello rispettivamente anteriore o posteriore di un'ala o altra superficie aerodinamica. **4** Guarnizione di stoffa che serve anche per rinforzare e allungare abiti, tende e sim. **5** Striscia tessuta o dipinta all'orlo di un drappo o di uno zoccolo di parete. || **bordìno**, dim. (V.).

bordò s. m. ● Adattamento di *bordeaux* (V.).

bordolése [fr. *bordelais*, dalla città di *Bordeaux* (lat. *Burdigala*, d'origine incerta)] **A** agg. **1** Di Bordeaux. **2** In varie loc. relative a enologia e viticoltura | *Poltiglia b.*, miscela di latte di calce e solfato di rame, usata per combattere varie malattie crittogamiche e specialmente la peronospora della vite | *Tazza b.*, solitamente d'argento, per l'esame organolettico e la degustazione dei vini | *Bottiglia b.*, da vino, di forma cilindrica e capacità di circa 3/4 di litro | *Fusto b.*, in legno, della capacità di 225 litri, per la spedizione di vini. **B** s. m. e f. ● Abitante di Bordeaux. **C** s. m. ● (*ell.*) Fusto bordolese. **D** s. f. ● (*ell.*) Bottiglia bordolese | Poltiglia bordolese.

bordóne (1) [fr. ant. *bourdon*, prob. dal lat. *burdōne(m)* 'mulo' e anche 'sostenitore' e, quindi, 'bastone' (?)] s. m. ● Lungo bastone da pellegrino con manico ricurvo | *Piantare il b.*, fermarsi | (*est.*) Trave, palo.

bordóne (2) [etim. discussa; da *bordone* (*1*) per la sua rigidità (?)] s. m. **1** Penna di uccello che comincia a spuntare | (*fig.*) *Far venire i bordoni*, la pelle d'oca. **2** (*est.*) Rado pelo di barba. || **bordoncìno**, dim.

bordóne (3) [fr. ant. *bourdon*, di prob. origine onomat.] s. m. **1** (*mus.*) Basso persistente di un solo suono usato come accompagnamento | *Falso b.*, antica forma di contrappunto. **2** (*mus.*) Canna o corda di uno strumento che fa il basso continuo | Registro d'organo dal suono cupo e grave | (*fig.*) *Tener b. a qc.*, aiutarlo spec. in imprese disoneste.

†**bordonizzàre** [da *bordone* (*3*)] v. intr. ● (*mus.*) Eseguire il falso bordone.

bordùra [fr. *bordure*, da *bord* 'orlo, margine'] s. f. **1** Bordatura: *b. di un abito*. **2** Margine di aiuole o spazi erbosi, abbellito da piante ornamentali, spec. nane. **3** Decorazione che circonda a mo' di cornice la parte centrale di un arazzo. **4** (*arald.*) Gallone che gira intorno al campo dello scudo. **5** Guarnizione intorno a una pietanza.

bòrea [vc. dotta, lat. *bŏrea(m)*, dal gr. *boréas*, di etim. incerta] s. m., †f. inv. **1** Vento gelido di tramontana. **2** (*lett.*) Settentrione.

boreàle [vc. dotta, lat. *boreale(m)*, da *bŏrea* 'borea'] agg. ● Che si riferisce all'emisfero compreso tra l'equatore e il polo nord: *aurora b.* | *Clima b.*, molto rigido, come nell'estremo Nord.

borgàta [da *borgo*] s. f. **1** Piccolo raggruppamento di case in campagna, spec. lungo una strada maestra. **2** A Roma, aggruppamento di edifici d'abitazione sito all'estrema periferia, ma avulso dagli stessi quartieri periferici. || **borgatèlla**, dim.

borgatàro [da *borgata*] s. m. (f. *-a*) ● A Roma, abitante di una borgata (*anche spreg.*).

borghése o **borghéṣe**, †**borgése** [da *borgo*, sull'es. del fr. *bourgeois*] **A** agg. **1** †Pertinente alla città. SIN. Cittadino. **2** Pertinente alla classe della borghesia, al suo costume di vita, alle sue opinioni: *famiglie borghesi*; *romanzo. b. dell'Ottocento*. **3** (*est.*) Incline al quieto vivere, amante dell'ordine costituito politicamente, socialmente, economicamente: *mentalità b.* | (*spreg.*) Privo di buon gusto, di raffinatezza: *maniere borghesi*. **4** Civile, in contrapposizione a militare, ecclesiastico | (*ell.*) *In b.*, *alla b.*, in abito civile, senza uniforme. || **borgheseménte**, avv. **B** s. m. e f. **1** †Abitante del borgo o della città non sottoposto alla giurisdizione feudale. **2** Chi appartiene alla classe della borghesia: *grasso b.* | *Piccolo b.*, appartenente alla piccola borghesia; (*est.*) persona di corte vedute, di opinioni meschine, di comportamenti banali e sim. **C** s. m. ● Chi non veste in uniforme: *militari, borghesi e ragazzi*. || **borghesùccio**, dim. | **borghesùcolo**, dim.

borgheṣìa o **borghesìa** [da *borghese*, sull'es. dell'ant. fr. *bourgesie*] s. f. ● Nell'età comunale, medio ceto cittadino, legato all'esercizio delle libere professioni e al monopolio della ricchezza mobiliare | Nell'età moderna, classe sociale composta dai proprietari dei mezzi di produzione e dai gruppi sociali che ne condividono modi di vita, aspirazioni e ideali, quali commercianti, artigiani, liberi professionisti, dirigenti industriali e sim. | *Alta, grande, grossa b.*, lo strato superiore composto dai grandi proprietari | *Media b.*, il ceto formato dai proprietari di aziende di medie dimensioni, dai liberi professionisti, dai dirigenti industriali e sim. | *Piccola b.*, lo strato composto dai piccoli artigiani e dagli impiegati.

borghesìsmo o **borgheṣìsmo** s. m. ● Attitudine e qualità di persona borghese | (*spreg.*) Mentalità, comportamento e sim. retrivi e meschini.

borgheṣùme s. m. ● (*spreg.*) Il complesso dei borghesi.

borghétto [da *borg(ata)*] s. m. ● A Roma, agglomerato di baracche di legno, di lamiera e sim., nel-

l'ambito di una borgata.
borghigiàno **A** s. m. (f. *-a*) ● Abitante di un borgo. **B** agg. *1* Che abita in un borgo. *2* Pertinente a un borgo.
borgiàno agg. *1* Pertinente alla famiglia Borgia. *2* (*fig.*) Detto di periodo, comportamento politico e sim., dominato o ispirato dalla violenza e dall'intrigo.
borgiòtto ● V. *brogiotto.*
†**bòrgnola** ● V. †*borniola.*
bórgo [lat. tardo *bŭrgu(m)*, dal germ. *bŭrgs* 'cittadina', 'forte'] s. m. (pl. *-ghi*) *1* Piccolo centro abitato: *un b. marinaio*; *un b. rustico*; *di molte case un ricco b. e grosso* (ARIOSTO). *2* Quartiere, sobborgo cittadino che si trova, o si trovava originariamente, in periferia. *3* (*tosc.*) Via, strada, un tempo fuori di porta: *andandomene per lo b. de' Greci* (BOCCACCIO). || **borghettino**, dim. | **borghétto**, dim. (V.) | **borghicciòlo**, dim. | **borgùccio**, **borgùzzo**, dim.
borgógna s. m. inv. ● Vino francese, bianco o rosso, prodotto in Borgogna.
borgognóne [fr. *bourguignon* 'abitante della Borgogna', dal lat. *Burgundiōne(m)* 'burgundo'] **A** agg. (f. *-a*) *1* Della Borgogna. *2* In varie loc. relative a enologia e viticoltura | *Poltiglia borgognona*, poltiglia anticrittogamica simile a quella bordolese | *Bottiglia borgognona*, bottiglia da vino, di forma cilindrica e capacità di circa 3/4 di litro | *Fusto b.*, (*ell.*) *borgognone*, fusto in legno della capacità di 225 litri usato per la spedizione di vini. *3* Burgundo. **B** s. m. (f. *-a* nei sign. 1 e 2) *1* Abitante della Borgogna. *2* Appartenente alla popolazione burgunda. *3* (*zool.*) Ciuffolotto. *4* Fusto borgognone. **C** s. f. ● Bottiglia borgognona | Poltiglia borgognona.
borgognòtta [sp. *borgoñota*, dal fr. *bourguignotte*, sin. di *bourguignonne* 'della Borgogna'] s. f. ● Nelle antiche armature, celata aperta e leggera, provvista di cresta, tesa frontale, gronda coprinuca, guanciali a cerniera e talvolta buffa.
borgomàstro [alto ted. ant. *burgmeister*, comp. di *burg* 'borgo, città' e *meister* 'capo'] s. m. ● Capo dell'amministrazione comunale, in Germania e altri stati europei.
bòria [lat. *bŏrea(m)* 'borea, vento di tramontana' col senso di 'aria (d'importanza)'] s. f. ● Vanitosa ostentazione di sé e dei propri meriti reali o immaginari: *metter su b.*; *essere pieno di b.*; *la b. de' dotti, i quali, ciò ch'essi sanno, vogliono che sia antico quanto che 'l mondo* (VICO). SIN. Burbanza, superbia, vanagloria. || **boriàccia**, accr. | **boriùccia**, **boriùzza**, dim.
boriàre v. intr. e intr. pron. (io *bòrio*; aus. *essere*) ● Montare in superbia, vantarsi di q.c.: *boriarsi dei propri meriti.*
†**borìcco** ● V. †*buricco* (*1*) e (*2*).
bòrico [da *boro*] agg. (pl. m. *-ci*) *1* (*chim.*) Detto di composto del boro trivalente: *acido b.* *2* Che contiene acido borico: *acqua, pomata borica.*
borìna ● V. *bolina.*
borìno [da *bora*] s. m. ● Vento locale estivo che, nell'alto Adriatico, spira nella stessa direzione della bora.
borióne s. m. (f. *-a*) ● (*raro*) Borioso.
boriosità s. f. ● Boria.
borióso [da *boria*] agg. ● Pieno di boria, vanaglorioso: *persona boriosa*; *atto, comportamento b.* || **boriosaménte**, avv.
borìre o †**borrìre** [etim. discussa: longob. *burrjan* 'alzare, scovare' (?)] v. tr. (*io borìsco, tu borìsci*) ● (*raro*) Far levare a volo uccelli a cui sparare.
borlànda ● V. *burlanda.*
borlonatùra [da *borlone*] s. f. ● Sgusciatura e pulitura dei semi utilizzati nell'industria dei bottoni.
borlóne [cfr. *burlare* (*2*)] s. m. ● Macchina a cilindri rotanti per la borlonatura.
borlòtto [vc. dial. sett. (milan. *borlòt*), dalla base *borl-* che allude a 'oggetto tondeggiante'] s. m. ● Varietà di fagiolo da sgranare, con semi ovali, color rosso variegato, di media grossezza.
†**bòrnia** [fr. *borgne* 'losco, guercio', riferito anche a un racconto 'falso', di etim. incerta] s. f. ● Fandonia.
†**bòrnio** (**1**) [ant. fr. *borgne*, di etim. incerta] agg. ● Cieco da un occhio | Guercio, losco | Abbagliato, allucinato.
bòrnio (**2**) [fr. *borne*, dall'ant. fr. *bodne* di origine discussa: celt. **botina* 'pietra di confine' (?)] s. m. *1* †Pietra, roccia sporgente. *2* Concio o mattone sporgente che forma l'addentellato.
†**bòrniola** o (*raro*) †**bòrgnola** [da *bornia*] s. f. ● Sproposito, giudizio errato.
bòro [da *borace*] s. m. ● Elemento chimico, semimetallo, bruno, duro, ottenuto per riduzione dell'anidride borica, usato come disossidante in metallurgia. SIMB. B.
borósa [vc. dial., di etim. incerta] s. f. ● (*mar.*) Cavetto che, fermato con una cima alla bosa, serve a scorciare la ralinga di caduta nel serrare i terzaroli.
borotàlco ® [nome commerciale, comp. di *boro* e *talco*] s. m. ● Nome commerciale di una polvere finissima a base di talco naturale, usata spec. sulle pelli delicate per le sue proprietà assorbenti e rinfrescanti.
bórra [lat. tardo *bŭrra(m)*, di etim. incerta] s. f. *1* Insieme dei fili, non utilizzabili per la filatura, che sostengono il bozzolo ai ramoscelli del bosco. SIN. Ragna, spelaia. *2* Insieme di cimature di pannilani o mescolanze di peli e crini animali, usato per fare imbottiture e feltri di qualità scadente: *b. per basti.* *3* Specie di stoppaccio cilindrico per separare il piombo dalla polvere, nelle cartucce da caccia. *4* (*fig.*) Materiale di scarto | (*est.*) Parole, frasi inutili: *è impossibile che chi dice o scrive molte cose non vi metta di molta b.* (GUICCIARDINI).
borràccia [sp. *borracha*, da *borracho* 'ubriaco', dal lat. *bŭrrus* 'rossiccio', per il colore di chi ha bevuto] s. f. (pl. *-ce*) ● Recipiente di alluminio, plastica o altro materiale atto a contenere acqua e altre bevande usato spec. da soldati, alpinisti, ciclisti e sim. || **borraccétta**, dim. | **borraccìna**, dim.
borraccìna o (*evit.*) **borracìna** [da *borra*] s. f. ● Muschio con fusticini in parte sdraiati e ricchi di foglie a margini dentellati.
borràccio [da *borra*] s. m. ● (*sett.*) Canovaccio, tovagliolo.
†**borràce** ● V. *borace.*
borracìna ● V. *borraccina.*
borràggine ● V. *borragine.*
borràggio [da *borrare*] s. m. *1* (*min.*) Atto, effetto del borrare: *b. a sabbia*; *b. ad acqua.* *2* Insieme delle borre, di vario materiale, adoperate per il caricamento delle cartucce.
Borraginàcee o **Boraginàcee** [comp. di *borragin(e)* e *-acee*] s. f. pl. ● Nella tassonomia vegetale, famiglia di piante dicotiledoni delle Tubiflorali con foglie pelose e fiori che formano un'infiorescenza scorpioide (*Borraginaceae*) | (al sing. *-a*) Ogni individuo di tale famiglia. ➡ ILL. **piante** /8.
borràgine o **boràgine**, **borràggine** [lat. tardo *borragine(m)*: dall'ar. *abū 'araq* 'padre del sudore', 'sudorifero', per le proprietà di questa pianta (?)] s. f. ● Pianta erbacea annuale delle Borraginacee con grosso fusto succoso, grandi foglie rugose e ruvide e fiori turchini (*Borrago officinalis*).
borràna (**1**) [variante di *borragine*] s. f. ● (*dial.*) Borragine.
borràna (**2**) [da *borro*] s. f. ● Borro, torrente.
borràre [da *borra*] v. tr. (*io bórro*) ● Occludere il foro da mina con tampone di materiale inerte perché l'esplosivo possa agire con la massima efficacia.
†**borràsca** ● V. *burrasca.*
borratóre [da *borra*] s. m. ● Maglio ogivale usato per il consolidamento del terreno.
borratùra s. f. ● (*min.*) Borraggio.
†**borrévole** agg. ● Fatto a modo di borra.
†**borrìre** ● V. *borire.*
bórro [lat. tardo *bŏrra(m)*, bene attestato nella toponomastica] s. m. *1* (*lett.*) Burrone. *2* Fossa scavata dalle acque in luogo scosceso. *3* Canale di scolo di una palude.
bórsa (**1**) [lat. *bŭrsa(m)*, dal gr. *býrsa* 'cuoio', 'otre', di etim. incerta] s. f. *1* Sacchetto o busta di pelle, stoffa, plastica e sim. di varia forma e grandezza, per tenervi denaro, documenti e oggetti vari: *la b. del postino*; *b. da avvocato*; *la b. della spesa*; *la b. per il tabacco* | *B. da viaggio*, con l'occorrente per la toeletta | *B. diplomatica*, tipo di valigetta rigida e bassa per documenti, lettere e sim. | *B. dell'acqua*, in gomma o metallo per mantenervi calda l'acqua | *B. da ghiaccio*, in tessuto impermeabile per applicazioni di ghiaccio su parti malate. *2* (*est.*) Denaro | *O la b. o la vita*, intimazione di rapinatori | *Avere la b. piena, vuota*, avere molto, poco denaro | *Aprire, sciogliere la b.*, spendere e donare con larghezza | *Chiudere, stringere la b.*, fare economia | *Mettere mano alla b.*, cominciare a pagare | *Mungere, vuotare la b. di qc.*, sfruttarlo | *Far b. comune*, mettere in comune guadagni e spese | *Toccar qc. nella b.*, chiedergli denaro | *Pagare di b. propria*, col proprio denaro | Sussidio finanziario dato a studenti, laureati, ricercatori scientifici e sim.: *b. di studio*; *b. premio* | Nel pugilato, la somma pattuita per un incontro per ciascun contendente. *3* Busta di seta o di lino in cui si ripone il corporale, nella liturgia cattolica. *4* (*gener.*, *raro*) Rigonfiamento, gonfiore. *5* *B. di pastore*, pianta erbacea delle Crucifere a fusto eretto, fiori in racemo e frutti a siliquetta, di forma simile alla borsa in cui il pastore tiene il sale per gli animali (*Capsella bursa-pastoris*). *6* Guscio che racchiude i semi di alcune piante. *7* (*anat.*) Qualsiasi formazione a sacca: *b. scrotale* | *B. mucosa, sierosa*, vescicola ripiena di liquido chiaro filante, interposta tra tendini e ossa o tra muscoli per facilitarne lo scorrimento | Correntemente, parte del corpo la cui forma ricorda quella di una borsa | *Avere le borse sotto gli occhi*, le occhiaie gonfie | *La b. del canguro*, il marsupio. *8* (*est.*) Rigonfiamento, deformazione degli abiti: *calzoni con le borse alle ginocchia.* *9* (*pop.*) Scroto | (*fig.*) Noia, persona noiosa: *che b.!* *10* (*bot.*) Parte ingrossata del ramo che porta il frutto nelle Pomacee || PROV. Chi fa di testa paga di borsa. || **borsàccia**, pegg. | **borsellina**, dim. | †**borsèllo**, dim. m. (V.) | **borsétta**, dim. (V.) | **borsétto**, dim. m. (V.) | †**borsicchio**, dim. m. | †**borsiglio**, dim. m. (V.) | **borsina**, dim. | **borsino**, dim. m. | **borsóna**, accr. | **borsóne**, accr. m. (V.) | **borsòtto**, dim. m. (V.) | **borsùccia**, dim.
Bórsa (**2**) [dal nome dei van der *Burse*, in casa dei quali si riunivano, a Bruges, nel XVI sec., i mercanti venez.] s. f. *1* Istituzione controllata dallo Stato, per la riunione di coloro che trattano affari commerciali: *listino di B.*; *riunione di B.*; *rialzo, ribasso in B.* | *B. merci*, ove si contrattano merci di largo mercato | *B. valori*, ove si trattano titoli o divise estere | *Giocare in B.*, specularvi. V. anche *dopoborsa.* *2* (*est.*) Il luogo, l'edificio ove avvengono le contrattazioni di borsa. *3* (*est.*) Mercato, compravendita: *la B. dei calciatori.* || **borsino**, dim. m. (V.).
borsàio s. m. (f. *-a*) ● Chi fabbrica o vende borse.
borsaiòlo o (*lett.*) **borsaiuòlo** [da *borsa* (*1*) col suff. d'agente *-aio* e il suff. spreg. *-olo*] s. m. (f. *-a*) ● Ladro che con abilità e sveltezza ruba dalle tasche o dalle borse. SIN. Borseggiatore.
†**borsàle** [da *borsa* (*1*)] agg. ● Pertinente alla borsa, nel sign. di borsa (1).
borsalìno ® [dal n. della ditta che li produce, la *Borsalino*] s. m. inv. ● Nome commerciale di un tipo di cappello maschile di feltro a tesa media.
borsanéra o **bórsa néra** [comp. di *borsa* (*2*) e il f. di *nero*, con allusione a operazioni compiute di notte] s. f. ● Traffico illegale, clandestino, di merci razionate o rare, a prezzi maggiorati, spec. in periodo bellico.
borsanerista s. m. e f. (pl. m. *-i*) ● Chi pratica la borsa nera. SIN. Borsaro nero.
borsàro s. m. ● (*centr.*) Nella loc. *b. nero*, chi pratica la borsa nera.
borsàta [da *borsa* (*1*)] s. f. *1* Quantità di roba che può essere contenuta in una borsa. *2* Colpo o percossa inferta con una borsa.
borsavalóri [comp. di *borsa* e del pl. di *valore*] s. f. (pl. *borsevalóri*) ● (*banca*) Mercato organizzato per la compravendita dei valori mobiliari e delle divise.
borseggiàre [da *borsa* (*1*) col suff. verb. *-eggiare*] v. tr. (*io borséggio*) ● Derubare una persona con abilità e sveltezza di q.c. che porta addosso o con sé: *l'hanno borseggiato del portafoglio.*
borseggiatóre s. m. (f. *-trice*) ● Borsaiolo.
borséggio [da *borseggiare*] s. m. ● Furto commesso con straordinaria abilità e sveltezza sulla persona che detiene la cosa.
borsellìno s. m. *1* Dim. di *borsello.* *2* Portamonete da tenersi in tasca o in borsetta | *Vuotare il b.*, spendere tutto. *3* Tasca in cima a una lunga mazza per raccogliere le elemosine in alcune chie-

se cattoliche e protestanti. *4* Taschino dell'orologio.

borsèllo s. m. *1* †Dim. di *borsa* (*1*). *2* †Portamonete. *3* Borsa per uomo, di dimensioni generalmente non grandi, talvolta anche con tracolla, destinata a contenere documenti, denaro e oggetti vari. SIN. Borsetto. ‖ **borsellino**, dim. (V.).

borsétta s. f. *1* Dim. di *borsa* (*1*). *2* Borsa da signora di varia forma e dimensione in pelle, tessuto, paglia e sim.: *una b. sportiva*; *b. da sera*. ‖ **borsettàccia**, pegg. | **borsettina**, dim.

borsettàio s. m. (f. *-a*) ● Fabbricante o venditore di borsette.

borsetterìa [comp. di *borsett(a)* ed *-eria*] s. f. *1* Settore artigianale o industriale che si occupa della fabbricazione di borse. *2* Negozio di borse.

borsettière s. m. ● Borsettaio.

borsettifìcio [comp. di *borsetta* e *ficio*] s. m. ● Fabbrica di borsette e articoli analoghi.

borsétto s. m. *1* Dim. di *borsa* (*1*). *2* Borsello.

†**borsìglio** s. m. *1* Dim. di *borsa* (*1*). *2* Borsetta per profumi. *3* Portamonete. *4* (*fig.*) Denaro, gruzzolo messo insieme con risparmi personali.

borsìno s. m. *1* Dim. di *borsa* (*2*). *2* Ufficio bancario dove, in collegamento con le Borse valori, si compiono operazioni su titoli. *3* Contrattazione di titoli che avviene a Borsa chiusa.

borsista (**1**) [da *borsa* (*1*)] s. m. e f. (pl. m. *-i*) ● Chi fruisce di una Borsa di studio, di ricerca e sim.

borsista (**2**) [da *borsa* (*2*)] s. m. e f. (pl. m. *-i*) ● Chi specula in Borsa.

borsìstico agg. (pl. m. *-ci*) ● Tipico della borsa, nel sign. di Borsa (2): *contrattazioni borsistiche*.

borsite o **bursite** [da *borsa* (di siero) con il suff. *-ite* (*2*)] s. f. ● (*med.*) Infiammazione di una borsa mucosa o sierosa: *b. scrotale*.

borsóne s. m. *1* Accr. di *borsa* (*1*). *2* (*est.*) Grossa somma vinta al gioco o in altro modo.

borsòtto s. m. *1* Dim. di *borsa* (*1*). *2* Borsa di pelle per pallini da caccia.

bort /ˈbɔrt, *fr.* bɔr/ [vc. fr., dall'ant. fr. *bort* 'bastardo' (?)] s. m. inv. ● Varietà microcristallina di diamante usata come abrasivo.

bortsch /bɔrʃ/ o **boršč** /*russo* bɔrʃtʃ/ [russo *boršč*, parola che in origine indicava la pianta d'acanto, con cui si faceva una minestra] s. m. inv. ● Minestra a base di cavolo, barbabietola e crema acida, tipica della cucina russa.

†**borzacchìno** [sp. *borceguí*, dall'ar. *murzuqî* '(cuoio) di Murzuq' (?)] s. m. ● Stivaletto.

borzàcchio ● V. *bozzacchio*.

bòṣa [sp. *boza*. V. *bozza* (*2*)] s. f. ● (*mar.*) Ognuna delle tre maniglie di cavetto a cui, nelle vele quadre, si applicano i tre spezzoni di cavo della branca di bolina.

†**boscàggio** [ant. fr. *bosc(h)age*, da *bos(c)* 'foresta'] s. m. ● Boscaglia.

boscàglia [ant. fr. *bosc(h)aille*, da *bos(c)* 'foresta'] s. f. ● Selva, luogo boscoso e incolto | Vasta macchia di arbusti.

boscaiòlo o (*lett.*) **boscaiuòlo** s. m. (f. *-a*) *1* Chi taglia legna nei boschi. SIN. Spaccalegna, taglialegna. *2* Chi provvede alla coltivazione e alla conservazione dei boschi. SIN. Guardaboschi.

boscaréccio ● V. *boschereccio*.

†**boscàta** s. f. ● Tratto di terreno coperto di bosco.

boscàtico [da *bosco*] s. m. (pl. *-ci*) ● Uso civico medievale consistente nel diritto di far legna in un bosco di proprietà comune | Imposta pagata per esercitare tale diritto.

boscàto agg. ● (*raro*) Boscoso.

boschéggio [etim. incerta] s. m. ● (*rag.*) Operazione contabile consistente nel ricercare fra diverse registrazioni tutte quelle che si riferiscono a una stessa voce.

bosheréccio o (*lett.*) **boscaréccio** [da *bosco*] agg. (pl. f. *-ce*) *1* Pertinente a bosco, che proviene dal bosco: *fragole boscherecce*. SIN. Forestale, silvestre. *2* (*fig.*) Semplice, privo di raffinatezza | *Poesia boschereccia*, che canta i boschi e si finge composta nelle selve, da boscaioli.

boschétto s. m. *1* Dim. di *bosco*. *2* Bosco ameno | Gruppo di piante ombrose. *3* Piccolo bosco artificiale, attraente, per caccia agli uccelli con verghette invischiate.

†**boschière** s. m. ● Boscaiolo.

†**boschièro** agg. ● Boschereccio.

†**boschìgno** agg. ● Boschereccio.

boschìvo agg. *1* Coltivato, tenuto a bosco: *terreno b.* | Ricco di boschi: *zona boschiva*. *2* Pertinente a bosco: *vegetazione boschiva*.

boscìmano [neerlandese *bosjesman*, 'uomo (*man*) della boscaglia (*bosje*)'] **A** agg. ● Detto di alcune popolazioni viventi nell'Africa sud-occidentale, che presentano pelle giallastra, steatopigia, statura piccola e capelli crespi. **B** s. m. (f. *-a*) ● Chi appartiene alla popolazione boscimana. **C** s. m. solo sing. ● Lingua africana parlata dai Boscimani, simile all'ottentotto.

bòsco [etim. discussa: germ. **bosk* 'macchia, boschetto' (?)] s. m. (pl. *-chi*) *1* Estensione di terreno coperta di alberi, spec. di alto fusto, e di arbusti selvatici | Il complesso di tali organismi vegetali: *b. di querce, di faggi, di castagni* | *B. ceduo*, sottoposto per la rinnovazione a tagli periodici | *Andare al b.*, a far legna | *Buono da b. e da riviera*, (*fig.*) detto di chi è adatto a ogni situazione e capace di far di tutto | *Essere, diventare uccel di b.*, (*fig.*) detto di chi si rende irreperibile a chi tenta di imprigionarlo, spec. alla polizia | *Portar legna al b.*, (*fig.*) fare una cosa inutile | *Curare qc. con sugo di b.*, (*scherz.*) prenderlo a bastonate. SIN. Foresta, selva. *2* (*fig.*) Insieme di cose fitte, intricate: *un b. di capelli*. *3* Fascetti di rami, disposti in modo diverso, usati per sostenere i bachi da seta durante la tessitura del bozzolo | *Andare al b.*, dei bachi che salgono sui rami. *4* (*raro, poet.*) Legname ‖ PROV. Meglio uccel di bosco che uccel di gabbia. ‖ **boscàccio**, pegg. | **boscarèllo**, **boscherèllo**, dim. | **boschétto**, dim. (V.) | **boscóne**, accr.

boscosità s. f. ● Densità dei boschi di una data zona rispetto alla sua superficie totale: *b. alta, bassa*.

boscóso agg. ● Coperto, ricco di boschi: *colline boscose*.

bòsforo [vc. dotta, dal nome del *Bosforo*, lat. *Bosp(h)ŏrus*, dal gr. *Bósporos*: letteralmente 'guado del bue' (*boôs póros*)] s. m. ● (*lett.*) Stretto di mare.

†**bòṣima** ● V. *bozzima*.

boṣinàta o **boṣinàda** [vc. milan., da *buccinare*] s. f. ● Composizione satirica in dialetto milanese, recitata o cantata dai bosini.

boṣìno s. m. ● Cantastorie delle campagne milanesi | (*sett.*) Campagnolo, uomo zotico.

boṣnìaco **A** agg. (pl. m. *-ci*) ● Della Bosnia. **B** s. m. (f. *-a*) ● Abitante, nativo della Bosnia.

boṣóne [dal cognome del fisico S. N. *Bose* (1894-1974)] s. m. ● (*fis. nucl.*) Particella di spin intero, che segue la statistica di Bose-Einstein.

boss /*ingl.* bɔs/ [vc. ingl. d'America, dal neerlandese *baas* 'padrone', di area limitata e origine incerta] s. m. inv. (pl. ingl. *bosses*) ● Capo, padrone, spec. se e quando si comporti con arroganza e arbitrio: *i b. della mafia*; *il b. dell'azienda*; *i boss dell'industria chimica*.

bòssa nòva /ˈbɔssa ˈnɔva, *port.* ˈbɔsa ˈnɔva/ [vc. port. del Brasile: 'tendenza (dal senso originale di 'bernoccolo') nuova' (?)] s. f. inv. ● Ballo d'origine brasiliana, derivante dalla samba.

bosseggiàre [da *boss* col suff. verb. *-eggiare*] v. intr. (*io bosséggio*) ● (*raro, spreg.*) Comportarsi da boss, spadroneggiare.

bossìṣmo [da *boss*] s. m. ● (*spreg.*) Comportamento pubblico prepotente e prevaricatore.

bòsso o (*tosc.*) **bòssolo** (**2**), (*dial.*) **bùsso** (**2**) [lat. *bŭxu(m)*, dal gr. *pýksos*, di origine asiatica] s. m. *1* Arbusto perenne sempreverde delle Buxacee con piccole foglie coriacee e lucenti e legno durissimo (*Buxus sempervirens*). *2* Legno di bosso.

bòssola [da *bossolo* (*1*)] s. f. *1* Brusca per cavalli. *2* Antica misura veneta di capacità per liquidi, di circa tre litri.

bòssolo (**1**) o †**bùssolo** [lat. tardo *bŭxida*, dal gr. *pýksis*, con sovrapposizione di **bŭxulum*, dim. di *bŭxeum* 'oggetto di bosso'] s. m. *1* †Vasetto per cosmetici, medicamenti, profumi e sim. *2* Urna per elezioni e votazioni | Bussolotto per il gioco dei dadi | †Cassetta per elemosine. *3* Involucro cilindrico contenente la carica di lancio dei proiettili delle armi da fuoco e munito dell'innesco per la deflagrazione della carica. ‖ **bossolétto**, dim. | **bossolino**, dim. | †**bossolòtto**, dim. (V.).

bòssolo (**2**) ● V. *bosso*.

†**bossolòtto** ● V. *bussolotto*.

bòston /ˈbɔston, *ingl.* ˈbɔstən/ [dal nome della città statunitense d'origine, *Boston*] s. m. inv. ● Ballo di origine nordamericana, simile al valzer ma di ritmo più lento.

bostonìàno **A** agg. ● Di Boston. **B** agg.; anche s. m. (f. *-a*) *1* Abitante, nativo di Boston. *2* (*raro, est., lett.*) Raffinato, elitario.

Bostrìcidi [comp. di *bostrico* e *-idi*] s. m. pl. ● Nella tassonomia animale, famiglia di Insetti dei Coleotteri xilofagi a corpo cilindrico allungato e arti corti (*Bostrychidae*) | (al sing. *-e*) Ogni individuo di tale famiglia.

bòstrico [vc. dotta, gr. *bóstrychos* 'ricciolo', di etim. incerta] s. m. (pl. *-chi*) ● Insetto coleottero con testa incassata nel torace, zampe corte e apparato boccale robustissimo mediante il quale scava gallerie nel legno (*Bostrychus capucinus*).

bòt o **Bot** [sigla di *b(uono) o(rdinario del) t(esoro)*] s. m. inv. ● (*econ.*) Titolo di credito a scadenza annuale, semestrale o trimestrale emesso dallo Stato italiano.

botànica [vc. dotta, gr. *botanikḗ*, f. di *botanikós* 'botanico', sottinteso *téchnē* 'arte, scienza'] s. f. ● Scienza che ha come oggetto lo studio e la classificazione dei vegetali. ➡ ILL. **botanica generale**.

botànico [vc. dotta, gr. *botanikós*, da *botánē* 'erba'] **A** agg. (pl. m. *-ci*) ● Che si riferisce alla botanica | *Orto, giardino b.*, in cui si coltivano piante a scopo di ricerca e di studio. **B** s. m. ● Studioso di botanica.

†**botanìsta** s. m. e f. ● Botanico.

botanòfilo [comp. di *botan(ica)* e *-filo*] s. m. (f. *-a*) ● (*bot.*) Chi si diletta, è appassionato di botanica.

botanomanzìa [comp. di *botan(ica)* e *-manzia*] s. f. ● Tipo di divinazione che interpreta l'azione del vento sulle foglie.

botèl [comp. di due voci ingl. *bo(at)* 'barca' e *(ho)tel* 'albergo'] s. m. inv. ● (*raro*) Nave per crociere, spec. su fiumi.

†**bóto** (**1**) e *deriv.* ● V. *voto* (*1*) e *deriv.*

†**bóto** (**2**) [dal sign. di 'statua', che ha il tosc. *boto*, propriamente 'voto': quindi, 'impalato', 'immobile (come una statua)'] agg. ● Sciocco, semplicione.

bòtola o †**bòdola** [etim. incerta; dal lat. mediev. *bauta* 'balta', attrav. i dial. sett.] s. f. ● Apertura dotata di un'imposta ribaltabile che mette in comunicazione due vani, uno soprastante e uno sottostante: *aprire una b. nel pavimento, nel soffitto*. ‖ **botolina**, dim.

bòtolo [etim. incerta] s. m. *1* Cane piccolo, tozzo e ringhioso. *2* (*fig.*) Uomo stizzoso e pronto alla lite, ma senza forze adeguate per sostenerla. ‖ **botolétto**, dim. | **botolino**, dim. | **botolóne**, accr.

bòtri [vc. dotta, lat. *bŏthru(m)*, dal gr. *bótrys*, propriamente 'grappolo'] s. m. ● Varietà di artemisia fortemente aromatica (*Chenopodium botrys*).

bòtrio- (**1**) [dal gr. *bótrion* 'piccola fossa', di origine non chiara] primo elemento ● In parole composte della terminologia scientifica significa 'fossa' o 'solco': *botriocefalo*.

bòtrio- (**2**) [dal gr. *bótrys* 'grappolo'] primo elemento ● In parole composte della terminologia scientifica significa 'grappolo' o 'a forma di grappolo': *botriomicosi*.

botriocèfalo [vc. dotta, comp. di *botrio-* (*1*) e *-cefalo*] s. m. ● Grosso platelminta, parassita intestinale, simile alla tenia ma privo di ventose e con due solchi laterali (*Diphyllobothrium latum*).

botriomicòṣi [comp. di *botrio-* (*2*), del gr. *mýkēs* 'fungo' e del suff. med. *-osi*] s. f. ● Malattia infettiva del cavallo dovuta a micrococchi, che si manifesta con noduli e fistole nel tessuto cutaneo e sottocutaneo.

botrioterapìa [vc. dotta, comp. di *botrio-* (*2*) e *terapia*] s. f. ● Ampeloterapia.

botrite [vc. dotta, lat. *botrȳte(m)*, dal gr. *botrýtis*, letteralmente 'a forma di grappolo (*bótrys*)'] s. f. ● Genere di funghi imperfetti deuteromiceti, saprofiti o parassiti di molte piante coltivate (*Botrytis*). SIN. Muffa grigia.

bótro (**1**) [gr. *bóthros* 'fossa, voragine', di etim. incerta] s. m. ● Fossato dalle pareti scoscese in cui l'acqua scorre o stagna: *il favellar leggero / dell'acque pei botri* (D'ANNUNZIO).

†**bòtro** (**2**) [vc. dotta, lat. eccl. *bŏtru(m)*, dal gr.

bótrys, di etim. incerta] **s. m.** ● Grappolo d'uva.

bòtta (**1**) [da *bottare*] **s. f.** **1** Colpo, percossa data con un corpo contundente: *dare una b. col bastone, col martello* | *Fare a botte*, picchiarsi | *Botte da orbi*, colpi violenti e disordinati | *Parare le botte*, (*fig.*) difendersi | Colpo provocato da un urto contro q.c.: *cadendo ho preso una gran b.* | (*est.*) Il segno che resta sul corpo dopo un urto o una percossa violenta: *guarda che b. ho sul ginocchio* | †*Di tutta b.*, a tutta prova | †*A b. di*, a prova di | *Tenere b.*, (*fig.*) resistere, perseverare, non mollare | *A b. calda*, (*fig.*) sotto l'impressione di un fatto doloroso spiacevole e sim. appena avvenuto. **2** (*fig.*) Danno grave: *la perdita dell'azienda è stata per lui una terribile b.* | (*fig.*) Sconfitta: *sono venuti per vincere e hanno preso una bella b.!* **3** Rumore prodotto da oggetti che si urtano con violenza o da un'esplosione: *una b. di fucile*. **SIN.** Botto. **4** (*fig.*) Motto pungente, frase offensiva: *dirigere, indirizzare una b. a qc.* | *B. e risposta*, rapido scambio di battute. **SIN.** Battuta, frizzo. **5** Nella scherma, colpo | *B. dritta*, stoccata. **6** Rosa di pallini da caccia che investono un selvatico | *Restare sulla b.*, di animale colpito in pieno. **7** Sponda concava di un meandro erosa dalla corrente del fiume. || **bottarèlla**, **botterèlla**, **dim.** | **botticèlla**, **dim.**

bòtta (**2**) o (*raro*) **bòdda** [etim. incerta] **s. f.** **1** (*tosc.*) Rospo | (*fig.*) *Camminare come una b.*, saltellando | *Essere, parere una b.*, essere tozzo e sgraziato | *Gonfio come una b.*, vanesio. **2** (*est., lett., tosc.*) Persona bassa e sgraziata.

bottacciàta [da *bottaccio* (*1*)] **s. f.** ● (*raro*) Quantità d'acqua contenuta in un bottaccio.

bottàccio (**1**) [accr. di *botte*, per la forma] **s. m.** **1** (*lett.*) Fiasco, damigiana | (*raro*) Quantità di vino anticamente prelevata da un carico e data ai vetturali come compenso per il trasporto del carico stesso. **2** Bacino di raccolta delle acque che alimentano un mulino | Pozzetto praticato nei fossati per diminuire la velocità dell'acqua e facilitare il deposito dei detriti. **3** (*sett.*) Botte per lo spurgo dei pozzi neri. || **bottaccino**, **dim.** | **bottacciòlo**, **dim.** (V.).

bottàccio (**2**) [etim. incerta] **s. m.**; anche **agg.** ● (*centr.*) Varietà di tordo.

bottàccio (**3**) ● V. *bottazzo*.

†**bottacciòlo** o †**bottacciuòlo** **s. m.** **1** Dim. di *bottaccio* (*1*). **2** Pustola, rigonfiamento. **3** Lesione della pellicola dell'intonaco, provocata dal rigonfiamento di un granello di calce. **4** (*fig.*) Persona grassa.

bottàio o †**bottàro** [da *botte*] **s. m.** ● Chi fabbrica, ripara o vende botti.

bottalàre [da *bottale*] **v. tr.** ● Trattare le pelli nel bottale.

bottàle [da *botte*, per la forma] **s. m.** ● Apparecchiatura rotante nella quale vengono conciate le pelli.

bottalista **s. m.** (**pl.** *-i*) ● Operaio di conceria addetto al bottale.

bottàme **s. m.** ● Insieme delle botti, dei tini e dei fusti di una cantina.

†**bottàna** [ar. egiz. *butāna* 'pelle di montone conciata'] **s. f.**; anche **agg.** ● Tipo di tela bambagina comune.

†**bottàre** [ant. fr. *boter* 'spingere, battere, germogliare', dal francone *bōtan* 'battere'] **v. tr.** ● Percuotere, colpire.

bottàrga [ar. *butārih*, in relazione col gr. *tárichos* 'salagione', di etim. incerta] **s. f.** ● Uova di muggine o di tonno compresse, seccate e salate.

†**bottàro** ● V. *bottaio*.

bottàta [da *bottare*] **s. f.** **1** †Colpo, percossa | †Danno grave e improvviso. **SIN.** Botta. **2** (*lett.*) Frase pungente, spesso allusiva | Richiesta di un prezzo assai alto: *che b. per un paio di scarpe!*

bottatrice [etim. incerta] **s. f.** ● Pesce dei Teleostei commestibile di acqua dolce, con corpo grosso anteriormente e compresso verso la coda, coperto di resistentissima pelle olivastra (*Lota lota*).

bottàzzo o **bottàccio** (**3**) [da *botte*] **s. m.** ● (*mar.*) Raddoppiamento del fasciame in legno nello scafo per aumentarne la stabilità e la galleggiabilità | Falso scafo del sommergibile.

bótte [lat. tardo *bŭtte*(*m*) 'piccolo vaso', di etim. incerta] **s. f.** **1** Recipiente in legno, di forma bombata, costituito da un insieme di doghe trattenute in sito da cerchi di metallo, destinato a contenere prodotti liquidi, spec. vino: *spillare il vino dalla b.* | (*est.*) Recipiente simile, ma di minori dimensioni, per conservarvi pesce e sim. | *Dare un colpo al cerchio e uno alla b.*, (*fig.*) barcamenarsi | (*fig.*) *La b. piena e la moglie ubriaca*, due vantaggi che si escludono | (*fig.*) *Essere in una b. di ferro*, al sicuro | (*fig.*) *Essere, fare sedile di b.*, sopportare tutto il peso di una situazione. ➡ **ILL.** **vino**. **2** Appostamento palustre, costituito da una botte o da un piccolo tino mascherati di vegetazione, entro cui si cela il cacciatore | *B. artificiale*, in cemento o metallo. **3** (*edil.*) *Volta a b.*, semicircolare. **4** A Roma, vettura pubblica a cavalli. **SIN.** Botticella. **5** Antica unità di misura per liquidi, con valori variabili da regione a regione. **6** Antica unità di misura nello stazzare i bastimenti, equivalente alla tonnellata || **PROV.** La botte dà il vino che ha. || **botticèlla**, **dim.** (V.) | **botticina**, **dim.**

bottéga [lat. *apothēca*(*m*), dal gr. *apothḗkē* 'deposito', dal v. *apotithénai* 'porre (*tithénai*) lontano,

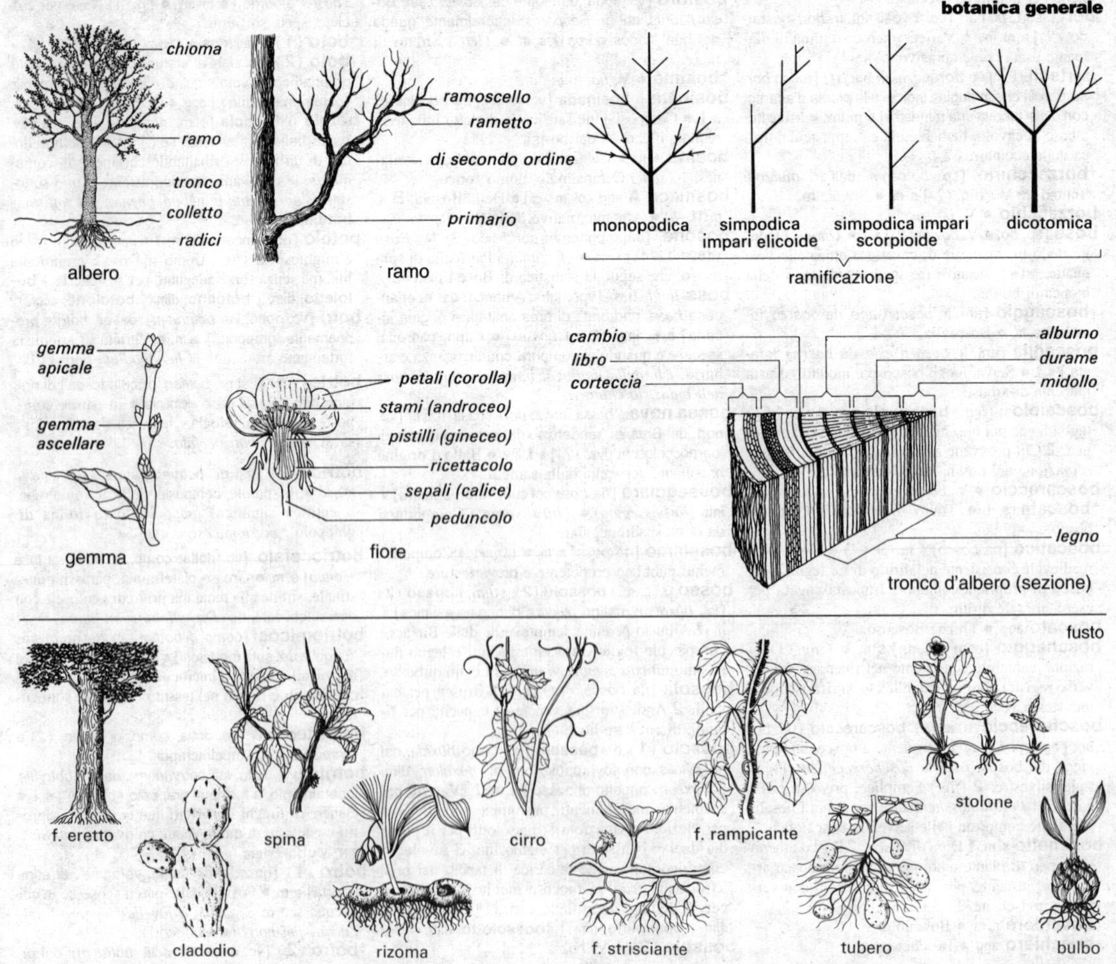

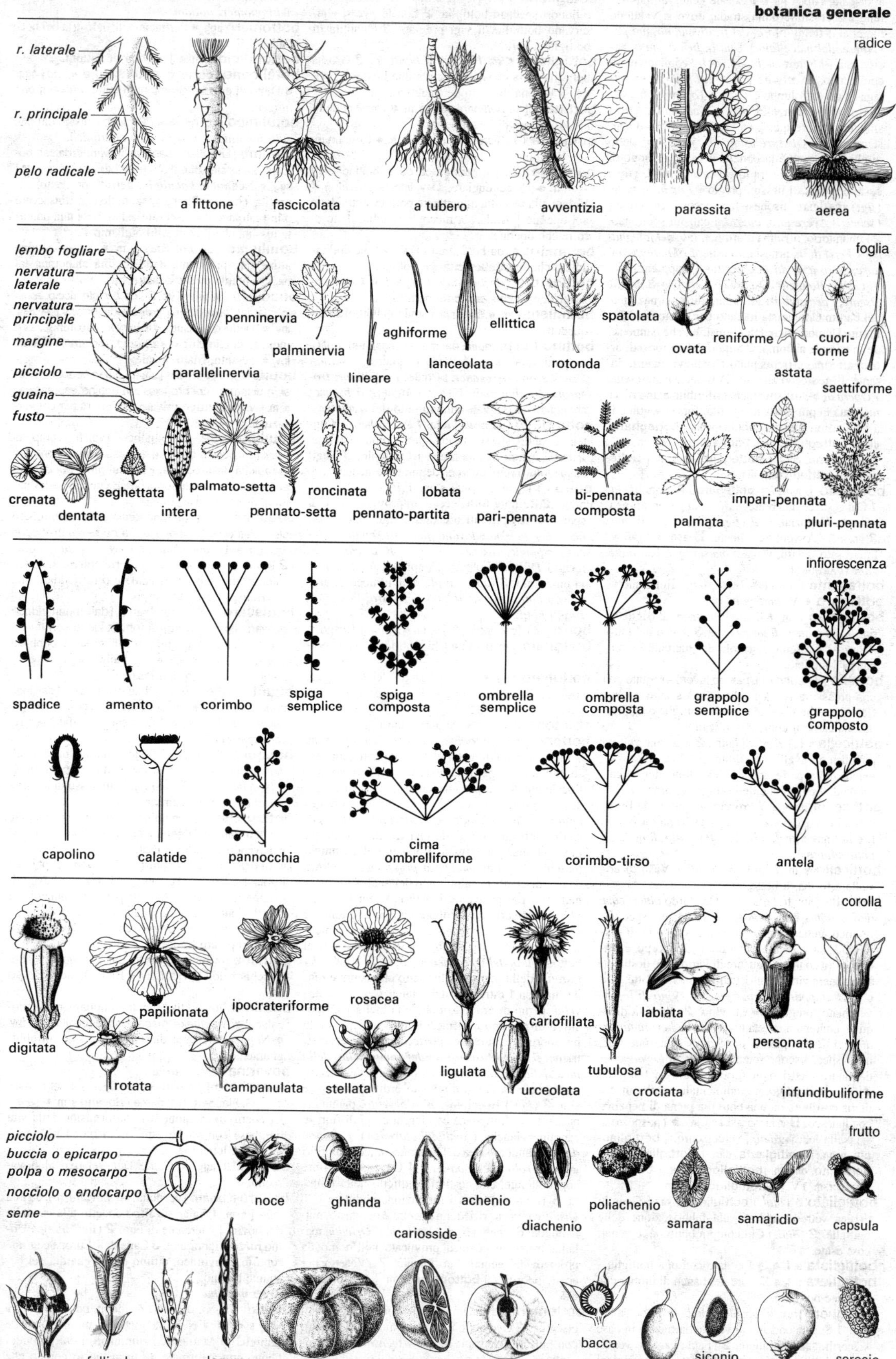
radice
r. laterale
r. principale
pelo radicale
a fittone
fascicolata
a tubero
avventizia
parassita
aerea
foglia
lembo fogliare
nervatura laterale
nervatura principale
margine
picciolo
guaina
fusto
penninervia
parallelinervia
palminervia
lineare
aghiforme
lanceolata
ellittica
rotonda
spatolata
ovata
reniforme
astata
cuori-forme
saettiforme
crenata
dentata
seghettata
intera
palmato-setta
pennato-setta
roncinata
pennato-partita
lobata
pari-pennata
bi-pennata composta
palmata
impari-pennata
pluri-pennata
infiorescenza
spadice
amento
corimbo
spiga semplice
spiga composta
ombrella semplice
ombrella composta
grappolo semplice
grappolo composto
capolino
calatide
pannocchia
cima ombrelliforme
corimbo-tirso
antela
corolla
digitata
papilionata
rotata
ipocrateriforme
campanulata
rosacea
stellata
ligulata
cariofillata
urceolata
tubulosa
labiata
crociata
personata
infundibuliforme
frutto
picciolo
buccia o epicarpo
polpa o mesocarpo
nocciolo o endocarpo
seme
noce
ghianda
cariosside
achenio
diachenio
poliachenio
samara
samaridio
capsula
pisside
follicolo
siliqua
legume
peponide
esperidio
pomo
bacca
drupa
siconio
galbulo
sorosio

in disparte (*apó*)'] s. f. 1 Locale gener. a pian terreno e accessibile dalla strada, dove si vendono merci al dettaglio: *la b. del fruttivendolo, del panettiere, del macellaio* | *Una b. ben avviata*, accreditata | *Mettere su b.*, *aprire b.*, cominciare un commercio, un'attività | *Star di b.*, avere la bottega in un dato luogo | (*tosc.*) *Tornar di b.*, trasferire la bottega altrove | *Chiudere b.*, (*fig.*) smettere di fare q.c. | (*fig.*) *Sviare la b.*, disgustare i clienti | *Essere uscio e b.*, *casa e b.*, detto di chi ha la casa e la bottega e (*est.*) il luogo di lavoro, molto vicini tra loro | *Scarto di b.*, (*fig.*) cosa, persona, di nessun pregio | *Far b. di tutto*, (*fig.*) trafficare disonestamente con ogni cosa | (*scherz.*) *Avere la b. aperta*, i calzoni sbottonati. 2 Laboratorio, officina d'artigiano: *b. del falegname* | *Ferri di b.*, arnesi di mestiere | *Mettersi, andare, stare a b. da qc.*, per farvi l'apprendista | *Via delle Botteghe Oscure*, o (*ell.*) *le Botteghe Oscure*, (*per anton.*) gli organi direttivi nazionali del Partito Comunista Italiano (divenuto nel 1991 Partito Democratico della Sinistra), che hanno sede in tale via a Roma. 3 Studio, laboratorio di artista affermato, frequentato da allievi e aiuti, durante il Medioevo fino al XVII sec.: *b. di Giotto* | *Opera di b.*, stilisticamente riferibile a un artista, ma, data la più scadente qualità, forse eseguita da allievi e aiuti. || **bottegàccia**, pegg. | **botteghétta**, dim. | **botteghìna**, dim. | **botteghìno**, dim. m. (V.) | **bottegóna**, accr. | **bottegóne**, accr. m. | **bottegùccia**, **bottegùzza**, dim.

bottegàio o (*dial.*) **bottegàro**. A s. m. (f. *-a*) 1 Chi gestisce una bottega, spec. di generi alimentari. SIN. Negoziante. 2 (*fig.*, *spreg.*) Trafficante. 3 (*tosc.*) †Avventore, cliente. B agg. ● (*spreg.*) Interessato, gretto, venale: *onesta ipocrisia bottegaia* (CARDUCCI).

bottegànte s. m. e f. ● (*raro*, *lett.*) Bottegaio.

bottegàro ● V. *bottegaio*.

botteghìno s. m. 1 Dim. di *bottega*. 2 Biglietteria: *b. del teatro, di un cinema*. 3 Banco del lotto. 4 (*raro*) Cassetta o scatola del merciaio ambulante | Merciaio.

bottèllo [da *botto* (*1*), perché lavoro eseguito con una pressione (*botto*) sulla carta] s. m. ● (*raro*) Cartellino che si mette sopra le bottiglie o sui libri per indicarne il contenuto o il titolo.

bottecèlla s. f. 1 Dim. di *botte*. 2 A Roma, vettura pubblica a cavalli. SIN. Botte. 3 (*bot.*) Ingrossamento della parte apicale del culmo dei cereali prima dell'emissione della spiga: *grano in b.*

botticelliàno agg. 1 Proprio del pittore S. Botticelli (1445-1510). 2 (*est.*, *lett.*) Che ha forme esili e raffinate: *profilo b.*; *una fanciulla di bellezza botticelliana*.

botticèllo s. m. 1 Dim. di *botte*. 2 Vaso di cristallo a forma di botte.

bottìglia [ant. fr. *boteille*, dal lat. tardo *but(t)ĭcula*, dim. di *bŭttis* 'botte'] A s. f. 1 Recipiente spec. cilindrico, generalmente di vetro, con collo di diametro relativamente più ridotto del corpo e imboccatura adatta a chiusure di vario tipo, destinato a contenere vini, liquori, acque minerali, latte, olio e sim.: *stappare, sturare una b.* | *Vino di b.*, invecchiato, pregiato. ➡ ILL. **vino**. 2 Quantità di liquido contenuta in una bottiglia: *ha bevuto una b. di vino*. 3 Recipiente, di forma e materiale vari, usato spec. a scopo scientifico | *B. di Leyda*, condensatore elettrico in forma di grossa bottiglia. 4 (*gerg.*) *B. Molotov*, rudimentale bomba incendiaria costituita da una bottiglia piena di benzina, con innesco. B in funzione di agg. inv. ● (posposto al s.) Nella loc. *verde b.*, verde scuro. || **bottigliàccia**, pegg. | **bottigliétta**, dim. | **bottiglìna**, dim. | **bottiglìno**, dim. m. | **bottiglióna**, accr. | **bottiglióne**, accr. m. (V.) | **bottigliùccia**, dim.

bottigliàio o (*dial.*) **bottigliàro** s. m. 1 Operaio di una vetreria addetto alla fabbricazione delle bottiglie. 2 (*dial.*) Chi compra bottiglie, e gener. cose usate.

bottigliàta s. f. ● Colpo dato con una bottiglia.

bottiglièra s. f. ● Settore del banco di un bar che contiene bottiglie.

bottiglière [ant. fr. *boteillier*, da *boteille* 'bottiglia'] s. m. 1 Soprintendente ai vini della mensa in case signorili. SIN. Cantiniere. 2 †Fabbricante o venditore di bibite e liquori. 3 Mobiletto a più ripiani usato per contenere bottiglie, spec. di vino.

bottiglierìa s. f. 1 Negozio dove si vendono vini e liquori spec. in bottiglia. 2 Locale ove si conservano bottiglie di vini pregiati. 3 Quantità di bottiglie assortite.

bottiglióne s. m. 1 Accr. di *bottiglia*. 2 Grossa bottiglia della capacità di circa due litri. ➡ ILL. **vino**. 3 Bobina di filato per maglieria.

bottinàio [da *bottinare* (*1*)] s. m. ● Chi è addetto alla vuotatura di pozzi neri.

bottinàre (1) [da *bottino* (*2*)] v. tr. ● Concimare con bottino.

bottinàre (2) [fr. *butiner*, da *butin* 'bottino (*1*)'] A v. tr. ● †Saccheggiare. B v. intr. (aus. *avere*) ● Volare alla raccolta di nettare e polline, detto delle api operaie | Andare a raccogliere cibo, detto di formiche operaie.

bottinatrìce [da *bottinare* (*2*)] s. f. ● Ape operaia adulta che raccoglie nettare e polline.

bottinatùra [da *bottinare* (*1*)] s. f. ● Concimazione del terreno mediante bottino.

bottinière s. m. ● (*raro*) Custode di bottini di acquedotti.

bottìno (1) [fr. *butin*, dal medio basso ted. *bu(i)te* 'partizione'] s. m. 1 Preda di guerra: *i soldati fecero gran b.* | (*gener.*) Preda: *i rapinatori trovarono un magro b.* | (*lett.*) *Mettere a b.*, saccheggiare. 2 Bagaglio del corredo del soldato.

bottìno (2) [da *botte*] s. m. 1 Pozzo nero | Contenuto dello stesso, usato spec. come concime. 2 Imboccatura di una fogna | Cunicolo. 3 Negli acquedotti, recipiente per depurare le acque.

bòtto (1) [da *bottare*] s. m. 1 Percossa, colpo, botta. 2 Rumore forte, secco, improvviso spec. di spari, oggetti infranti o caduti e sim.: *bocche da fuoco che non mandavano più fuori se non b., fumo e stoppaccio* (PIRANDELLO) | *B. di campana*, tocco | *Di b.*, di colpo, all'improvviso | *In un b.*, in un attimo. 3 (*spec. al pl.*, *dial.*) Fuoco di artificio: *i botti della notte di S. Silvestro*; *fare, sparare, i botti*.

bòtto (2) [da *botta* (*2*)] s. m. ● (*dial.*) Rospo.

bottonàio s. m. (f. *-a*) ● Chi fabbrica o vende bottoni.

bottonàto agg. ● (*arald.*) Detto dei fiori, spec. rose, con la parte centrale di smalto diverso dai petali.

†**bottonatùra** s. f. ● Abbottonatura.

bottóne [ant. fr. *bouton*, da *boter* 'bottare'] s. m. 1 Piccolo disco di materiale vario, piatto, convesso, talvolta ricoperto di tessuto, che, infilato nell'occhiello, serve per allacciare le parti di un indumento o di una scarpa, e talvolta per ornare: *bottoni d'osso, di madreperla, dorati* | *Bottoni gemelli*, uniti due a due, da una catenella o da un moschettone, per fermare i polsini della camicia maschile | *B. automatico, a pressione*, costituito da due dischetti metallici, uno dei quali si incastra nell'altro per pressione | *Attaccare un b. a qc.*, (*fig.*) obbligarlo ad ascoltare un discorso lungo e noioso | (*fig.*) *Non valere un b.*, non valere niente. 2 (*est.*) Oggetto, strumento di forma simile al bottone: *il b. del termometro* | *B. della spada, del fioretto*, nella scherma, dischetto che copre e rende innocua l'estremità della lama | *B. di manovella*, perno di articolazione della biella | Dispositivo di comando, di piccole dimensioni, per lo più sporgente, in molte apparecchiature spec. elettriche: *il b. dell'ascensore, del campanello, della luce, della radio* | *Stanza dei bottoni*, (*fig.*) centro direzionale da cui si diramano ordini, direttive e sim. 3 (*bot.*) Bocciolo | *B. d'argento*, pianta erbacea delle Composite con larghi cespi di fiori in capolini bianchi (*Achillea ptarmica*) | *Botton d'oro*, pianta erbacea delle Ranuncolacee con fiori gialli (*Trollius europaeus*). 4 Groviglio di fibre appallottolate, che costituisce difetto nella filatura. 5 (*anat.*) Qualsiasi formazione nodulare | *B. gustativo*, in cui risiedono le cellule del gusto, nella lingua. 6 (*med.*) *B. di Aleppo*, *b. d'Oriente*, malattia tropicale cutanea provocata nell'uomo da protozoi del genere Leishmania. 7 †Vasetto per acque odorose. || **bottoncìno**, dim. | **bottonétto**, dim.

bottonièra s. f. 1 Ordine di bottoni su indumenti e scarpe. 2 Occhiello di un indumento. 3 Quadro con pulsanti elettrici: *b. dell'ascensore*. SIN. Pulsantiera.

bottonière s. m. 1 (*raro*) Bottonaio. 2 Industriale che opera nel settore bottoniero: *Associazione dei bottonieri italiani*.

bottonièro agg. ● Pertinente all'industria dei bottoni.

bottonifìcio s. m. ● Fabbrica di bottoni.

botulìgeno [comp. di *botuli(smo)* e *-geno*] agg. ● Detto di ciò che genera botulismo: *alimenti botuligeni*.

botulìnico agg. (pl. m. *-ci*) ● Del, causato dal bacillo botulino: *intossicazione botulinica*.

botulìno [lat. scient. *bacīllus botulīnus*, dal lat. *bŏtulus* 'salsiccia, budello' (prob. di origine osca)] agg. ● Nella loc. *bacillo b.*, germe sporigeno, saprofita, che si sviluppa spec. nelle carni insaccate o in scatola mal conservate, ed elabora una potente tossina che provoca il botulismo.

botulìsmo [da *botulino*] s. m. ● Intossicazione alimentare provocata dalla tossina elaborata dal bacillo botulino. SIN. Allantiasi.

bouclé /fr. bu'kle/ [vc. fr., da *boucle* 'riccio, anello', dal lat. *bŭccula*, dim. di *bŭcca* 'bocca'] A agg. inv. ● Detto di tessuto o filato a pelo lungo, con molti ricci e anelli: *stoffa, lana, tessuto b.* B s. m. inv. ● Tessuto, filato bouclé.

boudoir /fr. bu'dwar/ [vc. fr., dal v. *bouder* 'ritirarsi in disparte (col broncio)', di origine espressiva] s. m. inv. ● Salottino privato di signora per conversazione o toilette.

bouillabaisse /fr. buja'bɛs/ [vc. fr., comp. di *bouill(e)* 'bolli' e *abaisse* 'abbassa', per esprimere la rapidità della cottura, trad. del prov. *bouia-baisso*] s. f. inv. ● Brodetto di pesce cucinato alla maniera di Marsiglia.

boule /fr. bul/ [vc. fr., letteralmente 'bolla, corpo sferico', dall'espressione intera *boule d'eau chaude* 'bolla d(ell)'acqua calda'] s. f. inv. 1 (*chim.*) Bolla. 2 Borsa di gomma o altro da riempire con acqua calda o ghiaccio per riscaldare o raffreddare una determinata parte del corpo.

boulevard /fr. bulə'var/ [dal neerlandese *bolwerc* 'opera (*werc*) di fortificazione con tavole (*bol*)', adibita poi, non più utilizzata, a pubblica passeggiata] s. m. inv. ● Via molto larga, generalmente alberata, spec. a Parigi.

bounty killer /ingl. 'baunti 'kilə*/ [dall'ingl. *bounty* 'taglia' e *killer* 'uccisore'] loc. sost. m. inv. (pl. ingl. *bounty killers*) ● Chi viene assoldato per ricercare e giustiziare banditi.

bouquet /fr. bu'kɛ/ [letteralmente 'boschetto', dim. di *bois* 'bosco'] s. m. inv. 1 Mazzolino di fiori: *il b. della sposa*. 2 (*enol.*) Complesso delle sensazioni odorose di un vino spec. se invecchiato.

bouquiniste /fr. buki'nist/ [vc. fr., da *bouquin*, 'libretto', dim. del neerlandese *boek* 'libro'] s. m. inv. ● Rivenditore di libri usati.

bourbon /ingl. 'bə:bən/ [da *Bourbon* County, nel Kentucky, località d'origine] s. m. inv. ● Whisky di origine americana, ottenuto per fermentazione e distillazione di grano, segale, malto d'orzo.

bourrée /fr. bu're/ [etim. incerta] s. f. inv. ● Antica danza popolare francese.

boutade /fr. bu'tad/ [vc. fr., dall'it. *botta(ta)*, t. degli schermidori (?)] s. f. inv. ● Battuta, motto di spirito.

boutique /fr. bu'tik/ [vc. fr., propriamente 'bottega', dal gr. *apothḗkē* 'magazzino, deposito'] s. f. inv. ● Negozio elegante di abiti e accessori di abbigliamento.

bovarìna ● V. *boarina*.

bovarìsmo [dal n. della protagonista del romanzo di G. Flaubert, (Madame) *Bovary*] s. m. ● (*lett.*) Desiderio di evasione dal conformismo della vita borghese con vaghe aspirazioni mondane, sentimentali e letterarie.

bovarista agg. ● (*lett.*) Del, relativo al bovarismo.

bovàro o **boàro** [vc. dotta, lat. *bovāriu(m)*, da *bōs* 'bue'] s. m. 1 Salariato fisso addetto alla custodia dei bovini | Mercante di buoi 2 (*fig.*, *spreg.*) Uomo rozzo e ignorante. 3 Cane dell'Europa centrale robusto, brevilineo, ottimo per la guardia del bestiame bovino.

bòve ● V. *bue*.

Bòvidi [comp. del lat. *bōs*, genit. *bŏvis* 'bue' e di *-idi*] s. m. pl. ● Nella tassonomia animale, grande famiglia di Mammiferi ruminanti, i cui individui hanno corna formate da un astuccio corneo che riveste le protuberanze dell'osso frontale (*Bovi-*

dae) | (al sing. *-e*) Ogni individuo di tale famiglia.

†bovìle [vc. dotta, lat. *bovīle(m)*, da *bōs* 'bue'] s. m. • Stalla dei buoi.

bovìna o (*pop.*) **buìna** nel sign. 1 s. f. **1** Letame costituito da sterco bovino. **2** Mucca, vacca, vaccina: *bovine da latte*.

bovìndo s. m. • Adattamento di *bow-window* (V.).

Bovìni s. m. pl. • Nella tassonomia animale, sottofamiglia dei Bovidi comprendente animali di mole notevole con due corna cave rotonde e lisce, muso nudo, giogaia e coda terminante in un ciuffo di peli (*Bovinae*).

bovìno [vc. dotta, lat. *bovīnu(m)*, da *bōs* 'bue'] **A** agg. **1** Proprio del bue e dei bovini in genere: *carne bovina* | *Occhi bovini*, tondi e sporgenti come quelli dei buoi. **2** (*fig.*) Che è torpido e ottuso: *comportamento b.*; *intelligenza bovina*. **B** s. m. • (*zool.*) Ogni individuo appartenente alla sottofamiglia dei Bovini.

bòvo [etim. incerta] s. m. • Piccolo veliero simile alla bombarda, armato con sole vele latine.

bòvolo [venez. *bòvolo* 'chiocciola', per le corna che ricordano quelle del *bove*] s. m. • Conformazione particolare a spirale conica: *molla a b.*; *scala a b.*

bowling /'bulin(g), *ingl.* 'bouliŋ/ [vc. ingl., deriv. da *bowl* 'boccia' col suff. *-ing*, propr. dei n. verb.] s. m. inv. • Gioco di birilli di origine americana, praticato con bocce su pista di legno | (*est.*) Luogo ove si pratica tale gioco.

bow-window /*ingl.* 'bou-windou/ [vc. ingl., letteralmente 'finestra (*window*, dall'ant. nordico *vindauga* 'occhio (*auga*) al vento (*vindr*)') ad arco (*bow*, di origine germ.)'] s. m. inv. (pl. ingl. *bow-windows*) • In un edificio, parte di un ambiente sporgente verso l'esterno a modo di balcone chiuso da vetrate.

box /*ingl.* bɔks/ [vc. ingl., originariamente '(recinto fatto con legno di) *bosso*'] s. m. inv. (pl. ingl. *boxes*) **1** Spazio ricavato in un ambiente più grande mediante tramezzi, pareti vetrate e sim.: *il box doccia* | (*est.*) Cabina adibita a vari usi: *il box del posteggiatore di auto* | Sorta di palchetto ottenuto nella galleria di un teatro mediante una bassa tramezzatura. **2** Nelle stalle o nelle scuderie, piccolo recinto destinato ad accogliere un solo animale. **3** Negli autodromi, posto di rifornimento o riparazione per le vetture in corsa | Piccolo garage, situato al piano terreno o seminterrato di edifici di abitazione. **4** Piccolo recinto talvolta pieghevole in cui si mettono i bambini quando non sanno ancora camminare.

boxàre [da *boxe*] v. intr. (*io bòxo*; aus. *avere*) • Praticare il pugilato.

boxe /*fr.* bɔks/ [vc. fr., dall'ingl. *box*, di etim. incerta] s. f. inv. • Pugilato | *Tirare di b.*, praticare il pugilato | *Possedere una buona b.*, una buona tecnica pugilistica.

bòxer /'bɔkser, *ingl.* 'bɔksə*/ [vc. ingl., lett. 'pugile' da *box* 'pugilato', di etim. incerta] s. m. inv. **1** Cane da guardia e da difesa, con mantello fulvo o tigrato, testa tozza e labbra ricadenti. **2** (*autom.*) *Motore b.*, a cilindri contrapposti. **3** (*spec. al pl.*) Tipo di mutande a calzoncino, spesso di tessuto fantasia.

boxeur /*fr.* bɔk'sœr/ [vc. fr., da *boxe*, sul tipo del corrisp. ingl. *boxer*] s. m. inv. • Pugile.

box office /*ingl.* 'bɔks 'ɔfis/ [loc. ingl., propr. 'ufficio (*office*) di affitto dei palchi (*box*) in teatro'] loc. sost. m. inv. (pl. ingl. *box offices*) **1** Botteghino di un cinema o di un teatro. **2** Incasso di un film | (*est.*) Successo commerciale di un film rispetto alla concorrenza: *conquistare il box office*.

boy /*ingl.* 'bɔi/ [vc. ingl., propriamente 'ragazzo', di area germ.] s. m. inv. **1** Ballerino di uno spettacolo di rivista. **2** Nel calcio, allievo. **3** Giovane inserviente d'albergo | Nel tennis, raccattapalle | Mozzo di stalla.

boy-friend /*ingl.* 'bɔi frend/ [vc. ingl., comp. di *boy* 'ragazzo' e *friend* 'amico'] s. m. inv. (pl. ingl. *boy-friends*) • Giovane innamorato, corteggiatore, accompagnatore fisso.

boy-scout /*ingl.* 'bɔi skaut/ [vc. ingl., letteralmente 'giovane (*boy*) esploratore (*scout*, della stessa origine di *scolta*)'] s. m. inv. (pl. ingl. *boy-scouts*) • Giovane esploratore, appartenente al movimento dello scoutismo.

bòzza (1) [forma sett. di *boccia*] s. f. **1** Pietra lavorata rozzamente, aggettante da un muro. SIN. Bozzo, bugna. **2** Protuberanza, bernoccolo, gonfiore: *ho battuto la testa e mi è spuntata una bella b.* | *Bozze frontali, orbitarie*, parti sporgenti del cranio. **3** (*mar.*) Nodo rigonfio, legatura provvisoria, fatti con un pezzo di cavo non molto lungo sopra una manovra corrente | *B. a gancio*, corda corta, un capo della quale, col gancio di ferro, si ferma a un punto stabile, e l'altro si allaccia a una manovra per impedire che scorra | *B. rompente*, per frenare la velocità nel varo. SIN. Abbozzatura. || **bozzèllo**, dim. (V.).

bòzza (2) [V. vc. precedente] s. f. **1** Prima stesura, schema di un lavoro, spec. letterario o artistico, da sottoporre a correzioni, rifacimenti e sim., che precede l'esecuzione definitiva. SIN. Abbozzo, bozzetto. **2** Prova di stampa di una composizione tipografica usata dall'autore o dal correttore per correggere gli eventuali errori: *correggere, riscontrare le bozze*; *tirare una b.* | *B. in colonna, incolonnata*, fatta su composizione a giustezza di riga definita, ma ad altezza irregolare | *B. in pagina, impaginata*, fatta su una pagina nella sua forma definitiva | *Prime, seconde, terze bozze*, secondo le successive fasi di correzione. || **bozzàccia**, pegg. | **bozzóne**, accr. m. (V.).

bozzàcchio o **borzàcchio** [da *bozza* (*1*) nel senso di 'enfiatura'] s. m. • Susina priva di nocciolo, allungata e flaccida, deformata a opera di un fungo parassita. || **bozzacchióne**, accr.

†bozzacchiùto agg. • Che è piccolo, grasso e malfatto.

bozzàgo o **bozzàgro**, **buzzàgo** [ant. provz. *buzac*, dal lat. *būteo*, di etim. incerta] s. m. (pl. *-ghi*) • (*zool.*) Poiana.

†bozzàle [da *bozzo* (*3*)] s. m. • (*raro*) Pozzanghera, stagno.

†bozzàre [da *bozza* (*2*)] v. tr. • Abbozzare, sbozzare.

bozzàto [perché lavorato a *bozze*] s. m. • (*arch.*) Bugnato.

bozzèllo [dim. di *bozza* (*1*) nel sign. 3] s. m. • (*mar.*) Carrucola di specie e funzioni diverse.

bozzettìsmo s. m. • Tendenza di uno scrittore a preferire il bozzetto o a limitarsi a esso.

bozzettìsta s. m. e f. (pl. m. *-i*) **1** Chi scrive bozzetti letterari. **2** Ideatore e disegnatore di cartelloni pubblicitari.

bozzettìstica s. f. • Arte di scrivere bozzetti.

bozzettìstico agg. (pl. m. *-ci*) • Di, relativo a bozzetto | (*fig.*) Vivace, spontaneo, anche se talvolta troppo schematico.

bozzétto [da *bozzo* (*1*) nel sign. 1] s. m. **1** Modello o disegno preliminare in scala ridotta di un'opera | Disegno colorato raffigurante la scena teatrale o cinematografica da realizzare | In televisione, modellino in scala delle scene da costruire | Schizzo di un annuncio pubblicitario. **2** Piccola, vivace composizione figurativa, di spunto generalmente realistico, di fattura rapida e spontanea. **3** Specie di novella breve, che ritrae situazioni o personaggi tratti dalla vita quotidiana | *B. drammatico*, atto unico di contenuto realistico, sviluppato con rapida concentrazione.

bòzzima o (*raro*) **†bòsima** [lat. tardo *apŏzema(m)*, dal gr. *apózema*, dal v. *apozêin* 'far bollire'] s. f. **1** (*tess.*) Soluzione di sostanze che vengono assorbite dai filati e, seccando su di essi, li ricoprono di una guaina collante atta a rendere i fili lisci, flessibili e resistenti. **2** Intruglio di crusca e acqua, per i polli. SIN. Pastone. **3** (*agr.*) Miscuglio acquoso di terriccio e letame nel quale si immergono le radici delle piante arboree prima della messa a dimora. **4** (*est.*) Miscuglio sozzo e sgradevole.

bòzzo (1) [da *bozza* (*1*) nel sign. 1] s. m. **1** Pietra lavorata rozzamente, aggettante da un muro. SIN. Bozza (1), bugna. **2** Bernoccolo, protuberanza. SIN. Bozza (1). **3** (*dial.*) Lastra di pietra levigata per impastare l'argilla. **4** †Abbozzo.

†bòzzo (2) [da *bozza* (*1*) nel sign. 2 (?)] s. m.; anche agg. • Chi, che è tradito dalla moglie | *Fare b.*, (*fig.*) disonorare | Bastardo.

bòzzo (3) [lat. parl. **bŏdiu(m)*, di origine lig.] s. m. • Buca poco profonda piena d'acqua, pozzanghera.

bozzolàccio s. m. **1** Pegg. di *bozzolo* (*1*). **2** Bozzolo da cui è uscita la farfalla.

bozzolàia s. f. • Stanza grande in cui si tengono i bozzoli dei bachi da seta.

bozzolàio s. m. **1** Chi vende bozzoli di bachi da seta. **2** Bozzolaia.

bozzolàre v. tr. (*io bòzzolo*) • Sbozzolare.

bozzolìna [da *bozzolo* (*1*) nel sign. 1, per la forma della pannocchia] s. f. **1** Pianta erbacea delle Poligalacee con foglie semplici, alterne e fiori in grappoli di color rosa e azzurro (*Polygala vulgaris*). **2** Bambagiona.

bòzzolo (1) [dim. della variante sett. di *boccio*] s. m. **1** Involucro ovale fabbricato dalla larva di certi lepidotteri, spec. dal baco da seta, mediante una bava coagulata emessa da un apposito apparato secretore | *B. fresco*, che contiene la crisalide viva | *B. secco*, che contiene la crisalide uccisa dalla stufatura | *Bozzoli doppioni*, che contengono due crisalidi | *Bozzoli calcinati*, che contengono il baco infetto da calcina o muffa bianca | *Bozzoli bambagiati*, flosci e in genere più grossi dei normali | *Bozzoli aperti*, quelli che il baco, per malattia o per deficiente sviluppo, non è riuscito a chiudere | *Bozzoli sfarfallati*, forati per fuoriuscita della farfalla | *Bozzoli puntiti*, quelli che hanno le estremità meno ricche di fibra degli altri tratti | *Bozzoli rugginosi*, macchiati di giallo ruggine | *Bozzoli negroni*, macchiati di nero per putrefazione della crisalide | *Uscire dal b.*, del baco che diventa farfalla e (*fig.*) di chi si evolve, si apre a nuove esperienze | *Chiudersi nel proprio b.*, (*fig.*) isolarsi. **2** Nodo che si forma nel filo, rendendolo disuguale | Grumo di farinacei non ben sciolti nell'acqua. **3** †Bozza, enfiatura. || **bozzolàccio**, accr. (V.) | **bozzolétto**, dim. | **bozzolìno**, dim.

bòzzolo (2) [etim. incerta] s. m. **1** (*raro*) Ramaiolo col quale i tintori attingono dalle caldaie la materia colorante. **2** Antica misura per cereali corrispondente alla quantità di farina dovuta al mugnaio in compenso della macinatura.

bozzolóso [da *bozzolo* (*1*)] agg. • Pieno di bozzoli, di bitorzoli: *pasta bozzolosa*; *filato b.*

bozzolùto agg. • Bozzoloso.

bozzóne (1) s. m. **1** Accr. di *bozza* (*2*). **2** Bozza di una intera pagina di giornale su cui il redattore impaginatore e il correttore fanno un ultimo controllo.

bozzóne (2) [etim. incerta] s. m. (f. *-a* nel sign. 2) **1** (*tosc.*) Agnello castrato. **2** (*tosc.*, *est.*) Persona ignorante e goffa.

brabantìno **A** agg. • Relativo al Brabante, regione oggi suddivisa in due province, una in Belgio e una in Olanda | *Aratro b.*, con avantreno rigido a carrello. **B** s. m. (f. *-a*) • Abitante, nativo del Brabante.

bràca o (*dial.*) **bràga** [lat. *brāca(m)*, di origine celt.] s. f. (pl. *-che*) **1** Ognuna delle due parti che costituiscono i calzoni. **2** (*spec. al pl.*) Ampi calzoni, lunghi fino al ginocchio, indossati un tempo dai barbari | (*pop.*) Pantaloni, calzoni | *Calare le brache*, (*fig.*) umiliarsi, cedere | *Farsi cascare le brache*, (*fig.*) intimorirsi | *Portare le brache*, (*fig.*) detto di donna che vuol comandare | (*fig.*, *pop.*) *Restare, essere in braghe di tela*, rimanere, essere privo di risorse morali o materiali spec. dopo aver subito un raggiro, un inganno, un rovescio economico. **3** Pezza di tela che si mette come assorbente tra le cosce dei bambini, a scopo igienico. **4** Allacciatura di cuoio che imbraca un operaio sospeso nel vuoto. **5** Legaccio con cui si imbracano polli e uccelli | Comoda legatura per tenere semiliberi uccelli da richiamo. **6** Striscia di carta incollata dai rilegatori sopra un foglio strappato per renderlo più saldo. **7** (*mar.*) Canapo che fa forza con ambedue le estremità e stringe nel mezzo | *B. del timone*, ritegno che tiene a punto il governale nei serrami | *B. da varare*, gomena che abbraccia l'estremità del bastimento sullo scalo, e fa forza dalle due bande per spingerlo in mare | *B. del palombaro*, cavo con cui il palombaro si tiene legato all'imbarcazione di appoggio durante un'immersione. **8** (*fig.*, *tosc.*, *spec. al pl.*) Chiacchiere, ciarle, pettegolezzi. || **brachétta**, dim. (V.) | **†brachétto**, dim. m. | **brachìna**, dim. | **brachìno**, dim. m. | **bracóne**, accr. m. (V.).

†bracaiuòlo s. m. • Chi confeziona brache.

†bracàle agg. • Pertinente a brache.

bracalóne A s. m.; anche agg. (f. *-a*) ● (*fam.*) Chi, che ha i pantaloni sempre cascanti | (*fig.*) Che, chi è trasandato e sciatto, spec. nell'abbigliamento. **B** s. m. pl. ● (*tosc.*) Calzoni larghi, di tela, che durante il lavoro si mettono sopra quelli normali per non insudiciarli.

bracalóni avv ● Detto di calze, pantaloni o abiti in genere, cascanti | Anche nella loc. avv. *a b.*

bracàto [lat. *bracātu(m)*, da *brāca* 'braca'] agg. ● (*raro*) Munito di brache.

braccàre [da *bracco*] v. tr. (*io bràcco, tu bràcchi*) **1** Inseguire la selvaggina: *i cinghiali furono braccati fino in fondo valle.* **2** (*fig.*) Inseguire qc. cercando dappertutto, con ostinazione: *le forze di polizia braccarono gli assassini.*

braccàta [da *braccare*] s. f. **1** Battuta di caccia, spec. al cinghiale in Maremma. **2** (*est.*) Luogo in cui si svolge la battuta.

braccatóre s. m.; anche agg. (f. *-trice*) ● (*raro*) Chi, che è abile nel braccare.

braccatùra s. f. ● Atto, effetto del braccare.

braccésco [dal n. di *Braccio* da Montone (1368-1424)] agg. (pl. m. *-schi*) **1** Che è proprio del condottiero Braccio da Montone: *milizie braccesche.* **2** (*fig.*) †Violento, prepotente.

braccétto s. m. **1** Dim. di *braccio.* **2** Nella loc. *a b.*, sottobraccio | *Prendere qc. a b.*, intrecciare il braccio con quello di un altro | *Andare a b. con qc.*, (*fig.*) essere d'accordo con lui. **3** (*mar.*) Braccio dei velacci e controvelacci. **4** Pezzo di legno o ferro sporgente in fuori. **5** Modo di nuotare in cui le braccia leggermente arcuate si portano alternativamente fuor d'acqua, la testa è tenuta alta sopra l'acqua e le gambe eseguono la battuta a ogni singola bracciata.

braccheggiàre [da *braccare*] **A** v. tr. (*io bracchéggio*) ● (*raro*) Braccare: *b. la selvaggina.* **B** v. intr. (aus. *avere*) ● (*fig.*) Andare guardingo e spiando come i bracchi.

braccheggiatóre s. m. (f. *-trice*) ● (*raro*) Chi braccheggia.

bracchéggio [da *braccheggiare*] s. m. ● (*raro*) Accurata e insistente ricerca.

†braccherìa s. f. ● Muta di bracchi.

bracchétto s. m. **1** Dim. di *bracco.* **2** Cane da caccia piccolo e robusto, con pelo fitto e raso.

bracchière [da *bracco*] s. m. ● Chi nelle battute di caccia guida e custodisce i cani | Chi con rumori e grida spinge la selvaggina verso le poste, nelle partite di caccia.

†bracciaiuòla s. f. ● Bracciale.

†bracciaIàta s. f. ● (*raro*) Colpo di bracciale.

bracciàle [lat. *brachiāle(m)* 'relativo al braccio (*brāchium*), braccialetto'] s. m. **1** Braccialetto. **2** Fascia che si porta a un braccio, per contrassegno, distintivo e sim. | *B. di neutralità*, bianco con una croce rossa al centro, per garantire immunità contro le offese di guerra a medici, infermieri e sim. | *B. nero*, in segno di lutto. **3** Nel gioco del pallone a bracciale, attrezzo di legno, cavo e fornito di punte o denti, che copre la mano e il polso del giocatore. **4** Parte dell'armatura antica che protegge il braccio. **5** Bracciolo di poltrona. **6** †Bracciolo da pesca. **7** Anello ornamentale di ferro o bronzo infisso nelle facciate di edifici spec. rinascimentali. || **braccialétto**, dim. (V.) | **braccialino**, dim.

braccialétto s. m. **1** Dim. di *bracciale.* **2** Ornamento, per lo più prezioso, a forma di cerchio, che si porta al polso. **3** Striscia di cuoio o di metallo che permette di portare l'orologio al polso. SIN. Cinturino. || **braccialettino**, dim.

bracciantàle [da *bracciante*] agg. ● Bracciantile.

bracciantàto s. m. ● Condizione e categoria dei braccianti.

bracciànte [da *braccio*] s. m. e f. ● Lavoratore agricolo non specializzato, solitamente a giornata o stagionale.

bracciantìle agg. ● Pertinente ai braccianti: *lavoro, classe b.*

bracciàre [da *braccio* nel sign. 7] v. tr. (*io bràccio*) ● (*mar.*) Orientare i pennoni in modo che le vele prendano il vento.

bracciàta s. f. **1** Quantità di materiale che si può portare in una volta sulle braccia: *una b. di fieno, di paglia* | *A bracciate*, (*fig.*) in considerevole quantità. **2** Nel nuoto, ciclo completo e regolare del movimento delle braccia eseguito per avanzare, cui corrisponde il ritmo della respirazione | (*est.*) Tratto compiuto con un colpo di braccia. **3** (*raro*) Colpo dato con le braccia. **4** †Abbraccio. || **bracciatèlla**, dim. | **bracciatìna**, dim. | **bracciatàccia**, accr.

†bracciatùra s. f. ● Misurazione in braccia di un tessuto.

braccière s. m. ● (*lett.*) Chi accompagnava una dama dandole il braccio: *mandò una carrozza, con un vecchio b., a prender la madre e la figlia* (MANZONI).

bràccio [lat. *brāchium*, dal gr. *brachīōn*: perché più corto (*brachýs*) dell'avambraccio (?)] s. m. (pl. *bràccia*, f. nei sign. 1, 2, 3, 4, 5, 11, 12, 13; pl. *bràcci*, m. nei sign. 6, 7, 8, 9, 10; più in generale: f. in senso proprio e come unità di misura, m. in tutti gli altri casi) **1** Sezione dell'arto superiore umano che sta tra la spalla e il gomito | Correntemente, ciascuno dei due arti superiori del corpo umano, dalla spalla alla mano: *muovere, sollevare, piegare, allungare il b., le braccia* | *Sollevare, trasportare a braccia*, a forza di braccia, sulle braccia | †*Fare alle braccia*, lottare | *Con le braccia in croce*, in segno di preghiera, supplica, adorazione | *Avere un b. al collo*, portare un braccio, spec. ingessato, appeso al collo mediante una fascia, un foulard e sim., per meglio sostenerne il peso | *Avere le braccia rotte per la fatica*, (*fig.*) indolenzite, stremate | *Allargare le braccia*, (*fig.*) esprimere rassegnazione, impotenza | *Alzare le braccia*, (*fig.*) arrendersi | *Incrociare le braccia*, (*fig.*) rifiutarsi di eseguire il proprio lavoro, scioperare | *Tenere, portare q.c. sotto b.*, fra il braccio e il fianco | *Prendere, tenere in b.*, sulle braccia piegate | *Dare, offrire il b. a qc.*, (*fig.*) perché vi si possa appoggiare camminando | *Buttare, gettare le braccia al collo*, (*fig.*) abbracciare con trasporto | *Stendere, aprire le braccia*, (*fig.*) per accogliere amorevolmente | *Mettersi nelle braccia di qc.*, (*fig.*) affidarsi a qc. | *Darsi, gettarsi in b. a qc.*, (*fig.*) abbandonarsi, affidarsi completamente a qc. | *Essere, andare nelle braccia di Morfeo*, (*fig.*) dormire, andare a dormire | *Sentirsi cascare le braccia*, (*fig.*) avvilirsi, scoraggiarsi | *Ricevere a braccia aperte*, (*fig.*) accogliere molto cordialmente o con affetto | *Discorso, versi a b.*, (*fig.*) improvvisati, non studiati, non letti. **2** (*fig.*) Facoltà, forza, potere: *il b. della legge*; *obbediente al b. regio* (MACHIAVELLI) | *B. secolare*, l'autorità statale, in contrapposizione a quella ecclesiastica | (*fig.*) *Avere le braccia lunghe*, (*fig.*) essere potente, influente | *Avere le braccia legate*, (*fig.*) essere impedito nell'agire | *Tagliare le braccia a qc.*, (*fig.*) impedirgli di agire | *Essere il b. destro, il b. forte di qc.*, (*fig.*) l'aiuto, il principale sostegno | *Dare b.*, (*fig.*) concedere un'esagerata autorità | *Prendere b.*, (*fig.*) arrogarsi un'eccessiva libertà | *Dare un dito, prendere un b.*, (*fig.*) approfittare della generosità e comprensione altrui. **3** (*al pl.*, *fig.*) La mano d'opera impiegata in un certo settore dell'agricoltura, dell'industria e sim.: *l'agricoltura manca di braccia*; *l'industria ha braccia in eccedenza* | (*fig.*) Lavoro | *Avere buone braccia*, essere abile e tenace lavoratore | *Avere sulle braccia qc.*, mantenere qc. col proprio lavoro | *Vivere sulle proprie braccia*, col proprio lavoro. **4** *B. di ferro*, gara di forza in cui si cerca di piegare il braccio dell'avversario appoggiando il gomito su un piano e stringendosi reciprocamente le palme | (*fig.*) Prova di forza, di resistenza a oltranza in dispute, controversie e sim.: *fare b. di ferro, a b. di ferro con qc.*; *continua il b. di ferro tra governo e opposizione.* **5** Nei quadrupedi, regione dell'arto anteriore che ha per base scheletrica l'omero. **6** Oggetto fisso o mobile che sporge, si protende o si dirama rispetto a un piano verticale o a un asse centrale: *il b. della lampada, della stadera*; *i bracci della croce, della bilancia* | *B. a pinza*, dispositivo per manipolare, stando a distanza, sostanze pericolose, spec. radioattive. SIN. Manipolatore. **7** (*mar.*) Cavo fissato alle estremità di un pennone, per orientarlo convenientemente rispetto al vento. **8** Ala di una costruzione, di un edificio: *i bracci del transetto*; *i bracci del carcere* | *B. della morte*, nei penitenziari degli Stati nei quali vige la pena capitale, zona in cui i condannati a morte aspettano di essere giustiziati | †Rione di una città. **9** (*gener.*) Diramazione, espansione | *B. di fiume*, ramo, diramazione | *B. di mare*, canale, stretto | *B. di terra*, istmo. **10** (*fis.*) *B. di una coppia di forze*, distanza fra le rette d'azione delle due forze costituenti la coppia | *B. di una forza rispetto a un punto*, distanza del punto dalla retta d'azione della forza. **11** Unità di misura delle profondità marine, equivalente a 1,8288 m. SIMB. fm. **12** Antica unità di misura lineare, specie per stoffe, il cui valore oscillava tra 0,58 m e 0,70 m. **13** (*zool.*) Ognuna delle cinque parti del corpo delle stelle marine | Tentacolo dei Cefalopodi || PROV. Braccio al collo e gambe a letto. || **braccétto**, dim. (V.) | **braccino**, dim. | **braccióne**, accr. | **bracciòtto**, accr.

bracciòlo o (*lett.*) **bracciuòlo** [lat. *brachiŏlu(m)*, dim. di *brāchium* 'braccio'] s. m. **1** Sostegno laterale di poltrona o sedia, per riposo dell'avambraccio di chi siede | *B. a scomparsa*, nei sedili posteriori delle auto o nei treni, quello che, rialzato, si inserisce in un apposito incavo dello schienale | *B. scrittoio*, piatto e molto largo usato come piano per scrivere. **2** Appoggiatoio che corre lungo le scale. **3** Spezzone di nylon che, nelle lenze a più ami, si distacca dalla lenza madre e termina con un amo. SIN. †Bracciale. **4** (*mar.*) Ogni struttura analoga alle mensole, nella costruzione dello scafo. **5** (*al pl.*) Alucce.

bràcco [germ. **brakko* 'cane da caccia', di origine indeur.] s. m. (pl. *-chi*) **1** Cane da ferma e da riporto, con pelo generalmente corto e fitto, di color bianco, talora a macchie di vario colore. **2** (*fig.*) Poliziotto, agente investigativo. || **bracchétto**, dim. (V.).

bracconàggio s. m. ● Attività del bracconiere.

bracconière [fr. *braconnier*, da *braconner*, originariamente 'cacciare con i giovani bracchi (ant. fr. *bracons*)'] s. m. ● Cacciatore di frodo.

bràce o **†bràcia**, **†bràge**, **†bràgia**, **†bràsa** [dal lat. tardo *brăsa(m)* 'carbone', di origine germ.] s. f. **1** Fuoco senza fiamma che resta dalla legna o carbone bruciati | (*fig.*) *Sguardo di b.*, ardente, appassionato | *Farsi di b.*, (*fig.*) arrossire violentemente | *Soffiare sulle braci*, (*fig.*) stimolare odio, passioni e sim. | *Cadere dalla padella nella b.*, (*fig.*) capitare di male in peggio | *Essere sulle braci*, in attesa impaziente e preoccupata di q.c. o qc. **2** (*tosc.*) Carbone spento di legna minuta. SIN. Carbonella.

†bracherìa [da *brache* 'pettegolezzi', dal senso originario di 'indumenti intimi'] s. f. ● (*scherz.*) Chiacchiera, inezia.

brachéssa o (*dial.*) **braghéssa** [it. sett. *braghessa*, da *braga* 'braca'] s. f. ● (*spec. al pl.*) Brache larghe, alla turca | (*scherz.*) Larghi calzoni | (*scherz.*) Mutandoni femminili.

brachétta o (*dial.*) **braghétta** s. f. **1** Dim. di *braca.* **2** Parte dei calzoni che coprono lo sparato | Lembo di tessuto abbassabile fissato da bottoni sul davanti dei calzoni antichi. **3** (*spec. al pl.*) Mutandine | Calzoncini. **4** Nell'armatura antica, protezione del basso ventre fissata alle falde della maglia e fatta del medesimo materiale. **5** (*edit.*) Linguetta avvolta attorno al dorso di una segnatura su cui si incolla un inserto, in libri, riviste, ecc.

brachétto [etim. incerta] s. m. ● Vino piemontese, rosso rubino, dal profumo di rosa, di 11°-13°.

bràchi- [dal gr. *brachýs* 'corto, breve'] primo elemento ● In parole composte della terminologia scientifica significa 'breve' o 'corto': *brachicefalia, brachimorfo.*

brachiàle [vc. dotta, lat. *brachiāle(m)*, da *brāchium* 'braccio'] agg. ● (*anat.*) Di, relativo a braccio: *plesso, arteria b.*

brachialgìa [vc. dotta, comp. di *brachi-* e *-algia*] s. f. (pl. *-gìe*) ● (*med.*) Nevralgia brachiale.

brachiblàsto [comp. di *brachi-* e *-blasto*] s. m. ● Ramo poco sviluppato e fittamente ricoperto di foglie.

brachicardìa [vc. dotta, comp. di *brachi-* e del gr. *kardía* 'cuore'] s. f. ● (*med.*) Bradicardia.

brachicefalìa [vc. dotta, comp. di *brachi-* e *-cefalia*] s. f. ● (*med.*) Prevalenza della larghezza sulla lunghezza, nel cranio.

brachicèfalo [vc. dotta, gr. *brachyképhalos*, comp. di *brachy-* 'brachi-' e *kephalḗ* 'testa'] agg.; anche s. m. (f. *-a*) ● (*med.*) Che, chi presenta i caratteri della brachicefalia.

Brachìceri [comp. di *brachi-* e *-cero*: detti così per le antenne corte] s. m. pl. ● Nella tassonomia animale, sottordine di Ditteri con corpo tozzo e antenne corte al quale appartengono i Muscidi (*Brachycera*) | (al sing. *-o*) Ogni individuo di tale sottordine.

bràchico [vc. dotta, dal lat. *brăc(c)hiu(m)* 'braccio'] agg. (pl. m. *-ci*) ● (*raro*) Brachiale.

†**brachièo** [vc. dotta, dal lat. *brăc(c)hiu(m)* 'braccio'] agg. ● (*raro*) Brachiale.

brachière o †**braghière** [provz. *braguier*, da *brago* 'braca'] s. m. **1** Fasciatura di cuoio per contenere l'ernia. SIN. Cinto erniario. **2** †Cintura di cuoio per sostenere le brache.

brachigrafìa [vc. dotta, comp. di *brachi-* e *grafia*] s. f. ● Scrittura abbreviata, per compendio o troncamento delle parole.

brachilogìa [vc. dotta, gr. *brachylogía*, comp. di *brachy-* 'brachi-' e *lógos* 'discorso'] s. f. (pl. *-gie*) ● (*ling.*) Concisione ottenuta spec. mediante l'eliminazione di una o più parti del discorso. CFR. Ellissi.

brachilògico [da *brachilogia*] agg. (pl. m. *-ci*) ● Che è detto o scritto con brevità. || **brachilogicaménte**, avv. In modo brachilogico, per brachilogia.

brachimòrfo [comp. di *brachi-* e *-morfo*] agg. ● (*zool.*) Detto di tipo morfologico caratterizzato da prevalenza dei diametri trasversali su quelli longitudinali.

bràchio- [dal lat. *brāchiu(m)* 'braccio'] primo elemento ● In parole composte della terminologia scientifica significa 'braccio' o indica relazione col braccio: *brachioradiale*.

Brachiòpodi [vc. dotta, comp. di *brachio-* e del gr. *pódes* 'piedi'] s. m. pl. ● Nella tassonomia animale, gruppo di animali marini con corpo racchiuso fra due valve, una dorsale e l'altra ventrale, non unite da legamenti (*Brachiopoda*) | (al sing. *-e*) Ogni individuo di tale gruppo.

brachioradiàle [comp. di *brachio-* e *radiale (2)*] s. m. ● (*anat.*) Muscolo esterno del braccio. ➡ ILL. p. 362 ANATOMIA UMANA.

brachipnèa [vc. dotta, gr. *brachýpnoia*, comp. di *brachýs* 'corto' e *pnoḗ* 'respiro'] s. f. ● (*med.*) Respirazione affannosa per riduzione d'ampiezza degli atti respiratori.

brachistòcrona [vc. dotta, dal gr. *bráchistos* 'cortissimo', sup. di *brachýs* 'brachi-', e *chrónos* 'tempo'] s. f. ● (*mat.*) Curva che, tra tutte quelle che congiungono due punti, ha il minor tempo di percorrenza.

brachitìpo o **brachìtipo** [comp. di *brachi-* e *tipo*] s. m. ● Tipo costituzionale umano caratterizzato da prevalenza dei diametri trasversali su quelli longitudinali.

Brachiùri [comp. di *brachi-* e del gr. *ourá* 'coda'] s. m. pl. ● Nella tassonomia animale, sottordine di Crostacei dei Decapodi con cinque paia di piedi ambulacrali, ampio cefalotorace, addome ridotto e ripiegato ventralmente, forniti di chele (*Brachyura*). SIN. (*pop.*) Granchi | (al sing. *-o*) Ogni individuo di tale sottordine.

†**bràcia** ● V. *brace*.

braciàio s. m. **1** Cassetta nella quale i fornai ripongono la brace, per riutilizzarla. **2** Bracino.

braciaiòla s. f. ● Fossetta sotto la graticola dei fornelli, ove cade la brace.

braciaiòlo s. m. ● Bracino.

bracière [fr. *brasier*, da *braise* 'brace'] s. m. ● Recipiente di rame o altro metallo, sovente lavorato artisticamente, da tenervi le brace per riscaldarsi, o per eseguire qualche operazione con fuoco vivo o anche, nell'antichità greco-romana, per celebrare riti religiosi.

bracìno [da *brace*] s. m. **1** Operaio addetto alla carbonaia. **2** Venditore di brace o carbone al minuto: *nero come un b.* **3** (*est.*) Persona sudicia e volgare.

braciòla o (*lett.*) **braciuòla** [da *brace*] s. f. **1** Fetta di carne da cuocere sulla brace con la graticola: *b. di maiale, di vitello* | (*raro, fig.*) *Far braciole di qc.*, farlo a pezzi. **2** (*fam., scherz.*) Taglio al viso, spec. provocato durante la rasatura. || **braciolétta**, dim. | **braciolìna**, dim. | **braciolóna**, accr.

†**bràco** ● V. *brago*.

bracóne s. m. **1** Accr. di *braca*. **2** (*fig.*) Uomo grossolano.

bracòtto [da *braca* nel sign. 7] s. m. ● (*mar.*) Spezzone di cavo terminante con due ganci o due bozzelli, variamente utilizzabile nelle navi a vela.

bracòzzo ● V. *bragozzo*.

bradi- [dal gr. *bradýs* 'lento', prob. di origine indeur.] primo elemento ● In parole composte dotte o scientifiche significa 'lento': *bradicardia, bradisismo*.

bradicardìa [vc. dotta, comp. di *bradi-* e del gr. *kardía* 'cuore'] s. f. ● Riduzione di frequenza del battito cardiaco.

bradicàrdico A agg. (pl. m. *-ci*) ● Relativo alla bradicardia. **B** agg.; anche s. m. (f. *-a*) ● Che, chi presenta bradicardia.

bradichinìna [comp. di *bradi-* e *chinina*] s. f. ● (*chim.*) Piccolo peptide basico ematico prodotto da un precursore inattivo a opera della callicreina; è un potente vasodilatatore e provoca aumento della permeabilità capillare.

bradifașia [vc. dotta, comp. di *bradi-* e del gr. *phásis* 'espressione'] s. f. ● Rallentamento del linguaggio.

bradifrașia [vc. dotta, comp. di *bradi-* e del gr. *phrásis* 'discorso'] s. f. ● Lentezza nel formulare le frasi.

bradilalìa [vc. dotta, comp. di *bradi-* e del gr. *lalía* 'loquacità'] s. f. ● Lentezza nell'articolazione delle parole.

bradipepsìa [vc. dotta, comp. di *bradi-* e del gr. *pépsis* 'digestione'] s. f. ● Lentezza nelle funzioni digestive.

bràdipo [vc. dotta, comp. di *bradi-* e del gr. *poûs* 'piede'] s. m. ● Genere di Mammiferi brasiliani degli Sdentati di 50-70 cm. di lunghezza, con coda cortissima, testa piccola, lunghi arti con formidabili unghie ricurve e pelame abbondante (*Bradypus*) | *B. tridattilo*, mammifero degli Sdentati, con arti alquanto sviluppati e unghie grandi e robuste con cui si appende ai rami (*Bradypus tridactylus*).

bradipsichișmo [vc. dotta, comp. di *bradi-* e *psichismo*] s. m. ● Rallentamento delle funzioni psichiche.

bradisìșmico agg. (pl. m. *-ci*) ● Che riguarda, è proprio del bradisismo: *rilevamento, fenomeno b.*

bradisìșmo o **bradișìșmo** [vc. dotta, comp. di *bradi-* e del gr. *seismós* 'scotimento'] s. m. ● Movimento lento e regolare di innalzamento o di abbassamento del suolo: *b. positivo, negativo*.

bràdo [lat. tardo *brăida(m)* 'pianura', di origine longob., con sovrapposizione di *bravo*] agg. **1** Non addomesticato, vivente allo stato libero, detto spec. di bovini ed equini. **2** Detto di allevamento di animali all'aperto. **3** (*fig., est.*) Che è brutale, primitivo, fuori dalle convenienze sociali: *vita brada; essere, vivere, allo stato b.*

†**bradóne (1)** [lat. tardo *bradōne(m)* 'prosciutto', di origine germ.] s. m. **1** (*raro*) Spalla, omero. **2** Falda di vestito che pende dall'attaccatura della spalla.

†**bradóne (2)** ● V. †*brandone (2)*.

bràga s. f. **1** V. *braca*. **2** Pezzo da interporre fra gli elementi di una tubazione verticale di scarico per immettervi uno o più tubi di scarico orizzontali. **3** Robusta staffa di ferro a prolungamento della culatta di alcune antiche artiglierie a retrocarica per inserirvi un maschio contenente la carica di lancio.

†**bràge** ● V. *brace*.

braghéssa ● V. *brachessa*.

braghétta ● V. *brachetta*.

†**braghière** ● V. *brachiere*.

†**bràgia** ● V. *brace*.

bràgo o (*lett.*) †**bràco** [lat. parl. **brăcu(m)* 'palude', di provenienza celt.] s. m. (pl. *-ghi*) **1** (*lett.*) Fango, melma, spec. di porcile: *i porci si avvoltolano nel b.* **2** (*fig., lett.*) Abiezione, degradazione morale.

bragòzzo o **bracòzzo** [etim. incerta] s. m. ● Barca da pesca, fornita di ponte con prora e poppa tondeggianti, caratterizzata dalla colorazione delle vele. ➡ ILL. **pesca**.

brahmanèșimo /brama'nezimo/ o **brahmanișmo**, **bramanèșimo**, **bramanismo**, **braminișmo**. s. m. ● Sistema di pensiero religioso-filosofico e complesso di istituzioni e ordinamenti elaborati dai brahmani che costituisce il fondamento della religione induista.

brahmànico /bra'maniko/ o **bramànico**, **bramìnico**. agg. (pl. m. *-ci*) ● Che è proprio del brahmanesimo e dei brahmani.

brahmanișmo /brama'nizmo/ ● V. *brahmanesimo*.

brahmàno /bra'mano/ o **bramàno**, **bramìno (1)** [vc. dotta, sanscrito *brahmán*, originariamente 'poeta, cantore', da *bráhma* 'formula, rappresentazione', di etim. incerta] s. m. ● Sacerdote della religione induistica, appartenente alla casta più elevata della comunità indù.

bràida [longob. *braida* 'pian(ur)a'] s. f. ● (*dial.*) Campo, prato nei pressi della città.

braidènse [da *braida*, donde s'è originato il dial. *Brera*] agg. ● Che è proprio della biblioteca milanese di Brera.

†**bràido** [etim. discussa: variante di *brado* (?)] agg. ● (*dial.*) Lesto, vispo.

Braille ® /fr. braj/ [nome commerciale: dal n. dell'inventore, il fr. Louis *Braille* (1809-1852)] **A** s. m. inv. ● Sistema di scrittura per ciechi formato da punti in rilievo simboleggianti le lettere dell'alfabeto, da leggere passando i polpastrelli sul foglio. **B** anche agg.: *scrittura B.*

brain-storming /ingl. 'brein-stɔːmiŋ/ [vc. ingl. d'America, cioè 'tempesta (*storming*) di cervelli (*brain*)'] loc. sost. m. inv. ● Tecnica di analisi in gruppo in cui la ricerca della soluzione di un dato problema avviene attraverso la libera esposizione di idee e di proposte da parte di tutti i partecipanti a una riunione.

brain trust /ingl. 'brein trʌst/ [vc. ingl. d'America, cioè *'trust* di cervelli (*brain*)'] loc. sost. m. inv. (pl. ingl. *brain-trusts*) ● Gruppo di esperti, tecnici, scienziati e gener. consulenti, costituito, spec. in un'azienda, per discutere e aiutare a risolvere problemi di particolare complessità e rilievo. SIN. Trust dei cervelli.

†**braìre** o †**șbraìre** [lat. parl. **bragīre*, di origine onomat.] v. intr. **1** (*lett.*) Cantare, cinguettare. **2** Gridare | Nitrire.

†**braitàre** [lat. parl. **bragitāre* 'gridare', iter. di **bragīre* 'braire'] v. intr. ● Sbraitare.

bràma [da *bramare*] s. f. ● Desiderio ardente e intenso, quasi smodato: *b. di uccidere; b. di onori; b. di apprendere; una lupa, che di tutte brame / sembiava carca ne la sua magrezza* (DANTE *Inf.* I, 49-50). SIN. Avidità, bramosia.

bramàbile agg. ● (*raro*) Che si può bramare. SIN. Desiderabile.

bramanèșimo ● V. *brahmanesimo*.

†**bramangière** [ant. fr. *blanc-mangier* 'biancomangiare'] s. m. ● Biancomangiare.

bramanìsmo ● V. *brahmanesimo*.

bramàno e *deriv.* ● V. *brahmano* e *deriv.*

bramantésco agg. (pl. m. *-schi*) ● Che riguarda l'arte e la produzione dell'architetto Donato Bramante (1444-1514): *la cupola bramantesca di S. Maria delle Grazie a Milano*.

bramàre [ant. provz. *bramar* 'urlare di animali (specie del cervo in amore)', dal germ. **brammon* 'muggire'] v. tr. ● (*lett.*) Desiderare intensamente, appassionatamente.

†**brameggiàre** v. intr. ● (*raro*) Nutrire brame moleste.

braminișmo ● V. *brahmanesimo*.

bramìno (1) e *deriv.* ● V. *brahmano* e *deriv.*

bramìno (2) [etim. incerta] s. m. ● Sbramino.

bramìre [stessa etim. di *bramare*] v. intr. (*io bramìsco, tu bramìsci*; aus. *avere*) **1** Emettere bramiti: *si udirono i cervi b. di dolore*. **2** (*est., lett.*) Gridare selvaggiamente, detto di persone: *la gente gridava ... tripudiava, bramiva* (BACCHELLI).

bràmito o (*poet.*) **bràmito** [da *bramire*] s. m. **1** Grido alto e lamentoso caratteristico di animali selvatici, spec. del cervo e dell'orso. **2** (*est., lett.*) Grido umano quasi selvaggio: *un b. di terrore*.

bràmma [ted. *Bramme*, di etim. incerta] s. m. (pl. *-i*) ● (*metall.*) Prodotto di laminatoio, usato come materiale di partenza per la fabbricazione delle lamiere, a sezione rettangolare.

bramosìa [da *bramoso*] s. f. ● (*lett.*) Brama.

†**bramosità** s. f. ● Brama.

bramóso agg. ● (*lett.*) Che ha e dimostra brama,

avidità: *b. di perfezione* (MANZONI). || **bramosétto**, dim. | **bramosino**, dim. || **bramosaménte**, avv. Con brama.

brànca [lat. *brănca(m)*, di etim. incerta] s. f. *1* Zampa di animale armata di artigli | †Chela del granchio e dello scorpione. *2* (*fig.*) Mano protesa ad afferrare q.c. *3* (*spreg., al pl.*) Potere, controllo, dominio: *si dibatte nelle branche del vizio* (D'ANNUNZIO). *4* Ciascuna delle due parti di alcuni arnesi che servono ad afferrare e a stringere: *le branche delle pinze, delle tenaglie, del compasso.* *5* Ramo di albero o arbusto | *B. madre*, ramo principale. *6* (*fig.*) Ramo della scienza o dello scibile: *le varie branche del diritto, della medicina.* SIN. Parte, suddivisione. *7* (*anat.*) Ciascuno dei rami in cui si risolve un organo a struttura fascicolare: *le tre branche del nervo trigemino.* *8* (*mar.*) Spezzone di corda con due anelli alle estremità | Mazzetto di tre o quattro cavetti terminanti con un anello e riuniti tra loro per l'altro capo | *B. di bolina*, a tre capi, per fissare la bolina alla ralinga di caduta delle vele quadre. *9* Rampa di scala.

brancàle [da *branca*] s. m. ● (*spec. al pl.*) Ciascuno dei quattro legni verticali che formano le cantonate del telaio.

†**brancàre** [da *branca*] **A** v. tr. ● Abbrancare, afferrare. **B** v. intr. ● Mettere le branche, germogliare.

brancarèlla [da *branca*] s. f. ● (*mar.*) Maniglia di cavo incordonata agli orli delle vele, usata spec. per passarvi i cavetti che allacciano le vele stesse ai pennoni.

brancàta s. f. *1* Quantità di cose che si può stringere in una mano: *una b. di sassolini.* SIN. Manciata. *2* (*raro, lett.*) Zampata, manata. *3* (*raro, lett.*) Branco. || **brancatina**, dim.

brànchia [vc. dotta, lat. *brănchia(m)*, dal pl. *brănchiae*, a sua volta dal gr. *bránchia*, pl. di *bránchion*, di etim. sconosciuta] s. f. ● (*zool.*) Struttura respiratoria di solito fogliacea o laminare, di varia origine, grazie alla quale gli animali acquatici possono respirare l'ossigeno disciolto nell'acqua.

branchiàle agg. ● Pertinente alle branchie.

Branchiàti s. m. pl. ● Nella tassonomia animale, denominazione degli animali acquatici che, per tutta la vita o soltanto per parte di essa, respirano mediante branchie (*Branchiata*) | (al sing. *-o*) Ognuno di questi animali.

brànchio- [dal lat. *brănchia* 'branchia'] primo elemento ● In parole composte della terminologia scientifica significa 'branchie' o indica relazione con le branchie: *branchiosauro.*

Branchiòpodi [vc. dotta, comp. di *branchio-* e del gr. *pódes* 'piedi'] s. m. pl. ● Nella tassonomia animale, ordine di Crostacei di acqua dolce con corpo protetto da un carapace bivalve, arti atti al nuoto e alla respirazione (*Branchiopoda*) | (al sing. *-e*) Ogni individuo di tale ordine.

branchiosàuro [vc. dotta, comp. di *branchio-* e del gr. *sâuros* 'lucertola'] s. m. ● Anfibio stegocefalo del Permocarbonifero, con faccia ventrale coperta di scaglie analoghe a quelle dei rettili (*Branchiosaurus*).

Branchiùri [comp. di *branchi(o)*- e *-uro* (*2*)] s. m. pl. ● Nella tassonomia animale, sottoclasse di Crostacei dal corpo appiattito, muniti di ventose, parassiti di pesci e anfibi (*Branchiura*) | (al sing. *-e*) Ogni individuo di tale sottoclasse.

brancicaménto s. m. ● (*raro*) Modo e atto del brancicare.

brancicàre [iter. di *brancare*] **A** v. intr. (*io bràncico, tu bràncichi*; aus. *avere*) ● Andare a tentoni, annaspando con le mani per cercare la direzione giusta: *b. nel buio.* **B** v. tr. ● Toccare, maneggiare, palpare insistentemente, o brutalmente, o sensualmente e sim.

†**brancicatóre** s. m. ● (*raro*) Chi brancica.

brancicatùra s. f. ● (*raro*) Atto, effetto del brancicare: *frutta piena di brancicature.*

brancichino agg.; anche s. m. (f. *-a*) ● (*raro*) Che, chi tocca ogni cosa: *ragazzo b.*

brancichìo s. m. ● (*raro*) Atto continuato del brancicare.

brancicóne **A** s. m. (f. *-a*) ● (*raro*) Chi ha l'abitudine di brancicare le donne. **B** avv. ● †Carponi, tentoni: *andar b.*

brànco [da *branca*, passata a significare 'gruppo'] s. m. (pl. *-chi*) *1* Raggruppamento di animali della medesima specie: *un b. di cavalli, di pecore; un b. di lupi; un b. di cicogne, di pesci.* *2* (*est., spreg.*) Insieme di persone: *un b. di fannulloni* | *Andare, camminare, viaggiare in b.*, (*fig.*) passivamente raggruppati, come gli animali | *Mettersi in b., entrare nel b.*, (*fig.*) seguire conformisticamente la via della maggioranza. || **branchétto**, dim. | **branchino**, dim. | **brancóne**, accr.

brancolaménto s. m. ● Modo e atto del brancolare.

brancolàre [da *branca*, nel senso di 'mano protesa ad afferrare'] v. intr. (*io bràncolo*; aus. *avere*) *1* Andare a tentoni, spec. nel buio: *b. nell'oscurità; il cieco brancola.* SIN. Annaspare. *2* (*fig.*) Agire, muoversi con incertezza.

brancolóne o **brancolóni** avv. ● (*raro*) Brancolando, a tentoni, a tastoni: *andare, muoversi b.*; *cercare q.c. brancoloni.*

†**brancóso** [da *branca* nel sign. 5] agg. ● (*raro*) Che ha rami.

brànda [etim. incerta] s. f. *1* Letto a telaio metallico pieghevole o smontabile, con rete metallica o con un piano di grossa tela, usato da militari, campeggiatori e sim. ➡ ILL. **campeggiatore**. *2* Amaca di tela usata a bordo dai marinai come letto. || **brandina**, dim.

brandeburghése **A** agg. ● Del Brandeburgo, regione storica della Germania | *Concerti brandeburghesi*, i sei concerti che J.S. Bach dedicò al margravio del Brandeburgo. **B** s. m. e f. ● Abitante, nativo del Brandeburgo.

brandeggiàbile agg. ● (*mar. mil.*) Che si può brandeggiare, soggetto a brandeggio | (*tv*) Detto di telecamera munita di uno speciale dispositivo che ne permette l'orientamento sul piano orizzontale e su quello verticale, anche contemporaneamente.

brandeggiàre [da *brandire*] v. tr. (*io brandéggio* #) **A** v. tr. ● (*mar.*) Ruotare su un piano orizzontale, intorno a un asse verticale, una bocca da fuoco, un apparecchio di punteria e sim. montati su una nave | (*mil., est.*) Ruotare allo stesso modo un'arma montata sulla torretta di un carro armato | (*gener.*) Ruotare su un piano orizzontale, detto di apparecchiature, strumenti, congegni e sim. **B** v. intr. (aus. *avere*) ● Oscillare, scuotersi.

brandéggio s. m. *1* (*mar. mil.*) Atto, effetto del brandeggiare | *Angolo di b.*, quello formato dal piano longitudinale della nave col piano di mira e misurato sul piano orizzontale, da 0° a 360°, in senso orario a partire dalla prora. *2* (*gener.*) Rotazione su un piano orizzontale, in varie tecnologie.

brandèllo o **brindèllo** [etim. discussa: da *branello*, dim. di *brano*, con sovrapposizione di altra vc. (?)] s. m. *1* Frammento strappato di tessuto o di altro materiale: *un b. di fodera; un b. di pelle* | *Avere l'abito a brandelli*, tutto strappato. SIN. Pezzo. *2* (*fig.*) Piccola quantità, parte di q.c.: *non avere un b. di intelligenza, di pudore, di ritegno.* SIN. Briciola. || **brandellétto**, dim. | **brandellino**, dim. | **brandellùccio**, dim.

brand image /ingl. 'brænd 'imidʒ/ [loc. ingl., comp. di *brand* (V. *brand manager*) e *image* 'immagine' (dal fr. *image* 'immagine')] s. f. inv. (pl. ingl. *brand images*) ● Immagine, impressione che l'utente o il consumatore di un prodotto ha di questo attraverso una campagna pubblicitaria.

†**brandiménto** s. m. ● Modo e atto del brandire.

brandìre [ant. fr. *brandir*, dall'ant. fr. *brant* 'brando'] **A** v. tr. (*io brandìsco, tu brandìsci*) ● Impugnare saldamente o agitare con forza un corpo contundente: *b. la spada, un coltello, un bastone* | (*est.*) Agitare q.c. con violenza: *b. una lettera.* **B** v. intr. (aus. *avere*) ● Tremare, vibrare, oscillare.

brandistòcco [fr. *brandestoc, brindestoc*, dall'ol. *springstok*, letteralmente 'pertica, bastone (*stok*) da saltare (*springen*)'] s. m. (pl. *-chi*) ● Arma da punta in uso nel sec. XVI, costituita da tre lame rientranti nel manico cavo.

†**branditóre** [da *brandire*] s. m.; anche agg. ● (*raro*) Chi, che brandisce.

brand manager /ingl. 'brænd 'mænidʒə*/ [loc. ingl., comp. di *brand* 'marca, marchio di fabbrica' (d'origine germ.) e *manager* (V.)] loc. sost. m. e f. inv. (pl. ingl. *brand managers*) ● (*org. az.*) Dirigente che contribuisce a creare, attraverso la pubblicità, una buona immagine di un prodotto presso utenti o consumatori.

bràndo [ant. fr. *brant* 'spada', 'ferro della lancia', dal francone **brand* 'lama della spada', propriamente 'tizzone (ardente)' per il suo splendore] s. m. *1* Spadone a due tagli, da impugnarsi a una o a due mani. *2* (*poet.*) Spada: *mena a due mane quel b. tagliente* (BOIARDO).

†**brandóne** (**1**) [etim. incerta, come per *brandello*] s. m. ● Brandello.

†**brandóne** (**2**) o †**bradóne** (**2**) [ant. fr. *brandon*, dal francone **brand* 'tizzone'] s. m. ● Fiaccola, torcia.

brandy /ingl. 'brændi/ [vc. ingl., da *brandwine*, dal neerlandese *brandewijn*, lett. 'vino (*wijn*) bruciato (dal v. *branden*, che ha assunto poi anche il sign. di 'distillare')'] s. m. inv. ● Acquavite che si ottiene in Italia dalla distillazione del vino, poi maturata, corretta e invecchiata in fusti di rovere.

†**brània** [di etim. discussa: dal lat. parl. **fragina* 'frana' (?)] s. f. ● Tratto di campo, di terreno.

bràno [ant. fr. *braon*, dal francone *brādo* ampliato col suff. accr. *-on*] s. m. *1* Pezzo, parte strappata con violenza: *brani di stoffa, di carne* | *Fare a brani, ridurre in brani*, sbranare | *Cadere a brani*, (*anche fig.*) *cadere a pezzi, cadere in rovina* | (*lett.*) *A b. a b.*, pezzo per pezzo: *La memoria dei fatti le tornava a brani* (MORAVIA). SIN. Brandello, pezzo. *2* Frammento di opera musicale o letteraria: *ascoltare un b. di musica classica; leggere un b. della Divina Commedia* | *Brani scelti*, frammenti di vari autori, selezionati con criterio antologico. SIN. Passo. || **branèllo**, dim. | **branétto**, dim. | †**branolino**, dim.

branzìno o **branẓino** [it. sett. *bransin*, per l'apparenza delle sue 'branchie' (*branzi*)] s. m. ● (*zool., sett.*) Spigola.

†**bràṣa** ● V. *brace.*

braṣàre [da †*brasa* 'brace'] v. tr. *1* (*raro*) Far cuocere sulle braci spec. carni. *2* Cuocere a fuoco lento in teglia chiusa, con poca acqua. *3* Sottoporre a brasatura, in varie tecnologie.

braṣàto **A** part. pass. di *brasare*; anche agg. ● Nei sign. del v. **B** s. m. ● Carne di bue cotta a fuoco lento, in pentola chiusa, con vari aromi e poca acqua.

braṣatóre s. m. ● Operaio addetto alla brasatura metallica.

braṣatùra s. f. ● Saldatura di pezzi metallici mediante materiale di apporto che funge da adesivo tra le facce dei metalli.

bràsca [da †*brasa* (?)] s. f. ● Scorie e spurgo del ferro lavorato.

braschìno [da *brasca*] s. m. ● Garzone in una ferriera.

braṣile [etim. discussa: per il colore simile alla brace (*brasa*) (?)] s. m. *1* Legno di color rosso brace, proprio dell'America centrale e meridionale. SIN. Verzino. *2* Cultivar di tabacco.

braṣiliàno [dal n. dello Stato del *Brasile*, in port. e sp. *Brasil*, così chiamato per l'abbondanza delle piante tintorie chiamate *brasili*] **A** agg. ● Del Brasile: *flora, fauna, lingua brasiliana.* **B** s. m. (f. *-a*) ● Abitante, nativo del Brasile.

brasserie /fr. bras(ə)'ri/ [vc. fr., comp. di *brasser* 'fabbricare la birra' dal lat. parl. **braciāre*, den. di *brāce(m)* 'malto', ed *-erie* '-eria'] s. f. inv. ● Birreria o piccola trattoria.

bràssica [vc. dotta, dal lat. *brăssica(m)* 'cavolo', di etim. incerta] s. f. ● Genere di piante erbacee delle Crocifere a foglie intere o pennate, fiori gialli o bianchi in racemi e frutti a siliqua (*Brassica*).

brassière /fr. bra'sjɛr/ [vc. fr., comp. di *bras* 'braccio' e del suff. *-ière* detto di parte del corpo coperta] s. f. inv. ● Corta camicetta molto scollata.

brattàre o **ṣbrattàre** (**2**) [nap. *brattà*, da *bratto*] v. intr. (aus. *avere*) ● Vogare con un sol remo posto a poppa dell'imbarcazione.

bràttea [vc. dotta, dal lat. *brăttea(m)* 'lamina di metallo', di etim. incerta] s. f. *1* (*bot.*) Foglia modificata che accompagna fiori o infiorescenze con funzione spec. protettiva. *2* Lamina metallica, spec. d'oro o d'argento, con varie decorazioni, usata anticamente per ornamento.

bratteàto [vc. dotta, dal lat. *bratteātu(m)*, da *brăttea* 'brattea'] **A** agg. *1* (*bot.*) Che è fornito di brattee. *2* Di moneta o medaglia falsificata mediante la sovrapposizione di una lamina d'oro o d'argento a un metallo vile. **B** s. m. ● Moneta medievale d'argento dal tondello molto sottile, coniata da una sola faccia, caratteristica della Germania dal XII al XIV sec.

bratteifórme [vc. dotta, comp. di *brattea* e *-forme*] agg. ● Che ha forma di brattea.

brattèola [vc. dotta, dal lat. *brattĕola(m)*, dim. di *brăttea* 'brattea'] s. f. ● (*bot.*) Brattea molto ridotta inserita sul peduncolo di alcuni fiori.

bratteolàto [da *bratteola*] agg. ● (*bot.*) Che è fornito di bratteole: *peduncolo b.*

bràtto o **ṣbràtto** (2) [nap. *bratto*: dal lat. *băttulum* 'battola' (?)] s. m. ● Propulsione di un battello con un solo remo posto a poppa estrema e mosso alternativamente verso dritta e verso sinistra: *remo da b.*

bravacciàta s. f. ● Azione da bravaccio.

bravàccio o **bravàzzo** s. m. *1* Pegg. di *bravo*. *2* Sgherro | Uomo prepotente e millantatore.

bravàre [da *bravo*] **A** v. intr. (aus. *avere*) ● (*lett.*) Parlare o comportarsi in modo arrogante, provocatorio. **B** v. tr. *1* (*lett.*) Minacciare, provocare, sfidare. *2* (*dial.*) Rimproverare duramente: *la vostra signora madre mi ha bravato moltissimo* (GOLDONI).

bravàta s. f. *1* Azione o discorso provocatorio e millantatore: *è una delle sue solite bravate*. SIN. Smargiassata, spacconata. *2* Azione rischiosa compiuta per spavalderia: *ha voluto fare la b. di uscire con la febbre*; *ti pentirai di certe bravate!* *3* (*lett., dial.*) Sgridata.

†**bravatòrio** agg. ● Provocatorio, minaccioso.

†**bravazzàre** v. intr. ● Fare il bravaccio.

†**bravazzàta** s. f. ● Smargiassata.

bravàzzo ● V. *bravaccio*.

braveggiàre v. intr. (*io bravéggio*; aus. *avere*) ● Parlare e comportarsi con spavalderia.

†**braveggiatóre** s. m. ● Chi braveggia.

braverìa s. f. *1* Vanteria, azione, comportamento arrogante. SIN. Spavalderia. *2* (*raro*) Ceto o condizione dei bravi.

†**bravézza** s. f. ● Valentia.

bràvo [lat. *prāvu(m)*, con sovrapposizione di *barbaru(m)* (?)] **A** agg. *1* Che compie la propria opera con buona volontà e abilità: *un b. operaio, scolaro, professionista*; *un b. cavallo da tiro*; *un b. cane da caccia, da guardia* | (*fam.*) *Chi ci riesce è b.!*, per indicare lavori, concetti, discorsi particolarmente difficili. SIN. Abile, capace. CONTR. Inetto. *2* Buono, onesto, dabbene: *una brava moglie*; *un b. giovane* | (*pop., antifr.*) *Brava donna*, prostituta | In formule di cortesia, spesso iron.: *ascoltate, brav'uomo!* | Per esortazione, incoraggiamento: *su, da b.!* *3* (*lett.*) Animoso, coraggioso, prode: *gli epici canti del tuo popol b.* (CARDUCCI) | *Fare il b.*, ostentare coraggio, spesso solo a parole | *Notte brava*, in cui si compiono bravate teppistiche | *Alla brava*, (*ell.*) alla maniera di chi fa il bravo, cioè in modo spavaldo e arrogante: *portare il cappello alla brava*; (*est.*) alla svelta, con sicura franchezza: *dipinto alla brava*. *4* (*pleon., fam.*) Preposto a un s. con valore ints.: *ogni giorno fa la sua brava passeggiata*. *5* †Erto, scosceso. *6* †Brado, indomito: *ognun lo fugge come fera brava* (PULCI). ‖ **bravaménte**, avv. *1* Con forza, con efficacia. *2* Bene. *3* Risolutamente. **B** in funzione di inter. ● Esprime soddisfazione, consenso, ammirazione: *b., bis!* | (*anche antifr. iron.*): *b. furbo!*; *b. fesso!* **C** s. m. *1* Nell'Italia secentesca, bandito che si rifugiava presso un signorotto e gli assicurava i suoi servizi ricevendone impunità e sostentamento. *2* (*est.*) Guardia armata assoldata da un personaggio potente, spec. per praticare prepotenze ‖ PROV. I bravi alla guerra e i poltroni alla scodella. ‖ **bravàccio**, **bravàzzo**, pegg. (V.) | **bravétto**, agg. dim. | **bravettino**, agg. dim. | **bravino**, agg. dim. | **bravóne**, accr. (V.) | **bravùccio**, agg. dim.

bravóne s. m. *1* Accr. di *bravo*. *2* Bravaccio | *Fare il b.*, fare lo spaccone.

bravùra s. f. *1* Qualità di chi è bravo: *mostrare la propria b.*; *dimostrare b. in un lavoro*; *non ci vuole mica tanta b. per fare quello che ti ho chiesto!* | *Pezzo di b.*, lavoro la cui esecuzione richiede un'eccezionale abilità. *2* (*raro*) Bravata.

break (1) /ingl. 'breik/ [vc. ingl., dal v. *to break* 'interrompere, staccare'] **A** s. m. inv. *1* Interruzione, pausa, spec. nel corso di un lavoro intellettuale, manageriale e sim.: *facciamo un b. e prendiamoci un caffè* | Breve annuncio pubblicitario trasmesso interrompendo un programma televisivo o radiofonico. *2* (*sport*) Nella pallacanestro e in altre discipline di squadra, il momento della partita in cui una compagine distanzia notevolmente nel punteggio quella avversaria. *3* (*sport*) Nel tennis, la conquista del game nel quale l'avversario è al servizio. **B** inter. ● (*sport*) Nel pugilato, ordine di separarsi dato dall'arbitro ai contendenti quando, venuti strettamente a contatto, si impediscono reciprocamente i movimenti tenendosi con le braccia | Nel rugby, comando di sciogliere la mischia.

break (2) /ingl. 'breik/ [vc. ingl., di etim. discussa; forse da avvicinare a *brake* 'dispositivo che permette di girare un mezzo di trasporto a destra o a sinistra', di etim. incerta] s. f. inv. ● Tipo di automobile piuttosto ampia, munita di grande portello posteriore, per il trasporto di numerose persone e cose.

break dance /ingl. 'breik 'da:ns/ [loc. ingl., comp. di *break* 'interruzione' (V. *break* (*1*)) e *dance* 'danza', perché è danza a movimenti spezzati] loc. sost. f. inv. ● Ballo moderno caratterizzato da movimenti a scatti, bruschi e spezzati che richiedono notevoli doti atletiche.

breakdown /ingl. 'breikdaun/ [vc. ingl., propr. 'rottura', dal v. *to break* 'rompere'] s. m. inv. ● Improvviso arresto di elaboratori o impianti elettrici.

break even /ingl. 'breik 'i:vən/ [loc. ingl., propr. 'chiusura (*break*) alla pari (*even*)'] loc. sost. m. inv. ● (*econ.*) Pareggio di bilancio nella gestione di un'azienda.

breakfast /ingl. 'brekfəst/ [vc. ingl., comp. di *to break* 'rompere' e *fast* 'digiuno'] s. m. inv. ● Prima colazione.

breaking /ingl. 'breikiŋ/ [vc. ingl., propr. 'rottura, interruzione', da *to break* (V. *break* (*1*))] s. m. inv. ● Break dance.

bréccia (1) [fr. *brèche*, dal francone **brëka* 'rottura, fenditura', di origine indeur.] s. f. (pl. *-ce*) ● Apertura fatta rompendo muri o terrapieni di qualunque opera di fortificazione, mediante tiro di artiglieria o lavoro di mina, per penetrarvi a viva forza | *Battere in b.*, dirigere i tiri delle artiglierie sul luogo dove si vuol fare la breccia; (*fig.*) demolire sistematicamente le tesi avversarie o, in una competizione, battere l'avversario proprio sul traguardo | *Spianare la b.*, tirare sulla rottura già fatta per appianare le macerie | †*B. matura*, quella che riesce di facile accesso | *Essere, rimanere sulla b.*, (*fig.*) continuare a svolgere brillantemente la propria attività | *Morire, cadere sulla b.*, (*fig.*) nel compimento del proprio lavoro o dovere | (*fig.*) *Fare b. nell'animo, nel cuore, nei pensieri, di qc.*, fargli impressione favorevole, persuaderlo.

bréccia (2) [lat. parl. **brĭccia(m)*, dal tema medit. *brikka-* 'rilievo roccioso, erto' (?)] s. f. (pl. *-ce*) *1* Insieme di ciottoli e frantumi di sassi portati dalla corrente dei fiumi | Insieme dei sassi opportunamente spezzati con cui, un tempo, si pavimentavano le strade. *2* (*miner.*) Roccia costituita da detriti angolosi cementati. ‖ **brecciòla**, dim. (V.).

brecciaiòlo s. m. ● Spaccapietre.

brecciàle s. m. ● Pietrisco, ghiaia: *scaricare i mucchi del b.* (PIRANDELLO).

brecciàme s. m. ● Insieme di sassi spezzati per la copertura di strade.

brecciòla s. f. *1* Dim. di *breccia* (*2*). *2* Brecciame costituito da sassi di dimensioni ridotte. ‖ **brecciolina**, dim. (V.) | **brecciolino**, dim. m. (V.).

brecciolìna s. f. *1* Dim. di *brecciola*. *2* (*merid.*) Brecciame molto minuto.

brecciolìno s. m. *1* Dim. di *brecciola*. *2* (*merid.*) Brecciame molto minuto.

brecciόso agg. ● Coperto di breccia.

brechtiàno /brek'tjano, brex'tjano/ agg. ● Che è proprio dello scrittore e drammaturgo tedesco B. Brecht (1898-1956).

breeding /ingl. 'bri:diŋ/ [vc. ingl., ger. di *to breed* 'allevare'] s. m. inv. ● Selettocoltura.

brefotròfio [vc. dotta, lat. *brephotrophīu(m)*, dal gr. *brephotrophêion*, comp di *bréphos* 'bambino' e *tréphein* 'allevare'] s. m. ● Istituto dove si raccolgono e allevano bambini abbandonati.

bregantino ● V. *brigantino*.

brègma [vc. dotta, dal lat. tardo *brēgma(m)*, dal gr. *brégma*, di etim. incerta] s. m. (pl. *-i*) ● (*anat.*) Punto di incontro della sutura coronale e sagittale del cranio.

Breitschwanz /ted. 'brait-ʃvants/ [vc. ted., cioè 'coda (*Schwanz*) larga (*breit*)', ambedue vc. di origine germ.] s. m. inv. (pl. ted. *Breitschwänze*) ● Pelliccia di agnellini persiani nati prematuri, con pelo lucente e cuoio sottile.

breloque /fr. brə'lɔk/ [vc. fr., forse di orig. onomat.] s. f. inv. ● Ciondolo da collo, spec. medaglione apribile.

brèmo [ar. *barīm* 'fune attorta' (?)] s. m. ● (*mar.*) Corda fatta di sparto intrecciato.

Bremsstrahlung /ted. 'brɛmsʃtra:luŋ/ [vc. ted. comp. di *Bremse* 'freno' e *Strahlung* 'radiazione'] s. f. inv. ● (*fis.*) Radiazione elettromagnetica emessa da una carica elettrica quando subisce un'accelerazione.

brèndolo o **bréndolo** [etim. discussa: da *brindello* (?)] s. m. ● (*raro, tosc.*) Brandello.

brènna [ant. fr. *braine* '(animale) sterile', variante di *brehaing* 'sterile', di etim. incerta (?)] s. f. *1* Cavallo di poco valore. SIN. Ronzino, rozza. *2* (*raro, fig.*) Persona malfatta e debole.

brent /ingl. brent/ [etim. sconosciuta] s. m. inv. ● Petrolio greggio.

brènta [vc. sett., di prob. origine preromana] s. f. *1* Recipiente di legno per il trasporto a spalla del vino. *2* Antica misura di capacità per liquidi, spec. vino.

brentatóre s. m. ● Chi porta le brente di vino o mosto | Garzone di vinaio che reca il vino a domicilio.

Brèntidi [dal gr. *brénthos*, n. di un uccello acquatico, di etim. incerta] s. m. pl. ● Nella tassonomia animale, famiglia di Coleotteri dal corpo allungato, a forte dimorfismo sessuale, per lo più tropicali, che vivono sotto le cortecce degli alberi (*Brenthidae*) | (al sing. *-e*) Ogni individuo di tale famiglia.

brèntine o **bréntine** [etim. incerta] s. m. ● (*bot., pop. tosc.*) Cisto.

bréntolo o **brèntolo** [etim. incerta] s. m. ● (*bot.*) Brugo.

breṣàola [da *brasare* (?)] s. f. ● Carne di manzo, salata ed essiccata, specialità della Valtellina.

brésca [lat. tardo *brīsca(m)*, di etim. incerta] s. f. ● (*dial.*) Favo di api.

†**brescialda** o †**bresciolda** [variante di *bresciana* 'donna di Brescia' e poi 'signora', con sign. opposto] s. f. ● (*raro*) Donna volgare | (*raro*) Donna di malaffare.

bresciàna [dal nome della città di *Brescia*] s. f. *1* Pala sottile di ferro, per ammassare rena, calcinacci e sim. *2* Brescianella.

brescianèlla [adattamento del lomb. *bresanela* 'fatta alla maniera bresciana (*bresana*)'] s. f. ● Impianto stabile di uccellagione, a reti verticali.

bresciàno **A** agg. ● Di Brescia. **B** s. m. (f. *-a*) ● Abitante, nativo di Brescia.

†**bresciòlda** ● V. †*brescialda*.

bretèlla [fr. *bretelle*, dall'ant. alto ted. *brittil* 'redine'] s. f. *1* (*spec. al pl.*) Strisce di vario materiale, nastro, elastico, cuoio e sim., che passano sopra le spalle e si allacciano ai calzoni per sostenerli. *2* (*spec. al pl.*) Liste di tessuto che, passando sopra le spalle, sostengono sottovesti e altri indumenti femminili. *3* Cinghia per portare il fucile a spalla | *B. rientrante*, che può rientrare avvolgendosi automaticamente nell'interno del calcio. *4* Raccordo, collegamento fra due strade di grande comunicazione o fra due autostrade: *la b. Torino-Ivrea*; *b. autostradale* | *B. di rullaggio*, in un aeroporto, raccordo fra le piste principali. *5* (*mil.*) Elemento di fortificazione campale che collega due capisaldi o punti forti per natura del terreno. *6* Traversa di binari. ‖ **bretellìna**, dim.

brètone o **brèttone** [lat. tardo *Brĕttone(m)* 'abitante della *Bretagna*, tanto continentale, quanto insulare'] **A** agg. ● Della Bretagna, regione della Francia nord-occidentale: *lingua b., coste, isole bretoni* | *Ciclo b., romanzi bretoni*, dei cavalieri della Tavola Rotonda | *Razza b.*, razza cavallina di tipo brachimorfo da tiro pesante rapido. **B** s. m. e f. ● Abitante, nativo della Bretagna. **C** s. m. solo sing. ● Lingua appartenente al gruppo britannico delle lingue celtiche, parlata dai bretoni.

†**brétto** [prob. da *brettone* (?)] agg. *1* Sterile,

brullo. *2* (*fig.*) Meschino, sordido, gretto.

brèttone • V. *bretone.*

brettònica • V. *bettonica.*

breunerite [dal n. dell'ing. minerario P. *Breunner*] s. f. • Minerale ferrifero che costituisce una varietà di magnesite.

bréva o **brèva** [vc. sett., lomb. *breva*, prob. dalla stessa radice di *brivido* (V.)] s. f. • Vento periodico caratteristico dei laghi lombardi, che spira da libeccio a mezzodì.

brève o †**brièvè** [lat. *brĕve(m)*: connesso col gr. *brachýs* 'corto' (?)] **A** agg. *1* Che ha scarsa durata temporale: *lavoro, recita, discorso, spettacolo b.*; *b. incontro*; *brevi vacanze*; *un b. periodo di riposo* | *Tra b.*, tra poco tempo. SIN. Fugace, rapido, spiccio. CONTR. Durevole, lungo, lento. *2* (*est.*) Conciso, stringato: *b. esposizione di fatti, teorie, idee* | *Essere brevi*, (*fig.*) non dilungarsi su q.c. | *In b.*, in modo conciso | *A farla, a dirla b.*, in poche parole. SIN. Compendioso, succinto. CONTR. Prolisso. *3* Che si estende poco nello spazio: *una strada, un viottolo b.* SIN. Corto. CONTR. Lungo. *4* (*lett.*) Piccolo, angusto, stretto: *bassa palude e b. stagno* (TASSO). CONTR. Ampio, grande, largo. *5* (*ling.*) Detto di vocale o sillaba che abbia una durata minore della lunga. || **brevemènte**, avv. *1* Per, o in, poco tempo. *2* Con brevità, di discorso. **B** in funzione di avv. • (*lett.*) In poche parole, brevemente, concisamente: *Dicerolti molto b.* (DANTE *Inf.* III, 45). **C** s. m. *1* Lettera pontificia, sigillata con l'anello piscatorio, concernente per lo più affari del dominio temporale. *2* Lettera di un principe. *3* Nel Medioevo, documento su cui era scritta la formula del giuramento prestato dai nuovi magistrati | (*est.*) Statuto, spec. di corporazione. *4* Piccolo involto di stoffa contenente reliquie o formule di preghiere, da portarsi al collo per devozione | (*est.*) Amuleto, talismano. **D** s. f. *1* Antica nota musicale con durata equivalente a due semibrevi. *2* Notizia di poche righe, pubblicata da un giornale anche senza titolo e spesso come riempitivo.

brevettàbile [da *brevettare*] agg. • Detto di ciò che può essere brevettato.

brevettabilità s. f. • Caratteristica di ciò che è brevettabile.

brevettàre v. tr. (*io brevétto*) *1* Munire q.c. di brevetto: *b. un medicinale.* *2* Fornire qc. di brevetto: *b. un pilota.*

brevettàto part. pass. di *brevettare*; anche agg. *1* Nei sign. del v. *2* (*fig., scherz.*) Detto di ciò che si vuole garantire quanto a bontà o efficacia: *questo è un sistema b. per far quattrini.*

brevétto [fr. *brevet*, dim. di *brief* 'breve' nel senso di '(breve) scritto'] s. m. *1* Attestato amministrativo della paternità di un'invenzione e del diritto esclusivo di godere, per un periodo di tempo determinato, degli utili economici che ne derivino. *2* Attestato ufficiale della capacità di esercitare determinate funzioni | *B. di ufficiale*, documento che comprova la nomina nel grado | *B. aeronautico*, attestante l'idoneità del titolare a esercitare a bordo di aeromobili le mansioni nel brevetto stesso indicate | *B. da pilota, di pilotaggio*, attestante idoneità a guida di navi, aeromobili e sim. | *B. sportivo*, certificato di abilità per giovani atleti in alcune specialità. *3* Decreto con cui erano anticamente conferite onorificenze, prebende, gradi militari e sim.

brevettuàle agg. • Che riguarda un brevetto.

brèvi- [dal lat. *brĕvis* 'breve'] primo elemento • In parole composte dotte o scientifiche significa 'corto' o 'breve': *brevilineo.*

†**breviaménto** s. m. • Abbreviamento.

†**breviàre** [vc. dotta, lat. *breviāre*, da *brĕvis* 'breve'] v. tr. • Abbreviare.

breviàrio [vc. dotta, lat. *breviāriu(m)*, da *breviāre* 'abbreviare'] s. m. *1* Libro contenente l'ufficio divino che gli ecclesiastici dovevano recitare a varie ore del giorno | Liturgia delle ore, ufficio divino. *2* (*fig.*) Opera, autore a cui si ricorre spesso: *la Divina Commedia è il suo b.* *3* Compendio, sommario, antologia, usato spec. nei titoli di opere letterarie: *il 'Breviario di estetica' di B. Croce*; *il 'Breviario del brivido'.* *4* Libro contenente brevi statutari.

†**breviatùra** s. f. • Abbreviatura.

†**breviazióne** [vc. dotta, lat. *breviatiōne(m)*, da *breviāre* 'abbreviare'] s. f. • Abbreviazione.

brevilìneo [comp. di *brevi-* e *linea*] agg. • (*med.*) Detto di tipo costituzionale in cui prevale lo sviluppo del tronco su quello degli arti.

breviloquènte [vc. dotta, lat. *breviloquĕnte(m)*, comp. di *brĕvis* 'breve' e *lŏquor* 'parlare'] agg. • (*lett.*) Che parla o scrive in modo conciso.

breviloquènza [vc. dotta, lat. *breviloquĕntia(m)*, comp. di *brĕvis* 'breve' e *loquĕntia* 'loquela'] s. f. • (*lett.*) Brevità, concisione nello scrivere o nel parlare.

brevilòquio [vc. dotta, lat. *brevilŏquiu(m)*, comp. di *brĕvis* 'breve' e *lŏquor* 'parlare'] s. m. • (*raro, lett.*) Modo di parlare o scrivere breve, conciso.

brevi manu /lat. 'brɛvi 'manu/ [loc. lat., letteralmente 'con una mano (*manu*) corta (*brevi*)'] loc. avv. • Direttamente, personalmente, senza formalità, detto spec. di consegna di lettera, oggetti e sim. fatta a mano.

brèvio [da *breve*] s. m. • Elemento chimico radioattivo, ottenuto nella degradazione dell'uranio, caratterizzato da una breve esistenza.

brevità o †**brevitàde**, †**brevitàte** [vc. dotta, lat. *brevitāte(m)*, da *brĕvis* 'breve'] s. f. *1* Qualità di ciò che è breve: *la b. della bella stagione, della vita, della felicità*; *data la b. del cammino andremo a piedi* | *B. di sillaba*, durata di una sillaba che si pronuncia in un tempo solo | (*est.*) Concisione: *b. del discorso, dell'esporre.* *2* Diritto spettante alla banca per il servizio di incasso di cambiali a brevissima scadenza.

brẹ̀zza [etim. incerta] s. f. • Vento debole o moderato a periodo giornaliero che si genera tra zone vicine sottoposte a diverso riscaldamento | *B. di mare*, vento che spira dal mare verso terra, di giorno | *B. di terra*, vento che spira da terra verso il mare, di notte | *B. di monte, b. catabatica*, vento catabatico | *B. di valle, b. anabatica*, vento anabatico | *B. leggera, b. tesa*, che soffiano rispettivamente con forza 2 e 3 della scala del vento Beaufort. || **brezzétta**, dim. | **brezzettina**, dim. | **brezzolina**, dim. | **brezzolóne**, accr. m. | **brezzóne**, accr. m.

brezzàre [da *brezza*] **A** v. tr. (*io brézzo*) • Ventilare il grano, per separarlo dalla pula. **B** v. intr. (aus. *essere*) • (*raro*) Spirare, tirare, detto della brezza.

brezzatóre s. m. (f. *-trice*) • Chi ventila il grano.

brezzatùra s. f. • Atto, effetto del brezzare: *la b. del grano.*

brezzeggiàre v. intr. (*io brezzéggio*; aus. *essere*) • (*lett.*) Spirare, detto del vento.

Briàcee [dal gr. *brýon* 'muschio', V. *brio* (*2*), e *-acee*] s. f. pl. • Nella tassonomia vegetale, famiglia di Muschi comprendente vari generi, tra cui il brio (*Bryaceae*) | (al sing. *-a*) Ogni individuo di tale famiglia.

briàco e *deriv.* • V. *ubriaco* e *deriv.*

briantèo agg. • Brianzolo, detto di cose.

brianzòlo o **brianzuòlo** **A** agg. • Della Brianza. **B** s. m. (f. *-a*) • Abitante, nativo della Brianza.

bric (*1*) [variante dell'ingl. *brig*, abbr. di *brigantine* 'brigantino', dall'it.] s. m. • Brigantino.

bric (*2*) [var. dial. di *bricco* (*4*)] s. m. inv. • Cima montuosa dell'Appennino ligure-piemontese | Cima cuspidata delle Alpi occidentali.

†**brica** • V. *briga.*

bric-à-brac /fr. 'brik a 'brak/ [vc. onomat.] loc. sost. m. inv. *1* Cianfrusaglia | Insieme di anticaglie variamente mescolate. *2* (*est.*) Negozio, bancarella ove si vendono tali anticaglie | Venditore di tali anticaglie.

†**bricca** [etim. incerta] s. f. • Luogo scosceso e selvaggio: *per boschi e bricche e per balzi e per macchie* (PULCI). SIN. Balza, rupe.

bricchétta [fr. *briquette*, dim. di *brique* 'mattone', di origine germ.] s. f. • Mattonella di materiale agglomerato, spec. carbone o lignite.

brìccica [etim. discussa: dall'ant. it. *bricia* 'minuzzolo di pane', da *briciare*, dal lat. parl. *brisāre*, di etim. incerta] s. f. • Oggetto, lavoro piccolo, di poca importanza | Inezia, minuzia. SIN. Briciola.

briccicàre v. intr. (*io brìccico, tu brìccichi*; aus. *avere*) • (*tosc.*) Occuparsi di cose di poca importanza.

brìccico s. m. (pl. *-chi*) • (*raro*) Briccica.

bricco (*1*) • V. †*buricco* (*1*).

bricco (*2*) [turco *ibrik* 'brocca, cuccuma', dall'ar. *ibrīq*] s. m. (pl. *-chi*) • Recipiente di ceramica o metallo, più largo in fondo, con manico e beccuccio, per caffè o latte. SIN. Cuccuma.

bricco (*3*) [fr. *brique*, di origine germ.] s. m. (pl. *-chi*) • Quadrello, mattone.

bricco (*4*) [vc. prob. di origine preindeur.] s. m. (pl. *-chi*) • (*sett.*) Erta scoscesa, cima aguzza di collina.

†**bricco** (*5*) [etim. incerta] s. m. *1* Becco, montone. *2* (*raro, fig.*) Mariolo.

brìccola [etim. discussa: da †*bricco* (*5*) nel sign. 1(?)] s. f. *1* Antica macchina da guerra ossidionale per lanciare grosse pietre e sim. nella città assediata o sulle mura | *Battere di b., in b.*, con tiro curvo, obliquo o di rimbalzo contro bersagli defilati. *2* Ciascuno dei pali o dei gruppi di pali che nella laguna veneta servono da ormeggio o delimitazione di passaggi navigabili.

briccolàre [da *briccola*] v. tr. (*io brìccolo*) • Bersagliare o colpire con la briccola.

bricconàggine s. f. • Bricconeria.

bricconàta s. f. • Azione da briccone. SIN. Malefatta.

briccóne [etim. incerta: dal fr. ant. *bric* 'stolto (?)'] **A** s. m. (f. *-a*) *1* Persona malvagia e disonesta: *un b. matricolato.* SIN. Birbante, furfante, mascalzone. *2* (*est., fam.*) Persona, ragazzo vivace e astuto: *quel b. di mio figlio.* **B** agg. • Malvagio, disonesto: *gente briccona* | *Tiro b.*, abile, astuto | *Alla briccona*, (*ell.*) alla maniera dei bricconi, in modo disonesto. || **bricconàccio**, pegg. | **bricconcèllo**, dim.

†**bricconeggiàre** v. intr. • Fare il briccone.

bricconerìa s. f. *1* Qualità di chi è briccone. *2* Azione, comportamento da briccone.

bricconésco agg. (pl. m. *-schi*) • (*raro*) Pertinente a briccone: *atto b.*

brìcia [da *briciare*] s. f. (pl. *-cie* o *-ce*) • (*raro*) Pezzettino, frammento, minuzzolo. || **brìciola**, dim. (V.).

†**briciàre** • V. †*brigiare.*

brìciola [dim. di *bricia*] s. f. *1* Minuto frammento di cibo, spec. di pane: *riempire la tavola di briciole*; *le briciole dei biscotti, della torta.* *2* (*est.*) Quantità minima di materiale (*anche fig.*): *ha ricevuto solo le briciole del patrimonio* | *Andare in briciole*, frantumarsi | *Ridurre in briciole*, distruggere | (*tosc.*) *Tirar su qc. a briciole*, con cure minute e amorevoli. SIN. Minuzzolo. || **briciolétta**, dim. | **briciolìna**, dim.

brìciolo s. m. • Briciola (*spec. fig.*): *non ha un b. di cervello*; *non avete dunque neppure un b. di pietà?* || **briciolìno**, dim.

bricolage /fr. briko'laʒ/ [vc. fr., da *bricoler* 'passare da un'occupazione all'altra, eseguire piccoli lavori', a sua volta da *bricole*, che all'inizio significava 'catapulta', poi, con riferimento al movimento della catapulta, 'lavoro fatto a intervalli': dall'it. *briccola* 'catapulta'] s. m. inv. • Attività consistente nel fare da sé, spec. per diletto, piccole riparazioni in casa, piccoli lavori di artigianato, falegnameria e sim.

bricòlla [fr. *bricole* 'briccola, macchina guerresca', di origine it., passata a indicare anche le 'corde o cinghie (della macchina militare)'] s. f. • Specie di cesta o sacco usato dai contrabbandieri per il trasporto a spalla della merce | (*est.*) Carico di merci di contrabbando.

brida [ant. fr. *bride*, di origine germ.] s. f. *1* †Briglia: *degli Italiani è peculiar laude il cavalcare bene alla b.* (CASTIGLIONE). *2* Antica macchina da guerra per afferrare dall'alto delle mura le macchine ossidionali degli assedianti e tirarle su o sconquassarle. *3* Morsetto, impiegato gener. nei torni.

bridge /ingl. bridʒ/ [vc. ingl., adattamento di *biritch*, n. di un gioco russo o turco] s. m. inv. • Gioco di carte, fatto da quattro persone associate a due a due, in cui vince chi realizza il numero di prese per il quale si è impegnato nella dichiarazione iniziale.

bridgista /brid'dʒista/ s. m. e f. (pl. m. *-i*) • Chi gioca a bridge.

bridgìstico /brid'dʒistiko/ agg. (pl. m. *-ci*) • Relativo al bridge.

brief /ingl. bri:f/ [vc. ingl., propr. 'memoria (riassuntiva)'] s. m. inv. • Nel linguaggio pubblicitario, breve documento che fornisce i risultati di indagini di mercato e indica le strategie di lancio di un prodotto.

briefing /*ingl.* 'bri:fiŋ/ [vc. angloamericana, da *to brief* 'riassumere, dare istruzioni concise', da *brief* 'breve'] s. m. inv. ● Breve riunione in cui il responsabile di un gruppo impartisce ai partecipanti istruzioni o informazioni.

†**brièvé** ● V. *breve*.

†**briffàlda** [dal f. del fr. *brifaud* 'ghiottone', prob. da *brif(f)er* 'mangiare avidamente', di origine onomat.] s. f. ● Donna di malaffare.

brìga o (*raro*) †**brica** [etim. discussa: gallico *brīga* 'forza' poi 'prepotenza' (?)] s. f. *1* Molestia, fastidio, problema difficile: *gli è capitata una bella b.!*; *è un tipo che non vuole brighe*; *le tue brighe te le sbrogli da solo* | *Darsi, prendersi la b. di*, prendersi pensiero | †*A gran b.*, a mala pena. *2* Controversia, lite: *attaccare, cercare b.*; *venire a b.* *3* †Contesa, battaglia, guerra: *e vinse in campo la sua civil b.* (DANTE *Par.* XII, 108). || **brigùccia**, dim.

brigadière [fr. *brigadier*, da *brigade* 'brigata', di origine it.] s. m. ● Sottufficiale dell'Arma dei Carabinieri e del Corpo della Guardia di Finanza, che ha grado corrispondente a quello di sergente maggiore delle altre Armi | Nel soppresso ordinamento delle guardie di Pubblica Sicurezza, grado sostituito dalla nuova qualifica di sovrintendente della polizia di Stato | *B. generale*, generale di brigata nell'antico esercito italiano e in alcuni attuali eserciti stranieri.

brigantàggio s. m. *1* Attività di brigante. *2* Complesso di bande organizzate che agiscono contro la persona o la proprietà, spec. in riferimento al fenomeno sviluppatosi nell'Italia meridionale dopo il 1861.

brigànte [da *brigare*] s. m. (f. *-essa* (V.)) *1* Malvivente che vive di rapina, stando alla macchia, spec. come membro di una banda organizzata: *un gruppo di briganti terrorizza la zona*. SIN. Bandito. *2* (*est.*) Chi ha una cattiva condotta | (*fam., scherz.*) Briccone, birbone: *sei un gran b.!* *3* †Chi ama feste e brigate. || **brigantàccio**, pegg. | **brigantèllo**, dim. | **brigantóne**, accr. | **brigantùccio**, dim.

briganteggiàre v. intr. (*io brigantéggio*; aus. *avere*) ● (*raro, lett.*) Far vita da brigante.

brigantésco agg. (pl. m. *-schi*) ● Di brigante | Degno di un brigante.

brigantéssa s. f. ● (*raro*) Donna che pratica il brigantaggio | (*raro, fig.*) Donna ardita, spavalda.

brigantìno o **bregantino** [etim. incerta: da *brigante*, perché facente parte di una *briga* 'compagnia di navi' (?)] s. m. ● Veliero a due alberi a vele quadre | *B. a palo*, con due alberi a vele quadre e un terzo a vele auriche | *B. goletta*, con il primo albero a vele quadre e il secondo a vele auriche || PROV. Dove va la nave può andare il brigantino.

brigàre [da *briga*] **A** v. intr. (*io brigo, tu brighi*; aus. intr. *avere*) *1* Intrigare per ottenere q.c.: *sta brigando per ottenere quella carica*. *2* (*lett.*) Affaccendarsi, ingegnarsi. *3* (*lett.*) Occuparsi, pigliarsi la briga. **B** v. tr. ● (*raro*) Intrigare per ottenere q.c.: *b. un seggio in Parlamento*.

†**brigarìa** s. f. ● Briga, controversia.

brigàta [da *brigare*] s. f. *1* Gruppo, adunanza di persone | Gruppo, comitiva di amici: *una b. di vecchi amici, di compagni di scuola*; *una lieta, un'allegra b.*; *una onesta b. di sette donne e di tre giovani* (BOCCACCIO) | †*Di b.*, insieme | †Famiglia. *2* (*mil.*) Nell'esercito italiano, grande unità tattica costituita da più battaglioni di specialità diverse e comandata da un generale di brigata: *b. meccanizzata, corazzata, di cavalleria, alpina* | *B. aerea*, aerobrigata. *3* (*est.*) Grande gruppo organizzato di combattenti, anche irregolari, in vari conflitti: *b. partigiana* | *Brigate internazionali*, formazioni militari di volontari stranieri, combattenti a favore dei repubblicani durante la guerra civile spagnola | *Brigate Nere*, negli anni e sul territorio della Repubblica Sociale Italiana, corpo combattente di iscritti al Partito Fascista Repubblicano militarizzati per azioni contro i partigiani antifascisti | *Brigate Rosse*, formazioni terroristiche clandestine, operanti in Italia dall'inizio degli anni '70, che sostengono di perseguire intenti rivoluzionari estremistici di sinistra | †Banda di armati. *4* Branco di animali | (*per anton.*) Branco di starne || PROV. Poca brigata, vita beata. || **brigatàccia**, pegg. | **brigatèlla**, dim. | **brigatìna**, dim. | **brigatùccia**, dim.

†**brigatàre** v. intr. ● (*raro*) Far brigata.

brigatìsmo s. m. *1* Il fenomeno dell'organizzazione in brigate eversive o terroristiche. *2* Fenomeno e attività delle Brigate Rosse.

brigatìsta s. m. e f. (pl. m. *-i*) ● Appartenente alle Brigate Nere | Appartenente alle Brigate Rosse.

†**brigatóre** s. m. ● Chi briga, intrigante.

brighèlla [dalla maschera Brighella e questa da *brigare*, sua parte caratteristica (?)] s. m. inv. *1* Persona mascherata da Brighella. *2* (*raro, fig.*) Intrigante | (*raro, fig.*) Buffone: *fare il b.*

†**brigiàre** o †**briciàre** [dal lat. parl. *brisāre* 'pigiare ('rompere') l'uva', di etim. incerta] v. tr. ● Rompere, spezzare.

brigidìno [perché in origine fatti dalle monache pistoiesi di S. *Brigida* (?)] s. m. *1* Biscottino di forma tondeggiante, molto sottile, con anice, tipico della Toscana. *2* Coccarda di nastro pieghettato a uno o due colori fissata sul cappello a cilindro dei servitori in livrea. *3* (*fig., scherz.*) Coccarda, distintivo in genere.

brìglia [prob. da *brida*] s. f. *1* Insieme dei finimenti con cui si guida il cavallo (testiera, filetto, morso e redini) | (*spec. al pl.*) Correntemente, redini. ➡ ILL. p. 1288, 1289 SPORT. *2* (*fig.*) Freno, guida | *A b. sciolta*, (*fig.*) sfrenatamente | *A tutta b.*, (*fig.*) velocemente | *Dar la b. sul collo*, (*fig.*) lasciar libero | *Raccorciare la b.*, (*fig.*) togliere i mezzi | *Tenere in b.*, (*fig.*) trattenere | *Voltare la b.*, (*fig.*) tornare indietro | *Tirare la b.*, (*fig.*) usare rigore | †*Ruzzare, scherzare in b.*, (*fig.*) lamentarsi stando bene. *3* (*spec. al pl.*) Ciascuna delle strisce di cuoio a guisa di redini con cui si sorreggono i bambini che muovono i primi passi. *4* Staffa per tenere uniti più pezzi. *5* (*mar.*) Corda che, messa alla testa di un'asta orizzontalmente distesa, serve a tenerla ferma dai due lati. *6* (*idraul.*) Manufatto costruito trasversalmente lungo l'alveo di un torrente per limitare l'asportazione di materiale dal fondo dovuta alla sua forte pendenza. SIN. Traversa. *7* (*med.*) Formazione naturale o patologica a forma di cordone che aderisce o strozza i visceri vicini: *b. fibrosa*. || **bríglíétta**, dim. | **brigliettìna**, dim. | **briglióne**, accr. m.

brigóso [da *briga*] agg. ● Molesto, faticoso, difficile | †Litigioso.

brik [etim. ignota] s. m. inv. ● Contenitore di cartone per alimenti liquidi a forma di parallelepipedo.

brillaménto [da *brillare* (*1*)] s. m. *1* Modo e atto del brillare | (*astron.*) *B. solare*, repentino e temporaneo aumento della luminosità di una piccola zona del disco solare. *2* Operazione con cui si fanno esplodere le mine: *b. elettrico*; *b. a miccia*.

brillantànte [da *brillante*] s. m. ● Speciale detersivo per macchine lavastoviglie che conferisce brillantezza alle stoviglie stesse.

brillantàre v. tr. *1* Sfaccettare: *b. un diamante, un cristallo*. *2* Adornare con brillanti spec. piccoli, lustrini e sim. *3* Rendere brillante un metallo con speciali procedimenti chimici | (*est.*) Lustrare, lucidare: *brillantarsi le unghie*. *4* In pasticceria, rivestire alcuni tipi di confetti di uno strato di zucchero lucido e trasparente.

brillantàto part. pass. di *brillantare*; anche agg. *1* Nei sign. del v. *2* (*fig., lett.*) Sovraccarico, nello stile letterario: *b. discorso* (CARDUCCI).

brillantatùra s. f. ● Operazione del brillantare.

brillànte [part. pres. di *brillare* (*1*)] **A** agg. *1* Che brilla, che splende: *cristallo, specchio b.*; *occhi brillanti come stelle* | (*est.*) Vivace: *un verde b.*; *colori brillanti*. *2* (*fig.*) Di chi, di ciò che spicca, suscita ammirazione, ha successo, spec. per spirito, vivacità e sim.: *attore, oratore b.*; *commedia b.* | Spiritoso, raffinato, mondanamente elegante: *società b.*; *conversazione b.*; *donna molto b. in società* | Ben riuscito: *risultato b.* || **brillanteménte**, avv. In modo brillante, con spirito e vivacità. **B** s. m. *1* Diamante tagliato a forma di due piramidi di cui la superiore tronca, unite per la base. *2* (*est.*) Anello con brillante: *il b. di fidanzamento*. *3* Ruolo del teatro italiano ottocentesco, comprendente parti vivaci e allegre. || **brillantìno**, dim. m. nel sign. B1 | **brillantóne**, accr. m. | **brillantùzzo**, dim. m.

brillantézza s. f. ● Qualità di ciò che è brillante (*anche fig.*)

brillantìna (*1*) [fr. *brillantine*, da *briller* (originariamente riferito a una 'stoffa *brillante*'), di origine it.] s. f. ● Cosmetico a base di olio, alcol e sostanze aromatiche, usato per ungere i capelli e renderli lucenti: *b. solida, liquida*.

brillantìna (*2*) [da *brillare* (*1*) per la lucentezza delle sue glumette] s. f. ● Pianta delle Graminacee con foglie lineari e lucide e infiorescenza a spighette cuoriformi (*Briza minor*).

brillantìno [da *brillante*, per l'aspetto luccicante] s. m. ● Tessuto operato in lucido di seta o fibra artificiale.

brillànza [da *brillare* (*1*)] s. f. ● (*fis.*) Rapporto fra l'intensità luminosa emessa in una data direzione da una sorgente praticamente puntiforme e l'area apparente.

brillàre (*1*) [da *brillo* (*2*)] **A** v. intr. (aus. *avere*) *1* Risplendere di luce viva e tremula: *b. come una stella*. *2* (*fig.*) Spiccare, spec. per ingegno, spirito, vivacità e sim.: *brillava fra i convitati per il suo inesauribile brio* | (*scherz.*) *B. per l'assenza*, farsi notare proprio perché assente. SIN. Emergere. *3* Accendersi ed esplodere, detto di mine. *4* (*fig.*) †Gioire, esultare | (*dial.*) †Essere brillo. **B** v. tr. ● Far esplodere: *b. cariche di esplosivo*.

†**brillàre** (*2*) [variante di *prillare*] v. intr. ● Girare rapidamente, frullare | (*dial.*) Sorreggersi in aria battendo rapidamente le ali, detto di uccelli.

brillàre (*3*) [da *brillare* (*1*), perché operazione mediante la quale il riso diviene *brillante*] v. tr. ● Conferire ai semi di riso, orzo, miglio e sim. un aspetto brillante mediante vari trattamenti.

brillatóio s. m. *1* Apparecchio per la brillatura del riso. *2* Locale o stabilimento ove si effettua la brillatura del riso.

brillatóre (*1*) [da *brillare* (*1*)] s. m. ● Nelle miniere, nei cantieri stradali e sim., chi è addetto all'esplosione delle mine.

brillatóre (*2*) [da *brillare* (*3*)] s. m. (f. *-trice*) ● Chi è addetto alla brillatura dei cereali, spec. del riso.

brillatùra s. f. ● Operazione del brillare i cereali e spec. il riso.

brìllio s. m. ● Modo e atto del brillare, nel sign. di brillare (1).

brìllo (*1*) [etim. discussa: da *brillare* (*1*), per gli occhi *brill(ant)i*] agg. ● Che è leggermente inebriato da bevande alcoliche. SIN. Alticcio.

brìllo (*2*) [lat. *beryllu(m)* 'berillo'] s. m. ● Pianta legnosa delle Salicacee con foglie opposte e fiori maschili in spighe dalle antere color porpora (*Salix purpurea*).

brìna [lat. *pruīna(m)*, della stessa radice di *prurīre* 'bruciare (per il freddo o per il gelo)', con sovrapposizione di altra vc.] s. f. *1* Rugiada congelata o deposito di cristalli di ghiaccio che si forma per sublimazione nelle notti serene su oggetti con temperatura inferiore a zero gradi. *2* (*raro, lett., fig.*) Canizie incipiente: *una spruzzata di b. sulle tempie*. *3* (*fig., poet.*) †Carnagione candida: *viene a celar le fresche brine / sotto le rose onde il bel viso infiora* (TASSO).

brinàre [da *brina*] **A** v. intr. impers. (aus. *essere*; pop. anche *avere*) ● Formarsi e depositarsi, detto della brina: *per il freddo notturno è brinato sui campi*. **B** v. tr. *1* Coprire di brina: *il freddo ha brinato la campagna*. *2* Umettare l'orlo d'un bicchiere, spec. con succo di limone, immergendolo poi nello zucchero | Immergere un bicchiere in ghiaccio tritato o lasciarlo nel freezer di un frigorifero sino a che non si sia ricoperto di brina. *3* (*fig.*) Rendere in parte bianco: *b. i capelli*.

brinàta [da *brinare*] s. f. *1* Formazione e deposito di brina | (*est.*) Brina. *2* (*fig.*) Canizie.

brinàto part. pass. di *brinare*; anche agg. *1* Nei sign. del v. *2* (*fig., lett.*) Screziato di bianco: *cavallo b.*

brincèllo o **birincèllo** [da *briciolo*, con sovrapp. di *brandello*] s. m. ● (*tosc.*) Brandello.

†**brìncio** [tratto dal lat. parl. *subrīngere* 'ringhiare' (?)] agg. ● (*tosc.*) Detto della bocca che si atteggia in una smorfia particolare in atto di piangere: *bocca brincia*.

brindàre [sp. *brindar*, da *bríndis* 'brindisi'] v. intr. (aus. *avere*) ● Fare un brindisi: *brindiamo al vostro successo*.

brindèllo ● V. *brandello*.

brindellóne [da *brindello*] s. m. (f. *-a*) ● Persona trasandata, sciatta nel vestire | Fannullone.

brindillo [gr. *brindille*, dim. di *brin*, di origine celt. (?), con la *-d-* d'altra vc.] s. m. ● Rametto sottile di piante arboree terminante con una gemma a frutto.

†**brindiṣévole** agg. ● (*scherz.*) Adatto a fare il brindisi.

brìndiṣi [dalla loc. ted. (*ich*) *bring dir's* 'te lo porto, offro', formula di prammatica nel brindare] s. m. *1* Saluto, augurio per onorare o festeggiare qc. o q.c., pronunciato in un gruppo di persone, spec. commensali, levando il bicchiere e invitando gli altri a bere insieme, talvolta toccandosi reciprocamente i bicchieri prima di bere: *fare un b.* *2* Componimento poetico da recitarsi a tavola durante il brindisi. *3* (*mus.*) Aria in forma di canzone, in una scena di convito.

brindiṣino **A** agg. ● Di Brindisi. **B** s. m. (f. *-a*) ● Abitante, nativo di Brindisi.

brinell /*sved.* bri'nɛl/ [dal n. dell'ideatore, l'ingegnere sved. A. *Brinell* (1849-1925)] s. m. inv. ● Unità di misura della durezza dei metalli. SIMB. HB.

brinóso [da *brina*] agg. ● Coperto di brina: *prati e campi brinosi.*

brìo (1) [sp. *brío*, dal provz. *briu* e questo dal celt. **brīgos* 'forza, vivacità'] s. m. solo sing. *1* Lieta vivacità di spirito manifestata con parole e atteggiamenti allegramente irrequieti: *un ragazzo pieno di b.* SIN. Gaiezza. *2* Vivacità espressiva, stilistica, in produzioni culturali, composizioni artistiche e sim.: *un racconto pieno di b.* | *Con b.*, detto di esecuzione musicale vivace e brillante. SIN. Estro.

brìo (2) [vc. dotta, lat. *brȳon* 'muschio', dal gr. *brýon*, di etim. incerta] s. m. ● Piccolo muschio verde argento delle Briacee, comune sui muri e ai margini delle strade (*Bryum argenteum*).

brio- [dal gr. *brýon* 'muschio' (V. *brio (2)*)] primo elemento ● In parole composte della terminologia botanica significa 'muschio' o indica relazione con i muschi: *briofite.*

brioche /*fr.* bri'ɔʃ/ [vc. fr., der. dell'ant. normanno *brier* 'impastare col mattarello' (*brie*), con suff. alterante] s. f. inv. ● Tipo di pasta dolce a base di farina, burro, lievito e uova | Dolce di varia forma e grandezza a base di pasta omonima, cotto al forno.

Briòfite [vc. dotta, comp. di *brio-* e *fito*] s. f. pl. ● Nella tassonomia vegetale, divisione di piante con organizzazione a tallo e con alternanza di generazione cui appartengono i Muschi e le Epatiche (*Bryophyta*) | (al sing. *-a*) Ogni individuo di tale divisione. ➡ ILL. **piante** /1.

briografìa [vc. dotta, comp. di *brio-* e *-grafia*] s. f. ● Briologia.

briologìa [vc. dotta, comp. di *brio-* e *-logia*] s. f. (pl. *-gie*) ● Parte della botanica che studia le Briofite.

briònia [vc. dotta, lat. *bryōnia*(*m*), dal gr. *bryonía*, da *brýon* 'brio (2)'] s. f. ● Pianta erbacea rampicante delle Cucurbitacee con grossa radice carnosa e lattiginosa, fiori giallognoli e bacche rosse (*Bryonia dioica*). SIN. Vite bianca, zucca marina, zucca selvatica.

briòscia s. f. (pl. *-sce*) ● Adattamento di *brioche* (V.). || **brioscina**, dim.

briosità s. f. ● Qualità di chi, di ciò che è brioso.

brióso [sp. *brioso*, da *brío* 'brio (1)'] agg. ● Che ha brio, che è pieno di brio: *giovane, stile b.*; *recitazione briosa* | (*fig.*) *Colore b.*, gaio, vivace. || **briosaménte**, avv. In modo brioso, con brio.

Briozòi [vc. dotta, comp. di *brio-* e del gr. *zôon* 'animale'] s. m. pl. ● Nella tassonomia animale, tipo di animali marini piccolissimi, che vivono in colonie sostenute da formazioni calcaree (*Bryozoa*) | (al sing. *-zoo*) Ogni individuo di tale tipo.

brìscola [etim. incerta] s. f. *1* Gioco di carte a due o a quattro giocatori, con tre carte per uno e una carta, la briscola, in tavola. *2* Carta del seme di briscola, di valore superiore alle carte degli altri tre semi | *Contare quanto il due di b.*, (*fig.*) non contare niente | *Essere l'asso di b.*, (*fig.*) avere molta importanza. *3* (*al pl.*, *fig.*, *fam.*) Botte, percosse: *si è preso certe briscole!* || **briscolétta**, dim. | **briscolina**, dim. (V.) | **briscolino**, dim. m. | **briscolóna**, accr. | **briscolóne**, accr. m. (V.) | **briscolòtta**, dim. | **briscolòtto**, dim. m. | **briscolùccia**, dim.

briscolàre v. tr. (*io brìscolo*) ● (*scherz.*) Picchiare.

briscolàta s. f. ● (*fam.*) Partita a briscola.

briscolina s. f. *1* Dim. di *briscola*. *2* Carta di briscola di poco valore.

briscolóne s. m. *1* Accr. di *briscola*. *2* Carta di briscola di grande valore, come il tre e l'asso. *3* Gioco di carte analogo alla briscola in cui fa la presa chi getta la carta di valore più elevato purché dello stesso seme di quella gettata dal primo giocatore.

bristol ® /'bristol, *ingl.* bristəl/ [nome commerciale, dal n. della città ingl. di *Bristol*] s. m. inv. ● Cartoncino semilucido.

briṣùra [fr. *brisure*, da *briser* 'rompere'] s. f. ● (*arald.*) Alterazione di un'arme gentilizia allo scopo di distinguere i rami di una famiglia o le linee bastarde.

britànnico [vc. dotta, lat. *Britānnicu*(*m*), da *Britānnia* 'Bretagna'] **A** agg. (pl. m. *-ci*) *1* Dell'antica Britannia | *Lingue britanniche*, gruppo comprendente alcune lingue celtiche, quali il cornico, ormai estinto, il gallese e il bretone. *2* Della Gran Bretagna: *il governo di Sua Maestà Britannica.* | Correntemente, inglese. **B** s. m. (f. *-a*) ● Abitante, nativo della Gran Bretagna | Correntemente, Inglese.

britànno [vc. dotta, lat. *Britānnu*(*m*), di etim. incerta] agg.; anche s. m. *1* Che, chi appartiene alla popolazione celtica abitante l'antica Britannia. *2* (*est.*, *lett.*) Inglese.

British thermal unit /*ingl.* 'britiʃ 'θə:məl 'ju:nit/ [ingl., propr. 'unità termica britannica'] loc. sost. f. o m. inv. ● (*fis.*) Unità di misura anglosassone della quantità di calore pari a 1055,1 joule. SIMB. Btu.

brivìdio s. m. ● Brivido continuato.

brìvido [etim. discussa; prob. dal lat. *brĕve*(*m*) 'manifestazione di freddo' oppure 'membra attrappite', *abbreviate*, per il freddo] s. m. *1* Tremore involontario, convulsivo, ritmico, della maggior parte dei muscoli, con sensazione di freddo. *2* (*fig.*) Emozione forte, intensa: *provare il b. della velocità.* || **brividino**, dim.

†**brivilègio** e *deriv.* ● V. *privilegio* e *deriv.*

brizzolàto [da *pezzato* con sovrapposizione di *brina* (?)] agg. ● Macchiato, picchiettato di colore differente dal colore di fondo: *cavallo b.* | Che comincia a incanutire: *capelli brizzolati*; *un signore b.*

brizzolatùra s. f. ● Modo ed effetto dell'essere brizzolato: *la b. del marmo, dei capelli.*

broadcast /*ingl.* 'brɔ:dka:st/ [vc. ingl., propr. 'radiodiffusione', 'teletrasmissione', dal v. *to broadcast* 'seminare' e poi 'diffondere'] s. m. inv. ● Sistema in cui un'emittente radiofonica e televisiva fa da capofila ad altre che funzionano come semplici ripetitori.

†**bròbbio** ● V. *obbrobrio.*

brocàrdico o **broccàrdico** [da *brocardo*] agg. (pl. m. *-ci*) ● Di, relativo al brocardo | (*est.*) Di difficile e ardua soluzione: *punto b.*

brocàrdo o **broccàrdo** [etim. discussa: dal nome del giurista *Burchard* di Worms (?)] s. m. ● Sintetica e antica massima giuridica: *citare brocardi.*

bròcca (1) [etim. discussa: gr. *próchous* 'vaso per versare (acqua)' dal v. *prochêin* 'versare', comp. di *pro* 'davanti' e *chêin* 'spandere', con sovrapposizione di *brocco* (?)] s. f. ● Vaso di terracotta, metallo o vetro, fornito di manico e beccuccio, per contenere liquidi | (*est.*) Quantità di liquido contenuto in una brocca: *una b. d'acqua.* || **brocchétta**, dim. | **brocchina**, dim. | **brocchino**, dim. m.

bròcca (2) o **bròccia (2)** [da *brocco*] s. f. *1* Piccolo ramo spoglio | Germoglio. *2* (*dial.*) Canna divisa in cima in più punte, per cogliere fichi o altra frutta. *3* Piccolo chiodo per scarpe | †Chiodo a borchia per ornamento. *4* †Bersaglio, centro del bersaglio | *Dare in b.*, colpire nel segno (*anche fig.*).

broccàio s. m. ● Utensile in ferro con due punte vive, atto a praticare fori e sim. SIN. Punteruolo.

broccàme [da *brocca (2)* nel sign. 3] s. m. ● Insieme dei chiodi delle scarpe da montagna.

broccàrdo e *deriv.* ● V. *brocardo* e *deriv.*

broccàre [da *brocca (2)*] **A** v. tr. (*io bròcco*) *1* †Spronare, pungere il cavallo. *2* Nell'industria tessile, ornare i drappi a ricci d'oro e d'argento. **B** v. intr. ● †Germogliare.

†**broccàta** s. f. *1* Colpo di sprone. *2* (*fig.*) Prova, tentativo.

broccatèllo s. m. *1* Dim. di *broccato*. *2* Specie di tessuto damasco a disegni satinati, rilevati su fondo fatto con grossa trama tessuta a saia. *3* Marmo giallo o rossiccio con macchie nere e violacee.

broccàto [da *broccare* per gli ornamenti, che sembrano rilevati sul tessuto di fondo] s. m. *1* Drappo di seta pesante, tessuto a ricci o brocchi, talvolta con fili d'oro e d'argento, usato per tappezzerie, tendaggi e abiti da sera. *2* (*est.*) Veste di broccato. || **broccatèllo**, dim. (V.).

brocchièro o **brocchièro** [ant. provz. *broquier*, da *bloca* '(boccola dello) scudo' con sovrapposizione di altra vc.] s. m. ● Piccolo scudo circolare, munito al centro di brocco.

†**bròccia (1)** [etim. incerta] s. f. ● (*tosc.*) Pioggia minuta e gelata.

bròccia (2) ● V. *brocca (2)*.

bròccia (3) [fr. *broche* 'brocca' nel senso etim. di 'arnese fornito di denti'] s. f. (pl. *-ce*) ● (*mecc.*) Utensile metallico allungato, a sezione di forma varia, dotato di taglienti laterali a diversa sporgenza. SIN. Spina dentata.

†**brocciàre** [ant. fr. *brochier*, da *broche* 'broccio, spiedo'] v. tr. ● Spronare.

brocciatrìce s. f. ● Macchina utensile per asportare i sovrametalli. SIN. Spinatrice.

brocciatùra s. f. ● Lavorazione di superficie eseguita con la broccia.

bròccio [fr. *broche*, dal lat. *brŏccus* 'brocco'] s. m. *1* Stocco, lancia. *2* Fuso di legno usato nella lavorazione degli arazzi.

bròcco [lat. *brŏccu*(*m*) 'sporgente (spec. di denti)', forse di origine celt.] s. m. (pl. *-chi*) *1* Ramo secco, stecco, spino | Spuntone di ramo residuo dopo la potatura. *2* †Germoglio. *3* Punta metallica conica al centro dello scudo. *4* †Segno al centro di un bersaglio | *Dare nel b.*, colpire il bersaglio, imbroccare, azzeccare (*anche fig.*). *5* (*raro*) Riccio in rilievo nella tessitura dei broccati. *6* Cavallo di poco pregio. SIN. Ronzino. *7* (*est.*, *fig.*) Atleta di doti modeste e scarsa abilità | (*est.*) Persona che vale poco, di scarse capacità.

broccolétto s. m. *1* Dim. di *broccolo*. *2* (*spec. al pl.*) Le infiorescenze della rapa raccolte prima che sboccino i fiori e consumate come ortaggio: *broccoletti all'agro, in padella.*

bròccolo [da *brocco* nel sign. 2] s. m. (f. *-a* nel sign. 3) *1* Varietà di cavolo con fusto eretto, foglie cerose e fiori raccolti in un'infiorescenza verde meno compatta di quella del cavolfiore (*Brassica oleracea botrytis*). *2* Grappolo floreale allungato del cavolo, della rapa, della verza. *3* (*fig.*) Persona stupida e goffa. || **broccolétto**, dim. (V.) | **broccolino**, dim. | **broccolóne**, accr.

†**broccolóso** agg. ● Broccoso.

†**broccóso** [da *brocco* nel sign. 2] agg. ● Pieno di nodi: *un ramo b.*

†**broccùto** agg. ● Broccoso.

broche /*fr.* brɔʃ/ [vc. fr., della stessa origine di *brocco*, dal lat. *brŏccus* 'sporgente (detto spec. dei denti)'] s. f. inv. *1* Spilla, ornamento prezioso o di bigiotteria da fissarsi sull'abito. *2* (*raro*) Spiedo: *pollo alla b.*

brochure /*fr.* brɔ'ʃyr/ s. f. inv. ● Brossura.

†**bròco** [tratto dal lat. parl. **abrucātu*(*m*) 'arrocchito', da *rāucus* 'roco'] agg. ● (*raro*) Che parla con difficoltà.

bròda [da *brodo*] s. f. *1* Liquido che resta dopo la cottura di legumi, pasta e sim. | (*est.*, *spreg.*) Cibo lungo, brodoso e insipido: *non mi va di mangiare questa b.* | *Gettar la b. addosso a qc.*, (*fig.*, *lett.*) dargli la colpa. *2* Acqua fangosa e sporca. *3* (*fig.*) Scritto, discorso lungo e noioso.

brodàglia s. f. *1* (*spreg.*) Brodo lungo | (*est.*) Minestra poco saporita. *2* (*fig.*, *spreg.*) Scritto, discorso lungo e noioso.

†**brodàio** s. m. (f. *-a*) ● (*spreg.*) Chi vende minestre e cibi ordinari.

†**brodaiòlo** o †**brodaiuòlo** **A** s. m. *1* Ghiottone. *2* (*spreg.*) Frate. **B** agg. *1* Ingordo. *2* Fratesco.

†**brodàme** s. m. ● Broda.

brodettàre v. tr. (*io brodétto*) ● Condire, prepa-

rare una vivanda con brodetto.
brodétto s. m. *1* Dim. di *brodo*. *2* Intingolo di pesce alla marinara, tipico delle coste adriatiche. *3* Brodo con uova frullate e succo di limone, usato come salsa | *Più antico del b.*, (*fig.*) vecchissimo. *4* (*raro, lett.*) Cibo liquido. *5* (*fig.*) Miscuglio. *6* †Insieme di immondizie liquide | *Andare, mandare in b.*, in malora.
†**brodìglia** s. f. ● Poltiglia.
brodìno s. m. *1* Dim. di *brodo*. *2* Brodo ristretto e in poca quantità.
bròdo [germ. *brod, indicante un tipo di cibo non usuale nelle mense romane] s. m. *1* Alimento liquido, da consumarsi puro o utilizzabile nella preparazione delle minestre, ottenuto facendo bollire in acqua salata carne, verdure o altro, con l'aggiunta eventuale di aromi e spezie: *b. grasso, magro, lungo, ristretto*; *b. di manzo, di cappone, di pesce, di tartaruga* | *B. di dadi*, ottenuto per soluzione in acqua bollente di dadi d'estratti alimentari | *Primo b.*, che si leva dopo la prima scottatura della carne | *Lasciare cuocere qc., q.c. nel suo b.*, (*fig.*) non curarsene | (*fig.*) *Andare in b. di giuggiole*, struggersi di piacere, di gioia | (*fig.*) *Tutto fa b.*, tutto serve. *2* Quantità di brodo contenuta in una tazza, scodella, e sim.: *prendere un b.* *3* (*spreg.*) Broda | (*fig.*) Discorso lungo e noioso. *4* (*biol.*) *B. di coltura*, soluzione bilanciata di sali, glucidi e aminoacidi, con aggiunta eventuale di siero o di estratti embrionali, che viene usata per le colture *in vitro* | *B. primordiale*, secondo alcune teorie, l'ambiente in cui ha avuto origine la vita sulla terra || PROV. Gallina vecchia fa buon brodo. || **brodàccio**, pegg. | **brodétto**, dim. (V.) | **brodino**, dim. (V.) | **brodùccio**, dim.
brodolóne [da *brodo*] s. m. (f. *-a*) ● Chi si insudicia mangiando | (*est.*) Persona sporca, disordinata.
†**brodolóso** agg. ● Imbrattato di brodo.
brodóso agg. ● Con molto brodo: *minestra brodosa*.
†**brògio** [dal frequente n. proprio *Ambrogio*] agg. ● (*tosc.*) Sciocco, babbeo.
brogiòtto o **borgiòtto**, **brugiòtto** [dal nome della fertile città sp. di produzione *Burjazot* (Valencia)] **A** s. m. ● Varietà di fico a frutto grosso con polpa bianca o rossastra che matura in agosto. **B** in funzione di agg. ● Nella loc. *fico b.*
brogliàccio o (*dial.*) **brogliàzzo** [fr. *brouillard* 'prima nota', da *brouiller* 'mescolare', da cui si è sviluppato poi il sign. di 'mettere in disordine' e, quindi, 'scrivere malamente'] s. m. *1* Registro di prima nota delle entrate e delle uscite di una amministrazione. *2* Scartafaccio | Diario.
brogliàre [vc. dell'Italia sett., dal fr. *brouiller* (V. *brogliaccio*)] v. intr. (*io bròglio*; aus. *avere*) *1* (*raro*) Far brogli, brigare. *2* †Agitarsi confusamente.
brogliàzzo ● V. *brogliaccio*.
bròglio [da *brogliare*] s. m. *1* Falsificazione, intrigo, per ottenere uffici, cariche e sim.: *brogli elettorali*. *2* †Sollevazione, tumulto.
†**bròilo** ● V. *brolo*.
broker /*ingl.* 'broukə*/ [vc. ingl., da una vc. fr. che significava 'colui che vende vino alla brocca'] s. m. inv. ● (*econ.*) Professionista che funge da intermediario nell'acquisto o nella vendita di titoli, derrate o servizi in cambio di una commissione: *b. finanziario* | *B. di assicurazioni*, professionista che funge da tramite fra assicurato e assicuratore e studia per il cliente polizze ad hoc da sottoporre a varie compagnie di assicurazioni. SIN. Mediatore.
brokerage /*ingl.* 'broukəridʒ/ [vc. ingl. 'mediazione', da *broker* 'intermediario, mediatore', di lontana origine fr.] s. m. inv. ● L'attività del broker.
brokeràggio /broke'raddʒo/ s. m. ● Adattamento di *brokerage* (V.).
brolétto [vc. dell'Italia sett., dim. di *brolo*, il 'prato dove si teneva anticamente giustizia'] s. m. *1* Piazza in cui, nei comuni medievali, si teneva l'assemblea popolare. SIN. Arengo. *2* Palazzo municipale di alcune città lombarde, nel Medioevo.
†**bròllo** ● V. *brullo*.
bròlo o †**bròilo**, †**bruòlo** [vc. dell'Italia sett., dal lat. tardo *brŏgilu(m)*, di origine celt.] s. m. *1* (*raro, lett.*) Orto, frutteto, giardino | Luogo alberato. *2* (*poet.*) †Ghirlanda, corona: *Beltà di fiori al crin fa b.* (POLIZIANO).
bromàto [da *bromo*] **A** s. m. ● Sale dell'acido bromico. **B** agg. ● Che contiene bromo.
bromatologìa [vc. dotta, comp. del gr. *brômata*, pl. di *brôma* 'cibo', e *-logia*] s. f. (pl. *-gie*) ● Branca della chimica che studia la composizione, le alterazioni e la conservabilità delle sostanze alimentari.
bromatològico agg. (pl. m. *-ci*) ● Che si riferisce alla bromatologia.
bromatòlogo s. m. (pl. *-gi*) ● Studioso o esperto di bromatologia.
Bromeliàcee [dal n. di O. *Bromel*, botanico svedese al quale Linneo dedicò una di queste piante esotiche, e *-acee*] s. f. pl. ● Nella tassonomia vegetale, famiglia di piante erbacee delle Liliflore con foglie coriacee e pelose e fiori in spighe o racemi (*Bromeliaceae*) | (al sing. *-a*) Ogni individuo di tale famiglia. ➡ ILL. **piante** /10.
bròmico [vc. dotta, fr. *bromique*, da *brome* 'bromo'] agg. (pl. m. *-ci*) ● Detto di composto del bromo pentavalente: *acido b.*
bromidràto [comp. di *bromo* e *idrato*] s. m. ● Sale ottenuto dalla reazione tra acido bromidrico e un composto organico basico.
bromìdrico [vc. dotta, comp. di *bromo* e *idro(geno)*] agg. (pl. m. *-ci*) ● Detto di acido risultante dalla combinazione di volumi uguali di bromo e di idrogeno. SIN. Idrobromico.
bromidròsi [vc. dotta, comp. di *bromo* e del gr. *hidrôs* 'sudore'] s. f. ● Sudorazione accompagnata da cattivo odore.
bromìsmo [vc. dotta, da *bromo*] s. m. ● Intossicazione cronica da preparati bromici.
bròmo [vc. dotta, lat. *brŏmu(m)* 'odore fetido' dal gr. *brômos*, per il suo odore penetrante] s. m. ● Elemento chimico alogeno liquido di colore rosso-bruno, non metallo, tossico, di odore sgradevole e irritante, ottenuto dalle acque marine, usato in varie lavorazioni industriali e farmaceutiche. SIMB. Br.
bromofòrmio [vc. dotta, comp. di *bromo* e della seconda parte di (*cloro*)*formio*] s. m. ● Composto organico liquido, incolore, di sapore dolciastro, analogo al cloroformio, usato in medicina come sedativo, spec. nella pertosse.
bromògrafo [comp. di *bromo* e *-grafo*] s. m. ● Apparecchio per la stampa dei negativi fotografici su carta sensibile.
bromòlio [comp. di *brom(uro)* e *olio*] s. m. ● Procedimento mediante il quale l'immagine fotografica positiva viene sostituita da un'immagine all'inchiostro grasso. SIN. Oleobromia.
bromuràto agg. ● Detto di composto o sostanza contenente bromo o bromuro.
bromurazióne s. f. ● Reazione per effetto della quale si introduce uno o più atomi di bromo nella molecola di un composto organico.
bromùro [da *bromo*] s. m. ● Sale dell'acido bromidrico | *B. di sodio*, farmaco blandamente sedativo.
bronchiàle [da *bronco* (*1*)] agg. ● Dei bronchi: *asma, affezione b.*
bronchiettasìa o **bronchiectasìa** [comp. di *bronchi*, pl. di *bronco* (*1*), ed *ettasia*, var. di *ectasia*] s. f. ● (*med.*) Dilatazione patologica dei bronchioli con abbondante secrezione catarrale.
bronchìolo s. m. *1* Dim. di *bronco* (*1*). *2* (*anat.*) Parte terminale sottilmente ramificata dell'albero bronchiale. ➡ ILL. p. 365 ANATOMIA UMANA.
bronchìte [vc. dotta, comp. di *bronco* (*1*) e *-ite* (*1*)] s. f. ● Infiammazione dei bronchi: *b. acuta, cronica*. || **bronchitina**, dim.
bronchìtico **A** agg. (pl. m. *-ci*) ● Che è proprio della bronchite. **B** s. m. (f. *-a*) ● Chi è affetto da bronchite.
bróncio (*1*) o (*raro*) †**bóncio** [prob. dal fr. ant. (*em*)*bronchier* 'vacillare, essere incerto, pensieroso', di origine incerta, attrav. il v. *imbronciare*] s. m. ● Atteggiamento del volto, in particolare delle labbra, che manifesta malumore, cruccio, irritazione: *fare il b.*; *mettere, portare il b. a qc.*; *smettere il b.*
bróncio (*2*) [da *imbronciare*] agg. (pl. f. *-ce*) ● (*raro, lett.*) Imbronciato: *serrando la bocca broncia* (D'ANNUNZIO).
brónco (*1*) [vc. dotta, lat. *brŏnchu(m)*, dal gr. *brónchion*, di etim. incerta] s. m. (pl. *-chi*) ● (*anat.*, *spec. al pl.*) Ciascuna delle ramificazioni delle vie respiratorie dalla trachea fino alle ultime diramazioni: *b. principale, secondario*. ➡ ILL. p. 365 ANATOMIA UMANA. || **bronchìolo**, dim. (V.).
brónco (*2*) [etim. discussa: lat. parl. *brŭncu(m)*, per sovrapposizione di *trŭncus* 'tronco' a *brŏccus* 'oggetto appuntito' (?)] s. m. (pl. *-chi*) *1* (*lett.*) Ramo nodoso e spoglio | Sterpo della ceppaia di un albero vecchio e secco | Cespuglio di spini: *non v'è albero, non tugurio, non erba. Tutto è bronchi* (FOSCOLO). *2* (*zool.*) Ramificazione delle corna dei Cervidi. || **broncóne**, accr. (V.).
broncodilatatóre [comp. di *bronco* (*1*) e *dilatatore*] **A** agg. ● (*farm.*) Detto di farmaco che agisce dilatando la cavità bronchiale. **B** s. m. ● Il farmaco stesso.
broncografìa [comp. di *bronco* (*1*) e *-grafia*] s. f. *1* Tecnica radiologica di visualizzazione dei bronchi. *2* Broncogramma.
broncogràmma [comp. di *bronco* (*1*) e *-gramma*] s. m. (pl. *-i*) ● Immagine radiografica dei bronchi ottenuta mediante broncografia | Lastra radiografica dei bronchi.
broncolìtico [comp. di *bronco* (*1*) e *-litico* (*2*)] **A** agg. (pl. m. *-ci*) ● (*farm.*) Detto di farmaco che agisce sciogliendo il secreto bronchiale. **B** s. m. ● Il farmaco stesso.
broncóne s. m. *1* Accr. di *bronco* (*2*). *2* Grosso ramo, irto di monconi delle ramificazioni minori, tagliato dal suo ceppo | Robusto palo biforcuto per sostenere le viti.
broncopleurìte [vc. dotta, comp. di *bronco* (*1*) e *pleurite*] s. f. ● Infiammazione dei bronchi e di una o di ambedue le pleure.
broncopolmonàre [vc. dotta, comp. di *bronco* (*1*) e *polmonare*] agg. ● Che concerne i bronchi e i polmoni: *affezione b.*
broncopolmonìte [vc. dotta, comp. di *bronco* (*1*) e *polmonite*] s. f. ● Infiammazione dei bronchi e dei polmoni.
broncorragìa [vc. dotta, comp. di *bronco* (*1*) e *-ragia*] s. f. (pl. *-gie*) ● Emorragia bronchiale.
broncoscopìa [vc. dotta, comp. di *bronco* (*1*) e *-scopia*] s. f. ● Esame ottico diretto dei bronchi.
broncoscòpio [comp. di *bronco* (*1*) e *-scopio*] s. m. ● Apparecchio ottico per effettuare la broncoscopia.
broncostenòsi [vc. dotta, comp. di *bronco* (*1*) e *stenosi*] s. f. ● Restringimento patologico di un bronco.
broncotomìa [vc. dotta, comp. di *bronco* (*1*) e *-tomia*] s. f. ● Incisione della parete di un bronco.
brònto- [dal gr. *brontḗ* 'tuono', da *brémein* 'rombare, rumoreggiare', di prob. origine espressiva] primo elemento ● In parole composte della terminologia scientifica significa 'tuono': *brontofobia, brontoscopia*.
brontofobìa [vc. dotta, comp. di *bronto-* e *-fobia*] s. f. ● Paura dei temporali.
brontolaménto s. m. ● Atto, effetto del brontolare.
brontolàre [vc. onomat.] **A** v. intr. (*io bróntolo*; aus. *avere*) *1* Lagnarsi a voce più o meno bassa proferendo parole di risentimento: *quando è in casa non fa che b.*; *b. contro tutto*. SIN. Borbottare. *2* Rumoreggiare, di tuono, tempesta e sim.: *il temporale si avvicina brontolando*. **B** v. tr. ● Dire tra i denti, borbottare: *b. insulti*.
brontolìo s. m. ● Atto continuato di brontolare: *un b. iroso*; *il b. del mare*; *urtava ... il tramontano con b. roco* (PASCOLI).
brontolóne s. m.; anche agg. (f. *-a*) ● Chi, che brontola spesso e noiosamente | (*est.*) Chi, che è sempre insoddisfatto.
brontosàuro [vc. dotta, comp. di *bronto-* e del gr. *sâuros* 'lucertola'] s. m. ● Rettile terrestre erbivoro del Giurassico, di grandi dimensioni, dell'ordine dei Dinosauri, con testa piccola, denti a cucchiaio, arti anteriori più corti dei posteriori (*Brontosaurus*). ➡ ILL. **paleontologia**.
brontoscopìa [vc. dotta, comp. di *bronto-* e *-scopia*] s. f. ● Divinazione basata sull'osservazione dei tuoni.
brontotèrio [vc. dotta, comp. di *bronto-* e del gr. *thērion* 'belva'] s. m. ● Grosso mammifero preistorico simile al rinoceronte (*Brontotherium*).
brónza (*1*) [da *bronzare* (?)] s. f. ● Brace | (*raro, lett., fig.*) Calore intenso.
brónza (*2*) [da *bronzo*, materiale di cui è fatto]

s. f. ● Campanaccio.

bronzare [da *bronzo*] v. tr. (*io brónzo*) *1* Rivestire di bronzo | Dare colore di bronzo. *2* Brunire. *3* †Abbronzare | †Bruciacchiare.

bronzàto part. pass. di *bronzare*; anche agg. *1* Nei sign. del v. *2* (*lett.*) Bronzeo. *3* Detto di mantello equino sauro o baio che presenta riflessi bronzei. *4* Detto di razza di tacchini con piumaggio bronzeo.

bronzatóre s. m. ● Operaio addetto alla bronzatura dei metalli.

bronzatrice s. f. ● Macchina per la bronzatura.

bronzatùra [da *bronzare*] s. f. *1* Rivestimento di superfici metalliche con uno strato di bronzo. *2* Brunitura. *3* Comparsa di macchie bronzee sulle foglie del pomodoro. *4* Offuscamento di certe tinture delle fibre tessili.

brónzeo o **brònzeo** [vc. dotta, da *bronzo* secondo il modello del lat. *āureus* e simili] agg. *1* Che è fatto di bronzo: *statua bronzea*. *2* (*fig.*) Tenace, inflessibile: *carattere b.* *3* Che ha il colore del bronzo | Abbronzato: *carni bronzee*. *4* Che ha un suono forte, simile a quello del bronzo: *voce bronzea*; *risonanze bronzee*.

bronzétto s. m. *1* Dim. di *bronzo*. *2* Piccola scultura in bronzo.

bronzina [da *bronzo*] s. f. *1* (*mecc.*) Cuscinetto di bronzo o di speciale lega metallica antifrizione che guarnisce perni di alberi rotanti, fusibile per il calore provocato dall'attrito quando la lubrificazione non è sufficiente. *2* Campanellina di bronzo.

bronzino **A** agg. *1* Bronzeo. *2* (*med.*) *Mal b.*, *morbo b.*, morbo di Addison. **B** s. m. ● (*raro*) Campanellino in bronzo.

bronzista s. m. e, raro, f. (pl. *-i*) *1* Artefice che esegue lavori in bronzo. *2* Venditore di oggetti artistici in bronzo.

bronzistica [da *bronzo* col suff. *-istico* sostantivato al f.] s. f. ● L'arte di lavorare il bronzo o la produzione artistica ad essa connessa: *la b. greca*; *la b. di Donatello*.

brónzo [etim. incerta] s. m. *1* Lega di rame e stagno in varie proporzioni in cui possono entrare piccole quantità di altri elementi: *fusione in b.* | *B. dorato*, rivestito d'una patina d'oro | *B. d'alluminio*, cupralluminio | *Polvere di b.*, per operare la bronzatura | *Età del b.*, età preistorica caratterizzata dall'invenzione e dall'uso del bronzo | *Medaglia di b.*, (*ell.*) *bronzo*, quella data in premio al terzo classificato in una competizione sportiva | *Cielo di b.*, (*fig.*) ardente per troppo sole | *Faccia di b.*, (*fig.*) sfrontato | *Petto, cuore di b.*, (*fig.*) per durezza o grande coraggio | *Incidere q.c. nel b.*, (*fig.*) lasciarne tracce imperiture. *2* Oggetto, spec. opera d'arte, in bronzo: *possedere un b. del Rinascimento*. *3* (*lett.*) Cannone, pezzo d'artiglieria. *4* (*lett.*) Campana: *muto de' bronzi il sacro squillo* (MONTI). || **bronzétto**, dim. (V.).

bronzòtto [da *bronzo*] agg. ● (*raro*) Che ha colorito bruno.

bròscia o **sbròscia** [etim. discussa: da *broda* con sovrapposizione d'altra vc. (?)] s. f. (pl. *-sce*) *1* Residuo del mosto. *2* Minestra o bevanda scipita e disgustosa. *3* (*fig.*) Scritto o discorso lungo e noioso.

brossùra [adattamento del fr. *brochure*, da *brocher* nel sign. 'fare in fretta, senza cura', quindi, propriamente, 'legatura alla buona'] s. f. ● Tipo di legatura, oggi usata spec. per le edizioni economiche, in cui la copertina è di semplice carta pesante: *edizione in b.* | *B. fresata*, quella in cui i fogli non sono cuciti, ma incollati con uno speciale procedimento.

brossuràto agg. ● Detto di libro legato in brossura.

brossuratrice s. f. ● In legatoria, macchina per applicare la copertina a libri in brossura.

browniàno /brau'njano/ [dal n. di chi per primo lo studiò, il botanico scozzese Robert *Brown* (1773-1858)] agg. ● (*fis.*) Nella loc. *moto b.*, moto disordinato di macromolecola in un fluido dovuto all'agitazione termica delle molecole del fluido.

Browning® /*ingl.* 'brauniŋ/ [dal n. del disegnatore di vari tipi di armi, lo statunitense J. M. *Browning* (1855-1926)] s. f. inv. ● Nome commerciale di vari tipi di armi automatiche e semiautomatiche | (*per anton.*) Pistola semiautomatica di dimensioni ridotte.

brown sugar /*ingl.* 'braun 'ʃugə*/ [loc. ingl., propr. 'zucchero (*sugar*) scuro (*brown*)', cioè 'grezzo'] loc. sost. m. inv. ● Tipo di eroina di provenienza orientale.

†**bròzza** [etim. discussa: dal medio alto ted. *broz* 'germoglio, bottone'] s. f. ● (*dial.*) Bollicina, pustola.

†**brozzolóso** [da *brozzolo*, dim. di *brozza*] agg. ● Bitorzoluto.

brr /br/ [vc. onomat.] inter. ● Riproduce lo sbattere dei denti, il tremolio di chi è colto da brividi di febbre, di freddo, di paura.

bru bru /bru 'bru*/ [vc. onomat.] s. m. inv. ● (*sett.*) Chi, sapendo come comportarsi e avendo una fluente loquela, riesce a farsi avanti, a concludere ottimi affari e sim., anche senza troppi scrupoli.

†**brucamàglia** [da *bruco* con il doppio suff. *-ame* e *-aglia*] s. f. ● Moltitudine di bruchi.

brucàre [da *bruco*] v. tr. (*io brùco, tu brùchi*) *1* Rodere foglie e fronde, come fanno i bruchi | Strappare a piccoli morsi erba, foglie e sim. per cibarsi, come fanno le pecore. *2* Sfogliare una frasca scorrendola con la mano | *B. la foglia*, dei gelsi per darla ai bachi da seta, o di altri alberi per darla al bestiame | *B. le olive*, spiccarle a mano dai rami. *3* (*est.*) †Strappare, portar via. *4* (*fig.*) †Scemare, affievolire. *5* (*raro, fig.*) †Cercare.

brucatóre s. m. (f. *-trice*) ● Chi effettua la brucatura delle foglie o delle olive.

brucatùra s. f. *1* Atto, effetto del brucare. *2* Raccolta delle foglie di gelso | Raccolta a mano delle olive.

brucèa [n. dato in onore dell'esploratore scozzese James *Bruce* (1730-1794)] s. f. ● Genere di piante tropicali delle Simarubacee, con poche specie usate in medicina (*Brucea*).

brucèlla [dal n. dello scopritore, il medico australiano David *Bruce* (1855-1931)] s. f. ● Genere batterico comprendente specie Gram-negative, cocco-bacillari, parassite intracellulari, patogene per gli animali domestici e per l'uomo nei quali causano brucellosi (*Brucella*).

brucellòsi [comp. di *brucell(a)* e *-osi*] s. f. *1* (*med.*) Infezione causata da brucelle, a carattere febbrile intermittente, che si trasmette all'uomo dagli animali. SIN. Febbre maltese, febbre ondulante. *2* (*veter.*) Malattia infettiva ad andamento cronico, caratterizzata da aborto, che colpisce bovini, ovini e caprini.

brucènte [da *bruciare* con la terminazione di *rovente* e simili] agg. ● (*raro, tosc.*) Che brucia, che scotta. SIN. Bruciante, rovente.

bruciàbile agg. ● Che si può bruciare.

bruciacchiàre [da *bruci(are)* con suff. attenuativo *-acchiare*] v. tr. (*io bruciàcchio*) ● Bruciare superficialmente: *b. il pollo*; *bruciacchiarsi le dita*.

bruciacchiatùra s. f. ● Atto, effetto del bruciacchiare.

bruciàglia s. f. ● (*raro*) Insieme di rami secchi e sim. che servono per accendere il fuoco.

bruciaménto s. m. ● Modo, atto del bruciare | Incendio.

bruciànte part. pres. di *bruciare*; anche agg. *1* Nei sign. del v. *2* Fulmineo: *superare gli avversari con uno scatto b.*

bruciapélo [da *brucia(re)* il *pelo* dell'animale cacciato, tanto dappresso e fulmineamente s'è sparato] **A** s. m. ● (*tess.*) Macchina per bruciare la peluria nei tessuti di cotone. **B** vc. ● Nella loc. avv. *a b.*, da pochissima distanza, da molto vicino, con riferimento a colpo di fucile o pistola: *sparare, tirare a b.* | (*fig.*) Alla sprovvista, all'improvviso: *fare una domanda a b.*; *me l'ha detto a b.*

bruciaprofùmi [comp. di *brucia(re)* e il pl. di *profumo*] s. m. ● Recipiente di metallo o ceramica con coperchio abitualmente traforato, spesso lavorato artisticamente, usato per bruciare sostanze odorose.

bruciàre o †**brugiàre** [lat. parl. **brusiāre*, di etim. incerta] **A** v. tr. (*io brùcio*) *1* Consumare, distruggere, per azione del fuoco o di altra sorgente di calore: *b. la legna, l'incenso*; *b. una casa*; *b. la camicia col ferro da stiro* | *B. la carne, la salsa*, cuocerla troppo in modo che si attacchi al recipiente di cottura | *B. le cervella*, (*fig.*) uccidere sparando alla testa | (*fig.*) *B. la scuola*, marinarla | *B. il paglione, il pagliaio*, (*fig.*) mancare a una promessa; andar via senza pagare | (*fig.*) *B. le tappe*, accelerare, affrettarsi | *B. l'alloggiamento*, (*fig.*) approfittare dei beni altrui e andarsene senza pagare | *B. i ponti*, (*fig.*) rompere completamente le relazioni | *Bruciarsi il dito, la lingua*, scottarseli | *Bruciarsi i vascelli alle spalle*, (*fig.*) precludersi ogni ripensamento sulle decisioni prese | *Bruciarsi le ali*, (*fig.*) danneggiarsi scherzando incautamente col pericolo; (*est.*) non avere più alcuna possibilità di riuscita in un'attività, una competizione e sim. *2* (*est.*) Corrodere, intaccare: *l'acido muriatico brucia i tessuti cutanei* | (*pop.*) Cauterizzare: *b. un porro, una ferita* | Inaridire, seccare: *il gelo ha bruciato i germogli*; *la siccità ha bruciato i campi*. *3* (*fig.*) Infiammare, struggere: *lo brucia l'ambizione* | Consumare, esaurire rapidamente, talvolta con spreco, sciupio e sim.: *b. le proprie forze, gli anni migliori* | *B. la carriera di qc.*, comprometterla definitivamente | (*sport*) *B. gli avversari*, vincerli con assoluta superiorità | *B. la palla*, nella pallavolo e nel tennis, schiacciarla con forza tale da battere irrimediabilmente l'avversario. **B** v. intr. (aus. *essere*; si usa per i tempi comp. solo nel sign. proprio) *1* Essere acceso, in fiamme: *il fuoco bruciava nel camino*; *il bosco brucia ancora* | Consumarsi, danneggiarsi col fuoco: *l'incenso brucia nel turibolo*; *l'arrosto sta bruciando*. *2* Essere molto caldo, emanare calore intenso: *un coperchio che brucia*; *b. di febbre*; *la campagna bruciava sotto il sole*; *senti come brucia il sole*. SIN. Scottare. *3* Produrre bruciore, infiammazione: *la tintura di iodio brucia* | Essere riarso, infiammato: *la ferita brucia*; *gli brucia la gola* | *B. dalla sete*, patirla tormentosamente | Produrre un forte disappunto, dispiacere, offesa e sim.: *quell'insulto gli brucia ancora*. *4* (*fig.*) Essere intenso, forte, detto di sentimenti, passioni e sim.: *mi brucia in petto una voglia* | Provare intensamente una passione, un sentimento: *b. di amore, di vergogna*. *5* (*fig., poet.*) Svanire, annullarsi: *ogni attimo bruciava / negl'istanti futuri senza tracce* (MONTALE). **C** v. intr. pron. e rifl. *1* Scottarsi: *si è bruciato con l'acqua bollente*. SIN. Ustionarsi. *2* Andare distrutto a opera del fuoco o di altra fonte di calore: *si è bruciato tutto l'arrosto*; *con questa siccità l'erba si brucerà completamente*. *3* (*fig.*) Sprecarsi: *bruciarsi in attività inutili* | Compromettersi, fallire: *nella politica, ormai s'è bruciato*.

bruciàta s. f. ● Caldarrosta. SIN. Arrostita. || **bruciatina**, dim.

bruciaticcio **A** agg. (pl. f. *-ce*) ● Bruciacchiato. **B** s. m. *1* Rimasuglio di cosa bruciata: *il b. della carta*. *2* Odore, sapore di cose bruciate: *sapere di b.*

bruciàto **A** part. pass. di *bruciare*; anche agg. *1* Nei sign. del v. *2* (*fig.*) *Ore bruciate*, quelle molto calde del primo pomeriggio | *B. dal sole*, abbronzato | *Gioventù bruciata*, quella turbolenta e priva di fondamenti morali cresciuta negli anni che seguirono immediatamente la seconda guerra mondiale. *3* Detto di tonalità del colore dei mantelli equini che ricorda quella del caffè tostato. **B** s. m. ● Gusto, odore di cose bruciate: *sapere di b.*

bruciatóre s. m. *1* (*gener.*) Apparecchiatura, dispositivo per bruciare: *b. di immondizie*. *2* Apparecchio usato per immettere in un focolare il combustibile gassoso o liquido finemente polverizzato insieme alla quantità d'aria necessaria per la combustione. *3* (*aer.*) Dispositivo che inietta quantità dosate di combustibile nei combustori dei turbomotori.

bruciatorista s. m. (pl. *-i*) ● Operaio addetto al funzionamento e al controllo di un bruciatore.

bruciatùra s. f. *1* Atto, effetto del bruciare | Scottatura, ustione. *2* Batteriosi fogliare del tabacco. *3* (*gerg.*) Notizia importante mancante in un giornale, pubblicata dai giornali concorrenti. SIN. Buco. || **bruciaturina**, dim.

brucina [da *brucea*, da cui si credeva estratta] s. f. ● Alcaloide amarissimo, contenuto nel seme di noce vomica, con azione sul midollo spinale simile, ma assai più blanda, a quella della stricnina.

brùcio (1) [sing. tratto da *bruci*, pl. di *bruco*] s. m. ● (*tosc.*) Bruco. || **brucétto**, dim. | **brùciolo**, dim.

brucio (2) [da *bruciare*] s. m. ● Bruciore.

brùciolo [da *truciolo* con sovrapposizione di altra vc.] s. m. ● Truciolo.

brucióne [da *bruciare*, per il suo aspetto di terra bruciata] s. m. ● Parte superficiale, alterata, dei giacimenti di minerali metalliferi, spec. ferriferi.

bruciόre s. m. *1* Sensazione di dolore dovuta a punture, scottature e sim.: *il b. dell'alcol su una ferita*; *il b. della pelle scottata, della gola irritata*. *2* (*fig.*) Desiderio intenso, ardore | (*fig.*) Umiliazione cocente: *il b. della sconfitta*. || **bruciorino**, dim.

brucite [dal n. del suo primo analizzatore, il mineralogista amer. A. *Bruce* (1777-1818)] s. f. ● Idrossido di magnesio in cristalli lamellari.

brùco [lat. tardo *brūchu(m)* 'specie di cavalletta senza ali', dal gr. *broûchos*, di etim. incerta] **A** s. m. (pl. *-chi*) *1* (*zool.*) Larva di farfalla | (*est.*) Larva di qualsiasi insetto | *B. del pisello*, piccolo coleottero fitofago la cui larva divora il seme del pisello (*Bruchus pisorum*). *2* Cilindretto cui stanno attaccati i segnali del messale, del breviario e sim. || **brucolino**, dim. **B** in funzione di agg. ● (*tosc.*) Poverissimo, nelle loc.: *nudo b.*; *nudo e b.*; *b. b.*

brùfolo o **brùffolo** [vc. dial., di etim. incerta] s. m. ● Piccolo foruncolo. || **brufolàccio**, pegg. | **brufolétto**, dim. | **brufolino**, dim. | **brufolóne**, accr.

brufolόso agg. ● Che è pieno di brufoli.

brughièra [lat. parl. **brucāria(m)*, da *brūcus* 'erica', di prob. origine celt.] s. f. ● Terreno alluvionale permeabile, incolto, ricoperto di cespugli e di arbusti fra i quali tipica è l'erica.

brughièro agg. ● Di terreno che ha i caratteri della brughiera.

†**brugiàre** ● V. *bruciare*.

brugiòtto ● V. *brogiotto*.

brùgo [lat. tardo *brūcu(m)* 'erica', di origine celt.] s. m. (pl. *-ghi*) ● Piccolo frutice sempreverde delle Ericacee con fiori rosei in lunghi grappoli terminali (*Calluna vulgaris*). SIN. Brentolo, crecchia.

brùgola [dal n. del produttore Egidio Brugola] s. f. ● Vite con testa a incavo esagonale.

bruire [fr. *bruire*, dal lat. parl. **brūgere* per *rugīre* 'ruggire' con sovrapposizione d'altra parola con *br-* iniziale] v. intr. (*io bruìsco, tu bruìsci*; aus. *avere*) ● (*lett.*) Frusciare, emettere leggeri rumori, detto di pioggia, vento e sim.: *la pioggia che bruiva / tepida e fuggitiva* (D'ANNUNZIO).

†**bruito** s. m. *1* Il bruire. *2* (*raro, lett.*) Urlo di animale: *le tigri, gli orsi, gli leoni ... manderanno dal ferino petto ... i lor ... bruiti* (BRUNO).

†**brulàzzo** o †**brullàsco**, (*raro*) †**burlàsco** [da *brullo* (?)] agg. *1* Cisposo. *2* Spiantato, miserabile.

brûlé /fr. bry'le/ [vc. fr., letteralmente 'bruciato', part. pass. di *brûler* 'ardere, bruciare'] agg. inv. ● Detto di vino, solitamente rosso, bollito con spezie e zucchero, che si beve caldo.

brulicàme [da *brulicare*] s. m. ● Moltitudine di insetti brulicanti | (*est.*) Moltitudine di esseri viventi.

brulicànte part. pr. di *brulicare*; anche agg. ● Nei sign. del v.

brulicàre [da *bulicare* con sovrapposizione di *brucare* (?)] v. intr. (*io brùlico, tu brùlichi*; aus. *avere*) *1* Muoversi confusamente, riferito a un insieme numeroso d'insetti o, gener., a esseri viventi: *le formiche brulicavano*; *la folla brulica per le strade* | (*gener.*) Muoversi, facendo più o meno rumore: *vi mette l'orecchio, per sentire se qualcheduno russa, fiata, brulica là dentro* (MANZONI). SIN. Formicolare, pullulare. *2* (*fig.*) Sorgere, pullulare di pensieri e sim.: *la mia mente brulica di idee*.

brulichìo s. m. *1* Movimento continuo e confuso di insetti o, gener., di esseri viventi: *un b. di api, di persone*. *2* (*fig.*) Il pullulare di pensieri e sim.

†**brullàsco** ● V. †*brulazzo*.

brùllo o (*lett.*) †**bròllo** [da **brullare*, rendere nudo come un giunco, in dial. *brulla* (?)] agg. *1* Privo di vegetazione: *campagna brulla* | Arido, desolato, tetro. *2* †Povero, seminudo.

brulòtto [fr. *brûlot*, da *brûler* 'bruciare' e questo dal lat. parl. **brustulāre*, variante di *ustulāre*] s. m. ● Nave o galleggiante carico di esplosivo, e fornito di congegno atto a farlo scoppiare contro il bersaglio.

brum [ingl. *brougham*, dal nome del politico e letterato Lord H.P. *Brougham* (1778-1868), che la fece di moda] s. m. inv. ● Carrozza chiusa a quattro ruote, per due persone.

brùma (1) [vc. dotta, lat. *brūma(m)*, per **brĕvima* (*dĭes*) '(giorno) più breve', da *brĕvis*, perché indicava, propriamente, il giorno più *breve* dell'anno] s. f. *1* Foschia, nebbia (*anche fig.*): *la b. del mattino*; *le brume del futuro*. *2* (*raro, lett.*) Solstizio d'inverno, pieno inverno: *tempi sereni sette giorni avanti e sette doppo la b.* (TASSO).

brùma (2) [vc. dotta, lat. *brūma(m)*, dal gr. *brôma* 'cibo' e 'cosa mangiata'] s. f. *1* (*zool.*) Teredine. *2* (*est.*) Ogni organismo vegetale o animale che si attacca su oggetti sommersi.

brumàio [fr. *brumaire*, da *brume* 'bruma (1)', con la terminazione di (*genn*)*aio* e (*febbr*)*aio*] s. m. *1* Secondo mese del calendario rivoluzionario francese, il cui inizio corrisponde al 22 ottobre e il termine al 20 novembre. *2* (*est., lett.*) Autunno.

brumàle [vc. dotta, lat. *brumāle(m)*, da *brūma* 'bruma (1)'] agg. ● (*raro, lett.*) Invernale: *piovea per la b. / nebbia lividi raggi alta la luna* (CARDUCCI) | (*raro, lett.*) Nebbioso.

bruméggio [dal genov. *brümeso*, dal nizzardo *bromech* 'esca', di origine gr. (*brôma* 'cibo')] s. m. ● Miscela che si getta in mare per attirare il pesce nella zona di pesca.

brumìsta [da *brum*] s. m. (pl. *-i*) ● (*sett.*) Vetturino.

brumόso [vc. dotta, lat. tardo *brumōsu(m)*, da *brūma* 'bruma (1)'] agg. ● (*lett.*) Pieno di bruma, nebbioso.

brunàstro agg. ● Di colore che tende al bruno: *giallo b.*

brunch /ingl. brʌntʃ/ [vc. ingl., fusione di *br*(*eakfast*) 'prima colazione' e (*l*)*unch* 'pranzo'] s. m. inv. (pl. ingl. *brunches*) ● Pasto della tarda mattinata costituito da una prima colazione ricca e variata, in grado di sostituire il pranzo.

bruneggiàre v. intr. (*io brunéggio*; aus. *avere*) ● (*raro*) Tendere al bruno.

brunèlla [variante di *prunella* per sovrapposizione di *bruno*] s. f. ● Pianta erbacea odorosa delle Labiate con foglie ovali e fiori violacei (*Brunella vulgaris*).

brunèllo [da *bruno*, con riferimento al colore dell'uva] s. m. ● Vino rosso pregiato prodotto in Toscana nella zona di Montalcino con uva di un vitigno Sangiovese selezionato.

†**brunézza** s. f. ● (*raro*) Qualità di chi o di ciò che è bruno.

brunìccio agg. ● Di colore che tende al bruno.

bruniménto s. m. ● Brunitura.

brunìre [ant. provz. *brunir*, da *brun* 'nero'] v. tr. (*io brunìsco, tu brunìsci*) *1* Lucidare i metalli col brunitoio. *2* Scurire i metalli per ossidazione. *3* Rendere lucido e levigato un oggetto o una superficie metallica.

brunìto part. pass. di *brunire*; anche agg. *1* Nei sign. del v. *2* (*est.*) Scuro e levigato: *legno b.* | *Pelle brunita*, abbronzata.

brunitóio s. m. *1* Arnese costituito da un'asticciola terminante con un'estremità generalmente arrotondata, di acciaio o di agata, usato per lucidare i metalli mediante sfregamento. *2* Ruota di legno usata dagli arrotini per lucidare le lame dopo averle affilate.

brunitóre s. m. ● Operaio addetto alla brunitura.

brunitùra o **burnitùra**. s. f. *1* Atto, effetto del brunire. SIN. Metallocromia. *2* Bronzatura. *3* Lucidatura dei tagli dei libri, che precede la doratura.

brùno [lat. parl. *brūnu(m)*, dal francone **brūn* 'scuro brillante'] **A** agg. *1* Che ha un colore scuro, quasi nero: *terra bruna*; *occhi bruni*. *2* Di persona, che ha carnagione, capelli, occhi bruni: *una ragazza bruna*. *3* Detto del colore del mantello dei bovini che può variare dal castano scuro al grigio chiaro | *Razza bruna alpina*, razza bovina di origine svizzera con mantello bruno più o meno intenso. *4* (*lett.*) Poco illuminato, privo di luce: *questa via solinga e bruna* (TASSO). *5* (*fig., raro, poet.*) Mesto, turbato: *mia giornata incerta e bruna* (LEOPARDI) | †Cattivo. **B** s. m. (f. *-a*, nel sign. 3) *1* Il colore bruno. *2* (*est.*) Oscurità, tenebre | *Far b.*, imbrunire. *3* Persona che ha carnagione e capelli bruni: *le brune e le bionde*. *4* Abito nero che si porta in segno di lutto: *mettere, prendere, portare, vestire, deporre il b.* | *Parare a b.*, abbrunare. SIN. Gramaglie, lutto. || **brunèllo**, dim. | **brunettino**, dim. | **brunétto**, dim. | **brunòtto**, dim. | **brunóne**, accr. | **brunòzzo**, dim.

†**bruòlo** ● V. *brolo*.

brùsca (1) [lat. tardo *brūscu(m)* 'pungitopo', dal prec. *rūscu(m)*, incontratosi prob. con **brūcu(m)* 'erica'] s. f. *1* Spazzola dura di varia forma e dimensione, adatta a usi diversi: *la b. per strigliare i cavalli*; *lavare i panni con la b.* *2* (*bot., tosc.*) Coda cavallina. || **bruschétto**, dim. m. (V.) | **bruschino**, dim. m. (V.).

brùsca (2) [etim. incerta] s. f. *1* Ramoscello, festuca. *2* (*mar.*) Regolo graduato e pieghevole impiegato in passato per disegnare il garbo generale dell'ossatura degli scafi. || **bruscarèlla**, dim. | **bruschétta**, dim. (V.).

brùsca (3) [dal lat. parl. *brusicāre*. (V. *bruscare* (2))] s. f. ● (*bot.*) Nella patologia vegetale, disseccamento degli apici fogliari o delle terminazioni di piccoli rami, di colore simile a una bruciatura, dovuto alla rapida evaporazione di goccioline d'acqua o all'azione di funghi parassiti. SIN. Abbruscatura, bruscatura.

bruscàre (1) [da *brusco* (2)] v. tr. (*io brùsco, tu brùschi*) *1* Dar la brusca. *2* †Ripulire, potare le piante.

bruscàre (2) [lat. parl. **brusicāre*, iter. di **brusiāre* 'bruciare'] v. tr. (*io brùsco, tu brùschi*) ● Abbrustolire.

bruscatùra s. f. ● (*bot.*) Brusca (3).

bruscèllo o **bruscéllo** [etim. discussa: da (*ar*)*boscello* con sovrapposizione di *brusco* (2) (?)] s. m. *1* Ramo d'albero paniato per cacciare uccelli, di notte. *2* Grosso ramo di leccio o cipresso pittorescamente ornato. *3* Rappresentazione popolare toscana recitata o cantata su un testo in ottave incatenate da gruppi di giovani che portano in processione per le vie il ramo omonimo.

bruschétta (1) s. f. *1* Dim. di *brusca* (2). *2* (*spec. al pl.*) Gioco infantile consistente nello scegliere a caso un fuscello tra molti di diversa lunghezza; vince chi ha scelto il fuscello più lungo o più corto, secondo quanto stabilito in precedenza.

bruschétta (2) [da *bruscare* (2)] s. f. *1* Fetta di pane abbrustolita, strofinata con aglio e condita con sale e olio di frantoio, tipica della cucina dell'Italia centrale. *2* (*tosc.*) Zuppa a base di cavolo nero bollito, olio e pane abbrustolito e strofinato con aglio.

bruschétto s. m. *1* Dim. di *brusca* (*1*). *2* Spazzola quasi rotonda, di setole o di saggina, per i cavalli.

bruschézza [da *brusco* (*1*)] s. f. *1* Asprezza di sapore: *la b. del limone*. *2* Maniera aspra: *tratta tutti con molta b.* | (*fig.*) Secchezza di stile. *3* (*raro*) Rapidità: *frenare, fermarsi con b.*

bruschinàre v. tr. ● Ripulire col bruschino | (*est.*) Strofinare con energia.

bruschìno (1) s. m. *1* Dim. di *brusca* (*1*). *2* Spazzola molto dura, anche metallica, per vari usi.

†**bruschìno** (2) [da *brusco* (*1*) nel sign. 1, passato dal campo del gusto a quello del colore] agg. ● Che ha un colore rosso carico, detto di vini, pietre preziose e sim.

brùsco (1) [da *brusca* (*1*)] **A** agg. (pl. m. *-schi*) *1* Che ha sapore tendente all'aspro: *vino b.*; *frutta brusca*. SIN. Acido, acre, agro. *2* Che è aspro, sgarbato, burbero | *Con le brusche*, (*ell.*) con modi o parole aspre | (*fig.*) Rigido, secco, detto di stile. *3* Improvviso, inatteso | Rapido: *una brusca frenata*. *4* Nuvoloso, tempestoso: *tempo b.* | Pungente: *vento b.* | Pieno di pericoli e difficoltà: *ci mancò poco che non fosse una giornata brusca come ieri, o peggio* (MANZONI). || **bruscaménte**, avv. *1* In modo aspro; senza complimenti. *2* Improvvisamente. **B** s. m. ● Sapore aspro di vini, agrumi, salse e sim. (*anche fig.*) | *Tra il lusco e il b.*, all'imbrunire; (*fig.*) in una situazione incerta, con incertezza di umore. || **bruschétto**, dim.

†**brùsco** (2) [lat. *brūscu(m)* 'radice nodosa, nodo del legno', vc. senza etim.] s. m. ● (*dial.*) Festuca | Minuzzolo di legno, paglia e sim. | Granello. || **brùscolo**, dim. (V.).

brùsco (3) [lat. tardo *brūscu(m)*, per il class. *rūscu(m)* con sovrapposizione d'altra vc. di pianta iniziante per *br-*] s. m. (pl. *-schi*) ● (*bot., dial.*) Pungitopo.

brùscola [etim. incerta] s. f. • Specie di gabbia in giunco o sparto entro cui si pone la pasta di olive da spremere con presse idrauliche. SIN. Fiscolo.

bruscolìno s. m. *1* Dim. di *bruscolo*. *2* Brustolino nel sign. 1.

brùscolo s. m. *1* Dim. di *brusco* (*2*). *2* Particella di materiale, spec. polvere e sim. (*anche fig.*): *mi è entrato un b. in un occhio*; *il vento solleva i bruscoli* | *Levare i bruscoli dagli occhi*, (*fig.*) liberarsi dai fastidi. SIN. Briciola, festuca, minuzzolo. *3* (*fig.*) Persona piccina e minuta. *4* (*raro*) Foruncolo. || **bruscolétto, dim.** | **bruscolino, dim.** (V.) | **bruscolùccio, bruscolùzzo, dim.**

bruscolóso agg. • (*raro*) Pieno di bruscoli.

brusìo [da *brusire*] s. m. • Rumore confuso e sommesso, vicino o lontano, prodotto da molte persone riunite che parlano o si muovono, oppure da animali o cose in movimento: *il b. degli spettatori*, *degli insetti*; *il b. delle foglie mosse dal vento*.

brusìre [vc. parallela di *bruire*] v. intr. (*io brusìsco, tu brusìsci*; aus. *avere*) • (*lett.*) Produrre brusio.

brusóne [vc. lomb. (*brüsón*), dal v. *brüsar* 'bruciare'] s. m. • Malattia del riso o di altra pianta che provoca una colorazione rossobruna sulle parti colpite.

†**brustolàre** [lat. parl. **brustulāre*, di etim. incerta] v. tr. • Abbrustolire, tostare.

brustolìno [da *brustolare*] s. m. *1* Seme di zucca salato e tostato. *2* (*raro, sett.*) Tostino per il caffè.

brut /*fr.* bryt/ [vc. fr., letteralmente 'bruto', nel senso di 'naturale, genuino, primitivo', non avendo subito la seconda fermentazione] agg. inv. • Detto di champagne molto secco, privo di zucchero.

†**brutàglia** s. f. • Insieme di bruti | Canaglia.

brutàle [vc. dotta, lat. *brutāle(m)*, da *brūtus* 'bruto'] agg. • Pertinente a, caratteristico di un bruto: *atto, comportamento b.* | Feroce, violento: *reazione b.* SIN. Bestiale, crudele, violento. || **brutalménte**, avv. In modo brutale, da bruto.

brutalità [fr. *brutalité*, da *brutal* 'brutale'] s. f. • Qualità di chi o di ciò che è brutale: *la b. degli istinti* | Ferocia: *agire con b. insensata* | Atto o espressione brutale. SIN. Bestialità, crudeltà, violenza.

brutalizzàre [fr. *brutaliser*, da *brutal* 'brutale'] v. tr. • Fare oggetto di brutalità: *b. uomini e animali* | (*est.*) Violentare sessualmente.

†**bruteggiàre** v. intr. • Comportarsi da bruto.

brùto [vc. dotta, lat. *brūtu(m)*, di origine osca, col senso primitivo di 'grave, pesante'] **A** agg. *1* Pertinente a, caratteristico di esseri viventi privi della ragione umana: *animale*, *istinto b.* | Inanimato, inerte: *materia bruta*. *2* Grezzo, privo di elaborazione: *i fatti bruti* | *Arte bruta*, tipo di arte spontanea nata negli anni '50, che valorizza particolarmente opere di naïf, bambini e sim. *3* Brutale, animalesco, violento: *forza bruta*. *4* (*chim.*) Detto di formula che indica gli elementi presenti in una certa sostanza mediante i rispettivi simboli e il numero di atomi per ogni elemento mediante un piccolo numero posto in basso a destra del simbolo stesso. **B** s. m. *1* (*lett.*) Essere vivente privo della ragione umana. *2* (*est.*) Persona rozzamente violenta e brutale (*anche scherz.*) | (*est.*) Persona violenta che compie atti considerati perversi e caratteristici di animali più che di uomini: *la povera ragazza è stata assassinata da un b.*

brùtta s. f. • (*fam.*) Brutta copia: *stendere in b.*

bruttaménto s. m. • Atto, effetto del bruttare.

bruttàre [da *brutto* (*1*) nel prob. senso originario di 'sporco'] v. tr. *1* (*lett.*) Imbrattare, sporcare, macchiare: *b. qc. di sangue*, *di fango*. *2* (*fig.*) Contaminare, deturpare: *b. il candore dell'infanzia*.

†**brutterìa** s. f. • Lordura.

bruttézza s. f. *1* Qualità di chi o di ciò che è brutto. CONTR. Bellezza. *2* Qualità di chi o di ciò che è considerato abbietto, immorale. *3* Cosa brutta (*anche fig.*): *bruttezze architettoniche*; *le bruttezze della vita*. *4* (*raro, lett.*) Azione moralmente riprovevole | †Abominio, vergogna.

brùtto (*1*) [lat. *brūtu(m)* 'bruto' con raddoppiamento della cons. in vc. di provenienza sett.] **A** agg. *1* Che per aspetto esteriore o per qualità intrinseche suscita impressioni sgradevoli: *una persona brutta*; *un quadro*, *un romanzo b.* | Con valore ints., spec. in insulti (preposto a un s.): *b. cattivo!*; *b. bugiardo!* | *B. odore*, disgustoso | *B. tempo*, piovoso, nuvoloso | *Brutta notizia*, sgradevole, negativa | *B. segno*, indizio preoccupante | *Brutta ferita*, pericolosa | *B. male*, (*euf.*) tumore maligno | *B. scherzo*, pesante | *B. momento*, inopportuno | *Brutta copia*, minuta | *Brutte carte*, di valore minimo o tali da offrire scarse possibilità di gioco | (*fig.*) *Fare una brutta figura*, apparire inadeguato, ridicolo | (*fig.*) *Avere una brutta cera*, un aspetto malato | *Alla brutta*, (*ell.*) alla peggio, nel peggiore dei casi | *Vedersela brutta*, trovarsi in difficoltà | *Farla brutta a qc.*, fare uno scherzo pesante | *Con le brutte*, (*ell.*) con le maniere brutte, in modo sbrigativo e rude | *Venire alle brutte*, (*ell.*) alle maniere brutte, a contrasto violento | *Passarne delle brutte*, attraversare periodi duri, difficili. CONTR. Bello. *2* Moralmente riprovevole: *una brutta azione*; *un b. vizio*. SIN. Cattivo. || **bruttaménte**, avv. In modo brutto; indecorosamente. **B** in funzione di avv. • Nella loc. *guardare b.*, *di b.*, con espressione ostile. **C** s. m. solo al sing. *1* Ciò che per aspetto esteriore o per qualità intrinseche suscita impressioni sgradevoli: *il b. e il bello sono in continua opposizione*. *2* Tempo brutto, nuvolo: *la stagione volge al b.*; *fa b.* *3* Con valore neutro e gener. raff.: *il b. è che*, la difficoltà sta in | *Ha di b. che*, il suo lato negativo, il suo difetto, è che. **D** s. m. (f. *-a*) • Persona brutta: *i belli e i brutti* || PROV. Il diavolo non è così brutto come lo si dipinge. || **bruttàccio, pegg.** | **bruttarèllo, brutterèllo, dim.** | **bruttétto, dim.** | **bruttìno, dim.** | **bruttoccìno, dim.** | **bruttòccio, dim.** | **bruttóne, accr.**

brùtto (*2*) [lat. (*ex*) *abrupto*, accostato a *brutto* (*1*)] vc. • (*fam.*) Solo nella loc. avv. *di b.*, all'improvviso, bruscamente, con ostilità: *si arrabbiò di b.*

bruttùra [da *brutto* (*1*)] s. f. *1* Cosa brutta: *questo mobile è una vera b.* | Sudiciume, sozzura. *2* (*lett.*) Azione, comportamento moralmente riprovevole: *se le brutture spariranno dal mondo* (CROCE).

†**bruzzàglia** [etim. discussa: prob. da *bruciaglia* nel senso di 'legna da *bruciare*'] s. f. *1* Accozzaglia di gente vile e spregevole, marmaglia. *2* (*est.*) Confusione.

†**brùzzico** [etim. discussa: di origine onomat. (?)] s. m. • Bruzzolo, nel sign. di *bruzzolo* (*1*).

brùzzolo (*1*) [etim. incerta] s. m. • (*tosc.*) Lucchichio | Barlume | Crepuscolo mattutino o serotino.

brùzzolo (*2*) [etim. incerta] s. m. • (*raro, tosc.*) Frammento di paglia o legno.

bu (*1*) /bu*, bu/ [vc. onomat.] inter. *1* Riproduce l'abbaiare del cane (*spec. iter.*). *2* Imita il rumore che fa con le labbra chi batte i denti per il freddo o per paura (*spec. iter.*).

bu (*2*) o **buu, buh** [vc. onomat.] **A** inter. • Si usa per esprimere disapprovazione nei confronti di un oratore o di un artista. **B** anche in funzione di s. m. inv.

bùa [vc. inft.] s. f. • (*inft., fam.*) Dolore fisico.

†**buàccio** [da *bue*] s. m. • Persona stupida, ignorante || **buacciòlo, dim.**

buàggine [da *bue* nel senso fig. di 'sciocco'] s. f. • Balordaggine, melensaggine.

buàna s. m. e f. • Adattamento di *bwana* (V.).

buassàggine [da *buasso*, forma sett. di *buaccio* 'grosso bue'] s. f. • (*raro, lett.*) Ottusa ignoranza: *la b. è il miglior dono che la natura faccia a un animale* (LEOPARDI).

bùbalo [gr. *bóubalis* 'antilope (africana)', da *bôus* 'bue'] s. m. • Mammifero degli Artiodattili con pelame corto di color rossiccio e corna anellate (*Bubalis*). SIN. Alcelafo.

†**bubàre** [vc. onomat.] v. intr. • Tubare.

bùbbola (*1*) [da *bubbolo*] s. f. *1* Menzogna, fandonia, frottola: *non raccontar bubbole!* *2* Cosa di poca importanza: *sempre a parlar di bubbole* (MANZONI). SIN. Bagattella, inezia.

bùbbola (*2*) [lat. parl. **upŭpula(m)*, dim. di *ŭpupa* 'upupa'] s. f. • (*zool., tosc.*) Upupa.

bùbbola (*3*) [etim. incerta] s. f. • (*bot.*) *b. maggiore*, fungo commestibile delle Agaricacee con gambo bianco e cappello largo coperto di squame (*Lepiota procera*). SIN. Mazza di tamburo.

bubbolàre (*1*) [lat. *bubulāre*, da *būbo* 'gufo', di origine onomat.] v. intr. (*io bùbbolo*; aus. *avere*) *1* Risuonare, rumoreggiare, del mare, del tuono e sim. | (*est.*) Brontolare. *2* Tremare: *b. di freddo*, *di paura*.

bubbolàre (*2*) [da *bubbola* (*1*)] v. tr. (*io bùbbolo*) • (*pop., tosc.*) Ingannare | Carpire con l'inganno.

bubbolàta s. f. • (*tosc.*) Corbelleria.

bubbolièra [da *bubbolo*] s. f. • Sonagliera di cavalli, muli e sim. formata di bubboli.

bubbolìna [da un dim. di *bubbolo*, per la forma] s. f. • Fungo commestibile delle Agaricacee con cappello color grigio cenere a lamelle inferiori e gambo senza anello (*Amanita vaginata*).

bubbolìo [da *bubbolare* (*1*)] s. m. *1* (*lett.*) Rumore, mormorio sordo e confuso: *un b. lontano* (PASCOLI). *2* Tintinnio continuo di sonagliere.

bùbbolo [da *bubbolare* (*1*)] s. m. • Sonaglio tondo, di ottone o bronzo, contenente una pallottolina mobile di ferro, usato per formare la sonagliera degli equini, o applicato al collare dei cani da caccia per seguirne le mosse. || **bubbolino, dim.**

bubbóne [vc. dotta, lat. *bubōne(m)*, dal gr. *boubṓn*, di etim. incerta] s. m. *1* (*med.*) Qualsiasi tumefazione tondeggiante, spec. delle ghiandole linfatiche, per infezione acuta. *2* (*fig.*) Corruzione, infezione morale che guasta gli animi, la società e sim. al punto da divenire o essere ritenuta intollerabile.

bubbònico agg. (pl. m. *-ci*) • Detto di malattia che si manifesta con bubboni: *peste bubbonica*.

bubolàre o **bubilàre** [vc. onomat.] v. intr. (*io bùbolo*; aus. *avere*) • (*raro*) Detto del gufo e dell'allocco, emettere il caratteristico verso rauco.

†**bubóne** [vc. dotta, lat. *bubōne(m)*, vc. onomat.] s. m. • Gufo.

bubù [vc. onomat.] s. f. • (*inft., fam.*) Dolore fisico, malattia.

†**bubùlco** • V. †*bobolco*.

bùca [lat. tardo *būca(m)*, forma parallela a *bŭcca* 'bocca'] s. f. *1* Cavità o apertura, naturale o artificiale, comunemente più profonda che estesa, nel suolo o in altra superficie: *fare*, *praticare una b. nel terreno*; *una strada piena di buche* | *B. del carbone*, ripostiglio per il carbone, sotto il camino | *B. sepolcrale*, tomba | *B. del suggeritore*, sorta di botola posta al centro del palcoscenico vicino alla ribalta, nella quale prende posto il suggeritore durante la rappresentazione | *B. delle lettere*, per l'impostazione della corrispondenza | *B. del golf*, ciascuna delle piccole cavità praticate nel terreno in cui i giocatori mandano la pallina | *B. del biliardo*, in cui cadono le bilie | *Andare a b.*, (*fig.*) a buon fine | *B. cieca*, mimetizzata, coperta | (*raro*) Strappo, rottura in tessuti. ➡ ILL. p. 1290 SPORT. *2* (*agr.*) †Fossa murata contigua alla stalla, per il letame. SIN. Pozzetto | †Profonda fossa circolare per riporvi biade. *3* Depressione del terreno | Valle stretta fra due monti. SIN. Bassura. *4* Ristorante, trattoria posta sotto il livello stradale: *'la b. di Bacco'*. *5* Depressione su letti, poltrone e sim., prodotta da corpi umani o oggetti che vi sono stati a lungo. *6* †Buttero del vaiolo. *7* (*fig.*) Debito, dissesto patrimoniale | *Andare*, *mettere in b.*, (*fig.*) in difficoltà, in stato di inferiorità e sim. || **bucàccia, pegg.** | **bucheràttola, dim.** | **bucherèlla, dim.** | **bucherellìna, dim.** | **buchétta, dim.** (V.) | **buchettìna, dim.** | **buchìna, dim.**

bucacchiàre v. tr. (*io bucàcchio*) • (*raro*) Bucherellare, sforacchiare.

bucacuòri [comp. di *buca(re)* e il pl. di *cuore*] s. m. e f. • (*raro*) Rubacuori.

bucanéve [comp. di *buca(re)* e *neve*] s. m. inv. • Pianta erbacea delle Amarillidacee dal cui bulbo sorgono due foglie in mezzo alle quali è lo stelo portante un fiore bianco e pendulo a fioritura molto precoce (*Galanthus nivalis*).

bucanière [fr. *boucanier* 'cacciatore di buoi, di cui preparava la carne affumicata (*boucan*, di prob. origine caraibica)'] s. m. • Pirata, gener. francese, inglese od olandese, che spec. nel XVII secolo si dedicava alla guerra corsara.

bucàre [da *buco*] **A** v. tr. (*io bùco, tu bùchi*) *1* Fare buchi (*anche fig.*): *b. una parete*; *un fischio che buca l'aria* | *B. i biglietti*, fare il foro di controllo in biglietti ferroviari e sim., da parte del personale apposito. *2* *B. una gomma*, *uno pneumatico*, subire accidentalmente la bucatura di uno pneumatico | (*anche ass.*): *ha bucato sulla ghia-*

ia. SIN. Forare. **3** (*fig.*) Fallire l'intervento sulla palla o sul pallone | (*est.*) *B. una notizia*, nel gergo giornalistico, ignorarla e perciò non pubblicarla | (*fam.*) *B. un semaforo*, passare col rosso. **4** Attraversare, penetrare: *il grillo insidioso buca / i vestiti di seta vegetale* (MONTALE) | Pungere, ferire, detto di oggetti ruvidi, appuntiti o taglienti | *B. il corpo, il ventre, la pancia a qc., di qc.*, ferirlo, colpirlo con un'arma bianca | (*est.*) Colpire, anche con armi da fuoco. **B** v. intr. (aus. *avere*) ● (*raro*) Penetrare, aprirsi un varco in q.c. (*anche fig.*): *b. in un impiego*. **C** v. intr. pron. ● Subire una bucatura, detto di cose: *si è bucata la gomma*. **D** v. intr. pron. e rifl. ● Pungersi, ferirsi: *bucarsi con una spina, con un ago* | (*gerg.*) Drogarsi iniettandosi spec. eroina: *si buca da qualche mese*.

bucatàio [da *bucato* (*2*)] s. m. (f. *-a* nel sign. 1) **1** (*tosc.*) Lavandaio. **2** Stanza del bucato.

bucatino [da *bucato* (*1*)] s. m. ● (*spec. al pl.*) Sorta di spaghetti, più grossi dei comuni e bucati.

bucàto (1) part. pass. di *bucare*; anche agg. **1** Nei sign. del v. **2** *Avere le mani bucate*, (*fig.*) avere facilità a spendere.

bucàto (2) [da **bucare* 'liscivare', ant. fr. *bugar*, dal francone **būkōn* 'immergere'] s. m. **1** Lavatura e imbiancatura dei panni con acqua bollente, sapone, liscivia, o altro detersivo: *sapone da, per b.*; *mettere i panni in b.*; *fare il b.* | *B. di colore*, di panni colorati | *Lenzuola di b.*, pulitissime perché appena lavate | *Fare il b. in famiglia*, (*fig.*) risolvere un problema delicato senza dargli pubblicità. **2** Quantità di panni lavati in una volta: *stendere, stirare il b.* | *Scrivere il b.*, fare la lista dei panni lavati o da lavare || PROV. Lo scritto non si mette in bucato. || **bucatino**, dim. | **bucatóne**, accr. | **bucatùccio**, dim.

bucatùra [da *bucare*] s. f. **1** Atto, effetto del bucare: *la b. dei biglietti* | (*est.*) Segno lasciato da arnesi appuntiti, punture d'insetti e sim. **2** Foratura di una gomma, di uno pneumatico: *il corridore fu vittima di una b.* **3** (*pop.*) Iniezione. || **bucaturina**, dim.

buccàle ● V. *boccale* (2).

†bùccaro ● V. *bucchero*.

†buccellàto [lat. tardo *buccellātu(m)* 'pane militare': da *buccĕlla*, nel senso di 'panino a forma di corona o bocca (*bŭcca*)' (?)] s. m. ● Sorta di ciambella dolce, tipica di Sarzana e della Lucchesia.

bùcchero o **†bùccaro** [sp. *búcaro* 'vaso da bere' e 'terra profumata da vasi' dal lat. *pōculum* 'coppa', prob. attrav. il port. *púcaro* (?)] s. m. **1** Terra odorosa, argillosa e nera, con cui sono fatti molti vasi etruschi | Terra rossastra, odorosa, proveniente da più paesi, anche dall'America, molto di moda nel sec. XVII, usata anche per fare pastiglie e profumare gli ambienti. **2** Vaso fatto con tali terre: *b. etrusco*.

†bùcchio [fr. *boucle* 'boccolo', ant. fr. 'prominenza lavorata nel centro dello scudo', dal lat. *bŭccula*, letteralmente 'piccola guancia' (*bŭcca*)] s. m. ● Buccia, scorza | Cute.

bùccia [etim. incerta] s. f. (pl. *-ce*) **1** Esocarpo membranoso di frutti, tuberi e sim.: *la b. della mela, dell'arancia, della patata* | Pellicola che riveste il seme di taluni frutti indeiscenti: *la b. della noce, della mandorla* | Sottile corteccia delle piante: *b. del leccio*; *incidere la b.* **2** (*est.*) Pellicola o crosta che ricopre insaccati, farinacei, e sim.: *b. del formaggio, del salame, del pane* | *Rivedere le bucce*, (*fig.*) cercare e correggere errori, colpe. **3** Pelle umana | *Essere di b. dura, avere la b. dura*, essere molto resistente, forte | *Lasciarci, rimetterci la b.*, morire | *Fare la b. a qc.*, ucciderlo | Epidermide di animali, spec. rettili. **4** (*gener.*) Rivestimento esteriore (*anche fig.*): *questa è rettorica che però rimane alla b.* (DE SANCTIS).

bùccina o **†bùcina** [vc. dotta, lat. *bŭcina(m)*, di etim. discussa: comp. di *bōs* 'bue' e *căno* 'canto', perché strumento tratto da un corno di bue (?)] s. f. **1** Conchiglia del buccino. **2** Strumento a fiato, ricurvo, simile al corno da caccia, usato nelle antiche milizie romane. ➡ ILL. **musica**.

†buccinaménto o **†bucinaménto**. s. m. **1** Atto, effetto del buccinare. **2** Ronzio alle orecchie | Diceria.

buccinàre o **†bucinàre**, **†sbuccinàre** [vc. dotta, lat. *bucināre*, da *bŭcina* 'buccina'] **A** v. intr. (*io bùccino*; aus. *avere*) ● †Suonare la buccina. **B** v. tr. ● Spargere voci, insinuazioni, spec. in modo furtivo: *per appurare se già in paese si buccinasse qualcosa intorno all'omicidio* (PIRANDELLO).

buccinatóre o **†bucinatóre** [vc. dotta, lat. *bucinatōre(m)*, da *bŭcina* 'buccina'] **A** s. m. **1** Suonatore di buccina | (*est.*) Chi propala voci, dicerie. **2** (*anat.*) Piccolo muscolo appiattito situato nella guancia. **B** anche agg. nel sign. 2.

bùccino [vc. dotta, lat. *bŭcinu(m)* 'trombetta' e 'conchiglia' (a forma di tromba?) da *bŭcina* 'buccina'] s. m. ● Mollusco gasteropode marino con conchiglia a forma di chiocciola (*Tritonium nodiferum*).

†bùccio (1) [da *buccia*] s. m. **1** Buccia, scorza | Pelle. **2** Parte esterna delle pelli che si conciano.

†bùccio (2) ● V. *†bucio*.

bucciòlo (1) ● V. *bocciolo*.

†bucciòlo (2) [adattamento del sett. *bozzolo*: con sovrapposizione di *buccia* (?)] s. m. ● Bozzolo, nel sign. di *bozzolo* (*1*).

†bucciόso [da *buccia*] agg. ● Che ha buccia.

bùccola o **bóccola (2)** [lat. *bŭccula(m)* 'ornamento metallico di forma rotonda', da *bŭcca* 'mascella, bocca'] s. f. **1** Orecchino. **2** Ricciolo di capelli. || **buccolétta**, dim. | **buccolina**, dim.

†buccòlica (1) ● V. *bucolica*.

buccòlica (2) [da *bucolica* con la sovrapposizione scherz. di *bocca*] s. f. ● (*scherz.*) Ciò che si riferisce al mangiare.

†buccòlico ● V. *bucolico*.

bùccolo ● V. *boccolo*.

bucèfalo [vc. dotta, lat. *bucĕphalu(m)*, dal gr. *Bouképhalos*, comp. di *bôus* 'bue' e *kephalḗ* 'capo', n. del cavallo di Alessandro Magno] s. m. ● (*scherz.*) Cavallo, spec. di poco valore.

†bucèllo [etim. incerta] s. m. ● (*tosc.*) Giovenco, vitello.

†bucentàuro ● V. *bucintoro*.

†bucentòro ● V. *bucintoro*.

bùcero [vc. dotta, *būceru(m)* 'che ha le corna di bue', dal gr. *boúkerōs*, comp. di *bôus* 'bue' e *kéras* 'corno'] s. m. ● Grosso uccello dei Coraciformi, dal becco enorme incurvato e compresso, sormontato alla base da una protuberanza ossea a forma di elmo (*Bucerus rhinoceros*).

Buceròtidi [comp. di *bucero* e *-idi*] s. m. pl. ● Nella tassonomia animale, famiglia di Uccelli equatoriali, provvisti di appendici sul becco, cui appartiene il bucorvo (*Bucerotidae*) | (al sing. *-e*) Ogni individuo di tale famiglia.

bucheràme [dal n. della città di provenienza, *Buhārā*, nell'Usbechistan; dal sanscrito *vihāra* 'monastero' (?)] s. m. ● Tela fine e trasparente di bambagia.

†bucheràre [da *buco*] **A** v. tr. **1** Fare buchi. **2** (*raro*) Ambire a q.c. **B** v. intr. ● Brigare | Procacciarsi voti.

†bucheratìccio agg. ● Bucherellato.

bucherellàre v. tr. (*io bucherèllo*) ● Forare con molti piccoli buchi: *i tarli bucherellano i vecchi mobili*.

bucherellàto part. pass. di *bucherellare*; anche agg. ● Nei sign. del v.

buchétta s. f. **1** Dim. di *buca*. **2** Nelle corse atletiche di velocità, ciascuna delle due piccole buche scavate nel terreno aventi la stessa funzione dei blocchi di partenza che attualmente le sostituiscono.

buchétto s. m. **1** Dim. di *buco*. **2** Fossetta nel mento, nelle gote.

bùci [vc. onomat.] inter. ● (*tosc.*) Si usa per ordinare silenzio o per raccomandare segretezza | Anche raff.: *zitto e b.!*

†bùcina e *deriv.* ● V. *buccina* e *deriv.*

bùcine [lat. *būcinu(m)* 'buccino, specie di conchiglia' (?)] s. m. ● Rete a forma di conchiglia, per pescare o per uccellare | *Entrare nel b.*, (*fig.*) nell'imbroglio, nel pericolo.

bucintòro o **†bucentàuro**, **†bucentòro** [etim. discussa: gr. **boukéntauros* 'grande centauro', comp. di *bôus* 'bue' e *kéntauros* 'centauro' (?)] s. m. ● Nave con quaranta remi ornata di fregi, ori e pitture, usata a Venezia dal doge in occasione di solennità | (*est.*) Nave di rappresentanza o diporto in uso presso i sovrani degli antichi Stati italiani.

†bùcio o **†bùccio (2)** [etim. incerta] s. m. ● (*gener.*) Scafo, bastimento | Naviglio a più ordini di remi.

bùco [da *buca*] s. m. (pl. *-chi*) **1** Cavità o apertura, naturale o artificiale, profonda e stretta, generalmente tondeggiante, nel terreno o in altra superficie: *il b. della serratura*; *un b. nella tasca*; *fare un b. nel muro* | *Banda del b.*, quella di ladri che penetrano nei locali da svaligiare attraverso un foro opportunamente praticato in muri, pareti divisorie e sim. | *Non cavare un ragno dal b.*, (*fig.*) non raggiungere alcun risultato valido | *Fare un b. nell'acqua*, fallire | Orifizio corporale: *buchi del naso, delle orecchie*. SIN. Foro, pertugio. **2** Ambiente angusto, spec. squallido e buio: *questa camera è un b.* | Luogo nascosto, recesso: *l'aveva condotto per tutti i buchi* (MANZONI) | *Vivere nel proprio b.*, in modo modesto e ritirato. **3** (*mar.*) *B. di gatto*, passaggio dalle sartie alla piattaforma della coffa. **4** (*astron.*) *B. nero*, regione dello spazio da cui, a causa dell'intensa forza gravitazionale generata dal collasso di una stella, la luce non può sfuggire | (*fig.*) *B. nero*, ciò che consuma, inghiotte, annulla e sembra non avere fondo. **5** (*fig.*, *gener.*) Mancanza, lacuna | Debito, disavanzo finanziario | *Tappare, turare un b.*, pagare un debito, colmare un disavanzo | Mancata pubblicazione, in un giornale, di una notizia importante data da altri | Nel gioco del calcio e sim., fallito intervento sulla palla. **6** (*elettron.*) Posizione libera nella banda di valenza di un semiconduttore che si comporta come una carica elettronica positiva con una massa positiva. **7** (*gerg.*) Iniezione di droga, spec. eroina || PROV. Non tutte le ciambelle riescono col buco. || **bucherellino**, dim. | **bucherèllo**, dim. | **buchétto**, dim. (V.) | **buchino**, dim. | **bucolino**, dim. | **bucóne**, accr.

bucòlica o **†buccòlica (1)** [vc. dotta, lat. *bucŏlica* (n. pl.), dal gr. *boukolikós* 'pastorale', da *boukólos* 'pastore (*-kólos*) di buoi (*bôus*)'] s. f. ● Poesia pastorale in forma di egloga: *le bucoliche di Virgilio*.

bucòlico o **†buccòlico** [vc. dotta, lat. *bucŏlicu(m)*, dal gr. *boukolikós* (V. *bucolica*)] agg. (pl. m. *-ci*) **1** Pastorale: *poesia bucolica* | *Dieresi bucolica*, dopo il quarto metro dell'esametro greco e latino. **2** Che evoca l'ambiente sereno dei campi e la vita campestre: *paesaggio b.* || **bucolicaménte**, avv.

bucòrvo [comp. di *bu(e)* e *corvo*, come trad. del n. lat. scient. *Bucorax*] s. m. ● Uccello con piumaggio nero lucente, della famiglia dei Bucerotidi, munito di una grossa prominenza a elmo sulla base del grosso becco (*Bucorax abyssinicus*).

bucrànio [vc. dotta, lat. *bucrāniu(m)*, dal gr. *boukránion*, comp. di *bôus* 'bue' e *kraníon* 'cranio'] s. m. ● Motivo ornamentale architettonico dello stile dorico che riproduce un cranio di bue.

bùdda o **buddha** [sanscrito *buddhāh*, part. pass. di *bódhati* 'svegliare, illuminare'] s. m. (pl. *bùdda* o *bùddi*) **1** Epiteto del principe Gotama, vissuto in India nel VI-V sec. a.C., il quale predicò le dottrine morali e filosofiche che sono all'origine del buddismo | Epiteto di ogni altro asceta buddista. **2** (*est.*) *Viso di, da b.*, dall'espressione indifferente ed enigmatica | (*ell.*) *Alla b.*, con le gambe incrociate sotto il tronco: *stare seduto alla b.*

buddha e *deriv.* ● V. *budda* e *deriv.*

buddhismo /bud'dizmo/ e *deriv.* ● V. *buddismo* e *deriv.*

buddismo o **buddhismo** s. m. ● Dottrina etica e filosofica predicata da Budda e forma religiosa che essa ha assunto in molti paesi orientali.

buddista o **buddhista** s. m. e f.; anche agg. (pl. m. *-i*) ● Seguace del buddismo.

buddistico o **buddhistico** agg. (pl. m. *-ci*) ● Che si riferisce al buddismo.

budellàme s. m. ● (*raro*) Massa di budella, spec. di animali.

budèllo [lat. *botĕllu(m)* 'salsiccia', der. di *bŏtulum* 'sanguinaccio', di prob. origine osca] s. m. (pl. *budèlla* f., raro *budèlle* f. nel sign. proprio; pl. *budèlli* m. nel sign. fig.) **1** (*pop.*) Intestino | *Empirsi le budella*, mangiare molto | *Cavare le budella*, (*fig.*) uccidere | *Sentirsi tremare, torcere, rimescolare le budella*, (*fig.*) avere paura. **2** (*fig.*) Tubo: *un b. di gomma per annaffiare* | Imbottitura di oggetti vari. *3* (*fig.*) Vicolo lungo e stretto, spec. maleodorante | Corridoio lungo e angusto. || **budellino, dim.** | **budellóne, accr.** (V.).

budellóne s. m. (f. *-a*) *1* Accr. di *budello*. *2* (*fig., spreg.*) Gran mangiatore.

budget /*ingl.* 'bʌdʒit/ [vc. ingl., dal fr. *bougette* 'piccola borsa (*bouge*)', poi la 'borsa del ministro del tesoro', quindi 'bilancio dello stato'] s. m. inv. *1* Bilancio di previsione nel quale sono esposti quali saranno i risultati della gestione di un'azienda se si verificheranno certi presupposti e certi fatti giudicati probabili. *2* (*est.*) Piano finanziario, programma di spesa di un'azienda o di un settore di essa | *B. pubblicitario*, somma stanziata per una campagna pubblicitaria.

budgetàrio /buddʒe'tarjo/ o **buggettàrio** agg. ● Pertinente al budget | *Controllo b.*, riscontro sistematico dei risultati di gestione con le previsioni del budget.

budìno o (*raro*) **bodìno**, (*raro*) †**pudìno** [ingl. *pudding*, dal fr. *boudin* 'sanguinaccio', di etim. incerta, che ha influenzato nella forma e in alcuni sign. la vc. it.] s. m. ● Dolce a base di semolino, latte, uova e zucchero, cotto in forno o a bagnomaria in apposito stampo e sformato ben freddo: *b. di cioccolata*; *b. alla crema*.

†**budrière** o †**bodrière** [fr. *baudrier*, di etim. incerta] s. m. ● Larga striscia di cuoio portata dai soldati ad armacollo per appendervi la sciabola o la spada | Correggiame per trasportare addosso armi e bagaglio.

bùe o **bòve** [lat. *bŏve(m)*, di origine indeur.] s. m. (f. †*buéssa* (V.); pl. m. *buòi*) *1* Genere di Mammiferi ruminanti appartenenti alla famiglia dei Bovidi, con corpo grosso e tozzo, corna presenti in entrambi i sessi (*Bos*) | (*per anton.*) Una specie di tale genere (*Bos taurus*) | *Bue marino*, dugongo | *Bue muschiato*, grosso mammifero ruminante con orecchie piccole, corna larghe e appiattite alla base, vello lunghissimo e ondulato e coda ridottissima (*Ovibos moschatus*). *2* Correntemente, maschio adulto castrato dei bovini addomesticati | *Occhio di bue*, (*fig.*) occhio molto grande; (*est.*) finestrino tondo; (*est.*) lente convessa di lanterna | *Uova all'occhio di bue*, uova cotte al burro in tegame. *3* (*est.*) Carne di bue macellata o cucinata: *bue brasato al barolo*. *4* (*fig.*) Uomo stolido, ignorante, duro nell'apprendere | *Bue d'oro*, uomo ricco e ignorante | *Avere del bue*, avere poco giudizio | *Parco buoi*, (*gerg.*) l'insieme di coloro che, privi di adeguate competenze tecniche, giocano in borsa attratti dal miraggio di facili guadagni | (*raro*) *Imparare il bue a mente*, non studiare nulla || PROV. Moglie e buoi dei paesi tuoi. || **buàccio, pegg.**

†**bueggiàre** v. intr. ● Agire senza criterio.

buen retiro /*sp.* 'bwen rre'tiro/ [loc. sp., propr. 'buon ritiro, buon asilo'] loc. sost. m. inv. ● Ritrovo di amanti | (*est.*) Luogo calmo e appartato, in cui si cercano riposo e tranquillità.

†**buéssa** [deriv. scherz. di *bue*] s. f. ● Vacca | (*fig.*) Donna rozza.

bùfala s. f. *1* Femmina del bufalo: *mozzarella di b.* *2* (*fig., scherz.*) Errore, svista madornale | Notizia giornalistica priva di fondamento. *3* (*fig., scherz.*) Cosa di scarsa qualità: *dopo tante bufale, finalmente un buon film!*

bufalàio s. m. ● (*merid.*) Lavoratore addetto al governo e alla mungitura delle bufale e delle vacche | Chi custodisce le mandrie di bufali.

bufalàra s. f. ● (*merid.*) Pascolo di bufali.

†**bufalàta** s. f. ● Corsa delle bufale, nella Firenze antica.

bufalìno agg. ● Di bufalo: *carne bufalina*.

bùfalo o †**bùffalo**, (*dial.*) **bùffolo**, (*dial.*) **bùfolo** [lat. parl. *būfalu(m)*, parallelo di *būbalu(m)*, dal gr. *bóubalos*, di etim. incerta] s. m. (f. *-a* (V.)) *1* Genere di mammiferi ruminanti dei Bovidi con arti robusti, pelame duro e setoloso, corna larghe e assai sviluppate e fronte convessa (*Bubalus*) | (*fig.*) *Fare il b.*, fare grandi fatiche | (*fig.*) *Mangiare come un b.*, senza moderazione | (*fig.*) *Soffiare come un b.*, respirare affannosamente, per la fatica, la pinguedine e sim. | (*fig.*) †*Non vedere un b. nella neve*, non vedere cose evidenti. *2* (*fig.*) Uomo goffo e grossolano. || **bufalàccio, pegg.** | **bufalìno, dim.** | **bufalóne, accr.** | **bufalòtto, accr.**

†**bufàre** [forma dial. di *buffare*] v. intr. *1* (*dial.*) Nevicare con vento. *2* V. *buffare*.

bufèra [da *buffare* in forma sett.] s. f. *1* Fortunale, tempesta, tormenta. *2* (*fig.*) Sconvolgimento psicologico, sociale e sim. | Periodo denso di avvenimenti drammatici: *la b. della rivoluzione*. SIN. Burrasca, tormenta.

bùffa (1) [vc. onomat., come *buffare*] s. f. *1* (*raro, lett.*) Forte e improvviso soffio di vento: *la corta b. / d'i ben che son commessi a la fortuna* (DANTE *Inf.* VII, 61-62). *2* (*raro, lett.*) Beffa, burla.

bùffa (2) [da *buffa* (*1*), in quanto 'parte dell'elmo per cui si respira (?)'] s. f. *1* Berretto che copre gli orecchi e parte della faccia | Cappuccio delle cappe di alcune confraternite | Nelle antiche armature, visiera amovibile della celata aperta a protezione del volto dalla fronte alla bocca | †*Tirar giù la b.*, (*fig.*) calare la maschera. *2* (*mil., gerg.*) Fanteria, per i soldati delle altre armi, spec. gli alpini.

†**bùffalo** ● V. *bufalo*.

buffàre o †**bufàre** nel sign. 1 [vc. onomat., da *buff-* 'soffiare, gonfiare'] **A** v. intr. (aus. *avere*) *1* (*raro*) Sbuffare. *2* Emettere un caratteristico soffio, detto di branchi di anatre in volo. *3* (*fig.*) †Dire sciocchezze. **B** v. tr. ● Nel gioco della dama, portar via all'avversario il pezzo con cui ha omesso di mangiare: *b. una pedina*.

buffàta s. f. ● Soffio di vento, fumo e sim.: *una b. di vento portò fin lì dei canti lontani* (D'ANNUNZIO). SIN. Sbuffo.

buffatóre s. m. ● Anticamente, operaio di vetreria che faceva i fiaschi soffiando nel vetro con l'apposita canna.

buffè s. m. ● Adattamento di *buffet* (V.).

buffer /*ingl.* 'bʌfə*/ [vc. ingl., letteralmente 'cuscinetto'] s. m. inv. ● (*elab.*) Memoria di transito sulla quale si immagazzinano dati prima del loro trasferimento sull'unità periferica oppure prima del loro trasferimento in memoria centrale.

†**bufferìa** [da *buffo* (*2*)] s. f. ● Buffoneria | Impostura.

bufferiẓẓàre [da *buffer*] v. tr. ● (*elab., elettr.*) Dotare un dispositivo di buffer.

bufferiẓẓàto [da *bufferizzare*] part. pass. di *bufferizzare*; anche agg. ● (*elab., elettr.*) Detto di dispositivo dotato di buffer.

buffet /*fr.* by'fɛ/ [vc. fr., di etim. incerta] s. m. inv. *1* Credenza a uno o due corpi usata per conservare o esporre argenterie e stoviglie. *2* Tavola su cui nei ricevimenti sono esposti o serviti cibi, vini, bibite e sim. | (*est.*) Quanto viene servito in un pranzo in piedi. *3* Caffè ristoratore in luoghi di transito o sosta: *b. della stazione ferroviaria*.

buffetterìa (1) [da *buffet*] s. f. ● Servizio di buffet.

buffetterìa (2) [fr. *buffeteries* 'oggetti di pelle di bufalo (*buffle*)'] s. f. ● (*spec. al pl.*) Accessori in cuoio del cacciatore e del soldato.

buffétto (1) [dalla vc. onomat. *buff-* 'soffio; gonfio' per la sua leggerezza] agg. ● Nella loc. *pan b.*, fino, soffice.

buffétto (2) [da *buffa* (*1*), con lo stesso sviluppo che ha portato il fr. *souffler* 'soffiare' a *soufflet* 'schiaffo'] s. m. *1* Schiocco di due dita, gener. pollice e medio | Colpo leggero dato con le dita sulla gota: *lo salutò con un b. affettuoso*. *2* (*fig.*) †Colpo di sfortuna.

buffétto (3) s. m. ● Adattamento di *buffet* (V.).

bùffo (1) [da *buffare*] s. m. ● Soffio, impetuoso e improvviso: *giungevano buffi salmastri* (MONTALE) | Sbuffo di fumo e sim. SIN. Buffata. || **buffétto, dim.**

bùffo (2) [tratto da *buffone* (*1*)] **A** agg. *1* Che provoca ilarità: *un tipo b.* | Che è ridicolo e bizzarro insieme: *mi fate una figura così buffa* (CARDUCCI). *2* Comico: *opera buffa*; *attore b.* || **buffaménte, avv.** **B** s. m. *1* Attore cui sono affidati i ruoli comici o grotteschi nell'opera buffa o nell'opera seria. *2* (*raro*) Uomo ridicolo, che fa ridere. **C** s. m. solo sing. ● Cosa buffa, elemento o particolare ridicolo: *il b. è che ha ragione lui* | Comicità: *scoprire, notare il b. di una situazione*.

bùffo (3) [vc. di origine espressiva] s. m. ● (*dial.*) Debito: *ha lasciato un b. di 5 milioni*.

†**bùffola** [dalla vc. onomat. *buff-* 'soffio'] s. f. ● (*raro*) Inezia.

bùffolo ● V. *bufalo*.

buffonàggine [da *buffone* (*1*)] s. f. ● (*raro*) Azione, discorso, comportamento da buffone.

†**buffonàre** v. intr. ● Fare il buffone.

buffonàta s. f. *1* Antica azione scenica all'aperto rappresentata durante il Carnevale in Versilia. *2* Azione, discorso da buffone | Azione, discorso di nessuna importanza e serietà: *fare, dire buffonate*; *è una b., non una cosa seria*. SIN. Pagliacciata.

buffóne (1) [dall'onomat. *buff-* 'gonfiare (le gote)' per far ridere] s. m. (f. *-a*) *1* Colui che nel Medio Evo e nel Rinascimento esercitava il mestiere di divertire: *b. di corte*. SIN. Giullare. *2* (*fig.*) Chi volge in ridicolo le cose serie e intrattiene gli altri divertendoli. SIN. Burlone, pagliaccio. *3* (*fig.*) Persona priva di serietà e dignità nei discorsi, nel comportamento e sim.: *qual motivo di ridere trovate in ciò? b.* (GOLDONI). || **buffonàccio, pegg.** | **buffoncèllo, dim.** | **buffoncìno, dim.**

buffóne (2) [da *buffo* 'gonfio', per la sua forma] s. m. ● Vaso di vetro, panciuto e corto di collo, per tenere in fresco le bevande.

buffoneggiàre [da *buffone* (*1*)] v. intr. (*io buffonéggio*; aus. *avere*) ● Fare il buffone.

buffonerìa s. f. *1* Azione, discorso da buffone. SIN. Buffonata. *2* Atteggiamento, comportamento da buffone.

buffonésco agg. (pl. m. *-schi*) ● Pertinente a buffone, nel sign. di *buffone* (*1*) | Ridicolo, privo di serietà. || **buffonescaménte, avv.**

†**buffonévole** agg. ● Buffonesco.

†**buffonìa** s. f. ● (*raro*) Buffoneria.

buffonìsta [trad. it. del fr. *bouffon* 'attore di opere buffe', dall'it. *buffone*] s. m. (pl. *-i*) ● (*spec. al pl.*) Attori italiani che nel XVIII sec. introdussero in Francia l'opera buffa e altri spettacoli leggeri.

†**bùfo** ● V. †*bufone*.

bùfolo ● V. *bufalo*.

†**bufonchiàre** ● V. *bofonchiare*.

†**bufóne** o †**bùfo** [vc. dotta, lat. *bufōne(m)*, vc. onomat.] s. m. ● Rospo.

buftalmìa [vc. dotta, da *buftalmo*] s. f. ● (*med.*) Protrusione dell'occhio dalla cavità orbitaria.

buftàlmo [dal gr. *boúphthalmos*, comp. di *bôus* 'bue' e *ophthalmós* 'occhio'] s. m. ● Pianta erbacea delle Composite con foglie alterne su uno stelo gracile e grandi capolini solitari di fiori gialli (*Buphtalmum salicifolium*). SIN. (*pop.*) Occhio di bue.

bug /*ingl.* bʌg/ [vc. ingl., propr. 'cimice', che negli Stati Uniti assunse anche il sign. di 'difetto in un meccanismo'] s. m. inv. ● (*elab.*) In informatica, errore di programmazione che impedisce a un computer di funzionare.

buganvìllea [dal n. del navigatore al quale è stata dedicata, L.-A. de *Bougainville* (1729-1811)] s. f. ● Pianta arbustiva delle Nictaginacee con rami spinosi e fiori piccoli avvolti da tre brattee di colore variabile dal rosa al porpora (*Bougainvillea spectabilis*).

bugànza [etim. incerta] s. f. ● (*sett.*) Gelone.

bùggera [da *buggerare*] s. f. *1* (*pop.*) Sproposito, fandonia, stupidaggine. SIN. Buggerata. *2* (*raro, pop.*) Stizza, rabbia.

buggeraménto s. m. ● (*raro, pop.*) Atto, effetto del buggerare.

buggeràre [dal lat. tardo *bŭgeru(m)*, var. di *bŭlgaru(m)* 'bulgaro', poi 'eretico' (perché i bulgari avevano aderito all'eresia patarina), quindi 'sodomita' (secondo l'uso di adoperare n. di eretici come termini d'insulto)] v. tr. (*io bùggero*) *1* (*raro, volg.*) Compiere atti di sodomia. *2* (*fig., pop.*) Ingannare: *s'è lasciato b. come un novellino*. SIN. Buscherare.

buggeràta s. f. ● (*pop.*) Stupidaggine, fandonia, frottola: *badate ai fatti vostri e alle buggerate che vi contano* (BACCHELLI).

buggeratùra s. f. ● (*pop.*) Raggiro, imbroglio.

buggerìo s. m. *1* (*pop.*) Chiasso, frastuono, confusione. *2* (*tosc.*) Gran quantità.

buggeróne **A** s. m.; anche agg. (f. *-a*) ● (*pop.*) Chi, che buggera. **B** agg. ● (*pop.*) Molto grande, straordinario: *paura buggerona*.

buggettàrio ● V. *budgetario*.

bugìa (1) [fr. *bougie*, dal n. della città algerina *Bougie*, da cui si importavano cera e candele rinomate] s. f. (pl. *-gie*) ● Piccolo candeliere la cui base è costituita da un piattellino con manico | Lucerna a olio costituita da una piccola cassetta cilindrica.

bugìa (2) [ant. provz. *bauzia*, dal germ. *bausja* 'cattiveria, inganno'] s. f. (pl. *-gìe*) *1* Asserzione coscientemente contraria alla verità: *dire, raccontare bugie, un sacco di bugie*; *io non venni qui per dirvi le bugie* (BOCCACCIO) | *B. pietosa*, che dissimula la verità per evitare conseguenze dolorose o comunque gravi. SIN. Fandonia, frottola, menzogna. *2* (*fam.*) Macchietta bianca sulle unghie || PROV. Le bugie hanno le gambe corte. || **bugiàccia**, pegg. | **bugiétta**, dim. | **bugiìna**, dim. | **bugióna**, accr. | **bugióne**, accr. m. | **bugiùccia**, **bugiùzza**, dim.

bugiardàggine s. f. ● Qualità di chi è bugiardo.

bugiarderìa s. f. *1* Menzogna. *2* (*raro, lett.*) Bugiardaggine.

bugiardino [da *bugiardo*, perché ingannevole] s. m. ● Foglietto accluso alla confezione di un farmaco, del quale spiega le caratteristiche, le indicazioni terapeutiche, la posologia e sim.

bugiàrdo [ant. provz. *bauzios*, da *bauzia* 'bugia (2)', con suff. pegg.] **A** agg. *1* Che dice bugie | †*Fare b. qc.*, smentirlo. *2* (*lett.*) Falso, illusorio, menzognero: *lacrime, promesse, apparenze bugiarde*; *la bugiarda speranza ti guida intanto per mano* (FOSCOLO). *3* †Detto di una qualità di pera che sembra acerba e non lo è. || **bugiardaménte**, avv. Da mentitore. **B** s. m. (f. *-a*) ● Persona bugiarda: *è un b. incorreggibile*; *dare a qc. del b.* SIN. Impostore || PROV. Il bugiardo deve aver buona memoria. || **bugiardàccio**, pegg. | **bugiardèllo**, dim. | **bugiardino**, dim. | **bugiardóne**, accr. | **bugiarduòlo**, dim.

†**bugiàre** (1) [ant. provz. *bauzar* 'ingannare con *bugia* (*bauza*)'] v. intr. ● Dire bugie.

†**bugiàre** (2) [da *bugio* nel senso di 'buco'] v. tr. ● Bucare.

bugigàttolo [da *bugio* del *gatto* (?)] s. m. *1* Stanzino oscuro, spec. usato come ripostiglio: *un b. d'una cameruccia di questa giovane serva* (CELLINI) | Abitazione ristretta e squallida: *vivere in un b.* *2* Sottoscala.

†**bùgio** o (*sett.*) †**bùso** [sing. tratto dal pl. di 'buco' nella forma sett. *bugi* (?)] **A** agg. ● Bucato, vuoto. **B** s. m. ● (*raro*) Buco, foro.

†**bùglia** [etim. discussa: sp. *bulla*, da *bullir* 'bollire' (?)] s. f. ● Moltitudine confusa di persone o cose.

†**bugliàre** [da *buglia*] v. intr. e intr. pron. ● Imbrogliarsi, ingarbugliarsi.

bugliòlo o (*lett.*) **bugliuòlo** [dal lat. parl. **būlliu(m)* 'tino', di origine celt. (?)] s. m. *1* Secchio di legno, cuoio o tela, con manico di corda per attingere acqua dal mare e lavare i ponti. *2* Vaso per escrementi, in uso, spec. in passato, nelle carceri.

buglióne [fr. *bouillon*, da *bouillir* 'bollire'] s. m. *1* †Brodo | Liquido mescolato con materie che alterano. *2* (*raro, fig., lett.*) Mescolanza, accozzaglia di gente e cose disparate.

bugliuòlo ● V. *bugliolo*.

buglòssa [vc. dotta, lat. *buglōssa(m)*, dal gr. *bóuglōssos*, comp. di *bôus* 'bue' e *glôssa* 'lingua'] s. f. ● Pianta erbacea delle Borraginacee con fusto eretto, foglie intere e fiori in racemi di color viola o bianco (*Anchusa officinalis*). SIN. Lingua di bue | *B. vera*, borragine.

bùgna [lat. parl. **būnia(m)*, di etim. incerta] s. f. *1* Pietra lavorata sporgente da un muro: *b. rozza* o *rustica*, *piana* o *liscia*, *a diamante*. SIN. Bozza. *2* (*mar.*) Angolo inferiore di una vela a cui si fissa la scotta | Struttura sovrapposta alle carene per la difesa dal siluro. *3* Arnia. ➡ ILL. p. 1291 SPORT.

bugnàre v. tr. ● Lavorare a bugne una facciata o un muro.

bugnàto **A** part. pass. di *bugnare*; anche agg. *1* Nel sign. del v. *2* (*mar.*) *Carena bugnata*, cui è stata sovrapposta la bugna. **B** s. m. ● Paramento murario formato da bugne, in uso nell'architettura romana e medievale e spec. nei palazzi del Rinascimento | *B. rustico*, a bugne appena sbozzate dalla superficie ruvida | *B. liscio*, a bugne regolarmente squadrate dalla superficie levigata | *B. a punta di diamante*, a bugne sfaccettate in forma di piramide con la punta rivolta verso l'esterno.

bugneréccia s. f. (pl. *-ce*) ● Insieme di bugni o alveari.

bùgno [da *bugna*] s. m. ● Arnia rustica per api a favo fisso simile al ricovero naturale.

bùgnola [da *bugna*] s. f. *1* Paniere di paglia per biade, crusca e sim. | Cestina. *2* (*tosc.*) Banco degli accusati. *3* Cattedra, spec. degli accademici della Crusca.

bùgola o (*tosc.*) **bùgula** [etim. incerta] s. f. ● Pianta erbacea delle Labiate con stoloni, foglie ovate opposte e fiori blu-violetti (*Ajuga reptans*). SIN. Morandola.

buiatrìa [comp. di *bu(e)* e *-iatria*] s. f. ● Scienza che studia le malattie dei bovini.

†**buìccio** s. m. *1* Dim. di *buio*. *2* Penombra: *così al b.* (MACHIAVELLI).

buìna ● V. *bovina*.

bùio o †**bùro** [lat. parl. **būriu(m)*, da *bŭrrus* 'rosso cupo' con sovrapposizione di altra vc.] **A** agg. *1* Che è privo di luce, che non è illuminato: *stanza buia*; *era una notte buia* | *Tempo b.*, nuvoloso. SIN. Oscuro, tenebroso. *2* (*fig.*) Corrucciato, triste: *essere b. in viso*. *3* (*fig.*) Difficile a intendere: *la mia narrazion buia* (DANTE *Purg.* XXXIII, 46). SIN. Astruso. **B** s. m. *1* Mancanza di luce: *per più giorni dovei stare al b.* (ALFIERI) | *B. pesto*, *fitto*, *che si affetta*, *come in gola al lupo*, molto intenso | *A b.*, *sul b.*, all'imbrunire | *Al b.*, nell'oscurità | *Avvolto nel b.*, (*fig.*) ignorato, misterioso | *Essere al b.*, (*fig.*) ignorare | *Tenere al b.*, (*fig.*) nascondere | *Fare un salto nel b.*, (*fig.*) affrontare q.c. senza poterne prevedere le conseguenze | *Mettere al b.*, (*raro*) in prigione. SIN. Oscurità, tenebra. CONTR. Luce. *2* (*fig.*) Mancanza assoluta: *b. di notizie*. *3* (*fig.*) Ciò che è poco comprensibile o poco noto: *ti perdi nel b.* (PIRANDELLO). *4* Nel gioco del poker, puntata, effettuata senza vedere le carte, di valore doppio del piatto, che esonera dall'apertura e consente, a chi l'effettua, di giocare per ultimo || PROV. Al buio tutte le gatte sono bigie. || †**buìccio**, dim. (V.).

†**buióre** s. m. ● Oscurità.

buiósa s. f. ● (*gerg., lett.*) Prigione.

bulàre [etim. incerta] v. tr. ● Seminare essenze da prato, in primavera, in colture di cereali già adulte. SIN. Consociare.

bulatùra s. f. ● Atto, effetto del bulare.

bulbàre agg. ● Del, relativo al bulbo.

bulbicoltóre [comp. di *bulbo* e *-coltore*] s. m. (f. *-trice*) ● Chi si dedica alla bulbicoltura.

bulbicoltùra [comp. di *bulbo* e *-coltura*] s. f. ● Branca della floricultura relativa alla coltivazione delle piante bulbose da fiore.

bulbìfero [vc. dotta, comp. di *bulbo* e *-fero*] agg. ● Fornito di bulbo.

bulbifórme [vc. dotta, comp. di *bulbo* e *-forme*] agg. ● Che ha forma di bulbo.

bulbìllo [vc. dotta, lato *bulbĭllu(m)*, dim. di *bŭlbus* 'bulbo'] s. m. ● (*bot.*) Gemma aerea che, staccata dalla pianta madre, è capace di emettere radici dando origine a una nuova pianta.

bùlbo [vc. dotta, lat. *bŭlbu(m)*, dal gr. *bolbós*, con reduplicazione fonosimbolica] s. m. *1* (*bot.*) Grossa gemma sotterranea formata da un breve fusto circondato da foglie a forma di squame. ➡ ILL. **botanica generale**. *2* (*anat.*) Formazione globosa o fusiforme | *B. pilifero*, radice germinale del pelo | *B. oculare*, nella cavità orbitale, sfera nella cui sezione anteriore è posta la cornea | *B. rachidiano*, midollo allungato. *3* Involucro di vetro contenente gas vario che costituisce le speciali lampade usate per l'illuminazione a lampo: *b. azzurrato*; *b. bianco*. *4* (*est.*) Oggetto sferico atto a contenere liquidi: *nel b. del termometro è posto il mercurio*. *5* (*mar.*) Blocco di ghisa o sim. di forma idrodinamica applicato in fondo alla deriva fissa per aumentare la stabilità di un'imbarcazione a vela. ➡ ILL. p. 1756 TRASPORTI. *6* (*ferr.*) *Ferro a b.*, laminato con la sezione simile a quella della rotaia.

bulbocàstano [vc. dotta, comp. di *bŭlbu(m)* 'bulbo' e del gr. *kástanon* 'castagna'] s. m. ● Pianta erbacea delle Ombrellifere con fiori bianchi e radice tuberosa commestibile (*Bunium bulbocastanum*). SIN. Castagna di terra.

bulbóso [lat. *bulbōsu(m)*, da *bŭlbus* 'bulbo'] agg. ● Fornito di bulbo | Bulbiforme.

†**buldriàna** [etim. incerta] s. f. ● Baldracca.

bulè o **bùle** [vc. dotta, gr. *boulḗ*] s. f. ● Nell'antica Grecia, consiglio dei rappresentanti della polis.

bulèsia [etim. incerta] s. f. ● (*zool.*) Fettone.

bulèuta [vc. dotta, gr. *bouleutḗs*] s. m. (pl. *-i*) ● Nell'antica Grecia, membro della bulè.

bùlgaro [lat. tardo *Bŭlgaru(m)*: letteralmente 'uomini del Volga (*Bolg*)' (?)] **A** agg. ● Della Bulgaria: *cittadino b.*; *cuoio, ricamo b.*; *lingua bulgara*. **B** s. m. (f. *-a* nel sign. 1) *1* Abitante, nativo della Bulgaria. *2* Cuoio pregiato, rosso cupo e odoroso, usato in pelletteria e in legatoria. *3* Ricamo vivacemente variopinto. **C** s. m. solo sing. ● Lingua del gruppo slavo, parlata dai Bulgari.

bulge /ingl. bʌldʒ/ [ant. fr. *bouge*, da *bŭlga* 'sacco di cuoio', per la forma concava] s. m. inv. ● Fasciame aggiunto alle navi da guerra per proteggerle da siluri e mine.

bulicàme [da *bulicare*] s. m. *1* (*raro*) Sorgente da cui l'acqua sgorga bollendo e gorgogliando | Gorgoglio d'acque correnti | (*lett.*) Corrente tumultuosa di acqua, sangue e sim.: *parea che di quel b. uscisse* (DANTE *Inf.* XII, 117). *2* (*geol.*) Vulcanetto di fango. SIN. Salsa (2). *3* (*fig.*) Moltitudine confusa di persone o di cose.

bulicàre o †**bollicàre** [lat. **bullicāre*, iter. di *bullire* 'bollire'] v. intr. (*io bùlico, tu bùlichi*; aus. *avere*) *1* Bollire, ribollire, spec. dell'acqua. *2* (*raro, fig.*) Brulicare | Agitarsi.

†**bùlima** [etim. incerta] s. f. ● Frotta confusa di persone.

bulimìa [vc. dotta, gr. *boulimía* 'fame divoratrice', comp. di *bôus* 'bue' nel senso di 'grande' e *limós* 'fame'] s. f. ● (*med.*) Senso morboso di fame.

bulìmico **A** agg. (pl. m. *-ci*) ● (*med.*) Che riguarda la bulimia. **B** s. m. (f. *-a*) ● Chi soffre di bulimia.

bulìna ● V. *bolina*.

bulinàre [da *bulino*] v. tr. ● Incidere col bulino: *b. il rame*.

bulinatóre s. m. ● Chi incide col bulino | Incisore.

bulinatùra s. f. ● Atto, effetto del bulinare.

bulinìsta s. m. (pl. *-i*) ● Bulinatore.

bulìno [etim. incerta: dal longob. **boro* 'succhiello' (?)] s. m. ● Piccolo arnese di acciaio con punta tagliente per incidere metalli, cuoio e pelli | *Arte del b.*, quella dell'incisione.

bull /ingl. bul/ [vc. ingl., propr. 'toro': V. l'opposto *bear* 'orso'] s. m. inv. ● (*banca*) Nel linguaggio della borsa, speculatore al rialzo. SIN. Rialzista.

†**bùlla** ● V. *bolla* (*1*) e (*2*).

bulldog /ingl. 'buldɔg/ [vc. ingl., comp. di *bull* 'toro' e *dog* 'cane'] s. m. inv. ● Razza di cani tozzi e massicci, a pelo raso e con accentuato prognatismo della mandibola | Correntemente, ogni individuo di tale razza.

bulldozer /ingl. 'buldouzə*/ [da *to bulldoze*, nell'ingl. d'America 'intimidire con la forza', di etim. incerta] s. m. inv. ● Macchina semovente cingolata, munita anteriormente di una grande lama per sbancare e spianare terreni, estirpare alberi e cespugli, sgomberare macerie e sim. ➡ ILL. **vigili del fuoco**.

bullétta o **bollétta** (1) [dim. del lat. *bŭlla* 'bolla (2)', per la forma] s. f. *1* Chiodo corto a capocchia larga. *2* V. *bolletta* (*1*) nei sign. 1 e 2. || **bullettìno**, dim. m. | **bullettóne**, accr. m.

bullettàio s. m. ● Fabbricante o venditore di bullette.

bullettàme s. m. ● Insieme di bullette o chiodi, di forma e grandezza varia.

bullettàre v. tr. (*io bullétto*) ● Ornare con bullette.

bullettatùra s. f. ● Atto, effetto del bullettare | Guarnizione di bullette.

bullettìno ● V. *bollettino*.

bullettonàto [da *bullettone*, accr. di *bulletta*, per la forma dei pezzi che lo compongono] **A** s. m. ● Tipo di pavimento costituito da pezzi di marmo o travertino uniti con malta di cemento. **B** anche agg.: *pavimento b.*

bullionìsmo [ingl. *bullionism*, da *bullion*, neerlandese *bulioen*, di origine fr. (*billon*, anche 'lingotto'), accr. di *bille* nel senso di 'parte di albero'] s. m. ● Sistema monetario propugnato nell'Ottocento, in cui la libera convertibilità dei biglietti in circolazione è garantita dall'integrale copertura in oro presso l'istituto emittente.

bullionìsta **A** agg. ● Basato sul bullionismo: *scuola b.*; *politica monetaria b.* **B** s. m. (pl. *-i*) ● Sostenitore del bullionismo.

bùllo o **bùlo** [etim. incerta] **A** s. m. ● Giovane prepotente, bellimbusto | Teppista: *bulli di quartiere*, *di periferia* | (*est.*) Chi si mette in mostra con spavalderia: *fare il b.* **B** agg. ● Spavaldo, sfrontato, prepotente: *aria bulla.*

bullonàggio s. m. ● Bullonatura.

bullonàre [da *bullone*] v. tr. (*io bullóno*) ● Unire o inchiodare con bulloni.

bullonatùra s. f. ● Applicazione di bulloni.

bullóne [fr. *boulon*, dim. di *boule* 'bolla (1)'] s. m. ● Organo di collegamento di parti di macchine, composto da una vite di unione e da un dado avvitato all'estremità filettata della vite.

bulloneria s. f. *1* Fabbrica di bulloni. *2* Insieme dei vari tipi di bulloni usati nei collegamenti meccanici.

bùlo ● V. *bullo.*

†**bulsìno** [da *bolso*] s. m. ● (*raro*) Bolsaggine.

bum [vc. onomat.] inter. *1* Riproduce il rumore forte e rimbombante di un colpo, spec. quello di un'esplosione | Riproduce il suono della grancassa (*spec. iter.*): *cin cin bum bum.* *2* (*fig.*) Esprime incredulità, sottolineando ironicamente una grossa bugia, una spacconata.

bùmerang s. m. ● Adattamento di *boomerang* (V.).

bùna® [nome commerciale: comp. con le sillabe iniziali di *bu(tadiene)* e *na(trium)* 'sodio'] s. f. ● Gomma sintetica ottenuta per polimerizzazione del butadiene usando come catalizzatore il sodio.

bungalow /*ingl.* 'bʌŋgəlou/ [vc. ingl., di origine indost.: *banglā* 'bengalese' cioè originariamente '(casa) del Bengala'] s. m. inv. ● Villino a un piano, con grandi verande.

bùnker (**1**) /'bunker, *ingl.* 'bʌnkə*/ [vc. ingl., propriamente 'deposito (di carbone in un'officina)'] s. m. inv. *1* Deposito di carbone, o gener. di combustibile, su navi, locomotive e sim. *2* (*sport*) Ostacolo artificiale su un percorso di golf, gener. consistente in una buca riempita di sabbia e munita di un riparo opposto alla direzione della palla. ➡ ILL. p. 1290 SPORT.

bùnker (**2**) /'bunker, *ted.* 'bunkər/ [vc. ted., presa nel sec. XIX dall'ingl. *bunker* (V. il prec.)] **A** s. m. inv. (pl. ted. *Bunker*) *1* Ricovero militare sotterraneo in cemento armato, spesso protetto da lastre d'acciaio | Casamatta in cemento armato. *2* (*fig.*) Luogo talmente protetto da risultare quasi inaccessibile: *si è chiuso nel b. del suo ufficio.* **B** in funzione di agg. inv.: *aula b.*

bunkeràggio /bunke'raddʒo/ s. m. ● Atto, effetto del bunkerare.

bunkeràre /bunke'rare/ [da *bunker* (*1*)] v. intr. ● (*mar.*) Rifornirsi del combustibile necessario per coprire la rotta stabilita.

bunkerizzàre [da *bunker*] v. tr. *1* Trasformare un'abitazione, un rifugio, un ricovero in un luogo molto protetto e quasi inaccessibile: *b. un alloggiamento militare.* *2* Chiudere qc. in un luogo simile: *b. un sequestrato.*

Bunodónti [comp. del gr. *bounós* 'montagna, collina' (di origine sconosciuta) e di *odonto-*: detti così perché hanno i denti molari arrotondati nella corona] s. m. pl. ● Nella tassonomia animale, famiglia di Artiodattili a dentatura completa, spesso con zanne e molari a cuspidi arrotondate (*Bunodontia*) | (al sing. *-e*) Ogni individuo di tale famiglia.

buòna s. f. ● (*fam.*) Bella copia: *mettere, copiare in b.*

buonafède o **buòna fède** [comp. del f. di *buono* (*1*) e *fede*] s. f. solo sing. *1* Convinzione di pensare o agire onestamente, giustamente e senza arrecare danno a nessuno: *era in b. quando ha preso la sua decisione.* *2* Ingenuità, fiducia: *approfittare della b. di qc.*

buonagràzia o (*raro*) **bonagràzia**, **buòna gràzia** [comp. del f. di *buono* (*1*) e *grazia*] s. f. (pl. *buonegràzie*) ● Cortesia, gentilezza | *Con tua b.*, se non ti spiace, se permetti.

buonalàna o (*raro*) **bonalàna**, **buòna làna** [comp. del f. di *buono* (*1*) e *lana*] s. f. (pl. *buonelàne* o *buòne làne*) ● Birbante (*spec. iron.*).

†**buonalància** [comp. del f. di *buono* (*1*) e *lancia*] s. m. ● (*raro*) Persona valente nell'adoperare la lancia.

buonamàno o (*raro*) **bonamàno**, **buòna màno** [comp. del f. di *buono* (*1*) e *mano*] s. f. (pl. *buonemàni* o *buòne màni*) ● Mancia.

buonamòrte o **bonamòrte**, **buòna mòrte** [comp. del f. di *buono* (*1*) e di *morte*] s. f. ● Morte serena, spec. dei cattolici muniti dei conforti religiosi | (*est.*) Preghiera o funzione liturgica per ottenere una buona morte.

buonànima o (*raro*) **bonànima**, **buòn'ànima** [comp. del f. di *buono* (*1*) e di *anima*] **A** s. f. (pl. *buonànime*) ● Persona defunta degna di memoria affettuosa e rispettosa: *così diceva sempre la b.*; *la b. di mia nonna* | (*iron.*) Antifrastico: *quella b. ne ha fatte di cotte e di crude.* **B** in funzione di agg. inv.: *mio nonno b.*

buonanòtte o **bonanòtte**, **buòna nòtte** [comp. del femm. di *buono* (*1*) e *notte*] **A** inter. ● Si usa come saluto augurale o di commiato lasciandosi a tarda ora o prima di andare a letto | (*fam.*) *B.!*, *b. sonatori!*, *b. al secchio!*, non c'è più niente da fare, è finita e sim. **B** anche s. f. inv. *1* La formula stessa del saluto: *dare, augurare la b.*; *il bacio della b.* *2* (*pop.*) Bricco o tazza di ceramica, sorretti da un corpo cilindrico bucherellato contenente un lumino a olio o a cera, in cui un tempo si tenevano caldi per la notte infusi, tisane e sim.

buonasèra o **bonasèra**, **buòna sèra** [comp. del f. di *buono* (*1*) e *sera*] **A** inter. ● Si usa come saluto augurale nel mezzo del pomeriggio o alla sera, incontrandosi o accomiatandosi. **B** anche s. f. inv. (raro m.) ● La formula stessa del saluto: *dare la b.*

buonauscita ● V. *buonuscita.*

buonavòglia o (*raro*) **bonavòglia** [comp. del f. di *buono* (*1*) e *voglia*, nel senso di 'volontario'] **A** s. f. (pl. *buonevòglie*) ● Buona volontà, lena: *tornò a lavorare di b.* (VERGA). **B** s. m. inv. *1* (*tosc.*) Giovane medico che presta servizio gratuito negli ospedali. *2* (*tosc.*, *iron.*) Chi ha poca voglia di far bene. *3* †Chi rema volontariamente nelle galee, in pagamento di un debito.

buoncostùme o **buòn costùme** [comp. di *buon(o)* (*1*) e *costume*] **A** s. m. inv. ● Modo di comportarsi conforme alla morale comune: *reati contro il b.* | *Squadra del b.*, speciale reparto di polizia cui è affidata la tutela della pubblica moralità. **B** s. f. ● (*ell.*) Squadra del buoncostume.

buondì o **buòn dì** [comp. di *buon(o)* (*1*) e *dì*] **A** inter. ● Buongiorno. **B** anche s. m.: *dare il b.*

buòn frésco loc. sost. m. (pl. *buòni fréschi*) ● (*pitt.*) Affresco eseguito sull'intonaco umido con colori stemperati ad acqua.

buongiórno o **bongiórno**, **buòn giórno** [comp. di *buon(o)* (*1*) e *giorno*] **A** inter. ● Si usa come saluto augurale spec. al mattino o nel corso della mattinata: *b. a tutti!* **B** anche s. m. inv. ● La formula stessa del saluto: *dare, ricevere il b.* SIN. Buondì.

buongovèrno o (*pop.*) **bongovèrno**, **buòn govèrno** [comp. di *buon(o)* (*1*) e *governo*] s. m. inv. *1* Modo di governare giusto, prudente e sollecito del bene pubblico. *2* Nome di varie magistrature e organi amministrativi e di polizia negli antichi Stati italiani.

buongràdo o **buòn gràdo** [comp. di *buon(o)* (*1*) e *grado*] vc. ● Solo nella loc. avv. *di b.*, †*a b.*, volentieri.

buongustàio o **bongustàio** s. m. (f. *-a*) ● Chi ama la buona cucina | (*est.*) Intenditore, raffinato apprezzatore in campo artistico, letterario e sim.

buongùsto o **buòn gùsto** [comp. di *buon(o)* (*1*) e *gusto*] s. m. solo sing. *1* Capacità raffinata di apprezzamento e di scelta in campo artistico, letterario e sim.: *l'avere avuto in poesia buon gusto* (ARIOSTO) | Capacità di raffinato e aggiornato apprezzamento nel campo della moda, della bellezza femminile e sim. *2* Atteggiamento di decoro, misura, delicatezza: *abbi il b. di tacere.*

buòno (**1**) o (*pop.*) **bòno** [lat. *bŏnu(m)*, isolato nella famiglia indeur., connesso forse con una vc. sans. con il senso di 'omaggio'] **A** agg. (*buòn* davanti a vocale e a consonante seguita da vocale o da *l* o *r*; compar. di maggioranza *più buòno* o *miglióre* (V.); sup. *bonìssimo* o *buonìssimo* o *òttimo* (V.)) *Buono* si tronca in *buon* davanti a vocale o a consonante seguita da vocale o da *l* e *r*: *buon affare, buon anno, buon diavolo, buon carattere, buon profumo.* ATTENZIONE: la forma femminile singolare *buona*, che non muta davanti a consonante, si elide davanti a vocale e richiede perciò l'uso dell'apostrofo: *buona madre, buona macchina, buon'amica. Buono* rimane tale davanti a *s impura, z, x, gn, ps* e *pn*: *buono scultore* (nell'uso è tuttavia frequente il mantenimento della forma tronca: *un buon pneumatico, un buon stipendio*). Al plurale, *buoni* e *buone* normalmente non si elidono: *buoni ottici, buone amicizie.* Il comparativo di maggioranza è *più buòno* o *miglióre*; il superlativo è *buonìssimo* o *òttimo*. (V. nota d'uso ELISIONE e TRONCAMENTO) *1* Che si considera conforme ai principi morali: *un uomo b.*; *una donna buona*; *un'anima buona*; *una buona azione*; *buoni sentimenti*; *buone intenzioni*; *buona volontà*; *buona fede* | *Buona donna*, (*pop.*, *antifr.*) prostituta. CONTR. Cattivo. *2* Docile, mansueto, pacifico: *è un buon figliolo*; *ragazzo, vecchio b.* | (*fig.*) *Un buon diavolo, un buon uomo*, una persona semplice | *B. come il pane*, buonissimo | *Essere in buona*, (*ell.*) di buon umore | *Alla buona*, (*ell.*) in modo semplice, senza eccessive pretese di perfezione | Quieto, tranquillo (*anche iter.*): *siate buoni*; *se ne stava b. b. in un angolo* | *Mare b.*, calmo | (*raro*) *Fare buona vita con qc.*, in pace e d'accordo. SIN. Mite. *3* Cortese, affabile: *buone maniere*; *buone parole*; *buona grazia*; *buon garbo* | *Fare buon viso, buona cera*, fare accoglienza favorevole | *Con le buone*, (*ell.*) senza asprezza, con modi cortesi | *Con le buone o con le cattive*, (*ell.*) in tutti i modi possibili | Benevolo, affettuoso: *sii b. con me* | *Tenersi b. qc.*, conservarsene la simpatia, la benevolenza | *Buoni uffici*, mediazione, intervento benevolo | *Una buona parola*, una raccomandazione | *Di buona voglia, di buon grado, di buon animo*, volentieri, con piacere | *Di buon cuore*, con affetto | *Di buon occhio*, con benevolenza. *4* Abile e idoneo ad adempiere la propria funzione: *un buon soldato*; *un buon medico*; *un buon pagatore*; *una buona vista*; *un b. stomaco* | *B. a nulla*, incapace | *Una buona penna*, (*fig.*) un abile scrittore | *Essere in buone mani*, al sicuro | *Essere in b. stato*, ben conservato | *Una buona forchetta*, (*fig.*) gran mangiatore, buongustaio | *Essere di buona bocca*, non avere particolari esigenze riguardo ai cibi; (*fig.*) essere di facile contentatura. *5* Utile, vantaggioso: *buoni affari*; *buon prezzo* | *A buon mercato*, a poco prezzo | *Buon pro ti faccia*, ti giovi | *Buona uscita*, V. anche *buonuscita* | Propizio, favorevole: *buon vento*; *buona stagione*; *buon Natale!* | *Dio ce la mandi buona!*, (*ell.*) ci protegga | *Nascere sotto una buona stella*, (*fig.*) sotto auspici favorevoli | *Avere buon gioco*, trovarsi in mano una combinazione di carte favorevole; (*fig.*) essere nelle condizioni migliori, più idonee a fare q.c. *6* Giusto, valido, accettabile: *battersi per una buona causa*; *buone ragioni*; *una buona scusa* | *A buon diritto*, con ragione | *Di buon luogo*, (*raro*, *fig.*) di provenienza attendibile | *Menar b.*, (*raro*) concedere | *Far b.*, abbuonare q.c. | *Questa è proprio buona!*, escl. anche iron. | *A buon conto*, per buona regola | *Moneta buona*, in corso | *Palla buona*, in vari sport, quella che non esce dall'area stabilita. *7* Grande, abbondante: *un buon numero, una buona quantità*; *dalla stazione a qui ci sono due kilometri buoni* | *Una buona dose*, una grande quantità | *Un buon peso*, eccedente rispetto a quello dichiarato; (*est.*) favorevole all'acquirente | *Un buon voto*, alto | Con valore gener. ints.: *di buon'ora, di buon mattino*, presto | *Di buon passo*, velocemente | *Di buona lena*, con energia. *8* Che è in una posizione considerata socialmente elevata, e riflette una situazione di agiatezza ed eleganza: *buona famiglia*; *buona società*; *b. partito.* *9* Bello, pregevole esteticamente o tecnicamente: *un buon dramma*; *una buona esecuzione del concerto*; *il salotto b.* *10* Gradevole, piacevole: *buon odore, sapore*; *essere in buona compagnia*; *avere una buona notizia* | *Buona cera*, aspetto di chi è in soddisfacente stato di salute o in una situazione psicologica positiva | *Fare una buona vita*, (*fig.*) vivere negli agi | (*fig.*) *Darsi buon tempo*, divertirsi. *11* (*lett.*) Bello, grazioso: *non avea troppo bone mani* (CASTIGLIONE) | (*pop.*) Piacente, procace, detto di donna: *quella è bona.* **B** s. m. solo sing. *1* Ciò che è buono: *in lui c'è del b.* | *Essere un poco di b.*, un briccone | (*raro*) *Avere b. in mano*, disporre di valide ragioni | *Di b.*, sul serio | *È b.*, è giusto | *Buon per me*, per mia fortuna. *2* Bel tempo: *la stagione si mette al b.* *3* Con valore neutro nelle loc.: *ci volle del bello e del b.*, molta fatica. *4* †Bene | †*Darsi al b.*, al bene. **C** s. m. (f. *-a*) ● Persona buona: *i buoni saranno premiati*; *i buoni e i cattivi.* || **buonino**, dim.

buòno (2) [dall'espressione *buono per* ..., cioè 'valevole per ...'] **s. m.** • Documento che legittima il possessore a pretendere una determinata prestazione: *b. nominativo, al portatore*; *b. di carico, di scarico*; *b. omaggio*; *b. sconto* | *B. di cassa*, ricevuta rilasciata dal cassiere di una banca per la presentazione ad altro sportello della stessa banca | *B. di consegna*, che dà diritto al prelievo da un magazzino della quantità di merce indicata dalla polizza di carico | *B. del tesoro*, titolo dello Stato a breve o media scadenza, fruttifero di interessi | *B. fruttifero*, titolo emesso da istituti di credito, rappresentativo di un deposito a interesse, vincolato alla scadenza indicata.

buonóra o **buòn'óra** [comp. del f. di *buono* (*1*) e *ora* (*1*)] **s. f. solo sing.** *1* (*raro*) Le prime ore del mattino, la mattina presto: *la buon'ora è il tempo migliore per lavorare*; *mi alzo sempre nella buon'ora*. *2* Nella loc. avv. *di b.*, (*dial.*) †*a b.*, di buon mattino, per tempo: *partire di b.*, *uscire di casa di b.* | Più gener., presto: *cenare di b.*; *andare a dormire, coricarsi di b.* *3* Nella loc. inter. *alla b.*, una buona volta, finalmente; in ogni modo, comunque: *sei arrivato, alla buon'ora*; *ce l'hai fatta!, alla buon'ora!*

buonsènso o **buòn sènso** [comp. di *buon(o)* (*1*) e *senso*] **s. m. solo sing.** • Capacità di giudicare e comportarsi con saggezza, senso della misura ed equilibrio: *un ragazzo pieno di b.*

buontèmpo o **buòn tèmpo** [comp. di *buon(o)* (*1*) e *tempo*] **s. m. solo sing.** • Vita allegra | *Darsi* (*al*) *b.*, godersela.

buontempóne o **bontempóne** [da *buontempo*, con suff. accr.] **A s. m.** (f. *-a*) • Chi ama vivere allegramente. **B agg.** • Gaudente, gioviale.

buonumóre o **buòn umóre** [comp. di *buon(o)* (*1*) e *umore*] **s. m.** • Disposizione d'animo gioiosa e serena: *essere di b.*; *perdere, ritrovare il b.*

buonuòmo o (*pop.*) **bonòmo**, **buòn uòmo** [comp. di *buon(o)* (*1*) e *uomo*] **s. m.** (pl. *buonuòmini*, †*buoni uòmini*) • Uomo onesto, mite, ingenuo | Appellativo usato un tempo da persone di alto ceto verso i popolani: *ehi, b.!*

buonuscìta o **buonauscìta** [comp. del f. di *buono* (*1*) e *uscita*] **s. f.** *1* Somma di danaro data dal locatore o da un terzo all'inquilino perché lasci libero l'immobile prima dello scadere del contratto. *2* Indennità di anzianità data dal datore al prestatore di lavoro alla cessazione del rapporto intercorso.

buprèste [vc. dotta, lat. *buprēste(m)*, dal gr. *bóuprēstis*, comp. di *bôus* e *prḗthein* 'bruciare', perché causa d'infiammazione] **s. m.**, raro **f.** • Genere di insetti dei Coleotteri parassiti di molte piante (*Buprestis*).

Buprèstidi [comp. di *bupresti(e)* e *-idi*] **s. m. pl.** • Nella tassonomia animale, grande famiglia di Coleotteri con corpo tozzo, spesso di colori metallici, le cui larve vivono nel legno (*Buprestidae*) | (al sing. *-e*) Ogni individuo di tale famiglia.

burattàio **s. m.** • Abburattatore.

burattàre [da *buratto*] **v. tr.** *1* Abburattare: *b. la farina, il riso*. *2* (*raro, fig.*) Vagliare.

burattatóre **s. m.** (f. *-trice*) • Abburattatore.

burattatùra **s. f.** • Abburattatura.

burattèllo **s. m.** • Veste di buratto.

burattinàio [da *burattino* (*1*)] **s. m.** • Chi muove sulla scena i burattini | Fabbricante o venditore di burattini.

burattinàta **s. f.** *1* Commedia di burattini. *2* (*est.*) Spettacolo teatrale di scarsissimo valore. *3* (*fig.*) Azione leggera, priva di dignità.

burattinésco **agg.** (pl. m. *-schi*) • Pertinente a, caratteristico di burattino: *azioni burattinesche*.

burattìno (1) [etim. discussa: da *Burattino*, n. del secondo zanni della Commedia dell'arte, così chiamato perché, per i suoi moti incomposti, sembrava *burattare* la farina (?)] **s. m.** *1* Fantoccio di cenci o di legno, manovrato dal basso dalla mano del burattinaio infilata nella veste, usato per rappresentare farse e commedie popolari o infantili | Correntemente, marionetta | *Teatro, baracca dei burattini*, impalcatura di legno coperta di stoffe, col palcoscenico in cui si muovono i burattini | *Piantare baracca e burattini*, (*fig.*) andarsene all'improvviso, lasciando tutto così come sta. *2* (*al pl.*) Rappresentazione di burattini: *fare i burattini*; *andare ai burattini*. *3* (*fig.*) Persona priva di volontà propria che agisce per impulso altrui | Persona leggera. **SIN.** Buffone, marionetta. *4* (*fig., raro*) Bambino irrequieto.

†**burattìno (2)** [dim. di *buratta*, di origine imperativale, da *burattare*] **s. m.** • Abburattatore.

buràtto [lat. parl. **būra(m)*, di origine sconosciuta] **s. m.** *1* Tessuto rado di crine, con cui si montano setacci e sim. *2* Tessuto fatto a maglie con fili ritorti e resistenti. **SIN.** Stamigna. *3* Macchina munita di setacci usata in varie tecnologie per separare impurezze o per classificare le varie parti di un materiale di diversa pezzatura. *4* Insegna dell'Accademia della Crusca | (*fig.*) L'Accademia stessa. *5* †Bersaglio costituito da una mezza figura girevole da colpire con la lancia correndo a cavallo in giostra. || **burattèllo**, **dim.**

bùrba [etim. incerta] **s. f.** *1* (*gerg.*) Recluta. *2* (*est.*) Uomo sciocco.

burbànza [etim. discussa: ant. fr. *bobance* 'pompa, ostentazione', con sovrapposizione di *burbero* (?)] **s. f.** • Alterigia sprezzante e piena di arroganza. **SIN.** Boria, superbia, presunzione.

†**burbanzàre** **v. intr.** • Comportarsi con alterigia.

burbanzóso **agg.** • Pieno di burbanza: *cipiglio, atteggiamento b.*; *modi burbanzosi*. **SIN.** Arrogante, borioso, superbo. || **burbanzosaménte**, **avv.** Con burbanza.

bùrbera o **bùrbara** [etim. incerta] **s. f.** • Piccolo argano costituito da un cilindro orizzontale su cui si avvolge una fune, azionato manualmente. || **burberìno**, **dim. m.**

bùrbero [etim. incerta] **agg.**; anche **s. m.** • Che, chi ha maniere scortesi e aspre: *un vecchio b.* | *Il b. benefico*, persona che sotto modi scontrosi e bruschi cela bontà e gentilezza d'animo. || **burberàccio**, **pegg.** | **burberóne**, **accr.** || **burberaménte**, **avv.**

burberry® /*ingl.* 'bɜ:b(ə)ri/ [dal n. della ditta, che lo brevettò, la *Burberrys* Ltd.] **s. m. inv.** • Nome commerciale di un soprabito impermeabile di taglio sportivo.

†**bùrchia** [da *burchio*] **s. f.** • Barchetta | (*fig.*) *Alla b.*, a caso, trascuratamente | (*fig.*) *Andare alla b.*, rubare, copiare gli scritti altrui.

burchielleggiàre **v. intr.** (*io burchielléggio*; aus. *avere*) • Imitare lo stile giocosamente bizzarro e oscuro del poeta Burchiello.

burchiellésco **A agg.** (pl. m. *-schi*) *1* Che è proprio del poeta Burchiello (1404-1449): *stile b.* *2* (*est.*) Oscuro, bizzarro. **B s. m.** • Poeta imitatore del Burchiello.

burchièllo **s. m.** *1* Dim. di *burchio*. *2* Piccola barca per trasporto di passeggeri e merci sui fiumi.

bùrchio [etim. incerta: dal longob. **burgi* 'recipiente per tenervi i pesci'(?)] **s. m.** *1* Barca a fondo piatto a remi, a vela o ad alzaia, per navigare su fiumi, canali e lagune. *2* (*lett.*) †Barca a remi: *Come tal volta stanno a riva i burchi* (DANTE *Inf.* XVII, 19). *3* Antica unità di misura per liquidi, usata a Venezia. || **burchièllo**, **dim.** (V.).

bùre [vc. dotta, lat. *buri(m)*, di etim. incerta] **s. f.** • Asse o fusto centrale dell'aratro cui è attaccato anteriormente il giogo. ➡ **ILL.** p. 353 AGRICOLTURA.

bureau /*fr.* by'ro/ [vc. fr., da *bure* 'stoffa ordinaria per coprire la scrivania', quindi, la 'scrivania' stessa e poi l''ufficio'] **s. m. inv.** (pl. fr. *bureaux*) *1* Grande scrittoio francese del XVIII sec. *2* Ufficio di direzione e contabilità in un albergo.

†**burèlla** [da †*buro* 'buio'] **s. f.** *1* (*tosc.*) Cavea d'anfiteatro. *2* Prigione, spec. sotterranea. *3* Luogo sotterraneo, angusto e buio: *natural b.* / *ch'avea mal suolo e di lume disagio* (DANTE *Inf.* XXXIV, 98-99).

burétta (1) [fr. *bourrette*, dim. di *bourre* 'borra'] **s. f.** • Stoffa fatta con cascame di seta.

burétta (2) [fr. *burette*, dim. dell'ant. fr. *buie* 'vaso di terra', di etim. incerta] **s. f.** • Tubo di vetro cilindrico calibrato e graduato, destinato alla misurazione dei volumi dei liquidi.

bùrga [etim. incerta] **s. f.** *1* Gabbione riempito di terra, ghiaia, pietre, per difesa contro l'erosione delle acque dei fiumi. *2* Cesto di vimini per conservare vivo il pesce.

burgensàtico [dal lat. *burgēnses* (pl.) 'borghesi'] **agg.** (pl. m. *-ci*) • Allodiale.

burger /*ingl.* 'bɜ:gə*/ [vc. ingl., abbr. fam. di *hamburger*] **s. m. inv.** • Hamburger variamente farcito che si consuma in un fast food.

burgraviàto **s. m.** • Dignità e giurisdizione di burgravio.

burgràvio [medio alto ted. *burcgrâve*, comp. di *burc* 'borgo' e *grâve* 'conte'] **s. m.** *1* Nel Medioevo, titolo del comandante militare della cittadella fortificata nelle città tedesche e fiamminghe. *2* (*raro, scherz.*) Persona che si dà grande importanza.

burgùndo [vc. dotta, lat. tardo *Burgŭndii* (nom. pl.), n. della tribù, col senso originario di 'abitanti del borgo' (?)] **s. m.**; anche **agg.** • Chi, che apparteneva a un'antica popolazione del gruppo germanico orientale, di origine scandinava, emigrata nel III sec. a.C. sul Meno e stanziatasi poi nel V sec. lungo il Reno e il Lemano.

buriàna [etim. discussa: da *bŏrea(m)* 'tramontana' (?)] **s. f.** *1* (*dial.*) Temporale di estensione e intensità limitata. *2* (*fig., pop.*) Trambusto, chiasso, grande confusione: *fare b.*; *smettetela con questa b.!*

†**buriàsso** [etim. incerta] **s. m.** *1* Chi metteva in campo i giostratori. *2* Suggeritore nelle recite.

buriàto [dal russo *burjat*, dal n. mongolo *burijad*] **A agg.** *1* Che riguarda la repubblica autonoma dei Buriati. *2* Relativo ai Buriati o alla loro lingua. **B s. m.** (f. *-a*) • Ogni appartenente a un gruppo etnico mongolo della Siberia, stanziato prevalentemente nella repubblica autonoma dei Buriati. **C s. m. solo sing.** • Lingua del gruppo altaico parlata dai Buriati.

†**burìcco (1)** o †**borìcco**, (*dial.*) **bricco (1)** [sp. *boricco*, dal lat. *burricu(m)* 'cavallino', di etim. incerta] **s. m.** • (*raro*) Asino.

†**burìcco (2)** o †**borìcco** [etim. incerta] **s. m.** *1* Lunga veste in lana in uso nel XVI e XVII sec. *2* Imbottitura di lana o borra.

burìna • V. *bolina*.

burìno [vc. rom. di etim. incerta] **s. m.**; anche **agg.** (f. *-a*) • (*spreg.*) Contadino | (*est.*) Chi, che è zotico e grossolano. **SIN.** Buzzurro.

bùrla [sp. *burla*, di etim. incerta] **s. f.** *1* Scherzo, spec. non maligno e offensivo: *è stata una b. gustosissima* | *Da b.*, non serio | *Mettere, recare in b.*, trattare da cosa ridicola, da gioco | Battuta scherzosa. **SIN.** Beffa, burletta, celia. *2* (*est.*) Cosa facile: *risolvere questo problema per me è una b.* **SIN.** Bagatella, inezia. *3* Nel Settecento, opera comica italiana. || **burlétta**, **dim.** (V.).

burlànda o **borlànda** [milan. *borlanda*, da *borla* 'cascare', da *borlo* 'rullo, rotolo', da *bóra* 'tronco d'albero rotondo'] **s. f.** • Residuo della fabbricazione dell'alcol da materiali amidacei.

burlàre (1) [da *burla*] **A v. tr.** • Beffare, canzonare: *eccellenti nell'arte di b. il pubblico* (DE SANCTIS). **B v. intr.** (aus. *avere*) • Scherzare. **C v. intr. pron.** • Farsi beffe: *tutti si burlano di lui*.

burlàre (2) [da una base di origine incerta *bŏrra* 'legno tondo'] **v. tr.** • (*dial.*) Rotolare, spingere innanzi | (*fig.*) †Sperperare, disperdere.

†**burlàsco** • V. †*brulazzo*.

burlatóre [da *burlare* (*1*)] **s. m.**; anche **agg.** (f. *-trice*) • (*raro*) Chi, che burla.

burlésca **s. f.** • Brano musicale di intonazione scherzosa e capricciosa.

burlésco [da *burla*] **A agg.** (pl. m. *-schi*) *1* Fatto per burla | Derisorio: *con un certo fare tra b. e rispettoso* (MANZONI). *2* Di stile realistico caricaturale: *poeta b.*; *poesia burlesca*. || **burlescaménte**, **avv.** **B s. m. solo sing.** • Lato, elemento o caratteristica burlesca | Ciò che ha tale caratteristica: *cadere nel b.*

burlesque /*ingl.* bɜ:'lesk/ [vc. ingl., cfr. *burla*] **s. m. inv.** • Genere teatrale di carattere satirico fiorito in Inghilterra nel Settecento | Spettacolo americano molto popolare costituito da numeri di varietà e da esibizioni di nudo femminile.

burlétta **s. f.** *1* Dim. di *burla*. *2* Celia, avvenimento ridicolo | *Mettere in b.*, in ridicolo | *Far la b.*, parlare scherzosamente.

burlévole **agg.** • Burlesco | Che ama fare burle: *un giovanotto b.* || **burlevolménte**, **avv.** In modo burlesco.

†**burlièro** **agg.** • Disposto allo scherzo.

burlóne **A s. m.** (f. *-a*) • Chi fa abitualmente burle: *sei un gran b.!* **SIN.** Buontempone, mattacchione. **B agg.** • Scherzoso: *un tipo b.* **SIN.** Allegro, canzonatore.

burnitùra • V. *brunitura*.

burnùs [ar. *burns*, di prob. origine gr.] **s. m. inv.**

1 Ampio mantello tagliato in un solo pezzo, gener. con cappuccio, usato dalle popolazioni arabo-berbere dell'Africa mediterranea. *2* Mantello femminile da sera ispirato alla foggia dei mantelli arabo-berberi.

†bùro • V. *buio*.

burò s. m. • Adattamento di *bureau* (V.).

bùro- [da *buro(crazia)*] primo elemento • In parole composte, fa riferimento alla burocrazia, spec. con connotazioni negative: *burocratese*, *burosauro*.

buròcrate o **†buròcrata** [fr. *bureaucrate*, da *bureaucratie* 'burocrazia'] s. m. *1* Impiegato, spec. di alto grado e spec. delle pubbliche amministrazioni. *2* (*fig.*) Chi esercita le proprie mansioni o comunque si comporta in modo schematico e formalistico: *i burocrati della cultura*.

burocratése [da *burocrat(e)* col suff. proprio di linguaggi volutamente e spesso inutilmente complicati e oscuri *-ese*] s. m. • (*iron.*) Il linguaggio e lo stile pesanti e involuti dei burocrati.

burocràtico [fr. *bureaucratique*, da *bureaucratie* 'burocrazia'] agg. (pl. m. *-ci*) *1* Pertinente alla, caratteristico della burocrazia: *esigenze burocratiche*; *apparato b.* *2* (*fig.*) Metodico e formalistico fino alla pedanteria | *Tono b.*, distaccato e impersonale. || **burocraticaménte**, avv. In modo burocratico, dal punto di vista della burocrazia.

burocratismo s. m. • Eccessivo sviluppo della burocrazia.

burocratizzàre v. tr. • Rendere burocratico: *b. i servizi sociali*.

burocratizzazióne s. f. • Atto, effetto del burocratizzare.

burocrazìa [fr. *bureaucratie*, comp. di *bureau* 'ufficio' e *-cratie* '-crazia'] s. f. *1* Potere amministrativo, spec. quello degli enti pubblici, nel rispetto delle leggi e dei regolamenti: *b. statale*. *2* (*spreg.*) Pedanteria, lungaggine, formalismo eccessivo, spec. nel disbrigo di pratiche amministrative. *3* Complesso degli impiegati, spec. pubblici.

burolingua [comp. di *buro-* e *lingua*] s. f. • (*iron.*) Lingua ufficiale della burocrazia.

burosàuro [comp. di *buro-* e *-sauro* di *dinosauro*, titolo di una commedia (*I Burosauri*) di S. Ambrogi, del 1963] s. m. • (*scherz.*) Burocrate che opera con esasperata lentezza nell'osservanza pedantesca e formale di norme e dettami.

buròtica [da *buro(cratico)* incrociato con *(informa)tico* sul modello di *robotica*] s. f. • Organizzazione e automazione del lavoro d'ufficio mediante apparecchi e sistemi elettronici e informatici.

burràia [da *burro*] s. f. • (*raro*) Locale ove si prepara il burro.

burràio s. m. (pl. *-a*) • (*raro*) Chi fa o vende burro.

burràsca o **†borràsca** [vc. dial., venez. *borasca*, da *bora* (V.)] s. f. *1* Tempesta, spec. marina, con vento violento di forza 8-9 della scala del vento Beaufort: *far b.*; *tempo di b.*; *il mare è in b.* | *B. magnetica*, perturbazione repentina delle condizioni elettriche dell'atmosfera. *2* (*fig.*) Sconvolgimento psicologico, sociale e sim. | Periodo denso di avvenimenti drammatici: *le altre burrasche finanziarie non ebbero più il carattere di quelle del primo quindicennio dell'unità* (CROCE). || **burraschèlla**, dim. | **burraschétta**, dim. | **burraschina**, dim. | **burrascóna**, accr. | **burrascóne**, accr. m.

burrascóso agg. *1* Che è in burrasca: *mare b.* *2* (*fig.*) Molto agitato, turbolento: *convegno*, *colloquio b.* || **burrascosaménte**, avv.

burràta [da *burro*] s. f. • Formaggio molle, piuttosto grasso, di pasta filamentosa arricchita di panna.

†burràto (1) [da *borro*] s. m. • Burrone, dirupo.

burràto (2) [da *burro*] agg. • (*raro*) Imburrato: *pane b.*

burrièra s. f. • Piccolo recipiente per il burro da cucina o da tavola. SIN. Portaburro.

burrificàre v. tr. (*io burrìfico, tu burrìfichi*) • Trasformare in burro: *b. la panna*.

burrificàto part. pass. di *burrificare*; anche agg. *1* Nei sign. del v. *2 Formaggio b.*, di latte poco grasso cui è stato aggiunto burro.

burrificazióne s. f. • Atto, effetto del burrificare.

burrificio s. m. • Fabbrica di burro.

burrìmetro [comp. di *burro* e *-metro*] s. m. • Butirrometro.

burrino [da *burro*] s. m. • Formaggio a forma di piccola pera ripiena di burro. SIN. Butirro, manteca.

bùrro [ant. fr. *burre*, attrav. il fr. moderno *beurre*, cfr. *butirro*] s. m. *1* Prodotto costituito dalla materia grassa del latte di vacca, dal quale si ricava per centrifugazione in apposite scrematrici e successiva zangolatura della crema così ottenuta: *b. fresco*, *rancido*; *pane e b.*; *un panetto di b.* | *B. da tavola*, di prima scelta, da mangiare crudo | *Uova al b.*, cotte col burro | *Riso al b.*, *col b.*, condito con burro | *B. o cannoni*, (*fig.*) nella politica economica di uno Stato, scelta tra la produzione di beni di consumo e quella di mezzi bellici. *2* (*chim.*) *B. vegetale*, grasso commestibile, preparato per idrogenazione di oli vegetali | *B. di palma*, grasso giallo usato spec. nella fabbricazione dei saponi | *B. di cacao*, grasso bianco che si ricava dai semi di cacao, usato in medicina e in cosmesi. *3* (*chim.*) Sostanza di aspetto e consistenza simile al burro: *b. di arsenico*, *di stagno*, *b. essicativo*. *4* (*agr.*) *B. nero*, letame di stalla decomposto e ben maturo. *5 Albero del b.*, albero tropicale delle Sapotacee con foglie coriacee, fiori ascellari e frutto a bacca (*Bassia butyracea*). *6* (*fig.*) Sostanza morbida: *carne di b.* | *Avere le mani di b.*, lasciare cadere tutto | *Dare del b. a qc.*, lusingarlo, adularlo.

burróna [da *burro*] agg. solo f. • Detto di pera a polpa molto tenera.

burróne [accr. di *borro*] s. m. • Profondo scoscendimento nel terreno fra pareti dirupate. || **burroncèllo**, dim.

burróso [da *burro*] agg. *1* Ricco di burro: *formaggio b.* *2* (*fig.*) Che ha il colore o la consistenza del burro.

bursàle [vc. dotta, dal lat. *bùrsa* 'borsa (1)'] **A** s. m. (*anat.*) • Muscolo del femore. **B** anche agg.: *muscolo b.*

bursìte • V. *borsite*.

bus (1) /bus, *ingl.* bʌs/ s. m. (pl. ingl. *buses* o *busses*) • Acrt. di *autobus*, spec. nella segnaletica stradale.

bus (2) /bus, *ingl.* bʌs/ [uso fig. ingl. di *bus (1)*] s. m. inv. (pl. ingl. *buses*) • (*elab.*) Il complesso delle linee di collegamento fra diverse unità di uno stesso sistema.

-bus [dal lat. *(omnī)bus* 'a, per, tutti'] secondo elemento • In parole composte indica mezzi di trasporto pubblico: *aerobus*, *filobus*.

†bușbaccàre [da *†busbacco*] v. intr. • Truffare, imbrogliare.

†bușbaccherìa s. f. • Inganno, truffa.

†bușbàcco [da *†busbo* con suff. spreg.] s. m. • Impostore, truffatore.

†bușberìa s. f. • Truffa.

†bùșbo [etim. incerta] s. m. • Impostore.

bùsca (1) [sp. *busca*, da *buscar* 'buscare'] s. f. *1* Cerca | *Andare alla b.*, all'accatto | *Vivere alla b.*, di accatto o furto | *Cane da b.*, da cerca. *2* Comportamento del militare che, in guerra, senza necessità, ordine o autorizzazione, s'impossessa di viveri, oggetti di vestiario o equipaggiamento.

bùsca (2) [lat. parl. **bŭsca*, pl. nt. coll. di un germ. **bŭsk* 'bacchettina'] s. f. • (*dial.*) Bruscolo, fuscello.

buscalfàna [etim. incerta] s. f. • (*lett.*) Ronzino: *un cavallaccio ... che era una b., alto e magro, che parea la fame* (SACCHETTI).

buscàre [sp. *buscar*, di etim. incerta] v. tr. (*io bùsco, tu bùschi*) *1* Procacciarsi q.c. cercando: *b. da vivere* | Ottenere, prendersi: *buscarsi un premio*, *una ramanzina* | *Buscarle*, (*fam.*) ricevere percosse. *2* (*raro*) Rubare, predare (*anche ass.*): *gli andava a b. della paglia e del fieno di notte* (VERGA). *3* Cercare e riportare selvaggina ferita o uccisa, detto del cane.

†buscatóre s. m. • Chi busca, procaccia.

buscheràre [var. euf. di *buggerare*] v. tr. (*io bùschero*) *1* (*pop.*) Buggerare, ingannare. *2* (*raro*) Sciupare.

buscheràta s. f. • (*fam.*) Sproposito, fandonia: *non dire buscherate!* | Cosa da nulla.

buscheratùra s. f. • (*pop.*) Buggeratura.

buschèrìo s. m. *1* (*fam.*) Chiasso, frastuono di molte persone insieme. *2* Grande quantità: *un b. di gente*, *di quattrini*.

buscheróne agg. • Buggerone: *fa un freddo b.*

†buscióne [fr. *bouisson*, dim. dell'ant. fr. *bos(c)* 'bosco'] s. m. • Macchia, cespuglio spinoso.

†bùsco [da *busca (2)*] s. m. • Bruscolo.

bușécca [etim. discussa: da una forma sett. di *buzzo* (?)] s. f. *1* (*sett.*) Trippa di bovini. *2* (*sett.*) Specie di zuppa con trippa e fagioli, tipica della cucina milanese.

bușécchia [var. di *busecca*] s. f. *1* (*tosc.*) Budello di animale, spec. quello suino, usato per fare salsicce. *2* (*tosc.*, *al pl.*) Intestini.

bușécchio s. m. • Busecchia.

bushel /*ingl.* buʃəl/ [vc. ingl., dal fr. ant. *boiss(i)el* 'piccolo recipiente', dal gallico **bostia* 'ciò che si può prendere con le mani', 'manipolo'] s. m. inv. • Unità di misura di capacità, usata in Inghilterra e negli Stati Uniti d'America, per fluidi e aridi, pari a circa 36 litri. SIMB. bu.

bușillis o (*fam.*) **bușilli** [dalla frase lat. *in diebus illis* 'in quei giorni', erroneamente separata *in die* ('nel giorno') *busillis*; da che, poi, ci si chiedeva che cosa significasse mai *busillis*] s. m. inv. • Difficoltà, punto difficile, nelle loc.: *qui sta il b.*; *questo è il b.*

business /*ingl.* 'biznis/ [vc. ingl., con il sign. orig. di 'impresa, lavoro'] s. m. inv. • Affare, transazione commerciale | Impresa industriale o commerciale.

business class /*ingl.* 'biznis kla:s/ [loc. ingl., propr. 'classe (*class*) commerciale (da *business* 'affari')'] loc. sost. f. inv. (pl. ingl. *business classes*) • Sugli aerei, classe intermedia tra la prima e la turistica.

business game /*ingl.* 'biznis geim/ [loc. ingl., comp. di *business* 'affare' (V. *business*) e *game* 'gioco, gara' (d'origine germ.)] loc. sost. m. inv. (pl. ingl. *business games*) • (*org. az.*) Tecnica di addestramento dei dirigenti consistente nel simulare la gestione di un'azienda partendo da dati noti e raggiungendo obiettivi prefissati.

businessman /*ingl.* 'biznismən/ [vc. ingl., lett. 'uomo (*man*) d'affari (*business*: V.)'] s. m. inv. (f. ingl. *businesswoman*, pl. m. *businessmen*, pl. f. *businesswomen*) • Uomo d'affari.

business school /*ingl.* 'biznis sku:l/ [loc. ingl., propr. 'scuola (*school*) di commercio (*business*)'] loc. sost. f. inv. (pl. ingl. *business schools*) • Scuola superiore o postuniversitaria per la formazione o la specializzazione nei vari settori dell'economia e del commercio.

†bùșo • V. *†bugio*.

bùssa [da *bussare*] s. f. • (*spec. al pl.*) Colpo, percossa: *dare*, *ricevere busse*.

bussaménto s. m. • Modo, atto del bussare.

bussàre [etim. incerta] **A** v. intr. (aus. *avere*) • Battere a una porta per farsi aprire: *chi ha bussato?* | *B. alla porta di qc.*, (*fig.*) ricorrere a qc. per aiuto | (*fig.*) *B. a quattrini*, chiederne in prestito. SIN. Picchiare. **B** v. tr. *1* Percuotere, picchiare: *lo hanno bussato di santa ragione*. *2* Nel gioco del tressette, battere le nocche sul tavolo per invitare il compagno a calare la carta migliore del seme che si sta giocando. **C** v. rifl. rec. • Battersi: *quei due si stanno bussando*.

bussàta s. f. *1* Atto, effetto del bussare. *2* Chiamata, nel gioco del tressette. *3* (*tosc.*, *fig.*) Disgrazia, batosta. || **bussatàccia**, pegg. | **bussatina**, dim.

bussatóio s. m. *1* Battente della porta d'ingresso. SIN. Picchiotto. *2* Nella pesca, frugatoio.

bussatóre s. m.; anche agg. (f. *-trice*) *1* Chi, che bussa. *2* (*raro*) Chi, che chiede quattrini | Impostore.

bussétto [da *busso (2)*] s. m. • Arnese di bosso o di metallo che il calzolaio adopera per lucidare suole e tacchi.

bùsso (1) [da *bussare*] s. m. *1* Colpo | Il forte rumore che ne deriva: *ho sentito un b.*; *che cosa sono questi bussi?*; *di fischi e bussi tutto el bosco suona* (POLIZIANO). *2* †Confusione, tumulto.

†bùsso (2) • V. *bosso*.

bùssola (1) [da *bossolo (1)*] s. f. • Spazzola, brusca, spec. per cavalli.

bùssola (2) [lat. parl. *bŭxida(m)* 'cassetta', dal

gr. tardo *pyxís*, da *pýxos* 'bosso', di etim. incerta] s. f. *1* Strumento per individuare il Nord | *B. giroscopica*, che indica la direzione del Nord geografico mediante un sistema giroscopico. SIN. Girobussola | *B. magnetica*, che utilizza la proprietà dell'ago magnetico di orientarsi verso il polo Nord magnetico | *B. solare*, da adoperarsi ai poli, dove non funziona la bussola magnetica | *B. azimutale, topografica*, per la misura dei rilevamenti mediante un traguardo a essa connesso | *B. normale*, quella installata più in alto rispetto alle sovrastrutture della nave. *2* (*fig.*) Norma che guida i pensieri e gli atti | *Perdere la b.*, confondersi | *Navigare senza b.*, operare a caso. *3* (*elettr.*) *B. delle tangenti*, strumento di misura della intensità di corrente. *4* Specie di portantina chiusa. *5* Antiporta di stanza | Porta di stanza, di legno più fino e di lavoro più elegante | Seconda porta d'ingresso di chiese, caffè, appartamenti, per riparo dal freddo e dal vento | (*est.*) Infisso girevole, a struttura cilindrica e diviso in scomparti, collocato talora nei vani d'accesso a locali pubblici. *6* Recinto di paraventi da dove il papa poteva ascoltare le prediche senza essere visto. *7* Cassetta per raccogliere le elemosine, le schede di una votazione, i biglietti di una lotteria e sim. *8* (*mecc.*) Boccola. || **bussolétta**, dim. | **bussolina**, dim.

bussolànte [da *bussola* (*2*) 'portantina'] s. m. *1* Addetto al trasporto di persone con la portantina. *2* Titolo dei familiari del Papa ammessi nella bussola | Addetto all'anticamera papale.

†**bùssolo** ● V. *bossolo* (*1*).

bussolòtto o †**bossolòtto** [da *bussolo* col suff. dim. *-otto*] s. m. *1* Bicchiere, di vario materiale, per scuotervi i dadi, o usato dai prestigiatori nei loro giochi | *Giocatore di bussolotti*, prestigiatore e (*fig.*) chi fa apparire quello che non è | *Gioco dei bussolotti*, gioco di prestigio e (*fig.*) inganno. *2* *Bicchiere a b.*, basso, largo, con fondo massiccio, usato spec. per whisky. *3* Barattolo.

bùsta [ant. fr. *boiste*, dal lat. tardo *bŭxida(m)* 'cassetta di legno di bosso'] s. f. *1* Involucro formato da un foglio di carta piegato a metà e chiuso su tre lati, usato per spedire lettere e sim.: *affrancare una b.*; *b. chiusa, sigillata* | *B. a finestra*, con riquadro di carta trasparente per consentire la lettura dell'indirizzo scritto sulla lettera | *B. postale, b. bollata*, su cui è già stampato il francobollo | *B. primo giorno*, su cui è applicato un francobollo, o una serie di francobolli, con l'annullo del giorno di emissione | *B. paga*, contenente la retribuzione del lavoratore dipendente di una azienda, e (*est.*) il foglio su cui sono indicate la retribuzione stessa e le sue varie componenti. *2* (*est.*) Custodia, astuccio, contenitore flessibile di piccole dimensioni, in cartone, pelle, tessuto, plastica o altro materiale, per riporvi libri, gioielli, strumenti di lavoro, documenti, generi alimentari e sim.: *la b. degli occhiali, delle posate, del medico*; *b. d'archivio*; *una b. di sottaceti*. *3* (*est.*) Borsetta femminile, appiattita e priva di manico. || **bustarèlla**, dim. (V.) | **bustina**, dim. (V.) | **bustóna**, accr.

bustàia [da *busto*] s. f. ● Donna che confeziona o vende busti.

bustàio [da *busta*] s. m. ● Operaio addetto alla fabbricazione delle buste.

bustarèlla s. f. *1* Dim. di *busta*. *2* (*fig.*) Compenso illecito dato sottomano per ottenere favori, sollecito disbrigo di pratiche amministrative e sim.: *dare, ricevere, prendere la b.*

bustarellàro [da *bustarell(a)* col suff. pop. *-aro* '-aio (2)'] s. m. (f. *-a*) ● (*spreg.*) Chi si lascia corrompere accettando bustarelle.

bustier /fr. bys'tje/ [vc. fr., da *buste* 'busto'] s. m. inv. ● Bustino con reggiseno spesso evidenziato da sostegno a balconcino.

bustina s. f. *1* Dim. di *busta*. *2* Foglietto di carta piegato a forma di busta contenente la razione per una persona, spec. di farmaci in polvere. SIN. Cartina. *3* Berretto militare pieghevole, a forma di busta: *la b. degli avieri*.

bustino s. m. *1* Dim. di *busto*. *2* Corpino con stecche negli abiti da sera femminili | La parte superiore di un abito da donna. SIN. Corpino.

bùsto [lat. *būstu(m)* 'luogo dove si bruciavano i cadaveri' (dal part. pass. di **būrere*, ricavato da *ambūrere* 'far consumare tutt'intorno', comp. di *amb-* 'intorno' e *ūrere* 'bruciare'), con passaggio semantico a 'sepolcro' e poi a 'immagine del defunto posta sul sepolcro'] s. m. *1* Parte superiore del tronco umano, dal collo ai fianchi. *2* Scultura a tutto tondo rappresentante una figura umana dalla testa alla vita, senza le braccia | *Ritratto a mezzo b.*, raffigurazione pittorica del personaggio dalla testa sino a parte del petto | (*fig.*) *B. al Pincio*, personaggio esaltato per antiche benemerenze ma legato a idee arretrate e quindi ormai distaccato dal modo di pensare dei contemporanei. *3* Indumento intimo con o senza stecche, in tessuto elastico o compatto, usato dalle donne per modellare la persona | *B. intero*, quello che in alto termina con reggiseno | *B. a balconcino*, busto femminile a stecche, privo di spalline. *4* Parte attillata e ricamata di alcuni costumi tradizionali femminili, che va dal collo alla vita. *5* (*med.*) Protesi ortopedica per malformazioni del tronco e della colonna vertebrale. *6* *Pollo a b.*, pollo pronto per la cottura, posto in vendita privo di testa, di zampe e di interiora. *7* †Tumulo, sepoltura | (*est.*) †Cadavere. || **bustino**, dim. (V.).

bustòcco **A** agg. (pl. m. *-chi*) ● Di Busto Arsizio. **B** s. m. (f. *-a*) ● Abitante, nativo di Busto Arsizio.

bustòmetro [comp. di *busta* e *-metro*] s. m. ● Grafico o modello per la misurazione del formato delle buste usate per la corrispondenza.

bustrofèdico [vc. dotta, lat. tardo *bustrophēdon*, dal gr. *boustrophēdón*, comp. di *bôus* 'bue' e *strophḗ* 'volgimento', cioè 'voltando alla maniera dei buoi (quando arano)'] agg. (pl. m. *-ci*) ● Detto di antiche scritture le cui righe andavano alternativamente da sinistra a destra e da destra a sinistra, come i solchi tracciati da un aratro.

bùta- [da *but(irrico)*, agg. dell'acido con questa composizione] pref. ● In chimica organica indica che un composto contiene un gruppo con 4 atomi di carbonio: *butano, butadiene*.

butadiène [comp. di *buta-*, *di-* 'doppio' ed *-ene*] s. m. ● Idrocarburo contenente due legami etilenici, che per poliaddizione fornisce gomme sintetiche. SIN. Eritrene.

butanése ● V. *bhutanese*.

butàno [vc. dotta, comp. di *buta-* e *-ano* (*2*)] s. m. ● Idrocarburo paraffinico, gassoso, incolore, ottenuto dalla distillazione del petrolio, che si usa, liquefatto e posto in bombole solo o con propano, come combustibile per usi domestici.

butanodótto [comp. di *butano* e *-dotto*, ricavato da *acquedotto*] s. m. ● Conduttura che porta il butano dal luogo di produzione a quello di consumo.

butanòlo [comp. di *butano* e *-olo* (*1*)] s. m. ● Alcol butilico.

butifióne [etim. incerta] s. m. (f. *-a*) *1* (*dial.*) Persona grassa e panciuta. *2* (*fig., dial.*) Persona boriosa e superba.

butile [comp. di (*acido*) *but(inico)* e *-ile*] s. m. ● Radicale monovalente ottenuto dal butano.

butìlico agg. (pl. m. *-ci*) ● Detto di composto che contiene il radicale butile o che deriva da esso: *alcol b.*

butìnico agg. (pl. m. *-ci*) ● Del butino.

butìno [comp. di *but(a)-* e *-ino*] s. m. ● (*chim.*) Idrocarburo insaturo a quattro atomi di carbonio contenente un legame triplo.

butìrrico agg. (pl. m. *-ci*) *1* Detto di acido organico, monobasico, liquido, incolore, di odore disgustoso, presente spec. nel burro. *2* Che produce acido butirrico: *fermentazione butirrica*. *3* Detto di composto ottenuto da burro, latte e sim.

butirrificazióne s. f. ● Burrificazione.

butìrro [lat. *butȳru(m)*, dal gr. *bóutyron*, comp. di *bôus* 'mucca' e *tyrós* 'formaggio'] **A** s. m. *1* (*dial.*) Burro. *2* Burrino. **B** agg. ● Detto di pera con polpa fondente e zuccherina | Detto di fagiolo con baccelli grossi, teneri, biancastri.

butirròmetro [comp. di *butirro* e *-metro*] s. m. ● Strumento per misurare la quantità di grasso nel latte.

butirróso agg. ● Burroso.

†**bùtrio** [etim. incerta] s. m. ● Specie di rete per uccelli.

bùtta [etim. incerta] s. f. ● Puntello per armare le gallerie di miniera. || **buttóne**, accr. m.

buttafuòco [comp. di *butta(re)* e *fuoco*] s. m. (pl. *-chi*) ● Asta recante una miccia all'estremità usata anticamente per dare fuoco ai cannoni ad avancarica.

buttafuòri [comp. di *butta(re)* e *fuori*, sul modello del fr. *boute-(de)hors*] s. m. *1* Foglietto contenente appropriate battute a soggetto che si affiggeva un tempo agli ingressi di scena | Chi un tempo dava agli attori il segnale per entrare in scena. *2* Nei bar e nei locali notturni, chi allontana dalla sala i clienti molesti. *3* (*mar.*) Ogni asta o pertica che si fa sporgere dall'imbarcazione per tenere tesa una vela, un cavo e sim.

buttalà [comp. di *butta(re)* (*1*)] s. m. *1* Appendiabiti orizzontale o verticale, di varia foggia, in legno o metallo. SIN. Ometto. *2* (*pop.*) Antica moneta piacentina d'argento.

buttàre [ant. provz. *botar*, dal francone **bōtan* 'battere' e 'buttar fuori (i germogli)'] **A** v. tr. *1* Gettare, lanciare vicino o lontano: *b. q.c. in terra, nell'acqua*; *b. un oggetto dalla finestra*; *b. una persona per terra* | *B. fuori*, cacciare via: *l'hanno buttato fuori di casa* | *B. giù un muro, una casa* e sim., atterrarli, abbatterli | *B. giù la pasta, la verdura* e sim., metterle nell'acqua quando questa bolle | *B. giù una carta*, giocarla | *B. giù due righe, uno scritto, una lettera, un articolo* e sim., scriverli affrettatamente | *B. giù il cibo, un boccone, un sorso d'acqua* e sim., inghiottirli in fretta | (*fig.*) *B. giù un'offesa, un affronto*, subirli, tollerarli | (*fig.*) *B. giù una persona*, parlarne male | (*fig.*) *B. giù*, avvilire, prostrare nel fisico e nel morale: *questa faccenda mi butta giù*; *la malattia lo ha buttato molto giù* | *B. là*, dire con ostentata indifferenza: *b. là una frase, una proposta* | *B. all'aria*, mettere sossopra: *i bambini hanno buttato all'aria tutta la casa*. *2* Disfarsi di q.c.: *butta (via) quella sigaretta!*; *finalmente ho buttato (via) il mio vecchio cappotto* | Sprecare, sciupare: b. (*via*) *il denaro, il tempo, la fatica, le energie* | *Da buttar via*, di cosa o persona di nessun valore, che non serve più: *guarda che non sono ancora da buttar via!* | (*fig., fam.*) *B. via il bambino insieme con l'acqua sporca*, eliminare alla rinfusa e senza distinzione sia ciò che è valido sia ciò che non lo è. *3* Emettere, mandar fuori (*anche ass.*): *la ferita butta sangue, pus*; *la piaga non butta più* | Generare, germogliare (*anche ass.*): *gli alberi buttano le foglie nuove*; *le piante cominciano a b. in marzo*. *4* †Rendere, fruttare. *5* †Dare come risultato aritmetico. **B** v. intr. (aus. *avere*) *1* Volgere, tendere: *il tempo sembra che butti al bello*; *un colore che butta al grigio*. *2* (*fam.*) Prendere una determinata piega, con riferimento a situazioni e sim.: *aspettiamo a vedere come butta*; *la faccenda butta male*. **C** v. rifl. *1* Volgersi in una direzione, gettarsi verso o contro qc. o q.c.: *buttarsi nell'acqua, dalla finestra*; *buttarsi in ginocchio*; *buttarsi sul letto, su una poltrona*; *buttarsi al collo, ai piedi di qc.* | *Buttarsi alla macchia, alla campagna*, darsi alla latitanza *Buttarsi malato*, darsi malato | *Buttarsi nel fuoco per qc.*, (*fig.*) essere pronto a tutto pur di aiutarlo | (*fig.*) *Buttarsi via*, sprecarsi in attività dappoco o con persone non degne | (*fig.*) *Buttarsi giù*, demoralizzarsi, perdersi d'animo. *2* (*fig.*) Dedicarsi a q.c. con decisione ed entusiasmo: *ultimamente si è buttato a dipingere* | (*ass.*) Non lasciarsi sfuggire un'occasione favorevole: *è il tuo momento, buttati!* *3* Detto di uccelli, posarsi sopra una pianta, un prato o sull'acqua, spec. se richiamati.

buttasèlla [comp. di *butta(re)* e *sella*, sul modello del fr. *boute-selle*] s. m. inv. ● (*mil.*) Nei reparti a cavallo, comando di insellare dato a voce o con apposito segnale di tromba: *suonare, eseguire il b.*

buttàta s. f. *1* Nei giochi di carte, la carta calata in tavola. *2* Atto, effetto del buttare nuove foglie o nuovi germogli. *3* (*caccia*) Discesa di uccelli in un luogo determinato | Il luogo stesso | *Pianta di b.*, albero predisposto in una tesa e preferito dagli uccelli per posarvisi.

butteràre [da *buttero* (*1*)] v. tr. (*io bùttero*) ● Coprire di butteri.

butteràto part. pass. di *butterare*; anche agg. ● Nei sign. del v.

butteratùra s. f. *1* Insieme di cicatrici o butteri lasciati dal vaiolo sulla pelle. *2* Comparsa di macchie tondeggianti sulla buccia e nella polpa delle mele. SIN. Maculatura.

bùttero (**1**) [ar. *butūr*, pl. di *batr* 'pustola'] s. m. ● Cicatrice residua alla pustola vaiolosa.

bùttero (**2**) [vc. di est. centro-merid., forse dal gr. *bútoros*, comp. di *bôus* 'bue' e un deriv. del v. *têirein* 'spingere' (?)] s. m. ● Nella Maremma toscana, guardiano a cavallo delle mandrie di bufali, tori, cavalli.

bùtto [da *buttare*] s. m. *1* Getto, spec. d'acqua. *2* (*dial.*) Germoglio | †*Di b.*, di colpo, a un tratto.

buvette /*fr.* by'vɛt/ [vc. fr., da *boire* 'bere', ma sul radicale *buv-*] s. f. inv. ● Piccola mescita di bibite e liquori, in ritrovi o luoghi pubblici.

Buxàcee [comp. di *bŭxus*, n. lat. scient. del bosso, e *-acee*] s. f. pl. ● Nella tassonomia vegetale, famiglia di piante delle Dicotiledoni cui appartiene il bosso (*Buxaceae*) | (al sing. *-a*) Ogni individuo di tale famiglia.

buy-back /*ingl.* 'bai bæk/ [loc. ingl., propr. 'comperare (*buy*) di nuovo (*back*)'] loc. sost. m. inv. ● (*banca*) Nel linguaggio della borsa, riacquisto di azioni proprie da parte di una società, per sostenere o incrementare le quotazioni di mercato.

buyer /*ingl.* 'baiə*/ [vc. ingl. 'acquirente, compratore', da *to buy* 'acquistare', di origine germ.] s. m. inv. ● Funzionario di una ditta che tratta con i fornitori assicurando regolarità, qualità ed economicità nel rifornimento dei prodotti necessari al funzionamento e alla lavorazione aziendali | Chi si occupa degli acquisti all'ingrosso necessari per l'approvvigionamento di grandi magazzini, negozi e sim., spec. nel settore dell'abbigliamento.

buzzàgo ● V. *bozzago*.

buẓẓàio [da *buzzo* (*1*)] s. m. ● (*raro*) Trippaio.

†**buẓẓàme** s. m. ● Buzzo, nel sign. (1).

†**buzzicàre** [etim. incerta] v. intr. *1* Muoversi senza strepito. *2* Mormorare, sussurrare.

†**buzzichèllo** s. m. *1* Dim. di *buzzico*. *2* Intrigo, trama.

†**buzzichìo** s. m. ● Leggero movimento | Lieve rumore, mormorio.

†**bùzzico** [da *buzzicare*] s. m. ● Buzzichio. || †**buzzichèllo**, dim. (V.).

bùẓẓo (**1**) [di origine espressiva (?)] s. m. ● (*pop.*) Pancia | *Empirsi il b.*, mangiare molto | *Mettere su il b.*, la pancia | (*fig.*) *Di b. buono*, con impegno: *si è messo a lavorare di b. buono*. || **buzzàccio**, pegg. | **buzzétto**, dim. | **buzzino**, dim. | **buzzóne**, accr. (V.).

bùẓẓo (**2**) [etim. incerta] s. m. ● (*dial.*) Arnia, bugno.

bùẓẓo (**3**) [etim. incerta] agg. ● (*tosc.*) Taciturno, imbronciato | *Tempo b.*, nuvoloso, piovoso.

†**buẓẓonàio** s. m. ● Trippaio.

buẓẓóne (**1**) s. m. (f. *-a*) *1* Accr. di *buzzo* (*1*). *2* Persona panciuta. *3* Mangione.

buzzóne (**2**) [emiliano *buzon* 'gabbione', di etim. incerta] s. m. ● Gabbia di fascine riempita di pietre a difesa di argini.

buẓẓùrro [etim. incerta] s. m. (f. *-a*) *1* Venditore ambulante di castagne, castagnacci, polenta dolce. *2* Persona giunta da poco in una data città | (*per anton., spreg.*) Piemontese, a Roma dopo il 1870. SIN. Forestiero. *3* Persona rozza, zotica e ignorante. SIN. Burino, cafone.

bwana /*swahili* 'bwana/ [in swahili letteralmente 'signore, padrone' e anche 'Dio, Signore'] s. m. inv. ● Padrone, capo.

bye-bye /*ingl.* 'bai 'bai/ [vc. ingl., inizialmente propria del linguaggio inft.] inter. ● Addio | Arrivederci.

bylina /*russo* bï'lina/ [vc. russa, dal dial. *byliná* 'ciò che è stato', da *bil* 'fu'] s. f. (pl. russo *byliny*) ● Canto popolare del Medioevo russo.

by night /*ingl.* bai 'nait/ [vc. ingl., letteralmente 'presso (*by*, avv. di origine germ. con valore attributivo) la notte (*night*, di origine indeur.)'] loc. agg. inv. e avv. ● Notturno, di notte: *Roma by night*.

by-pass /*ingl.* 'baipa:s/ [vc. ingl., letteralmente 'presso (*by*, avv. di origine germ. con valore attributivo) il passaggio (*pass*, di origine fr.)'] s. m. inv. (pl. ingl. *by-passes*) *1* (*idraul.*) Diramazione di un condotto posta in prossimità di un organo di chiusura o di una pompa, con cui si pone in comunicazione la parte a monte dell'organo con quella a valle. *2* (*med., chir.*) Deviazione artificiale che, in un vaso sanguigno o in un'altra struttura canalizzata parzialmente o totalmente occlusa, consente di superare l'ostruzione. *3* (*urban.*) Percorso alternativo a quello abituale o tradizionale.

bypassàre /baipas'sare/ [den. di *by-pass*] v. tr. *1* Fare deviare o ripristinare un passaggio applicando un by-pass. *2* (*fig.*) Superare un momento di crisi, una difficoltà, un ostacolo.

bypassàto /baipas'sato/ [da *bypassare*] agg.; anche s. m. (f. *-a*) ● (*med.*) Che, chi ha subìto l'applicazione di un by-pass.

byroniàno /bairo'njano/ o **baironiàno** agg. ● Che è proprio del poeta inglese G. G. Byron (1788-1824).

byte /*ingl.* 'bait/ [da *b*(*inar*)*y* (*octet*)*e* 'ottetto binario'] s. m. inv. ● (*elab.*) Unità di misura della quantità di informazione corrispondente a 8 bit: *una memoria da un milione di byte, un record di 100 byte*.

c, C

I suoni rappresentati in italiano dalla lettera *C* sono principalmente due: duro o gutturale e dolce o palatale. La *C* dura, consonante esplosiva velare sorda /k/, è scritta semplicemente *c* davanti alle vocali *a, o, u* e davanti a consonante (es. *càllo* /'kallo/, *còlle* /'kɔlle/, *cùlla* /'kulla/, *clìma* /'klima/, *crésta* /'kresta/); è scritta invece *ch* davanti alle vocali *e* e *i* (es. *chéto* /'keto/, *chìno* /'kino/). Quando è preceduta da una vocale e seguita da un'altra vocale, da una semiconsonante /j, w/ o da una liquida /l, r/, può essere, secondo i casi, di grado tenue (es. *èco* /'ɛko/, *richiùdo* /ri'kjudo/, *declàmo* /de'klamo/, *sètte chiòdi* /'sette 'kjɔdi/) oppure di grado rafforzato (es. *ècco* /'ɛkko/, *racchiùdo* /rak'kjudo/, *acclàmo* /ak'klamo/, *tre chiòdi* /tre k'kjɔdi/), mentre nelle altre posizioni è sempre di grado medio (es. *èsco* /'ɛsko/, *chiòdi* /'kjɔdi/, *ventùn chiòdi* /ven'tun 'kjɔdi/). La *C* dolce, consonante affricata palatoalveolare sorda /tʃ/, è scritta semplicemente *c* davanti alle vocali *e* e *i* (es. *cènto* /'tʃɛnto/, *cìnto* /'tʃinto/); è scritta invece *ci*, con *i* muto, davanti alle altre vocali (es. *ciàlda* /'tʃalda/, *cióndolo* /'tʃondolo/, *ciùrma* /'tʃurma/) ed eccezionalmente anche davanti a *e* (es. *pasticcière* /pastit'tʃɛre/, *spècie* /'spɛtʃe/); non è mai seguita da consonante. Quando è in mezzo a due vocali (o tra una vocale e una semiconsonante), può essere, secondo i casi, di grado tenue (es. *mìcia* /'mitʃa/, *la céna* /la 'tʃena/) oppure di grado rafforzato (es. *miccia* /'mittʃa/, *a céna* /a t'tʃena/), mentre nelle altre posizioni è sempre di grado medio (es. *mància* /'mantʃa/, *céna* /'tʃena/, *per céna* /per 'tʃena/). La lettera *C* fa poi parte del digramma *sc*, che rappresenta in italiano il suono della consonante fricativa palatoalveolare sorda /ʃ/. Analogamente a quello della *C* dolce, questo suono è scritto semplicemente *sc* davanti alle vocali *e* e *i* (es. *scélto* /*'ʃelto/, *scìsma* /*'ʃizma/); è scritto invece *sci*, con *i* muto, davanti alle altre vocali (es. *sciàbola* /*'ʃabola/, *sciòlto* /*'ʃɔlto/, *sciupàre* /*ʃu'pare/) ed eccezionalmente anche davanti a *e* (es. *uscière* /uʃ'ʃɛre/, *cosciènza* /koʃ'ʃɛntsa/); non è mai seguito da consonante. Diversamente però da quello della *C*, questo suono non è mai di grado tenue: in mezzo a due vocali è sempre di grado rafforzato (es. *còscia* /'kɔʃʃa/, *lo sciòpero* /lo ʃ'ʃɔpero/), nelle altre posizioni è sempre di grado medio (es. *cònscio* /'kɔnʃo/, *in sciòpero* /in 'ʃɔpero/). Davanti a lettere diverse da *e* e *i*, il gruppo grafico *sc* ha il valore di *S* sorda + *C* dura /sk/ (es. *scuòla* /'skwɔla/, *scritto* /'skritto/). Per il gruppo grafico *cq*, V. la lettera *Q*.

c, C /nome per esteso: *ci*, † e (*dial.*) *ce*/ s. f. o m. • Terza lettera dell'alfabeto italiano: *c minuscola*; *C maiuscolo* | *C come Como*, nella compitazione, spec. telefonica, delle parole | (*sport*) *Serie C*, suddivisione comprendente gli atleti e le squadre di livello inferiore | *Di serie C*, (*fig.*) di qualità scadente | (*chim.*) *Vitamina C*, V. *vitamina*.

†ca' /ka, ka*/ o **†ca** [troncamento di *casa*] s. f. ***1*** Casa: *reducemi a ca' per questo calle* (DANTE *Inf.* XV, 54) | Oggi usato per designare palazzi antichi o in toponomastica (*spec. sett.*): *Ca' d'oro*; *Ca' Venier*; *Ca' d'Andrea*. ***2*** (*raro*) Casato: *madonna Lisetta da ca' Quirino* (BOCCACCIO) (V. nota d'uso ELISIONE e TRONCAMENTO).

cab /*ingl.* kæb/ [vc. ingl., abbr. del fr. *cabriolet* (V.)] s. m. inv. • Carrozzella inglese di piazza, a due ruote, nella quale il cocchiere stava dietro in alto, in uso nell'Ottocento. ➡ ILL. **carro e carrozza**.

càbala o (*raro*) **càbbala** nel sign. 1 [ebr. *kabbâlah* 'dottrina ricevuta, tradizione'] s. f. ***1*** Corrente del misticismo ebraico medioevale che considera la creazione del mondo come processo di emanazioni in forma di lettere. ***2*** (*est.*) Tecnica popolare per indovinare il futuro a mezzo di lettere, di numeri, di figure o di sogni | *C. del lotto*, che vuole indovinare i numeri che verranno estratti con operazioni aritmetiche. ***3*** (*fig.*) Intrigo, imbroglio: *quella buona voglia che sapeva impiegare nell'ordir cabale* (MANZONI) | *Fare c.*, (*raro*) congiurare.

cabalàre v. intr. (*io càbalo*; aus. *avere*) ***1*** (*raro*) Indovinare con la cabala | (*est.*) Fantasticare, almanaccare. ***2*** (*fig.*) Congiurare ai danni di qc.

cabalétta [dim. di *co(b)bola* (?)] s. f. • (*mus.*) Nell'opera del primo Ottocento, la seconda parte dell'aria, abbastanza veloce, spesso virtuosistica, dal tono conclusivo: *la c. del Trovatore*.

cabalìsta [da *cabala*] s. m. e f. (pl. m. *-i*) ***1*** Chi studia la cabala. ***2*** Chi pretende trovare con la cabala i numeri del lotto. ***3*** (*raro, fig.*) Chi compie imbrogli, raggiri.

cabalìstico agg. (pl. m. *-ci*) ***1*** Di, relativo a, cabala. ***2*** (*est.*) Oscuro, misterioso | *Segni cabalistici*, strani e indecifrabili. ‖ **cabalisticaménte**, avv. In modo cabalistico; secondo la cabala.

cabalóne s. m. (f. *-a*) • (*raro, fig.*) Imbroglione.

caban /*fr.* ka'bã/ [vc. fr., propr. 'gabbano, cappotto'] s. m. inv. • Giaccone sportivo, per lo più in panno, spesso doppiopetto e con bottoni dorati.

cabarè [V. *cabaret*] s. m. ***1*** Adattamento di *cabaret* (V.). ***2*** (*sett.*) Vassoio.

cabaret /*fr.* kaba'rɛ/ [dall'ol. *cabret*, a sua volta dal piccardo *cambrette* 'piccola camera'] s. m. inv. • Locale notturno con spettacoli di varietà | (*est.*) Gli spettacoli stessi: *cantante di c.*; *numeri di c.*

cabarettìsta s. m. e f. (pl. m. *-i*) • Attore di cabaret.

cabarettìstico agg. (pl. m. *-ci*) • Di, da cabaret.

càbbala • V. *cabala*.

cabernet /*fr.* kabɛr'nɛ/ [fr., vc. dial. di etim. incerta] s. m. inv. • Vitigno di origine francese, coltivato nel Veneto, Trentino e Alto Adige | Vino rosso dal caratteristico sapore erbaceo che si ottiene dal vitigno omonimo.

cabestàno [fr. *cabestan*, deformazione di *cabestran*, da *cabestre* 'corda, puleggia': stessa etim. dell'it. *capestro*] s. m. ***1*** Macchina usata per il traino di carri ferroviari mediante fune. ***2*** (*mar.*) Argano verticale, usato in passato sulle navi a vela per sollevare l'ancora o esercitare una trazione su un cavo.

cabìla [ar. *qabīlah* 'tribù'] s. f. ***1*** La tribù dei Beduini, in Arabia. ***2*** (*est.*) Il principale raggruppamento etnico di popoli islamizzati anche fuori dall'Arabia. ***3*** (*fig., spreg.*) Insieme di persone unite da interessi comuni, spec. illeciti: *una c. di speculatori edilizi*.

cabìna o (*dial.*) **gabìna** [fr. *cabine*, dall'ingl. *cabin*, dal lat. tardo *capănna(m)* 'capanna'] s. f. ***1*** Cameretta a bordo delle navi per uso dei viaggiatori e del personale di direzione. ***2*** Vano o navicella ove prendono posto i passeggeri negli aerei, funivie, ascensori e altri mezzi di trasporto. ➡ ILL. p. 1758, 1759 TRASPORTI. ***3*** Vano ove si trova il posto di guida, manovra o pilotaggio di un autocarro, locomotiva, aereo, e sim. | *C. spaziale*, quella delle navicelle spaziali. ➡ ILL. p. 353, 355 AGRICOLTURA; p. 1752, 1753, 1758 TRASPORTI. ***4*** Vano di dimensioni variabili, adibito a usi diversi e diversamente attrezzato | *C. telefonica*, contenente un telefono pubblico | *C. elettrica*, contenente impianti per la trasformazione e la distribuzione dell'energia | *C. di manovra*, contenente i congegni per la manovra dei segnali ferroviari, dei deviatoi e sim. | *C. di proiezione*, in una sala cinematografica, quella che contiene la macchina da proiezione | *C. di regia*, quella fornita delle apparecchiature necessarie per la direzione tecnica e artistica di uno spettacolo radiofonico o televisivo | *C. elettorale*, nella quale l'elettore può esercitare il suo diritto in piena segretezza. ***5*** Sulle spiagge, piccola costruzione adibita a spogliatoio.

cabinànte s. m. e f. • Su una nave, chi è addetto alle cabine e ai passeggeri.

cabinàto A agg. • Detto di imbarcazione da diporto fornita di cabina | Detto di autoveicoli, spec. autocarri, in cui il posto di guida isolato e chiuso assomiglia a una cabina. **B** s. m. • Imbarcazione da diporto fornita di cabina: *c. a motore*, *a vela*.

cabinìsta s. m. (pl. *-i*) ***1*** Operaio addetto alla sorveglianza e alla manutenzione di una cabina elettrica. ***2*** Nei cinema, l'addetto alla proiezione dei film. ***3*** Operaio di un'azienda automobilistica addetto ai lavori inerenti la carrozzeria.

cabinovìa [da *cabina*, sul modello di *funivia* e *seggiovia*] s. f. • Funivia continua comprendente numerose piccole cabine a due o più posti. ➡ ILL. **funivia**.

cablàggio [fr. *câblage*, da *câble* 'cavo', dal lat. tardo *căpulu(m)* 'cappio'] s. m. • Insieme di cavi o conduttori colleganti le diverse parti di un'apparecchiatura elettrica o elettronica, o di un impianto elettrico | (*est.*) L'allestimento di tale apparecchiatura.

cablàre [fr. *câbler*, da *câble* 'cavo' (V. *cablaggio*)] v. tr. ***1*** Collegare mediante cablaggi. ***2*** (*gerg.*) Trasmettere una notizia, spec. giornalistica, per cablogramma.

cablàto part. pass. di *cablare*; anche agg. ***1*** Nei sign. del v. ***2*** Collegato via cavo: *città cablata*.

cablatóre s. m. (f. *-trice*) ***1*** Chi predispone i cablaggi. ***2*** Cablografista.

câblé /*fr.* ka'ble/ [vc. fr., part. pass. di *câbler* 'ritorcere un cavo', da *câble* 'cavo'] **A** agg. (f. *câblée*) • Detto di filato di cotone o di lana ritorto più volte. **B** s. m. inv. • Tale tipo di filato.

càblo s. m. • Acrt. di *cablogramma*.

cablografàre [da *cablogramma*, sul modello di *telegrafare*] v. tr. (*io cablògrafo*) • (*raro*) Cablare.

cablografìa [comp. del fr. *câble* 'cavo' (V. *cablaggio*) e *-grafia*] s. f. • Trasmissione di telegrammi mediante lunghi cavi sottomarini.

cablogràfico agg. (pl. m. *-ci*) • Relativo alla cablografia.

cablografìsta s. m. (pl. *-i*) • Persona addetta alla trasmissione e ricezione di cablogrammi.

cablogràmma [fr. *câblogramme*, a sua volta dall'ingl. *cablegram*, comp. dell'ingl. *cable* 'gomena', poi 'cavo elettrico sottomarino' e *-gram* '-gramma'] s. m. (pl. *-i*) • Telegramma trasmesso mediante lunghi cavi sottomarini.

cablòtto [fr. *cablot* 'cavo', da *câble* 'canapo'] s. m. ● (*mar.*) Corda per affondare l'ancorotto in dotazione a piccole imbarcazioni a remi e a piccoli velieri.

cabochon /*fr.* kabɔˈʃɔ̃/ [fr., da *caboche* 'chiodone, testa', sovrapposizione del lat. *căput* 'capo' al fr. *bosse* 'bozza'] s. m. inv. ● Tipo di lavorazione delle pietre, preziose e non, che ne arrotonda la superficie senza sfaccettarla | Ogni pietra sottoposta a tale lavorazione.

cabotàggio [fr. *cabotage*, da *caboter* 'cabotare'] s. m. ● Navigazione delle navi mercantili e da diporto lungo le coste | *Grande, piccolo c.*, in dipendenza della lunghezza dei percorsi effettuati tra porto e porto | *Di piccolo c.*, (*fig.*) di scarso rilievo, di modesta importanza.

cabotàre [fr. *caboter*, di etim. discussa: ant. fr. *cabo* 'lingua di terra che si addentra nel mare', di origine sp. (?)] v. intr. (*io cabòto*; aus. *avere*) ● Praticare il cabotaggio.

cabotière [fr. *cabotier*, da *cabotage* 'cabotaggio'] s. m. ● Chi pratica il cabotaggio.

cabotièro **A** agg. ● Di, relativo a, cabotaggio. **B** s. m. ● Piccolo bastimento da cabotaggio.

cabràre [fr. *cabrer* 'alzarsi come una capra', dal provz. *cabra* 'capra'] v. intr. e tr. (aus. intr. *avere*) ● (*aer.*) Alzare la prora, rispetto al pilota, con variazione di assetto o di traiettoria: *l'aereo cabra*; *il pilota cabra l'aereo*.

cabràta s. f. ● Atto, effetto e modo del cabrare.

cabrèo [sp. *cabreo*, dal lat. *căput brĕve* 'sommario principale'] s. m. *1* Registro catastale | †Mappa. *2* Registro di partite di conti.

cabriolè s. m. ● Adattamento di *cabriolet* (V.).

cabriolet /*fr.* kabriɔˈlɛ/ [fr., da *cabrioler* 'fare capriole'] s. m. inv. *1* Carrozzina a due ruote, con mantice. *2* Automobile scoperta a due o quattro posti munita di capote. ➡ ILL. p. 1751 TRASPORTI. *3* (*gerg.*) Assegno scoperto o a vuoto.

càca ● V. *cacca*.

cacadùbbi [comp. di *caca(re)* e il pl. di *dubbio*] s. m. e f. ● (*pop.*, *spreg.*) Persona titubante e piena di dubbi.

cacafuòco [comp. di *caca(re)* e *fuoco*] s. m. inv. ● (*scherz.*) Arma da fuoco antiquata.

cacaiòla [dim. dell'ant. *cacaia*, dal lat. *cacāre* 'cacare'] s. f. *1* (*raro*, *volg.*) Dissenteria | *Avere*, *far venire la c.*, (*fig.*) una gran paura. *2* (*raro*, *pop.*) Nella loc. *avere le scarpe*, *le calze alla c.*, non allacciate, a bracaloni.

cacamillèsimo [comp. di *caca(re)* e *millesimo*] s. m. e f. ● (*pop.*, *scherz.*) Persona troppo cauta nell'esprimere il proprio parere.

cacào o (*pop.*) **caccào** [dall'azteco *cacahuatl*, propriamente 'grano di cacao', attrav. lo sp. *cacao*] s. m. solo sing. *1* Pianta delle Sterculiacee, molto alta, con foglie grandi e persistenti, fiori bianchi o rossi, frutti di forma allungata dai semi simili a mandorle (*Theobroma cacao*). *2* Sostanza alimentare aromatica che si ottiene, per torrefazione e macinazione, dai semi della pianta omonima, e costituisce il principale ingrediente della cioccolata | *Burro di c.*, sostanza grassa, di color bianco-giallastro, estratta dai semi del cacao.

cacàre o (*dial.*) **caccàre**, (*dial.*) **cagàre** [lat. *cacāre*, vc. inft.] **A** v. intr. (*io càco*, *tu càchi*; aus. *avere*) ● (*volg.*) Defecare, andare di corpo. **B** v. tr. *1* (*volg.*) Eliminare, espellere dal corpo (*anche fig.*): *si me fusse forza ... non potrei cacar altro che l'anima com'un appiccato* (BRUNO) | *C. sangue*, avere la dissenteria e (*fig.*) stentare, faticare molto | *Cacarsi sotto*, (*fig.*) avere una gran paura | (*fig.*, *volg.*) *Cacarsi qc.*, disprezzarlo, infischiarsene | *Non lo cago nemmeno*, non mi curo minimamente di lui, lo ignoro del tutto. *2* (*fig.*, *volg.*) Fare, eseguire con sforzo, con fatica.

cacarèlla o **cacherèlla** s. f. ● (*volg.*) Dissenteria | *Avere*, *fare venire la c.*, (*fig.*) una gran paura | *A c.*, a bracaloni.

†**cacarìuzza** s. f. ● (*fig.*) Moina, leziosaggine.

†**cacasàngue** [comp. di *caca(re)* e *sangue*] s. m. inv. ● (*pop.*) Dissenteria | *Ti venga il c.!*, ti venga un accidente.

cacasénno [comp. di *caca(re)* e *senno*, n. di uno dei personaggi di un'opera di G. C. Croce] s. m. e f. inv. ● (*spreg.*) Sputasentenze.

†**cacasentènze** [comp. di *caca(re)* e il pl. di *sentenza*] s. m. e f. inv. ● (*pop.*, *spreg.*) Persona saccente e noiosa.

cacasòdo [comp. di *caca(re)* e *sodo*] s. m. e f. inv. ● (*pop.*, *spreg.*) Chi si dà soverchia importanza.

cacasòtto [comp. di *caca(re)* e *sotto*] s. m. e f. inv. ● (*fig.*, *volg.*, *spreg.*) Persona vigliacca o incapace.

†**cacastécchi** [comp. di *caca(re)* e il pl. di *stecco*] s. m. e f. ● (*pop.*, *spreg.*) Persona spilorcia.

cacàta o (*dial.*) **cagàta**. s. f. ● (*volg.*) Atto del cacare | Escrementi. || **cacatìna**, dim. | **cacatóna**, accr.

cacatòa ● V. *cacatua*.

cacatóio o (*dial.*) **cagatóio** [da *cacare*] s. m. ● (*raro*, *volg.*) Latrina.

cacatùa o **cacatòa** [malese *kakatūwa*, di etim. incerta, prob. attrav. il port.] s. m. inv. ● Genere di pappagalli di media lunghezza, con grande becco robusto compresso lateralmente, testa sormontata da un ciuffo erettile e piumaggio di colore non appariscente (*Cacatua*).

cacatùra o (*dial.*) **cagatùra**. s. f. ● (*volg.*) Cacata | Escremento, spec. di insetti.

†**cacazibétto** [comp. di *caca(re)* e *zibetto*] s. m. inv. ● (*pop.*, *spreg.*) Bellimbusto, vagheggino.

càcca o (*dial.*) **càca** [vc. inft. V. *cacare*] **A** s. f. *1* (*inft.*, *pop.*) Escrementi, spec. umani | *Avere la c. al culo*, (*fig.*, *volg.*) avere una gran paura. *2* (*est.*, *inft.*) Cosa sudicia | Cosa da non toccare, da cui stare lontano. *3* (*fig.*, *volg.*, *spreg.*) Boria, superbia. **B** in funzione di inter. ● (*pop.*) Esprime dispetto, rabbia, ira e sim. || **cacchétta**, dim.

†**caccabàldola** [etim. incerta] s. f. ● (*spec. al pl.*) Smanceria, gesto lezioso.

caccào ● V. *cacao*.

caccàre ● V. *cacare*.

caccavèlla [lat. tardo *caccabella(m)*, dim. di *caccăbus* 'pentola' dal gr. *kákkabos*] s. f. *1* (*merid.*) Pentola di terracotta. *2* Strumento popolare napoletano costituito da una pignatta chiusa superiormente da una pelle d'asino in cui è infilato un bastone che, agitato ritmicamente, provoca un caratteristico suono crepitante.

càcchio (**1**) e *deriv.* ● V. *cazzo* e *deriv.*

càcchio (**2**) [lat. *cătulu(m)* 'piccolo cane, piccolo animale', di etim. incerta] s. m. ● Getto non fruttifero che si sviluppa su piante coltivate e che deve essere asportato.

cacchióne [da *cacchio* (*2*)] s. m. *1* Uovo di mosca o di altri insetti | Larva vermiforme dell'ape. *2* (*spec. al pl.*) Punta delle prime penne dei gallinacei e di altri uccelli. *3* (*merid.*) Lepre.

càccia (**1**) [da *cacciare*] s. f. (pl. *-ce*) *1* Arte di catturare o uccidere animali selvatici con trappole e con armi, spec. col fucile: *c. al cinghiale*, *alla volpe*; *ha la passione della c.* | *C. grossa*, alle bestie feroci | Cattura e uccisione della selvaggina nelle condizioni stabilite dalla legge: *apertura della c.*; *riserva di c.*; *battuta di c.* | (*est.*) Appostamento e cattura di un animale da parte di un altro: *la c. dei leoni alle antilopi*. *2* Pesca praticata con armi da fuoco, ad aria compressa e sim.: *c. subacquea*; *c. alla balena*. *3* (*est.*) Selvaggina presa a caccia e uccisa | (*est.*) Pietanza di selvaggina: *cucinare*, *mangiare la c.* SIN. Cacciagione. *4* (*est.*) Inseguimento, anche come azione militare, diretto spec. contro aerei e navi nemiche: *pilotare un aereo da c.* | *C. all'uomo*, di banditi, fuggiaschi e sim. | *Dare la c. a qc.*, inseguirlo | † *Correre in c.*, essere inseguito. *5* (*est.*) Ricerca Minuziosa e incessante di persona che, per vari motivi, assume particolare importanza, spec. in campo giornalistico, politico e sim.: *dare la c. a una diva in incognito*, *al vincitore di una lotteria* | *C. alle streghe*, (*fig.*) azione denigratoria, indiscriminata e quasi ossessiva, condotta contro chi sia, sembri, o si sospetti, compromesso con ideologie e regimi politici ritenuti pericolosi per uno Stato, un partito o una società, al fine di estrometterlo da eventuali posizioni di responsabilità o di comando. *6* (*fig.*) Ricerca avida e affannosa di q.c.: *andare a c. di onori*, *di guadagni*; *un giornalista a c. di notizie* | *Dare la c. a q.c.*, perseguirla senza sosta | (*est.*) *C. fotografica*, attività volta a fotografare animali selvatici nel loro ambiente naturale. *7* Ogni gioco caratterizzato dalla ricerca di q.c.: *c. al tesoro*; *c. agli errori*. *8* (*letter.*) Componimento poetico, spesso musicato, a rime libere di versi brevi frammisti a endecasillabi, in cui è per lo più scritta o rappresentata una scena di caccia. || **cacciarèlla**, dim. (V.).

càccia (**2**) s. m. inv. *1* Acrt. di *aereo da caccia*. *2* Acrt. di *cacciatorpediniere*.

cacciabàlle [comp. di *caccia(re)* nel senso dial. di 'tirar fuori' e il pl. di *balla* nel sign. di 'bugia'] s. m. e f. inv. ● Chi inventa e racconta balle, fandonie, frottole.

cacciabombardière [comp. di *caccia(re)* e *bombardiere*] s. m. ● Aereo atto alla caccia e anche al bombardamento leggero.

cacciachiòdo [comp. di *caccia(re)* e *chiodo*] s. m. ● Barretta d'acciaio con estremità troncoconica usata per l'estrazione dei chiodi.

cacciadiàvoli [comp. di *caccia(re)* e il pl. di *diavolo*] s. m. *1* †Scongiuratore, esorcista. *2* (*bot.*, *pop.*) Iperico.

cacciafèbbre [comp. di *caccia(re)* e *febbre*] s. f. inv. ● (*bot.*, *pop.*) Biondella.

cacciagióne s. f. solo sing. *1* Selvaggina: *è un luogo ricco di c.* | (*est.*) Ciò che rappresenta il frutto di una battuta di caccia. *2* (*est.*) Carne della selvaggina commestibile: *cucinare la c.*; *pasticcio di c.*

cacciamìne [comp. di *caccia(re)* e del pl. di *mina*] s. m. ● (*mar.*) Dragamine.

cacciamósche ● V. *scacciamosche*.

†**cacciapàlla** [comp. di *caccia(re)* e *palla*] s. m. ● Asta recante all'estremità una specie di grosso cucchiaio per estrarre la palla dalle artiglierie ad avancarica.

cacciapiètre [comp. di *caccia(re)* e il pl. di *pietra*] s. m. inv. ● (*ferr.*) Sprone di ferro fissato anteriormente al telaio dei mezzi di trazione, a poca distanza dalla rotaia, allo scopo di rimuovere gli ostacoli che vi si potessero trovare. ➡ ILL. p. 1752, 1753 TRASPORTI.

cacciàre [lat. parl. **captiāre*, da *căpere* 'prendere'] **A** v. tr. (*io càccio*) *1* Inseguire per catturare o uccidere (*anche ass.*): *c. le lepri*, *le quaglie* | (*est.*) Perseguitare. *2* Allontanare a forza o con comandi decisi (*anche fig.*): *c. qc. a pugni e calci*; *c. la malinconia* | Bandire, esiliare. SIN. Espellere. *3* Spingere, mettere dentro, spec. con violenza, o alla rinfusa, o sbadatamente: *c. qc. in prigione*; *c. le mani in tasca*; *dove hai cacciato gli occhiali?* | *C. mano a q.c.*, (*raro*) dare di piglio. *4* Estrarre: *c. il coltello*, *il portafoglio*. *5* †Inseguire: *c. i bastimenti*. **B** v. intr. (aus. *avere*) ● Andare a caccia: *che per cacciar nel bosco ne veniva* (ARIOSTO). **C** v. rifl. ● Introdursi, ficcarsi (*anche fig.*): *cacciarsi tra la folla*; *cacciarsi nei pasticci* | (*est.*) Nascondersi: *dove ti sei cacciato?* | (*raro*) Scagliarsi contro qc.

cacciarèlla [dim. di *caccia* (*1*)] s. f. ● Nel Lazio e nella Maremma, battuta di caccia al cinghiale.

cacciasommergìbili [comp. di *caccia(re)* e il pl. di *sommergibile*] s. m. ● Motoscafo ad alta velocità con motrice a turbina, idrofoni, cannoncini, bombe di profondità e siluri, cui spetta il compito di individuare e attaccare le unità subacquee.

cacciaspolétta [comp. di *caccia(re)* e *spoletta*] s. m. ● Arnese cilindrico con manico, atto a togliere la spoletta dal proietto o a forzarla meglio su di esso.

cacciàta s. f. *1* Atto, effetto dello scacciare, spec. con la forza: *la c. degli Angioini*. SIN. Allontanamento, bando, espulsione. *2* Atto, effetto del cacciare | (*raro*) Partita di caccia. *3* †Cavata, levata: *c. di sangue*. *4* *Vaso a c.*, latrina in cui la pulizia del vaso di maiolica è ottenuta con acqua cadente da un serbatoio innescato a sifone.

cacciatóra s. f. *1* Nella loc. avv. e agg. *alla c.*, alla maniera dei cacciatori | *Giacca alla c.*, in velluto a coste o fustagno, con ampie tasche e tascone posteriore per riporvi la preda | *Alla c.*, detto di pietanze cucinate in umido con cipolla, pomodoro e vino: *coniglio*, *pollo alla c.* | *Salamino alla c.*, di piccola pezzatura. *2* (*ell.*) Giacca alla cacciatora: *una c. di velluto*.

cacciatóre s. m. (f. *-trice*) *1* Chi esercita la caccia, spec. col fucile | *C. di frodo*, chi caccia senza licenza o con mezzi illeciti o in terreni riservati o in tempi proibiti | *C. subacqueo*, chi va a cacciare pesci munito di apposito fucile e attrezzatura per muoversi sott'acqua | *Cacciatori di teste*, popoli allo stato di natura, spec. antropofagi, che, per motivi magici o rituali, conservano e mummificano le teste dei nemici vinti | (*org. az.*) *C. di teste*, persona od organizzazione che ricerca, per conto di un'impresa, personale altamente specializzato senza passare attraverso annunci economici. *2* (*fig.*) Chi va alla ricerca ostinata di q.c.: *c. di guadagni, di onori, di facili amori* | *C. di dote*, chi mira solo ad ammogliarsi con una donna ricca. *3* (*spec. al pl.*) Soldato a piedi o a cavallo, vestito, armato e addestrato per l'impiego nella milizia leggera: *Cacciatori delle Alpi*. *4* Pilota di aereo da caccia. *5* Servo in livrea che andava dietro alla carrozza dei gran signori. *6* †Persecutore.

cacciatorino [da (*salamino alla*) *cacciatora*] **s. m.** ● Piccolo salame di pasta dura.

cacciatorpedinière [comp. di *caccia(re)* e il pl. di *torpediniera*] **s. m. inv.** ● Nave da guerra, con dislocamento fino a 4 000 tonnellate, con compiti antisiluranti, antiaerei e antisommergibili, armata con cannoni, siluri, missili.

cacciavite [comp. di *caccia(re)* e *vite*] **s. m. inv.** ● Attrezzo per stringere o allentare le viti, costituito da uno stelo di ferro che termina con un tagliente o una punta a croce, innestato in un manico | (*elettr.*) *C. cercafase*, V. *cercafase*.

cacciù [malese *kāchu*, attrav. il port. *cachú* e il fr. *cachou*] **s. m.** ● (*bot.*) Catecù.

cacciùcco o (*evit.*) **caciùcco** [turco *kačukli* 'minutaglia'] **s. m.** (pl. *-chi*) *1* Zuppa di pesce alla marinara, con cipolla, aglio, pepe, vino bianco o rosso, tipica di Livorno. *2* (*raro, fig.*) Miscuglio.

càccola [da *cacca*] **s. f.** *1* (*spec. al pl.*) Lo sterco a pallottole di alcuni animali, o quello puntiforme di alcuni insetti: *caccole di capra, di mosca* | Sudiciume appallottolato tra la lana di capre, pecore e sim. *2* (*pop.*) Muco del naso | Cispa degli occhi. *3* (*fig., pop., spec. al pl.*) Chiacchiere, ciarle. || **caccolétta**, **dim.** | **caccolina**, **dim.**

caccolóne **s. m.** (f. *-a*) ● (*pop.*) Chi si toglie continuamente caccole dal naso.

caccolóso **agg.** *1* Cisposo | Pieno di caccole. *2* (*est., pop.*) Sporco, sudicio.

caccóso o (*dial.*) **cagóso** [da *cacca*] **agg.** *1* (*volg.*) Sporco di escrementi. *2* (*fig., volg.*) Pauroso.

cache-col /*fr.* kaʃ'kɔl/ [vc. fr., propr. 'nascondi-collo', comp. di *cacher* 'nascondere' e *col* 'collo'] **s. m. inv.** (pl. fr. inv.) ● Fazzoletto da collo annodato sulla camicia dal collo aperto.

cachemire /*fr.* kaʃ'mir/ [vc. fr., dalla regione asiatica del *Kašmīr*] **s. m. inv.** ● Tipo di lana a pelo lungo ottenuta da una razza di capre del Kashmir | Tessuto leggero e morbido di lana omonima.

cache-nez /*fr.* kaʃ'ne/ [vc. fr., propr. 'nascondi-naso', comp. di *cacher* 'nascondere' e *nez* 'naso'] **s. m. inv.** ● Sciarpa da avvolgersi attorno al collo e alla parte inferiore del viso per ripararli dal freddo.

cache-pot /*fr.* kaʃ'po/ [vc. fr., propr. 'nascondi-vaso', comp. di *cacher* 'nascondere' e *pot* 'vaso'] **s. m. inv.** (pl. fr. inv.) ● Portavasi.

cacherèlla ● V. *cacarella*.

cacherèllo [da *cacare*] **s. m.** ● Sterco di animali.

†cacheróso **agg.** ● (*pop.*) Svenevole, lezioso.

cache-sexe /*fr.* kaʃ'sɛks/ [vc. fr., propr. 'nascondi-sesso', comp. di *cacher* 'nascondere' e *sexe* 'sesso'] **s. m. inv.** (pl. fr. inv.) ● Indumento molto ridotto che, in uomini e donne, copre appena il sesso.

cachessìa [vc. dotta, lat. tardo *cachĕxia(m)*, nom. *cachĕxia*, dal gr. *kachexía* 'cattiva disposizione', comp. di *kakós* 'cattivo' e *héxis* 'disposizione'] **s. f.** ● (*med.*) Stato di grave deperimento organico.

cachet /*fr.* ka'ʃɛ/ [vc. fr., da *cacher* 'nascondere'] **s. m. inv.** *1* Involucro di ostia, o capsula di sostanza amidacea, che racchiude farmaci in polvere | (*pop., est.*) Compressa usata per calmare i dolori, spec. di testa. *2* Carattere particolare di un tipo di eleganza: *una donna che ha molto c.*; *un abito pieno di c.* *3* Contratto temporaneo per singole prestazioni nei vari rami dello spettacolo e sim. | Compenso pattuito per tale singola prestazione. *4* Prodotto impiegato come colorante dei capelli.

cachèttico [vc. dotta, lat. tardo *cachĕcticu(m)*, nom. *cachĕcticus*, dal gr. *kachektikós*, da *kachexía* 'cachessia'] **agg.** (pl. m. *-ci*) ● (*med.*) Di, relativo a, cachessia | Che è affetto da cachessia.

cachettista /kaʃʃet'tista/ [da *cachet* nel sign. 3] **s. m. e f.** (pl. m. *-i*) ● Chi viene pagato a cachet, a ogni singola prestazione, spec. nell'ambito dello spettacolo.

càchi (1) o **kàki** [ingl. *khaki*, dal persiano *khāk* 'polvere'] **A agg.** ● Che ha un colore giallo sabbia, caratteristico degli abiti coloniali: *uniforme, berretto c.* **B s. m.** ● Il colore cachi.

càchi (2) o (*pop.*) **càco**, (*raro*) **kàki** [vc. di origine giapp.] **s. m.** ● Albero delle Ebenacee, di origine tropicale, con foglie coriacee oblunghe, fiori ascellari e frutto a bacca (*Diospyros kaki*). SIN. Loto del Giappone | Frutto commestibile di tale pianta, rotondo, di colore aranciato o giallo-scuro.

cachinno [vc. dotta, lat. *cachĭnnu(m)*, di origine onomat.] **s. m.** ● (*lett.*) Sghignazzata sonora e beffarda: *lo tuo riso sia sanza c.* (DANTE).

caciàia o (*centr.*) **caciàra (1)** [da *cacio*] **s. f.** ● Locale adibito alla stagionatura e conservazione del cacio.

caciàio ● V. *casaro*.

caciàra (1) ● V. *caciaia*.

caciàra (2) [da avvicinare a *gazzarra*] **s. f.** ● (*centr.*) Gazzarra, confusione: *un'occasione buona per fare un po' di c.*

caciaróne [da *caciara*] **s. m.** (f. *-a*) ● (*centr.*) Chi fa confusione, chiasso.

cacìcco o **cacico** [dal caraibico *kacia*] **s. m.** (pl. *-chi*) *1* Capo indiano nell'America centrale e nel Perù, al tempo dell'occupazione spagnola. *2* (*est., fig.*) Notabile politico.

cacière **s. m.** ● Caciaio.

cacimpèrio o **cacimpèro**, **cazzimpèrio** [comp. di *cacio* e un secondo termine di etim. incerta] **s. m.** *1* Vivanda di cacio grattato con burro, uova sbattute, latte o brodo. *2* (*raro, dial.*) Pinzimonio.

càcio [lat. *cāseu(m)* 'formaggio', di etim. incerta] **s. m.** ● (*tosc.*) Formaggio | *Essere alto come un soldo di c.*, (*fig.*) di bambino o persona di piccola statura | *Il c. sui maccheroni*, (*fig.*) ciò che viene a proposito | *Essere pane e c.*, (*fig.*) essere molto amici.

caciocavàllo [comp. di *cacio* e *cavallo*, forse per la forma di questi formaggi] **s. m.** (pl. *cacicavàlli*) ● Formaggio tipico dell'Italia meridionale, di pasta dura, cruda, a forma allungata strozzata in alto, preparato con latte intero di vacca.

caciòtta o (*tosc.*) **caciòla** [da *cacio*] **s. f.** ● Formaggio tenero, in forma schiacciata e rotondeggiante, diffuso nell'Italia centrale. || **caciottèlla**, **dim.** | **caciottina**, **dim.**

caciottàro **s. m.** ● (*centr.*) Fabbricante o venditore di caciotte.

caciùcco ● V. *cacciucco*.

càco ● V. *cachi (2)*.

caco- [dal gr. *kakós* 'cattivo', di etim. incerta] primo elemento ● In parole composte dotte o scientifiche significa 'cattivo' o 'sgradevole' o 'deforme': *cacografia, cacofonia*.

cacodèmone [vc. dotta, lat. tardo *cacodaemone(m)*, nom. *cacodaemon*, dal gr. *kakodáimōn* 'posseduto da cattivo genio', comp. di *kakós* 'cattivo' e *dáimōn* 'demone'] **s. m.** ● (*raro, lett.*) Spirito maligno.

cacoète [vc. dotta, lat. tardo *cacoēthe(m)*, nom. *cacoēthes*, dal gr. *kakoḗthēs*, comp. di *kakós* 'cattivo' ed *êthos* 'abitudine'] **s. m.** ● (*raro*) Malattia cronica, quasi inguaribile.

cacofagìa [comp. di *caco-* e *-fagia*] **s. f.** ● (*med.*) Patologia che si manifesta con la tendenza a mangiare sostanze ripugnanti.

cacofonìa [vc. dotta, gr. *kakophōnía*, comp. di *kakós* 'cattivo' e *-fonia*] **s. f.** *1* (*ling.*) Effetto sgradevole prodotto dall'incontro di certi suoni, spec. dalla ripetizione di sillabe uguali: *Insegni, con l'acre tua cura / rodendo la pietra e la creta* (PASCOLI). *2* In musica, successione o simultaneità di suoni sgradevoli.

cacofònico **agg.** (pl. m. *-ci*) ● Di sgradevole suono.

cacografìa [comp. di *caco-* e *-grafia*] **s. f.** ● Scrittura errata.

cacologìa [vc. dotta, gr. *kakología* 'maldicenza, calunnia', comp. di *kakós* 'cattivo' e *-logia*] **s. f.** (pl. *-gie*) ● Espressione difettosa, dissueta o in contrasto con l'abituale logica del discorso.

cacóne o (*dial.*) **cagóne** [da *cacare*] **s. m.** (f. *-a*) *1* (*volg.*) Chi va spesso di corpo. *2* (*fig., volg.*) Persona paurosa.

cacosmìa [vc. dotta, gr. *kakosmía*, comp. di *kakós* 'cattivo' e *osmḗ* 'odore'] **s. f.** ● (*med.*) Disturbo dell'olfatto consistente nella percezione di odori ripugnanti.

Cactàcee [vc. dotta, comp. di *cact(us)* e *-acee*] **s. f. pl.** ● Nella tassonomia vegetale, famiglia di piante tropicali delle Dicotiledoni con fusti verdi e carnosi spesso di forma strana, fornite di aculei o peli a ciuffi, con notevole riduzione e anche scomparsa delle foglie e fiore in genere solitario (*Cactaceae*). SIN. (*pop.*) Piante grasse | (al sing. *-a*) Ogni individuo di tale famiglia. ➡ ILL. **piante** /3.

cactus /*lat.* 'kaktus/ o **càcto** nel sign. 2 [lat. *căctu(m)*, nom. *căctus*, dal gr. *káktos* 'pianta spinosa', di origine preindeur.] **s. m.** *1* Genere di piante comprendente poche specie con fusto carnoso sempreverde, foglie trasformate in spine e fiori vivacemente colorati (*Cactus*). *2* (*gener.*) Pianta appartenente alla famiglia delle Cactacee.

cacùme [vc. dotta, lat. *cacūmen*, da collegare alla radice indeur. **ak* 'cima'] **s. m.** ● (*raro, lett.*) Sommità di un monte: *lo monte del cui bel c. / li occhi de la mia donna mi levaro* (DANTE *Par.* XVII, 113-114) | (*gener.*) Cima, vetta.

cacuminàle **agg.** *1* (*lett.*) Inerente alla vetta | Che si trova sulla vetta. *2* (*ling.*) Detto di suono nella cui articolazione la parte anteriore della lingua batte contro la sommità del palato.

cadaùno o **†cadùno**, **†cataùno**, **†catùno** [comp. del gr. *katá* 'per' e di *uno*] **agg. e pron. indef.** ● Ciascuno, ognuno, spec. nel linguaggio commerciale: *saponette a lire mille cadauna*.

cadàvere [vc. dotta, lat. *cadāvere*, abl. di *cadāver*, che va accostato a *cădere* 'cadere'] **s. m.** ● Corpo umano dopo la morte: *seppellire il c.*; *bianco, freddo come un c.* | *C. pulsante*, infermo il cui encefalogramma è ormai piatto, ma in cui il cuore batte ancora | (*fig.*) *C. ambulante*, persona macilenta e dall'aspetto sofferente. || **cadaverino**, **dim.**

cadavèrico **agg.** (pl. m. *-ci*) ● Proprio del cadavere: *rigidità, pallore c.* | (*fig.*) Che ha l'aspetto di un cadavere: *un vecchio macilento e c.*

cadaverina **s. f.** ● (*chim.*) Diammina fortemente tossica, appartenente al gruppo delle ptomaine, formata nella putrefazione di organismi animali.

caddie /*ingl.* 'kædi/ [ingl., dal fr. *cadet* (V. *cadetto*)] **s. m. inv.** ● Nel golf, inserviente che porta i bastoni.

cadeau /*fr.* ka'do/ [vc. fr., col sign. di 'dono', assunto attraverso quello di 'ornamento' deriv., a sua volta, dal senso primitivo di 'lettera (ornamentale)' che aveva l'ant. provz. *capdel* (dal lat. tardo *capitĕllum*, dim. di *căput* 'capo') dal quale proviene] **s. m. inv.** (pl. fr. *cadeaux*) ● Dono, regalo.

cadènte **A part. pres.** di *cadere*; anche **agg.** *1* Nei sign. del v. *2* *Palazzo, edificio c.*, che va in rovina | *Vecchio c.*, decrepito | *Anno, mese c.*, (*fig.*) che volge al termine | *Sole c.*, (*fig.*) che tramonta | *Stella c.*, bolide. **B s. m.** ● †Corpo cadente.

cadènza [vc. dotta, lat. *cadĕntia*, part. nt. pl. di *cădere* 'cadere', letteralmente 'cose che cadono'] **s. f.** *1* Modulazione della voce o di un suono prima della pausa | (*est.*) Inflessione della voce nel leggere, nel parlare o nel declamare: *una c. monotona, sonora* | (*est.*) Inflessione tipica di una lingua o di un dialetto: *la c. veneziana, siciliana*. *2* Misura o ritmo di un passo, di una marcia, di un ballo. *3* (*mus.*) Nell'aria e nel concerto, episodio lasciato all'improvvisazione del solista nel silenzio dell'orchestra, previsto verso la fine del brano dopo un accordo sospensivo: *le cadenze di Beethoven per i concerti di Mozart* | In armonia, formula che conclude un brano, un suo periodo o una sua sezione. *4* †Desinenza.

cadenzàre [fr. *cadencer*. V. *cadenza*] **v. tr.** (*io cadènzo*) ● Imprimere a q.c. una cadenza: *c. la voce, il passo*. SIN. Ritmare.

cadenzàto **part. pass.** di *cadenzare*; anche **agg.** *1* Nei sign. del v. *2* (*ferr., spec. al pl.*) Detto di treni che fanno sosta nelle varie stazioni di una linea con frequenza regolare (ad es. $9^h10'$, $11^h10'$, $13^h10'$ ...).

cadére o **†càggere** [lat. *cădere*, con metaplasmo già nel lat. parl., da una radice **kad-* non chiara] **v. intr.** (pass. rem. *io càddi, tu cadésti, egli cådde*, *†cadètte*; fut. *io cadrò, tu cadrài*; congv. pres. *io càda, †càggia*; cond. pres. *io cadrèi, tu cadrésti*; part. pass.

cadùto; ger. cadèndo, †caggèndo; aus. essere) *1* Spostarsi senza sostegni dall'alto verso il basso, lentamente o rapidamente (*anche fig.*): *è caduto dall'albero*; *gli cadono i capelli*; *d'autunno cadono le foglie* | *C. dalle nuvole*, meravigliarsi, stupirsi | *C. in piedi, ritti*, uscire bene da una situazione pericolosa | Pendere: *i capelli le cadevano fino alla vita* | *Il cappotto cade bene*, (*fig.*) è tagliato bene | *Far c. le braccia*, (*fig.*) deprimere, far disperare. SIN. Cascare. *2* Scendere rapidamente provocando distruzioni, crollare (*anche fig.*): *il soffitto cadde con un rumore assordante*; *la fortezza è caduta*; *il regime dittatoriale cadde dopo anni di lotta*. SIN. Precipitare, rovinare. *3* (*fig.*) Decadere, passare da una condizione migliore a una peggiore, o venirsi a trovare in una situazione difficile: *c. ammalato, in disperazione, in miseria, in peccato, in rovina, in sospetto, in trappola* | *C. dalla padella nella brace*, passare da una situazione negativa a una ancora peggiore | (*fig.*) Fallire: *c. agli esami*; *la commedia cadde alla prima rappresentazione* | (*fig.*) Rimanere ucciso: *c. in battaglia, sulla breccia* | *C. ai piedi di q.c. o qc.*, inginocchiarsi per supplicare o rendere omaggio | Peccare. *4* (*fig.*) Calare, finire: *al c. del giorno, del sole*; *il vento cadde improvvisamente*; *tutti i suoi sospetti sono caduti* | (*fig.*) *Lasciar c. il discorso, la proposta*, abbandonarli | *Far c. q.c. dall'alto*, (*fig.*) concedere q.c. con difficoltà e in modo altero. *5* (*fig.*) Capitare, apparire improvvisamente, sopraggiungere: *c. a proposito*; *c. sotto gli occhi*; *al c. del sole*; *cade la notte* | Venire a trovarsi: *l'accento cade sull'ultima sillaba* | (*fig.*) *Lasciar c. una parola, una frase e sim.*, presentarle con falsa noncuranza per ottenere un effetto particolare | Ricorrere con regolarità, periodicità: *oggi cade il mio compleanno*. *6* (*ling.*) Uscire, terminare, di desinenza.

cadétto [fr. *cadet*, dal guascone *capdet* 'capo'] **A** agg. *1* Detto di figlio maschio non primogenito di una famiglia nobile, senza diritto di successione | Di ramo collaterale nella discendenza di una famiglia nobile. *2* (*sport*) Di secondo piano, di serie B: *squadra cadetta*; *campionato c.* **B** s. m. *1* Figlio maschio non primogenito senza diritto di successione | (*est.*) Figlio secondogenito. *2* Allievo di un'accademia militare. *3* (*sport*) Componente di una squadra cadetta.

cadì [ar. *qâdî* 'giudice'] s. m. ● Magistrato musulmano che amministra la giustizia applicando le norme del diritto islamico.

†cadiménto s. m. ● Caduta (*anche fig.*).

caditóia [da *cadere*] s. f. *1* Apertura fatta negli sporti e nei ballatoi delle antiche fortificazioni e nelle volte delle torri, da cui si scagliavano sassi o altro per colpire il nemico. SIN. Piombatoia. *2* Apertura nella cunetta della strada per l'immissione dell'acqua nella fognatura.

cadmìa o **càdmia** [vc. dotta, lat. *cadmīa*(*m*), nom. *cadmīa*, dal gr. *kadmêia* (sottinteso *gê* 'terra') 'ossido di zinco' che si trovava vicino all'acropoli di Tebe, chiamata 'Cadmia'] s. f. ● Fuliggine metallica che si forma nei recipienti o nei forni in cui si fondono metalli.

cadmiàre v. tr. (*io càdmio*) ● Rivestire un metallo, mediante galvanostegia, di un sottile strato di cadmio.

cadmiatùra s. f. ● Atto, effetto del cadmiare.

càdmio [da *cadmia*] s. m. ● Elemento chimico, metallo bianco-argenteo, duttile, malleabile, ottenuto come sottoprodotto nella metallurgia dello zinco, usato spec. in galvanostegia. SIMB. Cd.

†càdo [lat. *cădu*(*m*), nom. *cădus* 'barile', dal gr. *kádos*, di origine ebr.] s. m. ● Misura di liquidi equivalente a circa un barile.

cadorìno A agg. ● Della regione del Cadore, nel Veneto. **B** s. m. (f. *-a*) ● Abitante, nativo del Cadore.

cadrèga o **†carrèga** [vc. dial. (lomb.), dal lat. *cătedra*(*m*) 'sedia', 'seggio' (V. *cattedra*), attraverso una forma metatetica (*cadreda*), poi dissimilata (*cadrega*)] s. f. ● (*dial.*) Sedia, scanno. ‖ **cadreghìno**, dim. (V.).

cadreghìno s. m. *1* Dim. di *cadrega*. *2* (*dial., fig.*) La sedia, intesa come simbolo del potere: *perdere il c.*

cadùca [f. sost. di *caduco*] s. f. ● (*anat.*) Decidua.

caducàre [da *caduco*] v. tr. (*io cadùco tu cadùchi*) ● (*dir.*) Annullare.

caducazióne s. f. ● (*dir.*) Il venir meno degli effetti di un atto giuridico per scadenza del termine.

caduceàto agg. ● (*poet.*) Dotato di caduceo.

caducèo o **cadùceo** [vc. dotta, lat. *cadūceu*(*m*), dal gr. *karýkeion*, da *kâryx* 'araldo'] s. m. ● Verga alata con due serpenti attorcigliati che stanno per baciarsi, con cui Mercurio componeva le liti, assurta a simbolo di pace e ad attributo dei messaggeri.

cadùcifero [vc. dotta, lat. *cadūcĭferu*(*m*), comp. di *cadūceum* 'caduceo' e *fĕrre* 'portare'] agg. ● (*poet.*) Che porta il caduceo.

caducifòglio [comp. di *caduco* e *foglia*] agg. ● Detto di pianta o di formazione vegetale a foglie decidue: *albero, bosco c.* CONTR. Sempreverde.

caducità [vc. dotta, lat. tardo *caducitāte*(*m*), nom. *cadūcitas*, da *cadūcus* 'caduco'] s. f. *1* Condizione di ciò che è caduco | (*est.*) Fragilità, transitorietà: *la c. della bellezza fisica*. *2* (*dir.*) Inefficacia di un atto o negozio giuridico per il sopravvenire di condizioni previste dalla legge. *3* †Vecchiaia.

cadùco [vc. dotta, lat. *cadūcu*(*m*), da *cădere* 'cadere'] agg. (pl. m. *-chi*) *1* Che cade presto | (*fig.*) Che ha breve durata: *bellezza caduca*; *o caduche speranze, o pensier folli!* (PETRARCA). SIN. Effimero, fugace, labile | *Mal c.*, (*pop.*) epilessia. *2* (*biol.*) Detto di organo animale o vegetale destinato a cadere, che talvolta viene sostituito: *foglie caduche*; *denti caduchi*; *corna caduche*. *3* (*ling.*) Detto di suono soggetto a indebolimento e a caduta. ‖ **caducaménte**, avv. (*raro*) In modo caduco.

†cadùno ● V. *cadauno*.

cadùta [da *cadere*] s. f. *1* Atto, effetto del cadere: *ha fatto una c. rovinosa dal tetto, dall'albero*; *la c. dei denti, dei capelli, delle foglie, della pioggia, della neve, della grandine* | *C. di un grave*, discesa spontanea di un corpo sotto l'azione della gravità | *C. di tensione*, differenza di potenziale fra due punti di un circuito percorso da corrente | *C. termica*, differenza fra entalpia iniziale e finale nell'espansione di un aeriforme | *C. d'acqua*, salto d'acqua | *C. libera*, nel paracadutismo, parte della caduta tra il lancio dall'aereo e l'apertura del paracadute. *2* (*fig.*) Capitolazione, resa: *per la sì presta c. della città erano forte imbaldanziti* (BARTOLI) | (*fig.*) Rovina: *la c. dell'Impero Romano*. SIN. Crollo | (*est.*) Peccato: *pentitevi delle vostre cadute e Dio vi perdonerà*. *3* (*fig.*) Cessazione o privazione di un potere politico, una carica e sim.: *la c. del governo, del ministero, della dittatura, della monarchia*. *4* (*mar.*) Lato verticale delle vele quadre | Lato verticale poppiero delle vele latine e dei fiocchi. ➡ ILL. p. 1291 SPORT. *5* (*astrol.*) Segno zodiacale, opposto all'esaltazione, in cui un corpo celeste non trova nessuna affinità e ha perciò una diminuzione del proprio influsso particolarmente accentuata.

cadùto A part. pass. di *cadere*; anche agg. ● Nei sign. del v. **B** s. m. ● Chi è morto in combattimento: *monumento ai caduti*.

cady /ka'di/ [prob. alterazione del fr. *cadis* 'rascia', di orig. sconosciuta] s. m. inv. ● Tessuto pettinato di lana, seta, cotone o altre fibre, di peso medio-leggero e dalla caratteristica mano ruvida, usato spec. per abiti da sera o di alta moda.

†caèndo [lat. *quaerĕndo* 'cercando', gerundio di *quaerĕre* 'chiedere, cercare'] vc. ● Solo nelle loc. *andare, venire c.*, cercando.

†cafaggiàio s. m. ● Guardaboschi.

†cafàggio [longob. *gahagi* 'chiusa, bandita di caccia'] s. m. ● Bandita di caccia.

†cafagnàre [da *cavare* (?)] v. intr. ● Fare buche nel terreno per piantarvi alberi.

†cafàrnao [dalla città della Galilea *Cafarnao*; il senso di 'disordine, confusione' deriva dalla turba venuta per vedere Cristo] s. m. ● Confusione, grande disordine | *Andare in c.*, perdersi, smarrirsi.

café-chantant /fr. ka'fe ʃã'tã/ [vc. fr., propriamente 'caffè cantante'] loc. sost. m. inv. (pl. fr. *cafés-chantants*) ● Caffè concerto.

café-society /ingl. 'kæfei sə'saiəti/ [vc. ingl., propriamente 'società da caffè'] loc. sost. f. inv. ● Il bel mondo, il complesso delle persone che frequentano i luoghi alla moda.

cafetàno ● V. *caffettano*.

caffè [turco *kahvé*, dall'ar. *qahwa* 'bevanda eccitante'] **A** s. m. *1* Arbusto tropicale sempreverde delle Rubiacee con foglie ovate e glabre, fiori bianchi ascellari, frutto consistente in una drupa rossa con nocciolo contenente uno o due semi (*Coffea arabica*) | Ogni seme di tale pianta. *2* Sostanza aromatica ottenuta per torrefazione e macinazione dei semi contenuti nei frutti della pianta del caffè: *grani, chicchi di c.*; *c. in grani*; *c. macinato*. *3* Bevanda preparata per decozione a caldo di caffè torrefatto e macinato: *fare, preparare il c.*; *offrire una tazza di c., un c.*; *c. caldo, freddo* | *C. nero*, senza latte, puro | *C. macchiato*, a cui viene aggiunto un po' di latte | *C. corretto*, con l'aggiunta di un liquore | *C. turco, alla turca*, denso, preparato col bricco, non filtrato | *C. espresso*, espressamente preparato per chi lo richiede, con apposite macchine | *C. lungo, alto*, poco concentrato | *C. ristretto, basso*, molto concentrato | *Al c.*, dopo il pranzo | Ogni bevanda succedanea del caffè ottenuta dai semi di varie piante: *c. d'orzo*; *c. di cicoria, di ghianda* | *C. bianco*, specie di sorbetto al sapore di caffè. *4* Locale pubblico dove si servono, oltre al caffè, gelati, bevande alcoliche e analcoliche, pasticceria e sim.: *andare al c.*; *passare la serata al c.* SIN. Bar | *Chiacchiere, politica da c.*, oziose, astratte dalla realtà | *C. concerto*, locale dove si ascolta musica e si balla. **B** in funzione di agg. ● (posposto a un s.) Che ha il colore bruno dorato caratteristico del caffè tostato: *un paio di scarpe color c.* ‖ **caffeàccio**, pegg. | **caffeìno**, dim. | **caffettìno**, dim. | **caffeùccio**, dim.

caffeàrio agg. ● Del caffè: *industria caffearia*.

caffè e latte /kaf'fɛ e l'latte/ ● V. *caffellatte*.

caffeìco [dal fr. *caféique*, da *café* 'caffè'] agg. (pl. m. *-ci*) *1* (*chim.*) *Acido c.*, acido organico aromatico in cristalli poco solubili in acqua, dotato di notevole potere riducente. *2* Detto di droghe che contengono caffeina.

caffeicolo agg. ● Che concerne la coltivazione del caffè.

caffeìfero agg. ● Che produce caffè: *regione caffeifera*.

caffeìna s. f. ● Alcaloide contenuto nel caffè, dotato di azione stimolante sul cuore e su altri organi.

caffeìsmo s. m. ● Intossicazione da caffeina caratterizzata da tremori, insonnia, facile irritabilità.

caffellàtte o **caffè e làtte**, **caffelàtte**, (*raro*) **caff'e làtte** [comp. di *caffè* e *latte*] **A** s. m. inv. ● Miscela di latte e caffè con cui comunemente si fa colazione la mattina. **B** in funzione di agg. inv. ● (posposto a un s.) Che ha il colore bruno chiaro della bevanda omonima: *vestito c.*

caffeomanzìa [comp. di *caffè* e *-manzia*] s. f. ● Pratica di divinazione mediante l'esame delle figure create dai fondi del caffè rovesciati in un recipiente pieno d'acqua.

caffettàno o **cafetàno**, **caffetàno**, **caftàn**, **caftàno** [ar. *qaftân* 'cotta di maglia'] s. m. *1* Ampia e lunga veste maschile con maniche svasate tipica dei paesi musulmani. *2* (*est.*) Abito femminile lungo e largo, con maniche ampie, spesso ricamato, simile nella foggia al precedente.

caffetterìa s. f. ● Complesso di bevande e paste offerte nei caffè | Reparto di un esercizio alberghiero che si occupa della prima colazione.

caffettièra [fr. *cafetière*. V. *caffè*] s. f. *1* Recipiente in cui si prepara il caffè | Bricco col quale si serve il caffè in tavola. *2* (*scherz.*) Autoveicolo vecchio e sgangherato: *funziona ancora questa c.?* | Locomotiva vecchia.

caffettière [fr. *cafetier*. V. *caffè*] s. m. (f. *-a*) ● Gerente di una bottega di caffè.

càffo [ar. *kaff* 'palmo della mano' o *qaffa* 'cambiare rapidamente una moneta fra le dita'] **A** s. m. *1* (*tosc.*) Numero dispari | *Non essere né pari né c.*, né carne né pesce. *2* †Il primo di tutti, l'unico: *tu sei 'l c. d'ogni traditore* (PULCI). **B** agg. ● (*tosc.*) Dispari: *il tre è numero c.*

†càfila [ar. *qâfila* 'carovana'] s. f. ● Carovana di mercanti dei paesi islamici.

cafìsso [ar. *qafîz* 'misura di capacità'] s. m. ● Antica unità di misura di capacità agraria per grano e olio.

cafonàggine [da *cafone*] s. f. ● Qualità, comportamento di cafone: *una c. senza pari* | Cafonata: *una delle sue solite cafonaggini*.

cafonàta s. f. • Azione, frase da cafone: *fare, dire una c.*

cafóne [etim. incerta] **A** s. m. (f. *-a*) **1** (*dial., merid.*) Contadino: *i cafoni del Sud.* **2** (*est., spreg.*) Persona rozza, villana o maleducata: *non faccia il c.!; comportarsi da c.* SIN. Buzzurro, zotico. **B** agg. • Zotico, villano, maleducato: *la plebe contadina e cafona* (CARDUCCI). || **cafonàccio**, pegg. | **cafoncèllo**, dim.

cafonerìa s. f. • Cafonaggine.

cafonésco agg. (pl. m. *-schi*) • Da cafone: *gesto c.* || **cafonescaménte**, avv. In modo cafone, in modo villano.

cafonìşmo s. m. • Comportamento da cafone.

càfro [dall'ar. *kāfir* 'infedele'] agg.; anche s. m. (f. *-a*) • (*gener.*) Che, chi appartiene ai gruppi di lingua Bantu stanziati nell'Africa sud-orientale | †*Gallina cafra*, nera.

caftàn • V. *caffettano.*

caftàno • V. *caffettano.*

cagàre e *deriv.* • V. *cacare* e *deriv.*

†**càggere** • V. *cadere.*

cagionàre v. tr. (*io cagióno*) **1** Causare, provocare: *c. danno, preoccupazione.* **2** †Incolpare.

cagionatóre s. m.; anche agg. (f. *-trice*) • Chi, che dà cagione, causa.

cagióne [lat. *occasiōne(m)*. V. *occasione*] s. f. **1** Causa determinante di q.c.: *i dispiaceri furono la c. della sua morte.* **2** †Pretesto, spinta, motivo: *la rigida giustizia che mi fruga / tragge cagion del loco ov'io peccai* (DANTE *Inf.* XXX, 70-71). **3** †Scusa | *Trovar c.*, pretesto.

cagionévole [da *cagione*] agg. • Di debole costituzione, facile ad ammalarsi: *un ragazzo gracile e c.* | (*est.*) Malaticcio.

cagionevolézza s. f. • (*raro*) L'essere cagionevole.

cagionóso agg. • (*dial., tosc.*) Cagionevole.

†**cagiù** • V. *acagiù.*

†**cagliàre** (**1**) [sp. *callar* 'tacere, dissimulare', dal lat. parl. **callāre*, dal gr. *chaláō* 'io lascio andare'] v. intr. **1** Perdersi d'animo, allibire. **2** Tacere.

cagliàre (**2**) o **quagliàre** [lat. *coagulāre*. V. *coagulare*] **A** v. intr. (*io càglio*; aus. *essere*) • Rapprendersi a causa dell'acidità del caglio aggiunto, detto del latte. **B** v. tr. • Far rapprendere: *poi col presame cagliò la metà di quel candido latte* (PASCOLI).

cagliaritàno A agg. • Di Cagliari. **B** s. m. (f. *-a*) • Abitante, nativo di Cagliari.

cagliàta [da *cagliare (2)*] s. f. • Massa gelatinosa ottenuta per coagulazione della caseina del latte.

cagliatùra s. f. • Processo di coagulazione del latte.

càglio (**1**) o †**quàglio** [lat. *coāgulu(m)*. V. *coagulare*] s. m. **1** Sostanza acida, tratta dall'abomaso di ruminanti lattanti, che aggiunta al latte lo fa cagliare. SIN. Presame. **2** (*zool.*) Abomaso.

càglio (**2**) [da *caglio (1)* perché serve a cagliare] s. m. • Pianta erbacea delle Rubiacee con fiori gialli in pannocchie, un tempo usata per far cagliare il latte (*Galium verum*) | Carciofo selvatico.

cagliòstro [dal n. del famoso avventuriero del sec. XVIII, Giuseppe Balsamo, conte di *Cagliostro*] s. m. • Avventuriero, ciarlatano: *l'odiosa tirannia di quel c.* (PIRANDELLO).

càgna [lat. parl. **cănia(m)*, f. di *cănis* 'cane'] s. f. **1** Femmina del cane. **2** (*fig.*) Donna di facili costumi. **3** (*fig.*) †Donna dal carattere aspro e rabbioso. **4** (*fig.*) Cattiva attrice, spec. cantante. **5** (*fig., gerg.*) Cambiale. || **cagnètta**, dim. (V.).

cagnàccio o †**cagnàzzo**. s. m. (f. *-a*; pl. f. *-ce*) **1** Pegg. di *cane.* **2** (*raro, fig.*) Persona vile o crudele. **3** Grosso pesce cartilagineo dei Selaci col dorso rossastro e macchie nere sul ventre (*Carcharias ferox*).

†**cagnàio** s. m. • Disordine di vita o di costumi.

cagnàra s. f. **1** (*raro*) Latrato di molti cani. **2** (*fig., fam.*) Chiasso di gente che litiga o si diverte: *fare c.; una c. assordante.*

†**cagnàzzo A** agg. **1** Simile a cane | (*est.*) Brutto, deforme. **2** Di colore paonazzo: *Poscia vid'io mille visi cagnazzi / fatti per freddo* (DANTE *Inf.* XXXII, 70-71). **B** s. m. • V. *cagnaccio.*

cagnésca • V. *canesca.*

cagnésco agg. (pl. m. *-schi*) **1** †Che è tipico del cane. **2** (*fig.*) Ostile, minaccioso | *Guardare in c.*, guardare torvo | (*lett.*) *Stare, essere in c.*, essere sdegnato. || **cagnescaménte**, avv. Rabbiosamente.

cagnétta s. f. **1** Dim. di *cagna.* **2** (*gerg.*) Cannone da campagna da 75 mm.

cagnétto s. m. (f. *-a* nel sign. 1) **1** Dim. di *cane*; *un cagnetto ... di colore bianco pezzato* (MORANTE). **2** Pesce di acqua dolce dei Blennidi con corpo allungato, muso tozzo e occhi sporgenti, di color verde scuro superiormente e giallo a macchie verdi e brune sul ventre (*Blennius fluviatilis*).

cagnìna [forse da *cagna* con passaggio fig. poco chiaro] s. f. **1** (*enol.*) Vino rosso frizzante e asprigno tipico della Romagna. **2** (*enol.*) Nelle Marche, denominazione del vitigno canaiolo.

cagnòla [da *cagna* sul tipo di *gattaiola*] s. f. • A bordo delle navi, bugigattolo.

cagnòlo [da *cagna*, perché ricorda le gambe dei cani] agg. • Detto di cavallo che presenta nell'appiombo il difetto di una rotazione dello zoccolo verso l'interno.

cagnóne [vc. lombarda, da *cagnón* 'larva d'insetto', a cui il chicco di riso viene paragonato] vc. • Nella loc. *riso in c.*, in bianco, cotto in acqua e condito con burro fuso e parmigiano.

cagnotte /fr. ka'ɲɔt/ [vc. fr., di provenienza provenzale, prob. da *cagne* 'cagna' per la figura del piattello] s. f. inv. • Piattello, vassoio dove i partecipanti a un gioco d'azzardo versano piccole somme di denaro a favore del croupier o per altri scopi | (*est.*) La somma così raccolta.

cagnòtto s. m. **1** Dim. di *cane.* **2** (*raro*) Sicario, persona prezzolata al servizio di un signore per compiere prepotenze o vendetta: *attorniato da parassiti e da cagnotti di vilissima sorta* (D'ANNUNZIO). **3** (*pesca*) Larva della mosca carnaria dal colorito bianco-cereo sporco usata come esca per quasi tutti i pesci d'acqua dolce.

cagoulard /fr. kagu'lar/ [vc. fr., da *cagoule* 'cappuccio', che gli aderenti a un'organizzazione francese d'estrema destra portavano in occasione di certe manifestazioni: stessa orig. dell'it. *cocolla*] s. m. inv. • Membro di un'organizzazione terroristica francese di estrema destra, attiva fra il 1936 e il 1945 | (*est.*) Terrorista filofascista.

cahier de doléances /fr. ka'je də dɔle'ãs/ [loc. fr., propr. 'quaderno di lamentele'] loc. sost. m. inv. (pl. fr. *cahiers de doléances*) **1** (*st., spec. al pl.*) Raccolta di rimostranze e richieste che nella Francia del XVIII sec., prima della rivoluzione, veniva redatta durante le assemblee elettorali e presentata al re dagli Stati Generali. **2** (*est.*) Serie di lamentele, di proteste.

caì [vc. onomat.] inter. • Riproduce il guaito del cane (*spec. iter.*).

càia [etim. incerta] s. f. • Farfalla dei Lepidotteri con le ali anteriori bianche a chiazze marrone e le posteriori aranciate a macchie nere (*Arctia caja*).

caiàc • V. *kayak.*

caiàcco • V. *kayak.*

caiàco • V. *kayak.*

†**càiba** • V. *gabbia.*

†**caìcco** o **caicchio** [turco *qayk*] s. m. (pl. *-chi*) • Imbarcazione a remi, lancia.

càid [ar. *qā'id* 'capo tribù'] s. m. • Funzionario musulmano nell'Africa del nord.

càieput /'kajeput/ • V. *cajeput.*

caimàno [sp. *caimán*, di origine amer.] s. m. • Genere di rettili degli Alligatoridi (*Caiman*) | *C. dagli occhiali*, rettile americano dei Coccodrilli con muso allungato e arrotondato, corazza robusta uniformemente scura (*Caiman crocodylus*).

cainésco [da *Caino*, n. del fratricida biblico] agg. (pl. m. *-schi*) • (*lett.*) Che dimostra efferata crudeltà.

Caìno [dal n. del figlio di Adamo, che uccise a tradimento il fratello Abele] s. m. **1** (*per anton.*) Fratricida | Uccisore di parenti o di amici. **2** (*est.*) Traditore.

Càio [vc. dotta, lat. *Gāiu(m)*, prenome rom., per errata lettura del segno *C* che, nell'ortografia latina arcaica, valeva tanto per la sorda *c*, quanto per la sonora *g*] s. m. • Nome proprio con cui si indica una persona indeterminata che non si vuole o non si può nominare; è usato per lo più insieme con i nomi di *Tizio* e *Sempronio*, aventi analogo significato: *invece di tacere, è andato a dire tutto a Tizio, C. e Sempronio.*

cairn /ingl. 'kɛən/ [vc. ingl. di orig. gaelica, propr. 'mucchio'] s. m. inv. **1** Cumulo di pietre usato come monumento sepolcrale in alcune culture del periodo neolitico ed eneolitico. **2** (*est.*) Cippo di confine. SIN. Ometto nel sign. 3.

cairòta [da *Cairo*] **A** agg. (pl. m. *-i*) • Del Cairo. **B** s. m. e f. • Abitante, nativo del Cairo.

càjeput /'kajeput, *ingl.* 'kædʒput/ o **càieput** [dal malese *kāyupūtih* 'albero bianco'] s. m. inv. • Albero delle Mirtacee, tipico della regione indo-malese dalle cui foglie si ottiene, per distillazione, un liquido incolore usato in medicina (*Melaleuca leucadendron*).

cake /ingl. keik/ [vc. ingl., propr. 'torta, focaccia'] s. m. inv. • Acrt. di *plum-cake.*

càla (**1**) [vc. di origine preindeur.] s. f. **1** Insenatura marina in costa alta, molto piccola e poco profonda. SIN. Calanca. **2** Intaglio che si pratica alla base di un blocco di marmo per staccarlo dalla fronte della cava. SIN. Sottoscavo. || **calétta**, dim. (V.).

càla (**2**) [fr. *cale*, dal provz. *calo*, dev. di *calar* 'calare, abbassare'] s. f. • (*mar.*) Fondo della stiva della nave | Locale di bordo destinato a magazzino.

calabràche [comp. di *cala(re)* e il pl. di *braca*, da *calar le brache* 'darsi per vinto'] **A** s. m. e f. inv. • (*pop.*) Persona eccessivamente remissiva e pusillanime. **B** s. m. • Gioco di carte fra due persone, nel quale vince chi riesce a raccogliere il maggior numero di carte.

calabrése A agg. • Della Calabria | *Alla c.* (*ell.*), alla maniera dei calabresi | *Cappello alla c.*, di feltro nero a pan di zucchero e tesa larga, solitamente adorno di nastri variopinti. **B** s. m. e f. • Abitante, nativo della Calabria. **C** s. m. solo sing. • Dialetto italiano meridionale, parlato in Calabria.

calabresèlla o **calabreşèlla** [da *calabrese*] s. f. • Terziglio.

càlabro A agg. **1** Che si riferisce a un'antica popolazione messapica stanziata nella penisola salentina. **2** (*lett.*) Calabrese. **B** s. m. (f. *-a*) • Chi apparteneva alla popolazione calabra: *i Calabri e gli Apuli.*

càlabro- primo elemento • In parole composte fa riferimento alla Calabria: *Appennino calabro-lucano.*

calabróne o †**scalabróne** [lat. *crabrōne(m)*, di origine indeur.] s. m. **1** Grosso insetto degli Imenotteri con corpo bruno rossiccio e addome variegato di giallo la cui femmina è fornita di pungiglione (*Vespa crabro*) | (*fig.*) *Essere nero come un c.*, avere un colorito bruno molto scuro e (*est.*) essere di cattivo umore. **2** (*fig.*) Corteggiatore insistente | Persona importuna.

calabrósa [etim. incerta] s. f. • Rivestimento di ghiaccio tenace, compatto, translucido proveniente dal rapido congelamento di goccioline d'acqua sopraffuse.

calafatàggio s. m. • Operazione del calafatare.

calafatàre v. tr. **1** Stoppare e rincatramare le fessure dello scafo di un'imbarcazione per renderla impenetrabile all'acqua. **2** Rendere stagna una giunzione tra lamiere o tubi.

calafatatóre s. m. • (*raro*) Calafato.

calafàto [gr. tardo *kalaphátēs*, di etim. incerta] s. m. • Operaio specializzato nel calafataggio delle navi.

calamàio o (*raro*) **calamàro** [lat. tardo *calamāriu(m)*, da *călamus* 'canna, penna per scrivere'] s. m. **1** Vasetto di varia forma e materia in cui si tiene l'inchiostro e si intinge la penna per scrivere | *C. tascabile*, a tenuta, che si poteva trasportare senza che l'inchiostro si versasse. **2** Astuccio in cui si tenevano i calami o le penne di volatile per scrivere. **3** (*tip.*) Nelle macchine da stampa, serbatoio a sezione triangolare, aperto da un lato e appoggiato contro un rullo che, ruotando, trasmette l'inchiostro alla forma. **4** V. *calamaro* nei sign. 1 e 2. || **calamaiétto**, dim.

calamàndra [etim. incerta] s. f. • Pregiato legno bruno venato di nero ricavato da un albero indiano.

calamarétto s. m. **1** Dim. di *calamaro.* **2** Calamaro giovane, di piccole dimensioni: *un fritto di calamaretti e gamberi.*

calamarièra [da *calamaro*] s. f. ● Totanara.

calamàro o **calamàio** [da *calamaio*, per il liquido nero che contiene] s. m. *1* Mollusco cefalopode marino, commestibile, con corpo bianco roseo punteggiato di scuro e prolungato in dieci tentacoli, che, in caso di pericolo, emette un liquido nero che intorbida l'acqua (*Loligo vulgaris*). *2* (*spec. al pl., fig.*) Occhiaie livide: *avere i calamari agli occhi*. *3* (*raro*) V. *calamaio* nei sign. 1, 2, 3. ‖ **calamarétto**, dim. (V.).

†**calambà** [sp. *calambac*, dal malese *kalambak*] s. m. ● Legno della Cina, pregiato per il suo odore.

†**calambùcco** s. m. ● Legno di aloe tinto di rosso, di odore molto gradevole.

calaménto [da *calare*] s. m. ● Parte finale della lenza.

calamìna [fr. *calamine*, prob. rifacimento semidotto del lat. *cadmīa*. V. *cadmia*] s. f. ● (*miner.*) Voce del gergo minerario, indicante vari minerali di zinco mescolati tra loro in masse biancastre.

calamìnta [vc. dotta, lat. *calamĭnthe(m)*, nom. *calamĭnthe*, dal gr. *kalamínthē*, di origine preindeur.] s. f. ● (*bot.*) Pianta erbacea delle Labiate ricoperta di molti peli, con piccoli fiori rosa o lilla in cime peduncolate munite di piccole brattee (*Satureja calamintha*) SIN. Nepetella.

calamìstro [vc. dotta, lat. *calamĭstru(m)*, prob. connesso con *călamus*, V. *calamo*] s. m. *1* (*zool.*) Organo formato da setole ricurve situato sul quarto paio di zampe dei ragni. *2* Ferro usato un tempo per arricciare i capelli.

calamìta [etim. incerta] s. f. *1* (*fis.*) Magnete. *2* (*fig.*) Persona o cosa che possiede una forte attrattiva: *quella ragazza è una vera c. per gli uomini!*

calamità [vc. dotta, lat. *calamitāte(m)*, di origine non romana] s. f. ● Sventura o disgrazia che, di solito, colpisce molte persone: *i terremoti, le epidemie, le guerre sono vere c.* SIN. Catastrofe.

calamitàre [da *calamita*] v. tr. *1* Magnetizzare per induzione. *2* (*est.*) Attirare.

calamitàto part. pass. di *calamitare*; anche agg. *1* Nei sign. del v. *2 Ago c.*, quello della bussola.

calamitazióne s. f. ● Atto, effetto del calamitare.

calamìtico agg. (pl. m. *-ci*) *1* Di calamita. *2* (*fig.*) †Attraente.

calamitóso [vc. dotta, lat. *calamitōsu(m)*, da *calămitas* 'calamità'] agg. ● (*raro, lett.*) Pieno di sventure: *tempi calamitosi*; *vita calamitosa*. ‖ **calamitosaménte**, avv. In modo disgraziato.

càlamo [vc. dotta, lat. *călamu(m)* 'canna' poi 'penna' con corrispondenze nelle altre lingue indeur.] s. m. *1* Genere di Palme con fusto flessuoso molto lungo e sottile, munito di aculei coi quali si attacca alle piante vicine (*Calamus*) | *C. aromatico*, pianta erbacea delle Aracee con foglie verdi a sciabola e piccoli fiori giallognoli in spiga (*Acorus calamus*). SIN. Acoro. *2* Fusto sottile di alcune piante, internamente vuoto ed esternamente liscio | Parte del fusto della canna situata fra un nodo e l'altro. *3* (*lett.*) Stelo. *4* (*zool.*) Parte basale del rachide della penna degli uccelli impiantato nella cute. *5* Cannuccia o penna di volatile appuntita per uso scrittorio | (*est., lett.*) Penna per scrivere. *6* (*poet.*) Freccia: *ond'era uscito il c. omicida* (ARIOSTO). *7* (*anat.*) Porzione caudale del quarto ventricolo encefalico, che si continua nel canale ependemale del midollo spinale.

calànca [fr. *calanque*. V. *cala* (*1*)] s. f. ● Piccola e profonda insenatura in una costa alta e rocciosa. SIN. Cala (1).

calànco [vc. preindeur. (?)] s. m. (pl. *-chi*) ● Solco di erosione inciso dalle acque dilavanti nei terreni argillosi.

calàndo [da *calare*] s. m. inv. ● (*mus.*) Passaggio dal forte al piano e al pianissimo.

calàndra (1) [gr. *kálandros*, di origine preindeur.] s. f. ● Uccello dei Passeriformi simile all'allodola, ma più grosso, con una lunga unghia nel dito posteriore (*Melanocorypha calandra*). ‖ **calandrèlla**, dim. (V.).

calàndra (2) [etim. incerta] s. f. ● (*zool.*) Genere di Coleotteri dei Curculionidi, con specie le cui larve si nutrono in prevalenza di frumento (*Calandra granaria*) o di riso (*Calandra oryzae*). SIN. Punteruolo.

calàndra (3) [fr. *calandre*, dal gr. *kýlindros* 'cilindro' attrav. il lat. parl.] s. f. *1* In varie tecnologie, macchina costituita da pesanti cilindri a contatto, per distendere in fogli sottili varie sostanze o per spianare, levigare e lucidare tessuti, carta e sim. *2* In tipografia, pressa che comprime il flano contro la composizione, per ottenerne l'impronta. *3* Parte anteriore, spec. verticale, della carrozzeria delle automobili | Nei fuoribordo, carenatura che ricopre il motore.

calandràggio s. m. ● Calandratura.

calandràre [fr. *calandrer*, da *calandre* 'calandra (3)'] v. tr. ● Passare, lavorare alla calandra: *c. un tessuto, la carta*.

calandratóre s. m. ● Chi manovra una calandra.

calandratùra [da *calandra* (*3*)] s. f. ● Lavorazione di vari materiali eseguita con la calandra.

calandrèlla [dim. di *calandra* (*1*)] s. f. ● Passeriforme affine all'allodola ma più piccolo e di colore più chiaro (*Calandrella brachydactyla*).

calandrìno (1) [da avvicinare a *calandra* (*3*) 'macchina per stirare la carta' (?)] s. m. *1* Specie di scala a tre staggi, che si regge da sé. *2* Squadra per falegnami, scalpellini e sim.

calandrìno (2) [dal n. di un personaggio credulone nel *Decameron* del Boccaccio] s. m. ● Persona sciocca e credulona | *Fare qc. c.*, imbrogliarlo.

calàndro [V. *calandra* (*1*)] s. m. ● Piccolo uccello dei Passeriformi di aspetto slanciato, con becco breve e piumaggio color grigio gialliccio (*Anthus campestris*).

calandróne [da *calandra* (*1*), perché uccello canoro] s. m. ● Flauto contadinesco con imboccatura come quella della zampogna.

Calanoidèi [dal lat. scient. *Calanus*: Calano era un gimnosofista indiano uccisosi alla presenza di Alessandro Magno] s. m. pl. ● Nella tassonomia animale, gruppo di Crostacei dei Copepodi con piccolo addome e grande cefalotorace, comunissimi nel plancton marino (*Calanoidea*) | (al sing. *-o*) Ogni individuo di tale gruppo.

calànte part. pres. di *calare*; anche agg. *1* Nei sign. del v. *2 Moneta c.*, che pesa meno di quanto dovrebbe | *Luna c.*, in fase decrescente.

calào [vc. dell'estremo Oriente] s. m. ● (*zool.*) *c. bicorne*, uccello dei Coraciformi con grosso becco giallo ricurvo che porta superiormente una protuberanza giallo-rossa che arriva alla fronte (*Dichoceros bicornis*) | *C. rinoceronte*, uccello dei Coraciformi con enorme becco sormontato da una prominenza rossa incurvata verso l'alto come un corno (*Buceros rhinoceros*).

Calàppidi [dal malese *kalappa* 'noce di cocco', per la forma simile a mezza noce di cocco, e *-idi*] s. m. pl. ● Nella tassonomia animale, famiglia di Crostacei dei Decapodi dal carapace molto convesso e ricoperto di tubercoli (*Calappidae*) | (al sing. *-o*) Ogni individuo di tale famiglia.

calàppio o †**galàppio** [etim. discussa; da una sovrapposizione di *laccio* a *cappio* (?)] s. m. *1* Laccio, per prendere o tenere ferma la selvaggina. *2* (*fig.*) Agguato, insidia | Inganno.

calaprànzi [comp. di *cala(re)* e il pl. di *pranzo*] s. m. ● Piccolo montacarichi per far salire e scendere pietanze, stoviglie e sim. tra la cucina e la sala da pranzo, se situate su piani diversi.

calàre [lat. tardo *calāre* 'sospendere', dal gr. *chaláō* 'io allento'] **A** v. tr. *1* Far muovere lentamente dall'alto verso il basso, sostenendo per tutto il tragitto con le mani o con altri strumenti: *c. un secchio nel pozzo*; *c. la scialuppa, le reti* | *C. le vele*, ammainarle | Abbassare: *Fa, fa che le ginocchia cali* (DANTE *Purg.* II, 28) | *C. il sipario*, (*fig.*) concludere un'attività, un'esperienza; sospendere la descrizione o l'osservazione di q.c. | *C. le brache*, (*fig., pop.*) cedere per paura o viltà | *Calarla a qc.*, (*fig.*) giocargli un brutto tiro. CONTR. Alzare. *2* Nei lavori a maglia, diminuire progressivamente il numero delle maglie, man mano che aumentano i giri. CONTR. Aumentare. *3* Nei giochi di carte, giocare una carta senza fare presa. *4* (*mat.*) *C. la perpendicolare*, considerare, tracciare la retta perpendicolare. **B** v. intr. (aus. *essere*) *1* Estendersi verso il basso: *Or chi sa da qual man la costa cala* (DANTE *Purg.* III, 52) | Discendere: *i lupi affamati calano al piano*. *2* Diminuire: *c. di peso, volume, lunghezza, livello, durata* | Diminuire di prezzo: *la benzina è calata* | Decadere: *c. nel credito, nella considerazione, nella stima* | Indebolirsi: *gli è calata la voce* | †Cessare. *3* Diminuire, detto della luminosità o della fase di un astro: *la luna cala dopo il plenilunio* | Tramontare, declinare: *il sole / ridea calando dietro il Resegone* (CARDUCCI). *4* Stonare per suono troppo basso. **C** v. rifl. ● Muoversi, spec. con lentezza, dall'alto verso il basso, usando punti d'appoggio naturali o strumenti: *si calarono dalle mura*.

†**calascióne** ● V. *colascione*.

calàstra [lat. *catăsta(m)* 'palco ove si collocavano gli schiavi posti in vendita'. V. *catasta*] s. f. *1* Trave di sostegno per la filiera delle botti. *2* †Ciascuno dei due sostegni sagomati sui quali poggiano le imbarcazioni sistemate sui ponti delle navi. SIN. Sella.

calastrèllo [da *calastra*] s. m. *1* (*mecc.*) Collegamento trasversale fra due elementi uguali di una struttura composta compressa, atto a diminuirne il pericolo di flessione laterale. *2* (*mil.*) Ciascuna delle traverse metalliche che collegano rigidamente fra loro le due cosce dell'affusto.

calàta [da *calare*] s. f. *1* Atto del calare o del calarsi | Invasione: *si sparsero tutte in una volta le notizie della c. dell'esercito* (MANZONI) | (*raro*) *Pigliarsela a un tanto la c.*, con comodo. SIN. Discesa. *2* Nell'alpinismo, discesa: *c. a corda doppia*. *3* Luogo per cui ci si cala: *una c. abbastanza scoscesa*. SIN. China, pendio. *4* Cadenza dialettale: *la c. romana, bolognese*. *5* Tipo di ballo italiano del XVI sec. | Cadenza di voce. *6* Banchina per il carico e lo scarico delle navi.

calàtide [gr. *kalathís*, genit. *kalatídos*, dim. di *kálathos* 'canestro, paniere'. V. *calato*] s. f. ● (*bot.*) Tipo di infiorescenza con il capolino allargato a forma di disco.

càlato [vc. dotta, lat. *călathu(m)*, nom. *călathus*, dal gr. *kálathos*, di etim. incerta] s. m. *1* Paniere largo di bocca e stretto di fondo, in uso nell'antichità. *2* Copricapo a forma di cesto tipico di alcune divinità e dei sacerdoti addetti al loro culto. *3* Capitello a forma di calice che poggia sulla testa di cariatidi.

calatóia s. f. ● Calatoio.

calatóio [da *calare*] s. m. ● Piano di mobile, ribaltabile in senso verticale e usato spesso come appoggio per scrivere | Anta ribaltabile.

calavèrna [etim. incerta] s. f. *1* (*mar.*) Fasciatura di protezione al ginocchio del remo nelle imbarcazioni, o anche alle parti di attrezzatura navale, antenne, pennoni e sim., soggetti a usura per attrito. *2* V. *galaverna*.

calàẓa [gr. *chálaza* 'grandine', da una radice indeur. che indica 'ghiaccio'] s. f. ● (*biol.*) Ciascuno degli ispessimenti di albume che nelle uova degli uccelli tengono sospeso il tuorlo.

calàzio [vc. dotta, gr. *chalázion* 'chicco di grandine', dim. di *chálaza* 'grandine', per la forma a chicco di grandine] s. m. ● (*med.*) Piccola tumefazione dura, benigna, nello spessore della palpebra.

càlca [da *calcare* (*1*)] s. f. ● Moltitudine di gente stretta insieme: *entrare nella c.*; *farsi largo nella c., tra la c.* | *Fare c.*, affollarsi. SIN. Affollamento, folla, ressa.

calcàbile [vc. dotta, lat. tardo *calcābile(m)*, da *calcāre* 'calcare (1)'] agg. ● Che si può calcare.

calcafògli [comp. di *calca(re)* (*1*) e il pl. di *foglio*] s. m. ● (*raro*) Fermacarte.

†**calcagnàre A** v. tr. ● Spronare. **B** v. intr. ● (*fig.*) Scappare.

calcagnàta s. f. ● Colpo dato col calcagno.

†**calcagnétto** s. m. *1* Dim. di *calcagno*. *2* Tacco della scarpa.

†**calcagnìno** s. m. *1* Dim. di *calcagno*. *2* Tacco | *Andare in calcagnini*, far rumore battendo i tacchi.

calcàgno [lat. tardo *calcāneu(m)*, per il classico *călce(m)* 'calcagno, calcio'] s. m. (pl. *calcàgni* m., nel sign. proprio; *calcàgna*, †*calcàgne* f., in alcuni usi fig.) *1* (*anat.*) Osso voluminoso del piede, di cui rappresenta la parte postero-inferiore che poggia direttamente sul terreno | (*est.*) Parte posteriore del piede | *Avere qc. alle calcagna*, (*fig.*) averlo sempre dietro, essere inseguito | *Mostrare, voltare, battere le calcagna*, (*scherz.*) fuggire | *Porre il c. sulla testa*, (*fig.*) conculcare | *Sedersi sui calcagni*, accoccolarsi | *Fatto con le calcagna*, fatto male, con trascuratezza. SIN. Tallone. ➡ ILL. p. 362 ANATOMIA UMANA. *2* (*est.*) Parte della calza o della scarpa che ricopre il calcagno. **3** Parte inferiore dei cerchietti delle forbici, entro i quali si infilano le dita. **4** (*mar.*) Parte estrema della chiglia dove son piantate le due ruote. || †**calcagnétto**, dim. (V.) | †**calcagnino**, dim. (V.).

calcagnòlo o **calcagnuòlo** [da *calcagno*] s. m. **1** (*mar.*) Pezzo di costruzione all'estremità della chiglia per sostegno alla ruota | Sporgenza che fa il calcagno di poppa sotto al timone. **2** Scalpello corto usato da scultori e scalpellini per lavorare il marmo.

calcalèttere o **calcalèttere** [comp. di *calca(re)* (*1*) e il pl. di *lettera*] s. m. inv. ● (*raro*) Fermacarte.

calcaménto s. m. **1** Atto, effetto del calcare. SIN. Compressione, pigiatura. **2** (*fig.*) †Aggravamento.

calcaneàre [dal lat. tardo *calcāneum* 'calcagno'] agg. ● (*anat.*) Relativo al calcagno: *regione c.*

calcànte part. pres. di *calcare* (*1*); anche agg. **1** Nei sign. del v. **2** *Carta c.*, carta carbone.

calcàra [lat. *calcāria(m)* (sott. *fornācem*), da *cālx*, genit. *cālcis* 'calce (1)'] s. f. **1** Fornace da calce. **2** Antico forno fusorio in cui venivano preparate le fritte nelle fornaci vetrarie.

calcàre (1) [lat. *calcāre*, da *cālx*, genit. *cālcis* 'calcagno'] **A** v. tr. (*io càlco, tu càlchi*) **1** Premere coi piedi: *c. la terra smossa* | *C. le scene, il palcoscenico*, fare l'attore, recitare in teatro | Pigiare: *c. l'uva nel tino* | (*est.*) Percorrere: *c. una strada, un marciapiede* | *C. le orme di qc.*, (*fig.*) imitarlo, seguirne l'esempio. **2** Premere con forza dall'alto verso il basso: c. i *vestiti in una valigia*; *c. il cappello in testa a qc.* | *C. la mano*, (*fig.*) eccedere in rigore, esigenza e sim. **3** Mettere in rilievo, sottolineare in vario modo con la voce: *c. le parole, alcune sillabe*. **4** Copiare un disegno passando una punta sui contorni in modo che questi si imprimano su un foglio sottostante tramite un foglio di carta da ricalco | Riprodurre una scultura per calco. **5** (*fig.*) †Opprimere, conculcare. **6** †Fecondare la femmina, detto dei volatili | Covare: *c. le uova*. **B** v. intr. pron. ● (*raro*) Accalcarsi.

calcàre (2) [fr. *calcaire*, dall'agg. lat. *calcārius* 'che concerne la calce' da *cālx*, genit. *cālcis* 'calce (1)'] **A** s. m. ● Roccia sedimentaria costituita prevalentemente di calcite. **B** anche agg. ● Nella loc. *pietra c.*, calcare.

calcàre (3) [vc. dotta, lat. *călcar*, genit. *calcāris* 'sprone', da *cālx*, genit. *cālcis* 'calcagno'] s. m. ● (*lett.*) Sperone.

calcàreo [vc. dotta, lat. *calcāriu(m)*, da *cālx*, genit. *cālcis* 'calce (1)'] agg. ● Che ha natura di calcare: *roccia calcarea* | Che è ricco di calcare: *terreni calcarei*.

calcaróne [da *calcara*] s. m. ● Fossa circolare poco profonda ove, in Sicilia, si accumulano e si bruciano i materiali zolfiferi per estrarne lo zolfo.

calcàta [da *calcare* (*1*)] s. f. **1** Atto del calcare. **2** †Via battuta. || **calcatèlla**, dim. | **calcatina**, dim.

calcatóio [cfr. lat. tardo *calcatōriu(m)* 'luogo dove si pigia l'uva', da *calcāre* 'calcare (1)'] s. m. **1** Asta di legno con testa cilindrica di vario materiale per spingere e calcare nella bocca da fuoco delle artiglierie ad avancarica la carica e la palla | Nelle artiglierie a retrocarica, bastone corto per spingere il proietto nella culatta fino ad impegnare la corona di forzamento all'inizio della rigatura della canna. **2** Arnese atto a introdurre e costipare nel foro da mina la carica esplosiva e il relativo borraggio. **3** Strumento a punta che serve a calcare i disegni.

†**calcatóre** [vc. dotta, lat. tardo *calcatōre(m)*, da *calcāre* 'calcare (1)'] s. m.; anche agg. (f. *-trice*) **1** Chi, che calca, pigia. **2** Calcatoio.

calcatréppola [lat. mediev. *calcatrĭppa(m)*, di etim. incerta] s. f. ● Pianta erbacea perenne delle Ombrellifere, con foglie pennatosette azzurro-violacee nella parte superiore, e fiori bianco-azzurri in capolini globosi (*Eryngium amethystinum*).

calcatréppolo s. m. ● Calcatreppola.

calcatùra [da *calcare* (*1*)] s. f. ● Atto, effetto del calcare | Pigiatura.

càlce (1) [lat. *cālce(m)*, nom. *cālx* 'calce', prob. dal gr. *chálix*, genit. *chálikos* 'ciottolo'] **A** s. f. ● Composto solido, bianco, poroso, avidissimo di acqua, ottenuto per decomposizione del calcare in appositi forni, usato per formare malte da costruzione e per imbiancare | *C. viva*, pura, senz'acqua | *C. spenta*, trattata con acqua | *C. sodata*, miscela di calce e soda usata come disidratante e assorbente di anidride carbonica | *C. idraulica*, con tenore di argilla tale da permettere la presa anche sott'acqua | *Latte di c.*, calce stemperata con molta acqua, usato per imbiancare i muri | *Acqua di c.*, liquido trasparente che affiora sul latte di calce se lasciato posare. **B** in funzione di agg. inv. ● (posposto a un s.) Detto di colore bianco intenso.

càlce (2) [vc. dotta, lat. *calce(m)* 'calcagno', poi in generale 'parte inferiore di q.c.', di origine preindeur.] s. m. solo sing. ● Parte bassa di q.c. | *In c.*, a piè di pagina: *firma, nota, in c.*

calcedònio [vc. dotta, lat. *Chalcedŏnium*, nom. *Chalcedŏnius* (sottinteso *lăpis*) 'pietra di Calcedonia', dal gr. *Chalkēdónios*, agg. della città di Calcedonia] s. m. **1** (*miner.*) Varietà di quarzo microcristallino a struttura fibroso-raggiata. **2** Tipo di vetro più o meno venato fatto a imitazione di pietre dure.

calcemìa [comp. di *calcio* (*3*) ed *-emia*] s. f. ● (*med.*) Contenuto di calcio nel sangue.

càlceo [vc. dotta, lat. *călceu(m)*, da *cālx* 'calcagno'] s. m. ● Calzatura romana antica simile a uno stivaletto.

calcèola [dal lat. *calcĕolus*, dim. di *călceus* 'scarpa' (V. *calceo*): detta così dalla forma] s. f. ● Corallo fossile del Paleozoico dalla tipica foggia a scarpetta.

calceolària [dal lat. *calcĕolus*, dim. di *călceus* 'calceo', perché il fiore ha la foggia di scarpetta] s. f. ● Genere delle Scrofulariacee comprendente piante erbacee ramose con foglie pelose e fiori di forma molto strana (*Calceolaria*).

calceolàto [vc. dotta, dal lat. *calcĕolus* (V. *calceola*)] agg. ● (*bot.*) A forma di scarpetta: *labello c.*

calcescìsto [comp. di *calce* (*1*) e *scisto*] s. m. (pl. *calcescìsti*) ● Roccia metamorfica, con netta scistosità, costituita spec. da calcite e miche.

calcése [dal gr. *karchḗsion* 'coppa', poi 'calcese', di etim. incerta] s. m. ● (*mar.*) Albero d'un solo pezzo con un bozzello incorporato in cima, per il passaggio della scotta | Estremità superiore di tale albero.

calcestrùzzo [der. in *-uzzo* da una base **calcestre*, prob. der. di *calce* (*1*)] s. m. ● Materiale da costruzioni costituito da un impasto di sabbia, ghiaia e pietrisco con cemento e acqua.

calcétto (1) [dal lat. *călceus* 'calceo'] s. m. ● Scarpa scollata di pelle sottile, usata spec. da ginnasti e sim.

calcétto (2) s. m. **1** Dim. di *calcio* (*1*). **2** Calcio-balilla. **3** (*spreg.*) Gioco del calcio di basso livello tecnico e inefficace. **4** (*sport*) Gioco simile al calcio per regolamento ma che si pratica su un campo di dimensioni ridotte e con soli cinque giocatori per squadra SIN. Calcio a cinque.

calciàre [da *calcio* (*1*)] **A** v. intr. (*io càlcio*; aus. *avere*) ● Tirar calci: *il mulo calcia*; *il bambino calciava dalla rabbia*. **B** v. tr. **1** Spingere col piede: *c. un ciottolo*; *c. i sassi per strada*. **2** Nel calcio e nel rugby, colpire il pallone col piede per effettuare un tiro o spostarlo sul terreno. **3** †Battere col piede la lana o il panno tinto.

calciatóre [da *calcio* (*1*)] s. m. (f. *-trice*) **1** (*raro*) Chi calcia. **2** Giocatore di una squadra di calcio.

calciatùra [da *calcio* (*2*)] s. f. ● Parte inferiore in legno della cassa da fucile comprendente l'impugnatura e il calcio.

càlcico agg. (pl. m. *-ci*) ● Di, relativo a, calce o calcio: *composto c.* | Che contiene calcio: *acqua calcica*.

calcicòṣi [da *calcio* (*3*) col suff. *-osi*] s. f. ● (*med.*) Affezione polmonare causata da prolungata inalazione di polvere di marmo.

calcidése agg. ● Dell'antica città greca di Calcide nell'Eubea.

calciferòlo [comp. di *calcio* (*3*) e *fer(ro)*, con il suff. *-olo*] s. m. ● (*chim.*) Sostanza liposolubile che si forma per irradiazione dell'ergosterolo. SIN. Vitamina D2.

calcificàre [comp. di *calcio* (*3*) e *-ficare*] **A** v. tr. (*io calcìfico, tu calcìfichi*) ● Incrostare di sali di calcio. **B** v. intr. pron. ● Indurirsi per eccessivo deposito di sali di calcio, detto dei tessuti viventi.

calcificazióne [fr. *calcification*. V. *calcio* (*3*) e *-ficazione*] s. f. ● Deposizione di sali di calcio nei tessuti viventi.

calcimetrìa [comp. di *calcio* (*3*) e *-metria*] s. f. ● Misurazione della percentuale di calcio contenuta in rocce o terreni.

calcìmetro [comp. di *calcio* (*3*) e *-metro*] s. m. ● Strumento per la calcimetria.

calcìna [lat. tardo *calcīna(m)*, da *cālx*, genit. *cālcis* 'calce, (1)'] s. f. **1** Pietra calcare cotta in fornace e spenta con acqua | (*est.*) Calce viva. **2** Malta ottenuta mescolando a sabbia e pietrisco la calce spenta | *C. dolce*, poco tenace | *C. forte*, molto tenace | *C. magra*, con molta sabbia | *C. grassa*, con poca sabbia | *Muro a c.*, fatto con mattoni e calcina.

calcinàccio [da *calcina*] s. m. **1** Pezzo di calcina secca che si stacca dal muro intonacato | *Un mucchio di calcinacci*, di rovine. **2** Malattia dei volatili e spec. dei polli causata da rassodamento di sterco negli intestini.

calcinàio [da *calcina*] s. m. **1** Vasca per spegnervi con acqua la calce viva. **2** Manovale addetto alla preparazione della calcina. **3** Vasca per la calcinatura delle pelli.

calcinàre [da *calcina*] v. tr. **1** (*chim.*) Portare una sostanza ad alta temperatura per ottenere la sua decomposizione o per eliminare acqua di cristallizzazione o parti volatili | Trasformare un metallo in ossido mediante riscaldamento. **2** Trasformare il calcare in calce viva scaldandolo sopra i 600 gradi centigradi. **3** Spargere calce sui terreni acidi per correggerne la reazione | Dare la calce alle sementi, spec. dei cereali, a scopo protettivo. **4** Immergere le pelli da conciare, rinverdite, in un bagno di calce.

calcinàto part. pass. di *calcinare*; anche agg. **1** Nei sign. del v. **2** Detto del baco da seta morto per calcino.

calcinatòrio agg. ● Atto a calcinare.

calcinatùra s. f. ● Atto, effetto del calcinare.

calcinazióne s. f. ● Calcinatura.

calcincùlo [da *calci in culo*] s. m. inv. ● (*pop.*) Tipo di giostra con sedili sospesi a lunghe catene penzolanti nel vuoto.

calcìno [dal colore bianco come di *calce* che i bachi assumono quando vengono colpiti da questa malattia] s. m. ● Malattia del baco da seta dovuta a un fungo parassita che rende le larve bianche, simili per consistenza e colore a tanti blocchetti di calce.

calcinòṣi [da *calcio* (*3*) col suff. *-osi*] s. f. ● (*med.*) Qualsiasi condizione patologica caratterizzata dalla deposizione di sali di calcio nei tessuti dell'organismo.

calcinóso [da *calcina*] agg. ● Che ha qualità o apparenza di calcina.

càlcio (1) [dal lat. *cālx*, genit. *cālcis* 'calcagno'] s. m. **1** Colpo che si dà col piede: *prendere a calci*; *essere preso a calci* | *Mandare via a calci*, (*fig.*) scacciare in malo modo | *Dare un c. a qc.*, *trattare qc. a calci*, (*fig.*) trattarlo villanamente | *Dare un c. a q.c.*, (*fig.*) rifiutarla | *Dare dei calci alla greppia*, (*fig.*) ricambiare con offese i benefici | *Tenere sotto i calci*, (*raro, fig.*) opprimere | (*fig.*) *Questi argomenti fanno a calci*, sono assolutamente contrari tra loro | *Tirar calci al rovaio*, (*fig., lett.*) essere impiccato | *Dare, tirar calci all'aria*, morire di morte violenta, spec. essere impiccato. SIN. Pedata. **2** Percossa data colla zampa da animali forniti di zoccolo: *il c. del cavallo, del mulo* | *Il c. dell'asino, del mulo*, V. *asino, mulo* | **3** (*sport*) Gioco che oppone due squadre, ciascuna di undici giocatori, che si contendono un pallone cercando di farlo entrare nella porta avversaria il maggior numero di volte possibile e colpendolo con il piede o con la testa. SIN. Football | *C. americano*, football americano | *C. fiorentino*, a Firenze, antico gioco consistente nello spingere, fra due squadre, la palla col calcio o col pugno | *C. a cinque*, calcetto. **4** (*sport*) Colpo dato con il piede al pallone nel gioco del calcio | *C. di punizione*, concesso alla squadra che ha subito un fallo e battuto dal punto ove questo è stato commesso | *C. di rigore*, battuto da undici metri contro la porta difesa dal solo portiere per fallo grave in area di rigore | *C. di rinvio*, che rimette in gioco il pallone uscito dal campo | *C. d'angolo*, battuto per fallo di fondo da uno degli angoli del campo ove si trova la bandierina. SIN. Corner | *C. d'inizio*, nel calcio, il primo dato al pallone dal giocatore della squadra designata, dando inizio alla partita | *C. piazzato*, nel rugby, quello dato al pallone collocato sul terreno | *C. di rimbalzo*, quello dato al pallone prima che tocchi terra per la seconda volta. ***5*** (*sport*) Nel biliardo, tiro per il quale la palla battente tocca almeno una sponda del tavolo prima di colpire un'altra biglia | Sponda: *tiro di c.* || **calcétto**, **dim.** (V.) | **calcióne**, **accr.**

càlcio (2) [dal prec., passato poi a indicare 'la parte inferiore di q.c.'] **s. m.** ***1*** Parte del fucile che si appoggia alla spalla per facilitare il puntamento e distribuire nel modo migliore la reazione dovuta allo sparo | Impugnatura della pistola | *C. a pistola*, con impugnatura curvata come quella delle pistole | *C. all'inglese*, dritto senza curvatura. ***2*** †Calcagno. ***3*** (*est.*) Parte inferiore di una pianta, di una montagna e sim.: *l'altro sedeva al c. di un castagno* (PASCOLI).

càlcio (3) [dal lat. *călx*, genit. *călcis* 'calce'] **s. m.** ● Elemento chimico, metallo alcalino-terroso tenero, bianco-argenteo, indispensabile alla vita, ottenuto per elettrolisi dei suoi sali, usato come disossidante, ricostituente e in diverse leghe. SIMB. Ca.

càlcio-balilla [comp. di *calcio (1)* nel sign. 3 e *balilla*: detto così perché di piccole dimensioni] **loc. sost. m. inv.** ● Tavolo fornito di piccole sagome riproducenti i giocatori di due squadre calcistiche con le quali, manovrando le apposite barre trasversali a cui sono fissate, è possibile disputare una specie di partita di calcio.

calciocianammìde o **calciocianamide**, **calciocianàmide** [comp. di *calcio (3)* e *cianamide*] **s. f.** ● (*chim.*) Sostanza ottenuta per azione dell'azoto sul carburo di calcio a elevata temperatura, usata spec. come concime.

calciòfilo [comp. di *calcio (1)* nel sign. 3 e *-filo*] **agg.**; anche **s. m.** (f. *-a*) ● Che, chi ama il gioco del calcio.

calciòlo [da *calcio (2)*] **s. m.** ● Guarnizione metallica, in corno o altra materia, posta per protezione alla base del calcio del fucile e sim.

càlcio-mercàto [comp. di *calcio (1)* nel sign. 3 e *mercato*] **loc. sost. m. inv.** ● Complesso di incontri, riunioni e sim. durante i quali si tratta la compravendita di calciatori.

calcioscommésse [comp. di *calcio (1)* nel sign. 3 e il pl. di *scommessa*] **s. m. inv.** ● Totonero.

calcioterapia [comp. di *calcio (3)* e *terapia*] **s. f.** ● Impiego di sali di calcio a scopo terapeutico.

Calcispònge o **calcispòngie** [comp. del lat. *călx*, genit. *călcis* 'calce (1)' e *spŏngia* 'spugna'] **s. f. pl.** ● Nella tassonomia animale, classe di Spugne con scheletro formato da spicole calcaree (*Calcispongiae*) | (al sing. *-gia*) Ogni individuo di tale classe.

calcìstico [da *calcio (1)* nel sign. 3] **agg.** (pl. m. *-ci*) ● Relativo al gioco del calcio: *incontro c.*; *passione calcistica*; *discussioni, polemiche calcistiche.* || **calcisticaménte**, **avv.** Per quanto riguarda il gioco del calcio.

calcite [da *calcio (3)*] **s. f.** ● (*miner.*) Minerale costituito da carbonato di calcio in cristalli romboedrici.

calcitonìna [comp. di *calci(o) (3)*, del gr. *tónos* 'tensione' e del suff. *-ina*] **s. f.** ● (*fisiol.*) Ormone polipeptidico secreto dalla tiroide che favorisce la diminuzione del calcio e dei fosfati del sangue.

calcitràre [vc. dotta, lat. *calcitrāre* 'tirar calci', da *călx*, genit. *călcis* 'calcagno' (V. *calcio (1)*)] **v. intr.** (*io càlcitro*; aus. *avere*) ● (*raro*) Recalcitrare.

†calcitraziόne **s. f.** ● (*raro*) Resistenza, opposizione, ripulsa.

càlco [da *calcare (1)*] **s. m.** (pl. *-chi*) ***1*** Impronta di una scultura ricavata in materia molle come cera, argilla o gesso, allo scopo di trarne copie dell'originale | Copia così ottenuta: *una mostra di calchi da sculture antiche.* ***2*** Copia di un disegno ottenuta calcandone i contorni. ***3*** Impronta di una matrice di stampa per riprodurre copie mediante vari procedimenti. ***4*** (*ling.*) Trasposizione di modelli lessicali e sintattici da una lingua a un'altra.

càlco- [dal gr. *chalkós* 'rame'] primo elemento ● In parole composte della terminologia scientifica significa 'rame' o indica relazione col rame: *calcotipia.*

calcocite [comp. di *calco-* e *-cite*, ricavata da *calcite* (?)] **s. f.** ● Minerale del gruppo dei solfuri, di colore grigio-nero con iridescenze, da cui si estrae il rame.

calcòfora [comp. di *calco-* e *-foro*, detta così dal colore] **s. f.** ● Coleottero dei Buprestidi dal rivestimento molto duro, verde con riflessi cuprei, che vive preferibilmente nel tronco di pini morti (*Chalcophora*).

calcògeno [comp. di *calco-* e *-geno*] **s. m.** ● Elemento del gruppo dell'ossigeno.

calcografìa [comp. di *calco-* e *-grafia*] **s. f.** ***1*** Procedimento di stampa a mezzo di matrici in rame incise in incavo sia manualmente che chimicamente. ***2*** Il complesso delle tecniche manuali d'incisione in incavo. ***3*** Luogo ove si stampano e si conservano i rami incisi: *c. nazionale.*

calcogràfico **agg.** (pl. m. *-ci*) ● Di, relativo a, calcografia: *inchiostro c.* || **calcograficaménte**, **avv.** Mediante calcografia.

calcògrafo [comp. di *calco-* e *-grafo*] **s. m.** ***1*** Chi esercita la calcografia | Intagliatore in rame | Stampatore o riproduttore di matrici calcografiche. ***2*** Venditore di incisioni.

calcoidèo [vc. dotta, gr. *chalkoeidḗs* 'simile al rame', comp. di *chalkós* 'rame' e *-eidḗs* '-oide'] **agg.** ● (*anat.*) Di ciascuna delle tre ossa cuneiformi del tarso.

càlcola [da *calcare (1)*] **s. f.** ***1*** (*spec. al pl.*) Nei telai a mano, ognuno dei pedali che, uniti con funicelle ai licci del pattino e mossi dai piedi del tessitore, servono per aprire e serrare le file dell'ordito mentre passa la spola. ***2*** In vari arnesi o congegni, parte che, mossa col piede, opera come le calcole dei tessitori.

calcolàbile **agg.** ● Che si può calcolare: *ricchezza difficilmente c.* CONTR. Incalcolabile.

calcolàre [vc. dotta, lat. tardo *calculāre* 'contare', da *călculus* 'calcolo'] **v. tr.** (*io càlcolo*) ***1*** Determinare q.c. per mezzo di un calcolo: *c. la distanza, l'estensione, la superficie di q.c.*; *c. l'ammontare di una somma* | (*ass.*) Fare calcoli: *non sa ancora c.*; *imparare a c.* ***2*** (*est.*) Considerare, comprendere in un calcolo: *ti ho calcolato come assente.* ***3*** Valutare, prevedere con un esame attento: *c. le probabilità di riuscita, i rischi*; *c. i pro e i contro.* ***4*** Apprezzare.

calcolatóre [vc. dotta, lat. tardo *calculatōre(m)*, da *calculāre* 'calcolare'] **A** **agg.** (f. *-trice*) ***1*** Che esegue calcoli: *ingegnere c.* | Atto a eseguire calcoli: *regolo c.* ***2*** (*fig.*) Che, prima di agire, valuta con attenzione e freddezza gli elementi di una situazione pensando esclusivamente al proprio interesse, senza lasciarsi influenzare dai sentimenti: *un uomo infido e c.* **B** **s. m.** (f. *-trice*) ***1*** Chi esegue calcoli. ***2*** (*fig.*) Persona calcolatrice. ***3*** Macchina per l'elaborazione dei dati, destinata a eseguire su dati operazioni aritmetiche e una limitata serie di operazioni logiche | *C. analogico*, V. *analogico* | *C. digitale*, V. *digitale* (3) | *C. elettronico*, (*impr.*) elaboratore elettronico | *C. di processo*, usato nel controllo di processi industriali.

calcolatrìce [vc. dotta, lat. tardo *calculatrīce(m)*, da *calculāre* 'calcolare'] **A** **agg.** ***1*** Che calcola (*spec. fig.*): *donna avida e c.* ***2*** Che esegue o è atta a eseguire calcoli: *macchina c.* **B** **s. f.** ● Macchina da calcolo da tavolo che permette l'esecuzione automatica delle quattro operazioni aritmetiche ed eventualmente anche di loro combinazioni o di operazioni speciali: *c. manuale, automatica, scrivente c. tascabile*, apparecchio da calcolo di minuscole dimensioni, basato su circuiti logici integrati, fornita di una tastiera per l'impostazione ed esecuzione di varie operazioni aritmetiche, e di un visualizzatore per lo più digitale dei dati numerici.

†calcolaziόne [vc. dotta, lat. tardo *calculatiōne(m)*, da *calculāre* 'calcolare'] **s. f.** ● (*raro*) Calcolo.

calcolìsta [da *calcolo*] **A** **s. m. e f.** (pl. m. *-i*) ● Ingegnere edile che si occupa di redigere i progetti delle strutture in cemento armato. **B** anche **agg.**: *ingegnere c.*

calcolite [comp. di *calco-* e *-lite*] **s. f.** ● (*miner.*) Minerale costituito da idrato radioattivo di uranio e rame.

calcolitografìa [comp. di *calco-* e *litografia*] **s. f.** ● Processo di stampa basato sul trasporto sopra pietra litografica o zinco di un'immagine originale ottenuta con la calcografia, da stampare poi coi metodi litografici.

calcolitogràfico **agg.** (pl. m. *-ci*) ● Relativo alla calcolitografia: *stampa calcolitografica.*

càlcolo [vc. dotta, lat. *călculu(m)* 'sassolino', e in partic. 'sassolino per fare i conti, pietruzza', da *călx*, genit. *călcis* 'calce (1)'] **s. m.** ***1*** (*mat.*) Insieme di operazioni fatte sugli enti dati per ottenere gli enti richiesti: *c. algebrico, numerico* | *C. differenziale*, parte del calcolo infinitesimale che studia le funzioni, deducendone le proprietà da quelle delle loro derivate e dei loro differenziali | *C. infinitesimale*, quello fondato sul concetto di limite di espressioni, che contengono grandezze infinitesime e su quelli di derivata e integrale | *C. delle probabilità*, quello che studia la certezza, l'impossibilità o il grado di possibilità, la frequenza di eventi aleatori | *C. elettronico*, quello svolto con l'impiego di circuiti elettronici | *Macchine da c.*, le addizionatrici e calcolatrici nei loro vari tipi. ***2*** (*per anton.*) Matematica, aritmetica | *Sapere far di c.*, saper contare. ***3*** (*fig.*) Valutazione, conto: *c. approssimativo, preventivo* | (*fig.*) *Far c. su qc. o q.c.*, farvi assegnamento | (*est.*) Congettura, previsione: *i tuoi calcoli sono assurdi* | *Agire con, per c.*, considerando solo il proprio utile | *Far bene, male i propri calcoli*, considerare esattamente o inesattamente i dati di fatto, le prospettive future, e sim. ***4*** (*med.*) Concrezione anomala di sali inorganici presente lungo le vie di eliminazione degli escreti e dei secreti: *c. biliare*; *c. renale.* ***5*** †Pietruzza. || **calcolétto**, **dim.** | **calcolino**, **dim.**

calcolòṣi [da *calcolo* nel sign. 4, col suff. *-osi*] **s. f.** ● (*med.*) Affezione prodotta dalla presenza di calcoli: *c. biliare, epatica, renale, urinaria.* SIN. Litiasi.

calcolóso **agg.** ***1*** (*med.*) Di, relativo a calcolo. ***2*** (*raro*) Sofferente di calcoli. ***3*** †Pietroso, sassoso.

calcolòtico **agg.** (pl. m. *-ci*) ● (*med.*) Di, relativo a calcolosi.

calcomanìa [comp. di *calco* 'disegno calcato' e *mania*] **s. f.** ● Decalcomania.

calcopirite [comp. di *calco-* e *pirite*] **s. f.** ● (*miner.*) Solfuro di rame e ferro in masse compatte minutamente cristalline, di color giallo ottone e lucentezza metallica.

calcosiderografìa [comp. di *calco(grafia)* e *siderografia*] **s. f.** ● (*tip.*) Calcografia su lastre d'acciaio.

calcosilografìa [comp. di *calco-* e *silografia*] **s. f.** ● Processo di stampa che combina l'incisione in rame con quella in legno.

calcotèca [vc. dotta, gr. *chalkothḗkē*, comp. di *chalkós* 'rame' e *thḗkē* 'teca'] **s. f.** ● Raccolta di calchi di sculture.

calcotipìa [fr. *chalcotypie*, comp. del gr. *chalkós* 'rame' e *týpos* 'impronta'] **s. f.** ● Processo di stampa con matrici in rilievo di rame.

càlda [da *caldo*] **s. f.** ***1*** Operazione che consiste nel tenere il ferro o l'acciaio nel fuoco perché prenda il grado di calore necessario a fonderlo e lavorarlo | (*lett.*, *fig.*) *Fare due chiodi e una c.*, fare due cose in una volta. ***2*** †Caldana.

caldàia o **†caldàra** [lat. tardo *caldāria(m)*, da *călidus* 'caldo'] **s. f.** ***1*** Recipiente metallico, grande e rotondo per farvi bollire o cuocere q.c.: *c. del bucato, della minestra per la truppa* | (*est.*) Quantità di liquido contenuto in una caldaia: *un c. di acqua bollente.* ***2*** In varie tecnologie, apparecchio di forme e dimensioni diverse, destinato in genere all'evaporazione di liquidi o al loro riscaldamento: *la c. del termosifone* | *C. a vapore*, che serve a trasformare l'acqua in vapore sotto pressione, per azionare turbine, macchine a vapore e sim. | (*gener.*) Il complesso del generatore di vapore, comprendente la caldaia propriamente detta, il focolare, il camino e gli accessori. ***3*** (*mus.*, *fam.*) Timpano. || **caldaiétta**, **dim.** | **caldaina**, **dim.** | **caldaióna**, **accr.** | **caldaióne**, **accr. m.** | **caldaiùccia**, **dim.**

caldàico [vc. dotta, lat. *Chaldāicu(m)*, nom. *Chaldāicus*, dal gr. *Chaldaikós*, da *Chaldâios* 'Caldeo'] **agg.** (pl. m. *-ci*) ● (*lett.*) Caldeo | *Lingua caldaica*, impropriamente, l'aramaico dei testi biblici.

caldàio o **†caldàro** [lat. *calidāriu(m)*, da *călidus* 'caldo'] s. m. *1* Grosso recipiente, solitamente di rame, in cui si fa bollire q.c.: *il c. dell'acqua.* *2* Nella marina militare, pentolone per la minestra dell'equipaggio. || **caldaìno**, dim. | **calderóne**, accr. (V.) | **calderòtto**, dim. (V.).

caldaìsta [da *caldaia*] s. m. (pl. *-i*) • Operaio addetto alla manovra e alla sorveglianza di una caldaia.

caldallèssa [comp. di *caldo* e *allesso*] s. f. (pl. *caldallésse* o *càlde allésso*) • Castagna cotta nell'acqua con la sua scorza. SIN. Ballotta.

caldàna [da *caldo*] s. f. *1* (*raro*) Ora calda del giorno. *2* Improvvisa e fastidiosa sensazione di calore al viso | (*fig.*) Improvviso scatto d'ira o di rabbia: *quando gli vengono le caldane è irriconoscibile.* *3* Sottofondo del pavimento, fatto con sabbia o materiale coibente miscelato con piccola quantità di cemento, a scopo di isolamento. *4* Caldano, nel sign. 2. *5* Nelle risaie, vasca o superficie di terreno circondata da arginelli, per intiepidire l'acqua di irrigazione. || **caldanàccia**, pegg.

†**caldanìno** s. m. *1* Dim. di *caldano.* *2* Piccolo scaldino di rame.

caldàno [da *caldo*] s. m. *1* Recipiente di rame, ferro, terracotta, per tenervi braci o carboni accesi per scaldarsi. SIN. Braciere. *2* Stanzetta sopra la volta del forno, ove si usava mettere il pane affinché lievitasse. || †**caldanìno**, dim. (V.) | **caldanùccio**, **caldanùzzo**, dim.

†**caldàra** • V. *caldaia.*

caldarerìa [da *caldaia*] s. f. • Officina in cui si lavorano lamiere per la costruzione di caldaie, recipienti metallici e sim.

caldarìna o **calderìna**. s. f. • Piccolo generatore di vapore, destinato ad alimentare i servizi ausiliari a bordo delle navi.

†**caldàro** • V. *caldaio.*

caldaróne • V. *calderone.*

caldarròsta [comp. di *caldo* e *arrosto*] s. f. (pl. *caldarròste* o *càlde arròsto*) • Castagna cotta con la sua scorza in una padella bucherellata. SIN. Bruciata.

caldarrostàio o (*dial.*) **caldarrostàro** s. m. (f. *-a*) • Venditore di caldarroste.

caldeggiàre [da *caldo*] v. tr. (*io caldéggio*) • Raccomandare con calore, sostenere decisamente: *c. una proposta, un progetto, una soluzione.*

caldèo [vc. dotta, lat. *Chaldaeu*(*m*) 'Caldeo', poi 'astrologo, indovino', dalla regione della *Caldea*] **A** agg. *1* Relativo a una antica popolazione semitica stanziata nella Mesopotamia verso il sec. XI a.C. *2* *Chiesa caldea*, costituita attualmente da cristiani di Mesopotamia e Kurdistan distaccatisi dal nestorianesimo e riuniti con la Chiesa cattolica | *Rito c.*, tradizione liturgica orientale seguita da tali cristiani e da quelli siro-malabarici. *3* (*raro, fig.*) Oscuro, difficile da decifrare. **B** s. m. *1* Chi appartiene alla popolazione caldea. *2* Chi appartiene alla Chiesa caldea o professa il rito caldeo. *3* †Astrologo, impostore.

caldèra [sp. *caldera* 'caldaia'] s. f. • (*geol.*) Recinto vulcanico a pareti ripide, con fondo depresso e pianeggiante, formatosi in seguito all'esplosione o allo sprofondamento di un apparato vulcanico.

calderàio o (*dial.*) **calderàro** [da *caldaia*] s. m. *1* Chi fabbrica caldaie, paiuoli, casseruole e sim. *2* Operaio addetto a una caldaia. *3* Affiliato a società segreta costituitasi nell'Ottocento, spec. nel meridione d'Italia, con scopi legittimisti.

calderìna • V. *caldarina.*

calderìno • V. *cardellino.*

calderóne o **caldaróne**. s. m. *1* Accr. di *caldaio.* *2* (*fig.*) Quantità disordinata di cose | *Mettere tutto nello stesso c.*, (*fig.*) confondere.

calderòtto s. m. *1* Dim. di *caldaio.* *2* Piccola caldaia con coperchio e più stretta verso la bocca.

calderùgia [da *calderugio*] s. f. • Pianta erbacea annua delle Composite, dai capolini cilindrici pelosi, comune in orti, terreni incolti e sim. (*Senecio vulgaris*).

calderùgio [da *calderino*, var. di *cardellino*, con mutamento di suff.] s. m. • (*tosc.*) Cardellino.

†**caldézza** s. f. • L'essere caldo | (*fig.*) Affetto, calore: *l'autore non ha c. di cuore* (DE SANCTIS).

caldìna [da *caldo*] s. f. • Aiuola per colture orticole anticipate, protetta a nord e con la superficie inclinata a mezzogiorno. SIN. Costiera.

†**caldìno** s. m. • (*lett.*) Luogo riparato ed esposto al sole: *noi ci staremo un pezzo a un c.* (L. DE' MEDICI).

†**calditā** s. f. • Caldezza.

càldo [lat. *cǎldu*(*m*), pop. per il classico *cǎlidu*(*m*), di origine indeur.] **A** agg. *1* Che produce una sensazione di calore: *clima c.*; *ora, giornata, stagione calda*; *avere la fronte, le mani, le orecchie calde* | *Terreno c.*, che si riscalda con facilità | (*pop.*) *Animali a sangue c.*, omeotermi | Che tiene caldo il corpo: *stoffa calda.* CONTR. Freddo. *2* (*fig.*) Che si entusiasma, si sdegna, si appassiona rapidamente e con facilità: *ha un temperamento, un carattere c.*; *sono ragazzi dalla fantasia fervida e calda.* SIN. Focoso, impetuoso | *Essere una testa calda*, (*fig.*) avere idee avventate e balzane | *Avere il sangue c.*, essere eccitabile, emotivo | *A sangue c.*, (*fig.*) con impeto ed eccitazione | Affettuoso, cordiale: *ci accolsero con calda e sincera simpatia.* SIN. Caloroso | *Piangere a calde lacrime*, dirottamente e con dolore | (*fig.*) *Pigliarsela calda*, preoccuparsi, agitarsi, eccitarsi | *Darne una calda e una fredda*, una buona notizia seguita da una cattiva. CONTR. Freddo. *3* Che ha appena finito di cuocersi: *pane, piatto c.* | (*fig.*) Appena eseguito, appena arrivato, molto recente e sim. (*spec. iter.*): *notizie calde*; *aveva tentato il colpo maestro di condurlo c. c. alle carceri* (MANZONI). *4* (*est.*) Che ha un colore intenso e luminoso: *un giallo c.* | (*est.*) Che ha un suono profondo e gradevole: *una voce calda.* *5* (*fig.*) Che è caratterizzato da conflitti, tensioni e sim., risultando quindi particolarmente critico e difficile: *zona calda*; *giorni caldi* | (*est.*) *Telefono c.*, quello a cui si ricorre per risolvere a distanza, comunicando telefonicamente, questioni e problemi gravi, critici, difficili. || **caldaménte**, avv. Con calore (*spec. fig.*): *raccomandare caldamente.* **B** in funzione di avv. *1* (*raro*) †Con passione. *2* (*raro*) †Subito. **C** s. m. *1* Calore intenso | Temperatura elevata: *c. della stufa, del letto*; *il tuo cappotto tiene molto c.*; *oggi è, fa c.* | *Lavorare a c.*, detto di metalli od oggetti metallici resi incandescenti e malleabili col fuoco | *Tenere in c. un piatto*, metterlo nell'apposito scaldavivande, all'imboccatura del forno, gener. in un posto caldo | *Tenere qc. in c.*, (*fig.*) trattarlo con particolare cura e riguardo; non soddisfarlo subito nei suoi desideri, pur tenendoselo buono | *Tenere q.c. in c.*, (*fig.*) accantonarla senza pregiudicarne la soluzione | Stagione calda, spec. estiva: *non vedo l'ora che arrivi il c.* | *Qualcosa di c.*, cibo o bevanda caldi, spec. per ristorarsi: *prendi qualcosa di c. dopo il viaggio.* *2* (*fig.*) Ardore, desiderio, entusiasmo intenso: *audace e baldo / il fea degli anni e dell'amore il c.* (TASSO) | *Nel c. del discorso*, nel colmo, nel momento più vivo | *Non fare né c. né freddo*, lasciare indifferente | (*fig.*) *Essere, entrare, andare in c.*, in calore, in amore, in fregola, detto di animali. *3* (*fig.*) Nella loc. *a c.*, appena l'evento è successo, con immediatezza: *chiedere un'impressione a c.*; *operare il malato a c.* || **caldàccio**, pegg. | **caldétto**, dim. | **caldìccio**, dim. | **caldìno**, dim. | **caldùccio**, dim.

caldùra s. f. • Caldo intenso e afoso proprio dell'estate. SIN. Calura, canicola.

caledoniàno [da *Caledonia*, n. dato dai Romani alla Britannia settentrionale] **A** s. m. • (*geol.*) Periodo orogenetico che va dal Cambriano superiore al Devoniano. **B** anche agg.: *periodo c.*

†**calefacènte** o †**calefaciènte** [lat. *calefaciĕnte*(*m*) part. pres. di *calefăcere* 'rendere caldo', comp. di *călidus* 'caldo' e *făcere* 'fare'] agg. • Detto di rimedio che produce senso di calore.

calefazióne [vc. dotta, lat. tardo *calefactiōne*(*m*), da *calefăcere* 'render caldo'. V. *calefacente*] s. f. • Fenomeno per cui un liquido, versato su una superficie caldissima, forma gocce che corrono su di questa senza entrare in ebollizione.

†**caleffàre** o (*raro*) †**galeffàre** [da *calefăcere* 'riscaldare' (?)] v. tr. *1* Schernire, burlare. *2* Rinvigorire, eccitare.

caleidoscòpico agg. (pl. m. *-ci*) *1* Che si riferisce al caleidoscopio. *2* (*fig.*) Che presenta un avvicendamento di luci, colori, immagini e sim.; vario, mutevole: *una città caleidoscopica.*

caleidoscòpio [ingl. *kaleidoscope*, comp. del gr. *kalós* 'bello', *êidos* 'figura' e *-scope* '-scopio'] s. m. *1* Tubo opaco nel cui interno sono disposti per il lungo alcuni specchietti piani ad angolo acuto tra loro, i quali, riflettendo i piccoli oggetti colorati e mobili situati in fondo al tubo, danno luogo a disegni variati e simmetrici. *2* (*fig.*) Insieme di cose o persone varie e mutevoli: *un c. di ricordi.*

calembour /*fr.* kalã'bur/ [fr., di etim. incerta] s. m. inv. • Freddura basata su un gioco di parole.

calendàrio [vc. dotta, lat. tardo *calendāriu*(*m*), da *calĕndae* 'calende'] s. m. *1* Sistema di computo, divisione e distribuzione del tempo in vari periodi, basato sul moto apparente del sole o della luna: *c. solare, lunare*; *c. giuliano, gregoriano.* *2* Libretto o tabella in cui sono notati per ordine tutti i giorni dell'anno suddivisi in settimane e mesi, sono indicate le festività civili e religiose e, spesso, le fasi lunari, il santo del giorno e sim. | C. civile, con l'indicazione delle feste riconosciute dallo Stato | *C. scolastico*, con indicazione della durata dei giorni di lezione e delle festività | *C. giudiziario*, con i giorni di udienza e le ferie | *Essere nel c.*, essere favorito dalla sorte | *Non avere qc. nel c.*, non stimarlo affatto. SIN. Lunario. *3* Programma di manifestazioni o attività cronologicamente ordinate sulla base del calendario: *c. sportivo, venatorio, di borsa, agricolo.* || **calendariétto**, dim. | **calendariùccio**, dim.

calendarìsta s. m. (pl. *-i*) • Chi compila calendari | Chi si occupa dei problemi relativi al calendario.

calendarìstica s. f. • Disciplina che si occupa della formazione e dei problemi concernenti il calendario.

calendarìstico agg. (pl. m. *-ci*) • Che riguarda il calendario.

calènde o †**calèndi** [vc. dotta, lat. *calĕndae*, nom. pl. di etim. incerta] s. f. pl. • Primo giorno del mese secondo il calendario romano antico | (*scherz.*) *Rimandare q.c. alle c. greche*, a tempo indeterminato, poiché le calende non esistevano nel calendario greco.

calendimàggio o (*lett.*) **calèn di màggio** [da *calen*(*de*) *di maggio*] s. m. • Primo giorno di maggio | (*est.*) Antica festa della primavera, celebrata a Firenze in tale giorno.

calèndola o **calèndula** [dal lat. *calĕndae* 'calende'; detta così perché nella buona stagione i fiori si aprono ogni mese] s. f. • Pianta erbacea delle Composite, pelosa e dall'odore sgradevole, con foglie alterne dentate e fiori di color giallo-aranciato (*Calendula officinalis*). SIN. Fiorrancio.

calenzòla o **calenzòla** • V. *calenzuola.*

calenzòlo o **calenzòlo** • V. *calenzuolo.*

calenzuòla o **calenzuòla**, (*pop.*) **calenzòla** [etim. incerta] s. f. • Pianta erbacea delle Euforbiacee con fusto peloso, foglie arrotondate e latice bianco di sapore acre (*Euphorbia helioscopia*).

calenzuòlo o **calenzuòlo**, (*pop.*) **calenzòlo** [etim. incerta] s. m. • (*zool., pop.*) Verdone.

calepìno [dal primo dizionario latino per le scuole, stampato a Reggio Emilia nel 1502, del bergamasco Ambrogio dei conti di *Calepio*] s. m. *1* Grosso vocabolario, spec. latino: *lo scolaro ... / spolvera il badiale c.* (PASCOLI) | Volume di gran mole, spec. antico. *2* Registro, taccuino: *annotò il debito in un suo c.* (BACCHELLI).

calére [lat. *calēre* 'esser caldo, essere inquieto', da avvicinare a *cǎlidus* 'caldo'] v. intr. impers. (dif. usato solo in alcune forme dei tempi semplici: pres. *càle*; imperf. *caléva*; pass. rem. *càlse*; congv. pres. *càglia*; congv. imperf. *calésse*; cond. †*carrèbbe*; ger. *calèndo*; part. pass. raro †*calùto*) • (*raro, lett.*) Stare a cuore, interessare: *di ciò non mi cale* | *Mettere, porre q.c. in non cale*, trascurarla.

calèrna [port. *calem*(*a*): vc. afric. (?)] s. f. • (*geogr.*) Grandioso frangente di onde lunghe e veloci su una costa alta.

†**calèsce** • V. *calesse.*

†**calessàbile** agg. • (*raro*) Rotabile, carrozzabile.

†**calessàta** s. f. • Gita in calesse | Calesse pieno di gente.

calèsse o †**calèsce** [fr. *calèche*, dal ted. *Kalesche*, dal ceco *kolesa*, tipo di vettura] s. m. • Vettura leggera a due ruote, con o senza mantice, trainata da un solo cavallo. ➡ ILL. **carro e carrozza**. || **calessìno**, dim. | **calessùccio**, dim.

calessìna s. f. • Specie di calesse più piccolo del comune e a quattro posti.

†**calèstro** [di origine preindeur. (?)] s. m. • Ter-

reno magro, sassoso, adatto per le viti.

calétta (1) s. f. ● Dim. di *cala (1)*.

calétta (2) [da *calettare*] s. f. ● Incavo o taglio praticato in modo da fare combaciare esattamente due pezzi di metallo o di legno.

calettaménto s. m. ● Montaggio di un organo meccanico su di un altro, che realizza il collegamento fisso dei due organi | Accoppiamento tra pneumatico e ruota.

calettàre [etim. incerta; forse da avvicinare a *calare*] **A** v. tr. (aus. *avere*) ● Unire due pezzi in modo che la sporgenza dell'uno si inserisca nella rientranza dell'altro. **B** v. intr. (aus. *avere*) ● Combaciare perfettamente.

calettatùra s. f. ● Calettamento.

càli [dall'ar. *(al-)qalī* 'potassa'] s. f. ● Pianta erbacea spinosa delle Chenopodiacee, tipica dei terreni salmastri, con foglie carnose lineari e fiori ermafroditi ascellari (*Salsola kali*).

calìa [lat. tardo *cadīvu(m)* 'cadente, caduco', da *cădere* 'cadere'] s. f. **1** †Calo di lavorazione | Perdita di metallo nella lavorazione di oggetti preziosi. **2** (*fig.*) Cosa di nessun valore | Anticaglia | Futilità. **3** (*fig.*) Persona malaticcia | Persona pignola e noiosa. **4** (*mar.*) Calma assoluta di mare per totale caduta di vento.

calibràre [fr. *calibrer*] v. tr. (*io càlibro*) **1** Portare un pezzo cilindrico o una cavità cilindrica a un determinato diametro. **2** Ridonare le esatte misure a un bossolo di cartuccia già sparato, e che si era dilatato con lo sparo | Rettificare l'anima interna della canna di un'arma da fuoco per portarla al diametro esatto. **3** Cernere e classificare la frutta e i semi. **4** Tarare | (*fig.*) Misurare con esattezza.

calibràto part. pass. di *calibrare*; anche agg. **1** Nei sign. del v. **2** *Taglie calibrate*, di abiti confezionati in modo da potersi adattare anche a persone dotate di misure che si discostano notevolmente da quelle normali.

calibratóio s. m. **1** (*mecc.*) Alesatore. **2** Strumento per verificare l'esatto calibro di un'arma da fuoco. **3** Piccolo arnese per riportare al giusto calibro cartucce da caccia già sparate.

calibratóre s. m. **1** Calibratoio per caccia. **2** Specie di buratto usato per cernere frutta e ortaggi. **3** In varie tecnologie, chi misura e ispeziona pezzi, prodotti o materiali a vista o con appositi strumenti di controllo.

calibratrìce s. f. ● Macchina per la cernita e la classificazione di frutta o semi.

calibratùra s. f. ● Cernita e classificazione della frutta e dei semi.

calibrazióne [da *calibrare*] s. f. ● Operazione che pone in corrispondenza la scala dello strumento con i valori della grandezza da misurare.

càlibro o †**calìbro** [ar. *qâlib* 'forma da scarpe, forma da fondere', attrav. il fr. *calibre*] s. m. **1** Nelle armi da fuoco moderne, diametro interno della bocca misurato tra i pieni della rigatura, espresso in mm o centesimi di pollice | *Piccolo c.*, fino a 100 mm | *Medio c.*, da 100 a 210 mm | *Grosso c.*, oltre i 210 mm | In artiglieria, unità di misura della lunghezza di bocche da fuoco | Nelle armi antiche o da caccia a canna liscia, numero che caratterizza l'anima della canna e che corrisponde alla quantità di pallottole sferiche, di diametro pari a quello dell'anima della canna, ottenibili da una libbra di piombo. **2** (*est.*) Bocca da fuoco, nella loc. *piccolo, medio, grosso c.*; *sparano i grossi calibri* | *Grosso c.*, (*fig.*) persona molto valente o importante, pezzo grosso. **3** Strumento per misurare con precisione le dimensioni e la forma di pezzi meccanici, e sim.: *c. a corsoio*. **4** (*fig.*) Qualità, carattere, portata: *un politicone di quel c.!* (MANZONI).

Calicantàcee [vc. dotta, comp. di *calicant(o)* e *-acee*] s. f. pl. ● Nella tassonomia vegetale, famiglia di piante policarpiche arbustive delle Dicotiledoni con corteccia aromatica, foglie opposte, semplici, e fiori aciclici (*Calycanthaceae*) | (al sing. *-a*) Ogni individuo di tale famiglia. ➡ ILL. **piante** /3.

calicànto [comp. del gr. *kálix*, genit. *kálikos* 'involucro di un fiore, calice' e *ânthos* 'fiore'] s. m. ● Genere di piante delle Calicantacee con foglie odorose e frutti ad achenio, cui appartengono due sole specie (*Calycanthus*) | *C. d'estate*, a foglie grandi, ovali e fiori di color rosso bruno usati per infusi medicinali (*Calycanthus floridus*) | *C. d'inverno*, con foglie lanceolate e fiori a forma di stella che compaiono in inverno, gialli a punta rossastra (*Chimonanthus precox*).

càlice (1) [vc. dotta, lat. *călice(m)*, di origine indeur.] s. m. **1** Bicchiere che dalla bocca va restringendosi verso il fondo, sostenuto da un piede a base rotonda | *A c.*, in forma di calice | *Gonna a c.*, svasata in fondo | *Colletto a c.*, svasato. **2** (*lett., gener.*) Bicchiere: *al levarsi dei calici* | *Levare i calici*, brindare | (*fig., lett.*) *Bere al c. dell'amarezza, del piacere*, provare, sperimentare quel sentimento o quella sensazione | *Bere il c. fino alla feccia*, (*fig., lett.*) provare tutte le amarezze possibili. **3** Vaso sacro, di metallo prezioso, che il sacerdote adopera per consacrare e bere il vino nella messa. **4** (*anat.*) *C. renale*, ciascuno dei tre condotti a forma di imbuto che portano l'urina dalle papille renali al bacinetto. ➡ ILL. p. 365 ANATOMIA UMANA. || **calicétto**, dim. (V.) | **calicìno**, dim. | **calicióne**, accr.

càlice (2) [vc. dotta, lat. *călyce(m)*, nom. *călix*, dal gr. *kálix*, di etim. incerta] s. m. ● (*bot.*) Involucro esterno del fiore costituito da sepali liberi o saldati tra loro. || **calicétto**, dim. (V.).

calicétto (1) s. m. **1** Dim. di *calice (1)*. **2** Bicchierino.

calicétto (2) s. m. **1** Dim. di *calice (2)*. **2** (*bot.*) Complesso di brattee posto esternamente al calice.

caliciforme [comp. di *calice (1)* e *-forme*] agg. ● Che ha forma di calice: *cellula c.*

calicìno [da *calice*] agg. ● (*bot.*) Relativo al calice del fiore.

calicò s. m. ● Adattamento di *calicot* (V.).

calicòsi [dal gr. *chálix*, genit. *chálikos* 'ciottolo, selce', di origine indeur., col suff. *-osi*] s. f. ● (*med.*) Alterazione dei polmoni dovuta a prolungata inalazione di polvere di pietra.

calicot /fr. kali'ko/ [dal n. della città di *Calicut* (India), nota per i suoi tessuti] s. m. inv. ● Specie di tessuto di cotone stampato.

calidàrio [vc. dotta, lat. *calidāriu(m)*, da *călidus* 'caldo'] s. m. **1** Nelle antiche terme, stanza per i bagni d'acqua calda o di vapor acqueo. **2** †Calderone per scaldare l'acqua. **3** Serra.

†**calidità** [vc. dotta, lat. tardo *caliditāte(m)*, nom. *calĭditas*, da *călidus* 'caldo'] s. f. ● (*lett.*) Caldezza.

†**càlido** [vc. dotta, lat. *călidu(m)* 'caldo'] agg.; anche s. m. ● Caldo.

califfàto s. m. **1** Autorità e titolo di califfo. **2** Territorio sottoposto alla signoria di un califfo.

califfo [ar. *halīfa* 'successore, sostituto', deriv. del v. *halīfa* 'seguire'] s. m. **1** Capo supremo dell'Islam, con poteri di monarca assoluto e difensore della fede | Titolo dei sultani ottomani dal 1517 al 1924. **2** (*fig., spreg.*) Capo supremo, incontrastato, autoritario | (*est.*) Persona scaltra e molto abile. **3** (*scherz.*) Uomo che ha relazioni amorose con più donne contemporaneamente.

californiàno A agg. **1** Della California: *clima c.* **2** (*est., sport*) Detto di stile di scalata in cui l'arrampicata libera è compiuta sfruttando al massimo le risorse naturali offerte dalla roccia prima di ricorrere all'uso di mezzi artificiali. **B** s. m. (f. *-a*) ● Abitante della California.

califòrnio [dalla *California*, ove fu scoperto nel 1950] s. m. **1** Elemento chimico, metallo artificiale transuranico, appartenente al gruppo degli attinidi, ottenuto bombardando il curio con particelle alfa. SIMB. Cf. **2** (*lett.*) Della California.

càliga [vc. dotta, lat. *căliga(m)* 'scarpa dei soldati', forse prestito da una lingua straniera] s. f. ● Sorta di scarpa dei soldati romani con una suola di cuoio, chiodi di ferro, e strisce che la legavano al piede e alla tibia.

†**caligàio** [lat. tardo *caligāriu(m)*, da *căliga* 'caliga'] s. m. ● Calzolaio.

†**caligaménto** s. m. ● (*lett.*) Oscuramento.

†**caligàre** [vc. dotta, lat. *caligāre*, da *calīgo* 'caligine'] v. intr. ● (*lett.*) Oscurarsi per vapori di nebbia o altro.

caligarìsmo [dal film *Il gabinetto del dott. Caligari*, diretto nel 1919 da R. Wiene] s. m. ● Tendenza stilistica cinematografica influenzata dai film espressionisti.

†**caliginàre** [vc. dotta, lat. tardo *caligināre*, da *calīgo*, genit. *calīginis* 'caligine'] v. intr. ● Offuscarsi.

calìgine [vc. dotta, lat. *calīgine(m)*, di etim. incerta] s. f. **1** Sospensione nell'aria di particelle materiali secche microscopiche che conferiscono al paesaggio un aspetto opalescente | (*gener.*) Nebbia, vapore, fumo: *le ciminiere della fabbrica provocavano una densa c.* **2** †*c. della vista*, cataratta. **3** (*dial.*) Fuliggine. **4** (*fig., est.*) Diminuzione o perdita delle facoltà intellettuali: *la sua mente era avvolta nella c.* **5** (*fig., lett.*) Stato di colpa, peccato, decadenza: *purgando la c. del mondo* (DANTE *Purg.* XI, 30).

caliginóso [vc. dotta, lat. *caliginōsu(m)*, da *calīgo*, genit. *calīginis* 'caligine'] agg. **1** Offuscato da caligine: *aria caliginosa.* **2** (*est., lett.*) Oscuro, buio.

calìgo [vc. dotta, lat. *calīgo*, nom. di etim. incerta] s. m. o f. solo sing. ● (*lett.*) Caligine.

caliórna o **calórna** [fr. *caliorne*, dal provz. mod. *caliourno*, deriv. forse dal gr. *kálōs* 'gomena', di origine sconosciuta] s. f. ● (*mar.*) Paranco con un bozzello doppio e uno triplo, usato per sollevare grossi pesi.

calipso s. m. ● Adattamento di *calypso* (V.).

calìptra o **calìttra** [vc. dotta, lat. tardo *calȳptra(m)*, nom. *calȳptra*, dal gr. *kalýptra* 'copertura della testa delle donne', da *kalýptein* 'nascondere'] s. f. **1** Velo usato dalle donne dell'antica Grecia per coprirsi il capo o il volto in alcune cerimonie. **2** (*bot.*) Rivestimento che racchiude l'urna contenente le spore nelle Briofite | Tessuto parenchimatico che riveste e protegge l'apice radicale.

calìsse [sp. *cadiz*, dalla città di *Cádiz* 'Cadice', dove quel panno entrava dalla Francia] s. m. ● Panolano di poco pregio.

calìttra ● V. *caliptra*.

call /ingl. kɔ:l/ [vc. ingl. 'chiamata'] s. m. inv. ● In borsa, dont.

càlla (1) [lat. tardo *călla(m)*, per il classico *călle(m)* 'calle'] s. f. **1** †Apertura, varco, via: *la c. onde saline / lo duca mio* (DANTE *Purg.* IV, 22-23). **2** In un corso d'acqua, apertura munita di cataratta per regolare il flusso delle acque. || **callóne**, accr. m. (V.).

càlla (2) [errore di lettura del lat. *calsa*, n. di pianta registrata da Plinio, già *calla* in codici umanistici e nella traduzione pliniana di Cristoforo Landino (sec. XV)] s. f. ● Pianta delle Aracee con rizoma strisciante o galleggiante, foglie alterne cuoriformi e infiorescenza a spadice avvolta da una spata verdastra (*Calla palustris*) | Correntemente, pianta delle Aracee con grosso rizoma, foglie lucide di color verde scuro e spadice giallo avvolto da una spata bianca (*Zantedeschia aethiopica*).

callàia [da *calla (1)*] s. f. **1** Apertura che si fa nelle siepi per poter entrare nei campi | (*est.*) Viottolo di campagna | †Via di città. **2** (*raro, lett.*) Valico, stretto passaggio. **3** †Cateratta. **4** †Steccaia, pescaia da mulino. || **callaiétta**, dim. | **callaiòla**, †**callaiuòla**, dim. (V.).

callaiòla o †**callaiuòla** [da *callaia*, nel sign. 2] s. f. **1** Dim. di *callaia*. **2** Rete a due staggi, per prendere lepri ai passi obbligati.

càlle [lat. *călle(m)*, di etim. incerta] **A** s. m. ● (*poet.*) Sentiero campestre o strada stretta | (*est.*) Cammino: *per calli sconosciuti / declinandoli ei venne* (MANZONI). **B** s. f. **1** Strada di Venezia. **2** (*est.*) Strada stretta. || **callétta**, dim.

call-girl /ingl. 'kɔ:l gə:l/ [ingl., 'ragazza squillo', comp. di *to call* 'chiamare' (vc. germ.) e *girl* 'ragazza'] s. f. inv. (pl. ingl. *call-girls*) ● Ragazza squillo.

càlli- o **càllo-** [dal gr. *kállos* 'bellezza', prob. di origine indeur.] primo elemento ● In parole composte dotte significa 'bello': *calligramma*.

callicreìna [dal gr. *kallikréas* 'pancreas'] s. f. ● (*chim.*) Enzima proteolitico presente nel plasma ematico, nel succo pancreatico, nella saliva e nell'urina; determina la formazione della bradichinina a partire da un precursore inattivo.

callidità [vc. dotta, lat. *calliditāte(m)*, da *căllidus* 'callido'] s. f. ● (*lett.*) Astuzia, furberia.

càllido [vc. dotta, lat. *căllidu(m)*, da *callēre* 'aver fatto il callo', quindi 'essere pratico, astuto'] agg. ● (*lett.*) Astuto, accorto. || **callidaménte**, avv. (*lett.*) In modo callido, astuto.

Callifòridi [comp. di *calli-* e *-foro*: chiamati così per la loro bellezza] s. m. pl. ● Nella tassonomia animale, famiglia di Ditteri cui appartengono mosconi dai vivaci colori metallici che depongono le uova su animali vivi o morti (*Calliphoridae*) | (al sing. *-e*) Ogni individuo di tale famiglia.

callifugo o (*evit.*) **callifùgo** [comp. di *callo* e *-fugo*, sul modello di *febbrifugo*] **A** s. m. (pl. *-ghi*) ● Rimedio contro i calli dei piedi. **B** anche agg.: *pomata callifuga*.

calligrafia [vc. dotta, gr. *kalligraphía*, comp. di *kállos* 'bellezza' e *-graphía* '-grafia'] s. f. **1** Esecuzione accurata dei modelli grafici: *insegnare, imparare c.* **2** (*est.*) Scrittura: *avere una c. bella, brutta, illeggibile, infantile*.

calligràfico [vc. dotta, gr. tardo *kalligraphikós*, da *kalligraphía* 'calligrafia'] agg. (pl. m. *-ci*) **1** Di calligrafia: *tecnica calligrafica* | *Carattere c.*, carattere tipografico che riproduce una calligrafia. **2** Che si riferisce alla scrittura: *esame c.* **3** (*fig.*) Di artista o di opera d'arte che cura eccessivamente la forma. || **calligraficaménte**, avv.

calligrafismo [da *calligrafia*] s. m. ● Tendenza artistica caratterizzata da eccessiva preoccupazione formale: *un libro, un film che pecca di c.*

calligrafo [vc. dotta, gr. tardo *kalligráphos*, da *kalligraphía* 'calligrafia'] s. m. (f. *-a*) **1** Chi esercita o insegna l'arte della calligrafia | *Perito c.*, chi giudica sull'autenticità di una scrittura. **2** (*est.*) Chi ha una bella scrittura. **3** (*fig.*) Artista che cura eccessivamente la forma.

calligràmma [fr. *Calligrammes*, titolo di una raccolta di poesie di G. Apollinaire: comp. di *calli-* 'calli-' e *-gramme* '-gramma'] s. m. (pl. *-i*) ● Carme figurato.

callìonimo [lat. *calliōnymu(m)*, nom. *calliōnymus*, dal gr. *kalliṓnymos*, propriamente 'dal bel nome', comp. di *kállos* 'bellezza' (V. *calligrafia*) e *ónyma*, var. di *ònoma* 'nome' (V. *onomastico*)] s. m. ● Genere di pesci Teleostei dai colori vivaci, con muso aguzzo e grandi occhi (*Callionymus*).

calliope [dal n. della musa *Calliope*] s. f. ● Piccolo uccello dei Passeriformi simile all'usignolo (*Luscinia Calliope*).

callipìgia o **callipige** [vc. dotta, lat. tardo *callipȳge(m)*, nom. *callipȳgis*, dal gr. *kallípygos* 'dalle belle natiche', comp. di *kállos* 'bellezza' (V. *calli-*) e *pygḗ* 'natiche'] **A** agg. (pl. *-gie*) ● Dalle belle natiche, detto di Venere. **B** s. f. solo sing. ● (*per anton.*) Venere.

callista [da *callo*] s. m. e f. (pl. m. *-i*) ● Chi cura o estirpa i calli.

callistenìa [ingl. *callisthenics*, comp. del gr. *kállos* 'bellezza' (V. *calli-*) e *sthénos* 'forza' (di etim. incerta)] s. f. ● Complesso delle tecniche, degli esercizi e sim. atti a sviluppare forza e bellezza nel corpo umano.

callistènico [ingl. *callisthenic*; V. prec. e *sthénos* 'forza' (d'etim. incerta)] agg. ● Relativo alla callistenia.

càllo [lat. *căllu(m)*, di etim. incerta] s. m. **1** (*med.*) Ispessimento superficiale e circoscritto della cute, spec. delle mani e dei piedi | *Fare il c. a q.c.*, (*fig.*) abituarvisi | *Pestare i calli a qc.*, (*fig.*) causargli grave molestia, disturbo, e sim. **2** (*med.*) *C. osseo*, tessuto di cicatrice tra i monconi di frattura di un osso, che si trasforma in tessuto osseo. **3** Protuberanza callosa delle gambe del cavallo, presso le articolazioni. **4** (*bot.*) Neoformazione di tessuti che suberificano alla superficie di una ferita sul tronco o sui rami di un vegetale. || **callétto**, dim. | **callóne**, accr.

callo- [dal gr. *kállos* 'bellezza', prob. di origine indeur.] primo elemento ● In parole composte della lingua dotta e della terminologia scientifica significa 'bello': *callorinco*.

callóne s. m. **1** Accr. di *calla* (*1*). **2** Apertura che si lascia nelle pescaie dei fiumi per permettere il passaggio alle barche.

callorinco [comp. di *callo-* e *-rinco*] s. m. ● Genere di pesci degli Olocefali, viventi spec. nei mari freddi, caratterizzati da una sporgenza sul muso terminante con un lobo cutaneo volto all'indietro (*Callorhynchus*).

callorino [comp. di *callo-* e *-rino*] s. m. ● (*zool.*) *C. dell'Alasca*, mammifero acquatico degli Otaridi, simile alla foca, dalla pregiata pelliccia grigio-argentea (*Callorhinus alascanus*). SIN. Foca orsina.

callosità [vc. dotta, lat. tardo *callositāte(m)*, da *căllum* 'callo'] s. f. **1** Formazione callosa. **2** Qualità e aspetto di ciò che è calloso: *c. di una superficie, della pianta di un piede*.

callóso [vc. dotta, lat. *callōsu(m)*, da *căllum* 'callo'] agg. **1** Pieno di calli: *mani callose*. **2** (*est.*) Indurito: *viso c.* | (*fig.*) *Coscienza callosa*, che non prova rimorsi. **3** (*anat.*) *Corpo c.*, lamina di sostanza bianca tra i due emisferi cerebrali.

callotipia [vc. dotta, comp. di *callo-* e *-tipia*] s. f. ● Antico sistema di stampa fotografica ai sali d'argento.

callotìpo s. m. ● Fotografia eseguita con il sistema della callotipia.

†**callùto** [da *callo*] agg. ● Calloso | Bernoccoluto.

càlma [lat. tardo *cāuma(m)*, dal gr. *kâuma* 'ardore, vampa', da *káiō* 'io brucio'] s. f. **1** Mancanza di vento | *C. equatoriale*, bonaccia di vento che regna nella fascia di convergenza dei due alisei | *C. tropicale*, zona di calma o di venti deboli che si estende sugli oceani intorno a 35 gradi di latitudine nord e sud. **2** (*est.*) Silenzio, tranquillità: *la c. dei pomeriggi festivi*; *amare, cercare la c.* SIN. Pace, quiete. **3** (*fig.*) Stato di serenità, di assenza di sconvolgimenti sia naturali che spirituali: *dopo il lavoro e le fatiche è necessaria la c.*; *esaminare con c. q.c.*; *conservare, non perdere la c.* | *Prendersela con c.*, non agitarsi, non preoccuparsi di fronte a difficoltà, impicci e sim. | *C. e sangue freddo!*, esortazione a non lasciarsi turbare o sconvolgere in situazioni difficili e sim. SIN. Quiete, tranquillità. CONTR. Agitazione. **4** (*est.*) Flemma: *lavorare, agire con c.* CONTR. Fretta.

calmànte **A** part. pres. di *calmare*; anche agg. ● Nei sign. del v. **B** s. m. ● Rimedio che calma il dolore o placa la tensione nervosa: *prendere un c.* || **calmantino**, dim. | **calmantùccio**, dim.

calmàre **A** v. tr. **1** Ridurre alla calma: *c. l'ira*; *la pioggia ha calmato la furia dei venti*. SIN. Placare. **2** Ridurre o eliminare una sofferenza fisica: *c. il mal di testa, uno spasmo*. SIN. Alleviare, lenire. **B** v. intr. pron. **1** Diventare calmo: *il mare si è calmato*. SIN. Placarsi. **2** Diminuire d'intensità o cessare totalmente, detto di sofferenze fisiche o morali: *il mal di stomaco si è calmato*; *il dolore del ricordo si va calmando*. SIN. Attutirsi, sopirsi.

calmàta [da *calmare*] s. f. **1** (*mar.*) Periodo di tranquillità temporanea che segue a una tempesta. **2** (*scherz.*) Atto, effetto del calmarsi: *darsi una c.*

†**calmerìa** s. f. ● Costante stato di calma del mare.

calmieraménto s. m. ● Provvedimento o insieme di provvedimenti atti a calmierare.

calmieràre v. tr. (*io calmièro*) ● Sottoporre a calmiere: *c. le aree fabbricabili*.

calmieratóre agg. (f. *-trice*) ● (*raro*) Che funge da calmiere.

calmière [vc. di area sett., di etim. incerta] s. m. ● Il prezzo più alto stabilito dall'autorità, per il commercio, spec. al minuto, di determinate merci, spec. derrate alimentari, al fine d'impedirne il rincaro per manovre speculatorie.

càlmo (**1**) [part. apocopato di *calmare*] agg. **1** Che si trova in uno stato di calma: *mare c.*; *giornata calma*. SIN. Pacifico. CONTR. Agitato. **2** (*est., fig.*) Quieto, tranquillo, non agitato, come condizione abituale o momentanea: *carattere, temperamento c.*; *è un tipo c.*; *oggi finalmente tuo padre è c.*; *parleremo quando sarai più calma*.

càlmo (**2**) [lat. *călamu(m)*. V. *calamo*] s. m. ● (*dial.*) Pollone, tralcio.

calmùcco [russo *Kalmyki*, da una vc. mongolica] **A** agg. (pl. m. *-chi*) **1** Che si riferisce a una popolazione mongolica nomade delle steppe dell'Asia centrale. **2** Che, per i tratti somatici, ricorda la fisionomia di un calmucco: *profilo, viso c.* **B** s. m. (f. *-a* nei sign. 1 e 2) **1** Appartenente alla popolazione calmucca. **2** (*fig.*) Persona goffa. **3** Specie di pannolano a pelo lungo.

càlo [da *calare*] s. m. **1** Calata, discesa, abbassamento. **2** (*fig.*) Perdita di potenza, prestigio, forza fisica e sim.: *c. della vista*; *e 'l regno degli Assiri fe' tal c.* (SACCHETTI). **3** Diminuzione di altezza, peso, prezzo, volume e sim. di merce, spec. per cause naturali.

càlo- [dal gr. *kalós* 'bello', di origine sconosciuta] primo elemento ● In parole composte dotte o scientifiche significa 'bello': *calosoma, calomelano*.

calòcchia [V. *conocchia*] s. f. ● Parte battente del correggiato. SIN. Vetta.

†**calógna** e *deriv.* ● V. *calunnia* e *deriv.*

calomelàno o (*raro*) **calomèlano** [fr. *calomélas*, comp. del gr. *kalós* 'bello' e *mélas* 'nero', detto così perché a contatto con gli alcali puri prende un colorito nero] s. m. ● Composto bianco, polverulento, usato in medicina con azione purgativa e vermifuga e nella fabbricazione di elettrodi di riferimento per misuratori di pH. SIN. Cloruro mercuroso.

†**calònaco** e *deriv.* ● V. *canonico* e *deriv.*

†**calònico** e *deriv.* ● V. *canonico* e *deriv.*

†**calónnia** e *deriv.* ● V. *calunnia* e *deriv.*

Calopterigidi [comp. di *calo-* e del gr. *ptéryx*, genit. *ptérygos* 'ala' (V. *ptero-*)] s. m. pl. ● Nella tassonomia animale, famiglia di Insetti degli Odonati con maschi dalle ali vivacemente colorate (*Calopterygidae*) | (al sing. *-e*) Ogni individuo di tale famiglia.

calóre [lat. *calōre(m)*, da *calēre* 'aver caldo', di origine indeur.] s. m. **1** (*fis.*) Energia della materia dipendente dall'energia cinetica del moto disordinato delle particelle che costituiscono la materia stessa: *c. solare, terrestre*; *c. molare, specifico* | *Calor rosso*, temperatura a cui un corpo appare rosso quando è sottoposto a riscaldamento, attorno ai 500 °C | *Calor bianco*, temperatura a cui un corpo appare bianco quando è sottoposto a riscaldamento, attorno ai 2 000 °C; (*fig.*) momento, stadio di massima tensione: *la crisi è giunta al calor bianco*. **2** Sensazione prodotta dall'energia termica insita in un corpo: *il benefico c. della fiamma*. **3** Canicola, calura: *il c. estivo*. **4** (*fig.*) Intensità di emozioni | Fervore, entusiasmo: *parlare con c.*; *approvare con c. un progetto, una proposta*. SIN. Ardore. CONTR. Freddezza. **5** (*med., pop.*) Aumento della temperatura locale per processo infiammatorio | *Colpo di c.*, V. *colpo*. **6** (*pop.*) Estro: *andare in c.* || **calorétto**, dim. | **calorino**, dim. | **caloriùccio**, dim.

calorìa [fr. *calorie*, dal lat. *călor* 'calore'] s. f. **1** (*fis.*) Unità di misura della quantità di calore pari all'energia necessaria per portare un grammo di acqua distillata da 14,5 °C a 15,5 °C alla pressione di un'atmosfera; una caloria è pari a 4,1855 joule. SIMB. cal | *Grande c.* o *Caloria*, erroneamente usate per kilocaloria | *Piccola c.*, erroneamente usata per caloria. **2** (*biol., med.*) Unità usata per indicare il contenuto energetico dei vari alimenti e il fabbisogno energetico dell'organismo umano per mantenere il suo bilancio organico: *i dolci sono ricchi di calorie* | Nell'uso comune si confonde con la kilocaloria: *un atleta necessita di 4 000 calorie giornaliere*. **3** Fertilità residua lasciata nel terreno da colture miglioratrici o da abbondanti concimazioni organiche o minerali.

calòrico [fr. *calorique*. V. *calore*] **A** agg. (pl. m. *-ci*) ● Che si riferisce al calore o alle calorie. **B** s. m. ● Ipotetico fluido con cui nel XVIII sec. si spiegavano i fenomeni di trasferimento del calore: *teoria del c.*

calorìfero [comp. di *calore* e *-fero*] s. m. ● Impianto ad aria calda a circolazione naturale | (*gener.*) Qualunque impianto centralizzato di riscaldamento dei locali.

calorìfico [vc. dotta, lat. tardo *calorĭficu(m)*, comp. di *călor*, genit. *calōris* 'calore' e *făcere* 'fare, produrre'] agg. (pl. m. *-ci*) ● Che produce calore | *Potere c. di un combustibile*, quantità di calore sviluppata nella combustione della sua unità di massa.

calorìgeno [comp. di *calore* e *-geno*] agg. ● Calorifico.

calorimetrìa [fr. *calorimétrie*. V. *calore* e *-metria*] s. f. ● Parte della fisica che si occupa della misura delle quantità di calore.

calorimètrico agg. (pl. m. *-ci*) ● Di calorimetria.

calorìmetro [fr. *calorimètre*. V. *calore* e *-metro*] s. m. ● Strumento per la determinazione di varie grandezze calorimetriche come il calore specifico, la capacità termica, il calore di fusione o di vaporizzazione.

calorizzazióne [da *calorizzare*, in ingl. *to calorize*] s. f. ● (*metall.*) Trattamento a caldo per deporre su un acciaio uno strato anticorrosivo di ferro-alluminio.

calórna ● V. *caliorna*.

calorosità s. f. ● Qualità di caloroso.

caloróso [da *calore*] agg. *1* Che produce calore: *fuoco c.* | Che riscalda: *è una stufa molto calorosa; il pepe e il chiodo di garofano sono spezie calorose.* *2* Detto di persona, che non soffre il freddo: *è c., sta sempre con le finestre aperte.* *3* (*fig.*) Fatto con entusiasmo e calore: *ci riservarono un'accoglienza calorosa; furono accolti da un c. applauso.* SIN. Cordiale. || **calorosaménte**, avv. Con calore; con cordialità.

calòscia o **galòscia** [fr. *galoche*, di etim. incerta] s. f. (pl. *-sce*) ● (*spec. al pl.*) Calzatura impermeabile indossata sopra la scarpa per proteggerla spec. dall'acqua.

†**calòscio** [etim. incerta] agg. ● (*lett.*) Debole, fiacco.

calosòma [comp. di *calo-* e *-soma*] s. m. (pl. *-i*) ● Insetto coleottero dei Carabidi (*Calosoma*).

calòstra ● V. *colostra*.

calotipìa [comp. di *calo-* e *-tipia*] s. f. ● Processo di stampa fotografica che utilizza sali d'argento, inventato nel 1835 dall'inglese W. N. Fox Talbot.

calòtipo [comp. del gr. *kalós* 'bello' e *-tipo*] s. m. ● (*fot.*) Stampa ottenuta mediante calotipia.

calòtta [fr. *calotte*, di etim. incerta] s. f. *1* (*geom.*) Ciascuna delle due parti di una superficie sferica tagliata da un piano secante. *2* (*est.*) Parte, struttura od oggetto di forma analoga a quella di una calotta sferica: *le calotte polari; la c. artica, antartica* | *La c. del paracadute*, la parte che si apre a ombrello | Coperchio convesso di metallo, plastica e sim. che ricopre un meccanismo: *la c. dell'orologio, dell'autoclave, dello spinterogeno.* *3* (*arch.*) In una cupola, parte sferica sovrapposta al tamburo o ai pennacchi | Parte superiore delle gallerie. *4* (*anat.*) Insieme delle ossa che formano la volta cranica. *5* Cupola del cappello maschile o femminile | Berretto privo di tesa aderente al capo | Zucchetto, papalina | Reticella per i capelli. *6* Cima di monte ghiacciata o a forma sferica. *7* (*mil., gerg.*) Lega degli ufficiali subalterni di un reparto.

calpàcco [turco *kalpak*] s. m. (pl. *-chi*) ● Berretto tondo, alto, senza tesa, dei sacerdoti bizantini e ortodossi.

calpestaménto s. m. ● (*raro*) Atto, effetto del calpestare.

calpestàre [dal sovrapporsi di *pestare* a *calcare*] v. tr. (*io calpésto*) *1* Schiacciare forte e ripetutamente coi piedi, in segno d'ira, rabbia o sim.: *c. il tappeto.* *2* (*fig.*) Disprezzare, offendere, conculcare: *c. i diritti, la dignità, l'onore, gli affetti di qc.* SIN. Violare.

calpestatóre s. m. (f. *-trice*) ● (*raro*) Chi calpesta.

calpestatùra s. f. ● (*raro*) Calpestamento.

calpestìo s. m. ● Il calpestare prolungato | Rumore prodotto dal passaggio di molte persone o animali: *il c. durò tutta la notte.*

†**calpicciàre** ● V. *scalpicciare*.

†**calpitàre** ● V. *scalpitare*.

càlta [vc. dotta, lat. *căltha(m)*, forse di origine preindeur.] s. f. ● Pianta erbacea perenne delle Ranuncolacee con fusto aereo spugnoso, glabro, fiori larghi con calice petaloideo (*Caltha palustris*).

†**calterìre** [lat. tardo *cauterire*, dal gr. *kautēriázō* 'io brucio con ferro rovente', da *káiō* 'io brucio'] v. tr. ● Scalfire | Guastare.

†**calteritùra** s. f. ● Scalfittura.

calùgine o (*raro*) **calùggine** [lat. parl. **calūgine(m)*, per il classico *calīgine(m)*. V. *caligine*] s. f. *1* La prima peluria degli uccelli e (*est.*) degli adolescenti. *2* Lanugine che riveste foglie e frutti.

calumàre [etim. incerta] **A** v. tr. ● (*mar.*) Calare a mare, adagio, funi, gomene, e sim. **B** v. rifl. ● Lasciarsi calare adagio legato a un cavo.

calumet /*fr.* kaly'mɛ/ [forma normanno-piccarda, corrispondente al fr. *chalumeau* 'cannello (di paglia)', dal lat. *călamus*. V. *calamo*] s. m. inv. ● Pipa sacra dei Pellirosse | *Fumare il c. della pace*, (*fig.*) rappacificarsi con qc.

calùmo [da *calumare*] s. m. ● (*mar.*) Parte di fune o di catena calumata: *c. dell'ancora.*

calùnnia o †**calógna**, †**calónnia** [vc. dotta, lat. *calŭmnia(m)*, da *călvi* 'ingannare'] s. f. *1* (*dir.*) L'incolpare di un reato, presso l'autorità giudiziaria, taluno che si sa innocente, o il simulare a carico di lui le tracce di un reato. *2* (*est.*) Accusa inventata per diffamare o screditare qc.: *spargere, fabbricare calunnie; difendersi da una c.* SIN. Denigrazione, diffamazione | (*scherz.*) Bugia infamante per chi ne è oggetto: *non sono stato io, è una c.*

calunniàbile agg. ● Che si può calunniare.

calunniaménto s. m. ● (*raro*) Atto, effetto del calunniare.

calunniàre o †**calognàre**, (*lett.*) †**calonniàre** [vc. dotta, lat. *calumniāri*, da *calŭmnia* 'calunnia'] v. tr. (*io calùnnio*) ● Accusare falsamente: *c. un innocente; è stato ingiustamente calunniato dai colleghi.* SIN. Denigrare, diffamare, screditare.

calunniatóre o †**calognatóre**, †**calonniatóre** [vc. dotta, lat. *calumniatōre(m)*, da *calŭmnia* 'calunnia'] agg.; anche s. m. (f. *-trice*) ● Che, chi sparge calunnie: *discorso c.; odiare i calunniatori.* SIN. Denigratore, diffamatore, maldicente.

calunnióso [vc. dotta, lat. tardo *calunniōsu(m)*, da *calŭmnia* 'calunnia'] agg. ● Che ha carattere o scopo di calunnia: *spargere voci calunniose sul conto di qc.* SIN. Denigratorio, diffamatorio, maligno. || **calunniosaménte**, avv.

calùra [lat. parl. **calūra(m)*, da *calēre* 'aver caldo'] s. f. ● (*lett.*) Caldo intenso e afoso.

calutróne [ingl. *calutron*, da *Cal(ifornia) U(niversity) (Cyclo)tron*] s. m. ● (*fis. nucl.*) Apparecchiatura elettromagnetica utilizzata per separare isotopi in base alla differenza delle loro masse.

calvados /*fr.* kalva'dos/ [fr., perché prodotto nel dipartimento di *Calvados*, in Normandia] s. m. ● Acquavite di mele.

†**calvàre** [da *calvo*] v. tr. ● Rendere calvo.

†**calvària** [vc. dotta, lat. *calvāria(m)*, da *călva* 'cranio'. V. *calvo*] s. f. ● Cranio, teschio.

calvàrio [vc. dotta, lat. eccl. *Calvāriu(m)*, luogo ove Gesù fu crocifisso, da *calvāria* 'teschio'; calco sull'aramaico *Gylgalthā* 'luogo del teschio'] s. m. *1* Tipica scultura popolare bretone, collocata, dal Medioevo in poi, presso chiese o cimiteri e raffigurante, oltre al Crocefisso, simboli e personaggi della Passione. *2* *Stazioni del c.*, edicole o quadretti che rappresentano le varie fasi della passione di Cristo. *3* (*fig.*) Patimento e dolore prolungato: *quella disgrazia è stata il c. della sua vita; tutti abbiamo il nostro c.*

†**calvézza** [lat. tardo *calvĭtie(m)*, da *călvus* 'calvo'] s. f. ● Calvizie.

calvìlla [dal fr. *calville*, da *Calleville*, in Normandia] s. f. ● (*bot.*) Varietà di mela con sapore simile a quello della fragola o del lampone.

calvinìano **A** s. m. ● Calvinista. **B** agg. ● Calvinistico.

calvinìsmo s. m. ● Dottrina religiosa di G. Calvino (1509-1564) e della chiesa cristiana riformata da lui fondata a Ginevra.

calvinìsta **A** s. m. e f. (pl. m. *-i*) ● Chi segue la dottrina di Calvino. **B** agg. ● Calvinistico.

calvinìstico agg. (pl. m. *-ci*) ● Di Calvino, del calvinismo.

calvìzie [vc. dotta, lat. tardo *calvĭtie(m)*, da *călvus* 'calvo'] s. f. inv. ● Perdita progressiva e definitiva dei capelli: *c. precoce, incipiente* | Mancanza totale o parziale dei capelli.

†**calvìzio** [vc. dotta, lat. *calvĭtiu(m)*, da *călvus* 'calvo'] s. m. ● Calvezza.

càlvo [lat. *călvu(m)*, di origine indeur.] **A** agg. *1* Privo di capelli: *cranio c.; testa calva; un uomo c.* SIN. Pelato. *2* (*raro, fig.*) Privo di vegetazione: *la cima calva di un monte.* **B** s. m. (f. *-a* nel sign. 1) *1* Chi è affetto da calvizie. *2* †Calvizie.

calỳpso /ka'lipso, *ingl.* kə'lipsou/ [dal n. della ninfa ricordata nell'Odissea (?)] s. m. inv. (pl. ingl. *calypsos*) ● Ballo o ritmo moderno originario delle Antille.

càlza [lat. mediev. *călcea(m)*, dal lat. *călceus* 'scarpa, stivaletto'. V. *calceo*] s. f. *1* Indumento a maglia che riveste il piede e parte della gamba: *c. da uomo, da donna; c. di lana, di seta, di cotone, di nailon; calze velate, con cucitura, senza cucitura* | *C. a staffa*, con passante al posto del pedule | *C. elastica*, in maglia ben sostenuta di seta, cotone o filo sintetico e caucciù, usata per contenere le vene varicose | V. anche *calzamaglia* | *Ferri da c.*, atti a eseguire a mano lavori a maglia | *Fare la c.*, lavorare ai ferri, con filati vari, calze, golf, guanti, e sim. | *Calze a bracaloni*, scendenti a mezza gamba | (*raro*) *Tirare le calze*, (*fig.*) morire | (*raro*) *Farsi tirare le calze*, (*fig.*) farsi molto pregare | *La c. della Befana*, quella che i bambini appendono al camino nella notte dell'Epifania, perché la Befana vi ponga i doni da essi desiderati. *2* Rivestimento in tessuto a maglia di cavi e sim. *3* (*al pl.*) †Calzoni. || **calzàccia**, pegg. | **calzétta**, dim. (V.) | **calzétto**, dim. m. (V.) | **calzìna**, dim. | **calzìno**, dim. m. (V.).

calzabràca [comp. di *calza* e *braca*] s. f (pl. *calzebràche*) ● Calzamaglia, nel sign. 2.

†**calzaiòlo** o †**calzaiuòlo** s. m. ● Calzettaio.

calzamàglia o **càlza màglia** [da *calza a maglia*] s. f. (pl. *calzemàglie* o *calzamàglie*) *1* Indumento di maglia di lana, cotone o fibra sintetica che fascia tutta la persona dal collo fino ai piedi o, a volte, solo dalla vita in giù. *2* Nel Medioevo italiano, calzoni molto aderenti del costume maschile.

†**calzaménto** [lat. *calceamĕntu(m)*, da *călceus* 'calceo'] s. m. ● Tutto ciò che copre il piede e la gamba.

calzànte **A** part. pres. di *calzare*; anche agg. *1* Nei sign. del v. *2* (*fig.*) Che si adatta bene, che cade a proposito: *esempio, dimostrazione c.* **B** s. m. ● Calzatoio.

calzàre (1) [lat. *calceāre*, da *călceus* 'calceo'] **A** v. tr. *1* Introdurre il piede, la gamba, la mano o altra parte del corpo in un indumento particolarmente aderente: *c. stivali, guanti, cappelli* | (*lett.*) *C. il socco, il coturno*, (*fig.*) scrivere, recitare commedie, tragedie | (*est.*) Avere, portare indosso: *calzava guanti e scarpe di camoscio.* *2* Fornire di calzature: *quel negozio calza una clientela scelta* | Far indossare le scarpe: *lo vestirono e lo calzarono.* *3* Puntellare, con biette, botti, mobili e sim. | *C. il carro*, assicurarne le ruote in maniera che non si possano mettere in moto da sé. *4* †Rincalzare. **B** v. intr. (aus. *avere* nel sign. proprio, *essere* nel sign. fig.) ● Essere bene aderente, adatto: *queste scarpe calzano benissimo* | (*fig.*) Essere conveniente e adatto: *c. a pennello, a capello.*

calzàre (2) [dal lat. *călceus* 'calceo'] s. m. ● (*spec. al pl., lett.*) Stivale, scarpa, sandalo | *Andare coi calzari di piombo*, agire con molta circospezione e riflessione. || **calzarétto**, dim. | †**calzarìno**, dim.

calzascàrpe [comp. di *calza(re)* (*1*) e il pl. di *scarpa*] s. m. inv. ● Calzatoio.

calzàta s. f. ● Misura che, nella scarpa, esprime la larghezza o la magrezza della forma in corrispondenza alla misura delle dita del piede.

calzàto part. pass. di *calzare* (*1*); anche agg. *1* Nei sign. del v. *2* (*lett.*) Nella loc.: *c. e vestito*, tutto intero, completamente | (*fig.*) *Asino c. e vestito*, persona ignorante e grossolana. *3* (*arald.*) Detto di scudo caricato da una pezza a forma di triangolo isoscele col vertice nella punta e la base nel capo.

calzatóia [da *calzare* (*1*)] s. f. *1* Cuneo di legno o ferro che si pone davanti alle ruote dei veicoli per assicurarne l'immobilità. *2* Sgabello per appoggiarvi i piedi, quando si puliscono o si infilano le scarpe. *3* (*raro*) Calzatoio.

calzatóio [da *calzare* (*1*)] s. m. ● Arnese di corno, di metallo o di materiale plastico, che aiuta a calzare le scarpe. SIN. Calzascarpe, corno.

calzatùra s. f. ● Ogni tipo o forma di scarpa: *c. da passeggio, elegante, da sera.*

calzaturière s. m. ● Industriale della calzatura.

calzaturièro **A** agg. ● Concernente le calzature: *mercato c.; industria calzaturiera.* **B** s. m. ● Operaio di un calzaturificio.

calzaturifìcio [comp. di *calzatura* e *-ficio*] s. m. ● Fabbrica di calzature.

calzeròtto [da *calzare* (*2*)] s. m. ● Calza corta, spec. da uomo o da bambino, di lana o di cotone, che si arresta poco sopra la caviglia o sale fin sopra il polpaccio.

calzétta s. f. *1* Dim. di *calza*. *2* Calzino. *3* Calza fine, di seta | *Mezza c.*, (*fig.*) persona di modeste possibilità che pretende di vivere nell'agiatezza; persona mediocre. || **calzettìna**, dim.

calzettàio s. m. (f. *-a*) *1* Chi vende calze o le fabbrica. *2* Operaio in un calzificio.

calzetterìa s. f. *1* Fabbrica di calze | Negozio in cui si vendono calze. *2* Insieme di calze e articoli affini: *esportazione di c.*

calzétto s. m. *1* Dim. di *calza*. *2* Calzetta | *Tirare i calzetti*, (*fig.*) morire || **calzettóne**, accr. (V.) | **calzettìno**, dim.

calzettóne s. m. *1* Accr. di *calzetto*. *2* (*spec. al pl.*) Calze spesse, per lo più di lana, lunghe fin sotto il ginocchio: *calzettoni da uomo, da ragazzo*. *3* (*al pl.*) Stivaloni a coscia, di gomma o tela gommata usati dai cacciatori di palude.

calzificio [comp. di *calza* e *-ficio*] s. m. ● Opificio tessile adibito alla fabbricazione delle calze.

calzìno s. m. *1* Dim. di *calza*. *2* Calzerotto | *Tirare il c.*, (*fig.*) morire.

†càlzo [da *calzare* (V.)] s. m. *1* Calzare, scarpa. *2* Calzatoia.

calzolàio o (*dial.*) **†calzolàro** [lat. *calceolārĭu(m)*, da *călceus* 'calceo'] s. m. (f. *-a*) ● Artigiano che fa o aggiusta scarpe e calzature in genere.

calzolerìa [da *calzolaio*] s. f. *1* Bottega del calzolaio | Negozio di calzature. *2* (*raro*) Arte del calzolaio.

calzoncìni s. m. pl. *1* Dim. di *calzoni*. *2* Calzoni corti: *c. da bambino, da bagno*; *c. da donna*. *3* Mutande femminili molto corte.

calzóne [da *calza*] s. m. *1* (*spec. al pl.*) Indumento, spec. maschile, che veste la persona dalla vita alle caviglie e copre ogni gamba separatamente: *calzoni lunghi, corti, con risvolto*; *un c. elegante, ben tagliato* | *Calzoni a coscia*, molto aderenti | *Calzoni a campana, a zampa d'elefante*, che si allargano verso il basso | *Calzoni a staffa*, con una striscia che passa sotto i piedi | *Calzoni a bracaloni*, larghi e cascanti | *Mettersi i calzoni lunghi*, (*fig.*) passare dalla fanciullezza alla giovinezza | (*fam.*) *Farsela nei calzoni*, avere molta paura | *Tirarsi su i calzoni*, (*fig.*) essere a proprio agio in qualche attività. SIN. Brache, pantaloni. *2* Ognuna delle due parti dei calzoni, che ricoprono le gambe: *c. destro, sinistro*. *3* Disco di pasta da pizza, farcito con mozzarella e salame o prosciutto, ripiegato a mezzaluna, unto con lo strutto e cotto in forno. ‖ **calzonàccio**, pegg. | **calzoncìni**, dim. pl. (V.) | **calzoncióne**, accr. | **calzonùccio**, pegg.

calzuòlo [da *calzo*] s. m. *1* Bietta, cuneo o toppa infilata sotto un mobile, affinché non traballi. *2* Puntale metallico di bastone o di ombrello. *3* †Calcio delle armi da fuoco.

camàglio [ant. fr. *camail*, dal provz. *capmalh*, da **capmalhar* 'rivestire la testa di un'armatura analoga alla cotta di maglia'] s. m. *1* Antica armatura a difesa del collo, di maglia di ferro più fitta di quella della cotta. *2* Passamontagna.

camaldolése [dall'eremo o dalla contrada di *Camaldoli*] **A** agg. ● Che si riferisce all'ordine dei benedettini eremiti fondato in Camaldoli da S. Romualdo: *regola c.*; *monaco c.* **B** s. m. ● Monaco di tale ordine.

camaleónte [vc. dotta, lat. *chamaeleōnte(m)*, nom. *chamaeleon*, dal gr. *chamailéōn*, letteralmente 'leone che striscia a terra', comp. di *chamái* 'a terra' e *léōn*, genit. *léontos* 'leone'] s. m. (f. *†-essa*) *1* Rettile dei Sauri simile a una lucertola, ma più corto e tozzo, con tronco compresso, coda prensile, estremità a dita opponibili a tenaglia, occhi grandi e sporgenti, lingua protrattile, capace di variare il colore della pelle (*Chamaeleo chamaeleo*). *2* (*fig.*) Persona volubile e opportunista che, spec. in campo politico, cambia spesso opinione. *3* (*chim.*) *C. verde*, composto che si può trasformare, per effetto dell'aria o dell'acqua, in altri composti variando in corrispondenza di colore | *C. minerale*, *c. violetto*, permanganato di potassio.

camaleòntico agg. (pl. m. *-ci*) ● Di, da camaleonte | *Istinto, contegno c.*, (*fig.*) di chi cambia spesso opinione.

camaleontìsmo [da *camaleonte*] s. m. ● Atteggiamento o comportamento di chi muta spesso opinione, partito politico e sim. per opportunismo o tornaconto personale.

camàllo o **camàlo** [ar. *hammāl* 'portatore'] s. m. ● (*sett.*) Scaricatore di porto, spec. nel porto di Genova.

†camamìlla ● V. *camomilla*.

†camangiàre [comp. di *capo* e *mangiare* (?)] s. m. *1* Verdura commestibile. *2* (*est.*) Cibo prelibato.

camarìlla [sp. *camarilla* 'cameretta, gabinetto privato del re', dim. di *cámara* 'camera'] s. f. *1* (*st.*) Consiglio privato della corona, nelle monarchie spagnole. *2* (*est.*) Consorteria, combriccola che ordisce inganni, intrighi e sim., favorendo il proprio tornaconto.

†camarlèngo o **camarlèngo** ● V. *camerlengo*.

†camarlìnga [V. *camarlingo*] s. f. ● Dama di corte.

†camarlìngo ● V. *camerlengo*.

†camàto e *deriv.* ● V. *scamato* e *deriv.*

camàuro [lat. mediev. *camauru(m)*, di origine sconosciuta] s. m. *1* Berretto caratteristico del Papa, in velluto o raso rosso, orlato di pelo bianco, a forma di cuffia, che scende fin sotto gli orecchi. *2* (*est.*) Casco di aviatori e motociclisti. *3* Berretto da sciatore.

†cambellòtto ● V. *cammellotto*.

camber /ingl. 'kæmbə*/ [vc. ingl., da *to camber* 'incurvare', dal fr. *cambrer* 'piegare', deriv. di *cambre* 'piegato', che è il lat. *cămuru(m)*, forse di origine etrusca] s. m. inv. ● (*autom.*) Inclinazione delle ruote di un autoveicolo rispetto al terreno | *Angolo di c.*, campanatura.

cambiàbile agg. ● Che si può cambiare. SIN. Commutabile, permutabile.

cambiadìschi [comp. di *cambia(re)* e il pl. di *disco*] s. m. ● Nei grammofoni, dispositivo che consente il cambio automatico dei dischi.

cambiàle (1) [da *cambio*, nei sign. 5 e 6] agg. ● (*anat., bot.*) Relativo al cambio: *strato c.*; *zona c.*

cambiàle (2) [(*lettera*) *cambiale*, da *lettera di cambio*] s. f. *1* Titolo di credito all'ordine contenente la promessa o l'ordine di pagare al beneficiario una determinata somma di denaro a una scadenza stabilita o a vista: *firmare, emettere, girare una c.*; *c. in bianco*; *protesto di una c.* | *C. a certo tempo data*, che scade dopo un certo periodo dalla data dell'emissione | *C. a certo tempo vista*, che scade dopo un certo periodo dalla data di accettazione | *C. all'incasso*, consegnata a una banca per l'incasso | *C. a vista*, pagabile all'atto della presentazione | *C. finanziaria*, rilasciata a favore di chi ha concesso un prestito, ad esempio una banca | *C. tratta*, *c. pagherò*, V. *tratta* e *pagherò* | *C. ipotecaria*, garantita da ipoteca | *C. commerciale*, a regolamento di operazioni commerciali | *C. di comodo*, avente lo scopo di ottenere un finanziamento. *2* (*fig.*) Promessa: *la c. di matrimonio*. ‖ **cambialàccia**, pegg. | **cambialétta**, dim. | **cambialìna**, dim. | **cambialóna**, accr. | **cambialùccia**, dim.

cambiaménto s. m. ● Atto, effetto del cambiare o del cambiarsi: *c. di opinione, di stagione, di posto, di abito* | *C. di scena*, (*fig.*) improvviso mutare di una situazione. SIN. Mutamento, trasformazione.

cambiamonéte [comp. di *cambia(re)* e il pl. di *moneta*] s. m. inv. ● Cambiavalute.

cambiàre [lat. tardo *cambiāre*, di origine gallica] **A** v. tr. (*io càmbio*) *1* Mettere una persona, una cosa e sim. al posto di un'altra dello stesso tipo: *c. i fiori nel vaso*; *c. idea, parere, discorso*; *c. casa, parrucchiere, vestito* | *C. strada*, (*fig.*) comportarsi diversamente | *C. aria*, cercare un clima diverso per ragioni di salute e (*fig.*) trasferirsi in un luogo meno pericoloso | *C. qc.*, mutargli l'abito | *La cosa cambia aspetto*, è diversa | *C. le carte in mano, in tavola*, (*fig.*) cercare di fare apparire diversa una situazione o di cambiare i termini di una questione a proprio favore | *C. colore, espressione, sguardo*, alterarsi in viso per un'improvvisa emozione | *C. vita*, passare da uno stile di vita a un altro, spec. in senso morale e con un'idea di miglioramento | *C. treno*, per prendere un'altra linea. SIN. Mutare. *2* Scambiare, permutare, barattare: *c. un orologio con denaro contante*; *queste sei candele le cambierò collo speziale in tanto zucchero* (GOLDONI). SIN. Convertire | †Ricambiare | †Contraccambiare. *3* Dare l'equivalente di una determinata moneta in moneta di altra specie: *c. le lire in franchi svizzeri* | (*est.*) Spicciolare: *può cambiarmi un biglietto da centomila?* *4* Manovrare il cambio di velocità per passare da una marcia all'altra negli autoveicoli (*anche ass.*): *c. la marcia*; *c. in curva*. *5* Trasformare: *la vita militare lo ha cambiato*; *l'industrializzazione ha cambiato l'aspetto di questa regione*. SIN. Mutare. **B** v. intr. (aus. *essere*) ● Passare da uno stato a un altro: *il tempo cambia*; *le mie idee col tempo sono cambiate* | (*pop.*) *C. di posto, di camera, di opinione*, cambiare posto, camera, opinione. SIN. Mutare, variare. **C** v. rifl. ● Mutarsi d'abito o di biancheria: *cambiarsi per la cena, dopo il bagno*. **D** v. intr. pron. ● Diventare diverso, trasformarsi: *la pioggia si cambiò in grandine*; *spesso la gioia si cambia in dolore*. SIN. Convertirsi.

cambiàrio [da *cambio*] agg. ● Relativo a cambiale, nel sign. di *cambiale* (*2*).

cambiatensióne [comp. di *cambia(re)* e *tensione* nel sign. 5] s. m. inv. ● In apparecchi elettrici, dispositivo che serve a cambiare la tensione di funzionamento relativamente al valore della tensione della rete di distribuzione dell'energia elettrica.

cambiatóre s. m. (f. *-trice*) ● Cambiamonete, cambiavalute.

†cambiatùra s. f. ● Cambiamento | Cambio.

cambiavalùte [comp. di *cambia(re)* e il pl. di *valuta*] s. m. e f. inv. ● Persona o ente che esercita professionalmente l'attività di compera e vendita delle monete estere.

càmbio [da *cambiare*] s. m. *1* Atto, effetto del cambiare: *effettuare un c.*; *un c. d'abito, di casa* | *Il c. della guardia*, (*fig.*) avvicendamento, mutamento spec. in cariche politiche | *Dare il c. a qc.*, sostituirlo | *Rendere a qc. il c.*, contraccambiare ciò che si è ricevuto | *C. di vocale, di consonante, di sillaba*, gioco enigmistico in cui, sostituendo una vocale, una consonante o una sillaba di una parola con un'altra, si ottiene una parola di diverso significato | *C. di lettera*, metagramma | *In c. di*, al posto di; invece di; in sostituzione di | *Fare a c.*, barattare, scambiare q.c. con qc. SIN. Cambiamento. *2* (*econ.*) Operazione di scambio di una moneta con un'altra o di un titolo con un altro | *C. a consegna*, che assicura contro l'alea delle variazioni dei corsi dei cambi per operazioni in valuta estera a scadenza | *C. alla pari*, parità dei cambi, riferimento di una moneta a un'altra presa come punto di riferimento | *Agente di c.*, mediatore ufficiale delle borse valori | (*est.*) Valore di una moneta espresso in moneta diversa, di altro Stato: *listino dei cambi*. *3* (*dir.*) *Lettera di c.*, documento contenente l'ordine dell'emittente a un corrispondente di pagare a un terzo. *4* (*mecc.*) Dispositivo atto a cambiare i rapporti di trasmissione tra due organi rotanti: *c. di velocità*; *il c. della bicicletta*; *c. a mano, automatico, sincronizzato*; *la leva del c.* | *C. a cloche*, la cui asta di comando è montata sul pavimento dell'autoveicolo | *C. al volante*, la cui leva di comando è montata presso il volante. ➡ ILL. p. 1745, 1746, 1747, 1750 TRASPORTI. *5* (*bot.*) Tessuto meristematico secondario, situato fra legno e libro, che produce nuove cellule sia del legno che del libro e causa l'accrescimento in spessore della radice e del fusto secondari. *6* (*anat.*) Strato del periostio sede delle cellule formatrici del tessuto osseo.

cambìsta [da *cambio*] s. m. (pl. *-i*) ● Cambiavalute.

cambogiàno **A** agg. ● Della Cambogia: *Stato c.* **B** s. m. (f. *-a*) ● Abitante, nativo della Cambogia. **C** s. m. solo sing. ● Lingua della famiglia austro-asiatica, parlata in Cambogia.

càmbra [fr. *cambre* 'curvatura', vc. piccarda o normanna, dal lat. *cămur* 'piegato verso l'interno', vc. di origine straniera] s. f. ● Grappa a due punte, usata per fissare elementi lignei di costruzione. ‖ **cambrétta**, dim. (V.).

cambrétta s. f. *1* Dim. di *cambra*. *2* Chiodo a due punte, a forma di U, usato per fissare fili, cordoni, piante rampicanti e sim.

cambrì [da *Cambric*, forma ingl. della città fr. di Cambrai, dove si fabbricava questo tessuto] s. m. inv. ● Tela di cotone finissima, per biancheria, analoga alla batista.

cambriàno [da *Cambria*, n. latinizzato del Galles] s. m.; anche agg. ● (*geol.*) Cambrico.

càmbrico [stessa etim. di *cambriano*] **A** s. m. (pl. *-ci*) ● (*geol.*) Primo periodo dell'era paleozoica. **B** anche agg.: *periodo c.*

cambriglióne [fr. *cambrillon*, da *cambrer* 'curvare', cfr. *cambra*] s. m. ● Nella scarpa, rinforzo che si applica nella parte stretta del sottopiede fra tacco e pianta.

cambùṣa [genov. *cambüsa*, dal fr. *cambuse*, dall'ol. *kabuis*, *kombuis* 'cucina sulla nave'] s. f. ● Sulle navi, deposito dei viveri | (*est.*) Deposito di generi alimentari, bevande e sim.

cambuṣière [fr. *cambusier*. V. *cambusa*] s. m. ● Chi è addetto alla custodia e alla distribuzione dei viveri sulle navi.

camciadàle A agg. ● Della penisola di Camciatca. B s. m. e f. ● Abitante della penisola di Camciatca. C s. m. solo sing. ● Lingua indigena della famiglia paleoasiatica parlata in Camciatca.

camcorder /*ingl.* 'kæm-kɔ:də*/ [vc. ingl., comp. di *cam* (acrt. di *camera* 'telecamera') e *corder* (acrt. di *recorder* 'registratore')] s. f. inv. ● Particolare tipo di telecamera portatile con videoregistratore incorporato.

camecèraso [vc. dotta, lat. *chamaecĕrasu(m)*, nom. *chamaecĕrasus*, dal gr. *chamaikérasos*, comp. di *chamái* 'a terra' e *kérasos* 'ciliegio'] s. m. ● Pianta erbacea delle Caprifogliacee con foglie acute e rugose, fiori rosei profumati e frutti a bacca di color giallo-arancio (*Lonicera alpigena*). SIN. Ciliegio di montagna.

camèdrio [vc. dotta, lat. *chamaedry(m)*, nom. *chamaedrys*, dal gr. *chamáidrys*, comp. di *chamái* 'a terra' e *drŷs* 'quercia'] s. m. ● Pianta erbacea delle Labiate con fusti inferiormente legnosi, foglie a margine lobato e fiori rosei (*Teucrium chamaedrys*) | *C. alpino*, driade.

camèlia [n. dato da Linneo in onore del gesuita G. J. *Kamel* (1661-1706), che importò questa pianta in Europa dal Giappone] s. f. ● Albero delle Teacee con foglie lucide e coriacee, fiori doppi dai colori variabili dal bianco al rosso (*Camellia japonica*).

Camèlidi [comp. del lat. *camēlus* 'cammello' e di *-idi*] s. m. pl. ● Nella tassonomia animale, famiglia di Mammiferi ruminanti degli Artiodattili, privi di corna, con due dita a ogni arto (*Camelidae*) | (al sing. *-e*) Ogni individuo di tale famiglia.

camelina o **camellina** [comp. del gr. *chamái* 'a terra', di origine indeur., e di *línon* 'lino'] s. f. ● Pianta erbacea delle Crocifere con fusto molto ramificato, foglie lanceolate e grappoli di fiori gialli (*Chamaelina sativa*).

camèllo ● V. *cammello*.

†**camèlo** [ol. *kameel* 'cammello'] s. m. *1* (*mar.*) Gomena maggiore nel corredo di un bastimento. *2* V. *cammello*.

camelopàrdo [lat. tardo *camelopărdu(m)*, dal gr. *kamēlopárdalis*, comp. di *kámēlos* 'cammello' e *párdalis* 'pantera'] s. m. ● (*raro*) Giraffa.

camelopècora [comp. del lat. *camēlus* 'cammello' e di *pecora*] s. f. ● (*raro*) Lama.

camembert /*fr.* kamã'bɛr/ [fr., n. di un villaggio fr. in cui veniva prodotto all'inizio] s. m. inv. ● Formaggio francese, di sapore piccante e dolce insieme. confezionato in piccole forme rotonde.

camèna [vc. dotta, lat. *Camēna(m)*, prob. di origine etrusca] s. f. ● (*raro*, *lett.*) Musa, estro poetico, ispirazione.

camèo ● V. *cammeo*.

camepìzio [vc. dotta, lat. *chamaepity(m)*, nom. *chamaepitys*, dal gr. *chamáipitys* 'pino nano', comp. di *chamái* 'a terra' e *pítys* 'pino'] s. m. ● Pianta erbacea annua medicinale delle Labiate con foglie tripartite e fiori gialli con striature rossastre sul labbro inferiore (*Ajuga chamaepitys*).

càmera (1) [lat. *cămera(m)*, nom. *cămera*, dal gr. *kamára* 'volta di una stanza, camera a volta'] s. f. (spesso scritto con la maiuscola nei sign. 6, 7 e 8) *1* Locale d'abitazione in un edificio: *c. da pranzo*, *da letto*; *c. di soggiorno*; *la c. dei giochi*, *degli ospiti*; *appartamento di quattro camere* | *Musica da c.*, composizione destinata a un ristretto numero di strumenti, che, per la limitata sonorità e il carattere intimo, è particolarmente idonea all'esecuzione in ambienti raccolti | †*Far c. pulita*, licenziare tutti. SIN. Stanza. *2* (*per anton.*) Camera da letto: *è restato in c. sua per tutto il giorno*; *affittare una c.* | *C. mobiliata*, che si prende o si dà in affitto completa di mobili | *Fare la c.*, metterla in ordine | *Veste da c.*, indumento da uomo o da donna, che si indossa al mattino sul pigiama o sulla camicia da notte od ogni volta che ci si vuol mettere in libertà | *Maestro di c.*, addetto al servizio personale di principi, prelati e sim. | *Valletto di c.*, paggio | *Chierico di c.*, titolo di dignità in curia | (*fig.*) *La c. della coscienza*, l'intimo della coscienza. SIN. Stanza. *3* (*est.*) Il complesso dei mobili che costituiscono l'arredamento di un dato locale d'abitazione: *è una c. da pranzo in stile impero*; *la sua c. è di noce*. *4* (*est.*) Locale chiuso adibito a usi diversi | *C. a gas*, nei lager nazisti, luogo ove venivano sterminati i prigionieri mediante l'immissione di gas tossici; nei penitenziari di alcuni Stati degli USA, quello ove si eseguono le condanne a morte | *C. ardente*, quella, adorna di candele e parata a lutto, ove si espone al pubblico omaggio la salma di un defunto | *C. blindata*, quella, opportunamente attrezzata con pareti d'acciaio contro furti, calamità naturali e sim., in cui vengono depositati i valori | *C. di consiglio*, in cui il giudice o il collegio giudicante si ritira per deliberare | *C. di punizione*, in cui i soldati scontano la punizione loro inflitta | *C. di sicurezza*, ove si rinchiudono individui sospetti di reato, in commissariati e questure | *C. oscura*, quella dove si manipola il materiale sensibile fotografico | *C. sterile*, negli ospedali, locale mantenuto asettico, usato spec. nel corso del trattamento delle leucemie e linfopatie. *5* In varie tecnologie, spazio cavo destinato a usi diversi e opportunamente attrezzato | *C. a bolle*, tipo di camera a nebbia in cui una particella ionizzata lascia una scia di bolle in un liquido trasparente surriscaldato | *C. a eco*, ambiente chiuso studiato per produrre artificialmente effetti d'eco | *C. a nebbia*, apparato per lo studio del comportamento delle particelle ionizzate mediante il quale vengono fotografate le scie di vapori formati da esse per condensazione in un vapore sovrassaturo | *C. d'aria*, intercapedine lasciata nelle murature delle costruzioni a scopo di isolamento termico e acustico o di alleggerimento; involucro di gomma che si riempie d'aria, costituente la parte interna dei palloni o degli pneumatici | *C. da mina*, allargamento predisposto nella roccia, in fondo a un cunicolo, destinato a contenere l'esplosivo nelle mine a fornello | *C. della morte*, parte della tonnara dove avviene l'uccisione dei tonni | *C. di caricamento*, nelle bocche da fuoco, parte posteriore organizzata per contenere la carica di lancio o il bossolo e il proietto | *C. di combustione*, *di scoppio*, situata alla sommità del cilindro sopra lo stantuffo, ove avviene la compressione e la combustione della miscela nei motori a combustione interna | *C. di decompressione*, dispositivo, formato da una camera d'acciaio, usato nelle costruzioni subacquee per abituare l'organismo umano alle pressioni esistenti nei cassoni pneumatici e, viceversa, per ricondurre gradualmente all'uscita l'organismo alla normale pressione atmosferica al fine di evitare fenomeni di embolia | *C. oscura*, nell'interno della macchina fotografica, vano con pareti annerite ove il materiale sensibile è collocato sulla parete opposta a quella dell'obiettivo. *6* Organo legislativo in uno Stato a sistema rappresentativo: *la c. dei deputati* | *Le Camere*, quella dei deputati e il Senato, che insieme formano il Parlamento | *C. alta*, *bassa*, nel sistema bicamerale inglese, rispettivamente quella dei Lord e quella dei Comuni | *C. dei rappresentanti*, organo legislativo che assieme al Senato forma il Congresso (cioé il parlamento) degli Stati Uniti | †Cancelleria. *7* (*est.*) Ente che tutela particolari interessi e diritti | *C. del lavoro*, associazione di lavoratori su base territoriale che raggruppa gli iscritti ai sindacati di categoria residenti nel territorio | *C. di commercio*, *industria e agricoltura*, ente ufficiale istituito per coordinare e promuovere le attività economiche di una zona territorialmente definita, o per favorire l'interscambio tra due Paesi | *C. arbitrale*, avente lo scopo di esaminare controversie e decidere su di esse. *8* Organo, ufficio finanziario | *C. apostolica*, quella che nella Curia Romana è preposta alla cura dei beni e dei diritti temporali della Santa Sede | †Erario, tesoro. *9* Tribunale, magistratura, organo giudiziario, in antichi Stati. *10* (*anat.*) Cavità contenente umor acqueo, nell'occhio: *c. anteriore*; *camere posteriori*. *11* (*fis.*) *C. a scintille*, rivelatore di particelle cariche, costituito da una serie di spinterometri piani paralleli in cui il passaggio delle particelle innesca scintille elettriche rendendo visibili le traiettorie. || **cameràccia**, pegg. | **camerèlla**, dim. (V.) | **camerétta**, dim. (V.) | **camerìna**, dim. | **camerìno**, dim. (V.) | **cameróna**, accr. | **cameróne**, accr. m. | **cameprùccia**, **cameprùzza**, dim.

càmera (2) [dal precedente] s. f. ● Macchina da presa fotografica, cinematografica o televisiva.

camerale [da *camera (1)*] agg. *1* Di, da camera: *canto c.* *2* (*raro*) Che riguarda l'amministrazione e l'erario dello Stato: *beni camerali*. *3* (*dir.*) Attinente alla Camera: *riunione*, *deliberazione c.* | *Procedimento c.*, che si svolge in camera di consiglio | *Imposta c.*, pagata dagli iscritti alla Camera di Commercio.

cameralismo [dal ted. *Kameralismus*] s. m. *1* Insieme delle dottrine, dette anche *scienze camerali*, formulate nei sec. XVII e XVIII spec. in Germania, aventi come interessi principali l'amministrazione statale e il benessere delle popolazioni. *2* Teoria economica che pone particolare enfasi sulle entrate dello Stato come fattore di benessere sociale.

càmeraman /'kameramen, *ingl.* 'kæmərəmən/ [vc. ingl., comp. di *camera* 'camera (2)' e *man* 'uomo' (di origine germ.)] s. m. inv. (pl. ingl. *cameramen*) ● Operatore televisivo incaricato della messa a punto e della manovra delle telecamere.

cameràrio [lat. tardo *camerāriu(m)*, da *cămera* 'camera (1)'] s. m. ● Nel Medioevo, custode e amministratore dei beni del sovrano, di una comunità religiosa o civile e sim.

cameràta (1) [da *camera (1)*] s. f. *1* Stanza di vaste dimensioni che funge da dormitorio in collegi, caserme, ospedali e sim.: *nel collegio vi erano due camerate anguste e buie*. *2* Compagnia di collegiali o di militari che dormono nella stessa stanza: *la c. dei più piccoli era la meno rumorosa*. *3* Gruppo, sodalizio di persone che si riuniscono periodicamente e perseguono fini culturali: *c. dei Bardi*, *dei poeti*. SIN. Circolo.

cameràta (2) [sp. *camarada*, prob. attrav. il fr. dal lat. *cămera* 'camera (1)'] s. m. e f. (pl. m. *-i*; †*-e*, m. e f.) *1* Compagno di studi, e sim. | Amico, compagno di fiducia: *un contadino di nome Tonio*, *buon c.*, *allegro* (MANZONI). *2* Nome con cui si chiamavano tra loro gli iscritti al partito fascista: *c. Richard, benvenuto*. *3* †Gentiluomo che accompagnava gli ambasciatori e i principi, spec. durante i loro viaggi.

cameratésco [da *camerata (2)*] agg. (pl. m. *-schi*) ● Di, da camerata: *tono*, *saluto c.* || **cameratescaménte**, avv.

cameratismo [da *camerata (2)*] s. m. ● Spirito amichevole che impronta i rapporti tra compagni d'arme, di studi, di fede politica e sim. SIN. Solidarietà.

camerèlla s. f. *1* Dim. di *camera (1)*. *2* Spazio che le cortine racchiudono intorno al letto a baldacchino.

camerétta s. f. *1* Dim. di *camera (1)*. *2* Apertura fissa praticata su piani stradali per accedere alle tubazioni sotterranee dei servizi pubblici, quali telefono, acqua, gas, luce e sim.

camerièra s. f. *1* Nella casa con più persone di servizio, domestica che serve in tavola | (*gener.*) Persona di servizio: *avere*, *non avere la c.*; *restare senza c.* *2* Negli alberghi, donna addetta al riordino e alla pulizia dei vari locali e ad altre mansioni eventuali: *c. ai piani* | Donna che serve cibi e bevande ai clienti di un ristorante. || **camerieràccia**, pegg. | **camerierìna**, dim. | **camerieróna**, accr. | **camerierùccia**, **camerierùzza**, dim.

camerière [provz. *camarier*, dal lat. tardo *camerāriu(m)*. V. *camerario*] s. m. (f. *-a* (V.) nei sign. 1 e 2) *1* Nelle case con più persone di servizio, domestico che serve in tavola | (*gener.*) Persona di servizio. SIN. Servitore. *2* In ristoranti, bar e sim., chi serve i clienti al tavolo. *3* Titolo dato al gentiluomo di corte addetto alle stanze del sovrano | *Gran c.*, capo dei camerieri, dei gentiluomini e dei paggi di corte | Dignitario laico o ecclesiastico addetto alla famiglia pontificia: *c. segreto partecipante*. || **camerierìno**, dim. | **cameriróne**, accr.

camerinìsta s. m. e f. (pl. m. *-i*) ● Chi svolge servizio di assistenza agli attori nei camerini.

camerìno s. m. *1* Dim. di *camera (1)*. *2* Piccola stanza adibita al trucco o al riposo dell'attore durante le rappresentazioni teatrali, le riprese cinematografiche e televisive e sim. *3* (*fam.*) Luogo di decenza. SIN. Cesso, latrina. *4* Nelle navi da guerra, stanzetta riservata a ufficiali e sottufficiali.

camerista [sp. *camarista*, da *cámara* 'camera (1)'] A s. f. ● Cameriera di corte o di famiglie signorili. B s. m. (pl. *-i*) ● Camerario.

cameristica [f. sost. di *cameristico*] s. f. ● Musica da camera.

cameristico agg. (pl. m. *-ci*) ● Della, relativo alla, musica da camera: *società cameristica di Lugano*.

camerlèngo o **camerlengo**, †**camarlèngo**, †**camarlingo**, **camerlingo** [germ. *kamarling* 'addetto alla camera del re', dal lat. *cămera* 'camera (1)'] s. m. (pl. *-ghi*) ● Titolo del cardinale che amministra la Camera apostolica e che rappresenta la S. Sede nella vacanza conseguente a morte del pontefice | Amministratore del collegio dei Cardinali e redattore degli atti concistoriali | Titolo onorifico dell'ecclesiastico che presiede le conferenze del clero romano.

†**cameròtto** [venez. *camaroto*, dal lat. *cămera* 'camera (1)'] s. m. ● Mozzo che fa i servizi di camera sulle navi.

camerunése **A** agg. ● Del Camerun. **B** s. m. e f. ● Abitante, nativo del Camerun.

càmice [da avvicinare a *camicia*] s. m. **1** Lunga casacca spec. bianca usata dal personale sanitario e da alcune categorie di tecnici | *C. bianco*, (*per anton.*) medico | (*est.*) *00EB00EBI camici bianchi*, il complesso degli scienziati, dei ricercatori, dei tecnici di un dato settore scientifico. **2** Veste di lino bianco o di tela portata dai sacerdoti, dai diaconi e dai suddiaconi sotto i paramenti, nella celebrazione degli uffici divini. **3** Veste con cui un tempo si avvolgevano i morti.

camicerìa [fr. *chemiserie*, da *chemise* 'camicia'] s. f. **1** Fabbrica di camicie | Negozio in cui si vendono camicie. **2** Insieme di camicie e generi affini: *c. per uomo, per donna*.

camicétta s. f. **1** Dim. di *camicia*. **2** Indumento femminile di foggia, tessuto e colori vari, da portarsi sia dentro sia fuori dalla gonna o dai pantaloni. SIN. Blusa.

camìcia [lat. tardo *camĭsia(m)*, di etim. incerta] s. f. (pl. *-cie* o *-ce*) **1** Indumento maschile e femminile, di stoffa generalm. leggera, con maniche lunghe o corte e abbottonatura sul davanti, che copre la parte superiore del corpo: *c. di cotone, di lana, di lino, di seta, di flanella, di nailon*; *c. a righe, a scacchi* | *C. alla Robespierre*, con ampio colletto rovesciato, che lascia scoperto il collo | *C. da notte*, indumento spec. femminile che si indossa andando a letto | *C. da giorno*, indossata un tempo dalle donne a diretto contatto della pelle | *C. di forza*, specie di corpetto di tela molto robusta con maniche chiuse, che si allaccia dietro, per frenare i pazzi agitati; (*fig.*) coercizione, costrizione, imposizione | *In maniche di c., in c.*, senza giacca | *Rimanere, ridursi in c.*, (*fig.*) diventare povero | *Avere la c. sudicia*, (*fig.*) sentirsi in colpa | *La c. non gli tocca il fianco*, (*fig.*) non sta in sé dalla gioia | *Darebbe la c.*, (*fig.*) di persona caritatevole, generosa | *Nato con la c.*, (*fig.*) fortunato | *Sudare sette camicie*, (*fig.*) faticare molto | *Giocarsi la c.*, (*fig.*) perdere tutto al gioco | (*fig.*) *Uova in c.*, sgusciate e cotte in acqua che bolle. **2** Simbolo esteriore delle organizzazioni paramilitari di un movimento, di un partito e sim.: *indossare la c. nera, rossa* | (*est.*) L'insieme dei membri di tali organizzazioni | *Camicie rosse*, i volontari di Garibaldi | *Camicie nere*, gli aderenti al movimento fascista e, più tardi, i militi della Milizia Volontaria per la Sicurezza Nazionale | *Camicie brune*, gli aderenti al partito nazionalsocialista tedesco | *Camicie azzurre*, i membri di una organizzazione paramilitare dei nazionalisti italiani, dopo la prima guerra mondiale. **3** (*mar.*) Camisaccio. **4** Involucro che fodera o ricopre strutture, recipienti e strumenti a scopo protettivo o di rivestimento oppure per creare un'intercapedine in cui far scorrere fluidi: *la c. della caldaia, dei cilindri*; *rivestire un terrapieno con una c. di mattoni*; *c. di un proiettile*. **5** (*mil.*) Blindatura. **6** (*bur.*) Foglio di cartoncino piegato in due per contenere documenti. || **camiciàccia**, pegg. | **camicétta**, dim. (V.) | **camicina**, dim. | **camicino**, dim. m. (V.) | **camiciòla**, **camiciuòla**, dim. (V.) | **camicióna**, accr. | **camicióne**, accr. m. | **camiciòtto**, accr. m. (V.) | **camiciùccia**, dim. pegg.

camiciàia s. f. ● Fabbricante o venditrice di camicie da uomo.

camiciàio s. m. (f. *-a* (V.)) ● Fabbricante o venditore di camicie.

†**camiciàta** (**1**) [da *camicia*, perché coloro che facevano la sortita indossavano tale indumento sopra l'armatura per riconoscersi tra di loro] s. f. ● Sortita notturna da una piazza assediata.

camiciàta (**2**) [da *camicia*, perché la sudata inzuppa tale indumento] s. f. ● (*raro*) Sudata abbondantissima.

camiciàto agg. ● Detto di proiettile conico rivestito di una blindatura di metallo duro.

camicìno s. m. **1** Dim. di *camicia* | Piccola camicia per neonati. **2** Davantino femminile di tela fine che un tempo si metteva sotto il vestito e copriva le spalle e il petto. **3** Corpetto maschile di raso, usato un tempo.

camiciòla o (*lett.*) **camiciuòla** s. f. **1** Dim. di *camicia*. **2** Indumento di maglia che si porta sulla pelle | (*fig.*) *Far c.*, barare al gioco, danneggiando, d'accordo con gli avversari, il proprio compagno. **3** Camicetta estiva con maniche corte e aperta al collo: *c. da uomo, da donna*. || **camiciolìna**, dim. | **camiciolìno**, dim. m.

camiciòtto s. m. **1** Accr. di *camicia*. **2** Camicia di tela, con collo aperto e tasche, da indossare sopra i pantaloni. **3** Blusa di tela resistente, per operai | Blusa da lavoro per marinai e portuali.

camiciuòla ● V. *camiciola*.

camillìno o **camilliàno** [dal n. del fondatore, *Camillo* de Lellis (1550-1614)] s. m. ● Religioso dell'ordine dei chierici regolari ministri degli infermi. SIN. (*pop.*) Crocifero, padre del bel morire.

†**caminàre** ● V. *camminare*.

†**caminàta** (**1**) o †**camminàta** (**2**) [vc. dotta, lat. mediev. *camināta(m)* 'stanza fornita di camino', da *camīnus* 'camino (1)'] s. f. **1** (*lett.*) Stanza con camino | Sala: *Non era c. di palagio / là 'v' eravam* (DANTE *Inf.* XXXIV, 97-98). **2** (*raro, est.*) Corridoio, loggia.

†**caminàta** (**2**) ● V. *camminata* (*1*).

†**caminatóre** ● V. *camminatore*.

caminétto o (*tosc.*) **camminétto**. s. m. **1** Dim. di *camino* (*1*). **2** Impianto di riscaldamento sussidiario, comprendente il complesso focolare-canna-fumaiolo, usato nelle abitazioni anche a scopo decorativo: *sedere accanto al c.*; *raccogliersi attorno, davanti al c.* **3** Nell'alpinismo, solco verticale nella roccia più piccolo del camino.

caminièra [da *camino* (*1*)] s. f. **1** Parafuoco metallico posto davanti al caminetto. **2** Cassa elegante usata per la legna da ardere che nella parte superiore presenta talora uno scaffaletto per libri. **3** Specchio sopra il caminetto a scopo ornamentale. **4** Mensola che sporge superiormente al caminetto.

camìno (**1**) o (*tosc.*) **cammino** (**2**) [lat. *camīnu(m)*, nom. *camīnus* 'focolare', dal gr. *káminos* 'forno, fucina', prestito di origine incerta] s. m. **1** Impianto domestico ove si accende il fuoco, per cucinare o riscaldare, ricavato nello spessore del muro o posto a ridosso del muro stesso, costituito da un ripiano di pietra o mattoni e sovrastato dalla cappa: *accendere il c.*; *radunarsi attorno al c.* | *Cappa del c.*, specie di volta sovrastante il camino, collegata alla canna fumaria | *Gola del c.*, canna fumaria o fumaiolo, che dalla cappa del camino arriva al tetto, per far uscire il fumo. **2** (*est.*) Canna fumaria. **3** Condotto verticale destinato a disperdere nell'atmosfera, a conveniente altezza dal suolo, i gas provenienti da un focolare o da apparecchi industriali o l'aria estratta da ambienti ventilati, e a produrre o favorirne il movimento | *Fumare come un c.*, (*fig.*) con riferimento a chi fuma molto, e continuamente. **4** Nell'alpinismo, solco fra due pareti rocciose di larghezza tale da consentire all'arrampicatore di penetrarvi con tutto il corpo: *salire per un c.* **5** (*geol.*) Condotto naturale di un vulcano a forma di pozzo che mette in comunicazione il focolaio col cratere. ➡ ILL. p. 819 SCIENZE DELLA TERRA ED ENERGIA. || **caminétto**, dim. (V.).

†**camìno** (**2**) ● V. *cammino* (*1*).

càmion [fr. *camion*, di etim. incerta] s. m. inv. ● Autocarro. || **camioncìno**, dim. (V.).

camionàbile **A** agg. ● Di strada che può essere percorsa da camion. **B** s. f. ● Strada camionabile.

camionàle **A** agg. ● Detto di strada adatta al transito di mezzi pesanti. **B** s. f. ● Strada camionale: *il traffico sulla c. era intenso*.

camionàta s. f. ● Il complesso delle merci e sim. che costituiscono il carico di un camion.

camioncìno s. m. **1** Dim. di *camion*. **2** Piccolo autocarro per trasportare merci su brevi percorsi. ➡ ILL. autoveicoli.

camionétta [fr. *camionnette*, da *camion*] s. f. ● Piccolo autocarro veloce, spec. in dotazione alle forze armate e di polizia.

camionista s. m. e f. (pl. m. *-i*) ● Guidatore di camion.

camionìstico agg. (pl. m. *-ci*) ● Relativo ai camion o ai camionisti.

camiṣàccio [da *camisa*, forma dial. di *camicia*] s. m. ● Casacca corta usata dai marinai militari.

camita [da *Cam*, figlio di Noè] s. m. e f. (pl. m. *-i*) ● Chi appartiene alla razza camitica.

camìtico agg. (pl. m. *-ci*) ● Dei Camiti | *Razza camitica*, che comprende popolazioni non negridi stanziate nell'Africa nord-orientale | *Gruppo c.*, famiglia di lingue di alcune popolazioni egiziane ed etiopiche.

camìto-semìtico **A** s. m. solo sing. ● (*ling.*) Gruppo linguistico comprendente le lingue camitiche e semitiche. **B** anche agg. (pl. m. *camìto-semìtici*): *gruppo camito-semitico*.

càmma [fr. *came*, dall'ol. *kamm* 'pettine'] s. f. ● (*mecc.*) Pezzo metallico di forma arrotondata variabile, che si monta sugli assi rotanti di certe macchine per trasformare il moto rotatorio uniforme in moto rettilineo alternativo, spec. usato per il comando delle valvole nei motori a combustione interna. SIN. Eccentrico.

†**cammeìsta** [da *cammeo*] s. m. (pl. *-i*) ● Incisore di cammei.

cammellàto agg. ● Trasportato su cammelli: *truppe cammellate*.

cammellière s. m. ● Conduttore di cammelli.

cammèllo o (*raro*) **camèllo**, †**camèlo** [lat. *camēlu(m)*, nom. *camēlus*, dal gr. *kámēlos*, di origine semitica] **A** s. m. **1** Genere di Mammiferi ruminanti dei Camelidi comprendente due specie, dotate rispettivamente di una e di due gobbe dorsali (*Camelus*) | (*per anton.*) Mammifero ruminante con due gobbe dorsali, pelame abbondante e testa piccola (*Camelus bactrianus*). **2** Tessuto morbido di lana un tempo lavorato con pelo di cammello, oggi con pelo di capre pregiate: *un cappotto, una giacca di c.* **B** in funzione di agg. inv. ● (posposto a un s.) Che ha il colore nocciola, scuro e caldo, caratteristico dell'animale omonimo: *un cappotto c.*

cammellòtto o †**cambellòtto**, †**ciambellòtto** [fr. *camelot*. V. *cammello*] s. m. ● Tessuto di pelo di capra o di cammello | Indumento confezionato con questo tessuto.

cammèo o (*raro*) **camèo** [etim. incerta] s. m. **1** Pietra dura con intagliate a bassorilievo una o più figure a uno o più strati di colore | Conchiglia tenera a due colori simile alla corniola che, intagliata, imita il cammeo in pietra dura | (*fig.*) *Avere un profilo da c.*, dai lineamenti perfetti. **2** (*est.*) Ornamento a forma di cammeo.

camminaménto [fr. *cheminement*, da *cheminer* 'camminare'] s. m. **1** (*mil.*) Passaggio scavato che immette nelle trincee al riparo dalle offese nemiche. **2** Passaggio mascherato per accostare la selvaggina, nella caccia.

camminànte **A** part. pres. di *camminare*; anche agg. ● Nei sign. del v. **B** s. m. ● †Viandante.

camminàre o †**caminàre** [da *cammino* (*1*)] **A** v. intr. (aus. *avere*, †*essere*) **1** Spostarsi a piedi: *c. adagio, in fretta, a fatica, piano* | *C. molto, poco*, fare molto, poco moto | *Cammina, cammina*, dopo aver camminato a lungo, espressione ricorrente spec. nelle fiabe | *C. sui trampoli*, (*fig.*) procedere in modo malsicuro | (*fig., pop.*) *C. sulle uova*, camminare con passi cauti, appoggiando i piedi a terra con grande delicatezza; (*est., fig.*) comportarsi con grande prudenza, spec. in situazioni difficili o delicate | *C. sui calli a qc.*, (*fig.*) nuocergli | *C. sul sicuro*, (*fig.*) comportarsi in modo da evitare delusioni | *C. diritto*, (*fig.*) comportarsi onestamente | *Pare un morto che cammina*, di chi è malandato in salute. **2** (*est.*) Muoversi, di veicoli e sim.: *la mia auto non cammina più* | Funzionare, di meccanismi, congegni e sim.: *dopo la caduta l'orologio non camminava più*. **3** (*fig.*) Svilupparsi nel tempo, progredire: *la scienza cammina*; *le cose, gli affari camminano* | Svolgersi ordinatamente: *un discorso che cammina*; *lo stile cammina ben più naturale e più piano* (MANZONI). **B** v. tr. ● (*raro, lett.*) †Percorrere: *tu* *cammini la terra* (FOSCOLO).

camminàta (1) o †**caminàta** (2) [da *camminare*] s. f. *1* Passeggiata, spec. prolungata: *fare, farsi una c.*; *dopo una lunga c. arrivammo a casa* | (*est.*) Prova sportiva non competitiva ad ampia partecipazione, consistente nel percorrere a passo di marcia o di corsa un tracciato prestabilito. *2* Modo di camminare: *riconoscere qc. dalla c.*; *ha una c. inconfondibile.* SIN. Andatura. *3* †Strada. || **camminatàccia**, pegg. | **camminatina**, dim. | **camminatóna**, accr.

†**camminàta** (2) ● V. †*caminata* (*1*).

camminatóre o †**caminatóre**, s. m. (f. *-trice*). *1* Chi cammina molto e volentieri a piedi. *2* (*bur.*) Nei ministeri, commesso che trasporta le pratiche da un reparto all'altro.

camminatùra s. f. ● Modo di camminare.

camminétto ● V. *caminetto.*

cammìno (1) o †**camino** (2) [lat. tardo **cammīnu(m)*, di origine gallica] s. m. *1* Atto del camminare: *mettersi in c.*; *riprendere il c.*; *due ore di c.* | *Essere in c.*, in viaggio | *Cammin facendo*, lungo la strada. *2* Luogo per dove si cammina, direzione: *indicare, chiedere il c.*; *un c. accidentato* | *C. battuto*, frequentato e (*fig.*) facile | †*Essere fuori di c.*, (*fig.*) lontano dall'argomento prescelto | *Aprirsi il c.*, progredire superando le difficoltà | *Tagliare il c. a qc.*, ostacolarlo, metterlo in difficoltà | (*est.*) Luogo in cui si cammina | *C. coperto*, camminamento coperto | *C. di ronda*, stretto passaggio posto internamente ai muri perimetrali e alla sommità di fortezze, bastioni, e sim. percorso dalle sentinelle. SIN. Percorso, strada, tragitto. *3* (*est.*) Moto degli astri: *il c. della luna, dei pianeti* | Corso di un fiume: *il c. del Po* | Rotta: *il transatlantico allungò il c.* | (*fig.*) Corso della vita umana: *tutto ciò che si lascia o si perde lungo il c. della vita* (PIRANDELLO). *4* (*fig.*) Modo di comportarsi, condotta: *il c. della virtù, del vizio, della gloria*; *il retto c.* | Sviluppo, progresso: *far molto c.* *5* (*mat.*) In un grafo, percorso nel quale nessuno spigolo sia ripetuto più volte | Curva. *6* (*fis.*) *C. libero medio*, percorso che una particella di un gas compie in media fra due collisioni successive.

cammìno (2) ● V. *camino* (*1*).

cammuccà o **cammoccà**, **camuccà** [persiano *hāmhâ*] s. m. ● Antica stoffa pregiata, d'origine orientale.

†**càmo** [lat. tardo *cāmu(m)*, nom. *cāmus* 'museruola', dal gr. *kamós*, di etim. incerta] s. m. ● (*lett.*) Morso, freno (*anche fig.*).

càmola [etim. discussa; lat. *cămura(m)*, f. dell'agg. *cămur*, 'ricurvo' (?)] s. f. *1* (*dial.*) Tarlo, tarma. *2* Larva di insetto.

camolàto agg. ● (*dial.*) Tarmato.

camomìlla o †**camamìlla** [lat. tardo *camomĭlla(m)*, nom. *camomĭlla*, dal gr. *chamáimēlon*, letteralmente 'melo terrestre', comp. di *chamái* 'a terra' e *mêlon* 'melo'] s. f. *1* Pianta erbacea medicinale delle Composite con foglie finemente lobate e capolini a fiori gialli al centro e bianchi nei raggi (*Matricaria chamomilla*). *2* Infuso di fiori di camomilla, dotato di azione calmante: *bere una tazza di c., una c.*

camomillièra s. f. ● Recipiente in cui si prepara l'infuso di camomilla.

†**camomillìno** agg. ● Che si riferisce alla camomilla.

camòra ● V. *gamurra.*

camórra (1) ● V. *gamurra.*

camòrra (2) [vc. nap., di origine dubbia] s. f. *1* Associazione della malavita napoletana, nata sotto gli Spagnoli e affermatasi nell'Ottocento, molto potente e organizzata secondo rigorose leggi e gerarchie | Organizzazione di tipo mafioso attiva nel Napoletano. *2* (*est.*) Associazione di persone disoneste, unite per ottenere illeciti guadagni e favori, anche con la violenza, a danno di altri | *Fare c.*, unirsi per danneggiare qc. SIN. Camarilla.

camorrìsmo s. m. ● (*raro*) Atteggiamento da camorrista.

camorrista s. m. e f. (pl. m. *-i*) *1* Chi fa parte della camorra. *2* (*est.*) Chi agevola amici o cerca di raggiungere illecitamente guadagni o cariche, mediante favoritismi | (*est.*) Persona prepotente e rissosa.

camorrìstico agg. (pl. m. *-ci*) ● Proprio della camorra | Da camorrista.

camosciàre [da *camoscio*] v. tr. (*io camòscio* o *camóscio*) ● (*raro*) Scamosciare.

camosciatùra s. f. ● (*raro*) Scamosciatura.

camòscio (1) o **camóscio**, †**scamòscio** (2) [lat. tardo *camōce(m)*, parola di origine alpina] s. m. *1* Mammifero ruminante artiodattilo della famiglia dei Bovidi, agilissimo, con corna brevi, erette e ricurve a uncino e pelo fitto bruno o grigio (*Rupicapra rupicapra*). *2* Pelle dell'animale omonimo, che una concia particolare rende morbida e liscia: *guanti, giacca, borsa di c.*

†**camòscio** (2) o **camóscio** [da *camuzo*, accostato per etim. pop. a *camoscio* (*1*)] agg. ● Camuso.

camòzza o **camózza** [veneto *camozza*. V. *camoscio* (*1*)] s. f. *1* (*sett.*) Camoscio, spec. femmina. *2* (*fig.*) †Donna abbietta e sudicia.

campàgna [lat. tardo *campānia(m)*, da *cămpus* 'campo'] s. f. *1* Ampia distesa di terreno aperto e pianeggiante, coltivato o coltivabile, lontano dai grossi centri abitati: *amare la c.*; *la quiete, il silenzio della c.*; *una c. verde, ubertosa, arida* | *C. rasa*, senza alberi né case | *Buttarsi alla c.*, a fare il bandito o alla latitanza, darsi alla macchia | *Battere la c.*, (*fig.*) compiere azioni di scorreria, polizia, guerra o guerriglia, fuori dai centri abitati | Zona coltivata, con piccoli paesi, abitati spec. da popolazioni agricole, e case sparse: *vivere, trasferirsi, villeggiare in c.*; *si è fatto la villa in c.* | *Gente di c.*, contadini. *2* (*est.*) Stagione, periodo in cui si svolge un'attività agricola: *la c. delle barbabietole.* *3* Terreno adatto alla rapida manovra delle truppe, a battaglie campali e sim.: *la solitudine di queste campagne è piena di cadaveri* (CARDUCCI). *4* Ciclo d'operazioni militari caratterizzato da compiutezza d'insieme nel tempo e nello spazio: *le campagne d'Africa* | *C. di guerra*, periodo passato sotto le armi in zona di guerra, durante una campagna, presso enti mobilitati | *Esercito di c.*, costituito dalle truppe attive, distinte da quelle territoriali | *Entrare in c.*, incominciare la guerra | *Artiglieria da c.*, quella all'immediato seguito dei reparti operanti | *Truppe in c.*, fuori delle sedi stanziali, per operazioni belliche. *5* (*fig.*) Esperienza amorosa: *in gioventù ha fatto le sue campagne*; *ha fatto più campagne di Garibaldi.* *6* (*mar.*) Navigazione in mare aperto, lontano dal porto e dal proprio paese. *7* (*est.*) Complesso di iniziative di varia natura, prolungate nel tempo, intese al raggiungimento di un particolare scopo: *c. elettorale* | *C. pubblicitaria*, finalizzata al lancio o al rafforzamento di un prodotto sul mercato | *C. di stampa*, serie di articoli o servizi giornalistici pubblicati per sensibilizzare l'opinione pubblica a un dato problema | *C. fotografica*, viaggio compiuto da un fotografo spec. professionista in una certa regione per ritrarne organicamente tutti gli aspetti più interessanti; anche la serie delle fotografie risultanti | *C. dividendi, c. assembleare*, in borsa, l'insieme dei rialzi o gener. movimenti delle quotazioni azionarie durante il periodo in cui le assemblee delle società per azioni decidono l'entità dei dividendi da pagare agli azionisti | *C. acquisti*, nel calcio, complesso delle trattative che si svolgono tra le varie società, in un periodo stabilito, per l'ingaggio e la vendita dei giocatori. *8* (*arald.*) Fascia che copre il terzo inferiore dello scudo. || **campagnétta**, dim.

campagnòla [n. commerciale] s. f. ● (*autom.*) Tipo di autovettura fuoristrada fabbricata dalla F.I.A.T.

campagnòlo o (*lett.*) **campagnuòlo** **A** agg. ● Di campagna: *gente campagnola.* SIN. Agreste, rustico. **B** s. m. (f. *-a*) ● Chi vive in campagna, o lavora la terra.

†**campàgo** ● V. *compago.*

campàio ● V. *camparo.*

†**campaiòlo** o †**campaiuòlo** [da *campo*] agg. ● Campestre.

campàle [lat. mediev. *campale(m)*, da *cămpus* 'campo'] agg. *1* Che avviene o si svolge in campo aperto: *battaglia, scontro c.* *2* Del, relativo al, campo di battaglia | *Fortificazione c.*, complesso di lavori effettuati sul campo di battaglia direttamente dalle truppe operanti, per agevolare le proprie possibilità di protezione, difesa, fuoco, movimento, ostacolando quelle del nemico | *Artiglieria c.*, artiglieria da campagna | *Giornata c.*, in cui due eserciti nemici combattono in campo aperto lo scontro decisivo e (*fig.*) di molto lavoro, faticosa.

campaménto [da *campare* (*1*)] s. m. *1* (*raro*) Quanto occorre per campare. *2* †Scampo.

campàna [lat. tardo *campāna(m)*, da (*vāsa*) *campāna* 'vasi di bronzo della Campania'] s. f. *1* Strumento di metallo, gener. di bronzo, di varie dimensioni, a forma di bicchiere rovesciato, che viene suonato mediante percussione di un battaglio appeso all'interno o di un martello esterno: *il suono, il rintocco delle campane*; *le campane della chiesa, del duomo*; *campane a festa*; *campane a morto*; *la c. dell'Ave Maria, del vespro, di Mezzogiorno* | *Concerto di c.*, scampanio in accordo melodico | *Suonare le campane a martello*, a rintocchi, come percosse da un martello, per annunciare un pericolo | *Per chi suona la c.*, (*fig.*) frase usata per esortare o ammonire persone su cui incombono pericoli, minacce e sim. | *Legare le campane*, non suonarle, in segno di lutto, dal Giovedì al Sabato Santo | *Sciogliere, slegare le campane*, riprendere a suonarle, dopo la Resurrezione, in segno di gioia | *Sentire tutte e due le campane*, (*fig.*) ascoltare le ragioni di tutte e due le parti | *Sordo come una c.*, completamente sordo | *Far c.*, con la mano all'orecchio | *A c.*, scampanato: *gonna a c.* *2* Parte finale, allargata, degli strumenti a fiato: *la c. del clarinetto.* *3* Vaso o calotta spec. in vetro, a forma di campana, utilizzata per vari scopi: *proteggere con una c. le colture ortive premature*; *conservare un prodotto chimico sotto una c.*; *la c. del lume a petrolio*; *la c. del pasticciere* | *C. di vetro*, (*per anton.*) quella usata per custodire soprammobili o altri oggetti delicati | *Tenere q.c. sotto una c. di vetro*, (*fig.*) custodirla con grande cura | *Vivere sotto una c. di vetro*, avere eccessiva cura della propria salute | *C. pneumatica*, parte superiore dell'impianto per fondazioni subacquee, atto a immettere nel cassone affondato l'aria compressa, gli operai e i materiali, necessari a eseguire i lavori | *C. da palombaro*, apparato a forma di campana calato sott'acqua per consentire lavori sul fondo, mantenuto vuoto da aria compressa. *4* (*arch.*) Parte interna del capitello corinzio, avvolta dalla foglia di acanto o da altri motivi ornamentali. *5* Gioco infantile consistente nel trasportare su un piede, saltellando, un sassolino, che va depositato in appositi scompartimenti disegnati sul suolo. *6* (*mus.*) *Campane tubolari*, strumento a percussione formato da una serie di tubi in acciaio accordati. ➡ ILL. **musica**. || **campanàzza**, pegg. | **campanèlla**, dim. (V.) | **campanétta**, dim. | **campanìna**, dim. | **campanóna**, accr. | **campanóne**, accr. m. (V.) | **campanùccia**, **campanùzza**, pegg. | **campanùzzo**, pegg. m.

campanàccio s. m. *1* Pegg. di *campano* (*2*). *2* Campana appesa al collo dei bovini al pascolo per evitare la dispersione della mandria e facilitarne il ritrovamento. SIN. Bronza. *3* Campana di terracotta per richiamare le api.

campanàio ● V. *campanaro.*

campanàrio agg. ● Della campana, delle campane | *Torre campanaria*, campanile | *Cella campanaria*, parte del campanile in cui si trovano le campane.

campanàro o (*tosc.*) **campanàio** [lat. mediev. *campanāriu(m)*, da *campāna* 'campana'] s. m. *1* Chi ha il compito di suonare le campane. *2* †Fonditore di campane.

campanatùra s. f. *1* (*autom.*) Angolo caratteristico delle ruote di un autoveicolo rispetto al suolo. SIN. Camber. *2* Conformazione a campana più o meno accentuata, di un fiore, una scodella, un paralume, e sim. | (*aer.*) *C. di un'elica*, incurvamento delle pale che trasforma il disco dell'elica in un cono molto aperto e può essere causato dalle forze aerodinamiche, oppure previsto in sede di progetto.

campanèlla s. f. *1* Dim. di *campana.* *2* Campanello: *suonare la c.*; *la c. della scuola.* *3* Anello di ottone o di ferro appeso al portone per bussare, oppure infisso nei muri di palazzi antichi, rimesse, stalle e sim. per attaccarvi i cavalli | Cerchietto di ferro posto tra le narici dei bovini, per guidarli | Ognuno dei due cerchietti di metallo posti all'estremità inferiore del morso del cavallo a cui si attaccano le redini. *4* Ciascuno degli anelli metallici cuciti alle tende e infilati in un ferro orizzontale, per farle scorrere | Anello che si fissa al fodero della sciabola per agganciarla al cinturino. *5* Ognuno dei due cerchietti d'oro o d'argento che si portano agli orecchi per ornamento. *6* Pianta erbacea delle Campanulacee con foglie basali cuoriformi e lanceolate sul caule e fiori a grappolo di color azzurro-violetto (*Campanula persicaefolia*). || **campanellina**, dim.

campanèllo (1) [da *campana*] s. m. *1* Oggetto, a forma di piccola campana, che si suona agitandolo per il manico o, se sospeso, tirando il cordone: *il c. della porta* | *C. a scatto*, che si suona tirando una maniglia o premendo un pulsante | *Stare sotto il c.*, (*fig.*) sotto gli ordini di un superiore. *2* *C. elettrico*, strumento per la trasmissione di segnali acustici mediante correnti elettriche | *C. d'allarme*, dispositivo per segnalare tentativi di effrazione, furto e sim.; (*fig.*) elemento anticipatore di avvenimenti spiacevoli, pericolosi e sim. *3* (*spec. al pl.*) Strumento a percussione composto da una serie di campanelli. *4* †Sorta d'imboccatura del morso del cavallo. || **campanellàccio**, pegg. | **campanellétto**, dim. | **campanellino**, dim. | **campanellùccio, campanellùzzo**, pegg.

campanèllo (2) [dal precedente, con evoluzione semantica non chiara] s. m. • Taglio di carne bovina, magro, ricavato dal quarto posteriore.

campanifórme [comp. di *campana* e *-forme*] agg. • Che ha forma di campana: *fiore c.*

campanile [lat. mediev. *campanīle*, da *campāna* 'campana'] s. m. *1* Costruzione a torre, attigua alla chiesa o facente corpo con essa, destinata a contenere nella sua parte terminale le campane: *c. romanico, gotico*; *il c. di Giotto a Firenze* | *Alto come un c.*, detto spec. di persona molto alta | *A c.*, che si innalza in linea verticale: *volo a c.*; *tiro a c.* *2* (*fig.*) Paese natio | *Amore di c.*, del proprio paese o della città natale | *Questioni di c.*, (*fig.*) grette, meschine. *3* Nell'alpinismo, caratteristica formazione dolomitica di forma snella con pareti verticali e punta aguzza. || **campanilétto**, dim. | **campanilóne**, accr. | **campanilùccio, campanilùzzo**, pegg.

campanilismo [da *campanile*] s. m. • Eccessivo attaccamento al proprio paese o alla propria città natale.

campanilista s. m. e f. (pl. m. *-i*) • Chi dà prova di campanilismo.

campanilìstico agg. (pl. m. *-ci*) • Di campanilismo o campanilista. || **campanilisticaménte**, avv. Con spirito campanilistico.

campanino [da *campana*, perché risuona] s. m. • Tipo di marmo toscano.

campàno (1) [vc. dotta, lat. *campānu(m)*, da *Campānia* 'Campania'] **A** agg. • Della Campania: *dialetto c.* **B** s. m. (f. *-a*) • Abitante della Campania: *gli antichi campani.* **C** s. m. solo sing. • Dialetto italiano meridionale, parlato in Campania.

campàno (2) [da *campana*] s. m. • Campana appesa al collo degli animali al pascolo. || **campanàccio**, pegg. (V.).

campanóne s. m. *1* Accr. di *campana*. *2* (*per anton.*) Campana principale di una chiesa: *il c. di S. Pietro.* *3* (*mil.*) Specie di antico mortaio con bocca campaniforme.

campànula [dim. del lat. *campāna* 'campana'] s. f. • Genere di piante erbacee delle Campanulacee, cui appartengono molte specie, con fiori in spighe o in racemi di colore blu, bianco o purpureo (*Campanula*) | (*per anton.*) Pianta erbacea delle Campanulacee a fiori penduli di color violetto riuniti in grappoli (*Campanula medium*).

Campanulàcee [vc. dotta, comp. di *campanul(a)* e *-acee*] s. f. pl. • Nella tassonomia vegetale, famiglia comprendente piante erbacee annuali, biennali e perenni con fiori vistosi, ermafroditi, con corolla campanulata gamopetala (*Campanulaceae*) | (al sing. *-a*) Ogni individuo di tale famiglia. ➡ ILL. **piante** /9.

campanulàto agg. • (*bot.*) Che ha forma di campana: *fiore c.*; *corolla campanulata.*

campàre (1) [V. *scampare*] **A** v. intr. (aus. *essere*) *1* Provvedere alla propria esistenza: *c. di rendita, del proprio lavoro, di elemosina* | (*pop.*) Vivere, sia pur con sforzo e difficoltà | *C. di aria*, (*fig.*) non avere mezzi per vivere | *C. sulla bottega*, traendo di qui i mezzi per vivere | *C. alla giornata*, mantenersi con varie attività, senza un lavoro continuato e sistematico | *Si campa*, si tira avanti, si riesce a vivere alla meglio | *Tirare a c.*, badare a vivere e basta. *2* (*lett.*) Sfuggire, scampare a una situazione pericolosa: *c. dalla prigionia, dalla morte*; *campar dalle fiere* (VICO). **B** v. tr. *1* (*ant.*) Liberare, salvare da un pericolo. *2* (*fam.*) Provvedere al mantenimento, sostentare: *i genitori l'hanno campato fino a 30 anni.* *3* †Sfuggire, schivare, scampare: *c. la morte, il pericolo* || PROV. Campa cavallo che l'erba cresce.

campàre (2) [da *campo*] v. tr. • Far risaltare: *c. una figura sullo sfondo.*

campàro o **campàio** [da *campo*] s. m. • Guardia campestre.

campàta [da *campo* 'porzione di spazio'] s. f. *1* (*arch., edil.*) Parte di costruzione compresa tra due sostegni o piedritti consecutivi. *2* (*ferr.*) Complesso dell'armamento per un tratto uguale alla lunghezza di una rotaia.

†campàtico [da *campo*] s. m. (pl. *-ci*) *1* Reddito agrario. *2* Tassa imposta sui redditi agrari.

campàto part. pass. di *campare* (2); anche agg. *1* Nei sign. del v. *2* *c. in aria*, infondato.

campéccio • V. *campeggio* (2).

campeggiaménto s. m. • (*mil.*) Atto, effetto del campeggiare.

campeggiàre [da *campo*] **A** v. intr. (*io campéggio*; aus. *avere*) *1* (*mil.*) Anticamente, far guerra senza mai sostare in un campo né attaccare risolutamente il nemico, ma cambiando spesso alloggiamento e inducendo il nemico stesso a muoversi senza dargli presa | Fronteggiare il nemico in campo o dal campo | Accamparsi. *2* Stare in un campeggio, attendarsi all'aria aperta: *campeggiarono sul Garda.* *3* Risaltare su uno sfondo: *nell'affresco campeggiano due sole figure* | (*fig.*) Avere un particolare risalto: *in tutto il romanzo campeggia la figura del padre.* **B** v. tr. *1* †Assediare. *2* †Campire: *c. un dipinto.*

campeggiatóre s. m. (f. *-trice*) • Chi pratica il campeggio. ➡ ILL. **campeggiatore**.

campéggio (1) [da *campeggiare*] s. m. • Forma di turismo all'aria aperta che consiste nel vivere in una tenda, in una roulotte e sim. | Terreno custodito e dotato di attrezzature igieniche, ove si può soggiornare in tenda, roulotte e sim. SIN. Camping.

campéggio (2) o **campéccio** [dal n. dello stato del Messico *Campeche*] s. m. *1* Albero delle Papilionacee con tronco spinoso sempreverde, foglie persistenti composte, fiori piccoli gialli in grappoli e legno molto duro (*Haematoxylon campechianum*). *2* Legno del campeggio, di color rosso brunastro.

campeggista [da *campeggio* (*1*)] s. m. e f. (pl. m. *-i*) • Campeggiatore.

campeggìstico [da *campeggio* (*1*)] agg. • Del, relativo al, campeggio.

càmper /'kamper, *ingl.* 'kæmpə*/ [vc. ingl., propr. 'campeggiatore', da *to camp* 'accamparsi'] s. m. inv. • Furgone o pulmino la cui parte interna è stata attrezzata in modo da essere abitabile, mentre la struttura esterna rimane quella originaria.

†camperéccia s. f. (pl. *-ce*) • Terreno da coltivare.

camperéccio [da *campo*] agg. (pl. f. *-ce*) *1* (*raro*) Campestre: *mi seguiva volentieri nelle mie scorrerie camperecce* (NIEVO) | *Fosso c.*, scolina. *2* Terragnolo: *uccello c.*

camperista s. m. e f. (pl. m. *-i*) • Chi viaggia, campeggia o vive in camper.

campesino /*sp.* kampe'sino/ [vc. sp., da *campo* 'campo'] s. m. (f. sp. *-a*; pl. m. *-os*; pl. f. *-as*) • Chi abita e lavora nei campi, per lo più affrontando condizioni di vita difficili.

campèstre [vc. dotta, lat. *campĕstre(m)*, da *cămpus* 'campo'] agg. • Del campo | Della campagna: *vita, festa c.*; *fiori campestri* | *Guardia c.*, addetta alla sorveglianza dei campi. SIN. Campagnolo. || **campestreménte**, avv. (*raro*) In modo campestre.

campétto s. m. *1* Dim. di *campo*. *2* Campo sportivo più piccolo e meno attrezzato di quello rego-

equipaggiamento del campeggiatore

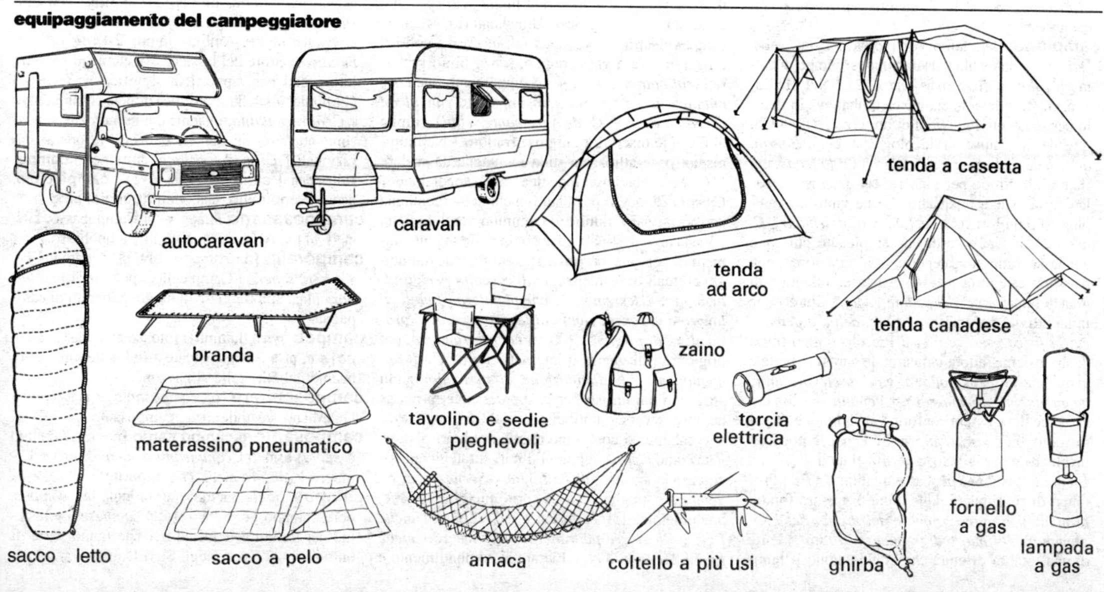

lamentare, usato per allenamenti. || **campettino**, dim.

campicchiàre [da *campare* (*1*)] v. intr. (*io campìcchio*; aus. *essere*) ● Campare alla meglio, stentatamente. SIN. Vivacchiare.

campidàno [deriv. dal lat. *cămpus* 'campo'] s. m. ● In Sardegna, zona pianeggiante: *il c. di Cagliari*.

campièllo [lat. parl. **campitĕllu(m)*, dim. di *cămpus* 'campo'] s. m. ● A Venezia, piazzetta in cui sboccano le calli.

campière o **campièro** [da *campo*] s. m. ● In Sicilia, guardia campestre privata.

campigiàna [da *Campi*, paese vicino a Firenze] s. f. ● Sorta di mattone per pavimento, di spessore ridotto.

campimetrìa [comp. di *camp(o)* e *-metria*] s. f. ● (*med.*) Indagine per valutare l'estensione del campo visivo.

camping /ingl. 'kæmpiŋ/ [vc. ingl., der. di *to camp* 'campeggiare', dal fr. *camper*, den. di *camp* 'campo'] s. m. inv. ● Campeggio, nel sign. di *campeggio* (*1*).

campionaménto s. m. ● Atto, effetto del campionare | (*stat.*) Il trarre da un numero di osservazioni relativamente limitato dati o informazioni validi per un intero universo.

campionàre v. tr. (*io campióno*) ● Scegliere, prelevare, campioni, spec. da un insieme di merci o materiali geologici: *c. una partita di stoffe*; *c. un giacimento minerario*.

campionàrio **A** s. m. ● Raccolta di campioni, spec. per saggio di merci. **B** agg. ● Formato, costituito da campioni, spec. nella loc. *fiera campionaria*, esposizione di merci e prodotti tipici di una nazione o di un ramo dell'industria, a scopo commerciale.

campionarìsta s. m. e f. (pl. m. *-i*) ● Chi è addetto alla scelta dei campioni e alla preparazione dei campionari di vendita | Chi mostra i campionari alla clientela.

campionàto [fr. *championnat* 'prova sportiva in cui il vincitore riceve il titolo di campione'] s. m. ● Gara periodica, unica o in più prove, per l'assegnazione del titolo di campione a un atleta o a una squadra: *c. di calcio*, *di ciclismo*, *di automobilismo*; *c. italiano*, *del mondo*; *c. maschile*, *femminile*.

campionatóre s. m. (f. *-trice* nel sign. 1) **1** Chi è addetto alla campionatura. **2** (*tecnol.*) Dispositivo per il prelievo saltuario o continuo di piccole quantità di materiale da una massa, in modo tale che l'insieme dei campioni raccolti sia rappresentativo della composizione media della massa campionata.

campionatùra s. f. ● Operazione del campionare.

campioncìno s. m. (f. *-a* nel sign. 3) **1** Dim. di *campione*. **2** Piccolo campione di prodotto: *un c. di profumo*. **3** Chi ha le qualità per diventare un campione.

campióne [lat. tardo *campiōne(m)*, dal franc. **kampio*, a sua volta dal lat. *cămpus* 'campo di battaglia'] **A** s. m. (f. *-essa* nei sign. 1 e 2) **1** Nel Medioevo, chi scendeva in campo e combatteva in duello per sostenere le ragioni di un terzo | (*fig.*) Chi difende una causa, un'ideologia: *c. della libertà*, *della fede*, *del progresso* | (*raro*) *C. da frode*, chi ricorre alla frode per vincere. SIN. Difensore, paladino. **2** Atleta o squadra che ha vinto un campionato o un torneo: *c. del mondo*; *c. iridato* | *C. assoluto*, il vincitore di un campionato cui sono ammesse tutte le categorie o il vincitore della massima categoria | (*est.*) Atleta eccellente e di grande fama: *un c. del pedale* | (*fig.*) Chi eccelle in un'attività particolare: *è un c. della matematica*; *in fisica è un vero c.* **3** Piccolo saggio tratto da un insieme, atto a indicarne le caratteristiche e le qualità: *un c. di stoffa*, *di vino*; *prelevare un c. da un giacimento minerario* | *Vendita su c.*, in cui la merce deve essere conforme al campione da essa tratto | *C. senza valore*, inviato per posta in involucro non sigillato, a tariffa ridotta | (*iron.*) *Un bel c.!*, persona di scarse qualità. **4** (*fis.*) Prototipo di riferimento delle unità di misura fondamentali: *il c. internazionale del metro*, *del kilogrammo*; *c. primario di frequenza*. **5** (*stat.*) Parte di una totalità di unità che compongono il fenomeno collettivo: *c. rappresentativo*; *c. a scelta casuale*, *ragionata* | *Metodo del c.*, tecnica di rilevazione statistica con cui si rileva solo una parte dei casi che compongono il fenomeno collettivo. **6** †Libro, registro del catasto, dei conti, della dogana. **B** in funzione di agg. inv. (posposto a un s.) **1** Vittorioso in un campionato, in un torneo sportivo, spec. nella loc. *squadra c.* **2** Relativo a una parte rappresentativa di un tutto: *analisi c.*; *indagine c.* | Idoneo come copia, misura, riscontro e sim.: *metro c.* || **campioncino**, dim. (V.).

campionése **A** agg. ● Di Campione d'Italia, in provincia di Como | *Maestri campionesi*, gruppo di scultori, lapicidi e architetti originari per lo più della zona di Campione, attivi in varie regioni d'Italia tra la seconda metà del sec. XII e la fine del sec. XIV. **B** s. m. e f. ● Abitante, nativo di Campione.

campionìssimo [da *campione*, col suff. *-issimo* dei sup.] s. m. ● Atleta notevolmente superiore agli altri per capacità agonistica, numero di vittorie e notorietà.

campionìsta [da *campione*] s. m. e f. (pl. m. *-i*) ● Nell'industria, chi è addetto allo studio e all'esecuzione di campioni o modelli di prodotti tecnici.

campìre [da *campo*] v. tr. (*io campìsco*, *tu campìsci*) ● In pittura, dipingere il campo o fondo | Stendere il colore in maniera uniforme in una zona nettamente delimitata | *C. le lacune*, nella tecnica del restauro, ricoprire le zone di colore perduto con tinte locali o neutre, senza far uso di disegno o di chiaroscuro.

campitùra s. f. ● Atto, effetto del campire | In una superficie pittorica, zona campita.

càmpo [lat. *cămpu(m)*, di etim. incerta, forse di origine italica] s. m. (pl. *càmpi* m., †*càmpora* f.). **I** Porzione delimitata di terreno o di territorio. **1** Superficie agraria coltivata o coltivabile, compresa entro limiti ben definiti: *un c. di grano*, *di patate*, *d'insalata*; *arare*, *coltivare*, *seminare un c.*; *c. coltivato a maggese*; *una distesa di campi arati*, *seminati*, *brulli*, *irrigui* | (*est.*, *spec. al pl.*) Campagna: *scegliere*, *preferire la vita dei campi*; *la pace*, *il silenzio dei campi*. **2** (*elab.*) In un data base, ogni porzione di un record contenente un'unica informazione e identificata da un nome comune a tutti i record. **3** Area opportunamente delimitata e adattata per usi particolari: *c. da*, *di tennis*, *sci*, *golf* | *C. da gioco*, *c. di gara*, su cui si svolge una competizione sportiva | *C. giochi*, zona verde urbana, attrezzata per lo svago dei bambini | *C. solare*, centro di educazione e ricreazione urbano, frequentato durante l'estate da alunni di scuola materna ed elementare | *C. d'aviazione*, apprestato per il decollo e l'atterraggio di velivoli spec. leggeri | *C. di fortuna*, sommariamente apprestato per l'atterraggio ed eventualmente il decollo di piccoli velivoli costretti ad atterrare per avaria o altre cause | *C. di tiro*, in cui si esercita il tiro a volo | *A tutto c.*, nel linguaggio sportivo, detto del modo di giocare di calciatori particolarmente versatili | (*est.*) Detto di iniziativa politica o di trattativa a vasto raggio, senza limiti prefissati: *colloqui a tutto c.* **4** Accampamento: *mettere*, *piantare il c.*; *levare*, *muovere il c.*; *vita al c.*; *ospedale da c.* | *C. di Agramante*, (*fig.*) gruppo di persone discordi e litigiose fra loro | Nell'alpinismo, base attrezzata sulla montagna da scalare | *C. base*, la base logistica della spedizione | *Campi alti*, quelli posti sui fianchi della montagna per portarvisi e ridurre il cammino verso la vetta | Vasta area destinata ad accogliere un ingente numero di persone, per varie ragioni lontane dai luoghi abituali di residenza: *c. di raccolta per gli alluvionati*, *i terremotati*; *campi internazionali di lavoro e vacanza*; *campi di lavoro coatto*; *c. profughi*; *c. di prigionia* | *C. di concentramento*, per prigionieri di guerra o internati civili | *C. di annientamento*, *di eliminazione*, *di sterminio*, quelli attrezzati dai nazisti per la soppressione in massa dei loro avversari politici e razziali. **5** Luogo dove si combatte, si compiono esercizi militari o si organizzano e attuano piani militari, strategici, di sicurezza e sim.: *c. di battaglia* | *Scendere in c.*, venire a battaglia e (*fig.*) aprire una discussione, una polemica | *Abbandonare il c.*, ritirarsi (*anche fig.*) | *Rimanere padrone del c.*, vincere (*anche fig.*) | *Mettere in c.*, schierare in combattimento e (*fig.*), addurre, presentare | *Tenere il c.*, (*fig.*) mantenere con decisione le proprie posizioni in una disputa, contesa e sim. | *Scelta di c.*, (*fig.*) presa di posizione, spec. su avvenimenti politici o sociali | *C. d'istruzione*, *d'arma*, dove i reparti svolgono le esercitazioni annuali o stagionali d'insieme che non possono effettuare presso le sedi stanziali | *C. trincerato*, piazzaforte protetta da varie fortificazioni | *C. minato*, cosparso di mine anticarro, antiuomo e miste | *C. di tiro*, zona che può essere battuta dal tiro di un'arma | *C. di Marte*, piazza d'armi | *Promozione sul c.*, quella che si ottiene per il coraggio e l'abilità dimostrati in combattimento, quando questo ancora dura o è appena cessato | *C. di marzo*, *di maggio*, l'assemblea dei liberi in armi, che si riuniva all'inizio di ogni primavera intorno ai re merovingi e carolingi. **6** (*fig.*) Agio, opportunità d'azione: *aver c. di riflettere su un problema*; *aver c. libero*; *lasciare libero il c.* **7** Spazio di terreno aperto allo stato naturale: *c. di neve* | *Sul c.*, detto di ricerca, indagine, osservazione e sim., realizzata nello stesso ambiente naturale in cui avviene il fenomeno oggetto di studio. **8** (*dial.*) Piazza. **II** Porzione di spazio. **1** (*fis.*) Regione dello spazio di ogni punto della quale è definita una grandezza fisica misurabile | *C. vettoriale*, in ogni punto del quale è definito un vettore | *C. di forze*, campo vettoriale in cui il vettore è una forza | *C. elettrico*, campo di forze circostante un corpo elettrizzato o un magnete in movimento | *C. magnetico*, campo di forze circostante un magnete o un conduttore percorso da corrente | *C. elettromagnetico*, regione di spazio in cui esistono forze elettriche e magnetiche | *C. stellare*, zona della sfera celeste ove si trovano molti astri | *C. gravitazionale*, ove si manifestano forze d'attrazione | *C. visivo*, *di visione*, tratto d'orizzonte abbracciato dall'occhio immobile | *C. ottico*, *di strumento ottico*, angolo solido entro cui può essere posto un oggetto, continuando l'obiettivo a formarne l'immagine | (*cine*, *tv*) *C. d'immagine*, spazio abbracciato dall'obiettivo e riprodotto sulla pellicola o sul monitore | *C. lungo*, comprendente figure distanti oltre 30 metri dalla macchina da presa, ma bene individuabili | *C. medio*, comprendente uno spazio abbastanza vasto, con figure umane a distanza inferiore a 30 metri | *C. lunghissimo*, ripreso da una camera in distanza, senza alcun oggetto in primo piano. **2** (*elab.*) Sezione di una scheda perforata contenente un elemento autonomo di informazione. **III** Porzione esterna di un oggetto. **1** Superficie sulla quale sono distribuite le immagini di un dipinto o di un rilievo. SIN. Sfondo. **2** (*numism.*) Superficie del dritto o del rovescio nella moneta o nella medaglia. ➡ ILL. **moneta**. **3** (*arald.*) Superficie dello scudo: *gigli d'oro in c. azzurro*. **IV** Parte o settore, variamente delimitato. **1** Branca specifica di attività culturale, indagine scientifica, studio, discussione e sim.: *restiamo sul c. della matematica*; *il diritto è il c. di sua competenza*. SIN. Ambito, ramo. **2** (*ling.*) *C. semantico*, settore del lessico i cui elementi sono tra loro legati per rapporti di significato. **3** (*mat.*) Corpo nel quale la moltiplicazione è commutativa | *C. di razionalità*, insieme dei numeri che si possono ottenere dai numeri dati con le operazioni razionali | *C. di definizione*, dominio. || **camperèllo**, dim. | **campétto**, dim. (V.) | **campicciòlo**, dim. | **campicèllo**, dim. | **campùccio**, pegg.

campobassàno **A** agg. ● Di Campobasso. **B** s. m. (f. *-a*) ● Abitante, nativo di Campobasso.

camporèlla [da *campora*, ant. pl. di *campo*] s. f. ● (*sett.*, *scherz.*) Campicello, spec. nella loc. *andare in c.*, amoreggiare in luoghi appartati di campagna.

campos /port. 'kãmpuʃ/ [stessa etim. dell'it. *campo*] s. m. pl. ● Savane situate a sud delle foreste del bacino del Rio delle Amazzoni.

camposantière [da *camposanto*] s. m. ● (*pop.*) Guardiano, custode di un camposanto.

camposànto o **càmpo sànto** [comp. di *campo* e *santo*] s. m. (pl. *campisànti* o *camposànti*) ● Cimitero | *Andare al c.*, (*fig.*) morire.

campus /ingl. 'kæmpəs/ [vc. ingl., lat. *cămpus*, nom., 'campo'] s. m. inv. (pl. ingl. *campuses*) ● Insieme dei terreni e degli edifici che fanno parte di un'università, spec. negli Stati Uniti | (*est.*) L'università stessa.

camuccà • V. *cammuccà*.

camuffaménto s. m. • Atto, effetto del camuffare.

camuffàre [prob. dall'ant. *camuffo* 'cappuccio che copre il volto'; poi 'ladro, tagliaborse'] **A** v. tr. *1* Vestire in maniera da far assumere un aspetto diverso: *lo camuffarono da brigante, ma fu riconosciuto* | (*fig.*) *C. le proprie aspirazioni*, nasconderle. SIN. Mascherare, travestire. *2* †Ingannare. **B** v. rifl. • Travestirsi, mascherarsi: *camuffarsi da mendicante*.

camùno [vc. dotta, lat. *Camūni*, nom. pl., n. di un popolo retico o euganeo] **A** agg. • Della Val Camonica: *preistoria camuna*. **B** s. m. (f. *-a*) • Abitante della Val Camonica.

camùrra • V. *gamurra*.

camùso [forse da *muso*, con un pref. *ca-* pegg.] agg. • Di naso, schiacciato, piatto | (*est.*) Di persona, che ha il naso piatto e schiacciato: *individuo c.*; *Or qual conviensi / al c. Etiope il naso* (PARINI).

can s. m. • Adattamento di *khan* (V.).

canadair ® /kana'dɛr/ [dal n. della ditta canadese che lo produce] s. m. inv. • (*aer.*) Anfibio impiegato contro gli incendi.

canadése **A** agg. • Del Canada: *parlamento c.* | *Bottiglia c.*, tipo di bottiglia usata dall'esercito canadese nella 2ª guerra mondiale, e attualmente da alcune fabbriche di birra | *Tenda c.*, tipo di tenda da campeggio a struttura triangolare, costituita da semplici teli di copertura sorretti da due paletti. **B** s. m. e f. • Abitante, nativo del Canada. **C** s. m. • (*med.*) In ortopedia, bastone metallico a semi-bracciale usato per appoggiarsi camminando. **D** s. f. • (*ell.*) Bottiglia canadese | Tenda canadese.

canàglia [da *cane*] **A** s. f. solo sing. • (*lett.*, *spreg.*) Marmaglia. **B** s. f. • Persona malvagia, spregevole, disonesta: *non ti fidare*: *è una c.* SIN. Birbante. || **canagliàccia**, pegg. | **canagliétta**, dim. | **canaglióne**, accr. m.

canagliàta s. f. • Azione da canaglia.

canagliésco agg. (pl. m. *-schi*) • Da canaglia.

canagliùme s. m. • Insieme di canaglie.

canàio [lat. *canāriu(m)*, da *cănis* 'cane'] s. m. *1* Chi alleva o custodisce cani. *2* Chi conduce i cani in cacce collettive. *3* Latrato di molti cani | (*est.*) Chiasso, confusione.

canaiòla s. f. • Canaiolo.

canaiòlo o †**canaiuòlo** [da *cane*, cui quest'uva piace] s. m. • Vitigno toscano da vino rosso usato nella preparazione del Chianti.

†**canalatùra** [da *canale*] s. f. • Scanalatura.

canàle [lat. *canāle(m)* 'canale, condotto d'acqua, tubo', da *cănna* 'canna'] s. m. *1* Manufatto a superficie libera, destinato a convogliare acqua: *c. di bonifica, di irrigazione, di scolo, di drenaggio*; *un c. navigabile* | *Canal Grande*, (*per anton.*) la più vasta e importante via d'acqua interna, a Venezia. *2* In alpinismo, solco erosivo su pendii rocciosi. *3* (*est.*) Tubo, conduttura per liquidi | Condotta per cui il metallo fuso passa nella forma. *4* (*geogr.*) Tratto di mare, più vasto di uno stretto, compreso fra due terre: *c. d'Otranto*. *5* (*anat.*) Formazione tubolare allungata, delimitata da pareti proprie: *c. uretrale*; *c. vertebrale*. SIN. Dotto (2). *6* (*elettr.*) Unità elementare di apparecchiatura in alta o bassa frequenza, utilizzata come mezzo di trasmissione di segnali telefonici o telegrafici | *C. televisivo*, gamma di frequenza delle onde radioelettriche utilizzata da un impianto trasmittente televisivo e (*est.*) programma televisivo: *primo, secondo c.* *7* (*fig.*) Via, tramite, mezzo di comunicazione, di collegamento, di diffusione: *c. gerarchico, burocratico, diplomatico* | *Mettere in c.*, avviare | *Canali di distribuzione*, organizzazioni intermediarie attraverso le quali avviene il trasferimento dei beni dai produttori ai consumatori. *8* (*elab.*) Organo che permette il trasferimento o la trasmissione di informazioni, spec. fra unità centrale e unità periferiche | Nella banda perforata, ciascuna delle direttrici longitudinali lungo le quali si dispongono le perforazioni significative | *C. d'entrata, di uscita*, connettore a più vie che assicura il flusso dei dati e dei segnali di controllo fra unità centrale e unità periferiche. *9* (*dial.*) Corridoio che attraversa la platea dividendola longitudinalmente in due parti uguali. || **canalaccio**, **canalàzzo**, pegg. | **canalétta**, dim. f. (V.) | **canalétto**, dim. | **canalino**, dim. (V.) | **canalóne**, accr. (V.) | **canalùccio**, dim.

canalétta s. f. *1* Dim. di *canale*. *2* Manufatto per addurre e distribuire nei campi l'acqua di irrigazione. *3* Negli edifici industriali, passaggio protetto ricavato solitamente sotto il livello del pavimento per cavi o altre condutture.

canalicolàre agg. • Che ha forma di canalicolo.

canalìcolo [vc. dotta, lat. *canalĭculu(m)*, dim. di *canālis* 'canale'] s. m. • (*bot.*) Sottile canale che si forma nelle pareti delle cellule e le fa comunicare fra loro.

canalìno s. m. *1* Dim. di *canale*. *2* In alpinismo, stretto e breve solco erosivo nelle pareti di una montagna.

canalìsta [da *canale*] s. m. (pl. *-i*) • Operaio specializzato nella costruzione di canali.

canalizzàre [fr. *canaliser*, da *canal* 'canale'] v. tr. *1* Solcare un terreno, una regione e sim. con una rete di canali per la bonifica, l'irrigazione, la navigazione e sim.: *c. una zona paludosa*; *c. una pianura povera d'acqua* | *C. le acque*, regolarne il deflusso e la distribuzione mediante canali o condutture. *2* (*fig.*) Rivolgere verso una determinata direzione: *c. i reclami all'ufficio competente*. *3* (*chir.*) Creare chirurgicamente una via di deflusso per il drenaggio di umori stagnanti.

canalizzàto part. pass. di *canalizzare*; anche agg. *1* Nei sign. del v. *2* *Traffico c.*, flusso di veicoli che, mediante apposite corsie, viene smistato in varie direzioni.

canalizzazióne s. f. *1* Atto, effetto del canalizzare. *2* Insieme dei canali e delle condutture di un determinato comprensorio. *3* (*est.*) Rete di condutture per distribuire acqua, gas, energia elettrica e sim. *4* (*med.*, *chir.*) Formazione naturale o patologica di canali | Creazione chirurgica di canali per drenare umori stagnanti.

canalóne s. m. *1* Accr. di *canale*. *2* Profondo solco di erosione in una parete rocciosa di montagna, spesso coperto di elementi detritici.

cananàico s. m. solo sing. • (*ling.*) Uno dei due sottogruppi, insieme all'aramaico, della famiglia semitica nord-occidentale.

cananèo [vc. dotta, lat. *Chananǣu(m)*, nom. *Chananǣus*, dal gr. *Chananâios* 'abitante della terra di *Chanáan*' (ebr. *Kéna'an*)'] **A** agg. • Della regione di Canaan. **B** s. m. (f. *-a*) • Chi appartiene alle stirpi preisraelitiche stanziatesi nella regione di Canaan.

cànapa [lat. *cănnabe(m)*, nom. *cănnabis*, dal gr. *kánnabis*, di origine orient.] s. f. *1* Pianta erbacea annuale delle Cannabacee con radice a fittone, fusto diritto e ricoperto di peli, foglie palmato-lanceolate, fiori maschili separati in pannocchia terminale, e femminili portati da individui (*Cannabis sativa*). *2* Fibra tessile tratta dal fusto della pianta omonima | *C. greggia*, ottenuta con semplice decanapulazione | *C. di Manila*, abacà | *C. di Calcutta*, iuta. *3* Tessuto ruvido ottenuto con la fibra omonima. *4* Corda o spago di canapa. *5* *C. indiana*, pianta erbacea delle Cannabacee, ricca di sostanze resinose, dalla quale si estrae la droga omonima usata come analgesico, narcotico e stupefacente (*Cannabis indica*). || **canapétta**, dim. | **canapétto**, dim. m. | **canapóne**, accr. m. (V.) | **canapùccia**, dim. (V.).

canapacciàia s. f. • Coltura di canapacci per la produzione del seme della canapa.

canapàccio s. m. • Pianta femminile della canapa. SIN. Canapone.

canapàia s. f. • Campo coltivato a canapa.

canapàio o (*raro*) **canapàro** s. m. (f. *-a* nel sign. 2) *1* Canapaia. *2* Chi raccoglie, lavora o vende la canapa.

canapè [fr. *canapé*, dal lat. *canapēu(m)*, dal gr. *kōnōpêion* 'zanzariera', da *kṓnōps* 'zanzara'] s. m. inv. *1* Divanetto imbottito e fornito di spalliera e braccioli. *2* Fetta di pane spec. in cassetta, tagliata in forme diverse, spalmata o guarnita con composti rari e servita gener. come antipasto.

canapìcolo [comp. di *canapa* e *-colo*] agg. • Relativo alla coltivazione della canapa.

canapicoltóre [comp. di *canapa* e *-coltore*] s. m. • Coltivatore di canapa.

canapicoltùra [comp. di *canapa* e *coltura*] s. f. • Coltivazione della canapa.

†**canapièndola** [etim. incerta] s. f. • Altalena.

canapièro [da *canapa*] agg. • Relativo alla lavorazione della canapa: *industria canapiera*.

canapifìcio [comp. di *canapa* e *-ficio*] s. m. • Stabilimento per la lavorazione della canapa.

canapìglia [da *canapa*, per il colore delle penne] s. f. • Uccello degli Anseriformi, abile volatore di color bruno con frange nere e arancioni (*Anas strepera*).

canapìna s. f. • Tela greggia che i sarti mettono per rinforzo sotto i davanti delle giacche.

canapìno (1) [da *canapa*] **A** agg. *1* Di canapa: *panno c.*; *tela canapina*. *2* Che ha un colore biondo molto chiaro simile a quello della canapa: *capelli canapini*. **B** s. m. *1* Chi lavora la canapa. *2* (*raro*, *scherz.*) Chi ha i capelli bianchi. *3* Canapina.

canapìno (2) [dal precedente, per il colore] s. m. • Piccolo uccello canoro dei Passeriformi, insettivoro, di colore giallastro (*Hippolais polyglotta*).

cànapo [da *canapa*] s. m. • Grossa fune fatta di canapa | (*raro*) *Saltare il c.*, passare i limiti. || **canapétto**, dim.

canapóne s. m. *1* Accr. di *canapa*. *2* Canapaccio. *3* Canapa grossa per far cavi.

canapùccia s. f. (pl. *-ce*) *1* Dim. di *canapa*. *2* Seme di canapa.

canapùle o (*evit.*) **canapùlo** [da *canapa*] s. m. • Fusto legnoso della canapa, spogliata delle sue fibre, usato come combustibile | Frammento del fusto della canapa privato del tiglio.

canard /fr. ka'nar/ [vc. fr., propriamente 'anitra', da *cane*, deformazione di *ane*, dal lat. *ănate(m)* 'anitra', con evoluzione semantica non chiara] s. m. inv. *1* Notizia, informazione giornalistica falsa o montata per determinati scopi. *2* (*aer.*) Velivolo con gli impennaggi posti nella parte anteriore della fusoliera.

canaricoltùra [comp. di *canari(no)* e *coltura*] s. f. • Allevamento dei canarini.

canarìno o (*dial.*) **canerino** [dalle isole *Canarie*, da cui proviene] **A** s. m. (f. *-a*) *1* Uccello dei Passeriformi con piumaggio verde screziato di grigio e giallo chiaro, e interamente giallo in talune specie di allevamento (*Serinus canarius*) | *Mangiare come un c.*, (*fig.*) mangiare pochissimo. *2* (*fig.*) Persona dall'aspetto fragile e delicato. *3* (*fig.*, *gerg.*) Informatore della polizia. **B** in funzione di agg. • (posposto a un s.) Di colore giallo chiaro: *sciarpa c.*; *guanti canarini*.

canàrio [sp. *canario* 'delle isole Canarie'] s. m. *1* (*merid.*) Canarino. *2* Danza pantomimica spagnola di corteggiamento fiorita dal XV al XVII sec.

canàsta [sp. *canasta* 'canestro'] s. f. *1* Gioco di carte affine al ramino, di origine sudamericana, che si gioca con due mazzi di 52 carte ognuno. *2* Gruppo di sette o più carte dello stesso valore, che costituisce la serie tipica di questo gioco: *una c. di sette, di re*. || **canastóne**, accr. m. (V.).

canastóne s. m. *1* Accr. di *canasta*. *2* Gioco di carte simile alla canasta.

canàto [da *can*, adattam. di *khan*] s. m. • Giurisdizione di un khan | Territorio sottoposto a tale giurisdizione.

†**canatterìa** [da *cane* (*1*)] s. f. • Moltitudine di cani.

†**canavàccio** • V. *canovaccio*.

cancàn (1) /kan'kan, fr. kɑ̃'kɑ̃/ [deformazione inft. di *canard* 'anitra' (V. *canard*); la danza sarebbe detta così perché i movimenti ricordano lo scuotere dell'anitra] s. m. inv. • Vivace danza francese da caffè concerto in auge nella seconda metà dell'Ottocento.

cancàn (2) /kan'kan, fr. kɑ̃'kɑ̃/ [dal lat. *quămquam* 'benché', secondo la prn. fr.; il termine avrebbe indicato dapprima le dissertazioni in latino degli scolari, in cui questa parola ricorreva spesso] s. m. • Chiasso, confusione: *non fate tanto c.* | (*fig.*) Scandalo: *che c. per una cosa da nulla!*

cancaneggiàre [da *cancan* (*2*)] v. intr. (*io cancanéggio*; aus. *avere*) • (*lett.*) Fare uno scandalo clamoroso.

cancellàbile o (*pop.*) **scancellàbile**. agg. • Che si può cancellare.

cancellaménto s. m. • (*raro*) Cancellazione.

cancellàre o (*pop.*) **scancellàre** [lat. *cancellāre* 'ingraticolare', poi 'cancellare uno scritto', dal fatto che per annullare uno scritto vi si facevano sopra dei segni a mo' di cancelli] **A** v. tr. (*io cancèllo*) *1* Fare segni o freghi su ciò che è scritto o disegnato per renderlo illeggibile, annullarlo e sim.: *c. una frase, una parola, un disegno*; *c. con la gomma, con un tratto di penna* | (*est.*) Cassare, far scomparire del tutto scritti o disegni, spec. sulla lavagna. *2* (*fig.*) Annullare, distruggere, eliminare, rimuovere da un programma, dalla coscienza, e sim.: *ha cancellato tutti i suoi appuntamenti*; *c. una sentenza*; *c. un'impressione sbagliata.* *3* †Chiudere con un cancello (*anche fig.*). *4* †Incrociare le braccia, le gambe. **B** v. intr. pron. • Scomparire, dileguarsi (*anche fig.*): *cancellarsi dalla mente.*

†**cancellarìa** • V. *cancelleria.*

†**cancellàrio** s. m. • Cancelliere.

cancellàta [da *cancello*] s. f. • Chiusura o recinzione, spec. di palazzi e giardini o parchi, costituita da una serie di sbarre e gener. elementi, in metallo o altro materiale, debitamente distanziati fra loro: *la c. dei giardini pubblici.* || **cancellatina**, dim.

cancellatóre agg.; anche s. m. (f. *-trice*) • (*raro*) Che, chi cancella.

cancellatùra o (*pop.*) **scancellatùra** [da *cancellare*] s. f. • Segno fatto per cancellare o tracce di tale segno. || **cancellaturina**, dim.

cancellazióne o (*raro*) **scancellazióne**. s. f. • Atto, effetto del cancellare (*anche fig.*).

cancelleréscà [f. sost. di *cancelleresco*; detta così perché usata nelle cancellerie] s. f. • Scrittura artificiosamente elaborata, per dare ad atti solenni carattere di inconfondibilità e di autenticità, in uso spec. presso le cancellerie imperiali, reali e pontificia.

cancellerésco agg. (pl. m. *-schi*) • Che si riferisce alla cancelleria o ai cancellieri: *carattere c.*; *scrittura cancelleresca* | *Stile c.*, burocratico e pedante.

cancellerìa o †**cancellarìa** [fr. *chancellerie*, da *chancelier* 'cancelliere'] s. f. *1* Sede del cancelliere presso un organo giudiziario: *depositare un atto in c.* | Cancellierato: *aiutante di c.*; *funzione di c.* *2* Ufficio competente alla preparazione, minutazione, redazione, autentificazione, registrazione e spedizione degli atti e documenti di pubbliche autorità: *c. apostolica* | Amministrazione degli affari esteri in vari Stati: *la cancelleria di Bonn.* *3* Tutto quanto serve per scrivere, come penne, matite, carte, inchiostri, gomme e sim.: *articoli, oggetti, di c.*; *hai provveduto alla c.?*

cancellétto s. m. *1* Dim. di *cancello.* *2* (*sport*) *C. di partenza*, nelle gare di sci, coppia di paletti verticali, attraverso i quali il concorrente, partendo, deve passare muovendo una barretta orizzontale che attiva i cronometri di gara.

cancellieràto s. m. • Ufficio di cancelliere | Periodo di durata in carica del cancelliere.

cancellière [lat. tardo *cancellāriu(m)* 'usciere che stava presso i *cancelli* che separavano il pubblico dal luogo dove sedevano i principi o i giudici', attrav. il fr. *chancelier*] s. m. *1* Capo dell'ufficio della cancelleria. *2* Pubblico ufficiale che svolge attività spec. accessorie rispetto a quelle proprie dell'ufficio giudicante, ma necessarie all'organizzazione e al funzionamento del meccanismo processuale. *3* Ministro della giustizia | In Germania e in Austria, primo ministro | *C. dello Scacchiere*, in Inghilterra, ministro delle finanze e del tesoro. *4* (*st.*) Titolo dato al più alto ufficiale della giustizia nell'impero bizantino e nelle corti europee.

cancellìno [da *cancellare*] s. m. • Girella di cimosa, per cancellare gli scritti sulla lavagna. SIN. Cassino (2).

cancèllo [lat. *cancĕlli*, nom. pl. 'cancellata', dim. di *cāncri* 'graticci'] s. m. *1* Chiusura di porta o ingresso, in ferro o legno, costituita da stecche o aste verticali variamente distanziate e tenute ferme tra loro da traverse | (*est.*) Apertura chiusa da un cancello: *fermarsi a parlare sul c.* | Grata. *2* Passaggio obbligato d'accesso o d'uscita di un'autostrada a pedaggio, ove si effettua il pagamento. *3* In equitazione, tipo di ostacolo usato nei concorsi ippici: *c. arcuato, verticale.* ➡ ILL. p. 1288 SPORT. *4* (*dir.*) *Vendere a c. chiuso*, vendere un podere con tutto ciò che vi è dentro di asportabile. || **cancellàccio**, pegg. | **cancellétto**, dim. (V.) | **cancellìno**, dim. | **cancellóne**, accr. | **cancellùccio**, dim.

cancerìgno agg. • Che costituisce un cancro: *tessuto c.*; *formazione cancerigna.*

cancerizzàrsi [dal lat. *căncer* 'cancro'] v. intr. pron. • Trasformarsi in cancro: *la ferita si cancerizza.*

cancerizzazióne [dal lat. *căncer* 'cancro'] s. f. • (*med.*) Trasformazione in cancro di un processo proliferativo.

cancerogènesi [comp. del lat. *căncer* 'cancro' e *genesi*] s. f. • (*med.*) Processo di formazione e sviluppo di un cancro. CFR. Oncogenesi.

cancerogenicità [da *cancerogeno*] s. f. • (*med.*) Capacità che presentano alcuni agenti fisici, chimici e biologici di indurre la formazione di un cancro.

cancerògeno [comp. del lat. *căncer* 'cancro' e di *-geno*] **A** agg. • Che è capace di provocare l'insorgenza del cancro: *agente c.*; *sostanza cancerogena.* **B** s. m. • Sostanza cancerogena: *il benzopirene è un c.*

cancerologìa [comp. del lat. *căncer* 'cancro' e di *-logia*] s. f. (pl. *-gie*) • Scienza che studia le neoplasie maligne e i relativi metodi di cura.

canceròlogo [comp. del lat. *căncer* 'cancro' e di *-logo*] s. m. (f. *-a*; pl. *-gi*, pop. *-ghi*) • Studioso di cancerologia.

canceróso o (*pop.*) **cancheróso** [vc. dotta, lat. tardo *cancerōsu(m)*, da *căncer* 'granchio', poi 'cancro'] **A** agg. *1* Di, relativo a cancro: *processo c.*; *formazione cancerosa.* *2* (*raro, fig.*) Molesto, fastidioso. **B** s. m.; anche agg. (f. *-a*) • Chi, che è affetto da cancro.

cànchero **A** s. m. *1* V. *cancro* (*2*). *2* (*pop.*) Malattia, malanno. *3* (*pop., fig.*) Persona molesta e importuna. *4* (*dial.*) Bestemmia. **B** in funzione di inter. • Esprime ira, rabbia, meraviglia, impazienza. || **cancheràccio**, pegg. | **cancherìno**, dim. | **cancheróne**, accr. | **cancherùccio**, dim.

cancheróso • V. *canceroso.*

cancrèna o †**cangrèna**, **gangrèna**. s. f. *1* (*med.*) Necrosi massiva di un organo o tessuto. *2* (*fig.*) Vizio insanabile, incallito | Corruzione che guasta gli animi, la società e sim.: *il malcostume politico è la c. di quel paese.*

cancrenàre o **gangrenàre**. **A** v. intr. e intr. pron. (*io cancrèno*; aus. *essere*) *1* V. *gangrenare.* *2* (*fig.*) Corrompersi moralmente. **B** v. tr. • (*fig.*) Guastare, corrompere.

cancrenóso • V. *gangrenoso.*

càncro (1) [vc. dotta, lat. *căncru(m)*, di origine indeur.] s. m. (*Càncro* nei sign. 2 e 3) *1* Granchio. *2* (*astron.*) Costellazione dello zodiaco, che si trova fra quella dei Gemelli e quella del Leone. *3* (*astrol.*) Quarto segno dello zodiaco, compreso fra 90 e 120 gradi dell'anello zodiacale, che domina il periodo tra il 22 giugno e il 22 luglio | (*est.*) Persona nata sotto il segno del Cancro. ➡ ILL. **zodiaco**.

càncro (2) o (*pop.*) **cànchero** [dal precedente, perché le ramificazioni del tumore ricordano le zampe del granchio] s. m. *1* (*med.*) Proliferazione incontrollata, irreversibile e progressiva di cellule anormali e irregolari, che distrugge e invade i tessuti adiacenti, metastatizza e risulta letale se non curata; forme di cancro sono quelle tumorali maligne (carcinoma, sarcoma) e non tumorali (leucemia, linfoma). CFR. Tumore, neoplasia. *2* (*est., fig.*) Male incurabile, insanabile: *c. morale*; *il c. della società*; *un c. che distrugge le nostre istituzioni* | Corrosione lenta ma inarrestabile: *il c. della vecchiaia, del dubbio.* *3* (*fig.*) Idea fissa e tormentosa: *il c. della gelosia, della paura.* *4* (*bot.*) Malattia fungina di organi periferici legnosi ed erbacei delle piante che si manifesta spec. sotto forma di piaga necrotizzata o di iperplasia irregolare | Escrescenza formata in seguito alla presenza di batteri in piante legnose ed erbacee con formazione di metastasi.

candeggiànte **A** part. pres. di *candeggiare*; anche agg. • Nei sign. del v. **B** s. m. • Sostanza idonea ad aumentare il grado di bianco di fibre, filati, tessuti, carte e sim.

candeggiàre [lat. parl. **candidiāre*, da *candĭdius*, compar. nt. di *căndidus* 'bianco'. Nel lat. tardo esiste *candidāre* 'rendere bianco'. V. *candido*] v. tr. (*io candéggio*) • Sottoporre a candeggio tessuti, filati, carta e sim. prima di tingerli o per metterli in commercio allo stato bianco.

candeggiatóre s. m. • Addetto a operazioni di candeggio.

candeggìna s. f. • Soluzione diluita di ipoclorito sodico, usata nel candeggio domestico. SIN. Varechina.

candéggio [da *candeggiare*] s. m. *1* Operazione di decolorazione cui vengono sottoposti spec. i filati o i tessuti. SIN. Sbianca | Imbianchimento: *il c. della carta.* *2* Nel bucato domestico, eliminazione del colore giallognolo e di macchie residue dalla biancheria mediante l'uso di candeggianti.

candéla [lat. *candēla(m)*, da *candēre* 'risplendere, brillare'] s. f. *1* Cilindro di cera, stearina, sego e sim. munito di stoppino nel mezzo che si accende per illuminare: *accendere, spegnere una c.*; *cenare, leggere a lume di c.* | *C. vergine*, mai accesa | *Struggersi come una c.*, dimagrire per malattia e sim. | *Accendere una c. a un santo*, per ringraziamento di una grazia ricevuta | *Accendere una c. a qc.*, (*fig.*) essergli infinitamente grato | (*fig.*) *Ridurre qc. alla c.*, a completa rovina | *Tenere la c.*, (*fig.*) favorire una relazione amorosa con la propria presenza | (*fig.*) *Non valere la c.*, non valer la pena | *Essere alla c.*, (*fig.*) vicino alla morte | *Faccia da c.*, deperita, consunta | *Mostrare q.c. a lume di c.*, di sfuggita, perché appaia migliore di quanto non sia | (*fam.*) *Avere la c. al naso*, avere il naso sporco di moccio. SIN. Cera, moccolo. *2* (*fis.*) Unità di misura dell'intensità luminosa nel Sistema Internazionale, definita come l'intensità luminosa in una data direzione di una sorgente che emette una radiazione monocromatica di frequenza $540 \cdot 10^{12}$ hertz e la cui intensità energetica in tale direzione è pari a 1/683 watt/steradiante: *lampadina da 60 candele.* SIMB. cd. *3* (*mecc.*) Organo, a forma cilindrica, avvitato nella parete della camera di combustione dei motori a scoppio, in cui scoccano le scintille per l'accensione della miscela d'aria e carburante. *4* (*sport*) *A c.*, a perpendicolo: *calciare, mandare, tirare la palla a c.*; *sparare a c.*; *volo a c.* || **candelétta**, dim. (V.) | **candelìna**, dim. (V.) | **candelìno**, dim. m. | **candelóna**, accr. | **candelóne**, accr. m. | **candelòtto**, accr. m. (V.) | **candelùccia**, **candelùzza**, dim.

candelàbra s. f. • Composizione ornamentale, a rilievo o dipinta, che richiama la forma di un candelabro stilizzato, usata nell'arte classica e rinascimentale per decorare spec. pilastri, stipiti, lesene e sim. SIN. Candeliera.

candelàbro [vc. dotta, lat. *candelābru(m)*, da *candēla* 'candela'] s. m. *1* Anticamente, sostegno di forma diversa atto a reggere una candela, una fiaccola, un lume a olio e sim. | Grande candeliere ornamentale a due o più bracci. *2* (*agr.*) *A c.*, detto di forma obbligata di allevamento di alcune piante da frutto.

candelàggio s. m. • (*fis.*) Misura, in candele, dell'intensità luminosa di una lampada.

†**candelàio** s. m. (f. *-a* nel sign. 1) *1* Chi fabbrica o vende candele. *2* Candeliere.

candelétta s. f. *1* Dim. di *candela.* *2* *C. medicata*, cilindretto di glicerina solidificata o di burro di cacao fusibili alla temperatura del corpo, contenente sostanze medicamentose, per applicazioni uretrali o vaginali. *3* (*mar.*) Candelizza, frascone.

candelièra s. f. • Candelabra.

candelière [ant. fr. *chandelier.* V. *candela*] s. m. *1* Fusto di legno, metallo, vetro o ceramica, con piede, usato per reggere una o più candele: *c. di chiesa, per altare, da pianoforte* | *Essere sul c.*, (*fig.*) molto in vista | *Cercare guai col c.*, attirarseli addosso | *Mettere qc. sul c.*, (*fig.*) tenerlo in grande stima | *Ardere il c.*, essere in grande povertà | *Reggere il c.*, (*fig.*) assistere agli amori altrui favorendoli o a qualche fatto con indifferenza. *2* (*mar.*) Asta metallica verticale per sostenere le tende sul ponte o le ringhiere. || **candelierìno**, dim. | **candelieróne**, accr. | **candelierùccio**, dim.

candelìna s. f. *1* Dim. di *candela.* *2* Ciascuna delle piccole candele che si mettono su una torta per festeggiare un compleanno e che vengono spente con un soffio da chi compie gli anni.

candelìzza [sp. *candeliza*, dim. di *candela* nel sign. 1] s. f. • (*mar.*) Paranco di grande potenza che serve a imbarcare e a sbarcare oggetti di gran peso. SIN. Candeletta.

†**candélo** s. m. • Candela.

Candelòra [lat. mediev. *festum Candelārum* 'festa delle candele'] s. f. • Festa della Purificazione della Madonna che ricorre il 2 febbraio, nella quale si benedicono le candele.

candelòtto s. m. *1* Accr. di *candela*. *2* Candela piuttosto corta e grossa per lumiere, candelabri e sim. | Candela per le processioni. *3* *C. fumogeno*, artifizio che produce grandi quantità di nebbia artificiale | *C. lacrimogeno*, artifizio che sprigiona gas lacrimogeni. *4* (*spec. al pl.*) Specie di cannelloni. *5* (*dial.*) Ghiacciolo.

†**candènte** [vc. dotta, lat. *candĕnte(m)*, part. pres. di *candēre* 'essere bianco, abbagliante, incandescente'] agg. • (*lett.*) Rilucente, abbagliante: *su' ghiacciai candenti* (CARDUCCI).

càndida [dal lat. *căndidu(m)* 'splendente'] s. f. • (*bot.*) Genere di funghi imperfetti (*Candida*) di cui alcune specie sono ospiti abituali delle mucose e della cute degli animali e dell'uomo.

candidàre [ricavato da *candidato*] **A** v. tr. (*io càndido*) • Presentare, proporre come candidato a una carica o a un ufficio, spec. elettivi, sia pubblici che privati. **B** v. rifl. • Presentarsi, proporsi come candidato a una carica o a un ufficio, spec. elettivi, sia pubblici che privati: *non intendo candidarmi per il vostro partito*.

candidàto [vc. dotta, lat. *candidātu(m)* 'vestito di bianco', da *căndidus* 'bianco', detto così perché, nell'antica Roma, chi poneva la propria candidatura a una carica pubblica indossava una toga bianchissima] **A** s. m. (f. *-a*) *1* Persona che ha posto, o di cui è stata posta, la candidatura a una carica o a un ufficio: *i candidati del Partito Liberale Italiano*; *c. alle elezioni amministrative*; *ci sono tre candidati alla carica di amministratore delegato*. *2* Chi si presenta a un concorso o a sostenere un esame: *i candidati all'esame di maturità*; *le candidate a un concorso di bellezza*. **B** agg. • (*lett.*) Vestito di bianco | (*est.*) Puro.

candidatùra s. f. • Proposta, presentazione di una persona, fatta da lei stessa o da altri, perché sia scelta a coprire una carica o un ufficio, spec. elettivi, sia pubblici che privati: *avanzare, sostenere, ritirare una c.*

candid camera /ingl. 'kændid 'kæmərə/ [vc. ingl. comp. di *candid* 'spontaneo' e *camera* 'cinepresa, telecamera'] loc. sost. f. inv. • Genere di spettacolo televisivo e cinematografico realizzato mediante la ripresa di fatti ed episodi della vita quotidiana all'insaputa delle persone che in questi agiscono, determinando particolari effetti di comica imprevedibilità.

candidézza s. f. *1* Qualità di ciò che è candido: *la c. dei lenzuoli lavati*. SIN. Candore. *2* (*raro, fig.*) Schiettezza, purezza: *il cui stile ha ... una semplicità e una c. sua propria* (LEOPARDI). *3* (*fig.*) Innocenza. SIN. Candore.

candidiaṣi s. f. • (*med.*) Candidosi.

càndido [vc. dotta, lat. *căndidu(m)*, da *candēre* 'risplendere, brillare'] **A** agg. *1* Che ha un colore bianco puro e luminoso: *mostravano ignude le candidissime braccia* (SANNAZARO). SIN. Immacolato. *2* (*poet.*) Lucente, splendente: *candidi soli e riso di tramonti* (CARDUCCI). *3* (*fig.*) Innocente, sincero: *cuore c.*; *anima, coscienza candida*; *candide parole* | Che ha un animo puro, semplice, ingenuo: *ragazzo, uomo c.* || **candidaménte**, avv. In modo candido; (*fig.*) con sincerità, con schiettezza: *rispondere, osservare, confessare candidamente*. **B** s. m. • (*raro, lett.*) Candore. || **candidétto**, dim.

candidòṣi [comp. di *candida* e del suff. *-osi*] s. f. • (*med.*) Infezione della pelle e delle mucose caratterizzata da macchie biancastre causata da funghi del genere *Candida*. SIN. Candidiasi, moniliasi.

candiòtto o **candiòta** o **candiòto A** agg. • Della città greca di Candia. **B** s. m. (f. *-a*) • Abitante, nativo di Candia.

candire (1) [vc. dotta, lat. *candēre*. Cfr. *candido*] v. tr. (*io candìsco, tu candìsci*) • (*raro, lett.*) Imbiancare.

candire (2) [ar. *qandī* 'succo di canna da zucchero condensato'] v. tr. (*io candìsco, tu candìsci*) • Preparare frutta per immersione e cottura in successivi sciroppi concentrati in modo da permearla e rivestirla di zucchero.

candìto A part. pass. di *candire* (2); anche agg. • Nel sign. del v. **B** s. m. • Frutto candito: *guarnire un dolce coi canditi*.

canditóre s. m. • Apparecchio per candire la frutta.

canditùra s. f. • Operazione del candire.

candóre [vc. dotta, lat. *candōre(m)*, da *candēre*. Cfr. *candido*] s. m. *1* Bianchezza intensa e splendente: *il c. di un abito nuziale*; *il c. delle divine membra* (FOSCOLO). SIN. Biancore. *2* (*fig.*) Innocenza, semplicità: *il c. dei suoi sentimenti*. SIN. Ingenuità, purezza. *3* Purezza e proprietà di stile: *un c. che rasenta il calligrafismo*.

càne (1) [lat. *cāne(m)*, di origine indeur.] **A** s. m. (f. *cagna* (V.)) *1* Mammifero domestico dei Carnivori, onnivoro, con odorato eccellente, pelame folto di vario colore, pupilla rotonda, dimensioni, forma del muso e attitudini variabili secondo la razza (*Canis canis*): *c. da guardia, da caccia, da gregge, da ferma, da riporto, da corsa, da combattimento, da compagnia, da soccorso, da difesa, da tana* | *C. lupo*, pastore tedesco | *C. guida*, addestrato per l'accompagnamento dei ciechi | *C. poliziotto*, addestrato per coadiuvare i reparti di polizia nella ricerca, l'inseguimento e l'immobilizzazione di malfattori | *C. delle praterie*, cinomio | *C. da pagliaio*, che guarda le case dei contadini, di poco valore e bastardo; (*fig.*) persona che si dimostra più coraggiosa a parole che a fatti | *Menar il can per l'aia*, (*fig.*) tirare in lungo q.c. per guadagnare tempo | *Stare come c. e gatto*, (*fig.*) sempre in disaccordo | *Trattare qc. come un c.*, in modo brutale | *Mangiare, dormire come un c.*, male | *Lavorare da c.*, (*fig.*) duramente | *Vita da c.*, (*fig.*) insopportabile | *Stare come il c. alla catena*, (*fig.*) sentirsi costretto | *Tempo da cani*, molto cattivo | *Cose da cani, fatte da c.*, di cattiva qualità o fatte male | *Non trovare un c.*, nessuno | *Sentirsi come un c. bastonato*, avvilito, umiliato | *Raro come i cani gialli*, (*fig.*) insolito, difficile a trovarsi | *Voler drizzare le gambe ai cani*, (*fig.*) tentare l'impossibile | (*fig.*) *Darsi ai cani*, disperarsi | (*raro, fig.*) *Fare spiritare i cani*, spaventare | *Solo come un c.*, *morire solo come un c.*, completamente solo, e in circostanze tristi e drammatiche | *C. sciolto*, (*fig.*) chi opera politicamente svincolato da qualsiasi organizzazione | (*fig.*) *Colore di can che fugge*, incerto, sbiadito. *2* (*fig.*) Persona crudele, iraconda, avara: *si è comportato da c.* | *Fare il c.*, dimostrarsi spietato | (*lett.*) *C. grosso*, personaggio potente. *3* (*fig.*) Persona assolutamente incapace nel proprio lavoro, spec. attore o cantante. *4* (*fig., spreg.*) Persona vile, abbietta, spec. in loc. inter.: *ah, c.!*; *tacete, cani!*; *figlio di c.!* | †Designazione ingiuriosa di persona professante un'altra religione, spec. fra cristiani, ebrei e musulmani: *c. d'infedele*. *5* Parte del meccanismo di un'arma da fuoco che, scattando, provoca l'accensione della carica di lancio. *6* (*falegnameria*) Blocchetto di legno duro o metallo che, nelle mortase del banco da falegname, serve da appoggio e impedisce lo spostamento orizzontale del pezzo in lavorazione. **B** in funzione di agg. inv. (posposto a un s.) *1* (*pop.*) Cattivo, tristo, spec. in loc. inter.: *mondo c.!* *2* (*pop.*) Forte, intenso, nelle loc. *freddo, fame c.* e sim || PROV. Can che abbaia non morde; cane non mangia cane; il cane scottato dall'acqua calda ha paura della fredda. || **cagnàccio**, **cagnàzzo**, pegg. (V.) | **cagnettàccio**, dim. | **cagnettino**, dim. | **cagnétto**, dim. (V.) | **cagnino**, dim. | **cagnolétto**, dim. | **cagnolinétto**, dim. | **cagnolino**, dim. | **cagnòlo**, **caguuòlo**, dim. | **cagnolóne**, dim. | **cagnóne**, accr. | **cagnòtto**, dim. (V.) | **cagnùccio**, **cagnùzzo**, dim. | **cagnucciòlo**, dim. | **cagnóne**, accr. | **canino**, dim.

càne (2) s. m. • Adattamento di *khan* (V.).

canèa [da *cane* (1)] s. f. *1* Urlo rabbioso insistente dei cani da séguito dietro al selvatico in fuga | (*est.*) Muta di cani | (*est.*) Gruppo di persone che gridano, schiamazzano e sim.: *la c. degli inseguitori*. *2* (*fig.*) Clamorosa reazione della critica e della pubblica opinione nei confronti di uno spettacolo o di un avvenimento: *la c. dei critici e dei giornalisti e dei professori* (CARDUCCI). *3* (*est., fig.*) Confusione, schiamazzo.

canèderlo o (*raro*) **canèdolo** [dal ted. *Knödel* 'gnocco' (di origine germ.)] s. m. • (*dial., spec. al pl.*) Preparazione gastronomica consistente in una specie di grossi gnocchi di forma rotonda, fatti di pane e carne e cotti nel brodo, specialità del Trentino e dell'Alto Adige.

canèfora [vc. dotta, lat. *canēphora(m)*, nom. *canēphora*, dal gr. *kanēphóros*, comp. di *káneon* 'cestello' e *-foro*] s. f. *1* Fanciulla che, in alcune cerimonie religiose della Grecia antica, portava sulla testa un canestro con offerte e oggetti rituali. *2* (*archeol.*) Cariatide che reca un cesto sul capo.

canerino • V. *canarino*.

canésca o **cagnésca** [vc. di origine dial. (nap.), comp. di *cane* (1) col suff. dim. di origine gr. *-isco* al f.] s. f. • Squalo lungo da uno a due metri, col dorso grigio e il ventre bianco, comune lungo le coste anche del Mediterraneo (*Galeo canis*). SIN. Galeo.

canèstra [da *canestro* (1)] s. f. *1* Paniere di vimini con sponde basse, di solito a due manici. *2* Sorta di carrozza leggera, la cui cassetta è fatta di vimini. || **canestràccia**, pegg. | **canestrèlla**, dim. | **canestrina**, dim.

canestràio s. m. (f. *-a*) • Chi fa o vende canestri.

canestràta s. f. • Quantità di roba che può essere contenuta in un canestro.

canestràto [sic. *ncannistratu*, da *cannistru* 'canestro', perché viene riposto in cestelle di vimini] s. m. • Formaggio duro, piccante, simile al pecorino, tipico della Sicilia.

canestrèllo [vc. genov. che significa 'radancia' e 'ciambella'] s. m. • (*mar., spec. al pl.*) Cerchiello di metallo, legno o corda, che serve ad attaccare, reggere o condurre un oggetto o manovra nella direzione della guida.

canèstro (1) [lat. *canĭstru(m)*, dal gr. *kánastron*, prob. da *kánna* 'canna'] s. m. *1* Recipiente con o senza manico, realizzato con listelli di legno sfogliato, vimini intrecciati, fili o nastri di materia plastica, impiegato nel confezionamento di fiori, primizie, piccole piante ornamentali | Il contenuto di tale recipiente: *un c. di frutta*. SIN. Cesta, paniere. *2* Nella pallacanestro, cerchio di ferro con reticella tronco-conica fissato a un tabellone, attraverso cui si deve far passare la palla per segnare un punto | (*est.*) Punto segnato in tale modo: *realizzare un c.*; *fare un c.* SIN. Cesto. || **canestràccio**, pegg. | **canestrèllo**, dim. | **canestrétto**, dim. | **canestrino**, dim. | **canestrùccio**, dim.

canèstro (2) [ted. *Kanister*, dal lat. *canĭstru(m)* 'canestro (1)'] s. m. • Adattamento di *canister* (V.).

càneva • V. *canova*.

†**canevàccio** • V. *canovaccio*.

cànfora [ar. *kâfûr*] s. f. • (*chim.*) Chetone bianco translucido di odore penetrante, ottenuto per distillazione del legno del canforo, ma soprattutto per sintesi, usato in medicina e come plastificante | Ciascuno dei vari composti ossigenati derivati dagli idrocarburi terpenici simili, per proprietà, alla canfora.

canforàceo agg. • Di odore simile a quello della canfora.

canforàre v. tr. • Trattare con, o impregnare di, canfora.

canforàto A s. m. • Sale o estere dell'acido canforico. **B** agg. • Che contiene canfora | *Olio, spirito c.*, mescolato con canfora, impiegato per uso esterno come antisettico, rubefacente e analgesico.

canfòrico agg. (pl. m. *-ci*) • Relativo alla, derivato dalla, canfora: *acido c.*

cànforo s. m. • Grande albero sempreverde delle Lauracee con foglie ovali odorose, fiori piccoli gialli in pannocchie ascellari e frutto a drupa (*Cinnamomum camphora*).

cànga (1) o **càngia** [ar. *qanğa*] s. f. • Barca leggera a vela e a remo, per viaggiatori, in uso sul Nilo.

cànga (2) [port. *canga*, d'origine orientale] s. f. • Anticamente, tavola quadrata che, nei paesi orientali, veniva fissata al collo del condannato e non gli permetteva di nutrirsi da solo né di riposare.

cangévole [da *cangiare*] agg. • (*lett.*) Che cambia, mutevole.

cangiàbile agg. • (*lett.*) Che cambia facilmente | Che può cambiare.

cangiaménto s. m. • (*lett.*) Cambiamento.

cangiànte A part. pres. di *cangiare*; anche agg.

1 Nei sign. del v. *2* Di ciò che cambia colore a seconda dell'angolo da cui è osservato: *tessuto, seta c.* **B** s. m. ● Colore cangiante | Tessuto di colore cangiante.

cangiàre [ant. fr. *changer*, dal lat. tardo *cambiāre* 'cambiare'] **A** v. tr. (*io càngio*) ● (*lett.*) Cambiare: *chi ha cangiata mia dolcezza in tòsco?* (ARIOSTO). **B** v. intr. (aus. *avere* e *essere*) ● (*lett.*) Mutare | *C. di colore*, (*fig.*) impallidire. **C** v. intr. pron. ● (*lett.*) Trasformarsi | *Cangiarsi in statua di sale*, (*fig.*) rimanere impietrito.

†**càngio** [da *cangiare*] s. m. *1* Colore cangiante. *2* Cambio.

†**cangrèna** ● V. *cancrena*.

cangùro [australiano *kānguru* 'quadrupede', prob. attrav. il fr. o l'ingl.] s. m. ● Mammifero australiano dei Marsupiali con arti posteriori sviluppatissimi atti al salto e coda robusta, la cui femmina è dotata di un marsupio ventrale a borsa in cui la prole completa il suo sviluppo (*Macropus*).

canìccio ● V. *canniccio*.

canìcola [vc. dotta, lat. *canīcula(m)* 'cagnolino', dim. di *cănis* 'cane (1)', che anticamente designava Sirio, la stella più brillante della costellazione del Cane, che in agosto sorge assieme al Sole] s. f. ● Periodo più caldo dell'estate | (*est.*) Grande caldo: *la c. estiva*.

canicolàre o (*lett.*) **caniculàre** agg. ● Di canicola: *giornata c.* | (*est.*) Estremamente caldo: *agosto c.*

Cànidi [vc. dotta, comp. di *cane (1)* e *-idi*] s. m. pl. ● Nella tassonomia animale, famiglia di Mammiferi carnivori, con zampe fornite di unghie non retrattili, testa allungata, udito e olfatto molto acuti (*Canidae*) | (al sing. *-e*) Ogni individuo di tale famiglia.

canìle [lat. parl. **canile*, da *cănis* 'cane (1)'] **A** s. m. *1* Casotto con cuccia per cani. *2* Luogo dove si custodiscono o allevano cani. *3* (*fig.*) Stanza o letto sporco e miserabile. **B** agg. ● †Canino.

canìno [lat. *canīnu(m)*, da *cănis* 'cane (1)'] **A** agg. ● Di, da cane: *mostra canina* | *Fame, rabbia canina*, (*fig.*) molto forte | *Mosca canina*, molesta | (*fig.*) *Tosse canina*, pertosse | (*bot.*) *Rosa canina*, rosa di bosco | (*anat.*) *Dente c.*, terzo dente superiore e inferiore, subito a lato degli incisivi. || **caninaménte**, avv. Alla maniera dei cani. **B** s. m. ● Dente canino: *gli hanno estratto un c.* ➡ ILL. p. 367 ANATOMIA UMANA.

canister /*ingl.* 'kænistə*/ [vc. ingl., stessa etim. dell'it. *canestro (2)*] s. m. inv. ● Piccolo bidone, spec. di plastica, usato per contenere benzina o altri liquidi.

canìzie [vc. dotta, lat. *canĭtie(m)*, da *cānus* 'bianco, canuto'. V. †*cano*] s. f. inv. *1* Progressivo scolorimento dei peli per scomparsa del pigmento melanico: *in attesa che la c. venisse a imbiancare le loro barbe bionde* (CALVINO) | Imbiancamento dei capelli. *2* (*est.*) Chioma bianca. *3* (*fig.*) Età avanzata e degna di rispetto: *adorna la c. / di liete voglie sante* (MANZONI). SIN. Vecchiaia.

canìzza [da *cane (1)*] s. f. *1* L'abbaiare rabbioso di una muta di cani che insegue la preda. SIN. Canea. *2* (*fig.*) Rumore, gazzarra, chiasso.

cànna [lat. *cănna(m)*, nom. *cănna*, dal gr. *kánna*, di origine assiro-babilonese] s. f. *1* Pianta erbacea perenne delle Graminacee con fusto alto e robusto, silicizzato e resistente, rizoma sotterraneo, foglie a lamina larga e piatta, grandi infiorescenze a pannocchia costituite da spighette mosse dal minimo alito di vento (*Arundo donax*) | *C. di palude*, pianta erbacea delle Graminacee, con fiori in pannocchie scure (*Phragmites communis*). SIN. Cannuccia | *C. d'India*, pianta della famiglia delle palme, i cui fusti lunghi e sottili servono per produrre stuoie, intrecci, bastoni da passeggio e sim. (*Calamus rotang*) | *C. indica*, pianta erbacea ornamentale delle Cannacee, con foglie lunghe (*Canna indica*) | *C. da zucchero*, pianta erbacea delle Graminacee con rizoma perenne e fusto internamente ripieno di un tessuto zuccherino (*Saccharum officinarum*) | (*est.*) Culmo robusto e flessibile, internamente vuoto | *Essere come una c. al vento*, essere di carattere debole e influenzabile | *Tremare come una c.*, violentemente | (*fig.*) *Povero in c.*, molto povero | *C. fessa*, (*fig.*) persona debole, dappoco. *2* (*est.*) Bastone, pertica, fatta di canna o sim., che serve a vari usi: *c. da passeggio* | *Giocare a c.*, al bersaglio con canne appuntite | *C. da pesca*, di vari materiali flessibili, spec. di bambù, composta da un'impugnatura, un fusto e un cimino. *3* (*per anton.*) Canna da pesca | (*est., fig.*) Pescatore: *lassù si sono radunate tutte le canne della regione*. ➡ ILL. **pesca**. *4* (*est., fig.*) Strumento, oggetto, organo e sim. che per la forma assomiglia a una canna | Nel telaio della bicicletta da uomo, tubo che va dalla sella al manubrio: *portare qc. in c.* | *C. metrica*, asta graduata intera o scomponibile, per misurare piccole distanze | *C. da vetraio*, bacchetta di ferro, forata, usata per soffiare il vetro attinto dal crogiolo | †*C. del polmone*, trachea | †Gola, esofago. *5* Antica misura di lunghezza, con valore compreso tra i due e i tre metri: *c. lineare, metrica, quadra* | (*fig.*) *Misurare tutto con la propria c.*, (*fig.*) secondo il proprio metro di giudizio | *Gli uomini non si misurano a canne*, (*fig.*) non si valutano dall'aspetto | *Lavorare a un tanto la c.*, a cottimo. *6* Parte essenziale delle armi da fuoco, costituita da un tubo di metallo chiuso a una estremità, ove è posta la carica per lanciare il proiettile nella direzione voluta. *7* (*mus.*) Tubo di varie misure, negli strumenti a fiato o negli organi | (*fig., poet.*) Zampogna: *dando spirto alle sonore canne / chiamò il suo gregge* (ARIOSTO). *8* *C. fumaria*, parte del camino costituita da un condotto di laterizio o cemento-amianto in cui sono convogliati i fumi. *9* (*gerg.*) Sigaretta di marijuana o hascisc: *farsi una c.* SIN. Spinello. || **cannèlla**, dim. (V.) | **cannèllo**, dim. (V.) | **cannétta**, dim. (V.) | **cannùccia**, **cannùzza**, dim. (V.).

Cannabàcee [vc. dotta, comp. del gr. *kánnabis* 'canapa' e di *-acee*] s. f. pl. ● Nella tassonomia vegetale, famiglia di piante delle Dicotiledoni comprendente specie con fiori dioici e frutto ad achenio, cui appartengono la canapa e il luppolo (*Cannabaceae*) | (al sing. *-a*) Ogni individuo di tale famiglia. ➡ ILL. **piante** /2.

cannabìna [dal gr. *kánnabis* 'canapa' (vc. di origine orient.)] s. f. ● (*chim.*) Alcaloide derivato dalla canapa indiana usato come ipnotico o sedativo.

cannabinòlo [comp. di *cannabin(a)* e *-olo (2)*] s. m. ● (*chim.*) Olio incolore, che costituisce una delle sostanze stupefacenti presenti nei derivati della canapa indiana come la marijuana e l'hascisc.

cannabìsmo [dal gr. *kánnabis* 'canapa'] s. m. ● (*med.*) Intossicazione cronica da canapa indiana.

Cannàcee [comp. di *canna* e *-acee*] s. f. pl. ● Nella tassonomia vegetale, famiglia di piante erbacee delle Scitaminee con foglie lunghe e fiori in racemi o in pannocchie terminali (*Cannaceae*) | (al sing. *-a*) Ogni individuo di tale famiglia. ➡ ILL. **piante** /10.

cannàio [lat. **cannāriu(m)*, da *cănna* 'canna'] s. m. *1* Ampio graticcio sul quale si seccano le frutta | Recipiente di canne intrecciate per tenervi il grano e sim. *2* Arnese di legno a guisa di panca, con cavità in cui gli orditori ripongono i gomitoli. *3* Strumento per catturare i pesci. *4* Chiusa di canne nei fiumi.

cannaiòla [da *cannaio* nel sign. 4] s. f. ● Uccello dei Passeriformi dal piumaggio bruno olivastro superiormente e bianco inferiormente, che nidifica nei canneti (*Acrocephalus scirpaceus*).

cannalàdra [comp. di *canna* e il f. di *ladro*] s. f. ● Pertica con cesoie a un'estremità, per potare alberi o cogliere frutta.

†**cannamèle** [lat. **cănna(m) mĕllis* 'canna del miele'] s. f. ● (*lett.*) Canna da zucchero.

cannàre [etim. incerta] **A** v. tr. ● (*gerg.*) Sbagliare grossolanamente, fallire: *ho cannato il compito in classe* | Respingere, bocciare: *all'esame lo hanno cannato*. **B** v. intr. (aus. *avere*) ● (*gerg.*) Non riuscire in una prova, fallire.

cannàta s. f. *1* (*raro*) Colpo dato con una canna. *2* Graticcio di canne.

canneggiàre **A** v. intr. (*io cannéggio*) ● †Giostrare con aste, con picche. **B** v. tr. ● Misurare il terreno con la canna metrica.

canneggiatóre [da *canneggiare*] s. m. (f. *-trice*) ● Tecnico addetto alla misurazione di terreni, tracciati stradali e sim.

cannéggio s. m. ● Misurazione eseguita con la canna usata come unità di misura.

cannèlla (1) s. f. *1* Dim. di *canna*. *2* Parte finale di una conduttura d'acqua a cui spesso è collegato un rubinetto. *3* Corto tubo di legno con o senza rubinetto, che si innesta nel foro della botte per spillare il vino: *mettere la c. alla botte*. ➡ ILL. **vino**. || **cannellétta**, dim. | **cannellìna**, dim.

cannèlla (2) [dal precedente, per la forma] **A** s. f. *1* Albero delle Lauracee con foglie persistenti coriacee glabre, fiori piccoli bianco giallastri in pannocchie, frutto a drupa e corteccia aromatica (*Cinnamomum zeylanicum*). ➡ ILL. **spezie**. *2* Scorza interna, assai aromatica, della pianta omonima, usata come droga in cucina. **B** in funzione di agg. inv. ● (posposto a un s.) Che ha il colore giallo bruno molto caldo caratteristico della corteccia omonima: *un vestito c.*; *una stoffa color c.*

†**cannellàto (1)** [da *cannella (2)*] agg. ● Che è proprio della cannella: *aroma c.*

cannellàto (2) [da *cannello*, per l'aspetto] **A** s. m. ● Tessuto a coste piuttosto distanziate e vistose. **B** anche agg.: *tessuto c.*

cannellétto s. m. *1* Dim. di *cannello*. *2* Beccuccio di vaso a forma di cannello.

cannellìno [etim. incerta: forse dal gusto che ricorda quello della *cannella*] s. m. *1* Vino bianco dolce dei Castelli Romani. *2* (*al pl.*) Tipo di fagioli bianchi e piccoli.

cannèllo s. m. *1* Dim. di *canna*. *2* Pezzo di canna aperto ai due lati e tagliato fra un nodo e l'altro | Fusto della canapa. *3* (*est.*) Cilindretto forato di vario materiale e per vari usi: *c. di vetro* | Asticciola della penna da scrivere | †Parte vuota della penna d'oca. *4* Dispositivo costituito da due tubi concentrici, alla cui estremità avviene un miscuglio di gas, che produce fiamma molto calda, usato per saldare e tagliare i metalli: *c. ossidrico, ossiacetilenico* | *C. per saldare*, piccolo tubo ricurvo da un lato, usato per mandare col soffio la fiamma sul lavoro che si vuole saldare. *5* Frammento di materiale, di forma cilindrica e non forato: *un c. di zucchero*. *6* Nei cannoni ad avancarica, tubetto contenente la miscela per accendere la carica. *7* (*tess.*) Rocchetto messo nella spola dopo avervi avvolto una certa quantità di filo della trama. *8* (*zool.*) Cappalunga. *9* Asticciola della chiave che reca a un estremo la mappa. || **cannellétto**, dim. (V.) | **cannellìno**, dim. (V.) | **cannellóne**, accr. (V.).

cannellóne s. m. *1* Accr. di *cannello*. *2* (*spec. al pl.*) Involto cilindrico di pasta all'uovo farcito con un ripieno e cotto al forno.

†**cannerèllo** [da *canna*] s. m. ● Canapule.

canneté /kane'te/ [dal fr. *canne* 'canna', per la forma (è un falso francesismo)] **A** s. m. inv. ● Tessuto con sottili coste in rilievo. **B** anche agg.: *nastro c.*

cannéto [lat. tardo *cannētu(m)*, da *cănna* 'canna'] s. m. *1* Terreno in cui crescono vari tipi di canne | Terreno piantato con canna comune | (*fig.*) *Fare il diavolo nel c.*, fare fracasso. *2* (*pesca*) Tramaglio disposto sull'acqua in senso orizzontale e munito di canne distanti un metro l'una dall'altra.

cannétta s. f. *1* Dim. di *canna*. *2* (*sett.*) Asticciuola della penna. *3* Bastoncino elegante da passeggio. *4* Ferro usato per stirare balze a pieghettature minute.

cannettàto [italianizzazione di *canneté* (V.)] s. m.; anche agg. ● Canneté.

cannìbale [sp. *caníbal*, alterazione di *caribal*, a sua volta da *caribe*, parola della lingua dei *Caraibi* (o *Caribi*), che significa 'ardito' e passa poi a denominare il popolo stesso] s. m. e f. *1* Antropofago. *2* (*fig.*) Uomo crudele e feroce.

cannibalésco agg. (pl. m. *-schi*) ● Di, da cannibale (*anche fig.*): *usanze cannibalesche*; *crudeltà cannibalesca*.

cannibàlico agg. (pl. m. *-ci*) ● Di, da cannibale.

cannibalìsmo [fr. *cannibalisme*, da *cannibale* 'cannibale'] s. m. *1* Antropofagia. *2* (*fig.*) Crudeltà disumana. SIN. Barbarie. *3* (*biol.*) Assimilazione e distruzione di una cellula a opera di un'altra. *4* (*zool.*) Pratica alimentare a spese di individui della stessa specie.

cannibalizzàre [ingl. *to cannibalize*: deriv. di *cannibal* 'cannibale', in uso scherz. (?)] v. tr. *1* Prelevare elementi da un aereo, autoveicolo, reparto militare, complesso inefficiente e sim. per impiegarli in altro quando manchino le scorte: *c. un ae-*

reo, un reparto. **2** (*org. az.*) Impadronirsi, con un nuovo prodotto, di quote di mercato appartenenti a prodotti analoghi.

cannibalizzazióne s. f. • Atto, effetto del cannibalizzare.

†**cannìcchio** [da *canna*] s. m. • Incamiciatura in pietra di fornace.

cannicciàia s. f. • Stuoia di cannucce per seccare castagne, fichi e sim.

cannicciàta s. f. **1** Palizzata di cannicci usata come difesa dal vento in orti e giardini. **2** Quantità di roba che sta su un canniccio.

cannìccio o **canìccio** [lat. tardo *cannīciu(m)*, da *cănna* 'canna'] s. m. **1** Stuoia di canne palustri usata per proteggere colture dalle avversità atmosferiche o come riparo in genere: *chiudere la finestra con cannicci.* **2** Graticcio su cui si allevano i bachi da seta o si secca la frutta. **3** Decorazione simile a un graticcio, caratteristica di mobili di stile neoclassico.

cannìsta s. m. e f. (pl. m. *-i*) • Chi esercita la pesca spec. sportiva con la canna.

cannòcchia • V. *canocchia (2).*

cannocchiàle o (*pop.*) **canocchiàle** [comp. di *canna* e *occhiale*] s. m. • Strumento ottico, composto essenzialmente da un obiettivo e da un oculare, che serve per osservare oggetti lontani e per vederli ingranditi | *Fucile a c.*, con un cannocchiale montato sulla canna per tiri di precisione | *C. astronomico*, correntemente, telescopio rifrattore | (*est.*) *A c.*, detto di strumento costituito da tubi rientranti uno nell'altro. || **cannocchialétto**, dim. | **cannocchialino**, dim.

cannòcchio o **canòcchio** [da *canna*] s. m. **1** Barbocchio. **2** Tutolo della pannocchia.

cannolìcchio [da *canna*] s. m. **1** (*zool., dial.*) Cappalunga. **2** (*spec. al pl.*) Pasta da minestra, corta e forata.

cannòlo [siciliano *cannolu*, da *canna*] s. m. **1** Pasta dolce a forma cilindrica cotta al forno e farcita con un composto di ricotta, zucchero, dadini di frutti canditi, cioccolato e pistacchi, specialità siciliana. **2** Pasta sfoglia a forma cilindrica, cotta al forno e farcita di crema o panna. SIN. Cannoncino.

cannonàta [da *cannone*] s. f. **1** Colpo di cannone | (*est.*) Rimbombo dello sparo di cannone | *Non lo svegliano neanche le cannonate*, di chi ha il sonno durissimo. **2** (*fig.*) Fandonia, vanteria esagerata | (*est.*) Avvenimento o spettacolo eccezionale: *quel film è una c.* **3** (*fig.*) Nel calcio, forte tiro in porta con traiettoria tesa. **4** †Serie di tubi o condotti.

cannonàu • V. *canonau.*

cannoncìno s. m. **1** Dim. di *cannone.* **2** Cannone leggero, di piccolo calibro, montato su veicoli, mezzi corazzati e sim., o utilizzato, per la facilità di spostamento, spec. per tiro anticarro. **3** Piccola piega a rilievo in vestiti o camicette femminili. **4** Pasta dolce a forma cilindrica, ripiena di crema all'uovo o di panna.

cannóne [accr. di *canna*] **A** s. m. **1** Pezzo di artiglieria la cui canna ha lunghezza superiore ai 23 calibri, caratterizzato da grande velocità del proietto, grande gittata, traiettoria tesa che lo rende particolarmente adatto a battere obiettivi verticali: *c. di piccolo, medio, grosso calibro*; *c. anticarro, senza rinculo, navale, antiaereo, atomico* | (*fig., fam.*) *Essere un c.*, essere molto abile in qualche attività, essere un asso | *Carne da c.*, la massa dei soldati in quanto manovrati dall'alto ed esposti cinicamente alla morte | (*est.*) Spingarda da caccia | *C. ad acqua*, idrante impiegato in operazioni di ordine pubblico per disperdere i manifestanti. ➡ ILL. p. 361 ARCHITETTURA. **2** Parte posteriore delle antiche bombarde, che contiene la carica di lancio ed è avvitata o incastrata alla tromba. **3** Nell'armatura antica, ciascuno dei due pezzi tubolari del bracciale a difesa del braccio e dell'avambraccio. **4** Pezzo di canna grossa, attorno al quale si avvolge il filo per tessere. **5** Grosso tubo: *c. dell'acquaio, della stufa*; *circondando poi tal cilindro e corda con un c. pur di legno* (GALILEI). **6** Piega tondeggiante che può essere stirata o fissata solo in alto e lasciata sciolta. **7** Stinco degli equini. **8** *C. elettronico*, struttura meccanica, costituente la parte essenziale di molti dispositivi elettronici, che produce un fascio di elettroni e può defletterlo, metterlo a fuoco e controllarne la posizione e l'intensità. **9** *C. sparaneve, c. d'innevamento*, congegno che scaglia verso l'alto una miscela di acqua e aria; a contatto con l'aria fredda esterna, la miscela si trasforma in neve. **10** Nei finimenti del cavallo, parte trasversale dell'imboccatura che entra nella bocca del cavallo. **B** in funzione di agg. inv. • (posposto a un s.) Abnormemente, enormemente grasso, spec. nella loc. *donna c.* || **cannoncèllo**, dim. | **cannoncino**, dim. (V.).

cannoneggiaménto s. m. • Atto, effetto del cannoneggiare. SIN. Bombardamento.

cannoneggiàre **A** v. tr. (*io cannonéggio*) • Colpire con regolarità e a lungo col fuoco dell'artiglieria: *c. le postazioni nemiche.* SIN. Bombardare. **B** v. intr. (aus. *avere*) • Sparare col cannone.

cannonièra [da *cannone*] s. f. **1** Apertura praticata nei parapetti o nei muri delle opere di fortificazione, per farvi passare la volata dei pezzi d'artiglieria | Portello quadrato o rettangolare aperto sui fianchi delle antiche navi da guerra per il tiro delle artiglierie. ➡ ILL. p. 361 ARCHITETTURA. **2** Nave da guerra di piccolo tonnellaggio, armata con cannoni di piccolo calibro, caratterizzata dal modesto pescaggio | (*fig.*) *Politica delle cannoniere*, quella di intimidazione usata dalle grandi potenze nei confronti dei paesi più deboli.

cannonière s. m. **1** Marinaio addetto ai cannoni di bordo | Artigliere. **2** (*fig.*) Nel calcio, attaccante che segna molti goal: *classifica dei cannonieri.*

cannonissimo [da *cannone*, col suff. *-issimo* dei sup., per indicare l'eccezionalità del personaggio] s. m. • (*scherz.*) Persona valentissima nel suo campo.

cannóso [vc. dotta, lat. tardo *cannōsu(m)*, da *cănna* 'canna'] agg. • (*raro*) Di terreno coperto di canne.

cannotìglia • V. *canutiglia.*

cannòtto [da *canna*] s. m. • Elemento di tubo metallico usato in particolari applicazioni.

cannùccia s. f. (pl. *-ce*) **1** Dim. di *canna.* **2** Piccolo tubo in paglia, plastica o vetro per sorbire bibite | Asticella forata: *c. della pipa.* **3** (*bot.*) Canna di palude. || **cannuccina**, dim.

cànnula [vc. dotta, lat. tardo *cănnula(m)*, dim. di *cănna* 'canna'] s. f. • Strumento allungato, tubolare, usato in medicina per vari scopi.

cannutìglia • V. *canutiglia.*

†**càno** [vc. dotta, lat. *cānu(m)*, di origine indeur.] agg. • Canuto.

canòa [sp. *canoa*, dal caraibico *canaua*] s. f. **1** Imbarcazione leggera, gener. costruita con scorza d'albero o scavata in un tronco, talvolta sostenuta da archetti di legno sulle fiancate, in uso presso diversi popoli primitivi. **2** Imbarcazione veloce, lunga e stretta, a uno, due, quattro vogatori, con e senza timone, mossa da pagaie, per competizioni sportive. || **canoino**, dim. m. (V.).

canòcchia (1) • V. *conocchia.*

canòcchia (2) o (*raro*) **cannòcchia** [da *canna*, per la forma allungata] s. f. • Piccolo crostaceo marino commestibile, di forma allungata e un po' appiattita, di colore roseo e con due macchie violacee all'estremità posteriore del corpo (*Squilla mantis*). SIN. Cicala di mare, pannocchia.

canocchiàle • V. *cannocchiale.*

canòcchio • V. *cannocchio.*

canoìno s. m. **1** Dim. di *canoa.* **2** Tipo di canoa di dimensioni ridotte e molto leggera | Sandolino.

canoìsmo s. m. • Sport del canottaggio su canoa.

canoìsta s. m. e f. (pl. m. *-i*) • Chi pratica il canoismo.

canoìstico agg. (pl. m. *-ci*) • Del canoismo, dei canoisti: *raduno c.*

cañón /*sp.* ka'ɲon, *ingl.* 'kænjən/ [vc. sp., 'canale', da *caño* 'tubo', dal lat. *cănna(m)* 'canna'] s. m. inv. • Valle stretta e profonda originata dall'erosione fluviale su rocce relativamente tenere in regioni aride.

canonàu o **cannonàu**, **canonào** [etim. incerta] s. m. • Vino rosso, di sapore delicato, per fine pasto, tipico del Campidano in Sardegna.

cànone [vc. dotta, lat. *cănone(m)*, nom. *cănon*, dal gr. *kanṓn* 'fusto, bastone dritto e lungo', poi 'regola, norma', da *kánna* 'canna'] s. m. **1** Criterio normativo per un qualsiasi campo di conoscenze o di azioni: *i canoni della ricerca scientifica, della pittura astratta*; *comportarsi secondo i canoni della buona educazione.* SIN. Norma. **2** (*dir.*) Controprestazione in denaro o in altre forme che viene pagata periodicamente: *c. d'abbonamento*; *c. mensile, annuo*; *c. d'affitto, di locazione*; *c. enfiteutico* | *Equo c.*, canone d'affitto stabilito da una apposita legge che disciplina le locazioni degli immobili urbani. **3** Norma giuridica posta o fatta valere dalla Chiesa. **4** Ogni singola disposizione del codice di diritto canonico contrassegnata da un numero progressivo: *commentare il c. dieci.* **5** Catalogo dei libri che, in alcune religioni, sono riconosciuti rivelati, sacri o autentici: *c. buddistico, ebraico, cristiano.* **6** (*relig.*) Nella liturgia cattolica, parte della celebrazione della messa, dal prefazio alla comunione, ora denominata prece eucaristica. **7** Elenco di autori e di opere considerati come modelli da un periodo culturale, una scuola, un genere letterario, e sim. **8** (*mus.*) Rigoroso procedimento compositivo della musica polifonica che consiste nel successivo passaggio della melodia dalla voce che la presenta alle altre singole voci (in totale da due a quattro, o anche più): *c. semplice*; *c. diretto* | Forma che si identifica ed esaurisce nel procedimento: *i canoni di Bach.*

canònica o †**calònaca**, †**calònica** [da *canonico*] s. f. • Abitazione del parroco, gener. attigua alla chiesa.

canonicàle agg. **1** Di, da canonico: *abito c.* **2** (*fig.*) Tranquillo, privo di preoccupazioni: *vita c.*

canonicàto o †**calonacàto**, (*raro*) †**calonicàto**. s. m. **1** Ufficio di canonico, con annessa prebenda. **2** (*fig., scherz.*) Ufficio in cui si lavora poco e si guadagna molto. SIN. Sinecura.

canonicità s. f. • Qualità di ciò che è canonico.

canònico o †**calònaco**, †**calònico** [vc. dotta, lat. tardo *canŏnicu(m)*, nom. *canŏnicus*, dal gr. *kanonikós*, 'conforme alla regola' (detto quindi anche di chi appartiene al clero regolare), da *kanṓn* 'canone'] **A** agg. (pl. m. *-ci*) **1** Che è conforme a un canone prestabilito: *stile c.* | (*est.*) Valido, regolare: *procedimento c.* **2** Attinente o conforme alle leggi della Chiesa: *atto, impedimento, matrimonio c.* | *Diritto c.*, complesso delle norme giuridiche poste e fatte valere dalla Chiesa nel governo dei fedeli e (*est.*) disciplina che studia tali norme. **3** Appartenente al canone delle scritture sacre: *libri canonici.* || **canonicaménte**, avv. **1** Secondo le dovute regole. **2** Secondo i canoni della Chiesa; regolarmente. **B** s. m. **1** Chierico che fa parte di un capitolo regolare o secolare. **2** (*spec. al pl.*) Regolari, monaci viventi in comunità secondo le regole agostiniane. **3** (*fig.*) Persona senza preoccupazioni, che lavora poco e guadagna molto | *Stare da c.*, far vita tranquilla.

canonìsta [da *canone*] s. m. (pl. *-i*) • Esperto o scrittore di questioni attinenti al diritto canonico.

canonizzàre o †**calonizzàre** [vc. dotta, lat. tardo *canonizāre* 'mettere nel numero dei libri canonici', dal gr. *kanonízein*, da *kanṓn* 'canone'] v. tr. **1** Includere un beato nel catalogo dei santi. **2** (*fig.*) Approvare con solennità e autorevolezza, indicare come norma e modello, spec. in campo culturale. **3** Nel diritto canonico, recepire una norma tratta da altro ordinamento giuridico.

canonizzàto part. pass. di *canonizzare*; anche agg. • Nei sign. del v.

canonizzazióne [da *canonizzare*] s. f. • Solenne cerimonia religiosa con cui il Papa dichiara santo un beato.

canòpico agg. (pl. m. *-ci*) • Che si riferisce al canopo.

canòpo [dalla città egiziana di *Canopo*, dove particolarmente si trovavano urne di questo tipo] **A** s. m. • Vaso funerario in uso nell'antico Egitto e in Etruria, raffigurante nella parte superiore una testa umana, spesso destinato a contenere i visceri del defunto. **B** anche agg.: *vaso c.*

canorità s. f. • Qualità di chi, di ciò che è canoro.

canòro [vc. dotta, lat. *canōru(m)*, da *cănor* 'melodia', da *cănere* 'cantare'] agg. **1** Che canta bene, o spesso: *uccelli canori* | (*est.*) Che diffonde suoni, spec. gradevoli, detto di esseri animati o inanimati: *gola canora*; *canore corde* (TASSO). SIN. Canterino, melodioso. **2** (*lett., est.*) Che è caratterizzato da, che è pieno di suoni, spec. melodiosi | (*est., lett.*) Dolce, eloquente, commovente e sim.:

l'onda canora de' sentimenti (DE SANCTIS) | (*est.*, *lett.*, *spreg.*) Vuoto, superficialmente retorico: *canore ciance* (MONTI). || **canoraménte**, avv.

†**canóscere** e *deriv.* • V. *conoscere* e *deriv.*

Canòssa [dal n. del castello di *Canossa*, presso Reggio Emilia, dove nel 1077 l'imperatore Enrico IV si umiliò di fronte a papa Gregorio VII] s. f. • Solo nella loc. *andare a C.*, umiliarsi, ritrattando e riconoscendo il proprio errore.

canossiàna A s. f. • Religiosa della congregazione fondata dalla beata Maddalena di Canossa al principio del XIX sec. **B** anche agg. solo f.: *monaca c.*

canòtta s. f. • Canottiera nel sign. 1.

canottàggio [fr. *canotage*, da *canot* 'canotto'] s. m. • Attività sportiva del remare, praticata in gare di velocità su imbarcazioni leggere condotte da singoli atleti o da equipaggi.

canottièra [fr. *canotière*, chiamata così perché adoperata dai canottieri] s. f. *1* Maglietta di lana, cotone o altre fibre, scollata e senza maniche, simile a quella portata dai canottieri. *2* Cappello maschile o femminile, di paglia pesante e rigida a cupola bassa e piatta, con nastro annodato da un lato, simile a quello portato dai canottieri.

canottière [fr. *canotier*, da *canot* 'canotto'] s. m. (f. *-a*) *1* Chi pratica lo sport del canottaggio. *2* Guidatore o rematore di canotto.

canottièro [fr. *canotier*, da *canot* 'canotto'] agg. • Di, relativo a, canotto.

canòtto [fr. *canot*. V. *canoa*] s. m. • Piccola imbarcazione | *C. pneumatico*, in materiale sintetico, gonfiabile e smontabile a remi, a vela o con motore fuoribordo, adatto al salvataggio e al diporto | Sulle navi, la minore imbarcazione disponibile: *c. di salvataggio*.

cànova o (*dial.*) **càneva** [lat. tardo *cănaba(m)* 'baracca', poi 'cantina', di etim. discussa; dal gr. *kánnabos* 'carcassa di legno' (?)] s. f. *1* Bottega dove si vende al minuto vino o altri generi alimentari. *2* †Magazzino di vettovaglie.

canovàccio o †**canavàccio**, †**canevàccio** [da *canapa*] s. m. *1* Grossa tela di canapa usata di solito per strofinacci | (*est.*) Strofinaccio, spec. da cucina. *2* Tela rada di lino, di cotone o di canapa usata come sostegno di ricami. *3* (*fig.*) Traccia schematica dell'azione scenica, seguita dagli attori nella commedia dell'arte | (*est.*) Schema, abbozzo di un'opera letteraria. *4* (*est.*, *fig.*) Trama, intreccio: *il c. di una commedia*.

†**canovàio** o †**canovàro** [lat. tardo *canabāriu(m)*, da *cănaba*. V. *canova*] s. m. (f. *-a*) *1* (*raro*) Bettoliere, cantiniere. *2* Anticamente, addetto al magazzino dei viveri | †Rivenditore di sale.

†**canovière** s. m. • Canovaio.

†**cansàre** [lat. *campsāre* 'doppiare', termine marinaresco, dal gr. *kámptō* 'io piego'] v. tr. e rifl. • Scansare.

†**cansatóia** s. f. • Riparo, rifugio.

cantàbile [vc. dotta, lat. tardo *cantābile(m)*, da *cantāre* 'cantare (1)'] A agg. *1* Che si può cantare. *2* (*lett.*) Molto melodico, musicale, spec. di versi: *le ariette cantabili metastasiane*. **B** s. m. • Melodia, composizione melodica.

cantabrigiàno [ingl. *cantabrigian*, da *Cantabrigia*, forma latineggiante di *Cambridge*] **A** agg. • (*lett.*) Di Cambridge. **B** s. m. (f. *-a*) • Abitante di Cambridge.

cantafàvola [comp. di *cantare* (*1*) e *favola*] s. f. *1* Racconto lungo, inverosimile, pieno di noiose sciocchezze. SIN. Cantafera. *2* Racconto misto di prosa e versi, spesso in forma dialogata, di origine popolare.

cantafèra [da *tantafera* (di etim. incerta) con sovrapposizione di *cantare* (*1*)] s. f. • (*raro*) Cantilena, tiritera: *i libelli, i versacci, le cantafere che andarono attorno a quel tempo* (NIEVO).

cantafòla [comp. di *cantare* (*1*) e *fola*] s. f. • (*raro*) Cantafavola.

cantaiòlo [da *cantare* (*1*)] agg. • (*raro*) Detto di animale, spec. uccello, che canta bene: *merlo, grillo c.*

†**cantallùscio** [da *cantare all'uscio* (di casa)] s. m. • Cantore mendicante sulle piazze e agli usci.

cantambànco o **cantimbànco** [da *canta in banco* 'colui che canta sui banchi' (nelle fiere)] s. m. (f. *-a*, †*cantambanchéssa*; pl. m. *-chi*) *1* Cantore popolare che, in epoca medievale, declamava storie sulle pubbliche piazze. *2* (*est.*) Cantastorie, imbonitore, ciarlatano.

cantànte A part. pres. di *cantare* (*1*); anche agg. • Nei sign. del v. **B** s. m. e f. • Chi esercita l'arte del canto: *c. d'opera, di musica leggera*.

cantàre (**1**) [lat. *cantāre*, ints. di *cănere* 'cantare'] **A** v. intr. (aus. *avere*) *1* Modulare musicalmente la voce: *gli piace c.*; *su, cantiamo insieme* | *Canta che ti passa*, (*scherz.*) invito a non preoccuparsi, a non dar troppo peso a fatti o avvenimenti spiacevoli, a non aver paura e sim. | *C. a orecchio*, senza conoscere la musica | *Lasciare c. qc.*, non dare peso alle sue parole. *2* (*est.*) Emettere, diffondere suoni, spec. con effetto gradevole, detto di esseri animati o inanimati: *i grilli, le cicale, gli uccelli, cantano*; *il vento faceva c. i rami degli alberi*. *3* Fare il cantante, come professione: *canta alla radio*; *c. da tenore, da soprano*. *4* (*fig.*) Manifestare, provocare sentimenti di gioia e sim.: *l'inno della vittoria gli cantava nel cuore* (NIEVO). *5* (*fig.*) Confessare, fare la spia, riferire segreti: *dopo tre giorni di interrogatori ha cantato*. SIN. Soffiare, spiattellare, spifferare. **B** v. tr. *1* Recitare con il canto: *c. una canzone, un'aria, una romanza*; *cantarono un vecchio motivo popolare* | *C. messa*, celebrare la messa solenne, cantandone alcune parti secondo le prescrizioni liturgiche. *2* (*est.*) Pronunciare, recitare a voce alta, con enfasi, o con un'intonazione speciale | (*fig.*) *C. vittoria*, esultare, rallegrarsi per un successo | (*fig.*, *fam.*) *C. la solfa a qc.*, rimproverarlo | (*fig.*) *Cantarla chiara a qc.*, esprimergli apertamente critiche, rimproveri e sim. *3* (*fig.*) Narrare, celebrare in opere letterarie, spec. in versi: *Or quando tu cantasti le crude armi* (DANTE *Purg.* XXII, 55).

cantàre (**2**) [sostantivazione di *cantare* (*1*)] s. m. *1* Nella letteratura italiana dei secc. XIV e XV, poemetto d'intonazione popolare, composto spec. in ottave, di materia epica e cavalleresca, recitato anche nelle piazze. *2* (*est.*) Storia in versi: *i cantari siciliani*.

cantarèlla (**1**) [da *cantare* (*1*)] s. f. *1* Sottospecie di allodola (*Alauda arvensis canterella*). *2* (*dial.*) Cicala. *3* Richiamo artificiale per attirare le starne. *4* Cantaro, nel sign. 3.

cantarèlla (**2**) • V. *canterella*.

cantarellàre • V. *canterellare*.

cantarèllo [da *cantaro* (*1*), per la forma del cappello] s. m. • (*bot.*) Gallinaccio (2).

cantàride [vc. dotta, lat. *canthăride(m)*, nom. *cănthăris*, dal gr. *kantharís*, dim. di *kántharos* 'scarabeo'] s. f. *1* Coleottero di color verde metallico dall'odore sgradevole (*Lytta vesicatoria*). *2* Droga ricavata dall'insetto omonimo, con proprietà revulsive, vescicatorie e afrodisiache.

cantaridina [fr. *cantharidine*. V. *cantaride*] s. f. • Principio attivo della droga cantaride.

càntaro (**1**) [vc. dotta, lat. *cănthăru(m)*, nom. *cănthărus*, dal gr. *kántharos* 'tazza', di etim. incerta] s. m. *1* Vaso greco con corpo a calice su alto piede e due anse alte verticali a nastro. *2* Nelle basiliche paleocristiane, vasca per le abluzioni, situata nell'atrio. *3* Pesce teleosteo commestibile con corpo ovale, allungato, argenteo con riflessi violetti sul dorso (*Spondyliosoma cantharus*). SIN. Cantarella. *4* V. *cantero*.

cantàro (**2**) [ar. *qintâr*] s. m. • Antica misura di peso, variabile dai 50 agli 80 kilogrammi.

cantastòrie [comp. di *cantare* (*1*) e il pl. di *storia*] s. m. e f. inv. *1* Chi per mestiere, o in occasione di feste o mercati, canta sulle piazze storie in versi. *2* (*spreg.*) Ciarlatano, saltimbanco.

cantàta s. f. *1* Canto prolungato, eseguito a scopo di svago. *2* Genere di composizione musicale, sacra o profana, per voci e orchestra | Componimento da cantarsi, spec. a più voci in dialogo. || **cantatàccia**, pegg. | **cantatina**, dim. (V.).

cantatìna s. f. *1* Dim. di *cantata*. *2* Strofetta, arietta.

cantàto part. pass. di *cantare* (*1*); anche agg. • Nei sign. del v.

cantatóre [vc. dotta, lat. *cantatōre(m)*, da *cantāre* 'cantare (1)'] **A** s. m.; anche agg. (f. *-trice*, pop. *-tora*) • (*raro*) Chi canta | Cantante. **B** agg. • †Canoro, melodioso.

†**cantatòrio** agg. • Atto al canto.

cantattóre [comp. di *cant(ante)* e *attore*] s. m. • Attore cinematografico o teatrale che si esibisce anche come cantante.

cantautóre [comp. di *cant(ante)* e *autore*] s. m. (f. *-trice*) • Cantante che interpreta canzoni scritte o musicate da lui stesso.

†**cantèo** [lat. *canthĕriu(m)* 'cavallo castrato, travicello', dal gr. *kanthḗlios* 'asino', vc. di origine straniera] s. m. • Travicello posto attraverso le pietiche del cavalletto, per tenerle strette o allargate e per appoggiarvi la trave che si vuol segare.

canter /ingl. 'kæntə/ [ingl., abbr. di *Canterbury gallop* 'galoppo di Canterbury', dall'andatura lenta dei cavalli dei pellegrini che andavano a S. Tommaso di Canterbury] s. m. inv. • Nell'ippica, corsa di preparazione, breve e a moderata velocità, che si fa compiere ai cavalli poco prima della partenza di una gara.

†**càntera** (**1**) [etim. incerta] s. f. • Specie di sgorbia triangolare per legno.

càntera (**2**) [etim. incerta] s. f. • (*tosc.*) Cassetto del canterano.

canteràle s. m. • Canterano.

canteràno [etim. incerta: prob. da avvicinare a *canto* (*2*) 'angolo'] s. m. • Cassettone a quattro o più cassetti sovrapposti.

canterèlla o **cantarèlla** (**2**) [dal lat. *canthărideׄ(m)*, nom. *canthăris*, di origine gr., col suff. dim. *-ella*] s. f. • (*zool.*) Cantaride.

†**canterellaménto** s. m. • Atto, effetto del canterellare.

canterellàre o **cantarellàre** [da *cantare* (*1*)] v. tr. e intr. (*io canterèllo*; aus. *avere*) *1* Cantare sommessamente, distrattamente, con pause frequenti: *canterellava una canzone*; *lavora canterellando*. SIN. Canticchiare. *2* (*raro*, *lett.*) Suonare, poetare senza impegno e originalità.

canterellìo s. m. • Il canterellare continuo e molesto.

canterìno A agg. • Che canta bene o a lungo: *grillo c.* **B** s. m. (f. *-a*) *1* Chi canta volentieri e spesso. *2* Chi recitava cantari nel XIV e XV sec. *3* †Cantante. **C** s. m. • (*spec. al pl.*) Cantori di varie regioni stipendiati per cantare durante feste solenni.

càntero o (*dial.*) **càntaro** (**1**) [V. *cantaro* (*1*)] s. m. *1* Grosso vaso di terra per bisogni corporali. *2* †Coppa, vaso da bere. || **canterèllo**, dim. | **canteróne**, accr.

càntica [vc. dotta, lat. *căntica*, nt. pl. di *cănticum* 'cantico'] s. f. • Componimento narrativo o religioso in più canti in terza rima | (*per anton.*) Ciascuna delle tre parti della Divina Commedia.

canticchiàre [dal lat. *cantĭculu(m)*, dim. di *cănticum* 'cantico'] v. tr. e intr. (*io cantìcchio*; aus. *avere*) • Canterellare.

canticchiatóre s. m. (f. *-trice*) • Chi canticchia.

càntico [vc. dotta, lat. *căntĭcu(m)*, da *căntus* 'canto (1)'] s. m. (pl. *-ci*) *1* Componimento poetico lirico di contenuto religioso o civile | *Cantico dei Cantici*, uno dei libri poetici dell'Antico Testamento, attribuito a Salomone. *2* Monologo cantato nella commedia latina. *3* (*poet.*) Inno.

cantière [lat. *canthĕriu(m)* 'cavallo castrato', poi 'travicello', dal gr. *kanthḗlios* 'asino', vc. di origine straniera] s. m. *1* Luogo o edificio fornito di impianti, strumenti e sim. atti a eseguire lavori di costruzione o riparazione | *C. navale*, arsenale | *C. aeronautico*, quello in cui vengono eseguite costruzioni aeronautiche | *C. edile*, quello, allestito nel luogo stesso in cui la costruzione verrà eseguita, in cui si preparano e lavorano i materiali per la costruzione di edifici, ponti, strade | *Avere q.c. in c.*, (*fig.*) attendere alla preparazione e alla realizzazione di q.c. *2* *C. scuola, di lavoro*, impresa istituita e organizzata per ordine dell'autorità pubblica al fine di consentire l'avviamento a un lavoro dei lavoratori disoccupati che vi vogliono essere ammessi. *3* *C. di abbattimento, di coltivazione*, il settore della miniera o della cava ove si asporta il materiale utile. *4* †Banco della morsa del falegname. *5* †Canteo. || **cantierétto**, dim. | **cantierino**, dim. | **cantierùcolo**, dim.

cantieristica [f. sost. di *cantieristico*] s. f. • Insieme delle attività relative ai cantieri navali, spec. quelli per imbarcazioni da diporto.

cantieristico agg. (pl. m. *-ci*) • Che riguarda il cantiere, spec. navale: *industria cantieristica*.

cantilèna [vc. dotta, lat. *cantilēna(m)*, da *căntus* 'canto (1)'] s. f. *1* Composizione semplice, dal ritmo uniforme. **2** Canto epico-lirico. **3** (*est.*) Filastrocca, ninna nanna: *la c. della balia* | Canto che produce un'impressione di monotonia | (*est.*) Tono della voce che produce un'impressione di monotonia: *parla con quella sua c.* **4** (*fig.*) Discorso noioso, lungo, lamentoso: *è sempre la solita c.* **5** Canto religioso. SIN. Salmodia. || **cantilenàccia**, pegg.

cantilenàre v. tr. e intr. (*io cantilèno*; aus. *avere*) ● Cantare con voce lenta e noiosa: *c. una filastrocca*; *quando parla sembra che cantileni*.

cantilever /ingl. 'kæntili:və*/ [vc. ingl., propr. 'mensola'] s. m. inv. **1** Trave con parti sporgenti a mensola. **2** Tipo di ponte in cui le travature principali poggiano su mensole.

†**cantillàre** [vc. dotta, lat. *cantilāre*, da *cantilēna* 'cantilena'] v. intr. ● Canticchiare, canterellare.

cantillazióne [da *cantillare*] s. f. ● (*relig.*) Recitazione modulata melodicamente e fatta con voce nasale, usata dagli Ebrei nella lettura dei brani in prosa della Bibbia e dai cristiani orientali nella lettura dei testi liturgici.

cantimbànco ● V. *cantambanco*.

†**cantimplòra** [comp. di *cantāre* 'cantare (1)' e *plorāre* 'piangere', dal rumore del liquido versato] s. f. **1** Antico arnese per annacquare e freddare il vino composto da un cannello di latta con una palla all'estremità inferiore. **2** Specie d'innaffiatoio con buchi nel fondo, dai quali l'acqua usciva quando il collo non era tappato.

cantina [prob. da *canto* (2), nel senso di 'luogo appartato, ripostiglio'] s. f. **1** Locale fresco, interrato o seminterrato, adibito alla produzione e conservazione familiare del vino o di derrate alimentari | (*est.*) Ripostiglio o stanza interrata o seminterrata di un edificio: *conservare in c. le vecchie cose* | *Andare in c.*, (*fig.*) calare di tono mentre si parla o si canta. **2** (*fig.*) Luogo umido e oscuro: *quell'appartamento è una c.* **3** (*enol.*) Insieme dei locali per la preparazione e conservazione industriale del vino | *C. sociale*, dove i produttori associati conferiscono l'uva. **4** Bottega ove si vende il vino al minuto. SIN. Osteria. **5** Spaccio di una caserma. **6** (*min.*) Fossa profonda un paio di metri, dal fondo della quale si suole far principiare la perforazione dei sondaggi profondi. || **cantinàccia**, pegg. | **cantinétta**, dim. (V.) | **cantinina**, dim. | **cantinóna**, accr. | **cantinóne**, accr. m. | **cantinùccia**, dim.

cantinàto s. m. ● Scantinato.

cantinèlla (1) [da avvicinare a *canto* (2) nel sign. 1] s. f. **1** Lista di legno lunga e sottile impiegata per vari usi. **2** Lunga lista di legno atta a sostenere gli elementi di scena | Fila verticale di lampade posta dietro la quinta.

cantinèlla (2) [dim. di *cantina*] s. f. ● Recipiente usato per porvi uva o mosto.

cantinétta [dim. di *cantina*] s. f. ● Specie di ripiano in legno, plastica e sim. foggiato in modo da potervi collocare, inclinate, le bottiglie di vino.

cantinière [da *cantina*] s. m. (f. *-a*) **1** Chi ha cura della cantina | Addetto alla vinificazione delle uve. **2** Oste, taverniere, vinaio. **3** Gestore di spaccio militare.

cantino [da *canto* (1)] s. m. ● Corda più sottile del violino e d'altri strumenti, di suono acuto | *Rompere il c. alla chitarra*, (*fig.*) troncare di colpo il discorso.

cànto (1) [lat. *cāntu(m)*, da *cānere* 'cantare'] s. m. **1** Melodia vocale in successione di note formante un'espressione, con o senza accompagnamento musicale: *canti liturgici*; *un dolce c.* | *C. a bocca chiusa*, maniera di emettere i suoni nel canto senza aprire la bocca e senza pronunciare le parole | *C. fermo, ecclesiastico, gregoriano, ambrosiano*, con ritmi e misure vari fissati dalla liturgia e dalla tradizione | (*est.*) Parte destinata al canto in una composizione musicale. **2** Arte, stile e tecnica del cantare: *lezione di c.* | *Bel c.*, bellezza del suono, virtuosismo e sim., secondo la tradizione dell'opera lirica italiana. **3** Emissione di voce degli uccelli, spec. se melodiosa o comunque gradevole: *il c. dell'usignolo* | *Levarsi al c. del gallo*, all'alba | *Il c. del cigno*, quello melodioso che, secondo la leggenda, emette il cigno morente; (*fig.*) l'ultima opera pregevole di un artista e (*est.*) di una persona le cui azioni e decisioni abbiano particolare rilievo politico, sociale e sim. **4** Suono di uno strumento musicale: *il c. di un violino, di un pianoforte*. **5** (*est., fig.*) Suono emesso da oggetti inanimati, spec. con effetto gradevole: *il c. della trebbia, / il c. delle sartie al vento* (D'ANNUNZIO). **6** Componimento lirico: *i canti del Leopardi*; *canti popolari* | Ognuna delle parti in cui è diviso un poema: *i canti dell'Orlando Furioso, della Gerusalemme Liberata* | (*lett.*) Poesia: *tu non altro che il c. avrai del figlio* (FOSCOLO).

cànto (2) [lat. tardo *cānthu(m)*, nom. *cănthus*, dal gr. *kanthós* 'angolo dell'occhio', di origine celtica] s. m. (pl. †*càntora*) **1** Angolo esterno o interno formato da due muri che si incontrano: *il c. della strada*; *il c. della stanza*; *nel c. il più lontano dall'uscio* (MANZONI). **2** Parte, lato, banda | *A c.*, vicino; V. anche *accanto* | *In un c., da c.*, (*fig.*) in disparte | *D'altro c.*, d'altronde | *Da un c. e dall'altro*, da un certo punto di vista e da un altro | *Dal c. mio, suo*, ecc., per quanto mi riguarda, lo riguarda, ecc. | *Per ogni c.*, dovunque | †*Per c.*, di traverso | †*Su tutti i canti*, ovunque. || **cantùccio**, dim. (V.).

cantonàle (1) [fr. *cantonal*, da *canton* 'cantone (2)'] agg. ● Che è proprio di singoli cantoni svizzeri.

cantonàle (2) [da *cantone* (1)] s. m. **1** Armadietto di forma triangolare, destinato a occupare l'angolo di una stanza | Cantoniera (2). **2** Ferro profilato per uso murario ottenuto per laminazione, costituito da due ali o lati perpendicolari uguali o diseguali. SIN. Angolare. **3** Elemento a sezione triangolare applicato all'interno degli angoli di una cassa, allo scopo di rinforzare l'unione delle testate con le fiancate.

†**cantonàre** [da *cantone* (1)] v. tr. ● Dividere in cantoni.

cantonàta [da *cantone* (1)] s. f. **1** Angolo o spigolo di un edificio che coincide con l'angolo di una strada. **2** (*fig.*) Errore, equivoco, sbaglio | *Prendere una c.*, prendere un grosso abbaglio.

cantóne (1) [da *canto* (2)] s. m. **1** Angolo, canto: *a un c. della strada* | *In un c.*, in disparte | *Gioco dei quattro cantoni*, gioco da ragazzi eseguito in cinque: quattro si dispongono negli angoli di un quadrato, e mentre essi correndo si scambiano il posto, il quinto, partendo dal centro, tenta di occupare un cantone libero. **2** Luogo remoto, poco noto o frequentato. **3** (*arald.*) Pezza quadrata posta in angolo nello scudo. **4** Ogni striscia di vario colore in cui può essere suddivisa una bandiera. **5** Ciascuno dei due denti posti alle estremità dell'arcata degli incisivi dei bovini e degli equini. || **cantoncino**, dim.

cantóne (2) [fr. *canton*. V. *cantone* (1)] s. m. **1** In vari Stati, regione, distretto. **2** Ognuna delle unità politico-amministrative di cui è formata la Svizzera.

cantóne (3) [di origine preindeur. (?)] s. m. ● Grossa pietra utilizzata come spigolo di muro.

cantonése **A** agg. ● Di Canton, città della Cina meridionale | *Riso c., alla c.*, riso prima bollito e poi fritto, mescolato con piselli, carote, pezzetti di prosciutto cotto e di frittata. **B** s. m. e f. ● Abitante, nativo di Canton. **C** s. m. solo sing. ● Dialetto cinese parlato a Canton.

cantonièra (1) [da *cantoniere*] **A** agg. solo f. ● Nella loc. *casa c.*, nella quale abita il cantoniere stradale o ferroviario. **B** s. f. ● Casa cantoniera. SIN. Casello.

cantonièra (2) [sp. *cantonera*, da *cantón* 'angolo'] s. f. **1** Mobile a ripiani digradanti destinato a occupare l'angolo di una stanza | Cantonale, angoliera. **2** †Meretrice.

cantonière [fr. *cantonnier*. V. *cantone* (1)] s. m. **1** Chi sta a guardia e ha cura d'un tratto di strada o di ferrovia. **2** †Ciurmatore, saltimbanco.

†**cantonùto** [da *cantone* (1)] agg. ● Angoloso.

cantóre [lat. *cantōre(m)*, da *cānere* 'cantare (1)'] **A** s. m. (f. *-tora*) **1** Chi canta nel coro di una chiesa. **2** (*raro*) Cantante | Corista. **3** (*fig.*) Poeta, aedo: *la libera creazione ritmica del c.* (D'ANNUNZIO). **B** agg. **1** Che dirige il coro dei canonici: *canonico c.* **2** *Maestri cantori*, fino all'Ottocento, in Germania, componenti di corporazioni artigiane di musicisti e poeti. || **cantorino**, dim. | **cantorùccio**, **cantorùzzo**, dim.

cantorìa s. f. ● Parte della chiesa in cui stanno i cantori | Complesso dei cantori.

cantorino [da *cantore*] s. m. ● Libro con le note musicali che si posa sul leggio per cantare in chiesa | Libro che contiene le regole del canto fermo.

càntra [fr. *cantre*, di etim. incerta] s. f. ● (*tess.*) Parte dell'orditoio che accoglie i rocchetti dei vari fili.

cantùccio s. m. **1** Dim. di *canto* (2). **2** Angolo interno di una stanza, di un mobile e sim.: *cercare in tutti i cantucci* | (*est.*) Luogo riposto e nascosto, nascondiglio: *cercare un c. caldo e tranquillo per dormire* | *Stare in un c.*, (*fig.*) stare da parte, in disparte. **3** Cantonata. **4** Pezzetto di pane e sim. con molta crosta | (*spec. al pl.*) Biscotti di fior di farina a fette con zucchero e chiara d'uovo. || **cantuccino**, dim.

†**canutàggine** s. f. ● Canizie.

†**canutézza** [da *canuto*] s. f. ● Canizie.

canutiglia o **cannotiglia**, **cannutiglia** [sp. *canutillo*, da *cana* 'canna'] s. f. **1** Ricamo a fili d'oro o d'argento, usato spec. per paramenti e vesti liturgiche. **2** Strisciolina attorcigliata d'oro o d'argento per ricamo. **3** Cannellino di vetro colorato per ornare cappelli e vestiti. **4** Trafilato di piombo usato per le lastre delle vetrate.

†**canutire** [da *canuto*] v. intr. ● Incanutire.

canùto [lat. *canūtu(m)*, da *cānus* 'cano'] agg. **1** Bianco, detto di capelli, barba, baffi e sim. **2** Di persona, che ha capelli, barba, baffi e sim. bianchi: *una vecchia canuta* | (*est.*) Vecchio | (*lett.*) *Età, stagione canuta*, la vecchiaia. **3** (*fig., lett.*) Che ha la saggezza e l'assennatezza tipiche della vecchiaia: *sotto biondi capei canuta mente* (PETRARCA). **4** (*est., lett.*) Biancheggiante, detto di cose: *schiume, onde canute* | (*poet.*) Ammantato di neve: *or, che l'alpi canute ... / rende ... il pigro verno* (TASSO). || †**canutaménte**, avv. Assennatamente.

canùtola [da *canuto*] s. f. ● (*bot.*) Polio.

canvassing /ingl. 'kænvəsiŋ/ [vc. ingl., propriamente part. pres. in uso sost. del verbo *to canvass* 'discutere, sollecitare (voti)', orig. 'passare attraverso il setaccio o canovaccio (*canvas*, di origine fr.)'] s. m. inv. ● Moderna tecnica di persuasione di massa consistente nel sollecitare adesioni, voti e sim. svolgendo una propaganda capillare, casa per casa.

canyon /ingl. 'kænjən/ s. m. inv. ● Cañón. ➡ ILL. p. 821 SCIENZE DELLA TERRA ED ENERGIA.

†**canzóna** ● V. *canzone*.

canzonàre [da *canzone*] **A** v. tr. (*io canzóno*) **1** Burlare, deridere, prendere in giro: *tutti lo canzonano per la sua pronuncia*. SIN. Beffare. **2** †Cantare, celebrare. **B** v. intr. (aus. *avere*) **1** Parlare e agire per scherzo: *credono ch'io canzoni; ma l'è proprio così* (MANZONI). **2** †Cantare.

canzonatóre s. m.; anche agg. (f. *-trice*; pop. *-tora*) ● Chi, che suole canzonare.

canzonatòrio agg. ● Di chi canzona | Che deride e prende in giro: *tono, sguardo c.*; *con una serietà mezzo canzonatoria* (MANZONI). SIN. Beffardo, derisorio. || **canzonatoriaménte**, avv. (*raro*) In modo canzonatorio.

canzonatùra s. f. ● Atto, effetto del canzonare: *lo guarda con un sorrisetto di canzonatura* (MORANTE). SIN. Beffa.

canzóne o †**canzóna** [lat. *cantiōne(m)*, da *cāntus* 'canto (1)'] s. f. **1** (*letter.*) Componimento lirico sorto in rapporto con la musica, formato da più stanze che in origine si corrispondevano per numero, disposizione dei versi (prevalentemente endecasillabi e settenari) e intreccio di rime, ed erano seguite da un commiato: *c. dantesca, petrarchesca* | *C. libera, leopardiana*, nella quale la divisione in stanze non è più vincolata da schemi precisi | *C. pindarica*, che nella divisione in strofe, antistrofe, epodo, si ricollega a esemplari classici | *C. a ballo*, ballata | *C. di gesta*, poema epico medioevale che canta le imprese dei cavalieri. **2** (*mus.*) Composizione per canto e strumenti, orecchiabile, solitamente con ritornello: *il festival della c.* **3** (*fig.*) Azione o discorso che si ripete con frequenza, producendo un effetto di monotonia: *in ufficio è sempre la stessa c.* | (*fig.*) *Mettere in c.*, deridere, schernire. || **canzonàccia**, pegg. | **canzoncina**, dim. | **canzonèlla**, dim. (V.) | **canzonétta**, dim. (V.) | **canzonettàccia**, pegg. | **canzonettina**, dim. | **canzonina**, dim. | **canzo-**

nùccia, dim. | canzonucciàccia, dim.

canzonèlla s. f. *1* Dim. di *canzone*. *2* Burla, scherno | *Mettere in c.*, deridere.

canzonétta s. f. *1* Dim. di *canzone*. *2* Canzone tenue o leggera o popolare composta da versi brevi e strofe | *C. anacreontica, arcadica*, elegante, leziosa, melodica, in uso presso gli Arcadi. SIN. Arietta. *3* (*mus.*) Breve composizione per canto e strumenti facilmente orecchiabile e di soggetto popolare.

canzonettìsta s. f. e m. (pl. m. *-i*) ● Cantante di caffè-concerto.

canzonettìstico agg. (pl. m. *-ci*) *1* (*raro*) Relativo a canzonetta. *2* (*fig.*) Poco serio, privo di impegno.

canzonière (1) [da *canzone*] s. m. *1* Raccolta di poesie liriche di uno o più autori. *2* Raccolta di canzoni o canzonette musicali.

canzonière (2) [fr. *chansonnier*, da *chanson* 'canzone'] s. m. ● Compositore o versificatore di canzonette.

†**cào** [forse norv. *kaab* 'vitello marino'] s. m. ● Animale favoloso simile a un lupo.

caolinìte [comp. di *caolino* e *-ite* (*2*)] s. f. ● Silicato idrato di alluminio in cristalli lamellari molto fini.

caolinizzazióne s. f. ● Trasformazione dei feldspati in caolinite e altri silicati per alterazione da parte di acque superficiali e idrotermali.

caolìno [dalla località di *Kaoling* in Cina dove fu trovato per la prima volta] s. m. ● (*miner.*) Argilla di solito bianca costituita in prevalenza da caolinite, usata spec. nella fabbricazione della porcellana.

caorlìna [dal n. del centro di *Caorle*, in provincia di Venezia] s. f. ● Veloce barca da pesca diffusa nella laguna veneta, con scafo lungo e affusolato, provvisto alle estremità di un ferro a rostro.

càos o (*pop.*) **càosse**, †**caòsse** [lat. *chăos*, dal gr. *cháos* 'fenditura', poi 'caos', da *cháinō* 'mi apro, mi spalanco'] s. m. *1* (*filos.*) Originario stato di disordine della materia nel periodo antecedente alla formazione del mondo. *2* (*fig.*) Grande confusione, disordine: *questa stanza è un c.*; *l'attentato gettò il paese nel c.*; *cacciò le mani in quel c. di carte* (MANZONI). *3* (*fis.*) Caratteristica di sistemi dinamici che presentano un'evoluzione estremamente complessa, per cui è necessario uno studio di tipo statistico; si presenta, in particolare, in sistemi in cui variazioni anche minime nelle condizioni iniziali provocano grandi differenze nell'evoluzione successiva, che perciò non può essere prevista nel suo comportamento dettagliato.

caòtico agg. (pl. m. *-ci*) ● Del caos | (*fig.*) Disordinato, confuso: *traffico c.*; *idee caotiche*; *un c. ammasso di rottami*. || **caoticaménte**, avv.

càpa [lat. *căput* 'capo'] s. f. ● (*merid.*) Testa, capo.

†**capàccio** [da *capo*] s. m. *1* Ingegno tardo e ottuso. *2* (*fig.*) Persona testarda.

†**capacciùto** agg. ● Che ha la testa, il bulbo grosso.

capàce [vc. dotta, lat. *capāce(m)*, da *căpere* 'prendere, comprendere, capire'] agg. *1* Che può contenere una data quantità di persone o cose: *disegnarono nella chiesa cattedrale il luogo della sessione c. di quattrocento persone* (SARPI) | (*est.*) Che può contenere molte persone o cose, ampio: *salone molto c.*; *una borsa c.*, *poco c.* *2* Che è atto, idoneo a fare q.c.: *ormai è c. di leggere* | (*est.*) Che è particolarmente abile in una data attività: *è un disegnatore c.* SIN. Abile, esperto. *3* (*est.*) Intelligente, dotato: *un giovane serio e c.* *4* (*dir.*) Dotato di capacità | *Essere c. di testare*, di stare in giudizio. *5* (*fam.*) Che è disposto a fare q.c.: *non è mai c. di sgridarmi*; *se non lo fermi è c. di partire subito* | *È c. di tutto*, (*fig.*) non ha freni | (*fam.*) *È c. che*, è possibile, probabile, che. *6* (*fam.*) Persuaso, capacitato, nelle loc. *fare, farsi, rimanere c. di q.c.* || **capacino**, dim.

capacìmetro [comp. di *capacità* e *-metro*] s. m. ● Strumento per misurare capacità elettriche.

capacità [vc. dotta, lat. *capacitāte(m)*, da *căpax*, genit. *capācis* 'capace'] s. f. *1* Attitudine a contenere: *una botte di grande c.*; *lo stadio ha una c. di centomila persone* | *C. di un recipiente*, volume di sostanze liquide o polverizzate che esso può contenere. SIN. Capienza. *2* Abilità, idoneità a fare, ad agire, a comportarsi in un dato modo: *ha la c. di organizzare bene il lavoro*; *la sua vera c. è comprendere gli altri*; *manca di c. critica*; *persona di grandi c., di c. limitate, priva di c., senza c.* *3* (*dir.*) *C. giuridica*, attitudine alla titolarità di rapporti giuridici | *C. d'agire*, idoneità a compiere atti giuridici relativi ai propri interessi | *C. a delinquere*, naturale inclinazione a commettere fatti previsti come reati | *C. d'intendere e di volere*, attitudine a valutare il valore sociale dei propri atti e ad autodeterminarsi. *4* *C. produttiva*, complesso di risorse produttive disponibili in un'impresa o in un sistema economico; quantità di lavoro che un impianto è in grado di svolgere. *5* (*fis.*) *C. elettrica*, quantità di elettricità presente in un conduttore riferita al potenziale al quale esso si eleva | *C. dell'accumulatore*, quantità di elettricità che esso è capace di erogare prima che la tensione ai morsetti scenda sotto un valore minimo prefissato | *C. termica*, grandezza che caratterizza le proprietà termiche della materia e corrisponde alla quantità di calore necessaria ad elevare di 1 °C la temperatura di un corpo | (*est.*) Condensatore. *6* (*med.*) *C. vitale*, volume massimo d'aria che i polmoni possono contenere dopo un'inspirazione profonda.

†**capacitàbile** agg. *1* Comprensibile. *2* Che può essere capacitato.

†**capacitaménto** s. m. ● Persuasione.

capacitànte part. pres. di *capacitare*; anche agg. ● Nei sign. del v.

capacitànza [da *capacitante*] s. f. ● (*fis.*) Reattanza capacitiva.

capacitàre [da *capacità*] **A** v. tr. (*io capàcito*) *1* Convincere, persuadere: *questa scusa non mi capacita*. *2* †Piacere, soddisfare. **B** v. intr. pron. ● Credere, rendersi conto, rimanere persuaso e convinto: *non mi capacito di tanto disastro*.

capacitività s. f. ● (*fis.*) Capacità elettrostatica dell'unità di volume.

capacitìvo agg. ● (*fis.*) Che si riferisce alla capacità elettrica, o che la possiede.

capacitóre s. m. ● (*raro*) Condensatore elettrico.

†**capàle** [da *capo*] s. m. ● Elmo.

capànna [lat. tardo *capănna(m)*, di etim. incerta] s. f. *1* Piccolo ricovero o costruzione, spec. di frasche, paglia, legno e sim.: *c. di pastori* | (*est.*) Casa misera, tugurio | (*fig.*) *Un cuore e una c.*, espressione che simboleggia l'amore contrapposto agli agi materiali | (*fig.*, *scherz.*) *Pancia mia, ventre mio, fatti c.*, esortazione a mangiare abbondantemente | *A c.*, di tetto a due falde | *Facciata a c.*, a due spioventi che abbracciano in un unico profilo triangolare le navate interne di diversa altezza. *2* Stanza rustica per attrezzi o prodotti campestri. *3* Rifugio alpino. || **capannàccia**, pegg. | **capannèlla**, dim. | **capannétta**, dim. | **capannina**, dim. (V.) | **capannòla**, **capannuòla**, dim. | **capannóna**, accr. | **capannùccia**, dim. (V.).

capannascóndere [comp. di *capo* e *a nascondere*] s. m. ● Gioco fanciullesco consistente nel tener nascosto il capo in grembo a un altro frattanto che i compagni si rimpiattano, e nel ritrovarsi: *giocare a c.* SIN. Rimpiattino.

capannèlla s. f. *1* Dim. di *capanna*. *2* Mucchietto di tre noci, nocciole o castagne con una quarta poggiata sopra contro il quale nel gioco delle noci i ragazzi lanciano una biglia. SIN. Castellina, nocino. *3* †Capannello.

capannèllo s. m. *1* Dim. di *capanno*. *2* Gruppo di persone che in strada si riuniscono per discutere o commentare avvenimenti: *nei capannelli si commentava il risultato delle elezioni*; *cianciano le comari in c.* (PASCOLI). SIN. Crocchio. *3* Piccolo riparo in frasche o materia stabile, per la caccia a piccoli uccelli. *4* †Catasta di legno o altro, spec. quella su cui venivano bruciati i condannati al rogo. *5* †Cupoletta.

capannìna s. f. *1* Dim. di *capanna*. *2* *C. meteorologica*, piccola costruzione, con pareti fatte a persiana per una libera circolazione dell'aria, ove vengono posti strumenti meteorologici per proteggerli da tutte le radiazioni dirette e indirette.

capannìsta s. m. (pl. *-i*) ● Chi caccia in capanno terrestre o palustre.

capànno [da *capanna*] s. m. *1* Costruzione più piccola della capanna, di frasche, paglia e sim., dove si cela il cacciatore o alloggia il contadino di guardia ai campi. *2* Pergolato a forma di cupola per terrazze, giardini e sim. *3* Piccola costruzione, gener. di legno, adibita a spogliatoio sulle spiagge. || **capannèllo**, dim. (V.) | **capannino**, dim. | **capannóne**, accr. (V.) | **capannòtto**, accr. | **capannùccio**, dim.

capannóne s. m. *1* Accr. di *capanno*. *2* Vasta costruzione rustica utilizzata come fienile, magazzino, stalla. *3* Fabbricato industriale a un solo piano fuori terra, destinato a magazzino, laboratorio, officina e sim.

capannùccia s. f. (pl. *-ce*) *1* Dim. di *capanna*. *2* (*est.*, *tosc.*) Piccolo presepe natalizio.

caparbiàggine s. f. ● (*raro*) Caparbieria.

caparbierìa s. f. *1* Carattere di chi è caparbio: *non dà retta a nessuno con la sua c.* *2* Azione da persona caparbia.

caparbietà o (*raro*) †**caparbietàde**, (*raro*) †**caparbietàte** s. f. ● Testardaggine, ostinazione. SIN. Cocciutaggine. CONTR. Arrendevolezza.

capàrbio [da *capo* (?)] agg. ● Che agisce di testa propria senza tener conto di pareri, critiche, difficoltà. SIN. Cocciuto. CONTR. Arrendevole. || **caparbiaménte**, avv.

capàre [da *capo*] v. tr. ● (*dial.*) Scegliere | Mondare: *c. la cicoria*.

capàrra [comp. di *capo* e *arra*] s. f. *1* Somma di danaro o quantità di altre cose fungibili data da una parte all'altra in occasione della conclusione di un contratto, a garanzia dell'esecuzione di questo: *versare, rendere la c.*; *c. confirmatoria*; *c. penitenziale*. SIN. Arra. *2* (*fig.*) Garanzia, anticipazione: *c. di felicità, di sventura*.

†**caparraménto** s. m. ● Caparra.

caparràre v. tr. ● (*raro*) Accaparrare.

†**caparróne (1)** [da *caparra, caparrare*] s. m. ● Imbroglione.

caparróne (2) [deformazione di *caprone* (?)] s. m. ● Caprone, montone.

capasànta o **càpa sànta**, **cappasànta**, **càppa sànta** [comp. di *capa*, forma ven. per *cappa* (*2*), e *santa*, perché portata con sé dai pellegrini diretti a Santiago di Campostella] s. f. (pl. *capesànte*) ● (*ven.*) Lamellibranco commestibile con conchiglia asimmetrica (*Pecten jacobaeus*).

†**capàssa** [da *capo*] s. f. ● Ceppo di pianta, da cui escono le barbe e le radici.

capàta [da *capo*] s. f. *1* Colpo dato con la testa: *dare una c. nel muro* | *Battere l'ultima c.*, (*fam.*, *fig.*) morire | *Fare alle capate con qc.*, (*raro*, *fig.*) essere in contrasto | *Dare, fare una c. in un luogo*, farvi un'apparizione fugace | *Dare una c. a q.c.*, guardarla di sfuggita. *2* †Cenno del capo. || **capatìna**, dim. (V.).

capataz /sp. kapa'taθ/ [vc. sp., propr. 'capo-operaio, caposquadra', dal lat. *căput* 'capo', di formazione poco chiara] s. m. inv. ● (*scherz.*) Capo, dirigente | Chi esercita con una certa ostentazione la propria autorità.

capatìna s. f. *1* Dim. di *capata*. *2* Brevissima visita, apparizione fugace, spec. nelle loc. *dare, fare una c. in un luogo*.

capécchio [lat. *capĭtulu(m)* 'parte superiore degli alberi', da *căput*, genit. *căpitis* 'capo'] s. m. *1* Materia grezza e liscosa, tratta dalla prima pettinatura del lino e della canapa, utilizzata come imbottitura. *2* (*bot.*) Scotano.

capeggiaménto s. m. ● Atto, effetto del capeggiare.

capeggiàre [da *capo*] v. tr. (*io capéggio*) ● Essere a capo di q.c.: *c. una fazione politica*.

capeggiatóre s. m. (f. *-trice*) ● Chi capeggia.

†**capellàme** [da *capello*] s. m. ● Qualità e colore dei capelli.

†**capellaménto** o †**capillaménto** [lat. *capillamĕntu(m)*, da *capĭllus* 'capello'] s. m. *1* (*raro*) Capigliatura. *2* (*bot.*) Apparato radicale di una pianta.

capellatùra [lat. tardo *capillatūra(m)*, da *capĭllus* 'capello'] s. f. *1* (*lett.*) Capigliatura | (*fig.*) Insieme delle fronde di un albero: *scarse capellature / di tamerici pallide* (MONTALE). *2* †Acconciatura. *3* †Irradiazione.

capellièra [da *capello*] s. f. ● (*raro*, *lett.*) Capigliatura: *la bruna c. / il lato collo e l'ampie spalle inonda* (CARDUCCI). || **capellieràccia**, pegg.

capellìno (1) s. m. *1* Dim. di *capello*. *2* (*spec. al pl.*) Tipo di pasta alimentare lunga e molto sottile. SIN. Capelli d'angelo.

†capellìno (**2**) [detto così perché ricorda il colore dei *capelli*] agg. ● Di colore castano.

†capellìzio ● V. *capillizio*.

capéllo o **†cavèllo** [lat. *capĭllu(m)*, di etim. incerta] s. m. (pl. poet. *†capégli, †cavégli*, poet. *capéi*) *1* Annesso cutaneo filiforme del cuoio capelluto: *capelli biondi, rossi, castani, radi, folti, canuti, ricciuti, morbidi*; *erano i capei d'oro a l'aura sparsi* (PETRARCA) | *Perdere i capelli*, diventare calvo | (*fig.*) *Avere un diavolo per c.*, essere molto irritato | *Essere sospeso a un c.*, (*fig.*) in continuo pericolo | *Essere a un c. da q.c.*, vicinissimo | *Al c.*, in modo estremamente esatto | *Tirare qc. per i capelli*, costringerlo | *Spaccare un c. in quattro*, (*fig.*) fare un'analisi molto sottile | *Un c.*, (*fig.*) nulla: *non rischiare un c.*; *non spostarsi di un c.* | *Non torcere un c.*, non fare alcun male | *Mettersi le mani nei capelli*, (*fig.*) essere disperato, adirato e sim. | *Averne fin sopra i capelli*, essere stanco di q.c. | *Sentire drizzarsi, arricciarsi i capelli*, (*fig.*) sentire paura, ribrezzo e sim. | *Prendersi per i capelli*, (*fig.*) litigare | *Fino alla punta dei capelli*, (*fig.*) dalla testa ai piedi | *Avere più guai che capelli*, (*fig.*) essere molto sfortunato | *Essere in capelli*, andare a capo scoperto | *Fare i capelli bianchi*, (*fig.*) invecchiare, spec. fra esperienze faticose e dolorose | (*fig.*) *C. d'angelo*, speciale tipo di lima al titanio, sottilissima e flessibile | *Capelli d'angelo*, capellini. *2* (*lett.*) †Chioma, capigliatura. *3* (*bot.*) *C. di Venere*, capelvenere. || **capellàccio**, pegg. | **capellìno**, dim. (V.) | **capellùzzo**, dim.

capellóne **A** s. m. (f. *-a* nei sign. 1 e 2) *1* Chi ha molti o lunghi capelli. *2* Persona, spec. giovane, che porta i capelli lunghi oltre la norma come segno principale di differenziazione o di protesta verso il costume di vita contemporaneo. *3* Moneta d'argento settecentesca di Modena coniata dal duca Francesco III che vi figurava effigiato con lunghi capelli. **B** agg. *1* Che ha molti o lunghi capelli. *2* Pertinente ai capelloni: *moda capellona*.

†capellóso agg. ● Sottile come un capello.

capellùto agg. *1* Che ha molti capelli. SIN. Chiomato, zazzeruto. *2* Detto di radice di piante con fitte barbe. *3* (*lett.*) Detto di cometa fornita di chioma: *la capelluta cometa estravagante* (CARDUCCI).

capelvènere [vc. dotta, lat. tardo *capĭllu(m) Vĕneris* 'capello di Venere'] s. m. ● Felce delle Polipodiacee con grandi foglie composte dal lungo picciolo sottile e foglioline a ventaglio (*Adiantum capillus Veneris*) | *C. doppio*, cedracca.

†càpere (**1**) [lat. *căpere* 'prendere', da una radice **kĕp, *kōp*] v. tr. (part. pass. *càtto*) ● Prendere, catturare: *veggio in Alagna intrar lo fiordaliso, / e nel vicario suo Cristo esser catto* (DANTE *Purg.* XX, 86-87).

†capére (**2**) [V. precedente] v. tr. e intr. (oggi dif. usato solo nelle terze pers. sing e pl. di alcuni tempi semplici: pres. indic. *càpe, càpono*; imperf. *capéva, capévano*; condiz. pres. *caperèbbe* raro) ● Capire | *Non mi cape*, non mi persuade, non mi convince (oggi usato in tono scherz.).

capestrerìa s. f. ● Azione da scapestrato, degna del capestro | (*lett.*) Bizzarria, capriccio.

capèstro o **capéstro** [lat. *capĭstru(m)* 'corda, capestro', di etim. incerta] s. m. *1* Fune dotata di cappio scorsoio usata per impiccare | (*est.*) Forca | *Mandare qc. al c.*, condannare all'impiccagione | *Persona da c.*, (*fig.*) delinquente. *2* Fune o cavezza con cui si legano le bestie | *Mettere il c. a qc.*, (*fig.*) piegarlo, sottometterlo. *3* Specie di laccio o cravatta di spago, che si mette al collo delle anatre da richiamo nelle tese palustri e che si ancora al fondo. *4* Cordone dei frati francescani: *quel c. / che solea far i suoi cinti più macri* (DANTE *Inf.* XXVII, 92-93). || **capestrèllo**, dim. | **†capestrùzzo**, dim.

capetìngio agg. (pl. f. *-ge* o *-gie*) ● Che si riferisce alla dinastia reale iniziata da Ugo Capeto (987) e succeduta in Francia ai Carolingi.

capétto [dim. di *capo* nel sign. A3] s. m. ● Chi, in un determinato contesto, svolge limitate funzioni di comando, con piena convinzione del proprio ruolo e talvolta con una certa protervia.

capézza ● V. *cavezza*.

capezzàgna o **cavedàgna** [V. *capitagna*] s. f. ● Strada di accesso in terra battuta lungo le testate dei campi.

capezzàle o **†cavezzàle** [lat. parl. **capitiāle*, da *căput* 'capo'] s. m. *1* Stretto guanciale della larghezza del materasso che viene posto sotto il lenzuolo inferiore a capo del letto per rialzare il cuscino | (*est.*) Letto, spec. di malato o moribondo: *accorrere, stare al c. di qc.* | *Essere al c.*, (*fig.*) in fin di vita. *2* Ridosso staccato dalle rive e coperto nelle piene dei fiumi. *3* †Colletto di un vestito: *donne col c ... aperto* (SACCHETTI).

†capezzàta [dal lat. *capĭtu(m)* 'cosa che riguarda il capo'] s. f. ● Corona o cappello con cui termina la sommità di un'opera muraria.

capezzièra o **cavezzièra** [V. *capezzale*] s. f. *1* Poggiatesta ricamato per poltrone. *2* Ciascuno dei due fasci di cordicelle con cui si sospende la branda o l'amaca.

capezzolàre agg. ● (*anat.*) Del capezzolo.

capézzolo [dim. del lat. *capĭtiu(m)*, a sua volta dim. di *căput* 'capo'] s. m. ● (*anat.*) Parte centrale, pigmentata, a forma di sferula, della mammella.

capibàra o **capivàra** [sp. *capibara*, di origine brasiliana] s. m. inv. ● Mammifero dei Roditori simile a una cavia, con corpo tozzo, privo di coda, e piedi atti al nuoto (*Hydrochoerus hydrochoerus*).

capicòllo ● V. *capocollo*.

capidòglio ● V. *capodoglio*.

capiènte [vc. dotta, lat. *capiĕnte(m)*, part. pres. di *căpere* 'prendere'] agg. ● Che ha capacità di contenere: *serbatoio c.*

capiènza [vc. dotta, lat. *capiĕntia*, part. nt. pl. di *căpere* 'prendere'] s. f. ● Capacità di contenere: *un teatro della c. di trecento persone*.

capifòsso ● V. *capofosso*.

capifuòco [comp. di *capo* e *fuoco*] s. m. (pl. *-chi*) ● (*raro*) Alare.

capiglia [dal lat. mediev. *capiliare* 'prendere per i capelli', dal lat. *capĭllus* 'capello'] s. f. ● (*raro*) Rissa, accapigliamento.

capigliatùra [lat. tardo *capillatūra(m)*, con l'infl. di *capegli*, pl. ant. di *capello*] s. f. ● Massa dei capelli, chioma: *folta, ricca c.* SIN. Criniera, zazzera.

†capiglièra [da *capegli*, pl. ant. di *capello*] s. f. ● (*lett.*) Capigliatura.

†capillaménto ● V. *†capellamento*.

capillàre [vc. dotta, lat. tardo *capillāre(m)* 'che riguarda i capelli'] **A** agg. *1* Sottile come capello | (*anat.*) *Vaso c.*, di calibro ridottissimo e a pareti sottili, formate dal solo endotelio. *2* (*fig.*) Diffuso dappertutto, estremamente minuzioso e particolareggiato: *organizzazione, propaganda, analisi c.* || **capillarménte**, avv. **B** s. m. *1* Vaso capillare | Parte estrema, sottilissima, della ramificazione dei vasi sanguigni e linfatici: *c. arterioso, venoso, linfatico*. ➡ ILL. p. 366 ANATOMIA UMANA. *2* (*bot.*) Canaletto sottile nel quale scorre la linfa delle piante. *3* (*fis.*) Tubo, con diametro interno non superiore a 1-2 mm, nel quale sono sensibili i fenomeni di capillarità.

capillarità s. f. *1* Qualità di ciò che è capillare (*anche fig.*): *la c. dei tubi delle provette*; *la c. della propaganda politica*. *2* (*fis.*) Insieme dei fenomeni, dovuti alle interazioni fra le molecole di un liquido e di un solido sulla loro superficie di separazione, per cui, nei tubi capillari, i liquidi che bagnano le pareti subiscono una ascensione capillare, mentre i liquidi che non bagnano le pareti subiscono una depressione capillare.

capillarizzàre [da *capillare*] v. tr. e rifl. ● Rendere capillare | Diffondere, suddividere in modo capillare.

capillarizzazióne s. f. ● Diffusione capillare.

capillìfero [comp. del lat. *capĭllus* 'capello' e *-fero*] agg. ● (*anat.*) Che genera o sostiene il capello.

capillìzio o **†capellìzio** [vc. dotta, lat. *capillĭtiu(m)*, da *capĭllus* 'capello'] s. m. *1* Parte del cuoio capelluto che è ricoperta di capelli. *2* (*bot.*) Trama di filamenti presente in organi di Funghi (corpi fruttiferi dei Gasteromiceti e sporangi dei Mixomiceti). *3* (*bot.*) *C. radicale*, ultima e più fine ramificazione delle radici, che si identifica con la zona assorbente. *4* † Irradiazione di luce che appare attorno ai corpi luminosi: *quel capillizio che ci par di vedere intorno alla fiammella di una candela* (GALILEI).

capinéra [detta così dal *capo nero*] s. f. ● Piccolo uccello canoro dei Passeriformi con zampette esili, capo nerissimo nel maschio e color ruggine nella femmina (*Sylvia atricapilla*).

capintèsta [da *capo in testa*] s. m. e f. inv. *1* (*sport*) Chi guida la classifica di una corsa o la graduatoria di una competizione o occupa il primo posto in un campionato a squadre. *2* (*spreg.*, *scherz.*) Chi guida un gruppo di persone, o dirige un'impresa. SIN. Caporione.

capìre [lat. *căpere*. V. *capere* (*2*)] **A** v. tr. (*io capìsco, tu capìsci*; V. anche *†capére* (*2*) per le forme *càpe, càpono* e sim.) *1* Intendere, afferrare, penetrare con la mente: *non capisco cosa vuole da me*; *non ho capito una parola di questo libro* | (*fig.*) *C. l'antifona*, intendere il senso nascosto di q.c. | *C. a volo*, subito | *C. fischi per fiaschi*, una cosa per un'altra | *C. la musica, la poesia*, sentirle profondamente, comprenderne i significati | *C. una persona*, penetrarne il carattere | *Non volerla c.*, (*fig.*) non volere persuadersi di q.c., non voler accettare una situazione. SIN. Comprendere | (*fig.*, *ints.*) *Non c. un fico secco, un accidente, un tubo*, non capire niente | Con valore raff. (*fam.*) *Capirci, non capirci*, riuscire, non riuscire a comprendere q.c.: *non ci capisco proprio più niente*; *io ci capisco poco in questa faccenda* | *Capirai!*, escl. gener. ints. o, a volte, ironica, di compatimento e sim.: *Capirai! bella fatica! non ha mai lavorato in vita sua!* | *Si capisce*, certamente: *verrai domani? Sì, si capisce*. *2* Considerare con simpatia o indulgenza, scusare, giustificare, anche assol.: *c. i giovani*; *c. i casi della vita*; *solo tu mi puoi c.*; *è una persona che capisce*. *3* †Contenere, accogliere. **B** v. intr. (aus. *avere* nel sign. 1, *essere* nel sign. 2) *1* Essere intelligente: *un ragazzo che capisce poco*. *2* (*lett.*) Entrare, essere contenuto, trovare posto | (*fig.*) *Non c. in sé dalla gioia*, non riuscire a nascondere la gioia. **C** v. rifl. rec. ● Intendersi, trovarsi d'accordo: *ci siamo subito capiti* | *Ci siamo capiti*, formula escl. o interr., con cui si concludono discorsi perentori: *e che non ne senta più parlare*; *ci siamo capiti?*

capirósso o **caporósso** [detto così dal *capo rosso*] s. m. ● (*zool.*, *pop.*) Cardellino | (*centr.*, *sett.*) Fischione | (*centr.*) Moriglione.

†capistèo o **†capistèio**, **†capistèrio**, **†capistèro** [lat. *capistēriu(m)*, dal gr. *skaphistḗrion*] s. m. ● Specie di conca rettangolare di legno, adibita a vari usi.

capitàgna [lat. tardo *capitāneu(m)*, da *căput* 'capo', perché è quella parte di terra che sta in capo a un campo] s. f. ● Testata del campo adiacente alla capezzagna che si ara trasversalmente.

capitàle [lat. *capitāle(m)* 'che riguarda il capo', poi 'principale, essenziale', da *căput*, genit. *căpitis* 'capo'] **A** agg. *1* Mortale: *pena, sentenza, condanna, supplizio c.* | *Peccato c.*, che comporta la morte spirituale | *Vizio c.*, la ripetizione di un peccato mortale | (*est.*) Spietato, inesorabile: *odio, nemico c.* *2* Che ha estrema importanza: *punto, argomento, ragione c.* SIN. Principale. *3 Scrittura c.*, antica scrittura latina, tracciata entro un sistema bilineare e geometrizzata nelle forme, così detta perché in seguito fu usata solo per le iniziali | *Lettera c.*, tipica di tale scrittura. *4 Bene c.*, bene impiegato nella produzione di beni di consumo. || **capitalménte**, avv. In modo capitale; †mortalmente. **B** s. f. *1* Città principale di uno Stato, in cui hanno sede il capo dello Stato e gli organi centrali del governo: *Roma è la c. d'Italia* | (*est.*) Città che costituisce il centro vitale o fondamentale di svariate attività: *Torino è la c. dell'automobile*. *2* Scrittura o lettera capitale: *c. rustica, quadrata*. **C** s. m. *1* Somma da cui frutta un reddito: *c. investito in titoli*. *2* Parte della ricchezza prodotta in epoca anteriore, e impiegata nella produzione di nuovi beni | *C. fisso*, complesso dei beni utilizzati in più cicli produttivi | *C. circolante*, complesso di beni che si consumano in un solo ciclo produttivo | *C. netto*, somma algebrica dei valori attivi e passivi del capitale | *C. sociale versato, c. sociale*, complesso dei conferimenti, valutati in denaro, versati dai soci | *C. sociale nominale, c. nominale*, l'ammontare dei conferimenti in società, interamente versati o no, come risultano dall'iscrizione nel registro delle imprese. *3* Valore, in denaro, dei beni posseduti: *calcolare il c. di un commerciante* | (*est.*) Ricchezza, patrimonio individuale: *ha un c. di gioielli*; *quella pelliccia vale un c.* | *Accumulare un c.*, arricchire | (*fig.*) *Avere un* *c. di cognizioni*, essere ricco di sapere, di saggezza | *Perdere il frutto e il c.*, non concludere nulla | †*Tenere, avere qc., q.c. in c.*, tenerne gran conto, averne stima, vantaggio. **4** (*fig.*) La classe dei proprietari dei mezzi di produzione | *Lotta tra c. e lavoro*, fra classe padronale e classe lavoratrice. **5** (*fig., scherz.*) Birba, briccone, nelle loc. *bel, buon c.* || **capitalàccio**, pegg. | **capitalétto**, dim. | **capitalino**, dim. | **capitalùccio**, dim.

capital gain /*ingl.* 'kæpitəl 'gein/ [loc. ingl., propr. 'incremento di capitale'] loc. sost. m. inv. (pl. ingl. *capital gains*) ● (*econ.*) Reddito derivante dalla vendita di un bene capitale a un prezzo superiore a quello di acquisto.

capitalìsmo [da *capitale* 'ricchezza', prob. attrav. il fr. *capitalisme*] s. m. ● Sistema economico-sociale la cui caratteristica principale risiede nella proprietà privata dei mezzi di produzione, e nella conseguente separazione tra classe dei capitalisti e classe dei lavoratori | *C. di Stato*, sistema economico-sociale in cui l'ente pubblico statale avoca a sé la proprietà dei mezzi di produzione.

capitalìsta [da *capitale* 'ricchezza', prob. attrav. il fr. *capitaliste*] **A** s. m. e f. (pl. m. *-i*) **1** Possessore di capitali. **2** (*est., fam.*) Persona ricca. **B** agg. ● Capitalistico: *società c.*

capitalìstico agg. (pl. m. *-ci*) ● Pertinente al capitalismo o ai capitalisti: *sistema c.* || **capitalisticaménte**, avv. Secondo le teorie del capitalismo.

capitalizzàre [fr. *capitaliser*. V. *capitalismo*] v. tr. **1** Mettere a frutto interessi o redditi trasformandoli in capitale: *c. i dividendi*. **2** Determinare il capitale che, in base a un certo tasso, ha fruttato un determinato reddito: *c. un vitalizio*.

capitalizzazióne s. f. ● Atto, effetto del capitalizzare | *C. degli interessi*, anatocismo | *C. dell'imposta*, calcolo della quota ideale di capitale sottratta al contribuente mediante l'imposta stessa.

capitàna **A** s. f. **1** (*scherz.*) La moglie del capitano | Donna che comanda ad altre. **2** Nave che portava lo stendardo sotto il quale andavano le altre della stessa squadra, denominata oggi ammiraglia | Galea più grande e più armata delle comuni. **B** anche agg. solo f.: *nave c.*

capitanàre [da *capitano*] v. tr. **1** (*raro*) Guidare, comandare, governare un esercito come capitano. **2** (*est.*) Reggere, dirigere come capo: *c. un movimento politico*; *c. la sommossa, l'insurrezione*. SIN. Comandare, guidare.

capitanàto o †**capitaneàto** **A** part. pass. di *capitanare*; anche agg. ● Nei sign. del v. **B** s. m. ● †Dignità e ufficio di capitano d'eserciti | Distretto e durata della giurisdizione e dell'autorità del capitano | Edificio ove risiedeva il capitano.

capitaneggiàre v. tr. (*io capitanéggio*) ● (*raro*) Capitanare.

capitanerìa o †**capitanìa**. s. f. **1** †Capitanato. **2** Compartimento del litorale su cui ha giurisdizione un'autorità amministrativa marittima | *C. di porto*, ufficio nel quale risiede l'autorità amministrativa marittima che ha giurisdizione in quella zona.

capitanéssa s. f. ● (*scherz.*) Capitana.

†**capitanìa** ● V. *capitaneria*.

capitàno o †**cattàneo** [lat. parl. **capitānu(m)*, da *căput*, genit. *căpitis* 'capo'] s. m. (f. *-a* (V.), *-essa* (V.)) **1** Titolo dato in antico ai vassalli di importanti località rurali | *C. del popolo*, nell'ordinamento comunale, magistrato di parte popolare che, di fronte al comune dominato dai magnati, aveva la rappresentanza politica degli esclusi dal potere | *C. generale*, nell'ordinamento comunale, signore della città con poteri sia civili sia militari | *Capitani reggenti*, i due capi dello Stato della Repubblica di S. Marino. **2** Grado della gerarchia militare, corrispondente al comando di una compagnia di fanteria o di uno squadrone di cavalleria o di una batteria di artiglieria | *C. di ventura*, comandante, condottiero di una compagnia di ventura | †Capo, comandante supremo, condottiero: *canto l'armi gloriose e il c.* (TASSO). **3** (*mar.*) Comandante supremo dell'armata navale | *C. di vascello*, che può comandare un bastimento di linea; colonnello | *C. di fregata*, che può comandare un naviglio di second'ordine; tenente colonnello | *C. di corvetta*, che può comandare navi minori; maggiore | *C. del porto*, ufficiale superiore che comanda un porto, che mantiene l'ordine e fa applicare le leggi di polizia marittima | *C. mercantile*, comandante patentato di un bastimento da traffico | *C. di lungo corso, di cabotaggio*, abilitato a comandare una nave in qualsiasi mare. **4** Comandante di una squadriglia di aerei. **5** (*est.*) Chi occupa una posizione di comando e di prestigio: *il c. dei rivoltosi, dei congiurati* | *C. d'industria*, grande industriale. SIN. Capo. **6** Nel calcio e sim., il giocatore più anziano o che ha disputato il maggior numero di partite nella squadra, responsabile della disciplina dei compagni in campo | Nel ciclismo, caposquadra. **7** Maschera della Commedia dell'arte che tratteggiava comicamente la figura del guerriero.

capitàre [lat. parl. **capitāre* 'far capo', da *căput*, genit. *căpitis* 'capo'] **A** v. intr. (*io càpito*; aus. *essere*) **1** Arrivare, giungere casualmente e improvvisamente: *siamo capitati in piazza proprio nel giorno di mercato*; *leggeva quanti libri gli capitavano* (FOSCOLO) | *C. bene, male*, venirsi a trovare in una buona, cattiva situazione. **2** Accadere, presentarsi, verificarsi: *mi è capitato un grosso guaio*; *me ne sono capitate di tutti i colori*; *se capiterà l'occasione, verremo a trovarti* | *C. tra capo e collo*, all'improvviso. **3** (*raro, lett.*) Andare a finire, sboccare, risultare: *ogni diversità de riti nella religione ... in fine capitano a scisma* (SARPI). **B** v. intr. impers. ● Succedere, accadere: *capita spesso che ci vediamo in città*. SIN. Avvenire. **C** v. tr. ● †Concludere.

capitàrio [dal lat. *căput*, genit. *căpitis* 'capo'] agg. ● A testa; pro capite: *quota capitaria*.

capitàto [vc. dotta, lat. *capitātu(m)*, da *căput*, genit. *căpitis* 'capo'] agg. ● (*bot.*) Detto di organo vegetale sottile la cui parte apicale è rotondeggiante.

capitazióne [vc. dotta, lat. tardo *capitatiōne(m)*, da *căput*, genit. *căpitis* 'capo'] s. f. **1** Imposta personale applicata dalla Roma imperiale sugli abitanti delle province. **2** (*raro*) Imposizione fiscale per cui i contribuenti sono tenuti a pagare tutti una stessa somma.

capitecènso s. m. ● Adattamento di *capite census* (V.).

capite census /*lat.* 'kapite 'tʃensus/ [vc. dotta, lat. *capite cēnsi*, comp. di *căpite* (abl. di *căput* 'testa') e *cēnsus* (part. pass. di *censēre* 'tassare') 'coloro che erano iscritti solo per la persona (senza patrimonio)'] loc. sost. m. inv. ● Nell'antica Roma, chi, non possedendo beni, era censito solo per la sua presenza fisica e non era quindi tenuto a pagare tributi.

capitèllo [lat. *capitĕllu(m)*, dim. di *capĭtulum*, a sua volta dim. di *căput* 'capo'] s. m. **1** (*arch.*) Parte superiore della colonna, o del pilastro, su cui posa l'architrave o l'arco, avente funzione decorativa: *c. dorico, ionico, corinzio, composito, rinascimentale*. ➡ ILL. p. 357 ARCHITETTURA. **2** (*anat.*) Prominenza arrotondata, sferoidale di un osso | *C. del perone, del radio* | †Capezzolo. **3** Maniglia della sega. **4** Bordatura in tessuto o in pelle applicata in testa e al piede del dorso d'un volume rilegato. **5** Sommità della caldaia, dell'alambicco. SIN. Duomo, elmo.

capitolàrdo [fr. *capitulard*, da *capituler* 'capitolare (1)', col suff. spreg. di *couard* 'codardo'] s. m. anche agg. (f. *-a*) ● (*spreg.*) Pronto a capitolare, vigliacco | Disfattista.

capitolàre (1) [lat. tardo *capitulāre*, da *capĭtulum* 'capitolo (1)'] **A** v. intr. (*io capìtolo*; aus. *avere*) **1** Stabilire la convenzione militare che, con o senza condizioni, sanziona la resa di un corpo di truppe al nemico | Stabilire i capitoli del trattato di resa. **2** (*est.*) Cedere, arrendersi: *ha insistito tanto che ho capitolato*. **B** v. tr. ● †Dividere in capitoli.

capitolàre (2) [lat. tardo *capitulāre(m)*, agg. di *capĭtulum* 'capitolo (1)'] agg. **1** Relativo a un capitolo di canonici o di religiosi: *archivio c.*; *biblioteca, sala c.* | *Vicario c.*, che funge da vescovo in sede vacante. **2** Pertinente alle capitolazioni: *regime c.*

capitolàre (3) [da *capitolo (1)*] s. m. **1** Nel diritto franco, testo di legge promulgato dal re e diviso in capitoli. **2** Raccolta delle deliberazioni di un'adunanza ecclesiastica o civile.

capitolàto (1) [da *capitolare (3)*] s. m. ● (*dir.*) Complesso delle condizioni e modalità relative all'esercizio di una concessione fatta dalla pubblica amministrazione a un privato o alla esecuzione di un contratto, spec. d'appalto, tra essi intercorso | *C. di prova*, indicazione specifica, distinta in vari articoli o capitoli, dei fatti che una parte vuole provare in giudizio e delle persone che su di essi possono essere interrogate.

capitolàto (2) [da *capitolo (1)*] agg. **1** Scritto a capitoli. **2** Patteggiato.

capitolazióne [vc. dotta, lat. tardo *capitulatiōne(m)*. V. *capitolare (1)*] s. f. **1** Accordo tra belligeranti con il quale si stipula la resa a condizioni specificamente pattuite di un'entità militare | *C. generale*, che si estende all'intero complesso delle forze armate | Complesso dei patti in cui l'accordo tra le parti si è concretizzato: *firmare la c.* **2** (*est.*) Resa, caduta, cedimento. **3** (*spec. al pl.*) Accordo internazionale per cui ai cittadini di uno Stato europeo spettavano, in altro Stato non cristiano del Levante e dell'Estremo Oriente, particolari privilegi: *regime delle capitolazioni*.

capitoléssa [da *capitolo (1)*] s. f. ● Componimento faceto in terza rima.

capitolìno [vc. dotta, lat. *capitolīnu(m)*, agg. di *Capitōlium* 'Campidoglio'] agg. **1** Del Campidoglio: *colle, monte, archivio, museo c.* | *Oche capitoline*, quelle che, starnazzando, avvertirono i Romani dell'assalto notturno dei Galli al Campidoglio; (*fig., scherz.*) donne pettegole, chiacchierone e rumorose. **2** (*est.*) Romano.

capitòlio ● V. *campidoglio*.

capìtolo (1) o †**capìtulo** [vc. dotta, lat. *capĭtulu(m)*, dim. di *căput* 'capo'] s. m. **1** Suddivisione del testo di un'opera, avente importanza immediatamente inferiore alla parte: *il romanzo è diviso in dieci capitoli*. **2** (*dir.*) Parte di un capitolato di prova. **3** (*letter.*) Componimento giocoso in terza rima: *i capitoli del Berni* | Saggio, capriccio tipico della prosa d'arte novecentesca. **4** (*al pl.*) Patti stabiliti in un trattato. || **capitolaccio**, pegg. | **capitolétto**, dim. | **capitolino**, dim. | **capitolùccio**, **capitolùzzo**, dim.

capìtolo (2) [dal lat. eccl. *īre ăd capĭtulum* 'andare alla lettura di un capitolo delle Scritture'] s. m. ● Corpo e adunanza dei canonici di una cattedrale o di una collegiata | *Aver voce in c.*, (*fig.*) godere di notevole autorità, prestigio e sim. | Assemblea periodica o straordinaria di monaci o regolari, con potere deliberante o elettivo.

capitombolàre [da *capitombolo*] v. intr. (*io capitómbolo*; aus. *essere*) ● Ruzzolare: *c. per le scale*. SIN. Cadere.

capitómbolo [comp. di *capo* e *tombolo (1)*] s. m. **1** Caduta col capo all'ingiù: *ha fatto un terribile c. sulla strada ghiacciata*. **2** (*fig.*) Improvviso e violento rovescio di fortuna negli affari, nella politica e sim.

capitombolóni avv. ● (*raro*) A capitomboli: *ha fatto tutta la scala c.*

capitóne [lat. *capitōne(m)* 'che ha la testa grossa', da *căput*, genit. *căpitis* 'capo'] s. m. **1** Anguilla femmina che non torna in mare per riprodursi, ma rimane nelle acque interne ingrassandosi. **2** (*dial.*) Filo di seta grossa e disuguale. **3** (*dial.*) Alare del camino.

capitonné /*fr.* kapitɔ'ne/ [vc. fr., part. pass. di *capitonner* 'coprirsi il capo', poi 'imbottire', da *capiton* 'borra di seta', dall'it. *capitone*, che anticam. aveva anche questo sign.] s. m. inv. ● Imbottitura di mobili, trapunta a losanghe.

†**capitóso** [da *capo*] agg. ● Testardo, caparbio.

capitòzza [forse comp. di *capo* e *tozzo (1)*] s. f. ● (*agr.*) Forma di potatura di alcuni alberi ottenuta con il taglio del tronco a diversa altezza, per favorire l'emissione di nuovi rami | Forma di trattamento del ceduo semplice.

capitozzàre v. tr. (*io capitòzzo*) ● (*agr.*) Potare a capitozza.

capitozzatùra s. f. ● (*agr.*) Potatura a capitozza.

†**capìtulo** ● V. *capitolo (1)*.

capivàra ● V. *capibara*.

†**capivòlgere** e *deriv.* ● V. *capovolgere e deriv.*

†**capivoltàre** ● V. *capovoltare*.

capnomanzìa [comp. del gr. *kapnós* 'fumo', di origine indeur., e di *-manzia*] s. f. ● Esplorazione della volontà degli dei che gli auguri compivano osservando la direzione e il colore del fumo.

capnometrìa [comp. del gr. *kapnós* 'fumo' e *-metria*] s. f. ● Misurazione dell'opacità dei fumi emessi dagli impianti industriali.

càpo [lat. *căput*, da avvicinare a forme analoghe di altre lingue indeur.] **A** s. m. (f. scherz. *-a*, *-essa*; pl. *càpi*, m., †*càpita*, f.) **I** Con riferimento a esseri umani. **1** Parte superiore del corpo umano, congiunta al tronco per mezzo del collo, sede degli organi che regolano la vita sensitiva e intellettuale: *c. canuto, biondo, calvo*; *tenere il cappello in c.*; *scoprirsi il c. in segno di rispetto*; *avere mal di c.* | *Battere il c. contro il muro*, (*fig.*) intraprendere un'impresa disperata | *Non sapere dove battere il c.*, (*fig.*) non sapere dove andare o a chi rivolgersi | *Chinare, abbassare, piegare il c.*, (*fig.*) obbedire, rassegnarsi | *Alzare il c.*, (*fig.*) ribellarsi | *Scuotere il c.*, in segno di scontento, incredulità, disprezzo | *Grattarsi il c.*, in segno di perplessità, imbarazzo e sim. | *Fra c. e collo*, (*fig.*) di cosa spiacevole che accade all'improvviso | *Mangiare la minestra in c. a qc.*, superarlo in statura e (*fig.*) sopraffarlo | *Andare col c. rotto*, (*fig.*) in rovina | *Tenere le mani in c. a qc.*, proteggerlo | *Prendere una lavata di c.*, un rimprovero | *Non avere né c. né coda*, di cosa disordinata e inconcludente | *Dar di c.*, (*fig.*) imbattersi | (*lett.*) *La pena del c.*, della decapitazione. SIN. Testa. **2** (*fig.*) Intelletto, mente: *c. ameno, armonico, sventato* | *Rompersi il c.*, scervellarsi, lambiccarsi il cervello | *Mettersi in c. q.c.*, convincersi di un'idea e mantenerla ostinatamente | *Passare per il c.*, di idee che vengono all'improvviso in mente | *C. scarico*, persona che non si pone preoccupazioni | *Fare le cose col c. nel sacco*, in modo avventato | *Avere il c. nei piedi*, essere sbadato | *C. quadro*, persona senza cervello | *Mettere il c. a una cosa*, curarsene. **3** Persona investita di specifiche funzioni di comando: *il c. della famiglia, di un'impresa, di un reparto*; *qui il c. sono io!* | *Ehi c.!*, apostrofe per richiamare l'attenzione di qc. | C. dello Stato, chi ricopre la più alta carica dello Stato, come il Presidente della Repubblica in Italia | *C. del Governo*, il presidente del consiglio dei ministri | *C. di Stato Maggiore*, ufficiale di stato maggiore che dirige l'attività di tutti gli ufficiali componenti lo Stato Maggiore di una grande unità o di un alto comando territoriale | *Essere a c.*, comandare, dirigere | *In c.*, di chi è al di sopra di tutti per autorità e potere: *comandante in c.* **4** (*est.*) Chi comanda, dirige, guida, senza disporre di particolari titoli o cariche: *il c. dei rivoltosi, degli scioperanti*; *è il c. riconosciuto della mafia locale* | (*est.*) Chi sa organizzare imprese e comandare uomini o mostra spiccate attitudini in questo senso: *è un c., un vero c.* | *C. storico*, ispiratore o fondatore di movimenti spec. politici, dotato di grande prestigio personale | *Far c. a*, ricorrere a qc. spec. per consigli o necessità. **5** In un'azienda, chi svolge mansioni direttive intermedie. SIN. Quadro. **6** Nella Marina militare, denominazione generica dei sottufficiali: *c. cannoniere*; *c. di prima, di seconda, di terza classe* | *Secondo c.*, sergente maggiore. **II** Con riferimento ad animali. **1** Parte del corpo degli animali, di norma in posizione anteriore, in cui sono situati i centri nervosi più importanti e, di solito, la bocca e i principali organi di senso. **2** (*est., spec. al pl.*) Individuo di una determinata specie animale: *capi di bestiame*; *una mandria, un branco di 500 capi*; *selezionare i capi da riproduzione.* **III** Con riferimento a oggetti inanimati. **1** Parte più alta di q.c.: *il c. della scala, di una colonna* | *In c. a*, sopra | *A c. di*, nella, vicino alla parte superiore di q.c.: *a c. del letto* | (*est.*) Parte estrema, iniziale o finale di q.c.: *il c. di un fiume, di una strada*; *prendere il c. di una corda, di un filo*; *corse fino all'altro c. del paese* | *C. di un circuito elettrico*, terminale | *C. grosso*, punto in cui convergono più linee da parti diverse | *Far c.*, andare a finire, sboccare, terminare: *la via fa c. nella piazza* | (*fig.*) *In c. al mondo*, in un luogo molto lontano. SIN. Estremità, fine, inizio. **2** (*fig.*) Principio: *cominciare, ricominciare da c.* | *Andare a c.*, riprendere a scrivere dal principio della riga seguente | (*fig.*) Fine, conclusione | *In c. a un mese, a un anno*, tra un mese, tra un anno | *Venire a c. di q.c.*, concluderla, risolverla | V. anche *daccapo*. **3** Uno dei fili che, ritorti insieme, costituiscono i filati semplici | (*est.*) Canapo, corda. **4** Parte di un corpo, di uno strumento, di un vegetale e sim. che si allarga quasi simulando una testa: *c. di un chiodo, di uno spillo*; *il c. dell'aglio, della cipolla* | (*est.*) Estremità dello stelo, dove si apre il fiore. **5** Singolo oggetto di una serie: *c. di biancheria, di vestiario* | *Scegliere c. per c.*, dettagliatamente | (*fig., lett.*) Sezione, parte di uno scritto: *altri due capi della legge Publilia* (VICO) | *Riferire q.c. per sommi capi*, sommariamente e soffermandosi solo sui punti principali. **6** (*geogr.*) Sporgenza di una costa in mare | Estremità di una penisola o di un continente | Promontorio. **7** (*arald.*) Fascia che occupa il terzo superiore dello scudo **B** in funzione di agg. inv. ● (posposto a un s.) Che dirige, comanda: *commissario c.*; *redattore c.*; *ingegnere c. del Genio Civile* || PROV. Cosa fatta capo ha; meglio essere capo che coda. || **capàccio**, pegg. | **capétto**, dim. (V.) | **capino**, dim. | **capolino**, dim. (V.) | **capóne**, accr. (V.) | **capùccio**, dim. pegg.

càpo- [V. *capo*] primo elemento ● In parole composte significa 'che è a capo', 'dirigente' (*capostazione*) o indica eccellenza o preminenza (*capolavoro*) o inizio di qualche cosa (*capofila*).

capoàrea [comp. di *capo-* e *area*] s. m. e f. (pl. m. *capiàrea*; pl. f. inv.) ● (*org. az.*) Responsabile del coordinamento e del controllo di gruppi di venditori in una data area geografica, spec. nel settore dei beni di largo consumo. SIN. Area manager.

capoàrma [comp. di *capo-* e *arma*] s. m. (pl. *capiàrma*) ● Nella squadra di mitraglieri, il soldato che cura la manutenzione e la postazione dell'arma.

capobànda [comp. di *capo-* e *banda*] s. m. e f. nel sign. 2 (pl. m. *capibànda*, pl. f. inv., evit. *capobànde*) **1** Chi dirige una banda musicale. **2** Capo di una banda di malviventi | (*scherz.*) Chi comanda una brigata di buontemponi.

capobandito [comp. di *capo* e *bandito*] s. m. (pl. *capibanditi*) ● Chi comanda banditi organizzati in banda.

capobàrca [comp. di *capo-* e *barca*] s. m. (pl. *capibàrca*) ● Chi comanda una barca da pesca o da trasporto.

capobastóne [comp. di *capo-* e *bastone*] s. m. (pl. *capibastóne*) ● Nella gerarchia mafiosa, chi, nei limiti delle proprie competenze circoscrizionali, detiene il potere decisionale e mantiene i collegamenti con gli altri capi.

capobrànco [comp. di *capo* e *branco*] s. m. e f. (pl. m. *capibrànco*; pl. f. inv.) **1** Animale che guida il branco. **2** Nell'associazione dei giovani esploratori, chi comanda un gruppo di lupetti.

capobrigànte [comp. di *capo* e *brigante*] s. m. (pl. *capibrigànti*) ● Capo di una banda di briganti.

capòc /ka'pɔk*/ ● V. *kapok*.

capocàccia [comp. di *capo-* e *caccia* (*1*)] s. m. (pl. *capicàccia*) ● Il cacciatore che dirige una battuta di caccia, in cacce al seguito, battute a grossa selvaggina e sim.

capocannonière [comp. di *capo-* e *cannoniere*] s. m. (pl. *capicannonièri*) **1** Il sottufficiale più anziano su una nave da guerra. **2** Il calciatore che è in testa alla classifica dei cannonieri.

capocarcerière [comp. di *capo-* e *carceriere*] s. m. (pl. *capicarcerièri*) ● Carceriere che sovraintende agli altri agenti di custodia in un carcere.

capocàrico [comp. di *capo-* e *carico*] s. m. (pl. *capicàrichi*) ● Sottufficiale che ha in consegna le armi, le munizioni e i materiali relativi, su una nave da guerra.

capocàrro [comp. di *capo-* e *carro*] s. m. (pl. *capicàrro*) ● Sottufficiale o graduato che comanda l'equipaggio di un carro armato | Ufficiale che comanda una sezione o una compagnia di carri armati.

capòcchia [da *capo*] s. f. **1** Estremità arrotondata di spilli, fiammiferi, chiodi, viti e sim., più grossa del fusto. **2** (*scherz., pop.*) Testa | (*fig.*) *Fare, dire q.c. a c.*, agire, parlare a vanvera. || **capocchiétta**, dim. | **capocchìna**, dim.

capocchierìa [da *capocchio*] s. f. ● (*raro*) Bizzarria, balordaggine: *come vi veggo ora rider tutti della mia c.!* (NIEVO).

capòcchio [da *capo*] agg. ● (*raro*) Bizzarro, balordo.

capocchiùto agg. ● Fornito di capocchia | *Aglio c.*, con bulbo molto sviluppato.

capòccia o **capòccio** nel sign. A [da *capo*] **A** s. m. (pl. *capòccia* o *capòcci*) **1** Capo della famiglia colonica: *il c. ha dato ordine di iniziare la vendemmia*. SIN. Reggitore, vergaro. **2** Chi sorveglia una squadra di lavoranti, di pastori o di vaccari. **3** (*spreg.*) Caporione: *il c. di una banda di ladri*. **B** s. f. (pl. *-ce*) **1** (*dial.*) La moglie del capoccia, nel sign. 1. **2** (*dial.*) Testa, capo: *battere, abbassare la c.* || **capoccétta**, dim. | **capocciόna**, accr. | **capocciόne**, accr. m. (V.).

capocciàta s. f. ● (*dial., scherz.*) Colpo dato con la testa: *una c. nel muro*.

capòccio ● V. *capoccia*.

capocciόne s. m. **1** (*dial.*) Accr. di *capoccia* nel sign. B2. **2** (*dial., est.*) Persona con la testa grossa | (*fig., scherz.*) Persona di grande intelligenza. **3** (*dial., fig., spreg.*) Persona che ricopre una carica importante, personaggio influente | Caporione: *i capoccioni cittadini*.

capocèllula [comp. di *capo-* e *cellula*] s. m. e f. (pl. m. *capicèllula*, pl. f. inv., evit. *capocèllule*) ● Chi dirige una cellula.

capocèntro [comp. di *capo-* e *centro*] s. m. e f. (pl. m. *capicèntro*; pl. f. inv.) ● Persona che dirige un centro meccanografico o elettronico.

capocièlo [comp. di *capo-* e *cielo*] s. m. ● Baldacchino sospeso alla volta sopra l'altare maggiore.

capoclàn [comp. di *capo* e *clan*] s. m. e f. (pl. m. *capiclan*; pl. f. inv.) ● Capo di un clan.

càpo-claque /*semi-fr.* 'kapo 'klak/ [comp. di *capo-* e *claque*] s. m. e f. inv. ● Chi dirige e coordina l'attività di una claque.

capoclàsse [comp. di *capo-* e *classe*] s. m. e f. (pl. m. *capiclàsse*; pl. f. inv.) ● Alunno incaricato di particolari funzioni, d'ordine e di organizzazione.

capoclassìfica [comp. di *capo* e *classifica*] agg. inv.; anche s. m. e f. (pl. m. *capiclassìfica*; pl. f. inv.) ● Che, chi è primo in classifica.

capocòffa [comp. di *capo-* e *coffa*] s. m. (pl. *capicòffa*) ● (*mar.*) Primo gabbiere che dalla coffa dirige i marinai in una manovra.

capocòllo o **capicòllo** [comp. di *capo* e *collo* (*1*)] s. m. (pl. *capicòlli*) **1** Parte carnosa intorno al collo di bestia da macello. **2** Salume fatto con carne di maiale tratta dalla regione dorsale presso il collo, salato, aromatizzato e avvolto con budello. SIN. Coppa (2) nel sign. 3.

capocomicàto s. m. ● Carica di capocomico.

capocòmico [comp. di *capo-* e *comico*] s. m. (f. *-a*; pl. m. *capocòmici* o *capicòmici*; pl. f. *capocòmiche*) ● Un tempo, chi era a capo di una compagnia teatrale e scritturava gli attori.

capocomitìva [comp. di *capo* e *comitiva*] s. m. e f. (pl. m. *capicomitìva*; pl. f. inv.) ● Chi guida una comitiva.

capocommèssa [comp. di *capo-* e *commessa*] s. m. e f. (pl. m. *capicommèssa*; pl. f. inv.) ● (*org. az.*) Responsabile del coordinamento e della predisposizione delle offerte alla clientela dei prodotti di un'industria.

capoconvòglio [comp. di *capo-* e *convoglio*] s. m. (pl. *capiconvòglio*) ● Nave che guida un convoglio.

capocòrda [comp. di *capo-* e *corda*] s. m. (pl. *capicòrda*) **1** (*elettr.*) Elemento terminale di un conduttore elettrico, atto a collegarlo con altri conduttori. **2** Nell'alpinismo, capocordata.

capocordàta [comp. di *capo-* e *cordata*] s. m. e f. (pl. m. *capicordàta*; pl. f. inv.) **1** Chi guida la cordata durante un'ascensione alpinistica. SIN. Capocorda. **2** (*econ., fin.*) Chi è a capo di una cordata.

capocrònaca [comp. di *capo-* e *cronaca*] s. m. (pl. *capicrònaca*) ● In un giornale, articolo dedicato ad avvenimenti o problemi di rilevante interesse locale, che apre la pagina dedicata alla cronaca cittadina.

capocronìsta [comp. di *capo-* e *cronista*] s. m. e f. (pl. m. *capicronisti*, pl. f. *capocroniste*) ● Redattore che presiede ai servizi di cronaca di un giornale.

capocuòco [comp. di *capo-* e *cuoco*] s. m. (f. *-a*; pl. m. *capocuòchi* o *capicuòchi*; pl. f. *capocuòche*) ● Cuoco che, nella cucina di un grande albergo o di un ristorante, dirige l'attività di altri cuochi, ciascuno specializzato nella preparazione di un preciso genere di piatti o cibi. SIN. Primo cuoco.

capodànno o **càpo d'ànno** / [da *capo d'anno*] s. m. (pl., raro, *capodànni* o *càpi d'ànno*) ● Primo giorno dell'anno.

capodibànda [comp. di *capo-* e *banda*] s. m. (pl. *capidibànda*) ● (*mar.*) Bordo d'una barca | Orlo superiore dove si termina l'opera morta di qualsiasi bastimento.

capodimónte A agg. inv. ● Detto di porcellana fabbricata a Capodimonte, presso Napoli | Di oggetto realizzato con tale porcellana: *vassoio, piatto c.* **B** s. m. inv. ● Oggetto di porcellana capodimonte.

capodipartiménto [comp. di *capo-* e *dipartimento*] s. m. e f. (pl. m. *capidipartiménto*; pl. f. inv.) ● Chi dirige un dipartimento amministrativo, tecnico e sim.

capodiviṣióne [comp. di *capo-* e *divisione*] s. m. e f. (pl. m. *capidiviṣióne*; pl. f. inv.) ● Chi dirige una divisione della pubblica amministrazione: *c. del Ministero della Sanità.*

capodòglio o **capidòglio** [da *capo d'olio* per la grande quantità di liquido oleoso che si estrae dal capo di questo animale] s. m. ● Grosso mammifero acquatico dei Cetacei, tozzo, con capo enorme (*Physeter macrocephalus*).

capodòpera o **càpo d'òpera** [fr. *chef-d'œuvre*, V. *capo-* e *opera*] s. m. (pl. *càpi d'òpera*, raro *capidòpera*) **1** (*raro*) Capolavoro. **2** (*fig.*) Persona bizzarra.

capofàbbrica [comp. di *capo-* e *fabbrica*] s. m. e f. (pl. m. *capifàbbrica*; pl. f. inv.) ● Chi, in una fabbrica, sovrintende ai lavori.

capofabbricàto [comp. di *capo-* e *fabbricato*] s. m. (pl. *capifabbricàto*) ● Durante la seconda guerra mondiale, l'inquilino incaricato di far osservare nel proprio caseggiato le prescritte misure di sicurezza.

capofacchìno [comp. di *capo-* e *facchino*] s. m. (pl. *capifacchìni*) ● Chi dirige una carovana di facchini.

capofamiglia [comp. di *capo-* e *famiglia*] s. m. e f. (pl. m. *capifamìglia*, pl. f. inv., evit. *capofamìglie*) ● Chi è a capo di un nucleo familiare.

capofficìna ● V. *capoofficina*.

capofila [comp. di *capo-* e *fila*] s. m. e f. (pl. m. *capifila*, pl. f. inv., evit. *capofile*) **1** Chi è primo in una fila di persone, animali, veicoli, navi: *seguire il c.* **2** Testa di una fila | *In c.*, al primo posto. **3** (*fig.*) Principale esponente di una corrente politica, letteraria e sim.: *il c. della sinistra.*

capofitto [comp. di *capo* e *fitto* (*1*)] agg. **1** (*raro*) Col capo all'ingiù: *cadere capofitti.* **2** Nella loc. avv. *a c.*: *lanciarsi a c. nell'acqua* | (*fig.*) *Buttarsi, gettarsi a c. in un'impresa, in un lavoro e sim.*, con grande e serio impegno.

capofòsso o **capifòsso** [comp. di *capo-* e *fosso*] s. m. (pl. *capifòsso*) ● Canale di scolo posto ai bordi di ciascun appezzamento di terreno che raccoglie l'acqua dalle fosse campestri.

capogabbière [comp. di *capo-* e *gabbiere*] s. m. (pl. *capigabbièri*) ● Gabbiere esperto che dirige altri gabbieri nella manovra delle vele.

capogabinétto [comp. di *capo-* e *gabinetto* nel sign. 7] s. m. (pl. *capigabinétto*) ● Chi è a capo del gabinetto di un ministro.

capogàtto [etim. incerta] s. m. (pl. *capogàtti* o *capigàtti*) **1** (*raro*) Capogiro, vertigine. **2** (*veter.*) Capostorno. **3** (*agr.*) Tipo di propaggine consistente nel piegare ad arco il ramo per interrarne l'estremità affinché emetta radici.

capogìro o †**capogirlo**, †**capogirolo** [comp. di *capo* e *giro*] s. m. (pl. *capogìri*) **1** Vertigine | *Da c.*, (*fig.*) esorbitante, sbalorditivo: *prezzi da c.* **2** †Pensiero stravagante.

capogrùppo [comp. di *capo-* e *gruppo*] s. m. e f. (pl. m. *capigrùppo*; pl. f. inv.) **1** Chi dirige, coordina, guida un gruppo di persone, come lavoratori, ricercatori scientifici, parlamentari, turisti. **2** Società che ha una partecipazione di maggioranza in altre società.

capoguàrdia [comp. di *capo-* e *guardia*] s. m. e f. nel sign. 1 (pl. m. *capiguàrdia*; pl. f. inv.) **1** Capo delle guardie municipali o carcerarie. **2** Sottufficiale che presiede ai marinai di guardia.

capòk ● V. *kapok*.

capolavóro [comp. di *capo-* e *lavoro*] s. m. (pl. *capolavóri* o raro *capilavóri*) **1** La migliore opera di un artista, di una scuola, di una corrente letteraria e sim.: *è il c. di Giotto* | (*est.*) Opera eccellente nel suo genere: *quel quadro è un c.*; *come autostrada è un vero c.* | (*antifr.*) L'opera e l'azione peggiore: *questo compito è un c. d'ignoranza.* **2** Manufatto od opera eseguita da un operaio o da un artigiano per dimostrare il grado di abilità raggiunto, a conclusione di un periodo di istruzione professionale e prima di essere definitivamente assunto.

capoléga [comp. di *capo-* e *lega* (*1*)] s. m. (pl. *capiléga*) ● In epoca anteriore al fascismo, segretario di una lega di braccianti nella bassa padana.

capolèpre [detto così dal *capo* che ricorda quello di una *lepre*] s. m. ● (*zool.*) Pesce palla.

capolèttera o **capoléttera** [comp. di *capo-* e *lettera*] s. m. (pl. *capilèttera* o *capiléttera*) **1** Emblema usato, dopo la rivoluzione francese, come intestazione nei documenti di Stato e in seguito adottato anche nella corrispondenza privata. **2** Lettera più grande delle altre usata per cominciare un articolo giornalistico, un capitolo di libro e sim.

capolètto [comp. di *capo-* e *letto*] s. m. (pl. *capolètti*) ● Drappo che si appendeva in capo al letto | Arazzo: *è meravigliosa cosa vedere i capoletti intorno alla sala dove mangiamo* (BOCCACCIO).

capolìnea [comp. di *capo-* e *linea*] s. m. (pl. *capilìnea*) **1** Stazione iniziale o terminale di una linea di trasporto pubblico | *Essere, arrivare al c.*, (*fig.*) giungere al termine, alla conclusione. **2** Nave che precede le altre.

capolìno [dim. di *capo*] s. m. **1** Dim. di *capo* | *Far c.*, sporgere il capo da un riparo parzialmente, cautamente, furtivamente. **2** (*bot.*) Infiorescenza di fiori piccoli, sessili, impiantati sul ricettacolo, distinti in fiori periferici e interni, e tanto fitti da simulare un fiore unico.

capolista [comp. di *capo-* e *lista*] **A** s. m. e f. (pl. m. *capilista*; pl. f. inv.) **1** Chi, in una lista, è segnato per primo: *c. in una circoscrizione elettorale* | (*est.*) Chi ha ottenuto il maggior numero di voti in una competizione elettorale | (*fig.*) Chi è a capo di un movimento, di una corrente e sim., per qualità personali, prestigio e sim.: *il c. del cubismo.* **2** Inizio di una lista: *essere in, a c.* **B** s. f. ● Nel calcio e sim., la squadra che nel corso del campionato è in testa alla classifica. **C** in funzione di agg. inv. ● (posposto a un s.) Che sta al primo posto in una lista o graduatoria: *candidato c.*; *squadra c.*

capoluògo [fr. *chef-lieu*. V. *capo-* e *luogo*] s. m. (pl. *capoluòghi* o *capiluòghi*) ● Località principale di un territorio sede dell'autorità preposta all'amministrazione dello stesso: *Bologna è il c. dell'Emilia-Romagna.*

capomacchinista [comp. di *capo-* e *macchinista*] s. m. e f. (pl. m. *capomacchinìsti*, pl. f. *capomacchinìste*) **1** Capo dei macchinisti. **2** (*mar.*) Direttore di macchina.

capomaèstro o **capomaéstro** ● V. *capomastro*.

capomàfia [comp. di *capo-* e *mafia*] s. m. (pl. *capimàfia*) ● Capo di un gruppo mafioso.

capomanipolo [comp. di *capo-* e *manipolo*] s. m. (pl. *capimanìpolo*) ● Nella milizia fascista, comandante di un manipolo.

capomanòvra [comp. di *capo-* e *manovra*] s. m. (pl. *capimanòvra*) ● (*mar.*) Capogabbiere.

capomàstro o **capomaèstro** [comp. di *capo-* e *mastro*] s. m. (pl. *capomàstri* o *capimàstri*) ● Muratore al quale è affidata la sorveglianza tecnica e disciplinare di un gruppo di muratori | (*est.*) Piccolo imprenditore edile che sorveglia direttamente il lavoro.

capomènsa [comp. di *capo-* e *mensa*] s. m. e f. (pl. m. *capimènsa*; pl. f. inv.) ● Responsabile della conduzione e dell'organizzazione di una mensa, spec. aziendale.

capomissióne [comp. di *capo-* e *missione*] s. m. e raro f. (pl. m. *capimissióne*; pl. f. inv.) ● Chi dirige una missione diplomatica.

†**capomòrto** [comp. di *capo* e *morto*] s. m. ● Residuo fisso di una distillazione | Residuo inutilizzato di un processo industriale.

capomoviménto [comp. di *capo-* e *movimento*] s. m. e f. (pl. *capimoviménto*, pl. f. inv.) ● Dirigente della circolazione dei treni.

capomùṣica [comp. di *capo-* e *musica*] s. m. (pl. *capimùṣica*) ● Chi dirige il corpo musicale di un reggimento.

caponàggine [da *capone* (*1*)] s. f. ● Testardaggine.

caponàre ● V. *capponare* (*2*).

caponàta o **capponàta** (*2*) [sp. *caponada* (V. *cappone* (*1*)), forse per la forma o per ironia] s. f. **1** Galletta inzuppata in acqua, ben premuta e condita con olio, olive, capperi e acciughe. **2** Pietanza siciliana a base di melanzane fritte, capperi, olive e sedano, condita in agrodolce.

capóne (**1**) [da *capo*] s. m.; anche agg. (f. *-a*) ● Chi, che ha la testa molto grossa | (*fig.*) Chi, che è ostinato e caparbio.

†**capóne** (**2**) ● V. *cappone* (*1*).

capóne (**3**) o **cappóne** (**2**) [etim. incerta] s. m. ● (*mar.*) Paranco munito di grosso gancio usato per sollevare l'ancora a ceppo dal pelo dell'acqua fino all'altezza della scarpa.

caponerìa [da *capone* (*1*)] s. f. ● (*raro*) Ostinazione, testardaggine.

caponièra o **capponièra** [per la forma che ricorda quella di una *capponaia*] s. f. ● Opera di fortificazione costruita nel fondo del fossato per impedirne il passaggio al nemico. ➡ ILL. p. 361 ARCHITETTURA.

capoofficìna /kapooffi'tʃina, kapoffi'tʃina/ o **capofficìna** [comp. di *capo-* e *officina*] s. m. e f. (pl. m. *capiofficìna*, pl. f. inv.) ● Chi sovrintende ai lavori di un'officina.

capopàgina [comp. di *capo-* e *pagina*] s. m. (pl. *capipàgina*) **1** Fregio a stampa posto in cima alle pagine con cui iniziano le principali divisioni di un'opera. SIN. Frontone, testata. **2** Inizio di una pagina: *andare a c.*

capopàrte [comp. di *capo-* e *parte*] s. m. e f. (pl. m. *capipàrte*, pl. f. inv.) ● Chi capeggia una fazione politica: *c. di plebe* (VICO); *c. dei guelfi.*

capopartìta [comp. di *capo-* e *partita* (*2*) nel sign. di 'compagnia, squadra, brigata'] s. m. anche agg. ● Cuoco che, nella cucina di un grande albergo o di un ristorante, alle dipendenze del capocuoco e servendosi dell'opera di aiutanti, si occupa della preparazione di un solo settore di cibi o genere di piatti.

capopàrto [comp. di *capo-* e *parto*] s. m. (pl. *capipàrto*) ● Prima mestruazione dopo il parto.

capopattùglia [comp. di *capo-* e *pattuglia*] s. m. (pl. *capipattùglia*) ● (*mil.*) Comandante di una pattuglia.

capopésca [comp. di *capo* e *pesca* (*2*)] s. m. (pl. *capipésca*) ● Chi, su un peschereccio, dirige le operazioni di pesca.

capopèzzo [comp. di *capo-* e *pezzo*] s. m. (pl. *capipèzzo*) ● Comandante la squadra dei serventi di un pezzo di artiglieria.

capopòpolo [comp. di *capo-* e *popolo*] s. m. e f. (pl. m. *capipòpolo*, pl. f. inv.) ● Chi dirige e guida il popolo, spec. in rivolte o sommosse.

capopósto [comp. di *capo-* e *posto*] s. m. (pl. *capipósto*) ● Graduato di truppa comandante di un posto di guardia.

caporalàto [da *caporale*, nel sign. A 4] s. m. ● Sistema di reclutamento di manodopera mediante caporali.

caporàle [lat. mediev. *caporale(m)*, da *capora*, pl. ant. di *capo*] **A** s. m. (f. *-a* nel sign. 2) **1** Primo graduato della gerarchia militare, comandante una squadra | *C. di giornata, di settimana*, comandato, per i periodi relativi, a sovrintendere alle pulizie e all'assetto dei locali di uso generale della compagnia, squadrone o batteria. V. anche *caporalmaggiore.* **2** (*est.*) Persona autoritaria e sgarbata. **3** (*pop.*) Capo di una squadra di operai | Salariato fisso di azienda agricola. **4** Nel Mezzogiorno d'Italia, chi recluta abusivamente operai agricoli scavalcando gli uffici di collocamento e ignorando le leggi sul lavoro e le normative sindacali. **5** Segnale antinebbia a forma di 'V' rovesciata ripetuto sull'asfalto delle autostrade per consentire una marcia più sicura agli automezzi. **6** †Capo di una famiglia, di una fazione. **B** agg. ● †Principale. || **caporalàccio**, pegg. | **caporalétto**, dim. | **caporalìno**, dim. | **caporalóne**, accr. | **caporalùccio**, pegg.

caporalésco agg. (pl. m. *-schi*) ● Rude, sgarbato, irragionevolmente imperioso: *cipiglio c.*; *modi caporaleschi.*

caporaliṣmo s. m. ● (*spreg.*) Autorità esercitata con imperiosità militaresca.

caporalmaggióre o **caporàl maggióre** [da *caporal(e)* e *maggiore*] s. m. ● Graduato immediatamente superiore al caporale.

caporàncio [comp. di *capo-* e *rancio*] s. m. (pl. *capirànci*o) ● Graduato che presiede alla mensa di un gruppo di marinai.

caporedattóre [comp. di *capo-* e *redattore*] s. m. (f. *caporedattrìce*; pl. m. *capiredattóri*; pl. f. *caporedattrìci*) ● Chi è a capo di una redazione, redattore capo.

caporepàrto o **càpo repàrto** [comp. di *capo-* e *reparto*] s. m. e f. (pl. m. *capirepàrto*; pl. f. inv.) ● Chi è a capo di un settore aziendale, di un reparto amministrativo, sanitario e sim.

caporétto [dalla località di *Caporetto*, dove, durante la prima guerra mondiale, l'esercito italiano subì una grave sconfitta] s. f. inv. ● Grave sconfitta, disfatta.

†**caporicciàre** v. intr. ● Raccapricciare.

†**caporiccio** [comp. di *capo* e *riccio*, con allusione ai capelli irti per lo spavento o la sorpresa] s. m. *1* Raccapriccio. *2* Capriccio.

caporióne /kapo'rjone, *nel sign. 2 anche* kapori'one/ [comp. di *capo-* e *rione*] s. m. (pl. *caporióni*; pl. *capirióni* /kapi'rjoni, kapiri'oni/ nel sign. 2; f. *carporióna* nel sign. 1) *1* Chi è a capo d'un gruppo di persone disoneste, facinorose, e sim. | †Capo, guida. SIN. Capoccia. *2* †Capo di un rione.

caporivèrso [comp. di *capo* e *riverso*] avv. ● (*raro*) Caporovescio.

caporónda [comp. di *capo-* e *ronda*] s. m. (pl. *capirónda*) ● Graduato o sottufficiale che comanda una ronda.

caporósso ● V. *capirosso*.

caporovèscio [comp. di *capo* e *rovescio*] avv. ● (*raro*) A testa in giù: *cadere c.* | Anche nella loc. avv. *a c.*

caposàla [comp. di *capo-* e *sala*] s. m. e f. (pl. m. *capisàla*; pl. f. inv.) ● Persona addetta alla sorveglianza del personale di una sala o di un reparto in uffici pubblici, stazioni ferroviarie, ospedali, e sim.

caposàldo [comp. di *capo* e *saldo*] s. m. (pl. *capisàldi*) *1* Punto stabile, facilmente individuabile sul terreno, del quale è nota la posizione planimetrica e altimetrica, usato nelle livellazioni. *2* Complesso tattico-fortificatorio destinato ad assicurare il possesso della posizione su cui è investito | (*fig.*) Elemento, punto o parte essenziale, fondamentale: *questi sono i capisaldi del vivere civile.* SIN. Base, fondamento, principio.

caposcàla [comp. di *capo-* e *scala*] s. m. (pl. *capiscàla*) ● Pianerottolo in cima a una scala.

caposcàlo [comp. di *capo* e *scalo*] s. m. e f. (pl. m. *capiscàlo*; pl. f. inv.) ● In un aeroporto, chi è preposto dall'esercente di una linea aerea alla direzione dei vari servizi.

caposcàrico o **càpo scàrico** [comp. di *capo* e *scarico* 'scaricato', cioè 'libero, vuoto'] s. m. (pl. *capiscàrichi* o *càpi scàrichi*) ● Buontempone.

caposcuòla [comp. di *capo-* e *scuola*] s. m. e f. (pl. m. *capiscuòla*; pl. f. inv.) ● Chi, nelle arti, nelle lettere e nella scienza, si pone come innovatore o iniziatore di metodi e tendenze nuove che incontrano il favore e l'approvazione di molti seguaci.

caposervìzio [comp. di *capo-* e *servizio*] s. m. e f. (pl. m. *capiservìzio*; pl. f. inv.) *1* In imprese pubbliche o private, funzionario preposto a un settore organizzativo. *2* Redattore preposto a un particolare servizio o sezione di un giornale, quale esteri, interni, sport e sim., assistito da uno o più redattori: *c. esteri, interni.*

caposèsto [comp. di *capo-* e *sesto* 'garbo'] s. m. inv. ● Nelle navi in legno, le due ultime coste a prora e a poppa.

caposettóre [comp. di *capo* e *settore*] **A** agg. inv. ● Detto di azienda che svolge una funzione di guida in un determinato settore produttivo. **B** s. m. e f. (pl. m. *capisettóre*; pl. f. inv.) ● Chi è a capo di un settore di un'azienda pubblica o privata.

caposezióne [comp. di *capo-* e *sezione*] s. m. e f. (pl. m. *capisezióne*; pl. f. inv.) *1* Chi, in un ufficio pubblico, è preposto a una sezione. *2* Nell'equitazione, cavaliere che sta in testa durante gli esercizi al maneggio.

†**caposòldo** [comp. di *capo* e *soldo*] s. m. ● Soprassoldo.

capospàlla [comp. di *capo* e *spalla*] s. m. (pl. *capispàlla*) ● Capo d'abbigliamento fornito di spalle, come cappotti e giacche, per la cui confezione è richiesta particolare cura e competenza.

caposquàdra [comp. di *capo-* e *squadra*] s. m. (anche f. nel sign. 1; pl. m. *capisquàdra*; pl. f. inv., evit. *caposquàdre*) *1* Chi dirige e coordina una squadra di persone come lavoratori, atleti, scolari e sim. *2* Sottufficiale o graduato comandante di squadra di fanteria.

caposquadriglia [comp. di *capo-* e *squadriglia*] s. m. (pl. *capisquadrìglia*) ● Chi comanda una squadriglia di navi siluranti o di aereomobili | Chi comanda una squadriglia di giovani esploratori.

capostànza [comp. di *capo-* e *stanza*] s. m. e f. (pl. m. *capistànza*; pl. f. inv.) ● Impiegato incaricato di sorvegliare i colleghi che lavorano nella stessa stanza.

capostazióne [comp. di *capo-* e *stazione*] s. m. e f. (pl. m. *capistazióne*; pl. f. inv.) ● Dirigente di una stazione ferroviaria.

capostìpite [comp. di *capo-* e *stipite*] s. m. (anche f. nei sign. 1 e 2; pl. *capostìpiti*) *1* Il primo antenato di una progenie o famiglia. *2* (*est.*) Il primo esemplare di una serie di cose più o meno simili. *3* In filologia, archetipo.

capostórno [comp. di *capo* e *stornare*] s. m. ● Malattia degli erbivori, caratterizzata da vertigini e mancanza di coordinazione nei movimenti, prodotta da un parassita (cenuro) che determina la formazione di una cisti nel cervello. SIN. Capogatto, cenurosi.

capostruttùra [comp. di *capo* e *struttura*] s. m. e f. (pl. m. *capistruttùra*; pl. f. inv.) ● Nell'ambito di un'azienda, chi è a capo di un insieme di settori collegati: *c. televisivo.*

capotambùro [comp. di *capo-* e *tamburo*] s. m. (pl. *capotambùri* o *capitambùri*) ● Nel vecchio esercito piemontese, sottufficiale che comandava i tamburini. SIN. Tamburo maggiore.

capotàre e *deriv.* ● V. *cappottare* e *deriv.*

capotàsto [comp. di *capo-* e *tasto*] s. m. (pl. *capotàsti*) ● Pezzetto d'ebano o avorio posto a capo della tastiera degli strumenti a corde.

capotàvola [comp. di *capo-* e *tavola*] s. m. e f. (pl. m. *capitàvola*; pl. f. inv.) ● Chi siede a tavola al posto d'onore | (*est.*) Il posto stesso: *sedere, mettersi, stare a c.*

capote /fr. ka'pɔt/ [fr. da *cape* 'cappa'] s. f. inv. *1* Tettuccio apribile, spec. di tela impermeabile, delle automobili e delle carrozze. *2* (*aer.*) Copertura in materiale flessibile per proteggere q.c.

capotècnico [comp. di *capo-* e *tecnico*] s. m. (pl. *capitècnici* o raro *capotècnici*) ● Chi, per la parte tecnica, dirige una squadra di operai.

capotèsta [comp. di *capo-* e *testa*] s. m. (pl. *capitèsta*) ● (*mar.*) Maglia di catena all'ancora, senza traversino, posta in testa a ogni lunghezza di catena.

capotoràce [comp. di *capo* e *torace*] s. m. ● (*zool.*) Cefalotorace.

capotòrto [comp. di *capo* e *torto* (part. pass. di *torcere*)] s. m. inv. ● Collotorto, torcicollo.

capotrèno [comp. di *capo-* e *treno*] s. m. e f. (pl. m. *capitrèno* o *capotrèni*, pl. f. inv.) ● Capo del personale di scorta al treno con mansioni di controllo della regolarità della marcia del treno e del servizio viaggiatori.

capotribù [comp. di *capo-* e *tribù*] s. m. e f. (pl. m. *capitribù*; pl. f. inv.) ● Capo di una tribù.

capòtta s. f. ● Adattamento di *capote* (V.).

capottàre e *deriv.* ● V. *cappottare* e *deriv.*

capotùrno o **càpo tùrno** [comp. di *capo-* e *turno*] s. m. e f. (pl. m. *capitùrno*; pl. f. inv.) ● Responsabile di un gruppo di lavoro che esegue turni lavorativi.

capoufficio o **càpo ufficio**, **capufficio** [comp. di *capo-* e *ufficio*] s. m. e f. (pl. m. *càpi ufficio*, raro *capiufficio*; pl. f. inv.) ● Chi dirige un ufficio.

capovaccàio [comp. di *capo* e *vaccaio*] s. m. (pl. *capivaccài*) ● Grosso uccello rapace dei Falconiformi, simile all'avvoltoio, con piumaggio bianco e remiganti nere (*Neophron percnopterus*).

capoverdiàno agg. ● Delle isole di Capo Verde.

capovèrso [comp. di *capo-* e *verso* (*3*)] s. m. (pl. *capovèrsi*) *1* Principio di verso o di periodo | Rientranza della prima linea di un paragrafo | *A c.*, a capo | (*est.*) Parte di scritto compresa fra due capoversi. *2* (*dir.*) Comma di un articolo di provvedimento normativo, successivo alla prima parte: *il secondo c. di un articolo corrisponde al terzo comma dello stesso.*

capovóga [comp. di *capo-* e *voga*] s. m. (pl. *capivóga*) ● Marinaio o canottiere al remo che dirige la vogata in una imbarcazione.

capovòlgere o †**capivòlgere** [comp. di *capo* e *volgere*] **A** v. tr. (*io capovòlgo*; coniug. come *volgere*) *1* Voltare di sotto in su: *c. un bicchiere.* *2* (*fig.*) Mutare completamente: *c. la situazione.* SIN. Rovesciare. **B** v. intr. pron. ● Rovesciarsi: *la barca si capovolse improvvisamente* | (*fig.*) Cambiare radicalmente: *la graduatoria si è capovolta.*

capovolgiménto s. m. ● Atto, effetto del capovolgere o del capovolgersi. SIN. Ribaltamento, rovesciamento.

capovòlta [da *capovolto*] s. f. *1* Capovolgimento | *Salto con c.*, salto mortale. *2* Nel nuoto, virata con capriola all'indietro eseguita dai dorsisti.

capovoltàre o †**capivoltàre** [comp. di *capo* e *voltare*] v. tr. (*io capovòlto*) ● (*raro*) Capovolgere.

capovòlto o †**capivòlto**, part. pass. di *capovolgere*; anche agg. ● Nei sign. del v.

càppa (**1**) [lat. tardo *căppa(m)* 'cappuccio', poi 'mantello', forse da *căput* 'capo'] s. f. *1* Un tempo, mantello corto con cappuccio usato da gentiluomini e cavalieri | Oggi, mantello di varia lunghezza e foggia con o senza cappuccio: *la c. dei dignitari ecclesiastici, dei frati*; *una c. da sera, in velluto* | (*fig.*) *Essere, trovarsi, sotto una c. di piombo*, oppresso da un peso, spec. morale, grave e soffocante | (*iron.*) *Vestirsi in c., mettersi in c. magna*, abbigliarsi con gran pompa | †*Cavarne c. o mantello*, venire a una risoluzione | *Film, racconti di c. e spada*, che rappresentano, spec. in modo ingenuo e approssimativo, avventure amorose e guerresche in epoca medievale o rinascimentale. *2* Padiglione murato sul focolare o fissato al di sopra di un fornello, per raccogliere fumi e vapori e convogliarli nella canna fumaria | (*fig.*) *La c. del cielo*, la volta del cielo | (*raro*) *Sotto la c. del sole*, nel mondo | (*est.*) L'involucro esterno dell'apparecchio telefonico. *3* (*mar.*) Copertura di tela con la quale si proteggono molti oggetti di bordo dalle intemperie | Andatura che una nave è costretta a prendere per affrontare con il minimo danno una tempesta: *navigare alla c.* | *Vele di c.*, le vele più basse. *4* (*mar.*) *Diritto di c.*, premio speciale spettante al comandante della nave per la diligente esecuzione del carico o accessorio del nolo spettante all'armatore per le piccole avarie. || **cappàccia**, pegg. | **cappèlla**, dim. | **cappétta**, dim. | **cappina**, dim. | **cappino**, dim. m.

càppa (**2**) [dalla forma di *cappa* 'mantello'] s. f. ● Correntemente, ogni mollusco commestibile con conchiglia a due valve | *C. santa*, V. *capasanta*.

càppa (**3**) [lat. tardo *căppa(m)*, nom. *căppa*, dal gr. *káppa*, di origine fenicia] s. m. o f. inv. ● Nome della lettera *k*.

cappalùnga [comp. di *cappa* (*2*) e *lunga*] s. f. (pl. *cappelùnghe*) ● (*zool.*) Nome di alcune specie di Molluschi lamellibranchi con conchiglia a forma di tubetto allungato; vivono infossati nella sabbia, hanno carni saporite e possono essere mangiati anche crudi. SIN. Cannolicchio.

cappamàgna o **càppa màgna** [lat. eccl. *căppa(m) măgna(m)* 'cappa grande'] s. f. (pl. *cappemàgne*) ● Cappa solenne, indossata da alti prelati e da professori universitari in certe cerimonie | *Vestirsi, mettersi in c.*, (*fig.*) con grande sfarzo.

Capparidàcee [vc. dotta, comp. del lat. *căpparis* 'cappero' e di *-acee*] s. f. pl. ● Nella tassonomia vegetale, famiglia di piante erbacee o arbustive con foglie semplici o composte e fiori riuniti in racemi (*Capparidaceae*) | (al sing. *-a*) Ogni individuo di tale famiglia. ➡ ILL. **piante** /4.

cappasànta o **càppa sànta** ● V. *capasanta*.

cappàto [da *cappa* (*1*)] agg. *1* †Vestito con cappa. *2* (*arald.*) Di scudo diviso da due linee curve che partono dal centro del capo e arrivano alla metà dei fianchi.

cappeggiàre [da *cappa* (*1*) nel sign. 3] v. intr. (*io cappéggio*) ● (*mar.*) Navigare alla cappa.

cappéggio [da *cappeggiare*] s. m. ● (*mar.*) Atto, effetto del cappeggiare.

cappèlla (**1**) [dal luogo ove era venerata la *cappa* di S. Martino di Tours] s. f. *1* Piccola chiesa, sia isolata, sia adiacente, sia incorporata in altro edificio sacro o profano | Edicola con altare, posta lateralmente nelle navate delle chiese | *C. genti-*

lizia, costruita a spese di una famiglia | *C. palatina*, di un palazzo reale | *C. mortuaria*, nei cimiteri, per esporvi i morti e celebrare gli uffici funebri. ➡ ILL. p. 358, 359 ARCHITETTURA. *2 C. papale*, solenne officiatura divina celebrata alla presenza del Papa | *Tener c.*, si dice del Papa che assiste alle cerimonie di culto celebrate in sua presenza. *3* Tabernacolo con immagine sacra, eretto per lo più a scopo votivo o commemorativo. *4* Corpo dei musici e cantori addetti a una chiesa | *Maestro di c.*, direttore di tale corpo | (*mus.*) *A c.*, denominazione, usata a partire dal XVIII sec., della musica vocale polifonica senza accompagnamento di strumenti. || **cappellétta**, dim. | **cappellina**, dim. | **cappellùccia**, vezz.

cappèlla (2) [da *cappello*] s. f. *1* Grossa capocchia di chiodi, funghi e sim. *2* (*fig., scherz.*) Nel gergo militare, giovane recluta. *3* (*volg.*) Glande | (*est., pop.*) Errore grossolano: *fare, prendere una c.*

cappellàccia [da *cappello*] s. f. (pl. *-ce*) ● Piccolo uccello simile all'allodola, di colore grigio-bruno, che vive e fa il nido a terra (*Galerida cristata*).

cappellàccio s. m. *1* Pegg. di *cappello*. *2* (*fig.*) Rabbuffo: *fare, dare un c. a qc.* | †*Fare c.*, detto della trottola che cade a terra senza girare | *Prendere un c.*, (*fig.*) impermalirsi, offendersi. *3* (*min.*) Coltre di minerale alterato che sovrasta i giacimenti poco profondi. SIN. Brucione.

cappellàio s. m. (f. *-a*) *1* Fabbricante o venditore di cappelli da uomo. *2* †Falconiere, che metteva e levava il cappuccio ai falconi.

cappellanàto s. m. ● (*raro*) Ufficio di cappellano.

cappellanìa [da *cappellano*] s. f. ● Ente ecclesiastico costituito per testamento o donazione da parte di un fedele per un fine di culto, spec. per la celebrazione di messe.

cappellàno [da *cappella*] s. m. *1* (*gener.*) Sacerdote cui è affidata l'ufficiatura di una cappella o di un oratorio, senza cura d'anime. *2* (*dir.*) Titolare di una cappellania | Sacerdote addetto al servizio religioso presso enti determinati: *c. militare*; *il c. dell'ospedale*.

cappellàta [da *cappello*] s. f. *1* Colpo dato col cappello. *2* Quantità di roba che sta in un cappello: *c. di frutta* | *A cappellate*, in gran quantità.

cappellerìa s. f. ● Negozio dove si vendono cappelli maschili.

cappellétto s. m. *1* Dim. di *cappello*. *2* Difesa del capo, in acciaio o cuoio, senza visiera, anticamente usata come casco, spec. in Oriente | Cavalleggero dalmata o albanese al servizio della Repubblica di Venezia, che indossava un copricapo di questo tipo. *3* Negli ombrelli, cerchietto di tela incerata collocato nel punto in cui convergono le stecche. *4* Rinforzo sulla punta della calza. *5* Innesco, o fulminante, nei fucili ad avancarica. *6* (*veter.*) Tumefazione molle, deformante ma non dolorosa al tarso del cavallo. SIN. Igroma calcareo | *C. rovesciato*, situato all'articolazione del carpo. SIN. Igroma carpico. *7* Salume simile allo zampone, a forma di tricorno, che si mangia bollito. *8* (*spec. al pl.*) Involucro circolare di pasta all'uovo con ripieno, caratteristico della cucina emiliana.

cappellièra s. f. ● Custodia di cartone, cuoio, tela e sim., per riporre e trasportare in viaggio cappelli.

cappellifìcio s. m. ● Fabbrica di cappelli.

cappellìna [da *cappello*] s. f. *1* Cappello estivo di paglia leggera ad ala ampia e ricadente. *2* †Specie di berretto da uomo o da donna | †Berretta da notte. *3* Cervelliera.

cappellinàio s. m. ● (*raro, tosc.*) Attaccapanni.

cappellìno s. m. *1* Dim. di *cappello*. *2* Cappello femminile. *3* Cervelliera.

cappèllo [lat. parl. **cappĕllu(m)*, da *căppa* 'copricapo', passato poi a significare vari oggetti, o parte di oggetti che coprono, che stanno sopra ad altri] s. m. *1* Copricapo maschile o femminile, con tesa più o meno larga, di materia varia e foggia diversa e mutevole secondo la moda: *c. di feltro, di pelliccia, di tessuto, di paglia* | *C. a cilindro*, tuba | *C. a lucerna*, a due punte, con la tesa riunita da due lati sul cocuzzolo, come quello dei carabinieri | *C. cardinalizio*, quello di color rosso dei cardinali e (*fig.*) la dignità stessa di cardinale | *C. bianco*, quello dei cuochi | *I cappelli bianchi*, (*per anton.*) il complesso dei cuochi | *Tenere il c. sulle ventitré*, inclinato su un orecchio | *Far di c.*, salutare togliendosi il cappello | (*fig.*) *Cavarsi il c.*, *fare tanto di c.*, riconoscere il merito e l'abilità di qc. | *Prender c.*, (*fig.*) impermalirsi | *Amico di c.*, conoscente con cui si scambia solo il saluto | †Berretto dottorale. *2* (*est.*) Oggetto, struttura, formazione e sim. che per forma, funzione o posizione, ricorda un cappello: *il c. di un chiodo, del comignolo, dell'alambicco*; *un c. di nubi copriva la cima* | *C. del lume*, paralume che para la luce da ogni parte | *C. da prete*, insaccato suino, di forma triangolare, costituito da un involucro di cotica ripieno di carni, grassi e cotiche macinate, salate e drogate, da mangiarsi cotto | Massa di raspi e vinacce galleggiante sul mosto in fermentazione. *3* (*bot.*) Parte superiore del corpo fruttifero di molti funghi, recante sulla parte inferiore lamelle o tuboli rivestiti dall'imenio. *4* (*fig.*) Specie di introduzione a uno scritto, spec. a un articolo di giornale. *5* †Corona, ghirlanda, elmo e sim. || **cappellàccio**, pegg. (V.) | **cappellétto**, dim. (V.) | **cappellìno**, dim. (V.) | **cappellóne**, accr. (V.) | **cappellùccio**, dim.

cappellóna A s. f. ● (*fam.*) Monaca dell'Ordine delle Figlie della Carità, dalla caratteristica grande cuffia. B anche agg.: *suora c.*

cappellóne A s. m. (f. *-a* (V.)) *1* Accr. di *cappello*. *2* (*est.*) Chi porta grandi cappelli. *3* Nel gergo cinematografico, cow-boy dei film western. *4* (*scherz.*) Coscritto, recluta. B in funzione di agg. ● Nella loc. *film c.*, film western.

cappellòtto o **cappellòzzo** s. m. *1* Rinforzo che si applica alla punta della calzatura. *2* Specie di tappo impiegato per la protezione del collo della damigiana. *3* Capsula di ottone o rame con sostanza detonante per innescare il luminello delle armi da fuoco a percussione.

†**capperéto** s. m. ● Luogo ove crescono o si coltivano capperi.

càpperi [pl. di *cappero*, usato per evitare di completare la parola *cazzo*] inter. ● (*euf.*) Esprime meraviglia, sorpresa, ammirazione e sim.: *c., che forza!*

càppero [lat. *căppare(m)*, nom. *căpparis*, dal gr. *kápparis*, di origine preindeur. (?)] s. m. *1* Pianta arbustiva delle Capparidacee con foglie ovali semplici, fiori grandi di color bianco o rosa e frutto a bacca (*Capparis spinosa*) | Boccio fiorale di tale pianta consumato in salamoia, come condimento. *2* (*fig., volg.*) †Pene.

capperóne [da *cappa* (*1*) nel sign. 1] s. m. ● Tipo di cappuccio che copriva il cappello e si abbottonava sul mantello.

capperùccia [da *cappa* (*1*) nel sign. 1] s. f. (pl. *-ce*) *1* †Cappa logora. *2* Cappuccio | *Andare in c.*, di nascosto | Cuffia monacale.

†**càppia** [lat. tardo *căpula*, nt. pl. di *căpulum* 'cappio' (?)] s. f. *1* Cappio. *2* Ferro da cavallo.

càppio [lat. tardo *căpulu(m)* 'cappio', da *căpere* 'prendere'] s. m. *1* Nodo fatto in modo da sciogliersi se tirato per uno dei due capi | (*est.*) Nastro ornamentale annodato in tale maniera. *2* Capestro | *Avere il c. al collo*, (*fig.*) mancare di libertà. || **cappiétto**, dim.

cappóna [f. di *cappone* (*1*)] s. f. ● Pollastra privata delle ovaie e ingrassata.

capponàia [da *cappone* (*1*)] s. f. *1* Gabbia dove si tengono i capponi per farli ingrassare. *2* (*fig., scherz., spreg.*) Prigione.

capponàre (1) [da *cappone* (*1*)] v. tr. e intr. pron. (*io cappóno*) ● (*raro*) Accapponare.

capponàre (2) o **accapponàre** (2), o **caponàre** [da *cappone* (*2*)] v. tr. ● (*mar.*) Incocciare l'ancora a ceppo col gancio del capone.

capponàta (1) [da *cappone* (*1*)] s. f. ● Scorpacciata di capponi.

capponàta (2) ● V. *caponata*.

capponatùra [da *capponare* (*1*)] s. f. ● Effetto del capponare.

cappóne (1) o †**capóne** (2) [lat. parl. **cappōne(m)*, per il classico *capōne(m)*, da avvicinare al gr. *kóptō* 'io taglio'] s. m. *1* Gallo castrato da giovane, quindi particolarmente tenero e grasso: *c. lesso, arrosto, in umido, ripieno* | (*fig.*) *Far la pelle di c.*, rabbrividire. *2 C. di galera*, piatto marinaresco a base di mollica di pane, carne di vari pesci e altri ingredienti mescolati in un impasto a forma di cappone. *3* (*zool.*) Denominazione di varie specie di pesci dell'ordine degli Scorpeniformi. || **capponàccio**, pegg. | **capponcèllo**, dim. | **capponcétto**, dim. | **capponcino**, dim. | **capponùccio**, dim.

cappóne (2) ● V. *capone* (*3*).

capponéssa [f. di *cappone* (*1*)] s. f. ● Cappona.

capponièra ● V. *caponiera*.

cappòtta (1) s. f. ● Adattamento di *capote* (V.). || **cappottina**, dim.

cappòtta (2) [da *cappa* (*1*)] s. f. ● Disusato cappello femminile a forma di cuffietta che incornicia il volto e si annoda al collo con due staffe di nastro.

cappottaménto o **capotaménto**, **capottaménto**. s. m. ● (*raro*) Cappottata.

cappottàre o **capotàre**, **capottàre** [fr. *capoter*, dall'espressione *faire capot*, originariamente termine di gioco 'far cappotto'] A v. intr. (*io cappòtto*; aus. *avere*) ● Detto di aereo, capovolgersi mentre sta correndo al suolo, dopo aver puntato il muso a terra: *c. all'atterraggio, in decollo* | Detto di autoveicolo, ribaltarsi, capovolgersi: *c. in curva.* B v. tr. ● Applicare una cappotta.

cappottàta o **capotàta**, **capottàta** s. f. ● Atto, effetto del cappottare.

cappottatùra [da *cappotta* (*1*)] s. f. ● Copertura aerodinamica degli organi esterni di un aeromobile.

cappotterìa [da *cappotta* (*1*)] s. f. ● (*raro*) Cappottatura.

cappottìno s. m. *1* Dim. di *cappotto* (*1*). *2* Uniforme lunga a doppio petto con galloni e bottoni dorati, degli ufficiali di marina.

cappòtto (1) [da *cappa* (*1*)] s. m. ● Pastrano da uomo o da donna di pesante tessuto di lana | *C. alla Bismarck*, di taglio militaresco | *C. da scolta*, foderato di pelliccia e munito di cappuccio, destinato alle sentinelle in servizio. || **cappottìno**, dim. (V.) | **cappottóne**, accr.

cappòtto (2) [dal fr. *faire capot*, di etim. incerta] s. m. ● Spec. nella loc. *fare, dare c.*, in alcuni giochi e sport, concludere una partita senza che l'avversario abbia segnato nemmeno un punto | *Fare c.*, nella caccia, tornare senza preda | *Fare c.*, capovolgersi, detto di imbarcazione.

cappucciàto [da *cappuccio* (*1*)] agg. ● (*raro*) Detto di petalo o foglia che ha forma di cappuccio.

cappuccìna [da *cappuccio* (*1*), per la forma del fiore] s. f. *1* Varietà di lattuga a foglie larghe, tondeggianti, riunite a cespo (*Lactuca sativa capitata*). *2* Pianta erbacea delle Tropeolacee con foglie rotonde, peltate e fiori speronati, di colore giallo-aranciato o rosso (*Tropaeolum maius*). SIN. Nasturzio indiano | (*pop.*) Nasturzio.

cappuccinésco [da *cappuccino* (*1*)] agg. (pl. m. *-schi*) ● Proprio o caratteristico dei frati cappuccini.

cappuccìno (1) [dal *cappuccio* portato da questi frati] A s. m. *1* Frate della famiglia autonoma dei Minori Francescani, fondata da Matteo da Bascio nel XVI sec.| *Vita da c.*, ritirata | *Pazienza da c.*, inesauribile. *2* (*al pl.*) Chiesa e convento dei frati cappuccini. B anche agg.: *frate c.*

cappuccìno (2) [dal colore analogo a quello dell'abito dei *cappuccini*] s. m. ● Bevanda di caffè con un poco di latte.

cappuccìno (3) [dal *cappuccio* 'ciuffo' che ha sul capo] s. m. ● Falco di palude | Colombo che ha le penne del collo rovesciate a guisa di cappuccio.

cappùccio (1) [da *cappa* (*1*)] s. m. *1* Copricapo a forma spec. conica, fissato al bavero del cappotto, del mantello o dell'impermeabile. *2* (*est.*) Copricapo per cavalli, contro la pioggia o il sole. *3* (*est.*) Nome di vari rivestimenti a forma conica o piramidale: *il c. della biro*; *il c. di stagnola di una bottiglia*. *4* Rivestimento d'acciaio saldato alla punta d'un proietto perforante. *5* (*edil.*) Coronamento superiore in pietra da taglio del rostro del piedritto di un ponte. || **cappuccétto**, dim.

cappùccio (2) [etim. discussa: forse dalla forma ant. *cambugio*, con accostamento a *cappuccio* per etim. pop. (?)] agg. ● Detto di varietà di cavolo con le foglie avvolte strettamente in modo da assumere l'aspetto di una palla: *cavolo c.*

cappùccio (3) [da *cappuccino* (*2*)] s. m. ●

(*fam.*) Cappuccino: *bersi un c.*

càpra (1) [lat. *căpra(m)*, f. di *căper* 'capro'] **s. f.** *1* Mammifero ruminante domestico degli Artiodattili, con gambe brevi e robuste, orecchie corte, testa corta e larga alla fronte, corna falciformi curvate all'indietro e pelo liscio e lungo (*Capra hircus*) | *Luoghi da capre*, scoscesi | *Salvare c. e cavoli*, (*fig.*) risolvere vantaggiosamente insieme due opposte esigenze | *Cavalcare la c.*, (*fig.*) ingannarsi | *Far cavalcare la c.*, (*fig.*) darla a intendere | *Tenere l'orto salvo e la c. sazia*, (*fig.*) uscire senza danno da due opposti pericoli. *2* Pelle conciata o grezza dell'omonimo animale. || **caprétta**, **dim.** | **caprettina**, **dim.** | **caprétto**, **dim. m.** (V.) | **caprina**, **dim.**

càpra (2) [dalla forma di *capra*] **s. f.** *1* Cavalletto di legno a tre gambe, con carrucola e fune, atto a sollevare grandi pesi o magli, oppure a quattro gambe, per altri usi. *2* (*mar.*) Macchina per alberare. **SIN.** Biga. *3* Struttura che collega la fusoliera di un aereo a una o più ali sovrastanti. *4* Supporto di legno, per trasportare molte gabbie di uccelli da richiamo al capanno. *5 Piè di c.*, strumento per l'estirpazione dei denti. **SIN.** Leva. || **caprétta**, **dim.** (V.).

capràggine [lat. tardo *caprăgine(m)*, da *căpra* 'capra (1)', perché viene data da mangiare alle capre] **s. f.** ● (*bot.*) Galega.

capràio o (*dial.*) †**capràro** [lat. *caprāriu(m)*, da *căpra* 'capra (1)'] **s. m.** (f. *-a*) ● Guardiano, custode di capre.

capraréccia **s. f.** (**pl.** *-ce*) ● Stalla invernale per le capre.

†**capràro** ● V. *capraio*.

†**capràta** [da *capra (2)*] **s. f.** ● Riparo per le acque correnti costituito da fascine sostenute da pali confitti nel terreno.

capreolàto **agg.** ● Decorato con capreoli: *capitello c.*

caprèolo o **capr̲iòlo (2)** [dalla forma, come di corna di *capriolo*] **s. m.** *1* (*raro*, *lett.*) Cirro, viticcio. *2* (*lett.*) Ornamento architettonico a forma di viticcio.

caprése **A** **agg.** ● Dell'isola di Capri. **B** **s. m. e f.** ● Abitante, nativo di Capri. **C** **s. f.** ● Tipo di insalata a base di pomodori, mozzarella e olive.

caprétta **s. f.** *1* Dim. di *capra (2)*. *2* Utensile dell'incisore in legno.

†**caprettàto** **agg.** ● A macchie nere su fondo bianco.

caprétto o †**cavrétto**. **s. m.** *1* Dim. di *capra (1)*. *2* Il nato della capra, di età inferiore a un anno. *3* Pelle grezza o conciata di capra giovane: *scarpe, guanti di c.* || **caprettino**, **dim.**

capr̲iàta [da *capra (2)*] **s. f.** ● (*edil.*) Struttura triangolare di sostegno per tetti a spioventi, costituita da travi in legno, ferro o cemento armato: *soffitto a capriate*.

capriccio [etim. incerta] **s. m.** *1* Desiderio, idea, progetto, improvvisi, spec. bizzarri: *avere più capricci che capelli in testa*; *cavarsi*, *levarsi*, *togliersi un c.* **SIN.** Ghiribizzo, grillo | Azione o discorso bizzarri e inattesi: *ben presto tornarono in campo i soliti dispetti e i soliti capricci* (MANZONI). **SIN.** Bizzarria, stramberia | *Fare i capricci*, detto spec. di bambini, lamentarsi, agitarsi, comportarsi in modo bizzarro. **SIN.** Bizza | *Agire a c.*, in modo improvvisato e leggero. *2* (*est.*) Infatuazione amorosa, superficiale e passeggera: *è uno dei suoi tanti capricci*. *3* Avvenimento o fenomeno strano, incomprensibile: *un c. della sorte*; *i capricci della natura*. *4* †Fatto, discorso, gesto, bizzarri: *alcune medagliette d'oro, che ogni signore e gentiluomo li piaceva far scolpire in esse un suo c. o impresa* (CELLINI). *5* (*mus.*) Composizione strumentale di schema libero e di carattere estroso. *6* Nelle arti figurative, stampa o piccolo dipinto che compone dati reali in una figura, scena o veduta fantastica, talora estrosa e bizzarra: *un c. del Guardi*. *7* Mantovana drappeggiata. *8* †Ribrezzo, raccapriccio. || **capricciàccio**, **pegg.** | **capriccétto**, **dim.**

capricciosità **s. f.** ● Qualità di chi è capriccioso.

capriccióso **agg.** *1* Pieno di capricci, che fa capricci: *è un bambino molto c.*; *sei una ragazza troppo capricciosa.* **SIN.** Bizzoso. *2* Estroso, originale: *un pittore c.* | Bizzarro, stravagante: *ha dipinto la casa con colori capricciosi*; *la mia chiachiera capricciosa fece divertire tutti* (SVEVO). **SIN.** Singolare, strano. *3* Mutevole, instabile: *stagione capricciosa.* || **capricciosàccio**, **pegg.** | **capricciosétto**, **dim.** | **capricciosino**, **pegg.** || **capricciosaménte**, **avv.**

càprico [fr. *caprique*, dal lat. *căpra* 'capra (1)'] **agg.** (**pl. m.** *-ci*) ● (*chim.*, *raro*) Caprinico.

capricòrno [vc. dotta, lat. *capricŏrnu(m)*, comp. di *căper* 'capro' e *cŏrnu* 'corno'] **s. m.** (*Capricòrno* nei sign. 2 e 3) *1* Mammifero ruminante degli Artiodattili simile alla capra, con corna leggermente incurvate (*Capricornis*). *2* (*astron.*) Costellazione dello zodiaco. *3* (*astrol.*) Decimo segno dello zodiaco, compreso fra 270 e 300 gradi dell'anello zodiacale, che domina il periodo compreso tra il 22 dicembre e il 20 gennaio | (*est.*) Persona nata sotto il segno del Capricorno. ➡ **ILL. zodiaco**.

caprificàre [vc. dotta, lat. *caprificāre*. V. *caprifico*] **v. tr.** (*io caprifico, tu caprifichi*) ● Favorire la fecondazione dei fiori del fico domestico, sospendendo ai rami le infiorescenze del caprifico.

caprificazióne [da *caprificare*] **s. f.** ● (*bot.*) Impollinazione e fecondazione dei fiori femminili del fico domestico mediante il polline dei fiori maschili del fico selvatico o caprifico.

caprifico [lat. *caprifīcu(m)*, comp. di *căper* 'capro' e *fīcus* 'fico'] **s. m.** (**pl.** *-chi*) ● Fico selvatico.

Caprifogliàcee [vc. dotta, comp. di *caprifoglio* e *-acee*] **s. f. pl.** ● Nella tassonomia vegetale, famiglia di piante erbacee, arbustive o lianose con foglie opposte, fiori in infiorescenze cimose e frutto a bacca (*Caprifoliaceae*) | (al sing. *-a*) Ogni individuo di tale famiglia. ➡ **ILL. piante** /9.

caprifòglio [lat. tardo *caprifŏliu(m)*, comp. di *căper* 'capro' e *fŏlium* 'foglia'] **s. m.** ● Arbusto rampicante delle Caprifogliacee con foglie opposte e fiori profumati tubolosi di color bianco o porpora (*Lonicera caprifolium*). **SIN.** Abbracciabosco, madreselva, vincibosco.

caprigno **agg.** ● (*lett.*) Caprino.

†**caprile** [lat. *caprīle*, da *căper* 'capro'] **s. m.** ● Stalla per capre.

Caprimulgifórmi [comp. di *caprimulgo* e il pl. di *-forme*] **s. m. pl.** ● Nella tassonomia animale, ordine di Uccelli con becco corto, piumaggio morbido, e zampe brevi (*Caprimulgiformes*) | (al sing. *-e*) Ogni individuo di tale ordine.

caprimùlgo [vc. dotta, lat. *caprimŭlgu(m)*, comp. di *căpra* 'capra (1)' e *mulgēre* 'mungere'] **s. m.** (**pl.** *-gi*) ● Genere di Uccelli dei Caprimulgiformi con ali lunghe e appuntite, cui appartiene il succiacapre (*Caprimulgus*).

Caprini [da *capra (1)*] **s. m. pl.** ● Nella tassonomia animale, sottofamiglia di Mammiferi artiodattili dei Bovidi con corna di forma e dimensioni diverse, presenti in entrambi i sessi, e una sorta di barba sotto il mento (*Caprinae*) | (al sing. *-o*) Ogni individuo di tale sottofamiglia.

caprinico [V. *caprico*] **agg.** (**pl. m.** *-ci*) ● Detto di acido che si trova nel latte e nel burro di capra e di composti di analoga origine o da esso derivati. **SIN.** Caprico.

caprino [lat. *caprīnu(m)*, da *căpra* 'capra (1)'] **A** **agg.** ● Proprio della capra e dei caprini in genere: *corna caprine*; *lana caprina* | (*fig.*) *Questione di lana caprina*, inutile, senza valore né importanza. **B** **s. m.** *1* Puzzo di capra. *2* Sterco di capra usato come concime. *3* Formaggio di latte di capra.

capr̲iòla (1) o (*lett.*) †**cavr̲iòla**, †**cavriuòla** [f. di *capriolo (1)*] **s. f.** ● Femmina del capriolo.

capr̲iòla (2) o †**capriuòla**, †**cavr̲iòla**, †**cavr̲iuòla** [etim. discussa: per traslato da *capriola (1)*?] **s. f.** *1* Salto che si fa appoggiando le mani o il capo a terra e lanciando le gambe in aria per voltarsi sul dorso. *2* (*est.*) Ogni altro salto: *fare le capriole per la gioia* | (*scherz.*) Caduta, capitombolo | *Far la c.*, (*fig.*) subire un rovescio di fortuna, mutare idee, spec. politiche. *3* Salto dei ballerini, eseguito sollevandosi da terra e scambiando la posizione dei piedi. *4* Nell'equitazione, figura delle arie alte, nella quale il cavallo, sollevandosi con un salto da terra con le quattro zampe alla stessa altezza, piega le anteriori e protende insieme all'indietro le posteriori come sferrando un calcio. || **capriolétta**, **dim.**

capr̲iolàre **v. tr.** (*io capr̲iòlo*; **aus.** *avere*) ● (*raro*) Far capriole.

capr̲iòlo (1) o (*raro*) **capriuòlo**, †**cavr̲iòlo**, †**cavriuòlo** [lat. *caprĕolu(m)*, da *caprea* 'capra selvatica'] **s. m.** (f. *-a* (V.)) *1* Mammifero ruminante degli Artiodattili di statura breve, con zampe lunghe e portamento elegante, pelame bruno rossiccio, corna corte e diritte presenti solo nel maschio (*Capreolus capreolus*). *2 C. corrente*, nel tiro a segno, sagoma mobile dell'animale che corre su un binario orizzontale. || **capriolétto**, **dim.** | **capriolino**, **dim.**

capr̲iòlo (2) ● V. *capreolo*.

capripede [vc. dotta, lat. *caprĭpede(m)*, comp. di *căper* 'capro' e *pēs*, genit. *pĕdis* 'piede'] **agg.** ● (*lett.*) Che ha i piedi di capra: *il c. e cornigero Pan* (PASCOLI).

†**capriuòla** ● V. *capriola (2)*.

capriuòlo ● V. *capriolo (1)*.

càpro [vc. dotta, lat. *căpru(m)*, di etim. incerta] **s. m.** ● Maschio della capra | (*fig.*) *C. espiatorio*, persona che sconta le pene altrui. || **caproncino**, **dim.** | **caprόne**, **accr.** (V.).

capròico [da *capra (1)*] **agg.** ● (*chim.*) Detto di acido che si trova nel latte di capra e di vacca, e di composti di analoga origine o da esso derivati.

caproina [comp. di *capro(ico)* e *-ina*] **s. f.** ● Gliceride dell'acido caproico contenuto nel burro di capra.

caprolattàme [comp. di *capro(ico)* e *lattame*] **s. m.** ● Sostanza organica eterociclica che costituisce il prodotto di partenza per fabbricazione di alcune fibre poliammidiche.

caprόne [lat. parl. **caprōne(m)*, da *căper*. V. *capro*] **s. m.** *1* Accr. di *capro*. *2* Maschio della capra. *3* (*fig.*, *spreg.*) Persona d'aspetto sudicio, rozzo, incolto: *ha una barbaccia da c.*; *è così sporco che pare un c.* || **caproncino**, **dim.**

capronico **agg.** (**pl. m.** *-ci*) ● (*chim.*) Caproico.

caprugginàre **v. tr.** (*io caprùggino*) ● (*raro*) Fare le capruggini.

caprugginatóio **s. m.** ● Arnese per fare le capruggini.

caprùggine [etim. incerta] **s. f.** ● Intaccatura delle doghe, entro la quale si commettono i fondi della botte.

càpsico [vc. dotta, gr. *kapsikós*, da *kápsa*, a sua volta dal lat. *căpsa* 'cassetta'] **s. m.** (**pl.** *-ci*) *1* Genere delle Solanacee comprendente piante erbacee o suffruticose con foglie semplici e alterne, fiori bianchi, frutto a bacca di sapore piccante (*Capsicum*). *2* Componente di preparazioni farmaceutiche ottenute dal frutto di una specie di capsico.

càpside [dal lat. *căpsa* 'cassa'] **s. m.** ● (*biol.*) In virologia, involucro proteico di una particella virale o virione.

capsòmero [comp. di *caps(ula)* e *-mero*] **s. m.** ● (*biol.*) Unità proteica componente del capside.

càpsula o (*raro*) **càssula** [vc. dotta, dal lat. *căpsula(m)*, dim. di *căpsa* 'cassa'] **s. f.** *1* (*bot.*) Frutto secco deiscente che si divide in valve nelle quali sono inseriti i semi. *2* (*anat.*) Involucro per lo più di tessuto connettivo con funzioni di copertura o di contenzione: *c. articolare* | *C. surrenale*, ghiandola surrenale | (*biol.*) Involucro esterno alla parete batterica, costituito da polisaccaridi complessi secreti dal batterio, che svolge funzione protettiva ed è dotato di potere antigene. *3* Nella cartuccia di un'arma da fuoco, piccolo rivestimento tondo, di rame od ottone leggero, riempito in parte di miscela fulminante, che, posto sul fondo, provoca l'accensione di tutta la carica quando sia urtato dal percussore | Piccolo cilindro, di rame o alluminio, contenente in parte esplosivo detonante, usato come innesco per provocare l'esplosione di cariche dirompenti e da mina. *4* (*farm.*) Involucro solubile di cheratina, gelatina e sim. usato per racchiudere medicamenti sgradevoli o che debbano passare inalterati dallo stomaco all'intestino | La confezione così ottenuta: *inghiottire una c.* *5* Recipiente di porcellana a forma semisferica usato spec. nei laboratori e nelle industrie chimiche. *6* (*aer.*) Contenitore per strumenti, esseri viventi e sim., trasportato da un missile nello spazio: *c. orbitale*, *spaziale* | *C. di rientro*, destinata a rientrare integra nell'atmosfera e a posarsi indenne. *7* (*tel.*) Accessorio del microtelefono costituito essenzialmente da una membrana sensibile alle onde sonore | *C. ricevente*, che trasforma le onde elettriche in onde acustiche | *C. trasmittente*, che trasforma le onde acustiche in onde elettriche. *8* Tipo di chiusura in metallo o plastica applicabile esternamente sul collo o sulla apertura di un contenitore | Cappuccio di stagnola applicato al collo delle bottiglie di vini pregiati. *9* (*med.*) In odontoiatria, involucro, metallico o ceramico, che riveste a scopo protettivo la corona di dente avariato o sostiene la protesi di un dente caduto o estratto. *10* In biblioteconomia, classificatore, raccoglitore di estratti, opuscoli e sim. || **capsulétta**, dim. | **capsulina**, dim. | **capsulóna**, accr.

capsulàre agg. ● (*anat.*) Relativo a una capsula: *tessuto c.*

capsulatrice s. f. ● Macchina per applicare le capsule a contenitori, bottiglie e sim.

capsulatùra s. f. ● Applicazione di una capsula a contenitori, bottiglie e sim.

capsulismo [da *capsula*, con *-ismo*] s. m. ● Meccanismo a elementi rotanti ad alta velocità che serve per l'aspirazione di un fluido, liquido o aeriforme.

captàre [vc. dotta, lat. *captāre*, ints. di *căpere* 'prendere'] v. tr. *1* Cercare di ottenere: *c. l'appoggio di qc.* SIN. Cattivarsi, procurarsi. *2* Riuscire a prendere, a raccogliere: *c. l'acqua piovana per utilizzarla.* *3* Cogliere, per mezzo di apposite apparecchiature, trasmissioni telegrafiche, radiofoniche, televisive e sim.: *c. un programma musicale* | *C. una radio*, una stazione. *4* (*fig.*) Capire, più per intuito che per altro: *sei riuscito a c. le nostre idee?* SIN. Cogliere, intuire.

captatività s. f. ● (*psicol.*) L'essere captativo.

captativo [fr. *captatif*, da *capter* 'captare'] agg. ● (*psicol.*) Della, relativo alla captazione | Caratterizzato da captazione.

captatóre s. m. ● Apparecchio usato per la captazione, nel sign. 3.

captatòrio agg. ● (*dir.*) Compiuto da captatore o con captazione: *atteggiamento c.*

captazióne [vc. dotta, lat. *captatiōne(m)*. V. *captare*] s. f. *1* (*raro*) Atto del captare: *c. di onde radiofoniche*; *c. di acque sorgive.* *2* (*dir.*) Raggiro colpevole posto in essere per indurre qc. a disporre per testamento in proprio favore. *3* Operazione che consiste nell'allontanare o precipitare minuscole particelle, contenute spec. nei fluidi industriali, a scopo di depurazione o di recupero. *4* (*psicol.*) Tendenza ad accentrare e conservare in maniera esclusiva per sé gli affetti del proprio ambiente, spec. familiare.

†captivàre ● V. *cattivare*.

captività ● V. *cattività*.

captìvo o **†cattivo** [dal lat. *captīvu(m)*, 'prigioniero' da *căpere* 'prendere'] **A** agg. ● (*lett.*) Prigioniero | *Stilo, proiettile c.*, in vari apparecchi per macellare animali, punta metallica che viene sparata ma non espulsa totalmente dall'apparecchio stesso. **B** s. m. (f. *-a*) ● (*lett.*) Chi è prigioniero: *concedanmi gli Achivi altra captiva* (MONTI).

capuffìcio ● V. *capoufficio*.

capùt agg. inv.; anche avv. ● Adattamento di *kaputt* (V.).

capziosità s. f. ● Qualità di capzioso. SIN. Cavillosità, sofisticheria.

capzióso [vc. dotta, lat. *captiōsu(m)*, da *căptio* 'frode, danno', da *căpere* 'prendere'] agg. ● Insidioso, ingannevole, cavilloso: *ragionamento c.*; *hanno dato una risposta vana, capziosa, piena d'inganni* (SARPI). || **capziosaménte**, avv.

CAR [sigla di *C(entro) A(ddestramento) R(eclute)*] s. m. inv. ● Istituzione militare che si occupa dell'addestramento di base delle reclute | (*est.*) L'addestramento stesso.

†càra (*1*) [provz. *cara*, dal gr. *kára* 'testa, capo', di origine indeur.] s. f. ● (*raro, lett.*) Viso, volto, aspetto.

càra (*2*) [V. *carezza*] s. f. ● (*inft., fam.*) Carezza | *Fare c. c.*, accarezzare.

càra (*3*) [vc. dotta, lat. *chāra(m)*, di origine straniera] s. f. ● Genere della famiglia delle Caracee comprendente alghe caratterizzate dalla presenza, nel fusticino, di numerosi verticilli di raggi, viventi sul fondo di acque stagnanti (*Chara*).

carabàttola o **†garabàttola**, (*pop.*) **scarabàttola** (*2*) [dal lat. *grabātum* 'lettuccio', dal gr. *krábatos*, di origine sconosciuta] s. f. *1* Masserizia, oggetto di poco pregio: *prendi le tue carabattole e vattene!* *2* (*fig.*) Bazzecola, bagattella.

caràbba o **caràmba** [da *carab(inieri)*, deformato secondo il cognome *Carabba*] s. m. inv. ● (*pop., gerg.*) Carabiniere (*spec. spreg.*).

Caràbidi [comp. di *carab(o)* e *-idi*] s. m. pl. ● Nella tassonomia animale, famiglia di insetti dei Coleotteri carnivori e predatori, che emettono un liquido di odore acre e sgradevole come difesa (*Carabidae*) | (al sing. *-e*) Ogni individuo di tale famiglia.

carabìna [fr. *carabine*, da *carabin* 'soldato della cavalleria leggera', di etim. incerta] s. f. *1* Fucile di precisione a una canna, ad anima rigata, per caccia e tiro | *C. automatica*, il cui ricaricamento avviene per la forza di rinculo | *C. ad aria compressa*, che usa, come propulsore, l'aria compressa da apposita leva o stantuffo anziché l'esplosivo. *2* †Soldato a cavallo armato di carabina.

carabinàta s. f. ● Colpo di carabina.

carabinière [fr. *carabinier*, da *carabine* 'carabina'] s. m. *1* Un tempo, soldato a piedi o a cavallo, armato di carabina. *2* Appartenente all'arma dei Carabinieri che svolge compiti di polizia civile, militare e giudiziaria: *c. a piedi, a cavallo* | *Fare il c., essere un c.*, (*fig.*) comportarsi in modo particolarmente severo e autoritario.

càrabo [lat. *cārabu(m)*, nom. *cārabus*, dal gr. *kárabos*, di etim. incerta] s. m. *1* Genere di insetti coleotteri dei Carabidi, dai colori metallici e brillanti, divoratore di insetti nocivi (*Carabus*). *2* Barca a vela in uso nel Medioevo | Barca a remi greco-romana.

carabottino [etim. incerta] s. m. ● (*mar.*) Graticolato di piccoli correnti che serve di ripiano nel fondo delle imbarcazioni o dei locali delle navi dove ristagna acqua | Chiusura graticolata, a riparo di boccaporto, timoniere e sim.

caracàlla [vc. dotta, lat. tardo *caracălla(m)*, di origine gallica] s. f. ● Veste che dal collo scendeva giù fino al tallone, usata nella Gallia in epoca romana.

caràcca [ar. *harrâqa* 'brulotto'] s. f. ● Grossa nave mercantile e da guerra di alto bordo, con due castelli, spec. in uso presso i Genovesi e i Portoghesi dal XIV al XVII sec.

Caràcee [comp. di *cara* (*3*) e *-acee*] s. f. pl. ● Nella tassonomia vegetale, famiglia di alghe verdi di acqua dolce o salmastra con asse calcificato (*Characeae*) | (al sing. *-a*) Ogni individuo di tale famiglia.

carachìri s. m. ● Adattamento di *harakiri* (V.).

Caracìnidi [dal gr. *chárax*, n. d'un pesce, da *charássein* 'rendere aguzzo', d'etim. incerta] s. m. pl. ● Nella tassonomia animale, famiglia di Pesci dei Cipriniformi sudamericani e africani con corpo alto e compresso, a volte feroci predatori, come i piranha (*Characinidae*) | (al sing. *-e*) Ogni individuo di tale famiglia.

caracollàre o (*raro*) **†garagollàre** [sp. *caracolear* 'volteggiare il cavallo', da *caracol* 'chiocciola'] v. intr. (*io caracòllo*; aus. *avere*) *1* Volteggiare col cavallo a destra e a sinistra, a piccoli salti, cambiando di mano. *2* (*mil.*) Fare caracollo. *3* (*fam.*) Trotterellare: *il piccino caracollava allegramente sul prato.*

caracòllo [sp. *caracol* 'chiocciola'] s. m. *1* Movimento del cavallo in tondo o a mezzo tondo. *2* (*mil.*) Evoluzione particolare dell'antica cavalleria in combattimento, consistente nell'assalire il nemico in linee successive, ciascuna delle quali scaricava contemporaneamente le pistole e dava di volta per lasciare il posto alla linea susseguente. SIN. Chiocciola.

caracùl o **caràcul** s. m. inv. ● Adattamento di *karakul* (V.).

Caradrifórmi [comp. di *caradrio* e il pl. di *-forme*] s. m. pl. ● Nella tassonomia animale, ordine di Uccelli tipici delle zone umide cui appartengono i trampolieri (*Charadriformes*) | (al sing. *-e*) Ogni individuo di tale ordine.

caràdrio [vc. dotta, lat. tardo *charădriu(m)*, nom. *charădrius*, dal gr. *charadriós*, forse da *charádra* 'torrente, gola, burrone'] s. m. ● Uccello dei Caradriformi, slanciato, elegante, con zampe alte e sottili, ali lunghe e appuntite (*Charadrius*).

caràffa [ar. *garrâfa*, prob. attrav. lo sp.] s. f. *1* Recipiente per liquidi, di vetro o altro materiale, panciuto, con collo stretto e una larga bocca, provvisto di manico: *una c. di cristallo* | Quantità di liquido contenuto in una caraffa: *una c. d'acqua, di vino.* *2* Antica misura napoletana per liquidi. || **caraffétta**, dim. | **caraffina**, dim. | **caraffino**, dim. m. | **caraffóna**, accr. | **caraffóne**, accr. m.

caraìbico ● V. *caribico*.

caraìbo ● V. *caribo* (*1*).

caràmba ● V. *carabba*.

caràmbola (*1*) [sp. *carambola*, dal malese *karambil* 'noce di cocco'] s. f. ● Alberetto delle Oxalidacee con foglie caduche, fiori in grappoli di colore da bianco rosato a rosso intenso, e frutti commestibili gialli, carnosi e aciduli (*Averrhoa carambola*) | Il frutto di tale pianta.

caràmbola (*2*) [sp. *carambola* 'palla rossa del biliardo'] s. f. *1* Nel gioco del biliardo, colpo con cui si manda la propria palla a colpire quella dell'avversario e il pallino | Gioco del biliardo basato su tale colpo. *2* Nel calcio, tiro del pallone che, dopo essere rimbalzato su un compagno o su un avversario, assume una traiettoria deviata. *3* (*fig.*) Urto, spinta, scontro di due o più automobili: *la nebbia ha provocato questa c. mortale.*

carambolàre [sp. *carambolar*, da *carambola* 'carambola (2)'] v. intr. (*io caràmbolo*; aus. *avere*) ● Far carambola.

carambolàta s. f. ● Tiro di carambola.

†caramèle ● V. *caramello*.

caramèlla [V. *caramello*] **A** s. f. *1* Piccolo dolce di zucchero cotto, variamente aromatizzato e colorato, gener. a pasta dura, a volte ripieno di gelatina di frutta, liquore e sim.: *c. di menta, di anice*; *c. al liquore, al caffè, alla frutta*; *c. ripiena.* *2* (*fig., fam.*) Monocolo. **B** in funzione di agg. inv. ● (posposto al s.) Nella loc. *rosa c.*, tonalità di rosa intenso, tipico delle caramelle al lampone o alla fragola. || **caramellina**, dim. | **caramellóna**, accr. | **caramellóne**, accr. m.

caramellàio s. m. (f. *-a*) ● Fabbricante o venditore di caramelle.

caramellàre v. tr. (*io caramèllo*) *1* Portare lo zucchero allo stato di caramello. *2* Ricoprire di caramello: *c. un dolce.* *3* Colorare in bruno bevande col caramello.

caramellàto part. pass. di *caramellare*; anche agg. ● Nei sign. del v.

caramellìsta s. m. e f. (pl. m. *-i*) ● Chi è addetto alla lavorazione delle caramelle.

caramèllo o **†caramèle** [sp. *caramel*, dal lat. **cănna(m) mĕllis*. V. *cannamele*] **A** s. m. *1* Massa brunastra, ottenuta dallo zucchero per forte riscaldamento, che, a freddo, si rapprende formando una lastra vetrosa, usata in pasticceria e per colorare vini e sim. *2* (*est.*) Colore tipico dello zucchero caramellato: *una tinta che sta fra il giallo e il c.* **B** in funzione di agg. inv. ● (posposto a un s.) Che ha il colore fulvo dello zucchero bruciato: *tessuto c.*; *feltro color c.*

caramellóso agg. *1* Che ha le qualità della caramella. *2* (*fig.*) Sdolcinato, lezioso: *discorso c.*

†caramògio [persiano *ḫarmûš* 'grosso topo'] s. m. *1* Statuetta, spec. di porcellana, raffigurante un personaggio grottesco e deforme. *2* (*fig.*) Persona piccola e deforme.

carampàna [vc. venez., dalla contrada veneziana delle *Carampane* (da *Cà* 'casa' *Rampani*, n. di una famiglia), abitata da prostitute] s. f. *1* Donna sguaiata e volgare. *2* Donna brutta e trasandata.

caramusàle o **caramussàle** [turco *qarâmussal*, prob. attrav. il gr. moderno] s. m. ● Antico vascello mercantile turco di forma quadra e con poppa assai alta.

carantàno [da *Carantana*, n. ant. della Carinzia] s. m. ● (*numism.*) Nome dato al grosso tirolino d'argento quando i conti del Tirolo divennero duchi di Carinzia.

carapàce [fr. *carapace*, dallo sp. *carapacho* 'guscio dei granchi e di altri crostacei', di etim. incerta] s. m. *1* (*zool.*) Duplicatura dell'esoscheletro che può ricoprire il cefalotorace e l'addome dei Crostacei | Il dermascheletro dorsale che protegge il tronco dei Cheloni. *2* (*est., pop.*) Tipo di cellulite soda e dura. *3* (*geol.*) Parte superiore esterna, arcuata verso l'alto, di una coltre di ricoprimento.

caràssio [slavo *karas*] s. m. ● Genere di pesci Teleostei della famiglia Ciprinidi, propri delle acque dolci (*Carassius*) | *C. comune*, di color bruno giallastro (*Carassius vulgaris*) | *C. dorato*, di colorazione varia, molto ricercato a scopo ornamentale (*Carassius auratus*). SIN. Pesce rosso.

caratàre [da *carato*] v. tr. *1* Pesare a carati: *c. un metallo prezioso, una gemma.* *2* †Valutare un complesso di beni, un patrimonio e sim. a fini fiscali. *3* Descrivere e valutare con precisione e minuzia un bastimento in ogni sua parte. *4* (*fig.*) Esaminare minutamente.

caratèllo o †**carratèllo** [da *carro*, perché era una botte che si trasportava con carri] s. m. ● Botticella affusolata per vini pregiati e liquori | Quantità di liquido in esso contenuta.

caratìsta [da *carato* nel sign. 5] s. m. e f. (pl. m. *-i*) *1* Chi ha la proprietà di una caratura di nave. *2* (*econ.*) Chi partecipa a una società il cui capitale è suddiviso in quote.

caràto [ar. *qirât* 'ventiquattresima parte di un denaro', dal gr. *kerátion* 'carruba', il cui seme si adoperava per pesare] s. m. *1* Antico valore ponderale coniato come moneta d'argento all'epoca di Costantino. *2* Unità di misura del titolo dell'oro, equivalente alla ventiquattresima parte di contenuto in oro puro. SIMB. ct | *Oro a 24 carati*, purissimo. *3* Unità di peso usata per le pietre preziose e le perle, equivalente a quattro grani o a un quinto di grammo. SIMB. ct. *4* (*fig.*) Grado di perfezione, bontà, valore e sim. | *Persona di molti carati*, dotata di ottime qualità. *5* Ognuna delle 24 quote di comproprietà di una nave | (*est.*) Quota di partecipazione in una società.

caràttere [vc. dotta, lat. *charactēre(m)*, nom. *charăcter*, dal gr. *charaktḗr*, 'impronta', da *charássō* 'io incido'] s. m. *1* Ciascuna delle rappresentazioni grafiche delle lettere dell'alfabeto, disegnate secondo le stesse regole in un determinato stile: *c. Garamond, Granion* | *Caratteri veneziani, antico stile, transizionali, moderni, egiziani, bastoni, fantasie*, grandi suddivisioni secondo caratteristiche formali e storiche | *C. mobile tipografico*, piccolo parallelepipedo in lega tipografica, legno o plastica recante sulla parte superiore una lettera o segno incisa a rovescio per la stampa | *C. di fonderia*, quello componibile a mano | *C. chiaro, neretto* o *grassetto, nero, nerissimo*, secondo lo spessore delle aste | *C. di testo*, quello che per la sua leggibilità viene usato per libri, periodici e in genere per scritti molto lunghi. *2* (*est.*) Sistema di scrittura: *caratteri ebraici, greci* | (*est.*) Modo di scrivere, tipico di una data persona: *io vagheggio il suo c. e la diligenza de l'ortografia* (TASSO). *3* (*psicol.*) Insieme dei tratti fisici, morali e comportamentali di una persona, che la distingue dalle altre | Correntemente, indole, modo di essere: *avere un buon, un ottimo, un pessimo, un cattivo c.*; *essere di c. forte, debole, aggressivo, pacifico* e sim. | Personalità forte, decisa, volitiva: *un uomo di c.*; *non avere c.*; *essere senza c.*; *essere privo di c.* SIN. Temperamento. *4* (*est.*) Caratteristica: *tutte le lingue hanno i loro propri e distinti caratteri* (LEOPARDI); *notare, rilevare, sottolineare i caratteri salienti di q.c.* | *Essere in c.*, in armonia con q.c.: *l'abito era in c. con la cerimonia* | (*biol.*) *C. dominante*, che compare in tutti i discendenti della prima generazione in un incrocio | *C. recessivo*, che non compare nei discendenti della prima generazione. *5* Insieme delle qualità essenziali di un personaggio trasferite realisticamente nella recitazione di un attore. *6* (*relig.*) Qualità indelebile impressa dai sacramenti del battesimo, cresima e ordine: *c. sacramentale.* *7* (*stat.*) Singolo aspetto sotto cui un fenomeno collettivo viene considerato | *C. qualitativo*, che si riferisce a qualità | *C. quantitativo*, che si riferisce a una quantità. *8* (*elab.*) Nei sistemi di trattamento automatico delle informazioni, quantità d'informazione formata da un numero di bit sufficiente a rappresentare, con le loro combinazioni, una cifra decimale, una lettera dell'alfabeto, ed eventuali altri segni | *C. ottico*, carattere specialmente disegnato per la stampa di documenti destinati alla lettura ottica, ma perfettamente leggibili anche dall'occhio umano. || **carateràccio**, pegg. | **caratterino**, dim. (V.) | **carateróne**, accr. | **caratterùccio**, **caratterùzzo**, dim.

caratteriàle [fr. *caractériel*, da *caractère* 'carattere'] **A** agg. *1* Relativo al carattere: *indagine c.* *2* Di bambino o adolescente affetto da disturbi del comportamento, quali l'impulsività e l'aggressività, dovuti a insufficiente assimilazione delle elementari norme morali. **B** s. m. e f. ● Bambino o adolescente caratteriale: *scuola per caratteriali.*

caratterìno s. m. *1* Dim. di *carattere*. *2* (*iron.*) Indole difficile, bisbetica, o aggressiva: *ha un c. poco simpatico.*

caratterìsta [da *carattere*] s. m. (pl. *-i*) ● Ruolo del teatro drammatico e del cinema | Attore non protagonista che impersona con vivacità realistica e spesso con arguzia un tipo umano esemplare.

caratterìstica [fr. *caractéristique*, da *caractère* 'carattere'] s. f. *1* Speciale e peculiare qualità che serve a determinare il tipo di una cosa o di una persona e a distinguerla da qualunque altra: *questo bracciale ha tutte le caratteristiche di un gioiello di gran classe*; *è una c. dei bugiardi.* SIN. Carattere. *2* (*mat.*) *C. d'un logaritmo*, parte intera del logaritmo | *C. d'una matrice* o *di un determinante*, massimo fra gli ordini dei minori non nulli che si possono estrarre dalla matrice. *3* Rappresentazione grafica in un sistema di coordinate dell'andamento di un fenomeno fisico in funzione di uno o più parametri. *4* Attrice con ruolo di caratterista.

caratterìstico [fr. *caractéristique*. V. prec.] agg. (pl. m. *-ci*) ● Che qualifica e fa conoscere il carattere, la qualità: *segno c.*; *note caratteristiche*; *elementi caratteristici.* SIN. Peculiare, proprio, tipico. || **caratteristicaménte**, avv.

caratterizzàre [fr. *caractériser*, da *caractère* 'carattere'] v. tr. *1* Costituire la caratteristica di una persona o di una cosa: *questi sono gli elementi che caratterizzano i contratti.* SIN. Distinguere, qualificare. *2* Rappresentare con acutezza, descrivere secondo i caratteri peculiari: *c. una persona, una situazione, un'epoca.*

caratterizzazióne s. f. ● Atto, effetto del caratterizzare.

caratterologìa [comp. di *carattere* e *-logia*] s. f. (pl. *-gie*) ● (*psicol.*) Studio e classificazione dei caratteri.

caratterològico agg. (pl. m. *-ci*) ● Relativo alla caratterologia. || **caratterologicaménte**, avv. Dal punto di vista caratterologico.

caratteropatìa [comp. di *carattere* e *-patia*] s. f. ● (*psicol.*) Alterazione del comportamento capace di disturbare più o meno gravemente e diffusamente il carattere di un individuo.

caratteropàtico **A** agg. (pl. m. *-ci*) ● Di, relativo a caratteropatia. **B** agg.; anche s. m. (f. *-a*) ● Che, chi è affetto da caratteropatia.

caratùra [da *carato*] s. f. *1* Misurazione di un prezioso in carati: *c. dell'oro, dei diamanti.* *2* Porzione di proprietà di una nave espressa in carati | (*est.*) Quota di partecipazione in una società.

caravaggésco agg. (pl. m. *-schi*) ● Relativo al, proprio del, pittore Caravaggio (1573-1610): *quadro, stile c.*; *scuola caravaggesca.*

càravan /'karavan, *ingl.* kærə'væn/ [ingl., 'carovana, carrozzone', poi 'roulotte'; stessa etim. dell'it. *carovana*] s. m. inv. ● Veicolo rimorchiato da un autoveicolo attrezzato per un soggiorno più o meno prolungato. SIN. Roulotte. ➡ ILL. **campeggiatore**.

†**caravàna** ● V. *carovana.*

caravanìsta s. m. e f. (pl. m. *-i*) ● Chi pratica il caravanning. SIN. Roulottista.

caravanning /*ingl.* kærə'væniŋ/ s. m. inv. ● Forma di turismo praticata utilizzando il caravan.

caravanserràglio [persiano *kārwān-sārāi* 'albergo per carovane'] s. m. *1* Nel mondo islamico e nell'Asia occidentale, luogo recintato e talvolta protetto da tettoie dove si ricoverano le carovane per la notte o il riposo. *2* (*fig.*) Luogo pieno di chiasso, confusione e disordine: *nei giorni di mercato la piazza è un vero c.*

caravèlla (1) [port. *caravela*, da *caravo* 'nave asiatica a vele latine', dal lat. tardo *cărabu(m)* 'granchio', poi 'piccolo battello', dal gr. *kárabos* 'granchio marino', poi 'battello'] s. f. ● Nave a vela veloce e leggera a un solo ponte con tre o quattro alberi usata spec. da Portoghesi e Spagnoli nel XV-XVI sec.

caravèlla (2) [detta così perché adoperata per gli assiti delle *caravelle*] **A** s. f. ● Colla forte da falegname. **B** anche agg. solo f.: *colla c.*

caravèlla (3) [deform. del fr. *calville*, dal n. di un villaggio fr.] s. f. ● Varietà di mela o di pera con buccia rugginosa.

carbammàto [fr. *carbamate*. V. *carbammico*] s. m. ● (*chim.*) Sale o estere dell'acido carbammico. SIN. Uretano.

carbàmmico [fr. *carbamique*. V. *carbone* e *amido*] agg. (pl. m. *-ci*) ● (*chim.*) Detto di acido che si ottiene dalla reazione tra ammoniaca e acido carbonico, e di composti da esso derivati.

carbammìde [fr. *carbamide*. V. *carbone* e *ammide*] s. f. ● (*chim.*) Urea.

†**càrbaso** [vc. dotta, lat. *cărbasu(m)*, nom. *cărbasus*, dal gr. *kárpasos*, dal sanscrito *karpāsa* 'cotone'] s. m. *1* Veste sottile di lino finissimo | Manto di tela di lino. *2* Vela nobile, ricca, dipinta.

carbinòlo [ted. *Karbinol*, da *carbo-*] s. m. ● (*chim., raro*) Metanolo.

càrbo- [dal lat. *carbo*, genit. *carbōnis* 'carbone', di etim. incerta] primo elemento ● In parole composte della terminologia chimica indica la presenza di carbonio o carbone: *carboidrato, carbolico.*

carbochìmica [comp. di *carbo-* e *chimica*] s. f. ● La parte della chimica che studia i composti del carbonio. SIN. Chimica organica.

carbocianìna [comp. di *carbo-* e *cianina*] s. f. ● (*chim.*) Sostanza colorante del gruppo delle cianine; viene impiegata come sensibilizzatore in campo fotografico.

carboidràsi [comp. di *carboidr(ato)* e del suff. *-asi*] s. f. ● (*chim.*) Ogni enzima che provoca la scissione idrolitica dei glucidi in composti più semplici.

carboidràto [comp. di *carbo-* e *idrato*] s. m. ● (*chim.*) Glucide.

carbòlico [comp. di *carbo-* e *-olo*, con suff. agg.] agg. (pl. m. *-ci*) ● (*chim., raro*) Fenico: *acido c.*

carbonàdo [port., propriamente 'carbonato'] s. m. ● (*miner.*) Varietà nera durissima di diamante.

carbonàia [lat. *carbonāria(m)* 'donna che vende il carbone', poi 'fornace per il carbone', da *carbo*, genit. *carbōnis* 'carbone'] **A** s. f. *1* Catasta conica di legna coperta di terra battuta che, per lenta combustione, si trasforma in carbone. *2* Luogo dove si conserva il carbone | (*mar., raro*) Carbonile. *3* (*fig.*) Luogo sudicio e buio. **B** agg. solo f. ● Di nave attrezzata per il trasporto del carbone.

carbonàio o (*dial.*) **carbonàro** [lat. *carbonāriu(m)*, da *cărbo*, genit. *carbōnis* 'carbone'] s. m. (f. *-a*) *1* Chi prepara la carbonaia e ne sorveglia la combustione. *2* Venditore al minuto di carbone, legna e sim.

carbonaménto s. m. ● Atto, effetto del carbonare.

carbonàre v. intr. (*io carbóno*) *1* Imbarcare il carbone per la navigazione. *2* Adoperare carta carbone nello scrivere.

carbonàro **A** s. m. *1* Membro della carboneria. *2* V. *carbonaio.* **B** agg. ● Dei carbonari, della carboneria: *moti carbonari* | *Alla carbonara*, (*ell.*) *carbonara*, detto di pasta condita con guanciale soffritto, uova sbattute, abbondante formaggio grattugiato e pepe nero: *spaghetti alla c.*

carbonàta s. f. *1* Mucchio di carbone. *2* Carne di maiale salata, arrostita sul carbone o cotta in padella.

carbonatazióne [da *carbonato*] s. f. ● (*chim.*) Processo in cui si aggiunge anidride carbonica a una sostanza o a un miscuglio.

carbonàto [fr. *carbonate*] **A** s. m. ● (*chim.*) Sale o estere dell'acido carbonico | *C. acido*, bicarbonato | *C. di calcio, calcico*, sale bianco, diffuso in natura, usato nell'industria cartaria, vetraria, della gomma e in cosmetica | *C. di potassio, potassico*, sale bianco preparato per carbonizzazione della potassa caustica, usato nella lavorazione dei saponi, dei vetri, in tintoria e in conceria. SIN. Potassa | *C. di sodio, sodico*, sale bianco, prodotto dal cloruro di sodio mediante processo Solvay, usato nella produzione dei saponi, dei vetri, dei detersivi, della carta. SIN. Soda. **B** anche agg.: (*chim.*) *gruppo c.*

carbonatùra [da *carbone*, per il colore] s. f. *1* Insieme di chiazze nere sul mantello dei cavalli. *2* Procedimento per rendere copiativo il retro delle prime copie di un modulo a più copie.

carboncèllo s. m. *1* Dim. di *carbone*. *2* Pustola del carbonchio. *3* †Carbonchio, carbuncolo.

carbónchio [lat. *carbŭnculu(m)*, dim. di *cărbo*, genit. *carbōnis* 'carbone'] s. m. *1* (*agr.*) Malattia del grano dovuta a un fungo che attacca la spiga ricoprendola di spore simili a una polvere nerastra. *2* (*med.*) Malattia infettiva degli erbivori a carattere setticemico, contagiosa e trasmissibile all'uomo, caratterizzata dalla formazione di vescicole ad alone bruno-nerastro sulla pelle. *3* †Foruncolo. *4* †Rubino.

carbonchióso **A** agg. *1* Malato, infetto di carbonchio. *2* †Abbruciato. **B** s. m. • Chi è affetto da carbonchio.

carboncino s. m. *1* Dim. di *carbone*. *2* Bastoncino di carbone morbido usato per disegnare | (*est.*) Disegno eseguito con tale bastoncino.

†carbóncolo • V. †*carbuncolo*.

†carbónculo • V. †*carbuncolo*.

carbóne [lat. *carbōne(m)*, di etim. incerta] **A** s. m. *1* Sostanza solida, nera, costituita principalmente di carbonio, prodotta per riscaldamento, fuori del contatto con l'aria, di sostanze organiche o vegetali | *C. animale, d'ossa*, ottenuto da ossa sgrassate, usato come decolorante, adsorbente, deodorante. SIN. Nero animale, nero d'ossa | *C. di legna, vegetale*, nero lucente, molto poroso, ottenuto dal legno, usato come combustibile, adsorbente, antiputrido | *C. di storta*, duro, compatto, lucente, ottenuto come residuo nella parte alta delle storte in cui si fa la distillazione del litantrace, dotato di alta conducibilità elettrica, usato per elettrodi | *C. dolce*, di legno leggero | *C. forte*, di legno compatto | *C. fossile*, che si origina per complesse decomposizioni e trasformazioni di resti vegetali nel sottosuolo, usato come combustibile e per ottenerne numerosi prodotti mediante distillazione | (*fig.*) *C. bianco*, l'insieme delle riserve idriche utilizzate per produrre energia elettrica; (*est.*) l'energia elettrica stessa | *Nero come il c.*, molto nero | (*fig.*) *Un'anima nera come il c.*, malvagia | (*raro*) *A misura di c.*, in misura eccessiva. *2* Pezzo di carbone acceso, di brace: *avere gli occhi brillanti come carboni* | *Essere, stare, trovarsi sui carboni accesi*, (*fig.*) provare un acuto disagio, imbarazzo | (*fig., raro*) *Da segnare col c. bianco*, detto di un avvenimento raro, di una gioia inaspettata. *3* (*raro, est.*) Colore nero intenso: *il c. dei capelli*. *4* (*bot.*) Malattia fungina di diverse piante che si manifesta con la comparsa sulle parti colpite di una polvere nera, simile a quella del carbone, e con grosse ipertrofie del fusto e delle infiorescenze. SIN. Golpe (2). *5* (*fis.*) Nelle lampade ad arco, ognuno degli elettrodi. **B** in funzione di agg. inv. • (posposto a un s.) Che ha il colore nero intenso, caratteristico del carbone: *occhi color c.* | *Carta c.*, V. *cartacarbone*. || **carboncèllo**, dim. (V.) | **carboncino**, dim. (V.) | **carbonèlla**, dim. f. (V.) | **†carbonétto**, dim. (V.).

carbonèlla s. f. *1* Dim. di *carbone*. *2* Carbone di legna minuta.

carbonèra [detta così perché, trovandosi sopra il fumaiolo, si anneriva facilmente] s. f. • (*mar.*) Vela di straglio.

carbonerìa [detta così perché gli affiliati fingevano di essere *carbonai*] s. f. • Setta segreta, con rituale esemplato su quello massonico, sorta a Napoli all'inizio del XIX sec. e di lì diffusasi nel resto d'Italia, in Francia e Spagna, caratterizzata da un programma di opposizione ai governi assoluti.

carbonétto s. m. *1* †Dim. di *carbone*. *2* (*raro*) Varietà di corallo di color rosso cupo.

carbonicazióne [da *carbonico*] s. f. • Immissione di anidride carbonica nei vini, per renderli artificialmente frizzanti o spumanti.

carboniccio agg. (pl. f. *-ce*) • (*raro*) Che ha un colore nerastro simile a quello del carbone.

carbònico [fr. *carbonique*. V. *carbone*] **A** agg. (pl. m. *-ci*) • Detto di composto del carbonio tetravalente | *Acido c.*, acido inorganico, bibasico, conosciuto solo in soluzione acquosa | *Anidride carbonica*, gas incolore, inodoro, insaporo, usato per bibite gassate e, allo stato solido, sotto forma di ghiaccio secco, nella conservazione di sostanze deperibili. **B** agg.; anche s. m. • (*geol.*) Carbonifero.

carbonièra [da *carbone*] s. f. *1* Carbonaia. *2* Nave carbonaia. *3* (*raro*) Tender.

carbonière s. m. *1* Industriale del carbone | Commerciante in carbone. *2* Minatore che lavora nelle miniere di carbone fossile.

carbonièro agg. • Del carbon fossile: *industria carboniera*.

carbonìfero [comp. di *carbone* e *-fero*] **A** agg. • Che è ricco di carbon fossile: *terreno, bacino c.*; *zona carbonifera*. **B** agg.; anche s. m. • (*geol.*) Quinto periodo del Paleozoico, suddiviso in due parti e cinque piani, cui appartengono numerose fasi dell'orogenesi ercinica.

carbonile (**1**) [da *carbone*] **A** s. m. • Locale destinato sulle navi all'immagazzinamento del carbone. SIN. Carbonaia. **B** agg. • Di zona destinata a deposito di carbone: *area c.*

carbonile (**2**) [comp. di *carbonio* e *-ile* (*2*)] **A** s. m. • (*chim.*) Gruppo funzionale bivalente =CO, caratteristico di aldeidi e chetoni | Composto dell'ossido di carbonio con uno o più atomi di un metallo. **B** anche agg.: *metallo c.*

carbonìlico [da *carbonile* (*2*)] agg. (pl. m. *-ci*) • (*chim.*) Relativo a carbonile | *Gruppo c.*, carbonile.

carbònio [fr. *carbone*] s. m. *1* Elemento chimico non metallo, insapore, inodore, solubile solo nei metalli fusi, diffuso in natura sia allo stato libero, come diamante e grafite, sia come composto, principale costituente delle sostanze organiche, usato come assorbente e riducente. SIMB. C | *C. 14*, isotopo radioattivo del carbonio, avente numero di massa 14, usato spec. per la datazione di materiali archeologici. *2* (*astron.*) *Ciclo del c.*, reazione termonucleare che si suppone avvenga all'interno delle stelle per la continua produzione di energia mediante trasformazione di idrogeno in elio.

carbonióso agg. • Che contiene carbone.

carbonite [comp. di *carbo-* e *-ite* (*2*)] s. f. • Esplosivo di sicurezza costituito generalmente da nitroglicerina e da nitrati, usato nelle miniere di carbone.

carbonizzàre [fr. *carboniser*] **A** v. tr. *1* Trasformare in tutto o in parte una sostanza organica in carbone, spec. per forte riscaldamento. *2* Bruciare qualunque cosa, rendendola simile al carbone. **B** v. intr. pron. • Ridursi in carbone.

carbonizzatùra s. f. • (*tess.*) Carbonizzazione.

carbonizzazióne [fr. *carbonisation*] s. f. *1* Atto, effetto del carbonizzare. *2* (*tess.*) Trattamento chimico con sostanze acide cui si sottopone la lana per sbarazzarla dalle impurità vegetali che l'accompagnano. SIN. Carbonizzatura, carbonizzo. *3* Processo di riduzione delle sostanze organiche, tendente a conservare solo il carbonio.

carbonizzo s. m. *1* (*tess.*) Carbonizzazione. *2* Forno in cui si compie la carbonizzazione.

carborùndo s. m. • Adattamento di *carborundum* (V.).

carborùndum® [nome commerciale, ingl. *carborundum*, comp. di *carbo(n)* 'carbonio' e *(co)rundum* 'corindone'] s. m. • Carburo di silicio ottenuto trattando in forno elettrico silice e carbone, usato, per la sua durezza, per fabbricare mole e smerigli.

carbosiderùrgico [comp. di *carbo(ne)* e *siderurgico*] agg. (pl. m. *-ci*) • Che concerne l'industria siderurgica e quella del carbone: *stabilimento c.*

carbossiemoglobina [comp. di *carbo-*, del gr. *oxýs* 'acuto' (V. *ossalico*) e di *emoglobina*] s. f. • Composto stabile, derivante dalla combinazione dell'emoglobina con l'ossido di carbonio, che determina la morte per asfissia.

carbossilàre v. tr. • Introdurre uno o più carbossili in un composto.

carbossilàsi [comp. di *carbossil(are)* e *-asi*] s. f. • (*chim.*) Qualsiasi enzima che catalizza una reazione di carbossilazione a carico di una molecola organica.

carbossilazióne s. f. • Atto, effetto del carbossilare.

carbossile [comp. di *carbo-* e del gr. *oxýs* 'acuto' (V. *ossalico*), col suff. *-ile*] **A** s. m. • Gruppo funzionale, monovalente, –COOH, caratteristico degli acidi organici. **B** anche agg.: *gruppo c.*

carbossìlico agg. (pl. m. *-ci*) • Relativo al carbossile | Che contiene uno o più gruppi carbossili.

†carbùncolo o **†carbóncolo**, **†carbónculo**, o **†carbùnculo** [vc dotta, lat. *carbŭnculu(m)*, dim. di *cărbo*, genit. *carbōnis* 'carbone'] s. m. • Rubino.

carburànte [fr. *carburant*, da *carbure* 'carburo'] s. m. • Ogni combustibile capace di formare con un gas comburente una miscela esplosiva | Qualsiasi combustibile capace di bruciare in un motore a combustione interna | Gas o liquido volatilizzabile che nei motori a scoppio forma con l'aria la miscela esplosiva necessaria al loro funzionamento.

carburàre [fr. *carburer*] **A** v. tr. *1* Sottoporre a carburazione. *2* (*metall.*) Trattare termicamente una lega in modo da facilitare la diffusione di carbonio nel suo strato superficiale | Cementare. **B** v. intr. (aus. *avere*) *1* Compiere il processo di carburazione: *un motore che non carbura*. *2* (*fig., gerg.*) Essere energico e dinamico, essere in forma: *oggi non carburo*.

carburatóre [fr. *carburateur*] s. m. • Dispositivo in cui si forma la miscela d'aria e carburante per l'alimentazione dei motori a scoppio | *C. a doppio corpo*, usato nelle autovetture veloci, composto di due carburatori uniti insieme, di cui uno entra in funzione soltanto alle alte velocità.

carburatorista s. m. e f. (pl. m. *-i*) • Meccanico specializzato nella riparazione dei carburatori.

carburazióne [fr. *carburation*] s. f. *1* Formazione nel carburatore di una miscela di vapori di carburante con la quantità di aria sufficiente per la combustione prima della fase di aspirazione nei cilindri del motore a scoppio. *2* Atto, effetto del carburare.

carbùro [fr. *carbure*, da *carbone* 'carbonio'] s. m. *1* Composto del carbonio con un elemento più elettropositivo | *C. di calcio*, composto cristallino, grigio, duro, prodotto trattando in forno elettrico calce viva e carbone, usato per la fabbricazione dell'acetilene. *2* (*per anton.*) Carburo di calcio.

†càrca • V. *carica*.

carcadè o **karkadè** [vc. di origine eritrea] s. m. *1* Pianta erbacea delle Malvacee dell'Africa tropicale con fiori gialli dal calice rosso carnoso, e frutti a capsula (*Hibiscus sabdariffa*). *2* Bevanda di colore rosso lievemente acidula, ottenuta per infusione dei petali e dei sepali della pianta omonima.

carcàme (**1**) [etim. discussa: da avvicinare ad *arcame* (?)] s. m. • (*lett.*) Carcassa nel sign. 1.

†carcàme (**2**) [fr. *carcan*, di etim. incerta] s. m. • Collana, diadema, monile.

†carcàre e *deriv.* • V. *caricare* e *deriv.*

Carcàridi [vc. dotta, comp. del gr. *karkharías* 'pescecane' e di *-idi*] s. m. pl. • Nella tassonomia animale, famiglia di squali con muso conico, cinque fessure branchiali, denti presenti sia sulla mascella sia sulla mandibola (*Carcharidae*) | (al sing. *-e*) Ogni individuo di tale famiglia.

carcarodónte [vc. dotta, gr. *karcharódōn*, genit. *karcharódontos* 'dai denti acuti', comp. di *kárcharos* 'acuto' e *odoús*, genit. *odóntos* 'dente'] s. m. • Grosso e vorace squalo lungo fino a dieci metri, bianco nella parte ventrale e grigio scuro dorsalmente, con la prima pinna dorsale molto alta e appuntita (*Carcharodon carcharias*). SIN. Squalo bianco.

carcàssa [etim. incerta] s. f. *1* Complesso delle ossa che racchiudono la cavità toracica di un animale | (*est.*) Scheletro di un animale morto: *la c. di un bue*. SIN. Carcame. *2* Animale macellato, scuoiato ed eviscerato | Insieme delle due mezzene. *3* (*fig.*) Corpo umano o animale malridotto, emaciato: *quelle povere carcasse umane* (D'ANNUNZIO). *4* Ossatura di un natante | (*est.*) Struttura portante di vari oggetti, macchinari e sim. | *C. del fucile*, parte centrale metallica | Negli pneumatici, ossatura costituita da più tele gommate, composte di fibre tessili e, a volte, di fili d'acciaio. *5* Involucro fisso di una macchina elettrica | Scatola molto robusta che racchiude gli organi rotanti di alcune macchine e ne costituisce il supporto. *6* Ciò che resta della struttura di un mobile, di una costruzione, di una macchina e sim. | (*fig.*) Mobile, costruzione, macchina, spec. veicolo, e sim. vecchi e sconquassati: *volle sfondare colle sue mani stesse la vecchia c.* (BACCHELLI).

†carceraménto s. m. • Carcerazione.

carceràre [lat. tardo *carcerāre*, da *cărcer*, genit. *cărceris* 'carcere'] v. tr. (*io càrcero*) • Mettere in carcere. SIN. Imprigionare.

carceràrio [vc. dotta, lat. *carcerāriu(m)*, da *cărcer*, genit. *cărceris* 'carcere'] agg. • Relativo alle carceri: *ordinamento c.*; *guardia carceraria*.

carceràto **A** part. pass. di *carcerare*; anche agg. • Nei sign. del v. **B** s. m. (f. *-a*) • Detenuto: *visitare* *i carcerati* | *Far vita da c.*, vivere in forzato isolamento.

carcerazióne s. f. *1* Atto, effetto del carcerare | *C. preventiva*, sofferta dall'imputato prima del passaggio in giudicato della sentenza. *2* Prigionia, permanenza in carcere: *la c. lo fa molto soffrire*. SIN. Detenzione.

càrcere [lat. *cărcere(m)* 'recinto', poi 'prigione', da una radice raddoppiata di origine incerta] s. m. e f. (pl. *càrceri* f., †*càrcere*) *1* Stabilimento in cui vengono scontate le pene detentive: *entrare in c.*; *evadere dal c.* | *C. giudiziario*, quello istituito in ogni città che sia sede di tribunale | *C. mandamentale*, quello istituito in ogni sede di pretura | *C. di massima sicurezza*, quello per detenuti di particolare pericolosità sociale dove il rigore della sorveglianza personale e l'alto grado di perfezionamento tecnico degli ostacoli edilizi e gener. fisici rendono minime le possibilità di fuga. SIN. Prigione. *2* Correntemente, carcerazione: *scontare tre anni di c.* | *C. preventivo*, detenzione prima del processo. *3* (*est.*) Luogo chiuso, in cui si gode scarsissima libertà: *questa casa per me è un vero c.* *4* Nei circhi romani, il recinto dove stavano cavalli e bighe prima della corsa.

carcerière s. m. (f. *-a*, spec. nel sign. fig.) *1* Custode del carcere. SIN. Secondino. *2* (*fig.*, *spreg.*) Chi esercita con eccessivo rigore funzioni di sorveglianza e sim.

càrcino- [dal gr. *karkínos* 'granchio', poi 'cancro', di origine indeur.] primo elemento • In parole composte della terminologia scientifica significa 'granchio, crostaceo' e anche, nella terminologia medica, 'tumore, cancro': *carcinologia*, *carcinogenesi*.

carcinogènesi [comp. di *carcino-* e *genesi*] s. f. • (*med.*) Processo di formazione e sviluppo di un carcinoma.

carcinologìa [comp. di *carcino-* e *-logia*] s. f. • Parte della zoologia riguardante i Crostacei.

carcinòma [fr. *carcinome*, dal lat. *carcinōma*, a sua volta dal gr. *karkínōma*, da *karkínos* 'granchio'] s. m. (pl. *-i*) • Tumore maligno di origine epiteliale.

carcinomatóso [fr. *carcinomateux*] agg. *1* Di, relativo a carcinoma. *2* Che è affetto da carcinoma.

carcinòsi [vc. dotta, gr. *karkínōsis*, da *karkínos* 'granchio, cancro'. V. *carcinoma*] s. f. • Cancro diffuso.

carciofàia s. f. *1* Terreno coltivato a carciofi. SIN. Carciofeto. *2* Donna che coltiva o vende carciofi.

carciofàio A agg. • Che produce carciofi. **B** s. m. (f. *-a* (V.)) *1* (*raro*) Carciofeto. *2* Chi coltiva o vende carciofi.

carciofèto s. m. • Carciofaia.

carciofino s. m. *1* Dim. di *carciofo*. *2* Parte più tenera del carciofo, conservata sott'olio o sott'aceto.

carciòfo o (*evit.*) **carciòffo** [ar. *haršûf* 'cardo spinoso'] s. m. *1* Pianta erbacea perenne coltivata delle Composite, con foglie oblunghe, fiori azzurri tubulosi e capolini commestibili avvolti da grosse brattee di color verde-violaceo (*Cynara cardunculus scolymus*) | Il capolino fiorale commestibile di tale pianta: *carciofi lessi*, *fritti*; *carciofi alla romana*, *alla giudia* | *Mangiare il c. a foglia a foglia*, (*fig.*) raggiungere uno scopo poco per volta. *2* *C. selvatico*, pianta erbacea spontanea delle Composite a foglie con spine marginali gialle e capolini piccoli (*Cynara cardunculus silvestris*). SIN. Caglio. *3* (*fig.*) Uomo sciocco, incapace: *sei un gran c.!* || **carciofètto**, dim. | **carciofino**, dim. (V.) | **carciofóne**, accr. | **carciofùccio**, dim..

carciofolàta s. f. • (*dial.*) Pranzo a base di carciofi.

†**carciòfolo** s. m. • (*dial.*) Carciofo.

†**càrco** • V. *carico*.

card /*ingl.* ka:d/ [vc. ingl., propr. 'carta'] s. f. inv. *1* Tessera nominativa che permette al titolare di usufruire di alcuni servizi. *2* Acrt. di *credit card*.

càrda [da *cardare*] s. f. • (*tess.*) Macchina per la cardatura, formata da un insieme di cilindri rotanti coperti di punte metalliche più o meno grosse dette scardassi o guarnizioni. || **cardina**, dim.

cardàio [da *cardo* (*1*)] s. m. • Chi fabbrica o vende strumenti per cardare.

cardaiòlo o †**cardaiuòlo** s. m. • Cardatore.

cardamòmo o †**cardamóne** [vc. dotta, lat. *cardamōmu(m)*, dal gr. *kardámōmon*, comp. di *kárdamon* 'crescione' e *ámōmon* 'amomo'] s. m. • Pianta erbacea perenne delle Zingiberacee con lungo rizoma, foglie lanceolate alterne, infiorescenza composta, frutto a capsula impiegato nella preparazione del curry (*Elettaria cardamomum*) | Il frutto di tale pianta, usato in medicina e in profumeria.

cardànico [dal n. del matematico G. *Cardano* (1501-1576)] agg. (pl. m. *-ci*) • (*mecc.*) Detto di giunto che permette di trasmettere il moto rotatorio fra due alberi anche con assi geometrici non coincidenti | Detto di sospensione che permette di sorreggere un corpo lasciandone libero l'orientamento.

cardàno [da *cardanico*] s. m. • Giunto cardanico.

cardàre [da *cardo* (*1*)] v. tr. *1* Sottoporre a cardatura. *2* (*raro*, *fig.*) Dire male di qc. che non è presente.

cardàta s. f. *1* Azione del cardare. *2* (*est.*) La quantità di lana, canapa, lino che si carda in una sola volta.

cardàto A part. pass. di *cardare*; anche agg. • Nei sign. del v. **B** s. m. • Tessuto di lana cardata.

cardatóre s. m. (f. *-trice* (V.)) • Chi carda lana, canapa, lino.

cardatrice s. f. *1* Operaia addetta alla cardatura. *2* Carda.

cardatùra s. f. • (*tess.*) Operazione che ha per scopo di trasformare in velo continuo la fibra in fiocco, eliminando contemporaneamente le materie eterogenee.

cardellino o (*tosc.*) **calderino** [dim. di *cardello*] s. m. • Piccolo uccello canoro dei Passeriformi, dal piumaggio variamente colorato in nero, giallo, rosso e bianco (*Carduelis carduelis*). SIN. Capirosso.

cardèllo [lat. tardo *cardĕllu(m)*, in luogo del classico *carduēle(m)*, da *cărduus* 'cardo (1)', pianta frequentata da quest'uccello] s. m. • (*raro*) Cardellino.

cardènia • V. *gardenia*.

carderìa [da *cardare*] s. f. • Reparto di uno stabilimento tessile ove si cardano le fibre.

cardéto [lat. tardo *carduētu(m)*, da *cărduus* 'cardo (1)'] s. m. • Campo piantato a cardi.

càrdia o **càrdias** [gr. *kardía* 'cuore, estremità cardiaca dello stomaco'] s. m. inv. • (*anat.*) Apertura superiore dello stomaco, dove sbocca l'esofago.

-cardìa [V. prec.] secondo elemento • In parole composte della terminologia medica significa 'cuore', o indica relazione con il cuore: *bradicardia*, *tachicardia*.

cardìaco o †**cordìaco** [vc. dotta, lat. *cardĭacu(m)*, nom. *cardĭacus*, dal gr. *kardiakós*, da *kardía*. V. *cardia*] **A** agg. (pl. m. *-ci*) • Del, relativo al cuore: *collasso c.* **B** s. m.; anche agg. (f. *-a*) • (*raro*) Cardiopatico.

cardiàle agg. • Del, relativo al cardia.

cardialgìa [vc. dotta, gr. *kardialgía*, comp. di *kardía* 'cuore' e *álgos* 'dolore'] s. f. (pl. *-gie*) • (*med.*) Dolore a livello del cardia o (*est.*) della regione gastrica | (*med.*) Dolore di origine cardiaca.

càrdias • V. *cardia*.

càrdigan /'kardigan, *ingl.* 'ka:digən/ [ingl., dai n. del generale J. Th. Brudenell, conte di *Cardigan* (1797-1868)] s. m. inv. • Giacca di maglia senza collo né risvolti.

Cardìidi [comp. di *cardi(o)* e *-idi*] s. m. pl. • Nella tassonomia animale, famiglia di Lamellibranchi la cui conchiglia, vista di profilo, somiglia a un cuore (*Cardiidae*) | (al sing. *-e*) Ogni individuo di tale famiglia.

cardinalàto s. m. • Ufficio e dignità di cardinale | Durata di tale ufficio.

cardinàle (1) [vc. dotta, lat. tardo *cardināle(m)*, da *cărdo*, genit. *cărdinis* 'pernio, cardine'] **A** agg. *1* Che funge da cardine, che è fondamentale: *i principi cardinali di una dottrina*, *di una scienza* | *Virtù cardinali*, fortezza, giustizia, prudenza, temperanza, che sono il fondamento di tutte le altre | *Vocale c.*, fondamentale, la cui articolazione è ben definita | *Numero c.*, che indica una quantità numerica in senso assoluto | *Punti cardinali*, che indicano i punti principali dell'orizzonte, dividendolo in quattro quadranti, cioè est, sud, ovest e nord | *Venti cardinali*, che spirano dai quattro punti cardinali. *2* (*astrol.*) Detto del temperamento dei segni zodiacali dell'Ariete, Cancro, Bilancia e Capricorno. **B** s. m. *1* Principe della Chiesa, nominato dal papa, suo collaboratore e avente diritto di eleggere il nuovo papa: *collegio dei cardinali* | *C. prete*, *vescovo*, *diacono*, avente corrispondente titolo di una delle chiese romane | *C. prefetto*, che è a capo di una congregazione ecclesiastica | (*fig.*, *fam.*) *Boccone*, *cibo da c.*, vivanda prelibata. *2* †Architrave | †Cardine. *3* Ognuno dei mattoni lunghi che reggevano il cielo del forno. **C** in funzione di agg. inv. • (posposto a un s.) Che ha il colore rosso porpora caratteristico delle vesti cardinalizie: *rosso c.*

cardinàle (2) [per il colore rosso, come il manto di un cardinale] s. m. • Uccello canoro dei Passeriformi di color rosso vivo con ciuffo di piume erette sul capo (*Richmondena cardinalis*).

cardinalésco agg. (pl. m. *-schi*) *1* Di, da cardinale (*spec. spreg.*): *atteggiamento*, *lusso c.* *2* †Rosso vivo, come le insegne cardinalizie, detto di colore.

†**cardinalìsta** s. m. (pl. *-i*) • Partigiano, seguace di un cardinale.

cardinalità [ingl. *cardinality*, da *cardinal* 'cardinale (1)'] s. f. • (*mat.*) Classe di equivalenza d'insiemi definita dalla relazione di corrispondenza biunivoca | Correntemente, numero di elementi di un insieme.

cardinalìzio [da *cardinale* (*1*)] agg. • Che è proprio dei cardinali: *titolo c.* | *Cappello c.*, insegna della dignità di cardinale.

càrdine [lat. *cărdine(m)* 'cardine', di etim. incerta] s. m. *1* Ferro su cui si inseriscono e girano i battenti delle porte, le imposte delle finestre e sim. | *C. del timone*, agugliotto. *2* (*fig.*) Fondamento, sostegno di una dottrina, di un sistema e sim. SIN. Base, principio. *3* (*raro*) Punto cardinale. *4* Cardo (2).

càrdio [dal gr. *kardía* 'cuore', per la forma] s. m. • Genere di Molluschi bivalvi frequenti nel Mediterraneo (*Cardium*).

càrdio-, -càrdio [dal gr. *kardía* 'cuore'] primo o secondo elemento • In parole composte della terminologia scientifica, spec. medica, significa 'cuore' o indica relazione col cuore: *cardiogramma*, *cardiologia*, *miocardio*.

cardioattìvo [comp. di *cardio-* e *attivo*] **A** s. m. • Farmaco che agisce sul cuore migliorandone la funzionalità. **B** anche agg.: *farmaco c.*

cardiocèntesi o **cardiocentèsi** [comp. di *cardio-* e del gr. *kéntēsis* 'puntura' (V. *paracentesi*)] s. f. • (*chir.*) Puntura delle cavità cardiache a scopo diagnostico o terapeutico.

cardiochirurgìa [comp. di *cardio-* e *chirurgia*] s. f. (pl. *-gie*) • (*chir.*) Branca della chirurgia che si interessa del cuore e dei grossi vasi sanguigni intratoracici.

cardiochirùrgico agg. (pl. m. *-ci*) • Di, relativo a cardiochirurgia.

cardiochirùrgo [comp. di *cardio-* e *chirurgo*] s. m. (pl. *-ghi* o *-gi*) • Chirurgo che opera sul cuore.

cardiocinètico [comp. di *cardio-* e del gr. *kinētikós* 'che muove', agg. di *kínēsis* 'movimento'] **A** s. m. (pl. *-ci*) • Farmaco che stimola il lavoro e il rendimento del muscolo cardiaco aumentandone la forza delle contrazioni. **B** anche agg.: *farmaco c.* SIN. Cardiostimolante.

cardiocircolatòrio [comp. di *cardio-* e *circolatorio*] agg. • Che si riferisce al cuore e ai vasi sanguigni: *apparato c.*

cardiodilatazióne [comp. di *cardio-* e *dilatazione*] s. f. • Anomalo dilatamento delle cavità cardiache.

cardiofrequenzìmetro [comp. di *cardio-* e *frequenzimetro*] s. m. • (*fisiol.*) Apparecchio elettronico impiegato per la misura della frequenza cardiaca.

cardiogènico [comp. di *cardio-* e *-genico*] agg. (pl. m. *-ci*) • Che trae origine dal cuore.

cardiografìa [comp. di *cardio-* e *-grafia*] s. f. • Tecnica di registrazione grafica dei movimenti cardiaci.

cardiògrafo [comp. di *cardio-* e *-grafo*] s. m. •

Apparecchio per la cardiografia.

cardiogràmma [comp. di *cardio-* e *-gramma*] s. m. (pl. *-i*) ● Tracciato ottenuto con il cardiografo.

cardiòide [vc. dotta, gr. *kardioeidḗs* 'a forma di cuore'. V. *cardio-* e *-oide*] s. f. ● (*geom.*) Curva a forma di cuore, tracciata da un punto fissato sulla circonferenza di un cerchio, quando questo rotola attorno a un altro di ugual raggio.

cardioipertrofìa [comp. di *cardio-* e *ipertrofia*] s. f. ● (*med.*) Aumento di volume e di peso del cuore per ipertrofia del tessuto muscolare.

cardiologìa [comp. di *cardio-* e *-logia*] s. f. (pl. *-gie*) ● Scienza che studia la struttura, la funzione, la patologia del cuore.

cardiològico agg. (pl. m. *-ci*) ● Di, relativo a cardiologia.

cardiòlogo [comp. di *cardio-* e *-logo*] s. m. (f. *-a*; pl. *-gi*, pop. *-ghi*) ● Studioso di cardiologia | Medico specializzato in cardiologia.

cardiomegalìa [comp. di *cardio-* e *-megalia*] s. f. ● (*med.*) Aumento di volume, congenito o acquisito, del cuore da ipertrofia o da dilatazione delle cavità.

cardionevròṣi [comp. di *cardio-* e *nevrosi*] s. f. ● (*med.*) Disturbo funzionale del sistema cardiocircolatorio causato spec. da uno stato d'ansia e caratterizzato da astenia, tachicardia e dolore precordiale.

cardiopàlmo o **cardiopàlma** [comp. di *cardio-* e del gr. *palmós* 'palpito, vibrazione'] s. m. (pl. *-i*) ● Palpitazione cardiaca che si può manifestare sia in malattie organiche che in molte forme nervose o per intensa emotività.

cardiopatìa [comp. di *cardio-* e *-patia*, prob. attrav. il fr. *cardiopathie*] s. f. ● (*gener.*) Malattia di cuore: *c. congenita*; *c. acquisita*.

cardiopàtico agg.; anche s. m. (f. *-a*; pl. m. *-ci*) ● Che, chi è affetto da cardiopatia.

cardioplegìa [comp. di *cardio-* e *-plegia*] s. f. (pl. *-gie*) ● Paralisi cardiaca spesso indotta artificialmente per eseguire interventi di cardiochirurgia.

cardiopolmonàre [comp. di *cardio-* e *polmonare*] agg. ● (*anat.*) Pertinente al cuore e ai polmoni.

cardioreumàtico [comp. di *cardio-* e *reumatico*] agg.; anche s. m. (f. *-a*; pl. m. *-ci*) ● Che, chi è affetto da reumatismo cardiaco.

cardiosclerò̩si [comp. di *cardio-* e *sclerosi*] s. f. ● Sclerosi del cuore.

cardiospàṣmo [comp. di *cardio-* (con riferimento al *cardia*) e *spasmo*] s. m. ● Malattia dell'esofago, congenita o acquisita, che provoca disturbi nel transito del cibo e allungamento dell'esofago.

cardiostenòṣi [comp. di *cardio-* e *stenosi*] s. f. ● Stenosi cardiaca.

cardiostimolànte [comp. di *cardio-* e *stimolante*] agg.; anche s. m. ● Cardiocinetico.

cardiotelèfono [comp. di *cardio-* e *telefono*] s. m. ● (*med.*) Apparecchiatura telefonica che consente al medico, spec. di un centro ospedaliero, l'auscultazione a distanza dei battiti e, gener., dei suoni cardiaci di un paziente. ➡ ILL. **telematica**.

cardiotònico [comp. di *cardio-* e *tonico*] **A** s. m. (pl. *-ci*) ● Farmaco che aumenta le contrazioni del cuore. **B** anche agg.: *farmaco c.*

cardiovascolàre [comp. di *cardio-* e *vascolare*] agg. ● Del, relativo al, cuore e ai vasi sanguigni: *sistema c.*; *malattia c.*

cardioversióne [comp. di *cardio-* e dell'ingl. *version*, che nella terminologia medica indica 'rovesciamento' (cfr. *versione*)] s. f. ● (*med.*) Tecnica consistente in uno shock elettrico al cuore per la terapia di alcune aritmie cardiache.

cardìte [dal gr. *kardía* 'cuore'] s. f. ● Infiammazione del cuore.

càrdo (1) [lat. *cărduu(m)*, di etim. incerta] s. m. *1* Pianta erbacea perenne, orticola, delle Composite, con foglie biancastre lunghe e carnose dai peduncoli commestibili (*Cynara cardunculus altilis*). SIN. Cardone | *C. dei lanaioli*, pianta erbacea delle Dipsacacee con capolini terminali che, seccati, vengono usati per cardare la lana (*Dipsacus fullonum*) | *C. della Madonna*, pianta erbacea delle Composite con foglie spinose macchiate di bianco lungo le nervature e fiori tubulosi in capolini, di color porpora (*Silybum marianum*) | *C. santo, benedetto*, pianta erbacea delle Composite con fusto peloso, foglie spinose e fiori tubulosi, giallognoli, in capolini (*Cnicus benedictus*). *2* (*tosc.*) Riccio della castagna. *3* Strumento per cardare, costituito da due assicelle in cui sono impiantati filari di denti curvi. SIN. Scardasso. ‖ **cardìno**, dim. | **cardùccio**, dim.

càrdo (2) /lat. 'kardo/ [lat. *cărdo*, nom. V. *cardine*] s. m. (pl. lat. *cardines*) ● Via principale da Nord a Sud, nel campo militare romano.

cardóne [vc. dotta, lat. tardo *cardōne(m)*, per il classico *cărduu(m)* 'cardo (1)'] s. m. ● (*bot.*) Cardo | Germoglio del cardo e del carciofo. ‖ **cardoncèllo**, dim. | **cardoncìno**, dim. | **cardonétto**, dim. (V.).

cardonétto s. m. *1* Dim. di *cardone*. *2* (*dial.*) Bietola.

carduccianéṣimo s. m. ● Gusto letterario e stile di vita che si ispirò all'opera di G. Carducci.

carducciàno **A** agg. ● Che è proprio del poeta G. Carducci (1835-1907). **B** s. m. (f. *-a*) ● Studioso, seguace, imitatore del Carducci.

career woman /ingl. kə'riə 'wumən/ [loc. ingl., comp. di *career* 'carriera' e *woman* 'donna'] loc. sost. f. inv. (pl. ingl. *career women*) ● Donna che aspira a fare carriera nella propria professione e si impegna con grande energia per ottenere promozioni e avanzamenti.

†**careggiàre** e *deriv.* ● V. *carezzare* e *deriv.*

careliàno **A** agg. ● Della Carelia, regione dell'Europa sett. a est della Finlandia. **B** s. m. solo sing. ● Lingua del gruppo ugro-finnico parlata in questa regione.

carèlla [dal lat. tardo *quădru(m)* 'quadrato'] s. f. ● Rete da pesca a sacco per la cattura delle anguille.

†**carèllo** o **carièllo** nel sign. 2 [ant. fr. *carrel*, dal lat. parl. **quadrĕllu(m)*, da *quădrus* 'quadrato, quadro'] s. m. *1* Cuscino usato per appoggiarvi i piedi. *2* Coperchio di latrina.

carèma [da *Carema*, località nei pressi di Ivrea, ove viene prodotto] s. m. ● Vino piemontese, rosso rubino, secco, prodotto con uva del vitigno Nebbiolo.

carèna [lat. *carīna(m)*, attrav. il genov. o il venez.] s. f. *1* Fondo della nave, parte inferiore del bastimento, che rimane immersa nell'acqua. SIN. Opera viva. *2* (*anat.*) Formazione, organo e sim. di forma sporgente. *3* (*zool.*) Lamina ossea prominente dello sterno degli uccelli volatori. *4* (*bot.*) L'insieme dei due petali inferiori del fiore delle Papilionacee saldati fra loro | Sporgenza lineare su organi vegetali. *5* Superficie esterna del dirigibile.

carenàggio [fr. *carénage*] s. m. ● Lavoro del carenare | *Bacino di c.*, dove si porta la nave a secco per eseguire il lavoro del carenare.

carenàre [fr. *caréner*] v. tr. (*io carèno*) *1* Scoprire la parte immersa del bastimento per poterla riparare. *2* Fornire di carenatura: *c. un veicolo*, *un aereo*.

Carenàti s. m. pl. ● Nella tassonomia animale, gruppo di uccelli muniti di sterno carenato, buoni volatori (*Carinatae*) | (al sing. *-o*) Ogni individuo di tale gruppo.

carenàto [lat. *carinātu(m)* 'a forma di carena'] part. pass. di *carenare*; anche agg. *1* Nei sign. del v. *2* Detto di organo animale o vegetale dotato di carena, in particolare dello sterno degli Uccelli in grado di volare e, impropriamente, di quello umano prominente a causa di malformazioni o di patologie. *3* (*arch.*) Detto di arco formato da due curve che hanno ciascuna un punto di flesso | *Soffitto c.*, ligneo, a forma di carena di nave.

carenatùra [da *carenare*] s. f. *1* Profilatura sovrapposta a organi di un veicolo per ridurre la resistenza all'avanzamento o per proteggerli. *2* (*aer.*) Rivestimento rigido di elementi esposti a una corrente per diminuirne la resistenza aerodinamica.

†**carèno** [vc. dotta, lat. tardo *caroenu(m)*, dal gr. *károinon*, prob. di origine preindeur.] s. m. ● (*raro*) Tipo di mosto cotto.

carènte [vc. dotta, lat. *carĕnte(m)*, part. pres. di *carēre* 'essere privo'] agg. ● Mancante di alcuni elementi che sarebbero necessari: *questo discorso è c. di logica*; *alimentazione c. di ferro*.

carènza [vc. dotta, lat. tardo *carĕntia(m)*, da *cărens*, genit. *carĕntis*, part. pres. di *carēre* 'essere privo'] s. f. *1* Mancanza, penuria di elementi comunque necessari (*anche fig.*): *c. di cibo*, *di grano*, *di medicinali*; *c'è molta c. d'idee in quel libro*; *il bambino mostra gravi carenze affettive* | *C. legislativa*, mancanza di una regolamentazione giuridica relativa a determinate materie | *C. di potere*, deficienza di autorità in organi pubblici. SIN. Assenza, insufficienza. *2* Mancanza di un elemento indispensabile negli alimenti: *malattia da c.*; *c. vitaminica*.

carenzàto agg. ● (*med.*) Di carenza, spec. nella loc. *dieta carenzata*, mancante di un dato fattore alimentare.

carenziàle agg. ● (*med.*) Caratterizzato o causato da carenza vitaminica: *malattia c.*

carestìa [etim. incerta] s. f. *1* Grande scarsezza di cose necessarie alla vita, dovuta a cause naturali o a guerre, rivoluzioni e, in genere, a sconvolgimenti politici o economici: *quella fu un'annata di c. e di pestilenza*. *2* (*est.*) Penuria, mancanza: *c. di viveri*, *di denaro*, *di mezzi di trasporto*. *3* †Avarizia.

carestóso o †**carestióso** /karest'oso, kares'tjoso/ agg. *1* Misero, scarso. *2* Che vende a prezzi troppo alti (come quelli che si praticano in tempo di carestia): *negoziante c.*

carétta [fr. *caret*, dal malese *kārēt* 'guscio di tartaruga'] s. f. ● Tartaruga marina con scudo a grandi placche, comune nel Mediterraneo (*Caretta caretta*).

carétto [lat. *carĕctu(m)*, da *cārex*, genit. *cāricis* 'carice'] s. m. ● (*bot.*, *tosc.*) Carice.

caréżza (1) [da *caro (1)*] s. f. ● Qualità di ciò che è caro.

carézza (2) [dal lat. *cārus* 'caro (1)'] s. f. *1* Dimostrazione di affetto, amicizia, benevolenza fatta con parole e atti, spec. lisciando il volto e i capelli, o anche un'altra parte del corpo, con la mano: *fare, ricevere carezze*; *essere prodigo di carezze*; *dopo la battaglia esse donne e fanciulli fanno carezze alli guerrieri* (CAMPANELLA) | *Aver ricevuto molte carezze in famiglia*, essere stato coccolato | (*iron.*) *Le carezze del bastone*, bastonate | *Questo dolore non è una c.*, non è una cosa lieve. SIN. Moina, vezzo. *2* (*est.*) Tocco leggero che sfiora appena: *la c. del vento*, *del sole* | *Le carezze dell'artista*, (*fig.*) per dare l'ultimo tocco a un'opera. *3* (*fig.*) Lusinga. *4* (*raro*, *lett.*) Cura, premura, sollecitudine. ‖ **carezzìna**, dim. | **carezzòccia**, dim. | **carezzuòla**, dim.

†**carezzaménto** o (*raro*) †**careggiaménto** s. m. ● Modo e atto del carezzare.

carezzàre o (*lett.*) †**careggiàre** v. tr. (*io carézzo*) *1* Accarezzare. *2* (*fig.*) Trattare con eccessiva condiscendenza.

carezzévole agg. ● Che accarezza | Piacevole, amorevole: *gesto c.*; *tono di voce c.* SIN. Affettuoso, dolce, soave. ‖ **carezzevolménte**, avv.

carezzóso agg. ● (*lett.*) Carezzevole.

càrfano [prob. lat. *fărfarum* 'farfaro'] s. m. ● (*bot.*, *tosc.*) Ninfea.

carfologìa [vc. dotta, lat. tardo *carphologĭa(m)*, nom. *carphologĭa* dal gr. *karphología*, comp. di *kárphos* 'pagliuzza' e *légō* 'io raccolgo'] s. f. (pl. *-gie*) ● (*med.*) Movimento delle mani come per afferrare fili, fiocchi o altro, tipico di malati gravi. SIN. Crocidismo.

†**càrgo (1)** ● V. *carico*.

càrgo (2) /'kargo, *ingl.* 'ka:gou/ [ingl., da *cargo-boat* 'battello da carico', comp. dello sp. *cargo* 'carico' e dell'ingl. *boat* 'nave'] s. m. (pl. *-go* o *-ghi*, pl. ingl. *cargoes* o *cargos*) *1* Nave da carico. *2* Aereo da carico.

cariàggio ● V. *carriaggio*.

cariàre [fr. *carier*. V. *carie*] **A** v. tr. (*io càrio*) ● Produrre la carie: *i dolci cariano i denti* | (*est.*) Corrodere: *il tempo caria le più solide costruzioni*. **B** v. intr. pron. ● Essere attaccato dalla carie: *i denti, le ossa si cariano lentamente*.

cariàtide [vc. dotta, lat. tardo *caryătide(m)*, nom. *caryătis*, dal gr. *karyâtis*, 'donna di Caria', perché a sostenere gli architravi vennero raffigurate le donne di Caria fatte prigioniere dagli Ateniesi] s. f. *1* Statua femminile usata in funzione di elemento architettonico portante per sostenere trabeazioni, mensole, cornicioni, balconi, logge e sim. | Correntemente, ogni statua femminile, o anche maschile, che assolve tale funzione | *Fare da c. a qc.*, (*fig.*) sostituire qc. in q.c. ➡ ILL. p. 356 ARCHITETTURA. *2* (*est.*) Persona che sta immobile e in silenzio | (*fig.*) Fautore di istituzioni passate: *è una c. del vecchio regime* | Persona vecchia e brutta: *una c. rinsecchita.*

cariàto part. pass. di *cariare*; anche agg. *1* Nei sign. del v. *2* (*est.*) Vecchio e corroso.

caribico o **caraibico**. agg. (pl. m. *-ci*) *1* Relativo ai Caribi e alle regioni da essi abitate. *2* Del mare delle Antille: *fauna caribica.*

caribo (1) o **caraibo** [sp. *caribe*, dal caribico *karaiba* 'ardito'] agg.; anche s. m. (f. *-a*) ● Che, chi appartiene a una popolazione indigena dell'America meridionale diffusa nelle Antille e in alcune zone del Rio delle Amazzoni.

†**caribo (2)** o (*raro*) †**garibo** [provz. *garip*, forse dall'ar. *qaṣīb*] s. m. ● Canzone a ballo: *danzando al loro angelico c.* (DANTE *Purg.* XXXI, 132).

caribù [fr. *caribou*, dall'algonchino *kalibú*] s. m. ● Mammifero ruminante degli Artiodattili, delle regioni artiche, simile alla renna ma più robusto, con corna brevi e massicce (*Rangifer caribou*).

càrica o †**càrca** [da *caricare*] **A** s. f. *1* Atto del caricare | †Peso, carico. *2* Mansione, ufficio piuttosto elevato o impegnativo, spec. pubblico e conferito in modo ufficiale: *c. di sindaco, ministro, assessore*; *rivestire una c. importante* | *Le più alte cariche*, le persone che occupano i più alti uffici | *Essere in c.*, nell'esercizio di qualche funzione | (*est.*) *Il campione in c.*, quello che attualmente detiene un titolo. *3* Congegno o quantità di energia atta a far funzionare un meccanismo | *C. di un accumulatore*, accumulazione di energia elettrica in un accumulatore alimentato a corrente continua | *Dare la c.*, caricare. *4* (*chim.*) Materiale inerte che non modifica la qualità di un prodotto ma ne aumenta il peso o il volume | Sostanza aggiunta a un prodotto per conferirgli nuove proprietà | *Dare la c.*, trattare un prodotto industriale con tali sostanze. *5* (*fis.*) *C. elettrica*, proprietà fondamentale della materia che dà luogo a forze di attrazione o repulsione fra corpi | *C. elementare*, unità di misura della carica elettrica uguale alla carica del protone e pari a 1,602 10^{-19} coulomb. *6* Quantità di esplosivo contenuta nei bossoli delle armi da fuoco, nell'ogiva di proietti e bombe, nella camera di scoppio delle mine | *C. di lancio*, per lanciare proietti | *C. di scoppio*, per farli esplodere | (*est.*) Insieme degli elementi che compongono una cartuccia da caccia, cioè polvere, cartoncini, borre e pallini. *7* (*fig.*) Cumulo di energie fisiologiche o psicologiche che caratterizzano una data personalità: *c. affettiva, psichica, erotica*; *dare una c. di fiducia*; *avere una forte c. di simpatia* | Forza, tensione di natura emozionale, affettiva e sim. contenute in un'idea, un'azione, un'opera artistica e sim.: *la c. poetica della parola*; *la c. drammatica di una rappresentazione.* *8* Azione risolutiva del combattimento | *C. di cavalleria*, urto portato dalla cavalleria sul nemico, per colpirlo con l'arma bianca e travolgerlo | *C. alla baionetta*, assalto di truppe di fanteria | *Tornare alla c.*, (*fig.*) insistere in qualche richiesta | *Fare una c. a fondo*, (*fig.*) impegnarsi molto in q.c. | *Passo di c.*, molto svelto e deciso | Segnale di tromba o rullo di tamburo per dare l'ordine dell'azione alla cavalleria o alle truppe. *9* Nel calcio e sim., azione del giocatore che tenta di ostacolare l'avversario in possesso del pallone spingendolo lateralmente di spalla: *c. irregolare* | Nell'hockey su ghiaccio, azione con cui si tenta di ostacolare l'avversario colpendo il suo bastone con il proprio. **B** in funzione di inter. ● Si usa come comando a voce per ordinare la carica di un reparto di cavalleria.

caricabàlle [comp. di *caricare* e il pl. di *balla*] s. m. inv. ● Macchina per raccogliere balle di fieno e collocarle sul rimorchio.

caricabàrca [comp. di *carica(re)* e *barca*] s. m. (pl. *caricabàrche*) ● Dispositivo consistente in un binario di acciaio zincato munito di verricello a mano mediante il quale una barca può venire issata sul tetto di un'automobile anche da una sola persona.

caricabatterìa [comp. di *carica(re)* e *batteria*] s. m. inv. ● Alimentatore elettrico per caricare accumulatori spec. di automobili.

caricabbàsso [comp. di *caricare* nel sign. A6, e *abbasso*] s. m. inv. ● (*mar.*) Cima usata per ammainare le vele di punta | Cavo usato per esercitare una trazione verso il basso. ➡ ILL. p. 1291 SPORT.

caricabolìna [comp. di *caricare* nel sign. A6, e *bolina*] s. f. ● (*mar.*) Imbroglio che serve a chiudere parte della vela quadra, facendo forza sulla ralinga di caduta. SIN. Serrapennone.

Caricàcee [vc. dotta, comp. del lat. *cărica* 'fico della Caria', f. sost. di *Căricus*, dal gr. *Karikós* 'della Caria', e di *-acee*] s. f. pl. ● Nella tassonomia vegetale, famiglia di piante arboree o arbustive con foglie grandi, lobate, fiori riuniti in racemi e frutto a bacca (*Caricaceae*) | (al sing. *-a*) Ogni individuo di tale famiglia. ➡ ILL. **piante** /3.

caricafièno [comp. di *carica(re)* e *fieno*] s. m. inv. ● Macchina per raccogliere e caricare il fieno disposto in andane.

†**caricàggio** s. m. ● (*raro*) Caricamento.

caricalcàrro [comp. di *carica(re)* nel sign. A6, e *al carro*] s. m. inv. ● (*mar.*) Imbroglio doppio delle vele latine che le avviluppa al carro dell'antenna.

caricaletàme [comp. di *carica(re)* e *letame*] s. m. inv. ● Attrezzatura con benna o gru per il carico del letame sui carri o sullo spandiletame.

caricaménto s. m. *1* Atto, effetto del caricare: *procedere al c. di un'arma da fuoco, di una cartuccia, di una cinepresa* | *C. del premio*, differenza fra il premio effettivamente pagato dall'assicurato e quello che egli matematicamente dovrebbe pagare per il rischio contro il quale si assicura. *2* (*elab.*) *C. dei dati o dei programmi*, nei sistemi automatici per l'elaborazione dei dati, tipica operazione, preliminare all'elaborazione vera e propria, consistente nel trasferire i dati da elaborare da schede o da banda perforata su nastri o dischi magnetici, ovvero i programmi di elaborazione da schede, nastri o dischi magnetici in memoria principale. *3* Contrazione dei muscoli di un atleta o ginnasta che precede l'estensione degli arti. *4* †Carico, peso.

caricàre o †**carcàre** [lat. parl. **carricāre*, da *cărrus* 'carro'] **A** v. tr. (*io càrico, tu càrichi*) *1* Porre qc. o q.c. sopra un sostegno o un mezzo di trasporto: *c. i bagagli sul treno, i passeggeri sul battello*; *c. il grano, il bestiame, su un carro.* *2* Aggravare con un peso eccessivo (*anche fig.*): *c. la nave oltre la sua portata*; *c. qc. di debiti, tasse, commissioni, botte, offese* | *C. la schiena di qc.*, (*fig.*) batterlo | *C. lo stomaco*, riempirlo troppo di cibo | (*raro*) *C. un numero al lotto*, giocare molto denaro su di esso. SIN. Appesantire. *3* (*fig.*) Esagerare: *c. le dosi* | *C. la mano*, eccedere in violenza | *C. le tinte*, dare eccessivo risalto a un colore e (*fig.*) esagerare i particolari nella descrizione di q.c. *4* Disporre q.c. a scattare, funzionare, agire: *c. la molla di un orologio, la stufa, una batteria* | *C. la macchina fotografica*, introdurvi la pellicola | *C. la pipa*, riempirla di tabacco. *5* Approntare allo sparo un'arma da fuoco, introducendovi l'apposito proiettile: *c. un fucile, il cannone* | *C. una cartuccia, una mina e sim.*, mettere insieme nell'apposito involucro i vari elementi della carica. *6* (*mar.*) Esercitare la maggior forza possibile nel tesare una manovra: *c. una vela, un'orza.* *7* (*mil.*) Attaccare con impeto, a piedi o a cavallo, il nemico. *8* Nel calcio, nell'hockey su ghiaccio, e in altri sport, effettuare una carica su un avversario | *C. uno sci*, portarvi sopra il peso del corpo. *9* Dare la carica a un prodotto industriale quale tessuto, carta o gomma. *10* Collegare a un generatore di energia elettrica, a un motore e sim., il suo carico. **B** v. rifl. *1* Gravarsi eccessivamente di q.c.: *caricarsi di abiti, di cibo, di attività* | (*fig.*) *Caricarsi di sdegno, di stupore*, irritarsi o stupirsi fortemente. *2* (*fig.*) Cumulare, raccogliere in sé stesso le energie fisiologiche o psicologiche in vista di un'azione, di uno sforzo e sim.: *caricarsi prima di un esame, per la gara.*

caricàto o †**carcàto** part. pass. di *caricare*; anche agg. *1* Nei sign. del v. *2* Affettato, nelle parole e negli atti, esagerato: *maniere caricate*; *la premura ch'egli ha di veder Giacinta, pare un po' caricata* (GOLDONI). *3* (*arald.*) Detto del campo e delle figure di uno scudo che ne hanno altre sovrapposte. *4* Messo in caricatura. || **caricataménte**, avv.

†**caricatóio** **A** agg. ● Che serve a portare carichi. **B** s. m. ● Scalo.

caricatóre **A** s. m. (f. *-trice* nel sign. 1) *1* Chi carica | Facchino, manovale che carica e scarica le merci | Operaio che carica i forni siderurgici. *2* Servente di artiglieria che introduce il proietto e il bossolo nella culatta della bocca da fuoco per caricare il pezzo. *3* Chi richiede il trasporto marittimo e consegna le merci da trasportare. *4* Serbatoio, nastro, piastrina, gener. metallici, contenenti un certo numero di cartucce per alimentare il fuoco delle armi a ripetizione | *Vuotare il c. addosso a qc., nel ventre di qc.*, tempestarlo di proiettili | Congegno che introduce più cartucce simultaneamente nel serbatoio delle armi da fuoco a ripetizione. *5* Attrezzatura atta al carico e allo scarico di vari materiali. *6* (*fot., cine*) Scatola a tenuta di luce per il materiale sensibile negativo o la pellicola cinematografica vergine. *7* Parte del proiettore per diapositive destinata ad accogliere le diapositive stesse. *8* (*elab.*) Programma, gener. integrato nel sistema operativo, che trasferisce nella memoria centrale di un elaboratore file in formato eseguibile, compiendo tutte le operazioni necessarie alla sua esecuzione. SIN. Loader. **B** agg. ● Che carica: *ponte c.* | *Piano c.*, banchina sopraelevata per facilitare le operazioni di carico e scarico delle merci dai veicoli ordinari e ferroviari.

caricatùra [da *caricare*, nel sign. A3] s. f. *1* Ritratto o scritto che, con intenti comici o satirici, accentua fino alla deformazione i tratti caratteristici del modello: *fare la c. di una personalità politica* | *Mettere in c.*, ridicolizzare | (*est.*) Imitazione maldestra di qc. o q.c., tale da suscitare il riso: *quel ragazzo è la c. di un divo del cinema*; *quello non è un vestito, è solo la sua c.* | Esagerazione: *quell'inaugurazione è stata una vera c.* *2* *C. fotografica*, deformazione di un'immagine ottenuta, prevalentemente con mezzi ottici, al momento della presa o della stampa. *3* †Caricamento. || **caricaturìna**, dim.

caricaturàle agg. ● Di caricatura, che ottiene l'effetto di una caricatura: *interpretazione c.*

caricaturàre [da *caricatura*] v. tr. (*io caricatùro*) ● (*raro*) Porre, mettere in caricatura | Ridicolizzare.

caricaturìsta s. m. e f. (pl. m. *-i*) ● Chi fa caricature.

caricazióne [da *caricare*] s. f. ● Atto, effetto del caricare, spec. merci su una nave.

càrice [lat. *cārice(m)*, da avvicinarsi a *cārere* 'cardare'] s. f. ● Genere delle Ciperacee cui appartengono piante erbacee perenni, cespitose, con foglie strette verde-pallido e fiori in spighe (*Carex*).

carichìno [da *caricare*] s. m. ● Operaio addetto al caricamento delle mine.

càrico o †**càrco**, (*raro*) †**càrgo (1)** [da *caricare*] **A** s. m. (pl. *-chi*) *1* Atto del caricare: *sbrigare in poco tempo il c. della merce*; *bolla, polizza di c.* *2* Ciò che si carica addosso a una persona o a un animale, o sopra un mezzo di trasporto: *il c. dei manovali*; *l'asino procedeva con difficoltà per l'eccessivo c.*; *aumentare il c. della nave*; *viaggiare a pieno c.* | *C. utile*, portata di un mezzo di trasporto. *3* (*est.*) Entrata di merci in magazzino: *libro di c.* *4* Aggravio, onere, peso (*anche fig.*): *c. di coscienza*; *c. di lavoro*; *il c. della responsabilità, dei doveri sociali* | *C. fiscale, tributario*, complesso, espresso in cifre, dei tributi gravanti su determinate persone o collettività | *Persona a c.*, che si provvede a mantenere | *Avere qc. a c.*, provvedere al suo mantenimento | (*est.*) Preoccupazione, molestia, tormento: *el carco della infirmità* (ALBERTI) | *Farsi c. di q.c.*, darsene pensiero, farsene uno scrupolo | (*est.*) Accusa, colpa: *fare c. di q.c. a qc.*; *segnare q.c. a c. di qc.* | *Deporre a c. di qc.*, contro qc. | *Certificato dei carichi pendenti*, rilasciato da pubblico ufficiale competente e relativo all'esistenza o meno di procedimenti penali in corso a carico di date persone. *5* (*raro, fig.*) Incarico | Carica, autorità, uffizio. *6* (*fig.*) †Danno, scapito, pregiudizio. *7* In varie tecnologie, forza che sollecita una qualsiasi struttura: *c. permanente, statico, dinamico.* *8* Nelle macchine elettriche, potenza attiva o apparente erogata, trasformata o assorbita. *9* Grandezza che esprime l'energia idraulica per unità di massa. *10* Nel gioco della briscola, l'asso e il tre. *11* (*med.*) *Prova di c.*, procedimento con cui si valuta la capacità funzionale di un organo, somministrando una sostanza e osservando la funzionalità metabolica dell'organo in esame. *12* (*sport*) Fase, periodo durante il quale un atleta si sottopone a pesanti sedute di allenamento.

B agg. *1* Che porta un peso: *un carro c. di sassi* | Sovraccarico, troppo gravato: *un vestito c. di ornamenti* | (*fig.*) Oppresso, gravato: *c. di tasse, di debiti* | *Cielo, tempo c.*, (*fig.*) coperto di nuvole. *2* (*fig.*) Colmo, ricco: *c. di onori*. *3* Intenso: *colore c.* | (*est.*) Denso, concentrato, forte: *tè, caffè c.* *4* Pronto, atto a funzionare: *orologio c.* | *Fucile c.*, quando porta entro le camere o nell'apposito serbatoio le cartucce. *5* (*fis.*) Dotato di carica elettrica.

càrie [vc. dotta, lat. *cărie(m)* 'corrosione', da una radice indeur. che indica 'rompere, rovinare'] s. f. inv. *1* (*med.*) Processo distruttivo della sostanza ossea | *C. dentaria*, che colpisce lo smalto e la dentina, con formazione di cavità nei denti. *2* (*bot.*) *C. del frumento*, malattia dovuta a un fungo delle Ustilaginacee che colpisce le cariossidi del grano trasformandone l'interno in una massa bruna e maleodorante | *C. dell'olivo*, malattia dovuta a varie specie di funghi che colpisce il tronco e i rami grossi dell'albero. *3* Erosione nell'interno delle canne di un fucile, prodotta dagli esplosivi. *4* †Tarlo.

carièllo ● V. *†carello*.

cariglióne s. m. ● (*raro*) Adattamento di *carillon* (V.).

carillon /fr. kari'jõ/ [vc. fr., dal lat. *quaterniōne(m)* 'gruppo di quattro cose', qui 'di quattro campane'] s. m. inv. ● Serie di campane graduate e accordate, che, suonate da uno speciale meccanismo, producono semplici e festose melodie. SIN. Concerto di campane | Congegno applicato spec. a orologi pubblici che segnala con diversi suoni di campane lo scoccare delle ore e delle loro frazioni | Congegno in soprammobili e sim. che produce, mediante vibrazione di lamelle metalliche toccate da un cilindro che ruota, semplici motivi musicali.

carineria [da *carino*] s. f. ● L'essere carino | (*est.*) Atto, comportamento e sim. gentile e garbato: *le sue carinerie mi hanno conquistata.*

carino agg. *1* Dim. di *caro* (*1*). *2* Leggiadro, piacevole | (*est.*) Gentile, garbato: *cerca di essere più carina con lui.*

càrio- [dal gr. *káryon* 'noce, nucleo', di origine sconosciuta] primo elemento ● In parole composte della terminologia scientifica significa 'nucleo', 'seme': *cariocinesi.*

carióca [brasiliano *carioca* 'abitante di Rio de Janeiro', dal n. di un breve fiume che scorre vicino alla città] **A** s. f. inv. ● Danza popolare sud-americana. **B** s. m. e f. inv.; anche agg. inv. ● Abitante di Rio de Janeiro | (*est.*) Brasiliano.

cariocinèṣi o **cariocineṣi** [comp. di *cario-* e *-cinesi*] s. f. ● (*biol.*) Forma di riproduzione cellulare nella quale intervengono complesse trasformazioni del nucleo mediante le quali il numero dei cromosomi si mantiene costante. SIN. Mitosi.

cariocinètico agg. (pl. m. *-ci*) ● Della cariocinesi.

Cariofillàcee [vc. dotta, comp. del lat. *cariophўllon* (V. *garofano*) e di *-acee*] s. f. pl. ● Nella tassonomia vegetale, famiglia di piante erbacee con fusto articolato, foglie opposte e fiori gener. a cinque petali (*Caryophyllaceae*) | (al sing. *-a*) Ogni individuo di tale famiglia. ➡ ILL. **piante** /3.

cariofillàta [stessa etim. di *cariofillacee* (V.)] s. f. ● Pianta erbacea perenne delle Rosacee, comune nei luoghi ombrosi, con grosso rizoma, foglie pennatosette e piccoli fiori gialli (*Geum urbanum*).

cariogamìa [comp. di *cario-* e *-gamia*] s. f. ● (*biol.*) Processo di fusione di due nuclei, spec. di quelli dei gameti, in seguito alla fecondazione.

cariogènesi [comp. di *cario-* e *genesi*] s. f. ● (*biol.*) Formazione di un nucleo cellulare.

cariogenètico [da *cariogenesi*] agg. (pl. m. *-ci*) ● (*biol.*) Relativo alla cariogenesi.

carìogeno [comp. di *carie* e *-geno*] agg. ● (*med.*) Che è in grado di generare la carie.

cariòla ● V. *carriola*.

cariolànte ● V. *carriolante*.

cariologìa [comp. di *cario-* e *-logia*] s. f. ● (*biol.*) Ramo della citologia che tratta il nucleo e i processi a esso correlati.

carioplàsma [comp. di *cario-* e del gr. *plásma* 'forma' (da *plássō* 'io formo')] s. m. (pl. *-i*) ● (*biol.*) Parte del protoplasma contenuto nel nucleo delle cellule. SIN. Nucleoplasma.

carióso [vc. dotta, lat. *cariōsu(m)*, da *cāries* 'carie'] agg. ● (*raro*) Guastato dalla carie.

cariòsside [comp. di *cario-* e del gr. *ópsis*, genit. *ópseōs* 'aspetto'] s. f. ● (*bot.*) Frutto secco indeiscente con un unico seme che aderisce al pericarpo.

cariotìpico [da *cariotipo*] agg. ● (*biol.*) Relativo al cariotipo.

cariòtipo [comp. di *cario-* e *-tipo*] s. m. ● (*biol.*) Assetto cromosomico tipico di una specie o di un individuo, definito sia nel numero che nella morfologia dei cromosomi.

carìṣma [vc. dotta, lat. tardo *charĭsma*, dal gr. *chárisma* 'dono, grazia', da *cháris* 'grazia'] s. m. (pl. *-i*) *1* Dono dello Spirito Santo | Grazia concessa in forma e con effetti soprannaturali. *2* (*fig.*) Prestigio personale derivante da innate capacità di comando, forza di persuasione e presa sul pubblico: *un leader politico dotato di c.*

cariṣmàtico agg. (pl. m. *-ci*) *1* Che è proprio del carisma: *dono c.* *2* (*fig.*) Che fonda la legittimità del suo potere in una innata capacità di comando: *capo, leader c.*

carìssimo agg. *1* Sup. di *caro* (*1*). *2* Formula di cortesia spec. nelle intestazioni o clausole epistolari: *c. amico.*

carità o †**caritàde**, †**caritàte** [lat. *caritāte(m)* 'benevolenza, amore', da *cārus* 'caro (1)'] s. f. *1* Amore di Dio e del prossimo, una delle tre virtù teologali. *2* Atteggiamento psicologico, disposizione caratteristica di chi tende a comprendere e ad aiutare ogni persona: *animo pieno di c.* | (*est.*) Compassione, pietà. *3* Beneficenza, elemosina: *chiedere, fare, ricevere la c.*; *vivere di c.* | (*fig.*) *C. pelosa*, non disinteressata | Attività organizzata di assistenza gratuita a persone bisognose svolta da gruppi religiosi o laici. *4* (*est.*) Cortesia, favore: *usami la c. di andartene* | *Per c.!*, escl. esprimente rifiuto ironico, impazienza e sim. *5* (*lett.*) Affetto, amore vivo e disinteressato: *c. di patria*; *c. fraterna*; *la c. del natio loco / mi strinse* (DANTE *Inf.* XIV, 1-2).

caritatévole o †**caritévole**. agg. ● Che ha o dimostra amore per gli altri: *atto, azione c.* | Pietoso: *uomo c.*; *parole caritatevoli.* ‖ **caritatevolménte**, avv.

†**caritatìvo** agg. ● Ispirato a fini caritatevoli: *istituto c.* | (*raro*) Benevolo: *avea trovato padri caritativi* (GALILEI).

carité s. m. ● (*bot.*) Adattamento di *karité* (V.).

†**caritévole** ● V. *caritatevole*.

†**càriti** [vc. dotta, lat. *Chărites*, dal gr. *Chárites*, propriamente pl. di *cháris* 'grazia' (V. *carisma*)] s. f. pl. ● Le Grazie.

†**cariuòla** ● V. *carriola*.

†**carìzia** [V. *carenza*] s. f. ● Privazione, carestia.

carlina [etim. incerta] s. f. ● Genere di piante erbacee delle Composite con foglie grandi, spinose e fiori tubulosi avvolti da brattee (*Carlina*) | (*per anton.*) Pianta erbacea perenne delle Composite con il capolino molto sviluppato e brattee bianche e lucenti disposte a raggera (*Carlina acaulis*).

carlinga [fr. *carlingue*, dall'ant. scandinavo *kerling*] s. f. *1* (*aer.*) Parte di un aereo destinata ad alloggiare il motore, o anche l'equipaggio e il carico | Fusoliera. *2* (*mar.*) †Scassa.

carlino (**1**) [da *Carlo I* d'Angiò che per primo la fece coniare nel 1278] s. m. ● Antica moneta del Regno di Napoli d'oro o d'argento, coniata poi anche in altri Stati d'Italia, con tipi e valori diversi fino al sec. XIX | *C. d'oro*, moneta da 10 scudi coniata a Torino nel XVIII sec. | *Il resto del c.*, (*fig.*) il compimento dell'opera. ➡ ILL. **moneta**.

carlino (**2**) [fr. *carlin*, dal n. dell'attore it. Carlo Bertinazzi (1710-1783), detto *Carlino*, che interpretava a Parigi la parte di Arlecchino, con una maschera nera] s. m. ● Cane da compagnia con corpo robusto, pelo corto, bruno e lucente, orecchie piccole, testa rotonda e massiccia con maschera nera sul muso.

carlista A s. m. (pl. *-i*) *1* Nell'Ottocento, fautore di Don Carlos di Spagna o dello spodestato Carlo X di Francia. *2* Seguace della famiglia Borbone-Parma pretendente al trono spagnolo. *3* (*raro*) Legittimista, reazionario. **B** agg. ● Del, relativo ai carlisti.

carlóna [da *Carlo* Magno, rappresentato come un bonaccione nei poemi cavallereschi più tardi] vc. ● Solo nella loc. avv. *alla c.*, alla buona, in fretta, con trascuratezza e in modo grossolano: *fare le cose alla c.*; *tirar giù un lavoro alla c.*

carlòtta s. f. ● Adattamento di *charlotte* (V.).

carmagnòla [dalla località piemontese di *Carmagnola*] s. f. *1* Giubba a corte falde indossata dai popolani durante la Rivoluzione Francese. *2* Canto e ballo in voga durante la Rivoluzione Francese.

càrme [vc. dotta, lat. *cărmen*, da *cănere* 'cantare'] s. m. *1* Testo religioso, magico, giuridico in prosa simmetrica. *2* Nella poesia greca e latina, componimento poetico lirico: *i carmi di Orazio* | *C. elegiaco*, elegia | *C. bucolico*, egloga | *C. ascreo*, didascalico e cosmogonico | *Carmi trionfali*, cantati dai soldati romani nei trionfi | *C. figurato*, i cui versi suggeriscono, con la disposizione grafica, immagini. *3* Componimento lirico, tipico della letteratura italiana, di argomento elevato e tono solenne. *4* †Vaticinio, profezia. *5* †Incantesimo.

carmelita agg.; anche s. m. (pl. m. *-i*) ● Carmelitano.

carmelitàno A agg. ● Che appartiene all'ordine eremitico fondato nel XII sec. sul Monte Carmelo. **B** s. m. (f. *-a*) ● Religioso di tale ordine | *Carmelitani scalzi*, *carmelitane scalze*, della famiglia carmelitana riformata da S. Teresa d'Avila (1515-1582).

†**carmignòlo** [etim. incerta] s. m. ● Tela intessuta con fibra di ginestra.

†**carminàre** (**1**) [lat. *carmināre* 'cardare', da *cărmen*, genit. *carminis* 'pettine da cardare la lana' (attestato però solo molto tardi) da accostarsi a *cārere* 'cardare'] v. tr. (*io càrmino*) *1* Pettinare, cardare la lana. *2* (*fig.*) Vagliare punto per punto: *carminandosi la questione per tutte le congiunture* (SACCHETTI). *3* (*fig.*) Bastonare.

carminàre (**2**) [vc. dotta, lat. *carmināre* 'fare incantesimi', da *cărmen* 'carme', perché si credeva che gli incantesimi fossero efficaci contro i dolori] v. tr. ● Eliminare, sciogliere le ventosità dello stomaco o dell'intestino.

carminativo [dal lat. *carmināre* 'carminare (2)' (V.)] **A** s. m. ● Medicamento atto a far eliminare dall'intestino i gas sviluppatisi in modo eccessivo. **B** anche agg.: *farmaco c.*

carminazióne s. f. ● Espulsione di gas intestinali.

carmìnico agg. (pl. m. *-ci*) ● Detto dell'acido che costituisce il carminio | *Acido c.*, colorante antrachinonico rosso cristallino.

carmìnio o (*lett.*) **carmino** [lat. mediev. *carminiu(m)*, nato prob. dall'incontro tra l'ar. *qírmiz* 'colore scarlatto' (V. *alchermes*) e il lat. *mĭnium* 'minio'] **A** s. m. *1* Sostanza rossa, estratta dalla cocciniglia, costituita essenzialmente di acido carminico, usata nella fabbricazione di colori per pittura, belletti, dolci e sim. | *C. di robbia*, estratto dalla robbia | *C. d'indaco*, indigotina. *2* Colore rosso vivo: *un fiore sfumato di c.*; *labbra di c.* **B** in funzione di agg. inv. ● (posposto al s.): *rosso c.*

carnàccia s. f. (pl. *-ce*) *1* Pegg. di *carne*. *2* (*est.*) Carne del corpo umano flaccida e cascante.

†**carnaccióso** agg. ● Carnoso.

†**carnacciùto** agg. ● Carnoso.

†**carnàggio** [ant. fr. *charnage*, dal lat. parl. **carnāticu(m)*, da *căro*, genit. *cărnis* 'carne'] s. m. *1* Ogni specie di carne commestibile | Vivanda di carne | *Fare c.*, fare provvista di carne. *2* (*est.*) Carneficina, strage, macello. *3* Parte del canone per esercitare il diritto di pascolo su un fondo, pagata in natura.

carnagióne [lat. tardo *carnatiōne(m)*, da *căro*, genit. *cărnis* 'carne'] s. f. ● Qualità e aspetto della pelle umana, spec. dei colori del volto: *c. rosea, bruna, delicata, olivastra.* SIN. Cera, colorito, incarnato.

carnàio [lat. *carnāriu(m)*, da *căro*, genit. *cărnis* 'carne'] s. m. *1* Luogo di sepoltura comune. *2* Ammasso di cadaveri | (*est.*) Strage: *fare un c. dei soldati nemici.* SIN. Massacro. *3* (*spreg.*) Moltitudine di corpi addensati | Folla compatta: *in autobus c'era un vero c.* | (*est.*) Il luogo dove si addensano i corpi stessi: *le gradinate dello stadio sono un vero c.* *4* Luogo ove si conserva la carne macellata.

†**carnaiòlo** o †**carnaiuòlo** s. m. *1* Carniere: *ha*

pieno il carnaiuol di starne (L. DE' MEDICI) | Bisaccia, tasca. **2** (*raro*) Macellaio | (*fig.*) Carnefice. **3** Venditore di carne cotta.

carnàle [lat. tardo *carnāle(m)*, da *căro*, genit. *cărnis* 'carne'] **agg.** **1** (*raro*) Che riguarda la carne. **2** Che riguarda il corpo umano, l'esperienza sensibile, la materia, spec. in contrapposizione allo spirito: *la materia c. ed il peso e la crassa sustanza* (BRUNO). **3** Lussurioso, sensuale: *amore, appetito, peccato c.*; *violenza c.* **4** Congiunto strettamente da parentela | *Fratello c.*, figlio degli stessi genitori | *Cugini carnali*, figli di fratelli o sorelle. **SIN.** Consanguineo. **5** †Affettuoso, tenero. || †**carnalàccio**, **pegg.** | **carnalóne**, **accr.** || †**carnalménte**, **carnalménte**, **avv.** **1** In modo sensuale, lussurioso: *peccare carnalmente*; conoscere, giacere, usare, unirsi carnalmente, avere rapporti sessuali. **2** Per stretta parentela: *essere cugini carnalmente.* **3** †Affettuosamente.

carnalità o †**carnalitàde**, †**carnalitàte** [lat. tardo *carnalitāte(m)*, da *căro*, genit. *cărnis* 'carne'] **s. f.** **1** Qualità di ciò che è carnale. **2** Sensualità. **3** †Affetto, tenerezza.

carnallite [chiamata così in onore di R. von *Carnall*, direttore di miniere in Prussia] **s. f.** ● (*miner.*) Cloruro doppio di potassio e magnesio in masse compatte di aspetto salino.

carnàme [da *carne*] **s. m.** **1** Massa di carne putrefatta o in putrefazione. **2** (*est.*, *spreg.*) Affollamento di persone.

carnàrio **agg.** **1** (*raro*) Di, relativo a, cadavere: *fossa carnaria.* **2** (*zool.*) *Mosca carnaria*, denominazione di varie specie di mosche dei Sarcofagidi.

†**carnascìale** o †**carnesciale** [comp. di *carne* e *lasciare*. V. *carnevale*] **s. m.** ● Carnevale.

carnascialésco [da *carnasciale*] **agg.** (**pl. m.** *-schi*) ● (*lett.*) Carnevalesco | *Canto c.*, poesia che si cantava a Firenze nelle mascherate di carnevale.

carnàto [vc. dotta, lat. tardo *carnātu(m)*, da *căro*, genit. *cărnis* 'carne'] **A s. m.** ● (*tosc.*) Bella carnagione: *una ragazza dal c. fresco.* **B agg.** **1** (*raro*) Che ha un colore simile a quello della carne. **2** †Incarnato | (*fig.*) †Congenito.

†**carnatùra** **s. f.** ● (*lett.*) Carnagione.

carnaùba [dal guaranì, attrav. il fr. *carnauba*] **s. f.** ● Sostanza dura, fragile, untuosa, che essuda dalle foglie di una palma brasiliana, usata per dischi fonografici, isolanti, creme, candele e sim.

càrne [lat. *cărne(m)*, che aveva anticamente il sign. di 'parte'] **s. f.** **1** Insieme dei tessuti molli dell'uomo e degli animali vertebrati, formati prevalentemente dai muscoli scheletrici | *Avere molta, poca c. addosso*, essere grasso, magro | *Essere bene in c.*, essere florido, in buone condizioni fisiche | *In c. e ossa*, in persona | *È un diavolo in c. e ossa*, incarnato | *Essere c. e unghia*, legato strettamente a qc. | *C. viva*, i tessuti non cutanei | *Color c.*, colore rosa pallido caratteristico della carne umana | *Color c. viva*, rosso intenso. **2** (*est.*) Natura umana, spec. in contrapposizione a spirito: *le tentazioni della c.* | *Essere della c. di Adamo*, uomo vivo e peccatore, non puro spirito | (*fig.*) *Essere di c. debole*, soggetto a peccare | *Il peso della c.*, la sensualità | (*fig.*) Uomo in senso generico o collettivo | *Trafficante di c. umana*, di schiavi | *C. da macello, da cannone*, la massa dei soldati in quanto manovrati dall'alto ed esposti cinicamente alla morte | (*raro, fig.*) *C. venduta*, mercenario | (*fig.*) *C. battezzata*, cristiano | Consanguineo, spec. figlio o figlia: *è c. della mia c.* | Corpo umano: *la resurrezione della c.* **3** Parte degli animali destinati all'alimentazione costituita prevalentemente dal tessuto muscolare e adiposo e da quantità variabile di tendini: *c. bovina, ovina, suina, equina*; *c. in conserva, in scatola, congelata, affumicata* | *C. secca, salata, insaccata*, di maiale, conservata col sale | *C. bianca*, di pollo o vitello | *C. rossa*, di manzo, cavallo, maiale | (*raro*) *C. col becco*, (*fig.*) di uccelli o polli | (*fig.*, *pop.*) *La c. dei poveri*, i fagioli | *C. da macello*, V. *macello* | *Fare c.*, macellare una bestia | *Mettere molta c. al fuoco*, (*fig.*) cominciare più cose contemporaneamente | *Non è c. per i suoi denti*, (*fig.*) non è cosa possibile per lui | *Ha trovato c. per i suoi denti*, (*fig.*) chi può tenerlo a freno, vincerlo | (*fig.*) *Non essere né c. né pesce*, essere privo di caratteristiche definite. **4** (*est.*) Polpa dei frutti: *pesche ricche di c.* **5** (*spec. al pl.*) Costituzione fisica: *essere di carni sode, fresche, bianche, sane* | Carnagione: *carni rosee, olivastre, abbronzate.* **6** La parte dei pellami che era aderente all'animale. || **carnàccia**, **pegg.** (V.) | **carnicìna**, **dim.** | **carnòccia**, **dim.** | **carnóna**, **accr.**

carnè **s. m. inv.** ● Adattamento di *carnet* (V.).

carneàde [da *Carneade* (214 a.C.-129), filosofo gr. di Cirene che risultava sconosciuto a don Abbondio, nei Promessi Sposi ('Carneade! Chi era costui?', cap. VIII)] **s. m.** ● Persona poco conosciuta o ignota.

carnéfice [lat. *carnĭfice(m)*, comp. di *căro*, genit. *cărnis* 'carne' e *făcere* 'fare'] **s. m.** **1** Uomo incaricato di eseguire le sentenze di morte. **SIN.** Boia, giustiziere. **2** (*fig.*, *lett.*) Tormentatore, tiranno: *è il c. di sé stesso e di chi gli sta accanto.*

carneficìna o (*raro*) **carnificìna** [vc. dotta, lat. *carnificīna(m)*, da *cărnifex* 'carnefice'] **s. f.** **1** Uccisione crudele di molte persone: *i soldati fecero una terribile c.* | (*est.*) Strage, massacro (*anche fig.*): *all'esame c'è stata una vera c.* **2** (*fig.*) Strazio, tormento.

càrneo [vc. dotta, lat. tardo *cărneu(m)*, agg. di *căro*, genit. *cărnis* 'carne'] **agg.** **1** Di carne: *massa carnea.* **2** Composto di carne, detto di cibo e sim.: *vitto c.*; *alimentazione carnea.* **3** Che ha la freschezza, la consistenza o il colore della carne umana: *fiori carnei.*

carnèra [dal n. di P. *Carnera* (1906-1967), robustissimo pugilatore italiano] **s. m. inv.** ● (*fam.*) Persona straordinariamente grande e forte.

†**carnesciàle** ● V. †*carnasciale.*

carnesécca [comp. di *carne* e *secco*] **s. f.** **1** Carne suina salata. **2** (*scherz.*) Moglie vecchia e magra.

carnet /fr. kar'nɛ/ [fr., dal lat. *quatĕrni*, distributivo di *quăttuor* 'foglio piegato in quattro'] **s. m. inv.** **1** Libretto: *c. d'assegni bancari* | *C. d'assegni, d'ordini*, l'insieme delle commesse da eseguire, in una azienda | Taccuino | *C. di ballo*, su cui le dame annotavano il nome dei cavalieri che si prenotavano per ballare. **2** (*autom.*) Libretto con pagine in tre parti staccabili, contenenti i dati di un veicolo, che era richiesto dalle dogane di certi Paesi per consentirne l'ingresso temporaneo.

carnevalàre o (*tosc.*) †**carnovalàre**. **v. intr.** (aus. *avere*) ● (*raro*) Divertirsi durante il carnevale | (*fig.*) Fare baldoria.

carnevalàta o (*tosc.*) †**carnovalàta**. **s. f.** **1** Divertimento di carnevale | Mascherata. **2** (*est.*, *fig.*) Azione, gesto poco serio | Buffonata, pagliacciata.

carnevàle o (*tosc.*) †**carnovàle** [comp. di *carne* e *levare*, perché dopo il carnevale inizia la proibizione di mangiare carne] **s. m.** **1** Periodo festivo fra il Natale e la Quaresima, che inizia, secondo le differenti tradizioni, il 17 gennaio o il 2 febbraio, e culmina nei balli e nelle mascherate dell'ultima settimana. **2** (*fig.*) Tempo di baldorie, godimenti, spensieratezze | *Fare c.*, (*fig.*) divertirsi | Baraonda, chiasso, gran confusione. **3** (*fig.*, *spreg.*) Pagliacciata, carnevalata. **4** Fantoccio raffigurante il carnevale, arso in piazza l'ultima sera del carnevale stesso | *Bruciare il c.*, (*fig.*) festeggiarne la fine | (*est.*, *fig.*) Persona grassoccia, di aspetto o carattere gioviale || **PROV.** Di carnevale ogni scherzo vale. || **carnevalétto**, **dim.** | **carnevalìno**, **dim.** (V.) | **carnevalóne**, **accr.** (V.).

carnevalésco o (*tosc.*) †**carnovalésco** **agg.** (**pl. m.** *-schi*) **1** Di carnevale: *ballo, trattenimento c.* **2** (*fig.*) Privo di ritegno e serietà: *comizio c.*

carnevalìno **s. m.** **1** Dim. di *carnevale.* **2** La prima domenica di Quaresima.

carnevalóne **s. m.** **1** Accr. di *carnevale.* **2** Nella diocesi milanese, prolungamento del carnevale per tutta la settimana delle Ceneri, per privilegio della chiesa ambrosiana.

carnezzerìa [dal sic. *carnizzeria*, deriv. di *carnizzeri* 'macellaio', a sua volta deriv. dallo sp. *carnicero*, da *carniza* 'carne macellata'] **s. f.** ● (*sic.*) Macelleria.

carnìccio o †**carnézzo**, †**carnìzzo**. **s. m.** **1** (*conciar.*) Insieme dei brandelli di carne che restano attaccati alla pelle degli animali scuoiati e che vengono eliminati con la scarnatura | *Colla di carnicci*, di rimasugli di carne e lembi di pelle che si usa per collare in superficie la carta. **2** (*est.*) Avanzo, rimasuglio di carne di cattiva qualità.

carnicìno [da *carne*, per il colore] **A agg.** ● Che ha un colore rosa sano e fresco, simile a quello della carnagione umana: *un mazzo di rose carnicine.* **B s. m.** ● Il colore carnicino.

càrnico **agg.** (**pl. m.** *-ci*) ● Della Carnia.

carnièllo **s. m.** (**f.** *-a*) ● Abitante, nativo della Carnia.

carnièra [da *carne*] **s. f.** **1** Tascone posteriore di giacchette da caccia, per riporvi la preda | Giubba da caccia con tale tascone. **2** (*raro*) Carniere. || **carnieràccia**, **pegg.** | **carnierìna**, **dim.**

carnière [provz. *carnier*, dal lat. *carnāriu(m)*. V. *carnaio*] **s. m.** **1** Borsa con lunga tracolla in cui il cacciatore mette la selvaggina. **2** (*est.*) Insieme delle prede uccise in una partita di caccia: *un buon c.* || **carnierìno**, **dim.**

carnificazióne [fr. *carnification*, comp. del lat. *căro*, genit. *cărnis* 'carne' e *făcere* 'fare'] **s. f.** ● (*med.*) Indurimento di un tessuto fino ad assumere consistenza carnea | *C. polmonare*, evoluzione grave della polmonite, con indurimento del polmone.

carnificìna ● V. *carneficina.*

†**carnìle** [da *carne*] **agg.** ● Di carne.

carnitìna [da *carne*] **s. f.** ● (*chim.*) Composto azotato non proteico, mediatore del metabolismo energetico cellulare, presente spec. nel tessuto muscolare, estratto da carne animale, usato nella patologia cardiaca e nelle miopatie.

Carnìvori **s. m. pl.** ● Nella tassonomia animale, ordine di Mammiferi le cui specie hanno dentatura completa con grandi canini atti a lacerare e molari cuspidati e taglienti (*Carnivora*) | (al sing. *-o*) Ogni individuo di tale ordine. ➡ **ILL. animali** /13-14.

carnìvoro [vc. dotta, lat. *carnivoru(m)*, comp. di *căro*, genit. *cărnis* 'carne' e *vorāre* 'divorare'] **agg.** **1** Che si alimenta di carne: *animale c.* | Che mangia molta carne. **2** *Pianta carnivora*, pianta, appartenente spec. alle angiosperme, che cattura insetti e altri piccoli animali per nutrirsene.

†**carnìzzo** ● V. *carniccio.*

carnosità [vc. dotta, lat. tardo *carnositāte(m)*, da *căro*, genit. *cărnis* 'carne'] **s. f.** **1** Qualità di ciò che è carnoso. **2** (*est.*, *fig.*) Pienezza di un frutto | Morbidezza delle linee di un disegno. **3** Escrescenza carnosa.

carnóso [vc. dotta, lat. *carnōsu(m)*, da *căro*, genit. *cărnis* 'carne'] **agg.** **1** Che è bene in carne: *corpo c. e sodo* | *Labbra carnose*, tumide. **2** Carneo. **3** (*est.*) Che ha colore, spessore, morbidezza di carne, detto spec. di vegetali: *i petali carnosi dei fiori* | *Frutta carnosa*, ricca di polpa.

carnotite [chiamata così in onore di M. A. *Carnot* (1839-1920)] **s. f.** ● Minerale composto di vanadio, potassio e uranile.

†**carnovàle** e *deriv.* ● V. *carnevale* e *deriv.*

carnùme [da *carne*] **s. m.** **1** Escrescenza di carne. **2** (*dial.*) Tunicato degli Ascidiacei commestibile (*Microcosmus sulcatus*).

carnùta o **cornùta** [da *cornuta*, con accostamento a *carne*] **s. f.** ● Cassa o cesta in cui si portano le vivande ai cardinali in conclave.

carnùto [da *carne*] **agg.** ● (*raro*, *lett.*) Carnoso.

càro (1) [lat. *cāru(m)*, di origine indeur.] **A agg.** **1** Che suscita sentimenti di affetto: *persone care*; *avere cara la patria, la famiglia*; *ci siete più cari degli occhi* | *Cara, mio c.*, modo confidenziale di rivolgere la parola a qc. o di cominciare una lettera | *Cari saluti, tanti cari saluti*, formula di cortesia usata per concludere una lettera | *Cara te, c. lei, c. signore!*, escl. iron. o di impazienza | *Il c. estinto*, la persona defunta, spec. nei confronti dei familiari (*anche iron.*) | Gradevole, gradito, simpatico: *è proprio una cara donna* | *Ma che c.!*, *quant'è c.!* e sim., escl. di insofferenza, fastidio e sim. nei confronti di persone che riescono irritanti. **SIN.** Amato. **2** Che è pregiato, importante, prezioso: *la vostra salute ci è particolarmente cara* | *Tenersi c. qc.*, conservare la sua amicizia | *Avere c.*, *avere a c.*, gradire, stimare | *Mi è c. ricordare*, ricordo con piacere | *Tenere c.*, conservare, custodire con cura affettuosa. **3** Che costa molto: *vitto, alloggio, oggetto c.*; *questa pelliccia è troppo cara* | *Vendere la pelle a c. prezzo, vendere* *cara la pelle, la vita*, difendersi con tutti i mezzi prima di soccombere | *Pagarla cara*, scontare duramente q.c. | Che vende a caro prezzo: *il macellaio sta diventando c.* SIN. Costoso, dispendioso. || **carissimo**, sup. (V.). **B** in funzione di avv. ● A prezzo elevato, spec. nelle loc. *vendere, pagare, costare, comprare c.*; *il lusso costa c.* | *Costare c.*, (*fig.*) riuscire penoso, di sacrificio. **C** s. m. (f. *-a*) ● Persona per cui si prova affetto | *I miei, i tuoi cari*, genitori, parenti o amici. || **carétto**, dim. | **carino**, dim. (V.) | **carùccio**, dim. || **caraménte**, avv. *1* Affettuosamente: *Tu lascerai ogne cosa diletta / più caramente* (DANTE *Par.* XVII, 55-56). *2* (*raro*) A caro prezzo.

càro (2) [sost. del precedente] s. m. *1* Grave rialzo sui prezzi di beni o servizi di prima necessità: *scioperi e agitazioni per il c. dei viveri e per la disoccupazione* (BACCHELLI). *2* †Scarsità, carestia.

caro- primo elemento ● In parole composte formate modernamente, significa 'alto prezzo', 'alto costo': *carodenaro, caropane, carovita.*

carodenàro [comp. di *caro-* e *denaro*] s. m. inv. ● Aumento del costo del denaro.

Caroficee [dal genere *chara* che vi appartiene, col suff. *-ficee*] s. f. pl. ● (*bot.*) Nella tassonomia vegetale, classe di alghe verdi pluricellulari con talli macroscopici ramificati a candelabro (*Charophyceae*) | (al sing. *-a*) Ogni individuo di tale classe.

carógna [lat. parl. **carōnia*, da *căro*, genit. *cărnis* 'carne'] s. f. *1* Corpo di animale morto, spec. in decomposizione: *alcuni animali si cibano di carogne* | †Cadavere umano. *2* (*fig., spreg.*) Animale malandato o denutrito: *quell'asino è una c.* | (*est.*) Uomo di aspetto sgradevole e malaticcio. *3* (*fig., spreg.*) Persona vile e perfida: *si comporta da c. con tutti.* || **carognàccia**, pegg. | **carognétta**, pegg. | **carognìna**, dim. | **carognóne**, accr. m. | **carognùccia**, dim. | **carognuòla**, dim.

carognàta [da *carogna* nel sign. 3] s. f. ● (*fam.*) Azione vile e perfida: *fare una c. a qc.*; *andarsene così è stata proprio una c.*

carognésco agg. (pl. m. *-schi*) ● (*spreg.*) Di, da carogna: *atteggiamento c.* SIN. Vile, perfido.

carol /ingl. 'kærəl/ [vc. ingl., propriamente 'ballata', cfr. *carola*] s. f. inv. ● In Inghilterra, canto del XIV-XVI sec. simile alle laudi spirituali italiane.

caròla [ant. fr. *carole*, dal lat. *chorāule(m)*, nom. *choraules* 'flautista del coro', dal gr. *choráulēs*, comp. di *chorós* 'coro' e *auléō* 'io suono il flauto'] s. f. *1* Antica danza eseguita da più persone in cerchio, solitamente accompagnata dal canto. *2* Canto che accompagnava tale ballo. *3* (*lett.*) †Canzone: *diversi uccelli cantan lor carole* (BOCCACCIO).

†carolàre [fr. *caroler*] v. intr. ● Danzare carole | (*est.*) Ballare, girare attorno (*anche fig.*): *ore ... carolando intorno / all'aura mattutina, / ... l'umana vita prolungate, e 'l giorno* (TASSO).

carolìna (1) [da *carambola* (?)] s. f. ● Gioco di biliardo, con cinque palle di colori diversi, senza birilli né pallino.

carolìna (2) [dagli Stati della *Carolina* (U.S.A.), ove viene prodotta] s. f. ● Tessuto di cotone per grembiuli, a disegni minuti, a righe o a riquadri.

carolìngio [da *Carŏlus*, n. lat. di Carlo Magno (742-814)] agg. (pl. f. *-ge* o *-gie*) ● Che si riferisce a Carlo Magno, ai suoi successori e ai loro tempi: *arte carolingia* | *Ciclo c.*, ciclo di poemi cavallereschi sulle gesta di Carlo Magno e i suoi paladini, in antica lingua francese.

carolìno [da *Carŏlus*, n. lat. di Carlo Magno] agg. ● Di Carlo Magno e del suo tempo | *Scrittura carolina*, scrittura sviluppatasi con la rinascita culturale promossa da Carlo Magno, caratterizzata dalla chiarezza di esecuzione, dall'uniformità delle lettere, dalla rotondità e dall'assenza quasi completa di abbreviazioni.

caròlo [dal lat. tardo *cārius* 'tarlo', da avvicinare a *căries*. V. *carie*] s. m. *1* (*veter.*) Micosi dello zoccolo degli equini. *2* (*bot.*) Brusone del riso.

caróncola ● V. *caruncola.*

caropàne [comp. di *caro* (*2*) e *pane*, sul modello di *carovita*] s. m. solo sing. ● Alto prezzo del pane | *Indennità di c.*, concessa nel dopoguerra ai dipendenti dello Stato e degli enti pubblici, sostituita dalla indennità di carovita, poi dall'indennità di contingenza.

caroṣèllo o †**garoṣèllo** [nap. *carusiello* 'palla di creta' (dalla forma come la testa di un *caruso* 'ragazzo'), perché i giocatori si lanciavano reciprocamente palle di creta] s. m. *1* (*st.*) Sorta di torneo spettacolare di cavalieri, con esercizi di bravura, evoluzioni e sim. *2* (*sport*) Evoluzione in ordine composto di un gruppo di cavalieri. *3* (*est.*) Movimento rapido e circolare spec. di autoveicoli: *un c. di jeep della polizia* | (*fig.*) Massa confusa: *nella sua mente si agitava un c. d'idee.* *4* Piattaforma con animali di legno, barche o vetture, che gira in tondo a suon di musica, per divertimento dei bambini che vi stanno sopra. SIN. Giostra | (*est.*) Trasmissione serale costituita da sketch pubblicitari, un tempo diffusa dalla televisione italiana.

caròta [vc. dotta, lat. tardo *carōta(m)*, dal gr. *karōtón*, forse da *kára* 'testa'] **A** s. f. *1* Pianta erbacea delle Ombrellifere con fiori composti bianchi e violetti, foglie pennatosette, frutto a diachenio, e grossa radice carnosa commestibile (*Daucus carota*) | La radice commestibile di tale pianta, di colore rosso-aranciato: *carote al burro*; *arrosto con contorno di carote* | (*fig.*) *Pel di c.*, persona dai capelli rossi. *2* (*fig., fam.*) Panzana, menzogna | *Piantare, vendere carote*, raccontar bugie | (*raro*) *Vendere carote per raperonzoli*, far credere una cosa per un'altra. *3* (*min.*) Campione cilindrico di roccia prelevato con apposito attrezzo durante il sondaggio, per studiare la costituzione del sottosuolo. SIN. Nucleo, testimone. **B** in funzione di agg. inv. ● (posposto a un s.) Che ha il colore rosso arancio molto vivo caratteristico della radice omonima: *abito color c.*; *un uomo dai capelli c.* || **carotàccia**, pegg. | **carotìna**, dim. | **carotóna**, accr. | **carotóne**, accr. m. | **carotùccia**, dim.

carotàggio s. m. ● (*min.*) Prelievo di carote per lo studio del sottosuolo.

carotàio s. m. (f. *-a*) ● Chi vende carote | (*fig., scherz.*) Chi racconta frottole.

carotàre A v. intr. (*io caròto*; aus. *avere*) ● (*raro, scherz.*) Spacciare frottole. **B** v. tr. ● (*min.*) Sottoporre a carotaggio.

carotatrìce s. f. ● (*min.*) Utensile adoperato per il carotaggio.

carotène [dalla *carota*, che contiene questa sostanza] s. m. ● Idrocarburo giallo, noto in diverse forme isomere, contenuto spec. nelle carote, che viene trasformato dal fegato in vitamina A.

carotenòide [comp. di *caroten(e)* e del suff. *-oide*] s. m. ● (*chim.*) Pigmento vegetale di natura terpenica presente spec. nei cloroplasti e in altri plastidi delle cellule vegetali.

caròtide [fr. *carotide*, dal gr. *karōtídes*, pl., prob. da *káros* 'sopore', perché comprimendo questa arteria si provoca sonno] s. f. ● (*anat.*) Ognuna delle due arterie che passano per il collo e portano il sangue al capo: *c. destra, sinistra.* ➡ ILL. p. 363 ANATOMIA UMANA.

carotidèo agg. ● Della, relativo alla, carotide.

carotière [da *carota* nel sign. 3] s. m. ● (*min.*) Organo della sonda che effettua il prelievo di campioni cilindrici, o carote, dal sottosuolo.

carovàna o †**caravàna**, (*raro*) †**cherovàna** [persiano *kârwân* 'compagnia di mercanti che fanno viaggio insieme'] s. f. *1* Gruppo di persone che attraversano insieme, con carri e bestie da soma, luoghi deserti o pericolosi: *una c. di mercanti, di beduini, di pellegrini* | *Far c.*, unirsi ad altre persone per compiere un viaggio. *2* Complesso di persone e veicoli incolonnati: *la c. del circo avanzava lentamente* | Gruppo di bastimenti che navigano insieme per maggior sicurezza | (*est.*) Gruppo numeroso e chiassoso di persone: *siamo andati a fare una gita con una c. di amici.* SIN. Brigata, comitiva, compagnia. *3* (*sport*) Complesso dei concorrenti e del seguito di una corsa ciclistica, spec. a tappe: *la c. del giro d'Italia.* *4* (*est., fig.*) Tirocinio, noviziato, pratica: *fare la c.* *5* Corporazione, cooperativa di scaricatori portuali, facchini e sim.

carovanièra s. f. ● Pista per carovane.

carovanière s. m. ● Chi guida gli animali di una carovana.

carovanièro agg. ● Di carovana: *strada, pista carovaniera.*

carovìta [comp. di *caro* (*2*) e *vita*, sul modello del fr. *vie chère*] s. m. solo sing. ● Forte rialzo dei prezzi, spec. dei generi di prima necessità | *Indennità di c.*, aggiunta allo stipendio di operai e impiegati in periodi di prezzi crescenti, oggi sostituita dall'indennità di contingenza.

caroviveri [comp. di *caro* (*2*) e *viveri*, sul modello di *carovita*] s. m. solo sing. ● Carovita.

càrpa [lat. tardo *cărpa(m)*, di origine germ. (?)] s. f. ● Pesce commestibile d'acqua dolce dei Ciprinidi diffuso in molte varietà, con quattro barbigli e il primo raggio della pinna dorsale spiniforme (*Cyprinus carpio*) | *C. a specchi*, varietà con scaglie molto sviluppate.

carpàccio [denominato così da G. Cipriani all'inizio degli anni '60, perché il piatto fu inventato in occasione della mostra del pittore V. *Carpaccio* (1465-1526) a Venezia] s. m. ● (*sett.*) Vivanda consistente in carne, gener. filetto, affettata molto sottile, condita con olio e formaggio parmigiano in scaglie e consumata cruda.

carpàle [da *carpo*] agg. ● (*anat.*) Del, relativo al, carpo: *osso c.*

†carpàre [lat. *cărpere* 'cogliere, staccare'] **A** v. tr. ● Carpire, afferrare. **B** v. intr. ● Andare carponi: *i' mi sforzai carpando appresso lui* (DANTE *Purg.* IV, 50).

carpàtico agg. (pl. m. *-ci*) ● Dei Carpazi.

carpe diem /lat. 'karpe 'diem/ [loc. lat., propr. 'cogli il giorno', massima di Orazio (Odi I, II, 8)] loc. sost. m. inv. ● Invito a cogliere i doni e i piaceri del momento, senza fare troppo assegnamento su ciò che la vita potrà offrire in futuro.

carpellàre agg. ● Relativo al carpello.

carpèllo [fr. *carpelle*, dal gr. *karpós* 'frutto' (V. *carpo-*)] s. m. ● (*bot.*) Foglia modificata che partecipa alla formazione del pistillo.

carpenterìa s. f. *1* Arte di preparare e congiungere elementi di un materiale e formare le varie membrature di una costruzione. *2* Membratura definitiva o provvisoria di legno o ferro risultante dal lavoro di carpenteria. *3* Reparto di un cantiere riservato ai carpentieri e ai loro attrezzi.

carpentière [provz. *carpentier*, dal lat. tardo *carpentāriu(m)*, da *carpĕntum* 'carro'] s. m. *1* Operaio esperto nell'arte di carpenteria. *2* Marinaio addetto ai lavori in legno e in ferro.

†carpènto [vc. dotta, lat. *carpĕntu(m)*, di origine gallica] s. m. *1* Sorta di veicolo | Carrozza. *2* Quanto può portare un carro.

carpétta [sp. *carpeta*, dal fr. *carpette*, a sua volta dall'it. ant. *carpita* 'coperta', che risale al lat. *cărpere* 'cardare la lana'] s. f. ● (*bur.*) Cartella per documenti.

carpiàto [da *carpio*] agg. ● Di salto in alto o tuffo eseguito con il corpo in posizione di carpio: *tuffo c.*

carpìgna [etim. incerta] s. f. ● (*bot.*) Acetosella.

càrpine o **càrpino** [lat. *cărpinu(m)*, di origine preindeur. (?)] s. m. ● Albero delle Betulacee con corteccia liscia e grigia e foglie doppiamente seghettate (*Carpinus betulus*).

carpinèlla [da *carpine*] s. f. ● Albero delle Betulacee con scorza bruno-rossastra, foglie ovate leggermente pubescenti, legno rosso molto duro (*Ostrya carpinifolia*). SIN. Carpino nero.

carpinéta s. f. ● Terreno coltivato a carpini.

carpinéto s. m. ● Carpineta.

càrpino ● V. *carpine* | *c. nero*, carpinella.

càrpio [V. *carpione*] s. m. *1* (*zool.*) Carpione. *2* Nei tuffi e nel salto in alto, posizione del corpo flesso ad angolo retto rispetto alle anche, con gambe e braccia tese: *tuffo, salto con c.*

carpionàre v. tr. (*io carpióno*) ● Conservare un pesce fritto in una marinata di aceto e droghe.

carpióne [da *carpa*] s. m. *1* Pesce di lago, commestibile, dei Salmonidi, argenteo con dorso bruno-rossastro, vorace predatore (*Salmo carpio*). *2* *In c.*, modo di cucinare i pesci, spec. il carpione, consistente nel friggerli e nel metterli poi sotto aceto con cipolle e droghe.

carpìre [lat. *cărpere* 'cogliere, staccare', di origine indeur.] v. tr. (*io carpìsco, tu carpìsci*) *1* Riuscire a ottenere, a portar via, e sim. con violenza o astuzia: *c. un segreto a qc.*; *c. il consenso con la menzogna* | *C. denaro a qc.*, estorcerlo. *2* †Sorprendere.

†carpìta (1) [lat. mediev. *carpīta(m vestem)*, dal classico *cărpere* 'prendere, smembrare' (quindi 'scardassare'). V. *carpire*] s. f. ● Sorta di panno peloso per far coperte da letto.

carpita (2) [da *carpire*, nel senso di 'cogliere, raccogliere' (?)] s. f. ● Cespo | Covone.

càrpo [vc. dotta, lat. tardo *cărpu(m)*, nom. *cărpus*, dal gr. *karpós* 'giuntura, polso', di origine indeur. (?)] s. m. *1* (*anat.*) Parte ossea compresa fra avambraccio e metacarpo, a formare il polso. ➡ ILL. p. 362 ANATOMIA UMANA. *2* (*zool.*) Regione compresa fra l'avambraccio e lo stinco.

càrpo-, -càrpo [dal gr. *karpós* 'frutto', di origine indeur.] primo o secondo elemento ● In parole composte della terminologia scientifica significa 'frutto': *carpologia, endocarpo.*

carpocàpsa [comp. di *carpo-* e prob. del gr. *kápsis* 'inghiottimento'] s. f. ● Piccola farfalla che allo stadio larvale danneggia piante e frutti (*Carpocapsa pomonella*).

carpologìa [comp. di *carpo-* e *-logia*] s. f. ● Branca della botanica che studia scientificamente i frutti.

carpóni o (*raro*) **carpóne** [da *carpare*] avv. ● Nella posizione di chi sta o procede con le ginocchia e le mani a terra: *stare, camminare, trascinarsi c.; strisciare c. sul pavimento* | Con valore raff.: *Carpon c.*, quando il movimento si prolunga o è fatto con pena e fatica o con circospezione | Anche nella loc. avv. *a c.*

car pool /*ingl.* 'ka:r pu:l/ [loc. ingl., propr. 'consorzio (*pool*) riguardante l'autovettura (*car*)'] loc. sost. m. inv. (pl. ingl. *car pools*) ● Gruppo di persone che compiono abitualmente un tragitto analogo e si accordano per l'uso di una sola automobile.

carràbile [da *carro*] agg. ● Che è percorribile con carri e (*est.*) con autoveicoli: *strada c.* | *Passo c.*, tratto di marciapiede antistante un ingresso, inclinato sul bordo per facilitare il passaggio dei veicoli.

carradóre o (*raro*) **carratóre** [da *carro*] s. m. *1* Artigiano che costruisce o ripara carri, barocci e sim. *2* Carrettiere.

carrageen /*ingl.* 'kærəgi:n/ [da *Carragheen*, n. di una località dell'Irlanda] s. m. inv. ● Alga delle Rodoficee, tipica delle coste atlantiche, con tallo carnoso e appiattito dal quale si estrae la carragenina (*Chondrus crispus*).

carragenìna [con iperb. di *carrage(e)n* e *-ina*] s. f. ● Sostanza gelatinosa che si ottiene, per bollitura, dal tallo del carrageen, largamente usata nell'industria farmaceutica e alimentare.

carràia [lat. **vĭa(m) carrāria(m)* 'strada per carri', da *cărrus* 'carro'] s. f. *1* Strada carrabile. *2* Porta dei palazzi riservata all'entrata e all'uscita dei carri.

carràio o †**carràro**. **A** agg. ● Che permette il, o è destinato al, transito di carri, autoveicoli e sim.: *passo c.; porta carraia.* **B** s. m. *1* Costruttore di carri. *2* †Carrettiere.

carraréccia [da *carro*] s. f. (pl. *-ce*) *1* Strada di campagna percorribile dai carri e, con difficoltà, dalle automobili. *2* Carreggiata, nei sign. 3 e 4.

†**carraréccio** agg. (pl. f. *-ce*) *1* Che si riferisce al carro | Che si porta sul carro. *2* Carreggiabile.

carrarése A agg. ● Di Carrara. **B** s. m. e f. ● Abitante, nativo di Carrara.

†**carràro** ● V. *carraio.*

carràta [da *carro*] s. f. ● Quantità di materiale che si può portare in un carro: *una c. di pietre* | *A carrate*, (*fig.*) in grande quantità.

†**carratèllo** ● V. *caratello.*

†**carràto** agg. ● Fatto a modo di carro.

carratóre ● V. *carradore.*

carré /*fr.* ka're/ [fr., 'quadrato', dal lat. *quadrātu(m)* 'quadrato'] **A** s. m. inv. *1* (*abbigl.*) Sprone. *2* Lombata di maiale. *3* Nel gioco della roulette, combinazione di quattro numeri riuniti su cui si può puntare. *4* Pietra preziosa di forma quadrata | Tipo di taglio di pietra preziosa. *5* Tipo di taglio in cui i capelli vengono nettamente pareggiati. **B** in funzione di agg. inv. ● Nella loc. *pane c.*, pane in cassetta.

†**carrèga** ● V. *cadrega.*

carreggiàbile A agg. ● Di strada in cui si può passare con carri. **B** anche s. f.: *una c. ampia e comoda.*

carreggiaménto [da *carreggiare*] s. m. ● Traslazione, spec. orizzontale, di vaste zone rocciose sopra ad altri terreni per distanze di molti kilometri.

carreggiàre [da *carro*] **A** v. tr. (*io carréggio*) ● Trasportare con il carro: *c. merci varie; c. pietre e sassi.* **B** v. intr. (aus. *avere*) ● †Viaggiare su un carro.

carreggiàta [da *carreggiare*] s. f. *1* Parte della strada percorribile dai veicoli. *2* (*fig.*) Retta via, giusto cammino | *Andare per la c.*, seguire le usanze comuni | *Mettersi in c.*, cominciare ad agire bene, a funzionare e (*est.*) entrare in argomento | *Stare, mantenersi in c.*, seguire la via giusta e (*est.*) restare in argomento | *Uscire di c.*, deviare dal giusto cammino e (*est.*) cambiare bruscamente argomento | *Rimettersi in c.*, ritornare sulla via giusta, colmare uno svantaggio e (*est.*) rientrare in argomento. *3* Distanza fra le ruote di un veicolo situate sullo stesso asse. *4* Traccia delle ruote dei veicoli sulla strada | Strada battuta dai carri | (*sett.*) Viottolo campestre.

carréggio [da *carreggiare*] s. m. *1* Trasporto di cose con il carro | Trasporto su vagonetti del minerale estratto nelle miniere: *galleria di c.* *2* Transito intenso di veicoli. *3* Gran numero di carri | Complesso dei veicoli al seguito delle truppe per il trasporto dei materiali di reparto. *4* Nel Medioevo, obbligo di porre gratuitamente i carri a disposizione di un pubblico servizio | Imposta sui carri.

carrellàbile [da *carrello*] agg. ● Che può essere trasportato su carrello, detto spec. di natante.

carrellàre v. intr. (*io carrèllo*; aus. *avere*) ● Riprendere una scena mediante carrellata.

carrellàta [da *carrello*] s. f. *1* Spostamento sul piano orizzontale della cinepresa o della telecamera in qualsiasi direzione | *C. a seguire*, (*gerg.*) effettuata per seguire un attore in movimento. *2* (*fig.*) Rapida scorsa, esposizione sommaria. SIN. Panoramica.

carrellàto agg. ● Montato su carrello | Trasportato con carrello | *Artiglierie carrellate*, scomponibili e trainabili in montagna per mezzo di appositi carrelli.

carrellìsta s. m. (pl. *-i*) *1* Chi, nelle stazioni ferroviarie, vende cibi e bevande, o giornali e altri oggetti esposti su appositi carrelli. *2* Operaio addetto agli spostamenti del carrello cinematografico | Operaio addetto agli spostamenti delle giraffe nello studio televisivo.

carrèllo [da *carro*] s. m. *1* Telaio metallico montato su ruote con forma e disposizione varia a seconda dell'uso e del carico | *C. per veicoli ferroviari*, montato su due o più assi a piccolo interasse, provvisto di dispositivi su cui appoggia il telaio principale del veicolo | *C. da teleferica*, sospeso a due o più ruote che scorrono su di una fune metallica. ➡ ILL. p. 1753 TRASPORTI. *2* Mezzo di trasporto interno ausiliario per le lavorazioni di produzione: *c. trasportatore, elevatore.* *3* (*aer.*) Complesso delle ruote e loro supporti in un aereo terrestre per il decollo, l'atterraggio e le manovre al suolo | (*est.*) Complesso di pattini, sci, slitte, galleggianti e sim., e loro supporti in un aereo non munito di ruote. ➡ ILL. p. 1758, 1759 TRASPORTI. *4* Piattaforma scorrente talvolta su rotaie, sulla quale viene montata la cinepresa per riprese in movimento | *C. aereo*, fissato al soffitto del teatro di posa, per effettuare carrellate dall'alto. *5* Nelle imbarcazioni da canottaggio, il sedile scorrevole su rotelle che permette al vogatore di aumentare l'ampiezza della palata. *6* Specie di tavolino montato su quattro rotelle, solitamente a due ripiani, usato per trasportare e servire cibi e bevande. *7* Nelle macchine per scrivere, organo mobile o fisso, sul quale vengono montati i fogli di carta. *8* (*mar.*) *C. di randa*, guida trasversale che, sulle barche a vela da regata, consente il rapido spostamento della randa da un bordo all'altro dell'imbarcazione. ‖ **carrellino**, dim.

carrétta s. f. *1* Dim. di *carro.* *2* Piccolo carro a due ruote e con sponde alte per il trasporto di roba | *Tirare la c.*, (*fig.*) fare lavori umili e faticosi, addossarsi il maggior peso di un'attività, tirare avanti stentatamente. ➡ ILL. **carro e carrozza**. *3* (*spreg.*) Piroscafo da carico non di linea | (*est.*) Veicolo vecchio e malridotto: *la mia automobile è una c.* ‖ **carrettèlla**, dim. (V.) | **carrettina**, dim. | **carrettùccia**, dim.

carrettàio s. m. *1* Chi guida la carretta. *2* Fabbricante o noleggiatore di carrette.

carrettàta s. f. ● Quanta roba si può trasportare su una carretta o su un carretto | *A carrettate*, (*fig.*) in grande quantità.

carrettèlla s. f. *1* Dim. di *carretta.* *2* Carrozzino per due persone. *3* (*fig.*, *gerg.*) Artificioso rallentamento o sottolineatura di una parte della battuta con cui l'attore cerca di provocare l'applauso. SIN. Padovanella. ‖ **carrettellina**, dim.

carrettière o †**carrettièro** [provz. *carratier*, dal lat. *cărrus* 'carro'] s. m. (f. *-a*) *1* Chi guida la carretta o il carro | *Alla carrettiera*, (*ell.*) alla maniera dei carrettieri | *Spaghetti alla carrettiera*, con salsa a base di tonno, funghi e pomodori. *2* (*fig.*) Uomo volgare e sboccato.

carrettinìsta s. m. (pl. *-i*) ● Chi espone o vende libri usati o altra merce su un carrettino.

carrétto s. m. *1* Dim. di *carro* | *C. siciliano*, a due ruote, con le fiancate e la cassa decorate con arabeschi e figure folcloristiche. *2* Armatura per sostenere e cambiare le quinte nei teatri. ‖ **carrettàccio**, pegg. | **carrettìno**, dim. | **carrettóne**, accr. (V.) | **carrettùccio**, dim.

carrettonàio s. m. ● (*tosc.*) Chi guida o trasporta materiale col carrettone.

carrettonàta s. f. ● (*raro*) Quanta roba sta su un carrettone.

carrettóne s. m. *1* Accr. di *carretto.* *2* Grosso carro a sponde alte, di cui quella posteriore abbassabile, usato per trasportare calcinacci, letame e sim. | Carro a quattro ruote col quale si avvezzano i cavalli al traino. *3* (*dial.*) Carro per il trasporto funebre dei poveri. *4* †Carrettiere.

carriàggio o **cariàggio** [fr. *chariage*, dal lat. *cărrus* 'carro'] s. m. *1* Carro robusto e pesante, a quattro ruote, impiegato un tempo per il trasporto dei bagagli e dei materiali vari al seguito delle truppe. ➡ ILL. **carro e carrozza**. *2* (*spec. al pl.*) Insieme dei trasporti a ruote e del relativo materiale caricato di un esercito.

carrièra [provz. *carreira*, V. *carraia*] s. f. *1* Professione, impiego, corso di studi, direzione generale di lavoro: *la c. militare, forense, medica* | Successione di promozioni, incarichi e sim. all'interno di una data professione, spec. nei pubblici uffici: *possibilità di c.; prospettive di c.* | *Far c., procedere bene nella professione prescelta, ottenendo promozioni e avanzamenti e raggiungendo i livelli più alti* | *In c.*, detto di chi sta impegnandosi per far carriera: *donne in c.* *2* Periodo di vita produttivo di un animale. *3* Andatura naturale più veloce del cavallo che procede a grandi balzi accentuando i movimenti del galoppo. *4* (*est.*) Corsa: *andare di c., di gran c.* | *A tutta c.*, molto velocemente | (*fig.*) †*Fare una c.*, una scappata, uno sproposito. *5* †Spazio assegnato alla corsa. *6* †Carretta. ‖ **carrierétta**, dim. | **carrierina**, dim. | **carrieróna**, accr.

carrierìsmo s. m. ● Grande ambizione di fare carriera.

carrierìsta [da *carriera*] s. m. e f. (pl. m. *-i*) ● Chi cerca con ogni mezzo di far carriera.

carrierìstico agg. (pl. m. *-ci*) ● Del carrierismo | Proprio dei carrieristi.

carriòla o (*pop.*) **cariòla**, †**cariuòla** [da *carro*] s. f. *1* Piccola carretta a mano, con una ruota e due stanghe, per trasportare materiali a breve distanza | *Tirare la c.*, (*fig.*) lavorare faticando molto. *2* Quantità di materiale che può entrare in una carriola. *3* Carretto a una ruota degli arrotini ambulanti.

carriolànte o (*pop.*) **cariolànte**. s. m. *1* Manovale addetto al trasporto con carriola del materiale di sterro. *2* Operaio agricolo addetto ai trasporti con carri a traino animale.

carrìsta [da *carro*] **A** s. m. (pl. *-i*) ● Soldato appartenente alla specialità di fanteria montata su carri armati. **B** agg. ● Detto di specialità della fanteria che combatte su carri armati: *fanteria, arma c.*

càrro [lat. *cărru(m)* 'carro a quattro ruote', di origine gallica, della stessa origine del lat. *curru(m)* 'carro a due ruote', da avvicinare a *cŭrrere* 'correre'] s. m. (pl. *càrri* m., †*càrra* f.) (*Càrro* nel sign. 6) *1* Veicolo a trazione animale o meccanica, usato per il trasporto di materiali da costruzione o di merci in genere | *Mettere il c. davanti ai buoi*, (*fig.*) parlare, agire, fare proposte e sim., in modo prematuro | *Pigliar la lepre col c.*, (*fig.*) tardare troppo | *La peggior ruota del c.*, chi fa molto chiasso senza produrre alcun risultato utile | *L'ultima, la quinta ruota del c.*, chi conta meno di tutti | *C. agricolo*, di vario tipo, per il trasporto di materiali o prodotti agricoli | *C. funebre*, per il trasporto dei cadaveri | *C. botte*, cisterna per spargere liquidi o per trattamenti antiparassitari | *C. frigorifero*, per trasportare e conservare merci deperibili | *C. riparazioni, c. a torre*, munito di una torretta estensibile sormontata da una piattaforma, usato per riparare linee elettriche, tranviarie e sim. | *C. serbatoio*, autobotte | *C. rifiuti*, attrezzato per la raccolta dei rifiuti | *C. pompa*, autopompa | *C. attrezzi, c. di soccorso*, automezzo appositamente attrezzato per soccorrere e rimorchiare veicoli in avaria | *C. marsupio*, veicolo a due piani per il trasporto di autoveicoli su lunghe distanze | *C. falcato*, antico carro da guerra, armato lateralmente di falci taglienti | *C. ferroviario*, adibito in ferrovia al trasporto delle merci, del bestiame o per usi speciali | *C. merci, c. bestiame*, vagone ferroviario per il trasporto di merci o animali. ➡ **ILL. carro e carrozza**. ***2*** Quantità di materiale contenuto in un carro: *un c. di lega, di ghiaia* | Antica misura di capacità per vino o di peso. ***3*** *C. di Tespi*, teatro ambulante. ***4*** *C. armato*, autoveicolo da combattimento, interamente chiuso, corazzato, mosso da cingoli e armato di cannone e di mitragliatrici di vario calibro. ***5*** Parte interiore di carrozze, calessi e sim. ***6*** (*astron., pop.*) Denominazione delle costellazioni dell'Orsa maggiore e dell'Orsa minore | *Gran c.*, l'Orsa maggiore | *Piccolo c.*, l'Orsa minore. ***7*** Una delle figure nel gioco dei tarocchi. ***8*** †Cocchio. || **carrétta**, **dim.** (V.) | **carrétto**, **dim.** (V.) | **carricèllo**, **dim.** | **carrùccio**, **dim.**

carròbbio (1) o **carróbbio** [vc. dell'Italia sett., lat. *quadrŭviu*(*m*), comp. di *quăttuor* 'quattro' e *vĭa* 'via'] **s. m.** ● Quadrivio.

†**carróbbio** (2) /kar'robbjo?/ ● V. *carrubo*.

carròccio [da *carro*] **s. m.** ● Carro da guerra degli antichi comuni italiani, di cui simboleggiava la libertà, a quattro ruote, trainato da buoi, pavesato con insegne e stendardi, con un altare e una campana, sempre difeso da milizie sceltissime.

carronàta [fr. *caronade*, dall'ingl. *carronade*, dal paese di *Carron* in Scozia, dove fu fabbricata] **s. f.** ● Cannone usato fino al secolo scorso su vascelli, fregate e corvette a vela per il tiro con palla piena o con mitraglia.

carropónte [comp. di *carro* e *ponte*] **s. m.** (**pl.** *carripónte*) ● Apparecchio di sollevamento costituito da una trave orizzontale metallica, mobile su due rotaie, su cui scorre un carrello-argano.

carropontìsta **s. m.** (**pl.** *-i*) ● Operaio addetto al carroponte.

carròzza [da *carro*] **s. f.** ***1*** Vettura per persone a quattro ruote, con o senza mantice, trainata da cavalli | (*fig.*) *La c. di S. Francesco*, le proprie gambe | (*fig.*) *Andare in paradiso in c.*, pretendere di avere q.c. di molto ambito senza fatica né sacrifici. ➡ **ILL. carro e carrozza**. ***2*** Veicolo ferroviario destinato al trasporto di persone: *c. di 1ª, di 2ª classe*; *c. mista, speciale*; *c. salone, letti, ristorante* | *Signori, in c.!*, avviso del conduttore ai viaggiatori prima della partenza del treno | *Arrivare con la c. di Negri*, tardi. ***3*** *Mozzarella in c.*, preparazione gastronomica consistente in due fette di mollica di pane con in mezzo mozzarella e filetti d'acciuga, imbevute d'uovo e fatte friggere. || **carrozzàccia**, **pegg.** | **carrozzèlla**, **dim.** (V.) | **carrozzétta**, **dim.** (V.) | **carrozzina**, **dim.** (V.) | **carrozzino**, **dim. m.** (V.) | **carrozzóna**, **accr.** | **carrozzóne**, **accr. m.** (V.).

carrozzàbile **A** **agg.** ● Di strada percorribile dalle carrozze e (*est.*) dagli autoveicoli. **B** **s. f.** ● Strada carrozzabile.

carrozzàio **s. m.** ● Chi fabbrica o ripara carrozze.

carrozzàre [da *carrozza*] **v. tr.** (*io carròzzo*) ● Fornire, provvedere un veicolo di carrozzeria.

carrozzàta **s. f.** ● Quante persone possono stare in una carrozza | (*est.*) Carrozza piena di gente.

carrozzàto **part. pass.** di *carrozzare*; anche **agg.** ***1*** Nei sign. del v. ***2*** (*pop.*) Detto di donna di forme belle e procaci.

carrozzèlla **s. f.** ***1*** Dim. di *carrozza*. ***2*** (*dial.*) Vettura pubblica a cavalli, a Roma e a Napoli. ➡ **ILL. carro e carrozza**. ***3*** Piccolo veicolo per invalidi, mosso a mano o da un motore. ***4*** Carrozzina, nel sign. 2.

carrozzerìa **s. f.** ***1*** Parte dell'autoveicolo destinata a ospitare i passeggeri o le merci | *C. portante*, che costituisce un'intelaiatura rigida per cui non necessita di un telaio e porta essa stessa il motore e gli altri organi meccanici | (*est.*) Azienda od officina che costruisce o ripara carrozzerie. ***2*** (*fig., pop.*) Forme femminili piene e procaci: *hai visto che c.?*

carrozzétta **s. f.** ***1*** Dim. di *carrozza*. ***2*** Carrozzina, nel sign. 2. ***3*** Carrozzino, nel sign. 3.

carrozzière **s. m.** ***1*** Carrozzaio. ***2*** Chi costruisce o ripara carrozzerie. ***3*** Chi, un tempo, dava carrozze a nolo | †Cocchiere.

carrozzìna **s. f.** ***1*** Dim. di *carrozza*. ***2*** Specie di lettino, montato su ruote e spinto a mano, per portare fuori i neonati.

carrozzìno **s. m.** ***1*** Dim. di *carrozza*. ***2*** Piccola carrozza elegante, comunemente a due posti, trainata da un solo cavallo. ***3*** Piccolo veicolo a una ruota fissato a lato di una motocicletta. **SIN.** Sidecar. ***4*** Carrozzina, nel sign. 2. ***5*** (*fig., raro*) Contratto poco onesto. ***6*** (*est., fig.*) Guadagno illecito.

carrozzóne **s. m.** ***1*** Accr. di *carrozza*. ***2*** Mezzo di trasporto abituale dei circhi nomadi. ***3*** Carro funebre. **SIN.** Carrettone. ***4*** Cellulare della polizia, per il trasporto dei detenuti. ***5*** (*fig., gerg.*) Ente od organismo, spec. pubblico, pletorico e inefficiente | *C. legislativo*, complesso confuso e disorganico di leggi o provvedimenti governativi | *C. ministeriale*, governo fondato sull'alleanza di divergenti interessi particolari. ***6*** (*raro*) Grosso guadagno illecito.

carrùba o (*evit.*) **carùba**. **s. f.** ● Frutto del carrubo, consistente in un legume di forma piatta con esocarpo coriaceo di color violetto e grosso mesocarpo con polpa biancastra e dolce.

†**carrùbbio** ● V. *carrubo*.

carrubéto **s. m.** ● Terreno coltivato a carrubi.

carrùbo o †**carróbbio** (2), †**carrùbbio**, (*evit.*) **carùbo** [ar. *ḫarrûb*] **s. m.** ● Albero sempreverde delle Papilionacee con foglioline larghe, coriacee, di color verde scuro, fiori senza corolla in grappoli rossastri e frutto commestibile (*Ceratonia siliqua*).

carrùcola [dal lat. *carrūca*(*m*) 'carro a quattro ruote', di origine gallica, come *carro*] **s. f.** ● Macchina semplice costituita da un disco con gola di guida della fune, girevole a folle intorno al suo albero, sorretto da una staffa: *c. fissa, mobile* | *Ungere la c., le carrucole a qc.*, (*fig.*) corromperelo. || **carrucolàccia**, **pegg.** | **carrucolétta**, **dim.** | **carrucolina**, **dim.**

carrucolàre **v. tr.** (*io carrùcolo*) ***1*** Sollevare q.c. con la carrucola. ***2*** (*fig.*) Abbindolare.

carrùga [lombardo *carūga*, comp. del lat. *erūca* 'bruco' e forse *căries* (V. *carie*)] **s. f.** ● Insetto dei Coleotteri simile al maggiolino, ma più tozzo, con livrea dai riflessi metallici, divoratore delle foglie della vite (*Anomalia vitis*).

carrùggio o **carùggio** [vc. genov., lat. *quadrŭviu*(*m*). V. *carrobbio*] **s. m.** ● (*dial.*) Vicolo, a Genova.

càrsico **agg.** (**pl. m.** *-ci*) ***1*** Del Carso: *regione carsica*. ***2*** Detto di rilievo calcareo solcato da fenditure tali da permettere un rapido assorbimento delle acque e uno sviluppo della loro circolazione sotterranea.

carsìsmo [da *Carso*] **s. m.** ● Complesso dei fenomeni dovuti all'azione chimica delle acque meteoriche su rocce calcaree fessurate, tipici della regione del Carso.

carsolìno **A** **agg.** ● Del Carso. **B** **s. m.** (f. *-a*) ● Abitante, nativo del Carso.

càrta [lat. *chărta*(*m*), nom. *chărta*, dal gr. *chártēs*, di etim. incerta] **s. f.** ***1*** Prodotto ottenuto per feltrazione di fibre cellulosiche e ridotto, per disidratazione ed essiccamento, a falde sottili: *c. di legno, di seta*; *c. a mano, di Fabriano, di Oxford*; *c. da lettere, da imballaggio, da pacchi, da disegno, da musica* | *C. assorbente*, per asciugare l'inchiostro subito dopo avere scritto | *C. abrasiva*, cosparsa di granuli di pomice, silice, vetro e sim., usata spec. per la levigatura | *C. barometrica*, impregnata con sostanze il cui colore varia col variare dell'umidità dell'aria | *C. crespata*, che reca in superficie grinze ravvicinate e continue | *C. filigranata*, che porta nella pasta una filigrana di vario tipo | *C. igienica*, sottile, per l'igiene intima del corpo | *C. kraft*, adatta per carte da impacco, sacchetti e sim. grazie alla sua notevole resistenza | *C. moschicida*, impregnata con sostanze atte ad

carro e carrozza

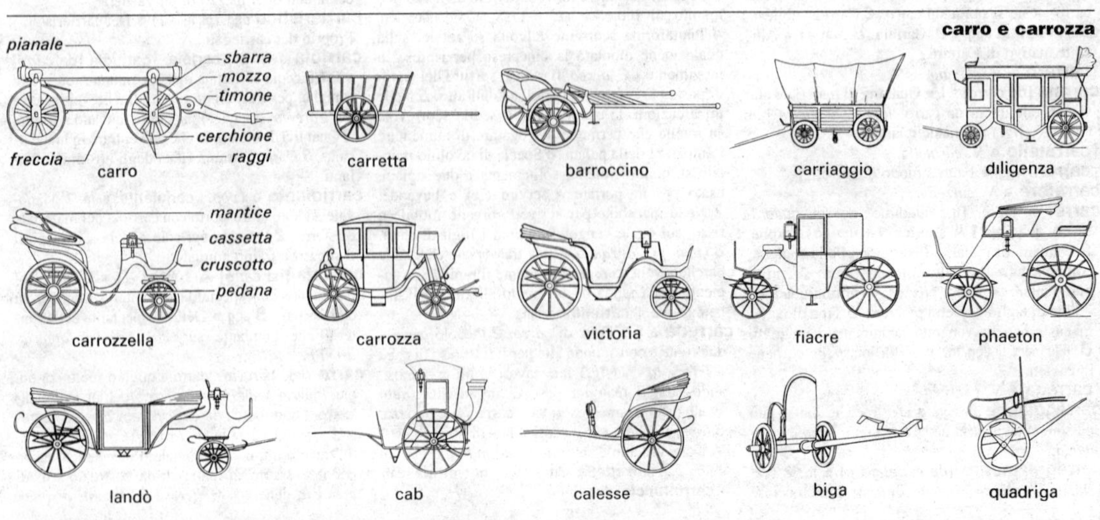

uccidere le mosche | *C. oleata*, impregnata con olio di lino, di papavero, di oliva | *C. patinata*, da stampa e per usi speciali, con la superficie ricoperta da una patina che ne aumenta la stampabilità | *C. pergamena*, di aspetto pellicolare e trasparente | *C. reattiva*, che col cambiamento di colore rivela la reazione della sostanza con cui viene a contatto | *C. vergata*, su cui appaiono, in trasparenza, le rigature impresse durante la fabbricazione | *C. velina*, molto leggera e priva di colla, usata per copie dattiloscritte e imballaggio di oggetti fragili o preziosi | *C. vetrata*, cosparsa di una superficie di granuli o polvere di vetro | *C. da parati*, patinata e successivamente stampata, anche lavabile, usata per tappezzerie | *C. da zucchero*, quella, spessa e dal caratteristico colore azzurro cupo, usata un tempo per incartare zucchero, paste alimentari e sim.; (*est.*) il colore stesso: *un vestito blu c. da zucchero*; *un cappotto c. da zucchero* | V. anche *cartacarbone*, *cartamoneta*, *cartapecora*, *cartapesta*, *cartastraccia*. **2** (*est.*) Foglio, pagina | *Affidare alla c.*, scrivere | *Imbrattare*, *impiastrare carte*, scribacchiare | *Voltar c.*, (*fig.*) cambiar discorso | (*fig.*) *Mandare a carte quarantotto*, mandare all'aria | (*fig.*) *Andare a carte quarantotto*, andare a catafascio | *Dare c. bianca*, dare un foglio firmato in bianco e (*fig.*) dare pieni poteri | *C. bollata*, *da bollo*, *legale*, foglio richiesto per il compimento di alcuni atti, gravato da bollo ordinario | *C. libera*, semplice, non bollata | *C. protocollo*, rigata e con margine per scritture cui si vuol dare ordine o solennità | (*raro*) Lettera, biglietto | *C. da visita*, biglietto da visita. **3** (*est.*) Lista delle vivande e dei vini | *Mangiare alla c.*, secondo la lista delle vivande, non a prezzo fisso. **4** Documento: *c. notarile* | *C. d'identità*, documento personale di riconoscimento rilasciato dal comune di residenza | (*pop.*) *C. annonaria*, tessera annonaria | (*banca*) *C. di credito*, documento emesso da una banca o altro istituto che, garantendo il credito ai fornitori, autorizza l'intestatario a fruire di beni e servizi senza esborso di contanti ma firmando una ricevuta che il fornitore trasmetterà alla banca; questa a sua volta ne addebiterà l'importo al cliente | (*banca*) *C. assegni*, rilasciata da una banca, garantisce il pagamento da parte della banca stessa degli assegni emessi dal titolare fino a un importo massimo stabilito | (*banca*) *C. di addebito* o *di debito*, tessera magnetica che abilita il titolare a pagare mediante giroconto immediato, con addebito sul proprio conto corrente, i beni e servizi acquistati presso dei punti vendita collegati a una rete di trasmissione elettronica dei dati | *C. d'argento*, tessera personale rilasciata da vari enti, come le Ferrovie dello Stato, alle persone che abbiano compiuto 60 anni di età; consente di usufruire di sconti e agevolazioni per viaggi spettacoli e sim. | *C. verde*, documento di colore verde attestante che un autoveicolo è assicurato contro i danni ai terzi, anche nei paesi stranieri; documento rilasciato dalle Ferrovie dello Stato ai giovani dai 12 ai 26 anni di età, che consente di usufruire di riduzioni sul prezzo dei biglietti | *Mettere in c.*, *sulla c.*, stendere per iscritto dichiarazioni, impegni contrattuali e sim. | *Avere le carte in regola*, disporre dei documenti richiesti e (*fig.*) essere qualificato per svolgere determinate attività | *Fare carte false*, (*fig.*) fare di tutto per riuscire in q.c. | *Carte di bordo*, documenti che i comandanti di navi debbono tenere a bordo | (*pop.*) Banconota: *una c. da diecimila*, *da cinquantamila*, *da centomila*; *cento carte da mille*. **5** Dichiarazione solenne di principi: *c. atlantica* | Legge fondamentale, costituzione, statuto di uno Stato o di enti o organi internazionali: *c. costituzionale*; *c. delle Nazioni Unite*. **6** (*spec. al pl.*) Scritti di vario genere, conservati e raccolti in archivi e sim.: *quante carte polverose!*; *da queste carte riaffiora la vita dei secoli passati* | *Le sacre carte*, la Bibbia. **7** (*gener.*) *c. geografica*, rappresentazione grafica piana, simbolica, ridotta e approssimata di una parte o di tutta la superficie terrestre: *c. generale*, *fisica*, *politica*, *geologica*, *climatica*, *economica*, *etnica*, *linguistica*, *meteorologica*, *corografica*, *topografica* | (*per anton.*) *C. geografica*, quella rappresentante una parte più o meno grande della superficie terrestre, con scala variabile da 1:5 000 000 a 1:40 000 000 | *C. muta*, carta geografica priva delle denominazioni dei luoghi, rappresentati solo graficamente | *C. parlata*, con denominazione dei luoghi | *C. automobilistica*, *stradale*, ove sono segnate con particolare rilievo le strade ed eventualmente la loro condizione, a uso degli automobilisti | *C. celeste*, rappresentazione piana della sfera celeste o di singole parti di essa | *Carte nautiche*, impiegate nella navigazione marittima, dove sono segnate la profondità del mare, le correnti, gli ancoraggi, i fari e sim. **8** (*spec. al pl.*) Cartoncini figurati riuniti in mazzo, per vari giochi di abilità o di azzardo | *Carte francesi*, aventi per semi cuori, quadri, fiori, picche | *Carte italiane*, aventi per semi spade, bastoni, denari e coppe | *Fare le carte*, mescolarle e distribuirle prima di un gioco | *Calare le carte*, metterle sul tavolo | *Cambiare le carte in tavola*, (*fig.*) esprimersi o agire in modo intenzionalmente ingannevole | *Mettere le carte in tavola*, (*fig.*) esprimersi o agire con franchezza | *Rischiare una c.*, (*fig.*) fare un tentativo | *Forzare la c.*, (*fig.*) imporsi | *Giocare l'ultima c.*, (*fig.*) fare l'estremo tentativo | *Avere buone carte in mano*, (*fig.*) disporre di elementi favorevoli al successo | *Imbrogliare le carte*, (*fig.*) creare confusione | *Tenere la c. bassa*, (*fig.*) nascondere la propria intenzione | *A carte scoperte*, (*fig.*) senza nascondere nulla | *Leggere le carte*, *fare le carte*, predire il futuro per mezzo delle carte | *Farsi fare le carte*, farsi predire il futuro da una cartomante. **9** L'insieme delle cambiali che costituiscono il portafoglio di una banca | *C. commerciale*, insieme di titoli non esecutivi che un'impresa emette e consegna a un creditore, il quale li accetta in virtù del buon nome dell'emittente e/o dell'esistenza di una garanzia bancaria sul loro rimborso a scadenza. **10** (*fig.*) Nella loc. *di c.*, detto di cosa fragile, poco robusta: *stomaco*, *nervi di c.* | *Secolo di c.*, decadente | *Tigre di c.*, chi lancia minacce senza poi saperle o poterle attuare per intrinseca debolezza. || **cartàccia**, pegg. (V.) | **cartìna**, dim. (V.) | †**cartùccia**, dim. (V.).

cartacarbóne o **càrta carbóne** [comp. di *carta* e *carbone*] s. f. (pl. *cartecarbóne*) ● Carta leggera con patina colorata o nera a base di cera, oli vegetali e colori all'anilina che si interpone tra fogli per ottenere più copie di uno scritto.

cartàccia s. f. (pl. *-ce*) **1** Pegg. di *carta*. **2** Complesso di carte e cartoni da raccatto sottoposti al macero per la rigenerazione della pasta. **3** Nel gioco, carta di poco valore. **4** (*spreg.*) Carta stampata di nessun pregio o valore: *bruciate quella c.!*

cartàceo [vc. dotta, lat. tardo *chartāceu*(*m*), agg. di *chărta* 'carta'] agg. ● Di carta | (*est.*) Simile alla carta | (*fig.*, *scherz.*) *Ludi cartacei*, polemiche giornalistiche.

cartaginése [vc. dotta, lat. *Carthaginiēnse*(*m*), da *Carthāgo*, genit. *Carthāginis* 'Cartagine'] **A** agg. ● Dell'antica Cartagine. **B** s. m. e f. ● Abitante dell'antica Cartagine.

cartaglòria [carta su cui è scritto il *Gloria in excelsis*] s. f. (pl. *carteglòria*) ● Ciascuna delle tabelle che si ponevano al centro dell'altare e ai due lati, portanti scritti testi della liturgia della messa.

†**cartàia** s. f. ● Cartiera.

cartàio [da *carta*] s. m. **1** Chi fabbrica o vende carta. **2** Operaio dell'industria cartaria. **3** Artigiano che mette la carta da parati. **4** Chi distribuisce le carte giocando.

càrtamo [ar. *qurtum*] s. m. ● Pianta erbacea delle Composite con foglie a margine spinoso e fiori gialli in capolini (*Carthamus tinctorius*). SIN. Zafferano falso, zafferanone.

cartamodèllo [comp. di *carta* e *modello*] s. m. ● Modello tagliato in carta, per l'esecuzione di un indumento.

cartamonéta o **càrta monéta** [comp. di *carta* e *moneta*] s. f. solo sing. ● (*banca*) Moneta costituita dai biglietti di banca emessi dalla Banca Centrale o dal Tesoro.

cartapècora o (*raro*) **càrta pècora** [comp. di *carta* e *pecora*] s. f. (pl. *cartapècore*, raro *cartepècore*) **1** Pergamena animale | (*fig.*) *Faccia di c.*, incartapecorita, grinzosa. **2** (*est.*) Documento, scritto su pergamena: *mia madre fruga / tutte le cartapecore / degli scaffali* (D'ANNUNZIO).

cartapésta [comp. di *carta* e *pesta* (part. pass. f. di *pestare*)] s. f. (pl. *cartapéste* o *cartepéste*) ● Mistura di carta macerata, argilla, colla e altro usata per fabbricare statue, statuine, fantocci, bambole, e sim. | (*fig.*) *Gente di c.*, debole e fiacca | (*fig.*) *Eroe di c.*, che vanta una falsa gloria.

cartària s. f. ● Tecnologia della carta.

cartàrio (1) agg. ● Che riguarda la fabbricazione della carta: *industria cartaria*.

cartàrio (2) [lat. tardo *chartăriu*(*m*), da *chărta* 'carta'] s. m. ● Raccolta dei titoli e dei documenti relativi a un ente, a un'istituzione, a una persona.

cartastràccia o **càrta stràccia** [comp. di *carta* e il f. di *straccio* (*1*)] s. f. (pl. *cartestràcce*) **1** Carta già usata. **2** Carta scadente adatta a fare pacchi. **3** Documento di nessun valore.

cartasùga [comp. di *carta* (*a*)*s*(*ci*)*uga*(*nte*)] s. f. (pl. *cartesùghe*) ● Carta asciugante.

cartàta s. f. ● Quanto si può avvolgere in un foglio di carta: *una c. di biscotti*. SIN. Cartoccio.

cartavetràre [da *carta vetra*(*ta*), con suff. verbale] v. tr. ● Rendere liscia una superficie, passandovi sopra la carta vetrata, spec. nelle tecnologie dei carrozzieri automobilistici, falegnami e mobilieri.

carteggiàre [da *carta*] **A** v. intr. (*io cartéggio*; aus. *avere*) **1** Operare su carte nautiche per rilevarvi o tracciarvi elementi utili alla navigazione marittima o aerea. **2** Corrispondere con qc. mediante lettere. **B** v. tr. **1** Lisciare una superficie passandovi sopra la carta vetrata, spec. nelle tecnologie dei carrozzieri automobilistici, falegnami e dei mobilieri. **2** †Sfogliare un libro.

cartéggio [da *carteggiare*] s. m. **1** Frequente corrispondenza epistolare: *s'avviò tra le due parti un c ... continuato* (MANZONI). **2** (*est.*) Raccolta delle lettere inviate e ricevute da un personaggio: *il c. Cavour-Nigra*. **3** Complesso delle operazioni grafiche e di calcolo, effettuate dal navigante sulle carte nautiche.

cartel /fr. kar'tɛl/ [vc. fr., dall'it. *cartello* (*1*)] s. m. inv. ● Orologio a pendolo da muro.

cartèlla [dim. di *carta*] s. f. **1** Foglio recante scritte, spec. a stampa, con varie funzioni | *C. della lotteria*, biglietto numerato di una lotteria | *C. della tombola*, cartoncino recante una serie di numeri per il gioco della tombola | *C. clinica*, negli ospedali e nelle cliniche, scheda personale su cui vengono annotati tutti i dati (anamnesi, analisi, diagnosi, terapia, decorso della malattia e sim.) relativi a un ricoverato. **2** Foglio dattiloscritto su una sola facciata, di circa 30 righe di 60 battute ognuna, da mandare in tipografia per la composizione: *limitare il numero delle cartelle*. **3** Documento, certificato di credito: *c. fondiaria*, *esattoriale* | *C. di rendita*, titolo rappresentativo di una obbligazione dello Stato. **4** Tabella variamente incorniciata, inserita in un'opera di architettura, scultura o pittura come motivo puramente ornamentale o per contenere iscrizioni. **5** Custodia di vario materiale per fogli, libri, fascicoli e sim.: *la c. dell'avvocato*; *ogni scolaro ha la sua c.* **6** Ciascuna delle due piastre parallele, per lo più di ottone, in cui sono incastrati il castello e gli assi delle ruote di un orologio. **7** Piastra su cui è sistemato il meccanismo d'accensione delle antiche armi da fuoco, alla cui cassa è fissata con viti | In molte armi moderne a ripetizione e automatiche, copertura del meccanismo di caricamento e sparo. || **cartellàccia**, pegg. | **cartellétta**, dim. | **cartellina**, dim.

†**cartellàre** **A** v. intr. ● Pubblicare cartelli. **B** v. tr. ● Sfidare qc. a duello.

†**cartellàrio** s. m. **1** Archivio. **2** Mobile per documenti.

cartellièra s. f. ● Mobile in cui si dispongono ordinatamente cartelle con documenti, carteggi e sim.

cartellinàre v. tr. **1** Munire di cartellino: *c. le bottiglie*. **2** (*est.*) Reclutare, schedare, spec. per fini sportivi.

cartellìno s. m. **1** Dim. di *cartello* (*1*). **2** Foglietto, cartoncino e sim. applicato su vari oggetti, recante indicazioni relative a essi: *applicare un c. su un libro*; *esporre le merci col c. del prezzo*. **3** Modulo contenente indicazioni di vario tipo: *c. segnaletico*, *bibliografico*, *d'iscrizione* | *C. di presenza*, quello che i lavoratori subordinati timbrano quotidianamente all'inizio e alla fine d'ogni periodo di lavoro. **4** (*sport*) Documento ufficiale dell'identità di un atleta che, firmato, lo vincola a una società per una o più stagioni. **5** (*sport*) *C. giallo, rosso*, quello che l'arbitro di calcio mostra al giocatore per segnalargli rispettivamente l'ammonizione o l'espulsione.

cartellista [da *cartello* (*2*)] **A** s. m. (pl. *-i*) ● Chi appartiene a un cartello economico o politico. **B** agg. ● Cartellistico.

cartellistico agg. (pl. *-ci*) ● Che si riferisce ai cartelli economici o politici.

cartèllo (1) [da *carta*] s. m. **1** Avviso, scritto o stampato su vari materiali, spec. per comunicazioni pubbliche: *c. pubblicitario*; *c. indicatore, stradale* | *C. di riserva*, indica proibizione riservata di caccia | *C. di bandita*, indica un luogo dove si alleva e si protegge la selvaggina e dove la caccia è vietata a tutti | *C. di sfida*, biglietto recante la sfida a un duello | (*est.*) Tavoletta di legno o cartone affissa a un'asta e contenente scritte varie che i dimostranti inalberano nei cortei, nelle riunioni e sim. **2** Insegna posta sulle botteghe. **3** Iscrizione sul dorso del libro. **4** †Scritto infamante che si soleva appendere al collo dei condannati. **5** †Piccola targa con stemma. || **cartellàccio**, pegg. | **cartellétto**, dim. | **cartellino**, dim. (V.) | **cartellóne**, accr. (V.).

cartèllo (2) [ted. *Kartell*, in origine 'cartello di sfida'] s. m. **1** (*econ.*) Accordo tra imprese concorrenti diretto a disciplinare la concorrenza: *c. di prezzi, di divisione di zona* | *C. bancario, interbancario*, accordo tra le varie banche riguardante spec. le condizioni da concedere ai clienti, cioè i tassi massimi concessi sui depositi e quelli minimi richiesti sui prestiti | *C. doganale*, accordo di cooperazione tra più Stati per prevenire e reprimere il contrabbando. **2** (*est.*) Alleanza tra forze o gruppi che perseguono scopi comuni: *c. delle sinistre*.

cartellóne s. m. **1** Accr. di *cartello* (*1*). **2** Grande e vistoso manifesto pubblicitario. **3** Tabella coi 90 numeri del gioco della tombola, per riscontro dei numeri usciti. **4** Nel calcio, programma delle partite di una giornata di campionato | In altri sport, elenco degli iscritti a una competizione. **5** Programma dei drammi rappresentati da una compagnia teatrale o da un teatro durante una stagione | *Tenere il c.*, (*fig.*) detto di spettacolo che esercita un forte richiamo sul pubblico e che si rappresenta da tempo.

cartellonista s. m. e f. (pl. m. *-i*) ● Chi si dedica alla realizzazione dei cartelloni pubblicitari.

cartellonìstica s. f. ● Arte e tecnica del cartellonista.

càrter /'karter, *ingl.* 'ka:tə*/ [dal n. dell'inventore J. H. *Carter*] s. m. inv. **1** Involucro metallico che protegge gli ingranaggi e la catena nelle motociclette e biciclette. SIN. Copricatena. **2** Parte che chiude inferiormente il basamento di un motore a scoppio, costituendone anche il serbatoio dell'olio lubrificante.

cartesianìsmo s. m. ● Movimento filosofico dei secoli XVII e XVIII che si ispira alla filosofia razionalistica di Cartesio.

cartesiàno [fr. *cartésien*, da *Cartesius*, forma latinizzata di R. *Descartes* (1596-1650)] **A** agg. **1** Di Cartesio: *razionalismo c.*; *coordinata cartesiana*. **2** (*fig.*) Caratterizzato da razionalità, chiarezza e sim.: *ragionamento c.*; *ha una mente cartesiana*. **3** (*mat.*) *Assi cartesiani*, sistema di assi di riferimento, in genere ortogonali, per il tracciamento di diagrammi. **B** s. m. ● Seguace della filosofia di Cartesio.

cartevalóri o **càrte valóri** [comp. del pl. di *carta* e del pl. di *valore*] s. f. pl. ● (*gener.*) Documenti cartacei aventi valori negli scambi, quali cartamoneta, titoli azionari, cedole di Stato, assegni, francobolli e sim.

carticino [da *carta*] s. m. **1** Foglio di quattro pagine intercalato in un normale foglio di stampa. **2** Foglio di quattro pagine incorporato in un libro per specificare eventuali errata-corrige.

cartièra s. f. ● Stabilimento od opificio dove si fabbrica la carta. || **cartierétta**, dim. | **cartierùccia**, dim.

cartifìcio s. m. ● Cartiera.

cartiglia [sp. *cartilla*, dim. di *carta* 'carta'] s. f. **1** Nel gioco delle carte, carta di poco valore | Nel gioco del terziglio o della calabresella, gruppo di carte dello stesso seme. **2** †Piccolo foglio, cartuccia. **3** †Cartella, spec. stretta e lunga.

cartiglio [V. *cartiglia*] s. m. **1** Motivo ornamentale raffigurante un rotolo di carta in parte svolto, spesso sorretto da una figura e contenente il più delle volte un'iscrizione sacra, dedicatoria, esplicativa | Nelle iscrizioni egiziane, figura di forma ovale recante i nomi dei faraoni. **2** (*raro*) Striscia di carta.

cartilàgine [vc. dotta, lat. *cartilāgine(m)*, di etim. incerta] s. f. ● (*anat.*) Particolare forma di tessuto connettivale, di consistenza fibrosa o elastica: *c. articolare*.

cartilagìneo [vc. dotta, lat. *cartilagĭneu(m)*, da *cartilāgo*, genit. *cartilāginis* 'cartilagine'] agg. ● Di, relativo a cartilagine.

cartilaginóso [vc. dotta, lat. *cartilaginōsu(m)*, da *cartilāgo*, genit. *cartilāginis* 'cartilagine'] agg. ● Che ha aspetto o natura di cartilagine.

cartìna s. f. **1** Dim. di *carta*. **2** Foglietto di carta per arrotolare sigarette. **3** Piccola busta che può contenere vari oggetti: *c. per aghi, automatici, ganci* | (*est.*) Ciò che è contenuto in tale piccola busta. **4** Involtino di carta preparato in farmacia contenente sostanze medicinali in polvere | Quantità di medicamento in essa contenuto. **5** Piccola carta geografica disegnata accanto a una grande. **6** (*chim.*) *C. al, di, tornasole*, imbevuta di soluzione acquosa di tale sostanza, usata come indicatore nell'analisi chimica, poiché diventa rossa in ambiente acido e azzurra in ambiente alcalino; (*fig.*) ciò che serve a mettere q.c. in chiara evidenza. **7** Nel gioco delle carte, carta di poco valore.

cartìsmo [ingl. *chartism*, dalla *people's charter*, propr. 'carta del popolo', n. del documento programmatico di una associazione di lavoratori, diffuso nel 1838] s. m. ● Movimento politico-sociale che, nella prima metà del sec. XIX, convogliava le aspirazioni dei lavoratori inglesi verso una maggiore democrazia politica.

cartista **A** s. m. e f. (pl. m. *-i*) ● Seguace del cartismo. **B** anche agg.: *movimento c.*

cartocciàta s. f. ● Quanto è contenuto in un cartoccio: *una c. di castagne*.

cartòccio [da *carta*] s. m. **1** Foglio di carta ravvolta per mettervi dentro q.c.: *riponete quei chiodi in un c.* | (*est.*) Ciò che è contenuto in un cartoccio: *un c. di zucchero, di caffè*. **2** Foglio di carta oleata o di alluminio molto sottile con il quale si avvolge il cibo da cuocere al forno: *pesce, pollo al c.* **3** Carica di lancio per artiglieria, confezionata opportunamente per essere allogata nell'apposita camera a polvere | *C. proietto*, quando il bossolo contenente la carica fa corpo unico col proietto. **4** Complesso delle brattee che avvolgono la pannocchia di granturco. **5** Motivo ornamentale caratteristico dell'arte barocca, consistente in una sorta di cartella dai lembi arrotolati in fantasiose volute. **6** Tubetto di vetro dei lumi a petrolio. **7** Nella scherma, colpo di attacco o di risposta al fianco dell'avversario con il pugno portato con le unghie rivolte in basso: *battuta di terza e c.* || **cartoccétto**, dim. | **cartoccino**, dim. | **cartoccióne**, accr.

cartòffia ● V. *scartoffia*.

cartòfilo [comp. di *carta* e *-filo*] agg.; anche s. m. (f. *-a*) ● Che, chi ha la passione del gioco delle carte.

cartografìa [comp. di *carta* e *-grafia*] s. f. ● Parte della geografia che si occupa della costruzione di carte geografiche, corografiche e topografiche.

cartogràfico agg. (pl. m. *-ci*) ● Che si riferisce alla cartografia. || **cartograficaménte**, avv. Per mezzo della cartografia.

cartògrafo [comp. di *carta* e *-grafo*] s. m. (f. *-a*) ● Chi è esperto in cartografia.

cartogràmma [comp. di *carta* e *-gramma*] s. m. (pl. *-i*) ● (*stat.*) Rappresentazione cartografica che, con opportuni simboli, mette in evidenza la distribuzione di un dato fenomeno, preso a oggetto di studio. ➡ ILL. **diagramma**.

cartolàio o (*dial.*) **cartolàro (1)** [lat. tardo *chartulāriu(m)* 'archivista', da *chărtula*, dim. di *chărta* 'carta'] s. m. (f. *-a*) ● Chi vende quaderni, penne e oggetti di cancelleria in genere | †Libraio.

cartolàre (1) o †**cartolàro (2)** [dal lat. *chărtula*. V. *cartolina*] **A** s. m. **1** (*tosc.*) Cartella per fogli, disegni e sim. **2** †Libro di memorie, appunti. **B** agg. ● (*dir.*) Relativo a un diritto incorporato in un documento così da non poter essere esercitato senza la presentazione di questo: *ogni diritto relativo all'assegno bancario è c.*

cartolàre (2) o **cartulàre** [V. vc. precedente] v. tr. ● Numerare le pagine di un manoscritto o di un codice.

cartolàrio ● V. *cartulario* (*1*) e (*2*).

cartolàro (1) ● V. *cartolaio*.

†**cartolàro (2)** ● V. *cartolare* (*1*).

cartolerìa s. f. ● Negozio del cartolaio.

cartolibràrio [da *cartolibreria*] agg. ● Relativo al commercio dei libri e degli oggetti da cancelleria.

cartolibrerìa [comp. di *carto(leria)* e *libreria*] s. f. ● Cartoleria autorizzata alla vendita dei testi scolastici e di libri in genere.

cartolìna [dim. del lat. *chărtula*, a sua volta dim. di *chărta* 'carta'] s. f. **1** Cartoncino di forma rettangolare su cui si scrive, che si invia per posta non chiuso in busta: *c. con risposta pagata* | *C. doppia, c. postale*, che l'amministrazione postale pone in vendita già affrancata | *C. illustrata*, che reca su una faccia disegni, fotografie e sim. | *C. in franchigia*, esente da affrancatura, distribuita ai soldati durante la prima e la seconda guerra mondiale | *C. precetto*, o (*pop.*) *c. rosa*, documento contenente l'ordine individuale di chiamata alle armi delle reclute o di richiamo dei militari in congedo da mobilitare. **2** †Tessera. **3** Sorta di passamano, costituito da una striscia di pergamena avvolta a spirale da una fibra tessile. **4** †Cartina nel sign. 4. **5** (*pop.*) Cartellino di presenza nelle aziende: *bollare, timbrare la c.*

cartolinàre [da *cartolina*] v. tr. (*io cartolìno*) ● Rilegare un libro alla rustica.

cartolinésco agg. (pl. m. *-schi*) ● (*raro*) Falso e manierato come se fosse riprodotto da una cartolina illustrata: *quadro c.*

cartomànte [da *cartomanzia*] s. m. e f. ● Chi pratica la cartomanzia.

cartomanzìa [fr. *cartomancie*, comp. del lat. *chărta* 'carta' e del gr. *mantéia* 'divinazione'] s. f. ● Divinazione del futuro a mezzo delle carte.

cartonàggio [fr. *cartonnage*, da *cartonner* 'legare libri in cartone'] s. m. **1** Tecnica della utilizzazione e della lavorazione del cartone. **2** Imballaggio di cartone o cartoncino predisposto per l'utilizzazione.

cartonàre v. tr. (*io cartóno*) **1** Incollare su cartone. **2** Rinforzare o rilegare con cartone.

cartonàro s. m. (f. *-a*) ● (*pop.*) Chi raccoglie cartoni per poi rivenderli.

cartonàto part. pass. di *cartonare*; anche agg. **1** Nei sign. del v. **2** Di cartone, rivestito di cartone: *copertina cartonata*.

cartoncìno s. m. **1** Dim. di *cartone*. **2** Tipo di carta, la cui grammatura supera i 200 gr per m^2, fabbricata normalmente a un foglio: *c. Bristol*. **3** Biglietto in cartoncino, usato per biglietti da visita, partecipazioni e sim. **4** (*tip.*) Foglietto di 2, 4, 8 pagine, che serve a completare un volume o a sostituire pagine con errori.

cartóne [da *carta*] s. m. **1** Unione di più fogli di carta allo stato umido, fabbricati in continua con grammatura da 400 gr per m^2 in su: *c. ondulato, catramato* | *C. presspan*, molto duro, perfettamente lucidato, privo di acidi e di alcali, largamente impiegato nell'industria elettrotecnica | *Di c.*, (*fig.*) finto | *Uomo di c.*, (*fig.*) senza forza. **2** Disegno preparatorio per dipinti, vetrate, mosaici, arazzi, eseguito su carta pesante, nelle stesse dimensioni dell'opera definitiva, in modo da poter essere riportato sulla superficie da decorare. **3** *C. animato*, film in cui il movimento dell'immagine viene analizzato in singole fasi, di cui ognuna deve essere disegnata, dipinta e fotografata singolarmente. **4** Custodia per raccogliere opuscoli, disegni e sim. **5** Cassa, imballaggio di cartone. || **cartoncino**, dim. (V.) | **cartonétto**, dim. | **cartonùccio**, dim.

cartonféltro [comp. di *carton(e)* e *feltro*] s. m. (pl. *cartonféltri*) ● Materiale costituito da un impasto di carta con fibre tessili naturali, impregnato di bitume, usato per impermeabilizzazioni.

cartongèsso [comp. di *carton(e)* e *gesso*] s. m. (pl. *cartongèssi*) ● Materiale termoisolante costituito da uno strato di gesso ricoperto da fogli di cartone, usato per rivestire pareti interne o per fare controsoffitti.

cartonificio s. m. • Stabilimento dove si fabbrica cartone.

cartonista [da *cartoni* (*animati*), sul modello dell'ingl. *cartoonist*] s. m. e f. (pl. m. *-i*) • (*cine*) Realizzatore di cartoni animati.

cartoon /kar'tun, *ingl.* ka:'tu:n/ [vc. ingl., 'cartone, vignetta' (dal fr. *carton*: stessa etim. dell'it. *cartone*)] s. m. inv. • (*cine*) Cartone animato.

cartoonist /*ingl.* ka:'tu:nist/ [vc. ingl., da *cartoon*] s. m. e f. inv. • Cartonista.

cartotèca [comp. di *carta* e *-teca*] s. f. *1* Raccolta di carte geografiche conservate in apposita custodia. *2* Schedario.

cartotècnica [comp. di *carta* e *tecnica*] s. f. • Industria che lavora carta e la trasforma in manufatti.

cartotècnico [comp. di *carta* e *tecnico*] **A** agg. (pl. m. *-ci*) • Della, relativo alla cartotecnica. **B** s. m. (f. *-a*) • Addetto all'industria cartotecnica.

cartuccèra • V. *cartucciera*.

cartùccia (1) [fr. *cartouche*, a sua volta dall'it. *cartuccia* 'pezzo di carta (nella quale era involta la carica per un'arma da fuoco)'] s. f. (pl. *-ce*) *1* Insieme composto da bossolo di metallo o carta, carica di lancio, pallottola o pallini e capsula | Involucro di carta contenente la polvere da sparo e la palla introdotto nelle antiche armi da fuoco | *Sparare l'ultima c.*, (*fig.*) fare un ultimo sforzo o tentativo | *Mezza c.*, (*fig.*) uomo da poco. *2* Filtro sostituibile, di carta pieghettata o altro, usato ad es. nelle prese d'aria dei carburatori. *3* Piccolo contenitore di inchiostro che si inserisce in alcuni tipi di penne stilografiche per alimentarle. *4* Involucro di plastica che contiene una pellicola cinematografica e che viene inserito in un apposito proiettore, semplificandone così il caricamento.

cartùccia (2) s. f. (pl. *-ce*) *1* †Dim. di *carta*. *2* †Scheda per votazioni. *3* Carta da gioco di valore scarso o nullo.

cartuccièra o **cartuccèra** [da *cartuccia* (*1*)] s. f. • Cintura o gilet con piccole tasche cilindriche per cartucce da caccia.

cartulàre • V. *cartolare* (*2*).

cartulàrio (1) o **cartolàrio** [lat. mediev. *chartulāriu(m)*, dal gr. biz. *cartoulariós*] s. m. • Nel Basso Impero e in epoca medievale, funzionario addetto all'amministrazione dell'erario.

cartulàrio (2) o **cartolàrio** [lat. mediev. *chartulāriu(m)*, da *chărtula*, dim. di *chărta* 'carta'] s. m. • Raccolta di documenti relativi a un istituto, a una città, a un argomento e sim.

carùba • V. *carruba*.

carùbo • V. *carrubo*.

carùggio • V. *carruggio*.

carùncola o **caróncola** [fr. *caroncule*, dal lat. *carŭncula(m)*, dim. di *căro*, genit. *cărnis* 'carne'] s. f. *1* (*anat.*) Escrescenza carnosa | *C. lacrimale*, piccolo rilievo carnoso all'interno dell'occhio. *2* (*zool.*) Rilievo carnoso sul capo degli uccelli. *3* (*bot.*) Piccolo rigonfiamento che si forma sulla superficie di alcuni semi. || **caruncolétta**, dim.

carùṣo [lat. *cariōsu(m)* 'tarlato', poi 'calvo, tosato'. V. *carioso*] s. m. • (*dial.*) Ragazzo | Garzone nelle miniere di zolfo in Sicilia.

càrvi [lat. mediev. *carvi*, dall'ar. *karawijā'*, a sua volta dal gr. *cáron*] s. m. • (*bot.*) Cumino dei prati: *essenza di c.*

càsa [lat. *căsa(m)* 'capanna', di etim. incerta] s. f. **I** Edificio di uso privato. *1* Costruzione elevata dall'uomo a scopo di abitazione per una o più famiglie: *c. di campagna, di città, rurale, colonica, rustica, operaia, signorile*; *una c. di pietra, in legno*; *case prefabbricate*; *avere una c. al mare, in montagna* | *Prima c.*, quella dove si vive e dove di solito è anche la residenza anagrafica | *Seconda c.*, non quella dove si risiede, bensì un'altra che si possiede, anche se è l'unica che si abbia in proprietà | *Case popolari*, la cui costruzione avviene a opera o con agevolazioni dello Stato, per particolari categorie di cittadini meno abbienti come operai, impiegati statali e sim. | *La Casa Bianca*, la residenza del presidente degli Stati Uniti d'America e (*est.*) il governo americano | (*fam.*) *Il padrone di c.*, il locatore rispetto all'inquilino | (*fig.*) *Grande come una c.*, di ciò che ha dimensioni enormi. *2* Ambiente, o complesso di ambienti, che rappresenta il luogo in cui una persona o una famiglia vive abitualmente: *cercare, trovare c.*; *il problema della c.*; *tornare, andare a c.*; *uscire di c.*; *stare spesso in c.*; *fare vita di c.*; *avere una bella c., una c. modesta, accogliente*; *arredare la c.*; *rassettare la c.*; *faccende, lavori di c.* | *Cambiare c.*, traslocare | *Chiudere c.*, prepararsi a un'assenza piuttosto lunga | *Aprire, riaprire c.*, renderla abitabile dopo un'assenza | *Avere c. aperta*, ricevere ospiti molto spesso | *Stare di c. in un posto*, abitarvi | *Stare in, a c. di qc.*, abitare presso qc. | *Donna di c.*, dedita esclusivamente ai lavori domestici | *Vestito da c.*, piuttosto dimesso | *Fatto in c.*, di produzione casalinga: *dolci fatti in c.*; (*est.*) caratterizzato da una certa goffaggine: *si vede che è un vestito fatto in c.* | †*A c. suo padre*, e sim., a casa di suo padre, e sim. | *C. del diavolo*, l'inferno: *mandare qc. a c. del diavolo* | (*fig.*) *Abitare a c. del diavolo*, lontanissimo | *A c. mia*, (*fig.*) secondo me | *Riportare la pelle a c.*, (*fig.*) salvarsi, detto spec. di chi torna da impresa bellica o comunque molto rischiosa | *Tieni le mani a c.!*, (*fig.*) brusco invito a non essere manesco | *Avere il cervello a c.*, (*fig.*) essere ragionevole, sensato | *Essere, sentirsi a c. propria*, (*fig.*) sentirsi a proprio agio | *Non sapere dove q.c. stia di c.*, (*fig.*) non saperne nulla. *3* (*est.*) Tana, nido e sim. di animali, spec. in favole o racconti per fanciulli: *la c. dei tre porcellini*. *4* (*fig.*) L'insieme delle persone che costituiscono uno stesso nucleo familiare: *quando sono fuori penso sempre a c.*; *ricordati di scrivere a c.* | *Mandare, tirare avanti la c.*, la famiglia | *Il padrone di c.*, il capofamiglia | *C. Rossi*, la famiglia Rossi | *Essere di c.*, frequentare assiduamente una famiglia | *Essere tutto c. e famiglia*, molto attaccato alla vita familiare | *Essere c. e chiesa*, molto religioso e affezionato alla famiglia | *Fare c. con qc.*, (*fig.*) convivere | *Fare gli onori di c.*, accogliere gli ospiti | *Mettere su c.*, (*fig.*) sposarsi, formare una famiglia. *5* (*est.*) Casato, stirpe: *essere di c. nobile, patrizia* | Dinastia: *c. Savoia* | *C. reale*, i principi regnanti e la loro corte | *Maestro di c.*, maggiordomo. *6* (*fig.*) Patria: *avere gli stranieri in c.* **II** Edificio di uso pubblico o aperto al pubblico. *1* Edificio destinato a una collettività o a una pluralità di persone: *c. comunale* | *C. di Dio*, chiesa, tempio | *C. di ricovero, di riposo*, che alloggia e dà assistenza agli anziani | *C. protetta*, istituto per il ricovero di anziani o malati non autosufficienti | *C. albergo*, residence house | *C. di pena*, prigione | *C. di cura*, edificio di proprietà privata opportunamente attrezzato per il ricovero e la cura degli infermi | *C. del popolo*, dove hanno sede gli uffici delle associazioni popolari | *C. dello studente*, pensionato o collegio spec. universitario | *C. del soldato*, di ristoro e ritrovo per militari | *C. da gioco*, luogo di convegno destinato al gioco d'azzardo. *2* Convento, monastero: *c. religiosa* | *C. madre*, il primo in ordine di tempo dei conventi e dei monasteri di un ordine religioso; (*fig.*) sede principale di aziende, istituzioni e sim. *3* (*dir.*) Istituto di prevenzione e pena: *c. di correzione, di lavoro*; *c. di cura e di custodia*. *4* Ditta, azienda, società: *c. editrice*; *c. di spedizioni* | *C. di mode*, dove si confezionano, presentano e vendono modelli esclusivi di abiti, spec. femminili | *C. di pegno*, agenzia di prestiti su pegno | *C. di vetro*, (*fig.*) gestione, condotta d'affari pubblici e privati irreprensibile sotto l'aspetto della morale finanziaria | (*est.*) Negozio specializzato nella vendita di una sola merce nei suoi tipi più vari: *c. del caffè, del formaggio, del giocattolo*. *5* (*euf.*) Postribolo, nelle loc. *c. di tolleranza*, *c. chiusa* | (*euf.*) Locale in cui hanno luogo illeciti convegni amorosi, nelle loc. *c. equivoca*, *c. di appuntamenti*, *c. squillo*. **III** Porzione di spazio variamente delimitata. *1* Nel calcio e sim., la porta, con riferimento al portiere che la difende | Il campo della propria sede: *giocare in c.*, *fuori c.* | *I padroni di c.*, la squadra ospitante | *C. base*, nel baseball, l'angolo del diamante ove ha inizio il gioco e prendono posto il lanciatore, il ricevitore e l'arbitro. *2* Casella, riquadro in giochi a scacchiera: *la c. degli scacchi, della dama*; *le case del gioco dell'oca*. *3* *C. astrologica*, una delle dodici zone d'influenza in cui è ripartito lo zodiaco. *4* (*astron.*) †Un dodicesimo della sfera celeste || PROV. Casa mia, casa mia, per piccina che tu sia, tu mi sembri una badia; è meglio essere il primo in casa propria che il secondo in casa altrui. || **casàccia**, pegg. | **casèlla**, dim. | **caserèllina**, dim. | **casétta**, dim. (V.) | **casettina**, dim. | **casettino**, dim. m. | **casettùccia**, dim. | **casìna**, dim. | **casóna**, accr. | **casóne**, accr. m. (V.) | **casùccia**, dim. | **casùcola**, dim.

caṣàcca [da (*veste*) *cosacca* 'veste dei cosacchi'] s. f. *1* Lunga giacca chiusa fino al collo in certe uniformi militari | (*fig.*) *Voltare, mutare c.*, cambiare idee politiche e sim. per opportunismo. *2* Specie di giacca di taglio diritto e piuttosto ampia. *3* Nell'ippica, giubba indossata dai fantini e dai guidatori di trotto | Maglia dei giocatori di calcio, dei corridori ciclisti e sim. quale simbolo di appartenenza a una squadra. || **casacchétta**, dim. | **casacchìna**, dim. | **casacchìno**, dim. m. | **casaccóne**, accr. m. | **casaccùccia**, dim.

caṣàccio s. m. *1* Pegg. di *caso*. *2* Nella loc. avv. *a c.*, senza ordine, senza riflettere, senza meta: *agire, parlare, girare a c.*

casàle [lat. tardo *casāle(m)*, agg. di *căsa* 'casa'] s. m. *1* Gruppetto di case nella campagna: *un c. si intravedeva da lontano*. *2* (*centr.*) Casa di campagna. || †**casalino**, dim. | **casalóne**, accr.

casalése A agg. • Di Casale Monferrato o di una località di nome Casale. **B** s. m. e f. • Abitante, nativo di Casale Monferrato o di una località di nome Casale.

casalìna [detta così perché di stoffa rozza, fatta in *casa*] s. f. • Tessuto rigato di cotone, usato soprattutto per grembiuli da massaia.

casalìnga s. f. (m. *-o*, raro scherz.) • Donna di casa, che si dedica esclusivamente ai lavori della propria casa, che si occupa soltanto delle faccende domestiche e familiari.

casalìngo A agg. (pl. m. *-ghi*) *1* Che riguarda la casa | *Pane c.*, fatto in casa | *Alla casalinga*, (*ell.*) di pietanza alla buona, genuina e saporita | (*est.*) Che è semplice, discreto, intimo, modesto, affettuosamente consuetudinario. *2* Che sta molto o volentieri in casa, e se ne prende cura: *un uomo, un tipo c.* *3* (*sport*) *Incontro c.*, disputato sul proprio campo | *Vittoria, sconfitta casalinga*, conquistata, subita sul proprio campo. **B** s. m. pl. • Oggetti di uso domestico: *negozio di casalinghi*.

casamàtta [etim. discussa: da *casa matta* 'casa falsa' (?)] s. f. (pl. *casemàtte*) *1* Locale di un'opera di fortificazione, chiuso, con volta protetta, fornito di una o più cannoniere per il tiro delle artiglierie sistemate all'interno. *2* (*mar.*) *Cannoni in c.*, installati sui ponti coperti.

casaménto [lat. mediev. *casamentu(m)*, da *căsa* 'casa'] s. m. • Grande casa popolare, composta di numerosi appartamenti | (*est.*) Le persone che vi abitano: *tutto il c. è in agitazione*.

casamìcciola [dal n. del centro di *Casamicciola*, nell'isola d'Ischia, distrutto nel 1883 da un terremoto] s. f. • (*per anton.*) Grande disordine, enorme confusione: *fare c.*

casamòbile [comp. di *casa* e *mobile* 'che si può muovere'] s. f. • Tipo di grossa roulotte non rimorchiabile da un'automobile che, per gli spostamenti, deve essere trainata da veicoli speciali, come trattori e autocarri.

casanòva [dal n. di G. *Casanova* (1725-1798), famoso avventuriero veneziano] s. m. inv. • (*per anton.*) Grande seduttore (*anche scherz.*).

casarèccio • V. *casereccio*.

caṣàro o (*tosc.*) **caciàio** [lat. *caseāriu(m)* 'relativo al formaggio', da *cāseus* 'formaggio'] s. m. • Addetto alla trasformazione del latte in burro e formaggi.

casàta [da *casa*] s. f. • Tutta la famiglia discendente, spec. per la linea maschile, dallo stesso stipite | (*est.*) Stirpe, lignaggio.

casàtico [lat. mediev. *casaticu(m)*, da *căsa* 'casa'] s. m. (pl. *-ci*) • Antica imposta sulle case.

casàto [da *casa*] s. m. *1* Cognome di una famiglia o di una persona. *2* Famiglia, lignaggio: *è l'ultimo discendente d'un nobile c.* SIN. Stirpe. *3* †Casegiato.

casatórre [comp. di *casa* e *torre*] s. f. (pl. *casetórri*) • Casa medievale con notevole sviluppo in altezza.

càṣba o **càṣbah**, **qaṣba**, **kàṣba**, **kaṣbah** [ar. *qaṣaba* 'fortezza'] s. f. *1* Vecchio quartiere arabo nelle città dell'Africa settentrionale o della Spagna moresca. *2* (*est.*) Quartiere malfamato di una città.

cascàggine [dal lat. *căscu(m)* 'antico, vecchio'] s. f. ● (*raro*) Fiacchezza, sonnolenza | Debolezza (*anche fig.*): *tribolazioni che sempre paiono soverchie alla smoderatezza e c. umana* (NIEVO).

cascàme [da *cascare*] s. m. spec. al pl. *1* Residuo, scarto o sottoprodotto della lavorazione di vari prodotti industriali, spec. di fibre tessili: *cascami di seta, di lana, di cotone.* *2* (*fig., est.*) Parte di scarso valore, di qualità inferiore in un fenomeno, evento, movimento politico, culturale e sim.: *i cascami della pittura astrattista.*

cascamòrto [comp. di *cascare* e *morto*] s. m. (f. *-a*, raro) ● Chi ostenta svenevolmente una passione amorosa: *tutti mi fanno i cascamorti* (GOLDONI).

cascànte part. pres. di *cascare*; anche agg. *1* Nei sign. del v. *2* Flaccido: *seno c.* | (*fig.*) Languido, svenevole: *coll'andatura c. che le sembrava molto sentimentale* (VERGA) | (*fig.*) Fiacco.

càscara sagràda [sp. *cáscara sagrada*, 'corteccia santa', da *casca* 'corteccia'] s. f. *1* Arbusto delle Ramnacee con foglie seghettate e piccoli fiori bianchi (*Rhamnus purshiana*). *2* Estratto della corteccia della pianta omonima con azione purgativa.

cascàre [lat. parl. **casicāre*, da *cāsus* 'caduta'] v. intr. (*io càsco, tu càschi*; aus. *essere*) *1* (*fam.*) Cadere, spec. all'improvviso: *c. dal letto*; *cascar morto* | *C. a pezzi*, (*fig.*) detto di oggetti vecchi e logori | *C. dal sonno, dalla fame, dalla stanchezza*, (*fig.*) non reggersi più dal sonno, fame, ecc. | *C. male, bene*, (*fig.*) andare a finire male, bene | *C. in piedi, ritti*, (*fig.*) uscire bene da una situazione difficile o pericolosa | (*fig.*) *Far c. le braccia*, deprimere, far disperare | *C. dalle nuvole*, (*fig.*) cadere dalle nuvole | *Far c. q.c. dall'alto*, (*fig.*) concederla con sufficienza | *Qui casca l'asino!*, qui viene il difficile | *Non casca il mondo!*, non è una cosa tanto grave | *Cascarci*, cedere a lusinghe, finire in un tranello | *C. addosso*, (*fig.*) capitare, spec. detto di disgrazia | *C. di dosso*, (*fig.*) detto di abiti larghi. *2* (*lett.*) Scorrere impetuosamente in basso || PROV. Quando la pera è matura casca da sé; l'asino dove è cascato una volta non ci casca più.

cascàta [da *cascare*] s. f. *1* (*fam.*) Caduta: *ha fatto una terribile c.* SIN. Capitombolo. *2* Salto che fa l'acqua corrente per un'improvvisa depressione, naturale o artificiale, del suo letto | *A c.*, (*fig.*) detto di eventi che si susseguono connessi l'uno all'altro. ➡ ILL. p. 820 SCIENZE DELLA TERRA ED ENERGIA. *3* Ornamento, acconciatura, gioiello di foggia morbida o ricadente | *C. di perle*, collana lunga da girarsi due o tre volte attorno al collo. *4* (*tecnol.*) Nella loc. *in c.*, detto di più sistemi collegati l'uno a valle dell'altro (*anche fig.*) || **cascatàccia**, pegg. | **cascatèlla**, dim. | **cascatina**, dim. | **cascatóne**, accr. m.

cascatìccio [da *cascato*] agg. (pl. f. *-ce*) *1* Che cade facilmente dall'albero: *frutti cascaticci.* *2* (*fig., raro*) Che cede con facilità al sentimento, al vizio, alla tentazione.

cascàto part. pass. di *cascare*; anche agg. ● Nei sign. del v.

†**cascatóio** agg. *1* Debole, cadente. *2* (*scherz.*) Facile a innamorarsi.

cascatóre s. m. ● Controfigura che, durante le lavorazioni di un film, sostituisce l'attore nelle azioni rischiose come salti dall'auto in corsa, tuffi nel vuoto e sim.

cascatùra s. f. *1* (*raro*) Ciò che cade nel vagliare grano o cereali. *2* Massa di capelli, tagliati o spontaneamente caduti, utilizzati per la fabbricazione delle parrucche.

cascèr agg. ● Adattamento di *kasher* (V.).

cascherìno [etim. incerta] s. m. ● (*roman.*) Garzone del fornaio che porta il pane nelle case.

caschétto s. m. *1* Dim. di *casco* (*1*). *2* Cervelliera. *3* Tipo di pettinatura, spec. femminile, con i capelli corti e compatti che incorniciano il viso | (*est.*) I capelli stessi così pettinati: *un c. biondo.*

caschimpètto [comp. di *casca(re)* e *in petto*] s. m. ● Gioiello appeso a catenella o a nastro ricascante sul petto, spesso custodia di foto e sim.

cascimir s. m. inv. ● Adattamento di *cachemire* (V.).

cascimirra s. f. ● Adattamento di *cachemire* (V.).

cascìna (*1*) [vc. di area sett., prob. dal lat. parl. **căpsia(m)*, per il classico *căpsa(m)* 'cassa, recipiente' (?)] s. f. ● Casa colonica o parte di essa destinata al ricovero degli animali di allevamento, al deposito di mangime e attrezzi, con locali in cui si producono burro e formaggio | (*sett.*) Azienda agricola a prevalente indirizzo zootecnico per la produzione del latte | (*sett.*) Fattoria, casolare. || **cascinétta**, dim. | **cascinòtto**, dim. m.

cascìna (*2*) [dal lat. *căpsa* 'cassa, recipiente' (?)] s. f. *1* (*tosc.*) Sottile cerchio di legno di faggio, entro cui si preme il latte rappreso per fare il cacio. *2* (*tosc.*) Assicella di legno di faggio per fabbricare cassette: *legno di c.*

cascinàio [da *cascina* (*1*)] s. m. *1* Proprietario o sovrintendente di cascina. *2* Casaro.

cascinàle [da *cascina* (*1*)] s. m. *1* Gruppo di case coloniche: *i cascinali della Valle Padana.* *2* Cascina: *abbiamo un bel c.*

cascìno [da *cascina* (*2*)] s. m. ● (*tosc.*) Forma di legno per fare il cacio.

càscio o **càsso** (*4*) [dal lat. *căpsa* 'cassa, recipiente' (?)] s. m. ● Cornice in legno che si applica sulla forma per delimitare il formato, lo spessore e il peso del foglio di carta.

casciù ● V. *catecù.*

càsco (*1*) [fr. *casque*, dallo sp. *casco*, di etim. discussa] **A** s. m. (pl. *-schi*) *1* Copricapo difensivo o protettivo di metallo o altro materiale resistente, usato da militari, sportivi e sim.: *i caschi delle antiche armature*; *il c. dei paracadutisti, dei motociclisti* | *C. coloniale*, copricapo in tela e sughero, atto a riparare dal sole, usato spec. nelle zone tropicali | *C. blu*, tipico dei reparti internazionali dell'ONU e (*est.*) militare di detti reparti | *C. iridato*, campione del mondo di motociclismo | Nel ciclismo, protezione di strisce di cuoio imbottite che avvolge la testa del corridore, obbligatorio in pista | *C. giallo*, tipico degli operai del settore siderurgico; (*est.*) operaio siderurgico. ➡ ILL. p. 1289, 1293, 1296 SPORT; p. 1746 TRASPORTI. *2* Dispositivo proprio delle apparecchiature telegrafiche, telefoniche e sim., che copre parzialmente la testa. *3* Apparecchio elettrico, costituito da un'asta metallica sormontata da una specie di elmo sferico in metallo o plastica, usato dai parrucchieri per asciugare i capelli. *4* Acconciatura femminile dei capelli, a guisa di casco. **B** in funzione di agg. inv. ● (posposto al s.) Nella loc. *polizza c.*, contratto di assicurazione con cui l'assicurato si assume anche il rischio per i danni cagionati dall'assicurato alle cose proprie. || **caschétto**, dim. (V.).

càsco (*2*) [metafora del precedente (?)] s. m. (pl. *-schi*) ● Infruttescenza del banano.

càsco (*3*) [da *cascare*] s. m. (pl. *-schi*) ● (*raro, dial.*) Caduta.

càscola [da *cascolare*] s. f. ● Caduta anticipata di gemme, fiori e frutti.

cascolàre [ints. di *cascare*] v. intr. (*io càscolo*) *1* (*dial.*) Aprirsi e cadere, detto delle castagne quando sono mature. *2* (*dial., fig.*) Perdere le forze, deperire.

càscolo [da *cascolare*] **A** s. m. ● Grappolo d'uva stentato, misero. **B** agg. ● †Cascaticcio.

caseàrio [vc. dotta, lat. tardo *caseāriu(m)*, da *cāseus* 'cacio'] agg. ● Della, relativo alla, derivante dalla, produzione e lavorazione dei latticini: *industria casearia*; *prodotti caseari.*

caseggiàto [da *casa*] s. m. *1* Luogo occupato prevalentemente da case. *2* Gruppo di case: *le costruzioni di quel c. sono contigue.* *3* Casamento di grandi proporzioni: *caseggiati popolari.*

caseificazióne [comp. del lat. *cāseus* 'cacio' e di *-ficazione*] s. f. *1* Coagulazione della caseina del latte a opera del caglio, fase iniziale della fabbricazione del formaggio | (*est.*) Insieme delle operazioni per preparare i formaggi. *2* (*med.*) Processo necrobiotico, tipico della tubercolosi, in cui il tessuto acquista colore e consistenza simile al formaggio fresco.

caseifìcio [comp. del lat. *cāseus* 'cacio' e di *-ficio*] s. m. ● Stabilimento per la produzione di burro e formaggio.

caseifórme [comp. del lat. *cāseus* 'cacio' e di *-forme*] agg. ● Che ha l'aspetto del cacio.

caseìna [fr. *caséine*, dal lat. *cāseus* 'formaggio'] s. f. ● (*chim.*) Gruppo eterogeneo di proteine acide contenenti fosfato, presenti nel latte, precipitabili per acidificazione, per aggiunta di ioni di calcio o di enzimi proteolitici, usato spec. nell'industria casearia, della carta e delle resine sintetiche.

caseìnico agg. (pl. m. *-ci*) ● Relativo alla caseina | Che contiene o deriva dalla caseina: *fibre caseiniche.*

casèlla [lat. tardo *casĕlla(m)*, dim. di *căsa* 'casa'] s. f. *1* †Piccola casa | Celletta di vespe, api e sim. *2* Scompartimento di un mobile destinato a raccogliere carte, documenti e sim. | Ognuno degli scompartimenti della cassetta del tipografo compositore | *C. postale*, compartimento numerato ove è direttamente deposta la corrispondenza in arrivo, affittato a privati presso l'Ufficio Postale. *3* Spazio segnato, sulla carta, da linee orizzontali e verticali intersecantisi. SIN. Quadretto. *4* *C. salante, evaporante*, divisione del terreno in una salina, ove avvengono l'evaporazione dell'acqua marina e il deposito del sale. *5* Contenitore di refrattario per materiali che, nei forni, non devono avere contatti con la fiamma. *6* (*ling.*) Posto che un fonema occupa nel sistema. || **casellina**, dim. | **casellino**, dim. m.

casellànte s. m. e f. *1* Sorvegliante di ferrovia o strada, che abita nel casello. SIN. Cantoniere. *2* Addetto a un casello autostradale.

casellàrio [da *casella*] s. m. *1* Mobile suddiviso in tante caselle mediante divisori interni | *C. postale*, ove sono riunite le caselle postali in un Ufficio Postale. *2* *C. giudiziale*, registro esistente presso ogni Tribunale, in cui sono annotati i provvedimenti in materia penale, civile o amministrativa emanati a carico delle persone nate nel circondario | Correntemente, l'ufficio in cui è conservato tale registro.

casellista s. m. e f. (pl. m. *-i*) ● Chi tiene in affitto una casella postale.

casèllo [da *casella*] s. m. *1* Casa cantoniera | Stazione terminale o intermedia di una autostrada. *2* Costruzione in muratura a uso di caccia.

casentinése **A** agg. ● Del Casentino, regione della Toscana. **B** s. m. e f. ● Abitante, nativo del Casentino. **C** s. m. solo sing. ● Dialetto del gruppo toscano, parlato nel Casentino.

casentìno [dal *Casentino*, zona della Toscana ove si fabbrica questo tessuto] s. m. *1* Tessuto di lana ruvida e pesante color arancione, tinto oggi anche in altri colori. *2* Cappotto confezionato con tale tessuto, guarnito di un collo di pelliccia, spec. volpe.

càseo [vc. dotta, lat. *cāseu(m)* 'formaggio'. V. *cacio*] s. m. ● Coagulo del latte.

caseóso [da *caseo*] agg. *1* Di relativo a caseificazione | Colpito da caseificazione. *2* Simile al caseo.

casèra [lat. tardo *caseāria(m)* 'luogo dove si fa il cacio', da *cāseus* 'formaggio'] s. f. *1* (*dial.*) Casa di montagna dove, durante l'alpeggio, si lavora il latte. *2* Magazzino del caseificio adibito alla stagionatura dei formaggi.

caserèccio o **casarèccio** [da *casa*] agg. (pl. f. *-ce*) ● Casalingo: *pane c.*; *cucina casereccia* | (*est.*) Grezzo, rozzo, non raffinato: *ironia casareccia.*

casèrma o **casèrma** [fr. *caserme*, dal provz. *cazerma* 'casotto destinato a quattro soldati', dal lat. *quatĕrnu(m)* 'a quattro a quattro'] s. f. *1* Complesso di edifici, di terreni liberi e relativi servizi e infrastrutture dove alloggiano i militari o gli appartenenti a organizzazioni civili analoghe, come i vigili del fuoco. ➡ ILL. p. 360 ARCHITETTURA. *2* (*lett., fig.*) Paese regolato da un ferreo militarismo. || **casermàccia**, pegg. | **casermétta**, dim. (V.) | **casermóna**, accr. | **casermóne**, accr. m. (V.).

casermàggio o **casermàggio** s. m. ● Tutto il materiale mobile occorrente per l'arredo di caserme, uffici, alloggi militari.

casermerìa o **casermerìa** s. f. ● (*raro*) Posto di guardia in una caserma.

casermésco o **casermésco** agg. (pl. m. *-schi*) ● (*spreg.*) Casermistico.

casermétta o **casermétta** s. f. *1* Dim. di *caserma.* *2* Edificio adibito all'alloggiamento di un singolo reparto minore nell'ambito di una caserma.

casermìstico o **casermìstico** agg. (pl. m. *-ci*) ● Che ricorda gli usi e la disciplina di una caserma: *ambiente c.*

casermóne o **caṣermóne** s. m. *1* Accr. di *caserma*. *2* (*fig.*) Edificio grande e disadorno, spec. per abitazione popolare: *i casermoni della periferia*.

casertàno A agg. ● Di Caserta. **B** s. m. (f. *-a*) ● Abitante, nativo di Caserta.

casétta s. f. *1* Dim. di *casa*. *2* Tipo di tenda da campeggio spec. stabile, molto grande, costituita da una serie di ambienti separati fra loro, dotati di porte e finestre, sorretti da una struttura metallica.

cash /*ingl.* kæʃ/ [vc. ingl., propr. 'cassa, denaro liquido'] **A** s. m. inv. ● Pagamento in contanti | (*est.*) Denaro liquido. **B** avv. ● In contanti: *pagare c.*

cash and carry /kɛʃʃen'kɛrri, *ingl.* 'kæʃ ən(d) 'kæri/ [loc. ingl., propr. 'paga e porta via', da *to cash* 'incassare' (dal fr. ant. *casse* 'cassa') e *to carry* 'portare' (dal lat. parl. **carricāre* 'caricare', attrav. il fr. ant.)] loc. sost. m. inv. ● Sistema di vendita secondo cui i dettaglianti acquistano in magazzini di grandissime dimensioni qualsiasi articolo, pagandolo in contanti e assicurandone il trasporto con i propri mezzi | (*est.*) Il magazzino ove si effettua questo tipo di vendita.

cash dispenser /*ingl.* 'kæʃ dis'pensə*/ [loc. ingl., comp. di *cash* (V.) e *dispenser* 'distributore'] loc. sost. m. inv. (pl. ingl. *cash dispensers*) ● Distributore automatico di denaro contante, prelevabile da un correntista bancario mediante una tessera magnetica personale.

cash flow /*ingl.* 'kæʃ flou/ [vc. ingl., propr. 'flusso di cassa', comp. di *cash* 'cassa' (dal fr. ant. *casse* 'cassa') e *flow* 'flusso' (d'orig. germ.)] s. m. inv. ● (*econ.*) Ammontare delle disponibilità finanziarie generate da un'azienda in un dato periodo; è dato dall'utile netto non distribuito più gli accantonamenti a fronte di ammortamento delle attività fisse. SIN. Autofinanziamento.

cashmere /*ingl.* kæʃ'miə*/ s. m. inv. ● Cachemire.

casière [lat. tardo *casāriu(m)*, da *căsa* 'casa'] s. m. (f. *-a*) ● (*tosc.*) Chi custodisce una casa, spec. di campagna.

casigliàno [da *casa*] s. m. (f. *-a*) ● Coinquilino.

caṣimìr s. m. inv. ● Adattamento di *cachemire* (V.).

caṣimìra s. f. ● Adattamento di *cachemire* (V.).

caṣimìro s. m. ● Adattamento di *cachemire* (V.).

caṣimìrra s. f. ● Adattamento di *cachemire* (V.).

casinàro [da *casino*, nel sign. 6] s. m. (f. *-a*) ● (*roman.*) Casinista.

casinìsta [da *casino*, nel sign. 6] s. m. e f. (pl. m. *-i*) ● (*pop.*) Pasticcione, confusionario.

casìno [propr. dim. m. di *casa*] s. m. *1* †Piccola casa. *2* Residenza signorile rustica: *c. di campagna, di caccia*. *3* Luogo di riunioni per lettura, gioco, conversazione. SIN. Circolo, club. *4* (*raro*) Casa da gioco. *5* (*pop.*) Casa di prostituzione. SIN. Bordello. *6* (*fig., pop.*) Baccano, confusione, disordine: *fare, piantare c.*; *che c. in questa stanza!* | (*est.*) Pasticcio, faccenda intricata e disordinata, e sim.: *combinare un c.*; *ti prego di non farmi casini nel lavoro*; *qui è successo un c.* | (*est.*) Grande quantità: *ci ha rimesso un c. di soldi*.

caṣinò o **casinò** [fr. *casino*, a sua volta dall'it. *casino*] s. m. ● Casa da gioco.

casìpola ● V. *casupola*.

†**casìpula** ● V. *casupola*.

caṣìsta o **caṣuìsta** nel sign. 1 [sp. *casuista*, dal lat. *cāsus* 'caso'] s. m. (pl. *-i*) *1* Scrittore o studioso di casistica. *2* (*fig.*) Persona meticolosa e scrupolosa.

caṣìstica [da *caso*] s. f. *1* Nella teologia cattolica, esame metodico dei comportamenti umani, anche ipotetici, per definire la norma di morale speculativa applicabile a ciascuno di essi. *2* (*med.*) Elenco di esempi o casi pratici: *una malattia molto rara, priva di c.* *3* Formulazione ed elencazione di una pluralità di casi specifici, per derivarne un principio generale o per applicare a essi una norma o un principio già formulato: *una c. relativa agli incidenti stradali*.

càṣo [vc. dotta, lat. *cāsu(m)*, da *cădere* 'cadere'] s. m. *1* Avvenimento imprevisto, circostanza fortuita: *il vederti oggi è stato un c.* | *Parlare, agire a c.*, a vanvera, inconsideratamente | *A c.*, per combinazione | *Per c., per puro c.*, accidentalmente | *Fare c. a q.c.*, farvi attenzione | *Si dà il c. che*, accade, succede | (*dir.*) *C. fortuito*, evento indipendente dalla volontà umana e imprevedibile per chi abbia adottato precauzioni ordinarie. *2* Causa misteriosa e remota degli avvenimenti umani: *il c. ci ha fatto incontrare*; *non bisogna attribuire tutto al c.*; *affidarsi al c.* SIN. Fatalità, sorte. *3* Fatto, situazione, vicenda, spec. dolorosa o problematica o che ha vasta risonanza: *c. brutto, disperato, imbarazzante*; *il c. Dreyfus*; *degli ultimi casi di Romagna*; *c. giudiziario* | *Mi ha parlato dei casi suoi*, delle sue vicende private | *C. di Stato*, (*fig.*) di grande importanza | *C. limite*, quello che si riferisce ad affezioni psicopatologiche diagnosticabili tra nevrosi e psicosi e (*fig.*) situazione che presenta certe caratteristiche accentuate in modo estremo | *C. da manuale*, da prendersi a esempio | *C. di coscienza*, quello per il quale è dubbio se si accordi o non con la morale cristiana e (*est.*) quello che pone un problema di rapporto fra una situazione o esperienza individuale e regole morali generali. SIN. Circostanza, contingenza, evento. *4* (*med.*) Stato patologico considerato come argomento di indagine o di controllo: *i medici stanno ancora studiando il c.* | Ogni manifestazione di una malattia spec. infettiva o epidemica; (*est.*) ogni individuo che ne è affetto: *un c. di colera* | *C. clinico*, ogni individuo sottoposto a indagini cliniche e (*fig.*) persona o cosa fuori del normale | *C. patologico*, soggetto sottoposto a indagini cliniche e portatore di affezioni morbose; (*fig.*) persona che manifesta tendenze, sentimenti e sim. eccessivi o anormali. *5* Ipotesi, possibilità: *nel primo c. è necessario cedere, nel secondo essere severi*; *in c. di* | *In ogni c., in tutti i casi*, comunque, sempre | *In nessun c.*, mai | *Nel c. che*, qualora | *Non c'è c.*, non esiste possibilità | *In c. contrario*, altrimenti | *Porre il c. che*, presumere, supporre | *C. mai*, eventualmente. V. anche *casomai*. SIN. Evenienza, eventualità, probabilità. *6* Opportunità: *regolati secondo il c.* | *Fare al c.*, essere opportuno | *È il c. che*, è necessario che | *Non è il c.*, non conviene | *Al c.*, se venisse l'opportunità. *7* †Caduta: *ne la mia mente fé sùbito c. / questo ch'io dico* (DANTE *Par.* XIV, 4-5). *8* (*ling.*) Aspetto assunto da una parola flessa, in relazione a una determinata funzione grammaticale: *c. genitivo, dativo*. ‖ **casàccio**, pegg. (V.) | **casettìno**, dim. | **casétto**, dim.

caṣoàrio ● V. *casuario*.

caṣoàro ● V. *casuario*.

casolàre [lat. mediev. *casulare*, dal lat. tardo *căsula*, dim. di *căsa* 'capanna'] s. m. ● Casa di campagna, piccola e isolata.

caṣomài o **càṣo mài**. cong. ● Eventualmente, nel caso che (introduce una prop. condiz. con il v. al congv.): *c. venisse, salutamelo*.

casóne (1) s. m. *1* Accr. di *casa*. *2* Grande fabbricato, spec. popolare, con molti appartamenti. *3* Abitazione rustica del Veneto, a pianta rettangolare e tetto spiovente di paglia | Costruzione rurale di zone vallive o di recente bonifica | *Cason di valle*, grosso capanno per cacciatori e pescatori, col tetto di paglia e un vasto camino al centro.

caṣóne (2) [dal lat. *cāseus* 'cacio'] s. m. ● Caseificio.

†**caṣóso** [da *caso*] agg. ● Puntiglioso, meticoloso.

casottàio [da *casotto*] s. m. ● (*raro, tosc.*) Casellante ferroviario | Bagnino.

casòtto [da *casa*] s. m. *1* Costruzione posticcia di piccole dimensioni, per lo più a un solo vano, in legno, adibita a vari usi: *il c. della sentinella, del custode, del cacciatore, del giornalaio, dei burattini, del cane*. SIN. Baracca | *C. da spiaggia*, capanno, cabina balneare | (*raro*) Casello ferroviario. *2* (*mar.*) Camera sul ponte di comando. *3* (*pop.*) Casa di prostituzione. SIN. Bordello. *4* (*fig., volg.*) Baccano, confusione, chiasso: *fare, piantare c.*

càspa [etim. incerta] s. f. ● Ceppaia.

càspita [euf. per *cazzo*] inter. ● (*euf.*) Esprime meraviglia, impazienza, contrarietà e sim. o gener. osservazione. ‖ **caspiterétta**, dim. | **caspiterìna**, dim. | **caspitìna**, dim.

casqué /kas'ke/ [dal fr. *casquer* 'cascare' (falso francesismo (?))] s. m. inv. ● Figura del tango in cui il cavaliere si china sulla dama facendola piegare con la schiena all'indietro: *ballare il tango col c.*

casquette /*fr.* kas'kɛt/ [vc. fr., propriamente dim. di *casque* 'casco'] s. f. inv. ● Berretto con visiera, spec. da uomo.

càssa [lat. *căpsa(m)*, di etim. incerta] s. f. **I** Recipiente per materiali solidi. *1* Recipiente parallelepipedo, realizzato in vario materiale, impiegato per la spedizione e il trasporto di imballaggi unitari, macchine, apparecchiature o semplicemente di merce alla rinfusa, convenientemente protetta: *c. di legno, metallo, cartone* | *C. mobile*, container | (*pop.*) *C. delle api*, arnia | (*pop.*) *C. da morto*, feretro, bara. *2* Mobile a forma di parallelepipedo con coperchio e serrature, usato per riporvi roba: *conservare in una c. gli abiti pesanti* | Madia, arca. *3* (*est.*) Quantità di roba contenuta in una cassa: *una c. di frutta, di biancheria, di vasellame*. *4* Mobile a più scomparti per conservare denaro e preziosi: *una c. di monete* | (*est.*) Dispositivo elettrico o a mano, atto a registrare i pagamenti effettuati e a contenere le somme relative: *la c. di un bar*; *stare alla c.*; *ritirare lo scontrino alla c.* *5* (*est.*) Sportello di una banca o settore di un pubblico esercizio dove si eseguono o si ricevono i pagamenti: *passare alla c.*; *presentare un assegno, un mandato alla c.*; *c. cambiali, titoli, cedole*; *buono di c.* | *Tenere la c.*, ricevere ed effettuare i pagamenti | *C. continua*, specie di cassaforte collocata nell'interno della banca, collegata con l'esterno per mezzo di un sistema simile alla posta pneumatica, grazie al quale i clienti, mediante l'introduzione di bossoli, possono effettuare operazioni di versamento anche dopo l'ora di chiusura | (*fig., fam.*) *Battere c.*, chiedere denari. *6* (*est.*) Somma di denaro contenuta in una cassa: *scappare, fuggire con la c.* | *Ammanco di c.*, sottrazione fraudolenta di denaro da tale somma | *Fondo di c.*, quantità di denaro che deve trovarsi in cassa per servire alle normali operazioni di scambio | *Piccola c.*, fondo di cassa dal quale viene prelevato il danaro necessario per le spese di ammontare limitato | *Libro di c.*, in cui vengono annotate le entrate e le uscite di denaro | (*fig.*) *A pronta c.*, in contanti: *pagare a pronta c.* | (*est.*) Ufficio preposto alla conservazione e all'amministrazione di denaro per conto di un'organizzazione: *la c. di un partito, di un'associazione*. *7* (*dir.*) Istituzione con fini spec. previdenziali: *c. depositi e prestiti*; *c. per gli assegni familiari* | *C. per il mezzogiorno*, ente di diritto pubblico, istituito per il progresso economico e sociale dell'Italia meridionale; posto in liquidazione alla metà degli anni '80, le sue funzioni sono ora svolte dal Ministro per gli interventi straordinari nel Mezzogiorno | *C. integrazione salari, c. integrazione*, organismo facente parte dell'INPS (Istituto Nazionale di Previdenza Sociale) che, in caso di riduzione o sospensione temporanea del lavoro in un'azienda, fornisce ai dipendenti, tramite l'azienda stessa, una parte di salario | Istituto bancario: *c. rurale* | *C. di risparmio*, istituto di credito destinato a favorire la formazione e la raccolta del risparmio. **II** Oggetto, organo o struttura cava di varia natura e utilizzazione. *1* Involucro che serve a proteggere il movimento dell'orologio. *2* (*tip.*) Cassetto del banco di composizione suddiviso in vari scomparti contenenti ognuno un certo numero di caratteri tipografici uguali. *3* Affusto di legno della balestra e delle antiche artiglierie, sagomato in modo da agevolarne il maneggio. SIN. Ceppo, letto, teniere | Nel fucile da caccia, parte in legno comprendente impugnatura e calcio. *4* (*mar.*) *C. d'acqua*, serbatoio per conserva d'acqua, sulle navi | *Casse d'aria*, compartimenti stagni nelle lance di salvataggio | *C. d'assetto, d'immersione, di emersione*, serbatoi che, vuotandosi o empiendosi, consentono l'equilibrio, la discesa e l'ascesa dei sommergibili. *5* (*anat.*) Formazione cava, delimitata da pareti ossee o osteo-muscolari | *C. toracica*, scheletro e parti molli che delimitano il torace | *C. del timpano*, cavità dell'orecchio medio. *6* (*mus.*) *C. armonica, di risonanza*, corpo cavo sonoro di alcuni strumenti, quali gli archi, le chitarre e sim., avente lo scopo di amplificare e migliorare i suoni emessi | *C. di risonanza*, (*fig., est.*) tutto ciò che dà maggior risalto, importanza, enfasi a una notizia appresa, a un'opinione espressa ampliandone il peso e la diffusione in un certo ambiente | *C. dell'organo*, somiere | *C. rullante*, tamburo di forma cilindrica allungata e con cassa di risonanza in legno | V. anche *grancassa*. ➡ ILL. **musica**. *7* (*mus.*) *C. acustica*, (*ell.*) *cassa*, di uno o più altoparlanti per impianti stereofonici. *8* (*edil.*) *Muro a c. vuota*, muro formato da due elementi di mattoni, pieni o forati, i quali formano un'intercapedine. || **cassàccia**, pegg. | **cassétta**, dim. (V.) | **cassétto**, dim. m. (V.) | **cassóne**, accr. m. (V.).

cassafórma [comp. di *cassa* e *forma*] s. f. (pl. *casseförme*) ● (*edil.*) Forma di legno o di metallo in cui viene effettuato un getto di calcestruzzo e che viene rimossa dopo l'indurimento.

cassafòrte [comp. di *cassa* e *forte*, calco sul fr. *coffre-fort*] s. f. (pl. *casseförti*) ● Cassa o armadio metallico, spec. in acciaio, chiuso con serrature di sicurezza per salvaguardare denaro, preziosi e altro.

cassaintegràto o **cassintegràto** [comp. di *cassa* (nel sign. 7) e di *integrato*, part. pass. di *integrare*, con riferimento all'*integrazione* dei salari di cui si fruisce] s. m.; anche agg. ● Lavoratore dipendente di un'azienda posto in cassa integrazione salari a seguito della riduzione o sospensione temporanea dell'attività di questa.

cassàio [lat. tardo *capsāru(m)*, da *căpsa* 'cassa'] s. m. ● Chi fabbrica, vende o ripara casse | Artigiano che fabbrica casse da orologio | Artigiano che fabbrica casse armoniche per strumenti musicali.

cassamàdia [comp. di *cassa* e *madia*] s. f. (pl. *cassemàdie*) ● Specie di cassa usata come madia. SIN. Arcile.

cassaménto [da *cassare*] s. m. ● (*raro*) Cassatura.

cassàndra [dal n. della figlia del re Priamo, la quale, non creduta, prediceva la distruzione di Troia] s. f. ● Persona che è solita fare previsioni catastrofiche, senza che nessuno le presti fede.

cassapànca [comp. di *cassa* e *panca*] s. f. (pl. *cassapànche* o *cassepànche*) *1* Mobile rinascimentale italiano costituito da un cassone munito di dorsale e talvolta di braccioli, usato come sedile e come ripostiglio | (*fig.*) †*Dormire come una c.*, profondamente. *2* (*fig.*, *spreg.*) †Donna sfatta e grassa.

cassàre o (*raro*, *pop.*) **scassàre** (3) [vc. dotta, lat. tardo *cassāre*, da *căssus* 'vuoto'] v. tr. (*io càsso*) *1* Cancellare, togliere da carta, lavagna o sim. ciò che vi è scritto o disegnato, sfregando o raschiando. *2* (*raro*, *fig.*) Destituire, licenziare. *3* (*dir.*) Annullare un provvedimento giudiziario, una legge e sim.: *c. una sentenza*.

†**càssaro** ● V. *cassero*.

cassàta [etim. incerta] s. f. *1* Torta tipica della Sicilia, fatta con ricotta e guarnita di dadini di cioccolato e di frutta candita. *2* Gelato di panna con frutta candita.

cassatóio [da *cassare*] s. m. ● Coltellino per raschiare uno scritto.

cassatùra s. f. ● Atto, effetto del cassare.

cassàva [sp. *cazabe*, dall'haitiano *cazabi* 'torta di manioca'] s. f. *1* (*bot.*) Manioca. *2* (*bot.*) Galletta di tapioca.

cassavuòta [comp. di *cassa* e il f. di *vuoto*] s. f. (pl. *cassevuòte*) ● Intercapedine tra le due pareti di un muro.

cassazióne (1) [dal ted. *Gasse* 'strada' (di origine germ.), perché in origine era eseguita all'aria aperta (?)] s. f. ● (*mus.*) Composizione strumentale dei secc. XVII e XVIII affine alla serenata.

cassazióne (2) [da *cassare* nel sign. 3] s. f. ● Atto, effetto del cassare un provvedimento giurisdizionale: *c. di una sentenza*; *ricorso per c.* | *Corte di c.*, il supremo organo giurisdizionale | (*ell.*) Corte di cassazione: *una sentenza della Cassazione*.

cassazionista [da *cassazione* (2)] s. m. e f. (pl. m. *-i*) ● Avvocato iscritto nell'albo dei patrocinanti davanti alla Corte di cassazione.

casse /fr. kas/ [vc. fr., propriamente 'rottura', da *casser* 'rompere', dal lat. *quassāre* 'scuotere' (V. *squassare*)] s. f. inv. ● Intorbidimento e alterazione del vino dovuti a modificazioni delle sostanze coloranti per fenomeni di natura fisico-chimica od enzimatica.

casserétto [dim. di *cassero*] s. m. ● Sulle navi mercantili con cassero centrale, cassero di poppa generalmente destinato ad alloggi per il personale di bordo.

càssero o †**càssaro** [ar. *qaṣr* 'castello', dal biz. *kástron*, a sua volta dal lat. *căstrum* 'castello, fortezza'] s. m. *1* (*mar.*) Parte superiore della poppa di una nave, per coprire al di sotto alloggiamenti e sale e per avere al di sopra le piazze alte di scoperte e di combattimento | *C. di prora*, castello. ➡ ILL. p. 1756 TRASPORTI. *2* Cassaforma. *3* (*edil.*) Costruzione in legno o ferro o cemento armato per costruire fondazioni in presenza d'acqua. *4* Parte più alta e più fortificata di una fortezza. || **casserétto**, dim. (V.).

casseruòla o **casseròla** [fr. *casserole*, dal lat. mediev. *cattia* 'tazza', di etim. incerta] s. f. ● Recipiente di metallo o altro materiale, più fondo del tegame, usato per cucinare. || **casseruolina**, dim.

cassétta s. f. *1* Dim. di *cassa*: *una c. di frutta*; *la c. degli arnesi* | *C. per le api*, arnia | *C. per le lettere*, sistemata lungo le strade e fornita di una fessura in cui si introducono le lettere da impostare, o nell'ingresso di case, per ricevere le lettere in arrivo | *C. delle elemosine*, recipiente chiuso che, nelle chiese, serve per raccogliere oblazioni ed elemosine | *C. da fiori*, fioriera | *C. delle idee*, in vari locali pubblici, quella destinata ad accogliere eventuali suggerimenti, consigli, proteste e sim. dei clienti | *Muro a c.*, muro di ripieno, cioè con le pareti tirate a mattoni e stipato nel mezzo di pietra e calcinacci | *Pane a, in c.*, qualità di pane a forma di parallelepipedo usato spec. per toast e tramezzini | *C. di sicurezza*, forziere metallico installato nei locali di una banca, per la custodia di cose e valori, e messo a disposizione dei clienti, dietro pagamento di un canone | *Titolo di c.*, titolo azionario di largo mercato soggetto a rialzi o ribassi relativamente modesti, perciò acquistabile come sicuro investimento a lungo termine. *2* Sorta di recipiente aperto su un lato, posto sotto la tramoggia per regolare la caduta del grano nella macina. *3* Congegno o apparecchio simile a una piccola cassa | *C. di derivazione*, di distribuzione dell'energia elettrica | *C. di resistenza*, contenente campioni tarati di resistenza, usata per le misure di resistenze elettriche | *C. di distribuzione*, in telefonia, organo che provvede al collegamento tra i cavi secondari e le linee di abbonato che raggiungono direttamente l'apparecchio da servire | *C. di manovra*, contenente le leve di comando degli aghi di uno scambio ferroviario. *4* Nei banchi dei negozi, ripostiglio per gli incassi giornalieri | (*fig.*) *Far buona c.*, guadagnare bene | (*est.*) Incasso di un negozio, e sim. | (*fig.*) Nel gergo teatrale e cinematografico, l'incasso complessivo di un'opera rappresentata o proiettata | (*fig.*) *Lavoro, film di c.*, con finalità commerciali e non artistiche | (*fig.*) *Lavorare per la c.*, preoccuparsi solo dell'aspetto commerciale della propria attività professionale, spec. nel teatro e nel cinema. *5* Cavità, incavo | (*mus.*) *C. armonica*, carillon | Nel tiro a volo, scatola che fa uscire automaticamente il volatile | *Colpire di prima c.*, abbattere il volatile uscito dalla prima scatola. *6* Sedile per il cocchiere, nella parte anteriore della carrozza: *sedere a c.*; *montare, prendere posto a c.* *7* (*tosc.*) Cassetto. *8* Caricatore per registrazioni di suoni e immagini. || **cassettàccia**, pegg. | **cassettina**, dim.

†**cassettàio** s. m. ● Fabbricante di cassette.

cassettàta s. f. ● Quantità di roba che può essere contenuta in una cassetta o in un cassetto.

†**cassettatóre** [da *cassetta*] s. m. ● Questuante.

cassettièra s. f. ● Mobile costituito da più cassetti sovrapposti | Scomparto di mobile costituito da una serie di cassetti sovrapposti: *armadio con c.*

cassettista s. m. e f. (pl. m. *-i*) *1* Chi ha in affitto presso la banca una cassetta di sicurezza. *2* (*borsa*) Detentore di valori mobiliari che mira alla conservazione del titolo a tempo indeterminato o fino a scadenza e al godimento dei suoi frutti.

cassétto s. m. *1* Dim. di *cassa*. *2* Cassetta quadrata o rettangolare con o senza coperchio, fornita di maniglia e incastrata in un mobile ove scorre orizzontalmente | *Manoscritto, libro, romanzo nel c.*, scritto e non pubblicato. SIN. Tiretto. *3* *C. di distribuzione*, organo di forma simile a quella di un cassetto, caratteristico di un tipo di distribuzione nelle motrici a vapore alternative. || **cassettino**, dim.

cassettóne [da *cassetto*] s. m. *1* Mobile a cassetti di forma abitualmente quadrangolare | Canterano | Comò. *2* Motivo di decorazione architettonica consistente in un riquadro incavato, usato per rivestire soffitti piani, volte o cupole: *soffitto a cassettoni*. SIN. Lacunare. || **cassettoncino**, dim.

càssia [vc. dotta, lat. *căsia(m)*, nom. *căsia*, dal gr. *kasía*, di origine orient.] s. f. *1* Genere delle Papilionacee comprendente piante non spinose erbacee, arbustive o arboree, con foglie alterne composte e fiori gialli in grappoli (*Cassia*) | *C. in canna*, arbusto delle Papilionacee che fornisce la polpa di cassia (*Cassia fistula*). *2* Polpa della cassia in canna, dotata di blanda azione purgativa.

càsside [vc. dotta, lat. *căsside(m)* 'elmo di metallo', di origine etrusca (?)] s. f. *1* Copricapo difensivo con visiera abbassabile, usato dai Romani. *2* Genere di molluschi dei Gasteropodi le cui conchiglie sono usate spec. per la fabbricazione di cammei (*Cassis*).

cassìdico o **chassìdico** o **hasìdico** **A** agg. (pl. m. *-ci*) ● Del, relativo al cassidismo. **B** s. m. (f. *-ca*) ● Seguace del cassidismo.

cassidìṣmo o **chassidìṣmo** o **hasidìṣmo** [dall'ebr. *hāsīdh* 'pio'] s. m. ● Movimento mistico popolare ebraico, caratterizzato da un intransigente rigore morale, diffuso dalla seconda metà del '700 fra i ghetti dell'Europa orient., dove si espresse anche con una ricca fioritura letteraria di canti e racconti.

cassière [fr. *caissier*, da *caisse* 'cassa'] s. m. (f. *-a*) ● Chi in un negozio, in una banca e sim., è addetto all'incasso e al pagamento di somme e ha la responsabilità delle operazioni effettuate.

cassinése [da (*Monte*)*cassino*] **A** agg. *1* Dell'Abbazia di Montecassino. *2* Dell'ordine benedettino di Montecassino: *monaco c.* **B** s. m. ● Monaco benedettino della congregazione che ha la sua sede abbaziale a Montecassino.

cassìno (1) [dal lat. *capsu(m)* 'cassa della carrozza'] s. m. *1* Carretto usato dall'accalappiacani o per portare via la spazzatura. *2* Ciascuna delle assi che si mettono ritte alle sponde del carro per trattenere il carico. *3* Cassa da calessi, barroccini e sim.

cassìno (2) [da *cassare*, nel sign. 1] s. m. ● Cancellino.

cassintegràto ● V. *cassaintegrato*.

càssio [da *cassia* (?)] s. m. ● Colore rosso intenso, ottenuto aggiungendo alcune gocce di soluzione di cloruro d'oro a una soluzione di cloruro stannoso: *porpora di c.*

cassiopèo o **cassiopèio** [dal n. mitico di *Cassiopea*, eroina della mitologia greca] s. m. ● (*chim.*, *raro*) Lutezio.

cassiterite [fr. *cassitérite*, dal gr. *kassíteros* 'stagno', di etim. incerta] s. f. ● Minerale di colore rossiccio o nerastro costituito da biossido di stagno.

†**càsso** (1) [lat. *căssu(m)* 'vuoto', di etim. incerta] agg. ● Vano, vuoto.

†**càsso** (2) part. pass. di *cassare*; anche agg. ● Nei sign. del v.

†**càsso** (3) [lat. *capsu(m)* 'cassa della carrozza, gabbia'. V. *cassa*] s. m. ● (*lett.*) Cassa toracica, busto.

càsso (4) ● V. *cascio*.

cassòla [dial. lomb. *cassoela*, propr. '*casseruola*'] s. f. ● (*cuc.*) Tipico piatto lombardo a base di carne suina, cucinata in poco brodo con verza, altre verdure e spezie.

cassóne s. m. *1* Accr. di *cassa*. *2* Mobile a forma di cassa spesso riccamente decorato, assai diffuso nel Medioevo e nel Rinascimento e usato nei primi tempi come baule, armadio, cassaforte, sedile, letto. *3* Telaio in legno o muratura per semenzai o letti caldi. *4* Particolare cassero, costruito fuori acqua e gener. senza fondo, impiegato nella costruzione di fondazioni subacquee o in terreni acquitrinosi. *5* Carro per trasporto delle munizioni di artiglieria. *6* Vano aperto dell'autocarro, destinato al carico: *c. ribaltabile*. *7* *C. svedese*, nella ginnastica, plinto. *8* Intercapedine tra i due teli della vela del parapendio che, durante il volo, si gonfia d'aria. *9* (*mar.*) *Cassoni di galleggiamen-*

to, camere a tenuta stagna, ricavate nello scafo di una deriva, che assicurano la galleggiabilità all'imbarcazione anche in caso di rovesciamento **10** (*med.*) *Malattia dei cassoni*. V. *malattia*. **11** †Arca, sarcofago. || **cassonàccio**, **pegg.** | **cassoncèllo**, **dim.** | **cassoncino**, **dim.** | **cassonétto**, **dim.** (V.).

cassonétto s. m. **1** Dim. di *cassone*. **2** Scatola parallelepipeda, sotto l'architrave delle finestre, per contenere le persiane avvolgibili o celare il meccanismo di scorrimento di una tenda. **3** Scavo di terreno in cui viene costruita la massicciata stradale. **4** Contenitore mobile di grande capienza, collocato nelle strade per la raccolta dei rifiuti, anche voluminosi.

càssula ● V. *capsula*.

cast /*ingl.* ka:st/ [ingl., da *to cast* 'assegnare le parti agli attori', di etim. incerta] **s. m. inv.** ● Complesso degli attori partecipanti a un film o a uno spettacolo.

càsta [port. *casta* 'razza pura', dal lat. *căstu(m)* 'casto'] **s. f.** **1** Ciascuno dei gruppi sociali che, rigidamente separati tra loro in base a leggi religiose o civili, inquadrano in un sistema sociale fisso i vari strati della popolazione: *la c. dei bramini*. **2** (*est.*) Gruppo di persone che, caratterizzate da elementi comuni, hanno o pretendono il godimento esclusivo di determinati diritti o privilegi: *la c. dei nobili*. **3** (*zool.*) Tra gli insetti sociali, gruppo di individui diversi per morfologia e fisiologia che coabitano e collaborano tra loro.

castàgna [lat. *castănea(m)*, dal gr. *kástanon*, prob. di origine preindeur.] **s. f.** **1** Frutto del castagno, costituito da un pericarpo coriaceo di color bruno lucente contenente una polpa bianca e farinosa: *andare nel bosco a raccogliere le castagne*; *cuocere le castagne*; *farina di castagne* | *Castagne lesse*, ballotte | *Castagne arrostite*, caldarroste | *Castrare le castagne*, fenderne il guscio perché non scoppino mentre cuociono | †*A scorza di c.*, colore bruno rossiccio come la buccia della castagna | (*fig.*) *Prendere qc. in c.*, coglierlo in fallo | (*fig.*) *Cavar la c. dal fuoco per qc.*, liberarlo da un pericolo, un impaccio e sim. a proprio rischio | (*raro, fig.*) *Cavar la c. dal fuoco con la zampa del gatto*, fare q.c. a proprio vantaggio lasciando i pericoli agli altri. **2** (*bot.*) *C. d'acqua*, pianta acquatica delle Enoteracee con foglie sommerse opposte, fiori ascellari bianchi, frutto coriaceo e spinoso commestibile (*Trapa natans*). **SIN.** Trapa | *C. di terra*, bulbocastano | *C. d'India*, frutto amaro dell'ippocastano. **3** *C. dell'argano*, dente che gli impedisce di sfuggire indietro. **4** Nel pugilato, pugno di notevole forza | Nel calcio, tiro secco e violento in porta. **5** (*zool.*) Castagnetta. **6** (*volg.*) †Schiocco prodotto ponendo il dito pollice fra l'indice e il medio, in segno di scherno, spec. nella loc. *fare a qc. le castagne*. **7** (*fig.*) †Cosa di poco o di nessun valore | *Meno che una c.*, nulla. || **castagnàccia**, **pegg.** | **castagnétta**, **dim.** (V.) | **castagnòla**, **castagnuòla**, **dim.** (V.) | **castagnùzza**, **dim.**

castagnacciàio **s. m.** ● (*tosc.*) Chi fa e vende castagnacci.

castagnàccio **s. m.** ● Schiacciata di farina di castagne al forno, spesso con zibibbo, semi di finocchio, pinoli, mandorle. **SIN.** Migliaccio, pattona.

castagnàio o (*dial.*) **castagnàro** **s. m.** (f. *-a*) **1** Chi coltiva un castagneto. **2** Raccoglitore di castagne. **3** Chi vende castagne.

castagnatùra **s. f.** ● Raccolta delle castagne | (*est.*) L'epoca di tale raccolta.

castagnéto [lat. *castanētu(m)*, da *castănea* 'castagna', rifatto sull'it. *castagna*] **s. m.** ● Luogo piantato a castagni | Bosco di castagni.

castagnétta (1) **s. f.** **1** Dim. di *castagna*. **2** Castagnola, petardo. **3** (*zoot.*) Produzione cornea rugosa irregolarmente ovale, vestigia del primo dito, che si trova nella faccia mediale delle gambe del cavallo, subito sopra le ginocchia e sotto i garretti. **SIN.** Castagna.

castagnétta (2) [sp. *castañeta*, dim. di *castaña* 'castagna', dallo scoppio che fanno le castagne nella brace] **s. f.** **1** (*spec. al pl.*) Nacchera. **2** (*spec. al pl.*) Schiocco prodotto stropicciando il medio con il pollice.

castagnìccio **agg.** (pl. f. *-ce*) ● Che tende al castano, detto di colore.

castagnìno **agg.** **1** (*raro*) Castano. **2** Detto di terreno che si presta alla coltivazione del castagno.

castàgno (1) ● V. *castano*.

castàgno (2) [da *castagna*] **s. m.** **1** Albero delle Fagacee con scorza scura, foglie caduche, picciolate, lanceolate, frutti commestibili contenuti in numero di due o tre entro un involucro spinoso detto riccio (*Castanea sativa*) | *C. d'India*, ippocastano. **2** Legno dell'albero omonimo, molto duro, usato per travi, pali e come combustibile.

castagnòla o **castagnuòla**. **A** **s. f.** **1** (*raro*) Dim. di *castagna*. **2** Petardo di carta con polvere pirica, per fuoco artificiale. **SIN.** Castagnetta. **3** Frittella dolce, la cui forma ricorda vagamente quella delle castagne, tipica della Romagna. **4** Pesce osseo dei Perciformi, ovale, bruno, con riflessi argentei o dorati (*Helisates chromis*). **B** **s. f. al pl.** ● Nacchere, castagnette.

castagnoléta **s. f.** ● Bosco di castagnoli.

castagnòlo o (*lett.*) **castagnuòlo**. **s. m.** **1** Castagno giovane. **2** Bastone di castagno.

castagnuòla ● V. *castagnola*.

castagnuòlo ● V. *castagnolo*.

castàlda **s. f.** ● Moglie del castaldo.

castalderìa **s. f.** ● Carica, ufficio e abitazione del castaldo | Fattoria.

†**castaldìa** **s. f.** ● Castalderia.

†**castaldióne** [lat. mediev. *castaldione(m)*. V. *castaldo*] **s. m.** ● Castaldo.

castàldo o **gastàldo** [longob. *gastald* 'fattore'] **s. m.** (f. *-a* (V.)) **1** In epoca longobarda, dignitario con funzioni di amministratore per conto del re. **2** †Maggiordomo, ministro, famiglio | †Giustiziere. **3** Fattore | Lavoratore agricolo. || **castaldùccio**, **dim.**

castàle [da *casta*] **agg.** ● Relativo a una casta: *privilegi castali*.

castàlio [vc. dotta, lat. *castăliu(m)*] **agg.** ● (*lett.*) Della fonte Castalia | (*est.*) Pertinente alle Muse, ad Apollo e, in generale, alla poesia.

castàneo ● V. *castano*.

castanìcolo [comp. del lat. *castănea* 'castagna' e di *-colo*] **agg.** ● Che si riferisce alla coltivazione del castagno.

castanicoltùra [comp. del lat. *castănea* 'castagna' e di *coltura*] **s. f.** ● Coltivazione del castagno.

castàno o **castàgno** (1), (*lett.*) **castàneo** [dal lat. *castănea(m)* 'castagna'] **A** **agg.** ● Che ha un colore marrone rossiccio simile a quello della buccia della castagna matura: *capelli castani*. **B** **s. m.** ● Il colore castano.

castellàna **s. f.** ● Moglie del castellano | Signora del castello.

†**castellanìa** **s. f.** ● Ufficio del castellano | Territorio posto sotto la giurisdizione di un castellano.

castellàno (1) [lat. *castellānu(m)*, agg., 'del castello'] **A** **s. m.** (f. *-a* (V.)) **1** Nell'ordinamento feudale e comunale, responsabile della custodia di un castello, signore del castello. **2** Feudatario. **3** (*raro*) Abitante di un castello. **B** **agg.** ● Che si riferisce al castello.

castellàno (2) o **castigliàno** [dallo sp. *castellano* 'della Castiglia'] **s. m.** ● Moneta d'oro medievale della Castiglia.

castellànza **s. f.** ● (*raro*) Castellania.

castellàre (1) **s. m.** **1** (*raro*) Territorio sottoposto a un castello. **2** †Castello in rovina.

†**castellàre** (2) **A** **v. tr.** ● (*raro*) Costruire un castello. **B** **v. intr.** ● Accamparsi.

castellatùra [da *castello*] **s. f.** ● Ossatura in legno posta a rinforzo dei mobili.

castellétto **s. m.** **1** Dim. di *castello*. **2** Torre, per lo più in traliccio di profilati metallici, eretta alla bocca dei pozzi di miniera per sorreggere i rinvii delle funi di estrazione. **3** Impalcatura di legno o di metallo usata dai muratori per lavorare a una certa altezza. **4** (*tip.*) Blocchetto a vite che scorre lungo il compositoio e segna la giustezza della riga tipografica. **5** (*banca*) Registro o schedario in cui le banche inscrivono l'ammontare del fido concesso per sconto di cambiali, a ogni cliente | Ammontare del fido concesso da una banca a un cliente, utilizzabile spec. per sconto di cambiali: *cifra di c.* **6** Nell'amministrazione del Lotto, registro in cui sono riportate le somme giocate e le vincite presunte.

castellière [da *castello*] **s. m.** ● Villaggio preistorico, fortificato, costruito in luogo elevato.

castellìna **s. f.** **1** Dim. di *castello*. **2** Mucchio di quattro noci o nocciole nel gioco del nocino.

castèllo [lat. *castĕllu(m)*, dim. di *căstrum* 'fortezza'] **s. m.** (pl. *castèlli* m., †*castèlla* f.) **1** Costruzione medievale adibita a residenza abituale del signore, munita di torri e mura a scopo difensivo. **SIN.** Maniero. ➡ **ILL. castello medievale**. **2** (*est.*) Dimora signorile che imita nella struttura il castello medievale, ma senza funzione difensiva, eretta spec. fuori dai centri urbani | (*fig.*) *Castelli in aria*, progetti fantastici e irrealizzabili | *C. di carte*, fatto con carte da gioco, per divertimento | *Crollare, cadere come un c. di carte*, (*fig.*) come costruzione fragile, priva di fondamenta. **3** Fortezza posta in luogo dominante a difesa di una posizione. **4** Paese, borgo in origine circondato da mura e fortificazioni: *Castello di Fiemme*. **5** (*mar.*) Parte più elevata della nave verso prora. **6** Macchina ossidionale in legno, a forma di torre che, carica di armati, veniva accostata alle mura per abbatterle o superarle. **7** In varie tecnologie, struttura, impalcatura od ossatura in legno o metallo adibita ai più diversi usi: *il c. di un maglio, di una gru* | *C.*

castello medievale

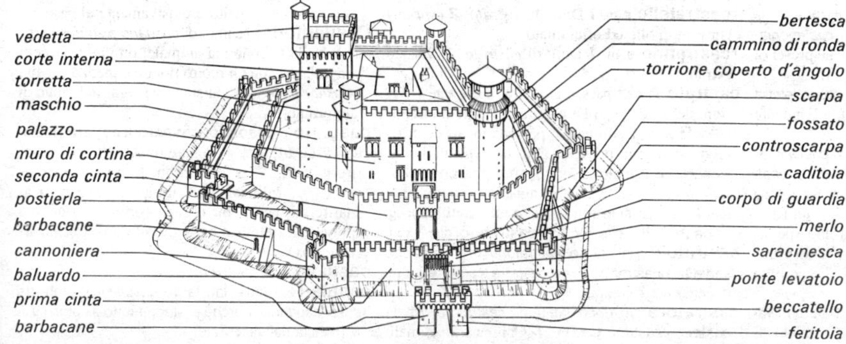

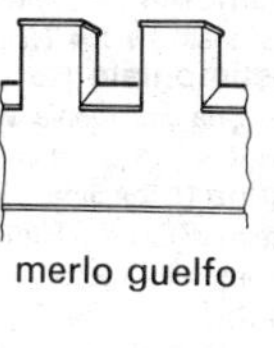
merlo guelfo

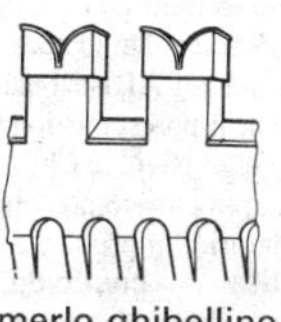
merlo ghibellino

di estrazione, castelletto | *C. motore*, struttura di un aereo che sostiene uno o più motori propulsori | *C. dei bachi da seta*, telaio per il loro allevamento | *Letto a c.*, a due o più lettiere sovrapposte | *Colonna idraulica a c.*, serbatoio d'acqua sopraelevato per rifornitura delle caldaie. *8* Impalcatura che sostiene i trampolini e le piattaforme per i tuffi | Impalcatura di tubi metallici, posta spec. nei parchi, su cui i bambini possono arrampicarsi. *9* (*sport*) Nel biliardo, complesso dei birilli dislocati al centro del tavolo in alcuni giochi di origine italiana: *abbattere tutto il c.* || **castellàccio, castellàzzo**, pegg. | **castellétto**, dim. (V.) | **castellìna**, dim. f. (V.) | **castellìno**, dim. | **castellòtto**, accr. | **castellùccio, castellùzzo**, dim.

castellologìa [comp. di *castello* e *-logia*] s. f. ● Branca della storia dell'architettura che studia i castelli e le opere fortificate in genere.

castigàbile [vc. dotta, lat. *castigābile(m)* 'che merita un castigo', da *castigāre* 'castigare'] agg. ● Che si può castigare.

castigamàtti o (*tosc.*) **gastigamàtti** [comp. di *castigare* e il pl. di *matto*] s. m. *1* Bastone con cui, anticamente, si tenevano a bada i pazzi nei manicomi. *2* (*fig.*, *scherz.*) Arnese per punire chi si ribella alla ragione | Persona capace di ridurre alla ragione gli individui più turbolenti: *se non la smettete, chiamo il c.!*

castigàre o (*tosc.*) **gastigàre** [lat. *castigāre*, all'origine 'rendere puro, casto qualcuno', da *cāstus* 'casto'] **A** v. tr. (*io castìgo, tu castìghi*) *1* Infliggere una punizione a scopo disciplinare | (*raro*, *lett.*) Criticare, rimproverare, ammaestrare | Controllare, reprimere: *sono esortati gli spettatori a c. la carne e a pensare alla vita eterna* (DE SANCTIS). SIN. Punire. *2* (*lett.*) Emendare, perfezionare: *c. il proprio stile, le proprie rime*. *3* (*raro*) Potare, sfrondare: *c. i pioppi, le viti*. *4* †Vincere in durezza un metallo, lavorarlo. **B** v. rifl. ● †Emendarsi.

castigatézza o †**gastigatézza** [da *castigato*] s. f. ● Irreprensibilità e sobrietà di vita, costumi, comportamento. SIN. Moderazione, temperanza. CONTR. Licenziosità.

castigàto part. pass. di *castigare*; anche agg. *1* Nei sign. del v. *2* (*fig.*) Irreprensibile, esemplarmente corretto, in senso morale o in senso estetico: *è una fanciulla di costumi castigati*; *una prosa sobria e castigata*. || **castigataménte**, avv.

castigatóre o (*tosc.*) **gastigatóre** [vc. dotta, lat. *castigatōre(m)*, da *castigāre* 'castigare'] agg.; anche s. m. (f. *-trice*) ● Che, chi castiga.

†**castigazióne** o †**gastigazióne** [vc. dotta, lat. *castigatiōne(m)*, da *castigāre* 'castigare'] s. f. ● Pena.

castigliàno A agg. ● Della regione spagnola della Castiglia | *La lingua castigliana*, (*per anton.*) lo spagnolo. **B** s. m. (f. *-a* nel sign. 1) *1* Abitante della Castiglia. *2* V. *castellano* (*2*). **C** s. m. solo sing. ● Dialetto originariamente parlato in Castiglia, divenuto poi lingua ufficiale della Spagna.

†**castiglióne** [lat. mediev. *castellione(m)*, da *castĕllum* 'castello'] s. m. ● Grosso paese o castello cinto da mura.

castìgo o (*tosc.*) **gastìgo** [da *castigare*] s. m. (pl. *-ghi*) *1* Punizione inflitta a scopo correttivo: *dare un c.*; *subire il meritato c.* | (*fam.*) *Mettere in c.*, sottoporre a una punizione | *Essere, stare in c.*, scontare una punizione | Mezzo di costrizione. SIN. Lezione, penitenza. *2* Cosa dannosa, persona molesta: *quel bambino è un vero c. di Dio*.

castimònia [vc. dotta, lat. *castimōnia(m)*, da *căstus* 'casto'] s. f. ● (*lett.*) Astinenza, castità.

†**castimoniàle** [vc. dotta, lat. tardo *castimoniāle(m)*, da *castimōnia*. V. prec.] agg. ● Che preserva la castità.

castìna [fr. *castine*, dal ted. *Kalkstein*, propr. 'pietra (*Stein*) di calce (*Kalk*)'] s. f. ● (*metall.*) Fondente calcareo per altoforno.

casting /*ingl.* 'ka:stiŋ/ [vc. ingl., da *to cast* 'assegnare le parti agli attori'; nel sign. 2, acrt. di *casting director* 'distributore delle parti'] s. m. inv. (anche f. nel sign. 2) *1* Distribuzione delle parti di un film, di una rappresentazione teatrale o di uno spettacolo televisivo. *2* Chi è incaricato di tale distribuzione; in particolare, chi ha il compito di scegliere gli attori comprimari e generici.

castità o †**castitàde**, †**castitàte** [lat. *castitāte(m)*, da *căstus* 'casto'] s. f. *1* Atto e modo di mantenersi casto moralmente e fisicamente: *c. di vita, di pensieri* | *Voto di c.*, uno dei voti richiesti ai sacerdoti secolari e regolari e alle monache, consistente nella rinunzia a ogni piacere sessuale. SIN. Purezza. CONTR. Lussuria. *2* (*lett.*, *fig.*) Purezza di lingua, di stile.

càsto [lat. *căstu(m)*, di origine indeur.] agg. *1* Puro, continente, sobrio, spec. in senso sessuale: *la casta sposa*; *affetti casti*; *'l saggio e c. / Iosef* (PETRARCA) | *Orecchie caste, occhi casti*, che non sopportano spettacoli sconvenienti | *La casta Susanna*, (*scherz.*) donna che ostenta la sua castità, dal nome del personaggio biblico falsamente accusato di adulterio | (*iron.*) *Fare il c. Giuseppe, la casta Susanna*, fingersi virtuosi. CONTR. Lussurioso. *2* (*lett.*) Semplice, castigato: *stile, arredamento c.* || **castaménte**, avv.

castóne [ant. fr. *caston*, dal germ. *kasto* 'scatola'] s. m. *1* Sede per pietra preziosa costituita da una incavatura e da un contorno di metallo da addossarsi, mediante l'incastonatura, sulla pietra per fermarla. *2* In orologeria, anello metallico in cui è incastrato un rubino con funzione di cuscinetto.

castòreo o **castòrio**, **castòro** [lat. *castŏreu(m)*, dal gr. *kastóreion*] s. m. ● Sostanza, un tempo usata in medicina e oggi in profumeria, secreta da ghiandole situate presso i genitali del castoro.

castorìno [da *castoro*] s. m. *1* Nutria. *2* Pelliccia fornita da questo animale. *3* Tipo di tessuto misto scadente e di basso prezzo, che ha in genere ordito di cotone e trama di lana meccanica. *4* Tessuto di lana morbido e rasato, a imitazione della pelliccia. SIN. Pannino.

castòrio ● V. *castoreo*.

castòro [lat. *căstore(m)*, nom. *căstor*, dal gr. *kástōr*, forse di origine preindeur.] s. m. *1* Genere di mammiferi dei Roditori con folto pelame bruno, coda piatta squamosa e zampe posteriori palmate (*Castor*). *2* Pelliccia fitta e morbida, di colore scuro, fornita dall'animale omonimo. *3* Pelo di castoro, utilizzato per feltri: *cappello di c.* *4* V. *castoreo*.

castracàni [comp. di *castra(re)* e il pl. di *cane*] s. m. *1* Chi castra i cani e gli altri animali. *2* (*spreg.*) Cattivo chirurgo.

†**castrametazióne** [dal lat. tardo *castrametāri* 'porre l'accampamento', comp. di *căstra* 'accampamento' e *metāri* 'delimitare'] s. f. ● Arte di disporre accampamenti militari.

castrànte part. pres. di *castrare*; anche agg. *1* Nei sign. del v. *2* (*fig.*) Che blocca psicologicamente, che impedisce l'esplicazione di un'attività, di una funzione e sim.: *un'esperienza c.*

castrapensièri [comp. di *castra(re)* e il pl. di *pensiero*] s. m. ● (*spreg.*) Censore severo.

castraporcèlli [comp. di *castra(re)* e il pl. di *porcello*] s. m. ● (*raro*) Castraporci.

castrapòrci [comp. di *castra(re)* e il pl. di *porco*] s. m. *1* Chi esercita il mestiere di castrare i maiali. *2* (*spreg.*) Chirurgo inesperto.

castràre [lat. *castrāre*, di origine indeur.] v. tr. *1* Rendere un animale o un essere umano incapace di riprodursi asportando le ghiandole genitali o rendendole atrofiche. *2* *C. le castagne*, inciderle prima di arrostirle perché non scoppino. *3* (*fig.*) Togliere vitalità, originalità a qc. o q.c.: *non lasciarsi snervare ... e c. dalla felicità, o rammollire dalle delizie* (BARTOLI). *4* (*fig.*) Eliminare da uno scritto passaggi considerati pericolosi per i principi dominanti, per l'autorità politica e sim. | (*est.*) Mutilare.

†**castratèllo** s. m. *1* Dim. di *castrato*. *2* (*spreg.*) Giovane molle ed effeminato.

†**castratìno** s. m. *1* Dim. di *castrato*. *2* Musico evirato.

castràto A part. pass. di *castrare*; anche agg. *1* Nei sign. del v. *2* (*fig.*) Di carattere debole o effeminato. **B** s. m. *1* Animale o persona incapace di riprodursi perché privo di ghiandole genitali funzionanti. *2* Agnello castrato, spec. macellato: *coscio di c.* | (*est.*) Carne di agnello castrato: *c. in umido*. *3* Cantante evirato. || †**castratàccio**, pegg. | †**castratèllo**, dim. (V.) | †**castratìno**, dim. (V.).

castratóio [lat. tardo *castratōriu(m)*, agg. 'che serve alla castrazione', da *castrāre* 'castrare'] s. m. ● Ferro per castrare.

castratóre [vc. dotta, lat. tardo *castratōre(m)*, da *castrāre* 'castrare'] s. m. *1* Chi castra animali. *2* (*fig.*) Censore.

castratùra [vc. dotta, lat. tardo *castratūra(m)*, da *castrāre* 'castrare'] s. f. ● Atto, effetto del castrare.

castrazióne [vc. dotta, lat. *castratiōne(m)*, da *castrāre* 'castrare'] s. f. *1* Atto, effetto del castrare. *2* (*bot.*) Asportazione degli stami dai fiori o della gemma terminale dai germogli. *3* (*psicoan.*) *Compasso di c.*, complesso collegato a quello di Edipo, che accompagna la scoperta delle differenze anatomiche fra i sessi, per cui il bambino teme di venire castrato dal padre per il suo amore verso la madre e la bambina vive l'assenza del pene come una menomazione. *4* (*fig.*) Mutilazione.

castrènse [vc. dotta, lat. *castrēnse(m)*, da *căstra* 'accampamento'] agg. ● Che si riferisce al campo militare e all'esercito | *Vescovo c.*, che ha giurisdizione sui cappellani militari | *Corona c.*, in premio ai soldati che per primi entravano nel campo nemico.

castrìno [da *castrare*] s. m. *1* (*tosc.*) Piccolo coltello per castrare le castagne | (*est.*) Coltello di cattivo taglio. *2* Capretto, agnello o puledro castrato. *3* Chi per mestiere castra gli animali. *4* (*pop.*, *spreg.*) Medico incapace.

castrìṣmo [dal n. dell'uomo politico cubano F. *Castro* (1927)] s. m. ● Ideologia e prassi politica, di tipo comunista, che si ispira alla rivoluzione cubana di F. Castro.

castrìsta A agg. (pl. m. *-i*) ● Che si riferisce al castrismo. **B** s. m. e f. (pl. m. *-i*) ● Fautore del castrismo.

càstro [vc. dotta, lat. *căstru(m)* 'castello, fortezza' (V. *castrametazione*)] s. m. ● (*raro*) Accampamento militare romano.

castronàggine [da *castrone*] s. f. ● (*pop.*) Balordaggine.

castróne [da *castrare*] s. m. (f. *-a* nel sign. 3) *1* Agnello o puledro castrato. *2* Cavallo evirato per adattarlo meglio a certi tipi di corse, spec. allo steeple-chase. *3* (*fig.*, *volg.*) Persona sciocca | Persona vile. || **castronàccio**, pegg. | **castroncèllo**, dim. | **castroncìno**, dim.

castronerìa [da *castrone*] s. f. ● (*pop.*) Balordaggine, sciocchezza: *dire, fare una c.* | Sproposito, sbaglio grossolano.

casual /*ingl.* 'kæʒuəl/ [vc. ingl., propr. 'casuale', quindi 'trascurato, alla buona'] **A** agg. inv. ● Detto di un genere di abbigliamento libero e disinvolto, di taglio e tono giovanile e piuttosto sportivo, tale da poter essere indossato in ogni momento della giornata: *moda, abbigliamento c.*; *maglieria, pantaloni c.* **B** s. m. inv. ● Genere di abbigliamento casual: *salone, mercato del c.* | (*est.*) Capo di abbigliamento casual: *un c. di pelle, di velluto*. **C** in funzione di avv. ● In modo casual: *abitualmente veste c.*

caṣuàle [vc. dotta, lat. tardo *casuāle(m)*, da *căsus* 'caso'] agg. ● Dovuto al caso: *incontro c.* | (*dir.*) *Condizione c.*, in cui il verificarsi dell'evento dipende dal caso o dalla volontà di un terzo estraneo al negozio giuridico cui la condizione è apposta. SIN. Accidentale, fortuito, occasionale. || **casualménte**, avv. Per caso.

caṣualìṣmo s. m. ● Concezione filosofica secondo cui l'organizzazione e l'ordinamento della materia sono dovuti al fortuito incontro di forze naturali.

caṣualità s. f. *1* Qualità di ciò che è casuale: *la c. dei vari fatti concomitanti*. SIN. Accidentalità, contingenza. *2* Caso: *accadere, verificarsi per c.*

caṣualizzàre v. tr. ● Rendere casuale | Considerare q.c. come dovuto esclusivamente al caso.

Caṣuarifórmi [comp. di *casuario* e *-forme*] s. m. pl. ● Nella tassonomia animale, ordine di Uccelli non volatori con ali molto ridotte e piedi a tre dita (*Casuariformes*) | (al sing. *-e*) Ogni individuo di tale ordine.

caṣuàrio o **caṣoàrio**, **caṣoàro**, **caṣuàro** [malese *kasuwārī*] s. m. ● Genere di uccelli dei Casuariformi, alti da 1 a 2 metri, inetti al volo (*Casuarius*) | *C. dall'elmo*, uccello australiano dei Casuariformi, nero, con il capo sormontato da una sporgenza a elmo e bargigli colorati (*Casuarius casuarius*).

caṣuìsta ● V. *casista*.

càsula [vc. dotta, lat. tardo *căsula(m)*, prob. da *căsa* 'capanna', perché protegge tutto il corpo] s. f. ● Pianeta del sacerdote.

casùpola o **casìpola**, †**casipula** [da *casa*] s. f. ● Casa piccola e modesta. || **casupolétta**, dim. | **casupolina**, dim.

casus belli /lat. 'kazus 'belli/ [loc. lat., propriamente 'occasione di guerra'] loc. sost. m. (pl. lat. inv.) inv. *1* Atto tale da provocare l'inizio di una guerra fra due Stati. *2* (*fig.*, *scherz.*) Motivo di attrito, contrasto, litigio | *Fare di q.c. un casus belli*, drammatizzare, ingigantire una questione da poco.

càta- [dal gr. *katá* 'giù'] primo elemento ● In parole composte dotte o scientifiche significa 'verso il basso', 'giù' o 'conforme a', 'relativo a': *catadiottro*, *catafascio*, *catatonia*.

catàbaṣi [vc. dotta, lat. tardo *catăbasi(m)*, nom. *catăbasis*, dal gr. *katábasis*, comp. di *katá* 'giù' e *básis* 'cammino'] s. f. *1* Presso gli antichi greci, discesa dell'anima agl'Inferi. *2* (*lett.*) Ritirata.

catabàtico agg. (pl. m. *-ci*) ● (*geogr.*) Detto di vento locale provocato dalla discesa, per gravità lungo i pendii montuosi, di masse d'aria fredda. CONTR. Anabatico.

catabòlico [dal gr. *katabolḗ* 'il gettare in basso', da *katabállō* 'io getto giù'] agg. (pl. m. *-ci*) ● Di, relativo a, catabolismo: *fase catabolica*.

catabolìṣmo [dal gr. *katabállein* 'gettare giù'. V. *catabolico*] s. m. ● (*biol.*) Complesso dei fenomeni attraverso i quali gli organismi degradano i materiali cellulari in sostanze più semplici che vengono espulse. SIN. Disassimilazione.

catabòlito o **catabòlita** [da *catabolismo*] s. m. (pl. *-i*) ● (*biol.*) Prodotto del catabolismo, come l'anidride carbonica, l'urea, l'acido urico, l'ammoniaca e sim.

catàclaṣi [fr. *cataclase*, dal gr. *katáklasis* 'deviazione', da *kláō* 'io rompo'] s. f. ● (*geol.*) Intensa azione di frantumazione di rocce.

cataclìṣma o †**cataclìṣmo** [lat. *catăclysmu(m)*, nom. *catăclysmus*, dal gr. *kataklysmós* 'inondazione', da *kataklýzō* 'io inondo'] s. m. (pl. *-i*) *1* Inondazione, diluvio. *2* (*fig.*) Grave sconvolgimento: *un c. sociale*, *economico*, *politico*, *familiare* | (*fig.*) Disastro, rovina: *i cataclismi della guerra*.

catacómba [lat. tardo *catacŭmba(m)*, comp. del gr. *katá* 'sotto' e del lat. *cŭmba* 'cavità'] s. f. *1* Complesso cimiteriale sotterraneo dei primi cristiani che, oltre a seppellirvi i morti, vi celebravano il loro culto durante le persecuzioni. *2* (*fig.*) Luogo chiuso e cupo.

catacombàle agg. ● Di catacomba: *cunicolo c.*

catacrèṣi o **catàcreṣi** [fr. *catachrèse*, dal lat. tardo *catachrēsis*, dal gr. *katáchrēsis* 'abuso', da *katachráomai* 'io adopero'] s. f. ● (*ling.*) Particolare forma di traslato di uso comune che serve per designare un'idea o un oggetto per i quali la lingua non possiede un termine proprio: *il collo della bottiglia*.

catadiòttrica [fr. *catadioptrique*, comp. di *cata-* e del gr. *dioptrikḗ* 'arte di misurare le altezze e le distanze'] s. f. ● Parte dell'ottica che ha per oggetto la luce riflessa e rifratta.

catadiòttrico agg. (pl. m. *-ci*) ● Che appartiene alla catadiottrica o alla diottrica | *Obiettivo c.*, sistema ottico nel quale l'immagine viene formata dalla convergenza dei raggi riflessi dalla superficie concava di uno specchio.

catadiòttro [comp. di *cata-* e del gr. *dióptron* 'specchio', comp. a sua volta di *diá* 'attraverso' (V. *diafano*) e *ṓps*, genit. *ōpós* 'occhio' (V. *-opia*)] s. m. *1* Dispositivo a lente o a prisma, atto a rinviare verso la sorgente la luce ricevuta. *2* Catarifrangente.

catàdromo [comp. di *cata-* e del gr. *drómos* 'corsa' (V. *-dromo*)] agg. ● Detto di pesce che dalle acque dolci torna in mare per deporvi le uova (come, per es., le anguille).

catafàlco [etim. incerta] s. m. (pl. *-chi*) *1* Palco di legno, ornato con drappi e circondato da candele, sul quale si pone la bara, anche senza che contenga il morto, nelle funzioni funebri. *2* †Palco.

catafàscio o (*pop.*) **scatafàscio** [comp. di *cata-* e *sfasciare*] vc. ● Solo nella loc. avv. *a c.*, sottosopra, alla rinfusa: *mandare*, *buttare a c.*; *cose messe a c.* | *Andare a c.*, in rovina.

catafillo [fr. *cataphylles*, comp. di *cata-* e del gr. *phýllon* 'foglia'] s. m. ● Foglia priva di clorofilla con funzione protettiva o di riserva. SIN. Scaglia, squama.

catàfora [vc. dotta, dal gr. *kataphorá* 'caduta, letargo'. V. *cataforesi*] s. f. *1* (*med.*) Stato discontinuo di letargia. *2* (*ling.*) Procedimento linguistico mediante il quale un termine rimanda a una parola, a un gruppo di parole o a una frase che compaiono più avanti nello stesso contesto. CONTR. Anafora.

cataforèṣi [dal gr. *kataphoréō* 'conduco giù', comp di *katá* 'giù' (V. *cata-*) e *phérō* 'io porto'] s. f. *1* Elettrolisi effettuata su particelle colloidali. SIN. Elettroforesi. *2* Ionoforesi.

catafràtta [vc. dotta, lat. *cataphrăcte(n)*, nom. *cataphrăctes* 'armatura di maglie di ferro', dal gr. *kataphráktes*, der. di *kataphrássō* 'io chiudo, munisco'] s. f. ● Armatura pesante e completa che proteggeva sia il cavaliere che il cavallo.

catafràtto [vc. dotta, lat. *cataphrăctu(m)*, nom. *cataphrăctus*, dal gr. *katáphraktos* 'coperto di armatura'. V. precedente] **A** agg. *1* Difeso da armatura pesante e completa. *2* (*fig.*, *lett.*) Protetto, ben difeso. **B** s. m. ● Guerriero antico coperto d'armatura intera, montato su cavallo anch'esso protetto da corazza.

cataglòsso [vc. dotta, comp. di *cata-* e *glossa* (*2*) 'lingua'] s. m. ● (*med.*) Abbassalingua.

†**catalanésco** agg. (pl. m. *-schi*) ● (*raro*) Catalano.

catalàno [lat. mediev. *Catalanu(m)*, agg. della *Catalogna*] **A** agg. ● Della regione spagnola della Catalogna: *lingua catalana*. **B** s. m. (f. *-a*) ● Abitante della Catalogna. **C** s. m. solo sing. ● Lingua del gruppo romanzo, parlata in Catalogna.

catalèssi (**1**) [vc. dotta, lat. tardo *catalēxi(m)*, nom. *catalēxis*, dal gr. *katálēxis* 'cessazione, chiusura', da *katalḗgō* 'io finisco, cesso'] s. f. ● (*ling.*) Mancanza della sillaba finale di verso greco o latino.

catalèssi (**2**) ● V. *catalessia*.

catalessìa o **catalèssi** (**2**) [vc. dotta, lat. tardo *catalēpsi(m)*, *catalēpsia(m)*, nom. *catalēpsis*, *catalēpsia*, dal gr. *katálēpsis* 'il prendere', da *katalambánō* 'io prendo'] s. f. ● (*med.*) Stato di rigidità dei muscoli senza possibilità di movimento attivo frequente nell'isteria, epilessia e schizofrenia.

catalèttico (**1**) [lat. tardo *catalēmpticu(m)*, nom. *catalēmpticus*, dal gr. *katalēptikós*. V. *catalessia*] agg. (pl. m. *-ci*) *1* (*med.*) Di catalessia | Che provoca la catalessia. *2* *Rappresentazione catalettica*, nella filosofia stoica, quella che ci si impone e ci afferra con la forza della sua evidenza.

catalèttico (**2**) [vc. dotta, lat. tardo *catalēcticu(m)*, nom. *catalēcticus*, dal gr. *katalēktikós*. V. *catalessi* (*1*)] agg. (pl. m. *-ci*) ● (*ling.*) Detto di verso greco o latino che manca di qualche sillaba nell'ultimo metro o piede | *C. in disyllabum*, se del piede incompleto restano due sillabe | *C. in syllabam*, se ne resta una sola.

catalètto [lat. parl. **catalēctu(m)*, comp. di *căta* (V. *cata-*) e *lĕctus* 'letto (2)'] s. m. *1* Feretro, bara. *2* (*tosc.*) Barella per trasportare malati o feriti: *portare il c. al campo della zuffa* (MURATORI). *3* †Lettiga.

catàliṣi [vc. dotta, lat. tardo *catălysi(m)*, nom. *catălysis* 'cessazione', dal gr. *katálysis* 'scioglimento', comp. di *katá* 'giù' (V. *cata-*) e *lýsis* 'scioglimento'] s. f. ● (*chim.*) Fenomeno in cui si aumenta la velocità di reazione chimica mediante l'azione di un catalizzatore | *C. eterogenea*, quando le sostanze che intervengono nella reazione formano un miscuglio eterogeneo | *C. omogenea*, quando le sostanze che intervengono nella reazione formano un miscuglio omogeneo | *C. negativa*, quando la reazione è rallentata.

catalìtico [vc. dotta, gr. *katalytikós* 'atto a sciogliere', da *katálysis*. V. *catalisi*] agg. (pl. m. *-ci*) ● Relativo alla catalisi. || **cataliticaménte**, avv. Mediante catalisi, per via di catalisi.

catalizzàre v. tr. *1* Provocare la catalisi. *2* (*fig.*) Affrettare un processo.

catalizzatóre [fr. *catalysateur*. V. *catalisi*] **A** s. m. (f. *-trice*) *1* (*fis.*) Sostanza che, in piccole quantità, è in grado di aumentare la velocità delle reazioni chimiche senza prendervi apparentemente parte in quanto alla fine del processo si ritrova chimicamente inalterata | *C. negativo*, quello che impedisce o rallenta una reazione | *C. positivo*, quello che aumenta la velocità di una reazione. SIN. (*raro*) Accelerante. *2* (*fig.*) Idea o avvenimento capaci di produrre mutamenti e reazioni dell'opinione pubblica. *3* (*autom.*) Marmitta catalitica. **B** anche agg.: *minerale c.*; *slogan c.*

catalizzazióne s. f. ● (*raro*) Catalisi.

Catalloy ® /katal'loi/ [nome commerciale Himont] s. m. inv. ● (*chim.*) Nome commerciale di catalizzatore composito ottenuto da composti del titanio, alluminio, magnesio e sostanze organiche varie, utilizzato per la polimerizzazione del polipropilene o di altre poliolefine.

catalogàbile agg. ● Che si può catalogare.

catalogàre [da *catalogo*] v. tr. (*io catàlogo, tu catàloghi*) *1* Registrare in un catalogo: *c. i libri*, *le riviste*. *2* (*est.*) Elencare, enumerare: *c. i pregi e i difetti dei conoscenti*.

catalogatóre s. m.; anche agg. (f. *-trice*) ● Chi, che cataloga.

catalogazióne s. f. ● Operazione del catalogare.

cataloghìsta s. m. e f. (pl. m. *-i*) ● Chi compila cataloghi.

catalògico agg. (pl. m. *-ci*) ● Proprio di un catalogo: *poesia catalogica*.

catalógna [dalla *Catalogna*, regione della Spagna da cui proviene] s. f. *1* (*dial.*) Varietà di cicoria dalle foglie molto sviluppate. *2* Tipo di coperta di lana.

catalógno [dalla *Catalogna*, regione di provenienza] s. m. ● Pianta arbustiva delle Oleacee con foglie composte lanceolate e fiori bianchi solitari molto profumati, usati in profumeria (*Jasminum grandiflorum*). SIN. Gelsomino di Spagna.

catàlogo [vc. dotta, lat. tardo *catălogu(m)*, nom. *catălogus*, dal gr. *katálogos* 'enumerazione, lista', da *katalógō* 'io scelgo'] s. m. (pl. *-ghi*) *1* Elenco ordinato di nomi od oggetti dello stesso genere accompagnato o no da una descrizione di essi: *il c. dei quadri di una mostra*; *c. alfabetico*, *metodico*, *per autori*, *per oggetti* | (*est.*) Volume, fascicolo e sim. costituente un catalogo: *consultare il c. di una biblioteca* | *C. filatelico*, pubblicazione periodica spec. annuale con descrizione, riproduzione e quotazione commerciale di ogni francobollo | *C. stellare*, elencazione di stelle con le relative coordinate e caratteristiche fisiche. *2* (*fig.*) Lunga enumerazione: *fare il c. delle proprie virtù e difetti*. SIN. Elencazione. *3* Nei poemi epici e cavallereschi, elenco di eroi, imprese e sim. || **cataloghino**, dim. | **catalogóne**, accr.

catalogràfico [comp. di *catalo(go)* e *-grafico*] agg. (pl. m. *-ci*) ● Che concerne la compilazione di cataloghi.

†**catalóne** ● V. †*catellone*.

catàlpa [da un dialetto indiano d'America, attrav. lo sp.] s. f. ● Genere di piante arboree delle Bignoniacee a foglie opposte e fiori bianchi, rosei o anche gialli in pannocchie terminali (*Catalpa*).

catamaràno o **catamaràn** [tamil *kattumaran* 'legno legato'] s. m. *1* Imbarcazione rudimentale in uso sulle coste sudorientali dell'India, costituita da più tronchi legati dei quali il centrale sporge a guisa di prora | Doppia canoa delle isole Hawaii. *2* Imbarcazione da diporto o da competizione, a vela, a motore o a propulsione mista, basata su due scafi paralleli collegati da un'ampia coperta orizzontale.

catameniàle [da *catamèni* 'mestruazioni', dal gr. *kataménia*, nt. pl. sost. di *katamḗnios* 'mensile', comp. di *katá* con senso distributivo e *mḗn*, genit. *mēnós* 'mese'] agg. ● Mestruale.

catamnèṣi o **catàmneṣi** [comp. di *cata-* e del gr. *-mnēsis*, che si ricava da *anámnēsis* (V. *anamnesi*)] s. f. ● (*med.*) Raccolta dei dati clinici dell'ammalato nel periodo successivo alla diagnosi e alla terapia.

catàna (**1**) [etim. incerta] s. f. ● Carniera.

catàna (**2**) [dalla famiglia *Catani* che la fabbricava] s. f. ● Tipo di pistola a canna corta usata in Corsica.

catàna (**3**) [it. *katàna* (V.)] s. f. ● Adattamento di *katana* (V.).

catanése **A** agg. ● Di Catania. **B** s. m. e f. ● Abitante, nativo di Catania. **C** s. m. solo sing. ● Dialetto parlato a Catania.

catanzarése **A** agg. ● Di Catanzaro. **B** s. m. e f. ● Abitante, nativo di Catanzaro.

catapàno [lat. mediev. *catapanu(m)*, nom. *catapanus*, dal biz. *katapános* 'colui che sta sopra'] s. m. ● Governatore di territori sottoposti all'impero di Bisanzio.

catapècchia [etim. incerta] **s. f.** *1* Casa estremamente misera e cadente: *vive in una c.* *2* †Luogo sterile e remoto.

cataplàsma o (*pop.*) **cataplàsmo** [vc. dotta, lat. tardo *cataplăsma*, dal gr. *katáplasma*, da *kataplássō* 'io spalmo', prob. attrav. il fr. *cataplasme*] **s. m.** (pl. *-i*) *1* Medicamento pastoso da applicarsi sulla superficie corporea con azione emolliente o revulsiva. SIN. Impiastro | *Applicare un c. a una gamba di legno*, (*fig.*) fare q.c. di inutile. *2* (*fig.*) Persona inutile e molesta | (*fig.*) Persona piena di malanni. SIN. Catorcio, impiastro.

cataplessìa [lat. *cataplēxi(n)*, nom. *cataplēxis* 'sbalordimento, stupore, spavento', da *kataplḗssō* 'io stordisco', comp. di *katá* 'giù' (V. *cata-*) e *plḗssō* 'io percuoto'] **s. f.** ● Improvviso e breve arresto dei movimenti muscolari senza perdita della coscienza.

cataplèttico A agg. (pl. m. *-ci*) ● Di, relativo a cataplessia. **B s. m.**; anche **agg.** ● Chi, che è affetto da cataplessia.

cataptòsi [fr. *cataptose*, dal gr. *katáptōsis* 'caduta', da *katapíptō* 'io cado giù', comp. di *katá* 'giù' (V. *cata-*) e *píptō* 'io cado'] **s. f.** ● Improvviso stramazzare al suolo per attacco epilettico o apoplettico.

catapùlta [vc. dotta, lat. *catapŭlta(m)*, nom. *catapŭlta*, dal gr. *katapéltēs*, comp. di *katá* 'giù' (V. *cata-*) e *pállō* 'io scuoto, palleggio'] **s. f.** *1* Antica macchina da guerra per lanciare grosse pietre e sim. *2* Dispositivo per imprimere a un aereo o sim. la velocità occorrente alla partenza: *c. a vapore*; *c. di portaerei*.

catapultàbile agg. ● Che può essere lanciato per mezzo di una catapulta.

catapultaménto s. m. ● Atto, effetto del catapultare.

catapultàre v. tr. *1* Lanciare con la catapulta. *2* (*est.*) Spingere, mandare con forza, con vigore (*anche fig.*): *lo ha catapultato fuori dalla porta*; *è stato catapultato nel mondo del cinema*.

cataràffio [etim. incerta] **s. m.** ● Strumento del calafato a forma di accetta, per cacciare le stoppe nelle commessure.

cataràtta ● V. *cateratta*.

catàrda [gr. *katartía* 'sartia', da *katartân* 'appendere, sospendere', comp. di *katá* 'giù' (V. *cata-*) e *artân* 'appendere', da *aéirein* 'appendere', di origine indeur.] **s. f.** ● (*mar.*) Nodo fatto con una fune all'estremità di un pennone in modo che, facendo forza sulla fune stessa, il pennone si dispone verticalmente e può essere ammainato in coperta.

catarifrangènte [comp. di *cata-* e *rifrangente*, part. pres. di *rifrangere*] **A agg.** ● Che produce catarifrangenza: *gemma c.* **B s. m.** ● Dispositivo per inviare la luce ricevuta verso la sorgente, impiegato nel traffico notturno per segnalazione di ostacoli, paracarri, parapetti, retro di altri veicoli. ➡ ILL. p. 1745 TRASPORTI.

catarifrangènza [da *catarifrangente*] **s. f.** ● Fenomeno per cui un raggio luminoso, colpendo attraverso una lente prismatica una superficie speculare, viene riflesso da questa e rifratto da quella.

catarìsmo [da *cataro*] **s. m.** ● Dottrina eretica di origine manichea, che predicava l'opposizione dualistica fra il bene e il male e la rigida pratica ascetica e che si diffuse in Europa, in forme ecclesiastiche organizzate, dal sec. XI in poi.

càtaro [gr. *katharós* 'puro', di etim. incerta] **A agg.** ● Che si riferisce al catarismo. **B s. m.** ● Eretico seguace del catarismo.

catarràle [da *catarro*] **agg.** ● Di, relativo a catarro: *febbre c.*

Catarrìne [vc. dotta, gr. *katárrin*, genit. *katárrinos* 'che ha il naso all'ingiù', comp. di *katá* 'giù' e *rís*, genit. *rinós* 'naso'] **s. f. pl.** ● Nella tassonomia animale, sottordine di Mammiferi dei Primati a cui appartengono le scimmie asiatiche e africane con setto nasale stretto, prive di coda prensile e bocca con trentadue denti (*Catarrhina*) | (al sing. *-a*) Ogni individuo di tale sottordine.

catàrro [vc. dotta, lat. tardo *catărrhu(m)*, nom. *catărrhus*, dal gr. *katárrous* 'che scorre giù', da *katarréō* 'io scorro giù', comp. di *katá* 'giù' e *réō* 'io scorro'] **s. m.** *1* Prodotto di secrezione di una mucosa infiammata o congestionata: *c. nasale, bronchiale, gastrico*. *2* (*gerg.*) Difetto di chiarezza in una registrazione sonora caratterizzata da scoppiettii, gorgoglii e sim. || **catarróne**, accr.

catarróso [vc. dotta, lat. tardo *catarrhōsu(m)*, da *catărrhus* 'catarro'] **A agg.** ● Che è affetto da catarro, che è pieno di catarro: *sputo c.* **B s. m.** (f. *-a*) ● Chi è affetto da catarro.

catàrsi [vc. dotta, gr. *kátharsis* 'purificazione, espiazione', da *katháirō* 'io pulisco, purifico', da *katharós* 'puro' (V. *cataro*)] **s. f.** *1* Purificazione o rasserenamento delle passioni prodotto dalla poesia e specialmente dalla tragedia, secondo l'estetica di Aristotele. *2* Nella psicoanalisi, rilassamento della tensione e dell'ansia, ottenuto rivivendo gli eventi del passato, spec. quelli repressi, e affrontando la causa dei disturbi attuali.

catàrtico [vc. dotta, lat. tardo *cathărticu(m)*, nom. *cathărticus*, dal gr. *kathartikós* 'atto a purificare', da *kátharsis* 'catarsi'] **A agg.** (pl. m. *-ci*) *1* Della catarsi | Che opera la catarsi. *2* Detto di terapia o metodo terapeutico fondato sulla catarsi. *3* (*raro*) Che ha proprietà purgative | *Medicina catartica*, metodo di cura con purganti. **B s. m.** ● Medicamento purgativo.

catàsta [lat. *catăsta(m)*, forse dal gr. *katástasis* 'collocazione'] **s. f.** *1* Mucchio di oggetti posti l'uno sull'altro alla rinfusa: *una c. di tronchi, di libri, di legna da ardere* | *A cataste*, in grande quantità. *2* Antica misura di legna da bruciare. *3* †Graticola per tormentare col fuoco o bruciare vivi i condannati. || **catastina**, dim.

catastàle [da *catasto*] **agg.** ● Relativo al catasto: *ufficio, estimo c.*; *rendita, imposta, mappa, particella c.* | *Partita c.*, numero attribuito a ciascuna unità immobiliare di un singolo proprietario.

catastàre (1) [da *catasta*] **v. tr.** ● Accatastare, accumulare.

catastàre (2) [da *catasto*] **v. tr.** ● Mettere a catasto.

catàstasi [vc. dotta, gr. *katástasis* 'posizione, posto'. V. *catasta*] **s. f.** *1* (*ling.*) Prima fase dell'articolazione delle consonanti, corrispondente al predisporsi degli organi fonatori per l'atto vocale. *2* Parte della tragedia classica in cui l'azione si svolge e muove verso la catastrofe. *3* Parte dell'orazione forense classica in cui si dichiarano i punti da trattare.

catasterìsmo [vc. dotta, gr. *katasterismós*, da *katasterízein* 'collocare fra gli astri', comp. di *katá* 'su' e *astḗr* 'astro'] **s. m.** ● Nella mitologia greco-romana, trasformazione di esseri viventi in astri.

catàsto [gr. tardo *katástichon*, da *katá stíchon* 'riga per riga' (*stíchos* 'riga')] **s. m.** ● Complesso delle operazioni dirette a stabilire la consistenza e la rendita dei beni immobili al fine di applicarvi la relativa imposta | Insieme di atti e registri contenenti i risultati di tali operazioni: *c. terreni*; *c. fabbricati* | Sede in cui si compiono tali attività e si conservano detti documenti.

catastrofàle agg. ● Di catastrofe | Conseguente a una catastrofe: *danni catastrofali*.

catàstrofe [vc. dotta, lat. tardo *catăstrophe(m)*, nom. *catăstrophe*, dal gr. *katastrophḗ* 'rivolgimento, soluzione, catastrofe', da *katastréphō* 'io rivolto, rovescio', comp. di *katá* 'giù' e *stréphō* 'io volto'] **s. f.** *1* Parte della tragedia classica in cui avviene lo scioglimento dell'intreccio. *2* Sciagura gravissima, evento disastroso: *lo scontro provocò una c.*; *la morte di mio padre fu una vera, grande c.* (SVEVO). SIN. Calamità. *3* (*mat.*) Discontinuità | *Teoria delle catastrofi*, classificazione delle discontinuità matematiche in base alle loro caratteristiche topologiche.

catastròfico [da *catastrofe*] **agg.** (pl. m. *-ci*) *1* Che è causa di catastrofi: *avvenimento c.*; *inondazione, eruzione, guerra catastrofica*. *2* Che prevede catastrofi: *notizie, previsioni catastrofiche* | (*est., fig.*) Che prevede sempre il peggio: *individuo c.* || **catastroficaménte**, avv.

catastrofìsmo [da *catastrofe*] **s. m.** *1* Teoria secondo la quale i maggiori cambiamenti geologici furono causati da improvvise catastrofi naturali | (*est.*) Tendenza a fare previsioni catastrofiche. *2* Genere di produzione cinematografica basata sulla descrizione di eventi catastrofici e calamità naturali.

catastrofista A s. m. e f. (pl. m. *-i*) ● Chi fa previsioni catastrofiche, chi giudica con eccessivo pessimismo il futuro sviluppo di determinate situazioni. **B agg.** *1* Incline al catastrofismo: *non essere c.* *2* Improntato a catastrofismo: *considerazioni catastrofiste*.

catastrofìstico agg. (pl. m. *-ci*) ● Di, da catastrofista: *previsioni catastrofistiche*.

catatermòmetro [comp. di *cata-* e *termometro*] **s. m.** ● (*fis.*) Termometro ad alcol a grosso bulbo che serve sia a fornire indicazioni sulla sensazione di benessere che si prova nei locali riscaldati sia a determinare il potere raffreddante climatico.

catatonìa [ted. *Katatonie*, dal gr. *katátonos* 'che tende in giù', da *katatéinein* 'tendere in giù', comp. di *katá* 'giù' e *téinein* 'tendere'] **s. f.** ● (*med.*) Stato patologico, associato alla schizofrenia, caratterizzato spec. da alterazioni del tono muscolare o della reattività motoria.

catatònico A agg. (pl. m. *-ci*) ● Di, relativo a catatonia. **B s. m.**; anche **agg.** (f. *-a*; pl. m. *-ci*) ● Chi, che è affetto da catatonia.

†cataùno ● V. *cadauno*.

catch /ingl. kætʃ/ [vc. ingl., abbr. di *catch as catch can* 'afferra come puoi afferrare'; *catch* è dall'ant. fr. *chacier* 'cacciare', dal lat. parl. **captiāre* 'cacciare' (V.)] **s. m. inv.** ● Variante della lotta libera americana nella quale sono ammessi tutti i colpi possibili.

catcher /ingl. 'kætʃə*/ [vc. ingl. 'che prende', da *to catch* 'prendere', dal lat. parl. **captiāre*, per il classico *captāre* 'cercar di prendere' (V. *captare*)] **s. m. inv.** ● Nel baseball, ricevitore.

catechèsi [vc. dotta, lat. tardo *catechēsi(n)*, nom. *catechēsis*, dal gr. *katḗchēsis* 'istruzione a viva voce', da *katēchéō* 'io istruisco a viva voce'] **s. f.** ● Istruzione nelle dottrine elementari del Cristianesimo.

catechèta [vc. dotta, gr. *katēchētḗs*. V. *catechesi*] **s. m. e f.** (pl. m. *-i*) ● Chi insegna la dottrina cristiana.

catechètica [vc. dotta, gr. *katēchētikḗ* (sottinteso *téchnē*) 'arte dell'istruzione', da *katḗchēsis* 'catechesi'] **s. f.** ● Arte del catechizzare. SIN. Catechistica.

catechètico agg. (pl. m. *-ci*) ● Relativo alla catechesi.

catechina [da *catecù*] **s. f.** *1* Composto chimico presente nel catecù. *2* Composto organico diffuso nel regno vegetale, noto in diverse forme isomere da cui derivano molti concianti naturali.

catechìsmo [vc. dotta, lat. tardo *catechĭsmu(m)*, nom. *catechĭsmus*, dal gr. *katēchismós*, da *katḗchēsis* 'catechesi'] **s. m.** *1* Esposizione delle dottrine fondamentali cristiane in forma di domande e risposte | Libretto che contiene tale esposizione. *2* (*est.*) L'insieme degli elementi fondamentali di una dottrina, spec. politica.

catechista [vc. dotta, lat. tardo *catechĭsta(m)*, nom. *catechĭsta*, dal gr. *katēchistḗs*, da *katḗchēsis* 'catechesi'] **s. m. e f.** (pl. m. *-i*) ● Chi insegna il catechismo.

catechistica [da *catechistico*] **s. f.** ● Catechetica.

catechistico [vc. dotta, gr. *katēchistikós*, da *katēchistḗs* 'catechista'] **agg.** (pl. m. *-ci*) *1* Che riguarda il catechismo. *2* (*est.*) Di insegnamento o ammaestramento che si impernia su formule fisse: *metodo c.* | *Sistema c.*, a domanda e risposta. || **catechisticaménte**, avv. In modo conforme al catechismo.

catechizzàre [vc. dotta, lat. tardo *catechizāre*, dal gr. *katēkízō*, da *katēchistḗs* 'catechista'] **v. tr.** *1* Istruire nel catechismo: *c. i pagani*. *2* (*est.*) Cercare di fare accettare un'opinione: *c. qc. in una dottrina politica* | Persuadere con ragionamenti, fare opera di convincimento: *mi vuole c. per bene, ma non ci riuscirà*.

catechizzatóre s. m. (f. *-trice*) ● Chi catechizza.

catecolamìna o **catecolammina** [comp. di *catecol(o)* (a sua volta deriv. da *catecù*) e *amina*] **s. f.** ● (*chim.*) Composto appartenente a una classe di sostanze organiche azotate caratterizzate dalla presenza nella molecola di un gruppo derivato della catechina.

catecù o **casciù** [fr. *catechu*, variante di *caoutchouc* 'caucciù'] **s. m.** *1* Albero delle Mimosacee a fiori giallognoli riuniti in spighe (*Acacia catechu*). *2* Sostanza estratta dalla pianta omonima, costituita da una miscela igroscopica di solfuri organici e di composti solforati del sodio, usata in medicina e in tintoria.

catecumenàle agg. • Che concerne i catecumeni.

catecumenàto s. m. • Condizione e preparazione del catecumeno.

catecùmeno [vc. dotta, lat. tardo *catechūmenu(m)*, nom. *catechūmenus*, dal gr. *katēchoúmenos*, part. pass. di *katēchéō*. V. *catechesi*] s. m. (f. *-a*) • Chi sta ricevendo l'istruzione nella dottrina cristiana fondamentale, per essere ammesso al battesimo | *Messa dei catecumeni*, la parte della Messa che precede il credo, alla quale, nell'antica chiesa, erano ammessi ad assistere anche i catecumeni.

†**càtedra** e *deriv.* • V. *cattedra* e *deriv.*

categorèma [vc. dotta, gr. *katēgórēma* 'accusa', da *katēgoréō* 'io parlo contro uno', comp. di *katá* 'contro' e *agorénō* 'io parlo'] s. m. (pl. *-i*) • (*filos.*) Ciò che è predicabile di un soggetto.

categoremàtico [da *categorema*] agg. (pl. m. *-ci*) • (*filos.*) Nella logica medievale, detto di ogni parte del discorso che ha un significato di per sé stessa. CONTR. Sincategorematico.

categorìa [vc. dotta, lat. *categŏria(m)*, nom. *categŏria* 'accusa, categoria logica', dal gr. *katēgoría* 'accusa, imputazione, predicato', da *katēgoréō* 'io accuso, mostro, indico'. V. *categorema*] s. f. *1* (*filos.*) Concetto che indica le diverse relazioni che si possono stabilire tra le proprie idee. *2* (*est.*) Complesso di cose o persone, raggruppato secondo un criterio di appartenenza a uno stesso genere o specie o tipo: *appartiene alla c. dei ricchi, degli ingenui* | Tipo, classe: *cose della stessa c.* | *C. professionale*, complesso di lavoratori considerati dalla legge unitariamente in base al lavoro al quale si dedicano | *Categorie grammaticali*, classi in cui si ripartiscono gli elementi del discorso. *3* (*mil.*) Serie relativa alla ripartizione che si operava un tempo sul contingente di leva annuo e che graduava la differente durata del servizio alle armi. *4* (*sport*) Suddivisione in base alla quale atleti, squadre, animali, macchine e imbarcazioni vengono distinti secondo criteri di abilità, peso, età, anni d'attività agonistica, potenza, lunghezza e sim. e come tali ammessi a competere in determinate gare e campionati. *5* (*mat.*) Struttura algebrica individuata da una legge di composizione (di regola non ovunque definita) tale che: se uno dei prodotti $a(bc)$, $(ab)c$ è definito, lo è anche l'altro, e sono uguali; se ab e bc sono definiti, lo è pure $a(bc)$; per ogni elemento v'è un elemento neutro componibile con esso a destra, ed uno componibile a sinistra | Insieme dotato della struttura di categoria. *6* (*dir.*) *C. protetta*, che comprende lavoratori, aventi specifiche caratteristiche, particolarmente tutelati dalla legge.

categoriàle agg. *1* (*filos.*) Che concerne o interessa le categorie. *2* (*est.*) Che riguarda una determinata categoria di persone: *interessi categoriali*.

categoricità s. f. • Qualità di categorico: *la c. di un sistema, di un'affermazione*.

categòrico [vc. dotta, lat. tardo *categŏricu(m)*, nom. *categŏricus*, dal gr. *katēgorikós*, da *katēgoría* 'categoria'] agg. (pl. m. *-ci*) *1* (*filos.*) Di proposizione o ragionamento non condizionato da altro | *Giudizio c.*, quello in cui tra soggetto e predicato si stabilisce un rapporto assoluto e incondizionato | *Imperativo c.*, nella morale kantiana, l'imperativo che prescrive in modo assoluto e senza condizioni | *Sillogismo c.*, quello costituito esclusivamente da proposizioni categoriche. CONTR. Ipotetico. *2* (*est.*) Preciso, ordinato: *disposizione categorica* | Che non lascia dubbi e non ammette discussioni: *tono, discorso c.*; *risposta categorica*. SIN. Netto, reciso. *3* Che si riferisce a una determinata categoria di cose o di persone | *Elenco telefonico c.*, che riporta tutti gli abbonati suddivisi in base all'attività svolta. || **categoricaménte**, avv.

categorizzàre v. tr. • Disporre secondo categorie, classi, ordini.

categorizzazióne s. f. • Atto, effetto del categorizzare.

categorùmeno [vc. dotta, part. del gr. *katēgoréō*. V. *categorema*] s. m. • (*filos.*) Categorema.

catèllo [lat. *catĕllu(m)*, dim. di *cătulus* 'il piccolo di ogni quadrupede', poi 'cagnolino'] s. m. • (*lett.*) Cagnolino | (*est.*) Cucciolo di altri animali. || **catellino**, dim.

†**catellóne** o (*raro*) †**catalóne**, †**catellóni** [da *catello*, perché il cane si accosta pian piano alla preda] avv. • Nelle loc. avv. *catellon c.*, *catellon catelloni*, quatto quatto, piano piano, di soppiatto, detto del cane che si avvicina alla preda, e (*est.*) di altri animali e anche di persone.

caténa [lat. *catēna(m)*, prob. di origine etrusca] s. f. *1* Serie di elementi, spec. anulari e metallici, connessi l'uno nell'altro e mobili, usata per ornamento, per unione di cose e, in varie tecnologie, per sollevamento di pesi o trasmissione del moto: *portare una c. d'oro al collo*; *la c. dell'orologio*; *la c. del cane, dell'ancora*; *la c. della bicicletta* | *La c. dell'uscio*, che va da un battente all'altro per tenerlo socchiuso | *La c. del camino, del pozzo*, per appendervi il paiolo, il secchio | *Catene da neve, antineve, antisdrucciolevoli*, che si montano attorno agli pneumatici degli autoveicoli per la marcia su strade innevate | *C. di distribuzione*, che trasmette il moto dell'albero a gomito all'albero a camme nei motori a scoppio | *Non sentire la c.*, nel ciclismo, pedalare scioltamente e con profitto | *Cane alla c.*, (*fig.*) persona obbligata a q.c., che non ha libertà di scelta | *Rodere la c.*, (*fig.*) struggersi di sdegno, d'ira | *Avere la c. al collo*, (*fig.*) essere privi di libertà | *Pazzo da c.*, da legare. ➡ ILL. p. 1745 TRASPORTI. *2* (*fig.*) Legame, vincolo: *le catene dell'amore, dell'odio* | (*est.*) Stato di servitù o soggezione, impedimento, ostacolo | *Essere in catene*, (*fig.*) privo di libertà | *Tenere qc. in catene*, (*fig.*) in completa schiavitù e sottomissione | *Spezzare le catene*, (*fig.*) riacquistare, spec. con la forza, la libertà. SIN. Oppressione. *3* (*lett.*) Collana, monile: *togliesi di fronte una c. / vaga di perle* (FOSCOLO) | (*lett.*) Corona, ghirlanda. *4* Serie, successione (*anche fig.*): *una c. di sventure ha funestato la sua vita* | *Fare la c.*, detto di persone, mettersi in fila tenendosi per mano e sim., o mettersi in fila e passarsi oggetti l'un l'altro | *C. di montagne, montuosa*, successione continua di montagne più o meno allineate tra loro | *C. parlata*, successione continua di elementi nel linguaggio articolato | *C. di montaggio, di lavorazione*, in varie tecnologie, linea di avanzamento meccanizzato, da un posto di lavoro al successivo, dei pezzi da montare o trasformare | Concatenazione: *c. di interessi, di affari* | *A c.*, detto di eventi, fenomeni e sim., che si susseguono ininterrottamente, spesso l'uno provocato dall'altro | *C. di sonetti*, collana di sonetti con un certo legame tra l'ultimo verso del precedente e il primo del seguente | *C. di S. Antonio, della fortuna*, (*est.*) serie di lettere anonime, spedite a più persone contemporaneamente, che invitano a versare una somma che si recupererà maggiorata spedendo la stessa lettera ad altre persone | *C. di distribuzione*, insieme dei rapporti di collaborazione spec. tra dettaglianti o tra grossisti, per ottenere migliori condizioni di approvvigionamento e più razionali forme di distribuzione dei prodotti | *C. del freddo*, continuità di impiego delle basse temperature nella congelazione e conservazione a – 18 °C dei surgelati, fino al momento del consumo | *C. di giornali, di negozi e sim.*, che dipendono da uno stesso proprietario | (*biol.*) *C. alimentare*, serie di organismi ciascuno dei quali si nutre a spese del precedente e costituisce a sua volta alimento del successivo. *5* (*tess.*) Ordito. *6* (*chim.*) Insieme di atomi legati l'un l'altro. *7* (*mil.*) Ordine rado di combattimento: *stendersi in c.* *8* (*arch.*) Membratura tesa in ossature reticolari di acciaio, cemento armato, legno | Asta tesa destinata a sopportare la spinta orizzontale dell'arco. SIN. Tirante. *9* (*mus.*) Negli strumenti ad arco, assicella in legno d'abete, incollata nell'interno del piano armonico, sotto il piede sinistro del ponticello, parallelamente alle corde. *10* Antica misura di lunghezza e di superficie, spec. agraria. || **catenàccia**, pegg. | **catenèlla**, dim. (V.) | **catenèllo**, dim. m. (V.) | **catenétta**, dim. | **catenina**, dim. (V.) | **catenóna**, accr. | **catenóne**, accr. m. | **catenùccia**, **catenùzza**, dim.

catenàccio [detto così perché le porte si chiudevano con catene] **A** s. m. *1* Sbarra di ferro che scorre in anelli infitti nei battenti dell'uscio, per chiuderlo: *mettere il c.*; *chiudere la porta con il c.* SIN. Chiavistello, paletto | Parte del congegno di una serratura. *2* Nel calcio, tattica rigidamente difensiva: *adottare il c.* *3* (*fig., scherz.*) Automobile vecchia e malandata | (*spreg.*) Vecchio fucile in cattivo stato | Oggetto in pessime condizioni. *4* (*giornalismo, gerg.*) Dicitura che, posta per ultima dopo l'occhiello, il titolo e il sommario, contribuisce con nuovi particolari all'efficace presentazione del pezzo. *5* †Grande cicatrice sul viso. **B** in funzione di agg. inv. • (posposto al s.) Che blocca, chiude, impedisce | *Decreto c.*, quello relativo a materie fiscali o economiche che, per impedire evasioni fiscali o incetta di merci, entra in vigore appena emanato | *Esame c.*, nel linguaggio studentesco, ogni esame che, se non superato, preclude uno o più esami successivi. || **catenaccétto**, dim.

†**catenàre** [lat. *catenāre*, da *catēna* 'catena'] v. tr. • Incatenare.

catenària [dall'agg. lat. *catenārius*, da *catēna* 'catena'] s. f. • (*fis.*) Curva secondo la quale si dispone un filo fissato alle estremità, per effetto della forza di gravità.

catenèlla s. f. *1* Dim. di *catena* | Catena sottile di metallo prezioso usata come ornamento, per l'orologio da tasca e sim. *2* *Punto a c.*, punto di ricamo che imita il disegno della catena. *3* Cucitura della scarpa intorno al tacco. *4* †Collana.

catenèllo s. m. *1* Dim. di *catena*. *2* Ognuno dei travicelli che collegano i pali di una palizzata o di un cancello.

catenina s. f. *1* Dim. di *catena*. *2* Piccola e sottile catena d'oro o d'altro metallo prezioso che si porta come ornamento al collo o anche al polso o alla caviglia.

catenòide [comp. di *caten(a)* e *-oide*] s. f. • (*mat.*) Superficie descritta dalla rotazione della catenaria attorno al proprio asse.

cateràtta o **cataràtta** [lat. *catarăcta(m)*, nom. *catarăcta*, dal gr. *katarrháktēs* 'che precipita', da *katarrássō* 'getto giù'] s. f. *1* Serie di piccole cascate che si succedono lungo il corso di un fiume: *le cateratte del Nilo*. *2* Chiusura a saracinesca in canali, serbatoi e sim., per regolare il decorso delle acque: *aprire, chiudere le cateratte* | *A cateratte*, con eccessiva abbondanza: *piove a cateratte* | *Si aprono le cateratte del cielo*, comincia una pioggia a dirotto. *3* (*med.*; più comune *cataratta*) Perdita di trasparenza del cristallino: *c. congenita, senile*.

caterinétta [fr. *catherinette*, dal n. di S. *Caterina* d'Alessandria (X sec.), patrona delle sarte] s. f. • Sartina o modista molto giovane.

càtering /'katerin(g)/, *ingl.* 'keitəriŋ/ [vc. ingl., da *to cater* 'provvedere, organizzare' propr. 'accattare'] s. m. inv. • Il complesso delle operazioni di rifornimento di cibi, bevande e sim. effettuato da apposite organizzazioni per aerei, treni o ristoranti, alberghi, collegi, ospedali e sim.

caterpillar ® /kater'pillar, *ingl.* 'kætəpilə*/ [nome commerciale; vc. ingl., propr. 'bruco'] s. m. inv. • Veicolo cingolato impiegato su terreni accidentati e per lavori stradali ed edilizi.

catèrva [vc. dotta, lat. *catĕrva(m)* 'moltitudine, turba', di etim. incerta] s. f. • Moltitudine di persone o animali: *ridurre questa c. di scellerati a' termini debiti* (GUICCIARDINI) | Quantità disordinata di cose (*anche fig.*): *c. di libri, di mobili*; *una c. di errori*.

catetère o **catètere** [fr. *cathéter*, dal lat. tardo *cathetēra*, nom. *cătheter*, a sua volta dal gr. *kathetḗr*, genit. *kathetêros*, da *kathiēmi* 'io mando dentro'] s. m. • Cannula di gomma o altro materiale che si introduce in una cavità del corpo per favorire lo scolo del contenuto, per introdurre sostanze medicamentose o a scopo diagnostico: *c. vescicale, ureterale*.

cateterìsmo [fr. *cathétérisme*, dal lat. tardo *catheterĭsmu(m)*, nom. *catheterĭsmus*, a sua volta dal gr. *kathetērismós*, da *kathetḗr* 'catetere'] s. m. • Introduzione del catetere in un organo: *c. cardiaco*; *c. vescicale*.

cateterizzàre v. tr. (*io cateterìzzo*) • Trattare con il catetere, per evacuare liquidi, medicare o eseguire misurazioni.

catèto [vc. dotta, lat. tardo *căthetu(m)*, nom. *căthetus* 'linea perpendicolare', dal gr. *káthetos*, da *kathiēmi* 'io mando giù'] s. m. • (*mat.*) In un triangolo rettangolo, ciascuno dei lati adiacenti all'angolo retto.

catetòmetro [fr. *cathétomètre*, comp. del gr. *káthetos* 'linea perpendicolare' (V. *cateto*) e di *-metro*] s. m. ● (*fis.*) Strumento di misurazione dei dislivelli dei manometri ad aria libera e dei dislivelli barometrici.

catgut /*ingl.* 'kætgʌt/ [ingl., propriamente 'budello di gatto', comp. di *cat* 'gatto' e *gut* 'budello', di origine germ.] s. m. inv. ● Filo per suture fatto con budello di gatto o di pecora, caratterizzato dalla capacità di riassorbirsi in breve tempo.

catilinària [vc. dotta, lat. *Catilināria(m)* 'di Catilina'] s. f. *1* Ciascuna delle quattro orazioni scritte da Cicerone contro Catilina. *2* (*est.*) Discorso veemente, invettiva contro qc. SIN. Filippica.

catinàio s. m. ● (*raro*) Chi fa, vende o accomoda catini e sim.

catinèlla s. f. *1* Dim. di *catino* | *A catinelle*, (*fig.*) in abbondanza | *Piovere a catinelle*, diluviare. *2* (*est.*) Catinellata: *una c. d'acqua* ‖ PROV. Cielo a pecorelle acqua a catinelle. ‖ **catinellétta**, dim. | **catinellina**, dim. | **catinellùccia**, **catinellùzza**, dim.

catinellàta s. f. ● Quantità di liquido che può stare in una catinella.

catino (1) [lat. *catīnu(m)*, di etim. incerta] s. m. *1* Recipiente rotondo e concavo di metallo, ceramica, plastica, legno e sim., per uso domestico. SIN. Bacile | (*est.*) Quantità di materiale, spec. liquido, contenuto in un catino. *2* Conca alla bocca della fornace per raccogliere il metallo fuso. *3* (*geogr.*) Luogo concavo a forma circolare circondato da alture. SIN. Bacino, conca. *4* (*arch.*) Semicalotta che termina superiormente un'abside o una nicchia semicircolare. *5* (*fig.*) Lo stadio di gioco, visto dall'interno e dall'alto: *i giocatori sono entrati nel grande c.* *6* †Piatto, vassoio, scodella. ‖ **catinàccio**, pegg. | **catinèlla**, dim. f. (V.) | **catinétto**, dim. | **catinùccio**, pegg.

†**catino (2)** [vc. dotta, lat. tardo *cattīnu(m)* 'da gatto' (detto degli occhi), da *căttus* 'gatto'] agg. ● (*lett.*) Ceruleo: *colore c.*

catióne [comp. di *cat(odo)* e *ione*] s. m. ● (*fis.*) Ione positivo che per elettrolisi si dirige al catodo.

catiùscia ● V. *katiuscia*.

catlèia ● V. *cattleya*.

†**càto** [vc. dotta, lat. *cătu(m)* 'accorto, astuto', di origine sabina] agg. ● (*lett.*) Astuto, sagace.

catoblèpa o **catòblepa** [vc. dotta, lat. *catōblepa(m)*, comp. del gr. *kátō* 'in giù' e *blépō* 'io vedo'] s. m. (pl. *-i*) ● Nell'antica zoologia greca e romana, specie di serpente o di rettile non individuata che si distingueva per la posizione della testa, volta verso il basso.

catòcala [comp. del gr. *kátō* 'giù' e di *kalós* 'bello'] s. f. ● Genere di farfalle notturne con ali anteriori grigiastre o brune che in posizione di riposo coprono quelle posteriori vivacemente colorate (*Catocala*).

catòdico agg. (pl. m. *-ci*) ● Del catodo, relativo al catodo, emesso dal catodo: *tubo c.* | *Raggi catodici*, formati dagli elettroni emessi dal catodo in un tubo a bassa pressione.

càtodo o (*evit.*) **catòdo** [vc. dotta, gr. *káthodos* 'discesa', comp. di *katá* 'giù' e *hodós* 'strada'] s. m. ● (*fis.*) Elettrodo collegato al polo negativo di una sorgente di corrente | *C. attivizzato*, catodo di tubo elettronico ricoperto di ossido di torio o di metalli alcalino-ferrosi.

†**católlo** [etim. incerta] s. m. ● Scheggia, di sasso o altro.

catóne [da *Catone* il Censore (214-149 a.C.) e *Catone* l'Uticense (95-46 a.C.), famosi per la loro severità e austerità] s. m. ● Persona dotata di rigido senso morale (*anche iron.*): *fare il c.*; *atteggiarsi a c.* ‖ **catoncèllo**, dim.

catoneggiàre [da *Catone*] v. intr. (*io catonéggio*; aus. *avere*) ● Atteggiarsi a rigido moralizzatore.

catoniàno [vc. dotta, lat. *Catoniānu(m)*, agg. 'di Catone'] agg. *1* Di, da Catone | (*est., lett.*) Intransigente, rigidamente moralistico (*anche iron.*): *severità catoniana.* *2 Regola catoniana*, nel diritto romano, principio secondo cui un legato invalido al momento della confezione del testamento non può essere convalidato successivamente.

catòptrica ● V. *catottrica*.

catòptrico ● V. *catottrico*.

catòrbia [incrocio del nap. *catoio* 'stanza a pian terreno' e *orba* 'cieca'] s. f. ● (*gerg.*) Prigione, gattabuia.

catòrchio ● V. *catorzo*.

catòrcio o **scatòrcio** nel sign. 2 [V. *catorzo*] s. m. *1* (*raro, tosc.*) Chiavistello. *2* (*fig., fam.*) Oggetto vecchio e sconquassato: *quel c. della tua macchina* | Persona malandata in salute: *è diventata proprio un c.!* SIN. Cataplasma, impiastro. *3* V. *catorzo*.

catòrzo o **catòrchio**, **catòrcio** [gr. tardo *katóchion* 'chiavistello della porta', da *katéchō* 'io tengo, trattengo'] s. m. ● Tralcio secco delle viti | Prominenza nodosa su una superficie legnosa.

catòrzolo s. m. ● Catorzo.

catorzolùto agg. *1* Che ha molti catorzoli: *albero c.* *2* Secco: *ramo c.*

catòttrica o **catòptrica** [da *catottrico*] s. f. ● Parte dell'ottica che si occupa della riflessione della luce.

catòttrico o **catòptrico** [dal gr. *katoptrikós* 'dello specchio', da *kátoptron* 'specchio'] agg. (pl. m. *-ci*) ● Detto di sistema ottico che utilizzi solo superfici riflettenti.

catottromanzìa [comp. del gr. *kátoptron* 'specchio' e *mantéia* 'divinazione'] s. f. ● Antica arte divinatoria che pretendeva di prevedere il futuro mediante le immagini riflesse in uno specchio.

†**catrafòsso** [comp. di *catra-* (nato dalla sovrapposizione di *tra-* a *cata-*) e *fosso*] s. m. ● Fosso profondissimo | Precipizio.

catramàre [da *catrame*] v. tr. ● Spruzzare con, spalmare di, catrame una massicciata stradale, un foglio di carta e sim., per consolidamento e impermeabilizzazione.

catramatóre s. m. ● Operaio addetto alla catramatura.

catramatrice s. f. ● Macchina per liquefare il catrame e stenderlo sulla strada.

catramatùra s. f. *1* Atto, effetto del catramare. *2* Strato di catrame spalmato su una superficie.

catràme [ar. *qâtran*] s. m. ● Sostanza nera, vischiosa, prodotta nella distillazione secca dei carboni fossili o del legno, di composizione variabile a seconda della materia prima di partenza o delle condizioni in cui avviene la distillazione, atta a vari usi e dalla quale si ricava una vasta gamma di prodotti: *c. di lignite, di litantrace, di torba* | *C. vegetale*, tratto dal legno.

catramìna ® [nome commerciale] s. f. ● Denominazione di alcuni prodotti farmaceutici contenenti catrame vegetale, usati nelle affezioni bronchiali.

catramista s. m. (pl. *-i*) ● Catramatore.

catramóso agg. ● Che contiene catrame | Che è simile al catrame.

catriòsso [etim. incerta] s. m. *1* Carcassa di uccelli. *2* (*fig., scherz.*) Persona magrissima e denutrita.

càtta [vc. dotta, lat. *cătta(m)* 'gatta', f. di *căttus* 'gatto'] s. f. ● Lemure del Madagascar con muso appuntito e lunga coda ad anelli bianchi e neri (*Lemur catta*).

†**cattabrìga** [comp. di *catta(re)* e *briga*] s. m. e f. inv. ● Attaccabrighe.

cattàneo o **cattàno** [da *capitano* o dal provz. *captan* 'capo'] s. m. *1* (*lett.*) Signore di un castello, piccolo vassallo: *venne in Versilia a gastigare i cattani discordanti* (PASCOLI). *2* †V. *capitano*.

†**cattàre** [lat. *captāre*, ints. di *căpere* 'prendere'] v. tr. ● Procacciare, acquistare.

†**cattatóre** [lat. *captatōre(m)*, da *captāre*. V. †*cattare*] s. m.; anche agg. ● Procacciatore.

càttedra o (*lett.*) †**càtedra** [vc. dotta, lat. *căthedra(m)*, nom. *căthedra*, dal gr. *kathédra*, comp. di *katá* e *hédra* 'sedia'] s. f. *1* Antico sedile destinato a personaggi importanti. *2* Complesso di sedile e di tavolo sopraelevati dove siede l'insegnante, nelle aule scolastiche | (*fig., scherz.*) *Stare, montare, parlare in c.*, atteggiarsi a persona autorevole. *3* (*est.*) Il ruolo di un professore, spec. universitario: *chiamata a c.*; *bandire un concorso a c.* | (*est.*) Disciplina, campo d'insegnamento ufficialmente riconosciuto, spec. in un'università: *c. di diritto romano, di storia economica* | *C. ambulante*, insegnamento, spec. di materia agraria, impartito da una persona che si spostava da un luogo all'altro, trasformata poi in ispettorato agrario provinciale | (*est.*) *Trattamento di c.*, retribuzione che viene corrisposta agli insegnanti non di ruolo degli istituti di istruzione secondaria o artistica. *4* Trono coperto da baldacchino, occupato dal pontefice o dal vescovo durante le funzioni | *C. di San Pietro*, dignità e autorità del papato | *C. vescovile*, dignità di vescovo.

cattedràle [vc. dotta, lat. tardo *cathedrāle(m)* 'che riguarda la cattedra', detta così perché in essa c'è il seggio (*cattedra*) del vescovo] **A** agg. *1* Che si riferisce a una sede vescovile: *capitolo c.*; *canonici cattedrali.* *2* Che è sede di una cattedra vescovile: *chiesa c.* **B** s. f. ● Chiesa principale di una diocesi in cui ha sede la cattedra vescovile e dove il vescovo solitamente presiede le celebrazioni liturgiche | (*fig.*) *C. nel deserto*, costruzione, impianto e sim. di grande imponenza e perfezione tecnologica, ma inutile o inutilizzato in un determinato contesto. ➡ ILL. p. 358 ARCHITETTURA.

cattedrànte o †**catedrànte** s. m. e f. ● Professore che ha una cattedra | (*est., spreg.*) Pedante: *è un c. erudito ma privo di vera cultura.*

cattedràtico o (*lett.*) †**catedràtico** [vc. dotta, lat. tardo *cathedrāticu(m)*, agg. di *căthedra* 'cattedra'] **A** agg. (pl. m. *-ci*) ● Di, da cattedra: *disciplina cattedratica*; *insegnamento c.* | (*iron.*) *Tono, sussiego c.*, pedantesco. ‖ **cattedraticaménte**, avv. **B** s. m. ● Professore universitario titolare di una cattedra.

†**cattivàggio** s. m. ● Schiavitù.

†**cattivànza** s. f. *1* Prigionia, schiavitù (*anche fig.*). *2* Ribalderia, cattiveria.

cattivàre o (*lett.*) †**captivàre** [lat. tardo *captivāre* 'fare prigioniero', da *captīvus* 'prigioniero', da *căpere* 'prendere'] **A** v. tr. *1* †Prendere prigioniero. *2* Acquistarsi l'amicizia, la benevolenza, e sim. di qc.: *ha saputo cattivarsi la nostra stima.* SIN. Amicarsi, attirarsi, ingraziarsi, propiziarsi. **B** v. intr. (aus. *avere*) ● †Tapinare.

cattivèllo **A** agg.; anche s. m. (f. *-a*) *1* Dim. di *cattivo.* *2* (*scherz.*) Che, chi è piuttosto cattivo: *sei un ragazzo proprio c.* *3* †Misero, infelice. *4* †Prigioniero. **B** s. m. ● Cerchio di ferro cui è appeso il battaglio della campana. ‖ **cattivellàccio**, pegg. | **cattivellino**, dim. | **cattivellùccio**, dim.

cattivèria o †**cattivèria** s. f. *1* L'essere cattivo, disposizione al male: *persona piena di c.*; *ha agito con incredibile c.* CONTR. Bontà. *2* Azione cattiva: *fare cattiverie*; *la tua è una vera c.*

cattivézza s. f. ● (*raro*) L'essere cattivo.

cattività o (*lett.*) **captività** [lat. *captivitāte(m)* 'prigionia', da *captīvus* 'prigioniero'. V. *cattivare*] s. f. *1* (*lett.*) Schiavitù, prigionia: *restarono per lunghi anni in c.*; *la c. babilonese*; *qui trovarrete a l'animo ceppi, legami, catene, c.* (BRUNO). *2* Condizione degli animali non domestici che sono tenuti in gabbie o che, comunque, non vivono più allo stato libero. *3* †Cattiveria, tristizia, scelleratezza. *4* †Viltà, miseria.

cattivo [lat. *captīvu(m)* 'prigioniero', da *căpere* 'prendere', attrav. il lat. crist. *captīvu(m) diăboli* 'prigioniero del diavolo'] **A** agg. (compar. di maggioranza *più cattivo* o *peggióre* (V.); sup. *cattivìssimo* o *pèssimo* (V.)) *1* Che si considera contrario a principi morali: *uomo c.*; *persona cattiva*; *consigli cattivi*; *azioni, letture, compagnie cattive* | *C. soggetto*, persona di costumi riprovevoli e (*fam., scherz.*) bricconcello, birichino | *Cattiva fama*, disonorevole | *Donna cattiva*, impudica | †Sozzo, turpe. SIN. Malvagio, perfido, perverso, scellerato. CONTR. Buono. *2* Inquieto, turbolento, sgarbato: *bambino c.*; *cattive maniere* | *Mare c.*, burrascoso | *Essere di c. umore*, nervosi, arrabbiati | *Con le cattive*, (*ell.*) con modi bruschi e minacciosi. CONTR. Buono. *3* Che non è abile e idoneo ad adempiere la propria funzione: *c. metodo*; *strada, memoria, medicina cattiva*; *c. impiegato, operaio, professionista*; *un c. pagatore* | *Essere in c. stato*, mal conservato | Che è di qualità scadente: *legname, vetro, macchinario c.* | Negativo, sfavorevole: *notizia, situazione cattiva*; *affari cattivi*; *idee cattive*; *tempo, clima c.*; *stagione cattiva, cattiva salute* | *Cattiva cera*, aspetto che indica salute malandata o condizioni psicologiche negative | (*fig.*) *Nascere sotto cattiva stella*, in condizioni sfavorevoli, sfortunate | *Essere, navigare, trovarsi in cattive acque*, (*fig.*) attraversare momenti difficili, spec. economicamente. SIN. Inabile, incapace, inefficiente, mediocre. CONTR. Bravo, buono. *4* Nocivo, pericoloso, svantaggioso: *animale c.*; *febbre, fe-*

rita cattiva | *Male c.*, (*euf.*) tumore maligno | (*fig.*) *Cattiva lingua*, persona pettegola e maldicente, malalingua | *C. augurio*, malaugurio. **5** Brutto, non pregevole esteticamente o tecnicamente: *un c. libro*; *l'attore ha dato una cattiva interpretazione del suo personaggio*. CONTR. Bello, buono. **6** Sgradevole, spiacevole: *odore, sapore c.* | Guasto: *una mela cattiva* | (*fig.*) *Farsi il sangue c.*, accorarsi, arrabbiarsi. SIN. Disgustoso. CONTR. Buono. **7** †Infelice, triste, tapino | †*Me c.!*, *c. a me!*, disgraziato, povero me! | †*Dir c.*, compiangersi. **8** †V. *captivo*. || **cattivaménte**, avv. Malamente; †miseramente. **B** s. m. (f. *-a* nel sign. 1) **1** Persona cattiva: *su, non fare il c.*; *sperare nella punizione dei cattivi*. **2** Parte guasta di q.c. | Odore o sapore sgradevole: *questo frutto sa di c.* **3** Brutto tempo: *la giornata si mette al c.* || **cattivàccio**, pegg. | **cattivèllo**, dim. (V.) | **cattivétto**, dim. | **cattivóne**, accr. | **cattivùccio**, **cattivùzzo**, dim.

cattlèya /kat'lɛja/ o **catlèia** [dal n. del botanico W. *Cattley*] s. f. inv. ● Genere di piante tropicali delle Orchidacee, con fiori vistosi caratterizzati dal labello più sviluppato degli altri sepali (*Cattleya*).

†**càtto (1)** [lat. *căptu(m)*, part. pass. di *căpere* 'prendere'. V. *capere (1)*] part. pass. di †*capere (1)*; anche agg. ● Nei sign. del v.

†**càtto (2)** ● V. *gatto*.

catto- primo elemento ● In parole composte formate modernamente, significa 'cattolico': *cattocomunista*.

cattocomunista [comp. di *catto-* e *comunista*] **A** agg. (pl. m. *-i*) ● Che sostiene la possibilità di conciliare gli ideali del cattolicesimo con quelli del comunismo: *la sinistra c.* **B** s. m. e f. ● Cattolico che aderisce a partiti o movimenti comunisti.

cattòfilo [comp. di *catto*, var. antica di *gatto*, e di *-filo*] agg.; anche s. m. (f. *-a*) ● Che o chi ama i gatti.

cattolicèsimo o **cattolicismo** s. m. **1** Religione e dottrina cattolica | *C. liberale*, insieme delle correnti del mondo cattolico che, nel sec. XIX, in Europa, cercarono di conciliare la fede cattolica con l'accettazione delle idee e delle istituzioni liberali. **2** Mondo cattolico, insieme di cattolici: *il c. militante*.

cattolicissimo agg. **1** Sup. di *cattolico*. **2** Titolo attribuito ai re d'Austria: *c. principe*.

cattolicità s. f. **1** Qualità di chi, di ciò che è cattolico. **2** Aderenza e conformità alla dottrina della chiesa cattolica. **3** Complesso dei cattolici: *fare appello alla c.*

cattolicizzàre [comp. di *cattolic(o)* e *-izzare*] v. tr. ● Rendere cattolico.

cattòlico [vc. dotta, lat. tardo *cathŏlicu(m)*, nom. *cathŏlicus*, dal gr. *katholikós* 'universale', dall'avv. *kathólou* 'universalmente', da *hólos* 'tutto'] **A** agg. (pl. m. *-ci*) **1** Universale, con riferimento alla chiesa cristiana di Roma, in quanto aperta a ogni uomo: *la chiesa cattolica*. **2** Che è proprio della chiesa di Roma: *dottrina cattolica*; *dogma c.*; *fede cattolica*. **3** Che si ispira ai principi religiosi, morali e sociali propugnati dalla chiesa cattolica: *partito c.*; *filosofo c.*; *azione cattolica*. **4** Che professa la religione cattolica: *clero c.*; *associazione di lavoratori cattolici*. **B** s. m. (f. *-a* nel sign. 1) **1** Chi professa la religione cattolica | *I cattolici del no, del dissenso*, V. *no* | *I cattolici del sì, dell'assenso*, V. *sì (1)*. **2** Titolo del vescovo supremo di alcune Chiese orientali. **C** agg.; anche s. m. ● Titolo attribuito in passato ai re di Spagna: *il re Cattolico*; *Ferdinando il Cattolico*. || **cattolicissimo**, sup. (V.). || **cattolicaménte**, avv. Secondo la religione cattolica.

cattosocialista [comp. di *catto-* e *socialista*] **A** agg. (pl. m. *-i*) ● Che sostiene la possibilità di conciliare gli ideali del cattolicesimo con quelli del socialismo: *la politica c.* **B** s. m. e f. ● Cattolico che aderisce a partiti o movimenti socialisti.

cattùra [lat. *captūra(m)*, da *căpere* 'prendere'] s. f. **1** Atto, effetto del catturare: *la c. di un evaso, di un cinghiale* | (*pesca, sport*) L'insieme dei pesci o la singola preda ittica di buone dimensioni catturata nel corso di una uscita. **2** (*dir.*) Restrizione della libertà personale introduttiva della custodia cautelare avente carattere non provvisorio: *mandato, ordine di c.* **3** (*geogr.*) *C. fluviale*, fenomeno per cui un fiume accresce il proprio bacino idrografico catturando, a causa dell'erosione regressiva, parte del bacino di un altro corso d'acqua. **4** (*fis.*) Processo di collisione in cui un sistema atomico o nucleare acquisisce una particella addizionale: *c. elettronica*.

catturàbile agg. ● Che può essere catturato.

catturàre [da *cattura*] v. tr. **1** Far prigioniero: *c. i nemici dispersi, un animale* | Sequestrare: *c. merce di contrabbando*. **2** (*geogr.*) Accrescere il proprio bacino erodendone un altro, detto di fiume.

catulliàno [vc. dotta, lat. *catulliānu(m)*, da *Catŭllus* 'G. V. Catullo' (84-54 a.C.)] agg. ● Proprio del poeta latino Catullo: *stile c.*

†**catùno** ● V. *cadauno*.

caucàsico A agg. (pl. m. *-ci*) ● Del Caucaso o della Caucasia: *monte c.*; *razza caucasica* | *Lingue caucasiche*, famiglia di lingue parlate nel Caucaso e nelle regioni vicine. **B** s. m. (f. *-a*) ● Chi appartiene a una popolazione autoctona del Caucaso.

caucasòide [da *Caucaso*] s. m. e f. ● Europoide.

caucciù o †**causciù** [fr. *caoutchouc*, dal caraibico *kahuchu*] s. m. inv. **1** Idrocarburo, polimero dell'isoprene, contenuto allo stato colloidale nel lattice di piante equatoriali, usato nell'industria per le sue proprietà elastiche che vengono migliorate mediante vulcanizzazione. SIN. Gomma naturale. **2** (*gerg.*) Nella macchina da stampa offset, tessuto gommato usato per trasferire l'immagine dalla matrice alla carta.

caucus /*ingl.* 'kɔːkəs/ [vc. ingl., proveniente dal New England, di origine oscura] s. m. inv. (pl. ingl. *caucuses*) ● Negli Stati Uniti, riunione politica ristretta nel corso della quale i militanti di un partito scelgono i loro candidati a una carica pubblica | (*est.*) Riunione ristretta di persone che detengono un potere, spec. politico o economico.

caudàle [dal lat. *cāuda* 'coda'] agg. **1** Di, relativo a, coda: *vertebra c.* **2** (*anat.*) Disposto verso l'estremità opposta a quella del cranio.

caudatàrio [lat. mediev. *caudatariu(m)*, da *cāuda* 'coda'] s. m. **1** Chi regge lo strascico delle vesti prelatizie nelle cerimonie. **2** (*fig., scherz.*) Chi è al seguito di un alto personaggio e si comporta con servilismo nei suoi riguardi.

Caudàti s. m. pl. ● (*zool.*) Urodeli.

caudàto [lat. mediev. *caudatu(m)*, da *cāuda* 'coda'] agg. ● Fornito di coda | *Stella caudata*, cometa | *Sonetto c.*, con versi aggiunti ai quattordici, per lo più un settenario e due endecasillabi.

caudifórme [comp. del lat. *cāuda* 'coda' e *-forme*] agg. ● (*raro*) Che ha forma di coda: *appendice c.*

caudillismo /*sp.* kauði'ʎizmo/ [vc. sp., da *caudillo*] s. m. ● Sistema politico in cui il potere assoluto è assunto da un capo militare.

caudillo /*sp.* kau'diʎo/ [vc. sp., letteralmente 'piccolo capo', dal lat. tardo *capitĕllum*, dim. di *căput* 'capo, testa'] s. m. (pl. *caudillos* /*sp.* kau'diʎos/) ● Titolo attribuito a capi politici e militari con poteri dittatoriali in Spagna e nell'America latina | (*per anton.*) Il generale Francisco Franco, al quale il titolo è stato attribuito nel 1938.

caudìno agg. ● Di, relativo alla valle di Caudio | *Forche Caudine*, località in cui gli antichi Romani, vinti dai Sanniti, subirono l'onta di passare sotto una specie di giogo; (*fig.*) Passo, momento o situazione in cui si deve sottostare a una grave umiliazione.

càule [vc. dotta, lat. *caule(m)* 'gambo, fusto', di etim. incerta] s. m. ● (*bot.*) Fusto.

caulèrpa [comp. del gr. *kaylós* 'stelo, fusto', di origine indeur., ed *hérpein* 'strisciare', di origine indeur.] s. f. ● Genere di alghe verdi delle Caulerpacee, unicellulari, con una parte strisciante e una frondosa (*Caulerpa*).

Caulerpàcee [comp. di *caulerpa* e *-acee*] s. f. pl. ● Nella tassonomia vegetale, famiglia di alghe verdi frondose cui appartiene il genere Caulerpa (*Caulerpaceae*) | (al sing. *-a*) Ogni individuo di tale famiglia.

caulinàre agg. ● Che si riferisce al caule.

†**càulo** ● V. *cavolo*.

càuri [indost. *kaurī*] s. m. inv. ● Conchiglia del genere Ciprea, usata come moneta e anche come ornamento da alcune popolazioni africane.

†**càuro** ● V. *coro (2)*.

càusa [vc. dotta, lat. *cāusa(m)*, forse di origine straniera] s. f. **1** (*filos.*) L'antecedente invariabile di un fenomeno: *risalire dagli effetti alle cause* | *C. prima*, Dio. **2** Correntemente, ciò che è origine, motivo, ragione determinante di q.c.: *la superbia è c. di molti mali*; *arricchimento senza c.*; *il moto è c. d'ogni vita* (LEONARDO) | *A, per c. di*, a motivo di, per colpa di | (*dir.*) *C. d'onore*, movente o scopo di taluni reati contro la persona, diretti a celare o vendicare offese all'onore sessuale, un tempo rilevante come circostanza attenuante per il colpevole | *C. di forza maggiore*, evento che non dipende e non può essere controllato dalla volontà umana | *Giusta c.*, fatto che, verificatosi, non consente neppure in via provvisoria la prosecuzione del rapporto di lavoro | *C. del negozio giuridico*, funzione economico-sociale del negozio, tipica dello stesso | *Avente c.*, *dante c.*, titolare di un diritto da altri acquistato o ad altri trasferito | (*ling.*) *Complemento di c.*, complemento che indica il motivo per cui q.c. avviene o si fa | (*ling.*) *Complemento di c. efficiente*, in una frase passiva, quello che indica il fatto che ha provocato l'azione subita dal soggetto | (*est.*) Pretesto: *appigliarsi a ogni c.* SIN. Fonte, occasione, principio, radice. **3** (*dir.*) Materia sostanziale del contendere, e quindi materia del provvedere per il giudice: *c. del processo*; *discussione, esame della c.* | (*est.*) Processo: *c. civile, penale, in tribunale, in pretura*; *chiamare qc. in c.*; *concorso di cause* | *Fare, muovere c.*, compiere le attività necessarie a instaurare un processo | *Essere parte in c.*, (*fig.*) essere direttamente interessato a q.c. | *Dar c. vinta*, cessare la lite e (*fig.*) cessare una polemica, una discussione | *C. persa*, conclusasi sfavorevolmente | *Avvocato delle cause perse*, chi sostiene tesi prive di un fondamento logico e (*fig.*) chi si impegna in questioni e problemi irresolubili, in difese impossibili e sim. | *Con cognizione di c.*, conoscendo bene tutti gli elementi di q.c. | (*fig., lett.*) Questione, disputa. **4** Complesso di vaste rivendicazioni, progetti, ideali, politici, sociali, religiosi e sim. connessi all'azione sistematica di un'organizzazione o gruppo sociale: *c. buona, cattiva, bella, dubbia, persa, sballata*; *la c. della giustizia, della libertà*; *la c. dei lavoratori, degli oppressi, dei poveri, del popolo* | *Abbracciare, sposare una c.*, dedicarsi completamente a essa | *Tradire una c.*, abbandonarla, o anche aderire a una causa contraria a quella abbandonata | *Fare c. comune con qc.*, mettere in comune con qc. progetti e attività || PROV. Chi è causa del suo mal pianga sé stesso. || **causàccia**, pegg. | **causétta**, dim. | **causìna**, dim. | **causóna**, accr. | **causùccia**, dim.

causàle [vc. dotta, lat. tardo *causāle(m)*, da *causa* 'causa'] **A** agg. **1** Procedente da una causa, che ha forza di causa: *principio c.* **2** Che indica la causa: *proposizione, complemento, congiunzione c.* **3** Che costituisce la causa di q.c. o che ad essa si riferisce: *elemento c.* | *Titolo c.*, titolo di credito in cui è menzionato il rapporto giuridico che ne ha determinato l'emissione | *Negozio giuridico c.*, negozio patrimoniale caratterizzato dalla presenza di una giustificazione legale degli effetti posti in essere mediante lo stesso | *Nesso c.*, rapporto di causalità | *Terapia c.*, quella diretta contro la causa di una malattia. || **causalménte**, avv. In conseguenza di una causa. **B** s. f. **1** (*ling.*) Proposizione subordinata indicante la causa per la quale si compie l'azione espressa dalla reggente. **2** Motivo, movente: *la c. di un pagamento, di un delitto*.

causalgìa [vc. dotta, comp. del gr. *kâusis* 'bruciore, calore', da *káiō* 'io brucio' e *-algia*] s. f. (pl. *-gie*) ● (*med.*) Sindrome da lesione parziale di un nervo periferico caratterizzata da dolore, sensazione di bruciore e alterazioni del trofismo cutaneo. SIN. Termalgia.

causalità o †**causalitàde**, †**causalitàte** [da *causale*] s. f. ● Rapporto di causa ed effetto | *Principio di c.*, quello in base al quale è necessario che ogni effetto abbia una sua causa.

causàre [vc. dotta, lat. *causāri*, da *causa* 'causa'] v. tr. (*io càuso*) ● Fare accadere q.c.: *c. danni, dolori, gioia*. SIN. Arrecare, cagionare, procurare, provocare.

causatìvo [vc. dotta, lat. tardo *causatīvu(m)*, da

causa 'causa'] **agg.** *1* Atto a causare q.c.: *si può comprendere la tristizia essere causativa dell'ira* (BOCCACCIO). *2* (*ling.*) Di forma verbale che enuncia una azione fatta eseguire dal soggetto, e non direttamente compiuta da questo.

†**causciù** ● V. *caucciù*.

causeur /*fr.* koˈzœr/ [vc. fr., da *causer* 'discorrere, parlare'] **s. m.** (f. fr. *causeuse*; **pl. m.** *causeurs*; **pl. f.** *causeuses*) ● Conversatore brillante, raffinato.

causeuse /*fr.* koˈzøz/ [vc. fr., dal v. *causer* 'parlare, conversare', perché adatta a due persone che si siedano ad intrattenersi familiarmente] **s. f. inv.** ● Divanetto francese imbottito, a due posti. **SIN.** Amorino.

causidico [vc. dotta, lat. *causĭdicu(m)*, comp. di *causa* 'causa' e *dīcere* 'dire, pronunziare'] **s. m.** (**pl.** *-ci*) ● Anticamente, chi agiva in giudizio in rappresentanza di un litigante senza essere avvocato | (*spreg.*) Avvocato di poco valore. **SIN.** Azzeccagarbugli, cavalocchio, leguleio.

càustica [da *caustico*] **s. f.** ● (*fis.*) Superficie formata dalla intersezione dei raggi riflessi da uno specchio curvo di grande apertura o rifratti da una lente convergente di grande apertura che partono da uno stesso punto luminoso.

causticazióne [da *caustico*] **s. f.** *1* (*med.*) Distruzione di porri, verruche, condilomi e sim. per mezzo di sostanze caustiche. *2* Lesione in tessuti dell'organismo provocata dall'azione di caustici.

causticità **s. f.** ● Qualità di ciò che è caustico (*anche fig.*): *la sua c. è proverbiale*.

càustico [vc. dotta, lat. *caustĭcu(m)*, nom. *causticus*, dal gr. *kaustikós*, da *káiō* 'io brucio'] **A** **agg.** (**pl. m.** *-ci*) *1* Detto di composto, spec. di idrossido alcalino, altamente corrosivo per i tessuti organici: *soda, potassa caustica*. *2* (*fig.*) Aspro e mordace: *discorso, tono c.* **SIN.** Corrosivo. || **causticaménte**, **avv.** **B** **s. m.** ● Composto o sostanza caustica.

caustificàre [comp. del gr. *kaustós* 'bruciato' (V. *caustico*) e di *-ficare*] **v. tr.** (*io caustìfico*) ● (*chim.*) Trasformare un carbonato alcalino nell'idrossido corrispondente.

†**cauteggiàre** [da *cāutus* 'cauto'] **v. intr.** ● Usare cautela.

cautèla [vc. dotta, lat. *cautēla(m)*, da *cāutus* 'cauto'] **s. f.** *1* Nel diritto romano, consiglio o collaborazione del giurista al componimento di atti e negozi giuridici conformi al diritto. *2* Prudenza e accortezza che mira a evitare danni a sé e agli altri: *parlare, agire con c.* **SIN.** Circospezione | (*est.*) Accorgimento, precauzione: *ho preso le dovute cautele*. **SIN.** Avvertenza.

cautelàre (**1**) [da *cautela*] **agg.** ● Che tende a evitare un danno: *provvedimento c.* | *Procedimento c.*, procedimento speciale tendente alla emanazione di un provvedimento giurisdizionale cautelare | *Giurisprudenza c.*, complesso delle opere dei giureconsulti romani dell'età repubblicana relative alla loro attività di collaborazione all'attività giuridica pratica. || **cautelarménte**, **avv.** A scopo cautelare.

cautelàre (**2**) **A** **v. tr.** (*io cautèlo*) ● Assicurare prendendo la dovuta cautela: *c. i propri interessi*. **SIN.** Difendere. **B** **v. rifl.** ● Difendersi da q.c. premunendosi: *cautelarsi dal freddo, dalla mala fede*.

cautelatìvo **agg.** ● (*raro*) Che tende a cautelare: *misura cautelativa*.

cautelóso **agg.** ● (*raro*) Pieno di cautela.

cautèrio o **cautère** [vc. dotta, lat. tardo *cautēriu(m)*, dal gr. *kautḗrion*, da *káiō* 'io brucio'] **s. m.** ● Strumento chirurgico usato per la bruciatura terapeutica di verruche, nei, piccoli tumori superficiali della pelle e sim. | V. anche *criocauterio* e *termocauterio*.

cauterizzàre [vc. dotta, lat. tardo *cauterizāre*, dal gr. *kauteriázō*, da *kautḗrion* 'cauterio'] **v. tr.** ● Bruciare con il cauterio: *c. un porro, un neo*.

cauterizzazióne **s. f.** ● Atto, effetto del cauterizzare.

cautézza [da *cauto*] **s. f.** ● (*raro*) Accortezza, prudenza.

càuto [vc. dotta, lat. *cāutu(m)*, da *cavēre* 'guardarsi'] **agg.** ● Che agisce con cautela: *è un affarista molto c.* | *Far c.*, mettere sull'avviso | *Andar c.*, agire con circospezione | *Mal c.*, incauto | Che mostra cautela: *discorso, tono c.* **SIN.** Accorto, avveduto, circospetto, prudente. || **cautaménte**, **avv.** In modo cauto, prudente.

cauzionàle [vc. dotta, lat. tardo *cautionāle(m)*, da *cautio*, genit. *cautiōnis* 'cauzione'] **agg.** ● (*dir.*) Relativo a cauzione: *attività c.* | *Deposito c.*, di somma o titoli a garanzia del buon fine di lavoro da eseguirsi.

cauzionàre **v. tr.** (*io cauzióno*) ● Garantire con cauzione: *c. un proprio futuro comportamento*.

cauzionàto **part. pass.** di *cauzionare*; anche **agg.** ● Nei sign. del v.

cauzióne [vc. dotta, lat. *cautiōne(m)*, da *cavēre* 'guardarsi'] **s. f.** *1* (*dir.*) Deposito di una somma di denaro, di titoli di credito e sim. effettuato a garanzia di un determinato comportamento: *dare, richiedere una c.* | (*est.*) La somma di denaro, di titoli di credito e sim. così depositata: *perdere, restituire la c.* *2* †Cautela: *gli uomini nelle opere loro procedono alcuni con impeto, alcuni con rispetto e con c.* (MACHIAVELLI). || **cauzioncèlla**, **dim.**

càva [lat. *căva(m)*, f. dell'agg. *căvus* 'cavo'] **s. f.** *1* †Luogo cavo o scavato, cavità | Fossa, buca | (*est.*) Tana, canile. *2* (*miner.*) Scavo a cielo aperto o raggiungibile in galleria, da cui si estraggono minerali o torba: *c. di marmo, di zolfo, di gesso* | (*est.*) Il materiale estraibile | (*est.*) Il luogo dello scavo. *3* (*fig.*) Grande quantità, accumulo di q.c. da cui si può attingere senza esaurirlo: *una c. di denari, di spropositi*; *Alfredo è una c. di barzellette*. *4* (*elettr.*) Intaglio entro cui si pongono organi o strumenti atti a realizzare collegamenti o registrazioni.

cavabórra [comp. di *cava(re)* e *borra*] **s. m. inv.** ● Strumento a forma di succhiello per estrarre la borra dalle armi da fuoco ad avancarica.

cavachiòdi [comp. di *cava(re)* e il pl. di *chiodo*] **s. m.** ● Ferro speciale per togliere i chiodi nel montaggio di una tomaia.

cavadènti [comp. di *cava(re)* e il pl. di *dente*] **s. m.** *1* Chi un tempo esercitava il mestiere di estrarre o curare i denti, spec. come girovago e all'aperto | Ciarlatano (*anche fig.*): *c. della politica, dell'arte*. *2* (*spreg.*) Dentista di scarso o nullo valore professionale.

cavafàngo [comp. di *cava(re)* e *fango*] **s. m. inv.** ● Draga impiegata per rimuovere melma e fanghiglia dal fondo di porti e canali. **SIN.** Cavafondo.

†**cavafièno** [comp. di *cava(re)* e *fieno*] **s. m. inv.** ● Cavaborra per artiglierie ad avancarica.

†**cavafóndo** [comp. di *cava(re)* e *fondo*] **s. m. inv.** *1* Ferro a cima tonda per fare il fondo a lavori in legno. *2* Cavafango.

cavàgna **s. f.** ● (*raro, dial.*) Cavagno.

cavàgno o †**gavàgno** [etim. incerta] **s. m.** ● (*dial.*) Cesto, paniere. || **cavagnòlo**, **dim.** (V.).

cavagnòla [da *cavagno*, il 'cesto' sul quale orig. si ponevano le poste] **s. f.** ● Antico gioco d'azzardo basato su un tabellone suddiviso in caselle sulle quali venivano disposte le puntate.

cavagnòlo o (*lett.*) **cavagnuòlo** **s. m.** *1* Dim. di *cavagno*. *2* Piccolo canestro che si usa mettere alla bocca dei buoi affinché arando o trebbiando non mangino.

cavaiòlo o †**cavaiuòlo** [da *cava*] **s. m.** ● (*tosc.*) Operaio delle cave di marmo o di pietra.

cavalcàbile **agg.** ● (*raro*) Che si può cavalcare: *cavallo difficilmente c.* | Che si può percorrere a cavallo: *sentiero, ponte c.*

†**cavalcadùra** ● V. *cavalcatura*.

cavalcànte **A** **part. pres.** di *cavalcare*; anche **agg.** ● Nei sign. del v. **B** **s. m.** ● Chi cavalca | †Soldato a cavallo | †Domestico che a cavallo segue il padrone.

cavalcàre [lat. tardo *caballicāre*, da *cabăllus* 'cavallo'] **A** **v. tr.** (*io cavàlco, tu cavàlchi*) *1* Montare un cavallo o altro animale: *c. un puledro, un purosangue*; *c. un mulo, un asino* | *C. una tigre*, (*fig.*) tentare di controllare una situazione disperata, dovuta spec. alle proprie azioni | (*est.*) Stare a cavalcioni di qc. o q.c.: *c. un ramo, un muretto*. *2* Passar sopra avvallamenti, strade, corsi d'acqua e sim., detto di arcate, ponti e sim.: *il viadotto cavalca l'intera valle*. *3* †Percorrere con la cavalleria un paese nemico per devastarlo. *4* †Percorrere una via e sim. **B** **v. intr.** (aus. *avere*) ● Andare a cavallo: *imparare, insegnare a c.*; *mi piace molto c.* | *C. all'amazzone*, con tutte e due le gambe da un lato della sella | *C. a bisdosso, a bardosso, a ridosso*, senza sella. | Viaggiare a cavallo: *cavalcarono tutta la notte*.

cavalcàta [da *cavalcare*] **s. f.** *1* Passeggiata, viaggio a cavallo (*anche fig.*): *fare una c. nella prateria*; *una c. attraverso la letteratura americana*. *2* Gruppo, corteo di persone a cavallo: *una gran c. di nobili*; *la c. sarda a Sassari fu sfilare i sessanta diversi costumi regionali*. *3* †Scontro o scorreria di uomini armati a cavallo: *attendevano con correrie e cavalcate grosse a predare i bestiami* (GUICCIARDINI).

cavalcatóio [da *cavalcare*] **s. m.** ● (*raro*) Montatoio.

cavalcatóre **A** **s. m.**; anche **agg.** (f. *-trice*) ● Chi, che cavalca, spec. con abilità: *ottimo c.*, *vestiva per vezzo da domatore di puledri* (BACCHELLI). **B** **s. m.** ● †Soldato a cavallo.

cavalcatùra o †**cavalcadùra**. **s. f.** *1* Bestia che si cavalca: *avere una buona, una cattiva c.* *2* †Atto, effetto del cavalcare.

cavalcavìa [comp. di *cavalca(re)* e *via*] **s. m. inv.** ● Ponte che passa al di sopra di una via attraversandola | Ponte di passaggio fra due case o parti di una stessa casa.

†**cavalcherésco** **agg.** ● Cavalleresco.

cavalchìna [da *cavalcare*] **s. f.** ● A Venezia, veglione mascherato, spec. del venerdì grasso, che ha luogo nel teatro La Fenice.

cavalcióni o (*raro*) **cavalcióne** [ant. fr. *chevauchions*, da *chevauchier* 'cavalcare'] **avv.** *1* Nella posizione di chi va a cavallo, inforcandolo con una gamba da una parte e l'altra dalla parte opposta, spec. nella loc. avv. *a c.*: *stare, mettersi a c. di una panca, di un muretto*. *2* Nella ginnastica, posizione in appoggio a gambe divaricate e parallele: *c. avanti, c. indietro*. *3* Stando seduto con una gamba accavallata sull'altra | Anche nella loc. avv. *a c.*: *due uomini, seduti ... il più giovane con le mani in tasca, una gamba a c. dell'altra* (FOGAZZARO). *4* A cavalluccio: *portava c. sopra le spalle un bimbo*.

cavalièra **s. f.** ● (*raro, scherz.*) Moglie o figlia di un cavaliere.

cavalieràto **s. m.** ● Grado iniziale di ordini cavallereschi, militari, ospitalieri.

cavalière o †**cavalièro** [provz. *cavalier*, dal lat. tardo *caballāriu(m)* 'palafreniere'] **s. m.** (f. †*-a*, †*-essa*) *1* Chi va a cavallo: *c. abile, provetto, esperto*; *un c. improvvisato, da strapazzo* | (*est.*) Chi partecipa a gare di equitazione. ➡ ILL. p. 1288 SPORT. *2* Soldato a cavallo | (*gener.*) Soldato dell'arma di cavalleria. *3* Membro della cavalleria medievale: *diventare c.*; *un c. nobile, famoso, ardito, leggendario*; *i cavalieri della tavola rotonda* | *C. bagnato*, per la cerimonia del bagno usata, durante l'investitura, come simbolo di purificazione | *Fare, creare, armare qc. c.*, con la cerimonia dell'investitura | *C. errante, di ventura*, che andava per il mondo affrontando cimenti in difesa degli oppressi | *Il c. dalla triste figura*, Don Chisciotte | *Il c. senza macchia e senza paura*, appellativo di Baiardo; (*est., fig.*) persona coraggiosa, generosa, integerrima | (*est.*) Guerriero, eroe: *le donne, i cavallier, l'arme, gli amori / ... io canto* (ARIOSTO) | (*fig., lett.*) Campione, difensore | (*raro, scherz.*) *C. d'industria*, chi maschera con un'apparenza di perbenismo la sua natura di avventuriero. *4* (*est.*) L'uomo che accompagna una donna, spec. a manifestazioni mondane, divertimenti e sim. | (*est.*) L'uomo che si comporta abitualmente con raffinata cortesia, spec. nei confronti delle donne: *è un perfetto c.* | L'uomo che guida e accompagna la dama nel ballo: *è il mio c. fisso*. *5* †Gentiluomo dedito al servizio di una dama | †*Ricevere suo c.*, della dama che accetta il servizio d'un gentiluomo | *C. servente*, secondo l'uso del XVIII sec., corteggiatore, cicisbeo. *6* Chi è stato decorato di un'insegna cavalleresca: *c. al merito della Repubblica*; *c. di Malta, della SS. Annunziata*; *c. di Vittorio Veneto* | *C. del lavoro*, chi è insignito dell'ordine al merito del lavoro per particolari benemerenze nei vari settori dell'economia nazionale. *7* Nella Roma antica, membro dell'ordine equestre | Nell'età comunale, ufficiale del podestà. *8* Elemento dell'antica fortificazione, costituito da una sopraelevazione di terra o di muro, variamente dislocata, per dare alla difesa maggiore dominio di vista e di tiro | *A c.*, in posizione sopraelevata, dominante. ➡ ILL. p. 360 ARCHITETTURA. **9** †Nel gioco degli scacchi, il cavallo. **10** Cavalierino, nel sign. 2. **11** (*zool.*, *dial.*) Baco da seta | *C. d'Italia*, uccello dei Caradriformi con lungo becco sottile e diritto, zampe lunghissime ed esili e livrea bianca e nera (*Himantopus himantopus*). || **cavalieràzzo**, pegg. | **cavalierino**, dim. (V.) | **cavalieròtto**, accr. | **cavalierùccio**, dim.

cavalierìno s. m. **1** Dim. di *cavaliere*. **2** Piccolo peso, a forma di U capovolta, spostabile con manovra dall'esterno lungo il giogo della bilancia per analisi, che permette di eseguire rapidamente pesate di precisione. **3** Fermaglio colorato fissato ai bordi delle schede di uno schedario, per evidenziare a colpo d'occhio determinate informazioni presenti nelle stesse: *c. segnaletico*.

†**cavalièro** • V. *cavaliere*.

cavàlla [lat. *cabălla(m)*. V. *cavallo*] s. f. **1** Femmina del cavallo. **2** Traliccio verticale di legno o metallo, per divisione o sostegno, in scaffalature e strutture varie. **3** (*mar.*) Carbonera. || **cavallàccia**, pegg. | **cavallìna**, dim. (V.) | **cavallóna**, accr. (V.).

cavallàio o (*dial.*) **cavallàro** [lat. tardo *caballāriu(m)* 'palafreniere', da *cabăllus* 'cavallo'] s. m. **1** Guardiano di un branco di cavalli. SIN. Buttero | Chi guida cavalli da tiro. **2** Chi commercia in cavalli. **3** †Corriere, guida, messo.

cavallànte **A** part. pres. di *cavallare* • Nel sign. del v. **B** s. m. • Custode di cavalli | (*raro*, *region.*) Chi esegue trasporti con carri trainati da cavalli.

†**cavallàre** v. tr. • Montare a cavallo | Cavalcare.

cavallàro • V. *cavallaio*.

cavallàta s. f. **1** Anticamente, banda di soldati a cavallo prelevati nel contado dai vassalli per obbligo feudale. **2** Nel Medioevo, obbligo dei vassalli di fornire gli uomini e i cavalli per le cavallate o di pagare un'imposta corrispondente.

cavalleggèro o **cavalleggère**, **cavalleggière**, **cavalleggièro** [fr. *chevau-léger* 'soldato a cavallo armato alla leggera'] s. m. **1** Anticamente, soldato a cavallo armato alla leggera | Soldato della cavalleria leggera. **2** Negli eserciti attuali, soldato di cavalleria.

cavallerésco agg. (pl. m. *-schi*) **1** Che si riferisce alla cavalleria medievale | *Letteratura, poesia cavalleresca*, il complesso dei poemi e dei romanzi ispirati alla cavalleria e ai suoi eroi. **2** Da cavaliere, proprio dei cavalieri: *contegno c.*; *insegne cavalleresche*; *codice c.* **3** (*est.*) Nobile, ardito, generoso: *animo*, *gesto c.* SIN. Cortese, leale. || **cavallerescaménte**, avv. In modo cavalleresco, nobile; †con franchezza e arditezza.

cavallerìa [da *cavaliere*] s. f. **1** Milizia a cavallo | *C. grossa o grave, leggera*, secondo il tipo di armatura e di armamento del cavaliere | *Passare in c.*, (*fig.*) di cosa a suo tempo convenuta, non farsene più nulla o, di oggetto materiale, sparire, essere sottratto o non reso | Folto gruppo di cavalieri: *la contessa ... con molta c. gli andò incontro* (VILLANI) | †Milizia. **2** Una delle Armi costitutive dell'attuale esercito italiano, non più montata su cavallo ma su mezzi corazzati: *c. blindata*. **3** Istituzione militare e religiosa fiorita tra la nobiltà feudale, che si prefiggeva la lotta in difesa dei deboli, della donna e della chiesa cristiana | (*est.*) Insieme dei cavalieri e delle imprese da essi compiute | *Libri, poesia, poeti di c.*, che trattano o cantano i fatti d'arme e d'amore compiuti dagli eroi della cavalleria. **4** (*est.*) Complesso di norme morali che costituivano il fondamento della cavalleria feudale | (*est.*) Lealtà, generosità: *trattare con c. il nemico vinto*; *c. rusticana* | Comportamento maschile caratterizzato da raffinata cortesia e signorilità: *comportarsi con c.*; *usare c. con le signore* | †Bravura in armi | †Ardire, coraggio. **5** †Cerimonia con la quale si creavano i cavalieri. **6** †Equitazione.

cavallerìzza [sp. *caballeriza* 'scuderia', da *caballero* 'cavaliere'] s. f. • Maneggio.

cavallerìzzo [sp. *caballerizo*. V. *cavallerizza*] s. m. (f. *-a* nei sign. 1 e 3) **1** Chi abitualmente cavalca ed è in ciò particolarmente abile: *un c. spericolato*. **2** Chi ammaestra i cavalli e insegna a cavalcare. **3** Chi presenta i cavalli ammaestrati in un circo e si esibisce dando mostra di grande abilità nel montarli. **4** *C. maggiore*, titolo del sovrintendente alle scuderie in alcune antiche corti.

†**cavalleróso** agg. • Cavalleresco. || †**cavallerosaménte**, avv. Cavallerescamente.

cavallétta (**1**) [da *cavallo*, per i salti che fa (?)] s. f. **1** Correntemente, insetto ortottero degli Acridoidei e Locustoidei, spesso dannoso alle colture. **2** (*fig.*) Persona avida e vorace | *Essere come le cavallette, peggio delle cavallette*, di persona estremamente fastidiosa e invadente.

†**cavallétta** (**2**) [dim. di *cavalla* nel sign. 3] s. f. **1** (*mar.*) Mezzanella. **2** (*fig.*) Frode, inganno | *Fare una c.*, un torto, un'ingiustizia.

cavallétto s. m. **1** Dim. di *cavallo*. **2** Supporto di legno o metallo, costituito da due elementi a forma di V rovesciata, per sostenere tavoli e sim. **3** Supporto a tre piedi di legno o metallo per sostenere oggetti o strumenti: *il c. del cannocchiale, della lavagna, della macchina fotografica, da pittore* | *Quadro di c.*, in contrapposto alla pittura murale, dipinto eseguito su cavalletto e perciò trasportabile | *C. per scarnare*, banco per scarnare, depilare e purgare le pelli | *C. dendrometrico*, strumento per misurare il diametro degli alberi. **4** Antico strumento di tortura. **5** Struttura di notevole altezza, in ferro o in legno o in cemento armato, atta a reggere carichi quali gru, teleferiche, e sim. **6** (*mil.*) Supporto in funzione di affusto per le antiche armi da getto e da fuoco | Treppiede su cui si fissano alcune armi da fuoco moderne quali mitragliatrici e sim. | *C. di puntamento*, treppiede su cui si appoggia il fucile per addestrare le reclute al puntamento. **7** Cumulo di covoni sul campo. **8** *Sistemazione a c.*, tipica dei terreni argillosi di pianura del Bolognese e di altre zone emiliane.

cavallìna s. f. **1** Dim. di *cavalla*. **2** (*fig.*) Donna giovane, graziosa e vivace | (*fig.*) *Correre la c.*, condurre una vita sbrigliata, disordinata, ricca di divertimenti, spec. in campo amoroso. **3** Nella ginnastica, attrezzo per esercizi di salto e volteggio di dimensioni minori del cavallo. **4** Gioco infantile consistente nel saltare un ragazzo chinato.

cavallìno (**1**) [lat. *caballīnu(m)*, da *cabăllus* 'cavallo'] agg. **1** (*raro*) Equino: *genere c.* | Da cavallo: *muso c.* | *Mosca cavallina*, che punge cavalli e buoi per succhiarne il sangue; (*fig.*) persona oltremodo molesta. **2** (*pop.*) *Tosse cavallina*, pertosse.

cavallìno (**2**) s. m. **1** Dim. di *cavallo* | *Fare il c.*, dondolare il bambino sulle ginocchia, cantandogli una cantilena. **2** Deiezioni di cavallo usate come concime. **3** Pelle di puledro conciata e usata in pellicceria: *una giacca di c.* **4** (*spec. al pl.*) *Cavallini di Sardegna*, bolli a inchiostro o a secco di vario valore, raffiguranti un genietto a cavallo, impresso sulle carte postali bollate del Regno di Sardegna in funzione di tassa postale. **5** (*mar.*) Freccia della concavità longitudinale che il ponte di coperta presenta per essere in leggera salita verso prora e verso poppa, a partire dal centro. **6** (*mecc.*) Pompa a vapore a stantuffo, che alimenta l'acqua alle caldaie.

cavàllo [lat. *cabăllu(m)* 'cavallo castrato', prob. di origine preindeur.] s. m. (f. *-a* nel sign. 1) **1** Mammifero domestico degli Equini, erbivoro, con collo eretto ornato di criniera, piede fornito di un solo dito protetto dallo zoccolo, variamente denominato a seconda del colore del mantello (*Equus caballus*): *c. baio, bianco, morello, sauro*; *c. da corsa, da tiro, da sella* | *C. da monta*, stallone | *C. da posta*, usato un tempo per lunghi viaggi, che veniva cambiato a ogni stazione di posta | *C. sottomano*, nelle pariglie, quello non montato, che il conducente del cavallo montato guida con le sole redini | *C. a dondolo*, giocattolo di legno, cartapesta e sim., riproducente un piccolo cavallo montato su due assicelle ricurve che gli permettono di dondolare | †*c. chineo*, chinea | *A c.!, tutti a c.!*, ordine o segnale impartito ai soldati di cavalleria perché montino in sella | *Stare a c. di q.c.*, a cavalcioni | *A c. di due secoli*, (*fig.*) fra due secoli | *Medicina, cura da c.*, (*fig.*) fortissima | *Dose da c.*, molto abbondante | *Febbre da c.*, (*fig.*) molto alta | (*fig.*) *Spropositi da c.*, madornali | *Essere a c.*, (*fig.*) in posizione o situazione nettamente favorevole | *C. di battaglia*, (*fig.*) commedia o scena in cui un attore mostra le sue migliori qualità e (*est.*) attività, complesso di nozioni e sim. in cui una persona si sente più sicura di sé, della propria riuscita | *Montare sul c. di Orlando*, assumere atteggiamenti bellicosi | (*fig.*) *Il c. di S. Francesco*, le proprie gambe | (*fig.*) *Andare col c. di S. Francesco*, a piedi | *C. di ritorno*, cavallo di vettura che ritorna nel luogo da cui era partito e (*fig.*) notizia che torna come di rimbalzo, dopo un lungo giro, al punto di origine. SIN. Cavalcatura, corsiero, destriero, giumento. ➡ ILL. p. 1288, 1289 SPORT. **2** (*per anton.*) Cavallo vapore: *potenza di quindici cavalli*; *motore da venti cavalli*. **3** *c. di Frisia*, ostacolo mobile della fortificazione campale, costituito da un telaio di materiale e di forma diversi, armato di filo spinato, per sbarrare strade, passaggi obbligati, varchi dei reticolati. **4** Nella ginnastica, attrezzo per esercizi di volteggio, composto da un telaio di legno, retto da quattro sostegni, imbottito di crine e ricoperto di cuoio | *C. con maniglie*, per compiere particolari evoluzioni. **5** Pezzo del gioco degli scacchi, a forma di testa di cavallo | Figura delle carte da gioco italiane. **6** Nel gioco della roulette, combinazione di due numeri vicini su cui si può puntare. **7** Inforcatura dei pantaloni o delle mutande. **8** †Soldato a cavallo. **9** †Flutto, cavallone || PROV. A caval donato non si guarda in bocca. || **cavallàccio**, pegg. | **cavallétto**, dim. (V.) | **cavallìno**, dim. (V.) | **cavallóne**, accr. (V.) | **cavallòtto**, accr. (V.) | **cavallùccio**, dim. (V.).

cavallóna s. f. **1** Accr. di *cavalla*. **2** (*fig.*, *scherz.*) Donna grande, robusta e priva di grazia.

cavallóne s. m. (f. *-a* (V.)) **1** Accr. di *cavallo*. **2** (*fig.*) Persona dinamica e scomposta nei movimenti. **3** Grande ondata marina: *un c. rovesciò il battello*; *la furia dei cavalloni era terribile*.

cavallottìno s. m. **1** Dim. di *cavallotto*. **2** Chiodo a due punte usato per fissare cordoni, grossi fili e sim.

cavallòtto s. m. **1** Accr. di *cavallo*. **2** (*elettr.*) Ponticello. **3** (*tecnol.*) Elemento metallico piegato a forma di U, spesso filettato alle due estremità e munito di dadi, utilizzato per bloccare tubi o serrare insieme funi | Chiodo ricurvo a due punte. SIN. Cambretta | Denominazione delle staffe che mantengono unite le foglie sovrapposte delle molle a balestra. **4** Moneta d'argento, poi di misura, coniata nell'Italia settentrionale nel XVI e XVII sec., con la figura di un cavaliere sul rovescio. || **cavallottìno**, dim. (V.).

cavàllo vapóre [fr. *cheval-vapeur*, dall'ingl. *horse-power* 'potenza di un cavallo'] loc. sost. m. (pl. *cavàlli vapóre*) • (*ing.*) Unità di misura della potenza nel sistema tecnico, pari a 735,5 watt. SIMB. CV | *Cavallo vapore fiscale*, unità di misura della potenza fiscale dei motori a scoppio.

cavallùccio s. m. **1** Dim. di *cavallo*. **2** (*spreg.*) Cavallo magro e malandato. **3** Posizione di chi sta seduto sulle spalle di un altro, con le gambe appoggiate una sulla sua spalla destra e una sulla sinistra, spec. nella loc. *a c.*: *portar un bimbo a c.* **4** *C. marino*, (*pop.*) ippocampo. **5** Pasticcino duro, ovale e leggermente schiacciato, con miele, specialità di Siena.

cavalòcchio o (*raro*) **cavalòcchi** [comp. di *cava(re)* e *occhio*] s. m. **1** (*tosc.*) Libellula. **2** Chi faceva il legale in piccole cause senza essere addottorato | Avvocato disonesto. SIN. Azzeccagarbugli, leguleio. **3** †Esattore esoso.

cavaménto s. m. • (*raro*) Atto, effetto del cavare.

cavàna [lat. *capănna(m)*] s. f. • (*ven.*) Nelle valli da pesca, rimessa per le imbarcazioni, costituita da una tettoia chiusa su tre lati.

cavapiètre [comp. di *cava(re)* e il pl. di *pietra*] s. m. inv. • Operaio scavatore delle cave di pietra.

cavàre [lat. *cavāre* 'incavare, render cavo', da *căvus* 'cavo'] **A** v. tr. **1** †Scavare, incavare. **2** Trarre fuori in modo più o meno rapido e violento (*anche fig.*): *c. marmi, pietre, metalli*; *c. un dente*; *c. acqua dal pozzo*; *c. brani da un libro*; *c. il senso di un discorso* | *C. sangue*, salassare | *C. suoni da uno strumento*, suonarlo | (*fig.*) *C. sangue da una rapa, da un sasso*, pretendere l'impossibile | *Non c. un ragno dal buco*, non raggiungere alcun risultato | *C. denari da qc.*, ottenerli con più o meno difficoltà | *C. gli occhi a qc.*, accecarlo | *Cavarsi gli occhi*, litigare furiosamente con qc. |

Cavarsi gli occhi sui libri, leggere molto | (*raro*) Rimuovere da un ufficio, da una carica. SIN. Estrarre. **3** Togliere (*anche fig.*): *c. la giacca, le scarpe*; *c. un vizio, un difetto* | *C. le macchie*, smacchiare | *C., cavarsi la fame, la sete, una voglia*, soddisfarle | *Cavarsela*, uscire più o meno bene da una situazione difficile, pericolosa e sim.: *anche questa volta se la caverà*. **4** Ricavare, ottenere, dedurre | *C. i numeri del lotto*, indovinarli deducendo da sogni e sim. **5** †Liberare. **6** (*fig.*) †Eccettuare. **B** v. intr. (aus. *avere*) ● Nella scherma, eseguire una cavazione.

cavastivàli [comp. di *cava(re)* e il pl. di *stivale*] s. m. ● Apparecchio di legno in cui si conficca il tacco in modo da facilitare l'estrazione dello stivale.

cavastràcci [comp. di *cava(re)* e il pl. di *straccio*] s. m. ● Specie di succhiello applicato alla bacchetta per cavare la borra e togliere la carica o per avvolgervi stoppe per pulire la canna delle armi da fuoco ad avancarica portatili.

cavàta s. f. **1** Atto, effetto del cavare | *C. di sangue*, salasso. **2** (*fig.*) Forte spesa. **3** (*mus.*) *C. di voce*, forza e limpidezza di suoni, che l'esecutore trae, spec. da uno strumento. **4** Fusata. **5** *C. dei fuochi*, il periodo annuale di sospensione del lavoro nelle vetrerie muranesi. || **cavatina**, dim. (V.).

cavatàppi [comp. di *cava(re)* e il pl. di *tappo*] s. m. ● Arnese metallico con asta a succhiello per sturare bottiglie. SIN. Cavaturaccioli.

cavatìccio agg.; anche s. m. (pl. f. *-ce*) ● (*raro*) Che, ciò che, si cava: *terra cavaticcia*; *il c. s'ammucchia ai bordi dello scavo*.

cavatina s. f. **1** Dim. di *cavata*. **2** (*mus.*) Nel melodramma ottocentesco, grande aria in due parti e virtuosistica che introduce un nuovo personaggio: *la c. di Norma*. **3** (*fig.*) Espediente ingegnoso per togliersi d'impiccio: *la tua è stata proprio una bella c.*

cavatóia [da *cavare*] s. f. ● Fenditura in alberi, pennoni di navi, bracci di gru e sim., nella quale sta la puleggia e passa la corda.

cavatóre [lat. *cavatōre(m)* 'che scava', da *cavāre*. V. *cavare*] s. m. **1** Chi è addetto a lavori di scavo: *c. in una miniera di zolfo*; *c. di trincee*. **2** Ricercatore di tartufi, tartufaio.

cavatrìce s. f. ● Macchina per eseguire cave o mortase nel legno. SIN. Mortasatrice.

cavatùberi [comp. di *cava(re)* e il pl. di *tubero*] s. m. ● Macchina per estrarre tuberi, spec. patate, dal terreno.

cavatùra [vc. dotta, lat. tardo *cavatūra(m)* 'cavità', da *cavāre* 'cavare'] s. f. **1** (*raro*) Atto, effetto del cavare. **2** (*est.*) Scavo.

cavaturàccioli [comp. di *cava(re)* e il pl. di *turacciolo*] s. m. ● Cavatappi.

cavazióne [vc. dotta, lat. *cavatiōne(m)* 'cavità, concavità', da *cavāre* 'rendere cavo'. V. *cavare*] s. f. ● Nella scherma, azione eseguita per movimento di polso che serve a svincolare la lama del proprio ferro da un legamento dell'avversario.

cave /fr. kav/ [fr. 'cantina', dal lat. *căva(m)* 'cava'] s. f. inv. ● Cabaret, spec. parigino, situato in uno scantinato.

càvea [lat. *căvea(m)*, di etim. incerta] s. f. ● Nei teatri e anfiteatri antichi, l'insieme delle gradinate riservate agli spettatori.

caveau /fr. ka'vo/ [fr., dim. di *cave* 'cantina'. V. *cave*] s. m. inv. (pl. fr. *caveaux*) ● Luogo in cui la banca custodisce valori. SIN. Tesoro.

cavedàgna ● V. *capezzagna*.

cavédano o †**cavédine** [lombardo *cavéden*, dal lat. **capitīne(m)*, da *căput*, genit. *căpitis* 'testa'. V. *capitone*] s. m. ● Pesce dei Ciprinidi, commestibile, di acqua dolce, privo di barbigli, con squame voluminose verdastre e argentee (*Leuciscus cephalus*).

cavèdio [vc. dotta, lat. *cavăediu(m)*, da *căvum ăedium* 'il vuoto della casa' (*aedes* 'casa')] s. m. **1** Cortile scoperto della casa romana con logge | Atrio. **2** Cortile piccolo, atto a dare aria e luce a locali secondari, come scale, corridoi, bagni e latrine.

†**cavelle** [lat. *quăm vĕlles* 'quanto tu voglia'] pron. indef. **1** Qualche cosa, un nonnulla: *se tu vuo' ch'io te comperi c.* (L. DE' MEDICI). **2** Niente, nulla, preceduto da negazione: *non mi dee dare c.* (SACCHETTI).

†**cavèllo** ● V. *capello*.

cavèola [vc. dotta, dal lat. *căvea(m)*, interpretata come 'cavità', col suff. dim. *-ola*] s. f. ● (*biol.*) Ognuna delle minute cavità presenti sulla superficie di alcuni tipi cellulari specializzati, formate dall'invaginazione del plasmalemma e aperte sull'ambiente esterno.

cavèrna [vc. dotta, lat. *cavĕrna(m)*, da *căvus* 'cavo'] s. f. **1** Grotta formatasi per l'azione solvente delle acque minerali nel gesso e nel calcare: *una c. sotterranea*; *esplorare una c.* | *Uomo delle caverne*, uomo preistorico e (*fig.*) persona rozza negli atti e nelle parole. SIN. Antro, speco, spelonca. **2** (*fig.*) Casa sudicia, buia e malsana: *abitare in una c.* **3** Grotta artificiale | *Postazione in c.*, per le artiglierie. **4** (*med.*) Cavità formata in un organo da un processo morboso | *C. polmonare*, formata dalla fusione di focolai tubercolari nel polmone. || **cavernàccia**, pegg. | **cavernèlla**, dim. | **cavernétta**, dim. | **cavernùzza**, dim.

cavernìcolo o †**cavernìcola** [comp. di *caverna* e *-colo*] **A** s. m. (f. *-a*) **1** Abitante delle caverne: *i cavernicoli dell'età della pietra*. SIN. Troglodita. **2** (*est.*) Chi vive in catapecchie sudicie e buie: *vita da c.* **3** (*fig.*) Persona rozza e intrattabile | Selvaggio: *urlare come un c.* **B** agg. ● Che abita nelle caverne: *uomo c.*; *fauna cavernicola*.

cavernosità s. f. **1** (*raro*) Qualità di ciò che è cavernoso | (*est.*) Parte cavernosa di q.c. **2** (*med.*) Vuoto formatosi per processo patologico.

cavernóso [vc. dotta, lat. *cavernōsu(m)*, da *cavĕrna* 'caverna'] agg. **1** Pieno di caverne: *luogo c.* **2** (*anat.*) Detto di organo formato di lacune sanguigne | *Corpo c.*, proprio del pene e del clitoride | *Seno c.*, uno dei seni della dura madre. **3** Fatto a, simile a, caverna: *una buca cavernosa*. **4** (*fig.*) Cupo, roco, profondo: *che voce cavernosa!*

cavetterìa [da *cavetto (1)*] s. f. ● Insieme di cavi e cavetti per impianti elettrici e telefonici.

cavétto (1) s. m. **1** Dim. di *cavo (2)*. **2** Insieme di due fili metallici protetti e isolati tra di loro, per il trasporto di energia o segnali elettrici.

cavétto (2) s. m. **1** Dim. di *cavo (1)*. **2** (*arch.*) Modanatura ricurva a profilo concavo, caratteristica dell'architettura dorica e assai usata anche in età barocca. SIN. Guscio.

cavézza o (*raro*) **capézza** [lat. *capĭtia*, nt. pl. di *capĭtium* 'apertura superiore della tunica per cui passa il collo' (da *căput*, genit. *căpitis* 'capo')] s. f. **1** Finimento di corda o cuoio per la testa degli equini e dei bovini, per condurli a mano o tenerli legati alla greppia | (*fig.*) *Farsi pagare sulla c.*, subito | *Avere la c. alla gola*, (*fig.*) essere obbligati, costretti | *Prendere qc. per la c.*, (*fig.*) costringerlo a q.c. **2** Laccio che si mette al collo delle anatre di richiamo per fermarle al fondo. SIN. Capestro. **3** (*fig.*) Freno | *Rompere la c.*, (*fig.*) sfrenarsi | *Togliere a qc. la c.*, (*fig.*) liberarlo. **4** †Corda per impiccare. **5** (*fig.*) †Persona trista e malvagia. || †**cavezzàccia**, pegg. | **cavezzìna**, dim. | **cavezzóne**, accr. m. | **cavezzuòla**, dim. | †**cavezzuòlo**, dim. m.

cavezzàle [V. *capezzale*] s. m. **1** Striscia di terreno incolto alla testata di un campo. **2** †V. *capezzale*.

cavezzièra ● V. *capezziera*.

càvia [lat. scient. *cavia*, dal port. brasiliano *cavia* 'topo', vc. della lingua tupì] **A** s. f. **1** Genere di Roditori con testa tondeggiante, piccolo muso allungato, coda ridotta e arti brevi (*Cavia*) | *C. comune*, roditore americano con orecchie brevi, privo di coda, usato per esperimenti nei laboratori scientifici (*Cavia cobaya*). SIN. Porcellino d'India. **2** (*fig.*) Ogni animale o persona sottoposta a esperimenti scientifici, indagini sociologiche, e sim.: *c. umana* | (*est.*) Chi si presta a compiere per primo un'impresa rischiosa: *fare da c.* **B** in funzione di agg. inv. ● (posposto a un s.) Sperimentale, sottoposto a esperimenti, prove, verifiche e sim.: *città c.*; *uomo c.*

caviàle o †**caviàre** [turco *hawjar*] s. m. ● Alimento pregiato prodotto spec. in Russia e in Iran, costituito da uova di storione sottoposte a particolare lavorazione: *tartine al c.*

cavìcchia [lat. tardo *cavĭcla(m)*, per il classico *clavĭcula(m)*, dim. di *clāvis* 'chiave'] s. f. **1** Chiavarda. **2** Grosso cavicchio.

cavìcchio s. m. **1** Pezzo di legno appuntito, talvolta privo di manico, usato per fare buchi in terra per semine o trapianti. SIN. Foraterra. **2** Piolo delle scale di legno. **3** Legnetto appuntito, da piantarsi nel terreno per sostenere le corde delle reti da uccelli | Legno per turare fori in mura, scafi e sim. **4** (*fig.*) Pretesto | *Avere un c. per ogni buco*, (*fig.*) avere sempre pronta una scusa | *Aver il c.*, (*fig.*) di persona che riesce bene in tutto. **5** (*pop.*) Protuberanza ossea frontale su cui si sviluppa il corno dei Cavicorni. || **cavicchiuòlo**, dim.

†**cavicciòlo** o †**cavicciùle**, †**cavicciùlo** [lat. *capĭtulu(m)* 'piccolo capo', dim. di *căput* 'capo' (?)] s. m. ● Capestro.

Cavicòrni [comp. del pl. di *cavo (1)* e del pl. di *corno*] **A** s. m. pl. ● Mammiferi ruminanti con corna costituite da un rivestimento corneo che copre come un astuccio le protuberanze dell'osso frontale | (al sing. *-e*) Ogni mammifero che presenta tale caratteristica. **B** anche agg.: *mammiferi cavicorni*.

cavìglia [provz. *cavilha*, dal lat. tardo *cavĭcla(m)*. V. *cavicchia*] s. f. **1** Regione compresa tra gamba e piede, corrispondente all'articolazione tibio-tarsica: *c. grossa, sottile*; *frattura alla c.*; *abito che arriva alla c.* **2** (*mar.*) Ognuno dei raggi della ruota del timone | Cavicchio di legno o di ferro con capocchia. **3** Asticciola leggermente conica di legno duro, che si infigge a forza nel legno, dopo aver praticato col succhiello un foro di diametro minore | Piolo a cui vengono legate le corde degli scenari che provengono dalla soffitta | Grossa vite a legno che serve a fissare rotaie e piastre alle traverse | Arnese di legno o di ferro sul quale si torcono matasse di filato.

cavigliatóio s. m. ● (*tosc.*) Caviglia.

caviglièra s. f. **1** Fascia elastica protettiva delle caviglie | Striscia imbottita di sabbia o sim. da applicare alle caviglie o ai polsi per aumentare lo sforzo durante gli esercizi ginnici. **2** (*mar.*) Rastrelliera di caviglie a piè degli alberi.

caviglière [da *caviglia*, nel sign. 3] s. m. ● Estremità superiore degli strumenti ad arco con i piroli che tendono le corde.

cavìglio s. m. ● (*raro*) Cavicchio. || **cavigliòtto**, accr.

cavigliòlo o (*lett.*) **cavigliuòlo** s. m. ● (*raro*) Piolo.

cavillaménto s. m. ● Cavillatura.

cavillàre o †**gavillàre** [vc. dotta, lat. *cavillāri*. V. *cavillo*] **A** v. intr. (aus. *avere*) **1** Sottilizzare con argomentazioni speciose e complicate: *c. su ogni cosa per spirito polemico*. SIN. Arzigogolare, polemizzare, sofisticare. **2** Detto di maioliche, dar luogo a cavillatura. **B** v. tr. **1** (*raro*) Criticare con cavilli. **2** †Motteggiare, beffare.

cavillatóre [vc. dotta, lat. *cavillatōre(m)*. V. *cavillo*] s. m.; anche agg. (f. *-trice*) ● Chi, che è solito cavillare.

cavillatùra [da *cavillare*] s. f. ● Screpolatura o rete di screpolature nella vernice o nello smalto di un oggetto in ceramica dovuto al tempo, al variare della temperatura di cottura o al naturale essiccamento. SIN. Cavillamento, craquelure, cretto.

cavillazióne o †**gavillazióne** [vc. dotta, lat. *cavillatiōne(m)*. V. *cavillo*] s. f. ● (*lett.*) Discussione condotta con cavilli.

cavìllo [lat. tardo *cavĭllu(m)* 'motteggio, scherzo pungente', di etim. incerta] s. m. **1** Argomento sottile, falso ma con qualche apparenza di validità: *senza cavilli e trappole per pigliare gli incauti* (SARPI) | *Cavilli forensi*, argomentazioni speciose considerate come tipiche della tecnica degli avvocati. SIN. Sofisma, sottigliezza. **2** Cavillatura.

cavillosità s. f. ● Qualità di cavilloso: *la c. di una persona, di un ragionamento*. SIN. Capziosità, sofisticheria.

cavillóso o †**gavillóso** [vc. dotta, lat. tardo *cavillōsu(m)*. V. *cavillo*] agg. ● Che usa cavilli: *individuo c. e pedante* | Che contiene o si fonda su cavilli: *discussione cavillosa*. SIN. Capzioso, sofistico. || **cavillosaménte**, avv.

cavità [vc. dotta, lat. tardo *cavitāte(m)*, da *căvus* 'cavo'] s. f. **1** Parte incavata di q.c.: *tronco pieno di piccole c.* | Grotta, caverna: *si rifugiarono in una c. della roccia*. SIN. Buca, cavo, vuoto. **2** (*anat.*) Spazio cavo all'interno del corpo o di un suo organo: *c. orale, gastrica, uterina.* ***3*** *C. elettronica*, buco elettronico.

cavitàre v. intr. (aus. *avere*) ● (*fis., tecnol.*) Essere soggetto a cavitazione, detto spec. di eliche di nave.

cavitàrio [comp. di *cavità* col suff. *-ario*] agg. ● (*biol.*) Riferito a organo o a organulo caratterizzato da una o più cavità.

cavitazióne [da *cavità*] s. f. ***1*** (*fis., tecnol.*) All'interno di una corrente liquida, formazione, per cause idrodinamiche, di bolle di vapore o gassose con conseguente corrosione dei materiali a contatto dei quali si produce. ***2*** (*med.*) Formazione di una o più cavità in un organo o in un tessuto, spec. come conseguenza di una malattia.

càvo (1) [lat. *căvu(m)*, di etim. incerta] **A** agg. ***1*** Incavato, vuoto: *un albero c.* | Scavato (*anche fig.*): *Ne li occhi era ciascuna oscura e cava* (DANTE *Purg.* XXIII, 22) | Profondo. ***2*** (*anat.*) *Vena cava*, che porta il sangue all'atrio destro del cuore: *vena cava superiore, inferiore.* ***3*** (*mil.*) *Carica cava*, carica di esplosivo nella cui massa è praticata una cavità in corrispondenza della quale si producono particolari effetti distruttivi e di perforazione. **B** s. m. ***1*** Incavatura, concavità: *c. della mano, della spalla; si è ferito nel c. del ginocchio.* ***2*** Cavità anatomica: *c. orale.* ***3*** Scavo | Canale di irrigazione, scolo e sim.: *il c. napoleonico.* || **cavétto**, dim. (V.).

càvo (2) [etim. discussa: sp. *cabo* (dal lat. *căpulu(m)* 'manico, impugnatura') o genov. *cavo* 'capo'] s. m. ***1*** Grossa fune costituita da più fili di vari materiali | (*aer.*) Grossa corda, canapo grosso che si adopera sulle navi | (*aer.*) *C. guida, c. moderatore, c. stabilizzatore*, cavo pesante e lungo fino al suolo, trascinato da un aerostato per moderare la velocità e stabilizzarsi a una certa quota rispetto al suolo. ***2*** Grosso conduttore per il trasporto dell'energia elettrica, per comunicazioni telefoniche, telegrafiche e sim.: *c. unipolare, multipolare; c. coassiale; trasmissione via c.* | *C. urbano*, cavo telefonico o telegrafico che serve un'area compresa nella stessa rete urbana | *C. interurbano*, che collega due reti urbane diverse. || **cavétto**, dim. (V.).

cavobuòno [comp. di *cavo (2)* e *buono*] s. m. (pl. *cavibuòni*) ● (*mar.*) Ciascuno dei cavi che servono per ghindare o sghindare gli alberi di gabbia e gli alberetti.

cavolàia (1) [da *cavolo*] s. f. ● Luogo piantato a cavoli | Quantità di cavoli.

cavolàia (2) [da *cavolo*, perché in esso vivono i bruchi di questa farfalla] s. f. ● Farfalla con corpo esile e ali bianche macchiate di nero le cui larve divorano le foglie dei cavoli (*Pieris brassicae*) | *C. minore*, rapaiola.

cavolàio s. m. ***1*** Terreno piantato a cavoli. ***2*** Venditore di cavoli.

cavolàta s. f. ***1*** Scorpacciata di cavoli. ***2*** Minestra a base di cavoli con aggiunta di pasta. ***3*** (*fig., euf., pop.*) Balordaggine, sciocchezza: *fare, dire una c.*

cavolétto s. m. ***1*** Dim. di *cavolo.* ***2*** *Cavoletti di Bruxelles*, i piccoli germogli commestibili, di forma rotonda, del cavolo di Bruxelles.

cavolfióre o **càvolo fióre** [comp. di *cavolo* e *fiore*] s. m. ***1*** Varietà coltivata di cavolo a fusto eretto, foglie con grossa nervatura mediana bianca, infiorescenza compatta, grossa, globosa di color bianco crema (*Brassica oleracea botrytis*). ***2*** *Nube a c.*, nube di ceneri vulcaniche a volute arrotondate, simile al cumulo. ***3*** (*gerg., fig.*) *Orecchio a c.*, orecchio di un pugile sformato dai colpi ricevuti.

cavolìno s. m. ***1*** Dim. di *cavolo.* ***2*** Cavolo novello | Piccola pianta di cavolo da trapiantare | *C. di Bruxelles*, germoglio del cavolo di Bruxelles.

càvolo o †**càulo** [gr. *kaulós*, di etim. incerta. Cfr. *caule*] **A** s. m. ***1*** Pianta erbacea spontanea delle Crocifere con fusto eretto, foglie glauche lobate e fiori gialli riuniti in grappoli (*Brassica oleracea*) | *C. broccolo*, varietà coltivata di cavolo simile al cavolfiore ma con foglie più piccole e più strette di color verde-scuro (*Brassica oleracea botrytis*). SIN. Broccolo | *C. cappuccio*, varietà coltivata di cavolo le cui foglie si avvolgono strettamente in modo da renderlo simile a una palla (*Brassica oleracea capitata*) | *C. di Bruxelles*, varietà coltivata di cavolo a fusto alto su cui si sviluppano germogli simili a piccole palle, commestibili (*Brassica oleracea gemmifera*) | *C. fiore*, V. *cavolfiore* | *C. rapa*, varietà coltivata di cavolo con il caule ingrossato alla base (*Brassica oleracea gongylodes*) | *C. verde*, varietà coltivata di cavolo con fusto alto e foglie aperte (*Brassica oleracea acephala*) | *C. nero*, varietà coltivata di cavolo a foglie aperte, diffusa spec. in Toscana (*Brassica oleracea viridis*) | *C. verzotto, c. verza*, varietà coltivata di cavolo a foglie grinzose (*Brassica oleracea sabauda*) | *C. marittimo*, pianta erbacea perenne delle Crocifere le cui foglie somigliano a quelle del cavolo (*Crambe maritima*) | *Andare a ingrassare i cavoli*, (*fig.*) morire | *Entrarci come i cavoli a merenda*, di cosa o discorso inopportuno, non appropriato o pertinente | *Salvare capra e cavoli*, V. *capra* | *Cavoli riscaldati*, (*fig.*) cosa stantia che si vuol far credere nuova | *Andare tra i cavoli*, (*fig.*) ritirarsi dal mondo | *Portare il c. in mano e il cappone sotto*, (*fig.*) di due o più cose, mostrare la meno importante. ***2*** (*fig., euf., pop.*) Babbeo | *Testa, torso di c.*, persona stolida, inabile, sprovveduta: *io restavo come un torso di c.* (FOGAZZARO). ***3*** (*fig., euf., pop.*) Niente, con valore raff., nelle loc. negative *non capire, non dire, non fare, non importare, non sapere, non sentire, non valere, non vedere un c.* e sim. | *Col c.!, un c.!*, nient'affatto | *Del c.*, di nessun valore o importanza: *un libro, un film del c.* | *Grazie al c.!*, per sottolineare l'ovvietà di una risposta, proposta e sim. | (*pleon.*) *Ma che c. fai?; dove c. stai andando?* ***4*** (*fig., euf., volg.*) Caso, fatto, nella loc. *fare, farsi, i cavoli propri* e sim. **B** in funzione di inter. ● (*euf., pop.*) Esprime ira, stupore e sim. o gener. asseverazione. || **cavolàccio**, pegg. | **cavolétto**, dim. (V.) | **cavolìno**, dim. (V.) | **cavolóne**, accr. | **cavolùccio**, dim.

cavouriàno /kavu'rjano/ o **cavourriàno** /kavur'rjano/, **cavuriàno**, **cavurriàno** agg. ● Relativo allo statista C. Benso conte di Cavour (1810-1861): *politica cavouriana.*

†**cavrétto** ● V. *capretto.*

†**cavriòla** ● V. *capriola (1)* e *(2).*

†**cavriòlo** ● V. *capriolo (1).*

†**cavriuòla** ● V. *capriola (1)* e *(2).*

†**cavriuòlo** ● V. *capriolo (1).*

cavuriàno ● V. *cavouriano.*

cavurriàno ● V. *cavouriano.*

cavurrìno [dal n. di C. Benso di *Cavour*] s. m. ***1*** Tipo di sigaro messo in vendita al tempo di Cavour. ***2*** Banconota da due lire, che raffigurava Cavour.

cayàk /ka'jak/ ● V. *kayak.*

càzza [lat. mediev. *catia(m)*. V. *casseruola*] s. f. ***1*** Recipiente nel quale si fondono i metalli. ***2*** Mestolo di metallo. || **cazzétta**, dim.

cazzàme [da *cazzare*] s. m. ● (*mar.*) Bordame.

cazzàre [sp. *cazar*, propriamente 'cacciare'] v. tr. ● (*mar.*) Tesare, tendere al massimo: *c. la scotta.*

cazzàro [da *cazzo*] agg.; anche s. m. (f. *-a*) ● (*volg.*) Che, chi è sciocco, stupido, inetto. || **cazzaróne**, accr.

cazzaròla o **cazzeruòla** [var. ritenute meno francesizzanti di *casseruola*] s. f. ● Casseruola.

cazzascòtte [comp. di *cazza(re)* e il pl. di *scotta*] s. f. ● Puleggia incassata nel bordo di un veliero, per tesare le scotte.

cazzàta o (*euf.*) **cacchiàta** [da *cazzo*] s. f. ● (*volg.*) Balordaggine, sciocchezza, stupidaggine: *fare, dire una c.; quel film è una vera c.; non sopporto cazzate di questo genere!*

cazzeggiàre [comp. di *cazz(o)* e *-eggiare*] v. intr. (*io cazzéggio*; aus. *avere*) ***1*** (*volg.*) Dire o fare cose sciocche, frivole. ***2*** Parlare a vanvera o non seriamente.

cazzéggio s. m. ● (*volg.*) Atto, effetto del cazzeggiare.

cazzeruòla ● V. *cazzarola.*

cazziàta [vc. nap., da *cazzià* 'sgridare' (der. di *cazzo*)] s. f. ● (*merid.*) Duro rimprovero, lavata di testa, sgridata. || **cazziatóne** accr. m.

cazzimpèrio [var. merid. di *cacimperio*] s. m. ● (*dial.*) Pinzimonio.

càzzo o (*euf.*) **càcchio (1)** [etim. incerta] **A** s. m. ***1*** (*volg.*) Pene. ***2*** Per gli usi fig. V. *cavolo*, che spesso lo sostituisce per eufemismo nei sign. A 2, 3, 4. **B** in funzione di inter. ● (*volg.*) Esprime ira, stupore e sim. o gener. asseverazione. SIN. (*euf.*) Capperi, caspita, cavolo. || **cazzàccio**, pegg. | **cazzétto**, dim. | **cazzóne**, accr.

cazzòla ● V. *cazzuola.*

cazzomàtto [comp. di *cazzo* e *matto*] s. m. ● Uomo stupido e balordo.

cazzóne s. m. (f. *-a* nel sign. 2) ***1*** Accr. di *cazzo.* ***2*** (*fig., volg.*) Persona molto sciocca, stupida.

cazzottàre [da *cazzotto*] **A** v. tr. (*io cazzòtto*) ● (*volg.*) Colpire con pugni. **B** v. rifl. rec. ● Azzuffarsi, prendersi a pugni: *si sono cazzottati ben bene.*

cazzottàta s. f. ● (*volg.*) Cazzottatura.

cazzottatùra s. f. ● (*volg.*) Violento scambio di pugni: *una solenne c.*

cazzòtto [da *cazzo* (?)] s. m. ***1*** (*volg.*) Forte pugno: *prendere qc. a cazzotti.* ***2*** Tipo di tabacco aromatico, da masticare. || **cazzottóne**, accr. m.

cazzuòla o **cazzòla** [da *cazza*] s. f. ***1*** Arnese del muratore, di forma triangolare, per distendere e costipare la calcina | *Maestro di c.*, muratore. ***2*** (*dial.*) †Girino della rana. ***3*** (*fig.*) †Chiacchiera vana. || **cazzuolétta**, dim.

cazzùto [da *cazzo*] agg. ***1*** (*volg.*) Furbo, bravo, in gamba: *una persona cazzuta.* ***2*** (*gerg.*) Faticoso, pieno di ostacoli e di difficoltà: *un lavoro c.*

ce (1) /tʃe/ **A** pron. pers. atono di prima pers. pl. (forma che il pron. e avv. *ci* assume davanti ai pron. atoni *la, le, li, lo* e alla particella *ne*) ***1*** A noi (come compl. di termine): *ce ne ha parlato a lungo; non ce l'ha voluto prestare; ce li ha fatti solamente vedere* | Anche enclitico: *non puoi impedircelo; raccontacelo subito.* ***2*** Noi (come compl. ogg.): *La concreata e perpetua sete / del deiforme regno cen portava* (DANTE *Par.* II, 19-20). ***3*** Con uso pleon.: *andate dalla zia? salutatecela tanto.* **B** pron. dimostr. ● Su ciò, intorno a questa cosa, sull'argomento: *ce ne sarebbe ancora da dire.* **C** avv. ***1*** Qui, in questo luogo, in quel luogo e sim. (con verbi di stato e di moto): *ce l'ho mandato io; ce li abbiamo messi noi; sono andato, ma non ce l'ho trovato.* ***2*** Con valore indet. di tempo e di luogo (*anche pleon.*): *ce l'hai un libro da prestarmi?; ce ne hai messo del tempo!*

†**ce (2)** /tʃe*/ ● V. *ci (2).*

cèbo [vc. dotta, gr. *kêbos* 'scimmia', di etim. incerta] s. m. ● Genere di scimmie comprendente varie specie diffuse nell'America centrale e meridionale (*Cebus*) | *C. cappuccino*, scimmia americana grossa come un gatto, bruna, con una caratteristica macchia nera sul capo e coda prensile (*Cebus capucinus*).

cèca o **cièca** [lat. *caeca(m)* 'cieca'. V. *cieco*] s. f. ***1*** Giovane anguilla di aspetto filiforme e trasparente. ***2*** Incavo fatto per adattarvi il capo di un chiodo o d'una vite, in modo che non sporga.

cecàggine [da *cieco*] s. f. ***1*** Abbassamento della vista | (*est.*) Pesantezza delle palpebre dovuta al sonno. ***2*** (*fig.*) Mancanza di discernimento.

cecàle o **ciecàle**. agg. ● (*anat.*) Relativo all'intestino cieco: *appendice c.*

†**cecàre** o (*raro*) †**ciecàre**. v. tr. (*io cièco* o *cèco, tu cièchi* o *cèchi*; la *e* di regola si muta in *ie* solo se tonica) ● Accecare | Oggi dial. spec. in tono scherz.: *mi possano c. se non è vero.*

cecarèlla [da *cecare*, perché può portare alla cecità] s. f. ● (*med., pop.*) Agalassia.

cécca (1) [da *Cecca*, forma pop. di 'Francesca'] s. f. ***1*** (*pop., tosc.*) Gazza. ***2*** (*fig.*) Donna volgare e chiacchierona.

cécca (2) [V. *cecca (1)*] s. f. ***1*** Stecca. ***2*** Nella loc. *far c.*, far cilecca, di arma da fuoco che scatta senza far partire il colpo e (*fig.*) fallire in q.c.: *pareva godesse soltanto nel sapere che altri, come lui, aveva fatto c. in qualche impresa* (PIRANDELLO).

cécce [vc. onomat. infant.] vc. ● (*fam. tosc.*) Solo nella loc. avv. *a c.*, a sedere: *essere, stare, mettersi a c.*

cecchinàggio [da *cecchino*] s. m. ***1*** (*raro*) Azione del cecchino. ***2*** (*gerg.*) Azione di disturbo compiuta da un parlamentare, consistente nel votare, nel segreto dell'urna, contro il governo sostenuto dal proprio partito.

cecchìno [da *Cecco* (*Beppe*), n. pop. dell'imperatore d'Austria, Francesco Giuseppe (1830-1916)] s. m. ***1*** Tiratore scelto che, appostato, spara di sorpresa. ***2*** (*fig., gerg.*) Parlamentare che, nel segreto dell'urna, vota contro il governo sostenuto dal proprio partito.

ceccofùria [comp. di *Cecco* (forma pop. di *Francesco*) e *furia*] s. m. (pl. *cecchifùria*) ● (*tosc.*) Chi ha o pretende molta fretta, spec. nell'esecuzione di un lavoro e sim.

ceccóna ● V. *ciaccona*.

ceccosùda [comp. di *Cecco* (forma pop. di *Francesco*) e *suda(re)*] s. m. (pl. *cecchisùda* e *cecchisùdi*) ● (*tosc.*) Chi si dà un gran da fare, spec. concludendo poco o nulla.

céce o (*tosc.*) **cécio** [lat. *cīcer*, forse prestito da una lingua straniera] s. m. *1* Pianta erbacea delle Papilionacee con fusto peloso, foglie composte da foglioline dentate, fiori solitari ascellari, bianchi, rosei o rossi, e semi commestibili (*Cicer arietinum*) | Il seme di tale pianta, usato nell'alimentazione umana: *pasta e ceci*; *ceci lessati* | *Ceci maritati*, (*fig.*) minestra di pasta e ceci | (*fig.*) *Avere il c. nell'orecchio*, essere sordo | (*fig.*) *Non saper tenere un c. in bocca*, non saper tenere un segreto | (*fig.*) *Non dare né in tinche né in ceci*, (*tosc.*) non concludere nulla. *2* (*fig.*, *scherz.*) Birba, piccolo impertinente | Vanesio, damerino | *Un bel c.*, un bel tipo, un bel coso. *3* (*fig.*) Piccola escrescenza carnosa di forma rotonda: *avere un c. sulla guancia, sul naso*. || **cecìno**, dim. (V.).

cecèno [dal russo *chechenets*, ant. *chechén*] **A** agg. *1* Che riguarda la repubblica della Ceceno-Inguscezia. *2* Relativo ai Ceceni o alla loro lingua. **B** s. m. (f. *-a*) *1* Ogni appartenente a una popolazione di religione islamica stanziata prevalentemente nel Caucaso. *2* (*est.*) Abitante, nativo della repubblica autonoma russa della Ceceno-Inguscezia. **C** s. m. solo sing. ● Lingua del gruppo caucasico parlata dai Ceceni.

†**cécero** o (*raro*) †**cécino** (2) [lat. parl. **cycinu(m)*, per il classico *cy̆cnu(m)* 'cigno'] s. m. ● Cigno.

†**cechézza** s. f. ● Cecità (*anche fig.*).

†**cechità** ● V. *cecità*.

†**cechitàde** ● V. *cecità*.

†**cechitàte** ● V. *cecità*.

cècia [etim. discussa: da *laveggio* 'scaldino' (?)] s. f. (pl. *-cie* o *-ce*) ● (*tosc.*) Scaldino piatto, senza piede.

cecidio [gr. *kēkídion*, dim. di *kēkís*, genit. *kēkîdos* 'umore, succo, noce di galla', di origine sconosciuta] s. m. ● (*bot.*) Formazione abnorme che si sviluppa sul fusto, sulle radici o sulle foglie delle piante come reazione alla puntura di insetti o parassiti vegetali. SIN. Galla.

cecidiologìa o **cecidologìa** [vc. dotta, comp. di *cecidio* e *-logia*] s. f. (pl. *-gie*) ● Branca della botanica che studia i cecidi.

cecidomìa [comp. del gr. *kēkís*, genit. *kēkîdos* 'noce di galla' e *my̆ia* 'mosca'] s. f. ● Genere di insetti dei Ditteri dannosi alle colture (*Cecidomyia*) | *C. del grano*, simile a una zanzara le cui larve danneggiano le coltivazioni (*Mayeticola destructor*).

cecìlia [vc. dotta, lat. *caecīlia(m)*, da *caecus* 'cieco'] s. f. ● Anfibio degli Apodi con corpo serpentiforme diviso in segmenti che vive nelle zone umide dell'America (*Coecilia*).

cecìno (1) s. m. (f. *-a*) *1* Dim. di *cece*. *2* Fanciullo grazioso. *3* (*iron.*) Persona trista e maliziosa.

†**cécino** (2) ● V. †*cecero*.

cécio ● V. *cece*.

cecità o †**cechità**, †**cechitàde**, †**cechitàte**, †**cecitàde**, †**cecitàte** [vc. dotta, lat. *caecitāte(m)*, da *caecus* 'cieco'] s. f. *1* (*med.*) Perdita completa della capacità visiva: *c. congenita, acquisita* | *C. relativa*, ambliopia | *C. assoluta*, amaurosi | *C. cromatica parziale*, daltonismo. *2* (*fig.*) Ignoranza o incapacità di comprendere e vedere ciò che è vero e reale: *la c. degli uomini*.

cèco (1) ● V. *cieco*.

cèco (2) o (*raro*) **cèko**, **czèco** [ceco *čech*] **A** agg. (pl. m. *-chi*) ● Appartenente alle popolazioni slave che abitano la Boemia e la Moravia: *lingua ceca*; *popolo c.* **B** s. m. (f. *-a*) ● Abitante di stirpe slava della Boemia e della Moravia. **C** s. m. solo sing. ● Lingua parlata in Boemia e Moravia.

cecogràfico [comp. di *ceco* (*1*) e *-grafico*] agg. (pl. m. *-ci*) ● Di, relativo a cecogramma.

cecogràmma [comp. di *ceco* (*1*) e *-gramma*] s. m. (pl. *-i*) ● Testo, comunicazione privata o altro documento trascritto a caratteri rilevati a uso dei ciechi e spedito per posta.

cecomegalìa [comp. di *ceco* (*1*) e *-megalia*] s. f. ● (*med.*) Malformazione consistente in un'abnorme grandezza dell'intestino cieco.

cecoslovàcco [comp. di *ceco* (*2*) e *slovacco*] **A** agg. (pl. m. *-chi*) ● Della Cecoslovacchia: *costumi cecoslovacchi*. **B** s. m. (f. *-a*) ● Abitante, nativo della Cecoslovacchia.

cecoviàno agg. ● Che è proprio dello scrittore russo A. Cechov (1860-1904).

cecròpio [vc. dotta, lat. *cecrŏpiu(m)*, nom. *cecrŏpius*, dal gr. *kekrópios*, da *Kékrops*, genit. *Kékropos* 'Cecrope' re dell'Attica, fondatore della rocca di Atene] agg. ● (*lett.*) Ateniese.

cècubo [vc. dotta, lat. *Cāecubu(m)*, da *Cāecubum*, pianura del Lazio famosa per i suoi vini] s. m. ● Vino rosso acceso, di 11°-13°, dal profumo delicato e asciutto, prodotto in provincia di Latina.

cecuziènte [vc. dotta, lat. *caecutiĕnte(m)*, part. pres. di *caecutīre* 'vedere male', da *caecus* 'cieco'] agg. ● Detto di sacerdote con vista molto debole, che gode di particolari agevolazioni nella celebrazione delle funzioni religiose.

cedènte **A** part. pres. di *cedere*; anche agg. *1* Nei sign. del v. *2* (*raro*, *fig.*) Arrendevole, obbediente. **B** s. m. e f. *1* (*dir.*) Chi trasferisce un diritto mediante cessione. *2* Chi dà effetti o altri titoli di credito all'incasso. *3* (*mecc.*) Organo condotto. CONTR. Movente.

cedènza s. f. *1* †Cedimento | Scarsa resistenza a pressioni, sforzi e sim.: *mezzi ... di diversa cedenza, quali per esempio son l'acqua e l'aria* (GALILEI). *2* (*spec. al pl.*) Perdita, diminuzione di valore dei titoli azionari e obbligazionari: *generali cedenze alla borsa di Londra*.

cèdere [vc. dotta, lat. *cēdere* 'andare, ritirarsi', di etim. incerta] **A** v. intr. (pass. rem. *io cedéi* o *cedètti*, †*cèssi*, *tu cedésti*; part. pass. *cedùto*, †*cèsso*; aus. *avere*) *1* Arretrare, non resistere, non opporsi (*anche fig.*): *c. all'impeto dell'offensiva nemica* | *L'epidemia, la febbre ha ceduto*, è scomparsa | (*est.*) Rassegnarsi, darsi per vinto, soccombere: *c. al destino avverso, alla malattia*; *c. di fronte alle ragioni di qc.* | *Non c. a nessuno per intelligenza*, essere più intelligente di tutti | *Non cederla a qc.*, non dimostrarsi inferiore. SIN. Arrendersi, capitolare, piegarsi. CONTR. Resistere. *2* Abbassarsi, per assestamenti del terreno o collasso degli elementi costruttivi sottostanti, detto di fondazioni, pilastri o parti di costruzioni in genere: *il terrapieno cedette sotto il peso*; *l'argine ha ceduto alla pressione delle acque*. *3* (*fig.*) Dare luogo, lasciare il posto: *il dolore cede alla rassegnazione*; *questo giorno ch'omai cede alla sera* (LEOPARDI). **B** v. tr. *1* Mettere, lasciare q.c. a disposizione di qc., spec. temporaneamente: *se la tua automobile è rotta, ti cedo la mia*; *c. il turno, il posto* | *C. terreno*, indietreggiare | *C. il passo*, dare la precedenza e (*fig.*) lasciarsi superare in attività, abilità e sim. | *C. la mano, la destra*, lasciar libero il lato destro della strada | *C. le armi*, (*fig.*) arrendersi. SIN. Concedere, dare. *2* Trasferire a qc. diritti, azioni, titoli e sim. mediante negozi giuridici: *c. la proprietà, un credito, un pacchetto azionario*; *gli ha ceduto il biglietto della lotteria*.

cedévole agg. *1* Che cede facilmente, che è pronto a cedere | *Terreno c.*, molle. SIN. Duttile, malleabile, pieghevole. *2* (*fig.*) Arrendevole, docile: *carattere c.* SIN. Docile. || **cedevolménte**, avv.

cedevolézza s. f. *1* Qualità di ciò che è cedevole: *la c. femminea del rame* (LEVI). SIN. Duttilità, malleabilità. *2* (*fig.*) Docilità.

cèdi [vc. di origine afric.] s. m. ● Unità monetaria del Ghana.

cedìbile [da *cedere*] agg. ● Che si può cedere: *diritto, bene c.*

cedibilità s. f. ● Qualità di ciò che è cedibile.

cedìglia o †**zedìglia** [fr. *cédille*, dallo sp. *cedilla*, dim. di *zeda* 'zeta'] s. f. ● Segno grafico, simile a una piccola virgola, che in alcune lingue si pone sotto la lettera *c* (o più di rado sotto *s*, *t*) per indicarne una pronunzia alterata.

cediménto [da *cedere*] s. m. ● Atto, effetto del cedere (*anche fig.*): *c. del fondo stradale*; *un c. della volontà*. SIN. Avvallamento, franamento.

ceditóre s. m. (f. *-trice*) ● Chi cede.

cèdola o †**cèdula** [lat. tardo *schĕdula(m)*, dim. di *schĕda* 'scheda'] s. f. *1* Appendice di alcuni titoli di credito, separabile per l'esercizio di diritti: *c. azionaria* | *C. di interessi*, che dà diritto alla riscossione degli interessi obbligazionari | *C. di dividendo*, che accorda al titolare di azioni di società il diritto alla distribuzione dei dividendi | *C. chiavistello*, cedola di obbligazioni a tasso variabile il cui rendimento non può scendere al di sotto di un livello minimo concordato | *Obbligazioni a c. zero*, titoli a reddito fisso detti a interesse implicito perché prevedono una remunerazione non tramite stacchi di cedola, bensì tramite un costo di acquisto scontato e il rimborso di un capitale a scadenza pari al nominale | *Ex c.*, detto di un titolo venduto privo della cedola di prossima scadenza. *2* (*ferr.*) Documento compilato dal capotreno con indicazione delle caratteristiche del treno e dell'andamento della sua marcia. *3* †Biglietto, foglietto, breve testo scritto. || **cedolétta**, dim. | **cedolìna**, dim. | **cedolìno**, dim. m. | **cedolóne**, accr. m. | **cedolòtto**, accr. m.

cedolàre **A** agg. ● Relativo a una cedola: *diritto c.* | *Imposta c.*, imposta che colpisce i dividendi, e gener. gli utili, dei titoli. **B** s. f. ● Imposta cedolare.

cedràcca [pers. *shītarak*] s. f. ● Piccola felce con foglie coperte di peli color ruggine nella pagina inferiore, usata, spec. in passato, come astringente e diuretico (*Ceterach officinarum*). SIN. Capelvenere doppio, erba ruggine.

cedràia [da *cedro* (*1*)] s. f. ● Tipo di pergolato usato per proteggere d'inverno gli agrumi, nelle zone del Garda.

cedràngolo ● V. *cetrangolo*.

cedràre [da *cedro* (*1*)] v. tr. (*io cédro*) ● Trattare con succo di cedro.

cedràta s. f. *1* Bibita dissetante a base di sciroppo di cedro. *2* Dolce a base di scorza di cedro, miele e zucchero, specialità siciliana.

cedràto agg. ● Che ha odore e sapore di cedro.

cedréto s. m. *1* Cedriera. *2* Bosco di cedri del Libano.

cedrièra [da *cedro* (*1*) e (*2*)] s. f. ● Terreno piantato a cedri.

cedrìna o (*raro*) **cetrìna** [da *cedro* (*1*)] s. f. ● Arbusto delle Verbenacee con foglie lanceolate e fiori azzurri riuniti in pannocchie (*Lippia citriodora*).

cedrìno (1) [da *cedro* (*1*)] **A** agg. ● V. *citrino*. **B** s. m. ● Varietà di cedro dalla scorza dei cui frutti si estrae un'essenza.

cedrìno (2) [vc. dotta, lat. *cĕdrinu(m)*, da *cĕdrus* 'cedro (2)'] agg. ● Che si riferisce al cedro del Libano: *legno c.*

†**cedriòlo** ● V. *cetriolo*.

†**cedriuòlo** ● V. *cetriolo*.

cédro (1) [lat. *cĭtru(m)*, forse da una lingua preindeur.] **A** s. m. *1* Alberetto sempreverde delle Rutacee con foglie persistenti semplici, fiori bianchi e frutto tondeggiante di colore giallo (*Citrus medica*). *2* Il frutto della pianta omonima, costituito da un esperidio grosso, verrucoso, con buccia bitorzoluta, molto grossa, dal sapore dolce e fragrante. **B** in funzione di agg. inv. ● (*raro*) Che ha il colore giallo verdastro, brillante, caratteristico del frutto omonimo.

cédro (2) o **cèdro** [lat. *cĕdru(m)*, nom. *cĕdrus*, dal gr. *kédros*, di origine preindeur.] s. m. ● Genere delle Pinacee comprendente piante arboree sempreverdi, con scorza bruna, foglie aghiformi, strobili eretti, cono con squame persistenti (*Cedrus*) | *C. del Libano*, conifera delle Pinacee con chioma larghissima e legno pregiato (*Cedrus libani*) | Legno del cedro.

cedróne [da *cedro* (*1*)] **A** s. m. ● †Frutto del cedro. **B** in funzione di agg. (inv. nel sign. 1) *1* (*raro*) Di colore simile al cedro. *2* Nella loc. *gallo c.*, urogallo.

cedronèlla (1) [da *cedro* (*1*)] s. f. ● (*bot.*, *pop.*) Melissa.

cedronèlla (2) [da *cedrone*, per il colore simile a quello del cedro] s. f. ● Lepidottero dei Pieridi con ali gialle nei maschi e bianchicce nelle femmine (*Gonepteryx rhamni*).

ceduazióne [da *ceduo*] s. f. ● Modo di eseguire il taglio del bosco ceduo | Epoca in cui ciò avviene.

†**cèdula** ● V. *cedola*.

cèduo [vc. dotta, lat. *caeduu(m)* 'ceduo', 'che si può tagliare', da *caedere* 'tagliare'] **A agg.** ● Detto di bosco, albero, macchia e sim. che si tagliano periodicamente. **B s. m.** ● Bosco ceduo | *C. semplice*, forma di rigenerazione per via organica dalle ceppaie | *C. composto*, forma di rigenerazione per via organica dalle ceppaie e per via sessuale dalle matricine.

cedùta [da *cedere*] **s. f.** ● Nella scherma, movimento difensivo che si esegue assecondando il ferro avversario.

cefalalgìa o **cefalgìa** [vc. dotta, lat. tardo *cephalălgia(m)*, nom. *cephalălgia*, dal gr. *kephalalgía*, comp. di *kephalḗ* 'testa' e *álgos* 'dolore'] **s. f.** (pl. *-gie*) ● Cefalea.

cefalàlgico [vc. dotta, lat. tardo *cephalălgicu(m)*, nom. *cephalălgicus*, dal gr. *kephalalgikós*, da *kephalalgía* 'cefalalgia'] **A agg.** (pl. m. *-ci*) **1** Di, relativo a cefalalgia: *dolore c.* **2** Che soffre di cefalalgia. **B s. m.** (f. *-a*) ● (*raro*) Chi è affetto da cefalalgia.

cefalèa [vc. dotta, lat. *cephalāea(m)*, nom. *cephalea*, dal gr. *kephaláia*, da *kephalḗ* 'testa'] **s. f.** ● Mal di capo. **SIN.** Cefalalgia.

cefalgìa ● V. *cefalalgia*.

-cefalìa [dal gr. *kephalḗ* 'testa', di origine indeur.] secondo elemento ● In parole composte della terminologia scientifica, spec. medica, fa riferimento al capo, alla testa: *brachicefalia, microcefalia*.

cefàlico [vc. dotta, lat. tardo *cephălicu(m)*, nom. *cephălicus*, dal gr. *kephalikós*, da *kephalḗ* 'testa'] **agg.** (pl. m. *-ci*) ● (*anat.*) Relativo al capo | *Polo c.*, vertice superiore del corpo | *Vena c.*, del braccio, sul margine esterno | *Indice c.*, rapporto centesimale fra larghezza e lunghezza massima del cranio.

cefalìna [da *cefalo-*, perché si ricava dal cervello] **s. f.** ● Fosfolipide presente nei tessuti degli organismi vegetali e animali, abbondante nel cervello, probabile fattore coagulante del sangue.

cefalizzazióne [da *cefalo-*] **s. f.** ● (*zool.*) Il differenziamento del capo nella parte anteriore del corpo di un animale.

cèfalo [lat. tardo *cĕphalu(m)*, nom. *cĕphalus*, dal gr. *képhalos*, da *kephalḗ* 'testa', detto così per la testa grossa] **s. m.** ● Pesce teleosteo commestibile dei Mugiliformi, con grosso corpo rivestito da grandi squame argentee e occhio protetto da una palpebra adiposa (*Mugil cephalus*). **SIN.** Muggine.

cèfalo-, -cèfalo [dal gr. *kephalḗ* 'testa'. V. *-cefalia*] primo o secondo elemento ● In parole composte della terminologia scientifica significa 'testa' o 'capo': *cefaloplegia, microcefalo*.

Cefalocordàti [comp. di *cefalo-* e *cordati*] **s. m. pl.** ● Nella tassonomia animale, sottotipo dei Cordati con corpo fusiforme e corda dorsale lunga quanto il corpo (*Cephalochordata*). **SIN.** Acrani | (al sing. *-o*) Ogni individuo di tale sottotipo.

cefaloematòma [comp. di *cefalo-* ed *ematoma*] **s. m.** (pl. *-i*) ● (*med.*) Ematoma esterno del cranio del neonato, dovuto a emorragia durante il travaglio del parto.

cefalografìa [comp. di *cefalo-* e *-grafia*] **s. f.** ● Studio descrittivo del capo.

cefalòide [fr. *céphaloïde*, dal gr. *kephaloeidḗs*. V. *cefal(o)-* e *-oide*] **agg.** ● Che ha forma di testa.

cefalologìa [comp. di *cefalo-* e *-logia*] **s. f.** (pl. *-gie*) ● Parte della scienza medica che studia la conformazione e le malattie del capo.

cefalometrìa [fr. *céphalométrie*. V. *cefalo-* e *-metria*] **s. f.** ● Craniometria.

cefalòmetro [fr. *céphalomètre*. V. *cefalo-* e *-metro*] **s. m.** ● Strumento per la cefalometria.

cefaloplegìa [comp. di *cefalo-* e del gr. *plēgḗ* 'colpo, percossa'] **s. f.** (pl. *-gie*) ● (*med.*) Paralisi dei movimenti del capo.

Cefalòpodi [comp. di *cefalo-* e del gr. *póus*, genit. *podós* 'piede'] **s. m. pl.** ● Nella tassonomia animale, classe di Molluschi marini con tentacoli muniti di ventose che circondano il capo e corpo simmetrico foggiato a sacco, cui appartengono il polpo e la seppia (*Cephalopoda*) | (al sing. *-e*) Ogni individuo di tale classe. ➡ ILL. **animali** /4.

cefalorachidèo [comp. di *cefalo-* e del gr. *ráchis* 'spina dorsale'] **agg.** ● (*anat.*) Del, relativo al, capo e alla colonna vertebrale | *Liquido c.*, contenuto negli spazi meningei del capo e della colonna vertebrale.

cefalorachidiàno [comp. di *cefalo-* e *rachide*, con suff. aggettivale] **agg.** ● (*anat.*) Cefalorachideo.

cefalosporìna [ingl. *cephalosporin*, dal n. del genere *Cephalosporium*, comp. di *cephalo-* 'cefalo-' e *-sporium* (dal gr. *sporá* 'seme': V. *sporo-*)] **s. f.** ● (*farm.*) Ognuno degli appartenenti a una classe di antibiotici semisintetici, battericidi, con struttura e modalità d'azione simile alla penicillina, ma attivi sui microrganismi resistenti alla penicillina.

cefalotìna [dal n. della pianta appartenente al genere *Cephalotus*, che è il gr. *kephalōtós* 'provvisto di testa' (da *kephalḗ* 'testa': V. *cefalo-*)] **s. f.** ● (*med.*) Cefalosporina ad assorbimento parenterale.

cefalotoràce [comp. di *cefalo-* e *torace*] **s. m.** ● Parte anteriore del corpo di alcuni Artropodi formata dal capo e dal torace.

cefalòttera [comp. di *cefalo-* e *-ptero*] **s. f.** ● Grosso pesce cartilaginoso dei Selaci con corpo depresso a forma di rombo (*Cephaloptera giornai*). **SIN.** Diavolo di mare.

cefèide [dal n. di una stella (delta) della costellazione di *Cefeo*, prototipo della classe] **s. f.** ● Stella che mostra variazioni regolari della luminosità a causa di pulsazioni altrettanto regolari del suo raggio.

†**ceffàre** [da *ceffo*] **v. tr.** ● Prendere a schiaffi.

ceffàta [da *ceffo*] **s. f.** ● Colpo dato a mano aperta sul viso: *io non so a ch'io mi tengo ch'io non ti dia una gran c.* (SACCHETTI). ‖ **ceffatìna**, **dim.** | **ceffatóne**, **accr. m.**

†**ceffaùtte** [etim. discussa: turco *čifut*, dall'ar. *gehud*, termine spregiativo per gli Ebrei (?)] **s. m.** ● (*lett.*) Figura mal fatta.

cèffo [fr. *chef* 'testa', dal lat. *căput* 'capo'] **s. m.** **1** Muso d'animale: *non altrimenti fan di state i cani / or col c., or col piè* (DANTE *Inf.* XVII, 49-50). **2** (*est., spreg.*) Volto umano brutto e deforme. **SIN.** Grugno, muso. **3** (*est.*) Persona dall'espressione sinistra: *un brutto c.*; *un c. da galera* | (*raro, lett.*) *Far c.*, *far brutto c.*, *guardare a c. torto*, guardare ostilmente, in cagnesco, fare il broncio. ‖ **ceffàccio**, **pegg.**

ceffonàre **v. tr.** (*io ceffóno*) ● (*raro*) Percuotere con ceffoni.

ceffóne [da *ceffo*] **s. m.** ● Colpo violento dato a mano aperta sul viso: *dare, mollare un c. a qc.*; *prendere qc. a ceffoni*. **SIN.** Schiaffo.

cèfo [vc. dotta, lat. *cēphu(m)*, nom. *cēphus* 'scimmia', dal gr. *kêpos*, variante di *kêbos*. V. *cebo*] **s. m.** ● Scimmia del genere cercopiteco, originaria dell'Africa occidentale (*Cercopithecus cephus*).

cèiba [sp. *ceiba*, vc. dell'America centro-meridionale] **s. f.** ● Albero delle Bombacacee di notevole altezza, con foglie palmate mucronate, fiori solitari bianchi o rosa, frutto a capsula contenente numerosi semi (*Ceiba casearia*); dai peli lanuginosi che rivestono la parte interna del frutto di alcune specie si ricava il kapok.

cèko ● V. *ceco* (*2*).

cèla [indostano *celā*] **s. m.** ● In India, novizio che viene iniziato alle dottrine buddiste.

†**cèlabro** ● V. †*cerebro*.

Celacantifórmi [comp. del n. del genere *Coelacanthus* (comp. del gr. *kôilos* 'cavo' (V. *celiaco*) e *ákantha* 'spina' (V. *acanto*)), e il pl. di *-forme*] **s. m. pl.** ● Nella tassonomia animale, ordine di Pesci ossei comprendente molte forme estinte e una sola vivente, la latimeria (*Coelacanthiformes*) | (al sing. *-e*) Ogni individuo di tale ordine.

celamèlla ● V. *cennamella*.

celàre (1) [vc. dotta, lat. *celāre* 'nascondere', da una radice **kel* 'nascondere'] **A v. tr.** (*io cèlo*) ● (*lett.*) Nascondere, occultare, sottrarre alla vista: *celando li occhi, a me sì dolci e rei* (PETRARCA) | Tenere segreto: *c. la verità al malato*. **SIN.** Coprire, nascondere, velare. **B v. rifl.** ● Nascondersi.

†**celàre (2)** [lat. *caelāre*, da *caelum* 'cesello'] **v. tr.** ● Cesellare, intagliare, scolpire.

Celastràcee [comp. di *celastr(o)* e *-acee*] **s. f. pl.** ● Nella tassonomia vegetale, famiglia di piante dicotiledoni comprendente alberi e arbusti spesso spinosi (*Celastraceae*) | (al sing. *-a*) Ogni individuo di tale famiglia. ➡ ILL. **piante** /5.

celàstro [gr. *kḗlastros*, di orig. incerta, forse preindeur.] **s. m.** ● Pianta delle Celastracee con rami volubili e semi che, in autunno, sono avvolti da un involucro rosso aranciato (*Celastrus scandens*).

celàta (1) [etim. discussa: da *celare* 'nascondere', o da *celare* 'cesellare' (elmo cesellato)] **s. f.** **1** Parte dell'armatura che protegge il capo, meno pesante dell'elmo, di forme varie, introdotta nel XV sec. e in uso fin verso la fine del sec. XVII | *C. di plastica*, usata attualmente nei caschi di protezione di cui fa uso la polizia durante manifestazioni, disordini e sim. **2** (*est.*) †Uomo d'arme che porta la celata. ‖ **celatìna**, **dim.** | **celatóne**, **accr. m.**

†**celàta (2)** [da *celare* (*1*)] **s. f.** ● Imboscata.

celàto **part. pass.** di *celare* (*1*); anche **agg.** **1** Nei sign. del v. **2** †*Alla celata*, (*ell.*) di nascosto. ‖ **celataménte**, **avv.** Nascostamente.

-cèle [dal gr. *kḗlē* 'tumore'] secondo elemento ● In parole composte della terminologia medica indica tumefazioni non neoplastiche: *meningocele, varicocele*.

cèlebe ● V. *chelebe*.

celebèrrimo [vc. dotta, lat. *celebĕrrimu(m)*, sup. di *cĕleber* 'celebre'] **agg.** (sup. di *celebre*) ● Universalmente noto.

celebràbile [vc. dotta, lat. tardo *celebrābile(m)*, da *celebrāre* 'celebrare'] **agg.** ● Che si può, si deve celebrare.

celebraménto **s. m.** ● (*raro*) Atto, effetto del celebrare.

†**celebràndo** [vc. dotta, lat. *celebrăndu(m)*, gerundio di *celebrāre* 'celebrare'] **agg.** ● Degno di essere celebrato.

celebrànte **A** **part. pres.** di *celebrare*; anche **agg.** ● Nei sign. del v. **B s. m.** ● Sacerdote che celebra la messa o altra funzione sacra.

celebràre [vc. dotta, lat. *celebrāre*, da *cĕleber*, genit. *cĕlebris* 'celebre'] **v. tr.** (*io cèlebro*) **1** (*lett.*) Esaltare, lodare pubblicamente con parole o scritti: *gli uomini ... incominciaron a c. la libertà dell'umano arbitrio* (VICO). **2** Festeggiare con solennità anniversari, ricorrenze civili, religiose e sim.: *c. l'onomastico* | *C. le feste*, astenendosi dal lavoro, spec. partecipando a festeggiamenti, cerimonie e sim. | †*C. le ferie*, osservare il divieto di amministrare la giustizia in giorni particolari. **3** Eseguire una funzione sacra conformemente alla liturgia: *c. la messa*. **4** Compiere un atto o svolgere un procedimento secondo le regole di rito: *c. un contratto*; *c. il matrimonio*; *c. un processo*.

celebratìvo **agg.** **1** Che serve o tende a celebrare: *apparato c.* **2** Detto di francobollo emesso nel giorno della celebrazione di un avvenimento.

celebràto **part. pass.** di *celebrare*; anche **agg.** **1** Nei sign. del v. **2** Illustre, famoso: *attore, scrittore c.*

celebratóre [vc. dotta, lat. *celebratōre(m)*, da *celebrāre* 'celebrare'] **s. m.**; anche **agg.** (f. *-trice*) ● Chi, che celebra.

celebrazióne [vc. dotta, lat. *celebratiōne(m)*, da *celebrāre* 'celebrare'] **s. f.** ● Atto del celebrare: *la c. della nascita di Dante*; *la c. di un matrimonio*, *di un processo*; *assistere alla c. della Messa* | (*est.*) Pubblica solennità: *c. nazionale*.

cèlebre [vc. dotta, lat. *cĕlebre(m)*, di etim. incerta] **agg.** (sup. *celebèrrimo*) (V.) ● Che è molto conosciuto, rinomato: *un c. artista*, *attore*, *scienziato*, *scrittore*, *uomo politico*; *monumento*, *quadro c.* | (*est.*) Che è molto ascoltato, autorevole | (*spreg.*) Famigerato: *un c. bandito*. **SIN.** Famoso, illustre. ‖ **celebreménte**, **avv.** (*raro*) Famosamente.

celebret /*lat.* 'tʃɛlebret/ [lat. 'che egli celebri', 3ª pers. sing. congv. pres. di *celebrāre* 'celebrare'] **s. m. inv.** ● Autorizzazione concessa dal vescovo a un sacerdote perché celebri la messa in altra diocesi | Documento che contiene tale autorizzazione.

†**celebrévole** **agg.** ● Degno di essere celebrato.

celebrità o †**celebritàde**, †**celebritàte** [vc. dotta, lat. *celebritāte(m)*, da *cĕleber*, genit. *cĕlebris* 'celebre'] **s. f.** **1** Fama, rinomanza: *raggiungere grande c. nel campo della medicina*; *da tante cose dipende la c. dei libri* (MANZONI) | †Pompa, solennità. **2** †Frequenza, concorso di persone. **3** Persona celebre: *è una c. nel suo settore*.

Celenteràti [comp. del gr. *kôilos* 'concavo' (di origine indeur.) ed *énteron* 'intestino'] **s. m. pl.** ● Nella tassonomia animale, Invertebrati acquatici, quasi tutti marini, a simmetria raggiata, con corpo gelatinoso provvisto di tentacoli con cellule urticanti, cui appartengono le meduse e i coralli (*Coelenterata*) | (al sing. *-o*) Ogni individuo di tale tipo. ➡ ILL. **animali** /1; **zoologia generale**.

†**celeràre** [vc. dotta, lat. *celerāre*, da *cĕler* 'celere'] v. tr. ● Accelerare.

cèlere [vc. dotta, lat. *cĕlere(m)*, da avvicinarsi al gr. *kélēs* 'cavallo da corsa'] **A** agg. (sup. *celerìssimo* o lett. *celèrrimo*) **1** Rapido, svelto, pronto, veloce, immediato: *comunicazioni celeri*; *un mezzo, una spedizione c.*; *reparti celeri di polizia*. CONTR. Lento. **2** Che ha breve durata: *corsi celeri di istruzione*. || †**celereménte**, **celerménte**, avv. Con celerità. **B** s. f. solo sing. ● (*per anton.*) Nome dei reparti celeri autotrasportati del corpo degli agenti della polizia di Stato impiegati per compiti di emergenza durante tumulti cittadini.

celerimensùra [comp. del lat. *cĕler* 'celere' e *mensūra* 'misura'] s. f. ● Tacheometria.

celerimètrico [da *celerimetro*] agg. (pl. m. *-ci*) ● Che si riferisce alla celerimensura.

celerìmetro [fr. *célérimètre*. V. *celere* e *-metro*] s. m. ● Tacheometro.

celerìno s. m. ● (*pop.*) Agente della Celere.

celerità [vc. dotta, lat. *celeritāte(m)*, da *cĕler* 'celere'] s. f. **1** Qualità di ciò che è celere. CONTR. Lentezza. **2** (*med.*) Ritmo con cui un'arteria si dilata e si restringe. **3** *C. di tiro*, frequenza con cui si succedono i colpi di armi da fuoco automatiche.

celèrrimo [dal lat. *celerrĭmu(m)*, sup. di *cĕler* 'celere'] agg. (sup. di *celere*) ● (*lett.*) Velocissimo.

celèsta o **celèste** (**2**) [vc. dotta, prob. da *celeste* (*1*), per il timbro del suono] s. f. ● Strumento costituito da una serie di diapason, che vengono fatti vibrare da un meccanismo simile a quello del pianoforte. SIN. Tipofono. ➡ ILL. **musica**.

celèste (**1**) o †**celèsto**, †**celèstre**, †**celèstro**, (*raro, lett.*) **cilèstre**, (*lett.*) **cilèstro** [vc. dotta, lat. *caelēste(m)*, da *caelum* 'cielo'] **A** agg. **1** Pertinente al cielo come entità naturale: *volta, arco c.*; *fenomeni celesti*. **2** Pertinente al cielo considerato come sede di esseri soprannaturali: *misericordia, punizione, grazia c.* | *Mensa c.*, Eucarestia | *Corte c.*, gli angeli e i santi | (*est.*) Solenne, sublime, divino, soprannaturale: *armonia c.*; *uno spirto c., un vivo sole / fu quel ch'io vidi* (PETRARCA). SIN. Divino. **3** (*est.*) Che ha il colore del cielo sgombro dalle nuvole: *vestito c.*; *occhi celesti*. SIN. Azzurro, ceruleo. **4** (*mus.*) *Registro, voce c.*, nell'organo, registro producente un suono tremulo. || †**celesteménte**, avv. (*raro*) In modo adatto al cielo, con serena beatitudine. **B** s. m. **1** Il colore celeste. **2** (*spec. al pl.*) Spiriti che abitano il cielo. || **celestino**, dim.

celèste (**2**) ● V. *celesta*.

celestiàle o †**celestriàle**, †**cilestriàle** [da *celeste* (*1*)] **A** agg. **1** (*raro, lett.*) Del cielo, quale sede del Paradiso: *anime celestiali*. **2** Degno del cielo | Sovrumano, ineffabile: *musica, voce c.*; *le celestiali bellezze di madonna Lisetta* (BOCCACCIO) | (*est., iron.*) Di chi ostenta una falsa ingenuità e imperturbabilità. SIN. Divino, paradisiaco. || **celestialménte**, avv. **B** s. m. ● (*spec. al pl.*) †Gli angeli, i beati che abitano il Paradiso.

celestina [da *celeste* (*1*)] s. f. ● (*miner.*) Solfato di stronzio in cristalli prismatici celesti o biancastri.

celestino (**1**) o †**celestrino**, (*lett.*) **cilestrino** [lat. tardo *caelestīnu(m)*, da *caelēstis* 'celeste (1)'] **A** agg. ● Che ha un colore celeste tenue. **B** s. m. ● Il colore celestino.

celestino (**2**) s. m. ● Monaco benedettino della regola di Pietro di Isernia, cioè papa Celestino V (1215-1296).

celestino (**3**) [da *celeste* (*2*)] s. m. ● (*mus.*) Celesta.

†**celèsto** ● V. *celeste* (*1*).

†**celèstre** e *deriv.* ● V. *celeste* (*1*) e *deriv.*

†**celèstro** ● V. *celeste* (*1*).

celétto [der. di *cielo*] s. m. ● Elemento di scena che fa le veci del soffitto, nel palcoscenico di un teatro.

cèlia [etim. discussa: da *Celia*, n. di una commediante che faceva la parte della serva (?)] s. f. ● Scherzo, spec. verbale | *Per c.*, per scherzo | *Mettere qc. in c.*, canzonare | *Reggere alla c.*, stare allo scherzo | (*raro*) *Fare c.*, scherzare. SIN. Beffa. || **celiàccia**, pegg.

celiachìa [da *celiaco*] s. f. ● Malattia intestinale dell'infanzia, caratterizzata da diarrea con feci grasse; causata da una intolleranza alle proteine del glutine, provoca scadimento delle condizioni generali e ridotto accrescimento.

celìaco [vc. dotta, lat. *coelĭacu(m)*, nom. *coelĭacus*, dal gr. *koiliakós*, da *koilía* 'cavità, ventre', da *kôilos* 'cavo'] **A** agg. (pl. m. *-ci*) ● (*anat.*) Relativo all'intestino | *Arteria celiaca*, una delle tre arterie dell'apparato digerente. **B** s. m. (f. *-a*) ● (*med.*) Chi soffre di celiachia.

celiàre [da *celia*] v. intr. (*io cèlio*; aus. *avere*) ● Scherzare, spec. con parole: *smettila di c. su questo argomento*.

celiatóre s. m. (f. *-trice*) ● (*raro*) Chi celia.

celibatàrio [fr. *célibataire*, da *célibat* 'celibato'] s. m. **1** Individuo celibe, spec. di età piuttosto avanzata. **2** (*raro*) Detto di quelle forme di sacerdozio per le quali è obbligatorio il celibato a chi le pratica.

celibàto [vc. dotta, lat. *caelibātu(m)*, da *caelebs*, genit. *caelibis* 'celibe'] s. m. ● Stato, condizione dell'uomo celibe: *c. religioso, ecclesiastico*; *li cattolici propongono un casto matrimonio ad un c. contaminato* (SARPI).

cèlibe [vc. dotta, lat. *caelibe(m)*, di etim. incerta] s. m. raro f.; anche agg. ● Chi, che non è congiunto in matrimonio, detto di uomini: *un vecchio c.*; *è ancora c.* SIN. Scapolo | (*raro, lett.*) Chi, che non è congiunto in matrimonio, detto di donne: *rimanendo c. per aver rifiutati tutti i partiti che le si erano offerti* (MANZONI). SIN. Nubile.

celìcola o †**celìcolo** [vc. dotta, lat. *caelĭcola(m)*, comp. di *caelum* 'cielo' e *cŏlere* 'abitare'] s. m. (pl. *-i*) ● Abitatore del cielo, detto, nella mitologia classica, degli dèi che hanno sede nell'Olimpo.

†**celidografìa** [comp. del gr. *kēlís*, genit. *kelîdos* 'macchia' e di *-grafia*] s. f. ● Descrizione delle macchie del Sole e dei pianeti.

celidònia o **chelidònia** [vc. dotta, lat. *chelidŏnia(m)*, dal gr. *chelidónion*, da *chelidṓn* 'rondine', perché si credeva che le rondini curassero con essa gli occhi malati dei rondinini] s. f. ● Pianta erbacea perenne delle Papaveracee con fiori gialli in ombrelle e frutto allungato a capsula (*Chelidonium maius*). SIN. Erba da porri.

celióne [da *celia*] s. m. (f. *-a*) ● Chi ama scherzare.

celioscopìa [vc. dotta, comp. del gr. *koilía* 'cavità' e di *-scopia*] s. f. ● (*med.*) Esame ottico diretto della cavità peritoneale. SIN. Laparoscopia.

celioscòpio [comp. del gr. *koilía* 'cavità' e di *-scopio*] s. m. ● Apparecchio usato per eseguire la celioscopia. SIN. Laparoscopio.

celipòrto [comp. del lat. *caelum* 'cielo' e di *porto*] s. m. ● Cosmodromo.

celìte [vc. di formazione incerta] s. f. ● (*miner.*) Alluminato di calcio e ferro, importante costituente dei cementi.

cèlla (**1**) [vc. dotta, lat. *cĕlla(m)*, da avvicinare a *celāre* 'celare'] s. f. **1** Camera dei frati o delle suore in un convento | (*est.*) Stanza piccola e modesta, spec. quieta e adatta allo studio e alla meditazione. **2** Stanza di segregazione in stabilimenti di pena, collegi, accademie militari e sim.: *c. di rigore, di punizione*. **3** Parte interna e centrale del tempio antico col simulacro del dio. **4** Vano ristretto e di piccole dimensioni adibito a usi particolari | *C. frigorifera*, ambiente mantenuto a temperatura sufficientemente bassa per conservarvi alimenti e prodotti deperibili; (*raro*) freezer | *C. calda*, ambiente schermato in cui possono essere manipolati materiali radioattivi | *C. campanaria*, abitacolo delle campane, alla sommità del campanile. **5** †Dispensa, cantina. **6** Nell'alveare, ognuno dei piccoli buchi dove le api depongono il miele. **7** (*miner.*) *C. elementare*, elemento fondamentale di un reticolo cristallino. **8** *C. elettrolitica*, recipiente contenente l'elettrolito e i due elettrodi. **9** (*elab.*) *C. di memoria*, il più piccolo elemento fisico componente una memoria; (*est.*) la più piccola suddivisione di una memoria, cioè quella parte che può contenere un'unità elementare d'informazione singolarmente indirizzabile e trattabile, per es. un carattere o una parola. **10** *C. solare, fotovoltaica*, dispositivo semiconduttore per la conversione diretta della luce in energia elettrica. ➡ ILL. p. 828 SCIENZE DELLA TERRA ED ENERGIA. || **cellétta**, dim. (V.) | **cellina**, dim. | **cellolina**, dim. | **cellùzza**, dim.

cèlla (**2**) [lat. tardo *aucĕlla(m)* 'uccellino' (V. *uccello*), dall'aquila che vi era incisa] s. f. ● Piccola moneta d'argento coniata nel XV sec. in alcune zecche del regno di Napoli.

cellàio (**1**) [lat. tardo *cellāriu(m)*, originariamente agg. di *cĕlla* 'cella': *lŏcu(m) cellāriu(m)*] s. m. ● Cantina, dispensa.

†**cellàio** (**2**) o †**cellàrio** [lat. *cellāriu(m)*, da *cĕlla* 'cella' col suff. di mestiere *-āriu(m)*] s. m. ● Dispensiere, cantiniere.

cellàrio [vc. dotta, lat. *cellāriu(m)*, da *cĕlla* 'cella (1)'] s. m. ● Parte di un'ara funeraria strutturata a cellette, ciascuna delle quali destinata a ospitare un'urna cineraria.

celleràio o **celleràrio** [lat. tardo *cellarāriu(m)*, da *cellāriu(m)* 'cellaio (1)'] s. m. (f. *-a*) ● Frate che, nei conventi, cura la dispensa e gli interessi temporali della comunità. SIN. Credenziere, dispensiere.

cellétta s. f. **1** Dim. di *cella* (*1*). **2** Cellula.

cellière o †**cellièro** [ant. fr. *cellier*, dal lat. tardo *cellāriu(m)*. V. *cellaio* (*1*)] s. m. **1** Credenza. **2** Cantina di elaborazione del vino.

cellìsta [da *cella* (*1*), nel sign. 4] s. m. e f. (pl. m. *-i*) ● Nelle industrie di conservazione degli alimenti, chi è addetto alle celle frigorifere.

cèllo s. m. ● (*mus.*) Violoncello.

cèllofan o **cellofàn**, **cellòfane**, (*raro*) **cellòfano** s. m. inv. ● Adattamento di *cellophane* (V.).

cellofanàre v. tr. (*io cellòfano*) ● Avvolgere in una pellicola di cellofan: *c. un libro*.

cellofanatrìce s. f. ● Macchina che avvolge prodotti e oggetti vari in una pellicola di cellofan, spec. a scopo igienico.

cellofanatùra s. f. ● Operazione consistente nell'avvolgere un prodotto nel cellofan.

cèllophane® /'tʃɛllofan, *fr.* selɔ'fan/ [vc. fr., nome commerciale] s. m. ● Materiale incolore o colorato, trasparente, ottenuto per laminazione dalla viscosa, usato per involucri o per la formazione di fibre artificiali.

cèllula [vc. dotta, lat. *cĕllula(m)*, dim. di *cĕlla* 'cella (1)'] s. f. **1** Piccola cavità di corpi, sostanze minerali e sim. **2** (*biol.*) Unità fondamentale degli organismi viventi capace di vita autonoma, che consta di una membrana cellulare contenente il citoplasma e il nucleo | *C. atipica*, che ha perso i normali caratteri morfologici e di riproduzione, propria dei tumori maligni. | *C. uovo*, gamete femminile | *C. figlia*, cellula prodotta dalla mitosi o dalla meiosi. **3** *C. fotoelettrica*, apparecchio che sfrutta l'effetto fotoelettrico. **4** Elemento di base su cui si articola l'organizzazione di un partito politico, spec. se rivoluzionario. **5** (*aer.*) L'intera struttura di un aeromobile, esclusi i mezzi di propulsione. **6** (*meteor.*) *C. ciclonica, anticiclonica*, area di bassa o di alta pressione atmosferica.

cellulàre [fr. *cellulaire*, da *cellule* 'cellula'] **A** agg. **1** (*biol.*) Formato da cellule: *tessuto c.* | Che riguarda le cellule: *patologia c.* | *Divisione c.*, citocinesi. **2** Diviso in celle: *carcere c.* | *Furgone c.*, furgone appositamente attrezzato per il trasporto dei detenuti | *Vettura c.*, vagone ferroviario con attrezzatura analoga a quella del furgone cellulare | *Sistema di segregazione c.*, sistema punitivo per cui i carcerati vengono tenuti segregati in piccole celle. **B** s. m. **1** (*ell.*) Furgone o vettura cellulare. **2** Tessuto a trama larga, utilizzato spec. per biancheria estiva. **3** Telefono cellulare.

†**cellulàto** agg. ● Fatto a cellule.

cellulìte (**1**) [comp. di *cellul(a)* e *-ite* (*1*)] s. f. ● (*med.*) Infiammazione del tessuto cellulare lasso sottocutaneo | Correntemente, deposito di adipe dovuto spec. a disfunzioni endocrine.

cellulìte (**2**) [comp. di *cellul(a)* e *-ite* (*2*)] s. f. ● (*edil.*) Calcestruzzo leggero e poroso ottenuto impastando schiume speciali con malta di cemento.

cellulìtico [da *cellulite* (*1*)] agg. (pl. m. *-ci*) ● (*med.*) Relativo a, caratterizzato da, cellulite.

celluloide [ingl. *celluloid*, da *cellul(osa)* con il suff. *-oide*] s. f. **1** Materia plastica incolore, trasparente, infiammabile, ottenuta gelatinizzando nitrocellulosa con alcol e canfora, usata per pellicole fotografiche e per svariati oggetti di uso comune. **2** (*est., fig.*) Il cinematografo, nelle loc. *il mondo*, *i divi della c.* e sim.

cellulósa [fr. *cellulose*, detta così perché è il principale componente della membrana *cellulare* di tutte le piante] s. f. ● Polisaccaride bianco, fibroso, componente della parte cellulare dei vegetali, usato per fabbricare carta, fibre artificiali, pellicole, vernici, esplosivi | *C. rigenerata*, polisaccaride con proprietà chimiche uguali a quelle della cellulosa originaria, ma dalla quale si differenzia spec. per il suo più basso grado di polimerizzazione.

cellulòsico agg. (pl. m. *-ci*) ● Pertinente alla cellulosa.

cellulòsio s. m. ● Cellulosa.

cellulóso [da *cellula*] agg. ● Formato di cellule, spugnoso: *quarzo c.*; *tufo c.*

celòma [vc. dotta, gr. *kóilōma*, da *kôilos* 'cavo'] s. m. (pl. *-i*) ● (*zool.*) Cavità scavata nel mesoderma, presente in molti gruppi animali almeno nello stadio embrionale.

Celomàti s. m. pl. ● Gruppo di Metazoi provvisti di celoma (*Coelomata*).

celomàtico agg. (pl. m. *-ci*) ● (*zool.*) Che si riferisce al celoma: *cavità celomatica.*

celòsia [da *gelosia* (*1*), pop. 'amaranto'] s. f. ● Genere delle Amarantacee comprendente piante annuali a fusto eretto con foglie alterne, fiori piccoli e privi di corolla, con brattee colorate in dense spighe (*Celosia*).

celòstata o **celòstato** [comp. del lat. *cāelum* 'cielo' e di *-stato*] s. m. (pl. *-i*) ● (*astron.*) Sistema di due specchi piani, di cui uno mobile, utilizzato per riflettere sempre in una stessa direzione la luce proveniente dagli astri.

cèlotex® o **celotèx** [nome commerciale] s. m. inv. ● Materiale composto da fibre vegetali impastate e compresse, con agglomeranti, usato in edilizia quale coibente e isolante acustico.

celotomìa [dal gr. *kēlotomía*, comp. di *kḗlē* 'ernia', e *tomḗ* 'taglio'] s. f. ● (*chir.*) Resezione del sacco dell'ernia.

†**celsitùdine** [vc. dotta, lat. tardo *celsitūdine(m)*, da *cēlsus* 'alto'] s. f. ● Grandezza, altezza, eccellenza.

Celsius /'tʃɛlsjus/ [dal n. dell'astronomo svedese A. *Celsius* (1701-1744)] agg. inv. ● (*fis.*) Detto di scala termometrica che attribuisce valore 0 alla temperatura del ghiaccio fondente e valore 100 a quella dell'acqua bollente alla pressione di 1 atmosfera | *Grado C.*, grado relativo a detta scala. SIMB. °C | *Termometro C.*, quello con scala Celsius. CFR. Scala.

cèlta [vc. dotta, lat. *Cĕltae*, nom. pl.] s. m. (pl. *-i*) ● Antico abitante della Gallia.

celtibèro o **celtibèrico** agg. ● Che appartiene o si riferisce all'antico popolo dei Celtiberi, stanziati nella Spagna centrale.

cèltico [vc. dotta, lat. *Cĕlticu(m)*, da *Cĕltae* 'Celti'. Le *malattie celtiche* sono dette così perché ritenute di origine francese (cfr. *mal francese*)] **A** agg. (pl. m. *-ci*) **1** Relativo ai Celti: *lingua celtica*; *popolo c.* **2** Venereo: *malattie celtiche* | *Morbo c.*, sifilide, mal francese. **B** s. m. solo sing. ● Gruppo di lingue della famiglia indoeuropea.

cèltio o **cèlzio** [dal n. lat. dei Celti (*Cĕltae*) col suff. di elem. dim. *-io*] s. m. ● (*chim.*, *raro*) Arnio.

celtìsmo s. m. ● Elemento linguistico celtico sopravvissuto in lingue dell'Europa centro-occidentale.

celtìsta s. m. e f. (pl. m. *-i*) ● Chi studia le lingue e la civiltà dei Celti.

†**celtizzàto** [da *celtico*] agg. ● (*raro*) Infranciosato.

cèlzio ● V. *celtio.*

cembalàio s. m. ● Fabbricante di clavicembali e sim.

cembalìsta [vc. dotta, lat. *cymbalīsta(m)*, nom. *cymbalīsta*, dal gr. *kymbalistḗs*, da *kýmbalon* 'cembalo'] s. m. e f. (pl. m. *-i*) ● Suonatore di cembalo | Compositore di musica per cembalo.

cembalìstico agg. (pl. m. *-ci*) ● Che si riferisce al cembalo e al clavicembalo: *musica cembalistica.*

cémbalo o †**cémbolo**, **cìmbalo**, †**ciómbalo** [lat. *cȳmbalu(m)*, dal gr. *kýmbalon*, da *kýmbē* 'bacino, ciotola', forse di origine straniera] s. m. **1** Strumento a tasti simile al pianoforte. SIN. Clavicembalo, spinetta. **2** (*spec. al pl.*) Antico strumento a percussione, composto da due piccoli piatti cavi da battere insieme | Antico tamburello a un fondo, piatto, con sonagli. || **cembalétto**, dim. | **cembalino**, dim. | **cembalóne**, accr.

cembanèlla o †**cemmamèlla**, †**cemmanèlla**, **cimbanèlla** [da *cembalo*, con dissimilazione] s. f. **1** Antico strumento musicale simile al timpano. **2** (*spec. al pl.*) Piatti turchi.

cémbia ● V. *cembra.*

†**cémbolo** ● V. *cembalo.*

cémbra o **cémbia**, **cìmbia**, **cìmbra** [sp. *cimbra*, da *cimbrar* 'curvare', dal lat. parl. **cincturāre* 'centinare', da *cinctūra* 'cintura'] s. f. ● (*arch.*) Modanatura a profilo concavo posta alle due estremità del fusto della colonna | Corrispondente modanatura di pilastri e sim.

cémbro o (*dial.*) **zémbro** [etim. incerta] s. m. ● Albero delle Pinacee con foglie aciculari riunite in fascetti e strobili di forma ovale (*Pinus cembra*).

cementànte A part. pres. di *cementare*; anche agg. ● Nei sign. del v. **B** s. m. ● (*edil.*) Qualsiasi materiale che serve a cementare.

cementàre v. tr. (*io ceménto*) **1** (*edil.*) Unire saldamente con cemento | Rivestire di cemento: *c. una parete.* **2** (*min.*) Consolidare o impermeabilizzare mediante iniezioni di malta di cemento: *c. uno scavo.* **3** (*fig.*) Consolidare, rinforzare, rinsaldare: *il mutuo rispetto cementa l'amore.* **4** (*metall.*) Provocare la diffusione di un metallo o di un metalloide in un prodotto metallurgico con lo scopo di conferirgli particolari proprietà superficiali, spec. di durezza | Provocare la diffusione di carbonio in una lega ferrosa con formazione di carburo di ferro e conseguente indurimento dello strato superficiale: *c. la ghisa.* SIN. Carburare.

cementàrio [vc. dotta, lat. *caementāriu(m)* s. m.] **A** agg. **1** (*lett.*) Che esegue lavori con il cemento. **2** Che concerne la fabbricazione e la lavorazione del cemento. **B** s. m. ● †Muratore.

cementazióne s. f. **1** Atto, effetto del cementare. **2** (*chim.*) Processo di precipitazione di un elemento a opera di un altro che lo precede nella serie elettrochimica degli elementi.

cement-gun /ingl. si'ment gʌn/ [loc. ingl., propr. 'cannone da cemento', comp. di *cement* 'cemento' e *gun* 'cannone', di etim. incerta] loc. sost. m. inv. (pl. ingl. *cement-guns*) ● Apparecchio ad aria compressa usato per spruzzare una miscela di cemento, sabbia e acqua, allo scopo di formare intonaci impermeabili.

cementière s. m. ● Industriale del cemento.

cementièro A agg. ● Che si riferisce al cemento, che è proprio del cemento: *industria cementiera.* **B** s. m. ● Operaio addetto alla produzione del cemento.

cementìfero [comp. di *cemento* e *-fero*] agg. ● Che dà o produce cemento: *zona, industria cementifera.*

cementificàre [comp. di *cemento* e *-ficare*] v. tr. e intr. (*io cementìfico, tu cementìfichi*; aus. intr. *avere*) ● Costruire edifici in modo indiscriminato, spesso deturpando il paesaggio.

cementificazióne s. f. ● Atto, effetto del cementificare.

cementifìcio s. m. ● Fabbrica di cemento.

cementìsta s. m. (pl. *-i*) ● Operaio che costruisce particolari architettonici prefabbricati di cemento, come cornicioni o altro.

cementìte [da *cemento*] s. f. **1** Carburo di ferro durissimo e fragile, presente nelle ferroleghe e spec. nelle ghise bianche. **2** Vernice opaca, a forte pigmentazione, adatta per muri, legno, metalli.

cementìzio agg. **1** Del cemento, concernente il cemento: *industria cementizia.* SIN. Cementiero. **2** Detto di materiale costituito da cemento o contenente cemento.

ceménto [vc. dotta, lat. *caemĕntu(m)* 'pietra rozza da tagliare', da *cāedere* 'tagliare'] s. m. **1** Polvere grigia ottenuta per cottura, in speciali forni, di miscele naturali o artificiali di calcare e argille, che, bagnata, fa presa sia all'aria che in acqua | *C. naturale*, ottenuto cuocendo e quindi macinando marne aventi opportuna dosatura di calcare e argilla | *C. artificiale*, ottenuto miscelando intimamente calcare e argilla finemente polverizzati, cuocendo in forno e macinando | *C. idraulico*, che fa presa e indurisce anche sott'acqua | *C. amianto*, materiale edilizio di cemento impastato con fibre di amianto, con il quale si fanno tubi, lastre ondulate e piane, tegole e sim. SIN. Fibrocemento | *C. armato*, struttura mista, costituita da calcestruzzo di cemento e da barre di ferro o di acciaio in esso incorporate, disposte in maniera da resistere agli sforzi di trazione | *C. ferrico*, ottenuto dalla cottura di una miscela di calcare, argilla e pirite ricca di ferro. **2** (*fig.*) Ciò che consolida un vincolo, rafforza un'unione, e sim.: *la stima è il c. dell'amore.* **3** (*anat.*) Tessuto duro, che riveste la radice e il colletto del dente, esternamente alla dentina. ➡ ILL. p. 367 ANATOMIA UMANA. **4** (*med.*) Sostanza impiegata in odontoiatria per le otturazioni dentarie.

†**cemetèrio** e *deriv.* ● V. *cimitero* e *deriv.*

†**cemmamèlla** ● V. *cembanella.*

†**cemmanèlla** ● V. *cembanella.*

cempennàre [sovrapposizione di *inciampare* a *tentennare* (?)] v. intr. (*io cempénno*; aus. *avere*) ● (*tosc.*) Reggersi male sulle gambe | (*fig.*) Non concludere nulla.

céna [lat. *cēna(m)*, forse da **kert-snā* 'porzione' (?)] s. f. **1** Pasto che si fa la sera o la notte, ultimo pasto della giornata: *andare, essere invitato, a c.*; *andare fuori a c.*; *è ora di c.* | (*est.*) Cibo consumato durante questo pasto: *una c. lenta, frugale, parca, sostanziosa* | *Non potere accozzare la c. col desinare, con la merenda*, (*fig.*) guadagnare molto poco | *Dare una c.*, offrire a un gruppo di invitati una cena ricca ed elegante, spec. preceduta o seguita da altre manifestazioni mondane | (*est.*) Momento della giornata in cui si consuma abitualmente questo pasto: *incontrarsi prima di c.*; *vieni a trovarmi dopo c.?* **2** Ultima cena consumata da Gesù con gli Apostoli, durante la quale Egli istituì l'Eucarestia: *la Cena*; *l'ultima c.* | *C. eucaristica*, la Comunione | *Sacra c.*, consumazione del pane e del vino in alcune comunità protestanti | (*est.*) Quadro che rappresenta l'ultima cena di Gesù. || **cenerèlla**, dim. | **cenétta**, dim. (V.) | **cenìna**, dim. | **cenìno**, dim. m. | **cenóna**, accr. | **cenóne**, accr. m. (V.) | **cenùccia**, dim.

cenàcolo [vc. dotta, lat. *cenăculu(m)*, da *cēna* 'cena'] s. m. **1** Anticamente, sala in cui si cenava | (*per anton.*) Luogo nel quale Gesù e gli Apostoli consumarono l'ultima cena. **2** Dipinto che rappresenta l'ultima cena di Gesù con gli Apostoli, e che spesso decora una parete del refettorio di un convento: *il c. di Leonardo.* **3** (*fig.*) Luogo di riunione di artisti e letterati. **4** (*est.*) Circolo ristretto di amici e artisti, pensatori, letterati di un dato indirizzo culturale. SIN. Accolta, gruppo.

cenàre [lat. *cenāre*, da *cēna* 'cena'] **A** v. intr. (*io céno*; aus. *avere*) ● Consumare la cena: *c. fuori, in casa, da amici*; *c. con verdura e formaggio.* **B** v. tr. ● †Mangiare a cena: *egli et ella cenarono un poco di carne salata* (BOCCACCIO).

cenàta s. f. ● Abbondante e buona cena.

†**cenatóre** [lat. tardo *cenatōre(m)*, da *cēna* 'cena'] s. m. ● (*raro*) Chi cena.

†**cenatòrio** [vc. dotta, lat. tardo *cenatōriu(m)*, da *cēna* 'cena'] agg. ● Attinente al cenare.

cenciàia s. f. **1** Mucchio o deposito di cenci. **2** (*fig.*) †Sciocchezza, bazzecola.

cenciàio s. m. (f. *-a*) ● Chi compra o rivende cenci, spec. per le cartiere.

cenciaiòlo o (*lett.*) **cenciaiuòlo** o (*dial.*) **cenciaròlo** s. m. (f. *-a*) ● Cenciaio, rivenditore di stracci | Operaio classificatore di stracci.

cenciàme s. m. ● Insieme di stracci.

cenciàta s. f. ● (*raro*) Colpo dato con un cencio | (*est.*) Pulizia fatta in fretta con un cencio.

céncio [etim. incerta] s. m. **1** Pezzo di stoffa logora, spec. usato per lavori domestici: *c. da spolverare* | *Bianco come un c. lavato*, (*fig.*) pallidissimo | *Crollare come un c.*, (*fig.*) svenire | †*Dare fuoco al c.*, (*fig.*) aiutare | †*Dare il c.*, licenziare | (*est.*) Brandello di vestito | (*est.*) Vestito logoro o molto scadente: *coperto di cenci*; *non aver neppure un c. da mettersi*; *si accasciò in terra ... nel mucchio largo dei suoi cenci* (MORAVIA). SIN. Straccio. **2** *Cappello a c.*, di feltro morbido o di tessuto, quindi floscio. **3** (*al pl.*) Materia prima per la produzione della mezzapasta di straccio. **4** (*fig.*) Cosa di poco valore | *Stare, essere nei propri cenci*, (*fig.*) star bene, accontentarsi della condizione in cui ci si trova | *Uscire dai cenci*, (*fig.*) uscire dalla miseria | (*est.*) Chi è in uno stato di grande debolezza fisica o psicologica: *le fatiche lo riducono un c.* | (*raro, fig.*) Essere un *c. molle*, un uomo di poco spirito. SIN. Straccio. *5* (*med.*) Parte centrale, necrotica del favo o del foruncolo. *6* (*al pl.*) Dolci di pasta all'uovo, tagliati a cerchi, rettangoli, strisce e fritti, specialità toscana || PROV. I cenci e gli stracci vanno all'aria. || **cenciàccio**, pegg. | **cencerèllo**, dim. | **cencétto**, dim. | **cencino**, dim. | **cenciolino**, dim. | **cencióne**, accr. | **cenciùccio**, dim.

cencióso [da *cencio*] **A** agg. *1* Rattoppato, lacero, a brandelli: *vestito c.* *2* Di persona, che indossa vesti logore, stracciate: *una vecchia cenciosa*; *monello c.* **B** s. m. (f. *-a*) ● Persona miserabile e mendica.

†**cenciùme** s. m. ● Insieme di cenci sudici e disordinati.

cèncro [lat. *cĕnchride(m)*, dal gr. *kénchros* 'serpente dalla pelle picchiettata', da *kénchros* 'miglio'] s. m. ● (*lett.*) Favoloso serpente velenoso dal ventre screziato.

-cène [dal gr. *kainós* 'nuovo', attrav. il fr. *-cène*] secondo elemento ● In parole composte della terminologia cronologica geologica significa 'recente': *eocene*, *oligocene*.

cenèma [dal gr. *kenós* 'vuoto', col suff. *-ema* di *fonema*, *morfema* ecc.] s. m. (pl. *-i*) ● (*ling.*) Entità linguistica che non contiene un significato.

ceneràccio o **ceneràcciolo** s. m. *1* Cenere per il bucato, sulla quale si versava il ranno. *2* Grosso panno di canapa sul quale si poneva la cenere per fare il bucato e che copriva i panni sudici. *3* Recipiente messo sotto il fornello per raccogliere la cenere.

ceneràio s. m. *1* Chi compra o vende cenere. *2* Tubo che scarica in mare ceneri e scorie di una nave a vapore. *3* Ceneratoio.

†**ceneràndolo** [da *cenere*, con lo stesso suff. di *oliandolo*] s. m. ● Compratore ambulante di cenere.

ceneràrio ● V. *cinerario*.

ceneràta s. f. ● Cenere mescolata e bollita con acqua, per usi vari.

ceneratóio s. m. ● Nel focolare delle caldaie, vano sottostante alla griglia, in cui si raccoglie la cenere.

cénere [lat. *cĭnere(m)*, da avvicinare al gr. *kónis* 'polvere'] **A** s. f. *1* Residuo fisso della combustione di una sostanza | Correntemente, residuo polveroso, grigio, della combustione di legna e carbone | *C. vulcanica*, minutissimi granuli piroclastici emessi da un vulcano | *Andare, ridursi in c.*, bruciare, restare completamente distrutto | *Ridurre q.c. in c.*, distruggerla | *Covare sotto la c.*, (*fig.*) detto di sentimento o passione che non si manifesta apertamente. *2* (*al pl.*) Residui dell'olivo benedetto arso che il sacerdote pone sulla testa dei fedeli nel primo giorno di Quaresima | *Le Sacre Ceneri*, festa liturgica che dà inizio alla Quaresima. *3* (*spec. al pl.*) Polvere a cui si riducono i cadaveri, spec. quelli un tempo arsi sul rogo | (*est., poet. al sing. m.*) Resti mortali: *'ntorno al cener muto ... / stuol di meste sirene ancor s'aggira* (MARINO) | *Ridurre qc. in c.*, (*fig.*) farlo morire | *Risorgere dalle ceneri*, risuscitare. *4* (*fig., lett.*) Simbolo della morte e della fine di ogni cosa umana: *ov'è'l valore, ov' è l'antica gloria? / ... oimè son c.* (SANNAZARO). *5* Colore cenere: *alberi dalle fronde d'un c. spento.* **B** in funzione di agg. inv. ● (posposto a un s.) Che ha il colore grigio chiaro e smorto caratteristico della cenere: *calze, capelli c.* | *Biondo c.*, tonalità di biondo molto pallido || PROV. Bacco, tabacco e Venere riducono l'uomo in cenere; a can che lecca cenere non gli fidar farina. || **cenerina**, dim. (V.).

†**cenerènte** [lat. tardo *cinerĕntu(m)*, da *cĭnis*, genit. *cĭneris* 'cenere'] agg. ● Cenerino.

cenerèntola [da *cenere* (*del focolare*)] s. f. (m. *-o*, scherz.) ● Ragazza ingiustamente maltrattata e umiliata | (*est.*) Persona o cosa a torto trascurata, non tenuta nella debita considerazione: *per molto tempo quel paese fu la c. dell'Europa.*

cenericcio o (*lett.*) **cinericcio**, (*lett.*) **cinerizio** [lat. tardo *cinerĭciu(m)*, da *cĭnis*, genit. *cĭneris* 'cenere'] agg. (pl. f. *-ce*) ● Che ha un colore cenerino smorto.

ceneriera [dal fr. *cendrier*, da *cendre* 'cenere'] s. f. ● (*raro*) Posacenere.

cenerìgia [dalla sovrapposizione di *cinigia* a *cenere*] s. f. (pl. *-gie* o *-ge*) ● (*dial.*) Cinigia.

cenerina s. f. *1* Dim. di *cenere*. *2* Cenere non spenta del tutto. *3* (*dial.*) Razza di gallina dal piumaggio grigio chiaro. *4* La seconda dormita dei bachi da seta. SIN. Biancolina.

cenerino o (*lett.*) **cinerino**, †**cinerigno** [da *cinereo*] **A** agg. ● Che ha un colore grigio chiaro simile a quello della cenere: *nebbia cenerina*. SIN. Bigio. **B** s. m. ● Il colore cenerino.

cenerógnola o **cenerògnola** s. f. ● Prima dormita dei bachi da seta. SIN. Bianca.

cenerógnolo o **cenerògnolo**, **cinerógnolo** **A** agg. ● Che ha un colore cenerino non puro, con sfumature giallastre: *nubi cenerognole*. **B** s. m. ● Il colore cenerognolo.

ceneróne [da *cenere*] s. m. *1* Mescolanza di cenere e letame, usata in passato per concimare alcune piante. *2* Ceneraccio.

ceneróso [vc. dotta, lat. tardo *cinerōsu(m)*, da *cĭnis*, genit. *cĭneris* 'cenere'] agg. ● (*raro*) Cosparso, sporco di cenere.

†**cenerùgiolo** agg. ● Cenerognolo.

cenerùme [da *cenere*] s. m. ● Residui di materiale combusto.

cenestèși o **cenestesìa** [comp. di *ceno-* (*3*) e *-estesia*] s. f. ● Complesso delle sensazioni che nascono dall'armonico funzionamento del corpo umano, e che si concreta in un senso di equilibrio che varca appena la soglia della coscienza.

cenestèșico agg. (pl. m. *-ci*) ● Che si riferisce alla cenestesi.

cenestopatìa [comp. di *cenest(esi)* e *-patia*] s. f. ● (*med.*) Sensazione di sofferenza riferita erroneamente dal soggetto a un organo o a una funzione organica, che si manifesta in varie condizioni patologiche.

cenétta s. f. *1* Dim. di *cena*. *2* Cena semplice e appetitosa | Cena intima e raffinata: *una c. a lume di candela*.

céngia o **cèngia** [lat. *cĭngula(m)* 'cintura'. V. *cinghia*] s. f. (pl. *-ge*) ● Risalto con andamento quasi orizzontale, su una parete di roccia | Terreno montano pianeggiante circondato da dirupi.

céngio [lat. *cĭngulu(m)* 'cintura'. V. *cinghio*] s. m. ● (*dial.*) Cengia.

cennamèlla o **celamèlla**, **ceramèlla**, **ciaramèlla**, **ciramèlla** [fr. ant. *chalemelle*, dal lat. tardo *calamĕllu(m)*, dim. di *călamus* 'canna'. V. *calamo*] s. f. ● Antico strumento a fiato con due cannelle di bosso, una per suonare, l'altra per gonfiare un otre. SIN. Piva.

†**cennàre** [da *cenno*] v. intr. ● Accennare: *indi a suo banditor cenna dal palco, / che dia la voce* (MARINO).

cénno [lat. tardo *cĭnnu(m)*, di etim. incerta] s. m. *1* Segno che si fa con gli occhi, la mano, il capo per fare intendere, indicare o comandare q.c.: *fare c. di fermarsi*; *gli fece c. che aveva capito* | *Fare c.*, accennare | *Rendere c.*, rispondere a un cenno | *Comunicare a cenni*, senza parlare. SIN. Accenno, gesto. *2* (*lett.*) Gesto, atto, comportamento: *piace una signorile persona, ma uno disonesto c ... la rende vilissima* (ALBERTI). *3* Traccia, spiegazione sommaria: *mi ha dato qualche c. del tema che tratterà* | Breve e succinta notizia: *il giornale dà solo un c. dell'accaduto.* *4* (*est., fig.*) Indizio, avviso, manifestazione: *il ponte dà cenni di cedimento*; *reagire ai primi cenni di stanchezza.* *5* †Segnalazione fatta in guerra per mezzo di fuochi, spari e sim.: *con tamburi e con cenni di castella* (DANTE *Inf.* XXII, 8). || **cennùccio**, dim.

céno [vc. dotta, lat. *coenu(m)*, di etim. incerta] s. m. ● Fango, belletta.

cèno- (*1*) [dal gr. *kainós* 'recente'] primo elemento ● In parole composte dotte significa 'recente': *cenozoico*.

cèno- (*2*) [dal gr. *kenós* 'vuoto'] primo elemento ● In parole composte dotte significa 'vuoto': *cenotafio*.

cèno- (*3*) [dal gr. *koinós* 'comune'] primo elemento ● In parole composte dotte significa 'comune': *cenobio*.

cenobiarca [fr. *cénobiarque*, comp. del gr. *koinóbion* (V. *cenobio*) e *archós* 'guida, capo'] s. m. (pl. *-chi*) ● Superiore, abate dei cenobiti.

cenòbio [vc. dotta, lat. tardo *coenŏbiu(m)*, dal gr. *koinóbion* 'vita comune', comp. di *koinós* 'comune' e *bíos* 'vita'] s. m. *1* (*biol.*) Riunione in colonie di organismi vegetali o animali unicellulari con perdita della libertà di ogni individuo. *2* Comunità di religiosi, convento di monaci.

cenobita [vc. dotta, lat. tardo *coenobīta(m)*, da *coenŏbium* 'cenobio'] s. m. (pl. *-i*) *1* Monaco che vive in una comunità religiosa riconosciuta dalla Chiesa e retta da proprie regole, per raggiungere la perfezione cristiana in isolamento non eremitico. *2* (*fig.*) Persona che vive isolata da tutti, dedicandosi allo studio e alla meditazione: *fare il c.*

cenobìtico agg. (pl. m. *-ci*) *1* Che si riferisce al cenobio o al cenobita. *2* (*fig.*) Austero, appartato: *vita cenobitica*. || **cenobiticaménte**, avv. (*raro*) Da cenobita.

cenobitișmo s. m. ● Tipo di vita monastica proprio dei cenobiti.

cenóne s. m. *1* Accr. di *cena*. *2* Ricca cena, spec. quella di Natale o della notte di Capodanno.

cenòși [vc. dotta, lat. tardo *cenōsi(n)*, nom. *cenōsis*, dal gr. *kénōsis* 'evacuazione', da *kenóō* 'io vuoto'] s. f. ● (*biol.*) Biocenosi.

cenotàfio [vc. dotta, lat. tardo *cenotăphiu(m)*, dal gr. *kenotáphion*, comp. di *kenós* 'vuoto' e *táphos* 'tomba'] s. m. ● Monumento funerario a ricordo di un personaggio sepolto altrove.

cenozòico (*Cenozoico* come s. m.) [comp. di *ceno-* (*1*) e *-zoico*] **A** s. m. (pl. *-ci*) ● Era geologica caratterizzata da un grande sviluppo dei Mammiferi e dal declino dei Rettili. **B** agg. ● Che appartiene all'era omonima: *fossile c.* SIN. Terziario.

censiménto [da *censire*] s. m. ● Operazione statistica di rilevazione universale simultanea, diretta e riflessa, intesa ad accertare in un dato momento lo stato di un fatto collettivo: *c. della popolazione, delle aziende industriali e commerciali, delle aziende agricole.*

censire [lat. *censēre*, dalla radice **kens* 'dichiarare'] v. tr. (*io censisco, tu censìsci*) ● Sottoporre a censimento: *c. la popolazione, i fabbricati* | Iscrivere nei registri del censo.

censito **A** part. pass. di *censire*; anche agg. ● Nei sign. del v. **B** s. m. ● (*raro*) Persona provveduta di beni di fortuna.

cènso [vc. dotta, lat. *cēnsu(m)*, da *censēre* 'valutare, controllare'] s. m. *1* Nell'antica Roma, elenco dei cittadini e dei loro averi. *2* Nel Medioevo, canone in denaro, derrate o prestazioni, che i contadini dipendenti dovevano al signore in riconoscimento del suo diritto di proprietà | †Catasto. *3* (*raro*) Patrimonio del cittadino sottoponibile a tributi. *4* (*est.*) Ricchezza, grosso patrimonio | *C. avito*, che si possiede per eredità di famiglia. *5* (*mat.*) †Seconda potenza d'un'incognita | †*C. di c.*, quarta potenza d'un'incognita.

censoràto s. m. ● Ufficio e carica di censore in collegi, accademie e sim.

censóre [vc. dotta, lat. *censōre(m)*, da *censēre* 'censire'] s. m. *1* Nella Roma antica, magistrato preposto all'ufficio della censura. *2* Chi, per incarico dell'autorità, accerta che le opere da pubblicare o da rappresentare non offendano lo Stato, la religione, la morale. *3* Nei convitti, sorvegliante della disciplina dei convittori. *4* Revisore di componimenti letterari in alcune accademie. *5* (*fig.*) Critico abituale e severo dell'attività e del comportamento altrui (*spec. iron.*): *si erge sempre a c.*; *rigido c. degli uomini che non si regolavan come lui* (MANZONI).

censoriàle agg. ● (*raro*) Censorio.

censòrio [vc. dotta, lat. *censōriu(m)*, da *cēnsor*, genit. *censōris* 'censore'] agg. ● (*raro*) Di, da censore: *atteggiamento, spirito c.*

censuàle [vc. dotta, lat. tardo *censuāle(m)*, da *cēnsus* 'censo'] agg. ● Che riguarda il censo.

censuàrio [dal lat. *cēnsus* 'censo'] **A** agg. ● Del censo, relativo al censo. **B** s. m. ● Persona gravata della corresponsione di un censo | (*raro*) Libro dei censi.

censùra [vc. dotta, lat. *censūra(m)*, da *cēnsus* 'censo'] s. f. *1* Nella Roma antica, magistratura non permanente con funzioni di censimento, di amministrazione finanziaria e, in seguito, di vigilanza sulla condotta morale e civile dei cittadini. *2* Controllo compiuto dall'autorità su opere da pubblicare o da rappresentare per accertare che non offendano lo Stato, la religione, la morale: *incorrere nei rigori della c.* | Correntemente, l'ufficio che compie detto controllo | Controllo esercitato dal Vescovo e da altra autorità ecclesiastica a ciò delegata sulle opere a stampa pubblicate da ecclesiastici o da cattolici che chiedono l'accertamento della loro conformità alle dottrine della Chiesa. *3* Sanzione disciplinare consistente in un formale rimprovero, prevista spec. per i pubblici impiegati | In diritto canonico, pena stabilita dai canoni, come la scomunica, l'interdizione, la sospensione. *4* (*est.*, *fig.*) Critica severa, biasimo, riprensione: *mozione di c.* *5* Nella psicoanalisi, insieme di fattori che regolano l'emergenza di idee o desideri nella coscienza e mantengono la repressione di altre.

censuràbile agg. ● Che si può o si deve censurare. SIN. Biasimevole, criticabile.

censuràre v. tr. *1* Sottoporre a censura: *c. un libro, un film, una trasmissione televisiva.* *2* Biasimare, criticare: *c. l'operato di qc.*

censuratóre agg.; anche s. m. (f. *-trice*) ● Che, chi censura.

cent /*ingl.* sent/ [ingl., dal lat. *cĕntu(m)* 'cento'] s. m. inv. *1* Moneta divisionale equivalente alla centesima parte del dollaro e di altre unità monetarie. *2* (*mus.*) Unità di misura dell'intervallo musicale risultante dalla divisione dell'ottava in 1 200 parti.

†**cénta** ● V. *cinta.*

centaròlo [da *cento*] s. m. ● Maiale di cento libbre.

centaurèa o **centàurea** [vc. dotta, lat. tardo *centauria(m)*, dal gr. *kentáureion*, dal centauro Chirone, esperto dell'arte medica] s. f. ● Genere delle Composite comprendente piante erbacee, annuali o perenni, con foglie alterne, capolini con involucro globoso formato da brattee, fiori sia ligulati che tubulosi (*Centaurea*) | *C. maggiore*, con rizoma e fusti aerei modificati, foglie lanceolate, capolini di fiori azzurri o gialli (*Centaurea centaurium*) | *C. minore*, pianta erbacea delle Genzianacee con foglie basali ellittiche e piccoli fiori riuniti in infiorescenze cimose di color porpora (*Erythraea centaurium*). SIN. Biondella, cacciafebbre.

centàurico [vc. dotta, lat. *centauricu(m)*, nom. *centauricus*, dal gr. *kentaurikós*, da *kéntauros* 'centauro'] agg. (pl. m. *-ci*) *1* Che si riferisce ai centauri. *2* †Confuso, chimerico.

centàuro [vc. dotta, lat. *centăuru(m)*, nom. *centăurus*, dal gr. *kéntauros*, di origine incerta] s. m. (f. *-a*, *-essa*, raro nel sign. 1) *1* Mostro mitologico con testa e busto umani e con corpo di cavallo. *2* (*fig.*) Corridore motociclista. || **centaurino**, dim.

centavo /*port.* sẽn'tavu, *sp.* θen'tabo/ [sp., da *ciento* 'cento'] s. m. (pl. *centavos* /*port.* sen'tavuʃ, *sp.* θen'tabos/) ● Moneta divisionale di varie monete sudamericane.

centellàre [da *centello*] v. tr. (*io centèllo*) ● (*raro*) Centellinare.

centellinàre [da *centellino*] v. tr. (*io centellìno* o (*evit.*) *centèllino*) *1* Bere a piccoli sorsi, degustando: *c. un vino, un liquore.* *2* (*fig.*) Gustare q.c. con intenzionale lentezza, traendone il massimo piacere: *centellinava quelle parole tanto attese.*

centellìno o (*tosc.*) **ciantellino**, †**cintellino** [da *cento* 'centesima parte'] s. m. ● Piccolo sorso di una bevanda | *A centellini*, (*fig.*) a poco a poco.

centèllo [V. *centellino*] s. m. ● Centellino.

centèna [lat. *centēnu(m)* 'a cento a cento', da *cĕntum* 'cento'] s. f. ● Nell'ordinamento franco, ufficio del centenario.

centenàrio (**1**) [vc. dotta, lat. *centenāriu(m)*, da *cĕntum* 'cento'] **A** agg. *1* Che ha cento anni, detto di cosa e di persona: *querce centenarie*; *nonno c.* *2* Che ricorre ogni cento anni. **B** s. m. (f. *-a* nel sign. 1). *1* Chi ha cento anni. *2* Centesimo anniversario di un avvenimento memorabile: *il settimo c. della nascita di Dante* | (*est.*) Cerimonia che si celebra in tale occasione.

centenàrio (**2**) [lat. tardo *centenāriu(m)* 'centurione'] s. m. ● Nell'ordinamento franco, ufficiale pubblico con funzioni di amministrazione della giustizia.

centennàle [da *centenne*] agg. *1* Che dura cento anni | (*est.*) Secolare. *2* Che ricorre ogni cento anni.

centènne [lat. tardo *centĕnne(m)*, comp. di *cĕntum* 'cento' e *ănnus* 'anno'] **A** agg. *1* (*raro*) Che ha cento anni. *2* Che dura da cento anni | (*est.*) Secolare: *ingiustizia c.* **B** s. m. e f. ● Persona che ha cento anni.

centènnio [da *centenne*, sul modello di *biennio* ecc.] s. m. ● Periodo di tempo di cento anni.

centèrbe [comp. di *cento* e il pl. di *erba*] s. m. inv. ● Liquore distillato da varie erbe aromatiche, specialità abruzzese.

†**centèṣima** o †**centèṣma** [lat. *centēsima(m)* (sottinteso *pārtem*) 'centesima parte', f. di *centēsimus* 'centesimo'] s. f. *1* La centesima parte di q.c. *2* Imposta, tassa basata sull'esazione della centesima parte del prodotto o della vendita. *3* Differenza di 11 minuti esistente tra l'anno solare e l'anno computato secondo il calendario giuliano.

centeṣimàle agg. *1* Che costituisce la centesima parte. *2* Che è diviso in cento parti.

centèṣimo o †**centèṣmo** [vc. dotta, lat. *centēsimu(m)*, da *cĕntum* 'cento'] **A** agg. num. ord. *1* Corrispondente al numero cento in una pluralità, in una successione (rappresentato da C nella numerazione romana, da 100° in quella araba): *si è classificato c.*; *ne ho pagata la centesima parte*; (*ell.*) *due alla centesima* | Con valore indet.: *te lo ripeto per la centesima volta*; *non vale la centesima parte di quanto vali tu.* *2* In composizione con altri numerali, semplici o composti, forma gli ordinali superiori: *centesimoprimo*; *millecentesimo*; *milletrecentesimo.* **B** s. m. *1* Ciascuna delle cento parti uguali di una stessa quantità: *quest'oggetto vale un c. di quello che l'hai pagato*; *calcolare i tre centesimi di un numero.* *2* Moneta che vale la centesima parte della lira o di altra unità monetaria: *il giornale un tempo è costato trenta centesimi.* *3* (*est.*) Denaro, spec. in minima quantità: *l'ho pagato pochi centesimi*; *non vale un c.* | *Contare, lesinare il c.*, spendere con parsimonia | *Pagare al c.*, pagare scrupolosamente | *Spendere sino all'ultimo c.*, tutto quanto si possiede. *4* (*est.*) Nulla, quasi nulla (in espressioni negative): *non avere un c. in tasca*; *non avere l'ombra di un c.*; *non guadagnare un c.*; *non valere un c. bucato.* *5* †Centinaio | †Secolo. || **centesimino**, dim. | **centesimùccio**, dim.

†**centèṣma** ● V. †*centesima.*

†**centèṣmo** ● V. *centesimo.*

cènti- [da un tipo già diffuso in lat. (da *cĕntum* 'cento'), che spesso riproduce analoghi modelli greci con *hekato-* (da *hekatón* 'cento')] primo elemento ● In parole composte dotte o dell'uso corrente significa 'cento' o 'che ha cento': *centimano*; o, anteposto a un'unità di misura, la divide per cento, cioè la moltiplica per 10^{-2}: *centigrammo*, *centilitro.* SIMB. c.

centịàra [fr. *centiare*. V. *centi-* e *ara* 'unità di misura'] s. f. ● Centesima parte dell'ara, pari a 1 m^2.

centigrado [comp. di *centi-* e *grado*] agg. ● Diviso in cento gradi, detto spec. del termometro Celsius, dove lo zero corrisponde alla temperatura del ghiaccio fondente e il 100 a quella dell'acqua pura bollente alla pressione normale di 76 cm di mercurio | *Scala centigrada*, scala graduata in gradi Celsius | *Grado c.*, grado Celsius. SIMB. °C.

centigràmmo [fr. *centigramme*. V. *centi-* e *grammo*] s. m. ● Unità di massa o di peso equivalente a un centesimo di grammo massa o di grammo peso. SIMB. cg.

centìle [da (*per*)*centile* (V.)] s. m. ● (*stat.*) Percentile.

centilitro [fr. *centilitre*. V. *centi-* e *litro*] s. m. ● Unità di capacità equivalente a un centesimo di litro. SIMB. cl.

centilòquio [comp. di *cento* e del lat. *lŏqui* 'parlare'] s. m. ● Opera letteraria divisa in cento parti, capitoli e sim.

centìmano [vc. dotta, lat. *centĭmanu(m)*, comp. di *cĕntum* 'cento' e *mănus* 'mano'] agg. ● Che ha cento mani, detto spec. di mostri e di giganti della mitologia classica.

centimetràre [da *centimetro*] v. tr. (*io centìmetro*) ● Suddividere in centimetri.

centimetràto part. pass. di *centimetrare*; anche agg. ● Nel sign. del v.

centìmetro [fr. *centimètre*. V. *centi-* e *metro*] s. m. ● Unità di misura di lunghezza corrispondente alla centesima parte del metro. SIMB. cm.

cèntina [etim. discussa: lat. *cĭnctum* 'cintura' (?)] s. f. *1* (*arch.*) Ossatura resistente provvisoria, di legno o acciaio, destinata a dare forma e sostegno all'arco della volta della cupola durante la costruzione. *2* (*edil.*) Struttura metallica permanente che sostiene la copertura di tettoie, stazioni ferroviarie, rimesse e sim. *3* Elemento di una struttura aeronautica con funzioni di forma e di forza: *c. alare*; *c. di fusoliera.* ➡ ILL. p. 1758 TRASPORTI. *4* Leggera piegatura data a un legno o a un ferro | *A c.*, di cornice o spalliera ricurva di mobile. *5* Disegno di una smerlatura | *Punto a c.*, a smerlo, a festone. || **centinóne**, accr. m.

centinàio o †**centinàro** [lat. *centenāriu(m)*. V. *centenario*] s. m. (pl. *centinàia*, f.) *1* Complesso, serie di cento, o circa cento, unità: *dieci centinaia di unità equivalgono a un migliaio*; *era presente un c. di persone* | *Centinaia e centinaia*, moltissimi: *l'ho ripetuto centinaia e centinaia di volte* | *Per c.*, ogni cento | *A centinaia*, in gran numero: *c'erano libri a centinaia.* *2* †Secolo.

centinaménto s. m. ● Operazione del centinare.

centinàre [V. *cembra*] v. tr. (*io cèntino*) *1* Armare o sostenere con centine: *c. una volta.* *2* Piegare o sagomare ad arco: *c. una sbarra.* *3* Ricamare con punto a centina.

†**centinàro** ● V. *centinaio.*

centinatùra [da *centinare*] s. f. *1* Atto, effetto del centinare. *2* Struttura provvisoria di centine. *3* Curvatura data a ferri profilati per ottenere le sagome richieste e la traccia di montaggio | Profilo di un arco o di un oggetto centinato: *c. ogivale.*

centinòdia [vc. dotta, lat. tardo (*hĕrbam*) *centenōdia(m)* 'erba a cento nodi', comp. di *cĕntum* 'cento' e *nōdus* 'nodo'] s. f. ● Pianta erbacea delle Poligonacee con foglie lineari, fiori molto piccoli bianco-verdastri, frutto ad achenio (*Polygonum aviculare*). SIN. Correggiola.

centinòdio s. m. ● (*bot.*) Centinodia.

centista s. m. e f. (pl. m. *-i*) ● Centometrista.

cènto [lat. *cĕntu(m)*, di origine indeur.] agg. num. card. inv.; anche s. m. inv. (pl. †*cènti*) ● Dieci volte dieci, dieci decine, rappresentato da 100 nella numerazione araba, da C in quella romana. **I** Come agg. ricorre nei seguenti usi. *1* Rispondendo o sottintendendo la domanda 'quanti?' indica la quantità numerica di cento unità (spec. preposto a un s.): *c. kilogrammi equivalgono a un quintale*; *la guerra dei Cent'anni*; *costa c. lire*; *correre i c. metri*; *i Cento giorni di Napoleone*; *le c. novelle*; *scommettere c. contro uno*; *elevare c. alla terza* | *A c. a c., di c. in c.*, cento per volta | *Una volta su c.*, (*est.*) raramente | *Al c. per c.*, completamente | *Novantanove volte su c.*, quasi sempre | *Avere novantanove probabilità su c. di riuscire*, averne molte. *2* (*est.*) Molti, parecchi (con valore indet.): *avere c. idee per la testa*; *trovare c. scuse per non fare q.c.*; *essere in c. contro uno*; *te l'ho ripetuto c. volte!*; *ho non una ma c. ragioni* | *C. di questi giorni!*, espressione d'augurio spec. in occasione di compleanni | Con valore approssimativo, anche preceduto dall'art. indef. 'un': *ci saranno stati c. bambini*; *è lontano un c. kilometri.* *3* (posposto a un s.) Rispondendo o sottintendendo la domanda 'quale?', identifica q.c. in una pluralità, in una successione, in una sequenza: *anno c. a.C.*; *leggere a pagina c.*, *il paragrafo c.* | *Il numero c.*, il gabinetto. *4* Nelle loc. *uno, due, tre, dieci, venti per c.* e sim., nel rapporto di uno, due, tre, dieci, venti, ogni cento unità (rappresentato da %): *pagare un interesse del tre per c.*; *avere uno sconto, un aumento del dieci per c.* | *Rendere, guadagnare il c. per cento*, il doppio e (*est.*) moltissimo | (*fig.*) *Essere sicuro al c. per c.*, in massimo grado, assolutamente | V. anche *percento* e *percentuale.* *5* In composizione con altri numeri semplici o composti, forma i numeri superiori: *centouno*; *centoventotto*; *duecento*; *dodicimilacento.* **II** Come s. ricorre nei seguenti usi. *1* Il numero cento (per ell. di un s.): *il c. nel mille ci sta dieci volte*; *il Consiglio dei Cento*; *il c. d.C.* *2* Il segno che rappresenta il numero cento. *3* (*sport*, *ell.*, *al pl.*) Nell'atletica e nel nuoto, distanza di cento metri su cui si sviluppa una classica gara | (*est.*) La gara stessa: *vincere i c.*; *esordire nei c* || PROV. Una ne paga cento.

centòcchi o **centòcchio** s. m. ● (*bot.*, *pop.*) Centonchio.

centocinquànta [comp. di *cento* e *cinquanta*] agg. num. card. inv.; anche s. m. inv. ● Quindici volte dieci, quindici decine, rappresentato da 150 nella numerazione araba, da CL in quella romana. **I** Come agg. ricorre nei seguenti usi ● Rispondendo o sottintendendo la domanda 'quanti?', indica la quantità numerica di centocinquanta unità: *costa c. lire* | (*per anton.*) *Le c. ore*, corsi sperimentali di scuola media istituiti appositamente per i lavoratori. **II** Come s. ricorre nei seguenti usi. *1* Il numero centocinquanta (per ell. di un s.). *2* Il segno che rappresenta il numero centocinquanta.

centodièci [comp. di *cento* e *dieci*] agg. num. card. inv.; anche s. m. *1* Undici volte dieci o dieci decine più dieci unità, rappresentato da 110 nella numerazione araba, da CX in quella romana. *2* Il voto massimo nella valutazione dell'esame di laurea di alcune facoltà universitarie: *prendere*, *ottenere*, *conseguire c.*; *c. e lode*. *3* (*sport*, *ell.*, *al pl.*) Nell'atletica, distanza di centodieci metri a ostacoli su cui si sviluppa una gara | (*est.*) La gara stessa: *correre i c.*

centodódici o **112** [comp. di *cento* e *dodici*] s. m. ● Numero telefonico che si compone per mettersi in contatto con la squadra di pronto intervento dei carabinieri | (*est.*) La squadra stessa: *chiamare il c.*; *è arrivato il c.*

centofòglie [lat. *centifŏliu(m)*, comp. di *cĕntum* 'cento' e *fŏlium* 'foglia'] s. m. inv. ● (*bot.*, *pop.*) Achillea.

centogàmbe [comp. di *cento* e il pl. di *gamba*] s. m. inv. ● (*zool.*) Individuo dei Chilopodi.

centokilòmetri o **cento kilòmetri** [comp. di *cento* e il pl. di *kilometro*] s. f. ● Classica gara di marcia di 100 km | Corsa ciclistica su strada di 100 km.

centometrista [da (*corsa sui*) *cento metri*] s. m. e f. (pl. m. *-i*) ● Atleta specialista della corsa dei cento metri piani | Nuotatore dei cento metri stile libero. SIN. Centista.

centomila [vc. dotta, lat. *cĕntu(m) mīlia*] agg. num. card. inv.; anche s. m. inv. ● Cento volte mille, cento migliaia, rappresentato da 100 000 nella numerazione araba, da $\overline{C}$ in quella romana. **I** Come agg. ricorre nei seguenti usi. *1* Rispondendo o sottintendendo la domanda 'quanti?', indica la quantità numerica di centomila unità (spec. preposto a un s.): *fare un versamento di c. lire*; *un esercito di c. uomini*; *un'automobile che ha percorso oltre c. kilometri*; *uno, nessuno e c.* *2* (*est.*) Molti, parecchi (con valore indet. o iperbolico): *l'ho già detto e ripetuto c. volte*; *trovano sempre c. scuse*. *3* Rispondendo o sottintendendo la domanda 'quale?', identifica q.c. in una pluralità, in una successione, in una sequenza (posposto a un s.): *l'auto con targa c.* **II** Come s. ricorre nei seguenti usi. *1* Il numero centomila (per ell. di un s.): *il c. in un milione ci sta dieci volte*. *2* Il segno che rappresenta il numero centomila.

centomillèsimo **A** agg. num. ord. ● Corrispondente al numero centomila in una pluralità, in una successione (rappresentato da $\overline{C}$ nella numerazione romana, da 100 000° in quella araba): *dieci è la centomillesima parte di un milione*. **B** in funzione di s. m. ● Ciascuna delle centomila parti uguali di una stessa quantità.

centonàrio agg. ● Relativo al centone: *poesia centonaria* | Di centoni: *poeta c.*

centónchio [lat. *centŭnculu(m)*, dim. di *cĕnto*, genit. *centōnis* (V. *centone*), per l'aspetto] s. m. ● Pianta erbacea delle Cariofillacee con fusti sdraiati, foglie ovate e piccoli fiori bianchi (*Stellaria media*).

centóne (1) [vc. dotta, lat. *centōne(m)* 'panno composto di pezzi di stoffa differenti, cuciti insieme', di etim. incerta] s. m. *1* Componimento letterario composto di brani presi da vari autori. *2* (*est.*) Scritto, discorso privo di idee originali. *3* Composizione musicale e rapsodica formata di brani di diversi autori. *4* Veste messa assieme con più pezze di vario colore, schiavina | Coperta o drappo formato da vari pezzi di tessuto. *5* (*bot.*, *dial.*) Centonchio.

centóne (2) [da *cento*] s. m. ● (*pop.*) Banconota da centomila lire.

centonovèlle [comp. di *cento* e il pl. di *novella*] s. m. inv. ● Libro di cento novelle, come il Novellino o il Decamerone.

centopèlle o **centopèlli** [lat. *centipelliōne(m)*, comp. di *cĕntum* 'cento' e *pellis* 'pelle'] s. m. inv. ● (*zool.*) Omaso.

centopièdi [lat. *centĭpede(m)*, comp. di *cĕntum* 'cento' e *pēs*, genit. *pĕdis* 'piede'] s. m. ● (*zool.*) Individuo dei Chilopodi.

centotrédici o **113** [comp. di *cento* e *tredici*] s. m. ● Numero telefonico che si compone per mettersi in contatto con la squadra di polizia di pronto intervento | (*est.*) La squadra stessa: *chiamare il c.*; *è arrivato il c.*

centrafricàno o **centroafricàno** agg. ● Che si riferisce all'Africa centrale o alla Repubblica Centrafricana.

centràggio [fr. *centrage*, da *centre* 'centro'] s. m. *1* (*mecc.*) Operazione con cui si dispone un pezzo cilindrico con l'asse di rotazione in una data posizione rispetto a un altro. *2* (*aer.*) Posizione del baricentro di un aereo rispetto ai riferimenti previsti.

centràle [vc. dotta, lat. *centrāle(m)*, agg. di *cĕntrum* 'centro'] **A** agg. *1* Pertinente al, che sta nel, che è vicino al, che costituisce il, centro (*anche fig.*): *problema c.*; *nucleo c. del ragionamento*; *punto c. di un territorio*; *strada c.*; *edificio c.*; *riscaldamento c.*; *sede, direzione, amministrazione c.* | (*arch.*) *Pianta c.*, quella in cui gli elementi si dispongono simmetricamente rispetto a un centro, come nella pianta circolare, quadrata, poligonale o a croce greca. *2* Detto della parte mediana di un territorio: *Italia, Europa c.* *3* (*mus.*) Detto di strumento o di nota posta tra le basse e le acute. *4* (*ling.*) Detto di vocale che si può situare nella parte centrale della cavità orale. ‖ **centralménte**, avv. (*raro*) In, al centro; (*est.*) principalmente, fondamentalmente. **B** s. f. ● Centro direttoriale da cui dipendono organismi periferici: *la c. e le filiali*; *la c. di una banca*; *c. sindacale*; *c. di polizia*; *riferire alla c.* | *C. di tiro*, su navi, casematte, fortini, per coordinare il fuoco delle armi offensive | Centro di produzione di beni e servizi che vengono distribuiti capillarmente: *c. del latte*; *c. elettrica, telefonica, nucleare*. ➡ ILL. p. 825, 826 SCIENZE DELLA TERRA ED ENERGIA. **C** s. m. e f. ● (*sport*) In alcune discipline di squadra, ruolo ricoperto dal giocatore che sul terreno di gioco occupa prevalentemente una posizione centrale | Giocatore che ricopre tale ruolo.

centralìna [da *centrale*] s. f. *1* Centrale periferica, telefonica o elettrica, da cui dipende l'erogazione del servizio in uno o più quartieri di una città. *2* (*elettron.*) Circuito di controllo elettronico di un impianto: *c. di accensione*.

centralinìsta s. m. e f. (pl. m. *-i*) ● Chi è addetto a un centralino telefonico.

centralìno [da *centrale*] s. m. ● Apparecchiatura installabile presso un abbonato per i collegamenti di telefoni derivati interni.

centralìsmo [fr. *centralisme*, da *central* 'centrale', col suff. *-isme* 'ismo'] s. m. ● Sistema di governo che tende all'accentramento dei poteri negli organi centrali dello Stato | *C. democratico*, forma di organizzazione dei partiti comunisti per garantire sia l'unità dell'indirizzo politico che la partecipazione della base.

centralìsta [fr. *centraliste*, da *central* 'centrale', col suff. *-iste* '-ista'] s. m. (pl. *-i*) *1* (*polit.*) Sostenitore del centralismo. *2* Chi lavora in una centrale elettrica.

centralìstico agg. (pl. m. *-ci*) ● Che si riferisce al centralismo: *sistema c.*

centralità s. f. *1* (*raro*) Qualità di ciò che è centrale. *2* (*polit.*) Complesso dei partiti di centro e delle loro tendenze moderate: *governo di c.*; *politica di c.*

centralizzàre [fr. *centraliser*, da *central* 'centrale'] v. tr. *1* Accentrare, spec. in un unico potere centrale: *la burocrazia ..., centralizzando gli affari, sopprimeva ogni libertà e movimento locale* (DE SANCTIS). CONTR. Decentrare. *2* Impostare le attività aziendali secondo un criterio di rapporto gerarchico rigidamente autoritario. *3* Rendere centrale, unificare in un unico centro o comando: *c. l'impianto di riscaldamento*; *chiusura centralizzata delle portiere di un'auto*.

centralizzàto part. pass. di *centralizzare*; anche agg. *1* Nei sign. del v. *2* Detto di impianto unificato, di cui usufruiscono tutti gli appartamenti di un edificio: *riscaldamento c.*; *antenna centralizzata* | Detto di impianto manovrato da un unico organo di comando: *chiusura delle porte centralizzata*.

centralizzatóre [fr. *centralisateur*, da *centraliser* 'centralizzare'] agg.; anche s. m. (f. *-trice*) ● Che, chi centralizza.

centralizzazióne [fr. *centralisation*, da *centraliser* 'centralizzare'] s. f. ● Atto, effetto del centralizzare. CONTR. Decentramento.

centraménto [da *centrare*] s. m. *1* Modo e atto del centrare. *2* (*aer.*) Atto e modo di predisporre e distribuire pesi e carichi affinché la posizione del baricentro risulti entro i limiti previsti per la sicurezza dell'aereo: *c. facile, difficoltoso*.

centramericàno o **centroamericàno** agg. ● Dell'America centrale.

centrànto [comp. del gr. *kéntron* 'pungiglione' e *ánthos* 'fiore'] s. m. ● Genere di piante erbacee o perenni suffruticose delle Valerianacee cui appartiene la valeriana rossa (*Centranthus*).

centràre [da *centro*] **A** v. tr. (*io cèntro*) *1* Colpire nel centro, colpire in pieno: *c. il bersaglio* | (*fig.*) *C. il personaggio*, di attore che interpreta bene una parte | (*fig.*) Mettere a fuoco con sicurezza il nucleo di un problema, di una questione. *2* Fissare nel centro, equilibrare: *c. l'asse dell'elica*. **B** v. intr. (aus. *avere*) ● Nel calcio, traversare al centro. SIN. Crossare.

centrasiàtico o **centroasiàtico** agg. (pl. m. *-ci*) ● Dell'Asia centrale.

centràta [da *centrare*] s. f. ● (*raro*) Nel calcio, traversone.

centràto part. pass. di *centrare*; anche agg. *1* Nel sign. del v. *2* (*fis.*) Detto di sistema ottico in cui le superfici componenti sono sferiche e i loro centri stanno tutti su una retta | *Lente centrata*, lente sferica di forma circolare il cui centro ottico coincide col centro geometrico del contorno. *3* Di colpo, tiro e sim. assestato con precisione nel punto giusto: *pugno c.* *4* (*arald.*) Detto di qualsiasi pezza piegata ad arco.

centratóre s. m. *1* Strumento, dispositivo e sim. usato in operazioni di centratura. *2* Strumento di misura, del tipo del minimetro, che si può sostituire all'utensile tagliente di un tornio per ottenere la centratura di un pezzo cilindrico da riprendere o da rifinire.

centrattàcco o **centroattàcco** [comp. di *centro* e *attacco*; calco sull'ingl. *centre forward*] s. m. (pl. *-chi*) ● Nel calcio, il giocatore che si trova al centro della linea degli avanti generalmente col compito di effettuare i tiri a rete. SIN. Centravanti.

centratùra [da *centrare*] s. f. *1* Operazione con la quale, nel piazzamento del pezzo cilindrico da lavorare, si fa coincidere il suo asse con l'asse della macchina utensile, spec. tornio. *2* Operazione che consiste nel montare le lenti di un obiettivo in modo che i centri di tutte le loro superfici siano allineati su una retta, che è l'asse ottico dell'obiettivo. *3* Operazione con la quale, in fase di stampa fotografica, si dispone al centro la parte più interessante di un'immagine. *4* Posizione della vignetta del francobollo rispetto ai bordi dentellati o ai margini se si tratta di esemplare emesso non dentellato.

centravànti o **centroavànti** [comp. di *centro* e *avanti*; calco sull'ingl. *centre forward*] s. m. ● Nel calcio, centrattacco.

centreuropèo ● V. *centroeuropeo*.

cèntrica [f. sost. di *centrico*] s. f. ● (*ott.*) Figura di diffrazione che si forma al centro di un'onda sferica.

cèntrico [vc. dotta, gr. *kentrikós*, da *kéntron* 'centro'] agg. (pl. m. *-ci*) ● Che è posto simmetricamente rispetto al centro: *struttura centrica*.

centrìfuga [f. sost. di *centrifugo*] s. f. ● (*mecc.*) Macchina costituita principalmente da un organo in rapida rotazione per produrre azioni centrifughe in genere superiori a quella di gravità, usata in varie tecnologie e lavorazioni: *separare particelle solide da un liquido con la c.*; *asciugare la biancheria con la c.* | *C. umana*, grossa centrifuga che può alloggiare un uomo, fornita di speciali attrezzature per studiare le reazioni umane rispetto alle azioni prodotte.

centrifugàre v. tr. (*io centrìfugo, tu centrìfughi*) ● Sottoporre all'azione di una centrifuga: *c. una sospensione; c. il burro.*

centrifugàto **A** part. pass. di *centrifugare*; anche agg. ● Nel sign. del v. **B** s. m. ● Bibita ottenuta centrifugando le frutta: *c. di mela.*

centrifugazióne s. f. ● Atto, effetto del centrifugare.

centrìfugo [comp. di *centro* e del lat. *fŭgere* 'fuggire', prob. attrav. il fr. *centrifuge*] agg. (pl. m. *-ghi*) *1* Diretto radialmente verso l'esterno | *Forza centrifuga*, in un sistema in moto rotatorio, quella che tende ad allontanare le singole parti dal centro ed è equilibrata dalla forza centripeta | *Estrattore c.*, per trarre l'olio direttamente dalle paste d'oliva | *Chiarificatore c.*, per liberare i vini dalle impurità. *2* (*fig.*) Che tende ad allontanarsi o ad allontanare qc. o q.c. da regole, principi, istituzioni e sim., spec. per assumere o dare una posizione autonoma.

centrìna [vc. dotta, gr. *kentrínēs*, da *kéntron* 'pungiglione'] s. f. ● Squalo tozzo, rivestito di placchette, con bocca fornita di zanne inferiori triangolari (*Oxynotus centrina*). SIN. Pesce porco.

centrìno [dim. di *centro*] s. m. ● Tessuto ricamato, di varia forma, che si pone su mobili per appoggiarvi vasi o soprammobili.

centrìolo [ingl. *centriole*, dal lat. *cĕntrum* 'centro'] s. m. ● (*biol.*) Organulo al centro dell'apparato della sfera nelle cellule animali.

centrìpeto [comp. di *centro* e del lat. *pĕtere* 'tendere verso', prob. attrav. il fr. *centripète*] agg. ● Diretto verso il centro | *Forza centripeta*, in un sistema in moto rotatorio, quella che tende ad avvicinare le singole parti al centro ed è equilibrata dalla forza centrifuga.

centrìṣmo s. m. ● (*polit.*) Tendenza di gruppi politici a formare una coalizione di centro dalla quale siano escluse le destre e le sinistre.

centrìsta **A** agg. ● Ispirato, caratterizzato, da centrismo: *governo, politica c.* **B** agg.; anche s. m. e f. (pl. m. *-i*) ● Che, chi appartiene al centro in senso politico.

centritaliàno ● V. *centroitaliano.*

cèntro [vc. dotta, lat. *cĕntru(m)*, dal gr. *kéntron* 'pungiglione, perno', poi 'punto centrale'] s. m. **I** Elemento, dato o concetto statico in rapporto allo spazio circostante. *1* (*mat.*) Centro di simmetria d'una figura | *C. di simmetria*, punto tale che i punti della figura si possano accoppiare in modo che il punto medio di due punti associati cada in esso | *C. di cristallizzazione*, punto geometrico attorno al quale si riuniscono particelle materiali a formare un cristallo. *2* Punto, area, zona considerata, in modo più o meno convenzionale o approssimativo, come il punto mediano o più interno di q.c. (*anche fig.*): *il c. della terra; il c. di una piazza* | *C. ottico*, punto di una lente da cui i raggi che lo attraversano emergono parallelamente alla direzione di incidenza | *Fare c.*, colpire esattamente, e (*fig.*) indovinare o risolvere q.c. | *Essere al c. dei desideri, dell'attenzione* e sim. *di qc.*, costituirne l'oggetto principale | *Essere nel proprio c.*, (*fig.*) trovarsi a proprio agio | (*est.*) Punto equidistante dalla periferia di una città, dove si svolge più intensa la vita cittadina: *il c. di Roma, di Milano; le vie del c.* | *C. storico*, nucleo di città o paese formatosi prima dell'età industriale, gener. circoscritto in passato da una cerchia di mura, dove si possono riconoscere i valori monumentali, edilizi e ambientali tradizionali. *3* (*est.*) Settore di mezzo in un emiciclo assembleare: *sedere al c.* | (*est., fig.*) Aggruppamento politico di tendenza moderata, sia di uno schieramento di partiti che all'interno di un partito: *partiti di c.; deputati del c.* *4* Punto fondamentale di un'entità, di un organismo, di un'opera, di un problema, di un ragionamento e sim. | *C. d'interesse*, parte di un'immagine fotografica che richiama per prima l'attenzione di chi la osserva; in didattica, argomento principale che serve da filo conduttore a tutta una serie di lezioni o di ricerche. *5* Nel giornalismo, articolo o pezzo di centro. *6* Nel calcio, punto centrale del campo di gioco, segnato da un disco bianco sul terreno | *Rimettere la palla al c.*, per riprendere il gioco dopo la segnatura di un goal. **II** Elemento o complesso dinamico, in rapporto allo spazio o all'ambiente circostante. *1* (*fis.*) *C. di gravità*, baricentro | *C. delle forze parallele*, punto d'applicazione della risultante di un sistema di forze parallele applicate ai vari punti | *C. di galleggiamento*, centro di gravità della sagoma di galleggiamento di un'imbarcazione. *2* (*anat.*) Organo o parte di organo che svolge una specifica funzione: *c. del linguaggio, del respiro* | *C. nervoso*, nucleo di cellule nervose che presiede a determinate funzioni dell'organismo. *3* (*anat.*) Corpo vertebrale. *4* Polo che attrae o punto dal quale si irradiano attività, iniziative e sim. (*anche fig.*): *c. d'attrazione, d'influenza* | *C. sismico*, punto di origine di un terremoto. SIN. Ipocentro | *C. di fuoco*, elemento difensivo costituito da una o più armi in postazione | *Centri di potere*, forze politiche, economiche e sim. capaci di condizionare fortemente l'orientamento politico di uno Stato. *5* Raggruppamento, in un determinato luogo, di edifici e attrezzature utili alla vita e all'attività umana: *un grosso centro abitato; i prosperosi centri della provincia; c. industriale, commerciale, direzionale* | *C. fieristico*, destinato a ospitare una fiera. *6* Istituzione, organo direttoriale da cui dipendono organismi periferici | (*est.*) Istituzione che organizza e promuove una determinata attività: *c. didattico; c. raccolta profughi; c. per lo studio del cancro; c. addestramento reclute.* *7* Complesso organizzato di uomini e mezzi, per la produzione e la distribuzione di beni o di servizi: *c. trasmittente, elettronico, meccanografico, meteorologico* | *C. di produzione*, complesso di studi, sale di sincronizzazione e sim. utilizzato per la produzione dei programmi televisivi e radiofonici | *C. di costo*, settore aziendale isolato e definito per l'imputazione delle spese. *8* Nel calcio e in altri giochi di squadra, giocatore o gruppo di giocatori che si trova nella posizione centrale della linea d'attacco | (*est.*) Traversone, cross. *9* Nella pallacanestro, pivot. || **centrìno**, dim. (V.).

cèntro- [da *centro*] primo elemento ● In parole composte significa 'centrale': *centrocampista, centroeuropeo.*

centroafricàno ● V. *centrafricano.*

centroamericàno ● V. *centramericano.*

centroaṣiàtico ● V. *centrasiatico.*

centroattàcco ● V. *centrattacco.*

centroavànti ● V. *centravanti.*

centrocampìsta s. m. (pl. *-i*) ● Nel calcio, giocatore che svolge la sua azione nel centrocampo.

centrocàmpo [comp. di *centro* e *campo*] s. m. ● Nel calcio, fascia centrale del campo di gioco: *dominare a c.* | (*est.*) Complesso dei centrocampisti.

centroclassìfica [comp. di *centro* e *classifica*] s. m. inv. ● (*sport*) Insieme delle posizioni centrali di una classifica.

centrodèstra [comp. di *centro* e *destra*] s. m. inv. ● Alleanza politica tra partiti di centro e di destra.

centrodèstro [comp. di *centro* e *destro*] s. m. ● Nel calcio, mezzala destra.

centroeuropèo o **centreuropèo** [comp. di *centro-* ed *europeo*; calco sul ted. *Mitteleuropäisch*, agg. di *Mitteleuropa* 'Europa centrale'] agg. ● Dell'Europa centrale.

centroitaliàno o **centritaliàno** agg. ● Dell'Italia centrale.

centrolecìtico [comp. di *centro* e *lecitico*, dal gr. *lékythos* 'tuorlo' col suff. *-ico*] agg. (pl. m. *-ci*) ● (*biol.*) Detto di gamete femminile contenente notevoli quantità di deutoplasma, totalmente o prevalentemente nelle porzioni centrali del citoplasma.

centromediàno [comp. di *centro* e *mediano*] s. m. ● Nel calcio, secondo schieramenti sul campo ormai desueti, giocatore schierato al centro della linea dei mediani con compiti prevalentemente difensivi. SIN. Centrosostegno.

centròmero [comp. di *centro* e *-mero*] s. m. ● (*biol.*) Nella divisione cellulare, punto di attacco dei cromosomi alle fibrille del fuso acromatico.

centropàgina [comp. di *centro* e *pagina*] s. m. inv. ● Articolo o pezzo stampato nella parte centrale di una pagina.

centrosfèra [comp. di *centro* e *sfera*] s. f. ● (*biol.*) Parte esterna dell'apparato della sfera che, nella cellula, diviene evidente durante la divisione.

centrosinìstra s. m. inv. ● Alleanza politica tra partiti di centro e di sinistra.

centrosinìstro [comp. di *centro* e *sinistro*] s. m. ● Nel calcio, mezzala sinistra.

centrosòma [comp. di *centro* e del gr. *sôma* 'corpo'] s. m. (pl. *-i*) ● (*biol.*) Parte centrale dell'apparato della sfera nelle cellule animali.

centrosostégno [comp. di *centro* e *sostegno*] s. m. ● Nel calcio, centromediano.

Centrospèrme [comp. di *centro-* e del gr. *spérma* 'seme'] s. f. pl. ● Nella tassonomia vegetale, ordine di piante delle Dicotiledoni comprendente circa 3 500 specie, quasi sempre erbacee, con foglie senza stipole, ovario supero, semi con abbondante involucro (*Centrospermae*) | (al sing. *-a*) Ogni individuo di tale ordine.

centrotàvola [comp. di *centro* e *tavola*] s. m. (pl. *centritàvola*) ● Oggetto o composizione d'oggetti d'argento, cristallo, porcellana, collocato al centro di una tavola, spec. imbandita, con funzione decorativa.

centroterzìno [comp. di *centro* e *terzino*] s. m. ● Nel calcio, secondo schieramenti sul campo ormai desueti, il centromediano quando gioca arretrato all'altezza dei terzini.

centum /*lat.* 'kɛntum/ o **kèntum** [dal lat. *cĕntum* 'cento'] agg. inv. ● (*ling.*) *Lingue c.*, insieme di lingue indoeuropee che hanno conservato la velare occlusiva sorda |k|, laddove le lingue satem l'hanno cambiata in sibilante.

centumviràle /tʃentunvi'rale/ [vc. dotta, lat. *centumvirāle(m)*, da *centŭmviri* 'centumviri'] agg. ● Dei centumviri.

centumviràto /tʃentunvi'rato/ s. m. ● Dignità, ufficio, collegio dei centumviri.

centùmviro /tʃen'tunviro/ [vc. dotta, lat. *centŭmviri*, nom. pl., comp. di *cĕntum* 'cento' e il pl. di *vĭr* 'uomo'] s. m. ● Nella Roma antica, membro di un collegio composto di cento magistrati.

centuplicàre [vc. dotta, lat. tardo *centuplicāre*, da *cĕntum* 'cento'] v. tr. (*io centùplico, tu centùplichi*) *1* Moltiplicare per cento, accrescere di cento volte: *c. la potenza di un motore.* *2* (*fig.*) Rendere molto più grande. SIN. Accrescere, aumentare.

centuplicàto part. pass. di *centuplicare*; anche agg. ● Nei sign. del v. || **centuplicataménte**, avv.

centùplice [vc. dotta, lat. *centŭplice(m)*, comp. di *cĕntum* 'cento' e il suff. *-plex* (V. *duplice*)] agg. ● Che è composto di cento parti.

cèntuplo [vc. dotta, lat. tardo *cĕntuplu(m)*, da *cĕntum* 'cento'] **A** agg. ● Che è cento volte maggiore, relativamente ad altra cosa analoga: *rendimento c. rispetto a prima.* **B** s. m. ● Quantità, misura cento volte maggiore: *ricavare, rendere, guadagnare il c.*

†**centùra** e *deriv.* ● V. *cintura* e *deriv.*

centùria [vc. dotta, lat. *centŭria(m)*, da *cĕntum* 'cento'] s. f. *1* Nell'antica costituzione romana repubblicana, unità base del comizio centuriato. *2* Porzione rettangolare di terreno base per la suddivisione e determinazione dei confini in età romana. *3* Unità della legione romana costituita da cento soldati | Compagnia di cento soldati a cavallo | (*raro, est.*) Insieme di cento persone | (*est.*) Raccolta di cento cose dello stesso genere, spec. di componimenti poetici. *4* Nel periodo fascista, reparto in cui era divisa la milizia volontaria per la sicurezza nazionale. *5* Complesso, serie di cento unità | †Periodo di cento anni.

centuriàre [vc. dotta, lat. *centuriāre*, da *centŭria* 'centuria'] v. tr. (raro fuorché nel part. pass. *centuriàto*) ● Nell'antica Roma, ordinare, dividere il popolo in centurie.

centuriàto part. pass. di *centuriare*; anche agg. *1* Nel sign. del v. *2* *Comizio c.*, nella Roma antica, assemblea popolare con funzioni legislative, in cui il popolo votava per centurie.

centuriazióne [vc. dotta, lat. tardo *centuriatiōne(m)*, da *centuriātus*, part. pass. di *centuriāre*] s. f. ● Nella Roma antica, durante la fondazione di una colonia, divisione del terreno da assegnare in proprietà.

centurionàto [vc. dotta, lat. *centurionātu(m)*, da *centŭrio*, genit. *centuriōnis* 'centurione'] s. m. ● Nell'esercito romano, grado e carica di centurione.

centurióne [vc. dotta, lat. *centuriōne(m)*, da *centŭria* 'centuria'] s. m. *1* Nell'esercito romano, comandante di una centuria. *2* Nel periodo fascista, comandante di una centuria.

cenùro [comp. del gr. *koinós* 'comune' e *aurá* 'coda'] s. m. ● Platelminta dei Cestodi che allo stato adulto vive parassita nell'intestino del cane e allo stato larvale nell'encefalo delle pecore (*Tenia coenurus*).

cenurọ̀si [comp. di *cenur(o)* e *-osi*] s. f. ● (*veter.*) Capostorno.

cèpola [vc. dotta, lat. tardo *cēpula(m)* 'cipolla'] s. f. ● Genere di pesci ossei dei Perciformi con corpo allungato e nastriforme (*Cepola*) | *C. rosseggiante*, di color rosso violaceo (*Cepola rubescens*).

céppa [V. *ceppo*] s. f. *1* Parte interrata dell'albero da cui si dipartono le radici. *2* Cavità spontaneamente formatasi sul ceppo di un albero.

ceppàia [da *ceppo*] s. f. *1* Parte della pianta che rimane nel terreno dopo il taglio del tronco vicino a terra. *2* (*spec. al pl.*) Alberi di un bosco ceduo tagliati alla base.

ceppàre [da *ceppo*] v. intr. (*io céppo*; aus. *avere*) ● (*raro*) Mettere le radici, detto di albero.

ceppàta s. f. *1* Ceppaia. *2* Insieme di pali per ormeggio infissi sul fondo di acque spec. basse. || **ceppatèlla**, dim. (V.).

ceppatèlla s. f. *1* Dim. di *ceppata*. *2* Ramo d'albero che si può trapiantare.

ceppatèllo s. m. *1* Dim. di *ceppo*. *2* (*tosc.*) Fungo porcino.

céppo [lat. *cĭppu(m)* 'cippo, colonnetta', di etim. incerta] s. m. *1* Parte inferiore di una pianta legnosa da cui si diramano le radici e si alza il tronco. *2* (*fig.*) Capostipite di una famiglia, origine di una stirpe | *Nascere dal medesimo c.*, avere antiche origini comuni. *3* (*est.*) Grosso pezzo di legno da ardere | (*est.*) Ciocco che si brucia la notte di Natale | (*est.*) Il Natale | *Fare il c.*, festeggiare il Natale. *4* (*fig.*) †Uomo stolido, balordo e testardo: *figurarsi s'io voglio star qui ... a giocare ... con questo c.* (GOLDONI). *5* Massiccio blocco di legno adatto a vari usi, spec. quello su cui si decapitavano i condannati a morte: *che mettessero il c. e la mannaia in piazza* (COMPAGNI). *6* (*est.*) Pesante parte di legno di certi congegni | *C. dell'aratro*, organo di sostegno e di guida all'estremità posteriore della bure | *C. dell'ancora*, trave di legno o metallo fissata all'estremità superiore del fuso dell'ancora comune. *7* Affusto delle antiche artiglierie. *8* (*mecc.*) Elemento del freno a espansione, in ghisa o altro metallo, rivestito da una guarnizione d'attrito che, premuto contro un organo di rotazione, ne determina l'arresto. *9* Base della croce | (*est.*) La croce medesima. *10* Cassetta per raccogliere le elemosine | (*est.*) Istituto benefico. *11* (*al pl.*) Blocchi di legno per immobilizzare i piedi dei prigionieri | (*fig.*) Schiavitù, asservimento | *Spezzare i ceppi*, (*fig.*) liberarsi. *12* (*al pl.*) Attrezzi ginnici analoghi agli appoggi, ma di forma piramidale. || **ceppatèllo**, dim. (V.) | **cepperèllo**, dim.

céra (1) [lat. *cēra(m)*, di etim. incerta] s. f. *1* Miscela di esteri, associati ad acidi o alcali e talvolta a idrocarburi: *c. animale, vegetale, naturale, sintetica* | *C. di Spagna*, ceralacca | *C. carnauba*, carnauba | *C. d'api*, quella che costituisce le celle esagonali dei favi degli alveari, usata spec. per candele e sim. | *C. vergine*, ottenuta da quella d'api per fusione e separazione delle sostanze estranee | *C. da scarpe*, lucido, crema per calzature | *C. da pavimenti*, prodotto detersivo per lucidare i pavimenti | *Essere di c.*, (*fig.*) molto delicato | *Parere di c.*, essere molto pallido | *Applicato con la c.*, (*fig.*) unito debolmente. *2* (*per anton.*) Cera d'api: *una candela di c.* | (*per anton.*) Cera da pavimenti: *dare la c.*; *scivolare sulla c.*; *tirare, lucidare a c.* *3* (*est.*) Candela | *Fabbrica di c.*, di candele | (*est.*) Oggetto o statua di cera: *museo delle cere* | *C. anatomica*, preparato in cera, o altro materiale malleabile, di parti anatomiche a scopo di studio. *4* *C. perduta, c. persa*, metodo di fusione dei bronzi mediante la liquefazione di un modello in cera | *C. molle*, tecnica d'incisione analoga all'acquaforte, in cui la vernice antiacido, pastosa, viene asportata indirettamente ricalcando il disegno. *5* †Tavoletta incerata usata come materiale scrittorio. *6* †Materia, corpo, in quanto soggetti a influenza plasmatrice del cielo. || **cerétta**, dim. (V.).

céra (2) o **cèra**, †**cièra** [ant. fr. *chiere* 'viso', dal gr. *kára* 'testa, faccia'] s. f. ● Apparenza o espressione del viso | *Avere buona, cattiva c.*, apparire in buona, cattiva salute | *Fare buona c.*, accogliere, ricevere cordialmente | †*Fare buona, gran c.*, mangiare lautamente, far baldoria. SIN. Aria, aspetto. || **ceràccia**, pegg. | **ceróna**, accr. | **cerùccia**, dim.

ceràio [da *cera (1)*] **A** s. m. ● Fabbricante o venditore di cera. **B** agg. ● Che produce cera: *ape ceraia*.

ceraiòlo o †**ceraiuòlo** [da *cera (1)*] s. m. *1* Chi produce o vende candele, ceri e sim. *2* Modellatore in cera. *3* Portatore di cero in processioni, feste religiose e sim.

ceralàcca [comp. di *cera (1)* e *lacca*] s. f. (pl. *ceralàcche*) ● Miscuglio di resine, sostanze minerali di carica e coloranti, che, in presenza del calore, si rammollisce per poi nuovamente indurirsi, usato per sigillare pacchi e sim.

ceràmbice [gr. *kerámbyx*, genit. *kerámbykos*, formazione pop. da avvicinare a *kéras* 'corno'] s. m. ● Denominazione di alcune specie della famiglia dei Cerambicidi (*Cerambyx*) | *C. del ciliegio*, che colpisce il ciliegio | *C. del nocciolo*, che fora la corteccia del nocciolo scavando gallerie nel midollo.

Cerambìcidi [comp. di *cerambic(e)* e *-idi*] s. m. pl. ● Nella tassonomia animale, grande famiglia di Coleotteri dal corpo allungato, con grandi zampe e lunghe antenne, fitofagi allo stato larvale (*Cerambycidae*) | (al sing. *-e*) Ogni individuo di tale famiglia.

ceramèlla ● V. *cennamella*.

ceràmica [fr. *céramique*, dal gr. *keramikós*, da *kéramos* 'argilla, terra da vasaio', di etim. incerta] s. f. *1* Impasto con acqua di sostanze plastiche minerali, in genere argilla, usato per la fabbricazione di terrecotte, refrattari, abrasivi, faenze, gres, terraglie. *2* Arte e tecnica di manipolare, formare e cuocere tale impasto | (*est.*) Ogni oggetto o prodotto ottenuto con tale tecnica: *una c. antica*; *le ceramiche di Faenza, di Urbino, di Vietri*.

ceràmico agg. (pl. m. *-ci*) ● Della, relativo alla ceramica: *prodotti ceramici*; *arte ceramica*.

ceramìsta [fr. *céramiste*. V. *ceramica*] s. m. e f. (pl. m. *-i*) ● Artigiano o artista che esegue lavori in ceramica.

ceramografìa [comp. del gr. *kéramos* 'argilla' (V. *ceramica*) e *-grafia*] s. f. *1* Tecnica della pittura su ceramica. *2* (*raro*) Descrizione dei lavori dell'arte ceramica.

ceramògrafo [comp. del gr. *kéramos* 'argilla' (V. *ceramica*) e di *-grafo*] s. m. ● Artista che decora con pitture oggetti di ceramica.

ceramologìa [comp. del gr. *kéramos* 'argilla' (V. *ceramica*) e di *-logia*] s. f. (pl. *-gie*) ● Studio dell'arte e della tecnica ceramica.

ceramòlogo [comp. del gr. *kéramos* (V. *ceramica*) e di *-logo*] s. m. (pl. m. *-gi*) ● Studioso, esperto di ceramologia.

ceràre [lat. *cerāre*, da *cēra* 'cera (1)'] v. tr. (*io céro*) ● (*raro*) Spalmare o impregnare di cera.

cerargirìte [comp. del gr. *kéras* 'corno' (V. *cerambice*) e *árgyros* 'argento' (V. *argiriasi*), col suff. *-ite (2)*] s. f. ● Minerale d'argento dei cloruri, di splendore resinoso o adamantino.

ceràṣa o **ciràṣa** [lat. *cerăsia*, nt. pl. del tardo *cerăsium* 'ciliegia' con sovrapposizione del sin. *cĕrasum*, dal gr. *kérasos*, di prob. origine asiatica] s. f. ● (*dial.*) Ciliegia. || **ceraṣèlla**, dim. (V.).

ceraṣèlla s. f. *1* Dim. di *cerasa*. *2* Liquore di amarena e altri aromi di frutta, specialità dell'Abruzzo.

ceraṣéto [da *ceraso (1)*] s. m. ● Terreno coltivato a ciliegi.

ceràṣo (1) o **ciràṣo** [lat. *cerăseu(m)* 'di ciliegio'; V. *ciliegio*] **A** s. m. ● (*dial.*) Ciliegio. **B** in funzione di agg. ● (*dial.*) Che ha il colore della ciliegia.

ceràṣo (2) [vc. dotta, lat. *cĕrasu(m)*; V. *ciliegio*] s. m. ● (*bot.*) Solo nella loc. *lauro c.*, lauroceraso.

ceraṣòlo o **ceraṣuòlo** [da *cerasa*] agg. ● Di colore rosso ciliegia: *vino c.*

ceràsta s. f. ● (*lett.*) Ceraste.

ceràste [vc. dotta, lat. *cerăste(n)*, nom. *cerăstes*, dal gr. *kerástēs* 'armato di corna', da *kéras* 'corno'] s. m. ● Rettile africano e asiatico degli Ofidi, velenoso, simile a una vipera, caratterizzato da due cornetti posti sopra gli occhi (*Aspis cerastes*).

ceraṣuòlo ● V. *cerasolo*.

ceràta [da *cerato*] s. f. ● Giaccone o lunga casacca, talora con pantaloni, in tessuto impermeabile, usata spec. da marinai e naviganti.

ceràto **A** part. pass. di *cerare*; anche agg. *1* Nei sign. del v. *2* *Tela cerata*, impermeabile. **B** s. m. *1* Tessuto apprettato con sostanze cerose, che presenta una faccia molto lucida e liscia. *2* Preparazione medicinale a base di cera per uso esterno.

cèrato- ● V. *cherato-*.

Ceratodifòrmi [comp. del gr. *kéras* 'corno' (V. *cerambice*), *odóus* 'dente' (V. *odonto-*) e *-forme*] s. m. pl. ● Nella tassonomia animale, ordine di Pesci ossei dei Dipnoi con quattro branchie e pinne pari molto sviluppate (*Ceratodiformes*) | (al sing. *-e*) Ogni individuo di tale ordine.

ceratòpside [comp. di *cerato-* e del gr. *ópsis* 'occhio, faccia'] s. m. ● (*paleont.*) Rettile erbivoro dell'Era secondaria delle dimensioni del bue attuale e fornito di lunghe corna.

ceratosàuro [comp. del gr. *kéras*, genit. *kératos* 'corno' e *sâuros* 'lucertola'] s. m. ● Rettile fossile dei Dinosauri del Giurassico, provvisto di un corno sulle ossa nasali (*Ceratosaurus*).

ceratùra [da *cerare*] s. f. *1* Operazione del cerare. *2* Trattamento di finitura del legno lavorato, con cera disciolta in acquaragia ed eventuali sostanze coloranti.

ceràunio [vc. dotta, lat. *ceraunių(m)*, nom. *ceraunius*, dal gr. *keráunios*, agg. di *keraunós* 'fulmine'] s. m. ● Utensile preistorico in pietra, che si riteneva prodotto dalla caduta di fulmini.

ceraunògrafo [vc. dotta, comp. del gr. *keráunios* 'fulmine' e *-grafo*] s. m. ● (*geofis.*) Strumento per registrare scariche elettriche atmosferiche e ricavarne informazioni sul decorso dei temporali.

ceràzia [vc. dotta, lat. *cerātia(m)*, nom. *cerātias*, dal gr. *keratías* 'cornuto', da *kéras*, genit. *kératos* 'corno'] s. m. (pl. *-i*) ● Genere di Pesci ossei dei Lofiformi i cui maschi, nani, sono parassiti delle femmine (*Ceratias*).

ceràzio [vc. dotta, lat. *cerātiu(m)*, dal gr. *kerátion* 'cornetto', dim. di *kéras*, genit. *kératos* 'corno'] s. m. ● Genere di protozoi Dinoflagellati con guscio e prolungamenti a forma di corna (*Ceratium*).

cèrbero [vc. dotta, lat. *Cĕrberu(m)*, dal gr. *Kérberos*, n. di un mostro canino con tre teste, custode dell'ingresso dell'Ade] s. m. ● Custode, guardiano arcigno | Persona intrattabile e facile all'ira.

cerbiàtto o †**cerviàtto** [dal lat. tardo *cĕrvia* (f. di *cĕrvus* 'cervo'), con il suff. *-atto*] s. m. (f. *-a*) ● Giovane cervo. || **cerbiattèllo**, dim. | **cerbiattìno**, dim. | **cerbiattolìno**, dim.

†**cèrbio** ● V. *cervo*.

cerbottàna [sp. *cerbotana*, dall'ar. *zarbaṭâna*] s. f. *1* Arma primitiva composta di un lungo tubo di bambù, legno o metallo, mediante il quale, soffiando, si possono lanciare piccole frecce | Giocattolo simile a tale arma primitiva per lanciare coni di carta. *2* Schioppo dalla lunga canna, usato nel XV sec. *3* †Cannuccia usata per parlare sottovoce con qc. o per comunicare a distanza | *Parlare per c.*, in segreto o indirettamente. || **cerbottanòtta**, dim.

cerbottanière s. m. ● Nel XV sec., soldato armato di cerbottana.

cérca s. f. *1* Atto, effetto del cercare: *andare, mettersi, essere in c. di qc.* | †Perquisizione. *2* Questua dei frati degli ordini mendicanti | *Fare la c., andare alla c.*, questuare. *3* Azione del cane da caccia diretta a scovare la selvaggina. *4* †Giro di visite di luoghi santi. *5* †Giro sul carro che veniva fatto fare per la città ai condannati a morte.

cercàbile agg. ● Che si può cercare.

†**cercadóre** ● V. *cercatore*.

cercafàṣe [comp. di *cerca(re)* e *fase*] s. m. inv. ● (*elettr.*) Specie di cacciavite, fornito di un apposito congegno luminoso, che serve a individuare le fasi di un sistema elettrico polifase.

cercafùghe [comp. di *cerca(re)* e il pl. di *fuga*] s. m. inv. ● Apparecchio usato per rivelare eventuali fughe di gas.

†**cercaménto** s. m. ● Modo e atto di cercare.

cercametàlli [comp. di *cerca(re)* e il pl. di *metallo*] s. m. ● Metal detector.

cercamìne [comp. di *cerca(re)* e il pl. di *mina*] s. m. inv. ● Apparecchio a ricezione di onde cortissime usato per localizzare mine nascoste.

cercànte part. pres. di *cercare*; anche agg. *1* (*raro*) Nei sign. del v. *2* Questuante: *frate c.*

cercapersóne [comp. di *cerca(re)* e il pl. di *persona*] **A** s. m. inv. • Dispositivo radioricevente collegato alla rete telefonica che, tramite un segnale acustico o un messaggio alfanumerico, avverte l'utente che un altro utente sta cercando di mettersi in contatto con lui. SIN. Beeper. **B** anche agg. inv.: *dispositivo c.*; *impianti c.*

cercapòli [comp. di *cerca(re)* e il pl. di *polo* (elettrico)] s. m. • Dispositivo per individuare il polo positivo e il polo negativo di due terminali in un sistema elettrico.

cercàre [lat. tardo *circāre* 'fare il giro di, andare intorno a', da *cĭrca* 'intorno'] **A** v. tr. (*io cérco, tu cérchi*) *1* Svolgere un'attività, fisica o psicologica, diretta a trovare qc. o q.c.: *c. casa, lavoro*; *c. moglie, marito*; *c. un ristorante, un albergo*; *c. qc., q.c. con gli occhi*; *c. q.c. nelle tasche* | *C. qc., q.c. con il lanternino*, (*fig.*) con grande cura | *C. qc. per mare e per terra*, (*fig.*) dovunque | *C. il pelo nell'uovo*, (*fig.*) essere pignolo. *2* Desiderare, sforzarsi di ottenere: *c. la gloria, la ricchezza* | *C. rogne*, procurarsi guai. *3* (*raro, lett.*) Percorrere attentamente, perlustrare, frugare, perquisire: *c. il mondo, un paese*; *tutto dovunque va cerca col fiuto* (MARINO). **B** v. intr. (aus. *avere*) • Tentare, sforzarsi: *c. di fuggire, di farsi capire, di fare presto* || PROV. Chi cerca trova.

cercària [vc. dotta, comp. del gr. *kérkos* 'corda' col suff. *-aria*] s. f. • (*zool.*) Larva parassita di un gruppo di Trematodi, caratterizzata dalla forma a girino.

cercàta s. f. • Ricerca veloce e poco accurata. || **cercatina**, dim.

cercatóre o (*raro*) †**cercadóre**. **A** agg. (f. *-trice*, pop. *-tora*) • Che cerca. **B** s. m. *1* Chi va alla ricerca di q.c.: *c. d'oro, di antichità*. *2* Frate che fa la cerca. SIN. Questuante. *3* Dispositivo elettromeccanico di una centrale telefonica automatica che permette di stabilire una comunicazione telefonica. *4* Piccolo cannocchiale a grande campo per la ricerca nel cielo degli oggetti da puntare con i grandi telescopi, ai quali è generalmente connesso.

†**cercatùra** s. f. • Ricerca.

cérchia [da *cerchio*] s. f. *1* Struttura di forma circolare, naturale o artificiale, spec. di notevoli dimensioni: *una c. di montagne, di colline*; *una c. di mura merlate* | (*geogr.*) *C. morenica*, rilievo a forma di ferro di cavallo, deposto alla fronte di un ghiacciaio vallivo. *2* (*fig.*) Insieme di persone con le quali si stabilisce, da parte di un individuo o di un nucleo familiare, una serie di reciproche relazioni sociali, culturali e sim.: *una ristretta c. di amici*; *la c. dei sostenitori, dei simpatizzanti* | *La c. familiare*, la famiglia. SIN. Ambito.

cerchiàggio [dev. di *cerchiare*] s. m. *1* (*chir.*) Impiego di dispositivi circolari per cingere una struttura indebolita o un orifizio troppo largo: *c. dell'utero*. *2* (*chir.*) In ortopedia, applicazione a scopo contenitivo di fili o lamine metalliche per il fissaggio di frammenti di osso fratturato.

cerchiàia s. f. • Rete, pendente da un cerchio, per pescare, spec. nei fiumi.

cerchiàio s. m. • Chi fabbrica cerchi per botti.

cerchiaménto s. m. • (*raro*) Cerchiatura.

cerchiàre [lat. tardo *circulāre* 'disporre a cerchio', poi 'circondare, accerchiare', da *cĭrculus* 'cerchio', dim. di *cĭrcus* 'cerchio'] v. tr. (*io cérchio*) *1* Stringere, serrare con uno o più cerchi: *c. una botte*. *2* Cingere, circondare: *c. la città di fortificazioni*. *3* †Girare attorno, percorrere in giro: *Chi è costui che 'l nostro monte cerchia ...?* (DANTE *Purg.* XIV, 1).

cerchiàta s. f. *1* (*raro*) Colpo dato o ricevuto con un cerchio. *2* Traliccio a forma di arco per sostenere piante nei giardini o terrazzi.

cerchiàto part. pass. di *cerchiare*; anche agg. *1* Nei sign. del v. *2* *Occhi cerchiati*, con occhiaie | †Rotondo | (*arald.*) Detto della botte che ha i cerchi di smalto diverso dalle doghe, e anche dell'aquila diademata.

cerchiatóre s. m. • Chi cerchia tini, botti, barili e sim.

cerchiatùra s. f. *1* Atto del cerchiare | Applicazione di anelli metallici a corpi cilindrici o tronco-conici per aumentarne la resistenza. *2* Insieme dei cerchi di una botte. *3* (*veter.*) Difetto di accrescimento dell'unghia per cui lo zoccolo degli equini presenta dei rilievi circolari.

cerchièllo s. m. *1* Dim. di *cerchio*. *2* (*raro*) Orecchino ad anello | Anellino. *3* †Calibro per palle da cannone. || **cerchiellino**, dim.

cerchiettàre v. tr. (*io cerchiétto*) • Stringere, serrare con uno o più cerchietti.

cerchiettìno s. m. *1* Dim. di *cerchietto*. *2* Mezza fede | Anellino a campanella liscio e sottile.

cerchiétto s. m. *1* Dim. di *cerchio*. *2* Braccialetto, anello | *C. d'oro*, fede nuziale | *C. per capelli*, semicerchio di vario materiale, usato per tenere fermi i capelli. *3* Rete da pesca a sacco, usata in Lombardia, con cerchio di m 1,50 di diametro e maglie di mm 12. *4* Filo metallico semplice o multiplo racchiuso nel tallone dello pneumatico come rinforzo. *5* (*spec. al pl.*) Gioco infantile in cui si lancia e si riprende al volo un piccolo cerchio con due bacchette. || **cerchiettìno**, dim. (V.).

cérchio [lat. *cĭrculu(m)*. V. *cerchiare*] s. m. (pl. *cérchi* m., †*cérchia* f.) *1* (*mat.*) Insieme dei punti del piano la cui distanza da un punto dato è minore o uguale a un numero assegnato; insieme dei punti non esterni a una circonferenza | Circonferenza | *C. massimo*, per una sfera, circonferenza avente lo stesso centro della sfera | *C. osculatore*, circonferenza che oscula una curva data | *Quadratura del c.*, uno dei problemi classici della geometria greca, insolubile con gli strumenti richiesti, cioè riga e compasso e (*fig.*) questione impossibile a risolversi. *2* Attrezzo, struttura, figura e sim. a forma di cerchio: *giocare col c.*; *compiere esercizi ginnici col c.* | *C. della morte*, acrobazia spettacolare di motociclisti o ciclisti che percorrono una pista circolare elevata verticalmente; in aeronautica, gran volta. *3* (*est.*) Ciò che ha forma circolare, e cinge, circonda, attornia q.c.: *c. della botte* | *C. d'oro*, orecchino, anello, diadema | *Dare un colpo al c. e uno alla botte*, (*fig.*) destreggiarsi. *4* Cerchione, nel sign. 2. ➡ ILL. p. 1745, 1746 TRASPORTI. *5* (*est.*) Gruppo di cose o persone disposte in circolo: *valle chiusa da un c. di montagne*; *un c. di persone* | *In c.*, in tondo | *Fare, mettersi in c.*, formare un circolo | *Fare c. attorno a qc.*, circondarlo. *6* (*poet.*) †Sfera celeste: *s'i trascorro il ciel di c. in c., / nessun pianeta a pianger mi condanna* (PETRARCA) | *C. zodiacale*, zodiaco. *7* (*fig.*) †Periodo di tempo. || **cerchièllo**, dim. (V.) | **cerchiétto**, dim. (V.) | **cerchiolìno**, dim. | **cerchióne**, accr. (V.).

cerchióne s. m. *1* Accr. di *cerchio*. *2* Cerchio metallico su cui si adatta lo pneumatico in biciclette, autoveicoli e motocicli. ➡ ILL. p. 353 AGRICOLTURA; p. 1749 TRASPORTI. *3* (*ferr.*) Cerchio d'acciaio con bordino di guida montato sulla corona della ruota dei vagoni, delle carrozze e delle motrici.

cérci [vc. lat., dal gr. *kérkos* 'coda', di origine sconosciuta] s. m. pl. • (*zool.*) Appendici presenti talvolta nell'ultimo segmento addominale degli insetti.

cercinàre v. tr. (*io cércino*) • (*bot.*) Sottoporre a cercinatura: *c. un ramo*.

†**cercinàta** s. f. *1* Lavoro fatto a cercine. *2* Colpo dato col cercine.

cercinatùra [da *cercine*, nel sign. 4] s. f. • (*bot.*) Anellazione.

cércine o †**cércino** [lat. *cĭrcinu(m)*, nom. *cĭrcinus* 'compasso', dal gr. *kírkinos*, da *kírkos* 'anello'] s. m. *1* Involto di panno a foggia di cerchio, usato da chi porta pesi sul capo | (*est.*) Acconciatura femminile, coi capelli avvolti a cercine. *2* Anello di vetro in cima al collo delle bottiglie. *3* Rotolo di nastri dei colori dello scudo, attorcigliati in cerchio sull'elmo. *4* (*bot.*) Neoformazione di tessuti disposti ad anello a ricoprire lesioni sul fusto e sui rami | Rigonfiamento per cattiva circolazione della linfa nelle piante.

†**cérco** [lat. *cĭrcu(m)* 'cerchio'. V. *cerchiare*] s. m. • Cerchio.

cèrco-, -cèrco [dal gr. *kérkos* 'coda' (V. *cerci*)] primo o secondo elemento • In parole composte della terminologia scientifica significa 'coda': *cercopiteco, cisticerco, eterocerco*.

cercóne [etim. incerta] **A** s. m. • Vino guasto. **B** anche agg.: *vino c.*

cercóni [da *cercare*] avv. • (*raro, tosc.*) Solo nella loc. *andare c.*, andare in cerca, andare in giro cercando.

Cercòpidi [dal gr. *kerkṓpē*, n. di una cicala, di etim. incerta: prob. da avvicinare a *kérkos* 'coda'] s. m. pl. • Nella tassonomia animale, famiglia di Insetti degli Omotteri con ali anteriori coriacee, più grandi dell'addome, cui appartiene la sputacchina (*Cercopidae*) | (al sing. *-e*) Ogni individuo di tale famiglia.

Cercopitècidi [vc. dotta, comp. di *cercopitec(o)* e *-idi*] s. m. pl. • Nella tassonomia animale, famiglia di scimmie delle Catarrine comprendente molti generi, fra cui il macaco e il cercopiteco (*Cercopithecidae*) | (al sing. *-e*) Ogni individuo di tale famiglia.

cercopitèco [vc. dotta, lat. *cercopithēcu(m)*, nom. *cercopithēcus*, dal gr. *kerkopíthēkos*, comp. di *kérkos* 'coda' e *píthēkos* 'scimmia'] s. m. (pl. *-chi* o *-ci*) • Genere di scimmie erbivore dei Cercopitecidi, grandi quanto un gatto, abili saltatrici, viventi sugli alberi dell'Africa tropicale ed equatoriale (*Cercopithecus*).

cercòspora [comp. di *cerco-* e *spora*] s. f. • Genere di funghi deuteromiceti, con circa 400 specie, prevalentemente parassite, molte delle quali sono dannose a varie colture (*Cercospora*).

†**cercùro** o †**cercùrio** [vc. dotta, lat. *cercūru(m)*, nom. *cercūrus*, dal gr. *kérkouros*, comp. di *kérkos* 'coda' e *ourá* 'coda'] s. m. • (*mar.*) Specie di nave romana sottile e piccola, ma agile.

cereàle [vc. dotta, lat. *cereāle(m)*, da *Cĕres*, dea della terra e dell'agricoltura] **A** s. m. • (*spec. al pl.*) Denominazione delle varie piante erbacee delle Graminacee che forniscono frutti e semi usati, spec. sotto forma di farina, nella alimentazione umana e animale: *il grano, il riso, il granoturco, l'orzo* e sim. *sono cereali* | (*est.*) I frutti e i semi prodotti da tali piante: *produzione, commercio, macinatura di cereali*. **B** anche agg.: *piante cereali*.

cerealìcolo [comp. del pl. di *cereale* e di *-colo*] agg. • Che si riferisce ai cereali e alla loro coltivazione.

cerealicoltóre o **cerealicultóre** [comp. del pl. di *cereale* e di *-coltore*] s. m. • Agricoltore specializzato nella coltivazione dei cereali.

cerealicoltùra o **cerealicultùra** [comp. del pl. di *cereale* e di *coltura*] s. f. • Coltivazione dei cereali.

cerealicultóre • V. *cerealicoltore*.

cerealicultùra • V. *cerealicoltura*.

cerebellàre [da *cerebello*] agg. • (*anat.*) Del, relativo al, cervelletto.

cerebellìte [fr. *cérébellite*. V. *cerebello*] s. f. • (*med.*) Infiammazione del cervelletto.

cerebèllo [vc. dotta, lat. *cerebĕllu(m)*, dim. di *cerĕbrum* 'cervello'] s. m. • (*anat.*) Cervelletto.

cerebràle [da †*cerebro*] agg. *1* (*anat.*) Del, relativo al cervello: *sostanza c.*; *emorragia c.*; *arteria c.* *2* (*fig.*) Di persona, artista o opera in cui il raziocinio prevale sul sentimento e sulla spontaneità: *poesia, scultore c.* || **cerebralménte**, avv.

cerebralìsmo [da *cerebrale*] s. m. • Dominio, controllo eccessivo della ragione sul sentimento: *un romanzo, un autore che pecca di c.*

cerebralità [da *cerebrale*, sul modello del fr. *cérébralité*] s. f. • Qualità di cerebrale | (*est.*) Eccesso di cerebralismo: *disumana e ... inguaribile c.* (PIRANDELLO).

cerebrazióne [da †*cerebro*] s. f. • (*med.*) Attività cerebrale.

cerebrifórme [fr. *cérébriforme*. V. *cerebro-* e *-forme*] agg. • Simile a cervello nella forma.

cerebrìte [da †*cerebro*, con il suff. *-ite* (*1*)] s. f. • (*med.*) Infiammazione del cervello.

cèrebro o (*lett.*) †**cèlabro** [vc. dotta, lat. *cerĕbru(m)*, da una radice *keras* 'testa'] s. m. *1* †Cervello. *2* (*zool., raro*) Cervello, negli invertebrati.

cèrebro- [dal lat. *cerĕbru(m)* 'cervello'] primo elemento • In parole composte della terminologia medica significa 'del cervello': *cerebropatia, cerebrospinale*.

cerebrolèso [comp. di *cerebro* e *leso*] agg.; anche s. m. (f. *-a*) • (*med.*) Che, chi ha subito una lesione cerebrale da cui deriva gener. un'alterazione delle funzioni mentali e fisiche.

cerebropatìa [comp. di *cerebro-* e *-patia*] s. f. •

Qualsiasi malattia cerebrale: *c. neoplastica*.

cerebropàtico [da *cerebropatia*] agg.; anche s. m. (f. *-a*) ● Che, chi è affetto da cerebropatia.

cerebroplegìa [comp. di *cerebro-* e *-plegia*] s. f. ● (*med.*) Apoplessia cerebrale.

†cerebróso [da *†cerebro*] agg. ● Cerebrale.

cerebrospinàle [fr. *cérébro-spinal*. V. *cerebro-* e *spinale*] agg. ● (*anat.*) Del, relativo al cervello e al midollo spinale: *meningite c.*

†ceremònia e *deriv.* ● V. *cerimonia* e *deriv.*

cèreo (1) [vc. dotta, lat. *cēreu(m)*, da *cēra* 'cera (1)'] **A** agg. **1** Di cera. **2** Che è pallido come la cera: *viso c.*; *mani, guance ceree*. **3** (*fig., lett.*) Molle, plasmabile. **B** s. m. ● V. *cero*.

cèreo (2) [dal precedente, perché ha la forma di un *cero*] s. m. ● Genere delle Cactacee comprendente piante perenni, succulente, con fusti carnosi costolati e guarniti di aculei, e fiori notturni (*Cereus*).

cererìa [da *cera (1)*] s. f. ● Luogo dove si fabbricano e si vendono candele, cera lavorata, e sim.

cereṣìna [da *cera (1)*] s. f. ● Sostanza bianca o gialla, di aspetto ceroso e composizione simile a quella della paraffina, usata in varie preparazioni industriali.

cerétta s. f. **1** Dim. di *cera (1)*. **2** Preparato adesivo per depilazione. **3** Pomata per ungere o tingere capelli.

cerfìco [sta per *(a)cer(o)fico*, perché stilla un lattice dolce, simile a quello del fico] s. m. (pl. *-chi*) ● Albero delle Aceracee con foglie ampie simili a quelle del platano ma più sottili, fiori giallo-verdastri in corimbi e frutto alato (*Acer platanoides*). SIN. Acero riccio.

cerfòglio o **†cerfùglio** [lat. *caerefōliu(m)*, dal gr. *chairéphyllon*, da *phýllon* 'foglia', il sign. della prima parte della parola è incerto] s. m. **1** Pianta erbacea aromatica delle Ombrellifere con fusto striato, ramoso, e fiori bianchi in ombrelle sessili (*Anthriscus cerefolium*). **2** (*raro*) Ciocca di capelli arruffati. || **cerfogliòne**, accr.

cèrico [da *cerio*] agg. (pl. m. *-ci*) ● (*chim.*) Detto di composto del cerio tetravalente.

cerìfero [comp. di *cera (1)* e *-fero*] agg. ● Che produce cera.

cèrilo [dal gr. *kērýlos*] s. m. ● (*poet.*) Favoloso uccello marino identificabile forse con l'alcione.

cerimònia o **†ceremònia**, **†cirimònia** [vc. dotta, lat. *caerimōnia(m)*, forse di origine etrusca] s. f. **1** (*relig.*) Azione rituale o solenne dei culti religiosi | Festa solenne di carattere sacro: *c. di iniziazione*. **2** Complesso di atti che si compiono per celebrare avvenimenti, ricorrenze e sim.: *la c. del giuramento, dell'inaugurazione* | *Abito da c.*, abbigliamento che si indossa durante cerimonie | *Maestro di c.*, cerimoniere. **3** (*al pl.*) Dimostrazione eccessiva di rispetto tra persone, complimenti: *lasciar da parte le cerimonie* | *Stare sulle cerimonie*, essere formalista | *Senza cerimonie*, con semplicità | *Senza tante cerimonie*, in modo brusco. **4** †Consuetudine e prescrizione di corte. || **cerimoniàccia**, pegg.

cerimoniàle o **†ceremoniàle**, **†cirimoniàle** [vc. dotta, lat. tardo *caerimoniāle(m)*, da *caerimōnia* 'cerimonia'] **A** s. m. **1** Complesso e successione degli atti e delle regole prescritti per una particolare cerimonia: *c. di corte*. SIN. Rituale. **2** Libro che contiene tali regole. **B** agg. ● (*lett.*) Di cerimonia. || **cerimonialménte**, avv. (*raro*) Secondo le regole di una cerimonia.

cerimonialìṣmo s. m. ● Importanza attribuita alle cerimonie come mezzi di liberazione e salvezza in alcune religioni, spec. primitive.

cerimoniàre [da *cerimonia*] v. intr. (*io cerimònio*; aus. *avere*) ● (*raro*) Fare cerimonie, complimenti.

cerimonière o **†ceremonière**. s. m. ● Chi ha la funzione di regolare le cerimonie ufficiali, sia religiose che civili.

cerimoniosità s. f. ● Qualità di chi, di ciò che è cerimonioso.

cerimonióso o **†cirimonióso** [vc. dotta, lat. tardo *caerimoniōsu(m)*, da *caerimōnia* 'cerimonia'] agg. ● Di persona troppo formalista e complimentosa: *non essere così c.!* | Di atto, comportamento o scritto manierato e affettato: *lettera cerimoniosa*. || **cerimoniosaménte**, avv.

cerinàio s. m. (f. *-a*) **1** Operaio addetto alla fabbricazione dei cerini. **2** Venditore ambulante di cerini.

cerìno **A** s. m. **1** Dim. di *cero*. **2** Fiammifero di cera | *Passare il c. acceso*, (*fig.*) passare incarichi gravosi, responsabilità e compiti difficili ad altri, fare a scaricabarile. **3** Stoppino incerato per accendere candele, spec. in chiesa. **4** Un tempo, moccolino avvolto a gomitolo, da accendersi salendo le scale al buio. **B** agg. ● (*raro*) †Cereo.

cèrio [dal n. del planetoide *Cerere*] s. m. ● Elemento chimico, metallo, tenero, duttile, malleabile, grigio, appartenente al gruppo delle terre rare e il più abbondante tra queste, ottenuto per elettrolisi del cloruro, impiegato per leghe con altri metalli. SIMB. Ce.

cèrna (1) ● V. *cernia*.

†cèrna (2) [da *cernere*] s. f. **1** (*lett.*) Separazione, divisione, scelta. **2** Corpo di fanteria reclutato nelle province o nel contado | (*est.*) Milizia. **3** Soldato inesperto e novellino.

cernécchio [lat. tardo *cernĭculu(m)* 'crivello, scriminatura', da *cĕrnere* 'scegliere, separare'] s. m. ● Ciocca di capelli arruffati o posticci: *cernecchi rossicci gli escivano di sotto il cappello* (D'ANNUNZIO).

cèrnere [vc. dotta, lat. *cĕrnere* 'vagliare, separare, setacciare', da una radice indeur. che significa 'vagliare'] v. tr. (pres. *io cèrno*; pass. rem. *io cernéi* o *cernètti, tu cernésti*; raro nei tempi composti) **1** (*lett.*) Scegliere, separare, vagliare: *c. i buoni dai cattivi*. **2** †Setacciare. **3** †Discernere, vedere, comprendere (*anche fig.*): *ma questo è quel ch'a cerner mi par forte,/ perché predestinata fosti* (DANTE *Par.* XXI, 76-77).

cèrnia o **cèrna** (1) [lat. tardo *acĕrnia(m)*, per il classico *achărna(m)*, dal gr. *achárnas*, di etim. incerta] s. f. ● Nome di varie specie di pesci Perciformi dalle carni pregiate, con mandibola prominente e lunga pinna dorsale sorretta da aculei (*Epinephelus*, *Polyprion*).

cernièra [fr. *charnière*, dal lat. parl. **cardināria(m)*, da *cărdo*, genit. *cărdinis* 'cardine'] s. f. **1** Unione di due elementi di cui almeno uno è mobile, attorno a un asse | Sistema di snodo in vari oggetti. **2** Specie di serratura a incastro per porte, finestre, scatole, borse, portamonete | *C. lampo*, dispositivo di chiusura per vestiti, borse e sim., consistente in una doppia fila di dentini in metallo o plastica che si incastrano azionando un cursore. **3** (*zool.*) Giunzione delle due valve della conchiglia dei molluschi bivalvi. **4** (*geol.*) In una piega sinclinale o anticlinale, la zona di maggior curvatura. **5** (*mil.*) Punto del fronte ove si articolano due elementi di un sistema strategico. **6** (*fig.*) Punto di giunzione, di saldatura: *la c. di due epoche*. **7** Gioco enigmistico consistente nel togliere la parte iniziale a una prima parola, la parte finale a una seconda e nel fondere le parti residue formando una terza parola (*ROmani, neRO = manine*). || **cernierìna**, dim.

cernière [fr. *charnier*, dal lat. *carnāriu(m)* 'uncino da appendervi la carne', poi 'dispensa', da *căro*, genit. *cărnis* 'carne'] s. m. ● (*mar.*) Serbatoio metallico con rubinetto per l'acqua potabile.

†cernìre v. tr. ● Cernere.

cèrnita [vc. dotta, lat. tardo *cĕrnitu(m)*, part. pass. di *cĕrnere*. V. *cernere*] s. f. **1** Scelta, selezione effettuata in base a criteri e sistemi stabiliti: *c. della frutta*; *c. degli scritti su un argomento*; *c. manuale* | *C. magnetica*, dei minerali magnetici, a mezzo di calamite | (*min.*) *C. di cantiere*, effettuata sul minerale appena abbattuto. **2** Gioco enigmistico consistente nell'eliminare a gruppi di due tutte le lettere uguali di una parola o di una frase e nel ricavare un'altra parola anagrammando le lettere restanti (ad es. in *MARMELLATA* si eliminano le due *M*, le due *A*, le due *L* e restano *R.E.T.A.* = *ARTE*).

cernitóre s. m. (f. *-trice*) **1** Chi è addetto a operazioni di cernita. **2** Chi abburatta la farina. **3** Apparecchio per separare materiali diversi quali semi, frutta, verdura e sim.

cernitùra s. f. ● Cernita.

cernozëm /*russo* tʃirna'zjɔm/ [russo 'terra nera', comp di *čërnyj* 'nero' e *zemlja* 'terra'] s. m. inv. ● Tipo di suolo nero e grasso comune nella Russia centromeridionale. SIN. Terra nera.

céro o **cèro**, (*poet.*) **†cèreo** (1) [da *cera (1)*] s. m. **1** Candela grossa di cera | Candela votiva | *C. pasquale*, benedetto il Sabato Santo e collocato accanto all'altare, si accende nelle funzioni fino all'Ascensione; anche il candelabro, spesso decorato, destinato a sostenerlo | *Dritto come un c.*, lungo e rigido nei movimenti | *Giallo, pallido come un c.*, smunto, del colore della cera | *†Bel c.*, (*fig.*) zerbinotto. **2** Grande e pesante costruzione spec. in legno vagamente simile a una candela o a un candeliere, portata a spalla in processioni religiose. || **†ceròtto**, dim.

-cero [dal gr. *kéras* 'corno'] secondo elemento ● In parole composte della terminologia zoologica indica 'corna' e più comunemente le 'antenne' degli insetti: *ropalocero*.

ceroferàrio [vc. dotta, lat. tardo *ceroferāriu(m)*, comp. di *cēra* 'cera (1)' e *fĕrre* 'portare'] s. m. ● Chi porta il cero nelle funzioni.

cerografìa [comp. di *cer(a)* e *-grafia*] s. f. ● Procedimento di incisione in cui il disegno viene tracciato su una lastra spalmata di cera poi immersa in un acido che incide solo il solco lasciato dal bulino.

ceròma [vc. dotta, lat. *cerōma*, dal gr. *kḗrōma*, da *kēróō* 'io copro di cera'] s. m. (pl. *-i*) ● Unguento di cera e olio di cui si spalmavano gli antichi atleti.

ceróne [da *cera (1)*] s. m. ● Pasta colorata usata nel trucco teatrale o cinematografico per cambiare il colore della pelle.

ceroplàsta [vc. dotta, lat. tardo *ceroplăsta(m)*, nom. *ceroplăsta*, dal gr. *kēroplástēs*, comp. di *kērós* 'cera (1)' e *plássō* 'io plasmo'] s. m. (pl. *-i*) ● Artista che modella la cera.

ceroplàstica [fr. *céroplastique*, dal gr. *kēroplastikḗ* (sott. *téchnē* 'arte'). V. *ceroplasta*] s. f. ● Arte del modellare la cera.

ceróso (1) [vc. dotta, lat. *cerōsu(m)*, da *cēra* 'cera (1)'] agg. ● Che contiene cera | Di aspetto simile alla cera.

ceróso (2) [fr. *céreux* 'del cerio' (V.)] agg. ● (*chim.*) Detto di composto del cerio trivalente.

ceròtico [da *cera (1)*] agg. (pl. m. *-ci*) ● Detto di composto estratto dalla cera | *Acido c.*, acido organico, saturo, monobasico, cristallino, presente, spesso sotto forma di estere, in molte cere.

ceròtto [lat. *cerōtu(m)*, dal gr. *kērōtón* 'unguento di cera'] s. m. **1** Medicamento a base di resine o corpi grassi a notevole potere adesivo, con incorporate sostanze medicinali, che spalmato su tela viene applicato sulla cute | *C. adesivo*, nastro di tela, seta e sim. ricoperto da un lato da uno strato di sostanza adesiva, impiegato nelle medicazioni, per fissare le bende o le garze | *C. transdermico*, V. *transdermico*. **2** (*fig.*) Persona malaticcia o molesta. **3** (*fig.*) Oggetto, spec. quadro o disegno, mal fatto e privo di valore | *Vendere un c.*, (*fig.*) darla a intendere. **4** †Impiastro, unguento. || **cerottàccio**, pegg. | **cerottìno**, dim. | **cerottóne**, accr.

†ceròttolo s. m. ● Cerotto.

cerpellìno ● V. *scerpellino*.

cerpellóne ● V. *scerpellone*.

†cèrqua [lat. parl. **cĕrqua(m)*, metatesi di *quĕrcus* 'quercia'] s. f. ● Quercia.

cerréta [da *cerro (2)*] s. f. ● Cerreto.

cerretàno [dal paese di *Cerreto* (Umbria), da dove provenivano i primi ciarlatani] s. m. (f. *-a*) ● (*lett.*) Ciarlatano, impostore.

cerréto [da *cerro (2)*] s. m. ● Bosco di cerri.

cerrétta [lat. *serrătula(m)*, perché dentellata come una 'sega' (lat. *sĕrra*)] s. f. ● Serretta.

†cèrro (1) /'tʃerro?/ [lat. *cĭrru(m)* 'ciocca di capelli'. V. *cirro*] s. m. ● Ciocca di capelli | Frangia. || **†cerrolìno**, dim. | **†cerróne**, accr.

cèrro (2) [lat. *cerru(m)*, di origine preindeur.] s. m. **1** Albero delle Cupulifere con foglie oblunghe, lobate e cupola a squame libere e lineari (*Quercus cerris*). **2** Il legno di questo albero. || **cerràcchio**, accr. | **cerracchióne**, accr. | **cerracchiuòlo**, dim. | **cerrétto**, dim.

certaldése **A** agg. ● Di Certaldo. **B** s. m. e f. ● Abitante di Certaldo | *Il Certaldese*, (*per anton.*) il Boccaccio.

certàme o **†certàmine** [vc. dotta, lat. *certāme(n)*, da *certāre* 'combattere'. V. *certare*] s. m. **1** (*lett.*) Combattimento, contesa, duello: *eccovi i patti del c. e Giove / testimonio ne sia* (MONTI) | *Singolar* *c.*, duello. *2* Gara letteraria e poetica | *C. coronario*, bandito nel XV sec. da L. B. Alberti per una composizione in volgare.

†**certanità** s. f. • Certezza.

†**certàno** [provz. *certan*, dal lat. parl. **certānu(m)*, der. di *cĕrtus* 'certo'] **A** agg. • Certo, sicuro: *lo crede c.* (BOIARDO). || **certanaménte**, avv. In modo certo; certamente. **B** avv. • Certamente, per certo, di certo: *libertà ... in questo mondo c. è riputata la più cara cosa che sia* (VILLANI).

†**certànza** [provz. *certansa*] s. f. • Certezza, sicurezza.

†**certàre** [vc. dotta, lat. *certāre* 'combattere', ints. di *cĕrnere*. V. *cernere*] v. intr. • Combattere, contrastare.

†**certazióne** (1) [vc. dotta, lat. *certatiōne(m)*, da *certāre*. V. *certare*] s. f. • Disputa.

certazióne (2) [da *certo*] s. f. • (*raro*) Accertamento, certificazione: *atto amministrativo di c.*

certézza s. f. *1* Condizione di ciò che è certo, sicuro, indubitabile: *nessuna c. è dove non si può applicare una delle scienze matematiche* (LEONARDO) | †Accertamento | †Prova. SIN. Verità. *2* Persuasione, convinzione ferma e sicura: *acquistare c.*; *affermare con c.*; *con tutta c.*; *c. matematica, assoluta* | *C. morale*, ricavata da una persuasione interiore. SIN. Sicurezza.

certificàre [vc. dotta, lat. tardo *certificāre*, comp. di *cĕrtus* 'certo' e *făcere* 'fare'] **A** v. tr. (*io certìfico, tu certìfichi*) *1* Attestare, affermare, precisare, spec. in documenti pubblici: *io sottoscritto certifico che ...* *2* †Garantire, convincere. **B** v. rifl. • (*raro*) Persuadersi, convincersi, accertarsi: *indusse ... li protestanti a certificarsi* (SARPI).

certificàto [da *certificare*] s. m. • Attestazione scritta da pubblico ufficiale competente della sussistenza di date condizioni: *c. di nascita*; *c. di buona condotta*; *c. dei carichi pendenti* | *C. penale*, attestazione delle iscrizioni relative a condanne penali esistenti nel casellario giudiziale a carico di una persona | *C. di lavoro*, documentazione riguardante la persona del lavoratore e il lavoro da esso prestato, rilasciata dal datore di lavoro allorché non è obbligatorio il libretto di lavoro | *C. di navigabilità*, attesta la navigabilità di un aereo o natante | *C. di deposito*, titolo emesso da una banca al cliente che deposita fondi per un periodo di tempo definito | *C. immobiliare*, titolo atipico comprovante la partecipazione a un affare immobiliare | *C. di origine*, emesso dalle competenti autorità, accompagna i documenti relativi a una spedizione di merci spec. per l'estero | *C. di origine* o *c. genealogico*, documento che attesta l'origine e la genealogia di un animale appartenente a una razza pura | *C. medico*, quello rilasciato dal medico sull'esistenza di una malattia o di una lesione o sullo stato di salute di una persona.

certificatóre s. m.; anche agg. (f. *-trice*) • (*econ., org. az.*) Chi, che compie l'attività di certificazione di bilancio.

certificatòrio agg. • Che costituisce o richiede una certificazione: *atto c.*

certificazióne s. f. *1* Atto, effetto del certificare | *C. di un documento*, sua autenticazione. *2* (*econ., org. az.*) *C. di bilancio*, parere espresso da una società specializzata sull'attendibilità del bilancio di un'azienda in seguito a revisione contabile.

†**certitùdine** [vc. dott. lat. tardo *certitūdine(m)*, da *cĕrtus* 'certo'] s. f. • Certezza, sicurezza.

cèrto [lat. *cĕrtu(m)*, part. pass. di *cĕrnere* 'distinguere'] **A** agg. *1* Che appare sicuro, indubitabile: *notizia, vittoria certa*; *i valori più certi*; *tenere, ritenere per c.* | *Provvedimento, rimedio c.*, efficace | (*raro*) *Sapere per certa scienza*, in modo sicuro. *2* Chiaro, evidente: *è un dato c. della malattia* | (*est.*) Vero, reale: *qual che tu sii, od ombra od omo c.!* (DANTE *Inf.* I, 66). *3* Che è fermamente persuaso, convinto di q.c.: *sono c. della sua venuta*; *essere certi dell'esistenza di Dio* | *Fare c. qc.*, assicurarlo. || **certaménte**, avv. Con certezza; *no certamente, sì certamente*, indubbiamente no, sì. **B** s. m. solo sing. • Ciò che è certo: *lasciare il c. per l'incerto*. **C** agg. indef. *1* Alcuno, qualche, alquanto (sempre preposto al s., indica una qualità o quantità indeterminata): *esco con certi amici miei*; *devo finire certi lavori* | Con valore det.: *le visite sono ammesse solo in certi giorni*; *certe sciocchezze sono inammissibili*; *sono stato da quella certa persona* | Con valore limitativo o attenuativo: *ha un c. ingegno* | Con valore accrescitivo, rafforzativo: *ho fatto certi sacrifici per te*; *ha certi nervi oggi*; *ha certi piedi* | (*spreg.*) *Certa gente bisogna proprio evitarla*; *si fanno certi discorsi in certi luoghi!*; *m'è toccato di vedere certe cose!* *2* Indica qualcosa di indefinito e ha valore neutro nelle espressioni *un c. non so che, un c. che, quel c. che*; *sentire un c. che*; *ha un c. non so che attrae*. *3* Tale: *un c. Negri non meglio specificato*; *ha telefonato un c. signor Rossi* | Anche seguito da una prop. consec.: *ha certi dolori che non gli danno tregua*; *aveva certi occhi che mettevano paura*. **D** pron. indef. • (*al pl.*) Alcuni, taluni, certuni: *certi dicono così*; *certi affermano il contrario* | Anche correl.: *certi sono del tuo parere, certi no*. **E** avv. • Certamente, sicuramente, indubbiamente: *lo troverai c. a casa sua*; *la cosa non finisce c. qui* | In incisi, con valore raff.: *tu, c., non potevi averlo visto* | Nelle risposte con valore affermativo e più forte del 'sì': *'verrai anche tu?' 'c.!'* | Con valore raff.: *Ma c.!*; *sì, c.!*; *c. che sì*; *c. che no* | Anche radd.: *certo certo*, con valore di superlativo.

certóṣa o **certòsa** [fr. *chartreuse*, dal n. di una località nelle Alpi del Delfinato, dove S. Brunone fondò, nel 1084, il suo monastero] s. f. *1* Monastero di Certosini | (*est.*) L'ordine dei Certosini. *2* (*dial.*) Cimitero, spec. nell'Italia sett.: *la c. di Bologna*. *3* (*raro, fig.*) Luogo silenzioso che invita al raccoglimento interiore.

certoṣino o **certosino**, †**certoṣàno** /tʃerto'zino, tʃerto'sano/ [da *certosa*] **A** agg. *1* Che si riferisce all'ordine religioso fondato da S. Brunone: *monaco c.*; *regola certosina*. *2* (*fig.*) Detto di ciò che è caratterizzato da un regime di vita dura, ritirata, solitaria, degna dei monaci dell'ordine omonimo: *pazienza certosina* | *Alla certosina*, detto di decorazione a intarsio di disegno geometrico, ottenuta su una superficie di noce con pezzetti di osso o avorio. *3* Di gatto dal corpo grosso e pesante, con pelo morbido, spesso vellutato, di colore azzurro uniforme. **B** s. m. *1* Monaco certosino | (*est.*) Chi conduce una vita di solitudine e astinenza | *Lavoro da c.*, che richiede molta pazienza. *2* Gatto certosino. *3* Chartreuse. *4* Ciambella condita con miele, spezie e frutta candita, tipica di Bologna. SIN. Pan speziale. *5* Formaggio grasso e molle prodotto in Lombardia.

certùno [comp. di *certo* e *uno*] **A** pron. indef. • (*spec. al pl.*) Alcuno, taluno, certe persone, spesso spreg.: *certuni si sono disimpegnati bene*; *a certuni la fortuna sorride sempre*; *per certuni tutto è dovuto*; *non vorrai fare come certuni di mia conoscenza*; *certuni la coscienza l'hanno dietro le spalle, poveretti loro!* (VERGA). **B** (*spec. al* pl.) anche agg. indef.: *certune specie di piante*.

cerùleo [vc. dotta, lat. *caerŭleu(m)*, V. *cerulo*] **A** agg. *1* (*lett.*) Di colore azzurro chiaro: *percorreva / ... col c. sguardo / l'argivo campo* (FOSCOLO). *2* (*lett.*) Di persona, che ha gli occhi azzurri: *un uomo imponente e c.* **B** s. m. • (*lett.*) Il colore ceruleo.

cèrulo [vc. dotta, lat. *cāerulu(m)* 'color del cielo', da *caelum* 'cielo', con dissimilazione] agg. • (*lett.*) Ceruleo.

cerùme [da *cera* (1)] s. m. *1* Prodotto di secrezione delle ghiandole sebacee del condotto auditivo. *2* (*raro*) Colaticcio di cera.

ceruminóso agg. *1* Di, relativo a cerume: *ghiandole ceruminose*. *2* Simile a cerume: *liquido c.*

†**ceruṣìa** o †**ciruṣìa** [lat. *chirūrgia(m)*, nom. *chirūrgia*, dal gr. *cheirourgía* 'chirurgia'] s. f. • Chirurgia.

cerùṣico o †**cirùṣico** [lat. tardo *chirūrgicu(m)*, nom. *chirūrgicus*, dal gr. *cheirourgikós* 'chirurgo'] **A** s. m. (pl. *-ci*, raro †*-chi*) *1* †Chirurgo | Flebotomo, dentista. *2* (*spreg.*) Chirurgo da poco. **B** anche agg. • Nella loc. †*arte cerusica*, cerusia, chirurgia. || **cerusicàccio**, pegg. | **cerusichèllo**, dim. | **cerusichétto**, dim.

cerùssa [lat. *cerŭssa(m)*, forse dal gr. *kērós* 'cera (1)'] s. f. • (*raro*) Biacca di piombo | *C. usta*, sostanza rossa, ossido salino di piombo.

cerussìte [da *cerussa*] s. f. • Carbonato di piombo in cristalli aciculari bianchi.

cervàto [da *cervo*] agg. • Detto del colore di mantello equino intermedio fra il rosso e il bianco simile a quello del pelame del cervo.

cervellàccio s. m. *1* Pegg. di *cervello*. *2* Mente rozza: *tumultuosi ... pensieri ... ribollivano in que' cervellacci* (MANZONI). *3* (*fig.*) Persona balzana e stravagante, non priva di una certa disordinata intelligenza.

cervellàggine [da *cervello*] s. f. • (*raro*) Capriccio.

cervellàta s. f. • Salsiccia fatta con carne, cervella e aromi.

cervellétto s. m. *1* Dim. di *cervello*. *2* (*anat.*) Porzione dell'encefalo caudale rispetto al mesencefalo, che nei Mammiferi è caratterizzata da due emisferi e controlla numerose funzioni nervose. ➡ ILL. p. 364 ANATOMIA UMANA. *3* (*fig.*) †Indole bizzarra e stravagante. || **cervellettino**, dim.

cervellièra (1) [ant. fr. *cerveliere*. V. *cervello*] s. f. • Calotta leggera di acciaio liscio, aderente, a protezione del capo, senza visiera, indossata sotto l'elmo o il casco. SIN. Cappellina, caschetto.

cervellièra (2) [da *cervello*] s. f. • Specie di panno che le donne portavano in capo.

†**cervellièro** [da *cervelliera* (1)] s. m. • Chi fabbricava cervelliere.

†**cervellinàggine** [da *cervellino*, nel sign. 3] s. f. • Leggerezza, sventatezza: *per c. della fanciulla* (MACHIAVELLI).

cervellino A s. m. (f. *-a* nel sign. 3) *1* Dim. di *cervello*. *2* Intelligenza limitata. *3* (*fig.*) Persona sventata, di poco senno. **B** agg. • Spensierato, capriccioso, sventato: *eccoli ambidue, avventatelli e cervellini del pari* (NIEVO).

cervèllo [lat. *cerebĕllu(m)*, dim. di *cerĕbrum* 'cervello'. V. *cerebro*] s. m. (pl. *cervèlli* m. nei sign. fig., *cervèlla* f. e *cervèlle* f. nel sign. proprio di materia cerebrale) *1* (*anat.*) Parte principale dell'encefalo, posta nella cavità cranica e comprendente i due emisferi del telencefalo e, secondo alcuni, il diencefalo | *Bruciarsi, farsi saltare le cervella*, uccidersi sparandosi alla testa. ➡ ILL. p. 364 ANATOMIA UMANA. *2* (*est.*) Senno, intelletto, intelligenza: *avere molto, poco c.*; *giudicare col proprio c.*; *parendogli che Neri di Gino avesse più c. che alcuno altro cittadino in Firenze* (GUICCIARDINI); *persona senza c.*; *comportarsi con poco c.* | *Avere il c. di una gallina, di una formica*, (*fig.*) avere poca intelligenza | *Avere un gran c.*, (*fig.*) avere una grande intelligenza, un'intelligenza eccezionale | *Avere il c. sopra il cappello, nelle nuvole, nella lingua, nei calcagni*, (*fig.*) essere sventato, parlare o comportarsi in modo sventato | *Essere in c.*, in senno | *Uscire di, dare di volta al c., dare la botta al c.*, (*fig.*) impazzire (*anche scherz.*) | *Tornare in c., mettere il c. a partito, a bottega*, (*fig.*) rinsavire | *Avere stoppa nel c.*, (*fig.*) essere arido, scarsamente intelligente | *Lambiccarsi, stillarsi, struggersi il c.*, (*fig.*) studiare un problema con grande attenzione, aguzzare l'ingegno, fantasticare. *3* (*fig.*) Mente direttiva di un'organizzazione: *il c. del partito, della banda, del movimento* | Persona di eccezionali doti intellettuali, culturali e sim.: *fuga dei cervelli dall'Europa*. *4* L'uomo, in quanto essere ragionevole: *c. strambo, leggero, da poco, fino*; *è veramente un gran c.* *5* *C. elettronico*, elaboratore elettronico | (*fig.*) *Essere un c. elettronico*, una persona di estrema intelligenza o dotata di una memoria eccezionale || PROV. Chi non ha cervello abbia gambe. || **cervellàccio**, pegg. (V.) | **cervellétto**, dim. (V.) | **cervellino**, dim. (V.) | **cervellóne**, accr. (V.) | **cervellùccio**, **cervellùzzo**, dim.

cervellóne s. m. (f. *-a*) *1* Accr. di *cervello*. *2* Persona di eccezionali doti intellettuali | (*antifr.*) Persona rozza e poco intelligente. *3* (*scherz.*) Elaboratore elettronico.

cervellòtico [da *cervello*] agg. (pl. m. *-ci*) • Bizzarro, strano, illogico: *idea cervellotica*. || **cervelloticaménte**, avv.

cervellùto agg. • (*scherz.*) Che ha molto criterio.

†**cerviàtto** • V. *cerbiatto*.

cervicàle [fr. *cervical*. V. *cervice*] agg. • (*anat., med.*) Della, relativo alla, cervice: *plesso, vertebra c.*; *artrosi c.* | Relativo alla cervice uterina: *canale, muco c.*

cervìce [lat. *cervīce(m)*, dalla stessa radice da cui deriva anche *cerĕbrum*. V. *cerebro*] s. f. *1* (*lett.*)

Parte posteriore del collo: *la sudata c. e il casto petto* (FOSCOLO) | *Piegare la c.*, (*fig.*) sottomettersi | *Di dura c.*, (*fig.*) caparbio | (*fig.*) *C. altera*, persona superba. **2** (*anat.*) *C. uterina*, collo dell'utero.

cervicite [comp. di *cervic(e)* e *-ite* (*1*)] s. f. ● (*med.*) Infiammazione del collo dell'utero.

Cèrvidi [dal lat. *cĕrvus* 'cervo', e *-idi*] s. m. pl. ● Nella tassonomia animale, famiglia di Mammiferi degli Artiodattili i cui maschi posseggono corna ossee caduche, in genere ramificate (*Cervidae*) | (al sing. *-e*) Ogni individuo di tale famiglia.

†**cervière** [fr. *cervier*, dal lat. (*lŭpum*) *cervārius*(*m*) 'lupo veloce come un cervo, che dà la caccia ai cervi'] s. m. ● Lince.

cervièro [var. di †*cerviere*] agg. **1** †Di lince | *Lupo c.*, lince. **2** (*fig.*, *poet.*) Acutissimo, detto di sguardo, occhio, vista: *chiara alma, pronta vista, occhio c.* (PETRARCA).

cervino [lat. *cervīnu(m)*, da *cĕrvus* 'cervo'] **A** agg. **1** Del cervo: *odore c.* **2** Di colore simile a quello del mantello del cervo. **3** *Fieno c.*, nelle vallate alpine, fieno composto di erbe fresche mescolate con quella secca di due o tre anni che non era ancora stata mietuta. **B** s. m. ● Pianta erbacea perenne delle Graminacee con foglie pungenti e fiori in sottili spighe (*Nardus stricta*). SIN. Nardo sottile.

cervióna ● V. *cervona*.

cèrvo o †**cèrbio**, †**cèrvio** [lat. *cĕrvu(m)*, dalla radice indeur. **ker* 'testa'] s. m. (f. *-a* nel sign. 1) **1** Mammifero ruminante degli Artiodattili con coda corta, pelame bruno rossiccio e corna caduche nei primi anni di vita, a molte punte, presenti solo nei maschi (*Cervus*). **2** *C. volante*, insetto coleottero con testa quadrata e larga, munita nel maschio di grandi mandibole ramificate simili alle corna di un cervo (*Lucanus cervus*). **3** (*fig.*) *c. volante*, aquilone | Apparecchio che, assicurato a una fune, si solleva in aria librandosi per osservazioni, spec. meteorologiche. || **cervétto**, dim. | **cervino**, dim. | **cervóne**, accr. | †**cervòtto**, accr.

cervògia [ant. fr. *cervoise*, dal lat. *cervīsia(m)*, parola gallica] s. f. (pl. *-ge*) ● (*raro*) Specie di birra | (*lett.*) Birra.

cervóna o **cervióna** [da *cervo*] agg. solo f. ● Detto di colla ottenuta facendo bollire spec. ossa o ritagli di pelle di animali.

cervóne [da *cervo*, perché munito di cornetti] s. m. ● Rettile dei Colubridi di grandi dimensioni, ma innocuo, caratterizzato da quattro linee nere sul dorso (*Elaphe quatuorlineata*).

†**cerzioràre** [vc. dotta, lat. tardo *certiorāre*, da *cĕrtior*, compar. di *cĕrtus* 'certo'] **A** v. tr. (*io cerzióro* o *cerziòro*) ● Accertare. **B** v. rifl. ● Accertarsi, assicurarsi.

cèṣare o **césare** [vc. dotta, lat. *Cāesare(m)*, dal n. di C. Giulio Cesare (100 (102/101)-44 a.C.), per errata tradizione considerato il primo imperatore romano] s. m. **1** (*lett.*) Imperatore, sovrano: *per triunfare o c. o poeta* (DANTE *Par.* I, 29) | *Avere un cuore di c.*, (*fig.*) essere generoso. **2** (*lett.*, *fig.*) †Signore: *libera farmi al mio c. parve* (PETRARCA).

ceṣàreo (**1**) [vc. dotta, lat. *caesăreu(m)*, da *Cāesar* 'Cesare, imperatore'] agg. **1** Di Cesare: *politica cesarea*; *scritti cesarei*. **2** (*est.*, *lett.*) Dell'imperatore, imperiale | *Poeta c.*, poeta di corte, spec. della corte imperiale di Vienna.

ceṣàreo (**2**) [lat. scient. *sectio caesarea*, dal n. *Cāesar*, che secondo Plinio significava *caeso matris utero* 'dall'utero tagliato della madre' (da *cāedere* 'tagliare')] agg. ● (*med.*) Detto del parto che avviene mediante incisione dell'addome e dell'utero, e dell'incisione così praticata: *parto, taglio c.*

ceṣariàno [vc. dotta, lat. *Caesariānu(m)*, da *Cāesar* 'Cesare'] **A** agg. ● Di, relativo a, Giulio Cesare: *stile c.* **B** s. m. ● Partigiano o seguace di Giulio Cesare: *i cesariani e i pompeiani.*

†**ceṣàrie** [vc. dotta, lat. *caesărie(m)* 'capigliatura', di origine indeur.] s. f. inv. ● (*lett.*) Chioma, zazzera.

ceṣarìṣmo [fr. *césarisme*, dal lat. *Cāesar* 'Cesare'] s. m. ● Dittatura politica personale legittimata da un plebiscito e garantita dall'esercito.

ceṣarista A s. m. e f. (pl. m. *-i*) ● Seguace o fautore del cesarismo. **B** agg. ● Del cesarismo.

ceṣaropapìṣmo [comp. di *cesar(ismo)* e *papismo*] s. m. ● Sistema di relazioni fra potere politico e potere religioso nel quale il primo estende la sua giurisdizione anche su terreni tradizionalmente riservati al secondo.

ceṣaropapista A s. m. e f. (pl. m. *-i*) ● Seguace o fautore del cesaropapismo. **B** agg. ● Del, relativo al, cesaropapismo.

ceṣellaménto s. m. ● Operazione del cesellare.

ceṣellàre v. tr. (*io ceṣèllo*) **1** Lavorare, con mazzetta e ceselli, oro, argento e altri metalli. **2** (*est.*, *fig.*) Eseguire un'opera d'arte con cura minuziosa perseguendo intenti di estrema perfezione formale: *c. un ritratto, un sonetto.*

ceṣellàto part. pass. di *cesellare*; anche agg. ● Nei sign. del v.

ceṣellatóre s. m. (f. *-trice*) **1** Artista o artefice del cesello. **2** (*est.*, *fig.*) Chi esegue il proprio lavoro, spec. artistico, con minuziosa cura, tendendo a risultati di estrema perfezione: *un c. di versi, di note.*

ceṣellatùra s. f. **1** Lavoro eseguito col cesello | Arte e tecnica della lavorazione col cesello. **2** (*fig.*) Opera, spec. artistica, rifinita con estrema cura.

ceṣèllo o †**ciṣèllo** [lat. parl. **caesĕllu(m)*, da *cāedere* 'tagliare', di etim. incerta] s. m. **1** Specie di punzone quadrangolare rastremato alle estremità, con la punta forgiata in varie forme, che serve a sbalzare o incidere metalli e si usa battendo sulla testa con un martelletto | *Lavorare di c.*, cesellare (*anche fig.*). **2** Arte del rifinire, o impreziosire con i ceselli, figure e ornamentazioni modellate a sbalzo su lastre metalliche spec. preziose o ottenute per fusione. || **cesellétto**, dim. | **cesellino**, dim.

ceṣèna [etim. incerta] s. f. ● Uccello dei Passeriformi simile al tordo, con piumaggio grigio-blu nella parte superiore, giallo aranciato sulla gola (*Turdus pilaris*).

cèṣio (**1**) [vc. dotta, lat. *cāesiu(m)* 'azzurro, verdastro', di origine preindeur.] **A** agg. ● (*lett.*) Di colore celeste chiaro, detto spec. di occhi. **B** s. m. ● Il colore cesio.

cèṣio (**2**) [dal precedente: detto così dalle righe azzurre che caratterizzano il suo spettro] s. m. ● Elemento chimico, metallo alcalino, tenero, duttile, bianco-argenteo, ottenuto per riduzione dell'ossido, usato per formare leghe e per cellule fotoelettriche. SIMB. Cs.

ceṣioterapia [comp. di *cesio* (*2*) e *terapia*] s. f. ● Impiego terapeutico del cesio e dei suoi composti.

ceṣóia o (*pop.*, *tosc.*) **ciṣóia** [lat. parl. **caesōria*, nt. pl., da *cāedere* 'tagliare'] s. f. **1** (*spec. al pl.*) Grosse forbici da giardiniere o da sarto. **2** Utensile a due lame usato per tagliare lamiere, lastre di metallo e sim. **3** (*al pl.*) †Molle del fuoco. || **cesoiétta**, dim. | **cesoina**, dim. | **cesoióna**, accr.

ceṣoiàta s. f. ● Taglio prodotto da una cesoia.

ceṣoiatóre s. m. ● Operaio addetto alla cesoiatrice. SIN. Cesoista.

ceṣoiatrice [da *cesoia*] s. f. ● Macchina usata per tagliare lamiere, lastre metalliche, profilati e sim.

ceṣoista s. m. (pl. *-i*) ● Cesoiatore.

†**cespitàre** o †**cespicàre** [da *cespite*, nel sign. 2] v. intr. ● Inciampare.

cèspite o **céspite** [vc. dotta, lat. *cāespite(m)*, prob. di origine preindeur.] s. m. **1** (*lett.*) Cespo: *sopra i nudi cespiti menare i lievi sonni* (BOCCACCIO). **2** (*fig.*) Fonte di guadagno, di reddito: *ha vari cespiti.*

cespitóso [da *cespite*] agg. ● (*raro*) Che forma cespo, detto spec. di pianta.

céspo [lat. *cāespes*, nom., 'zolla erbosa' (V. *cespite*)] s. m. ● Insieme di rami o foglie che si sviluppano dalla base di un fusto formando una specie di ciuffo.

cespugliàme [da *cespuglio*] s. m. ● Insieme di cespugli.

cespugliàto [da *cespuglio*] agg. ● Che è ammassato in modo da formare un cespuglio | (*est.*) Che è coperto di cespugli.

cespùglio [da *cespo*] s. m. **1** Insieme dei rami che si dipartono da una sola radice in una pianta priva di fusto principale. **2** (*fig.*) Grosso ciuffo di capelli. **3** †Mucchio. || **cespugliétto**, dim. | **cespuglióne**, accr.

cespuglióso agg. **1** Pieno di cespugli. **2** (*fig.*) A ciuffi molto folti: *barba cespugliosa.*

cespugliùto agg. ● Fatto a cespuglio.

cèssa [da *cessare*] s. f. ● Striscia di terreno, priva di vegetazione, lasciata nel bosco per arginare gli incendi.

cessànte A part. pres. di *cessare*; anche agg. **1** Nel sign. del v. **2** *Lucro c.*, danno che consiste in un mancato guadagno conseguente a un illecito altrui. **B** s. m. ● (*raro*) Debitore insolvente.

cessàre [lat. *cessāre* 'indugiare, ritardare', ints. di *cēdere* 'cedere'] **A** v. intr. (*io cèsso*; aus. *essere* nel sign. 1, *avere* nel sign. 2) **1** Avere fine, termine: *il brutto tempo è cessato*; *è un dolore che non cessa* | †*Cessi Dio che*, non avvenga che: *ma cessi Iddio che ... noi qua entro ricevere vi vogliamo* (BOCCACCIO). **2** Interrompere un'attività commerciale: *la società ha cessato.* **3** Smettere, tralasciare di fare q.c.: *c. di parlare, di scrivere, di vivere.* **4** †Fuggire, rifugiarsi. **B** v. tr. ● Porre fine, sospendere: *c. le ostilità*; *c. il fuoco*, smettere di sparare | V. anche *cessate il fuoco*. **C** v. rifl. ● †Ritirarsi | (*raro*) †Astenersi.

cessàte il fuòco loc. sost. m. solo sing. ● Tregua, sospensione dei combattimenti: *rigoroso rispetto del cessate il fuoco.*

†**cessatóre** [vc. dotta, lat. *cessatōre(m)* 'lento, fannullone', da *cessāre*. V. *cessare*] s. m.; anche agg. (f. *-trice*) ● Chi, che rimuove, allontana.

cessazióne [vc. dotta, lat. *cessatiōne(m)*, da *cessāre*. V. *cessare*] s. f. ● Atto, effetto del cessare | Interruzione di cosa incominciata: *la c. delle ostilità* | *C. di esercizio*, chiusura di un negozio.

cessinàre v. tr. ● (*tosc.*) Concimare col cessino: *c. un campo.*

cessino [da *cesso* (*2*)] s. m. ● Deiezioni umane, accumulate nel pozzo nero, usate come concime. SIN. Bottino.

cessionàrio [vc dotta, lat. tardo *cessionāriu(m)*, da *cēdere* 'cedere'] **A** s. m. (f. *-a*) ● (*dir.*) Colui a favore del quale si compie una cessione: *il cedente e il c.*; *il c. di un effetto bancario.* **B** anche agg.: *creditore c.*; *istituto c.*

cessióne [vc. dotta, lat. *cessiōne(m)*, da *cēdere* 'cedere'] s. f. **1** Atto, effetto del cedere. **2** (*dir.*) Negozio giuridico di trasferimento ad altri di diritti, azioni, e sim.: *c. dei crediti, del contratto, di azienda* | *C. dei beni ai creditori*, contratto con cui il debitore incarica i creditori di liquidare tutto o parte del proprio patrimonio e di ripartire tra loro il ricavato | *C. di territorio*, accordo con cui uno Stato cede ad altro la sovranità su una parte del proprio territorio | *C. del quinto*, disposizione riguardante i dipendenti statali e gener. pubblici, e consistente in un mutuo che viene restituito a rate mensili versando al mutuante la quinta parte dello stipendio. **3** Cambiale ricevuta o ceduta per mezzo di girata.

†**cèsso** (**1**) part. pass. di *cedere* ● Nei sign. del v.

cèsso (**2**) [lat. *recĕssu(m)*, da *recēdere* 'ritirarsi, retrocedere'. V. *recedere*] s. m. **1** (*pop.*) Latrina, ritirata | *Mettere q.c. nel c.*, (*raro*, *fig.*) dimenticarla completamente | (*fig.*) *Ridurre q.c. come, in, un c.*, sporcarla, insozzarla. **2** (*est.*, *volg.*) Luogo lurido, immondo: *quel vicolo era un c.* **3** (*fig.*, *volg.*) Cosa o persona brutta, malfatta o di nessun pregio: *questo romanzo è proprio un c.*; *come ha potuto ridursi così? È un vero c.!* **4** †Luogo appartato, spec. nelle loc. avv. *in c.*, *da c.*, *di c.*, in disparte, discosto, lontano. || †**cessolino**, dim.

césta [lat. *cĭsta(m)*, nom. *cĭsta*, dal gr. *kístē*, di origine preindeur.] s. f. **1** Sorta di canestro o paniere a sponde alte, intessuto di vimini, canne, salici, e sim.: *la c. per il pane*; *mettere il bucato in una c.* | *A ceste*, (*fig.*) in grande quantità | (*est.*) Il contenuto di una cesta: *una c. di fichi, di noci.* **2** Ognuna delle capaci ceste di vimini che venivano adattate al dorso delle cavalcature per trasportarvi persone viaggiando. **3** Specie di barroccio il cui piano è formato di una lunga cesta, usato un tempo in Toscana per trasportar vino in fiaschi | †Antica carrozza rustica scoperta a due o quattro ruote. **4** Navicella di aerostato, spec. di vimini. **5** Nella pelota basca, attrezzo di vimini a forma di lungo cucchiaio, che, applicato a un guanto in cui si infila la mano, viene usato per raccogliere e gettare la palla. SIN. Chistera. **6** Corredo di scena di un attore. || **cestàccia**, pegg. | **cestèllo**, dim.

(V.) | **cesterèlla**, dim. | **cestina**, dim.
†**cestàia** [da *cesto (2)*] s. f. ● Cespo, cespuglio.
cestàio s. m. (f. *-a*) *1* Chi fabbrica o vende ceste. *2* †Garzone di fornaio che porta il pane a domicilio con la cesta.
cestèlla [lat. *cistĕlla(m)*, dim. di *cĭsta* 'cesta'] s. f. *1* Piccola cesta. *2* Cestola. *3* (*zool.*) Concavità delle zampe posteriori dell'ape operaia ove è raccolto il polline per portarlo all'alveare. || **cestellétta**, dim. | **cestellina**, dim. | **cestùccia**, dim.
cestèllo s. m. *1* Dim. di *cesto (1)*. *2* Contenitore di metallo, plastica e sim. per bottiglie di vino, birra, acqua minerale. *3* Nelle macchine lavabiancheria, parte metallica, a chiusura ermetica, destinata a contenere la biancheria durante il lavaggio | Recipiente metallico usato per sterilizzare materiale medico e chirurgico. *4* Piattaforma montata gener. su autocarro e mossa da un braccio telescopico e articolato, su cui si possono compiere lavori vari a notevole altezza dal suolo.
cesterìa [da *cesta*] s. f. ● (*raro*) Fabbrica, bottega di ceste o altri oggetti di vimini.
Cèstidi [comp. del lat. *cĕstus* 'cintura' (V. *cestodi*) e di *-idi*] s. m. pl. ● Nella tassonomia animale, famiglia di Ctenofori dal corpo nastriforme allungato, appiattito nel piano sagittale, cui appartiene il Cinto di Venere (*Cestidae*) | (al sing. *-e*) Ogni individuo di tale famiglia.
cestinàre [da *cestino*] v. tr. *1* Gettare nel cestino della carta straccia, detto spec. di corrispondenza, documenti e sim. che non interessano: *c. la corrispondenza evasa.* *2* Non stampare, non pubblicare, detto di manoscritti, articoli e sim. inviati a un giornale o a una casa editrice. *3* (*fig.*) Non tenere in considerazione lettere, documenti e sim.: *c. una domanda.*
cestino s. m. *1* Dim. di *cesto (1)*: *il c. del pescatore* | *C. da lavoro*, contenente tutto ciò che occorre per cucire o ricamare. *2* Sacchetto di grossa carta, plastica o sim., per chi viaggia, contenente cibi e bevande: *c. da viaggio.* *3* Un tempo, girello di vimini per bambini. *4* Nelle macchine per scrivere, supporto delle leve portacaratteri.
cestire [da *cesto (2)*] v. intr. (*io cestìsco, tu cestìsci*; aus. *avere*) ● Di piante, accestire, far cesto.
cestìsmo [da *cesto (1)* nel sign. 2] s. m. ● (*raro*) Attività sportiva della pallacanestro.
cestista [da *cesto (1)* nel sign. 2] s. m. e f. (pl. m. *-i*) ● Giocatore di pallacanestro.
césto (1) [da *cesta*] s. m. *1* Cesta, paniere | (*est.*) Il contenuto di un cesto | †*Cesti e canestri*, (*fig.*) cose scombinate. *2* (*sport*) Canestro. *3* Recipiente di rame o d'acciaio a pareti bucherellate, montato in determinati apparecchi per tintura, nel quale si introducono fibre in fiocco o in nastro. || **cestèllo**, dim. (V.) | **cestino**, dim. (V.) | **cestóne**, accr. (V.).
césto (2) [lat. *cĭsthu(m)*, nom. *cĭsthos*, dal gr. *kísthos*, di origine preindeur.] s. m. *1* (*bot.*) Insieme di fusticini e di foglie in una pianta erbacea | *Far c.*, accestire. *2* (*fig.*) Nella loc. *bel c.*, uomo fatuo e vanitoso. *3* †Parte del ceppo con le barbe. || **cestùccio**, dim.
cèsto (3) [lat. *caestu(m)*, di etim. incerta] s. m. ● Specie di armatura fatta di strisce di cuoio e di metallo che nell'antichità i pugilatori si avvolgevano attorno all'avambraccio e alla mano lasciando libere le dita | (*est.*) Gara tra pugili armati di cesto.
Cestòdi [dal lat. *cĕstus* 'cintura', dal gr. *kestós* 'ricamato, trapunto', da *kentéō* 'io pungo'] s. m. pl. ● Nella tassonomia animale, classe di Platelminti parassiti con corpo diviso o no in proglottidi e, di solito, organi adesivi anteriori (*Cestoda*) | (al sing. *-e*) Ogni individuo di tale classe.
céstola [lat. *cĭstula(m)*, da *cĭsta* 'cesta'] s. f. ● Sorta di trappola, proibita, per la cattura degli uccelli.
cestóne s. m. *1* Accr. di *cesto (1)* | (*fig.*) *Fare a qc. la testa come un c.*, stordirlo di chiacchiere | *A cestoni*, (*fig.*) in grande quantità. *2* Cesta ripiena di terra per fornello da fonditori.
cestóso [da *cesto (2)*] agg. ● Di pianta che ha un cesto rigoglioso.
cesùra [vc. dotta, lat. *caesūra(m)*, da *cǣdere* 'tagliare'] s. f. *1* (*ling.*) Pausa ritmica all'interno di un verso e in fine di parola | Nella metrica latina si trova prevalentemente all'interno di un piede | *c. maschile*, se si trova dopo il tempo forte | *c. femminile*, se si trova dopo il tempo debole. *2* (*fig.*) Pausa, sospensione.
cesuràle agg. ● Di, relativo a, cesura.
Cetàcei [dal lat. *cētus*, dal gr. *kêtos* 'mostro marino, balena', di etim. incerta] s. m. pl. ● Nella tassonomia animale, ordine di Mammiferi acquatici con corpo pisciforme a pinna caudale orizzontale, pelle nuda, arti posteriori mancanti e arti anteriori trasformati in pinne (*Cetacea*) | (al sing. *-o*) Ogni individuo di tale ordine. ➡ ILL. **animali** /11.
cetàno [da *cet(ina)*, col suff. *-ano*] s. m. ● Idrocarburo paraffinico con sedici atomi di carbonio, solido, madreperlaceo, facilmente liquefacibile, contenuto nel petrolio | *Numero di c.*, indice dell'attitudine di un combustibile a essere impiegato in motori Diesel.
cètera (1) [lat. *cētera*, nt. pl., 'le cose rimanenti', dalla radice del dimostr. indeur.] **A** vc. ● Solo nelle loc. *e c.*, *et c.*, il rimanente; V. anche *eccetera*. **B** s. f. al pl. ● †Discorsi noiosi a cui non si presta attenzione.
†**cétera (2)** o **cètera** ● V. *cetra (1)*.
†**ceteratóio** [da †*cetera (2)*] s. m. ● Ciance, sciocchezze | *Andarsene col c.*, restare ingannato da discorsi inutili.
†**ceteratóre** [da †*cetera (2)*] s. m. ● Suonatore di cetra.
†**cetereggiàre** [lat. tardo *citharidiāre*, da *cĭthara* 'cetra (1)'] v. intr. ● Ceterizzare.
ceteris paribus /*lat.* 'tʃeteris 'paribus/ [loc. lat., comp. dell'abl. di *cēterus* 'rimanente, che resta' (V. *cetera (1)*) e di *pār*, genit. *păris* 'pari'] loc. avv. ● A parità delle altre condizioni, date le stesse circostanze e sim.
†**ceterìsta** [lat. *citharĭsta(m)*, nom. *citharĭsta*, dal gr. *kitharistḗs*, da *kithára* 'cetra (1)'] s. m. (pl. *-i*) ● Suonatore di cetra.
ceterizzàre [vc. dotta, lat. tardo *citharizāre*, dal gr. *kitharízō* 'io suono la cetra', da *kithára* 'cetra (1)'] v. intr. (aus. *avere*) ● Suonare la cetra.
cetìle o †**cètilo** [comp. di *cet(ina)* e *-ile (2)*] s. m. ● Radicale monovalente, ottenuto dal cetano per perdita di un atomo di idrogeno.
cetìlico [da *cetile*] agg. (pl. m. *-ci*) ● Detto di composto chimico che contiene il radicale cetile.
cetìna [da †*ceto (2)*. V. *cetacei*] s. f. ● Sostanza solida cristallina, bianca, estere dell'acido palmitico con l'alcol cetilico, che si ottiene dall'olio di spermaceti | (*est.*) Spermaceti.
cètnico [dal serbocroato *četnik*, deriv. di *četa* 'banda'] **A** s. m. (f. *-a*; pl. m. *-ci*) ● Membro delle bande dei partigiani bulgari, serbi e greci che combatterono gli Ottomani nei Balcani durante il XIX secolo | A partire dal 1918, aderente al nazionalismo serbo; dopo la disgregazione della Iugoslavia, membro delle bande di combattenti serbi per la creazione di un proprio stato in regioni diverse dalla Serbia. **B** anche agg.: *guerriglieri cetnici.*
cèto (1) [lat. *coetu(m)*, da *coīre* 'riunirsi', comp. di *cŭm* 'con' e *īre* 'andare'] s. m. *1* Gruppo di persone identificato da un complesso di tratti sociali e interessi comuni, che caratterizzano la loro attività e posizione nella società: *c. infimo, basso, medio, alto*; *il c. impiegatizio*; *voi che appellarvi osate il c. medio / proverò siete il c. de' più brutti* (ALFIERI). *2* †Adunanza, riunione.
†**cèto (2)** [V. *cetacei*] s. m. ● (*lett.*) Balena.
cetologìa [comp. di †*ceto (2)* e *-logia*] s. f. (pl. *-gie*) ● Parte della zoologia che si occupa dello studio dei Cetacei.
cetònia [etim. discussa: da avvicinare al lat. *cetōnides*, pl., n. di una pietra preziosa a noi sconosciuta (?)] s. f. ● Genere di insetti dei Coleotteri, comprendente varie specie di colore verde a riflessi metallici, comunissimi sui fiori dei giardini e dei prati (*Cetonia*).
cetorino [comp. del gr. *kêtos* 'mostro marino, balena' (V. *cetaceo*) e di *-rino*] s. m. ● Grosso pesce cartilaginoso dei Selaci lungo fino a 15 metri, inoffensivo (*Cetorhinus maximus*).
cétra (1) o †**cétera (2)**, **cètra**, (*lett.*) †**citara**, (*lett.*),†**citera** [lat. *cĭthara(m)*, nom. *cĭthara*, dal gr. *kithára*, di etim. incerta] s. f. *1* Antico strumento musicale a corde | Strumento musicale popolare usato spec. nei paesi tedeschi meridionali, costituito da un numero vario di corde tese sopra una piatta cassa orizzontale. ➡ ILL. **musica**. *2* (*fig.*, *poet.*) Facoltà o ispirazione poetica: *secca è la vena de l'usato ingegno, / e la cetera una rivolta in pianto* (PETRARCA).
cètra (2) [vc. dotta, lat. *cētra(m)*, forse di origine preindeur.] s. f. ● Piccolo scudo rotondo di cuoio, anticamente usato da varie popolazioni barbare.
cetràngolo o **cedràngolo** [etim. incerta] s. m. ● (*bot.*) Arancio amaro.
cetrìna ● V. *cedrina*.
†**cetrìno** ● V. *citrino*.
cetriòlo o †**cedriòlo**, †**cedriuòlo**, †**cetriuòlo**, †**citriòlo** [lat. tardo **citrĭolu(m)*, da *cĭtriu(m)* 'cetriolo', da *cĭtrus* 'cedro'] s. m. *1* Pianta erbacea delle Cucurbitacee con fusto sdraiato, peloso, foglie cuoriformi e ruvide e frutti oblunghi, gialli a maturità (*Cucumis sativus*) | Il frutto commestibile di tale pianta. *2* (*zool.*) *C. di mare*, oloturia. *3* (*fig.*) Uomo sciocco e senza senno. || **cetriolino**, dim.
chablis /*fr.* ʃa'bli/ [vc. fr., dal n. della località ove viene prodotto (*Chablis*, in Borgogna)] s. m. inv. ● Vino bianco secco della Borgogna, delicato e fragrante.
cha cha cha /*sp.* tʃa tʃa'tʃa/ [vc. sp., di origine onomat.] s. m. inv. ● Ballo di origine cubana a ritmo molto veloce, derivato dal mambo.
chador /*persiano* tʃa'dɔr/ [vc. persiana, propr. 'velo'] s. m. inv. ● Lungo velo nero che copre la testa e il volto, lasciando scoperti solo gli occhi, tradizionalmente indossato dalle donne di religione islamica.
chairman /*ingl.* 'tʃɛəmən/ [vc. ingl., comp. di *chair* 'sedia, cattedra' e *man* 'uomo'] s. m. inv. (pl. ingl. *chairmen*) ● Presidente di una società | Chi presiede una riunione, un'assemblea, un congresso e sim.
chaise-longue /*fr.* ʃɛz'lɔ̃g/ [vc. fr., propriamente 'sedia lunga': *chaise* è dal lat. parl. **cathedra(m)*, per il classico *căthedra(m)* (V. *cattedra*) e *longue* è il f. di *long* 'lungo', dal lat. *lŏngu(m)* 'lungo'] s. f. inv. (pl. fr. *chaises-longues*) ● Sedia o poltrona allungata di solito imbottita.
chalet /*fr.* ʃa'lɛ/ [vc. fr., dal preindeur. **cala* 'rientranza, riparo'] s. m. inv. ● Piccola villa in legno o pietra, con tetto molto spiovente, caratteristica delle regioni montane.
challenge /*ingl.* 'tʃælindʒ/ [vc. ingl., dall'ant. fr. *chalenge* 'calunnia, sfida', dal lat. *calŭmnia* 'calunnia'] s. m. inv. ● Gara sportiva con l'assegnazione di un titolo o di un trofeo che deve essere rimesso in palio dopo un certo periodo | Titolo o trofeo disputato in tale gara.
challenger /*ingl.* 'tʃælindʒə*/ [vc. ingl., da *challenge* (V.)] s. m. inv. ● Sfidante del detentore di un titolo, concorrente di un challenge.
chamberless /*ingl.* 'tʃeimbəlis/ [vc. ingl., letteralmente 'senza camera'] s. f. inv. ● Fucile da caccia la cui camera è di calibro uguale a quello della canna.
champagne /*fr.* ʃɑ̃'paɲ/ [vc. fr., dalla regione fr. della *Champagne* ove viene prodotto] **A** s. m. inv. ● Vino francese bianco e spumante, prodotto nella omonima regione. **B** in funzione di agg. ● (posposto a un s.) Che ha il colore biondo spento tipico del vino omonimo: *capelli color c.*; *abito c.*
champenois /*fr.* ʃɑ̃pə'nwa/ [vc. fr., propr. 'della Champagne', regione della Francia nord-orientale] agg.; anche s. m. inv. ● Detto di metodo tradizionale di fermentazione naturale in bottiglia dello champagne, usato anche per altri vini spumanti.
champignon /*fr.* ʃɑ̃pi'ɲɔ̃/ [vc. fr., propr. 'fungo', dal fr. ant. *champignuel* 'prodotto della campagna'] s. m. inv. ● Fungo prataiolo coltivato.
chance /*fr.* ʃɑ̃s/ [vc. fr., dal lat. *cadĕntia*, part. pres. nt. pl. di *cădere* 'cadere' (in questo caso 'caduta dei dadi')] s. f. inv. *1* Probabilità di successo in una gara e sim. *2* (*est.*) Occasione favorevole: *è la mia ultima c.*
chanson de geste /*fr.* ʃɑ̃'sɔ̃ də 'ʒɛst/ [loc. fr., propr. 'canzone di gesta'] loc. sost. f. inv. (pl. fr. *chansons de geste*) ● Poema epico o componimento musicale del Medioevo francese di contenuto cavalleresco.
chansonnier /*fr.* ʃɑ̃sɔ'nje/ [vc. fr., da *chanson* 'canzone' (stessa etim. dell'it. *canzone*)] s. m. inv. *1* Raccolta di canzoni. *2* Interprete, spec. francese, di canzoni di cui spesso è anche l'autore.

chanteuse /*fr.* ʃɑ̃'tøz/ [vc. fr., f. di *chanteur* 'cantore', dal lat. *cantōre(m)* 'cantore'] **s. f. inv.** ● Canzonettista di cabaret.

chantilly /*fr.* ʃɑ̃ti'ji/ [vc. fr., dal n. della città fr. di *Chantilly*] **A** **s. m. inv.** ***1*** Pregiato merletto francese a tombolo in seta bianca o nera. ***2*** Tipo di stivali di pelle lucida alti fino al ginocchio **B** **s. f. inv.** ● Preparazione a base di panna montata | Panna montata, zuccherata e profumata con vaniglia. **C** anche **agg.**: *crema c.*

chantoung /*'ʃantung/ ● V. *shantung*.

chaperon /*fr.* ʃapə'rɔ̃/ [vc. fr., propr. 'cappuccio', da *chape* 'cappa (1)'] **s. m. inv.** ● Donna anziana che, nelle antiche forme di civiltà aristocratiche e borghesi, fungeva da accompagnatrice di giovinette e giovani donne in società | (*est.*, *lett.*) Chi introduce qc. in un ambiente sociale a lui nuovo procurandogli conoscenze e amicizie.

chaperonnàre /ʃaperon'nare, tʃaperon'nare/ **v. tr.** (*io chaperónno*) ● (*fam.*) Fare da chaperon a qc.: *i due innamorati erano chaperonnati dalla zia.*

chapiteau /*fr.* ʃapi'to/ [vc. fr., propr. 'capitello', poi 'coperchio'] **s. m. inv.** (**pl.** fr. *capiteaux*) ● Tendone circolare che sovrasta la pista di un circo ambulante | (*est.*) Il circo stesso.

chaplinìano /tʃapli'njano, tʃepli'njano/ **agg.** ● Che è proprio dell'attore e regista cinematografico Charlie Chaplin (1889-1977).

charango /*sp.* tʃa'rango/ [vc. sp., prob. di origine peruviana] **s. m. inv.** ● Strumento musicale sudamericano simile a una piccola chitarra, la cui cassa è ricavata dalla corazza di armadillo.

chardonnay /*fr.* ʃardɔ'nɛ/ [vc. fr., propr. n. del villaggio di *Chardonnay* nei pressi di Mâcon] **s. m. inv.** ● (*enol.*) Vitigno originario delle regioni francesi di Borgogna e Champagne da cui si ottengono pregiati vini bianchi.

chàrleston /'tʃarleston, *ingl.* 'tʃa:lstən/ [dalla città di *Charleston*, negli Stati Uniti] **s. m. inv.** ● Ballo d'origine nordamericana, del genere ragtime, a ritmo vivace.

charlotte /*fr.* ʃar'lɔt/ [vc. fr., forse dal n. proprio *Charlotte* 'Carlotta'] **s. f. inv.** ***1*** Torta semifredda a base di latte, uova, panna, biscotti e frutta. ***2*** Cuffia femminile di batista col capino increspato e l'ala formata da un volano di ricamo ornata di nastri.

charmant /*fr.* ʃar'mɑ̃/ [vc. fr., part. pres. di *charmer* 'affascinare', da *charme* (V.)] **agg. inv.** (**f.** fr. *charmante*; **pl. m.** *charmants*; **pl. f.** *charmantes*) ● Affascinante, attraente, seducente.

charme /*fr.* ʃarm/ [vc. fr., dal lat. *cărme(n)* 'carme, formula magica, incantesimo'] **s. m. inv.** ● Grazia, fascino: *una donna di grandissimo c.*

charmeuse /*fr.* ʃar'møz/ [vc. fr., propr. f. di *charmeur* 'incantatore, ammaliatore', da *charme* (V.)] **s. f. inv.** ● Tessuto in raso di seta molto soffice e lucente.

chàrter /'tʃarter, *ingl.* 'tʃa:tə/ [vc. ingl., propriamente 'statuto, carta', dall'ant. fr. *chartre*, dal lat. *chărtula(m)*. V. *cartula*] **A** **s. m. inv.** ***1*** (*mar.*) Noleggio a tempo di una nave. ***2*** (*aer.*) Aereo che non presta servizio regolare di linea, ma viene noleggiato per i percorsi desiderati: *noleggiare un c.*; *volare su un c.* **B** anche **agg.** nel sign. 2: *aereo, volo c.*

chartreuse /*fr.* ʃar'trøz/ [vc. fr., dall'abbazia detta *la Grande Chartreuse*, dal n. del luogo in cui S. Brunone fondò un monastero nel 1084] **s. f. inv.** ● Liquore di erbe aromatiche, fabbricato originariamente dai monaci certosini.

chassepot /*fr.* ʃas'po/ [vc. fr., dal n. dell'armaiolo A.-A. *Chassepot*, che lo costruì nel 1866] **s. m. inv.** ● Fucile ad ago a retrocarica calibro 11.

chassìdico /kas'sidiko/ e *deriv.* ● V. *cassidico* e deriv.

châssis /*fr.* ʃa'si/ [vc. fr., da *châsse* 'cassa'] **s. m. inv.** ***1*** Telaio per autoveicoli. **SIN.** Autotelaio. ***2*** (*fot.*) Contenitore per pellicole piane o lastre fotografiche.

chat /kat/ o **khat** [ar. *qāt*] **s. m. inv.** ● (*bot.*) Arbusto diffuso in Africa e Arabia le cui foglie, masticate o utilizzate per preparare un infuso, producono effetti simili a quelli delle amfetamine per la presenza di un alcaloide con azione euforizzante.

châtelaine /*fr.* ʃat(ə)'lɛn/ [vc. fr., letteralmente 'castellana', orig. *chaine châtelaine* 'catena castellana', l'una e l'altra vc. di orig. lat.] **s. f. inv.** ● Tipo di ciondolo ornamentale che, attaccato all'orologio da taschino, pende fuori dalla tasca.

chaucerìano /tʃose'rjano/ **agg.** ● Relativo allo scrittore inglese G. Chaucer (1343-1400).

chauffeur /*fr.* ʃo'fœr/ [vc. fr., propr. 'che alimenta il fuoco', poi 'fuochista di una macchina a vapore' o 'autista'; der. di *chauffer* 'riscaldare', dal lat. *calefăcere* (V. *calefazione*)] **s. m. inv.** ● Autista.

ché /ke*/ [aferesi di *perché*] **cong.** ● Perché (introduce una prop. caus. o interr. con il v. all'indic., o una prop. fin. con il v. al congv.): *vieni vicino, ché voglio vederti meglio*; *Padre mio, ché non mi aiuti?* (DANTE *Inf.* XXXIII, 69). (V. nota d'uso ACCENTO).

che (1) /ke*/ [lat. *quĭd*, nt. di *quĭs*] **A** **pron. rel. m. e f. inv.** (si può elidere davanti a parola che comincia con vocale: *ch'io*, *ch'egli*; raro *c'altri*) ***1*** Il quale, la quale, i quali, le quali (con funzione di sogg. e compl. ogg.): *il libro che è sul tavolo è di Paolo*; *osservare le persone che passano*; *la villa che si è costruito è molto bella*; *non dire a nessuno la cosa che ti ho confidato*; *è l'umidità che mi fa male.* ***2*** (*lett.*) †Cui (nei casi obliqui, con o senza prep.): *i rai di che son pie le stelle* (FOSCOLO) | Oggi anche pop.: *l'anno che scoppiò la guerra*; *le stoffe con che si foderano le poltrone.* ***3*** (*fam.*) In cui (con valore locativo o temporale): *paese che vai, usanza che trovi*; *il giorno che feci ritorno.* ***4*** La qual cosa (con valore neutro, riferito a una intera prop., per lo più preceduto dall'art. o da una prep.): *tenterò di fargli altre raccomandazioni, che è del tutto inutile*; *ho provato a farlo ragionare, il che è come sbattere contro un muro*; *non ho accettato l'invito, del che ora mi pento*; *rimango ancora cinque minuti, dopo di che me ne vado* | (*lett.*) *Per lo che*, per la qual cosa | *Dal che*, dalla qual cosa. **B** **pron. interr.** solo **sing.** ● Quale cosa (in prop. interr. dirette e indirette): *che ne dici?*; *che vuoi?*; *di che ti offendi?*; *a che stai pensando?*; *non sa che fare*; *non c'è che dire*; *non vedo di che tu possa lamentarti*; *non ha di che mangiare* | *Non ho di che lagnarmi*, motivo per | *'Scusi!' 'Non c'è di che '*, (*ell.*) | *E che*; *o che*; *ma che per ciò?* raff. di interr. che esprimono incredulità o stupore | *Che più*, concl. | *Che so io*, (*fam.*) | *A che?*, a quale scopo? | *A che siamo?*, a qual punto | *Che è, che non è*, tutto a un tratto. **C** **agg. interr. m. e f. inv.** ● Quale, quali: *che ora è?*; *che intenzioni hai?*; *che tipo è?*; *ed alle genti svela di che lacrime grondi e di che sangue* (FOSCOLO) | *Non sapere che pesci pigliare*, (*fig.*) non sapere quale risoluzione prendere. **D** **pron.** escl. solo **sing.** ● Quale cosa, quali cose (in frasi escl. esprimenti meraviglia, disappunto, rifiuto e sim.): *che vedo!*; *che sento!*; *ma che dite!* | Come inter.: *che! che!, questi sono capricci*; *che! non ci credo!* | *Ma che!*, per nulla, niente affatto, neanche per sogno (V. anche *macché*). **E** **agg. interr.** ed escl. **m. e f. inv.** ● Quale, quali: *che persona è quella che mi hai presentato?*; *che tipi sono i tuoi amici?*; *che bella idea!*; *che cielo limpido!*; *che uomo buono!*; *che ingrati!*; *in che stato ti sei ridotto!* | (*fam.*) *Che bello!*; *che simpatico!* **F** in funzione di **pron. indef. m.** solo **sing.** ● Indica qualche cosa di indeterminato nelle loc.: *un che, un certo che, un non so che, un certo non so che*: *ha un che di strano nello sguardo*; *crede di avere chi sa che* | (*fam.*) *Gran che*, una grande cosa, una persona o cosa di qualche importanza o valore: *si crede di essere un gran che*; *questo libro non è poi un gran che*; *questo non è un gran che di buono* | *Un minimo, ogni minimo che*, la più piccola cosa, un nonnulla: *spaventarsi per un minimo, per ogni minimo che* (V. nota d'uso ACCENTO).

che (2) /ke*/ [lat. *quĭa*, nt. pl. arc. di *quī* 'il quale'] **cong.** **I** Introduce varie specie di proposizioni subordinate. ***1*** Prop. dichiarativa (soggettiva o oggettiva) con il v. al congv. o all'indic.: *è possibile che arrivi in ritardo*; *è giusto che tu lo sappia*; *spero che tu venga*; *credo che imparerai* | (*enf.*) *È che, non è che, non che*: *è che ti vengono troppe idee!*; *non è che non sia intelligente, ma studia poco*; *non che se ne approfitti, anzi, è scrupolosissimo.* ***2*** Prop. causale con il v. al modo indic. o al congv.: *vai a dormire che ne hai bisogno*; *sono contento che tu abbia vinto*; *mi dispiace che tu non mi creda.* ***3*** Prop. consecutiva con il v. all'indic. o al congv. (generalmente in correl. con agg. o avv. come 'così', 'tale', 'tanto' e sim.): *parla forte che ti senta*; *è bianco che pare uno straccio lavato*; *era tanto spaventato, era in preda a un tale spavento che non capiva più niente*; *eri così occupato che non ho voluto disturbarti* | Anche nelle loc. cong. *in modo che, al punto che, a tal segno che* e sim. ***4*** Prop. finale con il v. al congv.: *fatelo entrare che si riscaldi un poco*; *guarda che non faccia sciocchezze.* ***5*** Prop. temporale con il v. all'indic. (con il sign. di 'quando', 'da quando', 'dopo che'): *arrivai che era ancora presto*; *saranno anni che non lo vedo* | Con ell. di 'dopo' e posposto a un part. pass.: *giunto che fu*; *mangiato che ebbe.* ***6*** Prop. imperativa o ottativa con il v. al congv.: *che passi!*; *che entrino!*; *che sia benedetto!* ***7*** Prop. condizionale con il v. al congv.: *nel caso che*; *posto che*; *a patto che*; *ammesso che tu lo desideri*; *posto che te lo domandino.* ***8*** Prop. concessiva con il v. al congv. (con valore limitativo e il sign. di 'per quanto'): *che io sappia non è successo niente*; *non ti rivedrò, ch'io creda, / un'altra volta* (LEOPARDI). ***9*** Prop. comparativa: *preferisco andare di persona che scrivere*; *è stato più veloce che non credessi.* ***10*** Prop. eccettuativa (in espressioni negative spec. in correl. con 'altro', 'altrimenti', e sim.): *non fa che parlare*; *non desidero che accontentarti* | Anche nelle loc. cong. *senza che, tranne che, salvo che* e sim.: *non farei nulla senza che tu me lo dica.* **II** Ricorre con diverso valore in molte espressioni. ***1*** Con valore compar. introduce il secondo termine di paragone ed è di rigore quando il paragone viene fatto tra due agg., o part., o inf., o s. e pron. preceduti da prep.: *corre più veloce che il vento*; *vado più volentieri in montagna che al mare*; *starai meglio con lui che con noi*; *è più furbo che intelligente* | In correl. con 'tanto': *vale tanto questo che quello*; *sono buoni tanto l'uno che l'altro* | In espressioni che hanno quasi valore superlativo: *è più bella che mai*; *è più che naturale*; *è più che logico.* ***2*** Con valore eccettuativo: *non pensa che a sé, ad altro che a sé*; *non c'è che lui per lavori di questo genere*; *non sa agire che così.* ***3*** Con valore coordinativo in espressioni correl.: *sia che sia che, o che o che* e sim.: *sia che tu lo voglia, sia che tu non lo voglia.* **III** Ricorre nella formazione di molte cong. composte e loc. cong.: *allorché*; *affinché*; *benché*; *poiché*; *perché*; *giacché*; *appena che*; *in modo che*; *sempre che*; *nonostante che*; *secondo che*; *tranne che*; *senza che*; *a meno che*; *dopo che*; *prima che* e sim (V. nota d'uso ACCENTO).

cheap /*ingl.* tʃi:p/ [vc. ingl., di origine germ.] **agg. inv.** ● Di poco valore, di qualità inferiore | (*est.*) Privo di classe, che mostra meschinità e ristrettezza mentali, e quindi provoca un certo disprezzo: *gente c.*; *in quell'ambiente è tutto molto c.*

chécca [vezzeggiativo, d'orig. region., del n. proprio *Francesca*] **s. m.** ● Omosessuale maschile.

checché o **che che** [lat. *quĭd quĭd*] **pron. rel. indef.** ● Qualunque cosa (come sogg. e compl. ogg. con valore neutro e il v. sempre al congv.): *c. avvenga, ho deciso di andarmene*; *farò così, c. tu ne pensi.*

checchessia o **checché sia**, **che che sia** [comp. di *checché* e *sia* (congv. pres. di *essere*)] **pron. indef.** solo **sing.** ***1*** (*lett.*) Qualsiasi cosa, qualunque cosa: *c. facciate a lui va sempre bene*; *compra e vende c.* ***2*** Nulla, niente, alcuna cosa (in frasi negative): *non posso accettare c.*

che che /ke k'ke*/ ● V. *checché*.

che che sia /ke kke s'sia/ ● V. *checchessia*.

check-in /*ingl.* 'tʃek in/ [vc. ingl., da *to check* 'contrassegnare', di origine indeur.] **s. m. inv.** ● Operazione preliminare dei viaggi aerei, che si svolge a terra e consiste nel controllo del biglietto e nel ritiro del bagaglio dei passeggeri.

checklist /*ingl.* 'tʃek list/ [vc. ingl., propr. 'lista di controllo'] **s. f. inv.** ● (*org. az.*) In attività complesse, elenco ragionato di compiti da svolgere o controlli da effettuare nell'ordine stabilito.

check panel /*ingl.* 'tʃek 'pænl/ [loc. ingl., propr. 'pannello di controllo'] **loc. sost. m. inv.** (**pl.** ingl. *check panels*) ● (*autom.*) Quadro di controllo installato nel cruscotto di una vettura, che segnala elettronicamente una serie di dati relativi al funzionamento del veicolo (stato del motore, usura dei freni, consumi ecc.).

check-up /tʃɛ'kap, *ingl.* 'tʃek ʌp/ [vc. ingl., letteralmente 'controllo'] s. m. inv. *1* Serie di analisi ed esami clinici miranti a dare l'immagine più completa delle condizioni di salute di una persona sana o reputata tale. *2* (*est.*) Revisione generale cui vengono periodicamente sottoposti apparecchi, meccanismi, impianti e sim.

cheddite /ked'dite, *ʃed'dite/ [fr. *cheddite*, dalla località di *Cheddes*, in Savoia, dove fu fabbricata] s. f. ● Esplosivo da mina di composizione variabile, costituito generalmente da una miscela formata da un clorato o perclorato, da un nitrocomposto aromatico e da una sostanza grassa, usato anche per bombe.

chedivè ● V. *kedivè*.

cheek to cheek /*ingl.* 'tʃi:k tu 'tʃi:k/ [loc. ingl. 'guancia a guancia' (*cheek* 'guancia' è vc. d'orig. germ.)] loc. avv. ● Guancia a guancia: *ballare cheek to cheek*.

cheeseburger /*ingl.* 'tʃi:z 'bə:gə*/ [vc. ingl., comp. di *cheese* 'formaggio' e (*ham*)*burger*] s. m. inv. ● Panino imbottito con hamburger e formaggio.

chef /*fr.* ʃɛf/ [vc. fr., 'capo', dal lat. *căput* 'capo'] s. m. inv. ● Capocuoco.

che fàre loc. sost. m. inv. ● Decisione da prendere | Attività da svolgere.

chèfir o **chefir**, **kèfir** [russo *kefir*, vc. del Caucaso] s. m. inv. ● Bevanda spumosa e acidula ottenuta per fermentazione del latte, tipica del Caucaso e dell'Asia centrale.

cheilìte [comp. di *cheil*(*o*)- e *-ite* (*1*)] s. f. ● (*med.*) Infiammazione delle labbra.

chèilo- o **chilo-** (**2**) [dal gr. *chéilos* 'labbro'] primo elemento ● In parole composte della terminologia medica significa 'labbro': *cheilodieresi*, *cheiloschisi*.

cheilodièreṣi [comp. di *cheilo-* e del gr. *diáiresis* 'separazione'] s. f. ● (*med.*) Labbro leporino.

cheilofagìa [comp. di *cheilo-* e *-fagia*] s. f. ● Tendenza nevrotica a mordersi continuamente le labbra.

cheiloschìṣi [comp. di *cheilo-* e del gr. *schísis* 'separazione' (da *schízō* 'io spacco')] s. f. ● (*med.*) Labbro leporino.

chèiro- ● V. *chiro-*

cheironomìa ● V. *chironomia*.

cheirospàṣmo o **chirospàṣmo** [comp. di *cheiro-* e *spasmo*] s. m. ● Crampo degli scrivani.

chèla o **chèle** [lat. tardo *chēlae*, nom. pl., dal gr. *chēlḗ* 'unghia biforcuta, forbice'] s. f. ● (*zool.*, *spec. al pl.*) Appendice foggiata a pinza di molti Crostacei ed Aracnidi.

chelàto [da *chela* per la forma] **A** agg. *1* (*zool.*) Dotato di chele: *arti chelati*. *2* (*chim.*) Detto di composto complesso a struttura ciclica contenente legami coordinati. **B** anche s. m. nel sign. 2.

chelazióne [comp. di *chela* (per la forma della molecola legante) e del suff. *-zione*] s. f. ● (*chim.*) Formazione di un complesso costituito da un atomo o ione metallico legato mediante almeno due legami con una molecola organica neutra o dotata di cariche negative.

chèle ● V. *chela*.

chèlebe o **cèlebe** [vc. dotta, gr. *kelébē*, di origine semitica (?)] s. m. ● Vaso a larga bocca e ventre rigonfio.

chèli [vc. dotta, lat. *chĕly*(*m*), nom. *chĕlys*, dal gr. *chélys* 'testuggine': di origine indeur. (?). Il sign. di 'lira' deriva dal fatto che la lira fu costruita la prima volta da Mercurio col guscio di una testuggine] s. f. *1* (*lett.*) Cetra, lira mitica di Mercurio e di Apollo. *2* Branca della balista.

Cheliceràti [da *cheliceri*] s. m. pl. ● Nella tassonomia animale, sottotipo di Artropodi con il corpo diviso in due parti e sei paia di appendici articolate (*Chelicerata*) | (al sing. *-o*) Ogni individuo di tale sottotipo.

chelìceri [comp. del gr. *chēlḗ* 'chela' (V. *chela*) e *kéras* 'corno' (V. *cerambice*)] s. m. pl. ● (*zool.*) Il primo paio di arti della testa degli Aracnidi e dei Merostomi, preorali nell'adulto (*Chelicera*).

chelidònia ● V. *celidonia*.

chelìdra [vc. dotta, lat. *chelȳdru*(*m*), nom. *chelȳdrus*, dal gr. *chélydros* 'testuggine acquatica', comp. di *chélys* 'testuggine' (V. *cheli*) e *hýdōr* 'acqua'] s. f. ● Testuggine americana che vive nei fiumi o nelle paludi (*Chelydra serpentina*).

chelìdro [V. precedente] s. m. ● Nome di un antico serpente anfibio non identificato.

chelleàno /*ʃelle'ano/ [dalla città fr. di *Chelles*] **A** agg. ● Che si riferisce a una cultura preistorica di epoca paleolitica: *periodo c.*; *civiltà chelleana*. **B** s. m. ● Periodo di tale cultura preistorica.

chellerìna o (*raro*) **kellerìna** [ted. *Kellnerin*, da *Keller* 'cantina'] s. f. ● Cameriera di birreria o caffè, spec. nei paesi tedeschi.

chelòide [fr. *chéloïde*. V. *chela* e *-oide*] s. f. ● Cicatrice cutanea fibrosa di formazione naturale o secondaria a fatti infiammatori, o anche, presso molti popoli primitivi, provocata da sostanze particolari come segno di distinzione o di iniziazione.

Chelòni [dal gr. *chelṓnē* 'tartaruga'] s. m. pl. ● Nella tassonomia animale, ordine di Rettili terrestri o acquatici con corpo depresso, protetto da una corazza in cui sono retraibili il capo, gli arti e la coda (*Chelonia*) | (al sing. *-e*, *-io*) Ogni individuo di tale ordine.

chemigrafìa [comp. di *chemio-* e *-grafia*] s. f. ● Riproduzione grafica dovuta ad azione chimica spec. su superfici metalliche.

chemiluminescènza [comp. di *chemio-* e *luminescenza*] s. f. ● Luminescenza generata da reazioni chimiche.

chemin-de-fer /*fr.* ʃə'mɛ̃d 'fɛr/ [vc. fr., propriamente 'ferrovia, strada ferrata'] s. m. inv. ● Gioco d'azzardo simile al baccarà.

chèmio- o **chèmo-** [dall'ingl. *chemio-*, *chemo-*, tratti da *chemical* 'chimico'] primo elemento ● In parole composte della terminologia scientifica indica reazione con sostanze e reazioni chimiche: *chemiosintesi*, *chemioterapia*.

chemiocettóre o **chemocettóre** [comp. di *chemio-* e (*re*)*cettore*] s. m. ● (*biol.*) Chemiorecettore.

chemioelettricità [comp. di *chemio-* ed *elettricità*] s. f. ● Elettricità derivata da reazioni chimiche.

chemiogèneṣi [comp. di *chemio-* e *genesi*] s. f. ● Influenza di fattori chimici su processi di formazione della vita organica.

chemiorecettóre o **chemorecettóre** [comp. di *chemio-* e *recettore*] s. m. ● (*biol.*) Struttura atta alla ricezione di stimoli di natura chimica, come, per es., i recettori dell'olfatto e del gusto.

chemiosìnteṣi o **chemosìnteṣi** [comp. di *chemio-* e *sintesi*] s. f. ● Sintesi di composti organici per mezzo di energia derivata da reazioni chimiche. CONTR. Fotosintesi.

chemiotàssi [ingl. *chemiotaxis*, comp. di *chemio-* e del gr. *táxis* 'ordine, disposizione'] s. f. *1* Proprietà di certe sostanze solubili di promuovere o impedire la fuoruscita di leucociti dai vasi sanguigni. *2* Chemiotattismo.

chemiotattìṣmo [comp. di *chemio-* e *tattismo*] s. m. ● Tattismo provocato da stimoli chimici.

chemioterapìa [comp. di *chemio-* e *terapia*] s. f. ● Scienza che studia l'impiego di sostanze chimiche per scopi terapeutici | (*est.*) Trattamento terapeutico, con sostanze chimiche, delle malattie infettive, causate da batteri, protozoi, virus, e delle malattie tumorali.

chemioteràpico **A** agg. (pl. m. *-ci*) ● Della, relativo alla chemioterapia. **B** anche s. m. ● Farmaco capace di ostacolare i processi vitali dei microrganismi patogeni o la moltiplicazione cellulare, con scarsi effetti lesivi sull'organismo del malato.

chemiotropìṣmo o **chemotropìṣmo** [comp. da *chemio-* e *tropismo*] s. m. ● Tropismo provocato da stimoli chimici.

chemisier /*fr.* ʃəmi'zje/ [vc. fr., da *chemise* 'camicia'] s. m. inv. ● Abito femminile d'un solo pezzo, semplice e sobriamente rifinito, che si ispira alle caratteristiche della camicia maschile.

chèmo- ● V. *chemio-*.

chemocettóre ● V. *chemiocettore*.

chemorecettóre ● V. *chemiorecettore*.

chemosfèra [da *chemo-* (var. di *chemio-*), sul modello di *atmosfera*] s. f. ● (*meteor.*) Regione dell'atmosfera terrestre compresa fra 20 e 110 km, caratterizzata dalla predominanza dell'attività chimica.

chemosìnteṣi ● V. *chemiosintesi*.

chemotropìṣmo ● V. *chemiotropismo*.

Chenopodiàcee [comp. di *chenopodi*(*o*) e *-acee*] s. f. pl. ● Nella tassonomia vegetale, famiglia di piante erbacee con foglie semplici e fiori piccoli, in infiorescenze cimose (*Chenopodiaceae*) | (al sing. *-a*) Ogni individuo di tale famiglia. ➡ ILL. **piante** /3.

chenopòdio [comp. del gr. *chḗn*, genit. *chēnós* 'oca' e *poús*, genit. *podós* 'piede'] s. m. ● Genere di piante erbacee o arbustive delle Chenopodiacee, con foglie alterne, fiori piccoli, sessili, frutti a capsula o a bacca, di cui alcune specie hanno impieghi medicinali o ornamentali (*Chenopodium*).

†**chènte** [da *che*, con la finale degli avv. in *-mente*] **A** agg. e pron. m. e f. *1* Quale. *2* Quanto (gener. accompagnato da 'quale'): *chenti e quali li nostri ragionamenti sieno* (BOCCACCIO). *3* Qualunque (seguito da che): *le divine cose, chenti che elle si fossero ... a denari e vendevano e comperavano* (BOCCACCIO). **B** avv. ● Come: *c. v'è paruta questa vivanda?* (BOCCACCIO) | *C. che*, in qualunque modo, comunque.

†**chentùnque** [comp. di †*chente* e (*qual*)*unque*] agg. indef. m. e f. inv. ● (*raro*) Qualunque.

chènzia [dal n. del floricoltore W. *Kent*] s. f. ● Palma ornamentale per appartamenti a foglie pennate di colore verde chiaro o giallastro (*Kentia*).

chepì o **cheppì** s. m. ● Adattamento di *kepi* (V.).

chéppia o **chièppa** [lat. tardo **clĭpea*(*m*), per il classico *clŭpea*(*m*), di etim. incerta] s. f. *1* (*zool.*) Alosa. *2* †Persona sciocca e balorda.

chèque /*fr.* ʃɛk/ [vc. fr., dall'ingl. *check*, dal v. *to check* 'controllare'] s. m. inv. ● Assegno bancario: *emettere uno c.*

cheratìna [dal gr. *kéras*, genit. *kératos* 'corno'] s. f. ● Sostanza proteica, diffusa spec. nelle parti di rivestimento e di protezione degli animali e degli uomini, quali peli, unghie e sim. che, sciolta, serve in farmacia a cheratinizzare pillole.

cheratinizẓàre [da *cheratina*] v. tr. (*io cheratinìẓẓo*) ● Sottoporre pillole, confetti medicamentosi e sim. a cheratinizzazione.

cheratinizẓazióne s. f. *1* Trasformazione in cheratina delle sostanze componenti le cellule dello strato corneo dell'epidermide. *2* Rivestimento con cheratina di farmaci che debbano passare inalterati attraverso il succo gastrico e agire solo nell'intestino.

cheratìte [comp. di *cherato-* e *-ite* (*1*)] s. f. ● (*med.*) Infiammazione della cornea.

chèrato- o **cèrato-** [dal gr. *kéras*, genit. *kératos* 'corno'] primo elemento ● In parole composte della terminologia scientifica significa 'corneo' o 'sostanza cornea' o 'strato corneo' o indica relazione con la cornea dell'occhio: *cheratite*, *cheratoplastica*.

cheratocòno [comp. di *cherato-* e *cono* (*1*)] s. m. ● (*med.*) Deformazione, a carattere evolutivo, della parte centrale della cornea che tende ad assumere una forma conica.

cheratodermìa [comp. di *cherato-* e *-dermia*] s. f. ● Malattia cutanea che provoca un ispessimento dello strato corneo dell'epidermide, spesso accompagnato da infiammazione.

cheratògeno [comp. di *cherato-* e *-geno*] agg. ● Che genera sostanza cornea.

cheratolìtico [comp. di *cherato-* e *-litico* (*2*)] **A** s. m. (pl. *-ci*) ● Farmaco capace di sciogliere lo strato corneo dell'epidermide. **B** anche agg.: *farmaco c.*

cheratòma [comp. di *cherat*(*o*)- e del suff. *-oma*] s. m. (pl. *-i*) ● (*med.*) Alterazione benigna della cute caratterizzata da ispessimento dello strato corneo dell'epidermide. SIN. Cheratosi.

cheratoplàstica [comp. di *cherato-* e *plastica*] s. f. ● (*chir.*) Trapianto corneale.

cheratòṣi [comp. di *cherat*(*o*)- e del suff. *-osi*] s. f. ● (*med.*) Cheratoma.

cheratotomìa [comp. di *cherato-* e *-tomia*] s. f. ● (*chir.*) Incisione della cornea.

†**chérca** ● V. *chierica*.

†**chérco** ● V. *chierico*.

†**chercùto** ● V. †*chiercuto*.

†**chèrere** ● V. *chiedere*.

†**chérica** ● V. *chierica*.

†**chérico** ● V. *chierico*.

cherìgma [gr. *kḗrygma* 'predicazione', der. di *kēryssein* 'proclamare, bandire', prob. d'orig. indeur.] s. m. (pl. *-i*) ● Nella teologia cristiana, l'annunzio o predicazione del Vangelo, in cui la verità viene presentata nel suo contenuto psicologico e storico.

cherigmàtico agg. (pl. m. *-ci*) ● Di, relativo a, cherigma.

chèripo [vc. di origine indiana] s. m. ● Ostrica madreperlacea.

†**cherìre** [lat. *quaerere* 'chiedere' (V.)] v. tr. ● Chiedere.

chèrmes o †**chèrmeṣi**, **chèrmiṣi**, **chermisì**, †**chèrmoṣi**, **crèmiṣi**, **kèrmes** [sp. *quermes*, dall'ar. *qirmizī*] s. m. *1* Insetto degli Omotteri (*Chermes*). *2* Colorante naturale rosso vivo, ricavato da cocciniglie, largamente usato, in passato, per tingere i tessuti. *3* V. *cremisi*.

chèrmiṣi o **chermiṣì** ● V. *cremisi*.

chermiṣino ● V. *cremisino*.

†**chèrmoṣi** ● V. *chermes*.

†**cherofìllo** [vc. dotta, lat. *chaerephy̆llu(m)*, dal gr. *chairéphyllon*. V. *cerfoglio*] s. m. ● (*bot.*) Cerfoglio.

cheroṣène o **keroṣène** [dal gr. *kērós* 'cera', di etim. incerta, col suff. *-ene*] s. m. ● Miscela di idrocarburi, ottenuta come frazione nella distillazione del petrolio, utilizzata per l'illuminazione, come carburante per motori a reazione e come combustibile.

†**cherovàna** ● V. *carovana*.

cherry-brandy /*ingl.* 'tʃeri 'brændi/ [vc. ingl., comp. di *cherry* 'ciliegia' (stessa etim. dell'it. *ciliegia*) e *brandy* (V.)] s. m. inv. ● Acquavite di ciliegie.

cherùbico [da †*cherubo*] agg. (pl. m. *-ci*) ● (*raro*) Di, da cherubino.

cherubìno [vc. dotta, lat. tardo *Chĕrubin*, dall'ebr. *kerûbhîm* (pl. di *kerûbh*) 'esseri sovrumani e spirituali'] s. m. *1* Nella tradizione biblica, angelo presente dinanzi alla gloria di Dio | Nella teologia cristiana, ciascuno degli angeli del secondo ordine o coro della prima gerarchia. *2* Immagine dipinta o scolpita raffigurante un angelo. *3* (*est.*) Persona, spec. bambino o fanciulla, di delicata bellezza | *Testa da c.*, dai capelli biondi e ricciuti.

†**cherùbo** o **chèrubo** [lat. tardo *Cherub*] s. m. ● (*poet.*) Cherubino.

†**chèsta** [lat. *quaesta(m)*, f. di *quaestus* 'chiesto', da *quaerere* 'cercare'] s. f. ● (*raro*) Ricerca, inquisizione, indagine.

chetàre [da *cheto*] A v. tr. (*io chéto*) ● Calmare, far stare tranquillo, far tacere: *c. l'abbaiare di un cane*; *c. una persona chiassosa, un tumulto, una discussione*; *c. il cicalio poetico* (MANZONI) | *C. un creditore*, pagarlo. SIN. Placare, quietare, rabbonire. **B** v. intr. pron. ● Mettersi zitto, calmo.

chetichèlla [da *cheto* 'quieto'] vc. ● Solo nella loc. avv. *alla c.*, di nascosto, furtivamente, zitto zitto, senza rumore e senza farsi vedere: *entrare, andarsene, uscire, svignarsela alla c.*; *fare q.c. alla c.*

chéto [V. *quieto*] A agg. *1* Silenzioso, quieto, tranquillo: c. c.; *zitto e c.*; *l'aria sta cheta ed ogni fronde salda* (L. DE' MEDICI) | *Acqua cheta*, (*fig.*) persona apparentemente buona e tranquilla ma in realtà volitiva o subdola. *2* †Segreto, nascosto. *3* †Esente, franco, da debito o colpa || PROV. Le acque chete rovinano i ponti. || **chetaménte**, avv. In silenzio, senza rumore. **B** avv. ● Tranquillamente, senza far rumore: *diede la volta ritornando passo passo e c. verso l'albergo* (SACCHETTI) | Sommessamente: *parlar c.* | *Di c.*, tacitamente, sommessamente. || **chetóne**, accr. (V.).

chèto- (**1**) [dal gr. *cháitē* 'chioma'] primo elemento ● In parole composte della terminologia scientifica significa 'avente peli' o 'avente setole' o 'fornito di appendici filiformi': *chetognati*.

chèto- (**2**) [da *cheto(ne)*] primo elemento ● In parole composte della terminologia chimica è abbreviazione di 'chetone': *chetoacido*, *chetogeno*.

chetoàcido [comp. di *cheto-* (*2*) e *acido*] s. m. ● Composto organico che contiene nella molecola tanto la funzione chetonica quanto quella acida.

chetògeno [comp. di *cheto-* (*2*) e *-geno*] agg. ● Detto di composto che genera chetoni.

Chetognàti o (*raro*) **Chetògnati** [comp. di *cheto-* (*1*) e *-gnato*] s. m. pl. ● Nella tassonomia animale, gruppo di piccoli animali marini con corpo fusiforme, trasparente, terminante con una pinna caudale orizzontale (*Chaetognatha*) | (al sing. *-o*) Ogni individuo di tale gruppo.

†**chetóne** (**1**) [accr. di *cheto*] agg. ● (*raro*) Solo nelle loc. avv. *cheton c.*, *cheton chetoni*, piano piano.

chetóne (**2**) [ingl. *ketone*, dal ted. *keton*, variante di *Aceton* 'acetone'] s. m. ● (*chim.*) Composto organico contenente uno o più gruppi carbonilici in ciascuno dei quali le due valenze libere sono saturate da radicali idrocarburici | *C. alifatico*, se i radicali sono entrambi alifatici | *C. aromatico*, se i radicali sono entrambi aromatici | *C. misto*, se i radicali sono diversi | *C. semplice*, se i radicali sono uguali.

chetonemìa [comp. di *cheton(e)* (*2*) ed *-emia*] s. f. ● (*med.*) Acetonemia.

chetònico agg. (pl. m. *-ci*) ● Di, relativo a un chetone | Che possiede la funzione chetonica | *Corpi chetonici*, sostanze chimiche presenti nel sangue e nelle urine, negli stati di acidosi diabetica.

chetòṣo [comp. di *cheto-* (*2*) e del suff. *-oso* (*2*)] s. m. ● (*chim.*) Monosaccaride che contiene nella molecola una funzione chetonica. CFR. Aldoso.

chetosteròide [comp. di *cheto-* (*2*) e *steroide*] s. m. ● (*chim.*) Composto organico con la struttura chimica di uno steroide che presenta una funzione chetonica.

†**cheùnque** ● V. *chiunque*.

cheviot /*ingl.* 'tʃevjət/ [dai monti *Cheviot*, in Gran Bretagna, ove pascolano queste pecore] s. m. inv. *1* Pregevole razza ovina inglese. *2* Tessuto di lana, spesso e ruvido, ottenuto dal vello di ovini della razza omonima, impiegato per confezionare cappotti e giacche.

chevreau /*fr.* ʃə'vro/ [vc. fr., 'capretto', V. *capra*] s. m. inv. ● Pelle di capretto conciata al cromo, lucidata, usata per guanti e calzature.

chewing-gum /*ingl.* 'tʃu:iŋ gʌm/ [vc. amer., 'gomma (*gum*, stessa etim. dell'it.) da masticare (*chewing*, dall'ant. sassone *cēowan*)'] s. m. inv. ● Gomma da masticare in tavolette o palline.

chi (**1**) [lat. *quī*, nom. sing.] A pron. rel. m. e f. *1* (*al sing.*) Colui il quale, colei la quale (con funzione di sogg. e di compl.): *chi studia è promosso*; *ammiro chi è generoso*; *dillo a chi vuoi*; *esci con chi ti pare*; *non mi fido di chi già mi ha ingannato*. *2* (*al pl.*) †Coloro che. *3* (*lett.*) †Cui (preceduto da prep.): *proverai tua ventura / fra magnanimi pochi, a chi 'l ben piace* (PETRARCA). **B** pron. rel. indef. m. e f. sing. *1* Uno che, qualcuno che: *c'è chi la pensa in questo modo*; *è difficile trovare chi possa farlo*; *si salvi chi può!*; *non trovo chi mi aiuti* | Se qualcuno (con valore ipotetico anche in prop. incisive): *chi volesse provare, è libero di farlo*; *questo, chi avesse denaro liquido, sarebbe un vero affare*; *chi non lo sapesse*; *chi guardi attentamente, non è poi cosa tanto strana*. *2* Chiunque: *può entrare chi vuole*; *esco con chi mi pare*. **C** pron. indef. m. e f. sing. ● (con valore correl.) L'uno, l'altro; alcuni, altri: *c'era molta allegria*: *chi cantava, chi rideva*; *chi la pensa in un modo, chi nell'altro*; *chi dice una cosa, chi un'altra*. **D** pron. interr. m. e f. ● Quale persona, quali persone (in funzione di sogg. e di compl., riferito sia al sing. sia al pl., in prop. interr. dirette e indirette): *chi siete?*; *chi è venuto?*; *con chi te la prendi?*; *chi credi di essere?*; *non so con chi uscire*; *dimmi chi dei due preferisci* | *Chi mi dice che non sia proprio così?*, chi me lo assicura? | *Chi lo sa?*, esprime incertezza | *Chi va là?*, intimazione a farsi riconoscere | *Chi te lo fa fare?*, perché mai? | *Me l'ha riferito non so chi*, una persona sconosciuta o che non si vuole nominare | Con valore raff. con 'mai' e fam. con 'diavolo': *chi mai sarà?*; *chi diavolo sei?* | Anche in prop. esclamative: *ma guarda un po' chi c'è!* | V. anche *chi è?*

chi (**2**) [dal gr. *chî*] s. m. o f. inv. ● Nome della ventiduesima lettera dell'alfabeto greco.

chiàcchiera o (*evit.*) **chiàcchera** [vc. onomat.] s. f. *1* (*spec. al pl.*) Discorso, conversazione, spec. futile o su argomenti di scarsa importanza, oppure sconclusionata e assurda: *perdersi in chiacchiere*; *non m'appagherò più di chiacchiere* (MANZONI) | *Fare due, quattro chiacchiere*, (*fig., fam.*) parlare del più e del meno | *A chiacchiere*, con le parole, non coi fatti | *Poche chiacchiere, basta con le chiacchiere*, brusco invito a terminare discorsi inutili o prolissi, a concludere, passare all'azione e sim. *2* (*spec. al pl.*) Discorso ambiguo, allusivo, ingannevole | Invenzione maligna, notizia falsa o volontariamente distorta: *corrono chiacchiere sul suo conto* | *È tutta una c.!*, una cosa non vera. SIN. Diceria, mormorazione, pettegolezzo. *3* Loquacità, parlantina: *ha molta c.*; *con la sua c. persuade tutti*. *4* (*lett.*) †Chiacchierata. *5* (*al pl.*) Dolce di pasta fritta, a forma di nastro dentellato e cosparso di zucchero || PROV. Le chiacchiere non fanno farina. || **chiacchieràccia**, pegg. | **chiacchierèlla**, dim. | **chiacchierétta**, dim. | **chiacchierìna**, dim. | **chiacchierùccia**, dim.

chiacchieràre [vc. onomat.] v. intr. (*io chiàcchiero*; aus. *avere*) *1* Discorrere, parlare: *quella ragazza sa solo c.* | Conversare futilmente, su argomenti di poca importanza, o in modo sconclusionato, e assurdo. *2* Fare maldicenze, diffondere pettegolezzi: *c. sul conto di qc.* SIN. Malignare, spettegolare.

chiacchieràta [da *chiacchierare*] s. f. *1* Lunga conversazione amichevole: *una c. che mi ha fatto piacere*. *2* Discorso lungo e noioso: *una c. in fin dei conti inutile*. *3* (*lett.*) †Composizione lunga e inconcludente. SIN. Cicalata. || **chiacchieratìna**, dim.

chiacchieràto part. pass. di *chiacchierare*; anche agg. *1* Nei sign. del v. *2* Detto di persone di cui si parla molto, spesso con malignità, malanimo e sim.: *ragazza frivola e chiacchierata*.

chiacchierìccio s. m. ● Chiacchierio, cicaleccio.

chiacchierìno A agg. *1* Che chiacchiera spesso e volentieri: *ragazza chiacchierina*. *2* (*tosc.*) *Briscola chiacchierina*, che si gioca interrogando il compagno. **B** s. m. (f. *-a* nel sign. 1) *1* Persona che chiacchiera molto e volentieri. *2* Delicato merletto annodato eseguito con filo di lino o cotone.

chiacchierìo s. m. ● Il chiacchierare prolungato e confuso di più persone: *non si udiva che un continuo c. da un uscio all'altro* (VERGA). SIN. Chiacchiericcio, cicaleccio.

chiacchieróne s. m.; anche agg. (f. *-a*) *1* Chi, che chiacchiera molto e volentieri. SIN. Ciarliero, loquace, pettegolo. *2* Chi, che non sa tenere un segreto: *non ci si può fidare di quel c.*

†**chiàgnere** [var. merid. di *piangere*] v. intr. ● (*dial., merid.*) Piangere.

chiàma [da *chiamare*] s. f. ● Atto, modo, effetto del chiamare per nome in ordine, spec. alfabetico: *c. degli scolari, dei soldati, dei senatori e deputati*; *fare la c.*; *rispondere, mancare alla c.* SIN. Appello.

†**chiamaménto** s. m. ● Chiamata | (*raro*) Invocazione.

chiamàre o (*lett.*) †**clamàre** [lat. *clamāre*, dalla stessa radice di *calāre* 'chiamare, convocare'] A v. tr. *1* Rivolgersi a un essere animato mediante la parola o altri segnali per attirarne l'attenzione, o ricevere una risposta, o portarlo a compiere una data azione (*anche fig.*): *c. a voce, con un fischio, per lettera*; *c. a raccolta*; *c. per nome*; *c. al telefono*; *c. da parte, in disparte*; *le campane chiamano i fedeli*; *pilota chiama torre di controllo*; *la patria ci chiama*; *c. il prete, le guardie, il medico, l'idraulico* | *Mandare a c. qc.*, convocarlo, farlo venire | *Farsi c. presto*, farsi svegliare presto | *C. qc. a consiglio*, consigliarsi con qc. | (*raro*) *C. a parte qc.*, farlo partecipe di q.c. | *C. fuori, al proscenio*, applaudire un attore perché si presenti sul palcoscenico | *Dio l'ha chiamata a sé*, detto di persona defunta | (*fig.*) *Essere chiamato al disegno, alla pittura*, avere una particolare predisposizione per il disegno, la pittura | *C. a destra, a sinistra*, guidare il cavallo con la briglia in queste direzioni | *C. alla resa dei conti*, costringere qc. a dare atto del suo operato | *C. alle armi, sotto le armi*, convocare la classe di leva o i congedati a compiere il servizio militare. *2* (*dir.*) *C. una causa*, aprire, da parte di un ufficiale giudiziario, l'udienza relativa a una data causa di cui sono annunciati i termini | *C. qc. in giudizio, in causa*, dare attuazione alla chiamata. *3* Ispirare per forza soprannaturale e trarre alla vocazione: *c. i giovani al sacerdozio, alla vita religiosa*. *4* Mettere nome, soprannome: *chiameranno Maria la loro prima fi-*

glia; il suo nome è Giuseppe, ma tutti lo chiamano Pino | Definire, qualificare: *questo periodo si può c. romantico* | *C. le cose con il loro nome*, parlare francamente, senza finzioni | (*est.*) Designare, nominare | *C. qc. alla successione*, istituirlo erede per testamento. **5** Invocare, sollecitare, richiedere: *c. Dio in testimonio; c. aiuto, giustizia* | *C. una carta*, calarne una del seme che si desidera sia successivamente giocato dal compagno | *C. la palla*, in vari sport, sollecitarne il passaggio | Evocare: *c. l'anima, lo spirito di qc.* **6** Eleggere, destinare, assegnare a un ufficio, a una carica: *mi chiamarono, ancor molto giovine ... a insegnare in una delle prime università* (CARDUCCI). **7** Tirare, trarre a sé, attirare (*anche fig.*): *la ricchezza chiama l'invidia, la povertà il disprezzo; un successo chiama l'altro* | *Parole che chiamano disgrazia*, di cattivo augurio | *Un vento che chiama la pioggia*, che attira o precede la pioggia. SIN. Produrre, suscitare. **8** †Gridare, esclamare (*anche ass.*). **B** v. intr. pron. ● Aver nome, cognome, soprannome: *si chiama Giovanni; come si chiama il ristorante dove siamo andati ieri?* | (*enf.*) *Questo si chiama parlar chiaro!*, questo è parlar chiaro! **C** v. rifl. ● (*lett.*) Dichiararsi, riconoscersi: *chiamarsi vinto, offeso; fatelo, che ve ne chiamerete contento* (GOLDONI) | *Chiamarsi fuori*, in alcuni giochi di carte, dichiarare di avere raggiunto il punteggio vincente durante una mano di gioco, interrompendola; (*est.*) ritirarsi da q.c., disinteressarsene | Chiamarsi in colpa, dichiararsi colpevole.

chiamàta s. f. **1** Atto, modo, effetto del chiamare: *dare una c. a qc.; accorrere a una c.* | *C. telefonica*, serie di impulsi elettrici inviati in una linea telefonica per l'azionamento della suoneria dell'apparecchio dell'abbonato prescelto; correntemente, richiesta di conversazione telefonica: *una c. interurbana; c'è una c. da Roma per te* | *C. luminosa, acustica*, in alberghi, collegi, ospedali, e sim. segnale, spec. intermittente, con cui si richiede la presenza o l'intervento del personale addetto | Chiama, appello: *non rispondere alla c.* **2** Invito, richiesta, ordine, di presentarsi in un dato luogo, o di svolgere una data attività: *c. alla polizia; c. alle armi; il medico ha ricevuto una c. urgente* | (*dir.*) *C. in causa, in giudizio*, atto con cui una parte invita un terzo a intervenire in un processo | *C. di correo*, accusa rivolta a un terzo di aver concorso a commettere un reato, mossa da chi sia già imputato per il medesimo | *C. alla successione, all'eredità*, designazione a succedere fatta dalla legge o da un testamento. **3** Lungo applauso del pubblico, per chiamare un attore alla ribalta. **4** (*raro*) Elezione, nomina a un ufficio o a una carica | *C. a cattedra*, invito formale da parte di un consiglio di facoltà a ricoprire un posto di insegnante di ruolo. **5** Vocazione: *c. al sacerdozio.* **6** Nel gioco delle carte, invito fatto con segni opportuni al compagno affinché giochi la carta desiderata. **7** Il tirare la briglia perché il cavallo rallenti, volti, o si fermi | (*est.*) Ciascuno dei due anelli a cui si attaccano le redini, ai lati del morso del cavallo. **8** In una scrittura, segno con cui si richiama l'attenzione su un'aggiunta, una correzione, e sim. | Nota a uno scritto in margine o a lato di una pagina. **9** †Adunanza, riunione, conciliabolo. || **chiamatina**, dim.

chiamatóre [lat. *clamatōre(m)* 'strillone', da *clamāre* 'chiamare'] **A** agg. (f. *-trice*) ● (*raro, lett.*) Che chiama. **B** s. m. **1** (*raro, lett.*) Chi chiama | Nelle aste, banditore. **2** Nel gioco del pallone a bracciale toscano e nel pallone elastico, l'incaricato di gridare i punti.

chiamavettùre [comp. di *chiama(re)* e il pl. di *vettura*] s. m. inv. ● Persona che davanti a un albergo, a un teatro e sim., provvede a chiamare le vetture, pubbliche o private, per conto dei clienti.

chiamàzzo s. m. ● (*raro*) Schiamazzo.

†**chiàmo** [da *chiamare*] s. m. ● Chiamata.

chiàna [vc. di origine preindeur.] s. f. ● Pianura sulla quale stagnano le acque | Ristagno paludoso.

chianìno agg. ● Della Val di Chiana | *Razza chianina*, razza di bovini pregiati, di mole notevole, con mantello bianco, allevati in Toscana e in Umbria.

chiànti [dalle colline del *Chianti*, in Toscana, ove questo vino si produce] s. m. ● Vino rosso toscano, di 12°-13°, prodotto nella zona omonima, asciutto, con retrogusto amarognolo.

chiantigiàna s. f. ● (*ell.*) Bottiglia chiantigiana.

chiantigiàno [da *Chianti*, sul modello di *alpigiano, valligiano*] **A** agg. ● Relativo al Chianti | *Bottiglia chiantigiana*, da vino, a base circolare schiacciata e collo sottile allungato, della capacità di circa 1 litro e 3/4. **B** s. m. (f. *-a*) ● Abitante del Chianti.

chiàppa (1) [etim. discussa: lat. *căpula(m)* 'coppa', per la forma tondeggiante (?)] s. f. ● (*pop., spec. al pl.*) Natica.

chiàppa (2) [da *chiappare*] s. f. ● Atto del prendere | (*scherz., pop.*) Nel linguaggio venatorio, ricca preda: *fare una bella c.*

†**chiàppa (3)** [da una vc. preindeur. **klappa* 'roccia, sasso'] s. f. ● Spuntone di roccia o pietra: *montar di c. in c.* (DANTE *Inf.* XXIV, 33).

chiappacàni [comp. di *chiappa(re)* e il pl. di *cane*] s. m. ● Accalappiacani.

chiappamèrli [comp. di *chiappa(re)* e il pl. di *merlo*] s. m. ● Uomo semplice.

chiappamósche [comp. di *chiappa(re)* e il pl. di *mosca*] s. m. inv. **1** Acchiappamosche. **2** (*fig.*) Persona incapace, da poco.

chiappanùvole o **chiappanùvoli** [comp. di *chiappa(re)* e il pl. di *nuvola*] s. m. e f. inv. ● Persona che si perde in fantasticherie.

chiappàre [lat. *capulāre* 'accalappiare', da *căpulum* 'laccio'. V. *cappio*] v. tr. **1** (*pop.*) Afferrare. **2** Prendere alla sprovvista, cogliere in fallo. **3** (*pop.*) Carpire, rubare: *son chiacchiere per c. il soldo del giornale* (VERGA).

chiapparèllo o **chiapperèllo** s. m. **1** Discorso traditore, a trabocchetto. **2** Gioco infantile consistente nel rincorrersi per acchiapparsi. **3** Guadagno esiguo.

chiappìno [da *chiappare*] s. m. **1** Parte di un oggetto che serve ad afferrarlo. **2** Il giocare a prendersi, dei bambini. **3** Sbirro.

†**chiàppo** [lat. tardo *căpulu(m)*. V. *cappio*] s. m. ● Presa, cattura | (*fig.*) Guadagno, utile.

†**chiàppola** [da †*chiappolare*] s. f. ● Bagattella, inezia: *ognun ride a veder questa c.* (PULCI) | *Non valere una c.*, non valer nulla.

†**chiappolàre** v. tr. ● Chiappare, prendere, appropriarsi.

†**chiappolerìa** [da †*chiappola*] s. f. ● Cosa da nulla.

†**chiàppolo** [da †*chiappola*] s. m. ● Ammasso di rifiuti | *Lasciare nel c.*, nel dimenticatoio.

chiàra [lat. *clāra(m)*, f. di *clārus* 'chiaro'] s. f. ● (*pop.*) Albume dell'uovo crudo.

chiarantàna o **chiarentàna**, **chiarenzàna**, **chiarintàna**, **chiarinzàna**, †**chirinzàna** [da *Chiarentana*, n. ant. della Carinzia] s. f. ● Ballo di origine popolare in voga già nel XV sec.

†**chiaràre** [lat. *clarāre* 'rischiarare', da *clārus* 'chiaro'] v. tr. ● Rendere chiaro.

chiaràta s. f. **1** Chiara sbattuta usata come medicamento da applicare su ferite e contusioni o come cosmetico. **2** Bianco d'uovo o colla o altro per chiarificare il vino.

†**chiarèa** [ant. fr. *clarée*, part. dal lat. *clarāre*. V. *chiarare*] s. f. ● Bevanda medicinale di vino, acquavite, zucchero e droghe.

†**chiareggiàre** v. tr. ● Rendere chiaro, intelligibile (*spec. fig.*).

chiarèlla [da *chiaro*] s. f. ● Tratto rado in un tessuto, per difetto di tessitura.

chiarèllo [da *chiaro*] s. m. ● Vino annacquato.

chiarentàna ● V. *chiarantana*.

chiarenzàna ● V. *chiarantana*.

chiarétto [ant. fr. *claret*, dal lat. *clāru(m)* 'chiaro'] **A** agg. **1** Detto di vino limpido e chiaro. **2** Brillo. **B** s. m. ● Vino rosato, di fresco bouquet, asciutto, frizzante, prodotto nella zona del lago di Como.

chiarézza o †**clarézza**. s. f. **1** Qualità di ciò che è chiaro, limpido, splendente: *la c. del cielo; c. cristallina dell'acqua.* SIN. Limpidezza | Lucidità della mente: *la sua c. intellettuale ... è in visibile contrasto con quei giri avviluppati e affannosi del suo periodo* (DE SANCTIS). **2** Dote del discorso per la quale esso è prontamente, esattamente e compiutamente comprensibile: *la c. è l'unico pregio del libro* | Modo di esprimersi semplice e chiaro: *parlare, scrivere, spiegare con c.* SIN. Comprensibilità, perspicuità. **3** †Lustro, decoro, nobiltà.

chiarìa s. f. **1** (*raro, poet.*) Chiarezza. **2** Radura in zona boschiva.

chiarificànte **A** part. pres. di *chiarificare*; anche agg. ● Nei sign. del v. **B** s. m. ● Sostanza organica o minerale per chiarificare il vino.

chiarificàre o †**clarificàre** [lat. tardo *clarificāre* 'illustrare, glorificare', comp. di *clārus* 'illustre' e *făcere* 'fare'] v. tr. (*io chiarìfico, tu chiarìfichi*) **1** Rendere chiaro, limpido, spec. un liquido. **2** (*fig.*) Chiarire, spiegare: *note che chiarificano a sufficienza.* **3** (*fig.*) †Esaltare, glorificare, celebrare.

chiarificatóre **A** agg.; anche s. m. (f. *-trice*) ● Che, chi chiarifica: *un discorso c.; non abbiamo bisogno di chiarificatori.* **B** s. m. ● Strumento per la chiarificazione di liquidi.

chiarificazióne o †**clarificazióne** [lat. tardo *clarificatiōne(m)* 'glorificazione'. V. *chiarificare*] s. f. **1** Atto, effetto del chiarificare: *procedere alla c. dei vini.* **2** (*fig.*) Chiarimento, spiegazione: *la c. di un concetto, di un problema.* **3** †Dichiarazione.

chiariménto s. m. **1** Atto, effetto del chiarire. **2** Spiegazione: *chiedere un c.*

chiarìna o **clarìna** [V. *clarino*] s. f. **1** Trombetta dal suono acuto. ➡ ILL. **musica**. **2** (*est.*) Suono acuto.

chiarìno s. m. ● Chiarina, nel sign. 1.

chiarintàna ● V. *chiarantana*.

chiarinzàna ● V. *chiarantana*.

chiarìre o †**clarìre** [lat. *clarēre*, da *clārus* 'splendente'] **A** v. tr. (*io chiarìsco, tu chiarìsci*) **1** Rendere chiaro, limpido: *c. lo zucchero.* **2** (*fig.*) Rendere intelligibile, spiegare: *c. un concetto, una questione controversa* | Appurare, risolvere, mettere in chiaro: *vorrei, ... che voi mi chiariste un dubbio ch'io ho nella mente* (CASTIGLIONE). **B** v. intr. e intr. pron. (aus. *essere*) ● Diventare chiaro, limpido: *il tempo non è ancora chiarito.* **C** v. rifl. ● Acquistare certezza, venire in chiaro: *chiarirsi di q.c.* SIN. Certificarsi, informarsi.

chiarìsmo [da *chiaro*] s. m. ● Movimento pittorico italiano dei primi anni '30, caratterizzato dall'uso di toni chiari e luminosi.

chiarìssimo agg. **1** Sup. di *chiaro*. **2** Titolo dato nel Medioevo e nell'età moderna alle persone nobili, attualmente ai docenti universitari.

chiarità o †**chiaritàde**, †**chiaritàte** (*lett.*) †**clarità**, †**claritàde**, †**claritàte** [lat. *claritāte(m)*, da *clārus* 'chiaro'] s. f. **1** (*raro*) Chiarezza, limpidezza, purezza. **2** (*poet.*) Splendore, luminosità (*anche fig.*): *la c. del tuo viso passa la luce d'Apollo* (BOCCACCIO). **3** (*fig.*) †Lume d'intelligenza. **4** †Lode, celebrità.

chiarìto part. pass. di *chiarire*; anche agg. ● Nei sign. del v. || **chiaritaménte**, avv. Apertamente, chiaramente.

chiaritóio [da *chiarire*] s. m. **1** Filtro per chiarificare l'olio di oliva. **2** Locale dell'oleificio dove l'olio, lasciato in riposo, si libera delle sostanze estranee.

†**chiaritóre** s. m.; anche agg. (f. *-trice*) ● (*lett.*) Chi, che chiarisce.

†**chiaritùdine** o (*raro*) †**claritùdine** [lat. *claritūdine(m)*, da *clārus* 'chiaro, famoso'] s. f. **1** Splendore. **2** (*fig.*) Fama, rinomanza.

chiaritùra s. f. ● Atto ed effetto del chiarire: *la c. dei liquidi, dello zucchero.*

chiàro o (*lett.*) †**clàro** [lat. *clāru(m)* 'chiaro' (dalla stessa radice di *clamāre* 'chiamare'), prima adoperato per la voce, poi per la vista] **A** agg. **1** Pieno di luminosità: *tempo c.; la giornata è chiara* | *Giorno c.*, mattino avanzato | *Un locale c.*, ben illuminato. **2** Pallido, tenue, poco intenso, detto di colore: *blu, rosso c.; il rosa e l'azzurro sono colori chiari* | Che ha un colore tenue e pallido, detto di cosa: *vestito c.; mobili chiari.* CONTR. Scuro. **3** Che ha una certa trasparenza: *un'acqua chiara* | *Liquido c.*, limpido | *Cristallo c.*, puro. **4** (*fig.*) Onesto, sincero, schietto: *sguardo c.; propositi chiari.* **5** Che si percepisce, si ode, si vede distintamente: *voce, immagine chiara* | (*fig.*) Netto, deciso: *un c. rifiuto; un no c. e tondo.* **6** (*fig.*) Facilmente comprensibile: *un linguaggio c.* | *Essere c.*, farsi intendere | *Cantarla, dirla chiara*, esprimere idee, opinioni, critiche e sim. senza mezzi termini, senza peli sulla lingua | *C. come la luce del sole*, evidentissimo | *A chiare lettere*, chiaramente, apertamente | *Avere le idee chiare*, decise su ciò che si vuole | (*raro*) *Fare c. qc.*, informarlo. *7* (*ling.*) Anteriore: *vocale chiara*. *8* Detto di carattere tipografico la cui asta ha spessore molto piccolo. *9* (*lett.*) Illustre, insigne: *quei che Fama meritaron chiara* (PETRARCA); *uno studioso di chiara fama*. *10* †Lieto, allegro. *11* †Forte, gagliardo, valoroso. || **chiarissimo**, sup. (V.). || **chiaraménte**, avv. **B** s. m. *1* Chiarezza, luminosità: *c. di luna* | (*pop.*) *C. d'uovo*, albume | *Far c.*, far lume | *Con questi chiari di luna*, (*fig.*) con riferimento a periodo o situazione fortunosa, incerta o economicamente travagliata | *Mettere in c.*, (*mar.*) liberare da intralci o da nodi, detto di cavo; (*fig.*) definire q.c. con maggior precisione, chiarire | (*raro*) *Venire in c. di q.c.*, riuscire a sapere | (*rad., tel.*) *In c.*, detto di comunicazione scritta o trasmessa che non sia in codice. *2* Colore chiaro: *preferire il c. allo scuro* | Abito di colore chiaro: *vestire di c.* CONTR. Scuro. *3* Parte di paludi, stagni e sim. in cui non si trovano canneti e piante acquatiche. *4* (*spec. al pl.*) Parte in luce, in disegni, quadri o incisioni. CONTR. Scuro. **C** in funzione di avv. ● Chiaramente, apertamente, francamente, senza reticenze: *parlar c.*; *parliamoci c.* | Con valore raff.: *parlare c. e tondo*; *dire c. e netto* | *Non vedere c.*, vedere imperfettamente, non distinguendo bene gli oggetti | (*fig.*) *Non vedere c. in q.c.*, sospettare che vi siano degli imbrogli || PROV. Chi vuol dell'acqua chiara vada alla fonte. || **chiarétto**, dim.

chiaróre o †**claróre** [da *chiaro*] s. m. *1* Luce più o meno viva che appare nel buio | Luminosità diffusa nell'aria. SIN. Biancore. *2* †Nobilità.

chiaroscuràle agg. ● Che è ottenuto per mezzo del chiaroscuro: *gradazioni chiaroscurali*; *modellato c.*

chiaroscuràre v. tr. e intr. (aus. intr. *avere*) ● Disegnare, dipingere e sim. a chiaroscuro: *c. un'incisione*.

chiaroscùro [comp. di *chiaro* e *scuro*] s. m. (pl. *chiaroscùri*) *1* Procedimento pittorico che, usando il bianco, il nero e le gradazioni intermedie, serve a riprodurre il passaggio graduale dalla luce all'ombra, in modo da suggerire la terza dimensione, determinando così il modellato | *Effetti di c.*, in scultura e in architettura, quando il passaggio dai piani avanzati a quelli arretrati o dai pieni ai vuoti è graduato e non brusco. *2* (*est.*) Alternanza di luci e di ombre: *si cominciavano a vedere fra il c. della sera le prime case* (NIEVO). *3* (*fig.*) Alternanza, contrasto, di eventi lieti e dolorosi: *i chiaroscuri della vita*. *4* Nella scrittura, alternarsi di tratti grossi e sottili. *5* (*spec. al pl.*) Raddolcimenti e rinforzi dei suoni nella composizione o nella esecuzione di opere musicali.

chiarosonànte [comp. di *chiaro* e *sonante*] agg. ● (*lett.*) Che ha suono chiaro e limpido.

chiaroveggènte [comp. di *chiaro* e *veggente*, calcato sul fr. *clairvoyant*] agg.; anche s. m. e f. (pl. *chiaroveggènti*) ● Che, chi ha chiaroveggenza.

chiaroveggènza [comp. di *chiaro* e *veggenza*; calco sul fr. *clairvoyance*] s. f. (pl. *chiaroveggènze*) *1* Capacità di vedere, con facoltà intellettive, ciò che gli altri non vedono o di prevedere il futuro. *2* (*fig.*) Grande perspicacia.

chiàșma /ki'azma, 'kjazma/ [V. *chiasmo*] s. m. (pl. *-i*) *1* (*raro, ling.*) Chiasmo. *2* (*anat.*) Punto ove le fibre dei due nervi ottici s'incontrano nella cavità cranica. ➡ ILL. p. 364 ANATOMIA UMANA. *3* (*biol.*) Rapporto di connessione tra i cromatidi di due cromosomi omologhi nel corso della meiosi.

chiașmàtico agg. (pl. m. *-ci*) ● (*anat.*) Relativo al chiasmo.

chiàșmo /ki'azmo, 'kjazmo/ o **chiàșma** [vc. dotta, lat. tardo *chiăsmu(m)*, nom. *chiăsmus*, dal gr. *chiasmós* dalla forma della lettera chi (χ)] s. m. *1* (*ling.*) Figura retorica che consiste nella disposizione in modo incrociato e speculare dei membri corrispondenti di una o più frasi: *rotto dagli anni, et dal camino stanco* (PETRARCA). *2* (*anat., biol.*) Chiasma.

Chiașmodòntidi [comp. di *chiasmo* 'incrocio' e *odonto-*: detti così dalla forma dei denti] s. m. pl. ● Nella tassonomia animale, famiglia di Pesci ossei abissali con bocca grandissima munita di lunghi denti, in grado di ingoiare prede più grandi di loro (*Chiasmodontidae*) | (al sing. *-e*) Ogni individuo di tale famiglia.

chiassaiòla o †**chiassaiuòla** [da *chiasso* (*2*)] s. f. ● Canale di scolo per l'acqua piovana, nei campi in pendio.

chiassàre [da *chiasso* (*1*)] v. intr. (aus. *avere*) ● (*lett.*) Fare chiasso, giocare rumorosamente.

chiassàta [da *chiasso* (*1*)] s. f. *1* Strepito, divertimento rumoroso: *sono chiassate da ragazzi*. *2* Lite clamorosa e violenta: *una volgare c.* SIN. Scenata.

chiassile [dal fr. *châssis* 'telaio', da *châsse* 'cassa' (stessa etim. dell'it. *cassa*)] s. m. ● Telaio in legno o metallo inserito nel vano della finestra per sorreggere il serramento.

chiàsso (**1**) [etim. incerta] s. m. *1* Forte rumore, o complesso di rumori diversi, prodotto da cose o persone: *ho sentito un c. terribile*. SIN. Bailamme, frastuono, strepito. *2* (*est.*) Manifestazione di allegria rumorosa, spec. in connessione con giochi infantili: *i ragazzi fanno il c. in cortile* | (*tosc.*) *Per c.*, per burla, per scherzo. SIN. Cagnara. *3* (*est.*) Vivace interesse, diffusa curiosità | *Far c.*, suscitare commenti e discussioni, far parlare di sé. SIN. Clamore, scalpore. || †**chiassatèllo**, dim. | **chiasserèllo**, dim. | **chiassettino**, dim. | **chiassétto**, dim. | **chiassino**, dim.

chiàsso (**2**) [lat. *clăsse(m)* 'classe, categoria', forse di origine etrusca] s. m. *1* Viuzza stretta: *seguivo un carro entro l'oscuro c.* (SABA) | (*raro*) *Dare per i chiassi*, scantonare (*anche fig.*). *2* †Postribolo | (*fig.*) †*Predicare la castità in c.*, agire a sproposito. || **chiassàccio**, pegg. | **chiassatèllo**, dim. | **chiasserèllo**, dim. | **chiassétto**, dim. | **chiassòlo**, **chiassuòlo**, dim.

chiassóne [da *chiasso* (*1*)] agg.; anche s. m. (f. *-a*) ● Che, chi è solito far molto chiasso. || **chiassonàccio**, pegg.

chiassosità s. f. ● Qualità di chi, di ciò che è chiassoso.

chiassóso [da *chiasso* (*1*)] agg. *1* Che provoca, o è caratterizzato da, un forte rumore: *città chiassosa* | Che ama l'allegria rumorosa: *gente, comitiva chiassosa*. *2* Che attira l'attenzione per la vivacità della forma, dei colori e sim.: *un abito c.*; *quella cravatta è troppo chiassosa*. SIN. Sgargiante, vistoso. || **chiassosaménte**, avv.

chiàstico /ki'astiko, 'kjastiko/ [da *chiasmo*] agg. (pl. m. *-ci*) ● (*ling.*) Che è proprio del chiasmo.

chiàtta [da *chiatto*] s. f. ● Grossa barca a fondo piatto da canali o fiumi | (*est.*) *C. oceanica*, usata per il trasporto attraverso l'oceano di merci e materiali di scarso valore | *Ponte di chiatte*, sostenuto da chiatte allineate e legate fra loro | *C. del passo*, per trasportare persone o cose da una riva all'altra. SIN. Barcone.

chiattaiòlo o (*lett.*) **chiattaiuòlo** s. m. ● Chi conduce una chiatta.

chiàtto [stessa origine di *piatto*, ma venuto attrav. un dialetto merid.] **A** agg. ● Piatto, schiacciato | *Battello c.*, a fondo piatto. **B** s. m. ● †Trave di forma larga e piana.

chiavàccio [dal lat. *clāvis* 'chiave, catenaccio'. V. *chiave*] s. m. ● Grosso chiavistello: *chiudere, serrare a c.*

†**chiavacuòre** [comp. di *chiavare* (*1*) e *cuore*] s. m. ● Fermaglio, fibbia, cintura, d'oro o d'argento, per donne | Pittura o lavoro d'oreficeria raffigurante un cuore trafitto.

†**chiavacuòri** [comp. di *chiavare* (*2*) e il pl. di *cuore*] s. m. ● Rubacuori.

chiavàio o (*dial.*) †**chiavàro** [lat. tardo *clavāriu(m)*, da *clāvus* 'chiodo'] s. m. *1* Chi fabbrica chiavi, serrature e sim. SIN. Magnano. *2* Chi ha in custodia le chiavi.

chiavaiòlo o †**chiavaiuòlo** s. m. ● Chiavaio.

†**chiavaiuòlo** [dal lat. *clāvus* 'chiodo'] s. m. ● Chiodaio.

chiavàrda [da *chiave*] s. f. *1* (*mecc.*) Tipo particolare di bullone costituito da una lunga barra con testa ingrossata ed estremità filettata per l'applicazione dei dadi di fissaggio. *2* Nelle costruzioni, tirante posto a contenere la spinta di un arco o di un tetto o a rinforzare due muri opposti di un edificio. *3* †Grosso chiodo. || **chiavardétta**, dim.

chiavardàre v. tr. ● Inchiavardare.

†**chiavàre** (**1**) [da *chiave*] v. tr. ● Serrare, chiudere a chiave: *e io senti' chiavar l'uscio di sotto / a l'orribile torre* (DANTE *Inf.* XXXIII, 46-47) | (*est.*) Sbarrare | (*fig.*) Imprigionare.

chiavàre (**2**) [lat. tardo *clāvare* 'inchiodare', da *clāvus* 'chiodo'] v. tr. *1* †Inchiodare, trafiggere con chiodi: *quei che lo chiavaro in croce* (ARIOSTO). *2* (*est., fig.*) †Imprimere, fermare saldamente, detto di idee, impressioni e sim.: *cotesta cortese oppinione / ti fia chiavata in mezzo della testa* (DANTE *Purg.* VIII, 136-137). *3* (*volg.*) Possedere sessualmente | (*ass.*) Avere rapporti sessuali, compiere il coito. *4* (*volg., fig.*) Ingannare, imbrogliare | Rovinare, colpire, danneggiare.

†**chiavàro** ● V. *chiavaio*.

chiavàta [da *chiavare* (*2*)] s. f. *1* (*volg.*) Coito. *2* (*volg., fig.*) Inganno, truffa | Contrattempo sgradito, dannoso. || **chiavatina**, dim.

†**chiavatùra** [da *chiavare* (*1*)] s. f. ● Serratura, chiavistello.

chiàve [lat. *clāve(m)* 'strumento per chiudere', da *claudere* 'chiudere'] **A** s. f. *1* Arnese metallico per aprire e chiudere serrature e lucchetti | *C. maschio*, senza buco all'estremità del fusto o cannello | *C. femmina*, col cannello vuoto all'estremità | *C. doppia*, che ha gli ingegni di ciascuna delle due estremità del fusto, per due toppe diverse | *C. adulterina*, *falsa*, quella fabbricata senza il permesso del proprietario della serratura | (*pop.*) *Buco della c.*, foro opportunamente sagomato in cui si introduce la chiave, per aprire o chiudere una porta: *spiare qc. dal buco della c.* | *Chiudere a c.*, con la chiave | *Tenere q.c. o qc. sotto c.*, (*fig.*) ben custodito | *Avere le chiavi di q.c.*, (*fig.*) esserne il possessore, il padrone | *Chiavi in mano*, si dice di qualsiasi prodotto, lavoro, prestazione o servizio che si consegna completo e perfettamente in grado di funzionare: *impianto chiavi in mano* | *Chiavi apostoliche*, *chiavi di S. Pietro*, *somme chiavi*, insegne della Chiesa, simbolo della sua autorità spirituale | *Chiavi d'oro*, distintivo dei portieri d'albergo. *2* (*fig.*) Elemento, dato o persona di importanza vitale per comprendere, interpretare, risolvere q.c., per conseguire determinati fini e sim.: *la c. di un problema, di un ragionamento*; *quel personaggio è la c. di tutta la vicenda*; *un settore che è la c. dell'economia*; *avere in mano le chiavi del successo* | *Avere la c. di un affare*, sapere come risolverlo | *Avere le chiavi del cuore di qc.*, dominarne la volontà, i sentimenti e sim. | (*est.*) Punto strategico di vitale importanza: *il Bosforo è la c. del mar Nero*. *3* Numero, parola o serie di numeri o parole, indispensabile per decifrare uno scritto in codice. *4* In varie tecnologie, attrezzo metallico atto a provocare contatti, a mettere in moto meccanismi, ad allentare e stringere viti, dadi e sim. | *C. d'accensione*, nell'autoveicolo, per manovrare l'interruttore generale dell'impianto d'accensione | *C. fissa*, per serrare viti e dadi di un solo diametro | *C. inglese*, adattabile alle viti e ai dadi di vari diametri | *C. a stella*, chiave fissa con l'estremità esagonale che ricorda quella di una stella. *5* Strumento per l'estirpazione dei denti. *6* (*arch.*) *C. di volta*, pietra a cuneo, che può essere variamente ornata, posta alla sommità di un arco o di una volta per completarne la struttura; (*fig.*) elemento centrale, perno attorno al quale ruota un sistema, un'ideologia, una serie di eventi e sim.: *i Promessi Sposi sono la c. di volta della prosa italiana moderna*. ➡ ILL. p. 358 ARCHITETTURA. *7* (*mus.*) Segno che, posto all'inizio del rigo musicale, consente l'identificazione delle note musicali ivi comprese: *c. di violino, di basso* | *Uscir di c.*, *esser fuori c.*, stonare e (*fig.*) dire cose inopportune, fuori posto, parlare a vanvera | *Essere in c.*, (*fig.*) stare in argomento | Arnese per accordare strumenti a corde | Ciascuna delle mollette e valvole che in alcuni strumenti a fiato turano o aprono i fori. ➡ ILL. **musica**. *8* (*fig.*) Tono, carattere, punto di vista, angolazione, spec. nella loc. *in c.*: *trasposiziome del mito di Edipo in c. moderna*; *commentare un avvenimento in c. politica*. *9* Nell'antica canzone italiana, rima che lega una parte di una stanza a un'altra. *10* (*sport*) Nella lotta libera, nello judo e sim., torsione di qualsiasi articolazione del corpo o forza applicata in senso contrario all'articolazione. *11* Piccola zeppa di legno che agisce sul telaio di un quadro per tenere tesa la tela. **B** in funzione di agg. inv. ● (posposto a un s.) Risolutivo, decisivo, determinante per i fini che si vogliono conseguire: *per-*

sonaggio, teste c.; *posizione, punto, settore c.*; *parola c.*; *idea c.* | (*elab.*) *Carattere c.*, carattere speciale usato per delimitare su un supporto o in memoria un gruppo di caratteri costituente un record da indirizzare e trattare come un'unità di informazione ‖ PROV. Colle chiavi d'oro si apre ogni porta. ‖ **chiavàccia**, pegg. | **chiavétta**, dim. (V.) | **chiavettina**, dim. | **chiavina**, dim. | **chiavóne**, accr. m.

†**chiavellàta** [da †*chiavello* (*1*)] s. f. ● Piaga fatta con chiodo.

†**chiavèllo (1)** [lat. tardo *clavĕllu(m)*, dim. di *clāvus* 'chiodo'] s. m. ● Chiodo.

†**chiavèllo (2)** [lat. *quī vĕlles* 'chi vuoi'] pron. indef. m. e f. solo sing. ● Chiunque, chicchessia.

chiavétta s. f. *1* Dim. di *chiave*. *2* Chiave d'accensione | Strumento simile a una chiave, per caricare orologi, giocattoli e sim. | Strumento girevole per aprire e chiudere condutture di acqua, gas e sim. *3* (*mecc.*) Pezzo con due superfici leggermente inclinate, forzato in una intaccatura per unire due parti di una macchina.

chiàvica [lat. tardo *clāvica(m)*, per il class. *cloāca(m)* (V. *cloaca*), con sovrapposizione di *chiudere*] s. f. *1* Fogna, smaltitoio | Cateratta della fogna. *2* Opera in muratura per regolare il deflusso delle acque di una corrente, mediante paratoie e sim. ‖ **chiavicàccia**, pegg. | **chiavichétta**, dim. | **chiavichina**, dim. | **chiavicóne**, accr. m.

†**chiavière** [da *chiave*] s. m. ● Chi porta le chiavi.

chiàvi in màno loc. avv. e agg. ● Detto di prodotto che, di norma fornito privo di alcune parti per le quali necessita una pluralità di interventi diversi, viene invece consegnato già perfettamente in grado di funzionare: *ospedale, albergo, impianto chiavi in mano* | (*est.*) *Prezzo chiavi in mano*, in cui è compresa ogni spesa accessoria.

chiavistèllo [lat. parl. **claustĕllu(m)*, da *claustrum* 'chiusura' (V. *chiostro*), cui si è sovrapposto *chiave*] s. m. *1* Sbarra di ferro che, mediante una maniglia, si fa scorrere negli anelli delle imposte di usci o finestre, per tenerle chiuse | *Tirare il c.*, aprire | *Mettere il c.*, chiudere | *Baciare il c.*, (*fig.*) far proposito di non tornare più in una casa o in un luogo | *Mettersi il c. alla bocca*, (*fig.*) non fiatare | (*raro, fig.*) *Rodere i chiavistelli*, struggersi dalla rabbia. SIN. Catenaccio, paletto. *2* Carrello scorrevole di chiusura, entro la bascula, dei fucili da caccia. *3* †Spranga, stanga per chiudere. ‖ **chiavistellino**, dim.

†**chiàvo** [lat. *clāvu(m)* 'chiodo', dalla stessa radice di *claudere* 'chiudere'] s. m. ● Chiodo.

chiàzza [etim. incerta] s. f. ● Larga macchia, spec. tondeggiante: *avere una c. vinosa sulle guance*; *c'è una c. d'olio sulla tovaglia*.

chiazzàre v. tr. ● Spargere di chiazze.

chiazzàto part. pass. di *chiazzare*; anche agg. ● Nei sign. del v.

chiazzatùra s. f. ● Atto, effetto del chiazzare | Insieme di chiazze.

chic /*fr.* ʃik/ [vc. fr., forse di origine germ.] **A** agg. inv. ● Fine, elegante: *una ragazza c.* **B** s. m. inv. ● Raffinata eleganza: *ha uno c. inimitabile nel vestire*.

chicane /*fr.* ʃi'kan/ [vc. fr., dev. di *chicaner* 'cavillare', di etim. incerta] s. f. inv. *1* Cavillo, difficoltà. *2* (*sport*) Nell'automobilismo e nel motociclismo, ostacolo artificiale posto su alcuni tratti della pista affinché i piloti moderino la velocità. *3* Nel bridge, mancanza di carte di un seme fra le 13 ricevute.

chicano /*sp.* tʃi'kano/ [vc. dello sp. del Messico, alterazione di *mejicano* 'messicano'] **A** s. m. (f. sp. *-a*; pl. m. *-os*; pl. f. *-as*) ● Persona di origine messicana che vive negli Stati Uniti. **B** anche agg.

chicca [da *chicco*, per la forma] s. f. *1* (*inft., fam.*) Confetto, caramella. *2* (*fig.*) Cosa rara e squisita: *questo libro è una vera c. per i bibliofili*.

chicchefósse /kikke'fosse, kikkef'fosse/ [da *chi che fosse*] pron. indef. m. e f. solo sing. ● Chiunque, chicchessia.

chicchera [sp. *chícara*, dal messicano *gicatli*] s. f. *1* Piccola tazza con manico laterale, per bevande calde: *una c. di porcellana, di ceramica* | (*fig., scherz.*) *Parlare in c.*, in modo affettato e ricercato | *Mettersi in chicchere e piattini*, agghindarsi con gran cura. *2* Contenuto di una chicchera: *una c. di caffè, di cioccolata*. ‖ **chiccherétta**, dim. | **chiccherina**, dim. | **chiccheróna**, accr. | **chiccheróne**, accr. m. | **chiccherùccia**, dim.

chicchessìa o †**chicchesia** /kikke'sia, kikkes'sia/, **chi che sia** [da *chi che sia*] pron. indef. m. e f. solo sing. *1* Chiunque, qualunque, qualsivoglia persona: *crede di essere superiore a c.*; *lo direi a c.*; *venga c., io non ho paura*; *sono in grado di sostenere le mie ragioni di fronte a c.* *2* Nessuno (in frasi negative): *non lasciar entrare c. fino al mio ritorno*.

chicchiriàre [vc. onomat.] v. intr. (*io chicchirìo*; aus. *avere*) ● Emettere il caratteristico canto acuto, sonoro e prolungato, detto del gallo.

chicchiriàta [da *chicchiriare*] s. f. ● (*raro*) Lunga cantata di un gallo o di più galli.

chicchirichì [vc. onomat.] **A** inter. ● Riproduce il canto del gallo. **B** s. m. *1* Il canto stesso: *alzarsi presto al c. del gallo*. *2* Crestina delle cameriere.

chìcco [vc. inft.] s. m. (pl. *-chi*) *1* Seme di cereale o di altra pianta: *c. di grano, di riso, di caffè* | *C. d'uva*, (*fam.*) acino. *2* (*est.*) Oggetto, spec. sferico, di piccole dimensioni: *i chicchi della grandine* | *I chicchi del rosario*, grani. ‖ **chicchino**, dim. | **chiccolino**, dim.

chi che sìa /ki ke s'sia/ ● V. *chicchessia*.

chicle /*sp.* 'tʃikle/ [vc. sp., dall'azteco *chictli* o *tzictli*] s. m. inv. (pl. sp. *chicles*) ● Sostanza vegetale che si ricava da una pianta dell'America centrale e si usa per preparare il chewing gum.

chi è? [comp. di *chi*, pron. interr., e di *è*, terza pers. sing. dell'ind. pres. di *essere*, calco sulla loc. ingl. *Who's who*, titolo di un catalogo di personalità pubblicato nel mondo anglosassone] loc. sost. m. inv. ● Elenco, lista di persone importanti o celebri in un certo settore d'attività, delle quali spesso si forniscono notizie biografiche: *il chi è? della finanza europea, della moda italiana*.

chièdere o (*lett.*) †**chèrere**, (*lett.*) †**chièrere** [lat. *quaerĕre*, di etim. incerta, con dissimilazione] **A** v. tr. (pres. *io chièdo*, †*chèggio*, †*chièggio*, †*chièggo*; pass. rem. *io chièsi* o *chièsi*, †*chiedètti*, †*chiedéi*, *tu chiedésti*; congv. pres. *io chièda*, †*chèggia*, †*chiègga*, †*chièggia*; part. pass. *chièsto* (V.), †*chiedùto*) *1* Avanzare una pretesa, prospettare o esprimere un desiderio, un'esigenza e sim. per ottenerne il soddisfacimento: *c. a qc. un prestito, un permesso, un'autorizzazione*; *c. q.c. in prestito, in regalo*; *c. una donna in moglie, in sposa*; *ti chiedo perdono*; *te lo chiedo per amore, per pietà*; *non vi chiederei aiuto se non ne avessi assoluto bisogno* | *C. scusa*, scusarsi | (*lett.*) *C. venia*, chiedere perdono | *C. la mano di una donna*, chiederla in moglie | *C. q.c. in giudizio*, chiedere all'autorità giudiziaria la tutela di un proprio diritto | *C. un milione, un prezzo elevato, equo*, e sim., esigere la corresponsione di una determinata somma per q.c. che si vende | †*c. qc. di battaglia*, sfidarlo. SIN. Domandare. *2* (*ass.*) Elemosinare: *non si vergogna di c.* *3* Proporre un quesito, per venire a conoscenza di ciò che non si sa: *c. un'informazione*; *gli ho chiesto notizie della sua famiglia*; *mi chiedo se ciò sia possibile*. *4* (*lett.*) Richiedere, esigere, con riferimento a cose: *è un'impresa che chiede molto tempo*. *5* †Chiamare, invitare. **B** v. intr. (aus. *avere*) *1* Informarsi circa la salute, la situazione, le vicende e sim. di uno o più persone: *mi ha chiesto ripetutamente di te*; *mi chiede sempre della tua famiglia*. *2* (*fam.*) Chiamare: *chiedono di lei al telefono*; *dabbasso chiedono di te*.

chiedìbile agg. ● Che si può chiedere.

chieditóre agg.; anche s. m. (f. *-trice*) ● (*raro*) Che, chi chiede.

chiéppa ● V. *cheppia*.

†**chièrca** o **chierca** ● V. *chierica*.

†**chièrco** o **chierco** ● V. *chierico*.

†**chiercùto** o †**chercùto** [da *chierica*] **A** agg. ● Tonsurato. **B** s. m. ● (*spreg.*) Prete, frate: *questi chercuti a la sinistra nostra* (DANTE *Inf.* VII, 39).

†**chièrere** ● V. *chiedere*.

chièrica o †**chèrca**, †**chèrica**, †**chièrca**, **chièrica** [lat. eccl. *clērica(m)* (sottinteso *tonsiōnem* 'tosatura'). V. *chierico*] s. f. *1* Rasatura a forma di piccolo cerchio sulla sommità del capo degli ecclesiastici. SIN. Tonsura. *2* (*est., scherz.*) Inizio di calvizie: *nascondere la c.* *3* (*fig.*) Persona del clero | Sacerdozio. *4* Rasura per cicatrice. ‖ **chierichétta**, dim. | **chierichina**, dim. | **chiericóna**, accr.

†**chiericàle** ● V. *clericale*.

chiericàto o **clericàto** [lat. tardo *clericātu(m)*, da *clērus* 'clero'] s. m. *1* Stato o condizione di chierico. *2* La classe sacerdotale: *il laicato e il c.*

chierichétto s. m. *1* Dim. di *chierico*. *2* Bambinetto, giovane che serve la messa.

chièrico o †**chèrco**, †**chèrico**, †**chièrco**, **chièrico**, †**clèrico** [lat. tardo *clēricu(m)*, nom. *clēricus*, dal gr. *klērikós*. V. *clero*] s. m. (pl. *-ci*) *1* Ecclesiastico regolare o secolare | *C. di camera*, titolo di dignitario della Curia | (*est.*) Giovane che, avviato al sacerdozio, non ha ancora ricevuto gli ordini | (*est.*) Chi serve la messa e fa da sagrestano. *2* (*lett.*) Uomo dotto e istruito: *tutti fur cherci / e litterati grandi* (DANTE *Inf.* XV, 106-107) | Intellettuale, uomo di cultura specializzata, spec. in quanto la sua attività lo isola a volte polemicamente dalla società, dall'azione politica e sim. ‖ **chiericàstro**, pegg. | **chierichétto**, dim. (V.) | **chierichino**, dim. | **chiericóne**, accr. | **chiericòtto**, dim. | **chiericùccio**, **chiericùzzo**, dim.

chièṣa o †**clèṣia**, (*raro*) †**gièṣia**, †**ecclèṣia (2)** [lat. *ecclēsia(m)*, nom. *ecclēsia*, dal gr. *ekklēsía* 'assemblea, adunanza, riunione', da *ekkaléō* 'io chiamo'] s. f. *1* Società di uomini che accettano la medesima fede religiosa: *c. cattolica romana, greca, ortodossa, luterana, anglicana, calvinista, armena, etiopica*; *l'unione delle chiese cristiane*. *2* (*per anton.*) Chiesa cattolica romana | *Padri della c.*, scrittori ecclesiastici dei primi secoli che contribuirono alla formulazione della dottrina cristiana | *Dottori della c.*, titolo che la chiesa cattolica attribuisce agli scrittori più autorevoli in materia sacra | L'insieme dei redenti come corpo mistico del Cristo | *C. militante*, costituita dai fedeli che combattono nella milizia del Cristo | *C. purgante*, le anime del Purgatorio | *C. trionfante*, i beati nel Paradiso | *C. del silenzio*, quella dei paesi in cui manca la libertà religiosa. *3* (*est.*) Edificio consacrato, dedicato all'esercizio pubblico di atti di culto religioso, spec. cristiano: *frequentare la c.* | (*fig.*) *Essere fortunato come i cani in c.*, avere poca fortuna, essere male accolto | (*fig.*) *Consumare il bene di sette chiese*, dissipare un ingente capitale | *Essere di c.*, devoto | (*raro*) *Essere vicino alla c., lontano da Dio*, essere bigotto, religioso in modo superficiale | Clero che sta al servizio di una chiesa. *4* Parrocchia: *i beni, le rendite della c.* *5* (*fig., iron.*) Insieme di persone professanti una medesima dottrina o animate da una medesima fede, legate in una rigida organizzazione gerarchica. ‖ **chiesétta**, dim. | **chiesettina**, dim. | **chiesettùccia**, dim. | **chiesina**, dim. | **chiesóna**, accr. | **chiesóne**, accr. m. | **chiesùccia**, dim. | **chiesuccina**, dim. | **chiesùcola**, dim. | **chiesuòla**, **chiesòla**, dim. (V.).

chieṣàstico agg. (pl. m. *-ci*) *1* Di chiesa. *2* (*est., iron.*) Pretesco: *tono c.*

chieṣòla ● V. *chiesuola*.

chièsta [da *chiesto*] s. f. *1* †Domanda, pretesa, supplica: *né mai feci c. nessuna di tale impiego* (ALFIERI) | †*Aver c.*, essere richiesto, detto di cose necessarie, rare, e sim. *2* (*tosc.*) Richiesta di fanciulla in sposa: *fare la c.* *3* Richiesta di prezzo.

chièsto part. pass. di *chiedere*; anche agg. ● Nei sign. del v.

chieṣuòla o (*pop.*) **chieṣòla**, †**gieṣiuòla**. s. f. *1* Dim. di *chiesa*. *2* (*fig., spreg.*) Gruppo di persone che professano la stessa ideologia politica, estetica, letteraria e sim. SIN. Conventicola. *3* (*mar.*) Custodia a forma di colonnina che contiene la bussola magnetica.

†**chietinerìa** [da *chietino*] s. f. ● Bigotteria, ipocrisia.

chietino [dall'ordine dei Teatini, fondato dal card. G. P. Carafa, arcivescovo di *Chieti*] agg.; anche s. m. (f. *-a*) *1* Teatino. *2* (*fig., spreg.*) Bigotto, ipocrita: *i novatori scolastici che applaudirono, e i timidi chietini che si spaventarono* (NIEVO). (V. nota d'uso STEREOTIPO).

chifel [ted. *Kipfel*, propr. 'cornetto', dal lat. *cĭppum* V. *ceppo*] s. m. ● Panino morbido a forma di mezzaluna | Piccolo dolce della stessa forma, spesso ricoperto di glassa.

chiffero [adattamento del dial. (lomb.) *chìfer* 'chifel' (V.)] s. m. ● (*spec. al pl.*) Sorta di pasta di media pezzatura avente forma cilindrica ricurva. ‖ **chifferino**, dim.

chiffon /*fr.* ʃi'fɔ̃/ [vc. fr., propriamente 'cencio, straccio', da *chiffe* 'pezzo di stoffa', di origine germ.] **s. m. inv.** ● Tessuto leggerissimo e trasparente, di seta o di fibre sintetiche.

chiffonnier /*fr.* ʃifɔ'nje/ [da *chiffon* (V.)] **s. m. inv.** ● Cassettone alto e stretto a cinque e più cassetti usato soprattutto dalle signore per riporre cianfrusaglie.

chiffonnière /*fr.* ʃifɔ'njɛr/ [da *chiffon* (V.)] **s. f. inv.** ● Tavolino con cassetti, per lavori femminili.

chìglia [sp. *quilla*, dal fr. *quille*, dall'ol. *kiel*] **s. f.** ● Nelle imbarcazioni, elemento continuo che va da poppa a prua e collega le ossature trasversali dello scafo | Nelle navi in ferro, la lamiera centrale del fondo dello scafo.

chignon /*fr.* ʃi'ɲɔ̃/ [vc. fr., in origine 'nuca', dal lat. parl. **cateniōne(m)*, da *catēna* (delle vertebre)] **s. m. inv.** ● Crocchia di capelli raccolti e variamente annodati sul capo.

chihuahua /*sp.* tʃi'wawa/ [da *Chihuahua*, n. di uno stato del Messico da cui proviene] **s. m. inv.** ● Cane di lusso messicano di taglia piccolissima, con occhi grandi e larghe orecchie.

chiliàrca [vc. dotta, lat. tardo *chiliărche(n)*, nom. *chiliărches*, dal gr. *chiliárchēs* 'comandante di mille uomini', comp. di *chílioi* 'mille' e *archós* 'comandante'] **s. m.** (pl. *-chi*) ● Condottiero di mille uomini della falange greca.

chiliàṣmo [vc. dotta, gr. *chiliasmós*, da *chílioi* 'mille'] **s. m.** ● Millenarismo.

chiliàsta [vc. dotta, gr. *chiliastái*, da *chílioi* 'mille'] **s. m.** (pl. *-i*) ● Millenarista.

chiliàstico [da *chiliasta*] **agg.** (pl. m. *-ci*) ● Millenaristico.

chilìfero [fr. *chylifère*. V. *chilo* (*1*) e *-fero*] **agg.** ● (*med.*) Di, relativo a chilo: *vaso c.*

chilificàre [comp. di *chilo* (*1*) e *-ficare*] **v. tr.** e **intr.** (*io chilìfico, tu chilìfichi*; aus. intr. *avere*) ● (*med.*) Trasformare in chilo.

chilificazióne [da *chilificare*] **s. f.** ● Trasformazione degli alimenti in chilo. **SIN.** Chilosi.

chilo (**1**) [vc. dotta, lat. tardo *chȳlo(n)*, nom. *chȳlos*, dal gr. *chylós* 'succo della digestione', da *chéō* 'io verso'] **s. m.** ● (*med.*) Fluido lattiginoso formato dagli alimenti parzialmente digeriti nell'intestino tenue | (*fam.*) *Fare il c.*, riposare dopo aver mangiato.

chilo (**2**) **s. m.** ● Acrt. di *chilogrammo*: *un c. di farina*. ‖ **chilétto**, dim.

chilo- (**1**) ● V. *kilo-*.

chilo- (**2**) ● V. *cheilo-*.

chilocalorìa ● V. *kilocaloria*.

Chilognàti o (*raro*) **Chilògnati** [comp. di *chilo-* (*2*), var. di *cheilo-*, e del gr. *gnáthos* 'mascella' (V. *ganascia*)] **s. m. pl.** ● Nella tassonomia animale, sottordine di Diplopodi con esoscheletro rigido impregnato di sali calcarei, e privi di setole (*Chilognatha*) | (al sing. *-o*) Ogni individuo di tale sottordine.

chilogràmmetro ● V. *kilogrammetro*.

chilogràmmo ● V. *kilogrammo*.

chilohèrtz /kilo'ɛrts/ ● V. *kilohertz*.

chilòlitro ● V. *kilolitro*.

chilometràggio ● V. *kilometraggio*.

chilometràre **v. tr.** (*io chilòmetro*) ● Misurare una distanza in chilometri.

chilomètrico ● V. *kilometrico*.

chilòmetro ● V. *kilometro*.

Chilòpodi [comp. di *chilo-* (*1*) e *-pode*] **s. m. pl.** ● Nella tassonomia animale, classe di Artropodi con antenne lunghe, corpo depresso e un unico paio di zampe per ogni segmento (*Chilopodia*) | (al sing. *-e*) Ogni individuo di tale classe. ➡ **ILL. animali** /3.

chilòṣi [vc. dotta, gr. *chýlōsis*, da *chylóō* 'io riduco in succo'] **s. f.** ● (*med.*) Chilificazione.

chìloton ● V. *kiloton*.

chilovòlt ● V. *kilovolt*.

chilovoltampère /kilovoltam'pɛr/ ● V. *kilovoltampere*. SIMB. kVA.

chìlowatt /'kilovat/ ● V. *kilowatt*.

chilowattóra /kilovat'tora/ ● V. *kilowattora*.

chimàṣi [da *chimo*, col suff. *-asi*] **s. f.** ● (*biol.*) Enzima della mucosa gastrica che determina la coagulazione del latte.

chimèra [vc. dotta, lat. *chimāera(m)*, nom. *chimaera*, dal gr. *chímaira* 'capra'] **s. f.** (*Chimera* nel sign. 1) *1* Nella mitologia greco-romana, mostro favoloso, con corpo e testa di leone, una seconda testa di capra sorgente dalla schiena e coda di serpente. *2* (*fig.*) Idea, fantasia inverosimile, fantasticheria, utopia: *perdersi dietro assurde chimere*; *inseguire una c.* *3* Genere di pesci cartilaginei degli Olocefali, con corpo squaliforme, testa compressa e bocca piccola (*Chimaera*) | *C. mostruosa*, vivente nel Mediterraneo a profondità fra 200 e 1 200 m (*Chimaera monstruosa*). *4* (*biol.*) Organismo i cui tessuti sono geneticamente di due o più specie differenti | Ibrido d'innesto.

†**chimeràre** [da *chimera*] **v. tr.** e **intr.** ● (*lett.*) Immaginare cose strane e inverosimili | Fantasticare.

chimericìda [comp. di *chimera* e *-cida*, calcato sul gr. *chimaroktónos*] **agg.** (pl. *-i*) ● (*lett.*) Epiteto di Bellerofonte, uccisore della Chimera.

chimèrico **agg.** (pl. m. *-ci*) *1* Relativo alla Chimera. *2* (*fig.*) Stravagante, fantastico, illusorio: *sono tutti discorsi chimerici*; *erano speranze chimeriche*. ‖ **chimericaménte**, avv.

Chimerifórmi [comp. di *chimera* e il pl. di *-forme*] **s. m. pl.** ● Nella tassonomia animale, ordine di Pesci cartilaginei degli Olocefali cui appartiene la chimera mostruosa (*Chimaeriformes*) | (al sing. *-e*) Ogni individuo di tale ordine.

†**chimerizzàre** **v. tr.** e **intr.** ● Crearsi chimere nella fantasia | Fantasticare.

†**chimeróso** **agg.** ● (*lett.*) Chimerico, fantastico: *una inattesa bellezza / balenar talora mi parve / nella chimerosa figura* (D'ANNUNZIO).

chìmica [fr. *chimie* (stessa etim. di *alchimia*)] **s. f.** ● Scienza che studia le proprietà, la composizione, l'identificazione, la preparazione, la capacità e il modo di reagire delle sostanze naturali e artificiali del regno inorganico e di quello organico | *C. organica*, che studia i composti del carbonio | *C. generale*, riguardante le leggi che regolano i fenomeni chimici | *C. fisica*, studia i problemi comuni a chimica e fisica | *C. industriale*, insieme degli insegnamenti che portano all'omonima laurea e che hanno per oggetto lo studio delle condizioni migliori per la preparazione di prodotti chimici su larga scala | *C. pura*, insieme degli insegnamenti che portano all'omonima laurea e che hanno per oggetto la pura ricerca scientifica | *C. fine*, riguardante i composti prodotti con elevata purezza e in piccole quantità.

chìmico [fr. *chimique*, da *chimie* 'chimica'] **A** **agg.** (pl. m. *-ci*) ● Relativo alla chimica: *analisi*, *industria chimica* | Detto di sostanza ottenuta in laboratorio da altre sostanze: *prodotto c.* ‖ **chimicaménte**, avv. Secondo le leggi o i procedimenti della chimica. **B** **s. m.** (f. *-a*) ● Studioso di chimica | Professionista, laureato, tecnico, che si dedica a ricerche o applicazioni in vari settori della chimica.

chimificàre [comp. di *chimo* e *-ficare*] **v. tr.** (*io chimìfico, tu chimìfichi*) ● Trasformare gli alimenti in chimo.

chimificazióne [da *chimificare*] **s. f.** ● Trasformazione degli alimenti in chimo.

chimìṣmo [fr. *chimisme*, da *chimie* 'chimica'] **s. m.** *1* Insieme dei fenomeni prodotti da azioni chimiche, generalmente di natura organica | *C. gastrico*, titolazione dell'acidità del succo gastrico. *2* Insieme delle caratteristiche chimiche delle rocce eruttive.

chimìsta [fr. *chimiste*, da *chimie* 'chimica'] **s. m.** e **f.** (pl. m. *-i*) ● (*raro*) Chimico.

chìmo [vc. dotta, gr. *chymós* 'succo', da *chéō* 'io verso'] **s. m.** ● Materiale alimentare contenuto nello stomaco durante la digestione.

chimóno o **kimóno** [giapp. *kimono*] **s. m.** (pl. *-no*, raro *-ni*) *1* Abito tradizionale giapponese costituito da una lunga veste di seta o di cotone, ricamata o stampata a colori, con ampie maniche e stretta alla vita da un'alta cintura annodata dietro | *Manica a c.*, tipo di manica ampia e senza cucitura sulla spalla. *2* Tipico indumento, costituito da pantaloni, lunga casacca e cintura, indispensabile per chi pratica lo sport del judo.

chimòṣi [vc. dotta, gr. *chýmōsis*. V. *chimo*] **s. f.** ● (*raro*) Chimificazione.

chimoṣìna [dal gr. *chymós* 'succo'. V. *chimo*] **s. f.** ● Fermento digestivo gastrico di tipo proteolitico.

chìna (**1**) [da *chinare*] **s. f.** ● Terreno scosceso | Pendio, declivio: *la c. del colle*; *scendere giù per la c.* | *A c.*, *alla c.*, a pendio, all'ingiù | *Prendere una brutta c.*, (*fig.*) una strada pericolosa | *Essere sulla c. degli anni*, (*fig.*) nel declino degli anni.

chìna (**2**) o **chinachìna** [fr. *quina*, dallo sp. *quinaquina*, da una lingua precolombiana del Perù] **s. f.** *1* (*bot.*) Genere comprendente piante arboree delle Rubiacee con foglie persistenti semplici, fiori profumati bianchi, gialli o violetti in pannocchie, frutto a capsula (*Cinchona*). **SIN.** Cincona. *2* Corteccia della pianta omonima, contenente sostanze medicamentose ad azione antimalarica e antipiretica | Droga variamente usata tratta da questa corteccia. *3* Liquore preparato con alcol e corteccia di china: *elisir di c.*; *bere una c. calda*.

chìna (**3**) [da *China*, var. di *Cina*] **s. f. inv.** ● (*ell.*) Inchiostro di china: *passare un disegno a c.*; *disegnare a c.*

chìna (**4**) [fr. *quine*, dal lat. *quīna*, nt. pl. 'a cinque a cinque'] **s. f.** ● Doppio cinque, nella tavola reale, quando ambo i dadi hanno scoperto il cinque | Nel domino, pezzo con segnati due cinque.

chinachìna ● V. *china* (*2*).

chinàre [lat. **clināre* (attestato in lat. solo nei composti), dalla radice **klei-* 'inclinare'] **A** **v. tr.** ● Piegare in basso, verso terra | *C. lo sguardo*, *il capo*, *il volto*, in segno di umiliazione, vergogna, imbarazzo: *a quel parlare / chinò ella il bel volto* (TASSO) | *C. il capo*, in segno di saluto | *C. il capo*, *la schiena*, (*fig.*) sottomettersi | *C. le ginocchia*, inginocchiarsi. **SIN.** Abbassare. **B** **v. rifl.** ● Piegarsi in basso con la persona: *chinarsi per raccogliere q.c.* **SIN.** Curvarsi.

†**chinàta** **s. f.** ● Pendio, discesa.

chinàto (**1**) **A** **part. pass.** di *chinare*; anche **agg.** ● Nei sign. del v. **B** **s. m.** ● †La parte inclinata di q.c.: *Qual pare a riguardar la Carisenda / sotto 'l c.* (DANTE *Inf.* XXXI, 136-137).

chinàto (**2**) [da *china* (*2*)] **agg.** ● Che contiene china: *vermut c.*

†**chinatóre** [da *chinare*] **s. m.** ● (*raro*) Chi si piega.

chinatùra **s. f.** *1* (*raro*) Atto del chinare, o del chinarsi. *2* (*raro*) Curvatura.

chincàglia [fr. *quincaille*, di origine onomat.] **s. f.** ● (*spec. al pl.*) Chincaglierie.

chincaglière [fr. *quincaillier*, da *quincailles* 'chincaglie'] **s. m.** (f. *-a*) ● Venditore di chincaglie.

chincaglierìa [fr. *quincaillerie*, da *quincailles* 'chincaglie'] **s. f.** *1* (*spec. al pl.*) Oggetti minuti e di poco valore usati per ornamento personale o per l'abbellimento di mobili, stanze e sim.: *la sua camera è piena di chincaglierie*. *2* Negozio in cui si vendono tali oggetti.

chinchilla /*sp.* tʃin'tʃiʎa/ [vc. di origine peruviana] **s. m. inv.** ● Cincillà.

chiné /*fr.* ʃi'ne/ [fr., part. pass. di *chiner* 'dare colori differenti ai fili di un tessuto', da *Chine* 'Cina', dove venne elaborato il procedimento] **agg. inv.** ● Detto di tessuto screziato, marezzato.

chinèa o (*raro*) †**acchinèa** [fr. *haquenée*, di etim. incerta] **s. f.** *1* (*lett.*) Cavallo che tiene l'ambio, adatto spec. per lunghi percorsi. *2* (*st.*) Cavallo bianco che i re di Napoli offrivano ogni anno al Papa, come feudatari della Chiesa.

chinése ● V. *cinese*.

chineserìa ● V. *cineseria*.

chinèṣi-, **-chinèṣi** ● V. *cinesi-*, *-cinesi*.

chineṣiologìa ● V. *cinesiologia*.

chineṣiterapìa ● V. *cinesiterapia*.

chineṣiteràpico ● V. *cinesiterapico*.

chineṣiterapista ● V. *cinesiterapista*.

chinetopatìa [comp. del gr. *kinētós* 'mobile' (V. *chinetosi*) e di *-patia*] **s. f.** ● Chinetosi.

chinetòṣi o **cinetòṣi** [dal gr. *kinētós* 'mobile', da *kinêin* 'porre in movimento' (V. *cinematica*)] **s. f.** ● (*med.*) Complesso di disturbi, quali nausea e vomito, di origine neurovegetativa, causati da un movimento non uniforme, spec. su mezzi di trasporto come automobile, barca, aeroplano, treno. **SIN.** Cinesia.

chinidìna [da *chinina*] **s. f.** ● (*chim.*) Isomero ottico della chinina, usato come farmaco contro la fibrillazione cardiaca.

chinìna [fr. *quinine*. V. *china* (*2*)] **s. f.** ● Alcaloide della corteccia della china, usato sotto forma di sali come tonico, febbrifugo e antimalarico.

chinìno [da *chinina*] s. m. ● Sale acido o neutro di chinina, usato come antipiretico e analgesico.

chìno (1) [part. accorciato di *chinare*] agg. ● Chinato, inclinato, curvo, piegato | *Stare a, col, capo c.*, in segno di umiltà, vergogna, pentimento.

chìno (2) [da *chinare*] s. m. ● (*raro*) Pendio, declivio | †*Andare al c.*, (*fig.*) cadere in miseria.

chinolìna [comp. di *china* (2) e del lat. *ŏleum* 'olio'] s. f. ● (*chim.*) Composto eterociclico basico, liquido, incolore, formato dalla condensazione di un nucleo benzenico e di uno piridinico, impiegato in sintesi organiche e in medicina. SIN. Benzopiridina.

chinolìnico agg. (pl. m. *-ci*) ● (*chim.*) Detto di derivato della chinolina | Detto di sostanza che contiene chinolina o derivati della chinolina: *colorante c.*

chinóne [da *china* (2)] s. m. ● (*chim.*) Composto organico aromatico risultante dalla sostituzione di due atomi di idrogeno con due atomi di ossigeno, diffuso come pigmento in molti vegetali e in organismi animali.

chinòtto [da *China*, antico n. della *Cina*] s. m. *1* Piccolo albero delle Rutacee con piccoli fiori bianchi molto profumati e frutti amari più piccoli dell'arancia (*Citrus bigaradia sinensis*) | Il frutto di tale albero. *2* Bibita analcolica preparata con acqua, zucchero, acido citrico, anidride carbonica e aromatizzata con estratto a base di chinotto.

chintz /ingl. tʃints/ o **cintz, cinz** [ingl., dall'indostano *chhint* 'cotone variegato'] s. m. inv. ● Tessuto da arredamento stampato a vari colori o in tinta unita, reso lucido da uno speciale finissaggio.

†**chiòcca** [da †*chioccare*] s. f. *1* Colpo, percossa, battitura | *A c.*, in copia, in quantità. *2* Ciocca. || †**chiocchétta**, dim.

†**chioccàre** [vc. onomat.] v. tr. e intr. *1* Picchiare, percuotere. *2* Schioccare.

†**chioccàta** s. f. ● Schiocco, rumore.

chiocchiolìo ● V. *chioccolio*.

chiòccia [da *chiocciare*] s. f. (pl. *-ce*) *1* Gallina che cova le uova o alleva i pulcini | (*est.*) *Fare la c.*, (*fig.*) accoccolarsi, stare rannicchiato | (*est.*) Donna dotata di un forte senso della maternità, e gelosamente protettiva. *2* (*est., fig.*) †Persona malaticcia e pigra che ama stare al caldo.

†**chiocciàna** [da *chiocci(ola)*] s. f. ● Scala a chiocciola.

chiocciàre [vc. onomat.] v. intr. (*io chiòccio*; aus. *avere*) *1* Emettere un verso rauco e stridulo, detto della chioccia quando cova e (*est.*) di altri uccelli. *2* (*raro*) Covare: *le galline chiocciarono, e venne marzo* (PASCOLI). *3* (*fig.*) Stare rannicchiato, spec. al caldo, come una chioccia, detto di persona. *4* (*est., raro, tosc.*) Risuonare, detto di vasi fessi. *5* (*est.*) †Crocchiare, detto dei ferri dei cavalli | †*Non gli chioccia il ferro*, (*fig.*) è molto astuto.

chiocciàta [da *chioccia*] s. f. ● Tutti i pulcini nati in una covata | (*fig., fam.*) Figliolanza, prole.

chiòccio agg. (pl. f. *-ce*) *1* Che ha un suono rauco e stridulo, simile al verso della chioccia: *voce chioccia*. *2* (*est.*) Aspro, sgradevole. *3* †Quieto, zitto. *4* †Infermiccio.

chiòcciola [dim., con metatesi, del lat. *cŏchlea*, dal gr. *kochlías*, da *kóchlos* 'conchiglia'] s. f. *1* Nome di varie specie di Molluschi dei Gasteropodi polmonati terrestri con conchiglia globoide, spesso commestibili | *A c.*, a vite, a spirale | *Portarsi la casa addosso come la c.*, portare tutto con sé | *Fare una vita da c.*, star sempre rinchiuso in casa | (*raro*) *Mutare le noci in chiocciole*, fare un cambio poco vantaggioso | †*Soldato da c.*, inetto. ➡ ILL. **zoologia generale**. *2 Scala a c.*, (*ell.*) *chiocciola*, scala a forma elicoidale. *3* (*tecnol.*) Madrevite. *4* (*anat.*) Coclea. *5* (*mus.*) Estremità del manico del violino. SIN. Riccio. *6* Caracollo | *Fare c.*, caracollare. || **chioccioletta**, dim. | **chiocciolina**, dim. | **chiocciolino**, dim. m. | **chiocciolóna**, accr. | **chiocciolóne**, accr. m.

chiocciolàio s. m. ● (*raro*) Chi va a cercare chiocciole.

†**chiocciόne** [da *chiocciare*, nel sign. 3] s. m. ● Chi sta volentieri accanto al fuoco.

chiòcco [da *chioccare*] s. m. (pl. *-chi*) ● Schiocco.

chioccolàre [vc. onomat.] v. intr. (*io chiòccolo*; aus. *avere*) *1* Emettere fischi brevi e leggeri, detto dei fringuelli, dei merli e di altri uccelli. *2* Imitare il fischio del merlo, del fringuello, ecc., spec. col chioccolo. *3* (*est.*) Gorgogliare dolcemente: *l'acqua chioccola nella fontana*.

chioccolatóre agg.; anche s. m. ● Che, chi chioccola: *merlo c.*

chioccolìo o **chiocchiolìo**. s. m. *1* Il chioccolare degli uccelli. *2* (*est.*) Gorgoglio continuo e sommesso di acque: *roco c. della vaschetta in mezzo al giardino* (PIRANDELLO).

chiòccolo [da *chioccolare*] s. m. *1* Richiamo caratteristico del merlo e del fringuello. *2* Fischio di ottone con cui si richiama il merlo o il fringuello: *caccia col c.* *3* (*est.*) Chioccolio.

chiodàia [da *chiodo*] s. f. *1* In orologeria, punzone d'acciaio per ribadire le ruote sul loro pignone o il bilanciere sul suo asse. *2* Antico stampo per fare la capocchia ai chiodi.

chiodàio o (*dial.*) **chiodàro**. s. m. ● Chi fabbrica chiodi.

chiodaiòlo o †**chiodaiuòlo** s. m. *1* Chiodaio. *2* (*fig., spreg.*) Chi fa molti debiti.

chiodàme s. m. ● (*raro*) Insieme di chiodi di qualità e forme diverse.

chiodàre o †**chiovàre**. v. tr. (*io chiòdo*) ● (*raro*) Inchiodare.

chiodàro ● V. *chiodaio*.

chiodàto part. pass. di *chiodare*; anche agg. *1* Nei sign. del v. *2 Bastone c.*, che finisce con una punta metallica | *Scarpe chiodate*, con chiodi infissi nella suola, usate spec. un tempo per passeggiate ed escursioni in montagna | *Copertone c.*, fornito di punte metalliche per migliorarne la tenuta su strade scivolose o ghiacciate.

chiodatrìce s. f. *1* Inchiodatrice. *2* (*mecc.*) Macchina utensile per effettuare chiodature.

chiodatùra o †**chiovatùra**. s. f. *1* Atto, effetto dell'inchiodare. *2* (*mecc.*) Tipo di giunzione fissa usata nel collegamento di lamiere, le quali vengono fissate tra di loro mediante chiodi ribattuti. *3* Insieme di chiodi infissi in un oggetto: *la c. delle scarpe*.

chioderìa s. f. *1* Officina nella quale si fabbricano chiodi. *2* Arte di fabbricare chiodi. *3* Chiodame.

chiodétto s. m. *1* Dim. di *chiodo*. *2* Fungo basidiomicete delle Boletacee con cappello di color rosso bruno viscido nella parte superiore (*Gomphidius glutinosus*).

†**chiòdina** [etim. discussa: da accostare a *chiavica* (?)] s. f. ● Cloaca, fogna.

chiodìno s. m. *1* Dim. di *chiodo*. *2* Piccolo fungo mangereccio delle Agaricacee dal cappello giallastro con lamelle nella parte inferiore e anello persistente (*Armillaria mellea*). SIN. Famigliola buona | *C. matto*, piccolo fungo parassita di aspetto simile al chiodino ma velenoso (*Hypholonia fasciculare*). ➡ ILL. **fungo**.

chiòdo o (*dial.*) †**chiòvo** [lat. *clāvu(m)* 'chiodo' (prob. da una radice che significa 'battere'), cui si sovrappose *claudere* 'chiudere'] s. m. *1* Asticciola metallica, aguzza da una parte e capocchiuta dall'altra, da conficcare, spec. in legno o metallo, per unire tra loro due parti | *C. a diamante*, con la capocchia a piramide tronca | *C. a pantera*, adatto spec. per infissioni in pareti di cemento | *C. da piastra*, bullone che si ribadisce a caldo | *C. da staffa*, cilindrico | *C. barbone*, in acciaio con tacche a sega per inchiodare le artiglierie ad avancarica | *Ribadire il c.*, (*fig.*) insistere sullo stesso argomento | *Magro come un c., essere un c.*, (*fig.*) di persona molto magra | *Attaccare la racchetta, i guantoni* e sim. *al c.*, ritirarsi da uno sport | *Mettere i chiodi nel buco vecchio*, (*fig.*) seguire la tradizione, le abitudini | *Roba da chiodi*, (*fig.*) azioni o parole biasimevoli, idee assurde | *Dire roba da chiodi*, sparlare, dire insolenze, denunciare cose incredibili | *Stare a c.*, (*tosc.*) concentrarsi sul lavoro. *2* Nell'alpinismo, attrezzo in metallo che si infigge con la lama nella roccia o nel ghiaccio e reca, all'estremo libero, un occhio, cui collegare, mediante anello o moschettone, corda e staffa per sicurezza e appiglio. ➡ ILL. p. 1296 SPORT. *3* Nel podismo, ciascuna delle speciali puntine metalliche applicate sotto le scarpe per meglio aderire al terreno della pista. *4* (*bot.*) *C. di garofano*, gemma florale di una pianta tropicale delle Mirtacee raccolta prima che si sviluppi il fiore ed essiccata, usata come spezie. ➡ ILL. **spezie**. *5* Fitta dolorosa | (*med.*) *C. isterico*, forma di cefalea che si accompagna a sensazioni di trafittura cranica | (*med.*) *C. solare*, cefalea localizzata sopra le orbite per insolazione o malattia, spec. malaria. *6* (*fig.*) Idea fissa, quasi ossessiva: *non si riesce a togliergli quel c. dalla testa* | (*raro, lett.*) Decisione ferma: *fissare il c.* *7* (*fig., fam.*) Debito: *lasciare un c. in trattoria*; *comprare a c.* | *Piantare un c.*, fare un debito | *Sconficcare, levare un c.*, pagare un debito || PROV. Chiodo scaccia chiodo. *8* (*gerg.*) Corto giubbotto imbottito, spec. di pelle nera. || **chiodàccio**, pegg. | **chiodarèllo**, **chioderèllo**, dim. | **chiodettino**, dim. | **chiodétto**, dim. (V.) | **chiodino**, dim. (V.) | **chiodóne**, accr.

chioggiòtto o †**chiozzòtto** **A** agg. ● Di Chioggia: *case chioggiotte*. **B** s. m. (f. *-a*) ● Abitante di Chioggia. **C** s. m. solo sing. ● Dialetto parlato a Chioggia.

chiolite [comp. del gr. *chiṓn* 'neve', di origine indeur., per il suo colore biancastro, e di *-lite*] s. f. ● (*miner.*) Fluoruro di alluminio e di sodio, incolore o bianchiccio.

chiòma [lat. *cŏmula(m)*, dim. di *cŏma* 'chioma', dal gr. *kómē*, con metatesi] s. f. *1* Insieme dei capelli: *una lunga, folta c.*; *le tue chiome auliscono come / le chiare ginestre* (D'ANNUNZIO) | *Recidersi la c.*, (*fig.*) entrare in convento. SIN. Capigliatura. *2* (*est.*) Criniera: *la c. del cavallo* | (*poet.*) Giubba del leone. *3* (*fig.*) Insieme di rami, fronde e foglie che formano la parte superiore di un albero. *4* Estesa formazione di gas fluorescenti che avvolge il nucleo delle comete spec. quando si trovano in vicinanza del Sole. *5* †Pennacchio: *la c. dell'elmo* | †Pennacchio della rocca.

chiomadòro [comp. di *chioma* e *oro*] agg. inv. ● (*poet.*) Dalla chioma bionda.

chiomànte agg. *1* (*lett.*) Chiomato. *2* (*raro, lett.*) Fornito di criniera | Che scuote la criniera. *3* (*poet.*) Frondeggiante, fronzuto: *sul poggio / c. di pini* (D'ANNUNZIO). *4* (*raro, lett.*) †Adorno di pennacchio.

chiomàto agg. *1* Che ha lunga e vistosa chioma: *vedea ... / ... / sulle sciolte redini / chino il c. sir* (MANZONI). *2* (*raro, lett.*) Che ha folta criniera: *cavallo, leone c.* *3* (*poet.*) Frondoso: *albero, bosco c.* *4* (*lett.*) Di cometa che ha lunga coda. *5* (*lett.*) Adorno di pennacchio: *elmo c.*

chiomazzùrro [comp. di *chioma* e *azzurro*] agg. ● (*lett.*) Dalla chioma azzurra: *il dio c.* (PASCOLI).

chiomeggiàre [da *chioma*] v. intr. (*io chioméggio*) ● (*lett.*) Essere fronzuto.

†**chiomindoràto** [comp. di *chioma* e *indorato*] agg. ● (*poet.*) Dalla chioma bionda, simile all'oro.

†**chiominevóso** [comp. di *chioma* e *nevoso*] agg. ● (*lett.*) Dalla chioma bianca.

chiomóso [da *chioma*] agg. ● (*lett.*) Che ha lunghi e folti capelli: *col cenno del capo c.* (D'ANNUNZIO).

chiònzo [etim. discussa: longob. *klunz* 'tardo, pesante' (?)] agg. ● (*tosc.*) Tozzo, goffo.

chiòrba [lat. *cŏrbula(m)*, dim. di *cŏrbis* 'corba'] s. f. ● (*tosc.*) Testa.

†**chiòsa (1)** [da *chiosa* (2)] s. f. *1* Macchia, chiazza. *2* Moneta di piombo usata per gioco dai ragazzi.

chiòsa (2) [lat. tardo *glōsa(m)*, nom. *glōsa*, dal gr. *glôssa* 'lingua, parola antiquata o straniera'] s. f. *1* Spiegazione di parola o passo di significato difficile aggiunta a un testo da parte di chi legge o commenta il testo stesso: *alle leggi poi di Giustiniano fecero le chiose i primi interpreti* (MURATORI). SIN. Glossa, postilla. *2* (*est., fig.*) Commento: *fare le chiose di un fatto*. || **chiosèlla**, dim. | **chioserèlla**, dim. | **chiosétta**, dim. | **chiosùccia**, dim.

chiosàre [da *chiosa* (2)] v. tr. (*io chiòso*) *1* Interpretare ed esporre un testo o un passo difficile con chiose. *2* (*est., lett.*) Commentare, spiegare, interpretare: *invece di Omero chioserò Crisippo* (LEOPARDI). *3* (*fig.*) Criticare aspramente, rampognare.

chiosatóre [da *chiosare*] s. m.; anche agg. (f. *-trice*) *1* (*raro*) Chi, che fa chiose. *2* (*raro, fig.*) †Maldicente.

chiòsco [turco *kösk*, prob. attraverso il fr. *kiosque*] s. m. (pl. *-schi*) *1* Piccola costruzione in muratura o altro materiale, anche posticcia, adibita a vari usi: *il c. del giornalaio, del gelataio, del fio-*

raio. **2** Piccolo padiglione a cupola in giardini, parchi e sim. **3** Capanno formato da alberi e rami intrecciati. || **chioschétto**, dim.

chiòstra [lat. *clāustra*, nt. pl. di *claustrum*. V. *chiostro*] s. f. **1** (*lett.*) Recinto, cerchia: *c. dei monti*; *c. dei denti* | (*fig.*) Cerchia: *c. di amici*. **2** Luogo chiuso e recintato | (*est.*) Zona, regione: *S'io son d'udir le tue parole degno, / dimmi se vien d'inferno, e di qual c.* (DANTE *Purg.* VII, 20-21). **3** †Convento, chiostro.

†**chiostrière** s. m. ● Abitante del chiostro.

chiòstro o (*lett.*) **clàustro** [lat. *clāustru(m)*, da *clāudere* 'chiudere'] s. m. **1** Cortile di monastero, circondato da porticati, situato talora anche a fianco di cattedrali. **2** (*est.*) Convento: *correvano a ... sacri chiostri per impiegar quivi il resto de lor giorni* (MURATORI) | (*fig.*) Vita monastica: *cercare la pace, la solitudine del c.* | Clausura. **3** †Recinto dei canonici nella cattedrale. **4** (*est.*) †Chiusura, recinto | (*fig.*) †Difesa. || **chiostrétto**, dim. | **chiostricino**, dim. | **chiostrino**, dim. | **chiostrùccio**, dim.

chiòtto [etim. incerta] agg. ● Che sta quieto, silenzioso, ritirato, per prudenza, paura, circospezione e sim. (*spec. iter.*): *si allontanò chiotta chiotta.*

†**chiòva** ● V. †*ghiova.*

chiovàrdo [dal lat. *clāvus* 'chiodo, tumore'] s. m. ● (*veter.*) Malattia del piede del cavallo caratterizzata da processi necrotici con suppurazione e formazione di fistole.

†**chiovàre** ● V. *chiodare.*

†**chiovatùra** ● V. *chiodatura.*

†**chiovellàre** v. tr. ● (*raro*) Trapassare con chiodi.

†**chiovèllo** [dalla sovrapposizione di †*chiovo* a †*chiavello* (*1*)] s. m. ● Chiodo.

†**chiòvo** ● V. *chiodo.*

†**chiòvola** [lat. *clāvula(m)*, dim. di *clāva* 'clava, mazza, bastone'] s. f. **1** (*dial.*) Chiodo. **2** (*raro*) Articolazione, giuntura.

chiòvolo [da †*chiovo*] s. m. **1** Anello di ferro, legno e sim. in cui s'infila la stanga dell'aratro o il timone del giogo. **2** (*veter.*) Rigonfiatura che si forma sui tarsi di civette o falchi e sim., troppo stretti dai geti.

†**chiòzzo** ● V. *ghiozzo* (*1*).

chiozzòtta [dalla forma dial. *ciozòta*, ora *ciosòta* 'di Chioggia'] s. f. ● Barcone a vela da trasporto in uso a Chioggia e nelle lagune venete.

†**chiozzòtto** ● V. *chioggiotto.*

chip /*ingl.* tʃip/ [vc. ingl. d'orig. germ.] s. m. inv. ● (*elettron.*) Piastrina di semiconduttore, di pochi millimetri quadrati di superficie, sulla quale è realizzato un circuito integrato. SIN. Microchip.

chippendale /*ingl.* 'tʃipəndeil/ [dal n. dell'ebanista Th. *Chippendale* (1718-1779)] **A** s. m. inv. ● Stile di mobilia inglese costituito da elementi ripresi dagli stili gotico, rococò e orientale. **B** anche agg. inv.: *stile c.*; *mobili c.*

†**chiràgra** [vc. dotta, lat. *chīragra(m)*, nom. *chīragra*, dal gr. *cheirágra*, comp. di *chéir*, genit. *cheirós* 'mano' e *ágra* 'caccia, preda'] s. f. ● Gotta delle mani.

†**chiragróso** agg.; anche s. m. (f. *-a*) ● Che, chi è affetto da chiragra.

chirghìso ● V. *kirghiso.*

chiridòta [vc. dotta, lat. *chiridōta(m)*, nom. *chiridōta*, dal gr. *cheiridōtós* 'fornito di maniche' (sott. 'chitone'), da *cheirís*, genit. *cheirîdos* 'guanto, manica', da *chéir*, genit. *cheirós* 'mano'] s. f. ● Tunica con le maniche.

chìrie s. m. inv. ● Adattamento di *kyrie* (V.).

chirielèison o **chirielèison**, **chirie eleison** s. m. ● Adattamento di *kyrie eleison* (V.).

†**chirinzàna** ● V. *chiarantana.*

chiro- o **cheiro-** [dal gr. *chéir*, genit. *cheirós* 'mano', di origine indeur.] primo elemento ● In parole composte dotte o scientifiche significa 'mano' e talvolta 'pinna': *chirografo, chiromanzia, chirotteri.*

chirognomìa [comp. di *chiro-* e un deriv. del gr. *gnṓmē* 'conoscenza' (V. *gnome*)] s. f. ● Arte di dedurre il carattere di una persona dalla lettura della sua mano.

chirografàrio [vc. dotta, lat. tardo *chirographāriu(m)*, da *chirŏgraphum* 'chirografo'] **A** agg. **1** (*gener.*) Che si riferisce al chirografo. **2** (*dir.*) Detto di debito o credito sfornito di privilegio o di ipoteca e basato su una semplice scrittura privata | Detto di creditore che vanta un documento firmato dal debitore. **B** s. m. ● (*dir.*) Creditore che vanta un documento firmato dal debitore.

chirògrafo [vc. dotta, lat. *chirŏgraphu(m)*, dal gr. *cheirógraphon* 'manoscritto', comp. di *chéir*, genit. *cheirós* 'mano' e *gráphō* 'io scrivo'] s. m. (*dir.*) **1** (*gener.*, *raro*) Qualunque documento, spec. scritto di propria mano dal suo autore. **2** (*dir.*) Scrittura privata relativa a obbligazioni patrimoniali.

chirologìa [comp. di *chiro-* e *-logia*] s. f. (pl. *-gie*) **1** Metodo di studio della mano e spec. delle sue linee a scopo divinatorio. **2** †Arte di conversare coi sordomuti mediante segni delle mani.

chiròlogo [da *chirologia*] s. m. (pl. *-gi*) ● Chi pratica la chirologia.

chiromànte [vc. dotta, gr. *cheirómantis*, comp. di *chéir*, genit. *cheirós* 'mano' e *mántis* 'indovino'] s. m. e f. ● Chi esercita la chiromanzia | Indovino.

chiromàntico agg. (pl. m. *-ci*) ● Relativo alla chiromanzia.

chiromanzìa [vc. dotta, gr. tardo *cheiromantéia*, da *cheirómantis* 'chiromante'] s. f. ● Arte divinatoria che pretende di presagire il futuro degli uomini e di interpretare il loro carattere mediante la lettura dei segni della mano.

chiromegalìa [comp. di *chiro-* e *-megalia*] s. f. ● (*med.*) Sviluppo esagerato di una o ambedue le mani.

chironomìa o **cheironomìa** [vc. dotta, lat. *chironŏmia(m)*, nom. *chironŏmia*, dal gr. *cheironomía*, comp. di *chéir*, genit. *cheirós* 'mano' e *nómos* 'legge'] s. f. **1** Arte del gestire recitando o parlando in pubblico. **2** Arte di dirigere spec. il coro con gesti della mano.

chiropràssi [comp. di *chiro-* e del gr. *prâxis* 'l'agire' (V. *prassi*)] s. f. ● Chiropratica.

chiropràtica [comp. di *chiro-* e *pratica*] s. f. ● Chiroterapia | (*gener.*) Ogni procedura di massaggio manuale.

chiropràtico s. m. (f. *-a*) ● Chiroterapeuta.

chiroscopìa [comp. di *chiro-* e *-scopia*] s. f. ● Chiromanzia.

chirospàsmo ● V. *cheirospasmo.*

†**chiròta** [vc. dotta, gr. *cheirōtós* 'provvisto di mani', da *chéir*, genit. *cheirós* 'mano'] s. m. ● Rettile sauro con corpo cilindrico diviso in anelli e due arti ridotti (*Bipes canaliculatus*).

chirotèca [comp. del gr. *chéir*, genit. *cheirós* 'mano' e *thḗkē* 'scrigno, fodero'] s. f. ● Guanto usato dai vescovi nelle funzioni.

chiroterapèuta [comp. di *chiro-* e *terapeuta*] s. m. e f. (pl. m. *-i*) ● Chi pratica la chiroterapia. SIN. Chiroterapista.

chiroterapìa [comp. di *chiro-* e *terapia*] s. f. ● Terapia correttiva specifica, mediante trattamento manuale volto a eliminare le cause dei sintomi dolorosi a carico della colonna vertebrale e del bacino.

chiroteràpico agg. (pl. m. *-ci*) ● Di, relativo a, chiroterapia: *trattamento c.*

chiroterapìsta [comp. di *chiro-* e *terapista*] s. m. e f. (pl. m. *-i*) ● (*med.*) Chiroterapeuta.

chirotipìa [comp. di *chiro-* e *-tipia*] s. f. ● Riproduzione grafica ottenuta passando a mano pennelli o pennini su lastrine opportunamente traforate.

Chiròtteri [comp. del gr. *chéir*, genit. *cheirós* 'mano' e *pterón* 'ala'] s. m. pl. ● Nella tassonomia animale, ordine di Mammiferi adatti al volo grazie alla membrana alare che unisce tra loro le lunghissime dita collegandosi ai fianchi e agli arti posteriori (*Chiroptera*) | (al sing. *-o*) Ogni individuo di tale ordine.

chirurgìa [vc. dotta, lat. tardo *chirūrgia(m)*, nom. *chirūrgia*, dal gr. *cheirourgía* 'arte manuale', poi 'chirurgia', da *cheirourgós*. V. *chirurgo*] s. f. (pl. *-gie*) ● (*chir.*) Branca della medicina che utilizza atti operatori e si avvale di tecniche manuali e strumentali di intervento cruento per la terapia di malattie altrimenti non curabili | *C. plastica*, chirurgia a scopo ricostruttivo o riparativo dei difetti, congeniti o acquisiti, del corpo umano | *C. estetica*, branca della chirurgia plastica che si propone di correggere difetti corporei per motivi estetici | *C. del freddo*, criochirurgia.

chirùrgico [vc. dotta, lat. tardo *chirūrgicu(m)*, nom. *chirūrgicus*, dal gr. *cheirourgikós*, da *cheirourgós*. V. *chirurgo*] agg. (pl. m. *-ci*) ● Della, relativo alla, chirurgia: *metodo c.* | Che è proprio della chirurgia: *tecnica chirurgica*; *intervento c.* | (*est.*) Di precisione, mirato, detto di azione spec. militare: *attacco c. alla base nemica.* || **chirurgicaménte**, avv. Secondo i metodi, i principi della chirurgia; per mezzo della chirurgia: *intervenire chirurgicamente.*

chirùrgo [vc. dotta, lat. tardo *chirūrgu(m)*, nom. *chirūrgus*, dal gr. *cheirourgós* 'che opera con le proprie mani', comp. di *chéir*, genit. *cheirós* 'mano' ed *érgon* 'opera'] s. m. (f. raro *-a*; pl. m. *-ghi* o, raro, *-gi*; V. nota d'uso FEMMINILE) ● Medico che pratica la chirurgia.

chi sa /ki s'sa*/ ● V. *chissà.*

chisciottésco [da (*don*)*chisciottesco*] agg. (pl. m. *-schi*) ● (*raro*) Donchisciottesco.

chi si sìa ● V. *chissisia.*

chissà o **chi sa** [da *chi sa*] avv. **1** Esprime dubbio, incertezza o vaga speranza: *c. chi è che ha suonato*; *ci rivedremo c. quando*; *saremo c. quanti*; *c. se potrò*; *c. che non possa fare qualcosa per te.* **2** Forse, probabilmente, può darsi (nelle risposte e in incisi): *'esci domani?' 'c.!'*; *era convinto, c., di fare una buona azione* | Nelle loc. di valore indet. *c. chi*; *c. che cosa*; *c. mai*; *c. che*; *c. come* e sim.

chissisìa o **chi si sìa** [da *chi si sia*] pron. indef. m. e f. (pl. †*chissisìano*) ● (*lett.*) Chicchessia.

chistera /*sp.* tʃis'tera/ [sp., 'cesta', di origine basca] s. f. (pl. *chisteras* /*sp.* tʃis'teras/) ● Cesta, nella pelota basca.

†**chitàre** [fr. *quitter* 'lasciare', dal lat. *quiētu(m)* 'quieto'] **A** v. tr. ● Abbandonare, lasciare. **B** v. intr. ● Dare quietanza.

chitàrra [ar. *qītāra*, dal gr. *kithára*. V. *cetra*] **A** s. f. **1** Strumento musicale a sei corde, con cassa armonica a forma di otto che serve spec. da accompagnamento: *c. classica, elettrica, acustica* | *C. hawaiana*, ukulele. ➡ ILL. **musica**. **2** Telaio di legno rettangolare sul quale sono tesi a piccoli intervalli e nel senso della lunghezza numerosi fili di acciaio, usato in Abruzzo per tagliare la pasta all'uovo. **B** in funzione di agg. inv. ● (posposto al s.) Nella loc. *Pesce* (V.) *c.* || **chitarrina**, dim. | **chitarrìno**, dim. m. | **chitarróna**, accr. | **chitarróne**, accr. m. (V.) | **chitarrùccia**, **chitarrùzza**, dim.

chitarràta s. f. **1** Sonata con una o più chitarre | Aria per chitarra | (*spreg.*) Esecuzione musicale scadente. **2** (*fig.*, *iron.*) Adulazione, incensamento.

chitarrìsta s. m. e f. (pl. m. *-i*) ● Suonatore di chitarra.

chitarronàta s. f. **1** Sonata di chitarra. **2** (*fig.*, *spreg.*) Poesia mediocre: *non mai c ... mi uscì dalle mani tanto volgare* (CARDUCCI).

chitarróne s. m. **1** Accr. di *chitarra.* **2** Varietà secentesca di liuto. **3** (*iron.*, *fig.*) Poeta dozzinale.

chitìna [dal fr. *chitine*, a sua volta dal gr. *kýtos* 'vaso, corazza'] s. f. ● (*chim.*) Polisaccaride azotato, bianco, amorfo, costituente l'esoscheletro degli Artropodi e i rivestimenti di altri Invertebrati, presente in molti funghi e licheni come sostituto della cellulosa | *C. vegetale*, micosina.

chitinóso agg. ● Detto di organo animale costituito o rivestito di chitina.

chitóne [vc. dotta, gr. *chitṓn*, genit. *chitônos* 'tunica', di origine semitica] s. m. ● Nell'antica Grecia, tunica stretta in vita da una cintola, e costituita da un telo di forma oblunga che si avvolgeva attorno al corpo in modo da lasciare un'apertura per il braccio mentre i due capi venivano fissati sulle spalle con fermaglio e bottone.

chiù [vc. onomat.] **A** inter. ● Riproduce il grido dell'assiolo: *veniva una voce dai campi: / ' c.'* (PASCOLI). **B** s. m. **1** (*tosc.*) Correntemente, assiolo. **2** Il grido stesso dell'assiolo. **3** (*fig.*) †Babbeo.

†**chiucchiurlàia** [da *chiurlo*] s. f. ● Schiamazzo di molte persone che parlano e gridano | (*est.*) Cerimonia insulsa.

chiudènda [da *chiudere*] s. f. **1** Recinzione spec. di fili di ferro o siepi, che ripara orti, campi e sim. **2** Serranda, saracinesca. **3** Terreno coltivato a olivi, in colture specializzate.

chiùdere [lat. tardo *clūdere*, per il classico *claudere*, di origine indeur.] **A** v. tr. (pass. rem. *io chiùsi, †chiudètti, tu chiudésti*; part. pass. *chiùso*) **1** Far combaciare due o più parti divise di q.c., o due o più cose divise, serrare insieme, congiungere: *c. la porta, la finestra, l'ombrello, il ventaglio, il baule, la valigia, il libro, la scatola, la lettera, la bocca, gli occhi* | *C. le mani*, congiungerle, spec. in atto di preghiera | *C. le braccia*, accostarle o incrociarle e stringerle al petto | *C. un occhio*, (*fig.*) lasciar correre | *Non c. occhio*, (*fig.*) non riuscire a dormire | *C. gli occhi*, (*fig.*) morire | *Chiudi quella bocca!*, stai zitto! | *C. la bocca a qc.*, (*fig.*) impedirgli di parlare con minacce e violenze, vincerlo in uno scontro verbale | *C. la porta in faccia a qc.*, (*fig.*) scacciarlo. CONTR. Aprire. **2** Serrare, restringere, rendere angusto, costringere in uno spazio ristretto: *c. una vite in una morsa*; *c. l'esercito fra due montagne*; *c. pesci, uccelli nella rete* | *La paura gli ha chiuso lo stomaco* | *C. la mano*, stringerla a pugno | *C. le braccia attorno al collo di qc.*, abbracciarlo | *C. una pagina del giornale*, serrare il telaio contenente la composizione tipografica e passarla per la stampa ai reparti stereotipia e rotativa | *Il terrore lo chiuse in una morsa*, (*fig.*) gli impedì di comportarsi liberamente, di essere sereno. **3** Cingere intorno: *c. q.c. con un muro, un fosso, una siepe, uno steccato*. **4** Impedire un passaggio con ostacoli, sbarrare, ostruire (*anche fig.*): *c. la strada, il cammino a qc.*; *onde al dolore / chiuda ogni via* (ALFIERI) | *C. al traffico una strada*, vietarvi il transito | *C. al traffico una ferrovia*, metterla fuori servizio | *C. un avversario*, imbottigliarlo | *C. la luce, l'acqua, il gas*, interromperne il flusso, l'erogazione, la distribuzione | (*fig.*) *C. il cuore alla pietà, gli orecchi alle preghiere*, non lasciarsi commuovere | (*fig.*) *C. gli orecchi alle lusinghe*, non lasciarsi ingannare. CONTR. Aprire. **5** Riporre, rinchiudere (*anche fig.*): *c. il denaro in cassaforte*; *c. qc., q.c., sotto chiave*; *c. qc. in galera*; *c. in petto l'ira, l'odio, l'amore, l'indignazione* | (*raro*) Tenere riposto, racchiudere, contenere: *c. nella mente una vasta cultura*; *quello scrigno chiude molti gioielli*. **6** Terminare, ultimare, concludere q.c., cessare il movimento, il funzionamento, l'attività (*anche fig.*): *c. le scuole, le lezioni, la conferenza*; *c. il discorso, l'argomento, la discussione* | *C. negozio, bottega*, cessare la vendita e (*fig.*) porre termine a un'attività | *C. un affare*, concluderlo, definire le pattuizioni | *C. il bilancio*, eseguire le operazioni contabili connesse alla fine di un periodo di attività | *C. casa*, (*fig.*) trasferirsi altrove | *C. una lettera*, aggiungervi i saluti e la firma | *C. un teatro*, sospendere o terminare gli spettacoli | (*fig.*) *C. i giorni, l'esistenza*, morire | *C. una schiera, una processione, un elenco*, venire per ultimi in una schiera e sim. | *C. il conto*, non aggiungervi altra somma e (*est.*) pagarlo | *C. il conto con qc.*, (*fig.*) vendicarsi, rendergli ciò che si merita | *C. la caccia*, porre termine al periodo in cui essa è autorizzata, e (*est.*) andare a caccia nel giorno di chiusura. **7** (*ass.*) In giochi di carte in cui la vittoria è di chi ha tutte le carte legate in combinazione, terminare vincendo. **B** v. intr. (aus. *avere*) **1** Combaciare: *la porta, lo sportello non chiude bene*. **2** Cessare definitivamente o interrompere l'attività: *il negozio ha chiuso per fallimento*; *le scuole chiudono i giorni festivi*. **C** v. intr. pron. **1** Serrarsi: *è un meccanismo che si chiude da solo* | Rimarginarsi: *la ferita non si è chiusa*. **2** Oscurarsi: *il cielo, il tempo si è chiuso* | (*fig.*) *La sua intelligenza si è chiusa*, si è spenta o annebbiata. **D** v. rifl. **1** Avvolgersi strettamente in q.c.: *chiudersi in un cappotto, in uno scialle*. **2** Nascondersi, ritirarsi: *chiudersi in un luogo isolato, in casa, in convento* | (*fig.*) Raccogliersi: *chiudersi nei pensieri, negli affetti domestici, nel dolore*.

chiudétta [da *chiudere*] s. f. ● (*idraul.*) Incastro in muratura o in legname che, nei piccoli canali, regola la distribuzione dell'acqua nei campi.

chiudibile agg. ● Che si può chiudere.

chiudilèttera o **chiudilèttera** [comp. di *chiudere* e *lettera*] **A** s. m. inv. ● Vignetta simile a un francobollo venduta per beneficenza o a scopo pubblicitario, usata per sigillare le buste. **B** anche agg. inv.: *francobolli c.*

chiudipòrta [comp. di *chiudere* e *porta*] s. m. inv. ● Dispositivo a molla applicato a una porta per consentirne la chiusura automatica.

chiùnque o †**cheùnque**, †**chiùnche**, †**chiùnqua** [comp. dal lat. *quī* 'chi' e *ŭnquam* 'talvolta'] **A** pron. indef. solo sing. **1** Qualunque persona: *sono disposto a discutere la questione con c.*; *c. al tuo posto avrebbe fatto altrettanto!* **2** Chicchessia, tutti: *non andarlo a raccontare a c.* **B** pron. rel. indef. solo sing. ● Qualunque persona che: *potrà assistere alla lezione c. lo voglia*.

chiurlàre v. intr. (aus. *avere*) ● Emettere un verso sonoro e inarticolato, detto del chiurlo, dell'assiolo e di altri uccelli notturni | Imitare il verso di tali uccelli.

chiùrlo [vc. onomat.] s. m. (f. *-a* nel sign. 3) **1** Uccello dei Caradriformi con becco lunghissimo e sottile curvato in basso e zampe lunghe (*Numenius arquata*). **2** Verso di tale uccello. **3** (*fig., tosc.*) Sempliciotto. || **chiurlétto**, dim.

chiùsa [f. di *chiuso*] s. f. **1** Riparo posto attorno a q.c. | Terreno così circondato: *non possiede altro che quella c. grande quanto un fazzoletto da naso* (VERGA). **2** (*idraul.*) Opera di sbarramento di un corso d'acqua, realizzata in muratura o mediante sistemi di paratie o saracinesche | Sbarramento artificiale di un fiume al fine di deviarne le acque, spec. a scopo irriguo o con consentirne la navigazione a monte e sim. | *C. leonardesca*, conca di navigazione. ➡ ILL. p. 826 SCIENZE DELLA TERRA ED ENERGIA. **3** Complesso di terrapieni e arginelli ai quali si applica la carella | Pescaia. **4** Restringimento di una valle fluviale, con avvicinamento dei fianchi vallivi: *le chiuse di Susa*. **5** Chiusatura. **6** Conclusione di un componimento letterario, di una lettera, di un discorso: *la c. di quella poesia è molto significativa*. **7** †Prigione. **8** †Barricata, fortificazione.

chiusatùra [da *chiuso*] s. f. ● (*caccia*) Sistema di segregazione al buio, per qualche tempo, degli uccelli di richiamo, per obbligarli a cantare il verso di primavera in autunno.

chiusétta [da *chiusa*, nel sign. 6] s. f. ● Breve improvvisazione del comico dell'arte.

chiusino [da *chiuso*] s. m. **1** Coperchio di pietra, ghisa e sim. per pozzetti, apertura di botole, fognature. **2** (*tosc.*) Lastra per chiudere la bocca del forno. **3** Segreto di un armadio. **4** Luogo ristretto e chiuso per riporvi q.c. **5** Divisorio, tramezzo.

chiùso A part. pass. di *chiudere*; anche agg. **1** Nei sign. del v. **2** *Dibattito, seduta, udienza a porte chiuse*, a cui non è ammesso il pubblico | *Circolo c.*, aperto solo a chi vi è conosciuto | *Lettera chiusa*, suggellata | *C. a sette chiavi, a sette suggelli*, (*fig.*) strettamente | *Abito c.*, accollato | *C. nelle armi*, tutto coperto dalle armi | *Notte chiusa*, profondamente buia | *Agire a occhi chiusi*, (*fig.*) con assoluta sicurezza; alla cieca, sbadatamente | *Fidarsi di qc. a occhi chiusi*, (*fig.*) affidarsi totalmente a lui | *Capitolo, affare, argomento c.*, concluso, esaurito, a proposito del quale non vi è più nulla da dire e da fare | *C.!*, basta, non se ne parli più | *Tempo, cielo c.*, coperto da nubi | (*fig.*) *C. nei propri pensieri*, raccolto, meditabondo | (*fig.*) *Essere di mente chiusa*, poco intelligente | (*fig.*) *Trotto c.*, serrato, veloce. CONTR. Aperto. **3** (*arald.*) Detto di edifici con le porte di smalto diverso da quello del muro e del campo. **4** (*mat.*) In una retta, detto di intervallo in cui sono compresi ambedue gli estremi | *Insieme c.*, in uno spazio metrico, quello il cui complementare è un insieme aperto. **5** (*mat.*) Detto di sottoinsieme d'uno spazio il cui complementare è aperto | Detto di sottoinsieme che contiene tutti i suoi punti d'accumulazione. **6** (*mus.*) Detto di suono opaco, smorzato. **7** (*ling.*) *Sillaba chiusa*, che termina in consonante | *Vocale chiusa*, articolata con un grado di apertura minore della vocale aperta. **8** (*fig.*) Poco comprensibile, difficile: *è un linguaggio c.* **9** (*fig.*) Poco espansivo, riservato, diffidente: *un ragazzo, un temperamento c.* | *Uomo c.*, che non espone le sue idee | *Cuore c.*, impenetrabile agli affetti; *un c. cor profondo in suo secreto* (PETRARCA). CONTR. Aperto. || †**chiusaménte**, avv. Nascostamente, celatamente. **B** avv. **1** In modo poco intellegibile: *parlar, procedere c.* **2** (*raro*) Di nascosto. **C** s. m. **1** Luogo circondato e serrato con ripari. **2** Recinto per bestiame: *portare le pecore al c.* **3** Luogo, stanza in cui non circola l'aria: *stare troppo al c.* **4** (*mat.*) Insieme chiuso || PROV. In bocca chiusa non entrò mai mosca.

chiusùra [lat. tardo *clausūra(m)*, da *claudere* 'chiudere'] s. f. **1** Atto, effetto del chiudere: *la c. degli sportelli*; *la c. della fabbrica ha provocato disordini*; *c. di una strada al traffico* | Fine, cessazione di q.c.: *chiedere la c. della discussione*; *votare la c. del dibattito* | *C. di caccia*, l'ultimo giorno dell'anno in cui è permessa la caccia | *C. dei conti*, in un'azienda, insieme di operazioni con cui si procede alla determinazione del reddito d'esercizio e alla configurazione del capitale | *C. di borsa*, rilevazione del prezzo ufficiale della giornata per merci, valute e titoli quotati in borsa | *C. del giornale*, fine dell'impaginazione e ora in cui il giornale deve andare in macchina per non compromettere la distribuzione e la spedizione. CONTR. Apertura. **2** Ciò che si usa per chiudere, sistema di fissaggio: *c. automatica, a scatto* | *C. di una porta*, serratura | *C. di un abito*, abbottonatura | *C. lampo*, cerniera lampo | *C. del fucile*, insieme dei meccanismi che agganciano le canne alla bascula. **3** (*fig.*) Preclusione a ogni forma di accordo o di collaborazione con avversari ideologici e politici: *posizione di c.* | *C. a sinistra, al centro, a destra*, quella praticata verso i partiti di sinistra, di centro, di destra | *C. mentale*, atteggiamento di chi rifiuta drasticamente e in modo aprioristico ogni elemento nuovo e contrastante con la sua formazione culturale, politica e sim. CONTR. Apertura. **4** (*raro*) Chiusa, cateratta. **5** †Chiuso, recinto. **6** †V. *clausura*.

chi va là A inter. ● Si usa come intimazione a farsi riconoscere, spec. da parte di una sentinella o di una vedetta. **B** anche s. m. ● L'intimazione stessa | *Dare il chi va là a qc.*, (*fig.*) invitarlo a desistere da q.c. | *Mettere sul chi va là*, (*fig.*) mettere in guardia.

chi vìve [calco del fr. *qui vive?* 'chi vive?'] inter.; anche s. m. ● Chi va là | *Stare sul chi vive*, stare in guardia.

choc /*fr.* ʃɔk/ [fr., da *choquer* 'urtare', forse vc. onomat.] s. m. inv. ● Shock.

choccàre /*ʃok'kare/ ● V. *shockare*.

cholo /*sp.* 'tʃolo/ [dal distretto messicano *Chlollán*, ora *Cholula*] agg. (f. sp. *-a*; pl. m. *-os*; pl. f. *-as*) ● Detto di individuo nato da un genitore bianco e da uno indio.

chope /*fr.* ʃɔp/ [ol. *schopen*] s. f. inv. ● Bicchiere da birra.

chòpper (1) /'tʃɔpper, *ingl.* 'tʃɔpə*/ [vc. ingl.: V. *chopper (2)*] s. m. ● Circuito elettronico che, funzionando come un invertitore automatico di polarità, trasforma la tensione continua di alimentazione in tensione alternata.

chòpper (2) /'tʃɔpper, *ingl.* 'tʃɔpə*/ [vc. ingl., da *chop* 'colpo di scure, d'ascia ecc.', ma attestata anche in diversi significati metaforici (di origine germ.)] s. m. **1** Tipo di bicicletta e di motocicletta con la forcella molto alta e la sella allungata. **2** Sasso appuntito usato nella preistoria per fabbricare utensili o rompere le ossa degli animali.

chou /*fr.* ʃu/ [fr., propriamente 'cavolo', dal lat. *caule(m)*. V. *caule*] s. m. inv. (pl. fr. *choux*) **1** In sartoria, nodo. **2** Pasticcino dolce a forma di palla, cotto al forno e variamente farcito.

chow chow /*ingl.* 'tʃau 'tʃau/ [vc. ingl., di origine cinese] s. m. inv. ● Cane da guardia di aspetto leonino con lingua violacea, di media mole e di pelame folto e ruvido.

christofle /*fr.* kris'tɔfl/ [dal n. dell'industriale fr. C. *Christofle* (1805-1863), perfezionatore della galvanoplastica] s. m. inv. ● Lega di rame, zinco e nichel, con forte argentatura galvanica.

chromakey /*ingl.* 'kroumə ki:/ [vc. ingl., propr. 'chiave (*key*) cromatica (*chroma* 'colore', di orig. gr.)'] s. m. inv. ● (*tv*) Dispositivo per la sovrapposizione elettronica di immagini.

ci (1) [lat. parl. **hĭcce*, per il classico *hīc* 'qui'] **A** pron. pers. atono di prima pers. pl. (formando gruppo con altri pron. atoni si premette a *si* e a *se ne*: *con lui non ci si intende proprio*; *non ci se ne tira fuori*. Si pospone ai pron. *mi, ti, gli, le*: *gli ci raccomandammo*. Assume la forma *ce* (V.) davanti ai pron. atoni *lo, la, le, li* e alla particella *ne*; V. anche nota d'uso ELISIONE e TRONCAMENTO) **1** Noi (come compl. ogg. encl. e procl.): *ci hanno visto*; *lasciaci!* | Si usa, encl. e procl., nella coniugazione dei verbi rifl., intr. pron., rifl. rec. e nella forma impers.: *noi ci vestiamo*; *ci siamo annoiati*; *amiamoci l'un l'altro*; *ci si veste*; *noi ci vestiamo*; *ci si divertirà*; *ci divertiremo*. **2** A noi (come compl. di termine, encl. e procl.): *ci dia da bere*; *ci farebbe cosa gradita*; *fateci questo favore*; *se ne è andato dandoci ragione*; *non puoi darci una mano?*. **B** in funzione di **pron. dimostr.** **1** Di ciò, in ciò, a ciò, su ciò e sim. (con valore neutro): *ci ho molto piacere*; *non ci feci caso*; *ci piansi sopra*; *ci puoi contare* | Anche pleon.: *non ci capisco nulla in queste faccende*. **2** (*pleon.*) Riferito a persona: *tu non ci pensi a tuo figlio*; *da un tipo del genere non ci si può aspettare molto* | (*dial.*) A lui, a lei, a loro: *ci andai subito incontro e ci dissi tutto*. **C avv.** **1** Qui, in questo luogo, lì in quel luogo (con verbi di stato e di moto anche pleon.); *abito a Bologna e ci sto bene*; *ci siamo e ci resteremo*; *ci dovrò tornare perché in casa non c'era nessuno*; *c'è da mangiare per tutti qui!* | Con il v. 'essere': *c'è modo e modo*; *non c'è verso di farglielo capire*, non è possibile; *c'è caso che*, può darsi; *c'era una volta* | (*encl.*) Con 'ecco': *eccoci pronti*. **2** Da questo, da quel luogo, per questo, per quel luogo (con verbi di moto anche pleon.): *solo con l'elicottero poté uscirci*; *non ci passa quasi nessuno per questa strada*; *ci corre sopra un cavalcavia* | (*fig.*) *Non riusciva a saltarci fuori*, a cavarsela, a trarsi d'impaccio. **3** Con valore indet. di tempo e di luogo: *mi ci vorrebbe del tempo* | *Ci vuole altro!*, occorre ben altro | *Ci corre*, c'è differenza | *Io ci sto*, (*fig.*) sono d'accordo | (*pleon.*) *Non ci vedo bene*; *non ci sente molto*.

ci (2) o (*dial.*) †**ce (2)** s. m. o f. ● Nome della lettera *c*.

ciàba (1) [da *ciaba(ttino)*] s. m. inv. ● (*spreg.*) Ciabattino.

ciàba (2) [da *ciabare*] s. m. inv. ● (*tosc.*) Chiacchierone | *Fare il c.*, il saccente.

ciabàre [vc. onomat.] v. intr. (aus. *avere*) ● (*tosc.*) Ciarlare, chiacchierare.

ciabàtta o †**ciavàtta** [etim. incerta, prob. vc. di origine orient.] s. f. **1** Pantofola, pianella | (*est.*) Calzatura vecchia e logora usata per casa | *Portare le scarpe a c.*, con la parte posteriore ripiegata sotto il calcagno | *Essere nelle ciabatte di qc.*, (*fig.*) nei suoi panni, nella sua situazione o condizione | *Essere, stare in ciabatte*, (*fig.*) in abito casalingo | (*fig.*) *Trattare qc. come una c.*, malissimo, in modo umiliante. **2** (*fig.*, *est.*) Cosa logora e sciupata, di poco valore: *quell'individuo è diventato una c.* | (*fig.*) *Stimare una c.*, poco o niente | (*est.*) Persona, spec. di sesso femminile, non più giovane, o in cattive condizioni di salute: *una vecchia c.* **3** Tipo di pane croccante, di forma schiacciata e allungata. **4** (*elettr.*) Dispositivo di forma piatta e allungata, sul quale sono predisposte alcune prese, che si collega mediante un unico cavo all'impianto elettrico generale. **5** Supporto con prese elettriche multiple. || **ciabattàccia**, pegg. | **ciabattina**, dim. | **ciabattùccia**, dim.

ciabattàio s. m. (f. *-a*) ● Chi fabbrica o vende ciabatte.

ciabattàre v. intr. (aus. *avere*) **1** Fare rumore strascicando, nel camminare, le scarpe o le ciabatte. **2** (*raro*) Acciabattare.

ciabattàta s. f. ● Colpo dato con una ciabatta.

ciabatterìa [da *ciabatta*, nel sign. 2] s. f. ● Cosa di nessun conto. SIN. Ciarpame.

ciabattino o †**ciavattino**. s. m. (f. *-a*) **1** Chi ripara e rattoppa le scarpe | (*raro*) Chi fabbrica ciabatte. **2** (*fig.*) Chi esegue male il proprio lavoro, per incapacità o negligenza | Artista da strapazzo: *il rattoppare le statue, ... è arte da certi ciabattini* (CELLINI). || **ciabattinùccio**, dim.

ciabattóne s. m. (f. *-a*) **1** Chi, camminando, strascica le ciabatte o le scarpe. **2** (*fig.*) Chi esegue il proprio lavoro in modo frettoloso, impreciso e disordinato. SIN. Pasticcione. **3** (*fig.*) Chi mostra trascuratezza e sciatteria nel vestire, nell'agire, e sim.

ciabùscolo ● V. *ciauscolo*.

ciàc o **ciàcch**, (*tosc.*) **ciàcche**, **ciàcchete**, **ciàck** o **ciàk**, spec. nei sign. A 3 e B [vc. onomat.] **A** inter. **1** Riproduce lo sciacquio delle onde del mare a riva, contro un'imbarcazione e sim. **2** Riproduce il suono che si determina schiacciando o battendo q.c. di molle. **3** (*cine*) Riproduce il secco rumore dell'assicella che batte contro la tavoletta per segnare l'inizio di una ripresa cinematografica: *motore! azione! c.! si gira!* **B** s. m. ● (*cine*) Tavoletta di legno munita inferiormente di un'asticciola battente, su cui sono segnati i dati relativi al film in lavorazione, che si fotografa all'inizio di ogni nuova scena per consentire poi nel montaggio l'unione dei vari pezzi di pellicola nell'ordine dovuto | (*est.*) Una singola ripresa cinematografica.

†**ciàcchero** [da †*ciacco* (?)] s. m. (f. *-a*) ● Birbante, figuro. || †**ciaccherino**, dim.

ciàcchete ● V. *ciac*.

ciacchista [da *ciac*] s. m. (pl. *-i*) ● (*cine*) Tecnico incaricato di battere il ciac all'inizio di ogni scena.

ciacciàre [vc. onomat.] v. intr. (*io ciàccio*; aus. *avere*) ● (*tosc.*) Discutere di tutto sentenziando: *non devi c. nei fatti altrui* | (*est.*) Affaccendarsi per mettersi in mostra.

ciaccióne [da *ciacciare*] s. m. (f. *-a*) ● (*tosc.*) Chi si affaccenda molto e inutilmente | (*fig.*) Chi mette bocca in cose che non lo riguardano.

†**ciàcco** [vc. onomat. (?)] **A** s. m. (pl. *-chi*) ● Porco. **B** agg. ● Sporco, sudicio.

ciàccola e *deriv.* ● V. *ciacola* e *deriv*.

ciaccóna o **ceccóna** [sp. *chacona*, di etim. discussa (di origine onomat. (?))] s. f. ● Danza di origine spagnola che ha avuto grande diffusione in Europa nei secc. XVII e XVIII | Componimento strumentale o vocale-strumentale a misura ternaria.

ciaccòtta [port. *chacota* 'burla'] s. f. ● Aria di un'antica danza portoghese.

ciàck /tʃak/ ● V. *ciac*.

ciàcola o **ciàccola** [vc. onomat.] s. f. ● (*sett.*, *spec. al pl.*) Chiacchiera.

ciacolàre o **ciaccolàre** [da *ciacola*] v. intr. (*io ciàcolo*; aus. *avere*) ● (*sett.*) Chiacchierare, ciarlare.

ciadiàno A agg. ● Del Ciad. **B** s. m. (f. *-a*) ● Abitante, nativo del Ciad.

ciàf o **ciàffete** [vc. onomat.] inter. ● Riproduce il suono o il rumore prodotto da uno schiaffo o da un oggetto che cade nell'acqua.

ciàk ● V. *ciac*.

cialda [ant. fr. *chalde* 'calda' (?)] s. f. **1** Sottile pasta a base di fior di farina, burro e zucchero, cotta entro particolari stampi arroventati. **2** Cialdino. **3** Coccarda portata un tempo sul cappello dai servitori in livrea. || **cialdina**, dim. | **cialdino**, dim. m. (V.) | **cialdóne**, accr. m. (V.).

cialdino s. m. **1** Dim. di *cialda*. **2** Cachet.

cialdóne s. m. ● Accr. di *cialda* | Cialda sottile e accartocciata, che si mangia farcita con panna.

cialtronàglia s. f. ● Insieme di cialtroni.

cialtronàta s. f. ● Azione, comportamento da cialtrone.

cialtróne [etim. incerta] s. m. (f. *-a*) **1** Individuo spregevole, volgare negli atti e nelle parole. SIN. Mascalzone. **2** Persona pigra e trasandata o priva di serietà e impegno. || **cialtronàccio**, pegg. | **cialtroncèllo**, dim.

cialtroneria s. f. **1** Comportamento da cialtrone. **2** Cialtronata.

cialtronésco agg. (pl. m. *-schi*) ● Di, da cialtrone (*spec. spreg.*). || **cialtronescaménte**, avv.

ciambèlla [vc. di origine abruzzese, di etim. discussa: lat. *cȳmbula(m)* 'barchetta' (?)] s. f. **1** Pasta dolce fatta con farina, uova e zucchero, a forma di cerchio. **2** Oggetto a forma di ciambella, cioè circolare con un vuoto nel mezzo: *c. di salvataggio*, di espanso, sughero o materiale gonfiabile, usata per mantenersi a galla | *A c.*, a cerchio: *pane a c.* | (*scherz.*) *Gambe a c.*, storte. **3** Cerchio imbottito di paglia, gomma e sim. per sedervi. **4** Cerchietto gener. di gomma che si dà da mordere ai bambini durante la prima dentizione. **5** Cercine. **6** Ricciolo. **7** In varie tecnologie, contenitore di forma che ricorda una ciambella. **8** Nell'equitazione, figura delle arie basse, che consiste in un trotto cadenzato del cavallo con anche abbassate, la parte anteriore del corpo protesa, il collo inarcato e la testa piegata verso il basso. **9** (*mat.*) Toro || PROV. Non tutte le ciambelle riescono col buco. || **ciambellétta**, dim. | **ciambellina**, dim. | **ciambellino**, dim. m. | **ciambellóna**, accr. | **ciambellóne**, accr. m. | **ciambellùccia**, pegg.

ciambellàio s. m. (f. *-a*) ● Chi fa o vende ciambelle.

ciambellàno o †**ciamberlàno** [fr. *chambellan*, dal germ. *kamarling*. V. *camarlingo*] s. m. **1** Ufficiale di corte, addetto agli appartamenti e al tesoro di un sovrano o di un principe | *Gran c.*, capo dei ciambellani di una corte. **2** (*fig.*) Uomo servile e adulatore. || **ciambellanùccio**, pegg.

†**ciambellòtto** ● V. *cammellotto*.

†**ciamberlàno** ● V. *ciambellano*.

ciambolàre [vc. onomat.] v. intr. (*io ciàmbolo*; aus. *avere*) ● (*tosc.*) Ciarlare a lungo.

†**ciambolio** s. m. ● Lungo cicalio.

†**ciambolóne** s. m. (f. *-a*) ● Chi è avvezzo a ciambolare.

ciampanèlle [etim. discussa: ant. fr. *champenele* 'campanella' (?)] s. f. pl. ● Nelle loc. *andare*, *dare in c.*, perdere il senno, vaneggiare, dire o fare stranezze o stravaganze.

†**ciampàre** [da *ciampa*, var. dial. di 'zampa'] v. intr. ● Inciampare.

ciampicàre [da †*ciampare*] v. intr. (*io ciàmpico*, *tu ciàmpichi*; aus. *avere*) **1** Camminare strascicando i piedi o come chi inciampa continuamente. **2** (*fig.*) Agire con lentezza.

ciampichino [da *ciampicare*] s. m. (f. *-a*) ● (*tosc.*) Chi è impacciato o lento nei movimenti | (*fig.*) Chi non riesce mai a finire nulla.

ciampicóne s. m. (f. *-a*) ● (*tosc.*) Chi inciampa e barcolla.

ciàna [abbr. di *Luciana*; dal n. della protagonista di un melodramma di G. Latilla] s. f. (m. *-o*, pop. tosc.) ● (*tosc.*) Donna del popolo, sguaiata e ciarliera. || **cianàccia**, pegg. | **cianùccia**, dim.

cianammide o **cianamide**, **cianamide** [comp. di *ciano-* e *am(m)ide*] s. f. ● (*chim.*) Ammide dell'acido cianico | *C. di calcio*, calciocianammide.

cianàto [da *cianico* (acido)] s. m. ● (*chim.*) Sale o estere dell'acido cianico.

ciànca [V. *zanca*] s. f. ● (*scherz.*) Gamba, spec. storta e difettosa. || **ciancanèlla**, dim. (V.) | **cianchétta**, dim. (V.).

ciancanèlla s. f. **1** Dim. di *cianca*. **2** (*raro*, *spreg.*) Persona con le gambe un po' storte.

†**ciancerèllo** [da *ciancia*] s. m.; anche agg. (f. *-a*) ● Chiacchierino.

†**cianceria** s. f. ● Discorso vano.

cianchétta s. f. **1** Dim. di *cianca*. **2** Gambina magra | *Fare c. a qc.*, fargli lo sgambetto.

cianchettàre v. intr. (*io cianchétto*; aus. *avere*) ● Camminare a fatica, strisciando i piedi.

ciància [vc. onomat.] s. f. (pl. *-ce*) **1** Discorso futile o sconclusionato, o non rispondente a verità: *raccontare*, *dire ciance* | *Dar ciance*, parlare a vanvera | (*lett.*, *fig.*) *Uscire in ciance*, non riuscire in q.c. SIN. Chiacchiera, ciarla. **2** (*raro*) Burla, scherzo | *Prendere a c.*, prendere in giro. || **ciancerèlla**, dim. | **ciancétta**, dim. | **cianciolina**, dim.

cianciafrùscola o (*raro*) †**ciancianfrùscola** [comp. di *ciancia* e *fruscolo* (?)] s. f. ● (*spec. al pl.*) Cosa di nessun valore, inezia, bagatella.

cianciaménto s. m. ● (*raro*) Il cianciare.

†**ciancianfera** /tʃan'tʃanfera?/ [n. immaginario, da *cianciare*] s. f. ● (*scherz.*) Epiteto fantastico indicante presunto titolo nobiliare: *la imperatrice d'Osbech, la c. di Norrueca* (BOCCACCIO).

†**ciancianfrùscola** ● V. *cianciafruscola*.

cianciàre A v. intr. (*io ciàncio*; aus. *avere*) **1** Dire ciance, fare discorsi sciocchi o inutili | *C. al vento*, a vuoto, dicendo sciocchezze. SIN. Blaterare. **2** †Scherzare, burlare, motteggiare. **B** v. tr. ● †Dire cianciando.

cianciatóre s. m.; anche agg. (f. *-trice*) ● (*raro*) Ciancione.

ciancicàre [da *cianciare*] **A** v. intr. (*io ciàncico*, *tu ciàncichi*; aus. *avere*) **1** Pronunciare male e a stento le parole. **2** (*est.*) Mangiare lentamente e con difficoltà. **3** (*est.*) Procedere con lentezza e con impaccio nel compiere q.c.: *perde un sacco di tempo a c.* **B** v. tr. ● (*dial.*) Gualcire, stropicciare, spiegazzare: *c. un foglietto*.

ciancicóne [da *ciancicare*] agg.; anche s. m. (f. *-a*) **1** Che, chi ha l'abitudine di ciancicare. **2** (*est.*) Che, chi è tardo, lento.

†**ciancière** [da *cianciare*] s. m.; anche agg. (f. *-a*) ● Chi, che ciancia, schiamazza: *vien qua, ciancie-*

ra e temeraria femina (ARIOSTO).

cianciòlo [vc. merid., d'etim. incerta] s. m. ● Rete da pesca simile alla lampara.

ciancióne s. m.; anche agg. (f. *-a*) ● Chi, che è solito cianciare: *sei un c. inguaribile.*

cianciόso agg. *1* Pieno di ciance. *2* †Vezzoso, leggiadro. || †**cianciosèllo**, dim. || †**cianciosaménte**, avv. Con chiacchiere e inezie.

cianciugliàre [da *cianciare*] v. intr. e tr. (*io cianciùglio*; aus. *avere*) ● (*tosc.*) Parlare balbettando | (*est.*) Dire a sproposito: *cosa vai cianciugliando?*; *c. cose inventate.*

cianciuglióne s. m. (f. *-a*) ● (*tosc.*) Chi cianciuglia per un difetto congenito o acquisito.

cianésco [da *ciana*] agg. (pl. m. *-schi*) ● (*tosc.*) Di, da ciana.

cianfàrda [etim. incerta] s. f. ● (*raro*) Tipo di antica veste femminile.

cianfrinàre [fr. *chanfreiner*, da *chanfrein* 'smussatura', a sua volta da *chanfraindre* 'tagliare a ugnatura', comp. di *chant* 'canto, angolo' e *faindre* 'rompere' (dal lat. *frăngere*)] v. tr. ● Ribattere i chiodi di una giunzione.

cianfrinatóre s. m. ● Operaio addetto alla cianfrinatura.

cianfrinatùra s. f. ● Operazione del cianfrinare.

cianfrìno s. m. ● Sorta di scalpello per eseguire la cianfrinatura.

cianfrugliàre [da accostare a *cerfoglio* 'ciocca di capelli arruffati'] v. tr. e intr. (*io cianfrùglio*, aus. *avere*) ● Fare un lavoro in modo confuso e abborracciato.

cianfruglióne [da *cianfrugliare*] s. m. (f. *-a*) ● Persona disordinata, sciatta, maldestra.

cianfruṣàglia o **cianfruscàglia** [vc. di origine prob. espressiva] s. f. ● Oggetto di poco pregio | Insieme di oggetti di poco pregio: *la stanza era piena di c.*; *una casa traboccante di cianfrusaglie.* SIN. Chincaglieria.

†**ciàngola** [vc. onomat.] s. f. ● Ciarla, chiacchiera.

†**ciangolàre** [da *ciangola*] v. intr. (*io ciàngolo*; aus. *avere*) ● Cianciare, ciarlare.

ciangottàre o **cingottàre** [vc. onomat.] v. intr. (*io ciangòtto*; aus. *avere*) *1* Esprimersi in modo stentato, pronunciando male le parole, detto spec. dei bambini che cominciano a parlare. SIN. Balbettare. *2* (*est.*) Emettere un canto sommesso, detto dei pappagalli e di altri uccelli. *3* (*est.*) Detto di acqua corrente, produrre uno sciacquio lieve e discontinuo nello scorrere o nel battere contro q.c.: *l'acqua del lago ciangottava contro la riva.*

ciangottìo s. m. *1* Chiacchierio confuso: *il c. dei bambini.* SIN. Balbettio. *2* (*est.*) Sommesso canto di uccelli. *3* (*est.*) Mormorio lieve di acque.

ciangottóne s. m. (f. *-a*) ● Chi ciangotta.

ciànico [da *cianidrico*] agg. (pl. m. *-ci*) ● Relativo al, derivato dal radicale cianogeno | Contenente il radicale cianogeno | *Acido c.*, acido inorganico, monobasico, liquido, incolore, velenoso, che a temperatura ordinaria tende a polimerizzarsi.

cianidràto s. m. ● Composto di addizione tra un'aldeide e l'acido cianidrico.

cianìdrico [comp. del gr. *kýanos* 'azzurro, lapislazzuli' e *hýdōr* 'acqua'] agg. (pl. m. *-ci*) ● Detto di acido la cui molecola è formata da un atomo di idrogeno e dal radicale cianogeno | *Acido c.*, acido inorganico, monobasico, liquido, con odore di mandorle amare, estremamente tossico, ottenuto dalla combustione di ammoniaca e metano, variamente usato. SIN. Acido prussico.

cianìna [V. *cianidrico*] s. f. ● Glucoside presente come pigmento nelle rose rosse, nel fiordaliso e in altri fiori | Ogni composto di una classe di coloranti, azzurri, rossi, gialli, presenti in natura nei fiori, ottenuti anche sinteticamente, usati come sensibilizzatori in fotografia.

cianìte [V. *cianidrico*] s. f. ● (*miner.*) Silicato di alluminio in cristalli prismatici azzurrognoli con facile sfaldatura.

cìano [vc. dotta, lat. *cўanu(m)*, nom. *cўanus*, dal gr. *kýanos* 'azzurro'] s. m. *1* (*lett.*) Fiordaliso | *C. persico*, pianta erbacea delle Composite con fusto rampicante e fiori azzurri riuniti in capolini (*Centaurea moschata*). *2* Colore azzurro tendente al verde usato per la stampa in tricromia. *3* (*raro, lett.*) Colore ceruleo.

ciàno- (*1*) [V. *ciano*] primo elemento ● In parole composte della terminologia scientifica significa 'azzurro' (*cianogeno*) o indica la presenza di un gruppo cianogeno (*cianammide*).

ciàno- (*2*) [dal gr. *kýanos* (V. *ciano* (*1*))] s. m. ● (*chim.*) Radicale chimico monovalente costituito da un atomo di carbonio e da uno di azoto uniti da tre legami covalenti.

Cianobattèri [comp. di *ciano-* e del pl. di *batterio*] s. m. pl. ● (*bot.*) Cianoficee.

cianocobalamìna [comp. di *ciano-*, *cobal(to)* e *amina*] s. f. ● (*chim.*) Vitamina B_{12}.

Cianofìcee [vc. dotta, comp. di *ciano-* e un deriv. del gr. *phŷkos* 'alga', di orig. semitica] s. f. pl. ● Nella tassonomia vegetale, classe di organismi unicellulari compresi fra i batteri e le vere alghe, che vivono isolati o in colonie filamentose di color verde-azzurro (*Cyanophyceae*). SIN. Alghe azzurre, Schizoficee | (al sing. *-a*) Ogni individuo di tale classe. SIN. Cianobatteri.

cianògeno [comp. di *ciano-* e *-geno*] s. m. ● Radicale monovalente –C≡N | Gas incolore, velenoso, composto di carbonio e azoto, chimicamente simile agli alogeni, ottenuto industrialmente per ossidazione dell'acido cianidrico, usato nella produzione di sostanze organiche.

cianografìa [comp. di *ciano-* e *-grafia*] s. f. ● Procedimento fotografico che impiega carte sensibili a base di sali di ferro. SIN. Cianotipia.

cianogràfico agg. (pl. m. *-ci*) ● Che si riferisce alla, che è proprio della, cianografia: *carta, tecnica cianografica* | *Copia cianografica*, cianotipo | (*tip.*) *Bozza cianografica*, (*ell.*) *cianografica*, quella eseguita con la tecnica della cianografia per controllare il montaggio delle pagine prima della stampa definitiva.

cianògrafo [comp. di *ciano-* e *-grafo*] s. m. ● Tecnico specializzato in riproduzioni mediante cianografia.

cianopatìa [comp. di *ciano-* e *-patia*] s. f. ● (*med.*) Cianosi.

cianòṣi [gr. *kyánōsis* 'tinta cupa, cerulea', da *kýanos*. V. *ciano-*] s. f. ● (*med.*) Diffusa colorazione bluastra della cute per aumento dell'emoglobina non ossigenata nelle venule cutanee.

cianòtico agg. (pl. m. *-ci*) *1* (*med.*) Di, relativo a cianosi | Che presenta cianosi: *volto c.* *2* (*est.*) Bluastro, livido: *ha le labbra cianotiche dal freddo.*

cianotipìa [comp. di *ciano-* e *-tipia*] s. f. ● Cianografia.

cianotìpico agg. (pl. m. *-ci*) ● (*tip.*) Della cianotipia.

cianòtipo [comp. di *ciano-* e *-tipo*] s. m. ● Immagine ottenuta mediante il procedimento cianografico.

†**ciànta** [etim. incerta] s. f. ● Vecchia scarpa usata come ciabatta. || **ciantèlla**, dim. (V.).

ciantèlla s. f. *1* Dim. di *cianta*. *2* (*tosc.*) Ciabatta chiusa. *3* †Donna sciatta e volgare, oggi dial.

ciantellàre [da *ciantella*] v. intr. (*io ciantèllo*; aus. *avere*) ● (*tosc.*) Ciabattare.

ciantellìno ● V. *centellino.*

†**ciàntro** [ant. fr. *chantre*, dal lat. *căntor*, nom. 'cantore'] s. m. ● Cantore.

cianuràre v. tr. ● Trattare con cianuro.

cianurazióne s. f. *1* Atto del cianurare. *2* Processo di estrazione, spec. dell'oro e dell'argento, dai loro minerali per mezzo di cianuri alcalini che formano i corrispondenti sali complessi con l'oro e l'argento separandoli così dalla ganga. *3* (*metall.*) Indurimento superficiale ottenuto normalmente con ferrocianuro di potassio, che genera uno strato vitreo superficiale tale da rendere il pezzo resistente al logorio e agli attriti.

cianùrico agg. (pl. m. *-ci*) ● (*chim.*) Detto di acido che si forma dal riscaldamento dell'urea, usato spec. per preparare acido cianico.

cianùro [V. *cianidrico*] s. m. ● Sale dell'acido cianidrico: *c. di potassio* | Estere dell'acido cianidrico | *C. di vinile*, acrilonitrile.

†**ciànza** [fr. *chance* (V.)] s. f. ● (*lett.*) Caso, sorte | *A c.*, per caso: *tanto questo danno più mi pesa, / quanto io l'ho recevuto come a c.* (BOIARDO).

ciào [dal venez. *s-ciàvo* 'schiavo', espressione di deferenza come 'servo suo' e sim.] inter. ● Si usa come saluto amichevole e assai confidenziale incontrando o lasciando qc.: *c.! come stai?*; *c.! Ti lascio* | Anche nella chiusa di lettere tra amici: *c., a presto* | *E c.*, per indicare la conclusione definitiva e ineluttabile di q.c. accolta con rassegnazione.

ciàppa [sp. *chapa* 'placca, lamina di metallo'] s. f. *1* Ripiegatura di una cinghia e sim. per passarvi una fibbia o un anello. *2* Pietra tonda e schiacciata usata dai ragazzi nei loro giochi.

ciàppola [etim. incerta] s. f. ● Piccolo arnese da incisori simile al bulino, la cui parte tagliente è fatta in maniere diverse: *facendo sopra la detta piastra tante cavernelle con una c.* (CELLINI).

ciappolàre v. tr. (*io ciàppolo*) ● Incidere con la ciappola.

ciappolatùra [da *ciappolare*] s. f. ● Segno inciso a zig-zag nelle antiche argenterie fatto dal saggiatore per il controllo del titolo.

ciarafuglióne [V. *cianfrugliare*] s. m. (f. *-a*) ● (*raro*) Abborraccione.

ciaramèlla ● V. *cennamella.*

ciaramellàre [da *ciaramella*] v. intr. (*io ciaramèllo*; aus. *avere*) ● Cianciare: *non si perdeva a c. di donnicciuole o di tresche* (NIEVO) | (*est.*) Imbrogliare con parole.

ciàrda o **czàrda** [adattamento di *csardas* (V.)] s. f. ● Danza popolare ungherese in cui a un ritmo lento iniziale, ne segue uno vivace allegro.

ciàrla [vc. onomat.] s. f. *1* Notizia non vera, pettegolezzo sparso con o senza cattive intenzioni: *si diceva che fosse ammalato, ma era solo una c.* *2* Chiacchiera, ciancia | *Fare quattro ciarle in famiglia*, una chiacchierata senza pretese, alla buona | (*raro*) *A ciarle*, a parole. *3* (*fam., scherz.*) Loquacità, facondia | *Avere una gran, molta c.*, una gran facilità di parola.

†**ciarladóre** ● V. *ciarlatore.*

ciarlàre [vc. onomat.] v. intr. (aus. *avere*) *1* Chiacchierare, cianciare: *qui si ciarla troppo e si lavora poco.* *2* Spargere pettegolezzi con o senza cattive intenzioni.

ciarlàta s. f. ● Lunga chiacchierata senza importanza. || **ciarlatìna**, dim.

ciarlatanàta s. f. ● Azione, discorso da ciarlatano.

ciarlataneria s. f. *1* Abilità del ciarlatano. *2* Ciarlatanata.

ciarlatanésco agg. (pl. m.*-schi*) ● Di, da ciarlatano.

ciarlatàno [da *cerretano*, cui si sovrappone *ciarla*] s. m. *1* Venditore ambulante di merci varie, spec. in fiere di paese e sim. | (*est.*) Smerciatore di prodotti scadenti. SIN. Imbonitore. *2* (*est.*) Chi sfrutta la buona fede e la credulità altrui a proprio vantaggio | (*est.*) Chi è vanitoso e solo apparentemente abile, spec. nel proprio lavoro.

ciarlatóre o †**ciarladóre**. agg.; anche s. m. (f. *-trice*) ● Che, chi è solito fare molte ciarle.

†**ciarlerìa** s. f. ● Discorso insulso.

ciarlièro o †**ciarlière** agg. ● Di persona molto loquace o che ciarla volentieri. SIN. Chiacchierone.

ciarlìo s. m. ● (*raro*) Continuo e importuno ciarlare.

†**ciarlivéndolo** [comp. di *ciarla* e *-vendolo*] s. m. ● Chi spaccia fandonie.

ciarlóne agg.; anche s. m. (f. *-a*) ● Che, chi ciarla troppo. SIN. Chiacchierone.

ciarlòtta s. f. ● Adattamento di *charlotte* (V.).

ciarmòtta [etim. incerta] s. f. ● Barcone da carico usato un tempo sul Tevere, piatto con poppa e prua molto elevate.

ciàrpa [fr. *écharpe*, dal franco **skerpa* 'borsa da pellegrino'] s. f. *1* V. *sciarpa*. *2* (*spec. al pl.*) Oggetto vecchio, inutile e privo di ogni valore. SIN. Cianfrusaglia. *3* (*spec. al pl., fig.*) Ciance, parole vane. || **ciarpàccia**, pegg. | **ciarpétta**, dim. | **ciarpettìna**, dim.

ciarpàme [da *ciarpa*] **A** s. m. ● Quantità di oggetti vecchi o inutili e privi di valore: *è meglio gettare tutto questo c.* **B** in funzione di agg. ● (posposto al s.): *pubblicità c.*

ciarpàre v. tr. ● (*raro*) Acciarpare.

ciarpùme s. m. ● Ciarpame: *qualche po' di paglia pesta, trita e mista d'immondo c.* (MANZONI).

ciaschedùno [lat. *quīsque et ūnus*, nom. sing.] **A** pron. indef. ● (*raro*) Ciascuno, ognuno: *E non restò di ruinare a valle / fino a Minòs che c. afferra* (DANTE *Inf.* XX, 35-36). **B** anche agg. indef. ● (*lett.*) †Ogni: *ciaschedun compagno* (ARIOSTO);

fulgori di che ciascheduna stellina s'inghirlanda (GALILEI).

ciascùno [lat. *quĭsque ūnus*, nom. sing.] **A** agg. indef. solo sing. Troncato in *ciascun* davanti a s. m. che cominciano per vocale o consonante che non sia *s impura, gn, pn, ps, sc, z*; si apostrofa davanti ai s. f. che cominciano per vocale (V. nota d'uso UNO) ● Ogni, ognuno (indica una totalità di persone o cose considerate però singolarmente; precede sempre il s.): *ciascun uomo*; *ciascuna donna*; *ciascuna proposta verrà esaminata*. **B** pron. indef. solo sing. ● Ogni persona tutti: *c. avrà la sua parte*; *c. a suo modo* | Anche col v. al pl.: *saremo ricompensati c. secondo i propri meriti* | Seguito dal compl. partitivo: *c. di noi ha il diritto di pensare alla propria felicità*; *c. di voi provvederà alle sue cose* | Con valore distributivo: *sarà dato un foglio (per) c.*

ciatifórme [comp. di *ciato* e *-forme*] agg. ● (*zool.*) Che ha forma di coppa, detto spec. degli organi di senso del gusto diffusi sulla cute dei pesci.

ciato [vc. dotta, lat. *cyăthu(m)*, nom. *cyăthus*, dal gr. *kýathos*, forse di origine preindeur.] s. m. *1* Nell'antichità, specie di mestolo usato per attingere dai crateri | Bicchiere ansato. *2* Misura romana di capacità, equivalente a circa mezzo decilitro. *3* (*bot.*) Ciazio.

ciauciàu s. m. ● Adattamento di *chow chow* (V.).

ciaùscolo o **ciabùscolo** [etim. incerta] s. m. ● Insaccato molto morbido, fatto con grasso di maiale pregiato e carne macinata finissima, insaporito con aglio e spezie, leggermente affumicato, caratteristico delle Marche.

†**ciavàtta** e *deriv.* ● V. *ciabatta* e *deriv.*

ciàzio [vc. dotta, gr. *kyáthion*, dim. di *kýathos* 'ciato'] s. m. ● (*bot.*) Infiorescenza tipica delle Euforbiacee che simula un fiore unico circondato da brattee talvolta colorate. SIN. Ciato.

†**cibàccola** s. f. *1* Cibo vile. *2* (*fig.*) Inezia, bazzecola.

†**cibàia** ● V. *cibaria*.

†**cibaménto** s. m. ● Atto, effetto del cibare o del cibarsi | Alimento.

cibàre [vc. dotta, lat. *cibāre*, da *cĭbus* 'cibo'] **A** v. tr. *1* Alimentare, nutrire, dare il cibo: *c. i neonati, i malati*. *2* (*lett.*) †Mangiare, gustare: *cibar le opime carni / di scannati giovenchi* (MONTI). **B** v. rifl. ● Nutrirsi (*anche fig.*): *cibarsi di carne, di verdure* | (*fig.*) *Cibarsi d'aria*, alimentarsi troppo poco | *Cibarsi solo di scienza, di musica, di letteratura*, dedicarsi esclusivamente alla scienza, alla musica, ecc. | (*fig.*) *Cibarsi di sogni, di illusioni, di speranze*, non essere molto realisti.

cibària o (*pop.*) †**cibàia** [vc. dotta, lat. *cibāria*, nt. pl. 'cibarie, vitto, alimenti', da *cĭbus* 'cibo'] s. f. ● (*spec. al pl.*) Insieme, provvista di generi commestibili.

cibàrio [vc. dotta, lat. *cibāriu(m)*, da *cĭbus* 'cibo'] agg. *1* Che serve o può servire come cibo. *2* Che si riferisce al cibo e all'attività nutritizia | *Canale c.*, (*per anton.*) l'intestino.

cibatùra s. f. ● Pasturazione, nella pesca.

†**cibazióne** [vc. dotta, lat. tardo *cibatiōne(m)*, da *cĭbus* 'cibo'] s. f. ● Cibo, nutrimento.

cibernètica [ingl. *cybernetics*, dal gr. *kybernētikḗ* (sottinteso *téchnē*) 'arte di pilotare', da *kybernáō* 'io governo una nave'] s. f. ● Disciplina che studia le analogie tra i sistemi di controllo e comunicazione di macchine e di organismi viventi, e in particolare l'applicazione dei meccanismi di regolazione naturali alla tecnologia.

cibernètico agg. (pl. m. *-ci*) ● Relativo alla, proprio della, cibernetica: *analisi cibernetica*.

cibo [vc. dotta, lat. *cĭbu(m)*, di etim. incerta] s. m. *1* Ciò che serve all'alimentazione umana e animale (*anche fig.*): *c. abbondante, scarso, nutriente, povero* | *C. grasso*, difficile da digerire | *Non toccare c.*, digiunare | *C. eucaristico*, l'Eucaristia | *La fisica è il suo c.*, il suo interesse, la sua passione dominante. SIN. Alimento. *2* Vivanda, pietanza. || **cibàccio**, pegg.

cibòrio [vc. dotta, lat. *cibōriu(m)* 'coppa da bere', dal gr. *kibṓrion* 'fava egiziana', poi 'coppa a forma di quel frutto', di origine egiz.] s. m. ● Edicola di marmo, sostenuta da quattro colonne, contenente l'altare nelle antiche chiese cristiane | (*est.*) Tabernacolo contenente la pisside con le ostie | (*est.*) Pisside.

†**cibrèa** [etim. incerta] s. f. ● (*tosc.*) Treggia per trasportare cibo, legna e sim.

cibrèo [etim. discussa: di origine fr. (?)] s. m. *1* Pietanza a base di tuorli d'uovo frullati e interiora di pollo, specialità della cucina toscana. *2* (*fig.*) Miscuglio di varie cose | Discorso sconclusionato. SIN. Guazzabuglio.

cìca (1) [lat. *cĭccu(m)*, di etim. incerta] s. f. ● (*bot.*) Sottile membrana giallastra che separa i loculi in cui è diviso il frutto del melograno.

†**cìca (2)** [vc. inft.] **A** s. f. ● (*raro, dial.*) Nonnulla, cosa da nulla. **B** in funzione di avv. ● (*dial.*) Nulla, niente, affatto (in frasi negative): *non sapere c.*; *non capire c.*

†**cicàda** [vc. dotta, lat. *cicāda(m)*. V. *cicala*] s. f. ● Cicala.

Cicadìne [comp. del n. del genere *cy̆cas*, genit. *cy̆cadis*, moderna latinizzazione del gr. *kýkas*, per *kóikas*, acc. pl. di *kóix* 'palma dum', vc. straniera di origine incerta, col suff. di classe botanica *-ine*] s. f. pl. ● Nella tassonomia vegetale, classe di piante dioiche legnose che, per il loro aspetto, ricordano le palme, in quanto presentano un fusto non ramificato che porta foglie grandi e frastagliate in un ciuffo terminale (*Cycadinae*) | (*al sing.*) Ogni individuo di tale classe.

cicàla [lat. parl. **cicāla(m)*, per il classico *cicāda(m)*, di origine preindeur.] s. f. *1* Grosso insetto nero-giallastro degli Omotteri con capo grosso e largo, antenne brevissime, maschi dotati di uno speciale apparato sonoro grazie al quale friniscono (*Lyristes plebeius*) | *Fare come la c. delle favole*, essere imprevidente | *Grattare la pancia, il corpo alla c.*, (*fig.*) stimolare qc. per farlo parlare | (*raro*) *Non valere una c.*, non valere nulla. *2* *C. di mare*, canocchia, scillaro. *3* (*fig.*) Persona chiacchierona e spesso pettegola. *4* (*mar.*) Grosso anello di ferro in testa al fuso dell'ancora, sopra al ceppo, al quale si lega la gomena o la catena | Grosso anello di ormeggio. *5* Cicalino, nel sign. 2. *6* Ornamento d'oro anticamente portato in capo dagli ateniesi ricchi. || **cicalàccia**, pegg. | **cicalétta**, dim. | **cicalina**, dim. | **cicalino**, dim. m. (V.) | **cicalóna**, accr.

cicalàio s. m. ● (*tosc.*) Luogo dove c'è cicaleccio.

cicalaménto s. m. ● (*raro*) Continuo e noioso cicalare | Lungo discorso frivolo.

cicalàre [da *cicala*] **A** v. intr. (aus. *avere*) ● Parlare troppo e di argomenti frivoli: *le giovinette ... cicalavano, ridevano, tra ombra e sole nel folgorio dei loro zendadi* (BACCHELLI). SIN. Blaterare. **B** v. tr. ● †Ridire senza discrezione cose udite.

cicalàta s. f. *1* Discorso lungo, frivolo e inutile. *2* Discorso elegante sopra tema bizzarro e futile in uso presso certe accademie letterarie italiane dal XVI al XVIII sec.

†**cicalatóre** s. m.; anche agg. (f. *-trice*) ● Chi, che è solito cicalare.

cicalèccio s. m. *1* Chiacchiericcio di più persone su argomenti futili. *2* (*est.*) Cinguettio prolungato: *il c. dei passeri sui rami*.

cicalìno s. m. (f. *-a* nei sign. 1 e 3). *1* Dim. di *cicala*. *2* Piccolo avvisatore acustico che emette un suono stridulo, usato in certi telefoni o sulle moto leggere. *3* (*fig.*) †Chi parla spesso.

cicalìo s. m. ● Il parlare inutile, confuso e molesto di una o più persone: *il c. dei fanciulli prima delle lezioni*.

cicalóne s. m. (f. *-a*) ● Chi parla troppo. SIN. Blaterone, chiacchierone.

cicatrìce [lat. *cicatrīce(m)*, di etim. incerta] s. f. *1* (*med.*) Tessuto che si forma nel processo di riparazione di una ferita e che sostituisce quello danneggiato o asportato. *2* Correntemente, segno che rimane sulla pelle in seguito a una ferita: *una c. gli deturpa il volto*. *3* (*fig.*) Traccia di un'esperienza dolorosa: *tutti abbiamo le nostre cicatrici*. *4* †Accordo fraudolento.

cicatrìcola [vc. dotta, lat. tardo *cicatrīcula(m)* 'piccola cicatrice', dim. di *cicātrix*, genit. *cicatrīcis* 'cicatrice'] s. f. *1* (*bot.*) Segno che rimane sul seme a indicare il punto di attacco al frutto. *2* (*biol.*) Macchia biancastra nel tuorlo dell'uovo, ove è il germe.

cicatriziàle agg. ● Di, relativo a cicatrice: *tessuto c.*

cicatrizzànte **A** part. pres. di *cicatrizzare*; anche agg. ● Nei sign. del v. **B** s. m. ● Farmaco che per via locale o generale favorisce la rigenerazione o la riparazione di parti di tessuti distrutte da ferite, piaghe e altri processi morbosi.

cicatrizzàre [fr. *cicatriser*, dal lat. *cicātrix*, genit. *cicatrīcis* 'cicatrice'] **A** v. tr. ● Rimarginare, formando cicatrice: *farmaco che cicatrizza le ferite*. **B** v. intr. e intr. pron. (aus. *avere*) ● Formare cicatrice: *il taglio ha cicatrizzato bene*; *la lesione si è cicatrizzata bene*.

cicatrizzàto part. pass. di *cicatrizzare*; anche agg. ● Nei sign. del v.

cicatrizzazióne [fr. *cicatrisation*, da *cicatriser* 'cicatrizzare'] s. f. ● Processo di formazione della cicatrice.

cìcca (1) [ingl. d'America *chicle*, dall'azteco *chictli*] s. f. ● (*pop.*) Gomma da masticare.

cìcca (2) [fr. *chique*, di etim. incerta (forse di origine espressiva)] s. f. *1* Ciò che rimane di un sigaro o di una sigaretta fumata, mozzicone: *spegnere una c.*; *raccogliere le cicche* | (*est., pop., scherz.*) Sigaro, sigaretta: *mi offri una c.?* *2* (*fig.*) Cosa di nessun valore | *Non valere una c.*, non valere nulla. || **cicchétta**, dim. | **cicchettina**, dim. | **cicchina**, dim.

ciccaiòlo o †**ciccaiuòlo**, (*centr.*) **ciccaròlo** [da *cicca (2)*] s. m. ● Chi raccoglie cicche da terra per riutilizzare il tabacco.

ciccàre [fr. *chiquer*, da *chique* 'cicca (2)'] **A** v. intr. (*io cìcco, tu cìcchi*; aus. *avere*) *1* Masticare una cicca di sigaro, un trancio di tabacco, un chewing-gum e sim. *2* (*fig., fam.*) Stizzirsi: *c. dalla rabbia*. **B** v. tr. ● Nel gergo sportivo, mancare, fallire: *c. il pallone*.

ciccaròlo ● V. *ciccaiolo*.

cicchettàre **A** v. intr. (*io cicchétto*; aus. *avere*) ● Bere abitualmente uno o più cicchetti: *gli piace c.* **B** v. tr. *1* (*gerg.*) Introdurre combustibile nei cilindri per facilitare l'avvio del motore. *2* Rimproverare qc. spec. aspramente, dargli una lavata di capo.

cicchétto [vc. piemontese, forse dal provz. *chiquet* 'bicchierino'; nel sign. di 'rimprovero' di ambiente militare, prob. dal fatto che un soldato redarguito dal superiore ritornava dicendo che gli era stato dato 'un cicchetto', cioè da bere] s. m. *1* Bicchierino di liquore o vino comune: *bersi, farsi un c.* *2* (*gerg.*) Piccola dose d'olio che si versa nel serbatoio della benzina per migliorare la lubrificazione dei motori in rodaggio | Piccola quantità di benzina che si versa nella presa d'aria del carburatore per facilitare l'avviamento a freddo. *3* Rabbuffo, rimprovero: *fare un c. a qc.*; *ricevere un c. dal capoufficio*.

cìccia [vc. inft.] **A** s. f. (pl. *-ce*) ● (*fam.*) Carne commestibile: *ho comprato la c.* | (*scherz.*) Carne umana | *Avere molta, poca c. addosso*, essere grasso, magro. **B** in funzione di inter. ● (*pop.*) Si usa come risposta negativa oppure volendo manifestare la propria indifferenza per q.c. || **cicciàccia**, pegg. | **ciccina**, dim.

cìcciola [da *cicciolo*] s. f. ● (*tosc.*) Nome di una specie di funghi mangerecci a forma di piccola scodella o di imbuto.

cìcciolo o **sìcciolo** nel sign. 1 [etim. discussa: da *ciccia* (?)] s. m. *1* Pezzetto di carne di maiale, dopo che per fusione al fuoco se ne è tratto lo strutto. *2* (*pop.*) Escrescenza carnosa cutanea.

ciccióne [da *ciccia*] s. m. (f. *-a*) ● (*fam.*) Persona molto grassa.

cicciòso agg. ● (*raro*) Grassoccio. || **cicciosino**, dim.

cicciòtto **A** s. m. ● Escrescenza carnosa. **B** agg. ● Grassottello, paffuto: *che bel bambino c.!* || **cicciottèllo**, dim.

cicciùto agg. ● Di persona che ha molta ciccia. SIN. Grasso. || **cicciottino**, dim.

cicèrbita o **cicérbita** [lat. tardo *cicĭrbita(m)*, di origine preindeur.] s. f. ● (*bot.*) Crespigno.

cicèrchia o **cicérchia** [lat. *cicĕrcula(m)*, dim. di *cĭcer* 'cece'] s. f. *1* Pianta erbacea rampicante delle Papilionacee con fusto e piccioli alati, foglie composte, fiori rosei o rossi in racemi (*Lathyrus sativus*). *2* Frutto di tale pianta.

cicerchiàta [da *cicerchia*] s. f. ● (*cuc.*) Dolce tipico delle regioni centro-meridionali italiane, a base di pasta dolce, fritta in palline di forma simile ai semi delle cicerchie, passate poi in miele aromatizzato.

cìcero [lat. *Cīcero*, nom. 'Cicerone'; detto così perché usato la prima volta in una edizione delle opere di Cicerone nel 1498] s. m. • Riga tipografica.

ciceróne [dal n. del famoso oratore latino M. Tullio *Cicerone* (106-43 a.C.)] s. m. *1* Guida turistica. *2* (*est.*, *fam.*, *scherz.*) Persona eloquente e saccente: *sei un c. da strapazzo*. *3* (*est.*) †Libro di Cicerone. *4* (*gerg.*) Marca di previdenza per avvocati e procuratori legali.

ciceronianéṣimo o **ciceronianìṣmo** s. m. • Dottrina e corrente letteraria umanistica che propone la lingua e lo stile di Cicerone come modello esclusivo nella prosa latina | *C. volgare*, scelta di un modello di stile esclusivo nella prosa italiana o nella poesia, tipica dei letterati del Cinquecento, che si rifacevano a Boccaccio e a Petrarca visti come incarnazione dell'eccellenza letteraria.

ciceroniàno [vc. dotta, lat. *Ciceroniānu(m)*, agg. di *Cīcero*, genit. *Cicerōnis* 'Cicerone'] agg. *1* Di Cicerone: *stile c.*; *scritti ciceroniani* | Relativo a Cicerone: *critica ciceroniana*. *2* (*est.*) Di ciò che vuole accostarsi o imitare lo stile di Cicerone: *maniera ciceroniana*. || **ciceronianaménte**, avv. Alla maniera di Cicerone.

cicìgna [lat. *caecĭlia(m)*, da *caecus* 'cieco', perché ritenuta cieca] s. f. *1* Luscengola. *2* (*fig.*) †Donna linguacciuta e mordace.

†**ciciliàno** • V. *siciliano*.

cicindèla [vc. dotta, lat. *cicindēla(m)* 'lucciola', da avvicinare a *candēla* 'candela'] s. f. • Genere di insetti coleotteri dei Cicindelidi (*Cicindela*).

Cicindèlidi [vc. dotta, comp. di *cicindel(a)* e *-idi*] s. m. pl. • Nella tassonomia animale, famiglia di Coleotteri con mandibole sviluppatissime, lunghe zampe, occhi prominenti e colori vivaci e metallici (*Cicindelidae*) | (al sing. *-e*) Ogni individuo di tale famiglia.

ciciniéllo [vc. dial. di origine espressiva] s. m. • (*spec. al pl.*) A Napoli, i bianchetti (sardine e acciughe neonate).

†**cicìṣbea** s. f. • Donna leziosa che ama sentirsi corteggiata.

cicìṣbeàre v. intr. (*io cicisbèo*; aus. *avere*) • (*raro*) Comportarsi da cicisbeo.

cicisbeìṣmo s. m. • Movimento, diffuso nel sec. XVIII, che vincolava il cicisbeo all'osservanza di precise regole e norme di comportamento.

cicìṣbèo [di origine imitativa (?)] s. m. (f. †*-a* (V.)) *1* Nel sec. XVIII, cavalier servente di dama di alto lignaggio. *2* (*est.*) Uomo galante, ma lezioso: *quel vecchio popolo italiano di frati, briganti, ciceroni e cicisbei* (CARDUCCI). SIN. Damerino, vagheggino.

ciclàbile [da *ciclo* (*2*)] agg. • Percorribile dalle biciclette | *Pista c.*, parte della strada riservata al transito delle biciclette; SIN. Ciclopista.

ciclamìno [vc. dotta, lat. *cyclamīnu(m)*, nom. *cyclamīnos*, dal gr. *kykláminos*, forse da *kýklos* 'giro', perché si volge verso terra] **A** s. m. • Pianta erbacea perenne delle Primulacee con foglie cuoriformi verdi nella pagina superiore e rosse in quella inferiore e fiori solitari di color rosa-violaceo (*Cyclamen europaeum*) | Il fiore di tale pianta: *un mazzo di ciclamini*; *raccogliere i ciclamini*. **B** in funzione di agg. inv. • (posposto a un s.) Che ha il colore tra il rosa e il lilla caratteristico del fiore omonimo: *un vestito color c.*

ciclammàto s. m. • (*chim.*) Sale dell'acido ciclammico, usato come additivo alimentare: *c. di calcio, di sodio*.

ciclàmo [da *ciclamino*, inteso come dim.] s. m. • (*lett.*) Ciclamino.

†**cìclica** [da *ciclico*] s. f. • Linea immaginaria descritta da un astro sulla sfera celeste nel corso del suo moto apparente.

ciclicità s. f. • Proprietà, carattere di ciò che si svolge con andamento ciclico.

cìclico [vc. dotta, lat. *cȳclicu(m)*, nom. *cȳclicus*, dal gr. *kyklikós* 'circolare', da *kýklos* 'cerchio'. V. *ciclo* (*1*)] agg. (pl. m. *-ci*) *1* Detto di fenomeno che nel suo svolgimento compie uno o più cicli successivi: *andamento c.*; *fasi cicliche* | *Fluttuazioni cicliche*, fasi componenti un ciclo economico completo. *2* Pertinente a un ciclo letterario: *poema, romanzo c.* | *Poeta c.*, autore di poema che appartiene ai cicli delle leggende eroiche dell'Ellade. *3* (*chim.*) Detto di composto contenente una catena chiusa di atomi. *4* Di composizione musicale nella quale un tema ricorre sviluppato nei diversi movimenti. || **ciclicaménte**, avv. In modo ciclico, a fasi alterne.

Cìclidi [dal gr. *kíchlē*, n. di pesce, d'etim. incerta, con il suff. *-idi*] s. m. pl. • Nella tassonomia animale, famiglia di Pesci dei Perciformi tropicali, d'acqua dolce o salmastra, le cui uova vengono incubate nella bocca del maschio o della femmina (*Cichlidae*) | (al sing. *-e*) Ogni individuo di tale famiglia.

ciclìṣmo [fr. *cyclisme*, da *cycle*, V. *ciclo* (*2*)] s. m. • Sport delle corse praticate con la bicicletta: *c. su strada*, *su pista*.

ciclìsta [fr. *cycliste*. V. *ciclismo*] **A** s. m. e f. (pl. m. *-i*) *1* Chi va in bicicletta: *una strada piena di ciclisti* | *Collo alla c.*, in indumenti di maglia, tipo di collo piuttosto aderente rivoltato più volte su sé stesso: *un maglione con il collo alla c.* *2* Chi pratica lo sport della bicicletta, per diletto o per professione. *3* (*dial.*) Chi ripara biciclette. **B** s. f. • (*ell.*, *fam.*) Golf, maglia e sim. con il collo alla ciclista: *sotto la giacca indossava una c. bianca*. **C** in funzione di agg. • (posposto a un s.) Che va in bicicletta, che si sposta per mezzo della bicicletta: *donna c.*; *bersaglieri ciclisti*.

ciclìstico agg. (pl. m. *-ci*) • Della bicicletta: *industria ciclistica* | Del ciclismo, dei ciclisti: *gara, corsa ciclistica*.

ciclìte [comp. di *ciclo-* e *-ite* (*1*)] s. f. • (*med.*) Infiammazione del corpo ciliare dell'occhio.

ciclizzàto [da *ciclico*] agg. • (*chim.*) Detto di molecola con struttura ciclica.

ciclizzazióne [ingl. *cyclization*, deriv. del v. *to cyclize* 'rendere ciclico' col suff. *-ation*] s. f. • (*chim.*) Reazione chimica che dà luogo alla chiusura di un anello poliatomico nella struttura molecolare di una sostanza, gener. organica.

cìclo (*1*) [vc. dotta, lat. tardo *cȳclu(m)*, nom. *cȳclus*, dal gr. *kýklos* 'cerchio'] s. m. *1* Periodo di tempo alla fine del quale un fenomeno o una serie di fenomeni si riproducono nella stessa sequenza: *c. lunare*, *solare*, *pasquale*; *c. liturgico*; *c. mestruale* | *C. storico*, periodo definibile per costanti politiche, economiche, sociali | *C. economico*, susseguirsi delle fluttuazioni ricorrenti, anche se non periodiche, delle principali componenti il sistema economico e il cui andamento dà luogo alle due fasi di prosperità e depressione | *C. di rinnovamento del capitale*, tempo che decorre dal momento in cui si sostiene il costo al momento in cui si ottiene il ricavo. *2* Serie di fenomeni naturali, di atti o di operazioni che si ripetono secondo un ordine o uno schema immutabile, senza soluzione di continuità: *il c. del carbonio*, *dell'azoto*; *c. cardiaco*; *c. industriale*, *di lavoro*, *di lavorazione* | (*geol.*) *C. sedimentario*, processo di sedimentazione che avviene in una regione nell'intervallo compreso fra una trasgressione e una regressione del mare | *C. di una malattia*, il suo decorso. *3* Ciascuna delle due fasi di sviluppo pedagogico in cui si suddivide il quinquennio della scuola elementare | *Primo c.*, costituito dai primi due anni di insegnamento | *Secondo c.*, costituito dagli ultimi tre anni di insegnamento. *4* (*fis.*) Insieme di trasformazioni che riportano un corpo allo stato iniziale, dopo averlo fatto passare per una determinata successione di stati fisici: *c. termodinamico* | *C. dei motori a scoppio*, successione delle fasi. *5* (*fis.*) Nei fenomeni periodici, unità adimensionale usata per misurare il numero di oscillazioni complete | *C. al secondo*, hertz. *6* (*letter.*) Serie di tradizioni, poemi, leggende che si riferiscono a un grande avvenimento o personaggio, a un'epoca e sim.: *c. classico*, *c. brettone*, *carolingio*, *cavalleresco*. *7* Serie di manifestazioni o attività realizzate intorno a un tema o a uno scopo unitario: *c. di conferenze*, *di lezioni*, *di concerti*. *8* (*elab.*) Tempo necessario per completare un dato insieme di operazioni | *C. di memoria*, sequenza di operazioni elementari di macchina necessarie per introdurre o estrarre un'unità elementare di informazione nella, o dalla, memoria principale e (*est.*) tempo richiesto da tale sequenza. *9* (*mat.*) Curva chiusa.

cìclo (*2*) [dall'ingl. *cycle*, abbr. di *bicycle* 'bicicletta'] s. m. • (*fam.*) Bicicletta.

ciclo-, -ciclo [dal gr. *kýklos* 'cerchio'] primo o secondo elemento • In parole composte della terminologia scientifica significa 'cerchio', 'giro', 'ruota' o 'che ha forma circolare o cilindrica': *ciclometria*, *kilociclo* | In chimica, indica disposizione ad anello degli atomi: *cicloesano*.

cicloalpinìṣmo [comp. di *ciclo* (*2*) e *alpinismo*] s. m. • Ciclismo praticato su percorsi di montagna.

cicloalpinìsta s. m. e f. (pl. m. *-i*) • Chi pratica il cicloalpinismo.

cicloalpinìstico agg. (pl. m. *-ci*) • Che si riferisce al cicloalpinismo o ai cicloalpinisti: *giro c.*

ciclocampèstre [comp. di *ciclo* (*2*) e *campestre*] **A** agg. • Di gara ciclistica spec. invernale disputata quasi interamente su un percorso accidentato di campagna, in parte non percorribile restando in sella: *corsa c.* **B** anche s. f.: *disputare una c.* SIN. Ciclocross.

ciclocròss /tʃiklo'krɔs/ [comp. di *ciclo* (*2*) e dell'ingl. *to cross* 'attraversare', dal lat. *crŭce(m)* 'croce'] s. m. • Ciclocampestre.

ciclocrossìsta s. m. (pl. *-i*) • Chi pratica il ciclocross.

ciclocrossìstico agg. (pl. m. *-ci*) • Che si riferisce al ciclocross o ai ciclocrossisti: *attività*, *gara ciclocrossistica*.

cicloergòmetro [comp. di *ciclo-* ed *ergometro*] s. m. • Apparecchio formato da un telaio di bicicletta impiegato per misurare il lavoro compiuto dai muscoli pedalando.

cicloeṣàno [comp. di *ciclo-* ed *esano*] s. m. • Idrocarburo liquido, incolore, usato come solvente e per la produzione di nylon e di insetticidi.

ciclofurgóne [comp. di *ciclo* (*2*) e *furgone*] s. m. • Veicolo a tre ruote, funzionante a pedali.

cicloidàle agg. • Che ha forma di cicloide.

ciclòide [fr. *cycloïde*, dal gr. *kykloeidḗs*. V. *ciclo-* e *-oide*] s. f. • (*mat.*) Curva piana descritta da un punto rigidamente collegato a un cerchio che rotola senza strisciare lungo una curva fissa, solitamente una retta.

ciclomanzìa [comp. del gr. *kýklos* 'cerchio', qui 'mondo circostante' (V. *ciclo* (*1*)), e *-manzia*] s. f. • Facoltà posseduta da alcuni individui di esercitare la propria potenza psichica sul mondo circostante, producendo quindi fenomeni quali far apparire oggetti nello spazio, leggere il pensiero, inviare messaggi senza parlare e sim.

ciclomerìa [comp. di *ciclo-* e *-meria*] s. f. • (*biol.*) Ripetizione di parti di un animale attorno a un asse di simmetria.

ciclometrìa [comp. di *ciclo-* e *-metria*] s. f. • Parte della geometria elementare che studia la circonferenza, il cerchio e le loro porzioni.

ciclomotóre [comp. di *ciclo* (*2*) e *motore*] s. m. • Correntemente, bicicletta munita di un motorino a scoppio | Veicolo a due o tre ruote, con cilindrata fino a 50 cm^3, potenza non superiore a 1,5 CV, motore non più pesante di 16 kili e velocità massima fino a 40 kilometri all'ora. ➡ ILL. p. 1746 TRASPORTI.

ciclomotorìsta s. m. e f. (pl. m. *-i*) • Chi va in ciclomotore.

ciclomotorìstica s. f. • Il complesso delle attività connesse alla progettazione, alla costruzione e all'utilizzo di ciclomotori.

ciclóne [fr. *cyclone*, dall'ingl. *cyclone*, dal gr. *kýklos* 'cerchio'. V. *ciclo* (*1*)] s. m. *1* (*meteor.*) Complesso dei fenomeni atmosferici associati a una zona di bassa pressione | (*raro*) Depressione. *2* (*meteor.*) *C. tropicale*, depressione profonda di limitata estensione con venti vorticosi violenti e piogge torrenziali, caratteristica degli oceani tropicali. SIN. Tifone, uragano | *Occhio del c.*, nucleo centrale, di bassa pressione, all'interno del ciclone tropicale; (*fig.*) *essere*, *trovarsi nell'occhio del c.*, nel momento più critico di una situazione. *3* (*fig.*) Persona eccessivamente vivace o disordinata. *4* In varie tecnologie, apparecchio atto a separare particelle solide, disperse in un fluido, dal fluido stesso.

ciclònico agg. (pl. m. *-ci*) • Di, relativo a, ciclone.

ciclonìte [da *ciclone*, per la sua forza, e *-ite* (*2*)] s. f. • Potente esplosivo ottenuto per azione dell'acido nitrico sull'urotropina.

cicloparaffìna [ingl. *cycloparaffin*, comp. di *cyclo-* 'ciclo-' e *paraffin* 'paraffina'] s. f. • (*chim.*) Ognuno degli idrocarburi alifatici saturi la cui molecola contiene un anello di atomi di carbonio. SIN. Naftene.

ciclòpe o †**ciclòpo** [vc. dotta, lat. *Cyclōpe(m)*, nom. *Cȳclops*, dal gr. *kýklōps*, comp. di *kýklos* 'cerchio' e *ṓps*, genit. *ōpós* 'occhio'] s. m. *1* Nella mitologia greca e romana, mostro gigantesco con un solo occhio in mezzo alla fronte. *2* (*est.*) Persona grande, goffa e violenta | (*raro, scherz.*) Cieco da un occhio. *3* Genere di piccoli crostacei dei Copepodi di acqua dolce dotati di un solo occhio mediano (*Cyclops*). *4* (*med.*) Chi è affetto da ciclopismo. SIN. Monoftalmo.

ciclopìa [da *ciclope*] s. f. • (*med.*) Ciclopismo.

ciclòpico agg. (pl. m. *-ci*) *1* Di ciclope, dei ciclopi: *caverna ciclopica* | *Mura ciclopiche*, costruite con grossi massi sovrapposti senza lavori di squadratura o incastro. *2* (*est.*) Colossale, enorme: *sassi ciclopici*; *sforzo c.*

ciclòpio [vc. dotta, lat. *cyclōpiu(m)*, nom. *cyclōpius*, dal gr. *kyklṓpios* da *kýklōps* 'ciclope'] agg. • (*raro*) Ciclopico.

ciclopìsmo s. m. • Mostruosità congenita consistente nella presenza di un solo occhio in mezzo alla fronte. SIN. Monoftalmia.

ciclopìsta [comp. di *ciclo* (*2*) e *pista*] s. f. • Pista ciclabile.

†**ciclòpo** • V. *ciclope*.

ciclopropàno [comp. di *ciclo-* e *propano*] s. m. • Composto chimico organico gassoso usato in medicina come anestetico e narcotico.

cicloradùno [comp. di *ciclo* (*2*) e *raduno*] s. m. • Raduno di ciclisti a scopo turistico, sportivo e sim.

ciclosporìna [comp. di *ciclo-*, *spor(a)* e del suff. *-ina*] s. f. • (*farm.*) Peptide ciclico prodotto da alcuni miceti o per sintesi; ha attività immunosoppressiva ed è impiegato per contrastare il rigetto di organi trapiantati.

ciclostilàre v. tr. (*io ciclostìlo*) • Riprodurre col ciclostile.

ciclostilàto **A** part. pass. di *ciclostilare*; anche agg. • Nei sign. del v. **B** s. m. • Foglio, opuscolo e sim. contenente scritti o illustrazioni riprodotti col ciclostile.

ciclostìle [ingl. *cyclostyle*, comp. del gr. *kýklos* 'corpo circolare' e del lat. *stĭlus* 'stilo'] s. m. • Macchina che serve a riprodurre in un certo numero di copie testi dattilografici e anche disegni preparati su particolari matrici di carta incerata.

Ciclòstomi [fr. *cyclostomes*, comp. del gr. *kýklos* 'cerchio' e *stóma* 'bocca'] s. m. pl. • Nella tassonomia animale, classe di Vertebrati acquatici con corpo anguilliforme e bocca circolare a ventosa con denti cornei (*Cyclostomata*) | (al sing. *-a*) Ogni individuo di tale classe. ➡ ILL. **animali** /5.

ciclotimìa [comp. del gr. *kýklos* 'cerchio' e *thymós* 'animo, sentimento', di origine indeur.] s. f. • (*psicol.*) Tipo di temperamento caratterizzato da periodi alterni di euforia e di tristezza, di attività e di inattività, di eccitamento e di depressione.

ciclotìmico agg.; anche s. m. (f. *-a*; pl. m. *-ci*) • Che, chi presenta ciclotimia: *personalità ciclotimica*; *un disturbo caratteristico dei ciclotimici*.

ciclotomìa [comp. del gr. *kýklos* 'cerchio' e *tomḗ* 'taglio'] s. f. • (*mat.*) Divisione della circonferenza in archi uguali.

ciclòtomo [comp. del gr. *kýklos* 'cerchio' (V. *ciclo*) e di *-tomo*] s. m. • (*med.*) Strumento per l'operazione della cateratta.

ciclotróne [ingl. *cyclotron*. V. *ciclo-* ed (*elet*)*trone*] s. m. • (*fis.*) Macchina acceleratrice di particelle cariche, costituita da un campo magnetico costante e da un campo elettrico alternato applicato a due camere semicircolari in cui le particelle aumentano gradatamente di velocità.

Ciclottèridi [comp. di *ciclo-* e *-ttero*, con il suff. *-idi*] s. m. pl. • Nella tassonomia animale, famiglia di Pesci degli Scorpeniformi dal corpo tozzo e massiccio le cui uova vengono usate come surrogato del caviale (*Cyclopteridae*) | (al sing. *-e*) Ogni individuo di tale famiglia.

cicloturìsmo [comp. di *ciclo* (*2*) e *turismo*] s. m. • Turismo effettuato viaggiando in bicicletta.

cicloturìsta s. m. e f. (pl. m. *-i*) • Chi pratica il cicloturismo.

cicloturìstico agg. (pl. m. *-ci*) • Relativo al cicloturismo e ai cicloturisti.

cicógna [lat. *cicōnia(m)*, di etim. incerta] s. f. *1* Genere di Uccelli migratori dei Ciconiformi con lunghe zampe rosse e becco rosso (*Ciconia*) | *C. bianca*, con penne bianche e grandi ali dalle estremità nere (*Ciconia ciconia*) | *C. nera*, con piumaggio nero-verdastro sul dorso e bianco ventralmente (*Ciconia nigra*) | *L'arrivo della c.*, (*fig.*) la nascita di un bambino, da una leggenda nordica secondo cui le cicogne portavano i neonati sulla terra. *2* Tipo di velivolo monomotore ad ala alta, in grado di volare a velocità bassissime e di atterrare su terreni di estensione limitata, usato dalle forze armate tedesche nella seconda Guerra Mondiale, spec. per ricognizione. *3* Autotreno a due piani con rimorchio, per il trasporto di automobili. *4* Traversa di legno che bilica la campana. *5* Antica macchina per attingere acqua dai pozzi. || **cicognino**, dim. m. (V.).

cicognino s. m. *1* Dim. di *cicogna*. *2* Il piccolo della cicogna.

Ciconifórmi [comp. del lat. *cicōnia* 'cicogna' del pl. di *-forme*] s. m. pl. • Nella tassonomia animale, ordine di Uccelli dalle lunghe zampe e dal collo slanciato, col becco robusto e lungo di forma varia (*Ciconiiformes*) | (al sing. *-e*) Ogni individuo di tale ordine.

†**cicoràceo** • V. *cicoriaceo*.

cicòria o †**cicòrea** [lat. *cichorēa*, pl. di *cichorēum*, dal gr. *kichórion*, di etim. incerta] s. f. *1* Pianta erbacea perenne delle Composite con foglie lanceolate, commestibili e lunga radice amara (*Cichorium intybus*). *2* Polvere bruna ottenuta facendo abbrustolire la radice di tale pianta, che si usa miscelata al caffè o come suo surrogato. || **cicorièlla**, dim. | **cicoriétta**, dim.

cicoriàceo o †**cicoràceo**. agg. • Della cicoria.

cicùta [lat. *cicūta(m)*, di etim. incerta] s. f. *1* Genere di piante erbacee delle Ombrellifere comprendente alcune specie velenose (*Cicuta*) | *C. acquatica*, con foglie grandi dall'odore forte e rizoma a forma di rapa, internamente cavo, contenente un latice giallo molto velenoso (*Cicuta virosa*) | *C. maggiore*, *c. di Socrate*, con fusto alto e cavo, fiori bianchi e odore sgradevole, estremamente velenosa (*Conium maculatum*) | *C. minore*, *c. aglina*, con foglie simili a quelle del prezzemolo, da cui si distingue per i fiori bianchi e per l'odore di aglio (*Aethusa cynapium*). SIN. Erba aglina. *2* (*est.*) Bevanda velenosa che si ottiene da varie specie di cicuta, spec. dalla cicuta maggiore: *bere la c.*; *avvelenarsi con la c.*

cicutìna s. f. • Alcaloide che si estrae dai frutti e dalle foglie della cicuta maggiore.

-cìda [in vc. dotte, riprende il lat. *-cīda(m)*, da *-cīdere*, proprio dei composti di *caēdere* 'tagliare, abbattere (tagliando)', antica vc. di origine incerta] secondo elemento • In parole composte dotte significa 'uccisore': *omicida*, *tirannicida*.

-cìdio [lat. *-cīdiu(m)*, proprio dei s. nt. d'azione corrispondente ai s. in *-cīda*] secondo elemento • In parole composte dotte significa 'uccisione': *genocidio*, *parricidio*.

cidònio [vc. dotta, lat. *Cydōniu(m)*, dal gr. *Kydṓnios*] agg. • (*lett.*) Di Cidonia, antica città dell'isola di Creta: *barba violetta come / l'uva cidonia* (D'ANNUNZIO) | *Melo c.*, melo cotogno.

cièca • V. *ceca*.

ciecàle • V. *cecale*.

†**ciecàre** • V. †*cecare*.

cièco o (*raro*) **cèco** (**1**) [lat. *caecu(m)*, di etim. incerta] **A** agg. (pl. m. *-chi*) *1* Privo della vista: *essere, nascere, diventare c.* | (*fig.*) *La fortuna è cieca, il caso è c.*, imprevedibile, senza piani e motivi precisi | *Mosca cieca*, (*fig.*) gioco in cui uno dei partecipanti, bendato, deve cercare di afferrare e riconoscere gli altri | *Alla cieca*, senza vedere e (*fig.*) senza considerazione: *fare q.c. alla cieca*; *agire, decidere alla cieca*. *2* (*est.*) Che è privo di chiara consapevolezza, del lume della ragione: *c. d'odio, dall'ira*; *ubbidienza, sottomissione cieca* | Che rende privo del lume della ragione: *passione cieca*; *amore c.* *3* (*est.*) Che non permette la visibilità: *prima arrivi, che la cieca notte / fatt'abbia oscuro il mondo in ogni canto* (ARIOSTO) | *Finestra cieca, arco c.*, profilati sul muro pieno, senza apertura | *Scala, camera cieca*, senza finestre | *Lanterna cieca*, che nasconde chi la porta | (*est.*) Privo di uscita, senza sbocco: *vicolo, canale, corridoio, foro c.* | *Essere, trovarsi in un vicolo c.*, (*fig.*) in una situazione senza vie d'uscita | (*per anton., fig.*) *Carcere c.*, l'inferno | (*est.*) Che non è visibile: *scoglio c.*; *fossa, buca cieca*. *4* (*anat.*) *Intestino c.*, prima parte dell'intestino crasso. || **ciecaménte**, (*raro*) **cecaménte**, avv. *1* Alla cieca. *2* (*fig.*) Sconsideratamente. **B** s. m. (f. *-a* nei sign. 1 e 2) *1* Chi è privo della vista: *c. nato*; *c. di guerra*. *2* (*est.*) Chi ha la mente offuscata da una passione o emozione. *3* (*anat., ell.*) Intestino cieco. ➡ ILL. p. 365 ANATOMIA UMANA || PROV. Nel regno dei ciechi anche il guercio (il monocolo) è re. || **cechino**, **ciechino**, dim. | **ciecolino**, dim. | **ciecóne**, accr.

ciellìsta s. m. e f. (pl. m. *-i*) • Membro del Comitato di Liberazione Nazionale (C.L.N.), durante la Resistenza.

ciellìno [da CL, sigla di *Comunione e Liberazione*] agg.; anche s. m. (f. *-a*) • Che, chi fa parte del movimento di Comunione e Liberazione.

cièlo [lat. *caēlu(m)*, di etim. incerta] s. m. *1* Alto spazio convesso sulla terra, che appare turchino quando non è ingombro di vapori e di nuvole: *c. nuvoloso, plumbeo, sereno, limpido, terso*; *un c. trapunto di stelle* | *C. a pecorelle*, coperto da una larga distesa di cirrocumuli che preannuncia un cambiamento del tempo | *Carta del c.*, foglio sul quale è rappresentata tutta o parte della sfera celeste | *Toccare il c. con un dito*, (*fig.*) essere estremamente felice | *Innalzare, portare qc. al c.*, (*fig.*) coprirlo di lodi | *Non stare né in c. né in terra*, (*fig.*) detto di cosa assurda, impossibile | *Sotto la volta, la cappa del c.*, nel mondo, sulla terra | (*merid.*) *Stiamo sotto il c.*, (*fig.*) a tutti può capitare di tutto, al peggio non c'è mai fine | *Vivere sotto un altro c.*, (*fig.*) un altro paese | (*fig.*) *L'altra metà del c.*, (*per anton.*) le donne | *Apriti c.!*, escl. di stupore | *A c. aperto*, allo scoperto: *dormire a c. aperto*; (*min.*) detto di lavori di scavo, estrazione e sim. che si svolgono sulla superficie terrestre. *2* (*est.*) Zona aerea al di sopra di un dato luogo, con riferimento anche al clima: *il c. di Lombardia, di Napoli*; *il c. sano delle montagne* | Aria: *gli uccelli del c.* *3* (*est.*) Parte superiore interna di ambiente o recipiente chiuso: *c. del focolare, del forno, della camera, della carrozza*; *il c. della canna delle artiglierie*; *finita oramai la volta, cioè il c. di quella stanza* (VASARI). *4* (*est.*) Sede di esseri divini, dimora ultraterrena e paradisiaca di esseri umani che hanno vissuto rettamente, secondo varie dottrine religiose: *reggia, corte, porta del c.*; *come in c. così in terra*; *acquistare, meritare il c.* | *Salire al c.*, (*fig.*) morire | (*est.*) Essere, potenza divina: *la mano, i doni, la benedizione, il castigo, i voleri del c.*; *essere mandato dal c.*; *faccia, voglia il c. che* | *I messi del c.*, gli angeli e sim. | *Santo c.! Giusto c.!*, escl. di meraviglia, disappunto e sim. | *Per amor del c.!*, escl. di preghiera, invocazione anche iron., e sim. | *Lo sa il c. se*, chi lo sa se. *5* Nel sistema tolemaico, ciascuna delle sette sfere celesti | *Essere al settimo c.*, (*fig.*) al colmo della felicità | *Portare qc. al settimo c.*, (*fig.*) ricoprirlo di lodi || PROV. Ragli di asini non arrivano al cielo.

†**cièra** • V. *cera* (*2*).

†**cièṣa** [lat. *caesa(m)*, f. di *caesus*, part. pass. di *caēdere* 'tagliare'] s. f. • Fratta, siepe.

†**cìfera** • V. *cifra*.

cifòṣi [vc. dotta, gr. *kýphōsis* 'gobba', da *kyphós* 'incurvato' (der. di *kýptein* 'pendere in avanti', forse di origine indeur.)] s. f. • (*med.*) Curvatura a concavità anteriore della colonna vertebrale fisiologica entro certi limiti.

cifòtico agg. (pl. m. *-ci*) • Che presenta cifosi.

cìfra o †**cìfera**, †**zìfera**, †**zìfra** [ar. *ṣifr* 'vuoto', calco sul sans. *śunyá*, usato dai matematici indiani per 'zero'] s. f. *1* Uno dei segni combinando i quali si può scrivere qualsiasi numero naturale | *Cifre arabiche*, i segni 0, 1, 2, 3, 4, 5, 6, 7, 8, 9. *2* (*est., gener.*) Numero | *C. astronomica*, molto grande | *C. tonda*, senza frazioni o decimali | Somma di denaro: *per quel quadro ha sborsato una bella c.* | *C. di castelletto*, limite oltre il quale la banca non può concedere credito alla stessa persona | *C. di merito*, in varie tecnologie, indice numerico della qualità delle caratteristiche di funzionamento di uno strumento, di un apparecchio e sim. | *C. elettorale*, quoziente elettorale. *3* Abbreviazione di un nome, costituita spec. dalle lettere iniziali,

FATTORIA

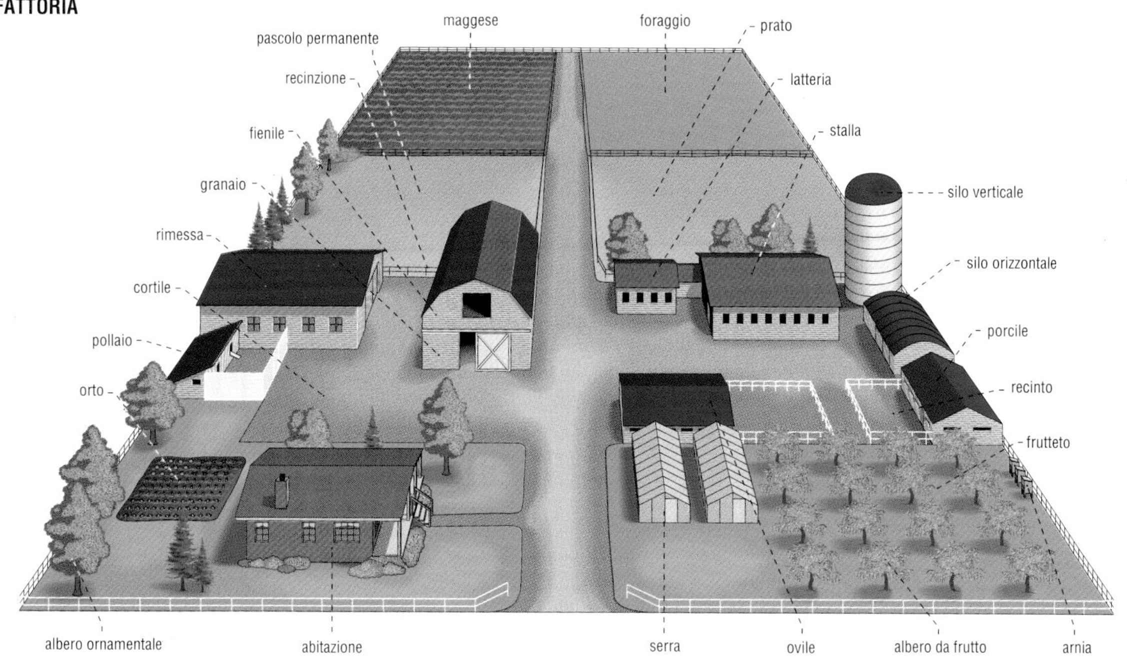
maggese
foraggio
prato
pascolo permanente
recinzione
latteria
fienile
stalla
granaio
silo verticale
rimessa
silo orizzontale
cortile
porcile
pollaio
recinto
orto
frutteto
albero ornamentale
abitazione
serra
ovile
albero da frutto
arnia

RATTORE

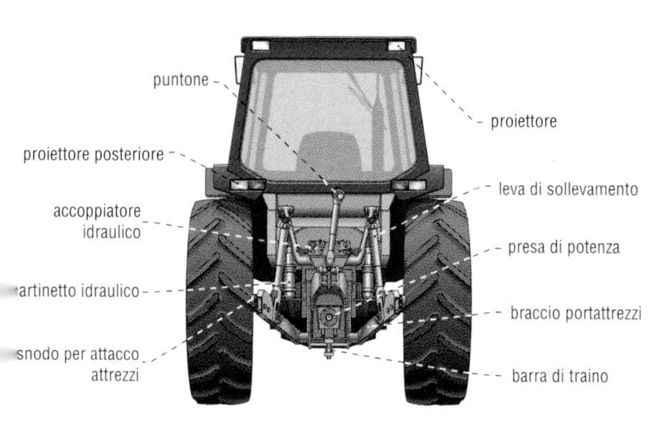
puntone
proiettore
proiettore posteriore
leva di sollevamento
accoppiatore idraulico
presa di potenza
artinetto idraulico
braccio portattrezzi
snodo per attacco attrezzi
barra di traino

volante
cabina
tubo di scappamento
parafango
proiettore
cerchione
predellino
zavorra
ruota anteriore
ruota motrice
scolpitura del battistrada
motore

ATRO A VOMERE-VERSOIO

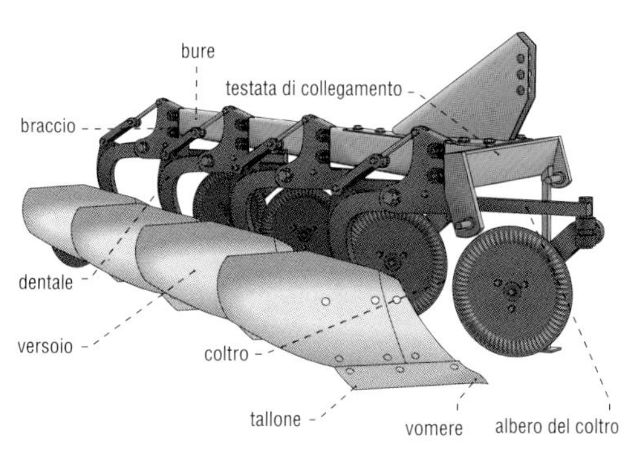
bure
testata di collegamento
braccio
dentale
versoio
coltro
tallone
vomere
albero del coltro

SPANDILETAME

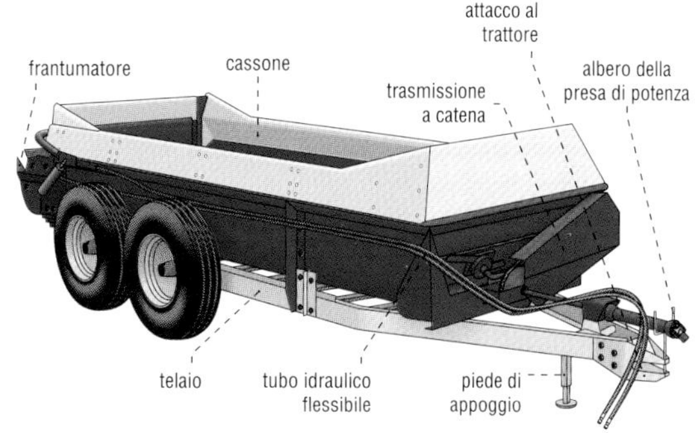
attacco al trattore
frantumatore
cassone
albero della presa di potenza
trasmissione a catena
telaio
tubo idraulico flessibile
piede di appoggio

ERPICE DOPPIO A DISCHI

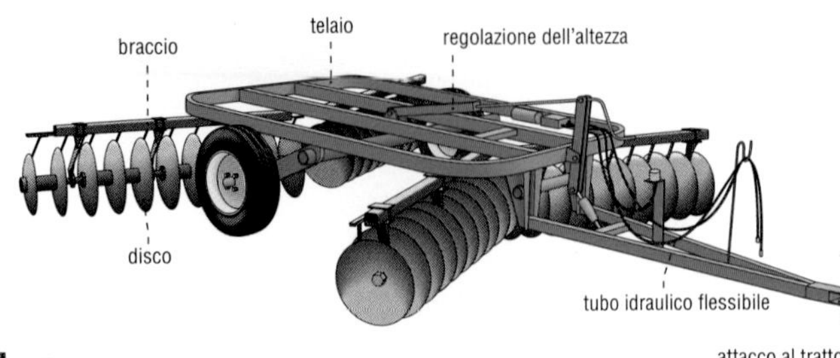

COLTIVATORE

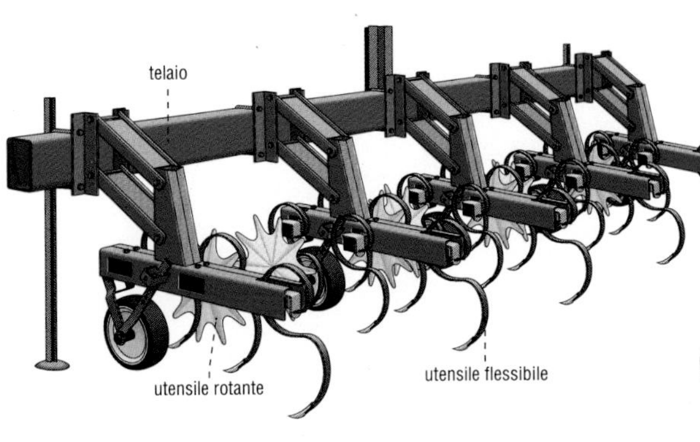

SEMINATRICE

Falcia-trincia-caricatrice per la raccolta del foraggio.

- tramoggia
- tubo di caduta del seme
- leva spaziatrice dei dischi
- catena di trasmissione
- coltro
- rullo di compressione
- disco di copertura

FALCIASCHIACCIATRICE

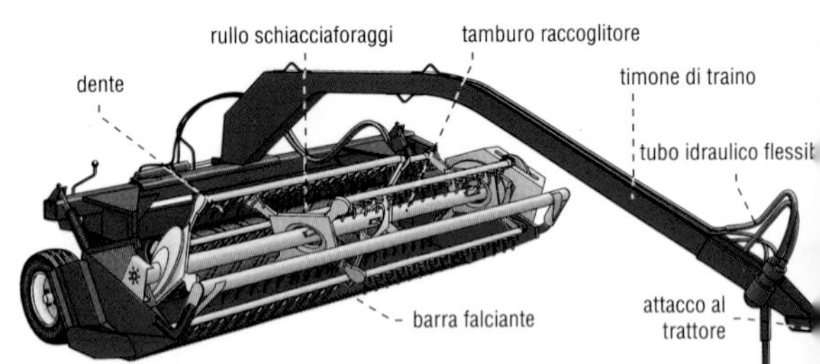

RASTRELLO MECCANICO

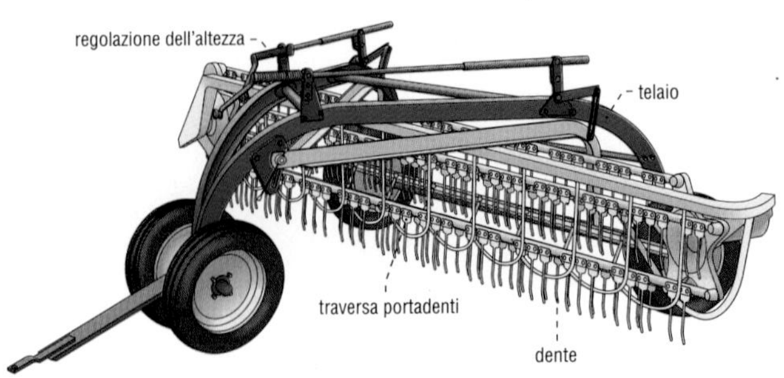

MIETITREBBIATRICE

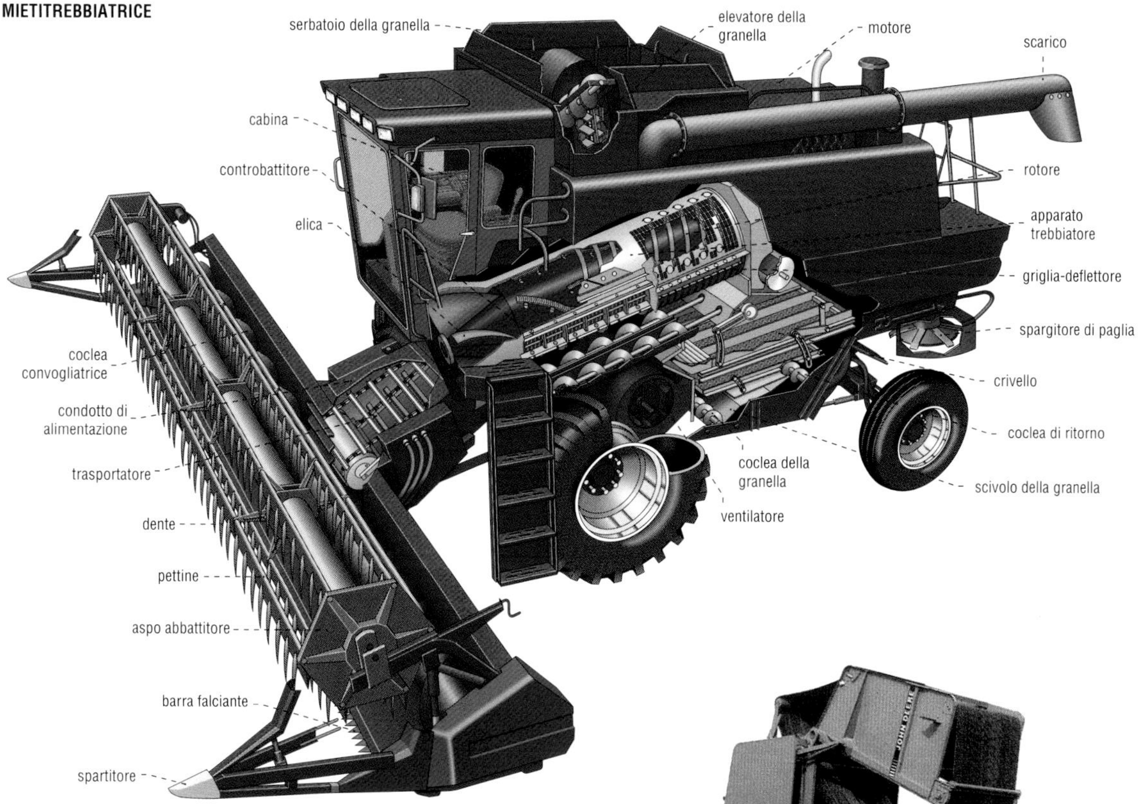

serbatoio della granella
elevatore della granella
motore
scarico
cabina
controbattitore
elica
rotore
apparato trebbiatore
griglia-deflettore
spargitore di paglia
coclea convogliatrice
crivello
condotto di alimentazione
coclea di ritorno
trasportatore
coclea della granella
scivolo della granella
ventilatore
dente
pettine
aspo abbattitore
barra falciante
spartitore

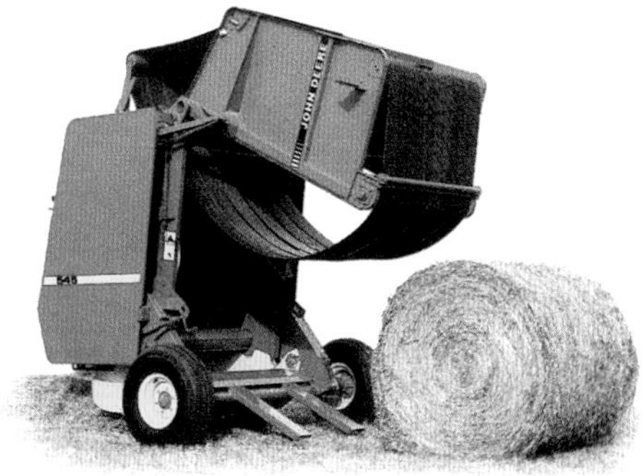

Rotoimballatrice con sistema di pressatura a cinghie.

MBALLATRICE

legatore
camera di compressione
carrello stivatore
albero della presa di potenza
timone di traino
tamburo raccoglitore
attacco al trattore

CCOGLITRICE DI FORAGGIO

carro
condotto di scarico
coclea convogliatrice
timone di traino
albero della presa di potenza
attacco al trattore
tamburo raccoglitore
dente

INSILATRICE

condotto di lancio
condotto del ventilatore
ventilatore
barra di manovra
tramoggia
alimentatore

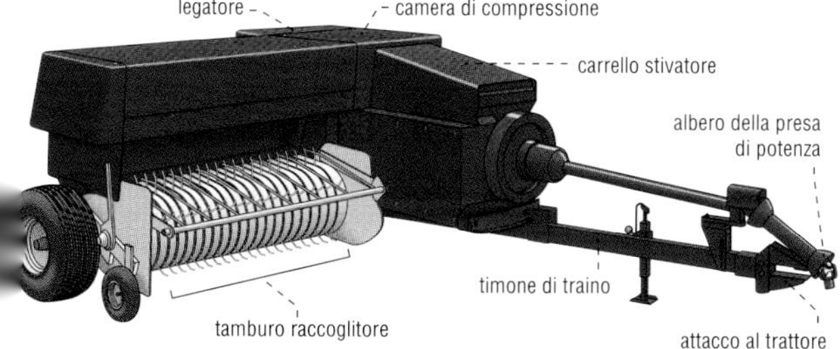

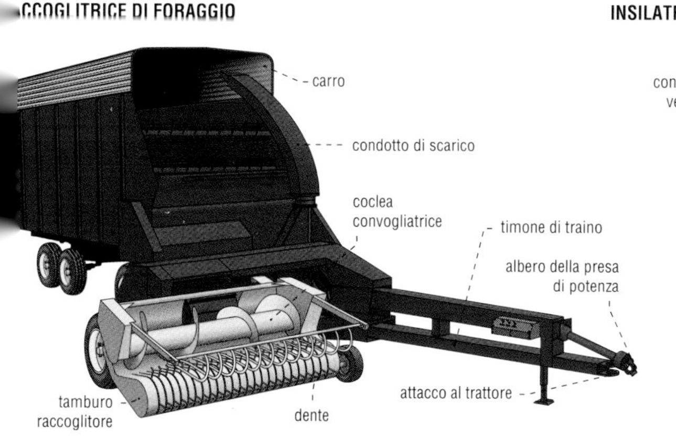

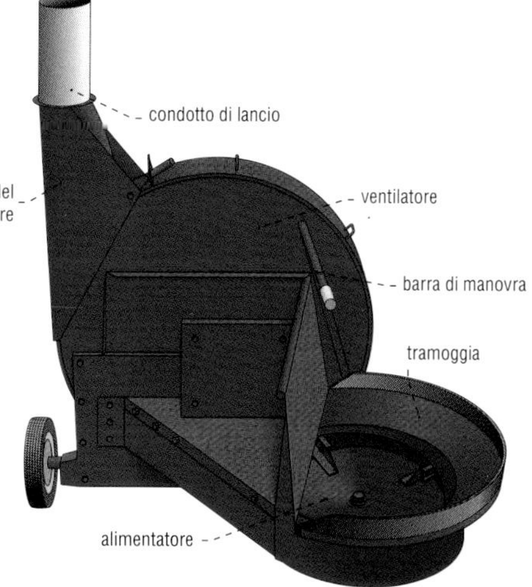

TEMPIO GRECO

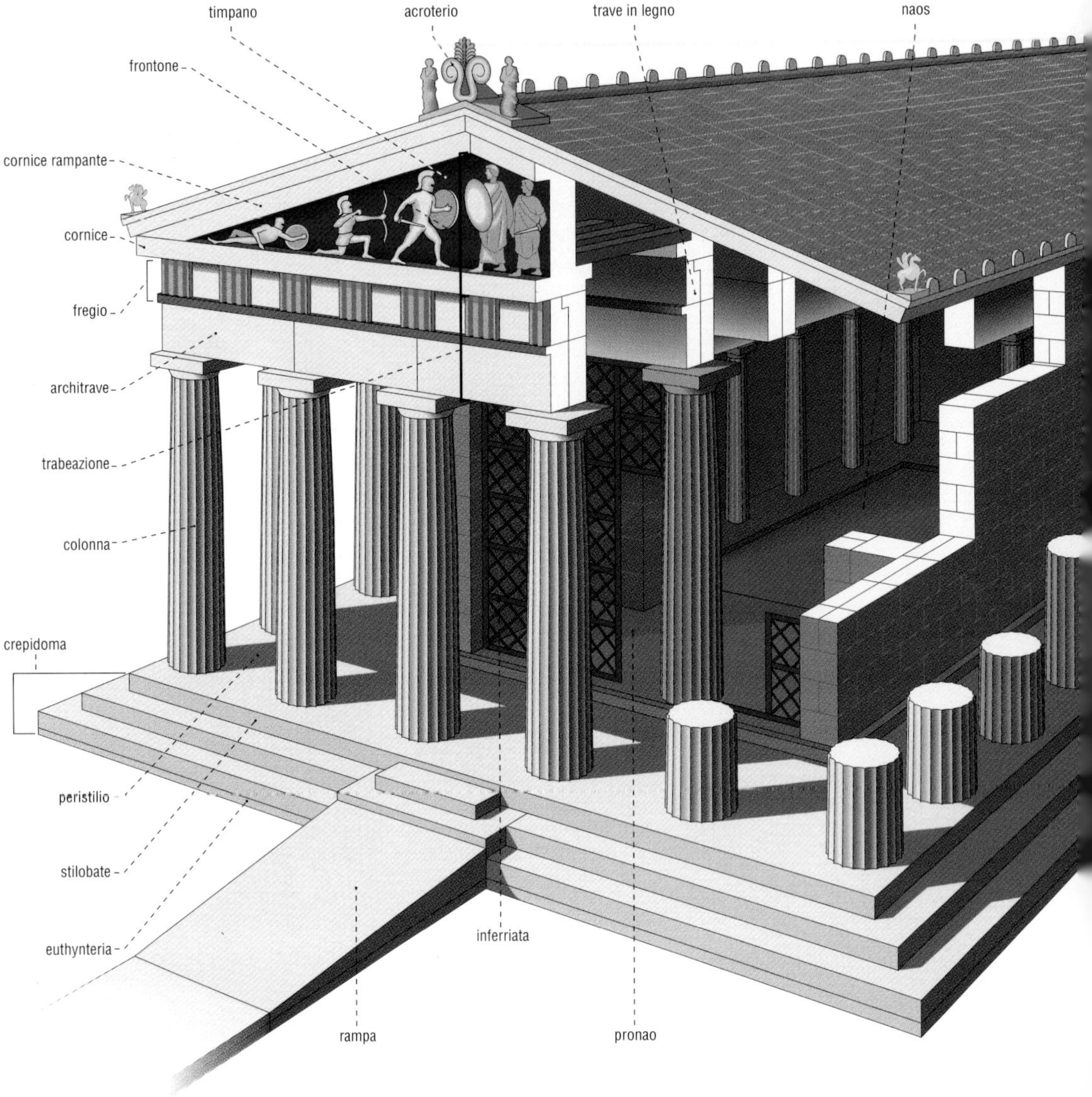

timpano
acroterio
trave in legno
naos
frontone
cornice rampante
cornice
fregio
architrave
trabeazione
colonna
crepidoma
peristilio
stilobate
euthynteria
inferriata
rampa
pronao

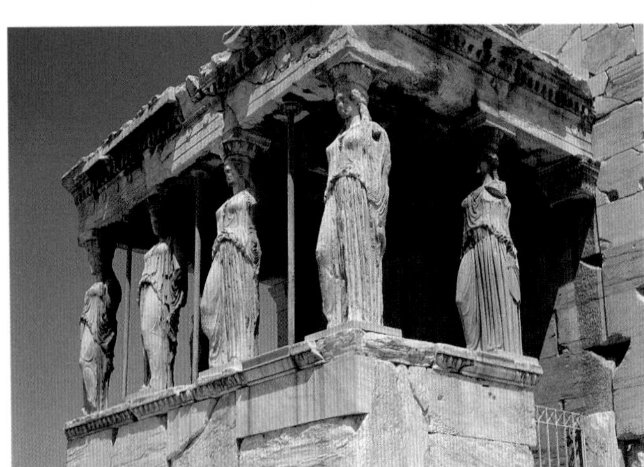

Atene: la loggetta delle Cariatidi nel lato sud dell'Eretteo.

PIANTA

crepidoma
opistodomo
posizione della statua
naos
pronao
colonna
peristilio

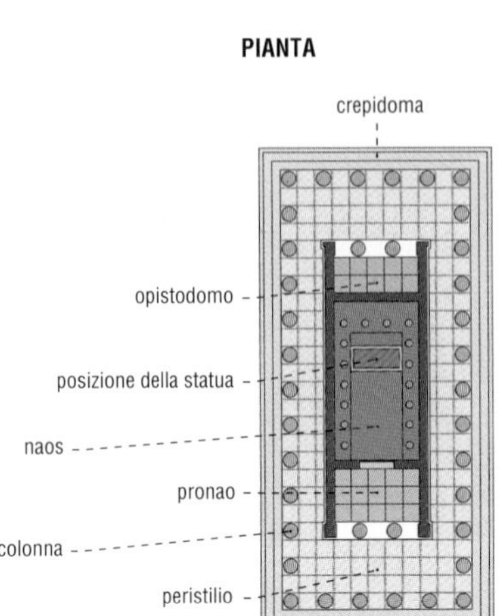

Atene, Partenone: particolare del fregio est raffigurante Poseidone, Apollo e Artemide.

STILI ARCHITETTONICI

ORDINE IONICO

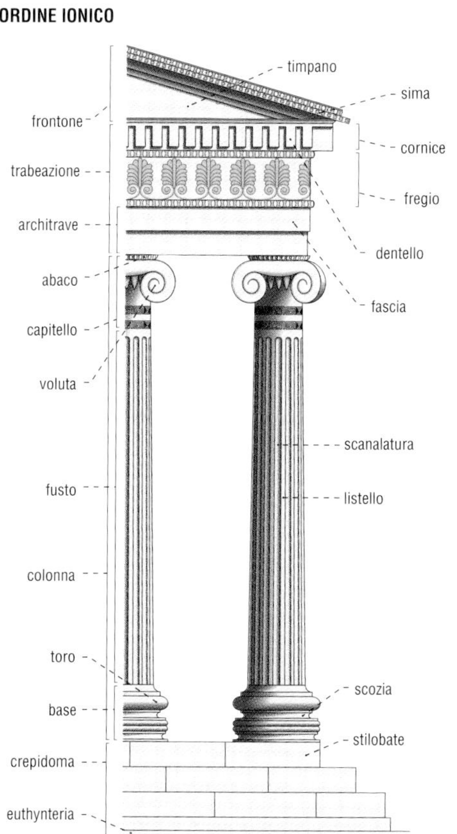

ORDINE DORICO

ORDINE CORINZIO

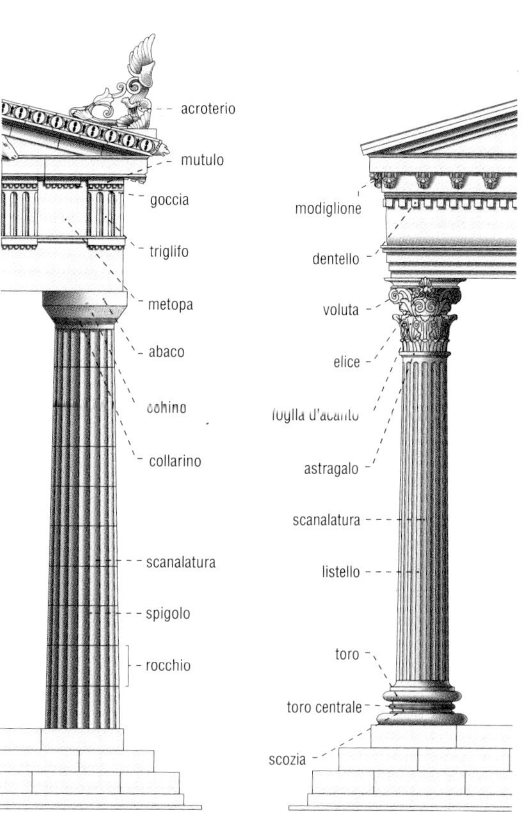

CATTEDRALE GOTICA

Chartres: transenna del coro della cattedrale.

VOLTA

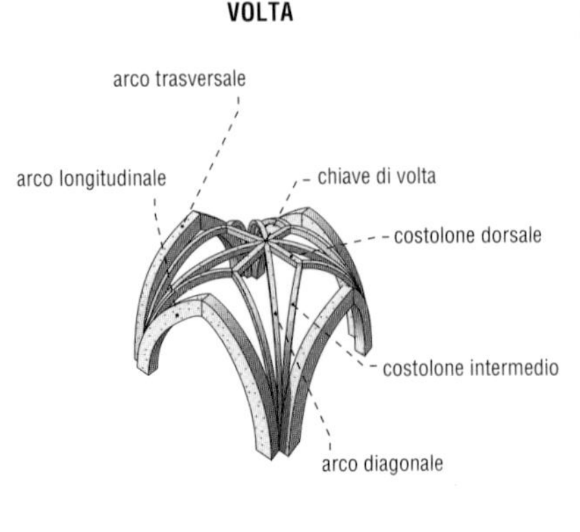

Il rosone e le ogive nord della cattedrale di Chartres.

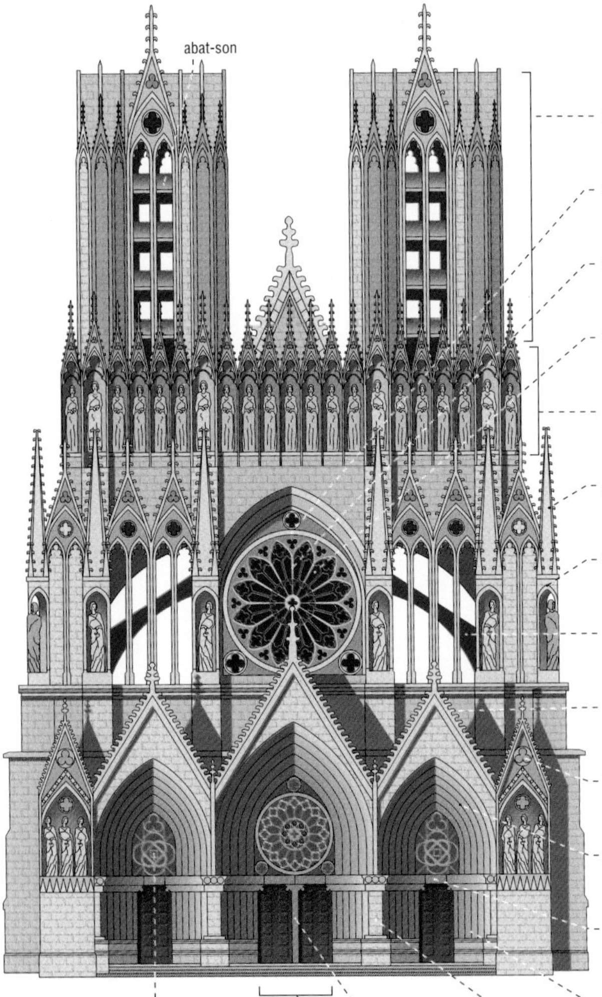

abat-son
torre campanaria
rosone
traforo
vetro colorato
galleria
guglia
torretta
arco rampante
timpano
decorazione a trifoglio
archivolto
architrave
strombatura
lunetta
portale
trumeau
piedritto

FACCIATA

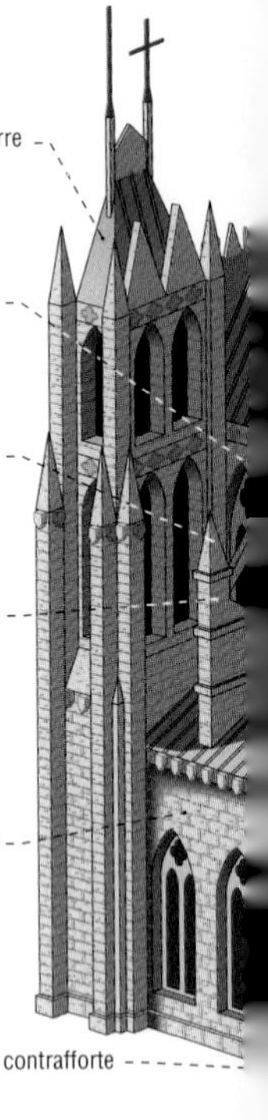

torre
arco rampante
pinnacolo
spalla
cappella laterale
contrafforte
croci

CATTEDRALE

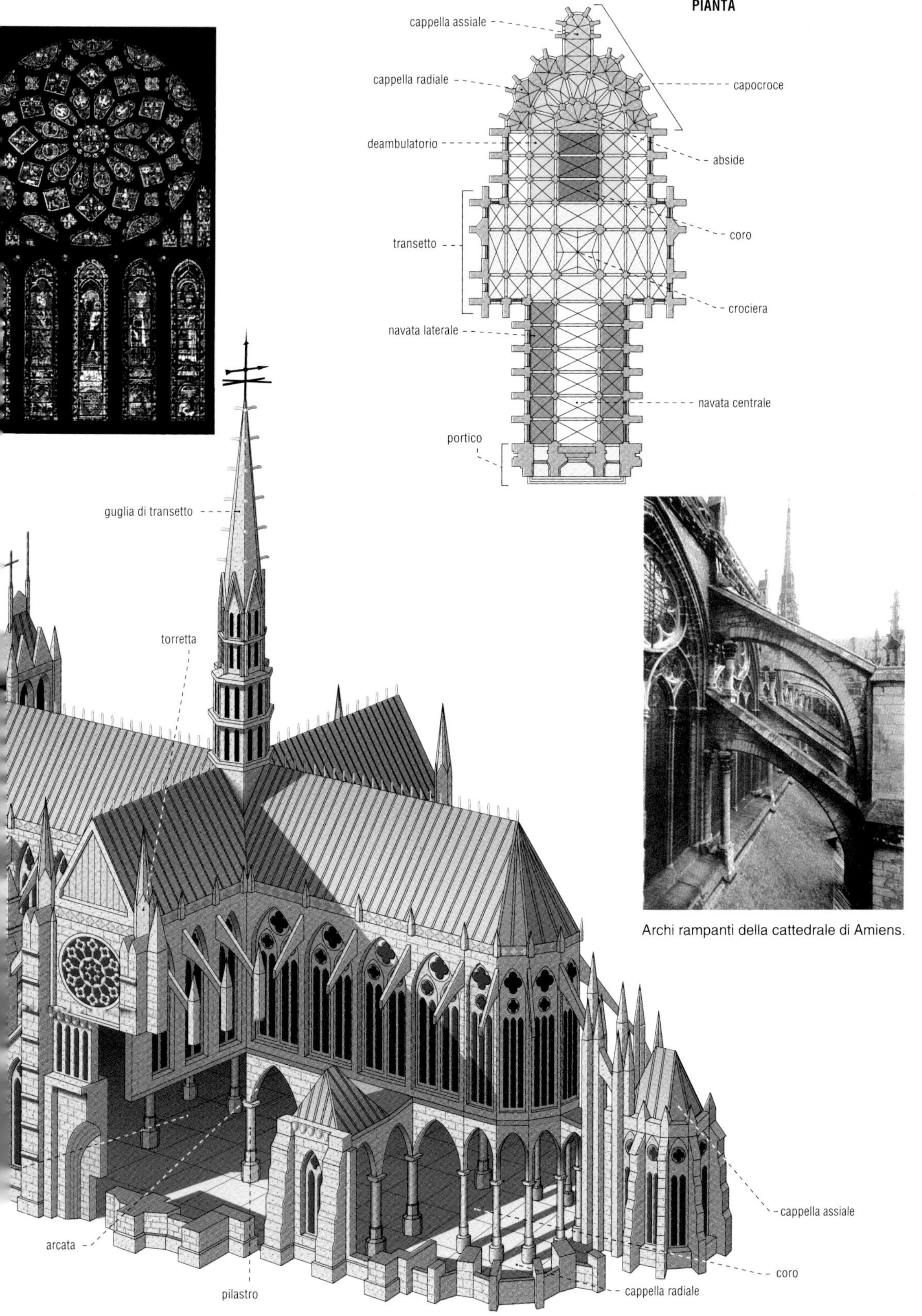

Archi rampanti della cattedrale di Amiens.

FORTIFICAZIONE ALLA VAUBAN

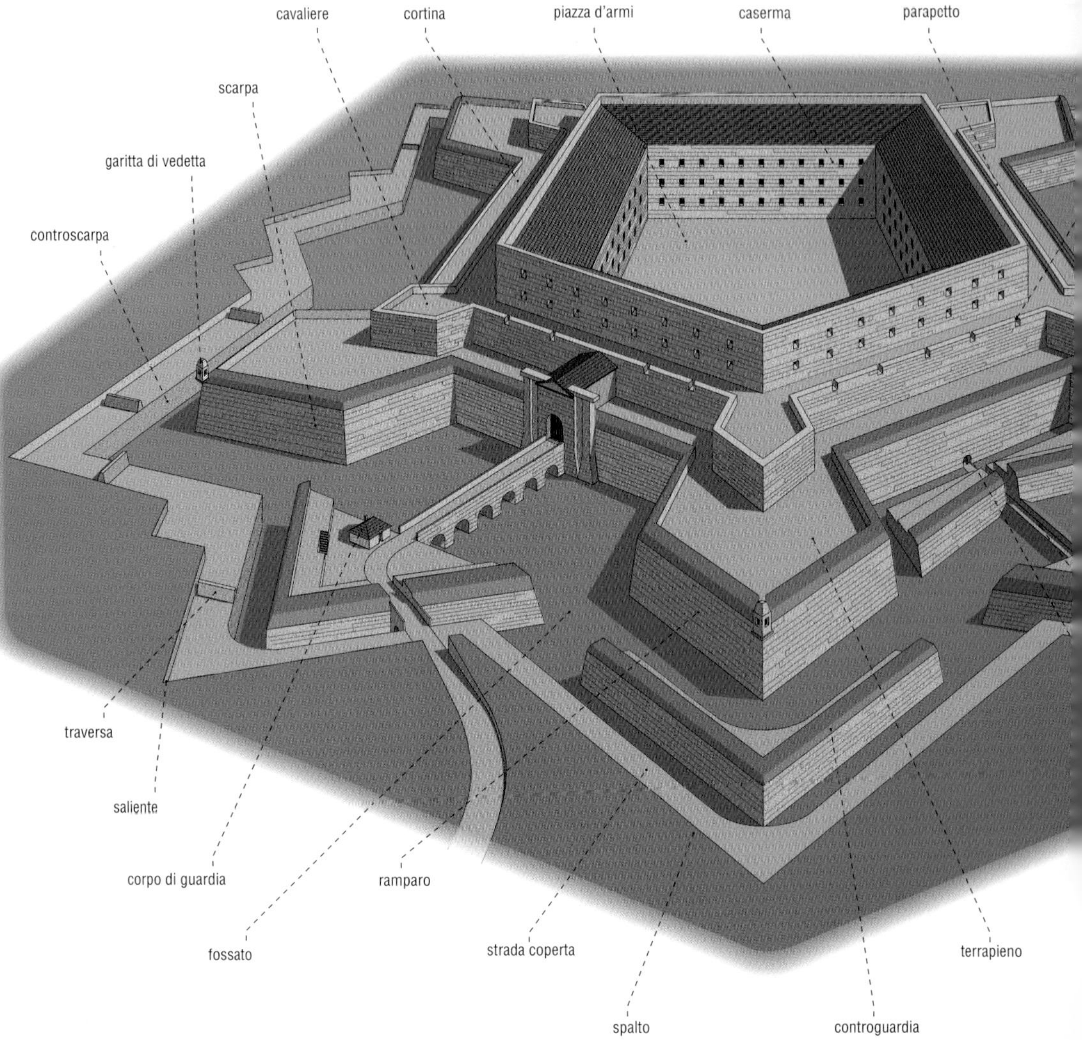

cavaliere
cortina
piazza d'armi
caserma
parapetto
scarpa
garitta di vedetta
controscarpa
traversa
saliente
corpo di guardia
ramparo
fossato
strada coperta
terrapieno
spalto
controguardia

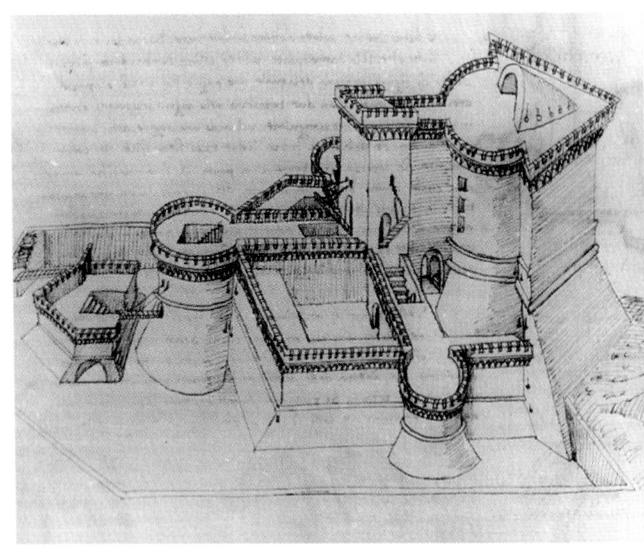

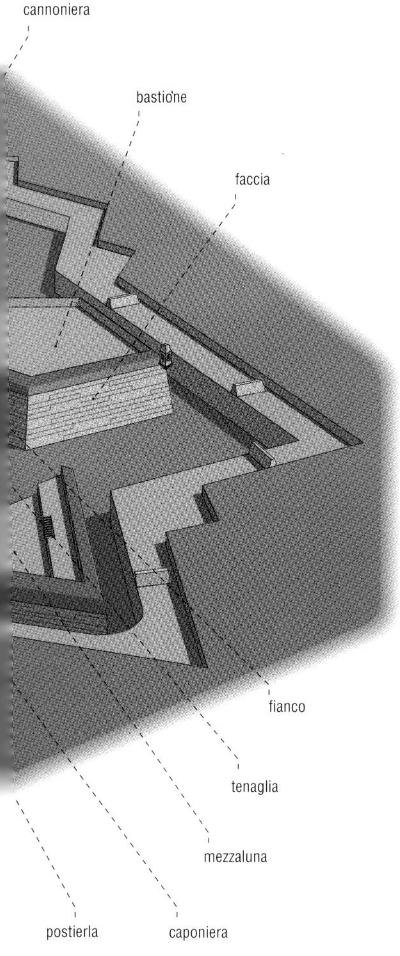

CANNONE AD AVANCARICA

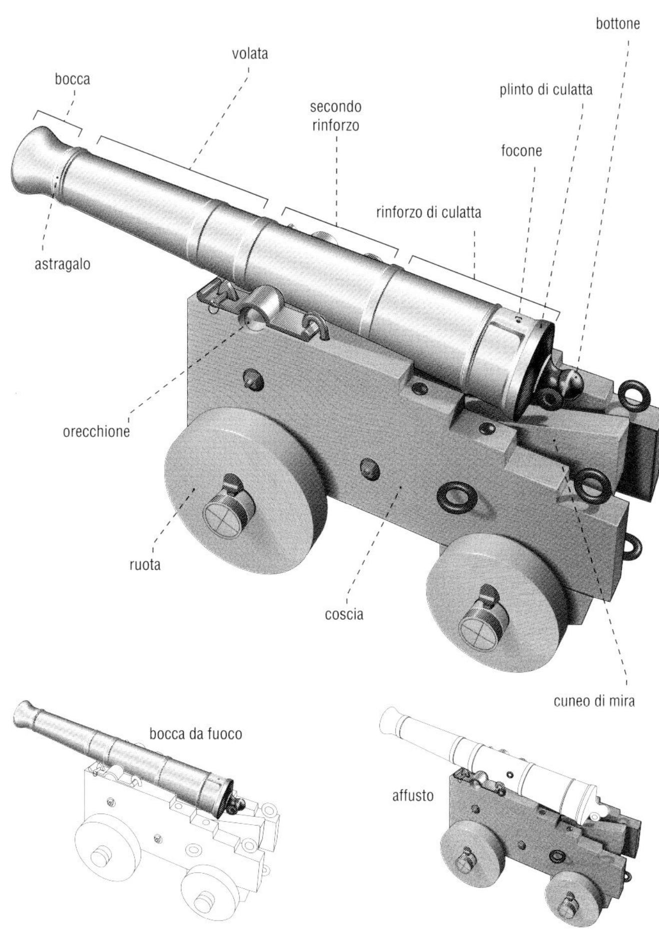

…evoluzione nell'arte della guerra con l'introduzione di armi … fuoco sempre più precise impose una parallela evolu…one dell'arte delle fortificazioni: *a sinistra* la rocca di Mon…lfo, costruita da Francesco di Giorgio Martini intorno al …90; *al centro* il Fort National di Saint-Malo, di Sébastien … Prestre de Vauban (1633-1707); *a destra* la fortezza di …rdøhus (nella Norvegia settentrionale) del 1792.

MORTAIO DEL XVII SECOLO

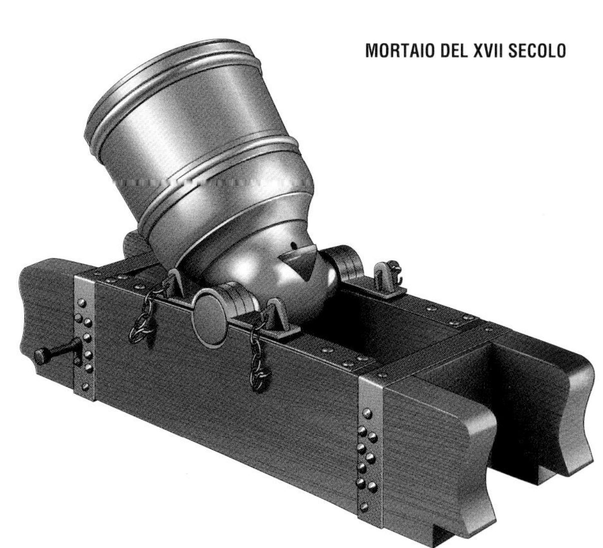

SCHELETRO

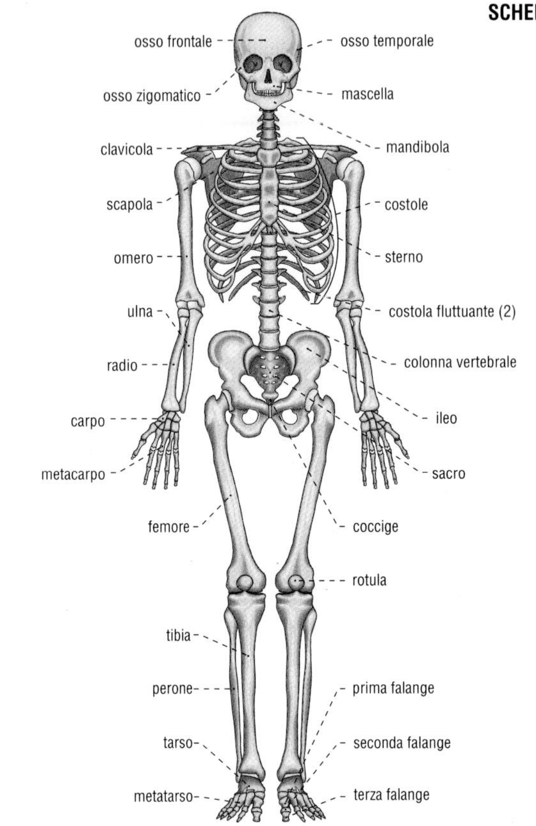

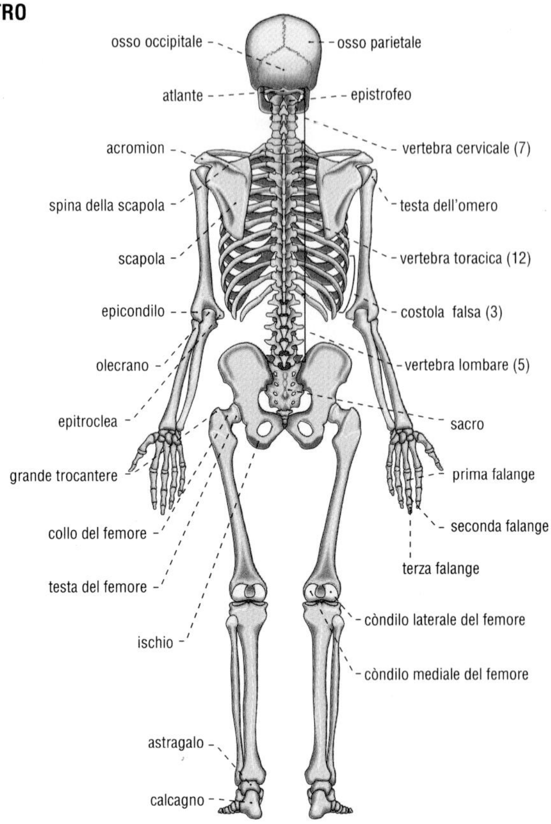

osso frontale
osso temporale
osso zigomatico
mascella
clavicola
mandibola
scapola
costole
omero
sterno
ulna
costola fluttuante (2)
radio
colonna vertebrale
carpo
ileo
metacarpo
sacro
femore
coccige
rotula
tibia
perone
prima falange
tarso
seconda falange
metatarso
terza falange

osso occipitale
osso parietale
atlante
epistrofeo
acromion
vertebra cervicale (7)
spina della scapola
testa dell'omero
scapola
vertebra toracica (12)
epicondilo
costola falsa (3)
olecrano
vertebra lombare (5)
epitroclea
sacro
grande trocantere
prima falange
collo del femore
seconda falange
terza falange
testa del femore
còndilo laterale del femore
ischio
còndilo mediale del femore
astragalo
calcagno

MUSCOLI

frontale
orbicolare dell'occhio
sternocleidomastoideo
massetere
trapezio
deltoide
grande pettorale
obliquo esterno dell'addome
bicipite brachiale
retto dell'addome
brachiale
brachioradiale
pronatore rotondo
tensore della fascia lata
palmare lungo
adduttore lungo
palmare breve
sartorio
flessore ulnare del carpo
retto del femore
vasto laterale
vasto mediale
gastrocnemio
peroneo lungo
soleo
tibiale anteriore
estensore lungo delle dita
estensore breve delle dita
interosseo plantare

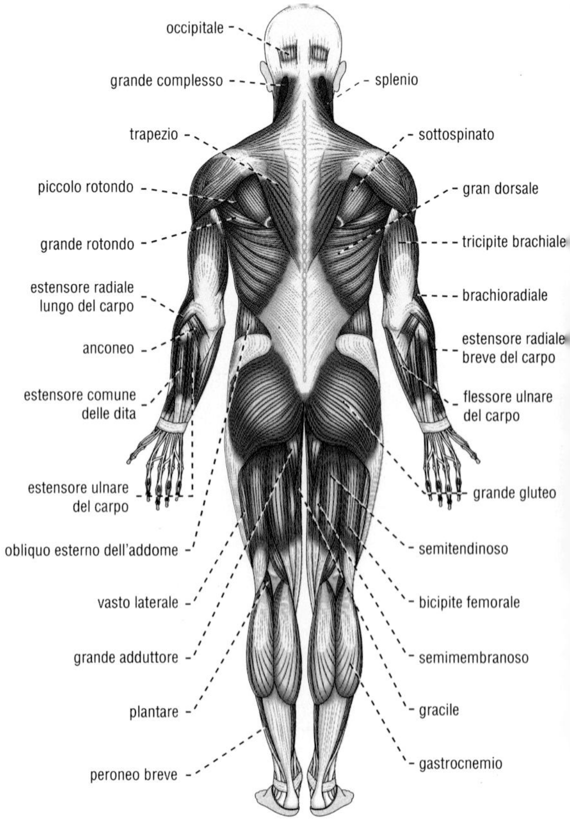

occipitale
grande complesso
splenio
trapezio
sottospinato
piccolo rotondo
gran dorsale
grande rotondo
tricipite brachiale
estensore radiale lungo del carpo
brachioradiale
anconeo
estensore radiale breve del carpo
estensore comune delle dita
flessore ulnare del carpo
estensore ulnare del carpo
grande gluteo
obliquo esterno dell'addome
semitendinoso
vasto laterale
bicipite femorale
grande adduttore
semimembranoso
plantare
gracile
peroneo breve
gastrocnemio

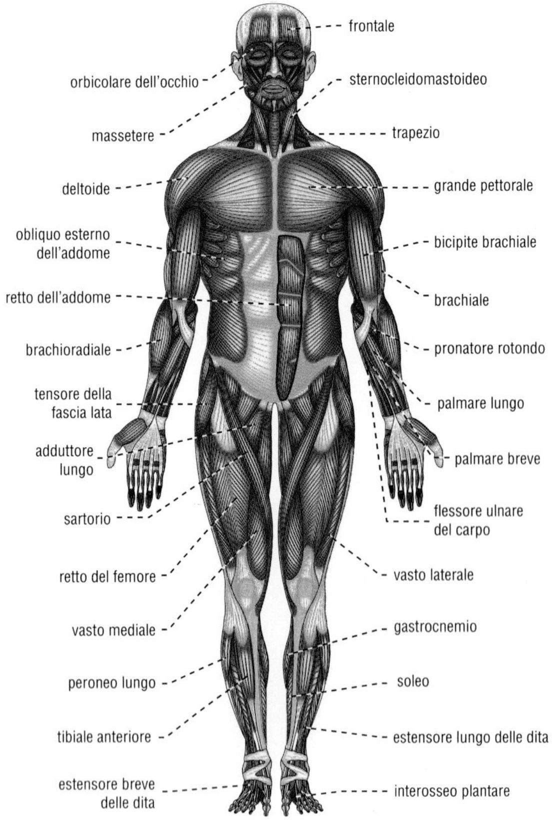

CIRCOLAZIONE DEL SANGUE

PRINCIPALI VENE E ARTERIE

vena giugulare interna
arteria carotide comune
vena giugulare esterna
arteria succlavia
vena succlavia
vena cava superiore
vena ascellare
arteria ascellare
arco aortico
arteria brachiale
vena cefalica
vena polmonare
vena basilica
vena porta
arteria polmonare
vena cava inferiore
vena renale
vena mesenterica superiore
arteria renale
arteria iliaca comune
arteria mesenterica superiore
arteria femorale
vena femorale
arteria tibiale anteriore
aorta addominale
arteria dorsale del piede
arteria iliaca interna
arteria arcuata
grande safena

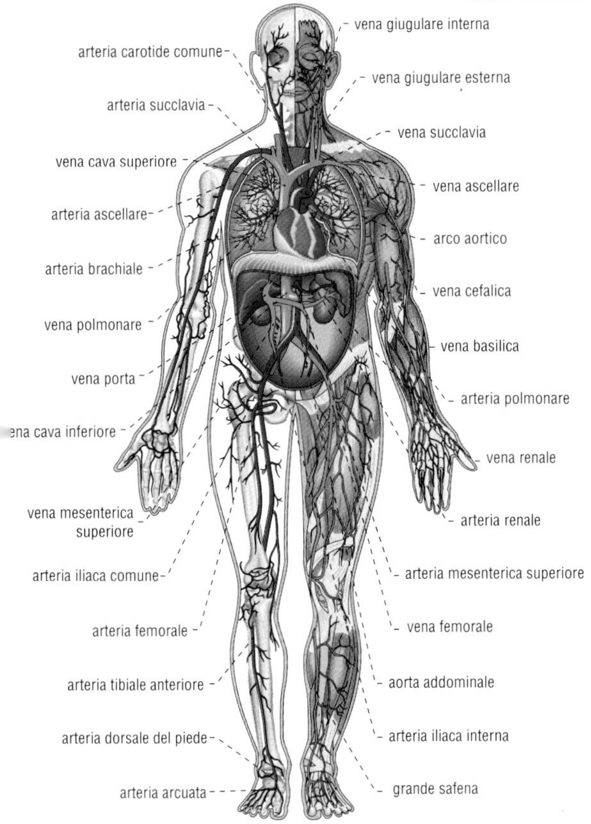

SCHEMA DELLA CIRCOLAZIONE

testa
vena cava superiore
aorta ascendente
arto superiore
arco aortico
aorta discendente
polmone destro
polmone sinistro
atrio destro
atrio sinistro
ventricolo destro
ventricolo sinistro
vena epatica
tronco celiaco
fegato
milza
vena porta
stomaco
vena cava inferiore
intestino
vena iliaca interna
rene
arto inferiore
arteria iliaca interna

CUORE

vena cava superiore
arco aortico
vena polmonare destra
atrio destro
tronco polmonare
valvola polmonare
atrio sinistro
vena polmonare sinistra
valvola aortica
valvola mitrale
ventricolo sinistro
setto interventricolare
muscolo papillare
ventricolo destro
vena cava inferiore
aorta
valvola tricuspide

SISTEMA NERVOSO PERIFERICO

plesso brachiale
nervi cranaci
nervo mediano
nervo ascellare
nervo ulnare
nervo radiale
nervo otturatore
nervo intercostale
nervo ileoipogastrico
plesso lombare
nervo ileoinguinale
plesso sacrale
nervo cutaneo laterale della coscia
nervo digitale
nervo femorale
nervo ischiatico
nervo gluteo
nervo safeno
nervo cutaneo posteriore della coscia
nervo peroniero comune
nervo tibiale
nervo peroniero superficiale
nervo surale
nervo peroniero profondo

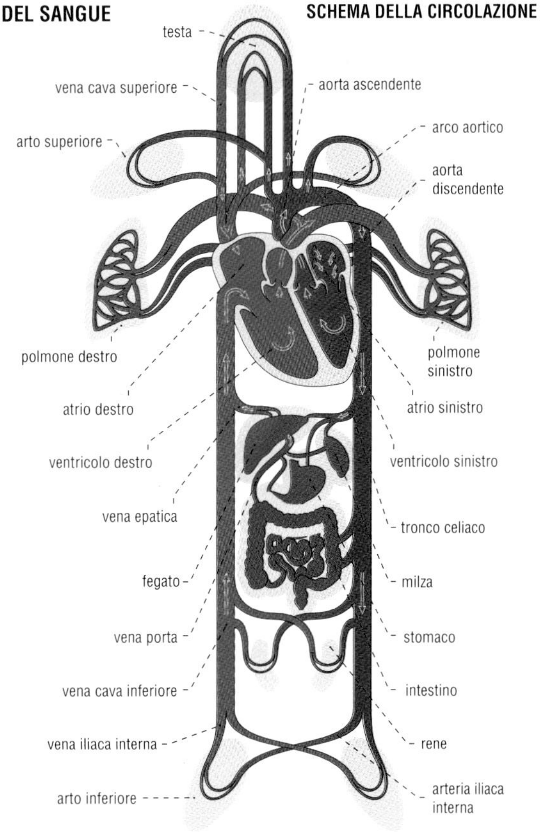

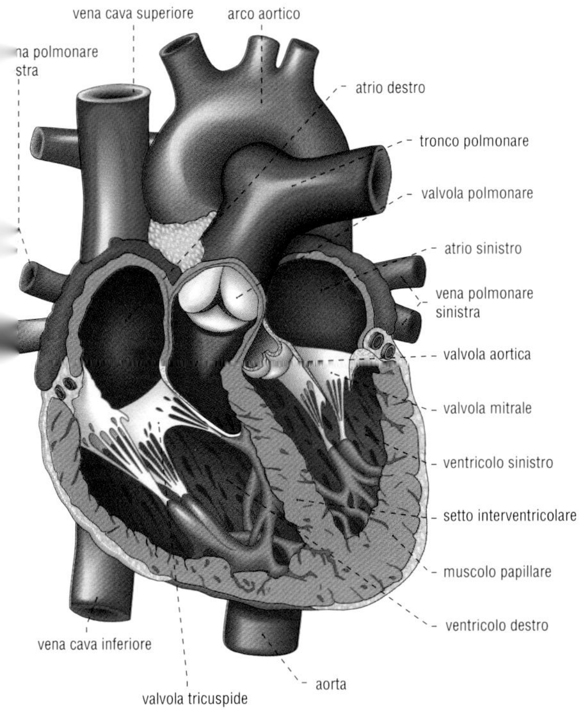

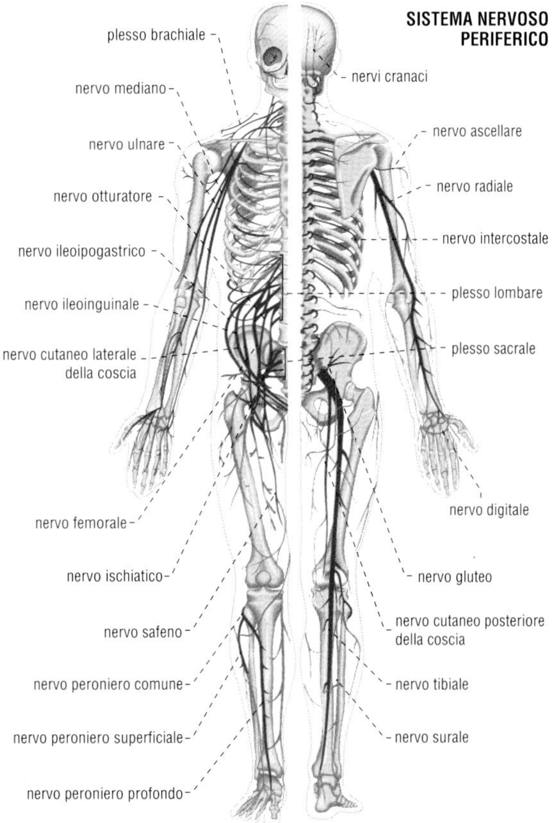

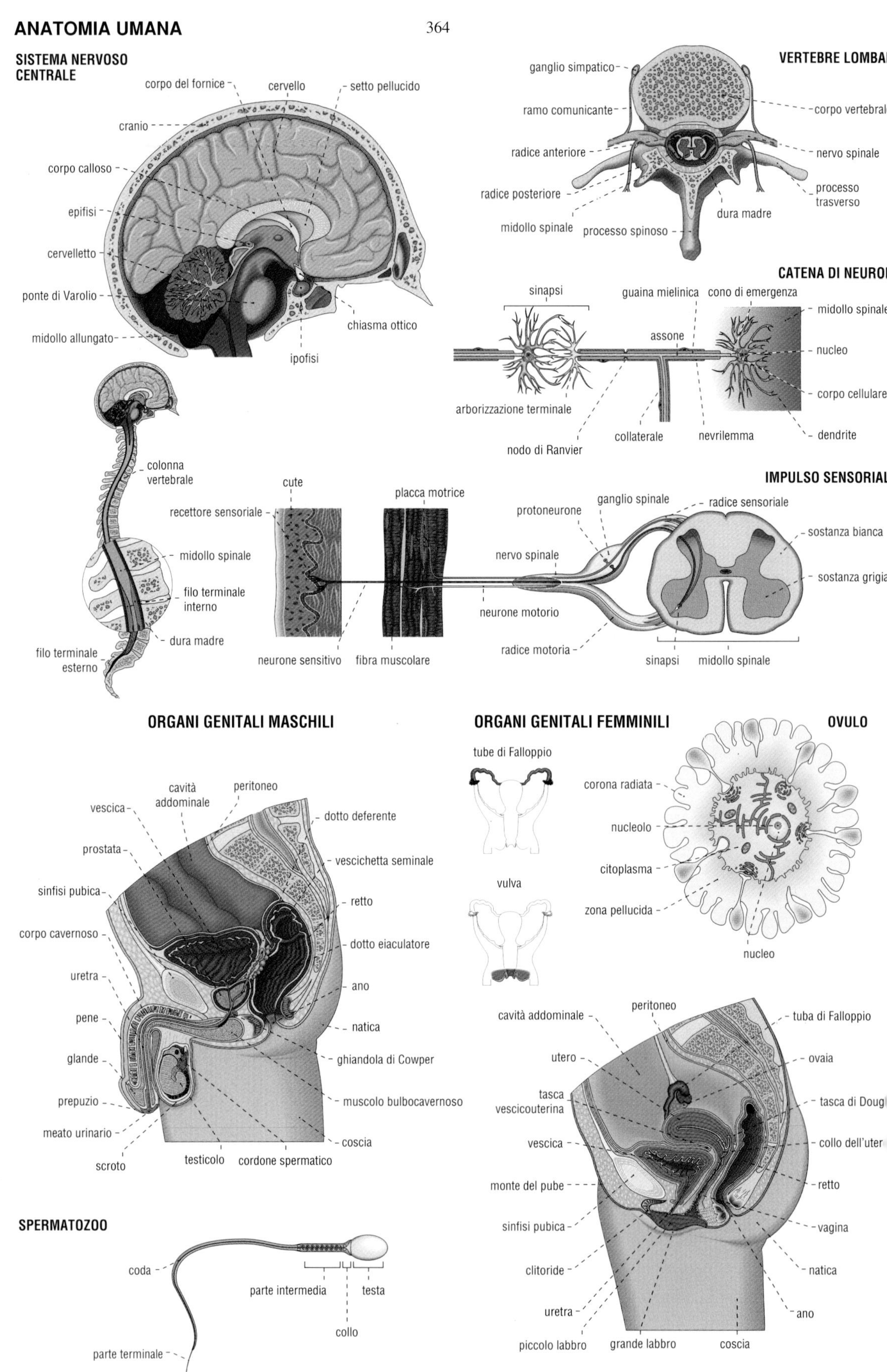
SISTEMA NERVOSO CENTRALE
corpo del fornice
cervello
setto pellucido
cranio
corpo calloso
epifisi
cervelletto
ponte di Varolio
midollo allungato
chiasma ottico
ipofisi
colonna vertebrale
midollo spinale
filo terminale interno
dura madre
filo terminale esterno
VERTEBRE LOMBAR
ganglio simpatico
ramo comunicante
corpo vertebrale
radice anteriore
nervo spinale
radice posteriore
processo trasverso
dura madre
midollo spinale
processo spinoso
CATENA DI NEURON
sinapsi
guaina mielinica
cono di emergenza
midollo spinale
assone
nucleo
corpo cellulare
arborizzazione terminale
collaterale
nevrilemma
dendrite
nodo di Ranvier
IMPULSO SENSORIAL
cute
placca motrice
recettore sensoriale
ganglio spinale
radice sensoriale
protoneurone
sostanza bianca
nervo spinale
sostanza grigia
neurone motorio
radice motoria
neurone sensitivo
fibra muscolare
sinapsi
midollo spinale
ORGANI GENITALI MASCHILI
cavità addominale
peritoneo
vescica
dotto deferente
prostata
vescichetta seminale
sinfisi pubica
retto
corpo cavernoso
dotto eiaculatore
uretra
ano
pene
natica
glande
ghiandola di Cowper
prepuzio
muscolo bulbocavernoso
meato urinario
coscia
scroto
testicolo
cordone spermatico
ORGANI GENITALI FEMMINILI
tube di Falloppio
vulva
OVULO
corona radiata
nucleolo
citoplasma
zona pellucida
nucleo
SPERMATOZOO
coda
parte intermedia
testa
collo
parte terminale
cavità addominale
peritoneo
tuba di Falloppio
utero
ovaia
tasca vescicouterina
tasca di Doug
vescica
collo dell'uter
monte del pube
retto
sinfisi pubica
vagina
clitoride
natica
uretra
ano
piccolo labbro
grande labbro
coscia

GHIANDOLE ENDOCRINE

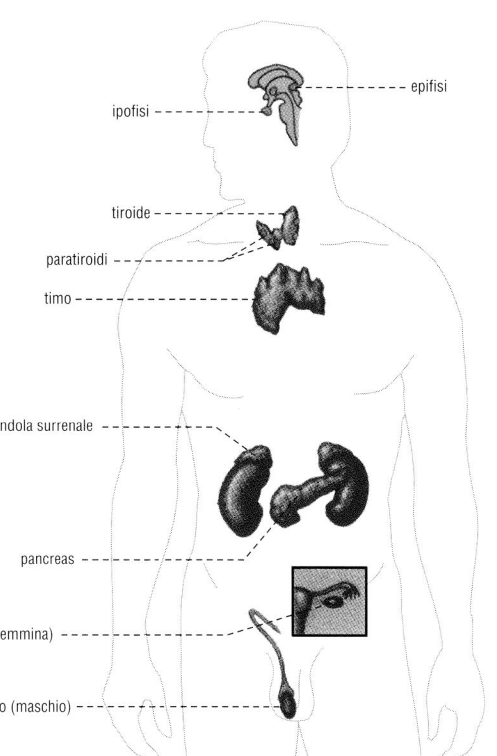
epifisi
ipofisi
tiroide
paratiroidi
timo
ghiandola surrenale
pancreas
vaia (femmina)
esticolo (maschio)

APPARATO DIGERENTE

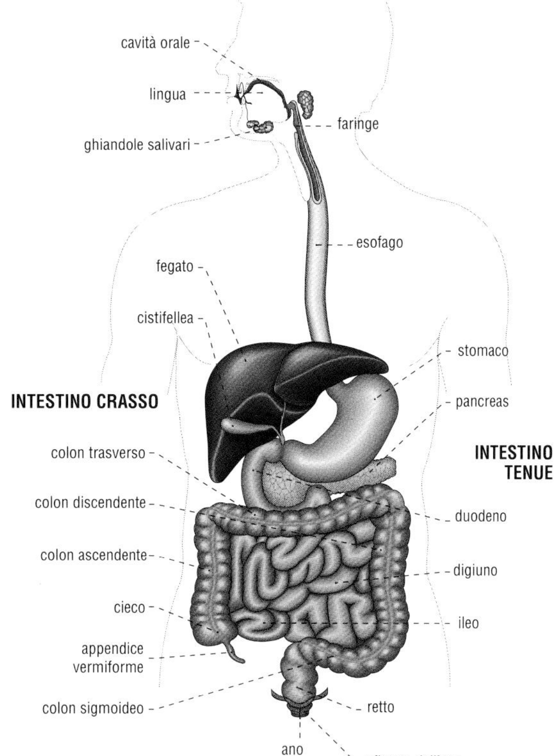
cavità orale
lingua
faringe
ghiandole salivari
esofago
fegato
cistifellea
stomaco
INTESTINO CRASSO
pancreas
colon trasverso
INTESTINO TENUE
colon discendente
duodeno
colon ascendente
digiuno
cieco
ileo
appendice vermiforme
colon sigmoideo
retto
ano
sfintere dell'ano

SISTEMA URINARIO

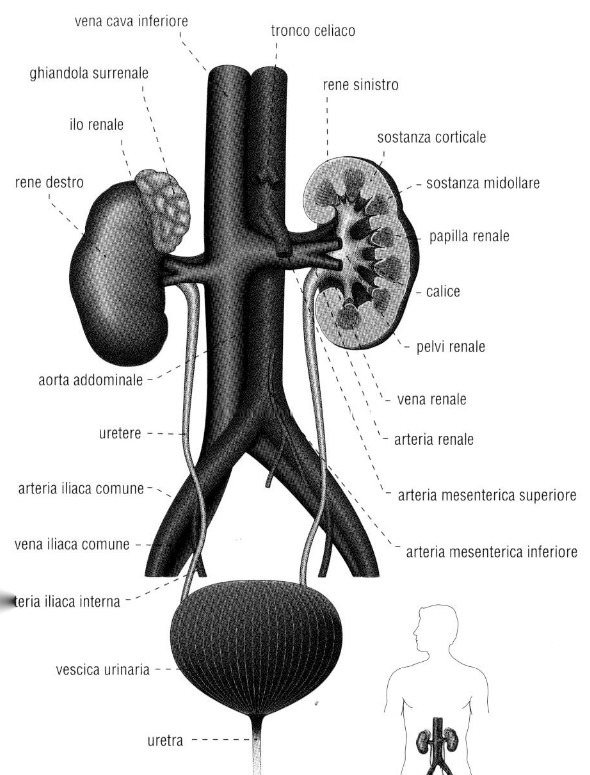
vena cava inferiore
tronco celiaco
ghiandola surrenale
rene sinistro
ilo renale
sostanza corticale
rene destro
sostanza midollare
papilla renale
calice
pelvi renale
aorta addominale
vena renale
uretere
arteria renale
arteria iliaca comune
arteria mesenterica superiore
vena iliaca comune
arteria mesenterica inferiore
teria iliaca interna
vescica urinaria
uretra

APPARATO RESPIRATORIO

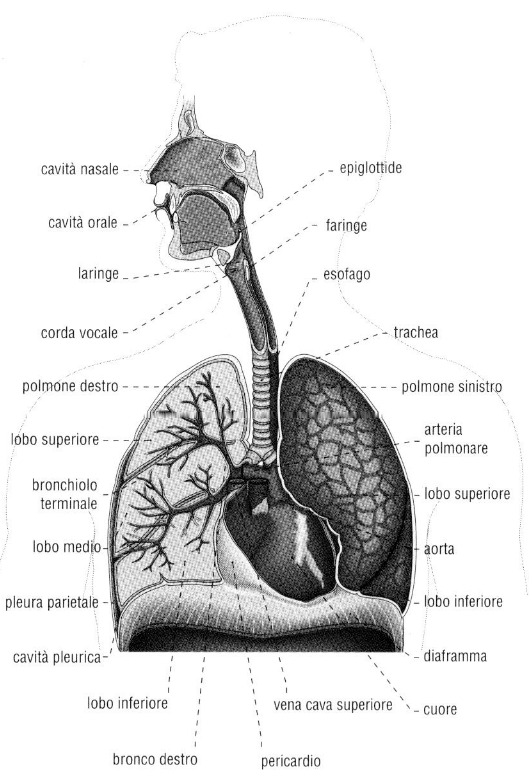
cavità nasale
epiglottide
cavità orale
faringe
laringe
esofago
corda vocale
trachea
polmone destro
polmone sinistro
lobo superiore
arteria polmonare
bronchiolo terminale
lobo superiore
lobo medio
aorta
pleura parietale
lobo inferiore
cavità pleurica
diaframma
lobo inferiore
vena cava superiore
cuore
bronco destro
pericardio

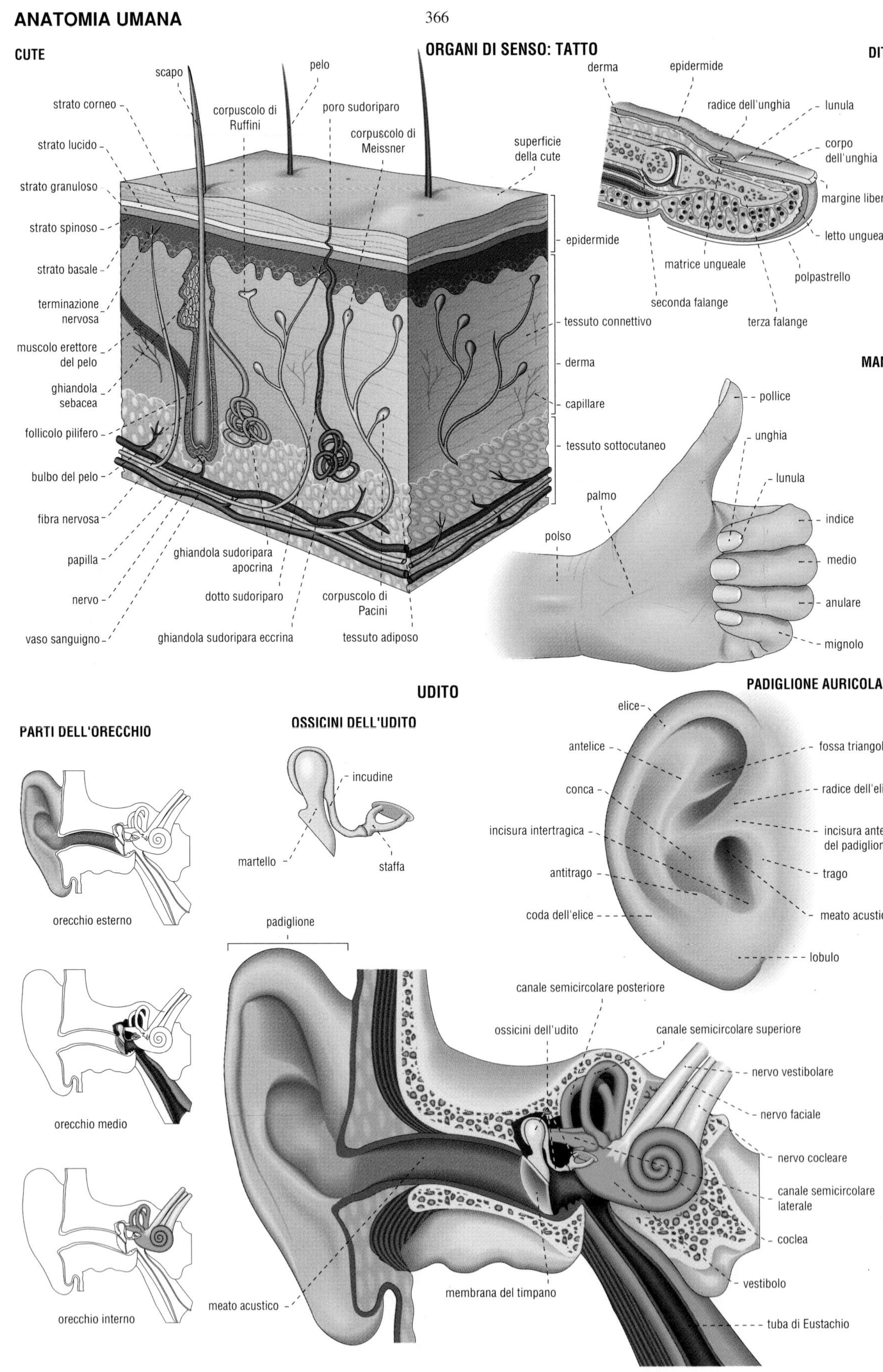
CUTE
scapo
pelo
strato corneo
strato lucido
strato granuloso
strato spinoso
strato basale
terminazione nervosa
muscolo erettore del pelo
ghiandola sebacea
follicolo pilifero
bulbo del pelo
fibra nervosa
papilla
nervo
vaso sanguigno
corpuscolo di Ruffini
poro sudoriparo
corpuscolo di Meissner
superficie della cute
epidermide
tessuto connettivo
derma
capillare
tessuto sottocutaneo
ghiandola sudoripara apocrina
dotto sudoriparo
ghiandola sudoripara eccrina
corpuscolo di Pacini
tessuto adiposo
ORGANI DI SENSO: TATTO
DIT
derma
epidermide
radice dell'unghia
lunula
corpo dell'unghia
margine libero
letto ungueale
matrice ungueale
polpastrello
seconda falange
terza falange
MAN
pollice
unghia
lunula
palmo
polso
indice
medio
anulare
mignolo
UDITO
PADIGLIONE AURICOLAR
PARTI DELL'ORECCHIO
orecchio esterno
orecchio medio
orecchio interno
OSSICINI DELL'UDITO
incudine
martello
staffa
elice
antelice
conca
incisura intertragica
antitrago
coda dell'elice
fossa triangol
radice dell'eli
incisura ante del padiglion
trago
meato acustic
lobulo
padiglione
canale semicircolare posteriore
ossicini dell'udito
canale semicircolare superiore
nervo vestibolare
nervo faciale
nervo cocleare
canale semicircolare laterale
coclea
vestibolo
tuba di Eustachio
membrana del timpano
meato acustico

OCCHIO

VISTA

GLOBO OCULARE

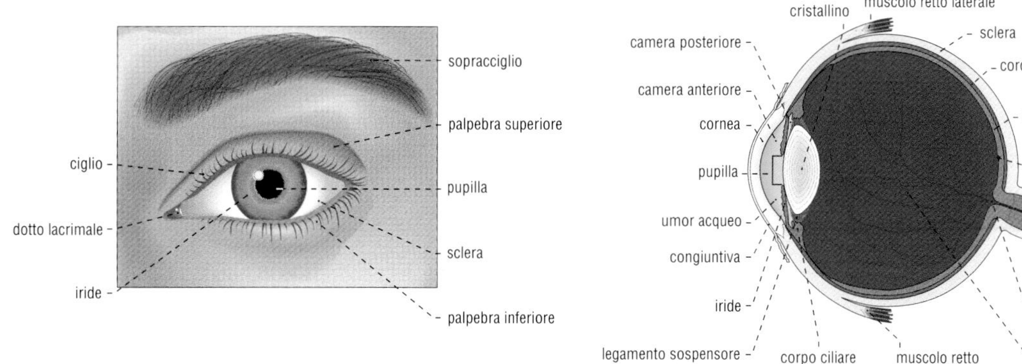

NASO ESTERNO

OLFATTO

FOSSE NASALI

radice del naso
dorso del naso
ala
narice
setto
punta del naso
filtro

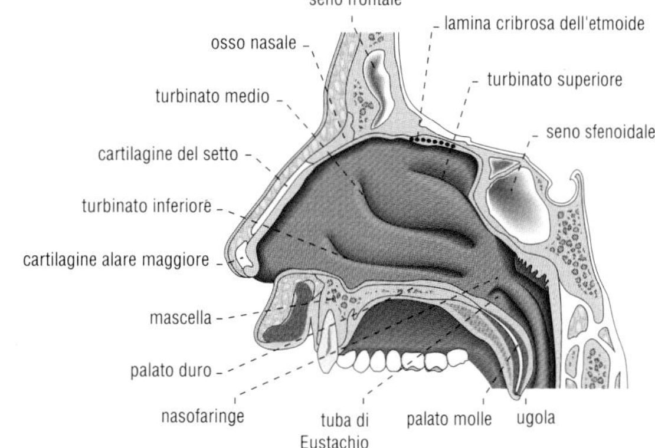

OCCA

SENSI DELL'OLFATTO E DEL GUSTO

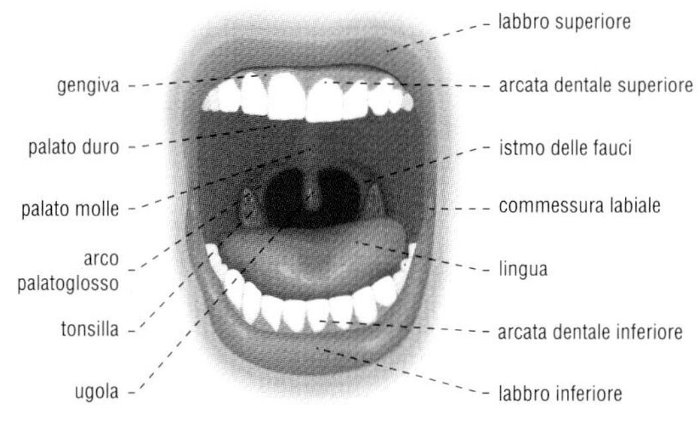

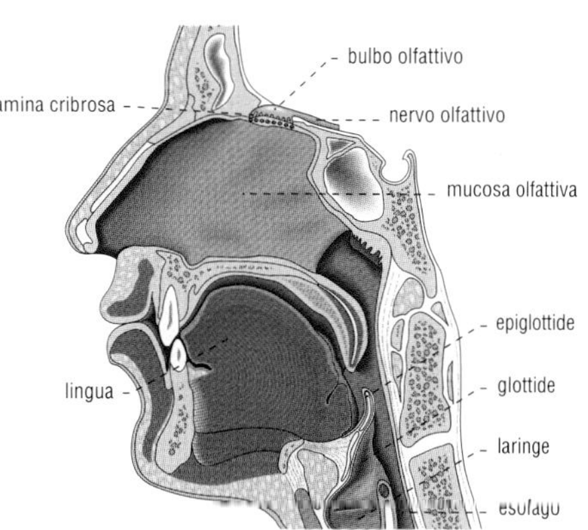

SENSAZIONI GUSTATIVE

SEZIONE TRASVERSALE DI UN MOLARE

DENTATURA NELL'UOMO

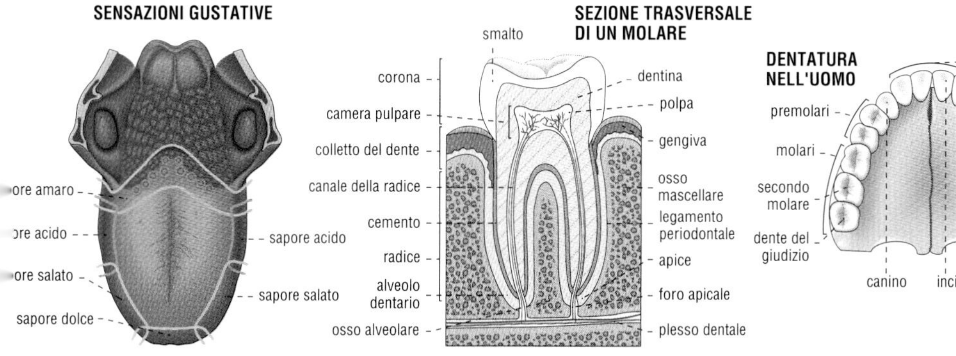

Sistema cubico

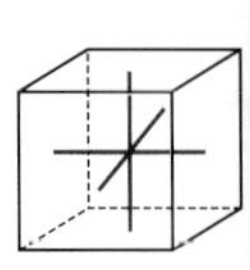

cubo

Cristallo cubico di **salgemma** violetto (cl. esacisottaedrica) (ca. x 0,35). Calascibetta (Enna)

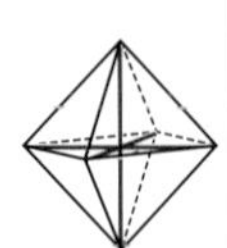

ottaedro

Ottaedro di sfaldatura di **fluorite** (cl. esacisottaedrica) (ca. x 0,6). Cumberland (GB)

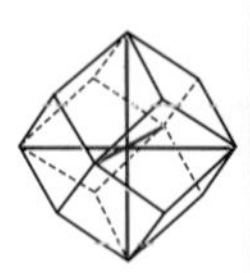

rombododecaedro

Cristalli rombododecaedrici di **spes-tina** su quarzo (cl. esacisottaedrica) (ca. x 7). Grants/New Mexico (USA

Sistema tetragonale

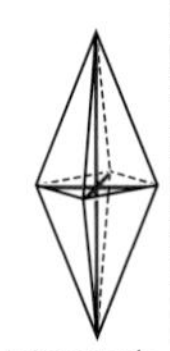

bipiramide tetragonale

Cristallo bipiramidale di **anatasio** (cl. bipiramidale ditetragonale) con quarzo (ca. x 1). Delfinato (F)

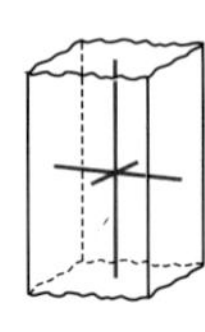

prisma tetragonale

Prisma di **xenotimo** (cl. bipiramidale ditetragonale) combinato con bipiramide (ca. x 10). Fiesch/Vallese (CH)

Sistema esagonale

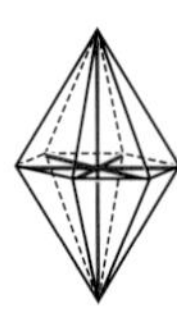

bipiramide esagonale

Cristallo prismatico con terminazioni di bipiramide di **apatite** (cl. bipiramidale esagonale) (ca. x 4). Katzenbuckel (D)

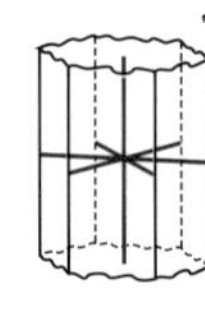

prisma esagonale

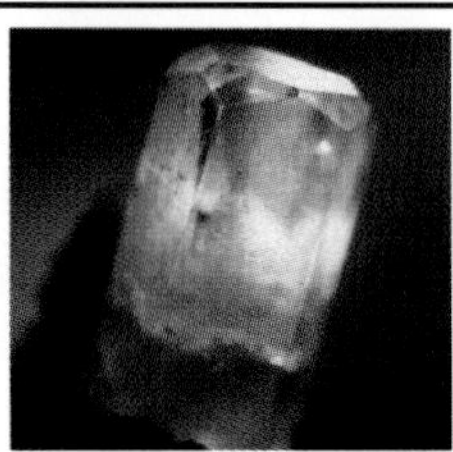

Cristallo prismatico di **milarite** (cl. bipiramidale diesagonale) (ca. x 3). Val Tavetsch/Grigioni (CH)

Sistema trigonale

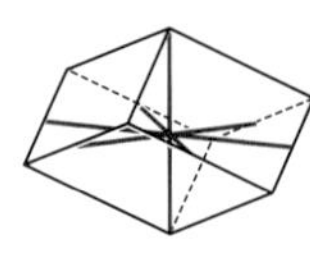

romboedro

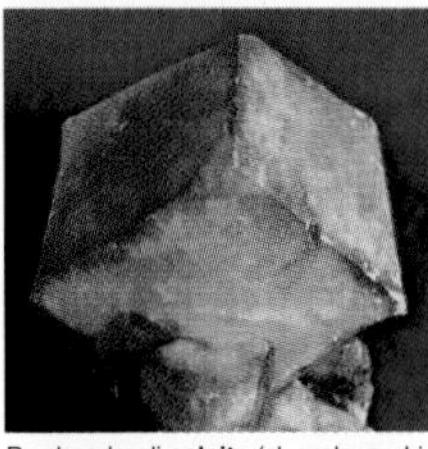

Romboedro di **calcite** (cl. scalenoedrica ditrigonale) (ca. x 0,5). Ontario (Canada).

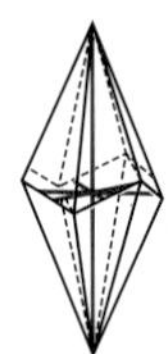

scalenoedro

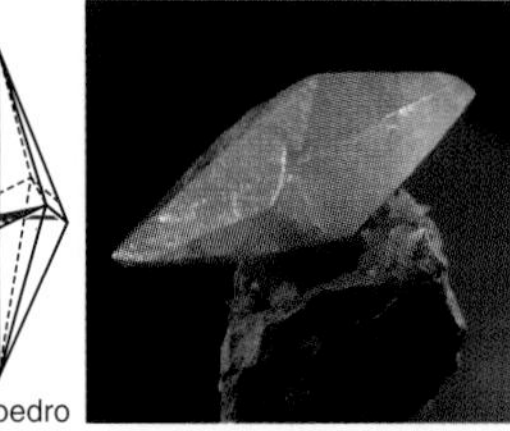

Cristallo scalenoedrico di **calcite** (cl. scalenoedrica ditrigonale) su calcare (ca. x 0,5). Matlock-Bat (GB)

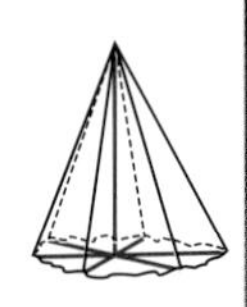

bipiramide ditrigonale

Cristallo prismatico con terminazic superiore a piramide di **tormalina** ramidale ditrigonale) (ca. x 0,4). B

Sistema ortorombico

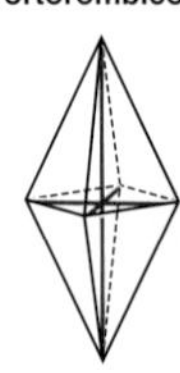

bipiramide ortorombica

Cristalli bipiramidali con terminazioni pinacoidali di **zolfo** (cl. prismatica monoclina) (ca. x 2). Perticara (Pesaro)

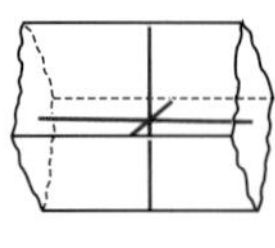

prisma ortorombico

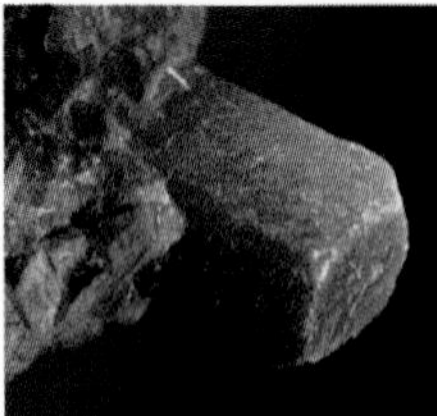

Cristallo prismatico con terminazione pinacoidale di **andalusite** (cl. bipiramidale ortorombica) (ca. x 3). Tirolo (A)

Sistema monoclino

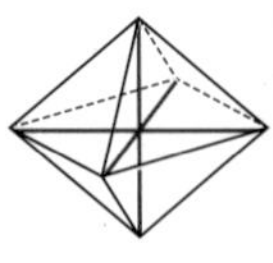

prisma monoclino

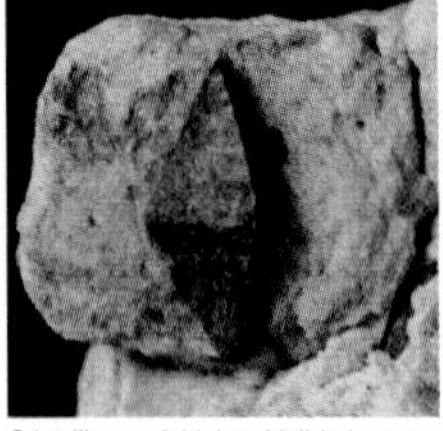

Cristalli pseudobipiramidali (prisma con pinacoide) di **lazulite** (cl. prismatica monoclina) (ca. x 1). Georgia (USA).

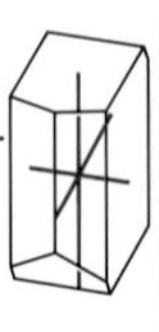

pinacoide

Cristalli pseudoprismatici (combinazione di vari pinacoidi) di **albite** (ca. x 1). Val di Vizze (Bolzano).

spesso unite o intrecciate: *un fazzoletto con le cifre ricamate*. SIN. Monogramma. *4* Codice segreto utilizzato per rendere un messaggio inintelligibile agli estranei | *Parlare in c.*, (*fig.*) oscuramente, in modo incomprensibile. *5* Elemento caratteristico dello stile di scrittori o artisti. *6* †Zero. || **cifrétta**, dim.

cifràre v. tr. (*io cìfro*) *1* Ricamare in cifra: *c. le lenzuola*. *2* Trascrivere un testo, un messaggio e sim. secondo un codice: *c. un dispaccio*. *3* †Apporre la propria sigla a un'opera.

cifràrio s. m. ● Formulario per tradurre in chiaro una scrittura cifrata e viceversa.

cifràto part. pass. di *cifrare*; anche agg. ● Nei sign. del v.

cifratùra s. f. ● Atto, effetto del cifrare.

cifrìsta s. m. e f. (pl. m. *-i*) ● Chi trascrive in cifra messaggi e sim. | Chi studia e applica i cifrari.

cigàno [vc. d'orig. sp. (?)] s. m. ● Cittadino statunitense di origine messicana.

cigiellìno s. m. (f. *-a*) ● Cigiellista.

cigiellìsta /tʃidʒiel'lista, tʃiddʒiel'lista/ s. m. e f. (pl. m. *-i*) ● Appartenente, iscritto, alla Confederazione Generale Italiana del Lavoro (C.G.I.L.). SIN. Cigiellino.

cigliàio s. m. ● Ciglione, sponda.

†**cigliàre (1)** s. m. ● (*lett.*) Ciglione, argine, trincea.

†**cigliàre (2)** [da (*ac*)*cigliare*] v. tr. ● Cucire le palpebre dei falconi da caccia.

cigliàre (3) ● V. *ciliare*.

cigliàto agg. ● Fornito di ciglia: *palpebra cigliata*; *organo c.*

cìglio [lat. *cĭliu*(*m*) 'palpebra', di origine indeur.] s. m. (pl. *cìgli*, m. nei sign. 3 e 4 pop. anche nei sign. propri; pl. *cìglia*, f. nei sign. propri 1, 2 e 5) *1* Pelo delle palpebre: *avere ciglia folte, lunghe, scure* | (*est.*) Orlo delle palpebre, provvisto di tali peli | *Non batter c.*, (*fig.*) rimanere impassibili | *In un batter di c.*, in un attimo | *A c. asciutto*, (*fig.*) senza piangere. *2* (*est.*) Sopracciglio: *ciglia congiunte* | *Abbassare le ciglia*, in segno d'imbarazzo, pudore e sim. | *Aggrottare le ciglia*, incresparle in segno di perplessità, irritazione e sim. | *Alzare*, *inarcare le ciglia*, in segno di stupore, irritazione e sim. *3* (*poet.*) Occhio, sguardo: *veder nel suo tormento più di un c. lacrimar* (METASTASIO). *4* Margine, sponda: *il c. della strada, del fossato*. *5* (*biol.*, *spec. al pl*). Ognuna delle finissime e brevi appendici vibratili presenti in cellule di metazoi e sulla superficie del corpo di alcuni protozoi. || **ciglióne**, accr. (V.).

ciglionaménto [da *ciglione*] s. m. ● (*agr.*) Tipo di terrazzamento in cui il ripiano coltivabile è sostenuto non da un muro ma da un terrapieno.

cigliòne [accr. di *ciglio*] s. m. ● Terreno rilevato sopra la fossa, soprastante al campo | Sponda della strada, d'un precipizio, di un terreno dirupato: *sporgersi da un c.*

cigliùto agg. ● (*lett.*) Che ha le ciglia ispide e folte.

cìgna e *deriv.* ● V. *cinghia* e *deriv.*

cignàle ● V. *cinghiale*.

†**cìgnere** ● V. *cingere*.

cìgno [lat. *cȳcnu*(*m*), nom. *cȳcnus*, dal gr. *kýknos*, di etim. incerta] s. m. *1* Genere di grandi uccelli acquatici degli Anseriformi, viventi a terra, caratterizzati dal collo lungo e flessuoso e dal piumaggio generalmente candido (*Cygnus*): *c. selvatico*, *reale* | *C. nero*, con piumaggio nero brunastro (*Chenopis atrata*). *2* (*fig.*, *lett.*) Poeta, musicista | *Il c. di Busseto*, (*per anton.*) Giuseppe Verdi | *Il canto del c.*, quello melodioso che, secondo la leggenda, emette il cigno morente; (*fig.*) l'ultima opera pregevole di un artista e (*est.*) di una persona le cui azioni e decisioni abbiano particolare rilievo politico, sociale e sim.

cigolaménto s. m. ● Atto, effetto del cigolare.

cigolàre [vc. onomat.] v. intr. (*io cìgolo*; aus. *avere*) *1* Scricchiolare, stridere, spec. detto di oggetti di ferro, legno e sim. sfregati insieme. *2* (*lett.*) Sibilare, stridere, detto di legna verde che arde, di materiale umido a contatto col fuoco, e sim.: *un groppo di radiche brucia e fuma cigolando* (D'ANNUNZIO). *3* (*lett.*) Emettere versi acuti e striduli, simili a fischi, detto spec. dell'alzavola || PROV. La peggior ruota è quella che cigola.

cigolìo s. m. ● Cigolamento prolungato: *piange nel salir grondando / l'acqua tra l'aspro c. nel pozzo* (PASCOLI). SIN. Stridio.

cilécca o †**scilécca** [etim. sconosciuta] s. f. *1* (*tosc.*) Beffa, burla, promessa non mantenuta. *2* Nella loc. *fare c.*, detto di arma da fuoco quando la cartuccia non esplode: *il fucile ha fatto c.*; (*fig.*) fallire, non riuscire in q.c.: *all'esame ho fatto c.* | (*raro*) *Fare c. alla morte*, superare una grave malattia.

†**cilèma** o †**cilème** [lat. *celeuma*, dal gr. *kéleuma* 'ordine, comando', da *kelénō* 'io comando'] s. f. ● Solo nella loc. *stare in c.*, stare in ozio, perdere tempo inutilmente in chiacchiere e scherzi.

cilèno A agg. ● Del Cile: *territorio c.* B s. m. (f *-a* nel sign. 1) *1* Abitante, nativo del Cile. *2* Moneta d'oro cilena del valore di 1 000 pesos.

cilèstre e *deriv.* ● V. *celeste* (*1*) e *deriv.*

cilèstro ● V. *celeste* (*1*).

ciliàre o **cigliàre (3)** [dal lat. *cĭlium* 'ciglio'] agg. ● Che si riferisce al ciglio o al sopracciglio: *arco c.*; *arterie ciliari*.

Ciliàti [dal lat. *cĭlium* 'ciglio'] s. m. pl. ● Nella tassonomia animale, classe di Protozoi caratterizzati da ciglia vibratili distribuite sulla superficie del corpo (*Ciliata*). SIN. Infusori | (al sing. *-o*) Ogni individuo di tale classe.

cilìcio o †**cilìccio**, **cilìzio** [vc. dotta, lat. *cilĭciu*(*m*) 'coperta di pelo di capra', fabbricata in *Cilicia*] s. m. *1* Panno ruvido e grossolano di pelo di capra. *2* Cintura molto ruvida di setole annodate, portata sulla pelle nuda per penitenza. *3* (*est.*, *fig.*) Tormento fisico | Tortura, sofferenza morale: *sia il tuo cilizio, figliuolo, il pensiero di tuo padre* (PIRANDELLO). || †**ciliciolétto**, dim. | †**ciliciòlo**, dim.

ciliegéto o †**ciriegéto**. s. m. ● (*raro*) Luogo piantato a ciliegi.

ciliègia o (*tosc.*) †**ciriègia** [lat. parl. **cerēsea*(*m*), da *cĕrasus* 'ciliegio'] A s. f. (pl. *-gie* o *-ge*) ● Il frutto del ciliegio, costituito da una piccola drupa succosa di colore variabile dal rosa al rosso intenso: *una cesta di ciliegie*; *ciliegie sotto spirito*; *marmellata di ciliegie* | (*fig.*) *Essere*, *fare come le ciliegie*, di cose che vengono una dopo l'altra | (*fig.*) *Una c. tira l'altra*, di cose simili che si ripetono più volte | (*scherz.*) *C. con l'amico*, col baco | (*scherz.*) *L'amico c.*, il baco e (*fig.*) persona nota ma che non si vuole nominare. || **ciliegiàccia**, pegg. | **ciliegétta**, dim. | **ciliegìna**, dim. (V.) | **ciliegióna**, accr. | **ciliegiùccia**, dim. B in funzione di agg. inv. ● (posposto a un s.) Che ha il colore rosso vivo e brillante caratteristico del frutto omonimo: *un abito rosso c.*; *una cappa color c.*

ciliegìna s. f. *1* Dim. di *ciliegia*. *2* Ciliegia candita: *una torta con le ciliegine*. *3* (*fig.*, *iron.*) Elemento, tocco finale che serve a completare o contribuisce a rendere una situazione non più tollerabile: *manca solo la c.*

cilìegio o (*tosc.*) †**cirìegio** [lat. tardo **cerēsiu*(*m*), per il classico *cĕrasu*(*m*), nom. *cĕrasus*, dal gr. *kérasos*, di etim. incerta] s. m. *1* Albero delle Rosacee con foglie ovali dentate, fiori bianchi in ombrelle o fascetti e frutti carnosi a drupa, commestibili (*Prunus avium*) | *C. di montagna*, camecerasο. *2* Legno dell'albero omonimo, di colore rossastro, usato per pipe, canne d'ombrello, lavori di ebanisteria e sim.

ciliegiòlo o (*lett.*) **ciliegiuòlo**, †**ciriegiuòlo**. A agg. ● Che ha un colore rosso vivo simile a quello della ciliegia: *vino c.* B s. m. *1* Vitigno toscano che dà vino rosso: *un filare di c.* *2* Liquore di ciliegie.

cilindràia s. f. *1* Macchina per la triturazione di sostanze di grossa pezzatura, spec. minerali, costituita da due cilindri di acciaio rotanti l'uno contro l'altro, che schiacciano il materiale da triturare. *2* Dispositivo a cilindri per lo stiro dello stoppino nel filatoio. SIN. Cilindrata.

cilindràre v. tr. ● Sottoporre a cilindratura: *c. un tessuto, una lamiera*.

cilindràsse [comp. di *cilindr*(*o*) e *asse* (*2*)] s. m. ● (*anat.*) Prolungamento della cellula nervosa che mantiene la sua individualità a grande distanza. SIN. Assone, neurite.

cilindràta [da *cilindro*] s. f. *1* (*mecc.*) In una macchina a stantuffo, volume generato dallo stantuffo nella sua corsa, cioè prodotto della sezione dello stantuffo per la corsa | In macchine a più cilindri, somma dei volumi generati da ciascun cilindro: *autovetture di piccola, media, grossa c.* *2* (*est.*, *fam.*) Autovettura caratterizzata da una determinata cilindrata: *ama le grosse cilindrate*. *3* Cilindraia.

cilindratóio s. m. ● Macchina a rulli per spianare, laminare o lucidare metalli, materie plastiche e sim.

cilindratrìce s. f. *1* Macchina tessile usata per suddividere mediante pressione le fibre di canapa. *2* *C. stradale*, compressore stradale.

cilindratùra s. f. *1* Tornitura cilindrica. *2* Operazione di finimento di tessuti, cuoi, carta e sim. per spianarli, stirarli e lucidarli. *3* Costipamento del terreno mediante uno o più passaggi con apposito rullo, così da renderne la superficie compatta e liscia: *c. di una via in costruzione*. SIN. Rullatura.

cilìndrico agg. (pl. m. *-ci*) *1* A forma di cilindro: *corpo c.* *2* *Lente cilindrica*, lente avente una superficie cilindrica e l'altra piana o sferica, usata per la misura e la correzione dell'astigmatismo dell'occhio. *3* (*geogr.*) *Proiezione cilindrica*, tipo di proiezione geografica ottenuta proiettando la superficie sferica della terra su una superficie cilindrica e sviluppando poi il cilindro sul piano. || **cilindricaménte**, avv. In figura cilindrica.

cilìndro [lat. *cylĭndru*(*m*), nom. *cylĭndrus*, dal gr. *kýlindros*, da *kylíndō* 'io voltolo, rotolo'] s. m. *1* (*geom.*) Superficie formata da rette, dette generatrici, passanti per i punti di una curva assegnata e parallele a una direzione prefissata | *C. circolare retto*, solido compreso fra un cilindro di rotazione e due piani perpendicolari alle generatrici | *C. di rotazione*, quello le cui generatrici sono equidistanti da una retta fissa. *2* (*est.*) Ogni oggetto di forma cilindrica | Nelle macchine per scrivere, rullo gommato intorno al quale si avvolgono i fogli di carta | *C. di pressione*, nelle macchine da stampa, quello che comprime la carta contro la matrice per far avvenire il trasferimento dell'inchiostro | Nella ginnastica, attrezzo cilindrico lungo circa un metro per esercizi di equilibrio. *3* Copricapo rigido da cerimonia a calotta alta, di forma cilindrica e con piccola tesa orlata | *C. magico*, quello del prestigiatore. SIN. Staio, tuba. *4* (*mecc.*) Cavità e involucro di forma cilindrica in cui scorre lo stantuffo di un motore o di una pompa | *Cilindri opposti*, *contrapposti*, situati ai due lati dell'albero a gomito e i cui assi giacciono su uno stesso piano | *Cilindri a V*, i cui assi convergono sull'albero a gomito, formando una V. *5* (*med.*, *spec. al pl.*) Formazioni microscopiche cilindriche derivate da necrosi dei tubuli renali. || **cilindrétto**, dim.

cilindròide [vc. dotta, lat. *cylindroīde*(*m*), nom. *cylindroīdes*, dal gr. *kylindroeidés*. V. *cilindro* e *-oide*] s. m. ● (*mat.*) Solido compreso fra un cilindro, un piano e una superficie qualsiasi.

cilìzio ● V. *cilicio*.

cìma [lat. *cȳma*(*m*), nom. *cȳma*, dal gr. *kŷma*, forma secondaria di *kýēma*, da *kyéō* 'io concepisco, porto nel seno'] s. f. *1* Parte più alta, vertice, sommità di q.c.: *la c. di un campanile, di un albero, di un monte, di una torre* | *In c.*, sopra, alla sommità: *in c. a una torre* | (*fig.*) *Essere*, *trovarsi in c. ai pensieri di qc.*, occuparvi il posto più importante | *Mettere in c.*, (*fig.*) anteporre. *2* Vetta, rilievo montuoso: *la c. del Monte Rosa*; *le cime pirenaiche*; *conquistare una c.* ➡ ILL. p. 820 SCIENZE DELLA TERRA ED ENERGIA. *3* Estremità, parte terminale: *la c. di un'asta, di una corda*; *la c. dei capelli* | *In c.*, all'orlo estremo | *Da c. a fondo*, da un'estremità all'altra, da un capo all'altro e (*fig.*) interamente. *4* (*est.*, *lett.*) Il più alto grado, il culmine di q.c.: *la c. di un lavoro critico* (DE SANCTIS). *5* (*fam.*) Chi eccelle su tutti gli altri per capacità, intelligenza e sim.: *non sarà una c., ma è una brava persona*; *essere una c. in matematica, in letteratura* | (*raro*, *scherz.*) *C. di birbante*, grande imbroglione. *6* (*mar.*) Cavo in fibra vegetale o sintetica di sezione media. *7* (*bot.*) *A c.*, cimoso: *ramificazione, infiorescenza a c.* | (*pop.*) *Cime di rapa*, broccoli di rapa. *8* Specialità della cucina genovese consistente in un pezzo di ventre di bue o di petto di vitello variamente farcito e poi lessato. || **cimétta**, dim. | **cimettìna**, dim. | **cimarèlla**, dim.

cimaiòlo o †**cimaiuòlo**, **cimaròlo** nel sign. A. A agg. ● Che sta in cima, alla sommità: *ramo c.*

| *Carciofo c.*, il capolino terminale del carciofo coltivato, più grosso di quelli laterali. **B** s. m. ● †Comignolo.

cimàle s. m. ● Cima recisa di un albero, spec. di un cipresso.

cimanàlisi o **cimoanàlisi** [comp. del gr. *kŷma* 'onda' (V. *cimasa*) e di *analisi*] s. f. ● (*stat.*) Studio di componenti sinusoidali, convenientemente scelte, la cui sovrapposizione approssimi, con un fissato grado di precisione in un certo intervallo di tempo, una curva oscillante.

cimàre [da *cima*] **A** v. tr. *1* Privare q.c. della cima, della punta | Recidere l'apice dei fusti o dei rami: *c. una piantina*. SIN. Spuntare, svettare. *2* (*tess.*) Radere allo stesso livello il pelo del panno garzato. **B** v. intr. (aus. *avere*) ● Tenere alta la testa, detto del cavallo che trotta.

cimaròlo **A** agg. ● V. *cimaiolo*. **B** s. m. ● Carciofo cimaiolo.

cimàsa [lat. tardo *cymătiu(m)*, dal gr. *kymátion*, dim. di *kŷma* 'onda' (da *kyêin* 'portare in seno', prob. di origine indeur.), attrav. il fr. *cimaise* o il lomb. *scimasa*; detta così per la forma ondulata] s. f. ● Complesso di modanature che serve di coronamento a un elemento architettonico | Cornice terminale di un mobile.

cimàta s. f. ● Cimatura svelta o poco curata. || **cimatìna**, dim.

cimatóre s. m. *1* Chi compie la cimatura delle piante. *2* Operaio tessile addetto alla cimatura dei tessuti. *3* (*elettr.*) Detto di circuito che limita il valore massimo di un segnale sinusoidale.

cimatorìa s. f. ● Reparto dello stabilimento tessile ove si cimano i tessuti. SIN. (*raro*) Cimeria.

cimatrìce s. f. ● Macchina tessile che livella il pelo dei tessuti rasati, mediante la rotazione di una lama elicoidale.

cimatùra [da *cimare*] s. f. *1* Atto, effetto del cimare | Cima recisa di una pianta. *2* Peluria tolta al panno cimandolo, usata come imbottitura. *3* Nell'industria del petrolio, operazione con cui si separano dal petrolio greggio le frazioni più volatili. *4* (*elettr.*) Azione di un circuito cimatore.

†cimàzio [lat. tardo *cymătiu(m)*, dal gr. *kymátion*, dim. di *kŷma* 'onda' (V. *cimasa*)] s. m. ● Cimasa.

†cimba [vc. dotta, lat. *cўmba(m)*, nom. *cўmba*, dal gr. *kýmbē* 'barchetta'] s. f. ● Barca | Imbarcazione a uso dell'equipaggio di bastimento ormeggiato.

cimbalàio s. m. ● Suonatore di cimbalo.

cìmbalo o **†cìmberlo** nel sign. 4 [V. *cembalo*] s. m. *1* V. *cembalo* nel sign. 1. *2* (*raro*) Piatto del gong. *3* (*spec. al pl.*) V. cembalo nel sign. 2. *4* (*al pl.*, *fig.*) Nelle loc. *andare*, *essere*, *dare in cimbali*, essere smodatamente allegro; essere ubriaco | *Avere il capo in cimbali*, essere sventato, distratto.

cimbanèlla ● V. *cembanella*.

†cìmberlo ● V. *cimbalo*.

cìmbia ● V. *cembra*.

cimbifórme [comp. di *†cimba* e *-forme*] agg. ● (*bot.*) Detto di seme che ha forma simile a quella di una navicella.

†cimbòtto [vc. onomat. (?)] s. m. ● Capitombolo.

cìmbra ● V. *cembra*.

cimbràccola o **cirimbràccola** [etim. incerta] s. f. ● (*pop.*, *tosc.*) Donna sciatta e volgare.

cimbràccolo s. m. ● (*tosc.*) Sbrendolo, straccio.

cìmbro [vc. dotta, lat. *Cĭmbru(m)*] **A** s. m. (f. *-a*) ● Ogni appartenente a un'antica popolazione germanica originaria dello Jutland. **B** agg. *1* Dei Cimbri. *2* (*est.*, *lett.*) Germanico, tedesco (*anche iron.*).

cimèlio [vc. dotta, lat. tardo *cimēliu(m)*, dal gr. *keimḗlion* 'oggetto prezioso', di etim. incerta] s. m. *1* Oggetto prezioso perché antico e strettamente connesso con un'epoca storica particolare, con un personaggio illustre e sim.: *i cimeli della Rivoluzione Francese*; *un c. napoleonico*. *2* (*est.*) Oggetto prezioso tenuto come ricordo di una persona cara | (*est.*, *scherz.*) Oggetto vecchio e privo di valore | (*est.*, *scherz.*) Persona, spec. anziana, di modi, aspetto, comportamento legati chiaramente a un'epoca trascorsa.

cimentàre [da *cimento* nel sign. 3] **A** v. tr. (*io ciménto*) *1* Purificare o saggiare l'oro per mezzo del cimento. *2* (*est.*) Mettere alla prova: *c. il coraggio, la pazienza di qc.* | Mettere a repentaglio: *c. la vita, l'onore di qc.* | Provocare, sfidare: *per non le avere a c., si volse agli inganni* (MACHIAVELLI) | †Provare, sperimentare. **B** v. rifl. *1* Esporsi a un pericolo, a un rischio: *cimentarsi in una impresa disperata*. SIN. Arrischiarsi, avventurarsi. *2* (*fig.*) Mettersi alla prova: *cimentarsi con un lavoro difficile*.

ciménto [lat. *caemĕntu(m)* (V. *cemento*); il primo sign. era quello di 'mistura di sali per saggiare metalli preziosi'] s. m. *1* †Atto, effetto del cimentare. *2* Mistura un tempo usata per saggiare o purificare metalli preziosi. *3* (*est.*) Verifica, prova: *sentiamo il rimanente delle ragioni favorevoli alla sua opinione, per venire poi al lor c.* (GALILEI). *4* (*fig.*) Rischio: *mettere a c. q.c. o qc.* | Prova difficile e pericolosa: *il c. delle armi*; *entrare in un c.*; *mettersi a c.* *5* †Tentazione. || **cimentàccio**, pegg.

cimentóso agg. *1* (*raro*) Pericoloso, rischioso. *2* Che si espone ai pericoli.

cimerìa [da *cimare*] s. f. ● (*raro*) Cimatoria.

†cimèro ● V. *cimiero*.

cìmice [lat. *cĭmice(m)*, di etim. incerta] s. f. *1* (*gener.*) Insetto degli Emitteri (*Cimex*) | (*per anton.*) *C. dei letti*, con piccolo corpo depresso di colore rossastro emanante odore sgradevole, parassita anche dell'uomo (*Cimex lectularius*) | *C. delle piante*, delle zone temperate e calde, parassita di vegetali (*Pentatoma rufipes*). *2* (*pop.*) Piccolo chiodo dalla capocchia larga e piatta | Puntina da disegno. *3* (*spreg.*) Il distintivo fascista che veniva portato all'occhiello della giacca. *4* (*gerg.*) Microspia telefonica. || **cimiciàccia**, pegg. | **cimicétta**, dim. | **cimicìna**, dim. | **cimiciòna**, accr.

cimiciàio s. m. ● Luogo pieno di cimici | (*fig.*) Casa estremamente sporca e disordinata.

cimicióso agg. ● Pieno di cimici.

cimiciòtto [dall'odore, come quello di una *cimice*] s. m. ● Pianta erbacea perenne delle Labiate che emana un odore sgradevole (*Ballota nigra*).

cimièro o (*lett.*) **†cimèro**, **†cimière** [fr. *cimier*, da *cime* 'cima'] s. m. *1* Decorazione posta alla sommità dell'elmo a scopo distintivo od ornamentale | (*est.*, *lett.*) Elmo: *han carca la fronte de' pesti cimieri* (MANZONI). *2* (*arald.*) Complesso degli ornamenti posti sopra l'elmo. *3* Pettinatura alta, un tempo usata dalle donne. || **cimierìno**, dim. | **cimieróne**, accr. | **cimierùccio**, pegg.

ciminièra o **†ciminèa** [fr. *cheminée*, dal lat. *camīnus* 'focolare, camino'] s. f. ● Alto fumaiolo, spec. di fabbriche, locomotive e navi: *il fumo delle ciminiere invade la città*; *rami di nuvole si muovevano sui fusti delle ciminiere* (CALVINO).

cimìno (1) ● V. *cumino*.

cimìno (2) [dim. di *cima*] s. m. ● Parte superiore della canna da pesca.

cimiteriàle o **†cemeteriàle**. agg. ● Di, dei cimiteri | *Arte c. cristiana*, l'arte delle catacombe.

cimitèro o **†cemetèrio**, (*poet.*) **†cimitèrio** [lat. tardo *cimitēriu(m)*, dal gr. *koimētḗrion* 'luogo dove si va a dormire', da *koimáō* 'io faccio addormentare'] s. m. *1* Area di terreno facente parte del demanio comunale destinata a contenere i campi per la inumazione dei morti, i cinerari e gli ossari: *c. monumentale*, *della città*; *c. di guerra*, *degli inglesi*; *il vecchio c. / degli ebrei, così caro al mio pensiero* (SABA) | *C. degli elefanti*, secondo la tradizione, il luogo ove gli elefanti si recano a morire | *C. di automobili*, area adibita a deposito di autoveicoli destinati alla demolizione | *Fare un c.*, (*fig.*) fare una strage. SIN. Camposanto. *2* †Grotta o catacomba dei primi cristiani. *3* (*fig.*) Luogo eccessivamente silenzioso, deserto o disabitato: *questa città è un c.!* || **cimiterìno**, dim.

cimmèrio o (*raro*) **cimmèrico** [vc. dotta, lat. *Cimmĕriu(m)*, nom. *Cimmĕrius*, dal gr. *Kimmérios*. I Cimmeri erano i favolosi abitanti di estreme terre occidentali non illuminate dal sole] agg. ● (*lett.*) Tenebroso, oscuro, caliginoso: *quel che riman della cimmeria nebbia* (PARINI).

cimoanàlisi ● V. *cimanalisi*.

cimòfane [comp. del gr. *kŷma* 'onda' (V. *cimasa*) e un deriv. di *phaínesthai* 'apparire' (V. *fenomeno*)] s. m. ● (*miner.*) Varietà di crisoberillo dalla lucentezza sericea, usato come gemma.

cìmolo [vc. dotta, lat. tardo *cўmula(m)*, da *cўma* 'cima'] s. m. *1* Cima tenera delle verdure commestibili: *c. dei cavoli, dell'insalata*. *2* †Ciuffo: *ti-rargli un poco il c.* (SACCHETTI).

cimòmetro [comp. del gr. *kŷma* 'onda' (V. *cimasa*) e di *-metro*] s. m. ● (*fis.*) Strumento che serve a determinare la frequenza delle correnti elettriche alternate. SIN. Ondametro.

cimósa o **cimóssa** [lat. tardo *cimŭssa(m)*, di etim. incerta] s. f. *1* Bordura laterale delle pezze di stoffa, di tessuto più fitto e resistente | *C. parlante*, quella che reca il marchio di fabbrica o altra dicitura obbligatoria. SIN. Vivagno. *2* Girella di tessuto molto consistente per cancellare gli scritti sulla lavagna. SIN. Cancellino, cassino.

cimóso [da *cima*] agg. ● Detto di organo vegetale, spec. infiorescenza, in cui gli assi laterali sono più ramificati di quelli principali.

cimóssa ● V. *cimosa*.

cimotrichìa s. f. ● Carattere morfologico dei capelli cimotrichi.

cimòtrico [comp. del gr. *kŷma* 'onda' (V. *cimasa*) e di *-trico*] agg. (pl. m. *-chi*) ● Detto di capelli ondulati con variazioni verso il ricciuto o il liscio, a sezione ovale, caratteristici delle razze europee e degli australiani.

†cimpanzé o **cimpanzè** ● V. *scimpanzé*.

cimùrro [ant. fr. *chamoire*, forse comp. del gr. *chainái* 'a terra' e *rhéō* 'io scorro'] s. m. *1* Grave e frequente malattia infettiva e contagiosa dei cani prodotta da virus. *2* (*scherz.*) Forte raffreddore.

cin [vc. onomat.] inter. ● Riproduce un suono sonoro e metallico, in particolare quello dei piatti musicali (*spec. iter.*): *cin cin*, *bum bum*.

cinabrése [da *cinabro*] s. m. *1* Terra colorante rossa usata per tingere il legno, gli ammattonati e sim. *2* Tonalità di rosso.

cinàbro [vc. dotta, lat. *cinnăbari*, dal gr. *kinnábaris*, di origine orient.] s. m. *1* (*miner.*) Solfuro di mercurio, per lo più in masse granulari di color rosso vermiglio. *2* Colore rosso brillante | (*est.*, *poet.*) Colore delle labbra: *il c. delle labbra*; *labbra di c.*; *va saltellando il riso / tra i muscoli del labro / ove riede il c.* (PARINI). *3* †Liquido rosso per scrivere.

cìncia [vc. onomat.] s. f. (pl. *-ce*) ● Genere di piccoli uccelli dei Passeracei, dotati di colori vivaci e canto poco piacevole (*Parus*) | *C. grossa*, cinciallegra. || **cinciarèlla**, dim. (V.).

cinciallégra o **cingallégra** [comp. di *cincia* e il f. di *allegro*] s. f. ● Cincia con il petto giallo striato di nero e capo blu-nero (*Parus major*).

cinciarèlla s. f. *1* Dim. di *cincia*. *2* Specie di uccello appartenente al genere cincia.

cincìglio [variante di *†cincinno*] s. m. ● Fronzolo delle divise militari.

cincìlla o **cincillà** o **cincìglia** [sp. *chinchilla*, dim. di *chinche* 'puzzola del Brasile, cimice', per l'odore che emana] s. m. e f. *1* Mammifero dei Roditori con testa grossa, lunghe vibrisse sul muso e splendido mantello grigio fitto e morbido, molto pregiato (*Chinchilla lanigera*). *2* Pelliccia fornita dall'animale omonimo.

cincìn o **cin cin** [ingl. *chin-chin*, dal cinese *ch'ing-ch'ing* 'prego, prego'] inter. ● Si usa come espressione augurale nei brindisi mentre si accostano i bicchieri, con lo stesso sign. di 'alla salute'.

†cincinnàre [da *†cincinno*] **A** v. tr. ● Acconciare, arricciare i capelli. **B** v. rifl. ● Agghindarsi.

cincinnàto [dal n. del console romano Lucio Quinzio *Cincinnato* (sec. V a.C.)] s. m. ● Chi, rifiutando qualsiasi onore derivante dalle importanti cariche pubbliche sostenute, conduce una vita semplice e ritirata.

†cincìnno [vc. dotta, lat. *cincĭnnu(m)*, nom. *cincĭnnus*, dal gr. *kíkinnos* 'ricciolo', di etim. incerta] s. m. ● (*lett.*) Ricciolo: *vaghi / ondeggianti cincinni* (MONTI).

cincischiaménto s. m. ● Atto del cincischiare.

cincischiàre o **†incischiàre** [lat. parl. **incisulāre*, da *incīsus* 'tagliato'. V. *inciso*] **A** v. tr. (*io cincìschio*) *1* Tagliuzzare in modo irregolare: *c. un tessuto* | (*fig.*) *C. le parole*, parlare in modo stentato e poco chiaro. *2* Sgualcire: *stava cincischiando il fazzoletto*. *3* (*ass.*) Perdere il tempo senza concludere nulla | (*ass.*) Lavorare in modo incerto e inefficiente. **B** v. intr. pron. ● Sgualcirsi, rovinarsi.

cincìschio (1) [da *cincischiare*] s. m. ● Taglio mal fatto, disuguale | Ritaglio.

cincìschio (2) s. m. ● Atto del cincischiare continuo | (*est.*) Lavoro eseguito svogliatamente.

cincischióne [da *cincischiare*] s. m. (f. *-a*) • Persona lenta o inconcludente, che si perde in piccolezze.

cincóna [dal n. della contessa di *Chincón*, viceregina del Perù, che ne scoprì le qualità febbrifughe] s. f. • (*bot.*) China (2).

cinconìna s. f. • (*chim.*) Alcaloide contenuto nella corteccia di china.

cinconìsmo [da *cincona*] s. m. • (*med.*) Avvelenamento da cinconina, caratterizzato da eccitamento nervoso, profonda astenia, paralisi muscolari e del miocardio.

cìne s. m. inv. • (*pop.*) Acrt. di *cinematografo*.

cìne- [tratto da *cinematografo*] primo elemento • In parole composte è accorciamento di *cinematografo*: *cineamatore, cinecamera, cinelandia*.

cineamatóre [comp. di *cine-* e *amatore*] s. m. (f. *-trice*) • Chi si dedica per divertimento alla realizzazione di opere cinematografiche.

cineamatoriàle agg. • Di, relativo a, cineamatore.

cineamatorialità s. f. • Attività del cineamatore.

cineàsta [fr. *cinéaste*. V. *cine*] s. m. e f. (pl. m. *-i*) • Professionista del cinema.

cinebòx [comp. di *cine-* e dell'ingl. *box* 'scatola', dal lat. *bŭxu(m)* 'bosso, legno di bosso'] s. m. inv. • Apparecchio funzionante per lo più a moneta nei locali pubblici, che accompagna col suono la proiezione delle immagini.

cinecàmera [comp. di *cine-* e *camera* (*1*)] s. f. • Macchina da presa cinematografica.

cinecassétta [comp. di *cine-* e *cassetta*]. s. f. • Caricatore sigillato contenente una pellicola impressionata che, durante la proiezione, si riavvolge da sola | (*est.*) L'insieme di tutti i meccanismi per proiezione e riproduzione sonora racchiusi in un'unica valigetta.

cinecittà [comp. di *cine-* e *città*] s. f. • Centro attrezzato per la produzione cinematografica su scala industriale.

cineclùb /tʃine'klub, *semi-ingl.* 'tʃine 'klʌb/ [comp. di *cine-* e *club*] s. m. inv. • Associazione che promuove la diffusione della cultura cinematografica organizzando proiezioni di film, conferenze, dibattiti.

cinèdico [da *cinedo*] agg. (pl. m. *-ci*) *1* Di, da cinedo. *2* (*letter.*) Che si riferisce a un'antica farsa greca in dialetto ionico, intessuta di lazzi osceni: *farsa cinedica*.

cinedilettànte [comp. di *cine-* e *dilettante*] s. m. e f. • Cineamatore.

cinedilettantìsmo s. m. • Attività dei cinedilettanti.

cinèdo [vc. dotta, lat. *cinaedu(m)*, nom. *cinaedus*, dal gr. *kínaidos*, di etim. incerta] s. m. • (*raro, lett.*) Giovane omosessuale maschile che si prostituisce | (*raro, lett.*) Giovinastro effeminato.

cinedràmma [comp. di *cine-* e *dramma*] s. m. (pl. *-i*) *1* Dramma scritto o ridotto per il cinema. *2* (*raro*) Film di argomento drammatico.

cinefilìa [comp. di *cine-* e *-filia*] s. f. • Amore, passione per il cinema.

cinèfilo [comp. di *cine-* e *-filo*, sul modello del fr. *cinéphile*] s. m. (f. *-a*) • Amatore di cinema.

cinefòrum [comp. di *cine-* e dell'ingl. *forum* 'pubblica discussione' (dal lat. *fŏrum* 'piazza'. V. *foro*)] s. m. inv. • Dibattito su un argomento cinematografico, di solito riguardante un film appositamente proiettato.

cinegèta [vc. dotta, gr. *kynēgétēs*: stessa etim. di *kynēgós* 'cacciatore'. V. *cinegetica*] s. m. (pl. *-i*) • Anticamente, chi esercitava la caccia coi cani.

cinegètica [fr. *cynégétique*, dal gr. *kynēgetikḗ* (sottinteso *téchnē* 'arte'), f. dell'agg. *kynēgetikós*, da *kynēgós* 'cacciatore', comp. di *kýōn*, genit. *kynós* 'cane' e *ágō* 'io spingo, conduco'] s. f. • Anticamente, l'arte di cacciare coi cani | (*raro, est.*) Caccia.

cinegètico [fr. *cynégétique*, dal gr. *kynēgetikós*. V. *cinegetica*] agg. (pl. m. *-ci*) • Della cinegetica, dei cinegeti | (*est.*) Venatorio.

cinegiornàle [comp. di *cine-* e *giornale*] s. m. • Breve serie di servizi filmati di attualità realizzati con frequenza settimanale o quindicinale per la proiezione nelle sale cinematografiche.

cinelàndia [comp. di *cine-* e del ted. *Land* 'paese'] s. f. • Il complesso delle persone, degli avvenimenti e degli interessi che ruotano attorno al cinematografo, considerato quasi come un mondo a sé stante: *le ultime indiscrezioni su c.*; *tutta c. ne parla*.

†**cinèlli** [abbr. di *bacinelli*, dim. pl. di *bacino* (?)] s. m. pl. • (*mus.*) Piatti.

cìnema [acrt. di *cinematografo*] s. m. inv. *1* Sistema di proiezione di immagini in movimento, inventato in Francia nel XIX sec. *2* Forma di spettacolo registrato su pellicola fotosensibile e consistente nella proiezione di immagini in movimento. *3* (*est.*) Arte e industria di tale tipo di spettacolo | *C. verità*, quello che aspira alla registrazione diretta della realtà. *4* (*est.*) Sala cinematografica: *un c. di prima, di seconda visione*. || **cinemino**, dim.

cinéma d'essai /*fr.* sine'ma d ɛ'sɛ/ [fr., propriamente 'cinema di saggio'] loc. sost. m. inv. (pl. fr. *cinémas d'essai*) *1* Cinema sperimentale, che si prefigge ricerche formali e strutturali. *2* Locale cinematografico in cui si proiettano film di particolare valore artistico.

cinemascòpe /tʃinemas'kɔp(e), *ingl.* 'sinməskoup/ [ingl., comp. di *cinema* 'cinematografo' e *-scope* '-scopio'] s. m. inv. • Sistema di proiezione cinematografica fondato sull'uso di obiettivi anamorfici con effetti sonori stereofonici.

cinemateàtro [comp. di *cinema* e *teatro*] s. m. (pl. *cinemateàtri*) • Locale pubblico adibito a spettacoli sia cinematografici che teatrali.

cinemàtica [fr. *cinématique*, dal gr. *kínēma*, genit. *kinḗmatos* 'movimento', da *kinéō* 'io pongo in movimento'] s. f. • (*fis.*) Parte della meccanica che studia i moti nei corpi indipendentemente dalle cause che li producono.

cinemàtico [fr. *cinématique*. V. *cinematica*] agg. (pl. m. *-ci*) • Della, relativo alla, cinematica | Che avviene secondo i principi della cinematica.

cinematìsmo s. m. • (*fis.*) Qualsiasi complesso di leve, rotismi, manovelle e sim., impiegato nella trasmissione del moto.

cinematografàre [da *cinematografo*] v. tr. (*io cinematògrafo*) • Riprendere con la macchina da presa. SIN. Filmare.

cinematografàro [da *cinematografo*] s. m. • Chi si occupa professionalmente di cinema (*spec. iron.* o *spreg.*).

cinematografìa [fr. *cinématographie*, da *cinématographe* 'cinematografo'] s. f. *1* Arte e tecnica del riprendere e proiettare, mediante appositi apparecchi, persone e cose in movimento: *c. muta, sonora, a colori* | *C. stereoscopica*, ripresa e proiezione che dà la sensazione volumetrica degli oggetti. *2* Industria cinematografica: *la c. italiana, statunitense*. *3* (*raro*) Film, pellicola.

cinematogràfico [fr. *cinématographique*, da *cinématographe* 'cinematografo'] agg. (pl. m. *-ci*) *1* Pertinente ai cinematografi; *circuito c.* | (*est.*) Pertinente alla cinematografia, all'ambiente del cinematografo e sim.: *nuove tecniche cinematografiche*; *industria cinematografica*. *2* (*est.*) Che è simile a un prodotto della cinematografia, per rapidità di svolgimento, vivacità di effetti e sim.: *questo romanzo ha un ritmo c.*; *ha scritto questa commedia in uno stile c.* | (*est.*) Strabiliante, inverosimile, fantastico: *un furto c.* || **cinematograficaménte**, avv. In modo conforme allo stile e ai canoni dell'arte cinematografica.

cinematògrafo [fr. *cinématographe*, comp. del gr. *kínēma*, genit. *kinḗmatos* 'movimento' (V. *cinematica*) e *-graphe* '-grafo'] s. m. *1* Cinema. *2* (*fig.*) Il susseguirsi di avvenimenti caratterizzati dal rapido avvicendarsi di molti episodi o elementi diversi, spec. con effetti di confusione, comicità, grottesco e sim.: *stando ai suoi racconti, la sua vita è un c.* *3* (*fig., spec. iron.*) Situazione o persona fuori dal normale, bizzarra. *4* (*fig.*) Seguito di avvenimenti caratterizzati dalla coesistenza o dal rapido avvicendarsi di molti episodi, persone, cose diverse, spec. con effetti di confusione, comicità, grottesco e sim.: *la vita è un c.* | (*est.*) Esagerazione, ostentazione grossolana. *5* (*fig.*) Persona, cosa fuori del normale, notevole, bizzarra (*spec. iron.*): *quel ragazzo è un vero c.*

cinematoscòpio [comp. del gr. *kínēma*, genit. *kinḗmatos* 'movimento' (V. *cinematica*) e *-scopio*] s. m. • Apparecchio ottico per mezzo del quale una serie di immagini di un corpo in movimento, ripresa con brevissimi intervalli, si fonde in una sola immagine che pare muoversi con perfetta naturalezza.

cinemitragliatrìce [comp. di *cine-* e *mitragliatrice*] s. f. • (*aer. mil.*) Cinepresa che, installata a bordo di un aeroplano militare, serve per registrare l'esito di una missione a fuoco.

cinemòbile [comp. di *cine-* e (*auto*)*mobile*] s. m. • Autobus attrezzato per la proiezione di pellicole cinematografiche.

cineoperatóre [comp. di *cine-* e *operatore*] s. m. (f. *-trice*) • Operatore cinematografico.

cineparchéggio [comp. di *cine-* e *parcheggio*] s. m. • Cineparco.

cinepàrco [comp. di *cine-* e *parco*] s. m. (pl. *-chi*) • Cinematografo all'aperto per spettatori in automobile.

cineprésa [comp. di *cine-* e (*ri*)*presa*] s. f. • Macchina per la ripresa di immagini cinematografiche.

cineràma [sovrapposizione di *panorama* a *cinema*] s. m. inv. • Sistema di proiezione su schermo panoramico consistente nella triplice ripresa e triplice proiezione contemporanea di un film, per dare un effetto tridimensionale.

cinerària [f. dell'agg. lat. *cinerārius* (V. *cinerario*), per il colore delle foglie come di cenere] s. f. • Pianta erbacea delle Composite con foglie grandi ricoperte di peluria cinerea nella pagina inferiore e fiori di color rosso o azzurro o viola (*Senecio cruentus*).

cineràrio o (*raro*) **ceneràrio** [vc. dotta, lat. *cinerāriu(m)*, che significava però 'lo schiavo che teneva nella cenere calda i ferri da arricciare i capelli', da *cĭnis*, genit. *cĭneris* 'cenere'] **A** agg. • Di cenere | Che serve a raccogliere o contenere cenere | *Urna cineraria*, in cui si chiudono i resti della cremazione di un cadavere. **B** s. m. *1* Parte di una caldaia ove si raccolgono le ceneri del materiale combusto. *2* Urna cineraria.

ceneràstro [dal lat. *cĭnis*, genit. *cĭneris* 'cenere'] agg. • Che ha un colore grigio sporco tendente alla tonalità cenere.

cinèreo [vc. dotta, lat. *cinĕreu(m)*, da *cĭnis*, genit. *cĭneris* 'cenere'] agg. *1* Che ha un colore grigio simile a quello della cenere: *cielo c.* | (*est.*) Livido: *pallore, volto c.* *2* (*astron.*) *Luce cinerea*, tenue grigiore visibile, a volte, sulla parte di disco lunare non illuminata dal sole alcuni giorni prima e dopo il novilunio. *3* (*fig., lett.*) Malinconico.

cinerìccio • V. *cenericcio*.

†**cinerìgno** • V. *cenerino*.

cinerìno • V. *cenerino*.

cinerìte [comp. del lat. *cĭnis*, genit. *cĭneris* 'cenere', e di *-ite* (*2*)] s. f. • Sedimento o roccia sedimentaria formata in prevalenza da ceneri vulcaniche.

cinerìzio • V. *cenericcio*.

cinerógnolo o **cineròngolo** • V. *cenerognolo*.

cineromànzo [comp. di *cine-* e *romanzo*] s. m. • Vicenda narrata su riviste, periodici e sim. mediante una serie di fotogrammi completati da fumetti e didascalie.

cinescòpio [comp. di *cine-* e *-scopio*] s. m. • (*fis.*) Tubo a raggi catodici atto a ricevere immagini televisive, la cui parte anteriore forma lo schermo del televisore.

cinése o (*raro*) **chinése**. **A** agg. • Della Cina: *arte, lingua, letteratura c.* | *Alla c.*, (*ell.*) alla maniera dei cinesi | *Padiglione alla c.*, chiosco | *Ombre cinesi*, gioco d'ombre fatto atteggiando variamente le mani contro una parete. **B** s. m. e f. *1* Abitante, nativo della Cina. *2* Negli anni Settanta, sostenitore della politica ispirata alla teoria di Mao Zedong. **C** s. m. solo sing. • Lingua della famiglia cino-tibetana, parlata dai cinesi. || **cinesino**, dim.

cineserìa o (*raro*) **chineserìa** [fr. *chinoiserie*, da *chinois* 'cinese'] s. f. *1* (*spec. al pl.*) Qualsiasi oggetto o motivo ornamentale ispirato al gusto cinese: *cineserie settecentesche*. *2* (*spreg.*) Cianfrusaglia. *3* (*raro, fig.*) Inutile sottigliezza | Eccessiva cerimoniosità.

cinèsi-, -cinèsi o **chinèsi-, -chinèsi** [dal gr. *kínēsis* 'movimento' (V. *cinesica*)] primo o secondo elemento • In parole composte significa 'movimento': *cinesiterapia, cariocinesi, psicocinesi, telecinesi*.

cineṣia [comp. di *cines(i)*- e del suff. *-ia*] s. f. *1* (*med.*) Chinetosi. *2* (*med.*) Insieme di rapidi movimenti volontari caratteristici di alcune patologie. *3* (*fisiol.*) Insieme dei normali movimenti muscolari.

cinèṣica [dal gr. *kínēsis* 'movimento', der. di *kinêin* 'muovere', di origine indeur.] s. f. ● Studio delle comunicazioni mimiche che sottolineano o determinano un fatto linguistico.

cinesìno [propr., dim. di *cinese*] s. m. ● Cono di plastica a due colori, di cui uno sempre giallo, che, posto sulle sedi stradali per tratti più o meno lunghi, divide o delimita una corsia in occasione di interruzioni o deviazioni del traffico.

cineṣiologìa o **chineṣiologìa** [comp. di *cinesi*- e *-logia*] s. f. (pl. *-gie*) ● Disciplina che studia le attività muscolari umane: *c. correttiva.*

cineṣiterapìa o **chineṣiterapìa**, **kineṣiterapìa** [comp. di *cinesi*- e *terapia*] s. f. ● (*med.*) Metodo di cura consistente nel movimento attivo e passivo dell'organismo.

cineṣiteràpico o **chineṣiteràpico** agg. (pl. m. *-ci*) ● Di, relativo a cinesiterapia: *metodo c.*

cineṣiterapìsta o **chineṣiterapìsta** s. m. e f. (pl. m. *-i*) ● (*med.*) Tecnico che applica la cinesiterapia.

cineṣiẓẓàre [da *cinese*] v. tr. ● Portare a condizioni politiche e culturali simili a quelle dei cinesi.

cinesteṣìa [comp. di *cin(esi)*- ed *-estesia*] s. f. ● (*med.*) Sensazione o percezione del movimento del corpo o delle sue parti.

cinestètico o **cinestèṣico** [comp. del gr. *kinéō* 'io muovo' e *aisthētikós* 'capace di sentire'] agg. (pl. m. *-ci*) ● (*med.*) Relativo a sensazioni provocate dai movimenti dei muscoli nella normale attività motoria.

cinetèca [comp. di *cine*- e *teca*] s. f. ● Raccolta o collezione sistematica e organica di pellicole cinematografiche | Locale dove tale raccolta trova stabile sistemazione e dove spesso si effettuano proiezioni.

cinètica [f. sost. di *cinetico*] s. f. ● Studio del meccanismo e della velocità delle reazioni chimiche.

cinètico [vc. dotta, gr. *kinētikós* 'che muove, che si muove', da *kínēsis* 'movimento', da *kinéō* 'io muovo'] agg. (pl. m. *-ci*) *1* (*fis.*) Che riguarda il moto | *Energia cinetica*, energia di un corpo in moto, uguale al semiprodotto della sua massa per il quadrato della sua velocità | *Teoria cinetica*, teoria che spiega le proprietà fisiche di un gas considerandolo costituito da molecole in continuo movimento disordinato. *2 Arte cinetica*, quella le cui opere, prodotte da movimenti artistici degli anni '60 e '70, si fondano sul movimento ottenuto o con meccanismi inseriti nelle opere stesse o col soffio del vento o autonomamente.

cinetoscòpio [ingl. *kinetoscope*. V. *cinematoscopio*] s. m. ● Specie di primitivo apparecchio per la visione individuale di pellicole cinematografiche.

cinetòṣi ● V. *chinetosi.*

cingalése ● V. *singalese.*

cingallégra ● V. *cinciallegra.*

†**cìngaro** [var. di *zingaro*] s. m. (f. *-a*) ● Zingaro: *il giovine ... era nero che pareva nato da cingari* (BANDELLO).

cìngere o (*lett.*) †**cìgnere** [lat. *cĭngere*, da una radice indeur. **keng* che indica 'legare, cingere'] **A** v. tr. (pres. *io cingo, tu cingi*; pass. rem. *io cinsi, tu cingésti*; part. pass. *cinto*) *1* Attorniare, circondare, stare o girare tutt'intorno: *c. una città di mura, di fortificazioni*; *c. l'orto con una siepe, con un fossato*; *più e più fossi cingon li castelli* (DANTE *Inf.* XVIII, 11) | *C. d'assedio*, (*fig.*) assediare. *2* Avvolgere intorno al corpo, spec. intorno alla testa o alla vita: *c. la vita con un'ampia fascia* | *C. la spada, le armi*, (*fig.*) armarsi | *C. lo scudo*, imbracciarlo | *C. la corona*, (*fig.*) diventare re | *C. le braccia al collo di qc.*, abbracciarlo | †*C. la spada a qc.*, farlo cavaliere. *3* †Ferire con la spada | (*fig.*) †*Cingerla a qc.*, fargliela, burlarlo, ingannarlo. **B** v. rifl. ● Stringersi intorno al corpo, spec. intorno alla testa o alla vita: *cingersi col cordone francescano* | *Cingersi d'alloro*, (*fig.*) raggiungere la gloria | †*Cingersi per i lombi*, mettersi il cilicio | (*fig.*) †*Cingersela*, legarsela al dito.

cìnghia o †**ginghia**, (*tosc.*) **cigna** [lat. *cĭngula(m)* 'cintura', da *cĭngere* 'cingere'] s. f. *1* Striscia o fascia lunga e piuttosto sottile di pelle, corda o tessuto, usata per cingere, legare, sostenere e sim.: *la c. dei calzoni, dello zaino, del fucile* | *Tirare la c.*, (*fig.*) campare a stento | *C. di sicurezza*, cintura di sicurezza. *2* (*mecc.*) Nastro a sezione costante, di materiale resistente e flessibile, chiuso ad anello, usato per la trasmissione del moto da una puleggia all'altra | *C. di trasmissione*, (*fig.*) ente, ufficio e sim. che fa da tramite fra altri due consentendo o determinando il passaggio di direttive e sim. dall'uno all'altro. ‖ **cinghiétta**, dim. | **cinghiettina**, dim. | **cinghióna**, accr.

cinghiàle o (*tosc.*) **cignàle** [lat. (*pŏrcum*) *singulāre(m)* 'porco solitario', cui si è sovrapposta *cinghia*, la cinghia di setole bianco-giallognole intorno al collo] s. m. *1* Mammifero dei Suidi con zanne formate dai canini inferiori che sporgono dalle labbra ripiegate verso l'alto, pelo ruvido, occhi piccoli, coda corta e attorcigliata (*Sus scropha*). *2* Pelle conciata dell'animale omonimo: *guanti, valigia di c.* ‖ **cinghialàccio**, pegg. | **cinghialétto**, dim. | **cinghialino**, dim.

cinghiàre o (*tosc.*) †**cignàre** [da *cinghia*] v. tr. (*io cìnghio*) *1* (*raro*) Stringere con cinghia. *2* (*lett.*) Cingere: *Così discesi del cerchio primaio / giù nel secondo, che men loco cinghia* (DANTE *Inf.* V, 1-2). *3* (*fam.*) Colpire con la cinghia.

cinghiàta o (*tosc.*) **cignàta** [da *cinghia*] s. f. ● Colpo dato con una cinghia.

cinghiatùra o (*tosc.*) †**cignatùra** [da *cinghiare*] s. f. *1* Atto, effetto del cinghiare. *2* (*agr.*) Comparsa di uno strato sugheroso su alcuni frutti, spec. pere e mele, dovuta a freddi tardivi.

†**cìnghio** [lat. *cĭngulu(m)*, da *cĭngere* 'cingere'] s. m. ● Cerchio, ciglio | (*est.*) Sporgenza pianeggiante della roccia.

cingolàto [da *cingolo*] **A** agg. ● Detto di veicolo munito di cingoli al posto delle ruote: *trattore c.*; *i mezzi cingolati dell'esercito.* **B** anche s. m. ● Veicolo cingolato: *c. per il trasporto tattico, campale.*

cingolétta s. f. ● Automezzo militare leggero cingolato.

cìngolo [vc. dotta, lat. *cĭngulu(m)*. V. *cinghio*] s. m. *1* (*lett.*) Cintura, cinto, fascia | Cintura militare degli antichi romani. *2* Cordiglio con cui il sacerdote, nelle funzioni religiose, si cinge il camice | Cordiglio di frate. *3* Nastro formato da segmenti collegati da ganci, che si applica sulle ruote di autoveicoli per aumentarne l'aderenza e facilitare la marcia su terreni difficili | Analogo nastro formante una catena nella quale si ingranano due o più ruote o rulli di veicoli pesanti, quali carri armati, trattori e sim.

cingottàre ● V. *ciangottare.*

cinguettaménto s. m. ● Cinguettio.

cinguettàre [vc. onomat.] v. intr. (*io cinguétto*; aus. *avere*) *1* Emettere un canto lieve e ripetuto, detto dei passeri e di altri uccelli. *2* (*est.*) Parlare balbettando, detto di bambini o di chi bambineggia | (*est.*) Chiacchierare sommessamente e animatamente, spec. di argomenti futili, frivoli e sim.: *cinguettando e di gioielli, e di nastri e di vezzi e di cuffie, si rinfrancò* (FOSCOLO).

cinguettatóre s. m.; anche agg. (f. *-trice*) ● (*raro*) Chi, che cinguetta.

†**cinguetterìa** s. f. ● Chiacchiera, ciarla.

cinguettière o (*lett.*) †**cinguettièro** agg. *1* Che cinguetta. *2* (*raro, fig.*) Chiacchierone: *deiforme sei, / ma c.* (MONTI).

cinguettìo s. m. *1* Il cinguettare continuo: *il c. dei passeri.* *2* (*est.*) Chiacchierio sommesso e animato | Chiacchierio futile.

†**cinguettóne** s. m. (f. *-a*) ● Chiacchierone.

ciniatrìa [comp. del gr. *kýōn*, genit. *kynós* 'cane' (V. *cino-*) e *iatréia* 'cura'] s. f. ● Branca della medicina veterinaria che tratta le malattie dei cani.

cìnice ● V. *cinigia.*

cìnico [vc. dotta, lat. *cy̆nicu(m)*, nom. *cy̆nicus*, dal gr. *kynikós* 'canino', da *kýōn*, genit. *kynós* 'cane', appellativo di Diogene, uno dei primi rappresentanti della scuola] **A** agg. (pl. m. *-ci*) *1* (*filos.*) Relativo ai filosofi seguaci della scuola socratica. *2* (*fig.*) Che manifesta indifferenza nei confronti di qualsiasi ideale e sentimento umano e disprezza ogni tradizione o consuetudine sociale: *comportamento c.*; *una risposta cinica*; *persona cinica e malvagia.* *3* (*fig.*) Beffardo: *ciniche risate.* ‖ **cinicaménte**, avv. *1* Secondo i canoni della filosofia cinica. *2* (*fig.*) In modo cinico, con cinismo. **B** s. m. (f. *-a* nel sign. 2) *1* (*filos.*) Seguace della filosofia cinica. *2* (*fig.*) Persona cinica.

†**cìnifo** /'tʃinifo?/ [vc. dotta, lat. *cīny̆phiu(m)*, nom. *cīny̆phius*, dal gr. *kinýphios*, dal fiume *Cinifo*, sulle cui rive pascolavano capre dal pelo bellissimo] s. m. ● (*zool.*) Becco selvatico.

cinìgia o **cìnice** [lat. tardo *cinīsia(m)*, da *cĭnis* 'cenere'] s. f. (pl. *-gie* o *-ge*) ● Cenere calda mescolata con brace: *piglia la tua opera e mettila in su le cinigie* (CELLINI).

ciniglia [fr. *chenille* 'bruco', dal lat. *canīcula(m)* 'cagnolina'] s. f. *1* Filato costituito da un cordoncino vellutato e peloso, usato come trama per tessuti particolarmente morbidi. *2* Tessuto fabbricato con tale filato: *un accappatoio, una coperta di c.*

cinigliàto agg. ● Fabbricato con ciniglia.

cinìpe [vc. dotta, lat. tardo *scīniphe(n)*, nom. *scīniphes*, dal gr. *sknîphes*, pl. di *sknîps*, genit. *sknipós* 'insetto roditore', da *skníptō* 'io pungo' (di etim. incerta)] s. m. ● Genere di insetti degli Imenotteri che introducono le uova nei tessuti vegetali determinando la formazione di galle (*Cynips*).

cìnira [vc. dotta, lat. tardo *cīnyra(m)*, nom. *cīnyra*, dal gr. *kínyra*, di origine semitica] s. f. ● Strumento musicale a corde anticamente assai in uso presso i popoli orientali.

cinìṣmo [vc. dotta, lat. tardo *cynīsmu(m)*, nom. *cynīsmus*, dal gr. *kynismós*, da *kynikós*. V. *cinico*] s. m. *1* La filosofia della scuola socratica fondata da Antistene ad Atene nel IV sec. a.C., affermatasi come disprezzo delle convenzioni sociali e austero esercizio della virtù. *2* (*fig.*) Modo di sentire, di comportarsi e sim. caratterizzato da indifferenza e disprezzo nei confronti di qualsiasi ideale umano: *dare prova di un c. urtante, rivoltante*; *il delitto fu compiuto con freddo c.*

†**cìnna** [da *zinna*] s. m. ● Mammella.

cinnàmico [da *cinnamomo*] agg. (pl. m. *-ci*) ● (*chim.*) Detto di acido organico, monobasico, cristallino, incolore, ottenuto dallo storace per saponificazione con soda caustica, impiegato in medicina e in profumeria.

cinnamòmo [vc. dotta, lat. *cinnamōmu(m)*, dal gr. *kynnámōmon*, dall'ebr. *qinnâmôn*, di origine ebr.] s. m. ● Genere di piante delle Lauracee cui appartengono specie che forniscono la cannella e la canfora (*Cinnamomum*).

cino- (1) [dal gr. *kýōn*, genit. *kynós* 'cane', di origine indeur.] primo elemento ● In parole composte dotte significa 'cane': *cinodromo, cinofilo.*

cino- (2) primo elemento ● In parole composte, è accorciamento di *cinese*: *cino-giapponese.*

cinocèfalo [vc. dotta, lat. *cynocĕphalu(m)*, nom. *cynocĕphalus*, dal gr. *kynoképhalos*, comp. di *kýōn*, genit. *kynos* 'cane' e *kephalḗ* 'testa'] **A** agg. ● (*lett.*) Dalla testa di cane: *un idolo c.* **B** s. m. ● Qualunque grossa scimmia con muso allungato simile a quello del cane.

cinòdromo o (*evit.*) **cinodròmo** [der. di *cino*-, sul modello di *ippodromo*] s. m. ● Impianto per le gare di corsa dei cani.

cinofilìa [comp. di *cino*- e *-filia*] s. f. ● Affezione per i cani e interesse per i problemi del loro allevamento.

cinòfilo [comp. di *cino*- e *-filo*] **A** s. m. (f. *-a*) ● Chi ama, cura e protegge i cani | Conoscitore, allevatore di razze canine. **B** agg. *1* Che è proprio della cinofilia e dei cinofili: *sentimento c.* *2* Che utilizza i cani: *pattuglie cinofile.*

cinofobìa [comp. di *cino*- e *-fobia*] s. f. ● Paura morbosa dei cani.

cinoglòssa [vc. dotta, lat. *cynoglōssu(m)*, nom. *cynoglōssos*, dal gr. *kynóglōsson* 'lingua di cane', comp. di *kýōn*, genit. *kynós* 'cane' e *glôssa* 'lingua'] s. f. ● Pianta erbacea delle Borraginacee ricoperta di peli con fiori di color rosso o azzurro (*Cynoglossum officinale*). SIN. Erba vellutina, lingua di cane.

cinologìa [comp. di *cino*- e *-logia*] s. f. (pl. *-gie*) ● Ramo della veterinaria che si occupa dello studio dei cani.

cinòlogo s. m. (f. *-a*; pl. m. *-gi*, pop. *-ghi*) ● Veterinario specializzato in cinologia.

cinòmio [vc. dotta, comp. del gr. *kýōn*, genit. *kynós* 'cane', latinizzato in *cyno*-, e *mŷs* 'topo'] s. m. ● (*zool.*) Mammifero dei Roditori tipico degli

Stati Uniti; vive in comunità complesse e costituite da numerosi individui (*Cynomis ludovicianus*). SIN. Cane delle praterie.

cinopitèco [comp. di *cino-* e del gr. *pithḗkē* 'scimmietta'] s. m. (pl. *-chi* o *-ci*) ● Scimmia dei Cercopitecidi, originaria di Celebes, con muso allungato, corpo massiccio e coda rudimentale (*Cynopithecus niger*).

cinòrrodio ● V. *cinorrodo*.

cinòrrodo o **cinòrrodio** [lat. *cynorrhŏdon*, dal gr. *kynoródon*, comp. di *kýōn*, genit. *kynós* 'cane' e *ródón* 'rosa'] s. m. ● (*bot.*) Falso frutto delle rose selvatiche di forma ovale o rotondeggiante ricco di zuccheri e di vitamina C; si usa per tisane e marmellate. SIN. Cinorrodonte.

cinorrodónte s. m. ● (*bot.*) Cinorrodo.

cinquadèa ● V. *cinquedea*.

†**cinquàle** [da *cinque*] s. m. ● Numero di cinque unità.

†**cinquannàggine** [comp. di *cinque* e *anno*] s. f. ● Quinquennio.

cinquànta [lat. *quinquagīnta*, con dissimilazione della *qu-* iniziale in *c-* e spostamento di accento sulla terzultima sillaba] agg. num. card. inv.; anche s. m. inv. ● Cinque volte dieci, cinque decine, rappresentato da 50 nella numerazione araba, da L in quella romana. **I** Come agg. ricorre nei seguenti casi. **1** Rispondendo o sottintendendo la domanda 'quanti?', indica la quantità numerica di cinquanta unità (spec. preposto a un s.): *i c. figli di Priamo*; *le c. Danaidi*; *aggiungere i c. ottavi della somma*; *avere cinquant'anni*; *dammi una moneta da c. lire*; *ho c. probabilità su cento di riuscire* | Con valore indet.: *te l'ho detto e ripetuto c. volte*, parecchie volte. **2** Rispondendo o sottintendendo la domanda 'quale?', identifica q.c. in una pluralità, in una successione, in una sequenza (posposto a un s.): *leggete a pagina c., paragrafo c.*; *il cliente della camera c.*; *porta la taglia c.*; *aspettiamo l'autobus c.* | *Gli anni Cinquanta*, in un secolo, spec. il XX, quelli compresi fra cinquanta e cinquantanove. **3** In composizione con altri numeri semplici o composti, forma i numeri superiori: *cinquantuno*; *cinquantadue*; *cinquantamila*; *duecentocinquanta*. **II** Come s. ricorre nei seguenti usi. **1** Il numero cinquanta (per ell. di un s.): *il cinque nel c. ci sta dieci volte*; *ho uno sconto del c. per cento*; *era alla fermata del c.* | *I c.*, i cinquant'anni nell'età di un uomo | *Essere sui c.*, avere circa cinquant'anni. **2** Il segno che rappresenta il numero cinquanta.

cinquantamìla [comp. di *cinquanta* e *mila*] agg. num. card. inv.; anche s. m. inv. ● Cinquanta volte mille, cinquanta migliaia, rappresentato da 50 000 nella numerazione araba, da $\overline{L}$ in quella romana. **I** Come agg. ricorre nei seguenti usi. **1** Rispondendo o sottintendendo la domanda 'quanti?', indica la quantità numerica di cinquantamila unità (spec. preposto a un s.): *ho già versato c. lire*; *la mia macchina ha già fatto c. kilometri*; *una popolazione di c. abitanti*. **2** Rispondendo o sottintendendo la domanda 'quale?', identifica q.c. in una pluralità, in una successione, in una sequenza (posposto a un s.): *abbonamento numero c.* **II** Come s. ricorre nei seguenti usi. **1** Il numero cinquantamila (per ell. di un s.): *il c. nel centocinquantamila sta tre volte*. **2** Il segno che rappresenta il numero cinquantamila.

cinquantenàrio [fr. *cinquantenaire*, da *cinquante* 'cinquanta', col suff. di *centenaire*] **A** agg. **1** (*raro*) Che ha cinquant'anni, detto di cosa o persona. **2** (*raro*) Che ricorre ogni cinquant'anni. **B** s. m. ● Ricorrenza del cinquantesimo anno da un avvenimento memorabile: *il c. della rivoluzione d'ottobre* | (*est.*) La cerimonia che si celebra in tale occasione.

cinquantennàle agg. **1** Che dura cinquant'anni. **2** Che ricorre ogni cinquant'anni.

cinquantènne [comp. di *cinquanta* e del suff. *-enne*, ricavato da *decenne*] agg.; anche s. m. e f. ● Che, chi ha cinquant'anni di età.

cinquantènnio [comp. di *cinquanta* e del suff. *-ennio*, ricavato da *biennio*, *decennio*, ecc.] s. m. ● Spazio di tempo di cinquant'anni.

cinquantèsimo [da *cinquanta*] **A** agg. num. ord. **1** Corrispondente al numero cinquanta in una pluralità, in una successione (rappresentato da L nella numerazione romana, da 50° in quella araba): *classificarsi c.*; *la cinquantesima parte*; *tre alla cinquantesima*, (*ell.*) SIN. (*lett.*) Quinquagesimo. **2** In composizione con altri numerali, semplici o composti, forma gli ordinali superiori: *cinquantesimoprimo*; *centocinquantesimo*; *milleduecentocinquantesimo*. **B** in funzione di s. m. ● Ciascuna delle cinquanta parti uguali di una stessa quantità: *un c. del totale*; *otto cinquantesimi*.

cinquantìna s. f. **1** Serie di cinquanta, o circa cinquanta, unità: *due cinquantine equivalgono a un centinaio*; *la città è distante una c. di kilometri*. **2** I cinquant'anni nell'età dell'uomo: *si avvicina alla c.*; *ha passato la c.*; *è sulla c.*

cinquantìno [da *cinquanta*] **A** agg. ● Detto di piante coltivate a sviluppo molto rapido. **B** s. m. **1** Moneta d'argento spagnola del XVII sec. del valore di 50 reali. **2** Varietà precocissima di mais. **3** (*gerg.*) Ciclomotore di cilindrata non superiore ai 50 cm^3.

cìnque [lat. *quīnque*, con dissimilazione della *qu-* iniziale in *c-*] agg. num. card. inv.; anche s. m. inv. (pl. pop. *cìnqui*) ● Numero naturale successivo di quattro, rappresentato da 5 nella numerazione araba, da V in quella romana. **I** Come agg. ricorre nei seguenti usi. **1** Rispondendo o sottintendendo la domanda 'quanti?', indica la quantità numerica di cinque unità (spec. preposto a un s.): *le c. dita della mano*; *l'uomo ha c. sensi*; *costa c. milioni*; *le c. giornate di Milano*; *fare un viaggio di c. giorni*; *è stato assente c. mesi*; *calcola i c. terzi di cento* | *In c. minuti*, (*fig.*) prestissimo | *A c. a c.*, *di c. in c.*, cinque per volta. **2** Rispondendo o sottintendendo la domanda 'quale?', identifica q.c. in una pluralità, in una successione, in una sequenza (posposto a un s.): *leggi al paragrafo c.*, *pagina c.*; *la fermata dell'autobus c.*; *il cliente della camera c.*; *abito in via Roma, numero c.* **II** Come s. ricorre nei seguenti usi. **1** Il numero cinque (per ell. di un s.): *ho uno sconto del c. per cento*; *il c. nel dieci ci sta due volte*; *abita in via Mazzini c.*; *ho giocato il c. di fiori*; *è stato estratto il c.*; *è questa la fermata del c.?*; *il c. maggio*; *alle c. della sera* | Nella valutazione scolastica, il voto inferiore di un punto alla sufficienza: *ho meritato un c.* **2** Il segno che rappresenta il numero cinque: *scrivo il c. e riporto il tre*. **3** In composizione con altri numeri semplici o composti, forma i numeri superiori: *trentacinque*; *cinquecento*; *millecinquecentocinque*.

cinquecentésco agg. (pl. m. *-schi*) ● Del sedicesimo secolo: *arte cinquecentesca*.

cinquecentèsimo **A** agg. num. ord. ● Corrispondente al numero cinquecento in una pluralità, in una successione (rappresentato dalla D nella numerazione romana, da 500° in quella araba): *è c. nella graduatoria*; *due è la cinquecentesima parte di mille*. **B** in funzione di s. m. ● Ciascuna delle cinquecento parti uguali di una stessa quantità.

cinquecentìna s. f. ● Libro edito nel XVI sec.: *le cinquecentine della biblioteca Marciana*.

cinquecentìno agg. ● In biblioteconomia, cinquecentesco.

cinquecentìsta s. m. (pl. *-i*) ● Scrittore o artista del sedicesimo secolo.

cinquecentìstico agg. (pl. m. *-ci*) ● Del Cinquecento o dei cinquecentisti.

cinquecènto [comp. di *cinque* e *cento*] **A** agg. num. card. inv.; anche s. m. inv. ● Cinque volte cento, cinque centinaia, rappresentato da 500 nella numerazione araba, da D in quella romana. **I** Come agg. ricorre nei seguenti usi. **1** Rispondendo o sottintendendo la domanda 'quanti?', indica la quantità numerica di cinquecento unità (spec. preposto a un s.): *un viaggio di c. kilometri*; *pagare c. lire*; *scommettere c. contro mille*; *elevare c. al quadrato*; *c. centimetri cubi di cilindrata*. **2** Rispondendo o sottintendendo la domanda 'quale?', identifica q.c. in una pluralità, in una successione, in una sequenza (posposto a un s.): *leggere a pagina c.*; *l'anno c. d.C.* **II** Come s. ricorre nei seguenti usi. **1** Il numero cinquecento (per ell. di un s.): *moltiplico il c. per tre*; *circa nel c. a.C.*; *Il Consiglio dei Cinquecento* | *Il Cinquecento*, (*per anton.*) il secolo XVI: *l'arte del Cinquecento*; *nella prima metà del Cinquecento*. **2** Il segno che rappresenta il numero cinquecento. **B** in funzione di s. f. inv. ● Vettura utilitaria con circa 500 cm^3 di cilindrata.

cinquedèa o **cinquadèa** [vc. sett., propriamente 'cinque dita'] s. f. ● Tipo di daga con lama assai robusta a forma triangolare, larga all'attaccatura, molto diffusa nel Rinascimento.

cinquefòglie o **cinquefòglio** [lat. *quinquefŏliu(m)*, ma rifatto con *cinque* e *foglia*] s. m. inv. **1** Pianta erbacea perenne delle Rosacee con fiori solitari gialli e foglie composte da cinque foglioline (*Potentilla reptans*). **2** Decotto con azione astringente ricavato da tale pianta. **3** (*arald.*) Fiore a cinque petali forato al centro che lascia vedere lo smalto del campo. SIN. Pentafoglie.

cinquemìla [lat. *quīnque mīlia*] agg. num. card. inv.; anche s. m. inv. ● Cinque volte mille, cinque migliaia, rappresentato da 5 000 nella numerazione araba, da $\overline{V}$ in quella romana. **I** Come agg. ricorre nei seguenti usi. **1** Rispondendo o sottintendendo la domanda 'quanti?', indica la quantità numerica di cinquemila unità (spec. preposto a un s.): *costa c. lire*; *ha una biblioteca di c. volumi*; *c'è stato un lancio di c. paracadutisti*. **2** Rispondendo o sottintendendo la domanda 'quale?', identifica q.c. in una pluralità, in una successione, in una sequenza (posposto a un s.): *abbonamento numero c.* **II** Come s. ricorre nei seguenti usi. **1** Il numero cinquemila (per ell. di un s.): *moltiplico il c. per dieci*. **2** Il segno che rappresenta il numero cinquemila. **3** (*sport*, *ell.*, *al pl.*) Nell'atletica, distanza di cinquemila metri piani su cui si sviluppa una gara di fondo | (*est.*) La gara stessa: *correre*, *vincere i c.*

cinquennàle ● V. *quinquennale*.

cinquènne o (*raro*) **quinquènne** [lat. *quinquĕnne(m)*, comp. di *quīnque* 'cinque' e *ănnus* 'anno'] agg. **1** Che ha cinque anni, detto di cosa o persona. **2** Che dura da cinque anni.

cinquènnio ● V. *quinquennio*.

cinquerème o **quinquerème** [lat. *quinquērēme(m)*, comp. di *quīnque* 'cinque' e *rēmus* 'remo'] s. f. ● Nave da guerra a cinque ordini di remi, usata dal III al I sec. a.C. | Naviglio a cinque ordini di remi sovrapposti | Galeone.

cinquetèrre [da *Cinque Terre*, località ligure] s. m. inv. ● Vino giallo paglierino o dorato pallido, asciutto, leggermente aromatico, prodotto nella zona di La Spezia.

cinquìna [da *cinque*] s. f. **1** (*raro*) Complesso, serie di cinque unità. **2** Cinque numeri estratti sulla stessa ruota nel gioco del lotto, sulla stessa fila nel gioco della tombola | Giocata di cinque numeri al lotto. **3** Forma di pagamento usata un tempo nelle compagnie teatrali italiane. | Paga che si dava ai soldati ogni cinque giorni.

cìnta o †**cénta** [lat. *cĭncta(m)*, part. pass. f. di *cĭngere* 'cingere'] s. f. **1** Cerchia di mura e sim. intorno a un centro abitato | *C. di fortificazione*, insieme dei fronti, quali mura, fossati e bastioni, elevati lungo una linea poligonale attorno a una fortezza o città a scopo di difesa | (*est.*) Recinto intorno ad abitazioni, giardini, appezzamenti di terreno e sim.: *muro di c.* | *C. di giardino*, nell'equitazione, tipo di ostacolo dei concorsi ippici. **2** Linea perimetrale, spesso resa evidente da particolarità naturali del terreno o da manufatti, che delimita il territorio di una città e sim. | *C. daziaria*, entro la quale si pagavano i dazi di consumo. **3** (*arch.*) Collarino delle colonne. **4** Cintola. **5** (*arald.*) Bordura diminuita della metà e discosta dai lati dello scudo di uno spazio eguale alla sua larghezza. **6** †Grosso e forte tavolone a formare la fascia sporgente sotto alla coperta e ai ponti intorno al naviglio, per legar tutta la costruzione da poppa a prua.

cintàre v. tr. ● Chiudere intorno con una cinta: *c. un giardino*.

†**cintellìno** ● V. *centellino*.

†**cintìglio** [sp. *cintillo*, da *cinta* 'nastro'. V. *cinta*] s. m. ● (*lett.*) Cintura elegante di tessuto o di oro: *poscia i bei fianchi d'un c., a molte / frange ricinse* (MONTI).

cìnto **A** part. pass. di *cingere*; anche agg. ● Nei sign. del v. **B** s. m. **1** Cintura, cintola | *C. erniario*, apparecchio per contenere l'ernia | *C. verginale*, fascia, cintura indossata dalle fanciulle greche, che veniva sciolta dallo sposo la sera delle nozze. **2** †Cerchia di mura, fossi e sim., recinto, circuito | (*est.*) Giro, cerchio dell'orizzonte. **3** Alone: *c. della luna*. **4** (*zool.*) *C. di Venere*, animale marino dei Cestidi, con corpo trasparente di aspetto vitreo

(*Cestus veneris*).

cintola [da *cinto*] s. f. *1* Cintura: *la c. dei calzoni* | *Tenere q.c. alla c.*, appeso alla cintura | (*fig.*) *Cucirsi qc. alla c.*, tenersi qc. sempre accanto | (*fig.*) *Cucirsi alla c. di qc.*, stare sempre accanto a qc. | *Tenere, tenersi qc. alla c.*, (*fig.*) sempre vicino. *2* Parte della vita dove solitamente la cintura stringe le vesti: *Vedi là Farinata che s'è ritto: / da la c. in su tutto 'l vedrai* (DANTE *Inf.* X, 32-33) | *Largo in c.*, (*fig.*) generoso | *Stretto in c.*, (*fig.*) taccagno | *Stare con le mani alla c.*, (*fig.*) senza fare nulla. || **cintolétta**, dim. | **cintolina**, dim.

cìntolo [da *cinto*] s. m. *1* (*tosc.*) Fascia o nastro per stringere q.c. *2* (*raro, tosc.*) Legaccio da scarpe, da calze. || †**cintolino**, dim. | **cintolóne**, accr.

cintùra o †**centùra** [lat. *cinctūra*(*m*), da *cĭngere* 'cingere'] s. f. *1* Striscia spec. di cuoio o di tessuto, spesso rifinita da una fibbia o sim., che si porta per stringere alla vita pantaloni, gonne o abiti | (*est.*) Parte dei calzoni, della gonna o dell'abito ove si stringono alla vita: *gonna stretta di c.* | *Abito con la c. alta, bassa*, posta più in alto o più in basso della vita. *2* (*est.*) Punto della vita in cui si è soliti stringere la cintura: *il nemico è nell'acqua insino alla c.* (CASTIGLIONE) | *Essere stretti, larghi di c.*, avere vita sottile, larga e (*fig.*) essere avari, esigenti e sim. o indulgenti, generosi e sim. *3* Nel judo, cintura che serve per tenere a posto il kimono e, a seconda del colore, indica il grado di preparazione e abilità del judoka: *essera una c. nera, verde*. *4* (*est.*) Oggetto di varia forma e dimensione, atto a cingere persone o cose, adibito a funzioni di sostegno, protezione, e sim. | *C. di salvataggio*, tipo di salvagente in sughero o gomma gonfiabile, a forma di busto o giubbotto, da indossare sulla persona | *C. reggicanne*, V. *reggicanne* | *C. zavorrata*, munita di piombi, usata dai cacciatori subacquei per scendere in profondità | *C. di sicurezza*, cinghia di cuoio o tessuto robusto che assicura il passeggero al sedile negli aerei e nelle automobili per proteggerlo in caso d'incidente | *C. di castità*, apparecchio di ferro da stringere attorno ai fianchi e al ventre e da chiudere a chiave, con il quale nel Medioevo si pretendeva di assicurare la fedeltà di una donna. *5* (*fig.*) Fascia, zona dotata di particolari caratteristiche, che circonda spec. un centro abitato: *una c. di verde abbellisce la città*; *la c. industriale di Torino, di Milano* | †Ciò che cinge, circonda q.c. *6* (*anat.*) Insieme delle ossa che uniscono un arto al tronco | *C. addominale, pelvica*, dell'arto inferiore | *C. anteriore, scapolare, toracica*, dell'arto superiore. *7* (*raro*) Atto del cingere | In vari sport, presa effettuata cingendo l'avversario con entrambe le braccia al busto o ai fianchi | Nel calcio e sim., azione irregolare con cui si ostacola l'avversario cingendolo con le braccia. || **cinturétta**, dim. | **cinturina**, dim. | **cinturino**, dim. m. (V.) | **cinturóna**, accr. | **cinturóne**, accr. m. (V.).

cinturàre v. tr. • Nel calcio e sim., trattenere fallosamente un avversario cingendolo con le braccia | Nella lotta, effettuare una cintura.

cinturàto ® [nome commerciale] **A** agg. • Detto di pneumatico radiale provvisto di una struttura anulare di rinforzo disposta sotto il battistrada e conferente alla carcassa una forma appiattita. **B** s. m. • Pneumatico cinturato.

cinturino o †**centurino**. s. m. *1* Dim. di *cintura*. *2* Striscia di vari materiali che serve per trattenere, sostenere e allacciare diversi oggetti: *il c. dell'orologio, della borsetta, della sciabola, della scarpa*.

cinturóne [nel sign. 2 attraverso il fr. *ceinturon*, da *ceinture* 'cintura'] s. m. *1* Accr. di *cintura*. *2* Grossa cintura di cuoio o tela, con o senza spallacci, per appendervi la fondina con la pistola o le giberne, spec. nell'uniforme militare.

cintz /tʃints/ • V. *chintz*.

cinz • V. *chintz*.

cinzio [vc. dotta, lat. *Cy̆nthiu*(*m*), nom. *Cy̆nthius*, dal gr. *Kýnthios*, detto così perché nato sul monte *Kýnthos*] agg. • Appellativo di Apollo e di Diana.

ciò [lat. *ĕcce hŏc* 'ecco questo'] pron. dimostr. *1* Questa cosa, codesta cosa, quella cosa: *ciò è vero*; *ciò è impossibile*; *di ciò si è già discusso a lungo*; *non me importa nulla di tutto ciò*; *ciò vuole dire che non hai capito* | Per lo più col pron. rel.: *ciò che dici è molto grave*; *chiedetemi ciò che volete* | *A ciò*, a questo fine, a tal fine | *Da ciò, a ciò*, adatto, idoneo alla cosa di cui si parla: *non è un uomo da ciò* | *Con tutto ciò*, avvers., tuttavia | In composizione: *perciò, percioché, ciononostante* e sim. | (*raro*) Riferito al pl.: *vere sustanze son ciò che tu vedi* (DANTE *Par.* III, 29). *2* †Con valore pleon. o raff. in unione con il v. 'essere': *Conviensi adunque essere prudente, ... e a ciò essere si richiede buona memoria* (DANTE).

ciòcca (**1**) [etim. incerta] s. f. • Mucchietto, mazzetto spec. di capelli: *vedea ... biondeggiar le ciocche / de' capelli* (FOSCOLO) | (*tosc.*) Ciuffo di foglie, fiori o frutti, attaccati allo stesso ramo: *una c. di ciliegie* | *Viola a c.*, violacciocca | *A ciocche*, (*fig.*) in gran numero. || **ciocchétta**, dim. | **ciocchettina**, dim. | **cioccolina**, dim. | **cioccóna**, accr.

ciòcca (**2**) [etim. incerta] s. f. • (*raro*) Ciocco nel sign. 1.

cioccàre [vc. di etim. incerta (onomat.?)] v. tr. (*io ciòcco, tu ciòcchi*) *1* (*dial., sett.*) Sgridare, rimproverare aspramente: *l'ho cioccato perbene, così non darà più fastidio*. *2* (*mar.*) *C. un cavo*, lasciarlo scorrere lentamente intorno a un appiglio in modo che l'attrito lo freni.

cioccàta [da *cioccare*] s. f. • (*dial., sett.*) Violenta sgridata: *prendersi una c. da qc.*; *fare una c. a qc.*

†**ciocché** [comp. di *ciò* e *che*] pron. dimostr. rel. • (*raro*) Quello che, ciò che.

cióccia [vc. onomat.] s. f. (pl. *-ce*) • (*inft., fam.*) Mammella, poppa.

ciocciàre v. intr. (*io cióccio*; aus. *avere*) • (*inft., fam.*) Poppare.

ciòcco [etim. incerta] s. m. (pl. *-chi*) *1* Grosso pezzo di legno, ceppo da ardere. SIN. raro Ciocca. *2* (*fig.*) Uomo balordo, stupido o insensibile | (*fig.*) *Dormire come un c.*, dormire profondamente. || **ciocchettino**, dim. | **ciocchétto**, dim. | **ciocchettóne**, accr.

cioccolàta [azteco *chocolatl*, attrav. lo sp. *chocolate*] **A** s. f. *1* Cioccolato: *una tavoletta, una stecca di c.* *2* Bevanda preparata con cacao bollito in acqua o latte: *una tazza di c.*; *c. in tazza*; *c. con la panna*. **B** in funzione di agg. inv. • (posposto a un s.) Che ha il colore bruno scuro caratteristico della bevanda omonima: *una broda color c.*; *ha la pelle color c.* || **cioccolatina**, dim. | **cioccolatóna**, accr.

cioccolatàio s. m. (f. *-a*) • Cioccolatiere | (*fig., scherz.*) *Fare una figura da c.*, fare una brutta figura, rimanere scornato.

cioccolatièra [fr. *chocolatière*. V. *cioccolata*] s. f. • Bricco in cui si prepara o con cui si mesce la cioccolata.

cioccolatière [fr. *chocolatier*. V. *cioccolata*] s. m. (f. *-a*) • Chi fabbrica o vende cioccolato.

cioccolatino [da *cioccolato*] s. m. • Piccolo pezzo di cioccolato, spesso ripieno e avvolto in carta stagnola: *una scatola di cioccolatini* | *C. medicinale*, preparato farmaceutico mescolato con miscela di zucchero e cacao per dargli un sapore meno sgradevole | *C. purgativo*, che contiene sostanze purganti.

cioccolàto o †**cioccolàtte**, †**cioccolàtto**, †**ciocolàte** [azteco *chocolatl*, attrav. il fr. *chocolat*] s. m. • Prodotto alimentare costituito da un miscuglio solido di cacao, zucchero e altre sostanze: *c. fondente* | *C. al latte*, con aggiunta di latte in polvere o condensato e burro di cacao.

ciòcia [lat. *sŏccu*(*m*) (?). V. *socco*] s. f. (pl. *-cie* o *-ce*) • Calzatura tipica della Ciociaria, formata da una suola e da un panno che copre il piede e la gamba sin quasi al ginocchio ed è tenuto fermo da due legacci intrecciati.

ciociàro [da *ciocia*] **A** agg. • Della Ciociaria, regione del Lazio: *stornelli ciociari*; *dialetto c.* **B** s. m. (f. *-a*) • Abitante, nativo della Ciociaria.

†**ciocolàte** • V. *cioccolato*.

cioè o †**ciò è** [comp. di *ciò* ed *è*] **A** cong. *1* Intendo dire, vale a dire, in altre parole (con funzione dichiarativa ed esplicativa): *Antonio è mio cognato, c. ha sposato mia sorella*; *è un rodigino, c. abita a Rovigo*. *2* Ossia, o meglio, piuttosto (con funzione correttiva): *vengo anch'io, c. no, preferisco restare*. **B** anche avv.: *la fitologia, la scienza, c., che studia le piante*; *partiremo dopodomani, c. martedì* | Si usa interrogativamente per chiedere spiegazioni, chiarimenti, precisazioni: *'hai sbagliato!' 'c.?'*.

ciofèca • V. *ciufeca*.

†**ciòfo** o †**ciòlfo** [etim. incerta] s. m. (f. *-a*) • Uomo sciatto, trascurato, spregevole.

†**ciómbalo** • V. *cembalo*.

ciómpo [etim. incerta] s. m. *1* Lavoratore, salariato, sottoposto a un'arte, spec. quella della lana, a Firenze, nel sec. XIV: *il tumulto dei ciompi*. *2* (*fig.*) Individuo di umile condizione.

†**cioncàre** (**1**) [da *cionco*] v. tr. e intr. pron. • Troncare, troncarsi, spezzarsi: *la lancia del pagan par che si cionchi* (PULCI).

cioncàre (**2**) [etim. incerta] v. tr. e intr. (*io ciónco, tu ciónchi*; aus. *avere*) • Bere smodatamente. SIN. Sbevazzare, tracannare, trincare.

ciónco [etim. incerta] **A** agg. (pl. m. *-chi*) *1* †Monco, tronco. *2* (*fam.*) Che ha aspetto cascante, per stanchezza o debolezza: *sentirsi le braccia cionche*. **B** s. m. • (*dial.*) Sciancato, storpio: *un c. che si vedeva ogni mattina*.

ciondolaménto [da *ciondolare*] s. m. • Modo e atto del ciondolare.

ciondolàre [vc. onomat.] **A** v. intr. (*io cióndolo*; aus. *avere*) *1* Penzolare oscillando: *i panni stesi ciondolavano dal filo*; *le orecchie pelose e stracche delle mule ... ciondolavano tra la folla* (VERGA). SIN. Dondolare. *2* Reggersi a mala pena sulle gambe: *l'ubriaco camminava ciondolando*. *3* (*est., fig.*) Perdere tempo, oziare, bighellonare: *ciondola tutto il giorno per casa*. **B** v. tr. • Far penzolare e oscillare q.c.: *ciondolava le gambe, seduto sul muretto*.

ciondolio s. m. • Leggero e continuo ciondolamento.

ciόndolo [da *ciondolare*] s. m. • Ninnolo d'oro, d'argento o corallo, spesso portafortuna, da appendere a una catenella, una collana, un braccialetto e sim. | La parte pendente di un gioiello. || **ciondolino**, dim.

ciondolóne [da *ciondolare*] s. m. (f. *-a*) *1* Persona che ciondola, che va bighellonando | Sfaccendato. SIN. Bighellone, fannullone, perdigiorno. *2* Individuo sciatto e trasandato.

ciondolóni o **ciondolóne** [da *ciondolare*] avv. • Penzolante verso il basso: *si era abbandonato, rifinito, su una seggiola, con le braccia c.* (PIRANDELLO) | *Andar c.*, bighellonare.

ciononodiméno [comp. di *ciò* e *nondimeno*] cong. • Ciononostante, malgrado ciò.

ciononostànte /tʃononos'tante/ o (*raro*) **cionnonostànte**, **ciò nonostànte** [da *ciò non ostante* (part. pres. di *ostare*)] avv. • Malgrado ciò, tuttavia.

ciòppa [dall'ant. ted. *Schope* (?)] s. f. • Lunga veste a foggia di gonnella indossata da uomini e donne nel Medioevo.

ciòtola [lat. *cŏtyla*(*m*), nom. *cŏtyla*, dal gr. *kotýlē* 'ciotola', di etim. incerta] s. f. *1* Piccolo recipiente a forma di tazza in legno o terracotta, destinato a vari usi: *mangiare in una c.*; *riporre le monetine in una c.* *2* Ciò che è contenuto in tale recipiente: *una c. di latte, di minestra*. *3* †Acetabolo. || **ciotolétta**, dim. | **ciotolina**, dim. | **ciotolino**, dim. m. | **ciotolóna**, accr.

ciotolàta [da *ciotola*] s. f. *1* Colpo dato con una ciotola. *2* Quanto può essere contenuto in una ciotola.

†**ciòtta** (**1**) [etim. incerta] s. m. inv. • (*tosc.*) Faccendone, borioso. || †**ciottóne**, accr.

†**ciòtta** (**2**) [sp. *azote*, dall'ar. *sant* 'frusta' (?)] s. f. • Colpo di frusta.

†**ciottàre** v. tr. • Frustare, flagellare.

†**ciòtto** (**1**) [etim. discussa: di origine espressiva (?)] agg. • Zoppo.

†**ciòtto** (**2**) [di origine espressiva (?)] s. m. • Ciottolo: *io gli darei tale di questo c. nelle calcagna* (BOCCACCIO).

ciottolàre [da *ciottolo*] v. tr. (*io ciòttolo*) *1* (*raro*) Selciare con ciottoli. *2* †Colpire con ciottoli.

ciottolàta [da *ciottolo*] s. f. • Sassata.

ciottolàto s. m. • Acciottolato.

ciòttolo [dim. di *ciotto* (*2*)] s. m. *1* (*geol.*) Elemento clastico arrotondato di diametro superiore a 4 mm, costituente un conglomerato | *C. imbricato*, disposto a embrice e inclinato sottocorrente | *C. striato*, che presenta striature causate dall'azione erosiva del vento | *C. triquetro*, la cui forma di tetraedro a spigoli arrotondati è dovuta all'azione erosiva del vento. *2* Piccolo sasso tondeggiante, liscio per l'azione levigatrice dell'acqua fluente di fiumi o torrenti: *camminare sui ciottoli*; *lanciare un c.* | (*est.*) Sasso, spec. levigato. *3* (*raro, dial.*) Stoviglia. || **ciottolétto**, dim. | **ciottolino**, dim. | **ciottolóne**, accr.

ciottolóso agg. ● Pieno di ciottoli: *vicolo c.*

†ciovétta ● V. *civetta*.

cip (1) [vc. onomat.] inter. ● Riproduce il cinguettio del passero: cip cip.

cip (2) [ingl. *chip* 'frammento', poi 'gettone', da *to chip* 'tagliuzzare, scheggiare', di origine germ.] s. m. inv. ● Nel gioco del poker, la puntata minima.

Ciperàcee [comp. di *cipero* e *-acee*] s. f. pl. ● Nella tassonomia vegetale, famiglia di piante erbacee con fusto triangolare, fiori in spiga e frutto ad achenio (*Cyperaceae*) | (al sing. *-a*) Ogni individuo di tale famiglia. ➡ ILL. **piante** /11.

cìpero [dal lat. *cypĕru(m)*, nom. *cypēros*, dal gr. *kýpeiros*] s. m. ● Genere di piante delle zone calde, comuni nei luoghi umidi, con molte specie, cui appartiene il papiro (*Cyperus*) | *C. commestibile*, *c. dolce*, i cui tuberi forniscono i dolcichini.

cipìglio [etim. incerta: dall'incrocio di *ciglio* e *piglio* (?)] s. m. ● Increspamento della fronte, con contrazione delle ciglia, come segno di turbamento, irritazione e sim.: *fare c.* | (*est.*) Occhiata, sguardo, espressione adirata, o torva, o arrogante e sim.: *guardare con c.* || **cipigliàccio**, accr.

cipiglióso agg. ● (*raro*) Facile allo sdegno: *un carattere c.* | Permaloso.

cipólla [lat. tardo *cepŭlla(m)*, dim. di *cēpa*, prestito da una lingua sconosciuta] s. f. *1* Pianta erbacea delle Liliacee con foglie cilindriche e bulbo formato da tuniche esterne sottili e tuniche interne carnose, dall'odore acuto (*Allium cepa*). *2* (*est.*) Bulbo commestibile di tale pianta | *Mangiare pane e c.*, (*fig.*) poco e male | *Piantar porri e raccogliere cipolle*, (*fig.*) fare ottimi affari con poca fatica | *Strofinarsi gli occhi con la c.*, (*fig.*) fingere dolore e lacrime non sentite | (*fig.*) *Doppio come la c.*, falso, finto | *Buccia*, *velo di c.*, prima sfoglia sottilissima e (*est.*) carta sottilissima, stoffa leggerissima. *3* (*est.*) Bulbo di alcune piante, simile a quello della cipolla: *la c. dei giacinti*, *dei tulipani*. *4* Oggetto di forma tondeggiante, simile a una cipolla | *La c. dell'annaffiatoio*, la palla schiacciata e bucherellata da cui esce l'acqua | *La c. del lume a petrolio*, la palla di vetro in cui si mette il combustibile | *C. da stirare*, ferro tondeggiante per stirare berretti. *5* (*fig.*, *scherz.*) Orologio da tasca, grosso e di foggia antiquata. *6* (*tosc.*) Ventriglio dei polli e degli uccelli. || **cipollàccia**, pegg. | **cipollétta**, dim. | **cipollìna**, dim. (V.) | **cipollìno**, dim. m. | **cipollòtto**, dim. m. | **cipollóna**, accr. | **cipollóne**, accr. m. (V.) | **cipollòtto**, accr. | **cipollùccia**, dim.

cipollàccio [da *cipolla*] s. m. ● (*bot.*) *c. col fiocco*, pianta erbacea delle Liliacee, comune in tutta la zona mediterranea, con fiori riuniti in grappolo e bulbi ovoidali che, in alcune regioni, vengono cotti e mangiati (*Muscari comosum*).

cipollàio o (*dial.*) **cipollàro** nel sign. 2. s. m. (f. *-a* nel sign. 2) *1* Luogo ove si piantano le cipolle. *2* Chi vende cipolle.

cipollàta s. f. *1* Vivanda a base di cipolle tritate. *2* (*fig.*) Lavoro mal fatto | Sciocchezza.

cipollàto [detto così perché fatto a sfoglie come le cipolle] agg. *1* (*raro*) Fatto a sfoglie sottili, concentriche e tortuose: *agata cipollata*. *2* Detto di legno che presenta il difetto della cipollatura.

cipollatùra [da *cipolla*] s. f. ● Difetto del legname consistente nel distacco degli anelli di accrescimento. SIN. Accerchiatura.

cipollìna s. f. *1* Dim. di *cipolla*. *2* Varietà di cipolla con bulbo piccolo, che si mangia fresca, sott'aceto o in umido. *3* Erba perenne delle Liliacee, con bulbo prolifero, fiori rosei in ombrelle, foglie sottili usate come condimento (*Allium schoenoprasum*). SIN. Erba cipollina.

cipollìno [da *cipolla*, per le venature che richiamano il bulbo omonimo] **A** s. m. ● (*miner.*) Calcare metamorfico usato come pietra ornamentale. **B** anche agg.: *marmo c.*

cipollóne s. m. *1* Accr. di *cipolla*. *2* *C. bianco*, pianta erbacea delle Liliacee con fiori in racemi (*Ornithogalum umbellatum*). *3* (*fig.*, *scherz.*) Orologio da tasca ingombrante e di poco valore.

cipollóso agg. ● Detto di legno soggetto a sfogliarsi.

cippo [vc. dotta, lat. *cĭppu(m)*. V. *ceppo*] s. m. *1* Tronco di colonna o di pilastro, eretto a scopo celebrativo: *un c. in memoria dei caduti*; *c. funerario*. *2* Pietra un tempo usata per segnare i confini: *c. terminale*, *di confine*.

Cippùti [dal n. di un personaggio creato nel 1976 dal disegnatore F. Tullio Altan] s. m. ● Operaio, spec. metalmeccanico.

ciprèa [così detta in onore di Venere, regina di *Cipro*] s. f. ● Genere di molluschi Gasteropodi marini con conchiglia ovoidale, lucida, ornata di disegni a colori diversi a seconda delle specie (*Cypraea*).

cipressàia s. f. ● Cipresseto.

cipresséto [da *cipresso*, sul modello del lat. *cupressētum*, da *cuprēssus* 'cipresso'] s. m. ● Luogo ricco di, piantato a cipressi.

cipressìna [da *cipresso*] s. f. ● Albero delle Tamaricacee con foglie squamiformi carnose e fiori molto piccoli di colore bianco rosato (*Tamarix gallica*) | Nel linguaggio dei giardinieri, pianta erbacea delle Chenopodiacee simile a un piccolo cipresso (*Kockia scoparia*).

cipressìno [da *cipresso*, sul modello del lat. *cuprĕssinus*] agg. *1* Che ha forma di cipresso. *2* Detto di una varietà di pioppo molto ramoso e alto.

ciprèsso [vc. dotta, lat. *cyparĭssu(m)*, nom. *cyparĭssus*, dal gr. *kypárissos*, di origine preindeur.] s. m. *1* Albero delle Cupressacee con foglie squamiformi sempreverdi, rami eretti, chioma disposta a piramide, strobili terminali sia maschili che femminili, e cono globoso (*Cupressus sempervirens*). *2* Il legno di tale albero. || **cipressétto**, dim. | **cipressìno**, dim. | **cipressóne**, accr.

cìpria [anticamente agg. del n. dell'isola di *Cipro*: *polvere di Cipro*, *polvere cipria*] s. f. ● Polvere finissima di riso e amido usata per la cosmesi della pelle: *c. in polvere*, *micronizzata* | *C. compatta*, compressa sino ad apparire solida, in forma di disco | *C. liquida*, *fluida*, mista a sostanze liquide, da stendere sulla pelle.

cìpride [vc. dotta, lat. *Cўprida*, nom. *Cўpris*, dal gr. *Kýpris*, attributo di Venere, regina di *Cipro*] s. f. ● Epiteto della dea Afrodite.

ciprièra [da *cipria*] s. f. ● (*raro*) Vasetto per tenervi la cipria.

ciprìgno [da *Cipro*] agg. ● (*raro*, *lett.*) Di Cipro | *La ciprigna dea*, (*per anton.*) Afrodite.

Ciprìnidi [dal lat. *cyprīnus* 'carpione', dal gr. *kyprînos*, da *kýpros*, n. di una pianta (di origine semitica), cui somiglia per il colore, con il suff. *-idi*] s. m. pl. ● Nella tassonomia animale, famiglia di Pesci ossei d'acqua dolce dei Cipriniformi cui appartengono la carpa, la tinca e il pesce rosso (*Cyprinidae*) | (al sing. *-e*) Ogni individuo di tale famiglia.

Cipriniformi [vc. dotta, comp. di *ciprino* e il pl. di *-forme*] s. m. pl. ● Nella tassonomia animale, ordine di Pesci ossei, fisostomi, in genere di acqua dolce (*Cypriniformes*) | (al sing. *-e*) Ogni individuo di tale ordine.

ciprìno [vc. dotta, lat. *cyprīnu(m)*, nom. *cyprīnus*, dal gr. *kyprînos*, da *kýpros* (V. *ciprinidi*)] s. m. ● Genere di Pesci ossei dei Ciprinidi, ovipari, che si nutrono di vegetali in decomposizione (*Cyprinus*) | *C. dorato*, carassio dorato.

Ciprinodontifórmi [vc. dotta, comp. di *ciprino*, del gr. *odóus*, genit. *odóntos* 'dente', e del pl. di *-forme*] s. m. pl. ● Nella tassonomia animale, ordine di Pesci ossei di piccole dimensioni (*Cyprinodontiformes*) | (al sing. *-e*) Ogni individuo di tale ordine.

cìprio [vc. dotta, lat. *Cўpriu(m)*, agg. dell'isola di Cipro (lat. *Cўpros*)] agg. ● (*lett.*) Di Cipro: *vino*, *costume c.* | *La cipria dea*, Venere.

cipriòta [gr. moderno *Kypriótēs*, da *Kýpros* 'Cipro'] **A** agg. (pl. m. *-i*) ● Di Cipro: *arte c.*; *cittadino c.* **B** s. m. e f. ● Abitante, nativo di Cipro.

cipripèdio [comp. del lat. *Cўpria* 'Venere' e *pēs*, genit. *pĕdis* 'piede': 'piede di Venere'] s. m. ● Pianta erbacea delle Orchidacee il cui fiore ha il tepalo inferiore di colore verde-bruno di forma simile a quella di una piccola scarpa (*Cypripedium calceolus*). SIN. (*pop.*) Pianella della Madonna, scarpetta di Venere.

ciramèlla ● V. *cennamella*.

ciràsa ● V. *cerasa*.

ciràso ● V. *ceraso* (*1*).

cìrca [vc. dotta, lat. *cĭrca*, da *cĭrcus* 'cerchio'] **A** prep. *1* A proposito di, intorno a, rispetto a, relativamente a, per quanto riguarda (reggendo il compl. d'argomento): *voglio discutere c. quell'affare*; *c. quanto mi chiedi*; *c. le origini del genere umano, niente si può dire* | Anche nella loc. prep. *c. a*: *c. al resto ne parleremo poi*; *c. alla partenza decideremo domani*. *2* (*lett.*) †Intorno a, (di luogo): *così di quelle sempiterne rose / volgiensi c. noi le due ghirlande* (DANTE *Par.* XII, 19-20) | Intorno a, verso (di tempo): *c. la metà del secolo*. **B** avv. *1* Quasi, pressappoco, su per giù, approssimativamente (preposto o posposto a un numero, indica una quantità approssimativa): *c. dieci minuti*; *c. cento kilometri*; *cinquant'anni c.*; *lungo venti metri c.* | Anche nelle loc. avv. *in c.*; *all'incirca*; *a un bel c.* *2* *Clausola c.*, con cui nelle negoziazioni di merci o di titoli il compratore si obbliga a tollerare, nei limiti fissati dagli usi, lievi differenze nella quantità di merce che gli verrà consegnata o nella fissazione del prezzo della cosa negoziata. **C** s. m. ● In borsa, clausola circa.

circadiàle [deformazione, secondo la desinenza *-ale*, dell'ingl. *circadian* (V. *circadiano*)] agg. ● (*biol.*) Detto di fenomeno che si ripete all'incirca ogni 24 ore.

circadiàno [ingl. *circadian*, comp. del lat. *cĭrca* 'intorno' e *dĭes* 'giorno'] agg. ● (*biol.*) Circadiale.

circàssa [fr. *circassienne* 'della Circassia'. V. *circasso*] s. f. ● Stoffa di lana e cotone a spine un tempo usata per vestiti da donna.

circàsso [dal n. etnico caucasico *Cerkes*] **A** agg. ● Che si riferisce a una popolazione caucasica oggi stanziata prevalentemente in varie province dell'URSS. **B** s. m. (f. *-a*) ● Chi appartiene alla popolazione circassa. **C** s. m. solo sing. ● Lingua della famiglia caucasica, parlata dai circassi.

cìrce [dal n. della famosa maga che coi suoi incantesimi trasformava gli uomini in bestie] s. f. ● Seduttrice, lusingatrice.

circènse [vc. dotta, lat. *circēnse(m)*, da *cĭrcus* 'circo'] **A** agg. *1* (*lett.*) Del, relativo al, circo romano antico: *ludi circensi*. *2* Del, relativo al, circo equestre. **B** s. m. al pl. ● Spettacoli pubblici dati nell'antico circo romano.

cìrco [vc. dotta, lat. *cĭrcu(m)*, prob. di origine gr.] s. m. (pl. *-chi*) *1* Edificio romano con due lati paralleli e due ricurvi destinato alle corse dei cocchi, alle lotte dei gladiatori e ad altri giochi pubblici. ➡ ILL. **archeologia**. *2* *C. equestre*, (*ell.*) *circo*, arena viaggiante, smontabile, ove si danno spettacoli con animali ammaestrati e giochi vari, per lo più acrobatici | Il complesso di persone e animali che lavorano in un circo: *è arrivato il c.* | (*est.*) L'insieme degli atleti, tecnici, accompagnatori ecc. che partecipano a una serie di competizioni sportive spostandosi nelle varie sedi: *il c. della formula 1*; *il c. bianco* (nelle gare di sci alpino). *3* (*geogr.*) *C. glaciale*, conca tondeggiante a fondo ampio e pareti ripide situata alla testata delle valli glaciali. ➡ ILL. p. 820 SCIENZE DELLA TERRA ED ENERGIA. *4* (*astron.*) *C. lunare*, formazione anulare osservabile sulla superficie della luna, della quale i crateri costituiscono un tipo particolare.

circolaménto s. m. ● (*lett.*) Modo e atto di circolare.

circolànte **A** part. pres. di *circolare*; anche agg. *1* Nei sign. del v. *2* *Biblioteca c.*, che dà libri a prestito, ai propri abbonati, a turno. *3* *Capitale c.*, capitale di un'impresa investito in fattori produttivi che si consumano interamente in un solo atto di produzione | *Capitale c. netto*, differenza tra l'attivo a breve termine ed il passivo a breve termine. **B** s. m. *1* Complesso dei mezzi di pagamento in circolazione in un dato momento in uno Stato. *2* (*ell.*) Capitale circolante.

circolàre (1) o †**circulàre** [vc. dotta, lat. tardo *circulāre* 'disporre a cerchio', lat. classico *circulāri* 'riunirsi in circolo, far circolo', da *cĭrculus* 'cerchio'] v. intr. (*io cìrcolo*; aus. *avere* e *essere*) *1* Muoversi circolarmente, girare attorno | (*est.*) Muoversi, spostarsi da un luogo all'altro, spec. nel traffico stradale: *nelle grandi città i veicoli circolano lentamente*. *2* (*gerg.*) Andare via, allontanarsi: *c. signori!*; *circolate e lasciate libero il passaggio!* *3* Fluire del sangue dal cuore nelle arterie e nelle vene. *4* (*est.*) Passare dall'una all'altra persona, di mano in mano, spec. di denaro, libri, scritti: *il volume circolò per tutta la classe.* **5** (*est.*) Diffondersi, propagarsi, detto di notizie, idee e sim.: *certe voci circolano molto rapidamente.*

circolàre (**2**) o †**circulàre** [vc. dotta, lat. tardo *circulāre(m)*, da *cĭrculus* 'circolo'] **A** agg. **1** Che ha forma di, che è simile a, circolo: *moto, movimento c.; il tracciato c. di una pista* | *Viaggio c.*, in cui si torna al punto di partenza. **2** (*mat.*) Che riguarda il cerchio: *segmento, settore c.* | Trigonometrico: *funzione c.* **3** Detto di titolo di credito atto alla circolazione: *assegno c.* | *Lettera c.*, atto amministrativo con cui un ufficio gerarchicamente superiore impartisce istruzioni di servizio agli uffici dipendenti. || **circolarménte**, avv. In circolo, a modo di circolo. **B** s. f. **1** Lettera circolare: *c. ministeriale.* **2** Linea di autobus con percorso ad anello: *c. interna, esterna.*

circolarità [da *circolare* (*2*)] s. f. ● (*raro*) Forma circolare, andamento circolare.

circolatòrio o †**circulatòrio** [vc. dotta, lat. *circulatōriu(m)*, da *circulāri*. V. *circolare* (*1*)] agg. ● Che si riferisce alla circolazione, spec. del sangue: *apparato c.; disturbi circolatori.*

circolazióne o †**circulazióne** [vc. dotta, lat. tardo *circulatiōne(m)*, da *circulāri*. V. *circolare* (*1*)] s. f. **1** Atto, effetto del circolare: *c. atmosferica* | *C. stradale*, complesso dei fenomeni relativi ai transiti e alle soste sulle vie e sulle altre aree pubbliche e all'impiego dei mezzi di trasporto | *Tassa di c.*, quella dovuta dai proprietari di veicoli circolanti su strade o acque pubbliche, sostituita negli anni '80 dalla *tassa di possesso* | *Carta di c.*, documento che autorizza la circolazione di uno specifico veicolo a motore. **2** Movimento dei beni e dei mezzi monetari che avviene nelle diverse fasi dei processi economici, per effetto dello scambio: *c. fiduciaria, monetaria* | *C. di un titolo di credito*, trasferimento di un diritto cartolare mediante il trasferimento, nelle forme di legge, del titolo che lo incorpora | *C. cambiaria*, l'insieme degli effetti da un'azienda ceduti a terzi in pagamento o a banche per lo sconto | *Mettere in c.*, dare corso legale alla moneta e (*fig.*) fare propagare una notizia, un'idea e sim. | *Togliere dalla c.*, togliere dal corso legale la moneta e (*fig.*) fare scomparire q.c. o qc. **3** (*biol.*) Flusso del sangue e della linfa nei vasi: *c. sanguigna, linfatica.* SIN. Circolo. ➡ ILL. p. 363 ANATOMIA UMANA. **4** †Rotazione di astri.

circolo o †**circulo** [vc. dotta, lat. *cĭrculu(m)*. V. *cerchio*] s. m. **1** Cerchio, circonferenza: *tracciare, descrivere un c.* | *C. massimo*, luogo dei punti che dividono la sfera in due parti eguali | *C. minore*, parallelo a un circolo massimo. **2** (*geogr.*) Ciascuna delle circonferenze che si postulano sulla superficie della sfera celeste e terrestre, per determinare posizioni di astri o punti sulla terra | *C. orario*, circolo massimo della sfera celeste passante per i poli | *C. verticale*, circolo massimo della sfera celeste passante per lo zenit e il nadir | *C. equinoziale*, equatore | *C. di illuminazione*, circolo massimo che separa l'emisfero terrestre illuminato dal sole da quello in ombra | *Circoli polari*, paralleli che limitano le due calotte polari. **3** (*raro*) †Orbita di corpi celesti: *il sole ... facendo più stretti circoli arriva alli tropici ed equinozi* (CAMPANELLA). **4** (*biol.*) Circolazione del sangue. **5** (*bur.*) Ufficio circoscrizionale: *c. di una corte d'assise*; *c. delle costruzioni telegrafiche e telefoniche* | *C. didattico*, nell'ordinamento amministrativo della scuola materna ed elementare, la circoscrizione di una direzione didattica | *Consiglio di c.*, organo collegiale di gestione scolastica formato dal direttore didattico e dai rappresentanti dei docenti e dei genitori degli alunni, nella scuola materna ed elementare. **6** (*filos.*) *C. vizioso*, tipo di ragionamento che consiste nel dimostrare un argomento con l'argomento stesso che deve essere dimostrato. SIN. Diallelo | *C. vizioso*, (*fig.*) situazione irresolubile | (*econ.*) *C. virtuoso*, processo causa-effetto che, partendo dal verificarsi di un evento esterno favorevole, induce un miglioramento sia nella grandezza economica su cui l'evento ha effetto sia su quelle a essa collegate. **7** Associazione costituita con precisi scopi e luogo in cui essa ha sede: *c. di cultura, della caccia, della vela; c. ricreativo* | (*est.*) Gruppo, adunanza di persone, riunite spec. per conversare: *c. politico, militare* | *C. di amici*, crocchio, gruppo | Riunione, ricevimento: *la contessa X tiene c. ogni giovedì pomeriggio.* **8** (*al pl.*) Insieme di persone che, pur non essendo direttamente associate tra di loro, vivono e operano abitualmente in uno stesso ambito o si raggruppano attorno a personalità e istituzioni pubbliche: *i circoli letterari della capitale; i circoli bene informati del Ministero degli Interni.* SIN. Cenacolo, sodalizio. || **circolétto**, dim.

circom- ● V. *circum-*.

circompadàno ● V. *circumpadano*.

circon- ● V. *circum*.

circoncèntro [comp. del lat. *cĭrcum* 'intorno' e di*centro*] s. m. ● Il centro del cerchio circoscritto a un triangolo.

circoncìdere [vc. dotta, lat. *circumcīdere*, comp. di *cĭrcum* 'intorno' e *caedere* 'tagliare'] v. tr. (coniug. come *incidere*) ● Sottoporre a circoncisione.

†**circoncìngere** ● V. *circumcingere*.

circoncisióne [vc. dotta, lat. tardo *circumcisiōne(m)*, da *circumcīdere* 'circoncidere'] s. f. ● Ablazione totale o parziale dell'anello prepuziale allo scopo di scoprire il glande, come intervento chirurgico o come pratica rituale o iniziatica, spec. presso Israeliti, Musulmani e popoli allo stato di natura | *Festa della c.*, commemorazione liturgica della Circoncisione di Gesù, oggi intitolata a Maria Genitrice.

circonciso A part. pass. di *circoncidere*; anche agg. ● Nel sign. del v. **B** s. m. ● Chi ha subito la circoncisione.

circondàbile agg. ● Che si può circondare: *piazzaforte c.*

circondaménto s. m. ● (*lett.*) Atto, effetto del circondare.

circondànte part. pres. di *circondare*; anche agg. ● Nei sign. del v.

circondàre o †**circundàre** [lat. *circŭmdare*, comp. di *cĭrcum* 'intorno' e *dāre* 'dare'] **A** v. tr. (*io circóndo*) **1** Cingere da ogni parte, chiudere tutt'intorno (*anche fig.*): *la fortezza fu prontamente circondata; era circondata dall'affetto e dalla stima di tutti; lo circondano di false premure; circondò l'orto con uno steccato.* **2** (*raro*) Porre intorno: *c. le braccia al collo.* **B** v. intr. ● †Girare intorno, aggirarsi | †Scorrere intorno: *intorno al prato un bel fiume circonda* (BOIARDO). **C** v. rifl. ● Avere, mantenere intorno a sé: *circondarsi di amici, di cattive compagnie, di agi.*

circondariàle agg. ● (*bur.*) Di, relativo a un circondario, spec. giudiziario: *casa di pena c.*

circondàrio [da *circondare*] s. m. **1** (*gener.*) Circoscrizione amministrativa | (*dir., bur.*) Circoscrizione giudiziaria di un tribunale: *c. del tribunale di Firenze.* **2** (*est.*) Zona, territorio circostante q.c.: *dai paeselli montani, da tutto il c., era affluita gente* (PIRANDELLO).

circondùrre [lat. *circumdūcere*, comp. di *cĭrcum* 'intorno' e *dūcere* 'condurre'] v. tr. (coniug. come *condurre*) **1** (*raro*) Condurre, girare intorno. **2** (*fig., raro*) Raggirare, circuire. **3** In ginnastica, effettuare una circonduzione: *c. le braccia.*

circonduzióne [vc. dotta, lat. *circumductiōne(m)* 'il condurre intorno', da *circumdūctus*, part. pass. di *circumdūcere* 'condurre intorno'. V. *circondurre*] s. f. ● Nella ginnastica, movimento di rotazione degli arti, del busto o del capo.

circonferènza [vc. dotta, lat. tardo *circumferĕntia(m)*, da *circŭmferens*, genit. *circumferĕntis*, part. pres. di *circumfĕrre* 'portare intorno'] s. f. **1** (*mat.*) Luogo dei punti del piano equidistanti da un punto fisso | *C. circoscritta a un poligono*, l'eventuale circonferenza passante per i vertici del poligono | *C. inscritta a un poligono*, l'eventuale circonferenza alla quale sono tangenti tutti i lati del poligono. **2** (*est.*) Linea, anche non circolare, che delimita i confini di un luogo, di una superficie: *la c. delle aree fabbricabili* | (*est.*) Lo spazio compreso entro tale linea.

circonferenziale [ingl. *circumferential*, da *circumference* 'circonferenza'] agg. ● (*mat.*) Della, relativo alla, circonferenza.

circonflessióne [vc. dotta, lat. tardo *circumflexiōne(m)* 'deviazione', da *circumflĕctere*. V. *circonflettere*] s. f. ● Piegatura ad arco.

circonflèsso part. pass. di *circonflettere*; anche agg. **1** Nei sign. del v. **2** *Accento c.*, segno grafico (ˆ) usato in francese per segnalare il grado di apertura o la lunghezza di alcune vocali, in italiano per indicare la contrazione di vocali, in greco (˜) per indicare l'originario tono delle vocali lunghe (V. nota d'uso ACCENTO).

circonflèttere [vc. dotta, lat. *circumflĕctere* 'descrivere intorno', comp. di *cĭrcum* 'intorno' e *flĕctere* 'piegare'] v. tr. (coniug. come *flettere*) **1** Flettere a cerchio, piegare in giro. **2** Munire di accento circonflesso.

†**circonfluènza** [vc. dotta, lat. tardo *circumfluĕntia(m)*, da *circŭmfluens*, genit. *circumfluĕntis*, part. pres. di *circumflŭere* 'scorrere intorno', comp. di *cĭrcum* 'intorno' e *flŭere* 'scorrere'] s. f. ● Atto, effetto del circonfluire.

circonfluìre [vc. dotta, lat. *circumflŭere*, comp. di *cĭrcum* 'intorno' e *flŭere* 'fluire'] v. tr. (*io circonfluìsco, tu circonfluìsci*) ● (*raro, lett.*) Circondare fluendo attorno.

circonfóndere [vc. dotta, lat. *circumfŭndere*, comp. di *cĭrcum* 'intorno' e *fŭndere* 'spargere'] v. tr. (coniug. come *fondere*) ● (*lett.*) Circondare, pervadere d'aria, di luce e sim.: *il paese era circonfuso di nebbia / lo ricerco nel mistero della nube ignea che lo circonfonde* (D'ANNUNZIO).

circonfùlgere [vc. dotta, lat. *circumfulgēre* 'splendere intorno'. comp. di *cĭrcum* 'intorno' e *fulgēre* 'risplendere'] v. tr. (coniug. come *fulgere*) ● (*lett.*) Illuminare splendendo attorno.

circonfùso part. pass. di *circonfondere*; anche agg. ● Nei sign. del v.

circonlocuzióne [vc. dotta, lat. *circumlocutiōne(m)*, nom. *circumlocūtio*, comp. di *cĭrcum* 'intorno' e *locūtio* 'espressione, locuzione'] s. f. ● (*ling.*) Giro di parole | Perifrasi.

†**circonnavigazióne** ● V. *circumnavigazione*.

†**circonscrìvere** e *deriv.* ● V. *circoscrivere* e *deriv.*

†**circonspètto** e *deriv.* ● V. *circospetto* e *deriv.*

†**circonstànte** e *deriv.* ● V. *circostante* e *deriv.*

†**circonvallàre** [vc. dotta, lat. *circumvallāre* 'chiudere con una trincea', comp. di *cĭrcum* 'intorno' e *vāllum* 'trincea'] v. tr. ● Cingere un luogo con un sistema di trincee per fortificazione o assedio.

circonvallazióne [vc. dotta, lat. tardo *circumvallatiōne(m)*, da *circumvallāre* 'circonvallare'] s. f. **1** Linea continua di fortificazioni campali posta dagli assedianti di una piazza intorno alla zona assediata. **2** Strada che gira attorno a una città.

circonvenìre [fr. *circonvenir*, dal lat. *circumvenīre* 'venire intorno', poi 'circondare', comp. di *cĭrcun* 'intorno' e *venīre* 'venire'] v. tr. (coniug. come *venire*) ● Insidiare, raggirare.

circonvenzióne [vc. dotta, lat. tardo *circumventiōne(m)*, da *circumvenīre*. V. *circonvenire*] s. f. ● Atto, effetto del circonvenire | (*dir.*) *C. di incapace*, induzione di persona minore o inferma o psichicamente deficiente, a compiere un atto giuridico dannoso per lei o altri al fine di trarne un profitto per sé o altri.

circonvicìno [comp. di *circon-* e *vicino*] agg. ● Che sta nelle vicinanze: *le nazioni circonvicine in un medesimo errore co' cittadini sono* (BOCCACCIO). SIN. Circostante, vicino. CONTR. Lontano.

†**circonvolùbile** [comp. di *circon-* e del lat. *volūbilis* 'volubile, girevole', da *vŏlvere* 'girare'] agg. ● Che si svolge in giro: *la c. onda* (LEONARDO).

circonvolùto [vc. dotta, lat. *circumvolūtu(m)*, part. pass. di *circumvŏlvere* 'girare attorno', comp. di *cĭrcum* 'intorno' e *vŏlvere* 'girare'] agg. **1** †Involto, ripiegato. **2** (*lett., fig.*) Confuso, non chiaro, spec. di discorso, stile, e sim.

circonvoluzióne [comp. del lat. *cĭrcum* 'intorno' e *vŏlvere* 'girare'] s. f. **1** Avvolgimento attorno a un centro comune. **2** (*anat.*) Piega della corteccia cerebrale. **3** †Mulinello, vortice d'acqua.

circoscrittìbile agg. ● (*raro*) Che si può circoscrivere.

circoscrìtto o (*lett.*) †**circonscritto**. part. pass. di *circoscrivere*; anche agg. ● Nei sign. del v.

circoscrìvere o (*lett.*) †**circonscrivere** [lat. *circumscrībere*, comp. di *cĭrcum* 'intorno' e *scrībere* 'scrivere'] v. tr. (coniug. come *scrivere*) **1** (*mat.*) Tracciare una figura geometrica, che, rispetto a un'altra data, la contenga toccandola: *c. una circonferenza a un poligono.* **2** (*est.*) Contenere entro determinati limiti (*anche fig.*): *c. una parte di* *territorio; c. un concetto; il contagio, l'incendio sono stati circoscritti.* SIN. Delimitare. **3** Descrivere minutamente: *c. un'idea, un principio; sentir c. il telescopio da sé non ancor veduto* (GALILEI).

circoscrivìbile agg. ● Che può essere circoscritto.

circoscrizionàle agg. ● Pertinente a una circoscrizione.

circoscrizióne [vc. dotta, lat. *circumscriptiōne(m)*, da *circumscrībere* 'circoscrivere'] s. f. **1** (*raro*) Atto, effetto del circoscrivere. **2** Ripartizione del territorio statale per fini amministrativi: *c. giudiziaria; c. elettorale* | *C. di quartiere*, ripartizione del territorio comunale dotata di propri organi elettivi.

circospètto o (*lett.*) †**circonspètto** [vc. dotta, lat. *circumspĕctu(m)*, part. pass. di *circumspĭcere* 'guardare intorno', comp. di *cĭrcum* 'intorno' e *spĭcere* 'guardare'] agg. ● Che agisce con cautela e prudenza: *un uomo metodico e c.* | *Andar c.*, procedere con cautela | Che dimostra cautela, prudenza: *comportamento c.; parole circospette.* SIN. Cauto, guardingo. || **circospettaménte**, avv. (*raro*) In modo circospetto.

circospezióne o (*lett.*) †**circonspezióne** [vc. dotta, lat. *circumspectiōne(m)*, da *circumspĕctus* 'circospetto'] s. f. ● Cautela, prudenza: *agire con grande c.; gli avvenimenti ci impongono la c.*

circostànte o (*lett.*) †**circonstànte** [vc. dotta, lat. *circumstănte(m)*, part. pres. di *circumstāre* 'stare intorno', comp. di *cĭrcum* 'intorno' e *stāre* 'stare'] **A** agg. ● Che sta intorno, che è molto vicino: *paesi, colline, persone circostanti; la zona c. un porto; le colline circostanti alla città.* **B** s. m. al pl. ● Persone che stanno intorno. SIN. Astanti.

circostànza o (*lett.*) †**circonstànza** [vc. dotta, lat. *circumstăntia(m)* 'il circondare, lo stare intorno', poi 'circostanza', da *circumstāre*] s. f. **1** Insieme di condizioni oggettive che concorrono a determinare azioni, situazioni, decisioni e sim.: *avrei voluto scriverti, ma le circostanze me lo hanno impedito; date le circostanze non posso uscire; per un complesso di circostanze siamo qui anche noi* | (*dir.*) *C. del reato*, elemento eventuale del reato che aggrava o attenua la pena prevista dalla legge: *c. aggravante; c. attenuante.* SIN. Condizione, contingenza, congiuntura. **2** Caso, occasione: *una c. favorevole; in simili circostanze non so come comportarmi.* **3** (*raro, lett.*) Prossimità, vicinanza: *nelle circostanze d'Alessandria* (GUICCIARDINI).

circostanziàle agg. ● Relativo alle circostanze.

circostanziàre o (*lett.*) †**circonstanziàre** [fr. *circonstancier*. V. *circostanza*] v. tr. (*io circostànzio*) ● Riferire in modo particolareggiato tutte le circostanze di un fatto: *c. con precisione il delitto.*

circostanziàto o (*lett.*) †**circonstanziàto**. part. pass. di *circostanziare*; anche agg. **1** Nei sign. del v. **2** Ricco di particolari, esaurienti: *resoconto c.* || **circostanziataménte**, avv.

circuiménto s. m. ● (*raro*) Modo e atto del circuire.

circuìre [vc. dotta, lat. *circuīre*, comp. di *cĭrcum* 'intorno' e *īre* 'andare'] v. tr. (*io circuìsco, tu circuìsci*) **1** (*raro, lett.*) Girare intorno, girare in lungo e in largo: *in picciol tempo gran dottor si feo / tal che si mise a circuir la vigna* (DANTE *Par.* XII, 85-86). **2** (*raro*) Chiudere, serrare intorno. **3** (*fig.*) Trarre in inganno qc. circondandolo di lusinghe, raggiri e sim.: *fu circuito da due abili malfattori.* SIN. Insidiare, raggirare.

†**circuità** [da *circuito* (*1*)] s. f. ● Giro, circuito.

circuitàle agg. ● Di, relativo a circuito elettrico.

circuitazióne [da *circuito* (*1*)] s. f. ● (*fis.*) Integrale di un vettore lungo un cammino chiuso.

circuiterìa [da *circuito* (*1*)] s. f. ● (*elettr.*) Insieme di circuiti elettrici.

circùito (**1**) o (*evit.*) **circuìto** [vc. dotta, lat. *circŭitu(m)*, da *circuīre* 'circuire'] s. m. **1** (*mat.*) Curva chiusa | In un grafo, arco che ritorna al punto di partenza. **2** Correntemente, tracciato o percorso che delimita uno spazio e nel quale il punto di partenza e il punto di arrivo coincidono: *c. di gara* | *In c.*, tutt'attorno, in giro | *C. di prova*, circuito stradale con tratti di diverse caratteristiche che si fa percorrere agli autoveicoli per collaudi, per dimostrazione | (*est.*) Gara che si svolge su tale tipo di percorso ripetuto più volte. **3** (*raro, lett.*) Spazio compreso in un perimetro limitato. **4** (*fig.*) Giro di parole: *lunghi circuiti di parole affettate* (CASTIGLIONE). **5** (*elettr.*) Sistema di conduttori e di apparecchi predisposto per essere percorso da corrente elettrica | *Chiudere il c.*, far passare la corrente | *Corto c.*, contatto accidentale tra punti a diverso potenziale con il conseguente passaggio di una corrente di elevata intensità | *C. magnetico*, via seguita dal flusso magnetico | *C. stampato*, circuito elettrico o elemento circuitale nel quale i collegamenti e certi componenti fissi vengono stampati su un pannello di materiale isolante | *C. integrato*, circuito elettronico ottenuto secondo le tecniche della microelettronica dalla lavorazione di un solo blocco di semiconduttori | *C. chiuso*, qualsiasi percorso o anello lungo il quale la corrente può circolare senza interruzione; (*est.*) in varie tecnologie, processo o impianto senza soluzione di continuità: *impianto televisivo a c. chiuso.* **6** Gruppo di sale cinematografiche gestite da un medesimo proprietario o legate da un unico ente di distribuzione.

circuìto (**2**) part. pass. di *circuire*; anche agg. ● Nei sign. del v.

circuizióne s. f. **1** (*raro*) Atto, effetto del circuire. **2** Perifrasi, circonlocuzione.

†**cìrculo** e *deriv.* ● V. *circolo* e *deriv.*

circum- o **circom-**, **circon-** [dal lat. *cĭrcum* 'intorno'] pref. ● In parole composte significa 'intorno': *circumlunare, circumnavigazione, circumzenitale, circumvesuviano.*

circumcìngere o †**circoncìngere** [vc. dotta, lat. tardo *circumcĭngere*, comp. di *cĭrcum* 'intorno' e *cĭngere* 'cingere'] v. tr. (coniug. come *cingere*) ● (*lett.*) Cingere all'intorno, circondare.

†**circumcirca** [vc. dotta, lat. *circumcĭrca*, comp. di *cĭrcum* 'intorno' e *cĭrca* 'intorno, pressappoco'] avv. ● (*raro*) Pressappoco, all'incirca, a un dipresso.

circumetnèo [comp. di *circum-* ed *etneo*] agg. ● Che sta, che si snoda attorno all'Etna: *ferrovia circumetnea.*

circuminsessióne [comp. del lat. *cĭrcum* 'intorno', *ĭn* 'in' e *sedēre* 'sedere'] s. f. ● (*relig.*) Coesistenza necessaria del Padre, del Figlio e dello Spirito Santo nella Trinità.

circumlunàre [comp. di *circum-* e *luna*, con suff. aggettivale] agg. ● Che gira o sta intorno alla Luna.

circumnavigàre [vc. dotta, lat. tardo *circumnavigāre*. V. *circumnavigazione*] v. tr. (*io circumnàvigo, tu circumnàvighi*) ● Compiere il periplo di un continente, della Terra: *c. l'Africa.*

circumnavigatóre s. m. ● Chi compie una circumnavigazione.

circumnavigazióne o †**circonnavigazióne** [fr. *circumnavigation*, dal lat. tardo *circumnavigāre* 'seguire navigando, costeggiare', comp. di *cĭrcum* 'intorno' e *navigāre* 'navigare'] s. f. ● Viaggio marittimo compiuto tutt'attorno a un continente o a un'isola.

circumpadàno o **circompadàno** [vc. dotta, lat. *circumpadānu(m)*, comp. di *cĭrcum* 'intorno' e *Pădus* 'Po', con suff. aggettivale] agg. ● Che sta attorno al Po.

circumpolàre [fr. *circumpolaire*, comp. del lat. *cĭrcum* 'intorno' e del fr. *polaire* 'polare'] agg. ● (*astron.*) Che sta intorno al polo artico o all'antartico | *Stella c.*, astro la cui distanza angolare dal polo celeste visibile è pari o inferiore alla latitudine del luogo d'osservazione e che quindi non tramonta mai.

circumsolàre [comp. di *circum-* e *sole*, con suff. aggettivale] agg. ● Che gira o sta attorno al Sole.

circumterrèstre [comp. di *circum-* e *terra*, con suff. aggettivale] agg. ● Che gira o sta attorno alla Terra: *orbita c.*

circumvesuviàno /tʃirkunvezu'vjano/ [comp. di *circum-* e *Vesuvio*, con suff. aggettivale] agg. ● Che sta, che si snoda tutt'attorno al Vesuvio: *ferrovia circumvesuviana.*

circumzenitàle [comp. di *circum-* e *zenit*, col suff. aggettivale] agg. ● (*geogr.*) Che è molto prossimo allo zenit.

†**circundàre** ● V. *circondare.*

ciré /fr. si're/ [vc. fr., 'cerato', part. pass. di *cirer* 'incerare', dal lat. *cerāre* 'spalmare di cera'] **A** s. m. inv. ● Tessuto apprettato con sostanze cerose in modo da presentare una faccia molto lucida e liscia. **B** anche agg.: *tessuto c.*

cirenàico [vc. dotta, lat. *Cyrenăicu(m)*, nom. *Cyrenaĭcus*, dal gr. *Kyrēnaikós*, da *Kyrḗnē* 'Cirene', città della Libia] **A** agg. (pl. m. *-ci*) **1** Della Cirenaica o di Cirene | *Scuola cirenaica*, fondata da Aristippo di Cirene | *Filosofia cirenaica*, cirenaismo. **2** Che ha i caratteri della filosofia cirenaica o si ispira a essa. **B** s. m. (f. *-a*, nel sign. 1) **1** Abitante della Cirenaica o di Cirene. **2** Seguace della scuola cirenaica.

cirenaìsmo [da *Cirenaico*] s. m. ● Indirizzo filosofico della scuola socratica fondato da Aristippo di Cirene nel IV secolo a.C., e affermatosi come sensismo edonistico.

cirenèo [vc. dotta, lat. *Cyrenaeu(m)*, nom. *Cyrenaeus*, dal gr. *Kyrēnâios*. V. *cirenaico*] s. m. **1** Abitante di Cirene | *Il Cireneo*, (*per anton.*) Simone da Cirene, che aiutò Cristo a portare la croce. **2** (*fig.*) Chi si assume un compito o un incarico particolarmente gravoso, che spetterebbe ad altri.

†**ciriègio** e *deriv.* ● V. *ciliegio* e *deriv.*

cirìllico [da S. *Cirillo* (sec. IX e X) che li usò nella traduzione della *Bibbia*] **A** agg. (pl. m. *-ci*) ● Detto dei caratteri di scrittura propri di alcune lingue slave: *alfabeto c.; caratteri cirillici.* **B** s. m. solo sing. ● Alfabeto cirillico.

cirimbràccola ● V. *cimbraccola.*

†**cirimònia** e *deriv.* ● V. *cerimonia* e *deriv.*

ciriòla o †**ciriuòla** [da *cero*, per la forma e il colore giallastro] s. f. **1** (*dial.*) Piccola anguilla sottile. **2** (*fig.*) Persona infida e sfuggente. **3** A Roma, forma di pane affusolata.

ciriolàre [da *ciriola*] v. intr. (*io ciriòlo*; aus. *essere*) ● Sgusciare di mano.

ciripà [dal n. di una tribù di indios brasiliani per l'analoga foggia del loro perizoma] s. m. ● Pezza di tessuto morbido a forma pressoché triangolare, che viene avvolta, ripiegata e annodata attorno ai fianchi di un neonato a scopo protettivo e assorbente.

cirìparo [dal fr. *ciripare*, comp. di *cire* 'cera' e *-pare* '-paro'] agg. ● (*zool.*) Detto di qualsiasi struttura o cellula che produce cera.

†**ciriuòla** ● V. *ciriola.*

cìrmolo [etimo incerto] s. m. ● (*bot., sett.*) Cembro.

cirnèco [vc. sic. di origine discussa: lat. *Cyrenăicu(m)* '(cane) di Cirene' (?)] s. m. (pl. *-chi*) ● Cane siciliano di piccola taglia, con pelo raso sulla testa e sugli arti, semilungo sul tronco e sulla coda, forte e adatto alla caccia.

cirò [dal paese di *Cirò* (Catanzaro), ove viene prodotto] s. m. ● Vino rosso rubino, di 14°-15°, a profumo delicato, asciutto, leggermente abboccato.

†**cirràto** [vc. dotta, lat. *cirrātu(m)*, da *cĭrrus* 'cirro'] agg. ● Ricciuto: *le testine cirrate e incipriate dei cavalieri e delle dame del settecento* (CARDUCCI).

cirrifórme [comp. di *cirro* e *-forme*] agg. ● Che ha forma di viticcio.

Cirrìpedi [vc. dotta, comp. di *cirro* e del lat. *pēs*, genit. *pĕdis* 'piede'] s. m. pl. ● Nella tassonomia animale, sottoclasse di Crostacei marini sessili ed ermafroditi, racchiusi in un guscio calcificato e con le zampe trasformate in sottili cirri (*Cirripedia*) | (al sing. *-e*) Ogni individuo di tale sottoclasse.

cìrro [vc. dotta, lat. *cirru(m)* 'ricciolo', di etim. incerta] s. m. **1** (*meteor.*) Nube isolata a forma di filamenti, strisce o chiazze di colore bianco, d'aspetto fibroso e lucentezza serica, costituita di cristalli di ghiaccio. ➡ ILL. p. 822 SCIENZE DELLA TERRA ED ENERGIA. **2** (*zool.*) Organo tattile e di movimento di varia natura e di varia forma presente nei Ciliati, negli Anellidi e nei Cirripedi. **3** Viticcio. ➡ ILL. **botanica generale**. **4** (*lett.*) Ricciolo.

cirrocùmulo o **cirrocùmolo** [comp. di *cirro* e *cumulo*] s. m. ● (*meteor.*) Nube stratificata composta di piccoli fiocchi bianchi o di piccolissimi globuli senza ombre proprie, disposti in gruppi, file o formanti increspature. SIN. Cielo a pecorelle. ➡ ILL. p. 822 SCIENZE DELLA TERRA ED ENERGIA.

cirròsi [fr. *cirrhose*, dal gr. *kirrós* 'giallastro' (di etim. incerta), dal colore dell'organo colpito] s. f. ● (*med.*) Indurimento, sclerosi di un organo: *c. epatica.*

cirróso [da *cirro*] agg. **1** Detto di cielo in cui vi siano cirri. **2** Detto di organo vegetale con le caratteristiche del cirro.

cirrostràto [comp. di *cirro* e *strato*] **s. m.** ● Nube stratificata costituita da cristalli di ghiaccio simile a velo sottile, biancastro, trasparente, fibroso che lascia vedere i contorni del Sole e della Luna e genera spesso il fenomeno dell'alone. **SIN.** Nube alta. ➡ **ILL.** p. 822 SCIENZE DELLA TERRA ED ENERGIA.

cirròtico [da *cirrosi*] **agg.**; anche **s. m.** (f. *-a*; pl. m. *-ci*) ● (*med.*) Che, chi è affetto da cirrosi.

†**cirușia** ● V. *cerusia*.

†**cirùșico** ● V. *cerusico*.

cis- [dal lat. *cīs* 'di qua da'] **pref.** ● In parole composte significa 'di qua da', indica o fa riferimento a posizione geografica o astronomica di qua da un dato punto di riferimento: *cislunare, cismarino, cispadano*.

†**cișàle** [dal lat. parl. **cīsa* 'siepe tagliata', da *caedere* 'tagliare'] **s. m.** ● Ciglione che spartisce o chiude i campi.

cișalpìno [vc. dotta, lat. *cisalpīnu(m)*, comp. di *cīs* 'di qua da' e *Ălpes* 'Alpi'] **agg.** ● Situato al di qua delle Alpi, rispetto a Roma: *Gallia cisalpina*.

ciscrànna [dall'ant. (*ar*)*ciscranna*, comp. di *arca* e *scranna*] **s. f.** *1* Cassapanca a schienale mobile su cui si sedeva da due parti | Seggiola con o senza braccioli. *2* †Sedia o mobile sgangherato. *3* (*fig., tosc.*) Donna vecchia e sfatta.

†**cișèllo** ● V. *cesello*.

cișiàrio [vc. dotta, lat. tardo *cisiāriu(m)*, da *cĭsium* 'cisio'] **s. m.** ● Cocchiere che guidava il cisio.

cìșio [vc. dotta, lat. *cĭsiu(m)*, di origine gallica] **s. m.** ● Presso gli antichi Romani, leggero carro a due ruote.

cișlìno [dalla sigla *CISL* con il suff. aggettivale *-ino*] **s. m.** (f. *-a*) ● Appartenente, iscritto alla Confederazione Italiana Sindacato Lavoratori.

cișlunàre [comp. di *cis-* e *luna*, con suff. aggettivale] **agg.** ● (*astron.*) Che sta di qua dalla Luna rispetto alla Terra.

cișmarìno [comp. di *cis-* e *mare*, con suff. aggettivale] **agg.** ● Che sta di qua dal mare.

cișmontàno [vc. dotta, lat. *cismontānu(m)*, comp. di *cīs* 'di qua da' e *mōns*, genit. *mōntis* 'monte'] **agg.** ● Che sta di qua dai monti.

cișóia ● V. *cesoia*.

cìspa [etim. sconosciuta] **s. f.** o raro **m.** (pl. m. *-i*) *1* Prodotto viscoso di secrezione delle ghiandole palpebrali, che si deposita fra le palpebre, spec. durante il sonno. *2* (*pop., spreg.*) †Persona che ha gli occhi cisposi.

cispadàno [comp. di *cis-* e *padano*, sul modello di *cisalpino* e *transpadano*] **agg.** ● Che sta di qua dal Po, rispetto a Roma.

cispellìno [da *cispa*] **agg.** ● Che ha gli occhi cisposi, spec. per malattia | *Occhi cispellini*, senza palpebre, per malattia sofferta.

†**cispicóso** **agg.** ● Pieno di cispa.

†**cìspo** **agg.** ● Cisposo.

cispositа̀ [da *cisposo*] **s. f.** ● L'essere cisposo | (*est.*) Cispa.

cispóso **agg.** ● Pieno di cispa: *occhi cisposi* | Che ha gli occhi pieni di cispa: *Essi sempre sempre più s'impigliano, come vecchie cispose, nei loro gomitoli* (D'ANNUNZIO).

cissòide [vc. dotta, gr. *kissoeidḗs* 'simile all'edera', comp. di *kissós* 'edera' e *-eidḗs* '-oide'] **s. f.** ● (*mat.*) Curva piana ottenuta fissando su una circonferenza un punto *O* e la tangente *t* nel punto diametralmente opposto, e riportando su ogni retta per *O* un segmento uguale a quello compreso fra la circonferenza e *t*.

cìsta (1) [vc. dotta, lat. *cĭsta(m)*. V. *cesta*] **s. f.** *1* Antico vaso con coperchio, munito di due manici, generalmente di forma cilindrica, usato per custodire capi di biancheria o da toeletta. *2* Canestro con coperchio che si portava nei misteri dionisiaci di Demetra e d'Iside e conteneva gli oggetti e i simboli sacri che dovevano essere sottratti alla vista dei profani.

cista (2) [etim. incerta] **s. f.** ● In alcuni giochi d'azzardo con le carte, la carta, come il 10 o la figura, che non vale nulla | Nel gioco del biliardo, ogni punto conseguito ma per qualunque ragione considerato nullo.

Cistàcee [vc. dotta, comp. di *cisto* e *-acee*] **s. f. pl.** ● Nella tassonomia vegetale, famiglia di piante erbacee con foglie opposte, fiori pentameri in racemi e frutto a capsula (*Cistaceae*) | (al sing. *-a*) Ogni individuo di tale famiglia.

cistalgìa [comp. di *cist(o)-* e *-algia*] **s. f.** ● (*med.*) Dolore localizzato alla vescica urinaria.

ciste ● V. *cisti*.

cistectomìa [comp. da *cisti* e dal gr. *ektomḗ* 'taglio' (comp. di *ok* 'da' e *tomḗ* 'taglio'. V. *tomia*)] **s. f.** ● (*med.*) Ablazione chirurgica della vescica urinaria.

cisteìna [da *cisti*, perché fu isolata da calcoli urinari] **s. f.** ● (*chim.*) Amminoacido solforato presente nelle proteine; ne sono particolarmente ricche le proteine della cute e dei peli.

cistercènse o **cisterciènse** [da *Cistercium*, forma latinizzata di *Cîteaux*, località della Borgogna ove fu fondato l'ordine] **A** **agg.** ● Dell'ordine fondato a Cîteaux da Roberto di Molesme: *monaco, convento c.* **B** anche **s. m.**: *il convento dei cistercensi*.

cistèrna o †**citèrna** [lat. *cistĕrna(m)*, da *cĭsta* 'cesta', con suff. etrusco] **A** **s. f.** *1* Serbatoio simile a un pozzo nel quale si raccoglie e conserva l'acqua piovana | (*est.*) Grande serbatoio per vari liquidi: *una c. di nafta*. *2* (*anat.*) Formazione in cui confluiscono liquidi circolanti | *C. del Pecquet*, piccola dilatazione all'origine del dotto toracico | *C. subaracnoidale*, lacuna tra l'aracnoide e la pia madre, ove circola il liquido cefalo-rachidiano. *3* †Pozzo, cavità profonda. *4* (*biol.*) Ognuno degli elementi cavitari che complessivamente costituiscono il reticolo endoplasmatico granulare. *5* (*fig.*) †Fonte, sorgente. **B** in funzione di **agg. inv.** ● (posposto a un s.) Detto di mezzo adibito al trasporto di liquidi vari: *aereo, auto, carro, nave c.* ‖ **cisternétta**, dim. | **cisternìna**, dim. | **cisternóne**, accr. m. | **cisternùccia**, dim.

cisternièro **agg.** ● Che si riferisce alle navi o ai camion cisterna: *trasporti cisternieri*; *flotta cisterniera*.

cisternista **s. m.** (pl. *-i*) ● Chi, per mezzo di un'autocisterna, trasporta i prodotti petroliferi dalle raffinerie ai vari luoghi di consumo.

cìsti o **ciste** [vc. dotta, lat. tardo *cȳste(m)*, nom. *cȳstis*, dal gr. *kýstis* 'vescica', di origine indeur.] **s. f.** *1* (*med.*) Formazione costituita da una cavità a pareti proprie contenente varie sostanze: *c. sierosa, ematica, linfatica* | *C. sebacea*, natta | (*anat.*) *C. biliare*, cistifellea. *2* (*zool.*) Involucro di cui si circondano alcuni Protozoi per resistere a sfavorevoli condizioni ambientali.

cisti- ● V. *cisto-*.

cisticèrco [comp. di *cisti-* e di *-cerco*] **s. m.** (pl. *-chi*) ● (*biol.*) Stadio larvale di certi Platelminti dei Cestodi (es. *Taenia solium*) che attuano una fase di sviluppo in tessuti (fegato, muscoli) di Vertebrati; è caratterizzato da una cisti voluminosa contenente liquido e uno scolice invaginato.

cisticercòși [fr. *cysticercose*. V. *cisticerco*] **s. f.** ● (*med.*) Infestazione causata dall'ingestione di larve (*Cysticercus cellulosae*) di *Tenia solium* che, penetrando attraverso la parete intestinale, si diffondono nel circolo sanguigno e si localizzano in organi e tessuti formando cisti.

cìstico [da *cisti*] **agg.** (pl. m. *-ci*) ● Di, relativo a cisti: *liquido c.*; *parete cistica* | (*anat.*) *Dotto c.*, che unisce la cistifellea al coledoco.

cistide [dal gr. *kýstis*, genit. *kýstidos* 'vescica' (V. *cisti*)] **s. f.** ● (*zool.*) Parte immobile del corpo dei Briozoi, rivestita da un involucro chitinoso o calcareo.

cistifèllea o **cistifèlia** [comp. di *cisti-* e del lat. *fĕlleus*, agg. di *fĕl*, genit. *fĕllis* 'fiele'] **s. f.** ● (*anat.*) Vescichetta a forma di pera piuttosto allungata applicata alla faccia inferiore del fegato, in cui si raccoglie la bile. **SIN.** Cisti biliare, vescichetta biliare, colecisti. ➡ **ILL.** p. 365 ANATOMIA UMANA.

cistifèllico **agg.** (pl. m. *-ci*) *1* Relativo alla cistifellea. *2* (*est., fig.*) Detto di persona piena di livore.

cistìna [da *cisti*] **s. f.** ● (*chim.*) Amminoacido solforato costituente della maggior parte delle sostanze proteiche.

cistite [fr. *cystite*, dal gr. *kýstis* 'cisti'] **s. f.** ● (*med.*) Infiammazione della vescica urinaria.

cisto [vc. dotta, lat. *cĭsthu(m)*, nom. *cĭsthos*, dal gr. *kísthos*, di origine egea] **s. m.** ● Genere delle Cistacee comprendente specie arborescenti con fusto legnoso, foglie opposte, intere, persistenti, fiori larghi in cime, di colore variabile dal bianco al rosso (*Cistus*).

cìsto- o **cìsti-** [dal gr. *kýstis* 'vescica' (V. *cisti*)] primo elemento ● In parole composte della terminologia scientifica significa 'vescica': *cistoscopia, cistotomia*.

cistòforo [vc. dotta, lat. *cistŏphoru(m)*, nom. *cistŏphorus*, dal gr. *kistophóros* 'portatore di cesta'. V. *cesta* e *foro*] **s. m.** *1* Portatore di cista. *2* Moneta d'argento greca del II-I sec. a.C. del valore di tre dramme attiche, che sul dritto reca la cista mistica di Bacco.

cistografìa [comp. di *cisto-* e *-grafia*] **s. f.** *1* Tecnica radiologica di visualizzazione della vescica urinaria mediante l'introduzione in essa di sostanze radiopache. *2* Cistogramma.

cistogràmma [comp. di *cisto-* e *-gramma*] **s. m.** (pl. *-i*) ● Immagine radiografica della vescica urinaria ottenuta con la cistografia.

Cistòidi [comp. di *cisto-* e *-idi*] **s. m. pl.** ● Nella tassonomia animale, classe di Echinodermi del Paleozoico, sessili, rotondeggianti, a placche per lo più irregolari (*Cystoidea*) | (al sing. *-e*) Ogni individuo di tale classe.

cistòma [comp. di *cisti-* e *-oma*] **s. m.** (pl. *-i*) ● (*med.*) Tumore cistico.

cistopielìte [comp. di *cisto-* e del gr. *pýelos* 'bacino' (V. *pielite*) e *-ite* (*1*)] **s. f.** ● (*med.*) Infiammazione della vescica e della pelvi renale.

cistoscopìa [comp. di *cisto-* e *-scopia*] **s. f.** ● Esame ottico diretto della vescica urinaria mediante cistoscopio.

cistoscòpio [comp. di *cisto-* e *-scopio*] **s. m.** ● Strumento per effettuare la cistoscopia.

cistostomìa [comp. di *cisto-* e *-stomia*] **s. f.** ● (*chir.*) Abboccamento della vescica urinaria all'esterno.

cistotomìa [fr. *cystotomie*, comp. del gr. *kýstis* 'vescica' e *tomḗ* 'taglio'] **s. f.** ● (*chir.*) Incisione della vescica urinaria.

†**cìstula** [vc. dotta, lat. *cĭstula(m)*, dim. di *cĭsta* 'cesta'] **s. f.** ● (*lett.*) Cestello.

-cita ● V. *-cito*.

citàbile [da *citare*] **agg.** ● Che si può citare.

citànte **A** **part. pres.** di *citare*; anche **agg.** ● Nei sign. del v. **B** **s. m.** e **f.** ● (*dir.*) Chi cita: *costituzione in giudizio del c.*

†**cìtara** ● V. *cetra* (*1*).

citàre [vc. dotta, lat. *citāre* 'muovere, chiamare, chiamare in giudizio', iter. di *ciēre* 'porre in movimento'] **v. tr.** *1* (*dir.*) Chiamare, nelle forme previste dalla legge, un soggetto in giudizio affinché vi prenda parte o vi svolga determinate attività: *c. una persona in giudizio*; *c. un testimone a deporre*. *2* (*est.*) Riferire testualmente q.c., a sostegno delle proprie ragioni, per fini esemplificativi e sim.: *c. un passo di Dante, un articolo del codice, il testo di una legge*. **SIN.** Riportare. *3* (*est.*) Indicare, richiamare: *c. a modello, a esempio*.

citarèdico [vc. dotta, lat. *citharoedicu(m)*, nom. *citharoedicus*, dal gr. *kitharōidikós*, agg. di *kitharōidós* 'citaredo'] **agg.** (pl. m. *-ci*) ● Pertinente al citaredo: *canto c.*

citarèdo [vc. dotta, lat. *citharoedu(m)*, nom. *citharoedus*, dal gr. *kitharōidós*, da *kithára*. V. *cetra* (*1*)] **s. m.** (f. *-a*) ● (*lett.*) Cantore che accompagnava il suo canto col suono della cetra: *Apollo c.*

citareggiàre [lat. tardo *citharidiāre*, per il classico *citharizāre*, dal gr. *kitharízō* 'io suono la cetra'] **v. intr.** (*io citaréggio*; aus. *avere*) *1* (*lett.*) Suonare la cetra. *2* †Poetare.

citarìsta [vc. dotta, lat. *citharĭsta(m)*, nom. *citharĭsta*, dal gr. *kitharistḗs*, da *kithára* 'cetra (1)'] **s. m.** e **f.** (pl. m. *-i*) ● (*lett.*) Suonatore di cetra: *a buon cantor buon c. / fa seguitar lo guizzo de la corda* (DANTE *Par.* XX, 142-143).

citarìstica [vc. dotta, gr. *kitharistikḗ*, f. sost. di *kitharistikós*, agg. di *kitharistḗs* 'citarista'] **s. f.** *1* Arte di suonare la cetra. *2* Musica per cetra o poesia cantabile con l'accompagnamento della cetra.

citarìstico [vc. dotta, gr. *kitharistikós*. V. *citaristica*] **agg.** (pl. m. *-ci*) ● Citaredico.

citarodìa [vc. dotta, gr. *kitharōidía*, comp. di *kithára* 'cetra (1)' e *ōidḗ* 'canto'] **s. f.** ● Canto accompagnato dalla cetra.

citàto **part. pass.** di *citare*; anche **agg.** ● Nei sign.

del v.

citatòrio agg. ● (*dir.*) Che serve a citare, spec. nella loc. *lettera citatoria*, con cui si cita qc. in tribunale.

citazióne [vc. dotta, lat. tardo *citatiōne(m)* 'proclamazione, comando militare', da *citāre*. V. *citare*] s. f. ***1*** (*dir.*) Atto, attività processuale della parte o dell'Ufficio giudiziario, con cui si intima a qc. di presentarsi in giudizio a una determinata udienza: *mandare, ricevere una c.*; *decreto di c.* | *C. introduttiva*, con cui un soggetto, dando origine a una causa civile, vi assume la posizione processuale di parte attrice | *C. per pubblici proclami*, a un numero indeterminato di persone. ***2*** Riproduzione testuale più o meno lunga di parole altrui: *c. tra parentesi, in nota, a margine* | Riferimento o richiamo a documenti, testi e sim.: *una serie di citazioni molto ben documentate*. ***3*** Menzione di una persona per motivi particolari: *c. al merito* | *C. all'ordine del giorno*, elogio a un reparto o a un singolo militare, inserito nell'ordine del giorno. || **citazioncèlla**, dim.

citèllo [etim. incerta] s. m. ● Genere di piccoli mammiferi Roditori simili allo scoiattolo e alla marmotta, con coda corta e pelosa (*Citellus*).

†**citera** ● V. *cetra (1)*.

citerèa [vc. dotta, lat. *Cytherēa(m)*, nom. *Cytherēa*, dal gr. *Kythéreia*, dall'isola di *Citera*, ove Venere sarebbe approdata dopo la nascita] s. f. ● Nella mitologia classica, appellativo di Afrodite.

citerèo [vc. dotta, lat. *Cytherēiu(m)*, dal gr. *Kytherḗrios*, dal n. dell'isola di *Citera*, per il culto che vi aveva Venere] agg. ● (*poet.*) Sacro a Venere.

citerióre [fr. *citérieur*, dal lat. *citeriōre(m)*, compar. di *cĭter* 'che è al di qua', da *cĭs* 'di qua da'] agg. ● Posto al di qua di un determinato limite o confine: *Spagna c.* CONTR. Ulteriore.

†**citèrna** ● V. *cisterna*.

cìtino [vc. dotta, lat. *cȳtinu(m)*, nom. *cȳtinus*, dal gr. *kýtinos* 'calice del fiore del melograno', forse di origine preindeur.] s. m. ● Pianta delle Dicotiledoni, parassita, con foglie squamiformi rosse e carnose e fiori unisessuati giallognoli (*Cytinus hypocistis*).

cìtiso [vc. dotta, lat. *cȳtisu(m)*, nom. *cȳtisus*, dal gr. *kýtisos*, di origine preindeur.] s. m. ● Piccolo albero delle Papilionacee con fusto eretto e ramificato, foglie composte e fiori gialli in grappoli (*Cytisus laburnum*). SIN. Maggiociondolo.

citizens' band /ingl. 'sitizənz bænd/ [loc. ingl., comp. di *citizen* 'cittadino' e *band* 'banda (2)'] loc. sost. f. inv. (pl. ingl. *citizens' bands*) ● Nel linguaggio dei radioamatori, banda cittadina.

cito- [dal gr. *kýtos* 'cavità', forse di origine indeur.] primo elemento ● In parole composte della terminologia scientifica significa 'cellula' o indica relazione con le cellule: *citocromo, citoplasma*.

-cito o **-cita** [cfr. prec.] secondo elemento ● In parole composte della terminologia scientifica significa 'cellula': *leucocita, linfocito*.

citoaferèsi [comp. di *cito-* e del gr. *apháiresis* 'sottrazione' (V. *aferesi*)] s. f. ● (*med.*) Tecnica di separazione delle cellule dal sangue di un donatore mediante centrifugazione, impiegata a scopi trasfusionali o eseguita a scopi terapeutici.

citochìmica [comp. di *cito-* e *chimica*] s. f. ***1*** (*biol.*) Parte della biologia cellulare che studia la sostanza vivente con analisi chimiche e fisico-chimiche. ***2*** (*biol.*) Insieme di tecniche della microscopia ottica e di quella elettronica che tendono a localizzare particolari sostanze in ambito cellulare. CFR. Istochimica.

citochìna [comp. di *cito-* e del gr. *kínēsis* 'movimento' col suff. *-ina*] s. f. ● (*biol.*) Ciascuno dei polipeptidi (quali l'interleuchina, la monochina e la linfochina) mediatori dell'infiammazione prodotta da monociti, macrofagi e linfociti.

citocinèsi [da *cito-*, sul modello di *cariocinesi*] s. f. ● (*biol.*) Il complesso di cambiamenti che hanno luogo nel citoplasma durante la divisione cellulare.

citocròmo o **citòcromo** [comp. di *cito-* e *-cromo*] s. m. ● Composto di una serie di pigmenti rossi proteinici, contenenti ferro nella loro molecola, presenti in quasi tutte le cellule animali e vegetali, aventi una azione importante nella respirazione e nelle ossidazioni intracellulari.

citodièresi [comp. di *cito-* e *dieresi*] s. f. ● (*biol.*) Fase finale della citocinesi con divisione del citoplasma della cellula madre nelle due cellule figlie.

citofagìa [comp. di *cito-* e *-fagia*] s. f. (pl. *-gie*) ● (*biol.*) Attività fagocitaria esercitata da macrofagi nei confronti di una cellula o di sue parti.

citofarìnge [comp. di *cito-* e *faringe*] s. f. o m. ● (*biol.*) Struttura specializzata che in alcuni Protozoi connette il citostoma ai vacuoli con funzione alimentare.

citofonàre [da *citofono*] v. intr. e tr. (*io citòfono*; aus. *avere*) ● Comunicare per mezzo del citofono: *quando arrivi, citofona*; *il portiere mi citofonò che una persona mi aspettava*.

citofònico agg. (pl. m. *-ci*) ● Di citofono: *impianto c.*

citofonièra s. f. ● Impianto di citofoni.

citòfono [comp. del lat. *cĭto* 'presto' e di *-fono*] s. m. ● Apparecchio telefonico interno, che collega zone lontane di un grande alloggio o di un ufficio, o serve a mettere in comunicazione un appartamento con la porta d'ingresso sulla via.

citogènesi [comp. di *cito-* e *genesi*] s. f. ● L'origine e lo sviluppo della cellula.

citogenètica [comp. di *cito-* e *genetica*] s. f. ● Branca della genetica che studia i componenti cellulari dell'eredità, cioè i geni e i cromosomi.

citogenètico agg. (pl. m. *-ci*) ● Relativo alla citogenetica.

citologìa [comp. di *cito-* e *-logia*] s. f. (pl. *-gie*) ● Branca della biologia che studia la struttura e le funzioni delle cellule.

citològico agg. (pl. m. *-ci*) ● Che si riferisce alla cellula | Che riguarda la citologia.

citòlogo s. m. (pl. *-gi* o pop. *-ghi*) ● Studioso di citologia.

citopenìa [comp. di *cito-* e di *-penia*] s. f. ● (*biol.*) Diminuzione del numero di cellule in un organismo.

citoplàsma [comp. di *cito-* e del gr. *plásma* 'cosa plasmata'] s. m. (pl. *-i*) ● (*biol.*) Protoplasma contenuto nella cellula, escluso il nucleo.

citoplasmàtico [comp. di *cito-* e *plasmatico*] agg. (pl. m. *-ci*) ● (*biol.*) Relativo al citoplasma: *organulo c.*

citoschèletro [comp. di *cito-* e *scheletro*] s. m. ● (*biol.*) Complesso di microtubuli e di filamenti citoplasmatici che costituisce il sostegno interno della cellula.

citosìna [comp. di *citos(ol)* (a sua volta dall'ingl. *cyto(plasm) sol(uble)* 'citoplasma solubile') e *(am)ina*] s. f. ● (*chim.*) Base azotata pirimidinica presente negli acidi nucleici che, nel DNA, si appaia specificamente con la guanina.

citosòma [comp. di *cito-* e del gr. *sôma* 'corpo'] s. m. (pl. *-i*) ● (*biol.*) Il corpo cellulare considerato indipendentemente dal suo nucleo.

citostàtico [comp. di *cito-* e *statico*] **A** s. m. (pl. *-ci*) ● Farmaco che arresta o rallenta la crescita di neoplasie inibendo i processi vitali delle cellule. **B** anche agg.: *farmaco c.*

citostòma [comp. di *cito-* e del gr. *stóma* 'bocca'] s. m. (pl. *-i*) ● (*zool.*) Nei Protozoi Ciliati, apertura equivalente alla bocca.

citotòssico [comp. di *cito-* e *tossico (1)*] agg. (pl. m. *-ci*) ● (*biol.*) Detto di agente chimico, fisico o biologico dannoso per le cellule.

citozòico [comp. di *cito-* e *zoico*] agg. (pl. m. *-ci*) ● (*biol.*) Detto di animale che vive da parassita all'interno di cellule.

citramontàno [comp. del lat. *cĭtra* 'al di qua' (V. *citeriore*) e *montānus*, agg. di *mōns*, genit. *mŏntis* 'monte'] agg. ● (*raro*) Cismontano.

citràto [fr. *citrate*, dal lat. *citrātu(m)* 'unto con olio di cedro', da *cĭtrus* 'cedro (1)'] s. m. ***1*** Sale o estere dell'acido citrico | *C. di magnesia effervescente*, miscela purgativa formata usualmente da carbonato di magnesio, dagli acidi citrico e tartarico, da saccarosio e da oli essenziali | *C. trisodico*, usato in medicina nel trattamento delle acidosi. ***2*** (*per anton.*) Correntemente, citrato di magnesia effervescente.

cìtrico [fr. *citrique*, dal lat. *cĭtrus* 'cedro (1)'] agg. (pl. m. *-ci*) ● Detto di composto ricavato spec. dal sugo degli agrumi | *Acido c.*, ossiacido organico, tribasico, cristallino, incolore, prodotto spec. per via microbiologica, usato in medicina e nella preparazione di bibite | Che produce acido citrico: *fermentazione citrica*.

citrìno o (*raro*) **cedrìno** (1), †**cetrìno** [dal lat. *cĭtrus* 'cedro (1)'] **A** agg. ● (*raro, lett.*) Che ha un colore giallo verdastro simile a quello del cedro. **B** s. m. ***1*** Il colore citrino. ***2*** (*miner.*) Varietà di quarzo di colore giallo.

†**citriòlo** ● V. *cetriolo*.

citronèlla [fr. *citronelle*, da *citron* 'limone', dal lat. *cĭtrus* (V. *cedro (1)*)] s. f. ***1*** (*gener.*) Pianta da essenza delle Graminacee. ***2*** Pianta erbacea rizomatosa con cespi alti e foglie larghe, raramente fiorita (*Cymbopogon nardus*).

citrullàggine [da *citrullo*] s. f. ***1*** Stupidità. ***2*** Azione o discorso da citrullo.

citrullerìa s. f. ● Citrullaggine, balordaggine.

citrùllo [nap. *cĕtrùlo* 'cetriolo'] agg.; anche s. m. (f. *-a*) ● Sciocco, stupido: *sei stato proprio c. a lasciar perdere quel lavoro*; *non comportarti da c.* || **citrullàccio**, pegg. | **citrullìno**, dim. | **citrullóne**, accr.

città o (*lett.*) †**cittàde**, †**cìvita** [lat. *civitāte(m)*, da *cīvis* 'cittadino'. V. *cive*] s. f. ***1*** Centro di vita sociale, notevole sia per il numero degli abitanti sia per la capacità di adempiere a molteplici funzioni economiche, politiche, culturali, religiose e sim., esteso territorialmente, regolato nello sviluppo viario ed edilizio, fornito dei servizi pubblici: *le porte, le mura, le strade, i monumenti della c.*; *il centro della c.*; *c. industriale, agricola*; *c. di mare, di porto*; *abitare, vivere in c.*; *il topo di campagna e quello di c.*; *una c. sbiadita, senza carattere, messa lì come vien viene* (CALVINO) | *Palazzo di c.*, la sede del municipio nei comuni più cospicui | *Mangiare in c.*, fuori casa | *Vita, casa, gente di c.*, in contrapposizione a campagna e contado | *C. capitale*, in cui ha sede il governo dello Stato | *C. vescovile*, sede di un vescovado o di un arcivescovado | *C. di provincia*, (*fig.*) spesso considerate arretrate rispetto alle grandi città | *C. internazionale*, frequentata da molti stranieri | *C. della Lanterna*, Genova | *C. della Mole (Antonelliana)*, Torino | *C. delle Cinque Giornate, della Madonnina*, Milano | *C. del Santo*, Padova | *C. della Laguna*, Venezia | *C. delle Due Torri*, Bologna | *C. del Fiore, del Giglio*, Firenze | *C. dei Cesari, eterna, dei sette colli*, Roma | *C. del Vespro, dei Vespri*, Palermo | *C. del silenzio*, le cittadine silenziose, solitarie e remote di alcune regioni dell'Italia settentrionale e centrale, cantate da D'Annunzio | *C. d'arte*, di notevole interesse artistico per monumenti, gallerie, musei e sim. | *C. dormitorio*, prevalentemente residenziale, spec. rispetto a un finitimo grande centro industriale, commerciale e sim., di cui è complementare | *C. cavia*, complesso di edifici costruiti appositamente per essere sottoposti a esplosioni atomiche sperimentali | *C. aperta*, in un conflitto, quella, priva di fortificazioni e attrezzature militari, che i belligeranti convengono di mantenere indenne da azioni belliche | *C. stato*, la polis greca | *C. libera*, nell'Impero tedesco, quella che fruiva di particolari immunità, spec. finanziarie | *C. santa*, contenente numerosi monumenti, luoghi di culto e sim., di una data religione, che hanno una particolare importanza per lo sviluppo storico di questa religione, e per i credenti in essa, su scala nazionale e internazionale. ***2*** Parte, quartiere di una città | *C. vecchia, c. nuova*, la parte più antica e la più moderna | *C. alta, c. bassa*, la parte costruita su un'altura e quella che sorge in piano | *C. degli studi, universitaria*, l'insieme di edifici e attrezzature universitarie riuniti in un solo quartiere | *C. giardino*, quartiere residenziale solitamente periferico in cui gli edifici sono circondati da giardini e viali alberati | *C. satellite*, quartiere periferico residenziale | *C. dei morti*, (*lett.*) cimitero, necropoli | *C. Leonina*, complesso degli edifici che a Roma sorgono entro la cinta delle mura Leonine e costituiscono oggi la città del Vaticano. ***3*** (*est.*) Gli abitanti della città, l'insieme dei cittadini: *tutta la c. è in lutto*; *una c. allegra*. SIN. Cittadinanza, popolazione. ***4*** Convivenza civile, collettività politica, comunità (*anche fig.*) | *C. dei ragazzi*, istituzione assistenziale per giovani orfani o traviati, ispirata al principio dell'autogoverno | (*lett.*) *C. di Dio, celeste*, la Chiesa o il Paradiso, spec. nella religione cristiana | (*lett.*) *C. terrena*, il mondo, la vita terrena, spec. nella religione cristiana. *5* (*dir.*) Titolo concesso ai comuni insigni per ricordi storici, con popolazione non inferiore a diecimila abitanti, che provvedano convenientemente ai pubblici servizi, spec. istruzione e beneficenze. || **cittadàccia**, pegg. | **cittadèlla**, dim. (V.) | **cittadétta**, dim. | **cittadina**, dim. | **cittadóna**, accr. | **cittadóne**, accr. m. | **cittadùccia**, **cittadùzza**, dim.

cittadèlla s. f. *1* Dim. di *città*. *2* Fortezza dove si trovano le principali opere di difesa della città. *3* (*fig.*) Baluardo, difesa, sostegno: *un collegio elettorale che fu c. di famose candidature radicali* (BACCHELLI).

cittadinàme s. m. ● (*spreg.*) Il complesso dei cittadini.

cittadinànza s. f. *1* L'insieme degli abitanti di una città: *la c. è invitata alle celebrazioni dantesche*. *2* (*dir.*) Appartenenza del singolo a una società organizzata a Stato: *c. originaria*; *c. acquisita* | *Doppia c.*, appartenenza di un singolo, in qualità di cittadino, a due Stati.

cittadinésco agg. (pl. m. *-schi*) *1* †Che si riferisce alla vita e agli usi di città: *scenette meravigliose della vita cittadinesca* (PASCOLI). *2* (*raro*, *spreg.*) Da cittadino: *malizia cittadinesca*. CONTR. Campagnolo. *3* †Civile, intestino: *nacquero molti scandali e omicidi e battaglie cittadinesche* (COMPAGNI). || **cittadinescaménte**, avv.

cittadinizzàto agg. ● (*raro*) Fatto cittadino, inurbato.

cittadino [dalla forma ant. *cittade*] **A** agg. *1* Pertinente alla città, nel sign. 1: *gente cittadina*; *mura, vie cittadine*; *vita cittadina* | *Alla cittadina*, (*ell.*, *fig.*) con pretese di distinzione | †Raffinato, educato: *la rozza voce e rustica in convenevole e cittadina ridusse* (BOCCACCIO). *2* (*lett.*) Civico: *virtù cittadine*. *3* †Interno, intestino, tra cittadini: *tor via le discordie cittadine* (BOCCACCIO). *4* †Borghese, pertinente al ceto medio. **B** s. m. (f. *-a*) *1* Chi appartiene alla collettività di uno Stato e come tale è titolare dei diritti e soggetto ai doveri stabiliti dalla legge | *Privato c.*, il cittadino considerato come singolo, nella sfera riservata della sua vita personale, al di fuori di, o in contrapposizione a, tutti i rapporti pubblici | *C. del mondo*, chi rifiuta le singole cittadinanze statali a favore di un'ideale cittadinanza mondiale | *Essere libero c.*, (*fig.*, *scherz.*) di chi si è appena liberato da oneri e responsabilità gravose; anche di chi è privo di legami sociali e familiari. *2* Abitante di una città: *c. di Bologna*; *c. bolognese*; *c. onorario* | *Primo c.*, il Presidente della Repubblica e, in un comune, il Sindaco | Chi vive in città, in contrapposizione a contadino: *canterellando scendono i sentieri del borgo i cittadini* (SABA). *3* (*est.*, *lett.*, *gener.*) Abitante di un luogo: *Amor femmi un cittadin de' boschi* (PETRARCA) | (*fig.*) Membro, partecipe di una comunità, di una convivenza anche ideale: *il poeta si sente già c. del cielo* (DE SANCTIS). *4* (*raro*) Civile, borghese, in contrapposizione a militare o ecclesiastico: *militare e c. giovine o vecchio farà pietà sempre* (FOSCOLO). *5* †Borghese, appartenente al ceto medio: *in odio parimente de' cittadini e del popolo minuto* (POLIZIANO). *6* †Concittadino: *Niccolò Cornacchini fu nostro c.* (BOCCACCIO). || **cittadinèllo**, dim. | **cittadinóne**, accr. | **cittadinùccio**, dim.

citto [vc. inft.] s. m. (f. *-a*) ● (*tosc.*) Ragazzo, fanciullo, bambino. || †**cittino**, dim. | †**cittolèllo**, dim. | †**cittolo**, dim.

†**cittolésco** agg. ● (*raro*) Fanciullesco.

†**cittolézza** s. f. ● (*raro*) Fanciullezza.

city /ingl. 'siti/ [ingl. 'città', dal lat. *civitāte(m)* 'città'] s. f. inv. (pl. ingl. *cities*) ● Centro politico e finanziario di una metropoli.

city bike /ingl. 'siti 'baik/ [loc. ingl., comp. di *city* 'città' e *bike* 'bicicletta', sul modello di *mountain bike*] loc. sost. f. inv. (pl. ingl. *city bikes*) ● Bicicletta adatta per percorsi di città.

city-car /ingl. 'siti ka:*/ [vc. ingl., comp. di *city* 'città' e *car* 'autovettura'] s. f. inv. ● Autovettura di dimensioni ridotte progettata in particolare per muoversi agevolmente nel traffico cittadino.

ciucàggine [da *ciuco*] s. f. ● Asinaggine.

ciucàio s. m. ● Asinaio.

ciucàta s. f. *1* (*raro*) Bestialità, stupidaggine. *2* †Cavalcata di più persone sopra ciuchi.

ciùcca [etim. incerta] s. f. ● (*dial.*) Sbornia, ubriacatura.

ciùccia [V. *ciucciare*] s. f. (pl. *-ce*) ● (*fam.*, *inft.*) Mammella.

ciucciàre [vc. onomat.] v. tr. e intr. (*io ciùccio*; aus. *avere*) ● (*fam.*, *pop.*) Succhiare: *c. il latte*; *è un bambino che ciuccia ancora*.

ciucciàta s. f. *1* (*fam.*) Azione del ciucciare, succhiata. *2* Nel gergo teatrale, imitazione del verso con cui si chiamano i gatti fatta in teatro dal pubblico per disapprovare la recitazione artificiosa di un attore.

ciùccio (1) [da *ciucciare*] s. m. ● Tettarella di gomma per lattanti. || **ciuccétto**, dim. | **ciucciòtto**, dim. (V.).

ciùccio (2) [vc. onomat. (?)] s. m. ● (*merid.*) Asino. || **ciucciarèllo**, **ciucciarièllo**, dim.

ciucciòtto s. m. *1* Dim. di *ciuccio (1)*. *2* (*fam.*) Tettarella di gomma per lattanti.

ciùcco [da *ciucca*] agg. (pl. m. *-chi*) ● (*dial.*) Ubriaco.

ciucheria s. f. ● (*fig.*) Asineria, ignoranza.

ciuchésco agg. (pl. m. *-schi*) ● (*raro*) Da ciuco.

ciuchino agg. ● Asinino | *Fare la parte ciuchina*, sostenere le fatiche più basse, più materiali.

ciùco [vc. onomat. (?)] **A** s. m. (f. *-a*; pl. m. *-chi*) *1* Asino: *cavalcare un c.* | *Lavorare come un c.*, duramente, senza sosta | *Carico come un c.*, oberato da pesi, da pacchi. *2* (*fig.*) Persona ignorante o poco intelligente | Persona maleducata: *queste sono frasi da c.* **B** agg. ● (*raro*) Sciocco, balordo. || **ciucàccio**, pegg. | **ciucarèllo**, **ciucherèllo**, dim. | **ciucherellóne**, accr. | **ciuchettino**, dim. | **ciuchétto**, dim. | **ciuchino**, dim. | **ciucóne**, accr.

ciùf o **ciùff**, **ciùffete** [vc. onomat.] inter. ● Riproduce il rumore di una locomotiva a vapore, spec. nei giochi di bambini: c., c.

ciufèca o **ciofèca**, **ciufèga**, **ciuffèca** [vc. rom. d'etim. incerta: forse dallo sp. *chufa* 'mandorla che serve per fare un'orzata' (vc. d'orig. non accertata)] s. f. ● (*region.*) Bevanda, spec. vino o caffè, di qualità scadente e cattivo sapore.

ciuffàre [da *ciuffo*] v. tr. ● (*raro*) Acciuffare.

ciùffete ● V. *ciuf*.

ciùffo [vc. espressiva] s. m. *1* Ciocca di capelli: *portare il c. sulla fronte* | *Prender qc. per il c.*, afferrarlo per i capelli | (*fig.*) *Prendere la fortuna per il c.*, cogliere subito un'occasione favorevole | (*fig.*) *Tenere la fortuna per il c.*, essere fortunati | (*est.*) Ciocca di peli, penne e sim. che crescono sul capo di diversi animali: *alcune allodole hanno un c. di piume sul capo*. *2* (*est.*) Cespuglio, gruppo di piante: *un c. d'erba* | (*est.*) Gruppo, mazzetto di oggetti vari, spec. con funzione ornamentale. *3* (*caccia*) Gruppo serrato di uccelli. || **ciuffettino**, dim. | **ciuffétto**, dim. | **ciuffóne**, accr.

†**ciùffola** [variante di *zufolo* (?)] s. f. ● (*spec. al pl.*) Bagattella, ciancia.

†**ciùffolo** [V. *ciuffo*] s. m. ● Ciuffo.

ciuffolòtto [da *ciufolo*, variante ant. di *zufolo*] s. m. ● Piccolo uccello dei Passeriformi dal piumaggio denso, soffice, rigonfio, variamente colorato (*Pyrrhula europaea*).

†**ciùllo** [da (*fan*)*ciullo* (?)] **A** s. m. (f. *-a*) ● Fanciullo. **B** agg.; anche s. m. ● Inesperto, ignorante.

ciùnf o **ciùnfete** [vc. onomat.] inter. ● Riproduce il tonfo di un oggetto che cade nell'acqua.

ciurlàre [etim. incerta] v. intr. (aus. *avere*) *1* (*fam.*, *fig.*) Tentennare, vacillare, nella loc. *c. nel manico*, sfuggire, sottrarsi a promessa o proposito con raggiri o rinvii. *2* †Tripudiare.

ciùrma (1) o (*raro*) †**giùrma** [lat. *celēusma*, dal gr. *kéleusma* variante di *kéleuma* 'comando', ordine per dare la battuta ai rematori] s. f. *1* Insieme dei rematori delle antiche galee | *C. scapola*, rematori non legati alla catena | (*est.*) Basso personale di una nave. *2* Insieme delle persone addette ai lavori della tonnara. *3* (*fig.*) Marmaglia, gentaglia: *questa c. cerimoniosa e maligna* (FOSCOLO).

†**ciùrma (2)** [da *ciurmare*] s. f. ● Ciurmeria.

†**ciurmadóre** ● V. †*ciurmatore*.

ciurmàglia [da *ciurma (1)*] s. f. ● Gruppo di persone appartenenti agli strati sociali più bassi, spec. in quanto si comporta in modo considerato riprovevole. SIN. Canaglia, gentaglia, marmaglia.

ciurmàre [dal fr. *charmer*, a sua volta dal lat. *carmināre* 'fare incantesimi', da *cărmen* (V. *carme*), incontratosi con *ciurma (1)* per etim. pop.] v. tr. *1* †Immunizzare con incantesimi | (*est.*) †Ubriacare. *2* (*raro*) Ingannare con frottole e imposture.

†**ciurmatóre** o (*lett.*) †**ciurmadóre** [da *ciurmare*] s. m.; anche agg. (f. *-trice*) ● Ciarlatano, ingannatore, impostore.

ciurmeria s. f. ● (*raro*) Inganno, raggiro.

civàda [da *civadiera*] s. f. ● (*mar.*) Vela quadra che i bastimenti di alto bordo facevano a prua sotto al bompresso.

civadièra [fr. *civadière*, dal provz. *civadiero* 'sacco d'avena', per la forma] s. f. ● (*mar.*) Civadiero.

civadièro s. m. ● (*mar.*) Pennone della civada.

civàia [lat. *cibāria*, nt. pl. dell'agg. *cibārius*, da *cĭbus* 'cibo'] s. f. *1* (*tosc.*, *spec. al pl.*) Ogni specie di legume secco commestibile: *sacco di civaie*. *2* †Voto, suffragio, manifestati con fave, e sim.

civaiòlo o †**civaiuòlo** s. m. (f. *-a*) ● (*tosc.*) Chi vende legumi.

†**civànza** [ant. fr. *chevance*, da *chevir*, dal lat. *căpere* 'prendere'] s. f. ● Lucro, guadagno.

†**civanzaménto** s. m. ● Guadagno.

†**civanzàre** [da *civanza*] v. tr. e rifl. ● Provvedere, provvedersi di q.c.

†**civànzo** s. m. *1* Contratto usurario simile al barroccio. *2* Utile, guadagno, vantaggio.

†**civàre** [lat. *cibāre*, da *cībus* 'cibo, esca'] v. tr. ● Innescare.

†**cìve** [vc. dotta, lat. *cīve(m)*, da una radice *kei 'insediarsi'] s. m. ● (*lett.*) Cittadino.

civet /fr. si'vɛ/ [vc. fr., propr. 'ragù preparato con cipolle', da *cive* 'cipolla' (lat. *cēpa(m)*)] s. m. inv. ● Intingolo a base di vino, sangue, verdure varie e spezie, per selvaggina.

civétta o †**ciovétta** [vc. onomat.] **A** s. f. *1* Uccello rapace notturno degli Strigiformi, con capo grosso e tondeggiante, becco grosso e adunco, occhi gialli, piumaggio morbido di color bruno-grigio macchiato di bianco, che si ammaestra e si usa come richiamo per attirare uccelli (*Carine noctua*) | *Andare, cacciare a c.*, usando come richiamo la civetta ammaestrata | *Naso a, di c.*, adunco | *Occhi di c.*, di colore giallo chiaro e (*fig. fam.*) monete d'oro | *Far c.*, abbassare il capo per schivare un colpo | (*raro*) *Fare, giocare a, alla c.*, cercando di togliersi reciprocamente il berretto dal capo con colpi della mano. *2* (*fig.*) Donna fatua e vanitosa che assume atteggiamenti frivoli per attrarre l'attenzione e l'interesse degli uomini: *fare la c.*; *comportarsi da c.*; *sei proprio una gran c.!* *3* Manifesto di formato ridotto che le edicole espongono per attirare l'attenzione su articoli e notizie di un giornale. SIN. Locandina. *4* Avviso, composto con particolare cura, che i giornali pubblicano in prima pagina per attirare l'attenzione sul loro contenuto. **B** in funzione di agg. inv. ● (posposto a un s.) Detto di tutto ciò che fa, o serve da, richiamo, esca, tranello: *foglio c.*; *banconota c.*; *auto, nave, treno c.* || **civettàccia**, pegg. | **civettina**, dim. | **civettino**, dim. m. | **civettóna**, accr. | **civettóne**, accr. m. (V.).

civettàio s. m. ● Uomo che ammaestra e conduce la civetta da richiamo.

civettàre v. intr. (*io civétto*; aus. *avere*) *1* †Cacciare con la civetta. *2* (*fig.*) Attirare gli uomini facendo la civetta: *ha l'abitudine di c. con tutti*. *3* †Dileggiare con versi e smorfie.

civetteria s. f. ● Modo lezioso e accattivante di comportarsi per attrarre l'attenzione e l'ammirazione altrui: *una donna piena di c.*; *le civetterie di uno scrittore*.

civettóne s. m. (f. *-a* nel sign. 2) *1* Accr. di *civetta*. *2* (*fig.*) Persona vanesia, che ama far civetterie.

civettuòlo agg. *1* Che manifesta civetteria. *2* Di chi, di ciò che è grazioso, ma con civetteria: *un cappellino c.*; *una ragazza civettuola*.

cìvico [vc. dotta, lat. *cīvicu(m)*, da *cīvis*. V. *cive*] **A** agg. (pl. m. *-ci*) *1* Pertinente alla città, alla cittadinanza, al cittadino in quanto abitante di una città: *banda civica*; *museo c.* | *Guardia civica*, vigile urbano | *Numero c.*, quello che nella toponomastica stradale, spec. urbana, identifica la porta di una casa. SIN. Cittadino, comunale, municipale, urbano. *2* Pertinente al cittadino in quanto membro di uno Stato o gener. di una comunità politica, con particolare riferimento ai valori positivi della vita associata: *dovere, senso c.*; *virtù civiche* | *Educazione civica*, nella scuola media italiana, l'insegnamento volto alla formazione della personalità del cittadino come soggetto dei diritti e doveri fondamentali in tutti gli aspetti della vita sociale. || **civicaménte**, **avv**. In modo civico; con civismo. **B s. m. *1*** Numero civico, nella toponomastica stradale. ***2*** (*pop., sett.*) Vigile urbano.

civile [vc. dotta, lat. *civīle(m)*, da *cīvis*. V. *cive*] **A agg. *1*** Pertinente al cittadino in quanto membro di uno Stato o gener. di una comunità politica, con particolare riferimento ai valori positivi della vita associata: *istituzioni civili; virtù, libertà civili* | *Coraggio c.*, volontà di impegnarsi socialmente, di operare per il bene pubblico | *Vita c.*, *vivere c.*, *convivenza c.*, il complesso dei rapporti fra cittadini, e delle norme, consuetudini di correttezza e sim., che li regolano | *Letteratura, poesia c.*, che tratta temi politici e sociali | *Valore c.*, quello di cui si dà prova affrontando un grave pericolo per fini altruistici: *medaglia al valore c.* | *Diritto c.*, complesso degli atti legislativi disciplinanti lo stato delle persone e dei loro beni | *Diritti civili*, posti a tutela del cittadino in quanto tale | *Stato c.*, condizione personale del cittadino | *Ufficio di stato c.*, *stato c.*, *ufficio c.*, istituito in ogni comune al fine di conservare i registri attestanti lo stato civile dei cittadini | *Morte c.*, perdita della personalità giuridica o dei diritti civili, spec. conseguente a condanna all'ergastolo | *Guerra c.*, tra cittadini, all'interno di uno stesso Stato. ***2*** In contrapposizione a ecclesiastico, militare, religioso: *autorità, ufficio, genio, ospedale, vita c.* | *Abito c.*, borghese | *Matrimonio, funerale, festa c.*, celebrati senza riti religiosi | *Casa di c. abitazione*, ad uso dei privati cittadini. ***3*** Relativo al diritto civile: *sentenza c.*; *tribunale c.* ***4*** Che ha raggiunto un elevato grado di sviluppo sociale, politico, economico, tecnologico: *nazione, popolo c.*; *il fatto indignò tutto il mondo c.* ***5*** Che ha modi educati, cortesi: *famiglia c.*; *persona c.*; *questo non è ragionare da fanciulla propria, e c., come voi siete* (GOLDONI) | Amabile, piacevole: *ricevere un'accoglienza c.* | Decoroso, onorevole: *persona di nascita c.* | (*lett.*) Misurato, sobrio nell'eleganza, nel gusto e sim.: *ornamento, stile c.* || **civilménte**, **avv. *1*** In modo civile. ***2*** Secondo le norme del diritto civile. **B s. m. *1*** Privato cittadino, borghese (in contrapposizione a militare): *il quartiere del porto è vietato ai civili.* ***2*** (*merid.*) Nobile, borghese ricco: *il circolo dei civili.* ***3*** †Abito borghese. ***4*** Abitazione padronale, o parte padronale di un'abitazione, in campagna. ***5*** (*raro, scherz.*) Sedere, deretano: *col c. all'aria* (PARINI). || **civilino**, **dim.**

civilista [da *civile*] **s. m. e f.** (**pl. m.** *-i*) ● Giurista che si occupa di diritto civile | Avvocato che si occupa di cause civili.

civilistico **agg.** (**pl. m.** *-ci*) ● Concernente il diritto civile: *norma civilistica.*

†civilità ● V. *civiltà.*

†civilitàde ● V. *civiltà.*

†civilitàte ● V. *civiltà.*

civiliẓẓàre [fr. *civiliser*, da *civil* 'civile'] **A v. tr. *1*** Rendere civile: *c. un paese primitivo, una persona rozza.* ***2*** (*bur., raro*) Smilitarizzare, far dipendere dall'amministrazione civile. **B v. rifl.** ● Perdere rozzezza e rusticità.

civiliẓẓàto **part. pass.** di *civilizzare*; anche **agg.** ● Nei sign. del v.

civiliẓẓatóre [fr. *civilisateur*, da *civiliser* 'civilizzare'] **agg.**; anche **s. m.** (**f.** *-trice*) ● Che, chi civilizza: *popolo c.*; *gli antichi civilizzatori orientali.*

civiliẓẓazióne [fr. *civilissation*, da *civiliser* 'civilizzare'] **s. f. *1*** Atto, effetto del civilizzare | Incivilimento: *i fondamenti d'una c. che diventerà europea* (MANZONI). ***2*** Civiltà | Costume, vita civile.

civiltà o **†civilità**, **†civilitàde**, **†civilitàte** [vc. dotta, lat. *civilitāte(m)*, da *civīlis* 'civile'] **s. f. *1*** Il complesso delle strutture e degli sviluppi sociali, politici, economici, culturali che caratterizzano la società umana | Le strutture culturali che caratterizzano una data società o un dato periodo nella storia della società: *c. antica, medievale, moderna, contemporanea, atomica, egiziana, assira, romana, rinascimentale.* ***2*** Progresso: *il mondo moderno ha raggiunto un elevato grado di c.*; *portare, dare la c.* **CONTR.** Barbarie. ***3*** Gentilezza, buona educazione: *comportarsi con c.*; *far valere con c. le proprie ragioni.* ***4*** †Cittadinanza.

†civìre [fr. *chevir*. V. *civanza*] **v. tr.** ● (*raro*) Provvedere.

civiṣmo [fr. *civisme*, da *civil* 'civile'] **s. m.** ● Complesso delle virtù caratteristiche del buon cittadino.

†cìvita ● V. *città.*

†cìvo [lat. *cĭbu(m)*. V. *civare*] **s. m.** ● Innesco.

clacchista [da *claque*] **s. m. e f.** (**pl. m.** *-i*) ● Chi fa parte di una claque.

clàcson o **clàxon** [ingl. *klaxon*, in origine marchio di fabbrica] **s. m. inv.** ● Avvisatore acustico usato sugli autoveicoli e motoveicoli. ➡ **ILL.** p. 1747 TRASPORTI.

clacsonàre o **claxonàre** [da *clacson*] **v. intr.** (aus. *avere*) ● (*gerg.*) Suonare il clacson, adoperare il clacson.

clàde [vc. dotta, lat. *clāde(m)*, da avvicinare a **cĕllere* 'percuotere' (V. *percuotere*)] **s. f.** ● (*raro, lett.*) Carneficina, massacro, strage: *tra lor cominciar con fiera c. / a tirar archi, e a menar lancie e spade* (ARIOSTO).

cladiṣmo [comp. di *clad(o)*- col suff. *-ismo*] **s. m.** ● (*biol.*) Tendenza del pensiero evoluzionista che interpreta la filogenesi degli organismi secondo i metodi della cladistica.

cladistica [comp. di *clad(o)*- col suff. *-istico*, sostantivato al f.] **s. f.** ● (*biol.*) Metodo sistematico che classifica gli organismi in base alla loro posizione in un tipico albero genealogico ramificato, piuttosto che secondo il grado di diversità morfologica.

clàdo- [dal gr. *kládos* 'ramo'] primo elemento ● In parole composte della terminologia scientifica significa 'ramo' o 'ramificazione': *Cladoceri, cladofora.*

Cladòceri [vc. dotta, comp. di *clado-* e del gr. *kéras* 'corno'] **s. m. pl.** ● Nella tassonomia animale, ordine di piccoli Crostacei spec. d'acqua dolce, di piccole dimensioni (*Cladocera*) | (al sing. *-o*) Ogni individuo di tale ordine.

cladòdio [dal gr. *kládos* 'ramo', da avvicinare a *klân* 'spezzare', di origine indeur.] **s. m.** ● (*bot.*) Ramo o fusto appiattito e verde che assume la funzione delle foglie. **SIN.** Cladofillo, fillocladio. ➡ **ILL. botanica generale.**

cladofillo [comp. di *clado-* e del gr. *phýllon* 'foglia' (V. *clorofilla*)] **s. m.** ● (*bot.*) Cladodio.

cladòfora [comp. di *clado-* e *-foro*] **s. f.** ● Genere di alghe verdi con talli filiformi, cellule plurinucleate, molto ramificate (*Cladophora*).

cladogèneṣi [comp. di *clado-* e *genesi*] **s. f.** ● (*biol.*) Derivazione successiva di nuovi gruppi sistematici da una linea di organismi progenitori che si mantiene nel corso dell'evoluzione.

cladogràmma [comp. di *clado-* e *-gramma* 'grafico'] **s. m.** (**pl.** *-i*) ● (*biol.*) Rappresentazione grafica di un processo evolutivo secondo i criteri della cladistica.

cladònia [dal gr. *kládos* 'ramo', di origine indeur.: detto così per le divisioni del tallo] **s. f.** ● Genere di licheni eteromeri, di colore rosso o bruno, diffusi in tutto il mondo, cui appartiene il lichene delle renne (*Cladonia*).

†clamàre ● V. *chiamare.*

†clamazióne [vc. dotta, lat. tardo *clamatiōne(m)* 'clamore, grido', da *clamāre*. V. *clamare*] **s. f.** ● Invocazione.

clamidàto [vc. dotta, lat. *chlamydātu(m)*, da *chlămys*, genit. *chlămydis* 'clamide'] **agg. *1*** Che indossa la clamide. ***2*** (*bot.*) *Fiore c.*, provvisto di perianzio.

clàmide [vc. dotta, lat. *chlămyde(m)*, nom. *chlămys*, dal gr. *chlamýs*, genit. *chlamýdos*, di etim. incerta] **s. f. *1*** Corto mantello spec. militare, affibbiato sulla spalla destra, usato dai Greci e dai Romani. ***2*** (*lett.*) Manto: *c. regale, imperiale*; *sopra la corazza ha una c. rossa* (VASARI). ***3*** (*bot.*) *Fiore c.*, fiore clamidato.

clamidia [dal gr. *chlamidýon*, dim. di *chlamýs* (V. *clamide*)] **s. f.** ● (*biol.*) Genere di batteri costituito da specie sferoidali piccole, gram-negative, parassite intracellulari, responsabili di infezioni veneree e urinarie (*Chlamydia*).

clamidospòra [vc. dotta, comp. di *clamide* e *spora*] **s. f.** ● (*bot.*) Spora avvolta da una grossa parete, in modo da resistere alle condizioni esterne sfavorevoli.

clamóre [vc. dotta, lat. *clamōre(m)*, da *clamāre*. V. *clamare*] **s. m. *1*** Forte rumore, o complesso di rumori diversi, prodotto da persone: *i clamori della folla, del pubblico.* **SIN.** Frastuono, schiamazzo, vocio. ***2*** (*lett.*) Forte rumore, o complesso di rumori diversi, prodotto da cose: *al sibilare del vento si univa imponente il c. del mare* (SVEVO). **SIN.** Frastuono, strepito. ***3*** (*est.*) Vivace interesse, diffusa curiosità: *avvenimento che desta, suscita c.* **SIN.** Chiasso, scalpore. ***4*** (*est.*) †Lamento, protesta. ***5*** (*est.*) †Preghiera, implorazione.

clamoróso [vc. dotta, lat. tardo *clamorōsu(m)*, da *clāmor*. V. *clamore*] **agg. *1*** Che provoca, o è caratterizzato da, clamore: *un alterco c.*; *applausi clamorosi.* **SIN.** Chiassoso. ***2*** (*fig.*) Che desta scalpore, che fa parlare molto di sé: *un avvenimento, un processo c.*; *sconfitta, vittoria clamorosa.* || **clamorosaménte**, **avv.**

clan /klan, *ingl.* klæn/ [celt. *clan* 'famiglia'] **s. m. inv. *1*** Fra i popoli di lingua gaelica, raggruppamento sociale su base gentilizia formato dai discendenti in linea maschile da un unico progenitore: *c. scozzesi.* ***2*** (*etn.*) Gruppo la cui parentela o affinità deriva da discendenza comune, totemica o gentilizia. ***3*** (*est.*) Gruppo di persone legate da interessi comuni o da rapporti sociali o di amicizia. ***4*** Scuderia, squadra, società | (*gener.*) Ambiente sportivo.

clandestinità **s. f.** ● Stato di chi o di ciò che è clandestino.

clandestìno [fr. *clandestin*, dal lat. *clandestīnu(m)*, da *clăm* 'di nascosto'] **A agg.** ● Che si fa in segreto: *contratto c.*; *matrimonio c.* | Che si fa in segreto e contro precisi divieti: *pubblicazione clandestina*; *bisca clandestina* | *Movimento c.*, gruppo di azione politica clandestino | *Lotto c.*, gioco del lotto tenuto da un privato, ma regolato sul lotto pubblico. || **clandestinaménte**, **avv. B s. m.** (**f.** *-a*) ● Passeggero imbarcato nascostamente su nave o aereo: *c'è un c. a bordo.*

clang o **clànghete** [vc. onomat.] **inter.** ● Riproduce il suono del gong, del campanaccio delle mucche e, gener., il suono di un oggetto metallico percosso.

clàngere [vc. dotta, lat. *clăngere* 'gridare, risuonare'. V. *clangore*] **v. intr.** (*io clàngo, tu clàngi*; dif. del **pass. rem.**, del **part. pass.** e dei tempi composti) ● (*raro, lett.*) Squillare.

clànghete ● V. *clang.*

clangóre [vc. dotta, lat. *clangōre(m)*, da *clăngere* 'gridare', dalla stessa radice di *clamāre*. V. *chiamare*] **s. m.** ● (*lett.*) Strepito, suono squillante, spec. di trombe: *risonava più d'una trombetta / per Roncisvalle con certo c.* (PULCI).

clànico [da *clan*] **agg.** (**pl. m.** *-ci*) ● Di, relativo a, clan: *usi clanici.*

claque /*fr.* klak/ [fr., da *claquer* 'battere le mani', di origine onomat.] **s. f. inv.** ● In un teatro, gruppo di spettatori che applaude a comando in cambio dell'ingresso gratuito.

claquettes /*fr.* kla'kɛt/ [vc. fr., da *claquer* 'scoppiettare, schioccare', di origine onomat.] **s. f. pl.** ● Particolare tipo di castagnetta applicata sotto le scarpe dei ballerini, spec. da tip tap.

claqueur /*fr.* kla'kœr/ **s. m. inv.** ● Clacchista.

clarìna ● V. *chiarina.*

clarinettìsta [fr. *clarinettiste*, da *clarinette* 'clarinetto'] **s. m. e f.** (**pl. m.** *-i*) ● Chi suona il clarinetto.

clarinétto [fr. *clarinette*, da *clarine* 'sonaglio', dal lat. *clārus* 'chiaro, sonoro'] **s. m.** ● Strumento a fiato costituito da un tubo cilindrico di legno, munito di un bocchino e di un barilotto nella parte superiore, e di una campana al termine del tubo | *C. in fa*, corno bassetto. ➡ **ILL. musica.**

clarinista **s. m. e f.** (**pl. m.** *-i*) ● Chi suona il clarino.

clarìno [fr. *clairon*, da *clair* 'chiaro', per la chiarezza del suono; nel sign. di 'clarino', da *clarinetto*] **s. m. *1*** Tipo di tromba del XVII e XVIII sec. **SIN.** Clarone. ***2*** Correntemente, clarinetto. ***3*** Chiarina, nel sign. 1.

clarissa [da *Clāra*, n. lat. di S. Chiara (1194-1253), fondatrice dell'ordine] **s. f.** ● Suora dell'ordine francescano di clausura.

Clark® /klark, *ingl.* kla:k/ **s. f. inv.** ● Scarpa di pelle leggera, con fondo in gomma.

†clàro e *deriv.* ● V. *chiaro* e *deriv.*

claróne [fr. *clairon*. V. *clarino*] **s. m. *1*** †Specie di clarinetto in fa, attualmente sostituito dal clarinetto basso. *2* Clarino, nel sign. 1.

-clașia • V. *-clastia.*

classaménto s. m. *1* Atto, effetto del classare, nel sign. 2. *2* Operazione di formazione del catasto, consistente nell'applicazione dell'estimo a ogni particella: *procedere al c. dei terreni.*

classàre [fr. *classer.* V. *classe*] v. tr. *1* Classificare. *2* Nel linguaggio di borsa, collocare titoli azionari e obbligazioni presso acquirenti che non intendono rimetterli subito in vendita.

classazióne s. f. • (*stat.*) Raggruppamento in classi delle unità di un collettivo oggetto di studio statistico, basato sulla loro omogeneità rispetto a una o più variabili qualitative o quantitative.

clàsse [vc. dotta, lat. *clăsse(m)*, prob. di origine etrusca] s. f. *1* Nell'antica Roma, ciascuna delle cinque categorie in cui erano distinti i cittadini in base al patrimonio fondiario. *2* Gruppo umano caratterizzato da una stessa situazione economica e sociale, ed eventualmente dalla comune coscienza della propria condizione, originata dalla posizione occupata nel sistema produttivo di una società storicamente determinata: *c. capitalistica, borghese, feudale, operaia, proletaria* | *Lotta di c.*, per il marxismo, il conflitto fra le classi sociali provocato da un radicale contrasto di interessi pratici | (*est.*) Insieme di persone esercitanti la medesima professione: *la c. medica, degli artisti, dei commercianti* | *C. dirigente*, l'insieme di coloro che occupano un posto preminente in ogni ambito della vita sociale, politica, economica e culturale | *C. politica*, il gruppo d'individui che detiene il potere all'interno della compagine statale. *3* Gruppo di entità di varia natura identificato all'interno di uno schema di classificazione da un complesso di caratteristiche comuni: *la c. dei sostantivi irregolari in italiano* | *Classi di lingue*, tipi in cui si distribuiscono le lingue in base ai tratti più caratteristici | *C. di simmetria*, gruppo di cristalli caratterizzati dalla presenza di determinati elementi di simmetria. *4* (*biol.*) Nei sistemi di classificazione, raggruppamento di ordini animali o vegetali affini: *la c. dei Vertebrati, delle Dicotiledoni.* *5* (*mat.*) Collezione o aggregato di enti. SIN. Insieme | *C. di grandezze*, insieme di enti nel quale sia data una relazione d'equivalenza, una relazione d'ordine totale e un'operazione che goda delle proprietà formali dell'addizione fra segmenti | *C. d'equivalenza*, uno dei sottoinsiemi formati da tutti gli elementi associati a un elemento dato in una relazione d'equivalenza. *6* Insieme dei soldati di una stessa leva: *chiamata, congedo di una c.*; *la c. del '99* | (*scherz.*) *C. di ferro*, generazione dotata di particolari qualità | *C. di leva*, insieme dei cittadini, che a una certa età diventano soggetti agli obblighi militari. *7* (*est.*) Raggruppamento degli alunni di una scuola secondo il grado di studio o la materia: *essere promossi alla quinta c.*; *la c. di francese, di dattilografia* | (*est.*) Tutti gli alunni dello stesso corso: *c. maschile, femminile, mista*; *una c. difficile* | (*est.*) L'aula stessa in cui gli alunni ascoltano le lezioni: *uscire di, entrare in c.* | (*raro, est.*) Sezioni in cui si può dividere una classe: *c. A, B, C* | *C. collaterale*, sezione collaterale. *8* (*dir.*) Insieme dei terreni o immobili urbani cui, nell'estimo catastale, è stato riconosciuto uno stesso grado di produttività o uno stesso valore di rendita. *9* (*est.*) Ripartizione fondata su differenze nelle attrezzature e nei servizi, valida sui mezzi di trasporto aerei, terrestri, marittimi, nelle stazioni, negli alberghi e sim.: *c. di lusso, turistica*; *albergo, carrozza di seconda c.* SIN. Categoria. *10* Suddivisione di imbarcazioni, automobili e motociclette appartenenti a una categoria secondo determinate caratteristiche di lunghezza, peso, potenza e sim. *11* (*fig.*) Ottima qualità, eccellenza di doti: *quel cavallo ha c.* | *Di c., di gran c.*, di notevole pregio | *Di prima c.*, eccellente | *Fuori c.*, dotato di qualità eccezionali, imbattibile | *Atleta di c. internazionale*, degno di partecipare a competizioni internazionali | *Persona di c.*, di modi e gusti signorili. *12* (*raro, lett.*) Flotta. || **classàccia**, pegg. | **classétta**, dim. | **classettina**, dim.

classènse agg. • Di Classe, in provincia di Ravenna | *Biblioteca c.*, a Ravenna, raccoglie preziosi manoscritti e incunaboli.

classiàrio [vc. dotta, lat. *classiāriu(m)*, da *clăssis* 'flotta'. V. *classe*] s. m. • Soldato della flotta romana.

clàssica [f. sost. di *classico*] s. f. • Gara sportiva annuale di lunga tradizione aperta a una sola categoria di atleti, con partecipazione internazionale | Nell'ippica, corsa che si disputa tra cavalli della stessa età portanti un ugual peso.

classicheggiànte part. pres. di *classicheggiare*; anche agg. *1* Nei sign. del v. *2* Che tende allo stile classico: *secolo c.*

classicheggiàre v. intr. (*io classichéggio*; aus. *avere*) • Imitare i classici in arte o in letteratura.

classicìșmo s. m. *1* Qualità di chi o di ciò che è classico: *il c. di Virgilio, del Partenone.* *2* Teoria artistica che pone come regola fondamentale dell'arte l'imitazione dei classici, considerandoli modelli insuperabili: *il c. del Seicento francese.*

classicìsta s. m. e f. (pl. m. *-i*) *1* Fautore, seguace del classicismo. *2* Studioso dell'antichità classica.

classicìstico agg. (pl. m. *-ci*) • Che è proprio del classicismo, dei classicisti: *l'ideale c. del Rinascimento.* || **classicisticaménte**, avv. Secondo le teorie del classicismo.

classicità s. f. *1* Canoni estetici o gusto artistico ispirati al mondo classico: *l'evidente c. dell'architettura del Settecento*; *la castità della forma, che si suole chiamare c.* (CROCE). *2* Il mondo dell'antichità greca e romana.

classicizzàre A v. tr. • Conformare al gusto e allo stile classico. B v. intr. (aus. *avere*) • (*raro*) Tendere allo stile classico.

clàssico [fr. *classique*, dal lat. *clăssicu(m)* 'cittadino della prima classe', poi 'di prim'ordine', da *clăssis* 'classe'] A agg. (pl. m. *-ci*) *1* Che è pertinente alla civiltà greca e latina: *scrittori, autori classici*; *studi classici*; *liceo c.*; *arte classica.* *2* Che è considerato modello di stile, detto di opera o di artista: *è un romanzo c. della letteratura contemporanea.* *3* (*fis.*) Non quantistico, non relativistico: *meccanica classica.* *4* (*est.*) Esemplare, tipico, caratteristico: *è la classica buccia di banana* | Tradizionale: *linea, moda classica*; *abito c.* | *Tessuto, colore c.*, non soggetto agli effimeri dettami della moda | *Gara, corsa classica*, V. *classica* | (*sport*) *Tecnica classica*, quella che regola l'andatura di alcune competizioni sciistiche di fondo, basata essenzialmente sull'uso del passo alternato | *Questa è classica!*, (*raro*) escl. ironica di commento a un'affermazione assurda. || **classicaménte**, avv. B s. m. *1* Opera o artista che, per l'alto valore dell'esperienza artistica e culturale che rappresenta, costituisce un modello stilistico: *i classici russi dell'Ottocento.* *2* (*al pl., per anton.*) Gli scrittori greci e latini.

classìfica [da *classificare*] s. f. *1* Graduatoria per ordine di merito dei partecipanti a una competizione, secondo particolari criteri o modalità: *c. generale, assoluta*; *c. per categorie*; *c. a punti* | *C. dei cannonieri*, graduatoria dei calciatori che hanno segnato goal nel corso di un campionato o di un torneo | *Atleta, squadra di c.*, che ha possibilità di vincere o di ottenere un buon piazzamento in gare o campionati. *2* Graduatoria di partecipanti a una gara o concorso, secondo l'esito: *la c. degli abilitati all'esame di stato.*

classificàbile agg. • Che si può classificare.

classificàre [comp. di *classe* e *-ficare*] A v. tr. (*io classìfico, tu classìfichi*) *1* Ordinare per classi: *c. libri, documenti, piante, animali, idee.* *2* (*est.*) Valutare mediante l'assegnazione di un voto, un parere formale e sim., il merito di uno scolaro, di un candidato, di un compito e sim.: *lo hanno classificato piuttosto bene* | Nell'organizzazione aziendale, valutare un dipendente o una merce secondo standard definiti di qualità. *3* (*chim.*) Separare manualmente o mediante vagli una sostanza che si presenta con dimensioni non omogenee in gruppi di dimensioni omogenee. B v. intr. pron. • Ottenere un certo posto o grado in una classifica: *classificarsi fra i primi cinque.*

classificatóre s. m. (f. *-trice* nel sign. 1) *1* Chi classifica. *2* Cartella per contenere documenti e sim. classificati | Mobile di varia forma e materia munito di cassetti per conservare in ordine lettere, documenti e sim. *3* (*chim.*) Apparecchio contenente vagli sovrapposti, vibranti, con maglie di diversa spaziatura in modo che la sostanza o il materiale versato dall'alto si separi in gruppi di dimensioni omogenee.

classificatòrio [da *classificare*] agg. • Di, relativo a classificazione.

classificazióne [da *classificare*] s. f. *1* Atto, effetto del classificare: *c. per specie, per categoria*; *la c. botanica di Linneo*; *la c. periodica degli elementi chimici*; *c. statistica*; *c. di documenti* | *C. decimale universale*, catalogazione sistematica spec. di materiale bibliografico d'archivio, di magazzino e sim., fondata sulla ripartizione degli elementi in dieci classi, ciascuna a sua volta suddivisa in dieci divisioni e così via. *2* (*est.*) Valutazione di persone o cose, mediante voti, pareri, giudizi e sim.: *c. di un alunno*; *metodo della c. del lavoro.*

classìșmo [da *classe* nel sign. 2] s. m. • Teoria secondo cui la storia delle civiltà appare come il risultato della lotta fra le classi sociali.

classìsta A agg. (pl. m. *-i*) • Classistico | *Stato c.*, che ha come fine la cura del benessere di una sola classe di cittadini. B s. m. e f. (pl. m. *-i*) • Chi accetta gli schemi del classismo.

classìstico agg. (pl. m. *-ci*) • Relativo, conforme al classismo.

-clastìa o **-clașia** [dal gr. *klastós* 'spezzato', da *kláō* 'io rompo'] secondo elemento • In parole composte dotte o scientifiche significa 'rottura', 'frantumazione': *iconoclastia.*

clàstico [dal gr. *klastós* 'spezzato', da *kláō* 'io rompo' (V. prec.)] agg. (pl. m. *-ci*) *1* Detto di sedimento, di roccia sedimentaria e sim., che si è depositato come frammento di minerale o roccia preesistente. *2* (*psicol., raro*) Tendente a distruggere, distruttivo.

clàudia [così detta in onore della regina *Claudia* (1515-1547), moglie di Francesco I di Francia] agg. solo f. • Detto di una varietà di susina europea di color giallo dorato, con polpa soda spiccagnola.

claudicànte part. pres. di *claudicare*; anche agg. *1* Nei sign. del v. *2* (*fig.*) Difettoso, imperfetto: *prosa c.*; *periodi claudicanti*; *negozio giuridico c.*

claudicàre [vc. dotta, lat. *claudicāre*, da *clāudus* 'zoppo', di etim. incerta] v. intr. (*io clàudico, tu clàudichi*; aus. *avere*) • (*lett.*) Zoppicare: *traversò le stanze, claudicando* (D'ANNUNZIO) | (*fig.*) Titubare.

claudicazióne [vc. dotta, lat. *claudicatiōne(m)*, da *claudicāre* 'claudicare'] s. f. • Passo zoppicante.

claunésco o **clownésco** [da *clown*] agg. (pl. m. *-schi*) • Che ricorda la mimica e l'arte di un clown: *espressione claunesca.*

clàușola o (*raro*) **clàușula** [vc. dotta, lat. *clāusula(m)*, da *clāudere* 'chiudere'] s. f. *1* (*dir.*) Proposizione di contenuto autonomo, inserita per volontà delle parti o della legge in un atto giuridico, spec. negoziale: *c. penale*; *c. compromissoria*; *c. arbitrale* | *C. della nazione più favorita*, nei trattati commerciali internazionali, quella con cui ci si impegna a estendere all'accordo eventuali migliori condizioni che verranno sottoscritte in futuro con altre nazioni | *C. di provvisoria esecuzione*, quella aggiunta a una pronuncia giurisdizionale al fine di imporne l'esecuzione immediata | *C. di cancello*, per cui il noleggiatore ha facoltà di dichiarare nullo il contratto di noleggio se entro il termine pattuito la nave non è pronta per la caricazione | *C. rossa*, condizione di utilizzazione di crediti documentari, per cui la banca è autorizzata a concedere anticipi, prima della presentazione dei documenti di spedizione | *C. verde*, o *c. rossa su basi garantite*, se il versamento degli anticipi deve avvenire contro presentazione di documenti comprovanti l'immagazzinamento, anche parziale, delle merci in attesa di spedizione | *C. di stile*, abitualmente inserita in un contratto al fine di renderne più completo e comprensibile il testo. *2* (*est.*) Inciso: *il discorso è chiaro, ma contiene qualche c. discutibile.* *3* Cadenza armoniosa alla fine del periodo. *4* Conclusione di una frase musicale. || **clausolétta**, dim.

claustràle [vc. dotta, lat. tardo *claustrāle(m)*, da *clāustrum* 'chiostro'] A agg. • Del chiostro: *vita c.* | (*raro, est.*) Monastico, religioso: *vocazione c.* B s. m. e f. • (*spec. al pl., raro*) Monaco o monaca di clausura.

claustrazióne s. f. ● (*raro*) Il chiudersi in un chiostro.

clàustro ● V. *chiostro*.

claustrofilìa [comp. del lat. *clāustru(m)* 'chiostro' e di *-filia*] s. f. ● Tendenza morbosa a vivere appartati.

claustrofobìa [comp. del lat. *clāustru(m)* 'chiostro' e di *-fobia*] s. f. ● Timore morboso degli spazi chiusi.

claustrofòbico agg. (pl. m. *-ci*) ● Relativo alla claustrofobia: *manifestazione claustrofobica*.

claustròfobo [comp. del lat. *clāustrum* 'chiostro' e di *-fobo*] agg.; anche s. m. (f. *-a*) ● Che, chi soffre di claustrofobia.

clàuṣula ● V. *clausola*.

clauṣùra [vc. dotta, lat. tardo *clausūra(m)*, da *clāudere* 'chiudere'] s. f. **1** Regola che vieta a monaci e a monache di alcuni ordini di uscire dal chiostro | Divieto imposto agli uomini di entrare in monasteri femminili, e alle donne di entrare in conventi maschili | Parte del convento o del monastero sottoposta a tale divieto. **2** (*fig.*) Luogo appartato e poco frequentato. **3** †V. *chiusura*.

clàva [vc. dotta, lat. *clāva(m)*, di origine indeur., dalla stessa radice di *percĕllere* 'colpire'] s. f. **1** Bastone grosso e piuttosto corto, arrotondato a una delle estremità, usato come arma dai primitivi: *era a tener uso / la c. ponderosa* (POLIZIANO) | (*est.*) Grosso bastone. **2** Mazza di guerra con testa di ferro munita di borchie e di chiodi. **3** Nella ginnastica, attrezzo in legno la cui forma ricorda quella di una bottiglia, usato per esercizi collettivi. || **clavétta**, dim.

clavàrìa [fr. *clavaire*, dal lat. *clāva* 'clava', per la forma] s. f. ● Genere di funghi Basidiomiceti delle Clavariacee con corpo fruttifero di aspetto vario (*Clavaria*). SIN. (*pop.*) Ditola, manina. ➡ ILL. **fungo**.

Clavariàcee [vc. dotta, comp. di *clavaria* e *-acee*] s. f. pl. ● Nella tassonomia vegetale, famiglia di Funghi il cui corpo fruttifero ha aspetto simile a una clava, o arborescente (*Clavariaceae*) | (al sing. *-a*) Ogni individuo di tale famiglia.

clavicembalìsta s. m. e f. (pl. m. *-i*) **1** Chi suona il clavicembalo. **2** Compositore di musica per clavicembalo.

clavicembalìstica s. f. ● Arte di suonare il clavicembalo o di comporre musiche per tale strumento.

clavicembalìstico agg. (pl. m. *-ci*) ● Detto di composizione musicale per clavicembalo: *una pagina clavicembalistica del Settecento*.

clavicémbalo [comp. del lat. *clāvis* 'chiave' e *cy̆mbalum* 'cembalo'. *Chiavi* sono le verghette di legno con cui si percuotevano le corde dello strumento] s. m. ● Strumento a corde pizzicate con plettri azionati da una tastiera. ➡ ILL. **musica**.

clavìcola [vc. dotta, lat. *clavīcula(m)* 'viticcio, piccola chiave', dim. di *clāvis* 'chiave', detta così per la forma] s. f. ● (*anat.*) Osso della cintura toracica che va dallo sterno alla scapola. ➡ ILL. p. 362 ANATOMIA UMANA.

clavicolàre agg. ● Della, relativo alla, clavicola.

clavicòrdo o **clavicòrdio** [comp. del lat. *clāvis* 'chiave' e *chŏrda* 'corda'. V. *clavicembalo*] s. m. ● Strumento a tastiera, a corde percosse, progenitore del pianoforte. SIN. Spinetta sorda. ➡ ILL. **musica**.

†**clavìgero** [vc. dotta, lat. *clavĭgeru(m)* 'portatore' (da *gĕrere* 'portare') di clava (lat. *clāva*)'] agg. ● (*lett.*) Portatore di clava.

clavioline /*fr.* klavjo'lin/ [comp. del lat. *clāvis* 'chiave' (V. *clavicembalo*), e di un secondo elemento di etim. incerta] s. m. e f. ● Strumento elettronico a tastiera in grado di riprodurre il timbro di vari strumenti.

clàvo [vc. dotta, lat. *clāvu(m)*. V. *laticlavio*] s. m. **1** Nella Roma antica, balza di stoffa purpurea che, applicata alla tunica, indicava l'appartenenza all'ordine equestre | Orlo di lana purpurea, intessuto nella toga pretesta, come insegna dei fanciulli romani di età inferiore ai quindici anni. **2** (*raro, est.*) Ornamento applicato alle vesti usate nella liturgia delle chiese cristiane.

clàxon /'klakson/ e *deriv.* ● V. *clacson* e *deriv.*

clearance /*ingl.* 'kliərəns/ [vc. ingl., propr. 'depurazione', da *to clear* 'schiarire, ripulire', da *clear* 'chiaro' (a sua volta dal fr. ant. *cler*)] s. f. inv. ● (*med.*) Tecnica usata nello studio della funzionalità renale, consistente nella determinazione del volume di plasma (o di sangue) che il rene è in grado di depurare, nell'unità di tempo, da una sostanza normalmente presente o introdotta a scopo diagnostico.

clearing /*ingl.* 'kliəriŋ/ [vc. ingl., da *to clear* 'operare uno storno'] s. m. inv. ● (*econ.*) Compensazione dei debiti coi crediti fra le varie banche | Compensazione dei debiti per le importazioni coi crediti per le esportazioni, pattuita fra due Stati, per evitare movimenti di valuta | (*borsa*) *C. house*, organismo di un mercato organizzato che, ponendosi come controparte di ogni operatore, assicura il buon fine delle operazioni e la liquidità del mercato stesso.

clèfta [gr. moderno *kléphtēs*, propr. 'ladro', offesa ai nemici] s. m. (pl. *-i*) ● Membro di bande di insorti greci che nei secc. XVIII-XIX si opposero con il brigantaggio e la guerriglia alla dominazione turca.

clèftico [gr. moderno *kléphtikos* 'proprio del clefta'] agg. (pl. m. *-ci*) ● Dei clefti, spec. riferito ai canti popolari che ne celebravano le imprese.

clèisto- [dal gr. *kleistós* 'chiuso', da *kléiein* 'chiudere', di origine indeur.] primo elemento ● In parole composte della terminologia scientifica significa 'chiuso': *cleistogamia*.

cleistogamìa [comp. di *cleisto-* e *-gamia*] s. f. ● (*bot.*) Presenza di fiori cleistogami.

cleistògamo [comp. di *cleisto-* e del gr. *gámos* 'nozze'] agg. ● (*bot.*) Detto di fiore che rimane chiuso e quindi si autofeconda.

clematìde o †**clematìte** [vc. dotta, lat. *clemătide(m)*, nom. *clēmatis*, dal gr. *klēmatís*, dim. di *klêma* 'tralcio di vite' (da avvicinare a *klân* 'rompere')] s. f. ● Genere di piante erbacee rampicanti delle Ranuncolacee con frutto ad achenio, foglie opposte e fiori formati da quattro sepali variamente colorati (*Clematis*).

clemènte [vc. dotta, lat. *clemĕnte(m)*, di etim. incerta] agg. **1** Che perdona con facilità, che mostra indulgenza: *essere, dimostrarsi c. verso qc.*; *un giudice c.* | Generoso, pietoso: *divinità c.* **2** Mite, detto di stagione o di clima: *estate, inverno c.* || **clementeménte**, avv. (*raro*) In modo clemente.

clementìna [dal n. del coltivatore, un certo padre *Clemente*, che riuscì a ottenerla] s. f. ● (*agr.*) Ibrido naturale di mandarino e melangolo. SIN. Mandarancio.

clementìno agg. ● Di opere, decreti, costituzioni e sim. pubblicate da uno dei papi che portarono il nome di Clemente.

clemènza [vc. dotta, lat. *clemĕntia(m)*, da *clĕmens*, genit. *clemĕntis* 'clemente'] s. f. **1** Qualità di chi è clemente: *costei sosterrà scettro innocente, / pien di c. e privo di rigore* (MARINO) | Indulgenza, condiscendenza. **2** Mitezza della stagione, del tempo.

cleopàtra [dal n. della regina d'Egitto, arbitrariamente assegnato] s. f. ● (*zool.*) Genere di Molluschi dei Gasteropodi, abitatori delle acque dolci dell'Africa, del Madagascar e delle isole Seicelle (*Cleopatra*).

cleptòmane [fr. *kleptomane*, comp. del gr. *kléptēs* 'ladro' (di origine indeur.), e di *-mane* '-mane'] agg.; anche s. m. e f. ● Che, chi è affetto da cleptomania.

cleptomanìa [fr. *kleptomanie*, da *kleptomane* 'cleptomane'] s. f. ● Impulso ossessivo e irrefrenabile a rubare.

clèrgyman /'klɛrdʒiman, *ingl.* 'klə:dʒimən/ [ingl., propriamente 'sacerdote, ecclesiastico', comp. di *clergy* 'clero', dal lat. tardo *clericātu(m)* 'clericato' e *man* 'uomo', di origine germ.] s. m. inv. ● Abito sacerdotale composto di giacca e pantaloni neri o grigioscuro con pettorina nera e collare bianco, indossato generalmente fuori della chiesa.

clericàle o †**chiericàle** [vc. dotta, lat. tardo *clericāle(m)*, da *clēricus* 'chierico'] **A** agg. ● Del clero: *privilegi clericali*; *abito c.* || **clericalménte**, avv. Da clericale. **B** agg.; anche s. m. e f. ● Seguace del clericalismo | Che, chi è favorevole all'intervento diretto e indiretto del potere ecclesiastico nella vita politica.

clericaleggiànte part. pres. di *clericaleggiare*; anche agg. ● Nel sign. del v.

clericaleggiàre [da *clericale*] v. intr. (*io clericaléggio*; aus. *avere*) ● Professare e praticare il clericalismo.

clericalìṣmo [fr. *cléricalisme*, da *clérical* 'clericale'] s. m. ● Posizione di coloro che, militando nella vita pubblica, si propongono soprattutto la tutela dei diritti della Chiesa e l'applicazione dei suoi principi nell'ordine civile.

clericalizẓazióne s. f. ● L'assumere forme, modi, atteggiamenti e sim. tipici degli appartenenti al clero.

clericàto ● V. *chiericato*.

†**clèrico** ● V. *chierico*.

clèro [vc. dotta, lat. tardo *clēru(m)*, nom. *clērus*, dal gr. *klêros* 'sorte, eredità', poi 'parte scelta dei fedeli'] s. m. **1** L'insieme dei sacerdoti, cui, in una chiesa, è affidato il culto divino. **2** Nella teologia cattolica, l'insieme dei membri della chiesa cui è demandato, per divina investitura, l'ufficio di santificare e governare spiritualmente i fedeli | *C. regolare*, religiosi di ordini e di congregazioni soggetti a regole | *C. secolare*, i sacerdoti che vivono nel secolo, ossia nel mondo.

clerodèndro [comp. del gr. *klêros* 'sorte' e *déndron* 'albero'] s. m. ● Genere di piante arbustive o arboree delle Verbenacee, con fiori di vario colore e frutto a drupa (*Clerodendron*).

cleromanzìa [vc. dotta, comp. del gr. *klêros* 'sorte' e di *-manzia*] s. f. ● Divinazione basata su segni particolari o su elementi scelti a caso, quali il volo e il canto degli uccelli, taluni segni su carte e dadi, e sim.

†**clèṣia** ● V. *chiesa*.

clessìdra [fr. *clepsydre*, dal lat. *clĕpsydra(m)*, nom. *clĕpsydra*, dal gr. *klepsýdra*, comp. del gr. *kléptō* 'io rubo' e *hýdōr* 'acqua'] s. f. ● Particolare orologio costituito da due piccoli recipienti di vetro sovrapposti, comunicanti tra loro mediante uno stretto passaggio attraverso il quale scorrono lentamente sabbia o acqua, dando così la misura del tempo trascorso.

clic o **clicchete**, **click** [vc. onomat.] **A** inter. ● Riproduce il secco rumore di un interruttore, di un grilletto e in genere di un congegno, spec. metallico, che scatta | (*fam.*) *Fare c.*, fotografare. **B** anche s. m.: *il c. dell'interruttore*.

clicchettìo [vc. onomat.] s. m. ● Serie di piccoli colpi secchi e metallici. SIN. Ticchettio.

cliché /*fr.* kli'ʃe/ [vc. fr., di origine onomat. (?)] s. m. inv. **1** Lastra metallica in zinco, rame o altro, incisa con processi fotochimici per la riproduzione tipografica di disegni e fotografie | *C. a mezzatinta, a retino*, quello in cui tutti i valori tonali dell'originale sono resi mediante punti uniformemente neri, di grossezza variabile | *C. al tratto*, quello caratterizzato da superfici uniformemente nere o bianche e da chiaroscuri resi mediante tratti più o meno fini e distanziati. **2** (*fig.*) Modello, tipo convenzionale o banale di discorso, giudizio, comportamento, attività e sim. seguito pedestremente, senza ripensamenti personali o rielaborazioni critiche: *attenersi a un c.*; *è un c. ormai superato*; *il c. della perfetta padrona di casa*. **3** (*ling.*) Ogni espressione ricercata che costituisce uno scarto stilistico in rapporto alla norma, e che si trova banalizzata dall'uso troppo frequente che ne è stato fatto.

click /klik/ ● V. *clic*.

cliẹnte [vc. dotta, lat. *cliĕnte(m)*, di etim. incerta] s. m. e f. **1** Chi compie i propri acquisti presso un determinato negozio, o frequenta abitualmente un bar, un ristorante, un albergo e sim.: *quel negozio ha molti, pochi clienti*; *servitelo bene, è un c.* | Chi si serve abitualmente dell'opera di un professionista o di un artigiano: *i clienti del dentista, del parrucchiere, del barbiere*. **2** Nei diritti antichi, colui che si è posto sotto la protezione di un patrono. **3** (*est., spreg.*) Chi è asservito, per interessi privati e sim., a un potente personaggio, spec. politico.

cliẹntèla [vc. dotta, lat. *clientēla(m)*, da *clīens*, genit. *cliĕntis* 'cliente'] s. f. **1** Complesso dei clienti di un negoziante, di un professionista, di un artigiano e sim.: *avere una buona c.*; *una c. ricca, scelta*. **2** Nei diritti antichi, rapporto di protezione e soggezione volontaria a un patrono. **3** (*est., spreg.*) Insieme di coloro che sostengono un personaggio potente, ottenendone in cambio favori e protezione: *c. politica*.

clientelàre agg. ● Relativo a clientela, nel sign. 3: *favoritismo c.*

clientelismo s. m. *1* Relazioni tra persone che sono legate da motivi di interesse o che cercano di ottenere favoritismi: *c. politico, industriale.* *2* (*spreg.*) Politica fondata su favoritismi personali.

clientelìstico agg. (pl. m. *-ci*) ● Relativo a clientelismo: *manovre clientelistiche.*

clièntolo o (*lett.*) †**clièntulo** [vc. dotta, lat. *cliĕntulu(m)*, dim. di *clĭens*, genit. *cliĕntis* 'cliente'] s. m. *1* †Cliente. *2* (*raro, lett.*) Cliente da strapazzo.

clima o †**climate**, †**climato** [vc. dotta, lat. tardo *clīma*, dal gr. *klíma* 'inclinazione', poi 'inclinazione della terra dall'equatore ai poli', quindi 'zona geografica, latitudine', da *klínō* 'io piego', di origine indeur.] s. m. (pl. *-i*) *1* Insieme delle condizioni atmosferiche, normali e anormali, che caratterizzano una regione | Andamento abituale del tempo in una regione: *c. freddo, caldo, secco, umido, temperato, marittimo, continentale.* *2* (*fig.*) Complesso di condizioni e situazioni politiche, culturali e sim. che caratterizzano una determinata località, o ambiente sociale, o periodo storico: *il c. della Francia rivoluzionaria*; *il c. teso del dopoguerra.* *3* Ciascuna delle sette zone in cui i geografi antichi ripartivano la terra a nord dell'equatore. *4* (*lett.*) Regione, paese: *qual è c. sì inospito e remoto / alma qual è che non conosca amore?* (MARINO).

climatèrico [vc. dotta, lat. *climactēricu(m)*, nom. *climactēricus*, dal gr. *klimaktērikós*, da *klimaktḗr*, genit. *klimaktêros* 'climaterio'] agg. (pl. m. *-ci*) *1* (*med.*) Del, relativo al, climaterio maschile o femminile. *2* Detto di ogni settimo anno della vita umana che, secondo gli antichi, compiva un ciclo, ed era reputato pericoloso. *3* (*fig.*) Infausto, pericoloso: *periodo c.*

climatèrio [gr. *klimaktḗr*, genit. *klimaktêros* 'scalino, punto critico della vita', da *klîmax*, genit. *klímakos* 'scala', da *klínō* 'io piego'] s. m. ● (*fisiol.*) Periodo di involuzione con disturbi fisici e psichici derivati dall'esaurimento dell'attività delle ghiandole sessuali | *C. femminile*, menopausa | *C. maschile*, andropausa.

climàtico [fr. *climatique*, dal gr. *klimatikós*, da *klíma*. V. *clima*] agg. (pl. m. *-ci*) ● Relativo al clima: *variazioni climatiche* | *Cura climatica*, praticata variando l'ambiente e il clima abituale | *Stazione climatica*, luogo con clima adatto a cure particolari. || **climaticaménte**, avv. Dal punto di vista climatico.

climatizzàre [fr. *climatiser*, dal gr. *klíma*, genit. *klímatos* 'clima'] v. tr. ● Condizionare l'aria in locali chiusi.

climatizzàto part. pass. di *climatizzare*; anche agg. *1* Nel sign. del v. *2* Adatto a tutti i climi, a tutte le stagioni: *materasso c.*

climatizzatóre [da *climatizzare*] s. m. ● Impianto che mantiene a valori prefissati la temperatura e l'umidità dell'aria di un ambiente chiuso, alzandoli o abbassandoli rispetto ai valori esterni a seconda delle stagioni: *c. per automobile*; *appartamento con c.*

climatizzazióne [fr. *climatisation*, da *climatiser* 'climatizzare'] s. f. ● Atto, effetto del climatizzare.

†**climato** ● V. *clima.*

climatogràmma [comp. del gr. *klíma*, genit. *klímatos* 'clima' e di *-gramma*] s. m. (pl. *-i*) ● Grafico che indica la piovosità e la temperatura relative a un dato periodo di tempo.

climatologìa [comp. del gr. *klíma*, genit. *klímatos* (V. *clima*) e di *-logia*] s. f. (pl. *-gie*) ● Studio generale del clima nei suoi aspetti statici e dinamici e nelle sue differenziazioni.

climatològico agg. (pl. m. *-ci*) ● Della, relativo alla, climatologia.

climatòlogo s. m. (pl. *-gi* o pop. *-ghi*) ● Studioso, esperto di climatologia.

climatoterapìa [comp. del gr. *klíma*, genit. *klímatos* 'clima' e di *terapia*] s. f. ● Terapia ottenuta sfruttando l'azione del clima più idoneo su date malattie.

climax o **klìmax** [vc. dotta, gr. *klîmax* 'scala'. V. *climaterio*] s. m. o f. *1* (*ling.*) Figura retorica che consiste nella gradazione ascendente per intensità e forza di una serie di concetti e di vocaboli: *per sdegno, per orgoglio, o per dispetto* (BOIARDO). *2* (*biol.*) Stato di equilibrio di una comunità di organismi vegetali o animali che resta stabile finché non si alterino in modo notevole le condizioni ambientali | (*est.*) La comunità stessa. *3* (*med.*) Acme. *4* (*biol.*) Orgasmo.

clinch /*ingl.* klintʃ/ [ingl., da *to clinch* 'afferrare strettamente', var. di *to clench*, di origine germ.] s. m. inv. (pl. ingl. *clinches*) ● Nel pugilato, azione con sistente nel tenere e immobilizzare l'avversario con le braccia, a contatto stretto, per impedirgli di colpire.

cline [dall'ingl. *cline*, deriv. del v. gr. *klínein* 'inclinare'] s. m. ● (*biol.*) Relazione tra due categorie sistematiche affini, che consiste in una variabilità continua di uno o più caratteri morfologici e fisiologici lungo una linea di transizione tra ambienti diversi.

clìnica [fr. *clinique*, dal lat. *clīnice(m)*, nom. *clīnice*, dal gr. *klinikḗ* (sott. *téchnē* 'arte'). V. *clinico*] s. f. *1* Parte della medicina che studia le manifestazioni morbose delle malattie, mediante l'osservazione diretta dei singoli pazienti: *c. medica, chirurgica, ostetrica.* *2* Settore ospedaliero diretto da un clinico: *c. ortopedica, otorinolaringoiatrica.* *3* Correntemente, casa di cura privata: *ricoverarsi, farsi operare, in una c.*; *pagare la retta della c.*

clìnico [fr. *clinique*, dal lat. tardo *clīnicu(m)*, nom. *clīnicus*, dal gr. *klinikós*, da *klínē* 'letto', di origine indeur.] **A** agg. (pl. m. *-ci*) ● Relativo alla clinica: *caso c.*; *studio c.*; *terapia clinica* | *Occhio c.*, quello del medico capace di fare una buona diagnosi al solo esame visivo del paziente; (*fig.*) che sa riconoscere subito la natura o le cause di q.c. | *Quadro c.*, complesso dei dati relativi all'andamento di una malattia. || **clinicaménte**, avv. Dal punto di vista clinico. **B** s. m. ● Medico che esercita attività clinica, medica o chirurgica | (*per anton.*) Docente universitario di clinica.

clìnker /'klinker, *ingl.* 'kliŋkə*/ o **klìnker** [ingl., dall'ol. *klinken* 'risuonare', vc. di origine onomat.] s. m. inv. *1* Prodotto della cottura di miscele di calcare e argille, che per macinazione e stagionatura dà il cemento. *2* Tipo di mattoni cotti ad altissima temperatura, usati per rivestimento.

clino-, -clino [dal gr. *klínein* 'piegare', di origine indeur.] primo o secondo elemento ● In parole composte della terminologia scientifica significa 'inclinazione', 'pendenza': *clinometro.*

clinòmetro [comp. di *clino-* e *-metro*] s. m. ● Apparecchio munito di livella e di goniometro che serve a misurare l'inclinazione di un corpo rispetto al piano orizzontale.

clinoscopìa [comp. di *clino-* e *-scopia*] s. f. ● (*med.*) Esame radiologico del paziente il cui corpo sia in posizione sdraiata su un clinoscopio.

clinoscòpio [comp. di *clino-* e *-scopio*] s. m. ● (*med.*) Tavolo che può assumere varie inclinazioni in modo che si possa radiografare il paziente in posizione orizzontale, eretta o inclinata.

clinostatismo [comp. di *clino*, *stat(o)*- e del suff. *-ismo*] s. m. ● (*fisiol.*) Posizione orizzontale del corpo. CONTR. Ortostatismo.

clip (1) /*ingl.* klip/ [vc. ingl., propr. 'graffa, fermaglio', da *to clip* 'abbrancare, fermare', di origine germ.] s. f. inv. *1* Fermaglio, spec. per fogli di carta | Asticciola con cui si ferma la penna o la matita al taschino. *2* Fermaglio a molla che si applica agli orecchini per tenerli stretti al lobo dell'orecchio o ad altro gioiello in sostituzione dello spillo | (*est.*) Orecchino o spilla dotati di tale fermaglio: *una c. di brillanti.*

clip (2) /*ingl.* klip/ [vc. ingl., da una vc. scandinava d'orig. germ. che significa 'strappare'] s. m. inv. *1* Breve stralcio di filmato trasmesso spec. a scopi promozionali. *2* Acrt. di *video-clip.*

clipeàto [vc. dotta, lat. *clipeātu(m)*, da *clĭpeus* 'clipeo'] agg. ● (*lett.*) Armato di clipeo.

clìpeo [vc. dotta, lat. *clĭpeu(m)*, forse di origine etrusca] s. m. *1* Scudo di rame grande e rotondo. *2* (*zool.*) Parte del capo degli insetti inferiore alla fronte, su cui si articola il labbro.

clippàggio [da *clipper*] s. m. ● (*elettr., raro*) Cimatura.

clìpper /'klipper, *ingl.* 'klipə*/ [vc. ingl., da *to clip* 'tagliare (le onde)'] s. m. inv. *1* Grande veliero, notevolmente veloce, usato nell'Ottocento in America per collegamenti transoceanici. *2* Aereo transoceanico. *3* (*elettr.*) Dispositivo elettronico per limitare l'ampiezza di un'onda a un livello stabilito.

cliscè o **cliscé** s. m. ● (*raro*) Adattamento di *cliché* (V.).

clisimetro [comp. del gr. *klísis* 'inclinazione', da *klínein* 'inclinare' (V. *clitoride*), e di *-metro*] s. m. ● Strumento topografico provvisto di cannocchiale collimatore, inclinabile mediante vite micrometrica, usato per misurare inclinazioni.

clisma [vc. dotta, gr. *klýsma* 'lavanda, clistere', da *klýzein* 'bagnare, lavare' (V. *clistere*)] s. m. (pl. *-i*) ● (*med.*) Clistere | *C. opaco*, visualizzazione del grosso intestino mediante sostanza radiopaca appositamente introdotta.

clistère o †**clistèro**, †**clistière**, †**cristère** [vc. dotta, lat. tardo *clystēre(m)*, nom. *clystḗr*, dal gr. *klystḗr*, da *klýzō* 'io bagno, lavo'] s. m. *1* (*med.*) Introduzione di liquidi medicamentosi nel retto a scopo evacuativo, nutritivo o disinfettante mediante apposito apparecchio. SIN. Clisma, enteroclisma, lavativo, serviziale. *2* La soluzione di farmaci che viene così introdotta | (*est.*) L'apposito apparecchio per tale introduzione. || **clisterino**, dim.

clìstron s. m. inv. ● Adattamento di *klystron* (V.).

clìtico [gr. *klitikós*, da *klínein* 'inclinare, piegare'] **A** s. m. (pl. *-ci*) ● (*ling.*) Forma soggetta a enclisi o a proclisi. **B** anche agg.: *pronomi clitici.*

clitòride [fr. *clitoris*, dal gr. *kleitorís*, genit. *kleitorídos*, da **kléitōr* 'collina', da *klínein* 'inclinare'] s. f. o m. ● (*anat.*) Organo erettile dell'apparato genitale esterno femminile, situato alla giunzione delle piccole labbra. ➡ ILL. p. 364 ANATOMIA UMANA.

clitoridectomìa [comp. di *clitorid(e)* ed *-ectomia*] s. f. ● (*chir.*) Asportazione chirurgica della clitoride.

clitorideo agg. ● Della, relativo alla clitoride.

clivàggio [fr. *clivage*, da *cliver* 'sfaldare', dall'ol. *klieven* 'fendere'] s. m. ● (*miner.*) Tendenza che hanno i cristalli a fendersi secondo determinati piani.

clìvia [chiamata così in onore della duchessa *Clive* di Northumberland] s. f. ● Genere di piante erbacee delle Amarillidacee con foglie verde-scuro e grandi fiori in ombrelle di color arancione (*Clivia*).

clìvo [vc. dotta, lat. *clīvu(m)*, dalla radice indeur. **klei* 'inclinare, pendere'] **A** s. m. *1* (*lett.*) Piccolo colle, pendice: *l'aura estiva del cadente rivo / e dei clivi odorosi* (PARINI). *2* (*anat.*) Superficie a gronda dell'osso occipitale alla base cranica. **B** agg. ● †Pendente.

clìzia o †**eclizia** [dal n. della ninfa *Clizia* che fu trasformata in girasole] s. f. ● (*raro, lett.*) Eliotropio, girasole: *in bianca veste e con purpureo lembo / si gira c. pallidetta al sole* (POLIZIANO).

cloàca [vc. dotta, lat. *cloāca(m)*, di etim. incerta] s. f. *1* Grande fogna o canale sotterraneo destinato a ricevere e scaricare altrove le acque luride di una città. *2* (*est.*) Luogo, ambiente dove regnano la corruzione e il vizio: *il mondo gli appariva come una c. immensa* (D'ANNUNZIO). *3* (*zool.*) Sezione degli Anfibi, dei Rettili, degli Uccelli, dei Monotremi, in cui sboccano i condotti degli apparati urinario e genitale.

cloacàle agg. ● Relativo alla cloaca.

cloàsma [vc. dotta, gr. *chlóasma* 'colore verde-giallastro', da *chloázein* 'essere verde', da *chlóē* 'erba', di origine indeur.] s. m. (pl. *-i*) ● (*med.*) Discromia della faccia | *C. gravidico*, comparsa di chiazze brunastre sulla faccia durante la gravidanza. SIN. Maschera gravidica.

clòcchete ● V. *clof.*

cloch /klɔk/ ● V. *clof.*

clochard /*fr.* klɔʃar/ [vc. fr., forse da *clocher* 'zoppicare', dal lat. parl. **cloppicāre*, der. di *clŏppus* 'zoppo', di etim. incerta] s. m. inv. ● Vagabondo senza un domicilio fisso, barbone.

cloche /*fr.* klɔʃ/ [vc. fr., propriamente 'campana', dal lat. tardo *clŏcca(m)*, di origine celtica] s. f. inv. *1* (*aer.*) Barra, leva con cui il pilota manovra in tutto o in parte l'aereo. ➡ ILL. p. 1293 SPORT. *2* (*autom.*) *Cambio a c.*, la cui leva di comando è collocata sul pavimento. *3* Cappello a tesa più o meno ampia che scende attorno al volto.

clòf o **clòcchete**, **cloch**, **clòffete**, **clop (1)**, **clòppete** [vc. onomat.] inter. ● Riproduce il rumore di una goccia d'acqua che cade da un rubinetto e sim.

cloisonné /fr. klwazɔ'ne/ [vc. fr., 'separato, diviso'] agg. inv. ● (*arte*) Detto di lavorazione dello smalto nella quale sulla superficie da decorare si delineano vari settori separati da strisce metalliche, all'interno dei quali si pone polvere di vetro colorato; dopo la vetrificazione le strisce metalliche appaiono come linee che separano i vari settori colorati.

clonàle [da *clone*] agg. ● (*biol.*) Del, relativo al clone.

clonàre v. intr. (*io clóno*) **1** (*biol.*) Produrre un clone. **2** (*est., fig.*) Riprodurre la copia identica di un determinato prodotto: *c. un personal computer*.

clonazióne s. f. ● (*biol.*) Tecnica mediante la quale si ottiene un clone.

clóne [dal gr. *klṓn* 'germoglio', da *klân* 'spezzare' (V. *cladodio*)] s. m. **1** (*biol.*) Complesso di cellule o di organismi omogenei che derivano per riproduzione agamica da una singola cellula od organismo. **2** (*est., fig.*) Copia identica di un determinato prodotto.

clònico [fr. *clonique*, dal gr. *klónos* 'movimento veemente, tumulto'] agg. (pl. m. *-ci*) ● (*med.*) Del, relativo al, clono: *spasmo c.*

clòno [vc. dotta, gr. *klónos* 'movimento veemente, scompiglio', da *kélesthai* 'spingere', di origine indeur.] s. m. ● (*med.*) Serie di rapide contrazioni e distensioni involontarie di un muscolo.

clop (1) /klɔp/ ● V. *clof*.

clop (2) /klɔp/ o **clòppete** [vc. onomat.] inter. ● Riproduce il rumore che fanno i cavalli trottando (*spec. iter.*).

clòppete ● V. *clof* e *clop (2)*.

cloràcne [comp. di *clor(o)* e *acne*] s. f. ● Malattia della pelle che si manifesta con lesioni simili a quelle dell'acne, provocata dal contatto, diretto o indiretto, con la diossina.

cloràlio [fr. *chloral*, comp. di *chlor(e)* 'cloro' e *al(col)*] s. m. ● Aldeide liquida, oleosa, di odore pungente, prodotta per azione del cloro sull'alcol, usata in medicina come anestetico e per la fabbricazione del DDT.

cloralismo [da *cloralio*] s. m. ● Malattia cronica causata da intossicazione da cloralio.

cloramfenicòlo /kloranfeni'kɔlo/ o **cloroamfenicòlo** [comp. di *cloro*, *am(mina)* e *fenico*, col suff. *-olo*] s. m. ● Antibiotico a largo spettro, batteriostatico e battericida, usato spec. contro febbri tifoidi, meningiti e altre infezioni.

cloràto [comp. di *cloro* e *-ato*] **A** s. m. ● Sale dell'acido clorico | *C. di potassio*, usato in soluzione per collutori e gargarismi. **B** agg. ● Detto di miscuglio contenente cloro libero.

cloratóre s. m. ● (*tecn.*) Apparecchio che sterilizza l'acqua immettendovi piccole quantità di cloro.

clorazióne s. f. ● Sterilizzazione di acqua mediante cloro o composti capaci di cedere cloro.

clorèlla [dal gr. *chlōrós* 'verde giallastro'. V. *cloro*] s. f. ● Genere di alghe verdi unicellulari delle Clorococcali diffuse nell'acqua e nei luoghi umidi (*Chlorella*).

cloremìa [comp. di *clor(o)* ed *-emia*] s. f. ● (*med.*) Tasso ematico di cloro presente in forma di cloruri. SIN. Cloruremia.

clòrico [fr. *chlorique*, da *chlore* 'cloro'] agg. (pl. m. *-ci*) ● Detto di composto del cloro pentavalente | *Acido c.*, ossigenato, monobasico, ottenuto dai suoi sali, noto solo in soluzione, usato, per le sue proprietà ossidanti, sotto forma di sale in medicina e per esplosivi.

cloridràto [da *cloridrico*] s. m. ● Prodotto di addizione dell'acido cloridrico a basi organiche.

cloridrico [comp. di *cloro* e *idr(ogeno)*] agg. (pl. m. *-ci*) ● Detto di acido ottenuto da volumi uguali di idrogeno e cloro | *Acido c.*, idracido inorganico, monobasico, gassoso, di odore irritante, fortemente corrosivo, ottenuto per sintesi, usato largamente nell'industria chimica.

clorite [dal gr. *chlōrós* 'verde giallastro', e *-ite (2)*] s. f. ● (*miner.*) Silicato di magnesio e alluminio in cristalli lamellari o in aggregati scagliosi di color verde, facilmente sfaldabili.

clorito [da *cloro*] s. m. ● Sale dell'acido cloroso.

clòro [fr. *chlore*, dal gr. *chlōrós* 'verde giallastro', di origine indeur.] s. m. ● Elemento chimico metalloide, alogeno gassoso giallo-verdastro, tossico, ottenuto per elettrolisi di cloruri fusi, che reagisce facilmente con molte sostanze, presente in natura spec. come cloruro, usato per la sbianca di fibre tessili vegetali e per la fabbricazione di solventi, insetticidi e prodotti farmaceutici. SIMB. Cl.

clòro- [dal gr. *chlōrós* 'verde'] primo elemento ● In parole composte della terminologia scientifica indica colorazione verde o presenza del cloro, oppure fa riferimento alla clorofilla o all'origine da piante: *cloroformio*, *cloroplasto*.

cloroamfenicòlo /kloroanfeni'kɔlo/ ● V. *cloramfenicolo*.

cloroboràto [comp. di *cloro-* e *borato*] s. m. ● (*chim.*) Composto formato dal cloro e da un sale dell'acido borico.

Clorochina® [comp. di *cloro-* e *chin(ol)ina*] s. f. ● (*chim.*) Nome commerciale di sostanza impiegata nelle terapie farmacologiche contro la malaria e l'amebiasi; possiede anche proprietà antinfiammatorie e antistaminiche.

Clorococcàli [comp. di *cloro-* e del gr. *kókkos* (V. *cocco (4)*)] s. f. pl. ● Nella tassonomia vegetale, ordine di alghe verdi unicellulari cui appartiene la clorella (*Chlorococcales*) | (al sing. *-e*) Ogni individuo di tale ordine.

Cloroficee [vc. dotta, comp. di *cloro-* e del gr. *phŷkos* 'alga' (V. *ficocianina*)] s. f. pl. ● Nella tassonomia vegetale, alghe verdi.

clorofilla [fr. *chlorophylle*, comp. del gr. *chlōrós* 'verde giallastro' e *phýllon* 'foglia'] s. f. ● (*bot.*) Pigmento verde presente in quasi tutti i membri del regno vegetale, costituito da due composti metallo-organici contenenti magnesio e usato come colorante, antidetonante, deodorante e per le sue proprietà farmacologiche.

clorofilliàno [fr. *chlorophyllien*, da *chlorophylle* 'clorofilla'] agg. ● Della, relativo alla clorofilla | *Fotosintesi clorofilliana*, processo chimico mediante il quale le piante verdi sintetizzano sostanze organiche da anidride carbonica ed acqua, grazie all'energia luminosa trasformata in energia chimica dalla clorofilla.

clorofluorocarbùro [comp. di *cloro-*, *fluoro* e *carburo*] s. m. ● (*chim.*) Appartenente a una classe di composti costituiti da atomi di carbonio, cloro e fluoro; alcuni di questi composti si presentano come fluidi molto volatili e sono largamente usati nell'industria.

clorofòrmio [fr. *chloroforme*. V. *cloro* e *formico*] s. m. ● Composto organico, liquido, incolore, di sapore dolciastro, ottenuto per azione dell'ipoclorito di sodio o di calcio su alcol etilico o acetone, usato come anestetico, come solvente, e nella preparazione di liquidi frigoriferi e resine sintetiche. SIN. Triclorometano.

cloroformizzàre [fr. *chloroformiser*, da *chloroforme* 'cloroformio'] v. tr. (*io cloroformìzzo*) ● Narcotizzare con cloroformio.

cloroformizzazióne s. f. ● Atto, effetto del cloroformizzare.

cloromicetìna [ingl. *chloromycetin*, comp. del gr. *chlōrós* 'verde giallastro' (V. *cloro*) e *mýkēs*, genit. *mýkētos* 'fungo' (V. *micetologia*)] s. f. ● (*chim.*) Cloramfenicolo.

cloroplàsto [comp. di *cloro-* e *-plasto*] s. m. ● (*bot., spec. al pl.*) Plastidi contenenti clorofilla presenti nelle parti del vegetale esposte alla luce.

cloròsi [dal gr. *chlōrós* 'verde giallastro'] s. f. **1** (*med.*) Particolare forma di anemia, con colorito verdastro della cute. **2** (*bot.*) Ingiallimento di organi verdi della pianta per scomparsa o non avvenuta formazione della clorofilla.

cloróso [da *cloro*] agg. ● (*chim.*) Detto di composto del cloro trivalente.

cloròtico [da *clorosi*] agg. (pl. m. *-ci*) **1** Di, relativo a clorosi: *aspetto c.* **2** Affetto da clorosi: *pianta clorotica*.

cloruràre [da *cloruro*] v. tr. ● (*chim.*) Trattare una sostanza con cloro o con un composto capace di cedere cloro | Introdurre in una molecola atomi di cloro.

cloruràto [comp. di *clorur(o)* e *-ato (2)*] agg. ● (*chim.*) Detto di composto contenente uno o più atomi di cloro.

clorurazióne s. f. ● Atto, effetto del clorurare.

cloruremìa [comp. di *clorur(o)* ed *-emia*] s. f. ● (*med.*) Cloremia.

cloruria [comp. di *clor(uro)* e *-uria*] s. f. ● (*med.*) Presenza di cloruri nell'urina.

clorùro [fr. *chlorure*, da *chlore* 'cloro'] s. m. **1** Sale dell'acido cloridrico | *C. di argento*, usato in fotografia | *C. di calce*, polvere bianca, granulosa, igroscopica, ottenuta dalla reazione tra calce spenta e cloro, usata come sbiancante, disinfettante, ossidante | *C. di calcio*, cristallino, bianco, inodore, usato come disidratante e in medicina, spec. come emostatico | *C. di sodio*, *sodico*, solido, cristallino, isometrico, incolore, inodore, solubile in acqua, largamente diffuso in natura, usato nella conservazione di sostanze alimentari, nell'industria chimica, in medicina. SIN. (*comm.*) Sale, sale da cucina | *C. mercurico*, bicloruro di mercurio | *C. mercuroso*, calomelano. **2** Estere dell'acido cloridrico | *C. di etile*, usato come anestetico | *C. di polivinile*, polivinilcloruro | *C. di vinile*, vinilcloruro.

clostridio [dal lat. scient. *clōstridium*, dal gr. *klōstḗr* 'fuso' col suff. *-idio*] s. m. ● (*biol.*) Ogni batterio gram-positivo, sporigeno, anaerobio, produttore di esotossina patogena, appartenente al genere *Clostridium* | *C. botulinum*, agente del botulismo | *C. tetani*, agente del tetano.

clou /fr. klu/ [vc. fr., propriamente 'chiodo', dal lat. *clāvu(m)* 'chiodo' (V. *clavo*)] s. m. inv. **1** Ciò che attrae, attira l'attenzione: *il c. della serata*. **2** Gara di maggior interesse in una riunione sportiva.

clown /ingl. 'klaun/ [vc. ingl., 'contadino rozzo', dal lat. *colōnu(m)* 'colono'] s. m. inv. ● Pagliaccio di circo equestre.

clownésco /klau'nesko/ ● V. *claunesco*.

club /klɛb, klub, *ingl.* klʌb/ [vc. ingl., propr. 'bastone' (di origine germ.), dalla mazza che veniva spedita ai soci per la convocazione] s. m. inv. **1** Sodalizio di persone che perseguono scopi comuni: *c. sportivo*; *un c. culturale*; *c. del bridge*, *della caccia*. SIN. Circolo | Spesso anche posposto a un s.: *sci-club*. **2** Gruppo di enti, organizzazioni o Stati che, in riunioni periodiche dei loro rappresentanti, prendono decisioni di comune intesa e per reciproco interesse | *Il c. dei dieci*, l'insieme dei governatori delle banche centrali dei dieci Paesi più industrializzati dell'Occidente. || **clubbino**, dim.

club-sandwich /ingl. 'klʌb-sænwidʒ/ [loc. dell'ingl. d'America, comp. di *club*, forse perché come un *club* è composto di diversi elementi, e *sandwich*] s. m. inv. (pl. ingl. *club-sandwiches*) ● Tipo di sandwich a più strati, più grande e più ricco del normale.

cluniacènse o (*raro*) **cluniacése** **A** agg. ● Dell'abbazia benedettina di Cluny, in Francia, e dell'ordine in essa fondato dall'abate Bernone: *monaco*, *ordine c.*; *regola c.* **B** anche s. m.

Clupèidi [vc. dotta, comp. del lat. *clŭpea* e di *-idi*. V. *cheppia*] s. m. pl. ● Nella tassonomia animale, famiglia di Pesci ossei marini e di acqua dolce cui appartengono l'acciuga e la sardina (*Clupeidae*) | (al sing. *-e*) Ogni individuo di tale famiglia.

Clupeifórmi [vc. dotta, comp. del lat. *clŭpea* e del pl. di *-forme*] s. m. pl. ● Nella tassonomia animale, ordine di Pesci ossei fisostomi con pinne a raggi molli (*Clupeiformes*) | (al sing. *-e*) Ogni individuo di tale ordine.

cluster /'klaster, *ingl.* 'klʌstə*/ [vc. ingl. propr. 'grappolo, gruppo', di area germ.] s. m. inv. **1** (*astron.*) Ammasso globulare. **2** (*stat.*) Insieme di punti rappresentati su un piano cartesiano in conseguenza della classazione di un collettivo rispetto a due variabili.

Cnidàri [dal gr. *knídē* 'ortica', di origine indeur.] s. m. pl. ● Nella tassonomia animale, lo stesso che Celenterati (*Cnidaria*).

cnidio [vc. dotta, lat. *Cnīdiu(m)*, dal gr. *Knídios*] agg. ● (*lett.*) Dell'antica città di Cnido, nell'Asia Minore | *Venere cnidia*, venerata nel santuario di Cnido.

cnidoblàsto [comp. del gr. *knídē* 'ortica' e *-blasto*] s. m. ● (*zool.*) Ognuna delle cellule urticanti degli Cnidari, dotata di una componente sensoriale e di una velenifera.

co' /ko/ [lat. *cŭ(m)*] prep. ● (*tosc.*, *lett.*) Forma tronca della prep. art. 'coi'.

†**co (1)** /kɔ/ [lat. *căput* 'capo'] s. m. inv. ● (*dial.*) Capo, estremità, foce: *Poscia passò di là dal co*

del ponte (DANTE *Inf.* XXI, 64).

co (**2**) /kɔ*, kɔ/ [vc. onomat.] **inter.** ● (*spec. iter.*) Riproduce il verso della gallina e del gallo, ed è il modo usato per richiamarli.

co- (**1**) /ko/ ● V. *con-*.

co- (**2**) [dal lat. arc. *com* per *cum* 'con', usato in lat. class. solo in composizione] **primo elemento** ● In parole composte della terminologia matematica e astronomica, indica complementarità o reciprocità: *coseno, cotangente, colatitudine*.

coabitàre [vc. dotta, lat. tardo *cohabitāre*, comp. di *cŭm* 'con' e *habitāre* 'abitare'] **v. intr.** (*io coàbito*; aus. *avere*) ● Abitare insieme: *coabitiamo da anni nello stesso palazzo*.

coabitatóre [vc. dotta, lat. tardo *cohabitatō-re(m)*, da *cohabitāre* 'coabitare'] **s. m.** (f. *-trice*) ● Chi coabita con altri nella stessa casa | †Compaesano.

coabitazióne [vc. dotta, lat. tardo *cohabitatiō-ne(m)*, da *cohabitāre* 'coabitare'] **s. f.** ● Atto, effetto del coabitare.

coaccusàto [comp. di *co-* e *accusato*] **agg.**; anche **s. m.** (f. *-a*) ● (*raro*) Che, chi è accusato insieme con altri.

coacervàre [vc. dotta, lat. *coacervāre*, comp. di *cŭm* 'con' e *acervāre* 'ammucchiare', da *acĕrvus* 'mucchio'] **v. tr.** (*io coacèrvo*) ● (*raro*) Ammassare, ammucchiare.

coacervàto **s. m.** ● (*biol.*) Aggregato di proteine o sostanze simili circondate da liquido che, secondo la teoria evolutiva, costituisce lo stadio primordiale di forme previventi immerse nei primitivi oceani.

coacervazióne [vc. dotta, lat. *coacervatiō-ne(m)*, da *coacervāre* 'coacervare'] **s. f.** **1** (*lett.*) Ammassamento, ammucchiamento. **2** (*chim.*) Fenomeno per cui le particelle di un sol idrofilo formano un aggregato liquido anziché solido.

coacèrvo [da *coacervare*] **s. m.** **1** (*lett.*) Accozzaglia, congerie, cumulo: *la filosofia ... non è l'indigesto c. di astrattezze ... che suole andare sotto questo nome* (CROCE). **2** Accumulo di beni e di interessi.

coach /*ingl.* 'koutʃ/ [vc. ingl., propr. 'carrozza'] **s. m. inv.** ● (*sport*) Allenatore, responsabile tecnico, spec. nelle attività sportive di origine americana.

coaderìre [comp. di *co-* e *aderire*] **v. intr.** (*io coaderìsco, tu coaderìsci*; aus. *avere*) ● (*raro*) Aderire insieme a uno stesso corpo.

coadesióne [comp. di *co-* e *adesione*] **s. f.** ● (*raro*) Modo, atto del coaderire.

coadiutoràto **s. m.** ● Coadiutoria.

coadiutóre o †**coaiutóre** [vc. dotta, lat. tardo *coadiutōre(m)*, nom. *coadiūtor*, comp. di *cŭm* 'con' e *adiūtor*, da *adiuvāre* 'aiutare'] **s. m.** (f. *-trice*) **1** Chi aiuta qc. o ne fa le veci in una determinata attività, o ufficio, spec. nell'insegnamento o altro ufficio pubblico. **2** Sacerdote che aiuta o supplisce il parroco o il vescovo con o senza diritto di successione.

coadiutorìa **s. f.** ● (*raro*) Ufficio, carica del coadiutore.

coadiuvànte **A** **part. pres.** di *coadiuvare*; anche **agg.** **1** Nei sign. del v. **2** *Farmaco c.*, detto di ogni componente della ricetta medica, il cui scopo è di accrescere l'azione della base. **B** **s. m. e f.** ● Chi coadiuva. **C** **s. m.** ● Farmaco coadiuvante.

coadiuvàre [vc. dotta, lat. tardo *coadiuvāre*, comp. di *cŭm* 'con' e *adiuvāre* 'aiutare'] **v. tr.** (*io coàdiuvo*) ● Prestare aiuto a qc., collaborare: *mi coadiuva nella revisione del lavoro*.

coadunàre [vc. dotta, lat. tardo *coadunāre*, comp. di *cŭm* 'con' e *adunāre* 'raccogliere'] **v. tr.** ● (*lett.*) Riunire insieme: *questo vostro c. ricchezze* (ALBERTI).

coagulàbile **agg.** ● Che si può coagulare.

coagulabilità **s. f.** ● Qualità di ciò che è coagulabile.

coagulaménto **s. m.** ● Modo e atto del coagulare o del coagularsi.

coagulànte **A** **part. pres.** di *coagulare*; anche **agg.** ● Nei sign. del v. **B** **s. m.** **1** Sostanza atta a coagulare il latte. **2** Fattore che produce o accelera la coagulazione del sangue.

coagulàre [vc. dotta, lat. *coagulāre*, da *coāgulum* 'coagulo'] **A** **v. tr.** (*io coàgulo*) **1** Raggrumare, rapprendere, detto spec. di sostanza liquida che assume consistenza gelatinosa o solida. **2** Cagliare. **B** **v. intr. e intr. pron.** (aus. *essere*) **1** Rapprendersi: *se esposto all'aria questo liquido si coagula.* **2** Cagliarsi.

coagulatìvo **agg.** ● Relativo a coagulazione.

coagulazióne [vc. dotta, lat. *coagulatiōne(m)*, da *coagulāre* 'coagulare'] **s. f.** **1** Atto, effetto del coagulare: *la c. del sangue, del latte.* **2** Cagliatura.

coàgulo [vc. dotta, lat. *coāgulu(m)*, comp. di *cŭm* 'con' e un deriv. di *ăgere* 'spingere, riunire'] **s. m.** **1** Grumo solido o rappreso in un liquido coagulato: *un c. di sangue.* **2** Cagliata.

†**coaiutóre** ● V. *coadiutore*.

coàla ● V. *koala*.

coalescènza [vc. dotta, lat. *coalescĕntia*, part. nt. pl. di *coalēscere* 'unirsi insieme, congiungersi', comp. di *cŭm* 'con' e *alēscere* 'cominciare a crescere'] **s. f.** **1** (*fis.*) Fenomeno per cui le particelle disperse di una soluzione colloidale o le goccioline di una emulsione si uniscono tra loro diventando più grandi. **2** (*med.*) Riunione di margini, spec. quelli di una ferita | Sinfisi. **3** (*ling.*) Fusione di due vocali vicine in una vocale nuova.

coalizióne [fr. *coalition*, dal lat. *coălitus*, part. pass. di *coalēscere*. V. *coalescenza*] **s. f.** **1** Alleanza di persone, enti o partiti, per la realizzazione di scopi comuni: *c. contro la concorrenza*; *la c. di centro sinistra* | *C. governativa*, alleanza dei partiti al governo. **2** (*econ.*) Regime di accordi tra imprese produttrici, che può assumere forma di cartello, trust, holding e sim. secondo le finalità e i mezzi adottati.

coalizzàre [fr. *coaliser*, da *coalition* 'coalizione'] **A** **v. tr.** ● Unire in una coalizione: *c. i partiti della sinistra*; *c. le forze*. **B** **v. rifl. rec.** ● Unirsi in una coalizione: *gli Stati europei si coalizzarono contro Napoleone*.

coàna [vc. dotta, gr. *choánē* 'imbuto', da *chéō* 'io verso'] **s. f.** ● (*anat.*) Ognuna delle due aperture interne della fossa nasale.

coanocìta o **coanocìto** [vc. dotta, comp. del gr. *choánē* 'imbuto' e di *-cito*] **s. m.** ● (*zool.*) Cellula caratteristica delle spugne con un flagello circondato alla base da un collaretto.

coartàre [vc. dotta, lat. *coartāre*, comp. di *cŭm* 'con' e *artāre* 'stringere'] **v. tr.** **1** (*raro, lett.*) Restringere, limitare entro confini angusti: *se altri volesse limitare e c. la divina potenza e sapienza* (GALILEI). **2** Forzare qc. a operare contro la propria volontà: *c. un teste a deporre il falso.* **SIN.** Costringere.

coartàto **agg.** ● (*psicol.*) Detto di individuo che, in un test, non manifesta tendenza né all'introversione né all'estroversione.

coartazióne [vc. dotta, lat. *coartatiōne(m)*, da *coartāre* 'coartare'] **s. f.** **1** Atto, effetto del coartare. **SIN.** Costrizione. **2** (*med.*) Restringimento di un organo cavo: *c. aortica*. **SIN.** Arctazione.

coassiàle [comp. di *co-* e *asse* (*2*), con suff. aggettivale] **agg.** ● Che ha lo stesso asse di rotazione | *Avvolgimento c.*, costituito da due conduttori inseriti l'uno nell'altro e avvolti attorno a una colonna del trasformatore | *Cavo c.*, nella tecnica delle comunicazioni, linea di trasmissione formata da due conduttori cilindrici, il prino dei quali è nell'interno del secondo che ha forma di tubo.

coassicurazióne [comp. di *co-* e *assicurazione*] **s. f.** ● Assicurazione ripartita tra più assicuratori, ciascuno dei quali, in caso di sinistro, è tenuto al pagamento dell'indennizzo soltanto in proporzione alla quota da lui sottoscritta.

coattazióne [vc. dotta, lat. tardo *coaptatiōne(m)* 'adattamento', da *coaptāre* 'adattare insieme', da *cŭm* 'con' e *aptāre* 'adattare'] **s. f.** ● (*med.*) Riadattamento di due ossa fratturate o lussate.

coattività [dal lat. *coăctus* 'coatto'] **s. f.** ● Carattere della legge la cui osservanza può essere imposta dallo Stato con la forza.

coattìvo [da *coatto*] **agg.** **1** Che obbliga, costringe con la forza: *mezzi coattivi.* **2** Imposto per legge: *acquedotto c.*; *passaggio c.* ‖ **coattivaménte**, **avv.** In modo coattivo, spec. imposto dalla legge.

coàtto [vc. dotta, lat. *coăctu(m)*, part. pass. di *cōgere* 'costringere', comp. di *cŭm* 'con' e *ăgere* 'spingere'] **A** **agg.** ● Imposto d'autorità o per legge: *liquidazione coatta amministrativa* | *Domicilio c.*, un tempo, provvedimento di polizia consistente nell'obbligo di risiedere in un dato luogo. **B** **s. m.** (f. *-a*) **1** Chi è stato assegnato a un domicilio coatto. **2** Chi vive in una condizione ristretta e obbligata al tempo stesso: *i detenuti sono dei coatti.* **3** Ragazzo, generalmente di estrazione sottoproletaria, che, nell'ambito di una grande città, conduce un tipo di vita volto solo ai consumi materiali, o al desiderio inappagato di essi, risultando quindi un possibile soggetto di storie di violenza e di droga.

coautóre [comp. di *co-* e *autore*] **s. m.** (f. *-trice*) ● Chi è autore di q.c. insieme con altri: *il c. di una biografia, di un'enciclopedia*.

coazióne [vc. dotta, lat. *coactiōne(m)*, da *coāctus* 'coatto'] **s. f.** **1** Violenza esercitata sulla volontà altrui: *c. fisica*; *c. morale*. **SIN.** Coercizione, costrizione. **2** (*psicoan., psicol.*) Tendenza a ripetere un certo tipo di comportamento, anche se inappropriato e irrazionale, e incapacità di inibirlo | *C. a ripetere*, tendenza inconscia a porsi attivamente in situazioni penose, ripetendo esperienze passate. **3** (*mecc.*) Stato in cui si trova un solido, quando presenta delle tensioni interne indipendenti dalle sollecitazioni esterne.

cobàlto [ted. *Kobalt*, da *Kobold* 'coboldo' (V.), perché c. secondo una leggenda c. i minatori che cercavano l'argento, trovando al suo posto il cobalto, si credettero burlati da un folletto] **A** **s. m.** **1** Elemento chimico, metallo, ferromagnetico, bianco-argento, malleabile, ottenuto per arrostimento dei suoi minerali, impiegato nella fabbricazione di numerose leghe e per rivestimenti di altri metalli. SIMB. Co | (*med.*) *Bomba al c.*, apparecchiatura contenente materiale radioattivo usata spec. nella terapia dei tumori. **2** Colore azzurro puro e intenso: *cielo, mare, occhi di c.* **B** in funzione di **agg. inv.** ● (posposto a un s.) Detto di una tonalità di azzurro particolarmente intensa: *azzurro c.*; *blu c.*

cobaltoterapìa [comp. di *cobalto* e *terapia*] **s. f.** ● Terapia di formazioni neoplasiche eseguita con bomba al cobalto.

còbas [sigla di *Co(mitato di) Bas(e)*] **A** **s. m. inv.** ● Organismo sindacale autonomo che difende gli interessi di singoli settori professionali, ritenuti non adeguatamente tutelati dai sindacati confederali e di categoria. **B** **s. m. e f. inv.**; anche **agg.** ● Chi, che appartiene a tale organismo sindacale.

cobbler /*ingl.* 'kɔblə*/ [vc. ingl., di etim. incerta] **s. m. inv.** ● Bevanda moderatamente alcolica costituita da una miscela di liquori con molta frutta fresca spremuta.

còbbola o **còbla**, **còbola** [provz. *cobla*, dal lat. *cōpula(m)* 'coppia, legame', prob. dai versi accoppiati] **s. f.** ● (*letter.*) Stanza di canzone | Breve componimento a forma di stanza di canzone destinato a essere musicato. ‖ **cobbolétta**, **dim.**

cobèa [chiamata così in onore di Bernabé *Cobo*, gesuita spagnolo missionario nel Messico] **s. f.** ● Nel linguaggio dei giardinieri, pianta ornamentale con grandi fiori violacei (*Cobaea scandens*).

cobelligerànte [comp. di *co-* e *belligerante*] **A** **agg.** **1** Che combatte insieme con altri: *esercito c.* **2** Che è in stato di cobelligeranza: *nazioni cobelligeranti*. **B** anche **s. m.**: *accordo fra i cobelligeranti*.

cobelligerànza **s. f.** ● Condizione di Stato che partecipa a una guerra al fianco di uno o più altri senza essere vincolato da alcun patto: *entrare in c.*

cobìte [vc. dotta, gr. *kōbītis*, da *kōbiós* 'ghiozzo', di origine preindeur.] **s. m.** ● Pesce osseo di acqua dolce dei Cipriniformi con sei barbigli sul labbro superiore (*Cobitis taenia*).

còbla ● V. *cobbola*.

còbo [da una vc. senegalese] **s. m.** ● Genere di antilopi africane con pelo lungo e grandi corna, viventi vicino all'acqua (*Kobus*).

còbola ● V. *cobbola*.

cobòldo [ted. *Kobold*, parola che significava in origine 'padrone della casa'] **s. m.** ● Nella mitologia germanica, spirito o genio della categoria degli elfi, che abita nella casa presso il focolare.

còbra [port. *cobra*, dal lat. *cŏlubra(m)* 'femmina del serpente'. V. *colubro*] **s. m. inv.** ● Denominazione dei serpenti Colubridi appartenenti al genere Naia, caratterizzati dal veleno potentissimo | *C. egiziano*, aspide di Cleopatra | *C. indiano*, serpente dagli occhiali.

coc /kɔk/ **s. m. inv.** ● Adattamento di *coke* (V.).

còca (**1**) [sp. *coca*, dal peruviano *koka* 'pianta']

s. f. ● Arbusto delle Eritroxilacee con fiori bianchi, frutto a drupa allungata, foglie alterne lanceolate ricche di alcaloidi fra cui la cocaina (*Erythroxylon coca*).

còca (2) s. f. *1* Acrt. di *cocaina*. *2* Acrt. di *Coca-Cola*.

Còca-Còla® [nome commerciale] s. f. inv. ● Bevanda preparata con acqua, zucchero, estratti di foglie di coca e di noce di cola.

cocaìna [fr. *cocaine*, da *coca* 'coca (1)'] s. f. ● Alcaloide contenuto nelle foglie di coca, usato come anestetico locale e come stupefacente: *fiutare la c.; spacciatore di c.*

cocaìnico agg. (pl. m. *-ci*) ● Della, relativo alla, cocaina: *composto c.* | Determinato dalla cocaina: *delirio c.*

cocainìṣmo [da *cocaina*] s. m. ● Intossicazione e assuefazione alla cocaina, dovuta all'assunzione di essa spec. come stupefacente. SIN. Cocainomania.

cocainizẓàre [comp. di *cocain(a)* e *-izzare*] v. tr. ● (*med.*) Sottoporre un organo nervoso a un trattamento a base di cocaina per sopprimerne la sensibilità.

cocainòmane [comp. di *cocaina* e *-mane*] s. m. e f.; anche agg. ● Chi, che è affetto da cocainomania.

cocainomanìa [comp. di *cocaina* e *-mania*] s. f. ● Cocainismo.

cocarbossilàṣi [comp. di *co(enzima)*, *carbossil(are)* e *-asi*] s. f. ● (*chim.*) Termine desueto con cui veniva indicata la forma metabolicamente attiva della vitamina B_1.

còcca (1) [lat. tardo *caudica(m)* 'canotto', da *caudex*, genit. *caudicis* 'tronco di albero'] s. f. ● Nave mercantile di forma tondeggiante e di alto bordo, con alberi a vele quadre, in uso nel Medioevo | (*est.*) La vela quadra caratteristica di tale nave.

còcca (2) [vc. onomat.] s. f. ● (*fam.*) Gallina.

còcca (3) o **cócca** [etim. incerta] s. f. *1* Tacca della freccia per dare presa alla corda dell'arco. *2* Angolo di fazzoletto, grembiule, scialle e sim. | Nodo che si fa alle estremità di fazzoletti e sim. *3* Bottoncino per fermare il filo posto ai due capi del fuso | (*raro*) *Fare le cocche*, far schioccare insieme il dito medio e il pollice. *4* †Cima, sommità di un monte. || **cocchétta**, dim. | **cocchìna**, dim.

coccàrda [fr. *cocarde*, dall'ant. fr. *coquard* 'vanitoso', da *coq* 'gallo'] s. f. *1* Rosetta di nastro increspato o pieghettato di uno o più colori, portata come emblema o distintivo di partito, squadra sportiva, congresso e sim. | *C. tricolore*, coi colori nazionali intrecciati. *2* (*raro*) Rosetta o nappa al cappello di cocchieri e servitori in livrea o alla briglia dei cavalli attaccati alla carrozza.

†**còcche** s. m. inv. ● Adattamento di *coke* (V.).

còcchia [adattamento del venez. *cocia*, dal lat. *cŏchlea(m)* 'chiocciola', per la forma] s. f. ● (*pesca*) Rete a strascico più grande della tartana, trainata da due barche.

†**cocchiàta** [da *cocchio*] s. f. ● (*tosc.*) Scarrozzata per la città d'un gruppo di persone che suonano e cantano.

cocchière [da *cocchio*] s. m. (f. *-a*) ● Chi esercita il mestiere di guidatore di cocchio o di carrozze a cavalli | Vetturino, fiaccheraio.

còcchio [ungh. *kocsi*] s. m. *1* Carrozza signorile trainata da due o quattro cavalli: *un c. dorato*; *il c. di Cenerentola*; *già di cocchi frequente il corso splende* (PARINI). *2* Antico carro a due ruote.

†**cocchiumàre** v. tr. *1* Turare una botte col cocchiume. *2* Beffeggiare.

cocchiumatóio s. m. ● Grossa sgorbia per fare il cocchiume alle botti.

cocchiùme o (*raro*) †**gucchiùme** [lat. tardo *cāucus* 'tazza', dal gr. *káukē*, di etim. incerta] s. m. *1* Foro, apertura, della botte: *pel c. le botti assaggiava* (PULCI). *2* Tappo di legno o sughero.

còccia [lat. *cŏchlea(m)* 'chiocciola' (V.)] s. f. (pl. *-ce*) *1* †Conchiglia, guscio di testaceo | *C. marina*, ostrica. *2* (*est.*) Scorza, buccia, guscio. *3* †Carta, nel bozzolo del baco da seta. *4* Nelle tre armi della scherma, lamina di ferro o alluminio a forma di calotta, che protegge la mano | Ornamento in metallo sul calcio della pistola. ➡ ILL. p. 1286 SPORT. *5* (*raro*) Fornello della pipa. *6* Enfiagione, protuberanza. *7* (*merid.*) Testa, cranio: *avere la c. dura*. *8* Nell'armatura antica, parte dell'elmo che protegge la testa dalla fronte alla nuca. *9* Sorta di cuffia usata dagli attori per fingere la calvizie. *10* (*mar.*) Radancia. || **cocciòla**, **cocciuòla** dim. (V.).

cocciàio s. m. (f. *-a*) ● (*raro*) Chi fa o vende cocci. SIN. Vasaio.

Coccidèi [dal genere *cocc(us)* col suff. *-ideo*, dal gr. *-ideus* con valore quasi patronimico] s. m. pl. ● Nella tassonomia animale, ordine di Sporozoi che praticano il parassitismo, caratterizzato da spiccata oogamia (*Coccidia*) | (al sing. *-o*) Ogni individuo di tale ordine.

Còccidi [vc. dotta, comp. del gr. *kókkos* 'granello' e di *-idi*] s. m. pl. ● Nella tassonomia animale, famiglia di Insetti degli Omotteri con femmine attere, prive di occhi e di zampe, e maschi con corpo normale, ali e zampe sviluppate, cui appartengono numerose cocciniglie (*Coccidae*) | (al sing. *-e*) Ogni individuo di tale famiglia.

coccidiòṣi [da *Coccidi*] s. f. ● (*med.*) Parassitosi intestinale dell'uomo e degli animali causata da protozoi del genere *Isospora*; gener. asintomatica, può talvolta causare disturbi intestinali.

coccìge o **còccige** [fr. *coccyx*, dal lat. *cŏccys*, nom., dal gr. *kókkyx* 'cuculo', poi 'coccige', perché quest'osso assomiglia al becco del cuculo; di origine onomat.] s. m. ● (*anat.*) Piccolo osso formato da quattro vertebre saldate fra loro, che forma la parte terminale della colonna vertebrale. ➡ ILL. p. 362 ANATOMIA UMANA.

coccìgeo agg. ● Del, relativo al coccige.

coccinèlla (1) [lat. *cŏccinus* 'scarlatto', dal gr. *kókkinos* 'di colore scarlatto', da *kókkos* 'colore rosso', di etim. sconosciuta] s. f. *1* Insetto dei Coleotteri dal corpo emisferico con elitre rosse macchiate da sette punti neri (*Coccinella septempunctata*). *2* In un'associazione femminile analoga a quella dei giovani esploratori, componente di età compresa tra i 7 e gli 11 anni.

coccinèlla (2) [dal precedente, per il colore] s. f. ● Tufo calcareo della Puglia usato come pietra da costruzione.

Coccinèllidi [comp. di *coccinella (1)* e *-idi*] s. m. pl. ● Nella tassonomia animale, famiglia di Coleotteri dal corpo arrotondato, a elitre fortemente convesse, le cui larve predano specialmente afidi (*Coccinellidae*) | (al sing. *-e*) Ogni individuo di tale famiglia.

coccinèllo [etim. incerta] s. m. ● (*mar.*) Specie di caviglia o perno per tenere insieme corde o vele.

†**coccìneo** [vc. dotta, lat. tardo *coccīneu(m)*, da *cŏccum* 'nòcciolo', poi 'colore rosso'] **A** agg. ● Purpureo. **B** s. m. ● (*raro*) Panno rosso purpureo.

coccinìglia [sp. *cochinilla* 'porcellino di terra', dim. di *cochino* 'porco'] s. f. *1* Insetto della famiglia dei Coccidi, generalmente dannoso alle piante. *2* (*lett.*) Colore rosso intenso, simile al carminio, ottenuto per essiccamento della femmina di una cocciniglia.

†**còccino** [vc. dotta, lat. *cŏccinu(m)*. V. *coccinella (1)*] s. m. ● Panno rosso scarlatto.

còccio [da *coccia*] s. m. *1* Terracotta di scarso valore: *tegame, pentola di c.* | Vaso, oggetto di coccio: *lavare i cocci* | Frammento di vaso o oggetto rotto: *una muraglia / che ha in cima cocci aguzzi di bottiglia* (MONTALE) | Vaso, oggetto incrinato | *Pigliare i cocci*, (*fig.*) impermalirsi. *2* (*fam.*) Scaldino. *3* (*fig.*) Persona malaticcia: *invecchiando è diventato un c.* *4* Guscio di testaceo | Guscio di lumaca. *5* Involucro del seme. || **coccerèllo**, dim. | **coccétto**, dim. | **cocciàccio**, pegg. | **coccìno**, dim. | **coccióne**, accr.

cocciòla o (*lett.*) **cocciuòla** s. f. *1* Dim. di *coccia*. *2* (*lett.*) Enfiatura prodotta da una puntura d'insetto o dall'ortica: *e fa come l'ortica: / cocciole rilevate e pizzicori* (L. DE' MEDICI).

cocciopésto [comp. di *coccio* e *pesto*] s. m. ● (*archeol.*) Miscela di cocci di tegole e anfore impastati con calce grassa usata dagli antichi Romani nella pavimentazione o nel rivestimento di cisterne, vasche e terrazze.

cocciutàggine [da *cocciuto*] s. f. ● Qualità di chi è cocciuto: *la tua c. è proverbiale* | Azione di persona cocciuta: *non fare una delle tue solite cocciutaggini*. SIN. Caparbietà, ostinazione, pervicacia, testardaggine.

cocciùto [da *coccia* nel sign. 7] agg.; anche s. m. (f. *-a*) ● Che, chi si ostina nell'agire, pensare, esprimersi a modo suo, senza tener conto di critiche e di consigli: *ragazzo c. come un mulo*. SIN. Caparbio, ostinato, pervicace, testardo. || **cocciutàccio**, pegg. | **cocciutèllo**, dim. | **cocciutìno**, dim. | **cocciutóne**, accr.

còcco (1) [port. *coco* 'smorfia' e 'orco', per l'aspetto del frutto] s. m. (pl. *-chi*) ● Pianta tropicale delle Palme, molto alta, con un grosso ciuffo di foglie pennate all'apice, e frutto ovoidale contenente un grosso seme (*Cocos nucifera*) | *Noce di c.*, frutto del cocco | *Latte di c.*, liquido bianco e dolce contenuto nella noce di cocco | *Olio di c.*, sostanza grassa ricavata dalla polpa essiccata della noce di cocco, usata nell'industria alimentare e in quella dei cosmetici | *Fibra di c.*, fibra legnosa della noce di cocco, usata per spazzole, tappeti, cordami.

còcco (2) [vc. onomat.] s. m. (pl. *-chi*) ● (*fam.*) Uovo di gallina.

còcco (3) [da *cocco (2)* 'uovo'] s. m. (pl. *-chi*) ● (*bot.*) Ovolo buono.

còcco (4) [vc. dotta, lat. *cŏccu(m)* 'nocciolo dei frutti', dal gr. *kókkos*, di etim. incerta] s. m. (pl. *-chi*) ● (*biol.*) Cellula batterica di forma sferica o sferoidale che, secondo il genere, può presentarsi singolarmente, in coppia (diplococco), in catenelle (streptococco) o in grappoli (stafilococco).

còcco (5) [vc. inft.] s. m. (f. *-a*; pl. m. *-chi*) ● (*fam.*, *scherz.*) Persona prediletta, spec. bambino: *sei la mia cocca; è il c. della famiglia* | *C. di mamma, di mamma sua*, ragazzo eccessivamente vezzeggiato e viziato dalla madre e (*est.*) uomo ingenuo e credulone. || **cocchétto**, dim. | **cocchìno**, dim.

†**còcco (6)** [vc. dotta, lat. *cŏccu(m)*, dal gr. *kókkos* 'nocciolo dei frutti' e 'grana colorante', di etim. incerta] s. m. *1* Chermes dei tintori. *2* Panno color di cocco.

-còcco [da *cocco (4)*] secondo elemento ● In parole composte della terminologia scientifica significa 'batterio di forma rotondeggiante': *gonococco, stafilococco*.

coccodè [vc. onomat.] **A** inter. ● Riproduce il verso della gallina quando ha fatto l'uovo | *La gallina ha fatto c.*, ha fatto l'uovo. **B** anche s. m.: *il pollaio risuonava di c.; Il bosco era tutto muggiti e belati e c.* (CALVINO).

coccodrìllo o †**crocodìlo** nel sign. 1 [lat. *crocodīlu(m)*, nom. *crocodīlus*, dal gr. *krokódeilos*, di etim. incerta] s. m. *1* Grosso rettile anfibio tropicale con corpo molto lungo e poderoso, coperto da una salda corazza di scudi ossei, fornito di coda lunga e robusta, testa depressa e ampia bocca armata di numerosi denti (*Crocodilus vulgaris*) | *Lacrime di c.*, (*fig.*) pentimento simulato o tardivo. *2* Pelle conciata, molto pregiata, dell'animale omonimo: *una borsetta, un paio di scarpe, di c.* *3* Pinzetta per eseguire collegamenti elettrici provvisori. *4* Carrello stradale per trasporto di carri ferroviari. *5* (*gerg.*) Biografia di personaggio vivente, aggiornata di continuo e disponibile nell'archivio di un giornale per un'improvvisa pubblicazione, spec. in caso di morte. *6* Nelle tecniche di lavorazione delle pietre, arnese per tagliare le pietre tenere.

coccoìna® [nome commerciale] s. f. ● Tipo di colla bianca solida per ufficio.

còccola (1) [dal lat. *cŏccum* 'nocciolo dei frutti', dal gr. *kókkos*] s. f. *1* Frutto del ginepro | (*est.*) Frutto simile a quello del ginepro | *C. del Levante*, frutto velenoso di una pianta delle Menispermacee analogo al curaro. *2* (*est.*, *raro*, *scherz.*) Testa. *3* (*est.*, *spec. al pl.*) Cosa di poca importanza. SIN. Bagattella. *4* † (*scherz.*) Testa: *sicché comincia a girar loro la c.* (PULCI). || **coccolétta**, dim.

còccola (2) [da *coccolare*] s. f. ● (*fam.*, *spec. al pl.*) Tenerezza, dolce effusione, carezza affettuosa: *fare le coccole a qc.*

coccolàre [da *coccolo (1)*] **A** v. tr. (*io còccolo*) ● Usare modi teneri e dolci effusioni nei confronti di qc.: *c. un bambino*; *le piace farsi c.* **B** v. rifl. ● (*raro*) Crogiolarsi: *coccolarsi al calduccio, tra le coperte*.

còccolo (1) [vc. inft.] **A** s. m. (f. *-a* nel sign. 2) *1* (*tosc.*, *raro*) Diletto, piacere. *2* (*fam.*) Bambino paffuto | Cocco: *è il c. di suo padre*. **B** agg. ● (*fam.*) Grazioso, detto spec. di bambini. || **coccolino**, dim. | **coccolóne**, accr. (V.).

†**còccolo (2)** [vc. dotta, lat. *cŏchlu(m)*, nom. *cŏchlos*, dal gr. *kóchlos* 'conchiglia della porpora', da avvicinare a *kónchē* (V. *conca*)] s. m. ● Conchiglia.

coccolóne (1) [v. onomat. (?)] s. m. (f. *-a*) **1** Accr. di *coccolo (1)*. **2** Persona, spec. bambino, che ama farsi coccolare.

coccolóne (2) [da *coccola*] s. m. ● (*pop.*, *tosc.*) Colpo apoplettico.

coccolóni o **coccolóne** [da avvicinare ad *accoccolarsi*] avv. ● Seduto sui calcagni: *stare c.*; *starsene c. con le spalle appoggiate al muro*.

†**coccovéggia** o †**cuccovéggia**, †**cuccuvéggia** [vc. onomat.] s. f. ● (*lett.*) Civetta.

†**coccoveggiàre** [da *coccoveggia*] **A** v. intr. **1** Detto della civetta, emettere il caratteristico verso. **2** Imitare il verso o i movimenti della civetta: *cominciava a rotare gli occhiacci ... coccoveggiando come fosse su la gruccia* (D'ANNUNZIO). **3** Di donna, civettare. **B** v. tr. ● (*fig.*, *pop.*, *tosc.*) Beffare.

cocènte part. pres. di *cuocere*; anche agg. **1** Nei sign. del v. **2** Molto caldo: *i cocenti raggi del sole* | Tormentoso, dolente: *di cocenti sospir l'aria accendea* (ARIOSTO) | *Lacrime cocenti*, come espressione di un dolore intenso. **3** (*fig.*) Violento, veemente: *delusione*, *dolore c.*; *passione c.* | (*fig.*) Pungente: *rimproveri*, *frasi cocenti*. || **cocenteménte**, avv. (*raro*) In modo molto doloroso, violento: *soffrire cocentemente*.

còcere ● V. *cuocere*.

còche s. m. inv. ● Adattamento di *coke* (V.).

cocherìa s. f. ● Adattamento di *cokeria* (V.).

†**cochìglia** o †**cochìlla** [ant. fr. *coquille*, forma fr. dell'it. *conchiglia*] s. f. ● (*lett.*) Conchiglia.

cochon /*fr.* kɔ'ʃɔ̃/ [vc. fr. 'maiale', di etim. oscura; forse di origine onomat.] agg. inv. ● Pornografico: *film*, *barzelletta c.*

†**cociménto** [da *c(u)ocere*] s. m. **1** Cottura. **2** Scottatura (*anche fig.*).

cocincìna [etim. incerta] s. f. ● Gioco di carte simile alla scopa, ma praticato con numero doppio di carte.

cocióre [da *c(u)ocere*] s. m. ● (*lett.*) Ardore, bruciore (*anche fig.*): *le sue povere labbra arse dal c. di tante febbri* (PIRANDELLO).

cocitóre o **cuocitóre**. s. m. (f. *-trice* nei sign. 1 e 2) **1** Chi cuoce. **2** Operaio addetto alla cottura di minerali o altro. **3** Apparecchio per la cottura di prodotti alimentari.

cocitùra o **cuocitùra**. s. f. **1** (*raro*) Cottura: *c. di un dolce*, *del pane*. **2** †Digestione.

†**cociùto** part. pass. di *cuocere*; anche agg. ● Nei sign. del v.

còcker /koker, *ingl.* 'kɔkə*/ [vc. ingl., detto così perché usato nella caccia alla beccaccia (ingl. *woodcock*, comp. di *wood* 'foresta', di origine germ., e *cock* 'gallo', di origine onomat.)] s. m. inv. ● Cane da cerca e da riporto di piccola taglia, forte, agile, vivace, con lunghe orecchie pendenti.

cockney /*ingl.* 'kɔkni/ [vc. ingl., dal medio-ingl. *cokeney*, propr. 'uovo di gallo'] **A** s. m. e f. inv. (pl. ingl. *cockneys*) **1** Nativo di Londra. **2** Popolano londinese. **B** s. m. solo sing. ● Dialetto londinese, spec. in senso spreg. con riferimento alla parlata e all'accento dei quartieri popolari. **C** agg. inv. ● Tipicamente londinese, proprio dei popolani di Londra: *accento c.*

còcktail /'koktel, *ingl.* 'kɔkteil/ [vc. ingl. d'America, letteralmente 'coda di gallo', comp. di *cock* 'gallo' e *tail* 'coda'] s. m. inv. **1** Acquavite modificata con uno o più ingredienti e ghiacciata. **2** Correntemente, miscela di bevande a base alcolica | *C. farmacologico*, miscela di farmaci spec. impiegata in anestesiologia. **3** Cocktail-party: *andare a un c.*; *dare un c.* | *Abito da c.*, femminile da mezza sera.

còcktail-party /'koktel 'parti, *ingl.* 'kɔkteil 'pa:ti/ [vc. ingl., comp. di *cocktail* e *party* 'ricevimento', dal fr. *partie* 'parte, gioco' (stessa etim. di *partita*)] s. m. inv. (pl. ingl. *cocktail-parties*) ● Ricevimento che ha luogo spec. nel tardo pomeriggio, in cui si servono bevande alcoliche, spec. cocktail, sandwich e sim.

còclea [vc. dotta, lat. *cŏchlea(m)*. V. *chiocciola*] s. f. **1** Apparecchio trasportatore ed elevatore di acqua o materiali di piccola pezzatura, costituito da un cilindro in cui ruota una superficie elicoidale, usato anche come mescolatore. SIN. Vite di Archimede. **2** (*anat.*) Parte dell'orecchio interno, costituita da una componente ossea e da una membranosa e caratterizzata da un andamento spiralato. SIN. Chiocciola. ➡ ILL. p. 366 ANATOMIA UMANA. **3** Porta da cui uscivano le fiere nell'anfiteatro o i cavalli nel circo. **4** (*raro*) Scala a chiocciola.

cocleàre agg. ● (*med.*) Della, relativo alla, coclea: *canale c.*

cocleària [dal lat. tardo *cŏchlear*, genit. *cochleāris* 'cucchiaio', per la forma delle foglie] s. f. ● Pianta erbacea spontanea delle Crocifere, dalle proprietà medicinali, con foglie cuoriformi e fiori bianchi (*Cochlearia officinalis*).

cocleòide [comp. del lat. *cŏchlea* 'chiocciola' (V.) e di *-oide*] s. f. ● (*mat.*) Luogo degli estremi di archi uguali staccati, partendo da un punto, su circonferenze tangenti tra loro in quel punto.

còclide [vc. dotta, lat. tardo *cŏchlide(m)*, nom. *cŏchlis*, 'colonna con scala interna a chiocciola', dal gr. *kochlís*, dim. di *kóchlos* 'chiocciola' (V. *chiocciola*)] agg. ● (*arch.*) Di colonna che ha all'interno una scala a chiocciola e che è decorata sulla superficie esterna da un rilievo disposto a spirale.

†**còco** ● V. *cuoco*.

cocólla o **cocòlla**, †**cucùlla** [lat. tardo *cucŭlla(m)* 'cappuccio', prestito da una lingua straniera] s. f. ● Sopravveste con cappuccio che portano i monaci | (*est.*) Frate.

cocomeràio [lat. tardo *cucumerāriu(m)* 'campo di cetrioli', da *cŭcumer* 'cocomero'] s. m. (f. *-a* nel sign. 1) **1** Chi vende o coltiva cocomeri. **2** Campo coltivato a cocomeri.

cocomeràta s. f. **1** Colpo dato con un cocomero. **2** Scorpacciata di cocomeri: *abbiamo fatto una bella c.*

cocómero [lat. *cucŭmere(m)*, forse di origine preindeur.] s. m. **1** Pianta erbacea delle Cucurbitacee con fusto sdraiato, foglie grandi e frutti commestibili, globosi, a polpa rossa con semi neri (*Citrullus vulgaris*). SIN. (*dial.*) Anguria, melone d'acqua | *C. asinino*, pianta erbacea delle Cucurbitacee con frutti piccoli, ovoidali che, maturi, lanciano lontano i semi (*Ecballium elaterium*). SIN. Schizzetto, sputaveleno | *C. amaro*, coloquintide. **2** Frutto della pianta omonima: *una fetta di c.* | *Avere un c. in corpo*, (*fig.*) un segreto o un dubbio molesto. **3** (*merid.*) Cetriolo. **4** (*fig.*) Citrullo, sciocco. || **cocomerèllo**, dim. | **cocomerino**, dim. | **cocomeróne**, accr. | **cocomerùzzo**, dim.

cocorita [deformazione dello sp. *cotorrita*, dim. di *cotorra* 'piccolo pappagallo', da *cotorrera* 'donna chiacchierona', var. di *cotarrera* 'donna vagabonda', da *cotarro* 'albergo notturno di vagabondi', a sua volta da *coto* 'terreno delimitato', dal lat. tardo *cāutu(m)* 'disposizione di legge', nt. sost. di *cāutus* 'che si guarda' (V. *cauto*)] s. f. ● (*fam.*) Pappagallo addomesticato.

cocotte (1) /*fr.* kɔ'kɔt/ [vc. fr., etim. discussa: di lontana derivazione dal lat. *cŭccuma* (?)] s. f. inv. ● Sorta di recipiente da cottura, in ghisa.

cocotte (2) /*fr.* kɔ'kɔt/ [vc. fr., 'gallina'] s. f. inv. ● Donna di facili costumi | (*euf.*) Prostituta. || **cocottina**, dim.

cocùzza o **cucùzza** [lat. tardo *cucūtia(m)*, di etim. incerta] **A** s. f. **1** (*dial.*) Zucca | (*fig.*, *scherz.*) Testa. **2** (*spec. al pl.*, *dial.*) Denari, soldi: *quante cocuzze mi daresti?* **B** in funzione di inter. ● (*spec. al pl.*, *euf.*, *pop.*) Esprime meraviglia: *cocuzze!*

cocùzzo o **cucùzzo**. s. m. ● (*raro*) Cocuzzolo.

cocùzzolo o **cucùzzolo** [lat. tardo *cucūtiu(m)* 'cappuccio', di etim. incerta] s. m. **1** Parte più alta del capo | (*est.*) Parte più alta del cappello e sim.: *portava una piuma sul c. del berretto*. **2** (*est.*) Sommità di un monte, un edificio e sim.: *salire sul c. di una montagna*. || **cocuzzolétto**, dim. | **cocuzzolino**, dim.

códa [lat. *cōda(m)*, class. *cauda(m)*, di etim. incerta] s. f. **1** Prolungamento della colonna vertebrale, presente in numerosi animali, con conformazione e funzioni diverse: *la c. di un cane*, *di un cavallo*, *di un uccello* | *Rizzare la c.*, (*fig.*) riprendere coraggio | *Andarsene con la c. tra le gambe*, (*fig.*) rimanere umiliato, deluso | (*fig.*) *Avere la c. di paglia*, tendere a percepire nei discorsi altrui allusioni a q.c. che si considera una propria mancanza | (*fig.*) *Se il diavolo ci mette la c.*, *il diavolo ci ha messo la c.*, se, quando le cose vanno male, si complicano, non danno l'esito sperato | (*fig.*) *Sapere dove il diavolo ha messo la c.*, essere accorto | (*anat.*) *C. di cavallo*, fascio delle radici dei nervi spinali all'estremità del midollo | *C. di cavallo*, (*fig.*) particolare acconciatura femminile con i capelli legati alti sulla nuca e lasciati ricadere sciolti | Sottile prolungamento di organi vegetali: *c. dell'aglio*, *della cipolla* | *C. di un grappolo d'uva*, picciuolo. **2** (*raro*, *est.*) Codino (1), nel sign. 2 | *Avere la parrucca con la c.*, (*fig.*) essere un reazionario. **3** (*est.*) Parte posteriore o estremità terminale di q.c.: *la c. di un aereo*, *di un missile*, *di un siluro*; *la c. dello sci*; *la c. del martello*, *dell'incudine*; *la c. di una colonna in marcia*, *di una fila di corridori* | *C. della cometa*, esteso pennacchio luminoso formato da gas fluorescenti di debolissima densità, che esce dalla chioma di una cometa, quando questa si trova in vicinanza del sole e gener. in direzione a esso opposta | *In c.*, in fondo | *Gruppo*, *reparto di c.*, che chiude una fila, che viene per ultimo | *Vettura di c.*, l'ultima di un treno | *C. d'affusto*, estremità dell'affusto d'artiglieria | *A c. tronca*, detto di autovetture il cui profilo posteriore è tronco, per realizzare un buon coefficiente aerodinamico | *C. della tavola*, ultimo posto di fronte al primo | *C. dell'occhio*, l'angolo esterno dell'occhio | *Guardare con la c. dell'occhio*, nascostamente | (*fig.*) *Non avere né capo né c.*, di ragionamento, discorso e sim., sconclusionato | *C. di rospo*, (*fig.*, *pop.*) parte posteriore commestibile della rana pescatrice | *C. di topo*, lenza speciale usata nella pesca a mosca, a sezione scalare, più sottile a una o entrambe le estremità. **4** (*est.*) Appendice, prolungamento, parte aggiunta o conclusiva e sim. (*anche fig.*): *la c. della lettera p*; *la c. di un brano musicale*; *le code polemiche di una decisione* | *Pianoforte a c.*, con cassa armonica allungata orizzontalmente | *Sonetto con la c.*, caudato | Strascico di abito o mantello femminile da sera o da sposa | *A c. di rondine*, detto di opera, struttura e sim. che termina a trapezio o a divergenza: *incastro a c. di rondine*; *abito a c. di rondine*. **5** Allunga. **6** Fila ordinata di persone che aspettano il loro turno: *fare la c.*; *mettersi in c.* | *Teoria delle code*, nella ricerca operativa, tecnica volta a risolvere i problemi di attesa che insorgono nello svolgimento di un servizio che può essere prestato a uno o a pochi richiedenti alla volta. **7** Nella distillazione alcolica, l'ultima parte del distillato che in genere si scarta perché impura. **8** (*gerg.*) Ultima cartella di un servizio giornalistico passato gradualmente in tipografia | Ultimo pezzo della relativa composizione tipografica. **9** Nell'ambiente cinematografico, spezzone di pellicole cinematografiche utilizzato per necessità tecniche accessorie nel montaggio e nella proiezione | Nell'ambiente teatrale, persona scritturata al seguito di un attore importante. **10** (*bot.*) *C. di cavallo*, pianta erbacea delle Equisetacee dal fusto articolato con numerosi rametti sottili che la fanno somigliare alla coda di un cavallo (*Equisetum arvense*). SIN. Asperella, brusca | *C. di pavone*, alga delle Feoficee caratteristica dei mari caldi | *C. di topo*, pianta erbacea delle Graminacee con rizoma corto e infiorescenze in pannocchia (*Phleum pratense*). ➡ ILL. alga. || **codàccia**, **codàzza**, pegg. | **codétta**, dim. (V.) | **codina**, dim. | **codino**, dim. m. (V.) | **codóna**, accr. | **codóne**, accr. m. (V.) | **codùccia**, pegg.

codàle agg. ● Della, relativo alla, coda: *pinna c.*

codardìa [da *codardo*] s. f. ● (*lett.*) Carattere di chi, di ciò che, è codardo: *chi farà mia scusa, / quando serò de c. appellato?* (BOIARDO) | (*est.*) Atto da codardo.

†**codardìgia** [fr. *couardise* 'codardia', da *couard* 'codardo'] s. f. ● Codardia: *c. che volto ha di demenza* (MARINO).

codàrdo [fr. ant. *couard* 'con la coda bassa', da *cou*, forma ant. di 'coda'] **A** agg. **1** Che sta indietro, si ritira, per pusillanimità, vigliaccheria e sim., di fronte a rischi, pericoli e doveri | Vile: *io so' de' paladini il più c.* (PULCI). SIN. Vigliacco. **2** (*est.*)

Che rivela, nasce da, codardia: *gesto c.*; *vergin di servo encomio / e di c. oltraggio* (MANZONI). || **codardaménte**, avv. **B** s. m. (f. *-a*) ● Persona codarda.

codàto agg. ● (*raro*) Fornito di coda.

codàzzo [da *coda*] s. m. ● Corteo disordinato di persone: *un c. di ammiratori*; *gli amici gli facevano c.* (VERGA). SIN. Seguito.

codebitóre ● V. *condebitore*.

codeìna [fr. *codéine*, dal gr. *kṓdeia* 'testa di papavero', di origine sconosciuta] s. f. ● Uno degli alcaloidi contenuti nell'oppio, usato per via orale come calmante della tosse.

†**codésti** o †**cotésti** [lat. parl. **ĕccu(m) tĭbi ĭste* 'eccoti questo'] pron. dimostr. m. solo sing. ● Codesto uomo, codesta persona: *cotesti, ch'ancor vive e non si noma* (DANTE *Purg.* XI, 55).

codésto o (*dial.*) †**costétto**, **cotésto** [lat. parl. **ĕccu(m) tĭbi ĭstu(m)* 'eccoti questo'] **A** agg. dimostr. ● (*tosc.*, *lett.*) Indica persona o cosa vicina o relativa alla persona a cui ci si rivolge: *mostrami c. libro*; *levati subito c. maglione*; *non voglio sentire da te codeste espressioni*; *approvo codesta tua proposta* | Nelle lettere di carattere commerciale o burocratico, nelle domande, indica l'ufficio, l'ente, la società e sim. cui ci si rivolge: *c. istituto*; *codesta spettabile ditta*; *c. Ministero*. **B** pron. dimostr. **1** Indica persona o cosa vicina o relativa alla persona a cui ci si rivolge: *Codesta è una scusa bella e buona*; *buona, bella codesta!*; *E tu che se' costì, anima viva, / pàrtiti da cotesti che son morti* (DANTE *Inf.* III, 88-89). **2** Codesta cosa, ciò, con valore neutro: *c. che tu dici è sbagliato*.

†**codestùi** ● V. †*cotestui*.

codétta s. f. **1** Dim. di *coda*. **2** Cordoncino della frusta, alla sua estremità, ove si infila lo sverzino. **3** Ciascuna delle due estremità del tomaio di una scarpa ove esso si attacca al quartiere. **4** Corda che le imbarcazioni tengono fissata a poppa, per l'ormeggio. **5** Piccola appendice posta sotto la lettera *e*, nella grafia latina medievale per indicare il dittongo *ae*, in certe trascrizioni fonetiche per indicare suono aperto. **6** Indirizzo posto a sinistra, in alto, sulla prima facciata delle lettere d'ufficio. **7** Chicco di grano di qualità scadente per insufficiente grossezza. || **codettìna**, dim.

codiàre [da *coda*] v. tr. (*io códio*) **1** Seguire dappresso un selvatico, detto del cane. **2** †Pedinare, inseguire: *egli continuava a codiarmi* (NIEVO).

codibùgnolo [forse da *codi(lungo)* e *bugnolo* 'panierino', per la forma del nido] s. m. ● Agile uccello dei Passeriformi dal morbido piumaggio, simile alla cincia ma con lunga coda sottile (*Aegithalus caudatus*).

còdice [vc. dotta, lat. *cōdice(m)*, da *caudice(m)* 'tronco d'albero', poi 'tavoletta su cui si scriveva', di etim. incerta] s. m. **1** Anticamente, libro formato da più tavolette unite insieme | Libro manoscritto. **2** Corpo organico delle leggi fondamentali che disciplinano un dato ramo del diritto: *c. civile*, *penale*, *della navigazione* | Raccolta delle leggi relative a una data materia: *c. della strada*; *c. amministrativo* | (*fig.*) *Inciampare nel c.*, commettere un'azione punibile a norma di legge | *Sfiorare il c.*, (*fig.*) compiere q.c. che rasenta il reato | *Avere il c. in tasca*, (*fig.*) conoscerlo perfettamente | (*est.*) Insieme delle norme non formali ma unanimemente o prevalentemente accettate, per consuetudine, quali ispiratrici o regolatrici di un comportamento o di una attività propri della convivenza umana: *c. di vita*, *c. morale* | *C. sportivo*, insieme delle norme etiche che regolano l'attività agonistica | *C. cavalleresco*, nel Medioevo, l'insieme delle norme di lealtà e cortesia che costituivano l'ideale del perfetto cavaliere medievale; nell'uso moderno, l'insieme delle norme che regolano le vertenze d'onore. **3** Sistema di segnali, o di segni, o di simboli, che, per convenzione preliminare, è destinato a rappresentare e trasmettere l'informazione tra la fonte (emittente) dei segnali e il punto di destinazione (ricevente): *comunicare in c.*; *decifrare il c. del nemico* | *C. linguistico*, formato da suoni | *C. grafico*, formato da segni scritti | *C. fiscale*, combinazione di numeri e lettere assegnata a ogni contribuente, allo scopo di identificarlo nel sistema di codificazione meccanografica dell'anagrafe tributaria | *C. di avviamento postale*, numero assegnato a ogni località italiana, che, mediante sistemi meccanografici, permette ai servizi postali un più rapido smistamento della corrispondenza | *C. a barre*, combinazione di barre opportunamente stampate in diverso spessore e con diverso intervallo fra loro, interpretabile da un lettore ottico, usata per codificare e identificare prodotti di largo consumo e il loro prezzo | *C. ecografico*, numero civico interno di una abitazione | (*biol.*) *C. genetico*, sequenza di codoni contenenti le informazioni genetiche del gene e determinanti la sequenza degli aminoacidi che originano le proteine in base alla lettura dei codoni stessi. **4** (*elab.*) Rappresentazione di dati o istruzioni in forma simbolica | *C. alfabetico*, il cui set di caratteri contiene solo lettere alfabetiche | *C. alfanumerico*, il cui set di caratteri contiene sia cifre che lettere alfabetiche | *C. numerico*, il cui set di caratteri contiene solo cifre | *C. istruzioni*, insieme di simboli e caratteri da usare per la redazione di istruzioni in un dato linguaggio di programmazione | *C. di funzione*, parte di un'istruzione che specifica l'operazione da eseguire. || **codicétto**, dim.

†**codicillàre (1)** [da *codicillo*] v. intr. (aus. *avere*) ● Fare codicilli.

codicillàre (2) [vc. dotta, lat. tardo *codicillāre(m)*, agg. di *codicĭllus* 'codicillo'] agg. ● Relativo, inerente al codicillo | *Clausola c.*, clausola diretta ad assicurare l'efficacia di codicillo a un testamento invalido.

codicìllo [vc. dotta, lat. *codicĭllu(m)* 'tavoletta da scrivere', dim. di *cōdex*, genit. *cōdicis* 'codice'] s. m. **1** Nel diritto romano, disposizione di ultima volontà redatta per iscritto al di fuori del testamento. **2** Aggiunta che si fa a uno scritto, a un documento legale e sim.: *apporre un c. a una lettera* | Commento. SIN. Postilla.

codicologìa [comp. di *codice* e *-logia*] s. f. ● Scienza che studia il libro manoscritto in ogni suo aspetto.

codicològico agg. (pl. m. *-ci*) ● Della, relativo alla, codicologia: *mostra codicologica*.

codicòlogo s. m. (f. *-a*; pl. m. *-gi*, pop. *-ghi*) ● Studioso, esperto di codicologia.

codìfica s. f. ● Codificazione, nel sign. 2.

codificàbile agg. ● Che può essere codificato.

codificàre [fr. *codifier*, comp. del lat. *cōdex* 'codice' e *făcere* 'fare'] v. tr. (*io codìfico, tu codìfichi*) **1** Raggruppare norme secondo un ordine sistematico: *c. il diritto penale* | (*est.*) Attribuire valore di legge: *c. una norma*. **2** Trascrivere o tradurre in codice: *c. un messaggio segreto*; *c. dati*, *informazioni*.

codificàto part. pass. di *codificare*; anche agg. **1** Nei sign. del v. **2** *Diritto c.*, diritto positivo.

codificatóre s. m.; anche agg. (f. *-trice*) **1** Chi, che codifica. **2** (*elettron.*) Dispositivo che codifica un'informazione elementare in un segnale fisico allo scopo di trasmetterla ed elaborarla.

codificazióne [fr. *codification*, da *codifier* 'codificare'] s. f. **1** Atto del codificare | Insieme di norme codificate: *la c. giustinianea*. **2** Applicazione di un codice a un complesso di informazioni | Insieme delle regole per raggruppare in modo sistematico i simboli di un codice.

codimózzo [comp. di *coda* e *mozzo* 'mozzato'] agg. ● (*lett.*) Con la coda mozzata, detto spec. di cani.

codinìsmo s. m. ● L'essere o il comportarsi da retrogrado, da codino.

codìno (1) [dim. di *coda*] s. m. **1** Piccola coda. **2** Treccia di capelli naturali o posticci, stretta da un nastro dietro la nuca, usata dai gentiluomini europei nel XVIII sec. e dai cinesi fino agli inizi del XIX sec. **3** (*est.*) Piccola treccia di capelli, in acconciature di bambini e ragazze: *farsi il c.*; *pettinarsi coi codini*.

codìno (2) [dalla parrucca terminante in coda portata dai nobili prima della Rivoluzione francese, e dai reazionari durante la Restaurazione] agg.; anche s. m. (f. *-a*) ● Che, chi si dimostra reazionario, retrogrado, nemico di ogni forma di innovazione e di progresso, spec. in campo politico e culturale: *mentalità codina*; *governo c.*; *era un c. marcio, un reazionario* (VERGA).

codìnzolo o **codónzolo**. s. m. ● Coda piccola e sottile, spec. di cani | *Dimenare il c.*, scodinzolare.

codióne /kodi'one, ko'djone/ ● V. *codrione*.

codirezióne ● V. *condirezione*.

codirósso [comp. di *coda* e *rosso*] s. m. ● Uccelletto canoro dei Passeriformi con dorso grigio, coda rossa, e gola nera nei maschi (*Phoenicurus phoenicurus*).

códolo [da *coda*] s. m. **1** Estremità assottigliata di lama, da inserire nel manico o nell'impugnatura: *c. del coltello, della spada* | *C. del cucchiaio, della forchetta*, parte che si impugna | (*mecc.*) Parte terminale di un utensile che serve a fissarlo al mandrino della macchina operatrice. **2** Asta metallica usata per fare i ferri da cavallo.

codomìnio [comp. di *co-* e *dominio*] s. m. ● (*mat.*) Insieme descritto dal valore di una funzione quando questo valore descrive tutto il dominio di definizione.

codóne (1) s. m. **1** Accr. di *coda*. **2** Anatra selvatica con collo sottile e coda lunga, i cui maschi sono vivacemente colorati (*Dafila acuta*). **3** (*est.*) Parte estrema della culatta delle antiche artiglierie | †Retroguardia. **4** Parte della groppiera che passa sotto la coda di una cavalcatura.

codóne (2) [comp. di *cod-*, radice di *codice*, e *-one (2)*] s. m. ● (*biol.*) Sequenza di tre nucleotidi adiacenti che codificano un aminoacido. SIN. Tripletta.

codónzolo ● V. *codinzolo*.

codrióne o **codióne**, (*raro*) **cotrióne** [da *coda*] s. m. **1** L'insieme delle ultime vertebre degli uccelli. **2** (*est.*, *scherz.*) Coccige.

coeditàre [comp. di *co-* e *editare*] v. tr. (*io coèdito*) ● Pubblicare insieme ad altro o ad altri editori.

coeditóre [comp. di *co-* e *editore*] s. m. ● Chi pubblica una o più opere in collaborazione con uno o più editori.

coedizióne [comp. di *co-* e *edizione*] s. f. ● Attività editoriale assunta da due o più coeditori | (*est.*) L'edizione così realizzata.

coeducazióne [comp. di *co-* e *educazione*] s. f. ● Educazione in comune di fanciulli o giovani dei due sessi.

coefficiènte [fr. *coefficient*. V. *co-* e *efficiente*] s. m. **1** (*mat.*) Numero che moltiplica una quantità incognita o indeterminata. **2** (*fis.*) Quantità numerica che definisce proprietà e relazioni meccaniche, fisiche e sim. dei corpi o sistemi di corpi: *c. di attrito*, *di elasticità*, *di dilatazione*, *di autoinduzione*. **3** (*fig.*) Fattore che, insieme con altri, contribuisce al verificarsi di un effetto | *C. di abilità*, nel pugilato, uno degli elementi sulla scorta dei quali viene assegnata la vittoria ai punti.

coefficiènza [da *coefficiente*] s. f. ● Presenza di cause che si accompagnano con altre nel produrre un effetto.

coèfora [vc. dotta, gr. *choēphóros* 'portatore di libagioni', comp. di *choḗ* 'libagione' (da *chêin* 'versare', di origine indeur.) e *-phóros* '-foro'] s. f. ● Nell'antica Grecia, donna che recava libagioni ai sepolcri.

coeguàle [lat. *coaequāle(m)*, comp. di *cŭm* 'con' e *aequālis* 'uguale'] agg. ● Uguale a uno o più altri, detto spec. delle persone della Trinità.

coelètto [vc. dotta, lat. tardo *coelēctu(m)*, comp. di *cŭm* 'con' e *elēctus* 'eletto'] agg. ● Eletto insieme ad altri.

coenzìma [comp. di *co-* ed *enzima*] s. m. (pl. *-i*) ● (*chim.*) Composto organico non proteico indispensabile per il funzionamento di un enzima. SIN. Cofermento | *Coenzima A*, composto implicato nel metabolismo degli acidi carbossilici.

coercìbile [fr. *coercible*, dal lat. *coërcēre*. V. *coercizione*] agg. **1** Che si può costringere, obbligare: *carattere*, *individuo c.* **2** (*fis.*) Compressibile, detto di aeriformi: *gas c.*

coercibilità s. f. ● Qualità di chi, di ciò che, è coercibile.

coercitìvo [fr. *coercitif*, dal lat. *coërcēre*. V. *coercizione*] agg. ● Che ha forza di costringere: *mezzi coercitivi*. || **coercitivaménte**, avv.

coercizióne [fr. *coercition*, dal lat. *coërcitiōne(m)*, da *coërcēre* 'reprimere, restringere', comp. di *cŭm* 'con' e *arcēre* 'rinchiudere, trattenere'] s. f. ● Il costringere una persona ad agire come non vorrebbe, usando le minacce, la forza e sim.: *ricorrere alla c.*; *fare uso della c.*

coerède [vc. dotta, lat. *cohērede(m)*, nom. *cohē-*

res, comp. di *cŭm* 'con' e *hēres* 'erede'] s. m. e f. ● Chi è erede insieme con altri: *divisione dei beni tra coeredi*.

coerènte [vc. dotta, lat. *cohaerĕnte(m)*, part. pres. di *cohaerēre* 'essere unito, aver connessione', comp. di *cŭm* 'con' e *haerēre* 'essere attaccato'] agg. *1* Detto di sedimento o di roccia cementata e compatta. *2* Che è saldamente connesso in ogni sua parte: *materiale composito ma c.* *3* (*fig.*) Che è privo di contraddizioni, di squilibri: *discorso, idea, individuo c.* | *Essere c. con sé stesso*, di chi agisce in modo non contraddittorio rispetto alle proprie idee. *4* (*fis.*) Detto di fenomeni periodici che hanno uguale frequenza, che mantengono nel tempo la loro differenza di fase. || **coerenteménte**, avv.

coerènza [vc. dotta, lat. *cohaerĕntia(m)*, da *cohaerens*, genit. *cohaerĕntis* 'coerente'] s. f. *1* Coesione: *la c. dei vari elementi è perfetta.* *2* Stretto nesso dei giudizi speculativi tra loro e con la pratica | Costanza di idee e propositi: *la vostra c. è ammirevole.* *3* (*fis.*) Caratteristica delle oscillazioni che avvengono con differenza di fase costante.

coesióne [fr. *cohésion*, dal lat. *cohaerēre*. V. *coerente*] s. f. *1* (*fis.*) Forza di attrazione fra le molecole di un corpo sia solido che liquido. *2* (*fig.*) Accordo, unione fra le parti costitutive di un'entità, di un prodotto culturale, di un gruppo e sim.: *questo libro manca di c.*; *idee sciolte, senza virtù di c.* (DE SANCTIS).

coesistènte part. pres. di *coesistere*; anche agg. ● Nei sign. del v.

coesistènza [fr. *coexistence*, da *coexister* 'coesistere'] s. f. ● L'esistere insieme: *c. di idee, di partiti* | *C. pacifica*, fra Stati con ideologie e regimi politici differenti | *C. competitiva*, fra regimi differenti che tendono a dimostrare la superiorità dell'uno sull'altro.

coesìstere [fr. *coexister*, dal lat. tardo *coexsĭstere*, comp. di *cŭm* 'con' e *exsĭstere* 'esistere'] v. intr. (coniug. come *esistere*; aus. *essere*) ● Esistere contemporaneamente, detto di più cose: *in lui coesistono opposti sentimenti.*

coesìvo [fr. *cohésif*, da *cohésion* 'coesione'] **A** agg. ● Che serve a tenere unite due o più cose: *liquido c.* **B** s. m. ● (*ling.*) Elemento che collega parti di un testo, rinviando ad altri elementi dello stesso testo.

coèso [da *coesione*] agg. ● (*lett.*) Dotato di coesione, di compattezza: *gruppo c.*

coesóre [da *coesione*] s. m. ● (*elettr.*) Coherer.

coetàneo [vc. dotta, lat. tardo *coaetāneu(m)*, comp. di *cŭm* 'con' e *āetas*, genit. *aetātis* 'età'] agg.; anche s. m. (f. *-a*) ● Che, chi ha la medesima età: *noi tre siamo coetanei* | (*est.*) Che, chi appartiene allo stesso tempo, epoca e sim.: *i coetanei di Socrate.*

coetèrno [vc. dotta, lat. tardo *coaetĕrnu(m)*, comp. di *cŭm* 'con' e *aetĕrnus* 'eterno'] agg. ● (*relig.*) Eterno nello stesso modo e solidalmente, detto delle tre persone della Trinità.

coèvo [vc. dotta, lat. tardo *coāevu(m)*, comp. di *cŭm* 'con' e *āevum* 'età'] agg. ● Della stessa epoca, secolo, periodo, e sim.: *autori coevi*; *questa lotta tra la fede e la scienza ... è antica, coeva alle origini stesse della religione* (DE SANCTIS). SIN. Contemporaneo.

còfana [var. di *cofano*] s. f. *1* Recipiente metallico a due manici usato dai muratori per il trasporto della malta. *2* (*est., pop.*) Recipiente molto ampio e capace | (*est.*) Grande quantità: *una c. di pastasciutta.*

cofanétto s. m. *1* Dim. di *cofano*. *2* Cassetta in legno, avorio o argento spesso riccamente ornata, usata per custodire preziosi | Cassetta di vario materiale adibita a contenere cosmetici, dolciumi e sim. *3* (*edit.*) Custodia in cartone pesante, spesso ornato, contenente due o più volumi che compongono un'opera.

còfano o †**còfino** [lat. tardo *cŏphinu(m)*, nom. *cŏphinus*, dal gr. *kóphinos* 'cesta', di etim. incerta] s. m. *1* Mobile costituito da una cassa piuttosto grande, con coperchio spec. bombato, spesso decorata sui lati: *il c. della biancheria.* *2* (*est.*) Cassa | *C. d'artiglieria*, cassa usata per il trasporto delle munizioni | *C. della bandiera*, sulle navi, cassetta in cui si conserva la bandiera di combattimento. *3* Copertura di lamiera apribile che protegge il motore e altre parti di un autoveicolo: *aprire il c.* ➡ ILL. p. 1748, 1749 TRASPORTI. *4* †Cassa per oggetti domestici e sim. | †Forziere. *5* †Cesto, paniere. *6* †Opera di fortificazione simile alla caponiera. *7* Barca veneta per caccia palustre. || **cofanétto**, dim. (V.).

cofattóre [comp. di *co-* (*1*) e *fattore*] s. m. ● (*chim.*) Qualsiasi molecola, inorganica od organica ma non di natura proteica, che partecipa all'azione di un enzima.

coferménto [comp. di *co-* e *fermento*] s. m. ● (*chim., raro*) Coenzima.

còffa [sp. *cofa*, dall'ar. *quffa* 'cesta'] s. f. *1* (*mar.*) Piattaforma semicircolare a mezz'altezza sugli alberi dei velieri per vedetta e manovra delle vele | Sulle navi a propulsione meccanica, posto di vedetta sull'alberatura. ➡ ILL. p. 1756 TRASPORTI. *2* (*dial.*) †Paniere.

coffee break /*ingl.* 'kɔfi 'breik/ [loc. ingl., comp. di *coffee* 'caffè' e *break* 'intervallo'] loc. sost. m. inv. (pl. ingl. *coffee breaks*) ● Interruzione, pausa nel corso di un lavoro, di una riunione e sim. per prendere un caffè o altre bevande.

coffee grinder /*ingl.* 'kɔfi 'graində*/ [vc. ingl., propr. 'macinacaffè'] loc. sost. m. inv. (pl. ingl. *coffee grinders*) ● (*mar.*) Verricello a doppia manovella con cui, sulle grandi barche a vela da regata, si manovrano le scotte.

†**còfino** ● V. *cofano*.

cofirmatàrio [comp. di *co-* e *firmatario*] agg.; anche s. m. (f. *-a*) ● Che, chi firma q.c. insieme con altri.

cofondatóre [comp. di *co-* e *fondatore*] s. m. (f. *-trice*) ● Chi è fondatore di q.c. insieme con altri.

cofòsi [vc. dotta, gr. *kṓphōsis* 'sordità', da *kōphós* 'sordo'] s. f. ● (*med.*) Sordità totale.

còfto ● V. *copto*.

cogarànte [comp. di *co-* e *garante*] agg.; anche s. m. e f. ● Che, chi è garante insieme ad altri.

cogeneratóre [comp. di *co-* e *generatore*] s. m. ● (*tecnol.*) Apparecchiatura, quale il totem, per la cogenerazione.

cogenerazióne [comp. di *co-* e *generazione*] s. f. ● (*fis.*) Produzione associata di energia elettrica e di calore in un impianto termoelettrico, con utilizzazione del calore per riscaldamento civile o per altre applicazioni.

cogènte [lat. *cogĕnte(m)*, part. pres. di *cogĕre* 'costringere'] agg. ● (*dir.*) Detto di norma che non può essere modificata da accordi privati. SIN. Inderogabile.

cogerènte [comp. di *co-* e *gerente*] s. m. e f. ● Chi gestisce q.c. assieme ad altri.

cogestióne [comp. di *co-* e *gestione*] s. f. ● Gestione in comune con altri | *C. aziendale*, partecipazione dei lavoratori con il datore di lavoro alla direzione dell'impresa.

cogestire [comp. di *co-* e *gestire*] v. tr. (*io cogestìsco*) ● Gestire insieme con altri.

cogitabóndo [vc. dotta, lat. tardo *cogitabŭndu(m)*, da *cogitāre* 'cogitare'] agg. ● (*lett.*) Pensieroso, meditabondo: *con la rugata fronte c.* (BRUNO).

†**cogitànte** **A** part. pres. di †*cogitare*; anche agg. ● Nei sign. del v. **B** s. m. ● Chi pensa.

†**cogitàre** o (*raro*) †**coitàre** [vc. dotta, lat. *cogitāre*, comp. di *cŭm* 'con' e *agitāre*, ints. di *ăgere* 'spingere'] v. tr. e intr. ● (*lett.*) Pensare | Oggi in tono scherz.: *se ne stava tutto solo a c.*

cogitatìva [f. sost. di *cogitativo*] s. f. ● (*filos.*) Facoltà di fare inferenze.

cogitatìvo [vc. dotta, lat. tardo *cogitatīvu(m)*, da *cogitāre* 'cogitare'] agg. *1* (*lett.*) Atto a pensare | Relativo al pensare. *2* †Cogitabondo.

cogitazióne [vc. dotta, lat. *cogitatiōne(m)*, da *cogitāre* 'cogitare'] s. f. ● (*lett.*) Meditazione, pensiero: *in una fissa e lunga c ..., profondamente occupato* (SANNAZARO).

cògito [lat., 'io penso', prima pers. indic. pres. di *cogitāre* 'cogitare'] s. m. solo sing. ● Nella filosofia cartesiana, certezza prima e indubitabile che l'individuo, in quanto soggetto pensante, ha della sua esistenza.

†**cogitóso** agg. ● Pensieroso.

cógli o **con gli** [comp. di *con* e *gli*] prep. art. ● V. *gli* per gli usi ortografici.

cóglia [lat. **cōlea*, nt. pl. di **cōleum*, per il classico *cōleus* 'testicolo', di etim. incerta] s. f. *1* (*lett.*) †Borsa dei testicoli. *2* (*fig., volg.*) Chi veste con ricercatezza affettata e presuntuosa. SIN. Zerbinotto. *3* (*fig., volg.*) Uomo vanesio e insolente. || **cogliarèlla**, dim.

cogliàta [da *coglia*] s. f. ● (*raro*) Smargiassata.

cògliere o (*lett.*) **còrre** [lat. *collĭgere*, comp. di *cŭm* 'con' e *lĕgere* 'raccogliere'] **A** v. tr. (pr. *io còlgo, tu còglì*; fut. *io coglierò*, pop. e poet. *corrò*; pass. rem. *io còlsi, tu cogliésti*; congv. pr. *io còlga*; part. pass. *còlto*) *1* Prendere, staccare dal terreno o da una pianta: *c. un fiore, un frutto, un ramoscello* | (*est.*) Raccogliere (*anche fig.*): *c. l'acqua*; *c. il frutto delle proprie fatiche.* *2* Afferrare, prendere (*anche fig.*): *colsi al volo il libro perché non cadesse*; *c. qc. per l'abito*; *c. il luogo, il tempo, il destro, il momento, l'occasione favorevole*; *a volte mi coglie una grande paura* | *C. la palla al balzo*, (*fig.*) approfittare immediatamente di un'occasione buona | Prendere di sorpresa: *c. alla sprovvista, in flagrante, in fallo*; *la morte lo colse all'improvviso.* *3* (*mar.*) Mettere a posto manovre e corde. *4* Colpire (*anche fig.*): *c. il bersaglio*; *c. qc. nel suo punto debole*; *c. in pieno*; *c. nel giusto.* *5* (*fig.*) Intendere, capire, indovinare: *c. il significato nascosto di una frase*; *c. l'importanza di q.c.*; *quella prontezza ... di c. i finissimi rapporti delle idee* (PARINI) | *C. al volo*, comprendere immediatamente. *6* †Dedurre, argomentare. *7* †Riscuotere. **B** v. intr. (anche impers.; aus. *essere*) ● (*raro, lett.*) Avvenire, capitare, incogliere: *mal te ne colga* | *S'ei coglie, colga*; *se co', colga*, se va, va.

coglionàggine s. f. ● (*volg.*) Balordaggine.

coglionàre [da *coglione*] v. tr. (*io coglióno*) ● (*volg.*) Deridere, canzonare, spec. grossolanamente e con sguaiataggine.

coglionàta s. f. ● (*volg.*) Coglioneria.

coglionatóre s. m.; anche agg. (f. *-trice*) ● (*volg.*) Chi, che coglionа, canzona.

coglionatùra [da *coglionare*] s. f. ● (*volg.*) Derisione, canzonatura.

coglióne [lat. tardo *coleōne(m)*, per il classico *cōleu(m)*, di etim. incerta] **A** s. m. ● (*spec. al pl., volg.*) Testicolo | *Rompere i coglioni a qc.*, (*fig.*) infastidirlo, annoiarlo | *Avere i coglioni duri*, (*fig.*) detto di uomo energico, volitivo, tenace | *Avere i coglioni gonfi, pieni di qc. o q.c.*, (*fig.*) averne abbastanza, esserne molto stanco, annoiato e sim. | *Avere qc. sui coglioni*, (*fig.*) non poterlo soffrire | *Gli girano i coglioni*, (*fig.*) è incollerito, irritato | *Levarsi dai coglioni*, (*fig.*) togliersi di torno, andarsene e (*est.*) lasciare in pace. **B** s. m.; anche agg. (f. *-a*) ● (*fig., volg.*) Sciocco, minchione: *un cuore tanto c. che alla prima parola dolce si arrende* (MONTI). **C** al pl. in funzione di inter. ● (*volg.*) Esprime meraviglia, ira, stupore e sim. o asseverazione gener. rafforzativa. || **coglionàzzo**, pegg. | **coglioncèllo**, dim. | **coglioncìno**, dim.

coglionèlla [da *coglione*] s. f. ● (*raro, volg.*) Canzonatura, burla | *Mettere qc. in c.*, deriderlo | *Pigliare, prendere q.c. in c.*, alla leggera.

coglionerìa [da *coglione*] s. f. ● (*volg.*) Balordaggine, sciocchezza: *dire, fare una c.* | Sproposito, sbaglio grossolano.

coglitóre [da *cogliere*] s. m. (f. *-trice*, pop. *-tora*) *1* Chi coglie: *c. di frutta.* *2* †Chi riscuote tasse, imposte e sim.

coglitùra s. f. ● Raccolta: *il tempo della c.*

cognàc /koɲ'ɲak, 'kɔɲɲak, *fr.* kɔ'ɲak/ [dalla città di *Cognac*, ove si produce] s. m. inv. *1* Acquavite ottenuta distillando il vino della Charente, poi corretta e invecchiata in fusti di rovere. *2* Bicchiere di cognac: *bere un c.* || **cognacchìno**, dim. nel sign. 2 (V.).

cognacchìno s. m. *1* Dim. di *cognac*. *2* (*fam.*) Bicchierino di cognac.

cognàta s. f. ● Moglie del fratello | Sorella della moglie o del marito. || **cognatìna**, dim.

cognàto [lat. *cognātu(m)* 'consanguineo', comp. di *cŭm* 'con' e *gnātus* 'nato'] **A** s. m. (f. *-a* (V.)) *1* Marito della sorella | Fratello della moglie o del marito. *2* (*lett.*) Congiunto di origine, di stirpe. **B** agg. *1* (*lett.*) Di chi appartiene alla medesima stirpe: *cognati petti il vincitor calpesta* (LEOPARDI). *2* (*lett.*) Simile, congenere.

cognazióne [vc. dotta, lat. *cognatiōne(m)*, da *cognātus*. V. *cognato*] s. f. *1* Nel diritto romano, parentela. *2* (*lett.*) Schiatta, stirpe. *3* (*fig.*) †Vincolo, relazione: *tra 'l fuoco e 'l ghiaccio fai c.* (L. DE' MEDICI).

cognitivismo s. m. ● (*psicol.*) Corrente di studi psicologici che si occupa di attività cognitive come percezione, intelligenza, linguaggio, pensiero.

cognitivista [da *cognitivismo*] **A** agg. (pl. m. *-i*) ● (*psicol.*) Che si riferisce al cognitivismo | *Terapia c.*, tecnica psicoterapeutica elaborata da A. T. Beck, che cura le nevrosi promuovendo nel paziente un nuovo modo di pensare. **B** s. m. e f. ● Seguace del cognitivismo.

cognitivo agg. ● Conoscitivo | (*psicol.*) Che riguarda la cognizione: *funzione cognitiva, sviluppo c.*

cògnito [vc. dotta, lat. *cŏgnitu(m)*, part. pass. di *cognōscere* 'conoscere'] agg. ● (*lett.*) Conosciuto, noto: *appena gli furono cogniti i caratteri delle lettere* (GUICCIARDINI) | †*Essere c. di q.c.*, conoscerla bene.

cognitóre [vc. dotta, lat. *cognitōre(m)*, da *cŏgnitus* 'cognito'] **A** agg. (f. *-trice*) ● Di giudice o arbitro che ha il diritto e il dovere di prendere cognizione di una causa. **B** s. m. ● †Chi conosce.

cognitòrio agg. ● (*dir.*) Relativo a cognizione.

cognizióne [vc. dotta, lat. *cognitiōne(m)*, da *cŏgnitus* 'cognito'] s. f. **1** (*lett.*) Atto, modo, effetto del conoscere, conoscenza: *c. sintetica, analitica, diretta, indiretta, distinta, confusa, piena, certa; avere, prendere c. di q.c.; essere, venire a c. di q.c.; fonte di c. del diritto.* **2** (*spec. al pl.*) Nozioni: *avere estese cognizioni scientifiche e tecniche* | (*est.*) Complesso di nozioni, scienza, dottrina: *un uomo di vaste cognizioni; non mancate di spirito e di cognizioni* (GOLDONI). **3** (*dir.*) Esame che un organo giudiziario compie dei problemi e dati che gli vengono sottoposti o che egli stesso acquisisce nel corso di una istruzione onde giungere all'emanazione di una pronuncia finale: *procedimento di c. civile, penale* | *Con c. di causa*, dopo approfondito esame di tutti gli elementi (*anche fig.*): *giudicare con c. di causa; parlare con c. di causa.* **4** Correntemente, competenza: *reato di c. della Corte d'assise; processo di c. del Tribunale di Bologna.* **5** (*psicol.*) Insieme delle funzioni che consentono di raccogliere ed elaborare le informazioni (in particolare l'attenzione, la percezione, la memoria, l'apprendimento, l'intelligenza, il linguaggio e il ragionamento).

cògno (1) o **cógno** [lat. *cōngiu(m)*, nom. *cōngius* 'barile', dal gr. *konchíon*, dim. di *kónchē* 'chiocciola' e 'misura per liquidi'. V. *conca*] s. m. (pl. *cògni* o *cógni*, †*cògna* o *cógna* f.) ● Quantità d'olio che il contadino doveva al padrone per aver fatto uso del frantoio, o per altro obbligo relativo all'estrazione dell'olio.

†**cógno (2)** ● V. *cuneo.*

cognóme [vc. dotta, lat. *cognōme(n)*, comp. di *cŭm* 'con' e *(g)nōmen* 'nome'] s. m. **1** Nome di famiglia: *dire il proprio nome e c.* SIN. Casato. **2** Nella Roma repubblicana, il terzo elemento del nome atto a designare i membri di una stessa famiglia, nell'ambito di una gente: *Cesare era il c. di Gaio Giulio.*

cognominàre [vc. dotta, lat. *cognomināre*, da *cognōmen* 'cognome'] **A** v. tr. (*io cognòmino*) **1** (*raro, lett.*) Fornire di cognome. **2** †Soprannominare. **B** v. intr. pron. ● (*raro*) Assumere un cognome.

†**cognóscere** e *deriv.* ● V. *conoscere* e *deriv.*

cogolària [dal lat. *cucŭllus* 'cappuccio'. V. *cocolla*] s. f. ● Rete da pesca a sacco conico, con imboccatura di 3 m, per la pesca delle anguille.

cògolo [veneto *cogolo*, dal lat. parl. **cŏcula(m)*, da *cŏchlea* 'chiocciola'] s. m. ● (*sett.*) Ciottolo.

coguàro [fr. *couguar*, dal port. *cucuarana*, grafia errata per il guaranì *susuarana*] s. m. ● (*zool.*) Puma.

coherer /*ingl.* kou'hiərə*/ [vc. ingl., dal lat. *cohaerēre*. V. *coerente*] s. m. inv. ● Apparecchio costituito da un piccolo tubo contenente due conduttori separati da una polvere metallica, atto a rivelare onde elettromagnetiche, usato nei primi apparecchi radiotelegrafici.

cói o **cón i** [comp. di *con* e *i (1)*] prep. art. m. pl. ● V. *i* per gli usi ortografici.

coiàio ● V. *cuoiaio.*

coiàme ● V. *cuoiame.*

†**coiàro** ● V. *cuoiaio.*

coiàttolo ● V. *cuoiattolo.*

coibentàre [da *coibente*] v. tr. (*io coibènto*) ● Rivestire con materiale coibente: *c. un tetto.*

coibentatóre s. m. ● Chi, per professione, esegue coibentazioni.

coibentazióne s. f. ● Atto, effetto del coibentare.

coibènte [vc. dotta, lat. *cohibĕnte(m)*, part. pres. di *cohibēre* 'contenere, tenere insieme', comp. di *cŭm* 'insieme' e *habēre* 'avere'] **A** s. m. ● Materiale con proprietà di isolante termico, elettrico o acustico. **B** anche agg.: *materiale c.; sostanza c.*

coibènza [da *coibente*] s. f. ● Proprietà dei coibenti.

coierìa ● V. *cuoieria.*

coiétto o **coréto**, **corétto (1)** [da *cuoio*] s. m. **1** Nelle antiche armi da fuoco, piccolo ritaglio di cuoio che teneva ferma la pietra focaia fra le ganasce del cane. **2** Indumento di cuoio che si portava per difesa del busto.

coiffeur /*fr.* kwa'fœr/ [vc. fr., da *coiffer*, propriamente 'coprire il capo con una *cuffia* (*coiffe*)'] s. m. inv. ● Parrucchiere per signora.

coiffeuse /*fr.* kwa'føz/ [vc. fr., da *coiffer* 'pettinare', perché davanti a essa le donne si acconciano] s. f. inv. ● Tavolo da toeletta per signora di stile impero. SIN. Pettiniera.

còil [vc. ingl., 'spira, rotolo'] s. m. ● (*tecnol.*) Matassa di grosso filo di ferro prodotto dal laminatoio o dalla trafila.

coimputàto [comp. di *co-* e *imputato*] s. m.; anche agg. (f. *-a*) ● Chi, che è imputato insieme ad altri.

coincidènza [fr. *coïncidence*, da *coïncider* 'coincidere'] s. f. **1** Avvenimento simultaneo di due o più fatti: *la c. delle nostre partenze è casuale.* **2** (*fig.*) Uguaglianza, consonanza, identità: *fra noi vi è perfetta c. di opinioni.* **3** (*mat.*) Il coincidere. **4** Nei servizi pubblici, ferroviari, automobilistici o aerei, ora di arrivo e di partenza di due o più mezzi di trasporto stabilita in modo da permettere ai viaggiatori provenienti con l'uno di passare all'altro.

coincìdere [fr. *coincider*, comp. del lat. *cŭm* 'insieme' e *incīdere* 'cadere dentro'] v. intr. (coniug. come *incidere*; aus. *avere*) **1** Corrispondersi esattamente, collimare (*anche fig.*): *idee che coincidono.* **2** Accadere contemporaneamente: *la sua venuta coincise con la nostra partenza.* **3** (*mat.*) Essere la stessa cosa: *le due soluzioni coincidono.*

coincìso part. pass. di *coincidere.* ● Nei sign. del v.

coinè ● V. *koinè.*

coinquilino [vc. dotta, lat. tardo *coinquilīnu(m)*, comp. di *cŭm* e *inquilīnus* 'inquilino'] s. m. (f. *-a*) ● Ognuno degli inquilini di una casa nei confronti degli altri inquilini della stessa casa.

†**coinquinàre** [vc. dotta, lat. *coinquināre*, comp. di *cŭm* 'con' e *inquināre* 'inquinare'] v. tr. ● Macchiare, contaminare.

coinsième [comp. di *co-* e *insieme*] s. m. ● (*mat.*) Insieme descritto dal valore di una funzione quando questo valore descrive tutto l'insieme di definizione.

cointeressàre [comp. di *co-* e *interessare*] v. tr. (*io cointerèsso*) ● Fare partecipare qc. agli utili e alle perdite di un affare o di una impresa: *c. qc. in un'azienda.*

cointeressàto **A** part. pass. di *cointeressare*; anche agg. ● Nel sign. del v. **B** s. m. (f. *-a*) ● Chi partecipa agli utili e alle perdite di un affare o di un'impresa.

cointeressènza [da *cointeressare*] s. f. ● Partecipazione agli utili e alle perdite di un affare o di un'impresa: *concludere un contratto di c.* | *C. dei lavoratori*, sistema di retribuzione dei lavoratori implicante una loro partecipazione agli utili prodotti dall'impresa.

coinvolgènte part. pres. di *coinvolgere*; anche agg. **1** Nel sign. del v. **2** Che attrae, avvince, interessa: *uno spettacolo, un film c.*

coinvòlgere [comp. di *co-* e *involgere*] v. tr. (coniug. come *volgere*) ● Trascinare altri in una data posizione, spec. in una responsabilità gravosa, o in una situazione ambigua, o sgradevole, o pericolosa: *c. qc. in una lite, in un processo, in un'accusa; non voglio farmi c. nelle vostre beghe; minacciava di c. tutta l'opposizione nel disgusto, nella nausea della pubblica opinione* (PIRANDELLO).

coinvolgiménto s. m. ● Atto, effetto del coinvolgere, o del farsi coinvolgere, in una data situazione.

coinvòlto part. pass. di *coinvolgere*; anche agg. ● Nei sign. del v.

còio ● V. *cuoio.*

coiòte s. m. ● Adattamento di *coyote* (V.).

coìre [vc. dotta, lat. *coīre* 'riunirsi, congiungersi', comp. di *cŭm* 'con' e *īre* 'andare'] v. intr. (*io coìsco, tu coìsci*; aus. *avere*) ● (*raro*) Congiungersi carnalmente.

coitàle [da *coito*] agg. ● Del, relativo al, coito.

†**coitàre** ● V. †*cogitare.*

còito [vc. dotta, lat. *cōitu(m)*, da *coīre* 'coire'] s. m. ● Accoppiamento sessuale, spec. riferito alla specie umana | *C. interrotto*, pratica anticoncezionale che consiste nella ritrazione del pene dalla vagina prima dell'eiaculazione. SIN. Copula.

còke /kɔk, *ingl.* 'kouk/ [vc. ingl., di etim. incerta] s. m. inv. ● Carbone poroso, grigio, privo di sostanze volatili, ottenuto come residuo nel fondo della storta in cui si fa la distillazione secca del litantrace, usato per il riscaldamento domestico e in metallurgia | *C. da gas*, usato per ottenere gas illuminante | *C. di petrolio*, residuo carbonioso ottenuto da piroscissione di oli minerali | *C. metallurgico*, usato per scopi metallurgici.

cokefazióne s. f. ● Cokificazione.

cokerìa s. f. ● Impianto o stabilimento per la produzione del carbone coke.

cokificàre v. tr. ● Sottoporre un carbon fossile alla cokificazione.

cokificazióne s. f. ● Operazione consistente nel sottoporre un carbon fossile a riscaldamento in camere o storte fuori del contatto con l'aria, in modo da ottenere coke. SIN. Cokefazione.

col /kol/ o **cón il** [comp. di *con* e *il*] prep. art. m. sing. ● V. *il* per gli usi ortografici.

colà [lat. *ĕccu(m) illāc* 'ecco là'] avv. ● Là, in quel luogo, laggiù (con riferimento a un luogo distante da chi parla e da chi ascolta): *vuolsi così c. dove si puote / ciò che si vuole* (DANTE *Inf.* III, 95-96) | *Così c.*, (*fam.*) così così, in modo mediocre: *'come stai?' 'così c.'* | *E così, e c.*, (*fam.*) eccetera, per abbreviare un discorso che si dilunga troppo.

còla (1) [da un dialetto del Sudan] s. f. ● Genere di piante arboree delle Sterculiacee con foglie oblunghe coriacee e frutti dotati di proprietà medicinale (*Cola*) | *Noci di c.*, i semi delle piante di cola.

cóla (2) [lat. *cōlu(m)* 'colatoio'. V. *colo*] s. f. **1** Tipo di setaccio col quale si cola spec. la calcina spenta. **2** (*enol.*) Strumento a forma di cassetta che, posto sul tino, serve per pigiarvi l'uva | Sacchetto per colare spec. il vino.

colabròdo o (*dial.*) **scolabròdo** [comp. di *colare* e *brodo*] s. m. inv. ● Arnese di cucina, col fondo bucherellato usato per filtrare spec. brodo, sughi e sim. | (*fig., scherz.*) *Ridurre qc. come un c.*, crivellarlo di colpi d'arma da fuoco.

colàggio [fr. *coulage*, da *couler* 'colare'] s. m. ● (*mar.*) Perdita di contenuto, in merci liquide, dovuto alla imperfetta chiusura dei recipienti.

colaggiù o †**colaggiùso** [comp. di *colà* e *giù*] avv. ● (*lett.*) Laggiù: *per quante ha c. terre e contrade* (MARINO).

colagògo [vc. dotta, lat. tardo *cholagōgu(m)*, nom. *cholagōgus*, dal gr. *cholagōgós* 'che fa colare la bile', comp. di *cholḗ* 'bile' e *ágō* 'io trasporto'] **A** s. m. (pl. *-ghi*) ● Medicamento che eccita la secrezione biliare del fegato. **B** anche agg.: *farmaco c.*

colaménto [da *colare*] s. m. ● (*raro*) Gocciolamento.

colangiografìa [comp. del gr. *cholḗ* 'bile' (V. *cole-*), *angêion* 'vaso' (V. *angiocarpo*) e *-grafia*] s. f. ● Tecnica radiologica di visualizzazione delle vie biliari mediante introduzione in esse di sostanze radiopache | (*est.*) Lastra radiografica delle vie biliari.

colangìte [comp. del gr. *cholḗ* 'bile' (V. *cole-*) e *angêion* 'vaso' (V. *angiocarpo*), col suff. *-ite (1)*] s. f. ● (*med.*) Infiammazione delle vie biliari. SIN. Angiocolite.

colapàsta o (*dial.*) **scolapàsta** [comp. di *cola(-re)* e *pasta*] s. m. inv. ● Arnese di cucina, bucherellato, per scolare l'acqua della pasta.

colàre [lat. *colāre* 'filtrare', da *cōlum* 'filtro'. V. *colo*] **A** v. tr. (*io cólo*) *1* Far passare un liquido, una sostanza fluida o sim. attraverso un filtro perché ne esca chiaro e privo di materie eterogenee: *c. il brodo, il vino, l'olio, il caffè* | *C. la calcina*, farla passare per la cola | (*est.*) Separare q.c. di solido dal liquido in cui è immerso, mediante un colo | *C. la pasta*, separarla dall'acqua di cottura, versandola nel colapasta. *2* Versare una sostanza fluida su una superficie o in una cavità: *c. il metallo fuso nelle forme* | Ridurre allo stato fluido o liquido: *c. il ferro, l'oro*. *3* Nella loc. *c. a fondo, a picco*, mandare a fondo, far affondare: *la tempesta colò a fondo la nave*. **B** v. intr. (aus. *essere* nei sign. 1, 3 e 4, *avere* nel sign. 2) *1* Cadere, fluire, gocciolare, filtrare e sim., detto spec. di liquidi: *il sudore gli colava dalla fronte*; *l'olio cola lentamente dalle fessure*. SIN. Scorrere, stillare. *2* Lasciare cadere, fluire all'esterno, avere una imperfetta tenuta: *questa botte cola*. *3* Struggersi al fuoco: *la cera cola* | (*fig.*) †Venir meno. *4* Nella loc. *c. a fondo, a picco*, andare a fondo, affondare: *la nave sta colando a picco*.

colascionàta [da *colascione*] s. f. ● Sorta di poesia triviale.

colascióne o †**calascióne**, †**culassóne** [etim. incerta] s. m. ● Strumento a corde simile al liuto, molto popolare nell'Italia meridionale nei secc. XVII e XVIII.

colassù o †**colassùso** [comp. di *colà* e *su*] avv. ● (*lett.*) Lassù: *c. l'angue salito, / gl'implumi divorò* (MONTI).

colàta [da *colare*] s. f. *1* Atto, effetto del colare. *2* Flusso di lava che, emesso da un vulcano, si spande sul terreno circostante | Ciascuna delle emissioni di lava consolidata. *3* (*est.*) Smottamento o scivolamento di fango, pietre e sim. lungo un pendio. *4* In fonderia, massa di metallo fuso che esce dai forni fusori e che si getta nella forma.

colatìccio [da *colare*] **A** s. m. *1* Materia colata e raffreddata: *il c. di una candela*. *2* In fonderia, metallo fuso traboccato dalla forma. *3* Liquame che stilla dal letame posto in concimaia. **B** agg. (pl. f. *-ce*) ● (*raro, lett.*) Che cola, gocciola, scorre lentamente.

colatitùdine [comp. di *co-* e *latitudine*] s. f. ● (*geogr.*) Angolo complementare della latitudine.

†**colatìvo** agg. ● Atto a colare.

colàto A part. pass. di *colare*; anche agg. *1* Nei sign. del v. *2* Raffinato, purificato: *oro c.* | (*fig.*) *Prendere q.c., tutto, per oro c.*, credere a tutto con totale fiducia. **B** s. m. *1* Metallo prezioso fuso. *2* †Colatura. *3* (*fig.*) †La verità dei fatti.

colatóio [da *colare*] s. m. *1* Arnese col quale si cola un liquido | Colino. *2* Vaso di terracotta forato in basso, pieno di cenere, per il bucato. *3* Crogiolo. *4* Nell'alpinismo, ripido canalone svasato, percorso spesso da valanghe o scariche di sassi. SIN. Doccione. *5* (*tosc., scherz.*) Parente povero da mantenere.

colatóre s. m. *1* In fonderia, operaio addetto alla colata. *2* (*idraul.*) Canale di deflusso dell'acqua chiara dopo la sedimentazione | Fosso di scolo, in terreni irrigui.

colatùra [lat. tardo *colatūra(m)*, da *colāre* 'colare'] s. f. *1* Atto, effetto del colare | Materia colata o depositata | Colaticcio. *2* (*bot.*) Caduta anticipata di fiori e frutticini. *3* Fluidificazione della pasta dei formaggi molli per cattiva spurgatura.

colazióne [ant. fr. *colation*, dal lat. *collatiōne(m)*, propr. 'il portare insieme', da *collātum*, part. pass. di *confĕrre* 'portare insieme'] s. f. *1* Pasto leggero del mattino: *fare c. al bar* | (*est.*) Cibo consumato durante questo pasto: *c. a base di caffè e latte*; *c. leggera e nutriente* | (*est.*) Momento della giornata in cui si consuma abitualmente questo pasto: *leggere i giornali a c.* SIN. Prima colazione. *2* Pasto del mezzogiorno, secondo pasto della giornata: *invitare qc. a c.* | *C. alla forchetta*, normalmente affrettata, a base di soli cibi solidi | *C. al sacco*, consumata spec. in campagna, con cibi portati con sé | *C. di lavoro*, generalmente rapida e leggera, durante la quale si continuano a discutere problemi di lavoro | (*est.*) Cibo consumato durante questo pasto | (*est.*) Momento della giornata in cui si consuma abitualmente questo pasto. SIN. Pranzo, seconda colazione. || **colazionàccia**, pegg. | **colazioncìna**, dim. | **colazionùccia**, dim.

colbàcco o **colbàc**, **cólbac**, (*tosc.*) **colbàcche** [turco *kalpak* 'berretto di pelo', attrav. il fr. *colback*] s. m. (pl. *-chi*) ● Copricapo di pelo caratteristico di Turchi, Armeni, Russi, adottato dagli eserciti di varie regioni europee, usato un tempo in Italia dai cavalleggeri | Voluminoso cappello di pelliccia per signora.

†**colcàre** ● V. *coricare*.

colchicìna [da *colchico*] s. f. ● Alcaloide velenosissimo contenuto nei semi e in altre parti del colchico, usato spec. sotto forma di tintura nelle forme acute di gotta.

còlchico [vc. dotta, lat. *cŏlchicu(m)*, dal gr. *kolchikón*, dalla regione della *Colchide*, sulla costa asiatica del Mar Nero, anticamente ritenuta il paese dei veleni] s. m. (pl. *-ci*) ● Pianta erbacea tuberosa delle Liliacee con foglie lineari e fiori rosa-lilla che fioriscono in autunno (*Colchicum autunnale*). SIN. Freddolina, zafferano bastardo.

colcòs s. m. inv. ● Adattamento di *kolchoz* (V.).

colcoṣiàno o (*raro*) **kolchoziàno A** agg. ● Concernente i kolchoz. **B** s. m. (f. *-a*) ● Lavoratore o membro di un kolchoz.

cold type /ingl. 'kould taip/ [loc. ingl., comp. di *cold* 'freddo' (vc. germ. d'orig. indeur.) e *type* 'carattere' (V. *tipo*)] loc. sost. m. inv. ● (*tip.*) Composizione o stampa a freddo, senza fusione a caldo di piombo | (*raro*) Qualunque composizione ottenuta direttamente sulla carta, mediante macchina da scrivere.

còle- [dal gr. *cholḗ* 'bile', di origine indeur.] primo elemento ● In parole composte della terminologia medica significa 'bile' o 'biliare': *colecisti*, *colemia*.

colecistectomìa [comp. di *colecist(i)* ed *-ectomia*] s. f. ● (*chir.*) Asportazione chirurgica della colecisti.

colecìsti [comp. di *cole-* e del gr. *kýstis* 'vescica' (V. *cisti*)] s. f. ● (*anat.*) Cistifellea.

colecistìte [comp. di *colecist(i)* e *-ite* (*1*)] s. f. ● (*med.*) Infiammazione della colecisti.

colecistografìa [comp. di *colecisti* e *-grafia*] s. f. ● Indagine radiologica della colecisti.

colectomìa [comp. di *col(on)* (*1*) ed *-ectomia*] s. f. ● (*chir.*) Asportazione chirurgica parziale o totale del colon.

coledocìte [comp. di *coledoco* e *-ite* (*1*)] s. f. ● (*med.*) Infiammazione del coledoco.

colèdoco [vc. dotta, gr. *choledóchos*, comp. di *cholḗ* 'bile' e *déchomai* 'io ricevo'] s. m. (pl. *-chi*) ● (*anat.*) Tratto terminale delle vie biliari che penetra nel duodeno.

colèi [lat. parl. (*ĕc*)*cu*(*m*) **illaei* 'ecco a lei'] pron. dimostr. ● Forma femminile sing. di *colui*.

colelitiàṣi [comp. di *cole-* e *litiasi*] s. f. ● (*med.*) Calcolosi delle vie biliari.

colemìa [comp. di *cole-* e *-emia*] s. f. ● (*med.*) Presenza nel sangue di bile o di suoi componenti.

colendìssimo agg. ● Onorabilissimo, degno di molta riverenza, usato in passato come formula di cortesia spec. nello stile epistolare (oggi *scherz.*): *illustrissimo signore, signore padrone c.* (PARINI).

†**colèndo** [vc. dotta, lat. *colĕndu(m)*, gerundivo di *cŏlere*. V. *colere*] agg. ● (*raro*) Degno di riverenza. || **colendìssimo**, sup. (V.).

còleo- [dal gr. *koleós* 'guaina'] primo elemento ● In parole composte della terminologia scientifica, significa 'guaina': *coleorriza*.

coleòptile o **coleòttile** [comp. del gr. *koleón* 'guaina, vagina' (di origine preindeur.?) e *ptílon* 'penna leggera, piuma' (stessa etim. di *pterón*. V. *-ptero*)] s. m. ● (*bot.*) Guaina membranosa che, nelle Graminacee, riveste l'apice del fusto nell'embrione.

coleorrìza o **coleorìza**, **coleorìzza** [comp. del gr. *koleón* 'guaina' (V. *coleoptile*) e *ríza* 'radice' (V. *rizine*)] s. f. ● (*bot.*) Guaina membranosa che avvolge e protegge la radichetta nell'embrione delle Graminacee.

Coleòtteri [vc. dotta, gr. *koleópteros*, comp. di *koleós* 'guaina' (V. *coleoptile*) e *pterón* 'ala'] s. m. pl. ● Nella tassonomia animale, ordine di Insetti col corpo rivestito da una spessa cuticola, quattro ali, di cui le due anteriori spesse e chitinose (*Coleoptera*) | (al sing. *-o*) Ogni individuo di tale ordine.

coleòttile ● V. *coleoptile*.

colèra (*1*) [lat. *chŏlera(m)*, nom. *chŏlera*, dal gr. *choléra*, da *cholḗ* 'bile' (V. *cole-*)] s. m. inv. *1* (*med.*) Grave infezione intestinale causata dal vibrione colerico, caratterizzata da diarrea intensa, vomiti, crampi muscolari, collasso terminale: *c. asiatico*. *2* (*zoot.*) Malattia infettiva acuta prodotta da vari germi: *c. dei suini, dei polli*.

†**cólera** (*2*) ● V. *collera*.

†**còlere** [dal lat. *cŏlere* 'venerare', di origine indeur.] v. tr. (oggi dif. usato solo nella prima e terza pers. sing. del pres. indic. *còlo*, *còle* e nel part. pass. †*cólto*) ● Ossequiare, onorare, venerare: *pien di duol sempre al loco torno, / che per te consecrato onoro e colo* (PETRARCA).

colerètico [comp. di *cole-* e del gr. *erethízein* 'eccitare', di etim. incerta] **A** s. m. (pl. *-ci*) ● Farmaco che aumenta la secrezione biliare. **B** anche agg.: *farmaco c.*

†**colèrico** (*1*) ● V. *collerico*.

colèrico (*2*) [vc. dotta, lat. *cholĕricu(m)*, nom. *cholĕricus*, dal gr. *cholerikós*, da *choléra* 'colera (1)'] agg. (pl. m. *-ci*) ● Di, relativo a, colera: *epidemia colerica*.

colerìna [fr. *cholérine*, dal gr. *choléra* 'colera (1)'] s. f. ● (*med.*) Enterite affine a quella colerica, ubiquitaria, a decorso benigno.

coleróso agg.; anche s. m. (f. *-a*) ● Che, chi è affetto da colera.

colestàṣi [comp. di *cole-* e *stasi*] s. f. ● (*med.*) Ristagno del flusso biliare.

colesterìna [fr. *cholestérine*, comp. di *cole-* e del gr. *stereós* 'solido', perché è una sostanza cristallizzabile] s. f. ● Colesterolo.

colesterìnico agg. (pl. m. *-ci*) ● Di, relativo a colesterina.

colesterolemìa [comp. di *colesterol(o)* e *-emia*] s. f. ● (*med.*) Quantità di colesterolo presente nel sangue.

colesteròlo [comp. di *cole-* e del gr. *stereós* 'rigido', di origine indeur.] s. m. ● Alcol steroideo, monovalente, cristallino, presente in tutti gli organismi animali, spec. nei Vertebrati e, sotto forma di placche, nelle pareti dei vasi sanguigni in caso di arteriosclerosi. SIN. Colesterina.

colétto s. m. *1* Dim. di *colo*. *2* Specie di vaglio che serve per separare il grano dalla pula.

còleus [dal gr. *koleón* 'guaina' (V. *coleoptile*)] s. m. ● Genere di piante erbacee delle Labiate, con molte specie, caratterizzate da foglie acuminate e screziate, fiori piccoli, violacei nella specie più nota (*Coleus*).

còlf [da *col(laboratrice)* *f(amiliare)*] s. f. ● Collaboratrice familiare, lavoratrice addetta ai servizi domestici.

còlia [dal gr. *Kōliás*, epiteto di Afrodite, dal n. di un promontorio dell'Attica ove sorgeva un tempio a lei dedicato; il n. venne dato a questa farfalla per la sua bellezza] s. f. ● Farfalla diurna dei Pieridi, di color giallo vivo coi margini delle ali neri, comune nei prati e nei campi (*Colias croceus*).

coliàmbico [vc. dotta, gr. *chōliambikós*, da *chōlíambos* 'coliambo'] agg. (pl. m. *-ci*) ● Di coliambo.

coliàmbo [vc. dotta, lat. tardo *choliămbu(m)*, nom. *choliămbus*, dal gr. *chōlíambos* 'giambo zoppo', comp. di *chōlós* 'zoppo' e *íambos* 'giambo'] s. m. ● Verso della poesia greca e latina formato da un trimetro giambico con spondeo o trocheo nell'ultimo piede. SIN. Scazonte.

colibacìllo [comp. di *colon* e *bacillo*] s. m. ● (*biol.*) Batterio parassita dell'intestino degli individui omeotermi, talvolta patogeno (*Escherichia coli*). SIN. Colibatterio.

colibacillòṣi [comp. di *colibacill(o)* e *-osi*] s. f. ● (*med.*) Qualsiasi forma morbosa prodotta dal colibacillo.

colibattèrio [inversione del lat. scient. *Bacterium coli* 'batterio del colon'] s. m. ● (*biol.*) Colibacillo.

†**colibèto** [fr. *quolibet*, dal lat. *dē quōlibet* 'di qualsiasi argomento'] s. m. ● Filastrocca con giuochi di parole.

Colibrì o (*raro*) **Còlibri** [sp. *colibrí*, dal caraibico] s. m. pl. ● Nella tassonomia animale, famiglia di Uccelli americani dei Macrochiri cui appartengono specie molto piccole, dallo splendido piumaggio variopinto e dal becco sottile con lingua adatta a suggere il nettare dai fiori (*Trochilidae*) | (*al* *sing.*) Ogni individuo di tale famiglia. SIN. Uccelli mosca.

còlica [vc. dotta, lat. tardo *cōlice(m)*, nom. *cōlice*, dal gr. *kōlikḗ* (sott. *nósos*) 'malattia del *kólon* (intestino crasso)'] s. f. ● Dolore acuto, crampiforme, per contrazione di organi dotati di muscolatura liscia: *c. biliare, intestinale, renale.* ‖ **colichétta**, dim.

còlico (**1**) [vc. dotta, lat. tardo *cōlicu(m)*, nom. *cōlicus*, dal gr. *kōlikós*. V. *colica*] agg. (pl. m. *-ci*) *1* Di, relativo a, colica: *dolore c.* *2* Del, relativo al, colon: *disturbo c.*

còlico (**2**) [fr. *cholique*, dal gr. *cholikós* 'della bile', da *cholḗ* 'bile'] agg. (pl. m. *-ci*) ● Detto di composto ricavato dalla bile dell'uomo o di animali | *Acido c.*, ossiacido, organico, monobasico, a struttura steroidea, cristallino, bianco, amaro, estraibile dalla bile sotto forma di sale, dotato di azione colagoga.

colifórme [comp. di *coli(bacillo)* e *-forme*] agg. ● (*biol.*) Che è simile al colibacillo.

Colifórmi [vc. dotta, comp. del gr. *koliós* 'picchio', di etim. incerta, e del pl. di *-forme*] s. m. pl. ● Nella tassonomia animale, ordine di piccoli Uccelli arboricoli con becco corto conico, ali brevi e lunga coda (*Coliiformes*) | (al sing. *-e*) Ogni individuo di tale ordine.

Colimbifórmi [vc. dotta, comp. di *colimbo* e il pl. di *-forme*] s. m. pl. ● Nella tassonomia animale, ordine di Uccelli buoni nuotatori con ali corte e piedi palmati (*Colymbiformes*) | (al sing. *-e*) Ogni individuo di tale ordine.

colimbo [vc. dotta, gr. *kólymbos*, di etim. incerta] s. m. ● Genere di uccelli acquatici propri delle zone artiche, con testa rotonda, becco aguzzo, corpo allungato, zampe corte e arretrate (*Colymbus*). SIN. Strolaga.

colimetrìa [comp. di *coli(bacillo)* e *-metria*] s. f. ● Misurazione del contenuto di colibacilli in una determinata quantità di acqua.

colìna [comp. di *col(e)-* e *-ina*] s. f. ● Ammina terziaria dell'alcol etilico, presente nel regno animale e vegetale e spec. nelle lecitine, interessata a processi biologici come agente metilante, importante nel metabolismo dei lipidi e nella fisiologia del sistema nervoso.

colinèrgico [comp. di *(acetil)colin(a)* e un deriv. del gr. *érgon* 'lavoro, attività'] **A** s. m.; anche agg. (pl. m. *-ci*) ● Detto di farmaco che riproduce gli effetti dell'acetilcolina e ne rinforza l'azione. **B** agg. ● (*fisiol.*) Che agisce come, o viene stimolato dall'acetilcolina: *recettore c.*; *trasmissione colinergica.*

colìno [da *colare*] s. m. ● Arnese di cucina, a buchi fitti, per colare brodo, camomilla, tè e sim.

colìo s. m. ● Un colare continuato.

colìte [comp. di *col(on)* e *-ite* (*1*)] s. f. ● (*med.*) Infiammazione del colon.

colìtico **A** agg. (pl. m. *-ci*) ● Della, relativo alla, colite. **B** agg.; anche s. m. (f. *-a*) ● Che, chi è affetto da colite.

†**còlla** (**1**) [da *collare* (*2*)] s. f. *1* Fune per infliggere torture | (*est.*) La tortura stessa. *2* Corda per ammainare e spiegare le vele.

còlla (**2**) [lat. parl. **cŏlla(m)*, nom. *cŏlla*, dal gr. *kólla* 'colla, glutine', di etim. incerta] s. f. *1* Ogni sostanza dotata di forte potere adesivo | *C. forte, cervona*, ottenuta facendo bollire spec. ossa o ritagli di pelle di animali | *C. di caseina, di formaggio*, ottenuta da formaggio non salato, acqua e calcina, usata un tempo per ricomporre vasi rotti di maiolica | *Colore a c.*, stemperato con la colla | *C. di glutine*, ottenuta dal glutine della farina, usata per apparecchiare i tessuti | (*fig.*) *Attaccarsi come la c.*, di persona importuna | *È una c. che non attacca*, (*fig.*) un'amicizia che non può durare. *2* (*est.*) Materia attaccaticcia. *3* *C. di pesce*, gelatina di pesce, ricavata spec. dalla vescica natatoria degli storioni, usata in farmacia come protettivo e nell'industria alimentare. SIN. Ittiocolla | *Dar la c. al vino*, chiarificarlo con colla di pesce o gelatina.

cólla (**3**) o **cón la** [comp. di *con* e *la*] prep. art. ● V. *la* per gli usi ortografici.

collabènte [vc. dotta, lat. *collabĕnte(m)*, part. pres. di *collābi* 'crollare', comp. di *cŭm* 'con' e *lābi* 'scivolare', di origine incerta] agg. ● (*med.*) Detto di organo che si affloscia.

collabiménto [da *collabire*] s. m. ● (*anat.*) Contatto tra le pareti di un organo cavo nel corso di un processo fisiologico (come lo svuotamento) o patologico (come il collasso).

collabìre [vc. dotta, dal lat. *collābi* 'cadere, scivolare (*lābi*) insieme (*con-*, *com-* = *cum* 'con')'] v. intr. (*io collabìsco, tu collabìsci*; aus. *avere*) ● (*anat.*) Aderire reciprocamente, come avviene tra le pareti di un organo cavo in seguito a svuotamento o a collasso.

còllabo [vc. dotta, gr. *kóllabos*, di etim. incerta] s. m. ● Cavicchio per tirare e allentare le corde della lira e sim.

collaboràre [vc. dotta, lat. tardo *collaborāre* 'lavorare insieme', comp. di *cŭm* 'insieme' e *laborāre* 'lavorare', prob. attrav. il fr. *collaborer*] v. intr. (*io collàboro* o (*raro*) *collabóro*; aus. *avere*) *1* Lavorare insieme con altri: *c. alla riuscita di un'impresa.* *2* Dare un contributo di lavoro frequente o sistematico, spec. a un'attività culturale: *c. a un giornale, a un periodico scientifico.* *3* (*polit.*) Praticare il collaborazionismo.

collaboratìvo agg. ● Di collaborazione, impostato sulla collaborazione: *rapporto c.* ‖ **collaborativaménte**, avv. (*raro*) In collaborazione.

collaboratóre [fr. *collaborateur*, da *collaborer* 'collaborare'] s. m.; anche agg. (f. *-trice* (V.)) ● Chi, che collabora: *egli dee entrare in comunione con la gioventù, e farla sua collaboratrice* (DE SANCTIS) | Chi collabora periodicamente a un giornale o a una rivista, trattando in genere argomenti della stessa materia | *C. esterno*, chi collabora all'attività di una casa editrice, di un'agenzia pubblicitaria e sim., senza essere a esse legato da rapporti di dipendenza | *C. scientifico*, chi svolge azione di propaganda informativa presso medici e sim. nel settore farmaceutico | *C. familiare*, lavoratore addetto ai lavori domestici.

collaboratrìce s. f. ● Donna che collabora | *C. familiare, c. domestica*, donna che, regolarmente stipendiata, presta servizio domestico presso una o più famiglie.

collaborazióne [fr. *collaboration*, da *collaborer* 'collaborare'] s. f. ● Atto, effetto del collaborare: *c. fissa, periodica*; *c. giornalistica.*

collaborazionìsmo [da *collaborazione*] s. m. *1* Qualunque forma spontanea di intelligenza, corrispondenza o collaborazione col nemico invasore, o di aiuto o assistenza prestata a esso, spec. con riferimento al periodo dell'occupazione nazista in Italia, negli anni 1943-1945. *2* (*raro*) Collaborazione, nel governo o in altre attività politiche o sociali, di individui, partiti o classi diverse.

collaborazionìsta agg.; anche s. m. e f. (pl. m. *-i*) ● Che, chi pratica il collaborazionismo.

†**collacrimàre** [vc. dotta, lat. *collacrimāre* 'versare lacrime', comp. di *cŭm* 'con' e *lacrimāre* 'lacrimare'] v. tr. e intr. ● (*lett.*) Piangere insieme: *chi altro non può, meco collacrime* (SANNAZARO) | Compiangere.

collage /fr. kɔ'laʒ/ [vc. fr., propr. 'incollamento', da *colle* 'colla (2)'] s. m. inv. *1* Tecnica di composizione artistica consistente nell'incollare materiali diversi su un piano | (*est.*) La composizione così ottenuta. *2* (*fig.*) Mistione di elementi disparati: *un c. di idee.*

collàgeno o **collàgene** [comp. di *colla* (*2*) e *-geno*] **A** s. m. ● (*anat.*) Sostanza proteica costituente fondamentale della pelle, dei tendini, delle ossa e dei tessuti connettivi in genere. **B** agg. ● Del, relativo al collageno: *fibre collagene* | *Tessuto connettivo c.*, tessuto di sostegno costituito in gran parte da fibre collagene.

collàggio [da *colla* (*2*)] s. m. *1* Successione di operazioni atte a rendere la carta impermeabile ai liquidi e agli inchiostri. SIN. Collatura. *2* (*raro*) Adattamento di *collage* (V.).

collàna [da *collo* (*1*)] s. f. *1* Monile, ornamento da portarsi al collo: *una c. d'oro, di perle, di coralli* | (*est.*) Ghirlanda di fiori, conchiglie e sim. *2* Ornamento intorno agli stemmi dei cavalieri | Collare distintivo d'ordine cavalleresco. *3* Parte principale dei finimenti per attaccare i cavalli da tiro. *4* (*fig.*) Serie di opere aventi determinate caratteristiche comuni, pubblicate con la medesima veste tipografica dallo stesso editore: *una c. di romanzi, di saggi*; *c. filosofica*; *c. di poesia.* ‖ **collanìna**, dim. | **collanóna**, accr. | **collanóne**, accr. m.

collant /fr. kɔ'lɑ̃/ [vc. fr., propr. part. pres. di *coller* 'incollare', da *colle* 'colla (2)'] **A** agg. inv. ● Detto di abito, manica e sim. attillato, aderente. **B** s. m. inv. ● Indumento femminile costituito da un unico pezzo formato da due calze tenute insieme da una mutandina dello stesso tessuto: *un c. di pizzo, di lana, di seta*; *un c. leggerissimo, trasparente*; *un c. pesante per l'inverno.*

collànte [da *colla* (*2*), sul modello del fr. *collant*, part. pres. di *coller* 'incollare' (V. precedente)] **A** agg. ● Detto di sostanza usata per incollare materiali vari. **B** s. m. *1* Adesivo, spec. del legno. *2* Materia capace di rendere la carta idonea alla scrittura e alla stampa.

collàre (**1**) [lat. *collāre*, da *cŏllum* 'collo (1)'] s. m. *1* Anello di peli, di piume o di squame di colore diverso da quello del corpo, che si trova attorno al collo di alcuni animali. *2* Striscia di cuoio o d'altro che si mette attorno al collo agli animali, spec. ai cani. *3* Ornamento di stoffa o altro da portarsi attorno al collo, usato spec. in passato dalle signore. *4* (*relig.*) Striscia di stoffa, con ricami, per le funzioni | Striscia di cartoncino coperta di tela bianca inamidata, cui si adatta una specie di pettino nero, che i preti portano come colletto | *Mettersi il c.*, farsi prete | *Portare il c.*, essere prete | *Gettare il c.*, spretarsi | *Collari e cocolle*, preti e frati. *5* (*arald.*) Catena d'oro, d'argento o di smalto, variamente intrecciata, a cui si appende l'insegna di un ordine | *C. dell'Annunziata*, insegna del supremo ordine cavalleresco dei reali di Savoia | *Gran c.*, insegna del primo grado di un ordine | Ornamento esteriore dello scudo. *6* (*mecc.*) Manicotto metallico infilato su un albero di trasmissione | *C. d'arresto*, quando è forzato sull'albero e può impedirne movimenti assiali o di altri organi montati su di esso | *C. di manovra*, quando è libero di scorrere, e serve a muovere sull'albero altri organi. *7* (*mar.*) Anello, di ferro o corda. *8* Taglio di carne ricavato dalla spalla del bue. *9* Bordatura circolare di oggetti vari: *il c. dell'ombrello.* *10* (*pop.*) *Biscia dal c.*, natrice. ‖ **collarétto**, dim. (V.) | **collarìno**, dim. (V.) | **collaróne**, accr. | **collarùccio**, dim.

†**collàre** (**2**) [etim. incerta] v. tr. *1* Calare o alzare qc. o q.c. mediante una fune: *deliberarono di legarlo alla fune e di collarlo nel pozzo* (BOCCACCIO). *2* (*mar.*) Tirare le cime per salpare. *3* Sottoporre alla tortura della colla.

collàre (**3**) [da *colla* (*2*)] v. tr. (*io cóllo*) ● Trattare q.c. con un collante.

collaréssa [da *collare* (*1*)] s. f. ● (*raro*) Arnese di legno o ferro imbottito che si mette al collo dei cavalli da tiro.

collarétto s. m. *1* Dim. di *collare* (*1*). *2* Parte di camicia o veste femminile che sta intorno al collo | Bavero del mantello. *3* Colletto di abito, spesso pieghettato, abbottonato dietro. *4* Scanalatura nella camera di una doppietta, ove alloggia il risalto del fondello. SIN. Collarino.

collarìna s. f. ● Striscia di tela bianca inamidata che i sacerdoti tengono appuntata al collare.

collarìno s. m. *1* Dim. di *collare* (*1*). *2* (*arch.*) Piccola modanatura, lievemente sporgente, di colonna a pilastro, interposta tra il fusto e il capitello | L'analoga modanatura terminale di balaustre e sim. ➡ ILL. p. 357 ARCHITETTURA. *3* Orlo in rilievo del bossolo di una cartuccia | Collaretto, nel sign. 4.

collassàre [vc. ingl., *to collapse*, da *collapse* 'collasso'] **A** v. tr. *1* (*med.*) Provocare un collasso nell'organismo. *2* (*med.*) Provocare il collasso o l'afflosciamento di un polmone, chirurgicamente o mediante pneumotorace. **B** v. intr. (aus. *avere*) *1* (est.) Essere in difficoltà, in crisi. *2* (*astron.*) Subire un collasso gravitazionale.

collàsso [vc. dotta, lat. tardo *collāpsu(m)*, dal part. di *collābi* 'crollare' (V. *collabente*), prob. attrav. il fr. *collapsus* o l'ingl. *collapse*] s. m. *1* (*med.*) Stato morboso di diversa origine caratterizzato da abbassamento della pressione arteriosa: *c. cardiaco, nervoso.* *2* (*med.*) Afflosciamento, svuotamento di un organo: *c. polmonare.* *3* (*edil.*) Cedimento di una struttura sotto l'azione dei carichi. *4* (*astron.*) *C. gravitazionale o stellare*, rapida contrazione di stelle o altri oggetti astronomici, dovuta al prevalere della forza di gravità sulle forze di pressione. *5* (*est., fig.*) Improvviso calo o cedimento: *l'economia rischia il c.*

†**collàta** [lat. mediev. *collata(m)*, dal lat. *cŏllum* 'collo (1)'] s. f. ● Accollata.

collaterale [comp. di *co(n)* e *laterale*] **A** agg. *1* Che sta a lato, vicino. *2* (*dir.*) *Linea c.*, rapporto genealogico che intercorre tra persone discendenti da un capostipite comune ma non l'una dall'altra | *Parte c.*, accessoria | *Giudice c.*, magistrato che fa parte insieme ad altri di un organo collegiale; nel mondo medioevale, giudice delegato a coadiuvare altro magistrato nell'amministrare un comune. *3* (*farm.*) Detto dell'effetto spesso dannoso che un farmaco determina sviluppando la sua azione terapeutica primaria. || **collateralménte**, avv. Di fianco; parallelamente. **B** agg.; anche s. m. e f. ● Che, chi è parente in linea collaterale: *c. di secondo grado.* **C** s. m. *1* (*banca*) Azione, obbligazione, certificato di risparmio e sim. che il debitore deposita come garanzia per un prestito. *2* Parte in cui è distinta un'azienda divisa. *3* Anticamente, magistrato incaricato di provvedere alla buona amministrazione del pubblico danaro nelle paghe dei soldati.

collateralìsmo s. m. ● Azione concorde, rapporto di collaborazione, in campo politico e sindacale.

collatìvo [vc. dotta, lat. tardo *collatīvu(m)* 'contribuzione, tributo', da *collātus*, part. pass. di *confĕrre* 'portare insieme'] agg. ● Detto di benefizio ecclesiastico.

collatùra (1) [dalla *colla* (*di pesce*) che si adopera per chiarificare i vini] s. f. ● Sistema di chiarificazione del vino mediante aggiunta di colla, gelatina e sim.

collatùra (2) [da *collare* (*3*)] s. f. ● Collaggio.

collaudàre [vc. dotta, lat. *collaudāre* 'lodare, esaltare', comp. di *cŭm* 'con' e *laudāre* 'lodare'] v. tr. (*io collàudo*) *1* Sottoporre a collaudo: *c. un aereo, un'automobile* | (*fig.*) Verificare: *c. i sentimenti di qc.* SIN. Provare. *2* †Approvare.

collaudatóre [da *collaudare*] agg.; anche s. m. (f. *-trice*) ● Che, chi esegue, compie collaudi: *operaio c.; è un abile c. di aerei.*

collàudo [da *collaudare*] s. m. *1* Verifica sperimentale di un'opera, di un oggetto e sim. per stabilirne o accertarne l'idoneità e la conformità a determinate norme: *fare il c. di un ascensore, di una costruzione in muratura, di un aereo.* *2* (*dir.*) Riconoscimento del committente che l'opera è stata eseguita in conformità alla legge e al contratto di appalto: *diritto di c. del committente; procedere al c.* *3* Analisi selettiva sulla qualità dei singoli prodotti finiti o semilavorati.

collazionaménto s. m. *1* Modo e atto del collazionare. *2* Correzione delle bozze di stampa per confronto con l'originale.

collazionàre [da *collazione*] v. tr. (*io collazióno*) ● Sottoporre a collazione: *c. testi, scritture, manoscritti antichi, bozze* | †Confrontare.

collazionatóre s. m. (f. *-trice*) ● Correttore di bozze addetto al collazionamento.

collazióne [vc. dotta, lat. *collatiōne(m)*, da *collātus*. V. *collativo*] s. f. *1* Confronto e riscontro compiuto fra le diverse copie di testi letterari, documenti, e sim., o fra queste e il testo originale, per giungere a una stesura definitiva. *2* Correzioni di due o più correttori o revisori. *3* (*dir.*) Conferimento al patrimonio ereditario, prima della divisione, delle donazioni fatte dall'ereditando ai discendenti e al coniuge. *4* (*relig.*) Conferimento di beneficio e di ufficio vacanti | Conferimento di ordini sacri. *5* †Conferenza.

còlle (1) [da *collo* (*1*) nel sign. 9] s. m. (talora troncato in *col* davanti a toponimi inizianti per consonante) *1* Valico in una catena montuosa, spec. dell'area alpina nord-occidentale: *Col di Tenda*; *Colle di Cadibona.* SIN. Passo. *2* Svolta o ansa del fiume con particolari caratteristiche.

còlle (2) [lat. *cŏlle(m)*, di origine indeur.] s. m. ● Piccola elevazione di terreno, per lo più coperta di vegetazione: *un panorama di colli verdeggianti; i Colli Euganei* | *La città dei sette colli*, (*per anton.*) Roma. | *Il Colle*, (*per anton.*) il colle del Quirinale, a Roma, dove sorge l'omonimo palazzo residenza ufficiale del presidente della Repubblica italiana. || **collétto**, dim. | **collicèllo**, dim.

cólle (3) o **cón le** [comp. di *con* e *le*] prep. art. ● V. *le* per gli usi ortografici.

collèga [vc. dotta, lat. *collēga(m)*, comp. di *cŭm* 'con' e *legāre* 'incaricare, mandare'] s. m. e f. (pl. m. *-ghi*, †*-gi*) *1* Compagno di lavoro, spec. in attività impiegatizie o professionali, e allo stesso livello gerarchico. *2* Chi collabora con qc. o si trova nelle sue stesse condizioni sociali, lavorative e sim. | Complice in azioni considerate leggere o riprovevoli: *suo c. di libertinaggio e di soperchieria* (MANZONI). SIN. Compagno.

collegàbile agg. ● Che si può collegare.

collegaménto [lat. tardo *colligamĕntu(m)*, da *colligāre* 'collegare'] s. m. *1* Atto, effetto del collegare e del collegarsi: *stabilire un c. fra due zone*; *c. aereo, navale*; *c. via radio, via satellite* | *Scoprire il c. tra due fatti*, (*fig.*) le connessioni reciproche | *Due avvenimenti in stretto c.*, in stretto rapporto. *2* (*mil.*) Contatto, diretto o con mezzi di trasmissione o con intermediari, tra comandi, unità e reparti per la trasmissione di ordini o informazioni: *ufficiale di c.* *3* (*elettr.*) Congiunzione fra i vari apparati di un impianto, fra le parti di un apparato e sim. che permette il passaggio della corrente elettrica: *c. a stella, a triangolo* | *C. in parallelo*, quello tra due o più elementi di circuito realizzato in modo che i capi di ogni elemento convergano in due unici punti | *C. in serie*, collegamento degli elementi di un circuito in modo che la corrente li attraversi tutti uno dopo l'altro | *C. a terra*, contatto con la terra, di un punto di un circuito elettrico.

collegànza o (*lett.*) †**colligànza** [vc. dotta, lat. *colligāntia*, nt. pl. di *cŏlligans*, genit. *colligāntis*, part. pres. di *colligāre* 'legare insieme'. V. *collegare*] s. f. *1* (*raro*) Stretta connessione fra due o più cose o persone: *l'acqua ha in sé tenacità e c. in fra le sue particule* (LEONARDO) | Legame. *2* (*raro*) L'essere colleghi. *3* †Lega, alleanza.

collegàre o †**colligàre** [lat. *colligāre* 'legare insieme', comp. di *cŭm* 'con' e *ligāre* 'legare'] **A** v. tr. (*io collégo, tu colléghi*) *1* Legare insieme, congiungere, unire: *c. due fili* | Mettere in comunicazione: *c. due stanze, due valli isolate.* *2* (*fig.*) Porre in connessione: *c. idee, immagini, argomenti.* **B** v. rifl. rec. *1* Far lega, unirsi con qc.: *volete ... che i popoli si colleghino e l'umanità si unisca* (PASCOLI). SIN. Unirsi. *2* Mettersi in comunicazione spec. telefonica, radiofonica, televisiva: *collegarsi con una trasmittente estera*; *collegarsi col centralino.* **C** v. intr. pron. ● Essere unito, connesso: *questi argomenti, queste idee non si collegano.*

collegàta s. f. ● Consociata.

collegatàrio o **conlegatàrio** [vc. dotta, lat. tardo *collegatāriu(m)*, comp. di *cŭm* 'con' e *legātum* 'legato (3), lascito'] s. m.; anche agg. (f. *-a*) ● (*dir.*) Chi, che riceve un legato congiuntamente ad altro legatario: *i collegatari di un immobile.*

collegàto o †**colligàto**. **A** part. pass. di *collegare*; anche agg. ● Nei sign. del v. || **collegataménte**, avv. **B** s. m. ● (*lett.*) Confederato, alleato: *Perugini e i loro collegati ... erano partiti* (VILLANI).

collegazióne o †**colligazióne** nel sign. 2 [lat. *colligatiōne(m)*, da *colligāre* 'collegare'] s. f. *1* (*med.*) Reazione in cui si ha l'unione tra due radicali. CONTR. Omolisi. *2* Collegamento, alleanza: *la c. perniciosissima di Cambrai* (GUICCIARDINI).

college /ingl. 'kɔlidʒ/ [ingl., dal fr. *collège* (stessa etim. dell'it. *collegio*)] s. m. inv. *1* In Inghilterra, scuola secondaria con internato o istituto d'istruzione superiore annesso alla Università | Negli Stati Uniti d'America, facoltà universitaria o istituto universitario con corsi gener. di quattro anni. *2* Edificio, o complesso di edifici, in cui ha sede un college.

collegiàle [vc. dotta, lat. tardo *collegiāle(m)*, da *collēgiu(m)* 'collegio'] **A** agg. *1* Di un collegio, che si riferisce a un collegio nel sign. 1: *atto, organo c.* | Collettivo: *visita medica c.; allenamento c.* *2* Di un collegio, relativo a un collegio, nel sign. 3: *disciplina c.* || **collegialménte**, avv. *1* Col consenso e coll'intervento di tutto il collegio. *2* Insieme, in comune. **B** s. m. e f. *1* Allievo di un collegio. SIN. Convittore. *2* (*fig.*) Giovane inesperto, impacciato, ingenuo: *modi da c.; sogni da c.*

collegialità s. f. *1* Qualità di ciò che è collegiale: *la c. di un provvedimento, di una decisione, di un organo.* *2* (*raro*) Insieme dei componenti di un collegio. *3* Carattere del governo della chiesa cattolica, nel quale intervengono, con il papa, i vescovi, secondo i principi del Concilio Vaticano II | Governo collegiale dei Vescovi, dei pastori e dei fedeli, proprio di talune chiese protestanti | Prerogativa che attribuisce a una chiesa il titolo di collegiata.

collegiàta s. f. ● (*ell.*) Chiesa collegiata.

collegiàto [vc. dotta, lat. tardo *collegiātu(m)*, da *collēgium* 'collegio'] agg. *1* (*raro*) Appartenente a un collegio, a una corporazione. *2 Chiesa collegiata*, chiesa con capitolo di canonici ma senza vescovo.

collègio [vc. dotta, lat. *collēgium*. V. *collega*] s. m. *1* Corpo di persone di ugual titolo e dignità, che hanno comuni funzioni o interessi: *c. dei medici, degli avvocati, degli ingegneri; c. degli arvali, degli auguri, degli aruspici* | *Sacro c.*, *c. dei cardinali*, l'insieme dei cardinali | (*dir.*) *C. di giudici*, insieme di più giudici componenti un medesimo organo giurisdizionale | *C. arbitrale*, insieme di arbitri esplicanti collegialmente la propria funzione | *C. dei docenti*, composto dal personale insegnante in servizio in un circolo di scuola primaria o in un istituto di scuola secondaria, con potere deliberante in tema di didattica. *2 C. elettorale*, (*ell.*) *collegio*, circoscrizione elettorale: *c. uninominale, plurinominale* | (*est.*) L'insieme degli elettori in esso compresi. *3* Istituto di educazione e istruzione ove i giovani convivono sotto una disciplina comune: *c. maschile, femminile, laico*; *entrare in, uscire dal, c.* | *C. di musica*, conservatorio | *C. universitario*, specie di pensionato ove alloggiano studenti universitari | (*est.*) L'edificio ove ha sede un collegio: *il c. di via Marconi* | Gli alunni e gli insegnanti del collegio: *alla domenica tutto il c. esce per la passeggiata.* SIN. Convitto. *4* †Combriccola. *5* †Consulto. || **collegiùccio**, dim.

collèmboli [comp. del gr. *kólla* 'colla (2)' e *embállein* 'scagliare', di origine indeur.] s. m. pl. ● Nella tassonomia animale, ordine di piccoli Artropodi comunissimi nel terreno, capaci di saltare, di solito ascritti agli Insetti Apterigoti (*Collembola*) | (al sing. *-o*) Ogni individuo di tale ordine.

collènchima [comp. del gr. *kólla* 'colla (2)' e (*par*)*enchima*] s. m. (pl. *-i*) ● (*bot.*) Tessuto vegetale di sostegno che si trova negli organi in fase di accrescimento.

còllera o (*lett.*) †**cólera (2)**, †**cóllora** [lat. *chŏlera(m)*. V. *colera* (*1*)] s. f. *1* Ira, rabbia, furore, sdegno: *andare, montare in c.*; *essere in c. con qc.*; *una tremenda c. lo invase* | *C. repressa*, rancore | (*est.*) Attività violenta di elementi naturali: *la c. del mare in tempesta.* SIN. Furia. *2* †Bile: *la còlera, il sangue, la flemma e la melancolia* (BRUNO).

collèrico o (*lett.*) †**colèrico (1)** [vc. dotta, lat. *cholĕricu(m)*, nom. *cholĕricus* 'bilioso', dal gr. *cholerikós*. Cfr. *collera*] agg. (pl. m. *-ci*) ● Detto di chi monta in collera facilmente: *temperamento c.*; *persona collerica* | Bilioso, stizzoso: *comportamento c.; certi per complessione collerica sono ad ira disposti* (DANTE). SIN. Furioso, irascibile, iroso. || **collericaménte**, avv. Con collera, in modo adirato.

collètta [lat. *collĕcta(m)*, part. pass. f. di *collĭgere* 'raccogliere'] s. f. *1* Raccolta di denari o altro fra più persone, spec. a scopo di beneficenza: *iniziare una c. in favore dei sinistrati.* *2* (*relig.*) Orazione che, nella Messa, precede l'Epistola | Ciascuna delle orazioni, per casi particolari e per invocare la grazia divina sulla comunità, che si trovano raccolte in fondo al Messale. *3* (*mar.*) *Caricare a c.*, di bastimenti che caricano in vari porti piccole partite di merci per varie destinazioni. *4* †Raccolta, adunanza di persone. *5* †Aggravio, imposizione.

collettàme [da *colletta*] s. m. ● Colli di merce spediti separatamente da e a persone diverse, da e a località diverse.

collettàneo [vc. dotta, lat. *collectāneu(m)*, da *collēctus*, part. pass. di *collĭgere* 'raccogliere' (V. *collezione*)] agg. ● Miscellaneo: *volume c.*

collettàre [da *colletta*] **A** v. tr. (*io collètto*) *1* (*raro*) Raccogliere per colletta | Sottoporre a colletta enti o persone. *2* †Gravare d'imposta. **B** v. rifl. ● (*raro*) Obbligarsi a una colletta.

collettivìsmo [fr. *collectivisme*, da *collectif* 'collettivo'] s. m. ● Sistema economico fondato sull'attribuzione alla collettività della proprietà e dell'amministrazione dei beni di produzione | Teoria che propugna l'instaurazione di un simile sistema.

collettivista [fr. *collectiviste*, da *collectif* 'collettivo'] agg.; anche s. m. e f. (pl. m. *-i*) ● Che, chi sostiene il collettivismo.

collettivistico agg. (pl. m. *-ci*) ● Relativo, conforme al collettivismo.

collettività [fr. *collectivité*, da *collectif* 'collettivo'] s. f. ● Comunità sociale: *operare per il bene della c.* | *C. popolare*, popolo.

collettivizzàre [fr. *collectiviser*, da *collectif* 'collettivo'] v. tr. (*io collettivìzzo*) ● Trasformare da proprietà privata a proprietà collettiva: *c. la terra, le industrie*.

collettivizzazióne [fr. *collectivisation*, da *collectif* 'collettivo'] s. f. ● Atto, effetto del collettivizzare.

collettìvo [vc. dotta, lat. *collectīvu(m)*, da *collĭgere* 'raccogliere'] **A** agg. *1* Che è comune a un numero indeterminato di individui: *domanda, proposta, spesa collettiva*; *un provvedimento c. di clemenza*. *2* Di una collettività: *interesse professionale c.*; *contratto c. di lavoro* | *Marchio c.*, che contraddistingue i prodotti di una categoria di imprese | *Atto c.*, quello composto dalle manifestazioni di volontà di tutti o della maggioranza i componenti una collettività, per la tutela dei loro identici, ma distinti interessi | *Società in nome c.*, *società collettiva*, società commerciale i cui soci sono illimitatamente responsabili per le obbligazioni sociali. *3* (*ling.*) Detto di nome che indica un gruppo di esseri o di cose. CONTR. Singolativo. || **collettivaménte**, avv. **B** s. m. *1* Insieme di persone aderenti a uno stesso organismo, spec. politico o sindacale, che si riuniscono per discutere argomenti e problemi di interesse comune: *c. autonomo, studentesco*; *il c. della facoltà di lettere*. *2* Nel jazz, improvvisazione collettiva di più strumenti.

collettìzio [vc. dotta, lat. *collectīciu(m)*, da *collĭgere* 'raccogliere'] agg. ● (*lett.*) Raccogliticcio: *esercito c.*; *fanteria tumultuaria e collettizia* (GUICCIARDINI).

collétto (1) [da *collo* (*1*)] s. m. *1* Particolare della camicia o dell'abito, fissato attorno al collo: *c. rigido, floscio*; *c. aperto, chiuso*; *c. tondo, a punta* | *C. bianco*, (*fig.*) impiegato | *C. rosa*, (*fig.*) impiegata | *C. blu*, (*fig.*) operaio. *2* Anticamente, casacca di pelle senza maniche indossata dai soldati sotto l'armatura. *3* (*anat.*) Solco tra la corona e la radice del dente. ➡ ILL. p. 367 ANATOMIA UMANA. *4* (*bot.*) Regione di passaggio fra radice e fusto. *5* Parte anteriore di una pelle di bovina adulta. SIN. Spalla. *6* (*armi*) Parte superiore del bossolo che stringe il proiettile. || **collettàccio**, pegg. | **collettìno**, dim. | **collettóne**, accr.

collétto (2) [dim. di *colle* (*2*)] s. m. ● Intaglio stretto e poco profondo su una cresta montuosa.

†**collètto** (3) [vc. dotta, lat. *collēctu(m)*, part. pass. di *collĭgere* 'raccogliere'] agg. ● Raccolto insieme.

collettóre [vc. dotta, lat. tardo *collectōre(m)*, da *collĭgere* 'raccogliere'] **A** agg. (f. *-trice*) ● Che raccoglie: *canale c.* **B** s. m. *1* Chi raccoglie o riscuote denaro o altro. SIN. Esattore. *2* (*bur.*) Impiegato ausiliario, collaboratore subordinato, in alcune amministrazioni pubbliche destinate a esigere o ricevere q.c.: *c. delle imposte, del lotto, postale*. *3* (*lett.*) Collezionista: *c. di monete antiche*. *4* (*idraul.*) Fiume, torrente che raccoglie le acque da un bacino imbrifero | Canale che raccoglie le acque di bonifica da un gruppo di canali minori. *5* (*mecc.*) Condotto atto a raccogliere e distribuire fluidi | *C. di fango*, situato nella parte più bassa delle caldaie a tubi d'acqua, per raccogliere le sostanze solide in sospensione | *C. di vapore*, situato nella parte più alta delle caldaie a tubi d'acqua, che si riempie di vapore e dal quale partono i tubi distributori del vapore | *C. d'aspirazione*, *d'immissione*, tubazione ramificata che immette la miscela combustibile nei cilindri del motore a combustione interna | *C. di scarico*, simile al precedente, ma che scarica nell'atmosfera i gas combusti. *6* (*elettr.*) Parte del rotore di una macchina elettrica su cui strisciano le spazzole di adduzione o prelievo della corrente. *7* (*elettron.*) Uno degli elettrodi del transistor. *8* *C. solare*, apparecchiatura in grado di captare l'energia solare e trasformarla in calore. ➡ ILL. p. 828 SCIENZE DELLA TERRA ED ENERGIA.

collettorìa s. f. ● (*bur.*) Ufficio del collettore: *c. delle imposte, del lotto*.

collezionàre v. tr. (*io collezióno*) ● Riunire vari oggetti in una collezione: *c. francobolli, pile, cartoline*.

collezióne [vc. dotta, lat. *collectiōne(m)*, da *collĭgere* 'raccogliere'] s. f. *1* Raccolta di oggetti della stessa specie, di valore, curiosi o comunque interessanti anche solo soggettivamente: *c. di monete rare, di quadri, di porcellane*. *2* Raccolta di opere diverse, pubblicate in veste tipografica uniforme sotto un titolo generale e spesso con un numero di serie. SIN. Collana. *3* L'insieme dei modelli presentati all'inizio di ogni stagione dalle grandi sartorie: *c. autunno-inverno*; *c. primavera-estate*. *4* (*raro*) Adunamento. || **collezioncèlla**, dim. | **collezioncìna**, dim.

collezionìsmo s. m. ● Tendenza, attitudine a collezionare oggetti.

collezionìsta s. m. e f. (pl. m. *-i*) ● Chi fa collezione di q.c.: *c. di autografi, di cartoline illustrate, di farfalle*.

collezionìstico agg. (pl. m. *-ci*) ● Che riguarda il collezionismo, i collezionisti o le collezioni: *interesse, mercato c.*

collider /ingl. kə'laidə*/ [vc. ingl., da *to collide* 'collidere'] s. m. inv. ● (*fis.*) Collisore.

collìdere [lat. *collīdere*, comp. di *cŭm* 'con' e *laedere* 'ledere'] **A** v. intr. e intr. pron. (pass. rem. *io collìsi, tu collidésti*; part. pass. *collìso*; aus. intr. *avere*) ● (*raro*) Urtare contro q.c. | Scontrarsi con q.c. **B** †v. tr. ● (*ling.*) Elidere.

collie /ingl. 'kɔli/ [vc. ingl., di orig. discussa: da *coal* 'carbone' per il colore della livrea (?)] s. m. inv. ● Cane da pastore scozzese, dal portamento elegante, con pelo lungo variamente colorato e coda lunga.

collier /fr. kɔ'lje/ [vc. fr., dal lat. tardo *collāriu(m)* 'collare (1)'] s. m. inv. ● Collana.

†**colligàre** e deriv. ● V. *collegare* e *deriv.*

colligiàno [da *colle* (*2*)] **A** agg. ● Tipico, proprio dei colli: *produzione colligiana*. **B** s. m. (f. *-a*) ● Abitante dei colli.

†**collilùngo** [comp. di *collo* (*1*) e *lungo*] agg. (pl. m. *ghi*) ● (*poet.*) Che ha il collo lungo.

collimànte part. pres. di *collimare*; anche agg. ● Nei sign. del v.

collimàre [lat. degli astronomi *collimāre*, falsa lettura per *collineāre* 'dirigere qualcosa in linea retta, trovare la giusta direzione', comp. di *cŭm* 'con' e *līnea* 'linea'] **A** v. tr. (*io collìmo*) ● Orientare uno strumento generalmente ottico in modo che la linea di mira passi per un punto prefissato. **B** v. intr. (aus. *avere*) *1* Coincidere, corrispondere: *i bordi delle due figure collimano*. *2* (*fig.*) Essere d'accordo: *le loro idee collimano sempre* | Mirare a uno stesso scopo: *progetti che collimano*.

collimatóre [da *collimare*, prob. attrav. il fr. *collimateur*] s. m. *1* Strumento topografico, a traguardo o a cannocchiale, che possiede una linea di mira che permette di collimare un punto. *2* Dispositivo che, in alcuni strumenti ottici, trasforma i raggi provenienti da una sorgente in un fascio di raggi paralleli. *3* (*aer.*) *C. di volo*, *c. a testa alta*, specchio semitrasparente montato davanti al posto di pilotaggio, sul quale sono visibili i dati di volo e di puntamento; consente al pilota di effettuare le manovre di combattimento e di atterraggio senza distogliere la sua attenzione dall'esterno per guardare gli strumenti; in sigla H.U.D.

collimazióne [da *collimare*, prob. attrav. il fr. *collimation*] s. f. ● Atto, effetto del collimare | *Asse, linea, di c.*, retta ideale che congiunge l'incrocio del reticolo col secondo punto nodale dell'obiettivo del cannocchiale o col forellino oculare del traguardo.

collìna [lat. tardo *collīna(m)*, da *collīnus*, agg. di *cŏllis* 'colle (3)'] s. f. *1* Forma di rilievo più o meno tondeggiante che non supera i 600 m di altezza | *Colline moreniche*, grandi accumuli di detriti di un ghiacciaio dell'età glaciale. ➡ ILL. p. 820, 821 SCIENZE DELLA TERRA ED ENERGIA. *2* (*est.*) Zona collinosa. || **collinétta**, dim.

collinàre agg. ● Di collina: *zone collinari*.

collìno s. m. *1* Dim. di *collo* (*1*) | Collarino. *2* Sottile catena da portarsi al collo con appesa una medaglietta o una piccola croce.

collinóso [da *collina*] agg. ● Sparso di colline: *regione collinosa*.

colliquàre [comp. di *con* e del lat. *liquāre* 'rendere liquido'. V. *liquido*] v. tr. (*io còlliquo*) ● Far sciogliere, portare a colliquazione.

colliquatìvo agg. ● (*raro*) Relativo a colliquazione.

colliquazióne s. f. ● (*biol.*) Disfacimento delle cellule e dei tessuti.

collìrico agg. (pl. m. *-ci*) ● Di, relativo a, collirio.

collìrio [vc. dotta, lat. *collȳriu(m)*, dal gr. *kollýrion*, di etim. incerta] s. m. ● Medicamento per la cura delle malattie oculari.

collisióne [vc. dotta, lat. tardo *collisiōne(m)*, da *collīdere* 'collidere'] s. f. *1* Urto di due o più corpi solidi in movimento: *c. di due auto, di due navi*; *la nebbia ha provocato la c. dei due automezzi*; *entrare, venire a, in c.* | (*fis.*) Urto. SIN. Cozzo, scontro. *2* (*fig.*) Contrasto: *c. d'interessi*; *la tragica c. tra la passione e il fato* (DE SANCTIS). *3* (*ling.*) Iato | Incontro di due suoni | *C. omonimica*, esito fonetico identico di due parole di differente origine.

collisìvo agg. ● (*ling.*) Che serve a collidere o a elidere.

collìso part. pass. di *collidere*; anche agg. ● Nei sign. del v.

collisóre [da *collidere*, sul modello di *collider* (V.)] s. m. ● (*fis.*) Acceleratore di particelle in cui due fasci di particelle vengono fatti collidere frontalmente giungendo da direzioni opposte, in modo da ottenere la massima efficienza possibile nella trasformazione dell'energia delle particelle in energia di reazione. SIN. Collider.

còllo (1) [lat. *cŏllu(m)*, di origine indeur.] s. m. *1* Parte del corpo che nell'uomo e in alcuni altri Vertebrati unisce il capo al torace: *avere il c. slanciato, corto, taurino*; *mettersi q.c. al c.*; *lavarsi il c.* | *Fazzoletto, sciarpa da c.*, da portarsi attorno al collo | *Gettare le braccia al c.*, *cingere con le braccia il c.*, abbracciare | *Avere un braccio al c.*, ingessato e collegato al collo mediante un fazzoletto e sim. | *Tirare il c. ai polli*, ucciderli | *Far fare il c. ai polli*, tenerli, dopo averli uccisi, col capo all'ingiù per farne scendere tutto il sangue | *Torcere il c.*, uccidere | *Mettere la briglia sul c.*, (*fig.*) lasciare completa libertà | *Essere con la corda al c.*, (*fig.*) in una situazione molto difficile | *Mettere il c. sotto*, (*fig.*) lavorare senza tregua | *Prendere qc. per il c.*, mettere qc. in una posizione svantaggiosa, spec. facendogli pagare q.c. troppo cara, costringendolo a vendere q.c. a prezzo troppo basso, e sim. | *Capitare, piombare tra capo e c.*, (*fig.*) all'improvviso | *Fare allungare il c. a qc.*, (*fig.*) prolungare il suo desiderio senza soddisfarlo | *Fare il c.*, (*fig.*) ingannare | *Rompersi, fiaccarsi il c.*, *l'osso del c.*, *il nodo del c.*, fare una caduta mortale, rovinosa; (*fig.*) rovinarsi, danneggiarsi irreparabilmente per avventatezza in vicende familiari o imprese commerciali | *Rompere, scavezzare il c. a qc.*, (*fig.*) mandare in rovina | *Tirare il c. a una bottiglia*, *al fiasco*, (*fig.*) sturarli per berli | *Bere a c.*, direttamente dalla bottiglia, senza bicchiere | *Correre a fiaccacollo, a scavezzacollo, a rotta di c., a rompicollo*, a precipizio | *Mettere il piede sul c. a qc.*, (*fig.*) sopraffarlo | *Piegare il c.*, *piegare il c. sotto il giogo*, (*fig.*) sottomettersi, umiliarsi | *Avere, tenere un bambino in c.*, in braccio | *Portare in c. un allievo*, (*fig.*) sopportarlo in tutto e per tutto senza mai correggerlo | *Cascare di c.*, (*fig.*) dal cuore, nella stima, nell'affetto | *Tenere in c.*, (*raro, fig.*) trattenere, frenare | *Essere indebitati fino al c.*, *trovarsi nei guai fino al c.*, (*fig.*) fino al limite massimo di sopportabilità | *Con la corda al c.*, (*fig.*) con aspetto umiliato e pentito. *2* (*est.*) Parte dell'abito che sta attorno al collo: *una camicia larga, stretta di c.* | (*est.*) Colletto: *il c. della pelliccia deve essere ripulito*. *3* (*est.*) Parte superiore assottigliata di bottiglie, anfore e sim.: *il c. del fiasco, del vaso* | *C. della storta*, parte allungata e ristretta che si piega ad angolo | *C. di bottiglia*, (*fig.*) strozzatura, rallentamento, impedimento di un flusso, di un processo di sviluppo o di espansione e sim. | *Avere troppo in c.*, *a c.*, detto di carro troppo carico nella parte anteriore. *4* (*anat.*)

Parte assottigliata e ristretta di un organo: *c. osseo, della vescica* | *C. dell'utero*, la parte inferiore | *C. del piede*, parte superiore del piede, leggermente arcuata. *5* (*mus.*) Parte più alta di uno strumento | Manico della cetra. *6* (*mecc.*) *C. d'oca*, albero a gomiti | Manovella intermedia o d'estremità. *7* (*mar.*) Giro completo di un cavo o catena attorno a un oggetto. *8* Parte della barda per proteggere il cavallo dalle orecchie al garrese e dalla gola al petto. *9* Valico (oggi più com. *colle*: V. *colle* (*1*)). || **collicino**, dim. | **collino**, dim. (V.).

còllo (**2**) [da *collo* (*1*) per meton. ('oggetto che si appoggia sul *collo*')] s. m. • Balla, involto di merce, di grosse dimensioni: *porre i colli sul treno, sulla nave, sull'aereo.*

cóllo (**3**) o **cón lo** [comp. di *con* e *lo*] prep. art. • V. *lo* per gli usi ortografici.

collocàbile agg. • Che si può collocare.

collocaménto s. m. *1* Atto, effetto del collocare: *c. a riposo di un impiegato*; *c. in aspettativa, in posizione ausiliaria*; *dare un giusto c. ai quadri in una parete*; *ogni opera è bene interpretata ... solo nel suo storico c.* (CROCE). *2* Impiego, lavoro: *avere un buon c.* | *Agenzia di c.*, che procura impieghi, servizi e sim. | *Ufficio di c.*, organo statale che esplica la funzione di intermediario tra persone che cercano un'occupazione e datori di lavoro. *3* Ridistribuzione ai privati risparmiatori di nuove azioni od obbligazioni di una società, da parte di un consorzio finanziario che le ha acquistate, in proprio e in blocco, all'atto dell'emissione. *4* (*est.*) Matrimonio: *quella ragazza aspira a un buon c.*

collocàre [vc. dotta, lat. *collocāre*, comp. di *cŭm* 'con' e *lŏcus* 'luogo'] **A** v. tr. (*io còlloco, tu còllochi*) *1* Porre, situare q.c. o qc. in un dato luogo: *c. i mobili in una stanza* | Porre qc. o q.c. in modo adeguato, in un luogo opportuno, nella posizione che gli compete: *c. i libri in ordine sullo scaffale*; *è un giovane da c. tra i più promettenti.* SIN. Mettere, sistemare. *2* (*est.*) Sistemare qc. in un ufficio, impiego o sim.: *c. un amico* | *C. un impiegato a riposo*, mandarlo in pensione, per età, malattia e sim. | (*est.*) Maritare: *c. bene una figlia.* *3* (*est.*) Vendere: *c. bene la propria merce, i propri prodotti*; *c. un'emissione azionaria.* **B** v. rifl. • Venire a essere in una data posizione | (*fig.*) Mettersi a posto, sistemarsi.

collocatóre **A** agg. (f. *-trice*) • Che colloca, sistema. **B** s. m. *1* (*raro*) Chi colloca. *2* (*dir.*) Impiegato di un ufficio di collocamento | (*raro*) Chi, per incarico del ministero del Lavoro, svolge le funzioni proprie di un ufficio di collocamento in una località ove non vi è una sede dello stesso.

collocazióne [vc. dotta, lat. *collocatiōne(m)*, da *collocāre* 'collocare'] s. f. *1* Atto, effetto del collocare: *la c. dei quadri* | Luogo in cui una cosa è collocata. *2* In una biblioteca, posto assegnato a ogni libro negli scaffali e l'insieme dei dati necessari a reperirlo: *indicare l'esatta c. dei volumi richiesti.* *3* Lavoro, occupazione: *ha una c. redditizia* | Matrimonio: *trovare una buona c. per una figlia.* *4* (*dir.*) Ordine secondo cui i creditori hanno diritto di soddisfarsi sul ricavato dell'espropriazione forzata: *c. nel piano di reparto.* *5* (*ling.*) In lessicografia, combinazione di due o più parole che, sebbene rimangano autonome tra loro dal punto di vista del senso e siano sostituibili, formano insieme un'espressione resa tipica dall'uso (per es. *scapolo impenitente*).

collocutóre [vc. dotta, lat. tardo *collocutōre(m)*, da *cŏlloqui* 'parlare', comp. di *cŭm* 'con' e *lŏqui* 'parlare'] s. m. (f. *-trice*) • (*lett.*) Chi interviene in un dialogo. SIN. Interlocutore.

collocutòrio **A** agg. • (*raro*) Che ha forma di colloquio: *uno scambio di opinioni c.* **B** s. m. • †Parlatorio.

collodiàre v. tr. (*io collòdio*) • Trattare, ricoprire con collodio.

collòdio o †**collodióne** [fr. *collodion*, dal gr. *kollṓdēs* 'glutinoso'. V. *colla* (*2*)] s. m. • (*chim.*) Soluzione, densa e vischiosa, di nitrocellulosa in alcol ed etere, usata come adesivo e nella preparazione di lacche, vernici, sete artificiali, pellicole, lastre sensibili e farmaci | *Cotone c.*, V. *cotone.*

colloidàle agg. • Di, relativo a, avente le proprietà di, un colloide: *stato c.*

collòide [comp. di *colla* (*2*) e *-oide*] **A** s. m. • (*chim.*) Miscuglio eterogeneo, gassoso, liquido, o solido, costituito da una fase dispersa e da una disperdente, caratterizzata da particelle della fase dispersa individuabili all'ultramicroscopio di grandezza intermedia rispetto a quella corrispondente delle soluzioni e delle sospensioni. **B** anche agg.: *sostanza c.*

colloquiàle [da *colloquio*, sul modello dell'ingl. *colloquial*] agg. • Di, da colloquio: *tono, linguaggio c.* | *Stile c.*, poco elevato, non letterariamente ricercato. || **colloquialménte**, avv.

colloquialìsmo [ingl. *colloquialism*, da *colloquial* 'colloquiale', sul modello di *idiotism* 'idiotismo'] s. m. • Espressione propria del linguaggio abituale.

colloquiàre v. intr. (*io collòquio*; aus. *avere*) *1* Essere, stare a colloquio con qc. *2* (*fig.*) Cercare un'intesa con l'avversario.

collòquio [vc. dotta, lat. *collŏquiu(m)*, da *cŏlloqui*. V. *collocutore*] s. m. *1* Abboccamento, conversazione fra due o più persone, spec. riguardante fatti di una certa importanza: *c. privato, segreto*; *essere, stare, venire a c.*; *chiedere un c.* | (*est.*) Comunicazione, scambio di idee e contatti, spec. culturali, politici e sim.: *le due opposte correnti hanno iniziato un cordiale c.* SIN. Dialogo. *2* Esame universitario preliminare, limitato ad alcune parti del programma di studio di una data materia: *c. di anatomia, di diritto civile.*

†**còllora** • V. *collera.*

colloróssso [comp. di *collo* (*1*) e *rosso*] s. m. • (*zool., sett.*) Moriglione.

collosità s. f. • Qualità di ciò che è colloso.

collóso [da *colla* (*2*)] agg. • Appiccicoso e viscoso come la colla: *liquido c.*

collotipìa [comp. di *coll(a)* e *-tipia*] s. f. • (*tip.*) Procedimento di riproduzione tipografica mediante l'impiego di lastre ricoperte di colla e bicromato di potassio.

collotòrto o **còllo tòrto** [da *collo torto* 'collo piegato', perché gli ipocriti e i bacchettoni stanno col collo piegato per ostentare devozione] s. m. (pl. *coltòrti* o *còlli tòrti*) *1* Ipocrita, bacchettone, bigotto. *2* (*zool.*) Uccelletto dei Piciformi a zampe brevi e collo mobilissimo, divoratore di insetti (*Jynx torquilla*). SIN. Torcicollo.

collòttola [da *collo* (*1*)] s. f. • Parte posteriore del collo: *prendere qc. per la c.* | Nuca: *dare un colpo sulla c.* | Collo grasso | *Far c.*, ingrassare. || **collottolóna**, accr. | **collottolóne**, accr. m.

collovérde [comp. di *collo* (*1*) e *verde*] s. m. (pl. *collivérdi*) • (*zool.*) Maschio del germano reale.

collùdere [vc. dotta, lat. *collūdere* 'giocare insieme', poi 'intendersela con qualcuno', comp. di *cŭm* 'insieme' e *lūdere* 'giocare'] v. intr. (pass. rem. *io collùsi, tu colludésti*; part. pass. *collùso*; aus. *avere*) • (*dir., raro*) Concludere un accordo collusivo.

collusióne [vc. dotta, lat. *collusiōne(m)*, da *collūdere* 'colludere'] s. f. *1* (*dir.*) Accordo fraudolento concluso tra due o più parti per un fine illecito: *c. tra le parti processuali per nascondere al giudice la verità.* SIN. Accordo collusivo. *2* (*polit.*) Accordo, spesso segreto, fra due partiti o due forze politiche in contrasto fra loro.

collusìvo agg. • (*dir.*) Di collusione: *intesa collusiva* | *Accordo c.*, collusione. || **collusivaménte**, avv. Con collusione.

collusóre [vc. dotta, lat. *collusōre(m)*, da *collūdere* 'colludere'] s. m. • (*dir., raro*) Chi collude.

collusòrio agg. • (*dir., raro*) Collusivo.

collutòrio o (*evit.*) **colluttòrio** [dal lat. *collūtus*, part. pass. di *collŭere* 'sciacquare', comp. di *cŭm* 'con' e *lŭere* 'lavare'] s. m. • Medicamento liquido per sciacqui curativi della bocca o per toccature su gengive, tonsille e pareti interne della bocca | (*est.*) Sciacquo o applicazione fatta con tale liquido.

colluttàre [vc. dotta, lat. *colluctāri* 'lottare', comp. di *cŭm* 'con' e *luctāri* 'lottare'] v. intr. (aus. *avere*) • (*lett.*) Venire alle mani e combattere corpo a corpo.

colluttazióne [vc. dotta, lat. *colluctatiōne(m)*, da *colluctāri* 'colluttare'] s. f. • Rissa violenta, lotta corpo a corpo: *vi fu una c. fra poliziotti e ladri* | (*fig.*) Vivace scontro a parole. SIN. Disputa.

colluttòrio • V. *collutorio.*

colluviàle [da *colluvie*] agg. • (*geol.*) Detto di deposito continentale rimaneggiato dalle acque dilavanti.

collùvie [vc. dotta, lat. *collŭvie(m)*, propriamente 'acqua sporca', poi 'miscuglio, confusione', da *collŭere* 'lavare', comp. di *cŭm* 'con' e *lŭere* 'lavare'] s. f. inv. *1* (*lett.*) Afflusso, ammasso di materia putrida o immonda. SIN. Fogna. *2* (*fig., spreg.*) Congerie di cose o persone: *una c. di tutti i boreali, Inglesi principalmente, Russi e Tedeschi* (ALFIERI).

cólma [da *colmare*] s. f. • Livello massimo raggiunto dall'acqua durante l'alta marea.

colmàre [da *colmo* (*2*)] **A** v. tr. (*io cólmo*) *1* Riempire un recipiente fino all'orlo, in modo da farlo quasi traboccare: *c. un bicchiere di vino, un piatto di cibo* | *C. la misura, il sacco*, (*fig.*) esagerare. *2* (*fig.*) Dare in abbondanza: *c. qc. di favori, di rimproveri, di ricchezze* | (*fig.*) Riempire l'animo di un sentimento: *le tue parole mi colmano di gioia.* *3* Portare al livello voluto terreni, campagne e sim. sistemando opportunamente depositi alluvionali o materiali di riporto: *c. una strada* | *C. una palude*, bonificarla per colmata | *C. un porto*, detto di sabbia, detriti e sim. che, trasportati da correnti marine o fluviali, possono restringerlo od occluderlo | (*fig.*) *C. un vuoto, una lacuna*, completare q.c., detto spec. di attività culturali. *4* (*raro*) Completare. **B** v. intr. • †Traboccare.

colmaréccio [da *colmo* (*2*)] s. m. • (*costr.*) Trave di colmo del tetto.

colmàta s. f. *1* Atto del colmare | *Cassa di c.*, superficie di terreno in corso di bonifica, circondata da argini | (*est.*) Terreno così bonificato. *2* Accumulo di rena trasportata dalle correnti nei letti dei fiumi e nei mari, che costituisce un ostacolo per la navigazione.

colmatóre s. m. (f. *-trice* nel sign. 1) *1* Chi colma. *2* (*idraul.*) Canale di derivazione per l'acqua torbida, utilizzato per eseguire le colmate di bonifica. *3* Speciale imbuto per riempire al giusto livello le botti.

colmatùra s. f. *1* Atto, effetto del colmare. *2* Parte di contenuto che supera l'orlo di un recipiente colmo. *3* Aggiunta di vino alle botti per integrarne la perdita, durante la fermentazione. *4* †Colmo, sommità.

colmeggiàre v. intr. (*io colméggio*; aus. *avere*) • (*raro*) Elevarsi, far colmo rispetto a un piano: *l'argine colmeggia sul fiume.*

†**colmìgno** [lat. parl. **culmĭneu(m)*, da *cŭlmen*. V. *culmine*] s. m. • (*tosc.*) Comignolo.

cólmo (**1**) [part. pass. contratto di *colmare*] agg. *1* Pieno, traboccante (*anche fig.*): *un piatto c. di leccornie*; *avere l'animo c. di amarezze*; *passa la nave mia colma d'oblio / per aspro mare* (PETRARCA). *2* (*lett.*) Convesso: *vetro, specchio c.*

cólmo (**2**) [lat. *cŭlmen*, nom. sing. V. *culmine*] s. m. *1* Cima, sommità, culmine | Prominenza. *2* (*edil.*) Linea di sommità del tetto in cui si intersecano le falde opposte. *3* Piena: *il c. del fiume.* *4* (*fig.*) Apice, grado massimo di q.c.: *il c. della felicità, della sventura, dei guai, dell'audacia*; *la lirica si può chiamare la cima, il c., la sommità del discorso umano* (LEOPARDI) | *C. della vita*, tra la giovinezza e la vecchiaia | *Il c. della gioventù*, il suo maggior rigoglio | *È il c.!*, è troppo, è una vergogna. *5* Gioco di parole basato sul doppio significato. || †**colmèllo**, dim.

cólo [lat. *cōlu(m)* 'filtro', di etim. incerta] s. m. • (*raro*) Colatoio, setaccio, vaglio. || **colétto**, dim. (V.).

-colo [dal lat. *-cola*, da *colĕre* 'coltivare'] secondo elemento • In parole composte dotte significa 'che abita' o 'relativo alla coltura di': *cavernicolo*; *cerealicolo.*

colòbio [vc. dotta, lat. tardo *colŏbiu(m)*, dal gr. *kolóbion*, da *kolobós* 'tagliato' (cfr. *colobo*)] s. m. • Lunga tunica senza maniche, o con maniche molto corte, che fu usata dagli eremiti cristiani orientali e dagli antichi romani.

còlobo [dal gr. *kolobós* 'mutilato' (perché hanno il pollice rudimentale), da *kólos* 'mozzato'] s. m. • Genere di scimmie africane agilissime saltatrici, con folta pelliccia rossa o nera, coda lunghissima e pollice ridotto a un tubercolo privo di unghia (*Colobus*) | *C. nero*, guereza.

colocàsia [vc. dotta, lat. *colocāsia(m)*, nom. *colocāsia*, dal gr. *kolokasía* di origine orient. (?)] s. f.

• Pianta erbacea delle Aracee con foglie ovate molto grandi e rizoma tuberoso (*Colocasia antiquorum*).

colofóne s. m. • Adattamento di *colophon* (V.).

colofònia [vc. dotta, lat. *colophōnia(m)*, nom. *colophōnia* 'resina di Colofone', dal gr. *kolophōnía* (sott. *rētínē* 'resina')] s. f. • Residuo solido, giallastro, della distillazione delle oleoresine per la produzione di trementina, usato per vernici, mastici, adesivi, lubrificanti, resine artificiali e in farmacia. SIN. Pece greca.

cologarìtmo [comp. di *co(mplemento)* e *logaritmo*] s. m. • (*mat.*) Opposto del logaritmo.

†**colómba** (1) [etim. discussa: dal gr. *kolymbân* 'tuffarsi' (?)] s. f. • (*mar.*) Chiglia.

colómba (2) [lat. *colŭmba(m)*. V. *colombo* (1); nel sign. 7, calco sull'ingl. *dove*] s. f. *1* Femmina del colombo. *2* Dolce pasquale la cui forma ricorda quella di una colomba con le ali spiegate. *3* (*fig.*) Simbolo di innocenza e di pace. *4* Simbolo dello Spirito Santo. *5* (*fig.*) Persona, spec. donna, semplice, mite e pura | (*antifr.*) Donna falsa e malvagia. *6* (*fig.*) Sostenitore della maniera dolce, delle soluzioni pacifiche e sim. nelle controversie di politica internazionale. CONTR. Falco. || **colombèlla**, dim. (V.) | **colombìna**, dim. (V.).

colombàccio [da *colombo* (1)] s. m. • Grosso uccello commestibile dei Colombiformi, simile al colombo, ma più grosso (*Columba palumbus*).

colombàia o †**colombàra** [lat. *columbāriu(m)*, da *colŭmbus* 'colombo (1)'] s. f. • Locale dove si allevano i colombi | *Tirare sassi in c.*, (*fig.*) fare il danno proprio, dei propri amici o del proprio partito | *Sviare la c.*, (*fig.*) allontanare gli avventori | *Stare in c.*, (*fig.*) all'ultimo piano di una casa. SIN. Piccionaia.

colombàna [da S. *Colombano*, in provincia di Pavia, ove è coltivata] **A** s. f. • (*sett.*) Uva dolce, da tavola, bianca e ad acini grossi. **B** anche agg. solo f.: *uva c.*

†**colombàra** • V. *colombaia*.

colombàrio [V. *colombaia*] s. m. *1* (*raro*) Nicchia dove covano i piccioni. *2* Nei sepolcreti con nicchie dell'antica Roma, luogo ove si riponevano le urne con le ceneri. *3* Costruzione funeraria che comprende gruppi di loculi affiancati e sovrapposti nei quali si pongono le bare.

colombeggiàre [da *colombo* (1)] v. intr. • (*lett.*) Amoreggiare, tubare: *colombeggiando ... / si raccolser tra lor con baci e baci* (MARINO).

colombèlla (1) s. f. *1* Dim. di *colomba* (2). *2* (*fig.*) Fanciulla tenera e affettuosa. *3* Uccello selvatico dei Colombiformi con collo verde lucente (*Columba oenas*).

colombèlla (2) [detto così perché le palle lanciate in aria devono piombare rapidamente come una colomba] s. f. • Sorta di gioco che si esegue con le palle | *A c.*, a perpendicolo.

colombiàno (1) agg. • Relativo a Cristoforo Colombo (1451-1506): *celebrazioni colombiane*.

colombiàno (2) **A** agg. • Della Colombia. **B** s. m. (f. *-a*) • Abitante, nativo della Colombia.

colombicoltóre [comp. del pl. di *colombo* (1) e di-*coltore*] s. m. • Allevatore di colombi.

colombicoltùra [comp. del pl. di *colombo* (1) e di-*coltura*] s. f. • Allevamento dei colombi.

colombière [etim. discussa: catalano *colomer* 'colombaia, piccionaia' (?)] s. m. • (*mar.*) Collo di ogni albero maggiore, fatto per incontrarsi e combaciare con l'albero minore che deve essere ghindato sopra.

Colombifórmi [vc. dotta, comp. del pl. di *colombo* (1) e del pl. di *-forme*] s. m. pl. • Nella tassonomia animale, ordine di Uccelli buoni volatori con ali di media lunghezza e zampe corte (*Columbiformes*) | (al sing. *-e*) Ogni individuo di tale ordine.

colombìna (1) s. f. *1* Dim. di *colomba* (2). *2* (*fig.*) Donna che fa la pura e l'innocente.

colombìna (2) [da *colombino* (1) per il colore] s. f. • (*bot.*) Rossola.

colombìna (3) [lat. *columbīna(m)* 'di colombo' (sottinteso *mĕrda(m)* 'merda'), da *colŭmbus* 'colombo (1)'] s. f. • Escrementi di piccioni usati come concime.

colombìna (4) [dalla forma di *colomba* (2)] s. f. *1* Razzo a forma di colomba che, scorrendo lungo un filo, va a incendiare i fuochi artificiali, spec. quello usato a Firenze il Sabato Santo. *2* Focaccia dolce a forma di colomba che si usa fare per Pasqua.

†**colombìna** (5) • V. *colubrina*.

colombìno (1) [lat. *colŭmbīnu(m)*, da *colŭmbus* 'colombo (1)'] agg. *1* Proprio del colombo. *2* †Che ha un colore grigio-violetto, simile a quello delle penne del colombo: *un panno color c.*

colombìno (2) [da *colombino* (1) nel sign. 2 (?)] s. m. • Cordone o cilindro di argilla plasmata che si sovrappone per decorazione al corpo dei vasi di terra.

colómbio • V. *columbio*.

colómbo (1) [lat. *colŭmbu(m)*, da una radice indeur. che significa 'scuro'] s. m. (f. *-a* (V.)) *1* Denominazione di varie specie di uccelli, buoni volatori, appartenenti all'ordine dei Colombiformi | *C. torraiolo*, con piumaggio grigio-azzurro iridescente sul collo, due fasce nere sulle ali e una macchia bianca sulla parte posteriore del dorso (*Columba livia*) | *C. viaggiatore*, dotato di particolare senso di orientamento e resistenza al volo | *C. da pelare*, (*fig.*) giocatore inesperto, ingenuo | *C. di gesso*, (*fig.*) chi non partecipa a una conversazione | *Pigliare più colombi con una fava*, (*fig.*) ottenere due o più cose insieme. SIN. Piccione. *2* (*spec. al pl.*, *fig.*, *fam.*) Coppia di innamorati.

colómbo (2) [detta così perché ritenuta originaria di *Colombo* (Ceylon), oggi Sri Lanka] s. m. • Pianta rampicante tropicale delle Menispermacee con fiori in pannocchia, frutto a drupa e radici dal sapore amarissimo (*Iatrorrhiza palmata*).

colombofilìa [comp. di *colombo* e *-filia*] s. f. • Interesse per i colombi, per il loro allevamento e addestramento.

colombòfilo [comp. di *colombo* (1) e *-filo*] s. m.; anche agg. (f. *-a*) • Chi, che alleva colombi, spec. viaggiatori.

colón /*sp.* ko'lon/ [da (*Cristóbal*) *Colón*, nome sp. di (Cristoforo) Colombo] s. m. inv. • Unità monetaria della Costarica e di El Salvador.

còlon (1) [vc. dotta, lat. *cōlo(n)*, dal gr. *kólon*, di etim. incerta] s. m. • (*anat.*) La parte più lunga dell'intestino crasso, che si estende dall'abboccamento dell'intestino tenue al retto: *c. ascendente*; *c. traverso*; *c. discendente*. ➡ ILL. p. 365 ANATOMIA UMANA.

còlon (2) /*lat.* 'kɔlon/ [dal gr. *kôlon* 'membro, periodo' perché serviva a separare i periodi] s. m. (pl. *còla*) *1* Nell'antica interpunzione, segno di pausa media, equivalente ai moderni punto e virgola o due punti. *2* Membro di periodo, di verso.

colonàto [vc. dotta, lat. tardo *colonātu(m)*, da *colōnus* 'colono'] s. m. *1* Nel diritto romano e feudale, rapporto che vincola il colono alla terra. *2* Stato, condizione di colono.

colònia (1) [vc. dotta, lat. *colōnia(m)*, da *colōnus* 'colono'] s. f. *1* Nei diritti antichi, agglomerato di cittadini lontano dalla madrepatria, con o senza vincoli di dipendenza rispetto alla stessa | Territorio distinto dalla madrepatria e alla stessa assoggettato da vincoli militari, politici, giuridici ed economici: *le colonie britanniche*; *emancipazione di una c.* *2* (*est.*) L'insieme delle persone di uno stesso paese stabilite in un paese straniero; *la c. italiana a Parigi*, *a Londra* | (*est.*) Gruppo di persone che cambia temporaneamente residenza per ragioni di svago, cura e sim.: *c. di villeggianti*, *di bagnanti*. *3* (*est.*) Istituto che ospita bambini in un luogo adatto per cura e riposo: *c. montana*, *marina*, *elioterapica* | (*est.*) Il luogo dove si trova questo istituto | (*est.*) L'insieme dei bambini membri della colonia. *4* *C. agricola*, misura di sicurezza applicabile, in alternativa con quella della casa di lavoro, principalmente ai delinquenti abituali, professionali o per tendenza; (*est.*) stabilimento penitenziario per l'esecuzione di detta misura di sicurezza. *5* (*biol.*) Insieme di individui animali o vegetali della medesima specie anatomicamente uniti a formare un'individualità di ordine superiore | *C. microbica*, nucleo di batteri originatisi in un terreno colturale dalla riproduzione di un unico batterio.

colònia (2) [dalla città ted. di *Colonia* ove veniva prodotta in origine] s. f. • Acqua di colonia.

colonia (3) [da *colono*] s. f. • (*dir.*) Contratto agrario di tipo associativo, non più previsto dall'ordinamento giuridico e convertito per legge in contratto di affitto.

coloniàle [da *colonia* (1)] **A** agg. *1* Di, da colonia: *possedimenti coloniali*; *commercio*, *stile c.*; *protettorato c.* | *Truppe coloniali*, che provvedono alla difesa dei territori coloniali. *2* *Diritto c.*, insieme di norme che trovano la propria ragion d'essere esclusiva nel fenomeno dell'espansione coloniale degli Stati, diffusa in Europa tra la metà del XIX e l'inizio del XX sec. *3* Detto di vari ordini cavallereschi e di onorificenze, istituiti da diversi Stati per ricompensare i meriti acquisiti da cittadini o stranieri nei territori coloniali. *4* (*biol.*) Detto di organismo animale o vegetale che vive in colonia. *5* Detto di colore fra il marrone e il giallo sabbia, tipico spec. di articoli di pelletteria e calzaturieri. **B** s. m. e f. • Chi abita una colonia. **C** s. m. • (*spec. al pl.*) Derrate e spezie, quali caffè, cacao, pepe, provenienti dalle colonie: *il commercio dei coloniali è molto fiorente*.

colonialìsmo [da *coloniale*] s. m. *1* Politica che tende ad assicurare colonie a una nazione | Dottrina che afferma la necessità dell'espansione coloniale o ne giustifica le conseguenze. *2* (*raro*) Parola o locuzione di origine coloniale.

colonialìsta **A** s. m. e f. (pl. m. *-i*) *1* Assertore e seguace della dottrina e della politica del colonialismo. *2* Competente in questioni coloniali. **B** agg. • Colonialistico: *politica colonialista*.

colonialìstico agg. (pl. m. *-ci*) • Pertinente al colonialismo: *regime c.*

colònico [vc. dotta, lat. *colōnicu(m)*, da *colōnus* 'colono'] agg. (pl. m. *-ci*) *1* Del colono: *casa colonica*. *2* †Coloniale.

colonizzàre [fr. *coloniser*, dall'ingl. *to colonize*] v. tr. (*io colonìzzo*) *1* Ridurre a colonia: *c. un paese*. *2* Bonificare, mettere a coltivazione e sim. terre incolte da parte di enti pubblici o privati: *c. territori d'oltremare*; *c. le terre della Maremma*. *3* (*med.*) Proliferare di cellule a livello di una metastasi | (*biol.*) Sviluppare colonie da parte di un microrganismo: *c. un terreno di coltura*.

colonizzatóre [fr. *colonisateur*, da *coloniser* 'colonizzare'] agg.; anche s. m. (f. *-trice*) • Che, chi colonizza.

colonizzazióne [fr. *colonisation*, dall'ingl. *colonization*] s. f. • Atto, effetto del colonizzare: *la c. del Nord-Africa*, *del delta padano*.

colónna (1) [lat. *colŭmna(m)*, di origine indeur.] s. f. *1* Membratura portante verticale a sezione circolare, atta a sostenere il peso delle strutture sovrastanti o, addossata a un muro o a un pilastro, usata in funzione decorativa: *c. dorica*, *ionica*, *corinzia*; *c. coclide* | *C. d'infamia*, *c. infame*, gogna, berlina per i rei | (*est.*) Monumento onorario o commemorativo: *la c. traiana* | (*est.*) Elemento caratterizzato da un notevole sviluppo verticale, avente funzioni di sostegno, e sim. | *C. d'ormeggio*, tronco di colonna sulle banchine dei porti per legarvi le gomene d'ormeggio delle navi | *Colonne d'Ercole*, *d'Alcide* o anche *Colonne*, i promontori di Abila e Calpe, ai lati dello stretto di Gibilterra, dove secondo la leggenda si fermò Ercole; (*fig.*) limite invalicabile, estremo grado raggiungibile e sim. ➡ ILL. p. 356, 357 ARCHITETTURA. *2* (*fig.*) Appoggio, sostegno principale: *è una c. dell'azienda*; *le colonne della società*, *dell'università* | (*fig.*, *gerg.*) Studente universitario del terzo anno. *3* (*est.*) Quantità di materia fluida o gassosa disposta verticalmente, che si muove dal basso verso l'alto o viceversa: *una c. d'acqua*, *di mercurio*, *di fuoco* | *Far c.*, detto dell'innalzarsi verticalmente in volo di un volatile. *4* Tubazione o insieme di tubazioni verticali usato per far passare, raccogliere o contenere materiali o fluidi vari: *c. idraulica* | Elemento d'impianto fatto a torre ove si operano distillazioni separando due o più liquidi: *c. di distillazione*, *di frazionamento* | (*est.*) La sostanza che attraversa tali tubazioni o che vi è contenuta. *5* (*elettr.*) Ciascuno dei tronchi del circuito magnetico di un trasformatore attorno ai quali si trovano gli avvolgimenti. *6* Serie di elementi disposti verticalmente, spec. ordinatamente l'uno sotto l'altro: *c. di numeri*; *c. di simboli*; *mettere in c. le cifre* | (*anat.*) *C. vertebrale*, asse dello scheletro costituito dall'insieme delle vertebre | (*geol.*) *C. stratigrafica*, schema che riproduce la successione stratigrafica, misurata o interpretata, delle rocce di una data località. *7* Suddivisione verticale, spec. della pagina di giornale o di un libro: *titolo a quattro, a cinque colonne*; *le colonne di un vocabolario* | (*elab.*) Ciascuna delle sezioni verticali in cui è divisa una scheda perforata destinata ad accogliere, in posizioni prestabilite, una o più perforazioni rappresentanti numeri o lettere alfabetiche. *8* (*est.*) Insieme di cose o persone disposte l'una dietro l'altra: *una c. di auto, di dimostranti*; *mettersi, sfilare in c.* *9* (*mil.*) Formazione di manovra di attacco, di marcia, nella quale i reparti sono disposti uno dietro l'altro: *una c. di mezzi corazzati*; *c., in marcia!* | *Quinta c.*, complesso di persone che, in territorio tenuto da uno dei contendenti, operano attivamente e clandestinamente a favore dell'altro contendente. *10* Gruppo d'azione all'interno di organizzazioni terroristiche. *11* Nel gioco della roulette, combinazione, costituita da ognuna delle tre serie di numeri incolonnati verticalmente sul tavolo da gioco, su cui si può puntare. *12* (*cine*) *C. sonora*, parte della pellicola cinematografica destinata alla registrazione dei suoni. || **colonnàccia**, pegg. | **colonnèlla**, dim. | **colonnèllo**, dim. m. | **colonnétta**, dim. (V.) | **colonnina**, dim. (V.) | **colonnino**, dim. m. (V.) | **colonnùccia**, dim.

colónna (2) [detta così perché nel registro a bordo della nave, sotto il nome di ogni socio c'era la *colonna* delle cifre dei suoi importi (?)] s. f. ● (*mar.*) Somma in consegna al comandante di una nave mercantile per le spese del viaggio.

colonnàre o †**colonnàle** [lat. tardo *columnāre(m)*, da *colŭmna* 'colonna (1)'] agg. *1* Che ha forma di colonna o è simile a una colonna. *2* (*geol.*) Detto di basalto fessurato da sistemi regolari di fratture che isolano colonne prismatiche.

colonnàto (1) [lat. *columnātu(m)*, aggettivo, da *colŭmna* 'colonna (1)'] agg. ● Provvisto di colonne.

colonnàto (2) [lat. tardo *colomnātu(m)*, sostantivo, da *colŭmna* 'colonna (1)'] s. m. ● Serie di colonne collegate fra loro da architravi o da arcate.

colonnàto (3) [dalle Colonne d'Ercole che fiancheggiano lo stemma di Carlo V impresso sulla moneta] s. m. ● Moneta d'argento spagnola coniata dal XVI sec.

colonnèlla [da *colonnello*] s. f. ● (*scherz.*) Moglie del colonnello.

colonnèllo [da *colonna* (di soldati) della quale il 'colonnello' era capo] s. m. *1* Massimo grado degli ufficiali superiori dell'esercito e dell'aeronautica | *Tenente c.*, ufficiale di grado immediatamente superiore a quello di maggiore, del quale ha generalmente le stesse attribuzioni. *2* (*est.*) Collaboratore di un leader politico, che nutre la speranza o l'aspirazione di succedergli.

colonnétta s. f. *1* Dim. di *colonna* (*1*). *2* Cippo sepolcrale. *3* Comodino da notte di forma rotonda tipico dello stile neoclassico | (*merid.*) Comodino.

colonnina s. f. *1* Dim. di *colonna* (*1*). *2* Distributore di carburante.

colonnino s. m. *1* Dim. di *colonna* (*1*). *2* Sostegno di ringhiera e sim. *3* In tipografia, parte di colonna di libro o giornale, con giustezza minore di questa, tale da permettere l'impaginazione di una illustrazione | Nel giornalismo, la colonna o parte di colonna che contiene articoli o notizie brevi.

colonnista s. m. (pl. *-i*) ● Adattamento di *columnist* (V.).

colòno [vc. dotta, lat. *colōnu(m)*, da *cŏlere* 'coltivare'] s. m. (f. *-a*) *1* Nel tardo diritto romano e nel mondo medievale, uomo libero obbligato per legge a lavorare in perpetuo il fondo a cui era stato assegnato. *2* Coltivatore del fondo che ha concluso con un concedente un contratto di colonia: *obblighi del c.* | (*est.*) Contadino. *3* Abitante di una colonia, spec. antica.

colonscopìa ● V. *coloscopia*.

colonscòpio ● V. *coloscopio*.

còlophon /ˈkɔlofon/ [lat. *colŏphon*, dal gr. *kolophṓn* 'cima, sommità', di etim. discussa: di origine straniera (?)] s. m. inv. *1* Nei manoscritti e incunaboli, annotazione terminale recante i nomi dell'autore, dell'amanuense o stampatore, il luogo e la data di pubblicazione. *2* (*raro*) Nei libri moderni, la formula 'finito di stampare' con i dati d'obbligo quali data e luogo di stampa, nome dello stampatore e sim., posti alla fine dell'opera.

coloquìntide [lat. *colocȳnthide(m)*, nom. *colocȳnthis*, dal gr. *kolokynthís*, di etim. incerta] s. f. *1* Pianta erbacea delle Cucurbitacee con fusti gracili e rampicanti e frutti glabri con polpa amara dotata di proprietà medicinali (*Citrullus colocynthis*). *2* Frutto di tale pianta.

coloràbile [vc. dotta, lat. tardo *colorābile(m)*, da *colorāre* 'colorare'] agg. ● Che si può colorare.

coloraménto s. m. ● (*raro*) Il colorare | †Diffusione di colore.

colorànte A part. pres. di *colorare*; anche agg. ● Nei sign. del v. B s. m. ● Composto o preparato colorato capace di tingere un supporto, direttamente o previo trattamento con un mordente, penetrando e fissandosi sul supporto stesso: *coloranti della carta, per fibre tessili*; *c. acido, azoico, allo zolfo* | *Coloranti del vetro*, sostanze che, aggiunte alla miscela vetrificabile, danno al vetro le colorazioni volute | *Coloranti alimentari*, sostanze non nocive aggiunte a cibi o bevande per conferire loro aspetto gradevole all'occhio.

coloràre [lat. *colorāre*, da *cŏlor*, genit. *colōris* 'colore'] A v. tr. (*io colóro*) *1* Coprire, cospargere, permeare di un colore (*anche fig.*): *c. le pareti di una stanza, un tessuto*; *con belle parole, le quali assai bene colorava* (COMPAGNI) | *Colorarsi il viso*, imbellettarsi. SIN. Dipingere, tingere. *2* (*fig.*) Mascherare, camuffare: *c. il proprio egoismo con l'avvedutezza* | *C. le bugie*, dar loro apparenza di verità. B v. intr. pron. *1* Tingersi: *al tramonto il cielo si colora di rosso* | Arrossire: *colorarsi in viso per la vergogna*. *2* (*fig.*) Camuffarsi, mascherarsi: *la sua avarizia si colora di parsimonia*.

coloràto part. pass. di *colorare*; anche agg. ● Nei sign. del v.

coloratùra [vc. dotta, lat. tardo *coloratūra(m)*, da *colorāre* 'colorare'] s. f. *1* (*mus.*) Tipo di canto scritto o improvvisato costituito di molte note vicine e veloci: *aria di c.*; *soprano di c.* *2* (*raro*) Colorazione.

colorazióne [vc. dotta, lat. tardo *coloratiōne(m)*, da *colorāre* 'colorare'] s. f. ● Atto del colorare e del colorarsi: *procedere alla c. di un tessuto* | (*est.*) Colore. SIN. Tinta.

colóre [lat. *colōre(m)*, dalla stessa radice di *celāre* 'celare, nascondere', perché nasconde le cose] s. m. *1* Impressione che la luce, variamente riflessa dalla superficie dei corpi, produce sull'occhio, dipendente dalla lunghezza d'onda delle radiazioni elettromagnetiche emesse dal corpo colorato e ricevute dall'occhio: *c. di rosa, di caffè, d'oro*; *c. rosa, caffè, oro*; *c. bianco, nero, rosso, verde*; *c. chiaro, scuro, acceso, spento* | *Senza c.*, incolore, opaco; (*fig.*) impersonale e monotono: *voce senza c.* | *A colori*, variamente colorato | *Pietra di c.*, pietra preziosa trasparente, colorata | (*fig.*) *Vedere tutto c. di rosa*, essere ottimisti | (*fig.*) *Dirne di tutti i colori*, sfogarsi verbalmente in modo violento | (*fig.*) *Farne di tutti i colori*, compiere varie azioni, passare attraverso varie esperienze, spec. considerate riprovevoli | (*fig.*) *Non sapere di che c. sia una cosa*, non averla mai vista, non conoscerla affatto | *Dipingere q.c. a vivaci colori*, con colori smaglianti; (*fig.*) descrivere, narrare q.c. con vivacità e in modo interessante | (*fig.*) *C. retorico*, ornamento poetico, retorica | (*fig.*) *Fare del c.*, abusare di espedienti retorici e di effetti facilmente pittoreschi, spec. nello scrivere | *Pezzo di c.*, (*fig.*) articolo di giornale che completa e arricchisce i fatti con note caratteristiche di ambiente | (*fig.*) *C. locale*, insieme delle caratteristiche più pittoresche di un dato ambiente geografico, culturale e sim. | (*fig.*) *C. di can che fugge*, colore incerto o sbiadito | (*fig.*) *Farsi di c. di can che fugge*, fuggire, sottrarsi a una responsabilità e sim. *2* Sostanza usata per dipingere, tingere, verniciare e sim.: *c. a olio, ad acqua, a tempera*; *colori naturali, artificiali*; *dare il c. a un tessuto*; *dare una mano di c. alle pareti, alla facciata* | (*raro, lett.*) Fiori, piume variamente colorate. *3* Colorazione della pelle di animali, o di esseri umani, anche come indicazione razziale | *Gente, popoli di c.*, non appartenenti alla cosiddetta razza bianca | Colorazione del viso umano, anche come indice di determinati stati fisiologici o psicologici: *c. scuro, olivastro, roseo, livido, terreo, pallido*; *avere un bel c.* | (*fig.*) *Farsi, diventare di tutti i colori*, mostrare, nell'espressione del viso, il turbamento dovuto a un'emozione improvvisa. *4* (*fig.*) Aspetto, apparenza: *quell'affare ha un c. poco convincente* | (*lett.*) *Sotto c. di*, coll'apparenza, col pretesto di. *5* Tinta, o complesso di tinte, distintivo di una bandiera, stemma e sim. | (*est., al pl.*) Bandiera, stemma e sim.: *i colori d'Italia*; *colori nazionali* | (*est., spec. al pl.*) Squadra, società sportiva, o ente industriale connesso a una società sportiva: *gioca, corre da molti anni per gli stessi colori* | (*fig.*) *Il c. del cuore*, la squadra sportiva preferita | *Colori di scuderia*, quelli che costituiscono l'insegna e il simbolo di ciascun allevamento e caratterizzano la divisa di fantini e guidatori. *6* Complesso di tendenze e opinioni, spec. politiche; dottrina religiosa, ideologia e sim.: *ha cambiato c. molte volte*; *di che c. sei?* *7* Ciascuno dei quattro semi delle carte da gioco | Combinazione del gioco del poker, consistente nell'avere tutte le cinque carte dello stesso seme: *fare c.*; *c. di fiori, di cuori*. *8* (*ling.*) Caratteristica acustica principale o secondaria che corrisponde a un tratto di altezza o di acutezza. *9* Gradazione di forza e di intensità di un suono. *10* (*fis.*) Numero quantico che definisce la carica (di tre tipi diversi) con cui i quark interagiscono tra loro. || **coloràccio**, pegg. | **colorétto**, dim. | **colorino**, dim. | **coloróne**, accr. | **colorùccio**, dim.

colored /ingl. amer. ˈkʌləd/ ● V. *coloured*.

colorerìa s. f. ● Bottega di colori.

colorificio [comp. di *colore* e *-ficio*] s. m. ● Fabbrica di materie coloranti.

colorimetrìa [comp. di *colore* e *-metria*] s. f. ● (*fis.*) Analisi quantitativa delle sostanze in base all'intensità del colore delle loro soluzioni.

colorimètrico agg. (pl. m. *-ci*) ● Relativo alla colorimetria: *analisi colorimetrica*.

colorìmetro [comp. di *colore* e *-metro*] s. m. ● Apparecchio atto a eseguire analisi colorimetriche.

colorire [da *colore*] A v. tr. (*io colorisco, tu colorìsci*) *1* Colorare: *c. di rosso, di blu*; *c. le proprie intenzioni disoneste* | Dipingere: *c. a olio, a tempera, a fresco* | (*raro, lett.*) *C. un disegno, un progetto*, (*fig.*) mandare a effetto un proposito. *2* (*fig.*) Descrivere, narrare con vivezza: *c. un racconto, un'avventura*. *3* Graduare la forza del suono. B v. intr. pron. ● Acquistare colore: *al tramonto il cielo si colorì di rosso*; *le guance le si colorirono per l'emozione* | (*cuc.*) Assumere un colore dorato nella parte esterna, detto di vivanda in cottura.

colorìsmo s. m. *1* In pittura, tendenza a usare prevalentemente il colore come elemento di linguaggio formale: *il c. di Tiziano* | In scultura e in architettura, tendenza a trarre dai rapporti dei chiari e degli scuri, dei pieni e dei vuoti, effetti cromatici piuttosto che plastici: *il c. dell'architettura veneziana del Rinascimento*. *2* (*est.*) In musica e in letteratura, ricerca del colore.

colorìsta [fr. *coloriste*. V. *colore*] s. m. e f. (pl. m. *-i*) *1* Operaio addetto alla preparazione dei colori. *2* Pittore i cui modi di espressione si fondano essenzialmente sui valori cromatici e sui loro rapporti. *3* (*est.*) Scrittore o musicista dotato di stile particolarmente vivo ed espressivo. *4* Tecnico cinematografico addetto ai controlli cromatici durante lo sviluppo e la stampa di un film a colori.

colorìstico agg. (pl. m. *-ci*) ● Che si riferisce al colorismo e ai coloristi: *sensibilità coloristica*; *effetti coloristici*.

colorito A part. pass. di *colorire*; anche agg. *1* Nei sign. del v. *2* Ricco di colore: *un abito c.* | *Viso c., guance colorite*, rosei. || **coloritaménte**, avv. (*raro*) In modo colorito. B s. m. *1* Colore, tinta: *c. vivace, spento* | Carnagione: *c. roseo*. *2* Maniera di colorire, di dipingere: *un c. molto nuovo ed espressivo*. *3* In un dipinto, l'insieme dei colori, con particolare riferimento al modo in cui essi son dati, alla loro qualità: *morbidezza di c.* *4* Sfumatura di intensità o di fraseggio conferita all'esecuzione di un passaggio musicale. *5* (*fig.*) Vivace espressività del discorso, di uno scritto e sim.

coloritóre agg.; anche s. m. (f. *-trice*) ● Che, chi

colorisce (*anche fig.*).

coloritùra s. f. *1* Atto, effetto del colorire: *la c. di un quadro*. *2* Effetto estetico delle parti di un edificio dovuto al colore. *3* (*fig.*) Colore: *la c. politica di un discorso*.

colorizzàre [comp. di *color(e)* e *-izzare*] v. tr. • Sottoporre una pellicola in bianco e nero a un trattamento di colorazione in modo da ottenerne una nuova versione a colori.

colóro [lat. parl. **ĕccu(m) illōru(m)*] pron. dimostr. m. e f. pl. • Forma pl. di *colui* e *colei*.

coloscopìa o **colonscopìa** [comp. di *colo(n)* (*1*) e *-scopia*] s. f. • (*med.*) Esame ottico diretto della mucosa del colon mediante coloscopio.

coloscòpio o **colonscòpio** [comp. di *colo(n)* (*1*) e *-scopio*] s. m. • (*med.*) Endoscopio a fibre ottiche flessibili che consente la visione diretta e la biopsia della mucosa del colon.

colossal /*ingl.* kə'lɔsəl/ [vc. ingl., propr. 'colossale'] s. m. inv. • Film di alto costo produttivo, di carattere spettacolare, con scene di particolare grandiosità e con molti attori famosi. SIN. Colosso.

colossàle [fr. *colossal*, da *colosse* 'colosso'] agg. • Di colosso: *statua c.* | (*fig.*) Smisuratamente grande, enorme: *impresa c.*; *sproposito c.*; *è stato un fiasco c.* ‖ **colossalménte**, avv. (*raro*) In modo colossale.

colòsso [vc. dotta, lat. *colŏssu(m)*, nom. *colŏssus*, dal gr. *kolossós*, prob. di origine preindeur.] s. m. *1* Statua di dimensioni gigantesche | *C. di Rodi*, statua rappresentante Apollo, anticamente posta all'ingresso del porto di Rodi. *2* (*est.*) Persona di statura e corporatura eccezionali | (*fig.*) Persona molto alta e robusta | (*est.*) Personalità eccezionale, di grande talento: *un c. della musica, della letteratura*. *3* (*est., fig.*) Ciò che supera le comuni dimensioni, spec. riferito a nazioni potenti | *C. dai piedi di argilla*, potenza fittizia, dalle basi non molto solide. *4* Film di alto costo, di carattere spettacolare, con scene grandiose e molti celebri attori. ‖ **colossóne**, accr.

colostomìa [comp. di *colo(n)* (*1*) e *-stomia*] s. f. • (*chir.*) Creazione di un ano artificiale nella parete addominale mediante abboccamento a questa del colon.

colostomizzàto agg.; anche s. m. (f. *-a*) • Che, chi ha subìto un intervento di colostomia.

colòstra o **calòstra**. s. f. • Colostro.

colòstro [lat. *colŏstru(m)*, di etim. incerta] s. m. • (*med.*) Liquido secreto dalla mammella subito dopo il parto.

coloured /*ingl.* 'kʌləd/ o **colored** [vc. ingl., propr. 'colorato'] s. m. e f. inv. • Persona di colore.

cólpa [lat. *cŭlpa(m)*, di etim. incerta] s. f. *1* Imprudenza, negligenza, imperizia o inosservanza di leggi, regolamenti, ordini o discipline da cui discende la violazione di un dovere giuridico: *c. civile, contrattuale* | (*raro*) *Testimoni a c.*, a carico. *2* Azione od omissione che contravvengono alla norma etica e religiosa: *c. grave, tenue*; *cadere in c.* SIN. Errore, fallo, peccato. *3* Responsabilità giuridica, morale e sim. conseguente a un'azione colpevole: *avere c.*; *non aver né c. né peccato*; *essere in c.*; *attribuire, imputare a c.*; *dare la c. a qc. di q.c.*; *aggravare, attenuare la c.*; *sentirsi in c. verso qc.*; *senso di c.*; *la c. del fatto non è soltanto mia*; *se degli epigrammi satirici, taglienti e mordenti non avevamo nella nostra lingua, non era certo c. sua* (ALFIERI) | (*raro*) *Dire mia c.*, riconoscere la propria colpa | (*raro, lett.*) *Chiamarsi in c.*, dichiarare di essere colpevole. *4* †Errore di lingua, di stile.

†colpabilità [fr. *culpabilité*, dal lat. *culpābile(m)* 'colpevole'] s. f. • (*raro*) Colpevolezza.

colpàccio s. m. *1* Pegg. di *colpo*. *2* Impresa difficile che inaspettatamente viene portata a termine in modo favorevole: *la squadra ospite ha fatto il c.*

†colpàre [lat. *culpāre*, da *cŭlpa* 'colpa'] **A** v. tr. • Incolpare: *cominciai con più saldo consiglio a c. me stesso* (SANNAZARO). **B** v. intr. • Aver colpa.

colpeggiàre [da *colpo*] v. intr. (*io colpéggio*; aus. *avere*) *1* Dare colpi frequenti. *2* Dipingere a colpi decisi di pennello.

colpévole [lat. tardo *culpābile(m)*, da *culpāre* 'colpare'] **A** agg. *1* Che è in colpa, che è responsabile di una colpa: *essere, sentirsi c.*; *dichiararsi c. di q.c.*; *giudicare qc. c. di q.c.* *2* Che costituisce una colpa: *azione, comportamento c.*; *è stata una c. disattenzione*. ‖ **colpevolménte**, avv. **B** s. m. e f. • Chi ha commesso una colpa: *il c. di un reato, di un delitto*; *i colpevoli non furono individuati*; *le monache ... solamente alla c. riguardavano* (BOCCACCIO).

colpevolézza [da *colpevole*] s. f. • L'essere colpevole | (*raro*) Colpa.

colpevolìsmo [comp. di *colpevole* e *-ismo*] s. m. • Atteggiamento di chi è colpevolista.

colpevolìsta s. m. e f. (pl. m. *-i*) • Chi, riguardo a un processo, sostiene prima della sentenza la colpevolezza dell'imputato.

colpevolìstico agg. (pl. m. *-ci*) • Di colpevolismo o di colpevolista.

colpevolizzàre [da *colpevole*] **A** v. tr. • Far sentire qc. responsabile di colpe non sempre, o non soltanto, imputabili a lui: *la madre lo colpevolizza continuamente*. **B** v. rifl. • Sentirsi colpevole, attribuirsi una colpa.

colpevolizzazióne s. f. • Atto, effetto del colpevolizzare o del colpevolizzarsi.

colpìre [da *colpo*] v. tr. (*io colpìsco, tu colpìsci*) *1* Assestare uno o più colpi, con le mani o con un oggetto contundente: *lo schiaffo lo colpì in pieno viso*; *c. qc. con un pugno, con una sassata*; *lo colpì alla testa con un bastone* | *C. il bersaglio*, centrarlo | Danneggiare o ferire con il colpo di un'arma da lancio o da fuoco: *la nave fu colpita dalla bomba*; *la freccia mi colpì alla gamba*; *ho sparato in aria per non c. nessuno* | *C. nel segno*, (*fig.*) essere nel giusto | (*fig.*) *C. qc. nel vivo*, toccarlo nella suscettibilità, rivelarne il punto debole. *2* (*fig.*) Provocare una profonda impressione, una vivace reazione e sim.: *quella scena mi ha molto colpito*. *3* (*est.*) Danneggiare con azioni violente, illegali e sim.: *un'ondata di rapine ha colpito tutta la zona* | (*est.*) Punire, sottomettere a provvedimenti disciplinari, aggravi finanziari e sim.: *il provvedimento colpirà i trafficanti* | (*est.*) Attaccare, criticare aspramente, offendere con azioni, discorsi, scritti: *vuol c. la scienza ne' suoi ciarlatani* (DE SANCTIS).

colpìte [comp. di *colp(o)-* e del suff. *-ite* (*1*)] s. f. • (*med.*) Vaginite.

colpitóre agg.; anche s. m. (f. *-trice*) • Che, chi colpisce.

cólpo [lat. mediev. *colpu(m)*, per il class. *cŏlaphus*, dal gr. *kólaphos* 'schiaffo', di etim. incerta] s. m. *1* Movimento rapido e violento per cui un corpo viene a contatto con un altro: *dare un c. in testa a qc.*; *uccidere qc. a colpi di bastone, di pugnale, di coltello, di spada*; *spaccò la porta con un c. d'ascia*; *dare un c. di frusta al cavallo* | *Dare un c. al cerchio e uno alla botte*, (*fig.*) barcamenarsi, destreggiarsi fra due o più alternative diverse o contrarie | *Rendere c. per c.*, (*fig.*) replicare prontamente ad attacchi avversari | Con riferimento ad armi da fuoco: *un c. di pistola, di fucile, di cannone*; *sparare, tirare un c.*; *un c. in aria* | *C. alla nuca*, colpo mortale inferto alla nuca spec. con un'arma da fuoco | *C. di grazia*, colpo mortale, spec. di pistola, dato per abbreviare a qc. l'agonia e (*est.*) avvenimento che determina il crollo di una situazione già compromessa | *C. alla catanese*, rapina compiuta ai danni di un automobilista fermo per es. al semaforo, spaccando il vetro dell'autovettura per appropriarsi di quanto contenuto nell'interno | *Senza c. ferire*, senza combattere, o anche senza spargere sangue in un'azione di combattimento | *A c. sicuro*, senza pericolo di sbagliare. *2* (*est.*) Rumore prodotto da un colpo o da uno sparo: *si udì un c. di grancassa*; *che cos'è stato questo c.?*; *ho sentito un c. alla porta*; *un c. di cannone annuncia il mezzogiorno*. *3* Pugno | *Colpi d'assaggio*, nel pugilato, quelli tirati per studiare le reazioni e le capacità difensive dell'avversario | *C. basso*, sferrato irregolarmente al di sotto della cintura; (*fig.*) azione disonesta, sleale e nociva | Nel tennis, lancio della palla: *c. passante* | Nella scherma, stoccata: *c. appoggiato, doppio, nullo*. *4* Movimento o spostamento energico di congegni, attrezzi e sim.: *con due colpi di pedale lo raggiunse*; *con pochi colpi di forbice mi sistemò il vestito* | *C. di remi*, palata | *C. di telefono*, telefonata rapida | *Dare un c. di spugna a q.c.*, (*fig.*) fare in modo di dimenticare q.c. di spiacevole o increscioso. *5* (*fig.*) Manifestazione improvvisa e violenta di determinati fatti o fenomeni | *C. di mare*, ondata violenta | *C. di vento*, urto violento che una raffica di vento imprime alle vele di un bastimento, colpendole in modo diverso da come sono orientate | (*idraul.*) *C. d'ariete*, insieme dei fenomeni che si producono in una condotta forzata quando si verificano brusche variazioni nella velocità della corrente liquida. SIN. Urto idraulico | (*min.*) *C. di tetto*, brusco aumento di carico sulle armature di gallerie di miniera o di cantieri sotterranei, che provoca frequentemente gravi crolli | *C. di timone*, movimento improvviso della barra che spinge l'imbarcazione in altra direzione; (*fig.*) improvviso mutamento nella linea di condotta, spec. in campo politico | *C. di coda*, (*fig.*) mutamento brusco e improvviso deciso nella fase finale di una situazione | *C. d'occhio*, vista d'insieme e (*est.*) capacità di capire le cose al primo sguardo | *C. di fortuna*, avvenimento fortunato e inatteso | *C. di fulmine*, avvenimento improvviso e inaspettato, spec. innamoramento a prima vista | *C. di scena*, improvviso mutamento di situazione | *C. di testa*, decisione precipitosa e avventata | *C. di vita*, episodio isolato e clamoroso con il quale si vuole interrompere la monotonia della routine quotidiana | *Colpi di luce*, *colpi di sole*, ciocche di capelli tinte di colore leggermente più chiaro di quello naturale | *Di c.*, all'improvviso | *Sul c.*, sull'istante | *Tutto in un c.*, *tutto d'un c.*, tutto a un tratto, improvvisamente. *6* Stato morboso improvviso, spesso caratterizzato da perdita di coscienza | *C. apoplettico*, o (*ass.*) *colpo*, apoplessia cerebrale | *Ti venisse un c.!*, (*scherz.*) ti pigliasse un accidente | *C. di calore*, stato di collasso dovuto a prolungata esposizione dell'organismo a elevata temperatura ambientale con forte umidità | *C. di sole*, insolazione | *C. d'aria*, leggera infreddatura causata da una corrente d'aria | *C. di frusta*, *c. della strega*, (*fig.*) violento contraccolpo subito alla colonna vertebrale in seguito a un forte urto. *7* Avvenimento grave e improvviso che comporta forti emozioni: *non mi aspettavo un simile c.*; *è stato un brutto c., un duro c., per tutti*; *non si riavrà più da questo c.*; *che c. queste notizie!* | *Fare c.*, suscitare emozione, interesse, entusiasmo, ammirazione | (*est.*) *C. giornalistico*, notizia di un fatto particolarmente rilevante per gravità o curiosità che un giornale da solo riesce ad avere e pubblicare per primo. *8* Impresa audace, rapida e decisa, intesa a conseguire un fine non lecito: *organizzare un c.*; *un c. da professionista*; *fare, fallire il c.*; *sventare un c.*; *un c. da un miliardo*; *c. alla banca X* | *C. mancino, gobbo, da maestro*, che si distingue per fortuna e abilità | *C. di mano*, azione, spec. militare, condotta da pochi elementi scelti, che si svolge all'improvviso e cogliendo tutti di sorpresa | *C. di Stato*, sovvertimento illegittimo dell'organizzazione costituzionale di uno Stato operato da un organismo dello Stato stesso. ‖ **colpàccio**, pegg. (V.) | **colpettino**, dim. | **colpétto**, dim.

còlpo- [dal gr. *kólpos* 'seno, golfo', di origine incerta] primo elemento • In parole composte della terminologia medica significa 'vagina': *colporragia*, *colposcopia*.

colporragìa [comp. di *colpo-* e *-ragia*] s. f. • (*med.*) Emorragia che ha origine nella vagina.

colposcopìa [comp. di *colpo-* e *-scopia*] s. f. • (*med.*) Esame ottico diretto della vagina e del collo dell'utero.

colposcòpio [comp. di *colpo-* e *-scopio*] s. m. • Strumento con cui si esegue la colposcopia.

colpóso [da *colpa*] agg. *1* Commesso per negligenza, imprudenza, imperizia, ma senza volontà di nuocere: *delitto c.*; *illecito c.* *2* (*raro*) Colpevole. ‖ **colposaménte**, avv.

colt /kɔlt, *ingl.* koult/ [dal n. dell'inventore, il colonnello statunitense S. *Colt* (1814-1862)] s. m. inv. • Tipo di pistola automatica a tamburo rotante.

còlta [da *cogliere*] s. f. *1* (*mar.*) Operazione che consiste nel mettere in assetto cime, vele e sim. *2* (*raro*) Raccolta | †Colletta. *3* (*raro*) Stagione del raccolto. *4* (*raro*) Nelle loc.: *di c.*, di colpo, alla prima, subito; *far c.*, far centro e (*fig.*) fare un bel colpo.

coltèlla [da *coltello*] s. f. • Grosso coltello a lama

larga e fissa: *c. da cucina, da caccia, dei marinai, dei macellai.* || **coltellina**, dim. (V.).

coltellaccino [dim. di *coltellaccio*] s. m. ● (*mar.*) Vela supplementare, simile al coltellaccio, da aggiungersi al velaccio e al velaccino.

coltellàccio s. m. *1* Pegg. di *coltello*. *2* Grosso coltello o daga da punta e da taglio con lama larga sempre a filo e costola, rinforzata da un risalto curvo e bizzarro alla costa presso la punta | Specie di scimitarra | Pugnale. *3* †Roncola | Coltro. *4* (*mar.*) Leggera vela accessoria più lunga che larga, che si può attrezzare a fianco delle vele quadre o sotto per aumentarne la superficie e pigliare più vento.

coltellàme s. m. ● Quantità di coltelli di più forme e grandezze.

coltellàta o (*dial.*) **cortellàta**, †**cultellàta**. s. f. *1* Colpo, ferita di coltello: *lo uccisero con una c.* *2* (*fig.*) Impressione che provoca dolore, sofferenza e sim.: *la notizia è stata una c. per tutti.* *3* (*fig., sett., pop.*) Delusione, inganno, truffa: *che c. d'un film!* *4* Muro divisorio costruito con mattoni disposti a coltello, cioè di taglio.

coltellàto agg. ● Detto di muro di mattoni a coltello.

coltellerìa s. f. *1* Assortimento, insieme di coltelli. *2* Fabbrica o negozio di coltelli.

coltellièra o (*raro*) †**cultellièra**. s. f. ● Astuccio per coltelli da tavola.

coltellìna s. f. *1* Dim. di *coltella*. *2* Coltella per dissosare la carne, tagliare fettine e sim.

coltellinàio s. m. (f. *-a*) ● Chi fabbrica o vende coltelli, forbici, lame in genere.

coltellinàta s. f. ● (*raro*) Colpo di coltellino.

coltèllo o (*dial.*) **cortèllo**, (*pop.*) †**cultèllo** [lat. *cultĕllu(m)*, dim. di *cŭlter*. V. *coltro*] s. m. (pl. *coltèlli*, m., †*coltèlla*, f.) *1* Strumento per tagliare, con lama d'acciaio immanicata, dritta o lunata, tagliente da una parte sola, gener. con la punta acuminata: *mettere mano, venire al c., ai coltelli* | *C. fermo*, a lama fissa | *C. a serramanico*, in cui la lama si può far rientrare nel manico che fa da custodia | *C. da tasca*, generalmente a serramanico che, per le sue ridotte dimensioni, può essere portato in tasca | *C. da tavola*, solitamente con la punta tonda | *C. a scrocco*, a serramanico, che si apre mediante una molla e in cui la lama viene bloccata in posizione aperta mediante un fermo di sicurezza | *C. elettrico*, costituito da due lame affiancate a cui un motore elettrico imprime un rapido movimento alternato in sensi opposti | *C. da lancio*, con lama molto spessa e a doppio tagliente all'estremità | *C. a petto*, utensile per lavorare il legno costituito da una lama armata e molto affilata e da manici di legno, usato per rifinire doghe di botti e sim. | *C. disopercolatore*, attrezzo costituito da una sorta di cazzuola a bordi taglienti usato dagli apicoltori per togliere gli opercoli dalle celle dei favi prima della smielatura | *C. a ruota*, utensile usato per tagliare gli ingranaggi nelle dentatrici e costituito da una ruota dentata con denti taglienti | *C. da innesto*, di vario tipo, per le diverse forme di innesto | *C. dell'aratro*, coltro | *C. per scarnare*, a lama tagliente con due impugnature in legno, una volta usato per la scarnatura a mano | *C. anatomico*, per sezionare cadaveri | *C. chirurgico, c. operatorio*, bisturi | *Prendere il c. per la lama*, (*fig.*) fare il proprio danno | *Avere il c. per il manico*, (*fig.*) essere in posizione di vantaggio | *Da tagliarsi col c.*, detto di ciò che è molto denso, fitto, spec. brodo, vino, nebbia, oscurità | *Lotta a c.*, (*fig.*) accanita, furiosa | (*raro*) *Azione da c.*, (*fig.*) ferocemente insultante, provocatoria | *Notte dei lunghi coltelli*, V. *notte* | (*fig.*) †*Rendere coltelli per guaine*, rendere pan per focaccia | †*Servire di coppa e c.*, (*fig.*) servire a puntino, servire di barba e capelli | *A c., in c., per c.*, detto di mattone messo di taglio, e di muro fatto con mattoni posti in tale modo | (*est.*) Legno tagliente nella gramola o maciulla della canapa. *2* †Daga. *3* (*fig.*) Dolore profondo, pena intensa: *come che queste parole fossero tutte coltella al cuor di Griselda* (BOCCACCIO) | (*raro, lett.*) *Il c. del dolore*, la violenza crudele di un dolore | †*Il c. della parola*, la sua forza di persuasione su chi ascolta. *4* (*elettr.*) *C. separatore*, dispositivo a forma di lama usato nei circuiti ad alta tensione come interruttore. *5* Prisma di acciaio attorno al cui asse oscilla il giogo della bilancia. *6* †Penna maestra delle ali degli uccelli || PROV. Chi di coltello (spada) ferisce di coltello (spada) perisce. || **coltellàccio**, pegg. (V.) | **coltellétto**, dim. | **coltellino**, dim. | **coltellóne**, accr. (V.) | **coltellòtto**, accr. | **coltellùccio**, dim.

coltellóne s. m. *1* Accr. di *coltello*. *2* Grossa posata, di forma analoga a quella di un coltello, usata per tagliare e servire dolci.

coltivàbile agg. ● Che si può coltivare.

coltivabilità s. f. ● Qualità di ciò che è coltivabile.

†**coltivaménto** s. m. ● Coltivazione.

coltivàre o †**cultivàre** [lat. mediev. *cultivare*, dal lat. *cŏlere* 'coltivare', di origine indeur.] v. tr. *1* Lavorare il terreno affinché produca piante, frutti: *c. la terra, le piante, i fiori, la vigna, il giardino, l'orto*; *c. un campo a grano, a prato, a orto, a vigna.* *2* Sfruttare un giacimento minerario: *c. a giorno, in sotterraneo* | *C. a frana*, lasciando che i vuoti sotterranei siano invasi da materiale franato dopo la coltivazione | *C. a ripiena*, colmando con materiale sterile i vuoti aperti dalla coltivazione | *C. a rapina*, senza un razionale schema di lavoro. *3* (*fig.*) Esercitare, educare, rendere produttivo: *c. la mente, l'ingegno, gli studi, l'arte, le scienze* | *C. i vizi*, alimentarli, soddisfarli | *C. la superstizione, l'ignoranza*, contribuire al loro sviluppo | *C. un'amicizia*, darsi cura di conservarla | *C. una persona*, curare sistematicamente la sua amicizia, benevolenza, appoggio. *4* Nutrire un pensiero, fomentare una passione e sim.: *c. una speranza*; *coltivava sentimenti di vendetta.* *5* (*dir.*) Tenere in vita un procedimento eseguendo tutte le formalità necessarie: *c. un appello.* *6* †Onorare, venerare.

coltivàto o †**cultivàto** **A** part. pass. di *coltivare*; anche agg. *1* Nei sign. del v. *2* Non spontaneo: *perle coltivate.* **B** s. m. ● Luogo a coltura.

coltivatóre **A** agg. (f. *-trice*) ● Che coltiva: *proprietà coltivatrice.* **B** s. m. (f. *-trice* nei sign. 1 e 3) *1* Chi coltiva | *C. diretto*, imprenditore agricolo che impiega, nella coltivazione di un fondo in proprietà sua o d'altri, prevalentemente il lavoro proprio e dei familiari. SIN. Agricoltore, contadino. *2* Attrezzo per smuovere e sminuzzare lo strato superficiale del terreno a mezzo di corpi lavoranti variamente articolati e conformati. ➡ ILL. p. 354 AGRICOLTURA. *3* (*raro*) Cultore: *c. di memorie domestiche* (PASCOLI).

coltivazióne s. f. *1* Atto, effetto del coltivare. *2* Coltura di piante erbacee e arboree: *c. di ortaggi, fiori, cereali, vite, olivo*; *il maltempo ha arrecato danni alle coltivazioni* | Luogo coltivato. *3* Il complesso dei lavori per la utilizzazione dei minerali e delle rocce, in cave e miniere | *C. degli idrocarburi*, insieme di studi e processi industriali per l'utilizzazione degli idrocarburi del petrolio.

coltìvo **A** agg. ● Detto di terreno coltivato e coltivabile. **B** s. m. ● Terreno coltivato.

cólto (**1**) o (*lett.*) **cùlto** (**2**) [lat. *cŭltu(m)*, part. pass. di *cŏlere* 'coltivare'. V. *-cola*] **A** agg. *1* (*raro*) Coltivato: *un culto monticel dal manco lato* (ARIOSTO). *2* Che possiede e usa in modo sistematico un complesso organico di cognizioni: *è una donna molto colta* | Che appartiene a, deriva da, rappresenta, un ambiente di cultura elevata e raffinata: *parola colta* | *C. pubblico e inclita guarnigione*, formula introduttiva del discorso di presentazione di uno spettacolo; oggi spec. iron. per sottolineare il basso grado di cultura sia dell'oratore sia del pubblico. SIN. Istruito. **B** s. m. ● (*raro*) Terreno coltivato: *per li lieti / colti di fecondissime campagne* (TASSO).

†**cólto** (**2**) ● V. *culto* (*1*).

còlto (**3**) part. pass. di *cogliere* ● Nei sign. del v.

-coltóre o (*raro*) **-cultóre** [dal lat. *cultōre(m)* 'coltivatore'] secondo elemento ● In parole composte significa 'coltivatore', o 'allevatore': *agricoltore, viticoltore, apicoltore.*

†**cóltra** ● V. *coltre.*

coltràre [da *coltro*] v. tr. (*io cóltro*) ● (*tosc.*) Lavorare la terra con il coltro.

coltratùra s. f. ● (*tosc.*) Tipo di aratura effettuata con il coltro.

cóltre o †**cóltra** [ant. fr. *coltre*, dal lat. *cŭlitra(m)*. V. *coltrice*] s. f. *1* Coperta da letto: *macchinalmente ... tirò fin sopra le orecchie le coltri in disordine* (MORAVIA). *2* Panno o drappo nero con cui si usa coprire la bara o il catafalco. *3* (*est.*) Strato di materiale che copre una superficie (*anche fig.*): *una c. di neve, di nebbia*; *una pesante c. di sonno.* *4* (*geol.*) *C. di ricoprimento*, falda di ricoprimento. *5* †Portiera, tenda. || †**coltrétta**, dim. | **coltrìna**, dim. | †**coltrinétta**, dim. | **coltrìno**, dim. m. | **coltróne**, accr. m. (V.).

cóltrice [lat. tardo *cŭlcitra(m)*, di etim. incerta, con metatesi] s. f. ● Materasso imbottito di lana o piume | (*est., lett.*) Giaciglio: *sulla deserta c. / accanto a lui posò* (MANZONI).

cóltro o †**cùltro** [lat. *cŭltru(m)*, di origine indeur.] s. m. *1* Nell'aratro, lama tagliente che sta davanti al vomere, e apre il solco verticalmente | Tipo d'aratro fornito di coltro. ➡ ILL. p. 353 AGRICOLTURA. *2* (*mar.*) †Tramezzo a prua tra le due gru, negli antichi bastimenti. || **coltruòlo**, dim.

coltróne [accr. di *coltre*] s. m. *1* Coperta imbottita da letto. *2* Portiera, tendone imbottito posto agli usci delle chiese e sim. per riparare dal freddo. || **coltronàccio**, pegg. | **coltroncino**, dim. | **coltroncióne**, accr.

coltùra o (*raro*) **cultùra** [lat. *cultūra(m)*, da *cŏlere* 'coltivare'] s. f. *1* Coltivazione del terreno agrario: *c. del terreno*; *c. della vite, dell'olivo* | *Mettere un terreno a c.*, coltivarlo per la prima volta | *C. intensiva*, attuata con elevati mezzi di produzione | *C. promiscua*, di seminativo associato a piante legnose | *C. specializzata*, di singole colture. *2* Specie coltivata: *nuove colture di grano.* *3* †Luogo coltivato. *4* Allevamento: *la c. del baco da seta, delle ostriche, delle api* | Allevamento di microrganismi in vitro a scopo scientifici | *C. microbica*, procedimento di coltivazione in vitro di batteri o funghi in un terreno artificiale liquido o solido, o di virus su tessuti | *C. in vitro*, metodo di riproduzione in recipiente di vetro di organismi o parti di un organo. *5* (*raro, lett.*) Cura. *6* V. *cultura.*

-coltùra o (*raro*) **-cultùra** [dal lat. *cultūra(m)* 'coltivazione'] secondo elemento ● In parole composte significa 'coltivazione' o 'allevamento': *agricoltura, apicoltura.*

colturàle agg. ● Di, relativo a coltura.

colturaménto [da *coltura*] s. m. ● Complesso dei lavori periodici a cui viene sottoposto il terreno agrario per conservarne le caratteristiche prima conferitegli, o per facilitare alcune colture.

Colùbridi [vc. dotta, comp. di *colubro* e *-idi*] s. m. pl. ● Nella tassonomia animale, famiglia di Rettili caratterizzati dall'occhio con pupilla rotonda, cui appartengono specie sia velenose sia innocue (*Colubridae*) | (al sing. *-e*) Ogni individuo di tale famiglia.

colubrìna o †**colombìna** (**5**) [provz. *colobrina*, dal lat. *cŏluber* 'serpente', per la forma] s. f. ● Antica bocca da fuoco con forte portata e capacità di penetrazione. || **colubrinétta**, dim.

colubrinàta s. f. ● Colpo di colubrina.

colùbro o (*raro*) **cólubro** [vc. dotta, lat. *cŏlubru(m)*, di etim. sconosciuta] s. m. *1* (*lett.*) Serpente. *2* *C. di Esculapio*, grande serpente dei Colubridi, inoffensivo, un tempo allevato nei santuari di Esculapio, dio della medicina (*Elaphe longissima*). SIN. Saettone.

colùi [lat. parl. (*ĕc*)*cu*(*m*) **illūi* 'ecco a lui'] pron. dimostr. (f. *colèi*; pl. m. e f. *colóro*) *1* Quello, quegli (con funzione sia di sogg. sia di compl., per lo più seguito dal pron. rel.): *tu se' solo c. da cu' io tolsi / lo bello stilo che m'ha fatto onore* (DANTE *Inf.* I, 86-87) | (*ass., spreg.*) Quel tale: *chi cerca c.?*; *non parlarmi di coloro*; *non voglio saperne di colei.* *2* (*lett.*) †Suo, di colui (con l'ellissi della prep. 'di', posto tra l'art. e il s.): *per lo c. consiglio* (BOCCACCIO).

†**columbària** [vc. dotta, lat. *columbāria(m)*, agg. f. di *colŭmbus* 'colombo (1)', prob. per il colore, come quello del colombo] s. f. ● (*zool.*) Serpentario.

colùmbio o **colómbio** [da *Columbia*, n. antico o poet. dell'America (dallo scopritore Cristoforo Colombo)] s. m. ● (*chim., raro*) Niobio.

columbite [comp. di *columbi(o)* e *-ite* (*2*)] s. f. ● Minerale rombico nero o bruno, costituito da ossido di ferro, manganese, niobio e tantalio, raro allo stato puro.

columèlla [vc. dotta, lat. *columĕlla(m)*, dim. di *colŭmna* 'colonna'] s. f. *1* (*anat.*) Staffa dell'orecchio medio di alcuni Tetrapodi, definita in tal modo per la sua forma cilindrica. *2* (*zool.*) Asse interno della conchiglia dei Molluschi gasteropodi. *3* (*anat.*) Modiolo. *4* (*zool.*) Osso pari del cranio di numerosi Rettili, che dal palato si innalza sino alle ossa parietali.

columnist /*ingl.* 'kɔləmnist/ [ingl., 'articolista', da *column* 'colonna (di giornale)'] s. m. e f. inv. • Giornalista che cura una rubrica fissa, di lunghezza aggirantesi sulla colonna.

colùro [vc. dotta, lat. tardo *colūru(m)*, nom. *colūrus*, dal gr. *kólouros* 'senza coda', comp. di *kólos* 'troncato' e *ourá* 'coda', perché i due cerchi erano considerati invisibili nella loro parte australe] s. m. • (*astron.*) Circolo massimo della sfera celeste passante per i poli e per i punti equinoziali.

colùtea [vc. dotta, lat. *colūtea*, nt. pl., dal gr. *koloutéa*, d'orig. sconosciuta] s. f. • Genere di piante delle Leguminose cui appartengono specie mediterranee e asiatiche (*Colutea*) | *C. arborescente*, vescicaria.

còlza [fr. *colza*, dall'ol. *koolzaad* 'seme di cavolo', comp. di *kool* 'cavolo' e *zaad* 'seme'] s. f. o m. (pl. m. *-i*) • Pianta erbacea delle Crocifere con fiori gialli, frutto a siliqua con semi rotondi e nerastri dai quali si estrae un olio usato industrialmente (*Brassica napus arvensis*).

com- • V. *con-*.

còma (1) [vc. dotta, gr. *kôma* 'sonno profondo', di etim. incerta] s. m. (pl. *-i* o inv.) *1* (*med.*) Condizione morbosa comune a più malattie, caratterizzata da perdita della sensibilità mentre sono conservate le attività circolatoria e respiratoria: *c. diabetico, uremico, cerebrale*; *entrare, essere in c.*; *uscire dal c.* | *C. uno, due, tre, quattro*, a seconda della gravità | *C. profondo*, condizione caratterizzata da abolizione di tutti i riflessi e da gravi disturbi respiratori e circolatori | *C. irreversibile*, condizione in cui non vi è alcuna possibilità di recupero della coscienza. *2* (*est, scherz.*) Stato di grande stanchezza, di estremo affaticamento | (*est.*) Stato di profonda crisi: *la Borsa è in c.*

còma (2) [vc. dotta, lat. *cŏma(m)*. V. *chioma*] s. f. *1* (*lett.*) †Chioma. *2* (*ott.*) Aberrazione ottica dovuta ai raggi che incidono sulla lente non parallelamente all'asse ottico principale.

†**còma** (3) • V. *comma*.

comacìno o **comàcino** [dalla città di *Como*] agg. • (*lett.*) Comasco | *Maestri comacini*, gruppi di costruttori e scalpellini attivi nel Medioevo, in varie regioni d'Italia e d'Europa.

†**comàdre** • V. *comare*.

comànda s. f. • (*gerg.*) Ordinazione del cliente in un ristorante.

comandamènto [da *comandare*] s. m. (pl. *comandaménti*, m.; †*comandaménta*, f.) *1* †Comando. *2* Precetto positivo o negativo imposto da Dio nella rivelazione e divenuto legge per i fedeli in alcune religioni | Ciascuno dei dieci precetti che Mosè ebbe da Dio sul Sinai.

comandànte A part. pres. di *comandare*; anche agg. • Nei sign. del v. B s. m. *1* Chi comanda | *Fare il c.*, spadroneggiare. *2* (*gener.*) Chi regge un comando militare | *Vice c.*, chi ha autorità immediatamente inferiore a quella del comandante, di cui assume le funzioni in caso di sua indisponibilità | *Sotto c.*, ufficiale immediatamente sottoposto al comandante di batteria, addetto a dirigere l'esecuzione del fuoco presso la linea pezzi | *C. in capo*, comandante supremo di tutte le unità operanti | *C. supremo*, chi ha il comando e la responsabilità di tutto l'esercito. *3* Ufficiale superiore di vascello | Capitano d'un piroscafo | *C. in seconda*, secondo | *C. di porto*, ufficiale preposto alla capitaneria di porto.

comandàre [lat. tardo **commandāre*, per il classico *commendāre* 'affidare, consegnare', comp. di *cŭm* 'con' e *mandāre* 'affidare'] A v. intr. (aus. *avere*) • Imporre autorevolmente la propria volontà, manifestarla affinché sia eseguita: *comandò con decisione* | *C. a bacchetta*, in modo autoritario, senza ammettere discussioni. SIN. Ordinare. B v. tr. *1* Chiedere con autorità esigendo obbedienza: *vi comando il silenzio*; *gli comandarono di partire*; *comandiamo che tutti siano presenti alla prossima riunione* | *Comandi!*, formula di risposta alla chiamata di un superiore | *C. un esercito, una nave e sim.*, reggerne il comando. SIN. Ingiungere, intimare, ordinare. CONTR. Obbedire. *2* (*dir.*) Imporre ad altri dati doveri da parte di un'autorità costituita legislativa, amministrativa o giurisdizionale, nell'ambito della propria competenza: *c. a qc. di dare, fare, non fare q.c.* *3* Chiedere: *comandò un pranzo completo* | (*lett.*) Raccomandare, consigliare, prescrivere: *il medico gli ha comandato una cura particolare* | *Lavoro fatto come Dio, Cristo comanda*, con cura, impegno, diligenza | (*lett.*) Esigere, richiedere: *il suo stato di salute comanda prudenza*. *4* (*bur.*) Destinare un impiegato, un funzionario e sim. a un nuovo incarico, spec. diverso dal suo abituale, o in una località diversa da quella dove lavora abitualmente. *5* Determinare e controllare il funzionamento di una macchina o di un meccanismo con organi e dispositivi opportuni: *il pulsante che comanda la messa in moto*; *questa leva comanda l'arresto della macchina*. *6* (*raro*) Dominare da una posizione elevata (*anche ass.*): *una piccola sommità, che comanda strada e guado* (BACCHELLI).

comandàta [da *comandare*] s. f. *1* †Prestazione di un dato servizio imposta dal signore di un feudo o da un comandante di truppe. *2* Lavoro straordinario che sono chiamati a fare, senz'armi, i marinai | Turno di guardia in porto su navi militari | *Prima c.*, dalle 16 alle 24 | *Seconda c.*, dalle 24 alle 4.

†**comandatàrio** s. m. • Accomandatario.

comandàto part. pass. di *comandare*; anche agg. *1* Nei sign. del v. *2* *Feste comandate*, nelle quali è prescritto di astenersi dal lavoro e di assistere agli uffici divini | *Vigilie comandate*, giorni in cui è prescritto il digiuno. *3* Detto di militare destinato temporaneamente o definitivamente a prestare servizio fuori del corpo di appartenenza: *soldato c. di giornata*. *4* (*bur.*) Detto di impiegato o funzionario assegnato a impiego o ufficio diverso da quello abituale: *professore c. presso il Ministero*.

†**comandatóre** s. m. (f. *-trice*) • Chi comanda | Comandante di eserciti: *la inutilità di molti comandatori in un esercito* (MACHIAVELLI).

†**comandìgia** [ant. fr. *comandise*, da *comander* 'comandare'] s. f. *1* Raccomandazione. *2* Accomandita.

comàndo (1) [da *comandare*] s. m. *1* Atto, effetto del comandare e parola con cui si comanda: *un c. brusco, secco, che non ammette discussioni*; *azione di c.*; *c. di attenti, di riposo*; *ubbidire a un c.* | *C. giuridico*, impartito dalla legge. SIN. Imposizione, ingiunzione, ordine. *2* Autorità di comandare: *dare, prendere il c.*; *avere al proprio c.*; *il Presidente della Repubblica ha il c. delle forze armate*. SIN. Autorità, guida, potere. *3* Posizione di testa, primo posto, in gare sportive: *il c. della classifica, della gara*; *assumere, prendere, il c. della corsa*. *4* (*mil.*) Organo che esercita azione direttiva su una data unità o su un complesso d'unità: *c. di corpo d'armata, di divisione, di reggimento, c. supremo* | Insieme del comandante e dei suoi collaboratori nella sede dove hanno i rispettivi uffici e svolgono la propria attività. *5* (*bur.*) Provvedimento con cui gli organi competenti dispongono lo spostamento temporaneo di un impiegato o di un funzionario a un ufficio diverso da quello del suo ruolo o della sua sede. *6* (*mecc.*) Leva, trasmissione meccanica, elettrica, idraulica o pneumatica, che regola il funzionamento di un organo o di un meccanismo: *c. elettrico, meccanico, a distanza, automatico*; *azionare i comandi* | *Doppio c.*, bicomando | (*est.*) Operazione con cui si determina il funzionamento di tali apparecchi. *7* (*elab.*) Istruzione fornita dall'utente a un elaboratore, gener. mediante tastiera.

comàndo (2) • V. *commando* (2).

comàndolo [da *commando* (2)] s. m. • (*tess.*) Filo attorto a un rocchetto del telaio, che si usa per riannodare i fili strappati dall'ordito.

comaràggio [detto così perché è il chiacchierare delle *comari*] s. m. • (*merid.*) Chiacchierio, pettegolezzo simile a quello che fanno le comari del quartiere.

comàre o †**comàdre**, †**comàtre**, (*dial.*) †**commàdre**, (*dial.*) **commàre**, (*dial.*) †**commàtre** [lat. tardo *commātre(m)*, nom. *commāter*, comp. di *cŭm* 'con' e *māter* 'madre', attrav. i dialetti sett.] s. f. *1* Donna che tiene a battesimo o a cresima un bambino. SIN. Madrina, santola. *2* La madre del battezzato o del cresimato rispetto al padrino o alla madrina, e la madrina rispetto ai genitori del battezzato o del cresimato | (*raro*) La madrina rispetto al padrino. *3* (*dial.*) Donna che aiuta la sposa nella cerimonia nuziale. *4* (*est.*) Vecchia amica, spec. vicina di casa: *le allegre comari di Windsor* | *Compare lupo e c. volpe*, designazione di animali personificati, protagonisti di fiabe infantili | (*merid.*) *C. di basilico*, (*fig.*) amica del cuore | *Fare alle comari*, gioco di bambine che fingono di fare visita a una partoriente | (*spreg.*) Donna pettegola e chiacchierona: *pettegolezzi, chiacchiere, da comari*. *5* (*dial.*) Levatrice. *6* (*dial., euf.*) La morte: *la c. secca*. | La febbre intermittente. || **comarèlla**, dim. | **comarìna**, dim. | **comaròccia**, **comaròzza**, dim. | **comarùccia**, **comarùzza**, dim.

comàsco A agg. • Di Como. B s. m. (f. *-a*; pl. m. *-chi*) • Abitante, nativo di Como. SIN. (*lett.*) Comense.

†**comàto** [lat. *comātu(m)*, da *cōma* 'chioma' (V.)] agg. • (*lett.*) Chiomato.

comatóso [da *coma* (*1*), prob. attrav. il fr. *comateux*] agg. • (*med.*) Di, relativo a coma: *stato c.* | Che è in coma: *malato c.*

†**comàtre** • V. *comare*.

comàtula [vc. dotta, lat. tardo *comātula(m)* 'con chioma abbondante', dim. di *comātus* 'chiomato'] s. f. • Nella tassonomia animale, genere di Crinoidi dai colori vivaci che, allo stadio giovanile, vivono attaccati ai corpi sommersi grazie a sottili appendici, diventando poi liberi da adulti (*Comatula*).

cómba [lat. *cŭmba(m)* 'valle', di origine gallica] s. f. • Nell'alpinismo, valle allungata e stretta racchiusa da una cerchia di monti.

combaciaménto s. m. • Atto, effetto del combaciare | Punto dove due corpi combaciano: *non riesco a effettuare il c. di questi due battenti*.

combaciàre [comp. di *con-* e *baciare*] A v. intr. (*io combàcio*; aus. *avere*) • Essere congiunto e aderire completamente: *i due fogli combaciano* | (*fig.*) Coincidere: *i nostri punti di vista combaciano*. B v. intr. pron. • (*raro*) Congiungersi aderendo completamente: *le assi si combaciano*. C v. rifl. rec. • †Baciarsi. D v. tr. • †Congiungere bene.

combattènte A part. pres. di *combattere*; anche agg. • Nei sign. del v. B s. m. e f. • Chi combatte o fa parte di truppe che combattono: *un valoroso c.* | *Ex c.*, reduce. C s. m. *1* Razza di galli da combattimento: *c. inglese, malese*. *2* Uccello di palude dei Caradriformi, il cui maschio ha un collare erettile e piume a pennacchio sul capo e lotta coi suoi simili per la conquista della femmina (*Philomacus pugnax*). SIN. Gambetta. D agg.; anche s. m. • (*arald.*) Attributo di ciascuno di due animali messi di fronte in atto di combattimento.

combattentìsmo s. m. *1* Tendenza alla guerra, al combattimento. *2* Nel primo dopoguerra, lo stato d'animo che presiedeva alla costituzione di associazioni di reduci.

combattentìstico agg. (pl. m. *-ci*) • Di combattenti o ex-combattenti: *manifestazione, propaganda, combattentistica* | Proprio del combattentismo.

combàttere [lat. parl. **combatt(ŭ)ere*. V. *con* e *battere*] A v. intr. (coniug. come *battere*; aus. *avere*) *1* Prendere parte a uno scontro, spec. armato, a una battaglia, a operazioni di guerra: *c. accanitamente, eroicamente, strenuamente, fiaccamente*; *c. alla testa, alla coda dell'esercito*; *c. contro il nemico, contro l'invasore*; *c. per la patria, per la libertà* | *C. corpo a corpo*, uomo contro uomo in contatto diretto. SIN. Battersi, guerreggiare. *2* (*fig.*) Opporsi attivamente, energicamente, contrastare: *c. contro la furia degli elementi*; *c. contro le difficoltà, la miseria, la fame, la malvagità umana*; *l'appetito concupiscibile combatte con l'animoso* (TASSO). SIN. Lottare. *3* (*fig.*) Lottare sistematicamente e con impegno per il raggiungimento o l'attuazione di q.c.: *c. per le proprie idee, per una giusta causa, per una società nuova*. SIN. Adoperarsi, battersi. *4* (*sport*) Gareggiare, disputare una competizione col massimo impegno. B v.

tr. *1* Affrontare, attaccare in battaglia, cercare di abbattere, di sconfiggere: *c. l'esercito avversario*; *c. l'invasore*. *2* Agitare, sconvolgere (*anche fig.*): *i venti combattono il mare*. *3* (*fig.*) Contrastare, attaccare sistematicamente e con impegno: *c. un'opinione, una tesi*; *c. l'ignoranza, la corruzione, il malcostume* | (*est., sport*) Disputare: *il Napoli ha combattuto una bella partita*. **C** v. rifl. rec. ● Affrontarsi, scontrarsi, battersi: *i due avversari si combatterono a lungo*. **D** v. intr. e intr. pron. ● †Dibattersi: *essendosi combattuto Mino il terzo della notte ... la donna s'andò al letto* (SACCHETTI).

combattiménto s. m. *1* Atto, effetto del combattere (*anche fig.*): *c. improvviso, aspro, decisivo* | (*est., gener.*) Lotta: *cercare il c.*; *soccombere nel c.*; *c. di galli*. SIN. Scontro. *2* Atto della battaglia limitato nel tempo, nello spazio e nell'entità delle forze contrapposte: *c. offensivo, difensivo, notturno*. *3* (*sport*) Incontro di pugilato o di lotta | *Mettere fuori c.*, mandare al tappeto l'avversario oltre i dieci secondi regolamentari; (*fig.*) indebolire, fiaccare, privare di ogni velleità | *Vincere per fuori c. tecnico*, quando l'arbitro dichiara che l'avversario non è più in grado di continuare l'incontro per le sue provate condizioni fisiche. *4* (*fig.*) Travaglio spirituale: *chi può immaginare i combattimenti di quell'animo ...?* (MANZONI). *5* (*raro*) †Accesso di febbre, di malattia.

combattitóre **A** s. m. (f. *-trice*, raro) ● (*lett.*) Chi combatte (*spec. fig.*): *c. della corruzione, dell'ignoranza, dei pregiudizi*. **B** agg. ● (*raro*) †Pugnace.

combattività [fr. *combativité*, da *combat* 'combattimento', da *combattre* 'combattere'] s. f. ● Qualità di chi è combattivo.

combattìvo [fr. *combatif*, da *combat* 'combattimento', da *combattre* 'combattere'] agg. ● Che è sempre pronto a lottare per le proprie idee, le proprie convinzioni e sim.: *carattere, spirito c.*; *individuo ostinato e c.*

combattùto part. pass. di *combattere*; anche agg. *1* Nei sign. del v. *2* Confuso, tormentato, incerto fra due o più alternative: *nei riguardi di quella persona era c. fra la simpatia e la diffidenza*. *3* Pieno di contrasti: *sono vecchio ormai ... e pur giovine di cuore forse meglio che nol fossi nella combattuta giovinezza* (NIEVO).

†**combiatàre** e *deriv.* ● V. †*commiatare* e *deriv.*

combinàbile agg. ● Che si può combinare: *pareri difficilmente combinabili*; *sostanze chimiche combinabili*.

combinabilità [da *combinabile*] s. f. ● (*chim.*) Attitudine a combinare o a combinarsi.

combinàre [vc. dotta, lat. tardo *combināre* 'unire a due a due', comp. di *cŭm* 'con' e *bīni* 'a due a due'] **A** v. tr. *1* Mettere insieme due o più cose fra loro simili: *c. bene i colori di un vestito* | *Non c. il pranzo con la cena*, condurre vita povera, stentata | (*est.*) Connettere idee, impressioni e sim. | (*est.*) Mettere d'accordo, far coincidere: *c. opinioni diverse*. *2* (*chim.*) Unire due o più sostanze fra loro in modo che reagiscano. *3* Organizzare e portare a compimento: *c. un buon affare, una riunione*; *lo combiniamo questo matrimonio, signora baronessa?* (VERGA). *4* (*fam., scherz.*) Fare: *c. un guaio, un pasticcio*; *combinarne di tutti i colori*; *ne ha combinata una delle sue*; *questa volta l'hai combinata grossa* | *Non c. nulla*, perdere inutilmente il proprio tempo, non concludere ciò che si è intrapreso, e sim. **B** v. intr. (aus. *avere*) ● Corrispondere (*anche fig.*): *questa copia combina perfettamente con l'originale*; *le nostre idee non combinano affatto*. **C** v. intr. pron. *1* (*chim.*) Reagire insieme: *l'idrogeno e l'ossigeno si combinano*. *2* Mettersi d'accordo: *combinarsi su alcuni particolari*. *3* (*fam.*) Venirsi a trovare in una data situazione: *si è combinato bene, male*.

combinàta [f. sost. di *combinato*] s. f. ● (*sport*) Nello sci, competizione che comprende diverse specie di prove | *C. alpina*, con gara di discesa libera e slalom speciale e slalom gigante | Nello sci di fondo, competizione che comprende una prova disputata a tecnica classica e una a tecnica libera | *C. nordica*, con gare di fondo e di salto | Nello sci acquatico, competizione che comprende le tre gare di figure, di salto e di slalom.

combinatio /*lat.* kombi'nattsjo/ [vc. lat. *combinātio* (V. *combinazione* (*1*))] s. f. inv. ● In filologia, confronto tra due o più varianti corrotte al fine di ricostruire un luogo dell'archetipo.

combinàto part. pass. di *combinare*; anche agg. *1* Nei sign. del v. *2* Nella loc. *essere c. bene, male*, trovarsi in una situazione favorevole o, al contrario, negativa o difficoltosa. *3* Detto di incontro sportivo il cui risultato è stato illecitamente concordato in anticipo. *4* Detto di organizzazioni o attività militari interessanti due o più forze armate di due o più nazioni: *comando c.*; *operazioni combinate*.

combinatóre **A** agg. (f. *-trice*) ● Che combina: *disco c.* **B** s. m. *1* Chi combina. *2* Apparecchio per mezzo del quale possono essere effettuati collegamenti di varie specie nel circuito di trazione di locomotive elettriche, tram, e sim.: *c. di marcia*.

combinatòria [da *combinatorio*] s. f. ● (*raro*) Combinazione: *la c. degli interessi individuali o regionali o di gruppi* (CROCE).

combinatòrio agg. *1* Fondato sulla combinazione di vari elementi | (*mat.*) *Calcolo c.*, parte del calcolo che studia i possibili modi di combinazione di un insieme di enti. *2* (*ling.*) Di variante fonematica condizionata dalla vicinanza di altri suoni.

combinazióne (**1**) [vc. dotta, lat. tardo *combinatiōne*(*m*), da *combināre* 'combinare'] s. f. *1* Atto, effetto del combinare e del combinarsi | Accozzamento, unione, di cose diverse: *le più strane combinazioni di colori*. *2* Serie di numeri che, composta nel giusto ordine, comanda l'apertura di una serratura di sicurezza o di una cassaforte | *3* (*chim.*) Reazione, sintesi. *4* (*ling.*) Fenomeno per cui due suoni vicini si adattano reciprocamente | L'insieme dei vari elementi linguistici che formano un enunciato, un sintagma e sim. *5* (*mat.*) *C. semplice di n oggetti a k a k*, uno dei raggruppamenti che si possono formare con *k* degli *n* oggetti dati, in modo che in ciascuno di essi non vi siano mai oggetti ripetuti, e due raggruppamenti siano combinazioni distinte solo se v'è qualche oggetto che compare nell'uno ma non nell'altro | *C. con ripetizione*, nella quale si ammette che un elemento possa esser ripetuto più volte | *C. lineare*, funzione ottenuta da più funzioni (a valori reali o complessi) date, moltiplicando ciascuna per un numero e sommando. *6* Caso fortuito, incontro straordinario di fatti e di circostanze: *si incontrarono per c.*; *ma guarda che c.!* SIN. Accidente. *7* In filologia, combinatio.

combinazióne (**2**) [dal precedente, ma attrav. il fr. *combinaison*, dall'anglo-amer. *combination*] s. f. *1* (*raro*) Tipo di sottoveste femminile. *2* Tuta a chiusura lampo, indossata da aviatori o operai: *c. di volo* | *C. spaziale*, tuta indossata dagli astronauti.

combine /*fr.* kɔ̃'bin, *ingl.* 'kɔmbain/ [ingl. d'America, propriamente 'combinazione', da *combinative* 'che riguarda una combinazione', dal lat. tardo *combinātus* 'combinato'] s. f. inv. ● Accordo illecito con il quale viene stabilito in anticipo il risultato di un incontro sportivo | (*est.*) Accordo segreto, intrigo.

combino [da *combinare*] s. m. ● (*pop.*) Intesa che ha un qualcosa di ambiguo, di equivoco, spec. relativa a un rapporto o a un incontro amoroso.

cómbo [ingl., da *comb*(*ination*) 'combinazione'] s. m. inv. *1* Tecnica giornalistica consistente nel riunire due o più singole fotografie di persone in una sola. *2* Complessino jazz.

comboniàno agg.; anche s. m. ● Che, chi appartiene all'ordine dei Figli del Sacro Cuore di Gesù, fondato dal missionario D. Comboni (1831-1881): *padri, missionari comboniani*.

combriccola [da avvicinare a *briccone* (?)] s. f. *1* Gruppo, compagnia di persone che si riuniscono per compiere azioni equivoche, illecite: *una c. di giovinastri, di ladri* | Gruppo di persone rappresentanti interessi politici, culturali e sim., che esercitano pressioni, spec. arbitrarie, monopolizzando varie attività, iniziative e sim.: *una c. di affaristi*; *la muffa dei piccoli cerchi, i pettegolezzi delle combriccole* (CARDUCCI). SIN. Congrega. *2* Gruppo di amici, spec. allegri e buontemponi. SIN. Banda, cricca, ghenga.

†**combriccolàre** v. intr. ● Fare combriccola.

†**combriccolóne** s. m. (f. *-a*) ● Chi ama stare in combriccole.

comburènte [vc. dotta, lat. *comburĕnte*(*m*), part. pres. di *combūrere* 'comburere'] **A** s. m. ● Sostanza che permette o mantiene la combustione. **B** anche agg.: *sostanza c.*

comburènza s. f. ● Attitudine di un corpo a favorire o a mantenere la combustione.

combùrere [vc. dotta, lat. *combūrere* 'bruciare', da *ūrere* 'bruciare'] v. tr. (pass. rem. *io combùssi* raro; part. pass. *combùsto*) ● (*lett.*) Bruciare, ardere (*anche fig.*): *venne di Troia, / poi che 'l superbo Ilïón fu combusto* (DANTE *Inf.* I, 74-75).

comburivoro [comp. di *comburere* e *-voro*] agg. ● (*chim.*) *Potere c.*, la quantità di ossigeno richiesta teoricamente per la combustione completa dell'unità di massa di combustibile.

combustibile [dal lat. *combūstus* (V. *combusto*), prob. attrav. il fr. *combustible*] **A** s. m. ● Sostanza che, in presenza di un comburente, può bruciare con sviluppo di calore e, spesso, di fiamme: *combustibili liquidi, solidi, gassosi* | (*nucl.*) *C. nucleare*, isotopo capace di reagire con neutroni e subire una reazione di fissione entro un reattore nucleare producendo energia termica; materiale contenente isotopi fissili e/o isotopi fertili. **B** anche agg.: *sostanza c.*

combustibilità [da *combustibile*] s. f. ● Attitudine di un corpo a bruciare.

combustióne [vc. dotta, lat. tardo *combustiōne*(*m*), da *combūstus* 'combusto'] s. f. *1* Reazione chimica tra un combustibile e un comburente spesso accompagnata da sviluppo di calore e di luce | *C. viva*, in cui si verificano fenomeni termici o luminosi | *C. lenta*, in cui non si verificano fenomeni termici o luminosi | *C. spontanea*, sotto l'azione del calore fornito dai raggi solari. *2* (*raro, lett.*) Atto del bruciare | Incendio. *3* †Scottatura. *4* (*fig.*) †Agitazione, fermento | †*Mettere in c.*, mettere in agitazione.

†**combustivo** agg. ● Che ha virtù di bruciare: *sostanza combustiva*.

combùsto part. pass. di *comburere*; anche agg. ● (*lett.*) Nei sign. del v.

combustóre [dal lat. *combūstus* 'combusto'] s. m. ● (*aer.*) Vano dove avviene la combustione negli endoreattori | Complesso contenente il vano o i vani dove avviene la combustione nei turbomotori.

combùtta [da avvicinare a *buttare* (?)] s. f. ● Gruppo, compagnia di persone aventi gli stessi scopi, spec. equivoci o illeciti: *una c. d'imbroglioni*; *fare c. con qc.*; *essere, mettersi, entrare in c. con qc.* | In c., in comune, tutti insieme. SIN. Combriccola, cricca, ganga.

cóme /'kome* *nei sign. A e B*, 'kome *nel sign. C*/ o †**cómo** (**2**) [lat. *quōmodo et* 'in quel modo anche'] **A** avv. (davanti a vocale si elide in *com'*, †*com*, †*con*, forme tronche usate anche davanti a consonante) *1* Alla maniera di, nel modo che (in una comparazione esprime somiglianza o identità): *coraggioso c. un leone*; *bello c. un dio*; *rosso c. il fuoco*; *un uomo buono c. il pane*; *cammina c. un ubriaco*; *mi ha trattato c. un cane*; *dorme c. un ghiro* | Con i pronomi pers. usati nella forma tonica: *c. lui, c. lei*; *c. me*; *c. te*; *c. loro* | (*enf.*) *Io c. io*, per conto mio, per ciò che mi riguarda; *ora c. ora*, in questo preciso momento; *oggi c. oggi*, proprio attualmente | *C. è vero Dio*, per rafforzare un'affermazione e sim. | *C. Dio vuole*, alla meglio | Esprime uguaglianza in correl. con 'così', 'tale', 'tanto': *così nel bene c. nel male*; *tanto nella buona c. nella cattiva sorte*; *così voi c. noi* | *È c.*, è lo stesso che: *è c. parlare al muro*; *è c. voler cavare un ragno da un buco*, riferendosi a cose impossibili | Quasi: *c. dire*; *c. essere*. *2* In quale modo (in prop. interr. dirette o indirette): *c. stai?*; *c. vai?*; *non so proprio c. fare* | Con valore raff. con 'mai': *c. avrà mai fatto a saperlo?*; *c. potrò mai dirglielo?* | *Com'è che ...?*, per quale ragione? | *C. sarebbe a dire?*; *c. avete detto?*, sollecitando qc. a dare una spiegazione o a ripetere q.c. | *C. mai?*, perché? | *Ma c.?!*; *c. si permette?!*, per esprimere sdegno o meraviglia | *Com'è, c. non è*, all'improvviso | *C. no?*, certamente | Il modo in cui (in prop. enunciative): *ecco c. è successo*; *attento a c. parli*. *3* In qualità di (introducendo un'apposizione o un compl. predicativo): *c. ministro*; *c. sindaco*; *ti* *parlo c. amico; è stato scelto c. rappresentante della sua città alle solenni celebrazioni.* **4** Quanto (in prop. interr. ed escl.): *c. è bello!; c. sei cresciuto!; c. sei buono!* | *E c.!*, eccome! **5** (*fam.*) Per esempio: *mi piacciono i colori tenui, c. il rosa e il celeste.* **B** **cong.** **1** Che, in quale modo (introduce una prop. dichiarativa con il v. all'indic., al congv. o al condiz.): *mi descrisse c. aveva dovuto fare; ti ho raccontato c. la conobbi; vedo bene c. lo avete rovinato* | *C. qualmente*, (*fam.*): *mi ha detto c. qualmente se n'è andato* | Quanto: *tu sai c. sia permaloso.* **2** Introduce una prop. comparativa (spesso in correl. con 'così' e 'tanto'): *facemmo così c. avevamo già deciso; non è poi tanto bravo c. credevo; studia c. ha sempre fatto; le cose non sono andate c. avevo sperato* | *Di c.*, di quello che: *è molto meglio di c. mi aspettavo; è peggio di c. tu possa immaginare.* **3** Appena che, quando (introduce una prop. temp. con il v. all'indic., rar. al congv.): *c. seppi che sarebbe venuto, incominciai i preparativi; c. venne la primavera, riprese ad uscire; c. si accorse della cosa, prese provvedimenti* | A mano a mano: *c. giungevano, venivano subito sistemati* | *C. Dio volle*, finalmente. **4** Quasi, quasi che (introduce una prop. modale con il v. al congv.): *si comportavano con lei c. fosse una loro schiava; fai c. se fossi a casa tua* | *C. non detto*, per ritirare una proposta o sim. che non ha incontrato il favore dell'interlocutore. **5** Introduce una prop. incidentale: *c. tu puoi constatare, sono proprio ridotti male; l'ho visto, c. tu sai, proprio quella sera.* **6** (*raro*) Poiché, siccome (introduce una prop. causale con il v. all'indic.): *com'era di luglio, e faceva un gran caldo, si tolse anche il vestito, aspettando* (VERGA). **C** in funzione di **s. m. inv.** • Il modo, la maniera, il mezzo: *il c. e il perché di q.c.; il c. e il quando; vorrei aiutarlo ma non trovo il c.* | *Il che e il c.*, tutti i particolari, le ragioni | *Spiegare il perché e il* (*per*) *c.*, (*fam.*) spiegare tutto dettagliatamente.

†**comecché** o †**cóme che** **cong.** **1** (*lett.*) Benché, quantunque, sebbene (introduce una prop. conc. con il v. al congv.): *come che fosse crudele* (SACCHETTI). **2** Comunque, in qualunque modo (con valore rel. e il v. al congv.): *come che stia la cosa; come che suoni la sconcia novella* (DANTE *Inf.* XVIII, 57). **3** Dovunque, da qualsiasi parte (con valore rel. e il v. al congv.): *novi tormenti e novi tormentati / mi veggio intorno, come ch'io mi mova* (DANTE *Inf.* VI, 4-5).

comecchessìa o **cóme che sìa**, (*raro*) **comechessìa** **A** **avv.** • (*raro*) Comunque sia, in qualsiasi modo. **B** in funzione di **agg. inv.** • (*raro*) Qualsiasi, purchessia.

†**cóme che** /komek'ke/ • V. † *comecché.*

cóme che sìa /komekkes'sia/ • V. *comecchessia.*

comechessìa • V. *comecchessia.*

†**comèdia** o †**comedìa** • V. *commedia.*

comedian /*ingl.* kə'mi:djən/ [vc. ingl., da *comedy* 'commedia'] **s. m. e f. inv.** • Attore comico, spec. di rivista o di varietà.

comedóne [fr. *comédon*, dal lat. *comedōne(m)*, da *comĕdere* 'mangiare'] **s. m.** • (*med.*) Rilievo puntiforme nerastro che si forma sulla cute, spec. del viso, a causa dell'ostruzione dell'orifizio di una ghiandola sebacea.

cóme eravàmo [dal titolo del film americano, così tradotto, *The Way We Were* (1973), ripreso, a partire dal 1975, da diversi libri, specie illustrati, che tendono a rappresentare il mondo di ieri] **loc. sost. m. inv.** • Rievocazione, più o meno nostalgica, di situazioni appartenenti al passato di un'epoca, una generazione, un gruppo sociale.

comènse **agg.**; anche **s. m. e f.** • (*lett.*) Comasco.

†**coménto** (**1**) e *deriv.* • V. *commento* (*1*) e *deriv.*

comènto (**2**) o **commènto** (**2**) [lat. *convĕntu(m)* 'commessura'. V. *convento*] **s. m.** • (*mar.*) Ognuno degli interstizi fra le tavole degli scafi in legno, resi stagni col calafataggio.

†**comenzàre** e *deriv.* • V. *cominciare* e *deriv.*

†**cómere** [vc. dotta, lat. *cōmere* 'riunire, pettinare, adornare', comp. di *cŭm* 'con' e *ĕmere* 'prendere'] **v. tr.** (dif. usato solo nella prima e terza pers. sing. del **pr. indic.** *cómo, còme* poet.) • (*lett.*) Adornare, abbellire: *ben m'affaticherei con tutta quella / arte che tanto il parlar orna e come* (ARIOSTO).

cométa [vc. dotta, lat. *comēte(m)*, nom. *comētes*, dal gr. *komḗtēs* 'chiomato', da *kómē* 'chioma'] **s. f.** **1** (*astron.*) Corpo del sistema solare che descrive orbite ellittiche di grande eccentricità, e attorno al quale, in vicinanza del Sole, si forma una vasta atmosfera fluorescente spesso prolungata in una o più code in direzione opposta al Sole. **2** (*lett.*, *fig.*) Avvenimento importante e sconvolgente: *senza contar poi la coda di questa per me fatale e ad un tempo fausta c.* (ALFIERI). **3** (*dial.*) Aquilone, cervo volante. || **cometàccia**, **pegg.**

cometàrio **agg.** • (*astron.*) Attinente alle comete.

comfort /*ingl.* 'kʌmfət/ o **confòrt** [vc. ingl., dal fr. *confort* 'conforto'] **s. m. inv.** • L'insieme delle comodità offerte agli occupanti di un'abitazione, di un mezzo di trasporto e sim.: *l'albergo dispone di tutti i comfort.*

†**comiatàre** e *deriv.* • V. †*commiatare* e *deriv.*

comic /*ingl.* 'kɔmik/ [vc. ingl., acrt. di *comic strip* 'striscia comica'] **s. m. inv.** (**pl.** ingl. *comics*) • Racconto a fumetti.

còmica [vc. dotta, gr. *kōmikḗ* (sott. *téchnē*) 'arte dei comici'. V. *comico*] **s. f.** **1** †L'arte di recitare o scrivere commedie. **2** Breve film di carattere comico o farsesco tipico del cinema muto: *le comiche di Charlot.* **3** (*fig.*) Situazione, scena e sim., farsesca e ridicola: *quella riunione è stata proprio una c.*

comicità **s. f.** • Qualità di chi, di ciò che è comico.

comicizzàre [da *comico*] **v. tr.** • Rendere comico: *c. una situazione.*

còmico [vc. dotta, lat. *cōmicu(m)*, nom. *cōmicus*, dal gr. *kōmikós*. V. *commedia*] **A** **agg.** (**pl. m.** *-ci*) **1** Che è proprio della commedia: *genere c.; attore, scrittore c.* | *Stile c.*, secondo la poetica medievale, quello che è medio tra la tragedia e l'elegia. **2** Che provoca divertimento, ilarità: *situazione, scena comica; personaggio, tipo c.; film c.* **SIN.** Buffo, ridicolo. || **comicaménte**, **avv.** In modo comico: *gestire, parlare comicamente.* **B** **s. m.** **1** Attore interprete di ruoli della commedia | (*est.*) Interprete di parti comiche nel teatro, cinema e televisione | †Attore, spec. nel mondo rinascimentale e barocco. **2** Scrittore di commedie. **3** Comicità: *avere il gusto del c.*

comignolo [lat. parl. **culmĭneu(m)*, da *cŭlmen* 'sommità, comignolo'. V. *culmine*] **s. m.** **1** Parte della canna fumaria che esce fuori dallo spiovente del tetto. **SIN.** Fumaiolo. **2** Linea più alta del tetto, spiovente da due o più parti | La trave che regge la spina del tetto | Sorta di embrice a basto che copre la linea più alta del tetto.

cominciaménto **s. m.** • (*lett.*) Inizio, principio: *ogni cosa vuol c.* (PULCI).

cominciàre o †**comenzàre** [lat. parl. **comintiāre*, comp. di *cŭm* 'con' e *initiare* 'iniziare'] **A** **v. tr.** (*io comìncio*) • Dare principio, iniziare, incominciare: *c. un lavoro, una lettera, una ricerca; c. a spiegare una nuova lezione.* **SIN.** Imprendere, principiare. **B** **v. intr.** (aus. *essere*, se usato ass.; aus. *avere* se è seguito da un compl. o da un **avv.**) • Avere inizio: *il libro comincia con una descrizione del paesaggio; la conferenza comincia alle quattro; una parola che comincia per vocale, per consonante; l'inverno è cominciato; cominceremo da qui; comincia a essere notte, a far caldo; ha cominciato a piovere; cominciamo male!*, (*antifr.*) *cominciamo bene!* | (*lett.*) Prendere a dire: *egli allora cominciò così* | †(*Qui*) *comincia*, formula ricorrente all'inizio di antiche opere letterarie o di parte di esse, oggi usata in tono scherz.: *comincia il libro chiamato Decameron* (BOCCACCIO); *comincia il prologo, il primo libro; qui comincia l'avventura del Signor Bonaventura.* **SIN.** Iniziare, principiare. **CONTR.** Terminare. **C** in funzione di **s. m.** solo **sing.** • (*raro, lett.*) Principio, inizio: *fino al c. del presente secolo* (NIEVO) || **PROV.** Chi ben comincia è alla metà dell'opera.

†**comincìata** o †**comenzàta** [f. sost. di *cominciato*] **s. f.** • Cominciamento.

†**cominciatìvo** [da *cominciato*] **agg.** • Iniziale.

cominciàto o †**comenzàto** **A** **part. pass.** di *cominciare*; anche **agg.** • Nei sign. del v. **B** **s. m.** **1** †Principio. **2** (*al pl.*) †Antipasti.

cominciatóre o †**comenzatóre** [da *cominciato*] **s. m.**; anche **agg.** (f. *-trice*) • (*raro, lett.*) Chi, che comincia.

cominciatùra [da *cominciato*] **s. f.** • Radore di tessuto.

†**comìncio** [da *cominciare*] **s. m.** **1** Principio, inizio. **2** (*spec. al pl.*) Antipasti.

cominformìsta [da *Cominform*, ufficio di informazione dei partiti comunisti europei sciolto nel 1956] **A** **s. m. e f.** (**pl. m.** *-i*) • Membro del Cominform. **B** **agg.** (**pl. m.** *-i*) • Cominformistico.

cominformìstico **agg.** (**pl. m.** *-ci*) • Relativo al Cominform o ai cominformisti.

cominiàno [dal n. del tipografo e libraio padovano G. *Comino* (sec. XVIII)] **agg.** • Detto di stampa o edizione di Giuseppe Comino, particolarmente stimata per veste tipografica e rigore filologico.

comìno • V. *cumino.*

-còmio [dal gr. *komêin* 'curare'] secondo elemento • In parole composte, significa 'ospedale', 'casa di cura', 'ospizio': *manicomio, nosocomio.*

†**comissàre** [vc. dotta, lat. *comissāri*, dal gr. *kōmázō*, da *kômos* 'gozzoviglia', di etim. incerta] **v. intr.** • (*lett.*) Gozzovigliare.

comitàle [lat. mediev. *comitāle(m)*, da *cŏmes*, genit. *cŏmitis*. V. *conte*] **agg.** • Di conte: *feudo, corona c.* | Che si riferisce a conte: *stemma c.*

comitatìvo [ingl. *comitative*, dal lat. *comitātus* 'compagnia' (V. *comitato* (*2*))] **A** **agg.** • (*ling.*) Detto di caso che esprime l'accompagnamento, realizzato spesso con un sintagma preposizionale | Relativo al complemento di compagnia. **B** **s. m.**; anche **agg.** • (*ling.*) Complemento di compagnia o relativo ad esso.

comitàto (**1**) [fr. *comité*, a sua volta dall'ingl. *committee*, dal lat. *committĕre* 'affidare'] **s. m.** • Gruppo ristretto di persone organizzato gener. per la tutela di determinati interessi: *c. autonomo, elettivo, promotore; c. direttivo, paritetico; c. interministeriale; c. di salute pubblica; c. di liberazione nazionale* | (*dir.*) *C. dei creditori*, nel fallimento, organo con finalità di controllo nell'interesse di tutti i creditori del fallito | *C. centrale*, organo deliberante di alcuni partiti politici responsabile dell'attuazione della linea politica stabilita dal congresso. || **comitatino**, **dim.** | **comitatóne**, **accr.**

†**comitàto** (**2**) [vc. dotta, lat. *comitātu(m)*, da *cŏmes*, genit. *cŏmitis*. V. *conte*] **s. m.** • Compagnia, accompagnamento, seguito.

comitìva [vc. dotta, lat. tardo *comitīvu(m)*, agg. di *cŏmes*, genit. *cŏmitis* 'compagno'. V. *conte*] **s. f.** • Gruppo di persone che si riuniscono per una festa, una gita, un viaggio e sim.: *una c. di turisti; la c. partì per un'escursione; stare, entrare in c.* **SIN.** Compagnia.

còmito [lat. *cŏmite(m)*. V. *conte*] **s. m.** • Nell'antica marineria, soprintendente della ciurma e delle vele e direttore di stiva. **SIN.** Nostromo.

comiziàle (**1**) [vc. dotta, lat. *comitiāle(m)*, da *comĭtium* 'comizio'] **agg.** • (*lett.*) Di, da comizio: *eloquenza c.*

comiziàle (**2**) [detto così perché l'eventuale entrata in convulsioni epilettiche di un partecipante a un comizio era ritenuta di malaugurio e provocava lo scioglimento dell'adunanza] **agg.** • Epilettico: *crisi c.* | *Male, morbo c.*, epilessia.

comiziànte [da *comizio*] **s. m. e f.** • Chi pronuncia un discorso a un comizio | Chi partecipa a un comizio.

comìzio [vc. dotta, lat. *comĭtiu(m)*, comp. di *cŭm* 'insieme' e *īre* 'andare'] **s. m.** **1** Nella Roma antica, assemblea popolare convocata dai supremi magistrati: *c. curiato, centuriato, tributo.* **2** Riunione pubblica, tenuta spec. all'aperto, durante la quale uno o più oratori espongono i programmi del proprio partito, sindacato e sim.: *indire un c.; partecipare a un c.; c. non autorizzato* | *C. elettorale*, tenuto dai candidati alle elezioni politiche o amministrative.

còmma o †**còma** (**3**) [vc. dotta, lat. *cŏmma*, dal gr. *kómma*, da *kóptō* 'io taglio'] **s. m.** (**pl.** *-i*, evit. *-a*) **1** (*dir.*) Ognuna delle parti di cui è composto un articolo di legge: talvolta è numerato ed è sempre contraddistingo da un a capo. **2** Membro di verso o di periodo | Capoverso. **3** (*mus.*) Piccolissimo intervallo in eccesso che si ottiene nella sovrapposizione pitagorica di dodici quinte naturali. **4** Nell'antica interpunzione, segno di pausa minima, equivalente pressappoco alla moderna virgola.

†**commaceràre** [vc. dotta, lat. tardo *commacerāre*, comp. di *cŭm* 'con' e *macerāre* 'macerare'] v. tr. ● Macerare insieme e a lungo.

†**commàdre** ● V. *comare*.

commàndo (1) /kom'mando, *ingl.* kə'ma:ndou/ [vc. ingl., dal port. *commando* 'comando (1)'] s. m. (pl. ingl. *commandos* o *commandoes*) inv. *1* Reparto di pochi soldati incaricato di missioni speciali o pericolose in operazioni combinate per colpire obiettivi nemici con ardite incursioni di sorpresa. *2* (*est.*) Gruppo armato, composto di poche persone, che compie rapide azioni criminose, spec. terroristiche.

commàndo (2) o **comàndo (2)** [fr. *commande*, da *commander* 'comandare'] s. m. ● (*mar.*) Funicella catramata per fasciare cordami o per legature provvisorie.

commàre ● V. *comare*.

†**commàtre** ● V. *comare*.

commèdia o †**comèdia**, †**commedia** †**comedia** [vc. dotta, lat. *comoedia(m)*, nom. *comoedia*, dal gr. *kōmōidía*, di etim. incerta] s. f. *1* Composizione destinata alla rappresentazione scenica, di origine classica, in versi o in prosa, divisa in atti e in scene, che ritrae personaggi e fatti comuni, con svolgimento e finale solitamente lieti | *C. togata*, di tipo romano popolare, contadinesco | *C. palliata*, in latino, ma di tipo e su modello greco | *C. dell'arte*, *a soggetto*, *di canovaccio*, con maschere e tipi fissi | *C. di carattere*, che si propone la rappresentazione di un carattere e difetto umano | *C. d'intreccio*, che ricerca l'effetto con la complicazione dell'azione scenica e psicologica | *C. a tesi*, che si propone la dimostrazione di una tesi morale o sociale | *C. lacrimosa*, di contenuto patetico e commovente | *C. musicale*, spettacolo brillante, misto di recitazione, canto e danza | *C. all'italiana*, genere cinematografico brillante sorto verso la fine degli anni Cinquanta, animato in parte da intenzioni di critica di costume, in parte da fini esclusivamente commerciali. *2* (*est.*, *scherz.*) Finzione: *fare*, *recitare la c.* | *Fare più parti in una c.*, mostrare opinioni diverse | (*est.*, *scherz.*) Azione o situazione ridicola, buffonata: *quella cerimonia d'inaugurazione è stata una c.* | *Personaggio da c.*, (*fig.*) persona buffa o bizzarra. *3* Opera poetica medievale di stile intermedio tra l'umile e il sublime: *la Commedia di Dante*. || **commediàccia**, pegg. | **commediétta**, dim. | **commedìna**, dim. | **commediòla**, **commediuòla**, dim. | **commedióna**, accr. | **commedióne**, accr. m. | **commediùccia**, dim.

†**commediàbile** [da *commediare*] agg. ● Che si può ridurre a commedia: *novella c.*

commediànte s. m. e f. *1* Attore, attrice di commedie o di drammi (*spec. spreg.*). *2* (*fig.*) Persona ipocrita e simulatrice.

†**commediàre** [da *commedia*] **A** v. tr. ● Mettere in commedia. **B** v. intr. ● Fare commedie.

commediògrafo [vc. dotta, lat. *comoediŏgraphu(m)*, nom. *comoediŏgraphus*, dal gr. *kōmōidiográphos*, comp. di *kōmōidía* 'commedia' e *gráphō* 'io scrivo'] s. m. (f. *-a*) ● Scrittore di commedie.

Commelinàcee [vc. dotta, comp. del n. del genere *Commelina* (da K. *Commelyn* (1629-1692), botanico olandese) e di *-acee*] s. f. pl. ● Nella tassonomia vegetale, famiglia di piante erbacee con fiori di colore bianco o azzurro in infiorescenze cimose (*Commelinaceae*) | (al sing. *-a*) Ogni individuo di tale famiglia. ➡ ILL. **piante** /10.

commemoràbile [vc. dotta, lat. *commemorābile(m)*, da *commemorāre* 'commemorare'] agg. ● Degno di commemorazione.

commemoràre [vc. dotta, lat. *commemorāre*, comp. di *cŭm* 'con' e *memorāre* 'memorare'] v. tr. (*io commèmoro*) ● Ricordare in pubblico e con solennità qc. o q.c.: *c. i caduti delle due guerre*, *l'anniversario della Liberazione*, *della Repubblica*.

commemoratìvo agg. ● Fatto per commemorare q.c. o qc.: *cerimonia commemorativa*; *medaglia commemorativa*; *francobollo c.*

commemorazióne [vc. dotta, lat. *commemoratiōne(m)*, da *commemorāre* 'commemorare'] s. f. *1* Festa, cerimonia, con cui si commemora qc. o q.c.: *la c. di un illustre scomparso*, *di un anniversario*. *2* (*raro*) Discorso commemorativo: *tenere*, *fare una c.* *3* Orazione della Messa e dell'ufficio in onore di un santo o della Vergine.

commènda (1) [da *commendare*] s. f. *1* Donazione dell'uso di un beneficio ecclesiastico vacante a sacerdote o a laico, che non ne divengono titolari e lo conservano a vita | Assegnazione provvisoria di beneficio. *2* Titolo e insegna di commendatore: *aspirare alla c.*; *dare*, *conferire la c.* *3* Nel Medioevo, tipo di contratto commerciale.

commènda (2) o (*region.*) **cumménda** s. m. inv. ● (*sett.*, *scherz.*) Acrt. di *commendatore*.

commendàbile [vc. dotta, lat. *commendābile(m)*, da *commendāre* 'commendare'] agg. ● (*lett.*) Degno di lode: *dico io sommamente esser piacevole e c. l'ordine dato da voi* (BOCCACCIO).

†**commendaménto** [da *commendare*] s. m. ● Lode, elogio.

commendàre [vc. dotta, lat. *commendāre* 'dare in custodia, raccomandare', comp. di *cŭm* 'con' e *mandāre* 'affidare'] v. tr. (*io commèndo*) *1* (*lett.*) Lodare, approvare. *2* †Affidare: *c. qc. a un tutore* | †Raccomandare.

commendatàrio [lat. mediev. *commendatariu(m)*, da *commendāre* 'commendare'] s. m. ● L'ecclesiastico o il laico cui è stata attribuita una commenda.

commendatìzia [f. sost. di *commendatizio*] s. f. ● (*raro*) Lettera di raccomandazione.

commendatìzio [vc. dotta, lat. *commendatīciu(m)*, da *commendāre* 'commendare'] agg. ● Detto di lettera o sim. scritta per raccomandare qc.

commendatóre [vc. dotta, lat. *commendatōre(m)* 'raccomandatore, protettore', da *commendāre* 'commendare'] s. m. (f. †*-trice*) *1* Titolo dato originariamente all'amministratore di un beneficio appartenente a un ordine religioso o militare | Grado degli ordini cavallereschi intermedio fra quello di cavaliere e quello di cavaliere di gran croce. *2* (*est.*) Persona insignita del titolo di commendatore: *il c. non è in casa* | (*fig.*, *fam.*) Uomo di costituzione robusta e imponente, e dall'aspetto signorile. *3* †Lodatore.

commendatòria [vc. dotta, f. dell'agg. lat. tardo *commendatōrius*, da *commendāre* 'commendare'] s. f. ● Fondo di una commenda ecclesiastica.

commendazióne [vc. dotta, lat. *commendatiōne(m)*, da *commendāre* 'commendare'] s. f. ● (*lett.*) Lode, onore: *quello che sa meglio fingere o dire le bugie, meriti più c.* (MACHIAVELLI).

commendévole [V. *commendabile*] agg. ● (*lett.*) Degno di lode.

commensàle [lat. mediev. *commensale(m)*, comp. di *cŭm* 'con' e *mēnsa* 'mensa'] s. m. e f. ● Chi siede con altri alla medesima mensa, spec. in occasione di banchetti, pranzi ufficiali, e sim. SIN. Convitato, invitato.

commensalìsmo [da *commensale*] s. m. ● (*biol.*) Associazione fra animali in cui uno ricava vantaggi mentre l'altro non è né danneggiato né avvantaggiato.

commensuràbile [vc. dotta, lat. tardo *commensurābile(m)*, da *commensurāre* 'commensurare'] agg. ● (*mat.*) Detto di due grandezze omogenee, tali che esista un sottomultiplo dell'una che sia sottomultiplo anche dell'altra.

commensurabilità s. f. ● (*mat.*) Relazione d'equivalenza definita in una classe di grandezze che associa quelle fra di loro commensurabili.

commensuràre [vc. dotta, lat. tardo *commensurāre*, comp. di *cŭm* 'con' e *mesurāre* 'misurare'] v. tr. ● (*lett.*) Commisurare, paragonare: *chi bene andrà commensurando tutte le ... diversità*, *troverà il tutto rispondere ... con la nostra ipotesi* (GALILEI).

†**commensurazióne** [vc. dotta, lat. tardo *commensuratiōne(m)*, da *commensurāre* 'commensurare'] s. f. ● Misura.

commentàre o †**comentàre** [vc. dotta, lat. *commentāri*, freq. di *comminīsci* 'immaginare', dalla stessa radice di *mēns* 'mente, memoria'] v. tr. (*io comménto*) *1* Spiegare con commento: *c. un classico*, *la Bibbia*, *Dante*. SIN. Annotare, chiosare, postillare. *2* (*est.*) Esprimere giudizi, opinioni: *c. gli avvenimenti politici* | Fare osservazioni, spec. allusive o malevole, su cose e fatti altrui: *la sua decisione fu molto commentata*.

commentàrio o †**comentàrio** [vc. dotta, lat. *commentāriu(m)*, da *commentāri*. V. *commentare*] s. m. *1* Registro, il cui uso risale ai tempi romani, contenente la trascrizione integrale o per transunto di lettere e documenti da spedire o pubblicare. *2* Commento dotto ed erudito a opera letteraria. *3* Memoria storica o letteraria scritta da persona che ebbe parte negli avvenimenti narrati. || **commentariétto**, dim. | **commentariòlo**, **commentariuòlo**, dim.

commentatóre o †**comentatóre** [vc. dotta, lat. tardo *commentatōre(m)*, da *commentāri*. V. *commentare*] s. m. (f. *-trice*) *1* Chi fa un commento a un testo letterario, filosofico e sim.: *c. di testi antichi*; *i commentatori di Dante*; *le varie ed opposte sentenze di tanti antichi commentatori* (MURATORI). SIN. Chiosatore, postillatore. *2* Chi commenta fatti d'attualità alla radio, alla televisione, nei documentari cinematografici, e sim. *3* (*dir.*, *spec. al pl.*) Giuristi del XIV e XV sec. la cui attività scientifica si manifesta attraverso il genere letterario del commento ai testi giuridici. *4* (*relig.*) Laico o chierico che con brevi parole spiega ai fedeli lo svolgimento del rito durante la celebrazione della messa.

comménto (1) o †**coménto (1)** [vc. dotta, lat. *commĕntu(m)*. V. *commentare*] s. m. *1* Esposizione riassuntiva, corredata di giudizi critici, di un avvenimento: *fare il c. a un discorso politico*; *il c. di una partita di calcio*. *2* L'insieme delle note esegetiche che spesso corredano per uso didattico i testi letterari o filosofici: *un c. ad Aristotele*; *il c. di Boccaccio a Dante*. SIN. Annotazione, chiosa, glossa. *3* (*dir.*) Metodo interpretativo tendente a mettere in luce il principio giuridico contenuto nel testo legislativo: *c. di un articolo di legge*. *4* Nota di lunghezza variabile nella quale un giornale esprime la propria opinione su certi fatti | Osservazione spec. allusiva su cose e fatti altrui: *... le vicende del giorno prima*, *diedero materia ai più strani commenti* (NIEVO) | (*est.*) Critica, discussione, protesta: *qui è meglio non fare commenti*; *andatevene senza commenti*. *5* *C. musicale*, musica di accompagnamento in un film | *C. parlato*, lettura di un testo di commento a un film documentario, eseguita da un attore fuori campo.

commènto (2) ● V. *comento (2)*.

commerciàbile agg. ● Che si può commerciare: *prodotto*, *articolo c.*

commerciabilità s. f. ● Condizione e qualità di ciò che è commerciabile | *Grado di c.*, maggiore o minore capacità di commercio di un bene.

commercial /ingl. kə'mə:ʃəl/ [vc. ingl., propr. 'commerciale'] s. m. inv. ● Annuncio, comunicato pubblicitario radiofonico o televisivo.

commerciàle [vc. dotta, lat. tardo *commerciāle(m)*, da *commĕrcium* 'commercio', prob. attrav. il fr. *commercial*] agg. *1* Che riguarda il commercio: *corrispondenza*, *lettera*, *azienda c.*; *diritto c.* | *Costo c.*, di distribuzione. *2* Che si occupa delle attività di acquisto e di vendita, nell'ambito di un'azienda e sim.: *direzione*, *segreteria c.* *3* (*fig.*) Di qualità comune, ordinaria: *prodotto c.* | Detto di libro, film e sim. che mira solo a ottenere buoni incassi, senza finalità artistiche. || **commercialménte**, avv. In modo, in senso, commerciale.

commercialìsta [da *commerciale*] **A** s. m. e f. (pl. m. *-i*) ● Dottore in economia e commercio | Diplomato in ragioneria o sim. abilitato alla libera professione | Avvocato specialista in diritto commerciale. **B** anche agg.: *Dottore c.*; *avvocato c.*

commercialìstico agg. (pl. m. *-ci*) ● Relativo all'attività di commercialista: *studio c.*

commercialità s. f. ● Qualità di ciò che è commerciale.

commercializzàre v. tr. ● Rendere più facilmente vendibile una merce, anche rischiando di diminuirne il valore | (*fig.*) Fare oggetto di commercio: *c. l'arte*.

commercializzazióne s. f. ● Atto, effetto del commercializzare.

commerciànte **A** part. pres. di *commerciare*; anche agg. ● Nei sign. del v. **B** s. m. e f. ● Chi professionalmente esercita il commercio: *c. di vini*, *di stoffe*, *di libri*.

commerciàre [vc. dotta, lat. tardo *commerciāri*, da *commĕrcium* 'commercio'] **A** v. intr. (*io com-*

mèrcio; aus. *avere*) • Esercitare il commercio: *c. in oggetti d'arte, in tessuti, in elettrodomestici.* **B** v. tr. • (*raro*) Mettere in commercio: *c. olio, vini, liquori.*

commèrcio [vc. dotta, lat. *commĕrciu(m)*, comp. di *cŭm* 'con' e *mĕrx*, genit. *mĕrcis* 'merce'] s. m. *1* Attività economica fondata sullo scambio di merce con altra merce di valore equivalente o con denaro: *c. d'importazione, d'esportazione; darsi al c.; ritirarsi dal c.* | *Essere nel c.*, in un'attività commerciale | *Essere in c.*, detto di prodotto che è in vendita | *Fuori c.*, detto di prodotto non destinato alla vendita o non più reperibile sul mercato | *C. all'ingrosso*, tra il produttore e il commerciante | *C. al minuto*, fra il commerciante e l'acquirente | *Fare c. di qc.*, (*fig.*) trattarla, contrariamente alla sua natura, come merce, allo scopo di trarne vantaggi materiali: *fare c. del proprio corpo, delle proprie idee* | *Essere materia di c.*, (*fig., spreg.*) essere trattato come merce: *noi siamo per questa gente materia di c., occasione di spaccio* (DE SANCTIS). *2* (*est., lett.*) Relazione, rapporto | *Avere c. con qc.*, essere in corrispondenza continua | *C. epistolare*, carteggio | *C. carnale*, rapporto sessuale.

†commeritévole [comp. di *con* e *meritevole*] agg. • Proporzionato al merito.

†comméscere [lat. *commiscēre* 'mescolare', comp. di *cŭm* 'con' e *miscēre* 'mescolare'. V. *mescere*] v. tr. • Mescolare.

comméssa [lat. *commĭssa(m)*, part. pass. f. di *commĭttere* 'affidare'] s. f. • Commissione, ordinazione di merce | *Produzione su c.*, produzione fatta direttamente su ordinazione dei clienti.

†commessàrio • V. *commissario.*

†commessióne • V. *commissione.*

commésso (1) part. pass. di *commettere* • Nei sign. del v.

commésso (2) [propriam., part. pass. di *commettere* 'affidare'] s. m. (f. *-a* nel sign. 1) *1* Addetto a una bottega, a un negozio | *C. viaggiatore*, chi porta a domicilio del cliente campioni o cataloghi di merci di un'azienda e provvede alle vendite o riceve le commissioni. *2* Impiegato subalterno di amministrazione pubblica o privata, spec. avente mansioni di fiducia: *c. di banca, del Senato* | †Persona mandata in rappresentanza o sostituita a qc. per lo svolgimento di un incarico. *3* (*mar.*) Sottufficiale consegnatario dei viveri per l'equipaggio. *4* (*dir.*) Aiutante ufficiale giudiziario: *c. di Tribunale, di Corte d'Appello.*

commésso (3) [propriam., part. pass. di *commettere* 'congiungere, intarsiare'] s. m. *1* Tarsia in legno, marmo o pietre pregiate eseguita su pareti, pavimento, piani di tavoli e sim. *2* †Commessura.

commessùra [lat. *commissūra(m)* 'congiunzione'. V. *commettere*] s. f. *1* Punto di unione di più parti: *la c. di due assi.* *2* (*anat.*) *C. labiale*, ognuno dei due angoli formati dal labbro inferiore con quello superiore | *C. palpebrale*, ognuno dei due angoli in cui le palpebre convergono.

commestìbile [vc. dotta, lat. tardo *commestĭbile(m)*, da *comēstus*, part. pass. di *comēdere* 'mangiare'] **A** agg. • Che si può mangiare: *cibo, genere c.; funghi commestibili.* SIN. Mangereccio, mangiabile. **B** s. m. al pl. • Generi alimentari: *negozio di commestibili.*

commestibilità s. f. • Qualità di ciò che è commestibile.

comméttere [lat. *commĭttere* 'mettere insieme, affidare, consegnare', comp. di *cŭm* 'con' e *mĭttere* 'mandare'] **A** v. tr. (coniug. come *mettere*) *1* (*lett.*) Congiungere due o più cose, incastrarle insieme: *c. mattoni, pietre, tavole di legno, lastre* | †Intarsiare | Introdurre, insinuare, provocare: *aveva oltremodo piacere ... in c. tra amici e parenti e qualunque altra persona mali e inimicizie e scandali* (BOCCACCIO). *2* Compiere, spec. azioni considerate riprovevoli o negative: *c. imprudenze, colpe, errori, misfatti; hai commesso una cattiva azione.* *3* Delegare: *c. a un giurista il potere di rappresentanza e assistenza in giudizio* | (*raro, lett.*) Dare in balia, esporre. *4* Ordinare, richiedere per acquistare, dare in lavorazione: *c. una merce; co' librai che me ne hanno commesso le ho contrattate tre lire e mezzo di Milano* (FOSCOLO) | Dare incarico a un artista di eseguire un'opera. SIN. Commissionare. *5* †*c. battaglia*, impegnare battaglia. **B** v. intr. (aus. *avere*) • Combaciare: *questa porta commette bene.* **C** v. rifl. • Affidarsi | Esporsi.

commettitóre s. m.; anche agg. (f. *-trice*) *1* Chi, che, commette una cattiva azione. *2* Artista o artigiano, che lavora di commesso o esegue mosaici.

commettitùra s. f. • Atto, effetto del commettere | Punto di congiungimento.

†commiataménto s. m. • Commiato.

†commiatàre o **†combiatàre**, **†comiatàre** [da *commiato*] v. tr. e rifl. • Accomiatare.

commiàto o **†combiàto**, **†comiàto** [lat. *commeātu(m)* 'l'andare e venire, congedo', poi 'carovana, approvvigionamento', da *commeāre* 'andare e venire, fare un viaggio', da *meāre* 'passare'] s. m. *1* Permesso di allontanarsi, di partire (*anche fig.*): *chiedere c.; prendere c. da qc.; dare c. a qc.* SIN. Congedo, licenza | Atto, modo di accomiatarsi: *venne il momento del c.; il c. fu molto triste.* *2* (*letter.*) Parte della canzone nella quale il poeta presenta o manda il suo componimento. SIN. Congedo, licenza, tornata. *3* †Congedo militare.

commilitóne [vc. dotta, lat. *commilitōne(m)*, comp. di *cŭm* 'con' e *militāre* 'fare il soldato'] s. m. (f. *-a*) *1* Compagno d'armi. SIN. Camerata. *2* (*est.*) Compagno di lotta, di imprese difficili.

comminàre [vc. dotta, lat. *commināri* 'minacciare', comp. di *cŭm* 'con' e *mināri* 'minacciare'] v. tr. (*io commìno*) • Nel linguaggio giuridico, stabilire una sanzione per i trasgressori di una legge: *c. l'ergastolo, una multa; c. il risarcimento dei danni.*

comminatòria [da *comminare*] s. f. • Previsione sanzionatoria delle norme | Nel linguaggio forense, ingiunzione di un termine entro cui deve essere compiuto un dato atto.

comminatòrio agg. • (*dir.*) Che minaccia una pena: *ingiunzione comminatoria* | *Termine c.*, entro cui deve essere compiuto un dato atto.

comminazióne [vc. dotta, lat. *comminatiōne(m)*, da *commināri* 'comminare'] s. f. • Atto, effetto del comminare.

†comminùere [vc. dotta, lat. *comminŭere*, comp. di *cŭm* 'con' e *minuĕre* 'sminuzzare, ridurre'] v. tr. • (*raro*) Diminuire.

comminutìvo o **comminutivo** agg. • (*med.*) Che riduce in frammenti: *trauma c.*

comminùto [vc. dotta, lat. *comminūtu(m)*, part. pass. di *comminŭere* 'comminuere'] agg. • (*med.*) Detto di frattura con più di due frammenti ossei: *frattura comminuta.*

comminuzióne [vc. dotta, lat. tardo *comminutiōne(m)*, da *comminŭere* 'comminuere'] s. f. *1* (*med.*) Frattura di un osso in più frammenti. *2* (*min.*) Riduzione del minerale grezzo in piccoli frammenti: *impianto di c.*

commiseràbile agg. • (*raro*) Che si può o si deve commiserare. || **commiserabilménte**, avv. (*raro*) In modo commiserabile.

commiseràndo [vc. dotta, lat. *commiserăndu(m)*, gerundio di *commiserāri* 'commiserare'] agg. • (*lett.*) Che merita commiserazione: *episodio c.*

commiseràre [vc. dotta, lat. *commiserāri*, comp. di *cŭm* 'con' e *miserāri* 'compiangere'] v. tr. (*io commìsero*) • Sentire o manifestare compassione: *dal compiangere il delitto passa a c. colui che l'ha commesso* (PASCOLI). SIN. Compassionare, compatire, compiangere.

commiseratóre s. m.; anche agg. (f. *-trice*) • (*raro*) Chi, che commisera.

commiserazióne [vc. dotta, lat. *commiseratiōne(m)*, da *commiserāri* 'commiserare'] s. f. • Sentimento o atteggiamento di chi commisera. SIN. Compatimento, pietà.

commiserévole agg. • (*lett.*) Commiserabile.

commissarìa s. f. • Ufficio di commissario.

commissariàle agg. • Di, relativo a, commissario | Che è retto da un commissario: *gestione c.*

commissariaménto s. m. • Atto, effetto del commissariare.

commissariàre v. tr. (*io commissàrio*) • Nelle strutture organizzative, spec. periferiche di un partito politico, sostituire gli organi eletti dagli iscritti con un commissario designato dalla direzione centrale: *è stata commissariata la federazione di Benevento; c. il movimento giovanile* | In un ente pubblico o in un'azienda privata, preporre all'amministrazione un commissario in luogo dei regolari organi direttivi: *c. una banca.*

commissariàto s. m. *1* Ufficio, coscrizione e sede del commissario | *C. militare*, corpo che sopraintende ai servizi di approvvigionamento dell'Esercito. *2* Complesso di commissari istituito per contingenze particolari con competenza limitata per materia: *c. per le calamità naturali.*

commissàrio o **†commessàrio** [lat. mediev. *commissariu(m)*, dal lat. classico *commĭssus*. V. *commesso*] s. m. (f. *-a*) *1* Individuo preposto, temporaneamente o permanentemente, a una branca speciale della pubblica amministrazione o alla gestione straordinaria di aziende private, enti e sim. | *C. straordinario prefettizio*, funzionario di nomina prefettizia in casi eccezionali preposto all'amministrazione dell'ente comune in sostituzione del Sindaco | *C. dello Stato, del Governo*, rappresentante del governo, presso le regioni a statuto autonomo | *C. politico*, chi affianca in vari eserciti e formazioni partigiane, spec. di ispirazione comunista, i comandanti militari con vari poteri per quanto riguarda le decisioni politiche | *C. del popolo*, nell'Unione Sovietica fino al 1946, il capo responsabile di un dicastero. *2* *C. di pubblica sicurezza, di polizia*, (*ell.*) *commissario*, nell'ordinamento della polizia di vari Stati, funzionario con ruolo direttivo inferiore a quello di sovrintendente e superiore a quello di ispettore. *3* (*est.*) Incaricato di specifiche funzioni | *C. di bordo*, ufficiale incaricato dell'amministrazione e della contabilità del personale, dei viveri e del materiale di bordo | *C. sportivo*, ufficiale di gara che ha il compito di controllare che siano osservate le norme di regolamento | *C. tecnico, c. unico*, l'incaricato dagli organi federali di formare e dirigere una squadra rappresentativa nazionale per gli incontri internazionali. *4* (*gener.*) Un tempo, chiunque aveva il carico di una cura pubblica nell'amministrazione degli eserciti: *c. generale, delle bande, delle rassegne, dei viveri, di leva.* *5* Membro di una commissione: *c. d'esame.*

commissionàre [da *commissione*] v. tr. (*io commissióno*) • Commettere, ordinare: *c. una partita di merce; commissionarono il quadro a un noto ritrattista.*

commissionàrio **A** s. m. (f. *-a*) *1* Chi riceve una commissione. *2* Chi non in nome proprio, ma per conto del committente, compie operazioni di acquisto o vendita di merci: *c. di borsa.* **B** agg. • Che vende o acquista per conto del committente: *azienda commissionaria.*

commissióne o **†commessióne** [vc. dotta, lat. *commissiōne(m)*, che aveva però il sign. di 'inizio, unione'. V. *commettere*] s. f. *1* (*dir.*) Atto, effetto del commettere: *la c. di un reato.* *2* Incarico da svolgere per conto di terzi: *affidare a qc. una c.; eseguire, fare, sbrigare una c.* | *Su c.*, dietro specifico ordine: *dipingere un quadro su c.* | (*dir.*) *Contratto di c.*, con cui si assume l'incarico di acquistare o vendere beni per conto del committente | (*est.*) Somma spettante a un intermediario per le sue prestazioni: *una c. del 20%.* *3* Ordinazione di merce: *ricevere, eseguire una c.; non si accettano più commissioni* | Foglio su cui è scritta tale ordinazione. *4* (*spec. al pl.*) Acquisti, incombenze varie, da eseguire personalmente: *uscire per commissioni; ando a fare delle commissioni in città.* *5* Gruppo di persone qualificate alle quali è affidato, spec. temporaneamente, un incarico pubblico: *eleggere, istituire, nominare, sciogliere una c.; c. esaminatrice, consultiva; c. d'inchiesta; c. parlamentare; c. edilizia, c. antimafia* | *C. di fabbrica, c. interna*, organo collegiale eletto dai lavoratori dipendenti di un'impresa per la rappresentanza e tutela dei loro interessi nei confronti dell'imprenditore. *6* (*raro*) †Commettitura. || **commissioncèlla**, dim. | **commissionùccia**, dim.

commissìvo agg. • (*dir.*) Detto di dolo consistente in artifici e raggiri. CONTR. Omissivo.

commissòrio [vc. dotta, lat. tardo *commissōriu(m)*, da *commĭssus*, part. pass. di *commĭttere* 'commettere, affidare'] agg. • (*dir.*) Detto del patto, vietato dalla legge, con cui si stabilisce che il creditore, in caso di inadempienza del debitore, divenga proprietario dei beni dati da quest'ultimo a garanzia del suo debito.

commissurotomìa [comp. del lat. *commissūra* 'congiunzione' (V. *commessura*) e di *-tomia*] **s. f.** ● (*chir.*) Incisione di una commessura: *c. mitrale, cerebrale.*

commistióne [vc. dotta, lat. tardo *commixtiōne(m)*, da *commiscēre* '†commescere'] **s. f.** *1* (*raro*) Mescolanza, unione: *terra grassa untuosa congiunta colla c. dell'acqua* (CELLINI). *2* (*dir.*) Mescolanza di cose appartenenti a diversi proprietari in modo da formare un unico oggetto: *c. di cose separabili.*

commìsto [vc. dotta, lat. *commĭstu(m)*, part. pass. di *commiscēre* '†commescere'] **agg.** ● (*lett.*) Mescolato insieme: *dentro a una città c. / popolo alberga* (TASSO).

commistùra **s. f.** ● (*lett.*) Commistione.

commiṣuràre [V. *†commensurare*] **v. tr.** (*io commìṣuro*) ● Misurare q.c. in base a un'altra: *c. la spesa all' utile.* **SIN.** Adeguare, proporzionare.

commiṣurazióne [v. *†commensurazione*] **s. f.** ● Atto, effetto del commisurare.

committènte [vc. dotta, lat. *committĕnte(m)*, part. pres. di *committĕre* 'affidare'] **s. m. e f.** *1* Chi commissiona o affida q.c. a qc. | Commissionario di un'opera d'arte. *2* Colui che incarica l'appaltatore di eseguire un'opera | Colui che incarica il commissionario di comprare o vendere.

committènza **s. f.** ● Ordinazione, commissione di un lavoro, una merce, una prestazione e sim. | (*est.*) L'insieme dei committenti | (*est.*) Attività di enti o privati che commissionano, spec. opere artistiche.

còmmo o **còmmos** [vc. dotta, gr. *kommós* 'colpo al petto', da *kóptō* 'io percuoto'] **s. m.** ● (*letter.*) Dialogo lirico fra coro e attori nella tragedia greca.

commodàre e *deriv.* ● V. *comodare* (*1*) e *deriv.*

commode /*fr.* kɔ'mɔd/ [vc. fr., sost. dell'agg. *commode* 'comodo'] **s. f. inv.** ● Canterano, cassettone, comò.

†còmmodo ● V. *comodo* (*1*) e (*2*).

commodòro [ingl. *commodore*, a sua volta dall'ol. *commandeur* 'comandante', di origine fr.] **s. m.** ● In Inghilterra, ufficiale che, senza avere il grado di ammiraglio, era il comandante indipendente di una piccola squadra | Nella marina mercantile, il più anziano tra i capitani comandanti di navi di una società | Presidente di un circolo velico.

commoner /*ingl.* 'kɔmənə*/ [vc. ingl., propr. 'appartenente alla comunità'] **s. m. e f. inv.** ● Persona priva di titoli nobiliari.

†commorazióne [vc. dotta, lat. *commoratiōne(m)*, da *commorāri* 'indugiare'] **s. f.** ● Indugio, insistenza sopra un pensiero o concetto.

commoriènza [dal lat. *commŏriens*, genit. *commoriĕntis*, part. pres. di *cŏmmori* 'morire insieme', comp. di *cŭm* 'con' e *mŏri* 'morire'] **s. f.** ● (*dir.*) Presunzione legislativa di morte comtemporanea, in caso di incertezza circa la sopravvivenza di una persona a un'altra.

commòs ● V. *commo.*

commòsso **part. pass.** di *commuovere*; anche **agg.** *1* Nei sign. del v. *2* Preso da commozione: *essere, sentirsi, mostrarsi c.* | Che esprime commozione: *sguardo c.*; *voce commossa.* *3* (*raro, lett.*) Ribellato, sollevato, tumultuante | (*raro, lett.*) Agitato, mosso: *tratta dell'aria quieta e non agitata e commossa* (GALILEI).

commotìvo [dal lat. *commōtus*, part. pass. di *commovēre* 'commuovere'] **agg.** *1* (*med.*) Proprio della commozione: *stato c.* *2* †Atto a commuovere.

commovènte **part. pres.** di *commuovere*; anche **agg.** *1* Nei sign. del v. *2* Che commuove: *scena, spettacolo c.*

commòvere ● V. *commuovere.*

commovìbile **agg.** ● (*raro*) Che si commuove facilmente.

commovibilità **s. f.** ● (*raro*) Emotività.

commoviménto [dal lat. *commovēre* 'commuovere'] **s. m.** *1* (*raro*) Movimento violento: *i commovimenti della terra.* *2* (*raro*) Commozione, turbamento.

commozióne [vc. dotta, lat. *commotiōne(m)*, da *commōtus* 'commoto'] **s. f.** *1* Turbamento psicologico, spec. provocato da sentimenti di affetto, tenerezza, pietà, dolore e sim., o di agitazione, entusiasmo e sim.: *c. viva, dolce, profonda, superficiale*; *muovere, destare, suscitare c.*; *sentire c.*; *nascondere la c.* | (*est.*) Emozione: *gli animi sono ... disposti alle commozioni mirabili di quell'arte* (LEOPARDI). *2* (*raro*) Moto violento di elementi naturali | *C. tellurica*, terremoto. *3* (*raro, lett.*) Sommossa, tumulto, rivolta. *4* (*med.*) Perdita parziale o totale della funzionalità di un organo, o di un complesso di organi, spec. per cause esterne spesso di natura traumatica: *c. viscerale*; *c. spinale* | *C. cerebrale*, con perdita della coscienza. || **commozioncèlla**, **dim.**

†commùne ● V. *comune* (*1*) e (*2*).

commùnio /*lat.* kom'munjo/ [lat. V. *comunione*] **s. f. inv.** ● (*relig.*) Antifona che si recita dopo la comunione e l'abluzione delle dita.

communìre [vc. dotta, lat. *communīre*, comp. di *cŭm* 'con' e *munīre* 'munire'] **v. tr.** (*io communìsco, tu communìsci*) ● (*raro, lett.*) Munire | Corroborare.

†communità ● V. *comunità.*

commuòvere o (*pop., lett.*) **commòvere** [lat. *commovēre*, comp. di *cŭm* 'con' e *movēre* 'muovere'] **A** **v. tr.** (coniug. come *muovere*) *1* Produrre sentimenti di affetto, tenerezza, pietà, dolore e sim., o di agitazione, entusiasmo e sim.: *questa scena mi commuove*; *il tuo gesto mi ha profondamente commosso.* *2* (*raro, lett.*) Scuotere, agitare, provocare un movimento più o meno violento: *il soffio del vento inclinò le fiammelle, commosse i fiori* (D'ANNUNZIO). *3* †Indurre a q.c. | †Incitare alla rivolta. **B** **v. intr. pron.** *1* Essere preso da commozione: *si commuove facilmente*; *non v'era anima così dura che non sentisse commuoversi e intenerire* (BARTOLI). **SIN.** Intenerirsi, turbarsi | (*raro*) Preoccuparsi, agitarsi. *2* †Ribellarsi, sollevarsi.

commutàbile [vc. dotta, lat. *commutābile(m)*, da *commutāre* 'commutare'] **agg.** *1* Che si può commutare. *2* (*ling.*) Detto di parola in cui si può operare la commutazione. || **commutabilménte**, **avv.** (*raro*) In modo commutabile.

commutabilità [vc. dotta, lat. tardo *commutabilitāte(m)*, da *commutābilis* 'commutabile'] **s. f.** ● Qualità di ciò che si può commutare.

commutàre [vc. dotta, lat. *commutāre*, comp. di *cŭm* 'con' e *mutāre* 'mutare'] **v. tr.** *1* Scambiare una cosa con un'altra: *c. una pena.* *2* (*elettr.*) Cambiare il verso di una corrente elettrica | (*est., tel.*) Realizzare tecnicamente la comunicazione fra due utenti telefonici.

commutatività **s. f.** ● (*mat.*) Il fatto che valga la proprietà commutativa.

commutatìvo **agg.** *1* Che serve a commutare | *Giustizia commutativa*, che obbliga al contraccambio equivalente. *2* (*mat.*) Detto di una legge di composizione il cui risultato non dipende dall'ordine dei fattori | Detto di struttura algebrica individuata da una legge di composizione commutativa.

commutatóre [da *commutātus*, part. pass. di *commutāre* 'commutare'] **A** **agg.** (f. *-trice*) ● (*lett.*) Che muta, trasforma. **B** **s. m.** *1* (*elettr.*) Dispositivo avente la funzione di cambiare, a mano o automaticamente, i collegamenti di due o più circuiti elettrici. *2* Nella tecnica di regia televisiva, apparecchio per il montaggio dei programmi. *3* (*ling.*) Parola il cui significato varia a seconda della situazione, in quanto rinvia a un referente che deve di volta in volta essere reso esplicito (per es. *io, qui, oggi*). **CFR.** Deittico.

commutatorista **s. m. e f.** (pl. m. *-i*) ● (*raro*) Telefonista | Operatore di commutazione.

commutatrice **s. f.** ● (*elettr.*) Convertitore elettrico rotante.

commutazióne [vc. dotta, lat. *commutatiōne(m)*, da *commutāre* 'commutare'] **s. f.** *1* Atto, effetto del commutare. **SIN.** Scambio, sostituzione. *2* (*elettr.*) Operazione eseguita dal commutatore e manovra del commutatore | *Tempo di c.*, compreso tra l'istante in cui si agisce sull'organo elettrico, che effettua la commutazione, e quello in cui essa avviene | *C. telefonica*, insieme di operazioni atte a stabilire una comunicazione tra due utenti | (*tel.*) *Forcella di c.*, gancio. *3* Nella tecnica di regia televisiva, montaggio dei programmi mediante commutatore. *4* (*ling.*) Procedimento per il quale in una parola si sostituisce un suono o un fonema con un altro in modo da ottenere un'altra parola | *C. di codice*, passaggio da un livello, da un registro, a un altro o, in soggetti bilingui, da una lingua a un'altra.

†còmo (**1**) [vc. dotta, gr. *kômos*, di etim. incerta] **s. m.** ● (*lett.*) Baldoria, gozzoviglia.

†cómo (**2**) ● V. *come.*

comò [fr. *commode*, propr. 'comodo'] **s. m.** ● Cassettone a due o tre cassetti sovrapposti, dei quali il primo in alto può essere suddiviso in due o più cassettini.

còmoda [fr. *commode.* V. *comodino* (*1*)] **s. f.** ● Sedia o poltrona sanitaria fornita, sotto il sedile, di vaso estraibile per i bisogni corporali degli infermi. **SIN.** Seggetta.

comodànte **A** **part. pres.** di *comodare* (*1*); anche **agg.** ● Nei sign. del v. **B** **s. m. e f.** ● (*dir.*) Chi dà un bene in comodato.

comodàre (**1**) o **commodàre** [vc. dotta, lat. *commodāre* 'prestare, accordare, concedere', da *cŏmmodus* 'comodo (1)'] **v. tr.** (*io còmodo*) ● Dare in comodato: *c. un bene mobile.*

comodàre (**2**) [da *comodo* (*2*)] **v. intr.** (com. nella forma **impers.** *còmoda*; aus. *essere*) *1* Fare comodo. *2* (*fam.*) Fare piacere: *fate come vi comoda.*

comodatàrio o **commodatàrio** **s. m.** (f. *-a*) ● (*dir.*) Chi riceve beni in comodato: *obbligazioni del c.*

comodàto o **commodàto** [vc. dotta, lat. tardo *commodātu(m)* 'prestito', da *commodāre.* V. *comodare* (*1*)] **s. m.** ● (*dir.*) Contratto con cui una persona concede a un'altra l'uso gratuito di un bene per un periodo determinato: *contratto di c.* | *C. bancario*, consegna alla banca di titoli, con facoltà di usarli a favore d'altri.

†comodézza [da *comodo* (*2*)] **s. f.** ● Comodità.

comodìno (**1**) [fr. *commode* (V. *comò*), col suff. del dim.] **s. m.** ● Mobiletto a cassettini e talora munito di sportello che sta accanto al letto, diffusosi nel XVIII secolo | (*dial.*) Cantonale.

comodìno (**2**) [da *comodo* (*2*)] **s. m.** *1* (*gerg.*) Chi sostituisce un attore all'ultimo momento | (*est.*) Umile attore | (*est., raro*) Servitore | *Fare, servire da c. a qc.*, (*fig.*) fare i comodi altrui in modo umiliante. *2* Velario teatrale di tela dipinta con cartelloni pubblicitari che un tempo aveva al centro una porticina per la quale gli attori uscivano a ringraziare il pubblico.

comodità o **†comoditàde**, **†comoditàte** [vc. dotta, lat. *commoditāte(m)*, da *cŏmmodus* 'comodo (1)'] **s. f.** *1* Atto, modo, effetto dell'essere comodo: *la c. di un'abitazione, di un'automobile* | Agio, occasione favorevole: *non abbiamo avuto la c. di farlo.* *2* Ciò che è comodo, che arreca comodo: *le c. della vita moderna.* *3* (*euf.*) †Bisogno corporale.

còmodo (**1**) o **†còmmodo** [vc. dotta, lat. *cŏmmodu(m)*, agg., 'adeguato alla misura', comp. di *cŭm* 'con' e *mŏdus* 'misura'] **agg.** *1* Che dà agio, benessere: *fare una vita comoda*; *avere una casa comoda* | *Vestito c.*, in cui ci si muove liberamente | *Fare visita a un'ora comoda*, che non disturba | Che si fa senza sforzo, che non offre difficoltà: *strada, scala comoda.* *2* Detto di persona, che si trova a suo completo agio in una determinata posizione o situazione: *così chinato non sono c.*; *stava c. in poltrona* | *State comodi*, restate seduti | *Essere c. a fare q.c.*, (*fig.*) essere pronto, disposto | Che non ama le fatiche: *è gente comoda.* || **comodaménte**, **avv.** *1* In modo comodo: *vivere comodamente*, con agiatezza. *2* Senza sforzo, agevolmente.

còmodo (**2**) o **†còmmodo** [vc. dotta, lat. *cŏmmodu(m)*, sost. Cfr. il precedente] **s. m.** *1* Ciò che dà agio, benessere: *i comodi della vita*; *amare, fare il proprio c.* *2* Opportunità, vantaggio, utilità: *trovare il proprio c. in q.c.* | *Tornare, fare c.*, riuscire utile o vantaggioso | *A, con c., con tutto c.*, senza fretta, a tempo opportuno | *A suo c.*, a suo piacere | *Essere in c.*, essere disposto a fare q.c. | *Di c.*, detto di chi, di ciò che, risulta opportuno, favorevole, vantaggioso: *soluzione di c.* | *C. di cassa*, breve dilazione concessa al pagamento di merci vendute per contanti; in banca, apertura di credito di breve durata per soddisfare bisogni transitori o casi urgenti a favore di clienti di riguardo. *3* †Veicolo. || **comodàccio**, **pegg.** | **comodùccio**, **comodùzzo**, **dim.**

comodóne [da *comodo* (*2*)] **s. m.** (f. *-a*) ● Chi ama fare i propri comodi senza affannarsi.

compact /'kɔmpakt, *ingl.* kəm'pækt/ **s. m. inv.** *1* Acrt. di *compact disc.* *2* Acrt. di *compact--stereo.*

còmpact disc /'kɔmpakt 'disk, *ingl* kəm'pækt disk/ [vc. ingl., comp. di *compact* 'compatto' e *disc* 'disco'] **s. m. inv.** (**pl.** ingl. *compact discs*) ● Disco del diametro di 12 cm per la cui utilizzazione viene impiegato un lettore a raggi laser e che, grazie a questo sistema, si mantiene inalterato nel tempo.

compact-stereo /'kɔmpakt 'stɛreo, *ingl.* kəm-'pækt 'stiəriəu/ [vc. ingl., comp. di *compact* 'compatto' e *stereo* 'impianto stereofonico'] **s. m. inv.** ● Impianto stereofonico fornito di un lettore ottico a luce laser per l'ascolto di compact disc.

†**compàdre** ● V. *compare.*

compadróne [comp. di *con-* e *padrone*] **s. m.** (**f.** *-a*) ● Chi è padrone di q.c. con altri: *c. di una casa, di un terreno.*

compaeṣàno [comp. di *con-* e *paese*, con suff. aggettivale] **s. m.** (**f.** *-a*) ● Chi è dello stesso paese o della stessa regione di altri.

†**compàge** [vc. dotta, lat. *compāge(m)*, da *păngere* 'conficcare'] **s. f.** *1* Compagine. *2* (*lett.*) Coesione, densità: *che soperchia de l'aere ogne c.* (DANTE *Par.* XIII, 6).

compaginàre (1) [vc. dotta, lat. tardo *compagināre* 'mettere insieme', da *compāgo*, genit. *compāginis* 'compagine'] **v. tr.** (*io compàgino*) ● (*lett.*) Concatenare strettamente più parti formando un tutto unico.

compaginàre (2) [da *pagina*] **v. tr.** (*io compàgino*) ● Disporre in pagine.

compaginatóre **s. m.** (**f.** *-trice*) ● Chi compagina i fogli.

compàgine [vc. dotta, lat. *compāgine(m)*, comp. di *cŭm* 'con' e *pāngere* 'conficcare'] **s. f.** *1* Congiungimento di diverse parti strettamente connesse tra loro | Stretta unione: *la c. di un partito.* *2* (*est.*) Squadra di giocatori, di corridori, di ciclisti: *la c. milanista.*

compàgna (1) [V. *compagno*] **s. f.** *1* †V. *compagnia* nel sign. 2. *2* Nel mondo medievale, associazione volontaria dei cittadini di Genova con finalità di difesa e reciproca protezione.

†**compàgna** (2) [etim. incerta] **s. f.** ● (*mar.*) Camera che serviva da dispensa nelle galee.

†**compagnàre** [da *compagno*] **v. tr.** ● Accompagnare.

†**compagnésco** **agg.** ● Compagnevole.

†**compagnévole** **agg.** *1* Che sta volentieri in compagnia. *2* Amichevole. || †**compagnevolménte**, **avv.** Da compagno.

compagnìa o †**compàgna** (1) [da *compagno*, prob. attrav. il fr. *compagnie*] **s. f.** (**pl.** *-gnìe*) *1* Atto, modo, effetto dello stare abitualmente insieme con altri: *amare, cercare, evitare la c.*; *essere, stare in buona c.* | *Dama, damigella, di c.*, chi ha come impiego quello di tenere, abitualmente o temporaneamente, compagnia a una signora o a una ragazza di famiglia nobile o benestante, o di assistere ammalati e anziani | *Fare, tenere c.*, accompagnare o stare insieme a qc. | (*raro*) *Dare per c.*, per compagno | †*Di c.*, insieme. *2* Complesso di persone riunite insieme per divertimento o altre attività comuni: *una c. affiatata*; *frequentare le cattive compagnie*; *spargesi tutta la bella compagna* (POLIZIANO) | (*raro*) *In c.*, in comune, assieme | *e c. bella*, e tutti gli altri e (*fig.*) eccetera eccetera. **SIN.** Banda, brigata. *3* (*est.*, *per anton.*) Schiera di armati comandati da un capitano, nel Medioevo | *C. di ventura*, banda di soldati mercenari guidata da un condottiero, operante fra il 1 100 e il 1 400 in Europa | (*mil.*, *est.*) Reparto organico di truppa, in cui si suddivide il battaglione, suddiviso a sua volta in plotoni | *C. di sbarco*, parte dell'equipaggio di una nave da guerra destinata a eventuali operazioni militari a terra | *Ufficio di c.*, fureria. *4* Società: *c. di assicurazione* | Impresa di trasporti, in forma di società, talvolta intitolata al socio principale: *c. di navigazione Rubattino* | *C. di bandiera*, di navigazione marittima o aerea, sostenuta dallo Stato di cui batte bandiera per tutelare interessi nazionali. *5* Confraternita, congregazione di religiosi: *c. di S. Paolo* | *C. di Gesù*, ordine dei Gesuiti. *6* Società di attori e di tecnici teatrali legata da contratto di scrittura per eseguire spettacoli: *c. stabile, di giro.* *7* Nel mondo medievale, corporazione, consorteria. *8* †Consuetudine, comunanza di vita. *9* †Lega, alleanza politica: *i Bolognesi feciono c. co' Romagnuoli* (COMPAGNI).

compàgno o (*lett.*) **compagnóne** nel sign. A 1 [lat. mediev. *companio* (nom.) 'che mangia lo stesso pane', comp. di *cŭm* 'con' e *pānis* 'pane (1)'] **A** **s. m.** (**f.** *-a*, †*-essa*; **pl. f.** *-gne*) *1* Chi sta abitualmente insieme con altri, svolgendo un'attività comune, partecipando a divertimenti e sim.: *c. di giochi, di classe, di lavoro, di prigionia*; *è un buon c.* | Chi si trova insieme con altri in una determinata condizione o circostanza: *c. di viaggio, di avventura.* *2* Chi ha familiarità, dimestichezza, pratica di convivenza con qc.: *il c.*, *la compagna della vita* | La persona con la quale si convive, al di fuori di un rapporto matrimoniale: *il mio c.*; *la sua compagna.* *3* Nome con cui si chiamano gli aderenti a un partito di ispirazione marxista | (*fig.*) *C. di strada*, chi, pur non aderendo pienamente al comunismo, ne fiancheggia la politica. *4* (*sport*) Chi gioca o corre nella stessa squadra | Colui col quale si gareggia in coppia o l'avversario in una gara a due. *5* Socio in un'azienda: *Società Neri e Compagni.* *6* †Alleato, confederato. *7* (*astron.*) La componente meno luminosa di una stella binaria. || **compagnàccio**, **pegg.** | **compagnétto**, **dim.** | **compagnino**, **dim.** | **compagnòtto**, **accr.** | **compagnùccio**, **compagnùzzo**, **dim.** **B** **agg.** ● (*fam.*) Simile, corrispondente: *un vestito c. a quello di suo fratello* | *Scarpe compagne*, appaiate.

compagnóne [lat. mediev. *companiōne(m)*. V. *compagno*] **A** **s. m.** (**f.** *-a*) *1* V. *compagno.* *2* Uomo gioviale, piacevole, che sta volentieri in compagnia. **SIN.** Buontempone. *3* †Compagno di cattive imprese. *4* (*raro, scherz.*) †Uomo grande e grosso. **B** **agg.** ● (*raro*) Socievole.

còmpago o †**campàgo** [lat. tardo *cămpagu(m)*, prestito da una lingua sconosciuta] **s. m.** (**pl.** *-gi*) ● Calzare usato da imperatori romani e bizantini, da senatori romani, da pontefici e vescovi.

companàtico [lat. mediev. *companatiu(m)* 'ciò che si mangia insieme al pane', comp. di *cŭm* 'con' e *pānis* 'pane (1)'] **s. m.** (**pl.** *-ci*, raro) ● Ciò che si mangia insieme con il pane.

comparàbile [vc. dotta, lat. *comparābile(m)*, da *comparāre*. V. *comparare*] **agg.** ● Che si può comparare: *la sera è c. alla vecchiaia* (LEOPARDI). **SIN.** Confrontabile, paragonabile. || **comparabilménte**, **avv.**

comparabilità **s. f.** ● (*raro*) Qualità di ciò che è comparabile.

comparàggio [stessa etim. di *comparatico*] **s. m.** *1* †Comparatico. *2* Illecito accordo fra medici o veterinari o farmacisti e aziende farmaceutiche per cui i primi si impegnano dietro compenso ad agevolare la diffusione dei medicinali da queste prodotti.

comparàre [vc. dotta, lat. *comparāre* 'accoppiare, mettere alla pari', comp. di *cŭm* 'con' e *pār* 'pari'] **v. tr.** (*io compàro* o *còmparo*) ● Mettere a paragone, confrontare: *io quello / infinito silenzio a questa voce / vo comparando* (LEOPARDI) | *C. lingue, letterature, istituzioni*, studiarle confrontandole.

comparàtico [da *compare*] **s. m.** (**pl.** *-ci*) ● Ufficio e condizione di compare o di comare | Vincolo di parentela spirituale fra il compare, o la comare, e il figlioccio o i suoi genitori.

comparatìsta **s. m. e f.** (**pl. m.** *-i*) ● Studioso di letterature comparate, di scienze comparative | Studioso di linguistica comparata. **SIN.** Comparativista.

comparatìstica **s. f.** ● Insieme di studi o ricerche fondati sul metodo comparativo.

comparatìva [f. sost. di *comparativo*] **s. f.** ● (*ell.*) Proposizione comparativa.

comparativiṣmo **s. m.** ● Applicazione del metodo comparativo nella ricerca storiografica, sociologica, linguistica, etnologica e sim.

comparativista **s. m. e f.** (**pl. m.** *-i*) ● Comparatista.

comparatìvo [vc. dotta, lat. *comparatīvu(m)*, da *comparāre* 'comparare'] **A** **agg.** *1* Atto a comparare: *studio c.* | *Metodo c.*, basato sul raffronto di fenomeni appartenenti ad ambienti culturalmente, geograficamente o cronologicamente distinti | *Scienze comparative*, quelle basate su un metodo comparativo. *2* (*ling.*) Che esprime comparazione: *grado c. dell'aggettivo, dell'avverbio* | *Proposizione comparativa*, proposizione subordinata indicante una comparazione con la reggente. || **comparativaménte**, **avv.** **B** **s. m.** ● (*ling.*) Grado dell'aggettivo e dell'avverbio che esprime la gradazione di una qualità rispetto a un termine di paragone: *c. di uguaglianza, di maggioranza, di minoranza*, a seconda che il rapporto di qualità fra i 2 termini di paragone sia pari, in favore del primo o in favore del secondo.

comparàto **part. pass.** di *comparare*; anche **agg.** *1* Nei sign. del v. *2* *Letteratura comparata*, che studia rapporti di derivazione, imitazione e sim. tra le letterature di vari popoli | *Grammatica comparata, linguistica comparata*, studio delle corrispondenze fra due o più lingue diverse. || **comparataménte**, **avv.** (*raro*) In modo comparato.

comparatóre [vc. dotta, lat. tardo *comparatōre(m)*, da *comparāre*. V. *comparare*] **s. m.** ● In varie tecnologie, strumento atto a rilevare piccole variazioni di dimensioni rispetto a una dimensione prefissata, assunta come base.

comparazióne [vc. dotta, lat. *comparatiōne(m)*, da *comparāre*. V. *comparare*] **s. f.** *1* Paragone, raffronto: *un adatto termine di c.* | *A c.*, a paragone, a confronto | *Senza c.*, senza paragone, senza confronto. *2* (*ling.*) Figura retorica che consiste nel paragonare tra loro cose, persone, entità astratte, che presentano in misura uguale, maggiore o minore le medesime caratteristiche (nel caso dell'uguaglianza si distingue generalmente dalla similitudine per la possibile reversibilità del paragone): *Elle son più belle che gli agnoli dipinti* (BOCCACCIO) | *Gradi di c.*, indici della gradazione di una qualità espressa dall'aggettivo e dall'avverbio.

compàre o †**compàdre** [lat. tardo *cŏmpatre(m)*, poi accentato *compătre(m)*, comp. di *cŭm* 'con' e *păter* 'padre'] **s. m.** *1* Colui che tiene a battesimo o a cresima un bambino | (*fig.*) *Essere come il c. a battesimo*, necessario, indispensabile. **SIN.** Padrino, santolo. *2* Il padre del battezzato o del cresimato rispetto al padrino o alla madrina, e il padrino rispetto ai genitori del battezzato o del cresimato | (*raro*) Il padrino rispetto alla madrina. *3* *C. d'anello*, chi fa da testimone alle nozze, o porge le fedi nuziali agli sposi, o accompagna la sposa all'altare. *4* (*est.*) Compagno, amico: *c. d'osteria*; *raccomandommi a te ... Tuo c. e servitor Luigi Pulci* (PULCI) | *C. lupo e comare volpe*, designazione di animali personificati protagonisti di fiabe infantili | (*spreg.*) Chi tiene mano a qc. in azioni disoneste o illecite: *un suo c. e confidente il tradì* (VILLANI) | †*Compar di Puglia*, complice manutengolo | (*raro*) *Stare, rimanere c. a una somma di denaro*, essere truffato in ciò che si presta e non verrà restituito. || **comparino**, **dim.** | **comparóne**, **accr.**

comparènte **A** **part. pres.** di *comparire*; anche **agg.** ● Nel sign. del v. **B** **s. m.** ● (*dir.*) Parte che compare o è comparsa in giudizio: *eccezione sollevata dal c.*

†**comparènza** **s. f.** ● Evidenza, spicco.

†**comparére** **v. intr.** ● Comparire.

†**compariménto** **s. m.** ● Modo, atto del comparire.

comparìre [lat. *comparēre*, comp. di *cŭm* 'con' e *parēre* 'apparire'] **v. intr.** (**pres.** *io comparìsco* o *compàio, tu comparìsci* o *compàri*; **pass. rem.** *io compàrvi* o *comparìi*, raro *compàrsi, tu comparìsti*; **part. pass.** *compàrso*, raro *comparìto*, †*comparùto*; aus. *essere*) *1* Mostrarsi, presentarsi, divenire visibile: *è comparso all'improvviso* | Farsi conoscere: *c. in pubblico.* **SIN.** Apparire. *2* (*dir.*) Presentarsi in giudizio come parte, imputato, consulente tecnico, testimone: *il teste si è rifiutato di c.* *3* Uscire, apparire: *questa rivista compare a intervalli irregolari.* *4* (*raro*) Sembrare, mostrarsi all'apparenza: *possono con poche ore di lettura c. dottissimi* (FOSCOLO). *5* Fare bella mostra di sé, essere appariscente, far figura: *una persona che vuol c.* *6* (*raro*) †Rendere, dare risultati concreti.

compariscènte **agg.** ● (*raro*) Appariscente.

†**compariscènza** **s. f.** ● Appariscenza.

compàrita **s. f.** *1* †Atto del comparire. *2* Bella figura, bella mostra, spec. nella loc. tosc. *fare c.* *3* †Festa pubblica.

comparizióne **s. f.** *1* (*raro*) Atto, effetto del

comparire. *2* (*dir.*) Nel processo civile, atto del comparire: *udienza di prima c.* | Nel processo penale, presentazione dell'imputato o di altro soggetto davanti al pretore, al giudice e al pubblico ministero, nel giorno e nell'ora dagli stessi indicati: *ordine, mandato di c.*

compàrsa [f. sost. di *comparso*, part. pass. di *comparire*] s. f. *1* Atto dell'apparire o del comparire: *fu una c. breve*; *la c. di un sintomo rivelatore* | *Fare la propria c.*, apparire, presentarsi | *Far c.*, presentarsi bene, far bella figura. SIN. Apparizione. *2* Persona che compare sulla scena teatrale, o in un film, insieme ad altri e senza mai parlare: *fare la c.*; *un film d'azione con molte comparse* | *Fare da c.*, (*fig.*) intervenire in un luogo, in una situazione e sim., senza partecipare all'azione che si sta svolgendo | Anticamente, elemento di scena di una certa rilevanza. *3* (*dir.*) Nel processo civile, atto scritto di parte contenente l'esposizione di fatti, ragioni e conclusioni: *presentare una c.*; *c. di risposta, d'intervento, conclusionale*. *4* (*dir.*, *raro*) Comparizione: *c. in giudizio*.

comparsàta [da *comparsa*] s. f. ● Nel gergo cinematografico, il lavorare occasionalmente come comparsa in un film.

compàrso part. pass. di *comparire*; anche agg. ● Nei sign. del v.

compartecipànte s. m. e f. (pl. m. *-i*) ● Ciascuno dei componenti una compartecipazione agraria.

compartecipànza s. f. ● (*raro*) Compartecipazione.

compartecipàre o †**comparticipàre** [vc. dotta, lat. tardo *comparticipāri*, da *compărticeps*, genit. *compartĭcipis* 'compartecipe'] v. intr. (*io compartécipo*; aus. *avere*) ● Partecipare insieme, prendere parte con altri.

compartecipazióne [vc. dotta, lat. tardo *comparticipatiōne(m)*, da *comparticipāri* 'compartecipare'] s. f. *1* Atto, effetto del compartecipare: *c. agli utili* | *C. agraria*, associazione nell'esercizio dell'impresa agricola con partecipazione alla produzione. *2* Quota spettante a un compartecipante: *incassare la c.*

compartécipe [vc. dotta, lat. tardo *compartĭcipe(m)*, nom. *compărticipes*, comp. di *cŭm* 'con' e *părticeps* 'partecipe'] agg. ● Partecipe con altri: *essere c. di un fatto*; *c. agli utili*; *c. nel godimento* (BARTOLI).

†**comparticipàre** ● V. *compartecipare*.

compartimentàle agg. ● Relativo a un compartimento.

compartimentazióne s. f. ● Suddivisione in compartimenti: *c. dello scafo di un mercantile*.

compartiménto s. m. *1* (*raro*) Compartitura, compartizione. *2* Ognuna delle parti in cui è diviso un locale, uno spazio e sim. | *C. stagno*, porzione di una nave separata dalle altre mediante paratie allo scopo di impedire l'allagamento di tutta la nave, in caso di falla, e (*fig.*) ambiente, attività, esperienza e sim., isolati e chiusi a influenze o contatti esterni. *3* Ognuna delle parti in cui è divisa una carrozza ferroviaria. *4* Circoscrizione in cui viene diviso il territorio di uno Stato per fini amministrativi o tecnici | *C. marittimo*, ciascuna delle zone in cui è diviso il litorale dello Stato | *C. telefonico*, ciascuna delle aree geografiche in cui è convenzionalmente suddiviso il territorio nazionale agli effetti dello smistamento e svolgimento del servizio telefonico interurbano | *C. venatorio*, ciascuna delle zone, con ufficio provinciale in ogni capoluogo, che si occupa di regolamenti di caccia. *5* †Distribuzione, divisione.

compartìre [vc. dotta, lat. tardo *compartīri*, comp. di *cŭm* 'con' e *partīri* 'dividere' (da *pārs*, genit. *pārtis* 'parte')] A v. tr. (*io compartìsco* o *compàrto, tu compartìsci* o *compàrti*) *1* (*lett.*) Dividere, fare le parti di q.c., distribuire secondo un'idea di ordine e di equilibrio: *compartendo tra lor gli ozii e gli studi* (ARIOSTO). *2* †Concedere, donare: *largo a me comparti il tuo favore* (TASSO). B v. rifl. ● †Spartirsi, dividersi.

†**compartitóre** s. m. (f. *-trice*) ● Chi comparte, divide: *esattissimo c. in minute particelle del tempo è un pendolo* (GALILEI).

compartitùra s. f. ● (*raro*) Atto, effetto del compartire. SIN. Compartizione.

compartizióne s. f. *1* Atto, effetto del compartire. *2* Suddivisione, ripartizione. SIN. Compartimento, compartitura, comparto.

compàrto s. m. *1* Compartizione. *2* Settore circoscritto e specializzato di un'attività economica, industriale, e sim.

compàscolo [lat. *compăscuu(m)* 'pertinente a pascolo comune', comp. di *cŭm* 'con' e *pāscus*, agg. di *pāscuum* 'pascolo'] s. m. ● Diritto di far pascolare il proprio bestiame nel fondo di un altro riconoscendo a questo il diritto di fare altrettanto; *esercitare il c.*

compassàre [lat. parl. **compassāre* 'misurare a passi', comp. di *cŭm* 'con' e *pāssus* 'passo'] v. tr. *1* †Misurare col compasso. *2* (*raro, fig.*) Misurare con precisione.

compassàto part. pass. di *compassare*; anche agg. *1* Nei sign. del v. *2* Di persona assai controllata nell'agire: *una ragazza compassata*. SIN. Misurato, sostenuto. || **compassataménte**, avv.

†**compassionàbile** agg. ● Compassionevole.

compassionàre v. tr. e intr. (*io compassióno*; aus. *avere*) ● Sentire o manifestare compassione: *tutti lo compassionavano*; *compassionando all'inutile fatica* (NIEVO). SIN. Commiserare, compatire, compiangere.

compassióne [vc. dotta, lat. tardo *compassiōne(m)*, da *compăssus*, part. pass. di *cŏmpati* 'patire insieme con'] s. f. *1* Sentimento e atteggiamento di sofferta partecipazione ai mali e dolori altrui, spec. connesso al desiderio di lenirli: *avere, mostrare c. di, per, verso, qc. o q.c.* | *Far c.*, destare pietà | *Muoversi a c.*, impietosirsi | (*raro*) *Avere a c.*, compassionare. SIN. Commiserazione, compatimento, pietà. *2* Sentimento e atteggiamento di insofferenza mista a disprezzo verso qc. o q.c. meschino, penosamente ridicolo, abietto, malriuscito e sim.: *con questi discorsi fai veramente c.*; *che c. quel libro!*

compassionévole agg. *1* Che sente, esprime compassione: *persona, carattere, sguardo, voce c.* SIN. Misericordioso, pietoso. *2* Che desta compassione: *condizione, stato c.* SIN. Commovente, miserevole, pietoso. || **compassionevolménte**, avv.

compàsso (1) [da *compassare*] s. m. *1* Strumento costituito da due aste collegate da uno snodo, una delle quali porta una punta mentre l'altra porta uno strumento tracciante, usato spec. per tracciare circonferenze, per riportare un dato segmento e sim.: *c. per disegnatori*; *c. per spessori* | (*fig.*) *Avere il c. negli occhi*, saper misurare a occhio e (*est.*) saper riconoscere al primo sguardo pregi e difetti di qc. o di q.c. | *A c.*, (*raro, fig.*) misuratamente. *2* (*arch.*) *Cornice a c.*, a profilo mistilineo, tipica dell'arte gotica. *3* (*mar.*) Bussola magnetica navale. *4* (*raro, fig.*) Esattezza, ponderatezza, rigore, nel giudicare, nell'indagare, e sim.: *io trovo in me più occhi e senso che c. e critica* (FOSCOLO) | (*spreg.*) Pedanteria. *5* †Carta nautica.

†**compàsso** (2) [metafora del precedente] s. m. ● Decorazione geometrica curvilinea per tappeti, drappi e sim.: *una coltre lavorata a certi compassi di perle grossissime* (BOCCACCIO).

compatìbile agg. *1* Che si può compatire: *errore c.* | (*raro*) Che si può sopportare. *2* Che si può accompagnare ad altra cosa senza comportare effetti negativi: *il tuo lavoro è c. con altri interessi*; *lo studio non è c. con lo svago*. *3* (*elab.*) Detto di elaboratore che rispetta le caratteristiche di uno standard industriale e che è quindi in grado di funzionare con unità periferiche e programmi realizzati contro tale standard. || **compatibilménte**, avv. Per quanto si può conciliare con q.c.: *compatibilmente con le tue esigenze*.

compatibilità s. f. *1* Qualità di ciò che è compatibile. *2* Possibilità di conciliare due o più cose fra di loro. *3* (*elab.*) Situazione che sussiste quando due elaboratori elettronici accettano gli stessi supporti, e i programmi scritti per uno possono essere eseguiti dall'altro senza che occorra modificarli.

compatiménto s. m. *1* Compassione, commiserazione. *2* Indulgenza, più o meno benevola, sopportazione, tolleranza: *lo ascoltava con un'aria di c.*

compatìre [vc. dotta, lat. tardo *cŏmpati* 'patire insieme con', comp. di *cŭm* 'con' e *păti* 'patire, sopportare'] A v. tr. (*io compatìsco, tu compatìsci*) *1* Sentire o manifestare compassione: *lo compatisco per ciò che gli è accaduto*. SIN. Commiserare, compassionare, compiangere. *2* Considerare con indulgenza, scusare, perdonare: *è necessario c. la loro inesperienza*. *3* Considerare con compassione sprezzante: *è solito c. tutti con altezzoso sussiego* | *Farsi c.*, esporsi alle critiche o al sarcasmo altrui. B v. intr. (aus. *avere*) ● (*raro, lett.*) Provare compassione: *non dovete pensare che io non compatisca all'infelicità umana* (LEOPARDI). C v. rifl. rec. ● (*fam.*) Tollerarsi: *non possono compatirsi* || PROV. Meglio essere invidiati che compatiti.

compatriòta o (*pop.*) †**compatrïòto**, **compatrïòtta**, (*pop.*) †**compatriòtto** [vc. dotta, lat. tardo *compatriōta(m)* (*V. patriota*), calco sul gr. *sympatriṓtēs*] s. m. e f. (pl. m. *-i*) ● Chi è della medesima patria. SIN. Compaesano, connazionale.

compatróno [lat. tardo *compatrōnu(m)*, comp. di *cŭm* 'con' e *patrōnus* 'patrono'] s. m. ● Santo patrono insieme con un altro | Patrono di benefizio ecclesiastico insieme con un altro.

compattàre [da *compatto*] A v. tr. ● In varie tecnologie, rendere compatto, condensare, congiungere più strettamente nelle sue varie parti un insieme, eliminando o riducendo soluzioni di continuità. B v. intr. pron. ● Consolidarsi, unirsi strettamente (*anche fig.*).

compattatóre [da *compattare*, sul modello dell'ingl. *compactor*] s. m. ● Grossa macchina a piastra vibrante, per costipare terreni e ghiaia.

compattézza s. f. *1* Qualità di ciò che è compatto: *la c. di un terreno* | (*fig.*) Concordia di idee, di sentimenti e sim.: *la c. di un gruppo di amici*. *2* *Grado di c.*, rapporto fra il peso specifico apparente di una roccia e il suo peso specifico reale.

compàtto [vc. dotta, lat. *compăctu(m)*, part. pass. di *compĭngere* 'unire strettamente', comp. di *cŭm* 'con' e *pāngere* 'conficcare, piantare'] A agg. *1* Unito strettamente nelle sue parti (*anche fig.*): *legno c.*; *roccia compatta*; *folla, massa compatta*; *un gruppo c.* | (*est.*) Detto di ciò che ha forma essenziale e dimensioni ridotte: *un personal computer c.* SIN. Denso, spesso. *2* (*fig.*) Concorde nelle idee, nei sentimenti, nell'azione e sim.: *votarono compatti a favore del programma*. *3* (*ling.*) Detto del suono che caratterizza la pronuncia delle vocali aperte e delle consonanti velari e palatali. B s. m. *1* (*metall.*) Agglomerato di polvere ottenuto per compressione. *2* (*elettron.*) Impianto per la riproduzione sonora costituito da diversi componenti, quali sintonizzatore, amplificatore, giradischi, registratore a cassette, lettore di compact disc, alloggiati in un unico contenitore gener. di dimensioni ridotte.

†**compazïènte** [vc. dotta, lat. tardo *compatiĕnte(m)*, part. pres. di *cŏmpati*. V. *compatire*] agg. ● Che compatisce.

†**compedìto** [lat. *compedītu(m)* 'legato', part. pass. di *compedīre*, da *cŏmpedes* 'ceppi'] agg. ● (*lett.*) Messo ai ceppi.

compendiàbile agg. ● Che si può compendiare, riassumere.

compendiàre [vc. dotta, lat. *compendiāre*, da *compĕndium* 'compendio'] A v. tr. (*io compèndio*) *1* Ridurre in compendio: *c. una storia letteraria, un sistema filosofico* | Riassumere (*anche fig.*): *quell'opera commendia il lavoro di molti anni*. *2* Esporre succintamente: *c. una storia, un accaduto*. B v. intr. pron. ● Riassumersi (*spec. fig.*): *la vita della signora ... si compendiava fra la sua casa ... la chiesa ... e quella tomba* (SVEVO).

compendiàrio [vc. dotta, lat. *compendiāriu(m)*, da *compĕndium* 'compendio'] agg. *1* Che si presenta in forma riassuntiva: *esposizione compendiaria*. *2* Nella tecnica pittorica, detto di stile che consiste nel ridurre l'immagine ai suoi tratti essenziali, senza descriverne i particolari.

compendiatóre s. m. (f. *-trice*) *1* Chi fa un compendio, spec. di un'opera letteraria. *2* (*raro*) Chi ha attitudine alla sintesi.

compèndio [vc. dotta, lat. *compĕndiu(m)* 'risparmio, abbreviazione, via più breve', da *compĕndere* 'pesare assieme'] s. m. *1* Riduzione che, senza abbondanza di particolari, fornisce in breve tutta la materia di uno scritto, di un discorso, e sim.: *un c. di letteratura latina* | *C. di giurisprudenza*, massimario | *In c.*, (*fig.*) in breve, in succinto, in sostanza. SIN. Riassunto, sommario. *2* Scrittura di una parola per sintesi dei segni alfabetici più significativi di essa. **3** (*fig.*) Insieme raccolto e ridotto di cose varie: *la vita è un c. di miserie.* || **compendiàccio**, **pegg.** | **compendiétto**, **dim.** | **compendino**, **dim.** | **compendiòlo**, **compendiuòlo**, **dim.** | **compendiùccio**, **dim.**

compendiosità s. f. ● Qualità di ciò che è compendioso.

compendióso [vc. dotta, lat. *compendiōsu(m)*, da *compĕndium* 'compendio'] **agg.** **1** Breve, ristretto, conciso: *scritto, discorso, trattato c.* **2** †Corto, breve, detto di strada e sim. || **compendiosaménte**, **avv.**

compenetràbile **agg.** ● Che si può compenetrare.

compenetrabilità s. f. ● Qualità di ciò che è compenetrabile.

compenetràre [comp. di *con-* e *penetrare*] **A** v. tr. (*io compènetro*) **1** Occupare q.c. penetrandovi profondamente, fino a fondersi e a formare un tutto unico. **2** (*fig.*) Pervadere, colmare, occupare: *l'amore compenetrava di gioia il suo animo.* **B** v. intr. pron. ● (*fig.*) Essere pervaso, occupato da un sentimento e sim.: *compenetrarsi di dolore.* **C** v. rifl. rec. ● Penetrarsi a vicenda: *sono due sostanze che non si compenetrano.*

compenetrazióne s. f. ● Atto, effetto del compenetrare.

compensàbile **agg.** ● Che si può compensare.

compensabilità s. f. ● Qualità di ciò che è compensabile.

compensàre [vc. dotta, lat. *compensāre* 'mettere in contrappeso, equilibrare', comp. di *cŭm* 'con' e *pensāre* 'pesare'] v. tr. (*io compènso*) **1** Dare un compenso per un lavoro fatto, per un servizio reso, per un danno subito e sim.: *c. qc. per l'opera compiuta*; *c. qc. del favore reso, della perdita sofferta*; *c. qc. in denaro, con un regalo* | (*est.*) Risarcire, ripagare (*anche fig.*): *la tua gentilezza mi compensa di tante amarezze.* **2** Stabilire una situazione di equilibrio, spec. fra elementi contrastanti: *la distruzione è compensata continuamente dalla produzione* (LEOPARDI). **3** Negli sport subacquei, eseguire una forte espirazione tenendo chiuso il naso per bilanciare la pressione che l'acqua esercita sui timpani.

compensativo [vc. dotta, lat. tardo *compensatīvu(m)*, da *compensāre* 'compensare'] **agg.** ● Che serve a compensare.

compensàto **A** part. pass. di *compensare*; anche **agg.** **1** Nei sign. del v. **2** *Legno c.*, materiale costituito da fogli sottili di legno incollati sotto forte pressione con le fibre perpendicolari, per resistere all'umidità e alle variazioni di temperatura. **B** s. m. ● Legno compensato.

compensatóre **A** **agg.** (f. *-trice*) ● Che compensa: *azione compensatrice* | (*fot.*) *Bagno c.*, bagno di sviluppo che uniforma i fotogrammi di una stessa pellicola differenti tra loro a causa di una diversa esposizione. **B** s. m. **1** Chi compensa. **2** (*mecc.*) Congegno negli strumenti di misura a vite e nelle macchine utensili per compensare l'errore apportato dal passo della vite. **3** (*elettr.*) Condensatore variabile di piccola capacità, solitamente associato a un condensatore di grande capacità per affinare il valore di quest'ultimo. **4** (*aer.*) Organo generalmente aerodinamico col quale il pilota equilibra un governo e il relativo comando per un dato regime di volo. SIN. Aletta compensatrice. **5** (*fis.*) Dispositivo che annulla l'effetto di una grandezza fisica mediante una grandezza opposta. **6** Parte del cronometro in cui si trova il bilanciere.

compensatòrio **agg.** ● Di compensazione, che serve a compensare: *meccanismo c.*

compensazióne [vc. dotta, lat. *compensatiōne(m)*, da *compensāre* 'compensare'] s. f. **1** Atto, effetto del compensare. **2** (*dir.*) Estinzione di crediti e debiti reciproci: *c. giudiziale, legale, volontaria* | *C. generale*, clearing.

compènso [da *compensare*] s. m. **1** Corrispettivo del lavoro svolto, dell'opera eseguita, del servizio reso e sim.: *c. in denaro, in natura*; *avere diritto a un c.*; *dare, ricevere il c. pattuito.* SIN. Mercede, retribuzione. **2** Risarcimento, ammenda, riparazione (*anche fig.*). **3** (*fig.*) Ciò che ristabilisce un equilibrio, bilancia una differenza e sim. | *In, per c.*, d'altra parte, d'altro canto: *calvissimo, ma in c. enormemente barbuto* (PIRANDELLO).

cómpera ● V. *compra.*

comperàbile ● V. *comprabile.*

†comperaménto ● V. *†compramento.*

comperàre ● V. *comprare.*

†comperatóre ● V. *compratore.*

†comperatùra s. f. ● (*raro*) Acquisto, compra.

competènte [vc. dotta, lat. tardo *competĕnte(m)*, part. pres. di *compĕtere* 'concordare', poi 'addirsi'] **agg.** **1** (*dir.*) Che ha competenza: *giudice, tribunale, organo c.*; *autorità c.* **2** Che ha la capacità di compiere una data attività, svolgere un dato compito: *non è uno studioso c. di storia moderna*; *sono uomini competenti nel loro mestiere*; *è una persona c. a svolgere questa ricerca.* SIN. Esperto. **3** (*raro, lett.*) Adeguato, adatto, proporzionato: *facoltà competenti a sentire ciò che vuole dipingere* (FOSCOLO) | *Mancia c.*, adeguata | (*raro*) *Luogo c.*, opportuno. || **competenteménte**, **avv.** Con competenza.

competènza [fr. *compétence*, da *compétent* 'competente'] s. f. **1** Qualità di chi è competente: *ha molta c. in letteratura.* SIN. Cognizione, perizia. **2** (*dir.*) Misura della potestà d'azione spettante per legge a ciascun organo giurisdizionale o amministrativo: *la c. del Tribunale, del Consiglio di Stato* | *C. funzionale*, determinata in ragione delle varie fasi del processo | *C. per materia*, determinata in ragione della controversia oggetto del giudizio civile o amministrativo o in relazione al titolo del reato o alla misura della pena irrogata dalla legge per il reato medesimo | *C. per valore*, nel processo civile, determinata in relazione alla rilevanza economica dei beni controversi | *C. per territorio*, determinata in ragione del luogo di consumazione del reato o di situazione dell'oggetto o di una parte della controversia civile o amministrativa. **3** (*est.*) Attinenza, spettanza: *l'argomento è di sua c.* **4** (*raro, est.*) Persona molto competente: *è una vera c. su questo argomento.* **5** (*spec. al pl.*) Compenso, onorario: *le competenze del medico, dell'avvocato*; *liquidare le competenze.* **6** (*ling.*) Sistema di regole interiorizzate dai parlanti, che costituisce il loro sapere grammaticale, grazie al quale essi sono in grado di formare e comprendere un'infinità di frasi anche nuove. **7** †Gara.

compètere [vc. dotta, lat. *compĕtere* 'incontrarsi, coincidere, spettare, competere', comp. di *cŭm* 'con' e *pĕtere* 'dirigersi verso, cercare'] v. intr. (dif. del part. pass. e di tutti i tempi composti) **1** Gareggiare, misurarsi con qc.: *c. per la vittoria finale*; *tutti volevano c. con lui.* SIN. Concorrere, contendere. **2** Rientrare nella competenza: *la cognizione di questo reato compete alla Corte d'Assise* | (*est.*) Riguardare, spettare: *questo non ti compete.* **3** (*tosc.*) Questionare, litigare.

competitività s. f. ● Qualità di chi, di ciò che, è competitivo | (*est.*) Capacità di un'impresa o di un prodotto di competere con la concorrenza.

competitivo **agg.** **1** Che riguarda, o è impostato su, una competizione: *spirito, senso c.* **2** Capace di competere con la concorrenza: *prezzo c.* || **competitivaménte**, **avv.**

competitóre [vc. dotta, lat. *competitōre(m)*, da *compĕtere* 'competere'] s. m. (f. *-trice*) ● Chi compete con altri in una gara, un concorso e sim. | *Non avere competitori*, essere il primo, il più valente e sim. SIN. Concorrente, rivale.

competizióne [vc. dotta, lat. tardo *competitiōne(m)*, da *compĕtere* 'competere', forse attrav. il fr. *compétition*] s. f. **1** Atto, effetto del competere: *c. economica.* **2** Gara, incontro: *c. sportiva.*

compiacènte part. pres. di *compiacere*; anche **agg.** **1** Nei sign. del v. **2** Accomodante, condiscendente, cortese | Che accorda facilmente favori, servizi e sim. di carattere equivoco: *albergatore, donna c.* || **compiacenteménte**, **avv.** Con, per compiacenza.

compiacènza o **†complacènzia** [da *compiacere*] s. f. **1** Soddisfazione, piacere, che si prova per q.c.: *provare c. dei risultati ottenuti, nel fare del bene.* SIN. Compiacimento. **2** Desiderio di fare cosa grata agli altri: *nei contatti col prossimo è solito usare molta c.* | Cortesia, degnazione: *fu ricevuto per pura c.*; *abbi la c. di parlare più lentamente* | (*raro*) *Per c.*, per favore, per piacere. **3** †Adulazione.

compiacére [lat. *complacēre*, comp. di *cŭm* 'con' e *placēre* 'piacere'] **A** v. intr. (coniug. come *piacere*; aus. *avere*) ● Fare piacere, fare cosa grata, rendere un servizio a qc., soddisfare i desideri di qc.: *spero che compiacerai ai tuoi amici almeno in questo.* SIN. Condiscendere. **B** v. intr. pron. **1** Provare soddisfazione, piacere, per q.c.: *compiacersi del proprio successo* | Rallegrarsi, congratularsi con qc.: *mi sono compiaciuto con lui dello scampato pericolo*; *si compiacevano con il collega per la sua promozione.* **2** Degnarsi: *si compiacque di rivolgermi la parola.* **C** v. tr. **1** Fare piacere, cosa grata, rendere servizi, soddisfare: *c. le richieste di qc.*; *c. i genitori, la propria vanità.* SIN. Appagare, contentare. **2** †Permettere, concedere, donare.

compiaciménto s. m. **1** Il compiacersi | Soddisfazione: *fu evidente il suo c.* | (*raro*) *Prendere c. da q.c.*, prenderne piacere. **2** Rallegramento, congratulazione: *esprimere il proprio c. a qc.* **3** (*raro*) Consenso.

compiaciùto part. pass. di *compiacere*; anche **agg.** ● Nei sign. del v.

compiàngere o **†compiàgnere** [lat. parl. **complăngere*, comp. di *cŭm* 'con' e *plăngere* 'piangere'] **A** v. tr. (coniug. come *piangere*) **1** Sentire o manifestare compassione: *è da c. per ciò che gli è accaduto*; *misera madre! di quanto io la compiango!* (ALFIERI). SIN. Commiserare, compassionare, compatire. **2** Sentire o manifestare compassione mista a disprezzo: *ti compiango per il comportamento che hai adottato.* SIN. Compatire. **B** v. intr. pron. ● (*raro, lett.*) Rammaricarsi: *se ne compianse e se ne sdegnò* (CARDUCCI).

compiànto **A** part. pass. di *compiangere*; anche **agg.** **1** Nei sign. del v. **2** Detto di persona defunta: *il mio c. maestro.* **B** s. m. **1** Dolore, cordoglio, spec. manifestato da più persone insieme: *il c. della cittadinanza, della nazione*; *il c. che la sua morte aveva raccolto in tutto il paese* (PIRANDELLO). **2** †Pianto, lamento. **3** (*letter.*) Componimento di vario metro in cui il poeta si lamenta per una sventura e invita gli ascoltatori a imitarlo.

compicciàre [etim. discussa: da avvicinare a *spicciare* (?)] v. tr. (*io compìccio*) ● (*tosc., usato spec. in espressioni limitative o negative*) Riuscire a concludere alla meglio, detto di chi lavora senza slancio e zelo: *qui non si compiccia nulla.*

compiegàre [comp. di *con-* e *piegare*] v. tr. (*io compiègo, tu compièghi*) ● (*bur.*) Accludere q.c. a una lettera: *compiegò nella busta un importante documento.*

cómpiere [lat. *complēre* 'riempire, colmare', da *plēnus* 'pieno'] **A** v. tr. (pres. *io cómpio*; pass. rem. *io compiéi*, più com. *compìi* da *compire*; ger. *compièndo*; part. pass. *compiùto*; le altre forme sono dal v. *compire*) **1** Portare a fine, realizzare, concludere q.c., spec. in modo positivo: *c. gli studi, l'opera, la vita*; *c. un proposito, un voto, un sacrificio* | *C. gli anni*, arrivare al giorno anniversario della propria nascita | *C. l'opera*, (*iron.*) completare una serie di errori, azioni biasimevoli e sim. | (*raro*) *C. una somma*, aggiungervi una determinata cifra per completarla. SIN. Compire, finire, terminare. **2** Fare, eseguire, adempiere: *c. una buona, una cattiva azione*; *c. il proprio dovere.* SIN. Assolvere, effettuare. **3** †Riempire. **B** v. intr. e intr. pron. (aus. *essere*) ● Arrivare a una conclusione, realizzarsi | Avverarsi: *tutte le tue previsioni si sono compiute.* **C** v. intr. (aus. *avere*) ● †Adempiere, soddisfare a un dovere e sim.

compièta [lat. mediev. (*hōram*) *complēta(m)* 'ora che compie, conclude la giornata'] s. f. **1** (*relig.*) Ultima delle ore canoniche nell'ufficio | *Dall'alba a c.*, tutto il giorno | *Giungere, essere a c.*, (*fig.*) al termine di q.c. e (*est.*) alla fine della vita. **2** (*est., raro*) Sera.

compilàre [vc. dotta, lat. *compilāre* 'saccheggiare, far bottino', comp. di *cŭm* 'con' e *pilāre* 'ammucchiare'] v. tr. (*io compìlo*, non corr. *còmpilo*) **1** Comporre uno scritto raccogliendo e ordinando materiale tratto da fonti diverse: *c. un orario, uno specchietto, una tabella*; *c. una cronaca, una biografia, un trattato, un vocabolario, una grammatica.* SIN. Redigere, stendere. **2** (*raro, lett.*) Scrivere, narrare. **3** (*elab.*) Ottenere un programma oggetto per mezzo di un compilatore. **4** (*raro*) †Compendiare. **5** †Avvolgere intorno alla conocchia.

compilation /*ingl.* 'kɔmpi'leiʃən/ [vc. ingl., propr. 'compilazione, raccolta'] s. f. inv. ● Raccolta antologica, spec. di brani musicali di successo, in un unico disco o musicassetta.

compilativo agg. ● Che è frutto di un lavoro di compilazione o è realizzato con l'utilizzo di materiale non originale: *testo, volume c.*

compilatóre [vc. dotta, lat. tardo *compilatōre(m)* 'spogliatore', da *compilāre*. V. *compilare*] **A** s. m. (f. *-trice*) ● Chi compila. **B** s. m.; anche agg. ● (*elab.*) Programma che traduce in codice macchina le istruzioni scritte in un linguaggio simbolico, in modo che il programma oggetto risultante possa essere letto ed eseguito dall'elaboratore.

compilatòrio agg. ● Compilativo.

†**compilatùra** s. f. ● Compilazione.

compilazióne [vc. dotta, lat. *compilatiōne(m)*, da *compilāre*. V. *compilare*] s. f. **1** Atto, effetto del compilare: *la c. di un manuale*; *opera di c.* **2** Opera compilata: *una c. ben fatta*. ‖ **compilazionàccia**, pegg. | **compilazioncèlla**, dim.

compiménto [da *compire*] s. m. **1** Atto, effetto del compiere | *Condurre, menare, portare a c.*, condurre a termine. SIN. Adempimento, conclusione, fine. **2** Attuazione di un'azione romanzesca o teatrale. **3** (*raro, lett.*) Adempimento, appagamento.

†**compìnto** [dal lat. *compĭngere* 'spingere, cacciare', comp. di *cŭm* 'con' e *păngere* 'piantare, conficcare'] agg. ● (*lett.*) Spinto, stimolato.

compire o †**complire** (2) [V. *compiere*] v. tr., intr. e intr. pron. (*io compisco, tu compisci*; aus. intr. *essere*, †*avere*) ● Compiere.

compitàre [lat. *computāre* 'contare', comp. di *cŭm* 'con' e *putāre* 'calcolare, contare'] v. tr. (*io cómpito*) **1** Pronunciare le parole lentamente, separando i singoli suoni o le sillabe | *Non saper c.*, essere ai primi esercizi di lettura | (*est.*) Leggere stentatamente e con frequenti errori. **2** †Computare.

compitazióne [lat. *computatiōne(m)*, da *computāre* 'compitare'] s. f. ● Atto, effetto del compitare: *esercizi di c.*; *c. telefonica*.

compitézza [da *compito (2)*] s. f. **1** Cortesia, urbanità di modi: *trattare qc. con c.*; *mostrare c. verso qc.* **2** †Compiutezza.

cómpito (1) [da *compitare*] s. m. **1** Lavoro assegnato da eseguire: *ha sbrigato il suo c. in un tempo inferiore a quello stabilito.* **2** Incarico, dovere, mansione: *avete il c. di resistere* | Funzione caratteristica di q.c.: *esso è il pensiero e ... sarebbe suo c. di manifestarsi* (SVEVO). **3** Esercizio scolastico, spec. scritto, da svolgere a casa o a scuola: *il c. di italiano, di matematica*; *c. in classe*; *compiti per casa*. **4** †Computo, calcolo. ‖ **compitàccio**, spreg. | **compitìno**, dim. (V. nota d'uso ACCENTO).

compìto (2) part. pass. di *compire*; anche agg. **1** Nei sign. del v. **2** Pieno di garbo, ben educato: *un ragazzo c.*; *maniere compite*. **3** (*lett.*) Intero, adeguato: *c. dolore*. ‖ **compitaménte**, avv. In modo compito (V. nota d'uso ACCENTO).

†**compitóre** s. m.; anche agg. ● Chi, che compie.

compiutézza s. f. ● Qualità di chi o di ciò che è compiuto.

compiùto part. pass. di *compiere*; anche agg. **1** Nei sign. del v. **2** (*raro*) Perfetto. ‖ **compiutaménte**, avv.

†**complacènzia** ● V. *compiacenza*.

complanàre [comp. di *con-* e del lat. *plānus* 'piano', con suff. agg.] **A** agg. **1** (*mat.*) Detto di figure geometriche giacenti su un medesimo piano. **2** Detto di strada di grande comunicazione che, costruita accanto a un'altra della stessa specie, ne segue lo stesso percorso con funzioni complementari di svincolo, raccordo e sim. **B** s. f. ● Strada complanare: *imboccare la c. della tangenziale di Bologna*.

complanarità s. f. ● (*mat.*) Proprietà di essere complanare.

†**complantàto** [vc. dotta, lat. tardo *complantātu(m)*, part. pass. di *complantāre*, comp. di *cŭm* 'con' e *plantāre* 'piantare'] agg. ● Connaturato.

compleànno [sp. *cumpleaños*, comp. di *cumplir* 'compiere' e *año* 'anno'] s. m. ● Giorno anniversario della nascita: *il mio c. è il 23 febbraio*; *festeggiare il c. di qc.*; *fare a qc. gli auguri per il c.* SIN. Genetliaco, natalizio.

complementàre A agg. **1** Che serve di complemento: *disposizione c.*; *nozioni complementari*. SIN. Accessorio, secondario. **2** (*fis.*) *Colori complementari*, due colori che, opportunamente miscelati, danno il bianco. **3** (*mat.*) *Angoli complementari*, angoli la cui somma dà un angolo retto | *Insieme c. d'un sottoinsieme*, rispetto a un insieme, collezione degli elementi che appartengono all'insieme, ma non al sottoinsieme. **4** (*econ.*) *Beni complementari*, che si completano e vanno usati congiuntamente, per cui l'aumento nella domanda di uno si accompagna all'aumento nella domanda dell'altro, o degli altri. **5** (*spec. al pl.*) Detto dei cinque giorni, sei per gli anni bisestili, aggiunti, nel calendario repubblicano francese, ai dodici mesi di trenta giorni ciascuno. **6** Detto di francobollo emesso per completare il valore mancante in una serie. **7** *Imposta c.*, imposta, attualmente abolita, il cui presupposto di fatto era il possesso di un reddito netto complessivo annuo superiore a un ammontare legislativamente stabilito, allo scopo di attuare la progressività e personalità dell'imposizione. **B** s. f. ● Imposta complementare.

complementarità o **complementarietà** s. f. ● Qualità di ciò che è complementare.

complementazióne [ingl. *complementation*, da *complement* 'complemento'] s. f. ● (*mat.*) Operazione consistente nel sostituire un insieme con il suo complemento.

compleménto [vc. dotta, lat. *complemĕntu(m)*, da *complēre* 'riempire'] s. m. **1** Elemento che, aggiunto ad altri, serve a rendere completo un tutto: *l'arte è il c ... del vero* (NIEVO). **2** (*mat.*) Il complesso degli elementi di un insieme che non sono compresi in un suo dato sottoinsieme | Ciò che manca per avere il tutto | *C. di un angolo*, angolo adiacente al dato e tale che la somma di esso e dell'angolo dato sia un angolo retto. **3** (*mil.*) Insieme dei militari che servono a completare le unità dell'esercito all'atto della mobilitazione e successivamente a rimpiazzare le perdite: *ufficiale, sottufficiale di c.* **4** (*ling.*) Parte della proposizione che completa il senso delle altre parti determinandone le relazioni: *c. di termine, d'agente*.

complessàre (1) [da *complesso (2)*] v. tr. (*io complèsso*) ● (*chim.*) Provocare la formazione di un complesso.

complessàre (2) [da *complesso (3)*] **A** v. tr. (*io complèsso*) ● (*psicol.*) Far nascere in qc. uno o più complessi. **B** v. intr. pron. ● (*fam.*) Crearsi un complesso o sentirsi eccessivamente imbarazzato.

complessàto [da *complesso (3)*] agg.; anche s. m. (f. *-a*) ● (*psicol.*) Che, chi è affetto da un complesso.

complessazióne [da *complesso (2)*] s. f. ● (*chim.*) Reazione chimica in cui si forma un complesso da uno ione positivo metallico e da un certo numero di molecole neutre o di ioni negativi, detti leganti.

†**complessionàle** agg. ● Della complessione.

complessionàto agg. **1** (*raro*) Che ha una data complessione | *Bene c.*, robusto | *Male c.*, debole. **2** (*raro*) †Disposto, formato: *parte di materia complessionata d'un'altra maniera* (BRUNO).

complessióne [vc. dotta, lat. *complexiōne(m)*, da *complĕcti* 'abbracciare, comprendere'] s. f. **1** Costituzione fisica: *essere di c. debole, robusta, gracile*. SIN. Corporatura. **2** (*raro*) Carattere, indole | Personalità morale. **3** †Essenza costitutiva, natura di una cosa. **4** (*ling.*) †Simploche. ‖ **complessioncèlla**, dim. | **complessioncìna**, dim. | **complessionùccia**, dim.

complessità [fr. *complexité*, da *complexe* 'complesso (1)'] s. f. ● L'essere complesso: *la c. di una questione*.

complessìvo [vc. dotta, lat. tardo *complexīvu(m)*, 'copulativo, complessivo', da *complĕcti* 'abbracciare'] agg. ● Che riguarda q.c. considerata nel suo insieme: *studio c. delle opere di un autore*; *visione complessiva della situazione politica*; *ha formulato un giudizio c. degli ultimi avvenimenti*. SIN. Generale, globale. ‖ **complessivaménte**, avv. Nell'insieme, in tutto.

complèsso (1) [vc. dotta, lat. *complĕxu(m)*, part. pass. di *complĕcti* 'abbracciare'] agg. **1** Che risulta dall'unione di varie parti o di diversi elementi: *organismo, reato, sistema c.*; *fattispecie complessa* | (*ling.*) *Proposizione complessa*, non formata dai soli soggetto e predicato. **2** (*est.*) Che si manifesta sotto molteplici e contrastanti aspetti: *l'uomo è una creatura complessa* | (*est.*) Complicato, difficile da comprendere: *concetto, ragionamento c.*; *idee complesse*. CONTR. Semplice. **3** (*raro*) Robusto: *una donna di corporatura complessa*. **4** (*mat.*) Detto di ente o insieme che sia individuato o comunque collegato a numeri complessi: *piano, punto c.*; *retta, soluzione complessa*.

complèsso (2) [vc. dotta, lat. *complĕxu(m)* 'l'abbracciare, lo stringere'. V. precedente] s. m. **1** Insieme di più parti o elementi: *c. delle idee, delle manifestazioni, delle leggi, degli individui* | *In, nel c.*, nell'insieme, in generale. **2** Grande organizzazione industriale: *c. metallurgico*. **3** Gruppo di cantanti o di musicisti: *c. corale, strumentale*. **4** (*chim.*) Composto, gruppo atomico, ione che contiene un atomo, gener. metallico, o uno ione, unito, mediante legami di coordinazione, con un numero definito di ioni, gruppi atomici o molecole in modo da formare un insieme di atomi o uno ione che mantiene la sua identità anche in soluzione. **5** (*mat.*) Insieme di simplessi tale che, se un simplesso appartiene al complesso, vi appartengano tutte le sue facce, e due simplessi distinti non abbiano le stesse facce. **6** (*raro, lett.*) Amplesso: *gli avuti con Ruggier complessi / ... avrà ne l'alma eternamente impressi* (ARIOSTO). ‖ **complessìno**, dim..

complèsso (3) [dal ted. (*psychischer*) *Komplex* 'complesso psichico'. V. precedente] s. m. **1** (*psicol.*) Insieme organizzato di rappresentazioni e ricordi, in parte o completamente inconsci, dotati di un'intensa carica affettiva, che possono determinare conflitti o disturbi: *c. di inferiorità, di colpa* | *C. di Edipo*, la terza fase dello sviluppo psicosessuale, durante il quale i bambini nutrono amore per il genitore del sesso opposto e gelosia verso quello dello stesso sesso. **2** (*est.*) Correntemente, ossessione, idea fissa, motivo persistente di preoccupazione o molestia: *mio padre ha il c. della vecchiaia*; *Claudia ha il c. d'esser grassa* | *Avere un c., avere dei complessi*, essere timido, timoroso degli altri, sentirsi inferiore | *Senza complessi*, detto di chi si comporta con naturalezza, senza esitazioni.

completàbile agg. ● Che può essere completato.

completaménto s. m. ● Atto, effetto del completare | Ciò che rende completo: *il c. di un'opera divulgativa*.

completàre [fr. *compléter*, da *complet* 'completo'] v. tr. (*io complèto*) ● Aggiungere ciò che manca a q.c. per renderla completa, portare a termine: *c. una serie, un'opera, una costruzione* | *C. un autobus*, occuparne tutti i posti.

completézza s. f. ● L'essere completo: *la c. di una raccolta, di una biblioteca*.

completìvo [vc. dotta, lat. tardo *completīvu(m)*, da *complētus* 'completo'] agg. ● (*raro*) Che serve a completare.

complèto [vc. dotta, lat. *complētu(m)*, part. pass. di *complēre* 'riempire'] **A** agg. **1** Compiuto in tutte le sue parti, che ha tutti gli elementi considerati necessari: *un trattato, un elenco c.*; *ti ho fatto un quadro c. della situazione*. **2** Detto di luogo, o mezzo, pubblico completamente occupato, che non dispone più di posti liberi: *teatro, stadio c.*; *autobus c.*; *vettura completa*. **3** Assoluto, totale: *una fiducia completa*. ‖ **completaménte**, avv. Compiutamente, in tutte le parti. **B** s. m. **1** Condizione di ciò che è occupato in ogni suo posto: *la commedia fa il c. ogni sera* | *Al c., al gran c.*, con tutti i posti occupati, o con la presenza di tutti i partecipanti, membri e sim.: *l'albergo è al c.*; *l'assemblea è al c.* **2** Insieme di capi di vestiario coordinati | Abito maschile composto di tre pezzi, e cioè giacca, gilè e pantaloni | *C. a giacca*, abito femminile composto da un abito e da una giacca: *c. estivo, primaverile* | Gruppo di indumenti usati per svolgere una particolare attività sportiva: *c. da sci, da tennis*. **3** Insieme di accessori studiati per un determinato abbigliamento | Insieme di oggetti per un uso determinato: *c. da toeletta*. **4** Concorso ippico comprendente tutte le prove di equitazione. ‖ **completìno**, dim.

†**complèttere** [vc. dotta, lat. tardo *complĕctere*, per il classico *complĕcti* 'abbracciare', comp. di *cŭm* 'con' e *plĕctere* 'intrecciare'] v. tr. ● Compren-

dere, includere: *io completto ed ordino un paio di sillogismi in questa maniera* (BRUNO).

complicànza s. f. *1* (*raro*) L'essere complicato. *2* (*med.*) Complicazione.

complicàre [vc. dotta, lat. *complicāre* 'piegare, avvolgere', comp. di *cŭm* 'con' e *plicāre* 'piegare'] **A** v. tr. (*io còmplico* o *cómplico, tu còmplichi cómplichi*) *1* Rendere difficile da affrontare, da comprendere, da risolvere, rendere confuso e intricato: *c. una situazione, un discorso*; *ha il vizio di c. sempre le cose.* CONTR. Semplificare. *2* †Unire insieme. **B** v. intr. pron. ● Divenire difficile e problematico: *il problema si è complicato.* CONTR. Semplificare.

complicatézza s. f. ● (*raro*) Complicazione.

complicàto part. pass. di *complicare*; anche agg. *1* Nei sign. del v. *2* Detto di ciò che, o di chi, si manifesta in modo tortuoso e involuto, difficile da fronteggiare e da capire: *una situazione complicata*; *carattere c.*; *come sei complicata!* CONTR. Semplice.

complicazióne [vc. dotta, lat. tardo *complicatiōne(m)*, da *complicāre*. V. *complicare*] s. f. *1* Atto, effetto del complicare o del complicarsi: *creare complicazioni*; *se non ci saranno complicazioni partiremo domani.* SIN. Difficoltà. *2* L'essere complicato | (*spec. al pl.*) Tormento, contrasto interiore che rende più difficile l'agire, il comportarsi, il vivere: *è una ragazza semplice, senza tante complicazioni.* *3* (*med.*) Evento anomalo, aggravante di una malattia. SIN. Accidente, complicanza. *4* (*lett.*) Intrico, viluppo: *complicazioni di tende, di veli.*

còmplice o **cómplice** [vc. dotta, lat. tardo *cŏmplice(m)*, dalla stessa radice di *plĕctere* 'intrecciare'] **A** s. m. e f. *1* Chi prende parte con altri ad azioni disoneste o illecite: *il c. di un furto, di un delitto*; *i complici fuggirono lasciandolo solo.* SIN. Connivente, correo. *2* (*est.*) Compagno in una burla, in uno scherzo, e sim. **B** agg. ● Che favorisce: *protesse delle sue complici ombre l'amore della vergine* (D'ANNUNZIO).

complicità [fr. *complicité*, da *complice* 'complice'] s. f. ● L'essere complice: *la sua c. è dimostrata*; *fuggirono con la c. delle tenebre.* SIN. Connivenza, correità.

complimentàre [sp. *cumplimentar*, da *cumplir* 'compiere (voti e auguri)', dal lat. *complēre* 'compiere'] **A** v. tr. (*io compliménto*) ● Fare dei complimenti: *è stato molto complimentato per la sua impresa* | Ossequiare, riverire. **B** v. intr. pron. ● Congratularsi: *tutti si complimentano con i vincitori.*

compliménto [sp. *cumplimiento*. V. *complimentare*] **A** s. m. *1* Atto, parola, espressione di ammirazione, rispetto, congratulazione, cortesia e sim.: *fare un c. a qc.*; *ricevere un c.*; *farsi i complimenti*; *accogliere qc. con molti complimenti* | *Per c.*, per pura cortesia | *Visita di c.*, di cortesia | (*antifr.*) Atto, parola offensiva o poco cortese: *non gli ha certo fatto un c.*; *ma che bel c.!* *2* (*al pl.*) Parole, atti improntati a una cortesia convenzionale e affettata | *Fare complimenti*, fare cerimonie, usare molti riguardi e (*est.*) ostentare ritegno, timidezza e sim. | *Stare sui complimenti*, comportarsi in maniera eccessivamente cerimoniosa | *Senza complimenti, senza tanti complimenti*, in modo franco e sbrigativo, senza troppi riguardi | *Non fare complimenti*, comportarsi in modo piuttosto brusco, senza usare troppi riguardi | *Non esserci tempo per i complimenti*, non esserci tempo da perdere. SIN. Cerimonia. *3* (*merid.*) Rinfresco. *4* (*teat.*) Breve saluto, in prosa o in versi, indirizzato un tempo al pubblico da uno degli attori. **B** al pl. in funzione di inter. *1* Si usa come formula di rispettoso e ossequioso omaggio. *2* Esprime compiacimento, ammirazione, apprezzamento e sim.: *complimenti! hai fatto una figurona!* | (*anche antifr.*): *guarda che pasticcio hai combinato: complimenti!* || **complimentàccio**, pegg. | **complimentino**, dim. | **complimentùccio**, dim.

complimentóso agg. *1* Che fa molti complimenti: *l'amico giunse tutto allegro e c.* | Cerimonioso: *un uomo troppo c.* *2* Che si fa, si dice, per complimento: *parole complimentose.* SIN. Cerimonioso, ossequioso. || **complimentosaménte**, avv.

†**complire** (1) [sp. *cumplir*. V. *complimentare*] v. intr. ● Fare complimenti.

†**complire** (2) [V. *compiere*] **A** v. tr. e intr. ● V. *compire*. **B** v. intr. impers. ● Essere utile, giovare.

complottàrdo [da *complotto*, col suff. *-ardo*] s. m. (f. *-a*) *1* Chi ordisce complotti, congiure, intrighi. *2* Chi tende a vedere complotti alla radice di fatti storici.

complottàre [fr. *comploter*, da *complot* 'complotto'] v. intr. (*io complòtto*; aus. *avere*) *1* Fare un complotto: *c. contro qc.* SIN. Congiurare, cospirare. *2* (*est.*) Parlare a voce bassa e concitata: *le due bambine complottavano tra loro.*

complottìstico agg. (pl. m. *-ci*) ● Di, relativo a complotto.

complòtto [fr. *complot*, in origine 'folla, riunione di persone', di etim. incerta] s. m. ● Congiura, intrigo, organizzati segretamente ai danni di qc.: *c. militare*; *c. contro lo Stato*; *organizzare, ordire, sventare un c.*

complùvio [vc. dotta, lat. *complŭviu(m)*, da *plŭvia* 'pioggia'] s. m. *1* (*edil.*) Linea di incontro di due falde del tetto, formanti un diedro concavo, in cui confluiscono le acque piovane. *2* (*archeol.*) Nella casa romana, apertura nel soffitto dell'atrio, attraverso cui entrava la luce e l'acqua piovana, che si raccoglieva giù nell'impluvio.

componèndo [gerundio di *comporre*] s. m. ● (*mat.*) Proprietà delle proporzioni, per cui la somma dei due primi termini sta al secondo come la somma degli ultimi due sta all'ultimo.

componènte **A** part. pres. di *comporre*; anche agg. *1* Nei sign. del v. *2* (*est.*) Che fa parte di un insieme, che entra in un miscuglio. **B** s. m. e f. ● Elemento che concorre alla formazione di un insieme o di una struttura: *i componenti della giuria*; *le componenti del pensiero di Hegel.* SIN. Membro. **C** s. m. *1* Sostanza che entra a far parte di un miscuglio. SIN. Ingrediente. *2* (*mat.*) Sottoinsieme | *C. di un vettore*, uno dei numeri o elementi che, moltiplicati per i rispettivi vettori della base e sommati, danno il vettore. *3* *C. elettronico*, ogni realizzazione fisica di elementi tipici costituenti i circuiti elettronici. *4* (*autom.*) *Componenti per auto*, tutto ciò che non viene fabbricato direttamente dal costruttore automobilistico (per es., gli articoli in gomma, le strumentazioni varie). *5* (*ling.*) Ciascuna delle parti costitutive di una grammatica: *c. semantico, c. sintattico.* *6* (*astron.*) Ciascuna delle due stelle che costituiscono una stella binaria.

componentìstica s. f. ● Il complesso delle attività e delle lavorazioni accessorie relative a una data attività industriale.

componentìstico agg. ● Della, relativo alla, componentistica.

†**compónere** ● V. *comporre*.

componìbile [dal lat. *compōnere* 'comporre'] agg. *1* Che si può comporre | *Mobile c.*, che si può unire o accostare a un altro così da ottenerne uno simile di dimensioni maggiori e spesso di uso molteplice. *2* (*mat.*) In algebra astratta, detto di elementi tali che esista il risultato d'una data operazione applicata a essi.

componibilità s. f. ● Qualità di ciò che è componibile.

componiménto [dal lat. *compōnere* 'comporre'] s. m. *1* (*raro*) Atto, modo, effetto del mettere insieme, formare, costituire. *2* Atto, modo, effetto del mettere d'accordo due o più persone, tesi e sim. in contrasto fra di loro: *è necessario un c. della disputa.* SIN. Composizione. *3* Testo scritto, spec. di carattere letterario o artistico in generale: *c. poetico, teatrale.* *4* Composizione letteraria per esercizio scolastico: *un c. in classe.* SIN. Composizione, tema. *5* †Compostezza, moderazione.

componìstico [dal ted. *Komponist* 'compositore'] agg. (pl. m. *-ci*) ● Che si riferisce alla composizione musicale: *metodi componistici.*

componitóre s. m. (f. *-trice*) *1* (*lett.*) Chi compone | Autore, spec. di opera letteraria: *io, della presente opera c.* (BOCCACCIO). *2* (*raro*) Chi concilia, mette d'accordo.

compórre o †**compónere** [lat. *compōnere*, comp. di *cŭm* 'con' e *pōnere* 'porre'] **A** v. tr. (coniug. come *porre*) *1* Porre insieme varie parti perché costituiscano un tutto organico: *c. un motore, una pietanza, un farmaco*; *il consiglio direttivo è composto di cinque persone.* *2* Produrre, realizzare un'opera, spec. di carattere letterario o musicale (*anche ass.*): *avrei composte molte poesie, se io avessi saputo scrivere o in rima o in prosa in una lingua qual che si fosse* (ALFIERI); *Rossini smise di c. molto presto*; *c. al piano.* SIN. Scrivere. *3* Mettere in ordine, disporre in modo da produrre un effetto esteticamente gradevole: *c. la persona, gli atti, il viso, i capelli, l'abbigliamento* | *C. una salma*, prepararla per le esequie. *4* Atteggiare: *c. il viso a un'espressione di meraviglia.* *5* Mettere d'accordo due o più persone, tesi e sim. in contrasto fra loro: *c. due litiganti*; *c. le discordie*; *c. una vertenza.* *6* (*dir.*) Conciliare: *c. le parti* | *C. una lite*, fare terminare una controversia giuridica mediante conciliazione delle parti. *7* (*tip.*) Mettere insieme i caratteri tipografici, sì da formare parole e righe. **B** v. intr. pron. ● Essere formato, costituito: *la mia famiglia si compone di cinque persone*; *l'opera si compone di tre volumi.* **C** v. rifl. ● (*raro*) Assumere un atteggiamento corretto o composto.

comportàbile [da *comportare*] agg. *1* (*raro, lett.*) Che si può sopportare. *2* †Adatto, conveniente. || **comportabilménte**, avv. *1* In modo comportabile. *2* A seconda.

comportamentàle agg. ● Che riguarda il comportamento | *Psicologia c.*, comportamentismo.

comportamentìsmo [da *comportamento* col suff. *-ismo*; creato sul modello dell'ingl.-amer. *behaviourism*] s. m. ● (*psicol.*) Teoria relativa all'analisi del comportamento che si limita all'esame dei dati osservabili del comportamento esterno, scartando l'introspezione o qualunque ipotesi sui processi psicologici interni. SIN. Behaviorismo.

comportamentìsta s. m. e f. (pl. m. *-i*) ● Seguace del comportamentismo.

comportamentìstico agg. (pl. m. *-ci*) ● Del, relativo al, comportamentismo. SIN. Behavioristico.

comportaménto [da *comportare*] s. m. *1* Modo di comportarsi, di persone e (*est.*) di animali e di cose: *c. riprovevole, ingiustificabile, reticente, cauto*; *il c. di un gas, della fauna marina, delle stelle.* SIN. Condotta. *2* (*psicol.*) Insieme delle azioni e reazioni di un organismo alle stimolazioni esterne e interne | *Terapia del c.*, forma di psicoterapia basata sui principi del comportamentismo, in cui il terapeuta fissa gli obiettivi e valuta oggettivamente i risultati. | *Teoria del c.*, comportamentismo.

comportàre [lat. *comportāre*, comp. di *cŭm* 'con' e *portāre* 'portare'] **A** v. tr. (*io compòrto*) *1* (*lett.*) Sopportare, tollerare: *chi può più comportar tanta sciagura?* (CAMPANELLA). *2* Consentire, permettere: *è un ritmo di lavoro che non comporta vacanze.* *3* Portare con sé come conseguenza, implicare: *uno studio come questo comporta un lungo lavoro di ricerca bibliografica.* **B** v. intr. pron. ● Procedere, contenersi in un certo modo: *non si è comportato bene verso di me.* SIN. Agire, condursi.

comportévole agg. ● (*raro, lett.*) Comportabile | Conveniente. || **comportevolménte**, avv. (*raro*) In modo comportevole.

compòrto [da *comportare*] s. m. *1* (*dir.*) Lasso di tempo che il creditore tollera d'indugio nell'adempimento: *c. di pochi giorni* | *Periodo di c.*, tempo durante il quale il lavoratore dipendente, assente per malattia o infortunio, ha diritto alla conservazione del posto di lavoro. *2* (*ferr.*) Periodo di tempo che un treno ha l'obbligo di rispettare per l'attesa di un treno coincidente.

Compòsite o **Compòste** [dal lat. *compŏsitus* 'composto'] s. f. pl. ● Nella tassonomia vegetale, famiglia di piante erbacee con infiorescenza a capolino e frutto ad achenio (*Compositae*). SIN. Asteracee | (al sing. *-a*) Ogni individuo di tale famiglia. ➡ ILL. **piante** /9-10.

compositìvo [vc. dotta, lat. tardo *compositīvu(m)* 'che serve a unire', da *compōnere* 'comporre'] agg. *1* Che è compreso nella composizione di q.c.: *elemento c.* *2* Relativo alla composizione: *dal punto di vista c.* *3* †Sintetico: *metodo c.*

compòsito [vc. dotta, lat. *compŏsitu(m)*, part. pass. di *compōnere* 'comporre'] **A** agg. ● Composto di diversi elementi: *scopo, stile c.* | *Ordine c.*, ordine architettonico romano, in cui il capitello unisce alle volute di quello ionico le foglie d'acanto del corinzio | (*chim.*) *Materiale c.*, detto di materiale con elevatissime prestazioni meccaniche, costituito da una matrice gener. polimerica e una fase dispersa fibrosa o particellare, usato nell'industria aereospaziale, in campo sportivo e sim. **B** s. m. *1* (*chim.*) Materiale composito. *2* Aereo in cui coesistono caratteristiche strutturali o funzionali proprie di più specie e sottospecie di aerei.

compositóio [da *composito*] s. m. ● (*tip.*) Lamina metallica con sezione a L su cui il compositore allinea i caratteri per formare le linee | Dispositivo analogo montato sulle macchine per comporre.

compositóre [vc. dotta, lat. *compositōre(m)*, da *compŏsitus* 'composito'] s. m. (f. *-trice* (V.)) *1* Chi compone | Autore, spec. di opera musicale. *2* Operaio tipografico addetto alla composizione | †Compositoio.

compositrice A s. f. ● (*tip.*) Macchina per eseguire automaticamente la composizione tipografica. **B** anche agg. inv.: *macchina c.*; *monotype c.*

†**compositùra** [vc. dotta, lat. *compositūra(m)*, da *compŏsitus* 'composito'] s. f. ● Composizione.

composizióne [vc. dotta, lat. *compositiōne(m)*, da *compŏsitus* 'composito'] s. f. *1* Atto, modo, effetto del mettere insieme, formare, costituire | (*mus.*) Arte e scienza del comporre | Pezzo di musica: *una c. moderna* | Nelle arti figurative, distribuzione degli elementi di un quadro, di una scultura, di un'architettura, in vista di un effetto d'insieme | (*ling.*) Formazione di un'unità semantica a partire da elementi lessicali suscettibili di avere di per sé un'autonomia nella lingua. *2* (*tip.*) Coordinamento dei vari componenti grafici di uno stampato | L'operazione di accostare lettere e segni per formare parole e linee | *C. a caldo*, in cui viene impiegato piombo fuso | *C. a freddo*, in cui vengono impiegati sistemi fotografici, come la fotocomposizione | *C. elettronica*, sistema di fotocomposizione in cui l'immagine dei caratteri è formata da un fascio di elettroni o da un laser | *C. a mano*, con i caratteri mobili contenuti nella cassa | *C. meccanica*, con macchine azionate da un operatore o da un nastro perforato, in cui si utilizzano matrici e non caratteri | (*est.*) Il risultato di tale operazione: *c. interlineata, sterlineata*. *3* Testo scritto, spec. di carattere letterario o artistico in generale. *4* Componimento letterario per esercizio scolastico: *oggi hanno fatto la c. in classe*. SIN. Tema. *5* Struttura caratteristica di q.c., nella qualità, numero, distribuzione e sim. dei suoi elementi costitutivi: la *c. del comitato centrale* | (*chim.*) Natura e quantità dei singoli componenti di un miscuglio o di un composto. *6* (*mat.*) *C. d'un numero naturale*, sequenza di numeri naturali la cui somma è il numero dato. *7* (*fis.*) *C. di vettori*, determinazione della loro risultante | *C. delle forze*, riduzione di un sistema di forze ad una risultante esercitante sul corpo la stessa azione | *C. dei movimenti*, determinazione del moto risultante che si ottiene dall'insieme di due o più moti che animano contemporaneamente o successivamente un punto mobile. *8* Atto, modo, effetto del mettere d'accordo due o più persone, tesi e sim. in contrasto fra di loro: *la c. della lite fu molto difficile*. SIN. Componimento. *9* †Compostezza. || **composizioncèlla**, dim. | **composizioncina**, dim. | **composizionùccia**, dim.

compossessióne [vc. dotta, lat. tardo *compossessiōne(m)*, nom. *compossĕssio*, comp. di *cŭm* 'con' e *possĕssio* 'possessione'] s. f. ● Compossesso.

compossèsso [comp. di *con-* e *possesso*] s. m. ● (*dir.*) Possesso in comune di una cosa da parte di più persone: *c. di un fondo*.

compossessóre [vc. dotta, lat. *compossessōre(m)*, nom. *compossĕssor*, comp. di *cŭm* 'con' e *possĕssor* 'possessore'] s. m. (f. *compossedítrice*) ● (*dir.*) Chi possiede q.c. insieme ad altri.

†**compossìbile** [comp. di *con-* e *possibile*] agg. ● Che è conciliabile o compatibile con altri fatti anch'essi possibili.

compos sui /*lat.* 'kɔmpos 'sui/ [lat., 'padrone di sé'] loc. agg. ● (*dir.*) Detto di soggetto pienamente capace di intendere e di volere.

compost /*ingl.* 'kɔmpɔst/ [vc. ingl., propr. 'composta' (V.)] s. m. inv. ● Sostanza fertilizzante ottenuta mediante compostaggio.

compósta [f. sost. di *composto*] s. f. *1* Conserva o marmellata di frutta cotta, con zucchero. *2* Materiale fertilizzante formato da letame, residui organici e terra stratificata, con aggiunta o meno di concimi chimici e liquami. SIN. Terricciato.

compostàggio s. m. ● Trattamento dei rifiuti a prevalente contenuto organico che permette di ottenere, mediante decomposizione biochimica, sostanze usate come fertilizzanti e sim.

Compóste ● V. *Composite*.

compostézza s. f. *1* L'essere composto: *la c. di un abbigliamento, di un gesto* | Contegno pieno di grazia, dignità e correttezza: *il suo terrore non può ... farla uscire dalla natural c.* (MONTI). *2* (*fig.*) Modestia, decoro: *c. di costumi, di vita, di pensieri* | Ordine: *la c. di un luogo, di una stanza*.

compostièra [da *composta*] s. f. ● Coppa in ceramica, vetro e sim. destinata a contenere composte o marmellate di frutta.

compósto A part. pass. di *comporre*; anche agg. *1* Nei sign. del v. *2* Che ha un atteggiamento, o un modo di comportarsi, ordinato, corretto, esteticamente gradevole e sim. *3* (*mat.*) Detto di un insieme in relazione a sue parti | Detto di numero che non è primo. *4* (*ling.*) Detto di parola contenente due o più morfemi lessicali e corrispondente a un'unità significativa. *5* (*chim.*) *Corpo c.*, composto. *6* (*dir.*) *Cosa composta*, quella costituita dalla materiale incorporazione di una cosa in un'altra così da formare una nuova entità. *7* (*bot.*) *Fiore c.*, infiorescenza delle Composite | *Foglia composta*, formata da più foglioline riunite su un picciolo comune | *Frutto c.*, infruttescenza. *8* †Finto, falso. || **compostaménte**, avv. **B** s. m. *1* Ciò che risulta dall'unione di più elementi. *2* (*chim.*) Prodotto della combinazione di due o più elementi chimici, nel quale non sono più ravvisabili le proprietà di ciascuno di detti elementi: *c. di addizione*, *c. di coordinazione*.

compound /*ingl.* 'kɔmpaund/ [vc. ingl., 'composto'] agg. inv. ● Detto di motore a pistoni in cui i gas di scarico azionano una turbina che incrementa la potenza del motore stesso | Detto di dinamo e motori a corrente continua in cui l'eccitazione è costituita da un avvolgimento in serie e da un derivato in parallelo | Detto di motore a vapore, in cui il vapore agisce a più livelli di espansione: *locomotiva c.*

cómpra o **cómpera** [da *comprare*] s. f. *1* Atto del comprare: *fare compere per la casa*. SIN. Acquisto. CONTR. Vendita. *2* La cosa comprata: *una c. inutile*. SIN. Acquisto.

compràbile o **comperàbile**. agg. ● Che si può comprare.

†**compraménto** o †**comperaménto**. s. m. ● Compra.

compràre o **comperàre** [lat. *comparāre* 'procurare, raccogliere', comp. di *cŭm* 'con' e *parāre* 'preparare'] v. tr. (*io cómpro* o *cómpero*) *1* Acquistare una merce o sim. pagandone il prezzo: *c. una casa, un podere*; *c. stoffe, grano, libri, cibi*; *c. q.c. a buon mercato, a contanti, a credito, all'asta, all'incanto*; *c. di prima, di seconda mano*; *c. per mille lire, per un milione* | *C. e non vendere*, (*fig.*) ascoltare le opinioni altrui senza dire le proprie | *Vendere q.c. come s'è comprata*, (*fig.*) dire una cosa come ci è stata riferita | *C. in erba*, aspettando il frutto futuro | *C. al tino*, acquistare il vino alla svinatura | *C. la gatta nel sacco*, (*fig.*) senza vedere la merce | *C. guai*, cercarli | *C. un giocatore*, nel calcio, ingaggiarlo da un'altra società. CONTR. Vendere. *2* (*est.*) Acquistare con denaro q.c. che, per sua natura, non sarebbe suscettibile di acquisto: *c. un titolo nobiliare, una testimonianza, un posto* | (*est.*) Acquistare un essere umano come se fosse una merce: *non di schiava comperata* (L. DE' MEDICI) | (*est.*) Corrompere, spec. con denaro: *ha comprato il giudice*. *3* (*lett.*) Cercare, procurarsi, spec. q.c. che è considerato negativo: *c. brighe, liti* | Scontare con fatiche, dolori e sim. il raggiungimento di q.c. che è considerato positivo: *si comprano pur cari certi piaceri!* (FOSCOLO). *4* †Scontare, pagare il fio || PROV. Chi disprezza compra.

compratóre o †**comperatóre** [lat. tardo *comparatōre(m)*, da *comparāre*. V. *comprare*] s. m. (f. *-trice*) *1* Chi compra. *2* (*org. az.*) Chi, per professione, si occupa dell'approvvigionamento di merci e prodotti, spec. nel settore dell'abbigliamento. SIN. Acquirente, cliente. CONTR. Venditore.

compravéndere [comp. di *compra* e *vendere*] v. tr. (coniug. come *vendere*) ● Trasferire mediante compravendita: *c. un fondo, una casa*.

compravéndita [comp. di *compra* e *vendita*] s. f. ● (*dir.*) Contratto con cui si trasferisce la proprietà di una cosa in cambio di una somma di denaro | *C. a termine*, impegno di cedere o di acquistare determinati titoli azionari a condizioni prestabilite ed a epoca determinata.

comprendènte part. pres. di *comprendere*; anche agg. ● Nei sign. del v.

comprèndere [lat. *comprehĕndere*, comp. di *cŭm* 'con' e *prehĕndere* 'prendere'] v. tr. (coniug. come *prendere*) *1* Contenere, racchiudere, includere: *la seconda edizione del libro comprende alcuni capitoli nuovi*; *nel prezzo non sono comprese le tasse*; *fra gli invitati sono compreso anch'io?*. *2* Afferrare, penetrare con la mente, capire: *benché prestasse attenzione non comprese le sue parole*; *cerca di c. quello che sto per dirti*; *vincere la materia è comprenderla* (LEVI). *3* Considerare con simpatia o indulgenza, scusare, giustificare: *bisogna c. la sua inesperienza*; *non si sente compreso dai genitori*. SIN. Capire, perdonare. *4* (*lett.*) Sopraffare, invadere, con riferimento a particolari stati psichici: *quella visione lo comprese di orrore*. *5* †Afferrare, prendere | †Cogliere, sorprendere.

comprendìbile [da *comprendere*, sul modello di *comprensibile*] agg. ● (*raro*) Comprensibile.

comprendiménto s. m. ● (*lett.*) Il comprendere.

†**comprenditivo** agg. ● Comprensivo.

comprendònio [da *comprendere*] s. m. ● (*fam., scherz.*) Capacità di comprendere, intelligenza: *essere duro, privo, di c.*

comprensìbile [vc. dotta, lat. *comprehensĭbile(m)*, da *comprehēnsus* 'compreso'] agg. ● Che si può comprendere: *finalmente ha tenuto una lezione c.*; *date le circostanze il suo atteggiamento è c.* || **comprensibilménte**, avv.

comprensibilità [vc. dotta, lat. tardo *comprehensibilitāte(m)*, da *comprehensĭbilis* 'comprensibile'] s. f. ● Qualità di ciò che è comprensibile.

comprensióne [vc. dotta, lat. *comprehensiōne(m)*, da *comprehēnsus* 'compreso'] s. f. *1* (*raro*) Atto del comprendere, del racchiudere: *allontanandoci ..., cresce sempre la c. dell'emisfero ed il lume* (BRUNO). *2* Capacità di intendere, di penetrare con la mente: *la c. di questi concetti è fondamentale per gli studi futuri*. SIN. Intelligenza. *3* Capacità di considerare con indulgenza o simpatia sentimenti, opinioni, azioni altrui: *una persona piena di c.*; *la vostra c. lo ha molto aiutato*; *con i giovani ci vuole molta c.* SIN. Condiscendenza, tolleranza. *4* (*filos.*) La totalità degli attributi che un'idea include in sé e che non possono essere eliminati senza che l'idea stessa venga distrutta.

comprensiva [f. sost. di *comprensivo*] s. f. ● (*raro, lett.*) Facoltà di comprendere.

comprensività s. f. ● (*raro*) Facoltà di includere, comprendere più cose o elementi.

comprensivo [vc. dotta, lat. tardo *comprehensīvu(m)*, da *comprehēnsus* 'compreso'] agg. *1* Che comprende, raccoglie in sé più cose: *prezzo c. del servizio*. *2* Che possiede, dimostra, comprensione, indulgenza, tolleranza: *è molto c. nel giudicare gli altri*. SIN. Indulgente, tollerante. || **comprensivaménte**, avv.

comprensoriàle agg. ● Di, relativo a, comprensorio.

comprensòrio [dal lat. *comprehēnsus*, part. pass. di *comprehĕndere* 'comprendere'] s. m. *1* Territorio soggetto a bonifica, a trasformazione fondiaria e sim. *2* (*est.*) Regione, zona, territorio: *il c. savonese*.

compresènte [comp. di *con-* e *presente*] agg. ● Che è presente con altri.

compresènza [comp. di *con-* e *presenza*] s. f. ● L'essere presente con altri.

compréso o †**compriso**. **A** part. pass. di *comprendere*; anche agg. *1* Nel sign. del v. *2* Compenetrato: *c. di meraviglia, di dolore*; *c. del proprio ufficio, della propria dignità* | (*lett.*) Colpito da una malattia: *trovandosi egli allora c. dalla podagra* (BARTOLI). **B** s. m. ● (*raro*) Quanto si comprende in un dato spazio.

comprèssa [fr. *compresse*] s. f. *1* Pezza di garza ripiegata, usata per ricoprire le ferite. *2* Pastiglia di medicamento polverizzato e pressato. || **compressina**, dim.

compressìbile agg. ● (*fis.*) Detto di corpo il cui volume varia al variare della pressione: *gas c.*

compressibilità s. f. ● Proprietà dei corpi compressibili.

compressióne [vc. dotta, lat. *compressiōne(m)*, da *comprĕssus* 'compresso'] s. f. *1* Atto, effetto del comprimere | (*med.*) *C. emostatica*, per frenare una emorragia | (*med.*) *C. cerebrale*, stato morboso cerebrale per aumento improvviso della pressione endocranica. *2* (*fis.*) Riduzione di dimensioni di un corpo sotto l'azione di forze applicate alla superficie: *c. lineare*; *c. di volume*. *3* (*mecc.*) Nei motori a combustione interna, la fase in cui lo stantuffo, risalendo nel cilindro, comprime la miscela d'aria e carburante | *Rapporto di c.*, rapporto tra i volumi che si determinano all'inizio e alla fine della corsa dello stantuffo. || **compressioncèlla**, dim.

compressìvo agg. ● Che serve a comprimere: *fasciatura compressiva*.

comprèsso part. pass. di *comprimere*; anche agg. *1* Nei sign. del v. *2* (*mecc.*) Detto spec. di motore a scoppio i cui cilindri sono stati modificati per sopportare una pressione maggiore del normale.

compressóre [da *compresso*; cfr. il lat. tardo *comprĕssor*, genit. *compressōris* 'stupratore'] **A** agg. ● Che comprime: *muscolo c.*; *rullo c.*; *cilindro c.* **B** s. m. *1* Macchina in grado di esercitare una pressione conveniente su fluidi gassosi. *2 C. stradale*, rullo pesante a trazione animale o automotore, avente la funzione di esercitare una notevole pressione su terra e pietrisco nella costruzione delle massicciate stradali. SIN. Cilindratrice. *3* Nei motori a scoppio, dispositivo, oggi poco usato, che immette nei cilindri un quantitativo di miscela sotto pressione superiore a quello che potrebbero aspirare gli stantuffi.

compressorìsta s. m. (pl. *-i*) ● Operaio addetto a un compressore.

comprimàrio [comp. di *con-* e *primario*] **A** s. m. (f. *-a*) *1* Medico primario insieme con un altro. *2* Atleta che svolge un ruolo di primo piano nella condotta di una gara. *3* Ruolo del teatro d'opera esteso anche al teatro di prosa comprendente le parti che vengono per importanza subito dopo quelle dei protagonisti. **B** anche agg.: *medico, atleta, attore c.*

comprìmere [vc. dotta, lat. *comprĭmere*, comp. di *cŭm* 'con' e *prĕmere* 'premere'] v. tr. (pass. rem. *io comprèssi, tu comprimésti*; part. pass. *comprèsso*) *1* Sottoporre a pressione: *si comprimeva con la mano la ferita*. SIN. Premere, schiacciare. *2* (*fis.*) Sottoporre a compressione: *c. un gas, un fluido*. *3* (*fig.*) Contenere, reprimere, raffrenare: *c. una passione, un desiderio*; *c. le spese superflue*. *4* †Chiudere | †Possedere una donna.

comprimìbile agg. ● Che si può comprimere.

comprimibilità s. f. ● (*fis.*) Compressibilità.

†**comprìso** ● V. *compreso*.

†**cómpro** [da *comprato*] **A** agg. ● Comprato (*anche fig.*): *i compri onori* (PARINI). **B** s. m. ● Compra.

†**comprobàre** e *deriv.* ● V. *comprovare* e *deriv.*

compromésso (1) part. pass. di *compromettere*; anche agg. ● Nei sign. del v.

compromésso (2) [lat. *comprimĭssu(m)*, sost., 'promessa reciproca, compromesso'. V. precedente] s. m. *1* Accordo, accomodamento fra due o più persone, tesi e sim. in contrasto fra di loro, in cui ciascuno dei partecipanti rinuncia a una parte delle sue richieste, rivendicazioni e sim.: *arrivare, venire, a un c.*; *soluzione di c.* | Unione di due o più elementi diversi o contrastanti: *un c. tra il vecchio e il nuovo* (CARDUCCI) | (*polit.*) *C. storico*, la collaborazione al governo in Italia tra le forze cattoliche e quelle comuniste, teorizzata verso la metà degli anni Settanta. *2* (*est., spreg.*) Cedimento, deviazione nel comportamento pratico rispetto ai principi morali, alle idee politiche, e sim. professati sul piano teorico: *costretti quasi a cotali compromessi* (NIEVO) | *Vivere di compromessi*, vivere di espedienti equivoci. *3* (*dir.*) Negozio con cui le parti rimettono ad arbitri la decisione della controversia tra loro sorta | Correntemente, contratto preliminare, spec. di vendita: *concludere un c.*

comprometténte part. pres. di *compromettere*; anche agg. ● Nei sign. del v.

comprométtere [lat. *compromĭttere* 'obbligarsi scambievolmente a ricorrere al giudizio di un arbitro e ad accettarne la decisione', comp. di *cŭm* 'con' e *promĭttere* 'promettere'] **A** v. tr. (coniug. come *mettere*) *1* Rischiare, mettere a repentaglio: *c. la reputazione, la libertà, l'avvenire, il patrimonio, la riuscita di un'impresa*. *2* Coinvolgere in un'azione o situazione difficile o rischiosa, che ha conseguenze a lungo termine, e solo in parte prevedibili, per la posizione, reputazione e sim. di chi vi è implicato, spec. nei campi della vita politica, dei rapporti fra i sessi, e delle attività illegali: *eleggendolo a quella carica lo hanno compromesso definitivamente*; *uscendo con quell'uomo si è compromessa*. *3* Rimettere al giudizio di arbitri, conferendo loro l'incarico di decidere: *c. una lite, una controversia*. **B** v. rifl. *1* Entrare in una situazione, partecipare a un'azione, difficile o rischiosa, per la posizione, reputazione e sim. di chi vi è implicato, spec. nella vita politica, nei rapporti fra i sessi, e nelle attività illegali: *non vale la pena che tu ti comprometta per queste sciocchezze*. *2* †Impegnarsi. *3* †Fidarsi: *io mi comprometto di voi* (GOLDONI).

compromissàrio [vc. dotta, lat. tardo *compromissāriu(m)* 'giudice'. V. *compromesso (2)*] s. m. ● (*raro*) Arbitro: *nominare un c.*

compromissióne [dal fr. *compromission*, deriv. di *compromettre* 'compromettere'] s. f. ● (*lett.*) Compromesso.

compromissòrio [vc. dotta, lat. tardo *compromissōriu(m)*. V. *compromesso (2)*] agg. ● (*dir.*) Relativo a compromesso: *accordo c.* | *Clausola compromissoria*, patto inserito in un contratto o in un trattato o stabilito per iscritto in un atto successivo, in cui le parti stabiliscono di demandare ad arbitri la decisione di eventuali controversie che potranno sorgere sull'interpretazione o applicazione del contratto o del trattato stesso.

comproprietà [comp. di *con-* e *proprietà*] s. f. ● Proprietà di una cosa da parte di più soggetti: *c. di una nave, di un immobile*.

comproprietàrio s. m. (f. *-a*) ● Contitolare di un diritto di proprietà. SIN. Condomino.

comprotettóre [comp. di *con-* e *protettore*] s. m. (f. *-trice*) ● Protettore insieme con altri.

compròva o †**compruòva** [da *comprovare*] s. f. ● Ratifica, conferma, spec. nella loc. *in c.*

comprovàbile [lat. tardo *comprobābile(m)*, da *comprobāre* 'comprovare'] agg. ● Che si può comprovare.

†**comprovaménto** s. m. ● Conferma, ratifica, approvazione.

comprovànte part. pres. di *comprovare*; anche agg. ● Nei sign. del v.

comprovàre o †**comprobàre** [lat. *comprobāre*, comp. di *cŭm* 'con' e *probāre* 'provare'] v. tr. (*io compròvo, †compruòvo*) *1* Provare, confermare, ribadire, in modo chiaro e deciso, o con nuove argomentazioni: *i documenti comprovavano l'esistenza e la proprietà della merce*. SIN. Avvalorare, dimostrare, documentare. *2* †Approvare.

comprovazióne o †**comprobazióne** [lat. *comprobatiōne(m)*, da *comprobāre* 'comprovare'] s. f. ● Atto, effetto del comprovare.

comprovinciàle [vc. dotta, lat. tardo *comprovinciāle(m)*, comp. di *cŭm* 'con' e *provinciālis* 'provinciale'] agg. ● (*raro*) Che è della stessa provincia, spec. con riferimento a religiosi: *vescovi comprovinciali* | Interprovinciale: *istituto c.*

†**compruòva** ● V. *comprova*.

comptometer® /*ingl.* kəmp'tɔmitə*/ [nome commerciale] s. m. inv. ● Tipo di addizionatrice in cui, premendo i tasti, si agisce direttamente sul totalizzatore.

comptometrìsta s. m. e f. (pl. m. *-i*) ● Operatore di comptometer.

†**compùgnere** e *deriv.* ● V. *compungere* e *deriv.*

compulsàre (1) [vc. dotta, lat. tardo *compulsāre* 'spingere violentemente', ints. di *compĕllere* 'spingere'] v. tr. (*io compùlso*) ● (*dir., raro*) Citare: *c. qc. in giudizio*.

compulsàre (2) [fr. *compulser*, dal lat. *compulsāre* (V. prec.)] v. tr. ● Leggere, sfogliare, consultare con frequenza e accuratamente libri, documenti e sim., spec. a scopo di studio.

compulsióne [vc. dotta, dal lat. *compulsiōne(m)* da *compŭlsus* 'costretto'] s. f. ● Coazione, costrizione.

compulsìvo [da *compulso*] agg. ● (*raro*) Costrittivo.

compùlso [vc. dotta, lat. *compulsu(m)*, part. pass. di *compĕllere* 'spingere'] agg. ● (*letter.*) Costretto, obbligato, spinto: *di porta in porta ad accattar compulse* (MONTI).

compùngere o †**compùgnere** [vc. dotta, lat. *compŭngere*, comp. di *cŭm* 'con' e *pŭngere* 'pungere'] **A** v. tr. (coniug. come *pungere*) ● (*raro, lett.*) Accorare, affliggere, rattristare vivamente | (*raro, lett.*) Provocare sentimenti di riverenza, soggezione religiosa: *non mi compunse di divozione nessuna* (ALFIERI) | †Turbare, agitare, angustiare: *ch'i' non sia d'ira e di dolor compunto* (PETRARCA). **B** v. intr. pron. ● (*raro, lett.*) Sentire rimorso, pentirsi.

†**compungiménto** o †**compugniménto** [da *compungere*] s. m. ● Compunzione.

†**compuntìvo** agg. ● Che dà compunzione.

compùnto part. pass. di *compungere*; anche agg. *1* Nei sign. del v. *2* Che mostra afflizione, mortificazione | Che mostra umiltà, o reverenza, o pentimento, spec. a sfondo religioso: *viso c.* SIN. Contrito, mortificato, pentito. *3* Che ostenta ipocritamente umiltà, reverenza o pentimento, spec. a sfondo religioso. || **compuntaménte**, avv. Con compunzione.

compunzióne [vc. dotta, lat. tardo *compunctiōne(m)*, da *compŭnctus*, part. pass. di *compŭngere*. V. *compungere*] s. f. *1* Atteggiamento di chi è compunto. *2* (*relig.*) Dolore e detestazione dei peccati commessi.

computàbile [vc. dotta, lat. *computābile(m)*, da *computāre* 'computare'] agg. ● Che si può computare.

computabilità [da *computabile*] s. f. ● In logica matematica, possibilità di calcolare il risultato di un'operazione mediante un algoritmo finito.

computàre [V. *compitare*] **A** v. tr. (*io cómputo*) *1* Comprendere in un calcolo: *c. il tempo, una pena scontata in esilio* | *C. i termini*, calcolare i giorni o le ore entro cui deve o non deve essere compiuto un determinato atto processuale. *2* Mettere in conto: *c. l'importo di una spesa a qc.* SIN. Addebitare, ascrivere. **B** v. intr. (aus. *avere*) ● Far di conto.

computatóre [vc. dotta, lat. *computatōre(m)*, da *computāre* 'computare'] s. m.; anche agg. (f. *-trice*) *1* (*raro*) Chi, che computa. *2* Assistente del referendario nell'ufficio degli scrittori presso la cancelleria pontificia, incaricato di calcolare e di riscuotere le somme dovute per i documenti rilasciati.

computazionàle [ingl. *computational*, da *to compute* 'calcolare' (V. *computer*)] agg. ● Che si riferisce ai calcolatori | *Linguistica c.*, che esamina i fatti linguistici in base ai risultati degli spogli elettronici.

computazióne [vc. dotta, lat. *computatiōne(m)*, da *computāre* 'computare'] s. f. ● (*raro*) Computo.

computer /komp'pjuter, *ingl.* kəm'pju:tə*/ [vc. ingl., 'calcolatore', da *to compute* 'calcolare', dal fr. *computer* 'computare'] s. m. inv. ● Elaboratore elettronico.

computer animation /*ingl.* kəm'pju:tər æni'meiʃən/ [loc. ingl., comp. di *computer* e *animation* 'animazione'] loc. sost. f. inv. (pl. ingl. *computer animations*) ● (*cine*) Animazione realizzata con il computer.

computer art /*ingl.* kəm'pju:tər a:t/ [loc. ingl., comp. di *computer* e *art* 'arte'] loc. sost. f. inv. (pl. ingl. *computer arts*) ● Creazione di opere artistiche con l'utilizzo di un computer o di materiali elaborati da un computer.

computer crime /*ingl.* kəm'pju:tə 'kraim/ [loc. ingl., comp. di *computer* e *crime* 'crimine'] loc. sost. m. inv. (pl. ingl. *computer crimes*) ● Reato commesso con l'utilizzo o la manomissione di un elaboratore elettronico.

computerése [comp. di *computer* e *-ese (2)*] s. m. ● Insieme di termini tecnici, di modi di dire specialistici, di calchi e prestiti dall'inglese relativi al computer.

computer game /ingl. kəm'pju:tə 'geim/ [loc. ingl., comp. di *computer* e *game* 'gioco'] loc. sost. m. inv. (pl. ingl. *computer games*) ● Videogioco che si esegue con il computer.

computer gràphics /komp'pjuter 'grafiks, ingl. kəm'pju:tə 'græfiks/ [vc. ingl., propr. 'grafica col computer', comp. di *computer* (V.) e *graphics* 'grafica'] loc. sost. f. inv. ● (*elab.*) Scienza e tecnica della produzione di immagini mediante sistemi automatici di trattamento dei dati. SIN. Eidomatica.

computeriàle agg. ● (*raro*) Effettuato mediante l'uso del calcolatore: *valutazione c.*

computerìstico agg. (pl. m. *-ci*) ● Relativo al computer: *industria, tecnologia computeristica.*

computerizzàbile agg. ● Che si può computerizzare.

computerizzàre [da *computer*] v. tr. ● Effettuare mediante l'uso del calcolatore: *c. le operazioni di banca.*

computerizzàto part. pass. di *computerizzare*; anche agg. ● Nei sign. del v.

computerizzazióne s. f. ● Atto, effetto del computerizzare.

computer music /ingl. kəm'pju:tə 'mju:zik/ [loc. ingl., comp. di *computer* e *music* 'musica'] loc. sost. f. inv. ● Musica prodotta con un elaboratore elettronico.

computista [vc. dotta, lat. tardo *computĭsta(m)*, da *cŏmputus* 'computo'] s. m. e f. (pl. m. *-i*) ● Chi si occupa di tenere i conti.

computisterìa [da *computista*] s. f. ● Applicazione dell'aritmetica a calcoli di natura commerciale.

computìstico agg. (pl. m. *-ci*) ● Proprio della computisteria e del computista.

cómputo [vc. dotta, lat. tardo *cŏmputu(m)*. V. *computare*] s. m. *1* Atto, effetto del computare: *fare il c. delle spese*; *mettere in c.* *2* *C. ecclesiastico*, calendario che regola le feste mobili.

†**computrèscere** [vc. dotta, lat. *computrēscere*, comp. di *cŭm* 'con' e *putrēscere* 'marcire'] v. intr. ● Imputridire, putrefarsi.

†**comùna** ● V. *comune (3)*.

comunàle (1) [vc. dotta, lat. tardo *communāle(m)*, da *commūnis* 'comune (1)'] **A** agg. ● Che si riferisce al comune, a un determinato comune: *strada, imposta, stadio c.* **B** s. m. ● †Comune, municipalità.

†**comunàle (2)** [da *comune (1)*] agg. *1* Popolare, di tutti. *2* Ordinario, dozzinale, comune: *questo metodo di studi comunal* (VICO). *3* Neutrale. || †**comunalménte**, †**comunaleménte**, avv. In comune; generalmente.

comunànza s. f. *1* (*lett.*) Atto, modo, effetto dell'essere comune a, essere condiviso da, più cose o persone, comunione: *c. di beni, intenti, stirpe, origine* | †Concordia, accordo. *2* (*lett.*) Comunità: *c. civile, politica, religiosa*; *c. degli uomini* | †Comune.

comunàrdo [fr. *communard* 'della Comune rivoluzionaria di Parigi'] s. m.; anche agg. (f. *-a*) *1* Chi, che partecipò alla Comune di Parigi durante il Terrore o nella rivolta del 1871. *2* (*est.*) Rivoluzionario.

†**comunàre** [da *comune (1)*] v. tr. ● Accomunare.

†**comùnche** ● V. *comunque*.

comùne (1) o †**commùne**, †**comùno** [lat. *commūne(m)* 'che compie il suo incarico (*mūnis*) insieme con (*cŭm*) altri'] **A** agg. *1* Pertinente a due o più persone o cose: *c. a pochi, ad alcuni, a molti*; *un amico c.*; *casa, patrimonio, pascolo, fossa c.* | *Tavola c.*, dove si mangia in comune | *Far causa c. con qc.*, agire insieme, in accordo con qc., condividerne le idee e sim. | Pertinente a tutti i componenti di un insieme di persone o cose: *c. a tutti*; *diritti, doveri, abitudini comuni*; *lingua c.* | Pertinente a una comunità umana specifica o a tutta l'umanità: *il bene c.* | *Salute c.*, redenzione operata dal Cristo. *2* Che è usuale, molto diffuso, generalmente accettato, applicato, seguito e sim.: *c. consenso*; *opinione, uso c.*; *abitudini comuni* | *Senza senso c.*, senza senso, sciocco, sconclusionato | Che non supera i limiti consueti, il livello medio, che è considerato normale: *ingegno, statura, capacità c.* |*Non c.*, raro, straordinario, eccellente | Ordinario: *vino, sale c.* | Che è considerato volgare, non raffinato: *gente, roba c.* CONTR. Raro. *3* (*ling.*) *Nome c.*, che indica persona, animale o cosa, in senso generico | *Genere c.*, dei nomi che possono essere considerati maschili o femminili a seconda che designino maschi o femmine | *Sillaba c.*, ancipite | *Lingua c.*, lingua che si è estesa su un vasto dominio in sostituzione delle parlate locali. *4* †Affabile | †Amante del bene pubblico: *la gente c. perde il vigore* (COMPAGNI). *5* †Neutrale, imparziale. || †**comunaménte**, **comuneménte**, avv. Generalmente, normalmente, di solito; (*raro*) insieme, in comune. **B** s. m. *1* Ciò che è considerato medio, normale | *Uscire dal c.*, distinguersi | *Fuori del c.*, detto di persona o cosa eccezionale | *Non aver nulla in c. con gli altri*, non aver punti di contatto, di intesa | *Mettere in c.*, accomunare | (*raro, lett.*) Complesso, comunità: *il c. degli uomini, dei lettori*. *2* Nella marina militare, militare non graduato di ogni categoria | *C. di prima classe*, marinaio scelto | Nell'esercito, soldato semplice. **C** s. f. *1* (*raro, lett.*) Complesso, comunità: *la c. dei lettori, degli interpreti*. *2* (*teat.*) Porta che mette in comunicazione, con il presunto ingresso dell'appartamento, la stanza raffigurata nella scena del teatro borghese | *Uscire dalla c.*, (*fig.*) andarsene || PROV. Mal comune mezzo gaudio.

Comùne (2) o †**commùne**, †**comùno** [sost. di *comune (1)*] s. m. *1* Ente autarchico territoriale, retto da una Giunta e da un Sindaco, eletti dal Consiglio Comunale | (*est.*) Sede dell'amministrazione comunale. *2* Nel Medioevo spec. italiano, tipo di governo cittadino fondato sull'assunzione del potere da parte di un'associazione libera comprendente prima le famiglie maggiori e poi le corporazioni artigianali e le organizzazioni popolari | Ogni città retta con tale governo. *3* Nel Medioevo, il complesso degli artigiani di una corporazione o consorteria. *4* (*dir., polit.*) *Camera dei Comuni*, (*ell.*) *I Comuni*, il ramo elettivo del parlamento inglese.

comùne (3) o †**comùna** [fr. *commune* 'comune'] s. f. *1* Governo rivoluzionario instauratosi a Parigi durante il Terrore e nel 1871. *2* Organizzazione economica di base della Repubblica Popolare Cinese, diffusa prevalentemente nel settore agricolo, fondata sulla collettivizzazione, la più estesa, dei mezzi di produzione e dei servizi. *3* (*est.*) Convivenza familiare di più persone che, spinte da principi ideologici o da ragioni pratiche, accomunano, spec. su base egualitaria o paritetica, abitazione e mezzi di sostentamento: *una c. evangelica*; *una c. di studentesse americane*.

comunèlla [da *comune (1)*] s. f. *1* Accordo tra persone aventi gli stessi scopi | *Fare c.*, accordarsi con altri per il raggiungimento di un fine comune, spec. equivoco o illecito e (*est.*) riunirsi insieme, formare un crocchio. *2* Chiave che apre tutte le camere di un albergo sì da renderle in ogni momento accessibili al personale di servizio.

comunicàbile [vc. dotta, lat. tardo *communicābile(m)*, da *communicāre* 'comunicare'] agg. *1* Che si può comunicare | *2* †Affabile, socievole.

comunicabilità s. f. *1* Qualità di ciò che è comunicabile. *2* †Affabilità, socievolezza.

comunicàndo [gerundio di *comunicare*] s. m. (f. *-a*) ● Chi sta per ricevere il sacramento dell'Eucarestia.

comunicànte **A** part. pres. di *comunicare*; anche agg. ● Nei sign. del v. **B** s. m. ● Chi amministra il sacramento dell'Eucarestia. **C** s. m. e f. ● Chi si comunica.

comunicàre [vc. dotta, lat. *communicāre*, da *commūnis* 'comune'; nell'accezione religiosa vc. dotta, lat. eccl. *communicāre* 'avvicinarsi all'altare per prendere la comunione'] **A** v. tr. (*io comùnico, tu comùnichi*) *1* Rendere comune, trasmettere: *c. il proprio entusiasmo, la propria gioia*; *c. una notizia, un segreto*; *c. una malattia*; *c. l'energia, il moto* | †Mettere q.c. in comune. *2* Amministrare il sacramento dell'Eucaristia: *c. i fedeli*. *3* Collegare con una via sotterranea due punti di una miniera: *c. due livelli*. **B** v. intr. (aus. *avere*) *1* Essere in relazione, in comunicazione: *queste due stanze comunicano*; *porta che comunica con l'esterno*; *comunicavano per lettera*; *comunica a segni al suo amico*. *2* Condividere o trasmettere pensieri, sentimenti e sim., a livello profondo e in modo sincero: *ho parlato con lui, ma non siamo riusciti a c.* *3* †Far vita comune. **C** v. intr. pron. *1* Propagarsi, trasmettersi: *l'entusiasmo si comunicò ai presenti*. *2* Ricevere l'Eucaristia: *comunicarsi a Pasqua*.

comunicatìva [f. sost. di *comunicativo*] s. f. ● Facoltà di comunicare e di partecipare agli altri i propri sentimenti, i propri entusiasmi, le proprie idee, e sim.: *avere, non avere c.*

comunicatìvo [vc. dotta, lat. tardo *communicatīvu(m)*, da *communicāre* 'comunicare'] agg. *1* Atto a comunicarsi, a diffondersi: *sentimento, stato d'animo c.* | Contagioso (*anche fig.*): *infezione comunicativa*; *risata comunicativa*. *2* Che ha o dimostra comunicativa: *carattere, temperamento c.*; *persona comunicativa*.

comunicàto **A** part. pass. di *comunicare*; anche agg. ● Nei sign. del v. **B** s. m. (f. *-a* nel sign. 2) *1* Comunicazione ufficiale di notizia e sim.: *c. di guerra*; *c. di stampa* | *C. commerciale*, breve avviso pubblicitario fatto alla radio o alla TV. *2* Chi ha ricevuto l'Eucaristia.

comunicatóre [vc. dotta, lat. *communicatōre(m)*, da *communicāre* 'comunicare'] s. m. (f. *-trice*) *1* Chi comunica | (*est.*) Chi sa usare i mezzi di comunicazione di massa per influenzare, persuadere, convincere chi lo ascolta. *2* Chi invia regolarmente comunicazioni ai giornali.

comunicazióne [vc. dotta, lat. *communicatiōne(m)*, da *communicāre* 'comunicare'] s. f. *1* (*raro*) Atto del comunicare, del trasmettere ad altri: *c. di calore, di energia*; *c. del pensiero*. *2* Atto del portare q.c. a conoscenza di altri: *c. di idee, di notizie* | *Mezzi di c. di massa*, il complesso della stampa e dei mezzi audiovisivi impiegati per la diffusione delle notizie a tutti i livelli della società | (*est.*) La cosa stessa che si porta a conoscenza: *fare una c.*; *c. orale, scritta* | Partecipazione: *ricevere la c. dell'avvenuto matrimonio*. *3* Relazione di argomento scientifico, letterario e sim. presentata a un'accademia, un congresso e sim. *4* Atto del trovarsi in contatto, del comunicare con altri: *essere, mettersi, trovarsi in c. con qc. o q.c.* | Mezzo attraverso il quale persone e cose comunicano fra loro: *comunicazioni telefoniche, telegrafiche*; *chiedere la c.* (*telefonica*); *la c. è stata interrotta*. *5* (*elab.*) Processo mediante il quale l'informazione viene trasmessa, con appositi segnali, da un sistema all'altro. *6* Collegamento materiale, passaggio, e sim.: *il canale mette in c. i due paesi*; *un'importante via di c.*; *le stanze sono in c. con il corridoio*. *7* (*spec. al pl.*) Collegamento attuato con mezzi di trasporto: *fra Europa e America esistono rapide comunicazioni*; *comunicazioni terrestri, marittime, aeree*. *8* (*lett.*) †Accomunamento. *9* †Comunione eucaristica.

†**comunichévole** agg. ● Comunicabile.

comunióne [vc. dotta, lat. *communiōne(m)*, da *commūnis* 'comune'] s. f. *1* Atto, modo, effetto dell'essere comune a, essere condiviso da, più persone o cose: *c. di interessi, di idee, di sentimenti* | Stretta relazione psicologica, naturale e sim., fra persone, o fra persone e cose: *l'arcano parlare della natura, e delle anime viventi con essa in più stretta c.* (NIEVO). SIN. Comunanza. *2* L'insieme dei fedeli di una stessa chiesa: *c. anglicana, luterana, presbiteriana* | *C. dei fedeli*, unità spirituale dei credenti in Cristo, costituiti in corpo mistico | *C. dei Santi*, nella teologia cattolica, intima unione in Cristo tra i fedeli vivi e defunti e mutua comunicazione tra essi di beni spirituali. *3* Sacramento dell'Eucaristia: *fare, ricevere la c.* | *Prima c.*, sacramento impartito per la prima volta spec. ai bambini | *C. spirituale*, partecipazione in ispirito al sacramento eucaristico | Ostia per l'Eucaristia. *4* (*dir.*) Contitolarità di un diritto reale: *c. su un fondo*; *c. dei beni tra coniugi* | *C. ereditaria*, conseguente alla successione di più eredi | *C. tacita familiare*, associazione di tipo familiare per l'esercizio in comune di attività agricole.

comunismo [fr. *communisme*, da *commun* 'comune (1)'] s. m. *1* Concezione, movimento o sistema che tende a realizzare l'eguaglianza sociale attraverso la totale comunione delle risorse e dei beni: *il c. delle società primitive e il c. platonico*; *il c. dei movimenti pauperistici medioevali*. *2* Dottrina politica, economica e sociale fondata da K.

Marx e F. Engels verso la metà del XIX sec., che propugna l'abolizione della proprietà privata dei mezzi di produzione e la distribuzione sociale dei prodotti in base ai bisogni di ciascuno | L'attuazione di tale dottrina; l'insieme degli Stati o dei partiti che ad essa si ispirano: *il c. sovietico*; *la storia del c. italiano*. CFR. Marxismo, socialismo.

comunista (*1*) [fr. *communiste*, da *commun* 'comune'] **A** agg. (pl. m. *-i*) ● Proprio del, relativo al comunismo. **B** agg.; anche s. m. e f. *1* Che, chi segue e sostiene il comunismo. *2* Relativo o appartenente a un partito comunista.

comunista (*2*) s. m. e f. (pl. m. *-i*) ● (*dir.*) Chi ha un diritto in comunione con altri.

comunistico agg. (pl. m. *-ci*) ● (*raro*) Del comunismo, dei comunisti.

comunistizzàre [da *comunista* (*1*)] v. tr. ● Conquistare o ridurre al comunismo.

comunistizzazióne s. f. ● Atto, effetto del comunistizzare.

comunistòide agg.; anche s. m. e f. ● (*spreg.*) Che, chi è favorevole al comunismo in modo superficiale e approssimativo.

comunità o †**communità**, †**comunitàde**, **comunitàte** [vc. dotta, lat. *communitāte(m)*, da *commūnis* 'comune'] s. f. *1* Gruppo sociale la cui caratteristica fondamentale è un grado medio di coesione realizzata in base alle comuni origini, interessi pratici e idee dei componenti | *C. locale*, unità sociale, a base locale, i cui componenti cooperano per soddisfare i bisogni della vita economica, sociale e culturale | *C. linguistica*, i cui membri usano lo stesso sistema di segni linguistici. *2* (*est.*) Pluralità di persone unite da relazioni e vincoli comuni di varia natura, in modo da costituire un organismo unico: *la c. cittadina* | *C. familiare*, la famiglia | (*est.*) Insieme di persone che vivono insieme accettando uno stesso sistema di vita: *vivere, stare in c.*; *c. religiosa* | *C. terapeutica*, (*ell.*) *comunità*, associazione di volontariato che si dedica all'assistenza e al recupero di malati mentali, tossicodipendenti o disadattati, spec. attraverso attività lavorative comuni e terapie di gruppo | (*est.*) Parrocchia. *3* (*dir.*) *C. montana*, ente territoriale di diritto pubblico costituito da un gruppo di comuni montani e dotato di propri organi deliberativi ed esecutivi. *4* Insieme di soggetti di diritto internazionale uniti da particolari accordi o trattati: *c. economica europea*, *la c. Europea del Carbone e dell'Acciaio*, *c. europea dell'energia atomica* | *C. internazionale*, i soggetti di diritto internazionale, nei reciproci rapporti che tra loro intercorrono. *5* Comune, municipio | (*est.*) Abitanti del comune | (*dial.*) Sede del comune. *6* Comunanza: *c. d'interessi*, *di opinioni*.

comunitàrio agg. *1* Relativo a una comunità: *gli interessi comunitari*. *2* (*per anton.*) Relativo alla Comunità Europea | *Legge comunitaria*, che ha valore nell'ambito della Comunità Economica Europea.

†**comunitàte** ● V. *comunità*.

†**comùno** ● V. *comune* (*1*) e (*2*).

comùnque o †**comùnche** [comp. di *come* e del lat. *ŭmquam* 'mai', con sovrapposizione di *-cŭmque*, di *ubicŭmque* 'dappertutto', ecc.] **A** avv. ● In ogni modo, in ogni caso: *riuscirò a ottenerlo c.*; *è inutile che tu protesti*: *devi farlo c.* | Con valore concl.: *c. ci penso io*. **B** cong. *1* In qualunque, in qualsiasi modo (introduce una prop. modale con valore rel. e il v. al congv.): *c. stiano le cose, è arrivato il momento di una spiegazione*; *c. sia*; *c. si sia*. *2* Tuttavia (con valore avvers.): *è stata una cosa improvvisa*, *c. potevi almeno avvisarmi*. *3* (*raro*) †Appena che (introduce una prop. temp. con il v. all'indic. o al congv.).

con (*1*) /kon/ [lat. *cŭm*, di origine indeur.] prep. propria semplice. (Fondendosi con gli art. det., dà origine alle prep. art. m. sing. *col* (o *con il*), *collo* (più com. *con lo*); m. pl. *coi* (o *con i*), *cogli* (più com. *con gli*); f. sing. *colla* (più com. *con la*); f. pl. *colle* (più com. *con le*)) **I** Stabilisce diverse relazioni dando luogo a molti complementi. *1* Compl. di compagnia: *passeggiare con gli amici*; *con chi sei stato?*; *verrò con lei* | Rafforzato da 'insieme', 'assieme': *vive insieme con sua sorella* | (*sport*) Nel canottaggio si usa in alcune loc. sost. ell. come *due con* (*timoniere*), *quattro con* (*timoniere*) (V. *due* e *quattro*) | Compl. di unione: *è sempre fuori con il suo cane*; *uscire con l'ombrello*; *è partito con molti bagagli*; *arrosto con patate*, *pasta coi piselli* | (*mat.*) Si usa per esprimere oralmente un indice apposto ad una lettera: 'a_2' *si legge 'a con due'*. *2* Compl. di relazione: *corrisponde con molti personaggi*; *è in ottimi rapporti con i superiori*; *è sposato con una svedese*; *ha litigato con suo padre* | Con il sign. di 'verso': *è buono con gli umili* | Con il sign. di 'contro': *combattere con i nemici*; *prendersela con qc.* *3* Compl. di mezzo o strumento: *rispose con una lettera*; *la città fu presa con l'inganno*; *afferrare q.c. con le mani*; *battere con il martello*; *arrivare col treno*, *con la carrozza*; *andare, venire con il cavallo di San Francesco*, a piedi; *pasta condita col burro*; *spremuta fatta con le arance*. *4* Compl. di modo o maniera: *con impegno*; *con tutto il cuore*; *riso col burro*; *i maccheroni col sugo*; *minestra con la verdura*; *starsene con le mani in mano*, senza far nulla; *andarsene con la coda fra le gambe*, avvilito; *alzarsi con il bicchiere in mano*; *starsene con il cappello in testa* | Seguito da un s. ha anche valore avverbiale: *con garbo*, garbatamente; *con attenzione*, attentamente; *con fatica*, faticosamente; *con rapidità*, rapidamente. *5* Compl. di qualità: *un uomo con i baffi*; *una donna con i capelli tinti*; *un bambino con gli occhi azzurri*; *scarpe con tacco alto*; *casa con il giardino*; *villa con piscina*; *finestre con persiane*. *6* Compl. di limitazione in espressioni fam.: *come va con lo studio?*; *come stai con la tua gamba?*; *col lavoro sono rimasto un po' indietro*. *7* Compl. di causa: *con tale pioggia non si può uscire*; *con questo grande freddo gelerà tutto*. *8* Compl. di paragone: *non vorrai confrontare il tuo lavoro con il mio!* *9* Compl. di circostanza: *viaggiare col maltempo*; *essere a letto con la febbre*; *alzarsi col sole*; *con il passare del tempo*; *tutto si è risolto con il tuo arrivo*. **II** Ricorre con diverso valore in molte espressioni. *1* Con valore raff. seguito da un'altra prep. o da un avv., o da una loc. avv., specifica meglio, esprime con più forza il rapporto che si vuole indicare: *un armadio con dentro la biancheria*; *una casa con vicino un ponte*; *un giardino con davanti un cancello*; *un uomo con in mano una frusta*. *2* Con valore concessivo, limitativo, avversativo col sign. di 'malgrado', 'nonostante': *con tutti i suoi difetti, è una buona ragazza*; *con tanti pensieri, è sempre sereno*; *con tanti bei posti che ci sono, proprio qui dovevamo venire*; *con tutto che è ammalato, vorrebbe uscire* | Concl.: *con questo, col che, e con questo ti saluto*; *col che ti lascio*. *3* Con valore di gerundio (quando è seguito dall'inf.): *col fargli continui dispetti finirai per farlo arrabbiare sul serio*. **III** Unito ai pronomi pers. forma i composti *meco* (V.); *teco* (V.); *seco* (V.); *nosco* (V.); *vosco* (V.).

†**con** (*2*) /kon/ avv. ● (*raro*) Forma tronca di *come*.

con- /kon/ [dalla prep. lat. *cŭm* 'con', di origine indeur., già assunta ad analogo uso preverbale] (anche *co-*, eccetto che davanti ad *s impura*; anche *com-* davanti a *m*, *p* e *b*; anche *col-*, *cor-* davanti a *l* e *r* per assimilazione) pref. ● In parole composte indica 'unione', 'compagnia' e sim.: *conterraneo*, *connazionale*, *compatriota*, *compaesano*, *coabitazione*, *cobelligerante*, *cogestione*, *coscritto*.

†**conàre** [vc. dotta, lat. *conāri*, di etim. incerta] v. intr. ● (*raro*) Sforzarsi, provarsi.

conatìvo agg. ● (*raro*) Che tenta, che prova: *funzione conativa*.

conàto [vc. dotta, lat. *conātu(m)*, da *conāri* 'tentare'] s. m. *1* Tentativo, sforzo, spec. velleitario e destinato all'insuccesso: *un'impetuoso c. al meglio* (SVEVO). *2* Impulso: *c. di vomito*.

cónca [lat. *cŏncha(m)*, nom. *cŏncha*, dal gr. *kónchē*, di origine indeur.] s. f. *1* Capace vaso di terracotta, dall'imboccatura larga, usato, spec. un tempo, per fare il bucato | *C. fessa*, (*fig.*) persona malata. *2* Anfora di rame a due manici, con una strozzatura verso la bocca, tuttora usata in alcune campagne per attingere acqua alla fontana. *3* (*est.*) Concata: *una c. d'acqua*. *4* (*anat.*) Formazione concava | *Conche nasali*, turbinati | Cavità del padiglione auricolare. ➡ ILL. p. 366 ANATOMIA UMANA. *5* Bacino, luogo basso fra i monti | *C. di navigazione*, bacino in muratura nei canali o fiumi, per far passare i natanti da un tronco a un altro di diversa altitudine. *6* (*raro*) Catino: *c. absidale*. *7* (*lett.*) Conchiglia. || **concàccia**, pegg. | **conchétta**, dim. | **conchettina**, dim. | **conchìna**, dim. | **concóna**, accr. | **concóne**, accr. m. | **concùccia**, dim.

concàle [da *conca* col suff. di aggettivo *-ale*] **A** agg. ● Della, relativo alla conca dell'orecchio. **B** s. f. ● (*mat.*) Luogo geometrico per cui il prodotto delle distanze da una retta e da un punto risulta costante.

concàmbio [lat. mediev. *concambiu(m)*. V. *con-* e *cambio*] s. m. ● (*lett.*) Contraccambio | (*econ.*) *Rapporto di c.*, nelle fusioni di aziende per incorporazione, il rapporto fissato tra il valore di un'azione della società incorporante e quello di un'azione della società incorporata.

†**concameràre** [vc. dotta, lat. *concamerāre*, da *cămera* 'volta'] v. tr. ● Fabbricare a volta.

concameràto [da *concamerare*] agg. ● (*bot.*) Detto di organo suddiviso in più camere intercomunicanti.

concamerazióne [vc. dotta, lat. *concameratiōne(m)*, da *concamerāre* 'concamerare'] s. f. *1* †Costruzione a volta. *2* Cavità anatomica, meccanica e sim., a più scomparti comunicanti.

†**concantàre** [vc. dotta, lat. *concantāre*, comp. di *cŭm* 'insieme' e *cantāre* 'cantare'] v. tr. ● Celebrare in versi.

†**concarnàto** [vc. dotta, lat. tardo *concarnātu(m)*, part. pass. di *concarnāre*, 'coprire di carne', poi 'incarnare'] agg. ● Unito con la carne | Incarnato.

concàta [da *conca*] s. f. *1* Quantità di materiale, spec. liquido, che può essere contenuta in una conca. *2* Operazione di riempimento, e successivo svuotamento, di una conca di navigazione.

concatenaménto s. m. ● Atto, effetto del concatenare: *uno stretto c. di fatti* | (*sport*) Nell'alpinismo, ascensione consecutiva di due o più pareti.

concatenàre [vc. dotta, lat. tardo *concatenāre*, comp. di *cŭm* 'con' e *catēna* 'catena'] **A** v. tr. (*io concaténo*) *1* (*raro*, *lett.*) Unire, collegare strettamente, a catena: *c. vari oggetti metallici*. *2* (*fig.*) Collegare, secondo un certo ordine intellettuale, una gerarchia culturale e sim.: *veder chiaramente con l'intelletto le idee che si vogliono esprimere, concatenarle conseguentemente col raziocinio* (FOSCOLO). **B** v. rifl. rec. ● Collegarsi, susseguirsi secondo un certo ordine: *i suoi ragionamenti si concatenano in modo persuasivo*.

concatenàto part. pass. di *concatenare*; anche agg. *1* Nei sign. del v. *2* (*fis.*) *Flusso c. con una linea chiusa*, se esso attraversa la superficie limitata da quella linea. *3* Detto della tensione elettrica esistente tra due fasi di un sistema polifase.

concatenatùra [da *concatenato*] s. f. *1* (*raro*) Concatenazione. *2* (*raro*) Punto di unione di due o più cose.

concatenazióne [vc. dotta, lat. tardo *concatenatiōne(m)*, da *concatenāre* 'concatenare'] s. f. ● Connessione, relazione, che fatti, cose o pensieri hanno reciprocamente fra di loro: *c. di eventi*, *di idee*, *di cause ed effetti*.

concattedràle [comp. di *con-* e *cattedrale*] s. f. ● Chiesa cattedrale insieme con altra, spec. chiesa vescovile di diocesi soppressa e aggregata ad altra diocesi.

concàuṣa [comp. di *con-* e *causa*] s. f. ● Causa che concorre con altre a produrre un dato effetto.

concauṣàle **A** agg. ● Di, relativo a concausa. **B** s. f. ● (*raro*) Concausa.

concauṣàre [da *concausa*] v. tr. (*io concàuṣo*) ● (*raro*) Produrre insieme con altre cause un dato effetto.

concavità o †**concavitàde**, †**concavitàte** [vc. dotta, lat. tardo *concavitāte(m)*, da *cŏncavus* 'concavo'] s. f. *1* Parte concava di un corpo | Cavità. *2* (*raro*) Qualità di ciò che è concavo. *3* (*mat.*) Per una curva priva di flessi, il lato che non contiene le tangenti.

còncavo [vc. dotta, lat. *cŏncavu(m)*, comp. di *cŭm* 'con' e *căvus* 'cavo'] **A** agg. *1* Detto di superficie curva verso l'interno: *specchio c.*; *mura sinuose e concave* (MACHIAVELLI). *2* (*mat.*) Attributo di figura piana o solida tale che l'intero segmento congiungente due suoi punti qualsiasi non appartiene alla figura | *Lente concava*, lente avente due superfici concave o una superficie piana e una concava. **B** s. m. ● (*raro*) Superficie interna della cavità dei corpi concavi: *raccolse l'acqua nel c. della palma* (D'ANNUNZIO).

concedènte A part. pres. di *concedere*; anche agg. ● Nei sign. del v. **B** s. m. e f. ● (*dir.*) Chi è proprietario di un fondo o altro immobile su cui attribuisce ad altri un diritto reale o di obbligazione.

concèdere [vc. dotta, lat. *concēdere* 'ritirarsi, cedere', comp. di *cŭm* 'con' e *cēdere* 'ritirarsi'] **A** v. tr. (pass. rem. *io concèssi* o *concedéi* o *concedètti, tu concedésti*; part. pass. *concèsso*, raro *concedùto*) **1** Dare, largire, permettere, spec. con degnazione indulgente: *c. grazia*; *c. requie*; *c. favori, beni, benefici, sussidi* | Accordare, consentire: *c. facoltà, potere, autorità*; *c. tempo, riposo*; *mi conceda un attimo di attenzione* | *Non c. requie*, incalzare, perseguitare. **2** Ammettere, accettare per vero, giusto, esatto e sim. in una discussione: *questo non te lo concedo*. **B** v. rifl. **1** (*lett.*) Aprirsi, arrendersi a influenze culturali e psicologiche, richieste e sim.: *Beatrice raggia sì, che il poeta si concede vinto* (DE SANCTIS). **2** Darsi, cedere, spec. detto di donna che accetta un rapporto sessuale.

concedìbile agg. ● Che si può concedere.

†**concediménto** s. m. ● Atto, effetto del concedere.

conceditóre s. m. (f. *-trice*) ● (*raro*) Concessore.

concedùto part. pass. di *concedere*; anche agg. ● (*raro*) Nei sign. del v.

concelebrànte A part. pres. di *concelebrare*; anche agg. ● Nei sign. del v. **B** s. m. ● Chi celebra con altri un rito religioso.

concelebràre [comp. di *con-* e *celebrare*] v. tr. (*io concèlebro*) ● Celebrare con altri: *c. la Messa*.

concelebrazióne [comp. di *con-* e *celebrazione*] s. f. ● (*relig.*) La celebrazione della Messa da parte di più sacerdoti riuniti insieme attorno a un solo altare.

concènto [vc. dotta, lat. *concĕntu(m)*, comp. di *cŭm* 'con' e *căntus* 'canto'] s. m. **1** Armonia risultante dal concorde suono delle voci e degli strumenti: *dell'arpa diffuso erra il c. / per la nostra convalle* (FOSCOLO). **2** (*est., lett.*) Armonia: *l'universale c. del mondo* (MARINO). **3** (*raro, fig.*) Accordo.

†**concentóre** [vc. dotta, lat. *concentōre(m)*, da *concĕntus* 'concento'] s. m. ● Chi canta unitamente ad altra persona.

concentràbile agg. ● Detto di sostanza o soluzione suscettibile di concentrazione.

concentraménto s. m. **1** Atto, effetto del concentrare: *c. di truppe* | *C. di artiglieria*, forma di intervento per battere un obiettivo con una massa di fuoco concentrata nello spazio e nel tempo | *Campo di c.*, residenza coatta, per prigionieri di guerra o internati civili. **2** (*econ.*) Concentrazione: *c. di capitali*.

concentràre [comp. parasintetico di *centro*] **A** v. tr. (*io concèntro*) **1** Ammassare, raccogliere, riunire, far convergere in o verso un dato luogo (*anche fig.*), considerato come il punto centrale di una situazione, lo scopo principale di un'attività e sim.: *c. il fuoco, le truppe*; *c. i propri pensieri, le proprie forze, le proprie energie*. **2** (*chim.*) Aumentare la quantità relativa di una o più sostanze in un miscuglio eliminando in parte o completamente gli altri componenti. SIN. Condensare. **B** v. rifl. ● Raccogliersi mentalmente: *concentrarsi negli studi*; *si concentrò tutto su quel problema*.

concentràto A part. pass. di *concentrare*; anche agg. **1** Nei sign. del v. **2** (*fig.*) Intenso e profondo: *passione, ira concentrata*. **B** s. m. **1** (*chim.*) Prodotto di una concentrazione: *il c. di una soluzione*. **2** Conserva alimentare ottenuta per parziale eliminazione dell'acqua: *c. doppio, triplo di pomodoro*. **3** (*fig.*) Cumulo: *il tuo discorso è un c. di sciocchezze*.

concentratóre s. m. **1** Apparecchio, spec. evaporatore, usato per concentrare sostanze, spec. nell'industria conserviera. **2** Sistema di lenti atto a concentrare il fascio luminoso in un proiettore cinematografico.

concentrazionàrio agg. ● Relativo ai campi di concentramento.

concentrazióne s. f. **1** Atto, effetto del concentrare e del concentrarsi. **2** (*chim.*) Quantità relativa di una sostanza in un miscuglio | *C. normale*, percentuale | *C. molale*, molalità. **3** (*econ.*) Raggruppamento di imprese soprattutto industriali, allo scopo di ottenere un'organizzazione economica più efficiente | *C. orizzontale*, fra più imprese che operano allo stesso stadio produttivo | *C. verticale*, fra più imprese operanti ai diversi stadi produttivi. **4** Organismo unitario in cui convergono più raggruppamenti politici: *c. antifascista*. **5** Collaborazione, nell'ambito di un'economia di mercato, fra organi della programmazione, datori di lavoro e sindacati. **6** (*fig.*) Intenso raccoglimento mentale: *questo lavoro richiede molta c.*; *perdere la c.*

concentrazionịsmo s. m. ● Tendenza alla concentrazione delle aziende in grandi complessi industriali.

concentricità s. f. ● (*mat.*) Qualità di ciò che è concentrico.

concèntrico [comp. parasintetico di *centro*] agg. (pl. m. *-ci*) ● (*mat.*) Che ha il medesimo centro | Detto di enti che girano intorno a un medesimo centro. || **concentricaménte**, avv.

†**concèpere** o †**concipere**. v. tr. ● Concepire.

concepìbile agg. ● Che si può immaginare, concepire. SIN. Ammissibile, immaginabile.

concepibilità s. f. ● Possibilità di essere concepito con l'intelletto. CONTR. Inconcepibilità.

concepiménto s. m. **1** Atto del concepire (*anche fig.*): *il c. di un piano astuto*. **2** (*biol.*) Unione dell'ovulo con lo spermatozoo, che dà origine all'embrione.

concepire [lat. *concĭpere*, comp. di *cŭm* 'con' e *căpere* 'prendere'] v. tr. (pres. *io concepisco, tu concepisci*; part. pass. *concepìto*, lett. *concètto*) **1** Determinare la formazione e lo sviluppo dell'embrione e portarlo dentro di sé, spec. detto di donna (*anche ass.*): *ha concepito un figlio*; *una donna desidera di c.* (LEOPARDI). **2** (*est.*) †Accogliere, raccogliere, ricevere | (*est.*) †Assorbire, ricevere un impulso, una sostanza e sim.: *c. il fuoco, l'umidità*. **3** (*est.*) Cominciare a provare uno stato d'animo, un sentimento e sim.: *c. stima, affetto, avversione, odio, sospetto, gelosia per qc.* **4** (*est.*) †Generare: *Rabicano, il quale il vento e 'l fuoco / concetto avean* (ARIOSTO) | (*est.*) †Produrre, detto di terreno, vegetazione e sim. **5** (*est., raro, lett.*) Comprendere, capire | (*est.*) Immaginare, raffigurarsi alla mente: *non riesco a c. le ferie come semplice riposo*; *non sapeva c. e mantenere e rispettare superior forma di istituzioni e azioni di governo* (BACCHELLI) | Ideare, formare, creare, detto di attività intellettuale, psicologica e sim.: *c. un'idea, un progetto, un piano, un'opera scientifica, un poema*.

concepito A part. pass. di *concepire*; anche agg. ● Nei sign. del v. **B** s. m. **1** (*dir.*) Il frutto del concepimento: *i diritti del c.* **2** †Feto | †Figlio.

concerìa [da *concia*] s. f. **1** Fabbrica dove si conciano le pelli. **2** Arte del conciatore, tecnica della concia.

concernènte part. pres. di *concernere*; anche agg. ● Nei sign. del v.

concèrnere [vc. dotta, lat. tardo *concĕrnere* 'vagliare, mescolare insieme', comp. di *cŭm* 'con' e *cĕrnere* 'distinguere, guardare'] v. tr. (pass. rem. raro *io concernéi* o *concernètti, tu concernésti*; dif. del part. pass. e dei tempi composti) ● Essere attinente, pertinente a, relativo a: *è un lavoro che non ti concerne*; *per tutto ciò che concerne quell'argomento, sono d'accordo con te*. SIN. Riguardare.

†**concertaménto** s. m. ● (*raro*) Concerto, accordo.

concertànte part. pres. di *concertare*; anche agg. **1** Nei sign. del v. **2** (*mus.*) *Parte c.*, parte solistica, strumentale o vocale, spesso virtuosistica, di particolare importanza nella composizione musicale | *Strumento c.*, a cui è affidata la parte concertante | *Sinfonia c.*, caratterizzata da parti concertanti.

concertàre [vc. dotta, lat. *concertāre* 'gareggiare, disputare', comp. di *cŭm* 'con' e *certāre* 'gareggiare, discutere, contendere'] **A** v. tr. (*io concèrto*) **1** (*mus.*) Unire, accordare insieme l'armonia delle voci e degli strumenti: *c. uno spartito* | Preparare collegialmente l'esecuzione di un pezzo musicale: *c. una sinfonia*. **2** Organizzare, predisporre, stabilire in accordo con altri, spec. in segreto: *concertarono il testo di un intervento per l'assemblea*; *c. una truffa*; *concertavano un attacco notturno*. SIN. Ordire. **B** v. rifl. ● Accordarsi.

concertàto A part. pass. di *concertare*; anche agg. **1** Nei sign. del v. **2** (*mus.*) *Musica concertata*, sacra, polifonica, in cui le voci sono accompagnate dall'orchestra, con l'organo o senza | *Pezzo c.*, d'assieme, teatrale, nei finali degli atti. **B** s. m. **1** Nel melodramma ottocentesco, pezzo d'assieme di solisti, orchestra e coro. **2** (*raro*) Accordo.

concertatóre s. m.; anche agg. (f. *-trice*) **1** Chi, che ha l'incarico di concertare | Maestro che dirige le prove di un pezzo musicale: *maestro c. e direttore d'orchestra*. **2** (*raro*) Chi, che trama, ordisce.

concertazióne s. f. ● Atto, effetto del concertare.

concertino s. m. **1** Dim. di *concerto*. **2** (*mus.*) Piccolo pezzo concertato. **3** (*mus.*) Nel concerto grosso, gruppo di strumenti solisti contrapposto all'insieme strumentale. **4** A Napoli, piccolo gruppo di suonatori che in occasione di feste viene chiamato per eseguire musiche. **5** Esecuzione musicale dal vivo in locali o parchi pubblici | Il piccolo complesso degli esecutori.

concertịsmo s. m. ● Insieme delle attività di elaborazione teorico-stilistica e di esecuzione di un concerto.

concertista s. m. e f. (pl. m. *-i*) ● Musicista o cantante di grande talento cui, nei concerti, sono affidate parti solistiche | Chi professionalmente suona in concerti.

concertistico agg. ● Relativo a concerto musicale: *attività concertistica*.

concèrto [da *concertare*] s. m. **1** (*raro*) Accordo, intesa | *Essere di c.*, trovarsi d'accordo | *Andare di c.*, procedere insieme e (*fig.*) andare d'accordo: *il qual errore va di c. con quell'altro* (VICO) | (*est., raro*) Insieme di cose che armonizzano: *un c. di coralli, di brillanti* | *Fare c.*, armonizzare. **2** Collaborazione tra più organi pubblici nella quale ciascuno di essi contribuisce con l'apporto del proprio parere alla soluzione di un problema comune: *c. tra Ministri*. **3** Trattenimento, un tempo privato, oggi spec. pubblico, consistente nell'esecuzione di brani musicali: *dare, tenere un c.*; *andare a un c.*; *ascoltare un c.* | *In c.*, detto di cantante, complesso musicale e sim. che si esibisce in uno spettacolo a lui interamente dedicato, spec. a larga partecipazione popolare: *Lucio Dalla in c.* **4** (*mus.*) Composizione strumentale in più tempi | *C. grosso*, composizione per orchestra, gener. in tre tempi, interrotta da passaggi eseguiti da un piccolo gruppo di strumentisti (detto *concertino*) in funzione di solisti | *C. solistico*, in cui il contrasto si sviluppa fra la massa orchestrale e strumenti solisti: *c. per violino e orchestra*. **5** Complesso di suonatori e di cantanti per l'esecuzione di musiche | Orchestra | *C. di campane*, carillon. **6** (*fig., scherz.*) Complesso di suoni disarmonici: *un c. di ragli, di grida*. || **concertino**, dim. (V.).

concessionàrio s. m.; anche agg. (f. *-a*) **1** Chi, che è destinatario di un atto di concessione: *società privata concessionaria di un pubblico servizio*. **2** Chi, che è autorizzato a svolgere un'attività di vendita per conto di una casa produttrice: *sede del c.*; *impresa, società concessionaria*.

concessióne [vc. dotta, lat. *concessiōne(m)*, da *concēdere* 'concedere'] s. f. **1** Atto, modo, effetto del concedere: *c. di un prestito, di un mutuo, di una pensione di guerra*. **2** (*dir.*) Dichiarazione unilaterale di volontà di un privato diretta a far sorgere un diritto in capo ad altri: *atto di c. di ipoteca* | *C. edilizia*, provvedimento amministrativo con il quale, verificate le conformità con la normativa edilizia e urbanistica, la pubblica amministrazione consente la realizzazione di un progetto edilizio. **3** Provvedimento amministrativo che amplia la sfera giuridica dei privati conferendo loro vantaggi giuridici in modo diretto e immediato: *c. di un pubblico servizio*; *c. di una miniera* | *Territorio in c.*, rispetto a cui vi è una limitazione all'esercizio effettivo della sovranità dello Stato a favore di altro Stato, in seguito ad accordo tra gli stessi; appartenente al demanio dello Stato ma concesso in uso a un privato per un determinato periodo e a determinate condizioni | *Tassa sulle concessioni governative*, imposta fiscale su provvedimenti e atti amministrativi. *4* (*raro*) Ammissione: *per sua stessa c. la mia ipotesi è esatta*. *5* (*ling.*) Figura retorica che consiste nell'ammettere provvisoriamente le ragioni dell'avversario, per poi ritorcerle: *Concedo che questo generalmente possa chiamarsi atto proditorio; ma appoggiar quattro bastonate a un mascalzone!* (MANZONI). || **concessioncèlla**, dim.

concessìva [f. sost. di *concessivo*] s. f. ● (*ling.*) Congiunzione concessiva | Proposizione concessiva.

concessìvo [vc. dotta, lat. tardo *concessīvu(m)*, da *concēssus* 'concesso'] agg. ● Che esprime concessione | (*ling.*) *Congiunzione concessiva*, che introduce una proposizione concessiva | *Proposizione concessiva*, proposizione subordinata indicante una circostanza nonostante la quale ciò che è detto nella reggente conserva la sua validità.

concèsso part. pass. di *concedere*; anche agg. *1* Nei sign. del v. *2* *Dato e non c. che*, ammesso per ipotesi che.

concessóre s. m. (f. *conceditrice*) ● (*raro*) Concedente.

†**concettàre** v. intr. (aus. *avere*) ● (*lett.*) Formare concetti ingegnosi.

concettìsmo [da *concetto (2)*] s. m. *1* Tendenza artistica e dottrina estetica del Seicento, che predilige espressioni letterarie concettose, ingegnose, ricche di metafore ardite e stravaganti. *2* (*fig.*) Modo di scrivere elaborato e sentenzioso.

concettìsta s. m. e f. (pl. m. *-i*) ● Seguace del concettismo.

concettìstico agg. (pl. m. *-ci*) ● Proprio del concettismo.

concettìvo [cfr. lat. *conceptīvus* 'che viene dal di fuori'] agg. ● (*raro*) Atto a intendere e a formare concetti.

concettizzàre v. intr. (aus. *avere*) ● (*raro*) Escogitare concetti arguti ed elaborati, spec. per ottenere effetti spiritosi, scherzosi.

concètto (1) [vc. dotta, lat. *concēptu(m)*, part. pass. di *concĭpere* 'concepire'] agg. ● (*raro, lett.*) Concepito.

concètto (2) [vc. dotta, lat. *concēptu(m)*, s. del precedente] s. m. *1* (*filos.*) Ciò che la mente intende e comprende e conclude per mezzo della osservazione riflessione e induzione: *avere il c. di libertà, di giustizia*; *sono le lingue ... ministre dell'uomo, affinché esso per mezzo loro spieghi gl'interni suoi concetti* (MURATORI). *2* (*est.*) Pensiero, idea, nozione: *esprimere, formulare, afferrare, spiegare, un c.*; *un'opera piena di nuovi concetti* | Idea, pensiero ricercato o affettato, in un'opera letteraria. *3* Opinione, giudizio: *formarsi, farsi, un c. di q.c.* | Stima: *avere un cattivo, un buon c. di qc., di q.c.* | *Essere in c. di*, avere fama di | *Essere in c. di santità*, avere fama di santo | (*bur.*) *Impiegato di c.*, che ha maggiori responsabilità e perciò deve possedere buone capacità intellettuali, professionali e sim. *4* (*raro, lett.*) Proposito, proponimento: *fece il cuore c. di pregare gli occhi della donna mia* (L. DE' MEDICI). *5* †Concepimento. || **concettàccio**, pegg. | **concettìno**, dim. | **concettóne**, accr. | **concettùccio**, **concettùzzo**, dim.

concettosità s. f. ● Qualità di chi, di ciò che, è concettoso.

concettóso [da *concetto (2)*] agg. ● Pieno, denso di concetti: *discorso c.* | (*est.*) Involuto, ricercato, difficile a comprendersi: *stile c.* || **concettosaménte**, avv.

concettuàle [da *concetto (2)*] agg. ● Relativo al concetto | *Arte c.*, forma artistica contemporanea che trae ispirazione più dal concetto dell'oggetto rappresentato che dall'oggetto stesso. || **concettualménte**, avv. In modo concettuale, dal punto di vista concettuale.

concettualìsmo [da *concettuale*] s. m. ● (*filos.*) Nella disputa degli universali, posizione intermedia tra realismo e nominalismo che considerava i concetti universali di genere e di specie come costruzioni dello spirito.

concettualìsta s. m. e f. (pl. m. *-i*) ● (*filos.*) Chi, nella disputa degli universali, condivideva le posizioni del concettualismo.

concettualizzàre [comp. di *concettual(e)* e *-izzare*] v. tr. ● Ridurre in concetti, rendere concettuale.

concettualizzazióne s. f. *1* Atto, effetto del concettualizzare. *2* Ciò che è stato concettualizzato.

concezionàle [vc. dotta, lat. tardo *conceptionā-le(m)*, da *concēptio*, genit. *conceptiōnis* 'concezione'] agg. ● Di, attinente a, concezione.

concezióne [vc. dotta, lat. *conceptiōne(m)*, da *concĭpere* 'concepire'] s. f. *1* Atto, effetto del concepire intellettuale o fantastico: *c. di un piano, di un poema*. SIN. Ideazione. *2* Complesso delle idee e delle teorie relative a un argomento: *la moderna c. del matrimonio*; *hai una strana c. dell'amicizia*. *3* Concepimento | *Concezione di Maria Vergine*, *Immacolata Concezione*, quella della Madonna che fu concepita esente da peccato originale | Festa della Concezione di Maria Vergine.

Conchìferi s. m. pl. ● Nella tassonomia animale, divisione dei Molluschi comprendente i Gasteropodi, i Lamellibranchi, i Cefalopodi e gli Scafopodi (*Conchifera*) | (al sing. *-o*) Ogni individuo appartenente a tale divisione.

conchìfero [comp. di *conca* nel sign. 7, e *-fero*] agg. ● Detto di animale provvisto di conchiglia.

conchìglia [vc. dotta, lat. *conchȳliu(m)*, dal gr. *konchýlion*, da *kónchē*. V. *conca*] s. f. *1* (*zool.*) Guscio protettivo che avvolge il corpo di alcuni Invertebrati, spec. Molluschi. *2* (*raro*) Mollusco. *3* Motivo di ornato architettonico, a forma di conchiglia, usato spec. per decorare calotte di nicchie, targhe, stemmi e sim. *4* *Punto a c.*, punto di ricamo traforato eseguito con due fili diversi | Punto della lavorazione a maglia. *5* Elemento di protezione del basso ventre usato da alcune categorie di atleti contro eventuali colpi. *6* Nei fucili da caccia, nicchia ove alloggiano i percussori a cani esterni. *7* Forma di metallo o altra materia per fusioni in serie, composta generalmente di due pezzi apribili. *8* (*spec. al pl.*) Sorta di pasta corta da minestra. *9* Nel giradischi, parte terminale amovibile del braccio sulla quale è fissata la testina. || **conchigliétta**, dim. | **conchiglìna**, dim. | **conchiglióne**, accr. m. | **conchigliuòla**, dim. | **conchigliùzza**, dim.

conchiliàceo [dal lat. *conchȳlium* 'conchiglia'] agg. ● Che è formato da conchiglie.

conchilìfero [comp. del gr. *konchýlē* 'conchiglia' e di *-fero*] agg. ● Detto di terreno ricco di conchiglie fossili.

conchilifórme [comp. del gr. *konchýlē* 'conchiglia' e di *-forme*] agg. ● Che ha forma di conchiglia.

conchiliologìa [fr. *conchyliologie*. V. *conchiglia* e *-logia*] s. f. (pl. *-gie*) ● Ramo della zoologia che studia le conchiglie.

conchìno [fr. *conquin*, dallo sp. *con quien* 'con chi'] s. m. solo sing. ● Gioco di carte affine al ramino.

conchiolìna [fr. *conchyoline*, forma errata per **conchylioline*, dal lat. *conchȳlium* 'conchiglia', col suff. *-ine* e la *-l-* eufonica] s. f. ● (*zool.*) Sostanza organica che riveste l'esterno della conchiglia dei Molluschi.

conchiùdere e *deriv.* ● V. *concludere* e *deriv.*

cóncia [da *conciare*] s. f. (pl. *-ce*) *1* Trasformazione della pelle in cuoio | *C. in fossa*, concia lenta, fatta in passato impiegando legni e cortecce vegetali | *C. al vegetale*, per mezzo di estratti tannici naturali | *C. al cromo*, per mezzo di sali basici di cromo | *C. all'allume* o *in alluda*, per mezzo di allume di rocca | *C. all'olio*, per mezzo di olio di fegato di merluzzo. SIN. Scamosciatura | *Lana di c.*, quella ottenuta dalla pelle di ovini macellati. *2* Trattamento cui vengono sottoposti tabacco, olive, vino per evitarne l'alterazione e migliorarne la qualità | *C. del maiale*, operazione consistente nel tagliare e lavorare le carni del maiale, ponendole poi a contatto con sostanze adatte a conservarle. *3* (*tess.*) Fase della preparazione delle fibre artificiali a base di caseina consistente in una stabilizzazione dei filamenti in bagno di formaldeide | (*raro*) Bagno per tingere i panni. *4* (*est.*) Sostanza con cui si concia | (*est.*) Conceria. *5* †Addomesticamento di uccelli da rapina.

conciabròcche [comp. di *concia(re)* e il pl. di *brocca (1)*] s. m. inv. ● Ramaio, conciacaldaie.

conciacaldàie [comp. di *concia(re)* e del pl. di *caldaia*] s. m. inv. ● Ramaio.

conciàia [da *concio (4)*] s. f. ● (*tosc.*) Fossa o luogo ove si tiene il concio.

conciàio s. m. ● (*raro*) Conciaiolo.

conciaiòlo o **conciaiuòlo** s. m. ● (*tosc.*) Addetto alla concia delle pelli.

conciànte **A** part. pres. di *conciare*; anche agg. ● Nei sign. del v. **B** s. m. ● Sostanza naturale o artificiale usata per conciare le pelli degli animali. SIN. Concia.

conciapèlli [comp. di *concia(re)* e il pl. di *pelle*] s. m. ● (*raro*) Chi per mestiere concia le pelli.

conciàre [lat. parl. **comptiāre*, da *cōmptus* 'adorno'] **A** v. tr. (*io cóncio*) *1* Sottoporre a concia | *C. le pelli*, trattare le pelli con sostanze che si fissano irreversibilmente alle medesime, impedendo la putrefazione senza alterarne la struttura, la morbidezza e la flessibilità | *C. la seta*, con la cottura | *C. il lino, la canapa*, renderli filabili | *C. il tabacco*, preparare le foglie per farne sigari e sim. o polvere da fiuto | *C. le sementi*, trattarle con polveri anticrittogamiche o insetticide | (*tosc.*) *C. il grano*, mondarlo, prima di portarlo al mulino | *C. vini*, aggiungervi alcol o altri ingredienti per mutarne il tasso alcolico, o dar loro particolari sapori | (*raro*) *C. il pesce*, marinarlo. *2* (*raro, lett.*) Abbigliare, adornare, riassettare. *3* (*antifr.*) Ridurre in cattivo stato, battere, maltrattare (*anche fig.*): *come hai conciato questi poveri libri!*; *lo hanno conciato proprio male* | *C. qc. per le feste*, *per il dì delle feste*, ridurlo in condizioni pessime. *4* Lavorare pietre da costruzione, squadrandole per ottenere conci | Lavorare o squadrare pietre preziose o marmi. *5* (*tess.*) Dare corpo al panno nella gualchiera. *6* Castrare porci o vitelli. *7* (*dial.*) Condire, spec. l'insalata. *8* †Concimare. *9* †Addomesticare uccelli da rapina. **B** v. rifl. *1* Ridursi male, insudiciandosi o altro: *guarda come ti sei conciato!* | Abbigliarsi male, senza gusto: *si concia in modo ridicolo*. *2* †Accordarsi.

conciàrio **A** agg. ● Relativo alla concia: *tecnologia conciaria*. **B** s. m. ● Tecnico specializzato nella concia delle pelli.

conciàto part. pass. di *conciare*; anche agg. ● Nei sign. del v.

conciatóre s. m. (f. *-trice*, pop. *-tora*) ● Chi svolge l'operazione del conciare: *c. di pelli, di lino, di diamanti*.

conciatùra s. f. ● Atto, effetto del conciare | Residui di tale operazione.

concierge /fr. kɔ̃'sjerʒ/ [vc. fr., prob. dal lat. volg. **consērviu(m)*, da *sērvus* 'schiavo', in origine 'guardiano'] s. m. e f. inv. ● Portiere di un albergo o di un'abitazione lussuosa.

†**concièro** [da *conciare* 'correggere'] s. m. ● Correzione di uno scritto, di un'opera letteraria.

conciliàbile [da *conciliare (1)*] agg. ● Che si può conciliare: *teorie conciliabili fra loro*; *i miei interessi non sono conciliabili con i tuoi*. || **conciliabilménte**, avv. In modo da poter stabilire un accordo, un rapporto armonico.

conciliabilità s. f. ● Possibilità di raggiungere un accordo. SIN. Compatibilità.

conciliàbolo [vc. dotta, lat. *conciliābulu(m)*, da *conciliāre* 'unire'. V. *concilio*] s. m. *1* Adunanza segreta o appartata, spec. per fini non buoni: *un c. di congiurati, di vecchie beghine*. SIN. Riunione. *2* Luogo di adunanza.

conciliànte part. pres. di *conciliare (1)*; anche agg. *1* Nei sign. del v. *2* Accomodante, arrendevole, bonario: *mostrarsi, apparire c.*

conciliàre (1) [vc. dotta, lat. *conciliāre* 'unire, legare, conciliare', da *concĭlium*. V. *concilio*] **A** v. tr. (*io concìlio*) *1* Mettere d'accordo, in pace: *c. due avversari, gli animi, le opinioni* | Armonizzare cose fra loro contrastanti: *c. il dovere con il piacere*. *2* (*dir.*) Far venire meno la materia di una controversia: *c. le parti processuali* | *C. una contravvenzione*, tramutarla in illecito amministrativo mediante pagamento immediato dell'ammenda all'autorità competente. *3* Procacciare, procurare, favorire: *il vino concilia il sonno*; *il moto concilia l'appetito* | Cattivare: *c. la simpatia, l'affetto*; *si è conciliato la stima di tutti*. **B** v. intr. pron. e rifl. rec. *1* Andare d'accordo: *umiltà e superbia non si conciliano*. *2* Trovare un accordo con qc.: *conciliarsi con gli antichi nemici* | (*est.*) Conformarsi.

conciliàre (2) [da *concilio*] **A** agg. ● Che si riferisce a un concilio: *sessione c.*; *padri conciliari*. || **conciliarménte**, avv. Per mezzo, per via di concilio. **B** s. m. ● Ciascuno dei partecipanti a un concilio: *riunione dei conciliari*.

conciliarismo [da *conciliare* (2)] s. m. ● Dottrina che afferma la superiorità del concilio ecumenico sul papa. SIN. Episcopalismo.

conciliativo agg. ● Atto a conciliare: *rivolse loro parole conciliative* | (*raro*) Accomodante.

conciliatóre [vc. dotta, lat. *conciliatōre(m)*, da *conciliāre* 'conciliare (1)'] **A** agg. (f. *-trice*) ● Che concilia: *intervento c.*; *arbitro, giudice c.*; *parole conciliatrici*. **B** s. m. **1** Chi concilia: *ricorrere agli uffici di un c.* **2** (*dir.*) Magistrato esplicante funzioni sia di giudice istruttore sia di giudice decidente in cause varie di limitata entità economica. SIN. Giudice conciliatore.

conciliatòrio [da *conciliare* (1)] agg. ● Che tende a un accordo, a una pacificazione: *intervento c.*

conciliatorismo [da *conciliatore*] s. m. ● Tendenza a conciliare principi contrastanti: *è costretto, per concludere il discorso, a invocare ... il c.* (CROCE).

conciliazióne [vc. dotta, lat. *conciliatiōne(m)*, da *conciliāre* 'conciliare (1)'] s. f. **1** Atto, effetto del conciliare o del conciliarsi: *raggiungere una c. tra le opposte tesi*. SIN. Accordo. **2** (*dir.*) Componimento, composizione: *c. delle parti, di una contravvenzione* | *Tentativo obbligatorio di c.*, a cui deve procedere il giudice nella prima udienza di trattazione della causa. **3** Accordo concluso tra la Chiesa cattolica e lo Stato italiano, determinante la stipulazione dei Patti Lateranensi.

concilio [vc. dotta, lat. *concĭlĭu(m)* 'unione, adunanza, assemblea', comp. di *cŭm* 'con' e *calāre* 'chiamare' di origine onomat. (?)] s. m. **1** Assemblea dei vescovi per discutere e definire questioni in materia di fede, di costumi e di disciplina: *c. nazionale, provinciale, diocesano* | *C. ecumenico* o *universale*, quello cui partecipano, con titolo di padri conciliari, tutti i vescovi della Chiesa per definire questioni fondamentali | *Decreti, atti del c.*, deliberazioni prese nelle assemblee conciliari | *Spirito del c.*, il nuovo atteggiamento assunto dalla Chiesa cattolica dopo il Concilio Vaticano II. **2** (*est.*) Adunanza o riunione, anche segreta (*spec. scherz.*): *oggi gli inquilini si sono riuniti in c.* || **conciliétto**, dim.

concimàia [da *concime*] s. f. ● Costruzione rurale di deposito e trasformazione dello stallatico in letame maturo utilizzato come fertilizzante. SIN. Letamaio.

concimàre v. tr. (*io concimo*) ● Spargere il concime sul terreno per aumentarne o conservarne la fertilità. SIN. Fertilizzare.

concimatóre agg.; anche s. m. (f. *-trice*) ● Che, chi concima.

concimatùra s. f. ● (*raro*) Concimazione | L'epoca in cui ciò avviene.

concimazióne s. f. ● Distribuzione del concime | (*est.*) Modo, epoca in cui ciò avviene. SIN. Fertilizzazione.

concime [da *conciare*, nel sign. A 3] s. m. ● Qualsiasi prodotto che, somministrato al terreno, ne aumenta la fertilità: *c. chimico, complesso, composto* | *C. binario, ternario*, formato rispettivamente da due o da tre elementi fertilizzanti | *C. organico*, formato da letame, deiezioni, terricciati, sovescio, residui animali e vegetali.

concimière s. m. ● Attrezzo meccanico che ricicla i rifiuti organici trasformandoli in concime.

concinnità [vc. dotta, lat. *concinnitāte(m)*, da *concinnāre* 'preparare, disporre per bene', di etim. incerta] s. f. ● (*lett.*) Eleganza, simmetria, armonia del discorso o nello stile letterario.

concìnno [lat. *concĭnnu(m)*. V. *concinnità*] agg. ● (*lett.*) Elegante, proporzionato, armonioso: *un c. cantico perpetuo* (PASCOLI).

cóncio (1) [part. pass. di *conciare*] **A** agg. (pl. f. *-ce*) **1** Che è stato sottoposto a concia: *pelli conce*; *pietra concia*. **2** Acconcio | Accomodato | Lavorato | *Mal c.*, malridotto; V. anche *malconcio*. **B** s. m. ● †Belletto, ornamento.

cóncio (2) [da *conciare*, nel sign. A 4] s. m. **1** Pietra squadrata in forma più o meno regolare, in vista del suo impiego in una costruzione, spec. nei paramenti esterni. **2** (*est.*) Fregio, ornamento.

†**cóncio** (3) [da *conciare*, nel sign. B 2] s. m. ● Accordo, pace | Ordine, assetto | *Essere in c.*, essere in procinto | *Mettere in c.*, preparare | Opportunità, vantaggio: *andavano brancolando per camera in busca d'alcuna cosa di lor c.* (BARTOLI) | *Venir in c.*, cadere opportuno.

cóncio (4) [da *conciare*, nel sign. A 3] s. m. **1** (*tosc.*) Letame di escrementi del bestiame grosso. **2** (*est., tosc.*) Cosa o persona spregevole.

†**conciofosseché** /kontʃofosse'ke*, kontʃoffosse'ke*/ o †**con ciò fósse che**. cong. ● (*lett.*) Conciofossecosaché.

†**conciofossecosaché** /kontʃofossekosa'ke*, kontʃoffossekosa'ke*/ o †**con ciò fósse còsa che**. cong. **1** (*lett.*) Poiché, dal momento che (introduce una prop. causale con il v. all'indic. o al congv.) | Oggi scherz. **2** (*raro, lett.*) Benché, per quanto (con valore concess.).

concionàre [vc. dotta, lat. *contionāri*, da *cōntio*, genit. *contiōnis* 'concione'] v. intr. e tr. (*io concióno*; aus. *avere*) ● (*lett.*) Tenere una concione, arringare | (*iron.*) Fare discorsi ampollosi e retorici: *quelli che ... concionavano declamazioni* (CARDUCCI).

concionatóre [vc. dotta, lat. *concionatōre(m)*, da *cōntio*, genit. *contiōnis* 'concione'] s. m. (f. *-trice*) ● (*lett.*) Chi tiene concione.

concionatòrio agg. ● (*lett.*) Di, da concione: *tono c.*; *eloquenza concionatoria*.

concióne [vc. dotta, lat. *contiōne(m)*, da **conventiōne(m)*, comp. di *cŭm* 'con' e *venīre* 'venire'] s. f. **1** †Adunanza pubblica, assemblea. **2** Discorso che, nelle storie, è posto in bocca a un personaggio | †Discorso pubblico: *nelle concioni e ne' ragionamenti privati, così retti come obliqui* (MACHIAVELLI) | (*est., iron.*) Discorso prolisso e pomposo.

†**con ciò sia che** /kon 'tʃɔ s'sia ke*/ ● V. †*conciossiaché*.

†**con ciò sia còsa che** /kon 'tʃɔ s'sia 'kɔsa ke*/ ● V. †*conciossiacosaché*.

†**conciossiaché** o †**con ciò sia che**. cong. **1** (*lett.*) Poiché (introduce una prop. caus. con il v. all'indic. o al congv.) | Infatti (con valore concl.) | Oggi usato in tono scherz. **2** (*lett.*) Benché (introduce una prop. conc. con il v. al congv.). **3** (*raro*) Qualora, nel caso che (introduce una prop. condiz. con il v. al congv.).

†**conciossiacosaché** o †**con ciò sia còsa che**. cong. ● (*lett.*) Conciossiaché.

†**concìpere** ● V. †*concepere*.

†**concipiènte A** part. pres. di *concepire*; anche agg. ● Nei sign. del v. **B** s. m. e f. ● Chi concepisce.

concisióne [vc. dotta, lat. *concisiōne(m)* 'divisione, smembramento', da *concīdere* 'tagliare', prob. attrav. il fr. *concision*] s. f. ● Brevità ed essenzialità nello scrivere e nel parlare: *la c. dello stile*; *esprimersi con c.* SIN. Stringatezza. CONTR. Prolissità.

conciso [vc. dotta, lat. *concīsu(m)*, part. pass. di *concīdere* 'tagliare'] agg. **1** †Inciso, tagliato. **2** (*fig.*) Che, parlando o scrivendo, esprime le idee con stringatezza ed efficacia: *stile, autore c.*; *siate più concisi nello scrivere*. SIN. Breve, stringato. CONTR. Prolisso. || **concisaménte**, avv.

concistoriàle o †**consistoriàle**. agg. ● Del concistoro: *atto c.*; *avvocato c.* | *Congregazione c.*, organo della Curia romana, presieduto dal Sommo Pontefice, dal quale dipendono gli affari pertinenti le diocesi.

concistòro o †**concistòrio** †**consistòrio**, †**consistòro** [vc. dotta, lat. tardo *consistōriu(m)* 'luogo di riunione', da *consīstere* 'fermarsi'] s. m. **1** Assemblea dei cardinali convocata dal Papa per definire questioni importanti o per dare solennità a una sua decisione: *c. pubblico*; *c. segreto*; *c. semipubblico* | (*est.*) Luogo in cui si tiene tale assemblea. **2** Assemblea di ministri e anziani in alcune chiese evangeliche | Consiglio particolare dei vescovi della chiesa ortodossa. **3** (*est., lett.*) Riunione | (*scherz.*) Gruppo di persone che discutono.

concitaménto [vc. dotta, lat. *concitamĕntu(m)*, da *concitāre* 'concitare'] s. m. ● (*lett.*) Il concitare | Eccitazione.

concitàre [vc. dotta, lat. *concitāre*, ints. di *concīre* 'eccitare, incitare'] v. tr. (*io cóncito*) **1** (*lett.*) Incitare, agitare, provocare, sommuovere: *c. e' principi alle guerre* (GUICCIARDINI). **2** (*fig., lett.*) Suscitare, eccitare, stimolare, riferito a sentimenti, emozioni, sensazioni fisiche e sim.: *c. o raffrenare gli umori e le inclinazioni a l'ira o a la mansuetudine* (TASSO).

concitativo agg. ● (*raro*) Atto a produrre concitazione.

concitàto part. pass. di *concitare*; anche agg. **1** Nei sign. del v. **2** Che possiede e manifesta eccitazione, emozione e sim., detto di persona o di cosa: *era tutto c.*; *un discorso c.*; *il c. imperio* (MANZONI). || **concitataménte**, avv.

concitatóre [vc. dotta, lat. *concitatōre(m)* e *concitatrīce(m)*, da *concitāre* 'concitare'] s. m.; anche agg. (f. *-trice*) ● (*raro*) Chi, che concita, agita.

concitazióne [vc. dotta, lat. *concitatiōne(m)*, da *concitāre* 'concitare'] s. f. ● Intensa agitazione dell'animo: *essere in uno stato di estrema c.*; *parlare con c.* | Impeto, foga: *c. di stile*.

concittadino [comp. di *con-* e *cittadino*] **A** s. m. (f. *-a*) ● Cittadino del medesimo stato o della medesima città: *godere la stima dei propri concittadini*. **B** agg. ● (*lett.*) Della medesima città: *la schiera concittadina* (MONTI).

†**concìve** [vc. dotta, lat. tardo *concīve(m)*, comp. di *cŭm* 'con' e *cīvis* 'cittadino'] s. m. ● Concittadino.

conclamàre [vc. dotta, lat. *conclamāre*, comp. di *cŭm* 'con' e *clamāre* 'gridare, affermare'] v. tr. (*io conclàmo*) **1** (*lett.*) Gridare insieme, a gran voce | Proclamare. **2** †Chiamare, invocare.

conclamàto part. pass. di *conclamare*; anche agg. **1** Nei sign. del v. **2** (*med.*) Chiaro, evidente: *sintomatologia conclamata*.

conclamazióne [vc. dotta, lat. *conclamatiōne(m)*, da *conclamāre* 'conclamare'] s. f. ● (*lett.*) Acclamazione universale.

conclàve [vc. dotta, lat. *conclāve* 'camera (che si può chiudere con la chiave)', comp. di *cŭm* 'con' e *clāvis* 'chiave'] s. m. ● Luogo chiuso in cui si riuniscono i cardinali per eleggere il Papa: *entrare in c.* | Assemblea dei cardinali per l'elezione del Papa.

conclavista s. m. (pl. *-i*) ● Prelato o laico al servizio del cardinale in conclave.

conclavìstico agg. (pl. m. *-ci*) ● Che si riferisce al conclave.

concludènte o (*raro*) †**conchiudénte** part. pres. di *concludere*; anche agg. **1** Nei sign. del v. **2** Convincente: *un'argomentazione c.* | Che riesce a realizzare quanto si era prefisso. **3** (*dir.*) *Comportamento c.*, quello con il quale un soggetto dimostra implicitamente la propria volontà di concludere un contratto. || **concludenteménte**, avv.

conclùdere o (*raro*) **conchiùdere** [vc. dotta, lat. *conclūdere*, comp. di *cŭm* 'con' e *claudere* 'chiudere'] **A** v. tr. (pass. rem. *io conclùsi, tu concludésti*; part. pass. *conclùso*) **1** †Comprendere, serrare. **2** Mandare a effetto, portare a compimento (*anche ass.*): *c. un patto, un affare, un'alleanza*; *c. la pace*; *quando pensate voi di c. le nozze con mia sorella?* (GOLDONI); *non abbiamo concluso nulla*; *è una persona che non conclude*. **3** Finire, terminare: *c. un discorso, un'opera*. **4** (*dir., raro*) Precisare le conclusioni: *c. una comparsa*. **5** Argomentare, dedurre: *da ciò si conclude che noi abbiamo ragione*. **B** v. intr. (aus. *avere*) ● Essere valido, utile, importante, convincente e sim.: *obiezioni che non concludono*. SIN. Convincere, persuadere. **C** v. intr. pron. ● Aver termine: *lo spettacolo si concluse con successo*. SIN. Finire.

conclusionàle [da *conclusione*] agg. ● (*dir.*) Nella loc. *comparsa c.*, nel processo civile, atto con cui una parte conclude la propria difesa riassumendo le proprie precedenti comparse.

conclusióne o (*raro*) **conchiusióne** [vc. dotta, lat. *conclusiōne(m)*, da *conclūdere* 'concludere'] s. f. **1** Atto, modo, effetto del concludere: *la c. del contratto è stata laboriosa*; *una dura condanna fu la c. del processo*; *la c. del libro* | *In c.*, per concludere | *Senza c.*, vanamente. SIN. Esito, fine. **2** Deduzione, argomentazione logica e sim.: *trarre, cavare una c.*; *venire alla c.* **3** (*filos.*) In logica, la terza proposizione di un sillogismo contenuta in modo implicito nelle prime due. **4** (*dir., al pl.*) Formulazione sintetica dei provvedimenti che si chiedono al giudice, dopo aver esposto i fatti da cui ha origine la causa e le conseguenze di diritto: *le conclusioni del Pubblico Ministero, della difesa*; *precisare le conclusioni*. || **conclu-**

sionàccia, pegg. | **conclusioncèlla**, dim. | **conclusionùccia**, dim. | **conclusionùcola**, dim.

conclușivo o †**conchiușivo** [vc. dotta, lat. tardo *conclusivu(m)*, da *conclūsus* 'concluso'] agg. ● Atto a concludere, decisivo: *ragionamento, punto c.*; *affermazione, opinione conclusiva* | (*ling.*) *Congiunzione conclusiva*, che coordina esprimendo una conclusione. || **conclusivaménte**, avv.

conclùșo o (*raro*) **conchiùso** **A** part. pass. di *concludere*; anche agg. ● Nei sign. del v. **B** s. m. ● (*raro*) †Conclusione.

concòide [vc. dotta, gr. *konchoeidḗs* 'simili a conchiglia', comp. di *kónchē* 'conchiglia' e *-oeidḗs* '-oide'] **A** agg. ● (*miner.*) Detto di frattura a forma di conchiglia o bulbo che si forma in un ciottolo o nucleo di selce nel punto di percussione. **B** s. f. **1** (*mat.*) *C. d'una curva piana*, curva ottenuta riportando su tutte le rette che escono da un punto fisso, da entrambe le parti d'ogni punto intersezione con la curva data, un segmento fisso. **2** (*miner.*) Frattura concoide.

còncola o †**còncula** [lat. *cōnchula(m)*, dim. di *cōncha* 'conchiglia, vasetto'] s. f. **1** Nome di varie specie di Molluschi dei Bivalvi. **2** †Catino, catinella, oggi rom. || **concolìna**, dim. | †**concolóna**, accr. | †**concolóne**, accr. m.

concologìa [dal lat. *cōncha* 'conchiglia' (V. *conca*), col suff. *-logia*] s. f. (pl. *-gìe*) ● Ramo della zoologia che studia le conchiglie.

†**concolóre** [vc. dotta, lat. *concolōre(m)*, nom. *cōncolor*, comp. di *cŭm* 'con' e *cōlor* 'colore'] agg. ● (*lett.*) Dello stesso colore: *Come si volgon per tenera nube / due archi paralelli e concolori* (DANTE *Par.* XII, 10-11).

concomitànte [vc. dotta, lat. *concomitānte(m)*, part. pres. di *concomitāri* 'accompagnare', comp. di *cŭm* 'con' e *comitāri* 'accompagnare'] agg. ● Che accompagna e favorisce, che compare o accade insieme: *causa, sintomo c.* | (*dir.*) *Fatto c.*, che concorre a formare una prova. || **concomitanteménte**, avv. (*raro*) In concomitanza.

concomitànza s. f. **1** L'essere concomitante: *c. di eventi* | *In c. di*, di fatto, evento e sim. che avviene in occasione o in coincidenza di un altro. SIN. Coincidenza, simultaneità. **2** (*relig.*) Unione del corpo e del sangue di Gesù nell'Eucaristia.

concordàbile [vc. dotta, lat. tardo *concordābile(m)*, da *concordāre* 'concordare'] agg. **1** Che si può concordare. **2** (*raro*) †Unanime, concorde.

†**concordaménto** s. m. ● Modo e atto del concordare.

concordànte part. pres. di *concordare*; anche agg. **1** Nei sign. del v. **2** (*miner.*) Detto di rocce a giacitura parallela. || **concordanteménte**, avv. (*raro*) In consenso di sentimenti, idee.

concordànza [da *concordare*] s. f. **1** Relazione fra due fenomeni o fra due caratteri di un medesimo fenomeno per cui al variare delle modalità dell'uno variano nello stesso senso le modalità dell'altro | (*est.*) Conformità, esatta corrispondenza: *c. tra fatti e idee*; *c. di opinioni, di vedute, di punti di vista*. **2** (*ling.*) Accordo delle parti della proposizione in genere, numero, caso, persona. **3** (*geol.*) Successione regolare e parallela della giacitura di due unità di terreni o rocce diverse. **4** (*al pl.*) Elenco sistematico delle parole di un'opera letteraria e dei passi diversi in cui s'incontrano.

concordàre [vc. dotta, lat. *concordāre* 'essere d'accordo, in armonia', da *cōncors*, genit. *concōrdis* 'concorde'] **A** v. tr. (*io concòrdo*) **1** (*lett.*) Mettere d'accordo: *c. opinioni, parole, testimonianze*; *c. e pacificar la Grecia* (LEOPARDI). **2** Preparare, stabilire di comune accordo: *c. una tregua*; *concordarono il testo di una dichiarazione alla stampa*. **3** (*ling.*) Combinare le varie parti del discorso, rispettando le loro relazioni di genere, numero, caso e persona: *concordare l'articolo col nome*. **4** (*mus.*) †Accordare, armonizzare. **B** v. intr. (aus. *avere*) **1** Essere d'accordo: *c. con qc. per carattere, opinioni*; *le sue idee non concordano con la sua condotta* | Mettersi d'accordo, accordarsi. SIN. Convenire. **2** (*ling.*) Corrispondere, detto delle parti della proposizione, nelle loro relazioni di genere, numero, caso e persona: *il sostantivo e l'aggettivo concordano*.

concordatàrio agg. **1** Che si riferisce a un concordato: *creditore c.* **2** Disciplinato dal concordato tra la S. Sede e l'Italia | *Matrimonio c.*, quello religioso che ha anche effetti civili.

concordàto **A** part. pass. di *concordare*; anche agg. ● Nei sign. del v. || **concordataménte**, avv. D'accordo; convenientemente. **B** s. m. **1** Accordo, patto: *siamo giunti a un c. soddisfacente*. **2** (*dir.*) Accordo con cui le parti rinunciano a far valere un diritto: *c. amichevole, stragiudiziale* | *C. preventivo*, procedimento concorsuale, realizzato prima della dichiarazione di fallimento, che consente al debitore di sanare la situazione patrimoniale dell'impresa | *C. fallimentare*, procedimento concorsuale, fondato su un accordo fra creditori e debitore fallito, diretto a mettere fine al procedimento fallimentare | *C. tributario, fiscale*, determinazione dell'imponibile effettuata d'accordo fra contribuenti e amministrazione finanziaria. **3** (*dir.*) Solenne convenzione con la quale la S. Sede e uno Stato si impegnano a un dato comportamento relativamente a materia di comune interesse.

concòrde (1) [vc. dotta, lat. *concŏrde(m)*, comp. di *cŭm* 'con' e *cŏr*, genit. *cŏrdis* 'cuore'] agg. **1** Che è d'accordo, che manifesta unanimità di pensiero, di giudizio, di azione: *opinioni, animi concordi*; *la giuria fu c. nell'assolvere l'imputato*; *siamo tutti concordi nell'aderire allo sciopero*. **2** Che è in armonia: *voci, suoni concordi*. **3** Simultaneo: *movimento c.* || **concordeménte**, †**concordiaménte**, avv.

concorde (2) /fr. kɔ̃'kɔrd/ [vc. fr., propr. 'concordia', dal n. di un aereo supersonico di fabbricazione francese] s. m. inv. ● Aereo a velocità supersonica, impiegato per il trasporto passeggeri. TRASPORTI ➡ ILL. p. 1758.

†**concordévole** agg. ● Concorde | Conforme, congruente. || †**concordevolménte**, avv. In modo concorde.

concòrdia [lat. *concŏrdia(m)*, da *cōncors*, genit. *concŏrdis* 'concorde'] s. f. ● Accordo, conformità, armonia di sentimenti, idee e sim. fra due o più persone: *c. di opinioni, di giudizi*; *vivere in c. con tutti*; *qui regna la c.*

concordia discors /lat. kon'kɔrdja 'diskors/ [loc. lat., propr. 'concordia discordante', tratta dalle *Epistole* (I, 12, 19) di Orazio] loc. sost. f. inv. ● Concordanza, accordo fra due o più parti che restano dissenzienti su alcuni punti fondamentali.

†**concorporàle** [vc. dotta, lat. tardo *concorporāle(m)*, comp. di *cŭm* 'con' e *cŏrpus*, genit. *cŏrporis* 'corpo'] agg. ● Del medesimo corpo.

concorrènte **A** part. pres. di *concorrere*; anche agg. **1** Nei sign. del v. **2** (*mat.*) *Rette concorrenti*, che passano per un medesimo punto. **B** s. m. e f. **1** Chi partecipa a un concorso, a una gara: *per un posto ci sono dieci concorrenti* | (*fig.*) Emulo, competitore. **2** Operatore economico che agisce in una situazione di concorrenza.

concorrènza [da *concorrente*] s. f. **1** (*raro, lett.*) Affluenza di persone radunate in un solo punto: *una gran c. di uomini e di donne*. **2** Gara, competizione fra persone che, aspirando a uno stesso scopo, cercano di sopraffarsi a vicenda: *due migliaia ... d'affamati più ... esperti a superar la c ... avevano conquistato una minestra* (MANZONI) | *In c.*, (*raro*) *a c.*, a gara, in competizione con altri. **3** (*econ.*) Condizione di mercato nella quale a ogni operatore economico sono consentite uguali possibilità nell'offerta di beni o servizi ai consumatori: *c. libera, imperfetta*; *divieto di c.*; *c. sleale* | Correntemente, situazione di competitività tra produttori di beni o servizi omogenei. **4** (*econ.*) L'insieme degli operatori economici che agiscono nello stesso settore produttivo di un altro operatore, considerati nei confronti di quest'ultimo: *battere la c.* **5** (*bur.*) Raggiungimento, spec. nella loc. *sino alla c. di*: *versamenti rateali sino alla c. dell'intera somma pattuita*. **6** †Ricorrenza.

concorrenziàle agg. ● Proprio della concorrenza in senso economico: *regime c.* | (*est.*) Competitivo: *prezzi concorrenziali*.

concorrenzialità s. f. ● (*econ.*) Concorrenza.

concorrenziàre v. intr. (*io concorrènzio*) ● (*raro*) Essere in concorrenza, nel senso economico.

concórrere [lat. *concŭrrere*, comp. di *cŭm* 'con' e *cŭrrere* 'correre'] v. intr. (coniug. come *correre*; aus. *avere*) **1** (*lett.*) Accorrere insieme, adunarsi, affluire in un solo punto (*anche fig.*): *gli dei d'Abisso in varie torme / concorron d'ogn'intorno a l'alte porte* (TASSO). **2** (*mat.*) Convergere, incontrarsi, detto di rette. **3** Cooperare, partecipare: *c. a una spesa, a un'impresa* | Contribuire: *c. alla guarigione, alla rovina di q.c.* **4** Competere, gareggiare con altri: *c. a una cattedra, a un premio, a un appalto, a un ufficio*. **5** (*raro*) Convenire, consentire, essere d'accordo: *c. in una opinione, in una sentenza*. **6** †Accadere, occorrere, verificarsi simultaneamente.

concorsìsta s. m. e f. (pl. m. *-i*) ● Chi partecipa a un concorso pubblico.

concórso (1) **A** part. pass. di *concorrere*; anche agg. ● Nei sign. del v. **B** s. m. ● †Chi è accorso o intervenuto.

concórso (2) [lat. *concŭrsu(m)* 'il correre insieme, l'accorrere', da *concŭrrere* 'concorrere'] s. m. **1** Affluenza, convergenza, apparizione di più persone o cose in un solo punto (*anche fig.*): *c. di spettatori, di dimostranti*; *c'è stato un c. di circostanze avverse* | *Luogo di c.*, di raduno. **2** (*dir.*) Partecipazione con altri | *C. di creditori*, nell'espropriazione forzata, partecipazione a tale processo da parte degli aventi diritto, a parità di trattamento, salve le cause legittime di prelazione | *C. di cause*, coesistenza di cause | *C. di persone nel reato*, compartecipazione di più individui alla realizzazione del reato | *C. di reati*, molteplice violazione della legge penale commessa con una pluralità di azioni od omissioni, ovvero con una sola azione od omissione da un soggetto che risponde, perciò, di più reati. **3** Collaborazione, partecipazione: *il nostro c. alle spese è stato esiguo*. **4** Selezione indetta da enti pubblici o privati allo scopo di scegliere, fra più aspiranti, quello, o quelli, più idonei a vincere un determinato premio, a ricoprire un determinato ruolo e sim.: *bandire, aprire, chiudere, sospendere, annullare, vincere un c.*; *avviso di c.*; *c. di poesia, di pittura*; *c. cinematografico* | *C. interno*, fra coloro che già occupano un posto in un ufficio, in un ruolo | *C. a cattedra*, che ha come scopo l'assegnazione di una cattedra d'insegnamento | *C. per titoli e per esami*, in cui la valutazione degli aspiranti è fondata sia sull'analisi delle pubblicazioni scientifiche da loro già composte, sia su esami ai quali essi vengono sottoposti al momento del concorso | *C. a premi*, che ha come scopo l'assegnazione di premi vari | *C. di bellezza*, che ha lo scopo di eleggere la più bella fra un gruppo di giovani donne | *Fuori c.*, detto di opere che, pur esposte o presentate a un concorso, non mirano al conseguimento di un premio per la loro già scontata superiorità. **5** Competizione sportiva, propria di varie discipline, individuale o a squadre, con classifica in base a tempi, misure, punteggi e sim.: *c. ippico*; *c. di atletica leggera*. SIN. Gara | Nell'atletica leggera, insieme delle gare di salto e lancio in contrapposizione a quelle di corsa. | *Fuori c.*, detto di opera (o persona) presentata nell'ambito di un concorso pur non partecipando alla competizione. || **concorsìno**, dim. | **concorsóne**, accr.

concorsuàle [dal lat. *concŭrsus* 'concorso (2)'] agg. ● (*dir.*) Di procedimento giudiziario che, in caso di dissesto dell'imprenditore commerciale, mira ad assicurare la parità di trattamento dei creditori.

†**concòtto** part. pass. di †*concuocere*; anche agg. ● Nei sign. del v.

concreàre [vc. dotta, lat. tardo *concreāre*, comp. di *cŭm* 'con' e *creāre* 'creare'] v. tr. (*io concrèo*) ● (*raro*) Creare insieme | Originare.

concreàto part. pass. di *concreare*; anche agg. **1** Nei sign. del v. **2** (*lett.*) Innato.

†**concrédere** [vc. dotta, lat. *concrēdere* 'affidare', comp. di *cŭm* 'con' e *crēdere* 'affidare, credere'] v. tr. **1** Credere, giudicare. **2** Fare affidamento.

concrescènza [vc. dotta, lat. *concrescĕntia(m)*, da *concrēscere* 'condensarsi'] s. f. ● Atto del concrescere | (*biol.*) Unione o fusione di parti, in origine separate, per accrescimento | (*med.*) Concrezione.

concrèscere [lat. *concrēscere*, comp. di *cŭm* e *crescĕre*] v. intr. (coniugato come *crescere*) ● (*raro*) Crescere assieme.

concresciménto s. m. ● (*miner.*) Associazione di cristalli della stessa specie, o di specie diverse, compenetrati fra loro.

concretàre [da *concreto*] **A** v. tr. (*io concrèto*) *1* Ridurre in concreto q.c. di astratto: *c. un'idea, un'immagine, un sogno* | Attuare, realizzare: *c. un progetto.* *2* Concludere (*anche ass.*): *una persona che concreta poco.* **B** v. intr. pron. • Prendere consistenza, divenire reale: *quell'idea si concretò in un lungo studio; il loro piano si sta concretando.*

concretézza s. f. • Qualità o condizione di chi, di ciò che è concreto.

concretismo s. m. • Arte concreta.

concretista s. m. e f. (pl. m. *-i*) • Seguace del concretismo.

concretizzàre [da *concreto*, forse attrav. il fr. *concrétiser*] v. tr. e intr. pron. (*io concretìzzo*) • Concretare.

concretizzazióne s. f. • Il diventare concreto: *la c. di un concetto astratto.*

concrèto [vc. dotta, lat. *concrētu(m)*, part. pass. di *concrēscere* 'condensarsi, indurire, coagularsi'] **A** agg. *1* (*raro*) Denso, compatto, solido, rappreso. *2* Che è considerato come avente un legame particolarmente stretto con la realtà, così come essa è percepita nella vita di ogni giorno, o con la realtà come oggetto o sede di attività ed esperienze specifiche: *passare dalle astrazioni ai fatti concreti* | *Nome c.*, nella grammatica, quello che indica cose reali o immaginate come tali | Preciso, chiaramente determinato: *progetto c.*; *idea concreta* | *In c.*, (*ell.*) in modo concreto, da un punto di vista concreto. CONTR. Astratto. *3* Arte concreta, detto di alcuni aspetti dell'astrattismo caratterizzati da un orientamento più razionalmente geometrizzante. SIN. Concretismo. *4 Musica concreta*, quella basata sull'impiego di rumori naturali che abbiano subito diverse manipolazioni elettroacustiche. *5* Pratico: *esperienza concreta.* CONTR. Teorico. || **concretaménte**, avv. **B** s. m. • Ciò che è concreto: *andare dall'astratto al c.*; *attenersi al c.*

concrezionàle [da *concrezione*] agg. • Relativo a concrezione | Formato per concrezione: *strato c.*

concrezionàto agg. • (*miner.*) Detto di minerale deposto da una soluzione e formante concrezione.

concrezióne [vc. dotta, lat. *concretiōne(m)*, da *concrētus*. V. *concreto*] s. f. *1* (*med.*) Formazione organica o inorganica sorta per sedimentazioni successive. SIN. Concrescenza. *2* (*geol.*) Incrostazione minerale depositata da acque superficiali, marine, sotterranee o idrotermali a struttura raggiata o a zone concentriche. *3* (*ling.*) Agglutinazione.

concubina [vc. dotta, lat. *concubīna(m)*, comp. di *cŭm* 'con, insieme' e *cubāre* 'giacere'] s. f. *1* Donna che convive con un uomo cui non è legata dal vincolo matrimoniale. *2* (*lett.*) †Sposa: *La c. di Titone antico* (DANTE *Purg.* IX, 1).

concubinàggio s. m. • (*raro*) Concubinato.

concubinàrio agg.; anche s. m. (f. *-a*) • Che, chi vive in concubinato.

concubinàto [vc. dotta, lat. *concubinātu(m)*, da *concubīnus* 'concubino'] s. m. • Relazione stabile tra un uomo e una donna non uniti in matrimonio tra loro.

concubino [vc. dotta, lat. *concubīnu(m)*. V. *concubina*] s. m. • Uomo che convive con una donna cui non è legato dal vincolo matrimoniale.

concùbito [vc. dotta, lat. *concŭbitu(m)*, dal part. pass. di *concŭmbere* 'sdraiarsi insieme'] s. m. • (*raro, lett.*) Il giacere insieme, spec. di uomo e donna | Coito.

†còncula • V. †*concola*.

conculcàbile agg. • (*lett.*) Che si può conculcare.

conculcaménto s. m. • (*raro*) Arto, effetto del conculcare.

conculcàre [vc. dotta, lat. *conculcāre*, comp. di *cŭm* 'con' e *calcāre* 'calpestare'] v. tr. (*io concùlco, tu concùlchi*) *1* (*raro, lett.*) Calpestare violentemente. *2* (*fig., lett.*) Opprimere: *nella nostra città ... sono stati perseguitati e conculcati alcuni cittadini buoni* (GUICCIARDINI) | Violare, vilipendere: *c. i diritti, le leggi.*

conculcatóre s. m.; anche agg. (f. *-trice*) • (*raro*) Chi, che conculca.

conculcazióne [vc. dotta, lat. tardo *conculcatiōne(m)*, da *conculcāre* 'conculcare'] s. f. • (*raro, lett.*) Il conculcare | Oppressione, disprezzo.

†concuòcere [lat. *concŏquere*, comp. di *cŭm* 'con' e *cŏquere* 'cuocere'] v. tr. *1* Digerire. *2* (*est., fig.*) Maturare, elaborare pensieri, idee, concetti.

concupìre [vc. dotta, lat. tardo *concŭpere*, comp. di *cŭm* 'con' e *cŭpere* 'desiderare'] v. tr. (*io concupìsco, tu concupìsci*) • (*lett.*) Desiderare ardentemente, bramare, spec. in senso erotico.

concupiscènte [part. pres. di †*concupiscere*] agg. • (*lett.*) Che esprime concupiscenza: *sguardo c.*

concupiscènza o †**concupiscènzia** [vc. dotta, lat. tardo *concupiscĕntia(m)*, da *concupīscere* 'concupiscere'] s. f. • Desiderio bramoso | Nella morale cattolica, sensualità abituale e peccaminosa.

†concupìscere [vc. dotta, lat. *concupīscere* 'desiderare ardentemente, bramare', da *concŭpere* 'concupire'] v. tr. • (*raro*) Concupire.

concupiscìbile [vc. dotta, lat. tardo *concupīscibile(m)*, da *concupīscere* 'concupiscere'] agg. *1* (*raro, lett.*) Che muove, eccita, la concupiscenza: *cose, beni concupiscibili.* *2* (*raro, lett.*) Incline alla concupiscenza | *Aspetto c.*, relativo ai bisogni e ai desideri dei sensi | *Anima c.*, nella filosofia platonica, quella parte dell'anima che presiede agli impulsi corporei. || **concupiscibilménte**, avv. (*raro*) Con concupiscenza.

†concussàre [vc. dotta, lat. **concussāre*, ints. di *concŭtere* 'scuotere insieme', comp. di *cŭm* 'insieme' e *quătere* 'scuotere'] v. tr. • Scuotere violentemente. SIN. Squassare.

concussionàrio [fr. *concussionaire*, da *concussion* 'concussione'] s. m. • (*dir.*) Reo di concussione.

concussióne [vc. dotta, lat. *concussiōne(m)*, da *concŭtere*. V. †*concussare*] s. f. *1* (*dir.*) Abuso da parte di un pubblico ufficiale, o di un incaricato di pubblico servizio, della sua posizione per costringere o indurre taluno a dare o promettere a sé o ad altri denaro o altra utilità. *2* †Sbattimento, scuotimento.

concùsso [vc. dotta, lat. *concŭssu(m)*, part. pass. di *concŭtere*. V. †*concussare*] agg. *1* †Scosso: *l'autorità cesarea ... resterà annichilata e ... concussa* (SARPI). *2* (*raro, lett.*) Estorto, detto di denaro, beni e sim. *3* (*dir.*) Colui che subisce la concussione.

†condàlio [vc. dotta, lat. *condăliu(m)*, da una lingua orient.] s. m. • (*st.*) Anello posto alla prima giuntura dell'indice dei servi.

condànna s. f. *1* (*dir.*) Provvedimento con il quale il giudice infligge una pena ovvero dispone l'esecuzione di una determinata prestazione di dare, di fare o di non fare: *emettere, pronunciare una c.* *2* (*est.*) Disapprovazione, biasimo, spec. di carattere morale: *si è attirato la c. di tutti.* SIN. Riprovazione.

condannàbile o †**condennàbile** [vc. dotta, lat. tardo *condemnābile(m)*, da *condemnāre* 'condannare'] agg. • Che si può o si deve condannare: *intenzioni condannabili.* SIN. Biasimevole, riprensibile, riprovevole.

condannàre o †**condennàre** [lat. *condemnāre*, comp. di *cŭm* 'con' e *damnāre* 'condannare'] v. tr. *1* (*dir.*) Comminare una pena all'imputato riconosciuto responsabile o imporre una prestazione a una delle parti di un processo civile da parte di una autorità giudiziaria: *c. qc. all'ergastolo, al risarcimento dei danni*; *c. per furto, per omicidio.* *2* (*est.*) Rivelare colpevole: *il suo silenzio lo condanna.* *3* (*est.*) Disapprovare, biasimare: *tutti condannano il suo comportamento* | Criticare, riprovare ufficialmente, spec. una persona o uno scritto, per ragioni ideologiche e sim.: *l'autorità ecclesiastica ha condannato le sue opere.* *4* (*est.*) Costringere, obbligare: *la sorte lo condanna a vivere in miseria.* *5* (*est.*) Dichiarare inguaribile, detto di diagnosi o pareri di medici.

condannàto o (*raro*) †**condennàto**. **A** part. pass. di *condannare*; anche agg. • Nei sign. del v. **B** s. m. (f. *-a*) • Chi ha subito una condanna: *il c. a morte*; *la vita dei condannati.*

condannatóre o (*raro*) †**condennatóre** [vc. dotta, lat. *condemnatōre(m)*, da *condemnāre* 'condannare'] s. m.; anche agg. (f. *-trice*) • Chi, che condanna.

condannatòrio o (*raro*) †**condennatòrio** agg. • (*raro*) Di condanna: *sentenza condannatoria.*

†condannazióne o †**condennazióne** [lat. tardo *condemnatiōne(m)*, da *condemnāre* 'condannare'] s. f. • Condanna.

condannévole agg. • (*raro*) Degno di condanna.

condebitóre o **codebitóre** [vc. dotta, lat. tardo *condebitōre(m)* nom. *condēbitor*, comp. di *cŭm* 'con' e *dēbitor* 'debitore'] agg.; anche s. m. (f. *-trice*) • Che, chi è debitore con altri.

†condecènte [vc. dotta, lat. tardo *condecĕnte(m)*. V. *decente*] agg. *1* (*lett.*) Conveniente | Decoroso, decente. *2* Opportuno: *una guarnigione de soldati ... sarebbe stata ... poco c. al luoco d'un concilio* (SARPI). || †**condecenteménte**, avv. In modo conveniente, decoroso, opportuno.

†condecoràre [vc. dotta, lat. *condecorāre*, comp. di *cŭm* 'con' e *decorāre* 'ornare'] v. tr. • Decorare, ornare.

condegnità [da *condegno*] s. f. • (*lett.*) Merito.

condégno [lat. *condīgnu(m)*, comp. di *cŭm* 'con' e *dīgnus* 'degno'] agg. *1* (*lett.*) Degno, meritevole. *2* Proporzionato al merito o alla colpa | *Merito c.*, secondo la giustizia divina. || **condegnaménte**, avv. In modo degno.

†condennàre e *deriv.* • V. *condannare* e *deriv.*

condènsa s. f. • Acqua di condensazione, in impianti termici.

condensàbile [da *condensare*] agg. *1* Che si può condensare. *2* (*fig.*) Che si può riassumere: *è un'idea c. in poche parole.*

condensabilità s. f. • Proprietà di ciò che è condensabile: *la c. di un vapore.*

condensaménto s. m. • Atto, effetto del condensare o del condensarsi.

condensànte **A** part. pres. di *condensare*; anche agg. • Nei sign. del v. **B** s. m. • (*chim.*) Catalizzatore che favorisce le reazioni di condensazione.

condensàre [lat. *condensāre*, comp. di *cŭm* 'con' e *dēnsus* 'denso'] **A** v. tr. (*io condènso*) *1* Costringere q.c. in particolari condizioni, spec. di pressione o temperatura, in un luogo più ristretto: *c. un gas* | Abbassare la temperatura o aumentare la pressione in modo da portare i vapori di una sostanza allo stato liquido. *2* Concentrare. *3* (*fig.*) Esprimere in modo significativo e conciso: *c. i pensieri, le idee, la materia*; *condensò in poche parole il contenuto del libro.* SIN. Compendiare, riassumere. **B** v. intr. pron. • Diventare denso | Passare dallo stato di vapore allo stato liquido: *i gas si condensano.*

condensàto **A** part. pass. di *condensare*; anche agg. *1* Nei sign. del v. *2* Detto di latte particolarmente denso, ottenuto evaporando i due terzi di acqua: *latte c. zuccherato.* *3* (*chim.*) Detto di due o più anelli uniti tra di loro lungo i lati dei poligoni che li costituiscono: *anelli condensati.* **B** s. m. *1* (*tecnol.*) Liquido ottenuto mediante condensazione di vapori. *2* Compendio, riassunto (*anche scherz.*): *un c. di errori, di sciocchezze.*

condensatóre s. m. (f. *-trice* nel sign. 1) *1* Chi condensa. *2* Apparecchio connesso a una macchina a vapore, nel quale ha luogo la condensazione del vapore. *3* In varie tecnologie, apparecchio destinato a condensare sostanze, energie e sim. | *C. elettrico*, che accumula cariche elettriche di segno opposto e quindi energia elettrostatica. SIN. Capacitore | *C. variabile*, del quale si può far variare la capacità entro determinati valori | *C. rotante*, denominazione attribuita al motore sincrono quando si comporta, per il circuito, come un condensatore | *C. ottico*, lente o sistema di lenti che permette di concentrare i raggi emessi da una sorgente di luce.

condensazióne [vc. dotta, lat. tardo *condensatiōne(m)*, da *condensāre* 'condensare'] s. f. *1* Atto, effetto del condensare. *2* Reazione chimica di unione tra molecole uguali o diverse in cui spesso si ha eliminazione di molecole di acqua o, a seconda dei casi, di alcol, ammoniaca, acido cloridrico e sim. *3* (*psicoan.*) Rappresentazione psichica nella quale vengono assommate più rappresentazioni.

†condènso [vc. dotta, lat. *condēnsu(m)*, comp. di *cŭm* 'con' e *dēnsus* 'denso'] agg. *1* Denso, ristretto. *2* (*fig., poet.*) Ottenebrato: *tornò il lume a gli occhi miei / ch'eran d'atra caligine condensi* (TASSO).

†**condescéndere** o **condescèndere** e *deriv.* • V. *condiscendere* e *deriv.*

condeterminàre [comp. di *con-* e *determinare*] v. tr. (*io condetèrmino*) • (*raro*) Determinare q.c. insieme con altri fatti.

†**condicere** [lat. *condecēre*, comp. di *cŭm* 'con' e *decēre* 'convenire'] v. intr. impers. • Confarsi, convenire.

†**condicévole** agg. • Che si addice.

còndilo [vc. dotta, lat. tardo *cŏndylu(m)*, nom. *cŏndylus*, dal gr. *kóndylos* 'giuntura, articolazione', di etim. incerta] s. m. • (*anat.*) Capo articolare osseo, caratterizzzato da una forma simile a una mezza sfera o a un mezzo ellissoide.

condilòide agg. • Che ha forma di condilo.

condiloidèo agg. • Di, relativo a condilo.

condilòma [vc. dotta, lat. tardo *condylōma*, dal gr. *kondýlōma*, da *kóndylos* 'articolazione, nodo'] s. m. (pl. *-i*) • (*med.*) Rilievo puntiforme e verrucoso della cute o delle mucose | *C. acuminato*, delle parti genitali.

condiménto [vc. dotta, lat. *condimĕntu(m)*, da *condīre* 'condire'] s. m. *1* Atto, effetto del condire. *2* Ciò che serve a rendere più piacevole il sapore delle vivande, come olio, aceto, sale, salsa, cacio, spezie. *3* (*fig.*) Ciò che rende q.c. più piacevole, gradita, interessante e sim.: *la gentilezza è il miglior c. di ogni azione umana.*

condire [lat. *condīre*, di etim. incerta] v. tr. (*io condìsco, tu condìsci*) *1* Rendere più saporito un cibo con l'aggiunta di varie sostanze alimentari: *c. la pasta asciutta*; *c. l'insalata con olio e aceto.* *2* (*fig.*) Abbellire, rendere più accettabile, piacevole, interessante e sim.: *condiva le sue critiche con una bonaria ironia*; *ciò che l'arte condisce* (TASSO) | (*est.*) Fornire in abbondanza (*spec. antifr.*): *ha condito il suo libro di errori*; *continuò a darmi assiduamente delle lezioni ... e le condì spesso di urla e di insolenze* (SVEVO). *3* (*tosc., est., antifr.*) Ridurre in cattivo stato: *ora ti condisco io!* | (*tosc., est., antifr.*) Insudiciare.

condirettóre [comp. di *con-* e *direttore*] s. m. (f. *-trice*) • Chi divide con altri la carica di direttore: *c. di una fabbrica, di un'azienda*; *il c. di un giornale è equiparato al direttore.*

condirezióne o **codirezióne** [comp. di *con-* e *direzione*] s. f. • Il dirigere con altri una fabbrica, un'azienda e sim. | Grado del condirettore.

condiscendènte o †**condescendènte** part. pres. di *condiscendere*; anche agg. • Nei sign. del v.

condiscendènza o †**condescendènza** [da *condiscendente*] s. f. • Disposizione ad accondiscendere alla volontà, ai desideri, alle richieste altrui: *tratta i figli con eccessiva c.* SIN. Arrendevolezza, compiacenza, comprensione, indulgenza.

condiscéndere o **condiscèndere**, †**condescéndere** [lat. tardo *condescĕndere*, comp. di *cŭm* 'con' e *descĕndere* 'discendere'] v. intr. (coniug. come *scendere*; aus. *avere*) *1* Accondiscendere, acconsentire, cedere, spec. dietro insistenze ma senza costrizioni, alla volontà, ai desideri, alle richieste e sim., altrui: *per farlo c. alle nozze del figliuolo* (PIRANDELLO) | (*raro, lett.*) Adattarsi, spec. nella comunicazione con un livello di cultura e sim. considerato inferiore. *2* †Discendere insieme.

†**condiscendiménto** o †**condescendiménto**. s. m. *1* Condiscendenza. *2* Concessione.

condiscépolo [vc. dotta, lat. *condiscĭpulu(m)*, comp. di *cŭm* 'insieme' e *discĭpulus* 'discepolo'] s. m. (f. *-a*) • Chi è, o è stato, discepolo con altri dello stesso maestro | (*lett.*) Compagno di scuola.

†**còndito (1)** [vc. dotta, lat. *cŏnditu(m)*, part. pass. di *cŏndere* 'fondare', comp. di *cŭm* 'con' e *dăre* 'dare'] agg. • (*lett.*) Creato, fabbricato.

condito (2) **A** part. pass. di *condire*; anche agg. • Nei sign. del v. **B** s. m. • (*raro*) Condimento.

†**conditóre (1)** [vc. dotta, lat. tardo *conditōre(m)*, da *condīre* 'condire'] s. m. (f. *-trice*) • Chi condisce (*anche scherz.*).

†**conditóre (2)** [vc. dotta, lat. *conditōre(m)*, da *cŏndere* 'fondare'] s. m. • (*lett.*) Fondatore.

†**conditòrio** [vc. dotta, lat. *conditōriu(m)*, da *cŏndere* 'fondare, riporre'] s. m. • Loculo per riporre un cadavere | Cassa da morto | Urna cineraria.

condivìdere [comp. di *con-* e *dividere*] v. tr. (coniug. come *dividere*) *1* (*raro, lett.*) Spartire, dividere con altri. *2* Aderire, partecipare a idee, sentimenti e sim. altrui: *non condividiamo le sue opinioni*; *condivido il tuo dolore.*

condivisìbile agg. • (*raro*) Che si può condividere.

condivìso part. pass. di *condividere*; anche agg. • Nei sign. del v.

condizionàle [vc. dotta, lat. tardo *condicionāle(m)*, da *condĭcio*, genit. *condiciōnis* 'condizione'] **A** agg. *1* Che esprime una condizione | (*ling.*) *Proposizione c.*, proposizione subordinata indicante una circostanza che condiziona l'azione espressa dalla reggente: *le proposizioni condizionali hanno il verbo al congiuntivo.* *2* Che dipende da una condizione: *liberazione c.* | (*dir.*) *Sospensione c. della pena*, beneficio per cui l'esecuzione della condanna inflitta per reati di lieve entità è sospesa per un certo periodo di tempo, trascorso il quale la condanna viene eseguita o si estingue a seconda che il colpevole abbia commesso un nuovo reato o no | *Condanna c.*, sospensione condizionale della pena | (*filos.*) *Sillogismo c.*, quello in cui la premessa maggiore presenta la conclusione come subordinata a una condizione. || **condizionalménte**, avv. (*lett.*) Condizionatamente. **B** agg.; anche s. m. • (*ling.*) Modo finito del verbo che esprime un'azione condizionata. **C** s. f. *1* (*ling.*) Proposizione condizionale. *2* (*dir.*) Sospensione condizionale della pena: *subire una condanna con la c.*; *beneficiare della c.*

condizionaménto s. m. *1* Atto, modo, effetto del condizionare: *c. dell'aria*; *c. di merci*; *c. di fibre tessili.* *2* (*psicol.*) Processo psicofisiologico mediante il quale si instaura nell'organismo umano o animale un legame tra uno stimolo e una risposta che in precedenza non esisteva | *C. operante, strumentale*, quello in cui il comportamento è controllato manipolando sistematicamente le conseguenze del comportamento precedente.

condizionàre [da *condizione*, forse attrav. il fr. *conditionner*] v. tr. (*io condizióno*) *1* Sottoporre all'azione di fattori che limitano, controllano e sim., determinare: *le necessità economiche che condizionarono la politica* (CROCE) | Subordinare al verificarsi di certi fatti o circostanze: *ha condizionato il suo assenso all'opinione di un suo amico* | (*est.*) Limitare, porre delle restrizioni in senso psicologico: *la sua presenza mi condiziona*; *nei suoi giudizi è molto condizionata dall'ambiente.* *2* In varie tecnologie, trattare una determinata sostanza in modo da conferirle talune proprietà sia per scopi igienici, sia per migliorare la qualità e la quantità del prodotto: *c. il grano* | *C. l'aria*, mantenere, in un locale o edificio, condizioni prestabilite e regolabili di stato igrometrico, temperatura e ricambio dell'aria | *C. una merce*, prepararla adeguatamente all'imballo e alla confezione | *C. le fibre tessili*, conferir loro un certo grado di umidità mediante il vapore. *3* †Mettere nella situazione utile o necessaria per raggiungere un determinato fine.

condizionàto part. pass. di *condizionare*; anche agg. *1* Nei sign. del v. *2* Che si trova in una data situazione psicologica, di salute fisica e sim.: *bene, male c.*; *lo troverai nel letto malissimo c.* (CELLINI). *3* Che è dovuto al processo psico-fisiologico del condizionamento: *stimolo, riflesso c.*; *risposta condizionata.* *4* (*ling.*) Detto di mutamento fonetico dipendente dall'influsso del contesto. || **condizionataménte**, avv. In modo condizionato; (*raro*) con riserva.

condizionatóre **A** s. m. • Apparecchio fornito in genere di organo refrigerante, calorifero, umidificatore e ventilatore, usato per condizionare l'aria. **B** anche agg.: *apparecchio c.*

condizionatrice s. f. *1* Nella tecnica dell'imballaggio, macchina che esegue l'operazione di condizionamento. *2* Apparecchio, costituito essenzialmente da una stufa ad aria calda e da una bilancina, con cui si determina il peso condizionato delle fibre tessili. *3* Macchina a rulli lisci o scanalati per schiacciare il foraggio e favorirne l'essiccamento. SIN. Schiacciaforaggi.

condizionatùra s. f. *1* Atto, effetto del condizionare: *c. di vivande, di casse.* *2* Conferimento di un'umidità moderata alle pelli conciate ed essiccate, al fine di potere restituire loro morbidità. *3* Assunzione spontanea di umidità di fibre tessili, mantenute in un ambiente con grado di umidità e temperatura prestabilito. SIN. Stagionatura.

condizióne [vc. dotta, lat. *condiciōne(m)*, da *condīcere* 'convenire, stabilire di comune accordo', comp. di *cŭm* 'insieme' e *dīcere* 'dire'] s. f. *1* (*dir.*) Avvenimento futuro e incerto dal cui verificarsi dipendono gli effetti di un negozio giuridico: *c. sospensiva, risolutiva, propria, impropria, legale, illecita, impossibile* | *C. potestativa*, in cui il verificarsi dell'evento dipende dalla volontà dell'uomo | Elemento la cui sussistenza è necessaria per il promovimento o il proseguimento di un'azione penale o civile. *2* Fatto o circostanza cui è subordinato il verificarsi di un altro fatto o circostanza: *non sussistono le condizioni per uno sviluppo razionale della società* | Elemento di una pattuizione, limitazione, riserva: *mettere, porre, una c., delle condizioni*; *accettare, respingere le condizioni imposte*; *sotto c.*; *a nessuna c.*; *buone condizioni di vendita* | *Condizioni di resa*, particolari che definiscono l'accordo tra chi impone e chi subisce la resa | *A c. che*, soltanto se si verifica il fatto che: *disse che gli perdonava a c. che non si facesse più vedere.* *3* Situazione psicologica, fisica, sociale e sim., generale o particolare, duratura o momentanea, in cui si trovano una o più persone o cose: *oggi non sono in buone condizioni*; *quel vestito è in una pessima c.*; *occorre migliorare la c. di vita del popolo*; *c. umana*; *c. operaia* | *Mettere in c. di*, mettere in grado: *l'ho messo in c. di parlare* | (*est.*) Posizione economica o sociale: *gente di ogni c.*; *una famiglia di c. elevata.* *4* Qualità necessaria a un determinato scopo: *non ho le condizioni richieste per quell'ufficio.* SIN. Requisito. || **condizioncèlla**, dim.

condogliànza o †**condogliènza**, †**condolènza** [fr. *condoléance*, dal lat. *condolēre* 'dolersi'] s. f. *1* (*spec. al pl.*) Espressione verbale di partecipazione al dolore altrui, spec. in occasione di un lutto: *fare le condoglianze*; *visita, lettera di c.* *2* †Lamento, compianto, lamentela: *gli ambasciatori protestanti fecero c.* (SARPI).

condolérsi [vc. dotta, lat. *condolēre*, comp. di *cŭm* 'con' e *dolēre* 'dolersi'] v. intr. pron. (coniug. come *dolersi*) *1* Partecipare al dolore degli altri: *c. con qc. di, per, q.c.* *2* (*lett.*) Sentire dolore, compassione, rammarico: *Clorinda intenerissi, e si condolse / d'ambeduo lor* (TASSO).

condolùto part. pass. di *condolersi* • (*raro*) Nei sign. del v.

còndom [vc. fr., che pare derivata dal n. dell'inventore] s. m. inv. • Preservativo nel sign. B 1.

condominiàle agg. • Relativo a condomino: *spese condominiali.*

condominio [da *condomino*] s. m. *1* Comunione nella proprietà: *c. di un bene*; *avere in q.c. c. con altri* | *C. di un edificio*, comproprietà per appartamenti di una casa | *C. internazionale*, relazione tra due o più Stati in virtù della quale essi esercitano la sovranità sul medesimo territorio. *2* Immobile, spec. edificio, oggetto di un diritto di comproprietà: *abitare in un c.*; *l'amministratore del c.* | L'insieme dei comproprietari di un immobile, spec. di un edificio: *riunione di c.* (V. nota d'uso ACCENTO).

condòmino [lat. mediev. *condominu(m)*, comp. del lat. *cŭm* 'con' e *dŏminus* 'padrone'] s. m. (f. *-a*) • Comproprietario di un condominio, spec. di un edificio (V. nota d'uso ACCENTO).

condonàbile agg. • Che si può condonare | (*raro*) Degno di perdono.

condonàre [vc. dotta, lat. *condonāre*, comp. di *cŭm* 'con' e *donāre* 'donare'] v. tr. (*io condóno*) *1* Nel linguaggio forense, liberare qc. dall'obbligo di scontare una pena o una parte di essa: *gli hanno condonato tre anni.* *2* (*lett.*) Perdonare: *gente inclinata a rinunziare, a dimenticare, a c., ad acconciarsi, a rassegnarsi* (D'ANNUNZIO) | †Concedere, consentire.

condonazióne [vc. dotta, lat. *condonatiōne(m)*, da *condonāre* 'condonare'] s. f. • Atto, effetto del condonare.

condóno [da *condonare*] s. m. • (*dir.*) Effetto dell'indulto consistente nella liberazione dall'obbligo di scontare tutta o parte della pena | Provvedimento legislativo col quale si consente di sanare, pagando una somma di denaro, determinati illeciti o irregolarità: *c. fiscale, edilizio, previdenziale* | *C. fiscale*, provvedimento che sana irregolarità o evasioni da parte di un contribuente, previo pagamento delle somme non versate più oneri accessori | *C. edilizio*, provvedimento dello Stato teso a sanare fenomeni di abusivismo, previa autodenuncia e pagamento di un'ammenda | *C. previdenziale*, definizione agevolata delle pendenze contributive.

còndor o **condóre** [sp. *condor*, di origine amer.] s. m. inv. ● Grosso uccello rapace americano dei Falconiformi, nero con zone bianche sulle ali, con capo e collo nudi e rugosi e una cresta carnosa caratteristica sviluppata nel maschio (*Vultur gryphus*).

condótta o †**condùtta** [da *condurre*] s. f. *1* Modo di comportarsi, di vivere: *uomo di buona, di pessima c.*; *ha sempre avuto una chiara linea di c.* | *Senza c.*, sregolato | Comportamento di un alunno durante le ore di scuola: *voto di c.* SIN. Contegno. *2* Modo di condurre un lavoro o un'azione | (*raro*) Maniera in cui è svolta un'opera letteraria o artistica: *la c. di un romanzo, di una sinfonia* | Orditura di un pezzo musicale. *3* Azione direttiva di un comandante nello svolgimento di operazioni belliche | Anticamente, convenzione per la quale un condottiero a capo di truppe mercenarie si poneva al soldo di un principe o di uno Stato per un determinato periodo di tempo | (*est.*) Il corpo di truppe mercenarie così assoldate. *4* (*raro, lett.*) Governo, reggimento. *5* Zona affidata alle cure di un sanitario nominato da un comune o da un consorzio di comuni | (*est.*) L'incarico che ne consegue: *concorrere a una c.*; *andare in c.*; *c. medica*; *c. veterinaria*. *6* Treno specializzato per trasporto merci: *c. derrate* | (*est., raro*) Trasporto di cose o persone | (*raro*) Prezzo del trasporto. *7* Complesso di tubi metallici usato per convogliare e trasportare fluidi e liquidi: *c. forzata, in pressione*; *c. d'acqua*; *c. di petrolio*. *8* Corredo di scene, abiti e sim., che la compagnia teatrale porta con sé. *9* †Scorta, guida.

condottàre [da *condotto*] v. tr. (*io condótto*) ● In varie tecnologie, trasportare mediante condotte o condotti: *c. acqua, metano, petrolio*.

condottièro o †**condottière** [da *condotta* 'quantità di truppe che un capo conduceva agli altrui stipendi'] s. m. (f. *-a*) *1* Chi conduce, guida: *tu maestra sagace e condottiera / il cammin gli segnasti* (MONTI). *2* †Capo di guerriglieri, di corpi franchi | Capo di compagnia di ventura assoldato per condotta | (*est.*) Capitano, comandante di gran fama | (*est.*) Capo di un popolo, una comunità, e sim. *3* (*lett.*) Chi trasporta cose o persone con veicolo proprio. *4* †Consigliere.

condótto (1) o †**condùtto** part. pass. di *condurre*; anche agg. *1* Nei sign. del v. *2* Detto di sanitario di nomina e dipendenza comunale, cui è affidata la cura della popolazione di una condotta: *medico, veterinario c.* *3* †*Soldato c.*, soldato mercenario.

condótto (2) [lat. *condŭctu(m)*, da *condūcere* 'condurre'] s. m. *1* Conduttura, costituita di tubi spec. metallici, attraverso cui scorrono fluidi e liquidi | *C. vulcanico*, camino vulcanico. *2* (*anat.*) Qualsiasi formazione canalicolare: *c. biliare, lacrimale*.

condràle [dal gr. *chóndros* 'cartilagine'] agg. ● (*anat.*) Cartilagineo.

condrìna [comp. di *condr(o)-* e *-ina*] s. f. ● (*biol.*) Sostanza fondamentale della cartilagine.

còndrio- ● V. *condro-*.

condriocónte [comp. del gr. *chóndros* 'cartilagine' (V. *condro-*) e *kontós* 'bastone' (della stessa famiglia di *kentêin* 'pungere', prob. d'orig. indeur.)] s. m. ● (*biol., spec. al pl.*) Termine desueto che indica un mitocondrio con l'asse maggiore notevolmente predominante sulle altre dimensioni.

condriòma [comp. di *condro-* e *-oma*] s. m. (pl. *-i*) ● (*biol.*) Costituente cellulare formato dall'insieme dei mitocondri.

condriosòma [comp. di *condro-* e *soma (2)*] s. m. (pl. *-i*) ● (*biol.*) Mitocondrio.

condrìte (1) [comp. di *condro-* e *-ite (1)*] s. f. ● (*med.*) Infiammazione della cartilagine.

condrìte (2) [comp. di *condro-* e *-ite (2)*] s. f. ● (*miner.*) Meteorite costituita essenzialmente di silicati e caratterizzata dalla presenza di condri.

còndro [dal gr. *chóndros* 'cartilagine' (V. *condro-*)] s. m. ● (*miner.*) Piccola concrezione rotonda a struttura fibroso-raggiata caratteristica delle condriti.

còndro- o **còndrio-** [dal gr. *chóndros* 'cartilagine'] primo elemento ● In parole composte della terminologia medica, significa 'cartilagine': *condrioma, condrologia*.

condrocìta o **condrocìto** [comp. di *condro-* e *-cita*] s. m. (pl. *-i*) ● (*biol.*) Elemento cellulare del tessuto cartilagineo, destinato a restare imprigionato nella sostanza extracellulare che esso stesso produce e deposita.

Condroìtti [comp. di *condro-* e del gr. *ichthýes* 'pesci'] s. m. pl. ● (*zool.*) Classe di Vertebrati quasi esclusivamente marini, caratterizzati da scheletro interno cartilagineo, fessure branchiali palesi e pinna caudale asimmetrica (*Chondroichthyes*).

condrologìa [comp. di *condro-* e *-logia*] s. f. (pl. *-gie*) ● Studio delle cartilagini.

condròma [stessa etim. di *condrioma*] s. m. (pl. *-i*) ● (*med.*) Tumore benigno del tessuto cartilagineo.

condrosarcòma [comp. di *condro-* e *sarcoma*] s. m. (pl. *-i*) ● (*med.*) Tumore caratterizzato dalla produzione di cartilagine.

conducènte A part. pres. di *condurre*; anche agg. ● (*lett.*) Nei sign. del v. B s. m. *1* Chi guida, manovra un veicolo, spec. pubblico. SIN. Autista, conduttore. *2* Chi guida animali da tiro o da soma. *3* Soldato addetto al servizio dei quadrupedi da soma e da tiro. *4* (*raro*) Chi prende in affitto o in appalto q.c.

†**condùcere** ● V. *condurre*.

†**conducévole** [lat. *conducĭbile(m)*, da *condūcere* 'condurre'] agg. ● Che conduce | (*lett.*) Favorevole.

conducìbile [vc. dotta, lat. *conducĭbile(m)*, da *condūcere* 'condurre'] agg. *1* Che si può condurre. *2* (*fis.*) Che possiede conducibilità. *3* †Acconcio, adatto.

conducibilità s. f. ● (*fis.*) Attitudine di alcuni corpi a trasmettere il calore, l'elettricità: *c. elettrica, termica*. SIN. Conduttività.

condùplex [comp. di *con-* e *duplex*] s. m. e f. inv. ● Chi ha l'apparecchio telefonico collegato in duplex a quello di un altro abbonato.

condùrre o †**condùcere** [lat. *condūcere*, comp. di *cŭm* 'con' e *dūcere* 'condurre'] A v. tr. (pres. *io condùco, tu condùci*; imperf. *io conducévo*; pass. rem. *io condùssi, tu conducésti*; congv. pres. *io condùca*; imp. *condùci*; ger. *conducèndo*; part. pres. *conducènte*; part. pass. *condótto*, †*condùtto*) *1* Portare avanti un'iniziativa, un'attività o un complesso di iniziative e di attività, spec. influendo in modo determinante sul loro svolgimento con le proprie funzioni di guida e di comando: *c. la guerra con alterne vicende*; *c. un audace combattimento*; *c. un'azienda, un'impresa con mano ferrea* | (*est.*) Svolgere, realizzare: *c. una politica avanzata, progressista, conservatrice*; *l'intreccio del romanzo è condotto con grande abilità, con mano maestra* | (*raro*) Portare a termine: *c. un compito, l'incarico assegnato*. *2* Accompagnare fungendo da guida: *c. i bambini a scuola, le bestie al pascolo* | Guidare, pilotare: *c. la nave, l'automobile* | *C. la nave, la barca in porto*, (*fig.*) far arrivare q.c. a buon fine | *C. la nave, la barca in acque più tranquille*, (*fig.*) riuscire a superare intoppi e difficoltà, raggiungendo una situazione più tranquilla | (*est., ass., tv*) Dirigere, animare una trasmissione cui partecipino più persone, come dibattiti, tavole rotonde, giochi a premio e sim.: *c. in studio* | (*est.*) Trasportare, detto spec. di cavi, condutture e sim.: *c. l'acqua*; *il nuovo impianto conduce il gas in ogni casa* | *C. il calore, l'elettricità*, di corpi o sostanze che hanno la capacità di trasmetterli. SIN. Portare. *3* (*fig.*) Portare a, ridurre in, una determinata condizione: *c. qc. in miseria, alla rovina, alla disperazione*; *c. q.c. a fine, a termine, a compimento*; *c. un lavoro a buon fine* | (*lett.*) Indurre, costringere: *c. qc. alla ribellione*. *4* (*fig.*) Passare, trascorrere: *c. una vita, un'esistenza, grama, felice*. *5* (*mat.*) Tracciare: *c. la retta per due punti*; *c. la circonferenza per tre punti*. *6* (*raro*) Assoldare, stipendiare: *c. milizie di ventura*; *c. medici, professori*. *7* †Prendere in locazione: *c. una bottega, un podere*. B v. intr. (aus. *avere*) *1* (*sport*) Nelle corse, essere in testa, fare l'andatura | (*fig.*) Nel calcio e sim., essere in vantaggio sull'avversario: *c. per due reti a zero*. *2* (*fig.*) Mettere capo, terminare in un luogo, spec. con riferimento a vie e sim.: *questa strada conduce a casa mia, in piazza*. C v. rifl. *1* Comportarsi: *condursi bene, male*. *2* (*raro*) Ridursi: *si è condotto in estrema povertà* | (*raro, lett.*) Indursi a fare q.c.: *non sanza tema a dicer mi conduco* (DANTE *Inf.* XXXII, 6). D v. intr. pron. ● Recarsi, andare: *mi sono condotto fin laggiù* | (*raro*) Arrivare: *condursi fino alla vecchiaia*.

†**condùtta** ● V. *condotta*.

conduttànza [da †*condutto*] s. f. ● (*fis.*) In corrente continua, l'inverso della resistenza ohmica | In corrente alternata, la parte reale dell'ammettenza.

conduttibilità [da †*condutto*] s. f. ● (*fis.*) Conducibilità.

conduttività [da *conduttivo*] s. f. ● (*fis.*) Conducibilità | *C. esterna*, adduzione.

conduttìvo agg. ● Atto a condurre il calore, l'elettricità: *corpo c.*

†**conduttìzio** [vc. dotta, lat. *conductīciu(m)*, da *condūcere* 'prendere in affitto'] agg. ● Assoldato, mercenario: *soldati conduttizi*.

†**condùtto** ● V. *condotto (1)*.

conduttometrìa [comp. del lat. *condŭctus*, part. pass. di *condūcere* 'condurre', e di *-metria*] s. f. ● Analisi chimica basata su misure di conducibilità.

conduttomètrico agg. (pl. m. *-ci*) ● Relativo alla conduttometria: *analisi conduttometrica*.

conduttóre [vc. dotta, lat. *conductōre(m)*, da *condūcere* 'condurre, prendere in affitto'] A agg. (f. *-trice*) ● Che conduce, dirige: *la giustizia conduttrice del coro delle virtù morali* (BARTOLI) | *Filo c.*, guida in una ricerca, elemento costante di un ragionamento e sim. B s. m. *1* Conducente, guidatore | Nei trasporti ferroviari, personale addetto alla sorveglianza del servizio viaggiatori. *2* Corridore automobilista | *Campionato mondiale conduttori*, distinto da quello stabilito per le marche delle automobili. *3* Chi conduce una trasmissione radiofonica o televisiva e ne dirige lo svolgimento. *4* (*fis.*) Corpo nel quale può aversi passaggio di calore, di elettricità: *c. elettrico*; *buon c.*; *cattivo c.* | (*est.*) Qualsiasi mezzo metallico usato per trasportare energia o segnali elettrici a distanza. SIN. Filo. *5* (*dir.*) Affittuario, locatario: *c. di un fondo, di un appartamento* | *C. d'opera*, anticamente, chi si avvantaggiava del lavoro altrui obbligandosi a dare un corrispettivo. *6* (*raro*) Chi dirige e controlla la gestione di un esercizio pubblico. *7* †Capo di milizie.

conduttùra [da †*condutto*] s. f. *1* †Il condurre. *2* Complesso di condotti o tubi per il trasporto e la distribuzione di liquidi, gas, o energia elettrica.

conduzióne [vc. dotta, lat. *conductiōne(m)*, da *condūcere* 'condurre, prendere in affitto'] s. f. *1* Atto, effetto del condurre. *2* (*fis.*) Propagazione del calore o dell'elettricità attraverso un corpo senza spostamento di materia: *c. termica, elettrica*. *3* Locazione: *dare, avere una casa in c.*

conestàbile o †**conestàbole**, †**conestàvole**, **connestàbile**, †**contestàbile (1)** [ant. fr. *conestable*, dal lat. mediev. *comes stabuli* 'conte preposto alle stalle imperiali'] s. m. ● (*st.*) Gran scudiero di corte | Ufficiale della corona, con alto incarico militare o civile | *Gran c.*, comandante supremo di un'armata.

confabulàre [vc. dotta, lat. *confabulāri*, comp. di *cŭm* 'con' e *fabulāri* 'chiacchierare'] v. intr. (*io confàbulo*; aus. *avere*) *1* †Chiacchierare, conversare: *confabulando con quelli che patiscono del medesimo male* (BRUNO) | (*raro*) Chiacchierare su argomenti di poca importanza. *2* Conversare, spec. a bassa voce, in disparte, e in un'atmosfera di segretezza: *che cosa state confabulando, voi due?*

†**confabulatòrio** agg. ● (*lett.*) Di confabulazione.

confabulazióne [vc. dotta, lat. tardo *confabulatiōne(m)*, da *confabulāri*. V. *confabulare*] s. f. *1* Atto del confabulare. *2* Conversazione, colloquio, spec. a bassa voce e avvolti da un'atmosfera di segretezza. *3* (*med.*) Modo di esprimersi con invenzioni e creazioni fantastiche, tipico di malati la cui memoria è lesa.

confacènte o †**confaccènte** part. pres. di *confarsi*; anche agg. *1* Nei sign. del v. *2* Adatto, appropriato: *questo studio non è c. alle mie aspirazioni*.

|| †**confacentemente**, avv.

confacévole agg. ● (*lett., raro*) Confacente. || †**confacevolménte**, avv.

confagricolo agg. ● Della, relativo alla, Confederazione Generale dell'Agricoltura (Confagricoltura).

†**confalóne** e *deriv.* ● V. *gonfalone* e *deriv.*

confamiliàre [comp. di *con* e *familiare*] agg. ● (*biol.*) Detto di pianta o animale appartenente alla stessa famiglia di un altro.

confarreàre [vc. dotta, lat. *confarreāre*, comp. di *cŭm* 'con' e *fār*, genit. *fărris* 'farro'; dal sacrifizio di una focaccia di *farro* che si faceva durante la cerimonia] v. tr. (*io confàrreo*) ● Nel diritto romano, unire in matrimonio con il rito del farro che gli sposi assaggiavano insieme.

confarreazióne [vc. dotta, lat. *confarreatiōne(m)*, da *confarreāre* 'confarreare'] s. f. ● Nel diritto romano, rito con cui, in occasione del matrimonio, la donna passava sotto nuova potestà.

confàrsi [comp. di *con-* e *fare*] v. intr. pron. (*io mi confàccio, tu ti confài, egli si confà*; coniug. come *fare*; raro il part. pass. *confàtto* e i tempi composti) **1** Essere adatto, appropriato: *risposta che non si confà alla domanda*; *questi termini si confarebbero benissimo all'indole della lingua italiana* (LEOPARDI). SIN. Addirsi. **2** Giovare: *l'aria del mare mi si confà*. **3** (*lett.*) Essere proporzionato.

confederàle [da *confederare*, sul modello di *federale*] agg. ● Proprio di una confederazione.

confederaménto s. m. ● (*raro*) Confederazione.

confederàre [vc. dotta, lat. *confoederāre*, comp. di *cŭm* 'con' e *foederāre* 'unire con un patto'] **A** v. tr. (*io confèdero*) ● (*raro*) Collegare politicamente. **B** v. rifl. **1** Unirsi in confederazione. **2** (*raro, fig.*) Allearsi in vista di uno scopo comune.

confederatìvo agg. ● Di confederazione.

confederàto A part. pass. di *confederare*; anche agg. ● Nei sign. del v. **B** s. m. ● Chi è unito da legame confederativo: *i confederati della guerra di secessione americana*.

confederazióne [vc. dotta, lat. tardo *confoederatiōne(m)*, da *confoederāre* 'confederare'] s. f. **1** Unione tra più Stati che, pur mantenendo la propria individualità, si impegnano a perseguire scopi comuni attraverso l'attività di organi confederali. **2** Associazione tra più enti od organizzazioni | *C. sindacale*, unione nazionale di sindacati di tutte le categorie. SIN. Federazione.

conferènte A part. pres. di *conferire*; anche agg. ● Nei sign. del v. **B** s. m. e f. ● Chi apporta dati beni nello stesso luogo di altri: *i conferenti all'ammasso*.

conferènza [lat. *conferĕntia*, part. pres. nt. pl. di *confĕrre*. V. *conferire*] s. f. **1** (*raro, lett.*) Paragone, confronto: *la c. dell'osservazioni* (GALILEI). **2** Riunione, o complesso di riunioni, di più persone, per discutere problemi politici, culturali e sim., spec. con funzione consultiva: *c. internazionale*; *c. dei ministri degli esteri* | *C. di S. Vincenzo*, pio sodalizio per l'assistenza alle persone bisognose. **3** Organo collegiale nazionale o internazionale: *c. episcopale italiana*; *c. internazionale del lavoro*. **4** Discorso o lettura in pubblico su argomenti scientifici, letterari e sim.: *andare a una c.*; *tenere, fare una c.* | *C. stampa*, intervista concessa a un gruppo di giornalisti da persone molto note, spec. uomini politici e attori | (*est.*) *C. telefonica*, collegamento simultaneo fra tre o più utenti. **5** Consorzio tra armatori.

conferenzière [da *conferenza*, attrav. il fr. *conférencier*] s. m. (f. *-a*) ● Chi tiene una conferenza | Chi fa spesso conferenze. SIN. Oratore.

conferiménto s. m. **1** Atto, effetto del conferire, attribuzione: *c. di un premio, di una medaglia* | (*est.*) Ciò che deve essere conferito: *c. del grano all'ammasso*. **2** (*dir., econ.*) Contributo, in denaro o in beni, prestazioni e sim., che ogni socio apporta a una società all'atto della sua costituzione o nel momento in cui entra a farne parte.

conferìre [dal lat. *confĕrre* 'portare insieme, riunire', comp. di *cŭm* 'con' e *fĕrre* 'portare'] **A** v. tr. (*io conferìsco, tu conferìsci*) **1** †Mettere in comune, concentrare | (*raro, lett.*) Confrontare, collazionare: *c. codici, stampe*. **2** Portare dati beni nello stesso luogo o insieme ad altri: *c. una quota di grano all'ammasso*. **3** (*est.*) Aggiungere, infondere, contribuendo a un dato effetto: *il vestito nuovo gli conferiva un'aria elegante* | (*dir., econ.*) Apportare il proprio conferimento ad una società. **4** Accordare, attribuire, concedere: *c. un incarico, un onore, un titolo, una decorazione, un grado, un diploma, un benefizio*. SIN. Largire. **5** (*raro, lett.*) Palesare, comunicare, annunciare: *di meco conferir non ti rincresca / il tuo dolore* (ARIOSTO). **B** v. intr. (aus. *avere*) **1** Avere un colloquio, spec. su argomenti di notevole importanza: *conferì con il capo della polizia*. SIN. Abboccarsi. **2** Concorrere, contribuire, cooperare a un dato effetto: *quella pettinatura le conferisce* | Giovare: *c. alla salute, alla buona digestione*.

confèrma s. f. **1** Atto, modo, effetto del confermare: *chiedere, dare, ricevere c. di q.c.*; *c. verbale, telefonica*; *a, in c., di quanto ti ho detto* | Dichiarazione, verbale o scritta, in forma ufficiale, che ribadisce una concessione, deliberazione, nomina e sim. **2** Ciò che prova la fondatezza di un'ipotesi, previsione, interpretazione di avvenimenti e sim.: *i tuoi sospetti non trovano c. nella realtà*; *la c. dei nostri dubbi venne presto*. SIN. Dimostrazione, prova. CONTR. Smentita.

†**confermagióne** ● V. *confermazione*.

†**confermaménto** s. m. ● Atto, effetto del confermare: *mandò ... lettere a c. del matrimonio* (VILLANI).

confermàre o †**confirmàre** [lat. *confirmāre* 'dare stabilità, rafforzare', comp. di *cŭm* 'con' e *firmāre* 'rendere stabile', da *fĭrmus* 'stabile'] **A** v. tr. (*io confèrmo*) **1** Rendere fermo, saldo: *c. le speranze, le opinioni di qc.*; *la buona aere ... conferma molto la sanità* (ALBERTI). SIN. Rafforzare. **2** Ribadire in forma esplicita o solenne: *c. il voto, la promessa, l'impegno* | Ribadire, approvare, o approvare di nuovo, verbalmente o per iscritto, in forma ufficiale o semi-ufficiale: *c. una nomina, un contratto, una legge*; *gli confermò la carica di sottosegretario* | Mantenere, in una carica e sim.: *è stato confermato nel suo ufficio*. **3** Provare la fondatezza di un'ipotesi, previsione, interpretazione di avvenimenti e sim.: *i fatti confermeranno quello che vi ho detto*. SIN. Convalidare, dimostrare. CONTR. Smentire. **4** Ripetere q.c. già detto, riconoscendone e dichiarandone la veridicità, l'esattezza: *ha confermato la sua testimonianza*. SIN. Ribadire. **5** (*relig.*) Cresimare. **6** Detto di banca, obbligarsi unitamente alla banca accreditante, a dare esecuzione alle clausole di pagamento o accettazione, in un'apertura di credito a favore di terzi. **B** v. rifl. **1** Rafforzarsi, rendersi più fermo e sicuro in un dato atteggiamento, opinione e sim.: *si è confermato nei suoi sentimenti*. SIN. Consolidarsi. **2** (*raro*) Dichiararsi, spec. nelle chiuse epistolari: *mi confermo suo rispettoso, devoto, obbligato*. **C** v. intr. pron. ● Acquistare credito, rivelare la propria fondatezza: *la sua opinione si venne confermando col passare del tempo*.

confermatìvo [lat. tardo *confirmatīvu(m)*, da *confirmāre* 'confermare'] agg. ● Che serve a confermare. || **confermativaménte**, avv. (*raro*) In modo confermativo.

†**confermatòrio** agg. ● Che conferma.

confermazióne o †**confermagióne**, †**confirmazióne** [lat. *confirmatiōne(m)*, da *confirmāre* 'confermare'] s. f. **1** (*lett.*) Atto, effetto del confermare. **2** Nella chiesa cattolica, sacramento che impartisce ai battezzati lo Spirito Santo e li conferma nella fede. SIN. Cresima | Nelle chiese luterana e anglicana, esame del giovane cristiano e rinnovamento della professione di fede battesimale. **3** †Parte dimostrativa e confutativa di un'orazione.

confèrva [vc. dotta, lat. *confĕrva(m)*, da avvicinare a *ferrūmen* 'saldatura' (di origine indeur.), perché serviva a saldare le ferite] s. f. ● Alga gialla d'acqua dolce, con numerosi cloroplasti lungo la parete delle cellule dei filamenti (*Conferva bombicina*).

confessàbile agg. ● Che si può confessare: *peccato facilmente c.*

confessàre [lat. parl. **confessāre*, da *confĕssus*, part. pass. di *confitēri* 'confessare, ammettere', comp. di *cŭm* 'con' e *fatēri* 'confessare, ammettere'] **A** v. tr. (*io confèsso*) **1** Dichiarare apertamente azioni, comportamenti e sim. considerati moralmente negativi (*anche ass.*): *c. i propri errori*; *c. la verità*; *c. al sacerdote i propri peccati*; *c. una colpa, un torto, un crimine, un delitto, un furto*; *c. col silenzio, con lo sguardo, col pianto*; *finalmente ha confessato*. **2** Rivelare, spec. a una persona amica o comunque in un ambito ristretto, segreti, problemi personali e intimi e sim.: *gli confessò tutte le sue aspirazioni, i suoi desideri, i suoi sogni*; *ti confesso che sono ormai stanco di tutto*. **3** Ascoltare i peccati del penitente e amministrare il sacramento della confessione (*anche ass.*): *il parroco confessa*. **4** (*lett.*) Ammettere, riconoscere: *confessa il mal che ci fu dato in sorte / e il basso stato e frale* (LEOPARDI). **5** (*lett.*) Professare una fede, una religione, una dottrina: *bisognerebbe ... domandare agli spiriti se confessano Cristo* (FOGAZZARO). **B** v. rifl. **1** Rivelarsi o dichiararsi esplicitamente: *confessarsi colpevole*; *la passione ... aveva il buon senso di confessarsi cieca* (NIEVO). **2** Dichiarare i propri peccati, nel sacramento della confessione: *vado a confessarmi*; *da quanto tempo non vi confessate?* **3** (*est., fig.*) Confidarsi in segreto con qc. (*anche scherz.*): *ha bisogno di confessarsi con qc* || PROV. Peccato confessato è mezzo perdonato.

confessionàle A agg. **1** Che si riferisce alla confessione sacramentale: *segreto c.* **2** Che è proprio di una confessione religiosa o di una professione di fede: *scuola c.* | *Stato c.*, che professa una religione riconoscendola nella sua costituzione. **B** s. m. ● Bussola in legno nella quale il sacerdote, attraverso una grata, ascolta la confessione.

confessionalìsmo [da *confessionale*] s. m. ● L'uniformarsi ideologicamente alle dottrine e alle norme di una confessione religiosa.

confessionalità [da *confessionale*] s. f. ● Appartenenza a una confessione religiosa.

confessionàrio s. m. ● (*raro*) Confessionale.

confessióne [vc. dotta, lat. *confessiōne(m)*. V. *confessare*] s. f. **1** Modo, atto, effetto del confessare o confessarsi. **2** (*dir.*) Dichiarazione che una parte fa della verità di fatti a sé sfavorevoli e favorevoli all'altra parte: *c. giudiziale, stragiudiziale* | Omissione dell'imputato sulla propria partecipazione, quale autore o coautore, al compimento del fatto dedotto in imputazione. **3** In molte religioni, dichiarazione pubblica delle proprie azioni e omissioni contrastanti con la legge divina | Nella Chiesa cattolica, parte essenziale del sacramento della penitenza, consistente nell'accusare i propri peccati dinanzi al sacerdote | *C. auricolare*, individuale, fatta in segreto all'orecchio del sacerdote | *C. comunitaria*, che si fa collettivamente nel corso di un rito penitenziale | *Sigillo, segreto della c.*, obbligo del confessore di non rivelare le colpe accusate dal penitente. **4** Dichiarazione solenne e pubblica della propria fede fatta dagli antichi cristiani. **5** Comunità di cristiani distinta da tutte le altre per il suo credo: *c. cattolica, protestante, evangelica, luterana, valdese*. **6** Luogo sottostante l'altare in cui si conservano le spoglie di un santo | (*est.*) Tomba di un santo. **7** (*al pl.*) Titolo di varie opere autobiografiche: *le Confessioni di S. Agostino, di Rousseau*. || **confessionàccia**, pegg. | **confessioncèlla**, dim. | **confessionùccia**, pegg.

confessionìsta agg. (pl. m. *-i*) ● Confessionale: *stato c.*

confèsso [vc. dotta, lat. *confĕssu(m)* 'che ha confessato', part. pass. di *confitēri*. V. *confessare*] agg. ● Che riconosce e confessa i propri errori, peccati, e sim.: *reo c.*

confessoràto s. m. ● Facoltà e ministero di confessore.

confessóre [vc. dotta, lat. tardo *confessōre(m)* 'chi professa una fede, una dottrina'. V. *confessare*] s. m. **1** Sacerdote che ha facoltà di ascoltare la confessione e amministrare il sacramento della penitenza. **2** Cristiano che è santificato per la sua eroica professione di fede.

confessòrio [vc. dotta, lat. tardo *confessōriu(m)*. V. *confessare*] agg. **1** (*raro*) Di confessione. **2** (*dir.*) *Azione confessoria*, spettante al titolare di una servitù per l'accertamento del proprio diritto e la cessazione delle turbative all'esercizio del medesimo.

confettàre [lat. parl. **confectāre*, da *confĕctus*. V. *confetto*] **A** v. tr. (*io confètto*) **1** Candire: *c. la frut-*

ta | †*c. una rapa*, (*fig.*) fare cortesie a chi non le merita. **2** (*chim.*) Rivestire con sostanze cheratinizzate pillole medicinali. **3** (*est.*) †Preparare, comporre. **4** (*fig.*) †Adulare, lusingare. **5** (*fig.*) †Imbrogliare, aggirare. **B** v. intr. (aus. *avere*) ● †Mangiare confetti.

confettàto agg. ● Confezionato in confetti: *chewing-gum c.*

confettatrice [da *confettare*] s. f. ● Macchina con cui si effettua la confettatura.

confettatùra s. f. **1** Operazione del confettare. **2** Operazione di rivestimento dei semi con sostanze nutritive e antiparassitarie per facilitare la semina e lo sviluppo iniziale delle piante. **3** (*chim.*) Operazione di rivestimento di pillole medicinali con sostanze cheratinizzate.

confetterìa s. f. **1** Fabbrica o bottega di confetti, di dolci. **2** Assortimento di confetti, di dolci.

confettièra s. f. ● Vaso, scatola o sim. in cui si tengono i confetti.

confettière A s. m. (f. *-a*) ● Chi fa o vende confetti, dolci e sim. **B** agg. ● Relativo alla confettatura | *Operaio c.*, addetto alla confettatura, spec. nell'industria chimico-farmaceutica.

confètto [lat. *confĕctu(m)*, part. pass. di *conficere* 'preparare, eseguire, consumare', comp. di *cŭm* 'con' e *făcere* 'fare'] s. m. **1** Piccolo dolce di zucchero cotto, gener. di forma ovale per lo più contenente mandorle, pistacchi, nocciole e sim., tradizionalmente offerto in occasione di battesimi, cresime e matrimoni | *Mangiare i confetti di qc.*, (*fig.*) festeggiarne le nozze | (*fig.*, *scherz.*) *Confetti di piombo*, pallottole | (*fig.*, *scherz.*) *Confetti di montagna*, castagne secche | (*gener.*) Chicca zuccherina. **2** (*spec. al pl.*, *lett.*) Dolciumi: *con frutti e confetti e coppe d'oro / se rinfrescarno* (BOIARDO). **3** Preparato medicamentoso formato da una o più sostanze impastate o stratificate e rivestite di zucchero o altri materiali. || **confettàccio**, pegg. | **confettìno**, dim. | **confettóne**, accr. | **confettùccio**, dim.

confettùra [lat. *confectūra(m)* 'preparazione', da *confĕctus* (V. *confetto*), prob. attrav. il fr. *confiture*] s. f. **1** (*raro*) Insieme di confetti. **2** Conserva di una o più specie di frutta lasciata cuocere, con aggiunta di zucchero, fino ad ottenere una buona consistenza: *c. di fragole*. CFR. Gelatina, marmellata.

confettureria [fr. *confiturerie*, da *confiture* 'confettura'] s. f. ● Luogo ove si preparano o si vendono le confetture.

confetturière [fr. *confiturier*, da *confiture* 'confettura'] s. m. (f. *-a*) ● (*raro*) Confettiere.

confetturièro agg. ● Relativo alla confettura o alle confetture: *industria confetturiera*.

confezionaménto s. m. ● Atto, effetto del confezionare.

confezionàre [fr. *confectionner*, da *confection* 'confezione (2)'] v. tr. (*io confezióno*) **1** Avvolgere in un involucro, imballare: *c. un pacco*. **2** Cucire, mettere assieme un abito o altro capo d'abbigliamento.

confezionatóre s. m. (f. *-trice* (V.)) **1** Chi confeziona scatole e pacchi. **2** (*raro*) Confezionista.

confezionatrìce s. f. ● Macchina che realizza confezioni pronte per la vendita.

confezióne (**1**) [lat. *confectiōne(m)*, da *confĕctus*. V. *confetto*] s. f. **1** Atto ed effetto del confezionare: *c. del prodotto*. **2** Involucro, imballaggio che avvolge un prodotto | (*est.*) Il prodotto stesso così preparato: *c. regalo* | (*est.*) Imballaggio di prodotti della stessa specie costituente un'unità di vendita: *una c. di liquori*. **3** Preparato medicinale, nella cui composizione entrano vari ingredienti.

confezióne (**2**) [fr. *confection*. V. precedente] s. f. ● Produzione in serie di capi d'abbigliamento: *lavorare nel settore della c.* | (*spec. al pl.*) Indumenti per uomo, donna, bambino, che si acquistano già confezionati.

confezionìsta [da *confezione (2)*] s. m. e f. (pl. m. *-i*) ● Chi confeziona in serie capi di abbigliamento.

conficcaménto s. m. ● (*raro*) Atto, effetto del conficcare.

conficcàre [comp. di *con-* e *ficcare*] **A** v. tr. (*io conficco*, *tu conficchi*) **1** Ficcare, far entrare con forza, spec. oggetti aguzzi: *c. un palo nel terreno*; *conficcarsi un chiodo nella mano* | (*raro*, *lett.*) Unire, trafiggere, per mezzo di chiodi, inchiodare. **2** (*fig.*) Imprimere profondamente, in senso psicologico: *c. nella mente*, *nella memoria*, *nella coscienza*. **B** v. intr. pron. ● Penetrare con forza (*anche fig.*).

†**confidaménto** s. m. ● Modo, atto del confidare.

†**confidànza** s. f. **1** Confidenza, fiducia. **2** (*raro*) Assicurazione, parola data.

confidàre [lat. parl. **confidāre*, per il classico *confīdere*, comp. di *con-* 'con' e *fīdere* (da *fīdus* 'fido')] **A** v. intr. (aus. *avere*) ● Avere fiducia: *c. in Dio*, *nelle proprie capacità*; *confido nella tua discrezione*. SIN. Contare, sperare. **B** v. intr. pron. **1** (*raro*, *lett.*) Appoggiarsi a qc., avere fiducia in qc. | *Confidarsi in qc.*, mettersi nelle sue mani. **2** Rendere qc. partecipe dei propri segreti, dei propri pensieri più intimi: *voglio confidarmi con te*; *avrebbe dovuto anche lui confidarsi a un segretario* (MANZONI). SIN. Rivelare, svelare. **C** v. tr. **1** Rivelare, in un'atmosfera di segretezza o discrezione: *mi ha confidato le sue speranze* | Affidare, in un'atmosfera di segretezza o discrezione, e con certe garanzie: *vuole confidarmi alcuni documenti*. **2** (*lett.*) Sperare, presumere: *confido che verrà*.

confidàto part. pass. di *confidare*; anche agg. ● Nei sign. del v. || †**confidataménte**, avv. Con fiducia.

confidènte [vc. dotta, lat. *confidĕnte(m)*, part. pres. di *confīdere* 'confidare'] **A** agg. **1** Che ha fiducia: *con animo c.* | (*lett.*) Sicuro di sé: *tempra de' baldi giovani / il c. ingegno* (MANZONI). SIN. Fiducioso. **2** (*raro*) Che ispira confidenza. || **confidenteménte**, avv. **1** (*raro*) Con fiducia. **2** (*lett.*) Amichevolmente. **B** s. m. e f. **1** Persona amica a cui si possono rivelare notizie riservate, problemi personali e sim. **2** Spia, informatore, spec. della polizia. **3** Ruolo del teatro classico e rinascimentale comprendente parti di amico del protagonista, con la funzione di informare il pubblico sull'antefatto o su altri eventi che accadono fuori di scena.

confidènza o †**confidènzia** [vc. dotta, lat. *confidĕntia(m)*, da *confīdere* 'confidare'] s. f. **1** Familiarità, dimestichezza: *essere in c. con qc.*; *trattare con c.* | *Dare c.*, trattare con familiarità | *Prendere c.*, acquistare familiarità con qc. o q.c. | *Prendersi una c. con qc.*, agire con esagerata familiarità. **2** Fiducia, sicurezza: *aver c. in se stessi*. **3** Rivelazione di q.c. in un'atmosfera di segretezza o discrezione: *voglio farti una c.* | *In c.*, segretamente | (*est.*) Notizia rivelata in un'atmosfera di segretezza o discrezione: *è una c. pericolosa*.

confidenziàle agg. **1** Che dimostra confidenza, familiarità: *parole*, *contatti*, *confidenziali*; *inviato c.* SIN. Amichevole, intimo. **2** Cordiale, libero da formalismi: *saluto c.*; *maniere confidenziali*. **3** Detto, fatto o sim., in un'atmosfera di segretezza o discrezione: *notizia*, *informazione*, *domanda*, *lettera c.* SIN. Riservato, segreto. || **confidenzialménte**, avv. In modo confidenziale; in segreto; con familiarità.

confidenzialità s. f. **1** Qualità di ciò che è confidenziale, riservato. **2** Tono, atteggiamento che dimostra cordialità o dispone alla confidenza.

configgere o †**configere** [vc. dotta, lat. *configere*, comp. di *cŭm* 'con' e *fīgere* 'fissare'] **A** v. tr. (coniug. come *figgere*) ● Conficcare, inchiodare (*anche fig.*): *gli confisse la spada nel cuore*; *configgersi un rimprovero nella mente*. **B** v. intr. pron. ● Infiggersi profondamente: *gli si è confitta una spina nella mano*.

configuràre [vc. dotta, lat. *configurāre*, comp. di *cŭm* 'con' e *figūra* 'figura, configurazione'] **A** v. tr. ● (*raro*) Rappresentare q.c. in una data forma. **B** v. intr. pron. ● Assumere una data forma, immagine e sim.: *procuriamo con una ... lodevole imitazione ... di configurarci a Cristo* (MARINO).

configurazionàle agg. ● (*chim.*) Detto di ordine nella successione di configurazioni degli atomi di carbonio asimmetrici contenuti in una catena polimerica: *ordine c.*

configurazióne [vc. dotta, lat. tardo *configuratiōne(m)*, da *configurāre* 'configurare'] s. f. **1** Modo, atto del configurare o del configurarsi. SIN. Aspetto, figura, forma. **2** (*geogr.*) Aspetto morfologico di una porzione di superficie terrestre: *la c. della zona alpina*. **3** (*mat.*) Collezione di elementi e di sottoinsiemi d'un insieme dato, legati da particolari requisiti. **4** (*fis.*) Posizione di un sistema materiale, forma di questo, e, a volte, l'atto di moto | (*astron.*) *C. planetaria*, posizione di un pianeta o della Luna rispetto alla Terra e al Sole. **5** (*chim.*) Particolare disposizione spaziale di atomi o gruppi atomici legati ad un atomo asimmetrico o a un doppio legame che rende distinguibile una molecola da altre molecole contenenti gli stessi atomi: *c. cis*; *c. trans*. CFR. Stereoisomero.

configurazionìsmo [da *configurazione*] s. m. ● (*psicol.*) Gestaltismo.

confinaménto s. m. **1** (*raro*) Modo e atto del confinare. **2** (*fis.*) In fisica del plasma, contenimento delle particelle cariche ad alta temperatura in una zona limitata di spazio per il tempo necessario a provocare e mantenere reazioni di fusione nucleare.

confinànte part. pres. di *confinare*; anche agg. ● Nei sign. del v.

confinàre [da *confine (1)*] **A** v. intr. (aus. *avere*) ● Essere vicino, limitrofo, contiguo (*anche fig.*): *il suo podere confinava col mio*; *la cura scrupolosa delle robe proprie ... nei costumi induce una tal quale occhiuta rigidezza che ben davvicino confina coll'avarizia e colla crudeltà* (NIEVO). **B** v. tr. **1** †Descrivere, stabilire i confini di un dato luogo. **2** Condannare al confino: *sotto il fascismo è stato confinato in un paesino di montagna*; *seguendo il suo crudel consiglio / bandisce altri fedeli, altri confina* (TASSO) | (*raro*, *est.*) Scacciare, bandire. **3** (*fig.*) Costringere a una vita ritirata: *il dispiacere lo ha confinato in casa*. SIN. Relegare. **C** v. rifl. **1** Ritirarsi a vivere in un luogo isolato, appartarsi, segregarsi: *si è confinato in una casetta di campagna*. **2** (*raro*) Limitarsi, restringersi: *nella sua trattazione si è confinato a un solo aspetto del problema*.

confinàrio [da *confine (1)*] agg. **1** Che riguarda il confine. **2** Che abita, che è situato, presso un confine: *popolo c.*; *città confinaria*. **3** Detto di corpo armato posto a presidio di confine: *milizia confinaria*.

confinàto A part. pass. di *confinare*; anche agg. ● Nei sign. del v. **B** s. m. (f. *-a*) ● Chi è stato condannato al confino: *i confinati politici*.

confinazióne [da *confinare*] s. f. ● Delimitazione dei confini.

confindustriàle agg. ● Della, relativo alla, Confederazione Generale dell'Industria Italiana (Confindustria).

confine (**1**) [vc. dotta, lat. *confine*, nt. dell'agg. *confīnis* 'confinante', da *fīnis* 'confine, limite'] s. m. (pl. *confini*, †*confine*, f.) **1** Linea che circoscrive una proprietà immobiliare o il territorio di uno Stato o di una regione: *c. tra la Francia e l'Italia* | *C. naturale*, quello che segue la linea di elementi geografici naturali | *C. politico*, quello che segue una linea convenzionale | *Azione di regolamento di confini*, spettante a un proprietario fondiario in caso di contestazione sui confini. **2** (*est.*) Termine, fine, limite (*anche fig.*): *i confini del mondo*; *i confini della mente umana*; *ai confini del lecito* | *Senza confini*, illimitato | *Oltre i confini naturali*, oltre quanto è concesso dalla natura | *Passare i confini*, trasmodare, riuscire insopportabile. **3** Pietra, sbarra, cippo e sim. usati per segnare il confine di un luogo: *collocare*, *togliere i confini*. **4** (*spec. al pl.*) †Confino: *andare*, *mandare*, *ai confini* | †*Avere i confini*, essere condannato al confino e (*fig.*) essere escluso da un luogo.

†**confine** (**2**) [lat. *confīne(m)*] agg. ● Confinante.

†**confingere** [vc. dotta, lat. *confĭngere*, comp. di *cŭm* 'con' e *fingere* 'plasmare, fingere'] v. tr. ● Contraffare | Inventare, raffigurare.

confino [da *confinare*] s. m. ● Misura di polizia introdotta nel 1931 (in sostituzione del *domicilio coatto*), consistente nell'imporre al condannato di dimorare per un certo tempo in un luogo lontano dal proprio luogo di residenza o da quello del delitto o da quello della vittima; oggi è sostituito dall'*obbligo di soggiorno* (V. *soggiorno*).

†**confirmàre** e *deriv.* ● V. *confermare* e *deriv.*

confirmatòrio [da †*confirmare*] agg. ● (*dir.*) Solo nella loc. *caparra confirmatoria*, somma di denaro che una parte consegna all'altra a titolo di garanzia per l'adempimento di un contratto.

confisca [da *confiscare*] s. f. *1* Misura di sicurezza consistente nell'avocazione allo Stato di cose usate per commettere un reato o provenienti dallo stesso. *2* (*raro*) Oggetto della confisca.

confiscàbile agg. ● Che si può confiscare: *bene c.*

confiscàre [vc. dotta, lat. *confiscāre*, comp. di *cŭm* 'con' e *fĭscus* 'cassa dello stato, fisco'] v. tr. (*io confisco, tu confischi*) ● Colpire un bene con confisca: *c. le merci di contrabbando* | (*impr.*) Espropriare o requisire, da parte dello Stato o di altro ente pubblico, un bene senza indennizzo.

confiscatóre s. m.; anche agg. (f. *-trice*) ● Chi, che confisca.

confitènte [vc. dotta, lat. *confitĕnte(m)*, part. pres. di *confitēri* 'confessare'] s. m.; anche agg. ● Chi, che si confessa | Chi, che professa la propria fede.

confiteor /*lat.* kon'fiteor/ [vc. lat., 'io confesso', prima pers. sing. indic. pres. di *confitēri* 'confessare'] s. m. inv. ● Formula liturgica di confessione generica, che si recita nella Messa e nella confessione | *Dire, recitare il c.*, (*fig.*) riconoscere le proprie colpe.

confitto part. pass. di *configgere*; anche agg. ● Nei sign. del v.

confiture /*fr.* kõfi'tyr/ [vc. fr., deriv. di *confit*, part. pass. di *confire* 'candire', dal lat. *confĭcere* 'preparare'] s. f. inv. ● Confettura, marmellata.

conflagràre [vc. dotta, lat. *conflagrāre*, comp. di *cŭm* 'con' e *flagrāre* 'ardere'] v. intr. (aus. *essere*) *1* (*lett.*) Prendere fuoco all'improvviso. *2* (*fig.*) Scoppiare all'improvviso, detto di guerre e sim.

conflagrazióne [vc. dotta, lat. *conflagratiōne(m)*, da *conflagrāre* 'conflagrare'] s. f. *1* Atto, effetto del conflagrare. *2* (*fig.*) Improvvisa accensione di ostilità fra due o più Stati. *3* Nella filosofia stoica, catastrofe finale che ricondurrà al fuoco tutto ciò che dal fuoco si è generato e concluderà un ciclo dell'universo.

†**conflàre** [vc. dotta, lat. *conflāre*, comp. di *cŭm* 'con' e *flāre* 'soffiare'] v. tr. *1* Fondere, sciogliere, detto spec. di metalli. *2* (*fig., lett.*) Provocare, suscitare.

†**conflàto** A part. pass. di †*conflare*; anche agg. *1* Nei sign. del v. *2* (*fig.*) Congiunto con altra cosa. B s. m. ● (*raro, lett.*) Unione intima.

conflitto [vc. dotta, lat. *conflĭctu(m)*, da *conflīgere* 'combattere'] s. m. *1* Scontro di armati, combattimento: *c. a fuoco, tra banditi e carabinieri* | Guerra: *secondo c. mondiale*. *2* Contrasto, scontro, urto, spec. aspro e prolungato di idee, opinioni e sim.: *c. di gusti, di interessi* | *C. sociale*, contrasto fra gruppo e gruppo, classe e classe, generato da profonde differenze economiche, politiche e sociali | *C. di diritti*, esistenza di diritti a favore di persone diverse il cui esercizio è reciprocamente incompatibile. *3* (*dir.*) Situazione di contrasto tra autorità giurisdizionali o amministrative o tra autorità giurisdizionali e amministrative | *C. di competenza*, contrasto tra più organi giurisdizionali che affermano o negano contemporaneamente di avere competenza a decidere una stessa controversia. *4* (*psicol.*) Attività simultanea di impulsi, desideri e tendenze opposte, che si escludono a vicenda | (*psicoan.*) Contrapposizione manifesta o latente di esigenze interne contrastanti.

conflittuàle [da *conflitto*] agg. ● Pertinente a un rapporto di opposizione, contraddizione, lotta e sim. fra gruppi, classi sociali, individui, oppure fra teorie, atteggiamenti culturali e sim. || **conflittualménte**, avv.

conflittualità s. f. ● Stato di agitazione e di contrasto in campo sindacale, causato dalle continue vertenze fra lavoratori e datori di lavoro | (*est.*) Stato di agitazione intensa e continua nell'ambito studentesco.

confluènte A part. pres. di *confluire*; anche agg. ● Nei sign. del v. B s. m.; raro f. *1* (*raro*) Confluenza: *c. di fiumi, di strade*. *2* Affluente.

confluènza [vc. dotta, lat. tardo *confluĕntia(m)* 'afflusso di sangue, congestione', da *cōnfluens* 'confluente'] s. f. *1* Atto, effetto del confluire (*anche fig.*): *la c. di due fiumi, di due strade*; *c. di forze, di idee, di correnti politiche*. *2* Punto in cui due corsi d'acqua s'incontrano unendo le loro acque | (*est.*) Incrocio di strade.

conflùire [lat. *conflŭere*, comp. di *cŭm* 'con' e *flŭere* 'scorrere'] v. intr. (*io confluìsco, tu confluìsci*; aus. *essere* e *avere*) *1* Congiungersi, unirsi, detto di corsi d'acqua, valli, strade e sim.: *le due arterie confluiscono più a sud* | Versarsi: *nel lago confluiscono molti torrenti*. *2* Congiungersi, sviluppandosi allo stesso modo, o muovendosi nella stessa direzione, o arrivando allo stesso punto, detto di idee, tradizioni, atteggiamenti culturali, azioni sociali e politiche, temi letterari, motivi musicali, e sim.: *nell'opera di questo scrittore confluiscono diverse tradizioni di pensiero*.

confocàle [comp. di *con-* e *fuoco*, con suff. aggettivale] agg. ● (*fis.*) Che ha il medesimo fuoco o la medesima linea focale: *sistemi ottici confocali*.

confóndere [lat. *confŭndere*, comp. di *cŭm* 'insieme' e *fŭndere* 'versare'] A v. tr. (coniug. come *fondere*) *1* Mettere insieme, mescolare senza distinzione e senza ordine: *ha confuso tutti i libri della biblioteca*; *i tuoi discorsi mi confondono le idee*. *2* (*est.*) Scambiare una persona o cosa per un'altra: *c. i colori, i concetti*; *ho confuso il tuo nome con quello di una mia amica*. *3* (*est.*) Turbare in modo da togliere la chiarezza del pensiero, il discernimento: *la sua presenza lo ha confuso* | (*est.*) Imbarazzare con eccessivo garbo, cortesia, complimenti: *tutte queste attenzioni mi confondono* | (*est.*) Sbalordire: *la sua bravura ci confonde*. *4* (*est., lett.*) Umiliare: *Iddio confonde l'orgoglio dei malvagi e dei superbi* | (*est., raro, lett.*) Annientare, distruggere: *c. l'esercito nemico*. *5* (*est.*) Abbagliare, offuscare: *questa luce violenta mi confonde la vista*. B v. intr. pron. *1* Mescolarsi: *appena arrivò sulla via principale si confuse tra la folla*. *2* Turbarsi gravemente: *si confusero udendo quelle parole*. SIN. Sbigottirsi, smarrirsi. *3* (*tosc.*) Darsi briga per qc. o q.c., occuparsi di q.c., spec. senza risultati positivi, o con riferimento a occupazioni considerate negative: *confondersi con la politica*; *confondersi col gioco* | (*tosc.*) *Non mi ci confondo*, non me ne occupo.

confondìbile agg. ● Che si può confondere.

conformàbile agg. ● Che si può conformare.

conformàre [vc. dotta, lat. *conformāre*, comp. di *cŭm* 'con' e *formāre* 'formare'] A v. tr. (*io confórmo*) *1* Formare, spec. in modo proporzionato, esteticamente gradevole e sim. *2* Rendere conforme, uniformare, adeguare, adattare: *c. q.c. all'indole, alla capacità, ai bisogni*; *c. la propria vita a un ideale*. B v. rifl. ● Rendersi conforme, uniformarsi, adeguarsi, adattarsi: *conformarsi alle abitudini del luogo in cui si vive* | Rassegnarsi: *ci conformiamo alla vostra volontà*. C v. intr. pron. ● Essere proporzionato: *la misura di questo oggetto si conforma con quella degli altri*.

conformativo agg. ● (*raro*) Atto a conformare | Che si conforma.

conformatóre [vc. dotta, lat. tardo *conformatōre(m)* 'ordinatore', da *conformāre* 'conformare'] A agg.; anche s. m. (f. *-trice*) ● Che, chi conforma. B s. m. ● Apparecchio a pezzi mobili, col quale i cappellai determinano la misura e cioè la forma della testa.

conformazionàle agg. ● (*chim.*) Che si riferisce alla conformazione delle molecole: *isomeria c.*

conformazióne [vc. dotta, lat. *conformatiōne(m)*, da *conformāre* 'conformare'] s. f. *1* Figura, forma: *avere una bella c.*; *la c. del corpo* | Modo di strutturarsi di un organo o organismo: *vizi di c.* *2* (*raro*) Adattamento | Rassegnazione.

confórme [vc. dotta, lat. *confōrme(m)*, comp. di *cŭm* 'con' e *fōrma* 'forma'] A agg. *1* Simile per forma, indole, qualità e sim.: *c. al modello*; *un carattere c. al mio*; *copia c.*; *due oggetti conformi*; *i governi debbon essere conformi alla natura degli uomini governati* (VICO) | Acconcio, confacente, conveniente, consentaneo: *c. all'esempio, al vero*. *2* (*mat.*) Detto di corrispondenza che conservi gli angoli fra curve, cioè fra le rispettive tangenti. || **conformeménte**, avv. In modo conforme, in conformità. B avv. ● In modo corrispondente: *agire c. al proprio temperamento, alle leggi*; *c. a ciò che già ti scrissi* | (*dial., ass.*) Dipende, secondo il caso o le prospettive (nelle risposte): *'pensi di accettare o di rifiutare?'*, 'c'. C cong. ● Come, secondo che (introduce una prop. modale con il v. all'indic.): *agisce c. gli passa per il capo*; *occorre operare c. dice la legge*. D nella loc. cong. †*c. a che*, secondo che: *c. a che simili illusioni si veggono in cristalli e gemme di più sorte* (GALILEI).

†**conformeché** [comp. di *conforme* e *che*] cong. ● (*raro*) Secondo che, conforme a che.

conformìsmo [ingl. *conformism*, modellato col suff. *-ism* '-ismo' su *conformist* 'conformista'] s. m. ● Atteggiamento, linea di condotta, attività e sim. tipica del conformista.

conformìsta [ingl. *conformist*, da *conform* 'conforme'] s. m. e f. (pl. m. *-i*) ● Chi accetta gli usi, i comportamenti, le opinioni, spec. politiche, prevalenti in un determinato gruppo sociale, periodo storico e sim., e vi si adegua in modo passivo.

conformìstico agg. (pl. m. *-ci*) ● Tipico del conformismo o del conformista. || **conformisticaménte**, avv.

conformità s. f. ● L'essere conforme | *In c. a, di*, conformemente. SIN. Concordanza.

confòrt /kon'fɔrt, *fr.* kɔ̃'fɔr/ ● V. *comfort*.

confortàbile [fr. *confortable*, dall'ingl. *confortable*] agg. ● Che si può confortare. || **confortabilménte**, avv. In modo confortevole.

confortànte part. pres. di *confortare*; anche agg. ● Nei sign. del v.

†**confortànza** s. f. ● Conforto, preghiera.

confortàre [lat. tardo *confortāre* 'rinforzare, consolare', comp. di *cŭm* 'con' e *fŏrtis* 'forte'] A v. tr. (*io confòrto*) *1* (*raro*) Rendere forte, vigoroso (*anche ass.*): *c. lo stomaco*; *è una medicina che conforta* | (*raro*) *C. la memoria*, rafforzarla, ravvivarla | (*lett.*) Confermare, sostenere, con argomentazioni e sim.: *c. una tesi, un assunto*; *ha confortato le sue affermazioni con molte citazioni* | Incoraggiare, incitare: *le sue parole mi confortano a proseguire nell'azione* | (*tosc.*) *C. i cani all'erta*, (*fig.*) spingere qc. a fare q.c. che l'autore dell'esortazione non è disposto a fare. *2* Consolare e sollevare qc. da un dolore fisico o psicologico: *c. un malato, gli afflitti*; *mi ha confortata nel mio dolore* | (*est.*) Ricreare: *c. l'animo, lo spirito* | Colmare di speranza: *la notizia lo confortò*. B v. intr. pron. ● (*raro*) Prendere forza | Provare sollievo, farsi animo e sim.: *alla lieta notizia si confortarono*. C v. rifl. rec. ● Consolarsi a vicenda.

confortativo A agg. ● (*raro*) Atto a confortare. B s. m. ● (*raro*) Rimedio che conforta.

confortàto part. pass. di *confortare*; anche agg. ● Nei sign. del v.

confortatóre [vc. dotta, lat. tardo *confortatōre(m)*, da *confortāre* 'confortare'] agg.; anche s. m. (f. *-trice*) ● Che, chi conforta.

confortatòrio [vc. dotta, lat. tardo *confortatōriu(m)*, da *confortāre* 'confortare'] A agg. ● Che reca conforto. B s. m. ● Cappella in cui i condannati a morte ricevevano gli ultimi conforti religiosi.

conforterìa s. f. ● (*raro*) Confortatorio.

confortévole agg. *1* Che reca conforto: *parole confortevoli*. SIN. Consolante. *2* Comodo: *casa, automobile c.*; *albergo poco c.* || **confortevolménte**, avv.

confortìno s. m. *1* Pane condito con spezie e miele | Pasta dolce a forma di ciambella | (*est.*) Ogni dolce corroborante della digestione. *2* In pasticceria, lingua di gatto. *3* (*raro*) Liquore corroborante.

confòrto (1) [da *confortare*] s. m. *1* Consolazione, sollievo, aiuto morale: *dare, recare c. a qc.*; *essere di c. a, per, qc.*; *trovare c. in q.c.* | (*est.*) Chi, o ciò che, serve a confortare: *lo studio è il mio unico c.* | *Conforti religiosi, estremi conforti*, sacramenti e preghiere amministrati e pronunciati in punto di morte. *2* Sostegno, appoggio: *agendo così, ho avuto il c. della mia buona fede* | *A c. di una tesi*, a sostegno. *3* (*raro*) Ristoro materiale: *un alimento di grande c. nei climi freddi*; *viveri, generi di c.*

confòrto (2) [ingl. *comfort*] s. m. ● Agio, comodità: *questo studio è dotato di tutti i conforti moderni*. ||**confortino**, dim.

†**confràte** [lat. mediev. *confrater*, nom., comp. di *cŭm* 'con' e *frāter* 'fratello'] s. m. ● Confratello.

confratèllo [comp. di *con-* e *fratello*] s. m. *1* Frate dello stesso ordine religioso | Chi è ascritto con altri a una stessa confraternita. *2* (*est., lett.*) Collega.

confratèrnita [lat. mediev. *confraternitas*, nom., da *confrater* 'confrate'] **s. f.** *1* Associazione di laici non governata da una regola e dotata di personalità avente per fine l'elevazione spirituale degli iscritti mediante pratiche di pietà, di carità e di culto: *c. costituita con formale decreto dell'autorità ecclesiastica.* *2* Nell'Islam, raggruppamento, a base gerarchica e con proprio ordinamento amministrativo, di musulmani maschi che si riuniscono periodicamente per pratiche culturali o mistiche: *la c. dei Senussi, dei Dervisci.*

†**confregàre** e *deriv.* ● V. *confricare* e *deriv.*

confricaménto [vc. dotta, lat. tardo *confricaméntu(m)*, da *confricāre* 'confricare'] **s. m.** ● (*lett.*) Forte strofinio.

confricàre o †**confregàre** [vc. dotta, lat. *confricāre*, comp. di *cŭm* 'con', e *fricāre* 'sfregare'] **v. tr.** (*io confrìco* o *cònfrico, tu confrìchi* o *cònfrichi*) ● (*lett.*) Strofinare con forza.

confricazióne o †**confregazióne** [vc. dotta, lat. tardo *confricatiōne(m)*, da *confricāre* 'confricare'] **s. f.** ● (*raro*) Atto, effetto del confricare.

confrontàbile **agg.** ● Che si può confrontare. **SIN.** Paragonabile.

confrontàre [fr. *confronter*, dal lat. mediev. *confrontare*, da *frōns*, genit. *frōntis* 'fronte'] **A v. tr.** (*io confrónto*) *1* Considerare due o più cose insieme, valutando le somiglianze e le differenze che esistono fra di esse, il loro relativo valore, importanza, interesse e sim.: *c. alcuni concetti* | Collazionare: *c. testimonianze, scritture, conti* | *Confronta*, indicazione che, abbreviata in *cfr.* e seguita dall'indicazione del libro, della pagina, del paragrafo e sim., serve per rinviare il lettore di un testo ad altro luogo dello stesso o a un'opera in esso citata. **SIN.** Comparare, paragonare. *2* (*raro*) Consultare: *c. un'enciclopedia, un annuario.* **B v. intr.** (aus. *avere*) ● (*raro*) Concordare, corrispondere: *i calcoli di quest'autore son tali, che nessuno confronta con un altro* (GALILEI). **C v. rifl.** e **rifl. rec.** ● Misurarsi, discutere, contendere dialetticamente con qc.: *confrontarsi con i propri avversari politici*; *i partiti si sono confrontati sul nuovo disegno di legge.*

confrónto [da *confrontare*] **s. m.** *1* Atto, modo, effetto del considerare due o più cose insieme, valutando le somiglianze e le differenze che esistono fra di esse, il loro relativo valore, importanza, interesse e sim.: *fare il c. di due cose*; *mettere a c. una cosa con un'altra* | *Senza c.*, incomparabilmente | *Stare a c. con q.c., reggere al c. con q.c.*, essere pari a q.c., essere allo stesso livello | *In, a c. di*, a paragone di, rispetto a, relativamente a | *Nei miei, tuoi confronti*, rispetto a me, a te | Riscontro, collazione: *c. di manoscritti.* *2* Discussione, contesa: *c. tra gli esponenti dei partiti sui risultati elettorali* | (*est.*) Incontro sportivo. *3* (*dir.*) Contraddittorio istituito in giudizio tra soggetti già esaminati o interrogati onde chiarire la verità delle divergenti dichiarazioni da loro rilasciate: *mettere a c. imputati, testimoni, parti* | *C. all'americana*, quello in cui l'imputato o l'indiziato di un reato è presentato dalla polizia, a chi deve riconoscerlo, assieme ad altre persone a lui simili nell'aspetto fisico ed estranee al fatto criminoso. *4* (*elab.*) Tipica forma di trattamento logico dei dati consistente nella comparazione di due dati, in particolare numerici, per stabilire se siano uguali o quale dei due sia rispettivamente il maggiore o il minore.

confucianésimo o **confucianìsmo** **s. m.** ● Dottrina morale, politica e religiosa di Confucio (551-479 a.C.) e dei suoi maggiori discepoli, diffusa soprattutto in Cina.

confuciàno **A agg.** ● Di, secondo, Confucio o il confucianesimo. **B s. m.** (f. *-a*) ● Seguace del confucianesimo.

†**confùggere** [lat. *confŭgere*, comp. di *cŭm* 'con' e *fŭgere* 'fuggire'] **v. intr.** ● (*lett.*) Rifugiarsi, ricoverarsi.

confuṣàneo [vc. dotta, lat. tardo *confusāneu(m)*, da *confūsus* 'confuso'] **agg.** ● Mescolato, impastato.

†**confuscàre** [da *offuscare*, con cambio di pref.] **v. tr.** ● Offuscare.

confuṣionàle **agg.** ● (*med.*) Di, relativo a confusione mentale: *stato c.*

confuṣionàrio **agg.**; anche **s. m.** (f. *-a*) ● Che, chi fa confusione o ha la mente confusa.

confuṣióne [vc. dotta, lat. *confusiōne(m)*, da *confūsus*, part. pass. di *confŭndere* 'confondere'] **s. f.** *1* Coesistenza nello stesso luogo, o mescolanza, di più persone o cose senza distinzione e senza ordine (*anche fig.*): *fare c.*; *chi ha messo c. nei miei cassetti?*; *cos'è tutta questa c.?*; *nella stanza regnava una c. spaventosa*; *quel tipo ha una gran c. in testa* | (*est.*) Chiasso, baccano che si accompagna a una mescolanza disordinata di più persone o cose. **SIN.** Baraonda, bolgia, caos, disordine, pandemonio. *2* Atto percettivo, intellettuale e sim. per cui si scambia una persona o cosa per un'altra: *c. di date, di cifre, di luoghi*; *faccio sempre c. con gli anni.* *3* (*med.*) *C. mentale*, stato mentale caratterizzato da smarrimento, disturbi emotivi, mancanza di chiarezza di pensiero e talvolta disorientamento percettivo. *4* (*est.*) Forte turbamento, agitazione che impedisce di essere lucidi: *la sua c. era palese* | (*est.*) Imbarazzo. *5* (*est., lett.*) Profonda umiliazione, vergogna | *A sua c.*, in modo che lui sia mortificato, svergognato | (*est., raro, lett.*) Sbigottimento, annientamento. *6* (*dir.*) Modo di estinzione delle obbligazioni o del diritto di servitù che si attua quando le posizioni di creditore e debitore, o di titolare del fondo servente o del fondo servito, si riuniscono in un'unica persona.

confuṣionìṣmo [da *confusione*] **s. m.** ● Attitudine a parlare o a comportarsi in modo confuso | (*est.*) Tendenza a creare uno stato di estrema confusione.

confuṣionìsta **s. m.** e **f.** (pl. m. *-i*) ● Chi, per abitudine, temperamento o proposito, è solito fare confusione.

confuṣìvo **agg.** ● (*lett.*) Caratterizzato da confusione, da incertezza: *linguaggio c.*; *identità confusiva.*

confùṣo [vc. dotta, lat. *confūsu(m)*, part. pass. di *confŭndere* 'confondere'] **agg.** *1* Mescolato, senza ordine: *un mucchio c. di carte.* *2* Che manca di chiarezza, precisione, lucidità e sim.: *fare un discorso c.*; *avere le idee confuse*; *mi sento la mente un po' confusa.* *3* Vago, indistinto: *un suono, un mormorio c.* *4* Turbato, imbarazzato, detto di persona: *sono c. per la vostra gentilezza.* || **confuṣétto**, **dim.** || **confuṣaménte**, **avv.**

confutàbile **agg.** ● Che si può confutare. **SIN.** Oppugnabile.

confutàre [vc. dotta, lat. *confutāre* 'abbattere, reprimere', poi 'confutare', da avvicinare a *refutāre* 'respingere'] **v. tr.** (*io cònfuto* o *confùto*) *1* Controbattere un'argomentazione dimostrandone l'erroneità o l'infondatezza: *c. un'opinione, una dottrina, una tesi.* **SIN.** Contraddire, oppugnare. *2* (*dir.*) Ribattere in giudizio gli argomenti sostenuti dalla controparte: *c. l'eccezione sollevata.*

confutatìvo **agg.** ● Che vale a confutare.

confutatóre [vc. dotta, lat. tardo *confutatōre(m)*, da *confutāre* 'confutare'] **s. m.**; anche **agg.** (f. *-trice*) ● Chi, che confuta.

confutatòrio **agg.** ● Atto a confutare: *discorso c.* | Di confutazione.

confutazióne [vc. dotta, lat. *confutatiōne(m)*, da *confutāre* 'confutare'] **s. f.** *1* Argomentazione orale o scritta con la quale si confuta: *c. esauriente, stringente, fiacca.* **SIN.** Oppugnazione. *2* Nella retorica classica, parte dell'orazione in cui si ribattono gli argomenti dell'avversario. || **confutazioncèlla**, **dim.**

cònga [dal *Congo* (?)] **s. f.** ● Danza cubana di origine africana.

†**congaudére** [vc. dotta, lat. tardo *congaudēre*, comp. di *cŭm* 'con' e *gaudēre* 'godere'] **v. intr.** ● Rallegrarsi insieme: *Omai veggio ... / ... / ... di che congaudete* (DANTE *Purg.* XXI, 76-78).

congedaménto **s. m.** ● (*mil.*) L'atto di mettere in congedo i soldati di leva o richiamati per fine servizio.

congedàndo [gerundio di *congedare*] **A agg.** ● Che deve essere congedato. **B s. m.** ● Soldato da congedare.

congedàre [da *congedo*] **A v. tr.** (*io congèdo*) *1* Dare congedo, invitare qc. ad andarsene, a partire: *ci congedò bruscamente* | Salutare, a volte anche accompagnando per un tratto di strada, qc. che sta partendo: *stava congedando i visitatori con frasi cordiali.* **SIN.** Accomiatare. *2* (*mil.*) Mettere in congedo i militari per fine servizio. **B v. rifl.** ● Andarsene salutando: *si congedò nel bel mezzo della festa*; *mi congedai dal padrone di casa.* **SIN.** Accomiatarsi.

congedàto **part. pass.** di *congedare*; anche **agg.** ● Nei sign. del v.

congèdo [ant. fr. *congiet*, dal lat. *commeātu(m)*. V. *commiato*] **s. m.** *1* Permesso, ordine, invito ad andarsene, a partire: *chiedere, dare, prendere c.* | *Visita di c.*, visita con la quale si saluta qc. quando ci si prepara a partire per un periodo di tempo piuttosto lungo. **SIN.** Commiato. *2* Saluto al pubblico, e invito all'applauso, che gli attori di una commedia o di una farsa fanno alla fine della rappresentazione | *Recita di c.*, ultima rappresentazione eseguita da una compagnia in una determinata città. *3* (*mil.*) Cessazione del servizio militare | Stato del militare che ha cessato di prestare servizio | *Foglio di c.*, documento rilasciato ai soldati ad attestazione legale del cessato servizio militare | *C. provvisorio*, posizione particolare dell'ufficiale che cessa temporaneamente dal servizio effettivo | *C. illimitato*, posizione dei militari in congedo per i quali permangono gli obblighi di servizio solo in caso di necessità | *C. illimitato provvisorio*, posizione del cittadino, soggetto agli obblighi militari, nel periodo compreso tra l'arruolamento e la chiamata alle armi | *C. assoluto*, posizione dei militari che cessano da qualunque obbligo di servizio | *Ufficiali in c.*, costituiscono la riserva dell'esercito per il completamento numerico dei quadri in caso di mobilitazione. *4* Licenza ordinaria e straordinaria che si dà agli impiegati | *C. matrimoniale*, periodo di riposo retribuito spettante al lavoratore in occasione del matrimonio. *5* (*letter.*) Commiato, tornata. *6* (*relig.*) Nella liturgia cattolica, l'ultima parte dei riti di conclusione della messa, con la quale l'assemblea viene sciolta.

congegnaménto **s. m.** ● (*raro, lett.*) Atto, effetto del congegnare | La cosa congegnata.

congegnàre [dalla sovrapposizione di *ingegnare* a *combinare*] **v. tr.** (*io congégno*) ● Adattare, mettere insieme vari elementi per costruire una struttura unitaria, riferito spec. a strutture complesse la cui costruzione richiede abilità (*anche fig.*): *c. una casa, un motore, un'opera d'arte*; *ha congegnato un piano infallibile.*

congegnatóre **s. m.** (f. *-trice*) *1* (*raro*) Chi congegna. *2* Chi aggiusta congegni meccanici.

†**congegnatùra** **s. f.** ● Modo in cui una cosa è congegnata.

congégno [da *congegnare*] **s. m.** ● (*mecc.*) Apparecchio, strumento formato di diverse parti messe insieme: *c. di manovra, di trasmissione, di scatto, di puntamento*; *un c. di grande precisione.* || **congegnàccio**, **pegg.** | **congegnìno**, **dim.** | **congegnùccio**, **dim.**

congelaménto **s. m.** *1* Atto, effetto del congelare e del congelarsi (*anche fig.*): *c. dell'acqua, dell'olio*; *temperatura di c.*; *c. della carne*; *c. dei crediti*; *c. della situazione politica.* *2* (*med.*) Lesione causata dalle basse temperature sui tessuti dell'organismo: *c. alle mani, dei piedi*; *presentare sintomi di c.*

congelàre [vc. dotta, lat. *congelāre*, comp. di *cŭm* 'con' e *gelāre* 'far gelare'] **A v. tr.** (*io congèlo*) *1* Raffreddare un liquido fino a solidificarlo: *c. l'acqua.* *2* (*raro, fig.*) Irrigidire colpendo con una forte emozione e sim. **SIN.** Agghiacciare, raggelare. *3* Portare e mantenere derrate alimentari a temperature eguali o inferiori a –7 °C fino a –12 °C: *c. le carni, il pesce.* *4* (*fig.*) *c. un credito*, sospenderlo temporaneamente. *5* (*fig.*) Rinviare o sospendere la soluzione di una questione, l'attuazione di un programma, e gener. il verificarsi di un evento. **B v. intr. pron.** *1* Subire l'effetto di temperature inferiori a 0 °C. *2* (*fig.*) Soffrire per il freddo: *durante quella sosta ci siamo congelati.*

congelatóre **A agg.** (f. *-trice*) ● Che congela, che provoca congelamento. **B s. m.** ● Elettrodomestico autonomo per il rapido congelamento di alimenti freschi o per la conservazione di alimenti surgelati a temperature inferiori a –18 °C | Freezer.

congelazióne [vc. dotta, lat. *congelatiōne(m)*, da *congelāre* 'congelare'] **s. f.** ● (*med.*) Congelamento.

†**congèneo** [vc. dotta, lat. tardo *congĕneu(m)*, comp. di *cŭm* 'con' e *gĕnus* 'genere'] **agg.** ● Congenere.

congeneràto [vc. dotta, lat. *congenerātu(m)*, da *congenerāre* 'generare insieme'] **agg.** ● Congenito.

congènere [vc. dotta, lat. *congĕnere(m)*, comp. di *cŭm* 'con' e *gĕnus*, genit. *gĕneris* 'genere'] **agg.** *1* Che è dello stesso genere: *lavori, libri, articoli congeneri*. **SIN.** Consimile. *2* (*biol.*) Detto di pianta o animale appartenente allo stesso genere di un altro.

congènero [vc. dotta, lat. *congĕneru(m)*, comp. di *cŭm* 'con' e *gĕner* 'genero'] **s. m.** ● Chi è genero insieme con altri rispetto agli stessi suoceri o a uno di loro.

congeniàle [ingl. *congenial*] **agg.** ● Di individui o cose che per natura si accordano bene insieme: *uno studio che non mi è c.*

congenialità **s. f.** ● L'essere congeniale.

congènito [vc. dotta, lat. *congĕnitu(m)*, comp. di *cŭm* 'con' e *gĕnitus* 'generato'] **agg.** ● Che esiste già alla nascita: *vizio c.*; *malformazione, malattia congenita*. ‖ **congenitaménte**, **avv.**

congèrie [vc. dotta, lat. *congĕrie(m)*, da *congĕrere* 'ammucchiare'] **s. f. inv.** ● Massa, insieme di cose confuse: *c. di errori, di libri, di fatti, di dottrine*. **SIN.** Accozzaglia, ammasso, guazzabuglio.

congestionàre [da *congestione*] **A** **v. tr.** (*io congestióno*) *1* (*med.*) Causare una congestione: *c. il fegato*. *2* (*fig.*) Ingombrare con eccessivo afflusso di cose o persone: *la chiusura di quella via congestiona il centro della città*. **B** **v. intr. pron.** *1* (*med.*) Subire una congestione: *il polmone si è congestionato*. *2* (*fig.*) Diventare caotico: *a quest'ora il traffico si congestiona*.

congestionàto **part. pass.** di *congestionare*; anche **agg.** ● Nei sign. del v.

congestióne [vc. dotta, lat. *congestiōne(m)*, da *congĕstus*, part. pass. di *congĕrere* 'ammucchiare'] **s. f.** *1* (*med.*) Aumento patologico di sangue in un tessuto o in un organo: *c. attiva, passiva*; *c. polmonare, cerebrale*. *2* (*fig.*) Ingombro eccessivo causato dalla presenza contemporanea, nello stesso luogo, di veicoli e persone: *la c. del traffico stradale*.

congestìzio **agg.** ● (*med.*) Di, relativo a congestione.

congèsto [vc. dotta, lat. *congĕstu(m)*, part. pass. di *congĕrere* 'ammucchiare'] **agg.** *1* (*med.*) Colpito da congestione. *2* (*lett.*) Adunato, ammassato.

congettùra o †**conghiettùra**, †**conietturà** [lat. *coniectūra(m)*, da *coniĕctus*, part. pass. di *conĭcere* 'gettar sopra, introdurre, interpretare'] **s. f.** *1* Opinione, ipotesi, conclusione, giudizio e sim. fondato su indizi, apparenze, intuizioni, deduzioni personali e sim.: *cominciò una serie di congetture*; *chi fa questo giudicio, lo fa per conietture e non per certezza* (GUICCIARDINI). *2* In filologia, lezione non attestata dalla tradizione, ma escogitata dall'editore nei luoghi in cui il testo letterario è lacunoso o non dà senso plausibile.

congetturàbile **agg.** ● Che si può congetturare.

congetturàle o †**conghietturàle**, †**conietturàle** [vc. dotta, lat. *coniecturāle(m)*, da *coniectūra* 'congettura'] **agg.** ● Fondato su congetture: *un'affermazione c.*; *un'emendazione c. a un testo letterario*. **SIN.** Ipotetico, presumibile. ‖ **congetturalménte**, **avv.**

congetturàre o †**conghietturàre**, †**conietturàre** [vc. dotta, lat. tardo *coniecturāre*, da *coniectūra* 'congettura'] **A** **v. tr.** (*io congètturo*) ● Opinare, supporre fondandosi su indizi: *con tali dati di fatto non è possibile c. nulla di sicuro*. **SIN.** Ipotizzare. **B** **v. intr.** (aus. *avere*) ● Fare congetture: *perdere il proprio tempo a c.*

congetturazióne **s. f.** ● (*raro*) Ricerca congetturale.

†**conghiettùra** e *deriv.* ● V. *congettura* e *deriv.*

congiàrio [vc. dotta, lat. *congiāriu(m)*, da *cŏngius* 'congio', misura romana di capacità] **s. m.** ● Dono fatto dagli imperatori romani agli amici o al popolo, e consistente nella distribuzione di grano, vino, olio e denaro.

còngio [lat. *congiu(m)*; V. *cogno*] **s. m.** ● Nell'antica Roma, misura di capacità corrispondente a circa tre litri.

congioìre [comp. di *con-* e *gioire*] **v. intr.** (*io congioìsco, tu congioìsci*; dif. del **part. pres.**; aus. *avere*) ● (*raro*) Gioire insieme con altri.

†**congiónto** ● V. *congiunto*.

†**congiugàre** e *deriv.* ● V. *coniugare* e *deriv.*

†**congiùgnere** e *deriv.* ● V. *congiungere* e *deriv.*

congiùngere o †**congiùgnere**, †**coniùngere** [lat. *coniŭngere*, comp. di *cŭm* 'con' e *iŭngere* 'congiungere'] **A** **v. tr.** (coniug. come *giungere*) *1* Unire, mettere insieme, detto di due o più persone o cose (*anche fig.*): *c. le mani, le proprie forze* | *C. qc. in matrimonio*, sposare | †Maritare | Porre in comunicazione: *c. due diversi punti della città, due linee ferroviarie*; *c. apparecchi telefonici*. *2* (*mat.*) *C. due punti*, trovare la retta che contiene i due punti. **B** **v. intr. pron.** *1* Unirsi, legarsi (*anche fig.*): *congiungersi in amicizia, in matrimonio* | Confluire, mischiarsi (*anche fig.*): *i due corsi d'acqua si congiungono a valle*. *2* Essere in congiunzione, detto di astri.

congiungiménto o †**congiugniménto** **s. m.** *1* Atto, modo, effetto del congiungere o del congiungersi: *quel che è ... il tormento d'ogni intelligenza, l'arcano c. dello spirito e della materia* (CARDUCCI) | Congiunzione. *2* (*lett.*) Unione sessuale, accoppiamento | (*raro, lett.*) Unione matrimoniale.

congiuntiva [f. sost. di *congiuntivo*] **s. f.** ● (*anat.*) Mucosa che riveste, congiungendole, la parte interna delle palpebre e la parte esterna della sclera. ➡ **ILL.** p. 367 ANATOMIA UMANA.

congiuntivàle **agg.** ● (*anat.*) Della congiuntiva.

congiuntivìte [comp. di *congiuntiv(a)* e *-ite* (*1*)] **s. f.** ● (*med.*) Infiammazione della congiuntiva.

congiuntìvo o †**coniuntivo** [lat. *coniunctīvu(m)*, da *coniŭnctus*, part. pass. di *coniŭngere* 'congiungere'] **A** **agg.** *1* Che congiunge: *pronome c.*; *locuzione congiuntiva*. *2* (*dir.*) Detto di testamento con cui due o più persone dispongono insieme a favore di un terzo. **B** **s. m.**; anche **agg.** ● (*ling.*) Modo finito del verbo che presenta soggettivamente l'idea verbale esprimendo il dubbio, la possibilità, il desiderio, l'esortazione.

congiùnto o †**congiónto**, †**coniùnto** **A** **part. pass.** di *congiungere*; anche **agg.** *1* Nei sign. del v. *2* (*lett.*) Legato da parentela, amicizia e sim. ‖ **congiuntaménte**, **avv.** **B** **s. m.** (f. *-a*) ● Parente: *un c. molto caro*; *i prossimi congiunti*.

congiuntùra [da *congiungere*] **s. f.** *1* Punto d'unione di due cose tra loro: *la c. delle travi* | *C. del vestito*, costura | Articolazione, giuntura. *2* Occasione, circostanza: *una c. favorevole, sfavorevole*; *una dolorosa c.* *3* Complesso degli elementi che, in un dato periodo, caratterizzano la situazione economica di uno o più Paesi | *C. alta, bassa*, la fase di espansione, la fase di depressione | Correntemente, bassa congiuntura e (*fig.*) periodo critico, difficile: *a causa della c. i consumi si sono ridotti*; *essere in periodo, in fase di c.*; *superare la c.* *4* †Congiunzione di astri.

congiunturàle **agg.** ● Pertinente alla congiuntura economica: *crisi c.*

congiunzióne [lat. *coniunctiōne(m)*, da *coniŭnctus*, part. pass. di *coniŭngere* 'congiungere'] **s. f.** *1* Atto, effetto del congiungere e del congiungersi: *effettuare la c. di due linee ferroviarie*; *punto di c.*; *la c. dell'ideale e del reale* (CARDUCCI). *2* (*lett.*) Unione sessuale, accoppiamento | (*raro, lett.*) Unione matrimoniale. *3* (*astron.*) Il trovarsi di due astri alla medesima longitudine. *4* (*astrol.*) Posizione di due pianeti che si trovano allo stesso grado nello stesso segno. *5* (*ling.*) Parte invariabile del discorso che serve a mettere in rapporto due parole o due gruppi di parole in una stessa proposizione, oppure due proposizioni | *C. coordinativa*, che unisce due parole o due proposizioni fra di loro | *C. subordinativa*, che istituisce un rapporto di dipendenza fra due proposizioni. *6* In logica, legame formale che, da due proposizioni date, forma una proposizione congiunta, la quale è vera solo se lo sono le proposizioni di partenza. *7* †Affinità, parentela, intimità.

congiùra o †**coniùra** [da *congiurare*] **s. f.** *1* Accordo segreto diretto al rovesciamento improvviso e violento dell'organizzazione politica dominante, in un dato Stato, città e sim.: *la c. di Catilina, dei Pazzi*; *ordire una c.*; *una c. contro il governo*; *scoprire, sventare una c.* | (*est., raro*) L'insieme dei congiurati: *la c. si riunisce in una soffitta*. *2* (*est.*) Complotto ai danni di una o più persone, nel campo dell'attività culturale, professionale e sim. (*anche scherz.*): *mi trovo di fronte a una vera c.* | *C. del silenzio*, accordo teso a danneggiare qc. indirettamente, non menzionando la sua persona, o le sue opere, o la sua attività.

congiuràre o †**coniuràre** [lat. *coniurāre* 'giurare insieme', poi 'unirsi con giuramento', comp. di *cŭm* 'insieme' e *iurāre* 'giurare'] **A** **v. tr.** ● †Scongiurare. **B** **v. intr.** (aus. *avere*) *1* †Giurare insieme. *2* Organizzare una congiura (*anche scherz.*): *c. contro il governo*; *c. ai danni di qc.* **SIN.** Complottare, cospirare. *3* (*est.*) Concorrere a creare una situazione negativa: *le circostanze, il caso, il tempo congiurano contro di noi*.

congiuràto **A** **part. pass.** di *congiurare*; anche **agg.** ● Nei sign. del v. **B** **s. m.** (f. *-a*) ● Chi partecipa a una congiura. **SIN.** Cospiratore.

congiuratóre **s. m.** (f. *-trice*) ● Chi organizza una congiura o vi partecipa.

†**congiurazióne** o †**coniurazióne** [lat. *coniuratiōne(m)*, da *coniurāre* 'congiurare'] **s. f.** *1* Congiura. *2* Giuramento.

con gli /'kon ʎi/ ● V. *cogli*.

conglobaménto **s. m.** ● Atto, effetto del conglobare.

conglobàre [vc. dotta, lat. *conglobāre* 'aggomitolare, riunire a forma di globo', da *glŏbus* 'globo'] **v. tr.** (*io conglòbo* o *cònglobo*) *1* Riunire, raccogliere in un complesso unitario più persone o cose, spec. eterogenee (*anche fig.*): *c. i debiti, i crediti*; *c. molti pensieri in un periodo*. **SIN.** Conglomerare. *2* (*est.*) Riunire, sommare, detto spec. delle diverse componenti retributive: *c. nello stipendio le indennità di trasferta*.

conglobazióne [vc. dotta, lat. *conglobatiōne(m)*, da *conglobāre* 'conglobare'] **s. f.** ● Conglobamento.

conglomeraménto **s. m.** ● Atto, effetto del conglomerare.

conglomeràre [vc. dotta, lat. *conglomerāre*, comp. di *cŭm* 'con' e *glomerāre* 'aggomitolare', da *glŏmus*, genit. *glŏmeris* 'gomitolo'] **A** **v. tr.** (*io conglòmero*) ● Conglobare, riunire (*anche fig.*). **B** **v. intr. pron.** ● Riunirsi.

conglomeràta [f. sost. di *conglomerato*] **s. f.** ● (*econ.*) Grande impresa caratterizzata da attività di produzione o di prestazione di servizi tra loro diversificate. **SIN.** Kombinat.

conglomeràtico **agg.** (pl. m. *-ci*) ● (*geol.*) Di conglomerato.

conglomeràto **A** **part. pass.** di *conglomerare*; anche **agg.** ● Nei sign. del v. **B** **s. m.** *1* Riunione di elementi eterogenei: *un c. di idee assurde*. *2* Aggregato di materiali lapidei cementati da sostanze diverse, che conferiscono compattezza all'insieme, usato in edilizia | *C. cementizio*, calcestruzzo. *3* (*geol.*) Roccia formata da detriti arrotondati uniti da abbondante cemento.

conglomerazióne [vc. dotta, lat. *conglomeratiōne(m)*, da *conglomerāre* 'conglomerare'] **s. f.** ● Atto, effetto del conglomerare.

conglutinaménto **s. m.** ● Conglutinazione.

conglutinàre [vc. dotta, lat. *conglutināre*, comp. di *cŭm* 'con' e *glutināre* 'attaccare', da *glūten*, genit. *glūtinis* 'colla'] **A** **v. tr.** (*io conglùtino*) ● Agglutinare | (*est.*) Unire strettamente insieme. **B** **v. rifl.** e **rifl. rec.** ● Fondersi insieme (*anche fig.*).

conglutinatìvo **agg.** ● (*raro*) Che serve a conglutinare.

conglutinazióne [vc. dotta, lat. *conglutinatiōne(m)*, da *conglutināre* 'conglutinare'] **s. f.** ● Atto, effetto del conglutinare.

congolése **A** **agg.** ● Del Congo: *dialetti congolesi*. **B** **s. m.** e **f.** ● Abitante, nativo del Congo.

†**congratulaménto** **s. m.** ● Congratulazione.

congratulàre [vc. dotta, lat. *congratulāri*, comp. di *cŭm* 'con' e *gratulāri* 'rallegrarsi', da *grātus* 'gradito'] **A** **v. intr.** (*io congràtulo*) ● (*raro, lett.*) Mostrare gioia, piacere. **B** **v. intr. pron.** ● Manifestare, con parole o con scritti, in modo vivace o solenne, la propria partecipazione alla gioia o soddisfazione di una persona, per un avvenimento favorevole, un successo conseguito e sim.: *mi congratulo per la brillante promozione*; *si congratularono con lui per la sua vittoria alle elezioni*. **SIN.** Complimentarsi, felicitarsi, rallegrarsi.

congratulatòrio **agg.** ● (*raro*) Di congratulazione: *un discorso c.*

congratulazióne [vc. dotta, lat. *congratulatiō-ne(m)*, da *congratulāri* 'congratularsi'] **A** s. f. ● Atto del congratularsi | (*spec. al pl.*) Parole che si dicono o si scrivono per congratularsi: *fare, ricevere le congratulazioni.* SIN. Complimento, felicitazione, rallegramento. **B** al pl. in funzione di inter. ● Si usa per esprimere la propria partecipazione a un evento lieto: *bravo! congratulazioni!*

congrèga [da *congregare*] s. f. **1** Compagnia, congregazione o confraternita di religiosi o di secolari associati per esercizi religiosi. **2** Gruppo di persone, riunito temporaneamente o in modo continuativo, spec. con metodi e fini considerati negativi: *una c. di politicanti, di settari; una c. di ladri.* SIN. Combriccola, cricca. **3** †Accademia, associazione di letterati e sim.: *c. dei Rozzi.*

congregàbile [vc. dotta, lat. *congregābile(m)*, da *congregāre* 'congregare'] agg. ● Che si può congregare | (*fig.*) Socievole: *delle bestie altre sono ... congregabili, altre solitarie ed erranti* (TASSO).

congregaménto [da *congregare*] s. m. ● Raggruppamento.

congregàre [vc. dotta, lat. *congregāre*, letteralmente 'riunire in un gregge', comp. di *cŭm* 'con' e *grĕx*, genit. *grĕgis* 'gregge'] **A** v. tr. (*io congrègo* o *còngrego, tu congrèghi* o *còngreghi*) ● Adunare, riunire in gruppo per uno scopo determinato, spec. con riferimento a persone e per fini religiosi: *c. i fedeli, i sacerdoti, i religiosi.* SIN. Associare. **B** v. intr. pron. ● Riunirsi in gruppo.

congregatìvo [vc. dotta, lat. tardo *congregatī-vu(m)*, da *congregāre* 'congregare'] agg. ● Atto a congregare.

congregàto A part. pass. di *congregare*; anche agg. ● Nei sign. del v. **B** s. m. (f. *-a*) ● Membro di una congregazione religiosa.

congregatóre [vc. dotta, lat. tardo *congregatō-re(m)*, da *congregāre* 'congregare'] agg.; anche s. m. (f. *-trice*) ● (*raro, lett.*) Che, chi congrega.

congregazionalismo s. m. ● Società protestante di tendenza calvinistica, sorta nel XVI sec., oggi diffusa in Inghilterra e negli Stati Uniti, che professa l'indipendenza di ogni congregazione di fedeli in materia di fede e di disciplina e la separazione dallo Stato.

congregazionalista agg.; anche s. m. e f. (pl. m. *-i*) ● Seguace del congregazionalismo: *chiesa c.; dibattito fra congregazionalisti.*

congregazióne [vc. dotta, lat. *congregatiō-ne(m)*, da *congregāre* 'congregare'] s. f. **1** (*raro*) Atto, effetto del congregare o del congregarsi | (*est.*) Gruppo di persone congregate, comunità: *una c. d'uomini giusti* (CAMPANELLA). **2** Associazione di laici che si dedicano a opere religiose, canonicamente riconosciuta: *c. mariana.* SIN. Confraternita, congrega, pia unione | Società di sacerdoti o religiosi sottoposta a una regola comune, approvata dalla S. Sede | *Sacre congregazioni*, commissioni di cardinali e prelati, nominate dal Pontefice per trattare determinate materie: *c. per la dottrina della fede.* **3** In molte chiese evangeliche protestanti, comunità dei fedeli. **4** Adunanza | (*est.*) Luogo dell'adunanza. **5** †Agglomerazione.

congregazionista agg.; anche s. m. e f. (pl. m. *-i*) **1** Membro di una congregazione. **2** Congregazionalista.

congressista s. m. e f. (pl. m. *-i*) ● Chi partecipa a un congresso.

congressìstico agg. (pl. m. *-ci*) ● Relativo ai congressi o ai congressisti: *stagione congressistica.*

congrèsso [lat. *congrĕssu(m)* 'abboccamento, convegno', da *congrĕdi* 'incontrarsi', comp. di *cŭm* 'con' e *grădi* 'camminare, avanzare'] s. m. **1** Solenne riunione di rappresentanti di più soggetti di diritto internazionale per trattare e deliberare su rilevanti questioni internazionali: *c. di Vienna, di Parigi.* **2** Assemblea, convegno ufficiale di persone autorizzate a discutere problemi e questioni di interesse comune: *un c. di medici, di matematici; c. di filosofia, di oculistica* | Riunione ufficiale dei delegati di un partito o di un'organizzazione per eleggere gli organismi dirigenti e definire la linea politica: *c. nazionale del Partito Socialista Italiano* | *C. Eucaristico*, convegno di sacerdoti e laici per glorificare in dibattiti e cerimonie liturgiche l'Eucarestia. **3** (*per anton.*) Il Parlamento, negli Stati Uniti e in altri Stati americani. **4** (*raro*) Colloquio privato riguardante importanti argomenti. **5** (*dir.*) *C. carnale*, coito, accoppiamento sessuale. **6** †Combattimento: *specchiatevi ne' duelli e ne' congressi de' pochi, quanto gli Italiani sieno superiori* (MACHIAVELLI).

congressuàle agg. ● Pertinente a congresso: *atti, deliberazioni, comunicazioni congressuali.*

Còngridi [comp. di *congr(o)* e *-idi*] s. m. pl. ● Nella tassonomia animale, famiglia di Pesci degli Anguilliformi, marini, predatori, cui appartiene il grongo (*Congridae*) | (al sing. *-e*) Ogni individuo di tale famiglia.

cóngro ● V. *grongo.*

còngrua [dal lat. eccl. *congrua portio*] s. f. ● Assegno che lo Stato paga ai beneficiari di un ufficio ecclesiastico a integrazione delle rendite ricavate dal beneficio stesso.

congruàbile agg. ● (*raro*) Computabile agli effetti della congrua.

congruàre v. tr. (*io còngruo*) ● (*raro*) Integrare con una congrua: *c. un beneficio ecclesiastico.*

congruàto part. pass.; anche agg. **1** Nel sign. del v. **2** Dotato, fornito di congrua: *parroco c.*

congruènte [vc. dotta, lat. *congruĕnte(m)*, part. pass. di *congrŭere* 'concorrere, coincidere', comp. di *cŭm* 'con' e *grŭere*, di etim. incerta] agg. **1** Che si accorda, che ha coerenza: *conclusione c. con le premesse.* **2** (*mat.*) Caratterizzato da congruenza. CONTR. Incongruente. || **congruenteménte**, avv.

congruènza [lat. tardo *congruĕntia(m)*, da *cŏn-gruens*, genit. *congruĕntis* 'congruente'] s. f. **1** L'essere conveniente, confacente a q.c.: *la c. di un discorso* | Coerenza: *la c. di un'obiezione.* **2** (*mat.*) Proprietà di due figure geometriche che possono essere fatte coincidere a opera di uno spostamento rigido | Relazione d'equivalenza, nell'insieme dei numeri naturali, nella quale sono equivalenti due numeri congrui rispetto a un numero assegnato detto modulo | Biiezione fra piani o spazi tridimensionali, che conservi la distanza di due punti | Sistema di rette dello spazio, dipendente da due parametri.

congruità [vc. dotta, lat. tardo *congruitāte(m)*, da *cŏngruus* 'congruo'] s. f. ● L'essere congruo.

còngruo [vc. dotta, lat. *cŏngruu(m)*. V. *congruente*] agg. **1** Conveniente, adeguato, proporzionato a determinati bisogni, esigenze e sim.: *abbiamo venduto l'immobile per un c. prezzo; la mancia non è congrua al favore reso.* **2** (*mat.*) Detto di ciascuno di quei numeri naturali che, divisi per un numero dato, danno il medesimo resto. || **congruaménte**, avv.

conguagliaménto s. m. ● (*raro*) Conguaglio.

conguagliàre [comp. di *con-* ed *(e)guagliare*] v. tr. (*io conguàglio*) ● Pareggiare due partite contabili mediante conguaglio.

conguàglio [da *conguagliare*] s. m. ● Procedimento contabile consistente nel calcolare la parte eccedente o mancante rispetto a una determinata somma dovuta | (*est.*) Somma di denaro versata o riscossa come conguaglio.

cón i ● V. *coi.*

cònia [etim. incerta] s. f. ● (*dial.*) Scherzo, celia, burla | *Reggere, stare alla c.*, stare allo scherzo | Raggiro, imbroglio.

†coniàre (1) [da *conia*] v. tr. ● (*raro*) Ingannare, truffare.

coniàre (2) [da *conio (1)*] v. tr. (*io cònio*) **1** Battere col conio per imprimere un determinato tipo su monete, medaglie e sim. **2** (*raro, fig.*) Creare, spec. vocaboli, locuzioni e sim.: *c. una parola, una frase, una melodia* | (*raro*) Inventare: *c. bugie, notizie false.*

coniàto A part. pass. di *coniare (1)*; anche agg. ● Nei sign. del v. **B** s. m. ● (*raro*) †Moneta, denaro.

coniatóre (1) s. m. (f. *-trice*) **1** Chi è addetto alla coniazione di monete, medaglie e sim. **2** (*raro, fig.*) Chi crea, inventa q.c. di nuovo, spec. parole.

†coniatóre (2) [da †*coniare (1)*] s. m. ● Truffatore.

coniatùra s. f. ● Coniazione.

coniazióne [da *coniare (2)*] s. f. ● Atto, effetto del coniare monete e medaglie. SIN. Coniatura.

cònica [f. sost. di *conico*] s. f. ● (*geom.*) Curva piana ottenuta intersecando un cono circolare retto con un piano | *C. degenere*, ottenuta con un piano passante per il vertice del cilindro, e costituita quindi solo da rette o da punti.

conicità s. f. **1** L'essere conico | Forma conica. **2** (*mat.*) Rapporto fra la differenza di due diametri e la loro distanza assiale | *Angolo di c.*, angolo di apertura di un cono o tronco di cono.

cònico [vc. dotta, gr. *kōnikós*, da *kônos* 'cono'] agg. (pl. m. *-ci*) **1** Di cono | Che ha forma di cono: *cappello c.; figura conica.* **2** (*geogr.*) *Proiezione conica*, tipo di proiezione geografica ottenuta proiettando la superficie sferica della terra su una superficie conica a essa tangente e avente il vertice sull'asse terrestre, e sviluppando poi il cono sul piano.

†conicolo ● V. *cunicolo (1).*

conidiàle agg. ● (*bot.*) Che si riferisce ai conidi.

conìdio [dim. del gr. *kónis* 'polvere', da avvicinare al lat. *cĭnis* 'cenere'] s. m. ● (*bot.*) Elemento simile a una spora, ma prodotto per via agamica, che in molti funghi costituisce l'organulo della riproduzione.

conidiòforo [comp. di *conidio* e *-foro*] s. m. ● (*bot.*) Ifa più o meno modificata che, in alcuni funghi, porta i conidi.

conidiospòra [comp. di *conidio* e *spora*] s. f. ● (*bot.*) Conidio.

†coniettùra e *deriv.* ● V. *congettura* e *deriv.*

Conìfere [dal lat. *coniferu(m)* 'che produce (dal v. *fĕrre* 'portare', di origine indeur.) strobili (*cōni*, dal gr. *kônoi*, di etim. incerta)', sul modello del corrispondente gr. *kōnóforos*] s. f. pl. ● Nella tassonomia vegetale, ordine di Gimnosperme cui appartengono piante di notevoli dimensioni con fusto molto ramificato, foglie aghiformi o squamiformi e frutto a cono (*Coniferae*) | (al sing. *-a*) Ogni individuo di tale ordine. ➡ ILL. **piante** /1.

conìfero agg. ● Che produce frutti a forma di cono.

conìglia (1) [fr. *conille*, da *cunīculus* 'cunicolo', cioè il corridoio coperto nelle galee] s. f. ● (*mar.*) Ultimo banco della galera alla prua, presso le rembate.

conìglia (2) [f. di *coniglio*] s. f. **1** Femmina del coniglio. **2** (*fig., fam.*) Donna molto prolifica. || **conigliétta**, dim. (V.).

conigliàia s. f. ● (*raro*) Conigliera.

conigliocoltóre [comp. di *conigli(o)* e *-coltore*] s. m. ● Cunicoltore.

conigliocoltùra [comp. di *conigli(o)* e *-coltura*] s. f. ● Cunicoltura.

coniglièra s. f. ● Recinto o gabbia ove si allevano i conigli.

conigliería [da *coniglio*, nel sign. 2] s. f. ● (*raro*) Codardia, timidezza.

coniglièsco agg. (pl. m. *-schi*) **1** Di, da coniglio. **2** (*fig.*) Timido, vile.

coniglietta [dal copricapo, che ricorda la testa di un coniglio] s. f. ● Bella ragazza vestita con un costumino molto succinto, che, in alcuni club, serve i clienti.

conìglio [lat. *cunīculu(m)*, di origine preindeur.] s. m. (f. *-a* (V.)) **1** Mammifero della famiglia dei Leporidi, con pelame di vario colore, lunghe orecchie, occhi grandi e sporgenti, labbro superiore fornito di baffi e incisivi ben sviluppati (*Oryctolagus cuniculus*). **2** Carne macellata dell'animale omonimo: *c. in salmì; pasticcio di c.* | Pelliccia conciata dell'animale omonimo: *un cappotto foderato di c.* **3** (*fig.*) Persona vile e paurosa. || **conigliàccio**, pegg. | **coniglietto**, dim. | **coniglino**, dim. | **conigliòlo, conigliuòlo**, dim. | **coniglióne**, accr. | **conigliùccio, conigliùzzo**, dim.

coniìna ● V. *conina.*

cón il ● V. *col.*

conìna o **coniìna** [fr. *conine*, dal lat. tardo *co-nīu(m)*, dal gr. *kṓneion* 'cicuta'] s. f. ● Alcaloide che si estrae dai semi e dai frutti della cicuta maggiore, usato in medicina.

cònio [lat. *cŭneu(m)*. V. *cuneo*] s. m. **1** Atto, effetto del coniare: *il c. di nuove medaglie.* **2** Pezzo di acciaio su cui è inciso il tipo che si vuole riprodurre sulla moneta o medaglia. SIN. Punzone, torsello | Impronta fatta col conio | *Fior di c.*, di moneta che non ha mai circolato | *Moneta senza c.*, (*raro, fig.*) cosa senza valore | *Nuovo di c.*, nuovissimo | *Di nuovo c.*, strano, singolare, mai visto | *Di basso c.*, di cattiva qualità, natura e sim.

| *Dello stesso c.*, uguale, dello stesso tipo. *3* (*lett.*) †Moneta, denaro.

†cònio (**2**) [da *coniare* (*1*)] s. m. ● (*raro*) Inganno, frode, truffa: *qui non son femmine da c.* (DANTE *Inf.* XVIII, 66).

Coniròstri [comp. del pl. di *cono* e del pl. di *rostro*] s. m. pl. ● Nell'antica tassonomia animale, gruppo di piccoli Uccelli dal becco conico e non adunco, quali il passero, il canarino e sim. | (al sing. *-o*) Ogni individuo di tale gruppo.

coniugàbile agg. ● Che si può coniugare.

coniugàle o **†congiugàle** [lat. *coniugāle(m)*, da *cŏniunx*, genit. *cŏniugis* 'coniuge'] agg. ● Di, da coniuge: *fede, debito, amore c.* | Matrimoniale: *impegno c.* ‖ **coniugalménte**, avv. A modo di coniugi.

coniugàre o **†congiugàre** [vc. dotta, lat. *coniugāre* 'congiungere' comp. di *cŭm* 'con' e *iugāre* 'legare, unire'] **A** v. tr. (*io còniugo, tu còniughi*) *1* (*ling.*) Ordinare le voci del verbo secondo i modi, i tempi, le persone e i numeri. *2* (*raro*) Congiungere in matrimonio. *3* (*fig.*) Unire, far coesistere: *c. rigore ed equità.* **B** v. intr. pron. ● (*ling.*) Avere una determinata flessione: *come si coniuga questo verbo?* **C** v. rifl. ● Congiungersi, unirsi in matrimonio.

Coniugàte [f. pl. sost. di *coniugato*] s. f. pl. ● Nella tassonomia vegetale, gruppo di alghe verdi d'acqua dolce costituite da cellule isolate riunite spesso in colonie filamentose (*Coniugatae*) | (al sing. *-a*) Ogni individuo di tale gruppo.

coniugàto o **†congiugàto**. **A** part. pass. di *coniugare*; anche agg. *1* Nei sign. del v. *2* (*fis.*) In un sistema ottico, detto di un punto-oggetto rispetto al punto-immagine, e viceversa, o di un raggio incidente rispetto al suo raggio emergente, e viceversa. *3* (*chim.*) Detto di proteina che contiene nella molecola oltre agli amminoacidi anche gruppi prostetici | Detto di legami doppi alternati con legami semplici. *4* (*mat.*) Detto di un numero complesso che ha la stessa parte reale del numero dato e coefficiente dell'immaginario opposto | Detto di un punto tale che la congiungente con il punto dato intersechi la conica in due punti che li separano armonicamente. **B** s. m. (f. *-a*) ● Chi è congiunto in matrimonio.

coniugazióne [vc. dotta, lat. tardo *coniugatiōne(m)*, da *coniugāre*. V. *coniugare*] s. f. *1* (*ling.*) Flessione del verbo, secondo i modi, i tempi, le persone e i numeri. *2* (*biol.*) Accoppiamento sessuale. *3* (*chim.*) Reazione per cui si ottengono proteine coniugate.

còniuge [lat. *cŏniuge(m)*, da *coniŭngere* 'congiungere'] s. m., raro f. ● Ciascuna delle due persone unite in matrimonio: *rapporti patrimoniali e personali tra coniugi.* SIN. Consorte.

coniùgio [lat. *coniŭgiu(m)*. V. *coniuge*] s. m. *1* Rapporto fra un uomo e una donna in conseguenza del vincolo matrimoniale: *diritti e doveri derivanti dal c.* *2* (*lett.*) Matrimonio: *ma la memoria del c. antico / è così ben nella mia mente impressa* (METASTASIO).

†coniùngere e *deriv.* ● V. *congiungere* e *deriv.*

†coniuràre e *deriv.* ● V. *congiurare* e *deriv.*

conìẓa o **conìẓẓa** [lat. *cŏnyza(m)*, nom. *cŏnyza*, dal gr. *kónyza*, di orig. preindeur.] s. f. ● (*bot.*) Baccherina.

conizzazióne [da *cono* (*1*)] s. f. ● (*chir.*) Asportazione chirurgica di una porzione di tessuto, a forma di cono, del collo uterino per la rimozione di formazioni precancerose.

cón la ● V. *colla* (*3*).

cón le ● V. *colle* (*3*).

conlegatàrio ● V. *collegatario*.

cón lo ● V. *collo* (*3*).

connaisseur /*fr.* kɔnɛ'sœr/ [vc. fr., propr. 'conoscitore', da *connaître* 'conoscere'] s. m. (f. fr. *connaisseuse*; pl. m. *connaisseurs*; pl. f. *connaisseuses*) ● Conoscitore, intenditore, esperto.

connàto [vc. dotta, lat. tardo *connātu(m)*, part. pass. di *connăsci* 'nascere insieme'] agg. *1* (*raro*) Nato insieme | (*fig.*) Congenito. *2* (*bot.*) Detto di foglia opposta e saldata alla base.

connaturàle [vc. dotta, lat. tardo *connaturāle(m)*, comp. di *cŭm* 'con' e *naturālis* 'naturale'] **A** agg. *1* Che ha stessa natura di qc. o di q.c. *2* Che è conforme alla natura di qc. o di q.c.: *comportamento c. all'uomo* | Connaturato, insito. **B** s. m. ● (*raro, lett.*) †Natura.

connaturalità s. f. ● (*lett.*) Carattere connaturale.

connaturàre [vc. dotta, lat. tardo *connaturāri* 'connaturarsi, crescere insieme', comp. di *cŭm* 'con' e *natūra* 'natura'] **A** v. tr. (*io connatùro*) ● (*lett.*) Rendere di natura uguale o simile | Rendere q.c. naturale in qc.: *c. un vizio.* **B** v. intr. pron. ● Diventare parte integrante di q.c.: *le abitudini si connaturano nell'uomo.*

connaturàto part. pass. di *connaturare*; anche agg. *1* Nei sign. del v. *2* Congenito: *è un difetto c.*

connazionàle [comp. di *con-* e *nazione*] agg.; anche s. m. e f. ● Che, chi è della stessa nazione di altri.

connection /*ingl.* kə'nekʃən/ [vc. angloamer., propr. 'connessione'] s. f. inv. *1* Relazione criminale, traffico illecito, intesa segreta e disonesta, spesso di carattere internazionale | *Pizza c.*, collegamento tra la malavita italiana e quella americana, spec. per il controllo del traffico della droga. *2* Canzone, generalmente di disco-music, composta di spezzoni di brani diversi legati da un filo conduttore.

connessióne [lat. *connexiōne(m)*, da *connĕxus* 'connesso'] s. f. *1* Atto del connettere | Unione stretta fra due o più cose | Unione dei legnami che non sia nel senso della lunghezza. *2* (*dir.*) Relazione evidente tra più cause, civili o penali, tale per cui dalla decisione di una dipende quella delle altre o la decisione di tutte dipende dalla sussistenza e valutazione di dati fatti. *3* (*fig.*) Legame di interdipendenza tra fatti, concetti, idee, e sim.: *non vedo nessuna c. tra i due fatti.* *4* Collegamento, in varie tecnologie: *c. elettrica.* *5* (*mat.*) Qualità o modo d'esser connesso.

connessìvo [lat. tardo *connexīvu(m)*, da *connĕxus* 'connesso'] agg. ● (*raro*) Atto a connettere. ‖ **connessivaménte**, avv.

connèsso o **connésso** **A** part. pass. di *connettere*; anche agg. *1* Nei sign. del v. *2* (*dir.*) Che è in rapporto di connessione: *cause connesse.* *3* (*mat.*) Detto di sottoinsieme d'uno spazio topologico che non sia riunione di due aperti non vuoti disgiunti. **B** s. m. pl. ● Solo nella loc. *annessi e connessi*, tutto ciò che abitualmente accompagna q.c., le appartenenze, attinenze di q.c. | *Con tutti gli annessi e connessi*, tutto compreso.

connessùra s. f. *1* Atto, effetto del connettere | Punto in cui due cose si connettono. *2* (*fig., raro*) Stretta relazione.

connestàbile ● V. *conestabile.*

connèttere o **connéttere** [vc. dotta, lat. *connĕctere*, comp. di *cŭm* 'con' e *nĕctere* 'intrecciare'] **A** v. tr. (pass. rem. *io connettéi, tu connettésti*; part. pass. *connèsso* o *connésso*) *1* Unire, collegare, mettere insieme (*anche fig.*): *c. due fili*; *c. fatti, idee, fenomeni.* *2* Collegare elettricamente. *3* (*ass.*) Ordinare razionalmente i propri pensieri, i concetti che si vogliono esprimere, e sim.: *è così emozionato che non riesce a c.* **B** v. intr. pron. ● Ricollegarsi: *il nostro intervento si connette alla vostra richiesta.*

connettivàle agg. ● (*anat.*) Che si riferisce al tessuto connettivo.

connettivìte [comp. di *connettiv(o)* e del suff. *-ite* (*1*)] s. f. ● (*med.*) Processo infiammatorio del tessuto connettivo.

connettìvo [fr. *connectif*, da *connecter* 'connettere'] **A** agg. ● Atto a connettere | (*anat.*) *Tessuto c.*, denominazione di vari tessuti che adempiono funzioni trofiche e di sostegno, caratterizzati, dal punto di vista cellulare, dalla presenza di un'abbondante sostanza intercellulare | *Tessuto c.*, (*fig.*) l'insieme degli elementi portanti e fondamentali in un determinato contesto: *il tessuto c. di un dramma, di una società.* **B** s. m. *1* Elemento che serve a congiungere. *2* (*anat.*) Tessuto connettivo. *3* (*mat.*) *C. logico*, simbolo che da una o più proposizioni ne costruisce un'altra. *4* (*ling.*) Connettore.

connettóre [da *connettere*] s. m. *1* (*elettr.*) Giunto per il collegamento di conduttori elettrici. *2* (*elab.*) Nei sistemi elettronici per l'elaborazione dei dati, dispositivo di collegamento usato per realizzare la connessione tra più circuiti elettrici, o fra tratti dello stesso circuito. *3* (*ling.*) Elemento che collega parti di un testo, senza necessariamente rinviare ad altri elementi dello stesso testo. SIN. Connettivo.

connivènte [vc. dotta, lat. *conivĕnte(m)*, part. pres. di *conivēre* 'chiudere gli occhi', di origine indeur.] agg. ● Che dimostra connivenza: *essere c. con qc.*; *è stato c. nel reato.*

connivènza [vc. dotta, lat. tardo *conivĕntia(m)*. V. *connivente*] s. f. *1* L'assistere passivamente alla perpetrazione di un reato o di un delitto che si avrebbe la possibilità di impedire. *2* Segreto accordo per, consenso a, azioni considerate immorali, illegali e sim.: *ha agito con la tacita c. del suo amico.*

†cónno [lat. *cŭnnu(m)*, di origine indeur.] s. m. ● Genitale esterno femminile.

connotàre [comp. di *con-* e *notare*] v. tr. (*io connòto*) ● (*filos.*) Definire un oggetto o un concetto o insieme di quesiti che siano analoghi o in relazione tra di loro, mediante un nome che indichi lo stesso e altra cosa in rapporto con esso.

connotatìvo [da *connotato*] agg. *1* (*ling.*) Detto di segno linguistico portatore di valori attributivi. CONTR. Denotativo. *2* (*filos.*) Detto di termine indicante insieme un soggetto e un attributo, in logica.

connotàto [propr., part. pass. di *connotare*] s. m. ● (*spec. al pl.*) Ciascuno dei segni esteriori caratteristici, e quindi riconoscitivi, di una persona: *nei documenti d'identità sono elencati i connotati e le generalità di una persona* | *Cambiare i connotati a qc.*, (*scherz.*) percuoterlo fino a renderlo irriconoscibile.

connotazióne [da *connotato*] s. f. *1* (*filos.*) In logica, il complesso dei caratteri che appartengono a un dato concetto. *2* (*ling.*) Ciò che il significato di una parola o di una locuzione ha di particolare per un dato individuo o per un dato gruppo all'interno di una comunità linguistica.

connubiàle [vc. dotta, lat. *conubiāle(m)*, da *conūbium* 'connubio'] agg. ● (*raro*) Relativo a connubio | Matrimoniale.

connùbio [vc. dotta, lat. *conūbiu(m)*, comp. di *cŭm* 'con' e *nūbere* 'sposarsi'] s. m. *1* In diritto romano, capacità di contrarre nozze legittime. *2* (*lett.*) Matrimonio. *3* (*fig.*) Accordo armonico: *c. di arte e di scienza* | (*est.*) Alleanza politica: *c. fra la destra e il centro.*

connumeràre [vc. dotta, lat. tardo *connumerāre*, comp. di *cŭm* 'con' e *numerāre* 'numerare'] v. tr. (*io connùmero*) ● (*raro*) Mettere nel numero, annoverare.

connumerazióne s. f. ● (*raro*) Atto, effetto del connumerare.

còno (**1**) [vc. dotta, lat. *cōnu(m)*, nom. *cōnus*, dal gr. *kônos*, di origine indeur.] s. m. *1* (*mat.*) Superficie formata da rette, dette generatrici, passanti per i punti di una curva assegnata, detta direttrice, e per un punto a essa esterno, detto vertice | *C. di rotazione*, cono le cui generatrici formano un angolo costante con una retta fissa | *C. circolare retto*, solido compreso fra un cono di rotazione, un piano perpendicolare all'asse e il vertice | Superficie luogo di semirette uscenti da un punto. *2* (*est.*) Qualsiasi oggetto che ha forma di cono | *A c.*, conico | *C. gelato*, gelato contenuto in una cialda di forma conica. *3* (*biol.*) Ciascuno degli apici, di forma ellissoidale tronca, caratteristici delle cellule recettrici della retina responsabili della visione cromatica. CFR. Bastoncello. *4* *C. vulcanico*, apparato a forma conica, costituito da lave o da materiale piroclastico, costruito attorno al cratere e al camino vulcanico | *C. avventizio, o laterale*, cono vulcanico ausiliario formatosi sui fianchi di un cono maggiore | *C. di deiezione*, conoide di deiezione | *C. d'ombra*, zona d'ombra proiettata da un corpo del sistema solare in direzione opposta al Sole. ➡ ILL. p. 819 SCIENZE DELLA TERRA ED ENERGIA. *5* (*bot.*) Strobilo, (*pop.*) pigna | *C. vegetativo*, apice vegetativo.

còno (**2**) [dalla forma a *cono* della conchiglia] s. m. ● Genere di Molluschi dei Gasteropodi, carnivori con conchiglia conica ad apertura lunga e stretta (*Conus*).

conòcchia o (*tosc.*) **canòcchia** (**1**) [lat. parl. **conŭcula(m)*, dissimilata di **colŭcula(m)*, dim. di *cŏlus* 'conocchia', di origine indeur.] s. f. ● Pennecchio di canapa, lino, lana e sim. che si pone attorno alla parte superiore della rocca per filare |

(*est.*) La rocca stessa | *Trarre la c.*, filare.

conoidàle agg. ● (*mat.*) Di conoide | A forma di conoide.

conòide [vc. dotta, lat. tardo *conoīde(m)*, nom. *conoīdes*, dal gr. *kōnoeidḗs*, comp. di *kônos* 'cono' e *-eidḗs* '-oide'] s. m. *1* (*mat.*) Superficie luogo di rette che incontrano due rette sghembe, o incontrano una retta e sono parallele a un piano non parallelo alla retta. *2* Congegno d'ottone, di forma conoidale, sulle cui spire piane posa e s'avvolge la catena nell'atto di caricare l'orologio. *3* (*geol.*) *C. di deiezione*, accumulo di depositi a forma conica, là dove un corso d'acqua diminuisce rapidamente di pendenza.

conopèo [vc. dotta, lat. *conopēu(m)*, dal gr. *kōnōpêion*, da *kṓnōps* 'zanzara', detto così perché serviva a difendersi dalle zanzare] s. m. *1* Velo che copre il tabernacolo e la pisside. *2* (*raro*) Zanzariera.

conoscènte o †**canoscènte**, †**cognoscènte**. **A** part. pres. di *conoscere*; anche agg. *1* Nei sign. del v. *2* †Conoscitore, esperto | †Savio, riconoscente. **B** s. m. e f. *1* Chi conosce. *2* Persona conosciuta con la quale si hanno rapporti improntati a una certa cordialità, ma non all'amicizia: *salutarono amici e conoscenti.*

conoscènza o †**canoscènza**, †**cognoscènza** [lat. tardo *cognoscĕntia(m)*, da *cognōscere* 'conoscere'] s. f. *1* Facoltà, atto, modo, effetto del conoscere: *ha un'ottima c. della matematica*; *non hai una c. sufficiente dei paesi stranieri*; *la mia c. con lui è cominciata molto tempo fa* | *Prender c.*, informarsi, venire a sapere | *Venire a c. di q.c.*, averne notizia, esserne messi al corrente | (*elab.*) *Base di c.*, in un sistema esperto, insieme di dati e dei rapporti logici che li legano, relativi a un particolare dominio. *2* (*filos.*) Rapporto tra soggetto e oggetto, tra pensiero ed essere che si può configurare in vari modi. SIN. Gnoseologia. *3* Cultura, istruzione: *un uomo di grande c.* | Ciò che si conosce: *le loro conoscenze in campo tecnico sono superate.* *4* Controllo delle proprie facoltà sensoriali e intellettuali: *perdere la c.*, *perdere c.*; *esser privo di c.*; *essere, rimanere senza c.*; *riprendere c.* *5* (*est.*) Persona conosciuta: *è una mia vecchia c.* | *Vecchia c. del tribunale, della polizia*, persona che è stata arrestata o processata più volte | (*est., spec. al pl.*) Persone conosciute o relazioni personali: *ha molte conoscenze in città.* *6* †Notizia | †Segno di riconoscimento.

conóscere o †**canóscere**, †**cognóscere** [lat. parl. **conōscere*, per il class. *cognōscere*, comp. di *cŭm* 'con' e *(g)nōscere*, di origine indeur.] **A** v. tr. (pres. *io conósco, tu conósci*; pass. rem. *io conóbbi, tu conoscésti*; part. pass. *conosciùto*) *1* Prendere possesso intellettualmente o psicologicamente, spec. con un'attività sistematica, di qualunque aspetto di quella che è considerata realtà (*anche ass.*): *tutti gli uomini desiderano c.* | *Conosci te stesso*, massima socratica che esorta l'uomo a rientrare in sé per cogliere il suo vero essere | Sapere, spec. come risultato di una sistematica attività di apprendimento: *c. una lingua, una scienza* | *C. a fondo*, molto bene | *C. per filo e per segno*, in modo accurato, particolareggiato | *Dare a c.*, rendere noto | (*raro*) *C. q.c. da qc.*, venire a sapere | Sapere, spec. come risultato di un'esperienza specifica e prolungata: *c. il bene, il male*; *c. il mondo, la vita*; *c. le sofferenze*; *c. le proprie debolezze*; *c. il valore dell'amicizia*; *conosco i segni de l'antica fiamma* (DANTE *Purg.* XXX, 48) | (*iron.*) *Come se non ti conoscessi! Ti conosco mascherina*, detto a qc. che cerca di nascondere la sua vera natura, spec. debolezze, lati negativi e sim. sotto un'apparenza diversa | *Ma chi ti conosce!*, (*pop., centr.*) detto a persona estranea che si intromette in ciò che non la riguarda | Riconoscere, comprendere, intuire: *solo ora conosco il mio errore.* *2* Avere, o cominciare ad avere, rapporti di familiarità, di amicizia e sim., più o meno stretta con qc., o averne in mente la fisionomia, il carattere, il nome, l'attività e sim.: *c. qc. di vista, di persona, di fama*; *c. qc. personalmente, superficialmente*; *c. qc. per lettera*; *c. qc. da vicino, alla lontana, a fondo*; *c. molte persone influenti*; *e chi ti conosce?*; *mai visto né conosciuto* | *C. i propri polli*, (*fig.*) sapere con chi si ha a che fare | (*raro, lett.*) C., *c. carnalmente*, possedere sessualmente | (*lett., est.*) Scoprire, cominciare a provare, un sentimento, un'emozione e sim.: *c. l'amicizia, l'odio, l'amore* | Riconoscere, ravvisare, con l'aiuto di uno o più elementi particolari: *c. alla voce, a un piccolo indizio*; *c. qc. dal modo di camminare, di gestire.* *3* Esaminare, deliberare e decidere relativamente a date cause, detto di organi giudiziari, spec. nella loc. *competenza a c.* **B** v. rifl. *1* Avere coscienza del proprio carattere: *mi conosco, e so che reagirei male*; *non ti conosci proprio!* *2* (*lett.*) Considerarsi, dichiararsi: *conoscersi in torto, colpevole, da meno di qc.* **C** v. rifl. rec. ● Avere rapporti di familiarità, amicizia e sim., più o meno stretta con qc., o averne in mente la fisionomia, il carattere, il nome, l'attività e sim.: *si conoscono fin dalle elementari.* **D** v. intr. (aus. *avere*) *1* (*dir.*) Esaminare, deliberare e decidere relativamente a date cause, detto di organi giudiziari: *c. di una controversia.* *2* (*raro, lett.*) Essere in sé, controllare le proprie facoltà sensoriali e intellettuali: *malgrado le gravi ferite conosce perfettamente* ‖ PROV. Il più conosce il meno; nelle sventure si conoscono gli amici; è un gran medico chi conosce il suo male; l'asino non conosce la coda che quando l'ha perduta; ai calci si conosce il mulo.

conoscìbile o †**cognoscìbile** [lat. tardo *cognoscĭbile(m)*, da *cognōscere* 'conoscere'] **A** agg. *1* Che si può conoscere: *segno, gesto c.* *2* (*filos., raro*) Intellegibile. **B** s. m. ● Ciò che si può conoscere.

conoscibilità o †**cognoscibilità** s. f. ● Possibilità di essere conosciuto: *l'oggettività del pensiero e la c. della realtà* (CROCE).

†**conoscidóre** ● V. *conoscitore.*

conosciménto o †**canosciménto**, †**cognosciménto** s. m. *1* Atto, effetto del conoscere, dell'intendere. *2* Coscienza | Uso di ragione | Conoscenza: *essere privo di c.*

conoscitìvo o †**cognoscitivo** agg. ● Atto a conoscere: *procedimento c.* | *Indagine conoscitiva*, istituto, previsto dai regolamenti parlamentari, cui si ricorre per acquisire dati, notizie e documentazioni su un determinato fatto; (*est.*) ricerca, studio dei problemi inerenti a q.c.: *svolgere un'indagine conoscitiva sulla situazione della scuola* | Proprio del conoscere: *atto c.*

conoscitóre o †**cognoscidóre**, †**cognoscitóre**, †**conoscidóre**. s. m. (f. *-trice*) ● Chi conosce, ha esperienza di q.c.: *c. di musica, di pittura.* SIN. Esperto, intenditore.

conosciùto o †**canosciùto**, †**cognosciùto**. **A** part. pass. di *conoscere*; anche agg. *1* Nei sign. del v. *2* Provato, sperimentato: *operaio di conosciuta esperienza.* ‖ †**conosciutaménte**, avv. Notoriamente. **B** s. m. ● Ciò che si conosce.

conquassaménto s. m. ● (*raro*) Conquasso, rovina.

conquassàre [vc. dotta, lat. *conquassāre*, comp. di *cŭm* 'con' e *quassāre*, ints. di *quătere* 'scuotere'] v. tr. *1* (*lett.*) Scuotere violentemente | Far urtare e sbattere una cosa contro un'altra in modo che si fracassi. *2* (*est.*) Devastare, rovinare.

conquassatóre s. m. (f. *-trice*) ● (*raro*) Chi conquassa.

conquàsso s. m. ● Atto di conquassare | *Mettere in c.*, sottosopra, in rovina | *Andare in c.*, a catafascio.

conquìbus o **cumquibus** [dal lat. *cŭm quibus* (*nŭmmis*) 'con quali denari'] s. m. inv. ● (*scherz.*) Denaro: *Don Gesualdo ha il cuore più grande di questa chiesa! ... e i c. anche!* (VERGA).

conquìdere [lat. *conquīrere* 'cercare, raccogliere', comp. di *cŭm* 'con' e *quaerere* 'cercare'] **A** v. tr. (pass. rem. *io conquìsi, tu conquidésti*; part. pass. *conquìso*) *1* (*lett.*) Abbattere, conquistare, vincere (*anche fig.*): *conquisi, / guerreggiando sul mar, dodici altere / cittadi* (MONTI). *2* (*lett., fig.*) Sopraffare, sedurre: *ché aperta è ben mia doglia / a quella fiera che 'l mio cor conquide* (BOIARDO). *3* (*raro, fig.*) Molestare, importunare. *4* (*raro*) †Guastare. **B** v. intr. pron. ● †Affannarsi, affliggersi.

conquìso part. pass. di *conquidere*; anche agg. ● Nei sign. del v.

conquìsta s. f. *1* Atto, modo, effetto del conquistare: *c. delle posizioni nemiche*; *la c. della libertà, del potere* | (*est.*) Territorio conquistato: *ecco le conquiste dell'Impero Romano* | *Città di c.*, che deve subire le leggi militari. *2* Progresso, miglioramento, raggiunto attraverso lotte, sacrifici, difficoltà, in un campo specifico della conoscenza o dell'attività umana: *le conquiste della matematica, della biologia*; *la c. del diritto di sciopero.* *3* (*est.*) Successo nei rapporti amorosi: *fare una c.*; *è un giovanotto a cui non mancano le conquiste* | (*est.*) Chi è considerato come oggetto di una conquista amorosa: *è la sua c. più recente.*

conquistàbile agg. ● Che si può conquistare.

conquistadór /konkwista'dor, *sp.* konkista'dor/ [sp., 'conquistador', da *conquistar* 'conquistare'] s. m. (pl. sp. *conquistadores*) ● Ciascuno degli avventurieri che, dopo la scoperta del nuovo mondo, ne intrapresero la conquista a capo di spedizioni finanziate dai sovrani spagnoli.

conquistàre [lat. parl. **conquistāre*, ints. di *conquīrere*. V. *conquidere*] v. tr. *1* Fare un territorio oggetto di appropriazione esclusiva da parte di uno Stato: *c. il paese nemico.* *2* Ottenere con la forza, spec. con azioni militari: *c. una fortezza, un caposaldo.* *3* Raggiungere con lotte, fatiche, sacrifici: *c. la ricchezza, l'indipendenza, la libertà*; *conquistarsi a caro prezzo la felicità.* SIN. Ottenere. *4* (*est.*) Cattivarsi, guadagnarsi psicologicamente: *c. la simpatia, l'amore, l'amicizia di qc.*; *c. quella ragazza non è facile*; *mi ha conquistato con la sua semplicità.*

conquistàto part. pass. di *conquistare*; anche agg. ● Nei sign. del v.

conquistatóre **A** agg. (f. *-trice*) ● Che conquista: *stato, esercito c.*; *fascino c.* **B** s. m. *1* Chi conquista, ottiene con la forza, spec. con azioni militari: *diritto del c.*; *fu un c. spietato e crudele*; *metter l'ordine e salvare la società dalle fazioni è antico pretesto di tutt'i conquistatori* (DE SANCTIS). *2* (*est.*) Chi fa conquiste amorose: *atteggiarsi a c.*

†**conquìsto** s. m. ● Conquista: *fece c. tra el Danubio e 'l Reno* (SACCHETTI).

consacraménto o †**consagraménto** s. m. ● (*raro*) Consacrazione.

consacrànte o †**consecrànte** **A** part. pres. di *consacrare*; anche agg. ● Nei sign. del v. **B** s. m. ● Chi consacra.

consacràre o †**consagràre**, (*lett.*) **consecràre**, †**consegràre** [vc. dotta, lat. *consacrāre*, comp. di *cŭm* 'con' e *sacrāre* 'dedicare'] **A** v. tr. *1* Investire degli ordini sacri. *2* (*est.*) Riconoscere, confermare solennemente con riti religiosi: *c. re, imperatore* | (*est.*) Riconoscere in modo solenne e ufficiale: *fu consacrato poeta in Campidoglio* | (*est.*) Rendere valido, legittimo, autorevole, sancire: *la legge consacra i diritti*; *l'uso consacra molte parole.* *3* Fare sacro, liberare dalla condizione profana, offrendo alla divinità o a essa dedicando una persona, una vittima, un oggetto, uno spazio, un tempio e sim. | *C. l'ostia*, convertire, nell'Eucaristia, le specie del pane e del vino nel corpo e nel sangue del Cristo. *4* (*est.*) Offrire come omaggio, in modo solenne e reverente, con o senza cerimonie religiose o civili: *c. q.c. al bene della società, alla patria, alla memoria dei caduti* | (*est.*) Offrire, destinare a qc. o a q.c., con passione e dedizione, riferito al proprio tempo, alle proprie capacità e sim.: *c. tutte le proprie energie alla causa del progresso*; *ha consacrato un'intera vita allo studio* | Dedicare, in modo appassionato e solenne: *c. a qc. un libro, le proprie opere.* *5* †Divinizzare. **B** v. rifl. ● Dedicarsi, votarsi a qc. o a q.c., con passione e dedizione, riferito al proprio tempo, alle proprie capacità, e sim.: *consacrarsi a Dio, a una missione sociale, alla cura di un malato.*

consacratóre o †**consecratóre** [lat. tardo *consecratōre(m)*, *consecratrīce(m)*, da *consecrāre*, rifatto sull'it. *consacrare*] agg.; anche s. m. (f. *-trice*) ● Che, chi consacra.

consacrazióne o †**consagrazióne**, (*lett.*) **consecrazióne**, †**consegrazióne** [lat. *consecratiōne(m)*, da *consecrāre*, rifatto sull'it. *consacrare*] s. f. *1* L'atto del consacrare e le cerimonie proprie di tale atto | Presso gli antichi Romani, dedicazione di una persona agli dèi, in particolare agli Inferi. *2* Parte principale della Messa, nella quale si consacrano le specie eucaristiche.

†**consagràre** e *deriv.* ● V. *consacrare* e *deriv.*

consanguineità [vc. dotta, lat. *consanguinitā-*

te(m), da *consanguĭneus* 'consanguineo'] **s. f.** ● Legame naturale tra le persone di un medesimo sangue | Stretta parentela.

consanguìneo [vc. dotta, lat. *consanguĭneu(m)*, comp. di *cŭm* 'con' e *sănguis*, genit. *sănguinis* 'sangue'] **A agg.**; anche **s. m.** (f. *-a*) **1** Che, chi è dello stesso sangue, della stessa stirpe. **SIN.** Congiunto, parente. **2** (*dir.*) Che è nato dallo stesso padre, ma da madre diversa: *fratello c.*; *sorella consanguinea*. **B s. m.** (f. *-a*) ● (*dir.*) Chi si trova con altre persone in un rapporto di parentela derivante da vincoli di sangue: *c. naturale, legittimo*; *c. in linea retta, in linea collaterale*.

consapévole [comp. parasintetico di *sapere*] **A agg. 1** Che sa, che è informato di q.c.: *fu reso c. del tradimento che aveva subito*. **SIN.** Edotto. **2** Che è cosciente, che si rende conto di un fatto, di una situazione: *è c. della gravità del momento politico*; *siamo consapevoli del nostro errore*. **SIN.** Conscio. || **consapevolménte**, avv. **B s. m.** ● †Complice.

consapevolézza **s. f.** ● L'essere consapevole: *la c. del male fatto* | Conoscenza.

consapevolizzàre [da *consapevole*] **A v. tr.** ● Rendere qc. consapevole di una determinata situazione: *c. qc. di q.c.* **B v. intr. pron.** ● Diventare consapevole di una determinata situazione.

consapevolizzazióne **s. f.** ● Atto, effetto del consapevolizzare o del consapevolizzarsi.

†**consapiènte** [lat. tardo *consapiĕnte(m)*, per il classico *consipiĕnte(m)*, part. pres. di *consīpere*, comp. di *cŭm* 'con' e *săpere* 'aver senno, capire'] **agg.** ● Consapevole.

consapùto [comp. di *con-* e *saputo*] **agg.** ● (*lett.*) Conosciuto da più persone.

†**consciènza** ● V. *coscienza*.

†**consciènzia** ● V. *coscienza*.

cònscio [vc. dotta, lat. *cōnsciu(m)*, da *scīre* 'sapere'] **A agg.** (pl. f. *-sce* o *-scie*) **1** Che ha coscienza o conoscenza di q.c.: *essere consci dei propri limiti*; *sono c. dell'importanza dell'incarico*. **SIN.** Consapevole. **2** Che è capace di reagire all'ambiente, di avere sensazioni, sentimenti, pensieri e di averne consapevolezza. **B s. m. solo sing.** ● Nella psicoanalisi, divisione della psiche che comprende quelle parti della vita mentale di cui la persona è momentaneamente consapevole.

consecràre e *deriv.* ● V. *consacrare* e *deriv.*

consecutio temporum /lat. konse'kuttsjo 'temporum/ [lat. 'dipendenza dei tempi'. V. *consecuzione*] **loc. sost. f. inv.** ● Nella sintassi latina, dipendenza del tempo del verbo nella proposizione subordinata rispetto a quello della principale.

consecutiva [f. sost. di *consecutivo*] **s. f.** ● (*ling.*) Congiunzione consecutiva | Proposizione consecutiva.

consecutivìsta **s. m. e f.** (pl. m. *-i*) ● Interprete specializzato in traduzioni consecutive.

consecutivo [dal lat. *consecūtus*, part. pass. di *cōnsequi* 'seguire'. V. *conseguire*] **agg. 1** Che viene dopo, che segue: *il giorno c.*; *l'opera consecutiva* | *Traduzione consecutiva c.*, in congressi, assemblee e incontri dove si parlino lingue diverse ma non si usino impianti di traduzione simultanea, quella compiuta da chi riassume traducendo nella lingua richiesta quanto è stato detto dall'oratore. **SIN.** Seguente, successivo. **2** (*mat.*) Detto di ciascuno dei due angoli aventi in comune il vertice e un lato, e nessun altro punto al di fuori di quelli appartenenti al lato stesso | Detto di ciascuno dei due elementi d'un insieme ben ordinato tale che il secondo è il minore fra tutti quelli che seguono il primo | Detto di ciascuno dei due elementi d'una successione il primo dei quali precede immediatamente il secondo. **3** (*ling.*) *Proposizione consecutiva*, proposizione subordinata indicante la conseguenza di ciò che è detto nella reggente | *Congiunzione consecutiva*, che introduce una proposizione consecutiva. || **consecutivaménte**, avv. In modo consecutivo; di seguito.

consecuzióne [vc. dotta, lat. *consecutiōne(m)*, da *consecūtus*. V. *consecutivo*] **s. f. 1** (*raro*) Conseguimento: *la c. di un fine desiderato*. **2** Successione immediata di due fatti, atti, eventi: *una c. logica di avvenimenti*.

†**consediménto** [comp. di *con-* e *sedere*] **s. m.** ● Atto del sedersi insieme con altri in uno stesso luogo.

conségna **s. f. 1** Atto, modo, effetto del consegnare: *lasciare, prendere, ricevere q.c. in c.*; *c. del lavoro, della cassa* | *Avere q.c., qc. in c.*, dovere occuparsene, curarsene e sim. | *Dare, fare la c. di un ufficio*, rimetterlo al successore, osservando le formalità prescritte | *Verbale di c.*, relativo alla trasmissione di un ufficio e sim. **2** (*dir.*) Trasferimento del possesso o della detenzione di una cosa da un soggetto a un altro: *buono di c.*; *c. a domicilio*; *prezzo pagabile alla c.* **3** (*mar.*) Ordine scritto per la condotta della navigazione o per il servizio interno. **4** (*mil.*) Prescrizione tassativa e vincolativa stabilita per i servizi di guardia e di sentinella, da osservare e da fare osservare con assoluto rigore: *osservare la c.*; *rompere la c.* | *Passare le consegne*, trasmettere ad altra persona, che succede nell'incarico, i documenti e le informazioni necessari allo svolgimento dell'incarico stesso | (*est., gener.*) Ordine: *c'è la c. di non parlare*. **5** (*mil.*) Punizione lieve per militari e graduati di truppa, consistente nella privazione della libera uscita: *c. in caserma*; *punire con dieci giorni di c.*

consegnàre o †**consignàre** [lat. *consignāre* 'sigillare, autenticare', comp. di *cŭm* 'con' e *signāre* 'contrassegnare', da *sīgnum* 'segno, marchio'] **A v. tr.** (*io conségno*) **1** Affidare, dare in custodia o in possesso, temporaneamente o stabilmente (*anche fig.*): *c. una lettera, un pacco*; *c. le chiavi di casa al portiere*; *c. un documento al notaio*; *c. il colpevole ai carabinieri*; *vi consegno la merce che avete acquistata* | (*lett.*) *C. qc. alla memoria, alla posterità*, affidare alla memoria, tramandare alla posterità. **2** (*mil.*) Punire con la consegna | Privare i militari della libera uscita, tenendoli in caserma pronti a ogni evenienza in occasione di disordini o calamità pubbliche. **B v. rifl.** ● Arrendersi, costituirsi: *c. al nemico, alle autorità giudiziarie*.

consegnatàrio **s. m.** (f. *-a*) ● Chi riceve q.c. in consegna.

consegnàto **A part. pass.** di *consegnare*; anche **agg.** ● Nei sign. del v. **B s. m.** ● Militare punito con la consegna: *l'elenco dei consegnati* | Militare tenuto in caserma pronto a ogni evenienza in occasione di calamità, disordini e sim.

†**consegràre** e *deriv.* ● V. *consacrare* e *deriv.*

conseguènte o (*raro, lett.*) **consequènte**. **A part. pres.** di *conseguire*; anche **agg. 1** Nei sign. del v. **2** Coerente: *il tuo discorso non è c. con il mio*; *devi essere più c. nell'agire*; *sii c. con te stessa*; *ha un atteggiamento c. e responsabile*. **3** (*mat.*) Che deriva logicamente | †Successivo. || **conseguenteménte**, avv. **1** In modo conseguente; per conseguenza. **2** In seguito. **B s. m. 1** (*filos., mat.*) Il secondo termine di una conseguenza. **CONTR.** Antecedente. **2** †Conseguenza | *Per c.*, di conseguenza.

conseguènza o †**consequènza**, †**consequènzia** [lat. *consequĕntia(m)*, da *cōnsequi* (V. *conseguire*), rifatto sull'it. *conseguire*] **s. f. 1** (*filos., mat.*) Principio logico in base al quale, date due proposizioni in rapporto di antecedente-conseguente, è impossibile che, se è vera l'antecedente, risulti falsa la conseguente. **2** Ciò che discende direttamente o indirettamente, che è ricavabile da certe premesse: *il tuo errore è la c. della tua ignoranza*; *ecco le conseguenze della vostra assenza* | *In c. di, per c. di*, per effetto di, e sim. | *Di c.*, conseguentemente, quindi, e sim. **3** Avvenimento, fatto, spec. negativo, che deriva o è causato da un altro: *le disastrose conseguenze dell'ultima guerra* | *Cosa di c.*, importante | *Di molta, poca, grande c.*, di maggiore, minore importanza. **SIN.** Effetto.

conseguenziàle e *deriv.* ● V. *consequenziale* e *deriv.*

conseguenziàrio ● V. *consequenziario*.

conseguìbile **agg.** ● Che si può conseguire.

conseguiménto **s. m.** ● Atto, effetto del conseguire: *il c. di un obiettivo, di un fine*. **SIN.** Ottenimento, raggiungimento.

conseguire [lat. *cōnsequi*, comp. di *cŭm* 'con' e *sĕqui* 'seguire', rifatto sull'it. *seguire*] **A v. tr.** (*io conséguo*) ● Riuscire a ottenere, a raggiungere: *c. una vittoria, un onore, una promozione*; *c. uno scopo*; *la poetica ... deve c. il suo fine del dilettare* (CAMPANELLA). **B v. intr.** (aus. *essere*) ● Venire dopo, come conseguenza, secondo un ordine intellettuale e sim., o come avvenimento o fenomeno successivo: *da ciò consegue che tu sbagli*; *l'utilità che ne consegue è nulla*.

conseguitàre [comp. di *con* e *seguitare*] **A v. tr.** (*io conséguito*) ● †Ottenere, conseguire. **B v. intr.** (aus. *essere*) **1** (*raro*) Derivare da fatti precedenti. **2** (*raro*) Venire dopo, succedere.

conseguìto **part. pass.** di *conseguire*; anche **agg.** ● Nei sign. del v.

consensìvo **agg.** ● Che manifesta consenso | *Freccia consensiva*, segnalazione stradale che accorda via libera ai veicoli nel senso indicato dalla freccia stessa.

consènso [vc. dotta, lat. *consēnsu(m)*, da *consentīre* 'consentire'] **s. m. 1** (*dir.*) Incontro di volontà: *il contratto si forma nel momento in cui si verifica il c.*; *vizi di c.* | *C. matrimoniale*, reciproca dichiarazione dei nubendi di volere contrarre matrimonio | Approvazione al compimento di un atto: *c. dell'avente diritto*; *dare il proprio c. alle nozze*. **SIN.** Assenso, benestare, permesso. **2** Conformità, concordia di volontà, giudizi, opinioni, sentimenti e sim., o accordo su un punto specifico, fra due o più persone: *c. generale, comune*; *il venerato / c. d'ogni età* (METASTASIO) | *Di c.*, d'accordo. **3** Imitazione che fa un cane da ferma vedendo un altro cane puntare: *puntare di c.*; *ferma di c.* **4** Assenso: *manifestare il proprio c.*; *il c. del popolo a un programma politico*.

consensuàle [fr. *consensuel*, dal lat. *consēnsus* 'consenso'] **agg.** ● (*dir.*) Che si fa con il consenso delle parti: *separazione c.*; *contratto c.* || **consensualménte**, avv.

consensualità **s. f.** ● Qualità di ciò che è consensuale.

consentaneità **s. f.** ● Qualità di ciò che è consentaneo | Accordo di sentimenti.

consentàneo [vc. dotta, lat. *consentāneu(m)*, da *consentīre* 'consentire'] **agg.** ● Che è conforme, corrispondente, conveniente: *leggi consentanee ai bisogni*. || **consentaneaménte**, avv.

consentiménto **s. m.** ● (*lett.*) Consenso | Adesione | Conformità.

consentire [vc. dotta, lat. *consentīre*, comp. di *cŭm* 'con' e *sentīre* 'sentire, ritenere'] **A v. intr.** (pres. *io consènto*; part. pres. *consenziènte*; aus. *avere*) **1** Concordare quanto a volontà, giudizi, opinioni, sentimenti e sim., o essere d'accordo su un punto specifico, con una o più persone: *consento con te sulla necessità di un intervento*. **SIN.** Approvare, assentire. **2** Accondiscendere: *c. alle richieste di qc.* | (*lett.*) Ammettere: *consento di non aver compreso bene il tuo discorso* | (*raro, lett.*) Cedere. **3** †Convenire, essere adatto. **4** Imitare, da parte di un cane da ferma, il puntare di un altro cane. **B v. tr. 1** Concedere, permettere: *un lavoro che non consente interruzioni*. **2** (*lett.*) Ammettere: *c. il proprio sbaglio*. **3** (*raro, lett.*) Provare insieme con altri, riferito a sentimenti e sim.

consenziènte **part. pres.** di *consentire*; anche **agg. 1** Nei sign. del v. **2** Che dà il proprio consenso (spec. in costruzioni ass.): *il padre non è c. al matrimonio*; *è partita, consenzienti i genitori*.

consepólto o †**consepùlto** [lat. tardo *consepŭltu(m)*, part. pass. di *consepelīre* 'seppellire insieme', comp. di *cŭm* 'insieme' e *sepelīre* 'seppellire'] **agg.** ● (*lett.*) Sepolto insieme con altri.

consequènte ● V. *conseguente*.

†**consequènza** ● V. *conseguenza*.

†**consequènzia** ● V. *conseguenza*.

consequenziàle o **conseguenziàle** [da *conseguenza*] **agg.** ● Che deriva per conseguenza: *la conclusione del discorso non è c. alle premesse* | Relativo alla conseguenza.

consequenzialità o **conseguenzialità**. **s. f.** ● L'essere consequenziale.

consequenziàrio o **conseguenziàrio** [da *conseguenza*] **agg.**; anche **s. m.** (f. *-a*) ● Che, chi deduce dai principi con eccessiva rigidezza.

†**conserràre** [comp. di *con-* e *serrare*] **v. tr. 1** Stringere insieme, collegare. **2** Contenere.

consertaménto **s. m.** ● (*raro*) Legame, intreccio.

consertàre [da *conserto*] **v. tr.** (*io consèrto*) ● (*lett.*) Intrecciare.

consèrto [vc. dotta, lat. *consĕrtu(m)*, part. pass. di *consĕrere*, comp. di *cŭm* 'con' e *sĕrere* 'intrecciare'] **A** agg. *1* Congiunto, intrecciato | *Braccia conserte*, incrociate sul petto | (*lett.*) Riunito. *2* (*lett.*) Intricato, avviluppato | Fitto, denso: *e 'l montanaro all'ombra più conserta / destar la sua zampogna e 'l verso inculto* (POLIZIANO). **B** s. m. ● (*raro*) Accordo, spec. nella loc. *di c.*, insieme, d'accordo.

consèrva (**1**) [etim. discussa: da *conservo* (?)] s. f. ● †Compagnia di bastimenti di più padroni che navigano insieme a protezione l'uno dell'altro | †Ciascuno dei bastimenti minori che accompagnano e seguono un bastimento più importante | *Andare, procedere, agire di c.*, (*fig.*) insieme, di comune accordo.

consèrva (**2**) [da *conservare*] s. f. *1* Atto, effetto del conservare | *Far c.*, conservare | *Far c. di detti, parole* e sim., farne tesoro. *2* Alimento vegetale preparato per essere conservato a lungo mantenendo inalterate le proprie caratteristiche: *c. di pomodoro, di frutta*; *conserve alimentari* | *Tenere, mettere in c.*, conservare | (*ass.*) Conserva di pomodoro: *fare il sugo con la c.*; *ti sei macchiato di c.* *3* Luogo in cui si conservano le cose: *tenere la frutta in c.* | *C. di neve*, ghiaccio, ghiacciata | (*raro*) Vivaio, peschiera | Cisternetta ove si serbano o si depurano le acque delle fontane. SIN. Serbatoio.

conservàbile [vc. dotta, lat. tardo *conservābi-le*(*m*), da *conservāre* 'conservare'] agg. ● Che si può conservare.

conservabilità s. f. ● Qualità di ciò che può essere conservato.

†**conservàggio** [comp. di *con-* e *servaggio*] s. m. ● Servitù subita insieme con altri.

conservànte **A** part. pres. di *conservare*; anche agg. ● Nei sign. del v. **B** s. m. ● Conservativo, nel sign. B.

conservàre [vc. dotta, lat. *conservāre*, comp. di *cŭm* 'con' e *servāre* 'conservare'] **A** v. tr. (*io consèrvo*) *1* Serbare, spec. un alimento nello stato originario, evitando ogni alterazione o deterioramento: *c. con, sotto olio, sale*; *c. sotto, nello spirito*; *c. nella salamoia, nella calce, in ghiaccio*; *c. la carne in frigorifero, le cipolline sotto aceto, i pomodori in scatola.* *2* Custodire (*anche fig.*): *c. un documento, un oggetto prezioso*; *c. la fedeltà, l'onore* | (*est.*) Possedere ancora dopo un lungo periodo di tempo (*anche fig.*): *c. l'innocenza*; *c. un animo appassionato.* *3* (*raro*) Preservare proteggendo: *c. la propria serenità da ogni pericolo.* **B** v. intr. pron. *1* Rimanere nello stato originario, senza alterazioni o deterioramenti: *certi cibi si conservano bene.* *2* Mantenersi, rimanere anche dopo un lungo tempo, in un determinato stato: *conservarsi sano, forte, prestante, onesto*; *conservarsi amico, neutrale* | *Si conservi!*, si mantenga così, in buona salute.

conservativo [vc. dotta, lat. tardo *conservatī-vu*(*m*), da *conservāre* 'conservare'] **A** agg. *1* Atto a conservare. *2* (*dir.*) Detto di atto tendente ad assicurare il mantenimento e l'esercizio di un diritto | *Sequestro c.*, sequestro atto a impedire che l'asserito debitore possa disperdere o sottrarre, in danno dell'asserito creditore, dati beni. *3* (*fis.*) Detto di campo vettoriale o di forza la cui circuitazione lungo qualunque linea chiusa è uguale a zero. CFR. Dissipativo. **B** s. m. ● Additivo chimico che si aggiunge spec. agli alimenti perché conservino più a lungo le loro caratteristiche, evitandone l'alterazione.

conservàto part. pass. di *conservare*; anche agg. ● Nei sign. del v.

conservatóre [vc. dotta, lat. *conservatōre*(*m*), da *conservāre* 'conservare'] **A** agg. (f. *-trice*) ● Che conserva: *liquido c.* **B** agg.; anche s. m. ● Che, chi, spec. in campo politico e sociale, è fortemente legato all'ordine costituito e alla tradizione, si oppone a tutti i mutamenti rapidi o radicali, accoglie con lentezza, cautela, limitazioni e sim. le riforme e i nuovi sviluppi in generale: *partito c.*; *tendenze conservatrici*; *è un c. convinto.* **C** s. m. ● Funzionario preposto ad archivi, musei, biblioteche e sim., allo scopo di curarne la conservazione e l'arricchimento: *c. dei registri immobiliari, dei monumenti.*

conservatorìa s. f. ● (*raro*) Ufficio di conservatore | Sede ove il conservatore esercita la propria attività, spec. ufficio ove sono iscritte le ipoteche.

conservatòrio **A** agg. ● †Conservativo. **B** s. m. *1* Pubblico istituto ove si insegna la musica, l'arte di suonare gli strumenti e il canto | Liceo musicale. *2* Istituto religioso di istruzione per fanciulle. *3* †Casa di ricovero per poveri, fanciulli, vecchi e sim.

conservatorìsmo s. m. ● Tendenza, spec. politica, propria dei conservatori.

conservazióne [lat. *conservatiōne*(*m*), da *conservāre* 'conservare'] s. f. *1* Atto, modo, effetto del conservare e del conservarsi: *c. di cibi, di generi alimentari*; *c. sott'olio, sott'aceto* | *Essere in buono, in cattivo stato di c.*, essere conservato bene, male | *Istinto di c.*, tendenza naturale a mantenere e proteggere la propria incolumità fisica e la propria esistenza | Manutenzione: *c. di monumenti, biblioteche.* *2* Complesso degli atteggiamenti, delle attività e sim. di conservatori, spec. in campo politico e sociale | (*est.*) Complesso dei conservatori, come entità politica e sociale: *le forze della c.*

conservière [da *conserva* (*2*) nel sign. 2] s. m. (f. *-a*) *1* Industriale che si dedica al settore delle conserve alimentari. *2* Lavoratore addetto alla produzione di conserve alimentari.

conservièro [da *conserva* (*2*) nel sign. 2] **A** agg. ● Relativo alle conserve alimentari: *industria conserviera.* **B** s. m. (f. *-a*) ● Conserviere.

conservifìcio [comp. di *conserva* (*2*) e *-ficio*] s. m. ● Fabbrica di conserve alimentari.

conservitù [comp. di *con-* e *servitù*] s. f. ● (*raro*) Conservaggio.

consèrvo [vc. dotta, lat. *consĕrvu*(*m*), comp. di *cŭm* 'insieme' e *sĕrvus* 'servo'] s. m. (f. *-a*) *1* (*raro, lett.*) Servo insieme con altri. *2* Confratello nello stesso ordine religioso.

consèsso [vc. dotta, lat. *consĕssu*(*m*), da *consīdere* 'star seduto'] s. m. ● Adunanza di persone autorevoli, ragguardevoli: *c. di senatori, di giudici, di avvocati* | (*est.*) Le persone così riunite.

†**consettàrio** [comp. di *con-* e *settario*] s. m. ● Compagno di setta.

†**considènzia** [vc. dotta, lat. *considĕntia*, part. pres. nt. pl. di *consīdere* 'sedere insieme'] s. f. ● Consesso.

consideràbile agg. *1* Degno di considerazione: *piccoli princìpî e a pena considerabili sono spesso cagione di grandi ruine o di felicità* (GUICCIARDINI). *2* (*raro*) Considerevole: *c. aumento* | Ingente, grande. ‖ **considerabilménte**, avv. In modo considerabile; notevolmente.

considerabilità s. f. ● Qualità di ciò che è considerevole.

†**considerànza** [lat. tardo *considerantia*(*m*) 'considerazione'] s. f. ● Considerazione.

consideràre [vc. dotta, lat. *considerāre*, letteralmente 'osservare gli astri', comp. di *cŭm* 'con' e *sī-dus*, genit. *sīderis* 'astro'] **A** v. tr. (*io consìdero*) *1* Esaminare attentamente in tutte le possibili relazioni e conseguenze: *bisogna c. tutte le probabilità*; *c. i pro e i contro, i vantaggi e gli svantaggi*; *la filosofia considera l'uomo quale dev'essere* (VICO). *2* Guardare con attenzione: *se ne andò dopo averli considerati a lungo.* *3* Pensare, tenere presente: *considera che ciò avvenne in tempi molto lontani.* *4* Contemplare, prevedere: *la legge non considera questo caso.* *5* Giudicare, reputare: *c. qc. bene, male*; *tutti lo considerano un vero amico.* *6* Stimare, avere in pregio (*anche ass.*): *c. qc. molto, poco*; *in quell'ambiente non è considerato.* *7* (*ass.*) Essere cauto, avveduto: *una persona che non considera* | (*lett.*) Riflettere, meditare. **B** v. rifl. *1* Reputarsi, credersi: *si considera molto intelligente.* *2* (*raro*) †Badare a sé stesso.

consideratézza s. f. ● (*raro*) Cautela.

consideràto part. pass. di *considerare*; anche agg. *1* Nei sign. del v. *2* *Tutto c.*, tutto sommato, in complesso | *C. che*, tenuto conto che, stante che. *3* Detto di chi pensa o agisce con prudenza e avvedutezza: *un giovane c.* | †*Male c.*, imprudente, incauto. ‖ **considerataménte**, avv. Con ponderazione; avvedutamente.

†**consideratóre** [vc. dotta, lat. tardo *considera-tōre*(*m*), da *considerāre* 'considerare'] s. m.; anche agg. (f. *-trice*) ● Chi, che considera.

considerazióne [vc. dotta, lat. *consideratiō-ne*(*m*), da *considerāre* 'considerare'] s. f. *1* Esame attento e accurato: *agire dopo attente considerazioni* | *Degno di c.*, notevole, importante | *Prendere in c.*, considerare, o considerare favorevolmente, benevolmente: *la tua domanda sarà senz'altro presa in c.* *2* Stima, buona reputazione: *godere di molta c.*; *godere la c. di tutti*; *non ho nessuna c. per lui* | *Avere in c. qc.*, stimarlo. SIN. Credito. *3* Avvedutezza, cautela: *agire con grande c.* | *Uomo senza c.*, sconsiderato, imprudente, leggero. *4* Osservazione, spec. fondata su esami, riflessioni, letture e sim., accurata e prolungata: *esponiamo alcune brevi considerazioni*; *fare una c.*; *alcune considerazioni sull'argomento.*

considerévole agg. ● Degno di considerazione | Grande, notevole: *un uomo di c. importanza*; *un numero c. di spettatori.* ‖ **considerevolménte**, avv.

consigliàbile [da *consigliare* (*1*)] agg. ● Che si può consigliare, suggerire: *non è c. uscire a quest'ora.*

consigliàre (**1**) [lat. *consiliāri*, da *consĭlium* 'consiglio'] **A** v. tr. (*io consìglio*) *1* Dare suggerimenti, esortazioni, avvertimenti e sim. a qc. per aiutarlo in q.c.: *vi consiglio di non partire*; *gli consiglio un negozio molto fornito*; *poco è creduto chi consiglia quello che dispiace quasi a tutti* (GUICCIARDINI). SIN. Ammonire, avvertire. *2* Raccomandare, prescrivere: *ti consiglio la prudenza*; *il medico gli ha consigliato di non fumare*; *gli è stato consigliato un soggiorno al mare* | Ordinare, suggerire, anche con una certa autorità: *non ti consiglio di muoverti*; *gli consigliò bruscamente di smetterla.* *3* Esortare, incitare: *bisogna c. i giovani al bene.* **B** v. intr. pron. *1* Chiedere suggerimenti, consultarsi: *prima di decidere si consigliò con l'avvocato* | (*fig.*) *Consigliarsi con sé stesso, con la propria coscienza*, meditare nel proprio intimo. *2* (*raro, lett.*) Decidersi, risolversi: *di riposare alquanto si consiglia* (ARIOSTO). *3* †Deliberare.

consigliàre (**2**) ● V. *consiliare.*

†**consigliàrio** [lat. *consiliāriu*(*m*). V. *consigliere*] s. m. ● Consigliere.

consigliàto part. pass. di *consigliare* (*1*); anche agg. *1* Nei sign. del v. *2* Dotato di senno, prudenza. ‖ **consigliataménte**, avv. Con prudenza e ponderatezza; (*raro*) apposta, deliberatamente.

†**consigliatóre** [vc. dotta, lat. *consiliatōre*(*m*), *consiliatrīce*(*m*), da *consiliāri* 'consigliare (*1*)'] agg.; anche s. m. (f. *-trice*) ● Che, chi consiglia.

consiglière o †**consiglièro** [ant. fr. *conseillier*, dal lat. *consiliāriu*(*m*), da *consiliāri* 'consigliare (*1*)'] s. m. (f. *-a*) *1* Chi dà suggerimenti, avvertimenti e sim. (*anche fig.*): *dovresti cercare un buon c.*; *l'invidia è una cattiva consigliera.* *2* Membro di un consiglio e, quindi, titolo e grado di taluni uffici pubblici: *c. di cassazione, d'appello, di legazione* | *C. d'amministrazione*, membro del consiglio d'amministrazione di una società | *C. delegato*, consigliere d'amministrazione a cui sono delegate funzioni relative all'amministrazione della società | Qualifica spettante a funzionari della carriera direttiva statale. *3* †Aiutante del pilota che svolgeva sulla nave funzioni analoghe a quelle dell'attuale ufficiale di rotta.

consìglio [lat. *consĭliu*(*m*), da *consŭlere* 'consultare'] s. m. *1* Suggerimento, esortazione, avvertimento e sim., che si dà a qc. per aiutarlo in q.c.: *c. buono, cattivo, savio, ragionevole*; *domandare, invocare, attendere, dare, prendere, seguire un c.* | *Consigli evangelici*, ubbidienza, povertà, castità | †Parere scritto di un medico o di un avvocato. *2* Avvedutezza, senno, uno dei sette doni dello Spirito Santo | (*raro, lett.*) Prudenza: *scarsi di c. e tardi avvedutisi del loro errore* (MACHIAVELLI) | (*est., raro, lett.*) Intenzione, proposito | *Ridurre a miglior c.*, far cambiare idea | *Venire a più miti consigli*, ridurre le proprie pretese | †Rimedio, riparo. *3* (*raro, lett.*) Decisione, risoluzione presa dopo attenta meditazione | *Prender c.*, decidere | *Formar c.*, prendere una determinazione. *4* Riunione collegiale tra più persone per discutere e deliberare su determinate questioni: *convocare, adunare, sciogliere, il c.*; *chiamare a c.*; *andare, essere, sedere a c.*; *sala del c.* | *Suonare a c.*, anticamente, chiamare a consiglio suonando un'apposita campana | *C. di famiglia*, riunione di tutti i componenti una famiglia, o di parte di essi, in cui si discutono problemi gravi riguardanti la famiglia nel suo complesso, o alcuni dei suoi membri. **5** (*dir.*) Organo o ente collegiale interno o internazionale, con funzioni varie: *c. regionale*; *c. nazionale delle ricerche*; *c. nazionale dell'economia e del lavoro* | *C. d'amministrazione*, organo amministrativo di una società, cui spettano le maggiori decisioni | *C. di gestione*, organo ausiliario della direzione dell'impresa costituito da prestatori di lavoro e da rappresentanti dell'imprenditore | *C. di fabbrica, d'azienda*, organo sindacale di base, all'interno di una fabbrica o di un'azienda, composto generalmente dai delegati di reparto e dai rappresentanti sindacali aziendali | *C. d'istituto, c. di circolo, c. di classe, c. di interclasse*, organi collegiali, composti di rappresentanti degli insegnanti, del personale non docente, degli allievi e dei genitori con funzioni deliberative e consultive | *C. di zona*, organo amministrativo decentrato nell'ambito del comune, cui sono attribuite particolari funzioni soprattutto in materia edilizia | *C. di disciplina*, per l'irrogazione di sanzioni disciplinari a ufficiali, funzionari della pubblica amministrazione e sim. che abbiano commesso infrazioni di particolare gravità | *Consiglio presbiterale*, commissione rappresentante il presbiterio che collabora col vescovo nel governo della diocesi | *Consiglio pastorale*, a vari livelli organizzativi della Chiesa Cattolica, l'organizzazione costituita da sacerdoti e laici che, con funzioni consultive, coadiuva il vescovo o il parroco nel governo spirituale dei fedeli | *Consiglio dei Ministri*, insieme di tutti i ministri costituenti il Governo | *Consiglio di Stato*, organo dell'Amministrazione dello Stato con funzioni consultive e di giurisdizione amministrativa | *Consiglio di gabinetto*, organo composto dal presidente e dal vicepresidente del consiglio e dai ministri titolari dei dicasteri più importanti, avente il compito di esaminare, su richiesta del presidente del consiglio, le questioni politiche più importanti | *Consiglio Superiore della Magistratura*, organo statale che sovraintende alla carriera dei magistrati e ai provvedimenti disciplinari che li riguardano | *Consiglio di sicurezza*, organo delle Nazioni Unite cui è affidato il compito di vigilare sulla pace e la sicurezza internazionale | *C. di guerra*, unione dei più alti ufficiali di un esercito, in tempo di guerra, per discutere piani e misure militari di particolare rilievo, o far giudicare militari colpevoli di qualche reato. **6** †Giovane che imparava sulle galee l'arte di navigare. SIN. Pilotino || PROV. Consiglio di volpi tribolo di galline; la notte porta consiglio. || **consigliàccio**, pegg. | **consigliétto**, dim. | **consigliòne**, accr.

consigliòri [adattamento sic. dell'ingl. *counsellor* 'consigliere'] s. m. ● (*dial.*) In una organizzazione mafiosa, consigliere del padrino.

†**consignàre** ● V. *consegnare*.

†**consignificàre** [vc. dotta, lat. tardo *consignificāre*, comp. di *cŭm* 'con' e *significāre* 'significare'] v. intr. ● Acquistare significato dal contesto, detto spec. di parola.

†**consignificatìvo** [da †*consignificare*] agg. ● Detto di parola che non ha di per sé significato preciso, ma lo acquista nel contesto.

consiliàre o **consigliàre** (2) [vc. dotta, lat. tardo *consiliāre(m)*, da *consĭlium* 'consiglio'] agg. ● Di consiglio: *deliberazione c.*

†**consimigliànza** s. f. ● L'essere consimile.

†**consimigliàre** o †**consomigliàre** [comp. di *con-* e *simigliare*] **A** v. tr. ● Fare simile. **B** v. intr. ● Essere simile, somigliare.

consìmile [vc. dotta, lat. *consĭmile(m)*, comp. di *cŭm* 'con' e *sĭmilis* 'simile'] agg. ● (*lett.*) Simile, analogo: *penne, matite e oggetti consimili*. || **consimilménte**, avv. (*raro*) In modo simile.

†**consiróso** [provz. *consiros*] agg. ● Preoccupato, pensieroso.

consistènte part. pres. di *consistere*; anche agg. **1** Nei sign. del v. **2** Solido, tenace: *un materiale c.* | (*fig.*) Valido, degno di considerazione: *testimonianza, ricerca c.* || **consistenteménte**, avv.

consistènza [vc. dotta, lat. tardo *consistĕntia(m)*, da *consĭstere* 'consistere'] s. f. **1** L'essere consistente, qualità di consistente: *valutare al tatto la c. di un tessuto* | *Patrimonio di poca c.*, scarso | Resistenza. **2** (*fig.*) Valore, solidità: *uno studio superficiale e privo di c.* | *Prendere c.*, concretarsi.

consìstere [vc. dotta, lat. *consĭstere*, comp. di *cŭm* 'con' e *sĭstere* 'collocare, fermarsi'] v. intr. (pass. rem. *io consistéi* o *consistétti*, *tu consistésti*; part. pass. *consistìto*; aus. *essere*) **1** Avere il proprio fondamento in q.c.: *il nostro lavoro consiste nel coltivare i campi*; *l'intelletto dimostra apertamente come ne l'unità consista la sustanza delle cose* (BRUNO). **2** Essere costituito, composto di q.c.: *l'appartamento consiste di quattro camere più i servizi*. **3** †Essere situato. **4** †Resistere, durare.

†**consistòrio** e *deriv.* ● V. *concistoro* e *deriv.*

†**consistòro** ● V. *concistoro*.

†**cònsito** [vc. dotta, lat. *cōnsitu(m)*, part. pass. di *consĕrere*, comp. di *cŭm* 'con' e *sĕrere* 'seminare, piantare'] agg. ● (*raro*) Coltivato, seminato, alberato.

consobrìno o †**consubrìno** [vc. dotta, lat. *consobrīnu(m)*, comp. di *cŭm* 'con' e *sobrīnus* 'cugino', da *sŏror* 'sorella'] s. m. (f. *-a*) ● (*lett.*) Cugino da parte di madre.

consociàbile [vc. dotta, lat. tardo *consociābile(m)*, da *consociāre* 'consociare'] agg. ● Che si può consociare.

consociàre [vc. dotta, lat. *consociāre*, comp. di *cŭm* 'con' e *sociāre* 'unire', da *sŏcius* 'unito, partecipe'] v. tr. (*io consòcio*) **1** Unire in società, associare. **2** (*agr.*) Bulare.

consociativìsmo [comp. di *consociativ(o)* e *-ismo*] s. m. ● (*polit.*) Tendenza a coinvolgere nella gestione del potere, mediante una serie di compromessi, anche forze politiche e sociali d'opposizione.

consociatìvo agg. **1** (*raro*) Associativo. **2** Basato sul consociativismo: *politica consociativa*.

consociàto A part. pass. di *consociare*; anche agg. **1** Nei sign. del v. **2** Appartenente allo stesso gruppo aziendale: *aziende consociate*. **B** s. m. (f. *-a*) ● Chi fa parte di una società, di un'associazione, e sim.

consociazióne [vc. dotta, lat. *consociatiōne(m)*, da *consociāre* 'consociare'] s. f. **1** Atto, effetto del consociare e del consociarsi. **2** Lega, unione, società. **3** (*agr.*) Coltivazione nello stesso terreno di più piante diverse.

consòcio [vc. dotta, lat. tardo *consŏciu(m)*, comp. di *cŭm* 'con' e *sŏcius* 'socio, compagno'] s. m. (f. *-a*) ● Chi è socio insieme con altri in una società, e sim.

†**consodàle** [comp. di *con-* e *sodale*] s. m. e f. ● (*lett.*) Compagno, collega.

consolàbile [vc. dotta, lat. *consolābile(m)*, da *consolāri* 'consolare (1)'] agg. ● Che si può consolare.

consolànte part. pres. di *consolare* (*1*); anche agg. ● Nei sign. del v.

†**consolànza** s. f. ● Consolazione.

consolàre (1) [lat. *consolāri*, comp. di *cŭm* 'con' e *solāri* 'confortare'] **A** v. tr. (*io consólo*) **1** Sollevare psicologicamente da uno stato di afflizione, confortare, incoraggiare: *le tue parole mi consolano*. **2** Rallegrare, allietare (*anche ass. e antifr.*): *una notizia che consola*; *ha una faccia da canaglia che consola*. **3** (*lett.*) Alleviare, rendere psicologicamente più sopportabile: *c. il dolore, il pianto di qc.* SIN. Lenire, mitigare. **4** Ristorare: *una bevanda che consola lo stomaco* | *C. la fame*, saziarla. **B** v. intr. pron. **1** Darsi conforto, pace: *col tempo si consolò e riprese il lavoro*. SIN. Confortarsi. **2** Rallegrarsi, allietarsi: *mi consolai appena seppi del suo arrivo* | (*raro*) Congratularsi.

consolàre (2) [vc. dotta, lat. *consulāre(m)*, da *cōnsul* 'console'] agg. ● Che è pertinente al console: *fasti consolari*; *visto c.* | *Agente c.*, chi ha mandato di esercitare alcune funzioni del consolato, gener. a titolo onorifico e in via provvisoria | *Corpo c.*, complesso dei consoli di varie nazionalità esplicanti le loro funzioni in uno Stato.

†**consolatìvo** [vc. dotta, lat. tardo *consolatīvu(m)*, da *consolāri* 'consolare (1)'] agg. ● Atto a consolare.

consolàto (1) part. pass. di *consolare* (*1*); anche agg. **1** Nei sign. del v. **2** †Riposato | †*Acqua consolata*, pioggia che cade lenta e senza vento. || **consolataménte**, avv. (*raro*) Con consolazione, conforto.

consolàto (2) [vc. dotta, lat. *consulātu(m)*, da *cōnsul* 'console'] s. m. **1** Carica, ufficio e dignità di console | Durata di tale carica | Sede del console. **2** *C. del mare*, carica, ufficio e dignità dei consoli del mare; anche, l'insieme di norme, vigenti tra le antiche repubbliche marinare italiane, che disciplinavano la navigazione.

consolatóre [lat. *consolatōre(m)* e lat. tardo *consolatrīce(m)*, da *consolāri* 'consolare (1)'] agg.; anche s. m. (f. *-trice*) ● Che, chi consola | *Spirito c.*, lo Spirito Santo.

consolatòrio [vc. dotta, lat. *consolatōriu(m)*, da *consolāri* 'consolare (1)'] agg. ● Atto a consolare: *favole consolatorie* | *Lettera consolatoria*, scritta per confortare qc. in un grave dolore. || †**consolatoriaménte**, avv.

consolazióne [vc. dotta, lat. *consolatiōne(m)*, da *consolāri* 'consolare (1)'] s. f. **1** Atto, effetto del consolare e del consolarsi | Sollievo, conforto: *dare, recare c.* | (*est.*) Persona, cosa, atto, parola, che reca conforto: *il figlio è la sua unica c.*; *ha trovato c. nel lavoro* | *Premio di c.*, quello che in una lotteria, un concorso e sim. viene assegnato a chi non ha vinto i premi maggiori | (*raro*) †*Andare per le proprie consolazioni*, per i fatti propri. **2** (*letter.*) Discorso, ragionamento, opera letteraria composti a fine consolatorio. **3** (*est.*) Gioia, piacere: *il vederla fu per noi una grande c.*; *che c. poter parlare con voi!* **4** (*raro*) †Condimento | †*Fare c. con qc.*, pranzare insieme con altri.

cònsole (1) o †**cónsolo** (2) [vc. dotta, lat. *cōnsule(m)*, di etim. incerta] s. m. (V. nota d'uso FEMMINILE) **1** Nella Roma antica e imperiale, ciascuno dei due supremi magistrati con potere annuale. **2** Nei comuni medioevali, nome dei sommi magistrati: *consoli dei placiti* | *C. del mare*, ciascuno dei magistrati che nelle repubbliche marinare italiane avevano il compito di risolvere le controversie connesse alla navigazione e al commercio marittimo. **3** Funzionario cui uno Stato affida funzioni spec. di tipo amministrativo e commerciale da esplicare all'estero nei confronti dei cittadini del proprio Stato e di stranieri: *c. generale*; *c. di Francia a Milano*.

console (2) /*fr.* kɔ̃'sɔl/ [vc. fr., di etim. incerta] s. f. inv. **1** Tavolo da parete retto anteriormente da gambe gener. lavorate. **2** Tastiera, quadro di comando di varie apparecchiature: *c. dell'organo musicale, dell'elaboratore elettronico*.

consòlida [vc. dotta, lat. tardo *consŏlida(m)*, da *consolidāre* 'rafforzare', per le sue proprietà astringenti] s. f. ● Correntemente, pianta delle Borraginacee | *C. maggiore*, pianta erbacea delle Borraginacee con foglie rugose e fiori giallognoli o violacei alla cui radice si attribuiva la proprietà di rafforzare gli organi indeboliti (*Symphytum officinale*).

consolidaménto s. m. ● Atto, effetto del consolidare e del consolidarsi (*anche fig.*): *c. di un terreno franoso, di una istituzione politica*; *c. del debito pubblico*.

consolidàre [vc. dotta, lat. tardo *consolidāre*, comp. di *cŭm* 'con' e *solidāre* 'rendere solido', da *sŏlidus* 'solido'] **A** v. tr. (*io consòlido*) **1** Rendere saldo, compatto, stabile | (*mil.*) *C. le posizioni*, rendere atte alla difesa le posizioni conquistate | *C. la propria posizione*, (*fig.*) rafforzarla. **2** Migliorare le caratteristiche meccaniche di elementi naturali o di manufatti con iniezioni di cemento, opera di prosciugamento, sistemazione superficiale, rivestimento, opere di sostegno e sim. **3** (*fig.*) Accrescere, quantitativamente o qualitativamente, con riferimento alla saldezza strutturale, alla forza e all'efficacia dell'azione, alla profondità di influenza, e sim.: *c. le istituzioni democratiche, lo Stato*; *c. le proprie conoscenze scientifiche*; *c. il patrimonio*. SIN. Fortificare, rinsaldare, rinvigorire. **4** (*econ.*) Mutare da breve a lungo termine: *c. un debito*. **5** †Rimarginare: *c. una ferita*. **B** v. intr. pron. **1** Divenire saldo, compatto, consistente: *quel terreno non si è abbastanza consolidato per la semina*. **2** (*fig.*) Crescere, quantitativamente o qualitativamente: *la sua autorità si è consolidata col tempo*. **3** (*dir.*) Estinguersi per consolidazione, detto di un diritto accessorio o derivato. **C** v. rifl. ● (*mil.*) Nell'attacco o nel contrattacco, organizzarsi sulle posizioni conquistate per difendersi dalle reazioni del nemico.

consolidatìvo agg. ● Atto a consolidare.

consolidàto **A** part. pass. di *consolidare*; anche agg. *1* Nei sign. del v.: *terreno c.* *2* (*econ.*) *Debito c.*, debito pubblico a lunga o indeterminata scadenza. *3* Che è ottenuto dalla fusione di più elementi | *Bilancio c.*, relativo a più aziende dello stesso gruppo. **B** s. m. ● Debito consolidato: *c. redimibile, irredimibile.*

consolidatóre [vc. dotta, lat. tardo *consolidatōre(m)*, da *consolidāre* 'consolidare'] agg.; anche s. m. (f. *-trice*) ● Che, chi consolida.

consolidazióne [vc. dotta, lat. tardo *consolidatiōne(m)*, da *consolidāre* 'consolidare'] s. f. *1* Consolidamento. *2* (*dir.*) Estinzione di un diritto accessorio o derivato per riunione con quello principale. *3* (*econ.*) Operazione finanziaria con cui un debito pubblico a breve scadenza viene convertito in un debito a lunga o indeterminata scadenza. *4* (*med.*) Riunione delle labbra di una ferita, dei frammenti di una frattura.

consolista [da *console* (*2*)] s. m. e f. (pl. m. *-i*) ● Tecnico addetto alla console di un'apparecchiatura tecnica, spec. di un elaboratore elettronico.

consòlle s. f. ● Adattamento di *console* (*2*) (V.).

consólo (**1**) [da *consolare* (*1*)] s. m. *1* †Consolazione, conforto. *2* (*merid.*) Banchetto che viene offerto da parenti e da amici alla famiglia di un defunto nei primi giorni di lutto.

†**cónsolo** (**2**) ● V. *console* (*1*).

†**consomigliàre** ● V. †*consimigliare*.

†**consommàre** ● V. *consumare* (*2*).

consommé /fr. kɔ̃sɔ'me/ [fr., 'consumato'] s. m. inv. ● Brodo ristretto di carne di manzo o di pollo.

consonànte [vc. dotta, lat. *consonănte(m)*, part. pres. di *consonāre* 'consonare'] **A** agg. ● (*raro, lett.*) Che è in accordo, in armonia. || **consonanteménte**, avv. (*raro*) In modo consonante. **B** s. f. ● (*ling.*) Suono nella cui articolazione l'aria espirata incontra un ostacolo | Segno grafico corrispondente a tale suono.

consonàntico agg. (pl. m. *-ci*) ● (*ling.*) Di, relativo a, consonante | *Scrittura consonantica*, quella che rappresenta con segni solo i suoni delle consonanti usate in una lingua.

consonantìsmo s. m. ● (*ling.*) Il sistema consonantico di una lingua.

consonantizzazióne s. f. ● (*ling.*) Trasformazione di una vocale in una semivocale o consonante.

consonànza [vc. dotta, lat. *consonăntia(m)*, da *consonāre* 'consonare'] s. f. *1* (*mus.*) Combinazione gradevole all'orecchio di accordi e intervalli | *Canto in c.*, contrappunto. *2* Armonia di voci, di suoni: c ... *di diverse voci concordi* (L. DE' MEDICI). *3* (*fig.*) Conformità, corrispondenza: *c. di opinioni, di idee.* *4* (*ling.*) Uniformità, somiglianza nella terminazione di parole vicine | Uguaglianza delle consonanti nel suono finale (cioè dopo la vocale accentata compresa) di due parole o di due versi: *tra gli scogli parlotta la maretta* (MONTALE).

consonàre [vc. dotta, lat. *consonāre*, comp. di *cŭm* 'con' e *sonāre* 'suonare'] v. intr. (*io consuòno*; la *o* dittonga in *uo* se tonica; aus. *avere*) *1* (*raro*) Suonare insieme, detto di voci, strumenti, e sim. *2* (*fig., lett.*) Essere in accordo, in armonia.

cònsono [vc. dotta, lat. *cŏnsonu(m)*. V. *consonare*] agg. ● Corrispondente, conforme, concordante: *risultato c. alle premesse*; *tenore di vita c. alla propria posizione.*

consorèlla [comp. di *con-* e *sorella*] **A** s. f. *1* (*relig.*) Donna appartenente allo stesso ordine religioso o confraternita, rispetto ad altra sorella. *2* Ciascuna filiale rispetto alle altre della medesima azienda | Ciascuna società rispetto alle altre del medesimo gruppo. **B** agg. solo f. ● (*fig.*) Affine per carattere, stirpe, e sim.: *nazione c.* | (*est.*) Consociata: *società c.*

consòrte o †**consòrto** [vc. dotta, lat. *consŏrte(m)* 'che ha la stessa parte', comp. di *cŭm* 'con' e *sŏrs*, genit. *sŏrtis* 'sorte, parte'] **A** agg.; anche s. m. e f. *1* (*lett.*) Che, chi divide con altri la stessa sorte, condizione, vita e sim.: *ei ne si fece nel dolor c.* (CARDUCCI). *2* (*lett.*) Che, chi è unito ad altri da rapporti di amicizia, parentela, sangue, e sim. **B** s. m. e f. ● Ciascuna delle due persone unite fra loro in matrimonio: *il mio c.*; *la sua c.* SIN. Coniuge. **C** agg. ● *Principe c.*, il marito della regina che non gode dei diritti sovrani e (*fig., scherz.*) il marito di una donna molto importante o famosa, considerato in posizione d'inferiorità rispetto a lei. **D** s. m. *1* (*dir.*) In un processo civile, soggetto che si trova in una data posizione processuale insieme ad altri: *c. di lite, di causa.* *2* (*al pl.*) †Parenti: *gli uomini della famiglia non accusavano i loro consorti per non cadere nelle pene* (COMPAGNI).

consorterìa [da *consorte*] s. f. *1* (*st.*) Nel mondo medioevale, associazione, normalmente a base familiare, per la tutela di interessi comuni. *2* (*spreg.*) Parte politica accusata di curare troppo gli interessi dei propri aderenti. SIN. Camarilla, camorra. *3* †Compagnia. *4* †Affinità, parentela.

consortile agg. ● Consorziale: *fondo c.*

†**consòrto** ● V. *consorte*.

consorziàle agg. *1* Di consorzio: *interessi consorziali.* *2* (*raro*) †Che riguarda il consorte. || **consorzialménte**, avv. (*raro*) Tramite un consorzio.

consorziàre **A** v. tr. (*io consòrzio*) ● Raggruppare in consorzio: *c. gli imprenditori.* **B** v. rifl. ● Unirsi in consorzio: *le imprese del settore hanno deciso di consorziarsi.*

consorziàto part. pass. di *consorziare*; anche agg. ● Nei sign. del v.: *aziende consorziate.*

consòrzio [vc. dotta, lat. *consŏrtiu(m)*, da *cŏnsors*, genit. *consŏrtis*. V. *consorte*] s. m. *1* (*lett.*) Società: *c. civile, umano* | (*raro*) *C. coniugale*, matrimonio. *2* (*dir.*) Accordo fra imprenditori che istituiscono un'organizzazione comune per la disciplina o per lo svolgimento di determinate fasi della loro attività economica | *C. agrario*, ente costituito fra imprenditori agricoli al fine di contribuire all'incremento e al miglioramento della produzione. *3* (*est.*) Compagnia: *c. di amici, di studenti.*

consostanziàle e *deriv.* ● V. *consustanziale* e *deriv.*

consovranità [comp. di *con-* e *sovranità*] s. f. ● Sovranità esercitata da uno Stato assieme ad un altro.

†**conspàrgere** e *deriv.* ● V. *cospargere* e *deriv.*

conspecìfico [comp. di *con-* e *specifico*] agg. (pl. m. *-ci*) ● (*biol.*) Detto di pianta o animale appartenente alla stessa specie a cui appartiene un altro.

†**conspèrgere** e *deriv.* ● V. *cospergere* e *deriv.*

conspètto ● V. *cospetto*.

†**conspìcere** o †**cospìcere** [vc. dotta, lat. *conspĭcere*, comp. di *cŭm* 'con' e *spĕcere* 'guardare'] v. tr. e intr. (oggi dif. usato solo all'inf. pres.) *1* (*raro, lett.*) Vedere tutto all'intorno | Fermare lo sguardo. *2* (*raro, lett.*) Vedere, fissare.

†**conspìcuo** ● V. *cospicuo*.

†**conspiràre** e *deriv.* ● V. *cospirare* e *deriv.*

†**constànzia** ● V. *costanza*.

constàre o †**costàre** nel sign. A 1. [vc. dotta, lat. *constāre*, comp. di *cŭm* 'con' e *stāre* 'stare'] **A** v. intr. (*io cònsto*; aus. *essere*) *1* Essere costituito, composto di q.c.: *c. di fogli, di volumi, di parti.* *2* †Stare insieme. **B** v. intr. impers. (aus. *essere*) ● Risultare, essere noto: *mi consta che si siano fatti rimproverare più volte* | (*dir.*) *Non consta*, detto di fatto non dimostrato in modo convincente.

constatàre o **costatàre** [fr. *constater*, dal lat. *cōnstat*, terza pers. indic. pres. di *constāre* 'constare'] v. tr. (*io constàto* o *cònstato*) ● Accertare la verità di q.c. basandosi su prove, dimostrazioni, documenti e sim.: *c. un fatto*; *si è constatata la sua inadempienza contrattuale.* SIN. Appurare, assodare, verificare.

constatazióne o **costatazióne** [fr. *constatation*, da *constater* 'constatare'] s. f. ● Atto, effetto del constatare: *fare una c.*; *la c. della propria ignoranza*; *le constatazioni di legge.*

constellàre e *deriv.* ● V. *costellare* e *deriv.*

constituìre e *deriv.* ● V. *costituire* e *deriv.*

†**constrìngere** e *deriv.* ● V. *costringere* e *deriv.*

†**construìre** e *deriv.* ● V. *costruire* e *deriv.*

†**consubrìno** ● V. *consobrino*.

†**consuetàre** v. intr. ● (*raro*) Avere per consueto.

consuèto [vc. dotta, lat. *consuētu(m)*, part. pass. di *consuēscere* 'abituarsi', comp. di *cŭm* 'con' e *suēscere* 'abituarsi', da una radice indeur. che significa 'esser caratteristico, esser solito'] **A** agg. *1* Solito, abituale, che avviene secondo un uso costante: *lavoro c.*; *all'ora consueta*; *occupazioni consuete*; *agisce con la consueta freddezza.* *2* (*raro*) Avvezzo: *persona consueta a q.c.* || **consuetaménte**, avv. Secondo un uso costante. **B** s. m. solo sing. ● Maniera solita: *secondo il c.*; *sono arrivato più tardi del c.* | *Di, per c.*, abitualmente.

consuetudinàrio [vc. dotta, lat. *consuetudināriu(m)*, da *consuetūdo*, genit. *consuetūdinis* 'consuetudine'] **A** agg. *1* Che si attiene alla consuetudine: *linguaggio, temperamento c.* *2* Che ha origine nella consuetudine: *diritto c.*; *norma consuetudinaria.* **B** s. m. (f. *-a*) ● Chi si attiene e si adegua alle consuetudini.

consuetùdine [vc. dotta, lat. *consuetūdine(m)*, da *consuētus* 'consueto'] s. f. *1* Abitudine, uso costante di fare q.c.: *è sua c. arrivare in anticipo*; *la buona c. a tempo vince ed emenda ogni appetito non ragionevole* (ALBERTI). *2* Usanza, costume: *secondo la c.*; *le antiche consuetudini del luogo.* *3* Rito consueto, tradizione propria di un ordine religioso o di una chiesa. *4* (*dir.*) Fonte di diritto consistente nella ripetizione generale e costante di dati comportamenti col convincimento che essi rispondano a un obbligo giuridico. *5* (*lett.*) Dimestichezza: *avere c. coi classici.*

consulènte [vc. dotta, lat. *consulĕnte(m)*, part. pres. di *consŭlere* 'riflettere, provvedere'. V. *consultare*] **A** agg. ● Che dà pareri, consigli: *avvocato c.* **B** s. m. e f. ● Professionista o persona di provata capacità tecnica a cui ci si rivolge per avere informazioni e consigli nella materia di sua competenza: *rivolgersi a un c. di questioni legali*; *c. tecnico, finanziario, tributario.*

consulènza s. f. ● Prestazione professionale di un consulente: *c. legale, medica, tecnica*; *chiedere una c.*; *ufficio di c.*

consùlta [da *consultare*] s. f. *1* Consiglio di persone riunite allo scopo di decidere su determinate questioni | (*raro*) Luogo dove si tiene una consulta | *La Consulta*, (*per anton.*) la Corte Costituzionale, così detta dal nome del palazzo che ne è la sede. *2* Assemblea popolare con funzioni legislative o consultive | *C. nazionale italiana*, di tipo parlamentare, che ha svolto le proprie funzioni, meramente consultive, fra il 1945 e il 1946. *3* (*raro*) Consultazione.

consultàre [vc. dotta, lat. *consultāre*, da *consŭltus*. V. *consulto*] **A** v. tr. *1* Interrogare per avere un consiglio, un parere, un'informazione e sim., spec. con un colloquio prolungato e con riferimento a questioni importanti o a complessi problemi tecnici: *c. un medico, un avvocato, una chiromante, un'assemblea* | *C. l'oracolo*, (*fig., scherz.*) ricorrere per un consiglio a una persona autorevole, o che si ritiene tale | (*est.*) *C. la propria coscienza*, esaminare le proprie responsabilità morali | (*est.*) *C. lo specchio*, specchiarsi. *2* (*est.*) Esaminare con cura, spec. riferito a scritti: *c. un vocabolario, un catalogo, un orario ferroviario* | (*est., raro, lett.*) Esaminare con cura: *eleggere un numero di gentiluomini ... coi quali consultasse ogni cosa* (CASTIGLIONE). **B** v. intr. (aus. *avere*) *1* (*raro, lett.*) Chiedere consigli, informazioni e sim.: *c. tra sé*; *c. con un medico.* *2* (*raro, lett.*) Esaminare, discutere: *fece convenire li teologi ... per c. delli dogmi necessari alla fede cristiana* (SARPI). *3* †Decidere, deliberare. **C** v. intr. pron. ● Chiedere consigli, informazioni, pareri e sim.: *consultarsi con un amico, con un esperto.* SIN. Consigliarsi. **D** v. rifl. rec. ● Comunicarsi, scambiarsi, consigli, informazioni e sim.: *prima del verdetto i giurati si consultarono a lungo.*

consultatóre [vc. dotta, lat. *consultatōre(m)*, da *consultāre* 'consultare'] s. m. (f. *-trice*) ● Chi consulta.

consultazióne [vc. dotta, lat. *consultatiōne(m)*, da *consultāre* 'consultare'] s. f. *1* Atto, modo, effetto del consultare e del consultarsi | *C. popolare*, chiamata del popolo a esprimere la volontà su questioni di rilevante interesse pubblico. *2* (*spec. al pl.*) Colloqui tra personalità politiche di vari partiti e il Capo dello Stato o chi da lui incaricato di formare un nuovo Governo, al fine di risolvere una crisi governativa. *3* Visita al paziente effettuata nell'ambulatorio o nello studio di un medico. *4* *Opere di c.*, in una biblioteca, libri ritenuti fondamentali per una data disciplina, posti in apposita sezione per essere consultati dal pubblico senza possibilità di prenderle in prestito | *Sala di c.*, in una biblioteca, locale diviso dalla sala di lettura, dove sono poste le opere di consultazione.

consultìvo [dal lat. *consŭltus*, part. pass. di *consŭlere*. V. *consultare*] **agg.** • Che esprime pareri, consigli, e sim., ma non ha la facoltà di decidere: *organi consultivi*.

consùlto [vc. dotta, lat. *consŭltu(m)*, da *consŭlere*. V. *consultare*] **s. m.** *1* Visita collegiale di più medici per definire la diagnosi e la terapia in caso di malattie gravi e complicate: *chiedere un c.*; *chiamare a c.*; *riunirsi a c.* | Dichiarazione scritta conseguente a tale visita. *2* (*dir.*) Consulenza: *chiedere un c.*

consultóre [vc. dotta, lat. *consultōre(m)*, da *consŭltum*. V. *consulto*] **s. m.** (f. *-trice*) *1* Chi è chiamato a dare consigli o pareri su argomenti di sua competenza. *2* Chi fa parte di una consulta. *3* Esperto, anche laico, chiamato per dare pareri in materie specialistiche nelle Congregazioni della Curia Romana e nel Concilio.

consultòrio A agg. • (*raro*) Di consultore, di consulto. **B s. m.** • Ente, associazione, centro e sim. che fornisce consulenze tecniche su problemi medico-sociali: *c. antitubercolare, familiare* | (*est.*) Luogo in cui tale ente ha sede: *andare al c.*; *la riunione si terrà nei locali del c.*

consùma [da *consumare* (*1*)] **s. f.** • (*tosc.*) Consumazione, spec. nelle loc. *andare alla c.*, andare in rovina; *avere la c. in corpo*, essere insaziabile.

consumàbile [vc. dotta, lat. *consummābile(m)* 'capace di compimento', da *consummāre*. V. *consumare* (*2*)] **agg.** *1* Che si può consumare. *2* (*dir.*) Detto di cosa il cui uso normale determina la sua distruzione economica o fisica.

consumàre (**1**) [lat. *consūmere* (V. *consumere*), cui si sovrappose *consummāre* (V. *consumare* (*2*))] **A v. tr.** *1* Ridurre in cattivo stato con l'uso continuo: *c. gli abiti, le scarpe, i libri, gli strumenti* | (*est.*) Distruggere, sciupare, sprecare (*anche fig.*): *c. la propria salute con una vita disordinata*; *c. il tempo inutilmente*. *2* Adoperare, usare, esaurendo in tutto o in parte un materiale, una sostanza, un bene, un oggetto e sim. (*anche fig.*): *c. l'acqua, la luce, il gas*; *questa età giovenil ... / tutta in diletto consumar si deve* (BOIARDO) | *C. l'olio, la candela*, (*fig.*) vegliare lavorando o studiando | Mangiare o bere (*anche ass.*): *c. i pasti in casa*; *non si può rimanere in questo locale senza c.* | *C. il pane e il vino*, comunicarsi durante la Messa, detto spec. del celebrante. *3* Far ridurre per evaporazione, causata dal calore, un liquido. **B v. intr. pron.** • Logorarsi, struggersi (*anche fig.*): *la brace si consuma*; *consumarsi di dolore, rabbia, amore per qc.*

consumàre (**2**) o †**consommàre** [lat. *consummāre*, da *summa* 'punto supremo, somma (V.)'] **v. tr.** • (*lett.*) Compiere, portare a fine: *c. un delitto*; *il sacrificio della patria nostra è consumato* (FOSCOLO) | *C. il matrimonio*, congiungersi carnalmente, detto di coniugi.

†**consumatìvo** [da *consumare* (*1*)] **agg.** • Atto a consumare.

consumàto (**1**) **part. pass.** di *consumare* (*1*); anche **agg.** • Nei sign. del v.

consumàto (**2**) **part. pass.** di *consumare* (*2*); anche **agg.** *1* Nei sign. del v. *2* Esperto, pratico: *un commerciante c. negli affari* | *Avere un'esperienza consumata di q.c.*, molto approfondita.

consumàto (**3**) [calco sul fr. *consommé* (V.)] **s. m.** • (*raro, lett.*) Brodo ristretto.

consumatóre A agg. (f. *-trice*) • (*raro*) Che consuma o distrugge: *fiamme consumatrici*. **B s. m.** • Chi usufruisce di beni o servizi per soddisfare i propri bisogni: *la categoria dei consumatori* | Cliente di un ristorante, di un bar, e sim.

consumatorismo [da *consumatore*, sul modello dell'ingl. *consumerism*] **s. m.** • Consumerismo.

consumazióne (**1**) [da *consumare* (*1*), sul modello del fr. *consommation*] **s. f.** *1* Atto, effetto del consumare. *2* Ciò che si mangia o si beve in un pubblico esercizio: *c. a prezzo fisso, alla carta*; *ordinare, pagare, offrire una c.* *3* (*relig.*) *C. della Messa*, la comunione del sacerdote.

consumazióne (**2**) [da *consumare* (*2*)] **s. f.** *1* Compimento, esecuzione: *la c. di un sacrificio, di un reato* | Esaurimento, fine | (*raro*) *La c. del mondo, dei secoli*, la fine del mondo. *2* (*dir.*) Realizzazione completa di tutti gli elementi necessari per l'esistenza di un reato.

consumer benefit /*ingl.* kən'sju:mə 'benefit/ [loc. ingl., comp. di *consumer* 'consumatore' e *benefit* 'beneficio'] **loc. sost. m. inv.** (pl. ingl. *consumer benefits*) • Nel marketing, insieme di requisiti vantaggiosi che un consumatore attribuisce a un determinato prodotto e che costituisce la motivazione determinante per l'acquisto.

consùmere [vc. dotta, lat. *consūmere*, comp. di *cŭm* 'con' e *sūmere* 'prendere, usare interamente'] **A v. tr.** (dif. usato solo nella prima e terza pers. sing. e nella terza pers. pl. del **pass. rem.** *consùnsi, consùnse, consùnsero*, nel **part. pass.** *consùnto* e nei tempi composti). • (*raro, lett.*) Consumare, logorare (*anche fig.*): *a guisa del parlar di quella vaga / ch'amor consunse come sol vapori* (DANTE *Par.* XII, 14-15). **B v. intr. pron.** • (*raro, lett.*) Consumarsi, logorarsi (*anche fig.*).

consumerismo [dall'ingl. d'America *consumerism*, da *consumer* 'consumatore'] **s. m.** • Tendenza dei consumatori a organizzarsi in associazioni, allo scopo di essere tutelati negli acquisti e di sensibilizzare le autorità sui problemi dei consumi. **SIN.** Consumatorismo.

consumìsmo [da *consumo*] **s. m.** • Spinta, tipica delle economie caratterizzate da un alto livello di benessere, e rafforzata dalle tecniche pubblicitarie, a un uso di beni anche non necessari, i quali vengono proposti e assunti come simbolo di prestigio sociale.

consumìsta s. m. e f. (pl. m. *-i*) • Chi dà prova di consumismo.

consumìstico agg. (pl. m. *-ci*) • Del consumismo e dei consumisti.

consùmo [da *consumare* (*1*)] **s. m.** *1* Atto, modo, effetto del consumare o del consumarsi, spec. con riferimento ai bisogni ordinari della vita: *fare molto c. di zucchero, di carne, di legna* | *Pagare a c.*, secondo quello che si è consumato | *A uso e c. di qc.*, a favore di qc. *2* Destinazione finale, al termine del processo produttivo, di beni o servizi al soddisfacimento dei bisogni umani | *Società dei consumi*, basata su una economia consumistica e sul riconoscimento dei consumi quali elemento di prestigio sociale | *Bene di c.*, atto a soddisfare un bisogno in modo diretto e immediato | *Bene di c. durevole*, che non si esaurisce in una sola utilizzazione, come per es. indumenti, elettrodomestici e sim. | Nella loc. *di c.*, detto di spettacolo, letteratura e sim. intesi a servire come mezzo di svago, senza proporsi fini artistici: *trasmissione, film, libro, di c.* *3* Quantitativo di fluido motore che genera l'unità di potenza in una macchina termica | *C. di un autoveicolo*, la quantità di carburante, in litri, che l'autoveicolo consuma per percorrere 100 km o il numero di km che percorre con 1 litro di carburante.

consuntìvo (**1**) [da *consunto*] **agg.** • Che consuma.

consuntìvo (**2**) [fr. *consomptif*. V. *consuntivo* (*1*)] **A agg.** • (*econ.*) Che si riferisce a cicli od operazioni già concluse: *bilancio, rendiconto c.* **B s. m.** • Rendiconto di un'attività alla fine della stessa: *stendere il c.*

consùnto part. pass. di *consumere*; anche **agg.** *1* Nei sign. del v. *2* Consumato, in cattive condizioni: *vestito ormai c.*

consunzióne [vc. dotta, lat. *consumptiōne(m)*, da *consumptus*, part. pass. di *consūmere* 'consumare'] **s. f.** *1* (*raro, lett.*) Consumazione, distruzione: *la c. serale / del cielo* (UNGARETTI). *2* (*med.*) Lento deperimento con affievolimento di tutte le funzioni organiche: *morire di c.*; *andare in c.*

consuòcero [lat. *consŏceru(m)*, nom. *cōnsocer*, comp. di *cŭm* 'con' e *sŏcer* 'suocero'] **s. m.** (f. *-a*) • Genitore di uno dei coniugi rispetto a quello dell'altro coniuge.

†**consùrgere** [vc. dotta, lat. *consŭrgere*, comp. di *cŭm* 'con' e *sŭrgere* 'sorgere'] **v. intr.** • (*lett.*) Sorgere, nascere: *lo più bello ramo che de la radice razionale consurga si è la discrezione* (DANTE).

consussistènte [comp. di *con-* e *sussistente*] **agg.** • (*raro*) Che sussiste insieme con altri.

consussistènza [comp. di *con-* e *sussistenza*] **s. f.** • (*raro*) Il sussistere insieme.

consustanziàle o (*raro*) **consostanziàle** [vc. dotta, lat. tardo *consubstantiāle(m)*, comp. di *cŭm* 'con' e *substāntia* 'sostanza'] **agg.** • Che ha identica natura e sostanza, detto delle tre persone della Trinità.

consustanzialità o (*raro*) **consostanzialità** [vc. dotta, lat. tardo *consubstantialitāte(m)*, da *consubstantiālis* 'consostanziale'] **s. f.** • Nella teologia cristiana antica, unità e identità della natura e della sostanza delle tre persone della Trinità, le quali si mantengono, tuttavia, sempre distinte.

consustanziazióne o **consostanziazióne** [vc. dotta, lat. eccl. *consubstantiatiōne(m)* 'che è con (*cŭm*: *con-* nei comp.) la sostanzia (*substăntia*)', contrapposto alla *transubstantiatiōne(m)* 'transustanziazione'] **s. f.** • Dottrina della chiesa luterana per cui, nell'Eucaristia, il pane e il vino non divengono sostanza del corpo e del sangue del Cristo, ma coesistono con essi senza mutare natura.

cónta [da *contare*] **s. f.** • Conteggio per stabilire le varie parti o per assegnare i punti nei giochi dei bambini: *fare la c.*

contabàlle [comp. di *conta(re)* e il pl. di *balla*] **s. m. e f. inv.** • (*pop.*) Chi racconta abitualmente balle, bugie.

contàbile [fr. *comptable*, da *compter* 'contare'] **A agg.** *1* Che si riferisce alla contabilità: *dati, operazioni contabili* | Detto di lettera contenente accrediti o addebiti. *2* (*org. az.*) Detto di macchina, derivata dalle macchine da calcolo, che permette la meccanizzazione delle scritture contabili. || **contabilménte**, avv. • In modo contabile, dal punto di vista contabile. **B s. m. e f.** • Chi tiene i conti. **SIN.** Ragioniere. **C s. m.** • Sottufficiale della Marina militare consegnatario di determinato materiale.

contabilità [fr. *comptabilité*, da *compter* 'contare'] **s. f.** *1* Parte della ragioneria che si interessa della tenuta dei conti | *C. nazionale*, rappresentazione schematica dell'insieme delle attività economiche di una nazione. *2* Insieme delle operazioni contabili riguardanti una determinata attività | *C. a ricalco*, in cui la registrazione dei dati è compiuta contemporaneamente, per mezzo di carta carbone, sul giornale e sulla scheda di mastro | *C. industriale*, complesso di rilevazioni compiute per la determinazione dei costi | *C. nera*, non ufficiale, tenuta spec. per ragioni fiscali. *3* (*est.*) Insieme dei libri e dei documenti su cui vengono annotate le operazioni e i dati contabili | (*est.*) Ufficio che cura la tenuta dei conti.

contabilizzàre [da *contabile*] **v. tr.** • Computare, conteggiare, registrare in apposite scritture contabili.

contabilizzazióne s. f. • Atto, effetto del contabilizzare.

contachilòmetri • V. *contakilometri*. ➡ **ILL.** p. 1750 TRASPORTI.

contacólpi [comp. di *conta(re)* e il pl. di *colpo*] **s. m.** • Apparecchio che conta il numero di operazioni compiute da una macchina di distribuzione automatica.

contacòpie [comp. di *conta(re)* e il pl. di *copia* (*1*)] **s. m. inv.** • Dispositivo del ciclostile e delle fotocopiatrici che consente di prefissare il numero di copie volute.

contadinàme [da *contadino*] **s. m.** • (*spreg.*) Insieme di contadini.

contadinànza s. f. • (*raro*) Condizione, stato di contadino.

contadinàta s. f. • (*spreg.*) Villanata.

contadinésco agg. (pl. m. *-schi*) *1* Di, da contadino: *danze contadinesche* | *Alla contadinesca*, (*ell.*) secondo l'uso dei contadini. *2* (*spreg.*) Grossolano, villano: *facezie contadinesche*. || **contadinescaménte**, avv. Alla maniera dei contadini.

contadìno [da *contado*] **A s. m.** (f. *-a*) *1* Lavoratore della terra: *gruppo di contadini al lavoro*. **SIN.** Agricoltore. *2* (*spreg.*) Persona dai modi rozzi, grossolani e villani. (V. nota d'uso STEREOTIPO) *3* †Abitante del contado. **B agg.** *1* Che proviene dal contado o vi abita: *avere un'origine contadina*; *famiglia contadina*. *2* Contadinesco: *maniere contadine* || **PROV.** Contadini, scarpe grosse e cervelli fini. || **contadinàccio**, pegg. | **contadinèllo**, dim. | **contadinétto**, dim. | **contadinóne**, accr. | **contadinòtto**, dim. | **contadinùccio**, dim.

contàdo [lat. *comitātu(m)* 'accompagnamento,

scorta', poi nel lat. mediev. 'feudo di un conte' (V. *conte*)] s. m. *1* Campagna circostante una città, compresi i poderi, i villaggi, e sim. *2* Popolazione del contado.

contafili [comp. di *conta(re)* e il pl. di *filo*] s. m. ● Strumento ottico usato spec. per contare i fili di un tessuto e, in tipografia o filatelia, per il controllo del retino delle illustrazioni.

contafotogràmmi [comp. di *conta(re)* e il pl. di *fotogramma*] s. m. ● Nelle macchine fotografiche, dispositivo che indica il numero delle foto scattate.

contafròttole [comp. di *conta(re)* e il pl. di *frottola*] s. m. e f. inv. ● Contaballe.

contagiàre A v. tr. (*io contàgio*) *1* Infettare per contagio: *un solo alunno ha contagiato di morbillo tutta la classe*. *2* (*fig.*) Contaminare, corrompere: *c. un ragazzo con discorsi immorali* | Influenzare, suggestionare: *il suo nervosismo ha contagiato tutti*. B v. intr. pron. ● Prendere una malattia infettiva.

contàgio [vc. dotta, lat. *contāgiu(m)*, comp. di *cŭm* 'con' e un deriv. di *tăngere* 'toccare'] s. m. *1* Trasmissione di malattia infettiva per contatto del malato o di suoi indumenti: *c. diretto*; *c. indiretto*; *prevenire, evitare il c.*; *pericolo di c.* *2* (*est.*) La stessa malattia infettiva | Epidemia, pestilenza. *3* (*fig.*) Corruzione, contaminazione.

†**contagióne** [vc. dotta, lat. *contagiōne(m)*, da *contāgium* 'contagio'] s. f. ● Contagio (*anche fig.*): *i semi di tanto pestifera c.* (GUICCIARDINI).

contagiosità [da *contagioso*] s. f. ● Capacità di una malattia infettiva di trasmettersi.

contagióso [vc. dotta, lat. tardo *contagiōsu(m)*, da *contāgium* 'contagio'] A agg. *1* Che si trasmette per contagio: *malattia contagiosa*. SIN. Infettivo. *2* (*fig.*) Che si trasmette facilmente agli altri: *risate prolungate e contagiose* (SVEVO). *3* Che produce contagio: *aria contagiosa* | (*fig.*) Che esercita un influsso sugli altri, spec. negativo: *un esempio che poteva divenire c.* ‖ **contagiosaménte**, avv. B s. m. (f. *-a*) ● Chi è affetto da malattia infettiva.

contagìri [calco sul fr. *comptetours*] s. m. ● (*mecc.*) Strumento che registra il numero di giri compiuto da un organo rotante nell'unità di tempo.

contagócce [calco sul fr. *compte-gouttes*] s. m. inv. ● Dispositivo, spec. pompetta, per somministrare medicamenti liquidi a gocce | *Dare q.c. col c.*, (*fig.*) poco alla volta, facendola desiderare | (*fig.*) *Parlare col c.*, molto lentamente.

container /kon'teiner, *ingl.* kən'teinə*/ [vc. ingl., da *to contain* 'contenere', dal fr. *contenir* (stessa etim. dell'it. *contenere*)] s. m. inv. ● Grande cassone metallico di misure unificate, adatto al trasporto di merci in mezzi di trasporto terrestri, aerei e marittimi. SIN. Contenitore nel sign. B 2.

containerizzazióne /konteineriddzat'tsjone/ s. f. ● Sistemazione in container di merci varie da trasportare.

contakilòmetri o **contachilòmetri** [calco sul fr. *compte-kilomètres*] s. m. ● Congegno per indicare il numero dei kilometri percorsi da un veicolo | Impropriamente, tachimetro.

contamètri [comp. di *contare* e del pl. di *metro*] s. m. ● Dispositivo incorporato nelle cineprese che indica quanto film è stato consumato | Strumento misuratore meccanico, usato spec. nei cantieri, il quale, in base ai giri compiuti dalla ruota su cui è montato, calcola la lunghezza di ponti, edifici, strade e sim. | Dispositivo montato su bobinatrici per misurare la lunghezza del filo, nastro e sim. che deve essere avvolto sulla bobina.

contaminàbile [vc. dotta, lat. tardo *contaminābile(m)*, da *contamināre* 'contaminare'] agg. ● Che si può contaminare.

contaminànte part. pres. di *contaminare*; anche agg. *1* Nei sign. del v. *2* Detto di sostanza che, introdotta nell'acqua, nei cibi e sim., produce effetti nocivi.

contaminàre [vc. dotta, lat. *contamināre*, di etim. incerta] v. tr. (*io contàmino*) *1* Insudiciare introducendo sostanze nocive, producendo guasti e sim.: *c. con rifiuti le acque di un fiume*; *c. un locale con vapori tossici*. SIN. Inquinare. *2* Infettare: *c. una persona*. *3* (*fig.*) Corrompere moralmente, guastare: *c. la mente di qc. con pensieri malvagi* | Disonorare, offendere, violare: *c. il buon nome di qc.* *4* (*letter.*) Compiere una contaminazione. *5* (*fig.*) †Sedurre | †Subornare.

contaminatóre [vc. dotta, lat. tardo *contaminatōre(m)*, da *contamināre* 'contaminare'] s. m.; anche agg. (f. *-trice*) ● Chi, che contamina.

contaminazióne [vc. dotta, lat. tardo *contaminatiōne(m)*, da *contamināre* 'contaminare'] s. f. *1* Atto, effetto del contaminare: *c. dell'acqua di un pozzo* | *C. radioattiva*, insieme degli effetti nocivi provocati dalla radioattività sugli esseri viventi. *2* (*raro, lett.*) Infezione. *3* (*fig.*) Corruzione, offesa: *la c. dell'innocenza altrui*. *4* (*letter.*) Composizione di un'opera letteraria ottenuta fondendo insieme elementi di varia provenienza. *5* (*ling.*) Azione di un elemento su un altro a cui si trova associato.

contaminùti [comp. di *conta(re)* e del pl. di *minuto* (*2*)] s. m. ● Dispositivo a orologeria per il conteggio dei minuti: è dotato di suoneria che entra in funzione al termine della carica prefissata.

contamonéte [comp. di *conta(re)* e il pl. di *moneta*] s. m. inv. ● Apparecchio per contare rapidamente le monete.

contànte [part. pres. di *contare* 'valere'] A agg. ● Detto di denaro in monete o biglietti bancari: *somma c.* | (*fig.*) *Prendere q.c. per moneta c.*, accettarla subito per vera. B s. m. ● (*spec. al pl.*) Somma composta di monete o biglietti di banca: *non avere c. in tasca* | *Acquistare a, per contanti*, con pagamento immediato.

†**contànza** [da *contare* 'rendere noto (*cognito, conto*)'] s. f. ● (*raro*) Conoscenza.

contapàssi [calco sul fr. *compte-pas*] s. m. ● Pedometro.

contàre [lat. *computāre*, comp. di *cŭm* 'con' e *putāre* 'calcolare'] A v. tr. (*io cónto*; part. pass. *contàto*, †*cónto* (*2*)) *1* Disporre secondo un sistema di numerazione: *c. gli alunni presenti* | *C. i giorni, le ore*, (*fig.*) attendere con impazienza | *Si contano sulle dita, sulla punta delle dita*, (*fig.*) detto di persone o cose numericamente scarse | *C. le travi del soffitto, i travicelli*, (*fig.*) stentare ad addormentarsi, oziare | †*C. i correnti*, (*fig.*) contare i travicelli | *C. le pecore*, (*fig.*) stentare ad addormentarsi | *C. un pugile*, sottoporlo a conteggio. *2* (*fig.*) Concedere o distribuire con eccessiva parsimonia: *c. il pane in bocca a qc.*; *c. i divertimenti*. *3* Mettere in conto, considerare: *sono già molti, senza c. quelli che debbono ancora arrivare*. *4* Riproporsi, prevedere: *contava di fare una lunga vacanza*; *conto di venire senz'altro*. *5* Annoverare, avere: *un monumento che conta molti secoli*; *c. molti medici in famiglia*. *6* (*lett., dial.*) Raccontare, riferire: *ci ha contato una lunga storia* | (*fam.*) *Contarle grosse*, dire bugie. *7* (*raro*) Reputare, stimare, valutare: *c. qc. una persona onesta*; *c. q.c. poche lire*. *8* (*raro*) Imputare: *c. q.c. a colpa, a peccato*. *9* †Descrivere: *c. un luogo*. B v. intr. (aus. *avere*) *1* Disporre numeri secondo un sistema di numerazione, spec. costituendo serie brevi e semplici: *c. ancora sulle dita*; *c. fino a dieci* | Recitare una serie di numeri | (*raro*) Fare i conti. *2* Valere, avere più o meno importanza: *c. più di tutti*; *ragioni che non contano nulla*; *alla prima del film c'era tutta la gente che conta* | *C. come il due di coppe*, non avere nessuna influenza o importanza. *3* Fare assegnamento: *c. su qc. per un aiuto*; *c. sulla buona fede altrui*. C v. rifl. ● Valutare sé stesso come dotato di una determinata funzione, oppure come membro di un determinato gruppo o categoria, e sim.: *contarsi tra i migliori*.

contarìghe [comp. di *conta(re)* e il pl. di *riga*] s. m. inv. ● Nella macchina da scrivere, piccola barra, posta dietro il rullo, che permette, a foglio inserito, di contare le righe.

contascàtti [comp. dell'imperat. di *contare* e del pl. di *scatto*] s. m. ● Dispositivo installato a richiesta presso l'utente per la documentazione del traffico telefonico.

contasecóndi [comp. di *conta(re)* e il pl. di *secondo*] s. m. ● Tipo di orologio destinato alla misurazione di intervalli di tempo anche molto piccoli.

contastòrie [comp. di *conta(re)* e il pl. di *storia*] s. m. e f. inv. ● Chi racconta abitualmente storie inventate, bugie.

contàta s. f. *1* Atto del contare, spec. sbrigativo: *dare una rapida c. al denaro*. *2* †Narrazione. ‖ **contatina**, dim.

contàto part. pass. di *contare*; anche agg. *1* Nei sign. del v. *2* Che è in quantità minima o in numero limitato: *viaggiare col denaro c.* | *Avere il tempo c.*, avere molta fretta | *Avere le ore contate, i giorni contati*, avere pochissimo tempo a disposizione, o anche poco tempo da vivere. *3* †Menzionato.

contatóre [da *contato*; calco sul fr. *compteur*] s. m. (f. *-trice*) *1* (*raro*) Chi conta. *2* Apparecchio atto a calcolare movimenti, operazioni, quantità e sim.: *il c. della luce, del gas* | *C. di Geiger e Müller*, V. *Geiger* | *C. elettronico*, che conta impulsi elettrici ripetuti. *3* Orologio di precisione usato per misurare tempi molto brevi, calcolare velocità e sim. *4* †Pagatore.

contatorìsta s. m. (pl. *-i*) ● Chi cura la manutenzione e la riparazione di contatori.

contattàbile agg. ● Che si può contattare: *una persona facilmente, difficilmente c.*

contattàre [dal fr., dapprima solo parlato, *contacter*, denominale di *contact* 'contatto (3)'] v. tr. ● Prendere contatto con qc., spec. per motivi di lavoro o per affari.

contattista s. m. e f. (pl. m. *-i*) ● Chi sostiene di aver avuto contatti con extraterrestri.

contàtto [vc. dotta, lat. *contăctu(m)*, dal part. pass. di *contĭngere* 'toccare'] s. m. *1* Condizione o stato di due elementi, corpi e sim. che si toccano: *essere, venire a c. con q.c.*; *portare, mettere un foglio a c. con un altro*; *indossare una maglia a c. della pelle* | (*geol.*) Accostamento di due corpi geologici e unità stratigrafiche diverse: *c. normale, anomalo*. *2* Situazione tattica che si verifica quando due o più complessi di forze iniziano i primi combattimenti | *C. balistico*, quando due forze contrapposte si trovano a distanza tale da potersi colpire con il fuoco delle artiglierie. *3* (*fig.*) Relazione, rapporto: *prendere c. con qc.*; *mettere una persona in c. con un'altra*; *non desidero contatti con gente simile* | *Stare a c. con il pubblico*, trattare direttamente con la gente, per lavoro e sim. | *Persona di non facile c.*, difficilmente avvicinabile | (*est.*) Rapporto con persone influenti e importanti, utile in campo politico, sociale e sim.: *è una persona che ha molti contatti*. *4* (*est.*) Persona tramite la quale si stabilisce un rapporto con un certo ambiente: *Mr. Reed è il nostro c. a Londra*. *5* (*elettr.*) Elemento conduttore che stabilisce o interrompe la continuità di un circuito elettrico | Continuità elettrica che si stabilisce alla riunione degli elementi conduttori: *aprire, chiudere il c.* | *Mettere il c.*, chiudere il circuito dell'accensione dell'automobile per avviare il motore, spec. con l'apposita chiave. *6* †Congiungimento sessuale.

contattologìa [comp. dell'ingl. *contact* (*lens*) 'lenti a contatto' e di *-logia*] s. f. ● (*raro*) Branca dell'ottica che si occupa delle lenti a contatto.

contattòlogo s. m. (f. *-a*; pl. m. *-gi*, pop. *-ghi*) ● Specialista in contattologia.

contattóre [da *contatto* nel sign. 5] s. m. ● (*elettr.*) Interruttore a comando elettromagnetico, pneumatico o meccanico, la cui posizione di riposo corrisponde all'apertura del circuito, adatto spec. per effettuare un numero elevato di manovre all'ora.

cónte [ant. fr. *conte*, dal lat. *cŏmite(m)* 'compagno'] s. m. (f. *contéssa*) *1* Anticamente, sovrano di una contea: *Amedeo IV, c. di Savoia*. *2* Persona insignita del grado di nobiltà inferiore, e un tempo pari, a quella di marchese: *Camillo Benso, c. di Cavour*. *3* *C. Palatino*, alto dignitario alla corte degli antichi re dei Franchi. ‖ **contino**, dim. (V.).

contèa [fr. *comté*: stessa etim. dell'it. *contado*] s. f. *1* Territorio sottoposto alla giurisdizione di un conte. *2* Titolo di conte. *3* Divisione amministrativa del territorio in Inghilterra, Stati Uniti e altri Paesi anglosassoni.

conteggiaménto s. m. ● (*raro*) Conteggio.

conteggiàre [da *conto* (*1*)] A v. tr. (*io contéggio*) *1* Mettere nel conto: *c. le spese superflue*. *2* Preventivare la lunghezza a stampa di un testo manoscritto o dattiloscritto e spec. il numero di pagine di un'opera. B v. intr. (aus. *avere*) ● Fare di conto: *c. con difficoltà, con abilità*.

contéggio [da *conteggiare*] s. m. *1* Atto, effetto

del conteggiare, spec. per un fine determinato: *c. delle entrate e delle uscite* | *Doppio c.*, errore statistico consistente nel conteggiare un dato già compreso in calcolo precedente | *C. alla rovescia*, particolare procedura per l'avviamento di congegni complessi, spec. lancio di missili spaziali, nella quale si suole designare con tempo zero l'istante dell'avviamento stesso e con numeri negativi decrescenti la serie delle operazioni preparatorie e di controllo; (*fig.*) computo del tempo che manca a un avvenimento molto atteso. *2* Nella lotta e nel pugilato, controllo di dieci secondi fatto dall'arbitro nei confronti del pugile abbattuto o stordito e del lottatore messo con le spalle a terra, trascorsi i quali, senza che vi sia prima la ripresa della competizione, l'avversario è dichiarato vincitore.

contégno [da *contenere*] s. m. *1* Atteggiamento, modo di comportarsi: *c. serio, allegro, superficiale* | (*raro*) *C. scolastico*, condotta scolastica. *2* (*est.*) Atteggiamento dignitoso, serio, o anche altero: *dimostrare c.* | *Stare in c.*, avere un'aria seria e grave | *Assumere un c.*, (*fig.*) cercare di nascondere la timidezza o l'imbarazzo ostentando disinvoltura.

contegnóso agg. • Che ha o mostra contegno: *atteggiamento c.*; *parole contegnose*. || **contegnosétto**, dim. || **contegnosaménte**, avv.

†**contemnèndo** • V. †*contennendo*.

†**contèmnere** • V. †*contennere*.

contemperaménto [vc. dotta, lat. tardo *contemperamĕntu(m)*, da *contemperāre* 'contemperare'] s. m. • Atto, effetto del contemperare.

contemperànza s. f. • Contemperamento.

contemperàre o †**contempràre** [vc. dotta, lat. *contemperāre*, comp. di *cŭm* 'con' e *temperāre* 'temperare'] v. tr. (*io contèmpero* o *contémpero*) *1* Adattare, conformare: *c. il rimedio al danno*. *2* Mitigare, moderare: *c. la durezza del proprio carattere*. *3* (*lett.*) Mescolare in proporzione equilibrata.

contemplàbile [vc. dotta, lat. tardo *contemplābile(m)* da *contemplāri* 'contemplare'] agg. • Che si può contemplare.

contemplaménto s. m. • (*raro*) Contemplazione.

contemplànte A part. pres. di *contemplare*; anche agg. • Nei sign. del v. B s. m. e f. • Chi contempla.

contemplàre [vc. dotta, lat. *contemplāri* 'trarre qualche cosa nel proprio orizzonte', da *tĕmplum* 'spazio o circolo di osservazione che l'augure descriveva col suo lituo per osservare nell'interno di esso il volo degli uccelli'] v. tr. (*io contèmplo* o *contémplo*) *1* Guardare attentamente, spec. con ammirazione, raccoglimento e sim.: *c. il panorama*; *c. un quadro, una scultura*. SIN. Ammirare. *2* Considerare, prevedere, prendere in esame: *non abbiamo contemplato questo inconveniente*; *la legge non contempla questo caso*. *3* Meditare problemi, argomenti o questioni di natura filosofica o religiosa: *c. il mistero della Trinità, dell'Incarnazione*.

†**contemplatìva** s. f. • Facoltà di contemplare.

contemplatìvo [vc. dotta, lat. *contemplatīvu(m)*, da *contemplāri* 'contemplare'] A agg. *1* Di chi è dedito alla contemplazione religiosa, naturale o filosofica | Che si riferisce alla contemplazione come forma di esperienza religiosa | *Vita contemplativa*, dei religiosi di alcuni ordini, in opposizione a quella attiva. *2* (*est.*) Alieno dalla vita pratica: *individuo, spirito c.* || **contemplativaménte**, avv. B s. m. (f. *-a*) • Chi fa vita contemplativa.

contemplatóre [vc. dotta, lat. *contemplatōre(m)*, da *contemplāri* 'contemplare'] agg.; anche s. m. (f. *-trice*) • Che, chi contempla: *filosofo c.*; *c. delle bellezze naturali*.

contemplazióne [vc. dotta, lat. *contemplatiōne(m)*, da *contemplāri* 'contemplare'] s. f. *1* Atto, effetto del contemplare: *stare in c. estatica di qc. o di q.c.* SIN. Ammirazione, estasi. *2* (*raro*) Considerazione | *A, per, c. di*, in considerazione di, con riguardo a. *3* (*relig.*) Nel misticismo cristiano, la visione beatifica, immediata e soprarazionale di Dio e della verità.

contèmpo [comp. di *con-* e *tempo*] vc. • Solo nella loc. avv. *nel c.*, nello stesso tempo, frattanto: *telefonava e nel c. leggeva delle carte*.

contemporaneità s. f. • Qualità di ciò che è contemporaneo: *c. di due avvenimenti*.

contemporàneo [vc. dotta, lat. *contemporāneu(m)*, comp. di *cŭm* 'con' e *tĕmpus*, genit. *tĕmporis* 'tempo'] A agg. *1* Che si verifica nello stesso tempo: *due avvenimenti contemporanei*; *la mia partenza fu contemporanea al suo arrivo* | Che appartiene alla stessa epoca: *gli scrittori contemporanei di Dante*. *2* Che si riferisce, appartiene e sim. all'epoca attuale, al presente: *storia, letteratura contemporanea*; *mostra di pittori contemporanei*. || **contemporaneaménte**, avv. Nel medesimo tempo; nella stessa epoca. B s. m. (f. *-a*) • Chi vive nella stessa epoca di altri: *Shakespeare e i suoi contemporanei* | Chi vive nell'epoca attuale: *i nostri contemporanei*.

†**contempràre** • V. *contemperare*.

†**contèmpto** o †**contènto** (4) [vc. dotta, lat. *contĕmptu(m)*, dal part. pass. di *contĕmnere* 'disprezzare', comp. di *cŭm* 'con' e *tĕmnere* 'disprezzare'] s. m. • (*raro*) Disprezzo.

†**contempzióne** [vc. dotta, lat. *contemptiōne(m)*, da *contĕmptus* 'disprezzo'. V. *contempto*] s. f. • Disprezzo.

†**contenànza** [ant. fr. *contenance*. V. *contenenza*] s. f. • Contegno | Misura.

contendènte [vc. dotta, lat. *contendĕnte(m)*, part. pres. di *contĕndere* 'contendere'] s. m. e f. *1* Avversario in una contesa, una lotta, una gara, e sim.: *mettere pace fra due contendenti*. SIN. Rivale. *2* (*dir.*) Chi chiede q.c. o si difende in una causa civile: *memoria, istanza di un c.*

contèndere [vc. dotta, lat. *contĕndere*, comp. di *cŭm* 'con' e *tĕndere* 'tendere, dirigersi verso'] A v. tr. (coniug. come *tendere*) *1* Cercare di ottenere q.c. comptetendo con altri: *contendere un primato a qc.*; *c. una posizione importante al nemico*. *2* (*raro, lett.*) Vietare, ostacolare: *i monti contendono la vista del panorama*. B v. intr. (aus. *avere*) *1* Competere, gareggiare: *c. in abilità, velocità, con qc.* | Litigare: *c. per futili motivi con qc.* | (*dir.*) *C. in giudizio*, essere parte di una causa civile. *2* †Sforzarsi, affaticarsi. C v. rifl. rec. • Disputarsi.

†**contendévole** agg. • Litigioso. || †**contendevolménte**, avv. Adiratamente.

contenditóre s. m.; anche agg. (f. *-trice*) • (*raro*) Chi, che contende, disputa.

contenènte (1) A part. pres. di *contenere*; anche agg. • Nei sign. del v. B s. m. • Ciò che contiene: *distinguere il c. dal contenuto*.

†**contenènte** (2) [da *contenenza*] s. m. • (*raro*) Contegno.

†**contenènte** (3) • V. †*incontanente*.

†**contenènte** (4) • V. *continente* (2).

contenènza o (*raro*) **continènza** [da *contenere*] s. f. *1* Capacità di contenere: *c. di una bottiglia*. *2* †Contenuto, spec. di opera letteraria. *3* †Contegno, comportamento: *fa' di serbare una c. grave* (LEOPARDI).

contenére [vc. dotta, lat. *continēre*, comp. di *cŭm* 'insieme' e *tenēre* 'tenere'] A v. tr. (coniug. come *tenere*) *1* Racchiudere, accogliere, comprendere (*anche fig.*): *la stanza conteneva mobili di valore*; *una mente che contiene molte nozioni*; *quel che dite, contiene in sé gran persuasione* (BRUNO). *2* Reprimere, trattenere, frenare: *c. la violenza del proprio carattere*; *c. l'ira, lo sdegno*; *c. i propri desideri* | *C. gli attacchi dell'avversario*, impedirne lo sviluppo, arrestarli | Immobilizzare: *c. un animale*. B v. rifl. • Padroneggiarsi, dominarsi: *contenersi a stento*; *non sa contenersi*. C v. intr. pron. *1* Comportarsi: *contenersi da persona civile*. *2* †Tenersi insieme.

conteniménto s. m. *1* Atto, effetto del contenere: *c. della spesa pubblica*. SIN. Limitazione. *2* (*raro*) Contenuto. *3* †Contegno. *4* †Astinenza.

contenitóre [da *contenere*; nel sign. B, in particolare, sul modello dell'ingl. *container* (V.)] A agg.; anche s. m. (f. *-trice*) • (*raro*) Che, chi contiene | *Programma c.*, o (*ass.*) *contenitore*, trasmissione televisiva di intrattenimento condotta gener. da un personaggio noto, nella quale sono inclusi numeri di varietà, telefilm, rubriche sportive, culturali e sim. B s. m. *1* Nell'imballaggio, recipiente usato per confezionare, rivestire e sim.: *c. per liquidi*; *c. in plastica*. *2* Container. *3* (*urban.*) *C. storico*, o (*ass.*) *contenitore*, antico edificio (chiesa, monastero e sim.) o complesso edilizio in stato di completo abbandono, spesso ricco di storia e architettonicamente pregevole, del quale è possibile la destinazione per fini diversi da quelli originari.

†**contennèndo** o †**contemnèndo** [vc. dotta, lat. *contemnĕndu(m)*, gerundio di *contĕmnere* 'contennere'] agg. • Spregevole, vile: *lo essere disarmato, ti fa c.* (MACHIAVELLI).

†**contènnere** o (*raro*) †**contèmnere** [vc. dotta, lat. *contĕmnere* 'disprezzare'] v. tr. • Disprezzare, vilipendere.

contentàbile agg. • Che si può contentare: *carattere c. con poco*. CONTR. Incontentabile.

contentaménto s. m. *1* (*raro*) Atto del contentare o del contentarsi: *avea collocato ogni sua compiacenza nei contentamenti della gola* (NIEVO). *2* †Piacere, soddisfazione | (*raro*) †Consenso, beneplacito.

contentàre [lat. tardo *contentāre*, da *contĕntus* 'contento (1)'] A v. tr. (*io contènto*) • Rendere contento, soddisfacendo i desideri, le richieste e sim.: *c. i figli, i clienti*; *lo contentarono con un piccolo regalo*; *lo hanno sempre contentato in tutti i suoi desideri*. B v. intr. pron. • Essere, restare soddisfatto: *contentarsi di quel che si ha*; *contentarsi con poco* | Limitarsi nei desideri: *è un ragazzo che sa contentarsi*. SIN. Appagarsi || PROV. Chi si contenta gode.

contentatùra s. f. • Disposizione a contentarsi: *essere di facile, di difficile c.*

†**contentévole** agg. • Che contenta. || †**contentevolménte**, avv. In maniera soddisfacente.

contentézza [da *contento* (*1*)] s. f. *1* Stato d'animo di chi è contento: *dimostrare, celare, la propria c.*; *a tutti nascea nell'animo una summa c.* (CASTIGLIONE) | (*est.*) Ciò che rende contento: *quel premio è stata la sua c.* | (*raro*) *Mala c.*, noia, disgusto. SIN. Allegria, felicità. *2* *C. d'amore*, antico ballo campagnolo.

contentìno s. m. *1* Dim. di *contento* (*2*). *2* Cosa che si concede oltre il convenuto per fare contento qc.: *dare, meritare un c.*; *dare q.c. per c.*

contentìvo [dal lat. *contĕntus*, part. pass. di *continēre* 'contenere'] A agg. *1* (*med.*) Detto di apparecchio usato per mantenere la corretta posizione di un organo. *2* †Atto a contenere. *3* †Che contiene. B s. m. • (*med.*) Apparecchio contentivo: *c. erniario*.

contènto (1) [lat. *contĕntu(m)*, part. pass. di *continēre* 'contenere, trattenere entro certi limiti'; *contento* è chi si contiene entro limiti determinati senza volere di più] A agg. *1* Pago, soddisfatto nelle proprie necessità, nei propri desideri, e sim.: *essere c. della propria situazione*; *fare c. qc.*; *e vissero felici e contenti* | *Tenersi c.*, accontentarsi | *Siete contenti che mi sieda con voi?*, permettete che mi sieda con voi? | (*raro*) *Chiamarsi c., per c.*, dichiararsi soddisfatto | (*raro*) *Mal c.*, disgustato. *2* Lieto, allegro: *sono c. di vedervi*; *avere un'espressione contenta* | *C. come una Pasqua*, contentissimo | *Cuor c.*, persona molto pacifica e ottimista || PROV. Cuor contento il ciel l'aiuta. || †**contentaménte**, avv. Con animo contento. B s. m. • (*raro*) Contenuto. || **contentóne**, accr.

contènto (2) [da *contentare*] s. m. *1* (*lett.*) Soddisfazione, contentezza. *2* †Conforto. || **contentìno**, dim. (V.).

†**contènto** (3) [vc. dotta, lat. *contĕntu(m)*, part. pass. di *contĕndere* 'tendere con forza'] agg. • Teso.

†**contènto** (4) • V. †*contempto*.

contenutézza s. f. • (*lett.*) Comportamento contenuto, sobrio. SIN. Discrezione, misura, riservatezza.

contenutìṣmo [da *contenuto* (*1*) nel sign. 2] s. m. • Teoria estetica che attribuisce grande importanza al contenuto dell'opera d'arte | Prevalenza, in un'opera d'arte, del contenuto rispetto ai valori formali.

contenutìsta s. m. e f.; anche agg. (pl. m. *-i*) • Chi, che aderisce ai canoni del contenutismo.

contenutìstico agg. (pl. m. *-ci*) • Che si riferisce al contenuto. || **contenutisticaménte**, avv. Per quanto si riferisce al contenuto.

contenùto (1) A part. pass. di *contenere*; anche agg. • Nei sign. del v. B s. m. *1* Ciò che si trova dentro q.c.: *il c. di un recipiente* | (*fig.*) Argomento, materia trattata: *il c. di una lettera*. *2* In un'opera d'arte, l'immagine, l'idea, la situazione storica o affettiva, antecedente all'elaborazione formale. *3* (*ling.*) Elemento concettuale del segno linguistico. SIN. Significato.

contenùto (2) [propr., part. pass. di *contenersi*] agg. ● Controllato dal punto di vista emotivo, poco espansivo: *carattere c.*; *è molto c. nel parlare* | Sobrio, moderato: *stile c.*; *parole contenute.*

†**contenzióne (1)** [ant. fr. *contençon*, dal lat. *contentiōne(m)*, da *contĕndere* 'contendere'] s. f. *1* (*lett.*) Disputa, contrasto, contesa: *le contenzioni tra teologi nascevano ... dall'affetto immoderato verso la propria setta* (SARPI). *2* Controversia giuridica.

contenzióne (2) [vc. dotta, lat. *contentiōne(m)*, da *continēre* 'trattenere, frenare'] s. f. ● (*med.*) Atto del contenere, del comprimere: *c. di una frattura, di un'ernia* | *Mezzo di c.*, negli ospedali psichiatrici, qualunque mezzo usato per limitare i movimenti di persone agitate: *camicia di c.*

contenziosità s. f. ● Litigiosità.

contenzióso [vc. dotta, lat. *contentiōsu(m)*, da *contĕntio* 'tensione'. V. *contenzione* (*1*)] **A** agg. *1* (*dir.*) Che concerne una controversia giuridica: *procedimento c.* | *Giurisdizione contenziosa*, funzione dell'autorità giudiziaria di dirimere controversie. *2* †Litigioso. ‖ †**contenziosaménte**, avv. Litigiosamente. **B** s. m. *1* (*dir.*) Complesso di organi e procedimenti relativi a controversie giuridiche: *c. amministrativo, civile, tributario.* *2* Ufficio che si occupa delle cause giudiziarie interessanti l'ente o l'impresa presso cui è costituito. *3* (*gener.*) L'insieme delle controversie sussistenti fra due persone o gruppi di persone.

†**contèrere** [vc. dotta, lat. *contĕrere*, comp. di *cŭm* 'con' e *tĕrere* 'strofinare'] v. tr. (dif. usato solo nel gerundio *conterèndo*, nel part. pres. *conterènte*, nel part. pass. *contèrito*) ● (*raro*) Schiacciare, tritare.

conterie [da *conto* (*4*)] s. f. pl. ● Perle di vetro, di vari colori e grossezze, usate per corone del rosario, collane, ricami e altri ornamenti.

conterminàle agg. ● (*raro*) Confinante.

conterminàre [vc. dotta, lat. tardo *conterminãre*. V. *contermine*] v. intr. (*io contèrmino*; aus. *avere*) ● (*raro*) Essere confinante, contiguo.

contèrmine o **contèrmino** [vc. dotta, lat. *contĕrminu(m)*, aggettivo. V. *termine*] agg. ● (*raro*) Confinante, contiguo: *la pianura c. alle lagune* (NIEVO).

conterràneo [vc. dotta. lat. *conterrāneu(m)*, comp. di *cŭm* 'con' e *tĕrra* 'terra'] agg.; anche s. m. (f. *-a*) ● Che, chi è della stessa terra o regione, dello stesso paese, di altri.

contésa [f. sost. di *conteso*] s. f. *1* Atto del contendere | Controversia, polemica: *con lunghissime contese fa forza di dichiararmi pessimo logico* (GALILEI) | Alterco, lite | *Essere, stare, venire, a, in c.*, litigare, sia con parole sia con fatti. *2* Gara, prova di abilità: *una c. di dame del XIX secolo* (D'ANNUNZIO). *3* †Opposizione, resistenza, spec. nelle loc.: *far c.*; *trovare c.*; *senza c.*

contéso part. pass. di *contendere*; anche agg. ● Nei sign. del v.

contéssa [lat. mediev. *comitissa(m)*, f. di *comes* 'conte'] s. f. *1* Sovrana di contea. *2* Moglie di un conte | Figlia di un conte. *3* (*raro*) Moglie di un marchese | Figlia di un marchese. ‖ **contessina**, dim. (V.).

contèssere [vc. dotta, lat. *contĕxere*, comp. di *cŭm* 'con' e *tĕxere* 'intrecciare, tessere'] v. tr. (part. pass. *contèsto*, raro *contessùto*) ● (*lett.*) Intrecciare, intessere: *con mille e mille simili avvolgimenti il grosso canapo contessono* (GALILEI) | (*fig.*) Congiungere, comporre con arte.

contessina s. f. *1* Dim. di *contessa*. *2* Figlia spec. giovane o nubile di un conte.

†**contestàbile (1)** ● V. *conestabile.*

contestàbile (2) [da *contestare*] agg. ● Che si può contestare: *prova c.*

contestàre [vc. dotta, lat. *contestāri* 'aprire un processo producendo i testimoni', comp. di *cŭm* 'con' e *tĕstis* 'testimonio'] **A** v. tr. (*io contèsto*) *1* (*dir.*) Procedere alla comunicazione all'imputato di un fatto costituente reato: *c. l'accusa*; *c. una contravvenzione.* *2* (*fig.*) Negare, contrastare: *c. una prova, un diritto* | Mettere in dubbio, in discussione: *c. un'affermazione, una tesi* | Sottoporre a critica radicale gli esponenti, le istituzioni culturali e sociali di un dato sistema politico, sociale e sim.: *c. il rettore dell'università*; *c. le strutture sindacali.* *3* †Affermare. **B** v. intr. (aus. *avere*) *1* Fare opera di contestazione nel sign. 2. *2* †Fare opposizione, resistenza.

contestatàrio agg.; anche s. m. (f. *-a*) ● Contestatore: *ideologia, prassi contestataria.*

contestatìvo agg. ● Che concerne la contestazione.

contestàto part. pass. di *contestare*; anche agg. ● Nei sign. del v.

contestatóre s. m.; anche agg. (f. *-trice*) *1* Chi, che contesta. *2* Chi, che teorizza e pratica la contestazione globale.

contestatòrio [vc. dotta, lat. *contestatōriu(m)*, da *contestāri*. V. *contestare*] agg. ● Contestativo.

contestazióne [vc. dotta, lat. *contestatiōne(m)*, da *contestāri*. V. *contestare*] s. f. *1* (*dir.*) Atto del contestare: *c. dell'accusa, delle prove addotte dalla controparte* | *C. suppletiva*, comunicazione all'imputato di fatti nuovi atti ad aggravare la sua situazione | *C. della legittimità*, azione diretta a far cadere un apparente stato di figlio legittimo. *2* Atteggiamento di critica e di protesta nei confronti di istituzioni, persone e sim.: *c. studentesca*; *la c. giovanile* | (*per anton.*) Movimento giovanile di protesta nei confronti delle strutture scolastiche sfociato in una radicale opposizione al sistema sociale, economico e politico; si è sviluppato in Europa e in America sul finire degli anni '60: *c. globale*; *gli anni della c.* *3* (*est.*) Contrasto | Contesa, lite: *dopo tre ore di contestazioni la questione fu risolta.* *4* †Attestazione.

contèste [comp. di *con-* e *teste*] s. m. e f.; anche agg. ● Contestimone.

contestimòne [comp. di *con-* e *testimone*] s. m. e f. ● Chi testimonia con altri in tribunale.

contestimoniànza [comp. di *con-* e *testimonianza*] s. f. ● Testimonianza resa da un contestimone.

contèsto [vc. dotta, lat. *contĕxtu(m)*, part. pass. di *contĕxere* 'contessere'] s. m. *1* (*lett.*) Tessitura, intreccio: *fanno intorno / le ragnatele un serico c.* (MARINO). *2* Il complesso delle idee e dei fatti contenuti in uno scritto o in un discorso, che consente di determinare il senso di un brano, una frase, una parola e sim., che in tale scritto o discorso compaiono: *staccare, isolare una parola dal c.* | (*est.*) Il complesso delle circostanze in cui nasce e si sviluppa un determinato fatto: *c. familiare, sociale, culturale*; *la situazione va considerata nel suo c. originario.*

contestuàle [da *contesto*] agg. *1* Che si riferisce al contesto. *2* (*ling.*) Detto di variante fonematica dipendente dal contesto. *3* Di fatto che si è verificato contemporaneamente a un altro: *due avvenimenti contestuali.* ‖ **contestualménte**, avv. Nello stesso momento, contemporaneamente.

contestualità s. f. ● L'essere contestuale.

contestualizzàre v. tr. ● Inserire in un contesto | Rendere contestuale.

contestùra [da *contessere*] s. f. ● (*raro*) Intrecciamento | Tessitura.

contézza [da *conto* (*3*)] s. f. *1* (*lett.*) Cognizione, notizia | *Aver c.*, conoscere, essere informato di q.c. | *Dar c.*, rendere noto | †Conoscenza. *2* †Familiarità, dimestichezza: *aveva c. con le donne de' cavalieri* (SACCHETTI).

†**contigia** [ant. fr. *cointise*, da *cointe* 'adorno'. V. *conto* (*2*)] s. f. (pl. *-gie*, o *ge*) *1* Ornamento, ricamo. *2* (*spec. al pl.*) Calzature eleganti, in cuoio trapunto, portate da uomini e donne in epoca medievale.

†**contigiàto** [da *contigia*] agg. ● Adorno di fregi, di ricami: *Non avea catenella, non corona, / non gonne contigiate, non cintura* (DANTE *Par.* XV, 100-101).

†**contiguàrsi** [vc. dotta, lat. tardo *contiguāre*, da *contĭguus* 'contiguo'] v. intr. pron. ● (*lett.*) Essere vicino.

contiguità [da *contiguo*] s. f. *1* L'essere contiguo | Contatto, vicinanza. *2* (*dir.*) Dottrina per cui lo Stato che esercita la sua autorità su un tratto di coste o su un'isola acquista la sovranità territoriale anche sulle isole adiacenti.

contiguo [vc. dotta, lat. *contĭguu(m)*, da *contĭngere* 'toccare, venire a contatto'. V. †*contingere*] agg. ● Che è così vicino a q.c. da toccarla: *abitare nell'appartamento c.*; *stanze contigue*; *camera contigua al corridoio.* SIN. Attiguo, confinante. ‖ **contiguaménte**, avv.

continentàle [da *continente* (*1*)] **A** agg. *1* Del continente, che si riferisce al continente: *abitante, clima c.* *2* Relativo al continente europeo: *primato, titolo, campione c.* **B** agg.; anche s. m. e f. ● Che, chi abita il continente | Che, chi abita la penisola italiana rispetto agli abitanti delle isole di Sardegna e di Sicilia e delle isole minori: *gli scrittori continentali*; *usanza ignorata dai continentali.*

continentalità s. f. ● Qualità di ciò che è continentale: *la c. del clima.*

continènte (1) [vc. dotta, lat. (*terram*) *continĕnte(m)* '(terra) unita, non interrotta', part. pres. di *continēre* 'contenere, trattenere'] s. m. *1* Grande estensione di terraferma | *C. antico*, Asia, Africa ed Europa | *C. nuovo*, America | *C. nuovissimo*, Australia | *C. nero*, l'Africa | *C. recente*, l'Antartide. *2* Terraferma, in contrapposizione alle isole vicine: *andare, trasferirsi sul c.*

continènte (2) o †**contenènte (4)** [vc. dotta, lat. *continĕnte(m)*, part. pres. di *continēre* 'frenare, moderare'] agg. *1* Che sa tenere a freno i propri desideri: *essere c. nel bere, nel mangiare*; *piaccia a' padri più tosto vedere e' figliuoli piangere e continenti, che ridere e viziosi* (ALBERTI). SIN. Morigerato, parco, temperante. *2* (*dir.*) Detto di causa la cui materia del contendere comprende quella di altra causa. *3* (*med.*) Che ha i caratteri della continenza. ‖ **continenteménte**, avv. Con continenza, temperanza.

continènza o †**continènzia** [vc. dotta, lat. *continĕntia(m)*, da *continēre* 'tenere unito, trattenere'] s. f. *1* Moderazione dei desideri e dei piaceri, spec. sensuali | Astinenza, temperanza. *2* (*dir.*) *C. fra cause*, situazione per cui la materia di una causa comprende quella di un'altra causa. *3* (*med.*) Capacità della vescica e del retto di ritenere l'urina e le feci e di espellerle a tempo. *4* V. *contenenza.*

contingentaménto [fr. *contingentement*, da *contingenter* 'contingentare'] s. m. ● Fissazione di quantità o valore limite di merci ammesse all'importazione o all'esportazione. SIN. Contingentazione.

contingentàre [fr. *contingenter*, da *contingent* 'contingente'] v. tr. (*io contingènto*) ● Sottoporre a contingentamento: *c. le importazioni, le esportazioni.*

contingentazióne [da *contingentare*] s. f. ● (*raro*) Contingentamento.

contingènte **A** part. pres. di †*contingere*; anche agg. *1* Nei sign. del v. *2* (*filos.*) Accidentale, casuale. *3* (*est.*) Che è legato a un determinato momento o a una determinata situazione: *fattori contingenti.* ‖ **contingenteménte**, avv. (*raro*) Casualmente. **B** s. m. *1* (*filos.*) Tutto ciò che può essere o non essere. SIN. Possibile. *2* Quantità limite di merce ammessa all'importazione o all'esportazione. *3* (*mil.*) Forza complessiva effettiva: *C. di leva*, insieme dei cittadini da chiamare alle armi per ciascuna classe o scaglione di classe.

contingentìsmo s. m. ● Dottrina filosofica secondo cui tra causa ed effetto non esiste un rapporto di rigida causalità ma di semplice contingenza.

contingènza [vc. dotta, lat. tardo *contingĕntia(m)*, da *contĭngere*. V. †*contingere*] s. f. *1* (*filos.*) Carattere di ciò che è contingente | Possibilità, accidentalità. *2* Circostanza, congiuntura, occasione: *essere, trovarsi in una dolorosa c.*; *le contingenze infelici della vita umana* (MANZONI). *3* *Indennità di c.*, parte della retribuzione di un lavoratore dipendente il cui ammontare varia in proporzione al mutare del costo della vita | (*ell.*) Indennità di contingenza: *la c. è aumentata*; *questo mese la c. sarà del 5%.*

†**contingere** [vc. dotta, lat. *contĭngere*, comp. di *cŭm* 'con' e *tăngere* 'toccare'] **A** v. intr. *1* Accadere, avvenire per caso. *2* (*raro*) Spettare. **B** v. tr. ● Toccare, essere tangente, detto di linee o superfici.

†**contingibile** [da †*contingere*] agg. ● Che può avvenire.

†**contingibilità** s. f. ● L'essere contingibile.

contino s. m. *1* Dim. di *conte*. *2* Figlio spec. giovane di un conte.

†**continovàre** e *deriv.* ● V. *continuare* e *deriv.*

continua [f. sost. di *continuo*] s. f. ● In varie tecnologie, macchina per la lavorazione a ciclo continuo di un prodotto: *c. da carta.*

continuàbile agg. • Che si può continuare.

continuaménto o (*raro*) †**continovaménto**. s. m. • (*raro*) Continuazione.

continuàre o †**continovàre** [vc. dotta; lat. *continŭare*, da *contĭnuus* 'continuo'] **A** v. tr. (*io contìnuo*) **1** Andare avanti a fare q.c. senza interruzioni o dopo un'interruzione più o meno lunga: *c. il lavoro, l'opera, gli studi, il viaggio.* **2** †Congiungere, attaccare. **3** †Usare di continuo. **4** †Frequentare, praticare spesso un luogo. **B** v. intr. (aus. *avere*, riferito a persona; aus. *essere* o *avere* riferito a cosa) **1** Non cessare, riferito allo svolgimento di un'attività, all'esistenza di un fenomeno e sim.: *il bel tempo continua; le ostilità continuano; non potemmo c. per la pioggia; il romanzo continua al prossimo numero; si voltò dall'altra parte e continuò a dormire; continuò col dire molte altre cose; il viaggio continua da Parigi.* SIN. Durare. **2** †Essere congiunto. **C** v. intr. impers. (aus. *essere* e *avere*) • Non cessare: *continua a piovere.*

continuatìvo [vc. dotta, lat. tardo *continuatīvu(m)*, da *continŭare* 'continuare'] agg. • Che continua o è destinato a continuare: *impegno c.; spesa continuativa.* ‖ **continuativaménte**, avv. In modo continuativo, senza interruzione.

continuàto o †**continovàto**. part. pass. di *continuare*; anche agg. • Nei sign. del v. ‖ **continuataménte**, avv. Senza interruzione.

continuatóre [da *continuare*] s. m. (f. *-trice*) • Chi continua: *il c. di un'opera, di una tradizione.*

continuazióne o †**continovazióne** [vc. dotta, lat. *continuatiōne(m)*, da *continŭare* 'continuare'] s. f. • Atto, effetto del continuare: *c. di un'opera, di una storia, di un romanzo, del cammino* | *In c.*, senza interruzione | (*est.*) Ciò che continua: *una siepe nascondeva la c. della strada.* SIN. Proseguimento, seguito.

continuìsmo s. m. **1** In politica, il continuare a insistere sulla stessa linea d'azione. **2** Inclinazione a individuare una continuità, un legame tra eventi o fenomeni anche differenti e distanti.

continuìsta s. m. e f.; anche agg. (pl. m. *-i*) • Chi, che è fautore del continuismo.

continuità o (*raro*) †**continovità**, †**continuitàde**, †**continuitàte** [vc. dotta, lat. *continuitāte(m)*, da *contĭnuus* 'continuo'] s. f. **1** Qualità di ciò che è continuo: *c. di un movimento, di un procedimento, di un'azione; susseguirsi con c.* | *Soluzione di c.*, separazione, interruzione, intervallo. **2** (*est., raro, lett.*) Coesione, compattezza. **3** (*dir.*) Teoria per cui lo Stato che occupa un tratto di costa o della foce di un fiume acquista la sovranità territoriale su tutto il retroterra sino allo spartiacque o su tutto il bacino idrografico.

contìnuo o †**contìnovo** [vc. dotta, lat. *contĭnuu(m)*, da *continēre* 'congiungere, essere unito insieme'] **A** agg. **1** Che si svolge o si ripete, senza interruzione, nel tempo o nello spazio: *pioggia continua; molestie, preoccupazioni, spese continue; estensione, linea continua* | *Di c., del c., †al c., †per lo c.*, continuamente, senza interruzione. SIN. Incessante. **2** (*raro*) Ininterrotto, perenne: *né spelunca o caverna è fra gli sassi, / che non rimbombe al mio c. pianto* (SANNAZARO) | (*raro*) Abituale, assiduo. **3** (*mat.*) Detto di funzione i cui valori variano gradualmente al variare della variabile indipendente vicino a un punto dato. **4** (*ling.*) Detto delle consonanti la cui emissione è prolungabile. SIN. Costrittivo, fricativo, spirante. **5** (*elettr.*) Detto di corrente elettrica avente direzione e intensità costanti. CONTR. Alternato. ‖ **continuaménte**, avv. **1** In modo continuo: *viaggiare continuamente.* **2** Di frequente: *non disturbarmi continuamente.* **B** avv. • (*lett.*) †Continuamente, ininterrottamente | Ripetutamente. **C** s. m. **1** Ciò che ha continuità e compattezza | (*med.*) *Soluzione di c.*, interruzione della continuità di un tessuto per ferite o incisioni. **2** (*mat.*) Cardinalità di un insieme che sia in relazione biunivoca con i punti di una retta.

continuum /lat. kon'tinuum/ [vc. lat., propr. 'continuo'] s. m. **1** Ciò che ha continuità nel tempo o nello spazio. SIN. Continuo. **2** (*ling.*) Insieme di varietà linguistiche non separate da confini netti, con punti di contatto e di sovrapposizione che determinano il passaggio graduale dell'una nell'altra.

contìsta [da *conto* (*1*)] s. m. e f. (pl. m. *-i*) • Computista.

contitolàre [comp. di *con-* e *titolare*] agg.; anche s. m. e f. • Che, chi è titolare di q.c. insieme con altri | *Santo c.*, che ha il titolo, la dedicazione di una chiesa insieme con un altro | *Chiesa c.*, intitolata a più santi.

cónto (**1**) [lat. tardo *cŏmputu(m)*, da *computāre*. V. *contare*] s. m. **1** Atto, effetto del contare | Operazione aritmetica: *fare un c.; un c. semplice, complesso; sbagliare i conti; controllare il c., i conti* | *Il c. torna*, è privo di errori e (*fig.*) la situazione è chiara | *Far di c.*, eseguire operazioni aritmetiche, spec. elementari | *C. alla rovescia*, particolare procedura per l'avviamento di congegni complessi, spec. lancio di missili spaziali, nella quale si suole designare con tempo zero l'istante dell'avviamento stesso e con numeri negativi decrescenti la serie delle operazioni preparatorie e di controllo; (*fig.*) computo del tempo che manca a un avvenimento molto atteso. SIN. Calcolo, computo. **2** (*rag.*) Serie di dati riferentisi a un determinato oggetto, rappresentazione di una o più quantità che dimostra lo stato o il movimento di beni economici | *C. corrente*, contratto con cui due parti convengono di regolare i rapporti di debito e credito intercorrenti fra loro a una scadenza fissa: *c. corrente bancario, postale.* **3** Correntemente, partita di dare e di avere: *libro dei conti; dare q.c. in c.; mettere in c.; avere il c. aperto presso un negoziante* | *Fare i conti*, calcolare ciò che si guadagna e si spende | (*fig.*) *Fare i conti addosso a qc.*, cercare di sapere quello che guadagna e spende | *Saldare, chiudere il c.*, pagare ciò che si deve e (*fig.*) regolare le questioni ancora insolute | (*est.*) Lista, nota contenente indicazioni di somme di denaro da pagare: *il c. della sarta, dei fornitori; chiedere il c. al ristorante; cameriere, il c.!* | (*raro, fig.*) *Conti da speziale*, sui quali bisogna fare molta tara. **4** (*fig.*) Valutazione, previsione, proposito, analisi e sim.: *tener c. di q.c.; fare bene, male i propri conti; fare c. su qc., su q.c.* | *Far c. di*, contare, ripromettersi di | *A conti fatti, in fin dei conti, al far dei conti*, in conclusione | *Sapere il c. suo*, sapere il fatto suo, essere sicuro di sé | *A buon c., a ogni buon c.*, in ogni caso, a ogni modo | †*Per c.*, appuntino. **5** (*fig.*) Oggetto di analisi, ricerca, discorso, dibattito e sim.: *questo è un altro c.; chiedere, domandare, dare c. di q.c.* | *Rendere c.*, presentare una relazione, un bilancio e sim. e (*fig.*) giustificarsi | *Non dover render c. a nessuno*, essere indipendente | *Rendersi c. di q.c.*, spiegarsela, capirla | *Dare a qc. il suo c.*, ciò che gli spetta | †*Rendere buon c.*, dare soddisfazione | *Fare i conti con qc.*, ottenere spiegazioni, riparazioni e sim. | *Far c. di*, immaginare, fingere di | (*raro*) *Far c. che suonino le campane*, non curarsi di q.c. **6** (*fig.*) Considerazione, stima | *Tenere q.c. da, di c.*, conservarla con cura, darle importanza | *Persona da, di c.*, degna di stima | *Avere in buon, in gran c.*, stimare molto. **7** (*fig.*) Vantaggio, interesse, tornaconto: *noi ci troviamo il nostro c. a fare questo mestiere* (VERGA) | *Tornare, meritare c.*, essere utile, conveniente | *Mette c.*, vale la pena | *Per c. di qc.*, da parte di qc. | *Per c. mio, suo*, per quel che riguarda me, lui. **8** (*lett., dial.*) Racconto, notizia ‖ PROV. Conti chiari, amici cari. ‖ **contarèllo**, **conterèllo**, dim. | **conticìno**, dim.

†**cónto** (**2**) part. pass. di *contare*; anche agg. • Nei sign. del v.

†**cónto** (**3**) [ant. fr. *cointe*, dal lat. *cŏgnitu(m)*. V. *cognito*] agg. • Noto, chiaro, familiare.

†**cónto** (**4**) [lat. *cŏmptu(m)*, part. pass. di *cōmere* 'unire, ordinare'] agg. • Aggraziato, grazioso, gentile: *leggiadra e bella e di maniere conte* (ARIOSTO). ‖ †**contaménte**, avv. Acconciamente, leggiadramente; cautamente.

contòide [ingl. *contoid*, comp. di *con(sonan)t* 'consonante' e *-oid* 'oide'] s. m. • (*ling.*) In fonetica, suono nella cui articolazione l'aria emessa dai polmoni incontra un'ostruzione parziale o totale dell'apparato articolatorio. CONTR. Vocoide.

contòrcere [lat. *contorquēre*, comp. di *cŭm* 'con' e *torquēre* 'torcere'] **A** v. tr. (coniug. come *torcere*) **1** Torcere ripetutamente e con energia: *c. i panni bagnati.* SIN. Attorcere. **2** (*raro, poet.*) Rivolgere: *l'amata spada in se stessa contorse* (PETRARCA). **B** v. rifl. • Torcersi, ripiegarsi su sé stesso, per dolore, sforzo, e sim.: *si contorceva tutto dalle risa* | Divincolarsi.

contorciménto s. m. • Atto, effetto del contorcere o del contorcersi.

contornaménto s. m. • (*raro*) Atto, effetto del contornare | Contorno.

contornàre [comp. di *con-* e *tornare*] **A** v. tr. (*io contórno*) **1** Circondare, cingere, spec. con ornamenti: *una palizzata contorna lo stagno.* **2** (*est.*) Stare attorno: *è sempre contornato da amici.* **B** v. rifl. • Avere, tenere attorno a sé: *contornarsi di amici, di ammiratori.*

contornàto part. pass. di *contornare*; anche agg. **1** Nei sign. del v. **2** *Carattere c.*, carattere tipografico in cui i tratti sono sostituiti da una linea che segue il profilo lasciando in bianco la parte interna della lettera.

contórno [da *contornare*] s. m. **1** Linea che circoscrive esternamente una figura o un'immagine: *i contorni netti di un viso; disegno, pittura dai contorni precisi, nitidi, sfumati.* **2** Ciò che sta o si mette attorno a qc. o a q.c., spec. come ornamento: *un quadro con un c. di cherubini; una massa di capelli le faceva c. al viso* | Gruppo di persone che sta attorno a qc. o a q.c.: *un c. di curiosi, di adulatori; le donne facevano c. alla riunione.* **3** Ciò che guarnisce una vivanda di carne o di pesce: *arrosto con c. di patate; sogliola con insalata per c.* **4** (*numism.*) Leggenda o serie di segni impressa al margine di monete e sim. **5** (*spec. al pl.*) Dintorni, vicinanze: *i contorni del convento formicolavan di popolo curioso* (MANZONI). ‖ **contornìno**, dim. | **contornùccio**, dim.

contorsióne [lat. *contortiōne(m)*, da *contŏrtus* 'contorto'] s. f. **1** Atto, effetto del contorcere o del contorcersi: *una danza fatta di contorsioni.* **2** (*fig.*) Difficoltà, viluppo, arzigogolo nell'espressione, nello stile, e sim.: *le contorsioni di un verso.*

contorsionìsmo [da *contorsione*] s. m. **1** Esercizio di circo consistente nel fare movimenti o nell'assumere atteggiamenti forzati e innaturali del busto e degli arti. **2** (*fig.*) Atteggiamento forzato, gesto affettato.

contorsionìsta s. m. e f. (pl. m. *-i*) **1** Artista di circo specializzato in contorsionismo. **2** (*est.*) Chi assume attitudini innaturali, compie gesti affettati, e sim.

contorsionìstico agg. (pl. m. *-ci*) • Del contorsionismo o dei contorsionisti.

Contòrte [f. sost. pl. di *contorto*] s. f. pl. • Nella tassonomia vegetale, ordine di piante delle Dicotiledoni con i lobi della corolla contorti nel boccio (*Contortae*) | (al sing. *-a*) Ogni individuo di tale ordine.

contòrto [vc. dotta, lat. *contŏrtu(m)*, part. pass. di *contorquēre* 'torcere'] part. pass. di *contorcere*; anche agg. **1** Attorcigliato, in atteggiamento forzato e scomposto: *figure contorte.* **2** (*fig.*) Complicato, privo di naturalezza: *stile c.* | Difficile da comprendere: *ragionamento c.; carattere c.* ‖ **contortaménte**, avv.

contoterzìsta [da (*per*) *conto terzi*] s. m. e f. (pl. m. *-i*) • Chi svolge un compito, un incarico, un lavoro per conto di altre persone.

†**cóntra** /'kontra*/, 'kontra/ • V. *contro* (*1*).

cóntra- [dal lat. *cŏntra* 'contro'] pref. • Ha i significati di *contro-* con cui si alterna nell'uso, ma a differenza del quale vuole il raddoppiamento della consonante semplice iniziale del secondo componente: *contrabbando, contraccolpo, contraggenio.*

contrabàsso • V. *contrabbasso.*

contrabbandàre [da *contrabbando*] v. tr. (*io contrabbàndo*) **1** Introdurre una merce di contrabbando: *c. sigarette, orologi.* **2** (*est., fig.*) Fare apparire qc. o q.c. diverso da quello che è realmente.

contrabbandière **A** s. m. (f. *-a*) • Chi esercita il contrabbando. **B** agg. • Di contrabbandieri: *organizzazione contrabbandiera* | *Nave contrabbandiera*, con cui si esercita il contrabbando.

contrabbàndo [comp. di *contra-* e *bando*] s. m. **1** Importazione o esportazione di merci fatte eludendo il pagamento dei tributi dovuti: *esercitare il c.* | *C. di guerra*, commercio di cose che un belligerante proclama soggette al diritto di preda perché atte assolutamente o relativamente a usi bellici del nemico | *Di c.*, (*fig.*) furtivamente, di nascosto: *entrare, uscire di c.* **2** (*fig.*) Azione illecita.

contrabbassista s. m. e f. (pl. m. *-i*) ● Chi suona il contrabbasso.

contrabbàsso o (*raro*) **contrabasso** [comp. di *contra-* e *basso*] s. m. **1** Grande strumento musicale a quattro o cinque corde, il più grave della famiglia degli archi | *Voce di c.*, molto bassa e roca | (*scherz.*) *Fare il c.*, russare sonoramente e (*fig.*) †fare o dire l'opposto di quello che fa o dice un altro | (*raro, scherz.*) *Fare il c. a qc.*, sostenerlo in una discussione. ➡ ILL. **musica**. **2** Registro dell'organo. **3** (*est.*) Contrabbassista: *il primo c. dell'orchestra.*

†**contrabbatterìa** ● V. *controbatteria.*

contrabbitta [comp. di *contra-* e *bitta*] s. f. ● (*mar.*) Bracciolo che rinfianca la bitta.

†**contracambiàre** e *deriv.* ● V. *contraccambiare* e *deriv.*

contracàssa [comp. di *contra-* e *cassa*] s. f. ● Negli orologi a doppia cassa, la cassa interna.

contraccambiàre o †**contracambiàre** [comp. di *contra-* e *cambiare*] v. tr. (*io contraccàmbio*) **1** Dare, fare, rendere q.c. in cambio di un'altra già ricevuta: *c. un favore, un dono, un sentimento, i saluti, gli auguri.* **2** Ricompensare: *volle c. l'ospitalità con un regalo.*

contraccàmbio o †**contracàmbio**. s. m. ● Atto, effetto del contraccambiare | (*est.*) Ciò con cui si contraccambia | *In c.*, per contraccambiare, per ricompensare: *bisogna fargli un regalo in c. del favore che ci ha reso* | *Rendere il c.*, contraccambiare e (*est.*) vendicarsi adeguatamente di un'offesa ricevuta, rendere la pariglia.

contraccarèna ● V. *controcarena.*

contraccàrico [comp. di *contra-* e *carico*] s. m. (pl. *-chi*) ● Carico che serve di contrappeso.

contraccàssa ● V. *controcassa.*

contraccàva o **contracàva** [comp. di *contra-* e *cava*] s. f. ● (*mil.*) Un tempo, cunicolo sotterraneo degli assediati opposto alla cava degli assalitori.

contraccettivo o (*evit.*) **contracettivo** [calco sull'ingl. *contraceptive*, comp. di *contra-* e (*con*)*ceptive*, dal lat. *conceptīvus* (V. *concettivo*)] s. m.; anche agg. ● Antifecondativo, anticoncezionale.

contraccezióne [ingl. *contraception*, comp. del lat. *cŏntra* 'contro' e di (*con*)*ception* 'concezione'] s. f. ● Il complesso delle tecniche e delle pratiche utili a evitare la procreazione.

contracchiàve ● V. *controchiave.*

contracchìglia ● V. *controchiglia.*

†**contraccicalàre** [comp. di *contra-* e *cicalare*] v. intr. ● Contrapporre una cicalata accademica a un'altra.

†**contraccinta** [comp. di *contra-* e *cinta*] s. f. ● (*mar.*) Cinta interna del bastimento, con travata di quercia e rovere, per meglio rinforzare tutta l'ossatura.

†**contraccolómba** [comp. di *contra-* e *colomba*, n. ant. della chiglia] s. f. ● Contracchiglia.

contraccólpo [fr. *contre-coup*] s. m. **1** Urto, colpo di rimando che dà un corpo urtato o percosso: *colpì l'ostacolo e per il c. cadde a terra* | Colpo di rimbalzo: *il c. di una palla sul terreno*; *il c. di un sasso sull'acqua.* **2** Rinculo di un'arma da fuoco. **3** (*fig.*) Ripercussione di un fatto, spec. importante e clamoroso: *il c. di un disastro finanziario, del blocco dei fitti.* SIN. Conseguenza.

†**contraccòsta** [comp. di *contra-* e *costa*] s. f. ● Costiera opposta a un'altra.

†**contraccuòre** [comp. di *contra-* e *cuore*] **A** s. m. ● Angoscia, crepacuore. **B** agg. ● Doloroso.

contraccùṣa o **controaccùṣa** [comp. di *contr*(*o-*) e *accusa*] s. f. ● Accusa mossa dall'accusato nei confronti dell'accusatore.

contracettivo ● V. *contraccettivo.*

contracièlo [comp. di *contra-* e *cielo*] agg. inv. ● (*raro, lett.*) Contraereo: *bossoli del tiro c.* (D'ANNUNZIO).

†**contracquistàre** [comp. di *contr*(*o-*) e *acquistare*] v. tr. ● (*raro*) Ricevere in cambio, in compenso.

contràda [lat. parl. **contrāta*(*m*) '(regione) che sta di fronte', poi 'regione vicina', da *cŏntra* 'di fronte'] s. f. **1** Strada di luogo abitato: *il diavolo ... è giù in fondo alla c.* (MANZONI). **2** Anticamente, rione, quartiere | Attualmente, a Siena, ognuno dei quartieri in cui si divide la città per la disputa del palio. **3** (*poet.*) Paese, regione: *or volge / omai 'l quint'anno ch'esule m'aggiro / per le greche contrade* (FOSCOLO). || **contradàccia**, pegg.

contradaiòlo o †**contradaiuòlo** s. m. (f. *-a*) ● Chi abita la medesima contrada di altri | A Siena, chi appartiene a ciascuna delle contrade che gareggiano nel palio.

contraddànza [fr. *contredanse*, dall'ingl. *country-dance* 'ballo di campagna'] s. f. ● Antico ballo figurato, danzato da coppie schierate su due file contrapposte.

contraddàta e *deriv.* ● V. *controdata* e *deriv.*

contraddènte [comp. di *contra-* e *dente*] s. m. ● Pezzo di costruzione con sporgenze e cavità per essere addentato con altro.

contraddétto o †**contradditto**, (*raro*) **contradétto**. **A** part. pass. di *contraddire*; anche agg. ● Nei sign. del v. **B** s. m. **1** †Contraddizione. **2** †Impedimento.

contraddicènte o (*raro*) **contradicènte**. part. pres. di *contraddire*; anche agg. **1** Nei sign. del v. **2** (*est.*) Avversario | (*raro*) Ribelle.

†**contraddìcere** ● V. *contraddire.*

†**contraddicévole** o †**contradicévole** [V. *contraddicibile*] agg. ● (*raro*) Contraddittorio.

†**contraddicìbile** [vc. dotta, lat. tardo *contradicībile*(*m*), da *contradīcere* 'contraddire'] agg. ● (*raro*) Che si può contraddire.

†**contraddiciménto** o †**contradiciménto**. s. m. ● Contraddizione | (*est.*) Contrasto.

†**contraddicitóre** [dal lat. *contradīcere* 'contraddire'] s. m.; anche agg. (f. *-trice*) ● (*raro*) Chi, che contraddice.

contraddìre o †**contraddìcere**, †**contradìcere**, (*raro*) **contradìre** [lat. *contradīcere* 'parlare contro', comp. di *cŏntra* 'contro' e *dīcere* 'dire'] **A** v. tr. e intr. (imperat. *contraddìci*; coniug. come *dire*; aus. *avere*) **1** Dire il contrario di quello che dice un altro: *contraddice sempre tutto e tutti*; *contraddir voleva / ... al moribondo* (LEOPARDI). SIN. Confutare, contestare. **2** Essere in contrasto, in opposizione, riferito spec. a opinioni, azioni, atteggiamenti, e sim.: *lo sguardo contraddiceva le parole che stava pronunciando*; *il suo comportamento contraddice ai suoi principi* | *C. a sé stesso*, contraddirsi. SIN. Contrastare. **B** v. tr. ● †Negare, rifiutare: *il Re li contradisse a moglie la Prenzessa della Morea* (VILLANI). **C** v. rifl. rec. ● Dichiarare il contrario: *i due testimoni si contraddicono.* **D** v. rifl. ● Dire, fare cose diverse o contrarie a quante precedentemente dette o fatte: *si contraddice spesso.*

contraddistìnguere [comp. di *contra-* e *distinguere*] v. tr. (coniug. come *distinguere*) **1** Distinguere una cosa o una persona da un'altra simile mediante l'apposizione di un segno particolare (*anche fig.*): *contraddistinse il libro con le sue iniziali*; *è un atteggiamento che l'ha sempre contraddistinto*; *una notevole acutezza contraddistingue le vostre osservazioni.* **2** (*raro, lett.*) Distinguere.

†**contraddìtto** ● V. *contraddetto.*

contraddittóre o †**contraditóre**, **contraddittóre** [vc. dotta, lat. tardo *contradictōre*(*m*), da *contradīcere* 'contraddire'] s. m. (f. *-trice*) **1** Chi contraddice. **2** (*dir.*) Chi è parte del contraddittorio: *comparsa, intervento in giudizio di un c.*

contraddittorietà s. f. ● L'essere contraddittorio.

contraddittòrio o **contradittòrio** [vc. dotta, lat. tardo *contradictōriu*(*m*), da *contradīcere* 'contraddire'] **A** agg. **1** Di ciò che si trova in contraddizione con sé stesso o con altro: *affermazioni contraddittorie* | (*filos.*) *Proposizioni contraddittorie*, sistema di due proposizioni di cui l'una nega ciò che l'altra afferma. **2** (*fig.*) Incerto, pieno di contrasti, ambiguo: *sentimento, carattere, personaggio c.* || **contraddittoriaménte**, avv. **B** s. m. **1** Discussione tra due persone che sostengono e difendono opinioni contrarie: *ammettere il c.* | (*raro*) *In c.*, in opposizione | *Stare a c.*, discutere animatamente. **2** (*dir.*) Confronto effettivo o virtuale tra le parti in causa: *instaurare il c.*, mettere la controparte in grado di partecipare attivamente al processo.

contraddizióne o **contradizióne** [vc. dotta, lat. *contradictiōne*(*m*), da *contradīcere* 'contraddire'] s. f. **1** Atto, effetto del contraddire o del contraddirsi: *essere, trovarsi, cadere in c.*; *cogliere qc. in c.* | *Spirito di c.*, abitudine ostinata a contraddire sempre gli altri. **2** (*filos.*) Opposizione che di per sé esclude una via di mezzo | *Principio di c.*, o *principio di non c.*, principio logico in base al quale è impossibile che la stessa cosa sia e insieme non sia. **3** (*fig.*) Stato, condizione d'incoerenza e di contrasto continuo: *la sua vita è tutta una c.*; *una persona dal carattere pieno di contraddizioni.*

contraddòte ● V. *controdote.*

†**contradiàre** e *deriv.* ● V. *contrariare* e *deriv.*

†**contradìcere** e *deriv.* ● V. *contraddire* e *deriv.*

contradìre e *deriv.* ● V. *contraddire* e *deriv.*

contraènte **A** part. pres. di *contrarre*; anche agg. ● Nei sign. del v. **B** s. m. e f. ● (*dir.*) Chi conclude o ha concluso un negozio giuridico, spec. un contratto.

†**contraère** ● V. *contrarre.*

contraèrea [f. sost. di *contraereo*] s. f. ● Artiglieria contraerea.

contraèreo o **controaèreo** [comp. di *contr*(*o*) e *aereo* (*2*)] agg. ● Che serve attivamente a impedire o contrastare l'azione offensiva di aeromobili in volo: *tiro c.*; *difesa contraerea* | *Artiglieria contraerea*, utilizzata contro gli attacchi aerei.

†**contrafàre** e *deriv.* ● V. *contraffare* e *deriv.*

†**contraffàccia** [comp. di *contra-* e *faccia*] s. f. ● Ciò che è posto di fronte a un'altra cosa.

contraffacènte o †**contrafacènte**, †**contrafaciènte**. part. pres. di *contraffare*; anche agg. ● Nei sign. del v.

contraffaciménto o †**contrafaciménto**. s. m. ● Atto, effetto del contraffare | Imitazione.

†**contraffacitóre** o †**contrafacitóre**. s. m. (f. *-trice*) ● Contraffattore.

contraffàre o †**contrafàre** [comp. di *contra-* e *fare*] **A** v. tr. (coniug. come *fare*) **1** Imitare qc. riproducendone la voce, i gesti, gli atteggiamenti, e sim., spec. con intenzioni scherzose o caricaturali: *c. una celebre cantante* | (*gener.*) Imitare: *c. il canto del gallo, lo stile di un artista.* SIN. Scimmiottare. **2** Alterare la voce, l'aspetto e sim., spec. per trarre in inganno: *gli telefonò contraffacendo la voce.* **3** Falsificare: *c. una firma, una scrittura, una merce, un quadro d'autore, un metallo, una moneta.* **4** †Ritrarre: *Lionardo ... contraffece una caraffa ... con alcuni fiori dentro* (VASARI). **B** v. intr. ● †Disubbidire, contravvenire: *i Guelfi ... cominciarono ... a c. a' patti della pace* (COMPAGNI). **C** v. rifl. ● Travestirsi, trasformarsi, in modo da apparire diversi da quello che si è: *contraffarsi con una barba posticcia.*

contraffàtto o †**contrafàtto**. part. pass. di *contraffare*; anche agg. **1** Nei sign. del v. **2** (*raro*) Brutto, deforme: *uscinne un mostro c. e oscuro* (BOIARDO) | Apocrifo.

contraffattóre o †**contrafattóre**. s. m. (f. *-trice*) ● Chi contraffà | Imitatore | Falsificatore.

†**contraffattùra** s. f. ● Cosa contraffatta | Imitazione.

contraffazióne o †**contrafazióne** s. f. **1** Atto, effetto del contraffare: *c. di gesti, di voci, di quadri, di stampe, di scritture, di monete.* **2** (*raro*) Violazione di ordini, leggi e sim. | †Rivolta.

contraffilàre v. tr. (*io contràffilo*) **1** Levare il contraffilo intorno alla suola della scarpa. **2** (*tess.*) Alternare i fili, grossi e sottili, cupi e chiari, nell'addoppiare la seta.

contraffilo [comp. di *contra-* e *filo*] s. m. ● Sottile striscia di suola sporgente intorno alla scarpa, da tagliar via col trincetto.

contraffòrte [comp. di *contra-* e *forte*] s. m. **1** (*arch.*) Rinforzo in muratura sporgente dall'allineamento generale di una costruzione ad area decrescente verso l'alto, costruito per contrastare spinte orizzontali di volte o archi. ➡ ILL. p. 358 ARCHITETTURA; p. 827 SCIENZE DELLA TERRA ED ENERGIA. **2** Ramificazione laterale di una catena montuosa. **3** Spranga di ferro per tener più saldamente serrato l'uscio o la finestra. **4** Pezzo di cuoio che si mette a rinforzo tra la fodera e il quartiere in pelle della scarpa.

†**contraffortùna** [comp. di *contra-* e *fortuna*] s. f. ● (*raro*) Sorte avversa, mala sorte.

†**contraffòrzo** [comp. di *contra-* e *forzo*] s. m. ●

(*raro*) Contrasto, reazione.

contraffòsso • V. *controfosso*.

contraggènio o **controgènio** [comp. di *contra-* e *genio*] s. m. • Avversione naturale, antipatia verso qc. o q.c., spec. nelle loc. *di, a c.*, di mala voglia: *fare q.c. di c.*

contragguàrdia • V. *controguardia*.

contràgo [comp. di *contr(o-)* e *ago*] s. m. (pl. *-ghi*) • (*ferr.*) Rotaia fissa contro la quale va ad accostarsi l'ago dello scambio, in modo da nasconderne la punta sotto il fungo. ➡ ILL. p. 1752 TRASPORTI.

contraìbile agg. • Che si può contrarre.

†**contraiménto** [da *contrarre*] s. m. • (*raro*) Contrazione.

†**contraindicàre** e *deriv*. • V. *controindicare* e *deriv*.

contràlbero [comp. di *contra-* e *albero*] s. m. • (*mecc.*) Albero o asse sussidiario, che riceve il moto di rotazione generalmente dall'albero conduttore e lo trasmette all'albero condotto.

contraliṣèo • V. *controaliseo*.

contraltàre [comp. di *contr(o-)* e *altare*] s. m. *1* Altare eretto di fronte a un altro. *2* (*fig.*) Impresa, istituzione e sim. realizzata con il preciso intento di sminuire il valore o l'importanza di un'altra simile.

contraltìno [da *contralto*] s. m. • (*mus.*) Tenore di mezzo carattere | Tenore molto acuto, adoperato nella parti amorose.

contraltìsta [da *contralto*] s. m. (pl. *-i*) • Uomo, di solito evirato, che cantava con voce di contralto, spec. nei secoli diciassettesimo e diciottesimo.

contràlto o †**contr'àlto** [comp. di *contr(o-)* e *alto*] **A** s. m. • (*mus.*) Voce femminile di registro più grave | Cantante dotata di tale voce. SIN. Alto. **B** in funzione di agg. inv. • (posposto al s.) Detto di strumento musicale che, nella propria famiglia, ha funzione intermedia tra il soprano e il tenore: *sassofono, trombone c.*

†**contrammandàre** o †**contramandàre**, †**contromandàre** [fr. *contremander*] v. tr. • (*raro*) Controordinare.

†**contrammàrcia** • V. *contromarcia*.

contrammarèa [comp. di *contra-* e *marea*] s. f. • Corrente marina opposta alla marea ordinaria.

contrammiràglio [fr. *contre-amiral*] s. m. • Primo grado della gerarchia degli ammiragli, corrispondente a quello di generale di brigata nell'esercito.

†**contranèllo** o †**controanèllo** [comp. di *contr(o-)* e *anello*] s. m. • Fermanello.

†**contrannaturàle** • V. *contronaturale*.

†**contrannitènte** [vc. dotta, lat. tardo *contranitènte(m)*, part. pres. di *contranīti*, comp. di *cŏntra* 'contro' e *nīti* 'sforzarsi'] agg. • Che fa forza contro un'altra forza.

†**contraparàre** [comp. di *contra-* e *parare*] v. intr. • (*raro*) Fare difesa, resistere.

contrapertùra [comp. di *contr(o-)* e *apertura*] s. f. • Incisione che si pratica nella parte inferiore di una piaga per facilitarne lo scolo.

†**contrapologìa** [comp. di *contr(o-)* e *apologia*] s. f. • Confutazione di un'apologia altrui con una propria.

†**contrappassàre** [comp. di *contra-* e *passare*] **A** v. intr. *1* Passare, comunicarsi a vicenda. *2* Trasgredire: *c. a qc., a q.c.* **B** v. tr. • (*raro*) Misurare coi passi.

contrappàsso (1) [comp. di *contra-* e del lat. *pāssus*, part. pass. di *pāti* 'sopportare, soffrire'] s. m. *1* Pena del taglione. *2* Nella Divina Commedia di Dante Alighieri, corrispondenza, per contrasto o somiglianza, delle pene dei vari peccatori con le colpe commesse.

contrappàsso (2) [fr. *contre-pas*] s. m. • Movimento di passo alternato nella danza del XV e XVI sec.

contrappèllo o **controappèllo** [fr. *contre-appel*] s. m. • Secondo appello che si effettua per verificare l'esattezza di quello precedente | Controllo dei soldati presenti in caserma dopo il termine della libera uscita.

contrappélo • V. *contropelo*.

†**contrappesaménto** s. m. • Atto, effetto del contrappesare.

contrappesàre [comp. di *contra-* e *pesare*] **A** v. tr. (*io contrappéso*) *1* Bilanciare il peso di una cosa con quello di un'altra | Determinare il peso di una cosa ponendola sulla bilancia o soppesandola con le mani. *2* (*fig.*) Esaminare con cura una questione, una situazione e sim., considerandone i vari aspetti, sia positivi sia negativi: *c. l'importanza di una decisione*. **B** v. intr. (aus. *essere* e *avere*) • (*lett.*) Fare equilibrio, contrappeso (*anche fig.*): *il premio non contrappesa a il danno* (MACHIAVELLI). **C** v. rifl. rec. • Equilibrarsi, pareggiarsi (*anche fig.*): *in questa scelta i vantaggi e gli svantaggi si contrappesano*.

contrappesàto part. pass. di *contrappesare*; anche agg. • Nei sign. del v. || **contrappesataménte**, avv. (*raro, fig.*) Ponderatamente, cautamente.

contrappéso [comp. di *contra-* e *peso*] s. m. *1* In alcune macchine o costruzioni, carico cui si ricorre per controbilanciare l'azione delle forze. *2* (*fig.*) Cosa, persona, atta a sostenerne o a uguagliarne un'altra simile: *la tua volontà fa da c. alla sua*.

contrapponìbile [dal lat. *contrapōnere* 'contrapporre'] agg. • Che si può contrapporre.

contrapponiménto s. m. • (*raro*) Contrapposizione.

contrappórre [lat. *contrapōnere*, comp. di *cŏntra* 'contro' e *pōnere* 'porre'] **A** v. tr. (coniug. come *porre*) • Mettere contro: *c. un ostacolo all'avanzata delle acque* | Opporre a una forza un'altra a essa contraria (*anche fig.*): *c. la realtà ai sogni* | (*est.*) Mettere a riscontro: *c. città a città*. **B** v. rifl. • Mettersi contro, in contrasto: *contrapporsi alla volontà di qc.* **C** v. rifl. rec. • Essere in contrasto, in opposizione: *due punti di vista che si contrappongono*.

contrappòrta • V. *controporta*.

contrappoṣiziòne s. f. *1* Atto, effetto del contrapporre o del contrapporsi. *2* (*filos.*) Conversione. *3* †Antitesi.

contrappósto A part. pass. di *contrapporre*; anche agg. *1* Nei sign. del v. *2* Contrario: *argomenti, concetti contrapposti*. **B** s. m. • Cosa, persona che per natura, qualità e sim. si contrappone a un'altra: *fare da c. a qc. o q.c.*; *il c. di un'idea, di una parola*; *il tuo amico è il c. del mio*. SIN. Contrario.

contrappózzo [comp. di *contra-* e *pozzo*] s. m. • (*raro*) Pozzo vicino a un altro e suo sussidiario.

†**contrappròccio** [fr. *contre-approche*] s. m. • Ogni lavoro eseguito all'esterno della cinta di una fortezza o di una piazza, per contrastare i lavori d'approccio dell'attaccante.

contrappuntàre o †**contrapuntàre**. v. tr. (*io contrappùnto*) • (*mus.*) Scrivere o eseguire in contrappunto.

contrappunteggiàre [da *contrappunto*] v. tr. (*io contrappuntéggio*) • (*mus.*) Comporre in contrappunto.

contrappuntìsta o †**contrapuntìsta**. s. m. e f. (pl. m. *-i*) • (*mus.*) Studioso, esperto di contrappunto.

contrappuntìstico agg. (pl. m. *-ci*) • (*mus.*) Del, relativo al contrappunto. || **contrappuntisticaménte**, avv. Secondo le regole del contrappunto.

contrappùnto o †**contrapùnto** [lat. mediev. (*ponere punctum*) *contra punctum* '(mettere nota) contro nota'] s. m. *1* (*mus.*) Arte del comporre sovrapponendo più linee melodiche simultanee: *maestro di c.*; *il c. dello stile polifonico*. *2* (*est.*) Alternanza di temi, situazioni e motivi diversi in una sola e armonica composizione artistica: *c. filmistico*. *3* (*fig., scherz.*) Accompagnamento | *Fare il c. a qc.*, fare le stesse cose che egli fa, scimmiottarlo. || **contrappuntino**, dim.

contrappunzonàre v. tr. (*io contrappunzóno*) • Imprimere con il contrappunzone.

contrappunzóne [comp. di *contra-* e *punzone*] s. m. • Corto pezzo di verga d'acciaio sulla cui estremità sta in rilievo la figura corrispondente agli spazi interni e vuoti del punzone.

†**contrapùnto** e *deriv*. • V. *contrappunto* e *deriv*.

contràre (1) [dal fr. *contre*] v. tr. (*io cóntro*) • Nel gioco del bridge, dichiarare il contre.

contràre (2) [dal fr. *contre*] v. tr. (*io cóntro*) • Nel pugilato, colpire d'incontro | Nel calcio, arrestare l'attacco dell'avversario con un'entrata frontale; attaccare in contropiede.

contràrgine [comp. di *contr(o-)* e *argine*] s. m. • Argine parallelo a un altro, di rinforzo all'argine principale.

contrària [f. sost. di *contrario*] s. f. • Nella scherma, qualsiasi movimento che elude le intenzioni difensive o offensive dell'avversario.

†**contrariaménto** o (*raro*) †**contradiaménto**. s. m. • Contrasto, resistenza.

contrariànte part. pres. di *contrariare*; anche agg. • Nei sign. del v.

†**contrariànza** s. f. • Contrarietà.

contrariàre o †**contradiàre** [vc. dotta, lat. tardo *contrariāre*, da *contrārius* 'contrario'] **A** v. tr. (*io contràrio*) *1* Contrastare, avversare, ostacolare: *c. i sentimenti, i propositi, i desideri di qc.* | (*est.*) Contraddire: *è inutile contrariarlo*. *2* Provocare fastidio, dispiacere, irritazione e sim.: *il suo comportamento mi ha molto contrariato*. SIN. Infastidire, irritare. **B** v. intr. (aus. *avere*) • †Contrastare, opporsi a qc. | †*C. a q.c.*, confutarla.

contrariàto part. pass. di *contrariare*; anche agg. • Nei sign. del v.

†**contrariatóre** s. m.; anche agg. (f. *-trice*) • (*raro*) Chi, che contraria.

†**contrariazióne** s. f. • (*raro*) Contrarietà.

contrarietà [vc. dotta, lat. tardo *contrarietāte(m)*, da *contrārius* 'contrario'] s. f. *1* (*lett.*) L'essere contrario, opposto: *la c. nasce dal contrasto* (CAMPANELLA). *2* L'essere avverso, sfavorevole: *la c. delle stagioni, del tempo, del clima, della fortuna*. *3* Impedimento, intoppo, avversità: *superare ogni c.*; *le c. della vita* | Disgrazia, malasorte: *non lasciarsi abbattere dalle c.* *4* Sentimento di fastidio, avversione, antipatia: *prova una vera c. per questioni simili*; *ha manifestato la sua c. ai nostri progetti*.

contràrio o (*raro*) †**contràdio**, †**contràro** [vc. dotta, lat. *contrāriu(m)* 'che sta di fronte', da *cŏntra* 'contro'] **A** agg. *1* Che è in opposizione, in contrasto: *pareri contrari*; *opinioni contrarie*; *idee contrarie al buon senso*; *i risultati saranno contrari alle tue aspirazioni* | *In caso c.*, altrimenti, nell'eventualità opposta. SIN. Contrapposto, opposto. *2* (*filos.*) *Proposizioni contrarie*, in logica, sistema di due proposizioni universali uguali per il soggetto e il predicato di cui l'una è affermativa, l'altra negativa. *3* Che sta contro, che agisce in senso opposto: *movimento c.*; *vento, mare, c. alla navigazione*; *onda contraria*; *direzione contraria*. *4* Che ostacola la realizzazione di q.c., quindi avverso, sfavorevole: *sorte, stagione contraria*; *i risultati gli sono stati contrari*. *5* (*dir.*) *Impugnazione contraria*, riconvenzionale. || **contrariaménte**, avv. **B** s. m. *1* Cosa contraria, opposta: *fa l'esatto c. di quello che dice*; *l'umiltà è il c. dell'orgoglio* | *Al c., in c.*, †*per lo c.*, all'opposto, invece | *Avere q.c. in c.*, avere delle obiezioni da muovere | †*Recarsi a c.*, aversi a male di q.c. *2* †Avversità, tribolazione, infortunio. *3* (*raro, lett.*) †Avversario. **C** avv. • †Contrariamente.

†**contrarióso** o (*raro*) †**contradióso**. agg. • Contrario.

†**contrarispóndere** • V. †*controrispondere*.

contrarmellìno [calco sul fr. *contre-hermine*] s. m. • (*arald.*) Pelliccia nera sparsa di macchie bianche.

†**contràro** • V. *contrario*.

†**contraróndа** • V. *controronda*.

contràrre o †**contràere** [lat. *contrahere*, comp. di *cŭm* 'con' e *trăhere* 'trarre'] **A** v. tr. (coniug. come *trarre*) *1* Restringere, raggrinzare, corrugare: *c. le sopracciglia, le labbra, il volto*. *2* Accogliere, ricevere, prendere in sé: *c. un vizio, un'abitudine* | *C. una malattia*, rimanerne affetto | Assumere: *c. un obbligo, un debito* | Stringere: *c. un'amicizia, una relazione*; *c. familiarità, intimità con qc.* *3* Stabilire concordemente: *c. un patto* | *C. matrimonio*, sposarsi. *4* (*raro*) †Radunare, mettere insieme. **B** v. intr. pron. *1* Restringersi, raggrinzarsi, corrugarsi: *il viso gli si contrasse in una smorfia*. *2* (*ling.*) Fondersi insieme, di due o più suoni vocalici, in un'altra vocale o in un dittongo.

†**contràrte** [comp. di *contro-* e *arte*] s. f. • Artifizio che tende a vincere quello d'altri.

contras /sp. 'kɔntras/ [vc. sp., dal lat. *cŏntra* 'contro'] **A** s. m. pl. *1* Guerriglieri del Nicaragua che combattevano il movimento rivoluzionario sandinista | (*est.*) In alcune regioni dell'America centrale, movimento controrivoluzionario di lotta armata. *2* (*est.*) Oppositori, dissidenti politici. **B** anche **agg.**: *guerriglieri c.*

contrasbarràto [comp. di *contra-* e *sbarrato*] **agg.** ● Detto di scudo diviso diagonalmente in due campi con sbarre contrapposte di due colori.

contrascàrpa ● V. *controscarpa.*

contrascritta ● V. *controscritta.*

†**contrasforzàrsi** [comp. di *contra-* e *sforzarsi*] **v. rifl.** ● Sforzarsi reciprocamente.

†**contrasfòrzo** [comp. di *contra-* e *sforzo*] **s. m.** ● Sforzo esercitato in senso contrario a un altro.

contrassàlto [comp. di *contr(o-)* e *assalto*] **s. m.** ● (*mil.*) Reazione immediata svolta dalle minori unità, per eliminare o rigettare l'assalitore penetrato in una posizione difensiva.

contrassàrtia [comp. di *contra-* e *sartia*] **s. f.** ● (*mar.*) Sartia di rinforzo.

contrassegnàre [da *contrassegno* (*1*)] **v. tr.** (*io contrasségno*) ● Indicare, distinguere mediante contrassegno (*anche fig.*): *contrassegnò con un asterisco le note aggiunte allo scritto*; *quell'epoca fu contrassegnata da numerose guerre.*

contrassegnàto **part. pass.** di *contrassegnare*; anche **agg.** ● Nei sign. del v.

contrasségno (**1**) [comp. di *contra-* e *segno*] **s. m.** *1* Segno particolare che serve per segnalare, riconoscere, distinguere una cosa o una persona: *portava un fiore rosso per c.*; *apporre, mettere un c. a q.c.* **SIN.** Distintivo. *2* (*fig.*) Attestato, testimonianza, prova: *c. di stima, di affetto.*

contrasségno (**2**) o **cònt'rassègno** o **controassègno** [comp. di *contra-* (o *contro-*) e *assegno* nel sign. 4] **loc. avv.** ● Con pagamento all'atto del ritiro della merce: *ordinare, comprare, q.c. c.*; *spedire un libro c.*

contrassoggètto ● V. *controsoggetto.*

contrastàbile [da *contrastare*] **agg.** ● Che si può contrastare. ‖ **contrastabilménte**, **avv.** (*raro*) In modo contrastabile.

†**contrastaménto** **s. m.** ● (*raro*) Contrasto.

contrastàmpa e *deriv.* ● V. *controstampa* e *deriv.*

contrastànte **A** **part. pres.** di *contrastare*; anche **agg.** ● Nei sign. del v. **B** **s. m. e f.** ● (*raro*) Chi contrasta, si oppone.

contrastàre [lat. *cŏntra stāre* 'mettersi contro'] **A** **v. tr.** *1* Avversare, ostacolare, impedire la realizzazione o il raggiungimento di q.c.: *c. una vittoria, un successo, un premio, il passo, un amore.* *2* Negare, contestare: *nessuno ti contrasta il diritto di uscire.* *3* (*raro, lett.*) Combattere, assalire (*anche fig.*): *i ghibellini ... andavano tutti ... a contrastare i guelfi* (VILLANI). **B** **v. intr.** (aus. *avere*) *1* (*lett.*) Opporsi, resistere, fare impedimento: *rade volte adiven ch'a l'alte imprese / fortuna ingiuriosa non contrasti* (PETRARCA). *2* Contendere, discutere, far lite: *contrastò a lungo col venditore.* *3* Essere in conflitto, in disaccordo: *i loro giudizi contrastano completamente*; *il suo comportamento contrasta con l'opinione che si ha di lui.* *4* (*lett.*) Combattere, lottare (*anche fig.*): *cavalier perfetto / da poter contrastar col Saracino* (ARIOSTO); *c. con la morte, col male.* **C** **v. rifl. rec.** ● Contendersi, disputarsi: *contrastarsi un premio.*

contrastàto **part. pass.** di *contrastare*; anche **agg.** *1* Nei sign. del v. *2* Che è, o è stato, oggetto di contrasto, di impedimento: *successo c.*; *felicità contrastata.* *3* Detto di fotografia in cui le luci e le ombre risultano nettamente.

contrastivo [ingl. *contrastive*, da *contrast* 'contrasto'] **agg.** ● (*ling.*) *Analisi contrastiva*, branca della linguistica applicata che analizza in modo comparativo due lingue a vari livelli (fonologico, morfologico, sintattico e semantico), per metterne in evidenza le differenze e i contrasti.

contràsto [da *contrastare*] **s. m.** *1* Atto del contrastare | Nel calcio e sim., azione d'un giocatore che mira a neutralizzare l'attacco d'un avversario. *2* Discordia, diverbio, alterco: *venire in, a c. con qc.*; *mettere in c. due persone*; *i soliti contrasti familiari* | *Senza c.*, senza resistenza, senza opposizione e (*est., fig.*) senza dubbio | (*est., lett.*) Lotta, battaglia. *3* (*fig.*) Conflitto interiore, urto di idee, sentimenti, passioni, e sim.: *un'anima turbata da continui contrasti.* *4* Contrapposizione, disaccordo di cose diverse fra loro: *il c. delle luci e delle ombre*; *un c. di colori, di tinte.* *5* Proprietà di eliminare i toni grigi intermedi di una pellicola o in una carta fotosensibile: *pellicola, carta, stampa a c.* | Rapporto tra i valori di luminosità massima e minima di un'immagine fotografica e televisiva | (*fam.*) Nei televisori, comando che consente di aumentare o diminuire i toni grigi intermedi dell'immagine. *6* (*letter.*) Componimento poetico dialogato in cui è svolta una disputa tra persone od oggetti inanimati di valore simbolico. **SIN.** Altercazione. *7* (*fis., med.*) *Mezzo di c.*, sostanza dotata di trasparenza ai raggi X diversa da quella dei tessuti del corpo umano che, introdotta nelle sue cavità naturali, rende visibili organi e apparati organici all'esame radiologico.

contrattàbile [da *contrattare*] **agg.** ● Che si può contrattare: *prezzo c.*

contrattaccàre [comp. di *contr(o-)* e *attaccare*] **v. tr.** (*io contrattàcco, tu contrattàcchi*) ● Rispondere a un attacco con un altro attacco (*anche ass.* e *fig.*): *c. il nemico*; *l'esercito contrattaccò su tutto il fronte*; *l'opposizione è stata violentemente contrattaccata.*

contrattàcco [fr. *contre-attaque*] **s. m.** (**pl.** *-chi*) *1* (*mil.*) Reazione svolta da unità di riserva per stroncare un attacco nemico. *2* In vari sport, azione di risposta a un attacco. *3* (*fig.*) In una polemica, uno scontro verbale e sim., vivace reazione, fondata su nuovi elementi, mirante ad annullare o a contenere i risultati precedentemente ottenuti: *l'avversario è passato al c.* **SIN.** Replica. *4* †Nelle antiche fortificazioni, lavori eseguiti a una certa distanza da una fortezza per collocarvi batterie contro gli attaccanti.

†**contrattaménto** **s. m.** ● Contrattazione.

contrattàre [da *contratto* (*2*)] **v. tr.** *1* Trattare insieme con qc. una vendita, un acquisto, uno scambio, e sim.: *c. un terreno, un cavallo, una partita di canapa* | (*ass.*) Trattare, mercanteggiare: *è molto abile nel c.*; *accettò subito, senza stare a c.* *2* (*est.*) Discutere, prendere accordi, fissare: *c. un matrimonio.*

contrattatóre **s. m.** (**f.** *-trice*) ● (*raro*) Chi contratta.

contrattazióne **s. f.** ● Atto, effetto del contrattare | *c. collettiva*, nel mondo del lavoro, quella che si svolge tra organizzazioni sindacali e Governo o Confindustria: *c. collettiva sul costo del lavoro.*

contrattèmpo [comp. di *contra-* e *tempo*] **s. m.** *1* Caso, avvenimento, e sim. che si verifica in un momento inopportuno ritardando, interrompendo o impedendo la realizzazione o il normale svolgimento di q.c.: *a causa di un c. non gli è stato possibile partire* | (*raro*) *A, di, c.*, di sorpresa, inaspettatamente, inopportunamente. **SIN.** Contrarietà. *2* (*raro*) Momento favorevole, occasione propizia: *cogliere il c.* *3* (*mus.*) Controtempo.

contràttile [da *contratto* (*1*)] **agg.** ● Che può contrarsi: *fibra c.*

contrattilità **s. f.** ● Capacità di alcuni elementi di ridurre, se stimolati, le proprie dimensioni.

contrattista [da *contratto* (*2*)] **s. m. e f.** (**pl. m.** *-i*) ● Nel vecchio ordinamento universitario italiano, chi ricopriva, con contratto a termine, l'attuale ruolo di ricercatore scientifico.

contrattistica [da *contratto* (*2*)] **s. f.** ● Attività di definizione e gestione di contratti di noleggio, spec. nelle agenzie marittime.

contràtto (**1**) **part. pass.** di *contrarre*; anche **agg.** ● Nei sign. del v. ‖ †**contrattaménte**, **avv.** Con contrazione.

contràtto (**2**) [vc. dotta, lat. tardo *contrăctu(m)*, sostantivo da *contrăhere* 'contrarre'] **s. m.** *1* (*dir.*) Accordo fra due o più persone per costituire, modificare, estinguere un rapporto giuridico patrimoniale: *c. aleatorio, associativo, reale, d'opera, di giuoco, di agenzia*; *stipulare, sottoscrivere, concludere un c.* | *C. di formazione e lavoro*, contratto di lavoro subordinato caratterizzato dalla durata a termine e dalla funzione di favorire l'inserimento dei giovani nel mondo del lavoro e la loro formazione professionale | (*est.*) Documento su cui è scritto tale accordo: *firmare il c.* *2* (*gener., est.*) Patto, accordo | *C. collettivo di lavoro*, quello stipulato fra associazioni di lavoratori e datori di lavoro per disciplinare gli aspetti normativi ed economici dei rapporti individuali di lavoro. *3* (*filos.*) *C. sociale*, quello che, instaurato da una società giuridicamente organizzata, si presenta o come unione in base alla quale una molteplicità di individui liberi e indipendenti si costituisce in società, o come soggezione per cui la società istituisce un governo con un potere legittimo di comando. *4* Nel gioco del bridge, l'impegno che una coppia di giocatori assume di realizzare un determinato numero di prese. ‖ **contrattino**, **dim.** | **contrattóne**, **accr.** | **contrattùccio**, **dim.**

contrattuàle [fr. *contractuel*, da *contrat* 'contratto (2)'] **agg.** ● Pertinente a un contratto: *clausola, responsabilità c.* | *Autonomia c.*, libertà delle parti di determinare il contenuto del contratto nei limiti posti dalla legge | *Danno c.*, conseguente all'inadempimento degli obblighi derivanti da un contratto. ‖ **contrattualménte**, **avv.** In seguito a contratto, per contratto.

contrattualismo [da *contrattuale*] **s. m.** ● Dottrina politica e giuridica dei secc. XVI-XVIII fondata sui principi del contratto sociale.

contrattualistica [da *contrattuale*] **s. f.** ● Tecnica e normativa che riguarda la stesura dei contratti, spec. in campo commerciale internazionale.

contrattùra [vc. dotta, lat. *contractūra(m)*, da *contrăctus*, part. pass. di *contrăhere* 'contrarre'] **s. f.** ● (*med.*) Stato di contrazione involontaria, durevole, della muscolatura striata.

†**contrausànza** [comp. di *contra-* e *usanza*] **s. f.** ● (*raro*) Scostumatezza.

contravàio [comp. di *contra-* e *vaio*] **s. m.** ● (*arald.*) Pelliccia nella quale i pezzi d'argento e d'azzurro, che la compongono, si oppongono punta a punta e base a base.

†**contravvalére** [comp. di *contra-* e *valere*] **v. tr.** e **intr.** ● Essere equivalente.

contravvallazióne ● V. *controvallazione.*

contravveléno o **controveléno** [comp. di *contra-* e *veleno*] **s. m.** *1* Antidoto. *2* (*fig.*) Rimedio: *la sua dolcissima vista ... c. all'asprezza della mia solitudine* (ALFIERI).

†**contravveniménto** **s. m.** ● Contravvenzione.

contravvenire [lat. mediev. *contravenire*, comp. di *cŏntra* 'contro' e *venīre* 'venire'] **v. intr.** (coniug. come *venire*; aus. *avere*) ● Andare contro, operare contro, trasgredire: *c. a un obbligo, a una regola, a un comando, a una legge*; *continuavo a c. ai miei proponimenti e non me ne accorgevo* (SVEVO).

contravvènto ● V. *controvento.*

contravventóre **s. m.** (**f.** *-trice*) *1* (*dir.*) Chi ha commesso una o più contravvenzioni | *C. abituale*, quando è particolarmente dedito alla commissione di contravvenzioni | *C. professionale*, chi trae una fonte stabile di guadagno commettendo abitualmente reati di contravvenzione. *2* Correntemente, chi contravviene al disposto di una norma. **SIN.** Trasgressore.

contravvenùto **part. pass.** di *contravvenire* ● Nei sign. del v.

contravvenzióne [da *contravvenire*] **s. f.** *1* (*raro*) Atto, effetto del contravvenire a q.c. *2* (*dir.*) Violazione della legge penale per cui sono previste le pene dell'arresto e dell'ammenda: *conciliare una c.* *3* Correntemente, la contestazione di una violazione della legge, e il pagamento della somma che, in dati casi, consente di estinguere la violazione stessa: *fare, elevare una c.*; *pagare una c.* **SIN.** Multa.

†**contravversióne** [comp. di *contr(o-)* e *avversione*] **s. f.** ● (*raro*) Versione fatta al contrario.

†**contravversità** [comp. di *contr(o-)* e *avversità*] **s. f.** ● (*raro*) Controversia, contrarietà.

contravvìso o **controavvìso** [comp. di *contr(o)-* e *avviso*] **s. m.** ● Avviso che ne annulla o ne modifica uno precedente.

contrazióne (**1**) [lat. *contractiōne(m)*, da *contrăhere* 'contrarre'] **s. f.** *1* Atto del contrarre, del contrarsi o dell'essere contratto: *c. del viso, della fronte* | (*med.*) *C. muscolare*, capacità degli elementi muscolari di ridurre le proprie dimensioni sotto lo stimolo di agenti appropriati | *Contrazioni uterine*, quelle che provocano l'espulsione del feto nel parto. *2* (*ling.*) Fusione di due vocali che si incontrano | *C. delle parole*, per fusione delle vocali o per sincope. *3* Diminuzione, calo: *la c. dei prezzi delle importazioni* | (*idraul.*) *C. della vena*, rapida diminuzione della sezione trasversale di una corrente fluida, che si verifica nelle luci a battente e a stramazzo.

contrazióne (2) • V. *controazione*.

contre /fr. kɔ̃tr/ [vc. fr., 'contro'] s. m. inv. • Nel gioco del bridge, parola con cui un giocatore comunica all'avversario che non ritiene mantenibile il contratto per cui l'avversario stesso si è impegnato.

†**contremàre** [lat. *contrĕmere*, comp. di *cŭm* 'con' e *trĕmere* 'tremare'] v. intr. • Tremare forte | (*fig.*) Aver paura.

contribuènte A part. pres. di *contribuire* • Nei sign. del v. B s. m. e f. • Il cittadino, in quanto paga imposte e tasse: *obbligo del c.*; *ruolo dei contribuenti*.

†**contribuiménto** s. m. • Contribuzione.

contribuire [lat. *contribuĕre*, comp. di *cŭm* 'con' e *tribuĕre* 'attribuire'] A v. intr. (*io contribuisco, tu contribuisci*; aus. *avere*) • Cooperare, prendere parte: *c. a un'impresa, alle spese pubbliche, al progresso* | Concorrere: *l'attesa contribuisce ad accrescere l'ansia*. B v. tr. • †Dare insieme con altri: *que' pochi che possono c. onori e denaro* (FOSCOLO).

contributivo agg. • Relativo a contributo: *capacità contributiva*.

contribùto [lat. *contribūtu(m)*, part. pass. di *contribuĕre* 'contribuire'] s. m. *1* Ciò che ciascuno dà personalmente per partecipare al raggiungimento di un fine comune: *c. finanziario*; *c. in denaro, in lavoro*; *offrire un c. alle spese pubbliche*; *recare il proprio c. a chi soffre* | *Mettere a c. qc., q.c.*, servirsene. *2* (*dir.*) Somma obbligatoriamente dovuta a un ente pubblico da chi si avvantaggia di un'attività di pubblica utilità dallo stesso ente compiuta: *c. per il recupero funzionale igienico-sanitario*; *c. per il recupero artistico* | *C. previdenziale*, nel rapporto di assicurazione sociale, somma trattenuta sulla retribuzione del lavoratore o addebitata al datore di lavoro e dovuta all'istituto assicuratore.

contributóre s. m. (f. *-trice*) • (*raro*) Chi contribuisce.

contribuzióne [vc. dotta, lat. tardo *contributiōne(m)*, da *contribūtum* 'contributo'] s. f. *1* Atto, effetto del contribuire. *2* (*raro*) Contributo, quota, imposta: *i parenti non andavano esenti da una c.* (MURATORI).

contrina [da *contro*] s. f. • Ciascuna delle corde che tengono tesa una rete da uccelli.

contrindicàre e *deriv*. • V. *controindicare* e *deriv*.

†**contrire** [lat. *contĕrere* (V. †*conterere*), rifatto su *contrito*] A v. tr. *1* Stritolare. *2* (*fig.*) Tormentare, distruggere. B v. intr. pron. • (*raro*) Struggersi di dolore, rimorso.

contristàbile agg. • (*raro*) Che si può contristare.

contristaménto s. m. • (*raro*) Atto, effetto del contristare.

contristàre [vc. dotta, lat. *contristāre*, comp. parasintetico di *trīstis* 'triste'] A v. tr. *1* Rendere triste, affliggere profondamente: *una grave sciagura contristò la sua vita*. *2* (*lett.*) †Molestare, travagliare: *l'aura morta / che m'avea contristati li occhi e 'l petto* (DANTE *Purg.* I, 17-18). B v. intr. pron. • Diventare triste, malinconico: *contristarsi per una brutta notizia*.

contristatóre s. m. (f. *-trice*) • (*raro*) Chi contrista.

†**contristazióne** [vc. dotta, lat. tardo *contristatiōne(m)*, da *contristāre* 'contristare'] s. f. • Contristamento, afflizione.

contrito [vc. dotta, lat. *contrītu(m)*, part. pass. di *contĕrere*. V. *conterere*] agg. • Pentito dei propri peccati, che ha contrizione | Che esprime pentimento: *atteggiamento c.* || **contritaménte**, avv. Con pentimento, contrizione.

contrizióne [vc. dotta, lat tardo *contritiōne(m)*, da *contrītus* 'contrito'] s. f. *1* Sentimento di dolore e di amaro pentimento per una colpa commessa: *in questo punto ricevo lettera ... tutta piena di c.* (MONTI). *2* Nel sacramento della penitenza, forma perfetta di pentimento, che consiste nel dolore dell'animo e nella detestazione del peccato commesso, con il proposito di non peccare più in avvenire.

cóntro (1) o (*lett.*) †**cóntra** [lat. *cŏntra*, di origine indeur.] A prep. (unito ai pron. pers. atoni, si pospone al v.: *gli andò c.*) *1* Indica opposizione, contrasto, ostilità: *marciarono c. il nemico*; *ha agito c. il mio parere*; *la nostra squadra giocherà domani c. la vostra*; *è una cosa c. natura*; *scommettere dieci c. cento* | In relazione a sentimenti, esprime avversione: *odio c. qc.*; *essere, mettersi, andare c. qc.* | *Fare q.c. c. voglia*, malvolentieri | Regge il compl. di svantaggio: *s'era trovato costretto a ricorreggere e ripubblicare la solita grida c. i bravi* (MANZONI) | Anche nelle loc. prep. *c. di*, (*raro*) *c. a*; *c. di me*; *c. di lui*; *c. di voi*. *2* Indica movimento o azione diretti verso o addosso a qc. o q.c.: *iniziare l'attacco c. il nemico*; *ha battuto la testa c. lo stipite*; *la macchina è andata a schiantarsi c. il muro*; *puntò l'arma c. la belva e fece fuoco*; *la madre attirò a sé il figlio e se lo strinse c. il petto*; *mi venne c. con aria minacciosa* | Indica movimento in direzione contraria: *procedere c. vento*; *nuotare, navigare c. corrente* | *Andare c. corrente*, (*fig.*) agire o pensare in modo contrario alla maggioranza delle persone | *Parata di c.*, nella scherma, movimento circolare eseguito imprimendo un moto rotatorio alla punta dell'arma, in modo che il ferro dell'attaccante venga raccolto entro il giro del difensore. *3* Di fronte, davanti (indica un determinato stato o posizione): *teneva la faccia volta c. il muro*; *il profilo si disegnò netto c. lo sfondo della parete*; *stava appoggiato c. la porta*; *gli si piantò c. a gambe larghe*. *4* Nelle loc. proprie del linguaggio commerciale: *c. pagamento*, *c. ricevuta*, *c. assegno*, cioè pagando, rilasciando ricevuta, rilasciando assegno. B avv. *1* In modo contrario: *la proposta non mi soddisfa: parlerò, voterò c.* | *Fare, operare c.*, in modo ostile | In opposizione: *uomini c.* *2* Nelle loc. avv. *di c.*, dirimpetto, di fronte: *la casa di c.* | In margine, di fianco, spec. nel linguaggio bur. e commerciale: *annotare di c.* | *Per c.*, al contrario, all'opposto, invece: *uno acconsente, l'altro per c. rifiuta sistematicamente la sua approvazione*. C in funzione di s. m. inv. • Nella loc. *il pro e il c.*, ciò che è in favore e ciò che è contrario: *valutare, pesare, considerare il pro e il c. di q.c.*

cóntro (2) s. m. • Adattamento di *contre* (V.)

cóntro- [dal lat. *cŏntra* 'contro'] pref. (*contr-* davanti a vocale) • Indica: opposizione, reazione, replica (*contrattacco*, *controcorso*, *controffensiva*, *controquerela*, *controsenso*); movimento, azione, direzione contraria (*contropelo*, *controvento*); contrapposizione (*contrordine*); sovrapposizione, sostituzione (*controfigura*); controllo, riscontro, verifica (*contrappello*, *contromarca*, *controprova*).

controaccùsa • V. *contraccusa*.

controaèreo • V. *contraereo*.

controalisèo o **contralisèo** [comp. di *contr(o-)* e *aliseo*] A s. m. • Vento delle alte regioni dell'atmosfera che spira al di sopra dell'aliseo, dall'equatore a ciascuno dei tropici. B anche agg.: *vento c.*

†**controanèllo** • V. †*contranello*.

controappèllo • V. *contrappello*.

controasségno • V. *contrassegno* (2).

controavvìso • V. *contravviso*.

controazióne o **contrazióne** (2) [comp. di *contro-* e *azione*] s. f. *1* Nella scherma, l'atto di portare un colpo sul finale di un'azione dell'avversario in modo da toccare senza essere toccato | (*est.*) Azione che mira a neutralizzare un'azione avversaria. *2* (*fig.*) Azione, iniziativa e sim., che si oppone subito a un'altra.

controbàttere [fr. *contre-battre*] v. tr. (coniug. come *battere*) *1* (*mil.*) Svolgere azione di controbatteria. *2* (*fig.*) Ribattere, replicare prontamente alle argomentazioni altrui: *c. le accuse dell'avversario*.

controbatterìa o †**contrabbatterìa** [fr. *contre-batterie*] s. f. • (*mil.*) Azione di fuoco dell'artiglieria diretta contro l'artiglieria del nemico.

controbattitóre [com. di *contro-* e *battitore*] s. m. • Specie di griglia che col battitore costituisce l'organo operante della trebbiatrice.

controbattùta [comp. di *contro-* e *battuta*] s. f. • Pronta replica a una battuta altrui, spec. in una discussione.

controbbilanciàre • V. *controbilanciare*.

controbelvedére [comp. di *contro-* e *belvedere*] s. m. inv. • (*mar.*) Piccola vela disposta sopra il belvedere. ➡ ILL. p. 1757 TRASPORTI.

controbilanciàre o **controbbilanciàre** [fr. *contre-balancer*] A v. tr. (*io controbilàncio*) *1* Fare equilibrio con due pesi bilanciati. *2* (*fig.*) Pareggiare, compensare: *lo svantaggio non controbilancia l'utile*. B v. rifl. rec. • Bilanciarsi, pareggiarsi (*anche fig.*): *due tentativi che si controbilanciano*.

controboccapòrto [comp. di *contro-* e *boccaporto*] s. m. • (*mar.*) Pezzo di costruzione sul quale si sistemano i battenti del boccaporto.

controbóllo [comp. di *contro-* e *bollo*] s. m. • (*raro*) Secondo bollo in riscontro al primo.

controbórdo [fr. *contre-bord*] s. m. • Posizione di navi che si incontrano seguendo rotte contrarie e parallele.

controbracciàre [da *controbraccio*] v. tr. (*io controbràccio*) • (*mar.*) Orientare i pennoni in maniera opposta a quella precedente.

controbràccio [comp. di *contro-* e *braccio*] s. m. • (*mar.*) Braccio di sopravento nel pennone.

controbuffè s. m. • Adattamento di *contro-buffet* (V.).

contro-buffet /kontroby'fe/ [comp. di *contro-* e il fr. *buffet*] s. m. inv. • Mobile posto dirimpetto al buffet, di cui ripete la forma, in dimensioni minori.

controcàmpo [comp. di *contro-* e *campo*, nel sign. cinematografico] s. m. • (*cine*) Inquadratura ripresa da un punto di vista opposto a quello precedente.

controcànto [comp. di *contro-* e *canto* (*1*)] s. m. • (*mus.*) Melodia secondaria che si sovrappone o sottopone al disegno melodico principale.

controcarèna o **contraccarèna** [comp. di *contro-* e *carena*] s. f. • (*mar.*) Protezione subacquea delle grosse navi militari, costituita da cassoni stagni sporgenti dai fianchi della carena, per ridurre gli effetti di eventuali esplosioni subacquee di mine e siluri.

controcàrro o **controcàrri** [comp. di *contro-* e *carro*] agg. inv. • Anticarro: *armi*, *mina c.*

controcartèlla [comp. di *contro-* e *cartella*] s. f. *1* Cartella inferiore dell'orologio. *2* Nelle armi da fuoco portatili, piastra di metallo opposta alla cartella, per dare presa alle viti di questa.

controcàssa o **contraccàssa** [comp. di *contro-* e *cassa*] s. f. • Seconda cassa, cassa che circonda un'altra per meglio assicurarne il contenuto.

controcaténa [comp. di *contro-* e *catena*] s. f. • Catena di rinforzo.

controcàva • V. *contraccava*.

controchiàma [comp. di *contro-* e *chiama*] s. f. • Contrappello nel sign. 1.

controchiavàre [comp. di *contro-* e *chiavare*] v. tr. (*io controchiàvo*) • (*raro*) Chiudere con controchiave.

controchiàve o **contracchiàve** [comp. di *contro-* e *chiave*] s. f. *1* Seconda chiave di una stessa serratura | Chiave di una seconda serratura | Seconda mandata di una chiave. *2* Chiave falsa.

controchìglia o **contracchìglia** [fr. *contre-quille*] s. f. • Nelle navi in legno, pezzo di costruzione sovrapposto alla chiglia per aumentare la stabilità della nave e proteggere la chiglia.

controcìfra [comp. di *contro-* e *cifra*] s. f. • Chiave per l'interpretazione di uno scritto cifrato.

controcommissióne [comp. di *contro-* e *commissione*] s. f. • Commissione nominata per compiere un'inchiesta o una verifica sull'operato di un'altra.

controcopèrta [comp. di *contro-* e *coperta*] s. f. • (*mar.*) Ponte completo sovrastante il ponte di coperta da poppa a prora, spec. in bastimenti dell'ultimo Ottocento.

controcorrènte o **cóntro corrènte**, nel sign. B [comp. di *contro-* e *corrente* (*2*)] A s. f. • Corrente che si muove in direzione opposta a un'altra vicina: *c. elettrica*; *controcorrenti marine*. B avv. • In direzione contraria a quella di una corrente: *nuotare c.* | (*est.*) In senso contrario | *Andare c.*, (*fig.*) seguire opinioni o consuetudini contrarie a quelle comuni e generalmente diffuse.

controcrìtica [comp. di *contro-* e *critica*] s. f. • Critica in risposta a un'altra.

controcultùra [comp. di *contro-* e *cultura*] s. f. • Il complesso delle manifestazioni culturali che, in una società industrializzata, si contrappongono a quelle che di tale società sono l'espressione più tradizionale e caratteristica.

controcùrva [comp. di *contro-* e *curva*] s. f. ● Curva che viene dopo un'altra curva e piega in senso opposto alla precedente.

controdàdo [comp. di *contro-* e *dado*] s. m. ● (*mecc.*) Dado sovrapposto a un altro per evitarne lo svitamento.

controdàta o **contraddàta** [fr. *contre-date*] s. f. **1** Data aggiunta a uno scritto e posteriore alla prima data. **2** Data di registrazione o di arrivo di lettere, plichi e sim.

controdatàre o **contraddatàre**. v. tr. ● Segnare una lettera con una controdata.

controdecréto [fr. *contre-décret*] s. m. ● Decreto che ne annulla o ne modifica uno precedente.

controdeduzióne [comp. di *contro-* e *deduzione*] s. f. ● In un giudizio, in un dibattito e sim., deduzione contraria a quella a cui è pervenuto l'avversario.

controdenùncia [comp. di *contro-* e *denuncia*] s. f. (pl. *-ce* o *-cie*) ● (*dir.*) Denuncia presentata dal denunciato contro il denunciante.

controdichiarazióne [fr. *contre-déclaration*] s. f. **1** Dichiarazione con cui le parti di un negozio giuridico riconoscono che questo è simulato. **2** Nel bridge, dichiarazione fatta in opposizione a quella di un avversario.

controdòte o **contraddòte** [comp. di *contro-* e *dote*] s. f. ● Anticamente, la dote costituita dal marito a favore della moglie.

controeccitàre [comp. di *contro-* ed *eccitare*] v. tr. (*io controèccito*) ● (*elettr.*) Eccitare in senso opposto: *c. un motore elettrico per invertirne il senso di marcia*.

controèlica [comp. di *contro-* ed *elica*] s. f. ● (*mar.*) Sistema di pinne collocate a proravia o a poppavia dell'elica per migliorarne il rendimento riducendo il moto rotazionale dell'acqua all'ingresso o all'uscita delle pale.

controèsodo [comp. di *contro-* e *esodo*] s. m. **1** Rientro in massa dai luoghi di villeggiatura. **2** (*est.*) Esodo che avviene in senso contrario a uno precedente: *il c. degli abitanti dalle periferie al centro*.

controfagòtto [comp. di *contro-* e *fagotto* (*2*)] s. m. ● Strumento musicale a fiato con canna conica ripiegata e ancia doppia che suona un'ottava sotto il fagotto. ➡ ILL. **musica**.

controfàscia [comp. di *contro-* e *fascia*] s. f. (pl. *-sce*) ● (*mus.*) Parte degli strumenti ad arco che unisce il fondo al coperchio | Fascia di rinforzo.

controfasciàme [comp. di *contro-* e *fasciame*] s. m. ● (*mar.*) Rivestimento esterno del fasciame per dare maggiore robustezza e forme migliori allo scafo.

controffensiva o **cóntro offensiva** [fr. *contre-offensive*] s. f. **1** Azione offensiva susseguente a una situazione difensiva temporanea, non appena è possibile riprendere l'iniziativa. **2** (*fig.*) Violenta reazione ad attacchi, argomentazioni, polemiche e sim. altrui: *iniziare la c.*; *passare alla c.*

controffensivo agg. ● Di, relativo a, controffensiva.

controffèrta [comp. di *contro-* e di *offerta*] s. f. ● In una trattativa spec. commerciale, offerta contrapposta a una precedente richiesta per ridurne o modificarne l'entità o le caratteristiche.

controfigùra [comp. di *contro-* e *figura*] s. f. ● Attore che, durante le riprese di un film, esegue scene acrobatiche o pericolose in sostituzione di un attore principale che non possa o non voglia partecipare alle scene stesse | (*est., fig.*) *Essere la c. di qc.*, esserne il sostituto senza possederne però in egual misura le qualità e gener. le caratteristiche peculiari.

controfilàre [comp. di *contro-* e *filare*] s. m. ● Nelle colture arboree consociate, filare di minore importanza e durata.

controfilétto [comp. di *contro-* e *filetto*] s. m. **1** Filetto disposto parallelamente a un altro, nei galloni, negli scudi araldici e in composizioni tipografiche. **2** Taglio di carne bovina tra il filetto e il girello.

controfilo [comp. di *contro-* e *filo*] s. m. ● Posizione trasversale di fibre, fili e sim. rispetto alla direzione del taglio.

controfinèstra [fr. *contre-fenêtre*] s. f. ● Intelaiatura a vetri sovrapposta alla finestra, per lo più dalla parte esterna, per meglio riparare dal freddo.

controfiòcco o **controflòcco** [comp. di *contro-* e *fiocco*] s. m. (pl. *-chi*) ● (*mar.*) Vela triangolare sul bompresso, più piccola del fiocco e più a proravia. ➡ ILL. p. 1757 TRASPORTI.

controfirma [comp. di *contro-* e *firma*] s. f. ● Seconda firma apposta su un documento a controllo o convalida della prima.

controfirmàre v. tr. ● Apporre una controfirma: *c. un documento, un atto*.

controflòcco ● V. *controfiocco*.

controfòdera [comp. di *contro-* e *fodera*] s. f. ● Tessuto che si mette fra tessuto e fodera per rinforzare spec. collo e risvolti in una giacca.

controfóndo [comp. di *contro-* e *fondo*] s. m. ● Secondo fondo di una valigia, un baule, un cassetto e sim., aggiunto per rinforzare il primo o per creare tra i due uno spazio libero, usato spec. come nascondiglio.

controfòrza [comp. di *contro-* e *forza*] s. f. ● (*mecc.*) Forza che agisce in senso contrario a un'altra.

controfòsso o **contraffòsso** [comp. di *contro-* e *fosso*] s. m. **1** Secondo fosso ai piedi dello spalto, per maggior difesa delle fortificazioni. **2** Canaletto alla testata dell'appezzamento parallelo al fosso adacquatore.

controfùga [comp. di *contro-* e *fuga*] s. f. ● (*mus.*) Fuga nella quale il soggetto e la sua risposta si seguono per conto opposto.

controfùne [comp. di *contro-* e *fune*] s. f. ● Nelle funivie, corda d'acciaio che agisce in senso opposto alla fune traente.

controfuòco [comp. di *contro-* e *fuoco*] s. m. (pl. *-chi*) ● Incendio appiccato volontariamente e controllato per eliminare il materiale combustibile che alimenta un grave incendio spec. di boschi.

controgambétto [comp. di *contro-* e *gambetto*] s. m. ● Nel gioco degli scacchi, il volontario sacrificio iniziale di un pedone in vista di un vantaggio di posizione.

controgènio ● V. *contraggenio*.

controgirèllo [comp. di *contro-* e *girello*] s. m. ● Taglio di carne della coscia del bue. SIN. Scannello.

controgriffa [comp. di *contro-* e *griffa*] s. f. ● Nelle macchine da presa, dispositivo che blocca la pellicola durante il tempo di esposizione.

controguàrdia o **contragguàrdia** [fr. *contre-garde*] s. f. ● Nelle antiche fortificazioni, opera di difesa, antistante alla cinta di una fortezza. ➡ ILL. p. 360 ARCHITETTURA.

controguerriglia [comp. di *contro-* e *guerriglia*] s. f. ● Azione repressiva della guerriglia.

controinchièsta [comp. di *contro-* e *inchiesta*] s. f. ● Inchiesta che si svolge parallelamente a un'altra, della quale vuole contestare i sistemi e i risultati.

controindicàre o †**contraindicàre**, **contrindicàre** [comp. di *contro-* e *indicare*] v. tr. (*io controìndico, tu controìndichi*) **1** Indicare come nocivo o pericoloso alla salute per il coincidere di determinati eventi: *i tuoi disturbi controindicano questa terapia*. **2** In un testo scritto, indicare a margine, di fianco.

controindicàto o **contrindicàto**. part. pass. di *controindicare*; anche agg. **1** Nei sign. del v. **2** (*est.*) Sconsigliabile, vietato.

controindicazióne o †**contraindicazióne**, **contrindicazióne** [comp. di *contro-* e *indicazione*] s. f. **1** Circostanza che sconsiglia un intervento o l'uso di un medicamento. **2** In un testo scritto, notazione a margine.

controinformazióne [comp. di *contro-* e *informazione*] s. f. ● L'insieme dei mezzi di informazione che si contrappongono a quella fornita dai mezzi di comunicazione ufficiali | (*est.*) L'azione svolta da tali mezzi.

controinterrogatòrio [comp. di *contro-* e *interrogatorio*] s. m. ● (*dir.*) Interrogatorio della difesa o dell'accusa a un imputato o a un teste, in opposizione a quello già svolto dalla parte avversa.

controlateràle [comp. di *contro-* e *laterale*] agg. ● Che concerne il lato opposto, con riferimento alla simmetria bilaterale dell'organismo animale e umano.

controllàbile agg. ● Che si può controllare.

controllàre [fr. *contrôler*, da *contrôle* 'controllo'] **A** v. tr. (*io contròllo*) **1** Esaminare accuratamente q.c. per verificarne l'esattezza, la validità, la regolarità, la rispondenza a determinati criteri, e sim.: *c. la data, l'ora, un documento*; *c. i tempi di lavorazione di un'industria*. SIN. Accertare. **2** Sottoporre a sorveglianza: *c. lo svolgimento di un servizio, l'ordine pubblico*; *c. gli spostamenti di una persona* | *C. un avversario*, nel calcio, marcarlo | *C. la palla*, nel calcio, conservarne il possesso in contrasto con un avversario | Sindacare: *c. il comportamento, l'operato di qc.* **3** Tenere in proprio potere: *c. un importante settore commerciale*; *c. l'accesso alle vie fluviali* | (*fig.*) Dominare: *c. i propri gesti, la propria voce* | *C. i propri nervi*, sapersi mantenere calmo dominando e vincendo i propri impulsi. **B** v. rifl. ● (*fig.*) Possedere la capacità di dominare e vincere i propri impulsi, istinti, e sim.: *è una persona che sa controllarsi*. SIN. Dominarsi, frenarsi.

controllàto part. pass. di *controllare*; anche agg. **1** Nei sign. del v. **2** *Amministrazione controllata*, gestione temporanea, sotto controllo dell'autorità giudiziaria, di un'impresa in caso di temporanea difficoltà dell'imprenditore ad adempiere. **3** *Società controllata*, (*ell.*) *controllata*, quella il cui pacchetto azionario di maggioranza appartiene a un'altra società.

contròller /kon'trɔller, *ingl.* kən'troulə*/ [vc. ingl., propriamente 'che controlla', dal fr. *contrôleur* 'controllore'] s. m. inv. **1** (*ferr.*) Dispositivo di comando a manovra manuale. **2** (*org. az.*) Chi controlla la gestione economica dell'impresa.

controlleria [da *controllo*] s. f. ● Accertamento del possesso e della regolarità del biglietto da parte del viaggiatore: *personale di c.*

contròllo [fr. *contrôle*, dall'ant. *contre-rôle* 'contro registro', poi 'registro tenuto in doppia copia'] s. m. **1** Atto, effetto del controllare: *c. dell'ora, della validità di un documento*; *effettuare un c.*; *sottoporre q.c. a c.*; *sfuggire, eludere il c.* | *C. del traffico aereo*, regolazione del movimento degli aeromobili attuata dai controllori di volo | Verifica: *c. di cassa* | *C. di legittimità costituzionale*, esame di competenza della Corte Costituzionale di atti legislativi | *C. budgettario*, riscontro sistematico dei risultati di gestione con le previsioni iscritte nel budget | *C. di qualità*, complesso di operazioni di ispezione, controllo e collaudo tendenti a rilevare l'aderenza della produzione agli standard di lavorazione | Sorveglianza: *il c. dell'ordine pubblico* | *C. delle nascite*, insieme delle misure adottate perregolamentare il numero delle nascite. **2** Persona o gruppo di persone cui spetta l'incarico di verificare, sorvegliare e sim. un'attività: *c. sanitario*; *organo di c.* | Luogo, ufficio in cui avviene un controllo: *c. doganale*. **3** Potere, padronanza, dominio: *il c. delle vie marittime* | *Avere il c. di una società*, mediante il possesso del pacchetto azionario di maggioranza | (*fig.*) Capacità di dominare e vincere i propri impulsi, istinti e sim.: *avere molto, poco c. di sé*; *conservare, perdere il c.* **4** Ogni mezzo tecnico idoneo a verificare, comandare o regolare il funzionamento di un apparecchio, di un meccanismo e sim. | (*elab.*) *C. numerico di macchine utensili*, comando di macchine, spec. di macchine utensili, per mezzo di istruzioni numeriche.

controllóre [fr. *contrôleur*, da *contrôler* 'controllare'] s. m. ● Chi controlla | Impiegato che verifica i biglietti sui veicoli di trasporto pubblico | *C. ferroviario*, che controlla l'operato del personale dei treni, l'andamento del servizio nelle stazioni e sim. | (*aer.*) *C. di volo, del traffico aereo*, chi sorveglia e dirige il traffico aereo assicurando il corretto distanziamento degli aeromobili per evitare le collisioni.

controlùce o **cóntro lùce** nel sign. B [comp. di *contro-* e *luce*] **A** s. f. o raro m. inv. **1** Luce che, per contrasto, attenua o impedisce l'effetto di un'altra luce. **2** In fotografia, cinematografia e sim., ripresa effettuata con la camera rivolta verso la sorgente luminosa. **B** avv. ● In posizione contraria a quella da cui proviene la luce | *Essere, trovarsi, porsi c.*, in posizione intermedia fra chi osserva e la fonte di luce | *Guardare, osservare q.c. c.*, in trasparenza, ponendo l'oggetto tra sé e la fonte luminosa | Nella loc. avv. *in c.*: *fotografia in c.*, fatta su un soggetto che si trovi fra la macchina fotografica e la sorgente di luce.

controlùme [comp. di *contro-* e *lume*] **A** s. m. ● Controluce, spec. con riferimento a una sorgente di luce artificiale. **B** avv. ● Controluce.

controlunétta [comp. di *contro-* e *lunetta*] s. f. ● Nell'antica ferratura degli affusti, incastro dove entrava il perno della chiavarda.

†**contromandàre** ● V. †*contrammandare*.

contromanifestànte [comp. di *contro-* e *manifestante*] s. m. e f. (pl. m. *-i*) ● Chi prende parte a una contromanifestazione.

contromanifestazióne [comp. di *contro-* e *manifestazione*] s. f. ● Manifestazione che ne contesta un'altra, alla quale, in genere, si svolge contemporaneamente.

contromàno o **cóntro màno** [comp. di *contro-* e *mano*] avv. ● In direzione opposta a quella normale o regolare per il traffico stradale: *andare, camminare, circolare c.*

contromanòvra [comp. di *contro-* e *manovra*] s. f. ● Reazione a un atto ostile.

contromàrca [fr. *contremarque*] s. f. *1* Gettone e sim. che serve come segno di riconoscimento, usato spec. nei locali pubblici per permettere il rientro di chi si sia temporaneamente allontanato o la restituzione di capi d'abbigliamento e altri oggetti depositati al guardaroba. *2* Segno o marchio impresso su una moneta, dopo l'emissione, spec. per modificarne il valore o il corso legale.

contromarcàto agg. ● (*numism.*) Che reca una contromarca che ne modifica il valore o le caratteristiche | *Moneta contromarcata*, V. *moneta*.

contromàrcia o †**contrammàrcia** [fr. *contremarche*] **A** s. f. (pl. *-ce*) *1* (*mil.*) Evoluzione consistente in una marcia a fronte rovesciato, invertendo l'ordine iniziale d'incolonnamento dei reparti. *2* (*mar.*) Evoluzione per la quale i bastimenti in colonna virano di bordo serbando l'ordine medesimo. *3* Retromarcia. **B** in funzione di agg. inv. ● (posposto al s.) Detto di ciò che in un veicolo ha senso contrario a quello del moto: *sedile c.*

contromemoriàle [comp. di *contro-* e *memoriale*] s. m. ● Memoriale in risposta e opposizione a un altro.

contromezzàna [comp. di *contro-* e *mezzana*] s. f. ● (*mar.*) Vela corrispondente alla vela di gabbia volante, all'albero di mezzana.

†**contromìna** [fr. *contre-mine*] s. f. ● Mina preparata dal difensore di un'opera fortificata per impedire o sventare i lavori di mina dell'attaccante.

controminàre [fr. *contre-miner*] v. tr. (*io contromìno*) *1* †Affrontare con contromine. *2* (*fig.*) Tentare di sventare piani, progetti e sim. altrui.

contromisùra [comp. di *contro-* e *misura*] s. f. ● Azione con cui si intende controbatterne o prevenirne un'altra: *prendere, adottare delle contromisure.*

contromòssa [comp. di *contro-* e *mossa*] s. f. ● Nel gioco degli scacchi, mossa fatta in opposizione ad altra dell'avversario: *fare una c.* | *Giocare in c.*, avere i pezzi neri | (*est.*) Mossa di reazione ad attacchi, argomentazioni, polemiche e sim. altrui: *prepararsi a una c.*

contromùro [fr. *contremur*] s. m. *1* Muro di rinforzo. *2* Muro sottile posto a breve distanza dal muro di un forno per impedire dispersione di calore.

contronaturàle o †**contrannaturàle** [sp. *contranatural*] agg. ● (*lett.*) Che è contrario alla natura.

contronóce [comp. di *contro-* e *noce* nel sign. 5] s. f. ● Parte della coscia del vitello macellato.

contronòta [comp. di *contro-* e *nota*] s. f. ● Nota che ne modifica o ne annulla una precedente.

contronotàre [da *contronota*] v. tr. (*io contronòto*) ● Notare a margine di uno scritto.

contronovèlla [comp. di *contro-* e *novella*] s. f. ● Novella parodistica pubblicata su giornali satirico-umoristici.

cóntro offensìva ● V. *controffensiva*.

contropalàta [comp. di *contro-* e *palata*] s. f. ● Palata data coi remi in senso contrario al moto di una imbarcazione, per frenarla o arrestarla.

contropàlo [comp. di *contro-* e *palo*] s. m. ● Palo usato come puntello di un altro palo di sostegno di linea elettrica o telefonica, per aumentare la resistenza al tiro dei conduttori.

†**contropappafico** [comp. di *contro-* e *pappafico*] s. m. ● Controvelaccino.

controparàta [comp. di *contro-* e *parata*] s. f. ● Nella scherma, parata successiva a una parata e risposta dell'avversario.

controparòla [comp. di *contro-* e *parola*] s. f. ● Risposta alla parola d'ordine, di cui ha la stessa lettera iniziale, che serve al reciproco riconoscimento tra due militari, cui sono affidati compiti di vigilanza e di guardia.

contropàrte [comp. di *contro-* e *parte*] s. f. *1* (*dir.*) La parte avversaria in un giudizio civile, in una controversia, in una trattativa spec. sindacale e sim. *2* (*mus.*) Parte di un duetto rispetto all'altra. *3* Parte che un attore sostiene in riscontro o in opposizione a quella di un altro.

contropartita [fr. *contre-partie*] s. f. *1* Partita segnata in conto a riscontro di un'altra | Operazione finanziaria commerciale con cui se ne pareggia o compensa un'altra. *2* (*fig.*) Contraccambio: *gli ha chiesto un prestito come c. del favore reso.*

contropassàggio [comp. di *contro-* e *passaggio*] s. m. ● Nella lotta, rapido passaggio da una posizione a un'altra.

contropedàle [comp. di *contro-* e *pedale*] s. m. ● (*mecc.*) Congegno col quale, ruotando indietro i pedali, si frena la ruota posteriore della bicicletta.

contropélo o **contrappélo** [comp. di *contro-* e *pelo*] **A** avv. ● Nel senso contrario a quello della piegatura del pelo: *spazzolare un panno, una stoffa c.* | (*fig.*) *Prendere qc. c.*, non prenderlo per il suo verso, indisporlo, irritarlo | Nelle loc. avv. *a, di, in c.*: *andare a c.*, (*fig.*) fare il contrario di q.c. con dispetto. **B** s. m. ● Verso contrario alla piegatura del pelo: *dare, fare, radere il c.* | *Dare il c.*, (*fig.*) dir male di qc. | *Fare il pelo e il c.*, (*fig.*) criticare malignamente.

contropendènza [comp. di *contro-* e *pendenza*] s. f. ● Pendenza che segue altra opposta in una strada, tetto e sim. | Pendenza di una curva verso l'esterno invece che verso l'interno: *curva in c.*

controperìzia [comp. di *contro-* e *perizia*] s. f. ● Perizia che ne contesta un'altra precedente.

contropèrno [comp. di *contro-* e *perno*] s. m. ● Negli orologi, rubino non forato con una superficie piana sulla quale s'appoggia l'estremità di un perno.

contropèzza [comp. di *contro-* e *pezza*] s. f. ● Nelle costruzioni navali, elemento metallico di collegamento o striscia di rinforzo per alberi, pennoni e sim.

contropiàstra [comp. di *contro-* e *piastra*] s. f. ● Nelle armi da fuoco munite di piastra, seconda piastra che dà presa alle viti di cartella.

contropiède [comp. di *contro-* e *piede*] s. m. ● Nel gioco del calcio, nel basket e sim., azione rapida di contrattacco con rovesciamento di fronte: *giocare su c.*; *segnare un goal in c.* | *Prendere, cogliere qc. in c.*, (*fig.*) di sorpresa, alla sprovvista.

contropièga [comp. di *contro-* e *piega*] s. f. ● Piega contraria o di riscontro ad altra piega.

controplància [comp. di *contro-* e *plancia*] s. f. (pl. *-ce*) ● Nelle costruzioni navali, piano posto sopra la plancia.

contropòrta o **contrappòrta** [fr. *contre-porte*] s. f. ● Seconda porta in aggiunta a un'altra per maggior sicurezza o riparo o per attutire i rumori dell'esterno.

contropotènza [comp. di *contro-* e *potenza*] s. f. ● Pezzo fermato con viti sulla faccia interna della cartella inferiore dell'orologio che serve d'appoggio al perno della serpentina.

contropotére [comp. di *contro-* e *potere*] s. m. ● Ogni forma di potere alternativo o antitetico a quella dominante in un dato ambiente o sistema politico, sociale, culturale e sim.

contropreparazióne [comp. di *contro-* e *preparazione*] s. f. ● Attività di reparti militari tendenti a ostacolare i preparativi offensivi del nemico.

contropressióne [fr. *contre-pression*] s. f. ● Pressione che contrasta l'uscita di un fluido da una condutture o il movimento di un corpo a contatto con un fluido | Pressione che si oppone alla pressione normale.

controprestazióne [comp. di *contro-* e *prestazione*] s. f. ● Equivalente in denaro o natura di altra prestazione: *pattuire la c.*

controproducènte [sp. *contraproducente*, dal lat. giuridico *cŏntra producĕnte(m)* 'contro colui che allega (prove)'] agg. ● Che produce un effetto contrario a quello voluto: *sistema, argomento, atteggiamento c.* SIN. Controindicato, dannoso.

controprogètto [fr. *contre-projet*] s. m. ● Progetto che ne modifica o ne annulla uno precedente.

controproporre [comp. di *contro-* e *proporre*] v. tr. (coniugato come *porre*) ● Proporre a propria volta, al fine di modificare o annullare una precedente proposta altrui.

contropropósta [comp. di *contro-* e *proposta*] s. f. ● Proposta che ne modifica o ne annulla una precedente altrui.

contropròva [fr. *contre-épreuve*] s. f. *1* (*dir.*) Prova dedotta in giudizio per dimostrare argomenti contrari alla prova fornita dalla controparte: *esperire una c.* *2* Prova fatta per verificarne una precedente: *fare la c. di un esperimento.* *3* Seconda votazione, intesa a verificare i risultati della prima, da cui si differenzia per i criteri con i quali è condotta.

controprovàre v. tr. (*io contropròvo*) ● Dimostrare mediante una controprova.

contropùnta [comp. di *contro-* e *punta*] s. f. ● (*mecc.*) Punta posta di fronte al mandrino delle macchine utensili, impiegata nel centraggio e bloccaggio del pezzo da lavorare: *c. fissa, c. rotante.*

controquerèla [comp. di *contro-* e *querela*] s. f. ● Querela data dal querelato al querelante.

controquerelàre v. tr. (*io controquerèlo*) ● Dare controquerela.

contróra [comp. di *contro-* e *ora*] s. f. ● (*merid.*) Le prime ore pomeridiane della stagione estiva, gener. destinate al riposo.

controrànda [comp. di *contro-* e *randa*] s. f. ● (*mar.*) Piccola vela sopra la randa. ➡ ILL. p. 1757 TRASPORTI.

contrordinàre [da *contrordine*] v. tr. (*io contrórdino*) ● Ordinare modificando un ordine dato precedentemente.

contrórdine [fr. *contre-ordre*] s. m. ● Ordine che ne modifica o ne annulla uno precedente.

controreazióne [comp. di *contro-* e *reazione*] s. f. ● Reazione che si oppone a un'altra.

controrelatóre [comp. di *contro-* e *relatore*] s. m. (f. *-trice*) ● Professore che, durante la discussione di una tesi di laurea, partecipa al dibattito muovendo obiezioni al lavoro del candidato.

controrelazióne [comp. di *contro-* e *relazione*] s. f. ● Relazione che ne modifica o ne annulla una precedente, spec. quella presentata dalla minoranza di una commissione o da un solo dissidente contro la maggioranza.

controrèplica [comp. di *contro-* e *replica*] s. f. ● Replica che ribatte quella di un avversario, in una disputa, una polemica, e sim.

controreplicàre [comp. di *contro-* e *replicare*] v. tr. e intr. (*io controrèplico, tu controrèplichi*; aus. *avere*) ● Ribattere alla replica di un avversario.

controricórso [comp. di *contro-* e *ricorso*] s. m. ● Atto contrario al ricorso presentato dalla parte avversaria.

controrifórma [comp. di *contro-* e *riforma*] s. f. ● Movimento riformatore della vita religiosa e della disciplina ecclesiastica, con cui la Chiesa cattolica reagì, nel XVI e XVII sec., alla Riforma protestante.

controriformista [da *controriforma*] **A** s. m. (pl. *-i*) ● Seguace delle norme dottrinarie e disciplinari della controriforma | Personaggio che, con l'opera o con il pensiero, ha influito sullo sviluppo della controriforma. **B** agg. ● Controriformistico.

controriformìstico agg. (pl. m. *-ci*) ● Che si riferisce alla controriforma cattolica e, spesso, ai suoi aspetti negativi.

controrìpa ● V. *controriva*.

†**controrispóndere** o †**contrarispóndere** [comp. di *contro-* e *rispondere*] v. intr. e tr. ● Replicare a una risposta.

controrìva o **controrìpa** [comp. di *contro-* e *riva*] s. f. *1* Riva opposta a un'altra. *2* (*edil.*) *Muro di c.*, muro di sostegno che si applica contro le due pareti delle sezioni in trincea o contro quella a monte delle sezioni a mezzacosta, quando lo richiedono il forte dislivello o le condizioni del terreno | (*ell.*) Muro di controriva.

controrivoluzionàrio **A** agg. ● Di, relativo a, controrivoluzione: *tentativo c.* **B** s. m. (f. *-a*) ● Chi prende parte a una controrivoluzione.

controrivoluzióne [fr. *contre-révolution*] s. f. ● Reazione politica, sociale e anche militare a una rivoluzione.

†**controrónda** o †**contrarónda** [fr. *contreronde*] s. f. ● Ronda che faceva il giro della fortezza dalla parte opposta a quella delle ronde ordinarie, per riconoscerle e controllarle.

controrotàia [comp. di *contro-* e *rotaia*] s. f. ● Rotaia disposta nell'interno del binario, in curve a piccolo raggio, crociamenti e passaggi a livello, per rinforzare la massicciata della strada ordinaria. ➡ ILL. p. 1752 TRASPORTI.

controrotànte [comp. di *contro-* e *rotante*] agg. ● (*mecc.*) Detto di ciascuno di due organi meccanici che ruotano in verso opposto attorno allo stesso asse o ad assi paralleli.

controruòta [comp. di *contro-* e *ruota*] s. f. ● Pezzo di costruzione di rinforzo alla ruota.

controsàla [comp. di *contro-* e *sala*] s. f. ● Ambiente in secondo piano nella scena teatrale | Piccolo fondale dietro una porta praticabile.

controscàrpa o **contrascàrpa** [comp. di *contro-* e *scarpa* (*2*)] s. f. (pl. *controscàrpe*) **1** Controriva. **2** Parte interna a pendio dell'argine che chiude verso la campagna il fossato di una fortezza. ➡ ILL. p. 360 ARCHITETTURA.

controscèna [fr. *contre-scène*] s. f. ● (*teat.*) Mimica con cui un attore accompagna l'azione scenica di un altro attore.

controscòtta [comp. di *contro-* e *scotta*] s. f. ● (*mar.*) Fune che serve di rinforzo alla scotta.

controscritta o **contrascritta** [comp. di *contro-* e *scritta*] s. f. ● Copia di un documento, spec. contrattuale, tenuta da una delle parti contraenti.

controsènso [fr. *contresens*] s. m. **1** Idea, affermazione, e sim. contenente una contraddizione in sé stessa o col senso comune: *quello che sta dicendo è un c.*; *un rettangolo tondo è un c.* SIN. Assurdità. **2** Interpretazione contraria al vero significato di ciò che si interpreta: *una versione con diversi controsensi.*

controserratùra [comp. di *contro-* e *serratura*] s. f. ● Seconda serratura che rinforza quella principale.

controsèsto [comp. di *contro-* e *sesto* (*3*)] s. m. ● Albero posto all'intersezione delle diagonali di piante in filare.

controsigillo [comp. di *contro-* e *sigillo*] s. m. ● Sigillo applicato sul verso di un documento in corrispondenza del sigillo vero e proprio | Sigillo apposto a garanzia dell'autenticità di un altro.

controsoffittàre v. tr. ● Dotare di controsoffitto: *c. una camera.*

controsoffittatùra s. f. **1** Operazione con cui si mette in opera un controsoffitto. **2** Controsoffitto.

controsoffitto [comp. di *contro-* e *soffitto*] s. m. ● Falso soffitto che ne maschera un altro per abbellimento o isolamento termoacustico.

controsoggètto o **contrassoggètto** [comp. di *contro-* e *soggetto*] s. m. ● (*mus.*) Nella fuga, tema che segue il soggetto nella stessa parte o voce e accompagna la risposta dell'altra parte o voce.

controsóle o **cóntro sóle** [comp. di *contro-* e *sole*] avv. ● In direzione opposta al sole: *essere, stare, mettersi c.*

controspallièra [fr. *contre-espalier*] s. f. ● Filare di piante coltivate in forme obbligate senza protezione alcuna.

controspallina [comp. di *contro-* e *spallina*] s. f. ● Lista di panno, con applicati o ricamati i distintivi di grado, sovrapposta a ciascuna spalla della giubba militare.

controspinta [comp. di *contro-* e *spinta*] s. f. ● Reazione di un elemento architettonico a una spinta esercitata da un altro elemento.

controspionàggio [fr. *contre-espionnage*] s. m. ● Organizzazione segreta di cui uno Stato si avvale per scoprire e sventare l'azione spionistica di un altro Stato.

contròssido [comp. di *contro-* e *ossido*] s. m. ● Sostanza che nella smaltatura dei metalli si interpone, spesso, tra la superficie del metallo e lo strato di smalto.

controstallia [comp. di *contro-* e *stallia*] s. f. **1** (*mar., spec. al pl.*) Tempo impiegato dal noleggiatore in più di quello concesso, per contratto (stallia), dall'armatore per le operazioni di carico o scarico di una nave. **2** (*est.*) Indennizzo dovuto dal noleggiatore all'armatore per i danni subiti in conseguenza di tale ritardo.

controstàmpa o **contrastàmpa** [comp. di *contro-* e *stampa*] s. f. **1** Macchia che una stampa fresca essiccata lascia sul retro del foglio seguente. **2** Nell'arte incisoria, l'impressione ottenuta su un foglio posto sotto la pressa a contatto con una stampa originale fresca.

controstampàre o **contrastampàre** v. tr. ● Fare una controstampa.

controstàmpo [comp. di *contro-* e *stampo*] s. m. ● (*tecnol.*) Punzone opportunamente sagomato per modellare nello stampo il pezzo da formare.

controstécca [comp. di *contro-* e *stecca*] s. f. ● Ognuna delle piccole bacchette metalliche, più corte delle stecche, che permettono l'apertura e la chiusura di un ombrello.

controsterzàre [comp. di *contro-* e *sterzare* (*1*)] v. intr. (*io controstèrzo*) ● Manovrare lo sterzo di un autoveicolo in modo che le ruote anteriori vengano a orientarsi verso l'esterno della curva.

controsterzàta s. f. ● Atto, effetto del controsterzare.

controstèrzo s. m. ● Controsterzata.

controstimolo [comp. di *contro-* e *stimolo*] s. m. ● Stimolo contrario a un altro.

controstòmaco o **cóntro stòmaco** [comp. di *contro-* e *stomaco*] **A** avv. ● Con ripugnanza, repulsione, nausea: *mangiare, bere c.* | (*fig.*) Di mala voglia, controvoglia: *fare q.c. c.* **B** s. m. (pl. *-chi*) ● Nausea, voltastomaco.

controstràglio [comp. di *contro-* e *straglio*] s. m. ● (*mar.*) Straglio di rinforzo.

controtagliàto [da *controtaglio*] agg. ● Detto di tessuto profilato o traforato secondo un certo disegno.

controtàglio [fr. *contretaille*] s. m. **1** Nella tecnica incisoria, taglio che incrocia un altro taglio tracciato in precedenza | *Lavorare di c.*, tirare linee diagonali su altre linee, per rendere più cupi i toni scuri. **2** Nella lama delle sciabole, il bordo dalla parte opposta a quella del taglio.

controtagliòlo [comp. di *contro-* e *tagliolo*] s. m. ● Attrezzo del fabbro ferraio costituito da un tagliolo munito di codolo.

controtèmpo [comp. di *contro-* e *tempo*] s. m. **1** (*mus.*) Inserimento della voce nei tempi deboli della misura, il che crea un contrasto ritmico con le altre voci. **2** Nella scherma, azione tendente a provocare un'uscita in tempo dell'avversario per parare e rispondere | Nel tennis, tiro a sorpresa nell'angolo da cui l'avversario si sta allontanando: *sorprendere con un rapido c.*

controtendènza [comp. di *contro-* e *tendenza*] s. f. ● Tendenza che si oppone a quella dominante, spec. in campo economico o politico: *la borsa è in c.*

controterrorismo [comp. di *contro-* e *terrorismo*] s. m. ● Azione, strategia di lotta contro il terrorismo.

controtèsta [comp. di *contro-* e *testa*] s. f. ● Parte mobile del tornio che si contrappone alla testa.

controtimóne [comp. di *contro-* e *timone*] s. m. ● (*mar.*) Pinna fissa a proravia del timone per rinforzarne l'azione e, nelle navi monoelica, per funzionare da controelica.

controtipo [comp. di *contro-* e *tipo*] s. m. ● (*fot.*) Materiale sensibile con cui si può ricavare da una negativa direttamente un'altra negativa, o da una positiva una negativa o un'altra positiva | *C. negativo*, copia negativa di un film ottenuta da una copia positiva.

controtrànsfert [comp. di *contro-* e *transfert*] s. m. inv. ● (*psicoan.*) Reazione inconscia dello psicoanalista al transfert del paziente.

controvallazióne o **contravvallazióne** [fr. *contrevallation*, comp. di *contre* 'contro' e del lat. tardo *vallātio*, genit. *vallatiōnis* 'palizzata'] s. f. ● Linea continua di fortificazione campale, con la quale l'assediante cingeva una piazza per garantirsi contro eventuali sortite dell'assediato.

controvalóre [comp. di *contro-* e *valore*] s. m. **1** Valore corrispondente; corrispettivo: *richiedere il c. delle fiches.* **2** Equivalenza di una somma di danaro in moneta estera.

controvapóre [fr. *contre-vapeur*] s. m. ● Invio del vapore nei cilindri della locomotiva nel senso contrario alla marcia della medesima | *Funzionamento a c.*, fase di frenatura di una motrice alternativa, durante la quale si utilizza la pressione del vapore come forza resistente.

†**controvàre** [ant. fr. *controuver* 'immaginare', dal lat. tardo *contropāre* 'paragonare'. V. *trovare*] v. tr. ● Escogitare.

controvelaccino [comp. di *contro-* e *velaccino*] s. m. ● (*mar.*) La vela quadra più alta all'albero di trinchetto. ➡ ILL. p. 1756, 1757 TRASPORTI.

controvelàccio [comp. di *contro-* e *velaccio*] s. m. ● (*mar.*) La vela quadra più alta all'albero di maestra. ➡ ILL. p. 1757 TRASPORTI.

controveléno ● V. *contravveleno.*

controventaménto s. m. ● (*arch.*) Atto del controventare | Il complesso delle membrature che servono a controventare.

controventàre [da *controvento*] v. tr. (*io controvènto*) ● (*arch.*) Rafforzare con controventi.

controvènto o **contravvènto**, **cóntro vènto** [comp. di *contro-* e *vento*] **A** s. m. **1** (*arch.*) Membratura che assicura la resistenza di una costruzione alla pressione del vento o ad altre forze non verticali. **2** (*mar.*) Cavo di manovra fissa, che rinforza l'albero, il bompresso e sim. **B** avv. ● In posizione o direzione contraria a quella verso cui spira il vento: *navigare c.* | *Andare c.*, (*fig.*) agire, comportarsi in contrasto con le opinioni correnti e le idee dominanti.

controvèrsia [vc. dotta, lat. *controvĕrsia(m)*, da *controvĕrsus* 'controverso'] s. f. **1** Differenza, contrasto di opinioni, atteggiamenti e sim. che possono dare luogo a dispute, discussioni e sim.: *è sorta una c.*; *sostenere una c.*; *comporre, mettere, troncare una c.*; *c. sindacale* | (*raro*) *Porre, mettere in c.*, mettere in discussione | (*raro*) *Venire in c. con qc.*, venire a contrasto con qc. **2** (*dir.*) Conflitto di pretese oggetto di un processo | (*est.*) Lite, giudizio: *c. in materia di lavoro.* **3** (*letter.*) Genere retorico, vivo nella letteratura latina classica e cristiana e nei trattatisti della Controriforma, basato su disquisizioni declamatorie, apologetiche o polemiche di casistica etica.

controversista s. m. e f. (pl. m. *-i*) **1** Chi esamina o discute controversie, spec. di diritto e teologia. **2** (*est.*) Polemista.

controvèrso [vc. dotta, lat. *controvĕrsu(m)*, comp. di *cŏntra* 'contro' e *vĕrsus*, part. pass. di *vĕrtere* 'volgere'] agg. ● Che è oggetto di controversia: *caso c.*; *causa controversa* | Che è soggetto a diverse interpretazioni: *dottrina, opera controversa*; *brano, passo c.*

controvèrtere [vc. dotta, lat. tardo *controvĕrtere*, comp. di *cŏntra* 'contro' e *vĕrtere* 'volgere'] **A** v. tr. (*io controvèrto*; dif. usato quasi esclusivamente all'inf. pres., all'indic. pres. e all'imperf. congv. per lo più sul modello di *convertire* secondo la 3ª coniug.) ● (*raro*) Mettere in dubbio, in discussione | (*est., raro*) Contendere, oppugnare. **B** v. intr. (aus. *avere*) ● Discutere spec. in un processo.

controvertibile agg. ● (*raro*) Che può essere oggetto di controversia, discussione, contrasto e sim.: *opinione, discorso c.* || †**controvertibilménte**, avv.

controvertibilità s. f. ● (*raro*) L'essere controvertibile.

controviàle [comp. di *contro-* e *viale*] s. m. ● Ognuno dei due viali più stretti che fiancheggiano un viale principale.

controvisita [comp. di *contro-* e *visita*] s. f. ● Visita medica o doganale effettuata per accertare o confermare la validità di una precedente.

controvòglia o **cóntro vòglia** [comp. di *contro-* e *voglia*] avv. ● Contro la propria volontà, il proprio desiderio, di malavoglia: *mangiare c.*; *partire c.* SIN. Malvolentieri.

contubernàle [vc. dotta, lat. *contubernāle(m)*, da *contubĕrnium* 'contubernio'] s. m. **1** Presso gli antichi Romani, soldato che alloggiava con altri nella medesima tenda. **2** (*est., scherz.*) Compagno d'armi, amico intimo, camerata.

contubèrnio [vc. dotta, lat. *contubĕrniu(m)*, comp. di *cŭm* 'con' e *tabĕrna* 'capanna'. V. *taverna*] s. m. **1** Tenda dei soldati romani | Gruppo di dieci uomini in essa alloggiati. **2** Nel diritto romano, convivenza fra due schiavi o fra una persona libera e uno schiavo. **3** (*est.*) Correntemente, illecita coabitazione tra persone di sesso diverso | †*Stare in c. con qc.*, coabitare, convivere e (*fig.*) frequentare assiduamente.

contumàce [vc. dotta, lat. *contumāce(m)*, di etim. incerta] **A agg.** ● (*lett.*) Disobbediente, ribelle: *c. a' costumi e modi della patria* (ALBERTI) | (*lett.*) †Ostinato, indocile. **B s. m. e f.**; anche **agg.** ● (*dir.*) Chi, che è parte di un processo civile o imputato in stato di contumacia.

contumàcia [vc. dotta, lat. *contumăcia(m)*. V. *contumace*] **s. f.** (**pl.** *-cie*, raro) **1** (*dir.*) Situazione processuale di una parte di un processo civile non costituitasi in giudizio o dell'imputato non presentatosi al dibattimento senza addurre un legittimo impedimento: *dichiarazione di c.* **2** (*raro*) Disobbedienza | Ostinazione | †Superbia. **3** (*med.*) Segregazione di persone per sospetta infezione epidemica, per un tempo indeterminato.

contumaciàle **agg.** **1** (*dir.*) Di processo o giudizio che si svolge in contumacia di una parte o dell'imputato. **2** (*med.*) Di ospedale o campo in cui si ricoverano persone sospette di malattie contagiose.

contumèlia [vc. dotta, lat. *contumĕlia(m)*, di etim. incerta] **s. f.** ● (*lett.*) Ingiuria, villania: *coprire qc. di contumelie.*

†**contumeliatóre** **s. m.**; anche **agg.** (f. *-trice*) ● Chi, che fa contumelia.

contumelióso [vc. dotta, lat. *contumeliōsu(m)*, da *contumēlia* 'contumelia'] **agg.** ● (*raro*) Ingiurioso, oltraggioso: *ragioni teologiche non meritevoli di censura così contumeliosa* (SARPI). || †**contumeliosaménte**, **avv.** (*raro*) In modo contumelioso.

contundènte **part. pres.** di *contundere*; anche **agg.** **1** Nei sign. del v. **2** *Corpo c.*, qualunque mezzo usato per percuotere, che ha prodotto o può produrre contusioni.

contùndere [vc. dotta, lat. *contŭndere*, comp. di *cŭm* 'con' e *tŭndere* 'percuotere'] **v. tr.** (**pass. rem.** *io contùṣi, tu contundésti*; **part. pass.** *contùṣo*) ● Provocare contusioni: *si è contuso una spalla cadendo.*

conturbaménto **s. m.** ● Atto, effetto del conturbare e del conturbarsi.

conturbànte **part. pres.** di *conturbare*; anche **agg.** **1** Nei sign. del v. **2** Che suscita turbamento ed emozione, spec. di tipo sensuale: *bellezza c.*; *sguardi conturbanti.*

conturbàre [vc. dotta, lat. *conturbāre*, comp. di *cŭm* 'con' e *turbāre* 'turbare'] **A v. tr.** **1** Turbare, alterare profondamente: *lettura, spettacolo, capace di c. l'animo.* **2** (*est., lett.*) Sconvolgere l'ordine delle cose: *quei che 'l mondo governa pur col ciglio, / che conturba et acqueta gli elementi* (PETRARCA). **B v. intr. pron.** **1** Turbarsi, alterarsi, commuoversi: *a quella vista si conturbò tutto.* **2** (*lett.*) †Offuscarsi.

conturbàto **part. pass.** di *conturbare*; anche **agg.** ● Nei sign. del v. || **conturbataménte**, **avv.** (*raro*) In modo conturbato.

conturbatóre [vc. dotta, lat. tardo *conturbatōre(m)*, da *conturbāre* 'conturbare'] **s. m.**; anche **agg.** (f. *-trice*) ● (*raro*) Chi, che conturba.

conturbazióne [vc. dotta, lat. *conturbatiōne(m)*, da *conturbāre* 'conturbare'] **s. f.** ● (*raro*) Turbamento profondo. || **conturbazioncèlla**, **dim.**

contuṣióne [vc. dotta, lat. tardo *contusiōne(m)*, da *contūsus* 'contuso'] **s. f.** ● (*med.*) Lesione di un organo o di un tessuto per trauma da oggetto o strumento smusso, senza soluzione di continuo, con strappo dei piccoli vasi.

contùṣo **A** **part. pass.** di *contundere*; anche **agg.** ● Nei sign. del v. **B s. m.** (f. *-a*) ● Chi ha subito una contusione.

contutóre [vc. dotta, lat. tardo *contutōre(m)*, nom. *contūtor*, comp. di *cŭm* 'con' e *tūtor* 'tutore'] **s. m.** (f. *-trice*) ● (*raro*) Chi esercita una tutela insieme con altri.

contuttoché o **con tùtto che** [comp. di *con, tutto* e *che* (*2*)] **cong.** ● Benché, sebbene, quantunque, per quanto (introduce una prop. conc. con il v. al congv.): *con tutto che fosse di rame, / pur el pareva dal dolor trafitto* (DANTE *Inf.* XXVII, 11-12); *c. non avessi il bene della sua conoscenza* (LEOPARDI).

contuttociò o **con tùtto ciò** [comp. di *con, tutto* e *ciò*] **cong.** ● (con valore avvers.) Tuttavia, nondimeno, nonostante ciò.

conurbaménto **s. m.** ● Conurbazione.

conurbazióne [ingl. *conurbation*, comp. del lat. *cŭm* 'con' e *ŭrbs*, genit. *ŭrbis* 'città' (V. *urbe*)] **s. f.** ● Agglomerazione urbana costituita da una grande città e da centri minori periferici prima autonomi poi assorbiti dalla città in espansione.

convalescènte [vc. dotta, lat. *convalescĕnte(m)*, part. pres. di *convalēscere* 'rinvigorire', comp. di *cŭm* 'con' e *valēscere* 'rinforzarsi'] **agg.**; anche **s. m. e f.** ● Che, chi è in stato di convalescenza.

convalescènza [vc. dotta, lat. tardo *convalescĕntia(m)*, da *convalēscere*. V. *convalescente*] **s. f.** ● Stato di chi, guarito da una malattia, non è ancora tornato in perfetta salute | (*est.*) Periodo di tempo che si trascorre in tale stato: *c. lunga, breve*; *entrare in c.*; *trascorrere la c. in montagna*; *durante la c. lesse molto.*

convalescenziàrio **s. m.** ● Casa di riposo e cura per convalescenti.

convàlida **s. f.** ● (*dir.*) Atto, effetto del convalidare: *c. di un atto*; *procedimento di c. del sequestro* | *Procedimento per c. di sfratto*, destinato a soddisfare la pretesa del locatore tendente alla riconsegna dell'immobile.

convalidaménto **s. m.** ● Modo e atto del convalidare.

convalidàre [lat. mediev. *convalidāre*, comp. parasintetico di *vălidus* 'valido'] **A v. tr.** (*io convàlido*) **1** (*dir.*) Rendere definitivamente valido ed efficace da parte del soggetto competente: *c. un atto, un provvedimento amministrativo, un negozio giuridico* | *C. il sequestro*, rendere definitivo, da parte dell'autorità giudiziaria, il provvedimento di sequestro già emanato | *C. un goal, un punto*, riconoscere come valido confermandolo. **2** (*est.*) Rafforzare, avvalorare: *c. un dubbio, un sospetto.* **B v. intr. pron.** ● (*raro*) Acquistare maggior forza.

convalidazióne **s. f.** ● (*raro*) Convalida: *c. di un atto*; *procedimento di c.*

convallària [dal lat. tardo (*līlium*) *convăllium* 'giglio delle convalli'] **s. f.** ● (*bot.*) Mughetto | Nel linguaggio dei giardinieri, pianta ornamentale delle Liliacee (*Ophiopogon japonicus*).

convàlle [vc. dotta, lat. *convălle(m)*, comp. di *cŭm* 'con' e *vāllis* 'valle'] **s. f.** **1** (*geogr.*) Valle che sbocca in un'altra. **2** (*gener., poet.*) Valle.

†**convégna** [da *convegno*] **s. f.** ● Accordo, patto.

†**convegnènza** ● V. *convenienza.*

convegnìsta **s. m. e f.** (**pl. m.** *-i*) ● Chi prende parte a un convegno.

convegnìstica **s. f.** ● Insieme delle attività relative all'organizzazione dei convegni.

convégno [lat. parl. **convĕniu(m)*, da *convenīre.* V. *convenire*] **s. m.** **1** Incontro fra due o più persone a ora e in luogo stabiliti: *fissare un c.*; *mancare al c.*; *c. amoroso* | *Dare c. a qc.*, dargli appuntamento | *Darsi c.*, darsi appuntamento e (*est.*) riunirsi, incontrarsi. **2** Riunione appositamente fissata per discutere, fra esperti, problemi di carattere scientifico, tecnico, artistico e sim.: *un c. di stomatologia*; *un c. sulla letteratura del Settecento*; *organizzare un c.*; *intervenire a un c.* **3** Luogo in cui avviene un convegno: *quella libreria è un c. di intellettuali.* **4** †Accordo, patto.

convèllere [vc. dotta, lat. *convĕllere*, comp. di *cŭm* 'con' e *vĕllere* 'tirare'] **A v. tr.** (usato solo nel **pres. indic.** e nei tempi da esso derivati) ● (*lett.*) Torcere (*anche fig.*). **B v. intr. pron.** ● Torcersi, incresparsi (*anche fig.*).

†**convenébole** ● V. *convenevole.*

†**convenènte** **A** **part. pres.** di *convenire*; anche **agg.** ● V. *conveniente.* **B s. m.** **1** Circostanza, fatto. **2** Patto, condizione. **3** (*raro*) Modo, mezzo.

†**convenènza** ● V. *convenienza.*

convenévole o †**convenébole**, †**convenévile** [da *convenire*] **A agg.** **1** (*lett.*) Conveniente, adeguato: un *matrimonio a lei c.* **2** (*raro, lett.*) Adatto, opportuno, giusto: *veramente ... bella e c. comparazione* (DANTE). || **convenevolménte**, **avv.** (*raro*) In modo convenevole. **B s. m.** solo **sing.** ● Giustezza, convenienza, decoro | *Secondo il c.*, secondo le norme della buona educazione | *Oltre al, fuori del c.*, oltre misura, eccessivamente. **C s. m. pl.** ● Frasi, atti convenzionali di cortesia, ossequio, e sim.: *fare i convenevoli con, a, qc.*; *scambiarsi i convenevoli*; *tralasciare i convenevoli* | *Stare sui convenevoli*, fare complimenti, comportarsi in modo molto formale.

convenevolézza **s. f.** ● (*raro*) Qualità di ciò che è convenevole | Convenienza.

conveniènte o †**convenènte**. **part. pres.** di *convenire*; anche **agg.** **1** Nei sign. del v. **2** Opportuno, adatto alle circostanze: *comportarsi, parlare in modo c. alla situazione*; *veste in modo poco c. a una donna anziana.* **3** Che è vantaggioso dal punto di vista economico: *sistemazione c.*; *quell'affare non è c.* || **convenienteménte**, **avv.**

conveniènza o †**convegnènza**, †**convenènza** [vc. dotta, lat. *convenĕntia(m)*, da *convenīre* 'convenire'] **s. f.** **1** Corrispondenza di elementi, equilibrio, simmetria e sim.: *c. delle parti col tutto.* **2** Rispetto delle convenzioni sociali dominanti: *lodare qc. per c.* | (*spec. al pl.*) Regole, norme di comportamento sociale: *imparare, conoscere, sapere le convenienze.* **3** Utilità, vantaggio, spec. di natura economica: *non trovare la propria c. in un affare* | *Matrimonio di c.*, fatto solo per interesse. **SIN.** Comodo, tornaconto, utile. **4** †Accordo.

convenìre [lat. *convenīre* 'incontrarsi, essere d'accordo, confarsi', comp. di *cŭm* 'con' e *venīre* 'venire'] **A v. intr.** (coniug. come *venire*; aus. *essere* nei sign. 1, 2, 4, 5; aus. *avere* nel sign. 3) **1** Riunirsi in uno stesso luogo, detto di più persone provenienti da parti diverse: *i partecipanti al raduno convenivano da varie città.* **2** (*raro*) Concorrere di più cause, fatti, ragioni | (*lett.*) Confluire, di acque, strade, e sim. **3** Concordare, consentire: *c. con qc. sull'opportunità di un provvedimento*; *converrai che l'idea è veramente buona* | *Ne convengo*, su ciò sono d'accordo, riconosco che ciò è esatto e sim. **4** Essere appropriato, opportuno: *atteggiamento che non conviene alla situazione*; *nulla disdire al vero amor conviensi* (L. DE' MEDICI). **SIN.** Confarsi. **5** Tornare utile, vantaggioso: *questo affare non mi conviene*; *ti conviene tacere.* **B v. intr. impers.** (aus. *essere*) ● Essere doveroso, necessario: *conviene andarsene.* **C v. intr. pron.** ● Essere appropriato, adatto: *queste maniere non si convengono alle persone educate.* **SIN.** Confarsi. **D v. tr.** **1** Pattuire di comune accordo: *c. una spesa.* **SIN.** Stabilire. **2** (*dir.*) Citare la controparte: *c. in giudizio un debitore moroso.*

†**conventàre** (**1**) [dal lat. *convĕntus* 'adunanza, convegno, comunità'. V. *convento* (*2*)] **v. tr.** ● Fare convenzione.

†**conventàre** (**2**) [da *convento* (*2*), nel senso di 'riunione, collegio'; quindi propriamente 'aggregare al collegio dei dottori'] **A v. tr.** ● Conferire il titolo di dottore. **B v. intr.** e **intr. pron.** ● Addottorarsi.

conventìcola [lat. *conventĭculu(m)* 'riunione di persone', da *convenīre* 'convenire'] **s. f.** ● (*lett.*) Riunione segreta di poche persone, spec. per fini disonesti: *c. di ladri, di truffatori* | (*est.*) Ristretto gruppo di persone aventi fini comuni: *c. di letterati.*

†**conventìcolo** **s. m.** ● Conventicola.

†**conventìgio** [da *convento* (*2*)] **s. m.** ● Convenzione, patto.

convention /ingl. kən'venʃən/ [vc. ingl., propr. 'convenzione'] **s. f. inv.** **1** Negli Stati Uniti, assemblea generale dei delegati di ciascun partito per eleggere il candidato alla presidenza. **2** Nel marketing, convegno di lavoro tra tutti gli addetti alla vendita, organizzato da un'azienda per il raggiungimento di determinati obiettivi di mercato. **3** (*est.*) Riunione, assemblea, convegno, incontro.

convènto (**1**) [lat. *convĕntu(m)* 'adunanza, convegno', da *convenīre* 'convenire'] **s. m.** **1** Edificio in cui convive una famiglia di religiosi | (*est.*) Insieme di religiosi, frati o suore, soggetti alla medesima regola e viventi nello stesso edificio | *Entrare, chiudersi in c.*, prendere gli ordini religiosi | (*fig., scherz.*) *Stare a c., contentarsi di quel che passa il c.*, contentarsi di ciò che si ha, anche se non appaga completamente le proprie esigenze. **2** †Adunanza, assemblea. || **conventìno**, **dim.** | **conventóne**, **accr.** | **conventùccio**, **dim.**

†**convènto** (**2**) [lat. *convĕntu(m)*. V. *convento* (*1*)] **s. m.** ● Patto, convenzione.

†**convènto** (**3**) [vc. dotta, lat. *convĕntu(m)*. V. precedente] **s. m.** ● Commessura.

†**convènto** (4) ● V. *convenuto* nel sign. A.

conventuàle [da *convento* (1)] **A** agg. **1** Di convento, appartenente a convento | *Minore c.*, frate dell'Ordine dei francescani conventuali, che furono separati dagli Osservanti nel XVI sec. **2** (*est.*) Spoglio: *austerità c.* **B** s. m. ● (*raro*) Frate. **C** s. f. ● Suora.

convenùto o †**convènto** (4) **A** part. pass. di *convenire*; anche agg. ● Nei sign. del v. **B** s. m. (f. *-a* nei sign. 2 e 3) **1** Ciò che è stato stabilito di comune accordo: *giunse un'ora prima del c.* | *Secondo il c.*, secondo i patti, gli accordi. **2** (*dir.*) Persona citata in giudizio: *l'attore e il c.* **3** (*spec. al pl.*) Chi partecipa a una riunione, un convegno, e sim. insieme con altri: *l'oratore ringraziò i convenuti.*

convenzionàle [vc. dotta, lat. tardo *conventionāle(m)*, da *convĕntio*, genit. *conventiōnis* 'convenzione'; nel sign. B, dal fr. *conventionnel*] **A** agg. **1** Stabilito per accordo tra le parti: *anzianità c. del prestatore di lavoro*; *interessi convenzionali.* **2** Che è conforme a un uso fondato su un'intesa specifica, comune a un gruppo di persone, i termini della quale sono spesso ignoti o male conosciuti all'esterno del gruppo: *codice c.*; *saluto c.* | *Linguaggio c.*, nel quale gli uomini hanno convenuto di associare a un dato significante un dato significato. **3** (*spreg.*) Che segue con acquiescenza e senza immaginazione gli usi più tradizionali o più correnti: *discorso, atto c.*; *forma d'arte c.* SIN. Banale. **4** Usuale, tradizionale: *armi convenzionali e armi atomiche.* || **convenzionalménte**, avv. **B** s. m. ● (*st.*) Membro della Convenzione nazionale francese.

convenzionalìsmo s. m. **1** Atteggiamento o complesso di atteggiamenti conformistici: *al di fuori del c. accademico* (CARDUCCI) | Opinione accolta in modo conformistico. **2** Dottrina filosofica secondo la quale tutti i principi sono pure e semplici convenzioni.

convenzionalìsta s. m. e f.; anche agg. (pl. m. *-i*) ● (*raro*) Chi, che segue in modo conformistico, senza originalità, gli usi più tradizionali o più correnti, spec. in campo artistico.

convenzionalità s. f. ● Qualità di chi, di ciò che, è convenzionale.

convenzionàre [da *convenzione*] **A** v. tr. (*io convenzióno*) ● Stabilire, regolare q.c. mediante convenzione. **B** v. rifl. **1** Accordarsi mediante convenzione, spec. su prestazioni mediche, assistenziali e sim.: *la clinica si è convenzionata con il Servizio Sanitario Nazionale.* **2** †Stringersi in un patto.

convenzionàto part. pass. di *convenzionare*; anche agg. ● Nei sign. del v.

convenzióne [vc. dotta, lat. *conventiōne(m)*, da *convenīre* 'convenire'; nel sign. 3, dall'ingl. *convention*] s. f. **1** Nel diritto interno, contratto, accordo | †*Essere in c.*, essere legato da un accordo e sim.: *con i quali io sono in c. su questa cosa* (MACHIAVELLI) | Nel diritto internazionale, incontro di volontà tra più soggetti su questioni di comune interesse: *convenzioni di Ginevra* | Documento su cui è scritto tale incontro di volontà: *ratificare, firmare una c. internazionale.* SIN. Accordo, patto, trattato. **2** Intesa generale per la quale, in casi di arbitrarietà, si stabilisce di attribuire a un dato fenomeno o complesso di fenomeni determinate caratteristiche: *fissare, stabilire, q.c. per c.*; *per c. si stabilisce il verso positivo della corrente elettrica.* **3** Assemblea, spec. politica o legislativa: *nel cospetto de' re ... nelle piazze, ne' templi, nelle convenzioni e adunanze de' popoli* (BOCCACCIO) | *C. nazionale francese*, (*ass.*) *la c.*, assemblea legislativa francese durata dal 1792 al 1795. **4** (*spec. al pl.*) Schemi, regole tradizionali, nel campo del comportamento sociale, della produzione culturale e sim., spesso intese come contrastanti con l'originalità individuale: *infrangere le convenzioni*; *essere schiavo delle convenzioni.*

convergènte part. pres. di *convergere*; anche agg. **1** Nei sign. del v. **2** (*mat.*) Detto di variabile ordinata che ammetta limite finito | (*biol.*) Detto di carattere anatomico risultante da un processo di convergenza.

convergènza [fr. *convergence*, da *convergent* 'convergente'] s. f. **1** Atto, effetto del convergere (*anche fig.*): *c. di linee*; *c. di propositi*; *c. politica dei partiti del centro* | (*polit.*) *Convergenze parallele*, accordo di partiti le cui ideologie sono, comunque, molto diverse. **2** (*mat.*) Qualità di ciò che converge. **3** (*autom.*) Assetto leggermente convergente delle ruote anteriori di un autoveicolo che ha lo scopo di compensare la tendenza alla divergenza delle ruote stesse durante la marcia. **4** (*geogr.*) Fenomeno che si presenta dove masse d'aria si incontrano | *C. intertropicale*, zona di incontro fra correnti d'aria provenienti dai tropici | Zona ove vengono a contatto masse marine con origine e caratteristiche fisiche diverse. **5** (*geol.*) Avvicinamento reciproco di due zolle crostali. **6** (*fis.*) Inverso della distanza focale, in una lente: *rapporto di c.* **7** (*biol.*) Parallelismo morfologico.

convèrgere [vc. dotta, lat. tardo *convĕrgere*, comp. di *cŭm* 'con' e *vĕrgere* 'volgersi'] **A** v. intr. (pr. *io convèrgo, tu convèrgi*; pass. rem. *io convèrsi*, raro *convergéi, tu convergésti*; part. pass. *convèrso* (*1*), raro; raro nei tempi comp.; aus. *essere*) **1** Dirigersi insieme verso uno stesso punto, partendo da punti diversi: *le due strade convergono.* CONTR. Divergere. **2** (*mat.*) Approssimarsi d'una successione al limite | Dirigersi, di più rette o segmenti, a un punto. **3** (*fig.*) Tendere, mirare a q.c.: *le nostre idee convergono.* **B** v. tr. ● (*lett.*) Volgere, indirizzare verso un punto (*anche fig.*).

convèrsa (1) [f. sost. di *converso* (*3*)] s. f. ● Donna che provvede a servizi e lavori manuali in un convento, vestendo l'abito religioso senza aver preso i voti.

convèrsa (2) [da *convergere*] s. f. ● (*edil.*) Canale di scolo per l'acqua piovana di lamiera o di embrici, su una linea di compluvio del tetto. SIN. Compluvio.

conversàre [vc. dotta, lat. *conversāri* 'frequentare qualcuno', comp. di *cŭm* 'con' e *versāri* 'aggirarsi'] **A** v. intr. (*io convèrso*; aus. *avere*) **1** Trattenersi a discorrere con una o più persone, trattando argomenti vari, in un'atmosfera garbata e tranquilla: *c. di argomenti piacevoli*; *c. con qc.*; *una persona che sa c.* SIN. Chiacchierare, discorrere, parlare. **2** †Praticare, aver rapporti | †Vivere insieme. **B** v. tr. ● †Praticare, frequentare una persona o un luogo. **C** s. m. ● (*lett.*) Conversazione: *intorno a quella fontana, le vaghe fanciulle ... stanno a lungo ... in conversari* (NIEVO).

conversatóre s. m. (f. *-trice*) ● Chi conversa il modo piacevole e garbato: *un brillante c.*; *un c. da salotto.*

conversazionàle [da *conversazione*, sul modello dell'ingl. *conversational*] agg. **1** Proprio della conversazione: *il linguaggio c.*; *conoscere una lingua straniera a livello c.* **2** (*elab.*) Detto di modo di funzionamento di un elaboratore in cui una sequenza di domande e di risposte alternate, che si svolgono fra un utente e l'elaboratore stesso, ha luogo in maniera simile a quella che si ha in un dialogo fra due persone. SIN. Interattivo.

conversazióne [vc. dotta, lat. *conversatiōne(m)*, da *conversāri*. V. *conversare*] s. f. **1** Atto, modo del conversare: *amare la c.*; *partecipare alla c.*; *essere escluso dalla c.*; *c. brillante, monotona, noiosa, frivola*; *la c. langue* | *Persona di poca c.*, poco loquace. SIN. Chiacchierata, colloquio, dialogo. **2** Comunicazione telefonica: *c. urbana, interurbana* | *C. ordinaria*, che non ha alcuna precedenza nello svolgimento | *C. urgente*, che ha la precedenza su quella ordinaria. **3** (*raro*) Compagnia, circolo di persone che si riuniscono abitualmente: *c. di intellettuali* | *Tenere c.*, ricevere gente, tenere salotto. **4** Breve discorso di argomento scientifico, letterario o di attualità: *tenere una serie di conversazioni sulla poesia moderna.* **5** †Costume, maniera di vita. **6** †Familiarità, dimestichezza. **7** (*raro*) †Regola monastica. || **conversazioncèlla**, dim. | **conversazioncìna**, dim.

conversévole agg. **1** (*lett.*) Chi si diletta di conversare. **2** Che ha le qualità o lo stile del buon conversatore: *un così poco oratorio e così c. poeta come fu Ludovico Ariosto* (CROCE). || **conversevolménte**, avv. (*lett.*) In modo conversevole.

conversióne [vc. dotta, lat. *conversiōne(m)*, da *convĕrtere* 'rivoltare, convertire'] s. f. **1** Trasformazione, cambiamento di stato: *c. di un decreto in legge*; *c. di una scuola privata in scuola pubblica*; *c. dell'energia elettrica* | *C. del debito pubblico*, operazione finanziaria di modifica delle caratteristiche di un debito pubblico | *C. boschiva*, trasformazione del ceduo in ceduo composto o di questo in fustaia | (*dir.*) *C. di un decreto in legge*, approvazione del Parlamento dell'atto emanato dal Governo | *C. del negozio giuridico*, il trarre da un negozio nullo, utilizzandone gli elementi rilevanti, un nuovo negozio valido, senza ulteriori manifestazioni di volontà | *C. dell'atto pubblico*, possibilità di far valere come scrittura privata un atto pubblico invalido | *C. del pignoramento*, sostituzione, stabilita dal giudice dell'esecuzione su istanza del debitore, delle cose pignorate con una somma di denaro | *C. di obbligazioni*, sostituzione di obbligazioni emesse da una società con azioni della società stessa. **2** (*fig.*) Passaggio da una condizione di vita a un'altra considerata migliore, spec. per quanto riguarda le idee, l'atteggiamento politico, la fede religiosa, e sim.: *c. improvvisa, meditata*; *c. letteraria, politica, religiosa*; *c. al cattolicesimo*; *la c. di San Paolo*; *la c. dell'Innominato nei Promessi Sposi.* **3** (*filos.*) In logica, operazione che consente di inferire in modo immediato da una proposizione un'altra proposizione mediante una semplice inversione dei termini. **4** (*psicoan.*) Processo per cui nel paziente al posto di un conflitto si genera un sintomo fisico. **5** (*mar.*) Complesso dei calcoli necessari per convertire la rotta vera in rotta alla bussola. **6** Movimento rotatorio che uno schieramento di soldati, atleti e sim. compie facendo perno su uno dei suoi estremi d'ala per cambiare fronte o direzione di marcia senza mutare formazione | *C. a U*, inversione del senso di marcia di una strada, compiuta alla guida di un autoveicolo mediante una svolta a forma di U. **7** (*elab.*) *C. di codice*, transcodificazione. **8** (*astron.*) †Rotazione | †Rivoluzione.

†**conversìvo** agg. ● Che può mutarsi, trasformarsi.

convèrso (1) part. pass. di *convergere*; anche agg. **1** Nei sign. del v. **2** †Contrario, opposto | *Per c.*, al contrario. || †**conversaménte**, avv. Al contrario.

convèrso (2) [lat. *convĕrsu(m)*, part. pass. di *convĕrtere* 'convertire'] agg. ● (*raro, lett.*) Mutato, trasformato.

convèrso (3) [così detto perché in origine era un convertito; cfr. *converso* (*2*)] s. m. (f. *-a* (V.)) ● Laico che provvede a servizi e lavori manuali in un convento, vestendo l'abito religioso senza avere preso i voti.

†**convertènza** [vc. dotta, lat. tardo *convertĕntia(m)*, da *convĕrtere* 'convertire'] s. f. ● (*ling.*) Mutamento di luogo tra due termini di una proposizione.

†**convèrtere** v. tr., rifl. e intr. pron. ● Convertire.

convertìbile [vc. dotta, lat. tardo *convertĭbile(m)*, da *convĕrtere* 'convertire'] **A** agg. ● Che si può convertire: *energia c.* | *Aereo c.*, che può acquisire caratteristiche architettoniche e funzionali proprie di più specie e sottospecie di aerei | *Automobile c.*, munita di capote | (*econ.*) *Obbligazione c.*, titolo obbligazionario che conferisce al possessore il diritto di convertirlo in un'azione della società emittente o di una sua controllata | *Valuta c.*, valuta che in passato poteva liberamente convertirsi in metallo prezioso ma che oggi può convertirsi soltanto in altra valuta. **B** s. f. ● Automobile convertibile. SIN. Cabriolet. **C** s. m. ● Aereo convertibile. SIN. Convertiplano.

convertibilità [vc. dotta, lat. tardo *convertibilitāte(m)*, da *convĕrtere* 'convertire'] s. f. **1** L'essere convertibile. **2** (*econ.*) Possibilità di convertire in oro i biglietti circolanti in un paese, secondo un determinato rapporto fissato per legge | Possibilità di trasformare liberamente una moneta in altra moneta.

convertiplàno [comp. di *converti(bile)* e *(aero)plano*] s. m. ● Velivolo in grado di decollare o atterrare verticalmente come un elicottero e di spostarsi in volo orizzontale alla velocità di un aeroplano.

convertìre [lat. *convĕrtere* 'rivolgere, mutare', poi 'convertire', comp. di *cŭm* 'con' e *vĕrtere* 'volgere'] **A** v. tr. (pres. *io convèrto*, †*convertìsco*; pass. rem. *io convertìi* o *convèrsi*; part. pass. *convertìto*, lett. *convèrso*) **1** (*raro, lett.*) Volgere, dirigere: *talor converse / la non cieca Fortuna a te il suo viso* (PARINI). **2** Trasformare, tramutare, far passare da uno stato a un altro (*anche fig.*): *c. un decreto in legge, il vapore in acqua; c. il pianto in riso; c. la cartamoneta in oro; c. energia elettrica in energia elettrica sotto forma diversa* | *C. una moneta*, scambiarla con altra estera, secondo il corso del cambio in un dato momento e luogo | *C. un'obbligazione*, mutarne la prestazione. ***3*** (*fis.*) Trattare un gas a elevata temperatura | Cambiare la misura di una grandezza fisica in conseguenza del cambiamento dell'unità di misura. ***4*** (*mar.*) Mutare la rotta vera in rotta alla bussola. ***5*** (*fig.*) Indurre a passare da una condizione di vita a un'altra considerata migliore, a cambiare idea, atteggiamento politico, fede religiosa e sim.: *c. qc. al bene, al socialismo, al Cristianesimo.* ***6*** †Convincere, persuadere. **B** **v. rifl.** ***1*** Passare da una religione a un'altra: *convertirsi al cristianesimo* | Passare dal peccato e dall'errore a vita morale e religiosa | (*est.*) Mutare vita, idee, atteggiamento politico, e sim.: *convertirsi a una ideologia rivoluzionaria.* ***2*** †Volgersi, dirigersi. **C** **v. intr. pron.** ● Trasformarsi, passare da uno stato a un altro (*anche fig.*): *le nuvole si convertirono in pioggia; talvolta l'amore si converte in odio.*

convertito **A** **part. pass.** di *convertire*; anche **agg.** ● Nei sign. del v. **B** **s. m.** (f. *-a*) ● Chi ha cambiato idee, convinzioni politiche, fede religiosa, e sim.

convertitóre **s. m.** (f. *-trice* nel sign. 1) ***1*** Chi converte. ***2*** Ogni apparecchio in cui avvengono reazioni di conversione o trasformazioni di composti | Grosso recipiente di lamiera rivestito internamente di refrattari, con doppio fondo attraverso il quale si invia aria sotto pressione, che converte la ghisa fusa, proveniente dall'altoforno, in acciaio | *C. Bessemer*, a rivestimento acido | *C. Thomas*, a rivestimento basico. ***3*** Apparato che converte energia elettrica in energia elettrica sotto forma diversa: *c. di corrente alternata in corrente continua.* ***4*** Nei sistemi elettronici per l'elaborazione dei dati, macchina o dispositivo che permette la conversione dei supporti o dei codici | *C. analogico-digitale*, quello che in entrata e in uscita da un elaboratore elettronico traduce grandezze fisiche continue in grandezze numeriche, e viceversa | (*elab.*) *C. di codice*, transcodificatore. ***5*** *C. di coppia*, congegno idraulico, composto di una pompa rotativa e di una turbina, che in certi autoveicoli fa le veci della frizione e trasmette all'albero di trasmissione la potenza del motore.

convertitrice **s. f.** ● Macchina rotante che riceve corrente alternata, trasformandola in corrente elettrica continua.

convessità [vc. dotta, lat. *convexitāte(m)*, da *convĕxus* 'convesso'] **s. f.** ***1*** L'essere convesso. ***2*** Parte convessa. ***3*** (*mat.*) Curvatura d'una curva piana o d'una superficie, intesa in senso qualitativo | Per un arco piano privo di flessi, quel lato che contiene le tangenti all'arco.

convèsso [vc. dotta, lat. *convĕxu(m)*, di etim. incerta] **A** **agg.** ***1*** Che è piegato ad arco verso l'esterno, detto di linea, superficie, corpo e sim.: *specchio c.; fronte convessa.* **CONTR.** Concavo. ***2*** (*mat.*) Attributo di figura piana o solida tale che il segmento congiungente due suoi punti qualsiasi appartiene sempre interamente alla figura | Detto di un sottoinsieme d'uno spazio metrico che, per ogni coppia di suoi punti, contiene almeno un punto che si trova fra di essi | Detto d'un angolo minore dell'angolo piatto. **B** **s. m.** ● (*raro, lett.*) Parte convessa.

convettìvo [dal lat. *convĕctus*, part. pass. di *convĕhere* 'trasportare', comp. di *cŭm* 'con' e *vĕhere* 'portare' (V. *vettura*)] **agg.** ● (*fis.*) Relativo alla convezione; *moto c.; correnti convettive.*

convettóre [dal lat. *convĕctus*. V. *convettivo*] **s. m.** ● Apparecchio per il riscaldamento ad aria calda, azionato spec. da energia elettrica.

convezióne [vc. dotta, lat. tardo *convectiōne(m)*, da *convĕhere* 'trasportare', comp. di *cŭm* 'con' e *vĕhere* 'portare'] **s. f.** ● (*fis.*) Modo di propagazione del calore nei fluidi per spostamento delle loro particelle.

convincènte **part. pres.** di *convincere*; anche **agg.** ● Nei sign. del v. ‖ **convincenteménte**, **avv.** (*raro*) In modo convincente.

convìncere [vc. dotta, lat. *convĭncere*, comp. di *cŭm* 'con' e *vĭncere* 'vincere'] **A** **v. tr.** (coniug. come *vincere*) ***1*** Indurre con la forza del ragionamento o la validità degli argomenti, a riconoscere, accettare, ammettere e sim. q.c. eliminando ogni possibilità di dubbio (*anche ass.*): *c. qc. dei propri errori; lo convinse che non c'era più niente da fare; prove, dimostrazioni che convincono* | Persuadere a fare o a non fare q.c.: *i cattivi compagni lo convinsero a rubare.* ***2*** Dimostrare con prove inoppugnabili la colpevolezza di qc.: *fu convinto di aver corrotto il giudice.* **B** **v. rifl.** ● Acquistare certezza, liberandosi da dubbi o da precedenti opinioni: *convincersi della sincerità di qc.; convincersi di aver torto; si convinse coi propri occhi della verità dell'accaduto.* **SIN.** Persuadersi.

convincìbile [vc. dotta, lat. tardo *convincĭbile(m)*, da *convĭncere* 'convincere'] **agg.** ● (*raro*) Che si può convincere.

convinciménto **s. m.** ● Atto, effetto del convincere o del convincersi | Convinzione, opinione accettata: *un fermo c.* | *Principio del libero c. del giudice*, per cui l'organo giudiziario può liberamente valutare le prove assunte nel processo, eccettuate quelle legali.

convìnto **part. pass.** di *convincere*; anche **agg.** ***1*** Nei sign. del v. ***2*** *Reo c. ma non confesso*, di chi non vuole ammettere la propria colpevolezza già dimostrata.

convinzióne [vc. dotta, lat. tardo *convinctiōne(m)*, da *convĭncere* 'convincere'] **s. f.** ***1*** Il convincere, l'essere convinto: *acquisire, scuotere, abbattere una c.; avere una grande capacità di c.; fare opera di c. su qc.; ascoltare con c.; parlare, studiare senza c.* ***2*** (*spec. al pl.*) Opinioni, principi e sim., acquistati dopo maturo esame e di cui si è pienamente convinti: *convinzioni politiche, religiose, morali; alla politica senza idee, risponde la vita senza convinzioni* (CARDUCCI).

convissùto **part. pass.** di *convivere* ● Nei sign. del v.

†**convitàre (1)** [fr. *coveitier* (fr. moderno *convoiter*), dal lat. parl. **cupidietare*, da *cŭpidus* 'cupido'] **v. tr.** ● Desiderare.

convitàre (2) [lat. parl. **convitāre*, nato dalla sovrapposizione di *invitāre* 'invitare' a *convivium* 'convito'] **A** **v. tr.** ● (*lett.*) Chiamare a convito | (*est.*) †Invitare. **B** **v. intr.** ● †Fare convito | †Banchettare.

convitàto [propr., part. pass. di *convitare (2)*] **s. m.** (f. *-a*) ● Chi è invitato e interviene a un convito: *i convitati erano numerosi.* **SIN.** Commensale.

convìto [da *convitare (2)*] **s. m.** ● (*lett.*) Pasto lauto e solenne a cui sono invitate più persone: *partecipare a un c.; stare a c.; sala del c.* | (*lett.*) Insieme dei convitati.

convìtto [vc. dotta, lat. *convĭctu(m)*, da *convīvere* 'convivere'] **s. m.** ***1*** Istituto d'istruzione e di educazione per giovani in cui si provvede anche al loro mantenimento e alloggio: *c. maschile, femminile; stare in c.* | (*est.*) L'insieme dei convittori: *il c. uscì per la passeggiata.* **SIN.** Collegio. ***2*** †Convivenza | *C. umano*, la società umana.

convittóre [vc. dotta, lat. *convictōre(m)*, da *convīvere* 'convivere'] **s. m.** (f. *-trice*) ***1*** Chi vive in un convitto. ***2*** †Chi vive insieme con altri.

convìva [vc. dotta, lat. *convīva(m)*, da *convīvere* 'convivere'] **s. m.** (**pl.** *-i*) ● (*lett.*) Convitato, commensale.

convivàle ● V. *conviviale.*

†**convivàre** o †**conviviàre** [vc. dotta, lat. *convivari*, da *conviva* 'conviva'] **v. intr.** ● Far convito, banchettare.

convivènte **A** **part. pres.** di *convivere*; anche **agg.** ● Nei sign. del v. **B** **s. m. e f.** ● Chi vive insieme con altri.

convivènza **s. f.** ***1*** Il convivere in uno stesso luogo: *c. domestica, legittima, illecita; rapporti di c.* ***2*** Complesso di persone conviventi | *C. sociale, civile, umana*, la società umana.

convìvere [vc. dotta, lat. *convīvere*, comp. di *cŭm* 'con' e *vīvere* 'vivere'] **v. intr.** (coniug. come *vivere*; aus. *essere* e *avere*) ● Vivere abitualmente insieme con altri: *i figli convivono con la famiglia; i coniugi convivono* | Coabitare, far vita comune, detto spec. di uomo e donna non uniti fra loro in matrimonio.

conviviàle o **convivàle** [vc. dotta, lat. *conviviāle(m)*, da *convīvium* 'convivio'] **agg.** ● Di, pertinente a, convito: *allegria, discorso, canzone c.* | *Poesia c.*, cantata, recitata nei conviti o che a essi si ispira.

†**conviviàre** ● V. †*convivare.*

convìvio [vc. dotta, lat. *convīviu(m)*, da *convīva* 'conviva'] **s. m.** ● (*lett.*) Convito, banchetto (*anche fig.*): *ne' superbi / convivii ognaltro avanzerai per fama* (PARINI); *c. di scienza, di filosofia.*

†**conviziàre** [vc. dotta, lat. *conviciāri*, da *convīcium* 'convizio'] **v. intr.** ● Dire parole ingiuriose.

†**convìzio** [vc. dotta, lat. *convīciu(m)* 'clamore, baccano' di etim. incerta] **s. m.** ● Ingiuria.

†**convocaménto** **s. m.** ● Convocazione.

convocàre [vc. dotta, lat. *convocāre*, comp. di *cŭm* 'con' e *vocāre* 'chiamare'] **v. tr.** (*io cònvoco, tu cònvochi*) ***1*** Invitare a riunirsi due o più persone, spec. gli appartenenti a un corpo legislativo, politico, amministrativo, e sim.: *c. il Parlamento, un'adunanza, un'assemblea.* **SIN.** Chiamare, radunare, riunire. ***2*** (*est.*) Chiamare a una riunione, a un raduno e sim.: *il professore convocò gli alunni; gli atleti furono convocati per l'allenamento.* ***3*** †Chiamare in aiuto, in soccorso.

convocàto **A** **part. pass.** di *convocare*; anche **agg.** ● Nei sign. del v. **B** **s. m.** (f. *-a*) ● Chi è stato oggetto di convocazione: *i convocati per la nazionale di calcio.*

convocatóre [vc. dotta, lat. tardo *convocatōre(m)*, da *convocāre* 'convocare'] **s. m.**; anche **agg.** (f. *-trice*) ● Chi, che convoca.

convocazióne [vc. dotta, lat. *convocatiōne(m)*, da *convocāre* 'convocare'] **s. f.** ***1*** Atto del convocare: *la c. di un'assemblea, dei professori* | Invito a un'adunanza: *accettare una c.; rispondere a una c.* | L'adunanza stessa: *la c. avrà luogo oggi.* ***2*** (*sport*) Invito a un atleta di presentarsi a un luogo di raduno per la selezione di una squadra rappresentativa nazionale. ***3*** Riunione dei componenti un organo collegiale, per deliberare su un ordine del giorno: *prima, seconda c.*

convogliàre o †**convoiàre** [fr. *convoyer*, dal lat. parl. **conviāre* 'fare la strada con qualcuno', comp. di *cŭm* 'con' e *vĭa* 'strada'] **v. tr.** (*io convòglio*) ***1*** (*raro*) Accompagnare a scopo protettivo o a titolo d'onore: *numerose automobili convogliavano il corteo presidenziale.* **SIN.** Scortare. ***2*** Dirigere verso un dato luogo: *le navi furono convogliate al porto.* ***3*** Trascinare, trasportare con sé: *il fiume convoglia le acque di molti torrenti* | (*est., fig.*) Far convergere, concentrare: *c. le proprie energie, i propri sforzi verso un obiettivo.*

convogliatóre **s. m.** ● Trasportatore, anche aereo, di pezzi da lavorare e materiali vari.

convòglio o †**convòio** [fr. *convoi*, da *convoyer* 'convogliare'] **s. m.** ***1*** (*raro*) Accompagnamento, scorta. ***2*** Gruppo di veicoli, natanti o mezzi di trasporto in genere che procedono insieme, spec. incolonnati, verso lo stesso luogo: *un c. di automezzi militari, di navi mercantili; chiedere un c. di scorta* | *C. funebre*, corteo funebre | (*est.*) Treno: *un c. di molti vagoni.* ***3*** (*est.*) Gruppo di persone che vengono condotte verso un dato luogo: *un c. di ufficiali.*

†**convoiàre** e *deriv.* ● V. *convogliare* e *deriv.*

†**convoitìgia** [fr. mediev. *convoitise* 'cupidigia', dal lat. *cupiditāte(m)* 'avidità'] **s. f.** ● Cupidigia.

convolàre [vc dotta, lat. *convolāre*, comp. di *cŭm* 'con' e *volāre* 'volare'] **v. intr.** (*io convólo*; aus. *essere*) ***1*** †Accorrere celermente verso un luogo. ***2*** Nella loc. *c. a nozze, c. a giuste nozze*, sposarsi

convòlgere o †**convòlvere** [comp. di *con-* e *volgere*] **A** **v. tr.** (coniug. come *volgere*) ● (*raro, lett.*) Avvolgere, avvoltolare: *convoltolo per lo fango, tutti i panni ... gli stracciò* (BOCCACCIO). **B** **v. rifl.** ● (*raro, lett.*) Avvoltolarsi, contorcersi.

†**convolùbile** [comp. di *con-* e *volubile*] **agg.** ● Che può girare su se stesso.

convolùto [vc. dotta, lat. *convolūtu(m)*, part. pass. di *convŏlvere*, comp. di *cŭm* 'con' e *vŏlvere* 'volgere'] **agg.** ● Accartocciato, detto spec. di foglia.

†**convòlvere** ● V. *convolgere.*

convòlvolo [vc. dotta, lat. *convŏlvulu(m)*, da *convŏlvere* 'avvolgere'] **s. m.** ● Genere di piante erbacee rampicanti delle Convolvulacee comprendente molte specie caratterizzate da grandi fiori campanulati, di colore variabile (*Convolvulus*).

Convolvulàcee [vc. dotta, comp. del lat. *convŏlvulus* 'convolvolo' e di *-acee*] **s. f. pl.** ● Nella tassonomia vegetale, famiglia di piante erbacee con fusti spesso rampicanti, foglie alterne e fiori solitari o in cime (*Convolvulaceae*) | (al sing. *-a*) Ogni individuo di tale famiglia. ➡ ILL. piante /8.

convulsionàrio [fr. *convulsionnaire*, da *convulsion* 'convulsione'] agg.; anche s. m. (f. *-a*) ● Che, chi soffre di convulsioni.

convulsióne [vc. dotta, lat. tardo *convulsiōne(m)*, da *convĕllere* 'sconvolgere'. V. *convellere*] s. f. *1* (*med.*) Contrazione violenta, involontaria, dei muscoli scheletrici: *c. epilettica, infantile; soffrire di convulsioni. 2* (*est.*) Scoppio irrefrenabile: *c. di riso, di pianto. 3* (*raro, fig.*) Cataclisma violento e improvviso: *le convulsioni del cielo e del mare.* || **convulsioncèlla**, dim.

convulsivànte [da *convulsivo*] agg. ● Che produce convulsioni: *farmaco c.; affezione morbosa c.*

convulsìvo [da *convulso*] agg. ● Di, relativo a, convulsione: *crisi convulsiva* | Che provoca convulsioni | *Tosse convulsiva*, pertosse.

convùlso [vc. dotta, lat. *convŭlsu(m)*, part. pass. di *convĕllere* 'sconvolgere'. V. *convellere*] **A** agg. *1* Che si manifesta con convulsioni: *tremito, pianto, riso c.* | *Tosse convulsa*, pertosse | Che è in preda a convulsioni. *2* Violentemente scosso, agitato, tremante: *corpo c.; mani, labbra convulse. 3* (*fig.*) Pieno di scatti, affanno, agitazione interiore: *movimento c.; parole convulse* | *Stile c.*, disordinato, scomposto | Intenso, febbrile: *ritmo c. di lavoro; attività convulsa; maniera di vivere convulsa.* || **convulsaménte**, avv. In modo convulso, agitato. **B** s. m. *1* (*pop.*) Convulsione: *avere il c. 2* (*est.*) Scoppio nervoso e prolungato: *un c. di riso, di pianto.*

coobàre [lat. mediev. *cohobāre*, dall'ar. *qohba* 'color bruno giallastro' (?)] v. tr. (*io coòbo*) ● (*chim.*) Ridistillare un liquido allo scopo di estrarne, insieme col liquido, i principi attivi.

coobazióne s. f. ● Atto, effetto del coobare.

coobbligàto [comp. di *co(n)*- e *obbligato*] agg.; anche s. m. (f. *-a*) ● (*dir.*) Che, chi è tenuto insieme con altri all'adempimento di un'obbligazione: *c. in solido; costringere un c. all'adempimento.*

coolie /ingl. 'ku:li/ [vc. ingl., dall'indostano *kulī*: n. di una popolazione indiana (?)] s. m. inv. ● Servitore, spec. portatore, indigeno nell'Estremo Oriente.

cool jazz /kul'dʒɛts, *ingl.* 'ku:l dʒæz/ [ingl., 'jazz fresco, moderno'. *Cool* è di origine indeur.] loc. sost. m. inv. ● Moderna forma di jazz, meno istintiva del jazz iniziale e più ricercata dal punto di vista armonico e timbrico.

coonestaménto s. m. ● (*lett.*) Il coonestare.

coonestàre [vc. dotta, lat. *cohonestāre*, comp. di *cŭm* 'con' e *honestāre* 'onorare', da *honĕstus* 'decoroso'] v. tr. (*io coonèsto*) ● (*lett.*) Fare apparire volutamente onesto ciò che in realtà non è tale: *tutti sotto nome di ben pubblico la propria privata ambizione coonestavano* (ALFIERI) | Giustificare: *c. un'ingiustizia.*

còop s. f. inv. ● Acrt. di *cooperativa.*

cooperàre [vc. dotta, lat. tardo *cooperāri*, comp. di *cŭm* 'con' e *operāri* 'operare'] v. intr. (*io coòpero*; aus. *avere*) ● Operare insieme con altri per il raggiungimento di un fine comune, collaborare: *c. alla buona riuscita di un'impresa; c. in un lavoro* | Contribuire al prodursi di un effetto: *questa sconfitta ... non cooperò certo a fargli smettere la sua inimicizia* (NIEVO).

cooperativa [f. sost. di *cooperativo*] s. f. ● Impresa collettiva che svolge attività economica senza fine lucrativo | *C. di consumo*, che compra merci da rivendere ai cooperatori a prezzo di costo | *C. edilizia*, che fabbrica case per distribuirne gli appartamenti ai propri soci a condizioni per gli stessi vantaggiose | *C. di lavoro*, che assume appalti da terzi per impiegarvi i propri soci a condizioni migliori di quanto offrirebbe il mercato.

cooperativìsmo s. m. ● Sistema di organizzazione economica in cui proprietà e gestione dei mezzi di produzione sono attribuite ai lavoratori delle singole imprese organizzate in cooperative.

cooperativìstico agg. (pl. m. *-ci*) ● Relativo al cooperativismo o alle cooperative.

cooperativo [vc. dotta, lat. tardo *cooperatīvu(m)* 'che coopera', da *cooperāri* 'cooperare'] agg. *1* Atto a cooperare. *2* Detto di società o impresa caratterizzata dal perseguimento di un fine mutualistico: *membro di una società cooperativa.*

cooperatóre [vc. dotta, lat. tardo *cooperatōre(m)*, da *cooperāri* 'cooperare'] agg.; anche s. m. (f. *-trice*) *1* Che, chi coopera: *sacerdote c.; abbiamo avuto molti cooperatori* | *Sacerdote c.*, quello che affianca il parroco per aiutarlo nel suo ufficio. *2* Che, chi è socio di una cooperativa.

cooperazióne [vc. dotta, lat. tardo *cooperatiōne(m)*, da *cooperāri* 'cooperare'] s. f. *1* Atto, effetto del cooperare | (*dir.*) *C. colposa*, compartecipazione di più persone nei delitti colposi. SIN. Collaborazione, concorso. *2* Movimento delle cooperative e, in particolare, movimento che riunisce le diverse cooperative di un settore, di una zona o di un intero Paese.

cooptàre [vc. dotta, lat. *cooptāre* 'eleggere un nuovo membro, aggregare', comp. di *cŭm* 'con' e *optāre* 'scegliere'] v. tr. (*io coòpto*) ● Chiamare qc. a far parte di un collegio o di una corporazione, da parte degli stessi componenti il collegio.

cooptazióne s. f. ● Atto, effetto del cooptare.

coordinàbile agg. *1* Che si può coordinare. *2* Detto di prodotti diversi tra loro per funzione, ma realizzati in modo da creare un gradevole accostamento di forme, linee, colori e sim.: *capi di abbigliamento coordinabili.*

coordinaménto s. m. ● Atto, effetto del coordinare: *c. delle idee, dei mezzi* | *Ufficio, centro di c.*, (*ell.*) *coordinamento*, organismo che coordina.

coordinànte **A** part. pres. di *coordinare*; anche agg. ● Nei sign. del v. **B** s. m. ● (*fis.*) Atomo o ione che unisce a sé un certo numero di atomi, gruppi atomici o ioni mediante legami di coordinazione.

coordinàre [lat. mediev. *coordinare*, dal lat. tardo *coordinātio* 'coordinazione'] v. tr. (*io coórdino*) *1* Ordinare insieme vari elementi in modo da costituire un tutto organico conforme al fine che si intende raggiungere: *c. le proprie idee; un mezzo potente di c. l'insurrezione* (MANZONI) | Mettere in relazione: *c. le notizie con le date corrispondenti. 2* (*ling.*) Collegare due o più proposizioni che sono in rapporto di reciproca autonomia. *3* (*chim.*) Unire per mezzo di uno o più legami di coordinazione.

coordinàta [f. sost. di *coordinato*] s. f. *1* (*mat., spec. al pl.*) Ognuno dei numeri che permettono di individuare la posizione di un punto rispetto a un sistema di riferimento, in una retta, nel piano o nello spazio | *Coordinate cartesiane d'un punto nel piano*, misura, su ciascuno degli assi, del segmento staccato dalla retta passante per il punto e parallela all'altro asse | *Coordinate cartesiane d'un punto nello spazio*, misura, su ciascuno degli assi, del segmento staccato dal piano passante per il punto e parallelo agli altri due assi. *2* (*spec. al pl., geogr.*) Ciascuno dei numeri che serve a individuare un punto sulla superficie terrestre | *Coordinate geografiche*, latitudine, longitudine e altitudine di un punto sulla superficie terrestre | (*astron.*) *Coordinate celesti*, coppie di grandezze atte a determinare univocamente la posizione degli astri sulla sfera celeste o nello spazio.

coordinativo agg. ● Atto a coordinare: *cognizioni coordinative.*

coordinàto **A** part. pass. di *coordinare*; anche agg. *1* Nei sign. del v. *2* (*mat.*) *Assi, piani coordinati*, gli assi cartesiani e i loro piani. *3* (*ling.*) Paratattico. **B** s. m. *1* (*chim.*) Atomo, gruppo atomico o ione che è unito al coordinante di uno ione complesso. *2* Insieme formato di capi di vestiario, di biancheria personale e di uso domestico, e sim., diversi tra loro per funzione ma legati tra loro dai medesimi disegni e colori: *coordinati per il tennis, per la tavola, per il bagno.*

coordinatóre s. m.; anche agg. (f. *-trice*) *1* Chi, che coordina. *2* Insegnante che presiede il consiglio di classe in una scuola media: *nominare il c.; insegnante c.*

coordinazióne [vc. dotta, lat. tardo *coordinatiōne(m)*, nom. *coordinātio*, comp. di *cŭm* 'con' e *ordinātio* 'ordinamento'] s. f. *1* Atto, effetto del coordinare: *la c. delle idee, dei movimenti; in questo ufficio c'è poca, scarsa c. 2* (*chim.*) Reazione in cui si ha l'unione tra due ioni. *3* (*ling.*) Paratassi.

coòrte [vc. dotta, lat. *cohŏrte(m)*, comp. di *cŭm* 'con' e *hŏrtus* 'orto, ripartimento'] s. f. *1* Unità costitutiva della legione romana, diversa per numero e per composizione nei vari tempi | *C. legionaria*, decima parte di una legione | *C. ausiliaria*, composta di alleati | *C. pretoria*, guardia del corpo dell'imperatore | *C. urbana*, guarnigione di Roma. *2* (*est., lett.*) Schiera di armati | (*est.*) Moltitudine: *una c. di uomini. 3* (*stat.*) Insieme d'individui che in uno stesso periodo hanno tutti vissuto un dato evento | Insieme di casi individuali considerati a partire da un certo punto comune, in funzione di una variabile.

copaifera [comp. del caraibico *copau* 'copaive' e del lat. *-fer* '-fero'] s. f. ● Genere di piante delle Leguminose comprendente varie specie tropicali che forniscono il balsamo di copaive e il copale (*Copaifera*).

copàive o **copàiba**, **copàibe**, **coppàiba** [sp. *copaiba*, *copaiva*, dal caraibico *kopaiba*, comp. di *kopa*, n. della sostanza prodotta, e *iba* 'albero'] s. f. ● Denominazione di varie piante del genere copaifera | *Balsamo di c.*, oleoresina estratta dal tronco di alcune copaifere, un tempo usata in medicina.

copàle o **coppàle** [fr. *copal*, dallo sp. *copal*, dall'azteco *copalle*] s. m. e f. *1* Resina esistente sia in piante esotiche sia allo stato fossile, colorata dal giallo al rossiccio, usata per vernici, lacche e per oggetti d'ornamento in sostituzione dell'ambra. *2* Pelle verniciata per scarpe o altri accessori | *Scarpe di c.*, di pelle lucida, laccata con la copale. SIN. Vernice.

copàta [ar. *qubbaita*] s. f. ● Dolce di pasta croccante a forma di piccolo disco, costituito da un composto a base di noci, pistacchi e miele racchiuso fra due ostie, specialità di Siena.

copèco [russo *kopejka*] s. m. (pl. *-chi*) ● Moneta divisionale russa corrispondente alla centesima parte del rublo.

Copèpodi [comp. del gr. *kōpē* 'remo' e *poús*, genit. *podós* 'piede'; detti così perché hanno organi natatori in tutti o in parte degli arti] s. m. pl. ● Nella tassonomia animale, ordine di Crostacei acquatici con un solo occhio mediano, cinque paia di zampe e addome biforcato (*Copepoda*) | (al sing. *-e*) Ogni individuo di tale ordine.

†**coperchiàre** o †**coverchiàre**. v. tr. (*io copèrchio*) ● Mettere il coperchio | (*est.*) Coprire.

copèrchio o †**covèrchio** [lat. *coopĕrculu(m)*, da *cooperīre* 'coprire'] s. m. *1* Arnese, spec. di forma circolare, di materiale vario, che serve per chiudere o coprire vasi, pentole, casse, e sim. | *Mettere il c. sopra a q.c.*, (*fig.*) metterla a tacere. *2* Disco superiore della macina con un foro attraverso il quale si introduce il grano. *3* (*est.*) Ciò che copre, che sovrasta (*anche fig.*): *veggo le nubi ... / ... al mondo tutto / far di sopra un ferale atro c.* (MARINO) || PROV. Il diavolo insegna a fare la pentola ma non il coperchio. || **coperchiàccio**, pegg. | **coperchiétto**, dim. | **coperchino**, dim. | **coperchióne**, accr.

copernicanìsmo s. m. ● Complesso delle teorie e indirizzo scientifico basati sull'ipotesi eliocentrica dell'astronomo N. Copernico.

copernicàno agg. ● Di, relativo all'astronomo N. Copernico (1473-1543) e alle sue teorie | (*astron.*) *Sistema c.*, sistema planetario che colloca il sole al centro | *Rivoluzione copernicana*, (*fig.*) rivolgimento radicale di opinioni tradizionali.

copèrta o (*dial.*) †**covèrta** [f. sost. di *coperto* (*1*)] s. f. *1* Panno, drappo, che serve per coprire: *c. da cavallo, da viaggio* | (*per anton.*) Panno o drappo che copre il letto: *c. di lana, di seta; c. imbottita* | *Mettersi, ficcarsi, sotto le coperte*, coricarsi | *Stare, restare sotto le coperte*, rimanere a poltrire nel letto | *Mettere i piedi fuori dalle coperte*, alzarsi dal letto di malavoglia. *2* Fodera con cui si copre un oggetto per preservarlo dalla polvere, dalla luce, dall'umidità, e sim.: *la c. di un divano* | (*edit.*) Foglio di carta o cartone usato per legare o proteggere un volume. SIN. Copertina nel sign. 2 | *C. del libro*, copertina. *3* (*mar.*) Palco che chiude e copre la parte superiore di ogni bastimento | *Sotto c.*, nella parte interna del bastimento | *In, sopra c.*, sul palco o sui ponti della nave. *4* Carne che ricopre la lombata del bue. *5* (*raro, lett.*) Busta da lettera. *6* (*fig.*) †Finzione, apparenza, pretesto | †*Sotto c. di, sotto la c. di*, con la scusa di | †*Fare da c., servire di c., a q.c.*, dare apparenza d'onestà a un'azione disonesta. ***7*** †Rivestimento, copertura. ‖ **copertàccia**, **pegg.** | †**copertèlla**, **dim.** | **copertina**, **dim.** (V.) | **copertino**, **dim. m.** | **copertóne**, **accr. m.** (V.) | **copertùccia**, **dim.**

copertifìcio [comp. di *coperta* e *-ficio*] **s. m.** ● Fabbrica di coperte.

copertina o (*dial.*) †**covertina**. **A** **s. f.** ***1*** Dim. di *coperta*, nel sign. 1. ***2*** Involucro di carta o cartone leggero che ricopre quaderni e sim. | Involucro di cartone più o meno pesante, generalmente stampato con le indicazioni del titolo e dei nomi dell'autore e dell'editore, talvolta colorato o illustrato, che ricopre libri, riviste, opuscoli e sim. ***3*** Parte superiore di un muro che lo rende impermeabile. ***4*** Taglio di carne bovina, sopra la lombata. **B** in funzione di **agg. inv.** ● (posposto al s.) Nella loc. *ragazza c.*, che appare fotografata sulla copertina di rotocalchi, riviste d'attualità e sim.

copertinàto [da *copertina*] **agg.** ● Detto di libro o fascicolo fornito di copertina.

copèrto (**1**) o (*dial.*) †**covèrto** [lat. *coopĕrtu(m)*, part. pass. di *cooperīre* 'coprire'] **A** **part. pass.** di *coprire*; anche **agg.** ***1*** Nei sign. del v. ***2*** Rivestito, chiuso, riparato, protetto, spec. sormontato da un tetto e sim.: *Passaggio c.*; *via, strada coperta*; *piscina, palestra coperta*; *batteria coperta* | *Legno c.*, un tempo, carrozza chiusa. ***3*** Detto di persona, che indossa abiti pesanti o numerosi, tali comunque da ripararle dal freddo: *essere ben c., troppo c.*; *tenersi c.* ***4*** Oscuro, nuvoloso: *cielo, tempo c.* ***5*** (*fig.*) Ambiguo, nascosto, dissimulato: *mi fece delle coperte minacce*; *E quei che 'ntese il mio parlar coverto* (DANTE *Inf.* IV, 51). ***6*** (*fig.*) Adeguatamente garantito: *rischio c.* | *Assegno c.*, quando il conto corrente su cui è tratto presenta la disponibilità necessaria per il pagamento. ‖ **copertaménte**, **avv.** ***1*** Di nascosto. ***2*** In modo poco chiaro. **B** in funzione di **avv.** ● (*fig., lett.*) Copertamente, di nascosto, in segreto | *Agire, parlare c.*, in modo non esplicito, velatamente. **C** **s. m.** ***1*** Luogo protetto, riparato: *mettersi, stare, dormire al c.* | *Essere al c.*, (*fig.*) essere al sicuro, essere protetto da possibili danni, e sim. ***2*** (*raro*) Tetto.

copèrto (**2**) o †**covèrto** [fr. *couvert*, dal lat. *coopĕrtu(m)* 'coperto (1)', in quanto è ciò con cui si copre la tavola] **s. m.** ● Insieme di piatti, posate, bicchieri e sim. necessario per una persona a tavola | (*est.*) Posto a tavola: *riservare quattro coperti* | (*est.*) Quota fissa da pagarsi in un ristorante per ogni pasto individuale: *aggiungere al conto il c. e il servizio*.

copertóio o †**copertòrio**, (*dial.*) †**covertòrio** [lat. tardo *coopertōriu(m)*, da *coopĕrtus* 'coperto (1)'] **s. m.** ***1*** (*tosc.*) Coperchio di grandi dimensioni. ***2*** (*tosc.*) †Pesante coperta. ***3*** (*mil.*) †Tettoia, copertura.

copertóne **s. m.** ***1*** Accr. di *coperta*, nel sign. 2. ***2*** Ampio telo impermeabile che si stende su autotomezzi, baracche, merci e sim. per ripararli dalle intemperie. ***3*** Panno che copre la cassetta del cocchiere. ***4*** Involucro di gomma rinforzata di tela, montato sul cerchio delle ruote degli autoveicoli, che racchiude la camera d'aria o che, in assenza di questa, contiene l'aria che lo gonfia.

†**copertòrio** ● V. *copertoio*.

copertùra o (*dial.*) †**covertùra** [lat. *coopertūra(m)*, da *coopĕrtus* 'coperto (1)'] **s. f.** ***1*** Atto, modo, effetto del coprire. ***2*** Ciò che copre: *una c. di legno, di plastica*; *la c. del tetto* | (*fig.*) Falsa apparenza: *il suo lavoro di impiegato è soltanto la c. di un'attività illegale*. ***3*** (*geol.*) Qualsiasi materiale o terreno che nasconde gli affioramenti rocciosi | Parte più superficiale o mobile della litosfera, costituita da sedimenti. ***4*** (*econ.*) Insieme di valori a garanzia dei rischi cui vanno incontro le operazioni finanziarie | *C. aurea*, oro depositato presso le casse dello Stato a garanzia di moneta cartacea in circolazione | *C. bancaria*, somma depositata in banca a garanzia di un assegno emesso o dell'importo di un debito per acquisto di merci | Operazione che elimina tali rischi. ***5*** (*mil.*) Complesso delle misure e delle attività predisposte per parare minacce o incursioni nemiche alle frontiere e assicurare il tempo necessario per attuare la mobilitazione | *Unità di c.*, poste a difesa immediata delle frontiere | Possibilità di mascheramento offerte dall'ambiente naturale. ***6*** Difesa: *fare un gioco di c.*; *fuoco di c.* | Nel pugilato, atteggiamento dell'atleta che si protegge con le braccia la testa e lo stomaco | Nel biliardo, impallatura. ***7*** †Intonaco.

copèta [ar. *qubbaita*] **s. f.** ● Dolce croccante, confezionato a forma di sbarrette, fatto con zucchero o miele e mandorle o noccioline, simile alla copata senese, specialità della Puglia.

còpia (**1**) [vc. dotta, lat. *cōpia(m)* 'abbondanza', da *ŏps*, genit. *ŏpis* 'ricchezza'] **s. f.** ***1*** (*lett.*) Abbondanza, grande quantità: *vennero servitori, con gran c. di rinfreschi* (MANZONI) | *In c.*, *in gran c.*, in abbondanza. ***2*** †Agio, opportunità | †*Avere c. di qc., di q.c.*, potersene servire | †*Fare c. di q.c.*, concederla. ***3*** †Dimestichezza, familiarità | †*Fare c. di sé a qc.*, prodigarsi per qc. e (*est.*), congiungersi carnalmente. ***4*** (*al pl.*) †Truppe, schiere: *il sito aspro non ti lascia distendere le tue copie* (MACHIAVELLI).

còpia (**2**) [dal precedente recepito nel senso di 'abbondanza di riproduzione'] **s. f.** ***1*** Trascrizione fedele di uno scritto originale: *la c. di una lettera, di un documento*; *c. esatta, scrupolosa*; *c. manoscritta, dattiloscritta* | *Brutta c.*, la prima stesura di uno scritto | *Bella c.*, la stesura finale | *Prendere c.*, copiare | *Collazionare una c.*, confrontarla con l'originale | (*est.*) Riproduzione fedele di un atto giuridico: *c. di un contratto*; *c. conforme all'originale*; *c. legalizzata*; *c. notarile*. ***2*** (*est.*) Esatta riproduzione: *i suoi movimenti son la c. dei tuoi* | (*est.*) Oggetto d'arte che ripete un originale fatto da un autore diverso: *la c. di una statua* | (*est.*) Persona che presenta caratteristiche fisiche o morali molto simili a quelle di un'altra: *quel bambino sembra la c. di suo padre*. ***3*** Esemplare di opera stampata: *ho avuto una c. del suo libro*; *questo quotidiano vende 200 000 copie al giorno* | *C. a parte*, estratto di un articolo stampato su un giornale, una rivista, e sim. | *C. d'obbligo*, una di quelle che l'editore di un libro deve per legge consegnare alla prefettura e alla procura della Repubblica. ***4*** Riproduzione positiva di una fotografia o di un film. ‖ **copiàccia**, **pegg.** | **copiétta**, **dim.** | **copióne**, **accr. m.** (V.).

copiacommissióne o **còpia commissióne** [comp. di *copia(re)* e *commissione*] **s. m. inv.** ● (*comm.*) Blocchetto o libro che serve al rappresentante per annotare l'ordinazione del cliente all'atto dell'assunzione dell'ordine presso il cliente stesso.

copiafattùre [comp. di *copia(re)* e il pl. di *fattura*] **s. m. inv.** ● Libro in cui si copiano le fatture.

copialèttere o **copialéttere** [comp. di *copia(re)* e il pl. di *lettera*] **s. m. inv.** ***1*** Registro in cui si tengono le copie delle lettere scritte. ***2*** Torchietto a mano usato un tempo per ottenere copia su velina di lettere o documenti scritti con inchiostro copiativo.

copiàre [da *copia* (*2*)] **v. tr.** (*io còpio*) ***1*** Trascrivere fedelmente uno scritto: *c. un brano di prosa, una lettera*; *c. a mano, a macchina* | *C. in bella*, trascrivere in bella copia. ***2*** Ritrarre, riprodurre fedelmente un modello, spec. un'opera d'arte: *c. una modella, un'antica pittura* | *C. dal vero*, disegnare, dipingere e sim. con il modello davanti | (*est.*) Riprodurre, duplicare: *c. un programma*. ***3*** (*est.*) Imitare, ripetere parole, atteggiamenti e sim. altrui: *c. il compito da un compagno*; (*ass.*) *per favore, non copiate!*; *mi hai copiato il modello del vestito*; *non fa che c. l'amica* | Ripetere i concetti, la maniera, lo stile, e sim. di un autore facendoli propri: *quello scrittore copia il Manzoni*. ***4*** Nella fotomeccanica, trasferire sulla lastra le immagini contenute in una pellicola o in un montaggio.

copiatìvo [da *copiare*] **agg.** ● Che serve a copiare | *Inchiostro c.*, per riprodurre lo scritto su altra carta col copialettere | *Matita copiativa, lapis c.*, il cui segno non si cancella | *Carta copiativa*, carta carbone.

copiatóre **s. m.** (f. *-trice* (V.)) ***1*** Chi copia. ***2*** Chi imita gli atteggiamenti, le idee e sim. di altri. ***3*** †Amanuense.

copiatrice **s. f.** ● Apparecchio per la riproduzione di documenti, indipendentemente dal procedimento di riproduzione utilizzato.

copiatùra **s. f.** ● Modo, atto, effetto del copiare: *la c. di un manoscritto, di un codice, di un documento, di una lettera*; *c. a mano, a macchina*; *lavoro di c.*; *per la c. sono occorse molte ore* | (*est.*) Brano, passo e sim. copiati: *quel compito è tutto una c.*; *nel romanzo ci sono frequenti copiature da altri autori*.

copìglia o **coppìglia** [fr. *goupille*, propr. 'volpe', dal lat. parl. **vulpīcula(m)*, per il classico *vulpēcula(m)*, dim. di *vŭlpes* 'volpe'] **s. f.** ● (*mecc.*) Asticciola metallica o filo di ferro piegato a forcella che si conficca in un foro trasversale di una vite, situato dietro il dado, per impedire lo svitamento, o anche in un foro trasversale di un perno per impedirne lo sfilamento dal supporto.

copilòta [comp. di *co(n)-* e *pilota*] **s. m.** (**pl.** *-i*) ● Chi, a bordo di un aeromobile, può compiere tutte le funzioni del pilota, eccettuate quelle di pilota comandante.

copióne (**1**) **s. m.** ***1*** Accr. di *copia* (*2*). ***2*** Fascicolo contenente il testo dello spettacolo da rappresentare o del film da realizzare, adoperato soprattutto dagli attori e dal regista per le prove | (*est.*) La trama dello spettacolo stesso | (*est., fig.*) *Come da c.*, in modo prevedibile, scontato.

copióne (**2**) [da *copiare*] **s. m.** (f. *-a*) ● (*fam.*) Chi, per abitudine, copia i compiti scolastici e gener. gli atteggiamenti, i comportamenti e sim. di altri.

copiosità o †**copiositàde**, †**copiositàte** [vc. dotta, lat. *copiositāte(m)*, da *copiōsus* 'copioso'] **s. f.** ● (*lett.*) L'essere copioso | Abbondanza, ricchezza.

copióso [vc. dotta, lat. *copiōsu(m)*, da *cōpia* 'abbondanza'] **agg.** ***1*** (*lett.*) Che è in grande quantità: *e di copiose lacrime lo bagna* (ARIOSTO). ***2*** †Ricco, largamente provvisto. ***3*** †Facondo: *stile, scrittore, oratore c.* ‖ **copiosaménte**, **avv.** ***1*** In abbondanza. ***2*** †Con facondia.

copìsta [da *copia* (*2*)] **s. m. e f.** (**pl. m.** *-i*) ***1*** Amanuense. ***2*** (*est.*) Chi per mestiere copia documenti, scritture e sim. ***3*** Chi esegue copie di opere d'arte. ‖ **copistàccio**, **pegg.** | **copistùccio**, **copistùzzo**, **dim.**

copisterìa [da *copista*] **s. f.** ● Azienda che esegue, per conto di terzi e spec. con la macchina da scrivere, copie di manoscritti | Ufficio ove si svolge questa attività.

copolimerizzazióne [comp. di *co-* e *polimerizzazione*] **s. f.** ● (*chim.*) Reazione chimica tra due o più monomeri da cui si originano copolimeri.

copolìmero [comp. di *co-* e *polimero*] **s. m.** ● (*chim.*) Polimero ottenuto per polimerizzazione di due o più monomeri di natura diversa.

còppa (**1**) o **cóppa** [lat. tardo *cŭppa(m)*, per il classico *cūpa(m)*, di origine indeur.] **s. f.** ***1*** Piccolo recipiente di forma emisferica per bere, solitamente largo e poco profondo, con piede a stelo, di materiale vario: *una c. di cristallo, di bronzo, d'argento, d'oro*; *una c. artisticamente lavorata* | (*raro*) *Servire qc. di c. e di coltello*, fargli da coppiere e da scalco e (*fig.*) servirlo di tutto punto | (*fig.*) †*c. d'oro*, persona di specchiata probità | (*est.*) Il contenuto di una coppa: *una c. di vino, di champagne, di gelato*. ***2*** (*est.*) Oggetto, spec. recipiente, di forma più o meno concava e tondeggiante: *c. per macedonia*; *c. lavadita*; *c. per gelati* | *C. della lucerna*, parte ove si mette l'olio | *C. dell'olio*, vasca montata sotto il basamento dei motori a scoppio e sim., per raccogliere e contenere l'olio lubrificante | *C. della ruota*, quella, per lo più cromata, che nell'automobile nasconde il mozzo e abbellisce la ruota | *Le coppe della bilancia*, i due piattelli. ***3*** Trofeo costituito da un vaso più o meno grande, spec. di metallo, dato come premio ai vincitori di competizioni sportive: *c. Davis*; *c. d'oro, d'argento* | (*est.*) La gara stessa: *partecipare alla c. Italia*. ***4*** (*abbigl.*) Ognuna delle due parti concave, di tessuto vario, che funge da copertura nei reggiseni. ***5*** Lettera dell'antico alfabeto greco. ***6*** (*al pl.*) Uno dei quattro semi delle carte da gioco italiane e dei tarocchi | *Contare come il due di coppe*, non valere nulla, non avere nessuna influenza o importanza. ***7*** (*biol., zool.*) Organismo, organo o abbozzo di organo con forma di menisco | *C. di Nettuno*, spugna appartenente alla specie *Poterion Neptuni* | *C. ottica*, porzione dell'abbozzo dell'occhio derivata dal diencefalo. ‖ **coppèlla**, **dim.** (V.) | **coppétta**, **dim.** (V.) | **coppina**, **dim.**

còppa (2) o **cóppa** [da *coppa* (1), per la forma] s. f. *1* (*lett.*) Parte posteriore del capo: *Sovra le spalle, dietro da la c.*, / ... *li giacea un draco* (DANTE *Inf.* XXV, 22-23). *2* Taglio di carne bovina, dietro il collo. *3* (*sett.*) Salume fatto con la parte dorsale del collo di maiale, salato, aromatizzato e avvolto con budello. SIN. Capocollo. *4* (*sett.*, *centr.*) *c. di testa*, salume fatto con carne, grassi, cartilagini e cotiche ricavate dalla testa del maiale, bollite, tritate, salate e insaccate. ‖ **coppóne**, accr. m.

coppàia (1) [da *coppo*] s. f. • Cantina in cui si conservano i coppi d'olio.

coppàia (2) [da *coppa* (1)] s. f. • Accessorio del tornio che serve per afferrare pezzi da tornire a sbalzo.

coppàiba • V. *copaive*.

coppàle • V. *copale*.

copparòsa o †**cuperòsa** [fr. *couperose*, dal lat. mediev. *cŭpri rŏsa(m)* 'rosa di rame'] s. f. *1* (*raro*) Solfato metallico. *2* Adattamento di *couperose* (V.).

coppatùra [nap. *'n coppa* 'in cima, sopra'] s. f. • Trucco commerciale consistente nel coprire merce scadente con uno strato di merce buona.

coppèlla s. f. *1* Dim. di *coppa* (1). *2* Anticamente, crogiolo poroso a forma di vaso o coppa usato per raffinare metalli preziosi | *Argento, oro di c.*, fino, purissimo | *Oro di c.*, (*fig.*) persona onestissima | *Prendere per oro di c.*, (*fig.*) per cosa schietta e vera | (*raro*, *fig.*) *Reggere, resistere, stare, alla c.*, uscire con onore da un paragone. *3* Vasca porosa dei forni in cui si esegue la coppellazione. *4* (*bot.*) Talamo di fiore a forma di coppa in cui sono impiantati perianzio, stami e pistilli. ‖ **coppellétta**, dim.

coppellàre v. tr. (*io coppèllo*) *1* Depurare l'oro e l'argento nella coppella | Affinare. *2* (*fig.*, *raro*, *lett.*) Saggiare, sperimentare. *3* Sottoporre a fusione in un forno a coppella e in un ambiente ossidante, spec. aria, il piombo argentifero in modo da formare un ossido di piombo, che viene asportato o assorbito dalla coppella, e ottenere argento quasi puro.

coppellazióne s. f. • Atto, effetto del coppellare.

coppétta s. f. *1* Dim. di *coppa* (1). *2* Piccolo vaso di vetro per salasso. *3* (*teat.*) Cappuccio simile a una coppa emisferica o conica in cui è contenuta una lampada a luce diffusa per l'illuminazione di angoli della scena. ‖ **coppettìna**, dim.

còppia o **cóppia** [lat. *cōpula(m)*, comp. di *cŭm* 'con' e *ăpere* 'attaccare', di origine indeur.] s. f. *1* Due elementi della stessa specie considerati nel loro complesso: *una c. di fratelli, di ballerini, di sposi, di fidanzati*; *una c. di cavalli, di galline, di uccelli*; *una c. di uova, di esempi* | *A, in, di c.*, a due a due, insieme | *A c., a c. a c., di c. in c., a coppie*, a due a due | (*raro*) *C. di pane*, due forme di pane unite | (*fig.*) †*Avere tre pani per c.*, trarre grande vantaggio da un'impresa | (*fig.*) †*Rendere tre pani per c.*, rendere pan per focaccia. *2* (*ass.*) Due persone di sesso diverso unite fra loro da un rapporto matrimoniale o, gener., amoroso: *la c. andò ad abitare nella nuova casa* | *Essere, fare, formare una bella c.*, di uomo e donna che figurano bene insieme | *Fare c. fissa*, di uomo e donna che da lungo tempo appaiono insieme in pubblico. *3* Nel tennis, i due giocatori del doppio | *Gara a coppie*, nel ciclismo su pista, quella che impegna alternativamente due corridori di una stessa formazione contro una analoga o, nel tandem, contemporaneamente | *Due di c., quattro di c.*, nel canottaggio, equipaggi in cui ciascun vogatore impiega due remi. *4* In alcuni giochi di carte, due carte dello stesso valore: *c. d'assi, di re*; *doppia c. alla donna*. *5* (*mat.*) Insieme di due elementi | *C. ordinata*, nella quale si distingue il primo dal secondo elemento | (*fis.*) Insieme di due vettori applicati aventi rette d'azione parallele e distinte, modulo uguale e versi opposti | *C. di forze*, sistema di due forze di uguale intensità che agiscono secondo la stessa direzione lungo rette di azione distinte e in senso inverso, provocando rotazione | (*autom.*, *ell.*) Nei motori a combustione interna, coppia motrice massima: *il motore è in c.*, *gira in c.* *6* (*ling.*) *C. minima*, coppia di parole le quali differiscono per un solo fonema che si trova nella stessa posizione relativa (es. *pasta* e *casta*). ‖ **coppiétta**, dim. (V.) | **coppiòla**, dim. (V.).

coppière o (*lett.*) †**coppièro** [da *coppa* (1)] s. m. (f. *-a* nel sign. 1) *1* Ufficiale di corte che serviva il vino ai sovrani. *2* (*lett.*) Chi versa da bere ai commensali.

coppiétta s. f. *1* Dim. di *coppia*. *2* Coppia di fidanzati, di innamorati.

coppìglia • V. *copiglia*.

coppìno [da *coppa* (2)] s. m. • (*dial.*) Nuca.

coppiòla s. f. *1* Dim. di *coppia*. *2* Tiro a due animali selvatici distinti, con ambo le canne del fucile. SIN. Doppietta. *3* (*mil.*) Lancio contemporaneo di due siluri.

cóppo [da *coppa* (1)] s. m. *1* Grande recipiente panciuto di terracotta usato per contenere olio, vino e sim. SIN. Orcio. *2* (*est.*) †Calice di vari fiori e frutti. *3* Laterizio a forma di mezzo tronco di cono, poggiante su listelli, per la copertura di edifici in genere. SIN. Tegola curva. *4* Antica misura per aridi, equivalente a circa tre litri. *5* Parte essenziale di molte armature del capo, di metallo o cuoio opportunamente incavato e foggiato. *6* (*lett.*) †Cavità oculare: *le lagrime prime* ... / ... / *riempion sotto 'l ciglio tutto il c.* (DANTE *Inf.* XXXIII, 97-99). *7* †Cranio.

còppola [da *coppa* (2) (?)] s. f. • Berretto di panno con visiera usato spec. in Sicilia | *C. storta*, (*gerg.*) mafioso.

còpra [port. *copra*, di origine indostana] s. f. • Albume essiccato della noce di cocco da cui si estrae un olio.

coprènte A part. pres. di *coprire*; anche agg. *1* Nei sign. del v. *2* Che non lascia trasparire la superficie sottostante: *colore, vernice c.* **B** s. m. • Sostanza cosmetica che serve a coprire imperfezioni della pelle.

copresidènte [comp. di *co-* e *presidente*] s. m. e f. (f. anche *-essa*) • Chi divide con altri la carica di presidente.

copresidènza [comp. di *co-* e *presidenza*] s. f. • Ufficio, carica di chi presiede insieme con altri un'assemblea, un ente, un organo collegiale e sim. | Durata di tale carica.

copribùsto [comp. di *copri(re)* e *busto*] s. m. inv. • Corpetto guarnito di pizzi che le donne portavano sopra il busto. SIN. Vitina.

copricalcàgno [comp. di *copri(re)* e *calcagno*] s. m. inv. • Elemento mobile degli attacchi dello sci d'acqua, per la tenuta della parte posteriore del piede all'attrezzo.

copricànna [comp. di *copri(re)* e *canna*] s. m. inv. • Copertura parziale, di legno, della canna del fucile, atta a proteggere dagli urti o dal calore.

copricàpo [fr. *couvre-chef*] s. m. • (*gener.*) Cappello, berretto, o sim., con cui ci si ripara il capo.

copricaténa [comp. di *copri(re)* e *catena*] s. m. inv. • Riparo di lamiera che copre una catena di trasmissione, spec. nelle biciclette e motociclette.

copricèrchio [comp. di *copri(re)* e *cerchio*] s. m. • Coppa metallica che negli autoveicoli ricopre i cerchioni a scopo protettivo ed estetico.

copricostùme [comp. di *copri(re)* e *costume*] s. m. inv. • Indumento femminile più o meno corto, generalmente aperto sul davanti, che si indossa sopra il costume da bagno.

còpride [dal gr. *kópros* 'escrementi', di origine indeur.] s. m. • Genere di insetti coleotteri degli Scarabeidi, con rostro cefalico, che depongono le uova su sferette di sterco (*Copris*).

coprifàsce [comp. di *copri(re)* e il pl. di *fascia*] s. m. inv. • Camiciola di lana o di tessuto leggero ricamato o con pizzi che ricopre le fasce del neonato.

coprifiàmma [comp. di *copri(re)* e *fiamma*] s. m. inv. • Specie d'imbuto d'acciaio applicato alle armi da fuoco allo scopo di proteggere dalla vampa dello sparo.

coprifilo [comp. di *copri(re)* e *filo*] s. m. • Listello che, nelle costruzioni edilizie, serve a coprire le giunzioni tra due superfici.

coprifuòco o **coprifòco** [fr. *couvre-feu*] s. m. (pl. *-chi*) • Anticamente, avviso che si dava la sera con una campana o una tromba perché si rincasasse e si spegnessero i fuochi | Proibizione della circolazione per determinate ore del giorno, ordinata in situazioni eccezionali, di guerra o disordini: *imporre, ordinare il c.*

coprigiùnto [fr. *couvre-joint*] s. m. inv. • (*mecc.*) Piastra che copre la giunzione di pezzi meccanici.

coprilètto [comp. di *copri(re)* e *letto*] s. m. inv. • Coperta superficiale del letto, usata spec. a scopo ornamentale.

coprimàcchia [comp. di *copri(re)* e *macchia*] s. m. inv. • Piccola tovaglia usata spec. nei ristoranti per coprire la tovaglia vera e propria e proteggerla da macchie e sim.

coprimateràsso [comp. di *copri(re)* e *materasso*] s. m. • Fodera usata per rivestire i materassi.

coprimisèrie [comp. di *copri(re)* e il pl. di *miseria*] s. m. inv. • (*raro*, *scherz.*) Cappotto che si indossa per nascondere abiti in cattivo stato | †*Fare da c. a qc.*, (*fig.*) proteggerne il comportamento disonesto.

coprimòzzo [comp. di *copri(re)* e *mozzo*] s. m. • Specie di coperchio metallico che ripara esternamente il mozzo di una ruota di un autoveicolo. SIN. Copriruota.

copripiàtti [comp. di *copri(re)* e il pl. di *piatto*] s. m. • Copertura in rete metallica o in plastica traforata per riparare le vivande dalle mosche. SIN. Coprivivande.

copripièdi [fr. *couvre-pied*] s. m. • Cuscino o coperta imbottita che si pone sul letto per tenere caldi i piedi.

copripìsside [comp. di *copri(re)* e *pisside*] s. m. • Conopeo.

copripiumìno [comp. di *copri(re)* e *piumino* nel sign. 2] s. m. • Involucro a forma di sacco che avvolge il piumino da letto.

copripudènde [comp. di *copri(re)* e *pudende*] s. m. inv. • Indumento a forma di fazzoletto o di pezza oblunga o rettangolare, che presso i popoli primitivi serve a coprire e proteggere gli organi genitali.

copripùnto [comp. di *copri(re)* e *punto*] s. m. inv. • Piccola striscia sbieca di tessuto o nastro usata per coprire una cucitura.

copriradiatóre [comp. di *copri(re)* e *radiatore*] s. m. • Mascherina che si applica d'inverno sulla calandra dell'automobile per ridurre la quantità d'aria che passa attraverso il radiatore.

coprìre o (*lett.*) **covrìre**, (*lett.*) †**cuoprìre** [lat. *cooperīre*, comp. di *cŭm* 'con' e *operīre* 'coprire', di etim. incerta] **A** v. tr. (pres. *io còpro*, †*cuòpro*; pass. rem. *io coprìi* o *copèrsi*, *tu copristi*; part. pass. *copèrto*) *1* Mettere una cosa sopra, o anche attorno, a un'altra allo scopo di proteggere, nascondere, chiudere, ornare, riparare e sim.: *c. la frutta con un piatto*; *c. il pavimento con un tappeto, i muri d'intonaco, le pareti di quadri*; *c. l'automobile con un telone*; *coprirsi le spalle, la gola contro il freddo* | *C. una pentola, un vaso*, mettervi sopra un coperchio | *C. una casa*, costruire il tetto | *Coprirsi gli occhi*, per non vedere spec. schermandoli con una mano | *Coprirsi il capo*, (*per anton.*) mettersi il cappello | (*est.*) Ammantare, avvolgere: *le colline erano coperte di neve*; *una densa caligine copriva la città*. *2* (*est.*, *fig.*) Proteggere, difendere: *c. qc. alle spalle*; *c. la ritirata col fuoco della mitragliatrice*. *3* (*fig.*) Occultare, dissimulare: *c. il male, un difetto, una cattiva azione*; *le nubi coprono il cielo* | (*fig.*, *lett.*) Offuscare: *come stella che 'l sol copre col raggio* (PETRARCA) | (*fig.*) Superare in intensità un suono, impedendo così che sia percepito: *il fragore della cascata copriva le nostre voci*. *4* (*fig.*) Soddisfare, pareggiare, garantire: *c. un debito, le spese* | *C. un prestito*, l'emissione di obbligazioni mediante l'acquisto, la sottoscrizione dei titoli relativi. *5* (*fig.*) Occupare, tenere: *c. una carica, un posto, un impiego*. *6* (*fig.*) Percorrere, con riferimento al tempo impiegato: *c. un percorso*; *ha coperto l'intera distanza in un'ora*. *7* (*fig.*) Colmare, riempire: *c. qc. di baci, di carezze, di complimenti*; *c. di botte*; *c. un vuoto* | *C. di vele*, spiegare tutte le vele al posto loro. *8* Con riferimento ad animali, accoppiarsi con la femmina: *il toro copre la vacca*. **B** v. rifl. *1* Riparare il proprio corpo con indumenti, per proteggersi dal freddo, per ornarsi, abbellirsi o per seguire norme di comportamento sociale: *coprirsi troppo, poco*; *coprirsi con abiti di lana*; *coprirsi di gioielli, di nastri*; *si coprì in fretta e furia prima di uscire dalla stanza da bagno*. *2* Difendersi: *coprirsi dai colpi dell'avversario*. *3* Premunirsi dai rischi connessi a operazioni bancarie. *4* (*fig.*)

Colmarsi, riempirsi: *si coperse di gloria sul campo di battaglia* | *Coprirsi di rossore*, arrossire violentemente. **C** v. intr. pron. ● Diventare pieno: *coprirsi di muffe*; *le vecchie mura si coprivano di crepe* || PROV. Il gatto prima la fa e poi la copre.

copriréte [comp. di *copri(re)* e *rete*] s. m. inv. ● Telo usato per coprire la rete del letto.

copririsvòlto [comp. di *copri(re)* e *risvolto*] s. m. ● (*abbigl.*) Parte in vista del risvolto di giacche e sim.

copriruòta [comp. di *copri(re)* e *ruota*] s. m. inv. *1* Coprimozzo. *2* Copricerchio.

coprisedile [comp. di *copri(re)* e *sedile*] s. m. ● Copertura in paglia o altro materiale, che si appoggia al piano e talvolta allo schienale dei sedili delle autovetture per proteggerli dall'usura o renderli più confortevoli in estate.

coprisèlla [comp. di *copri(re)* e *sella*] s. m. ● Fodera che copre la sella di una bicicletta o motocicletta.

coprisèsso [comp. di *copri(re)* e di *sesso*] s. m. ● Indumento molto ridotto che in uomini e donne copre appena gli organi genitali esterni.

copritàvolo [comp. di *copri(re)* e *tavolo*] s. m. inv. ● Panno con cui si ricopre un tavolo a scopo protettivo o per abbellimento.

copriteièra [comp. di *copri(re)* e *teiera*] s. m. ● Copertina di tessuto per tenere calda la teiera.

copritermosifóne [comp. di *copri(re)* e *termosifone*] s. m. ● Sovrastruttura in legno o metallo usata, nell'arredamento, per celare alla vista il radiatore dell'impianto di riscaldamento.

copritóre A s. m. (f. *-trice*) ● Chi esegue lavori di copertura. **B** agg. ● Che copre | *Penne copritrici*, negli uccelli, le penne corte che nelle ali ricoprono le principali alla base.

copritovàglia [comp. di *copri(re)* e *tovaglia*] s. m. ● Tela che copre la tovaglia dell'altare quando non si fanno sacre funzioni.

coprivivànde [comp. di *copri(re)* e il pl. di *vivanda*] s. m. inv. ● Copripiatti.

còpro- [dal gr. *kópros* 'sterco'. V. *copride*] primo elemento ● In parole composte dotte, significa 'feci' o 'relativo alle feci' o 'osceno': *coprofagia*, *coprolalia*.

coprocoltùra [comp. di *copro-* e *coltura*] s. f. ● (*biol.*) Coltura batteriologica di materiale fecale.

coproduttóre [comp. di *co-* e *produttore*] **A** s. m. (f. *-trice*) ● Chi finanzia insieme con altri la produzione di un film, di un programma televisivo o di uno spettacolo teatrale. **B** anche agg.: *casa*, *società coproduttrice*.

coproduzióne [comp. di *co(n)-* e *produzione*] s. f. ● Produzione, spec. di un film, finanziata da due o più case cinematografiche, anche di nazionalità diversa | L'opera così prodotta.

coprofagìa [comp. di *copro-* e *-fagia*] s. f. (pl. *-gie*) ● (*med.*, *psicol.*) Forma di alienazione mentale che induce alla manipolazione e alla ingestione di escrementi.

copròfago agg.; anche s. m. (f. *-a*; pl. m. *-gi*) ● Che, chi è affetto da coprofagia.

coprofilìa [comp. di *copro-* e *-filia*] s. f. *1* (*biol.*) Tendenza di alcuni organismi a vivere fra gli escrementi, che vengono utilizzati come fonte di cibo o sede di deposizione delle uova. *2* (*psichiatr.*) Abnorme interesse e attrazione per le feci | Forma psicotica per cui gli escrementi rappresentano un elemento essenziale per ottenere una gratificazione sessuale.

coprolalìa [comp. di *copro-* e *-lalia*] s. f. ● Impulso morboso a usare espressioni oscene, spec. evocanti, o riferentisi a, escrementi.

coprolàlico agg.; anche s. m. (f. *-a*; pl. m. *-ci*) ● Che, chi soffre di coprolalia.

copròlito [comp. di *copro-* e *-lito*] s. m. *1* (*geol.*) Escremento fossile, ricco spec. di fosfati, usato in passato come fonte di fertilizzanti. *2* Escremento indurito come pietra.

coprologìa [comp. di *copro-* e *-logia*] s. f. ● (*med.*) Studio delle feci in condizioni fisiologiche e patologiche, spec. a fini diagnostici.

coprostàsi o **copròstasi** [comp. di *copro-* e *-stasi*] s. f. ● (*med.*) Ritenzione delle feci nell'intestino per un tempo abnorme.

coprotagonista [comp. di *co-* e *protagonista*] s. m. e f. (pl. m. *-i*) ● Attore che interpreta insieme con altri il ruolo di protagonista.

còpto o **còfto** [ar. *quft*, dal gr. *Aigýptios* 'egiziano'] **A** s. m. (f. *-a*) *1* Discendente degli antichi egiziani, dei quali ha conservato quasi intatti i caratteri somatici: *i copti dell'Alto Egitto*. *2* Cristiano monofisita dell'Egitto e dell'Etiopia | *C. cattolico*, che segue il rito copto ed è unito alla Chiesa cattolica romana. **B** s. m. solo sing. ● Antica lingua egiziana, oggi usata nella liturgia dei Copti. **C** agg. ● Dei Copti.

còpula [vc. dotta, lat. *cōpula(m)*. V. *coppia*] s. f. *1* (*lett.*) Accoppiamento, congiungimento. *2* Coito, amplesso. *3* (*ling.*) Congiunzione copulativa | Legamento verbale del nome del predicato al soggetto.

copulànte A part. pres. di *copulare*; anche agg. *1* Nei sign. del v. *2* (*fot.*) Detto del viraggio di colore in cui l'intonazione cromatica si ottiene mediante copulanti cromogeni. **B** s. m. *1* (*chim.*) Ammina aromatica, fenolo o altro composto che, per reazione con i sali di diazonio, fornisce gli azocomposti. *2* (*fot.*) *C. cromogeno*, prodotto chimico alla cui presenza alcuni rivelatori di colore reagiscono originando coloranti complementari rispetto al colore base, per cui ogni strato della pellicola risulta sensibilizzato.

copulàre [vc. dotta, lat. *copulāre*, da *cōpula* 'copula'] **A** v. tr. (*io còpulo*) *1* †Accoppiare | Unire in matrimonio. *2* (*chim.*) Operare una copulazione. **B** v. rifl. ● (*raro*) Congiungersi carnalmente | Sposarsi.

copulativo [vc. dotta, lat. tardo *copulatīvu(m)*, da *cōpula* 'copula'] agg. ● (*ling.*) Che serve a congiungere | *Congiunzione copulativa*, che coordina due parole o frasi | *Verbo c.*, che funge da copula. || **copulativaménte**, avv.

copulatóre agg. ● Atto alla copulazione | (*zool.*) *Apparato c.*, negli animali vivipari con fecondazione interna, quello che serve a portare il liquido seminale maschile nella femmina.

copulatòrio [vc. dotta, lat. tardo *copulatōriu(m)*, da *cōpula* 'copula'] agg. ● Copulatore.

copulazióne [vc. dotta, lat. *copulatiōne(m)*, da *cōpula* 'copula'] s. f. *1* (*raro*, *lett.*) Unione, accoppiamento | Congiungimento carnale fra due persone di sesso diverso. *2* (*chim.*) Reazione tra sali di diazonio e ammine aromatiche, fenoli, ecc., che conduce ad azocomposti.

copy /*ingl.* 'kɔpi/ [vc. ingl., propr. 'copia'] s. m. inv. *1* Testo pubblicitario. *2* Acrt. di *copywriter*.

copyright /kopi'rait, *ingl.* 'kɔpirait/ [vc. ingl., comp. di *copy* 'copia, riproduzione' e *right* 'diritto, proprietà'] s. m. inv. ● Diritto d'autore su opere letterarie e artistiche | Menzione di tale diritto su dette opere.

copywriter /kopi'raiter, *ingl.* 'kɔpiraitə*/ [vc. ingl., comp. di *copy* (V. *copyright*) e *writer* 'scrittore', da *to write* 'scrivere', vc. d'origine germ.] s. m. e f. inv. ● Redattore di testi pubblicitari.

coque /*fr.* kɔk/ [vc. fr., propr. 'guscio d'uovo', di origine onomat.] s. f. inv. ● Nella loc. *à la c.*, *alla c.*, detto di uovo cotto col guscio, nell'acqua, per qualche minuto, in modo che l'albume si coaguli leggermente.

coquette /*fr.* kɔ'kɛt/ [vc. fr., propr. f. dell'agg. *coquet* 'civettuolo, grazioso', da *coq* 'gallo'] **A** s. f. inv. ● Donna civettuola, fatua, frivola. **B** anche agg.

coquillage /*fr.* kɔki'jaʒ/ [vc. fr., da *coquille* 'conchiglia'] s. m. inv. ● Motivo d'intaglio ornamentale diffuso nei mobili rococò.

còra o **còre** (2) s. f. ● Adattamento di *kore* (V.).

†**coràbile** [da *core* (*1*)] agg. ● Cordiale.

Coracifórmi [comp. del gr. *kórax*, genit. *kórakos* 'corvo' e del pl. di *-forme*] s. m. pl. ● Nella tassonomia animale, ordine di Uccelli arrampicatori dal becco lungo e robusto, scarso piumaggio e zampe corte (*Coraciiformes*) | (al sing. *-e*) Ogni individuo di tale ordine.

coracòide [vc. dotta, comp. del gr. *kórax*, genit. *kórakos* 'corvo' e *-oide* per la forma, che ricorda il becco del corvo] s. m. ● (*anat.*) Processo osseo della scapola dei Mammiferi, tipico degli Euteri e derivato da cartilagine.

coracoidèo [da *coracoide*] agg. ● (*anat.*) Di, relativo a coracoide.

coràggio [provz. *coratge*, dal lat. parl. **corāticu(m)*, da *cŏr* 'cuore'] **A** s. m. *1* Forza morale che mette in grado di intraprendere grandi cose e di affrontare difficoltà e pericoli di ogni genere con piena responsabilità: *uomo di grande c.*; *parlare, agire, lottare, combattere con c.*; *avere il c. di fare q.c.*; *mancare, perdersi di c.*; *ci vuol del c. per far questo*; *aver c. da vendere*; *scendi, se hai c.!* | *C. civile*, quello che si dimostra nell'affrontare situazioni pericolose per il bene pubblico | *C. da leone*, grande ardimento | *C. della disperazione*, quello cieco che si dimostra nel tentare con ogni mezzo di salvarsi da una situazione senza via d'uscita | *Avere il c. delle proprie azioni, delle proprie opinioni*, difenderle, sostenerle apertamente | *Prendere c.*, osare | *Prendere il c. a due mani*, decidere di fare q.c. dopo aver superato, o messo da parte, esitazioni e timori | *Fare, dare c. a qc.*, aiutarlo, sostenerlo moralmente in una circostanza difficile o dolorosa | *Farsi, darsi c.*, cercare in sé la forza d'animo necessaria a superare una circostanza difficile e dolorosa. SIN. Animo, ardire, audacia, cuore. CONTR. Viltà. *2* Impudenza, sfacciataggine: *ci vuole un bel c. a trattarlo così male!* SIN. Iattanza, millanteria. *3* †Animo, cuore. **B** in funzione di inter. ● Si usa come esortazione a non lasciarsi abbattere o ad affrontare q.c. con forza d'animo e decisione. SIN. Animo.

coraggióso agg. *1* Che ha coraggio: *gente coraggiosa*; *mostrarsi c. di fronte al pericolo*. SIN. Audace, ardimentoso, valoroso. CONTR. Pavido. *2* Che dimostra coraggio: *discorso, atto c.*; *impresa coraggiosa*; *parole coraggiose*. SIN. Audace, ardito. || **coraggiosaménte**, avv. Con coraggio.

coràgo ● V. *corego*.

†**coràio** [da *core* (*1*)] s. m. ● Animo, cuore.

coràle (1) [da *coro* (*1*)] **A** agg. *1* Che si riferisce al coro, nel sign. di *coro* (*1*): *musica, canto, composizione c.*; *libro c.* | *Società c.*, compagnia di persone che si riuniscono per cantare in coro | *Lirica c.*, nella letteratura greca, poesia destinata a essere cantata a più voci. *2* (*est.*) Concorde, unanime: *consenso c.*; *protesta, approvazione c.* | Nel calcio e sim., di gioco o azione che risulta da un'armonica collaborazione di tutti i giocatori. CONTR. Individuale. *3* (*fig.*) Detto di opera narrativa, poetica e sim., in cui i vari motivi, elementi, personaggi e sim., presentano un'armonica fusione, simile a quella delle voci di un coro; *dramma, film c.* **B** s. m. *1* Composizione religiosa per coro a struttura strofica, di origine germanica | Componimento strumentale ispirato a tale composizione religiosa. *2* Libro liturgico contenente gli uffici del coro. || **coralménte**, avv. In modo corale, all'unanimità.

†**coràle** (2) [provz. *coral*, dal lat. *cŏr* 'cuore'] agg. ● Cordiale, affettuoso. || †**coralménte**, **coraleménte** avv. Affettuosamente, cordialmente.

coralità [da *corale* (*1*)] s. f. ● (*lett.*) L'essere corale.

corallàio o (*region.*) **corallàro** s. m. (f. *-a*) *1* Artigiano che taglia e pulisce il corallo greggio. *2* Coralliere.

corallière s. m. ● Pescatore di corallo.

corallìfero [comp. di *corallo* e *-fero*] agg. ● Che è formato da coralli: *banco, bacino c.* | Che produce coralli.

corallifórme [comp. di *corallo* e *-forme*] agg. ● Che ha forma di corallo.

corallìna [da *corallo*] s. f. *1* Alga rossa con tallo breve e ramificato incrostato di calcare che forma fitti cespuglietti a fior d'acqua (*Corallina officinalis*). ➡ ILL. **alga**. *2* (*miner.*) Varietà di pietra dura. *3* Barca usata dai pescatori di corallo.

corallìno A agg. *1* Di corallo: *formazione corallina*. *2* (*est.*) Che ha il colore del corallo: *labbra coralline*. **B** s. m. *1* Marmo rosso screziato. *2* (*spec. al pl.*) Sorta di pasta di piccola pezzatura avente forma cilindrica.

coràllo [lat. tardo *corāllu(m)*, per il classico *corāllium(m)*, dal gr. *korállion*, di etim. incerta] **A** s. m. *1* Denominazione di varie specie di Antozoi provvisti di uno scheletro calcareo che vivono in colonie ancorate alla rocce sottomarine (*Corallium*) | *C. azzurro*, dell'Oceano Indiano (*Heliopora coerulea*) | *C. rosso*, il cui colore deriva dalla presenza di sali di ferro nello scheletro (*Corallium rubrum*) | *C. nero*, antipate. ➡ ILL. **zoologia generale**. *2* Lo scheletro ramificato di questi animali duro, compatto e variamente colorato: *una collana di c.* | *C. pelle d'angelo*, varietà, piuttosto rara, di color rosa pallido. ***3*** (*est., fig., lett.*) Colore rosso acceso caratteristico della sostanza omonima: *labbra di c.*; *il c. della sua bocca.* ***4*** (*bot.*) *Albero del c.*, albero delle Papilionacee con foglie romboidali e fiori scarlatti (*Erythrina corallodendron*). **B** in funzione di agg. inv. ● Che ha il colore caratteristico del corallo rosso: *un rossetto color c.*; *un vestito rosso c.* ‖ **corallétto**, dim. | **corallino**, dim. | **corallóne**, accr.

coràme [lat. parl. **coriāme*(*n*), da *cŏrium* 'cuoio'] s. m. ***1*** Cuoio lavorato, spec. stampato a disegni. ***2*** (*dial., gener.*) Cuoio. ***3*** (*raro*) Cuoiame.

coramèlla [da *corame*] s. f. ● Striscia di cuoio usata dai barbieri per affilare i rasoi.

coramerìa s. f. ● (*dial.*) Negozio in cui si vendono oggetti di cuoio | Pelletteria.

coramina® [nome commerciale] s. f. ● Farmaco stimolante del cuore e dei centri respiratori, derivato dalla nicotinammide.

coram populo /*lat.* 'kɔram 'pɔpulo/ [lat. 'davanti al popolo'] loc. avv. ● Pubblicamente: *ammettere coram populo il proprio sbaglio.*

corànico agg. (pl. m. *-ci*) ● Del Corano: *versetto, precetto c.*; *religione coranica.*

Coràno [ar. *qur'ān* 'recitazione ad alta voce', da *qara'a* 'recitare, leggere'] s. m. ● Libro sacro dei Musulmani, base della religione e del diritto islamico.

coràta o †**curàta** [lat. parl. **corāta*, nt. pl. di **corātum*, da *cŏr* 'cuore'] s. f. ***1*** Cuore, fegato, polmoni e milza di animali macellati | †Visceri umani. ***2*** †Cuore umano. ***3*** (*raro, fig.*) †Trafittura al cuore, dolore.

coratèlla o †**curatèlla** [da *corata*] s. f. ● Corata di agnello, lepre o coniglio.

coràzza [lat. parl. *coriăcea*(*m*) 'di cuoio', da *cŏrium* 'cuoio'] s. f. ***1*** Armatura del busto, in cuoio o metallo, composta di due pezzi, petto e schiena, integrati rispettivamente dalla panciera e dal guardareni | *Mezza c.*, corsaletto | (*sport*) Protezione che gli atleti indossano nel praticare vari sport per riparare il torace dai colpi troppo violenti. ***2*** (*est.*) Antico milite a cavallo, con armatura completa, detto più tardi corazziere. ***3*** (*zool.*) Rivestimento protettivo, calcareo, osseo, corneo, e sim. del corpo di molti animali. ***4*** Guscio protettivo in metallo o altri materiali, applicato a varie strutture od oggetti, spec. di uso militare: *c. di un bossolo, di un proiettile* | (*mar.*) Insieme di piastroni d'acciaio con cui si rivestono i fianchi e le altre parti vitali di una nave da guerra a scopo di difesa | (*idraul.*) Mantellata. ***5*** (*fig.*) Difesa, protezione: *l'indifferenza è la sua c.* ‖ **corazzàccia**, pegg. | **corazzina**, dim. | **corazzino**, dim. m. (V.) | **corazzóne**, accr. m.

corazzàio s. m. ● (*raro*) Fabbricante di corazze.

corazzàre **A** v. tr. ***1*** Armare di corazza: *c. una nave da guerra.* ***2*** (*fig.*) Difendere, proteggere. **B** v. rifl. ***1*** Munirsi di corazza. ***2*** (*fig.*) Difendersi, proteggersi: *corazzarsi contro le calunnie.*

corazzàta [fr. *cuirassé*, da *cuirasse* 'corazza', detta così perché protetta da una corazza di metallo] s. f. ● Grande nave da battaglia, fornita di spessa corazza, di potenti artiglierie, con dislocamento fino a 70 000 tonnellate | *C. tascabile*, di piccolo dislocamento e grande velocità.

corazzàto part. pass. di *corazzare*; anche agg. ***1*** Nei sign. del v. ***2*** *Reparti corazzati, divisione corazzata*, che dispongono di mezzi corazzati | *Vetro c.*, vetro blindato | *Pennino c.*, coperto da uno speciale rivestimento protettivo.

corazzatùra [da *corazzare*] s. f. ***1*** Atto del corazzare. ***2*** L'insieme dei materiali che corazzano una nave e sim.

corazzière [da *corazza*] s. m. ***1*** Anticamente, soldato a cavallo armato di corazza e di spadone, che faceva parte dei corpi di cavalleria pesante | Attualmente, in Italia, carabiniere guardia del Capo dello Stato scelto in base a particolari requisiti fisici e disciplinari. ***2*** (*fig.*) Persona molto alta e solenne.

corazzino s. m. ***1*** Dim. di *corazza*. ***2*** (*sport*) Corsetto metallizzato indossato dai fiorettisti, che fa accendere una spia luminosa quando viene messa a segno una stoccata valida.

còrba (**1**) [lat. *cŏrbe*(*m*), di origine preindeur.] s. f. ***1*** Grossa cesta bislunga intrecciata, di vimini o di castagno, generalmente provvista di manici. ***2*** Antica misura bolognese per aridi, equivalente a circa 80 litri. ‖ **corbèlla**, dim. | **corbétta**, dim.

còrba (**2**) [adattamento del fr. *courbe* 'curva'] s. f. ● (*veter.*) Malformazione ossea al margine posteriore del garretto di bovini ed equini, formatasi in seguito a infiammazione o traumatismi.

còrba (**3**) [da *corba* (*1*)] s. f. ● (*mar.*) Ciascuna delle coste accoppiate che formano l'ossatura del bastimento.

†**corbàcchio** ● V. *corbaccio.*

corbacchióne o †**corvacchióne**. s. m. (f. *-a*) ***1*** Accr. di *corbaccio.* ***2*** (*fig.*) †Uomo astuto e scaltro, spec. nella loc. *un c. di campanile.*

corbàccio o †**corbàcchio** [accr. di *corbo*, var. di *corvo*] s. m. ● Grosso corvo. ‖ **corbacchióne**, accr. (V.).

corbàme [dal lat. *cŭrvus* 'corvo' (?)] s. m. ● Ossatura del bastimento nella sua integrità.

corbeille /*fr.* kɔr'bɛj/ [vc. fr.,corda lat. tardo *corbĭcula*(*m*), dim. di *cŏrbis* 'corba'] s. f. inv. ***1*** Cesto di fiori. ***2*** Nelle borse valori, recinto dal quale gli agenti di cambio gridano i prezzi con cui intendono vendere o comprare i titoli.

†**corbellàggine** [da *corbello* (*2*)] s. f. ● (*pop.*) Balordaggine.

†**corbellàio** [da *corbello* (*1*)] s. m. ● Chi fa o vende corbelli.

corbellàre [da *corbello* (*2*)] **A** v. tr. (*io corbèllo*) ***1*** (*pop.*) Canzonare, schernire: *lo corbella per la sua incapacità di parlare* | (*raro*) *C. la fiera*, infischiarsene degli altri. ***2*** Ingannare, raggirare: *se avesse voluto corbellarmi non ero io l'uomo disposto a tollerarlo* (NIEVO). **B** v. intr. (aus. *avere*) ● Scherzare, non fare sul serio.

corbellàta (**1**) [da *corbello* (*1*)] s. f. ● Quanto può essere contenuto in un corbello.

corbellàta (**2**) s. f. ● Corbelleria.

corbellatóre [da *corbellare*] s. m.; anche agg. (f. *-trice*) ● (*pop.*) Chi, che corbella, canzona.

corbellatùra [da *corbellare*] s. f. ● (*pop.*) Derisione, canzonatura.

corbellerìa [da *corbello* (*2*)] s. f. ***1*** (*pop.*) Balordaggine, sciocchezza: *dire, fare una c.* | Sproposito, sbaglio grossolano. ***2*** Inezia, cosa di poco conto: *gli fa spendere l'osso del collo in centomila corbellerie* (GOLDONI). ***3*** Fandonia | Facezia: *tanto ben fornito di corbellerie, da farci tutti scompisciare* (NIEVO).

corbèlli [pl. di *corbello* (*2*)] inter. ● (*euf., pop.*) Esprime meraviglia, stupore, sorpresa.

corbèllo (**1**) [lat. parl. **corbĕllu*(*m*), da *cŏrbis* 'corba'] s. m. ● Specie di corba di forma arrotondata, usata spec. per ortaggi o frutta | Ciò che è contenuto in un corbello: *un c. di pere.* ‖ **corbellétto**, dim. | **corbellino**, dim. | **corbellóne**, accr. | **corbellùccio**, dim.

corbèllo (**2**) [euf. per *coglione*] s. m. (f. *-a* nel sign. 2) ***1*** (*spec. al pl., euf., pop.*) Testicolo | *Rompere i corbelli a qc.*, (*fig.*) infastidirlo, annoiarlo | *Avere qc. sui corbelli*, (*fig.*) non poterlo soffrire, averlo in uggia. ***2*** (*fig., pop.*) Persona sciocca: *sei stato proprio un c.!* ‖ **corbellóne**, accr.

corbézzola o (*dial.*) **corbézza** [da *corbezzolo*] s. f. ● Frutto del corbezzolo.

corbézzoli [pl. di *corbezzolo*] inter. ● (*pop.*) Esprime meraviglia, stupore, sorpresa, o asseverazione gener. rafforzativa.

corbézzolo [etim. incerta] s. m. ***1*** Arbusto sempreverde delle Ericacee con frutto commestibile, rosso, simile a una ciliegia, ma con molti semi e fiori Campanulati (*Arbutus unedo*). ***2*** (*dial.*) Corbezzola.

†**còrbo** ● V. *corvo.*

corcàre ● V. *coricare.*

corcontènto o **cuorcontènto** [comp. di *cuore* e *contento*] s. m. e f. inv. ● Persona allegra e spensierata, priva di complicazioni o preoccupazioni: *una bella faccia da c.*

còrcoro [vc. dotta, lat. *cŏrchoru*(*m*), nom. *cŏrchorus*, dal gr. *kórchoros*, di etim. incerta] s. m. ● Genere di piante delle Tigliacee con fusto cilindrico sottile da cui si ricava la iuta (*Corchorus*).

†**còrculo** [vc. dotta, lat. *cŏrculu*(*m*), dim. di *cŏr* 'cuore'] s. m. ● Embrione del seme.

còrda [lat. *chŏrda*(*m*), nom. *chŏrda*, dal gr. *chordḗ*, di origine indeur.] s. f. ***1*** Treccia di fili attorcigliati, usata per legare, tirare, sostenere: *c. di canapa, di nailon, di acciaio*; *c. perpetua*; *una c. grossa, sottile, resistente*; *scala, scarpe di c.*; *palla a c.* | *C. dell'orologio*, quella che sostiene i pesi di un orologio a muro o da torre | *Dar c. all'orologio*, caricarlo | *C. del sacco*, che ne lega la bocca | *C. dei muratori*, filo a piombo | *C. della sega*, fune doppia e attorcigliata, tesa dalla stecchetta, trattenuta nella tacca a metà dello staggio | †*C. cotta*, miccia | *Salto della c.*, gioco da ragazzi, che consiste nel saltare ritmicamente una corda facendosela passare sopra la testa e sotto i piedi | *Ballare, camminare sulla c.*, eseguire esercizi funamboleschi | *Far ballare qc. sulla c., tenere, lasciare qc. sulla c.*, (*fig.*) mantenerlo in uno stato di incertezza, ansietà, timore e sim. | *Dare, lasciare c. a qc.*, lasciargli libertà di azione | *Tagliare la c.*, (*fig.*) scappare | (*antifr.*) *Essere come la c. dell'impiccato*, portare fortuna | *Parlare di c. in casa dell'impiccato*, (*fig.*) dire q.c. di imbarazzante, offensivo e sim. per chi ascolta | *Essere con la c. al collo*, (*fig.*) in una situazione difficile, pericolosa | *Mettere la c. al collo a qc.*, (*fig.*) imporgli q.c. a condizioni pesanti, umilianti e sim. | *Stare in c.*, (*raro, fig.*) in argomento | *Giù di c.*, V. *giù.* ***2*** (*sport*) Nell'alpinismo, attrezzo per lo più in fibra sintetica usato nelle ascensioni: *discesa a c. doppia*; *c. fissa* | Nella ginnastica, attrezzo terminante ai due capi con due prese | Nel pugilato, ciascuna delle funi tese tra i quattro pali posti agli angoli del quadrato | *Chiudere, mettere, stringere l'avversario alle corde*, imporgli la propria iniziativa e (*fig.*) mettere qc. alle strette, in difficoltà | Nell'atletica, bordo che delimita la pista dalla parte interna | *Partenza alla c.*, dalla prima corsia interna | *Correre alla c.*, per compiere il percorso più breve | Nell'ippica, steccato. ➡ ILL. p. 1281, 1296 SPORT. ***3*** (*mus.*) Filo di minugia, metallo, nylon e sim. che, fatto opportunamente vibrare, produce un suono: *strumenti a c.*; *c. armonica*; *c. fasciata*; *corde picchiate, pizzicate, fregate* | (*fig.*) *Essere teso come le corde del violino*, molto nervoso | *Toccare una c. sensibile*, (*fig.*) un argomento delicato | *La c. della vanità, dell'interesse e sim.*, (*fig.*) il lato del carattere più sensibile alla vanità, all'interesse e sim. | *Mettere in c. uno strumento*, incordarlo o rincordarlo | (*est.*) Suono, nota, tono, registro | (*est., spec. al pl.*) Strumenti a corda. ***4*** *C. dell'arco*, per tendere e curvare l'arco e lanciare la freccia | (*tosc.*) Insieme di fili di paglia attorcigliati per reggere i fiaschi. ➡ ILL. p. 1287 SPORT. ***5*** (*anat.*) *C. del collo*, ciascuno dei due muscoli sternocleidomastoidei | *C. magna, d'Ipocrate*, tendine d'Achille | *Corde vocali*, formazioni della laringe dalla cui vibrazione si originano la voce e i suoni | (*anat., zool.*) *C. dorsale*, struttura assile a funzione di sostegno, formata da tessuto di aspetto gelatinoso, caratteristica dei Cordati, destinata nei Vertebrati a essere rimpiazzata dalla colonna vertebrale. ***6*** Trama di un tessuto a coste rilevate: *l'abito, per l'uso, mostrava la c.* | *Mostrare la c.*, (*fig.*) dare segni di invecchiamento, irrigidimento, stanchezza e sim., riferito a discorsi, teorie e sim., o lasciare trasparire un pensiero diverso da quello espresso. ***7*** Anticamente, tormento inflitto come pena o come mezzo per estorcere confessioni, consistente nel tenere il torturato appeso a una corda che gli legava le mani dietro la schiena, talora lasciandolo poi cadere di colpo | *Dare la c.*, punire o torturare con tale tormento; (*fig., raro*) cavar di bocca un segreto con astuzia e sim. ***8*** (*mat.*) Segmento che ha per estremi due punti d'una data figura | (*arch.*) *C. di un arco*, distanza tra i suoi piedritti, calcolata alla base dell'arco stesso. SIN. Luce, portata | (*aer.*) *C. di profilo alare*, segmento che congiunge l'estremo anteriore con l'estremo posteriore del profilo. ***9*** †Unità di misura di lunghezza usata in Sicilia. ‖ **cordàccia**, pegg. | **cordèlla**, dim. (V.) | **cordétta**, dim. | **cordettina**, dim. | **cordicèlla**, dim. | **cordicina**, dim. | **cordina**, dim. | **cordino**, dim. m. (V.) | **cordóne**, accr. m. (V.).

cordàce [vc. dotta, lat. *cordāce*(*m*), nom. *cŏrdax*, dal gr. *kórdax*, di etim. incerta] s. m. ***1*** Danza sfrenata e burlesca dell'antica commedia e pantomima. ***2*** (*letter.*) Trocheo.

cordàggio s. m. ***1*** †Cordame. ***2*** (*spec. al pl.*) Le fibre grezze della canapa: *primi cordaggi*; *secondi cordaggi.*

cordàio o (*dial.*) **cordàro**. s. m. ***1*** Operaio addetto alla fabbricazione di corde. *2* Chi vende corde e sim.

cordàme [da *corda*] s. m. *1* Quantità, assortimento di corde: *vendita, fabbrica di c.* *2* L'insieme delle corde di vari tipi e dimensioni che si conservano a bordo delle navi per vari usi | Sulle navi a vela, l'insieme delle manovre correnti.

cordàro • V. *cordaio*.

cordàta [fr. *cordée*, da *corde* 'corda', detta così perché è l'insieme degli alpinisti uniti alla stessa corda] s. f. *1* In alpinismo, il complesso degli alpinisti legati a una stessa corda durante una scalata. *2* (*econ., fin.*) Gruppo di operatori economici uniti per raggiungere un determinato obiettivo, spec. l'acquisto o la gestione di un'azienda.

Cordàti [da *corda*, detti così perché provvisti di corda dorsale] s. m. pl. • Nella tassonomia animale, tipo di animali che presentano, almeno allo stadio embrionale, la corda dorsale (*Chordata*) | (al sing. *-o*) Ogni individuo di tale tipo. ➡ ILL. **animali** /4.

cordàto [vc. dotta, lat. *cordātu(m)*, da *cŏr*, genit. *cŏrdis* 'cuore'] agg. *1* Cuoriforme. *2* †Avveduto, savio, prudente.

cordatrìce [da *corda*] s. f. • Macchina per fabbricare corde.

cordatùra s. f. • Operazione di fabbricazione di una corda.

cordèlla s. f. *1* Dim. di *corda*. *2* Stringa, nastrino per allacciare indumenti. || **cordellina**, dim. (V.) | **cordellino**, dim. m. (V.).

cordellièra [fr. *cordellière*, da *cordelle* 'cordella'] s. f. • (*arald.*) Cordone movente dalla corona annodato in fiocco, nello scudo.

cordellìna s. f. *1* Dim. di *cordella*. *2* Cordoncino di seta e di filo dorato che orna da un lato, scendendo dalla spallina, la giacca dell'alta uniforme militare. SIN. Aghetto.

cordellìno s. m. *1* Dim. di *cordella*. *2* Tessuto a righe diagonali e rilevate.

cordellóne [da *cordella*] s. m. • Tessuto di seta a corde rilevate, usato spec. per ricoprire poltrone.

cordería [da *corda*] s. f. *1* Fabbrica di corde. *2* Nei cantieri e negli arsenali, officina per la fabbricazione di cavi e sim.

cordésco [lat. parl. **cordīscu(m)*, da *cŏrdus* 'tardivo', di etim. incerta] **A** agg. (pl. m. *-schi*) • (*dial.*) Detto di agnello nato dalla seconda figliatura, fra gennaio e aprile. **B** s. m. • Vitello di età non superiore a due anni sottoposto alla macellazione.

†cordìaco • V. *cardiaco*.

cordiàle [dal lat. *cŏr*, genit. *cŏrdis* 'cuore'] **A** agg. *1* (*raro, lett.*) Del cuore: *la palpitazione c.* (D'ANNUNZIO). *2* Che fa bene al cuore: *rimedio c.* | (*est.*) Tonico, corroborante, ristoratore: *bevanda c.* *3* Detto di sentimento che viene dal cuore, affettuoso, sincero, caldo: *augurio, affetto, saluto c.*; *cordiali rapporti di amicizia* | (*antifr.*) *Una c. antipatia*, profonda, sentita | Detto di persona affabile, gentile, aperta nei rapporti con gli altri: *gli abitanti del paese sono molto cordiali* | (*antifr.*) *Nemico c.*, giurato. || **†cordialeménte**, **cordialménte**, avv. In modo cordiale, anche nelle clausole epistolari di cortesia: *trattare cordialmente qc.*; *mi abbia cordialmente suo*; *odiare cordialmente*, sentire odio profondo; *cordialmente antipatico*, profondamente antipatico. **B** s. m. *1* Bevanda, liquore, e sim. che corrobora e ristora: *prendere, somministrare un c.* *2* Brodo con uova stemperate e succo di limone. || **cordialino**, dim. | **cordialóne**, accr. (V.).

cordialità s. f. *1* Qualità di chi è cordiale: *trattare, accogliere, ricevere, salutare qc. con c.* SIN. Affabilità, calore, cortesia. *2* (*spec. al pl.*) Saluto affettuoso, sincero, spec. in chiuse epistolari o in formule di cortesia.

cordialóne s. m. (f. *-a*) *1* Accr. di *cordiale*. *2* (*fam.*) Che, chi è molto espansivo e alla buona.

cordièra [da *corda*] s. f. • Stecca di legno, d'avorio e sim. su cui si annodano le corde del violino e sim.

cordiglièra [sp. *cordillera*, da *cordilla* 'cordella'] s. f. *1* (*gener.*) Catena montuosa dell'America meridionale e di quella centrale: *la c. delle Ande*. *2* (*geol.*) Fascia longitudinale poco profonda, che si solleva entro una geosinclinale dividendola longitudinalmente in più fosse.

cordiglière o **cordiglièro** [fr. *cordelier*, da *corde* 'corda, cordiglio'] s. m. *1* Frate minore francescano. *2* (*est.*) Membro di un club rivoluzionario in Francia, fondato da Danton nel 1790, che aveva sede in un antico convento di cordiglieri.

cordìglio [da *corda*] s. m. • Cordone con nodi che i frati e le monache portano sopra l'abito | Cordicella con la quale il sacerdote si cinge sopra il camice nelle sacre funzioni.

cordìno s. m. *1* Dim. di *corda* | Corda sottile per usi particolari | *C. da valanga*, di colore rosso, che agganciato alla vita di uno sciatore o alpinista, affiorando in superficie, ne facilita il ritrovamento in caso di valanga | *C. di ferro*, filo di ferro. *2* Segmento di corda di piccolo diametro di cui gli alpinisti si servono nella manovra su roccia o come fune supplementare o per formare anelli a cui fissare la corda nella discesa. *3* (*scherz.*) Corda per impiccare | *Mettere il c. al collo di qc.*, (*fig., scherz.*) costringerlo a fare ciò che si vuole. *4* Nel gioco del tamburello e nel pallone a bracciale, linea trasversale di metà campo.

cordìte (1) [da *corda*, perché è fabbricata in fili] s. f. • Esplosivo da lancio costituito spec. da fulmicotone, nitroglicerina, vaselina.

cordìte (2) [da *cord(a vocale)* e *-ite (1)*] s. f. • (*med.*) Infiammazione delle corde vocali.

cordless /ingl. 'kɔ:dlis/ [vc. ingl., propr. 'senza filo'] **A** agg. inv. • Detto di apparecchio che funziona senza fili, a batteria. **B** s. m. inv. • Telefono senza fili.

córdoba /sp. 'kordoba/ [da F. Fernández de *Córdoba* conquistatore del Nicaragua] s. m. inv. • Unità monetaria del Nicaragua.

cordòfono [comp. di *corda* e *-fono*] s. m. • Strumento musicale il cui suono è prodotto dalla vibrazione di una o più corde tese su una cassa armonica.

†cordogliàre A v. tr. • Compassionare. **B** v. intr. pron. • Dolersi.

cordòglio [lat. *cordŏliu(m)*, comp. di *cŏr* 'cuore' e *dolēre* 'provar dolore'] s. m. *1* Profondo dolore, spec. provocato da un lutto: *manifestazione di c.*; *esprimere il proprio c. a qc.*; *tutta la città partecipò al suo c.*; *molto c. e pena smisurata / prese di questo la bella Tisbina* (BOIARDO). *2* †Pianto che si fa ai morti, spec. nella loc. *fare c.*

†cordoglióso agg. • Pieno di cordoglio: *e così c. corsi divotamente alle sante orazioni* (CELLINI). || **†cordogliosaménte**, avv. (*raro*) Con grande dolore.

còrdolo [da *corda*] s. m. *1* (*idraul.*) Strato di materiale che viene posto e costipato negli argini in terra. *2* (*edil.*) Trave di bordo nei solai misti di laterizio e calcestruzzo, debolmente armata e poggiante sui muri perimetrali portanti, per la ripartizione dei carichi. *3* (*edil.*) Linea o rilievo che corre lungo l'edificio o la sola facciata, parallelamente al piano di terra e che serve a distinguere gli altri piani della costruzione a questo sovrastanti: *c. marcapiano*. *4* Lieve rialzo del piano stradale in cemento e sim. che delimita i sensi di marcia o le corsie preferenziali | (*sport*) Nei circuiti automobilistici, rialzo in cemento che delimita e protegge il bordo esterno delle curve. *5* (*calz.*) Profilo di guarnizione posto nella scarpa all'unione tra tomaia e suola.

cordonàre [da *cordone*] v. tr. (*io cordóno*) *1* (*raro*) Cingere di cordone. *2* Eseguire la cordonatura. *3* (*pop.*) Canzonare, schernire.

cordonàta [da *cordone*] s. f. *1* Bordo a cordone che cinge un'aiuola. *2* Sistemazione di pendii con pali infissi nel terreno e uniti con un intreccio di ramaglie. *3* Rampa lastricata attraversata da cordoni di pietra o laterizio che formano ampi scalini a pedata inclinata e alzata piccolissima | *Volta a c.*, a nervature.

cordonàto [da *cordone*] agg. • Detto di tessuto a coste rilevate.

cordonatrìce [da *cordonato*] s. f. • Macchina che esegue la cordonatura.

cordonatùra s. f. *1* (*raro*) Modo e atto di cordonare. *2* (*gener.*) Leggero incavo praticato su supporti vari spec. in carta, cartone e sim. per renderne possibile la piegatura. *3* Decorazione a rilievo simile a una cordicella posta sui vasi spec. di ceramica. *4* (*fig., pop.*) Canzonatura, scherzo.

cordon bleu /fr. kɔrdɔ̃ 'blø/ [loc. fr., propr. 'cordone blu', con riferimento al nastro azzurro portato orig. in Francia dai cavalieri di Santo Spirito, ritenuto simbolo di grande merito] loc. sost. m. e f. inv. (pl. fr. *cordons bleus*) • Chi eccelle nell'arte culinaria.

cordoncìno s. m. *1* Dim. di *cordone*. *2* Tipo di ricamo a punti fitti che formano un cordoncino: *eseguire un c.*; *punto a c.*

cordóne s. m. *1* Accr. di *corda*. *2* Corda di media grossezza e di materiale vario, destinata a usi diversi: *il c. della tenda, del campanello*; *legare il saio con un c.* | *C. del sacerdote*, cordiglio | *C. d'accensione*, impregnato di sostanze infiammabili, usato per propagare il fuoco a varie micce da mina | *C. detonante*, miccia detonante | (*est.*) Cavo: *c. elettrico, telefonico* | *C. di borchia*, che collega il telefono da tavolo alla borchia | *C. per microtelefono*, che collega l'apparecchio telefonico al microtelefono. *3* Collana o collare di ordine cavalleresco, quale supremo grado dell'ordine | (*est.*) Persona insignita di tale onorificenza. *4* (*anat.*) Qualsiasi organo o formazione che per struttura, flessibilità e sim. richiami l'immagine di un cordone: *c. ombelicale, spermatico*. ➡ ILL. p. 364 ANATOMIA UMANA. *5* (*est.*) Struttura, linea e sim. in rilievo rispetto a una superficie | *C. di saldatura*, tratto costituito da materiale di apporto lungo la linea di unione di due pezzi saldati per fusione | (*arch.*) Modanatura architettonica di forma cilindrica liscia o decorata | Serie di pietre usate per bordare marciapiedi o gradini | Nell'antica fortificazione, risalto di pietra o di mattoni posto lungo le mura di un'opera fortificata al sommo della scarpa e sotto il parapetto, per ostacolare la scalata degli assalitori. *6* Forma di potatura di alberi da frutto. *7* (*geogr.*) *C. litoraneo*, banco sabbioso di detriti fluviali parallelo a una costa e spesso delimitante una laguna | *C. morenico*, rilievo formato per accumulo dei detriti di un ghiacciaio. *8* (*est.*) Linea di persone affiancate lungo una strada e sim. per misure di ordine pubblico, per servizio d'onore e sim.: *un c. di corazzieri*; *la folla ruppe, travolse, superò i cordoni della polizia* | (*fig.*) *C. sanitario*, sistema di sorveglianza inteso a circoscrivere e isolare una zona colpita da malattia infettiva. *9* (*spec. al pl., euf., pop.*) Testicolo | *Rompere i cordoni a qc.*, (*fig.*) importunarlo, infastidirlo | (*raro, pop., fig.*) Persona sciocca. || **cordonàccio**, pegg. | **†cordoncèllo**, dim. | **cordoncìno**, dim. (V.) | **cordonétto**, dim. (V.).

cordonería [da *cordone* nel sign. 9] s. f. • (*raro*) Corbelleria.

cordonétto s. m. *1* Dim. di *cordone*. *2* Cucirino di cotone o di lino con particolare effetto di torsione. *3* Tessuto a coste fabbricato con filato omonimo | Spazio che separa nettamente due coste di un tessuto.

cordonifórme [comp. di *cordone* e *-forme*] agg. • Che ha la forma o la struttura simile a quella di un cordone.

cordotomìa [comp. di *corda* nel sign. 5 e *-tomia*] s. f. • Intervento chirurgico avente lo scopo di eliminare il dolore, che si opera a livello del midollo spinale.

†cordovanière [ant. fr. *cordoanier*, da *cordoan* 'cordovano'] s. m. • Artigiano conciatore o venditore di cordovano | Calzolaio.

cordovàno [sp. *cordoban* 'di Cordova'] **A** agg. • Di Cordova: *usanze cordovane*; *cuoio c.* **B** s. m. (f. *-a* nel sign. 1) *1* Abitante di Cordova. *2* Tipo di cuoio marocchino sul quale sono impresse decorazioni dorate o argentate. *3* (*fig., scherz.*) †Pelle umana | (*raro*) †*Esser di buon c.*, essere forte, robusto.

còre (1) • V. *cuore*.

còre (2) • V. *cora*.

core (3) /'kɔr, ingl. kɔ:*/ [vc. ingl., propr. 'nucleo'] s. m. inv. • Nucleo dei reattori nucleari.

corèa (1) o **còrea** [lat. *chorēa(m)*, nom. *chorēa*, dal gr. *choréia*, da *chorós* 'danza'. V. *coro (1)*] s. f. *1* †Danza, ballo. *2* (*med.*) Malattia del sistema nervoso caratterizzata da contrazioni muscolari e movimenti involontari. SIN. (*pop.*) Ballo di S. Vito.

corèa (2) [dal n. della *Corea*, penisola asiatica sovrappopolata] s. f. • Quartiere popolare di una città, caratterizzato da una notevole densità di abitanti.

coreàno A agg. • Della Corea: *lingua coreana* |

Alla coreana, (*ell.*) detto di colletto diritto e rigido, aperto davanti, che copre una parte del collo. **B** s. m. (f. *-a*) ● Abitante della Corea.

coreferènte [comp. di *co-* e *referente*, in ingl. *co-referent*] s. m. ● (*ling.*) Parola o espressione che ha lo stesso referente di un'altra.

coreferènza [comp. di *co-* e *referenza*, in ingl. *co-reference*] s. f. ● (*ling.*) Fenomeno per cui due o più parole o espressioni rinviano a uno stesso referente.

coréggia (1) e *deriv.* ● V. *correggia (1)* e *deriv.*

†**coréggia (2)** ● V. *scoreggia (1)*.

coregìa [vc. dotta, gr. *choregía*. V. *corego*] s. f. (pl. *-gie*) ● Liturgia dell'antica Atene, per cui un ricco cittadino era dallo Stato chiamato ad assumere la responsabilità e le spese di allestimento di un coro.

corègo o **coràgo** [vc. dotta, lat. *chorāgu(m)*, nom. *chorāgus*, dal gr. *choragós*, comp. di *chorós* 'coro' e *ágō* 'io conduco'] s. m. (pl. *-ghi*) **1** Nell'antica Atene, il cittadino cui era addossato l'onere di una coregia. **2** (*teat.*, *lett.*) Chi ha la direzione o la regia del coro.

corègono o (*pop.*) **coregóne** [etim. incerta] s. m. ● Pesce osseo dei Clupeiformi, lacustre, presente in Italia nei laghi alpini (*Coregonus lavaretus*). SIN. Lavarello.

corèico [dal gr. *chorós* 'danza' (V. *coro (1)*)] agg. (pl. m. *-ci*) **1** Relativo alla danza: *spettacolo c.* **2** (*med.*) Che si riferisce alla corea: *sindrome coreica*.

corèo [vc. dotta, lat. *chorēu(m)*, nom. *chorēus*, dal gr. *chorêios* 'proprio del coro, della danza'] s. m. ● (*ling.*) Trocheo.

coreografìa [comp. del gr. *choréia* 'danza' (V. *corea (1)*) e di *-grafia*] s. f. ● Arte di comporre danze per rappresentazioni sceniche con accompagnamento di musica.

coreogràfico agg. (pl. m. *-ci*) **1** Che si riferisce alla, che è proprio della, coreografia. **2** (*fig.*) Che si svolge in modo particolarmente fastoso e appariscente: *matrimonio c.*; *cerimonia, manifestazione coreografica*. ‖ **coreograficaménte**, avv. Per quanto riguarda la coreografia.

coreògrafo [da *coreografia*] s. m. (f. *-a*) ● Ideatore di coreografie | Direttore di balletto.

coréto ● V. *coietto*.

corétto (1) ● V. *coietto*.

corétto (2) ● V. *cuoretto*.

corétto (3) s. m. **1** Dim. di *coro (1)*. **2** Stanza con finestrino munito di grata da cui si può assistere, non visti, alle funzioni in chiesa.

corettóre [comp. di *co-* e *rettore*] s. m. (f. *-trice*) ● Chi divide insieme con altri la carica di rettore.

corèuta [vc. dotta, gr. *choreutés*, da *choréuō* 'io danzo nel coro'. V. *coro (1)*] s. m. (pl. *-i*) **1** Ciascuno dei cantori e danzatori componenti l'antico coro greco. **2** (*lett.*) Corista.

corèutica [da *coreuta*] s. f. ● (*lett.*) Arte della danza.

corgnòlo ● V. *corniolo*.

coriàceo [vc. dotta, lat. tardo *coriāceu(m)*, da *cŏrium* 'cuoio'] agg. **1** Che ha la natura, l'aspetto o la durezza del cuoio: *sostanza coriacea*; *carne coriacea*. **2** (*fig.*) Detto di persona, privo di sensibilità.

coriàle [da *corion*] agg. ● (*anat.*, *biol.*) Del, relativo al, corion.

coriàmbico [vc. dotta, lat. tardo *choriāmbicu(m)*, nom. *choriāmbicus*, dal gr. *choriambikós*, da *choríambos* 'coriambo'] agg. (pl. m. *-ci*) ● Detto di verso greco e latino formato da coriambi.

coriàmbo [vc. dotta, lat. tardo *choriămbu(m)*, nom. *choriămbus*, dal gr. *choríambos*, comp. di *chórios* 'coreo' e *íambos* 'giambo'] s. m. ● (*ling.*) Piede metrico della poesia greca e latina formato da una sillaba lunga, da due sillabe brevi e da un'altra lunga.

coriàndolo o †**coriàndro** [lat. *corĭandru(m)*, dal gr. *koríandron*, di origine preindeur.] s. m. **1** Pianta erbacea delle Ombrellifere con fusto eretto, fiori piccoli e bianchi, frutti glabri con semi aromatici e medicinali (*Coriandrum sativum*) | Seme della pianta omonima. ➡ ILL. **spezie**. **2** Confetto che ha per anima un seme di coriandolo. **3** (*spec. al pl.*) Dischetto di carta o pallottolina di gesso, variamente colorati, che, in periodo di Carnevale, si usa scagliare per gioco addosso alle persone.

corià̀ria [lat. *coriāriu(m)* 'di cuoio', da *cŏrium* 'cuoio', detta così perché le foglie servivano a conciare le pelli] s. f. ● Pianta con petali carnosi che circondano il frutto e foglie velenose dalle quali si estraggono prodotti concianti (*Coriaria myrtifolia*).

coribànte [vc. dotta, lat. *Corybăntes*, nom. pl., dal gr. *Korýbantes*, di etim. incerta] s. m. ● Nell'antica Grecia, ciascuno dei sacerdoti di Cibele e di Attis, che ne celebravano il culto con danze orgiastiche | Ciascuna delle divinità minori del seguito di Cibele e Attis.

coribàntico [vc. dotta, gr. *korybantikós*, da *Korýbantes* 'Coribanti'] agg. (pl. m. *-ci*) **1** Dei coribanti: *feste coribantiche*. **2** (*lett.*) Sfrenato, orgiastico: *baldoria coribantica*.

coricaménto s. m. ● Modo e atto del coricare o del coricarsi.

coricàre o †**colcàre**, (*raro*, *lett.*) **corcàre** [lat. *collocāre*. V. *collocare*] **A** v. tr. (*io còrico*, *tu còrichi*) **1** Mettere a giacere nel letto: *c. i bambini*. **2** (*est.*) Adagiare, distendere, mettere giù: *c. una trave, un tronco, un palo*. **B** v. intr. pron. **1** Andare a letto, porsi a giacere nel letto: *si corica sempre tardi*. **2** Tramontare. **3** †Chinarsi, inginocchiarsi. **4** †Essere situato: *Oltre l'Irlanda una isola si corca* (ARIOSTO).

còrico [vc. dotta, lat. tardo *chŏricu(m)*, nom. *chŏricus*, dal gr. *chorikós*, da *chorós* 'coro (1)'] **A** agg. (pl. m. *-ci*) ● Del coro, nel sign. di *coro (1)* | (*letter.*) *Metro c.*, formato da due anapesti più una sillaba ancipite. **B** s. m. ● Composizione cantata dal coro | Flauto per accompagnamento del coro.

còrifa [dal gr. *koryphḗ* 'cima', per il ciuffo di foglie che ha sullo stipite] s. f. ● Genere di palme con fusto molto alto e nudo con un gran ciuffo di foglie alla sommità (*Corypha*).

corifèna [vc. dotta, gr. *korýphaina*, da *koryphḗ* 'cima', per la forma] s. f. ● Pesce teleosteo dei Perciformi con corpo allungato e compresso, pinna dorsale lunga dal corpo alla coda e dorso azzurrognolo dai riflessi dorati (*Coryphaena hippurus*).

corifèo [vc. dotta, lat. *coryphaeu(m)*, nom. *coryphaeus*, dal gr. *koryphâios*, 'che sta a capo' da *koryphḗ* 'cima'] s. m. (f. *-a* nel sign. 2) **1** Capo dell'antico coro greco. **2** (*fig.*) Capo, promotore, di un partito, di una corrente culturale, artistica e sim.

†**còrilo** [lat. *cŏrulu(m)*, di origine indeur.] s. m. ● (*raro*) Nocciolo.

corìmbo [vc. dotta, lat. *corўmbu(m)*, nom. *corўmbus*, dal gr. *kórimbos* 'cima', dalla stessa rad. di *koryphḗ* 'cima'. Cfr. *corifa*] s. m. **1** (*bot.*) Infiorescenza in cui i fiori sono allineati alla medesima altezza mentre i peduncoli partono dall'asse principale ad altezze diverse. **2** (*mar.*) Nell'antichità, l'ornamento saliente della poppa e della prora delle navi.

corìmbo-tìrso s. m. ● (*bot.*) Infiorescenza formata da un corimbo composto.

corindóne [fr. *corindon*, da una lingua dell'India] s. m. ● Ossido di alluminio in cristalli romboedrici estremamente duri di colore vario e lucentezza adamantina di cui si distinguono diverse varietà, alcune delle quali usate come gemme | *C. sintetico*, che ha la stessa composizione del rubino naturale, usato in orologeria.

corìnzio o **corìntio** [vc. dotta, lat. *corĭnthiu(m)*, nom. *corĭnthius*, dal gr. *korínthios*, da *Kórinthos* 'Corinto'] **A** agg. **1** Di Corinto. **2** (*arch.*) *Ordine c.*, ordine architettonico classico la cui colonna, scanalata e munita di base, ha capitello ornato di foglie d'acanto | Che è proprio di tale ordine: *colonna corinzia*; *capitello c.* ➡ ILL. p. 357 ARCHITETTURA. **B** s. m. (f. *-a* nel sign. 1) **1** Abitante di Corinto. **2** Stile architettonico dell'ordine corinzio.

†**còrio (1)** ● V. *cuoio*.

còrio (2) ● V. *corion*.

corioidèa ● V. *coroide*.

corioidèo ● V. *coroideo*.

còrion o **còrio (2)** [vc. dotta, gr. *chórion* 'placenta', di origine indeur.] s. m. **1** (*biol.*) Annesso embrionale che costituisce il rivestimento dell'embrione in molti gruppi di Vertebrati superiori e che negli Euteri partecipa alla formazione della placenta. **2** (*biol.*) Rivestimento delle uova di diversi animali. **3** (*biol.*) Tessuto fibroso sottostante all'epidermide degli animali, costituente la parte della pelle che verrà trasformata in cuoio. SIN. Derma.

coripètalo [comp. del gr. *chōrís* 'separatamente', di origine indeur., e di *petalo*] agg. ● (*bot.*) Dialipetalo.

corisèpalo [comp. del gr. *chōrís* 'separatamente' (V. *coripetalo*), e di *sepalo*] agg. ● (*bot.*) Dialisepalo.

corìsta [da *coro (1)*] **A** s. m. (anche f. nel sign. 1; pl. m. *-i*) **1** Chi canta in un coro | Chi presiede al coro di una chiesa. **2** Strumento per accordare voci e strumenti musicali a un tono determinato e invariabile | *C. normale*, che produce un *la* di 870 vibrazioni al secondo. SIN. Diapason. **3** (*est.*) Suono invariabile e convenuto, da cui voci e strumenti prendono il tono. **B** agg. ● Detto di strumento idoneo al coro: *cembalo c.*

còriza o **còrizza** [lat. tardo *cŏryza(m)*, nom. *cŏryza*, dal gr. *kóriza*, di etim. incerta] s. f. ● Raffreddore, rinite.

còrmo [vc. dotta, gr. *kormós* 'tronco' da *kéirō* 'io taglio'] s. m. ● (*bot.*) Struttura tipica delle piante superiori distinta in radice, fusto e foglie.

cormòfita [comp. del gr. *kormós* 'tronco' (V. *cormo*) e *phytón* 'pianta'] s. f. ● Pianta fornita di cormo.

cormoràno [fr. *cormoran*, ant. fr. *cormareng*, comp. di *corp* 'corvo' e *mareng* 'marino'] s. m. ● Grosso uccello acquatico dei Pelecaniformi con corpo allungato, zampe piuttosto brevi e palmate, collo lungo, becco acuto, piumaggio bruno-verdastro con riflessi metallici (*Phalacrocorax carbo*). SIN. Marangone.

còrnac [port. *cornaca*, dal singalese *kūruneka*] s. m. inv. ● Conducente e custode di elefanti, in India.

cornàcchia [lat. parl. **cornācula(m)*, per il classico *cornīcula(m)*, dim. di *cŏrnix* 'cornacchia', di origine onomat.] s. f. **1** Uccello dei Passeriformi simile al corvo ma con becco più grosso e più incurvato, coda arrotondata e piumaggio completamente nero (*Corvus corone*) | *C. grigia*, uccello dei Passeriformi simile alla cornacchia nera, ma con piumaggio grigio e nero (*Corvus cornix*). **2** (*fig.*) Persona ciarliera e importuna | (*spreg.*) Persona antipatica e di cattivo augurio: *fate tacere quella c.* | *Essere raro come le cornacchie bianche*, insolito, difficile a trovarsi. **3** (*fig.*) †Donna di malaffare. **4** †Maniglia di porta, simile al becco della cornacchia. ‖ **cornacchina**, dim. | **cornacchino**, dim. m. | **cornacchióne**, accr. m. | **cornacchiòtto**, dim. m. | **cornacchiùccia**, **cornacchiùzza**, dim.

†**cornacchiàia** s. f. **1** Gracchiare rumoroso di un branco di cornacchie. **2** (*fig.*) Cicaleccio noioso. **3** (*raro*, *scherz.*) Scampanio per un defunto.

†**cornàcchio** [da *cornacchia*, prob. per il rumore prodotto] s. m. ● (*spec. al pl.*) Proiettile minuto, sparato in gran quantità da cerbottane o spingarde.

Cornàcee [vc. dotta, comp. del lat. *cŏrnum* 'corniolo' (V.) e di *-acee*] s. f. pl. ● Nella tassonomia vegetale, famiglia di piante con foglie intere, opposte e fiori riuniti in ombrelle o capolini (*Cornaceae*) | (al sing. *-a*) Ogni individuo di tale famiglia.

cornalìna [fr. *cornaline*, dim. di *corne* 'corno'] s. f. ● Varietà di agata translucida di color rossastro. SIN. Corniola.

cornamùsa [fr. *cornemuse*, da *cornemuser* 'suonare la cornamusa', comp. di *corner* 'suonare il corno' e *muser* 'suonare la cornamusa'] s. f. ● Strumento a fiato composto da un otre nel quale imboccano tre o quattro canne, la prima per dargli fiato e le altre per suonare. ➡ ILL. **musica**. ‖ **cornamusétta**, dim.

cornamusàro s. m. ● Suonatore di cornamusa.

†**cornàre** [da *corno*] v. intr. **1** Suonare il corno. **2** Fischiare, sibilare, detto degli orecchi: *gli orecchi debbon cornarvi ... spesso* (PULCI). **3** Cozzare, corneggiare.

cornàta s. f. ● Colpo dato con le corna: *prendersi, evitare, schivare una c.*; *fare alle cornate*.

cornatùra s. f. **1** Disposizione delle corna di un animale. **2** (*raro*, *fig.*) Indole, temperamento: *avere una strana c.*

cornea [da (*membrana*) *cornea*. V. *corneo*] s. f. ● (*anat.*) Parte trasparente della sclera nella sezione anteriore dell'occhio. ➡ ILL. p. 367 ANATOMIA UMANA.

corneàle agg. ● Di, relativo a, cornea: *epitelio c.* | *Lente c.*, lente a contatto consistente in un dischetto di plastica trasparente, assai sottile e di diametro poco inferiore a quello della cornea dell'occhio.

corneggiàre [da *corno*] **A** v. intr. (*io cornéggio*; aus. *avere*) *1* (*raro*) Menare le corna in qua e in là. *2* (*raro, lett.*) Avere forma di corna, detto della luna nuova: *sul tardi corneggia la luna* (MONTALE). **B** v. tr. ● †Colpire con le corna.

cornéggio [fr. *cornage*, da *corner* 'soffiare nel corno'] s. m. ● (*zoot.*) Sorta di rumore, dovuto alla presenza di ostacoli o a stenosi delle vie respiratorie, che si riscontra negli equini.

corneificazióne [comp. di *corneo* e *-ficazione*] s. f. ● (*med.*) Modificazione dell'epitelio di rivestimento per deposizione di sostanza cornea nella cellula, tipica della cute ma possibile anche in altre sedi.

còrneo [vc. dotta, lat. *cŏrneu(m)*, agg. di *cŏrnu* 'corno'] agg. *1* Che presenta natura, qualità o aspetto di corno | *Strato c.*, superficiale della cute, costituito da cellule di particolare consistenza | *Tessuto c.*, che costituisce le unghie, i peli, i capelli | *Proliferazione c.*, di consistenza simile alle corna degli animali. *2* (*raro*) Di, relativo a, corno.

còrner /ˈkɔrner, *ingl.* ˈkɔːnə*/ [ingl., propriamente 'angolo', che risale al lat. *cŏrnu* 'corno'] s. m. inv. ● (*sport*) Calcio d'angolo | *Salvarsi in c.*, nel gioco del calcio, mandare il pallone oltre la propria linea di fondo, per risolvere una situazione pericolosa che potrebbe facilmente causare una rete; (*fig.*) salvarsi per il rotto della cuffia, per un pelo.

cornétta (1) [fr. *cornette*] **A** s. f. *1* Piccola insegna quadrata, a due punte o corni, degli antichi reparti di cavalleria | (*est.*) Reparto di cavalleria che militava sotto tale insegna. *2* Cuffia inamidata delle suore di S. Vincenzo, in origine con larghe falde laterali. **B** s. m. e f. (pl. m. *-i*) ● Chi portava la cornetta.

cornétta (2) [da *corno*] s. f. *1* Strumento d'ottone a fiato, di suono acuto da soprano. *2* (*sett., centr.*) Ricevitore del telefono.

cornettàre [da *cornetta* (*2*)] v. intr. (*io cornétto*; aus. *avere*) ● Suonare la cornetta.

cornettìsta [da *cornetta* (*2*)] s. m. (pl. *-i*) ● Suonatore di cornetta.

cornétto s. m. *1* Dim. di *corno*. *2* Amuleto a forma di piccolo corno. *3* Punta dell'incudine. *4* (*med.*) *C. acustico*, strumento per amplificare i suoni diretti all'orecchio | †Coppetta. *5* Tipo di strumento a fiato in legno del XVI sec. *6* Piccola forma di pane o di brioche, dolce o salata. SIN. Croissant. *7* Tralcio fruttifero della vite tagliato corto. SIN. Sperone. *8* (*anat.*) Turbinato. *9* (*sett., spec. al pl.*) Fagiolino verde. || **cornettìno**, dim.

corn-flakes /*ingl.* ˈkɔːn ˈfleiks/ o **cornflakes** o **corn flakes** [vc. ingl., comp. di *corn* 'granturco' e il pl. di *flake* 'fiocco'] s. m. pl. ● Fiocchi di granturco che si mangiano spec. a colazione con latte e zucchero.

†**còrnia** [lat. *cŏrnea(m)* 'albero di corniolo', da *cŏrnum* 'corniolo'] s. f. ● (*bot.*) Corniola.

cornìce (1) [vc. dotta, lat. *cornīce(m)*, calco sul gr. *korṓnē* 'cornacchia' poi 'oggetto piegato', quindi anche 'cornicione', per la curvatura che ricorda il becco della cornacchia] s. f. *1* Telaio di legno o altro materiale, variamente sagomato e decorato, dove s'incastrano quadri, specchi e sim. | *Mettere q.c. in c.*, incorniciarla | In architettura, parte più alta della trabeazione degli ordini classici | Membratura aggettante che serve di coronamento a un edificio, a inquadrare finestre o porte, o anche a delimitare motivi ornamentali | (*est.*) Parte più alta della trabeazione di un mobile. ➡ ILL. p. 356, 357 ARCHITETTURA. *2* (*est.*) Ciò che delimita, abbellisce o mette in risalto q.c. (*anche fig.*): *i monti fanno da c. al lago*; *la c. dei capelli dava risalto al suo viso* | *Fare la c. a q.c.*, (*fig.*) aggiungervi inutili particolari | *Quadro senza c.*, (*fig.*) fatto raccontato senza abbellimenti | *Vale più la c. del quadro*, (*fig.*) gli elementi secondari hanno più valore di quello principale. *3* Inquadratura di pagina o figura, con filetti o fregi. *4* Parte di un'opera letteraria che serve per inquadrare e collegare le altre. *5* Orlo di roccia o di neve sporgente da dirupi. || **cornicétta**, dim. | **cornicìna**, dim. | **cornicióne**, accr. m. (V.).

cornìce (2) [lat. *cornīce(m)*. V. *cornacchia*] s. f. ● (*lett.*) Cornacchia.

corniciàio [da *cornice* (*1*)] s. m. ● Fabbricante o venditore di cornici.

corniciàme s. m. *1* (*raro*) Assortimento, insieme di cornici. *2* (*raro*) Ornamento che serve da cornice.

†**corniciàre** v. tr. ● Incorniciare.

corniciatùra s. f. *1* Atto, modo, effetto dell'incorniciare. *2* Forma, tipo della cornice.

cornicióne s. m. *1* Accr. di *cornice* (*1*). *2* (*arch.*) Cornice fortemente aggettante usata a coronamento di un edificio, sia con scopi pratici di riparo, sia, spec. negli edifici rinascimentali, con intendimenti estetici.

còrnico [ingl. *Cornish* 'della Cornovaglia'] **A** agg. (pl. m. *-ci*) ● Della Cornovaglia: *paesaggio c.* **B** s. m. solo sing. ● Lingua del gruppo britannico, parlata nella Cornovaglia fino al XVIII sec.

†**cornicolàto** [vc. dotta, lat. *corniculātu(m)*, da *cŏrnu* 'corno'] agg. ● Che ha le estremità a forma di corno.

corniculàrio [vc. dotta, lat. tardo *corniculāriu(m)*, da *cornĭculum* 'cornetto, ornamento dell'elmo a guisa di corno, concesso ai soldati per valore dimostrato', da *cŏrnu* 'corno'] s. m. ● Sottufficiale che dirigeva l'estremità dell'ordinanza nella legione romana.

†**cornìfero** [vc. dotta, lat. *cornĭferu(m)*, comp. di *cŏrnu* 'corno' e *fĕrre* 'portare'] agg. ● (*raro*) Che ha le corna.

cornificàre [comp. di *corno* e *-ficare*] v. tr. (*io cornìfico, tu cornìfichi*) ● (*scherz.*) Tradire il proprio coniuge, o comunque la persona cui si è legati da rapporti amorosi.

cornìgero [vc. dotta, lat. *cornĭgeru(m)*, comp. di *cŏrnu* 'corno' e *gĕrere* 'portare'] agg. ● (*lett.*) Fornito di corna.

còrniola (1) [da *corniolo*] s. f. ● Frutto del corniolo.

corniòla (2) [lat. *cornĕolu(m)*, dim. di *cŏrneus*, agg. di *cŏrnum* 'corniolo'] s. f. *1* (*miner.*) Cornalina. *2* (*est.*) Cammeo di fondo rosso con rilievo giallo-chiaro.

còrniolo o **corniòlo** o **corgnòlo** [lat. *cornĕolu(m)*, dim. di *cŏrneus*, agg. di *cŏrnum* 'corniolo'] s. m. ● Arbusto delle Cornacee con foglie ovali, legno durissimo, fiori piccoli e gialli e frutti a drupa rossi e commestibili (*Cornus mas*).

cornìpede [vc. dotta, lat. *cornĭpede(m)*, comp. di *cŏrnu* 'corno' e *pēs*, genit. *pĕdis* 'piede'] **A** agg. ● (*lett.*) Detto di animale che ha i piedi cornei. **B** s. m. ● (*raro, lett.*) Cavallo: *... senza indugio / ... sospinse i generosi / cornipedi* (MONTI).

cornìsta [da *corno*] s. m. (pl. *-i*) ● Suonatore di corno.

còrno [lat. *cŏrnu*, di origine indeur.] s. m. (pl. *còrna*, f. nei sign. 1, 2, 3 e 4, *còrni*, m. nei sign. 5, 6, 7 e 8) *1* Caratteristica appendice del capo di molti Mammiferi, ossea, cornea o tegumentale: *le corna del bove, del cervo*; *il c. del rinoceronte* | *Alzare le corna*, (*fig.*) insuperbirsi | (*fig.*) *Rompere, spezzare le corna a qc.*, picchiare o umiliare qc. | *Rompersi le corna*, (*fig.*) restare sconfitto | *Prendere il toro per le corna*, (*fig.*) affrontare decisamente qc., una situazione difficile e sim. | *Avere qc., q.c., sulle corna*, a noia | *Dire corna, dire peste e corna di qc.*, sparlarne | *Fare le corna*, compiere un gesto di scherno o di scongiuro, drizzando l'indice e il mignolo della mano chiusa. ➡ ILL. **zoologia generale**. *2* (*euf., pop.*) Niente, nulla: *non me ne importa un c.* | (*volg.*) Si usa come esclamazione *Un c.!*, nient'affatto, assolutamente no: *vero un c.!*; *è tuo? tuo un c.!* *3* (*iron., pop., spec. al pl.*) Appendici simboliche sul capo di chi è vittima di un'infedeltà da parte del coniuge, o gener. da parte della persona a cui si è legati da rapporti amorosi: *avere, portare le corna*; *fare le corna al marito, alla moglie*. *4* (*est.*) Ognuna delle appendici rigide situate sul capo di alcuni tipi di animali: *le corna delle lumache*; *un serpente con le corna* | (*fig., scherz.*) Bernoccolo provocato da una contusione: *farsi un c. sulla fronte*. *5* (*est.*) Sostanza che costituisce le corna dei Mammiferi, contenente prevalentemente cheratina, impiegata per fabbricare oggetti vari: *pettine, manico, bottone di c.* *6* (*est.*) Oggetto a forma di corno: *c. dogale*; *c. per la polvere da sparo* | *C. da scarpe*, calzatoio | *C. dell'abbondanza*, cornucopia | Ciondolo portafortuna, di metallo prezioso o di corallo | In una catena di monti, vetta di forma conica | †Punta di antenna, pennone, vela. *7* (*mus.*) Antico strumento a fiato ottenuto da un corno di bue opportunamente lavorato o foggiato secondo tale forma, usato da pastori, corrieri postiglioni e sim. | Oggi, strumento a fiato in ottone, rivoltato su se stesso in due o tre giri circolari tra il bocchino e l'ampia campana, con ritorta d'accordi, fori laterali, chiavi e valvole: *c. naturale, da caccia, a pistoni*; *professore di c.* | *C. bassetto*, clarinetto in fa | *C. inglese*, oboe basso. ➡ ILL. **musica**. *8* (*fig.*) Estremità, spec. appuntita, di q.c.: *c. polare*; *il c. dell'incudine*; *i corni della luna, di un golfo* | *I corni dell'altare*, gli angoli | *C. della epistola, del vangelo*, rispettivamente a destra e a sinistra del sacerdote | *I corni del dilemma*, le due possibili alternative | *C. d'Africa*, la zona situata nell'Africa centrale, fra il Mar Rosso, il golfo di Aden e l'Oceano Indiano, e l'insieme dei Paesi (Etiopia e Somalia) che la occupano. *9* †Ala di una schiera d'armati | †Nelle antiche fortificazioni, opera composta di due sole facce. *10* (*anat.*) Qualsiasi struttura o formazione che nel piano o nello spazio presenta una sagoma allungata e arcuata | *C. ventrale, c. dorsale*, ognuna delle quattro aree di sostanza grigia con valore motorio o, rispettivamente, sensoriale, caratteristiche del midollo spinale, in sezione trasversa. || **cornàccio**, pegg. | **cornétto**, dim. (V.) | **cornicciuòlo**, dim. | **cornicìno**, dim.

cornòcchio [lat. parl. **cornŭculu(m)*, da *cŏrnu* 'corno'] s. m. ● Tutolo della pannocchia di granturco.

cornucòpia [lat. *cŏrnu cōpiae* 'corno dell'abbondanza'. V. *corno* e *copia* (*1*)] s. f. ● Vaso in forma di corno, coronato d'erbe e di fiori e riempito di frutta, simbolo dell'abbondanza.

cornùnghia [comp. di *corno* e *unghia*] s. f. ● Concime organico composto dai residui, torrefatti e polverizzati, della lavorazione di corna e unghie.

cornùta ● V. *carnuta*.

†**cornutézza** s. f. ● L'essere cornuto.

cornùto [lat. *cornūtu(m)*, da *cŏrnu* 'corno'] **A** agg. *1* Fornito di corna: *animale c.* *2* Che termina a forma di corno: *al suon della cornuta cetra* (ARIOSTO) | †*Stella cornuta*, cometa. **B** agg.; anche s. m. (f. *-a*) ● (*pop.*) Che, chi, è tradito dal proprio coniuge: *marito c.*; *un povero c.* || **cornutàccio**, pegg. | **cornutóne**, accr.

còro (1) [vc. dotta, lat. *chŏru(m)*, nom. *chŏrus*, dal gr. *chorós*, di origine indeur.] s. m. *1* Nell'antico teatro greco, canto e danza con accompagnamento musicale che interrompeva l'azione tragica, commentandola | (*est.*) Gruppo degli attori che eseguivano il coro | (*est.*) Luogo del teatro dove veniva eseguito il coro. *2* (*mus.*) Canto eseguito da più persone, a diverse voci e all'unisono, con o senza accompagnamento musicale | *C. battente*, particolare tipo di doppio coro | *C. a cappella*, senza accompagnamento musicale | (*est.*) Gruppo di persone che cantano insieme: *il c. della Scala*; *un c. di alpini, di studenti, di avvinazzati*; *far parte di un c.*; *cantare in un c.* | (*est.*) Composizione musicale, canzone e sim. da cantarsi in coro: *il c. del Nabucco*; *un c. di montagna*. *3* (*arch.*) Nelle chiese cristiane, lo spazio, separato da recinzioni e provvisto di stalli, riservato ai cantori, situato nella parte terminale della navata centrale, prima del presbiterio, o dietro l'abside: *la cappella del c.* | L'insieme degli stalli per i cantori: *le tarsie di un c. ligneo*. ➡ ILL. p. 358, 359 ARCHITETTURA. *4* Insieme di parole, grida, lamenti e sim., emessi da più persone contemporaneamente: *un c. di pianti, di proteste, di elogi, di ingiurie, di fischi* | *Fare c. con, a qc.*, condividerne le opinioni | (*est.*) Gruppo di persone che dicono o gridano q.c. contemporaneamente: *un c. di fanciulli urlanti, di donne in lacrime* | *Tutti in, a c.*, tutti insieme, a una voce e (*est., fig.*) all'unanimità. *5* (*est.*) Verso, canto di più animali raccolti insieme: *il c. dei grilli, delle cicale, dei ranocchi*. *6* (*lett.*) Accolta di persone o di cose: *io ... / come ardirò di penetrar fra i cori / de' semidei?* (PARINI). *7* Ordine di angeli o di beati. || **corétto**, dim.

còro (2) o †**càuro** [vc. dotta, lat. *cāuru(m)*, *cō-*

ru(m), di origine indeur.] s. m. ● (*raro, lett.*) Vento di nord-ovest | La parte da cui tale vento spira: *cessato il soffiar d'austro e di c.* (TASSO).

coròbate [vc. dotta, lat. *chorŏbate(m)*, nom. *chorŏbates*, dal gr. *chōrobátēs*, comp. da *chôros* 'terreno' e *báinō* 'io vado'] s. m. ● Strumento di livellazione del terreno, degli antichi Greci.

†**corodìa** [vc. dotta, gr. *chorō(i)día*, comp. di *chorós* 'coro (1)' e *ō(i)dḗ* 'canto' (V. *ode*)] s. f. ● Canto a coro, all'unisono o all'ottava.

corodidàscalo [vc. dotta, lat. tardo *chorodidāscalu(m)*, nom. *chorodidāscalus*, dal gr. *chorodidáskalos*, comp. di *chorós* 'coro (1)' e *didáskalos* 'maestro'] s. m. ● Nella Grecia antica, istruttore e preparatore del coro.

corografìa [vc. dotta, lat. *chorogrăphia(m)*, nom. *chorogrăphia*, dal gr. *chōrographía*, comp. di *chôros* 'terreno' e *gráphō* 'io scrivo'] s. f. *1* Descrizione di una regione nei suoi particolari fisici, storici e umani | L'opera in cui tale descrizione è contenuta. *2* Condizione di un territorio rispetto alla sua conformazione fisica.

corogràfico [vc. dotta, gr. *chorographikós*, da *chōrographía* 'corografia'] agg. (pl. m. *-ci*) ● (*geogr.*) Che si riferisce alla corografia: *dizionario c.*; *mappa, tavola corografica* | *Carta corografica*, che rappresenta regioni abbastanza estese della superficie terrestre, in scala da 1:200 000 a 1:1 000 000.

corògrafo [vc. dotta, lat. tardo *chorŏgraphu(m)*, nom. *chorŏgraphus*, dal gr. *chōrográphos*, comp. di *chôros* 'terreno' e *gráphō* 'io scrivo'] s. m. ● Geografo specializzato in corografie | Autore di mappe e di tavole corografiche.

coròide o **corioidèa**, **coroidèa** [vc. dotta, gr. *chorioeidḗs* 'simile a membrana', comp. di *chórion* 'membrana' e *-eidḗs* '-oide'] s. f. ● (*anat.*) Membrana vascolare dell'occhio, di colore nerastro, al di sotto della sclera, nella parte posteriore dell'occhio. ➡ ILL. p. 367 ANATOMIA UMANA.

coroidèo o **corioidèo**. agg. ● (*anat.*) Della, relativo alla, coroide | *Plesso c.*, formazione granulare rossastra presente nel terzo ventricolo e nei ventricoli laterali, che dà origine al liquido cefalorachidiano.

coroidìte [comp. di *coroid(e)* e *-ite (1)*] s. f. ● (*med.*) Infiammazione della coroide.

coròlla o **coròlla** [vc. dotta, lat. *corōlla(m)*, dim. di *corōna* 'corona'] s. f. ● (*bot.*) Parte del fiore interna al calice, costituita da uno o più verticilli di foglie modificate, destinata a esplicare una funzione di attrazione degli insetti che favoriscono l'impollinazione | (*est.*) *A c.*, di ciò che ha forma svasata: *gonna a c.* ➡ ILL. **botanica generale**.

corollàrio [vc. dotta, lat. *corollāriu(m)*, da *corōlla* 'corolla'] **A** s. m. *1* (*mat., filos.*) Proposizione che si deduce facilmente da un'altra già dimostrata. *2* Aggiunta, appendice: *c. del libro*. **B** agg. ● †Dedotto per corollario, per induzione.

coróna [lat. *corōna(m)*, nom. *corōna*, dal gr. *korṓnē*, di origine indeur. In particolare, nel sign. 9, per la corona originariamente impressa sopra la moneta; nel sign. 10 per la forma a corona del segno] **A** s. f. *1* Ornamento del capo a forma di cerchio, costituito spec. di fiori, fronde e sim., portato anticamente in segno di letizia, onore o come premio per vincitori di gare: *c. di rose, di spighe, di coralli, di vetro* | *C. di lauro, d'alloro*, simbolo di gloria poetica | *C. di fiori d'arancio*, quella portata dalla sposa quale simbolo di purezza | *C. di spine*, quella posta per scherno sul capo di Gesù | (*est.*) Nello sport, titolo di campione: *c. dei massimi*; *c. olimpica* | (*fig.*) Insieme di sofferenze, di affanni. SIN. Diadema, ghirlanda, serto. *2* Cerchio di metallo prezioso, finemente lavorato e incastonato di gemme, simbolo di sovranità, signoria, dominio: *c. ducale, imperiale* | *C. di ferro, ferrea*, degli antichi re d'Italia | Appellativo di vari ordini sovrani: *c. d'Italia* | (*fig.*) Autorità del sovrano: *avere, portare la c.*; *deporre, perdere, rifiutare la c.* | *Cingere la c.*, (*fig.*) salire al trono | (*fig.*) *La Corona*, la persona del sovrano o l'istituzione monarchica | *Discorso della Corona*, quello letto dal sovrano nell'aprire una legislatura parlamentare, ma solitamente redatto dal governo che ne assume la responsabilità | *Sacra, Santa Corona*, anticamente, appellativo equivalente a Sire, Maestà. ➡ ILL. **araldica**. *3* Cerchio di fiori o fronde, spesso con nastri, scritte e sim., da appendere o deporre davanti a edifici o monumenti, come simbolo di festività, di voti, come ricordo e sim. | *C. funebre, mortuaria*, posta sui feretri o sulle tombe per onorare la memoria dei defunti | (*fig., lett.*) Aureola: *o Musa ... / hai di stelle immortali aurea c.* (TASSO). SIN. Ghirlanda, serto. *4* (*est.*) Oggetto o formazione che per struttura, posizione e sim. ricorda una corona: *tappo a c.* | *C. della campana*, anello che la fissa nel mozzo | Anello costituente la parte periferica di un organo meccanico rotante: *c. dentata* | *C. di carica*, rotellina zigrinata, all'esterno dell'orologio, che serve a caricare la molla | *C. di forzamento*, anello di rame che fascia in prossimità del fondello i proiettili d'artiglieria | *C. del brillante*, parte sfaccettata che circonda la tavola superiore | (*arch.*) Coronamento | (*astron.*) Parte più esterna dell'atmosfera di una stella: *c. solare* | Nelle antiche fortificazioni, opera esterna costituita da un bastione frontale e due mezzi bastioni laterali. ➡ ILL. p. 832 SISTEMA SOLARE. *5* (*anat.*) Parte superiore del dente fuori dell'alveolo | In odontotecnica, capsula protettiva o sostitutiva della corona anatomica. ➡ ILL. p. 367 ANATOMIA UMANA. *6* (*est.*) Serie di elementi disposti in cerchio: *una c. di capelli*; *una c. di monti, di mura* | *A c.*, circolarmente | *Volo a c.*, di uccelli che formano, volando in cielo, un cerchio | *Far c. a qc.*, circondarlo, spec. con atteggiamento di deferente attenzione | Lampadario medievale costituito da uno o più cerchi metallici muniti di punte reggicandela o di coppette d'olio | (*med.*) *C. di Venere*, papule o pustole sifilitiche sulla fronte | (*mat.*) *C. circolare*, insieme dei punti compresi fra due circonferenze concentriche | (*bot.*) Insieme di appendici disposte in cerchio e sovrastanti un organo | *La c. dell'albero*, la parte più alta, ove i rami si allargano. *7* (*est.*) Serie di oggetti attaccati l'uno all'altro, di parole o frasi dette o scritte di seguito, e sim.: *una c. di nocciole, di castagne secche*; *una c. di aggettivi*; *una c. di sonetti*; *la c. del rosario* | *Dire la c.*, recitare il rosario | *Sfilare la c.*, (*fig.*) dire una serie di ingiurie. *8* (*fig., lett.*) Coronamento, compimento: *a vita lunga solita c.* (UNGARETTI). *9* (*numism.*) Nome di alcune monete d'oro e d'argento coniate in vari Stati e diverse epoche, recanti impressa la figura di una corona | Unità monetaria circolante in alcuni Paesi europei: *c. danese, norvegese, svedese*. *10* (*mus.*) Segno convenzionale che serve a prolungare la nota o la pausa su cui è posto, più anticamente a suggerire una cadenza o una breve improvvisazione. SIN. Punto coronato. *11* (*zool.*) Margine inferiore del pastorale del cavallo. *12* (*bot.*) *C. imperiale*, pianta delle Liliacee con fusto coronato da un ciuffo di foglie da cui pendono i fiori rosso-giallastri o bruni (*Fritillaria imperialis*). *13* (*al pl.*) Fibre di scarto nella filatura della lana. **B** in funzione di agg. inv. ● Nella loc. (*fis.*) *Effetto c.*, fenomeno di dispersione di energia elettrica che si manifesta sulla superficie dei conduttori elettrici ad alta tensione sotto forma di effluvio luminoso accompagnato da un caratteristico crepitio. || **coroncina**, dim. (V.) | **coroncióne**, accr. m. | **coronèlla**, dim. (V.) | **coronétta**, dim. | **coronùccia**, dim.

coronàio s. m. (f. *-a*) ● (*raro*) Chi fabbrica o vende corone del rosario.

coronàle [vc. dotta, lat. tardo *coronāle(m)*, da *corōna* 'corona'] agg. *1* †Che ha forma di corona. *2* (*astron.*) Che appartiene o si riferisce alla corona di una stella. *3* (*anat.*) Detto di zona del capo su cui viene a posare la corona | *Osso c.*, osso frontale | *Sutura c.*, che unisce l'osso frontale con le ossa parietali. SIN. Coronario. *4* (*ling.*) Detto di suono articolato per mezzo della corona della lingua.

coronaménto [vc. dotta, lat. tardo *coronamĕntu(m)*, da *corōna* 'corona'] s. m. *1* †Incoronazione. *2* (*fig.*) Compimento, degna conclusione: *quest'opera è il c. della sua vita*. *3* (*edil.*) Struttura con cui termina superiormente una costruzione. *4* (*mar.*) Orlo superiore della poppa delle navi.

coronàre [vc. dotta, lat. *coronāre*, da *corōna* 'corona'] **A** v. tr. (*io coróno*) *1* Cingere di corona, di ghirlanda, e sim.: *c. di fiori il capo di qc.* | (*lett.*) Incoronare. *2* (*est.*) Cingere, circondare: *la città era coronata da alte mura*; *le montagne coronano la regione*. *3* (*est., fig.*) Premiare, dare un riconoscimento: *il successo ha coronato i suoi sforzi*; *io me n'andrei ... dove le ricchezze non coronano il delitto* (FOSCOLO). *4* (*fig.*) Concludere, portare a compimento: *un'opera che corona tutta la vita dell'autore*; *coronarono il loro amore con le nozze*. *5* (*raro, lett.*) Riempire fino all'orlo, detto di tazze, coppe, e sim. **B** v. rifl. *1* Cingersi di corona, di ghirlanda, e sim.: *coronarsi vincitore*; *coronarsi di fiori, di alloro*. *2* (*lett., fig.*) Fregiarsi, adornarsi: *coronarsi di gloria, di onore*.

coronària [f. sost. di *coronario*] s. f. ● (*anat.*, *spec. al pl., ell.*) Arterie coronarie.

coronàrico agg. (pl. m. *-ci*) ● (*med.*) Che si riferisce alle arterie e alle vene coronarie: *insufficienza coronarica* | *Unità coronarica*, negli ospedali, speciale reparto di terapia intensiva per i malati di infarto miocardico.

coronàrio [vc. dotta, lat. *coronāriu(m)*, da *corōna* 'corona'] agg. *1* Di corona | *Certame c.*, gara poetica che aveva come premio una corona d'alloro lavorata in argento. *2* (*anat.*) Relativo a vasi, a nervi o a legamenti che circondano una parte di un organo | *Arterie coronarie*, le arterie che nascono dall'aorta ascendente e servono alla nutrizione del cuore.

coronarìte [comp. di *coronari(a)* e *-ite (1)*] s. f. ● (*med.*) Alterazione di un'arteria coronaria cardiaca o di ramo di questa.

coronarografìa [comp. di *coronaria* e *-grafia*] s. f. ● (*med.*) Indagine diagnostica dello stato delle coronarie mediante inoculazione di sostanze radiopache.

coronaropatìa [comp. di *coronaria* e *-patia*] s. f. ● (*med.*) Ogni affezione delle coronarie.

coronàto **A** part. pass. di *coronare*; anche agg. *1* Nei sign. del v. *2* *Testa coronata*, (*per anton.*) sovrano, regnante. **B** s. m. (f. *-a* nel sign. 1) *1* †Chi ha la dignità reale. *2* Moneta d'argento napoletana coniata da Ferdinando I d'Aragona e da Alfonso II nel XV sec. con scena di incoronazione sul rovescio.

coronazióne [vc. dotta, lat. tardo *coronatiōne(m)*, da *corōna* 'corona'] s. f. ● (*raro*) Incoronazione.

coroncìna s. f. *1* Dim. di *corona*. *2* Rosario.

coronèlla (1) [dim. di *corona*] s. f. *1* Argine costruito a valle di un altro che minaccia di rompersi | Argine a pianta semicircolare per circondare la bocca di un fontanazzo formatosi nell'argine principale. *2* (*mar.*) Cima che fa da sostegno ad altre manovre.

coronèlla (2) [detta così per la disposizione a *corona* delle scaglie del capo] s. f. ● Genere di serpenti dei Colubridi, piccoli e innocui, diffusi in Italia (*Coronella*).

coroner /ingl. 'kɔrənə*/ [vc. ingl., dall'anglonormanno *corouner*, propr. 'custode dei placiti della corona'] s. m. inv. ● In vari Paesi anglosassoni, pubblico ufficiale incaricato di effettuare inchieste su ogni decesso non dovuto a cause naturali.

corònide [vc. dotta, lat. tardo *corōnide(m)*, nom. *corōnis*, dal gr. *korōnís*, genit. *korōnídos* 'linea curva, compimento', da avvicinare a *korṓnē* 'corona'] s. f. *1* Segno diacritico della crasi in greco. *2* In manoscritti e codici greci, simbolo grafico della partizione di capitolo, paragrafo e sim. | †*Per c.*, in aggiunta, in fine.

coronìlla [dalla forma a *corona* delle infiorescenze] s. f. ● Genere di piante erbacee delle Papilionacee con fiori di vario colore e frutto a legume (*Coronilla*).

corònio [dalla *corona* solare, in cui questo gas sarebbe presente] s. m. ● Ipotetico elemento chimico del quale si era supposta l'esistenza nella corona solare.

coronògrafo [comp. di *corona* e *-grafo*] s. m. ● Telescopio munito di dispositivi che permettono di fotografare la bassa corona solare senza attendere le eclissi totali.

coronòide [comp. dal gr. *korṓnē* 'cornacchia' e *-oide*, perché assomiglia al becco della cornacchia] agg. ● (*anat.*) Detto dell'apofisi anteriore, appuntita, della branca verticale della mandibola.

coroplàstica [comp. del gr. *chṓra* 'terra' e *plastica*] s. f. ● (*archeol.*) Tecnica della lavorazione della terracotta.

coròzo /ko'rɔddzo, *sp.* ko'roθo/ [sp. *corozo*, di

origine portoricana] s. m. • Albume durissimo contenuto nei semi di alcune palme dell'America tropicale, usato per fabbricare bottoni.

corpacciàta [da *corpo*] s. f. • (*raro*) Scorpacciata, pasto abbondante.

corpacciùto [da *corpaccio*, pegg. di *corpo*] agg. • Grosso, corpulento.

corpétto [da *corpo*] s. m. *1* Maglia di lana azzurra scura che i marinai portano sotto il camisaccio. *2* Camiciola per neonati e bimbi piccoli. *3* Panciotto, gilè. *4* Corpino.

corpino [da *corpo*] s. m. • Parte superiore dell'abito femminile.

còrpo [lat. *cŏrpus*, di etim. incerta] s. m. (pl. *còrpi*, m., lett. †*còrpora*, f.) *1* Parte di materia che occupa uno spazio e presenta una forma determinata: *c. liquido, solido, gassoso, rigido, elastico*; *corpi organici, inorganici* | *I corpi celesti*, le stelle e i pianeti | *Gravità dei corpi*, il loro peso | *Impenetrabilità dei corpi*, l'impossibilità da parte di due corpi di occupare insieme lo stesso spazio | *C. nero*, che assorbe totalmente qualsiasi onda elettromagnetica ed emette contemporaneamente radiazione termica a spese dell'energia interna | (*est.*) Oggetto: *lo ferì un c. contundente* | *C. del reato*, oggetto in stretta relazione con l'esecuzione di un reato | *Vendita a c.*, in cui il prezzo è stabilito senza riferimento alla misura del bene oggetto della vendita | (*est.*) Ogni sostanza individuata da formula chimica e da proprietà fisiche caratteristiche | *C. semplice*, la cui molecola è costituita da atomi di uno stesso elemento | *C. composto*, la cui molecola è costituita da atomi di elementi diversi | *C. allo stato colloidale*, colloide. *2* Complesso degli organi che costituiscono la parte materiale e organica dell'uomo e degli animali: *avere cura del proprio c.* | Costituzione fisica: *avere un c. asciutto, slanciato, robusto, atletico* | *I piaceri del c.*, dei sensi | *Guardia del c.*, persona addetta al servizio e alla protezione di qc. e (*fig.*) aiutante, persona fidata | *A c. a c.*, a stretto contatto, all'arma bianca | *A c. morto*, (*fig.*) con impeto, con ardore | *A male in c.*, (*fig.*) a malincuore | *Anima e c.*, (*fig.*) completamente, totalmente | *In c. e anima*, (*fig.*) in persona | *Avere q.c. in c.*, (*fig.*) essere ansioso, preoccupato | *Avere il diavolo in c.*, essere inquieto, agitato | *Non tener nulla in c.*, (*fig.*) non saper mantenere i segreti | *Entrare in c.*, (*fig.*) venire in animo, in mente | *Ricacciare le parole in c. a qc.*, (*fig.*) farlo pentire di quello che ha detto | (*est.*, *escl.*) *C. di Bacco!*; *c. di un cannone!*; *c. di mille bombe!* | (*est.*) Cadavere, salma: *il c. dell'impiccato*; *qui giacciono i corpi dei caduti in guerra*. *3* (*anat.*) Parte dell'organismo dotata di caratteristiche morfologiche e funzionali proprie | *C. calloso*, connessione tra la neocorteccia dei due emisferi cerebrali | *C. cavernoso*, struttura ricca di lacune sanguigne, in grado di aumentare di volume e di irrigidirsi | *C. luteo*, effimero organo endocrino che si forma in corrispondenza del follicolo ovarico dopo l'ovulazione | *C. vitreo*, voluminosa struttura trasparente e incolore dell'occhio, interposta tra cristallino e retina | *C. uterino*, porzione dell'utero intermedia tra collo e ingresso degli ovidotti | *C. vertebrale*, porzione cilindrica della vertebra sulla quale poggia il midollo spinale. ➡ ILL. p. 364, 367 ANATOMIA UMANA. *4* Pancia, basso ventre: *avere dolori di c.* | *A c. vuoto*, a digiuno | *A c. pieno*, dopo aver mangiato | *Mettere in c.*, mangiare e bere | *Andare di c.*, (*fam.*, *euf.*) defecare | *Stitichezza di c.*, difficoltà nel defecare | Matrice, utero | *Avere il c. grosso*, di donna in prossimità di parto. *5* La parte sostanziale e più consistente di q.c.: *il c. di un palazzo, di un motore* | *C. di fabbrica*, organismo strutturale che, pur facendo parte di un più ampio complesso, è individuabile per caratteristiche formali e costruttive proprie | *Il c. del discorso*, la parte centrale, tra l'esordio e la conclusione | Massa, volume: *il c. della costruzione era enorme* | *Il c. di un vaso*, la sua capacità. *6* Consistenza, compattezza, solidità: *il c. del panno, del terreno* | *Il c. del suono, della voce, del vino*, forza, vigore | *Dar, prender c.*, dare, assumere consistenza | *Aver c.*, aver forza, consistenza | *Colore a c.*, in pittura, quello ottenuto con impasto di pigmenti assai ricco, poco diluito e che forma perciò uno strato alquanto consistente | *Pittura a c.*, eseguita con colori a corpo. *7* Insieme di persone accomunate da una serie di caratteristiche, che costituiscono un gruppo, una classe, un organismo sociale e sim.: *c. consolare, insegnante, accademico, di ballo* | *C. franco*, insieme di soldati irregolari che anticamente si reclutavano per fare scorrerie in un paese nemico | *C. elettorale*, insieme di cittadini cui è attribuito il complesso dei diritti politici | *C. diplomatico*, insieme dei capi delle missioni diplomatiche accreditate presso un determinato stato | *C. mistico*, l'insieme di tutti i cristiani, la Chiesa come corpo invisibile del Cristo | *Fare c. con qc.*, congiungersi, riunirsi insieme | *Spirito di c.*, sentimento di solidarietà fra membri dello stesso corpo militare, della stessa categoria professionale e sim. | *Corpi separati*, organismi facenti parte della struttura statale, ma dotati di larga autonomia che consente loro un uso di poteri diverso da quello stabilito dalla legge, o addirittura contrario. *8* Specialità militare: *c. degli alpini, dei lagunari* | Unità militare | *C. di guardia*, insieme di soldati che partecipano allo stesso turno di vigilanza; (*est.*) locale che li accoglie durante il turno | *C. d'armata*, grande unità composta da due o più divisioni. *9* Aggregato di cose più o meno simili che costituiscono una totalità omogenea: *il c. delle case, dei poderi, dei beni* | *C. geologico*, insieme di rocce distinte dalle circostanti per caratteri comuni. *10* Raccolta completa e ordinata delle opere di un autore, di una scuola, delle opere pertinenti a una data materia di studio e sim.: *il c. delle opere di Dante* | Sistema di versi | (*raro*) Esemplare o copia di una medesima opera. *11* (*mar.*) Scafo, fusto della nave | *C. delle vele*, le quattro vele principali, cioè maestra, trinchetto e le due gabbie. *12* (*mus.*) Cassa di strumenti a corda in cui si fa la risonanza | Mole esteriore degli strumenti a fiato, nella cui parte interna ricorre la canna dell'aria. *13* (*tip.*) Parte verticale del torchio da stampa, ove è inserita la vite che stringe per l'impressione | Altezza del carattere tipografico, come appare alla lettura. *14* †Globo dell'occhio. *15* (*mat.*) Anello i cui elementi non nulli formano gruppo rispetto alla moltiplicazione. *16* (*fis.*) *C. nero*, corpo ideale, considerato in termodinamica, capace di assorbire ogni radiazione incidente. || **corpàccio**, pegg. | **corpiciàttolo**, dim., spreg. | **corpicciòlo**, **corpicciuòlo**, dim. | **corpicèllo**, dim. | **corpicino**, dim. | **corpino**, dim. | **corpóne**, accr. | **corpùccio**, **corpùzzo**, dim.

corpomòrto [comp. di *corpo* e *morto*] s. m. *1* (*mar.*) Ormeggio fisso costituito da una grossa ancora, un blocco di cemento e sim. affondati, collegati alla superficie da una catena sostenuta da un gavitello. *2* Nell'alpinismo, piastra metallica da affondarsi nella neve per costituire un ancoraggio di assicurazione durante le ascensioni.

corporàle (1) [vc. dotta, lat. *corporāle(m)*, agg. di *cŏrpus*, genit. *cŏrporis* 'corpo'] **A** agg. • Pertinente al corpo umano: *esercizi, difetti, beni corporali*; *bisogno c.* | †*Battaglia c.*, a corpo a corpo. || †**corporaleménte**, **corporalménte**, avv. Materialmente; con il corpo; †*toccare, giurare corporalemente*, imponendo la mano sopra un oggetto considerato sacro; nel corpo: *punire corporalemente*. **B** s. m. • †Parte materiale.

corporàle (2) [lat. tardo *corporale*. V. precedente] s. m. • Panno quadrato di lino bianco, sul quale il sacerdote, nella messa, depone il calice e l'ostia consacrata.

corporalità [vc. dotta, lat. tardo *corporalitāte(m)*, da *corporālis* 'corporale (1)'] s. f. • (*raro*) Natura o condizione corporea.

corporàta [f. sost. di *corporato*] s. f. • Insieme di imprese associate.

corporate image /*ingl.* 'kɔːpərit 'imidʒ/ [loc. ingl., propr. 'immagine aziendale'] loc. sost. f. inv. (pl. ingl. *corporate images*) • Immagine che il pubblico si forma di un'impresa commerciale o industriale.

corporation /*ingl.* kɔːpə'reiʃən/ [vc. ingl., propr. 'corporazione'] s. f. inv. • Impresa, società di grandi dimensioni.

corporatismo [da *corporato* sul modello di *corporativismo*] s. m. • (*raro*) Tendenza di alcuni gruppi sociali a organizzarsi in forme corporative non istituzionalizzate, né rappresentate pubblicamente.

corporativismo [da *corporativo*] s. m. *1* Teoria e pratica politico-sociale che mira a superare i conflitti di classe tramite l'azione autoritaria dello Stato e la costituzione di corporazioni delle diverse categorie economiche. *2* All'interno di un settore professionale, tendenza a difendere o a espandere diritti o interessi particolari di questo, con una visione gretta e ristretta che non si cura dell'interesse generale.

corporativistico agg. (pl. m. *-ci*) • Relativo o tendente al corporativismo, nel sign. 1. || **corporativisticaménte**, avv. In modo corporativo; con spirito corporativo.

corporativizzazióne [da *corporativo*] s. f. • Azione diretta alla difesa degli interessi e privilegi particolari di un settore professionale o di un ristretto gruppo sociale.

corporativo [vc. dotta, lat. tardo *corporatīvu(m)* 'che fa corpo', da *cŏrpus*, genit. *cŏrporis* 'corpo'] agg. *1* Di corporazione | Relativo alle corporazioni: *diritto, regime c.* *2* Relativo al corporativismo, nel sign. 2. || **corporativaménte**, avv.

corporàto [vc. dotta, lat. *corporātu(m)*, part. pass. di *corporāre* 'prendere corpo'] **A** s. m. (f. *-a*) • Chi fa parte di una corporazione. **B** anche agg.: *interessi corporati*.

corporatùra [vc. dotta, lat. *corporatūra(m)*, da *cŏrpus*, genit. *cŏrporis* 'corpo'] s. f. • Forma, aspetto, dimensione del corpo, spec. umano: *avere una c. agile, snella*; *essere di c. grossa, sottile* | †Corpo. SIN. Complessione, costituzione, figura.

corporazióne [lat. tardo *corporatiōne(m)*, che però significava 'corporalità, l'incorporarsi', da *corporāre* 'prendere corpo', prob. attrav. il fr. *corporation*] s. f. *1* Associazione professionale o di mestiere rivolta alla tutela degli interessi degli associati e alla regolamentazione della professione o del mestiere in tutti i suoi aspetti: *le corporazioni di arti e mestieri*. *2* Nel sistema sindacale fascista, organo dello Stato rappresentante contemporaneamente gli interessi contrapposti dei lavoratori e dei datori di lavoro: *Consiglio nazionale delle corporazioni*.

corporeità s. f. • Qualità di ciò che è corporeo.

corpòreo [vc. dotta, lat. *corpŏreu(m)*, da *cŏrpus*, genit. *cŏrporis* 'corpo'] agg. *1* Pertinente al corpo umano, corporale: *prediligere i piaceri corporei* | (*med.*) *Temperatura corporea*, grado di intensità del calore del corpo, misurato col termometro. *2* Che ha corpo: *sostanze corporee e incorporee*. || **corporeaménte**, avv. Col corpo; corporalmente.

corporizzàre [fr. *corporiser*, dal lat. *cŏrpus*, genit. *cŏrporis* 'corpo'] v. tr. • (*lett.*) Rendere corporeo, materializzare: *io non appartengo ai materialisti, i quali corporizzano lo spirito* (CARDUCCI).

corposità s. f. • Qualità di ciò che è corposo.

corpóso [da *corpo*] agg. *1* Denso, compatto, consistente. *2* Che fa vedere il rilievo o il volume dei corpi, in pittura. *3* Detto di vino denso e robusto. || **corposaménte**, avv.

corpulènto [vc. dotta, lat. *corpulĕntu(m)*, da *cŏrpus*, genit. *cŏrporis* 'corpo'] agg. *1* Che ha corpo grande e robusto: *uomo c.* | Che ha un ventre molto grosso: *donna corpulenta*. *2* (*fig.*) Solido e piuttosto fertile, ma privo di finezza: *fantasia corpulenta*.

corpulènza [vc. dotta, lat. *corpulĕntia(m)*, da *corpulĕntus* 'corpulento'] s. f. • Qualità di chi, di ciò che è corpulento.

corpus /*lat.* 'kɔrpus/ [lat. 'corpo'] s. m. inv. *1* Raccolta completa e ordinata di opere letterarie, giuridiche e sim.: *il c. delle epigrafi latine*. *2* (*ling.*) Campione rappresentativo di una lingua che il linguista prende in esame.

corpuscolàre o †**corpusculàre**. agg. *1* (*fis.*, *chim.*) Relativo a, che riguarda i corpuscoli, le particelle: *moti corpuscolari*. *2* (*fis.*, *chim.*) Che è costituito da corpuscoli, da particelle: *radiazione c.* | (*fis.*) *Teoria c.*, teoria sulla natura della luce che, in contrapposizione alla teoria ondulatoria, spiega i fenomeni ottici in base all'emissione e propagazione di corpuscoli, non di onde.

corpuscolàto agg. • Che ha forma e dimensioni di corpuscolo: *elemento c.*

corpùscolo o †**corpùsculo** [vc. dotta, lat. *corpŭsculu(m)*, dim. di *cŏrpus* 'corpo'] s. m. *1* Corpo di piccolissime dimensioni. *2* Struttura anatomica al limite della visibilità o addirittura microscopica: *c. tattile* | *C. del Malpighi*, componente iniziale del nefrone, nella quale viene filtrato il sangue. ➡ ILL. p. 366 ANATOMIA UMANA. *3* (*fis.*) Ente, dotato di una sua individualità, macroscopicamente piccolo o di dimensioni microscopiche o submicroscopiche, costituito da una o più particelle.

†**corpusculàre** ● V. *corpuscolare.*

†**corpùsculo** ● V. *corpuscolo.*

Corpus Domini /*lat.* 'kɔrpus 'dɔmini/ o **Corpusdòmini** [lat. 'corpo del Signore'] **loc. sost. m.** ● Solennità che celebra la presenza del Corpo e Sangue di Cristo nel Sacramento dell'Eucaristia e che ricorre tre settimane dopo l'Ascensione.

corradicàle [comp. di *con* e *radice*, con suff. agg.] **agg.** ● (*ling.*) Detto di vocabolo con radice uguale a quella di un altro.

corrasióne [lat. *corrāsus*, part. pass. di *corrādere* 'raschiar via', comp. di *cŭm* 'con' e *rādere* 'raschiare'] **s. f.** ● (*geol.*) Disgregazione ed erosione delle rocce, a opera del vento e dei materiali da esso trasportati.

còrre ● V. *cogliere.*

corredaménto **s. m.** ● Atto, effetto del corredare | Corredo.

corredàre [da *arredare*, con cambio di pref.] **A v. tr.** (*io corrèdo*) *1* Fornire di tutto ciò che è necessario o utile: *c. un laboratorio di strumenti*; *c. una casa di mobili*; *c. una biblioteca di libri*; *c. un testo di note* | (*raro*) *C. una sposa, una monaca*, fornirla di corredo. SIN. Dotare, munire, provvedere. *2* †Preparare | †Apparecchiare. **B v. rifl.** *1* Rifornirsi, provvedersi: *corredarsi di acqua e di cibo per il viaggio.* *2* †Adornarsi.

corredentrìce [comp. di *con* e *redentrice*, f. di *redentore*] **s. f.** ● Appellativo di Maria Vergine, in quanto coopera con il Cristo nella redenzione del genere umano.

corredìno **s. m.** *1* Dim. di *corredo*. *2* Complesso di biancheria e capi di vestiario per neonato.

corrèdo [da *corredare*] **s. m.** *1* Complesso di attrezzi, strumenti e sim. necessari per svolgere determinate attività: *c. di una casa, di un laboratorio, di una scuola, di una chiesa, di una nave, di un'automobile*; *c. per radiotecnico*; *un c. da falegname.* *2* L'insieme dei capi di vestiario e della biancheria personale e domestica che porta con sé una sposa, una novizia, un collegiale, un soldato e sim.: *c. ricco, povero*; *fare il c. alla figlia*; *c. da sposa*; *c. nuziale* | Corredino: *c. per neonato.* *3* (*fig.*) Indicazioni di vario genere aggiunte a un testo: *c. di note, di citazioni, di illustrazioni.* *4* (*fig.*) Possesso di qualità, nozioni e sim.: *avere un buon c. di cognizioni*; *possedere un c. di erudizione.* *5* †Convito sontuoso. || **corredino**, **dim.** (V.).

corrèggere [lat. *corrigere*, comp. di *cŭm* 'con' e *rĕgere* 'dirigere' (V. *reggere*)] **A v. tr.** (coniug. come *reggere*) *1* Eliminare imperfezioni, difetti, errori da q.c. in modo da portarla a una condizione considerata migliore in generale o rispetto a uno scopo particolare: *c. un compito scolastico, uno scritto, una legge*; *c. il corso di un fiume, il tracciato di una strada* | Mitigare, rettificare: *c. un'espressione troppo forte*; *c. un giudizio avventato*; *c. degli errori* | Curare, guarire: *c. un difetto fisico, lo strabismo, la balbuzie, la miopia.* *2* Ammonire, consigliare: *bisogna c. il comportamento di quel ragazzo*; *se sbaglio ti prego di correggermi* | (*est.*) Riprendere, rimproverare: *è una persona che va corretta spesso* | (*est.*) †Castigare, punire. *3* (*est.*) Aggiungere a bevande, carburante e sim. una sostanza tale da modificarne la concentrazione, il sapore o le proprietà: *c. il caffè con un liquore*; *c. la benzina con additivi.* *4* (*est.*) Rimuovere, eliminare: *c. danni, mali, abusi.* *5* (*raro, lett.*) Governare, reggere: *tenne la terra che 'l Soldan corregge* (DANTE *Inf.* V, 60) | †Guidare un animale. **B v. intr. pron.** ● Emendarsi, liberarsi da un difetto e sim.: *dovrebbe correggersi dalla brutta abitudine di mentire.*

corréggia (1) o **coréggia (1)**, †**scoréggia (2)** [lat. *corrīgia(m)*, di origine gallica (?)] **s. f.** (**pl.** *-ge*) *1* Striscia, cinghia di cuoio | *Perdere la c.*, (*fig.*) perdere il freno, il pudore. *2* †Laccio delle scarpe. || **corregìna**, **dim.** | **correggiòla**, **correggiuòla**, **dim.** (V.) | **correggiòlo**, **correggiuòlo**, **dim. m.** | **correggióne**, **accr. m.**

†**corréggia (2)** ● V. *scoreggia (1).*

†**correggiàio** o †**coreggiàio** [da *correggia (1)*] **s. m.** ● Fabbricante di corregge.

correggiàme **s. m.** ● Insieme di finimenti del cavallo.

correggiàto o **coreggiàto** [dalla *correggia* che lega le due parti dello strumento] **s. m.** ● Antico strumento formato da due bastoni uniti da una striscia di cuoio usato per la battitura dei cereali.

correggìbile [da *correggere*] **agg.** ● Che si può correggere.

†**correggiménto** **s. m.** *1* Correzione | Castigo. *2* Reggimento, governo.

correggiòla o **correggiuòla**. **s. f.** *1* Dim. di *correggia (1)* | Sottile legaccio di cuoio. *2* Cordoncino, rilievo sul dorso dei libri rilegati. *3* (*bot.*) Centinodia.

†**correggitóre** [da *correggere*] **s. m.** (f. *-trice*) *1* Chi corregge. *2* Reggitore, sovrano.

correggiuòla ● V. *correggiola.*

corregionàle [vc. dotta, lat. tardo *corregionāle(m)*, nom. *corregionālis*, comp. di *cŭm* 'con' e *regionālis* 'regionale'] **agg.**; anche **s. m.** e **f.** ● Che, chi è della stessa regione di altri.

correità [da *correo*] **s. f.** ● Condizione di correo.

correlàre [da *correlazione*] **v. tr.** (*io corrèlo*) ● Mettere in correlazione.

correlatìvo [comp. di *con-* e *relativo*] **agg.** *1* Che è in correlazione: *idee correlative.* *2* (*ling.*) Detto di due termini che sono tra loro in un rapporto di dipendenza: *aggettivi, pronomi, congiunzioni, avverbi correlativi* | *Coppia correlativa*, opposizione fonematica che partecipa a una correlazione. || **correlativaménte**, **avv.** Con, in, correlazione.

correlàto **part. pass.** di *correlare*; anche **agg.** ● Nei sign. del v. || **correlataménte**, **avv.**

correlatóre [comp. di *con-* e *relatore*] **s. m.** (f. *-trice*) *1* In discussioni o dibattiti di assemblee, congressi e sim., chi svolge una relazione assieme a un altro relatore. *2* (*elab.*) Elaboratore analogico per il calcolo dei coefficienti di correlazione tra grandezze.

correlazióne [comp. di *con-* e *relazione*] **s. f.** *1* Reciproca relazione esistente fra due o più elementi, di cui uno richiama necessariamente l'altro: *fra i due avvenimenti c'è una stretta c.*; *la c. delle parti col tutto.* SIN. Rapporto. *2* Nella filosofia di Aristotele, opposizione intercorrente tra due termini correlativi. *3* (*ling.*) Insieme di opposizioni fonematiche caratterizzate dalla stessa marca | *C. dei tempi*, consecuzione. *4* (*mat.*) Biiezione fra forme di seconda o di terza specie fra loro duali che a forme di prima specie fa corrispondere forme di prima specie. *5* (*stat.*) Tendenza di due grandezze a variare in modo concomitante.

correligionàrio [comp. parasintetico di *religione*, con il pref. *con-*] **s. m.**; anche **agg.** (f. *-a*) ● Chi, che professa la stessa religione | (*est.*) Chi, che divide con altri la stessa opinione politica, filosofica e sim.

corrènte (1) [lat. *currĕnte(m)*, part. pres. di *cŭrrere* 'correre'] **A part. pres.** di *correre*; anche **agg.** *1* Nei sign. del v. *2* Fluente, sciolto, scorrevole: *stile c.*; *acqua c.* | (*fig.*) Che non ha intervalli o interruzioni: *bassorilievo c. lungo l'edificio*; *a posta c.* *3* Che è in uso, attuale | *Moneta c.*, in corso | *Prezzo c.*, di mercato | *C. mese, anno*, che è in corso | (*fig.*) *Prendere q.c. per moneta c.*, crederla vera. *4* Comune, molto diffuso: *è un modo di dire c.*; *il parlare c.* | *Merce c.*, ordinaria | (*fig., raro*) *Uomo c.*, accomodante, o corrivo. || **correnteménte**, **avv.** Con scioltezza: *parlare correntemente una lingua*; normalmente, di solito: *parole correntemente usate.* **B avv.** ● †Speditamente. **C s. m.** solo **sing.** ● Spec. nella loc. *al c.*: *essere al c. di q.c.*, esserne informato | *Mettere, tenere al c.*, tenere informato.

corrènte (2) [f. sost. di *corrente (1)*] **s. f.** *1* Movimento di masse liquide o aeriformi in una data direzione | *C. a getto*, zona ristretta di venti a fortissima velocità situata poco al di sotto della tropopausa | *C. occidentale*, movimento generale dell'aria da ovest a est caratteristico delle medie latitudini | *Correnti marine*, movimenti di una parte delle acque marine dovuti a varie cause di carattere fisico e geofisico | *C. di torbidità*, flusso che trasporta fango e materiali solidi in sospensione scorrendo presso il fondo di un bacino verso le parti più profonde per la sua maggiore densità rispetto al mare. *2* Massa di materia in movimento: *una c. di lava, di materiale franoso* | *C. stellare*, insieme di stelle che, nel loro moto, hanno una comune direzione preferenziale | (*est.*) Insieme di persone, veicoli, merci e sim. che si spostano in movimento unidirezionale (*anche fig.*): *le correnti del traffico cittadino*; *la c. di scambi commerciali tra Italia e Francia*; *una c. di migrazione.* *3* (*fis.*) Flusso ordinato di cariche elettriche: *c. pulsante, indotta*; *c. bifase, monofase* | *C. alternata*, che inverte periodicamente la propria direzione di flusso e la cui intensità è funzione periodica del tempo | *C. continua*, avente direzione e intensità costanti | *C. di magnetizzazione*, che percorre un conduttore avvolto su di un nucleo ferromagnetico per magnetizzarlo | Correntemente, energia elettrica: *manca la c.*; *presa di c.* *4* (*fig.*) Uso, moda, tendenza sociale, culturale e sim., generalmente diffusa: *andare secondo, contro c.*; *una nuova c. filosofica*; *le correnti politiche dominanti* | *Seguire la c.*, fare ciò che fanno gli altri, spec. in modo conformistico. *5* Insieme di persone che, non necessariamente nel medesimo periodo storico, professano le stesse idee: *c. di pensiero*; *correnti artistiche, filosofiche, religiose* | (*est.*) Gruppo organizzato all'interno di un partito politico, che segue una linea non sempre coincidente con quella generale del partito stesso: *le correnti della Democrazia Cristiana*; *c. di destra, di sinistra*; *la nuova c. revisionista.*

corrènte (3) [sost. di *corrente (1)*] **s. m.** *1* Travicello quadrangolare impiegato nell'orditura dei tetti, per sostegno delle tegole e sim. | *C. di nave*, rinforzo longitudinale dell'armatura di una nave. *2* Listello che corre lungo il fasciame di una struttura, ala, fusoliera, scafo e sim., per irrigidirla. *3* Nella ginnastica, traversa della sbarra che l'atleta impugna, sollevato da terra, per eseguire gli esercizi. || **correntìno**, **dim.** (V.) | **correntóne**, **accr.**

corrènte (4) [fr. *courante* 'corrente'] **s. f.** ● Antica danza a ritmo vivace, affine all'allemanda.

correntézza [da *corrente (1)*] **s. f.** *1* Qualità di ciò che è corrente | Facilità, propensione a fare concessioni e sim. *2* (*comm.*) Serietà di intenti e rapidità di decisione nei rapporti con i clienti: *una ditta di grande c.*

correntìa [da *corrente (2)*] **s. f.** ● (*raro*) Corso della corrente: *l'aria si animava solo a mezzo fiume, dove correva col fil della c.* (BACCHELLI).

correntìna [propriamente dim. di *corrente (1)*] **s. f.** ● Lenza a mano, avvolta su di un sughero e munita di un solo calamento piombato.

correntìno **s. m.** *1* Dim. di *corrente (3)*. *2* (*arch.*) Listello facente parte della piccola orditura del tetto | *Contare i correntini*, (*fig.*) stare a letto oziando. *3* Listello applicato a lamiere, compensati e sim., per irrigidirli.

correntìsmo [comp. di *corrent(e) (2)* e *-ismo*] **s. m.** ● Tendenza dei partiti politici a dividersi in correnti.

correntìsta [da (*conto*) *corrente*] **s. m.** e **f.** (**pl. m.** *-i*) ● Chi è parte di un contratto di conto corrente.

correntìzio [da *corrente (2)* nel sign. 5] **agg.** ● Relativo a una o più correnti di un partito politico: *lotta correntizia.*

correntocràtico **agg.** (**pl. m.** *-ci*) ● Di correntocrazia | Ispirato a correntocrazia.

correntocrazìa [comp. di *corrente (2)* nel sign. 5 e *-crazia*] **s. f.** ● Il potere esercitato dalle correnti in seno ai partiti politici.

còrreo o (*raro*) **corrèo** [vc. dotta, lat. tardo *cŏrreu(m)*, comp. di *cŭm* 'con' e *rĕus* 'reo'] **s. m.** (f. *-a*) ● (*dir.*) Chi è imputato di un reato insieme con altri | *Chiamata di c.*, accusa di concorso in un reato.

córrere [lat. *cŭrrere*, di origine indeur.] **A v. intr.** (**pass. rem.** *io córsi, tu corrésti*; **part. pass.** *córso*; aus. *essere* quando si esprime o sottintende una meta; aus. *avere* quando si esprime l'azione in sé e nel sign. di partecipare a una corsa) *1* Andare, muoversi velocemente, usando il proprio corpo oppure un mezzo di locomozione, riferito a esseri animati: *c. a gambe levate, a spron battuto, a precipizio*; *c. a rotta di collo, a rompicollo, a scavezzacollo*; *c. come il vento, come il fulmine*; *c. come una lepre, come un treno*; *c. a piedi*; *c. a cavallo*; *c. in automobile, in bicicletta*; *corri a chiamarlo*; *tutti corsero a ve-*

derli; *è corso subito via* | *C. dietro a qc.*, inseguirlo | *C. dietro a chi fugge*, (*fig.*) aiutare chi non vuol farsi aiutare | *C. avanti e indietro*, darsi da fare | *C. dietro alle donne*, (*fig.*) corteggiarle | (*fig.*) *C. incontro alla morte*, affrontare grandi rischi | (*fig.*) *C. ai ripari*, cercare rimedi rapidi o immediati per situazioni pericolose, preoccupanti e sim. | Partecipare a gare sportive: *c. per una scuderia* | *C. all'attesa*, gareggiare passivamente aspettando l'attacco degli avversari per portare poi il contrattacco | Navigare | *C. per fortuna*, per forza di vento | *C. a terra*, verso terra | *C. alla banda*, col vento al fianco, che fa sbandare | †Fare scorreria. ***2*** Muoversi velocemente, riferito a specifiche parti del corpo e anche, in generale, a movimenti non fisiologici e a esseri inanimati: *i suoi occhi corsero subito alla fotografia*; *mi è corso il sangue alla testa*; *un brivido le corse per tutto il corpo*; *la mente mi corre sempre a quelle scene ormai lontane*; *le onde corrono alla riva* | *Il sangue corre*, fuoriesce dal corpo in seguito a una ferita. *Il denaro corre*, è speso rapidamente e con abbondanza. ***3*** (*fig.*) Aver fretta | Agire, decidere, pensare con precipitazione: *c. per finire un lavoro*; *non c. alle conclusioni*; *non corriamo tanto a biasimare gli altri*. ***4*** (*est.*) Muoversi in una dimensione temporale, trascorrere, passare: *il tempo corre*; *correva l'anno 1300*; *fra questi avvenimenti sono corsi due mesi*; *tempi avversi ... correvano* (GUICCIARDINI); *coi tempi che corrono, bisogna accontentarsi* | Decorrere: *lo stipendio corre da oggi*. ***5*** (*fig.*) Presentarsi alla percezione come una serie o un gruppo di oggetti in movimento secondo una certa direzione: *attraverso quei monti corrono molti sentieri*; *corrono cento metri fra le nostre case* | *Ci corre!*, c'è differenza | Essere scorrevole: *il discorso corre*. ***6*** (*fig.*) Circolare, diffondersi: *la fama corre*; *corre la notizia che sei ricco*; *corre una cattiva voce su di lui*; *sono corse parole grosse fra di loro*; *a Parigi il libro corre per le mani* (FOSCOLO) | *Lasciar c.*, non intervenire, non prestare particolare attenzione, sorvolare | Essere in corso: *banconota che non corre più*. ***7*** (*raro*) Avvenire, accadere: *corrono gravi fatti in questi giorni*. ***8*** Candidarsi: *c. per un seggio senatoriale*. **B** v. tr. ***1*** Percorrere: *un fregio corre l'edificio* | (*fig.*) *C. un rischio, un pericolo*, esporvisi | (*fig.*) *C. un'avventura*, compiere un'esperienza avventurosa | (*fig.*) *C. la cavallina*, condurre vita disordinata | *C. il mare*, navigare, corseggiare | *C. fortuna*, navigare in una tempesta | (*mar.*) *C. una bordata*, stringendo il vento fino a una certa distanza per virare poi di bordo, e correre altrettanto con le mura opposte. ***2*** Disputare, con riferimento a una gara di velocità: *c. i cento metri* | †Cercare di ottenere, con riferimento al premio di una gara di velocità: *c. il palio, il drappo, la bandiera* | In ambiente medievale o rinascimentale, disputare, detto spec. di combattimenti con funzione spettacolare e tornei: *c. la giostra*; *c. la lancia, l'asta*. ***3*** Percorrere | †Far scorrerie con uomini armati, per compiere operazioni militari o a scopo di rapina.

†corrèria [da *correre*] s. f. ● Scorreria, incursione.

correspettivo e *deriv.* ● V. *corrispettivo* e *deriv.*

†correspóndere ● V. *corrispondere*.

corresponsàbile [comp. di *con-* e *responsabile*] agg.; anche s. m. e f. ● Che, chi è responsabile insieme con altri: *essere c. di q.c.*

corresponsabilità [comp. di *con-* e *responsabilità*] s. f. ● L'essere corresponsabile.

corresponsabilizzàre v. tr. ● Rendere corresponsabile.

corresponsabilizzazióne s. f. ● Atto, effetto del corresponsabilizzare.

corresponsióne [da *corrispondere*] s. f. ***1*** Atto del dare un corrispettivo: *c. dello stipendio, del canone d'affitto*. ***2*** (*fig.*) Corrispondenza di affetti.

correttézza s. f. ***1*** Qualità di ciò che è corretto: *c. grammaticale*. ***2*** Urbanità, educazione: *in quell'occasione si comportò con molta c.* ***3*** Onestà, rettitudine: *c. commerciale*; *per c. di firma*.

correttivo [da *corretto*] **A** agg. ● Atto a temperare, a correggere, a modificare. **B** s. m. ***1*** Ciò che serve a correggere, temperare, modificare. ***2*** Sostanza introdotta nelle preparazioni farmaceutiche per correggerne e migliorarne il sapore. ***3*** (*agr.*) Composto chimico che si aggiunge al terreno spec. per correggerne e modificarne la reazione.

corrètto part. pass. di *correggere*; anche agg. ***1*** Nei sign. del v. ***2*** Privo di errori, difetti, imperfezioni e sim.: *compito, ragionamento c.* ***3*** Conforme alle regole del vivere civile: *comportamento c.* ***4*** Che rispetta le norme morali, sociali, comportamentali e sim., proprie dell'ambiente in cui vive e lavora: *commerciante c.*; *persona estremamente corretta nel parlare* | *Mal c.*, vizioso. ***5*** *Caffè c.*, (*ell.*) *corretto*, a cui si è aggiunta una piccola dose di liquore. || **correttaménte**, avv.

correttóre [vc. dotta, lat. *correctōre(m)* 'colui che corregge', da *corrĕctus* 'corretto'] s. m. (f. *-trice*, pop. *-tora*) ***1*** Chi corregge, modifica | *C. in, di bozze*, chi legge le bozze di uno stampato per eliminare gli errori | *C. in piombo*, l'operaio che esegue sulla composizione le correzioni indicate sulle bozze | *C. di formaggi*, nell'industria casearia, l'addetto al trattamento delle impurità esterne dei formaggi, quali muffe, fenditure e sim., per conservarne l'integrità alimentare all'origine. ***2*** Ufficiale della cancelleria pontificia incaricato di raccogliere ed esaminare gli atti necessari per la trattazione degli affari. ***3*** (*raro, lett.*) Governatore, reggitore. ***4*** In varie tecnologie, dispositivo, tasto e sim. atto a correggere | *C. di fase*, parte aggiuntiva in un circuito elettrico a corrente alternata, destinata a ottenere una particolare relazione di fase fra tensione e corrente. ***5*** (*agr.*) Correttivo.

†correttòrio [da *corretto*] agg. ● Correttivo.

correzionàle [fr. *correctionnel*, dal lat. mediev. *correctionāle(m)*. V. *correzione*] s. m. ● Riformatorio.

correzióne [vc. dotta, lat. *correctiōne(m)*, da *corrĕctus* 'corretto'] s. f. ***1*** Atto, effetto del correggere: *eseguire la c. dei compiti* | *C. in, di bozze*, confronto della bozza con l'originale o con le bozze precedentemente corrette per eliminare gli errori | *C. in piombo*, esecuzione pratica da parte del tipografo delle correzioni indicate sulle bozze | Riduzione a migliore forma di un testo scritto: *la c. di un articolo, di un saggio* | Segno grafico che indica un errore in uno scritto: *fare una c. a penna, a matita*. ***2*** Ammonimento, riprensione, rimprovero: *ricevere una c.*; *considerare le correzioni ricevute* | (*est.*) Punizione, castigo, pena: *abuso dei mezzi di c.*; *casa di c.* ***3*** Modifica, miglioramento: *c. di una strada, di un fiume, di un torrente* | *C. del tiro*, variazione che si apporta nei dati di tiro di un pezzo d'artiglieria per portare la traiettoria sull'obiettivo | (*est., pop.*) Aggiunta di liquore al caffè in tazza. ***4*** In ottica, compensazione delle ametropie dell'occhio, ottenuta mediante opportune lenti. ***5*** (*ling.*) Figura retorica che consiste nella ritrattazione più o meno sfumata di ciò che si è appena detto: *C'è qualcosa di nuovo oggi nel sole, / anzi d'antico ...* (PASCOLI). ***6*** †Correttezza, perfezione. || **correzioncèlla**, dim. | **correzioncina**, dim.

córri córri o **corricórri** [imp. di *correre*, raddoppiato. Cfr. *fuggifuggi*] s. m. ● Movimento veloce e caotico di più persone, veicoli e sim.: *il corri corri dei camerieri*.

corrìda [sp. *corrida* 'corsa', sottinteso *de toros* 'di tori'] s. f. ● Combattimento tra uomo e toro in un'arena.

corridiètro [comp. dell'imp. di *correre* e di *dietro*] s. m. inv. ● (*arch., pitt., scult.*) Motivo ornamentale fatto di fregi a forma di S che si seguono l'un l'altro, talora intrecciandosi.

corridóio o **†corritóio** [da *correre*, perché è il luogo dove si corre] s. m. ***1*** Ambiente di forma allungata nelle abitazioni che permette l'accesso indipendente alle varie camere | Ballatoio intorno o sopra un edificio. ***2*** Nelle antiche fortificazioni, banchina per i difensori situata dietro il parapetto del terrapieno, che costituiva la cortina delle opere di fortificazione | †Andito sulle mura che univa le varie torri e permetteva il passaggio tra le varie batterie. ***3*** Passaggio centrale o laterale di una carrozza ferroviaria sul quale si affacciano i compartimenti | Spazio centrale di passaggio fra le file di sedili del tram, dell'autobus e sim. ***4*** (*mar.*) Ponte sotto coperta | *Primo, secondo c.*, per distinguerli a partire dall'alto | Nelle navi da guerra, il ponte sottostante al ponte di batteria. ***5*** Stretta porzione di territorio di uno Stato inclusa in un altro Stato: *c. polacco* | *C. aereo*, passaggio aereo stabilito con particolari accordi per l'attraversamento di Stati, zone proibite, sistemi di difesa antiaerea e sim. ***6*** Nel tennis, ciascuno dei due spazi laterali del campo nel senso della lunghezza, utilizzati nelle partite di doppio | Nel calcio, settore del terreno non controllato dall'avversario, o varco tra i difensori antagonisti: *trovare un c.*; *aprirsi un c.* || **corridoino**, dim.

corridóre o **†corritóre** [da *correre*] **A** agg. (f. *-trice*, raro, †*-dora*) ● Che è atto alla corsa: *cavallo, uccello c.*; *gambe corritrici*. **B** s. m. ***1*** Chi disputa, per diletto personale o per professione, gare di corsa: *c. ciclista, automobilista* | *C. completo*, corridore ciclista che possiede insieme le doti di velocista, passista, scalatore e discesista | Nel baseball, giocatore all'attacco che corre verso una base, la occupa o ne ritorna. ***2*** Anticamente, chi prendeva parte alle corse nel circo. ***3*** †Esploratore. ***4*** Uccello incapace di volare, ma con robuste zampe atte alla corsa.

corrièra [da *corriere*] s. f. ***1*** Carrozza a cavalli che portava il corriere postale | Corsa ordinaria del corriere. ***2*** Autocorriera, autobus di linea. ***3*** (*caccia*) Fossetta in cui si tengono richiami liberi.

corrière o **†corrièri**, **†corrièro** [da *correre*] s. m. (f. raro *-a* nel sign. 1) ***1*** Incaricato del recapito di lettere, oggetti, dispacci, notizie e sim.: *un c. di guerra*; *attendere l'arrivo del c.*; *c. a cavallo*; *c. diplomatico*. ***2*** Chi esercita servizio regolare di trasporto per conto di terzi tra località diverse: *spedire mobili, merci per, col c.*; *c. aereo*. ***3*** Servizio postale | Corrispondenza | (*raro*) Postino | *A volta di c.*, subito: *rispondere a volta di c.* ***4*** Battello che fa il servizio di posta. ***5*** Titolo di vari quotidiani: *c. della sera*; *c. dello sport*. ***6*** (*zool.*) *C. grosso*, uccello dei Caradriformi comune sulle rive del mare (*Charadrius hiaticula*) | *C. piccolo*, simile al precedente, ma più comune lungo i fiumi (*Charadrius dubius*).

corrige /lat. 'kɔrridʒe/ [vc. lat., propr. 'correggi', imperat. del v. *corrĭgere* 'correggere'] s. m. o raro f. inv. ● Postilla ai margini di un codice, di un documento e sim., indicante una correzione da apportare | La correzione stessa apportata. CFR. Errata corrige.

corrigèndo [vc. dotta, lat. *corrigĕndu(m)*, gerundio di *corrigere* 'correggere'] **A** agg. ● (*raro*) Che è da correggere, emendare. **B** s. m. ● Minore affidato a un riformatorio giudiziario.

corrimàno [comp. di *correre* e *mano*, perché vi si fa scorrere la mano] s. m. ● Sbarra di metallo, legno o altro materiale infissa a lato di una scala o sul soffitto di un autobus, tram e sim., per appoggiarvisi o per sostenersi. SIN. Mancorrente.

corrióne [da *correre*] s. m. ● (*zool.*) *c. biondo*, uccelletto dei Caradriformi delle zone desertiche con piumaggio fulvo e zampe alte e sottili sulle quali fugge velocemente se inseguito (*Cursorius cursor*).

corrispettività o (*raro*) **correspettività**. s. f. ● L'essere corrispettivo | Correlazione, proporzione.

corrispettìvo o (*raro*) **correspettivo** [comp. di *con-* e *rispettivo*] **A** agg. ***1*** Che è in rapporto reciproco e proporzionale con q.c.: *doveri, obblighi corrispettivi*. ***2*** (*dir.*) Che si dà in cambio di ciò che si riceve. || **corrispettivaménte**, avv. In modo corrispondente. **B** s. m. ● Equivalente in denaro o natura di altra prestazione: *percepire il c.*

corrispondènte **A** part. pres. di *corrispondere*; anche agg. ***1*** Nei sign. del v. ***2*** *Socio c.*, in un'accademia, socio onorario che può mandare comunicazioni e riceve gli atti, i rendiconti, le memorie | (*raro*) Relativo. || **corrispondenteménte**, avv. Con corrispondenza. **B** s. m. e f. ***1*** Chi è in corrispondenza epistolare con qc. | Chi è incaricato di sbrigare la corrispondenza di un'azienda con clienti e fornitori: *c. commerciale*. ***2*** Chi è incaricato da un giornale di mandare notizie e articoli concernenti la località e lo Stato in cui egli risiede: *dal nostro c.* | *C. di guerra*, inviato speciale al fronte. ***3*** Banca o persona privata con cui un'azienda spec. di credito intrattiene usuali rapporti d'affari su piazze diverse: *c. estero*.

corrispondènza [da *corrispondente*] s. f. ***1*** Atto, modo, effetto del corrispondere | Relazione di uguaglianza, somiglianza, proporzione, simmetria, equivalenza e sim. | *A c.*, simmetricamente, in modo simile; †per rappresaglia. ***2*** Scambio di lettere, spec. regolare e prolungato, epistolario, carteggio: *c. commerciale, amorosa*; *c. d'affari* | *Essere in c. con qc.*, in rapporto epistolare | *Scuola per c.*, in cui le lezioni scritte vengono inviate a domicilio per posta | Insieme di lettere e sim. ricevute o da spedire: *leggere, firmare, ordinare la c.*; *dove hai messo la mia c.?* ***3*** Scritto o servizio di un corrispondente o inviato speciale: *una c. dall'estero.* ***4*** Contraccambio, reciprocità, spec. riferito a sentimenti affettuosi e sim. ***5*** (*raro, lett.*) Relazione, protezione autorevole | Rete di traffici, di contatti, commerciali, politici e sim. ***6*** (*ling.*) Relazione di somiglianza fra elementi di lingue diverse. ***7*** (*mat.*) Applicazione | Trasformazione | Relazione fra due spazi topologici tale che, se a, a' sono due punti associati, si può trovare un intorno I di a e un intorno I' di a' in modo che a ogni punto di I sia associato un solo punto di I' e viceversa | *C. biunivoca*, esistente fra due insiemi di oggetti quando ciascun elemento dell'uno è il corrispondente di uno e un solo elemento dell'altro, e viceversa. ***8*** Coincidenza fra due mezzi di trasporto. ***9*** (*astrol.*) Legame tra un pianeta e il mondo animale, vegetale, minerale.

corrispóndere o †**correspóndere** [comp. di *con-* e *rispondere*] **A** v. tr. (coniug. come *rispondere*) ***1*** Contraccambiare, con riferimento a sentimenti affettuosi o amorosi: *lui l'ama, ma lei non lo corrisponde*; *le sue attenzioni non sono corrisposte.* ***2*** Pagare, versare una data somma: *c. uno stipendio, un'indennità.* **B** v. intr. (aus. *avere*) ***1*** Essere in una relazione di uguaglianza, somiglianza, proporzione, simmetria, equivalenza e sim. con qc. o q.c.: *questi testi non corrispondono*; *un metro corrisponde a tre piedi circa*; *questa cifra corrisponde a un terzo del raccolto.* ***2*** Essere all'altezza, degno di, proporzionale a: *c. alle attese, alle speranze, ai desideri.* ***3*** Essere in connessione con, vicino a, rispondere a | Di edifici e sim., dare, guardare su: *la facciata della villa corrisponde sul giardino* | *Un dolore che corrisponde sulla schiena*, fa riscontro. ***4*** Contraccambiare, spec. riferito a sentimenti affettuosi e sim.: *c. all'amore di qc.*; *c. a qc.*; *ha corrisposto al nostro affetto con il disinteresse.* ***5*** Essere in rapporto epistolare: *c. con qc.*; *c. in francese, in inglese.* **C** v. rifl. rec. ***1*** Essere in rapporto di reciproca somiglianza, equivalenza, proporzione e sim.: *i due compiti si corrispondono perfettamente.* ***2*** Di edifici o parti di essi, essere dirimpetto: *le nostre finestre si corrispondono.*

corrispósta [f. sost. di *corrisposto*] s. f. ● Somma pagata in cambio di una prestazione.

corrispósto part. pass. di *corrispondere*; anche agg. ● Nei sign. del v.

†**corritóio** ● V. *corridoio.*

†**corritóre** ● V. *corridore.*

†**corrivàre** [vc. dotta, lat. *corrivāre* 'raccogliere, far affluire in un solo alveo, in un medesimo luogo', comp. di *cŭm* 'con' e *rīvus* 'rivo'] v. tr. ● Raccogliere acque a scopo di irrigazione.

corrività s. f. ● (*raro, lett.*) Qualità di corrivo.

corrìvo [da *correre*] agg. ***1*** †Che scorre. ***2*** Che agisce in modo avventato: *essere c. a credere, a biasimare, a tollerare* | (*est.*) Facile a cedere, tollerante. ***3*** Credulone, sempliciotto. ***4*** (*dial.*) Adirato, stizzoso. || **corrivaménte**. avv. In modo corrivo, senza riflessione.

corroboraménto [vc. dotta, lat. tardo *corroboramĕntu(m)*, da *corroborāre* 'corroborare'] s. m. ● Atto, effetto del corroborare.

corroborànte **A** part. pres. di *corroborare*; anche agg. ***1*** Nei sign. del v. ***2*** *Grazia c.*, che conforta l'uomo a proseguire nel bene. **B** s. m. ***1*** Sostanza che corrobora. ***2*** Liquore tonico.

corroboràre [vc. dotta, lat. *corroborāre*, comp. di *cŭm* 'con' e *roborāre* 'irrobustire', da *rōbur* 'forza'] **A** v. tr. (*io corròboro*) ***1*** Fortificare, rinvigorire, rinfrancare (*anche fig.*): *liquore che corrobora lo stomaco*; *lo studio corrobora lo spirito.* ***2*** (*fig.*) Avvalorare, convalidare, confermare: *argomento che corrobora un'ipotesi.* **B** v. rifl. ● Fortificarsi, ritemprarsi: *corroborarsi con una cura ricostituente.*

corroborativo **A** agg. ● †Atto a corroborare. **B** s. m. ● Sostanza che corrobora l'organismo.

†**corroboratóre** s. m.; anche agg. (f. *-trice*) ● Chi, che corrobora.

corroborazióne [vc. dotta, lat. tardo *corroboratiōne(m)*, da *corroborāre* 'corroborare'] s. f. ***1*** Atto, effetto del corroborare o del corroborarsi. ***2*** (*fig.*) Conferma, convalida: *una raccolta di fatti a c. di un sistema* (DE SANCTIS).

corródere [vc. dotta, lat. *corrōdere*, comp. di *cŭm* 'con' e *rōdere* 'rodere'] **A** v. tr. (pass. rem. *io corrósi* o *corrọ́si*; part. pass. *corróso* o *corrọ́so*) ● Consumare a poco a poco con azione incessante (*anche fig.*): *la carie corrode i denti*; *l'invidia corrode l'amicizia* | Sgretolare, scavare, erodere lentamente, detto dell'azione dell'acqua, degli agenti atmosferici e di alcune sostanze chimiche: *il vento e la pioggia corrodono le rocce*; *l'acido cloridrico corrode il ferro.* **B** v. intr. pron. ● Consumarsi, sgretolarsi poco a poco: *il marmo si corrode col tempo.*

corrodibilità s. f. ***1*** Proprietà di materiali o sostanze suscettibili di corrosione. ***2*** Capacità di una tinta di subire la corrosione.

corrodiménto s. m. ● (*raro*) Corrosione.

corroditóre agg.; anche s. m. (f. *-trice*) ● Chi, che corrode.

†**corrogàre** [vc. dotta, lat. *corrogāre*, comp. di *cŭm* 'con' e *rogāre* 'cercare, pregare'] v. tr. ● (*raro*) Raccogliere, adunare con preghiere o incitamenti.

corrómpere o †**corrùmpere** [lat. *corrŭmpere*, comp. di *cŭm* 'con' e *rŭmpere* 'rompere'] **A** v. tr. (coniug. come *rompere*) ***1*** Esercitare un'azione di disfacimento, deterioramento, e sim.: *la troppa umidità corrompe certe sostanze* | Ammorbare: *c. l'aria* | (*raro*) Inquinare: *hanno molti corrotte l'acque* (MACHIAVELLI). ***2*** (*fig.*) Rendere depravato, rendere spiritualmente viziato: *queste abitudini corrompono la gioventù.* SIN. Guastare, pervertire. ***3*** (*fig.*) Indurre con doni, promesse, e sim. a fare cosa contraria al dovere: *c. un guardiano, un giudice, un testimone.* SIN. Comprare. ***4*** †Falsare: *c. leggi, documenti, scritture.* ***5*** †Trasgredire, violare | †*C. la verginità*, violentare. **B** v. intr. pron. ***1*** Alterarsi, guastarsi: *col tempo i colori si sono corrotti.* ***2*** Putrefarsi, decomporsi: *il cadavere si sta corrompendo.* ***3*** (*fig.*) Depravarsi, viziarsi.

corrompìbile agg. ● Che si può corrompere, alterare, guastare.

corrompiménto s. m. ● Atto, effetto del corrompere o del corrompersi | (*raro*) Corruzione.

†**corrompitóre** s. m.; anche agg. (f. *-trice*) ● Corruttore.

corrọsióne [vc. dotta, lat. tardo *corrosiōne(m)*, da *corrōsus* 'corroso'] s. f. ***1*** Atto, effetto del corrodere o del corrodersi. ***2*** Nella stampa dei tessuti, processo chimico che serve a eliminare o a modificare, in zone prestabilite di un tessuto colorato, la tinta preventivamente fissata.

corrọsività s. f. ● Proprietà di materiale che subisce o produce la corrosione.

corrọsivo [da *corroso*] **A** agg. ***1*** Che corrode: *liquido, veleno c.*; *sostanza corrosiva.* ***2*** (*fig.*) Caustico, mordace: *ingegno, spirito c.* | Che esercita un'azione demolitrice: *forza, critica corrosiva.* || **corrosivaménte**, avv. **B** s. m. ● Sostanza che corrode.

corróso o **corrọ́so** part. pass. di *corrodere*; anche agg. ● Nei sign. del v.

†**corrottìbile** ● V. *corruttibile.*

†**corrottivo** ● V. *corruttivo.*

corrótto (**1**) o †**corrùtto**. part. pass. di *corrompere*; anche agg. ● Nei sign. del v. || **corrottaménte**, avv.

†**corrótto** (**2**) o (*dial.*) †**corrùtto** [lat. *cŏr rŭptu(m)* 'cuore spezzato' (?)] s. m. ***1*** Pianto che si fa ai morti: *mentre il c. grandissimo si facea* (BOCCACCIO). ***2*** (*est.*) Abito da lutto. ***3*** Dolore intenso, travaglio.

†**corrottóre** ● V. *corruttore.*

†**corrozióne** ● V. *corruzione.*

†**corruccévole** agg. ● Che si sdegna facilmente.

†**corrucciaménto** s. m. ● Corruccio.

corrucciàre [ant. fr. *se courroucier*, dal lat. parl. **corruptiāre*, forse da *cŏr rŭptum.* V. *corrotto* (*2*)] **A** v. tr. (*io corrùccio*) ● (*raro*) Far adirare, contristare: *la notizia lo ha corrucciato.* **B** v. intr. pron. ***1*** Provare un sentimento di dolore misto a ira, pena, risentimento: *a quella vista si corrucciò tutto*; *si corrucciava per il cattivo esito dell'esame.* SIN. Crucciarsi. ***2*** Assumere un'espressione triste e risentita, detto dei lineamenti del viso: *la fronte della donna si corrucciò.*

corrucciàto part. pass. di *corrucciare*; anche agg. ● Nei sign. del v. || **corrucciataménte**, avv. In modo adirato.

corrùccio [da *corrucciare*] s. m. ***1*** Sentimento di dolore misto a sdegno, ira e sim.: *provare, sentire c.*; *dimostrare, nascondere il proprio c.* SIN. Cruccio. ***2*** †Afflizione, lutto. ***3*** (*raro*) †Rissa.

corruccióso [da *corruccio*] agg. ● (*raro*) Pronto allo sdegno, al corruccio. || **corrucciosaménte**, avv. Con corruccio.

corrugaménto s. m. ***1*** Atto, effetto del corrugare o del corrugarsi. ***2*** (*geol.*) Complesso di fenomeni tettonici il cui effetto è la formazione di grandi pieghe degli strati della crosta terrestre: *catene montuose originate da c.*

corrugàre [vc. dotta, lat. *corrugāre*, comp. di *cŭm* 'con' e *rugāre* 'far pieghe', da *rūga* 'ruga'] **A** v. tr. (*io corrùgo, tu corrùghi*) ***1*** Increspare, aggrinzare la pelle in segno di sdegno, malumore, collera e sim.: *c. la fronte, le sopracciglia, le ciglia.* SIN. Aggrondare, aggrottare. ***2*** (*est., raro*) Contrarre, restringere. **B** v. intr. pron. ***1*** Incresparsi, aggrinzarsi in segno di sdegno, malumore, collera e sim.: *la fronte della donna si corrugò.* SIN. Aggrondarsi, aggrottarsi. ***2*** (*est., lett.*) Contrarsi, incresparsi: *la ... pianura lagunare che ... si corrugava al passaggio dell'aura* (D'ANNUNZIO).

corrugatóre agg. (f. *-trice*) ● Che corruga | (*anat.*) *Muscolo c.*, (*ell.*) *corrugatore*, situato lungo l'arco delle sopracciglia.

corrugazióne s. f. ● (*raro*) Corrugamento.

†**corrùmpere** ● V. *corrompere.*

corruscàre o (*lett.*) **coruscàre** [vc. dotta, lat. *coruscāre* 'cozzare con le corna, muovere rapidamente, scintillare', di origine indeur.] v. intr. (*io corrùsco, tu corrùschi*; raro nei tempi comp.; aus. *avere*) ● (*lett.*) Balenare, lampeggiare, risplendere vivamente: *le spade corruscano al sole.*

corruscazióne o (*raro*) **coruscazióne** [vc. dotta, lat. tardo *coruscatiōne(m)*, da *coruscāre* 'corruscare'] s. f. ● (*lett.*) Il corruscare | (*raro, lett.*) Lampo, bagliore: *terribilissimi tuoni e spaventevoli corruscazioni* (BOCCACCIO).

corrùsco o (*raro*) **corùsco** [vc. dotta, lat. *corŭscu(m)*, da *coruscāre* 'corruscare'] agg. (pl. m. *-schi*) ***1*** (*lett.*) Risplendente di luce vivissima e improvvisa. ***2*** (*est.*) Rilucente, fiammeggiante: *ei ... / ... di corrusche armi splendente* (MONTI). ***3*** (*lett., fig.*) Splendente di bellezza.

corruttèla [vc. dotta, lat. *corruptēla(m)*, da *corrŭptus* 'corrotto (1)'] s. f. ***1*** (*raro*) Corruzione, corrompimento. ***2*** (*fig.*) Depravazione dei costumi, decadenza: *nato in tanta c. di secolo* (MACHIAVELLI). ***3*** †Lezione corrotta in codice di opera letteraria.

corruttìbile o †**corrottìbile** [vc. dotta, lat. tardo *corruptĭbile(m)*, da *corrŭptus* 'corrotto (1)'] **A** agg. ***1*** Che è facile a corrompersi o a essere corrotto (*anche fig.*): *cibo, alimento c.*; *testimone, giudice c.* ***2*** (*lett.*) Mortale, caduco: *l'uomo non è perfettibile ma corrottibile* (LEOPARDI). **B** s. m. ● †Ciò che soggiace a corruzione.

corruttibilità [vc. dotta, lat. tardo *corruptibilitāte(m)*, da *corruptĭbilis* 'corruttibile'] s. f. ● Qualità e condizione di chi o di ciò che è corruttibile.

corruttivo o (*raro*) †**corrottivo** [vc. dotta, lat. tardo *corruptīvu(m)*, da *corrŭptus* 'corrotto (1)'] agg. ● Atto a corrompere.

†**corrùtto** ● V. *corrotto* (*1*) e †*corrotto* (*2*).

corruttóre o †**corrottóre** [vc. dotta, lat. *corruptōre(m)*, *corruptrīce(m)*, da *corrŭptus* 'corrotto (1)'] s. m.; anche agg. (f. *-trice*) ● Chi, che corrompe (*spec. fig.*): *un c. della gioventù*; *ambiente c.*

corruzióne o †**corrozióne** [vc. dotta, lat. *corruptiōne(m)*, da *corrŭptus* 'corrotto (1)'] s. f. ***1*** Atto, effetto del corrompere o del corrompersi materialmente: *la c. di una sostanza, del corpo umano, dell'aria.* SIN. Decomposizione, putrefazione. ***2*** Atto, effetto del corrompere o del corrompersi moralmente: *c. politica*; *la c. dei costumi, della società*; *la c. dei sentimenti, degli affetti*; *lottare,* *scagliarsi contro la c. degli innocenti.* **SIN.** Depravazione, dissolutezza, pervertimento. ***3*** Attività illecita di vari tipi di reati: *c. di acque e sostanze destinate all'alimentazione*; *c. di minorenni*; *c. di pubblico ufficiale*. ***4*** Alterazione, decadimento di lingua, stile, e sim.: *la lingua latina s'è corrotta ..., e da quella c. son nate altre lingue* (CASTIGLIONE). ***5*** †Contagio, infezione. ***6*** †Disfacimento.

córsa [da *corso* (*2*)] **s. f.** ***1*** Atto, effetto del correre: *andare di c.*; *ho fatto una c. in macchina*; *c. di velocità, di resistenza* | *A passo di c.*, con passi rapidi | *A tutta c.*, *di gran c.*, molto velocemente | *Di c.*, prontamente, in fretta | *Pigliare la c.*, mettersi a correre | *Fare una c. in qualche luogo*, farvi una visita rapida e sim. | *Essere in c. per q.c.*, (*fig.*) competere, gareggiare con altri aspirando a uno stesso scopo. ***2*** Competizione sportiva che ha per oggetto una corsa di uomini, animali o mezzi meccanici: *c. su strada, su pista, campestre*; *corse piane, a ostacoli*; *c. nel sacco*; *c. al trotto, al galoppo*; *corse di cani, di cavalli*; *corse ciclistiche, automobilistiche*; *c. in linea, a tappe, a cronometro, dietro motori*. ***3*** (*al pl., per anton.*) Corse di cavalli: *andare alle corse*. ***4*** (*fig.*) Tentativo frenetico di superare altri nell'impossessamento di q.c. e gener. nel conseguimento di un fine: *c. all'oro*; *c. agli armamenti*. ***5*** Ciascuno dei viaggi di un mezzo di trasporto pubblico fra due stazioni terminali: *quant'è il prezzo della c.?* | Perdere la c., il treno e sim. per ritardo. ***6*** (*est.*) Spazio percorso da un mezzo di locomozione pubblico o privato | (*aer.*) Spazio percorso al suolo o presso il suolo da un aereo per acquisire o smaltire la velocità necessaria alla sostentazione dinamica: *c. di atterraggio, di decollo*. ***7*** (*fis.*) Percorso ripetuto e uguale delle oscillazioni del pendolo, dello stantuffo, del bilanciere e di qualsiasi elemento a moto alterno. ***8*** (*st.*) Insieme di azioni belliche con navi intese a danneggiare il commercio dei nemici e a impedire quello dei neutrali: *guerra di c.*; *nave, legno da c.* || **corsàccia**, **pegg.** | **corserèlla**, **dim.** | **corsétta**, **dim.** (V.) | **corsettìna**, **dim.** | **corsìna**, **dim.**

corsaiòlo **agg.** ● (*sport*) Che si riferisce alle corse.

corsaire /fr. kɔr'sɛr/ [vc. fr., 'corsara'] **s. m. inv.** ● Specie di piccolo yacht da regata e crociera, fra i più diffusi al mondo.

†**corsàle** (**1**) [lat. mediev. *cursāle*(*m*). V. *corsaro*] **s. m.** ● Corsaro.

†**corsàle** (**2**) [ant. fr. *corsel*. V. *corsetto*] **s. m.** ● Petto, torace.

corsalétto [fr. *corselet*, dall'ant. fr. *cors* 'corpo'. Cfr. *corsetto*] **s. m.** ***1*** Corazza composta del solo petto e dalla schiena in ferro, portata spec. dai picchieri. ***2*** Milite armato di tale corazza. ***3*** Alta cintura a bustino, di pelle, velluto o altro tessuto. ***4*** (*zool.*) Primo segmento del torace di alcuni insetti.

†**corsàre** ● V. *corsaro*.

corsarésco **agg.** (**pl. m.** *-schi*) ● Di, da corsaro.

corsàro o †**corsàre** [da *corsa*] **A s. m.** (**f.** raro *-a*) ***1*** Capitano di nave privata che veniva autorizzato dal proprio Stato a condurre la guerra di corsa. ***2*** Correntemente, pirata, filibustiere, bucaniere. **B agg.** ● Di corsaro: *nave*, *guerra corsara*.

corseggiàre [da *corsa*] **v. tr.** e **intr.** (*io corséggio*; **aus.** *avere*) ***1*** Esercitare la guerra di corsa. ***2*** Fare scorrerie.

corsèllo [da *corso* (*2*) (cfr. *corsia*)] **s. m.** ● (*raro*) Spazio vuoto tra file di letti, di banchi e sim.

corsésca [da *corso* 'di Corsica'] **s. f.** ● Arma in asta da lancio di media lunghezza con ferro a foggia di spuntone con alla base due ali laterali taglienti e ricurve in basso, in uso un tempo per sgarrettare i cavalli.

corsétta [dim. di *corsa*] **s. f.** ● (*ferr.*) Trasporto su strada o rotaia, riservato esclusivamente al personale delle Ferrovie dello Stato, allo scopo di collegare i vari scali nei grandi nodi ferroviari.

corsetterìa **s. f.** ***1*** Insieme dei capi e degli accessori relativi alla confezione di reggiseni, guaine, busti e sim. ***2*** (*est.*) Negozio o fabbrica di busti e sim.

corsétto [fr. *corset*, dall'ant. fr. *cors* 'corpo'] **s. m.** ***1*** Bustino di tessuto resistente, con parti elastiche e stecche | (*raro*) Liseuse. ***2*** Apparecchio di protesi ortopedica per la terapia o l'immobilizzazione postoperatoria della colonna vertebrale. ***3*** Corsaletto.

corsìa o †**corsìva** [da *corsiva*, f. sost. di *corsivo*] **s. f.** ***1*** Corridoio o spazio vuoto che permette il passaggio tra le poltrone di un teatro o di un cinematografo, i letti di un ospedale e sim. ***2*** Tappeto lungo e stretto. **SIN.** Passatoia. ***3*** Grande stanza d'ospedale con più letti allineati su due pareti opposte, in modo da lasciare un corridoio al centro: *ricoverato in c.* ***4*** Ciascuna delle zone longitudinali, delimitate da strisce bianche continue o tratteggiate, in cui è divisa una carreggiata stradale: *strada a tre, a quattro corsie*; *c. di accelerazione, decelerazione*; *c. d'emergenza*; *c. di scorrimento*; *c. di sorpasso*; *salto di c.* | *C. preferenziale*, quella che nelle vie di un centro urbano è riservata ai soli mezzi di trasporto pubblici per accelerarne, facilitandola, la circolazione; (*fig., est.*) metodo, procedimento semplificato e sveltito nella realizzazione di q.c. | †Strada, via. ***5*** Settore di una pista, di una piscina, di un bacino o di un campo di regata delimitato da strisce bianche o da corde galleggianti e sim. entro cui ciascun concorrente, atleta o imbarcazione, deve procedere: *correre in prima c.*; *avere assegnata la quinta c.* ***6*** (*mar.*) Tratto del ponte per camminare da prua a poppa nelle galee | *Cannone di c.*, il più grosso nel mezzo della prua. ***7*** †Corrente di un fiume | †Acqua corrente.

corsièro o †**corsière** [ant. fr. *coursier*, da *cours* 'corsa'] **s. m.** (**f.** *-a*) ● (*lett.*) Cavallo da corsa e da battaglia: *tre ... cavalieri / che vanno su grigi corsieri* (PASCOLI).

†**corsìo** [da *corsivo*] **agg.** ***1*** V. *corsivo*. ***2*** Di bilancia, che è facile a calare.

corsista [da *corso* (*2*) nel sign. 8] **s. m.** e **f.** (**pl. m.** *-i*) ● Chi frequenta un corso, scolastico, universitario, professionale e sim.

corsìva [f. sost. di *corsivo*] **s. f.** ***1*** †V. *corsia*. ***2*** Scrittura improntata alla rapidità del tracciato, senza preoccupazioni di esattezza e di rispondenza ai modelli.

corsivista **s. m.** e **f.** (**pl. m.** *-i*) ● Redattore, scrittore di un corsivo.

corsìvo o †**corsìo** nel sign. A 2 [lat. mediev. *cursīvu*(*m*), da *cŭrrere* 'correre'] **A agg.** ***1*** Detto della scrittura a mano inclinata verso destra | (*tip.*) *Carattere c.*, tipo di scrittura per stampa inclinata verso destra. ***2*** †Corrente, detto dell'acqua. ***3*** (*fig.*) †Corrivo: *carattere c.* ***4*** (*fig.*) †Ordinario, grossolano: *panno c.* | †*Moneta corsiva*, moneta corrente. **B s. m.** ***1*** Alfabeto latino la cui principale caratteristica sono le lettere inclinate normalmente verso destra rispetto all'allineamento | (*tip.*) Carattere corsivo. ***2*** Breve nota o commento, spesso di carattere polemico, che i giornali compongono in corsivo.

córso (**1**) **part. pass.** di *correre*; anche **agg.** ● Nei sign. del v.

córso (**2**) [lat. *cŭrsu*(*m*), da *cŭrrere* 'correre'] **s. m.** ***1*** †Corsa: *raffrena il tuo volante c.* (POLIZIANO) | *Pigliar il c.*, mettersi a correre | *Cavallo di c.*, molto veloce | †*Prender c.*, arretrare per prendere più impeto | (*fig.*) †*Di gran c.*, di gran lunga | *Via del Corso*, (*per anton.*) gli organi direttivi nazionali del Partito Socialista Italiano che hanno sede in tale via a Roma | (*lett.*) Cammino | *Drizzare il c.*, dirigersi. ***2*** Flusso continuo di masse liquide: *il c. di un fiume* | *Il c. del sangue*, circolazione sanguigna | (*est.*) Massa liquida che scorre: *un c. d'acqua* | (*est.*) Percorso e lunghezza di un fiume e sim.: *il c. del Po*; *seguire il c. di un torrente*. ***3*** Viaggio compiuto per mare | *Capitano di lungo c.*, patentato per comandare mercantili di qualunque stazza per qualunque destinazione. ***4*** Moto reale o apparente degli astri: *molte e molte apparenze varie ... si scorgono di sera in sera in un c. lunare* (GALILEI). ***5*** Movimento di persone, veicoli, animali in gruppi o cortei lungo le strade di un centro urbano, in certe ricorrenze | *C. mascherato*, sfilata di carri con persone in maschera per Carnevale | †*C. di gala*, corteo di carrozze con ricchi equipaggi, in occasione di feste e sim. | (*raro*) Complesso di persone che passeggiano | †Concorso di gente. ***6*** (*est.*) Strada cittadina ampia e molto frequentata | Strada ove è consuetudine sociale andare a passeggiare in certe ore del giorno. ***7*** Atto, modo, di svolgersi, di procedere nel tempo, spec. con ordine e continuità: *il c. della vita*; *mutamenti avvenuti nel c. dei secoli*; *il nuovo c. della chiesa cattolica* | *Nel c. della discussione, del viaggio*, durante la discussione, il viaggio | *La malattia fa il suo c.*, segue l'andamento previsto | *Lavori in c.*, in svolgimento | *Opera in c. di stampa o di pubblicazione*, che si sta stampando o pubblicando | *Affari in c.*, già iniziati | *Dare c. a q.c.*, iniziarla, farla procedere: *dare c. ai lavori, a una riforma*. ***8*** Ciclo di studi, lezioni, esercitazioni, che si segue per apprendere una professione, un mestiere e sim., spec. con riferimento a scuole o istituti di istruzione superiore: *c. di filosofia*; *c. per meccanici*; *c. di specializzazione*; *c. biennale*; *frequentare i corsi di medicina* | Periodo in cui si svolge un ciclo di studi, lezioni, esercitazioni | *Fuori c.*, di studente universitario che ha compiuto gli anni di studio previsti dalla facoltà in cui è iscritto, ma senza terminare tutti gli esami o laurearsi. ***9*** (*est.*) Anno di studio, spec. nel programma di studi di una facoltà universitaria | (*est.*) Complesso di classi considerate nella loro successione nel tempo, di anno scolastico in anno scolastico, spec. con riferimento a scuole o istituti di istruzione secondaria: *il c. B è composto di tre classi*. ***10*** (*fig.*) Trattato che descrive una specifica materia di studio: *c. di anatomia*. ***11*** Condizione di unità monetaria in rapporto al suo uso attuale | *Fuori c.*, di moneta non più in uso | *In c. legale*, quando sussista l'obbligo di accettare in pagamento i biglietti emessi dallo Stato, salvo restando il diritto di pretenderne dall'istituto di emissione la conversione in metallo pregiato | *C. forzoso*, quando si esclude tale convertibilità. ***12*** Valore corrente, prezzo dei titoli: *si rafforzano i corsi alla borsa di New York*. ***13*** Strato, filo, filare, spec. riferito a mattoni costituenti una muratura. ***14*** (*mar.*) Serie di travi da poppa a prua sotto l'impalcatura dei ponti.

còrso (**3**) [lat. *cŏrsu*(*m*), agg. etnico di *Cŏrsica* 'Corsica'] **A agg.** ● Della Corsica. **B s. m.** (**f.** *-a*) ● Abitante della Corsica | *Il Corso*, (*per anton.*) Napoleone.

corsóio [lat. tardo *cursōriu*(*m*) 'da corsa', da *cŭrrere* 'correre'] **A agg.** ● (*raro, lett.*) Scorsoio. **B s. m.** ***1*** Guida entro cui scorre un'asta o un organo dotato di moto alterno. ***2*** Nel regolo calcolatore, telaietto trasparente spostabile con una o tre linee di fede.

córte [lat. *cohŏrte*(*m*). V. *coorte*] **s. f.** ***1*** Spazio scoperto circondato totalmente da un edificio | Spiazzo intorno alla casa colonica | *Bassa c.*, area contigua a una casa colonica riservata all'allevamento degli animali da cortile. ***2*** Organizzazione tipica dell'età feudale autosufficiente sul piano economico, sociale, giurisdizionale, formata dall'insieme degli edifici e dei territori sottoposti al signore feudale. ***3*** Reggia: *ballo a c.*; *dama, gentiluomo di c.*; *erano in c. tutti i paladini / per onorar quella festa gradita* (BOIARDO). ***4*** (*est.*) Insieme dei cortigiani: *la c. del Re Sole* | *Avere buon amico a c.*, godere dei favori del re; (*fig.*) avere aderenze, appoggi altolocati | Insieme del sovrano, dei suoi ministri, del suo governo: *le trattative di Bonaparte con la c. di Vienna* | *C. dei miracoli*, in Francia, fino al XVII sec., accolita di malandrini e mendicanti che praticavano l'accattonaggio in nome di pretese e vistose infermità le quali sparivano poi come per miracolo non appena essi rientravano nel loro rifugio; (*est.*) luogo in cui trovano rifugio briganti, accattoni e sim. ***5*** (*est.*) Gruppo di persone che accompagna un personaggio importante, ricco e sim. per servirlo, rendergli omaggio e sim. | *Fare la c. a qc.*, corteggiarlo, adularlo, lusingarlo per ottenere appoggi, favori e sim.; cercare di suscitare i suoi sentimenti affettuosi, il suo amore, con premure, complimenti e sim., spec. riferito alle premure di un uomo nei confronti di una donna. ***6*** Collegio di giudici: *c. marziale, militare*; *c. costituzionale*; *entra la c.!* | *C. d'appello*, organo giudiziario che esplica prevalentemente la propria funzione di giudice di secondo grado in materia civile e penale, rispetto alle pronunce del Tribunale | *C. d'Assise*, collegio giudiziario investito della potestà di decidere sui delitti più gravi | *C. di Cassazione*, *c. Suprema*, organo giurisdizionale di ultima istanza in materia civile e penale | *C. dei Conti*, organo statale di amministrazione diretta esplicante funzione di controllo sulla gestione finanziaria statale e funzione giurisdizionale spec. in materia di responsabilità contabile dei funzionari governativi | *C. di giustizia*, palazzo ove i magistrati esplicano normalmente la loro funzione | *Andare a c.*, rivolgersi all'autorità giudiziaria | *Tener c.*, tenere udienza | *C. d'amore*, consesso di dame e gentiluomini che trattava e giudicava questioni galanti, in epoca medievale. || **corticèlla**, dim. | **corticina**, dim.

†**corteàre** [provz. *cortejar*, da *cort* 'corte'] v. intr. *1* Fare corteo agli sposi. *2* (*raro*) Andare a corte.

cortéccia [lat. *cortĭcea(m)*, agg. f. di *cŏrtex*, genit. *cŏrticis* 'corteccia'. V. *cortice*] s. f. (pl. *-ce*) *1* Strato che nelle piante arboree forma la parte protettiva esterna della radice e del fusto | *C. di mezzo*, alburno | (*raro*) Buccia dei frutti. *2* Parte esterna, rivestimento superficiale di q.c. | *C. del pane, del formaggio*, crosta | (*fig.*) Aspetto esteriore delle cose: *a volte la bontà si nasconde sotto una c. di indifferenza* | *Andare più in là della, oltre la c.*, non fermarsi alla superficie delle cose, sforzarsi di comprendere e di approfondire | *Fermarsi alla c., non vedere, non sapere, oltre la c.*, conoscere q.c. solo superficialmente. *3* (*anat.*) Parte esterna di un organo | *C. cerebrale, cerebellare*, parte esterna del cervello e del cervelletto formata da sostanza grigia | *C. parietale*, parte del cervello cui arrivano tutte le informazioni sensoriali relative al capo | *C. surrenale*, parte periferica della ghiandola surrenale. *4* †Intonaco. *5* †Pelle umana. || **cortecçina**, dim. | **corteccino**, dim. m. | **corteccióla, corteccciuòla**, dim. (V.).

corteccióla o **cortecciuòla** s. f. *1* Dim. di *corteccia*. *2* Corteccia di leccio, rovella o cerro, impiegata per conciare le pelli.

corteggiaménto s. m. *1* Atto, effetto del corteggiare spec. una donna. SIN. Corte. *2* †Corteggio.

corteggiàre [da *corte*] v. tr. (*io cortéggio*) *1* (*raro, lett.*) Accompagnare un personaggio potente e importante, dimostrandogli riverenza, rendendogli ossequi, servigi, e sim. *2* Fare la corte, adulare e lusingare qc. per ottenerne favori, appoggi e sim. | Cercare di suscitare i sentimenti affettuosi, l'amore di qc. con premure, complimenti, lusinghe e sim., spec. riferito alle premure di un uomo nei confronti di una donna. *3* (*lett.*) Accompagnare, seguire (*anche fig.*): *quando ti corteggian liete / le nubi estive e i zefiri sereni* (FOSCOLO).

corteggiatóre s. m. (f. *-trice*) ● Chi corteggia: *i corteggiatori di un principe*; *quella ragazza ha molti corteggiatori*.

cortéggio [da *corteggiare*] s. m. *1* Seguito di persone che accompagnano qc. per cerimonie o per dimostrazione di onore, ossequio, stima: *amiche e comari venute a far c. a Lucia* (MANZONI); *c. di adulatori*. *2* Seguito di cose (*anche fig.*): *c. di carrozze*. *3* (*raro*) Corteggiamento di una donna: *nonostante il mio lungo c. e le tante spese ... non ho potuto toccarle un dito* (GOLDONI).

†**cortegiàno** e *deriv.* ● V. *cortigiano* e *deriv.*

cortèllo e *deriv.* ● V. *coltello* e *deriv.*

cortèo [da *corteare*] s. m. *1* Seguito di persone che accompagna qc. per rendergli onore, ossequio e sim.: *c. nuziale, funebre*. *2* Fila di persone che prende parte a una dimostrazione pubblica: *il c. degli scioperanti*; *sfilare in c.* | Fila di veicoli: *un c. di automobili*.

cortes /*sp.* 'kortes/ [vc. sp., 'corti'] s. f. pl. ● Denominazione del Parlamento spagnolo | In passato, assemblea nazionale in Portogallo, in alcuni Paesi dell'America latina e in Sardegna durante la dominazione spagnola.

cortése [provz. *cortes* 'della corte'] **A** agg. *1* Nella cultura medievale e rinascimentale, che possiede le qualità di raffinatezza, moralità, cultura, eleganza di comportamento e sim. considerate tipiche della vita di corte: *donna c.*; *amore c.* | *Armi cortesi*, nell'ambiente dei tornei medievali e rinascimentali, armi che non feriscono l'avversario. *2* Gentile, garbato in un modo simpaticamente discreto: *è persona assai c.* | Che manifesta cortesia: *un'accoglienza c.* SIN. Affabile, amabile, urbano. *3* (*lett.*) Generoso, prodigo: *essere c. di consigli* | †Virtuoso | *Donna c.*, (*raro*) incline a facili amori | (*raro, scherz.*) *Veste c.*, che mostra larga parte di chi la indossa. || **corteseménte**, avv. **B** s. m. ● (*enol.*) Vitigno tipico della zona di Tortona (Gavi), da cui si ricava il vino bianco omonimo.

†**corteseggiàre** [da *cortese*] v. intr. ● (*lett.*) Usare cortesie | Spendere largamente.

cortesìa [da *cortese*] s. f. *1* Qualità dell'essere cortese: *fu maraviglioso in prodezza e senno e in c.* (VILLANI) | *Mancare di c.*, essere scortese | *Usar c.*, essere gentile | *Per c.*, per favore. SIN. Affabilità, amabilità, garbo, gentilezza. *2* Atto cortese: *fare una c. a qc.*; *usare cortesie a qc.*; *grazie della c.*; (*antifr.*) *fammi la c. di andartene*. SIN. Gentilezza. *3* Parte di preda che si rilasciava al falcone dopo la caccia. *4* †Liberalità, magnificenza | *Fare la c. di q.c.*, donarla | Mancia || PROV. Salutare è cortesia rispondere è dovere.

cortézza [da *corto*] s. f. *1* (*raro, lett.*) L'essere corto: *la c. del tempo*. *2* (*fig.*) Insufficienza, pochezza: *c. d'ingegno*.

corticàle [fr. *cortical*, agg. tratto dal lat. *cŏrtex*, genit. *cŏrticis* 'cortice'] **A** agg. ● (*bot., anat.*) Che forma la corteccia, che si riferisce alla corteccia | (*bot.*) *Strato c.*, zona parenchimatica che circonda il cilindro centrale del fusto o della radice. **B** s. f. ● (*anat.*) Porzione esterna di un organo caratterizzato da una distinta componente interna: *c. della ghiandola surrenale*. CONTR. Midollare.

corticàto [da *cortice*] agg. ● (*bot.*) Che è provvisto di uno strato esterno molto più consistente di quello interno | *Bacca corticata*, il frutto degli agrumi.

còrtice [vc. dotta, lat. *cŏrtice(m)* 'corteccia', dalla radice indeur. **kert-* 'tagliare'] s. m. ● (*lett.*) Corteccia: *il c. del cervello*.

corticìcolo [comp. del lat. *cŏrtex*, genit. *cŏrticis* 'corteccia' e di *-colo*] agg. ● (*zool.*) Detto di animale che vive sotto la corteccia degli alberi.

corticina [fr. *corticine*, dal lat. *cŏrtex*, genit. *cŏrticis* 'cortice'] s. f. ● (*biol.*) Ormone isolato dalla porzione corticale delle capsule surrenali.

còrtico- [dal lat. *cŏrtex*, genit. *cŏrticis* 'corteccia'] primo elemento ● In parole composte della terminologia medica, significa 'corteccia, tessuto corticale': *corticosterone*.

corticòide [comp. del lat. *cŏrtex*, genit. *cŏrticis* 'corteccia' (V. *cortice*) e di *-oide*] s. m. ● (*biol.*) Ogni ormone steroide della corteccia surrenale. SIN. Corticosteroide.

corticosteròide [comp. del lat. *cŏrtex*, genit. *cŏrticis* 'cortice' e di *steroide*] **A** agg. ● (*biol.*) Detto di ormone chetosteroide che si forma nella corteccia del surrene. **B** s. m. ● Corticoide.

corticosteróne [comp. del lat. *cŏrtex*, genit. *cŏrticis* 'corteccia' e di *sterone*] s. m. ● (*biol.*) Ormone secreto dalla sostanza corticale delle capsule surrenali, ad azione molteplice.

corticosurrenàle [comp. del lat. *cŏrtex*, genit. *cŏrticis* 'corteccia' e di *surrenale*] agg. ● (*anat.*) Di, relativo a corteccia surrenale: *ghiandola, ormone c.*

corticosurrène [comp. del lat. *cŏrtex*, genit. *cŏrticis* 'cortice' e di *surrene*] s. m. ● (*anat.*) Ghiandola corticosurrenale.

corticotropìna [comp. del lat. *cŏrtex*, genit. *cŏrticis* 'cortice' e di un deriv. del gr. *trépein* 'volgere' (V. *-tropo*)] s. f. ● (*biol.*) Ormone prodotto dalla ipofisi anteriore, che stimola la secrezione di ormoni steroidei da parte della corteccia surrenale. SIN. Ormone adrenocorticotropo.

cortigiàna o †**cortegiàna** [f. di *cortigiano*] s. f. ● Donna di corte | (*fig.*) Prostituta. || **cortigianèlla, cortigianùzza**, dim.

cortigianàta s. f. ● (*spreg.*) Azione da cortigiano.

cortigianerìa o †**cortegianerìa**. s. f. ● Atto, comportamento da cortigiano | (*est.*) Adulazione.

cortigianésco agg. (pl. m. *-schi*) *1* Di, da cortigiano: *libidine di applauso volgare e di onori cortigianeschi* (FOSCOLO). SIN. Adulatorio, servile. *2* (*est., spreg.*) Cerimonioso, simulato. || **cortigianescaménte**, avv.

†**cortigianìa** o **cortegianìa**. s. f. *1* Condizione di cortigiano. *2* (*est.*) Adulazione | Prostituzione.

cortigiàno o †**cortegiàno** [da *corte*] **A** agg. ● Pertinente alla corte: *linguaggio c.* | *Alla cortigiana*, (*ell.*) alla maniera dei cortigiani, da uomo di corte | (*fig.*) Adulatorio: *animo, comportamento c.* || **cortigianaménte**, avv. Da cortigiano; †cortesemente. **B** s. m. (f. *-a* (V.)) ● Uomo di corte | (*est.*) Adulatore, piaggiatore. || **cortigianàccio**, pegg. | **cortigianèllo**, dim.

cortìle [da *corte*] s. m. *1* Area libera scoperta, interna a uno o più edifici, per illuminare e ventilare gli ambienti interni. *2* Corte della casa colonica | *Animali da c.*, pollame e sim. ➡ ILL. p. 353 AGRICOLTURA. || **cortilàccio**, pegg. | **cortilétto**, dim. | **cortilóne**, accr.

cortilìvo [da *cortile*] agg. ● (*bur., raro*) Del, relativo al cortile: *area cortiliva*.

cortìna (1) [lat. *cortīna(m)* 'caldaia', poi (lat. tardo) 'tenda', di origine indeur.] s. f. *1* Tenda destinata a chiudere, proteggere tutto un ambiente, una parte di esso o anche un mobile | Ciascuna delle tende che parano il letto a baldacchino. *2* (*est.*) Tutto ciò che si frappone fra due elementi impedendo la vista, il contatto, la comunicazione e sim. (*anche fig.*): *una c. di polvere, di fumo, di nebbia* | *C. di ferro*, (*fig.*) nell'Europa del secondo dopoguerra e sino alla fine degli anni '80, linea di separazione politica e militare fra i Paesi dell'Est, a regime comunista, e quelli dell'Ovest. *3* Nelle antiche fortificazioni, tratto di una cinta muraria, compreso fra le torri o i bastioni | Nell'organizzazione difensiva del campo di battaglia, spazio compreso fra due capisaldi | *C. nebbiogena*, (*fig.*) schermo lineare di nebbia artificiale per mascherare movimenti propri o accecare osservatori nemici | †Trincea. ➡ ILL. p. 360 ARCHITETTURA. *4* (*raro, lett.*) Sipario | †Tendina che copre le immagini sacre nelle chiese.

†**cortìna (2)** [vc. dotta, lat. *cortīna(m)*, di origine indeur.] s. f. ● (*lett.*) Tripode di Apollo | (*fig.*) Oracolo di Apollo.

cortinàggio [da *cortina* (*1*)] s. m. ● Tendaggio | *C. del letto*, insieme di tende e baldacchino che circondano e chiudono il letto | Baldacchino.

cortinàrio [da *cortina* (*1*) per l'aspetto dei filamenti che riuniscono il margine del cappello al gambo] s. m. ● Genere di funghi Basidiomiceti delle Agaricacee caratterizzati dal fatto che il cappello ha il margine unito al gambo da una cortina a ragnatela (*Cortinarius*). ➡ ILL. **fungo**.

cortisòlo s. m. ● (*chim.*) Idrocortisone.

cortisóne [da *corticosterone*] s. m. ● Ormone della corteccia surrenale, ad azione sulla pressione arteriosa e sull'equilibrio glucidico dell'organismo.

cortisònico A agg. (pl. m. *-ci*) ● Del, relativo al cortisone. **B** s. m. (pl. *-ci*) ● (*farm.*) Preparato farmaceutico di sintesi, a struttura steroidea, dotato delle proprietà terapeutiche del cortisone.

cortisonoterapìa [comp. di *cortisone* e *terapia*] s. f. ● Terapia effettuata mediante cortisone o farmaci cortisonici.

córto o †**cùrto** [lat. *cŭrtu(m)* 'accorciato, mozzo', di origine indeur.] **A** agg. *1* Che ha scarsa lunghezza, o lunghezza considerata inferiore al normale o al necessario: *strada corta*; *gambe corte*; *ramo c.*; *collo c.* | *Calzoni corti*, sino al ginocchio o a mezza gamba | Basso di statura | (*raro*) *Vestire di c.*, con abiti corti. CONTR. Lungo. *2* Che ha breve durata: *è una commedia molto corta* | *Settimana corta*, settimana lavorativa di cinque giorni | (*lett.*) Effimero, caduco: *volarono anni corti come giorni* (MONTALE). *3* (*fig.*) Scarso, insufficiente | *C. di vista*, miope | *C. di mente*, ottuso | *Tenersi c. nelle spese*, risparmiare | *Essere c. a quattrini*, averne pochi | (*raro*) *Venir c.*, non riuscire, andare a vuoto | Nella loc. avv. *a c. di*, in modo scarso, insufficiente: *essere a c. di quattrini*; *tenere qc. a c. di denaro*. *4* (*fig.*) Nelle loc. *prendere la via corta*, scegliere la soluzione più sbrigativa | *Alle corte*, (*ell.*) invito brusco a non tergiversare | *Andare per le corte*, (*ell.*) essere sbrigativo | *Per farla corta*, riassumendo, in conclusione | †*Di c.*, fra poco. *5* †Ristretto, detto di brodi, decotti e sim. || †**cortaménte**, avv. (*raro*) In breve; da poco tempo. **B** in funzione di avv. *1* In minor tempo, in fretta, rapidamente: *mostrate da qual mano inver' la scala / si va più c.* (DANTE *Purg.* XI, 40-41) | *Tagliar c.*, concludere, troncare un discorso, porre fine a indugi o esitazioni. *2* †Poco, in modo insufficiente: *Però chi d'esso loco fa parole, / non dica Ascesi, ché direbbe c., / ma Oriente, se proprio dir vuole* (DANTE *Par.*

XI, 52-54). || **cortétto**, dim. | **cortino**, dim.

cortocircuitàre [da *cortocircuito* con suff. verbale] v. tr. (*io cortocircùito*) • (*elettr.*) Mettere in cortocircuito.

cortocircùito o **córto circùito** [comp. di *corto* e *circuito*] s. m. (pl. *cortocircùiti*) • (*elettr.*) Connessione a bassa resistenza, gener. accidentale, fra due elementi di un circuito elettrico, in genere accompagnato da anormale aumento della corrente | (*fig.*) Improvviso cedimento, crisi repentina: *andare in c.*

cortometràggio [comp. di *corto* e *metraggio*] s. m. (pl. *cortometràggi*) • Film di durata non superiore ai 15 minuti, spec. di contenuto documentario o pubblicitario.

cortoràggio [comp. di *corto* e *raggio*] s. m. (pl. *cortoràggi*) • (*sci*) Esercizio tecnico e virtuosistico consistente in una serie di piccoli salti che lasciano sulla neve tracce a spina di pesce.

coruscàre e *deriv.* • V. *corruscare* e *deriv.*

†**corvacchióne** • V. *corbacchione*.

corvàta s. f. • Adattamento di *corvé* nel sign. 2 (V.).

†**corvàtta** • V. *cravatta*.

corvè [vc. fr., *corvée*, dal lat. *corrogāta(m)* '(opera) richiesta', part. pass. di *corrogāre* 'corrogare'] s. f. inv. ***1*** Lavoro di fatica assegnato a una squadra di soldati appositamente comandata. ***2*** Prestazione d'opera gratuita che i coltivatori dipendenti erano tenuti a compiere nella parte delle signorie fondiarie che il signore riservava a sé. ***3*** (*fig.*) Lavoro ingrato e gravoso: *si è voluto a tutti i costi sobbarcare a questa c.*

corvétta (1) [fr. *corvette*, dall'ol. *korver* 'battello cacciatore'] s. f. • Nei secc. XVIII e XIX, nave da guerra a vela, più piccola della fregata, con non più di trenta cannoni | Attualmente, nave da guerra di tonnellaggio non superiore alle 1 000 tonnellate, per scorta ai convogli e caccia ai sommergibili | *Capitano di c.*, il quarto grado degli ufficiali di vascello, corrispondente a maggiore.

corvétta (2) [fr. *corvette*, da *courbe* 'curvo'] s. f. • Nell'equitazione, figura delle arie alte in cui il cavallo esegue una serie di piccoli salti di uguale cadenza, formando con la zampa anteriore un angolo acuto col terreno.

corvettàre [da *corvetta* (2)] v. intr. (*io corvétto*; aus. *avere*) ***1*** Fare corvette, detto di cavalli. ***2*** (*est.*) †Saltare, balzare, detto spec. di persona.

Còrvidi [comp. di *corvo* (1) e *-idi*] s. m. pl. • Nella tassonomia animale, famiglia di Uccelli dei Passeriformi, comprendente animali onnivori e voraci tra i quali la cornacchia e il corvo (*Corvidae*) | (al sing. *-e*) Ogni individuo di tale famiglia.

corvìna [dal lat. *corvīnus* 'corvino', per il colore del corpo] s. f. • (*zool.*) *c. di scoglio*, pesce osseo dei Perciformi, commestibile, dal corpo dorsalmente scuro (*Corvina nigra*). SIN. Corvo (2).

corvino [vc. dotta, lat. *corvīnu(m)*, da *cŏrvus* 'corvo (1)'] agg. ***1*** Che ha il colore nero lucido caratteristico delle penne del corvo: *chioma corvina*; *capelli corvini*. ***2*** Morello: *cavallo c.*

còrvo (1) o (*dial.*) †**còrbo** [lat. *cŏrvu(m)*, di origine onomat.] s. m. ***1*** Uccello dei Passeriformi simile alla cornacchia nera, con corpo massiccio, robuste zampe unghiute e piumaggio nero a riflessi violacei (*Corvus corax*) | *C. di notte*, nitticora | *Nero come un c.*, nerissimo | *C. del malaugurio*, (*fig.*) iettatore | *Aspettare il c.*, (*fig.*) aspettare inutilmente. ***2*** (*scherz.*, *spreg.*) Prete, per il colore nero dell'abito. ***3*** Autore di lettere anonime. ***4*** Antica macchina da guerra, usata in terra e in mare, consistente in un grosso graffio per agganciare e immobilizzare macchine o navi avversarie. || †**corvàcchio**, **corvàccio**, pegg. | **corvétto**, dim. | †**corvicino**, dim.

còrvo (2) [così chiamato per il suo colore scuro, come quello dell'uccello omonimo] s. m. • (*zool.*) Corvina di scoglio.

còsa [lat. *causa(m)* 'causa', che, attrav. il senso di 'affare', sostituisce *rēs*] s. f. ***1*** Parte, aspetto della realtà, materiale o ideale, concreta o astratta e sim.: *le cose corporee, materiali, spirituali*; *cose da mangiare*; *la miglior c., la peggior c.*; *per nessuna c. al mondo* | *Per prima c.*, prima di tutto | *Sopra ogni c.*, più di tutto | *Credersi qualche c., una gran c., chissà che c.*, darsi importanza | *Quella persona è c. sua*, è strettamente legata a, o dipendente da, lui | *Una c. di mille lire, di due ore e sim.*, circa mille lire, circa due ore e sim. | *Non è c.*, (*merid.*) non è possibile, è assurdo | *Avere qualche c. contro qc.*, nutrire rancore | *Essere tutt'una c.*, essere uguale, simile | *Essere tutt'altra c.*, completamente diverso | *Fra le altre cose*, oltre al resto | *Le cose*, (*euf.*) le mestruazioni | *La c. pubblica*, lo Stato | *La c. familiare*, (*raro*, *lett.*) la famiglia | *La somma delle cose*, (*lett.*) l'autorità suprema | †*Se c. fosse*, se avvenisse. ***2*** (*filos.*) La realtà oggettiva in quanto tale | *C. in sé*, ciò che sussiste in sé al di fuori della nostra conoscenza. ***3*** (*dir.*) Parte separata della materia circostante avente rilevanza giuridica: *c. semplice, composta, fungibile, infungibile, consumabile, inconsumabile, mobile, immobile* | *C. giudicata*, fatto giuridico reso certo da una pronuncia del giudice emanata nelle forme di una sentenza e divenuta incontrovertibile. SIN. Giudicato. ***4*** Oggetto, spec. oggetto che non si sa o non si vuole descrivere o nominare: *sono cose di notevole valore*; *riordinate le vostre cose*; *le buone cose di pessimo gusto*; *se sarai promosso ti regalerò una bella c.* | *Le proprie cose*, le proprie masserizie, o anche i propri averi | *Disporre di molte cose*, di molti beni, averi. ***5*** (*fam.*) Qualsiasi persona di sesso femminile di cui non si ricordi, non si sappia o non si voglia dire il nome: *ieri ho incontrato la c.* ***6*** Opera, o parte di opera: *sono le cose più belle della nostra letteratura*; *di quel trattato ho studiato le cose più interessanti*. ***7*** Situazione: *le cose si mettono bene*; *le cose si complicano*; *per necessità di cose* | *Arrivare a cose fatte*, quando una situazione è già chiarita, un problema è già risolto e sim. | *È c. fatta*, è concluso, è sistemato e sim. ***8*** Fatto, avvenimento, azione: *fate sempre troppe cose contemporaneamente*; *qui succedono cose molto strane*; *è accaduta una c. terribile*; *cose da matti, da pazzi, incredibili, dell'altro mondo*; *cose da niente, da nulla*; *cose, fatti, e non parole!* | *Sono cose grosse*, di grande importanza | *Fare le cose in grande stile*, senza risparmio di denaro e di energie | *Sono cose che capitano*, escl. di rassegnazione e consolazione, di fronte a incidenti, insuccessi e sim. | *Da c. nasce c.*, da un primo evento, talora accidentale o non provocato, ne derivano spesso altri favorevoli o graditi. ***9*** Causa, motivo, scopo: *si agita per cose di nessun conto*; *risparmiate le vostre parole per cose più interessanti* | Uso: *è uno strumento che serve per molte cose*. ***10*** Parola, discorso, dichiarazione | *Dire cose di fuoco*, fare dichiarazioni gravi, minacce e sim. | *Buone cose!, tante cose!*, tanti auguri, molti complimenti. ***11*** Problema, lavoro, affare e sim.: *interessarsi alle cose della politica, della scuola, della casa*; *essere addentro alle segrete cose*; *questa non è c. di mia competenza*; *queste non sono cose da ragazze* | *Esaminare c. per c.*, minutamente. ***12*** In unione con agg. qual. dimostr. indef., assume il valore del corrispondente sost. astratto e del pron. nella forma neutra: *una c. nuova*; *è una c. dura, malagevole*; *è una gran bella c.*; *è c. sicura, certa* | *È una c. giusta*, né troppo né poco | *È poca c.*, è poco | *Questa, codesta, quella, la qual c.*, ciò | *Nessuna c.*, nulla | *Qualunque c.*, checché | *Per la qual c.*, perciò | In funzione prolettica: *fai una c.: esci prima che entri lui* | Usato nelle interr. dirette o indirette e nelle escl. precedute o no dall'agg. interr. *che*: *che c. credi?*; *c. fai?*; *a c. pensi?*; *c. mi dici!* | Con valore raff.: *c. diavolo hai combinato?* ***13*** *C. Nostra*, organizzazione mafiosa attiva in Sicilia e negli Stati Uniti. ***14*** (*mat.*) †Incognita || PROV. Cosa fatta capo ha; da cosa nasce cosa. || **cosàccia**, pegg. | **cosellìna**, dim. | **coserèlla**, †**cosarèlla**, dim. | **coserellìna**, dim. | **cosétta**, dim. | **cosettìna**, dim. | **cosìna**, dim. | **cosùccia**, dim.

cosà [da *così*, sul modello *li-là*, *qui-qua*] avv. • (*fam.*) Solo nella loc. avv. *così e c.*, in questo preciso modo: *bisogna fare così e c.* | *Né così né c.*, né in questo né in quell'altro modo | *Così c.*, né bene, né male, in modo mediocre: *si comporta così c.*; *lavoro fatto così c.*

cosàcco [russo *kozak*, dal turco *qazaq* 'vagabondo'] **A** s. m. (f. *-a*; pl. m. *-chi*) • Membro dell'antica popolazione di stirpe tartara stanziatasi nelle steppe della Russia meridionale | Soldato a piedi o a cavallo dell'esercito russo reclutato fra tale popolazione. **B** agg. • Relativo alla popolazione cosacca | *Danza cosacca*, danza di ritmo dapprima moderato, poi sempre più vivace | *Alla cosacca*, (*ell.*) detto di un tipo di stivali alti fino al ginocchio.

cosàre [da *cosa*] v. tr. e intr. (*io còso*; aus. *essere* o *avere*) • (*fam.*) Sostituisce qualunque verbo di cui non si ricordi, non si sappia o non si voglia dire il vero termine.

còsca [etim. incerta] s. f. • Nucleo di mafiosi.

còscia [lat. *cŏxa(m)*, di origine indeur.] s. f. (pl. *-sce*) ***1*** (*anat.*) Parte dell'arto inferiore compresa fra l'anca e la gamba, il cui scheletro è rappresentato dal femore: *stivali fino a mezza c.* | *Calzoni a c.*, attillati alla coscia. ***2*** (*est.*, *fam.*) Analoga parte del corpo di animali, spec. macellati: *una c. di pollo, di capretto* | *Vitello della c.*, varietà bovina piemontese in cui le masse di carne che formano il treno posteriore e la groppa sono tipicamente abbondanti, sode e prive di grasso d'infiltrazione | Taglio di carne bovina ricavato dalla coscia dell'animale: *fettine di c.* ***3*** (*est.*) La parte dei calzoni che ricopre la coscia: *calzoni larghi di c.* ***4*** Ciascuno dei due pilastri che fanno da sostegno al torchio da stampa | Ganascia di morsa. ***5*** La parte di un ponte fondata sulla riva. ***6*** Ciascuna delle due parti sagomate costituenti un particolare tipo di affusto. SIN. Fiancata. ➡ ILL. p. 361 ARCHITETTURA. ***7*** (*lett.*) †Sponda, spec. di carro: *ferma in su la detta c. / del carro stando* (DANTE *Purg.* XXX, 100-101). ***8*** (*pop.*) *c. di donna*, varietà di pera | *C. di monaca*, varietà di susina. || **coscétta**, dim. | **coscettìna**, dim. | **coscìna**, dim. | **coscióna**, accr.

cosciàle [lat. tardo *coxāle* 'vestito che copre le anche', da *cŏxa* 'coscia'] s. m. ***1*** Indumento o parte di indumento che copre le cosce, oggi spec. con funzioni protettive: *il c. dei cacciatori, dei giocatori di hockey*. ***2*** Antica armatura metallica a difesa delle cosce | Scarsellone. ***3*** (*med.*) Protesi che supplisce la coscia amputata | Parte del letto o del tavolo operatorio destinata a fissare le cosce del paziente. ***4*** Parte laterale di scala, gradinata e sim.

cosciènte [vc. dotta, lat. *consciĕnte(m)*, part. pres. di *conscīre* 'essere conscio', comp. di *cŭm* 'con' e *scīre* 'sapere'] agg. • Che ha coscienza, che è presente a se stesso: *essere c. dei propri doveri*. SIN. Consapevole, conscio. || **coscienteménte**, avv. In modo cosciente, con piena coscienza.

cosciènza o (*lett.*) †**consciènza**, (*lett.*) †**consciènzia** [vc. dotta, lat. *consciĕntia(m)*, da *conscīre*. V. *cosciente*] s. f. ***1*** (*psicol.*) Modo particolare in cui le esperienze o i processi psichici, quali percezioni, ricordi, eventi intellettuali, sentimenti, desideri e atti della volontà, sono dati e conosciuti al soggetto. ***2*** Correntemente, consapevolezza, percezione che l'uomo ha di sé, del proprio corpo e delle proprie sensazioni, delle proprie idee, dei significati e dei fini delle proprie azioni: *hanno la piena c. di ciò che dicono e fanno*; *l'uomo giusto dovrebbe avere l'esatta c. dei propri diritti e dei propri doveri* | *Perdere, riacquistare la c.*, i sensi | *Perdita di c.*, lipotimia | *Tornare a c.*, tornare in sé, riprendere i sensi e (*est.*) ravvedersi, pentirsi | *Avere la vaga c. di q.c.*, percepire vagamente q.c. ***3*** Sistema dei valori morali di una persona, che le permette di approvare o disapprovare i propri atti, propositi e sim.: *c. morale*; *esame di c.*; *c. diritta, austera, rigida*; *c. fiacca, gretta*; *c. nera, sporca, macchiata, immacolata, netta, limpida*; *rimorso, scrupolo di c.*; *caso di c.* | (*lett.*) *Foro, tribunale, sacrario, santuario della c.*, dimensione intima, soggettiva della coscienza | *Contro c.*, contro le proprie convinzioni morali | *Senza c.*, di persona priva di scrupoli | (*lett.*) *Recarsi q.c. a c., farsi c. di q.c., averci di c. a fare q.c.*, farsi scrupoli di fare q.c., considerandola contraria ai propri principi morali, o semplicemente alle convenienze, alla cortesia e sim. | *Avere q.c. sulla c., avere un peso sulla c., avere una cattiva c.*, sentirsi colpevole, avere rimorso di q.c. | (*fig.*) *Ascoltare la voce della c.*, uniformarsi, nell'agire, ai propri principi morali | (*fig.*) *Mettersi una mano sulla c.*, valutare le proprie responsabilità, le conseguenze delle proprie decisioni e sim. | *Togliersi un peso dalla c.*, eliminare i rimorsi riparando al mal fatto | *Mettersi la c. in pace*, far tacere i rimorsi, rassegnarsi | *Avere, sentirsi la c. tranquilla, a posto*, essere convinto di essersi comportato secondo i propri principi morali. *4* Lealtà, onestà | *Uomo di c.*, onesto | *In c., in tutta c.*, onestamente. *5* Senso del dovere, della responsabilità professionale, e sim.: *è una persona che ha c. del proprio lavoro* | *Con c.*, con diligenza, responsabilità e sim. SIN. Scrupolo. *6* Sensibilità e interesse per un complesso di problemi, spec. sociali, e impegno ideologico e pratico nell'affrontarli: *avere una c. politica, civile, sociale; formarsi una c. operaia, di classe.*

coscienziàle agg. ● (*psicol., lett.*) Relativo alla coscienza.

coscienzialìsmo [da *coscienza*] s. m. ● Dottrina che pone la coscienza alla base della speculazione filosofica | Dottrina in base alla quale l'esistenza della realtà è condizionata al suo essere incluso nella coscienza del soggetto.

coscienziosità s. f. ● Qualità di chi, di ciò che, è coscienzioso. SIN. Diligenza, scrupolosità.

coscienzióso [da *coscienza*] agg. *1* Che opera con senso della giustizia, dell'onestà, dell'efficienza professionale e sim.: *insegnante, giudice c.* SIN. Corretto, diligente, scrupoloso. *2* Che è fatto con diligenza, serietà, impegno: *hanno compiuto un lavoro c.* || **coscienziosaménte**, avv. Secondo coscienza.

còscio [da *coscia*] s. m. ● Coscia di bestia grossa macellata, quando è separata dal resto del corpo: *c. di abbacchio, di vitello; c. di capretto al forno.* || **coscétto**, dim. | **cosciòtto**, dim. (V.).

cosciòtto s. m. *1* Dim. di *coscio*. *2* Coscia di montone, agnello e sim. macellato.

coscritto [vc. dotta, lat. *conscrīptu(m)*, part. pass. di *conscrībere* 'coscrivere'] **A** agg. ● Nella loc. *padri coscritti*, i senatori romani. **B** s. m. ● Soldato di leva appena arruolato. SIN. Recluta.

coscrivere [vc. dotta, lat. *conscrībere*, comp. di *cŭm* 'con' e *scrībere* 'scrivere'] v. tr. (coniug. come *scrivere*) ● Arruolare.

coscrivìbile agg. ● (*raro*) Che ha i requisiti per essere iscritto nelle liste di leva.

coscrizióne [vc. dotta, lat. *conscriptiōne(m)*, da *conscrīptus* 'coscritto'] s. f. ● Arruolamento: *c. volontaria, obbligatoria.*

cosecànte [lat. scient. *co(mplemĕnti) secănte(m)* 'secante del complemento'] s. f. ● (*mat.*) Reciproco del seno.

cosegretàrio [comp. di *co-* e *segretario*] s. m. (f. *-a*) ● Chi divide con altri la carica di segretario.

coseità s. f. ● Qualità della cosa in sé, dell'oggetto materiale.

coséno [lat. scient. *co(mplemĕnti) sĭnu(m)* 'seno del complemento'. V. *seno*] s. m. ● (*mat.*) Funzione trigonometrica | *C. di un angolo*, funzione che associa a un angolo, formato da un segmento unitario e da una retta, la misura con segno della proiezione ortogonale del segmento sulla retta; in un triangolo rettangolo, misura con segno del rapporto tra il lato adiacente all'angolo dato e l'ipotenusa.

cosentìno **A** agg. ● Di Cosenza. **B** s. m. (f. *-a*) ● Abitante, nativo di Cosenza.

cosfì [da *cos(eno dell'angolo) fi*] s. m. ● (*fis.*) Fattore di potenza della corrente alternata, equivalente al coseno dell'angolo di sfasamento fra tensione e corrente.

cosfìmetro [comp. di *cos(eno dell'angolo) fi* e *-metro*] s. m. ● (*elettr.*) Fasometro.

così [lat. *ĕccu(m) sīc* 'ecco, così'] **A** avv. *1* In questo modo: *non devi comportarti c.; c. va il mondo!; c. facendo sembrerai colpevole; c. si dice; chi ti ha conciato c.?; è un pacco largo c. e lungo c.*, accompagnando la parola col gesto | Con valore raff. di 'pure', 'anche': *ti trovo molto cambiato e c. pure tua sorella* | Con valore raff. di un'affermazione o di una negazione: *sì, è c.; è proprio c.; non è c.; per c. dire* | *E c.?* e allora? | *È c.?; è c. o non è c.?*, per sollecitare una conferma o una risposta | *E c. via; e c. via dicendo*, eccetera | Con valore raff.: *c. e c.*, (*scherz., fam.*) *c. e cosà*, proprio in questo modo (alludendo a una serie di cose o argomenti già specificati o preparandosi a specificarli) | *Né c. né cosà*, né in un modo né in un altro | *Basta c.!*, è sufficiente, anche per esprimere sdegno | (*iter.*) C. c., indica cosa, stato o persona mediocre (spesso accompagnato da un gesto ondulatorio della mano): *'come ti pare?' ' c. c.!'; 'come stai?' ' c. c.!'; 'sei contento?' ' c. c.'* | Anche nelle loc. avv. *di, per, da c.* e sim.: *mettiti per c.; non posso fare diversamente da c.* *2* Talmente, tanto: *vai c. lontano?; sei ancora c. giovane!; è c. presto!; sono persone c. simpatiche!* | Tanto (in correl. con 'come', 'quanto'): *c. gli uni come gli altri; ha sbagliato c. l'uno quanto l'altro; è stato gentile c. con me, come con te.* **B** in funzione di agg. ● Tale, siffatto: *non avevo mai visto uno spettacolo c.; ho conosciuto una volta una persona c.* | *Così fatto*, V. *cosiffatto*. **C** cong. *1* In correl. con 'come' introduce una prop. compar. o modale: *continua a fare c. come hai fatto fino ad ora; non è poi c. furbo come sembra; è proprio c. bravo come dicono?* *2* Perciò, pertanto (con valore concl. introduce una prop. coordinata): *il telefono era rotto e c. non ho potuto avvertirti; abitano lontano e c. si vedono raramente.* *3* Nonostante, sebbene (con valore avvers. o conc.): *c. povero, cerca di aiutare tutti; c. furbo com'è, si è fatto imbrogliare; sono uscito c. vestito com'ero.* *4* A tal punto (in correl. con 'che' introduce una prop. consec. esplicita con il v. all'indic., al condiz. o al congv.; in correl. con 'da' introduce una prop. consec. implicita con il v. all'inf.): *sono c. infreddolito che non riesco più a scaldarmi; spero che tu non sia stato c. sciocco da lasciarti sfuggire una tale occasione* | Anche nella loc. cong. *c. che* (V. *cosicché*). *5* Magari, volesse il cielo che (con valore ottativo o desiderativo e il v. al congv.): *c. fosse vero!; c. fosse tutto finito!; c. potessi anch'io riuscire!* | *Così sia*, amen. *6* Indica successione immediata in correl. con 'come', 'appena che', dopo una prop. temp.: *come lo vide, c. si mise a correre via.* *7* Con valore raff., in correl. con 'poiché', 'siccome', dopo una prop. caus.: *siccome il compito era difficile, c. ho consegnato il foglio in bianco.*

cosicché o **così che** /kosik'ke*/ [comp. di *così* e *che (2)*] cong. *1* Di modo che, perciò, in conseguenza di ciò (introduce una prop. consec. con il v. all'indic., più raramente al condiz. o al congv.): *ero impreparato c. non seppi cosa rispondere; tornerò fra un'ora c. tu abbia tutto il tempo di prepararti.* *2* (*ass.*) Allora, dunque (in espressioni interr. come invito o sollecitazione a concludere un discorso): *c.? come è finita la questione?*

cosiddétto o **così détto**, (*raro*) **cosidétto** [comp. di *così* e *detto*] agg. ● Detto, denominato comunemente in questo modo (*spesso spreg.*): *la cosiddetta letteratura d'avanguardia.*

cosiffàtto o **così fàtto** [comp. di *così* e *fatto*] agg. ● Tale, simile: *uomini cosiffatti sono indegni di stima.*

cosificàre [comp. di *cosa* e *-ficare*] v. tr. (*io cosìfico, tu cosìfichi*) ● Trasformare in oggetto materiale, considerare come cosa: *c. i valori umani.*

còsimo [da S. Cosma (pop. *Cosimo*), al tempo della cui festa (27 settembre) si maturano] agg. ● Detto di una varietà di pero dai grossi frutti giallo-rossastri | *Pera cosima*, frutto di tale albero.

cosìno s. m. (f. *-a*) *1* Dim. di *coso*. *2* (*fig., fam.*) Persona di bassa statura | Ragazzo piccolo e debole: *un c. da niente; un povero c.*

cosinușòide [comp. del lat. scient. *cosinus* 'coseno' e di *-oide*] s. f. ● (*mat.*) Curva rappresentativa della funzione trigonometrica coseno.

coșmatésco agg. (pl. m. *-schi*) ● Dei Cosmati, marmorari, architetti, scultori e decoratori attivi nel Medioevo: *un pavimento, un chiostro c.* | *Arte cosmatesca*, caratterizzata da una decorazione a motivi geometrici eseguita a mosaico o a intarsi di marmi policromi.

coșmèși [vc. dotta, gr. *kósmēsis* 'l'adornare', da *kosméō* 'io adorno', a sua volta da *kósmos* 'ordine, ornamento'] s. f. *1* Arte che cura la conservazione della freschezza della pelle e della bellezza in genere. SIN. Cosmetica. *2* (*fig.*) Rinnovamento di facciata, soltanto apparente | (*econ.*) *C. di bilancio*, pratica di manipolare, nei limiti della legalità, i conti di un'impresa, con lo scopo di mostrare una situazione più favorevole di quella reale.

coșmètica [vc. dotta, gr. *kosmētikḗ* '(arte) decorativa, dell'abbigliamento', da *kosméō* 'io adorno'] s. f. ● Cosmesi.

coșmètico [vc. dotta, gr. *kosmētikós*, da *kósmēsis* 'cosmesi'; nel sign. B, prob. attrav. il fr. *cosmétique*] **A** agg. (pl. m. *-ci*) ● Che è atto a conservare o ad accrescere la bellezza e la freschezza del corpo umano, spec. del volto: *prodotti cosmetici.* **B** s. m. ● (*gener.*) Qualsiasi prodotto cosmetico.

coșmetista s. f. e m. (pl. m. *-i*) ● Chi lavora in un istituto di bellezza o presso un parrucchiere per signora come esperto di cosmetica.

coșmetologìa [comp. di *cosmet(ico)* e *-logia*] s. f. (pl. *-gie*) ● Scienza della cosmesi.

coșmetològico agg. (pl. m. *-ci*) ● Relativo alla cosmetologia.

coșmetòlogo s. m. (f. *-a*; pl. m. *-gi*) ● Studioso di cosmetologia.

coșmicità [da *cosmico*] s. f. ● Qualità di cosmico | Secondo l'estetica crociana, la caratteristica della vera arte, di rappresentare cioè idee e sentimenti nella loro risonanza universale.

còșmico [vc. dotta, lat. tardo *cŏsmicu(m)*, nom. *cŏsmicus*, dal gr. *kosmikós*, da *kósmos* 'cosmo'] agg. (pl. m. *-ci*) *1* Che si riferisce al cosmo: *fenomeni cosmici* | *Raggi cosmici*, insieme di particelle e di radiazioni molto energetiche provenienti spec. dagli spazi interstellari | *Diritto c.*, insieme di principi e norme giuridiche che regolano lo sfruttamento dello spazio stratosferico da parte degli Stati. *2* (*est.*) Di tutti, universale: *dolore c.* || **cosmicaménte**, avv. In modo cosmico, in modo universale.

còșmo [vc. dotta, gr. *kósmos* 'ordine', poi 'mondo, universo', di etim. incerta] s. m. *1* L'insieme di tutti i corpi celesti fisicamente esistenti. *2* (*filos.*) Il mondo inteso come sistema ordinato in un certo modo.

còșmo-, -còșmo [dal gr. *kósmos* 'universo', di etim. incerta] primo o secondo elemento ● In parole composte dotte e della terminologia scientifica, significa 'mondo' o 'universo' o fa riferimento all'insieme degli astri, e più recentemente alla navigazione spaziale: *cosmologia, cosmonauta, cosmopolita;, microcosmo.*

coșmobiologìa [comp. di *cosmo-* e *biologia*] s. f. ● Esobiologia.

coșmòdromo o (*evit.*) **coșmodròmo** [comp. di *cosmo-* e del gr. *drómos* 'corsa' (V. *aerodromo*)] s. m. ● Stazione spaziale destinata all'arrivo, alla partenza e all'assistenza tecnica di cosmonavi o astronavi. SIN. Astroporto, celiporto.

cosmogonìa [vc. dotta, gr. *kosmogonía*. V. *cosmo-* e *-gonia*] s. f. *1* Complesso delle teorie scientifiche sull'origine dell'universo. *2* Dottrina filosofica che intende esporre l'origine e la formazione del mondo facendo ricorso più al mito che alla scienza.

coșmogònico agg. (pl. m. *-ci*) ● Attinente alla cosmogonia: *teoria cosmogonica.*

coșmografìa [vc. dotta, lat. tardo *cosmogrăphia(m)*, nom. *cosmogrăphia*, dal gr. *kosmographía*. V. *cosmo-* e *-grafia*] s. f. *1* Descrizione dell'universo. *2* Parte della geografia che considera la Terra come corpo celeste e la studia nelle sue relazioni con gli altri corpi del cosmo. SIN. Geografia astronomica.

coșmogràfico agg. (pl. m. *-ci*) ● Che concerne la descrizione sistematica dell'universo: *scienza cosmografica.*

coșmògrafo [vc. dotta, lat. tardo *cosmŏgraphu(m)*, nom. *cosmŏgraphus*, dal gr. *kosmográphos*. V. *cosmografia*] s. m. ● Studioso di geografia, astronomica o terrestre.

coșmolàbio [comp. di *cosmo-* e *-labio*, ricavato da *astrolabio*] s. m. ● Antico strumento astronomico per misurare le distanze.

coșmologìa [comp. di *cosmo-* e *-logia*] s. f. (pl. *-gie*) *1* Complesso delle dottrine scientifiche o filosofiche che studiano l'ordine, i fenomeni, le leggi dell'universo. *2* Filosofia della natura.

coșmològico agg. (pl. m. *-ci*) *1* Attinente alla cosmologia. *2* Che concerne la filosofia della natura | *Prova cosmologica*, quella che inferisce l'esistenza di Dio dall'esistenza del mondo.

coșmòlogo [comp. di *cosmo-* e *-logo*] s. m. (pl. *-gi*) ● Studioso di cosmologia.

coșmonàuta [comp. di *cosmo-* e *nauta*] s. m. e f. (pl. m. *-i*) ● Navigatore spaziale, astronauta.

coșmonàutica s. f. ● Navigazione spaziale. SIN. Astronautica.

coșmonàutico agg. (pl. m. *-ci*) ● Relativo alla navigazione spaziale. SIN. Astronautico, spaziale.

coșmonàve [comp. di *cosmo-* e *nave*] s. f. ● Veicolo spaziale. SIN. Astronave.

coșmonavigazióne [comp. di *cosmo-* e *navigazione*] s. f. ● Navigazione spaziale.

coșmòpoli [comp. di *cosmo-* e *-poli*] s. f. ● (*lett.*) Città avente caratteri universali: *in un romanzo francese Roma fu chiamata c.*

coșmopolìta o (*evit.*) **coșmopòlita** [fr. *cosmopolite*, dal gr. *kosmopolítēs*, comp. di *kósmos* 'mondo' e *polítēs* 'cittadino'] **A** s. m. e f. (pl. m. *-i*) ● Chi ha per patria il mondo | (*est.*) Chi ha viaggiato e soggiornato in molti paesi, assimilandone abitudini, mentalità e cultura. **B** agg. **1** Detto di luogo, frequentato da gente d'ogni nazione e tipo: *Venezia è una città c.* | Internazionale: *folla c.* **2** (*est.*) Detto di persona, che considera e giudica secondo una prospettiva vasta e universale: *mentalità c.*; *abitudini cosmopolite.*

coșmopolìtico agg. (pl. m. *-ci*) ● Di cosmopolita: *abitudini, tendenze cosmopolitiche.*

coșmopolitișmo [fr. *cosmopolitisme*, da *cosmopolite* 'cosmopolita'] s. m. ● Dottrina che respinge ogni distinzione di nazioni e razze, considerando tutti gli uomini come cittadini di una sola patria | Carattere cosmopolita: *il c. di una grande città.*

coșmoràma [comp. di *cosmo-* e del gr. *hórama* 'veduta, vista', da *horáō* 'io vedo'] s. m. (pl. *-i*) ● Antico strumento per vedere, ingrandite e in rilievo, immagini panoramiche del mondo.

coșmotróne [comp. di (*raggi*) *cosm*(*ici*) e *-trone*, ricavato da *ciclotrone*] s. m. ● (*fis.*) Sincrotrone per protoni che produce energie di circa 3 BeV.

còso [da *cosa*] s. m. ● (*fam.*) Qualsiasi oggetto o individuo di cui non si ricordi, non si sappia o non si voglia dire il nome: *chiama quel brutto c. là*; *arrivò con uno strano c. in mano*; *il professore era un c. lungo e buffo.* || **cosàccio**, pegg. | **cosellino**, dim. | **cosettàccio**, pegg. | **cosettino**, dim. | **cosétto**, dim. | **cosino**, dim. (V.).

cospàrgere o (*lett.*) †**conspàrgere** [vc. dotta, lat. *conspărgere*, comp. di *cŭm* 'con' e *spărgere* 'spargere'] v. tr. (coniug. come *spargere*) ● Disseminare, spargere qua e là: *c. una lettera di scarabocchi*; *il prato era c. di fiori.*

cospàrso o (*lett.*) †**conspàrto**, †**cospàrto** part. pass. di *cospargere*; anche agg. ● Nei sign. del v.

cospèrgere o (*lett.*) †**conspèrgere** [vc. dotta, lat. *conspĕrgere*, comp. di *cŭm* 'con' e *spărgere* 'spargere'] v. tr. (pres. *io cospèrgo, tu cospèrgi*; pass. rem. *io cospèrsi, tu cospergésti*; part. pass. *cospèrso*) **1** (*lett.*) Aspergere, bagnare. **2** Cospargere, coprire.

cospèrso o (*lett.*) †**conspèrso**. part. pass. di *cospergere*; anche agg. ● Nei sign. del v.

cospettàccio [da *cospetto*] **A** s. m. ● (*raro*) Bravaccio. **B** in funzione di inter. ● (*scherz.*) Esprime meraviglia, sorpresa, disappunto e sim.

cospètto o **conspètto** [lat. *conspĕctu*(*m*), da *conspĭcere* 'guardare', comp. di *cŭm* 'con' e *spĕcere* 'guardare'] **A** s. m. **1** Presenza, vista: *togliti dal mio c.* | *In, al c. di*, dinanzi a, alla presenza di: *al c. del mare*; *presentarsi, giungere al c. di qc.*; *peccati che gridano vendetta al c. di Dio*; *lo giuro al c. di Dio.* **2** (*lett.*) Volto, aspetto: *è così raro oggimai il tuo c. quaggiù* (NIEVO). **3** (*fig.*) Mente, pensiero, concetto, giudizio: *Tempo futuro m'è già nel c.* (DANTE *Purg.* XXIII, 98). **B** in funzione di inter. ● Esprime meraviglia, sorpresa, disappunto, impazienza: *c.! dovevi dirmelo subito!*; (*scherz.*) *c. di Bacco!*

cospettóne [da *cospetto*] **A** s. m. ● (*raro*) †Bravaccio. **B** in funzione di inter. ● (*scherz.*) Esprime sorpresa, disappunto e sim. || **cospettonàccio**, pegg.

†**cospìcere** ● V. †*conspicere.*

cospicuità s. f. ● L'essere cospicuo.

cospìcuo o (*lett.*) †**conspìcuo** [vc. dotta, lat. *conspĭcuu*(*m*) 'che cade sotto gli occhi, visibile, ragguardevole', da *conspĭcere* 'guardare'. V. *cospetto*] agg. **1** Che merita considerazione per le sue qualità: *la cospicua fama dei poeti italiani* | Ingente, considerevole: *rendita, ricchezza cospicua*; *c. patrimonio.* **2** (*lett.*) Visibile: *un luogo a tutti c.* | (*est.*) Manifesto, evidente. || **cospicuaménte**, avv.

cospiràre o (*lett.*) †**conspiràre** [vc. dotta, lat. *conspirāre* 'essere d'accordo, operare d'accordo, congiurare', comp. di *cŭm* 'con' e *spirāre* 'soffiare'] v. intr. (aus. *avere*) **1** Accordarsi segretamente e solennemente per conseguire un fine, spec. politico: *c. contro l'oppressore, contro il governo, contro lo Stato*; *un codino marcio ... che cospirava nel ritorno di Franceschello* (VERGA). SIN. Complottare, congiurare. **2** (*est.*) Tentare di nuocere a qc. o a q.c.: *tutto sembrava c. contro di lui*; *molte cose cospirano ai suoi danni.* **3** (*fig.*) Concorrere, cooperare al raggiungimento di un medesimo effetto: *tutti dovranno c. alla gloria del paese.*

cospiratìvo agg. ● (*raro*) Di cospirazione.

cospiratóre s. m. (f. *-trice*) **1** Chi cospira, congiura. **2** (*est.*) Persona sospettosa: *volse in giro un'occhiata da c.* (VERGA).

cospirazióne o †**conspirazióne** [vc. dotta, lat. *conspiratiōne*(*m*), da *conspirāre* 'cospirare'] s. f. **1** Modo e atto del cospirare | Accordo di più persone civili o militari diretto a commettere delitti contro la personalità dello Stato. SIN. Complotto, congiura. **2** (*fig.*) Unione, concorso di più persone o elementi per il raggiungimento di un medesimo fine. || **cospirazioncèlla**, dim.

còsso [vc. dotta, lat. *cŏssu*(*m*), di etim. incerta] s. m. **1** Farfalla di grandi dimensioni, parassita spec. di piante da frutta (*Cossus cossus*). **2** (*scherz.*) †Ticchio, capriccio.

còsta [lat. *cŏsta*(*m*) 'costa, costola, fianco', di etim. incerta] s. f. **1** (*anat.*) Osso piatto, curvo, della cassa toracica | *Coste fluttuanti*, V. *fluttuante.* SIN. Costola. **2** (*est.*) Fianco, lato: *Ed ecco due da la sinistra c.* (DANTE *Inf.* XIII, 115) | *Di c.*, di lato, di fianco | *Di c. a*, di fianco a | *Di c. da*, di lato a | (*fig.*, *lett.*) *Aiuto di c.*, aiuto inatteso e (*est.*) denaro che si dà oltre il convenuto. **3** (*mar.*) Ciascuno di quei pezzi di costruzione che, piantati sulla chiglia e condotti in arco dalle due parti, formano l'ossatura principale del bastimento, circoscrivendo tutta la sua capacità. **4** Parte laterale, opposta al taglio, di un coltello, una spada e sim. | Dorso di un libro, di un pettine e sim. | *C. del dente*, parte del profilo di una ruota dentata sporgente dalla circonferenza primitiva. **5** Elemento che sporge e forma un rilievo pronunciato su di una superficie | *Velluto a coste*, velluto di cotone con righe salienti | *Punto a c.*, lavorazione a maglia ottenuta alternando punti a rovescio a punti a diritto | Costura. **6** (*bot.*) Nervatura mediana di una foglia assai sviluppata. **7** Zona che costituisce il limite tra la terra e il mare: *c. alta, rocciosa, bassa, sabbiosa, frastagliata*; *la c. era popolata di pescatori.* ➡ ILL. p. 821 SCIENZE DELLA TERRA ED ENERGIA. **8** Fianco di montagna | *A mezza c.*, alla metà di una pendice montuosa. || **costarèlla**, dim. | **costina**, dim. (V.) | **costóne**, accr. m. (V.).

costà [lat. *ĕccu*(*m*) *istāc* 'ecco costà'] avv. ● In codesto luogo (vicino cioè alla persona cui ci si rivolge): *non sederti c.*; *verrò presto c. a trovarvi* | *Di, da, per c.*, di, da, per codesto luogo.

†**costàdo** ● V. *costato.*

costaggiù [comp. di *costà* e *giù*] avv. ● (*tosc.*, *lett.*) In codesto luogo (posto cioè in basso, o anche più a sud, rispetto a chi parla): *che fate c.?*; *che cosa c'è di nuovo c. da voi?*

costàle [vc. dotta, lat. tardo *costāle*(*m*), da *cŏsta* 'costa'] agg. ● (*anat.*) Di, relativo a costa: *arteria c.*

costantàna [da *costante* perché dotata di resistenza elettrica costante, indipendentemente dalla temperatura] s. f. ● Lega di rame e nichel, dotata di alta resistività, praticamente indipendente dalla temperatura e perciò usata per resistenze elettriche e reostati.

costànte [vc. dotta, lat. *constănte*(*m*), part. pres. di *constāre* 'stare fermo'. V. *constare*] **A** agg. **1** Che non subisce variazioni: *sentimento, desiderio, amore c.* | Durevole, stabile: *tempo, vento, temperatura c.* | (*ling.*) *Opposizione c.*, che conserva il suo valore in tutte le posizioni. **2** (*mat.*) Detto di applicazione o funzione il cui valore sia sempre lo stesso. **3** Detto di persona, saldo nel suo proposito, fermo, perseverante: *è un uomo c. negli affetti.* CONTR. Volubile. **4** †Certo, indubitato | †*Avere, tenere per c.*, tenere per certo. || **costanteménte**, avv. Con costanza. **B** s. f. **1** (*mat.*) Quantità non variabile: *la c. di un integrale.* **2** (*fis.*) Numero puro o dimensionale che entra nelle relazioni tra grandezze fisiche ed è immutabile al variare delle grandezze stesse: *la c. dei gas, di Planck*; *costanti fisico-chimiche di un'acqua minerale.* **3** (*fig.*) Elemento fisso e caratteristico nel pensiero o nell'azione di un individuo, un gruppo, un movimento culturale o politico, e sim.: *la c. della filosofia kantiana.*

costantiniàno agg. **1** Dell'imperatore Costantino: *donazione costantiniana.* **2** (*est.*, *fig.*) Detto di politica ecclesiastica che persegue preminenti interessi temporali.

costànza o †**constànzia** [vc. dotta, lat. *constăntia*(*m*), da *constāre* 'stare fermo'. V. *constare*] s. f. **1** Qualità di chi, di ciò che, è costante: *avere c. nello studio, negli affetti, nell'amicizia* | Forza d'animo, fermezza: *sopportare con c. le avversità.* **2** Nel linguaggio scientifico, invariabilità di una grandezza al variare dei parametri a essa relativi | *C. delle leggi di natura*, per cui le stesse cause producono sempre gli stessi effetti naturali.

costardèlla [etim. incerta] s. f. ● Pesce osseo teleosteo con corpo allungato e mascelle appuntite (*Scomberesox saurus*).

costàre [lat. *constāre* 'stare fermo, costare, valere'. V. *constare*] v. intr. (*io còsto*; aus. *essere*) **1** Avere un determinato prezzo: *c. poco, molto, moltissimo*; *il libro costa centomila lire*; *quanto costa quel mobile?*; *quel quadro mi è costato molto* | (*pop.*) *C. caro, salato, un occhio, l'osso del collo*, moltissimo | *Costi quel che costi*, di cosa che si vuole avere a qualsiasi prezzo (*anche fig.*) | (*ass.*) Richiedere forti spese: *al giorno d'oggi tutto costa*; *è una città in cui la vita costa.* **2** (*fig.*) Esigere fatica, dolore, pena e sim.: *quel saggio gli è costato molti anni di studio*; *lavorare gli costa fatica*; *quel gesto gli costò la vita*; *non ti costa nulla essere gentile* | Portare gravi conseguenze: *ora conosce quanto caro costa / non seguir Cristo* (DANTE *Par.* XX, 46-47). **3** †V. *constare* nel sign. 1.

costaricàno **A** agg. ● Della Costa Rica: *repubblica costaricana.* **B** s. m. (f. *-a*) ● Abitante, nativo della Costa Rica.

costaricènse agg.; anche s. m. e f. ● (*raro*) Costaricano.

costassù [comp. di *costà* e *su*] avv. ● (*tosc.*, *lett.*) In codesto luogo (posto in alto, o anche più a nord, rispetto a chi parla).

costàta [da *costato*] s. f. ● Taglio di carne bovina o suina prelevata fra le costole o le vertebre dorsali, adatta per bistecche: *c. alla fiorentina.* || **costatina**, dim.

costatàre e *deriv.* ● V. *constatare* e *deriv.*

costàto o †**costàdo** [lat. parl. **costātu*(*m*), da *cŏsta* 'costola'] s. m. **1** Parete toracica: *il c. di Cristo.* **2** L'insieme delle costole di animali macellati. **3** †Costa, fianco, lato | †*Di c.*, di lato. **4** †L'insieme delle coste del bastimento.

costeggiàre [da *costa*] v. tr. (*io costéggio*) **1** Navigare senza allontanarsi dalle coste (*anche ass.*): *c. una spiaggia*; *la barca costeggiò fino a Ponza.* **2** (*est.*) Camminare lungo la riva di un fiume, il fianco di una montagna, il lato di una strada, e sim.: *costeggiammo il corso del fiume.* **3** (*fig.*) Procedere rasente a un dato luogo: *il sentiero costeggia il bosco*; *il ruscello era costeggiato da pioppi.* **4** (*dial.*) Ripassare con l'aratro gli spigoli esistenti fra un solco e l'altro.

costeggiatùra s. f. ● (*dial.*) Operazione del costeggiare il terreno.

costéggio s. m. **1** (*raro*) Navigazione lungo le coste. **2** Nell'equitazione, specie di trotto da maneggio.

costéi [lat. parl. *(*ĕc*)*cu*(*m*) *istēi* 'ecco a lei'] pron. dimostr. ● Forma femminile sing. di *costui.*

costèlla [detta così perché fatta a *coste*] s. f. ● Tessuto, solitamente di cotone, a coste leggere.

costellàre o (*lett.*) **constellàre** [da *costellato*] v. tr. (*io costèllo* o *costéllo*) **1** (*lett.*) Ornare di stelle. **2** (*est.*) Cospargere in modo vario e disuguale: *fiori costellano i prati.*

costellàto [vc. dotta, lat. tardo *constellātu*(*m*), comp. di *cŭm* 'con' e *stellātus* 'stellato'] agg. **1** Cosparso di stelle. **2** (*est.*) Variamente sparso di punti luminosi, colorati o che si staccano comunque sul fondo uniforme: *prato c. di margherite*; *abito c. di macchie.*

costellazióne o (*lett.*) **constellazióne** [vc. dotta, lat. *constellatiōne(m)*. V. *costellato*] s. f. *1* (*astron.*) Insieme di stelle che occupano una medesima zona della sfera celeste: *costellazioni boreali, australi; le dodici costellazioni dello zodiaco*. *2* (*fig.*) Gruppo di persone famose: *una c. di dive, di cantanti lirici*.

†**costèra** ● V. *costiera*.

costeréccio [da *costa*] s. m. *1* Carne e costole del petto del maiale, conservate anche sotto sale. *2* (*scherz.*) †Costola umana.

costernàre [vc. dotta, lat. *consternāre*, ints. di *constĕrnere* 'coprire, spargere', comp. di *cŭm* 'con' e *stĕrnere* 'stendere'] **A** v. tr. (*io costèrno*) ● Avvilire, affliggere profondamente: *la sua freddezza mi costernò; le nostre parole lo hanno costernato*. **B** v. intr. pron. ● †Perdersi d'animo.

costernàto part. pass. di *costernare*; anche agg. *1* Nei sign. del v. *2* Che manifesta costernazione: *sguardo c.; mi creda, sono veramente c.*

costernazióne [vc. dotta, lat. *consternatiōne(m)*, da *consternāre* 'costernare'] s. f. ● Smarrimento, abbattimento dell'animo: *provocare la c. generale; essere in preda alla c.; gettare qc. nella c.* SIN. Disperazione, dolore.

†**costétto** ● V. *codesto*.

costì [lat. *ĕccu(m) istīc* 'ecco qui'] avv. ● In codesto luogo (vicino alla persona cui ci si rivolge): *E tu che se' c., anima viva, / pàrtiti da cotesti che son morti* (DANTE *Inf.* III, 88-89) | Qui: *che fai c.?* | *Di c.*, da qui.

costièra o †**costèra** [da *costa*] s. f. *1* Tratto di costa | Regione a esso contigua. *2* Pendio montano poco accidentato | (*raro*) Salita poco ripida: *a piè d'un monticello alla costera / vide un palagio a marmori intagliato* (BOIARDO). *3* Caldina. *4* (*mar.*) Ciascuno dei canapi ai due lati degli alberi latini piccoli | (*spec. al pl.*) Pezzi robusti di legname di costa agli alberi maggiori e minori.

costièro agg. *1* Di costa | Che si riferisce alla costa: *breve tratto c.* | *Navigazione costiera*, che si svolge a poca distanza dalla costa | *Traffico c.*, esercitato tra i porti di uno stesso Stato | *Nave costiera*, attrezzata per la navigazione lungo la costa. *2* (*geol.*) Detto di ambiente di sedimentazione e di facies sedimentaria prossimi alla costa marina.

costina s. f. *1* Dim. di *costa*. *2* Taglio di carne suina costituito dalle coste e dalla carne che le circonda.

†**costinci** [lat. *ĕccu(m)* **istīnce* 'ecco di costì'] avv. ● Di costì, da codesto luogo: *Dite c.; che volete voi?* (DANTE *Purg.* IX, 85).

costing /ingl. 'kɔstiŋ/ [vc. ingl., 'valutazione dei costi', da *cost* 'costo'] s. m. inv. ● Rilevazione e controllo dei costi aziendali.

costipaménto s. m. *1* Atto, effetto del costipare o del costiparsi | *C. del terreno*, operazione con cui si aumenta la resistenza di un terreno, comprimendolo mediante l'infissione di pali, la battitura meccanica o altro mezzo. *2* (*raro*) Costipazione intestinale.

costipànte A part. pres. di *costipare*; anche agg. ● Nei sign. del v. **B** s. m. ● Medicamento che rallenta o arresta la peristalsi dell'intestino.

costipàre [vc. dotta, lat. *constipāre* 'raccogliere insieme, ammassare, stipare', comp. di *cŭm* 'con' e *stipāre* 'stipare'] **A** v. tr. (*io costìpo, tu costìpi*) *1* (*raro*) Ammassare, riunire in poco spazio. *2* Comprimere il terreno per diminuirne la sofficità. SIN. Rullare. *3* Astringere, provocare costipazione, rendere stitico: *c. il ventre, il corpo*. **B** v. intr. pron. *1* Divenire stitico. *2* (*fam.*) Prendersi un forte raffreddore.

costipativo A agg. *1* †Atto a costipare. *2* Atto a provocare costipazione intestinale. **B** s. m. ● Medicamento astringente.

costipàto part. pass. di *costipare*; anche agg. ● Nei sign. del v.

costipatóre s. m. ● Rullo per costipare il terreno.

costipazióne [vc. dotta, lat. tardo *constipatiōne(m)* 'affollamento, costipazione', da *constipāre* 'costipare'] s. f. *1* Compressione naturale di un terreno. *2* (*med.*) Stipsi, stitichezza. *3* (*fam.*) Forte raffreddore: *c. di testa*. ‖ **costipazionàccia**, pegg. | **costipazioncèlla**, dim. | **costipazionùccia**, dim.

costituèndo [vc. dotta, lat. *constituĕndu(m)*, gerundio di *constituĕre* 'costituire'] agg. ● Che deve essere costituito.

costituènte o (*lett.*) †**constituènte**. **A** part. pres. di *costituire*; anche agg. *1* Nei sign. del v. *2 Assemblea c.*, congresso di persone, elette dal popolo, cui spetta di preparare una nuova costituzione: *le deliberazioni dell'assemblea c.* **B** s. m. *1* (*chim.*) Elemento presente in un composto: *l'ossigeno è un c. dell'ossido di carbonio*. *2* (*ling.*) Detto di un morfema o sintagma che fa parte di una costruzione più ampia | *Costituenti immediati*, nuclei in cui si scompone la frase. *3* Membro dell'assemblea costituente: *la maggioranza dei costituenti* | *Il Costituente*, il legislatore della Costituzione. **C** s. f. ● Assemblea costituente: *eleggere la c.*

costituire o (*raro, lett.*) **constituire** [vc. dotta, lat. *constitŭere*, comp. di *cŭm* 'con' e *statŭere* 'statuire'] **A** v. tr. (*io costituìsco, tu costituìsci*) *1* Organizzare, fondare, creare: *c. un gruppo di ricercatori, un governo, una società*. *2* Mettere insieme, accumulare: *c. una raccolta di quadri*. *3* Mettere insieme, contribuire alla formazione di q.c.: *la villa è costituita di tre appartamenti; la commissione è costituita da soli medici* | Dare luogo a q.c. di più vasto e complesso: *più province costituiscono una regione*. *4* Essere, rappresentare, avere determinate caratteristiche: *il lavoro costituisce la sua ragione di vita*. *5* (*dir.*) Dichiarare: *c. in mora qc.* *6* Eleggere, nominare: *c. qc. a proprio difensore; c. qc. erede*. *7* †Assegnare: *c. una dote, un premio*. **B** v. intr. pron. *1* Formarsi, comporsi: *si sono costituite nuove abitudini* | *Costituirsi in regione*, organizzarsi come regione. *2* Dichiararsi pubblicamente: *si è costituito vostro difensore*. *3* (*dir.*) Presentarsi spontaneamente al magistrato o alla polizia giudiziaria dichiarandosi reo: *si è costituito ai carabinieri* | *Costituirsi in giudizio*, nel processo civile, compiere le formalità legislativamente richieste per presentarsi ufficialmente alle altre parti e al giudice | *Costituirsi parte civile*, intervenire, da parte della persona danneggiata da un reato, nel processo penale, per chiedere la restituzione e il risarcimento dei danni all'imputato o alla persona civilmente responsabile per il fatto di questi.

costituito o †**constituito**. part. pass. di *costituire*; anche agg. *1* Nei sign. del v. *2* Istituito per legge: *autorità costituita* | *Governo c.*, quello definitivamente stabilito | *C. a repubblica, a monarchia*, di Stato ordinato secondo una di tali forme.

costitutàrio [da *costituto*] s. m. ● Chi provvede alla costituzione di società o alle loro modifiche.

costitutivo o †**constitutivo** [vc. dotta, lat. tardo *constitutīvu(m)*, da *constitūtus* 'costituito'] **A** agg. *1* Che costituisce: *elemento c. di un progetto*. *2* (*dir.*) Di atto che crea o modifica rapporti giuridici: *atto c. di società* | *Documentazione costitutiva*, che la legge o le parti richiedono per la perfezione di un negozio giuridico. *3* Detto di proprietà chimico-fisica che dipende dalla costituzione molecolare delle sostanze. **B** s. m. ● (*raro*) Ciò che costituisce.

costitùto o †**constitùto** [vc. dotta, lat. *constitūtu(m)*, part. pass. di *constitŭere* 'costituire'] **A** agg. *1* (*raro, lett.*) Costituito, stabilito. *2* (*raro, lett.*) Eletto, messo a capo. **B** s. m. *1* (*dir.*) Pattuizione, accordo: *c. possessorio; c. di Costantino*. *2* †Statuto, costituzione. *3* (*mar.*) Dichiarazione sullo stato sanitario della nave resa dal comandante all'ufficio di sanità del porto d'arrivo. *4* †Deposizione di un imputato davanti al giudice.

costitutóre o †**constitutóre** [vc. dotta, lat. *constitutōre(m)*, da *constitŭere* 'costituire'] s. m.; anche agg. (f. *-trice*) ● Chi, che costituisce.

costituzionàle [fr. *constitutionnel*, dall'ingl. *constitutional*, da *constitution* 'costituzione'] agg. *1* Relativo alla Costituzione: *diritto c.* | *Carta c.*, la Costituzione | *Legge c.*, emanata in seguito allo speciale procedimento formativo proprio delle norme della Costituzione; legge non contrastante con alcuno dei principi informatori della Costituzione | *Stato c.*, che poggia tutta la sua organizzazione su una base giuridica. SIN. Stato di diritto | *Corte c.*, organo cui spetta di giudicare in unico grado sulla legittimità costituzionale di atti normativi, sui conflitti di competenza tra gli organi statuali e sulle accuse promosse contro il Presidente della Repubblica e i Ministri. *2* (*med.*) Della, relativo alla, costituzione fisica dell'individuo | *Malattia c.*, che dipende dalla costituzione individuale. ‖ **costituzionalménte**, avv. *1* In modo costituzionale. *2* Dal punto di vista della costituzione fisica.

costituzionalismo [fr. *constitutionalisme*, dall'ingl. *constitutionalism*, da *constitutional* 'costituzionale'] s. m. *1* Insieme dei principi ispiratori dell'ordinamento supremo dello Stato costituzionale: *c. dello Stato italiano* | Costituzionalità: *c. di un atto normativo*. *2* Teoria medica che dà particolare importanza alla costituzione fisica nell'insorgenza delle malattie.

costituzionalista s. m. e f. (pl. m. *-i*) *1* Studioso di diritto costituzionale. *2* Medico seguace del costituzionalismo.

costituzionalistico agg. (pl. m. *-ci*) *1* Relativo al costituzionalismo. *2 Medicina costituzionalistica*, che studia la costituzione individuale e le malattie a essa connesse.

costituzionalità s. f. ● Conformità alle norme della Costituzione: *c. di una legge, di un provvedimento, di un governo*.

costituzióne o †**constituzióne** [vc. dotta, lat. *constitutiōne(m)*, da *constitŭere* 'costituire'] s. f. *1* Atto, modo, effetto del costituire o del costituirsi: *c. di un sodalizio; c. di un governo* | Composizione: *variare la c. di una squadra di calcio*. *2* Struttura, complesso delle qualità, delle caratteristiche formali e sostanziali di q.c.: *c. geologica del terreno; c. di un organismo vegetale* | Il complesso delle caratteristiche fisiche e funzionali dell'organismo umano: *individuo di buona, forte, gracile, debole c.; sana e robusta c.* *3* (spesso scritto con iniziale maiuscola) Complesso delle leggi che stanno a base dell'ordinamento giuridico di uno Stato: *c. monarchica, repubblicana, Costituzione della Repubblica Italiana; c. rigida, flessibile; c. formale, c. materiale*. *4* (*dir.*) Formalità con cui una persona si presenta in giudizio: *c. in giudizio dell'attore; c. della parte civile*. *5* †Fondazione: *c. di una colonia, di una città*. *6* †Sistema: *c. del mondo; c. naturale*.

còsto [da *costare*] s. m. *1* Spesa che bisogna sostenere per ottenere q.c.: *pensò che ciò non si potea fare senza buon c.* (SACCHETTI) | (*fig.*) Rischio, fatica, sacrificio | *A c. di*, qualunque cosneguenza comporti | *A ogni, a qualunque c., a tutti i costi*, in qualunque modo | *A nessun c.*, in nessun modo. *2* (*econ.*) Sacrificio, espresso in moneta, sostenuto per la produzione di beni o servizi: *c. di produzione; c. fisso, variabile; c. industriale, diretto, indiretto* | *C. di distribuzione*, spese sostenute nel passaggio delle merci o direttamente dal produttore al consumatore o attraverso intermediari | *C. standard*, valore scelto come rappresentativo del costo del prodotto | *Indice di c.*, rapporto fra le spese sostenute da un centro di costo in un certo periodo e la produzione relativa | *C. del lavoro*, insieme delle spese sostenute da un'azienda per i salari, comprensivi degli oneri sociali, dei propri dipendenti | *C. del denaro*, costo, comprensivo degli interessi e di altri oneri, che grava su chi ottiene in prestito una somma di denaro | (*econ.*) *Analisi costi-benefici*, valutazione dei costi e benefici di un progetto al fine di decidere se intraprenderlo | *A prezzo di c.*, senza guadagno | *Sotto c.*, a un prezzo tale, che il ricavato sia inferiore al costo di produzione. *3* (*fam.*) Prezzo, valore: *il c. del vino, della villeggiatura* | *Il c. della vita*, l'insieme delle spese necessarie per vivere. *4* †Interesse, usura.

còstola [lat. tardo *cŏstula(m)*, da *cŏsta* 'costa, costola'] s. f. *1* (*anat.*) Costa | *Mostra le costole, gli si vedono, gli si contano le costole*, è magrissimo, detto di persona o animale | *Essere, stare alle costole di qc.*, stargli sempre vicino | *Avere qc. alle costole*, (*fig.*) averlo sempre vicino, importunamente | *Rompere le costole a qc.*, (*fig.*) bastonarlo forte | (*fig.*) *Mangiare alle costole di qc.*, farsi mantenere | *Essere della c. di Adamo*, di famiglia nobile o molto antica (*spec. iron.* o *scherz.*) | *Essere tutti della c. di Adamo*, essere soggetti a tutte le debolezze umane. ➡ ILL. p. 362 ANATOMIA UMANA. *2* Dorso di un oggetto: *c. del pettine, di un libro* | (*raro*) Spigolo. *3* Parte di un coltello, di una spada e sim. opposta al taglio. *4* (*geogr.*) Diramazione di catena, contrafforte di monte. *5* Nervatura mediana di una foglia | Nervatura di rinforzo molto diffusa in costruzioni meccaniche | (*arch.*) *C. di una volta*, costolone. || **costolétta**, dim. (V.) | **costolìna**, dim. | **costolóne**, accr. m. (V.).

costolàto **A** agg. ● Fatto a costole | Fornito di costole. **B** s. m. *1* Lombata. *2* (*mar.*) Corbame.

costolatùra s. f. *1* Insieme e struttura delle costole. *2* (*arch.*) Complesso dei costoloni di una volta.

costolétta s. f. *1* Dim. di *costola*. *2* Pezzo piano di carne tagliato dal cosiddetto quadrello coperto, di vitello, maiale, agnello, comprendente la rosetta e l'osso | *C. alla milanese*, di vitello, passata in uovo sbattuto, impanata e fritta nel burro. || **costolettìna**, dim.

costolóne **A** s. m. *1* Accr. di *costola*. *2* (*arch.*) Nervatura aggettante di cupole e volte spec. a crociera, con funzioni estetiche e costruttive di scarico del peso sulle strutture di sostegno. ➡ ILL. p. 358 ARCHITETTURA. **B** s. m.; anche agg. (f. *-a*) ● (*pop., tosc.*) Chi, che è grosso e tarchiato | (*spreg.*) Chi, che è rozzo e grossolano.

costolùto agg. *1* (*raro*) Che ha costole grosse e sporgenti. *2* (*bot.*) Detto di organo vegetale con costole molto sviluppate.

costóne s. m. *1* Accr. di *costa*. *2* Cresta spigolosa frequente in montagna costituita da rocce dure | Prominenza morenica sulla superficie di un ghiacciaio.

costóro [lat. *ĕccu(m) istōru(m)* 'ecco di loro'] pron. dimostr. ● Forma pl. di *costui* e *costei*.

costóso [da *costo*] agg. *1* Che costa molto: *oggetto, viaggio c.*; *roba costosa*. SIN. Caro, dispendioso. *2* (*fig.*) Che richiede fatica, sforzo e sim.: *impegno c.* || **costosétto**, dim. | **costosìno**, dim. || **costosaménte**, avv. Con molta spesa.

†**costrettìvo** ● V. *costrittivo*.

costrétto o (*lett.*) †**constrétto**. part. pass. di *costringere*; anche agg. *1* Nei sign. del v. *2* †Condannato a una pena.

†**costrìgnere** e *deriv.* ● V. *costringere* e *deriv.*

costrìngere o †**constrìngere**, †**costrìgnere** [vc. dotta, lat. *constrĭngere*, comp. di *cŭm* 'con' e *strĭngere* 'stringere'] v. tr. (coniug. come *stringere*) *1* Fare in modo, usando la forza fisica o morale, le minacce e sim., che qc. agisca come non vorrebbe: *c. qc. a dire la verità, a mentire*; *c. un esercito alla resa*; *la fame lo costrinse a fuggire*; *fu costretto ad abbandonare ogni speranza*; *è costretto a stare sempre in casa*. SIN. Forzare. *2* (*lett.*) Stringere, comprimere: *c. una ruota nel suo cerchio* | (*fig.*) Reprimere, frenare: *c. il pianto, il riso, le parole*; *c. il vizio*.

costringiménto o †**costrigniménto**. s. m. ● (*lett.*) Costrizione.

†**costrinzióne** ● V. *costrizione*.

costrittìva [f. sost. di *costrittivo*] s. f. ● (*ling., ell.*) Consonante costrittiva.

costrittìvo o (*raro*) **constrittìvo**, (*lett.*) †**costrettìvo** [vc. dotta, lat. tardo *constrictīvu(m)*, da *constrĭctus* 'costretto'] agg. *1* Che costringe: *potere c.*; *formula costrittiva*. SIN. Coercitivo. *2* (*raro*) Che tiene stretto, compresso | *Fasciatura costrittiva*, che comprime tessuti e vasi sanguigni | Astringente: *medicamento c.* *3* (*ling.*) *Consonante costrittiva*, consonante la cui articolazione comporta una ostruzione non completa del canale vocale.

costrittóre [dal lat. *constrĭctus* 'costretto'] agg. ● (*anat.*) Detto di muscolo, che, contraendosi, diminuisce l'apertura di un orifizio: *muscolo c. faringeo*.

costrizióne o †**constrizióne**, †**costrinzióne** [vc. dotta, lat. tardo *constrictiōne(m)*, da *constrĭctus* 'costretto'] s. f. *1* Atto, effetto del costringere: *le costrizioni della povertà*; *essere in uno stato di c.* SIN. Coazione, coercizione. *2* †Restringimento.

costruìbile agg. ● Che si può costruire.

costruìre o †**construìre** [lat. *construĕre*, comp. di *cŭm* 'con' e *strŭere* 'edificare'] v. tr. (pres. *io costruìsco, tu costruìsci*; pass. rem. *io costruìi* o raro *costrùssi, tu costruìsti*; part. pass. *costruìto*, raro *costrùtto*, †*constrùtto*) *1* Fabbricare, formare, mettendo insieme le varie parti opportunamente disposte: *c. un muro, una casa, una strada, un motore* | (*ass.*) Edificare: *in quella strada si costruisce molto*. *2* (*fig.*) Congegnare, comporre, ordinare: *c. una teoria, un sistema* | *C. un inganno*, ordirlo | *C. q.c. sulla sabbia*, fare cosa effimera | *C. il gioco, un'azione*, nel calcio e sim., svolgere manovre individuali o collettive per lo più in fase offensiva. *3* (*ling.*) Ordinare secondo le dipendenze logiche o le concordanze grammaticali: *c. il periodo*. *4* (*mat.*) Eseguire una costruzione.

costruttivìsmo s. m. ● Movimento artistico di avanguardia, figurativo, musicale e letterario, sviluppatosi in Russia dopo la rivoluzione del 1917.

costruttìvo o (*raro*) †**construttìvo** [vc. dotta, lat. tardo *constructīvu(m)* da *constrŭctus*, part. pass. di *constrŭere* 'costruire'] agg. *1* Che è atto a costruire: *scienza costruttiva*. *2* (*fig.*) Che mira a rendere positivo e operante q.c.: *proposito, piano, spirito c.* || **costruttivaménte**, avv.

costrùtto o (*lett.*) †**constrùtto**. **A** part. pass. di *costruire*; anche agg. ● (*lett.*) Nei sign. del v. **B** s. m. *1* (*ling.*) Ordine e disposizione delle parole | Frase, proposizione, espressione | Unione delle parole che dà un senso logico. *2* (*est.*) Senso, significato: *parole, chiacchiere senza c.* | (*lett.*) †Frase, espressione. *3* (*fig.*) Risultato, profitto, utilità | *Lavoro, attività senza c.*, inutile | *Cavare, trarre c. da q.c.*, trarne vantaggio.

costruttóre o (*lett.*) †**construttóre** [vc. dotta, lat. tardo *constructōre(m)*, da *constrŭctus* 'costrutto'] **A** s. m. (f. *-trice*) ● Chi costruisce o sovraintende a una costruzione: *c. navale*; *c. di motori* | *C. edile*, imprenditore edile. **B** agg. ● Che costruisce | *Società costruttrice*, che ha in appalto la costruzione di edifici pubblici, strade, acquedotti e sim.

costruzióne o (*lett.*) †**construzióne** [vc. dotta, lat. *constructiōne(m)*, da *constrŭctus* 'costrutto'] s. f. *1* Atto del costruire: *c. di un ponte, di una strada, di un edificio*; *legname da c.* | *Opera in c.*, *in via di c.*, che si sta costruendo. SIN. Edificazione, fabbricazione. *2* Modo in cui una cosa è costruita: *c. delicata, fragile, robusta, solida* | *La c. dell'universo*, il suo ordinamento. *3* Opera costruita: *c. in pietra, in mattoni, in cemento armato, in ferro*; *c. meccanica, navale* | Edificio: *nuove costruzioni sorgono alla periferia della città*. *4* (*ling.*) Costrutto. *5* (*mat.*) *C. geometrica*, sequenza di operazioni, consistenti nel tracciare con strumenti prestabiliti delle curve e nell'intersecarle, atta a condurre dai dati del problema alle sue soluzioni.

costudìre ● V. *custodire*.

costùi [lat. parl. **(ĕc)cu(m) istūi* 'ecco a lui'] pron. dimostr. (f. *costèi*; pl. m. e f. *costóro*) *1* Questa persona, codesta persona (vicina a chi parla o a chi ascolta, oppure da poco nominata con funzione di sogg. e compl., in genere con valore spreg.): *che cosa vuole c.?*; *chi ha detto a costei di venire?*; *che cosa interessa a costoro quel che io faccio?*; *tienti ben lontano da costoro!*; *'Carneade! Chi era c.?' ruminava tra sé don Abbondio* (MANZONI). *2* (*lett.*) Di costui, suo (con l'ellissi della prep. 'di', posto tra l'art. e il s.): *Amor, ch'a nullo amato amar perdona, / mi prese del c. piacer sì forte* (DANTE *Inf.* V, 103-104).

†**costùma** [ant. fr. *costume* 'costume'] s. f. ● (*lett.*) Usanza, tradizione: *la ria c. di sua terra espose* (ARIOSTO).

costumànza [da *costumare*] s. f. *1* Usanza, consuetudine tradizionale seguita da una persona, un gruppo familiare o sociale, un popolo e sim.: *tramandare, rispettare, osservare le costumanze*. *2* †Abitudine, comportamento. *3* †Buona creanza. *4* †Pratica, dimestichezza: *avere c. con qc.*

costumàre [da *costume*] **A** v. intr. (anche impers.; aus. *essere*) *1* Avere come abitudine, essere consueto, solito: *le donne anziane costumavano portare lunghe gonne*; *si costuma in molte città d'Italia, di poter d'ogni cosa parlare liberamente* (GALILEI). *2* †Avere rapporti d'amicizia con qc. **B** v. tr. ● †Avvezzare, assuefare: *c. qc. alla buona mensa* | †Educare.

costumatézza [da *costumato*] s. f. ● Qualità di chi è costumato | Compostezza, cortesia: *quel ragazzo è un vero esempio di c.*

costumàto part. pass. di *costumare*; anche agg. *1* Nei sign. del v. *2* Cortese, ben educato, di buoni costumi: *giovane c.* || †**costumataménte**, avv.

costùme [lat. *consuetūdine(m)*. V. *consuetudine*] s. m. *1* Comportamento abituale di una persona: *è suo c. alzarsi presto* | *Avere per c.*, essere solito | (*raro*) *Avere in c.*, essere solito. SIN. Abitudine, consuetudine. *2* Consuetudine, usanza collettiva, spec. in quanto oggetto di attenzione critica, studio e sim.: *annotazioni di c.*; *critica di c.*; *fatto di c.*; *la gita di fine settimana è ormai entrata nel c.* | Complesso delle usanze, credenze e sim. che caratterizzano la vita sociale e culturale di una collettività in una data epoca: *ha studiato a lungo i costumi di quelle tribù*; *degli uomini / vita e costumi in genere descrive* (PASCOLI). *3* Condotta morale: *il buon c.*; *il mal c.*; *persona di cattivi costumi*. *4* (*raro, lett.*) Proprietà, natura di un oggetto e sim.: *sustanze e accidenti e lor c.* (DANTE). *5* (*est.*) Foggia di vestire, propria di una determinata località, epoca storica, gruppo sociale e sim.: *c. regionale, piemontese, siciliano*; *c. del primo Settecento*; *storia del c.*; *gli invitati vennero alla festa indossando i loro costumi nazionali*. *6* (*est.*) Indumento che si indossa per un determinato scopo o attività: *c. da carnevale, da sci* | *C. da bagno*, indumento in maglia o tessuto costituito, per gli uomini, da un paio di calzoncini o slip e, per le donne, da una guaina intera | *C. a due pezzi*, (*ell.*) *due pezzi*, costume da bagno femminile, composto da reggiseno e mutandine o slip. || **costumìno**, dim.

costumìsta s. m. e f. (pl. m. *-i*) ● Chi si occupa della manutenzione dei costumi teatrali, cinematografici o televisivi | Disegnatore di costumi di scena.

costùra [lat. parl. **consūra(m)*, da *consŭere* 'cucire insieme', comp. di *cŭm* 'con' e *sŭere* 'cucire'] s. f. *1* Cucitura che unisce due pezzi di stoffa, pelle e sim.: *c. dei pantaloni* | *C. aperta*, con i lembi allargati e pressati col ferro da stiro | *C. ribattuta*, ottenuta ripiegando una parte sull'altra | (*fig., pop.*) *Scuotere, spianare le costure a qc.*, bastonarlo. *2* Cucitura sul dietro delle calze a punti calati.

†**cóta** o **còta** ● V. *cote*.

cotalché [comp. di *cotal(e)* e *che* (*2*)] cong. ● (*raro, lett.*) Cosicché, in modo che (introduce una prop. consec. con il v. di preferenza all'indic.).

cotàle [comp. dal lat. *ĕccu(m)* e *tāle(m)* 'ecco' e 'tale'] **A** agg. indef. m. e f. ● (*lett.*) Tale, siffatto: *in c. luogo*; *c. maniera*; *c. stato*; *l'aguta punta mosse / di qua, di là, e poi diè cotal fiato* (DANTE *Inf.* XVII, 59-60). **B** pron. indef. m. e f. ● Un tale, una certa persona (*spec. iron. o spreg.*): *un c. non desidero neppure vederlo*. **C** avv. ● Così, in tale modo (anche raff. di altri avv. e loc. avv.): *vid'io lo Minotauro far c.* (DANTE *Inf.* XII, 25). **D** s. m. ● (*scherz.*) Membro virile.

cotangènte [lat. scient. *co(mplemĕnti) tangĕnte(m)* 'tangente del complemento'] s. f. ● (*mat.*) Funzione trigonometrica reciproca della tangente.

cotangentòide [comp. di *cotangente* e *-oide*] s. f. ● (*mat.*) Curva che, in un diagramma cartesiano, rappresenta la cotangente in funzione dell'angolo.

cotànto [comp. del lat. *ĕccu(m)* e *tāntu(m)* 'ecco' e 'tanto'] **A** agg. indef. ● (*lett., talora enf.*) Tanto, così grande | In così gran numero: *veggendo sé tra nemici cotanti* (DANTE *Inf.* XXI, 96). **B** pron. indef. ● Questa cosa soltanto, quel poco: *quel c. che la ragione umana ... vede* (DANTE). **C** avv. ● Tanto, talmente, per tanto tempo: *E questa sorte che par giù c., / però n'è data* (DANTE *Par.* III, 55-56); *questi / i diletti, l'amor, l'opre, gli eventi / onde c. ragionammo insieme?* (LEOPARDI) | Anche in correl. con 'che', 'quanto', 'come'.

cóte o **còte**, †**cóta** [lat. *cōte(m)*, da una radice indeur. che significa 'tagliare'] s. f. *1* Pietra dura di calcari siliciferi per affilare ferri da taglio. *2* (*raro, fig.*) Stimolo, sprone: *de la virtù c. è lo sdegno* (TASSO).

côté /fr. ko'te/ [vc. fr., propr. 'lato, fianco'] s. m. inv. *1* Lato, aspetto (*spec. fig.*). *2* Insieme di circostanze che fanno da contorno a un fatto, un personaggio, una situazione.

cotechìno [da *cotica*, attrav. i dialetti sett.] s. m. ● Specie di salame composto di cotenne e di carne di maiale pestate insieme e insaccate, da consumarsi lessato.

côtelé /fr. kot'le/ [fr. 'costolato'] agg. inv. ● A coste, detto di velluto.

cokénna [lat. parl. *cutīnna(m), da cŭtis 'cute'] s. f. *1* Pelle grossa e dura del maiale, del cinghiale e sim. *2* (*anat.*) Membrana di notevole spessore. *3* (*scherz., spreg.*) Pelle dell'uomo | *Mettere la c., mettere su c.*, (*fig.*) ingrassare | *Avere la c. dura, essere duro di c.*, (*fig.*) essere insensibile | *Avere la c. grossa*, (*fig.*) essere zotico, grossolano | *Avere cara la c.*, tenere alla propria vita | (*est., scherz., spreg.*) Testa dell'uomo: *il suo volto ... pareva quasi una maschera sotto il bianco ... della c. rasa* (PIRANDELLO). *4* (*est.*) Superficie, parte esterna, crosta: *c. erbosa*. *5* (*fig.*) †Persona avara. || **cotennina**, dim. | **cotennóne**, accr. m.

cotennóso agg. *1* Fornito di grossa cotenna. *2* (*med.*) Di, relativo a, cotenna | *Angina cotennosa*, angina difterica. *3* (*fig., raro*) Incallito.

cotennòtto [da *cotenna*] s. m. ● Taglio di carne bovina, presso la spalla.

coterie /fr. kɔ'tri/ [vc. fr., propr. 'consorteria'] s. f. inv. *1* (*spreg.*) Cricca, combriccola, congrega. *2* Compagnia, brigata di amici.

†**cotestèi** [sovrapposizione di *lei* a *cotesta*, f. di *cotesto*] pron. dimostr. ● Forma femminile sing. di †*cotestui*.

†**cotésti** ● V. †*codesti*.

cotésto (1) ● V. *codesto*.

cotèsto (2) o **co-tèsto** [comp. di *co-* e *testo*, in ingl. *co-text*] s. m. ● (*ling.*) Ciò che precede e segue un enunciato, costituendo il suo contesto linguistico.

†**cotestóro** [sovrapposizione di *loro* a *cotesti*, pl. di *cotesto*] pron. dimostr. ● Forma pl. di †*cotestui* e †*cotestei*.

†**cotestùi** o (*raro*) †**codestùi** [sovrapposizione di *lui* a *cotesto*] pron. dimostr. (f. *cotestèi*; pl. m. e f. *cotestóro*) ● (*lett.*) Costui: *se c. se ne fidava, ben me ne posso fidare io* (BOCCACCIO).

cótica [lat. parl. *cŭtica(m), da cŭtis 'cute'] s. f. *1* (*dial.*) Cotenna di maiale: *fagioli con le cotiche*. *2* Strato superficiale del terreno erboso fornito di radici. *3* (*scherz.*) †Pelle umana. || †**coticóne**, accr. m.

cotidàle [ingl. *cotidal*, comp. di *co-* 'con' e *tide* 'marea'] agg. ● In una rappresentazione cartografica, detto di linea che unisce tutti i punti in cui il massimo di marea avviene nello stesso istante.

cotidiàno e deriv. ● V. *quotidiano* e deriv.

còtile o **còtila** [vc. dotta, lat. *cŏtyla(m)*, nom. *cŏtyla*, 'vaso', dal gr. *kotýlē* 'cavità, ciotola' (V. *ciotola*)] s. f. *1* (*anat.*) Cavità articolare emisferica di un osso | (*per anton.*) Acetabolo. SIN. Cotiloide. *2* Misura di capacità in uso nell'antica Grecia.

cotiledonàre agg. *1* (*bot.*) Che si riferisce al cotiledone. *2* (*biol.*) *Placenta c.*, placenta di alcuni Mammiferi in cui i villi coriali si riuniscono in numerosi gruppi fra loro distinti.

cotilèdone [vc. dotta, lat. *cotylēdone(m)*, nom. *cotylēdon*, dal gr. *kotylēdṓn*, da *kotýlē* 'cavità, ciotola', per la concavità delle foglie] s. m. *1* (*bot.*) Foglia embrionale che si trova nell'interno del seme per svolgere una funzione di riserva, di assorbimento, o di protezione. *2* (*zool.*) Gruppo di villi coriali della placenta dei Ruminanti.

cotillon /fr. kɔti'jɔ̃/ [vc. fr., da *cotte* 'sottana' (V. *cotta (2)*), poi 'danza con cotillon'] s. m. inv. *1* Regalo distribuito durante una festa da ballo o uno spettacolo. *2* In passato, sorta di ballo a figure, concluso da giochi e distribuzioni di regali.

cotilòide [vc. dotta, gr. *kotyloeidḗs* 'in forma di cavità'. V. *cotile* e *-oide*] s. f. ● (*anat.*) Cotile.

cotiloidèo agg. ● (*anat.*) Di, relativo a cotile o cotiloide: *margine c.*

cotìssa [fr. *cotice*, da *cotte* 'cotta'] s. f. ● (*arald.*) Banda diminuita della metà della larghezza.

†**cóto** [da *coitare*, dal lat. *cogitāre*. V. *cogitare*] s. m. ● Pensiero, giudizio: *'Non ti maravigliar perch'io sorrida' / mi disse, 'appresso il tuo pueril c.'* (DANTE *Par.* III, 25-26).

cotógna A s. f. ● Frutto del cotogno. B in funzione di agg. solo f.: *mela, pera c.*

cotognàstro [da *cotogno*] s. m. ● Arbusto spontaneo delle Rosacee con foglie semplici, cotonose nella pagina inferiore, fiori rosa e frutti a drupa (*Cotoneaster integerrima*).

cotognàta s. f. ● Marmellata di mele o pere cotogne.

cotognìno agg. ● Che ha colore, odore e sapore di cotogna.

cotógno [lat. *cotōneu(m)*, nom. *cotōneus*, dal gr. *kydṓnios* 'di Cidone' (Creta)] A s. m. *1* Albero delle Rosacee, con fusto contorto e nodoso, foglie intere inferiormente cotonose e frutti commestibili aspri e profumati (*Cydonia vulgaris*). *2* (*raro*) Cotogna. B in funzione di agg.: *melo c.*

cotolétta [fr. *côtelette* 'costoletta', da *côte* 'costa'] s. f. ● Fetta di carne, con o senza osso, passata nell'uovo, impanata e fritta: *c. alla milanese*.

cotonàceo agg. ● Simile a cotone.

cotonàre v. tr. (*io cotóno*) *1* Trattare un tessuto in modo da renderlo simile al cotone. *2* Eseguire la cotonatura ai capelli.

cotonària [da *cotone*] s. f. ● Pianta erbacea delle Cariofillacee biancastra e cotonosa con foglie ovali e fiori rosa (*Lychnis coronaria*).

cotonàta [da *cotone*] s. f. ● Tessuto di cotone stampato a colori vivaci su una sola faccia.

cotonàto [da *cotone*] s. m. ● Tessuto di cotone | Tessuto di cotone misto ad altre fibre.

cotonatùra s. f. ● Tecnica di acconciatura femminile consistente nell'increspare ad arte i capelli, pettinandone a rovescio le ciocche in modo da ottenere un insieme compatto e vaporoso.

cotóne [ar. *qutun*] s. m. *1* Pianta annua o bienne delle Malvacee, con foglie lobate, fiori giallo-chiari e frutto a capsula che si apre liberando i semi avvolti da una peluria bianca e lucente impiegata come fibra tessile e per altri usi (*Gossypium herbaceum*). *2* Tessuto di tale fibra: *vestito, camicie di c.* | *Mezzo c.*, tessuto di cotone misto con altro filato | Filo di cotone, usato per cucire, ricamare, rammendare. *3* Peli dei semi del cotone, trattati in modo particolare per essere impiegati spec. in medicazioni e fasciature: *c. grezzo; c. idrofilo, assorbente; c. emostatico* | *Avere il c. nelle orecchie*, (*fig., pop.*) non ascoltare o non voler ascoltare | (*fig.*) *Vivere, stare nel c.*, vivere nelle delicatezze | *Tenere qc. nel c.*, (*fig.*) allevarlo con eccessivi riguardi, viziarlo. *4* (*chim.*) *C. collodio*, estere nitrico della cellulosa, ottenuto in bioccoli per moderata nitrazione del cotone del quale conserva l'aspetto, usato per gelatine esplosive | *C. fulminante*, fulmicotone.

cotonerìa s. f. ● (*spec. al pl.*) Quantità di tessuti, filati, e sim. di cotone.

cotonicoltóre [comp. di *cotone* e *-coltore*] s. m. ● Chi coltiva il cotone.

cotonicoltùra [comp. di *cotone* e *-coltura*] s. f. ● Coltivazione del cotone.

cotonière s. m. *1* Industriale del cotone. *2* Operaio di un cotonificio.

cotonièro agg. ● Del cotone: *operaio c.; industria cotoniera*.

cotonifìcio [comp. di *cotone* e *-ficio*] s. m. ● Fabbrica in cui si fila o tesse il cotone.

cotonìna [da *cotone*] s. f. *1* Tela di cotone, leggera e lievemente pelosa, spesso a disegni stampati. *2* Tela grossolana per vele.

cotonizzàre [da *cotone*] v. tr. ● Ridurre simile a cotone altra materia tessile, spec. la canapa.

cotonóso agg. ● Che ha l'aspetto del cotone | Che è coperto di peluria come il cotone: *frutto c.* | Che contiene molto cotone.

†**cotornice** ● V. *coturnice*.

cotrióne ● V. *codrione*.

còtta (1) [f. sost. di *cotto*] s. f. *1* Cottura: *dare una prima c. alla verdura* | *Zucchero di tre, di sei cotte*, raffinato al massimo | (*fig.*) *Furbo, furfante di tre, di sette cotte*, in sommo grado. *2* Quantità di roba che si cuoce in una volta: *una c. di castagne, di mattoni*. *3* Partita di manufatti tessili che è stata sottoposta alla tintura. *4* (*fig., pop.*) Ubriacatura, sbornia. *5* (*fig.*) Passione amorosa improvvisa e violenta: *prendere, prendersi una c. per qc.; avere una c. per qc.; gli è passata la c.* *6* (*fig.*) Stato di prostrazione fisica e psichica in cui cade un atleta nel corso di una gara per abuso di eccitanti o per eccessivo sforzo. || **cottarèlla**, **cotterèlla**, dim.

còtta (2) [fr. *cotte*, dal francone *cotta* 'tunica, veste'] s. f. *1* Antica tunica: *una ricca c. aveva indosso / d'un drappo ricco all'usanza pagana* (PULCI) | *C. d'arme*, sopraveste portata da araldi e cavalieri sopra l'armatura | *C. di maglia*, armatura completa composta di anelli metallici ribaditi e concatenati tra loro | Casacca militare. *2* Indumento liturgico consistente in una tunica bianca, di cotone o di lino, scendente fino ai ginocchi, con maniche ampie, indossata dal sacerdote in tutte le funzioni, tranne la Messa. *3* †Tonaca per frati. || †**cottellìna**, dim. | **cotticèlla**, dim.

còttabo [vc. dotta, lat. *cŏttabu(m)*, nom. *cŏttabus*, dal gr. *kóttabos* 'bacino', da avvicinare a *kotýlē*. V. *ciotola*] s. m. ● Gioco in uso presso Greci e Etruschi, consistente nel lanciare gocce di vino rimaste nel fondo di una tazza in modo da colpire un certo numero di vasi galleggianti in un recipiente pieno d'acqua.

cottage /ingl. 'kɔtidʒ/ [vc. ingl., dal fr. *cotage*, dal germ. *kote* 'capanna'] s. m. inv. ● Casetta di campagna, villetta elegante, di stile rustico.

cottardìta [fr. *cotte hardie*, comp. di *cotte* 'cotta (2)' e *hardie* di non chiaro sign.] s. f. ● Cotta araldica o d'arme, indossata sull'armatura con le insegne araldiche.

cotticchiàre [da *cotto*] v. tr. ● Dare una prima cottura.

cottìccio [da *cotto*] A agg. (pl. f. *-ce*) *1* (*raro*) Alquanto cotto. *2* (*raro, fig.*) Avvinazzato, mezzo ubriaco. *3* (*raro, fig.*) Alquanto innamorato. B s. m. *1* Vetro fuso, estratto dal crogiolo in massa informe. *2* Piccola massa di ferraccio, gradualmente accumulatasi nel forno fusorio.

Còttidi [dal gr. *kóttos*, n. d'un pesce, prob. da *kottís* 'testa', di etim. incerta] s. m. pl. ● Nella tassonomia animale, famiglia di Pesci degli Scorpeniformi marini o d'acqua dolce, con corpo allungato, spesso dotato di ghiandole velenose (*Cottidae*) | (al sing. *-e*) Ogni individuo di tale famiglia.

còttile [vc. dotta, lat. *cŏctile(m)* 'cotto', da *cŏctus* 'cotto'] agg. ● Di terracotta, di cotto.

cottimànte s. m. e f. ● (*raro*) Cottimista.

cottimìsta s. m. e f. (pl. m. *-i*) ● Lavoratore retribuito a cottimo.

còttimo [lat. *quŏtumu(m)* 'di che numero?'. V. *quoto*] s. m. ● Forma di retribuzione commisurata al risultato che il prestatore di lavoro consegue mediante la sua attività | *Lavoro a c.*, retribuito a cottimo.

cottìo [etim. incerta] s. m. ● A Roma, la vendita del pesce all'incanto ai mercati generali, che ha luogo la notte dell'antivigilia di Natale.

còtto A part. pass. di *cuocere*; anche agg. *1* Nei sign. del v. *2* *Cadere come una pera cotta*, cadere pesantemente e (*fig.*) lasciarsi facilmente ingannare | *Chi la vuol cotta e chi cruda*, (*fig.*) ognuno pensa a suo modo | (*fig.*) *Farne di cotte e di crude*, farne di tutti i colori | *Né c. né crudo*, (*fig.*) indeciso e irresoluto | *Non patire q.c. né cotta né cruda*, (*fig.*) non poterla sopportare | *Innamorato c.*, molto innamorato. *3* (*est.*) Danneggiato, corroso dal fuoco: *il fondo della pentola è c.* *4* (*fig.*) Detto di atleta prostrato dalla gara e gener. di persona sfinita per la stanchezza. B s. m. *1* Cosa o vivanda cotta o che si fa cuocere. *2* Mattone, terracotta: *pavimento di c.; c. toscano*. *3* Concia di mosto cotto: *dare il c. al vino*. *4* †Scottatura, bruciatura della pelle.

cottóia s. f. *1* (*raro, tosc.*) Cottura, spec. nelle loc. *essere di buona, di cattiva c.*, detto di legumi o sim. che cuociono più o meno rapidamente. *2* (*raro, fig.*) Natura, indole.

cottóio [da *cotto*] agg. ● (*tosc.*) Che cuoce rapidamente, detto spec. di legumi.

cottolèngo [dal n. di G. B. *Cottolengo*, il santo che nel 1832 fondò a Torino un famoso ospizio] s. m. (pl. *-ghi*) ● (*fam.*) Istituto per minorati fisici e psichici | (*est., scherz.*) Ambiente con persone non molto vivaci intellettualmente.

Còtton fioc ® [il primo elemento è l'ingl. *cotton* 'cotone', non chiaro il secondo] loc. sost. m. inv. ● Nome commerciale di bastoncino di plastica per uso igienico, rivestito di ovatta alle due estremità.

cottùra [lat. *coctūra(m)*, da *cŏctus* 'cotto'] s. f. *1* Atto, modo, effetto del cuocere: *la c. della polenta, della carne; c. a fuoco lento, debole, vivace, moderato* | *Punto di c.*, momento di una preparazione gastronomica a mezzo del calore | *Essere a punto di c.*, essere nel momento migliore di cottura di una determinata preparazione gastronomica | *Portare, venire a c.*, al giusto punto di cottura | *Essere di prima c.*, di vivanda, cuocersi rapidamente e (*fig.*) di persona, innamorarsi facilmente. *2* Fase di trasformazione del legno siminuzzato in cellulosa greggia a mezzo di liscivia acida o alcalina sotto pressione. ***3*** †Materiale, cibo cotto. ***4*** †Scottatura | †Il segno lasciato sulla pelle da una scottatura.

coturnàta [f. sost. di *coturnato*] **s. f.** ● Tragedia romana di derivazione greca.

coturnàto [vc. dotta, lat. *cothurnātu(m)*, da *cothŭrnus* 'coturno'] **agg.** ***1*** (*lett.*) Calzato di coturni *voi ben coturnati Achei* (FOSCOLO). ***2*** (*fig.*, *lett.*) Detto di stile, grave e solenne, come quello della tragedia.

coturnìce o †**cotornìce** [lat. *coturnīce(m)*, di origine onomat. (?)] **s. f.** ● Uccello dei Galliformi, simile alla pernice ma di dimensioni maggiori e con piumaggio policromo (*Alectoris graeca*).

cotùrno [vc. dotta, lat. *cothŭrnu(m)*, nom. *cothŭrnus*, dal gr. *kóthornos*, di origine preindeur.] **s. m.** ***1*** Calzatura dalla suola assai alta, usata dagli attori tragici greci e latini | (*fig.*) Tragedia, stile tragico | *Calzare il c.*, scrivere tragedie. ***2*** Antico calzare femminile di origine orientale | Stivale usato dai Romani a caccia.

coulisse /*fr.* ku'lis/ [vc. fr., *coulisse*, da *couler* 'filtrare', dal lat. *colāre*. V. *colare*] **s. f.** ***1*** Incastro, scanalatura | *Porta a c.*, che scorre sopra una guida scanalata. ***2*** (*fig.*) Quinta di teatro, nella loc.: *dietro le c.* ***3*** (*mus.*) Sistema applicato ad alcuni strumenti a fiato per allungare il tubo, in modo da ottenere tutte le note della scala senza ricorrere ai cilindri. ***4*** Luogo in cui svolgono la loro attività i commissionari di borsa.

coulissier /*fr.* kuli'sje/ [vc. fr., da *coulisse* 'luogo della borsa in cui gli agenti non autorizzati fungono da agenti di cambio', precedentemente 'scenario laterale', da *couler* 'colare, scorrere' (stessa etim.. dell'it. *colare*)] **s. m. inv.** ● Commissionario di borsa.

coulomb /'kulomb, *fr.* ku'lɔ̃/ [dal n. del fisico fr. Ch. A. *Coulomb* (1736-1806)] **s. m. inv.** ● (*fis.*) Unità di carica elettrica nel Sistema Internazionale definita come quantità di elettricità convogliata al secondo dalla corrente di 1 ampere. SIMB. C.

coulombòmetro /kulom'bɔmetro/ o (*evit.*) **coulòmbmetro** /kul'lɔmbmetro/ [comp. di *coulomb* e *-metro*] **s. m.** ● Apparecchio misuratore di quantità di elettricità. **SIN.** Amperometro, voltametro.

counselling /*ingl.* 'kaunsəliŋ/ o **counseling** [vc. ingl., da *to counsel* 'consigliare'] **s. m. inv.** ● Attività di consulenza, spec. per l'orientamento professionale.

count down /*ingl.* 'kaunt 'daun/ [loc. ingl., propr. 'conto alla rovescia', comp. di *count* 'conto' e *down* 'giù, verso il basso', di origine indeur.] **loc. sost. m. inv.** ● Conteggio, conto alla rovescia.

counterpurchase /*ingl.* 'kauntə-pəːtʃəs/ [vc. ingl., comp. di *counter* 'contro' e *purchase* 'acquisto'] **s. m. inv.** ● (*econ.*) Accordo in base al quale un esportatore di beni si impegna ad acquistare o far acquistare da terzi beni che l'importatore desidera esportare.

countertrade /*ingl.* 'kauntə treid/ [vc. ingl., comp. di *counter* 'contro' e *trade* 'scambio'] **s. m. inv.** ● (*econ.*) Scambio commerciale nel quale l'esportatore accetta in pagamento prodotti del Paese importatore, che poi provvederà a rivendere su altri mercati.

country /*ingl.* 'kʌntri/ [vc. ingl., propriamente 'paese, campagna'] **s. m. inv.** ● Genere musicale americano ispirato alle ballate popolari delle campagne occidentali degli Stati Uniti.

coup de foudre /*fr.* ku də 'fudr/ [loc. fr., propr. 'colpo di fulmine'] **loc. sost. m. inv.** (**pl.** fr. *coups de foudre*) ● Colpo di fulmine.

coupé /*fr.* ku'pe/ [vc. fr., da un precedente *carosse coupé*, letteralmente 'carrozza tagliata', perché aveva la forma di una berlina col compartimento anteriore mozzo] **s. m. inv.** ***1*** Carrozza chiusa a quattro ruote, generalmente a due posti. ***2*** Automobile chiusa di tipo sportivo, a due porte e due o quattro posti. ➡ **ILL.** p. 1751 TRASPORTI.

couperose /*fr.* kup'roz/ [vc. fr., da un precedente *goutte rose* 'goccia rosa', accostato per etim. pop. a *couperose* 'rosa di rame' (V. *copparosa*)] **s. f. inv.** ● Insieme di macchie rossastre localizzate nelle zone zigomatiche e sul naso, dovute alla dilatazione o allo spezzamento dei capillari superficiali.

couplet /*fr.* ku'plɛ/ [vc. fr., dim. di *couple* 'coppia'] **s. m. inv.** ● (*letter.*) Parte della strofa immediatamente precedente al ritornello.

coupon /*fr.* ku'pɔ/ [vc. fr., 'tagliando', da *couper* 'tagliare', propriamente 'tagliare con un colpo', da *coup* 'colpo'] **s. m. inv.** ***1*** Tagliando, cedola, buono. ***2*** Voucher.

coùṣo [comp. di *co(n)-* e *uso*] **s. m.** ● Diritto facoltativo di più soggetti di usare contemporaneamente di un bene o godere di un servizio: *c. di un bene demaniale*; *c. del pubblico servizio ferroviario*. **SIN.** (*raro*) Coutenza.

coutènte [comp. di *co(n)-* e *utente*] **s. m. e f.**; anche **agg.** ● Chi, che ha diritto insieme ad altri di usare un bene e godere di un servizio | *C. duplex*, ciascuno dei due utenti del collegamento telefonico duplex.

coutènza [da *coutente*] **s. f.** ● L'usare q.c. con altri.

coutil /*fr.* ku'ti/ [vc. fr., da *coute*, forma ant. di *couette* 'letto di piume', dal lat. *cŭlcita(m)* 'materasso' (V. *coltrice*)] **s. m. inv.** ● Tessuto robusto e a trama fitta, per busti. **SIN.** Traliccio.

couture /*fr.* ku'tyr/ [vc. fr., propriamente 'cucitura', dal lat. parl. **cosutūra(m)*, da **cōsere*, per il classico *consŭere* 'cucire' (V.)] **s. f. inv.** ● Alta moda femminile; V. anche *haute-couture*.

couturier /*fr.* kuty'rje/ [vc. fr., da *couture* (V.)] **s. m. inv.** ● Sarto e creatore di moda femminile.

cóva [da *covare*] **s. f.** ***1*** L'atto del covare degli uccelli e il tempo in cui ciò avviene. ***2*** (*est.*, *raro*, *lett.*) Covo, tana, nido.

covàccio [da *covo*] **s. m.** ● Covacciolo.

covàcciolo [da *covo*] **s. m.** ***1*** Luogo dove dorme e si riposa l'animale, spec. di uccelli, topi, ghiri. ***2*** (*est.*, *scherz.*) Letto, giaciglio dell'uomo.

covacénere [comp. di *covare* e *cenere*] **s. m. e f. inv.** ● (*raro*, *pop.*) Persona pigra che ama starsene in ozio accanto al fuoco.

covalènte **agg.** ● (*chim.*, *fis.*) Relativo alla covalenza: *legame chimico c.* **SIN.** Omeopolare.

covalènza [comp. di *co(n)-* e *valenza*] **s. f.** ***1*** (*chim.*, *fis.*) Legame chimico in cui atomi uguali o diversi mettono in comune uno o più elettroni tra ciascuno e in modo da formare una o più coppie comuni di elettroni. ***2*** Numero di legami covalenti, e quindi di coppie di elettroni, che un atomo può formare.

covàre [lat. *cubāre* 'essere disteso, coricato sopra un giaciglio', di etim. incerta] **A** **v. tr.** (*io cóvo*) ***1*** Detto di uccelli, stare sopra le uova per riscaldarle, e permettere così lo sviluppo dell'embrione, fino a che si schiudono. ***2*** (*fig.*) Curare, custodire gelosamente: *l'avaro cova il suo denaro* | *C. qc. con gli occhi*, guardarlo fissamente, con amore o desiderio | *C. q.c. con gli occhi*, guardarla con avidità | *C. la cenere*, *il fuoco*, stare continuamente vicino al fuoco per scaldarsi | *C. le lenzuola*, *le coltri*, poltrire nel letto. ***3*** (*fig.*) Racchiudere, nutrire in segreto dentro di sé, un pensiero, un sentimento, e sim.: *c. un sospetto*, *un dubbio*, *un'amarezza*, *una speranza*, *un amore*; *c. odio*, *rancore*, *per*, *contro qc.* | *C. una malattia*, averla in incubazione. ***4*** (*lett.*) †Difendere, proteggere. **B** **v. intr.** (aus. *avere*) ***1*** (*fig.*) Stare celato, dissimularsi, annidarsi: *sie cauto*, *o Pluton*: *qui cova inganno* (POLIZIANO) | *Il fuoco cova sotto la cenere*, non è ancora spento, sebbene non mandi fiamme | *La passione*, *l'ira*, *la vendetta*, e sim. *covano sotto la cenere*, sono pronte a esplodere, pur sembrando estinte | (*scherz.*) *Qui gatta ci cova!*, qui c'è sotto un inganno | (*scherz.*, *pop.*) *Sono lì che covano*, detto di cose difficili o impossibili da trovare | †Stare acquattato. ***2*** †Stagnare, detto di acqua ferma.

covariànte [comp. di *co(n)-* e *variante*] **agg.**; anche **s. f.** ● (*mat.*) Detto di espressione o grandezza che varia al variare di altre espressioni o grandezze, rimanendo con esse nella stessa relazione di partenza.

covàta [da *covare*] **s. f.** ***1*** Quantità di uova che un volatile cova in una volta | (*est.*) I pulcini che ne nascono. ***2*** (*fig.*, *scherz.*) Figliolanza numerosa: *hanno messo al mondo una bella c.* ***3*** In apicoltura, insieme di uova, larve e ninfe presenti nelle celle dei favi | *Rosa di c.*, porzione del favo occupata dalla covata | *C. a sacco*, malattia delle larve delle api. ***4*** (*etn.*) Presso popoli allo stato di natura, partecipazione al parto del marito della partoriente che ne mima le fasi. **SIN.** Accubito. ***5*** (*fig.*) †Intrigo, raggiro. ‖ **covatèlla**, dim. | **covatìna**, dim. | **covatóna**, accr. | **covatùccia**, dim.

covatìccio **agg.** (**pl. f.** *-ce*) ● Che è pronto e disposto alla cova | *Gallina covaticcia*, chioccia.

covatùra **s. f.** ● Cova.

†**covèlle** [lat. *quŏd vĕlles* 'quel che vorresti'] **pron. indef.** ● Cavelle.

coventrizzàre [dalla città di *Coventry* (Inghilterra) rasa al suolo durante la seconda guerra mondiale] **v. tr.** ● Distruggere completamente una città, spec. mediante bombardamento aereo.

†**covèrchio** e *deriv.* ● V. *coperchio* e *deriv.*

còver girl /'kɔver 'gɛrl, *ingl.* 'kʌvə gəːl/ [vc. ingl., comp. di *cover* 'copertina' e *girl* 'ragazza'] **loc. sost. f. inv.** (**pl.** ingl. *cover girls*) ● Fotomodella la cui immagine compare sulla copertina di riviste o rotocalchi.

cover story /*ingl.* 'kʌvə 'stɔːri/ [loc. ingl., comp. di *cover* 'copertina' e *story* 'storia'] **loc. sost. f. inv.** (**pl.** ingl. *cover stories*) ● Articolo di rivista che tratta l'argomento annunciato sulla copertina.

†**covèrto** e *deriv.* ● V. *coperto* (*1*) e (*2*) e *deriv.*

†**covidìgia** o †**cuvidìgia** [provz. *cobeitiza*, da *cobeitar* 'bramare', dal lat. *cŭpidus* 'cupido'] **s. f.** ● Cupidigia.

†**covidóso** o †**cuvidóso** [provz. *cobeitos*; stessa etim. dell'ant. fr. *convoitous*, dal lat. *cŭpidus* 'cupido'] **agg.** ● Cupido, bramoso.

covìglio [dal lat. *cubīle* 'covile'] **s. m.** ● (*raro*, *lett.*) Covo, rifugio, nascondiglio.

covile o †**cubile** [lat. *cubīle*, da *cubāre*. V. *covare*] **s. m.** ***1*** Luogo dove si nascondono e riposano gli animali selvatici: *del suo covil si destava ogni fera* (POLIZIANO) | Cuccia del cane. **SIN.** Covo, tana. ***2*** (*fig.*) Stanza da letto miserabile | (*fig.*) Letto, giaciglio, povero e disordinato.

cóvo [da *covare*] **s. m.** ***1*** Tana di animali selvatici: *c. della lepre*, *della volpe* | *Farsi il c.*, farsi il nido; (*fig.*) stanziarsi in qualche luogo e (*est.*) assicurarsi uno stato di benessere per la vita futura | *Cogliere*, *prendere*, *trovare qc. al*, *nel*, *c.*, nel luogo che frequenta abitualmente, o in cui si è certi di trovarlo. ***2*** (*est.*) Giaciglio, letto (*anche scherz.*): *si alza tardi dal c.* ***3*** (*fig.*) Luogo segreto di riunione di persone che, per motivi diversi, svolgono la loro attività appartate dagli altri: *c. di anarchici*, *di cospiratori*, *di rivoluzionari*; *c. di terroristi*; *c. di ladri*, *di briganti*, *di pirati* | Rifugio, nascondiglio | *Non uscire mai dal c.*, *dal proprio c.*, stare sempre chiuso in casa.

cóvola [etim. incerta] **s. f.** ● Canale che mette in comunicazione il lavoriero con la valle da pesca.

covolùme [comp. di *co(n)-* e *volume*] **s. m.** ● (*fis.*) Limite al quale tende il volume di un gas reale, al crescere indefinito della pressione.

covóne [accr. del lat. *cŏvus*, forma arc. di *căvus* 'quello che sta nel cavo della mano'] **s. m.** ● Fascio di piante di cereali mietute e legate insieme: *un c. di grano*; *mettere i covoni sull'aia.* ‖ **covoncèllo**, dim. | **covoncìno**, dim.

covrìre ● V. *coprire.*

cow-boy /*ingl.* 'kau bɔi/ [vc. ingl., comp. di *cow* 'vacca' e *boy* 'ragazzo'] **s. m. inv.** (**pl.** ingl. *cow-boys*) ● Mandriano delle praterie, nell'ovest degli Stati Uniti, attorno alla cui figura è stato creato, nel cinema, il filone western.

coxalgìa [comp. del lat. *cŏxa* 'coscia' e di *-algia*] **s. f.** (**pl.** *-gie*) ● (*med.*) Dolore dell'anca.

coxite [comp. del lat. *cŏxa* 'coscia' e di *-ite* (*1*)] **s. f.** ● (*med.*) Infiammazione, spec. tubercolare, dell'articolazione dell'anca.

coxofemoràle [comp. del lat. *cŏxa* 'coscia' e di *femore*, con suff. aggettivale] **agg.** ● (*anat.*) Di, relativo a coscia e femore: *articolazione c.*

coyote /*sp.* ko'jote/ [vc. sp., dall'azteco *coyotl* 'sciacallo'] **s. m. inv.** ● Mammifero carnivoro americano simile al lupo, dal folto pelo grigio, che emette un caratteristico latrato lungo e lamentoso (*Canis latrans*).

†**coziòne** [vc. dotta, lat. tardo *coctiōne(m)*, da *cŏctus* 'cotto'] **s. f.** ***1*** Cottura. ***2*** Digestione.

còzza o **còzzeca** [var. merid. di *coccia*] **s. f.** ***1*** (*merid.*) Mitilo. ***2*** (*dial.*) Ragazza brutta.

cozzàre [da *coccia* 'testa'] **A** **v. intr.** (*io còzzo*; aus. *avere*) ***1*** Colpire con le corna: *nel prato c'erano due capre che cozzavano.* ***2*** (*est.*) Urtare, percuotere con violenza: *la macchina cozzò contro il mu-*

ro. **3** (*fig.*) Mettersi in contrasto, in lite: *è inutile c. contro la sua volontà* | Essere in contraddizione: *i nostri giudizi cozzano fra loro*; *le sue idee cozzano con la realtà.* **4** (*raro*) †Incontrare, imbattersi. **B** v. tr. ● Battere, urtare con violenza (*anche fig.*): *ha cozzato la tua macchina* | *C. il capo contro il muro*, ostinarsi a voler fare cose impossibili. **C** v. rifl. rec. **1** Urtarsi con violenza: *ci siamo cozzati al buio nel corridoio.* **2** (*fig.*) Contrastare, litigare: *si sono cozzati su una questione di principio.*

cozzàta [da *cozzare*] s. f. **1** Colpo dato cozzando. **2** (*est.*) Urto, colpo violento. || **cozzatina**, dim.

còzzeca ● V. *cozza.*

cozzicàro [da *cozzeca*] s. m. ● (*merid.*) Pescatore di cozze.

còzzo [da *cozzare*] s. m. **1** Colpo dato cozzando, spec. con le corna | *Fare ai cozzi*, darsi cornate e (*fig.*) litigare con violenza. **2** (*est.*) Urto, colpo violento, scontro: *il c. fra i due automezzi fu violentissimo* | *Dar di c.*, scontrarsi, urtare, colpire con violenza; (*est.*) imbattersi, incontrare. **3** (*fig.*) Contrasto | *Mettere a c.*, mettere in contrasto | *Dar di c.*, venire a contrasto.

cozzóne [lat. *coctiōne(m)*, di etim. incerta] s. m. **1** (*tosc.*) Sensale di cavalli: *un giovane, il cui nome era Andreuccio di Pietro, c. di cavalli* (BOCCACCIO). **2** (*volg.*) Chi combina matrimoni | Mezzano.

cra /kra*, kra/ [vc. onomat.] inter. ● Riproduce il gracchiare del corvo e della cornacchia (*spec. iter.*).

cràbro [vc. dotta, lat. *crabrōne(m)*, nom. *crābro* 'calabrone', di origine indeur.] s. m. ● Insetto imenottero simile a una vespa, di color nero variegato di giallo (*Crabro cribrarius*).

crac o **cràcchete** [vc. dello slang angloamericano, riproducente un suono inarticolato] **A** inter. ● Riproduce il rumore di una cosa che si sfascia, che si rompe, che crolla. **B** s. m. **1** Il rumore stesso: *il c. dei rami spezzati.* **2** (anche *crack*) (*fig.*) Rovina, fallimento, tracollo spec. improvviso: *il c. di una banca*; *un clamoroso c. finanziario.*

cràce [dal gr. *krázō* 'io gracido', di origine onomat.] s. m. ● Uccello dei Galliformi con cresta erettile, becco giallo o arancione e piumaggio nero nel maschio e marrone nella femmina (*Crax globicera*).

crack /krak, *ingl.* kræk/ [vc. ingl., da *to crack* 'vantarsi', da una radice indeur. di origine espressiva] s. m. inv. **1** Nell'ippica, cavallo di classe assolutamente superiore. **2** (*est.*) Giocatore formidabile al bridge, al poker e sim. **3** Droga da fumo, di basso costo, a base di cocaina, con aggiunta di bicarbonato di sodio o lievito di birra. **4** V. *crac* nel sign. B2.

cracker /*ingl.* 'krækə*/ [vc. ingl., da *to crack* 'spaccarsi, fendersi' di origine indeur.] s. m. inv. **1** Sottile galletta croccante, spesso salata. **2** Apparecchiatura chimica usata per effettuare il cracking.

cràcking /'krakin(g), 'krɛkin(g), *ingl.* 'krækiŋ/ [vc. ingl., 'fenditura, spezzatura', da *to crack* 'spezzare, rompere'] s. m. inv. ● Scissione dovuta al calore di sostanze organiche a lunga catena, operata su frazioni pesanti del petrolio per ottenerne benzine.

cracoviàna [fr. *cracovienne* 'di Cracovia'] s. f. ● Danza popolare polacca di carattere allegro, in misura 2/4.

cracoviàno **A** agg. ● Di, relativo a, Cracovia, città della Polonia. **B** s. m. (f. *-a*) ● Abitante, nativo di Cracovia.

cràfen s. m. ● Adattamento di *krapfen* (V.).

†**cràì** [lat. *crās* 'domani', di origine indeur.] avv. ● Domani | *C. e poscrai*, domani e dopodomani | (*dial.*) *Vendere, dare, comprare a c.*, a credito.

cràmbe [vc. dotta, lat. *crămbe(m)*, nom. *crămbe*, dal gr. *krámbē* 'cavolo', da avvicinare a *krámbos* 'avvizzito, secco', di origine indeur.] s. f. ● Genere di piante mediterranee delle Crocifere, cui appartiene il cavolo marittimo.

crampifórme [comp. di *crampo* e *-forme*] agg. ● (*med.*) Detto di dolore successivo al crampo o di quello che ne ha le caratteristiche.

cràmpo [fr. *crampe*, dal franc. **kramp* 'curvato'] s. m. ● (*med.*) Contrazione violenta, persistente, involontaria, di un muscolo o di un gruppo di muscoli, che procura sensazione dolorosa | *C. degli scrivani*, grafospasmo.

crancelìno [ted. *Kränzlein* 'coroncina', dim. di *Kranz* 'corona', di origine indeur.] s. m. ● (*arald.*) Mezza corona con foglie di ruta, poste in banda nello scudo.

craniàle agg. ● (*anat.*) Di, relativo al cranio | Relativo a quello, tra due punti, due organi e sim. del corpo, che è in posizione più vicina al cranio. CONTR. Caudale. || **cranialménte**, avv. In posizione craniale.

crànico agg. (pl. m. *-ci*) ● (*anat.*) Del, relativo al cranio: *scatola, base cranica* | *Fossa cranica*, ciascuna delle cavità, anteriore, media e posteriore, in cui è suddivisa la base cranica.

crànio [vc. dotta, gr. *kraníon* 'teschio', da avvicinare a *kára* 'testa', di origine indeur.] s. m. **1** (*anat.*) Scheletro della testa dell'uomo e degli animali Vertebrati, formato dalle ossa della volta e della base cranica e da quelle della faccia. ➡ ILL. p. 364 ANATOMIA UMANA. **2** (*fig., fam.*) Testa, mente, cervello: *la matematica non vuole entrargli nel c.*; *avere il c. duro* | *A c.*, a testa, per ciascuno. **3** (*etn.*) *C. trofeo*, oggetto di culto o di magia presso alcuni popoli allo stato di natura, costituito dal cranio di un antenato o di un nemico variamente decorato o dipinto.

craniognòmica [comp. di *cranio* e del gr. *gnōmikḗ*, agg. f. di *gnṓmē* 'conoscenza'] s. f. ● Studio della conformazione del cranio in rapporto alle facoltà mentali.

craniografìa [comp. di *cranio* e *-grafia*] s. f. ● Studio della conformazione del cranio per indagini antropologiche.

craniolèso [comp. di *cranio* e *leso*] agg.; anche s. m. (f. *-a*) ● Che, chi ha subito una o più lesioni al cranio.

craniologìa [comp. di *cranio* e *-logia*] s. f. (pl. *-gie*) ● Branca dell'antropologia che si occupa spec. della craniografia.

craniològico agg. (pl. m. *-ci*) ● Che si riferisce alla craniologia.

craniòlogo [comp. di *cranio* e *-logo*] s. m. (pl. *-gi*, pop. *-ghi*) ● Studioso di craniologia.

craniometrìa [comp. di *cranio* e *-metria*] s. f. ● Scienza che si occupa della misurazione del cranio in rapporto all'antropologia e all'anatomia comparata. SIN. Cefalometria.

craniomètrico agg. (pl. m. *-ci*) ● Di, relativo a, craniometria.

craniòmetro [comp. di *cranio* e *-metro*] s. m. ● Strumento per la craniometria.

craniòpago [comp. di *cranio* e del gr. *págos* 'qualcosa di fisso', da *pag-*, tema di *pēgnýnai* 'conficcare', sull'es. dell'ingl. *craniopagus*] **A** s. m. (f. *-a*; pl. m. *-gi* o *-ghi*) ● (*med.*) Gemello siamese unito per la testa. **B** anche agg.: *gemello c.*

cranioresezióne [comp. di *cranio* e *resezione*] s. f. ● (*chir.*) Asportazione chirurgica di sezioni più o meno estese del cranio.

cranioscopìa [comp. di *cranio* e *-scopia*] s. f. ● Esame del cranio a scopo scientifico.

craniòstato [comp. di *cranio* e *-stato*] s. m. ● Apparecchio usato negli esami radiologici della testa.

craniostenòṣi [comp. di *cranio* e *stenosi*] s. f. ● (*med.*) Chiusura precoce delle suture craniche per cui si ha un cranio piccolo e deformato.

craniotomìa [fr. *craniotomie*, comp. del gr. *kraníon* 'cranio' e *-tomía*, da *témnō* 'io taglio'] s. f. ● Apertura chirurgica del cranio.

craniòtomo [fr. *craniotome*. V. *craniotomia*] s. m. ● Strumento per la craniotomia.

†**cràpola** e *deriv.* ● V. *crapula* e *deriv.*

cràpula o †**cràpola** [vc. dotta, lat. *crāpula(m)*, nom. *crāpula*, dal gr. *kraipálē* 'ebbrezza, crapula', di etim. incerta] s. f. ● Il mangiare e il bere smodatamente e disordinatamente: *essere dedito, abbandonarsi alla c.* SIN. Bagordo, stravizio.

crapulàre o (*raro*) †**crapolàre** [vc. dotta, lat. tardo *crapulāri*, da *crāpula* 'crapula'] v. intr. (*io cràpulo*; aus. *avere*) ● (*raro, lett.*) Darsi alla crapula, gozzovigliare.

crapulóne s. m. (f. *-a*) ● Chi si dà abitualmente alla crapula.

†**crapulóso** [vc. dotta, lat. tardo *crapulōsu(m)*, da *crāpula* 'crapula'] agg. ● Dedito alla crapula.

craquelé /*fr.* kra'kle*/ [vc. fr., part. pass. di *craqueler* 'screpolare', vc. di origine onomat.] **A** agg. inv. ● Detto di oggetto, la cui vernice o smalto presenti screpolature. **B** s. m. ● Procedimento per ottenere cavillature su oggetti in ceramica a scopo ornamentale o per falsificazione.

craquelure /*fr.* krak(ə)'lyr/ [vc. fr., da *craquelé* (V.)] s. f. inv. ● Cavillatura, cavillo.

crash /*ingl.* kræʃ/ [vc. ingl., dal v. *to crash* 'crollare rumorosamente', di origine onomat.] **A** inter. ● Riproduce il rumore di q.c. che si schianta, si fracassa, crolla. **B** s. m. inv. (pl. ingl. *crashes*) **1** Il rumore stesso. **2** Crollo in borsa. **3** Incidente automobilistico reale o simulato. **4** (*elab.*) Situazione in cui l'attività di un sistema di elaborazione dati viene bloccata dal cattivo funzionamento di un componente delle apparecchiature o dei programmi.

cràṣi [vc. dotta, lat. tardo *crāsi(m)*, nom. *crāsis*, dal gr. *krâsis* 'mescolanza', da *keránnymi* 'io mescolo'] s. f. **1** (*ling.*) Fusione in un unico suono di vocale finale e iniziale di due parole contigue: *v'aggio proferto il cor*; *mâ voi non piace* (PETRARCA). **2** Nell'antica medicina, mescolanza di umori o di medicamenti | *C. sanguigna*, rapporto tra i vari elementi del sangue.

cràspedo [vc. dotta, dal gr. *kráspedon* 'frangia'] s. m. ● (*zool.*) Ripiegatura marginale che si trova sull'ombrella delle meduse craspedote. SIN. Velo.

craspedòta [da *craspedo*] **A** s. f. ● Medusa degli Idrozoi la cui ombrella è munita di craspedo. SIN. Idromedusa. **B** anche agg.: *medusa c.*

†**crassézza** s. f. ● Grossezza, corposità.

cràsso [lat. *crăssu(m)* 'grosso, grasso'. V. *grasso*] **A** agg. **1** (*lett.*) Fitto, denso: *fumo c.*; *aria crassa.* **2** (*fig.*) Grossolano: *errore c.*; *ignoranza crassa.* **3** (*fig., lett.*) Torpido, pesante: *ridestandomi dal mio lungo e c. letargo* (ALFIERI). **4** (*anat.*) *Intestino c.*, l'ultimo tratto del canale intestinale. **B** s. m. ● (*anat., ell.*) Intestino crasso.

cràssula [dim. del lat. *crăssus* (V. *crasso*), detta così dalle foglie carnose] s. f. ● Genere di piante ornamentali delle Crassulacee, con foglie ampie e carnose (*Crassula*).

Crassulàcee [vc. dotta, comp. di *crassul(a)* e *-acee*] s. f. pl. ● Nella tassonomia vegetale, famiglia di piante erbacee con foglie carnose e fiori in infiorescenze cimose (*Crassulaceae*) | (al sing. *-a*) Ogni individuo di tale famiglia.

†**cràstino** [vc. dotta, lat. *crāstinu(m)*, da *crās* 'domani'. V. *crai*] agg. ● Di domani | *Far c. dell'oggi*, procrastinare.

-crate [gr. *-kratēs*, corrispondente, nei composti, a *krátos* 'potere, forza', con analogie indeur.] secondo elemento ● Si usa in nomi composti di persona, che corrispondono ai termini astratti in *-crazia*: *autocrate, burocrate, plutocrate.*

†**cratèra** s. f. ● Cratere.

cratère [vc. dotta, lat. *cratēra*, nom. *crātēr*, dal gr. *kratḗr* 'grosso vaso in cui si mescolava vino e acqua, coppa', poi 'cratere di vulcano', da *keránnymi* 'io mescolo'] s. m. **1** (*archeol.*) Vaso con corpo a bicchiere, bocca larga, due anse orizzontali, in cui gli antichi mescolavano l'acqua e il vino. **2** (*geol.*) Orlo, generalmente circolare, che circonda il camino di un vulcano e dal quale escono i prodotti vulcanici | *C. avventizio*, situato sui fianchi del cono vulcanico. ➡ ILL. p. 819 SCIENZE DELLA TERRA ED ENERGIA. **3** Cavità a forma di imbuto prodotta nel suolo dallo scoppio di una carica esplosiva. **4** (*astron.*) Caratteristica formazione montuosa di forma circolare e con un cono centrale, formatasi in seguito alla caduta di meteore.

cratèrico agg. (pl. m. *-ci*) ● Che si riferisce al cratere di un vulcano.

craterizzazióne s. f. ● Fenomeno riscontrabile su parti metalliche soggette a ricevere scintille elettriche e consistente nella formazione di piccoli incavi sulla superficie stessa.

†**craticcio** ● V. *graticcio.*

-cràtico [gr. *-kraticós*, da *-kratēs* '-crate' col suff. aggettivale *-ikós*] secondo elemento ● Si usa in aggettivi corrispondenti ai nomi in *-crazia*: *aristocratico, burocratico.*

†**cratìcola** ● V. *graticola.*

cratóne [dal gr. *krátos* 'forza, potenza' (V. *-crazia*), perché resiste ai corrugamenti] s. m. ● (*geol.*) Zolla o blocco rigido della crosta terrestre sottoposto a traslazioni orizzontali e verticali ma non a deformazioni.

cràuti [ted. *Sauerkraut* 'cavolo acido'] s. m. pl. • Foglie di cavolo tagliate a liste sottili e fatte fermentare col sale.

cravàtta o (*tosc.*) †**corvàtta**, †**crovàtta** [fr. *cravate*, dal croato *hrvat* 'croato', perché adoperata dai cavalieri croati] s. f. *1* Accessorio dell'abbigliamento maschile formato da una striscia di seta, lana o altri tessuti con lembi più o meno larghi, da annodare sotto al colletto a completamento della camicia | (*raro*) *Fabbricare, fare cravatte*, (*fig.*) fare l'usuraio. *2* (*est.*) Sciarpa, laccio, anello e sim. posto attorno al collo di persone o animali | (*scherz.*) *Fare a qc. una c. di corda*, impiccarlo. *3* In varie tecnologie, dispositivo spec. a forma di anello, per il fissaggio di un elemento a un altro. *4* In vari sport, presa al collo dell'avversario per fermarne o impedirne l'azione. || **cravattàccia**, pegg. | **cravattìna**, dim. | **cravattìno**, dim. m. (V.) | **cravattóna**, accr. | **cravattóne**, accr. m. | **cravattùccia**, dim.

cravattàio s. m. (f. *-a*) *1* Fabbricante o venditore di cravatte. *2* (*pop., fig.*) Usuraio, strozzino.

cravattifìcio [comp. di *cravatta* e *-ficio*] s. m. • Fabbrica di cravatte.

cravattìno s. m. *1* Dim. di *cravatta*. *2* Piccola cravatta a lembi corti annodata a farfalla.

crawl /*ingl.* krɔ:l/ [vc. ingl., da *to crawl* 'avanzare strisciando'] s. m. inv. • Stile di nuoto veloce praticato muovendo le gambe, tenute il più possibile rigide, nell'acqua con propulsione dall'alto in basso e dal basso in alto mentre le braccia compiono alternativamente un movimento circolare e il capo immerso si torce leggermente per la respirazione a ogni bracciata. ➡ ILL. p. 1284 SPORT.

crawlista /kro'lista/ s. m. e f. (pl. m. *-i*) • Nuotatore specialista dello stile crawl.

cràzia [ted. *Kreutzer*, da *Kreuz* 'croce', che era raffigurata sulla moneta] s. f. *1* Moneta di mistura del valore di 5 quattrini coniata in Toscana da Cosimo I in poi. *2* (*est.*) Monetina di valore minimo | (*raro*) *Non valere una c.*, nulla | *C. imbiancata*, (*raro, fig.*) persona falsa.

-crazìa [gr. *-kratía*, ampliamento col suff. *-ía*, proprio degli astr., di *-kratḗs*, '-crate'] secondo elemento • In parole composte d'origine dotta, significa 'potere', 'dominio': *burocrazia, democrazia, teocrazia*.

creàbile [vc. dotta, lat. tardo *creābile(m)*, da *creāre* 'creare'] agg. • (*raro*) Che si può creare.

creànza o †**criànza** [sp. *crianza*, da *criar* 'allevar bene', dal lat. *creāre* 'creare'] s. f. *1* Buone maniere, comportamento educato: *avere c.*; *comportarsi con c.*; *mancare di c.*; *conoscere le regole della c.*; *chi ti ha insegnato la c.?* (GOLDONI) | *Senza c.*, maleducato | *Buona c.*, buona educazione | *Mala c.*, malgarbo, maleducazione. SIN. Educazione. *2* (*est.*) Cortesia, gentilezza: *rimanemmo con lui solo per c.*

creanzàto agg. • (*raro*) Che ha buona creanza.

creàre o †**criàre** [lat. *creāre*, dalla stessa radice di *crēscere* 'crescere'] v. tr. (*io crèo*) *1* Produrre dal nulla, spec. riferito a esseri divini: *Dio creò il mondo* | (*est.*) Far nascere q.c. di nuovo elaborando in modo originale elementi preesistenti, inventare, ideare: *c. una nuova teoria*; *c. una moda*; *la poesia crea ... con la forma il contenuto* (CROCE) | *C. una parte*, detto di attore che rappresenta una parte per primo o ne dà una interpretazione originale | *C. un tipo*, detto di attore o autore che introduce un personaggio tipico nuovo | *C. un debito*, accenderlo, contrarlo. *2* Suscitare: *c. idee*; *c. scandali*; *c. imbarazzo*. *3* Eleggere, nominare: *c. qc. papa, re*. *4* (*raro*) Procreare, generare | †Allevare, nutrire: *c. un giovane*.

creatìna [dal gr. *kréas*, genit. *kréatos* 'carne', perché si trova nel sangue e nelle urine] s. f. • (*biol.*) Amminoacido che si trova nel tessuto muscolare, nel sangue e spesso nell'urina.

creatinìna [da *creatina*] s. f. • (*biol.*) Composto chimico derivante dalla creatina dei muscoli, della quale costituisce l'anidride, che viene eliminata dall'organismo con l'urina.

creatinùria o **creatinurìa** [comp. di *creatin(a)* e *-uria*] s. f. • (*med.*) Quantità di creatina eliminata con le urine nelle 24 ore.

creatività [da *creativo*] s. f. *1* Capacità creativa, facoltà inventiva: *la c. dei bambini* | (*psicol.*) Capacità di produrre nuove idee, invenzioni, opere d'arte e sim. dotate di valore sociale, scientifico o artistico. *2* (*ling.*) Capacità del parlante di capire e di emettere enunciati che prima non ha mai sentito.

creatìvo A agg. *1* Pertinente alla creazione: *atto c.* | Relativo alla creazione di un'opera dell'ingegno: *processo c.* *2* Che può creare: *potenza creativa*. || **creativaménte**, avv. **B** s. m. (f. *-a*) *1* Nella pubblicità, chi propone le idee che porteranno alla realizzazione di una campagna pubblicitaria. *2* (*est.*) In senso generico, chi mostra particolari doti di inventiva e originalità.

creàto (**1**) o †**criàto** [lat. *creātu(m)*, part. pass. di *creāre* 'creare'] **A** part. pass. di *creare*; anche agg. *1* Nei sign. del v. *2 Ben c.*, bene educato | *Mal c.*, male educato, villano. **B** s. m. • Insieme delle cose create da Dio: *l'armonia, le meraviglie del c.* SIN. Cosmo, mondo, universo.

creàto (**2**) [sp. *criado* 'allievo', poi 'valletto, servo', da *criar*. V. *creanza*] s. m. (f. *-a*) • (*raro, lett.*) Persona allevata da una famiglia che la protegge | Protetto o familiare di un potente.

creatóre o †**criatóre** [vc. dotta, lat. *creatōre(m)*, da *creāre* 'creare'] **A** agg. (f. *-trice*) • Che crea: *genio c.* **B** s. m. • Chi crea: *ecco il c. del capolavoro* | *Il Creatore*, (*per anton.*) Dio | *Andare, andarsene al Creatore*, morire | (*fam.*) *Mandare qc. al Creatore*, ucciderlo. SIN. Artefice, autore.

creatùra o †**criatùra** [vc. dotta, lat. tardo *creatūra(m)*, da *creāre* 'creare'] s. f. *1* Ogni essere creato: *tutte le creature della terra*; *siamo tutti creature di Dio* | *Prime creature*, gli angeli | *Creature umane*, gli uomini. *2* Bambino, figlio: *la mia c.*; *una piccola e fragile c.* | Essere umano che susciti compassione o ammirazione: *povera c.!*; *è una c. eccezionale*. *3* Persona favorita e protetta, spec. da un personaggio influente: *è una c. del ministro*. || **creaturèlla**, dim. | **creaturìna**, dim. (V.) | **creaturóna**, accr.

creaturàle agg. • (*lett.*) Detto del sentimento di amore, di venerazione, di rispetto che le creature provano nei confronti del loro creatore.

creaturìna s. f. *1* Dim. di *creatura* nel sign. 2. *2* Bambinello, esserino che ispira tenerezza o compassione: *una povera c. abbandonata*.

creazióne [vc. dotta, lat. tardo *creatiōne(m)*, da *creāre* 'creare'] s. f. *1* Modo, atto, effetto del creare | Insieme delle cose create. SIN. Creato, mondo. *2* Invenzione: *c. dell'ingegno* | Fondazione, istituzione: *c. di un ufficio, di una banca, di una industria*. *3* Oggetto di una creazione: *una superba c. architettonica*; *c. musicale, poetica* | Capo di vestiario, accessorio o guarnizione di foggia nuova: *creazioni d'alta moda*. *4* (*fis.*) Formazione di particelle dovuta a trasformazione di energia in materia. *5* (*lett.*) Elevazione a una dignità. SIN. Elezione.

creazionìsmo [da *creazione*] s. m. *1* Dottrina teologica cristiana secondo la quale le anime sono create direttamente da Dio. *2* Teoria biologica secondo cui tutti gli animali e le piante attualmente esistenti sarebbero stati creati così come sono, e come tali si sarebbero mantenuti invariati nel tempo. CFR. Fissismo.

creazionìsta s. m. e f.; anche agg. (pl. m. *-i*) • Seguace del creazionismo.

creazionìstico agg. (pl. m. *-ci*) • Relativo al creazionismo o ai creazionisti.

†**crèbro** [vc. dotta, lat. *crēbru(m)*, dalla stessa radice di *crēscere* 'crescere'] agg. • Frequente, ripetuto: *di che facei question cotanto crebra* (DANTE *Par.* XIX, 69).

crécchia o **grécchia** [etim. incerta] s. f. • (*bot.*) Brugo.

credènte A part. pres. di *credere*; anche agg. • Nei sign. del v. **B** s. m. e f. • Chi professa una religione, spec. quella cattolica: *la moltitudine dei credenti* | *Il capo dei credenti*, nella religione cattolica, il Sommo Pontefice | (*est.*) Chi crede in un'idea, una dottrina e sim.

credènza (**1**) [da *credere*] s. f. *1* Atto, modo del credere | Fede, spec. religiosa: *c. in Dio, nella vita eterna*; *le credenze degli antichi*; *le mitiche credenze dei primitivi* | Cosa in cui si crede: *è una c. assurda*. *2* Opinione, convinzione: *è mia, tua, generale c. che ...*; *c. popolare*. *3* Fiducia, attendibilità: *meritare, acquistare c.* | *Lettera di c.*, credenziale. *4* Nel linguaggio commerciale, credito, fido | *Vendere a c.*, a credito | *Fare c.*, fare credito | *Affermare a c.*, (*fig.*) senza fondamento. *5* †Segreto da non palesare: *tenere in c. q.c.*, tenerla segreta | *Consiglio di c.*, nel Comune medievale, collegio di esperti destinato ad assistere i consoli nel disbrigo delle pratiche più delicate. *6* †Assaggio precauzionale di cibi e bevande, in uso un tempo prima di servirli a un personaggio importante, per assicurarlo che essi non contengono veleno: *fare la c.* | *Dare la c.*, fare assaggiare cibi e bevande.

credènza (**2**) [da *credenza* (*1*) nel sign. 6] s. f. *1* Anticamente, tavola apparecchiata con piatti e vivande che veniva usata durante i pasti a uso della mensa. *2* Mobile da cucina o da sala da pranzo, con alzata spesso a vetri, ove si ripongono i cibi, le stoviglie, gli arredi da tavola. || **credenzìna**, dim. | **credenzìno**, dim. | **credenzóna**, accr. | **credenzóne**, accr. m. | **credenzùccia**, dim.

credenziàle [da *credenza* (*1*)] **A** agg. • Che accredita | *Lettere credenziali*, documenti necessari per l'accreditamento di un agente diplomatico. **B** s. f. *1* Ordine di pagamento a carico di una banca emesso da un istituto di credito a favore di un cliente. *2* (*spec. al pl.*) Lettere credenziali | *Ritirare le credenziali*, rompere le relazioni con un Paese straniero.

credenziàrio s. m. • Nel Comune medievale, membro del Consiglio di Credenza. SIN. Credenziere.

credenzièra s. f. • Credenza di parata, su cui durante i banchetti facevano bella mostra piatti e suppellettili pregiate.

credenzière s. m. (f. *-a*) *1* Chi ha la cura della credenza, del servizio della tavola. SIN. Dispensiere. *2* Anticamente, la persona addetta alla preparazione dei dolci nelle case signorili. *3* Credenziario. *4* (*fig.*) †Confidente.

crédere [lat. *crēdere*, di origine indeur.] **A** v. tr. (pass. rem. *io credéi* o *credètti*, †*crési*, *tu credésti*) *1* Ritenere vero quanto è detto, affermato e sim. da altri: *non ho creduto una sola parola di quel racconto*; *posso crederlo*; *lo credo bene* | *Dare a c.*, (*fig.*) illudere | (*dir. comm.*) *Star del c.*, V. *star del credere* | *Credersela*, prestare fede a una fandonia. *2* Stimare, giudicare, reputare: *ti credo onesto, capace*; *non lo credevo giusto*. *3* Ritenere probabile o opportuno: *credo che sia ora di decidere*; *non credevo che fosse giunto a tanto* | *Voglio c. che*, non mi permetto di dubitare di. SIN. Immaginare, presumere, supporre. *4* †Affidare: *credano il petto inerme / gli augelli al vento* (LEOPARDI). **B** v. intr. (aus. *avere*) *1* Avere certezza che qc. o q.c. esiste veramente, che la sua esistenza riflette verità profonde, e che ha effetti specifici, positivi o negativi, nella vita dei credenti, invitando a un certo comportamento, indicando obiettivi di azioni personali e collettive, implicando premi e punizioni in un altro mondo e sim.: *c. in Dio, in un'altra vita, ai santi*; *c. nella Bibbia, nel Corano*; *c. nel diavolo, alle streghe*; *c. nella medicina, nella giustizia degli uomini, nel progresso*; *non c. in nulla* | Prestar fede a qc. o q.c.: *c. ai propri sensi, al tatto, al gusto, agli occhi* | *C. sulla parola*, senza bisogno di prove o di ulteriori argomenti. CONTR. Dubitare. *2* (*ass.*) Avere fede nella divinità: *da molto tempo non crediamo più*. *3* †Ubbidire: *colpa di quella ch'al serpente crese* (DANTE *Purg.* XXXII, 32). **C** v. rifl. • Pensare di essere, immaginarsi come: *credersi un grand'uomo, un ignorante, una persona seria*. **D** in funzione di s. m. solo sing. • Opinione, convincimento | *A mio c.*, secondo la mia opinione.

credìbile [vc. dotta, lat. *credībile(m)*, da *crēdere* 'credere'] agg. *1* Che si può credere: *notizie credibili*. SIN. Attendibile, plausibile. *2* (*est.*) Che è degno di fede, di fiducia: *ormai queste persone non sono più credibili*. *3* †Credulo. || **credibilménte**, avv.

credibilità s. f. • L'essere credibile: *voleva ... dare al suo poema un aspetto di c. e di realtà* (DE SANCTIS) | (*est.*) Prestigio, credito: *il governo ha perso la sua c.*

credit card /*ingl.* 'kredit ka:d/ [loc. ingl., comp. di *credit* 'credito' e *card* 'carta'] loc. sost. f. inv. (pl. ingl. *credit cards*) • Carta di credito.

creditìzio agg. • Concernente il credito.

credit manager /*ingl.* 'kredit 'mænədʒə*/ [loc. ingl., propr. 'direttore del credito'] loc. sost. m. e f. inv. (pl. ingl. *credit managers*) ● (*econ.*) Responsabile dell'ufficio che, in una impresa o in una banca, si occupa della concessione di credito ai clienti.

crédito [vc. dotta, lat. *crēditu(m)* 'cosa affidata', part. pass. di *crēdere* 'affidare, credere'] s. m. ***1*** Il credere, l'essere creduto: *dare c. alla parola di qc.* | *Avere, trovare c.*, essere creduto | *Meritare c.*, meritare di essere creduto | *Fare c. a qc.*, fidarsene | *Negare c.*, non credere. SIN. Attendibilità. ***2*** Buona reputazione, pubblica stima e fiducia: *aver c.*; *godere di molto c.*; *millantato c.* | *Dare c.*, dare fiducia | *Perdere c.*, perdere la stima altrui | *Persona di c.*, molto considerata | *Persona di poco c.*, che non merita considerazione. ***3*** (*dir.*) Diritto a una prestazione pecuniaria: *c. privilegiato, chirografario* | Diritto a ottenere l'adempimento di una prestazione: *avere un c. verso qc.*; *titoli di c.*; *lettere di c.* | *Essere in c. verso qc.*, essere titolare di un diritto di credito | (*est.*) Somma di denaro alla quale si ha diritto: *annotare, incassare, riscuotere, un c.* ***4*** (*econ.*) Scambio tra un bene disponibile nel presente con un bene disponibile in futuro, in genere di valore superiore | (*est.*) Fornitura di merci con dilazione di pagamento, spesso a prezzi superiori di quelli a contanti: *far c. a qc.*; *comprare, vendere a c.* | *Carta di c.*, speciale tessera nominativa che permette al titolare di ottenere beni o servizi presso determinati esercizi pubblici, rinviandone il pagamento a fine mese. ***5*** Attività spec. bancaria consistente nel dare danaro a mutuo: *istituto di c.*; *c. agrario, fondiario, edilizio, immobiliare, industriale* | *C. a medio termine*, quello concesso per un periodo non superiore a dieci anni | *C. di corriere*, a brevissima scadenza fra banche corrispondenti. ***6*** Istituto bancario, banca: *Credito Italiano.*

credit officer /*ingl.* 'kredit 'ɔfisə*/ [loc. ingl., propr. 'funzionario del credito'] loc. sost. m. e f. inv. (pl. ingl. *credit officers*) ● (*econ.*) Funzionario dell'ufficio che, in una impresa o in una banca, si occupa della concessione di credito ai clienti.

creditóre [vc. dotta, lat. *creditōre(m)*, da *crēditum* 'credito'] **A** s. m. (f. *-trice*) ***1*** Chi è titolare di un diritto di credito. ***2*** (*est., fig.*) Chi aspetta q.c. che gli è dovuta: *c. di una risposta.* **B** agg. ● Che ha un diritto di credito: *società creditrice.*

creditòrio [da *creditore*] agg. ***1*** (*dir.*) Del credito | Del creditore: *posizione creditoria.* ***2*** †Credibile.

crèdo [vc. dotta, lat. *crēdo* 'io credo', prima pers. indic. pres. di *crēdere* 'credere', parola con cui inizia il Simbolo apostolico] s. m. (pl., raro, *-i*) ***1*** Insieme delle dottrine fondamentali di una religione, spec. rivelata: *il c. islamico, ebraico, cristiano* | Formula nella quale sono fissati detti principi. ***2*** Simbolo apostolico che riassume le verità dogmatiche delle chiese cristiane, con varianti da confessione a confessione: *il c. cattolico romano, ortodosso, evangelico* | Parte della Messa, dopo la lettura del Vangelo, nella quale si recita la formula lunga della professione di fede della chiesa cattolica romana | (*fig.*) *In un c.*, subito, nel tempo necessario a recitare un Credo. ***3*** (*fig.*) Complesso di idee, principi, convinzioni politiche, morali, artistiche e sim. di una persona o di un gruppo: *c. politico, estetico.*

credulità [vc. dotta, lat. *credulitāte(m)*, da *crēdulus* 'credulo'] s. f. ● L'essere credulo. SIN. Dabbenaggine, ingenuità.

crèdulo [vc. dotta, lat. *crēdulu(m)*, da *crēdere* 'credere'] agg. ● Che crede a tutto e a tutti con facilità spesso eccessiva: *gente credula* | (*lett.*) Che crede: *pendono intorno in lungo ordine i voti / che vi portano i creduli devoti* (TASSO). SIN. Ingenuo, sempliciotto.

credulóne [da *credulo*] agg.; anche s. m. (f. *-a*) ● Che, chi mostra un'eccessiva facilità a credere a tutto e a tutti. SIN. Ingenuo, sciocco, sempliciotto.

crèma [fr. *crème*, di etim. incerta] **A** s. f. ***1*** Grasso del latte che si addensa alla superficie in strato bianco-giallognolo. SIN. Panna | (*fig.*) Parte eletta, scelta, di un gruppo: *la c. dei cittadini, di un ambiente.* CONTR. Schiuma. ***2*** *c. pasticcera* o (*ell.*) *crema*, dolce a base di latte, tuorli d'uovo, farina e zucchero, sbattuti assieme e rappresi al fuoco | (*est.*) Dolce simile per consistenza alla crema: *c. di cacao, di cioccolata* | (*est.*) Cibo eccellente. ***3*** Passato di riso, verdure o altro, consumato come minestra: *c. di piselli*; *c. di pomodori.* ***4*** Liquore molto ricco di zucchero: *c. cacao.* ***5*** Composto denso, spesso untuoso, usato spec. come cosmetico: *c. per le mani, per il viso*; *c. nutriente, idratante*; *c. antirughe, depilatoria, dimagrante* | *C. da barba*, quella saponosa che si spalma sul viso per facilitare la rasatura | *C. per calzature*, speciale preparato per mantenere morbide e lucide le scarpe di pelle. ***6*** Colore crema: *una tinta che sta fra il c. e il giallo.* **B** in funzione di agg. inv. ● (posposto a un s.) Che ha il colore bianco-giallognolo caratteristico della crema del latte: *abito c.*; *stoffa color c.* || **cremina**, dim.

cremaglièra [fr. *crémaillère* 'catena del camino', dal fr. antico *cramail*, dal lat. tardo *cremăculu(m)*, dal gr. *kremastḗr* 'colui che tiene sospeso', da *kremánnymi* 'io appendo' (di origine sconosciuta)] s. f. ● Ingranaggio con dentatura rettilinea che, ingranando con una ruota dentata motrice ad asse di rotazione fisso, si muove con moto rettilineo: *ferrovia a c.* SIN. Dentiera.

cremàre [vc. dotta, lat. *cremāre*, di origine indeur.] v. tr. (*io crèmo*) ● Bruciare un cadavere.

crematìstica [V. *crematistico*] s. f. ● (*raro*) Scienza economica che tratta della ricchezza.

crematìstico [vc. dotta, gr. *chrēmatistikós*, da *chrēmatízō* 'io mi occupo di affari', da *chrêmata* 'ricchezze, beni', da *chráomai* 'io adopero, posseggo'] agg. (pl. m. *-ci*) ● (*raro*) Relativo alla crematistica.

crematóio [da *cremare*] s. m. ● Parte del forno crematorio in cui si pone il cadavere da bruciare.

crematòrio [da *cremare*] **A** agg. ● Che si riferisce alla cremazione | *Forno, altare c.*, dove vengono cremati i cadaveri. **B** s. m. ● Edificio destinato alla incinerazione dei cadaveri umani.

cremazióne [vc. dotta, lat. tardo *crematiōne(m)*, da *cremāre* 'cremare'] s. f. ● Atto, effetto del cremare.

crème /*fr.* 'krɛm/ [fr. V. *crema*] s. f. inv. ● Crema (*spec. fig.*): *la c. della società locale.*

crème caramel /*fr.* 'krɛm kara'mɛl/ [fr., propriamente 'crema caramellata'. V. *crema* e *caramella*] loc. sost. f. o m. inv. ● Dolce a base di uova e latte, cotto, gener. a bagnomaria, in uno stampo sul cui fondo si fa caramellare dello zucchero.

cremerìa [fr. *crémerie*, da *crème* 'crema'] s. f. ● (*dial.*) Latteria in cui si vendono anche gelati, dolci e sim.

cremificàto [da *Crema*, cittadina della Lombardia] agg. ● Detto di formaggio di consistenza cremosa | Di formaggio cui è stata aggiunta crema di latte.

cremìno [da *crema*] s. m. ***1*** Cioccolatino o formaggio cremoso, che si fonde in bocca. ***2*** Nome commerciale di un gelato cremoso. ***3*** Semolino dolce.

crèmisi o (*raro, lett.*) **chèrmisi**, **chermìsi** [V. *chermes*] **A** s. m. ***1*** V. *chermes.* ***2*** Sfumatura di rosso molto acceso. **B** agg. ● Di colore rosso vivo: *gli smisurati piloni ... eran da capo a fondo coperti di dammasco c.* (PARINI).

cremisìno o **chermisìno**. **A** agg. ● Che ha colore cremisi: *damasco c.* **B** s. m. ***1*** Il colore cremisino. ***2*** (*est.*) Drappo di colore cremisi.

cremlinologìa [comp. di *Cremlino*, n. del palazzo degli zar poi sede del governo sovietico o, dal 1991, russo] s. f. ● Nel linguaggio giornalistico, analisi della politica dell'Unione Sovietica o, dopo il 1991, della Russia.

cremlinòlogo [comp. di *Cremlino* e *-logo*] s. m. (pl. *-gi*) ● Esperto di cremlinologia.

cremnofobìa [comp. del gr. *krēmnós* 'precipizio' e di *-fobia*] s. f. ● Timore morboso dei precipizi.

cremolàto [da *crema*] s. m. ● A Roma, gelato molle che si serve in coppa.

cremonése **A** agg. ● Di Cremona: *dialetto c.* **B** s. m. e f. ● Abitante o nativo di Cremona. **C** s. f. ● Mezzo di chiusura di battenti mobili negli infissi, formato da due aste verticali scorrenti entro anelli, i cui estremi si introducono in appositi fori nella parte fissa.

cremóre [vc. dotta, lat. *cremōre(m)*, da avvicinare a *cremāre* 'cremare' (?)] s. m. ● La parte più densa, l'estratto di una sostanza | *C. di tartaro*, bitartrato di potassio, bianco, cristallino, ricavato dalle fecce dei vini e dalla gruma di botte, usato in tintoria, per fare lieviti e polveri effervescenti e come diuretico e lassativo.

cremortàrtaro [comp. di *cremor(e) (di) tartaro*] s. m. ● Cremore di tartaro.

cremóso [da *crema*] agg. ● Ricco di crema: *latte c.* | Che ha l'aspetto, la consistenza della crema: *sostanza cremosa.*

crèn o (*raro*) **crènno** [dal ted. *Kren*, di origine slava] s. m. ***1*** (*bot.*) Barbaforte. ***2*** Salsa piccante che si ricava macinando la radice della pianta omonima, con aggiunte di aceto e pangrattato.

crèna [vc. di origine preindeur. (?)] s. f. ***1*** †Fessura, tacca, spaccatura. ***2*** Zona del fondo marino al limite fra scoglio e sabbia.

crenàto (1) [da *crenico*] s. m. ● (*chim.*) Sale dell'acido crenico.

crenàto (2) [da *crena*] agg. ● (*bot.*) Detto di filloma o del suo margine quando presenta crenature.

crenatùra [da *crenato (2)*] s. f. ● (*bot.*) Dentello ad apice arrotondato di fillomi o del loro margine.

crènico [dal gr. *krḗnē* 'sorgente', perché quest'acido si trova in certe sorgenti di acque ferruginose] agg. (pl. m. *-ci*) ● (*chim.*) Detto di acido estratto da acque sorgive e di composti da esso derivati | *Acido c.*, acido organico, derivato dagli acidi urici, precipitato da acque sorgive ferruginose attraverso strati di vegetali in decomposizione.

crènno ● V. *cren.*

crenobio [dal gr. *krḗnē* 'sorgente' (prob. di origine indeur.) e *-bio*] agg. ● (*biol.*) Detto di organismo adattato alla vita nelle sorgenti.

crenologìa [vc. dotta, comp. del gr. *krḗnē* 'fonte' e di *-logia*] s. f. ● Scienza che studia le sorgenti delle acque minerali.

crenoterapìa [fr. *crénothérapie*, comp. del gr. *krḗnē* 'fonte' e del fr. *thérapie* 'terapia'] s. f. ● Cura mediante acque minerali termali, vapori, fanghi e sim.

Creodónti [comp. del gr. *kréas* 'carne', di origine indeur. (perché carnivori), e *odonto-*] s. m. pl. ● Ordine di Carnivori primitivi fossili del Terziario inferiore, forse acquatici, con denti ferini raramente differenziati (*Creodonti*).

creolìna [da *creolo*, per il colore scuro] s. f. ● Liquido saponoso, denso, di color bruno rossastro, derivato dal catrame di carbon fossile, ricco di cresoli e fenoli, usato in soluzione acquosa come disinfettante e deodorante di ambienti.

crèolo [fr. *créole*, dallo sp. *criollo* 'meticcio, servo nato in casa', da *criar* 'allevare'. V. *creato (2)*] **A** s. m. (f. *-a* nel sign. 1) ***1*** Individuo nato nell'America latina da genitori francesi, spagnoli e portoghesi | *C. negro, di colore*, nelle Antille e in alcune regioni dell'America centro-meridionale, meticcio nato da padre bianco e madre india o negro-americana. ***2*** Ciascuno dei dialetti creoli: *il c. di Haiti.* **B** agg. ● Proprio dei creoli | *Dialetti creoli*, lingue miste derivanti dall'uso dei linguaggi europei fatto da popolazioni di colore.

creosòlo [da *creos(oto)* col suff. chim. di comp. *ol(eos)o*] s. m. ● (*chim.*) Etere metilico, liquido, oleoso, incolore, ottenuto dalla distillazione del legno di faggio, usato in medicina.

creosòto [fr. *créosote*, comp. del gr. *kréas* 'carne' e *sōtḗr* 'che salva', perché impedisce la putrefazione dei corpi] s. m. ● (*chim.*) Liquido oleoso, ottenuto per distillazione dal legno di faggio, usato in medicina e nell'industria del legname.

crèpa [da *crepare*] s. f. ***1*** Fessura che si produce nell'intonaco di un muro, in un terreno, in un pavimento, e sim.: *nel soffitto si aprivano lunghe crepe.* ***2*** (*fig.*) Guasto profondo nella continuità di un rapporto personale, nella stabilità di istituzioni: *la loro amicizia mostra qualche c.*; *in quel matrimonio ci sono gravi crepe*; *le crepe della Costituzione* | Dissidio, contrasto. || **crepàccia**, pegg. | **crepàccio**, accr. m. (V.).

crepàccio [accr. di *crepa*] s. m. ***1*** Profonda fenditura nei terreni o nelle rocce: *l'agave che s'abbarbica al c. / dello scoglio* (MONTALE). ***2*** (*geogr.*) Grande fenditura nei ghiacciai | *C. longitudinale*, che si apre nel senso della lunghezza della lingua di ablazione | *C. periferico*, che si forma attorno al bordo superiore di un ghiacciaio | *C. radiale*, che si apre a ventaglio alla fronte del ghiacciaio dove la lingua di ablazione si allarga | *C. trasversale*, che si forma quando la lingua glaciale è sottoposta a piegamenti nel superare un brusco dislivello. ➡ ILL. p. 820 SCIENZE DELLA TERRA ED ENERGIA. || **crepacciòlo**, †**crepacciuòlo**, dim.

crepacòre ● V. *crepacuore*.

crepacòrpo o **crèpa còrpo** [comp. di *crepa(re)* e *corpo*] vc. ● (*fam.*) Solo nella loc. avv. *a c.*, a sazietà: *bere, mangiare a c.*

crepacuòre o (*pop.*) **crepacòre** [comp. di *crepa(re)* e *cuore*] s. m. ● Profondo dolore morale: *morire di c.*

crepapància [comp. di *crepa(re)* e *pancia*] vc. ● Solo nella loc. avv. *a c.*, in maniera smodata, moltissimo: *ridere a c.* | *Mangiare a c.*, in modo quasi da scoppiare.

crepapèlle [comp. di *crepa(re)* e *pelle*] vc. ● Solo nella loc. avv. *a c.*, tanto da sentirsi quasi scoppiare, moltissimo, in maniera smodata: *mangiare, bere, ridere a c.*

crepàre [lat. *crepāre* 'strepitare', poi 'scoppiare', di origine onomat.] **A** v. intr. e intr. pron. (*io crèpo*; aus. *essere*) ● Spaccarsi aprendosi in crepe: *la terra crepa per l'eccessiva siccità*; *il tubo si sta crepando* | Screpolarsi: *la pelle si crepa*. **B** v. intr. **1** (*fig., fam.*) Essere pieno fino quasi a scoppiare, essere al limite della resistenza: *mangiarono tanto da c.* | *C. dalle risa, dal ridere*, sbellicarsi, ridere smodatamente | *C. di fatica*, faticare in modo eccessivo | *C. di sdegno, di dolore, di rabbia, di voglia, di invidia, di paura*, e sim., provare un grande sdegno, un gran dolore, una gran rabbia e sim. | (*antifr.*) *C. di salute*, godere ottima salute. **2** (*est.*) Morire (*spec. spreg.*): *c. solo come un cane*; *il peccator tristo s'adira / dibatte i denti, e pur rabbioso crepa* (CAMPANELLA) | *Crepa! crepi!*, escl. di cattivo augurio (*anche scherz.*) | *Crepi! crepi il lupo!*, per rispondere all'augurio 'in bocca al lupo' prima di accingersi a una prova ardua | *Crepi l'astrologo!*, per scongiurare cattive previsioni | *Crepi l'avarizia!*, affrontando una spesa insolita o troppo gravosa.

crepàta [etim. incerta] s. f. ● Operazione abusiva per rinforzare il colore del vino, con l'aggiunta di un po' di vin rosso bollito.

crepàto **A** part. pass. di *crepare*; anche agg. ● Nei sign. del v. **B** s. m. ● †Crepatura.

crepatùra [lat. tardo *crepatūra(m)*, da *crepāre* 'crepare'] s. f. **1** Effetto del crepare | Spacco, fessura. **2** Anomala presenza di screpolature nei formaggi a pasta cotta. **3** †Ernia.

crêpe /fr. krɛp/ [vc. fr., propr. 'crespo'] s. m. inv. **1** (*tess.*) Crespo | V. anche *crêpe de Chine*, *crêpe georgette*, *crêpe satin*. **2** Specie di sottile frittata o frittella, dolce o salata: *c. con la marmellata*; *crêpe alla fiamma*; *crêpe ai funghi*.

crêpe de Chine /fr. 'krɛp də 'ʃin/ [vc. fr., propr. 'crespo di Cina'] loc. sost. m. inv. ● Tipo di crespo di consistente spessore e dal tipico aspetto ondulato.

crêpe georgette /fr. 'krɛp ʒɔr'ʒɛt/ [vc. fr., propr. 'crespo Giorgetta', da un n. proprio] loc. sost. m. inv. ● Tipo di crespo finissimo, quasi trasparente, rigido.

crepèlla [dal fr. *crêpe* (V.)] s. f. ● Tessuto di lana, leggero e morbido, con lieve increspatura, per vesti femminili.

crêpe satin /fr. 'krɛp sa'tɛ̃/ [fr., 'crespo di raso'. V. *satin*] loc. sost. m. inv. ● Tipo di crespo di raso, col diritto leggermente lucido.

crèpida [vc. dotta, lat. *crepida(m)*, dal gr. *krēpîda*, acc. sing. di *krēpís*, di etim. incerta] s. f. ● Calzatura greca e romana, di tomaia bassa, che o fasciava con una striscia di cuoio la parte inferiore del piede, oppure s'intrecciava con più striscette.

crepìdine [vc. dotta, lat. *crepīdine(m)*, dal gr. *krēpís*, genit. *krēpîdos* 'fondamento, basamento', di etim. incerta] s. f. **1** (*arch.*) Zoccolo, gradino di un edificio, di una tomba, di un altare, di un marciapiede. **2** †Sporgenza, riparo, greppo.

crepidòma s. m. (pl. *-i*) ● (*arch.*) Crepidine. ➡ ILL. p. 356-357 ARCHITETTURA.

crepitàcolo [vc. dotta, lat. *crepitāculu(m)*, da *crepitāre*. V. *crepitare*] s. m. **1** (*relig.*) Strumento di legno atto a produrre un rumore crepitante, usato nella settimana santa. SIN. Battola, raganella. **2** Strumento musicale usato da popoli allo stato di natura, derivato da un frutto secco contenente semi.

crepitàre [vc. dotta, lat. *crepitāre*, ints. di *crepāre*. V. *crepare*] v. intr. (*io crèpito*; aus. *avere*) **1** Scoppiettare, fare un rumore secco e continuo, detto del fuoco, della pioggia, e sim. **2** (*lett.*) Frusciare, stormire, detto spec. delle foglie mosse dal vento.

crepitazióne [vc. dotta, lat. tardo *crepitatiōne(m)*, da *crepitāre* 'crepitare'] s. f. ● (*med.*) Rumore prodotto dalle ossa fratturate. SIN. Scroscio | Caratteristico insieme di rumori che si originano in particolari processi infiammatori dei polmoni e dei bronchi.

crepitìo s. m. **1** Il crepitare frequente e continuo: *il c. del fuoco, della pioggia, dei ceppi*. **2** (*med.*) Sintomo di infiammazione polmonare, dovuto alla presenza di essudato nelle cavità alveolari.

crèpito [vc. dotta, lat. *crĕpitu(m)*. V. *crepitare*] s. m. ● (*lett.*) Scoppiettio: *la lucerna era agli ultimi crepiti* (NIEVO).

crèpo s. m. ● (*raro*) Crepa, fenditura.

crepolàre [da *crepare*] **A** v. tr. e intr. (*io crèpolo*; aus. intr. *essere*) ● (*raro*) Screpolare. **B** v. intr. ● †Trapelare, scaturire, detto di liquido.

crepolatùra s. f. ● (*raro*) Screpolatura.

crépon /fr. kre'pɔ̃/ [vc. fr., da *crêpe* 'crespo'] s. m. inv. ● Crespo pesante e rigido.

crepùnde s. f. pl. ● Crepundi.

crepùndi [vc. dotta, lat. *crepŭndia*, nt. pl., da *crepāre*. V. *crepare*] s. m. pl. ● (*st.*) Balocchi infantili | Gingilli, amuleti messi al collo come segno di riconoscimento ai neonati che venivano abbandonati.

crepuscolàre [vc. dotta, lat. tardo *crepusculāre(m)*, da *crepŭsculum* 'crepuscolo'] **A** agg. **1** Proprio del crepuscolo: *luce, bagliore c.*; *l'aure son miti, son tranquilli i venti / crepuscolari* (SABA). **2** (*fig., lett.*) Vago, evanescente, privo di una forma definitiva: *sogni, sentimenti crepuscolari*. **3** Che si riferisce al, che è proprio del, crepuscolarismo: *poesia, poeta c.* **4** (*psicol.*) *Stato c.*, temporaneo offuscamento della coscienza. **B** s. m. ● Poeta seguace del crepuscolarismo.

crepuscolarìsmo [comp. di *crepuscolar(e)* e *-ismo*] s. m. ● Corrente poetica del primo Novecento italiano caratterizzata da una lirica di tono sommesso e di pacata e indefinita malinconia.

crepùscolo [vc. dotta, lat. *crepŭsculu(m)*, da *crĕper* 'oscuro', di etim. incerta] s. m. **1** Luce diffusa dalle particelle degli alti strati dell'atmosfera prima del sorgere e dopo il tramonto del sole | Intervallo di tempo durante il quale si verifica tale fenomeno. **2** (*per anton.*) Il tramonto del sole. **3** (*fig.*) Fase declinante, momento che precede la fine di q.c.: *il c. degli dei*; *essere al c. della vita*.

crescèndo [gerundio di *crescere*] s. m. inv. **1** (*mus.*) Notazione musicale per avvertire di passare gradualmente dal piano al forte. **2** (*fig.*) Aumento progressivo di forza, intensità, e sim.: *un c. di fischi, di applausi*; *un c. di dolori, di delusioni*; *un c. di patriottismo ancestrale* (CALVINO).

crescènte **A** part. pres. di *crescere*; anche agg. **1** Nei sign. del v. **2** (*mat.*) Detto di un'applicazione f di variabile tale che se $a > b$, $f(a) > f(b)$. **B** s. m. ● (*lett.*) Falce di luna. **C** s. f. ● Tipo di focaccia fritta emiliana, impastata con farina, latte e strutto. || **crescentìna**, dim.

crescènza (1) [vc. dotta, lat. *crescĕntia(m)*, da *crēscere* 'crescere'] s. f. **1** Atto, modo, effetto del crescere: *una rapida c.* | *Vestito a c., per la c.*, di misure più ampie del necessario, in previsione di una crescita | *Febbri di c.*, che si accompagnano allo sviluppo di un bambino o di un adolescente. SIN. Crescita. **2** Piena di un fiume. **3** Focaccia di pasta lievitata. **4** †Escrescenza carnosa.

crescènza (2) [milan. *carsenza*] s. f. ● Formaggio a pasta molle, butirroso, simile allo stracchino, tipico della Lombardia.

créscere [lat. *crēscere*, dalla stessa radice di *creāre* 'creare'] **A** v. tr. (pres. *io crésco, tu crésci*; pass. rem. *io crébbi, tu crescésti*; part. pass. *cresciùto*) **1** Accrescere, aumentare: *c. le spese, i prezzi, le tasse, lo stipendio* | Nei lavori a maglia e all'uncinetto, aumentare il numero delle maglie (*anche ass.*): *c. i punti*; *cominciare a c.* **2** Allevare, educare: *l'ha cresciuto come un figlio* | Coltivare: *ha cresciuto splendidi fiori*. **B** v. intr. (aus. *essere*) **1** Svilupparsi come organismo naturale, con un processo irreversibile: *è un ragazzo che cresce in fretta*; *quell'albero non cresce più* | (*est.*) Avanzare negli anni, maturarsi: *non è più un bambino, è già cresciuto* | (*est.*) Essere nutrito, educato, allevato: *è cresciuto nella casa dei nonni*. **2** Allignare: *in quel terreno non crescono più alberi*. **3** Aumentare di massa, volume, livello, forza, intensità, prezzo e sim., spec. con un processo reversibile: *la popolazione cresce*; *il caldo sta crescendo*; *siamo cresciuti di varie unità* | *C. in famiglia*, si dice in occasione di nuove nascite | Con riferimento ad astri, aumentare quanto a luminosità o a fase: *la luna cresce*. CONTR. Calare. **4** Salire di grado, fare progressi nella carriera, nella condizione sociale, nell'abilità e nel successo professionale e sim.: *c. in fama, nella stima di qc.* SIN. Migliorare, progredire, prosperare. **5** Essere in più, sovrabbondare: *mi darete ciò che cresce* | Superare la lunghezza prevista, detto di articolo o notizia di giornale. **6** Stonare per suono troppo acuto: *una nota che cresce*. **7** (*poet.*) Avanzarsi, spingersi innanzi con la persona, in duelli e sim.

crescióne [ant. fr. *cresson*, dal francone **kresso*] s. m. ● Pianta erbacea delle Crocifere dalle proprietà medicinali, con foglie commestibili profondamente divise e piccoli fiori bianchi (*Nasturtium officinale*). SIN. Crescione d'acqua | *C. inglese* o *degli orti*, pianta erbacea delle Crocifere con foglie alternate e fiori piccoli e bianchi in racemi (*Lepidium sativum*). SIN. Agretto.

créscita [da *crescere*] s. f. ● Atto, effetto del crescere: *la c. dei capelli, del bambino* | Aumento: *c. di capitale*.

cresciùta [da *cresciuto*] s. f. ● Effetto del crescere, spec. di piante.

cresciùto part. pass. di *crescere*; anche agg. ● Nei sign. del v.

crèsima [lat. tardo *chrīsma* 'unzione', dal gr. *chrîsma*, da *chríein* 'ungere', di origine indeur.] s. f. ● (*relig.*) Confermazione.

cresimàndo [gerundio di *cresimare*] agg.; anche s. m. (f. *-a*) ● Che, chi si appresta a ricevere la cresima.

cresimànte **A** part. pres. di *cresimare*; anche agg. ● Nei sign. del v. **B** s. m. ● Chi amministra il sacramento della cresima.

cresimàre [lat. tardo *chrismāre* 'ungere', da *chrīsma*. V. *cresima*] **A** v. tr. (*io crèsimo*) **1** Amministrare il sacramento della confermazione. **2** †Consacrare un imperatore col crisma. **3** (*raro, scherz.*) Confermare. **B** v. intr. pron. ● Ricevere il sacramento della confermazione.

cresimàto part. pass. di *cresimare*; anche agg. **1** Nei sign. del v. **2** (*raro, scherz.*) *Unto e c.*, sudicio.

crèso [da *Creso* (sec. VI a.C.), re della Lidia, famoso per le sue ricchezze] s. m. ● Persona enormemente ricca (*anche iron.*).

cresòlo [da *cre(o)s(oto)*] s. m. ● (*chim.*) Fenolo monovalente del toluolo, liquido, incolore, velenoso, ottenuto dal catrame di carbon fossile, noto in tre forme isomere che vengono usate nella fabbricazione di resine fenoliche, come disinfettanti e in sintesi organiche.

créspa [da *crespo*] s. f. **1** Grinza, ruga della pelle. **2** Tipo di pieghettatura ottenuta tirando il filo di una filza. SIN. Increspatura | Piccola piega che si fa in un tessuto cucendolo. **3** Piccola ondulazione, provocata da un debole vento, sul mare, sulla neve, sulla sabbia. **4** (*raro, poet.*) †Onda dei capelli. || **crespèllo**, dim. m. | **crespolìna**, dim.

crespàre v. tr. e intr. pron. (*io créspo*) ● (*raro, lett.*) Increspare.

crespàto part. pass. di *crespare*; anche agg. **1** Nei sign. del v. **2** *Carta crespata*, a superficie con grinze ravvicinate e continue.

crespatùra s. f. ● Increspatura: *un abito pieno di crespature*.

crespèlla [da *crespo*, perché friggendo si raggrinza] s. f. ● Specie di sottile frittata o frittella, dolce o salata.

crespìgno [da *crespo*] s. m. ● Pianta erbacea delle Composite, con capolini di fiori gialli e foglie divise che si possono anche mangiare in insalata (*Sonchus oleraceus*). SIN. Cicerbita.

crespìno o **trespìno** [lat. parl. **acrispīnu(m)* 'dalle spine acute', comp. di *ăcris* 'acuto' e *spīna* 'spina'] s. m. ● Arbusto delle Berberidacee con rami spinosi, foglie seghettate, fiori gialli in grappoli e frutti a bacca, rossi (*Berberis vulgaris*).

créspo [lat. *crīspu(m)* 'arricciato', di origine

indeur.] **A** agg. *1* Che presenta piccole e fitte ondulazioni: *barba crespa*; *capelli crespi*; *piante, foglie crespe*. CONTR. Liscio. *2* Ripreso in piccole pieghe: *tessuto, vestito c.* SIN. Increspato. *3* (*raro*) Rugoso, grinzoso: *mostra al viso c., e al pelo bianco / età di settanta anni* (ARIOSTO) | †Corrugato. *4* (*raro, lett.*) Mosso da piccole onde, detto della superficie del mare, di un lago, e sim. **B** s. m. ● Tessuto fino di seta, lana, cotone o nailon e sim. ondulato e granuloso, ottenuto con filato fortemente ritorto | (*est.*) Velo nero increspato, per lutto.

crespolìna [da *crespo*] s. f. ● Santolina.

†**créspolo** [da *crespa*] s. m. ● Piccola crespa.

crespóne [da *crespo*] s. m. ● Tipo di salame lombardo con impasto macinato fine.

crespóso agg. ● (*raro*) Grinzoso.

crespùto agg. ● (*raro*) Crespo | (*lett.*) Increspato: *un mare pulsante, sbarrato da solchi, / c. e fioccoso di spume* (MONTALE).

crésta (1) [lat. *crĭsta(m)*, dalla stessa radice di *crīnis* 'crine'] s. f. *1* Escrescenza carnosa rossa e dentellata sul capo di polli e di altri uccelli | (*est.*) Ciuffo di piume sul capo degli uccelli | Qualunque formazione laminare sul capo e sul dorso di rettili e pesci. *2* (*est.*) Testa, capo | *Alzare la c.*, mettere superbia | *Abbassare la c.*, umiliarsi. *3* (*anat.*) Ogni sporgenza ossea stretta e allungata: *c. iliaca*; *c. tibiale*. *4* Rilievo sul casco medievale per rinforzo e ornamento. *5* Antica cuffia femminile con molte guarnizioni di trine e nastri | Cuffietta o piccola acconciatura di pizzo, spec. bianca, che completa l'uniforme delle cameriere. *6* (*geogr.*) Linea di congiungimento di due versanti montuosi opposti che si uniscono a tetto | *C. di un'anticlinale*, la parte topograficamente più alta di un'anticlinale. ➡ ILL. p. 820 SCIENZE DELLA TERRA ED ENERGIA. *7* (*est.*) Sommità, cima: *la c. di un muraglione, di un argine, di un'onda* | *Essere sulla c. dell'onda*, (*fig.*) attraversare un momento eccezionalmente felice della propria vita o della propria attività; riscuotere il favore di tutti. ➡ ILL. p. 821 SCIENZE DELLA TERRA ED ENERGIA. *8* Parte esterna e inferiore del fodero di una sciabola. *9* (*bot.*) *C. di gallo*, pianta erbacea delle Amarantacee con grosse infiorescenze di color rosso porpora (*Celosia cristata*). *10* (*med.*) *C. di gallo*, (*pop.*) condiloma acuminato. || **crestèlla**, dim. | **crestina**, dim. (V.) | **crestóne**, accr. m. (V.).

crésta (2) [etim. incerta] s. f. ● Solo nella loc. *fare la c.* (*sulla spesa*), rubare sulla spesa fatta per altri maggiorando, a proprio vantaggio, i prezzi d'acquisto.

crestàia [da *cresta* (*1*) nel sign. 5] s. f. ● (*tosc.*) Modista.

crestàto [lat. *cristātu(m)*, da *crĭsta* 'cresta (1)'] agg. *1* Che ha la cresta. *2* Guarnito di pennacchio: *elmo c.* *3* Dentato come una cresta: *linea crestata*.

crestèlla [da *cresta* (*1*)] s. f. ● (*tess.*) Pezzo di canna che ricopre la saldatura dei denti nel pettine del telaio.

crestìna s. f. *1* Dim. di *cresta* (*1*). *2* Ornamento bianco, di tela pieghettata o di pizzo, che le cameriere portano sul capo.

crestomazìa [vc. dotta, gr. *chrēstomátheia*, comp. di *chrēstós* 'utile' e *manthánō* 'io studio'] s. f. ● (*lett.*) Antologia.

crestóne s. m. *1* Accr. di *cresta* (*1*). *2* Grossa cresta di monte.

†**crestóso** agg. ● Fornito di cresta.

†**crestùto** agg. ● Fornito di cresta.

créta o **crèta** [lat. *crēta(m)*, di etim. incerta] s. f. *1* (*miner.*) Varietà di calcare farinoso, di color bianco, non cementato, formato da frammenti di minutissimi organismi, variamente utilizzato per mastici, stucchi, gessi, ceramiche e sim. *2* (*est.*) Qualsiasi oggetto fatto di creta: *una bella c. micenea* | (*fig., poet.*) *C. terrena, mortale, umana*, il corpo umano in quanto fragile e mortale. *3* (*cuc.*) *Pollo alla c.*, chiuso in un involucro di creta e cotto. *4* (*geol.*) Biancana.

cretàceo [vc. dotta, lat. *cretāceu(m)*, da *crēta* 'creta'] **A** agg. *1* Che ha la natura, l'aspetto e sim. della creta: *pietra cretacea* | Che è composto di creta: *terreno c.* *2* (*geol.*) Che si riferisce al Cretaceo: *fossile c.* **B** s. m. ● (*geol.*) Ultimo periodo e sistema dell'era mesozoica, caratterizzato dalla presenza di Molluschi e Rettili e, fra le piante, dalle Angiosperme.

cretàcico [da *cretaceo*] agg.; anche s. m. (pl. m. *-ci*) ● (*geol.*) Cretaceo.

cretése A agg. ● Dell'isola di Creta: *civiltà c.* **B** s. m. e f. ● Abitante dell'isola di Creta.

crètico [vc. dotta, lat. tardo *crēticu(m)*, nom. *crēticus*, dal gr. *krētikós* 'di Creta'] **A** s. m. (pl. *-ci*) ● (*ling.*) Piede metrico della poesia greca e latina formato da una sillaba lunga, una sillaba breve e un'altra lunga. SIN. Anfimacro. **B** anche agg.: *piede c.*

cretinàta s. f. ● Azione, frase, da cretino: *fare, dire una c.*

cretinerìa s. f. *1* L'essere cretino: *quel ragazzo è di una c. incredibile*. *2* Azione, discorso, da cretino: *le solite cretinerie*.

cretinétti [da *cretino*; n. del protagonista di alcuni film] s. m. e f. ● Chi si comporta in maniera sciocca e ridicola.

cretinìsmo [fr. *crétinisme*, da *crétin* 'cretino'] s. m. *1* (*med.*) Ritardo dello sviluppo mentale e fisico con note di insufficienza tiroidea: *c. endemico*. *2* (*est.*) Imbecillità, balordaggine.

cretino [fr. *crétin* 'cristiano', nel senso di 'povero cristiano, pover'uomo'] agg.; anche s. m. (f. *-a*) *1* Che, chi è affetto da cretinismo. *2* (*est.*) Che, chi manifesta o rivela stupidità: *discorso c.*; *persona cretina*; *parole cretine*; *comportarsi da, come un c.* SIN. Imbecille, sciocco, stupido.

cretinòide [comp. di *cretino* e *-oide*] s. m. e f. *1* Chi è in condizione simile al cretinismo. *2* Cretino, imbecille.

cretonne /fr. krə'tɔn/ [da *Creton*, paese della Normandia famoso per le sue tele] s. f. inv. ● Tessuto di cotone, stampato a colori vivaci, usato per tappezzerie, coperture di mobili e abiti estivi.

cretóso [vc. dotta, lat. *cretōsu(m)*, da *crēta* 'creta'] agg. ● Ricco di creta o simile alla creta: *terreno c.*

crettàre [lat. *crepitāre*. V. *crepitare*] v. intr. e intr. pron. (*io crètto*; aus. *essere*) ● (*tosc.*) Creparsi, fendersi, detto spec. di muri, pareti e sim. | Screpolarsi per il freddo e il vento, detto della pelle.

crètto [da *crettare*] s. m. *1* (*tosc.*) Crepatura non molto larga nei muri, nelle lamiere, e sim.: *nell'intonaco ci sono numerosi cretti* | *C. da gelo*, negli alberi, crepatura con fuoruscita di resina | (*raro*) Screpolatura della pelle. *2* Cavillatura.

cri /kri*, kri/ [vc. onomat.] **A** inter. ● Riproduce il verso del grillo e anche il rodere del tarlo (*spec. iter.*). **B** anche s. m. ● Il canto stesso del grillo: *il cri cri notturno dei grilli*.

crìa (1) o **scrìa** [da *criare*] s. f. e m. ● (*tosc.*) L'ultimo e più debole nato di una nidiata, di una cucciolata, di una famiglia.

crìa (2) [vc. dotta, lat. *chrīa(m)*, nom. *chrīa*, dal gr. *chréia* 'vantaggio, utilità', da *chrêsthai* 'usare'] s. f. ● Nella retorica classica, esercizio di amplificazione.

†**crïàre** e *deriv.* ● V. *creare* e *deriv.*

crìbbio [euf. per *Cristo*] inter. ● (*euf.*) Esprime meraviglia, sorpresa, ammirazione, dispetto, rabbia e sim.

cribèllo [vc. dotta, lat. tardo *cribĕllu(m)*: V. *crivello*] s. m. ● (*zool.*) Piastrina munita di ghiandole che secernono sericina, situata anteriormente alle filiere in alcune famiglie di ragni.

cribràre [vc. dotta, lat. *cribrāre*, da *crībrum* 'cribro'] v. tr. *1* (*lett.*) Passare al cribro | (*est.*) Vagliare, rendere puro. *2* (*fig.*) Esaminare con cura, ponderare. *3* (*raro, lett.*) Agitare.

crìbro [vc. dotta, lat. *crībru(m)*, dalla stessa radice di *cĕrnere* 'separare'] s. m. *1* (*raro, lett.*) Vaglio, crivello: *con bianchi e sottilissimi cribri cernivano oro separandolo da le minute arene* (SANNAZARO) | †*Portar l'acqua nel c.*, tentare l'impossibile. *2* (*bot.*) Tubo cribroso.

cribróso [da *cribro*] agg. *1* Bucherellato come un crivello. *2* Nell'anatomia vegetale e animale, detto di formazioni attraversate da canalicoli.

cric (1) o **cricch**, **crich**, **cricche**, **cricchi** [vc. onomat.] **A** inter. *1* Riproduce lo scricchiolio del ghiaccio, del vetro o di altra sostanza dura e fragile che si rompe o si incrina. *2* Riproduce il rumore di un congegno metallico che scatta o di un'articolazione ossea che scricchiola. **B** in funzione di s. m. inv. ● Il rumore, lo scricchiolio stesso: *il c. del ghiaccio che si spezza* | *Coltello a c.*, a serramanico.

cric (2) o **cricco** [fr. *cric*, di origine onomat.] s. m. ● Martinetto a vite, spec. quello in dotazione agli autoveicoli per effettuare, sollevandoli, il cambio di una ruota.

crìcca (1) [fr. *clique*, di origine onomat. (indica gente che chiacchiera)] s. f. *1* Gruppo di persone che si favoriscono a vicenda a danno degli altri | †*In c.*, insieme, in compagnia | (*est., fam.*) Gruppo di amici: *è sempre in giro con la sua c.* SIN. Banda, combriccola, ghenga. *2* Nel gioco delle carte, combinazione di tre figure di valore uguale.

crìcca (2) [da *criccare*] s. f. ● (*metall.*) Piccolissima frattura superficiale visibile con strumenti speciali, in laminati o getti metallici.

criccàre [vc. onomat.] v. intr. (*io crìcco, tu crìcchi*; aus. *avere*) ● Fendersi, screpolarsi, detto di laminati o getti metallici.

cricch /krik/ ● V. *cric* (*1*).

cricche ● V. *cric* (*1*).

cricchete ● V. *cric* (*1*).

cricchétto [da *cricco*] s. m. ● (*mecc.*) Organo di arresto di una ruota dentata. SIN. Nottolino.

crìcchi ● V. *cric* (*1*).

cricchiàre [vc. onomat.] v. intr. (*io crìcchio*; aus. *avere*) ● Fare cric, scricchiolare: *le castagne cricchiano sul fuoco*.

crìcchio (1) [vc. onomat.] s. m. ● Rumore secco di cosa che si rompe, si incrina e sim.

†**crìcchio (2)** [vc. espressiva] s. m. ● Ticchio, ghiribizzo.

crìcco ● V. *cric* (*2*).

cricèto o **criceto** [boemo *křeček*, attraverso il lat. scient.] s. m. ● Piccolo mammifero terricolo dei Roditori con corpo tozzo, coda breve, pelame di color rosso-giallastro e nero, comune nell'Europa centrale, di indole assai aggressiva (*Cricetus cricetus*). SIN. Hamster | *C. dorato*, specie originaria del Vicino Oriente, più piccola e di indole mite, spesso allevata (*Mesocricetus auratus*).

crich /krik/ ● V. *cric* (*1*).

crick ● V. *cric* (*1*).

cricket /ingl. 'krikit/ [ingl., dall'ant. fr. *criquet* 'bastone di mira'] s. m. inv. ● Gioco inglese, praticato all'aria aperta, in cui due squadre antagoniste cercano di lanciare la palla, con una mazza, per colpire la porta avversaria, costituita da regoli posti su di un piolo, e farla cadere.

cricòide [vc. dotta, gr. *krikoeidḗs* 'a forma di cerchio', comp. di *kríkos* 'cerchio' e *-eidḗs* '-oide'] s. f. ● (*anat.*) Cartilagine laringea a forma di anello, al di sopra della trachea.

cri du chat /fr. kri dy 'ʃa/ [loc. fr., propr. 'grido del gatto'] loc. sost. m. inv. ● (*med.*) Sindrome da difetto cromosomico così chiamata dal caratteristico pianto dei bambini che ne sono affetti, simile al miagolio di un gatto.

†**crìme** ● V. *crimine*.

criminàle [vc. dotta, lat. tardo *crimināle(m)*, da *crīmen*, genit. *crīminis* 'accusa', poi 'delitto'] **A** agg. *1* Che riguarda il crimine: *indagine c.* *2* (*raro*) Penale: *diritto c.*; *antropologia c.* *3* Criminoso: *atto c.* || **criminalménte**, avv. **B** s. m. e f. ● Individuo con forte tendenza a un comportamento antisociale | *C. di guerra*, chi si è macchiato di crimini di guerra | (*gener.*) Delinquente. **C** s. m. ● †Delitto.

criminalista s. m. e f.; anche agg. (pl. m. *-i*) ● (*raro*) Penalista.

criminalità s. f. *1* Condizione, qualità di chi, di ciò che è criminale. *2* Complesso dei fatti costituenti reati valutato come fenomeno sociale, politico, morale: *lotta contro la c.* SIN. Delinquenza.

criminalizzàre [da *criminale*, sul modello del fr. *criminaliser*] v. tr. ● Considerare criminale, trattare alla stregua di criminale, riferito spec. a problemi o comportamenti politicamente o socialmente rilevanti: *c. i drogati*.

criminalizzazióne s. f. ● Atto, effetto del criminalizzare.

criminalòide [comp. di *criminale* e *-oide*] agg.; anche s. m. e f. ● Che, chi ha caratteristiche simili a quelle di un criminale.

†**crimināre** [vc. dotta, lat. *crimināri*, da *crīmen*, genit. *crīminis* 'accusa'] v. tr. ● Incriminare.

crìmine o †**crime** [vc. dotta, lat. *crīmine*, abl. sing. di *crīmen* 'accusa', poi 'delitto', da avvicinare a *cĕrnere* 'distinguere'. V. *cernere*] s. m. *1* Illecito penale | (*est.*) Correntemente, delitto a cui si accompagna l'idea di particolare efferatezza e gravità | *C. di guerra*, azione inumana compiuta da membri delle forze armate in contrasto con le norme di diritto internazionale disciplinanti la violenza bellica | *C. internazionale*, atrocità compiuta da individui agenti come privati o come organi di uno Stato, a danno degli interessi della comunità internazionale | *C. contro l'umanità*, atrocità riconosciuta dalla coscienza dei popoli come violazione delle più elementari esigenze umanitarie. **2** (*lett.*) †Peccato.

criminògeno [comp. di *crimine* e *-geno*] **agg.** ● Che genera, favorisce, attività criminali.

criminologìa [comp. di *crimine* e *-logia*] **s. f.** (**pl.** *-gie*) ● Scienza che ha per oggetto lo studio dei crimini e dei criminali.

criminòlogo **s. m.** (**f.** *-a*; **pl. m.** *-gi*) ● Studioso di criminologia.

criminosità [da *criminoso*] **s. f.** ● L'essere criminoso.

criminóso [vc. dotta, lat. *crimĭnōsu(m)*, da *crīmen*, genit. *crīminis*. V. *crimine*] **agg.** ● Che ha i caratteri di delitto: *fatto, proposito, tentativo c.*; *tanti criminosi vizii* (BRUNO). || **criminosaménte**, **avv.** In modo o con atto criminoso.

†**crìna** [lat. *crīne(m)*. V. *crine*] **s. f.** ● Vetta, crinale, cresta.

crinàle (**1**) [vc. dotta, lat. *crināle*, da *crīnis* 'crine'] **A agg.** ● (*lett.*) Che riguarda i capelli: *bende crinali*. **B s. m.** **1** Pettine per scriminare | Pettine per fermare i capelli. **2** Spillone d'oro o d'argento per cappelli.

crinàle (**2**) [lat. *crināle* 'pettine', per la forma. V. precedente] **s. m.** ● (*geogr.*) Linea che si snoda sui punti culminanti di una catena montuosa.

crìne o **crino** nel sign. 3 (raro negli altri) [lat. *crīne(m)*, da avvicinare a *crĭsta* 'cresta (1)'] **s. m.** **1** Pelo della criniera e della coda di vari animali, spec. del cavallo. **2** *C. vegetale*, fibra fornita dalle foglie di alcune piante. **3** Materia formata da crini animali o vegetali, usata per imbottiture: *un materasso di c.* **4** (*lett.*) Capello: *allor di quella bionda testa svelse / morte ... un aureo c.* (PETRARCA) | (*est.*) Chioma, capigliatura. **5** (*poet.*) Raggio luminoso che emana dagli astri.

crinèlla [etim. incerta] **s. f.** ● Cesta di vimini usata per portare erba, fieno e sim.

crinièra [fr. *crinière*; da *crin* 'crine'] **s. f.** **1** Insieme dei crini ricadenti dalla parte superiore del collo del cavallo, del leone e sim. **2** (*est.*) Capigliatura umana ricca e folta (*anche scherz.*): *una donna dalla c. bionda*. **3** (*astron.*) *C. della cometa*, l'insieme della chioma e della coda. **4** Parte della barda, a difesa della parte superiore del collo del cavallo d'arme. **5** †Sommità, vetta.

crinìto [vc. dotta, lat. *crinītu(m)*, da *crīnis* 'crine'] **agg.** **1** (*lett.*) Fornito di criniera. **2** Fornito di folta capigliatura: *s'alza in piedi il bel c. Apolline* (BRUNO).

crìno ● V. *crine*.

-crino [dal v. gr. *krínein* 'separare, secernere'] **secondo elemento** ● In parole composte della terminologia scientifica, indica secrezione: *endocrino*.

Crinòidi [vc. dotta, gr. *krinoeidḗs* 'simile al giglio', comp. di *krínon* 'giglio' e *-eidḗs* '-oide'] **s. m. pl.** ● Nella tassonomia animale, classe di Echinodermi marini dal corpo a forma di calice delicatamente colorato e cinque braccia suddivise in due rami (*Crinoidea*) | (al sing. *-e*) Ogni individuo di tale classe.

crinolìna [fr. *crinoline*, dall'it. *crinolino*] **s. f.** ● Sottogonna di tessuto resistente, tenuta allargata e rigida per mezzo di cerchi di acciaio, portata con le gonne degli abiti ottocenteschi.

crinolìno [comp. di *crino* e *lino*] **s. m.** ● Tessuto per crinoline, con ordito di lino o cotone e trama di crine bianco.

†**crinùto** [da *crine*] **agg.** ● Crinito.

crio- [dal gr. *krýos* 'freddo, gelo'] **primo elemento** ● In parole composte della terminologia scientifica, significa 'freddo' o 'ghiaccio': *crioscopia, crioterapia*.

crioanestesìa [comp. di *crio-* e *anestesia*] **s. f.** ● (*med.*) Anestesia locale mediante raffreddamento della parte anatomica.

criobiologìa [vc. dotta, comp. di *crio-*, del gr. *bios* 'vita' e *-logia*] **s. f.** ● Scienza che studia l'uso delle bassissime temperature per la conservazione delle cellule viventi.

criocautèrio o **criocautère** [comp. di *crio-* e *cauterio*] **s. m.** ● (*med.*) Apparecchio usato per l'applicazione della neve carbonica a fine terapeutico.

criòcera [comp. del gr. *kriós* 'ariete' e *kéras* 'corno'] **s. f.** ● (*zool.*) Genere di insetti dei Coleotteri le cui larve sono parassite di foglie, gemme, fiori e sim. (*Crioceris*) | (*per anton.*) Insetto dei Coleotteri col capo blu-verdastro diffuso sugli asparagi (*Crioceris asparagi*).

criochirurgìa [comp. di *crio-* e *chirurgia*] **s. f.** ● Tecnica chirurgica che sfrutta l'azione delle basse o bassissime temperature per ottenere l'eliminazione di formazioni patologiche, oppure semplici effetti coagulativi.

crioelettrònica [comp. di *crio-* e *elettronica*] **s. f.** ● Insieme degli studi e delle tecniche relativi all'applicazione in campo elettronico di superconduttori a bassissime temperature.

crioelettrotècnica [comp. di *crio-* e *elettrotecnica*] **s. f.** ● Insieme degli studi e delle tecniche relativi all'applicazione in campo elettrotecnico di superconduttori a bassissime temperature.

crioessiccazióne [comp. di *crio-* ed *essiccazione*] **s. f.** ● (*raro*) Liofilizzazione.

criogenìa [comp. di *crio-* e *-genia*] **s. f.** ● Parte della fisica che si riferisce allo studio, alla produzione, agli impieghi delle temperature bassissime, anche prossime allo zero assoluto.

criogènico [ingl. *cryogenic*, da *cryogenics* 'criogenia'] **agg.** (**pl. m.** *-ci*) **1** Che concerne gli studi e le tecniche inerenti alla produzione delle bassissime temperature. **2** Criogeno.

criògeno [comp. di *crio-* e *-geno*] **agg.** ● (*fis.*) Che genera bassissime temperature. **SIN.** Criogenico, frigorifero.

crioidràto [comp. di *crio-* e *-idrato*] **agg.**; anche **s. m.** ● (*chim.*) Eutettico.

criolìte [comp. di *crio-* e *-lite*] **s. f.** ● Minerale composto di fluoro, alluminio e sodio che, allo stato naturale, si trova soltanto in Groenlandia.

criologìa [comp. di *crio-* e *-logia*] **s. f.** ● Criogenia.

criopatìa [comp. di *crio-* e *-patia*] **s. f.** ● (*med.*) Malattia causata dalle basse temperature.

criopatologìa [comp. di *crio-* e *patologia*] **s. f.** ● (*med.*) Branca della medicina che si occupa delle alterazioni strutturali e funzionali provocate nell'organismo dalle basse temperature.

crioscopìa [comp. di *crio-* e *-scopia*] **s. f.** ● (*chim.*) Determinazione della concentrazione di una soluzione mediante misura del suo punto di congelamento.

crioscòpico **agg.** (**pl. m.** *-ci*) ● Relativo alla crioscopia: *analisi crioscopica*.

crioscòpio [comp. di *crio-* e *-scopio*] **s. m.** ● Apparecchio per determinare i pesi molecolari mediante la misurazione dell'abbassamento del punto di congelamento delle soluzioni.

criosfèra [comp. di *crio-* e *sfera*] **s. f.** ● Massa totale dei ghiacciai e delle nevi perenni che ricoprono la superficie terrestre.

criosónda [comp. di *crio-* e *sonda*] **s. f.** ● Sonda usata nella criochirurgia.

criòstato [comp. di *crio-* e *-stato*] **s. m.** **1** (*fis.*) Unità refrigerante usata per la produzione di temperature prossime allo zero assoluto. **2** Termostato per basse temperature.

criotècnica [comp. di *crio-* e *tecnica*] **s. f.** ● Tecnica che sfrutta l'azione delle basse temperature per il raffreddamento di ambienti e per la liquefazione di gas.

crioterapìa [comp. di *crio-* e *terapia*] **s. f.** ● Procedimento terapeutico fondato sull'impiego delle bassissime temperature. **SIN.** Frigoterapia.

crìpta o †**critta** [vc. dotta, lat. *crўpta(m)*, nom. *crўpta*, dal gr. *krýptē* da *krýptō* 'io nascondo', da avvicinare a *kalýptō* 'io nascondo'] **s. f.** **1** Sotterraneo di una chiesa, spesso adibito a luogo di sepoltura, talora con funzione e aspetto architettonico di cappella. **2** (*anat.*) Piccola cavità di un organo.

criptestesìa o **criptoestesìa** [comp. di *cript(o)-* ed *-estesia*] **s. f.** ● (*gener.*) Qualunque fenomeno di percezione extrasensoriale.

crìptico **agg.** (**pl. m.** *-ci*) ● (*lett.*) Misterioso, enigmatico: *linguaggio, messaggio c.*

crìpto o **crìpton**, **crỳpton**, **krìpto**, **krỳpton** [dal gr. *kryptós* 'nascosto', perché si trova in piccole quantità nei gas rari dell'aria. V. *cripta*] **s. m.** ● Elemento chimico, gas nobile, incoloro, inodore, componente dell'aria da cui si ottiene per liquefazione, usato come atmosfera inerte nelle lampade a incandescenza. SIMB. Kr.

crìpto- o **critto-** [dal gr. *kryptós* 'nascosto' (V. *cripta*)] **primo elemento** ● In parole composte dotte, del linguaggio politico e della terminologia scientifica, significa 'nascosto' o 'coperto', oppure 'simulato' e sim.: *criptocomunista, criptoportico*.

criptocomunìsta [comp. di *cripto-* e *comunista*] **s. m.** e **f.**; anche **agg.** (**pl. m.** *-i*) ● Chi, che condivide l'ideologia comunista pur senza dichiararsi esplicitamente tale.

criptoestesìa ● V. *criptestesia*.

Criptofìcee [comp. di *cripto-* e del gr. *phŷkos* 'alga' (V. *ficomiceti*)] **s. f. pl.** ● Nella tassonomia vegetale, classe di alghe unicellulari solitarie o in colonie (*Cryptophyceae*) | (al sing. *-a*) Ogni individuo di tale classe.

criptogenètico [comp. di *cripto-* e *genetico*] **agg.** (**pl. m.** *-ci*) **1** (*biol.*) Detto di organismi animali fossili la cui derivazione genealogica è ignota. **2** (*med.*) Detto di patologia di origine sconosciuta.

criptografìa e *deriv.* ● V. *crittografia* e *deriv.*

criptogràmma ● V. *crittogramma*.

criptolalìa [comp. di *cripto-* e *-lalia*] **s. f.** ● Uso abituale di espressioni di significato oscuro.

crìpton ● V. *cripto*.

criptònimo [comp. di *cripto-* e del gr. *ónyma*, var. di *ónoma* 'nome' (V. *onomastico*)] **s. m.** ● Nome assunto da autori che intendono rimanere sconosciuti.

criptopòrtico o **crittopòrtico** [vc. dotta, lat. *cryptopŏrticu(m)* 'portico chiuso', comp. del gr. *kryptós* 'nascosto' e *pŏrticus* 'portico'] **s. m.** (**pl.** *-ci*) ● Portico semisotterraneo, illuminato da ampie finestre, che in età romana collegava due edifici o faceva parte di una villa.

criptòrchide [vc. dotta, comp. di *cripto-* e del gr. *órchis*, genit. *órcheos* 'testicolo'] **s. m.** ● (*med.*) Chi è affetto da criptorchidia.

criptorchidìa **s. f.** ● (*med.*) Malformazione congenita per cui uno o entrambi i testicoli non sono, come di norma, scesi nello scroto. **SIN.** Criptorchidismo.

criptorchidìsmo [comp. di *criptorchid(e)* e del suff. *-ismo*] **s. m.** ● (*med.*) Criptorchidia.

crisaiòlo [da *crisi*] **agg.**; anche **s. m.** (**f.** *-a*) ● Che, chi fomenta di continuo crisi politiche.

crisàlide [vc. dotta, lat. *chrysăllide(m)*, nom. *chrysăllis*, dal gr. *chrysallís*, da *chrysós* 'oro', per il colore come quello dell'oro] **s. f.** ● (*zool.*) Stadio di sviluppo delle farfalle intermedio fra il bruco e la forma adulta, determinato dal richiudersi della larva all'interno del bozzolo.

crisantèmo o †**grisantèmo** [vc. dotta, lat. *chrysănthemo(n)*, dal gr. *chrysánthemon*, letteralmente 'fiore d'oro', comp. di *chrysós* 'oro' e *ánthemon* 'fiore'] **s. m.** ● Genere di piante erbacee delle Composite con fiori grandi in capolini o in corimbi di vario colore (*Chrysanthemum*) | *C. coreano*, varietà coltivata di crisantemo a fiore piccolo con colore variabile dal bianco al giallo al rosso (*Chrysanthemum koreanum*).

criselefantìno o **criseolefantino** [vc. dotta, gr. *chryselephánthinos* 'd'oro e d'avorio', comp. di *chrysós* 'oro' ed *elephántinos* 'd'avorio' (da *eléphas* 'elefante, avorio')] **agg.** ● Composto di oro e avorio: *statue criselefantine*.

crìsi [vc. dotta, lat. *crĭsi(n)*, nom. *crĭsis*, dal gr. *krísis* 'separazione, scelta, giudizio', da *krínō* 'io giudico'] **A s. f.** **1** (*med.*) Rapido mutamento in meglio o in peggio nel corso di una malattia. **2** Accesso: *c. epilettica*; *c. di nervi* | (*est.*) *Avere una c. di pianto, di riso, e sim.*, Scoppiare in un pianto, in un riso improvviso e violento. **3** Periodo di tempo in cui si verifica una crisi. **4** Fase della vita individuale o collettiva particolarmente difficile da superare e suscettibile di sviluppi più o meno gravi: *c. morale, religiosa*; *c. dinastica, domestica*; *c. monetaria, agricola, commerciale*; *attra-*

versare una c. | *C. di coscienza*, profondo turbamento di natura spirituale, morale, religiosa e sim., che comporta scelte e decisioni spesso definitive | *C. economica*, rallentamento a volte brusco nell'attività economica considerata in complesso, che segue il passaggio dalla fase di espansione alla fase di depressione | (*per anton.*) *La c., la grande c.*, quella iniziatasi nel 1929 e durata per molta parte degli anni '30 | *C. governativa, ministeriale, di gabinetto, di governo*, cambiamento nel governo di uno Stato, con le dimissioni del ministero in carica e le trattative per la composizione del nuovo | *C. extraparlamentare*, quella governativa non provocata da mozione di sfiducia del Parlamento | *Essere in c.*, attraversare un periodo difficile, pieno di incertezze, essere depresso | *Mettere in c.*, mettere in difficoltà, in stato di grave imbarazzo: *i recenti avvenimenti economici hanno messo in c. il governo.* ‖ **crisétta**, dim. **B** in funzione di agg. inv. ● (posposto a un s.) Nella loc. *donna c.*, estremamente magra.

crìsma [vc. dotta, lat. tardo *chrīsma*. V. *cresima*] s. m. (pl. *-i*) **1** Olio consacrato dal vescovo il Giovedì Santo che, con aggiunta di balsamo, serve alle unzioni nell'amministrare i sacramenti del battesimo, della cresima, dell'ordine e dell'estrema unzione. **2** Segno di invocazione monogrammatico, costituito dall'intreccio delle lettere greche X e P, iniziali del nome Christós, o di una J e di una C, iniziali di Jesus Christus, che si poneva all'inizio dei documenti medievali. **3** (*fig.*) Approvazione, convalida data da un superiore, da un'autorità, e sim. | *Con tutti i crismi*, in piena regola, con l'osservanza di tutte le norme richieste.

crismàle **A** agg. ● Relativo al crisma | *Messa c.*, in cui si consacrano gli oli destinati ai sacramenti. **B** s. m. ● Panno con il quale si copre la mensa degli altari consacrati con crisma | Benda che copre l'unzione del crisma | Vaso contenente il crisma.

criso- [dal gr. *chrysós* 'oro'] primo elemento ● In parole composte dotte o scientifiche, significa 'oro' o 'aureo' o indica relazione con l'oro, o colore simile a quello dell'oro: *crisopicrina, crisoficee.*

crisoberìllo [vc. dotta, lat. *chrysobe̅ryllu(m)*, comp. dal gr. *chrysós* 'oro' e *bḗryllos* 'berillo'] s. m. ● Ossido di berillio e alluminio, di colore gialliccio e grande durezza.

crisocàlco [comp. del gr. *chrysós* 'oro' e *chalkós* 'bronzo'] s. m. (pl. *-chi*) ● Oricalco.

crisoelefantino ● V. *criselefantino.*

Crisoficee [comp. di *criso-* e del gr. *phŷkos* 'alga' (V. *ficomiceti*)] s. f. pl. ● Nella tassonomia vegetale, classe di alghe unicellulari di colore giallo-bruno (*Chrysophyceae*) | (al sing. *-a*) Ogni individuo di tale classe.

Crisòfite [comp. di *criso-* e *-fito*] s. f. pl. ● Nella tassonomia vegetale, divisione di alghe comprendente le Crisoficee e le Xantoficee (*Chrysophita*) | (al sing. *-a*) Ogni individuo di tale divisione.

crisografìa [vc. dotta, gr. *chrysographía*, comp. di *chrysós* 'oro' e *gráphō* 'io scrivo'] s. f. ● Arte di disegnare e dorare le lettere dei frontespizi e quelle iniziali dei libri manoscritti.

crisòlito [vc. dotta, lat. *chrysōlithu(m)*, nom. *chrysōlithus*, dal gr. *chrysólithos*, comp. del gr. *chrysós* 'oro' e *líthos* 'pietra' (V. *-lito*)] s. m. ● (*miner.*) Varietà di olivina in cristalli limpidi e di color verde, usati come pietre ornamentali.

Crisomèlidi [dal gr. *chrysomēlo(lónthion)* 'scarabeo dorato', comp. di *chrysós* 'oro' e *mēlolónthion* 'scarabeo', comp. a sua volta di *mêlon* 'pomo' e *ólonthos* 'fico selvaggio'; detto così perché molti scarabei vivono da parassiti sui fichi e su altre piante] s. m. pl. ● Nella tassonomia animale, famiglia di Insetti dei Coleotteri polifagi, fitofagi, nocivi tanto come larve che come adulti a molte piante utili, spesso con colori metallici e antenne filiformi (*Chrysomelidae*) | (al sing. *-e*) Ogni individuo di tale famiglia.

crisopàzio ● V. *crisoprasо.*

crisopicrìna [comp. di *criso-* e *picrina*] s. f. ● Sostanza colorante, gialla, cristallina, contenuta in alcuni licheni.

crisòpraso o **crisopràsio**, **crisopàzio** [vc. dotta, lat. *chrysōprasu(m)*, nom. *chrysōprasus*, dal gr. *chrysóprasos*, comp. di *chrysós* 'oro' e *práson* 'porro', per il colore] s. m. ● (*miner.*) Varietà di calcedonio di color verde.

crisòstomo o †**grisòstomo** [vc. dotta, gr. *Chrysóstomos*, propriamente 'bocca d'oro', comp. di *chrysós* 'oro' e *stóma* 'bocca' (V. *stoma*)] agg.; anche s. m. **1** (*lett.*) Dalla bocca d'oro, spec. come appellativo di antichi oratori particolarmente eloquenti: *S. Giovanni Crisostomo.* **2** (*raro, scherz.*) Che, chi nella dentatura, fa mostra di molte capsule odontoiatriche d'oro.

crisòtilo o **crisòtile** [comp. di *criso-* e del gr. *tíloi* 'peli delle sopracciglia', per l'aspetto del minerale] s. m. ● (*miner.*) Varietà di serpentino fibroso costituito di silicato idrato di magnesio.

crispino agg. ● Relativo a F. Crispi (1818-1901) e alla sua politica.

cristallàio o (*dial.*) **cristallàro** [da *cristallo*] s. m. ● Chi lavora o vende il cristallo.

cristallàme s. m. ● (*raro*) Assortimento di oggetti di cristallo da tavola.

cristallàre v. tr. ● (*lett.*) Rendere limpido come cristallo.

cristallàro ● V. *cristallaio.*

†**cristalleggiàre** v. intr. ● Somigliare al cristallo.

cristallerìa s. f. **1** L'insieme degli oggetti di cristallo da tavola. **2** Fabbrica o negozio di cristalli.

cristallièra s. f. ● Mobile a più ripiani, con parte delle pareti in vetro o cristallo, usato per esporre oggetti vari. SIN. Vetriera.

cristallìno o (*raro, nel solo sign.* B 1) **cristàllino** [vc. dotta, lat. *crystăllinu(m)*, nom. *crystăllinus*, dal gr. *krystállinos*, da *krýstallos* 'cristallo'] **A** agg. **1** Di cristallo: *vaso c.* **2** Che ha la luminosità, la limpidezza del cristallo: *sorgente, acqua cristallina; arie cristalline e dolci* (LEOPARDI). **3** (*fig.*) Limpido, puro, onesto: *carattere c.; coscienza cristallina* | *Voce cristallina*, chiara, sonora. **4** (*miner.*) Detto di minerale che si presenta sotto forma di cristalli | Di roccia che ha origine endogena | *Sistema c.*, ciascuno dei sette raggruppamenti in cui si classificano le forme cristalline possibili in natura, secondo il grado di simmetria. **5** (*bot.*) *Erba cristallina*, pianta tropicale xerofila delle Centrosperme (*Mesembryanthenum cristallina*). **B** s. m. **1** (*anat.*) Struttura a forma di lente biconvessa nella parte anteriore dell'occhio, con funzioni di accomodamento dell'immagine. SIN. Lente. ➡ ILL. p. 367 ANATOMIA UMANA. **2** Il cristallo di Venezia, nel XV sec. | Mezzo cristallo.

cristallizzàbile agg. ● Che si può cristallizzare.

cristallizzàre [vc. dotta, gr. *krystallízō*, da *krýstallos* 'cristallo'] **A** v. intr. e intr. pron. (aus. *essere*) **1** (*miner.*) Passare dallo stato fluido allo stato solido acquistando forma poliedrica. **2** (*fig.*) Rimanere legato a idee e forme ben definite, rifiutando qualsiasi progresso: *cristallizzarsi in un'idea politica* | Divenire fisso e immutabile: *forme di linguaggio che si cristallizzano.* **B** v. tr. ● Sottoporre a cristallizzazione: *c. un sale.*

cristallizzatóre s. m. **1** Apparecchio in cui si opera una cristallizzazione. **2** Operaio addetto a tale apparecchio.

cristallizzazióne s. f. **1** Fenomeno chimico-fisico per cui una sostanza passa dallo stato fluido al solido, assumendo forma e struttura cristallina. **2** (*fig.*) Il fissare idee, convinzioni e sim. senza più mutarle: *la c. della cultura.* **3** (*ling.*) Trattamento per il quale un elemento linguistico cessa di avere un'evoluzione indipendente.

cristàllo [vc. dotta, lat. *crystăllu(m)*, dal gr. *krýstallos* 'ghiaccio, acqua gelata', da *krýos* 'gelo'] s. m. **1** (*miner.*) Corpo solido omogeneo e anisotropo, di origine naturale | *C. di rocca*, varietà di quarzo perfettamente incolore e trasparente | (*chim., fis.*) *Cristalli liquidi*, liquidi non isotropi, la cui birifrangenza è eliminata dall'applicazione di un campo elettrico: *orologio, calcolatrice con visualizzatore a cristalli liquidi.* ➡ ILL. p. 368 CRISTALLI. **2** Vetro trasparente, incolore, a elevata rifrangenza, usato nella vetreria di lusso e in applicazioni tecnico-scientifiche, preparato con silice, ossido di piombo e carbonato potassico | Correntemente, qualità di vetro assai rinomata anche se priva di ossido di piombo: *c. di Boemia; c. di Baccarat* | (*est.*) Lastra di vetro di dimensioni varie adibita a usi diversi: *il c. della finestra, della vetrina, della porta, dell'orologio.* **3** (*raro, lett.*) Lente | Specchio | Bicchiere. **4** (*fig., poet.*) Pianeta, astro: *se 'l Cancro avesse un tal c., / l'inverno avrebbe un mese d'un sol dì* (DANTE *Par.* XXV, 101-102). **5** (*fig., poet.*) Acqua limpida e trasparente di sorgente, ruscello e sim.: *acque stagnanti, mobili cristalli* (TASSO).

cristalloblàstico [comp. di *cristallo* e *-blasto*, con suff. aggettivale] agg. (pl. m. *-ci*) ● Detto della struttura di una roccia i cui minerali sono cristallizzati contemporaneamente.

cristallochìmica [comp. di *cristallo* e *chimica*] s. f. ● Disciplina che studia i rapporti esistenti tra struttura e composizione chimica di un cristallo.

cristalloclàstico [vc. dotta, comp. del gr. *krýstallos* 'cristallo' e *klastós* 'rotto'] agg. (pl. m. *-ci*) ● Detto di una roccia in cui ciascuno dei granuli costituenti è stato deformato fino a rompersi.

cristallofìsica [comp. di *cristallo* e *fisica*] s. f. ● Branca della scienza dei materiali che studia le relazioni esistenti tra proprietà strutturali e fisiche nelle sostanze cristalline.

cristallografìa [comp. di *cristallo* e *-grafia*] s. f. ● Parte della mineralogia che studia la struttura e la forma dei cristalli.

cristallogràfico agg. (pl. m. *-ci*) ● Della, relativo alla cristallografia.

cristallògrafo [comp. di *cristallo* e *-grafo*] s. m. (f. *-a*) ● Studioso di cristallografia.

cristallòide [vc. dotta, lat. tardo *crystalloīde(m)*, nom. *crystalloīdes*, dal gr. *krystalloeidḗs* 'simile a ghiaccio, a cristallo', comp. di *krýstallos* (V. *cristallo*) e *-eidḗs* '-oide'] **A** agg.; anche s. m. ● Detto di sostanza che può assumere la struttura cristallina. **B** s. m. ● (*anat.*) Membrana della camera anteriore dell'occhio.

cristargàre [comp. di *cris(tallo)* e *targare*] v. tr. ● Incidere in modo indelebile sui cristalli di un veicolo il numero di targa.

†**cristère** ● V. *clistere.*

cristianeggiàre v. intr. (*io cristianéggio*; aus. *avere*) ● (*lett.*) Ostentare sentimenti cristiani.

cristianésimo [lat. tardo *christianīsmu(m)*, nom. *christianīsmus*, dal gr. *christianismós*, da *christianós* 'cristiano'] s. m. ● Religione predicata da Gesù Cristo | Istituzioni e forme di civiltà che derivano dalla religione del Cristo | Complesso dei principi e delle dottrine fondamentali accettati dai membri di tutte le chiese e confessioni cristiane, come punto di incontro di una comune fede.

cristiània [chiamato così perché introdotto dagli sciatori norvegesi di *Christiania* (oggi *Oslo*)] s. m. inv. ● Nello sci, sistema per effettuare un cambiamento di direzione, a sci generalmente uniti e paralleli, cui può seguire un arresto | (*est.*) Cambiamento di direzione o arresto così effettuati.

cristianìsmo [da *cristiano*] s. m. ● (*ling.*) Parola, locuzione o costrutto proprio della lingua tecnica dei cristiani e passato nella lingua comune.

cristianìssimo agg. **1** Sup. di *cristiano.* **2** Titolo attribuito ai re di Francia.

cristianità [vc. dotta, lat. tardo *christianitāte(m)*, da *christiānus* 'cristiano'] s. f. **1** Condizione di chi è cristiano, l'essere cristiano | Religione cristiana. **2** Universalità dei cristiani | Insieme dei paesi abitati dai cristiani.

cristianizzàre [vc. dotta, lat. tardo *christianizāre*, dal gr. *christianízō* 'io professo il cristianesimo', da *christianós* 'cristiano'] v. tr. ● Convertire al cristianesimo, fare cristiano.

cristianizzazióne s. f. ● Atto, effetto del cristianizzare.

cristiàno [vc. dotta, lat. *christiānu(m)*, nom. *christiānus*, dal gr. *christianós*, da *Christós* 'Cristo' (letteralmente 'l'unto', da *chríō* 'io ungo')] **A** agg. **1** Relativo a Gesù Cristo: *fede, religione cristiana; chiese cristiane* | *Era cristiana*, che inizia con la nascita di Cristo. **2** Che professa la religione cristiana: *paesi, popoli cristiani.* **3** Che appartiene, si riferisce, si ispira e sim. al cristianesimo: *arte, letteratura, civiltà cristiana; partito di ispirazione cristiana; Democrazia Cristiana.* **4** (*fig.*) Buono, caritatevole, ispirato da amore verso il prossimo: *discorso c.; parole cristiane; carità cristiana* | (*est., fam.*) Conveniente, adeguato, decoroso: *finalmente hai comprato un vestito c.!; trattare qc., parlare, in modo c.* ‖ **cristianàccio**, pegg. ‖ **cristianissimo**, sup. (V.) | **cristianaménte**, avv. Da cristiano: *morire cristianamente*, coi conforti religiosi; (*fig.*) *trattare cristianamente i propri simili*, umanamente, cortesemente. **B** s. m. (f. *-a*) ***1*** Chi accetta la fede nel Cristo o segue la religione cristiana in una delle sue confessioni. ***2*** (*fam.*) Essere umano (spec. in contrapposizione a bestia): *tratta bene quel c.*; *comportarsi da c.*; *maniere, parole da c.*; *queste non sono azioni da c.* | *Buon c., povero c.*, brav'uomo.

cristiàno-sociàle **A** agg. (pl. *cristiàno-sociàli*) ● In vari Paesi europei, detto di formazioni politiche che raggruppano cattolici e protestanti, sostenitori del messaggio sociale, oltre che etico e religioso, del Vangelo. **B** s. m. ● Membro di tali formazioni politiche.

crìsto [lat. *Chrĭstu(m)*, dal gr. *Christós*, propr. 'l'unto', der. di *chríein* 'ungere'] **A** s. m. (*Crìsto* nei sign. 1, 2 e 3) ***1*** Appellativo di Gesù: *Cristo in croce, alla colonna*; *Cristo deriso, in agonia*; *la passione di Cristo*; *Cristo abbi pietà di noi*; *Cristo re* | *Fratello in Cristo*, unito dal vincolo dell'amore cristiano | *Anni di, dopo Cristo*, che si contano dalla nascita di Cristo | (*lett.*) *Cavalieri di Cristo*, i crociati. ***2*** Correntemente, figura divina generica, che riassume in sé caratteristiche del Padre e del Figlio nella Trinità cristiana | *Segnato da Cristo*, che ha un difetto fisico grave e appariscente | *Addormentarsi in Cristo*, morire serenamente | (*lett.*) *Sposa di Cristo*, la Chiesa. ***3*** (*est.*) Immagine di Cristo, spec. crocifisso, dipinta o scolpita: *Cristo di Leonardo, di Michelangelo*; *Cristo di legno, d'avorio* | *Cristo pantocratore*, in atteggiamento benedicente, assai diffuso nell'iconografia bizantina | *Non darebbe un c. a baciare*, di persona particolarmente avara. ***4*** (*fam.*) Persona malridotta, maltrattata e sim.: *un povero c.* | *Non c'è c., non ci sono cristi*, non c'è nessuna possibilità, riferito al raggiungimento di un dato scopo e sim. ***5*** (*pop., dial.*) Caduta, ruzzolone: *fare un c.* **B** in funzione di inter. ● (*volg.*) Esprime stupore, dispetto, rabbia e sim. SIN. (*euf.*) Cribbio. **C** agg. ● †Che è stato unto, consacrato.

cristocèntrico [da *cristocentrismo*] agg. (pl. m. *-ci*) ● Relativo al cristocentrismo.

cristocentrìsmo [comp. di *Cristo*, *centro*, e *-ismo*] s. m. ● Corrente di pensiero religioso secondo la quale tutta la vita umana e la religione cristiana devono essere incentrate in Cristo.

cristolatrìa [comp. di *Cristo* e *-latria*] s. f. ● Culto di adorazione rivolto al Cristo.

cristologìa [comp. di *Cristo* e *-logia*] s. f. (pl. *-gie*) ● Parte della teologia che tratta la natura e gli attributi del Cristo | Scienza storica che riguarda la figura del Cristo.

cristològico agg. (pl. m. *-ci*) ● Che si riferisce alla cristologia.

cristonàre [da *Cristo*] v. intr. (*io cristóno*; aus. *avere*) ● (*sett., volg.*) Imprecare.

critèrio [vc. dotta, lat. tardo *critēriu(m)*, dal gr. *kritḗrion*, da *krínō* 'io distinguo'] s. m. ***1*** Norma, fondamento per giudicare, distinguere, valutare, e sim.: *stabilire, scegliere, formarsi, seguire un c.*; *opere scelte secondo un valido c.* SIN. Principio, regola. ***2*** Facoltà di giudicare rettamente, discernimento: *persona di poco c.*; *mancare di c.* | Buon senso: *ebbe il c. di tacere*. SIN. Discernimento, senno. ***3*** (*sport*) Criterium.

criteriologìa [comp. di *criterio* e *-logia*] s. f. (pl. *-gie*) ● Settore della filosofia che studia la validità dei mezzi e dei metodi di conoscenza del pensiero umano.

critèrium [fr. *critérium*, dall'ingl. *criterion*. V. *criterio*] s. m. inv. ● Competizione sportiva riservata a determinate categorie di concorrenti: *c. ciclistico, ippico*.

crìtica [vc. dotta, gr. *kritikḗ* '(arte) del giudicare', f. di *kritikós*, da *krínō* 'io giudico, distinguo'] s. f. ***1*** Esame a cui la ragione sottopone fatti e teorie per determinare in modo rigoroso certe loro caratteristiche: *c. dell'economia politica*; *c. costruttiva, distruttiva*. ***2*** (*filos.*) Parte della logica che si occupa del giudizio | Nella filosofia kantiana, processo mediante il quale la ragione umana prende coscienza dei propri limiti e delle proprie possibilità. ***3*** Esame di opere artistiche, spec. a fini di valutazione estetica: *c. letteraria, figurativa, cinematografica*; *c. d'arte* | *C. del testo, testuale*, analisi della tradizione di un testo al fine di realizzarne un'edizione critica. ***4*** Opera o articolo di critica letteraria, cinematografica, teatrale e sim.: *una c. favorevole, cattiva*. ***5*** L'insieme dei critici e dei loro scritti: *la c. non ha parlato di quel romanzo*; *la c. su Dante è molto vasta*. ***6*** (*fam.*) Giudizio negativo espresso su certi costumi e comportamenti: *esporsi alla c.*; *tirarsi addosso le critiche* | Censura, biasimo. || **criticàccia**, pegg. | **criticùccia**, dim.

criticàbile agg. ● Che si può criticare: *discorso, atto, atteggiamento c.* SIN. Censurabile, discutibile.

criticàre [da *critica*] v. tr. (*io crìtico, tu crìtichi*) ***1*** Sottoporre a esame critico: *c. un'opera d'arte, un sistema filosofico*. ***2*** Giudicare biasimando e disapprovando: *c. i costumi di qc.*; *non dovresti c. gli amici*; *critica tutto e tutti*; *si fa c. per il suo comportamento*. SIN. Biasimare, disapprovare, riprendere.

criticàto part. pass. di *criticare*; anche agg. ● Nei sign. del v.

criticìsmo [fr. *criticisme*. V. *critico*] s. m. ***1*** Qualsiasi dottrina filosofica che intenda mostrare i limiti e le possibilità della ragione. CONTR. Dogmatismo | (*per anton.*) La filosofia di E. Kant: *il c. kantiano*. ***2*** (*est.*) Atteggiamento di critica costante e polemica, spec. all'interno di un'organizzazione, un partito e sim.

criticità [da *critico*] s. f. ● Nei fenomeni chimici, fisici e sim., condizione particolare e caratteristica, in cui al minimo variare dei parametri si producono effetti di grande entità.

crìtico [vc. dotta, lat. *crĭticu(m)*, nom. *crĭticus*, dal gr. *kritikós*, da *krínō* 'io giudico, distinguo'] **A** agg. (pl. m. *-ci*) ***1*** Che è pertinente alla critica: *esame c.*; *studio c.* | *Analisi critica*, di opere letterarie o artistiche | *Saggio c.*, monografia di argomento letterario, filosofico e sim. ***2*** Che giudica, biasima, condanna: *spirito c.*; *commenti critici*. ***3*** Che è proprio di una crisi: *circostanza critica* | *Momento, punto c.*, difficile, pericoloso. ***4*** (*med.*) Che ha relazione con la crisi | *Periodo c., fase critica*, in cui si decide l'esito della malattia | *Età critica*, pubertà, menopausa, climaterio | *Giorni critici*, (*euf.*) periodo mestruale. ***5*** (*dir.*) *Prova critica*, che consiste nel desumere il fatto da provare da uno o più altri fatti. ***6*** (*chim.*) Detto dello stato di un sistema, e delle variabili che in quello stato lo definiscono, quando essi vi mostri singolarità di comportamento o di proprietà | *Temperatura critica di un gas*, la temperatura al di sopra della quale non è possibile liquefarlo. || **criticaménte**, avv. **B** s. m. (pl. *-ci*; V. nota d'uso FEMMINILE) ***1*** Chi esercita professionalmente la critica artistica: *c. musicale*; *c. d'arte* | *C. letterario, teatrale, cinematografico* e sim., il redattore o collaboratore di giornale incaricato di occuparsi di tali materie e di redigerne la relativa rubrica. ***2*** (*raro*) Chi biasima e condanna: *un c. feroce delle nostre strutture economiche*. || **critichétto**, dim. | **criticóne**, accr. (V.) | **criticónzolo**, pegg. | **criticùccio**, **criticùzzo**, dim.

criticóne [da *critico*] s. m. (f. *-a*) ***1*** Accr. di *critico*. ***2*** (*raro, scherz.*) Critico famoso. ***3*** (*fam.*) Chi trova da ridire su tutti e su tutto.

criticùme s. m. ● (*spreg.*) Insieme di critici inesperti e scadenti.

critofìlm [comp. di *crit(ic)o* e *film*] s. m. inv. ● Film che sviluppa interpretazioni critiche ed estetiche di particolari fenomeni della storia dell'arte.

†**crìtta** ● V. *cripta*.

crìtto- ● V. *cripto-*.

crittògama [comp. di *critto-*, var. di *cripto-*, e *-gamo*] **A** s. f. ***1*** Ogni pianta appartenente alla classe delle Crittogame. ***2*** *C. della vite*, fungo che si sviluppa sulle foglie e sugli acini della vite come una polvere bianco-grigiastra sotto la quale sono visibili dei piccoli punti bruni (*Oidium tuckeri*). **B** anche agg. nel sign. 1: *piante crittogame*.

Crittògame s. f. pl. ● Nell'antica tassonomia vegetale, classe di piante che non hanno organi di riproduzione visibili (*Cryptogamae*) | Correntemente, denominazione di tutte le piante non fanerogame.

crittogàmico agg. (pl. m. *-ci*) ● Relativo alle crittogame: *flora crittogamica*.

crittografìa o **criptografìa** [comp. di *critto-* e *-grafia*] s. f. ***1*** Sistema segreto di scrittura in cifra o codice. ***2*** Gioco enigmistico consistente in una specie di rebus letterale particolarmente oscuro.

crittogràfico o **criptogràfico** agg. (pl. m. *-ci*) ***1*** Di, relativo a, crittografie | Redatto in crittografia: *testo c.* ***2*** (*raro, fig.*) Oscuro, incomprensibile: *messaggio c.* || **crittograficaménte**, avv. In crittografia.

crittògrafo o **criptògrafo**. s. m. ***1*** Esperto di crittografia. ***2*** Macchina che traduce un testo in chiaro in un testo cifrato e viceversa.

crittogràmma o **criptogràmma** [comp. di *critto-* e *-gramma*] s. m. (pl. *-i*) ***1*** Testo redatto in cifra. ***2*** In enigmistica, crittografia.

†**crittonomìa** [comp. di *critto-* e *-nomia*] s. f. ● Arte di nascondere il nome di frontespizi, iscrizioni, versi e sim.

crittopòrtico ● V. *criptoportico*.

crivellàre [lat. tardo *cribellāre*, da *cribĕllum* 'crivello'] v. tr. (*io crivèllo*) ***1*** Bucare come un crivello: *gli crivellarono il corpo di pallottole*. ***2*** Cernere i bozzoli dei bachi da seta in base alle dimensioni. ***3*** †Passare al crivello, vagliare. ***4*** †Agitare, dimenare. ***5*** (*fig.*) †Considerare, dibattere, censurare.

crivellatóre s. m. ● Operaio addetto alla crivellatura.

crivellatùra s. f. ● Atto, effetto del crivellare | Ciò che resta nel crivello.

crivellazióne s. f. ● Crivellatura: *la c. delle sementi*.

crivèllo [lat. tardo *cribĕllu(m)*, dim. di *crībrum* 'cribro'] s. m. ***1*** Buratto, setaccio, vaglio. ➡ ILL. p. 355 AGRICOLTURA. ***2*** Tavola sottile bucata, per la quale passano i piedi delle canne dell'organo per star dritte. ***3*** *C. di Eratostene*, metodo matematico per la rapida individuazione dei numeri primi inferiori a uno dato. || **crivellìno**, dim. | **crivellóne**, accr. (V.).

crivellografìa [comp. di *crivello* e *-grafia*] s. f. ● Serigrafia.

crivellóne s. m. ***1*** Accr. di *crivello*. ***2*** Setaccio della trebbiatrice, cui viene impresso rapido moto oscillatorio. ***3*** †Specie di tela molto rada, usata per foderare.

croàto [serbo-croato *hrvat*] **A** agg. ● Della Croazia. **B** s. m. (f. *-a*) ● Abitante della Croazia. **C** s. m. solo sing. ● Lingua parlata dai croati.

croccànte [fr. *croquant*, part. pres. di *croquer* 'far scricchiolare sotto i denti', di origine onomat.] **A** agg. ● Detto di pane, dolce e sim. ben cotto che scricchiola sotto i denti: *biscotti croccanti*; *patatine croccanti*. **B** s. m. ● Dolce di mandorle tostate e zucchero cotto.

†**croccàre** [vc. onomat.] v. intr. ● Crocchiare.

crocchétta [fr. *croquette*, da *croquer*. V. *croccante*] s. f. ● Polpettina bislunga di riso, carne, patate o altro, passata nell'uovo e poi fritta. || **crocchettìna**, dim.

cròcchia [lat. parl. **conrotulāre*, comp. di *cŭm* 'con' e *rŏtula* 'rotella'] s. f. ● Acconciatura femminile dei capelli, raccolti a spirale o a cerchio e fermati sul capo o dietro la nuca; *i suoi capelli lisci dalla c. sbandata in disordine* (MORANTE).

crocchiàre [vc. onomat.] **A** v. intr. (*io cròcchio*; aus. *avere*) ***1*** (*raro*) Scricchiolare, cigolare: *la ghiaia crocchiava sotto i piedi*. ***2*** Produrre un suono sordo, detto di oggetti rotti o incrinati, spec. vasi di terracotta, o dei ferri di cavallo non fermati bene allo zoccolo | (*raro*) *Non gli crocchia il ferro*, è valente, esperto. ***3*** Chiocciare, detto spec. della gallina, dell'anatra selvatica e sim. ***4*** †Conversare in crocchio. **B** v. tr. ● (*raro, dial.*) Picchiare un oggetto di terracotta per sentire se non è rotto | (*est., dial.*) Percuotere.

cròcchio (1) [etim. incerta] s. m. ● Gruppo di persone che conversano o chiacchierano: *un c. di curiosi* | *Far c.*, fare capannello | *Andare, tenere, stare a c.*, conversare. || **crocchiétto**, dim.

cròcchio (2) [da *crocchiare*] s. m. ● (*raro*) Suono sordo che dà un oggetto rotto o incrinato quando viene percosso.

crocchiolàre [vc. onomat.] v. intr. (*io cròcchiolo*; aus. *avere*) ● Chiocciare a lungo e con insistenza, detto della gallina.

cròcco [fr. *croc*, dal norreno *krokr* 'uncino'] s. m. (pl. *-chi*) ***1*** Uncino per afferrare e portare i tonni sul palischermo durante la mattanza. ***2*** †Gancio di balestra. || **crocchétto**, dim.

croccolàre [vc. onomat.] v. intr. (*io cròccolo*; aus. *avere*) ***1*** (*raro, lett.*) Chiocciare, crocchiare, detto spec. della gallina. *2* (*raro, lett.*) Gorgogliare, detto di liquido.

croccolóne [da *croccolare*] s. m. ● Uccello commestibile dei Caradriformi con piumaggio variamente colorato (*Capella media*).

cróce [lat. *crŭce(m)*, di orig. preindeur.] s. f. *1* Antico strumento di tortura, composto da due tronchi o travi fissati trasversalmente, cui veniva inchiodato o legato il condannato e lasciato morire | (*est.*) Condanna a morte da eseguirsi con tale strumento: *condannare qc. alla c.*; *morire in c.* | *Mettere in c.*, (*fig.*) tormentare, affliggere. *2* (*per anton.*) Patibolo di Gesù: *deposizione dalla c.*; *Cristo in c.* | Figura, riproduzione in forma di croce, riproduzione della croce, in legno, metallo e sim. come simbolo del cristianesimo: *pregare, venerare la c.*; *c. astile*; *c. pettorale*; *c. stazionale* | *Segno della c.*, gesto rituale che esprime i fondamenti della fede cristiana e santifica il fedele, consistente nel portare la mano destra alla fronte, al petto, alla spalla sinistra e alla spalla destra, mentre si pronunzia la formula: in nome del Padre, del Figlio e dello Spirito Santo | *Abbracciare la c.*, (*fig.*) convertirsi alla religione cristiana. *3* Oggetto, segno, simbolo a forma di croce: *una c. di legno, di marmo, di ferro, d'argento, di stoffa* | (*fig.*) *Levare uno spicchio di c. a qc.*, offenderlo | *La c. degli analfabeti*, segno a forma di croce che sostituisce la firma | *Punto a c.*, punto di ricamo con passate di filo disposte a croce obliqua | *Fare a testa e c.*, *fare a testa o c.*, *fare testa e c.*, gettare una moneta in aria, tentando di indovinare, per scommessa, per determinare una decisione e sim., quale delle due facce, una volta ricaduta la moneta, resterà visibile | *In c.*, riferito a due oggetti posti trasversalmente l'uno all'altro | *Con le braccia in c.*, in atteggiamento umile, supplichevole | *Tenere le braccia in c.*, *stare con le braccia in c.*, (*fig.*) non fare nulla, stare con le mani in mano | *A occhio e c.*, pressappoco, all'incirca | *Farci una c. sopra*, (*fig.*) non pensarci più | *Parlare in c.*, in modo confuso e incomprensibile. *4* (*fig.*) Tormento, pena | *Stare in c.*, in pena | *Ognuno ha la sua c.*, le sue sofferenze, i suoi guai | *Gettare, mettere, gridare la c. addosso a qc.*, biasimarlo, addossargli la responsabilità di q.c. | (*lett.*) *C. e delizia*, riferito a qc. o q.c. che è nello stesso tempo fonte di sofferenza e di piacere. *5* Emblema e nome di vari enti per il soccorso urgente a malati e feriti: *Croce Rossa*, *Croce Verde*; *dama, ambulanza, ospedaletto della Croce Rossa* | *Croce Rossa Internazionale*, organizzazione umanitaria per l'aiuto alle vittime della guerra e delle calamità pubbliche. *6* (*arald.*) Pezza risultante dalla fusione del palo con la fascia, che può assumere le forme più varie, aumentando anche il numero dei bracci: *c. ancorata, avellana, gigliata, greca, latina, papale, patente, pomettata, potenziata, semipotenziata, trifogliata* | *C. biforcata* o *di Malta*, coi bracci patenti e terminanti in due punte aguzze | *C. di Pisa*, coi bracci allargati a rombo e con tre globetti ad ogni estremità | *C. di S. Andrea*, con i bracci incrociati diagonalmente in forma di X | *C. doppia, patriarcale, di Lorena*, lunga con due traverse di cui la superiore più corta | *C. latina*, o *del Calvario*, con la verticale più lunga della traversa che è posta sopra la metà di quella | *C. uncinata*, svastica | Fregio a forma di croce usato come insegna di un ordine cavalleresco o come decorazione | *Cavaliere di gran c.*, decorato con il più alto grado di un ordine cavalleresco | *C. di guerra*, decorazione attribuita dallo Stato italiano ai combattenti delle due guerre mondiali distintisi per particolari atti di valore | *Le croci piovono*, (*scherz.*) abbondano le decorazioni. ➡ ILL. **araldica**. *7* †Estremità inferiore del fuso dell'ancora | Segno nelle antiche bussole per indicare Levante. || **crocétta**, dim. (V.) | **crocettina**, dim. | **crocina**, dim. | **crocióne**, accr. m.

crocè s. m. ● Adattamento di *crochet* (V.).

crocefiggere e *deriv.* ● V. *crocifiggere* e *deriv.*

cròceo [vc. dotta, lat. *crŏceu(m)* 'color del croco', da *crŏcum* 'croco'] agg. ● (*lett.*) Che ha il colore giallo aranciato caratteristico dello zafferano: *velluto c.*

crocerìsta o **crocierista** [da *crociera*] s. m. e f. (pl. m. *-i*) ● Partecipante a una crociera.

crocerossina [da *Croce Rossa*] s. f. ● Infermiera della Croce Rossa.

crocésco agg. (pl. m. *-schi*) ● (*raro*) Che è proprio dello scrittore G. C. Croce.

crocesegnàre o **crocesignàre** [lat. *crŭce signāre* 'contrassegnare con una croce'] v. tr. (*io croceségno*) ● Sottoscrivere un documento o sim. con una croce.

croceségno [da *crocesegnare*] s. m. ● Segno grafico di croce, spec. quello usato dagli analfabeti.

crocesignàre ● V. *crocesegnare*.

crocétta s. f. *1* Dim. di *croce*. *2* (*mar.*) Sbarra di legno o di ferro posta vicino alle giunture degli alberi e che sostiene le coffe. SIN. Barra. ➡ ILL. p. 1291 SPORT. *3* (*bot.*) Lupinella.

crocevia [comp. di *croce* e *via*] s. m. inv. ● Incrocio di più vie. SIN. Crocicchio.

crochet /fr. krɔˈʃɛ/ [fr., dim. di *croc* 'uncino', dal francone **krōk* 'gancio'] s. m. inv. *1* Uncinetto. *2* Nel pugilato, gancio.

crociàle s. m. ● (*raro*) Crocicchio.

crociàme [da *croce*] s. m. ● (*mar.*) Nei velieri, lunghezza dei pennoni maggiori | (*est.*) L'insieme dei pennoni.

crociaménto [da *crociare*] s. m. ● (*ferr.*) Parte del deviatoio in corrispondenza dell'intersezione di due rotaie.

crocianéṣimo s. m. ● Corrente di pensiero che si ispira ai capisaldi della filosofia di B. Croce.

crociàno A agg. ● Che è proprio del filosofo B. Croce. **B** s. m. (f. *-a*) ● Studioso, seguace del pensiero di B. Croce.

crociàre [da *croce*] **A** v. tr. (*io crócio*) *1* (*raro, lett.*) Conferire l'insegna di crociato. *2* (*raro, lett.*) Contrassegnare con una croce. *3* (*mar.*) Incrociare. **B** v. intr. pron. *1* (*ant.*) Farsi il segno della croce. *2* (*raro, lett.*) Partecipare a una crociata.

crociàta (1) [da *crociato*] s. f. *1* Ciascuna delle spedizioni militari che i paesi cristiani effettuarono nei secc. XI-XIII in Palestina per liberare il Santo Sepolcro dai Musulmani | *Ciclo delle crociate*, insieme di leggende epiche medievali francesi, relativo alle spedizioni in Terrasanta | (*est.*) Impresa guerresca bandita dalla Chiesa, spec. contro movimenti ereticali: *la c. contro gli Albigesi*. *2* (*fig.*) Azione pubblica promossa per scopi sociali, politici, religiosi, morali e sim.: *c. contro l'analfabetismo, contro l'alcolismo, contro la droga*.

crociàta (2) [da *croce*] s. f. ● (*raro*) Crocicchio stradale: *una c. di strade le quali vanno in diversi luoghi* (CELLINI).

crociàto A part. pass. di *crociare*; anche agg. *1* Nei sign. del v. *2* A forma di croce | *Parole crociate*, cruciverba. *3* (*raro, scherz.*) Insignito di un'onorificenza. **B** s. m. *1* Soldato di una crociata. *2* (*fig., raro*) Chi lotta per un ideale.

crocicchio [da *croce*] s. m. ● Luogo in cui si incrociano più strade. SIN. Crocevia, incrocio.

crocidaménto s. m. ● Modo e atto del crocidare.

crocidàre o (*lett.*) †**crocitàre** [lat. *crocitāre*, di origine onomat.] v. intr. (*io cròcido*; aus. *avere*) ● (*lett.*) Emettere un verso rauco e breve, detto del corvo, della cornacchia e (*est.*) di altri animali.

crocidio s. m. ● Il crocidare prolungato e continuo.

crocidiṣmo [vc. dotta, gr. *krokydismós* 'lo svellere bioccoli di lana', da *krokylízein* 'svellere bioccoli di lana', da *krokýs*, genit. *krokýolos* 'bioccolo di lana', da *krókē* 'trama, tessuto, fibra', da *krékein* 'intessere, intrecciare', di origine indeur.] s. m. ● (*med.*) Carfologia.

crocièra (1) [da *croce*] s. f. *1* Disposizione di linee, liste, barre e sim. che si intersecano a forma di croce | Il punto stesso di intersezione. *2* (*arch.*) Nelle chiese a pianta cruciforme, incrocio fra i due corpi di fabbrica ortogonali | *Volta a c.*, formata da due volte a botte di ugual monta che si intersecano perpendicolarmente in modo da formare quattro unghie. ➡ ILL. p. 359 ARCHITETTURA. *3* Stecche incrociate che compongono l'aspo e l'arcolaio.

crocièra (2) [fr. *croisière*, da *croiser* 'incrociare', in senso marittimo] s. f. *1* Navigazione lungo un tratto di mare determinato, incrociandolo per ogni verso, fatta da una o più navi a scopo di sorveglianza o ricerca o guerra. *2* Volo a quota e velocità regolate per il miglior impiego dell'aereo | *Velocità di c.*, la velocità a cui può viaggiare costantemente un mezzo di trasporto con sicurezza ed economia. *3* Viaggio per mare, spec. per diporto, con rotta prestabilita e soste intermedie in più località: *fare una c.*; *andare in c.*; *una c. nel Mediterraneo, alle Baleari*.

crocière [da *croce*, perché gli apici del becco si incrociano incurvandosi] s. m. ● Uccello dei Passeriformi con piumaggio rosso o verdastro e becco robusto con le estremità mascellari incrociate (*Loxia curvirostra*).

crocierìsta ● V. *crocerista*.

Crocìfere [f. sost. di *crocifero*, per la disposizione a *croce* dei petali] s. f. pl. ● Nella tassonomia vegetale, famiglia di piante erbacee con fiori la cui corolla è formata da quattro petali a croce e frutti a siliqua (*Cruciferae*) | (al sing. *-a*) Ogni individuo di tale famiglia. ➡ ILL. **piante** /4.

crocìfero o (*raro*) **crucìfero** [vc. dotta, lat. tardo *crucĭferu(m)*, comp. di *crŭx*, genit. *crŭcis* 'croce' e *fĕrre* 'portare'] **A** agg. ● Che porta la croce | *Asta crocifera*, munita di croce. **B** s. m. ● Membro di antichi ordini o congregazioni religiose, militari od ospedaliere che portavano una croce sull'abito | (*pop.*) Camillino.

crocifìggere o (*raro*) **crocefiggere**, †**crucifiggere** [lat. *crucifīgere* 'inchiodare alla croce', comp. di *crŭci* 'alla croce' e *fīgere* 'figgere'] **A** v. tr. (coniug. come *figgere*; part. pass. *crocifisso*) *1* Sottoporre al supplizio della croce. *2* (*fig.*) Tormentare. **B** v. rifl. ● (*fig.*) Mortificarsi, tormentarsi.

crocifissióne o (*raro*) **crocefissióne** [lat. tardo *crucifixiōne(m)*, da *crucifīgere* 'crocifiggere'] s. f. *1* Atto di crocifiggere | L'essere, il venire crocifisso, come supplizio: *condannare alla c.*; *la c. di Gesù*. *2* Rappresentazione, spec. pittorica, della crocifissione di Gesù Cristo: *la c. del Tintoretto*; *una c. di autore ignoto*.

crocifìsso o (*raro*) **crocefisso**, (*dial.*) †**crucifisso**. **A** part. pass. di *crocifiggere*; anche agg. *1* Nei sign. del v. *2* †*c. al mondo*, ritirato dalle cose mondane. **B** s. m. *1* Gesù crocifisso. *2* Rappresentazione, spec. scultoria, di Gesù crocifisso: *c. d'argento, d'avorio*; *un c. affrescato, dipinto* | †*Stare, vivere, alle spalle del c.*, vivere a ufo. || **crocifissino**, dim.

crocifissóre o †**crucifissóre** [lat. tardo *crucifixōre(m)*, da *crucifīgere* 'crocifiggere'] agg.; anche s. m. (f. *-sora*) ● Che, chi crocifigge: *mani crocifissore di Cristo* (BARTOLI).

crocifórme ● V. *cruciforme*.

crocigero o †**crucigero** [comp. di *croce* e *gĕrere* 'portare' (V. *gestione*)] agg.; anche s. m. ● (*raro*) Crocifero.

crocina [da *croco*] s. f. ● (*chim.*) Glucoside contenuto nello zafferano del quale costituisce il principio colorante.

crocióne [V. *crociere*] s. m. ● (*zool.*) Crociere.

†**crocitàre** ● V. *crocidare*.

cròco [vc. dotta, lat. *crŏcu(m)*, dal gr. *krókos*, di etim. incerta] s. m. (pl. *-chi*) *1* Genere di piante erbacee delle Iridacee, bulbose, con foglie lineari a ciuffo e fiori di vari colori (*Crocus*) | Zafferano. *2* (*lett.*) Colore giallo aranciato caratteristico dei pistilli dello zafferano: *son le ciglia sue d'oro e di c.* (MARINO).

†**crocodilo** ● V. *coccodrillo*.

crocoite [da *croco*, per il colore] s. f. ● (*miner.*) Minerale di cromo e piombo in cristalli di colore rosso aranciato.

cròda [vc. di origine preindeur.] s. f. ● Tipica struttura rocciosa dolomitica con pareti nette e spigoli vivi.

crodaiòlo o †**crodaiuòlo** [da *croda*] s. m. ● Nell'alpinismo, arrampicatore che pratica spec. scalate sulle cime dolomitiche (*anche spreg.*).

crogiolàre o (*tosc.*) **grogiolàre** [da *crogiolo* (*1*)] **A** v. tr. (*io crògiolo*) *1* Cuocere a fuoco lento. *2* Mettere oggetti di vetro appena lavorati e ancora caldi nella camera di ricottura per raffreddarli lentamente o mantenerli al caldo in attesa di finitura. **B** v. intr. pron. *1* (*raro*) Cuocersi bene. *2* (*fig.*) Bearsi, compiacersi di una situazione, fisica o morale, particolarmente piacevole: *crogiolarsi a letto, al sole, vicino al fuoco*; *crogiolarsi nel ricordo, nella speranza*. SIN. Deliziarsi, dilettarsi.

crogiòlo (1) o (*lett.*) **crogiuòlo** [ant. fr. *croiseul* 'lampada a forma di croce', da *croix* 'croce'] s. m.

1 Recipiente in maggior parte fatto di terra refrattaria dove si fondono i metalli | *C. di alto forno*, parte cilindrica alla base, nella quale si raccoglie il metallo fuso. 2 (*fig.*) Ambiente, esperienza e sim. che permette la fusione di elementi diversi: *un c. di opinioni, di usanze, di razze*. || **crogiolétto**, dim. | **crogiolino**, dim.

crògiolo (2) [da *crogiolare*] s. m. 1 Cottura lunga, che si dà alle vivande con fuoco moderato | (*fig.*) †*Prendere, pigliare il c.*, crogiolarsi. 2 Tempera che si dà ai vetri appena fatti, mettendoli nella camera di ricottura.

crogiuòlo • V. *crogiolo* (*1*).

†**cròio** [provz. *croi*, di origine gallica] agg. 1 Duro: *col pugno li percosse l'epa croia* (DANTE *Inf.* XXX, 102). 2 (*fig.*) Crudele, malvagio | Rozzo.

croissant /*fr.* krwa'sã/ [fr., propriamente 'crescente', cioè 'luna crescente', per la forma; calco sul ted. *Hörnchen*; i primi sarebbero stati fatti a Vienna nel 1689, dopo la fine dell'assedio dei Turchi, a ricordo della mezzaluna turca] s. m. inv. • Mezzaluna di pasta sfoglia dolce o salata, cotta al forno. SIN. Cornetto.

crollaménto s. m. • (*raro*) Crollo.

crollànte part. pres. di *crollare*; anche agg. 1 (*raro*) Nei sign. del v. 2 Instabile, vacillante: *una vecchia costruzione c.*

crollàre o (*raro*) †**grollàre** [etim. incerta] A v. tr. (*io cròllo*) • Muovere dimenando in qua e in là | Scuotere | *C. il capo*, in segno di diniego, disapprovazione, e sim. | *C. le spalle*, in segno di indifferenza, rassegnazione e sim. B v. intr. (aus. *essere*) 1 Cadere, rovinare al suolo: *il ponte sta crollando*; *la vecchia quercia crollò*. SIN. Precipitare, schiantare. 2 (*est.*) Lasciarsi cadere di schianto, per improvviso dolore, prostrazione e sim.: *alla notizia crollò sulla sedia*; *gli è crollato sul petto singhiozzando*. 3 (*fig.*) Essere distrutto, annientato: *il grande impero crollò*; *tutti i sogni sono crollati*. C v. intr. pron. • (*lett.*) Muoversi, agitarsi, piegarsi in qua e in là: *Lo maggior corno de la fiamma antica / cominciò a crollarsi mormorando* (DANTE *Inf.* XXVI, 85-86).

crollàta s. f. • (*raro*) Effetto del crollare, scrollata. || **crollatina**, dim.

cròllo [da *crollare*] s. m. 1 Scotimento, forte scossa | Urto, colpo | *Dare un c.*, scuotere | *Dare il c. alla bilancia*, farla pendere da un lato e (*fig.*) contribuire alla risoluzione di una situazione incerta. 2 Caduta improvvisa, rovina: *il c. di un ponte, di un edificio, di un tetto*. 3 (*fig.*) Caduta definitiva, disastro morale, economico, e sim.: *il c. delle nostre speranze*; *il c. della fede nella giustizia*; *c. in borsa, dei prezzi*, il loro improvviso e forte ribasso.

cròma [vc. dotta, lat. tardo *chrōma*, dal gr. *chrôma* 'colore, sfumatura'. V. *cromo*] s. f. • (*mus.*) Figura di nota, il cui valore corrisponde a 1/8 di semibreve.

cromagnonièno [V. *cromagnonoide*] agg. • Che riguarda l'Uomo di Cro-Magnon.

cromagnonòide [dalla razza di *Cro-Magnon* (detta così dal n. della località fr. ove furono trovati resti scheletrici di questo tipo antropologico), col suff. *-oide*] agg.; anche s. m. e f. • Che, chi possiede caratteri antropologici simili a quelli dell'Uomo di Cro-Magnon.

cromalite [comp. del gr. *chrôma* 'colore' e di *-lite*] s. f. • Malolica con vernice non metallica.

cromàre [da *cromo*] v. tr. (*io cròmo*) • Ricoprire un metallo con un leggero rivestimento di cromo per renderlo lucente e impedirne l'ossidazione.

cromaticità s. f. • Qualità di cromatico.

cromàtico [vc. dotta, lat. tardo *chromăticu(m)*, nom. *chromăticus*, dal gr. *chrōmatikós*, da *chrôma* 'colore'] A agg. (pl. m. *-ci*) 1 Che concerne i colori | Detto di sistema ottico che, per la dispersione che accompagna la rifrazione, dà immagini di un oggetto scomposte secondo i colori. 2 (*mus.*) Che procede per semitoni. || **cromaticaménte**, avv. (*mus.*) Secondo il genere cromatico che procede per semitoni. B s. m. • Suono o canto cromatico.

cromatidio [da *cromatina*] s. m. • (*biol.*) Ognuno dei due filamenti che si presentano durante la metafase uniti al medesimo centromero, e che costituiranno i due cromosomi figli.

cromatina [dal gr. *chrṓmatinos* 'colorato', da *chrôma* 'colore', perché si colora facilmente] s. f. • (*biol.*) Sostanza presente nel nucleo delle cellule, composta di acido deossiribonucleico, che durante la divisione cellulare dà origine ai cromosomi.

cromatismo [vc. dotta, gr. *chrōmatismós*, da *chrôma* 'colore'] s. m. 1 Fenomeno presentato da un sistema ottico cromatico. 2 In pittura, tendenza a usare i colori in base alle loro intrinseche qualità cromatiche, indipendentemente dai rapporti tonali. 3 Procedimento musicale basato sull'inserzione nella scala diatonica dei suoni alterati di un semitono: *il c. di Wagner*.

cromatizzàre [vc. dotta, gr. *chromatízō* 'io coloro', da *chrôma* 'colore'] v. tr. 1 †Colorire. 2 (*mus.*) Rendere cromatico.

cromàto (1) part. pass. di *cromare*; anche agg. • Nei sign. del v.

cromàto (2) [da *cromo*] s. m. • (*chim.*) Sale o estere dell'acido cromico.

cròmato- [dal gr. *chrôma*, genit. *chrṓmatos* 'colore', di etim. incerta] primo elemento • In parole composte della terminologia scientifica, significa 'colore' o 'colorazione': *cromatografia*, *cromatoscopio*.

cromatòforo [comp. di *cromato-* e *-foro*] s. m. • (*biol.*) Nei vegetali, plastidio portatore di pigmenti di diverso colore | Negli animali, cellula connettivale contenente granuli di pigmento.

cromatografia [comp. di *cromato-* e *-grafia*] s. f. • (chim.) Insieme di tecniche analitiche intese a separare i componenti di una soluzione liquida o gassosa, sfruttando la loro diversa ripartizione fra due fasi o la loro diversa attitudine a essere adsorbiti su un solido: *c. solido-liquido*; *c. liquido-liquido*; *c. solido-gas*.

cromatogràfico agg. (pl. m. *-ci*) • (*chim.*) Relativo alla cromatografia: *colonna cromatografica*.

cromatògrafo [comp. di *cromato* e *-grafo*] s. m. • Apparecchio per la cromatografia.

cromatóre s. m. • Chi esegue cromature.

cromatùra s. f. • Atto, effetto del cromare.

cromìa [da *cromo-*] s. f. 1 Nella moderna terminologia dei pittori, tonalità di un colore. 2 Nella fotomeccanica, correzione manuale delle selezioni fotografiche del colore.

-cromìa [dal gr. *chrôma* 'colore' (V. *cromato-*)] secondo elemento • In parole composte della terminologia scientifica, significa 'colorazione': *policromia*, *tricromia*.

cròmico (1) [da *cromo*] agg. (pl. m. *-ci*) • (*chim.*) Detto di composto del cromo trivalente: *cloruro c.* | Detto di composto del cromo esavalente | *Acido c.*, acido, inorganico, bibasico, non noto allo stato libero, derivante dall'anidride cromica, di uso industriale.

cròmico (2) [da *cromia*] agg. (pl. m. *-ci*) • Che si riferisce alla cromia: *intensità cromica*.

crominànza [comp. di *crom(o)* e (*lum*)*inanza*] s. f. • Nella tecnica televisiva, grandezza che rappresenta informazioni cromatiche.

cromismo [da *cromo*] s. m. • Malattia professionale dovuta a intossicazione da cromo.

cromista [da *cromia*] s. m. (pl. *-i*) • Nella fotomeccanica, chi effettua il lavoro di cromia.

cromite [da *cromo*] s. f. • (*miner.*) Varietà di spinello contenente cromo in masse metalliche di colore nerastro.

cromlech /*ingl.* 'krɔmlek/ [fr. *cromlech*, di origine bretone, letteralmente 'pietra (*lech*) curva (*crom*)'] s. m. inv. (pl. ingl. *cromlechs*) • Antica costruzione dei paesi nordici formata da monoliti disposti in cerchio talvolta attorno a una pietra più grande.

cròmo [fr. *chrome*, dal gr. *chrôma* 'colore', perché i suoi composti sono intensamente colorati] A s. m. • Elemento chimico, metallo, grigio-bianco, lucente, duro, fragile, usato per ricoprire e proteggere metalli ossidabili e nella produzione di numerose leghe. SIMB. Cr. B in funzione di agg. inv. • (posposto al s.) Detto di ciascuno dei diversi pigmenti gialli, costituiti spec. da cromato di piombo, che hanno colori con sfumature che vanno dal giallo verdastro al giallo rossastro: *giallo c.*

cròmo-, -cròmo /'krɔmo, 'kromo/ [dal gr. *chrôma* 'colore' (V. *cromato-*)] primo o secondo elemento • In parole composte di origine dotta e della terminologia scientifica, significa 'colore' o 'colorazione' o 'pigmento' o 'sostanza colorante': *cromofotografia*, *cromoplasto*, *cromosfera*; *policromo*.

cromòforo [ted. *Chromophor*, comp. di *Chromo-* 'cromo-' e *-phor* '-foro'] s. m. • (*chim.*) Gruppo di atomi legati fra loro da legami doppi o tripli, alla cui presenza nella molecola si deve la colorazione di una specie chimica.

cromofotografia [comp. di *cromo-* e *fotografia*] s. f. • (*raro*) Fotografia a colori.

cromògeno [comp. di *cromo-* e *-geno*] agg. • Che genera colore, che provoca colorazione.

†**cromografìa** [comp. di *cromo-* e *grafia*] s. f. • (*raro*) Trattato sui colori.

cromolitografìa [comp. di *cromo-* e *litografia*] s. f. • Litografia a colori ottenuta stampando successivamente diverse pietre incise separatamente e colorate ciascuna con un colore diverso.

cromolitogràfico agg. (pl. m. *-ci*) • Relativo alla cromolitografia.

cromòmero [comp. di *cromo-* e *-mero*] s. m. 1 (*biol.*) Zona densa del cromosoma che si mette in evidenza nel corso della meiosi. 2 (*biol.*) Porzione centrale, intensamente colorabile, delle piastrine.

cromonèma [comp. di *cromo-* e del gr. *nêma* 'filo'] s. m. (pl. *-i*) • (*biol.*) Sottile filamento osservabile nel cromosoma nel corso delle fasi terminali della mitosi.

cromoplàsto [comp. di *cromo-* e *-plasto*] s. m. • (*bot.*) Plastidio granuloso, contenente pigmenti colorati di diversa natura, che si può trovare nel citoplasma vegetale.

cromoproteina [comp. di *cromo-* e *proteina*] s. f. • (*chim.*) Proteina coniugata il cui gruppo prostetico è colorato. SIN. Cromoprotide.

cromoprotide [comp. di *cromo-* e *protide*] s. m. • (*chim.*) Cromoproteina.

cromòrno [fr. *cromorne*, dal ted. *Krummhorn* 'corno ricurvo', comp. di *krumm* 'curvo' e *Horn* 'corno'] s. m. • Strumento a fiato in legno della famiglia dell'oboe con canna ricurva, in uso dal sec. XV al sec. XVIII. ➡ ILL. **musica**.

cromoscopìa [comp. di *cromo-* e *-scopia*] s. f. • (*med.*) Misurazione della percezione del colore.

cromoscòpio [comp. di *cromo-* e *-scopio*] s. m. 1 Apparecchio per visionare le diapositive a colori ottenute col sistema tricromico. 2 Cinescopio per televisione a colori.

cromosfèra [comp. di *cromo-* e *sfera*] s. f. • (*astron.*) La parte più bassa dell'atmosfera di una stella. ➡ ILL. p. 832 SISTEMA SOLARE.

cromosfèrico agg. • (*astron.*) Della cromosfera.

cromosòma [comp. di *cromo-* e del gr. *sôma* 'corpo'] s. m. (pl. *-i*) • (*biol.*) Ciascuno degli organuli costituiti da DNA presenti nel nucleo delle cellule, in cui hanno sede i geni portatori dei caratteri ereditari | *C. sessuale*, legato alla determinazione del sesso | *Cromosomi omologhi*, che, aventi la stessa morfologia e contenenti geni che controllano gli stessi caratteri, si appaiano nella meiosi.

cromosòmico agg. (pl. m. *-ci*) • Relativo ai cromosomi.

cromoterapìa [comp. di *cromo-* e *-terapia*] s. f. • Cura di certe malattie con onde luminose diversamente colorate.

cromotipìa [comp. di *cromo-* e *-tipia*] s. f. • Stampa a colori.

crònaca o †**crònica** [vc. dotta, lat. *chrŏnica*, nt. pl., dal gr. *chroniká* 'annali', nt. pl. di *chronikós*. V. *cronico*] s. f. 1 Narrazione, per lo più con intento storico, di fatti registrati secondo l'ordine della loro successione | *C. monastica*, di abbazie | *C. domestica*, ricordi di famiglie e di città, usata spec. a Firenze nei secc. XIV e XV | *C. rimata*, componimento narrativo, spec. in terzine, di contenuto storico. 2 Correntemente, narrazione, descrizione particolareggiata, a voce, di fatti o avvenimenti: *ci ha fatto la c. della serata*. 3 Informazione scritta su eventi nazionali e internazionali di maggior interesse, fornita da giornali quotidiani e periodici: *c. teatrale, giudiziaria, parlamentare, politica* | *C. cittadina*, o (*ass.*) *cronaca*, resoconto degli avvenimenti d'interesse cittadino | *C. nera*, (*ell.*) *nera*, su delitti, sciagure e sim. | *C. bianca*, (*ell.*) *bianca*, su eventi cittadini di interesse generale | *Piccola c.*, rubrica con annunci di riunioni, conferenze e sim. | *Fatto, episodio di c.*, rilevante, degno d'essere pubblicato per il suo interesse. || **cronacàccia**, pegg. | **cronachétta**, dim. | **cronacùccia**, dim.

cronachìsmo s. m. ● Modo di narrare i fatti senza prospettiva e valutazione storica, come fanno molti scrittori di cronache.

cronachista s. m. (pl. *-i*) ● Autore di cronache.

cronachìstica [da *cronaca*] s. f. *1* Studio delle cronache. *2* Il complesso delle cronache relative a un determinato periodo storico: *la c. del Medioevo*.

cronachìstico agg. (pl. m. *-ci*) ● Che ha i caratteri di una cronaca: *resoconto c.* || **cronachisticaménte**, avv.

†**crònica** ● V. *cronaca*.

cronicàrio [da *cronico*] s. m. ● Ospedale per malati cronici.

cronicità s. f. ● Stato, condizione di ciò che è cronico.

cronicizzàre A v. tr. ● (*raro*) Rendere cronico. B v. intr. pron. ● Diventare cronico, assumere carattere di cronicità: *la bronchite si è cronicizzata*.

cronicizzazióne s. f. ● (*med.*) L'assumere il carattere di cronicità, con riferimento a malattie.

crònico [vc. dotta, lat. *chrŏnicu(m)*, nom. *chrŏnicus*, dal gr. *chronikós*, da *chrónos* 'tempo', di origine indeur.] A agg. (pl. m. *-ci*) *1* Detto di malattia ad andamento prolungato, quindi con scarsa tendenza alla guarigione: *asma, bronchite cronica*. CONTR. Acuto. *2* (*fig.*) Persistente, radicato, non più eliminabile: *vizio c.*; *mania cronica*. || **cronicaménte**, avv. B agg.; anche s. m. (f. *-a*) ● Che, chi è affetto da una malattia cronica.

cronista [da *cronaca*] s. m. e f. (pl. m. *-i*) *1* Antico scrittore di cronache. *2* Redattore addetto ai servizi di cronaca di un giornale.

cronistòria [comp. del gr. *chrónos* 'tempo' e del lat. *histŏria* 'storia'] s. f. *1* Storia che segue strettamente il puro ordine cronologico. *2* (*est.*) Racconto particolareggiato di fatti e avvenimenti ignoti o intricati: *fare la c. di un evento*.

cròno [vc. dotta, dal gr. *chrónos* 'tempo'] A s. m. ● Tempo segnato dal cronometro in una competizione sportiva: *migliorare il proprio c.* B s. f. ● (*ell.*) Gara, corsa a cronometro.

cròno-, -crono /'krɔno, krono/ [dal gr. *chrónos* 'tempo', di origine indeur.] primo o secondo elemento ● In parole composte di origine dotta e della terminologia scientifica, significa 'tempo': *cronografia, cronologia, cronometro*; *sincrono*.

cronobiologìa [comp. di *crono-* e *biologia*] s. f. *1* Studio dell'attività biologica in funzione del tempo. *2* Studio della durata della vita e dei mezzi per prolungarla.

cronofotografìa [comp. di *crono-* e *fotografia*] s. f. ● Tecnica per ottenere una serie di fotografie a intervalli prestabiliti.

cronografìa (1) [vc. dotta, lat. tardo *chronogrăphia(m)*, nom. *chronogrăphia*, dal gr. *chronographía*, comp. di *chrónos* 'tempo' e *gráphō* 'io scrivo'] s. f. *1* Parte della cronologia che tratta l'esposizione sistematica degli avvenimenti storici e la compilazione di tabelle secondo i vari sistemi di datazione. *2* Descrizione storica che segue l'ordine cronologico.

cronografìa (2) [comp. di *crono(metro)* e *-grafia*] s. f. ● Controllo di cronometri.

cronogràfico [da *cronografia (2)*] agg. (pl. m. *-ci*) *1* Relativo alla cronografia. *2* Del, relativo al, cronografo e alle relative misurazioni.

cronògrafo (1) [vc. dotta, lat. tardo *chronŏgraphu(m)*, nom. *chronŏgraphus*, dal gr. *chronográphos*. V. *cronografia (1)*] s. m. ● Scrittore di cronografie, di cronache.

cronògrafo (2) [comp. del gr. *chrónos* 'tempo' (V. *cronico*) e di *-grafo*] s. m. ● Cronometro che, oltre a misurare intervalli di tempo con la necessaria precisione, permette di fermarne o registrarne variamente l'indicazione: *c. da polso*; *c. astronomico*.

cronogràmma [comp. di *crono-* e *-gramma*] s. m. (pl. *-i*) ● Data nascosta nelle lettere di una iscrizione.

cronòide [dal gr. *chrónos* 'tempo' (V. *crono-*)] A s. m. ● Preparazione farmaceutica che consente un effetto ritardato del farmaco in essa contenuto. B anche agg.: *capsula, disco c.*

cronologìa [vc. dotta, gr. *chronología*, comp. di *chrónos* 'tempo' e *lógos* 'discorso'] s. f. (pl. *-gie*) *1* Ordinamento in successione nel tempo di determinati fatti: *sbagliare, rispettare la c.* *2* Scienza che studia l'esatta misurazione e determinazione del tempo | (*est.*) Libro, scritto di cronologia | *C. geologica*, geocronologia.

cronològico [vc. dotta, gr. *chronologikós*, da *chronología* 'cronologia'] agg. (pl. m. *-ci*) ● Che riguarda la cronologia | Che segue la successione temporale: *ordine c.* || **cronologicaménte**, avv. Secondo l'ordine cronologico.

cronologista s. m. e f. (pl. m. *-i*) ● Studioso di cronologia.

cronòlogo [vc. dotta, gr. *chronológos*, da *chronología* 'cronologia'] s. m. (pl. *-gi*) ● Cronologista.

cronometràggio [fr. *chronométrage*, da *chronométrer* 'cronometrare'] s. m. ● Atto, effetto del cronometrare.

cronometràre [fr. *chronométrer*, da *chronomètre* 'cronometro'] v. tr. (*io cronòmetro*) ● Misurare con precisione il tempo impiegato nello svolgimento di un'azione, una prova sportiva, una fase di fabbricazione e sim. | *C. i passaggi*, rilevare in una corsa sportiva i distacchi di tempo tra concorrenti.

cronometrìa [comp. del gr. *chrónos* 'tempo' e di *-metria*] s. f. ● Disciplina che si occupa della misura del tempo.

cronomètrico agg. (pl. m. *-ci*) *1* Relativo alla cronometria: *studi cronometrici*. *2* Relativo a un cronometro: *misurazione cronometrica*. *3* (*fig.*) Esatto, puntuale come un cronometro; *con precisione cronometrica*. || **cronometricaménte**, avv. Mediante il cronometro; con precisione cronometrica.

cronometrista [da *cronometro*] s. m. e f. (pl. m. *-i*) ● Persona incaricata di misurare i tempi, sia sul piano dell'organizzazione industriale sia sul piano agonistico | *C. industriale, c. analista*, cronotecnico.

cronòmetro [fr. *chronomètre*, comp. del gr. *chrónos* 'tempo' e *métron* 'misura'] A s. m. *1* Apparecchio per la misura del tempo | Orologio di alta precisione controllata e attestata su apposito certificato. *2* (*pop.*) Cronografo da polso, spec. nel linguaggio sportivo | *Corsa, tappa a c.*, nel ciclismo, quella con partenza dei singoli corridori a intervalli di tempo regolari e con classifica in base al tempo effettivamente impiegato dai concorrenti a compiere il percorso. B s. f. ● Nel ciclismo, gara a cronometro. SIN. Crono.

cronopatologìa [comp. di *crono-* e *patologia*] s. f. ● Studio delle alterazioni dei caratteri biologici temporali in quanto determinanti o risultanti o concomitanti di stati morbosi.

cronoscalàta [comp. di *crono-* e *scalata*] s. f. ● (*sport*) Nel ciclismo, tappa a cronometro in salita.

cronoscòpio [comp. di *crono-* e *-scopio*] s. m. ● Strumento che misura il tempo intercorrente fra l'applicazione di uno stimolo e la risposta.

cronostratigrafìa [comp. di *crono-* e *stratigrafia*] s. f. ● Ramo della geologia che suddivide le rocce secondo l'ordine cronologico della loro formazione.

cronotachìgrafo [comp. di *crono-* e *tachigrafo*] s. m. ● Strumento installato su automezzi pesanti allo scopo di controllare la velocità tenuta dal veicolo e i tempi di guida e di riposo dell'autista.

cronotàppa [comp. di *crono(metro)* e *tappa*] s. f. ● Nel ciclismo, tappa a cronometro.

cronotècnica [comp. di *crono-* e *tecnica*] s. f. ● Tecnica di rilevazione dei tempi con cronometro e di elaborazione dei dati, per ottenere il valore del tempo normale di lavorazione.

cronotècnico [comp. di *crono-* e *tecnico*] s. m. (pl. *-ci*) ● In un'azienda, chi rileva i tempi di lavorazione, spec. allo scopo di rendere più funzionale l'attività dell'azienda stessa.

cronoterapìa [comp. di *crono-* e *terapia*] s. f. ● (*med.*) Cura o prevenzione delle malattie con riguardo alle loro caratteristiche temporali.

cronòtopo [comp. di *crono-* e del gr. *tópos* 'luogo' (V. *topografia*)] s. m. ● (*fis.*) Spazio-tempo, cioè l'insieme degli eventi considerati come una coppia costituita da un punto e da un istante.

cronòtropo [comp. di *crono-* e *-tropo*] agg. *1* Detto di fenomeno che si svolge mantenendo un ritmo regolare. *2* (*fisiol.*) Relativo a modifiche nella frequenza del ritmo cardiaco | *Effetto c. positivo*, quello provocato da sostanze in grado di accelerare il ritmo cardiaco | *Effetto c. negativo*, quello provocato da sostanze in grado di ritardare il ritmo cardiaco.

crooner /*ingl.* 'kru:nə*/ [vc. ingl., da *to croon* 'cantare sommessamente'] s. m. e f. inv. ● Cantante di canzoni sentimentali, che ama toni bassi e confidenziali.

croquet /*ingl.* 'kroukei/ [vc. ingl., dal fr. *crochet* 'bastone ricurvo'] s. m. inv. ● Gioco analogo al golf e all'antico pallamaglio, nel quale si fa passare una pallina colpita da un maglio sotto archetti.

croquette /*fr.* krɔ'kɛt/ [vc. fr., da *croquer* 'scricchiolare', di origine onomat.] s. f. inv. ● Crocchetta.

croscè s. m. ● Adattamento di *crochet* (V.).

crosciàre [vc. onomat.] A v. intr. (*io cròscio*; aus. *avere* e *essere*) *1* (*lett.*) Produrre un rumore forte e continuato cadendo con violenza, detto della pioggia improvvisa, dell'acqua e sim.: *udrò la guazza con vasto brusio / sulle acacie odorose crosciar* (PASCOLI) | †Gorgogliare, dell'acqua che bolle. *2* (*lett.*) Frusciare, detto delle foglie secche e sim.: *le foglie crosciano sotto i piedi* | †Scoppiettare, strepitare, della legna verde che brucia. *3* (*raro*) †Ridere smodatamente. B v. tr. ● †Colpire | †Scagliare q.c. con violenza.

cròscio s. m. ● (*lett.*) Il crosciare | †*C. di riso*, risata rumorosa.

cross (1) /*ingl.* krɔs/ [vc. ingl., propriamente 'croce', dal lat. *crŭce(m)* 'croce'] s. m. inv. (pl. ingl. *crosses*) *1* (*sport*) Nel calcio, traversone | Nel pugilato, diretto, traversone | Nel tennis, colpo diagonale. *2* (*sport*) Bastone da hockey su ghiaccio.

cross (2) /*ingl.* krɔs/ [acrt. di *motocross* (V.)] s. m. inv. ● (*sport*) Gara di podismo o di motociclismo che si svolge su apposita pista di terreno accidentato | (*est.*) La moto con cui si fa tale gara.

crossàrco [comp. del gr. *krossós* 'orlo' e *archós* 'ano'] s. m. (pl. *-chi*) ● Genere di piccoli Mammiferi carnivori africani con pelame ispido, coda corta e muso aguzzo (*Crossarchus*).

crossàre [da *cross (1)*] v. intr. (*io cròsso*; aus. *avere*) ● (*sport*) Nel calcio, centrare.

cross-country /*ingl.* 'krɔs 'kʌntri/ [vc. ingl., propriamente 'attraverso la campagna'. Per *cross*, V. *cross*, per *country*, V. *contraddanza*] loc. sost. m. inv. ● (*sport*) Nell'ippica, nel ciclismo e nel motociclismo, corsa o gara campestre.

cròssdromo /'krɔsdromo, krɔz'drɔmo/ o (*evit.*) **crossdròmo**, **crossòdromo** [comp. di *cross* (*country*) e *-dromo*, sul modello di *autodromo, ippodromo* e sim.] s. m. ● Circuito per gare di ciclocross o di motocross.

crossing over /*ingl.* 'krɔsiŋ 'ouvə*/ [loc. ingl., propriamente 'incrocio' (dal v. *to cross* 'incrociare', da *cross* 'croce', di origine lat.) da uno sopra (*over*, di origine indeur.) 'l'altro'] s. m. inv. ● (*biol.*) Scambio di materiale genetico fra cromosomi omologhi nella meiosi.

crossista [da *cross (2)*] s. m. e f. (pl. m. *-i*) ● (*sport*) Chi pratica il cross.

crossòdromo ● V. *crossdromo*.

Crossopterigi [comp. del gr. *krossós* 'frangia', di origine indeur., e *pterýgion* 'pinna', dim. di *ptéryx*, genit. *ptérygos* 'ala' (V. *-ttero*)] s. m. pl. ● Nella tassonomia animale, sottoclasse di Pesci ossei rappresentata da un unico genere vivente, la latimeria (*Crossopterygii*) | (al sing. *-gio*) Ogni individuo di tale sottoclasse.

cross over /*ingl.* 'krɔs-ouvə*/ [loc. ingl., propriamente 'incrocio (da *to cross* 'incrociare', der. di *cross* 'croce', di origine lat.) da uno sopra (*over*, di origine indeur.) l'altro'] loc. sost. m. inv. ● (*fis.*) Filtro presente all'interno delle casse acustiche che divide la gamma di frequenze in modo da inviare a ciascun altoparlante solo il gruppo di frequenze che può produrre.

cròsta [lat. *crŭsta(m)*, di origine indeur.; nel sign. 7, calco sul fr. *croûte*] s. f. *1* Strato esterno indurito che ricopre la superficie di alcuni corpi, cibi e sim.: *una c. di ghiaccio sulla strada*; *la c. del pane* | (*est.*) Pezzo di pane duro. *2* (*fig.*) Apparenza, aspetto superficiale che nasconde la realtà: *la sua disinvoltura è una c.* *3* (*geol.*) Sedimento di origine chimica eluviale, duro, superficiale che si forma quando le acque del terreno abbondano di minerali disciolti | *C. terrestre*, strato superficiale solido della Terra | *In c.*, di terreno diventato compatto in superficie. ➡ ILL. p. 818 SCIENZE DELLA TERRA ED ENERGIA. ***4*** (*med.*) Sangue e siero dissecato sopra una ferita: *la ferita ha fatto la c.* | *C. lattea*, eczema sul capo e sul viso del lattante. SIN. Lattime. ***5*** (*zool.*) Guscio dei crostacei. ***6*** In conceria, la parte inferiore, meno pregiata, di una pelle conciata sottoposta a spaccatura | *C. scamosciata*, lavorata in modo da imitare la pelle scamosciata. ***7*** *C. di un dipinto*, squama di colore che si stacca da un dipinto antico | (*fig.*, *spreg.*) Dipinto, antico o anche moderno, privo di valore artistico. ***8*** †Crostata. || **crostàccia**, pegg. | **crostellìno**, dim. m. | **crostèllo**, dim. m. | **crosterèlla**, dim. | **crosticìna**, dim. | **crostìna**, dim. | **crostóne**, accr. m.

Crostàcei [da *crosta*] s. m. pl. ● Nella tassonomia animale, classe di Artropodi per lo più acquatici, con corpo diviso in capo, torace e addome (capo e torace spesso fusi nel cefalotorace), due paia di antenne, un paio di mandibole e due paia di mascelle (*Crustacea*) | (al sing. *-o*) Ogni individuo di tale classe. ➡ ILL. **animali** /3; **zoologia generale**.

crostàle agg. ● (*geol.*) Che si riferisce alla crosta terrestre | *Zolla c.*, vasta porzione di superficie terrestre, comprendente mari e terre emerse, stabile al centro e mutevole ai margini.

crostàre [lat. *crustāre*, da *crūsta* 'crosta'] v. tr. (*io cròsto*) ● (*raro*) Far indurire al fuoco la superficie di alcune vivande, in modo che vi si formi una crosta.

crostàta [da *crosta*] s. f. ● Dolce di pasta frolla cotta al forno e, di norma, ricoperta di marmellata. || **crostatìna**, dim.

crostìno [da *crosta*] s. m. ***1*** Fetta di pane spalmata di composti saporiti e servita gener. come antipasto: *c. di fegato* | (*spec. al pl.*) Dadini di pane spec. in cassetta, abbrustoliti in forno o fritti nel burro, serviti con consommé, zuppe e sim. ***2*** (*fig.*, *tosc.*) Persona che cammina impettita | Persona noiosa e pedante.

crostóne [da *crosta*] s. m. ***1*** (*geol.*) Formazione in prevalenza calcarea di differente spessore, che si oppone alla penetrazione delle radici nel terreno. ***2*** Grossa fetta di pane, che può essere tostata o fritta, su cui poggiano carni, spec. cacciagione.

crostóso [lat. *crustōsu*(*m*), da *crūsta* 'crosta'] agg. ● Ricoperto di croste | Che ha forma di crosta.

†**crotafìte** o †**crotàfito** [gr. *krotaphítēs*, da *krótaphos* 'tempia'] s. m. ● (*anat.*) Muscolo temporale.

crotalària [da *crotalo*] s. f. ● Pianta erbacea annuale delle Leguminose, coltivata spec. in Asia, che fornisce una fibra tessile (*Crotalaria iuncea*).

cròtalo [vc. dotta, lat. *crŏtalu*(*m*) 'nacchera', dal gr. *crótalon*, da *krótos* 'rumore'; il serpente è detto così dal rumore come di nacchere che producono gli anelli della sua coda] s. m. ***1*** Genere di Rettili cui appartengono numerose specie con apparato velenoso sviluppatissimo e l'estremità della coda munita di un sonaglio formato da anelli cornei articolati l'uno con l'altro (*Crotalus*) | Correntemente, serpente a sonagli. ***2*** (*spec. al pl.*) Nacchere.

cròton o **crotóne** [vc. dotta, lat. *crotōne*(*m*), nom. *crŏton*, dal gr. *krotōn* 'zecca', poi 'ricino', per la somiglianza dei semi con l'insetto] s. m. ● Genere di piante erbacee o legnose delle Euforbiacee con fusto ricoperto di peli o squamoso (*Croton*) | Nel linguaggio dei giardinieri, pianta ornamentale delle Euforbiacee con foglie spesse, verdi, screziate di bianco o rosso (*Codiaeum variegatum*).

crotonése /kroto'nese/ **A** agg. ● Di Crotone. **B** s. m. e f. ● Abitante, nativo di Crotone.

cròtta [vc. dotta, lat. tardo *chrŏtta*(*m*), di origine celtica] s. f. ● Antico strumento di origine celtica, a corde, simile alla cetra.

cròtto [vc. dial. sett., propr. 'grotta' (stessa etim. dell'it. *grotta*)] s. m. ● (*sett.*) Cantina, osteria.

crouch /*ingl.* 'krautʃ/ [vc. ingl., da *to crouch* 'accovacciarsi', sovrapposizione di *to cringe* 'acquattarsi' (di origine germ.) a *to couch* 'adagiarsi' (dal fr. *coucher* che deriva dal lat. *collocāre*)] s. m. inv. (pl. ingl. *crouches*) ● Nel pugilato, guardia bassa.

croupier /*fr.* kru'pje/ [vc. fr., propriamente 'colui che è in groppa', poi 'colui che si associa a un altro giocatore', da *croupe* 'groppa', di origine francone] s. m. inv. ● Banchiere, nelle case o sale da gioco.

†**crovàtta** ● V. *cravatta*.

crovèllo [etim. incerta] s. m. ● Vino che si trae dalle uve fermentate ma non spremute.

crown /*ingl.* 'kraun/ [vc. ingl., da *to crown* 'coronare, compensare', dall'ant. fr. *coroner*, a sua volta dal lat. *coronāre* 'coronare'] s. m. inv. ● Varietà di vetro poco rifrangente e poco dispersivo, i cui componenti principali sono silice, calce e soda.

cru /*fr.* kry/ [vc. fr., propr. part. pass. di *croître* 'crescere'] s. m. inv. ● (*enol.*) Vigneto che produce vino pregiato | (*est.*) Il vino stesso prodotto.

†**cruccévole** [da *cruccio*] agg. ● Facile a corrucciarsi.

†**crùccia** ● V. *gruccia*.

†**crucciaménto** [da *crucciare*] s. m. ● Cruccio, preoccupazione.

crucciàre [V. *corrucciare*] **A** v. tr. (*io crùccio*) ● Tormentare, addolorare: *nascondere / non può la passion che dentro il cruccia* (ARIOSTO). **B** v. intr. pron. ● Darsi pena, corrucciarsi: *si crucciava al pensiero che gli amici lo tradissero*. SIN. Tormentarsi.

crucciàto part. pass. di *crucciare*; anche agg. ● Nei sign. del v. || **crucciataménte**, avv. (*raro*) In modo corrucciato.

crùccio [da *crucciare*] s. m. ***1*** Dolore morale, corruccio: *prendere c.*; *venire in c.* | Tormento, afflizione | *Darsi*, *prendersi c.*, tormentarsi, affliggersi | Briga, seccatura, fastidio: *avere molti crucci*. ***2*** †Gesto di sdegno, ira, e sim.: *uomo di sangue e di crucci* (DANTE *Inf.* XXIV, 129).

crucciόso [da *cruccio*] agg. ***1*** (*raro*) Che si cruccia. ***2*** †Addolorato, afflitto: *di che ella fu crucciosa oltre modo* (BOCCACCIO). || **crucciosaménte**, avv. (*raro*) Con cruccio; irosamente.

crùcco [croato *kruch* 'pane': il n. in origine venne usato per gli abitanti della Iugoslavia meridionale] s. m.; anche agg. (f. *-a*; pl. m. *-chi*) ● (*spreg.*) Tedesco.

cruciàle [ingl. *crucial*, dal lat. *crūx*, genit. *crūcis* 'croce'; *cruciale* è il punto o il momento in cui si deve fare una scelta ed è detto così dalle croci che indicano una direzione nei crocevia] agg. ● Che richiede inevitabilmente una decisione: *punto*, *momento c.*

†**cruciaménto** [vc. dotta, lat. *cruciamĕntu*(*m*), da *cruciāre* 'cruciare'] s. m. ● Grave tormento.

†**cruciàre** [vc. dotta, lat. *cruciāre* 'mettere in croce', da *crŭx*, genit. *crŭcis* 'croce'] v. tr. ● Tormentare, angustiare: *non potranno fuggire che il desiderio di un'immensa felicità ... non li punga e cruci* (LEOPARDI).

†**cruciàto** [vc. dotta, lat. *cruciātu*(*m*) 'tormento', da *cruciāre* 'tormentare', da *crŭx*, genit. *crŭcis* 'croce'] s. m. ● Tormento, grande dolore: *chi è in delitto ha ... maggiore c. da se medesimo* (GUICCIARDINI).

crucìfero ● V. *crocifero*.

crucìfige /*lat.* krutʃi'fidʒe/ [vc. lat., seconda pers. imperat. pres. di *crucifīgere* 'crocifiggere'] s. m. inv. ***1*** Grido di quelli che vollero il supplizio di Gesù. ***2*** (*fig.*) Persecuzione cieca, condanna faziosa | *Gridare il c.*, dare addosso a qc.

†**crucifìggere** e *deriv.* ● V. *crocifiggere* e *deriv.*

crucifórme o **crocifórme** [comp. del lat. *crŭx*, genit. *crŭcis* 'croce' e di *-forme*] agg. ● Fatto a forma di croce | (*arch.*) *Pianta c.*, a croce latina o greca | *Pilastro c.*, tipico dell'architettura romanica, quadrangolare con una semicolonna o una lesena addossata a ognuna delle facce.

†**crucìgero** ● V. *crocigero*.

crucivèrba [forma corrispondente a 'parole incrociate'; comp. del lat. *crŭx*, genit. *crŭcis* 'croce' e *vĕrba*, nt. pl. di *vĕrbum* 'parola'] s. m. inv. ● Gioco enigmistico consistente nel trovare, sulla scorta del senso indicato, parole le cui lettere si allogano in caselle disposte in colonne che si incrociano tra loro.

cruciverbìsta s. m. e f. (pl. m. *-i*) ● Autore di cruciverba | Chi risolve cruciverba.

crudèle [lat. *crudēle*(*m*), da *crūdus* 'crudo, crudele'] agg. (f. *†-a*) ***1*** Di persona che non prova pietà o rimorso nel procurare sofferenza agli altri: *uomo*, *tiranno*, *principe c.*; *persona*, *donna c.* | (*est.*) Insensibile, senza pietà: *cuore*, *animo c.* SIN. Disumano, duro, spietato. ***2*** Che reca afflizione, dolore, sofferenza: *morte c.*; *tormento*, *supplizio c.*; *spasimi crudeli* | Infausto, avverso, calamitoso: *destino*, *fato*, *sorte c.*; *età*, *natura c.* SIN. Doloroso, penoso, tormentoso. || **crudelàccio**, pegg. | †**crudelétto**, dim. || †**crudeleménte**, **crudelménte**, avv. Con crudeltà.

crudeltà o †**crudelità**, †**crudelitàde**, †**crudelitàte**, †**crudeltàde**, †**crudeltàte** [lat. *crudelitāte*(*m*), da *crudēlis* 'crudele'] s. f. ***1*** Qualità di chi, di ciò che è crudele: *la c. di un tiranno*; *la c. di un delitto*; *punire*, *trattare con c.*; *c. mentale*. SIN. Brutalità, ferocia. ***2*** Atto crudele: *compiere*, *commettere una c.*; *è stata una c. trattarlo in quel modo*. SIN. Barbarie. ***3*** (*fig.*) Crudezza, asprezza: *la c. del tempo*, *del clima*.

crudézza s. f. ***1*** (*lett.*) Qualità di ciò che è crudo (*anche fig.*): *la c. di un cibo*, *dell'acqua*, *di un suono*. ***2*** Rigidezza, inclemenza del clima. ***3*** (*fig.*) Asprezza, durezza: *la c. di un rimprovero*, *di una richiesta*, *di una risposta* | (*lett.*) *C. d'animo*, eccessiva severità.

crudìsmo [comp. di *crud*(*o*) e *-ismo*] s. m. ● Alimentazione a base esclusivamente di cibi crudi. SIN. Crudivorismo.

crudìsta **A** s. m. e f. (pl. m. *-i*); anche agg. ● Chi, che si nutre soltanto di cibi crudi. **B** agg. ● Che è costituito unicamente da cibi crudi: *alimentazione*, *dieta crudista*.

crudità [vc. dotta, lat. *cruditāte*(*m*), da *crūdus* 'crudo'] s. f. ***1*** (*raro*, *lett.*) L'essere crudo. ***2*** (*raro*, *lett.*, *fig.*) Asprezza, durezza: *il tono nella sua c. è severo* (DE SANCTIS).

crudivorìsmo [comp. di *crudivor*(*o*) e *-ismo*] s. m. ● Crudismo.

crudìvoro [da *crudo*, sul modello di *carnivoro*] agg. ***1*** (*raro*) Che divora carne cruda. ***2*** (*est.*, *fig.*) †Feroce, crudele.

crùdo [vc. dotta, lat. *crūdu*(*m*) 'sanguinante', poi 'crudo, crudele', da *crŭor* 'sangue'. V. *cruore*] agg. ***1*** Non sottoposto all'azione del fuoco o del calore: *verdura*, *carne cruda* | Non cotto a sufficienza: *minestra*, *pietanza cruda* | Acerbo, non maturo: *frutta cruda*; *nespole crude* | *Vino c.*, poco fermentato, non stagionato | *Seta cruda*, non bollita e non atta quindi alla tintura | *Mattoni crudi*, seccati al sole | *Argilla cruda*, non cotta al fuoco | *Ferro c.*, non del tutto raffinato, ferraccio | *Filo metallico c.*, temprato e perciò non pieghevole | *Nudo e c.*, poverissimo e (*fig.*) indeciso, irresoluto | (*fig.*) *Farne di cotte e di crude*, commetterne di tutti i colori | *Non patire q.c. né cotta né cruda*, non poterla sopportare. CONTR. Cotto. ***2*** Rigido, inclemente: *clima*, *inverno c.*; *stagione cruda*. ***3*** Detto di acqua che contiene anidride carbonica o sostanze minerali e, fra queste, spec. sali di calcio e magnesio. ***4*** Spiacevole all'udito per asprezza, detto di suoni e sim. ***5*** (*fig.*) Brusco, reciso, aspro: *tono c.*; *risposta cruda*; *parole crude* | (*lett.*) Spietato, crudele, inumano: *una cruda condanna*; *minacce crude*. ***6*** (*poet.*, *fig.*) Aspro, selvaggio, detto di luogo: *nel c. sasso intra Tevero e Arno* (DANTE *Par.* XI, 106) | (*raro*, *lett.*) Zotico, rustico. ***7*** (*fig.*) †Restio, indocile: *per essere al dover le genti crude* (DANTE *Par.* IX, 48). || **crudétto**, dim. || **crudaménte**, avv. Con crudezza.

cruentàre [vc. dotta, lat. *cruentāre*, da *cruĕntus* 'cruento'] v. tr. ● (*lett.*) Insanguinare.

cruènto [vc. dotta, lat. *cruĕntu*(*m*), da *crŭor* 'sangue'. V. *cruore*] agg. ***1*** Che comporta spargimento di sangue: *battaglia cruenta*; *operazione chirurgica cruenta* | (*raro*) Insanguinato: *campo di battaglia c.* ***2*** (*raro*, *fig.*) Feroce, bellicoso.

cruise /*ingl.* kru:z/ [vc. ingl., propr. 'crociera'] s. m. inv. ● (*mil.*) Missile mosso da un turboreattore a doppio flusso a velocità subsonica, fornito di un sistema di autoguida con volo preprogrammato, dotato di caratteristiche tecniche che gli consentono di raggiungere obiettivi terrestri e navali eludendo l'intercettazione da parte dei sistemi difensivi nemici.

cruiser /*ingl.* 'kru:zə*/ [vc. ingl., da *to cruise* 'incrociare, navigare avanti e indietro mantenendosi nello stesso tratto di mare', dall'ol. *kruisen* 'incrociare', da *kruis* 'croce', dal lat. *crŭce*(*m*) 'croce'] s. m. inv. ● Imbarcazione a motore da crociera dotata di sistemazioni interne per la vita a bordo di più persone.

crumiràggio s. m. • Atto, comportamento da crumiro.

crumìro [fr. *kroumir*, dal n. di un popolo della Tunisia, le cui ribellioni e scorrerie diedero alla Francia il pretesto di occupare quella regione] s. m. (f. *-a*) • (*spreg.*) Lavoratore che rifiuta di scioperare o accetta di lavorare in luogo degli scioperanti.

crùna [lat. *corōna*(*m*) (?). V. *corona*] s. f. *1* Piccolo foro, all'estremità di un ago da cucire, attraverso il quale si fa passare il filo. *2* (*fig.*, *lett.*) Passaggio stretto e difficile.

cruóre [vc. dotta, lat. *cruōre*(*m*), dalla radice indeur. **kreu* 'sangue'] s. m. • (*lett.*) Sangue che sta per coagularsi | (*est.*, *poet.*) Sangue.

†**cruoróso** agg. • Di cruore.

crup o **grup** o **gruppe** [dall'ingl. *croup*, di origine onomat.] s. m. • (*med.*) Tosse abbaiante, disfonia, dispnea da ostruzione acuta della laringe; comune nei bambini fra il primo e il terzo anno di vita, è causata da allergia, infezioni (difterite), corpi estranei e sim.

crupàle agg. • (*med.*) Di, relativo a crup.

cruràle [vc. dotta, lat. *crurāle*(*m*), da *crūs*, genit. *crūris* 'gamba', di etim. incerta] agg. • (*anat.*) Relativo alla gamba o alla coscia.

crùsca [germ. **krūsca*. L'Accademia fu detta così perché fondata con l'intento di separare le parole non buone da quelle di uso puro, come si cerne la farina dalla crusca] s. f. *1* Bucce di semi di grano o di biada macinata separate da quasi tutta la farina | *Vendere c. per farina*, (*fig.*) ingannare. *2* Titolo e sede dell'Accademia sorta a Firenze nel XVI sec. col proposito di salvaguardare la purezza della lingua, e tuttora esistente | *Vocabolario della Crusca*, o (*ass.*) *la Crusca*, compilato dagli Accademici | *Edizione di Crusca*, testo letterario accettato dall'Accademia come materiale di spoglio per il suo vocabolario | *Scrivere, parlare in Crusca, con la Crusca in mano*, (*raro*, *fig.*) attenersi da purista all'autorità degli scrittori approvati dall'Accademia. *3* (*pop.*) Lentiggini. *4* (*spec. al pl.*) Figure o lamine cesellate incise o smaltate poste su oggetti.

cruscaiòlo o †**cruscaiuòlo** s. m. *1* Chi vende crusca. *2* (*letter.*) Cruscante.

cruscànte **A** s. m. • Accademico della Crusca. **B** agg.; anche s. m. *1* Che, chi è ligio ai criteri di purità linguistica dell'Accademia della Crusca. *2* (*scherz.*) Linguaiolo pedante e accademico.

cruscàta s. f. *1* Pastone di crusca. *2* Adunata dell'Accademia della Crusca.

cruscheggiàre v. intr. (*io cruschéggio*; aus. *avere*) • Parlare o scrivere con voci o modi linguistici approvati dalla Crusca.

cruschèllo [da *crusca*] s. m. • Crusca più minuta, con ancora un po' di farina che si dà come beverone ai vitelli, alle mucche, ai cavalli. SIN. Tritello.

cruscherèllo [da *crusca*] s. m. *1* Cruschello. *2* Gioco di fanciulli consistente nella ricerca di monete nascoste in alcuni monticelli di crusca assegnati a sorte.

cruschésco agg. (pl. m. *-schi*) • Che è proprio della Crusca.

cruschévole agg. • Che rispetta le norme di purezza linguistica dell'Accademia della Crusca. ‖ **cruschevolménte**, avv. Alla maniera della Crusca.

cruscóne [da *crusca*] s. m. *1* Crusca molto grossa, del tutto priva di farina. *2* (*scherz.*) Accademico della Crusca.

cruscóso agg. *1* Pieno di crusca. *2* (*fig.*, *tosc.*) Lentigginoso.

cruscòtto [etim. incerta; in origine 'riparo nel mulino per non ricevere addosso la crusca' (?)] s. m. *1* Pannello recante gli strumenti di guida e di comando di un veicolo. ➡ ILL. p. 1750 TRASPORTI. *2* Nelle carrozze, luogo in cui i cocchieri poggiavano i piedi.

†**crùsta** [vc. dotta, lat. *crūsta* 'crosta'] s. f. • Figura in bassorilievo su vasi antichi.

†**crustàrio** [vc. dotta, lat. *crustāriu*(*m*), da *crūstae* 'cruste'] s. m. • Chi modellava cruste.

cruzado /*port.* kru'zadu/ [vc. port., da *cruz* 'croce', propr. 'marcato con una croce'] s. m. (pl. port. *cruzados*) • Unità monetaria del Brasile, che dall'aprile del 1990 ha sostituito il cruzeiro.

cruzeiro /*port.* kru'zeiru/ [port., da *cruz* 'croce'] s. m. (pl. port. *cruzeiros* /kru'zeiruʃ/) • Unità monetaria del Brasile fino all'aprile 1990. CFR. Cruzado.

crỳpton /'kripton/ • V. *cripto*.

csar e *deriv.* • V. *zar* e *deriv.*

csárdás /*ungh.* 'tʃa:rda:ʃ/ [ungh. *csárdás* 'danza che si esegue in una osteria', da *csárda* 'osteria'] s. f. inv. • Ciarda.

csi • V. *xi*.

ctenìdio [dal gr. *ktéis*, genit. *ktenós* 'pettine' (di origine indeur.), col suff. dim. gr. *-ídion*: detto così dalla forma a doppio pettine] s. m. • (*zool.*) Branchia di molti molluschi, a forma di penna o di pettine.

Ctenòfori [comp. del gr. *ktéis*, genit. *ktenós* 'pettine' e di *-foro*] s. m. pl. • Nella tassonomia animale, tipo di Invertebrati marini ermafroditi con corpo globoso e gelatinoso e otto serie di lamelle il cui movimento ritmico permette la locomozione (*Ctenophora*) | (al sing. *-o*) Ogni individuo di tale tipo.

ctònio [gr. *chthónios*, agg. di *chthṓn*, genit. *chthonós* 'terra' (di origine indeur.)] agg. • (*lett.*) Sotterraneo, detto delle divinità della mitologia greca.

-ctono [dal gr. *chthṓn*, genit. *chthonós* 'terra'] secondo elemento • In parole composte della terminologia dotta o scientifica, significa 'terra, luogo d'origine': *autoctono*.

cu s. m. o f. • Nome della lettera *q*.

cuas /kwas/ s. m. • Adattamento di *kvas* (V.).

cùba [ar. *qubba* 'volta, edificio a volta'] s. f. • Cupola | Costruzione a forma di cupola.

†**cubàbile** [da *cubo*] agg. • (*mat.*) Che si può cubare.

cubàita [ar. *qubbiat*, mandorlato] s. f. • Croccante a base di miele e semi di sesamo, specialità siciliana di origine araba.

cuba libre /*sp.* 'kuba 'libre/ [loc. sp., propriamente 'Cuba libera' (ma anche 'bevitore libero')] loc. sost. m. inv. • Bevanda composta di rum e coca cola.

cubàno **A** agg. • Di Cuba: *popolazione cubana*. **B** s. m. (f. *-a*) • Abitante o nativo di Cuba.

cubàre (**1**) [vc. dotta, lat. *cubāre*. V. *covare*] v. intr. e intr. pron. (aus. *essere*) • Giacere, riposare.

cubàre (**2**) [da *cubo*] v. tr. • (*mat.*) Calcolare la terza potenza d'un numero | Calcolare il volume d'un solido.

cubatùra [da *cubare* (*2*)] s. f. • Misura e calcolo di un volume.

cubèbe [ar. *kabāba*, di provenienza cinese] s. m. *1* Arbusto rampicante delle Piperacee i cui frutti immaturi sono simili ai grani del pepe (*Piper cubeba*). *2* Frutto di tale arbusto.

cubettatrìce s. f. • Macchina per confezionare in forma di cubetti prodotti alimentari, mangimi e sim.

cubettìsta s. m. (pl. *-i*) • Operaio tagliatore che frantuma e riduce in cubetti granito, porfido e sim.

cubétto s. m. *1* Dim. di *cubo*, nel sign. 1. *2* Piccolo oggetto a forma di cubo: *un c. di ghiaccio, di marmo*.

cubìa [etim. incerta] s. f. • (*mar.*) Ciascuno dei due fori a prora delle navi, dai quali passa la catena dell'ancora: *occhio di c.* ➡ ILL. p. 1756 TRASPORTI.

cùbica [f. sost. di *cubico*] s. f. • (*mat.*) Curva algebrica del terzo ordine.

cubicità s. f. • L'essere cubico.

cùbico [vc. dotta, lat. tardo *cŭbicu*(*m*), nom. *cŭbicus*, dal gr. *kybikós*, da *kýbos* 'cubo'] agg. (pl. m. *-ci*) *1* Che ha forma di cubo: *cassette cubiche*. *2* (*mat.*) Di terzo grado, relativo alla terza potenza: *equazione, radice cubica* | Detto di ente nel quale compaiono con particolare importanza delle terze potenze | Elevato alla terza potenza: *centimetro c.*

cubicolàrio o **cubiculàrio** [vc. dotta, lat. *cubiculāriu*(*m*), da *cubĭculum* 'cubicolo'] s. m. *1* Nella Roma antica, schiavo addetto ai servizi della camera e dell'anticamera. *2* Anticamente, cameriere del Papa e di alti prelati.

cubìcolo o **cubìculo** [vc. dotta, lat. *cubĭculu*(*m*), da *cubāre*. V. *covare*] s. m. *1* Nell'antica casa romana, stanza da letto | Nelle catacombe, vano rettangolare destinato ad uso sepolcrale. *2* Anticamente, cella che accoglieva gli ergastolani.

cubiculàrio • V. *cubicolario*.

cubìculo • V. *cubicolo*.

cubifórme [comp. di *cubo* e *-forme*] agg. • A forma di cubo | (*anat.*) *Osso c.*, cuboide.

†**cubìle** • V. *covile*.

cubilòtto [fr. *cubilot*, di etim. incerta] s. m. • (*metall.*) Forno cilindrico, verticale, usato per fondere metalli, spec. ghisa, e in cui il calore viene fornito dalla combustione di coke sistemato a strati alternati con pezzi di metallo.

cubìsmo [fr. *cubisme*, da *cube* 'cubo', vc. coniata da Matisse davanti a un quadro di Braque che rappresentava alcune case a cubo] s. m. • Movimento affermatosi nelle arti figurative all'inizio del '900, caratterizzato da un'esasperata scomposizione delle figure umane e degli oggetti in forme geometriche, secondo un canone di struttura spaziale che annulla le leggi della prospettiva classica.

cubìsta (**1**) [fr. *cubiste*, da *cubisme* 'cubismo'] **A** agg. (pl. m. *-i*) • Del, relativo al, cubismo: *quadro, movimento c.* **B** s. m. e f. • Artista che segue il cubismo.

cubìsta (**2**) [da *CUB*] s. m. e f. (pl. m. *-i*) • Appartenente ai Comitati Unitari di Base (CUB), organizzazioni sindacali di estrema sinistra, negli anni '60 e '70, in Italia.

cubìstico [da *cubista* (*1*)] agg. (pl. m. *-ci*) • Relativo al cubismo e ai cubisti.

cubitàle [vc. dotta, lat. *cubitāle*(*m*) 'alto un cubito', da *cŭbitum* 'cubito'] agg. *1* (*anat.*) Del cubito. SIN. Ulnare. *2* (*est.*) Di grandi dimensioni, enorme: *titolo a lettere cubitali*.

cubitièra [da *cubito*] s. f. • Armatura del gomito, congiunta a snodo con i due cannoni del bracciale.

cubitière s. m. • Cubitiera.

cùbito [vc. dotta, lat. *cŭbitu*(*m*) 'gomito', poi 'unità di misura', di origine preindeur.] s. m. *1* (*lett.*) Gomito: *... insino al c., mostravano ignude le candidissime braccia* (SANNAZARO). *2* (*anat.*) Ulna. *3* Antica unità di misura di lunghezza.

cùbo [vc. dotta, lat. *cŭbu*(*m*), nom. *cŭbus*, dal gr. *kýbos* 'dado', di origine straniera (?)] **A** s. m. *1* (*mat.*) Poliedro regolare con sei facce quadrate uguali. *2* (*est.*) Qualsiasi oggetto che ha forma di cubo: *un c. di granito* | *C. magico, c. di Rubik*, strumento di gioco, costituito da un cubo di plastica, a sua volta formato da un insieme snodabile di cubi multicolori di minor dimensione, le cui facce, prima rimescolate, vanno ricomposte, con opportuna manipolazione secondo modelli prestabiliti nel più breve tempo possibile. *3* (*mat.*) Terza potenza: *elevare al c.*; *dieci al c.* | *C. perfetto*, numero, o funzione razionale, che sia il cubo di un numero intero, di un'altra funzione razionale. **B** agg. • Cubico: *metro c.* ‖ **cubétto**, dim. (V.) | **cubicino**, dim.

cubòide [vc. dotta, gr. *kyboeidḗs* 'simile a un cubo', comp. di *kýbos* 'dado' e *-eidḗs* '-oide'] **A** agg. • Che ha pressappoco la forma di cubo. **B** s. m. • (*anat.*) Osso del tarso.

cucaracha /*sp.* kuka'ratʃa/ [vc. sp., propr. 'scarafaggio' (poi 'plebe'), da *cuca* 'larva di farfalla', vc. di origine espressiva] s. f. inv. • Danza messicana e musica che la accompagna.

cuccàgna [provz. *cocanha*, dal got. **kōka* 'torta'] s. f. *1* Paese favoloso in cui regnano delizie di ogni genere | (*est.*) Luogo in cui ognuno vive lietamente e senza pensieri. *2* Caso, evento fortunato, occasione favorevole e sim.: *che c.!*; *approfittare della c.* | Cibo delizioso, leccornia | *Albero della c.*, nelle feste paesane, palo unto di sego o insaponato alla cui sommità sono appesi premi vari destinati a chi, arrampicandosi, riesce a impadronirsene. *3* Vita piacevole e allegra vissuta senza difficoltà: *trovare la c.*; *è finita la.*

cuccàre [da *cucco* (*1*)] v. tr. (*io cùcco, tu cùcchi*) • (*fam.*) Ingannare, abbindolare | *Cuccarsi qc., q.c.*, conquistarla e (*antifr.*) sopportarla controvoglia.

cuccétta s. f. *1* Dim. di *cuccia* (*2*). *2* Lettino isolato, o sovrapposto a un altro uguale, nelle cabine delle navi, sui treni e sim. *3* (*zoot.*) Comparto per il riposo di un singolo bovino all'interno di una stalla in cui questo può entrare e uscire liberamente.

cuccettista s. m. e f. (pl. m. *-i*) • Addetto ai servizi degli scompartimenti a cuccette sui treni delle FS

cucchiàia o (*dial.*) **cucchiàra** [da *cucchiaio*] s. f. *1* Grosso cucchiaio usato di solito per schiumare olio, brodo, vino, e sim. | Mestola da muratori. *2* Secchione che, mosso da ruote e guide delle draghe, morde il fondo, piglia e solleva fango, sassi e sim. | *C. da pece*, grande ramaiuolo usato dai calafati. *3* Attrezzo con cui si estraggono i detriti di roccia dal fondo dei fori di sonda: *c. semplice*; *c. ad aspirazione*.

cucchiaiàta o (*dial.*) **cucchiaràta**. s. f. • Quantità di cibo o di liquido contenuta in un cucchiaio: *una c. di minestra, di gelato*.

cucchiaìno s. m. *1* Dim. di *cucchiaio*: *c. da caffè*. *2* Piccola cazzuola per stuccare o rifinire. *3* (*pesca*) Esca metallica, usata per la pesca al lancio, fornita di ami semplici o ancorette. ➡ ILL. **pesca**.

cucchiàio o (*dial.*) **cucchiàro** [lat. *cochleāriu(m)*, da *cŏchlea* 'chiocciola', perché in origine serviva per mangiare le chiocciole] s. m. *1* Utensile da tavola, solitamente in metallo, formato da una paletta ovale e concava con manico, con cui si porta alla bocca il cibo più o meno liquido: *c. d'argento, di nichel, d'avorio, di legno* | *Da raccattare, da raccogliere, col c.*, (*fig.*) di persona fisicamente distrutta. *2* Specie di cassa cubica aperta da un lato e munita nella parte inferiore di grosse e forti punte di acciaio, che le macchine escavatrici fanno penetrare nel terreno da rimuovere. *3* Cucchiaiata: *un c. di brodo*. *4* In varie tecnologie, utensile di dimensioni varie e di forma analoga a quella di un cucchiaio: *il c. della turbina*. || **cucchiaiàccio**, pegg. | **cucchiaiétto**, dim. | **cucchiaìno**, dim. (V.) | **cucchiaióne**, accr. (V.) | **cucchiaiùccio**, dim.

cucchiaióne s. m. *1* Accr. di *cucchiaio*. *2* Cucchiaio grande per versare la minestra dalla zuppiera nei piatti. *3* Arnese a forma di cucchiaio per schiumare l'olio appena centrifugato.

cucchiàro e *deriv.* • V. *cucchiaio* e *deriv.*

cùccia (1) [f. di *cuccio* (*1*)] s. f. (pl. *-ce*) • Cucciola, cagnolina: *vergine c., de le Grazie alunna* (PARINI).

cùccia (2) [fr. *couche*, da *coucher* 'cucciare'] s. f. (pl. *-ce*) *1* Giaciglio del cane | *A c.!*, ordine che si dà al cane perché vada o stia a cuccia e (*fig.*, *scherz.*) a persona perché non si muova, o taccia. *2* (*fig.*, *lett.*) Letto: *quando io sazio di riposo / di mia c. uscia* (MONTI) | (*fam.*) Lettuccio, giaciglio | *Andare, stare a c.*, a dormire. || **cuccétta**, dim. (V.) | **cuccina**, dim.

cucciàre [fr. *coucher*, dal lat. *collocāre*. V. *coricare*] v. intr. e intr. pron. (*io cùccio*; aus. *essere*) *1* Stare a cuccia, accucciarsi, detto di cane | *Cuccia giù!*, *cuccia lì!*, *Cuccia!*, ordini dati al cane perché vada, stia a cuccia, o non si muova. *2* (*est.*, *scherz.*) Giacersi, stare a letto, detto di persona.

†**cùccio** (1) [vc. onomat.] s. m. (f. *-a* (V.)) • Cucciolo.

cùccio (2) [V. *accucciato*] agg. (pl. f. *-ce*) • Accucciato.

cucciolàta [da *cucciolo*] s. f. • Tutti i cuccioli nati in un parto da un animale | (*fig.*, *fam.*) Figliolanza, prole.

cùcciolo [dim. di *cuccio* (*1*)] A s. m. (f. *-a*) *1* Cane piccolo, nato da poco | (*est.*, *gener.*) Piccolo di animale: *avido di affetto come un c.* (LEVI). *2* (*fig.*) Persona giovane, ingenua e inesperta. B in funzione di agg.: *cani cuccioli*. || **cucciolìno**, dim. | **cucciolétto**, dim. | **cucciolòtto**, accr. | **cucciolóne**, accr.

cùcco (1) [vc. onomat.] s. m. (pl. *-chi*) *1* Cuculo | *Essere vecchio come il c.*, *più vecchio del c.*, di persona molto anziana o di cosa, idea, e sim. antiquata e sorpassata. *2* Persona sciocca, rimbambita, spec. nella loc. *vecchio c.*

cùcco (2) [vc. onomat.] s. m. (pl. *-chi*) *1* †Uovo. *2* (*fig.*) Persona prediletta in una famiglia, un gruppo, e sim.: *il c. della mamma* | (*raro*, *scherz.*) *Il c. della veglia*, lo zimbello di tutti. SIN. Beniamino, cocco.

cuccovéggia • V. †*coccoveggia*.

cuccù • V. *cucù*.

cùccuma [lat. *cŭccuma(m)*, di etim. incerta] s. f. *1* Bricco. *2* †Rancore, collera, spec. nella loc. *avere la c.* (*in corpo*).

cuccurucù [vc. onomat.] A inter. • (*raro*) Riproduce il canto del gallo. B s. m. • (*raro*) Il canto stesso del gallo. C s. f. • Genere di canzone in cui il canto del gallo veniva ripetuto più volte nel ritornello.

†**cuccuvéggia** • V. *coccoveggia*.

cucicchiàre [da *cucire*] v. tr. e intr. (*io cucìcchio*; aus. intr. *avere*) • Cucire di tanto in tanto, non bene.

cucìna [lat. tardo *cocīna(m)*, per *coquīna(m)*, da *cŏquere* 'cuocere'] s. f. *1* Luogo, locale appositamente attrezzato per la preparazione e la cottura delle vivande: *la c. di un appartamento, di un albergo, di un ristorante, di un ospedale* | Complesso dei mobili e degli apparecchi con cui una cucina è arredata: *c. di legno, di formica*; *c. all'americana*; *cambiare, rinnovare la c.* *2* Atto del cucinare | *Fare la, da c.*, cucinare | *Bassa c.*, (*fig.*) lavoro umile | Il modo in cui le vivande vengono preparate: *c. bolognese, toscana, piemontese, francese*. *3* (*est.*) Le vivande stesse: *c. magra, salata*; *c. elaborata, semplice, casalinga*; *amare la buona c.* | †Cibo cucinato, minestra. *4* Apparecchio a fornelli per la cottura dei cibi: *c. a legna, a gas* | *C. economica*, quella a legna o carbone, contenente spesso un serbatoio d'acqua calda e un forno, nella quale il calore si trasmette, oltreché dal fuoco, anche dalle lastre metalliche di cui è costituita | *C. rotabile*, da campo, montata su carrello, per la confezione di un rancio completo di reparto. *5* (*tess.*) *C. colori*, attrezzatura necessaria a preparare i bagni di tintura o le paste da stampa nelle tintorie. *6* (*giornalismo*, *gerg.*) Lavoro redazionale di preparazione del giornale | La redazione stessa. || **cucinèlla**, dim. | **cucinétta**, dim. | **cucinìna**, dim. | **cucinìno**, dim. m. (V.) | **cucinóna**, accr. | **cucinóne**, accr. m. | **cucinòtto**, accr. m. (V.) | **cucinùccia**, **cucinùzza**, dim.

cucinàbile agg. • Che si può cucinare.

cucinàre [lat. tardo *cocinãre*, per il classico *coquinãre*, da *coquīna* 'cucina'] v. tr. *1* Preparare, approntare, cuocere le vivande: *c. la carne, le uova*; *c. il pranzo, la cena* | (*ass.*) Fare da mangiare: *sapere, non sapere c.*; *c. bene, male*. *2* (*fig.*, *fam.*) Accomodare, assestare: *c. un compito, un articolo* | Preparare: *gli hanno cucinato una bella sorpresa* | (*scherz.*) Trattare in un dato modo | *C. qc. per le feste*, ridurlo male.

cucinàrio [lat. *coquinãriu(m)*, da *coquīna* 'cucina', rifatto su *cucina*] agg. • Culinario.

cucinatóre s. m.; anche agg. (f. *-trice*, pop. *-tora*) • Chi, che cucina.

cucinatùra s. f. • (*raro*) Modo, atto, effetto del cucinare.

cucinière [fr. *cuisinier*, della stessa origine di *cucinario*] s. m. (f. *-a* nel sign. 1) *1* Chi fa da mangiare, spec. in una comunità. *2* Nelle corti medievali, dignitario sovrintendente alle cucine, alle dispense e alle cantine. *3* (*raro*, *tosc.*) Libro di cucina.

cucinìno s. m. *1* Dim. di *cucina*. *2* Piccolo vano adibito a cucina, comunicante direttamente col tinello.

†**cucìno** [da *cucinare*] s. m. • Cucina | Vivanda.

cucinòtto s. m. *1* Dim. di *cucina*. *2* Cucinino nel sign. 2.

cucìre [lat. parl. **cosīre*, per il classico *consŭere*, comp. di *cŭm* 'con' e *sŭere* 'cucire'. Cfr. *sutura*] v. tr. (*io cùcio*) *1* Congiungere due o più pezzi di tessuto, pelle, carta e sim. passando attraverso di essi un filo con l'ago | *Macchina da* o *per c.*, apparecchio meccanico per la cucitura e sim. | *C. a filo scempio*, facendo il nodo a uno solo dei due capi della gugliata | *C. a filo doppio*, facendo il nodo a entrambi i capi della gugliata presi insieme | (*tosc.*, *fam.*) *C. a refe doppio*, (*fig.*) impegnarsi a fondo nel fare q.c.; ingannare, fare il doppio gioco | (*tosc.*, *fam.*) †*c. a refe scempio*, (*fig.*) comportarsi con molta semplicità | (*fig.*) *C. la bocca a qc.*, farlo tacere | (*fig.*) *Cucirsi la bocca*, proporsi di tacere a ogni costo. *2* Confezionare un capo di abbigliamento, di biancheria e sim.: *c. un vestito, un lenzuolo, una tovaglia*; *si cuce i vestiti da sola*. *3* (*med.*) Suturare. *4* Unire l'una all'altra le segnature che compongono un volume, un fascicolo, e sim. *5* (*fig.*) Mettere insieme, collegare idealmente: *c. frasi, parole, concetti*.

cucirìno [da *cucire*] s. m. • Filo di cotone o seta per cucire o ricamare.

cucìta s. f. • Cucitura rapida e improvvisata, spec. nella loc. *dare una c.*

cucìto A part. pass. di *cucire*; anche agg. *1* Nei sign. del v. *2* (*fig.*) *Stare c. a qc.*, stargli sempre attorno | (*fig.*) *Avere le labbra cucite*, tacere ostinatamente | (*fig.*) *Avere gli occhi cuciti*, non vedere o non voler vedere | (*fam.*, *fig.*) *Essere c. a filo doppio con qc.*, avere stretti legami di amicizia o d'interesse con qc. *3* (*arald.*) Detto dello scudo in cui un metallo è sovrapposto a un metallo, un colore a un colore, contro le regole blasoniche. B s. m. • Lavoro del cucire: *imparare il c.*; *maestra di c.* | Ciò che si deve cucire o che si sta cucendo.

cucitóio [da *cucito*] s. m. • (*edit.*) Telaio del legatore per cucirvi i quinterni.

cucitóre s. m. (f. *-trice* (V.), pop. *-tora*) *1* Chi cuce | *Cucitora, cucitrice di, in, bianco*, donna che cuce biancheria. *2* †Sarto.

cucitrìce A agg. solo f. • Che cuce: *macchina c.* B s. f. *1* Apparecchio automatico o manuale impiegato per la cucitura in tipografia e legatoria o negli imballaggi. *2* Attrezzo usato negli uffici per unire insieme a fascicolo più fogli per mezzo di punti metallici.

cucitùra s. f. *1* Atto, modo, effetto del cucire | Serie di punti usati per congiungere due pezzi di tessuto | Punto in cui due lembi di tessuto, o sim., sono cuciti: *la c. della tasca*; *un vestito con le cuciture in risalto*. *2* Nella legatoria, operazione con cui si uniscono saldamente l'una all'altra le varie segnature che compongono un volume o un fascicolo: *c. a filo rete*, *c. a punto metallico*. *3* Lato sinistro della pagina di un libro o giornale, dalla parte del dorso.

cucù o **cuccù**, **cu cu** [vc. onomat.] A s. m. *1* Cuculo. *2* Il canto del cuculo | *Orologio a c.*, quello che suona le ore imitando il canto del cuculo | *Fare c.*, nei giochi dei ragazzi, far capolino. B inter. *1* Riproduce il canto del cuculo. *2* Si usa come richiamo fra i bambini che giocano a nascondersi per sviare chi li sta cercando | Anche come richiamo affettuoso di chi si nasconde e poi si mostra ai bambini, celandosi nuovamente come fingendo paura. *3* (*scherz.*) Si usa spec. in risposta a una proposta assurda o svantaggiosa per indicare che non ci si lascia ingannare.

cuculiàre [da *cuculio*] A v. intr. (*io cucùlio*; aus. *avere*) • (*raro*) Fare il verso del cuculo. B v. tr. • (*raro*, *fig.*) Beffare, canzonare.

Cuculifórmi [comp. di *cuculo* e il pl. di *-forme*] s. m. pl. • Nella tassonomia animale, ordine di Uccelli arrampicatori con lungo becco, cui appartiene il cuculo (*Cuculiformes*) | (al sing. *-e*) Ogni individuo di tale ordine.

†**cucùlio** • V. *cuculo*.

†**cucùlla** • V. *cocolla*.

cucùllo [vc. dotta, lat. *cucŭllu(m)*, di origine gallica] s. m. *1* Antica veste con cappuccio. *2* Trappola fatta con una rete a forma di nassa, per catturare quaglie.

cucùlo o **cùculo**, †**cucùlio** [lat. *cucŭlu(m)*, di origine onomat.] s. m. *1* Uccello dei Cuculiformi con coda lunga, piedi zigodattili e morbido piumaggio grigio sulle parti superiori e bianco striato di grigio su quelle inferiori (*Cuculus canorus*). *2* (*fig.*) Persona sciocca e futile.

cucùrbita [lat. *cucŭrbita(m)*, di origine preindeur.] s. f. *1* (*lett.*) Zucca. *2* Caldaia dell'alambicco.

Cucurbitàcee [vc. dotta, comp. di *cucurbita* e *-acee*] s. f. pl. • Nella tassonomia vegetale, famiglia di piante erbacee o legnose con frutto a bacca dalla polpa acquosa in cui sono immersi i semi (*Cucurbitaceae*) | (al sing. *-a*) Ogni individuo di tale famiglia. ➡ ILL. **piante** /10.

cucùzza • V. *cocuzza*.

cucùzzo • V. *cocuzzo*.

cucùzzolo • V. *cocuzzolo*.

cùddia [ar. *kudya* 'grossa collina'] s. f. • Nell'isola di Pantelleria, piccolo cono craterico spento.

cudù [vc. bantu] s. m. • Grossa antilope africana con lunghe corna elicoidali e pelo grigiastro con strie verticali bianche sui fianchi (*Strepsiceros strepsiceros*).

cùffia o (*pop.*) **scùffia** [etim. discussa: lat. tardo *cūfia(m)*, di origine straniera (?)] s. f. *1* Copricapo leggero di lana, stoffa o tela aderente al capo che scende fino al collo e viene fermato sotto il mento, un tempo comune nell'abbigliamento femminile, oggi usato da operaie o infermiere per tenere a posto i capelli oppure per i bambini neonati allo scopo di proteggerli dal freddo | *Uscire per il rotto della c.*, (*fig.*) cavarsela alla meglio, liberarsi da un impaccio | *Essere nato con la c.*, (*fig.*) detto di chi è particolarmente fortunato | *Prendere una c.*, (*fig.*, *pop.*) innamorarsi perdutamente. **2** (*fig.*) †Donna. **3** Nell'armatura antica, parte della cotta di maglia indossata sotto l'elmo o la cervelliera | Copricapo di cuoio o pelle imbottita indossata sotto la celata. **4** (*est.*) Ogni accessorio per l'ascolto individuale del suono, costituito da una coppia di ricevitori o di auricolari adattabili alle orecchie e da un supporto che li collega passando sopra il capo: *c. telefonica*; *radio a c.*; *la c. per musicassette*. **5** In varie tecnologie, oggetto, apparecchio e sim. destinato a coprire q.c.: *la c. del fumaiolo d'una locomotiva* | *C. del segnale luminoso*, in ferrovia, custodia nella quale sono sistemati gli organi costituenti il segnale | *C. del radiatore*, che si applica d'inverno sul radiatore delle automobili di vecchio tipo, ove questo è scoperto. SIN. Copriradiatore | Sorta di cupola posta sopra la buca del suggeritore per impedirne la vista al pubblico. **6** (*bot.*) *C. radicale*, caliptra. || **cuffiàccia**, pegg. | **cuffiétta**, dim. | **cuffiettina**, dim. | **cuffina**, dim. | **cuffióne**, accr. m. | **cuffiòtto**, accr. m.

cùfico [da *Cufa*, importante città della Mesopotamia] agg. (pl. m. *-ci*) ● Detto di carattere usato nella fase più antica della scrittura araba | *Monete cufiche*, coniate dai Normanni nell'Italia merid. nei secc. XI e XII, con scritte in arabo a caratteri cufici.

cuginànza s. f. ● Rapporto di parentela fra cugini.

cugino [ant. fr. *cosin*, dal lat. *consobrīnu(m)* 'cugino'. V. *consobrino*] s. m. (f. *-a*) **1** (*dir.*) Parente in linea collaterale: *c. di quarto grado*; *c. di sesto grado*. **2** Correntemente, figlio di uno zio o di una zia: *primo c.* | *C. di secondo, di terzo grado*, biscugino | *C. nipote*, figlio del cugino. **3** Titolo dato dai re di Francia ai parenti, ai grandi feudatari, ai dignitari della corona e ai cardinali. || **cuginétto**, dim.

cùgna [da *cugno*, var. antica di 'cuneo'] s. f. ● Incisione praticata nella roccia per potervi conficcare un cuneo e distaccare un blocco.

†**cùgno** ● V. *cuneo*.

cùi [lat. *cui*, dat. di *qui* 'il quale'] **A** pron. rel. **1** Si usa nei compl. indiretti, accompagnato dalle varie prep. in luogo di 'il quale', 'la quale', 'i quali', 'le quali': *le ragazze di cui ti ho parlato*; *i libri a cui ha attinto*; *il quartiere in cui abito*; *l'amico con cui ti sei incontrato*; *il motivo per cui non ho insistito*; *il paese da cui proviene*. **2** (*lett.*) Al quale, alla quale, ai quali, alle quali (come compl. di termine senza prep.): *l'amico cui mi sono rivolto*. **3** (*lett.*) Che (come compl. ogg.): *oh solitaria casa d'Aiaccio, / cui verdi e grandi le querce ombreggiano / e i poggi coronan sereni* (CARDUCCI). **4** Del quale, della quale, dei quali, delle quali (come compl. di specificazione, posto fra art. e s. con valore aggettivale): *un uomo il cui coraggio è noto*; *le persone alla cui generosità faccio appello*. **5** (*lett.*) †Con attrazione ed ellissi del sogg. o del compl.: *Amate da cui male aveste* (DANTE *Purg.* XIII, 36), colui dal quale; *a cui porge la man, più non fa pressa* (DANTE *Purg.* VI, 8). **B** nella loc. cong. *per cui* ● Perciò, per la qual cosa (con valore concl.): *queste cose non so giudicarle per cui preferisco tacere*. **C** pron. interr. ● †Chi (in prop. interr. dirette e indirette, nei casi obliqui): *guarda com'entri e di cui tu ti fide* (DANTE *Inf.* V, 19).

†**cùio** [vc. dotta, lat. *cūius*, genit. sing. di *quī* 'il quale'] s. m. ● (*raro*) Persona sciocca.

cui prodest /lat. 'kui 'prɔdest/ [loc. lat., propr. 'a chi giova', tratta dal passo della Medea di Seneca *cui prodest scelus, is fecit* 'il delitto l'ha commesso colui al quale esso giova' (atto III, vv. 500-501)] **A** loc. interr. ● Domanda con cui ci si chiede a chi possa recare vantaggio un determinato fatto. **B** anche loc. sost. inv. ● Vantaggio, tornaconto: *cercare il cui prodest*.

†**cuiùsso** [lat. *cūius*. V. *cuio*] s. m. ● (*raro*, *scherz.*) Sentenza latina affettata | *Sputare cuiussi*, sputare sentenze.

culaccino [da *culaccio*] s. m. **1** (*raro*) Il liquido che resta nel fondo di un bicchiere. **2** (*raro*) Segno che lascia un recipiente bagnato sul luogo dove è stato posato. **3** (*al pl.*) Pezzetti che si tagliano via dai lavori in cera.

culàccio [da *culo*] s. m. ● Taglio di carne dei bovini macellati.

culàco s. m. (pl. *-chi*) ● Adattamento di *kulak* (V.).

culàia [da *culo*] s. f. **1** (*tosc.*) Ventre degli uccelli morti ingrossato per il calore degli intestini. **2** (*fig.*) Nella loc. tosc. *a c.*, *fare c.*, detto di pantaloni troppo larghi e rigonfi nella parte posteriore. **3** (*est.*, *fig.*, *tosc.*) Nelle loc. *fare c.*, *disporsi a c.*, detto di tempo che si annuvola e minaccia pioggia.

culàio agg. ● (*tosc.*) Di culo, nella loc. *mosca culaia*, mosca cavallina, che molesta la groppa dei cavalli e (*fig.*) persona fastidiosa.

†**culassóne** ● V. *colascione*.

culàta [da *culo*] s. f. ● (*pop.*) Colpo dato col culo, spec. cadendo in terra.

culatèllo [da *culo*] s. m. ● Salume fatto con coscia di maiale, sottoposta a particolare taglio, salatura, bagnatura con vino bianco e stagionatura | Salame fatto col gluteo più piccolo del maiale.

culàtta [da *culo*] s. f. **1** Parte posteriore estrema della bocca da fuoco che contiene la carica di lancio ed ha dimensioni e resistenza superiori a quelle del tubo anima | *C. mobile*, parte dell'arma portatile che porta il congegno di caricamento, otturazione e sparo. ➡ ILL. p. 361 ARCHITETTURA. **2** Parte della pelle dei bovini e degli equini situata sulla groppa, vicino alla coda. **3** Rigonfio dei calzoni troppo larghi e cascanti sul dietro. **4** Culaccio.

†**culattàre** [da *culatta*] v. tr. ● Accülattare | *C. le panche*, stare ozioso, sedendo senza far nulla.

culattàta [da *culatta*] s. f. ● (*pop.*) Colpo dato col culo, cadendo.

culattóne [da *culatta* nel senso pop. di 'deretano'] s. m. ● (*volg.*) Omosessuale passivo.

culbiànco [comp. di *cul(o)* e *bianco*] s. m. (pl. *-chi*) ● Uccelletto dei Passeriformi con dorso grigio, coda nera e zona bianca intermedia (*Oenanthe oenanthe*).

cul-de-sac /fr. ky d 'sak/ [vc. fr., propr. 'culo (fondo) di sacco'] s. m. inv. (pl. fr. *culs-de-sac*) ● Via cieca, vicolo senza uscita (*anche fig.*): *essere, trovarsi in un cul-de-sac*.

culdoscopìa [comp. di *cul-de-sac* (V.) e *-scopia*] s. f. ● (*med.*) Esplorazione endoscopica dell'apparato genitale femminile mediante una sonda ottica.

†**cùlice** [dal lat. *cŭlex*, genit. *cŭlicis* 'zanzara'] s. m. e f. ● (*lett.*) Zanzara.

culinària [da (*arte*) *culinaria*, f. di *culinario*] s. f. ● Arte della cucina. SIN. Gastronomia.

culinàrio [vc. dotta., lat. *culinārĭu(m)*, da *culīna* 'cucina' e nel tardo lat. anche 'latrina', da avvicinare a *coquina* 'cucina' e a *cŏquere* 'cuocere', ma deformato per influsso di *cūlus* 'culo', prob. perché spesso le latrine erano vicino alla cucina] agg. ● Della culinaria: *regole culinarie*.

cùlla [lat. tardo *cūnula(m)*, dim. di *cūna* 'cuna'] s. f. **1** Lettino per neonati, di vimini, legno o altro materiale, generalmente costruito in modo da poter essere dondolato | *C. termica, termostatica*, tipo di culla riscaldata elettricamente in cui vengono messi bambini nati prematuri o particolarmente deboli | (*fig.*) *Dalla c.*, dalla nascita | *Dalla c. alla bara, dalla c. alla tomba*, dalla nascita alla morte | *Morire in c.*, in età giovanissima, ancora bambino | *Voce di c.*, di neonato. **2** (*fig.*) Luogo di nascita | (*est.*) Luogo di origine e di sviluppo: *la c. della civiltà, dell'arte*. **3** (*mecc.*) Tipo di sostegno a semplice appoggio su guide, tale da permettere spostamenti. **4** (*mecc.*) Parte del telaio di una motocicletta che sostiene il motore: *telaio a doppia c.* **5** (*mil.*) Organo dell'affusto costituito da un grosso manicotto entro cui scorre la bocca da fuoco durante il rinculo. **6** Vaso di legno per pigiare l'uva. || **cullétta**, dim. | **cullettina**, dim. | **cullina**, dim.

cullàre [da *culla*] **A** v. tr. **1** Fare oscillare una culla allo scopo di acquietare o addormentare il bambino che vi giace | (*est.*) Dondolare un bambino fra le braccia o sulle ginocchia. SIN. Ninnare. **2** (*lett.*, *fig.*) Accompagnare il sonno di qc. rendendolo più dolce, detto di musica, suono, e sim.: *è romba d'ignote campane / che cullano il mondo che dorme* (PASCOLI). **3** (*fig.*) Custodire un sentimento nel proprio intimo: *c. il proprio dolore*, *le proprie speranze, i propri sogni*. **4** (*fig.*) Ingannare facendo credere possibile ciò che in realtà è vano e fallace: *c. qc. nella speranza di q.c.* **B** v. rifl. **1** Dondolarsi ritmicamente: *le vele si cullavano nel vento*. **2** (*fig.*) Adagiarsi in speranze vane e illusorie, illudersi: *cullarsi nei sogni*, *nelle promesse*, *nelle illusioni* | Essere in uno stato di beatitudine interiore, di estatica contemplazione: *si cullava in un dolce ricordo*; *l'incanto del silenzio dove l'anima mia si cullava* (D'ANNUNZIO). SIN. Abbandonarsi.

cullàta s. f. ● Atto, movimento del cullare. || **cullatina**, dim.

cùlleo [vc. dotta, lat. *cūlleu(m)*, di origine preindeur.] s. m. ● Nell'antica Roma, sacco di cuoio per supplizio dei parricidi.

culminàle agg. ● (*geogr.*) Relativo al culmine, alla cima di un monte.

culminànte part. pres. di *culminare*; anche agg. **1** Nei sign. del v. **2** (*fig.*) Decisivo, cruciale: *punto, momento c.*

culminàre [vc. dotta, lat. tardo *culmināre*, da *cŭlmen*, genit. *cŭlminis* 'culmine'] v. intr. (*io cùlmino*; aus. *essere*) **1** Trovarsi in culminazione, detto di astro. **2** (*fig.*) Arrivare all'apice, al massimo grado: *il malcontento culminò in una protesta*.

culminazióne [da *culmine*] s. f. **1** (*astron.*) Transito di un astro al meridiano celeste del luogo di osservazione, che si verifica due volte al giorno | *C. superiore, inferiore*, a seconda che l'astro si trovi alla minima o alla massima distanza dallo zenit. **2** (*geol.*) Zona più elevata dell'asse di una piega.

cùlmine [vc. dotta, lat. *cŭlmine*, abl. sing. di *cŭlmen*, di origine indeur.] s. m. **1** Sommità, cima: *il c. di un monte, di una torre*. **2** (*fig.*) Apice, grado massimo di una determinata condizione: *essere al c. della carriera*; *raggiungere, toccare il c. della felicità*. SIN. Vertice.

cùlmo [vc. dotta, lat. *cŭlmu(m)*, di origine indeur.] s. m. ● (*bot.*) Fusto erbaceo o legnoso cavo oppure no negli internodi, caratteristico delle Graminacee.

cùlo [lat. *cūlu(m)*, di origine indeur.] s. m. **1** (*pop.*) Sedere | *Avere c., avere del c.*, (*fig.*) detto di chi ha una gran fortuna, spec. in azioni pericolose, rischiose e sim. | *Che c.!*, (*fig.*) che fortuna! | *Prendere, pigliare per il c.*, (*fig.*) canzonare, imbrogliare | *Battere il c. in terra*, cadere pesantemente all'indietro e (*fig.*) fallire, sbagliare grossolanamente per sconsideratezza o ostinazione | *Essere c. e camicia con qc.*, (*fig.*) in grande familiarità, o in perfetto accordo | *Essere, avere, una faccia di, da c.*, detto di persona sfrontata, imperterrita nel mentire, nell'imbrogliare, nel far brutte figure e sim., o anche di aspetto particolarmente sgradevole. **2** (*est.*) Il fondo di un recipiente o di un oggetto: *il c. di una bottiglia, di una candela* | (*scherz.*) *C. di bicchiere*, brillante falso | *A cul di sacco*, a fondo chiuso, senza uscita (*anche fig.*). **3** (*volg.*) Ano | (*spreg.*) *C. rotto*, omosessuale maschile | *A c. di gallina*, di orifizio stretto e raggrinzito: *bocca a c. di gallina* | *Fare il c. a qc.*, *metterlo nel c. a qc.*, (*fig.*) recargli danno o imbrogliarlo, raggirarlo | *Mandare qc. a fare in c.*, (*fig.*) mandarlo al diavolo | *Farsi il c.*, *farsi un c. così*, (*fig.*) faticare molto, anche scendendo a compromessi, pur di riuscire in q.c. || **culàccio**, pegg. | **culétto**, dim. | **culino**, dim. | **culóne**, accr. (V.)

culóne s. m. (f. *-a* nel sign. 2) **1** Accr. di *culo*. **2** (*pop.*) Persona con un grosso sedere.

culottes /fr. ky'lɔt/ [vc. fr., da *cul* 'culo'] s. f. pl. ● Mutande corte da donna.

cult /ingl. kʌlt/ [vc. ingl., propr. 'culto'] **A** s. m. inv. (pl. ingl. *cults*) **1** Acrt. di *cult book*. **2** Acrt. di *cult movie*. **3** (*est.*) Qualsiasi cosa fatta oggetto di culto. **B** agg. inv. ● Detto di chi o di ciò che è assurto a oggetto di culto: *un libro c.*

cult book /ingl. 'kʌlt buk/ [vc. ingl., propr. 'libro da culto'] loc. sost. m. inv. (pl. ingl. *cult books*) ● Libro che è oggetto di culto e di venerazione da parte di un pubblico non necessariamente vasto, ma fedele e appassionato.

†**cultèllo** e *deriv.* ● V. *coltello* e *deriv.*

culteranésimo o **culteranìsmo** [sp. *culteranismo*, da *culterano* 'persona di cultura raffinata', da *culto* 'colto'] s. m. • Tendenza letteraria del Seicento in Spagna, che prediligeva parole preziose e difficili.

culteràno s. m. • Seguace del culteranismo.

cultismo [fr. *cultisme*, da *culte* 'culto (1)', col suff. *-isme* '-ismo'] s. m. • Culteranesimo.

cùltivar o **cultivàr** [dall'ingl. *cultivar*, da *culti(vated) var(iety)* 'varietà coltivata'] s. f. • (*agr.*) Varietà di una pianta coltivata.

†**cultivàre** • V. *coltivare*.

†**cultivàto** • V. *coltivato*.

cult movie /*ingl.* 'kʌlt-mu:vi/ [loc. ingl., comp. di *cult* 'culto' e *movie* 'spettacolo cinematografico'] loc. sost. m. inv. (pl. ingl. *cult movies*) • Film che ha un valore eccezionale per un gruppo di spettatori appassionati.

cùlto (1) o †**cólto (2)** [vc. dotta, lat. *cŭltu(m)*, da *cŏlere* 'coltivare'] s. m. *1* Complesso delle usanze e degli atti per mezzo dei quali si esprime il sentimento religioso: *c. cattolico, protestante, ortodosso, musulmano*; *libertà di c.* SIN. Religione. *2* Nella teologia cattolica, complesso degli atti, dei riti e degli usi diversi mediante i quali si rende onore a Dio e alle creature a Lui unite, nella chiesa istituita da Gesù Cristo | *C. interno*, consistente negli atti dell'intelligenza e della volontà | *C. esterno*, consistente in manifestazioni sensibili quali riti, gesti, parole e sim., che integrano quello interno. *3* Religione o confessione religiosa come oggetto di legislazione e amministrazione pubblica: *affari del c.*; *spese del c.* | *Ministri del c.*, nel linguaggio legislativo, ecclesiastici e, per i culti acattolici, le persone addette alla loro amministrazione. *4* (*fig.*) Rispetto quasi religioso per una persona, un sentimento, un ideale: *avere un c. per la propria madre*; *c. dell'amicizia, della patria* | *C. della personalità*, (*spreg.*) cieca e servile obbedienza a direttive emanate non dallo Stato ma da un singolo uomo di governo | (*fig.*) Cura eccessiva: *avere il c. della propria persona*. *5* (calco sull'ingl. *cult*) Nella loc. *di c.*, detto di chi o di ciò che è molto apprezzato e amato da un pubblico di appassionati: *autore, film di c.* | Anche in funzione di agg. inv. (posposto al s.): *libro c.*

cùlto (2) • V. *colto (1)*.

cultóre [vc. dotta, lat. *cultōre(m)*, da *cŭltus* 'culto (1)'] **A** s. m. (f. *-trice*) *1* Chi coltiva una scienza o un'arte: *c. di archeologia*. *2* †Veneratore: *c. di Dio*. *3* †Abitatore. **B** agg. • (*lett.*) Che coltiva (*anche fig.*): *a l'opra natural cultrice mano / ... aggiunse pregio* (MARINO).

-cultóre • V. *-coltore*.

cultràrio [vc. dotta, lat. *cultrāriu(m)*, da *cŭlter*, genit. *cŭltri*. V. †*cultro*] s. m. • Nell'antica Roma, sacerdote che uccideva la vittima dei sacrifici.

†**cùltro** [vc. dotta, lat. *cŭltru(m)*] s. m. *1* Coltello usato nei sacrifizi. *2* V. *coltro*.

cultuàle [da *culto (1)*] agg. • (*raro*) Concernente il culto.

cultùra o (*raro*) **coltùra** [vc. dotta, lat. *cultūra(m)*, da *cŭltus* 'culto (1)'] s. f. *1* Complesso di cognizioni, tradizioni, procedimenti tecnici, tipi di comportamento e sim., trasmessi e usati sistematicamente, caratteristico di un dato gruppo sociale, o di un popolo, o di un gruppo di popoli, o dell'intera umanità: *si può descrivere una data c. da molti punti di vista diversi, i vari aspetti della c. moderna*; *la diffusione della c.* | *C. materiale*, l'insieme delle realizzazioni e delle attività tecniche, pratiche e lavorative di un popolo o di un dato gruppo sociale | (*per anton.*) Il complesso delle tradizioni scientifiche, storiche, filosofiche, artistiche, letterarie di un dato popolo o gruppo di popoli: *la c. orientale, europea, francese*. SIN. Civiltà. *2* Qualità di chi è colto: *avere, non avere c.*; *una persona di modesta, di grande c.*; *farsi una c.*; *erudizione non è sinonimo di c.*; *proprio della c. è suscitare nuove idee e bisogni meno materiali, formare una classe di cittadini più educata e civile* (DE SANCTIS) | *C. storica, letteraria*, attinente alla storia, alla letteratura | *C. generale*, conoscenza generica di vari rami del sapere | *C. speciale*, attinente alla propria professione. *3* Spec. nel linguaggio giornalistico, concezione acquisita, presa di coscienza, mentalità | *la c. dell'ambiente*; *la c. della pace*; *un partito che dimostra una c. di governo*. *4* *C. fisica*, pratica sistematica di esercizi ginnici per lo sviluppo muscolare o la preparazione atletica. *5* Insieme dei manufatti e tecniche propri di una particolare civiltà, anche scomparsa: *c. megalitica*. *6* †Culto religioso. *7* V. *coltura*.

-cultùra • V. *-coltura*.

culturàle [da *cultura*] agg. *1* Pertinente alla cultura: *basso livello c.* *2* Che organizza o favorisce la diffusione della cultura: *attività, associazione, centro c.* || **culturalménte**, avv. Per quanto riguarda la cultura.

culturalìsmo s. m. • Vacua ostentazione di cultura.

culturalìstico agg. (pl. m. *-ci*) • Pertinente al culturalismo.

culturàme s. m. • (*spreg.*) Il complesso, la comunità, degli intellettuali.

culturìsmo s. m. • Pratica sistematica di esercizi ginnici per raggiungere un'ipertrofia dell'apparato muscolare, a fini estetici o atletici. SIN. Body building.

culturìsta s. m. (pl. *-i*) • Chi pratica il culturismo.

culturìstico agg. (pl. m. *-ci*) • Relativo al culturismo o ai culturisti: *dieta culturistica*.

†**culùllo** [vc. dotta, lat. *culŭllu(m)*, forse di origine etrusca] s. m. • (*archeol.*) Bicchiere, vaso per sacrifici.

cumàrico [da *cumarina*] agg. (pl. m. *-ci*) • (*chim.*) Detto di acido estratto dalla cumarina e di composti da esso derivati | *Acido c.*, ossiacido, organico, monobasico, cristallino, ottenuto per condensazione di aldeide salicilica, di anidride acetica e acetato sodico, noto in tre forme isomere.

cumarìna [da *cumaruna*, vc. guaraní] s. f. • (*chim.*) Anidride dell'acido cumarico, cristallina, incolore, presente nel trifoglio e nel meliloto, usata come correttivo di odori e come antielmintico | Derivato od omologo della cumarina.

cumaróne [da *cumar(ina)* col suff. *-one*] s. m. • (*chim.*) Composto eterociclico, distillato dal catrame di carbon fossile sotto forma di liquido oleoso incolore, usato per la produzione di resine termoplastiche e come conservante degli agrumi.

cumaronico agg. (pl. m. *-ci*) • (*chim.*) Relativo al cumarone | *Resine cumaroniche*, materiale plastico di notevole inerzia chimica.

cumène [da *cuminico*] s. m. • (*chim.*) Idrocarburo aromatico, liquido, incolore, presente in quantità variabile nei petroli, ottenuto industrialmente per azione del propilene sul benzolo, usato come additivo per benzine d'aereo.

cumenìle [comp. di *cumene* e *-ile (2)*] s. m. • (*chim.*) Radicale monovalente che deriva dal cumene.

cum grano salis /*lat.* kum 'grano 'salis/ [loc. lat., 'con un pizzico di sale'] loc. avv. • Con discernimento e avvedutezza: *quel che dice Alfredo va sempre preso cum grano salis*.

cuminaldèide [comp. di *cumin(o)* e *aldeide*] s. f. • (*chim.*) Liquido incolore, dall'odore di cumino, del cui olio costituisce un componente essenziale, usato in profumeria.

cumìnico [da *cumino*] agg. (pl. m. *-ci*) • (*chim.*) Detto di composto che contiene o che deriva dal radicale cumenile | *Acido c.*, acido, organico, monobasico, cristallino, bianco, ottenuto per ossidazione del cuminolo | *Aldeide cuminica*, cuminaldeide.

cumìno o **cimìno (1)**, **comìno** [vc. dotta, lat. *cymīnu(m)*, dal gr. *kýminon*, di origine semitica] s. m. *1* Pianta erbacea delle Ombrellifere con fusto sottile e ramoso, fiori in ombrelle e frutto allungato dai semi aromatici e medicinali (*Cuminum cyminum*). *2* *C. dei prati*, *c. tedesco*, pianta erbacea delle Ombrellifere con fiori di color bianco o rosa e frutto aromatico ad achenio (*Carum carvi*). SIN. Carvi.

cuminòlo [da *cumino*] s. m. • (*chim.*) Aldeide liquida, contenuta nell'olio essenziale di cumino, impiegata in profumeria.

cummènda • V. *commenda (2)*.

cùmolo • V. *cumulo*.

cumquibus /kun'kwibus/ • V. *conquibus*.

cumulàbile agg. • Che si può cumulare: *la pensione non è c. con lo stipendio*.

cumulabilità s. f. • Qualità di ciò che è cumulabile.

cumulàre [vc. dotta, lat. *cumulāre*, da *cŭmulus* 'cumulo'] v. tr. (*io cùmulo*) • Mettere insieme, ammassare, ammucchiare (*anche fig.*): *c. gli interessi di una somma di denaro*; *c. gli impieghi, gli incarichi*.

cumulatìvo [da *cumulo*] agg. *1* Che cumula | *Conto c.*, che riunisce più conti insieme | Collettivo: *trasporto, servizio c.* | *Biglietto c.*, unico, per due o più persone. *2* (*dir.*) Che aggiunge al vecchio un nuovo debitore in solido: *accollo c.* | *Obbligazione cumulativa*, in cui sono dovute due o più prestazioni. || **cumulativaménte**, avv. In modo cumulativo; *votare cumulativamente*, senza la distinzione delle varie parti di una proposta, di un ordine del giorno.

cumulatóre [vc. dotta, lat. tardo *cumulatōre(m)*, da *cumulāre* 'cumulare'] s. m.; anche agg. (f. *-trice*) • (*raro*) Chi, che cumula.

cumulazióne [vc. dotta, lat. tardo *cumulatiōne(m)*, da *cumulāre* 'cumulare'] s. f. • (*raro*) Atto, effetto del cumulare.

cumulifórme [comp. di *cumulo* e *-forme*] agg. • A forma di cumulo: *nubi cumuliformi*.

cùmulo o **cùmolo** [vc. dotta, lat. *cŭmulu(m)* 'cumulo', di etim. incerta] s. m. *1* Mucchio di cose della stessa qualità ammassate senza ordine (*anche fig.*): *un c. di giornali, di biancheria*; *dire un c. di bugie, di sciocchezze* | *C. di cariche*, l'ammassarsi di più cariche in una sola persona | *C. di cause*, riunione nello stesso processo di più cause connesse | *C. di pene*, irrogazione di più pene alla stessa persona | *C. dei redditi*, unione dei redditi dei coniugi ai fini della determinazione dell'imposta. *2* Nube isolata, densa, a contorni definiti, di notevole sviluppo verticale, con sommità a forma di cupola | *Cumuli di bel tempo*, di piccolo spessore, tondeggianti. ➡ ILL. p. 822 SCIENZE DELLA TERRA ED ENERGIA.

cumulonémbo [comp. di *cumulo* e *nembo*] s. m. • Nube densa, scura, a forte sviluppo verticale, simile a montagna o a grande torre | Nube temporalesca con pioggia violenta, scariche elettriche talvolta con grandine. ➡ ILL. p. 822 SCIENZE DELLA TERRA ED ENERGIA.

cumulostràto [comp. di *cumulo* e *strato*] s. m. • (*meteor.*) Stratocumulo.

cùna [vc. dotta, lat. *cūna(m)*, di etim. incerta] s. f. *1* (*lett.*) Culla: *nasce al bosco in rozza c. / un felice pastorello* (METASTASIO). *2* (*est., fig.*) Luogo natale: *la c. delle arti* | *Dalla c.*, fin dall'infanzia. *3* (*raro*) Cunetta, canaletto. *4* †Cassa del carro: *Poscia vidi avventarsi ne la c. / del triunfal veiculo una volpe* (DANTE *Purg.* XXXII, 118-119). || **cunétta**, dim. (V.).

cuneàto [vc. dotta, lat. *cuneātu(m)*, der. di *cŭneus* 'cuneo'] agg. • Munito di cunei.

cuneése **A** agg. • Di Cuneo. **B** s. m. e f. • Abitante, nativo di Cuneo.

cuneifórme [comp. di *cuneo* e *-forme*] **A** agg. • Che ha forma di cuneo: *foglie cuneiformi* | (*anat.*) *Ossa cuneiformi*, le tre ossa del tarso | *Scrittura c.*, usata dai Sumeri, dagli Assiro-Babilonesi e da altri antichi popoli asiatici, costituita da caratteri cuneiformi | *Caratteri cuneiformi*, formati da uno o più cunei tracciati da sinistra a destra. **B** s. m. • Scrittura cuneiforme.

cùneo o †**cùgno** [vc. dotta, lat. *cŭneu(m)*, di etim. incerta] s. m. *1* (*mat.*) Figura solida compresa fra la regione interna a una curva piana chiusa C, una retta r parallela al suo piano ed i segmenti di retta aventi gli estremi su r e su C e perpendicolari ad r. *2* Pezzo di legno o di ferro a forma di prisma triangolare con un angolo molto acuto che ne permette la penetrazione in un corpo da spaccare | (*falegnameria*) Pezzo di legno a sezione triangolare usato per consolidare i punti di giunzione. | (*est.*) Qualsiasi oggetto di tale forma. *3* (*fig.*) Ciò che penetra a fondo in un corpo vincendo una resistenza o causando dolore: *l'angoscia è come un c. nel cuore*. *4* (*arch.*) Ciascuno dei blocchi di pietra a sezione trapezoidale che, disposti a raggiera in modo che le facce oblique dei blocchi contigui combacino, formano l'arco. *5* Formazione di battaglia con i reparti disposti a triangolo | *C. di mira*, rudimentale congegno di puntamento delle antiche artiglierie da introdurre tra culatta e affusto per variare l'inclinazione della bocca da fuoco. ➡ ILL. p. 361 ARCHITETTURA. *6* Porzione del teatro e dell'anfiteatro romano racchiusa fra due scale dipartentisi a raggiera dal basso verso l'alto. ***7*** (*raro*) Antico strumento di tortura.

cunétta s. f. ***1*** Dim. di *cuna*. ***2*** Canaletto di scolo per acque spec. piovane, o liquidi di rifiuto, posto ai lati delle strade, nelle fortificazioni, nelle stalle e altrove. ***3*** (*est.*) Avvallamento spec. del fondo stradale, indicato da apposito segnale di pericolo.

cunìcolo (1) o †**conìcolo**, (*raro*) **cunìculo** [vc. dotta, lat. *cunīculu(m)*, di origine preindeur.] s. m. ● Stretta galleria sotterranea, di sezione variabile, praticabile o no, diversamente utilizzata in fortificazioni, scavi di gallerie, collocazione di tubi, cavi e sim.

cunìcolo (2) [comp. del lat. *cunī(culus)* 'coniglio' e di *-colo*] agg. ● Che si riferisce all'allevamento dei conigli.

cunicoltóre o **cunicultóre** [comp. del lat. *cunī(culus)* 'coniglio' e di *-coltore*, sul modello di *agricoltore*] s. m. (f. *-trice*) ● Allevatore di conigli.

cunicoltùra o **cunicultùra** [comp. del lat. *cunī(culus)* 'coniglio' e di *-coltura*] s. f. ● Allevamento dei conigli.

cunìculo ● V. *cunicolo (1)*.

cunicultóre ● V. *cunicoltore*.

cunicultùra ● V. *cunicoltura*.

cunnilincto [vc. dotta, lat. *cunnilīnctu(m)*, comp. di *cūnnus* 'conno, vulva' e *līnctus* 'leccamento, lambimento', da *lingĕre* 'leccare'] s. m. ● Cunnilingio.

cunnilingio [foggiato su *cunnilinguo*] s. m. ● Pratica erotica consistente nello stimolare con la lingua i genitali esterni femminili. SIN. Cunnilincto.

cunnilinguo [vc. dotta, lat. *cunnilīngu(m)*, comp. di *cūnnus* 'conno, vulva' e del tema di *līngere* 'leccare'] s. m. ● Chi pratica il cunnilingio.

†**cùnta** [dal lat. *cunctāri* 'indugiare', di origine indeur.] s. f. ● Indugio, dimora.

cùnzia [sp. *juncia*, dal lat. *iūncea(m)* 'simile al giunco', der. di *iūncus* 'giunco'] s. f. ● Pianta delle Ciperacee dalla cui radice a tubero si distillano essenze profumate (*Cyperus rotundus*).

cuòcere o (*raro*, pop.) **còcere**, (*raro*) †**quòcere** [lat. parl. **cŏcere*, per il classico *cŏquere*, di origine indeur.] **A** v. tr. (pres. *io cuòcio, noi cociàmo*; pass. rem. *io còssi, tu cocésti*; part. pass. *còtto*, raro *cociùto* spec. nei sign. A 3, B 3 e C 2; in tutta la coniug. la *o* dittonga in *uo* se tonica) ***1*** Sottoporre all'azione del fuoco o del calore, alterare mediante l'azione del fuoco o del calore: *c. mattoni, terra, calcina, metalli, colori* | Cucinare: *c. carne, pasta, verdura*; *c. arrosto, in umido*; *c. a fuoco vivo, a fuoco lento, a bagnomaria*; *c. in padella, sulla gratella, sotto la cenere, allo spiedo, al forno*; *c. a carbone, a legna, a gas* | (*fig.*) *Lasciare c. qc. nel suo brodo*, disinteressarsi di lui | (*est.*) Abbrustolire: *c. le castagne sulle braci*. ***2*** Bruciare, disseccare, inaridire: *il sole cuoce la terra, la pelle* | *Il gelo cuoce l'erba*, la dissecca | *Il sole cuoce la frutta*, la matura. ***3*** (*fig.*) Tormentare, affliggere. ***4*** (*raro, fig.*) Fare innamorare. **B** v. intr. (aus. *essere*) ***1*** Essere sottoposto a cottura: *l'arrosto cuoce nel forno*; *i mattoni cuociono col calore*. ***2*** Bruciare, inaridire: *la vegetazione cuoce col calore eccessivo*. ***3*** (*fig.*) Essere umiliante, offensivo: *è un affronto che cuoce*. **C** v. intr. pron. ***1*** Scottarsi | (*fig.*) Innamorarsi. ***2*** (*fig.*) Affliggersi: *cuocersi per un dolore, un'umiliazione*. ***3*** †Ubriacarsi.

cuocitóre ● V. *cocitore*.

cuocitùra ● V. *cocitura*.

cuòco o (*pop.*) †**còco**, (*raro*) †**quòco** [lat. *cŏcu(m)*, da *cŏquere* 'cuocere'] s. m. (pl. *-chi*; f. *-a*) ● Chi per mestiere è addetto alla preparazione e cottura dei cibi in alberghi, ristoranti e sim. | *Primo c.*, capocuoco | *C. capopartita*, nella cucina di un grande albergo o ristorante, cuoco responsabile di un solo settore, per es. delle minestre o dei secondi piatti, subordinato al capocuoco.

cuoiàio o **coiàio**, †**coiàro**, †**quoiàio** [lat. *coriāriu(m)*, da *cŏrium* 'cuoio'] s. m. ● Chi concia o vende il cuoio.

cuoiàme o **coiàme**. s. m. ● Assortimento di oggetti di cuoio.

cuoiàttolo o **coiàttolo** [da *cuoio*] s. m. ● Residuo della lavorazione di cuoio o pelli, utilizzato in alcune zone per concime.

cuoierìa o **coierìa**. s. f. ● Negozio di cuoi.

cuoietterìa [da *cuoio*] s. f. ● Lavorazione del cuoio vegetale per ottenere oggetti di pelletteria.

cuòio o (*tosc.*) **còio**, (*raro*) †**còrio (1)**, (*raro*) †**quòglio**, (*raro*) †**quòio** [lat. *cŏriu(m)*, da una radice che indica un oggetto che si stacca e specialmente 'la pelle, la scorza'] s. m. (pl. *cuòi*, m. nei sign. 1 e 2, *cuòia*, f. nei sign. 3, 4 e 5) ***1*** Pelle degli animali resa inalterabile e non più putrescibile con la concia: *borsa, valigia, scarpe di c.* | *C. al cromo*, conciato con solfato basico di cromo | *C. al naturale*, cuoio conciato e non pigmentato | *C. per tomaia*, adatto per confezione di calzature | *C. bulgaro, russo*, che si otteneva conciando con scorza di salice e betulla | *C. scamosciato*, ottenuto conciando con oli di animali marini croste di montone, pelli di daino, di capriolo e di camoscio | *C. sintetico*, sostituto del cuoio naturale ottenuto per agglomerazione di residui fibrosi di cuoio a mezzo di dispersioni di resine sintetiche | *C. d'oro*, cordovano | *C. di Russia*, tipo di profumo maschile | (*fig.*) *Teste di c.*, V. *testa*. ***2*** (*anat.*) *C. capelluto*, strato della cute, coperto da capelli, che riveste la volta cranica. ***3*** (*fig., scherz.*) Pelle del corpo umano | *Avere le cuoia dure*, avere molta resistenza fisica | *Distendere le cuoia*, le membra, stirandole | *Tirare, lasciarci, rimetterci, le cuoia*, morire. ***4*** (*est.*) †Cartapecora per scrivere: *in su le vecchie e 'n su le nuove cuoia* (DANTE *Par.* XXIV, 93). ***5*** †Pelle degli animali, spec. del serpente. ***6*** (*est.*) †Buccia della frutta. || **cuoiàccio**, pegg.

†**cuoprire** ● V. *coprire*.

cuòra [lat. *cŏria*, pl. di *cŏrium* 'cuoio, crosta'] s. f. ***1*** Strato di terreno molle formato da residui di vegetazione palustre, rami secchi e sim. che galleggia nelle paludi. SIN. Aggallato. ***2*** Strato erboso che galleggia su laghi e sim.

cuorcontènto ● V. *corcontento*.

cuòre o (*dial., poet.*) **còre**, (*raro*) †**quòre** [lat. *cŏr*, di origine indeur.] s. m. ***1*** (*anat.*) Muscolo cavo, contrattile, posto nel torace, centro della circolazione sanguigna | *C. destro*, insieme dell'atrio destro e del ventricolo destro, destinato a convogliare il sangue venoso dalla circolazione sistemica a quella polmonare | *C. sinistro*, insieme dell'atrio sinistro e del ventricolo sinistro, destinato a convogliare il sangue arterioso dalla circolazione polmonare a quella sistemica | (*med., pop.*) *C. a scarpa*, cuore di grandezza abnorme. SIN. Megacuore | *Malattie di c.*, cardiopatie | *C. artificiale*, (*pop.*) stimolatore cardiaco, pacemaker | (*chir.*) *A, su c. aperto*, detto di interventi di cardiochirurgia che, richiedendo la sospensione dell'attività cardiaca e polmonare, sono resi possibili dall'impiego di apposite attrezzature per la circolazione extracorporea | (*chir.*) *Macchina c. polmone*, apparecchiatura per la circolazione extracorporea del sangue del paziente durante un intervento a cuore aperto. ➡ ILL. p. 363, 365 ANATOMIA UMANA; **medicina e chirurgia**. ***2*** (*fig.*) Sede dei sentimenti, emozioni, pensieri, desideri e sim.: *c. nobile, generoso, delicato, tenero, puro*; *l'intimo, il profondo, l'abisso del c.*; *i moti, la voce, i palpiti del c.* | *Amico del c.*, amico prediletto, amante | *Donna del c.*, donna amata | (*raro, lett.*) *Abbondanza del c.*, pienezza di affetti | *Persona di buon c.*, generosa | *Di buon c., di c., di tutto c., con tutto il c.*, volentieri, sinceramente, generosamente e sim. | *In cuor suo*, dentro di sé | (*sett.*) *Col c. in mano*, sinceramente | *A c. aperto*, sinceramente | (*raro*) *Contro c.*, di malavoglia, controvoglia | *Avere un c. di tigre, avere il c. di ferro, di pietra, di ghiaccio, col pelo*, essere spietato, insensibile | *Avere il c. nello zucchero*, essere contento, andare in brodo di giuggiole | *Avere una spina nel c.*, avere una grave preoccupazione, un rimorso e sim. | *Avere il c. sulle labbra*, essere sincero | *Avere qc. nel c.*, amarlo | *Avere a c. q.c.*, averla molto cara | *Avere il c. libero*, non essere innamorato | *Avere in c. di fare*, avere l'intenzione | *Dar c.*, incoraggiare | *Dare, donare il c. a qc.*, offrirgli il proprio amore | *Rubare, prendere il c. a qc.*, conquistare il suo amore | (*raro, lett.*) *Dar nel c. a qc.*, affliggerlo | (*lett.*) *Essere nel c. a qc.*, essere molto amato | *Stare a c. a qc.*, premergli, importargli | *Sentirsi stringere il c.*, provare un dolore e sim. | *Sentirsi allargare il c.*, provare sollievo | *Sentirsi piangere il c.*, commuoversi | *Sentirsi ridere il c.*, essere allegro, felice | *Sentire un tuffo al c.*, provare un'emozione improvvisa | *Ridere di c., a c. aperto*, in modo particolarmente vivace e allegro | *Struggersi il c.*, soffrire, spec. per amore | *Mangiarsi, rodersi il c.*, consumarsi di rabbia | *Mettersi il c. in pace*, rassegnarsi | (*lett.*) *Mettersi, porsi in c. q.c., fermare il c. in q.c.*, fare un fermo proponimento | *Mettersi una mano sul c.*, fare appello alla propria coscienza | *Prendersi a c. q.c.*, occuparsene, interessarsene con particolare zelo | *Toccare il c. di qc.*, commuoverlo | *Arrivare al c. di qc.*, conoscerlo intimamente, e fare profonda impressione su di lui | (*raro, lett.*) *Cadere in c.*, venire in mente | *Leggere nel c. a qc.*, conoscere il suo carattere, prevedere le sue reazioni e sim. | *Aprire il proprio c.*, manifestare sinceramente i propri sentimenti, pensieri e sim. | *Spezzare, trafiggere, strappare, schiantare il c. a qc.*, farlo soffrire profondamente. ***3*** (*fig.*) Ardimento, coraggio: *prendere, dare c.* | *Di poco c.*, pusillanime | *Perdersi di c.*, smarrirsi, perdersi di coraggio | *Fare c. a qc.*, fargli coraggio | *Farsi c., pigliar c.*, farsi coraggio | *Non gli regge, non gli basta il c.*, non ha il coraggio | *L'atleta, la squadra ha gareggiato col c.*, con grande slancio e tenacia. ***4*** (*est.*) La persona, considerata nei suoi sentimenti, nei suoi affetti: *un c. semplice*; *è un nobile c.* | *Cuor di leone*, persona coraggiosa | *Cuor di coniglio*, persona vile, paurosa | *C. solitario*, scapolo o zitella che soffre profondamente per la propria forzata solitudine amorosa | *Cuor mio!*, amore mio, mio caro. ***5*** (*fig.*) Sentimenti, rapporti amorosi: *affari, pene di c.* ***6*** (*est.*) La zona del petto dove risiede il cuore: *si strinse il figlio al c.* ***7*** (*est.*) Oggetto a forma di cuore: *sopra l'altare c'è un c. d'argento*. ***8*** (*al pl.*) Uno dei quattro semi delle carte da gioco francesi. ***9*** Punto centrale di q.c.: *il c. della città* | *Nel c. della notte*, a notte alta | *Nel c. dell'estate*, in piena estate | *C. del legno*, durame | (*arald.*) Punto centrale dello scudo. ***10*** (*est.*) Parte più interna di q.c.: *il c. della pera* | Nella tecnica di distillazione alcolica, il prodotto più pregiato, ottenuto scartando la testa e la coda | (*agr.*) *Malattia del c.*, annerimento della parte centrale dei tuberi di patata. ***11*** (*zool.*) *C. di mare*, mollusco marino dei Lamellibranchi con conchiglia spessa e convessa, che vive su fondi fangosi (*Cardium edule*). ***12*** (*bot.*) *C. di Maria*, pianta ornamentale delle Papaveracee (*Dicentra spectabilis*) || PROV. Occhio non vede, cuore non duole; occhio che non vede, cuore che non desidera. || **cuoriciàttolo**, pegg. | **cuoricino**, dim.

cuorétto o **corétto (2)** [da *cuore*, perché si porta sul cuore] s. m. ● Arnese o piccola corazza portata sul petto a difesa del cuore.

cuorifórme [comp. di *cuore* e *-forme*] agg. ● Che ha forma di cuore: *foglia c.*

cupè s. m. o f. ● Adattamento di *coupé* (V.).

†**cùpere** [vc. dotta, lat. *cŭpere*, di etim. incerta] v. tr. (oggi dif. usato solo per la terza pers. sing. dell'indic. pres. *cùpe* poet.) ● Desiderare ardentemente: *Imagini, chi bene intender cupe / quel ch'i' or vidi* (DANTE *Par.* XIII, 1-2).

cuperòsa ● V. *copparosa*.

cupézza [da *cupo*] s. f. ● Qualità di ciò che è cupo (*anche fig.*): *la c. delle acque*; *la c. di uno sguardo*.

†**cupidézza** s. f. ● Cupidigia.

cupidìgia [da *cupido (1)*] s. f. (pl. *-gie*) ● Sfrenato e intenso desiderio di beni e piaceri materiali: *c. di denaro, d'onori, di gloria* | Appetito disordinato, avidità: *Oh cieca c. e ira folle!* (DANTE *Inf.* XII, 49).

†**cupìdine (1)** [vc. dotta, lat. *cupīdine(m)*, da *cŭpidus* 'cupido (1)'] s. f. ● (*lett.*) Cupidigia, desiderio.

†**cupìdine (2)** ● V. *cupido (2)*.

cupidità o †**cupiditàde**, †**cupiditàte** [vc. dotta, lat. *cupiditāte(m)*, da *cŭpidus* 'cupido (1)'] s. f. ● (*raro, lett.*) Cupidigia | Qualità di chi è cupido.

cùpido (1) [vc. dotta, lat. *cŭpidu(m)*, da *cŭpere* 'bramare'. V. *cupere*] agg. ● (*lett.*) Desideroso, bramoso, fortemente avido: *c. di denaro, di ricchezze*; *c. di sapere, di apprendere* | Lascivo, concupiscente: *sguardo c.*; *occhi cupidi*. || **cupidaménte**, avv. (*lett.*) In modo cupido.

cupìdo (2) o (*lett.*) †**cupìdine (2)** [vc. dotta lat. *Cupido*, nom. sing., da *cupīdo* 'desiderio', da *cŭpidus* 'cupido'] s. m. ● Immagine dipinta o scolpita raffigurante Cupido, dio dell'amore: *cupidi alati.*

†**cupìle** o †**cùpilo** [dal lat. *cūpa* 'botte', di etim. incerta] s. m. ● Alveare.

cùpo [da avvicinare al lat. *cūpa* 'botte'. V. *cupile*] **A** agg. *1* Profondo: *abisso c.*; *nelle più cupe e cieche / viscere della terra* (METASTASIO) | (*dial.*) Cavo: *tazza cupa* | *Piatto c.*, scodella. *2* Privo di luce, non illuminato: *selva, notte, penombra cupa*; *macchia cupa.* SIN. Buio, oscuro, scuro. *3* (*est.*) Di tonalità scura, detto di colore: *rosso, verde c.* | (*fig.*) *Descrivere q.c. a tinte cupe*, accentuarne i lati tragici. *4* Basso, indistinto, poco chiaro, detto di suono: *voce cupa*; *fragore c.* *5* (*fig.*) Pensieroso, taciturno: *carattere, atteggiamento c.* | Intenso, sofferto: *collera, ira cupa*; *c. dolore.* || **cupaménte**, avv. **B** s. m. *1* (*lett.*) †Profondità tenebrosa | †Inferno: *Non è sanza cagion l'andare al c.* (DANTE *Inf.* VII, 10). *2* Arnia o alveare rustico. SIN. Bugno.

cùpola [vc. dotta, lat. tardo *cūpula(m)*, da *cūpa* 'botte'. V. *cupile*] s. f. *1* (*arch.*) Volta generata dalla rotazione intorno a un asse verticale di una curva piana meridiana | Tipo di volta a pianta circolare, ellittica o poligonale, la cui struttura può essere, oltre che emisferica, depressa, rialzata od ogivale. *2* Tetto generalmente emisferico, girevole e apribile: *la c. di un osservatorio astronomico*; *c. delle casematte corazzate.* *3* Nel gergo teatrale, parte alta della sala teatrale | *Disporre i proiettori in c.*, fissare i proiettori per l'illuminazione frontale del palcoscenico sulla parte alta della sala teatrale, al di sopra della platea. *4* (*est.*) Sommità convessa di vari oggetti: *la c. di un cappello, di un elmo.* *5* Ammasso di lava viscosa ristagnante sopra un condotto vulcanico. *6* (*fig.*) Insieme dei più alti detentori del potere in un'organizzazione di tipo mafioso. *7* (*bot.*) Involucro coriaceo o legnoso che avvolge i frutti delle piante delle Cupulifere. *8* (*raro*) Volta di graticci nei giardini. SIN. Capanno. *9* (*raro*) La volta celeste. || **cupolétta**, dim. | **cupolétto**, dim. m. | **cupolina**, dim. | **cupolino**, dim. m. (V.) | **cupolóna**, accr. | **cupolóne**, accr. m. (V.) | **cupolòtto**, accr. m.

cupolifórme o **cupulifórme** [comp. di *cupola* (o, nella var., del lat. *cūpula*) e *-forme*] agg. ● A forma di cupola: *tetto c.*

cupolìno s. m. *1* Dim. di *cupola.* *2* Sorta di copertura a cupola posta sopra la buca del suggeritore. *3* Calotta piccola e rotonda di certi cappelli femminili.

cupolóne s. m. *1* Accr. di *cupola.* *2* (*fam.*, *per anton.*) La cupola di S. Pietro a Roma e di S. Maria del Fiore a Firenze | *La città del c.*, (*per anton.*) Roma o Firenze | *All'ombra del c.*, (*per anton.*, *fig.*) a Roma o a Firenze.

cupóne s. m. ● Adattamento di *coupon* (V.).

cupralluminio o **cuproalluminio** [comp. di *cupro-* e *alluminio*] s. m. ● Lega del rame con alluminio | *C. normale*, quello col 10% di alluminio.

cuprammònio o **cuproammònio** [comp. di *cupro-* e *ammonio*] s. m. ● (*chim.*) Ione complesso, bivalente, positivo, costituito da un atomo di rame e da quattro molecole di ammoniaca.

cupràto s. m. ● (*chim.*) Sale dell'acido cuprico.

cuprène [da *cupro-*, perché si ottiene riscaldando l'acetilene in presenza di rame o ossido di rame] s. m. ● (*chim.*) Massa solida, giallastra, dall'aspetto di sughero, ottenuta dall'acetilene per riscaldamento in presenza di spugna di rame e impiegata come isolante termico.

cùpreo [vc. dotta, lat. *cŭpreu(m)*, da *cŭprum* 'rame'] agg. ● (*lett.*) Che ha il colore rossastro caratteristico del rame: *vasi cuprei.*

Cupressàcee [vc. dotta, dal lat. *cuprĕssus* 'cipresso' e *-acee*] s. f. pl. ● Nella tassonomia vegetale, famiglia di alberi o arbusti delle Conifere con fusto molto ramificato, foglie aciculari o squamiformi e strobili legnosi o coriacei (*Cupressaceae*) | (al sing. *-a*) Ogni individuo di tale famiglia.

cùprico [dal lat. *cŭprum* 'rame' (V. *cupro-*)] agg. (pl. m. *-ci*) ● Di, relativo al rame o ai suoi composti | Detto di sostanza che contiene rame o di composto del rame trivalente: *acido c.*

cuprìfero [comp. del lat. *cŭprum* 'rame' e *-fero*] agg. ● Che contiene rame: *suolo c.*

cuprìsmo [dal lat. *cŭprum* 'rame' (V. *cupro-*)] s. m. ● Intossicazione cronica da rame, caratterizzata da paralisi muscolare e formazione di caratteristico orletto verdastro alle gengive.

cuprìte [comp. di *cupro-* e *-ite* (*2*)] s. f. ● (*miner.*) Ossido di rame, minerale di alterazione nei giacimenti cupriferi.

cùpro- [vc. dotta, lat. *cŭpru(m)* 'rame', da (*aes*) *cy̆prium* 'bronzo di Cipro'] primo elemento ● In parole composte della terminologia scientifica, significa 'rame' o indica relazione con il rame: *cupralluminio, cuprolega.*

cuproallumìnio ● V. *cupralluminio.*

cuproammònio ● V. *cuprammonio.*

cuproléga [comp. di *cupro-* e *lega*] s. f. ● Lega in cui il componente principale è il rame.

Cupulìfere [comp. del lat. tardo *cūpula* 'cupola' e di *-fero*] s. f. pl. ● Nella tassonomia vegetale, famiglia di piante arboree delle Dicotiledoni con foglie intere e frutto a maturità chiuso, avvolto nella cupola e contenente un solo seme (*Cupuliferae*). SIN. Fagacee | (al sing. *-a*) Ogni individuo di tale famiglia.

cupulifórme ● V. *cupoliforme.*

cùra [lat. *cūra(m)*, di etim. incerta] s. f. *1* Interessamento sollecito e costante per qc. o q.c. | Premura, sollecitudine: *c. della famiglia*; *c. dell'educazione dei figli*; *c. del corpo, dell'abbigliamento* | *Prendere, avere c. di qc.*, occuparsene | *Abbiti c.!*, cura la tua salute. *2* Oggetto di costante interesse: *l'automobile è la sua unica c.* *3* (*lett.*) Preoccupazione, affanno, dolore: *vivrò fra i miei tormenti e le mie cure* (TASSO). *4* Grande impegno o attenzione nel fare q.c.: *lavoro eseguito con c.* | *A c. di*, per opera di, spec. in frontespizi di libri. SIN. Accuratezza, diligenza, zelo. *5* Direzione, amministrazione, governo: *la c. della casa, del patrimonio*; *la c. della biblioteca* | (*raro*) Comando: *lasciò a Castruccio la c. dello esercito* (MACHIAVELLI). *6* Nel diritto romano, complesso delle funzioni amministrative attribuite ai singoli magistrati | †Curatela. *7* Ufficio e ministero del sacerdote cattolico | *C. delle anime*, amministrazione dei sacramenti e assistenza diretta dei fedeli. *8* Insieme di medicamenti e rimedi per il trattamento di una malattia: *c. termale, climatica*; *c. del sole, delle acque*; *c. dimagrante* | *C. del sonno*, praticata per diverse affezioni mentali o connesse a fenomeni mentali, in cui il sonno, ottenuto con opportuni farmaci e al riparo da luci e rumori, dura per più giorni, interrotto da brevi pause | (*pop.*) Ciclo completo di trattamento con un particolare farmaco: *il medico gli ha prescritto una c. di calcio* | *C. dell'uva*, ampeloterapia | *C. di bellezza*, serie di trattamenti per migliorare l'aspetto fisico di una persona | (*est.*) L'opera del medico nei confronti di un ammalato: *affidarsi alle cure di un medico*; *avere in c. qc.*; *mettersi, essere in c. presso qc.* | *Casa di c.*, clinica privata. *9* †Luogo dove si imbiancano i tessuti. *10* †Custodia. || **curétta**, dim. | **curettina**, dim.

curàbile [lat. *curābile(m)*, da *curāre* 'curare'] agg. ● Che si può curare. CONTR. Incurabile.

curabilità s. f. ● L'essere curabile.

curaçao /neerl. kyra'sɔu, *fr.* kyra'so/ [fr., dal n. dell'isola di *Curaçao*, nelle Antille] s. m. inv. ● Liquore dolce a base di scorza di arancia amara, originario dell'isola di Curaçao.

†**curadènti** [comp. di *curare* e il pl. di *dente*] s. m. ● Stuzzicadenti.

curandàio [da *curare* i panni] s. m. (f. *-a*) *1* Operaio tessile addetto al candeggio. *2* †Lavandaio.

curànte part. pres. di *curare*; anche agg. *1* Nei sign. del v. *2 Medico c.*, cui è affidata la cura continuativa di un paziente.

curapìpe [comp. di *cura(re)* e il pl. di *pipa*] s. m. inv. ● Piccolo arnese metallico, costituito da più utensili speciali, atto a pulire il fornello della pipa e a comprimervi il tabacco.

curàre [lat. *curāre*, da *cūra* 'cura'] **A** v. tr. *1* Sottoporre un malato o un ferito ai trattamenti necessari per guarirlo: *c. un malato*; *c. bene, male* | Trattare una malattia, una ferita e sim. per guarirla. *2* Avere cura, fare oggetto di cura: *c. la propria cultura, la propria istruzione*; *c. la traduzione di un libro*; *c. gli interessi di qc.* | *C. un avversario*, marcarlo | *C. le anime*, esercitare il ministero sacerdotale | *C. i propri difetti*, emendarsi. *3* Fare in modo, procurare: *tu cura che non se ne accorga.* SIN. Adoperarsi. *4* (*raro*) Avere a cuore, essere affezionato: *cura molto quel bambino* | Apprezzare, stimare: *c. il parere di qc.* *5* †Imbiancare i tessuti. **B** v. rifl. ● Prendersi cura della propria salute o farsi assistere da un medico: *con questi disturbi dovresti curarti di più.* **C** v. intr. pron. ● Badare a q.c., preoccuparsi di q.c.: *non curarsi delle voci maligne.*

curàrico **A** agg. (pl. m. *-ci*) ● Del, relativo al, curaro. **B** s. m. ● Farmaco derivato dal curaro o a questo affine, usato spec. in campo chirurgico, perché produce rilasciamento muscolare e abolizione dei movimenti volontari o riflessi.

curarìna [da *curaro*] s. f. ● Principale alcaloide del curaro.

curàro [fr. *curare*, da una lingua indigena dei Caraibi] s. m. ● Sostanza velenosa estratta da alcune piante del genere Stricno, che esercita azione paralizzante sui centri respiratori, usata in medicina.

curaṣnétta [ant. fr. *roisnete*, dim. di *roisne*, dal lat. parl. **rūcina(m)*, per il classico *rŭncina(m)* 'pialla', dal gr. *rykánē*, di etim. incerta] s. f. ● (*veter.*) Ferro chirurgico usato in podologia.

curassò s. m. ● Adattamento di *curaçao* (V.).

†**curàta** e *deriv.* ● V. *corata* e *deriv.*

curatèla [da *curatore*, sul modello di *tutela*] s. f. ● (*dir.*) Ufficio, funzione del curatore: *esercitare la c.*

curatìno [da *curare*] s. m. (f. *-a*) ● Operaio addetto alla fabbricazione di formaggi a pasta molle con latte di bufala.

curatìvo agg. ● Che ha la funzione di curare una malattia: *rimedio c.*; *soggiorno c. in montagna.* SIN. Terapeutico.

curàto (1) part. pass. di *curare*; anche agg. ● Nei sign. del v.

curàto (2) [detto così perché ha cura delle anime] s. m. *1* Sacerdote che esercita la cura delle anime. SIN. Pievano, prevosto, parroco | In alcune regioni italiane, sacerdote che aiuta il parroco. *2* In diritto canonico, sacerdote che coadiuva il parroco o sacerdote che ha una propria chiesa e un determinato territorio dentro i confini della parrocchia con poteri quasi parrocchiali. *3* (*agr.*) Cultivar di pero a maturazione tardiva dal frutto piuttosto grosso.

curàtolo [sic. *curatulu*, che risale, attrav. il biz., al lat. *curātor*, genit. *curatōris* 'curatore'] s. m. ● In Sicilia, sorvegliante di azienda agricola, a contratto annuo.

curatóre [vc. dotta, lat. *curatōre(m)*, da *curāre* 'curare'] s. m. (f. *-trice*) *1* (*dir.*) Persona incaricata dell'amministrazione degli interessi di chi non è in grado di provvedervi da sé: *c. del nascituro, dell'inabilitato, del minore* | *C. del fallimento*, persona incaricata di amministrare il patrimonio di chi è stato dichiarato fallito. *2* Chi cura, provvede a q.c.: *il c. di un'antologia.* *3* Chi guarisce o presta cure mediche.

curazìa [da *curato* (*1*), sul modello di *abbazia*] s. f. ● Chiesa e giurisdizione del curato.

curbasciàta s. f. ● Colpo di curbascio.

curbàscio [fr. *courbache*, dal turco *kirbaç*] s. m. ● Specie di frusta o scudiscio di pelle durissima, spec. di ippopotamo, un tempo in uso nelle galere a remi della marineria ottomana per incitare o punire i rematori | (*est.*) Staffile orientale per punizione.

cùrcas [vc. del Malabar] s. m. ● Piccolo albero tropicale delle Euforbiacee, dai cui semi, nerastri e opachi, si estrae un olio purgativo (*Iatropha curcas*).

curciatòvio ● V. *kurciatovio.*

curculióne [vc. dotta, lat. *curculiōne(m)*, di origine onomat.] s. m. ● Denominazione di vari Insetti dei Coleotteri dannosi alle piante.

Curculiònidi [vc. dotta, comp. di *curculion(e)* e *-idi*] s. m. pl. ● Nella tassonomia animale, famiglia di Insetti dei Coleotteri piccoli con corpo tozzo e capo prolungato in un rostro alla cui estremità si trovano le robuste mandibole (*Curculionidae*) | (al sing. *-e*) Ogni individuo di tale famiglia.

cùrcuma [ar. *kurkum* 'zafferano'] s. f. ● Genere di piante erbacee aromatiche delle Zingiberacee con foglie grandi, ovali e fiori raccolti in spiga, variamente colorati (*Curcuma*).

curcumìna [da *curcuma*] s. f. ● Sostanza colorante gialla, in cristalli, estratta dai rizomi della curcuma.

cùrdo [ar. *kurd*] **A** s. m. (f. *-a*) ● Chi appartiene a una popolazione stanziata sul confine fra Irak e Turchia, con propaggini nell'Iran, nella Siria e nell'Armenia sovietica. **B** s. m. solo sing. ● Lingua iranica parlata dalla popolazione dei curdi. **C** agg. ● Relativo alla popolazione dei curdi o alla lingua da essi parlata.

cùria [vc. dotta, lat. *cūria(m)*, di etim. incerta] s. f. *1* Nel diritto romano, ripartizione territoriale e amministrativa della tribù | Luogo di riunione del senato e delle assemblee municipali | Assemblea nel suo insieme. *2* Nel mondo medievale, organo amministrativo con funzioni giudiziarie | Adunanza e assemblea popolare. *3* (*raro*) Luogo ove si discutono le cause e si rende giustizia | Complesso dei procuratori e avvocati di un luogo. *4* *C. romana*, complesso dei dicasteri di cui si vale il Papa, in via ordinaria, per trattare gli affari che riguardano la Chiesa | *C. vescovile, diocesana*, organo ausiliario del vescovo nel governo della diocesi che lo coadiuva nelle sue mansioni amministrative, disciplinari e contenziose. *5* †Corte.

curiàle [vc. dotta, lat. *curiāle(m)*, da *cūria* 'curia'] **A** agg. *1* (*raro*) Della, relativo alla, curia: *cariche curiali*. *2* (*est.*) Aulico, solenne: *linguaggio, stile c.* *3* (*lett.*) Cortigiano, nobile (*anche fig.*): *il nostro colloquio non è null'affatto c.* (NIEVO). *4* *Scrittura c.*, scrittura corsiva cancelleresca della curia pontificia, con spiccato andamento verticale, accentuato prolungamento delle aste e perfetta rotondità degli occhielli. || **curialménte**, avv. **B** s. m. ● (*raro, lett.*) Chi fa parte della curia. **C** s. f. ● Scrittura curiale.

curialésco agg. (pl. m. *-schi*) ● Da curiale | (*spreg.*) Cavilloso, pedante: *discorso c.* || **curialescaménte**, avv.

curialista s. m. (pl. *-i*) ● (*raro*) Sostenitore delle dottrine e degli interessi della Curia romana.

curiàto [vc. dotta, lat. *curiātu(m)*, da *cūria* 'curia'] agg. ● Della curia della Roma antica | *Comizio c.*, assemblea del popolo durante l'età più antica del diritto romano.

curie /*fr.* ky'ri/ [dal n. di M. *Curie*] s. m. inv. ● (*fis.*) Unità di misura dell'attività di una sostanza radioattiva pari a $3{,}7 \cdot 10^{10}$ disintegrazioni al secondo. SIMB. Ci.

cùrio [dal n. dei coniugi Pierre (1859-1906) e Marie Sklodowska *Curie* (1867-1934), fisici francesi] s. m. ● Elemento chimico, metallo, artificiale, transuranico, appartenente al gruppo degli attinidi, ottenuto per bombardamento del plutonio con particelle alfa. SIMB. Cm.

curióne [vc. dotta, lat. *curiōne(m)*, da *cūria* 'curia'] s. m. ● Nel diritto romano, capo della curia primitiva.

curiosàggine s. f. ● Curiosità abituale e fastidiosa.

curiosàre o (*fam.*) **scuriosàre**. v. intr. (*io curióso*; aus. *avere*) ● Osservare, interessarsi per curiosità: *c. tra i vecchi giornali*; *c. in un dizionario* | Dimostrare impertinente e riprovevole curiosità per cose e fatti altrui: *curiosava tra le mie carte*; *c. nella vita di qc.*

curioseggiàre v. intr. (*io curioséggio*; aus. *avere*) ● (*raro*) Curiosare.

curiosità [vc. dotta, lat. *curiositāte(m)*, da *curiōsus* 'curioso'] s. f. *1* Qualità di chi, di ciò che, è curioso | Desiderio di sapere, indagare, conoscere: *la c. è la madre della scienza* | Desiderio di sapere i fatti altrui, per capriccio o indiscrezione: *mostra troppa c. per le mie faccende sentimentali*. *2* Cosa rara, insolita, originale: *negozio pieno di c.*

curióso [vc. dotta, lat. *curiōsu(m)* 'colui che si cura di qualche cosa', da *cūra* 'cura'] **A** agg. *1* Che vuole sapere, indagare, conoscere, che vuole istruirsi su q.c.: *c. di scienze naturali, di letteratura*. *2* Che si dimostra interessato ai fatti altrui per capriccio o indiscrezione: *siete troppo curiosi*. SIN. Ficcanaso, indiscreto. *3* Che suscita curiosità per la sua stranezza e singolarità: *un tipo c.*; *mi è successo un fatto proprio c.* | *Una persona curiosa*, buffa, faceta | *È curioso che* .... è strano, è inconsueto il fatto che ... SIN. Bizzarro, strano. *4* (*raro, lett.*) Che è sollecito, diligente, accurato. || **curiosaménte**, avv. *1* In modo curioso. *2* In modo insolito e strano. *3* †Diligentemente. **B** s. m. (f. *-a*) ● Chi si dimostra interessato ai fatti altrui per capriccio o indiscrezione: *una folla di curiosi*. || **curiosàccio**, pegg. | **curiosétto**, dim. | **curiosóne**, accr.

curling /*ingl.* 'kə:liŋ/ [ingl., da *to curl* 'arricciare, arrotolare', di origine germ.] s. m. inv. ● Gioco simile a quello delle bocce, che si svolge sul ghiaccio tra due squadre di quattro giocatori, i quali fanno scivolare il più possibile vicino alla parte centrale del fondo campo pietre piatte rotonde, munite di impugnatura, per realizzare punti.

cùros s. m. inv. ● Adattamento di *kuros* (V.).

curricolàre o **curriculàre** agg. ● Di, relativo a curricolo, spec. scolastico: *programmazione c.*

currìcolo [vc. dotta, lat. *currĭculu(m)*, da *cŭrrere* 'correre'] s. m. *1* Carriera scientifica, burocratica o accademica di una persona: *avere un brillante c.* | Resoconto sommario delle varie fasi della carriera di una persona, solitamente allegato a domande di concorso, assunzione e sim.: *inviare un dettagliato c.* | Insieme degli avvenimenti principali della vita di una persona. SIN. Curriculum vitae. *2* (*pedag.*) Attività degli operatori scolastici volta a conseguire gli obbiettivi formativi di un processo educativo mediante l'integrazione continua e flessibile degli obiettivi cognitivi, dei contenuti culturali, dei metodi di apprendimento, delle tecniche di valutazione. *3* †Carretto.

curriculum [lat. V. *curricolo*] s. m. (pl. lat. *curricula*) *1* Forma abbreviata di *curriculum vitae*. *2* Curricolo, nel sign. 1.

curriculum vitae /*lat.* kur'rikulum 'vite/ [vc. lat., propriamente 'carriera della vita'] loc. sost. m. inv. ● Curricolo, nel sign. 1.

†**cùrro** [vc. dotta, lat. *cŭrru(m)* 'carro', da *cŭrrere* 'correre'] s. m. *1* †Carretto | †*Mettere qc. sul c.*, (*fig.*) spingerlo a fare q.c. | †Carro trionfale. *2* Cilindro o rullo, spec. di ferro, che, posto insieme con altri sotto oggetti pesanti, ne permette il trasporto.

curry /*ingl.* 'kʌri/ [ingl., dal tamil *kari* 'salsa'] s. m. inv. ● Polvere piccante composta di varie droghe, usata per condimento, originaria dell'estremo Oriente.

cursóre [vc. dotta, lat. *cursōre(m)*, da *cŭrsus* 'corso'] s. m. *1* Nel diritto romano, funzionario impiegato come corriere dello Stato o di privati | Nel disusato linguaggio forense, ufficiale giudiziario addetto alla notifica di atti. *2* (*raro*) Chi porta ambasciate. *3* Indice mobile lungo la scala graduata di uno strumento di misura | Organo mobile di contatto in alcuni apparati elettrici | Parte scorrevole di una cerniera lampo | (*elab.*) Segnale luminoso mobile che, sullo schermo di un videoterminale, indica il punto in cui l'operatore inserisce o modifica un carattere. *4* (*tess.*) Ring.

cursòrio agg. ● (*raro*) Che si fa rapidamente: *lettura cursoria*.

cursus /*lat.* 'kursus/ [lat. 'corso'] s. m. ● Disposizione ritmica delle clausole di periodo nella prosa latina, secondo determinate leggi.

cursus honorum /*lat.* 'kursus o'nɔrum/ [vc. lat., propriamente 'carriera degli onori'] loc. sost. m. inv. ● Nell'antica Roma, serie di cariche previste per i cittadini che intraprendevano la vita pubblica.

curtain wall /*ingl.* 'kə:tən wɔ:l/ [loc. ingl., comp. di *curtain* 'cortina' (dal fr. *cortine, courtine*) e *wall* 'muro' (che risale al lat. *vāllum* 'vallo')] loc. sost. f. inv. (pl. ingl. *curtain walls*) ● (*arch.*) Negli edifici moderni, parete esterna parzialmente o totalmente vetrata, costituita da pannelli prefabbricati uniti e sostenuti da sottili intelaiature metalliche.

curtènse [vc. dotta, lat. mediev. *curtēnse(m)*, da *cūrtis* 'corte'] agg. ● Detto del sistema economico medievale in cui il castello del feudatario e le terre circostanti costituivano l'unità economica fondamentale e autosufficiente.

curtis /*lat.* 'kurtis/ [vc. lat. mediev., dal lat. cl. *cōhors*, genit. *cohōrtis* 'corte'] s. f. inv. ● (*st.*) Corte nel sign. 2.

†**cùrto** ● V. *corto*.

curtòsi [gr. *kýrtōsis* 'incurvatura', da *kyrtós* 'incurvato', dalla stessa radice del lat. *cūrvus* 'curvo'] s. f. ● (*stat.*) Proprietà di una curva di distribuzione di dati, per cui questa ha un massimo più o meno accentuato in corrispondenza del valore centrale.

curùle [vc. dotta, lat. *curūle(m)*, da *cŭrrus* 'carro', perché in origine era posata sopra un carro] agg. ● Detto del sedile d'avorio spettante di diritto ai magistrati romani di grado più elevato: *sedia c.*

cùrva [da *curvo*] s. f. *1* (*mat.*) Luogo geometrico delle posizioni successive assunte da un punto che si muove secondo una legge determinata | Immagine d'un intervallo reale per effetto d'una applicazione continua dell'intervallo in uno spazio topologico | Riunione di tali immagini | Insieme di punti dipendenti da un parametro | *C. piana*, appartenente ad un piano | *C. sghemba*, dello spazio ordinario, non piana | *C. piana algebrica*, rappresentabile in coordinate cartesiane con un'equazione algebrica | *C. algebrica dello spazio*, curva intersezione di superfici algebriche | *C. chiusa*, priva di estremi. *2* Rappresentazione grafica di un fenomeno in un diagramma, costituita da una linea: *c. ipsografica* | *C. batimetrica*, che unisce tutti i punti di un fondo marino o di un lago che si trovano alla stessa profondità. SIN. Isobata | *C. di livello, altimetrica*, linea d'intersezione di un piano orizzontale con la superficie fisica terrestre, cioè il luogo di punti aventi la stessa altezza sul livello medio del mare. SIN. Isoipsa | *C. caratteristica*, in fotografia, successione degli annerimenti di una superficie sensibile esposta a illuminazione di intensità progressiva | *C. di magnetizzazione*, curva che esprime la dipendenza dell'induzione magnetica in un dato materiale dall'intensità del campo magnetico | *C. di luce*, rappresentazione grafica delle variazioni della luminosità di una stella in funzione del tempo | *C. della domanda*, in economia, quella che rappresenta la relazione fra prezzo e quantità domandata di un dato bene e quindi l'uniformità statistica per cui, al diminuire del prezzo, la quantità domandata aumenta. *3* (*spec. al pl., fig., fam.*) Rotondità accentuata del seno e dei fianchi, nel corpo femminile | *Avere molte curve*, di donna formosa e ben fatta. *4* Punto, tratto in cui una cosa è curva o viene curvata: *le curve stradali*; *rallentare in c.* | *Ognuno dei settori delle gradinate di uno stadio situati in corrispondenza dei lati più corti del rettangolo di gioco*; (*est.*) i tifosi che occupano tali settori. || **curvétta**, dim. | **curvettìna**, dim. | **curvóna**, accr. | **curvóne**, accr. m.

curvàbile [vc. dotta. lat. tardo *curvābile(m)*, da *curvāre* 'curvare'] agg. ● Che si può curvare.

curvadòrsi o **curvadórsi** [comp. di *curva(re)* e il pl. di *dorso*] s. m. ● Forma di legno o di lamiera metallica con cui si incurvano i dorsi delle rilegature.

curvaménto s. m. ● (*raro*) Modo, atto, effetto del curvare.

curvàre [vc. dotta, lat. *curvāre*, da *cŭrvus* 'curvo'] **A** v. tr. ● Piegare ad arco: *c. una sbarra di ferro* | *C. la fronte, il capo*, (*fig.*) ubbidire | *C. la schiena*, (*fig.*) sottomettersi alla volontà di qc. **B** v. intr. (aus. *avere*) *1* Svoltare, girare, detto spec. di veicoli: *l'auto curvò di colpo*. *2* Formare una curva, detto spec. di strade: *la strada curvava a sinistra*. **C** v. rifl. *1* Piegarsi, flettersi: *si curvò per entrare*. *2* (*fig.*) Sottomettersi: *curvarsi davanti alla prepotenza*. **D** v. intr. pron. ● Diventare curvo: *si è curvato con la vecchiaia*.

curvatóre s. m. (f. *-trice* (V.)) ● In varie tecnologie, operaio addetto alle operazioni di curvatura.

curvatrice s. f. ● Macchina per curvare lamiere, tubi e sim.

curvatùra [vc. dotta, lat. *curvatūra(m)*, da *curvāre* 'curvare'] s. f. *1* Atto, effetto del curvare o del curvarsi: *la c. del fasciame*; *una c. forte, leggera*. *2* Punto, tratto in cui una cosa è curva o viene curvata: *la c. della pista, del velodromo*. *3* (*mat.*) *C. d'una curva piana in un punto*, limite del rapporto fra l'angolo compreso fra la tangente ivi e quella in un punto prossimo, e la lunghezza dell'arco compreso al tendere del secondo punto al primo; inverso del raggio del cerchio osculatore | *Raggio di c.*, raggio della circonferenza osculatrice. *4* (*anat.*) Ripiegamento formato da un organo o da una sua parte.

curvézza s. f. ● (*raro*) L'essere curvo.

curvilìneo [comp. di *curvo* e *linea*] **A** agg. *1* Di figura costituita o delimitata da linee non rette: *triangolo c.* *2* Che segue un andamento a curva: *moto c.* CONTR. Rettilineo. **B** s. m. ● Strumento usato per disegnare le curve.

curvìmetro [comp. di *curva* e *-metro*] s. m. ● Strumento atto a determinare la lunghezza dell'arco di curva.

curvinèrvio o **curvinèrvo** [comp. di *curvo* e *nervo*] **agg.** ● (*bot.*) Detto di foglia con nervature curve.

Curviròstri [comp. di *curvo* e il pl. di *rostro*] **s. m. pl.** ● Nell'antica tassonomia animale, denominazione di un gruppo di Uccelli con il becco sottile e curvato all'apice.

curvità o (*raro*) †**curvitàde**, (*raro*) †**curvitàte** [vc. dotta, lat. tardo *curvitāte(m)*, da *cŭrvus* 'curvo'] **s. f.** ***1*** (*raro*) Qualità di ciò che è curvo | Curvatura. ***2*** (*raro*) Gibbosità.

cùrvo [vc. dotta, lat. *cŭrvu(m)*, di origine indeur.] **A agg.** ***1*** Piegato ad arco, arcuato: *linea, traiettoria curva* | Piegato verso il basso, ingobbito: *capo c.*; *spalle curve*; *camminare, stare c.*; *essere c. per gli anni*; *albero c. sotto la pioggia*. ***2*** (*fig.*) †Malvagio, perverso. || **curvaménte**, **avv.** (*raro*) In figura, in posizione curva. **B s. m.** ● (*raro, lett.*) Parte curva.

cuscinàio **s. m.** ● Noleggiatore di cuscini nelle stazioni ferroviarie.

cuscinàta **s. f.** ● Colpo di cuscino.

cuscinétto **A s. m.** ***1*** Dim. di *cuscino*. ***2*** Oggetto simile a un piccolo cuscino, o imbottito a un'estremità, adibito a vari usi: *c. per timbri*. ***3*** (*mecc.*) Organo meccanico sul quale trova appoggio ed entro il quale ruota un albero | *C. a rotolamento*, caratterizzato dalla interposizione di rulli o sfere rotolanti fra due piste | *C. a sfere*, cuscinetto a rotolamento, che contiene piccole sfere. ***4*** (*fam.*) Deposito adiposo sottocutaneo. **B** in funzione di **agg. inv.** ● (posposto a un s., *fig.*) Intermedio, interposto fra due o più enti, persone, cose, per impedirne o mitigarne i contrasti, attuali o potenziali: *Stato c.*; *zona c.*

cuscìno [ant. fr. *coissin*, dal lat. *cŏxa* 'coscia', quindi 'cuscino per sedersi'] **s. m.** ● Sacchetto di stoffa o pelle, imbottito di piume, lana, crine, gommapiuma e sim. per appoggiarvi il capo o sedervi sopra | Parte imbottita della sella | (*est., fig.*) *C. d'aria*, spazio tra due superfici solide in cui viene soffiata aria dai veicoli che si muovono con questo sistema. || **cuscinétto**, **dim.** (V.) | **cuscinóne**, **accr. m.**

cuscìta [ebr. *Kūsh*, n. del primogenito di Cam] **s. m. e f.** (**pl. m.** *-i*) ● Membro di un antico popolo della Nubia.

cuscìtico **A agg.** (**pl. m.** *-ci*) ● Dei Cusciti: *lingue cuscitiche*. **B s. m.** solo **sing.** ● Ogni lingua appartenente al sottogruppo meridionale della famiglia linguistica camitica.

cùsco [vc. malese] **s. m.** (**pl.** *-schi*) ● Genere di Mammiferi arboricoli dei Marsupiali simili al gatto, caratterizzati dalla coda prensile (*Cuscus*).

cuscùs o **cùscuso**, **cuscussù**, **cùscusu** /*sic.* 'kuskusu/ nel sign. 2, **kuskùs** [ar. *kuskus*] **s. m. inv.** ***1*** Vivanda di origine araba a base di pallottoline di semola condite con salsa piccante, ragù di carni, umidi di pesce, stufati di verdure. ***2*** Vivanda tipica della cucina siciliana, analoga alla precedente, ma amalgamata con brodetto ristretto di pesce anziché con salsa piccante.

cùscuta o (*raro*) **cuscùta** [ar. *kashûth*] **s. f.** ● Pianta delle Cuscutacee, parassita, con fusto filiforme di color giallo pallido ricoperto da piccolissime brattee fogliari (*Cuscuta europaea*).

Cuscutàcee [vc. dotta, comp. di *cuscuta* e *-acee*] **s. f. pl.** ● Nella tassonomia vegetale, famiglia di piante parassite prive di radici e di foglie, con caule volubile e filiforme e fiori piccoli bianchi o rosei (*Cuscutaceae*) | (al sing. *-a*) Ogni individuo di tale famiglia.

cuspidàle **agg.** ● Che ha forma di cuspide | Relativo, analogo a una cuspide.

cuspidàto [vc. dotta, lat. *cuspidātu(m)*, part. pass. di *cuspidāre* 'fare la punta', da *cŭspis*, genit. *cŭspidis* 'cuspide'] **agg.** ***1*** Che termina con cuspide. ***2*** (*bot.*) Detto di organo vegetale che termina con una punta lunga e rigida.

cùspide [vc. dotta, lat. *cŭspide(m)* 'punta della lancia', di origine preindeur.] **s. f.** ***1*** Vertice, punta, spec. di una lancia, una freccia e sim. ***2*** (*mat.*) Punto singolare di una curva tale che i limiti delle tangenti alla curva stessa da parti opposte rispetto al punto coincidano. **SIN.** Punto di regresso. ***3*** (*astrol.*) Linea di divisione tra due case astrologiche. ***4*** (*arch.*) Coronamento a forma triangolare di un edificio, o di parte di esso. ***5*** (*anat.*) Ognuno dei lembi delle valvole di comunicazione fra l'atrio e il ventricolo del cuore | Ognuno dei rilievi sulla superficie dei denti molari e premolari.

cussìno [da *CUS*] **s. m.** (**f.** *-a*) ● Atleta iscritto a un Centro Universitario Sportivo (CUS).

cùsso [vc. abissina] **s. m.** ***1*** Pianta delle Rosacee con proprietà medicinali (*Hagenia abyssinica*). ***2*** Droga che si ottiene dai fiori di tale pianta.

cussòrgia [vc. sarda, lat. mediev. *cursōria*, nt. pl., 'porzione di pascolo', dal classico *cŭrrere* 'correre'; detti così perché erano i luoghi in cui le pecore potevano correre e muoversi liberamente] **s. f.** (**pl.** *-ge*) ● In Sardegna, concessione, fatta dall'autorità a pastori, di terre incolte destinate al pascolo: *terreno spettante in c.*

custòde [vc. dotta, lat. *custōde(m)*, di etim. incerta] **A s. m. e f.** ● Chi custodisce o sorveglia qc. o q.c., spec. quale organo ausiliare dell'autorità giudiziaria (*anche fig.*): *il c. del museo*; *i custodi della tradizione* | *C. della scuola*, bidello. **B** in funzione di **agg.** ● (*lett.*) Che custodisce: *angelo c.*

custòdia [vc. dotta, lat. *custōdia(m)*, da *cŭstos*, genit. *custōdis* 'custode'] **s. f.** ***1*** Atto, modo, effetto del custodire: *avere la c. di q.c.*; *avere q.c. in c.*; *dare q.c. in c. a qc.*; *affidare q.c. alla c. di qc.*; *essere sotto la c. di qc.*; *casa di cura e di c.* | *Avere in c. un avversario*, nel calcio e sim., averlo in consegna, marcarlo strettamente | *Agente di c.*, guardia carceraria | *C. cautelare, preventiva*, carcerazione preventiva | (*dir.*) *C. in carcere*, misura cautelare personale a carattere coercitivo che comporta la cattura dell'imputato e la sua traduzione in un istituto di custodia | *Titoli a c.*, depositati presso una banca perché li amministri. ***2*** Astuccio usato per custodire vari oggetti: *una c. di pelle, di celluloide, di cuoio, di tela*; *la c. del violino, degli occhiali, del fucile*. ***3*** Ciborio. || **custodiétta**, **dim.**

custodiménto **s. m.** ● (*raro*) Atto, effetto del custodire.

custodìre o (*pop.*) **costudìre** [vc. dotta, lat. *custodīre*, da *cŭstos*, genit. *custōdis* 'custode'] **A v. tr.** (*io custodìsco, tu custodìsci*) ***1*** Svolgere attività di conservazione e talora di amministrazione di beni: *c. i beni sequestrati o pignorati*. ***2*** Conservare con cura preservando da pericoli e danni (*anche fig.*): *c. la casa in assenza del padrone*; *c. l'innocenza, l'onestà*; *ero consapevole di c. nello scrigno della memoria una folla di fantasmi* (MONTALE). **SIN.** Serbare, tutelare. ***3*** Assistere persone o animali provvedendo alle loro necessità: *c. un malato*; *c. un branco di pecore*. ***4*** Sorvegliare, tenere sotto controllo (*anche fig.*): *c. i prigionieri*. **B v. rifl.** ● Badare alla propria salute, riguardarsi.

custom /*ingl.* 'kʌstəm/ [vc. ingl., propr. 'fatto su ordinazione, su misura'] **s. f. inv.** ● Moto con ampio manubrio e grande sella, particolarmente curata nelle finiture, adatta per lunghi viaggi su strada.

cutàneo **agg.** ● (*anat.*) Della, relativo alla, cute: *annessi cutanei*; *superficie cutanea*.

cùte [vc. dotta, lat. *cŭte(m)*, di origine indeur.] **s. f.** ● (*anat.*) Lamina epitelio-connettivale che riveste tutto il corpo dei Vertebrati | (*per anton.*) Pelle dell'uomo | *C. anserina*, segnata da minuti rilievi alla base dei peli per contrattura del muscolo pilifero, tipica nelle reazioni da freddo. **SIN.** (*pop.*) Pelle d'oca. ➡ **ILL.** p. 364, 366 ANATOMIA UMANA; **zoologia generale**.

Cuterèbridi [etim. incerta: forse da un nome di persona] **s. m. pl.** ● Nella tassonomia animale, famiglia di Ditteri americani le cui larve causano tumori cutanei in vari animali erbivori e nell'uomo (*Cuterebridae*) | (al sing. *-e*) Ogni individuo di tale famiglia.

cuticàgna [da *cotica*] **s. f.** ● (*scherz.*) Collottola, nuca | Pelle della nuca e cuoio capelluto: *Allor lo presi per la c.* (DANTE *Inf.* XXXII, 97).

cutìcola [vc. dotta, lat. *cutĭcula(m)*, da *cŭtis* 'cute'] **s. f.** ● Strato ispessito di varie sostanze che riveste cellule od organi animali o vegetali: *c. del viso, delle unghie*.

cuticolàre [da *cuticola*] **agg.** ● Che appartiene agli strati più superficiali e sottili di rivestimento di un organo: *muscolo c.*

†**cuticùgno** [etim. incerta] **s. m.** ***1*** Soprabito rozzo da campagnoli. ***2*** Veste da camera.

cutìna [da *cute*] **s. f.** ● (*biol.*) Sostanza organica affine alla suberina secreta dai vegetali.

cutireazióne [comp. di *cute* e *reazione*] **s. f.** ● Prova biologica di reazione allergica controllata sulla cute.

cutréttola o **cutrèttola**, †**cutrétta**, †**cutrètta** [lat. tardo *cauda(m) trĕpida(m)* 'coda tremula'] **s. f.** ● Uccello dei Passeriformi con corpo slanciato, zampe lunghe, coda mobilissima, becco sottile e acuto, piumaggio variopinto (*Motacilla flava*). **SIN.** Ballerina, batticoda.

cutter /'katter, *ingl.* 'kʌtə*/ [ingl. 'tagliatore', da *to cut* 'tagliare'] **s. m. inv.** ***1*** Imbarcazione da regata o da diporto a un solo albero e dotato di più fiocchi. ***2*** Macchina usata in cucina, contenente una lama rotante molto affilata per sminuzzare e miscelare vivande.

cutting /*ingl.* 'kʌtiŋ/ [ingl., 'taglio, incisione, scavo, perforazione', da *to cut* 'tagliare', di origine germ.] **s. m. inv.** ● (*min.*) Insieme dei frammenti di roccia che si formano nella perforazione dei pozzi petroliferi.

cuvée /*fr.* ky've/ [vc. fr., da *cuve* 'tino', perché si tratta di un raccolto d'uva posto in una volta nei tini di un viticoltore] **s. f. inv.** ● (*enol.*) Vino prodotto in una determinata zona vinicola o proveniente dallo stesso vigneto.

†**cuvidìgia** e *deriv.* ● V. †*covidigia* e *deriv.*

cyborg /'saiborg, *ingl.* 'saibɔ:g/ [vc. ingl., da *cyb(ernetic) org(anism)* 'organismo cibernetico'] **s. m. inv.** ***1*** Nella fantascienza, essere umano su cui sono stati innestati organi meccanici o elettronici. ***2*** Protesi elettronica dotata di capacità operativa, applicata in un corpo vivente per sostituire un organo mancante.

cyclètte ® /si'klɛt/ [nome commerciale, ricavato dal fr. *bicyclette* 'bicicletta'] **s. f. inv.** ● Attrezzo ginnico simile alla bicicletta, ma privo di ruote, usato per esercizio fisico o per allenamento. ➡ **ILL.** p. 1281 SPORT.

czar /tsar, ktsar/ e *deriv.* ● V. *zar* e *deriv.*

czàrda /'tʃarda, ktsarda/ ● V. *ciarda*.

czèco /'tʃɛko, 'ktsɛko/ ● V. *ceco* (*2*).

d, D

Il suono rappresentato in italiano dalla lettera *D* è quello della consonante esplosiva dentale sonora /d/. Questa consonante, quando è preceduta da una vocale e seguita da un'altra vocale, da una semiconsonante /j, w/ o da una liquida /l, r/, può essere, secondo i casi, di grado tenue (es. *càde* /'kade/, *màdia* /'madja/, *udrà* /u'dra*/, *méno dùro* /'meno 'duro/) oppure di grado rafforzato (es. *càdde* /'kadde/, *addiètro* /ad'djetro/, *raddrìzza* /rad'drittsa/, *più dùro* /pju d'duro/), mentre nelle altre posizioni è sempre di grado medio (es. *andrà* /an'dra*/, *dùro* /'duro/, *bèn dùro* /bɛn 'duro/).

d, D /nome per esteso: *di*, † (*dial.*) *de*/ s. f. o m. ● Quarta lettera dell'alfabeto italiano: *d minuscola*, *D maiuscolo* | *D come Domodossola*, nella compitazione, spec. telefonica, delle parole | *Vitamina D*, V. *vitamina*.

da [comp. delle due prep. lat. *dē* e *ăb* o *ăd*] prep. propria semplice. (Fondendosi con gli art. det. dà origine alle prep. art. m. sing. *dal*, *dallo*; m. pl. *dai*, *dagli*; f. sing. *dalla*; f. pl. *dalle*. Subisce l'elisione solo nelle loc. *d'altro canto*, *d'altronde*, *d'ora in poi* e sim.; V. note d'uso ACCENTO ed ELISIONE e TRONCAMENTO) **I** Stabilisce diverse relazioni dando luogo a molti complementi. **1** Compl. d'agente e di causa efficiente: *essere rimproverato dai genitori*; *essere lodato da tutti*; *albero abbattuto dal vento*. **2** Compl. di causa: *tremare dal freddo*; *saltare dalla gioia*. **3** Compl. di stato in luogo: *sono da Luigi*; *ti attendo dal libraio* | Col sign. di 'presso': *abito dagli zii*; *ha studiato dagli Scolopi* | Con generica indicazione del luogo: *abito anch'io da quelle parti*; *da noi c'è maggior tranquillità* | Con valore locativo, seguito da nome proprio o appellativo, in insegna di trattorie e ristoranti: *da Alfredo*; *da Orazio*; *dal Romagnolo*. **4** Compl. di moto da luogo (*anche fig.*): *arrivare da Milano, dalla Francia*; *partire da casa*; *uscire dalla scuola*; *scendere dal treno*; *riprendere dal principio* | Indica anche il luogo, il punto, la condizione da cui ha origine un movimento, un passaggio, uno spostamento, spec. in correl. con la prep. 'a': *andare, trasferirsi da Palermo a Torino*; *correre da un capo all'altro della città*; *essere promosso dalla prima alla seconda classe*; *contare da uno a cento*; *andare da un estremo all'altro*; *cadere dalla padella nella brace*. **5** Compl. di moto a luogo: *domani andrò da Carlo*; *sono andato dallo zio*; *scendo un attimo dal droghiere*; *verrò da te al più presto*. **6** Compl. di moto attraverso luogo: *non riuscire a passare dalla porta*; *fare passare dalla finestra*. **7** Compl. di origine o di provenienza: *discendere da famiglia nobile*; *il Po nasce dal Monviso*; *l'ho appreso dalla radio*; *ricevere una lettera da un amico*; *i suoi guai dipendono dalla sua prodigalità*; *Leonardo da Vinci*. **8** Compl. di separazione o di allontanamento: *levare un chiodo dal muro*; *guarire da una malattia*; *liberare dal carcere*; *staccarsi da qc.* **9** Compl. di distanza: *essere lontani mille kilometri da casa*; *distare due miglia dal nemico*; *essere a duecento metri dal traguardo*; *essere lontano dalla meta*. **10** Compl. di tempo (esprimendo durata, decorrenza): *abitare in una città da diversi anni*; *aspettare da molti giorni*; *dal mese scorso non ha più scritto*; *da allora non l'ho più visto* | In correl. con la prep. 'a': *dalle nove alle dieci*; *dalla mattina alla sera*; *da Natale a Pasqua*; *rimandare dall'oggi al domani*. **11** Compl. di mezzo: *riconoscere qc. dal passo*; *giudicare dal comportamento, dalle azioni*. **12** Compl. di fine o scopo (esprimendo attitudine, capacità, uso, destinazione): *cavallo da corsa*; *cane da caccia*; *rete da pesca*; *abito da sera*; *veste da camera*; *cappello da prete*; *scarpe da passeggio*; *occhiali da sole*; *vino da pasto*; *sala da ballo* | *Festa da ballo*, di ballo; *biglietto da visita*, di visita; *carta da bollo*, carta bollata; *macchina da scrivere*, per scrivere. **13** Compl. di qualità: *una ragazza dagli occhi azzurri, dai capelli biondi*; *una villetta dalle persiane verdi*; *un ragazzo dalla volontà di ferro*. **14** Compl. di limitazione: *sordo da un orecchio*; *cieco da un occhio*. **15** Compl. di stima e di prezzo: *un quaderno da 1 000 lire*; *un oggetto da pochi soldi*; *una cosa da poco* | Col sign. di 'circa' (in correl. con la prep. 'a'): *avrà dai trentacinque ai quarant'anni*; *erano presenti dalle duemila alle duemilacinquecento persone*. **16** Compl. predicativo: *da giovane*, *da studente*; *tuo zio, da bambino, ti assomigliava*; *mio padre, da vecchio, si è ritirato*; *fungere da presidente, da segretario*; *fare da padre*. **17** Compl. di modo o maniera: *agire, comportarsi da galantuomo*; *trattare da amico*; *tirare avanti da poveri vecchi* | Preceduto da un s. con il sign. di 'degno di', 'che si addice a': *atto da galantuomo*; *azione, gesto da villano*; *parole da ineducato*; *non è cosa da te!* | con valore raff.: *da me, da te, da solo*: *andrò da me*; *agiva da solo*. **II** Introduce varie specie di proposizioni con il v. all'inf. **1** Prop. consecutiva: *c'era un tale baccano da non capire più nulla*; *ero così stanco da non poter stare in piedi*; *un discorso da meditare*; *un uomo da ammirare*; *casa da affittare*; *negozio da vendere*; *nulla da dire*; *niente da fare*. **2** Prop. finale: *portami della carta da disegnare*; *dammi q.c. da mangiare*. **III** Ricorre nella formazione di molte loc. **1** Loc. avv.: *da lontano*; *da vicino*; *da parte*; *da canto*; *da per tutto*; *da lato*; *da presso* e sim. **2** Loc. prep. o prep. composte: *di là da*; *di qua da*; *fuori da*; *fino da*; *eccetto da* e sim.

da' prep. ● (*tosc.*, *lett.*) Forma tronca della prep. art. *dai*.

dabbàsso o **da bàsso** [comp. di *da* e *basso*] avv. ● Giù, in basso (con v. di stato o di moto): *ti aspetto d.*; *scendi d.*; *andammo tutti d. a vedere*.

dabbenàggine [da *dabbene* col suff. proprio degli astratti *-aggine*] s. f. **1** (*raro*, *lett.*) Qualità di chi è dabbene. **2** Balordaggine, semplicioneria: *essere, mostrarsi, di un'eccessiva d.*; *approfittare della d. di qc.* | Azione, comportamento da semplicione: *la sua è stata davvero un'incredibile d.*

dabbène [comp. di *da* e *bene*] **A** agg. inv. **1** Probo, onesto: *uomo d.* | *Dabben uomo*, semplicione, credulone. **2** (*raro*) †Agiato. **B** s. m. ● †Bontà, onestà, rettitudine. || **dabbenàccio**, pegg.

da càpo ● V. *daccapo*.

daccànto [comp. di *da* e (*ac*)*canto*] avv. ● Presso, vicino, a fianco: *sedere d.*; *la scarna lunga testa era d. / al dolce viso di mia madre* (PASCOLI) | *Non riuscire a togliersi qc. d.*, dattorno.

daccàpo o **da càpo** [comp. di *da* e *capo*] **A** avv. ● Dal principio, di nuovo, un'altra volta: *bisogna ricominciare d.*; *dobbiamo riprendere il lavoro d.* | *Essere d.*, alle solite: *eccoti d. con le tue lamentele!* | *Punto e d.*, *andare d.*, in uno scritto, continuare da una riga nuova. **B** s. m. ● (*mus.*) Didascalia che prescrive la ripetizione di un brano: *aria col d.*

dacché o **da che** [comp. di *da* e *che* (*2*)] cong. **1** Da quando (introduce una prop. temp. con il v. all'indic.): *d. è ritornato, non ha fatto che lamentarsi* | *D. mondo è mondo*, da sempre. **2** (*lett.*) Poiché, giacché, dal momento che (introduce una prop. caus. con il v. all'indic.): *d. lo vuoi, andrò*.

dàcia [vc. russa, originariamente 'dono, regalo (del principe)', legata all'ant. v. slavo, che sign. 'dare'] s. f. (pl. *-cie* o *-ce*) ● Piccola villa russa di campagna.

dacìte [comp. del n. dell'ant. *Dacia* e *-ite* (*2*)] s. f. ● (*miner.*) Roccia eruttiva effusiva, di tinta scura, composta in prevalenza da plagioclasio, biotite, orneblenda e quarzo.

dacnomanìa [comp. del gr. *dákno* 'mordo' e di *-mania*] s. f. ● (*med.*) Impulso morboso a mordere.

dàco [vc. dotta, lat. *dācu*(*m*), n. di un'antica popolazione danubiana] s. m. (pl. *-ci*) ● Appartenente a un'antica popolazione che abitava il corso del basso Danubio.

dacoromèno [comp. di *daco* e *romeno*] agg. e s. m. ● Il principale dialetto della lingua romena.

dàcrio- [dal gr. *dákryon* 'lacrima'] primo elemento ● In parole composte della terminologia scientifica, spec. medica, significa 'lacrima' o indica relazione con le ghiandole lacrimali: *dacrioadenite*, *dacrioma*.

dacrioadenìte [comp. di *dacrio-* e *adenite*] s. f. ● (*med.*) Infiammazione della ghiandola lacrimale.

dacriocìsti [comp. di *dacrio-* e *cisti*] s. f. ● (*anat.*) Sacco lacrimale.

dacriocistìte [comp. di *dacriocist*(*i*) e *-ite* (*1*)] s. f. ● (*med.*) Infiammazione del sacco lacrimale.

dacriòma [comp. di *dacri*(*o*)- e *-oma*] s. m. ● (*med.*) Tumore della ghiandola lacrimale | Cisti formatasi per l'otturazione di un dotto lacrimale.

dàcron [marchio della DuPont] s. m. inv. ● (*chim.*) Polietilentereftalato usato come fibra tessile.

dada /fr. da'da/ [vc. fr., onomat. inft. per 'cavallo', con allusione al ritorno alle sensazioni primitive e agli atti irrazionali, sostenuto da questo movimento artistico] **A** s. m. inv. **1** Dadaismo. **2** Chi segue in arte o letteratura i canoni del dadaismo. **B** agg. inv. ● Relativo al dadaismo e ai dadaisti: *movimento d.*; *pittori d.*

dadaìsmo [fr. *dadaïsme*, da *dada* (V.)] s. m. ● Movimento artistico e letterario affermatosi dopo il 1916, e per breve tempo, in Svizzera, Francia e Germania, che programmaticamente escludeva dal fatto artistico ogni razionalità in nome di un'espressione spontanea e incontrollata.

dadaìsta **A** s. m. e f. (pl. m. *-i*) ● Seguace del dadaismo. **B** agg. ● Proprio del dadaismo: *dipinto d.*

dàddolo [vc. inft.] s. m. ● (*tosc.*, *spec. al pl.*) Moine, leziosaggini, smorfie leziose. SIN. Smanceria.

daddovéro [comp. di *da*, *di* e *vero*] **A** avv. ● (*lett.*) Davvero, sul serio: *credette esser cascata d. nell'arca di Noè* (NIEVO). **B** in funzione di agg. inv. ● (*raro*) Effettivo, vero.

dàdo [etim. discussa: lat. *dătu*(*m*) 'cosa data, gettata' (?)] s. m. **1** Piccolo cubo d'avorio, legno e sim. che reca impressi sulle sei facce i punti da uno a sei, usato fin dall'antichità per giochi d'azzardo | *Gettare il d.*, (*fig.*) tentare la sorte | *Giocarsi q.c. ai dadi*, (*fig.*) metterla in gioco, spec. con leggerezza | *Scambiare i dadi in mano*, (*fig.*)

mutare i termini di una questione. *2* Oggetto di forma cubica | *A dadi*, a cubetti: *tagliare la carne, il pane a dadi*; (*est.*) a scacchi, a quadretti: *tessuto a dadi*. *3* Dado di estratto di carne, con sale e spezie, usato per brodi, minestre e sim.: *brodo di dadi*. *4* Nell'arrampicata su roccia, blocchetto di metallo munito di cordino che viene incastrato nelle fessure e utilizzato come ancoraggio nelle manovre di assicurazione. *5* (*arch.*) In un piedistallo di colonna, pilastro e sim., blocco quadrangolare compreso tra la base e la cimasa | Parallelepipedo talora sovrapposto a un capitello, a una certa distanza da esso. *6* (*mecc.*) Prisma solitamente esagonale con foro filettato che si avvita sulla estremità della vite serrandola a fondo per costituire un collegamento fisso. *7* Munizione cubica per antiche armi da fuoco. || **dadétto**, dim. | **dadino**, dim. | **dadolino**, dim. | **dadóne**, accr. | **dadùccio**, dim.

dadòforo [gr. *daidóphoros*, comp. di *daís*, genit. *daídos* 'torcia resinosa' e un deriv. del v. *phérein* 'portare'] s. m. (pl. m. *-fori*) ● Portatore di fiaccola.

dadolàta [da *dado*] s. f. ● In cucina, insieme di dadini di verdura, carni spec. insaccate, pane e altro, usato come guarnizione di minestre e pietanze.

†**dàere** ● V. *dare*.

daffàre [comp. di *da* e *fare*] s. m. inv. ● Insieme di occupazioni varie che comporta un'attività costante e instancabile: *tra casa e ufficio ha il suo bel d.*

dàfne [vc. dotta, lat. *dăphne(m)*, dal gr. *dáphnē* 'alloro'] s. f. ● Genere di piante arbustive velenose delle Timeleacee con fiori privi di corolla riuniti in spighe o in racemi (*Daphne*).

dàfnia [vc. dotta, lat. *dăphnia(m)*, da *dăphne* 'alloro': per l'aspetto delle antenne o della coda, che ricorda i rami o le foglie di questa pianta (?)] s. f. ● Piccolo crostaceo d'acqua dolce dei Cladoceri con corpo ovale appuntito posteriormente (*Daphnia pulex*).

dàga [etim. incerta] s. f. ● Spada corta e larga, a due fili. || **daghétta**, dim.

dagherrotipìa [fr. *daguerréotypie*, da *daguerréotype* 'dagherrotipo'] s. f. *1* Sistema di presa fotografica, in uso nell'Ottocento, per ottenere un dagherrotipo. *2* Dagherrotipo nel sign. 3.

dagherròtipo [fr. *daguerréotype*, comp. del n. dell'inventore, L.-J. Mandé *Daguerre* (1787-1851), e del gr. *týpos* 'impronta, immagine'] s. m. *1* Piastra metallica di argento o argentata che porta un'immagine impressa dalla luce e rivelata dall'azione di sali di mercurio. *2* L'apparecchio usato nell'Ottocento per ottenere tale immagine. *3* L'immagine stessa.

dàgli (1) o (*poet.*) **da gli**, (*poet.*) **dàlli** [comp. di *da* e *gli*] prep. art. ● V. *gli* per gli usi ortografici. Si usa davanti a parole m. pl. che cominciano per vocale, *gn*, *ps*, *s impura*, *x*, *z*. Si può apostrofare solo davanti a parole che cominciano per *i*: *d. umili*; *d. psichiatri*; *d. spiriti*; *d. zii*; *d. dei*; *dagl'infelici*.

dàgli (2) o (*pop.*) **dàlli** [comp. dell'imperat. di *dare* e il pron. pers. *gli* 'a lui'] inter. ● Si usa per incitare, aizzare a rincorrere o assalire qc.: *d. al ladro!*; *d. al cane!*; *l'untore! d.! d.! d.! d. all'untore* (MANZONI) | *D. oggi, d. domani*, continuando a insistere | *E d.!*, esprime impazienza, insofferenza, fastidio per l'insistenza di qc.

dài (1) o (*poet.*) **da i** [comp. di *da* e *i* (1)] prep. art. ● V. *i* per gli usi ortografici. Si usa davanti a parole m. pl. che cominciano per consonante che non sia *gn*, *ps*, *s impura*, *x*, *z*; (*tosc.*, *lett.*) troncato in *da'*: *dai consigli*; *dai semplici*; *dai buoni*.

dài (2) [imperat. di *dare*] inter. ● Si usa per esortare, incitare e sim.: *dai, non prendertela*; *dai, smettila*. SIN. Suvvia | *E dai*, esprime impazienza e fastidio per l'insistenza di qc.

†**dàiere** ● V. *dare*.

dàimio [giapp. *daimyō*, comp. cin. del pref. *dai-* 'grande' e *myō* 'nome'] s. m. inv. ● Titolo di personaggio della nobiltà dell'antico Giappone feudale.

dàino [fr. *daine*, ant. fr. *daim*, da una forma m. del lat. *dāma* 'daino'] s. m. *1* Mammifero ruminante dei Cervidi il cui maschio porta corna allargate e appiattite (*Dama dama*). *2* Pelle dell'animale omonimo, generalmente conciata all'olio per farne scamosciato.

dal o (*poet.*) **da'l** [comp. di *da* e *il*] prep. art. ● V. *il* per gli usi ortografici. Si usa davanti a parole m. sing. che cominciano per consonante che non sia *gn*, *ps*, *s impura*, *x*, *z*: *dal cuore*; *dal suono*; *segue Zefiro, da'l collo | puro, da la rosea gota* (D'ANNUNZIO).

da la /'da lla, 'da la/ ● V. *dalla*.

dàlai-làma [comp. del mongolo *dalai* 'oceano (di sapienza)' e del tibetano *lama* 'maestro'] s. m. inv. ● Capo supremo del buddismo tibetano.

da làto ● V. *dallato*.

dalbèrgia [dal n. del medico e botanico sved. N. *Dalberg*] s. f. (pl. *-ge* o *-gie*) ● Genere di piante arboree o arbustive delle Papilionacee cui appartengono varie specie, una delle quali fornisce il palissandro (*Dalbergia*).

da le /'da lle, 'da le/ ● V. *dalle*.

dàlia [dal nome del botanico sved. A. *Dahl* (1745-1804)] s. f. ● Pianta erbacea perenne delle Composite con radice tuberosa, fusto ramificato, foglie opposte, capolini formati da fiori ligulati esterni e centrali tubulosi (*Dahlia variabilis*).

dàlla o (*poet.*) **da la** [comp. di *da* e *la*] prep. art. ● V. *la* per gli usi ortografici. Si usa davanti a parole f. sing. Si apostrofa davanti a parole che cominciano per vocale: *d. zia*; *dall'amica*.

dallàto o **da làto** [comp. di *da* e *lato*] avv. ● Da una parte, da un lato, di fianco: *mettersi, stare d.*; *vattene nella casa della paglia ch'è qui d.* (BOCCACCIO).

dàlle o (*poet.*) **da le** [comp. di *da* e *le*] prep. art. ● V. *le* per gli usi ortografici. Si usa davanti a parole f. pl.: *d. scritture*; *dalle enciclopedie*.

dàlli (1) ● V. *dagli* (1).

dàlli (2) ● V. *dagli* (2).

dàllo o (*poet.*) **da lo** [comp. di *da* e *lo*] prep. art. ● V. *lo* per gli usi ortografici. Si usa davanti a parole m. sing. che cominciano per vocale, *gn*, *ps*, *s impura*, *x*, *z*. Si apostrofa davanti a parole che cominciano per vocale: *d. studioso*; *d. zio*; *dall'esempio*.

dàlmata [vc. dotta, lat. *Dălmata(m)* 'abitante della *Dalmazia*'] **A** agg. ● Della Dalmazia: *isole dalmate* | *Razza d.*, razza canina robusta, muscolosa, di grande resistenza, caratterizzata da pelame corto di colore bianco macchiato. **B** s. m. e f. (pl. m. *-i*) ● Abitante della Dalmazia. **C** s. m. ● Cane di razza dalmata.

dalmàtica [vc. dotta, lat. *Dalmătica(m)* 'tunica originaria dalla *Dalmazia*'] s. f. *1* Tunica bianca, corta e aperta ai lati portata dai Romani. *2* Indumento liturgico indossato dal diacono nella messa e nelle benedizioni, e dal vescovo nella messa solenne.

dalmàtico [vc. dotta, lat. *Dalmăticu(m)* 'proprio della *Dalmazia*'] **A** agg. (pl. m. *-ci*) ● Della Dalmazia | *Lingua dalmatica*, lingua del gruppo romanzo, parlata un tempo in Dalmazia. **B** s. m. solo sing. ● Lingua dalmatica.

da lo /'da llo, 'da lo/ ● V. *dallo*.

dalton [vc. ingl., dal n. del chimico ingl. J. *Dalton* (1766-1844)] s. m. inv. ● (*chim.*) Unità di misura delle masse atomiche, pari a $1{,}66 \cdot 10^{-24}$ grammi. SIMB. u.

daltònico agg.; anche s. m. (f. *-a*; pl. m. *-ci*) ● Che, chi è affetto da daltonismo.

daltonìsmo [ingl. *daltonism*, dal n. del chimico J. *Dalton* (1766-1844), che per primo lo descrisse] s. m. ● (*med.*) Cecità ai colori.

d'altrónde [comp. di *d(a)* e *altronde*] avv. ● D'altra parte; V. anche *altronde* nel sign. 1.

dàma (1) [fr. *dame*, dal lat. *dŏmina(m)* 'donna'] s. f. (m. *-o*) *1* Titolo accordato un tempo solo alle donne di altissimo rango, poi esteso a tutte le nobildonne | Donna di elevata condizione: *è una vera d.* | *Fare la gran d.*, *darsi arie da gran d.*, affettare atteggiamenti distinti e signorili che non corrispondono alla realtà | *D. di compagnia*, donna, generalmente di buona famiglia, stipendiata per tenere compagnia a persone anziane benestanti, spec. di sesso femminile. *2* Nelle coppie di danza, la compagna del ballerino: *scegliere la propria d.* | (*volg.*) Omosessuale passivo. *3* (*fam.*, *tosc.*) Fidanzata | †Donna amata | †Moglie. *4* †Signora, padrona | †*Nostra Dama*, la Madonna. *5* (*raro*) Nel gioco delle carte, donna, regina. *6* (*al pl.*) Religiose di alcuni ordini cattolici dedite all'educazione delle giovani o alle opere di carità: *Dame della Carità*. || **damàzza**, pegg. (spec. lomb.) | **damina**, dim. | **damùccia**, dim.

dàma (2) [fr. *jeu de dames*, cioè delle 'pedine doppie' (*dames*)] s. f. *1* Gioco che si fa su una scacchiera con dodici pedine per parte. *2* La scacchiera su cui si gioca. *3* La pedina giunta all'ultima fila dello schieramento opposto, che, sovrapposta a un'altra, si sposta in entrambe le direzioni | *Andare a d.*, *far d.*, raggiungere tale posizione.

dàma (3) [da connettere a *dama* (1) o a *dama* (2), con processo semantico non chiaro] s. f. ● (*tecnol.*) Chiodaia.

†**dàma** (4) ● V. †*damma*.

damalisco [dal gr. *dámalis* 'giovenca', di origine indeur., col suff. dim., pure di origine gr., *-isco*] s. m. (pl. *-chi*) ● Genere di antilopi con muso corto e corna non molto sviluppate (*Damaliscus*).

damàre [da *dama* (2)] v. tr. ● Fare dama.

damascàre [da *damasco*] v. tr. (*io damàsco, tu damàschi*) *1* Lavorare il panno a damasco. *2* Incastrare nelle parti d'acciaio delle armi, in scavi appositamente preparati, fili e pezzetti d'oro o d'argento per effetto decorativo.

damascàto part. pass. di *damascare*; anche agg. ● Nel sign. del v.

damascatùra s. f. ● Atto, effetto del damascare.

damascèno [vc. dotta, lat. *Damascēnu(m)* 'di *Damasco*'] agg. ● (*lett.*) Della città di Damasco | *Rose damascene*, varietà di rose bianche molto profumate.

damaschinàre v. tr. ● Damascare, nel sign. 2.

damaschinatóre s. m. ● Chi esegue lavori di damaschinatura.

damaschinatùra s. f. ● Atto, effetto del damaschinare.

damaschìno **A** agg. ● Di Damasco. **B** s. m. *1* Drappo damascato. *2* Intarsio d'oro o d'argento nell'acciaio, per effetto decorativo. *3* (*bot.*) Varietà di susino con rami e germogli pelosi originario della Siria.

damàsco [dal nome della capitale siriana, *Damasco*, ar. *Dimaschk*] s. m. (pl. m. *-schi*) ● Drappo di seta in un solo colore, lavorato solitamente a fiorami i quali risaltano sul fondo raso per contrasto di lucentezza: *Il letto era coperto di un d. di cotone rossastro* (MORANTE).

dameggiàre [da *dama* (1)] **A** v. intr. (*io daméggio*; aus. *avere*) ● (*raro*) Recarsi in luoghi frequentati da dame. **B** v. tr. ● (*raro*, *lett.*) Corteggiare una dama.

da méno ● V. *dammeno*.

†**damerìa** [fr. *damerie*, da *dame* 'dama (1)'] s. f. ● (*spreg.*) Ostentato contegno da gran dama.

damerìno [dim. di *damo*, masch. di *dama* (1)] s. m. *1* Chi fa il bellimbusto con le donne. *2* Chi è lezioso e ricercato nel vestire. SIN. Ganimede, zerbinotto. *3* (*tosc.*) †Innamorato, amante.

damier /fr. da'mje/ [vc. fr., propr. 'damiera, scacchiera', da *dame* 'dama (2)'] s. m. inv. ● Stoffa a scacchi.

damièra [da *dama* (2)] s. f. ● Damiere.

damière [fr. *damier*, da *dame* 'pedina'] s. m. ● Scacchiera per il gioco della dama.

damigèlla [ant. fr. *dameisele*, dal lat. *dominicĕlla*, dim. di *dŏmina* 'donna'] s. f. *1* Titolo dato anticamente alle mogli dei baccellieri, degli ufficiali di toga e dei gentiluomini, poi a tutte le fanciulle nobili | Fanciulla di condizione elevata | *D. d'onore*, colei che accompagna la sposa nel corteo nuziale | *D. di compagnia*, dama di compagnia. *2* (*lett.*) Giovinetta, ragazza. *3* †Cameriera. *4* (*zool.*) *D. di Numidia*, piccola gru con collo e piume del petto nere e due ciuffi di piume riunite sotto ciascun occhio (*Anthropoides virgo*).

†**damigèllo** [ant. fr. *dam(o)isel*, dal lat. *dominicĕllus*, dim. di *dŏminus* 'signore'] s. m. ● Giovane di nobile condizione non ancora armato cavaliere | Paggio.

damigiàna [fr. *dame-jeanne*, letteralmente 'signora Giovanna', di etim. incerta] s. f. ● Recipiente di vetro a forma pressoché sferica, dotato di collo corto e largo, rivestito di fibre vegetali intrecciate, o altro materiale, destinato a contenere e trasportare liquidi | (*fig.*, *scherz.*) *Fare una d.*, fare un gran fiasco. ➡ ILL. **vino**. || **damigianétta**, dim. | **damigianina**, dim. | **damigianóna**, accr.

damista [da *dama* (2)] s. m. e f. (pl. m. *-i*) ● Giocatore di dama.

†**dàmma** o †**dàma** (4) [vc. dotta, lat. *dămma(m)*, di origine straniera e di etim. incerta] **s. f.** • Daino.

†**dammàggio** [ant. fr. *damage*, da *dam* 'danno'] **s. m.** • (*raro*) Danno.

dammàr [vc. ingl., prestito del malese *damar* 'resina'] **s. f. inv.** • Resina gialla o incolore usata per vernici e in pittura.

damméno o **da méno** [comp. di *da* e *meno*] **agg. inv.** • Inferiore: *non siamo d. di voi.*

dammùso [sic. *dammusu* 'volta (2)' e anche 'prigione, segreta', dall'ar. *dāmūs* 'volta (2)'] **s. m.** • Abitazione in pietra, con il tetto a volta, tipica dell'isola di Pantelleria.

dàmo [da *dama* (*1*)] **s. m.** • (*tosc.*) Giovane amato | Fidanzato.

damping /*ingl.* 'dæmpiŋ/ [vc. ingl., da *to damp* 'smorzare', 'attenuare'] **s. m. inv.** • (*fis.*) Smorzamento, attenuazione.

†**danàio** • V. *denaro.*

danàro • V. *denaro.*

danaróso o (*raro*) **denaróso** [da *danaro*] **agg.** • Che ha molto denaro. **SIN.** Facoltoso, ricco.

dàncalo [dal n. ar. *Dankalī*] **A agg.** • Della Dancalia. **B s. m.** (f. *-a*) • Abitante, nativo della Dancalia.

dance music /*ingl.* 'da:ns 'mju:zik/ [loc. ingl., comp. di *dance* 'ballo, danza' e *music* 'musica'] **loc. sost. f. inv.** • Musica adatta al ballo, spec. nelle discoteche.

dancing /'dɛnsin(g), *ingl.* 'da:nsiŋ, 'dænsiŋ/ [vc. ingl., part. pres. di *to dance* 'danzare', di origine fr. (sottinteso *room* 'locale')] **s. m. inv.** • Sala da ballo.

dànda [vc. onomat.] **s. f.** • Ciascuna delle due strisce, cinghie, o sim. che sorreggono i bambini quando imparano a camminare | *Avere bisogno delle dande*, (*fig.*) del continuo aiuto degli altri.

dandismo o (*evit.*) **dandysmo** [fr. *dandysme*, da *dandy*] **s. m.** • Ostentazione di eleganza e raffinatezza estetizzante.

dandistico **agg.** (pl. m. *-i*) • Del, relativo al dandismo o a un dandy.

dandy /*ingl.* 'dændi/ [dal n. pr. *Dandy*, vezz. di *Andrew* 'Andrea' (?)] **s. m. inv.** (pl. ingl. *dandies*) *1* Chi segue, nell'abbigliamento e negli atteggiamenti, i dettami della moda, con compiaciuta raffinatezza. *2* (*mar.*) Imbarcazione a vela di media grandezza, a due alberi e bompresso, usata per diporto.

dandỳsmo /dan'dizmo/ • V. *dandismo.*

danése [ant. fr. *danois* 'danese', dal francone *danisk*] **A agg.** • Della Danimarca. **B s. m. e f.** • Abitante della Danimarca. **C s. m.** • (*zool.*) Alano tedesco. **D s. m. solo sing.** • Lingua del gruppo germanico parlata in Danimarca.

dannàbile [vc. dotta, lat. *damnābile(m)*, da *dămnum* 'danno'] **agg.** • (*lett.*) Degno di riprovazione, di condanna: *l'ambizione non è d.* (GUICCIARDINI).

†**dannàggio** o (*raro*) †**dannàio** [ant. provz. *damnatge*, da *dam* 'danno, peccato'] **s. m.** *1* (*lett.*) Danno: *come tosto hai mutato viso a mio d.* (BOCCACCIO) | (*lett.*) Disgrazia. *2* Castigo, pena, condanna.

dannàre [lat. *damnāre*, da *dămnum* 'danno'] **A v. tr.** *1* (*lett.*) Condannare: *d. qc. a morte, a morire* | Condannare alle pene dell'inferno: *un simile peccato vi dannerebbe* | *Fare d. qc.*, portarlo alla disperazione | *Dannarsi l'anima per q.c.*, volere q.c. a qualunque costo. *2* (*raro, lett.*) Riprovare, disapprovare: *ciascuno dannava l'ambizione e l'avarizia de' potenti* (MACHIAVELLI). *3* Dichiarare non conforme alle dottrine della Chiesa. *4* †Cancellare, annullare, spec. un debito, un conto e sim. **B v. rifl.** *1* Perdere l'anima: *dannarsi per i propri peccati.* *2* Tormentarsi senza tregua: *dannarsi tutto il giorno con preoccupazioni continue.* **SIN.** Crucciarsi.

dannàto **A part. pass.** di *dannare*; anche **agg.** *1* Nei sign. del v. *2 Anima dannata*, (*fig.*) persona malvagia | *Gridare come un'anima dannata*, disperatamente | (*fig.*) *Essere l'anima dannata di qc.*, l'istigatore o l'esecutore delle sue infamie | *Di dannata memoria*, che si ricorda con odio | (*fig.*) *Stagione dannata*, inclemente | *In, per, nella dannata ipotesi*, nella peggiore eventualità, nel peggiore dei casi. || **dannataménte**, **avv.** *1* (*raro*) In modo dannato. *2* Esageratamente: *è d. sfortunato.* **B s. m.** (f. *-a*) • Chi è condannato alle pene dell'inferno | *Il mondo dei dannati*, l'inferno | *Soffrire, faticare, lavorare, come un d.*, molto e senza possibilità di sollievo.

†**dannatóre** [lat. *damnatōre(m)*, da *dămnum* 'danno'] **s. m.** (f. *-trice*) • Chi condanna.

†**dannatùra** **s. f.** • Cancellazione, annullamento, spec. di debito, conto e sim.

dannazióne [lat. *damnatiōne(m)*, da *dămnum* 'danno'] **A s. f.** *1* Atto del dannare e del dannarsi. **SIN.** Perdizione. *2* Perdita dell'anima per il peccato e condanna alla pena infernale: *d. eterna.* *3* (*fig.*) Tormento, pena: *essere la d. di qc.*; *se continua così sarà la d. dell'anima mia.* **B** in funzione di **inter.** • Esprime disappunto, rabbia, per un fatto fastidioso, per cosa che non è riuscita, o che sopraggiunge improvvisa a ostacolare un proposito: *mi è andata male, d.!*

danneggiaménto **s. m.** • Atto, effetto del danneggiare.

danneggiàre [da *danno*] **A v. tr.** (*io dannéggio*) *1* Far danno: *l'alluvione ha danneggiato molti paesi* | Sciupare, guastare: *il caldo danneggia certi cibi* | Menomare: *l'incidente gli ha danneggiato l'uso delle gambe.* *2* (*fig.*) Offendere, nuocere: *chiacchiere infondate danneggiano il suo nome.* **SIN.** Ledere. **B v. rifl.** • Essere causa del proprio danno: *danneggiarsi con una condotta incosciente* | Subire un danno.

danneggiàto **A part. pass.** di *danneggiare*; anche **agg.** • Nei sign. del v. **B s. m.** (f. *-a*) • Chi ha subito un danno: *i danneggiati di guerra.*

danneggiatóre **agg.**; anche **s. m.** (f. *-trice*) • (*raro*) Che, chi danneggia.

†**dannévole** **agg.** *1* Condannabile, riprovevole. *2* Nocivo, dannoso.

†**dannificàre** **v. tr.** *1* Danneggiare. *2* (*raro*) Condannare | Proibire.

†**dannità** **s. f.** • Danno.

dànno [lat. *dămnum*, di etim. incerta] **s. m.** *1* Ogni fatto, circostanza, azione, e sim. che nuoce a persone o cose sia materialmente sia immaterialmente: *d. rilevante, grave, incalcolabile, irreparabile; lieve d.*; *i danni del maltempo*; *procurare, subire, patire, soffrire un d.*; *fare, arrecare, causare, un d.*; *ricevere, risentire, un d.*; *facevano anche molti fuorusciti danni grandissimi in Basilicata* (GUICCIARDINI) | *Chiedere i danni*, esigerne il risarcimento | *Rifarsi dei danni*, farseli risarcire | (*scherz.*) *Stare col d. e con le beffe*, essere non solo danneggiato ma anche schernito | *Mio, tuo, nostro d.*, peggio per me, per te, per noi | Scapito, svantaggio: *a mio, tuo, nostro d.*; *tutto ciò si svolgerà in d. per loro.* *2* (*dir.*) *D. ingiusto*, cagionato da un comportamento antigiuridico altrui | *D. patrimoniale*, consistente in una perdita economica | *D. biologico*, lesione dell'integrità psico-fisica di un soggetto | *D. criminale*, offesa di un interesse protetto da una norma penale | *D. emergente*, reale diminuzione del patrimonio conseguente a un illecito altrui. *3* (*est.*) Grave dispiacere, dolore: *la morte del figlio gli ha procurato un gran d.* | *D. eterno*, dannazione. *4* (*med.*) Alterazione, lesione e sim. di un organo o di una sua parte: *d. epatico.*

dannosità **s. f.** • Qualità di ciò che è dannoso.

dannóso [lat. *damnōsu(m)*, da *dămnum* 'danno'] **agg.** • Che apporta danno, nocivo: *la grandine è dannosa per i raccolti*; *è uno strapazzo d. al fisico*; *la dannosa colpa de la gola* (DANTE *Inf.* VI, 53) | Eredità dannosa, in cui i debiti superano i crediti. || **dannosaménte**, **avv.**

dannunzianésimo **s. m.** *1* Maniera tipica dell'arte dannunziana. *2* Movimento letterario e culturale, stile di vita che riconobbe in D'Annunzio la propria guida e modello.

dannunziàno **A agg.** • Che si riferisce alla persona, al tempo, all'arte e allo stile di G. D'Annunzio (1863-1938): *poesia dannunziana*; *teatro d.*; *gusto d.* **B s. m.** (f. *-a*) • Seguace, imitatore di D'Annunzio.

dannunzieggiàre **v. intr.** (*io dannunziéggio*; aus. *avere*) • Imitare gli atteggiamenti e lo stile di D'Annunzio.

d'antan /*fr.* dã'tã/ [loc. fr., lat. parl. **ānt(e) ănu(m)* per il class. *ānte ănnu(m)* 'è un anno', 'l'anno prima', comp. di *ānte* 'prima' e *ănnus* 'anno'] **loc. agg. inv.** • Di un tempo, di una volta: *la Parigi d'antan.*

dànte [sp. *dante*, per unione della prep. *de* al più frequente *ante* 'ruminante simile al cervo', dall'ar. *lamt*] **s. m.** • (*raro*) Daino.

dànte càusa [letteralmente 'colui che dà (*dante*) motivo (*causa*) alla trasmissione del diritto'] **loc. sost. m. inv.** • (*dir.*) Precedente titolare di un diritto ad altri trasferito. **SIN.** Autore.

danteggiàre **v. intr.** (*io dantéggio*; aus. *avere*) • Imitare Dante.

dantésca [detta così perché ritenuta in uso ai tempi di *Dante*] **s. f.** • Savonarola.

dantésco **agg.** (pl. m. *-schi*) *1* Relativo a Dante Alighieri (1265-1321) e alla sua opera: *letteratura dantesca* | *Cattedra dantesca*, dove si spiegano le opere di Dante | *Letture dantesche*, conferenze che illustrano canti della Divina Commedia o altri argomenti connessi alla figura e alle opere di Dante. *2* (*est.*) Energico, sublime: *una fantasia dantesca.* || **dantescaménte**, **avv.** Secondo lo stile di Dante.

dantìno [da *Dante* (Alighieri) col suff. *-ino*] **s. m.** • Volume di formato e caratteri minuti, contenente il testo della Divina Commedia.

dantismo **s. m.** *1* Studio, culto di Dante. *2* Parola o locuzione coniata da Dante.

dantista **s. m. e f.** (pl. m. *-i*) • Studioso di Dante.

dantistica **s. f.** • Studio di Dante e delle sue opere.

dantologìa [comp. del n. di *Dante* e *-logia*] **s. f.** • Studio delle opere di Dante | Insieme degli studi relativi alle opere di Dante.

danubiàno **agg.** • Che riguarda il fiume Danubio o le terre da esso attraversate.

dànza [da *danzare*] **s. f.** *1* Complesso di movimenti ritmici del corpo, eseguiti da una o da più persone, per lo più in accordo con un accompagnamento musicale: *una d. guerriera*; *le danze del Quattrocento* | *D. classica*, di scuola, coltivata come arte secondo regole rigorose | *D. popolare*, sorta e organizzatasi all'interno del folklore di un paese | *D. sacra, rituale*, nelle civiltà primitive con significato religioso o d'iniziazione | Ballo: *aprire, guidare le danze*; *sala di danze* | (*est.*, *zool.*) *D. delle api*, sequenza di movimenti, prevalentemente circolari, compiuti, volando, da un'ape bottinatrice per segnalare alle compagne l'orientamento e la distanza di una fonte di nettare o polline. *2* (*lett.*, *fig.*) Intrigo, imbroglio, impiccio: *poiché mi avete fatto entrare in cotesta d., non ne voglio uscire con disonore* (GOLDONI) | *Menare la d.*, (*fig.*) dirigere l'intrigo. *3* Musica scritta per essere danzata, o nata in rapporto a strutture ritmiche di danze popolari: *le danze ungheresi di Brahms.* || **danzétta**, **dim.**

danzànte **part. pres.** di *danzare*; anche **agg.** *1* Nei sign. del v. *2 Serata, festa d.*, durante la quale si balla | *Tè d.*, trattenimento pomeridiano con danze.

danzàre [fr. *danser*, di etim. incerta] **A v. intr.** (aus. *avere*) *1* Muoversi seguendo un ritmo musicale: *la ballerina danzava nella sala vuota* | *D. al suono di qc.*, (*fig.*) essere costretto ad accettare la volontà altrui | Ballare: *abbiamo danzato tutta la sera.* *2* (*fig.*) Agitarsi, volteggiare: *le ombre danzano sulla parete*; *una strana idea gli danzava nella mente* | Avvicendarsi, di giorni, ore, e sim.: *lo stuol de l'ore danza / lontano omai da me* (CARDUCCI). **B v. tr.** • Eseguire danzando: *d. il valzer, il tango.*

danzatóre **s. m.** (f. *-trice*) • Chi danza. **SIN.** Ballerino.

dàpe [vc. dotta, lat. pl. *dăpe(s)*, di origine indeur.] **s. f.** (pl. *dàpi* o *dàpe*) • (*lett.*) Banchetto, vivanda | (*fig.*) Nutrimento spirituale: *la mente mia ... tra quelle dape / fatta più grande* (DANTE *Par.* XXIII, 43-44).

dapertùtto • V. *dappertutto.*

da piè • V. *dappiè.*

da piède • V. *dappiè.*

dapìfero [vc. dotta, lat. *dapĭferu(m)*, comp. di *dăps*, genit. *dăpis* 'banchetto' e *-fero*] **agg.**; anche **s. m.** • (*raro, lett.*) Portatore di vivande.

da più • V. *dappiù.*

da pòco • V. *dappoco.*

†**da pòi** • V. †*dappoi.*

†**da pòi che** /da pɔi 'ke*, da p'pɔi ke*/ • V. *dappoiché.*

dappertùtto o **da per tùtto**, (*evit.*) **dapertùtto**

[comp. di *da*, *per* e *tutto*] avv. • In ogni parte, in tutti i luoghi: *essere, andare d.*; *tutto il mondo è paese, e l'umanità è la medesima d.* (GOLDONI).
dappiè o **da piè**, **da piède**, **dappiède** [comp. di *da* e *piè(de)*] **A** avv. • Ai piedi, nella parte inferiore, in basso: *queste erbacee degli errori ... si tagliassero dappiede* (LEOPARDI). **B** nella loc. prep. *d. di* • (*raro*) Sotto, nella parte inferiore, ai piedi: *da piè d'un monte* (SANNAZARO).
dappiù o **da più** [comp. di *da* e *più*] **A** avv. • †Più, in maggior numero: *da più furono coloro a' quali ciò che io dirò avvenne* (BOCCACCIO). **B** in funzione di agg. e s. m. • Che, chi è migliore, superiore per grado o per capacità: *credersi, ritenersi d. di un altro, di tutti.*
dappocàggine [da *dappoco* col suff. *-aggine*] s. f. • Qualità di chi è dappoco: *è nota la sua d. nel ragionare* | Azione di persona dappoco. SIN. Inettitudine.
†**dappochézza** s. f. • Dappocaggine.
dappòco o **da pòco** [comp. di *da* e *poco*] agg. inv. **1** Che ha scarsa intelligenza, abilità, capacità, e sim.: *è un professore d.*; *una scrivania scarsa denunzia inesorabilmente un occupante d.* (LEVI). SIN. Inetto. **2** Che ha poca importanza, scarso valore, rilievo, e sim.: *questioni da poco*; *non preoccuparti, è una cosa da poco.* SIN. Irrilevante. || **dappocàccio**, pegg. | **dappocóne**, accr. || †**dappocaménte**, avv. Da uomo dappoco.
†**dappòi** o †**da pòi** [comp. di *da* e *poi*] **A** avv. • Dopo, più tardi, in seguito, successivamente: *Colei cui non osiam più madre / nomar d.* (ALFIERI). **B** prep. • (*raro*) Dopo.
†**dappoiché** o †**da pòi che** [comp. di *da*, *poi* e *che (2)*] cong. **1** (*lett.*) Da quando, dopo che (introduce una prep. temp. con il v. all'indic.): *d. Romolo e Remo furono cresciuti in loro etade* (VILLANI). **2** (*lett.*) Dal momento che, poiché (introduce una prop. caus. con il v. all'indic.).
dapprèsso o **da prèsso** [comp. di *da* e *presso*] **A** avv. • Vicino, accanto: *stagli d.* | Da vicino: *seguire d. qc.* **B** in funzione di agg. inv. • (*raro*) Seguente, prossimo: *l'anno d.* **C** nella loc. prep. *d. a* • (*lett.*) Vicino, accanto: *soffri / che l'alma io spiri a te d.* (ALFIERI).
dapprìma o **da prìma** [comp. di *da* e *prima*] avv. • Prima, in un primo momento, in un primo tempo, sul principio: *d. non capivo*; *d. aveva un certo timore*; *parliamo d. dei sudditi* (ALFIERI).
dapprincìpio [comp. di *da* e *principio*] avv. • In principio, in origine: *d. non voleva sentire nulla* (VERGA).
da prèsso • V. *dappresso*.
da prìma • V. *dapprima*.
dàra [etim. incerta] s. f. • (*mar.*) Sui velieri, insieme dei pezzi di riserva per l'alberatura.
dardeggiàre [da *dardo*] **A** v. tr. (*io dardéggio*) • (*lett.*) Colpire con dardi (*spec. fig.*): *d. il nemico*; *occhi minacciosi lo dardeggiavano*; *il sole dardeggia la pianura.* **B** v. intr. (aus. *avere*) • Lanciare dardi | (*fig.*) Lanciare occhiate ardenti: *gli occhi dardeggiano* | (*fig.*) Mandare raggi infuocati: *il sole dardeggia nel cielo d'agosto.*
†**dardière** s. m. • Chi è armato di dardo.
dàrdo [fr. *dard*, dal francone **darodh*] s. m. **1** Asta di legno con punta di ferro, da scagliare a mano | Freccia per arco o balestra. **2** (*fig., poet.*) Sguardo, gesto, parola, e sim. che colpisce e accende una passione, spec. intensa e improvvisa: *cominciò cogli occhi a rimandare / ... gli ardenti dardi / ch'Amor sovente gli facea gittare* (PULCI). **3** (*spec. al pl., fig., lett.*) Fulmine, saetta: *i dardi di Giove* | Raggio infocato: *i dardi del sole.* **4** La punta caldissima di una fiamma, spec. ossidrica o di acetilene. **5** (*bot.*) Rametto fruttifero delle Pomacee e delle Drupacee. || **dardétto**, dim.
dàre o (*raro*) †**dàere**, (*raro*) †**dàiere** [lat. *dăre*, di origine indeur.] **A** v. tr. (pres. *io do* o raro *dò, tu dài, egli dà, noi diàmo, voi dàte, essi dànno*; imperf. *io dàvo* o †*dàva*; pass. rem. *io dièdi* o *dètti, tu désti, egli diède* o *dètte* o †lett. *diè, noi démmo, voi déste, essi dièdero* o *dèttero*; fut. *io darò*; congv. pres. *io dìa, noi diàmo, voi diàte, essi dìano*; congv. imperf. *io déssi, tu déssi, egli désse, noi déssimo, voi déste, essi déssero*; condiz. pres. *io darèi*; imperat. *dà* /da, da*/ o *da'* o *dài*; ger. *dàndo*; part. pass. *dàto*) ATTENZIONE! *do, dai, danno* non richiedono l'accento; *dà* (terza pers. sing.) invece va sempre accentato (V. nota d'uso ACCENTO); *da'* (seconda pers. imper.) vuole l'apostrofo (V. nota d'uso ELISIONE e TRONCAMENTO) **I** Gener. indica trasferimento, in senso proprio o figurato, da una cosa o persona a un'altra. CONTR. Ricevere. **1** Passare una cosa o sim. ad altri: *d. una sigaretta*; *d. del denaro*; *d. il buon esempio*; *d. un cattivo esempio* | Offrire, regalare, largire: *d. q.c. in regalo*; *d. q.c. in elemosina, in carità*; *d. la propria vita per un ideale* | *D. a Cesare quel che è di Cesare*, a ciascuno il dovuto | Consegnare, affidare: *d. una lettera al fattorino*; *d. un incarico*; *d. le chiavi di una città*; *d. una cauzione, un'ipoteca*; *d. q.c. in custodia a qc.* | *Darsi delle arie*, vantarsi | *D. luogo a q.c.*, essere causa di q.c. | *D. carta libera, carta bianca a qc.*, lasciarlo arbitro della situazione, concedergli piena autonomia. **2** Aggiudicare, attribuire, assegnare, conferire: *d. a qc. la croce al merito*; *d. eccessiva importanza a qc., a q.c.*; *d. un posto, un lavoro, un alloggio a qc.*; *d. q.c. al migliore offerente* | Fornire, procurare: *ti darò il danaro di cui hai bisogno*; *questa impresa gli ha dato onori e gloria.* **3** Impartire: *d. un ordine, una lezione* | Infliggere: *d. il carcere a vita*; *d. due anni di pena.* **4** Somministrare, propinare, prescrivere: *d. una medicina, l'estrema unzione, i sacramenti.* **5** Pagare, sborsare: *d. un forte compenso, una mancia generosa* | *Dovere d. q.c. a qc.*, essere debitore. **6** Cedere, concedere: *d. la via, il passo a qc.*; *d. i propri favori a qc.* | (*pop.*) *Darla via, darla a qc.*, con riferimento a donna, intrattenere rapporti sessuali con qc. **7** Dedicare: *d. tutto se stesso agli studi*; *d. il meglio di se stesso per la riuscita di q.c.* **8** Imprimere: *d. forza.* **9** Produrre, rendere, emettere: *d. un suono stridulo*; *d. un forte calore*; *d. molti frutti*; *d. cinquanta quintali di grano per ettaro* | Causare: *d. il vomito, la febbre, la morte.* **10** Comunicare: *d. una buona notizia.* **11** Offrire: *d. una festa, un ricevimento, un banchetto* | Eseguire: *d. un concerto.* **12** Augurare: *d. il benvenuto, il buon anno.* **13** Attribuire spec. pubblicamente una qualità per lo più negativa, offensiva, ingiuriosa (seguito dal partitivo *del, dello, della*): *d. a qc. del cretino, dell'asino, della bestia.* **14** Volgere: *d. le spalle a qc., a q.c.* **II** Spesso, quando precede un sostantivo, dà origine a una costruzione equivalente al verbo il cui sign. è rappresentato dal sostantivo stesso: *d. consigli, spiegazioni, ammonimenti*, consigliare, spiegare, ammonire | *D. agio, occasione, mezzo, luogo, tempo*, permettere di | *D. un grido, una voce*, gridare, chiamare | *D. la vernice, la tinta*, verniciare, tingere | *D. animo, coraggio*, incoraggiare | *D. fuoco*, incendiare | *D. il lucido, il taglio, la curva*, lucidare, tagliare, curvare | *D. gusto, sapore*, insaporire | *D. grazia a q.c.*, abbellirla | *D. un castigo, una punizione*, castigare, punire | *D. uno schiaffo*, schiaffeggiare | *D. la vita*, generare | *D. inizio*, iniziare | *D. fondo*, ancorarsi, far cadere l'ancora per ormeggiarsi | *D. volta*, legare stabilmente una cima, un cavo attorno a una bitta, a una caviglia e sim. | *Darsi pace*, rassegnarsi. **III** Seguito dalle prep. *a, da, in, per*, dà origine ad alcune loc. particolari: *d. a frutto*, prestare con interesse | *D. un lavoro a cottimo*, assegnarlo | *D. a intendere, a bere, a divedere q.c.*, far credere q.c. | *D. a o da pensare, da fare*, procurare pensieri, fastidi | *D. q.c. da mangiare, da bere e sim.*, offrire | *D. in moglie, in sposa, in dono, in omaggio, in pegno, in prova*, offrire, assegnare | *D. per scontato, per certo, per buono, per morto*, dichiarare scontato, certo e sim. **B** v. intr. (aus. *avere*) **1** Guardare: *il nostro balcone dà sul mare* | Volgere, tendere: *è una persona che dà sul pedante, nell'ordinario*; *è di un colore blu che dà al verde* | Sboccare, detto di corsi d'acqua, strade e sim. **2** Urtare, battere: *d. rialzandomi, ho dato con la testa nel muro.* **3** Prorompere: *d. in un pianto dirotto, in lacrime, in escandescenze.* **4** Seguito da prep. in molte loc.: *d. nel segno*, (*fig.*) colpire giusto | *D. alla testa*, stordire | *D. di testa, d. nei matti*, ammattire | *D. ai, sui nervi*, innervosire | *D. nell'occhio*, attirare l'attenzione | *D. di sprone*, spronare | *D. contro qc.*, contraddirlo, attaccarlo. **C** v. rifl. • Applicarsi, dedicarsi: *darsi all'arte, allo sport* | *Darsi d'attorno*, brigare | Abbandonarsi: *darsi al gioco, all'alcol* | *Darsi a Dio*, consacrarsi | Sottomettersi, consegnarsi: *darsi al nemico*; *darsi prigioniero* | *Darsi per vinto*, arrendersi (*anche fig.*) | *Darsi alla macchia*, rendersi irreperibile per sfuggire a un pericolo, a una minaccia, a una cattura, o per organizzare attività clandestine. **D** v. rifl. rec. • Scambiarsi: *darsi un bacio* | *Darsi il cambio*, sostituirsi l'uno all'altro a turno | *Darsi dello stupido*, scambiarsi a vicenda un'offesa. **E** v. intr. pron. • Cominciare: *darsi a correre, a gridare* | *Darsela a gambe*, scappare. **F** v. intr. impers. e intr. pron. • Avvenire, accadere: *può darsi*; *si dà il caso che.* **G** in funzione di s. m. solo sing. **1** Ciò che si deve o è dovuto. SIN. Debito. **2** (*rag.*) Denominazione convenzionale della parte sinistra di un conto: *il d. e l'avere.* SIN. Debito.
dark /dark, *ingl.* da:k/ [vc. ingl., propr. 'scuro'] s. m. e f. inv.; anche agg. inv. • Chi, che appartiene a un movimento giovanile affermatosi nella prima metà degli anni Ottanta, caratterizzato da una visione amara del mondo, da atteggiamenti mistico-religiosi e da un particolare tipo di abbigliamento di colore nero: *ragazza d.*
dàrsena [ar. *dār as-sinā'a* 'arsenale', letteralmente 'casa di costruzione'] s. f. **1** Parte più interna del porto, cinta per lo più da costruzioni in muratura, nella quale stanno le navi disarmate: *d. esterna, interna, mercantile, privata* | *D. naturale*, insenatura sicura alle navi di formazione naturale. **2** Arsenale marittimo per la costruzione e riparazione delle navi.
†**darsenàle** [ar. *dār as-sinā'a* 'darsena', con suff. di adattamento] s. m. • Darsena.
dart /dart, *ingl.* da:t/ [vc. ingl., 'dardo, freccia'; V. *dardo*] s. m. inv. • Gioco consistente nel lancio manuale di piccole frecce contro un bersaglio circolare di sughero.
darviniàno o **darwiniàno** /darvi'njano/ **A** agg. • Che si riferisce a Darwin e alle sue teorie. **B** s. m. • Darvinista.
darvinìşmo o **darwinìşmo** /darvi'nizmo/ [ingl. *darwinism*, dal nome del naturalista Ch. R. *Darwin* (1809-1882)] s. m. • Teoria evoluzionistica secondo cui le modificazioni delle specie avvengono per selezione naturale e concorrenza vitale.
darvinìsta o **darwinìsta** /darvi'nista/ s. m. e f. (pl. m. *-i*) • Seguace del darvinismo.
darwinìşmo e *deriv.* • V. *darvinismo* e *deriv.*
daşiùro [vc. dotta, comp. del gr. *dasýs* 'rozzo, aspro' e *ourá* 'coda'] s. m. • Mammifero marsupiale grande come un gatto, con corpo bruno macchiettato di bianco (*Dasyurus maculatus*).
d'assài o (*raro*) **dassài** [comp. di *d(a)* e *assai*] **A** avv. • Di gran lunga: *che 'l dir nostro e 'l penser vince d'assai* (PETRARCA). **B** in funzione di agg. • (*lett.*) Di grande valore, superiore per grado o capacità.
†**dassaiézza** s. f. • Qualità di chi è d'assai.
†**dasséżzo** [comp. di *da* e †*sezzo*] avv. • Da ultimo, infine: *in danno gli tornò d.* (MONTI).
dàta (1) [lat. *dăta(m)*, part. pass. del v. *dăre*, usata nel Medioevo nella espressione *lĭttera dăta*, cioè 'lettera consegnata (in quel giorno)'] s. f. **1** Indicazione del tempo e del luogo in cui fu scritta una lettera, redatto un documento, pubblicato un volume, e sim.: *mettere, apporre la d.* (V. nota d'uso NUMERO). **2** Tempo in cui è accaduto o deve ancora accadere un determinato fatto: *d. di nascita, di morte*; *fissare la d. di un incontro*; *rimandare un incontro ad altra d., a d. da destinarsi* | *Di antica d., di lunga, vecchia d.*, antico, risaputo e sim. | *A far d. da oggi*, a decorrere da oggi | *Di fresca d.*, recente | *A venti giorni d.*, che scade venti giorni dopo. **3** Nel linguaggio della curia romana, facoltà di nomina alla titolarità di benefizi e conferimento di essi. **4** Nel gioco delle carte, atto del mescolare e dare le carte | Quante carte vengono distribuite in una girata a ogni giocatore | *Aver la d.*, essere il primo a giocare, a calar la carta. **5** †Condizione, stato, spec. nella loc. *essere in d. di fare q.c.*, essere disposto a farla. **6** †Atto del dare, del consegnare. **7** †Qualità, natura. **8** †Imposta, dazio.
data (2) /*ingl.* 'deitə/ [vc. ingl., pl. di *datum* 'dato' (come s. m.), dal lat. *dătum*, part. pass. neutro sost. del v. *dăre* 'dare'] s. m. pl. • (*elab.*) Insieme di dati destinati a essere elaborati, per lo più elettronicamente; il termine è frequente in alcune espressioni, come *d. base, d. entry, d. processing.*
data base /*ingl.* 'deitə beis/ [loc. ingl., comp. di

data (*2*) e *base* 'base, supporto'] loc. sost. m. inv. (pl. ingl. *data bases*) ● Insieme di informazioni tra loro omogenee strutturato logicamente in un sistema di elaborazione, così da poter essere ordinato e consultato secondo criteri diversi.

datàbile agg. ● Che si può datare: *l'opera non è d. con certezza.*

data entry /*ingl.* 'deitə 'entri/ [loc. ingl., propr. 'entrata (*entry*) di dati (*data*)'] loc. sost. m. inv. ● (*elab.*) Inserimento di dati, gener. da tastiera, in un sistema di elaborazione.

†**datàle** agg. ● (*raro*) Di data.

data processing /*ingl.* 'deitə 'prousesiŋ/ [loc. ingl., propr. 'trattamento (*processing*) di dati (*data*)'] loc. sost. m. inv. ● (*elab.*) Elaborazione dati.

datàre [da *data*] **A** v. tr. *1* Corredare di data: *d. una lettera, un documento.* *2* Collocare un avvenimento nel tempo in cui si è verificato: *non è possibile d. con esattezza l'inizio della guerra* | Indicare un fatto, uno scritto, e sim. come strettamente legato al momento storico a cui risale o a una determinata moda e, perciò, superato: *l'uso di troppe metafore data irrimediabilmente il romanzo.* **B** v. intr. ● Avere inizio: *la nuova disposizione data dal mese scorso* | Risalire a un determinato periodo: *la lapide su quel muro data di molti secoli* | *A d. da oggi*, a partire, a decorrere da oggi.

datarìa [da *datario* (*1*)] s. f. *1* Ufficio della Curia romana che provvede al conferimento di dispense e di benefici. *2* Carica di datario.

datàrio (**1**) [vc. dotta, lat. *datāriu(m)*, da *dăta* 'data'] **A** s. m. ● Prelato che presiede alla dataria. **B** anche agg.: *cardinale d.*

datàrio (**2**) [da *data*] s. m. *1* Timbro composto da cilindri o anelli mobili in gomma o metallo, recanti in rilievo l'indicazione di giorni, mesi e anni, i quali, se fatti ruotare, consentono di imprimere la data voluta. *2* Indicatore di data, in un orologio.

datàto part. pass. di *datare*; anche agg. *1* Nei sign. del v. *2* Superato, non più attuale: *film, argomento d.*

datazióne [da *datare*] s. f. ● Atto, effetto del datare: *la d. di un testo.*

datìsmo [gr. *datismós*, dal n. del generale persiano *Dati*, che affettava di parlare greco] s. m. ● Inutile ripetizione di sinonimi nel discorso | Errore compiuto da chi parla una lingua straniera senza conoscerla bene. SIN. Datità (1).

datità (**1**) s. f. ● Datismo.

datità (**2**) [da *dato*, part. pass. del v. *dare*, come trad. del ted. *Gegebenheit*] s. f. ● (*filos.*) Condizione di ciò che si rivela alla conoscenza | Ciò che è alla base dell'attività conoscitiva.

datìvo [vc. dotta, lat. *datīvu(m)* '(caso) datore', da *dăre*, sul modello del gr. *dotikós, hē dotikḗ* (*ptôsis*) 'il (caso) dativo'] **A** s. m. ● (*ling.*) Caso della declinazione indoeuropea indicante il termine a cui si rivolge l'azione verbale. **B** anche agg.: *caso d.*

dàto A part. pass. di *dare*; anche agg. *1* Nei sign. del v. *2* Certo, determinato, stabilito: *in date occasioni.* *3* In espressioni ass. con valore ipotetico e causale: *d. lo stato in cui sei, ti consiglio di curarti; data la sua indifferenza lo lasciai; date le circostanze, ho accettato* | *D. che*, ammesso, supposto che | *D. e non concesso*, ammesso come ipotesi ma non verificato. *4* Dedito, votato: *uomo d. al vizio, al gioco, al fumo.* **B** s. m. *1* Elemento o serie di elementi accertati e verificati che possono formare oggetto di indagini, ricerche, elaborazioni o che comunque consentono di giungere a determinate conclusioni: *un d. di fatto; dati statistici; i dati di un problema, di una questione; elaborazione elettronica dei dati.* *2* †Ciò che si dà in dono.

datóre [vc. dotta, lat. *datōre(m)*, da *dăre* 'dare'] s. m. (f. *-trice*) ● Chi dà, concede, distribuisce | *D. di lavoro*, chi ha alla propria dipendenza lavoratori retribuiti | *D. di luci*, tecnico responsabile dell'illuminazione di uno studio televisivo o di una scena teatrale.

datoriàle [da *datore*] agg. ● Relativo al datore di lavoro.

datoriàto s. m. ● (*raro*) L'insieme dei datori di lavoro.

dàttero o †**dàttilo** [lat. *dăctylu(m)*, dal gr. *dáktylos* 'dito', per la sua forma] s. m. *1* Frutto a bacca della palma da datteri, commestibile, con polpa zuccherina e seme di elevata durezza | (*fig.*, *raro, lett.*) †*Rendere, riprendere d. per fico*, scontare una pena ancora più grave del male che si è compiuto. *2* (*zool.*) *D. di mare*, mollusco con conchiglia oblunga color bruno e carni molto pregiate. SIN. Litofaga.

dattìlico [vc. dotta, lat. *dactÿlicu(m)*, da *dăctylis* 'dattilo'] agg. (pl. m. *-ci*) ● Costituito di dattili: *metro, verso d.*

dattilìfero [vc. dotta, comp. del lat. *dăctylus* 'dattero' e di *-fero*] agg. ● Che produce datteri.

†**dattilioteca** [vc. dotta, lat. *dactyliothēca(m)*, comp. del gr. *daktýlios* 'anello' e *thḗkē* 'custodia'] s. f. ● Scrigno usato per riporvi le gemme | Collezione di gemme | Ripostiglio per anelli.

dàttilo [vc. dotta, lat. *dăctylu(m)*, dal gr. *dáktylos* 'dito', perché lo schema del piede ricorda le tre falangi, una più lunga, le altre due più corte, di un dito] s. m. *1* (*ling.*) Piede metrico della poesia greca e latina formato da una sillaba lunga e da due sillabe brevi. *2* †V. *dattero.*

dàttilo-, -dàttilo [dal gr. *dáktylos* 'dito', prob. di origine indeur.] primo o secondo elemento ● In parole composte significa 'dito' (*dattiloscritto, dattilografo, dattiloscopia*) o fa riferimento alle dita (*perissodattilo*).

dattilografàre v. tr. (*io dattilògrafo*) ● Scrivere a macchina.

dattilografìa s. f. ● Ogni forma di scrittura per mezzo di macchina per scrivere.

dattilogràfico agg. (pl. m. *-ci*) ● Che si riferisce alla dattilografia. || **dattilograficaménte**, avv. Per mezzo della dattilografia.

dattilògrafo [fr. *dactylographe*, comp. di *dactylo-* 'dattilo-' e *-graphe* '-grafo'] s. m. (f. *-a*) ● Chi per professione scrive a macchina spec. negli uffici.

dattilogràmma [vc. dotta, comp. di *dattilo-* e *-gramma*] s. m. (pl. *-i*) ● Impronta digitale, registrata a fini giudiziari.

dattilologìa [vc. dotta, comp. di *dattilo-* e *-logia*] s. f. ● Modo di comunicare mediante segni con le dita.

dattilològico agg. (pl. m. *-ci*) ● Relativo alla dattilologia: *segni dattilologici.*

Dattilopterifórmi [comp. di *dattilo-*, del gr. *pterón* 'ala' e del pl. di *-forme*] s. m. pl. ● Nella tassonomia animale, ordine di Pesci ossei con parte delle pinne pettorali espansa, a forma di ala, con cui si librano fuori dell'acqua (*Dactylopteriformes*) | (al sing. *-e*) Ogni individuo di tale ordine.

dattiloscopìa [vc. dotta, comp. di *dattilo-* e *-scopia*] s. f. ● Esame e catalogazione delle impronte digitali ai fini giudiziari.

dattiloscòpico agg. (pl. m. *-ci*) ● Relativo alla dattiloscopia.

dattiloscrìtto [vc. dotta, comp. di *dattilo-* e *scritto*, in sostituzione di *-grafato* del comp. *dattilografato*, sul modello di *manoscritto*] **A** agg. ● Che è scritto a macchina: *dispense dattiloscritte.* **B** s. m. ● Testo scritto a macchina: *il d. del libro, dell'articolo; un d. di cento pagine.*

dattiloscrittùra [comp. di *dattilo-* e *scrittura*] s. f. ● Dattilografia.

dattiloscrìvere [comp. di *dattilo-* e *scrivere*] v. tr. (coniug. come *scrivere*) ● Dattilografare.

dattilòttero [comp. di *dattilo-* (con allusione alle prime pinne pettorali lunghe come dita) e *-ttero*] s. m. ● Pesce degli Scorpeniformi con squame ruvide, due pinne dorsali e amplissime pinne pettorali che spesso raggiungono la coda (*Dactylopterus volitans*).

dattórno o †**da tórno** [comp. di *da* e (*at*)*torno*] **A** avv. *1* Intorno, tutt'intorno, vicino: *sono stanco di averlo d.* | *Andare d.*, andare in qua e in là, gironzolare, viaggiare | *Darsi d.*, darsi da fare | *Levarsi, togliersi qc. d.*, liberarsene. *2* (*raro*) †Circa. **B** nella loc. prep. *d. a* ● Intorno a, vicino a: *un recinto corre d. alla casa* | *Essere d. a q.c.*, occuparsene attivamente | *Stare, essere, andare d. a qc.*, seguirlo con insistenza: *voi sieti fatti come i cani, che vanno sempre d. a chi può meglio dare loro da mangiare* (MACHIAVELLI). **C** in funzione di agg. inv. ● Circonvicino, circostante: *nei paesi, nei luoghi d.*

datùra [indiano moderno *dhatūrā*, dal sanscrito *dhattūrah*, di etim. incerta] s. f. ● Genere di piante delle Solanacee con fiori grandi; solitari, eretti o penduli a corolla imbutiforme generalmente di color bianco e frutto a capsula spinosa (*Datura*); la specie più nota è lo stramonio.

datzebào ● V. *dazebao.*

dàunio [vc. dotta, lat. *dāunum*, dal n. dell'eroe eponimo (*Daunus*)] agg. ● Relativo agli antichi abitanti della Puglia settentrionale | (*lett.*) *Capoluogo d.*, Foggia | *Provincia daunia*, la provincia di Foggia.

davànti o †**davànte** [comp. del lat. *de* 'di, da' e *ab ante* 'avanti'] **A** avv. *1* Di fronte: *sedere d.; trovarsi d.* | (*fig.*) *Ho tutto un giorno d. per pensarci* | Nella, dalla parte anteriore: *una macchina danneggiata d.; gli antichi fucili si caricavano d.* SIN. Dinanzi. CONTR. Dietro. *2* †Prima, in precedenza: *vi narrai poco davante / come ... / ... / cadde in quel lago* (BOIARDO). **B** Nella loc. prep. *d. a*, †*d. da*, †*d. di.* *1* Di fronte a, dirimpetto a: *d. alla vetrina; tutte le mattine passo d. alla tua casa* | (*fig.*) *Non ritirarsi d. alle difficoltà* | (*lett.*) †*d. la casa*; *Davanti San Guido* (CARDUCCI). *2* Alla presenza, al cospetto di: *non ha più il coraggio di comparirmi d.; d. agli estranei si comporta come se niente fosse; lo ha affermato d. ai giudici; compariremo un giorno d. a Dio* | (*fig.*) Nell'opinione, nel giudizio di: *d. a me giudice sono rei; ma d. a me uomo sono forsennati* (FOSCOLO). **C** nella loc. cong. *d. che* ● (*raro*) Prima che (introduce una prop. temp. con il v. al congv.): *d. che bellezza mora* (SACCHETTI). **D** in funzione di agg. inv. *1* Anteriore: *dalla parte d.; le file d.; le zampe d.* *2* (*raro*) Precedente: *lo anno d. era stato consolo* (MACHIAVELLI). **E** in funzione di s. m. ● La parte anteriore: *il d. della giacca; il d. dell'automobile* | *Il d. della casa*, la facciata.

davantìno [da *davanti* nel sign. E] s. m. ● Pettorina spec. di tela battista o picchè applicata su abiti femminili a scopo decorativo.

davanzàle [etim. discussa, legata, comunque, con *davanti*] s. m. ● Soglia della finestra in pietra o muratura su cui posano gli stipiti.

davànzo o **d'avànzo** [comp. di *d(i)* e *avanzo*] avv. ● Più del necessario, molto: *ne abbiamo d.*

da véro ● V. *davvero.*

da vicìno ● V. *davvicino.*

davìdico [vc. dotta, lat. eccl. *Davīdicu(m)* 'di David'] agg. (pl. m. *-ci*) ● Che si riferisce al re David: *salmi davidici.*

†**davvantàggio** o †**d'avvantàggio** [comp. di *da* e *vantaggio* sul tipo del fr. *davantage*] avv. ● (*lett.*) Di più, maggiormente | Inoltre, ulteriormente, ancora.

davvéro o (*raro*) **da véro** [comp. di *da* e *vero*] avv. *1* In verità, effettivamente, proprio: *decise di mettersi d. a studiare; ho detto da burla ch'egli veniva, e il diavolo lo ha portato d.* (GOLDONI) | *Dire, fare d.*, parlare, agire sul serio: *dici proprio d.?; devi credermi, dico d.* | *Per d.*, sul serio: *non minaccio per scherzo, ma per d.* *2* Molto, veramente (raff. di un agg.): *buono d.; è una cosa d. bella* | Anche iron.: *ti sei comportato bene d.; ciò è d. ben fatto!* *3* Con valore raff. di una negazione: *no d.!; non vengo d.; no, d. non posso!* | (*ass.*) Esprime incredulità, meraviglia, dubbio, stupore: *d.? me lo assicuri?; d.! l'hai proprio visto!* | (*ass.*) Con valore di decisa conferma: *d.! te lo prometto!*

davvicìno o **da vicino** [comp. di *da* e *vicino*] avv. ● Da una distanza ravvicinata: *lo fissava sempre più d.*

-day /*ingl.* dei/ [vc. ingl., propr. 'giorno'] secondo elemento ● In parole composte, indica il giorno in cui si verifica un avvenimento o se ne celebra la ricorrenza, oppure una giornata particolarmente importante per la persona o il personaggio designato dal primo elemento: *D-day; Columbus-day; Paolo Rossi-day.*

day after /*ingl.* 'dei 'a:ftə*/ [loc. ingl., propr. 'giorno (*day*) dopo (*after*)', dal titolo del film americano di N. Meyer *The day after* (1983), che mostra le terribili conseguenze di un'esplosione nucleare] loc. sost. m. inv. *1* Il giorno successivo alla catastrofe provocata da una guerra nucleare. *2* (*est.*) Il giorno successivo a un avvenimento importante, non necessariamente negativo.

day-hospital /*ingl.* 'dei 'hɔspitəl/ [loc. ingl., comp. di *day* 'giorno' (vc. germ. d'orig. indeur.) e *hospital* 'ospedale'] s. m. inv. (pl. ingl. *day-hospitals*) • (*med.*) Struttura sanitaria in cui si attuano forme di ospedalizzazione soltanto diurna, per terapie di durata limitata.

daylight /*ingl.* 'deilait/ [vc. ingl., propr. 'luce (*light*) del giorno (*day*)'] agg. inv. • Detto di lampada fluorescente che emette una luce la cui distribuzione spettrale è approssimativamente come quella della luce del giorno.

†**dazaiuòlo** o †**dazzaiuòlo**, †**dazzaiòlo** [da *dazio*] s. m. *1* Anticamente, registro dei dazi da pagare e delle persone che li devono pagare. *2* †Guardia daziaria.

dazebào o **datzebào**, **dazibào**, **tatze-bào**, **tazebào** [vc. cinese, 'manifesto a grandi caratteri'] s. m. inv. • Manifesto murale di grandi dimensioni, scritto a mano e talvolta illustrato, nato nella Repubblica Popolare Cinese come mezzo di propaganda diretta, o anche di denuncia e critica nei confronti della classe dirigente, adottato poi nei paesi occidentali dai movimenti studenteschi, extraparlamentari e sim.

daziàre [da *dazio*] v. tr. (*io dàzio*) • Gravare di dazio: *d. una merce*.

daziàrio **A** agg. • Del, relativo al dazio: *cinta, guardia daziaria; ufficio d.* **B** s. m. • Daziere.

dazibào • V. *dazebao*.

dazière [da *dazio*] s. m. *1* Guardia incaricata del controllo e della riscossione dei dazi. *2* †Appaltatore del dazio.

dàzio [vc. dotta, lat. *dătio* 'azione di dare, tributo'] s. m. *1* Somma dovuta allo Stato e, in passato, al comune per l'entrata o l'uscita di merce dal suo territorio: *d. doganale, esterno, fiscale, protettivo; d. di importazione, di esportazione*. *2* Luogo dove si paga il dazio | Ufficio daziario.

daziòne [vc. dotta, lat. *datiōne(m)* 'il dare'] s. f. • (*raro*) Atto del dare | *D. dell'anello*, cerimonia del matrimonio | *D. in pagamento*, soddisfacimento del credito mediante consegna, col consenso del creditore, di cosa diversa da quella dedotta in obbligazione.

†**dazzino** s. m. • Daziere.

D-day /*ingl.* 'di: dei/ [vc. ingl., comp. di *D*, che sta per *day* 'giorno' e *day*, così come l''ora' dello sbarco era, in cifra, *H. Hour*] s. m. inv. *1* Il giorno dello sbarco delle forze armate americane e britanniche in Normandia (6 giugno 1944). *2* (*est.*) Il giorno fissato per un'importante operazione militare | Il giorno stabilito per un'impresa, per un'iniziativa importante.

de' /de/ prep. • Forma tronca della prep. art. 'dei'.

†**de** (1) /de*/ • V. *di* (2).

de (2) /de/ [V. *di* (1)] prep. • Forma che la prep. *di* assume seguita dagli art. det. nella formazione delle prep. articolate sia con grafia unita (*del, della, delle, degli, dello, dei, degli*) sia con grafia separata, dell'uso lett. e poet. (*de'l, de la, de le, de gli, de lo, de i*, o (*tosc.*) *de', de gli*) | Si usa talvolta anche nelle citazioni di titoli di opere che cominciano con l'articolo: *le descrizioni de 'I Promessi Sposi'* (ma anche: *le descrizioni dei 'Promessi Sposi'*).

de- /de/ [lat. *dē-*, che indicava separazione; cfr. *di-* (1)] pref. *1* Anteposto a verbi o sost., spec. di origine latina, indica allontanamento (*deviare, deportare*), abbassamento, movimento dall'alto in basso (*degradare, declinare*), privazione, sottrazione (*dedurre, desumere, decaffeinizzazione, decalcificare*), o derivazione (*deaggettivale, denominale, deonomastica, deverbale*). *2* Si usa inoltre per formare verbi tratti da sostantivi o aggettivi, oppure con valore intensivo: *decurtare, designare*. *3* Corrisponde a *dis-* o *s-* in verbi di formazione recente, spesso formati per analogia con voci francesi (*demoralizzare, denaturare*), o in voci che costituiscono doppioni (*demagliare - smagliare, defogliare - sfogliare*).

dèa /*'dɛa, 'dɛa/ o †**dìa** (1), †**iddèa**, †**iddìa** [vc. dotta, lat. *dĕa(m)*, della stessa origine di †*deo*] s. f. (pl. *dèe* /*'dɛe, 'dɛe/) *1* Divinità femminile nelle religioni politeistiche. *2* (*fig.*) Donna molto bella | (*fig., lett.*) Donna molto amata.

deadline /*ingl.* 'dedlain/ [vc. ingl., propr. 'linea (*line*) morta (*dead*)'] s. m. inv. • Termine ultimo, data di scadenza.

deaeràre [comp. di *de-* e *aerare*] v. tr. (*io deàero*) • (*tecnol.*) Privare un liquido dell'aria che contiene.

deaeraziòne [comp. di *de-* e *aerazione*] s. f. • (*tecnol.*) Operazione consistente nel togliere a un liquido, spec. acqua, l'aria che esso contiene.

deafferentaziòne [da *afferente*, col pref. *de-*] s. f. • (*med.*) Eliminazione o interruzione degli impulsi dei nervi afferenti.

deaggettivàle [comp. parasintetico di *aggettivale*, col pref. *de-*, secondo il modello dell'ingl. *de-adjectival*] agg. • (*ling.*) Detto di forma che deriva da un aggettivo: *sostantivo, verbo d.*

dealbàto [vc. dotta, lat. *dealbātu(m)*, part. pass. di *dealbāre* 'imbiancare', da *ălbus* 'bianco'] agg. *1* (*lett.*) Imbiancato, bianco. *2* Nell'antica Roma, detto delle tavole che ogni anno il pontefice massimo esponeva nel Foro e sulle quali scriveva i nomi dei magistrati e gli avvenimenti più importanti.

dealbuminàto [da *albumina*, col pref. *de-*] agg. • (*biol., farm.*) Privato dell'albumina, detto spec. di siero per vaccinazioni.

dealer /*ingl.* 'di:lə*/ [vc. ingl., da *to deal* 'fare affari, trattare'] s. m. inv. *1* Agente di borsa che acquista o vende titoli per proprio conto (in contrapposizione all'agente di cambio o *broker*). *2* Rivenditore, grossista.

deamarizzàre [da *amaro*, col pref. *de-*] v. tr. • Privare dell'amaro.

deambulànte part. pres. di *deambulare*; anche agg. *1* Nel sign. del v. *2* Che cammina, che ha la capacità di camminare, spec. nell'espressione *non deambulante*, riferita a individui con ridotte capacità motorie: *autobus con posti riservati a passeggeri non deambulanti*.

deambulàre [vc. dotta, lat. *deambulāre*, comp. di *dē-* e *ambulāre* 'camminare intorno'] v. intr. (*io deàmbulo*; aus. *avere*) • (*lett.*) Camminare, passeggiare (*anche scherz.*).

deambulatòrio [vc. dotta, lat. *deambulatōriu(m)*, da *deambulāre* 'deambulare'] **A** agg. • (*lett.*) Che si riferisce alla deambulazione. **B** s. m. • (*arch.*) Ambiente di passaggio che si affianca al vano principale di un edificio, per lo più parallelamente al suo perimetro | Corridoio che gira attorno all'abside in alcune chiese spec. gotiche. SIN. Ambulacro. ➡ ILL. p. 359 ARCHITETTURA.

deambulaziòne [vc. dotta, lat. *deambulatiōne(m)*, da *deambulāre* 'deambulare'] s. f. *1* Facoltà propria dell'uomo e degli animali vertebrati superiori di spostarsi da un luogo a un altro per mezzo delle gambe. *2* (*lett.*) Atto del camminare | †Passeggio.

deamicisiàno o **deamicisiàno** agg. *1* Che è proprio dello scrittore E. De Amicis (1846-1908). *2* (*fig.*) Che presenta eccessivi caratteri di pateticità e moralismo.

deamplificàre [comp. di *de-* e *amplificare*] v. tr. (*io deamplìfico, tu deamplìfichi*) • (*tecnol.*) Ridurre il valore di una grandezza.

deamplificaziòne s. f. • (*tecnol.*) Atto, effetto del deamplificare.

deasfaltizzaziòne [comp. di *de-* e un deriv. di *asfalto*] s. f. • (*chim.*) Procedimento industriale volto a eliminare l'asfalto dai residui della distillazione primaria del petrolio.

deaspiraziòne [comp. di *de-* e *aspirazione*] s. f. • (*ling.*) Passaggio di suono da aspirato a non aspirato.

dèb [abbr. ingl. di *débutante* 'debuttante'] **A** s. m. e f. inv. • Artista, cantante, attore al debutto. **B** s. f. inv. • Ragazza che fa il suo ingresso in società partecipando a un sontuoso ricevimento.

†**debaccàre** [vc. dotta, lat. *debacchāri*, comp. di *dē* rafforzativo e *bacchāri* 'andare smaniando'] v. intr. • Correre, agitarsi sfrenatamente.

débâcle /*fr.* de'bakl/ [vc. fr., propriamente 'disgelo', da *débâcler* 'rompere', precedentemente 'togliere il bastone di chiusura della porta', forse dal lat. parl. **bacculare*, da **băcculu(m)* 'bastone', var. di *băculum* 'bastone'] s. f. inv. • Sconfitta strepitosa e inaspettata. SIN. Batosta, insuccesso.

debbiàre [da *debbio*] v. tr. (*io débbio*) • Trattare un terreno mediante il debbio.

debbiatùra s. f. • Atto, effetto del debbiare.

débbio [etim. incerta] s. m. • Pratica agricola consistente nel bruciare le stoppie dei cereali dopo la mietitura o la cotica erbosa di prati e pascoli tagliata e posta in cumuli, allo scopo di migliorare un terreno agrario.

†**debellaménto** [vc. dotta, da *debellare*] s. m. • Atto, effetto del debellare.

debellàre [vc. dotta, lat. *debellāre*, comp. di *dē-* e *bellāre* 'combattere'] v. tr. (*io debèllo*) • Vincere in modo decisivo, annientare (*anche fig.*): *d. un esercito; d. il vizio*.

debellatóre [vc. dotta, lat. *debellatōre(m)*, da *debellāre* 'debellare'] agg.; anche s. m. (f. *-trice*) • (*raro, lett.*) Che, chi debella (*anche fig.*): *d. dei vizi*.

debellaziòne [vc. dotta, lat. *debellatiōne(m)*, da *debellāre* 'debellare'] s. f. *1* (*raro, lett.*) Debellamento. *2* (*dir.*) Estinzione di uno Stato per completo annientamento della sua organizzazione conseguente a una guerra.

dèbile o **débile** agg. *1* †(*gener.*) V. *debole* nei sign. 1-6. *2* (*psicol.*) Debole mentale.

†**debilézza** • V. *debolezza*.

†**debiliménto** s. m. • (*raro*) Indebolimento | Infermità parziale.

†**debilire** o †**debolire** [da *debile*] v. tr. • (*raro*) Indebolire.

debilità o †**debilitàde**, †**debilitàte** [vc. dotta, lat. *debilitāte(m)*, da *dēbilis* 'debole'] s. f. *1* (*lett.*) Debolezza, fiacchezza | †Fragilità di carattere, energia morale e sim. *2* †Malattia, infermità. *3* (*psicol.*) Debolezza mentale.

†**debilitaménto** s. m. • Atto, effetto del debilitare.

debilitànte part. pres. di *debilitare*; anche agg. • Nei sign. del v.

debilitàre o †**dibilitàre** [vc. dotta, lat. *debilitāre*, da *dēbilis* 'debole'] **A** v. tr. (*io debìlito*) *1* Indebolire, privare delle forze fisiche, mentali, morali: *il caldo mi debilita; questa lunga attesa ci ha debilitati*. *2* (*raro*) †Evirare, castrare. **B** v. intr. pron. • Diventare debole, indebolirsi.

†**debilitàte** • V. *debilità*.

debilitaziòne [vc. dotta, lat. *debilitatiōne(m)*, da *debilitāre* 'debilitare'] s. f. • Atto del debilitare | L'essere debilitato: *essere, trovarsi, in uno stato di grave d.*

débito (1) [vc. dotta, lat. *dēbitu(m)*, agg., part. pass. di *debēre* 'dovere'] agg. *1* Che è dovuto, richiesto, imposto da particolari obblighi morali, dalle circostanze, dalle convenienze, e sim.: *il d. amore; col d. rispetto; trattare qc. con le debite cure; agire con le debite forme; la reverenza debita ai grandi; il popolo gli rese i debiti onori* | *A tempo d.*, al momento opportuno. SIN. Conveniente, doveroso. *2* (*est., lett.*) Giusto, meritato, proporzionato; *debita punizione; una pena debita al peccato*. *3* †Tenuto, obbligato. ‖ **debitaménte**, avv. Nel modo dovuto.

débito (2) [vc. dotta, lat. *dēbitu(m)*, s. del part. pass. del v. *debēre* 'dovere, essere tenuto'] s. m. *1* (*dir.*) Ciò che è dovuto ad altri per adempiere a un'obbligazione avente per oggetto spec. denaro: *contrarre un d.; pagare un d.; d. pubblico, fluttuante, consolidato, redimibile, irredimibile; d. di gioco; essere oberato dai debiti; affogare nei debiti; essere nei debiti fino ai capelli* | *Comprare a d.*, senza pagare subito il prezzo | *Essere in d. di q.c.*, doverla ancora avere (*anche fig.*): *essere in d. di una risposta, di un'informazione*, e sim. | (*fig.*) *Pagare il d. alla natura*, morire | *D. coniugale*, obbligo reciproco assunto dai coniugi con il matrimonio. CONTR. Credito. *2* Dovere imposto da particolari obblighi morali, dalle circostanze, dalle convenienze, e sim.: *d. di gratitudine, di coscienza; adempiere il proprio d. verso la società* | †*Di d.*, per dovere. *3* *D. di ossigeno*, quantità supplementare di ossigeno necessaria per normalizzare i processi clinici ed energetici dell'organismo dopo un lavoro muscolare intenso. ‖ **debitàccio**, pegg. | **debitarèllo**, dim. | **debitòlo**, **debitùolo**, dim. | **debitùccio**, **debitùzzo**, dim. | **debitùcolo**, pegg.

debitóre [vc. dotta, lat. *debitōre(m)*, da *debēre* 'dovere, essere obbligato'] s. m. (f. *-trice*, pop. *-tora*) *1* (*dir.*) Soggetto passivo del rapporto obbligatorio | Correntemente, chi deve denaro ad altri. *2* (*est.*) Chi è tenuto a fare o a dare q.c.: *mi sei d. di una spiegazione* | (*fig.*) Chi è moralmente obbligato verso qc.: *tutti gli uomini sono debitori a Dio della vita*. CONTR. Creditore.

debitòrio agg. • (*dir.*) Di debito o debitore.

dèbole o (*dial.*) †**débile** [vc. dotta, lat. *dēbile(m)* 'debole'] **A** agg. *1* Che manca di forza, di energia fisica: *è d. a causa della malattia*; *è molto d. per la febbre* | Che offre scarsa resistenza fisica, che non sopporta la fatica: *spesso la donna è più d. dell'uomo* | *Il sesso d.*, (*per anton.*) le donne | *Essere d. di vista*, non vederci bene | *Essere d. di stomaco*, non digerire bene | *Essere d. di testa, di mente*, avere scarse capacità intellettive | *Essere d. di memoria, avere la memoria d.*, dimenticare facilmente. CONTR. Forte. *2* Che manca di forza morale, decisione, coerenza interiore, autorità, e sim.: *carattere, volontà d.*; *padre d.*; *essere d. nei rapporti con gli altri*; *animo vile e d.* | *Essere d. in q.c.*, mancare dell'attitudine e dell'abilità necessarie per fare q.c.: *il ragazzo è molto d. in matematica* | *Punto, lato d.*, quello che mostra i difetti, le lacune, e sim. di qc. o di q.c. | Che non è in grado di resistere alle tentazioni: *la carne è d.* CONTR. Forte. *3* Che non convince, che ha scarso valore: *scuse deboli*; *argomento, giudizio, parere d.* | Che manca di valore artistico, capacità espressiva e sim.; *composizione, immagine, prosa d.*; *la traduzione del testo è piuttosto d.* *4* Che non ha la normale sonorità, intensità, potenza, e sim.: *suono, luce, voce d.* SIN. Fievole, fioco. *5* Che manca di resistenza, di solidità: *sostegno, tavolo d.* CONTR. Robusto. *6* (*raro*) †Storpio, mutilato. || **debolménte**, avv. Con debolezza, senza energia. **B** s. m. e f. ● Chi manca di forza fisica o morale, autorità, potere, e sim.: *opprimere i deboli*; *dedicarsi alla protezione dei deboli e degli oppressi.* CONTR. Forte. **C** s. m. *1* Argomento, materia, e sim. in cui si è meno abili: *il suo d. è la matematica* | Il lato più suscettibile del carattere: *toccare, colpire, qc. nel suo d.* | (*raro*) La parte meno resistente di un oggetto: *il d. della lama è il centro.* *2* Inclinazione particolare: *avere un d. per qc. o q.c.* | Debolezza, vizio: *ha il d. del fumo.* || **debolétto**, dim. | **debolìno**, dim. | **debolóne**, accr. | **debolòtto**, dim. | **debolùccio**, **debolùzzo**, dim.

debolézza o †**debilézza**. s. f. *1* Qualità di chi, di ciò che, è debole: *la d. della natura umana*; *sentirsi addosso una gran d.* | *D. di stomaco*, languore | *D. mentale*, lieve ritardo dello sviluppo intellettivo che fa considerare chi ne è affetto legalmente capace, ma leggermente subnormale nell'intelligenza. CONTR. Forza. *2* Mancanza di solidità, di stabilità (*anche fig.*): *la d. di un edificio, del governo* | (*fig.*) Punto debole, difetto abituale: *avere molte debolezze* | *Avere una d. per qc. o per q.c.*, una particolare propensione o predilezione. *3* Azione da debole: *le sue debolezze non si contano* | Errore, sproposito: *è stata una d. imperdonabile.* || **debolezzàccia**, pegg.

†**debolìre** ● V. †*debilire*.

†**debonàrio** e *deriv.* ● V. †*dibonario* e *deriv.*

debordàre [fr. *déborder* 'andar fuori (*dé-*) del bordo (*bord*)'] **A** v. intr. (*io debórdo*; aus. *avere*) ● Straripare, traboccare (*anche fig.*): *l'acqua deborda dal vaso.* **B** v. tr. ● (*mar.*) Allontanare q.c. dal bordo della nave | Privare la nave del fasciame.

debòscia [fr. *débauche*, da *débaucher*, di etim. incerta] s. f. (pl. *-sce*) ● Modo di vivere sregolato e corrotto | Orgia, crapula.

debosciàto [fr. *débauché*, da *débaucher*, di etim. incerta] agg.; anche s. m. (f. *-a*) ● Che, chi è ridotto in uno stato di fiacchezza morale e fisica a causa del vizio e della sregolatezza dei costumi.

debragliàta o **debraiàta** s. f. ● Adattamento di *débrayage* (V.).

débrayage /*fr.* debrɛ'jaʒ/ [vc. fr., dal v. *débrayer*, comp. di *dé-* e *braie* 'braga' nel prob. senso tecnico di 'traversa di legno nei mulini a vento'] s. m. inv. ● Disinnesto della frizione nella guida di un veicolo a motore.

debugging /*ingl.* di:'bʌgiŋ/ [vc. ingl., da *to debug*, propr. 'spulciare', comp. di *de-* col senso di 'rimuovere, togliere' e *bug* 'cimice, insetto'] s. m. inv. ● (*elab.*) Operazione di ricerca e correzione degli errori in un programma di un elaboratore elettronico.

†**debùto** ● V. *dovuto*.

debuttànte A part. pres. di *debuttare*; anche agg. ● Nei sign. del v. **B** s. m. e f. ● Esordiente, principiante | *Ballo, festa delle debuttanti*, delle ragazze, spec. diciottenni, che vengono presentate in società.

debuttàre [fr. *débuter*, da *but* nel sign. di 'segno, bersaglio' attraverso l'ant. sign. usuale 'giocare un primo colpo'] v. intr. (aus. *avere*) ● Esordire sulle scene: *la nuova compagnia debutterà domani*; *debuttò con l'Amleto* | (*est.*) Iniziare un'attività, una professione, e sim.: *debuttò come scrittore a soli venti anni* | *D. in società*, apparirvi per la prima volta.

debùtto [fr. *début*, da *débuter* 'debuttare'] s. m. ● Prima apparizione sulle scene di un artista o di una compagnia teatrale: *fece il suo d. nella Traviata*; *è stato un d. strepitoso* | (*est.*) Inizio di un'attività, una professione, e sim.: *fare il proprio d. come medico*; *d. in società.* SIN. Esordio.

dèca [vc. dotta, lat. *dĕcas* 'decade'] **A** s. f. *1* V. *decade.* *2* Gruppo di dieci libri nella Storia Romana di Livio. **B** s. m. ● (*dial., pop.*) Banconota da diecimila lire: *allungami un d.*

dèca- [dal gr. *déka* 'dieci'] primo elemento ● In parole composte della terminologia scientifica, significa 'dieci', o anteposto a un'unità di misura la moltiplica per 10: *decalogo, decaedro, decagrammo, decalitro.* SIMB. da.

decabrìsta [russo *dekabríst*, da *dekábr'* 'dicembre'] **A** s. m. (pl. *-i*) ● (*st.*) Chi prese parte, nel dicembre del 1825, alla fallita rivolta contro il regime zarista. **B** agg. ● Dei decabristi: *l'insurrezione d.*

decacòrdo [vc. dotta, lat. *decac(h)ŏrdu(m)*, agg. comp. del gr. *déka* 'dieci' e *chordḗ* 'corda di uno strumento musicale'] s. m. ● Arpa, salterio a dieci corde.

decadàle agg. ● Che dura dieci giorni: *orario d.* || **decadalménte**, avv. (*raro*) Ogni dieci giorni.

dècade o (*lett.*) **dèca** nei sign. 1 e 2 [vc. dotta, lat. *dĕcade(m)*, dal gr. *dekás* 'gruppo di dieci (*déka*) cose o persone'] s. f. *1* (*raro*) Complesso, serie di dieci unità | (*astrol.*) Decano. *2* Periodo di tempo di dieci giorni: *arriverò nella prima d. di febbraio.* *3* Paga che si corrisponde al soldato ogni dieci giorni. *4* (*elettron., tecnol.*) Intervallo di valori assunti da una grandezza fisica, spec. una frequenza o una lunghezza d'onda, i cui estremi stanno tra loro nel rapporto di 1 a 10.

decadènte [part. pres. di *decadere*; nei sign. A2 e B, dal fr. *décadent*] **A** agg. *1* Che si trova in stato di decadenza: *civiltà, popolo d.* *2* Relativo, appartenente al decadentismo: *gusto d.*; *scrittori decadenti.* **B** s. m. e f. ● Decadentista.

decadentìsmo [fr. *décadentisme*, da *décadent* 'decadente'] s. m. ● Corrente artistica europea della fine dell'800 e dei primi decenni del' 900, caratterizzata da un acuto senso dell'individuale, del subconscio e dell'ignoto, dalla diffidenza per il positivismo, il realismo e l'arte oratoria, e dall'esigenza di creazioni, illuminazioni e linguaggio assolutamente nuovi e suggestivi.

decadentìsta s. m. e f. (pl. m. *-i*) ● Seguace del decadentismo.

decadentìstico agg. (pl. m. *-ci*) ● Proprio del decadentismo e dei decadentisti.

decadènza [fr. *décadence*, dal lat. mediev. *decadĕntia*, da *decadĕre* 'decadere'] s. f. *1* Declino, scadimento materiale o morale: *la d. di una civiltà, di una famiglia, di un artista*; *le nazioni ne' loro sorgimenti, progressi, stati, decadenze e fini* (VICO). *2* (*dir.*) Estinzione di un diritto per mancato esercizio dello stesso entro il termine stabilito dalla legge | Sanzione amministrativa che determina la risoluzione di un rapporto per inadempienza di una parte ai propri doveri.

decadére o (*raro*) †**dicadére** [vc. dotta, lat. parl. **decadĕre*, comp. di *dē-* e del v. *cadĕre*, per *cădere* 'cadere'] v. intr. (coniug. come *cadere*; aus. *essere*) *1* Passare da uno stato di prosperità, forza, e sim. a uno di miseria, debolezza, e sim.: *d. dall'antica grandezza*; *la loro religione decadde a superstizione*; *la sua salute decade di giorno in giorno* | Perdere importanza, valore e sim.: *è una teoria che va rapidamente decadendo.* *2* (*dir.*) Incorrere in decadenza: *d. da un diritto.*

decàdico [dal gr. *dekadikós* 'relativo a un gruppo di dieci (*déka*)', probabile calco dell'ingl. *decadic*] agg. (pl. m. *-ci*) ● Che si riferisce a una decade | *Media decadica della temperatura*, la media della temperatura nello spazio di dieci giorni.

decadiménto o (*raro*) †**dicadiménto**. s. m. *1* Decadenza. *2* (*fis. nucl.*) Disintegrazione radioattiva | *D. beta*, trasformazione di un neutrone in protone, con emissione di un elettrone e di un neutrino, o di un protone in neutrone, con emissione di positrone e neutrino.

decadùto o (*raro*) †**dicadùto**. part. pass. di *decadere*; anche agg. *1* Nei sign. del v. *2* Che, da una condizione di prosperità o ricchezza, si trova in misero stato: *nobili decaduti.*

decaèdrico agg. (pl. m. *-ci*) ● (*mat.*) A forma di decaedro, proprio d'un decaedro.

decaèdro [vc. dotta, comp. di *deca-* e *-edro*] s. m. ● (*mat.*) Poliedro con dieci facce.

decaffeinàre [fr. *décaféiner*, comp. parasintetico di *caféine* 'caffeina', col pref. *de-* privativo] v. tr. (*io decaffeìno*) ● Eliminare totalmente o parzialmente la caffeina da caffè, tè e sim. per estrazione mediante procedimento chimico.

decaffeinàto A part. pass. di *decaffeinare*; anche agg. ● Nei sign. del v.: *caffè d.* **B** s. m. ● Caffè decaffeinato.

decaffeinazióne [fr. *décaféination*, da *décaféiner* 'decaffeinare'] s. f. ● Atto, effetto del decaffeinare.

decaffeinizzàre v. tr. ● Decaffeinare.

decaffeinizzazióne s. f. ● Atto, effetto del decaffeinizzare.

decàgono [vc. dotta, gr. *dekágōnon*, comp. di *déka* 'dieci' e *-gōnos*, da *gōnía* 'angolo'] s. m. ● (*mat.*) Poligono con dieci vertici.

decagràmmo o †**decagràmma** [fr. *décagramme*, comp. di *déca-* 'deca-' e *gramme* 'grammo'] s. m. ● Unità di misura equivalente a 10 grammi. SIMB. dag.

décalage /*fr.* deka'laʒ/ [vc. fr., da *décaler* 'spostare'] s. m. inv. *1* Spostamento, scarto | (*fig.*) Discordanza fra due o più cose. *2* (*psicol.*) Scarto tra età mentale ed età cronologica di un bambino. *3* (*sport*) In alcune gare di atletica leggera su pista (come i 200 m e i 400 m), lo scarto che c'è alla partenza fra un concorrente e l'altro in base alla corsia in cui ciascuno di essi corre.

decalcàre [fr. *décalquer*, comp. di *dé-* e del v. *calquer* 'calcare'] v. tr. (*io decàlco, tu decàlchi*) ● Passare con una punta sui contorni di un disegno per lasciarne l'impronta su un foglio sottostante.

decalcificàre [fr. *décalcifier*, comp. di *dé-* e *calcium* 'calcio'] **A** v. tr. (coniug. come *calcificare*) ● (*chim., med.*) Privare del calcio, portare all'eliminazione del calcio. **B** v. intr. pron. ● (*chim., med.*) Perdere calcio.

decalcificazióne [fr. *décalcification*, da *décalcifier* 'decalcificare'] s. f. *1* (*geol.*) Dilavamento del calcio del terreno o delle rocce per l'azione di acque ricche di anidride carbonica. *2* (*med.*) Diminuzione del calcio nei vari organi del corpo, in particolare nelle ossa.

decàlco [da *decalcare*] s. m. ● Atto, effetto del decalcare.

decalcomanìa [fr. *décalcomanie*, comp. di *décalquer* 'decalcare' e *-manie* '-mania'] s. f. *1* Procedimento che consente di trasferire immagini colorate da un foglio di carta ad altro supporto. *2* (*est.*) Il foglio recante l'immagine da trasferire | (*est.*) L'immagine stessa. SIN. Calcomania.

decalibràto [comp. di *de-* e *calibro*, con suff. aggettivale] agg. ● Che ha calibro inferiore a quello normale: *proiettile d.*

decàlitro [fr. *décalitre*, comp. di *déca-* 'deca-' e *litre* 'litro'] s. m. ● Unità di capacità equivalente a 10 litri. SIMB. dal.

decàlogo [vc. dotta, lat. *decălogu(m)*, dal gr. *dekálogos*, comp. di *déka* 'dieci' e *lógos* 'parola, discorso'] s. m. (pl. *-ghi*) *1* L'insieme dei dieci comandamenti dati da Dio a Mosè sul monte Sinai. *2* (*est.*) Insieme delle norme fondamentali di una attività, professione, e sim.: *il d. del perfetto turista*; *il d. dello studente.*

decalvànte A part. pres. di *decalvare*; anche agg. ● Nel sign. del v. **B** s. m. ● (*med.*) Sostanza che provoca calvizie.

†**decalvàre** o †**dicalvàre** [vc. dotta, lat. *decalvāre*, comp. di *dē-* e *calvāre* 'rendere calvo'] v. tr. ● Rendere calvo radendo completamente i capelli.

decàmetro [fr. *décamètre*, comp. di *déca-* 'deca-' e *mètre* 'metro'] s. m. *1* Unità di misura equivalente a 10 metri. SIMB. dam. *2* Serie di dieci metri nella poesia classica.

decampaménto s. m. • Atto del decampare.

decampàre [fr. *décamper*, comp. di *de-* e *camper* 'accampare', da *camp* 'campo militare'] v. intr. (aus. *avere*) • (*mil.*, *raro*) Levare il campo, ritirarsi | (*fig.*) Recedere dalle proprie opinioni, da una posizione, e sim.: *non decampa dai suoi diritti.*

decanapulatrìce [comp. di *de-* e di un deriv. di *canapule*] s. f. • (*tecnol.*) Macchina per separare i canapuli dalle fibre di canapa.

decanapulazióne [comp. di *de-* e *canapule*] s. f. • (*tess.*) Operazione mediante la quale si separano i canapuli dalle fibre di canapa.

decanàto [vc. dotta, lat. crist. *decanātu(m)*, da *decānus* 'decano'] s. m. *1* Grado, ufficio di decano. *2* Beneficio di decano.

decàno [vc. dotta, lat. tardo *decānu(m)*, da *dĕcem* 'dieci', perché originariamente 'capo di un gruppo di *dieci* uomini'] **A** s. m. (f. *-a*, nel sign. 2) *1* Titolo di dignità nelle chiese cattedrali o collegiate | Cardinale anziano con particolari funzioni nel Sacro Collegio: *cardinale d.* *2* Chi per età o anzianità occupa il primo posto tra coloro che esercitano certe professioni o ricoprono certe dignità: *il d. del corpo diplomatico, del corpo accademico* | La persona più anziana e autorevole di un gruppo: *il d. degli ex alunni.* *3* (*astrol.*) Ognuna delle tre divisioni di 10 gradi ciascuna in cui è ripartito ogni segno dello zodiaco. *4* Ufficiale romano che comandava dieci soldati. **B** anche agg. • Nella loc. *pera decana*, (*ell.*) *decana*, varietà di pera invernale.

decantàre (1) [vc. dotta, lat. *decantāre*, comp. di *dē-* e *cantāre* 'cantare (1)'] v. tr. • Lodare, celebrare, esaltare, spec. in modo eccessivo: *d. le virtù di qc.*; *tutto il paese lo decanta per eroe.*

decantàre (2) [vc. dotta, lat. mediev. *decanthāre*, comp. di *de-* e *cănthus* 'angolo', col senso di 'beccuccio di un recipiente'] **A** v. tr. *1* (*chim.*) Sottoporre a decantazione. *2* (*fig.*, *lett.*) Rendere puro un sentimento, un'idea, uno stile, e sim. liberandoli da tutto quanto non è perfettamente fuso con essi: *il tempo decanta le passioni.* **B** v. intr. (aus. *essere*) • (*chim.*) Subire la decantazione.

decantatóre [da *decantare (2)*] s. m. • Apparecchio, costituito spec. da vasche, ove si operano decantazioni.

decantazióne [da *decantare (2)*] s. f. *1* (*chim.*) Sedimentazione e conseguente separazione di un solido da un liquido o di due liquidi in tutto o in parte non miscibili. *2* (*fig.*) Liberazione da sovrastrutture, da elementi estranei e sim.: *la d. di un sentimento, di una passione.*

decapàggio [fr. *décapage*, da *décaper* 'decapare'] s. m. • Pulitura di superfici metalliche mediante immersione in soluzioni acide o basiche per eliminare incrostazioni e ossidazioni, usata spec. per effettuare successive saldature, verniciature e sim.

decapàre [fr. *décaper*, comp. parasintetico di *cape* 'cappa' qui in senso fig.] v. tr. • Sottoporre a decapaggio.

decapatóre s. m. • Operaio addetto al decapaggio di superfici metalliche.

†**decapitaménto** o †**dicapitaménto**. s. m. • Decapitazione.

decapitàre o †**dicapitàre** [vc. dotta, lat. tardo *decapitāre*, comp. parasintetico di *căput*, genit. *căpitis* 'capo'] v. tr. (*io decàpito*) *1* Uccidere tagliando il capo, spec. per condanna: *d. qc. con la ghigliottina* | (*est.*) Mozzare il capo: *decapitò l'avversario in duello.* *2* (*est.*) Con riferimento a cose, privare del capo, recidere alla sommità: *il popolo decapitò la statua del re*; *i contadini decapitano i tralci delle viti.* *3* (*fig.*) Privare un'organizzazione dei suoi dirigenti.

decapitazióne [vc. dotta, lat. tardo *decapitatiōne(m)*, da *decapitāre* 'decapitare'] s. f. *1* Atto, effetto del decapitare: *pena della d.*; *d. dei tralci.* *2* Gioco enigmistico per cui, togliendo da una parola la sillaba o la lettera iniziale, ne risulta un'altra di significato diverso.

Decàpodi [vc. dotta, comp. di *deca-* e del gr. *póus*, genit. *podós* 'piede'] s. m. pl. *1* Nella tassonomia animale, ordine di Crostacei marini o di acqua dolce con cinque paia di piedi toracici (*Decapoda*) | (al sing. *-e*) Ogni individuo di tale ordine. *2* Nella tassonomia animale, ordine di Molluschi dei Cefalopodi con otto braccia uguali e due tentacoli provvisti di ventose (*Decapoda*) | (al sing. *-e*) Ogni individuo di tale ordine.

decappottàbile agg. • Che si può decappottare: *auto d.*

decappottàre [fr. *décapoter*, comp. parasintetico di *capote* (V.)] v. tr. • Scoprire superiormente un'automobile, aprendo o togliendo la cappotta.

decapsulazióne [comp. di *de-* e *capsula*] s. f. • (*med.*) Asportazione di una capsula.

decarbossilàre [comp. di *de-* e *carbossile*] v. tr. • Asportare da un acido organico uno o più gruppi carbossilici sotto forma di anidride carbonica.

decarbossilazióne s. f. • Atto, effetto del decarbossilare.

decarburàre [fr. *décarburer*, comp. di *dé-* e *carburer* 'carburare'] v. tr. • Privare del carbonio, spec. la ghisa.

decarburazióne [fr. *décarburation*, da *décarburer* 'decarburare'] s. f. • Atto, effetto del decarburare: *d. della ghisa.*

decartellizzazióne [comp. di *de-* e *cartello (2)*] s. f. • Eliminazione dei cartelli industriali, in un Paese.

decasìllabo [vc. dotta, lat. *decasyllabu(m)*, dal gr. *dekasýllabos*, comp. di *déka* 'dieci' e *syllabê* 'sillaba'] **A** s. m. • Verso di dieci sillabe. **B** anche agg.: *verso d.*

decàstico [vc. dotta, gr. *dekástichos*, comp. di *déka* 'dieci' e *stíchos* 'verso'] **A** s. m. (pl. *-ci*) • Componimento di dieci versi. **B** anche agg.: *scrivere un componimento d.*

decàstilo [vc. dotta, gr. *dekástylos*, comp. di *déka* 'dieci' e *-stilo*] agg. • (*arch.*) Detto di edificio classico con dieci colonne sulla facciata.

decathlèta • V. *decatleta.*

dècathlon /'dεkatlon/ o **dècatlon**, **dècatlo** [vc. dotta, comp. di *deca-* e del gr. *âthlon* 'lotta, gara'] s. m. • Gara atletica maschile comprendente dieci prove (quattro di corsa, tre di salto e tre di lancio), che si svolge in due giornate.

decathlonèta /dekatlo'nεta/ o **decatlonèta**. s. m. • Decatleta.

decatissàggio [fr. *décatissage*, da *décatir* 'decatizzare'] s. m. • Apparecchiatura dei tessuti mediante azione del vapore e talora sotto pressione che toglie loro il lustro e li rende irrestringibili.

decatizzàre [fr. *décatir*, letteralmente 'togliere (*dé-*) il lustro (*cati*)'] v. tr. • Sottoporre un tessuto al decatissaggio.

decatlèta o **decathlèta** [comp. di *decat(hlon)* e *atleta*] s. m. (pl. *-i*) • Atleta specialista del decathlon.

dècatlo • V. *decathlon.*

dècatlon • V. *decathlon.*

decatlonèta • V. *decathloneta.*

decauville /fr. dəko'vil/ [vc. fr., dal n. dell'inventore, l'ingegnere fr. P. *Decauville* (1846-1922)] s. f. inv. • Ferrovia a piccolo scartamento usata in miniere, cantieri e stabilimenti, caratterizzata dalla facile smontabilità, trasportabilità e leggerezza di tutti gli elementi che appoggiano direttamente sul terreno.

†**dècco** • V. *ecco (1).*

†**dèce** • V. *dieci.*

decèdere [vc. dotta, lat. *decēdere*, letteralmente 'allontanarsi (dalla vita)', comp. di *dē-* e *cēdere* 'andare'] v. intr. (coniug. come *cedere*; aus. *essere*) • Morire: *decedeva esattamente un anno fa.*

decedùto **A** part. pass. di *decedere*, anche agg. • Nei sign. del v. **B** s. m. (f. *-a*) • Morto.

deceleràre [da (*ac*)*celerare* con sostituzione del pref. *de-*] v. tr. e intr. (*io decèlero*; aus. *avere*) • Diminuire la velocità.

deceleratóre agg. • Che produce decelerazione.

decelerazióne s. f. *1* Atto, effetto del decelerare, detto spec. di veicoli terrestri e aerei. *2* (*fis.*) Accelerazione negativa, ritardazione.

decèmbre e *deriv.* • V. *dicembre* e *deriv.*

decemviràle o **decenviràle** [vc. dotta, lat. *decemvirāle(m)*, da *dĕcemvir* 'decemviro'] agg. • Proprio di, relativo a decemviro: *dignità d.*; *consiglio d.*

decemviràto o **decenviràto** [vc. dotta, lat. *decemvirātu(m)*, da *dĕcemvir* 'decemviro'] s. m. *1* Titolo, ufficio e dignità di decemviro | Durata di tale ufficio. *2* L'insieme dei decemviri.

decèmviro o **decènviro** [vc. dotta, lat. *decĕmviru(m)*, comp. di *dĕcem* 'dieci' e *vĭr* 'uomo'] s. m. (pl. *-viri*) • Nella Roma repubblicana, ognuno degli appartenenti a un collegio di magistrati composto di dieci membri.

†**decenàrio** o †**decennàrio** **A** agg. • (*raro*) Di dieci unità. **B** s. m. *1* Il numero dieci. *2* (*raro*) Decennio.

decennàle [vc. dotta, lat. tardo *decennāle(m)*, da *decĕnnis* 'decenne'] **A** agg. *1* Che dura dieci anni: *accordo d.* *2* (*raro*) Che ha dieci anni, detto di cose: *una disputa d.* *3* Che ricorre ogni dieci anni: *celebrazione d.* **B** s. m. • Decimo anniversario di un avvenimento memorabile: *il d. della Repubblica* | (*est.*) Cerimonia che si celebra in tale occasione.

†**decennàrio** • V. †*decenario.*

decènne [vc. dotta, lat. *decĕnne(m)*, comp. di *dĕcem* 'dieci' e *ănnus* 'anno'] **A** agg. *1* Che ha dieci anni, detto di cosa o persona: *un ragazzo appena d.* *2* (*lett.*) Che dura da dieci anni. **B** s. m. e f. • Chi ha dieci anni d'età.

decènnio [vc. dotta, lat. *decĕnniu(m)*, da *decĕnnis* 'decenne'] s. m. • Periodo di dieci anni.

decènte [vc. dotta, lat. *decĕnte(m)*, part. pres. di *decēre* 'convenire'] agg. *1* Che è conforme a decoro, pudore, dignità, convenienza, e sim.: *vivere in modo d.*; *abito d.*; *immagini, parole, poco decenti.* SIN. Conveniente, decoroso. *2* Che risponde alle necessità, adeguato: *stipendio appena d.*; *cercò un pretesto d. per andarsene* | (*lett.*) Che si addice, che conviene: *un atteggiamento più d. alla sua condizione.* || **decentemènte**, avv.

decentralizzàre [fr. *décentraliser*, comp. di *dé-* pref. d'allontanamento e *centraliser* 'centralizzare'] v. tr. • Decentrare.

decentralizzazióne s. f. • Atto, effetto del decentralizzare.

decentraménto o (*raro*) **dicentraménto** [fr. *décentrement*, da *décentrer* 'decentrare'] s. m. *1* Atto, effetto del decentrare: *d. dei servizi, degli uffici, dei negozi* | *D. ottico*, spostamento verticale od orizzontale dell'obiettivo di un apparecchio fotografico. *2* (*dir.*) Attribuzione di determinati poteri dello Stato a organi periferici o a enti locali: *d. amministrativo.*

decentràre o (*raro*) **dicentràre** [fr. *décentrer* 'allontanare (*dé-*) dal centro (*centre*)'] v. tr. (*io decèntro*) *1* Allontanare dal centro, dislocare in luoghi periferici servizi, impianti e sim. *2* Delegare a organi o uffici periferici compiti prima spettanti a organi centrali.

decentràto part. pass. di *decentrare*; anche agg. • Nei sign. del v.

decènviro e *deriv.* • V. *decemviro* e *deriv.*

decènza [vc. dotta, lat. *decĕntia*, da *decēre* 'convenire'] s. f. *1* Qualità di chi, di ciò che, è decente: *la d. di un abito, di un gesto.* SIN. Convenienza, decoro. *2* Rispetto delle norme di decoro, dignità, pudore, e sim. richiesto dalle necessità del vivere civile: *parlare con d.*; *osservare le regole della d.*; *compiere atti contro la d.*; *offendere la d.*; *con d. parlando* | *Gabinetto, luogo di d.*, latrina.

†**deceottèsimo** • V. *diciottesimo.*

†**deceòtto** • V. *diciotto.*

†**decére** o **dècere** [vc. dotta, lat. *decēre*, di etim. incerta] v. intr. (anche impers.; oggi dif. usato solo nella terza pers. sing. dell'indic. pr. e imperf. *dèce*, *decéva*) • (*lett.*) Convenire, addirsi.

decerebellàre [comp. parasintetico di *cerebello*, col pref. *de-*] v. tr. (*io decerebèllo*) • (*chir.*) Sottoporre a decerebellazione.

decerebellàto part. pass. di *decerebellare*; anche agg. • Nei sign. del v.

decerebellazióne s. f. • (*chir.*) Asportazione del cervelletto.

decerebràre [comp. parasintetico di *cerebro*, col pref. *de-*] v. tr. (*io decèrebro*) • (*chir.*) Sottoporre a decerebrazione.

decerebràto part. pass. di *decerebrare*; anche agg. • Nei sign. del v.

decerebrazióne s. f. • (*chir.*) Operazione con cui si esclude il cervello dal tronco encefalo-midollare.

†**decèrnere** [vc. dotta, lat. *decĕrnere*, comp. di *dē-* e *cĕrnere* 'scegliere'] v. tr. *1* Scegliere. *2* Decretare, stabilire.

†**decerniménto** s. m. • Atto, effetto del decernere.

decespugliatóre [comp. parasintetico di *cespuglio* col pref. *de-*] s. m. • Attrezzo portatile a motore, costituito da un'asta che reca all'estremità un disco rotante, con cui si tagliano cespugli, roveti e sim.

decèsso [vc. dotta, lat. *decēssu(m)*, letteralmente 'partenza', da *decēdere* 'decedere'] s. m. ● (*bur.*) Morte: *atto di d.*; *constatare il d.*

†**decessóre** [vc. dotta, lat. *decessōre(m)*, da *decēdere* nel sign. di 'lasciare una carica'] s. m. ● Predecessore.

†**decettivo** [lat. tardo *deceptīvu(m)*, da *decĭpere* 'ingannare'] agg. ● Atto a ingannare.

†**decètto** [vc. dotta, lat. *decēptu(m)*, part. pass. di *decĭpere* 'ingannare', letteralmente 'portare (*căpere*) lontano (*dē-*)'] agg. ● (*lett.*) Ingannato.

†**decettòrio** [vc. dotta, lat. *deceptōriu(m)*, da *decĭpere* 'ingannare'] agg. ● (*raro*) Ingannevole.

†**decévole** e *deriv.* ● V. †*dicevole* (*1*) e *deriv.*

†**decezióne** [vc. dotta, lat. *deceptiōne(m)*, da *decĭpere* 'ingannare'] s. f. ● Inganno: *infinite decezioni e tradimenti* (ALBERTI).

†**dechinàre** e *deriv.* ● V. *declinare* e *deriv.*

dèci- [fr. *déci-*, tratto dal lat. *dĕcimum* 'decimo'] primo elemento ● Anteposto a un'unità di misura, la divide per dieci, cioè la moltiplica per 10^{-1}: *decilitro, decimetro.* SIMB. d.

decibèl o **dècibel** [comp. di *deci-* e *bel*] s. m. ● (*fis.*) Unità di misura del guadagno o dell'attenuazione di potenza pari a un decimo di bel. SIMB. dB | *D. acustico*, unità logaritmica assoluta di intensità sonora per cui il livello di 0 decibel corrisponde a 10^{-12} watt/m^2.

decìdere [vc. dotta, lat. *decĭdere*, letteralmente 'tagliare (*caedere*) via (*dē-*)'] **A** v. tr. (pass. rem. *io decìsi, tu decidésti*; part. pass. *decìso*) **1** Pervenire a un giudizio definitivo ponendo fine a dubbi e incertezze preesistenti (*anche ass.*): *decise di chiudersi in convento; ormai ha deciso; ho deciso così, e basta!; decisi all'ultimo momento di venire io stesso* (PIRANDELLO) | Stabilire dopo attenta analisi: *non ha ancora deciso che cosa farà* | (*est.*) Scegliere: *decidemmo insieme il modello dell'abito.* **2** (*dir.*) Emanare una sentenza, detto di organo giudicante: *d. una lite, una causa.* **3** Risolvere, definire, concludere: *d. una controversia, una questione* | Fissare: *hanno deciso la data del matrimonio; decidete l'ora della partenza.* **4** (*raro*) Indurre, convincere: *l'ho deciso a comperare l'automobile.* **5** (*raro*) †Tagliare, separare. **B** v. tr. e intr. (aus. intr. *avere*) ● Avere valore determinante ai fini di q.c.: *quell'incontro decise il nostro destino; il suo intervento può d. della nostra vita.* **C** v. intr. pron. ● Prendere una risoluzione: *mi sono deciso a cambiar casa* | *Non sapere decidersi, non decidersi mai*, e sim., essere irresoluto, indeciso. SIN. Risolversi.

†**decidiménto** [da *decidere*] s. m. ● Decisione.

decìdua [f. sost. di *deciduo*] s. f. ● (*anat.*) Membrana proliferante della mucosa uterina, che si elimina con la mestruazione o concorre, in caso di fecondazione, a formare la placenta. SIN. Caduca.

deciduàle agg. ● (*anat., med.*) Relativo alla decidua.

decìduo [vc. dotta, lat. *decĭduu(m)*, dal v. *decĭdere*, letteralmente 'cadere (*cădere*) giù (*dē-*)'] agg. ● Detto di organo animale o vegetale che è destinato a cadere: *foglie decidue* | (*impr.*) Caducifoglio: *bosco d., pianta decidua* | *Dente d.*, dente di latte.

†**deciferàre** e *deriv.* ● V. *decifrare* e *deriv.*

decifràbile agg. ● Che si può decifrare.

decifrabilità s. f. ● Qualità di ciò che è decifrabile.

deciframénto o †**deciferaménto** s. m. ● Atto, effetto del decifrare.

decifràre o †**deciferàre**, †**diciferàre** [comp. parasintetico di *cif(e)ra*, col pref. *de-*] v. tr. **1** Interpretare una scrittura in cifra: *d. un messaggio, un telegramma* | (*est.*) Riuscire a intendere uno scritto oscuro: *d. un enigma, una scrittura antica, un manoscritto.* **2** (*fig.*) Interpretare ciò che è poco chiaro, difficile da capire, misterioso, e sim.: *d. i pensieri, i sentimenti, le intenzioni, di qc.; il filosofo tenta invano di d. il mistero della vita.* **3** (*mus.*) Leggere un brano di musica a prima vista.

decifràto o †**deciferàto**, †**diciferàto**. **A** part. pass. di *decifrare*; anche agg. ● Nei sign. del v. **B** s. m. ● †Spiegazione di ciò che è scritto in cifra.

decifratóre o †**deciferatóre**, †**diciferatóre** agg.; anche s. m. (f. *-trice*) ● Che, chi decifra.

decifrazióne o †**deciferazióne** s. f. ● Deciframento | (*raro*) Spiegazione.

decigrado [comp. di *deci(mo)* e *grado*] s. m. ● Unità di misura equivalente a un decimo di grado.

decigràmmo o †**decigràmma** [fr. *décigramme*, comp. di *déci-* 'decima (parte)' e *gramme* 'grammo'] s. m. (pl. *-i*) ● Unità di misura di peso equivalente a un decimo di grammo. SIMB. dg.

decìle [dal lat. *decem* 'dieci', sul modello di *percentile, quantile*] s. m. ● (*stat.*) In un insieme di valori ordinati in senso non decrescente, ciascuno dei quantili che lo ripartiscono in dieci sottoinsiemi successivi, ciascuno contenente un ugual numero di dati.

decilitro [fr. *décilitre*, comp. di *déci-* 'decima (parte)' e *litre* 'litro'] s. m. ● Unità di misura di volume corrispondente a un decimo di litro. SIMB. dl o dL.

dècima [vc. dotta, lat. *dĕcima(m)*, sottinteso *pārte(m)* 'la decima parte'] s. f. **1** Decima parte delle biade che gli agricoltori dell'agro pubblico dovevano offrire a Roma | Nell'antica legislazione ebraica, la decima parte del raccolto che, per comandamento divino, doveva essere data alla tribù dei Leviti | Decima parte delle rendite dovuta un tempo alla Chiesa in forma di imposta. **2** (*mus.*) Intervallo comprendente dieci gradi della scala musicale.

decimàle (**1**) [fr. *décimal*, dal lat. *dĕcimus* 'decimo'] **A** agg. ● (*mat.*) Che ha per base dieci, e quindi procede per decimi e per decupli: *frazione, cifra d.; sistema metrico d.* **B** s. m. ● Cifra che, in un numero decimale, è posta dopo la virgola: *calcolatrice con otto decimali.*

decimàle (**2**) [da *decima* nel sign. 1] agg. ● Di, relativo a, decima: *tributo d.*

decimalizzàre [fr. *décimaliser*, da *décimal* 'decimale (1)'] v. tr. ● (*mat.*) Convertire al sistema decimale, spec. unità di misura.

decimàre (**1**) [vc. dotta, lat. *decimāre*, da *dĕcimus* 'decimo'] v. tr. (*io dècimo*) **1** Punire un corpo di soldati con la decimazione. **2** (*fig.*) Ridurre grandemente di numero o quantità: *il colera decimava le popolazioni.*

†**decimàre** (**2**) [da *decima*] **A** v. tr. **1** Sottoporre a decima. **2** Pagare la decima. **B** v. intr. ● Riscuotere la decima.

decimàre (**3**) [comp. parasintetico di *cima*, col pref. *de-*] v. tr. (*io decìmo*) ● Privare della cima, svettare.

†**decimàrio** [da *decima*] s. m. ● Registro di beni soggetti alla decima.

†**decimatóre** [da *decimare* (*2*)] agg.; anche s. m. (f. *-trice*) ● Che, chi riscuote le decime.

decimazióne [vc. dotta, lat. *decimatiōne(m)*, da *decimāre* 'decimare (1)'] s. f. **1** Grave punizione, spec. militare, consistente nel mandare a morte una persona ogni dieci, estraendola a sorte. **2** (*fig.*) Forte diminuzione, grave danno: *le decimazioni al raccolto operate dal maltempo.*

decimetro [fr. *décimètre*, comp. di *déci-* 'decima (parte)' e *mètre* 'metro'] s. m. ● Unità di lunghezza corrispondente a un decimo di metro. SIMB. dm | *Doppio d.*, asticciola graduata per 20 centimetri.

decimilionèsimo ● V. *diecimilionesimo.*

decimillèsimo ● V. *diecimillesimo.*

decimilligràmmo [comp. di *deci-* e *milligrammo*] s. m. ● Unità di misura di peso equivalente a un decimo di milligrammo.

decimillimetro [comp. di *deci-* e *millimetro*] s. m. ● Unità di misura di lunghezza equivalente a un decimo di millimetro.

dècimo (**1**) [vc. dotta, lat. *dĕcimu(m)*, da *dĕcem* 'dieci'] **A** agg. num. ord. **1** Corrispondente al numero dieci, in una sequenza, in una successione (rappresentato da X nella numerazione romana, da 10° in quella araba): *si è classificato d.; il d. anniversario della vittoria; due alla decima*, (*ell.*) | *La decima musa*, la cinematografia. **2** (*lett.*) In composizione con altri numerali, semplici o composti, forma gli ordinali superiori: *decimoprimo, decimosecondo, decimoterzo, decimoquarto, decimoquinto, decimosesto, decimosettimo, decimottavo, decimonono.* **B** s. m. **1** Ciascuna delle dieci parti uguali di una stessa quantità: *un vantaggio di pochi decimi di secondo; ha ottenuto la decima parte di quello che gli spettava* | *I nove decimi*, (*est.*) la quasi totalità: *i nove decimi degli intervenuti.* **2** Misura dell'acuità visiva, riferita convenzionalmente al visus unitario di dieci decimi, e in base alla quale sono calcolate le dimensioni dei caratteri delle tavole ottotipiche.

dècimo (**2**) [dal n. proprio (?)] agg.; anche s. m. (f. *-a*) ● (*tosc.*) Sciocco, ottuso.

decimoprimo [comp. di *decimo* e *primo*] agg. num. ord. ● (*lett.*) Undicesimo: *Luigi d.; il secolo d.* SIN. Undecimo.

decina ● V. *diecina.*

†**decipiènte** [vc. dotta, lat. *decipiĕnte(m)*, part. pres. di *decĭpere* 'ingannare', letteralmente 'distrarre, togliere (*căpere*) via (*dē-*)'] agg. ● (*raro*) Ingannatore.

†**decìpula** [vc. dotta, lat. *decĭpula(m)*, da *decĭpere*, nel sign. originario di 'prendere con l'inganno'] s. f. **1** Laccio per prendere uccelli. **2** (*fig.*) Tranello, inganno.

decisionàle [da *decisione*] agg. ● Che può decidere: *potere d.; centri decisionali.*

decisionalità [da *decisionale*] s. f. ● Potere, capacità di decidere.

decisióne [vc. dotta, lat. *decisiōne(m)*, da *decīdere* 'decidere'] s. f. **1** Atto, effetto del decidere: *prendere una d.; rimettersi alle decisioni di qc.; d. affrettata, drastica, disperata, spietata.* SIN. Deliberazione, risoluzione, scelta. **2** (*dir.*) Determinazione di volontà giudiziaria che definisce totalmente o parzialmente la materia oggetto di un processo: *d. del tribunale; d. della Corte d'appello.* SIN. Pronuncia. **3** Risolutezza, energia: *agire, parlare, con d.; essere incapace di d.* **4** †Separazione, taglio.

decisionìsmo [da *decisione*] s. m. ● Volontà e capacità di affrontare e risolvere rapidamente problemi, spec. politici, assumendo personalmente la responsabilità delle decisioni prese.

decisionista **A** s. m. e f. (pl. m. *-i*) ● Chi pratica il decisionismo o ne è fautore. **B** anche agg.: *atteggiamento d.*

decisìvo agg. ● Che ha forza di decidere: *argomento d.; prova decisiva* | Cruciale: *momento, punto d.* | (*raro*) Che risolve una lite, una controversia, e sim.: *autorità decisiva.* SIN. Risolutivo. ‖ **decisivaménte**, avv. In modo decisivo; francamente.

decìso part. pass. di *decidere*; anche agg. **1** Nei sign. del v. **2** Risoluto, energico: *è un tipo d.; parlare con tono d.* | *Essere d. a tutto*, pronto a ogni pericolo, a ogni sforzo, e sim. pur di raggiungere un determinato scopo. ‖ **decisaménte**, avv. Con risolutezza; indubbiamente: *decisamente, hai ragione.*

decisóre [vc. dotta, lat. tardo *decisōre(m)* 'incisivo', da *decīdere* 'decidere'] s. m. ● Chi decide.

decisòrio agg. ● (*dir.*) Conclusivo di una controversia | *Giuramento d.*, quello deferito, in un processo civile, da una parte all'altra perché il giudice definisca sulla base di esso la controversia.

deck /ingl. dek/ [vc. ingl., propr. 'ponte, pavimento', d'orig. germ.] s. m. inv. ● (*mus.*) Nei sistemi di riproduzione stereofonica del suono, piastra di registrazione, registratore a cassette.

declamàre [vc. dotta, lat. *declāmare*, comp. di *dē-* e *clamāre* 'gridare'] **A** v. tr. ● Recitare con voce solenne, spesso accompagnata da gesti appropriati (*anche ass.*): *d. una poesia, un'orazione; d. in pubblico.* **B** v. intr. (aus. *avere*) **1** Parlare con affettazione ed enfasi: *quando telefona sembra che declami.* **2** (*est.*) Protestare, inveire: *d. contro il malcostume.*

declamàto **A** part. pass. di *declamare*; anche agg. ● Nei sign. del v. **B** s. m. ● (*mus.*) Canto metricamente libero e sciolto usato soprattutto nel dramma musicale moderno.

declamatóre [vc. dotta, lat. *declamatōre(m)*, da *declamāre* 'declamare'] s. m. (f. *-trice*) **1** Chi declama | (*est.*) Chi parla in modo pomposo e retorico. **2** (*spec. al pl.*) Chi, nelle scuole dei retori, si esercitava nell'oratoria.

declamatòrio [vc. dotta, lat. *declamatōriu(m)*, da *declamātor* 'declamatore'] agg. ● Di, da declamazione: *tono d.* SIN. Enfatico.

declamazióne [vc. dotta, lat. *declamatiōne(m)*, da *declamāre* 'declamare'] s. f. **1** Atto, modo, effetto del declamare: *la d. di un sonetto.* **2** (*est.*) Discorso enfatico, altisonante e vuoto di significato. *3* Esercitazione oratoria, spec. nelle scuole di retorica dell'antichità.

†declaràre • V. *dichiarare*.

†declaratìvo • V. *dichiarativo*.

declaratòria s. f. • (*dir.*) Provvedimento giurisdizionale avente carattere dichiarativo.

declaratòrio o **†dichiaratòrio** agg. • (*dir.*) Che dichiara, rendendo pubblico: *sentenza declaratoria*.

†declarazióne • V. *dichiarazione*.

declassaménto s. m. • Atto, effetto del declassare.

declassàre [fr. *déclasser*, letteralmente 'passare (*de-*) ad altra classe (*classe*)'] v. tr. • Degradare da una classe superiore a quella inferiore (*anche fig.*): *d. una vettura ferroviaria*; *la società del benessere declassa chi è povero*.

declassàto part. pass. di *declassare*; anche agg. • Nei sign. del v.

declassificàre [comp. di *de-* e *classificare*, per calco dell'ingl. *to declassify*] v. tr. (*io declassìfico, tu declassìfichi*) • Togliere dalla lista dei segreti di Stato; privare del carattere di segretezza, di riservatezza: *d. un documento*.

declinàbile [vc. dotta, lat. tardo *declinābile(m)*, da *declināre* 'declinare'] agg. *1* Detto di parola che si può declinare. *2* †Mutabile.

declinaménto o †**dechinaménto**, †**dichinaménto** [vc. dotta, lat. tardo *declinamĕntu(m)*, da *declināre* 'declinare'] s. m. • (*raro*) Atto del declinare (*spec. fig.*).

declinànte o (*lett.*) †**dechinànte**. part. pres. di *declinare*; anche agg. • Nei sign. del v.

declinàre o (*lett.*) †**dechinàre**, (*lett.*) †**dichinàre**, (*lett.*) †**diclinàre**, (*tosc.*) †**dicrinàre** [vc. dotta, lat. *declināre*, comp. di *dē-* e *clināre* 'piegare'] **A** v. intr. (*io declìno*; aus. *avere*) *1* Abbassarsi gradatamente: *il letto del fiume declina leggermente* | Volgere verso il basso: *il paese declina verso il mare* | Tramontare: *il sole declìna all'orizzonte*. *2* (*fig.*) Volgere alla fine: *il giorno ormai declina* | Diminuire di intensità, potenza, valore, e sim.: *la sua vitalità sta declinando*; *la febbre declina*; *a quell'epoca la fortuna di Napoleone già cominciava a d.*; *certe mode declinano presto*. *3* Discostarsi, deviare da una data direzione (*anche fig.*): *d. dalla propria dirittura di vita* | *D. a destra*, piegare verso destra. *4* †Scendere da un luogo elevato | †Cadere. **B** v. tr. *1* (*lett.*) Abbassare, piegare in giù: *d. il capo*; *declinò il ginocchio a terra*. *2* Rifiutare, evitare, eludere: *d. un onore, un invito*; *d. le attenzioni di qc.*; *la direzione declina ogni responsabilità* | (*dir.*) *D. la competenza, la giurisdizione*; *d. il foro*, eccepire a opera di una parte l'incompetenza territoriale del giudice adito. *3* (*bur.*) Dichiarare, rendere noto: *d. il proprio nome, le proprie generalità*. *4* (*ling.*) Flettere un sostantivo, un aggettivo o un pronome nelle forme proprie della declinazione. **C** in funzione di s. m. solo sing. • Ultima fase di un fenomeno naturale, storico, e sim.: *essere al, sul, d.*; *il d. del giorno, della notte, degli anni, dell'età*.

declinatòria [da (*eccezione*) *declinatoria*] s. f. • (*dir.*) Eccezione di incompetenza o di difetto di giurisdizione.

declinatòrio [da *declinare*] agg. • (*raro*) Che declina | (*dir.*) *Pronuncia declinatoria*, decisione con cui il giudice nega di essere competente a emanare il provvedimento richiestogli | *Eccezione declinatoria*, V. *declinatoria*.

declinazióne o (*lett.*) †**dechinazióne**, (*lett.*) †**dichinazióne** [vc. dotta, lat. *declinatiōne(m)*, da *declināre* 'declinare'] s. f. *1* Atto, effetto del declinare. *2* (*astron.*) Distanza angolare di un astro dall'equatore celeste | *D. magnetica*, angolo che il meridiano magnetico fa con il meridiano terrestre per un dato punto della terra. *3* (*ling.*) Flessione del sostantivo o dell'aggettivo o del pronome secondo il genere, il numero e il caso. *4* (*raro, lett.*) Abbassamento | (*raro, lett.*) Declivio, pendenza. *5* (*fig., raro, lett.*) Scadimento, declino, decadenza.

declìno o (*lett.*) †**dechìno**, (*lett.*) †**dichìno** [da *declinare*] s. m. *1* (*lett.*) Pendenza, declivio: *il d. di un colle*. *2* (*fig.*) Decadenza: *mondo, società, civiltà in d.* | Fine, tramonto: *il d. della gioventù, della bellezza*; *è ormai in d.*

declinòmetro [vc. dotta, comp. di *declinare* e *-metro*] s. m. • (*fis.*) Strumento per la misura della declinazione magnetica.

declìve o (*lett.*) †**declìvo** [vc. dotta, lat. *declīve(m)*, comp. di *de-* e *clīvus* 'terreno in pendenza'] **A** agg. • (*lett.*) Che è in pendio: *sentiero d.* **B** s. m. • (*raro, lett.*) Declivio.

declìvio [vc. dotta, lat. tardo *declīviu(m)*, da *declīvis* 'declive'] s. m. • Superficie, terreno, in pendio: *i tetti in d.*; *il dolce d. delle colline* | Pendenza del piano scenico accentuata progressivamente verso il fondo.

declività o †**declivitàde**, †**declivitàte** [vc. dotta, lat. *declivitāte(m)*, da *declīvis* 'declive'] s. f. • (*lett.*) Qualità di ciò che è declive | Pendenza, inclinazione: *una delle cause di movimento è la d. del sito* (GALILEI).

†declìvo • V. *declive*.

decloratóre [comp. di *de-* e *cloro*] s. m. • Apparecchio usato per eliminare l'eccesso di cloro dalle acque potabili.

declorazióne [comp. di *de-* e di un deriv. di *cloro*] s. f. • Eliminazione dell'eccesso di cloro dalle acque potabili.

decloruràto [comp. di *de-* e *cloruro*, con suff. agg.] agg. • Che è privo, o povero, di cloruri, spec. di cloruro di sodio.

declorurazióne [comp. di *de-* e *clorurazione*] s. f. • (*chim.*) Processo di eliminazione del cloro da una sostanza per via chimica o biologica.

déco /fr. de'ko/ [fr., abbr. di *décoratif* 'decorativo', *décoration* 'decorazione'] **A** agg. inv. • Detto di uno stile artistico sorto negli anni '20, che trova la sua espressione in oggetti e prodotti delle arti minori, della moda e dell'industrial design, caratterizzati da linea aerodinamica, elementi geometrici circolari o spezzettati, accostamenti anche violenti di colore. **B** s. m. inv. • Lo stile stesso: *rivalutazione del d.*

decoder /ingl. di'koudə*/ [vc. ingl., comp. di *de-* 'de-' e *coder* 'codificatore'] s. m. inv. • Decodificatore.

decodìfica [dev. di *decodificare*] s. f. • (*ling.*) Decodificazione.

decodificàbile agg. • Che può essere decodificato. SIN. Decifrabile.

decodificàre [comp. di *de* e *codificare*] v. tr. (*io decodìfico, tu decodìfichi*) *1* Nell'elaborazione automatica dei dati, riottenere l'informazione originaria, partendo dal codice nel quale era stata trasformata. *2* (*est.*) Decifrare, interpretare messaggi, scritti e sim. secondo determinati schemi.

decodificatóre s. m. (f. *-trice* nel sign. 1) *1* Chi decodifica un messaggio. *2* (*tecnol.*) Dispositivo o sistema che interpreta per mezzo di un codice dati o messaggi codificati.

decodificazióne s. f. *1* Atto, effetto del decodificare. *2* (*ling.*) Processo di identificazione e interpretazione dei segnali da parte di chi riceve il messaggio emesso. SIN. Decodifica.

decollàggio [fr. *décollage*, da *décoller* 'decollare (2)'] s. m. • Decollo.

decollàre (1) o †**dicollàre** [vc. dotta, lat. *decollāre*, comp. di *dē-* e *cŏllum* 'collo (1)'] v. tr. (*io decòllo*) • (*raro*) Decapitare.

decollàre (2) [fr. *décoller*, letteralmente scollare, togliere (*dé-*) la colla (*colle*)] v. intr. (*io decòllo*; aus. *avere*) *1* (*aer.*) Sollevarsi in volo, staccandosi dal suolo, da una superficie d'acqua, dal ponte di una portaerei e sim. *2* (*fig.*) Avviarsi verso un felice sviluppo, detto di un'azione, un progetto e sim.

decollàto part. pass. di *decollare* (*1*); anche agg. • Nei sign. del v.

decollazióne o †**dicollazióne** [vc. dotta, lat. *decollatiōne(m)*, da *decollāre* 'decollare (1)'] s. f. • Decapitazione.

décolleté /fr. dekol'te/ [vc. fr., da *décolleter* 'lasciare scoperto (*dé-*) il collo (*collet*)'] **A** agg. inv. • Scollato: *abito, scarpa, d.* **B** s. m. inv. • Scollatura: *il d. di un abito*; *avere un bel d.*

decòllo [da *decollare* (*2*)] s. m. *1* (*aer.*) Atto o manovra del decollare. *2* (*fig.*) Fase di avvio di un processo di sviluppo industriale con passaggio da uno stato economico arretrato a una costante espansione produttiva.

decolonizzàre [fr. *décoloniser*, comp. di *dé-* e *coloniser* 'colonizzare'] v. tr. • Rendere una colonia Stato sovrano | (*est.*) Liberare un Paese dall'influenza economica di un altro che, in passato, ne aveva anche il dominio coloniale.

decolonizzazióne s. f. • Atto, effetto del decolonizzare.

decolorànte **A** part. pres. di *decolorare*; anche agg. • Nel sign. del v. **B** s. m. • Sostanza atta a decolorare.

decoloràre [vc. dotta, lat. *decolorāre*, comp. di *dē-* e *colorāre* 'tingere'] v. tr. (*io decolóro*) • Privare del colore, scolorire: *d. un tessuto, i capelli*.

decolorazióne [vc. dotta, lat. *decoloratiōne(m)*, da *decolorāre* 'decolorare'] s. f. *1* Atto, effetto del decolorare: *d. dei capelli*. *2* In varie tecnologie, operazione atta a eliminare o ad attenuare il colore di determinate sostanze o materiali: *d. dei vini, degli oli, dei tessuti*.

decombènte [vc. dotta, lat. *decumbĕnte(m)*, part. pres. di *decŭmbere* 'cadere (**cŭmbere*) giù (*dē-*)'] agg. • Che pende verso il basso: *rami decombenti*.

decommissioning /ingl. dekə'miʃəniŋ/ [vc. ingl., da *to decommission*, comp. di *de-* e *to commission* 'mettere in servizio, in funzione'] s. m. inv. • Il processo di smantellamento e decontaminazione di una centrale nucleare alla fine del suo ciclo di vita.

decomponìbile [da *decomporre*] agg. • Che si può decomporre.

decomponibilità s. f. • Qualità di ciò che è decomponibile.

decompórre [vc. dotta, comp. di *de-* e *comporre*] **A** v. tr. (coniug. come *porre*) *1* (*chim.*) Scindere un composto in altri più semplici o nei suoi elementi. SIN. Disgregare, scomporre. *2* (*mat.*) Scomporre, dividere in parti | *D. un numero naturale*, trovare i suoi fattori primi. *3* (*est., fig.*) Sottoporre ad analisi minuziosa: *d. una teoria per chiarire i punti controversi*. *4* Corrompere, putrefare: *d. la materia organica* | (*fig., lett.*) Alterare profondamente: *l'emozione gli decomponeva i lineamenti*. **B** v. intr. pron. (aus. *essere*) *1* (*chim.*) Scindersi di un composto in altri più semplici o nei suoi elementi. *2* Corrompersi, putrefarsi: *la materia organica si decompone*.

decomposizióne [da *decomporre*] s. f. *1* Atto, effetto, del decomporre o del decomporsi: *d. spontanea, lenta*. *2* (*biol.*) Processo di degradazione delle sostanze biologiche in altre meno nobili.

decompósto part. pass. di *decomporre*; anche agg. • Nei sign. del v.

decompressìmetro [comp. di *decompressi(one)* e *-metro*] s. m. • Apparecchio per il calcolo automatico dei dati di decompressione, usato nel nuoto subacqueo.

decompressióne [fr. *décompression*, comp. di *dé-* e *compression* 'compressione'] s. f. • (*fis.*) Passaggio da uno stato di pressione atmosferica a uno minore | *Camera di d.*, opportuno recipiente a pressione regolabile in cui viene accolto un palombaro riemerso troppo rapidamente in superficie | (*med.*) *Malattia da d.*, V. *malattia*.

decomprìmere [fr. *décomprimer*, comp. di *dé-* privativo e *comprimer* 'comprimere'] v. tr. (coniug. come *comprimere*) • Rendere meno compresso.

deconcentràre [comp. di *de-* e *concentrare*] **A** v. tr. (*io deconcèntro*) • Fare uscire da uno stato di concentrazione, eliminare o attenuare un intenso raccoglimento mentale o psicofisico. **B** v. rifl. • Uscire da uno stato di concentrazione.

deconcentràto part. pass. di *deconcentrare*; anche agg. *1* Nei sign. del v. *2* Privo della necessaria concentrazione, spec. durante un'attività sportiva: *un atleta, un portiere d.*

deconcentrazióne s. f. • Atto, effetto del deconcentrare e del deconcentrarsi.

decondizionaménto s. m. • Atto, effetto del decondizionare.

decondizionàre [comp. di *de-* e *condizionare*] **A** v. tr. (*io decondizióno*) • Liberare da, privare di un condizionamento qc. o q.c. **B** v. rifl. • Cessare, smettere di essere condizionati.

decondizionàto part. pass. di *decondizionare*; anche agg. • Nei sign. del v.

decongelaménto s. m. • Decongelazione.

decongelàre [fr. *décongeler*, comp. di *dé-* e *congeler* 'congelare'] v. tr. (*io decongèlo*) *1* Riportare lentamente un prodotto alimentare surgelato alla temperatura ambiente. *2* (*econ.*) Annullare con un nuovo provvedimento una precedente decisione di blocco di beni o crediti.

decongelazióne s. f. ● Atto, effetto del decongelare.

decongestionaménto s. m. ● Atto, effetto del decongestionare (*anche fig.*): *provvedere al d. del centro urbano.*

decongestionànte A agg. ● Detto di sostanza usata in cosmetica e farmacologia, atta a eliminare o diminuire uno stato di congestione. B anche s. m.

decongestionàre [comp di *de-* e *congestionare*, sul modello del fr. *décongestionner*] v. tr. (*io decongestióno*) 1 (*med.*) Eliminare o diminuire la congestione. 2 (*fig.*) Liberare da ingombri eccessivi, ingorghi, e sim.: *d. il traffico cittadino, le strade.*

decongestióne [comp. di *de-* e *congestione*, sul modello del fr. *décongestion*] s. f. ● Decongestionamento.

decontaminàre [comp. di *de-* e *contaminare*] v. tr. (*io decontàmino*) ● Eliminare o diminuire la contaminazione radioattiva di q.c.

decontaminazióne s. f. ● Atto, effetto del decontaminare.

decontestualizzàre [comp. di *de-* e *contestualizzare*] v. tr. ● Togliere, isolare da un dato contesto: *d. una parola, un'espressione.*

decontestualizzazióne s. f. ● Atto, effetto del decontestualizzare.

decontràrre [comp. di *de-* e *contrarre*] A v. tr. (coniug. come *trarre*) ● Provocare una decontrazione: *esercizi per d. i muscoli.* B v. intr. pron. ● Rilassarsi dopo una contrazione: *i muscoli hanno la capacità di contrarsi e decontrarsi.*

decontràtto [comp. di *de-* e *contratto* (*1*)] agg. ● Che si trova in uno stato di calma e di rilassatezza.

decontratturànte [comp. di *de-* e *contrattura*, con suff. participiale] agg.; anche s. m. ● Miorilassante.

decontrazióne [comp. di *de-* e *contrazione* (*1*)] s. f. ● Rilasciamento dei muscoli: *esercizi di d.*

décor /fr. de'kɔr/ [vc. fr., propr. 'scenario', dal senso generico di 'ciò che serve a ornare'] s. m. inv. 1 Allestimento scenico. 2 Arredamento.

decoramentàle agg. ● (*raro, lett.*) Decorativo (*spec. spreg.*): *mitologia d.* (CARDUCCI).

†**decoraménto** [vc. dotta, lat. tardo *decoramĕntu(m)*, da *decorāre* 'decorare'] s. m. ● Decorazione.

decoràre [vc. dotta, lat. *decorāre* 'ornare con decoro (*dĕcus* e *dĕcor*)'] v. tr. (*io decòro*) 1 Adornare, abbellire con elementi ornamentali: *decorarono l'abito con pizzi*; *hanno decorato con un fregio la facciata.* 2 Insignire di una decorazione, di una onorificenza: *è stato decorato della croce di guerra* | *D. qc. al merito, al valor civile, al valor militare*, per imprese particolarmente meritevoli nell'ambito della vita civile o militare.

decorativìsmo s. m. ● Prevalenza, in un'opera d'arte, di motivi esclusivamente decorativi.

decorativo agg. 1 Atto a decorare: *arte, pittura decorativa*; *elemento d.* | *Arti decorative*, nella vecchia storiografia artistica, oreficeria, lavorazione del ferro, ebanisteria, ceramica, arte del vetro e sim.; oggi, arti applicate. 2 (*iron.*) Detto di persona, che, sebbene intrinsecamente priva di valore, possiede qualità esteriori tali da conferire lustro, importanza, prestigio, all'ambiente in cui si trova, alla carica che riveste, e sim.; *personaggio d.*; *una moglie decorativa.* || **decorativaménte**, avv.

decoràto A part. pass. di *decorare*; anche agg. 1 Nei sign. del v. 2 *Stile d.*, stile architettonico gotico inglese del 13° e 14° secolo. B s. m. ● Chi ha ricevuto una decorazione: *i decorati della Grande Guerra.*

decoratóre [vc. dotta, lat. tardo *decoratōre(m)*, da *decorātus* 'decorato'] s. m. (f. *-trice*) 1 Chi esegue lavori di decorazione su disegno di altri o proprio: *i grandi decoratori del Barocco.* 2 Pittore addetto alle decorazioni di scena. 3 Chi per professione adorna e addobba sale, chiese, ecc.

decorazióne [vc. dotta, lat. tardo *decoratiōne(m)*, da *decorātus* 'decorato'] s. f. 1 Atto, effetto del decorare | Opera d'arte, o d'artigianato, eseguita per decorare all'interno o all'esterno un complesso architettonico: *decorazioni murali* | Tutto ciò che serve per decorare: *d. floreale, natalizia.* 2 Medaglia, croce: *gli è stata consegnata sul campo una d. al valor militare* | Onorificenza cavalleresca.

decornàre [comp. di *de-* e *corna*, pl. di *corno*] v. tr. (*io decòrno*) ● Privare delle corna i bovini giovani, asportandole o impedendone l'accrescimento.

decornazióne s. f. ● Atto, effetto del decornare.

decòro [vc. dotta, lat. *decŏru(m)*, da *decēre* 'convenire'] A s. m. 1 Sentimento, coscienza della propria dignità, che si riflette nell'aspetto, negli atteggiamenti, nell'operato, e sim.: *vestirsi, comportarsi, vivere con d.*; *ciò che il d. impone*; *discorso che offende il d.*; *essere privo di d.* SIN. Dignità. 2 Onore, prestigio di chi, di ciò che, per meriti individuali, condizione sociale e sim. è degno di grande considerazione e del massimo rispetto: *il d. della magistratura, della famiglia*; *salvare, tutelare il d. della nazione.* 3 (*fig.*) Lustro, splendore: *essere il d. della patria* | (*lett.*) Gloria. 4 (*fig.*) Ornamento, pompa: *il giardino costituiva il solo d. della casa* | *D. di stile, di lingua*, forma conveniente, appropriata. 5 Motivo ornamentale in alcuni manufatti di ceramica, come piastrelle e stoviglie da tavola. B agg. ● †Decoroso.

decoróso [vc. dotta, lat. tardo *decorōsu(m)*, da *dĕcor* 'decoro'] agg. 1 Che possiede, dimostra decoro: *le decorose tradizioni di famiglia* | Che conferisce decoro, lustro, prestigio, e sim.: *un matrimonio d.*; *una scelta poco decorosa.* SIN. Dignitoso. 2 Che è conforme alle circostanze, alle esigenze, alla posizione sociale, e sim.: *abito, atteggiamento d.*; *stipendio d.*; *abitazione decorosa.* SIN. Dignitoso. || **decorosaménte**, avv.

decorrènza [da *decorrere*] s. f. ● Atto del decorrere | Termine da cui comincia ad avere effetto un impegno, un obbligo, e sim.: *promozione con d. dal primo gennaio.*

decórrere o (*raro*) †**dicórrere** [vc. dotta, lat. *decŭrrere* 'scorrere in giù', comp. di *dē-* e *cŭrrere* 'correre'] v. intr. (coniug. come *correre*; aus. *essere*) 1 (*raro, lett.*) Correre in giù. 2 Passare, trascorrere, detto di tempo: *è decorso un anno dalla sua morte.* 3 Cominciare ad avere effetto, detto di impegno, obbligo e sim.: *l'assicurazione decorre da domani* | Cominciare a essere calcolato, detto di interesse, rendita, e sim.: *lo stipendio decorrerà dall'inizio del mese* | *A d. da*, a partire da.

decórso (1) part. pass. di *decorrere*; anche agg. ● Nei sign. del v.

decórso (2) o (*raro*) †**dicórso** [vc. dotta, lat. *decŭrsu(m)* col sign. raff. (*de-*) di *cŭrsus* 'corso'] s. m. 1 †Deflusso delle acque. 2 Corso del tempo: *un lungo d. di tempo*; *il d. dei mesi, degli anni* | *Nel d. di*, durante. 3 Svolgimento, evoluzione: *gli ultimi decorsi di un avvenimento*; *il d. della malattia è regolare.*

decorticàre [vc. dotta, lat. *decorticāre*, comp. di *dē-* e *corticātus* 'provvisto di corteccia'] v. tr. (*io decòrtico, tu decòrtichi*) 1 Privare della corteccia: *d. un tronco.* 2 Nell'industria alimentare, privare della buccia semi, cereali e sim.: *d. il riso, i semi di lino.*

decorticazióne [vc. dotta, lat. *decorticatiōne(m)*, da *decorticāre* 'decorticare'] s. f. ● Atto, effetto del decorticare.

decostruìre [comp. di *de-* e *costruire*, per retroformazione da *decostruzione*] v. tr. (coniug. come *costruire*) ● Interpretare un testo letterario secondo i metodi del decostruzionismo.

decostruttivo [fr. *déconstructif*, comp. di *dé-* e *constructif* 'costruttivo'] agg. ● Relativo al decostruzionismo.

decostruzióne [fr. *déconstruction*, comp. di *dé-* e *construction* 'costruzione'] s. f. 1 Scomposizione di una elaborazione concettuale in componenti che, analizzate comparativamente, contribuiscano a mostrarne la relatività storica. 2 Decostruzionismo.

decostruzionìsmo [fr. *déconstructionnisme*, da *déconstruction* 'decostruzione'] s. m. ● Indirizzo critico che, rifiutando ogni metodologia intesa a riscostruire il senso globale di un testo letterario, mira a metterne in luce le componenti formali (linguistiche, stilistiche, retoriche e sim.).

decòtto (1) [vc. dotta, lat. *decŏctu(m)*, part. pass. di *decŏquere* 'cuocere bene', comp. di *dē-* e *cŏquere* 'cuocere'] s. m. ● Preparato medicamentoso ottenuto facendo bollire per un certo tempo determinate sostanze nell'acqua e filtrandole poi dopo il raffreddamento.

decòtto (2) A part. pass. di †*decuocere*; anche agg. 1 Nei sign. del v. 2 (*dir. econ.*) Che è in stato di decozione: *debitore, debito d.*; *azienda decotta.* B s. m. ● (*dir.*) Debitore insolvente.

†**decottóre** [vc. dotta, lat. *decoctōre(m)*, nel senso fig. dal senso proprio del v. *decŏquere* 'cuocere (*cŏquere*) fino in fondo (*de-*)', quindi 'consumare (le proprie sostanze)'] s. m. ● Fallito.

†**decottùra** [vc. dotta, lat. tardo *decoctūra(m)* 'decozione'] s. f. ● (*raro*) Decozione, decotto.

découpage /fr. deku'paʒ/ [vc. fr., propr. 'taglio', da *découper* 'tagliare'] s. m. inv. ● (*cine*) Sceneggiatura definitiva di un film, con le scene suddivise in inquadrature e recanti tutte le indicazioni tecniche per il regista | Serie di immagini che si riferiscono a una stessa situazione, di cui sottolineano ciascuna un aspetto.

decozióne (1) o †**dicozióne** [vc. dotta, lat. *decoctiōne(m)*, della stessa origine di *decotto* (*1*) (V.)] s. f. 1 Ebollizione di liquido contenente sostanze medicamentose, in modo da estrarne i principi attivi | Decotto. 2 †Cottura | †Maturazione.

decozióne (2) [da *decotto* (*2*)] s. f. ● (*dir.*) Stato di insolvenza del debitore | (*econ.*) Condizione di dissesto di un'azienda.

decreménto [vc. dotta, lat. tardo *decremĕntu(m)*, da *decrēscere* 'decrescere'] s. m. ● Diminuzione: *d. dei redditi.* CONTR. Incremento.

†**decrepità** [da *decrepito*] s. f. ● Decrepitezza.

decrepitàre [vc. dotta, comp. di *de-* e del lat. *crepitāre* 'scoppiettare' sul modello del fr. *décrépiter*] v. intr. ● Detto di un cristallo anidro, scindersi in minutissimi frammenti producendo un tipico crepitio.

decrepitazióne s. f. ● Atto, effetto del decrepitare.

decrepitézza s. f. ● Qualità di chi, di ciò che, è decrepito.

decrèpito [vc. dotta, lat. *decrĕpitu(m)*, comp. di *dē-* e *crĕpitus*, da *crepāre* 'fendersi', con un passaggio semantico poco chiaro] agg. 1 Che è nell'estrema vecchiaia e ne reca tutti i segni di disfacimento: *età decrepita* | Con valore raff.: *vecchio d.*, vecchissimo. 2 (*fig.*) Che è ormai privo di vitalità e in condizioni di estrema decadenza: *cultura decrepita*; *idee decrepite.*

decrepitùdine s. f. 1 Estrema vecchiaia. 2 (*raro, fig.*) Persona in età molto avanzata: *calvizie di una stanca d. incapace di morire* (BACCHELLI).

decrescèndo [comp. di *de-* e *crescendo*, in senso mus.] s. m. inv. ● (*mus.*) Indicazione dinamica che prescrive, nell'esecuzione, una progressiva diminuzione d'intensità del suono.

decrescènte o †**dicrescènte**. part. pres. di *decrescere*; anche agg. 1 Nei sign. del v. 2 (*mat.*) Detto di funzione il cui valore diminuisce al crescere della variabile indipendente.

decrescènza o †**dicrescènza** [vc. dotta, lat. tardo *decrescĕntia*, da *decrēscere* 'decrescere'] s. f. ● Atto, effetto del decrescere.

decréscere o (*lett.*) †**dicréscere** [vc. dotta, lat. *decrēscere*, comp. di *dē-* e *crēscere* 'crescere'] v. intr. (coniug. come *crescere*; aus. *essere*) ● Diminuire di massa, volume, quantità, forza, prezzo, e sim.: *le acque cominciano a decrescere*; *i prezzi stanno decrescendo.* SIN. Calare.

decresciménto o †**dicresciménto**. s. m. ● (*raro*) Decrescenza.

decretàle [vc. dotta, lat. tardo *decretāle(m)*, da *decrētum* 'decreto'] A agg. ● Detto di costituzione pontificia redatta in forma di lettera: *lettere decretali.* B s. f., †m. 1 Bolla o lettera papale concernente il governo della Chiesa. 2 (*spec. al pl.*) Costituzioni pontificie redatte in forma di lettera, che spesso contenevano norme cogenti di diritto, in parte passate nel Corpo del Diritto Canonico.

decretalista [da *decretale*] s. m. (pl. *-i*) ● Studioso delle decretali.

decretàre [da *decreto*] v. tr. (*io decréto*) 1 Statuire con decreto. 2 (*est.*) Stabilire d'autorità: *gli hanno decretato solenni onoranze.* SIN. Deliberare, sancire.

decretazióne s. f. ● Atto, effetto del decretare |

D. d'urgenza, emanazione da parte dell'autorità governativa, in momenti eccezionali di emergenza, di atti normalmente propri degli organi legislativi.

†**decrèto** (1) [vc. dotta, lat. *decrētu(m)*, part. pass. di *decĕrnere* 'risolvere, giudicare', comp. di *dē* e *cĕrnere* 'distinguere'] **agg.** ● Deciso, stabilito: *a che la mia risposta è già decreta!* (DANTE *Par.* XV, 69).

decréto (2) [vc. dotta, lat. *decrētu(m)*, sost. del part. pass. di *decĕrnere* 'risolvere, giudicare'. Cfr. prec.] **s. m.** *1* (*dir.*) Provvedimento giurisdizionale, gener. non motivato: *d. di citazione*; *d. ingiuntivo*; *d. di condanna* | Atto amministrativo tipico del potere esecutivo: *d. ministeriale, prefettizio* | *D. legge*, atto avente forza di legge emanato dal Governo senza previa delegazione del Parlamento | *D. legislativo*, atto avente forza di legge emanato dal Governo previa delegazione del Parlamento | *Decreti delegati*, (*per anton.*) quelli, emanati nel 1974, che riguardano spec. l'istituzione e l'ordinamento degli organi collegiali nella scuola e che si ispirano alla concezione di questa non solo come luogo di insegnamento, ma anche come comunità partecipe e aderente alla realtà sociale del Paese. *2* (*fig.*) Ciò che è disposto, stabilito, da una volontà o da una forza superiore all'uomo: *gli imperscrutabili decreti della Provvidenza*. *3* (*raro*) †Imperio, dominio. || **decretino**, **dim.** | **decretóne**, **accr.** (V.).

decretóne **s. m.** *1* Accr. di *decreto* (2). *2* Decreto contenente un complesso di numerose disposizioni su varie materie, spec. economiche, finanziarie e fiscali.

†**decretòrio** [vc. dotta, lat. *decretōriu(m)*, da *decrētum* 'decisione, decreto'] **agg.** ● Definitivo, decisivo.

decriminalizzàre [comp. di *de-* e *criminalizzare*] **v. tr.** ● Togliere a un fatto o a un'azione il carattere di reato, di crimine: *d. l'uso delle droghe leggere*.

decriptàre o **decrittàre** [ingl. *to decrypt*, comp. di *de-* e *crypt(ogram)* 'crittogramma'] **v. tr.** ● Interpretare un testo segreto o cifrato | (*est.*) Decifrare, rendere comprensibile.

decriptatòrio o **decrittatòrio** **agg.** ● Che può decriptare, decifrare: *chiave decriptatoria*.

decriptazióne o **decrittazióne**. **s. f.** ● Atto, effetto del decriptare.

decrittàre e *deriv.* ● V. *decriptare* e *deriv.*

decùbito [dal lat. *decŭmbere* 'coricarsi, mettersi a letto', comp. di *dē-* e *cŭmbere* 'giacere'] **s. m.** *1* Posizione assunta dal malato in letto | *Piaga da d.*, quella che, durante una lunga degenza a letto, compare nelle parti della cute compresse contro il materasso. *2* Posizione del ginnasta il cui corpo è parallelo al suolo.

de cuius /*lat.* de 'kujus/ [loc. lat., letteralmente 'della (*dē*) (eredità) del quale (*cūius*)', dalla formula *dē cūius hereditāte* (o *successiōne*) *agitur* ('si tratta')] **loc. sost. m. e f.** ● Persona defunta della cui eredità si tratta: *successione legittima al de cuius*.

deculminazióne [comp. di *de-* e di un deriv. di *culmine*] **s. f.** ● (*geogr.*) Fenomeno per cui i rilievi orografici vanno diminuendo in altezza col passare del tempo in seguito all'azione erosiva degli agenti naturali.

decumàna [vc. dotta, lat. '(*pŏrta*) *decumāna*', cioè 'della decima (*dĕcuma*) coorte', che vi accampava] **s. f.** ● Porta fondamentale dell'accampamento e della città, presso gli antichi Romani, aperta all'estremità destra del decumano.

decumàno [vc. dotta, lat. *decumānu(m)*, parallelo di *decimānu(m)*, da *dĕcumus*, forma arc. di *dĕcimus* 'decimo (1)'] **A agg.** ● Decimo | (*lett.*) *Onda decumana*, la decima, che sarebbe la più alta e violenta delle nove precedenti. **B s. m.** *1* Nell'ordinamento militare dell'antica Roma, ogni soldato della decima legione. *2* Persona incaricata di raccogliere le decime nell'antica Roma. *3* (*est.*) Ciascuna delle vie che attraversavano la città o l'accampamento dei Romani da oriente a occidente.

†**decuòcere** [dal lat. *decŏquere* 'cuocere (*cŏquere*) a fondo (*dē-*)'] **v. tr.** ● (*raro*) Cuocere bene a lungo.

decuplicàre [da *decuplo*] **v. tr.** (*io decùplico, tu decùplichi*) ● Moltiplicare per dieci, accrescere di dieci volte: *d. i propri guadagni*.

dècuplo [vc. dotta, lat. *dĕcuplu(m)*, da *dĕcem* 'dieci' sovrapposto a *dŭplus* 'doppio'] **A agg.** ● Che è dieci volte maggiore, relativamente ad altra cosa analoga. **B s. m.** ● Quantità, misura dieci volte maggiore: *ricavare, rendere il d.*

decùria [vc. dotta, lat. *decŭria(m)*, da *dĕcures* 'decurioni', da *dĕcem* 'dieci'] **s. f.** *1* Nell'antica Roma, ciascuna delle dieci divisioni della Curia o del Senato. *2* Squadra di dieci soldati di cavalleria. *3* (*raro, lett.*) Complesso, serie di dieci unità.

†**decùrio** [vc. dotta, lat. *decŭrio*, da *decŭria* 'decuria'] **s. m.** ● Decurione.

decurionàle **agg.** ● Di decurione.

decurionàto [vc. dotta, lat. *decurionātu(m)*, da *decŭrio* '†decurio'] **s. m.** ● Grado, ufficio di decurione.

decurióne [vc. dotta, lat. *decuriōne(m)*, da *decŭria* 'decuria'] **s. m.** *1* Nell'antica Roma, capo di una decuria. *2* Membro dell'amministrazione comunale, spec. nell'Italia dominata dagli Spagnoli.

decurtàre [vc. dotta, lat. *decurtāre*, comp. di *dē-* e *curtāre*, da *cŭrtus* 'corto'] **v. tr.** (*io decùrto*) ● Ridurre, diminuire: *d. un debito pagandone la metà* | Detrarre una somma da un'altra maggiore: *d. una percentuale dello stipendio*.

decurtazióne [vc. dotta, lat. tardo *decurtatiōne(m)*, da *decurtāre* 'decurtare'] **s. f.** ● Atto, effetto del decurtare.

decuscutàre [comp. di *de-* e di un deriv. di *cuscuta*] **v. tr.** (*io decùscuto*) ● (*agr.*) Liberare le sementi di piante agrarie dai semi di cuscuta; liberare un terreno coltivato dalle cuscute.

decussàre [vc. dotta, lat. *decussāre*, da *decŭssis* 'decusse'] **v. tr.** ● Incrociare, intersecare a forma di X.

decussàto [vc. dotta, lat. *decussātu(m)* 'a forma di decusse', da *decŭssis* 'decusse'] **agg.** ● Fatto a decusse, disposto a forma di decusse | (*arald.*) *Croce decussata*, croce di S. Andrea.

†**decussazióne** [vc. dotta, lat. tardo *decussatiōne(m)*, da *decussāre* 'disporre a modo di decusse'] **s. f.** ● Incrocio, intersezione a forma di decusse.

decùsse [vc. dotta, lat. *decŭsse(m)*, originariamente 'del valore di dieci (*dĕcem*, indicato con *X*) assi (*ăsses*)'] **s. f.** *1* Lettera X rappresentante il numero dieci. *2* Moneta romana repubblicana di bronzo del valore di dieci assi, segnata con un X. *3* (*arald.*) Croce di S. Andrea, risultante dalla fusione della banda con la sbarra.

dedàleo [vc. dotta, lat. *Daedalēu(m)*, dal gr. *daidáleos* 'relativo a *Dedalo*'] **agg.** *1* Che si riferisce a Dedalo | Degno di Dedalo: *arte dedalea*. *2* (*fig., lett.*) Che è fatto con arte, ingegno, abilità: *fregi dedalei*.

dèdalo [fr. *dédale*, dal lat. *dāedalu(m)* 'artistico, ingegnoso', 'proprio di *Dedalo*, costruttore del labirinto di Creta'] **A s. m.** ● Labirinto, intrico di vie, passaggi e sim.: *si cacciò in un d. di vicoletti*; *il palazzo è un d. di sale e di corridoi*. **SIN.** Groviglio. **B agg.** ● (*poet.*) Abile, ingegnoso.

dedendum /*lat.* de'dendum/ [vc. ingl., da *addendum* (V.), con cambio di pref.] **s. m.** ● (*mecc.*) Altezza della parte del dente di una ruota dentata più vicina alla corona.

dèdica [da *dedicare*] **s. f.** ● Atto del dedicare | Frase scritta con cui si offre o si destina espressamente a qc. un'opera, un ritratto, una fotografia, e sim.: *d. autografa, manoscritta*; *fotografia con d.* || **dedicàccia**, **pegg.** | **dedichétta**, **dim.** | **dedicùccia**, **dim.**

dedicaménto **s. m.** ● (*raro*) Atto del dedicare.

dedicànte **A** **part. pres.** di *dedicare*; anche **agg.** ● Nei sign. del v. **B s. m. e f.** ● Chi dedica.

dedicàre [vc. dotta, lat. *dedicāre*, comp. di *dē-* e *dicāre* nel senso di 'dire solennemente, proclamare'] **A v. tr.** (*io dèdico, tu dèdichi*) *1* Attribuire a q.c. il nome di qc., in segno di onore, riconoscenza e sim.: *d. una scuola, una via, un monumento*; *la piazza del paese è dedicata ai caduti* | (*est.*) Donare, offrire a qc. il risultato della propria attività, spec. artistica o letteraria, in segno di omaggio, affetto, e sim.: *Virgilio dedicò la quarta bucolica a Pollione*. *2* Consacrare alla divinità un tempio, un altare, una chiesa e sim.: *d. una chiesa a Gesù*. *3* Volgere tutte le proprie cure, fatiche, e sim. verso un determinato fine: *ha dedicato tutta la sua vita alla scienza* | *D. sé stesso a q.c., a qc.*, darvisi completamente. **SIN.** Consacrare. **B v. rifl.** ● Votarsi completamente: *dedicarsi alla famiglia, all'insegnamento, all'assistenza dei malati*. **SIN.** Consacrarsi, darsi.

dedicatàrio [da *dedicare*, sul modello di *destinatario*] **s. m.** (f. *-a*) ● Colui al quale è dedicato q.c.

†**dedicatóre** [vc. dotta, lat. tardo *dedicatōre(m)*, da *dedicāre* 'dedicare'] **s. m.** (f. *-trice*) ● Chi dedica.

dedicatòria **s. f.** ● Lettera di dedica.

dedicatòrio **agg.** ● Detto di lettera o sim. scritta per dedicare q.c. a qc.

dedicazióne [vc. dotta, lat. *dedicatiōne(m)*, da *dedicāre* 'dedicare'] **s. f.** *1* Atto e cerimonia con cui si consacra una chiesa o un altare, destinandoli al culto divino. **SIN.** Consacrazione. *2* Presso gli antichi Romani, consacrazione di persona o di cosa, spec. agli Dei inferi. *3* Dedica.

dedìzio [vc. dotta, lat. *dedītīciu(m)*, da *dedĭtio* 'dedizione'] **s. m.** ● Uomo libero ma privo della cittadinanza romana | Barbaro sottomesso dimorante nell'impero romano.

dèdito [vc. dotta, lat. *dēditu(m)*, part. pass. di *dēdere* 'darsi (*dāre*) interamente (*dē-*)'] **agg.** *1* Che si dedica con cura costante a q.c.: *d. allo studio*; *d. ai divertimenti*. *2* (*raro, lett.*) Disposto, propenso | Affezionato, devoto. || **deditaménte**, **avv.** Con dedizione.

dedizióne [vc. dotta, lat. *deditiōne(m)*, da *dēdere* 'dare (*dāre*) completamente, una volta per tutte (*dē-*)'] **s. f.** *1* Atto del dedicarsi completamente e con passione a un'attività, un ideale, una persona: *d. al dovere*; *amare qc. con assoluta d.* **SIN.** Abnegazione. *2* †Atto del sottomettersi al nemico: *gli assediati si appropinquavano alla necessità della d.* (GUICCIARDINI). **SIN.** Resa.

dedótto o †**dedùtto**, †**didótto**. **part. pass.** di *dedurre*; anche **agg.** ● Nei sign. del v.

†**dedùcere** ● V. *dedurre*.

deducìbile [da †*deducere*] **agg.** *1* Che si può dedurre: *verità d. da un assioma*. **SIN.** Desumibile. *2* Che si può detrarre: *oneri deducibili dal reddito*.

deducibilità **s. f.** ● Qualità di ciò che è deducibile: *la d. degli interessi di un mutuo dalle imposte*.

dedùrre o †**dedùcere**, (*raro*) †**didùrre** [vc. dotta, lat. *dedūcere* con sovrapposizione della parte terminale di altri v. in *-durre*] **A v. tr.** (**pres.** *io dedùco, tu dedùci*; **pass. rem.** *io dedùssi, tu deducésti*; **fut.** *io dedurrò*; **condiz. pr.** *io dedurrèi, tu dedurrésti*; **part. pass.** *dedótto*: le altre forme dal tema di *dedùcere*) *1* (*filos.*) Pervenire mediante una inferenza da un principio generale a una soluzione particolare. *2* (*est.*) Ricavare razionalmente da fatti, indizi, fenomeni, sintomi, e sim.: *dall'addensarsi delle nubi dedussi che il temporale si avvicinava*; *da quanto mi dici non deduco nulla di buono*. **SIN.** Argomentare, arguire, concludere. *3* Derivare, trarre: *d. la trama di un'opera da una leggenda popolare*. *4* Defalcare, detrarre: *d. le spese dagli incassi*. *5* Trasportare, condurre da un luogo a un altro | *D. una colonia*, nell'antica Roma portare i coloni da un luogo in un altro per abitarvi e coltivarlo. *6* (*dir.*) *D. le proprie ragioni in giudizio*, rendere note al magistrato le proprie argomentazioni giuridiche | *D. i mezzi di prova*, specificare gli estremi dei mezzi probatori di cui si chiede all'autorità giudiziaria l'ammissione in giudizio. **B v. intr.** (aus. *avere*) ● (*lett.*) †Procedere nel discorso.

deduttìvo [vc. dotta, lat. tardo *deductīvu(m)*, da *dedūctus* 'dedotto'] **agg.** ● (*filos.*) Che concerne e interessa la deduzione: *metodo d.* | *Ragionamento d.*, sillogismo. **CONTR.** Induttivo. || **deduttivaménte**, **avv.** Per via di deduzione.

†**dedùtto** ● V. *dedotto*.

deduttóre [vc. dotta, lat. *deductōre(m)*, da *dedūcere* 'accompagnare, guidare'] **agg.**; anche **s. m.** (f. *-trice*) ● (*raro*) Che, chi deduce.

deduzióne [vc. dotta, lat. *deductiōne(m)*, da *dedūcere* 'dedurre'] **s. f.** *1* Atto, effetto del dedurre: *una d. inesatta, imprecisa*; *deduzioni arbitrarie*; *d. in giudizio di mezzi di prova*. **SIN.** Argomentazione, conclusione. *2* (*filos.*) Procedimento logico consistente nel derivare, da una o più premesse date, una conclusione che ne rappresenta la conseguenza logicamente necessaria. *3* Detrazione, defalco: *la d. delle spese dal guadagno lordo.*

dee-jay /*ingl.* di:'dʒei/ [vc. ingl., trascrizione delle due lettere di cui è formata la sigla *D. J.* di *disc-jockey*] s. m. e f. inv. • Disc-jockey.

de-escalation /*ingl.* di:eskə'leiʃən/ [vc. ingl., comp. di *de-* e *escalation*] s. f. inv. • Progressiva riduzione di un'azione bellica | (*est.*) Graduale attenuazione di un fenomeno.

deetimologizzazióne [comp. di *de-* e di un deriv. di *etimologia*, sul modello dell'ingl. *deetymologization*] s. f. • (*ling.*) Demotivazione.

de facto /*lat.* de'fakto/ [loc. lat., propriamente 'secondo il fatto'] loc. avv. • Di fatto, concretamente.

défaillance /*fr.* defa'jãs/ [vc. fr., da *défaillir*, propriamente 'fare difetto, mancare, fallire (*faillir*) del tutto (*dé-*)'] s. f. inv. • Improvvisa debolezza, crisi, spec. nel linguaggio sportivo.

defalcaménto s. m. • (*raro*) Modo, atto, di defalcare.

defalcàre o **difalcàre**, **diffalcàre** [lat. parl. **defalcāre*, letteralmente 'togliere, tagliare (*dē-*) con la falce (*fălx*)'] v. tr. (*io defàlco, tu defàlchi*) *1* Detrarre una somma da un'altra maggiore (*anche ass.*): *gli defalcarono centomila lire dalla spesa*; *d. da un debito, da un credito.* *2* (*raro*) Fare riserve su qc. o q.c. *3* (*lett., fig.*) Diminuire, togliere: *Adone il segue, e col parlar diffalca / la noia del cammin* (MARINO).

defalcazióne o **difalcazióne**, **diffalcazióne**, s. f. • Defalco.

defàlco o **difàlco**, **diffàlco** [da *defalcare*] s. m. (pl. *-chi*) • Atto del defalcare | (*est.*) Quantità defalcata: *un d. del dieci per cento.*

defascistizzàre [comp. parasintetico di *fascista*, col pref. *de-*] v. tr. • Epurare dagli elementi fascisti.

defascistizzazióne s. f. • Atto, effetto del defascistizzare.

defaticaménto s. m. • Atto, effetto del defaticarsi.

defaticànte o **defatigànte** [deriv. di *defaticarsi*] agg. • Che produce defaticamento: *esercizi defaticanti.*

defaticàrsi [comp. parasintetico di *fatica*, col pref. *de-*] v. rifl. • In atletica leggera, compiere una serie di esercizi atti a eliminare l'eccesso di acido lattico formatosi nei muscoli in seguito a sforzi prolungati.

defatigànte part. pres. di *defatigare*; anche agg. *1* (*lett. o arc.*) Nei significati del v. *2* V. *defaticante.*

defatigàre [vc. dotta, lat. *defatigāre*, comp. di *dē* e *fatigāre* 'spossare'] v. tr. (*io defatìgo, tu defatìghi*) *1* (*lett.*) Affaticare, stancare. *2* †Infastidire, molestare.

defatigatòrio agg. • (*dir.*) Che tende a protrarre la causa a scopo dilatorio o per stancare la parte avversa.

†**defatigazióne** [vc. dotta, lat. *defatigatiōne*(*m*), da *defatigāre* 'defatigare'] s. f. • Affaticamento, molestia.

default /*ingl.* di'fɔ:lt/ [vc. ingl., propr. 'mancanza, assenza', dal lat. parlato *defallīre* attrav. il fr. ant.] s. m. inv. • (*elab.*) Condizione operativa che un dispositivo o un programma sceglie in assenza di specifiche istruzioni da parte dell'utente: *valore di d.*

defecàre [vc. dotta, lat. *defaecāre*, da *defaecātus* 'tolto (*dē-*) dalla feccia (*fāex*)'] **A** v. intr. (*io defèco, tu defèchi*; aus. *avere*) • Espellere le feci. **B** v. tr. • Purificare un liquido precipitandone le impurezze, spec. con aggiunta di reagenti chimici: *d. del mosto.*

defecazióne [vc. dotta, lat. tardo *defaecatiōne*(*m*), da *defaecāre* 'defecare'] s. f. • Atto, effetto del defecare.

defedàto [comp. parasintetico, col pref. *de-*, del lat. *fœdus* 'brutto, deforme' (di origine sconosciuta)] agg. • (*med.*) Che è in stato di grave deperimento: *organismo, individuo d.*

defèndere e *deriv.* • V. *difendere* e *deriv.*

defenestràre [fr. *défenestrer*, dal lat. *fenĕstra* 'finestra'] v. tr. (*io defenèstro*) *1* (*raro*) Gettare dalla finestra. *2* (*fig.*) Privare qc. di un ufficio, di una carica, e sim., spec. in modo brusco e inatteso: *il ministro è stato defenestrato.*

defenestrazióne [fr. *défenestration*, da *défenestrer* (V. *defenestrare*)] s. f. • Atto, effetto del defenestrare | (*st.*) *D. di Praga*, nel 1618, quando i protestanti insorti gettarono dalla finestra del palazzo reale di Praga i rappresentanti dell'Impero asburgico.

†**defènsa** • V. *difesa.*

†**defensàre** • V. †*difensare.*

defensionàle o **difensionàle**. agg. • (*dir.*) Relativo alla difesa: *prova d.*; *memoria d.*

†**defensióne** • V. †*difensione.*

defensìva • V. *difensiva.*

†**defensìvo** • V. *difensivo.*

†**defensóre** • V. *difensore.*

†**defensòrio** [vc. dotta, lat. tardo *defensōriu*(*m*), letteralmente 'relativo alla difesa (*defēnsa*)'] s. m. • Opera scritta in propria difesa.

deferènte **A** part. pres. di *deferire*; anche agg. *1* Nei sign. del v. *2* Che permette il deflusso di q.c.: *canale d.*; *dotto d.* *3* Che è conforme, o si conforma per ossequio, al giudizio, all'autorità, alla volontà, e sim. altrui: *essere molto, poco d.*; *il d. silenzio degli astanti*; *porgere un d. ossequio*; *mostrarsi d. verso qc.* SIN. Ossequioso, rispettoso. ‖ **deferenteménte**, avv. Con deferenza. **B** s. m. • (*anat.*) Formazione canalicolare che va dall'epididimo al dotto eiaculatore dell'uretra.

deferentìte [comp. di *deferent*(*e*) e *-ite* (*1*)] s. f. • (*med.*) Infiammazione del deferente.

deferènza [da *deferente*] s. f. • Qualità di chi, di ciò che, è deferente: *la servile d. ai potenti*; *mostrare d. verso qc.*; *salutare con d.* SIN. Ossequio, rispetto.

deferiménto s. m. • Atto del deferire.

deferìre [vc. dotta, lat. *defĕrre* 'portare (*fĕrre*) giù (*dē-*)' con la desinenza dei v. in *-ire*] **A** v. tr. (*io deferìsco, tu deferìsci*) *1* (*dir.*) Rimettere all'esame, al giudizio di altri: *d. una questione all'autorità giudiziaria* | *D. qc. all'autorità giudiziaria*, denunziarlo, accusarlo o citarlo in giudizio | *D. il giuramento*, rimettere il giuramento decisorio a un'altra parte | *D. l'interrogatorio*, chiedere all'autorità giudiziaria di interrogare su dati fatti una parte o un testimone. *2* (*est., lett.*) Rimettere, consegnare: *vi sarà deferita copia del programma.* **B** v. intr. (aus. *avere*) • (*lett.*) Conformarsi, rimettersi al giudizio o alle opinioni altrui per stima, rispetto, e sim.: *d. alle richieste del popolo.*

deferrizzazióne [comp. di *de-* e di un deriv. di *ferro*, sull'es. dell'ingl. *deferization*] s. f. • Eliminazione del ferro dalle acque.

defervescènza [dal lat. *defervēscere* 'cessare di bollire' (comp. di *dē-* e *fervēscere*: V. *effervescente*), sul modello di *effervescenza*] s. f. • (*med.*) Diminuzione o cessazione della febbre.

†**defèsso** [vc. dotta, lat. *defĕssu*(*m*), dal part. pass. di *defetīsci* 'spossarsi'] agg. • (*lett.*) Affaticato.

defettìbile [vc. dotta, lat. *defectĭbile*(*m*) 'che vien meno (*dēficit*) facilmente'] agg. • (*lett.*) Che può mancare | Che può venir meno.

†**defètto** e *deriv.* • V. *difetto* e *deriv.*

defettologìa [comp. del lat. *defēctus* 'difetto' e di *-logia*] s. f. • Scienza che si occupa dei minorati mentali e sensoriali.

defezionàre [da *defezione*] v. intr. (*io defezióno*; aus. *avere*) • Compiere una defezione. SIN. Disertare, tradire.

defezióne [vc. dotta, lat. *defectiōne*(*m*), da *defĭcere* 'abbandonare', comp. di *dē-* e *făcere* 'fare'] s. f. *1* Mancamento di fede, di parola e sim. | Abbandono di un'organizzazione, di un partito politico, e sim. cui si aderiva per dovere o volontà: *la d. da un gruppo*; *subire una d.* SIN. Diserzione. *2* (*raro*) †Mancanza, difetto.

defezionìsta s. m. e f.; anche agg. (pl. m. *-i*) • Chi, che compie una defezione.

defibrillatóre [da *defibrilla*(*zione*)] s. m. • (*med.*) Apparecchio elettrico provvisto di due elettrodi, usato per eseguire la defibrillazione.

defibrillazióne [comp. di *de-* e *fibrillazione*] s. f. • (*med.*) Arresto di una fibrillazione atriale o ventricolare.

defibrinazióne [comp. di *de-*, *fibrina* e *-zione*] s. f. • (*med.*) Processo di rimozione della fibrina dal sangue.

†**deficàre** e *deriv.* • V. *edificare* e *deriv.*

deficiènte [vc. dotta, lat. *deficiēnte*(*m*), part. pres. di *defĭcere* (V. *defezione*)] **A** agg. *1* Mancante: *stanza d. di illuminazione* | Insufficiente: *scorte deficienti per una lunga permanenza* | (*raro, fig.*) Difettoso: *gusto d.* *2* (*raro*) Che ha una preparazione scolastica scarsa e lacunosa: *alunno d. nelle materie scientifiche.* **B** agg.; anche s. m. e f. *1* Individuo socialmente incapace, per le sue limitazioni mentali. SIN. Oligofrenico. *2* (*spreg.*) Cretino, imbecille: *non dargli retta, è un povero d.*; *che discorsi da d.!*

deficiènza [vc. dotta, lat. tardo *deficiĕntia*(*m*), da *defĭcere* (V. *defezione*)] s. f. *1* Scarsezza, insufficienza: *d. di munizioni, di rifornimenti* | *D. mentale*, oligofrenia. *2* Lacuna, mancanza: *ho notato qualche d. nella sua preparazione*; *ha delle gravi deficienze in matematica.*

deficit /*lat.* 'defitʃit/ [vc. lat., letteralmente '(esso) manca', terza pers. del pres. indic. di *defĭcere* 'venir meno, mancare'] s. m. inv. *1* (*econ.*) In contabilità, eccedenza del passivo sull'attivo: *il d. della bilancia commerciale*; *chiudere il bilancio in d.* | (*gener.*) Disavanzo, ammanco, perdita (*anche fig.*): *il d. di quella banca, quando ne fu dichiarata l'insolvenza, risultò colossale*; *d. morale*; *il d. culturale di una mostra d'arte.* *2* (*est.*) Difetto, insufficienza: *d. intellettuale* | *D. scolastico*, il complesso delle nozioni scolastiche mancanti al raggiungimento del livello scolastico considerato normale in rapporto all'età reale di un allievo. *3* (*med.*) Condizione patologica di carenza funzionale o costituzionale di un organismo o di una sua parte: *d. visivo, d. acustico, d. psichico* | *D. motorio*, diminuzione in vario grado della funzione di movimento attivo di un organo o un apparato (per esempio di un arto) | *D. vitaminico*, condizione di carenza più o meno accentuata di una vitamina in un organismo, che si accompagna a sintomi di ipovitaminosi o di avitaminosi.

deficitàrio [fr. *déficitaire*, da *déficit* (V. *deficit*)] agg. *1* Che è in perdita, in passivo: *un bilancio d.* *2* Insufficiente rispetto al necessario: *alimentazione deficitaria.*

defìggere [da *affiggere* con sostituzione di pref. opposto (*de-* ad *a-* (*2*))] v. tr. (pres. *io defìggo, tu defìggi*; pass. rem. *io defìssi, tu defiggésti*; part. pass. *defìsso*) • Staccare ciò che è affisso: *d. un manifesto dal muro.* CONTR. Affiggere.

defilaménto s. m. *1* (*mil.*) Riparo dietro un ostacolo contro il tiro o l'osservazione del nemico. *2* (*mar.*) Manovra di parata per passare a pochi metri di poppa da una nave in navigazione, o a poca distanza da una nave ormeggiata, alla quale si rendono gli onori.

defilàre [fr. *défiler* 'marciare in *fila* (per un passaggio impervio)'] **A** v. tr. (*io defìlo*) • (*mil.*) Sottrarre al tiro o alla vista del nemico utilizzando un ostacolo frapposto. **B** v. intr. (aus. *avere*) • (*mar.*) Effettuare un defilamento. **C** v. rifl. • (*fig.*) Sottrarsi alla vista altrui, fare in modo di non esser visto: *volevo salutarlo, ma lui è riuscito a defilarsi* | (*est.*) Appartarsi, estraniarsi, per evitare un obbligo, un impegno gravoso o sgradevole.

defilàto part. pass. di *defilare*; anche agg. *1* Nei sign. del v. *2* In disparte, appartato: *stare, mantenersi in una posizione defilata.*

défilé /*fr.* defi'le/ [vc. fr., part. pass. di *défiler* 'marciare in *fila* per un passaggio stretto e difficile'] s. m. inv. • Sfilata di moda.

definìbile agg. • Che si può definire. CONTR. Indefinibile.

definìre o (*raro*) †**difinìre** [vc. dotta, lat. *definīre* 'limitare (*finīre*) completamente (*dē-*)'] v. tr. (*io definìsco, tu definìsci*) *1* Precisare, fissare i limiti: *la Costituzione definisce il potere degli organi legislativi*; *formulare un problema è definirne i termini* (CROCE). *2* Determinare la natura di un concetto attraverso un'attenta analisi delle sue componenti e mediante la formulazione in termini appropriati: *i concetti si definiscono, gli oggetti si descrivono*; *è difficile d. che cosa è la bellezza*; *mi definisca il reato di furto*; *non riesce a d. il sentimento che prova*; *le parole definiscono le cose* (BACCHELLI) | Spiegare il significato di una parola: *d. un vocabolo* | *D. una persona*, descriverne le qualità e i difetti. *3* Risolvere, terminare: *d. una lite, una questione.*

definitézza s. f. • Qualità di ciò che è definito.

definitivìsta s. m. e f. (pl. m. *-i*) • Tecnico pubblicitario che cura la disposizione e l'impaginazione degli annunci pubblicitari.

definitività s. f. ● Qualità di ciò che è definitivo.

definitivo o (*raro*) †**difinitivo** [vc. dotta, lat. *definītīvu(m)*, da *definītum* 'definito'] agg. *1* Atto a definire | Proprio di una definizione. *2* Che risolve, conclude, pone fine: *discussione, risoluzione, definitiva* | *In definitiva*, (*ell.*) in conclusione. SIN. Decisivo. *3* (*dir.*) Che pone termine a una causa: *sentenza definitiva* | *Atto amministrativo d.*, non impugnabile con ricorso gerarchico. *4* Detto di francobollo adottato per la posta ordinaria dopo una fase di transizione gener. tra regimi politici diversi. *5* (*raro*) †Deciso, detto di persona. ‖ **definitivaménte**, avv. In modo definitivo, per sempre.

definito o (*raro*) †**difinito** part. pass. di *definire*; anche agg. *1* Nei sign. del v. *2* Preciso: *assumere una posizione ben definita*. CONTR. Incerto, vago. ‖ **definitaménte**, avv. In modo esattamente definito. CONTR. Indefinitamente.

definitóre o (*raro*) †**difinitóre** [vc. dotta, lat. *definitōre(m)*, da *definītus* 'definito'] agg.; anche s. m. (f. *-trice*) *1* Che, chi definisce. *2* Assistente del padre generale o provinciale in alcuni ordini religiosi.

definitòrio [dal part. pass. di *definire*] agg. ● (*raro*) Atto a definire.

definizióne o †**difinizióne** [vc. dotta, lat. *definitiōne(m)*, da *definīre* 'definire'] s. f. *1* Atto del definire | Formula con cui si definisce: *d. imprecisa, inesatta, incompleta, esauriente, chiara, oscura*; *dare una d.* *2* Determinazione precisa del significato di un vocabolo. *3* Risoluzione, decisione: *d. di una lite, di una disputa*. *4* (*fot., cine, tv*) Precisione delle linee di un'immagine fotografica o televisiva | *Alta d.*, sistema di ripresa televisiva che permette di ottenere immagini con una risoluzione simile a quelle cinematografiche.

defiscalizzàre [comp. di *de-* e *fiscalizzare*] v. tr. (*io defiscalìzzo*) ● Privare del carattere fiscale | (*econ.*) Annullare un precedente provvedimento di fiscalizzazione.

defiscalizzazióne s. f. ● Atto, effetto del defiscalizzare.

defissióne (*1*) [da *affissione*, con cambio di pref.] s. f. ● Atto dello staccare ciò che è affisso: *la d. dei manifesti dai muri*.

defissióne (*2*) [vc. dotta, lat. tardo *defixiōne(m)*, dal part. pass. (*defīxum*) di *defīgere* 'fissare (*fīgere*) fermamente (*de-*)'] s. f. ● Pratica magica consistente nel trafiggere con chiodi e spilloni il simulacro di un nemico o una tavoletta con inciso il suo nome per augurargli sventura e morte.

defisso part. pass. di *defiggere*; anche agg. ● (*raro*) Nel sign. del v.

deflagrànte part. pres. di *deflagrare*; anche agg. ● Nei sign. del v.

deflagràre [vc. dotta, lat. *deflagrāre* 'abbruciare (*flagrāre*) completamente (*dē-*)'] v. intr. (aus. *avere*) *1* (*chim.*) Bruciare molto rapidamente, ma per gradi e con progressivo aumento di pressione, detto degli esplosivi da lancio. *2* (*geol.*) Disgregarsi in modo violento, detto di rocce dei climi desertici che subiscono violenti sbalzi di temperatura dal giorno alla notte. *3* (*fig.*) Manifestarsi all'improvviso e con violenza: *il conflitto deflagrò nel giro di poche settimane*. SIN. Scoppiare.

deflagrazióne [vc. dotta, lat. *deflagratiōne(m)*, da *deflagrāre* 'deflagrare'] s. f. ● Atto, effetto del deflagrare (*anche fig.*). SIN. Scoppio.

deflatìvo o (*evit.*) **deflattìvo** [da *deflazione* (*1*)] agg. ● Relativo alla deflazione economica: *politica deflativa*.

deflatóre s. m. ● (*econ.*) Coefficiente per il quale vengono moltiplicati i prezzi di una data epoca al fine di privarli dell'effetto dell'inflazione e renderli comparabili con quelli di un'epoca precedente.

deflatòrio agg. ● Deflazionistico.

deflattìvo ● V. *deflativo*.

deflazionàre [da *deflazione* (*1*)] v. tr. (*io deflazióno*) ● Provocare una condizione di deflazione economica.

deflazióne (*1*) [fr. *déflation*, dall'ingl. *deflation* 'sgonfiamento', contrapposto a *inflation* 'gonfiamento' (V. *inflazione*)] s. f. ● (*econ.*) Condizione del sistema economico caratterizzata dalla riduzione della circolazione monetaria e conseguente diminuzione del livello generale dei prezzi. CONTR. Inflazione.

deflazióne (*2*) [dal lat. *deflāre* 'soffiare (*flāre*) via (*de-*)'] s. f. ● (*geol.*) Asportazione, da parte del vento, di granuli sabbiosi formatisi per disgregazione di rocce.

deflazionìsta [da *deflazione* (*1*)] s. m. e f.; anche agg. (pl. m. *-i*) ● Chi, che sostiene, provoca, promuove la deflazione economica.

deflazionìstico [da *deflazione* (*1*)] agg. (pl. m. *-ci*) ● Proprio della deflazione economica. CONTR. Inflazionistico.

deflegmàre e *deriv.* ● V. *deflemmare* e *deriv.*

deflemmàre o **deflegmàre** [comp. parasintetico di *flemma*, col pref. *de-*] v. tr. (*io deflèmmo*) ● (*chim.*) Separare da un miscuglio una parte di acqua in esso contenuta.

deflemmatóre o **deflegmatóre**. s. m. ● (*chim.*) Apparecchio in cui si deflemma un miscuglio.

deflemmazióne o **deflegmazióne**. s. f. ● (*chim.*) Atto, effetto del deflemmare.

deflessióne s. f. *1* Atto, effetto del deflettere. *2* (*fis.*) Deviazione di un fascio di particelle o fotoni. *3* (*med.*) La posizione della testa del feto in estensione.

deflèttere [vc. dotta, lat. *deflĕctere* 'piegare (*flĕctere*) in giù (*dē-*)'] v. intr. (pres. *io deflètto*; PAss. rem. *io deflèssi* o *deflettéi*, *tu deflettésti*; part. pass. *deflèsso* o *deflettùto*; aus. *avere*) *1* Piegare da un lato | (*est.*) Deviare da una direzione. *2* (*fig.*) Deviare da propositi, opinioni, posizioni principi, e sim.: *non d. dalla propria intransigenza*.

deflettóre s. m. *1* Organo che devia una corrente di gas o di liquido. *2* Parte orientabile del finestrino anteriore di un'autovettura.

deflogisticàto [fr. *déphlogistiqué*, comp. di *dé-* e *phlogistiqué* 'reso combustibile per mezzo del fluido calorico chiamato, con vc. presa dal gr. e significante 'infiammabile', *phlogiston*'] agg. ● In alchimia, detto di ogni corpo che si riteneva privo del flogisto.

defloraménto s. m. ● Deflorazione.

defloràre [vc. dotta, lat. tardo *deflorāre* 'cogliere, togliere (*dē-*) il fiore (*flōs*)'] v. tr. (*io deflòro*) ● Privare della verginità | Stuprare.

defloratóre [vc. dotta, lat. tardo *defloratōre(m)*, da *deflorāre* 'deflorare'] s. m. ● Chi deflora.

deflorazióne [vc. dotta, lat. tardo *defloratiōne(m)*, da *deflorāre* 'deflorare'] s. f. ● Atto del deflorare.

deflùenza s. f. ● (*raro*) Deflusso.

deflùire [vc. dotta, lat. *deflŭere* 'scorrere (*flŭere*) giù (*dē-*)', rifatto su *fluire*] v. intr. (*io defluìsco, tu defluìsci*; aus. *essere*) *1* Scorrere in giù, detto di liquidi: *l'acqua defluisce dalle condutture*. *2* (*fig.*) Uscire da un luogo con movimento che dia l'idea dello scorrere: *il pubblico defluisce dal teatro*.

dèfluo [vc. dotta, lat. *dēfluu(m)*, da *deflŭere* 'scorrere'] agg. ● (*lett.*) Che scorre verso il basso.

deflùsso [vc. dotta, lat. tardo *deflŭxu(m)*, dal part. pass. di *deflŭere* 'defluire'] s. m. *1* Atto, effetto del defluire (*anche fig.*): *il d. della marea, della folla*. *2* Volume d'acqua passato in un certo intervallo di tempo attraverso una determinata sezione di un corso d'acqua. CONTR. Afflusso. *3* Il ritirarsi di un'onda dopo essersi infranta sulla battigia.

deflussóre [da *deflusso*] s. m. ● (*med.*) Dispositivo per fleboclisi costituito da un tubicino di plastica flessibile che, raccordando il flacone con l'ago, consente l'immissione lenta di liquidi in una vena a scopo terapeutico.

defogliànte o **defoliànte** [propr. part. pres. del v. *defogliare*, sul modello dell'ingl. *defoliant*] s. m. ● Sostanza, usata spec. come aggressivo chimico, che, sparsa sulla vegetazione sotto forma di spray o di polvere, provoca la caduta definitiva delle foglie dagli alberi.

defogliàre o **defoliàre** [comp. parasintetico di *foglia*, con il pref. *de-*] v. tr. (*io defòglio*) ● (*raro*) Sfogliare, sfrondare.

defogliazióne o **defoliazióne** [da *defogliare*] s. f. ● Atto, effetto del defogliare | Caduta delle foglie di una pianta.

defoliàre e *deriv.* ● V. *defogliare* e *deriv.*

defonologizzazióne [comp. parasintetico di *fonologico*, col pref. *de-*] s. f. ● (*ling.*) Neutralizzazione di un elemento che, in un nuovo stadio linguistico, non è più pertinente.

†**defónto** ● V. *defunto*.

deforestaménto [comp. di *de-* e un deriv. di *foresta*, parallelo a *diboscamento*] s. m. ● (*raro*) Diboscamento, sfoltimento.

deforestazióne [comp. parasintetico di *foresta*, col pref. *de-*] s. f. ● Distruzione di foreste e boschi | Diboscamento.

deformàbile agg. ● Che si può deformare: *un oggetto facilmente d.*

deformabilità s. f. ● Qualità di ciò che è deformabile.

deformaménto s. m. ● (*raro*) Deformazione.

deformànte part. pres. di *deformare*; anche agg. *1* Nei sign. del v. *2* *Artrite d.*, malattia degenerativa delle articolazioni con deformazione dei capi articolari.

deformàre [vc. dotta, lat. *deformāre* 'privare (*dē-*) della forma (*fōrma*)'] **A** v. tr. (*io defórmo*) *1* Alterare nella forma: *una malattia che deforma le ossa*; *gli stenti che deformano e induriscono il corpo, l'anima e l'intelligenza* (VERGA) | Rendere deforme, brutto: *un ghigno gli deforma la bocca* | Sciupare, sformare: *l'uso deforma gli abiti*. *2* (*fig.*) Alterare nel significato: *d. un concetto, il senso di una parola, il pensiero di qc.* **B** v. intr. pron. ● Alterarsi nella forma: *la plastica si deforma col calore*.

deformàto part. pass. di *deformare*; anche agg. ● Nei sign. del v.

deformazióne [vc. dotta, lat. *deformatiōne(m)*, da *deformāre* 'deformare'] s. f. *1* Atto, effetto del deformare | *D. professionale*, alterazione del proprio modo di fare, di agire, di pensare, acquisita per la costante ripetizione di gesti, atteggiamenti, pensieri e sim. ricorrenti nell'esercizio del proprio lavoro o professione. *2* (*mecc.*) Cambiamento di forma di un corpo per azione di forze esterne.

defórme [vc. dotta, lat. *defōrme(m)* 'privo (*dē-*) di forma (*fōrma*)'] **A** agg. *1* Che non ha o ha perduto la sua forma naturale, ed è perciò brutto e sgradevole a vedersi: *donna grassa e d.*; *mani, piedi, deformi*; *sotto d. aspetto, animo vile* (TASSO). *2* (*lett.*) Sgradevole, detto di voce, suono, e sim. ‖ **deformeménte**, avv. Con deformità. **B** s. m. solo sing. ● Ciò che è deforme: *avere il gusto del d.*

deformìsmo s. m. ● (*raro*) Gusto del deforme nelle arti figurative.

deformità [vc. dotta, lat. *deformitāte(m)*, da *defōrmis* 'deforme'] s. f. *1* Qualità di chi, di ciò che è deforme. *2* (*med.*) Anomalia, deformazione permanente.

defosforazióne [fr. *déphosphoration*, da *déphosphorer* 'eliminare (*dé-*) il fosforo (*phosphore*)'] s. f. ● (*metall.*) Eliminazione del fosforo da un metallo fuso e spec. dalla ghisa e dall'acciaio.

defraudaménto s. m. ● Defraudazione.

defraudàre o †**defrodàre**, †**difraudàre**, †**difrodàre** [vc. dotta, lat. *defraudāre* 'frodare, ingannare (*fraudāre*) completamente (*dē-*)'] v. tr. (*io defràudo*) *1* Privare qc. di ciò che gli spetta, spec. con inganno o frode: *d. un cittadino dei suoi diritti*. *2* †Venir meno, trasgredire: *d. un ordine*.

defraudatóre [vc. dotta, lat. tardo *defraudatōre(m)*, da *defraudāre* 'defraudare'] s. m., anche agg. (f. *-trice*) ● Chi, che defrauda.

defraudazióne [vc. dotta lat. tardo *defraudatiōne(m)*, da *defraudāre* 'defraudare'] s. f. ● Atto, effetto del defraudare.

†**defrescàre** [comp. di *de-* e †*frescare*] v. tr. ● Rinfrescare, ristorare | (*fig.*) Rinnovellare.

†**defrodàre** ● V. *defraudare*.

defùngere [vc. dotta, lat. *defŭngi* (V. *defunto*)] v. intr. ● (*raro, lett.*) Morire.

defùnto o †**defónto** [vc. dotta, lat. *defŭnctu(m)*, part. pass. di *defŭngi* 'compiere, terminare (sottinteso la vita)'] **A** agg. *1* Morto, deceduto: *ricordare i genitori defunti*. *2* (*fig.*) Finito, scomparso, dimenticato: *amore d.*; *stagione defunta*. **B** s. m. (f. *-a*) ● Persona defunta: *pregare per i defunti*; *commemorare i defunti*.

dégagé /*fr.* degaˈʒe/ [vc. fr., part. pass. di *dégager* 'liberare', da *gage* 'pegno': orig., 'ritirare un pegno'] agg. inv. ● Sciolto, spigliato, disinvolto: *atteggiamento d.*

degassaménto s. m. ● Eliminazione dei gas da liquidi o da recipienti.

degassàre [comp. parasintetico di *gas*, con il pref. *de-*] v. tr. ● Sottoporre sostanze liquide o solide a degassamento.

degassatóre s. m. ● Apparecchio usato per il degassamento dei liquidi, spec. dell'acqua.

degassificàre [comp. di *de-* e un deriv. di *gas*] v. tr. (*io degassìfico, tu degassìfichi*) ● Sottoporre a degassamento.

degaullìsta /degol'lista/ o **degollìsta** [dal nome del generale fr. Ch. *De Gaulle* (1890-1970)] s. m. e f.; anche agg. (pl. m. *-i*) ● (*raro*) Gollista.

degeneràre o (*raro*) †**digeneràre** [vc. dotta, lat. *degenerāre*, comp. parasintetico di *gĕnus*, genit. *gĕneris*, con il pref. *dē-*] **A** v. intr. (*io degènero*; aus. *avere*) **1** Allontanarsi dalle qualità, fisiche o morali, proprie o caratteristiche della propria famiglia o della propria stirpe: *ha degenerato dalla sua antica bontà*; *d. dalle virtù dei padri*. SIN. Dirazzare, tralignare. **2** Mutare in peggio: *lo scherzo degenerò in rissa* | Detto di malattia, trasformarsi da benigna in maligna. **3** Trasformarsi, perdere le caratteristiche originarie, con riferimento a individui, specie, organi e sim.: *le cellule vanno degenerando*. **B** v. tr. ● (*raro*) Rendere peggiore: *la ricchezza degenera i costumi*.

degenerativo agg. ● Relativo a degenerazione | Causato da degenerazione: *processo, fenomeno d.*

degeneràto A part. pass. di *degenerare*; anche agg. ● Nei sign. del v. **B** s. m. (f. *-a*) **1** (*med.*) Chi è affetto da degenerazione. **2** Persona moralmente pervertita.

degenerazióne [vc. dotta, lat. *degeneratiōne(m)*, da *degenerāre* 'degenerare'] s. f. **1** Atto, effetto del degenerare: *d. di una famiglia, di un popolo, di una tradizione*. **2** (*med.*) Alterazione che colpisce l'individuo, l'organo, la cellula, rendendoli aberranti dalla norma e in condizioni di inferiorità: *d. cellulare, somatica, psichica*. **3** (*mat., fis.*) Condizione in cui due o più funzioni, stati o grandezze, generalmente distinte, sono coincidenti.

degènere [vc. dotta, lat. *degĕnere(m)* 'che s'allontana (*dē-*) dalla propria stirpe (*gĕnus*)'] agg. **1** Che degenera, che ha perduto le qualità originarie | Pervertito, corrotto: *figlio, padre d.* **2** (*fis.*) Detto di sistema fisico che presenta una degenerazione; in particolare, in meccanica quantistica, riferito a stati distinti ma aventi la stessa energia.

degènte [vc. dotta, lat. *degĕnte(m)*, part. pres. di *dĕgere* 'continuare (*dē-*) a passare, condurre (*ăgere*) la propria vita'] agg.; anche s. m. e f. ● Che, chi per malattia è costretto a letto.

degènza [da *degente*] s. f. ● Periodo di permanenza di un ammalato in letto | *D. ospedaliera*, periodo di ricovero in ospedale.

deglassàre [comp. di *de-* e *glassare*] v. tr. ● Sciogliere con acqua, brodo, vino o altro, il sugo di carne che si è rappreso sul fondo di un recipiente da cucina.

dégli o (*poet.*) **de gli** [comp. di *di* e *gli*] prep. art. ● V. *gli* per gli usi ortografici. Si usa davanti a parole m. pl. che cominciano per vocale, *gn*, *pn*, *ps*, *s impura*, *x*, *z*. Si può apostrofare solo davanti a parole che cominciano per *i*: *d. ospiti*; *d. spiriti*; *degl'innocenti* (V. nota d'uso ELISIONE e TRONCAMENTO).

deglutinazióne [da *agglutinazione* con sostituzione di pref. opposto (*de-* a *ad-*)] s. f. ● (*ling.*) Perdita del suono iniziale di una parola, perché sentito come articolo o preposizione. SIN. Discrezione.

deglutìre [vc. dotta, lat. tardo *deglutīre* 'inghiottire (*glutīre*) completamente (*dē-*)'] v. tr. (*io deglutìsco, tu deglutìsci*) ● Far passare gli alimenti dalla bocca nell'esofago. SIN. Inghiottire.

deglutizióne [vc. dotta, lat. *deglutitiōne(m)*, da *deglutīre* 'deglutire'] s. f. ● Atto, effetto del deglutire.

†**degnaménto** s. m. ● (*raro*) Degnazione, favore.

degnàre o †**dignàre** [lat. parl. *dignāre* 'considerare degno (*dīgnus*)'] **A** v. tr. (*io dégno*) ● Stimare, giudicare degno: *d. qc. di una risposta*; *non d. qc. di uno sguardo*. **B** v. intr. e intr. pron. (aus. intr. *avere* e *essere*) **1** Acconsentire, per favore, bontà, condiscendenza, e sim. a compiere un atto, spec. ritenuto inferiore al proprio prestigio, alla propria dignità e sim.: *degnarsi di rispondere a qc.*; *non si è mai degnato di venire a trovarci*; *sapendo ... chi entrava, non degnò voltarsi a guardare* (FOGAZZARO). **2** †Mostrarsi affabile, benevolo.

degnazióne o †**dignazióne** [lat. *dignatiōne(m)*, da *dīgnus* 'degno'] s. f. ● Atto, effetto del degnarsi: *non si era aspettato tanta d.*; (*iron.*) *troppa d.!*, *quanta d.!* | *Avere la d. di*, degnarsi, acconsentire. SIN. Condiscendenza.

degnévole [comp. di *degn(o)* ed *-evole*] agg. **1** (*lett.*) Che si degna | Benigno, affettuoso: *un pietoso e d. angelo custode* (NIEVO). **2** (*raro*) †Disposto ad accettare facilmente gli inviti. || †**degnevolménte**, avv.

†**degnézza** s. f. ● (*raro*) Qualità di ciò che è degno.

†**degnificàre** ● V. *dignificare*.

degnità [lat. *dignitāte(m)*, da *dīgnus* 'degno'] s. f. **1** †V. *dignità*. **2** (*filos.*) Assioma.

†**degnitóso** ● V. *dignitoso*.

dégno o †**dìgno** [lat. *dīgnu(m)*, da *dĕcet* 'che conviene, che merita'] agg. **1** Che, per qualità intrinseche, si rende meritevole di onore, rispetto, stima e sim., ovvero di biasimo, critica, castigo e sim.: *mostrarsi d. di lode*; *quello scolaro è d. di un premio*; *la tua obiezione è degna di rilievo*; *non è d. di nota*; *non è d. della nostra comprensione*; *non lo stimo d. di rispetto*; *è d. solo del nostro disprezzo*; *è d. che tu lo ritenga il tuo migliore amico* | *D. di fede*, cui si può credere pienamente; *testimone, documento d. di fede* | †*Avere qc. a d.*, stimarlo. **2** Che per qualità, capacità e sim. è adatto a un ufficio: *non è un uomo d. di governare uno Stato*; *nessuno dei principi era d. di essere nominato reggente*. **3** Che per condizioni, pensiero, meriti particolari e sim. può avere adeguate relazioni con altre persone o cose: *vuole essere d. dei suoi amici*; *questo non è d. di te*; *è un pensiero d. di Platone*; *la vita che conduce non è degna del suo nome* | Conveniente, adatto: *si esprime con parole degne della sua cultura* | Proporzionato: *d. compenso*. **4** (*lett.*) Eccellente | *Persona degna*, insigne, assai stimabile | Solenne, sfarzoso: *una bella e degna festa*. || **degnaménte**, avv.

degollìsta ● V. *degaullista*.

degradàbile agg. ● Detto di composto chimico che si decompone per mezzo di un determinato agente.

degradabilità s. f. ● Qualità di ciò che è degradabile.

degradaménto s. m. ● Atto del degradare o del degradarsi.

degradànte part. pres. di *degradare*; anche agg. ● Nei sign. del v.

degradàre [vc. dotta, lat. tardo *degradāre*, per *dēgredi* 'scendere (*grădi*) giù (*dē-*)', attrav. il fr. *dégrader*] **A** v. tr. (*io degràdo*) **1** Punire con la degradazione: *d. un ufficiale, un ecclesiastico*. **2** (*fig.*) Privare della dignità, avvilire moralmente: *una vita che degrada la coscienza dell'uomo*. **3** (*fis., chim.*) Sottoporre a degradazione. **B** v. rifl. ● Umiliarsi, avvilirsi: *non possono degradarsi a fare ciò*. SIN. Abbassarsi. **C** v. intr. e intr. pron. (aus. *essere*) **1** (*lett.*) Diminuire gradualmente di altezza. **2** Scadere, perdere pregio, valore e sim. **3** (*fis., chim.*) Compiere o subire una degradazione.

degradàto part. pass. di *degradare*; anche agg. ● Nei sign. del v. || **degradataménte**, avv. (*raro*) Diminuendo grado a grado.

degradazióne [fr. *dégradation*, dal lat. *degradatiōne(m)*, da *dēgredi* 'abbassare, degradare'] s. f. **1** Pena per ufficiali o sacerdoti consistente nella perdita ignominiosa del grado militare o dell'abito ecclesiastico. **2** Avvilimento morale, abiezione: *questo è il principio della d.* **3** (*geogr.*) *D. meteorica*, lento processo di alterazione chimica delle rocce a opera dei gas atmosferici e dell'umidità. **4** (*fis.*) *D. dell'energia*, nelle trasformazioni naturali irreversibili, tendenza delle forme di energia superiore, elettrica e sim., a trasformarsi in forme di energia inferiore. **5** (*chim.*) Reazione che permette di trasformare una molecola in altre a minor peso molecolare o nei suoi atomi. SIN. Demolizione.

degràdo s. m. ● Degradazione, deterioramento, scadimento, spec. con riferimento a fattori sociali, urbanistici, ecologici: *il d. urbano della città*; *la zona si avvia a un lento d.*

degrassàggio [adatt. del fr. *dégraissage*, da *dégraisser* 'sgrassare', comp. di *dé-* e *gras* 'grasso'] s. m. ● Sgrassatura | Lavaggio.

dègu o **degù** [da una lingua indigena amer.: *denú* 'topo di campo'(?)] s. m. ● Piccolo mammifero tropicale dei Roditori dalla pelliccia morbidissima (*Octodon degus*).

degusciàre [comp. di *de-* e *guscio*] v. tr. (*io degùscio*) ● Sgusciare.

degustàre [vc. dotta, lat. *degustāre* 'gustare (*gustāre*) appieno (*dē-*)'] v. tr. ● Assaggiare q.c., per riconoscerne la qualità o giudicarne il sapore: *d. un liquore, un caffè*.

degustatóre s. m. (f. *-trice*) ● Chi, per professione, assaggia i cibi per determinarne le caratteristiche organolettiche.

degustazióne [vc. dotta, lat. *degustatiōne(m)*, da *degustāre* 'degustare'] s. f. **1** Operazione del degustare. **2** Pubblico esercizio con mescita spec. di vini e liquori pregiati.

deh /dɛ/ [vc. onomat.] inter. ● (*lett., poet.*) Esprime desiderio, aspirazione, esortazione, preghiera, meraviglia, lode, rimprovero, sdegno e sim.: *deh, perché vai? deh, perché non t'arresti?* (DANTE *Purg.* V, 51); *deh! perché sdegni / udir quant'egli è pio ...?* (ALFIERI).

dehoniàno /deo'njano/ [dal n. del padre fr. L. *Dehon*, fondatore della congregazione] s. m.; anche agg. ● Chi, che appartiene alla congregazione dei Sacerdoti del Sacro Cuore, fondata da Léon Dehon.

dehors /fr. də'ɔr/ [vc. fr., propr. 'fuori' (avv.)] s. m. inv. ● La parte esterna di un edificio, di un locale pubblico.

déi o (*poet.*) **de i** [comp. di *de* e *i* (*1*)] prep. art. ● V. *i* per gli usi ortografici. Si usa davanti a parole m. pl. che cominciano per consonante che non sia *gn, ps, s impura, x, z*; (*tosc., lett.*) troncato in *de'*: *dei consigli*; *dei semplici*; *la forza / de' bei giovenchi* (CARDUCCI).

deicìda [vc. dotta, lat. crist. *deicīda(m)*, comp. di *dĕi* 'di dio' e *-cīda* '-cida'] s. m.; anche agg. (pl. m. *-i*) ● Chi, che è colpevole di deicidio.

deicìdio [vc. dotta, lat. eccl. *deicīdiu(m)*, comp. di *dĕi* 'di dio' e *-cīdium* '-cidio'] s. m. ● Uccisione di un dio, in particolare di Gesù come Uomo-Dio.

deidratàre [comp. di *de-* e *idratare*] v. tr. (*io deidràto*) ● Disidratare.

deidratazióne s. f. ● Disidratazione.

deidrocongelazióne [comp. di *de-*, *idro-* e *congelazione*] s. f. ● Processo di conservazione di derrate alimentari mediante essiccazione parziale e congelamento.

deidrogenàre [comp. di *de-* e *idrogenare*, sul tipo del fr. *déhydrogéner*] v. tr. (*io deidrògeno*) ● (*chim.*) Sottrarre atomi di idrogeno alle molecole di una sostanza.

deidrogenàṣi [comp. di *deidrogena(re)* e *-asi*] s. f. ● (*chim.*) Qualsiasi enzima che catalizza una reazione reversibile di deidrogenazione a carico di un substrato.

deidrogenazióne [fr. *déhydrogénation*, comp. di *dé-* e *hydrogénation* 'idrogenazione'] s. f. ● (*chim.*) Reazione chimica consistente nell'allontanamento di uno o più atomi di idrogeno da una molecola.

†**deiettàre** [vc. dotta, lat. *deiectāre* 'gettare (*iactāre*) giù (*dē-*)'] v. tr. **1** Scacciare, espellere. **2** (*fig.*) Abbassare, umiliare.

†**deiètto** [vc. dotta, lat. *deiĕctu(m)*, dal part. pass. di *deiectāre* 'deiettare'] agg.; anche s. m. ● (*lett.*) Umiliato.

deiezióne [vc. dotta, lat. tardo *deiectiōne(m)*, da *deiectāre* 'deiettare'] s. f. **1** (*geol.*) Deposito di materiali detritici originato dalle acque di una corrente per diminuita pendenza del terreno. **2** Periodo di attività vulcanica, di durata variabile. **3** (*med.*) Eliminazione dei rifiuti organici. **4** (*al pl.*) Escrementi, feci: *deiezioni umane, animali*.

†**deificaménto** s. m. ● Deificazione.

deificàre [vc. dotta, lat. eccl. *deificāre*, da *deĭficus* 'deifico'] **A** v. tr. (*io deìfico, tu deìfichi*) **1** Divinizzare. **2** (*fig.*) Esaltare, glorificare una persona in modo esagerato. **B** v. rifl. ● Connaturarsi a Dio | †Reputarsi simile a Dio.

deificazióne [vc. dotta, lat. eccl. *deificatiōne(m)*, da *deificāre* 'deificare'] s. f. *1* Atto, effetto del deificare. *2* (*fig.*) Glorificazione, apoteosi.

deìfico [vc. dotta, lat. eccl. *deìficu(m)*, comp. di *dēus* 'dio' e *-ficus*, da *fàcere* 'fare'] agg. (pl. m. *-ci*) ● Che innalza alla condizione degli dei o alla perfezione di Dio.

deifórme [vc. dotta, lat. mediev. *deifōrme(m)* 'con la forma (*fōrma*) di Dio (*dĕi*)'] agg. *1* Simile a Dio o agli dei | Divino. *2* (*lett.*) Formato, costituito da Dio: *regno d.*

deindicizzàre [comp. di *de-* e *indicizzare*] v. tr. ● Svincolare dalle variazioni di un indice di riferimento, come il costo della vita, il tasso d'inflazione e sim.: *d. le retribuzioni.*

deindicizzazióne s. f. ● Atto, effetto del deindicizzare.

deindustrializzàre [comp. di *de-* e *industrializzare*] v. tr. ● Ridurre l'apparato industriale di un Paese.

deindustrializzazióne s. f. ● Atto, effetto del deindustrializzare.

deionizzàre [ingl. *deionize* 'privare di ioni'] v. tr. ● (*chim.*) Eliminare, con metodi diversi, gli ioni disciolti da un'acqua naturale.

deionizzazióne [ingl. *deionization*, dal v. *deionize* 'privare di ioni' col suff. *-ation*] s. f. ● (*chim.*) Operazione di purificazione delle acque naturali, consistente nell'eliminazione degli ioni disciolti.

deìpara [vc. dotta, lat. tardo *deìpara(m)*, comp. di *dĕi* 'di dio' e *-para*, tratto da *pàrere* 'mettere al mondo'] **A** s. f. ● Colei che ha partorito un dio, in particolare, nel Cattolicesimo, la Vergine Maria. **B** anche agg. solo f.: *la vergine d.*

deiscènte [vc. dotta, lat. *dehiscĕnte(m)*, part. pres. di *dehĭscere* 'aprirsi, spalancarsi (*hìscere*) del tutto (*dē-*)'] agg. ● (*bot.*) Detto di organo vegetale che a maturità si apre spontaneamente per lasciar uscire il contenuto: *frutto d.* CONTR. Indeiscente.

deiscènza [da *deiscente*] s. f. ● (*bot.*) L'aprirsi spontaneo di certi organi vegetali per lasciar uscire il contenuto.

deìsmo [fr. *déisme*, dal lat. *dēus* 'dio'] s. m. ● Dottrina di una religione razionale che nega la validità della rivelazione storica e di qualsiasi altra forma di Provvidenza ma ammette l'esistenza di Dio come garante dell'ordine naturale.

dèissi o **deìssi** [ingl. *déixis*, dal gr. *déixis*, propr. 'esposizione, indicazione', der. di *deiknýnai* 'mostrare' (di origine indeur.)] s. f. ● (*ling.*) Meccanismo linguistico che permette a chi parla di non rendere espliciti tutti quei significati che possono essere ricavati dall'ascoltatore sulla base dei fattori spazio-temporali inerenti alla situazione del discorso.

deìsta [fr. *déiste*, dal lat. *dēus* 'dio'] s. m. e f. (pl. m. *-i*) ● Chi segue il, o si ispira al deismo.

deìstico agg. (pl. m. *-ci*) ● Che concerne o interessa il deismo.

deità o †**deitàde**, †**deitàte**, (*raro*) †**iddeità** [vc. dotta, lat. eccl. *deitāte(m)*, da *dēus* 'dio'] s. f. *1* Essenza, natura divina. *2* Potenza divina. *3* Dio: *troverà uniti gruppi d'Eroi, simulacri di d.* (FOSCOLO).

deìttico o **deittico** [da *deissi*] agg. (pl. m. *-ci*) ● (*ling.*) Detto di espressione che, per essere interpretata, necessita di un riferimento al contesto (per es., *qui, lì, oggi, domani*).

†**deiunàre** e *deriv.* ● V. *digiunare* e *deriv.*

de iure /lat. de'jure/ [loc. lat., da intendersi 'secondo (*dē*) il diritto (*iūre*, abl. di *iūs*, V. *giure*)'] loc. avv. ● Secondo la legge, il diritto.

déjà vu /fr. deʒa 'vy/ [loc. fr., propr. 'già visto'] **A** loc. agg. inv. (pl. fr. inv.) ● Detto di evento, fenomeno o prodotto spec. artistico ritenuto privo di originalità a causa di caratteristiche comuni o simili a quelle di altri eventi, fenomeni o prodotti già accaduti o conosciuti in passato. **B** s. m. inv. ● (*psicol.*) Sensazione di aver vissuto precedentemente un avvenimento o una situazione che si sta verificando.

del /del/ o (*poet.*) **de 'l** [comp. di *di* e *il*] prep. art. ● V. *il* per gli usi ortografici.

de la /'de lla, 'de la/ ● V. *della.*

délabré /fr. dela'bre/ [vc. fr., part. pass. di *délabrer* 'rovinare'] agg. inv. ● Rovinato, deteriorato, scalcinato: *un edificio, un monumento d.*

delàto [vc. dotta, lat. *delātu(m)*, part. pass. di *defĕrre* 'portar (*fĕrre*) giù (*dē-*)'] agg. ● (*raro*) Denunziato, deferito.

delatóre [vc. dotta, lat. *delatōre(m)*, da *delātum* (V. *delato*)] s. m. (f *-trice*) ● Chi, per ragioni di interesse personale o per vendetta, denuncia segretamente qc. alle autorità. SIN. Spia.

delatòrio agg. ● Di delazione, da delatore: *lettere delatorie.*

delattosizzàto [comp. di *de-* e *lattosio*] agg. ● Detto di latte da cui, a scopo dietetico, è stato eliminato totalmente o parzialmente il lattosio.

délavé /fr. dela've/ [vc. fr., part. pass. di *délaver* 'dilavare'] agg. inv. ● Detto di tessuto o capo d'abbigliamento che sono stati scoloriti mediante lavaggi effettuati allo scopo di farli apparire usati.

delay /ingl. di'lei/ [vc. ingl., propr. 'ritardo, indugio', dal fr. *délai* 'prolungamento' (dev. di *délayer* 'differire', comp. di *dé-* e la forma ant. *laier* 'lasciare')] s. m. inv. ● (*mus.*) Riverbero, negli strumenti elettronici per l'amplificazione e la riproduzione del suono.

delazióne [vc. dotta, lat. *delatiōne(m)*, da *delātum* (V. *delato*)] s. f. *1* Accusa, denuncia segreta. SIN. Soffiata, spiata. *2* (*dir.*) Deferimento: *d. di giuramento* | *D. di un atto*, comunicazione o notificazione dello stesso | *D. dell'eredità*, messa a disposizione dell'eredità a favore del chiamato.

de le /'de lle, 'de le/ ● V. *delle.*

delèbile [vc. dotta, lat. *delēbile(m)*, da *delēre* 'cancellare'] agg. ● Che si può cancellare (*anche fig.*): *inchiostro d.*; *sentimenti delebili.* CONTR. Indelebile.

dèlega [da *delegare*] s. f. ● Atto con cui si conferisce a un'altra persona la capacità di agire in vece propria: *d. verbale, scritta*; *se vuoi che ritiri il tuo stipendio devi farmi la d.* | *Legge d.*, quella che il governo emana in base a delega del Parlamento.

delegànte A part. pres. di *delegare*; anche agg. ● Nei sign. del v. **B** s. m. e f. ● Chi rilascia una delega.

delegàre [vc. dotta, lat. *delegāre*, comp. di *de-* e *legāre* 'dare un incarico per mezzo di un patto o contratto (*lēx*)'] v. tr. (*io dèlego, tu dèleghi*) *1* (*dir.*) Investire del potere di rappresentanza | (*est.*) Investire, da parte degli organi del potere legislativo, gli organi del potere esecutivo della facoltà di emanare provvedimenti aventi forza di legge. *2* (*dir.*) Compiere una delegazione | Conferire ad altri il potere di esplicare in nome proprio e per conto del delegante attività normalmente proprie di quest'ultimo. *3* (*est.*) Incaricare altri di compiere un atto in vece propria: *delegò la direzione dell'ufficio al suo sostituto*; *ha delegato l'amico a rappresentarlo nella riunione.*

delegatàrio [da *delegare*] s. m. (f. *-a*) ● (*dir.*) Nella delegazione, colui a favore del quale la prestazione dovrà essere eseguita.

delegatìzio agg. ● (*raro, lett.*) Di, relativo a, delegazione o delegato: *incarico d.*; *autorità delegatizia.*

delegàto A part. pass. di *delegare*; anche agg. *1* Nei sign. del v. *2 Consigliere d.*, consigliere d'amministrazione d'una società cui è delegata la direzione dell'azienda. **B** s. m. (f. *-a*) ● Persona delegata a un ufficio | *D. di Pubblica Sicurezza*, ufficiale subalterno del questore ora detto vicecommissario | *D. apostolico*, rappresentante della S. Sede presso Stati che non hanno normali relazioni diplomatiche con essa | *D. di reparto*, in un'azienda, chi è eletto dai lavoratori di un reparto per rappresentarli nei rapporti con la direzione.

delegazióne [vc. dotta, lat. *delegatiōne(m)*, da *delegāre* 'delegare'] s. f. *1* Atto del delegare. *2* (*dir.*) Istituto giuridico consistente nella trasmissione di un debito o di un credito mediante un ordine rivolto a una persona di eseguire o ricevere una prestazione a favore o da parte di un altro soggetto | *D. legislativa*, concessione agli organi esecutivi, da parte degli organi legislativi, della facoltà di emanare provvedimenti aventi forza di legge. *3* Gruppo di persone incaricate di esplicare in modo permanente o temporaneo funzioni di rappresentanza: *inviare una d. all'estero*; *ricevere una d.* *4* Sede di un delegato e circoscrizione territoriale su cui lo stesso esplica i propri poteri: *d. apostolica.*

†**delèggere** [dal lat. *delĭgere* 'scegliere, staccare'. V. *eleggere*] v. tr. ● Eleggere, scegliere.

delegiferàre [comp. di *de-* e *legiferare*] v. intr. (*io delegìfero*; aus. *avere*) ● Tendere a ridurre il numero delle leggi emanate, spec. su materie di scarsa importanza.

delegificàre [comp. di *de-*, il lat. *lēx*, genit. *lēgis* 'legge' e *-ficare*] v. tr. (*io delegìfico, tu delegìfichi*) ● (*dir.*) Sottoporre a delegificazione.

delegificazióne [da *delegificare*] s. f. ● (*dir.*) Provvedimento con cui si sottrae una determinata materia alla disciplina della legge e si trasferisce alla pubblica amministrazione il compito di regolarla.

delegittimàre [comp. di *de-* e *legittimare*] v. tr. (*io delegìttimo*) ● Privare di legittimità, sottrarre la legittimazione a esercitare una funzione o un potere: *d. un organo politico.*

delegittimazióne s. f. ● Atto, effetto del delegittimare.

†**delére** o **dèlere** [vc. dotta, lat. *delēre*, di etim. incerta] v. tr. ● Distruggere, cancellare (*anche fig.*).

delessìte [dal n. dell'ingegnere fr. A. *Delesse* (1817-1881), con *-ite* (*2*)] s. f. ● Minerale appartenente al gruppo delle cloriti, di color verde scuro, silicato di magnesio, ferro e alluminio.

deletèrio [fr. *délétère*, dal gr. *dēletḗrios*, dal v. di origine indeur. *delêisthai* 'danneggiare, nuocere'] agg. ● Che è estremamente dannoso: *il fumo è d. per la salute*; *sono abitudini deleterie allo spirito.* || **deleteriaménte**, avv. (*raro*) In modo deleterio.

†**delettàre** e *deriv.* ● V. *dilettare* e *deriv.*

deletterizzazióne [comp. parasintetico di *lettera*, con il pref. *de-*] s. f. ● Fenomeno per cui la cultura si sviluppa ignorando qualsiasi apporto proveniente dalla letteratura nazionale.

delezióne [ingl. *deletion*, vc. dotta, che si rifà al lat. *deletiōne(m)*, propr. 'distruzione', da *delēre* 'distruggere' (V. *delere*)] s. f. ● (*biol.*) In genetica, mutazione che comporta la perdita di un segmento cromosomico.

dèlfico [vc. dotta, lat. *Dĕlphicu(m)*, dal gr. *Delphikós* 'di Delfi' (*Delphói*, legato a *delphýs* 'matrice': per l'aspetto del luogo (?))] agg. (pl. m. *-ci*) *1* Di, relativo a Delfi e al suo santuario: *sibilla delfica.* *2* (*est., lett.*) Profetico.

delfinàre [per il moto simile a quello del *delfino*] v. intr. (aus. *avere*) ● Detto di mezzi di navigazione sottomarina e aerea, seguire un moto irregolare con traiettoria oscillante verso l'alto e il basso.

delfinàttero [comp. di *delfino* (*1*) e *aptero*] s. m. ● Genere di Cetacei simili ai delfini ma privi di pinna dorsale, con una serie di denti caduchi per ogni lato nella mandibola e nella mascella (*Delphinapterus*) | *D. bianco*, beluga.

delfinésco [da *delfino* (*2*), con riferimento alla loc. *ad usum Delphini* (V.)] agg. (pl. m. *-schi*) ● Detto di ciò che è scritto per indirizzare l'opinione di chi legge in una ben determinata direzione: *libri delfineschi.*

Delfìnidi [comp. di *delfino* (*1*) e *-idi*] s. m. pl. ● Nella tassonomia animale, famiglia di Cetacei carnivori, agili nuotatori, cui appartengono il delfino e l'orca (*Delphinidae*) | (al sing. *-e*) Ogni individuo di tale famiglia.

delfinièra [da *delfino* (*1*)] s. f. *1* Grande rete a larga maglia posta a protezione del sacco della paranza, contro gli ostacoli del fondo e contro i delfini | Ferro a lancia con alette spesso snodate, applicato a un lungo bastone, per la cattura del pesce spada e di altri grossi pesci. *2* (*mar.*) Rete tesa sotto il bompresso, per impedire che i fiocchi ammainati vadano in mare.

delfìnio [gr. *delphínion*, di etim. incerta, per la forma delle foglie che ricorda un *delfino*] s. m. ● Genere di piante erbacee delle Ranuncolacee con fusto ramoso, foglie alterne, divise e fiori grandi in racemi o in pannocchie di colore blu, bianco o rosso (*Delphinium*).

delfinìsta s. m. e f. (pl. m. *-i*) ● Nuotatore specialista dello stile delfino.

delfìno (1) [vc. dotta, lat. *delphīnu(m)*, dal gr. *delphís*, connesso con *delphýs* 'matrice'] s. m. *1* Cetaceo con corpo pisciforme, muso che si prolunga in un rostro e un'unica pinna dorsale (*Delphinus delphis*). *2* Stile di nuoto con conduzione circolare simultanea delle braccia mentre le gambe unite si flettono battendo l'acqua, in un movimento ondulatorio simile a quello del delfino: *nuotare a d.* ➡ ILL. p. 1284 SPORT. *3* (*mar.*) †Pesante massa di piombo o ferro, che veniva fatta cadere dalla punta delle antenne sulla nave nemica per danneggiarla | (*spec. al pl.*) Coppia di bracciuoli ai lati del tagliamare a forma di delfini. *4* Nelle antiche artiglierie, nome dato alle maniglie della bocca da fuoco, foggiate a forma di delfino. *5* (*lett., scherz.*) †Gobbo. || **delfinétto**, dim.

delfino (2) [fr. *dauphin* 'titolo dei signori della regione fr. del Delfinato (*Dauphiné*), passata alla casa di Francia nel XIV sec.'] **A** s. m. *1* Titolo dato al primogenito dei re di Francia. *2* (*est.*) Chi è considerato il probabile successore di un personaggio di rilievo, spec. politico. **B** agg. ● Nella loc. agg. e avv. *alla delfina*, secondo l'uso dei Delfini di Francia: *parrucca alla delfina.*

dèliaco [vc. dotta, lat. *Delĭacu(m)*, dal gr. *Dēliakós*] agg. (pl. m. *-ci*) *1* Dell'isola greca di Delo, sede del culto di Apollo. SIN. Delio. *2* (*est.*) Di Apollo.

delibaménto [vc. dotta, lat. *delibamĕntu(m)*, da *delibāre* (in origine 'vino sparso per la libagione')] s. m. ● (*raro*) Atto del delibare.

delibàre [vc. dotta, lat. *delibāre*, comp. di *dē-* e *libāre* 'fare, offrire una libazione' e poi 'prendere una parte (da offrire agli dèi)'] v. tr. *1* (*lett.*) Prendere un piccolo assaggio di cibo o bevanda assaporandolo con gusto: *delibava lentamente un sorso di liquore* | (*fig.*) Gustare: *d. la dolcezza di un ricordo*. *2* (*lett.*) Esaminare un problema, una questione, e sim. in modo piuttosto superficiale. *3* (*dir.*) Riconoscere efficace in Italia un provvedimento giurisdizionale straniero: *d. una sentenza.*

delibazióne [vc. dotta, lat. tardo *delibatiōne(m)*, da *delibāre* nel senso di 'togliere una parte'] s. f. *1* (*lett.*) Assaggio. *2* (*dir.*) *Giudizio di d.*, esame che l'autorità giudiziaria italiana compie di provvedimenti giurisdizionali stranieri al fine di accordarvi efficacia in Italia.

delìbera [da *deliberare*] s. f. ● Deliberazione.

†**deliberaménto** (1) o (*raro*) †**deliveraménto**, †**diliberaménto** [vc. dotta, lat. tardo *deliberamĕntu(m)*, da *deliberāre* 'deliberare (1)'] s. m. ● Deliberazione.

†**deliberaménto** (2) o †**diliberaménto**, (*raro*) †**diliveraménto** [da *deliberare* (*2*)] s. m. ● Liberazione.

deliberànte part. pres. di *deliberare* (*1*); anche agg. ● Nei sign. del v.

deliberàre (1) o (*raro*) †**deliveràre**, †**diliberàre**, †**dilibràre**, (*raro*) †**diliveràre** [vc. dotta, lat. *deliberāre*, di etim. incerta] **A** v. tr. (*io delìbero*) *1* Determinare, stabilire, dopo un ponderato esame, spec. da parte di più persone raccolte insieme o di organi collegiali: *i dirigenti deliberarono le soluzioni da adottare*; *il comitato deliberò di ridurre i prezzi*. *2* (*lett.*) Riflettere, considerare attentamente: *deliberai a lungo prima di decidermi* | (*est.*) Discutere, dibattere | (*est.*) Decidere: *abbiamo deliberato di non intervenire*. *3* Aggiudicare, in una vendita all'asta: *il quadro è deliberato al miglior offerente*. **B** v. intr. (aus. *avere*) ● Disporre, provvedere su q.c.: *la Corte di Cassazione ha deliberato sull'ammissibilità del ricorso*. **C** v. intr. pron. ● (*lett.*) †Decidersi, risolversi: *cominciò a sollecitare il Saladino che di ciò si deliberasse* (BOCCACCIO).

†**deliberàre** (2) o †**deliveràre**, †**delivràre**, †**diliberàre**, †**dilibràre**, †**diliveràre**, †**dilivràre** [vc. dotta, lat. *deliberāre*, di etim. discussa: da *liberāre* in senso traslato (?)] v. tr. ● Liberare (*anche fig.*).

deliberatàrio [da *deliberare* (*1*)] s. m. ● (*dir.*) Colui al quale, fra più concorrenti a una vendita giudiziale o a un'asta di appalto, è aggiudicato il bene o allogato il lavoro.

deliberativa o †**diliberativa**. s. f. ● (*raro*) Facoltà di prendere deliberazioni.

deliberativo o †**diliberativo** [vc. dotta, lat. *deliberatīvu(m)*, da *deliberāre* 'deliberare (1)'] agg. *1* Atto a deliberare: *voto d.* *2* *Genere d.*, nell'eloquenza antica, quello che mira a persuadere o dissuadere. *3* *Modo, discorso d.*, in grammatica, quelli propri del soggetto che pone a sé stesso domande sul comportamento da tenere.

deliberàto o †**diliberàto**. **A** part. pass. di *deliberare* (*1*); anche agg. *1* Nei sign. del v. *2* (*est.*) Fermo, risoluto: *agire con d. proposito di nuocere*. || **deliberataménte**, avv. *1* Di proposito, intenzionalmente. *2* (*raro*) Risolutamente, intenzionalmente. **B** s. m. ● Decisione, deliberazione: *il d. dell'assemblea.*

deliberatóre [vc. dotta, lat. *deliberatōre(m)*, da *deliberātum* 'deliberato'] s. m.; anche agg. (f. *-trice*) ● (*raro*) Chi, che delibera.

deliberazióne (1) o †**diliberazióne**, †**dilibrazióne** [vc. dotta, lat. *deliberatiōne(m)*, da *deliberāre* 'deliberare (1)'] s. f. *1* Atto, effetto del deliberare: *prendere parte a una d.*; *le deliberazioni del Parlamento*. *2* (*est.*) Fermo proposito, precisa intenzione: *la sua d. di morire* (LEOPARDI). SIN. Decisione, risoluzione. *3* (*psicol.*) Processo di valutazione comparata delle diverse alternative per arrivare alla scelta. *4* †Assemblea, riunione, adunanza.

†**deliberazióne** (2) o †**diliberazióne**, †**diliverazióne** [dal lat. tardo *deliberāre* 'liberare completamente'] s. f. ● Liberazione.

†**delicaménto** o †**dilicaménto** s. m. ● Delicatezza, piacere.

†**delicànza** o †**dilicànza**. s. f. *1* Delicatezza, raffinatezza. *2* Agio, mollezza di vita.

delicatézza o †**dilicatézza**. s. f. *1* Qualità di chi, di ciò che, è delicato: *d. di un colore, di un sapore, di un gesto* | Fragilità: *la d. del cristallo* | Gracilità di costituzione. *2* Gentilezza di sentimenti, di maniere: *ha una grande d. d'animo* | Discrezione: *abbi la d. di non riferire quanto ti ho detto* | Riguardo, tatto: *è una faccenda da trattare con d.* | (*est.*) Atto gentile: *il non farmi sapere la brutta notizia è stata una d. da parte sua*. *3* Cibo delicato e squisito: *questo piatto è una vera d.* *4* (*spec. al pl.*) Comodità: *vivere in mezzo alle delicatezze.*

delicàto o †**dilicàto** [vc. dotta, lat. *delicātu(m)*, di etim. incerta] agg. *1* Che procura gradevoli sensazioni perché morbido, liscio, squisito, armonioso e sim.: *tessuto d.*; *pelle delicata*; *sapore, odore, profumo d.*; *suono d.*; *voce, musica delicata* | *Tinta delicata*, non troppo carica | Gustoso, leggero, di facile digestione: *cibo, vino d.*; *pietanza delicata*. *2* Che è facile a guastarsi, a deteriorarsi, a rompersi, e sim.: *gingillo, meccanismo, apparecchio d.* | (*est.*) Gracile, debole, detto di persona o di organi del corpo umano: *bambino d.*; *salute delicata*: *stomaco d.* | *Nervi delicati*, facili a cedere | *Palato d., bocca delicata*, esigenti e raffinati nello scegliere i cibi | (*iron.*) Difficile da contentare, suscettibile, schizzinoso: *una signora tutta delicata* | *Fare il d.*, atteggiarsi a persona schizzinosa. *3* (*fig.*) Che dev'essere trattato o affrontato con tatto e prudenza: *problema, argomento d.*; *faccenda, questione delicata* | *Tasto d.*, (*fig.*) argomento scabroso, che richiede molto garbo | *Momento d.*, particolarmente difficile da superare e suscettibile di sviluppi imprevisti. *4* (*fig.*) Che ha, denota o provoca sentimenti fini e gentili, nobiltà d'animo, e sim.: *carattere d.*; *pensiero, atto d.*; *gioia delicata*; *uomo d. nell'agire, nel parlare, nel trattare*. *5* (*lett.*) Di stile, opera d'arte, e sim., raffinato, elegante: *ebbe in cotal sorte di pittura una maniera molto delicata* (VASARI). *6* (*lett.*) Molle, effeminato: *avvezza i tuoi soldati a spregiare il vivere d.* (MACHIAVELLI). *7* †Di luogo, ameno, delizioso: *culte pianure e delicati colli* (ARIOSTO). || †**delicatèllo**, dim. | **delicatino**, dim. | **delicatùccio**, **delicatùzzo**, dim. || **delicataménte**, avv.

delicatùra o †**dilicatùra**. s. f. *1* (*raro, lett.*) Delicatezza, squisitezza eccessiva | Cosa squisita, raffinata. *2* †Piacere, godimento.

delicious /de'litʃus, *ingl.* di'liʃəs/ [vc. ingl. d'America, letter. 'delizioso' per il sapore di questo frutto, introdotto nel 1881 dal Perù] s. f.; anche agg. ● Varietà di mele con buccia lucida e polpa saporita e farinosa | *Golden d.*, con buccia gialla | *Stark d.*, con buccia rossa.

†**deligióne** ● V. *derisione.*

Delikatessen /*ted.* dəlika'tɛsən/ [vc. ted., dal fr. *délicatesse* 'delicatezza'] s. f. pl. ● Cibi prelibati, specialità alimentari, leccornie.

†**delimàre** [vc. dotta, lat. **delimāre*, fatto su *delimātus* 'limato (*limātus*) a fondo (*dē-*)'] v. tr. ● Limare | (*fig.*) Consumare, rodere.

delimitàre [vc. dotta, fr. *délimiter*, dal lat. tardo *delimitāre* 'stabilire un confine (*līmes*) con esattezza (*dē-*)'] v. tr. (*io delìmito*) *1* Segnare il limite, il confine, circoscrivere: *d. un terreno*; *il proprietario ha delimitato con reticolati il suo podere*. *2* (*fig.*) Definire: *d. la sfera d'azione dello Stato.*

delimitativo agg. ● Che delimita.

delimitazióne [vc. dotta, fr. *délimitation*, dal lat. tardo *delimitatiōne(m)*, da *delimitāre* 'delimitare'] s. f. ● Atto, effetto del delimitare.

delineaménto s. m. *1* Atto, effetto del delineare. *2* (*al pl.*) †Lineamenti.

delineàre [vc. dotta, lat. *delineāre*, comp. di *dē-* e *lineāre* 'tracciare una linea'] **A** v. tr. (*io delìneo*) *1* Rappresentare con linee essenziali in modo da cogliere i contorni o i tratti fondamentali: *d. il profilo delle montagne*. SIN. Abbozzare, schizzare. *2* (*fig.*) Descrivere per sommi capi: *d. la situazione politica*. **B** v. intr. pron. *1* Essere visibile o percepibile nelle linee essenziali: *sotto la pelle del viso si delineano gli zigomi*. *2* (*fig.*) Presentarsi in forma ancora non ben definita: *gravi problemi vanno delineandosi.*

delineàto part. pass. di *delineare*; anche agg. *1* Nei sign. del v. *2* Che si è precisato negli elementi essenziali: *ha una personalità già delineata.*

delineatóre s. m.; anche agg. (f. *-trice*) ● (*raro*) Chi, che delinea.

†**delineatùra** s. f. ● (*raro*) Delineamento.

delineazióne [vc. dotta, lat. *delineatiōne(m)*, da *delineāre* 'delineare'] s. f. ● (*lett.*) Delineamento.

delinquènte **A** part. pres. di *delinquere*; anche agg. *1* (*raro*) Nei sign. del v. *2* (*lett., fig.*) Colpevole: *non sempre d. è un infelice* (METASTASIO). **B** s. m. e f. *1* (*dir.*) Chi ha commesso uno o più delitti | *D. abituale*, quando è particolarmente dedito al delitto | *D. professionale*, quando vive dei proventi di delitti | *D. per tendenza*, quando per la sua indole malvagia è incline al delitto | *D. nato*, in una superata teoria criminalistica, chi per tendenza congenita è portato a commettere reati. *2* Correntemente, chi ha commesso azioni illecite o malvagie | (*est.*) Persona capace di disonestà, abiezione e sim.: *guarda che cos'ha combinato quel d.!*; *è un d. nato*; *faccia da d.*; *l'ignoranza suole scusare i delinquenti* (MARINO) | (*fig., scherz.*) Briccone, birbante: *è un simpatico d.*

delinquènza [vc. dotta, lat. tardo *delinquĕntia(m)*, da *delĭnquere* 'delinquere'] s. f. *1* (*raro*) Atto del delinquere. *2* Criminalità: *relazione sulla d. minorile in Italia.*

delinquenziàle agg. ● Della delinquenza | Del, relativo al, delinquente.

delìnquere [vc. dotta, lat. *delĭnquere*, in origine 'lasciare (*lĭnquere*) da parte (*dē-*), fare difetto', poi 'mancare al dovere, commettere un fallo'] v. intr. (part. pass. †*delinquito*; aus. *avere*; raro nei tempi composti) *1* Commettere uno o più delitti: *associazione per, a d.*; *capacità a d.*; *istigazione a d.* *2* †Peccare.

†**delinquìre** [vc. dotta, lat. *delĭnquere* 'mancare, lasciare indietro' con mutamento di coniug.] v. tr. (aus. *avere*) ● (*raro*) Consumare, logorare.

dèlio [vc. dotta, lat. *Dēliu(m)*, dal gr. *Dēlios*] **A** agg. ● Deliaco. **B** s. m. *1* (*per anton.*) Apollo. *2* (*poet.*) Il sole, identificato con Apollo.

deliquescènte [vc. dotta, lat. *deliquescĕnte(m)*, part. pres. di *deliquēscere* 'diventare liquido (*liquēscere*) completamente (*dē-*)'] agg. *1* (*chim.*) Detto di sostanza che presenta il fenomeno della deliquescenza. *2* (*fig., lett.*) Languido, molle: *una sensualità sospirosa e d.* (CROCE).

deliquescènza [da *deliquescente*] s. f. *1* (*chim.*) Proprietà di certe sostanze, spec. di alcuni sali, di assorbire l'umidità dell'ambiente sciogliendosi in essa. *2* (*fig., lett.*) Languore, struggimento.

delìquio (1) [vc. dotta, lat. *delĭquiu(m)*, da *delĭnquere* 'mancare'] s. m. ● Svenimento: *avere un d.* | *Cadere in d.*, svenire.

†**delìquio** (2) [vc. dotta, lat. tardo *delĭquiu(m)*, da *deliquāre* 'chiarificare (*liquāre*) completamente (*dē-*)'] s. m. ● Liquefazione.

†**deliraménto** [vc. dotta, lat. *deliramĕntu(m)*, da *delirāre* 'delirare'] s. m. ● Delirio.

deliràànte **A** part. pres. di *delirare*; anche agg. *1* Nei sign. del v. *2* Proprio del delirio: *idea d.* *3* (*est.*) Irragionevole, frenetico, esaltato: *passione, entusiasmo d.* **B** s. m. e f. ● Chi delira.

delìràre [vc. dotta, lat. *delirāre*, originariamente 'uscire (*dē-*) dal solco (*līra*)', poi 'farneticare'] v.

intr. (aus. *avere*) *1* (*med.*) Essere soggetto a delirio: *d. per la febbre*. *2* (*est.*) Dire o fare cose assurde, insensate: *d. d'amore, di passione, di terrore* | Entusiasmarsi, esaltarsi: *le folle delirano per lui*. *3* (*lett., fig.*) Deviare, errare.

delìrio o †**delìro** (1) [vc. dotta, lat. tardo *delīriu(m)*, da *delīrāre* 'delirare'] s. m. *1* (*med.*) Stato di alterazione e confusione mentale, con agitazione motoria e allucinazioni, dovuto ad accessi febbrili acuti, ad alcolismo, malattie mentali e sim.: *d. febbrile*; *d. di grandezza, di persecuzione*. *2* (*est.*) Stato di profondo turbamento che induce a dire o a fare cose assurde e insensate: *essere in preda al d. della passione, dei sensi* | Discorso, atto insensato: *i deliri dell'umana debolezza*. *3* (*fig.*) Esaltazione della fantasia: *un vano d.*; *d. poetico, mistico* | Fanatico entusiasmo: *mandare in d.*; *andare in d.*; *essere in d.* *4* (*raro, fig.*) Frenetico desiderio: *il d. della ricchezza*.

delirium tremens /*lat.* de'lirjum 'trɛmens/ [loc. lat., propriamente 'delirio (*delīrium*) tremante (*trĕmens*)', per il tremito che caratterizza gli alcolizzati cronici] loc. sost. m. inv. ● (*med.*) Crisi di agitazione psicomotoria negli alcolizzati cronici con stato di confusione mentale, allucinazioni visive di animali o insetti e tremori.

†**delìro** (1) ● V. *delirio*.

delìro (2) [vc. dotta, lat. *delīru(m)*, da *delīrāre* 'delirare'] agg. ● (*lett.*) Delirante, vaneggiante.

delitescènte [vc. dotta, lat. *delitescēnte(m)*, part. pres. di *delitēscere* 'nascondersi (*latēscere* con *dē-* rafforzativo)'] agg. ● (*med.*) Latente: *tumore d.*

delitescènza [da *delitescente*] s. f. *1* (*med.*) Latenza di una malattia. *2* (*chim.*) Proprietà di certi cristalli che si riducono a forma polverulenta, perdendo acqua di cristallizzazione o assorbendo vapor acqueo.

delitto [vc. dotta, lat. *delictu(m)*, dal part. pass. di *delĭnquere* 'delinquere'] s. m. (pl. *delitti*, †*delitta*) *1* (*dir.*) Violazione della legge penale per la quale sono comminate le pene dell'ergastolo, della reclusione e della multa: *d. colposo*; *d. preterintenzionale*. *2* (*est., gener.*) Omicidio, assassinio: *fare, commettere, perpetrare un d.*; *macchiarsi di un feroce d.* | *D. perfetto*, compiuto in modo da non lasciare tracce tali da consentire l'identificazione di chi lo ha commesso. *3* (*est.*) Misfatto, scelleratàggine: *commettere delitti d'ogni sorta* | Colpa, errore, fallo (*anche scherz.*): *sarebbe un imperdonabile d. ripagare così la sua bontà*; *le sue rime sono delitti di lesa poesia*; *se si sposa è un vero d.* | *Fare d. a qc. di q.c.*, addossargli la responsabilità di un'azione, un discorso, e sim. come se fosse un delitto.

delittuosità s. f. ● (*raro*) Qualità di chi, di ciò che è delittuoso.

delittuóso [da *delitto*, col suff. degli agg. in *-uoso*] agg. ● Che ha natura di delitto: *avvenimento d.* | Che è volto al delitto: *intenzioni delittuose*. ‖ **delittuosaménte**, avv.

†**deliveràre** e *deriv.* ● V. *deliberare (1)*, †*deliberare (2)*, e *deriv.*

delivery order /*ingl.* di'livəri 'ɔ:də*/ [ingl., letteralmente 'ordine (*order*, di origine fr.) di svincolo (*delivery*, dall'ant. fr. *delivree*, propriamente f. del part. pass. di *delivrer* '(de)liberare')'] loc. sost. m. inv. (pl. ingl. *delivery orders*) ● Nella pratica commerciale, ordine di consegna emesso dal vettore | Nel trasporto marittimo, titolo di credito trasferibile mediante girata, che legittima a ricevere la merce in consegna.

†**delivràre** ● V. †*deliberare (2)*.

delìzia (1) o †**dilìzia** [vc. dotta, lat. tardo *delīcia(m)*, dall'usuale pl. *delīcia(s)*, da *deliciāre* 'deliziare'] s. f. *1* Intenso piacere fisico o spirituale: *provare un'ineffabile d.*; *le delizie della musica* | *Stare in d.*, vivere nel lusso, nella ricchezza | *Luogo, casa, villa di d.*, che offre ogni sorta di piaceri, svaghi, e sim. | (*est.*) Persona o cosa che procura delizia: *quel bambino è la mia d.*; *simili spettacoli sono un'autentica d. per gli occhi* | *Le delizie della mensa*, cibi ghiotti, raffinati | (*antifr.*) Cosa sgradevole: *è una vera d. uscire con questo tempaccio*. SIN. Gioia. *2* *D. di Vaprio*, varietà di uva bianca da tavola.

delìzia (2) s. f. ● Adattamento di *delicious* (V.).

†**delizìale** agg. ● (*lett.*) Che procura delizia.

deliziàre [vc. dotta, lat. *deliciāre*, originariamente 'distogliere (*dē-*) con le seduzioni (*delĭciae*)', poi sin. di *delectāre* 'dilettare'] **A** v. tr. (*io delìzio*) *1* Procurare delizia, colmare di delizia: *d. l'animo, i sensi*; *un libro che delizia i lettori* | (*antifr.*) Annoiare, molestare: *mi ha deliziato col racconto delle sue disgrazie*. *2* (*raro, lett.*) Rendere delizioso. **B** v. intr. pron. (aus. *avere*) ● Bearsi, ricrearsi.

deliziόso o (*raro*) †**delezióso**, †**dilizióso** [vc. dotta, lat. tardo *diliciōsu(m)*, da *deliciāre* 'deliziare'] agg. *1* Che arreca delizia: *spettacolo d.* | Ricco di grazia e di attrattiva: *una ragazza deliziosa*; *che deliziosi bambini!* | Simpatico, gradevole, piacevole: *abbiamo trascorso una deliziosa serata*; *l'indugio era talmente d. che il sonno, deliziosamente, vi si insinuò* (SCIASCIA). *2* †Molle, voluttuoso. ‖ **deliziosaménte**, avv.

délla o (*poet.*) **de la** [comp. di *di* e *la*] prep. art. ● V. *la* per gli usi ortografici. Si usa davanti a parole f. sing. Si apostrofa davanti a parole che cominciano per vocale: *d. zia*; *dell'anima*; *noi pregheremmo lui de la tua pace* (DANTE *Inf.* V, 92).

délle o (*poet.*) **de le** [comp. di *de* e *le*] prep. art. ● V. *le* per gli usi ortografici. Si usa davanti a parole f. pl.: *d. scarpe*; *d. esperienze*.

déllo o (*poet.*) **de lo** /'de llo, 'de lo/ [comp. di *di* e *lo*] prep. art. ● V. *lo* per gli usi ortografici. Si usa davanti a parole m. sing. che cominciano per vocale, *gn, ps, s impura, x, z*. Si apostrofa solo davanti a parole che cominciano per vocale: *d. sport*; *d. zio*; *dell'amico*.

delomòrfo [vc. dotta, comp. del gr. *dêlos* 'evidente, manifesto' e *-morfo*] agg. ● (*biol.*) Caratterizzato da confini e forma ben definiti: *cellule delomorfe delle ghiandole gastriche*. CONTR. Adelomorfo.

†**delongàre** e *deriv.* ● V. *dilungare* e *deriv.*

Delrin ® [nome commerciale della E.I. Du Pont de Nemour & Company Inc.] s. m. inv. ● (*chim.*) Nome commerciale di materia plastica utilizzata per stampaggio a iniezione di articoli vari caratterizzati da elevata rigidità.

dèlta (1) [vc. dotta, lat. *dĕlta(m)*, dal gr. *délta*, che ripete l'ebr. *dāleth* 'porta'] **A** s. m. o f. inv. *1* Nome della quarta lettera dell'alfabeto greco. *2* (*aer.*) *Ala a d.*, a pianta triangolare, adatta per velocità supersoniche. *3* (*mat.*) Variazione di una funzione o di una grandezza. **B** in funzione di agg. inv. ● (posposto al s., *fis.*) Nella loc. *raggi d.*, elettroni o protoni emessi per urto da una particella alfa che attraversa la materia.

dèlta (2) [vc. dotta, lat. *Dĕlta* 'Basso Egitto', per la forma triangolare, simile quindi al delta greco maiuscolo, di questa e di analoghe foci] s. m. inv. ● Pianura approssimativamente triangolare formata dai materiali alluvionali deposti da un corso d'acqua alla sua foce. ➡ ILL. p. 821 SCIENZE DELLA TERRA ED ENERGIA.

deltaplanista s. m. e f. (pl. m. *-i*) ● Chi pratica lo sport del deltaplano.

deltaplàno [comp. di *delta (1)*, per la forma triangolare, e *(aero)plano*] s. m. ● Velivolo per il volo sportivo planato la cui forma triangolare ricorda la lettera greca delta che viene assicurato al corpo con un'imbracatura ed è costituito da un leggero telaio metallico su cui è tesa una velatura nervata. SIN. Aquilone (2). ➡ ILL. p. 1292 SPORT.

deltazióne [da *delta (2)*] s. f. ● Processo di deposito di materiali, alla foce di un corso d'acqua, risultante dall'azione associata della corrente e del mare in cui questa si versa.

deltìzio [da *delta (2)*] agg. ● Di, relativo a delta fluviale.

deltòide [vc. dotta, gr. *deltoeidḗs* 'a forma (*êidos*) della lettera greca *delta*'] **A** agg. ● Che ha forma triangolare: *muscolo d.*; *foglia d.* **B** s. m. ● (*anat.*) Muscolo della spalla che riveste l'articolazione scapolo-omerale. ➡ ILL. p. 362 ANATOMIA UMANA.

deltoidèo [da *deltoide*] agg. ● (*anat.*) Del, relativo al deltoide.

delùbro [vc. dotta, lat. *delūbru(m)*, di etim. discussa: dallo scorrere (*delŭere*) delle acque davanti al tempio (?)] s. m. ● (*lett.*) Santuario, tempio: *fu serrato a Giano il suo d.* (DANTE *Par.* VI, 81).

delucidàre (1) o **dilucidàre** [vc. dotta, lat. tardo *dilucidāre*, comp. di *dis-* e *lucidāre* 'chiarire'] v. tr. (*io delùcido*) *1* Rendere chiaro, comprensibile, con opportune spiegazioni o illustrazioni: *d. un passo*. SIN. Chiarire. *2* (*raro*) Rendere lucido.

delucidàre (2) [comp. di *de-* e *lucidare*] v. tr. (*io delùcido*) ● Togliere il lucido ai tessuti mediante decatissaggio.

delucidazióne (1) o **dilucidazióne** [vc. dotta, lat. tardo *dilucidatiōne(m)*, da *dilucidāre* 'delucidare (1)'] s. f. ● Spiegazione, chiarimento: *fornire le delucidazioni richieste*; *per ulteriori delucidazioni rivolgetevi al nostro ufficio*.

delucidazióne (2) [da *delucidare (2)*] s. f. ● Operazione del togliere il lucido.

deludènte part. pres. di *deludere*; anche agg. ● Nei sign. del v.

delùdere [vc. dotta, lat. *delūdere* 'prendersi gioco', comp. di *dē-* e *lūdere* 'giocare', da *lūdus* 'gioco'] v. tr. (pass. rem. *io delùsi, tu deludésti*; part. pass. *delùso*, †*dilùso*) *1* Tradire nelle aspettative, nelle speranze, e sim. suscitando un sentimento di sconforto, amarezza, e sim.: *lo spettacolo ha deluso le speranze del pubblico*; *la realtà mi ha deluso*. CONTR. Illudere. *2* (*lett.*) Trarre in inganno: *quella ... che delusa / fu da Demofoonte* (DANTE *Par.* IX, 100-101). *3* (*lett.*) Mandare a vuoto: *altri ... delusero colla frode l'altrui violenza* (MURATORI) | (*raro*) *D. la vigilanza*, riuscire a fuggire. *4* (*raro, lett.*) Illudere. *5* †Beffare, deridere, schernire.

†**deludiménto** s. m. ● Delusione.

†**deluditóre** s. m.; anche agg. (f. *-trice*) ● Chi, che delude.

delusióne [vc. dotta, lat. tardo *delusiōne(m)* 'beffeggiamento', dal part. pass. di *delūdere* 'deludere'] s. f. ● Atto, effetto del deludere: *dare, subire, ricevere, una d.* | Chi, ciò che delude: *il suo ultimo libro è stato proprio una d.* CONTR. Illusione.

delusìvo agg. ● (*lett.*) Che provoca una certa delusione.

delùso o (*raro*) †**dilùso**, part. pass. di *deludere*; anche agg. ● Nei sign. del v.

†**delusóre** [vc. dotta, lat. tardo *delusōre(m)*, dal part. pass. di *delūdere* 'deludere'] agg.; anche s. m. ● Che, chi delude.

delusòrio agg. ● (*raro*) Atto a deludere | Ingannevole.

demagliàre [fr. *démailler*, comp. di *dé-* e *maille* 'maglia'] v. tr. (*io demàglio*) ● Smagliare, sfilare le maglie.

demagliazióne s. f. ● Atto, effetto del demagliare.

demagnetizzàre [fr. *démagnétiser*, comp. di *dé-* e *magnétiser* 'magnetizzare'] v. tr. ● Smagnetizzare.

demagogìa [vc. dotta, gr. *dēmagōgía*, da *dēmagōgós* 'demagogo'] s. f. (pl. *-gie*) *1* Degenerazione della democrazia. *2* Arte di accattivarsi il favore delle masse popolari con promesse di miglioramenti economici e sociali difficilmente realizzabili.

demagògico [vc. dotta, gr. *dēmagōgikós*, da *dēmagōgós* 'demagogo'] agg. (pl. *-ci*) ● Proprio della demagogia, di demagogo. ‖ **demagogicaménte**, avv.

demagògo [vc. dotta, gr. *dēmagōgós*, comp. di *dêmos* 'distretto, popolo' e *agōgós* 'conduttore'] s. m. (pl. *-ghi*) *1* Anticamente, capopopolo. *2* (*est.*) Chi si ispira ai metodi e ai fini della demagogia.

demandàre [vc. dotta, lat. *demandāre*, comp. di *de-* e *mandāre* 'confidare'] v. tr. (*io demàndo*) ● Affidare, rimettere: *d. una controversia all'autorità giudiziaria*.

demaniàle [ricavato da *demanio* sul tipo del fr. *domanial*] agg. ● Del demanio: *beni demaniali*.

demanialità s. f. ● (*dir.*) Qualità di ciò che è demaniale.

demanializzàre v. tr. ● (*bur.*) Rendere demaniale | Sottoporre al regime giuridico del demanio.

demanializzazióne s. f. ● Atto, effetto del demanializzare.

demànio [ant. fr. *demaine* 'terra di cui si ha il *dominio*', dal lat. *domĭnium* 'dominio'] s. m. ● (*dir.*) Complesso dei beni appartenenti allo Stato o ad altro ente pubblico territoriale, destinati alla esplicazione di una funzione pubblica | (*est.*) Amministrazione dei beni demaniali.

démaquillage /*fr.* demaki'jaʒ/ [vc. fr., da *démaquiller* 'struccare'] s. m. inv. *1* Strucco, struccatura.

2 (*est.*) Pulizia, pulitura.

demarcàre [da *demarcazione* con influsso del fr. *démarquer*, di diverso sign.] v. tr. (*io demàrco, tu demàrchi*) ● Segnare, tracciare: *d. i confini*.

demarcatìvo agg. ● Atto a demarcare | (*ling.*) *Funzione demarcativa*, che isola i diversi elementi della catena parlata.

demarcazióne [fr. *démarcation*, dallo sp. *demarcación*, da *marca* '(linea di) frontiera'] s. f. ● Atto, effetto del demarcare | *Linea di d.*, confine.

démarche /*fr.* de'marʃ/ [vc. fr., propr. 'andatura', da *marcher* 'camminare'] s. f. inv. ● Tentativo, passo che si fa presso qc. per ottenere q.c., spec. in ambito politico-diplomatico.

demarchìa [vc. dotta, gr. *dēmarchía* 'ufficio del demarco (*dêmarchos*)'] s. f. ● Ufficio e dignità di demarco.

demàrco [vc. dotta, lat. *demărchu(m)*, dal gr. *dêmarchos*, comp. di *dêmos* 'distretto' e *archós* 'capo'] s. m. (pl. *-chi*) ● Capo di un demo.

d'emblée /*fr.* d ã'ble/ [fr., propr. part. pass. di *embler* 'impadronirsi, precipitarsi su', dal lat. *involāre* (V. *involare* (*1*))] loc. avv. ● Al primo colpo, al primo sforzo | (*est.*) All'improvviso.

demedicalizzàre [comp. di *de-* e *medicalizzare*] v. tr. ● Sottrarre alle competenze e alle attribuzioni proprie della medicina: *d. il parto*.

†**demembràre** ● V. †*dimembrare*.

†**demenomàre** [comp. di *de-* e *menomare*] v. tr. e intr. ● (*raro*) Diminuire.

†**dementàre** o †**dimentàre** [vc. dotta, lat. tardo *dementāre*, da *dēmens* 'demente'] v. tr. ● Far uscire di senno.

demènte [vc. dotta, lat. *demĕnte(m)*, comp. di *dē-* e *mēns*, genit. *mĕntis* 'mente'] agg.; anche s. m. e f. *1* Che, chi è affetto da demenza. *2* Correntemente, stupido, idiota: *occhi dementi*; *comportarsi da*, *parlare come un d*.

demènza [vc. dotta, lat. *demĕntia(m)*, da *dēmens* 'demente'] s. f. *1* (*med.*) Deterioramento mentale permanente, spec. declino patologico delle capacità intellettuali e dell'adeguato controllo dell'emotività | *D. precoce*, schizofrenia | *D. senile*, perdita graduale delle capacità mentali, intellettuali ed emotive, che si verifica nella vecchiaia. *2* Correntemente, stoltezza, stupidità.

demenziàle agg. *1* Proprio della demenza, di demente. *2* Correntemente, detto di ciò che è particolarmente incoerente, sconsiderato, privo di logica: *discorso, atto d.* | (*est.*) Detto di ciò che è caratterizzato da un contenuto apparentemente sconnesso di beffarda e volutamente rozza dissacrazione culturale: *rock d.*; *comicità d.*

demenzialità s. f. ● Qualità di chi, di ciò che è demenziale.

†**demèrgere** o (*raro*) †**dimèrgere** [vc. dotta, lat. *demĕrgere* 'immergere (*mĕrgere*) giù (*dē-*)'] v. tr., intr. e intr. pron. ● (*lett.*) Affondare, sommergere.

demeritàre o †**demertàre**, †**dimeritàre** [fr. *démériter*, da *démérite* 'demerito'] **A** v. tr. (*io demèrito*) ● (*lett.*) Non meritare più: *d. l'affetto, la stima di qc.* **B** v. intr. (aus. *avere*) ● Essere o rendersi immeritevole di q.c. o di qc., agendo o comportandosi indegnamente: *d. nella vita*; *d. della patria*; *ha demeritato coi propri genitori*.

demeritévole agg. ● (*raro*) Che demerita.

demèrito o †**demèrto**, †**dimèrito** [fr. *démérite*, comp. di *dé-* e *mérite* 'merito'] s. m. ● Azione che merita biasimo, castigo e sim. | (*est.*) Biasimo: *ciò torna a tuo d.* | *Voto, nota di d.*, giudizio negativo sulla condotta e sul profitto di uno scolaro.

†**demeritòrio** [fr. *déméritoire*, da *démériter* 'demeritare'] agg. ● Atto a causare demerito.

†**demersióne** [vc. dotta, lat. *demersiōne(m)*, da *demĕrsus* 'demerso'] s. f. ● Immersione, affondamento.

†**demèrso** part. pass. di †*demergere*; anche agg. *1* Nei sign. del v. *2* Affondato, sommerso. *3* Sotterrato, detto di seme.

†**demertàre** e *deriv.* ● V. *demeritare* e *deriv.*

demielinizzànte [comp. di *de-* e *mielina*] agg. ● (*med.*) Detto di malattia e sim. che provoca demielinizzazione: *encefalite d.*

demielinizzazióne s. f. ● (*med.*) Distruzione della mielina che riveste le fibre nervose.

demilitarizzàre [fr. *démilitariser*, comp. di *dé-* e *militariser* 'militarizzare'] v. tr. ● Smilitarizzare.

demilitarizzazióne [fr. *démilitarisation*, da *démilitariser* 'demilitarizzare'] s. f. ● Smilitarizzazione.

demi-monde /*fr.* d(ə)mi'mɔ̃d/ [vc. fr., comp. di *demi* 'mezzo (2)' e *monde* 'mondo, società mondana', che ha avuto fortuna con la commedia di A. Dumas figlio, *Le demi-monde* (1855)] s. m. inv. ● Ambiente elegante, ma equivoco, o di dubbi costumi.

demineralizzàre [fr. *déminéraliser*, comp. di *dé-* e *mineraliser* 'mineralizzare'] v. tr. ● Eliminare da un liquido o da un materiale, totalmente o in parte, sostanze minerali.

demineralizzazióne s. f. ● Atto, effetto del demineralizzare.

demi-sec /*fr.* dəmi'sɛk/ [vc. fr., comp. di *demi* 'mezzo' (dal lat. parl. **dimĕdiun*) e *sec* 'secco'] agg. inv. (pl. fr. *demi-secs*) ● Semisecco, detto di vino o liquore.

demistificànte part. pres. di *demistificare*; anche agg. ● Nel sign. del v.

demistificàre [fr. *démystifier*, comp. di *dé-* e *mystifier* 'mistificare'] v. tr. (*io demistìfico, tu demistìfichi*) ● Criticare radicalmente qc. o q.c. così come si presenta nelle sue apparenze o immagini ufficiali mettendone in evidenza le caratteristiche reali: *d. un personaggio storico*, *una politica* e sim. SIN. Demitizzare, dissacrare.

demistificatòrio agg. ● Che mira a demistificare: *critica demistificatoria*.

demistificazióne s. f. ● Atto, effetto del demistificare.

demitizzàre [comp. di *de-* e *mitizzare*] v. tr. ● Demistificare, dissacrare.

demitizzazióne s. f. ● Atto, effetto del demitizzare.

demiùrgico /de'mjurdʒiko, demi'urdʒiko/ [vc. dotta, gr. *dēmiourgikós*, da *dēmiourgós* 'demiurgo'] agg. (pl. m. *-ci*) *1* Che si riferisce al demiurgo. *2* (*fig., lett.*) Capace di produrre, di creare: *facoltà, funzione demiurgica*.

demiùrgo /de'mjurgo, demi'urgo/ [vc. dotta, lat. *demiŭrgu(m)*, dal gr. *dēmiourgós*, comp. di *dḗmios* 'appartenente al popolo (*dêmos*)', e un deriv. di *érgon* 'opera, lavoro'] s. m. (pl. *-gi* o *-ghi*) *1* Nella Grecia antica, lavoratore libero | In alcune città greche, uno dei magistrati principali. *2* (*al pl.*) Nell'antica Atene, classe sociale costituita da operai e artigiani. *3* In molte religioni superiori e primitive, l'ordinatore, e talvolta il creatore dell'universo. *4* Nella filosofia di Platone, l'artefice del mondo che ordina la materia informe a immagine e somiglianza della realtà ideale. *5* (*fig.*) Chi assurge a una posizione di predominio, in un ambiente, gruppo, e sim., grazie alle sue eccezionali capacità creatrici od organizzative: *è il d. della letteratura contemporanea* | (*iron.*) Capo, organizzatore supremo: *atteggiarsi a d.*

demi-vierge /*fr.* d(ə)mi'vjɛrʒ/ [vc. fr., propr. 'semi-vergine', dal titolo di un romanzo di M. Prévost, *Les demi-vierges* (1894)] s. f. inv. (pl. fr. *demi-vierges*) ● Ragazza che si concede a pratiche erotiche, ma conserva intatta la verginità.

demi-volée /*fr.* d(ə)mivɔ'le/ [vc. fr., comp. di *demi* 'mezzo (2)' e *volée*] s. f. inv. (pl. fr. *demi-volées*) ● Nel tennis, colpo eseguito colpendo la palla subito dopo il rimbalzo.

dèmo (**1**) [vc. dotta, lat. *dēmo(m)*, dal gr. *dêmos* 'distretto, popolo', in origine prob. 'ripartizione (del popolo)' da *dáiesthai* 'dividere, distribuire'] s. m. ● In epoca classica, la più piccola unità territoriale greca, su cui si imperniava l'ordinamento sociale: *i demi attici* | In epoca bizantina, unità fondamentale della suddivisione della popolazione di Costantinopoli.

demo (**2**) /'dɛmo, *ingl.* 'demou/ [acrt. ingl. di *demo(nstration)* 'dimostrazione'] s. m. inv. ● (*elab.*) Versione dimostrativa di un programma che permette a un potenziale acquirente di valutarne le caratteristiche.

dèmo- (**1**) [dal gr. *dêmos* 'popolo', prob. da una radice indeur. che indica 'parte, sezione'] primo elemento ● In parole dotte composte, significa 'popolo' (*democrazia, demografia, demoscopia*), e anche 'folla' (*demofobia*).

dèmo- (**2**) [tratto da *democrazia*] primo elemento ● In parole composte della moderna terminologia politica, significa 'democratico': *democristiano*, *demoplutocrazia*.

democraticìsmo [da *democratico*] s. m. ● Democratismo.

democraticità s. f. ● Qualità di chi, di ciò che è democratico.

democràtico [fr. *démocratique*, dal gr. *dēmokratikós* 'relativo alla democrazia (*dēmokratía*)'] **A** agg. (pl. m. *-ci*) *1* Della democrazia | Che professa i, o si ispira ai, principi della democrazia: *regime, governo, Stato d.*; *leggi democratiche*. *2* (*est.*) Che è affabile, alla mano e tratta senza superbia gli inferiori: *un professore piuttosto d.* | Semplice, alla buona: *maniere democratiche*. || **democraticaménte**, avv. **B** s. m. (f. *-a*; pl. m. *-ci*) ● Chi ha idee democratiche o ispira la propria azione ai principi della democrazia.

democratìsmo s. m. ● Comportamento di chi vuol sembrare democratico ma non lo è.

democratizzàre [fr. *démocratiser*, dal gr. *dēmokratízein* 'parteggiare per la *democrazia*'] **A** v. tr. ● Rendere democratico, trasformare in senso democratico: *d. l'organizzazione sociale*. SIN. Democraticizzare. **B** v. intr. (aus. *avere*) ● Mostrare tendenze democratiche | Essere seguace della democrazia. **C** v. rifl. ● Farsi seguace della democrazia.

democratizzazióne s. f. ● Atto, effetto del democratizzare o del democratizzarsi.

democrazìa [fr. *démocratie*, dal gr. *dēmokratía*, comp. di *dêmos* 'popolo' e *krátos* 'potere'] s. f. *1* Forma di governo in cui la sovranità risiede nel popolo che la esercita per mezzo delle persone e degli organi che elegge a rappresentarlo: *Stato retto a d.* | *D. diretta*, quando il popolo esercita direttamente i suoi poteri sovrani | *D. indiretta, rappresentativa, parlamentare*, quando il popolo esercita i suoi poteri sovrani attraverso rappresentanti | *D. costituzionale*, quando è retta da una costituzione modificabile solo con particolari procedure. *2* (*est.*) Paese retto secondo tale forma di governo: *le democrazie europee* | *Democrazie popolari*, denominazione dei regimi, caratterizzati dalla presenza di un partito comunista come partito-guida, vigenti nei paesi dell'Europa orientale sino alla fine degli anni Ottanta. *3* *Democrazia Cristiana*, partito politico italiano e d'altri paesi il cui programma si ispira al pensiero sociale cattolico. *4* (*est.*) Atteggiamento affabile e alla mano nei confronti di coloro che, in un determinato contesto sociale, vengono considerati come inferiori: *mostra molta d. con i sottoposti, con la servitù*.

democristiàno [comp. di *demo-* (*2*) e *cristiano*] **A** agg. ● Della Democrazia Cristiana: *programma d.* **B** s. m. (f. *-a*) ● Chi è iscritto al partito della Democrazia Cristiana o ne condivide l'ideologia e la politica.

democritèo **A** agg. ● Che è proprio del filosofo greco Democrito (460 ca.-370 ca. a.C.). **B** s. m. ● Seguace della filosofia di Democrito.

democritìsmo s. m. ● Il sistema filosofico di Democrito.

démodé /*fr.* demɔ'de/ [vc. fr., part. pass. di *démoder* 'mettere fuori (*dé-*) di moda (*mode*)'] agg. inv. ● Passato di moda, disusato.

demodèce o **demòdece** [vc. dotta, comp. del gr. *dêmós* 'grasso (di animali)' e *dḗx* 'verme nel legno, tarlo'] s. m. ● Acaro di piccolissime dimensioni con lungo addome carnoso che vive nel follicolo dei peli di alcuni animali domestici e provoca la rogna (*Demodex folliculorum*).

demodossologìa o **demodossalogìa** [comp. di *demo-* (*1*), del gr. *dóxa* 'opinione' e di *-logia*] s. f. ● Disciplina che studia gli elementi psicologici, sociali e tecnici che intervengono nella formazione dell'opinione pubblica.

demodossòlogo o **demodossàlogo** s. m. (f. *-a*; pl. m. *-gi*, pop. *-ghi*) ● Studioso, esperto di demodossologia.

demodulàre [comp. di *de-* e *modulare* sul modello dell'ingl. *to demodulate*] v. tr. (*io demòdulo*) ● (*elettron.*) Compiere una demodulazione.

demodulatóre [da *modulare*, col pref. *de-*] **A** s. m. ● (*elettron.*) Dispositivo mediante cui si effettua la demodulazione. **B** anche agg.: *circuito d.*

demodulazióne [comp. di *de-* e *modulazione*] s. f. ● (*elettron.*) Nelle telecomunicazioni, processo per cui si ottiene dall'onda portante, modulata ad alta frequenza, il segnale originario modulante a bassa frequenza.

demoecologìa [comp. di *demo-* (*1*) ed *ecologìa*] s. f. ● Branca dell'ecologia che studia la popolazione intesa come insieme di individui della stessa specie presenti in un dato luogo, valutandone i parametri di densità, natalità, mortalità, ecc.

demofobìa [comp. di *demo-* (*1*) e *-fobìa*] s. f. ● (*psicol.*) Paura morbosa della folla.

demografìa [fr. *démographie*, comp. di *démo-* 'demo- (1)' e *-graphie* '-grafia'] s. f. ● Scienza che studia quantitativamente i fenomeni che concernono lo stato e il movimento della popolazione.

demogràfico [fr. *démographique*, da *démographie* 'demografia'] agg. (pl. m. *-ci*) ● Della, relativo alla, demografia | Relativo alla popolazione: *incremento d.* || **demograficaménte**, avv. Dal punto di vista demografico.

demògrafo [fr. *démographe*, da *démographie* 'demografia'] s. m. (f. *-a*) ● Studioso, esperto di demografia.

demolìre [vc. dotta, lat. *demolīri*, interpretabile tanto 'smuovere, abbattere (*molīri*) completamente (*dē-*)', quanto 'costruire (*molīri*)' con *dē-*] v. tr. (*io demolìsco, tu demolìsci*) **1** Abbattere un edificio, una costruzione e sim., in tutto o in parte: *d. le fortificazioni con l'artiglieria*; *presto demoliranno questi vecchi quartieri* | *D. una nave, una macchina*, smantellarle. **2** (*fig.*) Rovesciare dalle basi: *hanno demolito le tue teorie con valide argomentazioni* | (*fig.*) Screditare, rovinare: *d. una persona*; *stanno demolendo la sua reputazione.*

demolitìvo agg. **1** Che tende a demolire (*anche fig.*). **2** (*med.*) Detto di intervento chirurgico che comporta l'asportazione di un organo o di una sua parte.

demolitóre A agg. (f. *-trice*) ● Che demolisce (*anche fig.*): *martello d.*; *forze demolitrici della cultura.* **B** s. m. **1** Chi demolisce (*anche fig.*). **2** Chi smantella autoveicoli o altre macchine fuori uso per rivenderne le parti ancora utilizzabili.

demolizióne [vc. dotta, lat. *demolitiōne(m)*, da *demolīri* 'demolire'] s. f. **1** Atto, effetto del demolire (*anche fig.*): *nave in d.*; *andare in d.*; *opera di d.*; *la d. di una teoria, di una tesi.* **2** (*chim.*) Degradazione.

demologìa [vc. dotta, comp. di *demo-* (*1*) e *-logìa*, come traduzione di *folklore*] s. f. ● Disciplina che studia le tradizioni folcloristiche.

demològico agg. (pl. m. *-ci*) ● Della, relativo alla, demologia: *ricerche demologiche.*

demòlogo [comp. di *demo-* (*1*) e *-logo*] s. m. (f. *-a*; pl. m. *-gi* o *-ghi*) ● Studioso di demologia.

demoltìplica [dev. di *demoltiplicare*] s. f. **1** Demoltiplicazione. **2** (*tecnol.*) *Meccanismo di d.*, o (*ell.*) *demoltiplica*, riduttore di velocità.

demoltiplicàre [comp. di *de-* e *moltiplicare*] v. tr. (*io demoltìplico, tu demoltìplichi*) ● In varie tecnologie, ridurre una grandezza secondo un determinato rapporto.

demoltiplicatóre [da *demoltiplicare*] s. m. **1** (*tecnol.*) *Meccanismo d.*, o (*ell.*) *demoltiplicatore*, riduttore di velocità. **2** (*elettron.*) Dispositivo usato per contare impulsi di tensione aventi una frequenza troppo elevata per azionare direttamente un numeratore | *D. di frequenza*, divisore di frequenza.

demoltiplicazióne s. f. ● Atto, effetto del demoltiplicare.

demonazionàle [comp. di *demo-* (*2*) e *nazionale*] **A** agg. ● Del partito di Democrazia Nazionale. **B** s. m. e f. ● Iscritto al partito di Democrazia Nazionale.

dèmone [vc. dotta, lat. *dāemone(m)*, dal gr. *dáimōn*: dal v. *dáiesthai* 'distribuire, ripartire'(?)] s. m. **1** Nelle antiche religioni politeiste, genio o spirito, benefico o malefico, in forma umana, animale o mista, di natura quasi divina. **2** Nello stoicismo e nel neoplatonismo, essere razionale intermedio fra uomini e dei | Genio soprannaturale e personale ispiratore della coscienza: *il d. di Socrate.* **3** (*fig.*) Passione sfrenata che agita il cuore umano: *il d. della discordia, del gioco, dell'invidia, della gelosia.* **4** (*lett.*) Demonio: *sugli occhi della donna lampeggiò un sorriso da d.* (VERGA).

demonetàre v. tr. (*io demonéto*) ● Demonetizzare.

demonetizzàre [fr. *démonétiser*, comp. di *dé-* e del lat. *monēta* 'moneta'] v. tr. ● Rendere privo di valore monetario, spec. un metallo.

demonetizzazióne [fr. *démonétisation*, da *démonétiser* 'demonetizzare'] s. f. ● Atto, effetto del demonetizzare.

demonìaco [vc. dotta, lat. tardo *daemonĭacu(m)*, dal gr. *daimoniakós* 'proprio del demonio (*daimónios*, agg. di *dáimōn*)'] **A** agg. (pl. m. *-ci*) **1** Del demonio: *forze demoniache* | (*raro*) Demonico. **2** (*est.*) Diabolico, infernale: *un uomo di astuzia demoniaca*; *usare arti demoniache.* **B** s. m. ● (*raro*) †Chi è invasato dal demonio | Ossesso.

demònico [vc. dotta, lat. *daemŏnicu(m)*, da *dāemon* 'demone'] **A** agg. (pl. m. *-ci*) **1** Di demone, di demonio. **2** (*filos.*) Che si riferisce alla presenza del divino nell'uomo o nella natura. **B** s. m. (pl. *-ci*) ● (*filos.*) Avvertimento, manifestazione della presenza del divino nell'uomo o nella natura.

demònio (**1**) o †**dimònio**, (*raro*) †**domònio** [vc. dotta, lat. tardo *daemŏniu(m)*, dal gr. *daimónion*, originariamente 'forza divina del demone (*dáimōn*)'] s. m. (pl. *demòni*, †*demònia*, f.) **1** Spirito maligno che incita l'uomo al male | *Il d.*, (*per anton.*) il diavolo, Lucifero | *Le arti del d.*, le tentazioni che inducono l'uomo a peccare | *Avere il d. in corpo, addosso*, essere indemoniato e (*fig.*) essere estremamente nervoso, irrequieto e sim. | (*fig.*) *Essere brutto come il d., essere un d. di bruttezza*, di persona estremamente brutta, deforme e sim. | (*fig.*) *Essere astuto, furbo come il d.*, di persona incredibilmente astuta | (*est.*) Tentazione, istigazione al male: *il d. delle passioni*; *ascoltare la voce del d.*; *ubbidire al d.* **2** (*fig.*) Persona abbietta, capace d'ogni infamia: *solo un d. poteva escogitare un simile delitto* | Persona furente d'ira, d'odio e sim.: *gridare come un d.*; *occhi da d.* | *Diventare un d.*, infuriarsi | *Fare il d.*, combinare il finimondo, gridando e buttando all'aria ogni cosa. **3** (*fig.*) Ragazzo molto vivace: *ha portato con sé quel d. di suo figlio.* **4** (*fig.*) Persona attiva e infaticabile, di eccezionali qualità pratiche e intellettuali: *è un d. che riesce in tutto.* || **demoniàccio**, pegg. | **demoniétto**, dim. | **demonióne**, accr. | **demoniùccio**, dim.

demonio (**2**) [da *demonio* in senso fig.] s. m. ● (*raro*) Confusione, baccano.

demonìsmo s. m. ● Tendenza di alcune religioni primitive e superiori a spiegare i fenomeni naturali come manifestazioni di forze demoniache buone e malvagie, spesso in opposizione fra loro.

demonizzàre [comp. di *demon(io)* e *-izzare*] v. tr. ● Rendere, far apparire demoniaco | (*est.*) Fare apparire, dichiarare pubblicamente qc. come capace di intenzioni o azioni variamente biasimevoli o condannabili, spec. in base a considerazioni pregiudiziali o preconcette.

demonizzazióne s. f. ● Atto, effetto del demonizzare.

demonofobìa [comp. di *demone* e *-fobìa*] s. f. ● (*psicol.*) Paura morbosa nei confronti di esseri diabolici.

demonolatrìa [vc. dotta, comp. di *demone* e *-latrìa*] s. f. ● Culto e adorazione dei dèmoni.

demonologìa [vc. dotta, comp. di *demone* e *-logìa*] s. f. (pl. *-gìe*) ● Studio delle credenze religiose sui demoni e sul demonio.

demonomanìa [vc. dotta, comp. di *demone* e *-manìa*] s. f. ● Paura morbosa dei demoni e dell'inferno.

demonticàre [comp. di *de-* e *monticare*] v. intr. (*io demóntico, tu demóntichi*; aus. *essere*) ● (*sett.*) Scendere a valle, detto di greggi, mandrie e sim.

demoplutocrazìa [comp. di *demo-* (*2*) e *plutocrazìa*, sul tipo formativo di *democrazìa*] s. f. ● Nella pubblicistica fascista, regime solo formalmente democratico, in cui in realtà il potere economico è nelle mani di pochi.

demoproletàrio [comp. di *demo-* (*2*) e *proletario*] **A** agg. ● Relativo al raggruppamento politico di Democrazia Proletaria. **B** s. m. (f. *-a*) ● Chi fa parte del raggruppamento politico di Democrazia Proletaria.

demopsicologìa [comp. di *demo-* (*1*) e *psicologìa*] s. f. ● Scienza che studia la psicologia di un popolo, spec. primitivo, attraverso le sue tradizioni, i suoi usi e sim.

demoralizzànte part. pres. di *demoralizzare*; anche agg. ● Nei sign. del v.

demoralizzàre [fr. *démoraliser*, comp. di *dé-* e *moraliser* 'moralizzare'] **A** v. tr. **1** Privare una persona della propria forza morale, intaccandone la fiducia in se stessa e nelle proprie capacità, lo spirito d'iniziativa, il coraggio e sim.: *le privazioni lo demoralizzano.* SIN. Avvilire, scoraggiare. **2** (*raro*) Corrompere, depravare. **B** v. intr. pron. (aus. *essere*) ● Avvilirsi: *non demoralizzarti per così poco*; *è un tipo che si demoralizza facilmente.* SIN. Scoraggiarsi.

demoralizzàto part. pass. di *demoralizzare*; anche agg. ● Nei sign. del v.

demoralizzatóre agg.; anche s. m. (f. *-trice*) ● Che, chi demoralizza: *l'azione demoralizzatrice dell'avversario.*

demoralizzazióne [fr. *démoralisation*, da *démoraliser* 'demoralizzare'] s. f. ● Atto, effetto del demoralizzare e del demoralizzarsi | Stato d'animo di chi è demoralizzato. SIN. Avvilimento, scoraggiamento.

†**demoràre** e *deriv.* ● V. *dimorare* e *deriv.*

demòrdere [vc. dotta, comp. di *de-* e *mordere*, sul modello del fr. *démordre*] v. intr. (coniug. come *mordere*; raro nei tempi composti; aus. *avere*) ● Lasciare la presa, cedere (quasi sempre preceduto dalla negazione): *se demorde lui, vuol dire che non c'è più niente da fare*; *sono persone che non demordono.*

demoscopìa [comp. di *demo-* (*1*), nel sign. di 'comunità', e *-scopìa*] s. f. ● Tecnica di indagine, rilevazione e studio degli orientamenti e dei pareri della pubblica opinione su date questioni.

demoscòpico agg. (pl. m. *-ci*) ● Della, relativo alla demoscopia | *Indagine demoscopica*, rilevazione quantitativa delle opinioni favorevoli o sfavorevoli su un determinato problema, spec. di natura sociale. || **demoscopicaménte**, avv. Mediante la demoscopia.

demòscopo s. m. (f. *-a*) ● Studioso, esperto di demoscopia.

Demospòngie o **Demospòngie** [comp. di *demo-* (*1*), nel sign. di 'moltitudine', e del lat. *spongia* 'spugna'] s. f. pl. ● Nella tassonomia animale, classe di Spugne a scheletro siliceo o di spongina che comprende le spugne più comuni (*Demospongiae*) | (al sing. *-gia*) Ogni individuo di tale classe.

†**demostràre** e *deriv.* ● V. *dimostrare* e *deriv.*

demòtico [gr. *dēmotikós* 'relativo al popolo (*dêmos*)'] **A** agg. (pl. m. *-ci*) ● Popolare | *Greco d.*, linguaggio proprio delle classi popolari, in Grecia | *Scrittura demotica*, antica scrittura egizia in uso dall'VIII sec. a. C. alla fine dell'impero romano, così detta per distinguerla dalla scrittura ieratica propria della casta sacerdotale. **B** s. m. (solo sing. nel sign. 1) **1** Scrittura demotica. **2** (*lett.*) Etnico: *''romano'' è il d. di Roma.*

demotìsmo [dal gr. *dêmos* 'popolo', sul modello di *francesismo, neologismo* e sim.] s. m. ● Locuzione o parola popolare.

demotivàre [comp. di *de-* e *motivare*] v. tr. e rifl. ● Privare o privarsi di motivazione, di fattore emotivo e sim.

demotivàto part. pass. di *demotivare*; anche agg. **1** Nei sign. del v. **2** (*ling.*) Detto di segno linguistico la cui originaria motivazione non è più avvertibile da parte del parlante. SIN. Opaco.

demotivazióne s. f. **1** Atto effetto del demotivare o del demotivarsi. **2** (*ling.*) Processo per cui l'originaria motivazione di un segno non è più avvertibile da parte del parlante.

demulcènte o **demulgènte** [vc. dotta, lat. *demulcēnte(m)*, part. pres. di *demulcēre* 'demulcere'] agg.; anche s. m. ● Emolliente, lenitivo.

†**demulcére** o **demùlcere** [vc. dotta, lat. *demulcēre*, comp. di *dē-* e *mulcēre* 'blandire, lisciare'] v. tr. ● Lisciare, accarezzare.

demulgènte ● V. *demulcente.*

demuscazióne [comp. parasintetico del lat. *mūsca* 'mosca', col pref. *de-*] s. f. ● Disinfestazione dalle mosche, eseguita spec. con insetticidi.

†**denàio** ● V. *denaro.*

†**denarésco** agg. ● (*lett.*) Che si riferisce al denaro.

denàro o (*tosc.*) †**danàio**, **danàro**, (*tosc.*) †**denàio**, †**denàrio**, †**dinàro** (**2**) [lat. *denāriu(m)* '(moneta) di dieci (*dēni*: sottinteso *ăsses* 'assi')'] s. m. **1** Unità monetaria d'argento romana, repubblicana e imperiale, del valore prima di 10 assi, poi di 16 | Moneta d'argento medievale posta da Carlo Magno a base del suo sistema monetale. ➡ ILL. **moneta**. **2** Insieme di monete metalliche o cartacee: *d. spicciolo*; *d. contante*. **3** Soldi, quattrini, ricchezza: *essere ben provvisto di d.*; *non avere denari* | *Avere molto d.*, essere ricco | *Avere il d. contato*, disporre del minimo indispensabile | (*fig.*) *Buttare il d.*, spenderlo malamente | (*fig.*) *Buttare il d. a due mani*, essere prodigo, spendaccione | *Contare i denari in tasca a qc.*, (*fig.*) calcolare la consistenza della sua ricchezza | *Denari male acquistati*, guadagnati con attività illecite | *Essere a corto di d.*, *di denari*, averne poco | *Far d.*, *far denari a palate*, arricchire, accumulare ingenti ricchezze | *Sciupare tempo e d.*, dedicare il proprio tempo e le proprie sostanze ad attività inutili, vizi e sim.; (*fig.*) affaticarsi per ottenere cose impossibili o troppo difficili e dispendiose | *D. fresco*, nuovo apporto di capitale in un'azienda | *In d.*, nel linguaggio di Borsa, detto di titolo molto richiesto sul mercato. **4** (*al pl.*) Uno dei semi delle carte da gioco italiane e dei tarocchi | *Chiamare*, *bussare a denari*, (*fig.*) chiedere quattrini. **5** (*tess.*) Misura di peso per la titolazione dei filati di seta e di altre fibre a bava continua.

denaróso ● V. *danaroso*.

denasalizzàre [comp. di *de-* e *nasalizzare*] **A** v. tr. ● (*ling.*) Trasformare un suono nasale nel suono orale corrispondente. **B** v. intr. pron. ● (*ling.*) Perdere il carattere di nasale, detto di suono.

denasalizzazióne s. f. ● (*ling.*) Atto, effetto del denasalizzare.

denatalità [comp. di *de-* e *natalità*, prob. sul modello del fr. *dénatalité*] s. f. ● Tendenza delle nascite a diminuire nel tempo, con loro riduzione progressiva rispetto alle morti.

denaturànte **A** part. pres. di *denaturare*; anche agg. ● Nei sign. del v. **B** s. m. ● Sostanza usata per denaturare.

denaturàre [fr. *dénaturer*, comp. parasintetico di *nature* 'natura'] v. tr. (*io denatùro*) **1** (*chim.*, *dir.*) Trattare sostanze, destinate a usi per i quali sono previsti sgravi fiscali, con speciali additivi che ne impediscono altri impieghi: *d. l'alcol*, *il cloruro di sodio*. **2** (*chim.*, *biol.*) *D. le proteine*, alterare la struttura tridimensionale delle sostanze proteiche con agenti vari, variandone le proprietà fisiche e chimiche e privandole di quelle biologiche.

denaturàto part. pass. di *denaturare*; anche agg. ● Nei sign. del v.

denaturazióne s. f. ● Atto, effetto del denaturare.

denazificàre [comp. di *de-* e un deriv. di *nazi*(*sta*)] v. tr. (*io denazìfico*, *tu denazìfichi*) ● Epurare da elementi, ideologie o influenze naziste.

denazificazióne s. f. ● Atto, effetto del denazificare.

denazionalizzàre [fr. *dénationaliser*, comp. di *dé-* e *nationaliser* 'nazionalizzare'] v. tr. **1** Restituire all'iniziativa privata industrie che erano state nazionalizzate. **2** Togliere a uno Stato le sue caratteristiche nazionali.

denazionalizzazióne s. f. ● Atto, effetto del denazionalizzare.

dendrìte (1) [comp. di *dendro-* e *-ite* (2)] s. m. ● (*biol.*) Ognuno dei prolungamenti, tipicamente ramificati, che nelle cellule nervose sono responsabili della trasmissione dell'impulso verso il pirenoforo. ➡ ILL. p. 364 ANATOMIA UMANA.

dendrìte (2) [vc. dotta, lat. *dentrīte*(*n*), dal gr. *dendrítēs* 'appartenente o simile ad albero (*déndron*)'] s. f. ● (*miner.*) Aggregato di cristalli che si sviluppano seguendo la forma della ramificazione di un albero.

dendrìtico [da *dendrite* (2)] agg. (pl. m. *-ci*) ● (*miner.*) Ramificato, detto dei minerali e delle loro strutture.

dèndro- [dal gr. *déndron* 'albero', di origine indeur.] primo elemento ● In parole composte della terminologia scientifica, significa 'albero', 'forma, aspetto arborescente': *dendrologia*, *dendrometria*.

dendroclimatologìa [comp. di *dendro-* e *climatologia*] s. f. ● Studio del clima di una determinata zona in relazione agli alberi che la popolano.

dendrocronologìa [comp. di *dendro-* e *cronologia*] s. f. (pl. *-gie*) ● Metodo che, attraverso il conteggio e l'analisi degli anelli di accrescimento annuale di alberi fossili o plurisecolari, consente la datazione di fenomeni meteorologici, giacimenti archeologici e sim.

dendròide [vc. dotta, lat. *dendroīde*(*n*), dal gr. *dendroeidēs* 'a forma (*êidos*) di albero (*déndron*)'] agg. ● (*raro*) Che è simile ad albero.

dendrologìa [comp. di *dendro-* e *-logia*] s. f. (pl. *-gie*) ● Parte della botanica che studia gli alberi dal punto di vista sistematico ed ecologico.

dendrològico agg. (pl. m. *-ci*) ● Della, relativo alla, dendrologia.

dendrometrìa [comp. di *dendro-* e *-metria*] s. f. ● Disciplina che studia i metodi di determinazione degli accrescimenti e del volume degli alberi e dei boschi.

dendromètrico agg. (pl. m. *-ci*) ● Della, relativo alla, dendrometria.

†**denegaménto** s. m. ● Denegazione.

denegàre o (*lett.*) †**dinegàre**, (*lett.*) †**diniegàre** [vc. dotta, lat. *denegāre*, comp. di *dē-* e *negāre* 'negare'] **A** v. tr. (*io denégo* o *denègo*, *dènego*, *tu denéghi* o *denèghi*, *dèneghi*) **1** (*lett.*) Negare risolutamente: *d. q.c. col capo, con le mani* | †Contraddire: *d. una verità*. **2** Ricusare, non concedere: *d. la giustizia al popolo*; *denegò di dargli quanto aveva promesso*. **3** (*lett.*) Rifiutare, non ammettere: *d. la guerra*. **B** v. intr. pron. (aus. *avere*) ● (*raro*, *lett.*) Rifiutarsi.

†**denegatóre** o †**dinegatóre**. agg.; anche s. m. (f. *-trice*) ● Che, chi denega.

denegazióne o (*lett.*) †**dinegazióne** [vc. dotta, lat. eccl. *denegatiōne*(*m*), da *denegāre* 'denegare'] s. f. ● (*raro*, *lett.*) Atto, effetto del denegare | Rifiuto.

dengue /*sp.* 'denge/ [vc. sp., propr. 'smorfia, noia', dal swahili *dinga* 'improvviso attacco di crampi'] s. f. inv. ● Malattia tipica dei paesi tropicali e mediterranei, causata da un virus presente nel sangue e trasmesso da una specie di zanzara.

denicotinizzàre [fr. *dénicotiniser*, comp. parasintetico di *nicotine* 'nicotina'] v. tr. ● Sottrarre nicotina al tabacco per renderlo meno nocivo.

denicotinizzazióne [fr. *dénicotinisation*, da *dénicotiniser* 'denicotinizzare'] s. f. ● Atto, effetto del denicotinizzare.

denigràre o †**dinegràre** [vc. dotta, lat. tardo *denigrāre*, in origine 'tingere di nero (*nigrāre*) completamente (*dē-*)', e quindi 'oscurare (una fama)'] v. tr. (*io denìgro*) ● Screditare una persona o una cosa, offuscandone con critiche e censure, spec. maligne, il valore, l'onore, il prestigio e sim.: *d. i propri avversari*; *tenta inutilmente di d. la tua reputazione*. SIN. *Calunniare*, *diffamare*.

denigratóre [da *denigrare*] agg.; anche s. m. (f. *-trice*) ● Che, chi denigra. SIN. Calunniatore, diffamatore.

denigratòrio [da *denigrare*] agg. ● Atto a denigrare: *frasi denigratorie*. SIN. Diffamatorio.

denigrazióne [vc. dotta, lat. *denigratiōne*(*m*), da *denigrāre* 'denigrare'] s. f. ● Atto, effetto del denigrare.

denim /*ingl.* 'denim/ [da *de Nîmes*, città della Francia ove si produceva] s. m. inv. ● Tessuto molto robusto di cotone ritorto, generalmente scuro, usato spec. per tute da lavoro, uniformi e sim.

denitrificazióne [comp. di *de-* e *nitrificazione*] s. f. ● Trasformazione batterica per cui i nitriti e i nitrati vengono ridotti a composti privi di azione fertilizzante.

denocciolàre [comp. parasintetico di *nocciolo* (3), con il pref. *de-*] v. tr. (*io denòcciolo*) ● Nell'industria alimentare, privare la frutta del nocciolo.

denocciolatrice s. f. ● Macchina dell'industria alimentare usata per denocciolare frutta.

denominàle [comp. parasintetico di *nome*, con il pref. *de-*] **A** agg. ● (*ling.*) Detto di aggettivo, verbo o sostantivo formato dal radicale di un nome. **B** anche s. m.

†**denominànza** o †**dinominànza**. s. f. ● Denominazione.

denominàre o †**dinominàre** [vc. dotta, lat. *denomināre* 'designare per nome (*nomināre*) chiaramente (*dē-*)'] **A** v. tr. (*io denòmino*) ● Designare con un nome: *d. un oggetto*; *i geografi denominarono i corsi d'acqua della regione* | (*raro*, *lett.*) Indicare. **B** v. intr. pron. (aus. *essere*) ● Prendere nome: *i Latini si denominarono dal Lazio* | Avere per nome: *la casa si denomina 'villa Serena'*.

denominatìvo [vc. dotta, lat. tardo *denominatīvu*(*m*), da *denomināre* 'denominare'] agg. **1** Atto a denominare: *termine d.* **2** (*ling.*) Denominale.

denominatóre [vc. dotta, lat. tardo *denominatōre*(*m*), da *denomināre* 'denominare'] s. m. (f. *-trice*) **1** (*lett.*) Che denomina. **2** (*mat.*) Secondo termine della coppia di interi o di quantità, che definisce una frazione (V. nota d'uso FRAZIONE).

denominazióne o †**dinominazióne** [vc. dotta, lat. tardo *denominatiōne*(*m*), da *denomināre* 'denominare'] s. f. **1** Atto, effetto del denominare | (*est.*) Nome: *ignoro la d. botanica di questo fiore* | *D. d'origine*, quella di prodotti alimentari ottenuti con determinate procedure in una limitata area di produzione | *D. d'origine controllata*, V. *doc* | *D. d'origine controllata e garantita*, quella di vini prodotti da specifici vitigni in aree geografiche limitate, rispettando caratteristiche e processi produttivi stabiliti in appositi disciplinari; in sigla docg, DOCG. **2** (*ling.*) *Complemento di d.*, nome proprio che determina un nome di significato generico. **3** (*relig.*) Confessione religiosa, comunità di credenti.

†**denonziàre** e *deriv.* ● V. *denunziare* (*1*) e *deriv.*

denotàre o (*raro*) **dinotàre** [vc. dotta, lat. *denotāre* 'indicare (*notāre*) chiaramente (*dē-*)'] v. tr. (*io denòto* o *dènoto*, raro *dinòto*) **1** Dare a vedere, a conoscere: *queste parole denotano un animo nobile*. SIN. Denunciare, indicare. **2** (*lett.*) Simboleggiare. **3** †Bollare, contrassegnare.

denotatìvo [da *denotare*] agg. **1** (*raro*, *lett.*) Atto a denotare. **2** (*ling.*) Detto di segno linguistico non portatore di valori attributivi.

denotatum /*lat.* deno'tatum/ [lat., part. pass. di *denotāre* 'denotare', proprio dell'uso ingl.] s. m. (pl. lat. *denotata*) ● (*ling.*) L'oggetto extralinguistico designato per mezzo del linguaggio. SIN. Designatum, referente.

denotazióne o (*raro*) **dinotazióne** [vc. dotta, lat. *denotatiōne*(*m*), da *denotāre* 'denotare'] s. f. **1** Atto, effetto del denotare. **2** (*filos.*) In logica, il complesso dei caratteri comuni a tutti gli oggetti compresi nell'estensione di un concetto. **3** (*ling.*) Tutto ciò che, nel significato di un termine, è oggetto di un consenso nella comunità linguistica.

†**densàre** [vc. dotta, lat. *densāre* 'rendere denso (*dēnsus*)'] v. tr. ● Condensare.

†**densazióne** [vc. dotta, lat. tardo *densatiōne*(*m*), da *densāre* '†densare'] s. f. ● Condensazione.

†**densézza** s. f. ● Densità.

densimètrico [da *densimetro*] agg. (pl. m. *-ci*) ● Del, relativo al densimetro o a misure di densità.

densìmetro [vc. dotta, comp. di *denso* e *-metro*] s. m. ● (*fis.*) Strumento per determinare la densità di gas e liquidi | *D. aerostatico*, che misura la densità dei gas in base alla loro velocità di efflusso.

densità o †**densitàde**, †**densitàte** [vc. dotta, lat. *densitāte*(*m*), da *densāre* '†densare'] s. f. **1** Qualità di ciò che è denso (*anche fig.*): *d. della nebbia*; *d. di concetti* | †Compattezza. **2** (*fis.*) *D. assoluta*, massa dell'unità di volume di una sostanza | *D. relativa*, rapporto fra la massa di un dato corpo omogeneo e la massa di un uguale volume di una sostanza di riferimento | *D. di corrente elettrica*, rapporto fra l'intensità di corrente e la sezione del conduttore da essa percorso | *D. di superficie*, rapporto fra la carica elettrica distribuita su un elemento di superficie e la superficie stessa | *D. elettrica di volume*, rapporto fra la carica elettrica contenuta in un elemento di volume e l'elemento stesso. **3** *D. di popolazione*, rapporto fra il numero di abitanti e la superficie di un dato territorio.

densitometrìa [comp. di *densit*(*à*) e *-metria*] s. f. **1** Misurazione dei raggi trasmessi o riflessi impiegata per valutare la densità di un materiale. **2** In medicina nucleare, determinazione della densità ossea che avviene misurando l'assorbimento dei fotoni trasmessi attraverso l'osso da una sorgente radioattiva.

dènso [vc. dotta, lat. *dēnsu*(*m*), di origine indeur.] **A** agg. **1** Che ha grande massa in piccolo volume:

una bottiglia di colla densa | Fitto, spesso: *fumo d.*; *nebbia densa*; *vapori densi* | *Nubi dense*, pregne di pioggia. **2** Cupo, oscuro: *buio d.*; *notte densa*; *ombre dense*; *dense tenebre*. **3** Ricco, pieno (*anche fig.*): *un cielo d. di stelle*; *un periodo d. di avvenimenti*; *un discorso d. di pensieri, di idee*. **4** (*lett.*) Folto: *il destrier ch'avea lasciato / tra le più dense frasche* (ARIOSTO) | Serrato, compatto: *una densa schiera d'armati*. || **densaménte**, avv. **B** s. m. ● (*raro, lett.*) Corpo denso | Densità.

dentàle (1) [da *dente*] **A** agg. **1** Dentario | (*anat.*) *Corona d.*, parte del dente sporgente nella bocca, ricoperta da smalto. **2** (*ling.*) Detto di suono nella cui articolazione la punta della lingua batte contro i denti: *la 't' è una consonante d.* **B** s. f. ● (*ling.*) Consonante dentale.

dentàle (2) [vc. dotta, lat. tardo *dentāle*, perché incide il solco, come un *dente*] s. m. ● Parte in legno dell'aratro antico, oggi solido e arcuato braccio metallico, cui è fissato il vomere. SIN. Ceppo.

dentàle (3) [lat. *dentāle* (nt.) con nuovo sign., per la sporgenza dei *denti* (*dĕntes*) di questo pesce] s. m. ● (*zool., centr.*) Dentice.

dentàlio [dal lat. *dentāliu(m)* 'che ha la forma di un *dente* (*dēns*, genit. *dĕntis*)'] s. m. ● Mollusco marino, fornito di conchiglia dalla forma simile a una piccola zanna di elefante, che vive semiaffondato nel fango (*Dentalium entalis*).

†**dentàme** [comp. di *dent(e)* e *-ame*] s. m. ● Dentatura.

dentàre **A** v. tr. (*io dènto*) ● (*raro*) Tagliare a denti, fornire di denti: *d. una sega*. **B** v. intr. (aus. *avere*) ● (*raro*) Mettere i denti.

dentària [vc. dotta, lat. *dentāria(m)* (sottinteso *hĕrba*) 'pianta efficace contro il male di denti'] s. f. ● Pianta erbacea delle Crocifere con piccoli bulbi all'ascella delle foglie superiori, coi quali si propaga vegetativamente, e fiori rosei o gialli (*Dentaria bulbifera*).

dentàrio [vc. dotta, lat. *dentāriu(m)*, da *dēns* 'dente'] agg. ● Che concerne i denti: *carie dentaria* | *Capsula dentaria*, rivestimento metallico o di altra sostanza resistente, posto a protezione e rinforzo della corona dentaria | *Protesi dentaria*, apparecchio sostitutivo dei denti.

dentaruòlo o **dentaròlo** [da *dente*] s. m. ● Oggetto d'avorio o di gomma che si dà da mordere ai bambini all'epoca della dentizione.

dentàta [da *dente*] s. f. ● Colpo di dente | Segno che lascia il dente quando si morde q.c. SIN. Morso.

dentàto [vc. dotta, lat. *dentātu(m)*, da *dēns* 'dente'] agg. **1** Fornito di denti | (*est.*) Che ha punte o sporgenze a forma di dente | (*mecc.*) *Ruota dentata*, organo di macchina, normalmente cilindrico o conico, con la periferia intagliata a denti che ingranano con quelli di altro organo, al fine di trasmettere sforzi tangenziali. SIN. Ingranaggio | (*mecc.*) *Corona dentata*, collare con dentatura esterna o interna, sulla quale ingranano una o più altre ruote dentate. **2** (*anat.*) *Muscolo grande d.*, quello che unisce la scapola alle prime costole | *Muscolo piccolo d.*, ognuno dei muscoli che si inseriscono da un lato nei processi spinosi vertebrali, dall'altro nelle costole.

dentatóre s. m. ● (*mecc.*) Operaio addetto a una macchina dentatrice.

dentatrìce [da *dente*] s. f. ● Macchina che serve a fare i denti di una ruota dentata.

dentatùra s. f. **1** Insieme dei denti dell'uomo e degli animali: *d. forte, robusta, regolare, irregolare* | *D. di latte, caduca*, che nell'uomo precede quella permanente, e comprende denti più piccoli e deboli di quelli definitivi | *D. permanente*, comprendente, nell'uomo, 32 denti | (*fig.*) *Di buona d.*, di buon appetito. ➡ ILL. p. 367 ANATOMIA UMANA. **2** Complesso delle sporgenze di uno strumento dentato: *la d. di un pettine, di un ingranaggio, di una ruota*. **3** †Età della dentizione.

dènte [lat. *dĕnte(m)*, di origine indeur.] s. m. **1** (*anat.*) Ognuno degli organi duri e biancastri, sporgenti nel cavo orale, che, nell'uomo e nei Vertebrati degli Gnatostomi, sono destinati alla masticazione: *d. di latte, caduco, permanente, artificiale*; *denti superiori, inferiori*; *mettere, perdere i denti*; *rompersi un d.*; *lavarsi i denti*; *avere male ai denti*, *avere mal di denti*; *farsi togliere un d.*; *farsi curare i denti* | *D. del giudizio*, terzo molare che si sviluppa solo negli adulti e che può anche mancare | *Al d.*, detto di cibo moderatamente cotto in modo da conservare una gradevole consistenza: *gli spaghetti devono essere al d.* | (*fig.*) *Ungere il d.*, mangiare molto | (*fig.*) *Avere il d. avvelenato contro qc.*, nutrire e mostrare astio, livore e sim., nei confronti di qc. | *A denti asciutti, a denti secchi*, senza mangiare e (*fig.*) senza ottenere quel che si voleva, a bocca asciutta: *rimanere, restare a denti asciutti* | *A denti stretti*, (*fig.*) controvoglia, con rabbia, astio e sim.; (*fig.*) col massimo impegno: *acconsentire, rispondere a denti stretti*; *lottare a denti stretti* | *Allungare i denti*, (*fig.*) crescere in forza, potere e sim. | *Fuori dai denti*, (*fig.*) con assoluta franchezza | *Mettere q.c. sotto i denti*, mangiare | *Non è pane per i tuoi denti*, è troppo difficile per te | *Tirata coi denti*, di spiegazione, giustificazione e sim. che non convincono | *Aguzzare, arrotare, digrignare i denti*, detto di animali, mettere in mostra le zanne con ferocia; (*est.*) detto dell'uomo, assumere un'espressione feroce e minacciosa | *Battere i denti*, (*fig.*) tremare dal freddo o dalla paura | *Difendere q.c. coi denti*, (*fig.*) strenuamente, con ogni mezzo a disposizione | (*fig.*) *Essere armato fino ai denti*, essere armato di tutto punto | *Mettere i denti*, di bambino al quale spuntano i primi denti e (*fig.*) di persona che acquista esperienza, accortezza, abilità: *il giovanotto ha messo i denti* | *Mostrare i denti*, (*fig.*) assumere un'espressione minacciosa | *Rompersi i denti*, (*fig.*) rimanere deluso, scornato | *Stringere i denti*, irrigidirsi per sostenere uno sforzo violento e (*fig.*) dedicarsi a q.c. col massimo impegno, con ogni volontà e sacrificio | (*fig.*) *Tenere il fiato, l'anima coi denti*, essere estremamente malandato in salute. ➡ ILL. p. 367 ANATOMIA UMANA; **zoologia generale**. **2** (*fig.*) Assalto, morso: *il d. dell'invidia, della calunnia, della maldicenza*. **3** Sporgenza o risalto di varia forma e dimensione su ingranaggi, utensili e sim.: *i denti della cremagliera, della forchetta, del pettine* | *D. dell'ancora*, marra | *A denti*, dentato | *D. di cane*, scalpello corto usato dagli scultori, con una tacca nel mezzo. ➡ ILL. p. 354, 355 AGRICOLTURA. **4** Intaccatura più o meno profonda in un tessuto o in un risvolto | *D. di topo*, finitura a puntine minute che un tempo ornava in alto le calze di seta o di filo da donna. **5** (*geogr.*) Cima aguzza di un monte | *D. del Gigante*, cima del gruppo del Monte Bianco. **6** Nelle antiche fortificazioni, opera formata da due facce congiunte a saliente verso il nemico | *A denti*, forma data a varie opere delle antiche fortificazioni: *cortina a denti*. **7** (*bot.*) *D. canino*, gramigna dei medici | *D. di cane*, piccola pianta erbacea bulbosa delle Liliacee con foglie macchiate di rosso cupo e fiore solitario, pendente, di color rosa (*Erythronium dens-canis*) | *D. di leone*, tarassaco. SIN. Pisciacane, piscialetto, soffione. || **dentàccio**, accr. | **dentèllo**, dim. (V.) | **denticèllo**, dim. | **dentino**, dim. | **dentóne**, accr. (V.) | **dentùccio**, dim.

dentecchiàre ● V. *denticchiare*.

dentellàre [da *dentello* (1)] v. tr. (*io dentèllo*) ● Foggiare, intagliare a dentelli, spec. ai margini: *d. una lama*.

dentellàto part. pass. di *dentellare*; anche agg. **1** Nei sign. del v. **2** Detto di francobollo provvisto di dentellatura | *Non d.*, detto di antichi francobolli che venivano staccati dal foglio con le forbici e di taluni moderni, gener. con vignette uguali a quelle di altri francobolli emessi contemporaneamente.

dentellatùra s. f. **1** Atto, effetto del dentellare. **2** Insieme, quantità di dentelli: *la d. della foglia* | Serie regolare di dentelli lungo i bordi del francobollo, la cui integrità riveste grande importanza filatelica. **3** (*arch.*) Motivo di decorazione architettonica costituito da una serie di dentelli in modanature, cornici, trabeazioni e sim.

dentelle /fr. dɑ̃'tɛl/ [vc. fr., propriamente 'piccolo dente (*dent*)', per la forma dentata dell'orlo] s. f. inv. ● Trina, pizzo, merletto.

dentèllo (1) s. m. **1** Dim. di *dente*. **2** Ornamento a forma di dente posto sotto alla cornice dei mobili rinascimentali. **3** (*arch.*) Piccolo parallelepipedo sporgente che, ripetuto in serie, costituisce motivo di ornamento di modanature, cornici, trabeazioni e sim. ➡ ILL. p. 357 ARCHITETTURA. **4** Ciascuna delle piccole e regolari sporgenze lungo i bordi del francobollo, provocata dal distacco dell'esemplare dal foglio lungo la perforazione. **5** †Brunitoio fatto con dente di animale o altra materia.

dentèllo (2) s. m. ● Adattamento di *dentelle* (V.).

denticchiàre o (*raro, dial.*) **dentecchiàre** [da *dente*] v. tr. (*io dentìcchio*) **1** (*raro, lett.*) Rosicchiare, mangiucchiare, mordicchiare. **2** (*fig.*) †Rovinare, guastare. **3** (*raro, fig.*) Sparlare, criticare.

dèntice [vc. dotta, lat. tardo *dĕntice(m)*, per i caratteristici *denti* canini] s. m. ● Pesce osseo carnivoro voracissimo dei Perciformi con denti robusti e acuti e carni pregiate (*Dentex dentex*). SIN. Dentale (3).

denticolàto [vc. dotta, lat. tardo *denticulātu(m)*, da *dentĭculus* 'piccolo dente (*dēns*, genit. *dĕntis*)'] agg. ● (*raro*) Dentato.

dentièra [fr. *dentier*, attrav. il sign. di 'fila di denti'] s. f. **1** Protesi boccale con denti artificiali. **2** (*mecc.*) Organo meccanico con i denti disposti su di una retta e paralleli fra loro, a profilo diverso secondo l'uso, impiegato nelle costruzioni meccaniche e nelle ferrovie e tranvie su linee a forte pendenza: *ferrovia, tranvia a d.*

dentifrìcio [fr. *dentifrice*, dal lat. *dentifrĭcium* 'che serve per sfregare (*fricāre*) i denti (*dĕntes*)'] **A** agg. ● Atto a pulire i denti: *sostanza, pasta dentifricia*. **B** s. m. ● Preparato in polvere, in pasta o liquido, usato per la pulizia dei denti e del cavo orale.

dentìna s. f. ● (*anat.*) Tessuto duro del dente sotto lo smalto e il cemento. ➡ ILL. p. 367 ANATOMIA UMANA.

dentista [fr. *dentiste*, da *dent* 'dente'] s. m. e f. (pl. m. *-i*) **1** Medico specialista nella cura delle malattie dentarie. **2** (*raro*) Odontotecnico.

dentìstico agg. (pl. m. *-ci*) ● Di, relativo a, dentista: *gabinetto d.*

dentizióne [fr. *dentition*, dal lat. *dentītio*, da *dentīre* 'mettere i denti (*dĕntes*)'] s. f. ● Processo di eruzione dei denti | *Prima d.*, dei denti di latte | *Seconda d.*, della dentatura permanente | *Età della d.*, periodo in cui spuntano i denti.

dentóne s. m. (f. *-a* nel sign. 2) **1** Accr. di *dente*. **2** Persona che ha denti grandi e lunghi.

déntro o (*dial.*) †**drénto** [lat. *dē* 'da' e *ĭntro* 'entro'] **A** avv. **1** Nell'interno, nella parte interna (con v. di stato e di moto): *stare d.*; *guardare d.*; *entrare, spingere d.*; *quando fummo d.* | *Andare, mettere, essere d.*, (*fig.*) andare, mettere, essere in carcere | *O d. o fuori*, (*fig.*) come invito a decidersi, a prendere una decisione | *Essere d.*, (*fig.*) negli ambienti intellettuali e salottieri, attuale, alla moda o comunque di gusto molto raffinato | Rafforzato da altri avv. di luogo: *guarda lì, là d.*; *qui, qua d.*; *ivi d.* | †*Dentrovi*, ivi dentro | *Da, di d.*, dalla parte interna: *passate da d.* | *In d.*, verso la parte interna: *è piegato in d.* | (*raro*) *Per d.*, attraverso. CONTR. Fuori. **2** (*fig.*) Interiormente, nell'intimo, nell'animo, nel cuore: *sentire, avere q.c. d.*; *fremere, rodersi d.* | *Tenere tutto d.*, essere chiuso di carattere, non manifestare i propri sentimenti e le proprie emozioni. **B** prep. **1** In, nella parte interna (*anche fig.*): *vieni d. casa*; *il cortile d. il palazzo* | (*fig., fam.*) *Darci d.*, lavorare sodo, impegnarsi a fondo | Anche nella loc. prep. *d. a, d. in*; *è d. al palazzo*; *è d. nel cassetto*; *essere d. a un affare*, esserne partecipe; *essere d. nella politica*, occuparsene attivamente; *essere d. nella parte*, interpretarla efficacemente: *dare d. a q.c.*, urtarvi contro | Anche nella loc. prep. *d. di* (sempre seguita dai pron. pers.): *l'ho pensato d. di me*; *rimugina sempre d. di sé*. **2** Entro, prima della fine di: *d. oggi*; *d. il mese*; *d. l'anno*. **C** in funzione di s. m. solo sing. ● La parte, il lato interno di q.c. e (*fig.*) l'intimo, l'anima, la coscienza | Anche *il di d.*

dentùto [da *dente*] agg. ● (*raro*) Dotato di denti grossi e forti.

denuclearizzàre [comp. di *de-* e un deriv. di (*arma*) *nucleare*] v. tr. ● Mettere al bando l'uso delle armi nucleari, spec. in un determinato settore geografico | (*est.*) Rifiutare l'installazione o l'esercizio di centrali nucleari per la produzione di energia.

denuclearizzàto part. pass. di *denuclearizzare*; anche agg. *1* Nel sign. del v. *2* Detto di territorio in cui, per delibera delle autorità locali, è stato deciso di opporsi a future installazioni di impianti nucleari: *comune d.*

denuclearizzazióne s. f. ● Atto, effetto del denuclearizzare. SIN. Disatomizzazione.

denudaménto s. m. ● Modo e atto del denudare o del denudarsi.

denudàre o †**dinudàre** [vc. dotta, lat. *denudāre* 'spogliare (*nudāre*) completamente (*dē-*)'] **A** v. tr. (*io denùdo*) *1* Privare degli indumenti che ricoprono tutto il corpo o una parte di esso: *d. l'ammalato per una visita*; *si tolse il guanto denudando la mano* | (*est.*) Rendere nudo, spoglio: *l'autunno ha denudato la campagna*; *d. una chiesa degli arredi*. *2* (*fig., lett.*) Palesare, rivelare: *acciò che meglio il vero io ti denudi* (ARIOSTO). **B** v. rifl. ● Togliersi di dosso tutte le vesti o una parte di esse: *denudarsi in pubblico*; *denudarsi un braccio*.

denudazióne [vc. dotta, lat. tardo *denudatiōne(m)*, da *denudāre* 'denudare'] s. f. *1* Atto, effetto del denudare | *D. degli altari*, funzione del Giovedì Santo, consistente nello spogliare gli altari dai paramenti. *2* (*geol.*) Erosione meccanica o chimica della superficie terrestre dovuta ad agenti atmosferici.

denùncia (1) ● V. *denunzia*.

denùncia (2) [da *denunciare (2)*] s. f. (pl. *-ce* o *-cie*) ● (*dir.*) Disdetta | *D. di un trattato*, dichiarazione di volontà con cui uno Stato recede da un trattato di cui era parte.

denunciaménto ● V. *denunziamento*.

denunciàre (1) ● V. *denunziare (1)*.

denunciàre (2) o (*raro*) **denunziàre (2)** [fr. *dénoncer*, dal lat. *denuntiāre* 'denunziare'] v. tr. (*io denùncio*) ● Disdire: *d. un'alleanza*.

denunciatóre ● V. *denunziatore*.

†**denunciazióne** ● V. †*denunziazione*.

denùnzia o **denùncia (1)** [da *denunziare (1)*] s. f. *1* Atto, effetto del denunziare. *2* (*dir.*) Dichiarazione richiesta o imposta dalla legge come onere o obbligo per la produzione di effetti vari: *d. del reddito, delle nascite, dei decessi* | *D. di matrimonio*, pubblicazione. *3* (*dir.*) Notizia di reato fornita da un privato all'autorità giudiziaria o ad altra autorità che abbia l'obbligo di comunicarla a questa.

denunziaménto o **denunciaménto**, †**dinunziaménto** [da *denunziare (1)*] s. m. ● (*raro*) Atto del denunziare.

denunziàre (1) o †**denonziàre**, **denunciàre (1)**, †**dinonziàre**, †**dinunciàre**, †**dinunziàre** [vc. dotta, lat. *denuntiāre* 'dichiarare (*nuntiāre*) apertamente (*dē-*)'] v. tr. (*io denùnzio*) *1* Dichiarare, riferire alla competente autorità: *d. un furto*; *d. la nascita di un figlio* | *D. una persona*, rivelare all'autorità giudiziaria il nome della persona che ha commesso un reato. *2* Rendere noto all'opinione pubblica: *quel quotidiano ha denunziato il fallimento della banca X*. *3* Rendere noto, evidente: *è un atteggiamento che denunzia il suo malumore*. *4* †Annunciare, predire.

denunziàre (2) ● V. *denunciare (2)*.

denunziatóre o **denunciatóre**, †**dinunciatóre**, †**dinunziatóre** [da *denunziare (1)*] s. m.; anche agg. (f. *-trice*) ● Chi, che denunzia.

†**denunziazióne** o †**denunciazióne**, †**dinunziazióne** [vc. dotta, lat. *denuntiatiōne(m)*, da *denuntiāre* 'denunziare'] s. f. ● Denunzia.

denutrìto [ricavato da *denutrizione*, sul modello di *nutrito-nutrizione*] agg. ● Macilento per scarsa e insufficiente nutrizione: *avere un aspetto d.*; *bambini denutriti*.

denutrizióne [fr. *dénutrition*, comp. di *dé-* e *nutrition* 'nutrizione'] s. f. ● Nutrizione insufficiente | Deperimento organico provocato da prolungata carenza alimentare: *stato di d.*

†**Dèo** /*'dɛo, 'dɛo/ ● V. *Dio (1)*.

deodorànte [da *deodorare*; sul modello dell'ingl. *deodorant*, dal lat. *ŏdor* 'odore', nel sign. B] **A** part. pres. di *deodorare*; anche agg. ● Nei sign. del v. **B** s. m. ● Sostanza capace di correggere o eliminare odori non desiderati o sgradevoli sia sovrapponendo loro il proprio sia annullandoli per reazione chimica.

deodoràre [comp. di *de-* e *odorare*] v. tr. (*io deodóro*) ● Privare degli odori sgradevoli.

deodorazióne s. f. ● Atto, effetto del deodorare.

deodorizzàre [comp. di *de-*, *odor(e)* e *-izzare*, sul modello dell'ingl. *to deodorize*] v. tr. ● Sottoporre a deodorizzazione.

deodorizzazióne [da *deodorizzare*] s. f. ● Processo mediante il quale si elimina, si attenua o si modifica l'odore sgradevole di una sostanza.

Deo gratias /*lat.* 'dɛo 'grattsjas/ [lat., propriamente '(rendiamo) grazie a Dio'] **A** loc. inter. *1* Formula liturgica di ringraziamento ricorrente nella conclusione di alcune parti della Messa. *2* Correntemente, esclamazione di sollievo o di gioia. **B** in funzione di s. m. ● Spec. nella loc.: *essere al Deo gratias*, alla fine.

deonomàstica [comp. di *de-* e *onomastica*] s. f. ● Studio dei vocaboli derivati da nomi propri.

deonomàstico A agg. (pl. m. *-ci*) ● Relativo alla deonomastica: *studi deonomastici*. **B** s. m. ● Vocabolo derivato da un nome proprio.

deontologìa [vc. dotta, dal gr. *déontos*, genit. di *déon* 'dovere' e *-logia*] s. f. (pl. *-gie*) *1* Complesso dei doveri inerenti a particolari categorie spec. professionali di persone: *d. medica*. *2* (*filos.*) Nella filosofia di J. Bentham, concezione morale che si propone di ricercare il piacere e di fuggire il dolore.

deontològico agg. (pl. m. *-ci*) ● Relativo alla deontologia.

deorbitàre [comp. di *de-* e *orbitare*] **A** v. tr. (*io deòrbito*) ● (*astron.*) Far uscire un'astronave o un satellite artificiale dalla sua orbita. **B** v. intr. (aus. *essere*) ● Uscire dalla propria orbita.

deorbitazióne s. f. ● (*astron.*) Atto, effetto del deorbitare.

deospedalizzàre [comp. di *de-* e *ospedalizzare*] v. tr. *1* Dimettere, far uscire dall'ospedale. *2* Sottrarre al ricovero in ospedale: *d. i malati di mente*.

deospedalizzazióne s. f. ● Atto, effetto del deospedalizzare.

deòssi- o **desòssi-** [comp. di *de-* e *ossi(geno)*] primo elemento ● In parole composte della terminologia scientifica, denota una molecola o un composto chimico in cui è avvenuta la sostituzione di un ossigeno, spec. di gruppo ossidrilico, con un altro atomo, gener. quello dell'idrogeno.

deossiribonuclèico o **desossiribonuclèico** [comp. di *deossi-* 'che contiene meno (*de-*) ossigeno (*ossi-*)', *ribo(sio)* e di un deriv., col suff. di acido (*-ico*), di *nucleo*] agg. (pl. m. *-ci*) ● (*biol.*) Detto di acido, chiamato comunemente DNA, che si trova quasi esclusivamente nel nucleo delle cellule ed è portatore dei fattori ereditari.

deossiribòsio o **deossiribóso**, **desossiribòsio**, **desossiribóso** [comp. di *deossi-* (V. prec.) e *ribosio*] s. m. ● (*chim.*) Monosaccaride la cui molecola differisce da quella del ribosio per la mancanza di un atomo di ossigeno; è componente fondamentale del DNA.

deostruìre [comp. di *de-* e *ostruire*] v. tr. (*io deostruìsco, tu deostruìsci*) ● Liberare dalle ostruzioni: *d. una conduttura, un camino*.

†**departìre** ● V. *dipartire (1)*.

†**depàscere** o †**dipàscere** [vc. dotta, lat. *depāsci*, comp. di *dē-* e *pāscere* 'pascere'] v. tr. *1* (*raro*) Pascolare, brucare. *2* (*raro*) Spogliare dei pascoli.

†**depastióne** [vc. dotta, lat. *depastiōne(m)*, da *depāstum*, part. pass. di *depāsci* 'depascere'] s. f. ● (*raro*) Pastura, pascolo.

depauperaménto s. m. ● Atto, effetto del depauperare: *d. del sangue, del terreno*; *il d. dell'economia nazionale*.

depauperàre [vc. dotta, lat. mediev. *depauperāre*, comp. di *dē-* e *pauperāre* 'impoverire'] v. tr. (*io depàupero*) ● Impoverire, stremare: *d. il pubblico erario*; *una coltivazione che depaupera il terreno* | (*est.*) Indebolire: *la scarsa alimentazione depaupera l'organismo*.

depauperàto part. pass. di *depauperare*; anche agg. ● Nei sign. del v.

depauperazióne s. f. ● Depauperamento.

†**depèllere** [vc. dotta, lat. *depĕllere* 'spingere, cacciare (*pĕllere*) giù (*dē-*)'] v. tr. ● Cacciare, espellere.

depenalizzàre [comp. parasintetico di *penale*, col pref. *de-*] v. tr. ● Sottrarre alla sanzione penale un fatto precedentemente considerato reato.

depenalizzazióne s. f. ● Atto, effetto del depenalizzare.

dépendance /*fr.* depã'dãs/ [vc. fr., dall'ant. *maison de despens* 'casa che serve di dipendenza a un'altra'] s. f. inv. ● Edificio minore, separato, in un complesso alberghiero o in una villa.

†**depèndere** e *deriv.* ● V. *dipendere* e *deriv.*

depennaménto s. m. ● Atto, effetto del depennare.

depennàre o †**dipennàre** [comp. parasintetico di *penna*, con il pref. *de-*] v. tr. (*io depénno*) *1* Cancellare con un segno di penna: *d. una cifra da un conto* | (*fig.*) Eliminare, togliere: *d. un candidato dalla lista*. *2* †Annientare, abolire.

†**depénto** e *deriv.* ● V. *dipinto* e *deriv.*

deperìbile agg. ● Che si deteriora facilmente: *merci deperibili*.

deperibilità s. f. ● Qualità di ciò che è deperibile.

deperiménto s. m. *1* Perdita di forza, energia, salute e sim.: *d. dovuto a denutrizione*. *2* Deterioramento di varie sostanze, spec. alimentari: *d. di una partita di frutta*.

deperìre [fr. *dépérir*, vc. dotta che si rifà al lat. *deperīre* 'andare in rovina (*perīre*) completamente (*dē-*)'] v. intr. (*io deperìsco, tu deperìsci*; aus. *essere*) *1* Perdere in forza, salute, bellezza e sim.: *d. per, in seguito a, una grave malattia*. *2* (*raro*) Deteriorarsi, guastarsi: *durante la navigazione la merce è deperita*.

deperìto part. pass. di *deperire*; anche agg. *1* Nei sign. del v. *2* Sciupato, smagrito: *viso d.*

deperizióne s. f. ● (*raro*) Deperimento.

depersonalizzazióne [fr. *dépersonnalisation* 'privazione (*dé-*) della propria personalità (*personnalité*)'] s. f. ● (*psicol.*) Stato, caratteristico spec. di alcune malattie mentali, in cui si perde il senso della propria realtà, o si sente il proprio corpo come irreale.

depicciolàre [comp. parasintetico di *picciolo (2)*, con il pref. *de-*] v. tr. (*io depicciòlo*) ● Privare un frutto del picciolo.

depicciolatrìce s. f. ● Macchina dell'industria conserviera per depicciolare i frutti.

depigmentàto agg. ● Che ha subito depigmentazione.

depigmentazióne [comp. di *de-* e *pigmentazione*] s. f. ● Perdita della pigmentazione.

depilàre [vc. dotta, lat. *depilāre*, comp. parasintetico di *pĭlus* 'pelo', con il pref. *dē-*] v. tr. *1* Rendere privo di peli: *d. le gambe* | *D. le pelli*, in conceria, effettuarne, a mano o a macchina, la depilazione | *D. le sopracciglia*, correggerne o modificarne la forma togliendone in parte i peli. *2* †Scottare in modo da portare via il pelo o la pelle.

depilatóre agg.; anche s. m. ● Che, chi provvede alla depilazione.

depilatòrio A agg. ● Atto a depilare: *crema depilatoria*; *strumenti depilatori*. **B** s. m. ● Sostanza depilatoria.

depilatrìce s. f. ● Macchina impiegata per depilare le pelli.

depilazióne s. f. *1* Atto, effetto del depilare | In conceria, asportazione dei peli e dell'epidermide delle pelli con mezzi chimici o enzimatici. *2* Slanatura.

†**depìngere** e *deriv.* ● V. *dipingere* e *deriv.*

dépistage /*fr.* depis'taʒ/ [vc. fr., da *dépister* 'depistare'] s. m. inv. ● (*stat.*) Ricerca ed evidenziazione di dati relativi a casi e fenomeni scientifici o sociali, condotta secondo determinati criteri su un gruppo di individui: *d. dei bambini handicappati*; *d. di una malattia professionale*.

depistàggio s. m. ● Atto, effetto del depistare.

depistaménto s. m. ● Depistaggio.

depistànte part. pres. di *depistare*; anche agg. ● Nei sign. del v.

depistàre [fr. *dépister*, comp. parasintetico di *piste* 'pista'] v. tr. ● Portare su una falsa strada, agire in modo da confondere la situazione a proprio vantaggio: *d. i poliziotti, le indagini*.

de plano /*lat.* dɛ 'plano/ [letteralmente 'in (*dē*) luogo piano (*plāno*)', cioè fuori del tribunale, proprio in contrapposizione a 'in tribunale'] loc. avv. ● (*dir.*) Amichevolmente | *Risolvere una controversia de plano*, estragiudizialmente per accordo diretto fra le parti avverse.

depletivo agg. • Di, relativo a deplezione.

deplezióne [ingl. *depletion*, dal lat. *deplēre* 'vuotare' (contr. di *implēre* 'riempire')] s. f. • Riduzione, impoverimento | (*med.*) Diminuzione della quantità di liquido o di un componente generale dell'organismo: *d. del potassio, del sodio.*

dépliant /fr. depli'ā/ [vc. fr., sostantivazione del part. pres. di *déplier*, letteralmente '(di)spiegare, svolgere'] s. m. inv. • Pieghevole pubblicitario.

deploràbile [vc. dotta, lat. tardo *deplorābile(m)*, da *deplorāre* 'deplorare'] agg. *1* Degno d'essere deplorato. *2* (*lett.*) Lagrimevole: *sorte d.* || **deplorabilménte**, avv.

†**deploraménto** s. m. • Deplorazione.

deploràre [vc. dotta, lat. *deplorāre*, da *plorāre* 'piangere, lamentarsi' con *dē-* intens.] v. tr. (*io deplòro*) *1* Lamentare q.c. di spiacevole: *d. un avvenimento luttuoso* | Compiangere: *d. le disgrazie di qc.* | (*raro*) Compassionare. *2* Biasimare, condannare: *d. la condotta di qc.*

deploratóre agg.; anche s. m. (f. *-trice*) • (*raro*) Che, chi deplora.

deploratòria s. f. • Elegia, compianto, discorso commemorativo.

deplorazióne [vc. dotta, lat. *deploratiōne(m)*, da *deplorāre* 'deplorare'] s. f. *1* Atto, effetto del deplorare | Riprovazione: *suscitare la d. generale.* *2* †Lamentazione, compianto.

deplorévole agg. *1* Da deplorare: *contegno d.* SIN. Biasimevole. *2* (*raro*) Che muove a pietà: *condizioni deplorevoli.* || **deplorevolménte**, avv.

†**depodestàre** [forma parallela di *spodestare* con *de-*] v. tr. e rifl. • (*raro, tosc.*) Spodestare.

depolarizzànte **A** part. pres. di *depolarizzare*; anche agg. • Nel sign. del v. **B** s. m. • (*elettr.*) Sostanza che si aggiunge a una pila o a una cella elettrolitica per eliminare o attenuare la polarizzazione a un elettrodo.

depolarizzàre [comp. di *de-* e *polarizzare*] v. tr. *1* (*elettr.*) Impedire o attenuare la polarizzazione di pile o di celle elettrolitiche. *2* Impedire o attenuare la polarizzazione di un fascio luminoso: *d. la luce.*

depolarizzatóre **A** agg. (f. *-trice*) *1* Depolarizzante. *2* Detto di apparecchio per depolarizzare la luce. **B** anche s. m.

depolarizzazióne s. f. • Atto, effetto del depolarizzare.

depolimerizzàre [comp. di *de-* e *polimerizzare*, sul modello del fr. *dépolymériser*] v. tr. • (*chim.*) Scindere polimeri in sostanze più semplici fino a ritornare ai monomeri.

depolimerizzazióne s. f. • Atto, effetto del depolimerizzare.

depoliticizzàre [comp. di *de-* e *politica*, prob. sul modello dell'ingl. *to depoliticise*] v. tr. • Sottrarre qc. o q.c. da ogni influenza o carattere politico.

depoliticizzazióne s. f. • Atto, effetto del depoliticizzare.

depolpàggio [comp. di *de-* e *polpa*] s. m. • Operazione mediante la quale in varie industrie, spec. in quelle saccarifere e conserviere, si passa da un succo greggio a un succo raffinato per eliminazione della polpa.

depolpatóre s. m. • Filtro o centrifuga per la separazione del succo vegetale dalla polpa usato in varie industrie, spec. in quelle saccarifere o conserviere.

depolverizzàre [comp. parasintetico di *polvere*, con il pref. *de-*] v. tr. • Ridurre o eliminare le polveri da un gas con opportuni procedimenti e spec. con cicloni, con apparecchiature elettrostatiche, con spruzzi d'olio e sim.

depolverizzatóre s. m. • Apparecchiatura per depolverizzare.

depolverizzazióne s. f. • Atto, effetto del depolverizzare.

deponènte (1) **A** part. pres. di *deporre*; anche agg. *1* Nei sign. del v. *2* Che effettua un deposito: *proprietario, detentore d.* **B** s. m. e f. *1* (*raro*) Chi depone. *2* Chi effettua un deposito. **C** s. m. • (*tip.*) Segno, lettera, numero sistemato in corpo minore, un po' sotto la riga.

deponènte (2) [vc. dotta, lat. *depōnens*, genit. *deponentis* (sott.: *verbum* 'verbo'), perché il v. ha *deposto* il sign. passivo o rifl. per assumere quello attivo] **A** agg. • Detto di verbo latino che ha forma passiva e significato attivo. **B** s. m. *1* Verbo deponente. *2* In espressioni matematiche, formule chimiche e sim., numero, lettera o simbolo che viene aggiunto ad altra lettera in basso, gener. a destra e in corpo più piccolo.

†**depónere** • V. *deporre.*

†**deponiménto** o †**diponiménto**. s. m. • Atto del deporre.

†**depopolàre** o †**depopulàre**, †**dipopolàre** [vc. dotta, lat. *depopulāre*, forse intens. (*dē-*) di *populāre* 'devastare, saccheggiare', di etim. incerta] v. tr. • Devastare, depredare, saccheggiare.

†**depopolazióne** o †**depopulazióne**, †**dipopolazióne** [vc. dotta, lat. *depopulatiōne(m)*, da *depopulāre* 'depopolare'] s. f. • Atto, effetto del depopolare.

†**depopulàre** e *deriv.* • V. †*depopolare* e *deriv.*

depórre o †**depónere**, †**dipórre** [vc. dotta, lat. *depōnere* 'porre (*pōnere*) giù (*dē-*)'] **A** v. tr. (coniug. come *porre*) *1* Mettere giù: *d. un pacco, un peso; depose la valigia sul pavimento; il merlo ha deposto le uova nel nido* | (*est.*) Collocare, sistemare: *d. la biancheria in un cassetto.* *2* Togliersi q.c. di dosso: *d. i guanti, il cappello; il guerriero depose l'armatura* | *D. le armi*, (*est.*) cessare le ostilità. *3* (*fig.*) Rimuovere qc. da un ufficio, incarico e sim.: *lo deposero dalla carica di presidente; hanno deposto il re* | *D. l'ufficio, la carica*, rinunciarvi, dimettersi. *4* Depositare: *il fiume ha deposto sabbia e detriti nella terra allagata.* *5* (*fig.*) Lasciare, abbandonare: *d. l'ira, l'orgoglio* | *D. un'idea*, non pensarci più | *D. l'abito talare*, abbandonare il sacerdozio | *D. la corona*, abdicare. **B** v. tr. e intr. • Testimoniare, emettere dichiarazioni in giudizio: *d. il vero, il falso; d. contro, a favore, dell'imputato; essere chiamato a d.* **C** v. intr. (aus. *avere*) • Fornire elementi positivi o negativi utili alla formazione di un giudizio, di un'opinione e sim., nei confronti di una persona, di una situazione e sim.: *ciò depone a suo favore; simili atteggiamenti depongono male di voi.*

deportànte [comp. di *de-* e *portante* nel sign. A2] agg. *1* (*aer.*) Che produce portanza. *2* (*autom.*) *Effetto d.*, quello esplicato dallo o dagli spoiler di un'autovettura da corsa e destinato ad aumentare l'aderenza dell'autovettura stessa alla strada.

deportànza s. f. *1* (*aer.*) Diminuzione della portanza. *2* Portanza agente nella stessa direzione e nello stesso verso della forza di gravità su un'ala in volo rovescio.

deportàre o †**diportàre** nel sign. 1 [vc. dotta, lat. *deportāre* 'portare (*portāre*) giù, via (*dē-*)', attrav. il fr. *déporter*] v. tr. (*io depòrto*) *1* †Portare via, trasportare. *2* Sottoporre a deportazione: *d. i condannati.*

deportàto **A** part. pass. di *deportare*; anche agg. • Nei sign. del v. **B** s. m. (f. *-a*) • Chi ha subito la deportazione: *i deportati nei lager.*

deportazióne [vc. dotta, lat. *deportatiōne(m)*, da *deportāre* 'deportare', attrav. il fr. *déportation*] s. f. • Pena consistente nel trasferire qc. lontano dalla madrepatria per motivi politici, per i reati commessi o per altri motivi, dopo averlo privato dei diritti civili e politici: *colonie di d.*

depòrto [fr. *déport*, da *déporter*, in opposizione a *report* 'riporto'] s. m. • (*banca*) Nel contratto di riporto, differenza tra il prezzo ricevuto e quello rimborsato al riportato dal riportatore | (*est.*) Nel linguaggio di borsa, riporto in cui l'acquirente dovrà un prezzo minore.

depositànte **A** part. pres. di *depositare*; anche agg. • Nei sign. del v. **B** s. m. e f. • Chi deposita | Chi dà q.c. in deposito.

depositàre o †**dipositàre** [da *deposito*] **A** v. tr. (*io depòsito*) *1* Affidare q.c. in deposito a una persona, a un ente e sim.: *d. in banca il proprio denaro; ha depositato presso di noi alcuni oggetti; depositeremo questi volumi alla biblioteca* | Collocare in un luogo adibito a deposito: *d. le merci nei magazzini.* *2* Mettere giù, collocare: *depositò il cappello sulla mensola; d. la valigia a terra, sul portabagagli, in macchina.* *3* Lasciar cadere sul fondo i materiali solidi in sospensione, detto di liquidi, corsi d'acqua e sim. (*anche ass.*): *ogni anno il fiume deposita molto fango; l'aceto deposita in poco tempo.* **B** v. intr. pron. • Raccogliersi sul fondo, detto di sedimenti e sim.: *lo zucchero si deposita in fondo alla tazza.*

depositariàto o †**dipositariàto**. s. m. • Anticamente, ufficio di pubblico depositario.

depositàrio o †**dipositàrio** [vc. dotta, lat. tardo *depositāriu(m)*, da *depŏsitus* 'deposito'] **A** s. m. (f. *-a*) *1* Chi riceve una cosa in deposito. *2* (*fig.*) Persona che riceve e custodisce con riservatezza confessioni, confidenze e sim.: *sei l'unico d. dei miei segreti* | (*est.*) Chi si pone a, o è considerato come, custode e difensore di idee, principi, virtù e sim., propri di una collettività: *i depositari delle nostre tradizioni nazionali.* *3* †Tesoriere. **B** anche agg.: *albergatore d.*

depositàto part. pass. di *depositare*; anche agg. • Nei sign. del v.

†**depositazióne** s. f. • Deposito.

depositerìa o (*raro*) †**dipositerìa**. s. f. *1* †Tesoreria. *2* †Ufficio di depositario. *3* †Amministrazione dell'erario. *4* Deposito: *d. di auto rimosse.*

depòsito o †**dipòsito** [vc. dotta, lat. *depŏsitu(m)*, part. pass. di *depōnere* 'deporre'] s. m. *1* Atto, effetto del depositare: *il d. di un pacco; provvedere al d. della merce in magazzino* | (*med.*) *Organo di d.*, in cui si accumulano materiali di riserva | *Grasso di d.*, di riserva. *2* (*dir.*) Contratto col quale una parte riceve dall'altra una cosa mobile con l'obbligo di custodirla e di restituirla a richiesta o nel termine convenuto: *d. fiduciario, cauzionale* | *D. irregolare*, in cui il depositario acquista la proprietà delle cose consegnate obbligandosi a restituirne altrettante dello stesso genere | *D. bancario*, affidamento a una banca di denaro o di titoli in amministrazione | Consegna a una pubblica autorità di documenti o altri beni, produttiva di vari effetti giuridici. *3* Oggetto o somma depositata: *ritirare un d.* *4* Quantità di oggetti o materiali dello stesso genere riuniti insieme: *un d. di bottiglie, di casse, di grano.* *5* (*est.*) Luogo adibito alla raccolta e alla conservazione di oggetti, merci e sim.: *d. pubblico, privato; un d. di pellami, di vini; il d. degli attrezzi* | *D. bagagli*, nelle stazioni | Rimessa per autobus, tram, locomotive ferroviarie e sim.: *questo autobus va in d.* *6* (*mil.*) Ente dell'organizzazione territoriale con compiti di centro amministrativo, matricolare e di mobilitazione dei comandi e delle unità che ne costituiscono il carico di mobilitazione. *7* (*chim.*) Sedimento. *8* (*geol.*) Accumulo di materiale dovuto al vento, ai ghiacciai, ai fiumi, ai mari e sim. *9* †Urna, sepolcro.

depositóre [vc. dotta, lat. tardo *depositōre(m)*, da *depŏsitus* 'deposito'] s. m.; anche agg. (f. *-trice*) • (*raro*) Chi, che deposita.

deposizióne o (*raro*) †**diposizióne** [vc. dotta, lat. *depositiōne(m)*, da *depŏsitus* 'deposito'] s. f. *1* Atto, effetto del deporre. *2* Atto del deporre dalla croce il corpo di Gesù, e rappresentazione iconografica di esso: *la d. del Caravaggio.* *3* (*fig.*) Rimozione di una persona da un ufficio, incarico e sim.: *la d. dal trono; la d. di un ministro.* *4* (*dir.*) Complesso delle dichiarazioni emesse da un testimone nel deporre: *d. falsa; d. reticente; ritrattare una d.* *5* (*raro*) Sedimento, deposito.

depósto o (*raro*) †**dipósto**. **A** part. pass. di *deporre*; anche agg. • Nei sign. del v. **B** s. m. • (*raro, lett.*) Chi, ciò che è deposto.

depotenziaménto s. m. • Atto, effetto del depotenziare.

depotenziàre [comp. di *de-* e *potenziare*] v. tr. (*io potènzio*) • Diminuire, ridurre di potenza, di forza, di potere | Indebolire.

depravàre o †**dipravàre** [vc. dotta, lat. *depravāre*, comp. parasintetico di *prāvus* 'storto, bieco'] v. tr. (*io depràvo*) *1* Volgere al male, al vizio: *d. gli istinti, l'ingegno di qc.; d. una persona onesta* | Rendere degenere, perverso: *d. i costumi, i gusti.* SIN. Corrompere, pervertire. *2* †Vituperare, calunniare.

depravàto o †**dipravàto** **A** part. pass. di *depravare*; anche agg. • Nei sign. del v. **B** s. m. (f. *-a*) • Persona viziosa e corrotta.

depravatóre [vc. dotta, lat. eccl. *depravatōre(m)*, da *depravātus* 'depravato'] agg.; anche s. m. (f. *-trice*) *1* (*raro*) Che, chi deprava. *2* †Detrattore.

depravazióne [vc. dotta, lat. *depravatiōne(m)*, da *depravātus* 'depravato'] s. f. • Atto, effetto del depravare | Stato o condizione di chi, di ciò che è depravato. SIN. Corruzione.

deprecàbile [vc. dotta, lat. *deprecābile(m)*, da

deprecāri 'deprecare'] agg. *1* (*lett.*) Che si può deprecare: *mali deprecabili.* *2* Degno di biasimo, riprovazione e sim.: *un d. inganno.* SIN. Biasimevole.

deprecàre [vc. dotta, lat. *deprecāri* 'pregare (*precāri*) con insistenza (*dē-*)'] v. tr. (*io deprèco, tu deprèchi*) *1* (*lett.*) Pregare che un male, un danno, un pericolo e sim. abbiano termine, siano allontanati o non si verifichino: *ognuno offriva / sacrifici al suo Nume, deprecando / dal proprio capo i perigli* (FOSCOLO). *2* Biasimare, disapprovare: *d. il peccato, la corruzione; deprechiamo il vostro modo di vivere.*

deprecatìvo [vc. dotta, lat. tardo *deprecatīvu(m)*, da *deprecātus* 'deprecato'] agg. ● Atto a deprecare | Che esprime deprecazione: *tono d.*; *esclamazione deprecativa.* || **deprecativaménte**, avv.

deprecatòrio [vc. dotta, lat. tardo *deprecatōriu(m)*, da *deprecātus* 'deprecato'] agg. ● (*lett.*) Che ha forma di deprecazione | Che ha forza di deprecare: *espressione deprecatoria.*

deprecazióne [vc. dotta, lat. *deprecatiōne(m)*, da *deprecāri* 'deprecare'] s. f. *1* (*lett.*) Atto, effetto del deprecare | Preghiera, invocazione: *si udivano deprecazioni e lamenti.* *2* (*ling.*) Forma di preghiera o implorazione conclusiva di un discorso con la quale si cerca di commuovere il destinatario: *Achille! / abbi ai numi rispetto, abbi pietade / di me: ricorda il padre tuo* (MONTI). *3* Biasimo, disapprovazione: *la d. del vizio*; *suscitare la generale d.*

depredaménto s. m. ● (*raro*) Depredazione.

depredàre o (*raro*) †**dipredàre** [vc. dotta, lat. tardo *depraedāri*, intens. (*dē-*) di *praedāri* 'predare'] v. tr. (*io deprèdo*) *1* Mettere a sacco: *gli invasori depredarono la città conquistata.* *2* Sottrarre q.c. con la violenza o con l'inganno: *d. le altrui ricchezze* | Derubare: *d. i passanti*; *l'hanno depredato d'ogni suo avere.*

depredatóre [vc. dotta, lat. tardo *depraedatōre(m)*, da *depraedāri* 'depredare'] agg.; anche s. m. (f. *-trice*) ● (*lett.*) Che, chi depreda.

depredatòrio agg. ● Che tende a depredare: *un sistema fiscale d.*

depredazióne o (*raro*) †**dipredazióne** [vc. dotta, lat. *depraedatiōne(m)*, da *depraedāri* 'depredare'] s. f. ● (*raro*) Atto, effetto del depredare | Devastazione, rovina.

†**deprèmere** ● V. *deprimere.*

†**deprèndere** [vc. dotta, lat. *depr(eh)ĕndere* 'portare (*prehĕndere*) via (*dē-*)'] v. tr. ● (*raro*) Cogliere, sorprendere.

depressionàrio agg. ● (*meteor.*) Di, relativo a, depressione: *area depressionaria.*

depressióne [vc. dotta, lat. tardo *depressiōne(m)*, da *deprĕssus* 'depresso'; nel sign. 4, calco sull'ingl. *depression*] s. f. *1* (*geogr.*) Luogo, regione che ha altitudine minore delle regioni circostanti, o un livello inferiore a quello del mare | Condizione in cui viene a trovarsi tale area. *2* (*est.*) Avvallamento di una superficie: *una strada piena di buche e depressioni.* *3* (*meteor.*) Regione della superficie terrestre con pressione atmosferica inferiore a quella esistente nelle regioni circostanti. *4* (*econ.*) Fase del ciclo economico caratterizzata da un sensibile rallentamento della produzione, riduzione del livello generale dei prezzi, aumento della disoccupazione | *Grande d.*, (*per anton.*) quella verificatasi negli Stati Uniti negli anni 1929-33. *5* (*med.*) Stato d'animo caratterizzato da avvilimento e tristezza, con diminuzione del livello di attività e dell'accessibilità alla stimolazione esterna. *6* (*raro, lett., fig.*) Umiliazione. *7* (*mecc.*) Caduta di pressione che subisce la miscela aria-combustibile entrando nei cilindri dei motori a combustione interna a quattro tempi, attraverso orifizi ristretti.

depressìvo agg. *1* Atto a deprimere: *pensieri depressivi.* *2* (*med.*) Di depressione: *stato d.*; *fase depressiva.*

deprèsso **A** part. pass. di *deprimere*; anche agg. *1* Nei sign. del v. *2* Economicamente e socialmente arretrato: *area, zona depressa.* *3* (*fig.*) Avvilito, demoralizzato: *sentirsi d.*; *oggi sono piuttosto d.* **B** s. m. (f. *-a*) ● (*med.*) Persona affetta da depressione.

depressóre [vc. dotta, tratto dal lat. *deprĕssus* 'depresso'] **A** agg. ● Che deprime | (*anat.*) *Nervo d.*, sottile nervo, annesso al vago, la cui stimolazione determina abbassamento della pressione arteriosa | Detto di muscolo atto ad abbassare l'organo a cui è unito. **B** s. m. ● (*anat.*) Nervo o muscolo depressore.

depressurizzàre [ingl. *to depressurize*, comp. di *de-* e *to pressurize* 'pressurizzare'] v. tr. ● Eliminare o ridurre la pressione dell'aria in un ambiente.

depressurizzazióne s. f. ● Atto, effetto del depressurizzare.

deprezzaménto s. m. ● Atto, effetto del deprezzare.

deprezzàre [vc. dotta, lat. tardo *depretiāre*, comp. di *dē-* e *pretiāre* 'apprezzare'] **A** v. tr. (*io deprèzzo*) *1* Far diminuire di prezzo, di valore: *d. una casa, un podere, una merce.* *2* (*fig.*) Rendere di minor pregio: *d. una persona*; *hanno deprezzato la nostra opera.* **B** v. intr. pron. ● Diminuire di prezzo, di valore: *dopo la costruzione della nuova autostrada la villa si è molto deprezzata.*

depriménte part. pres. di *deprimere*; anche agg. *1* Nei sign. del v. *2* Detto di sostanza, medicamento e sim. che abbassa il tono psichico o nervoso. *3* (*fig.*) Detto di persona che, con le parole, il comportamento e sim., provoca sugli altri un effetto di avvilimento e di tristezza: *povera donna, quant'è d.!*

deprìmere o †**deprèmere** [vc. dotta, lat. *deprīmere* 'premere (*prĕmere*) giù (*dē-*)'] **A** v. tr. (pass. rem. *io deprèssi, tu depriméstì*; part. pass. *deprèsso*) *1* Spingere o schiacciare verso il basso: *il vento deprime le nubi*; *il terreno era stato fortemente depresso.* *2* (*fig.*) Degradare: *lo spirito ci solleva all'angelico, il corpo ci deprime all'animalesco* (BARTOLI) | Opprimere, umiliare. *3* (*med.*) Diminuire, ridurre un'attività: *d. la diuresi*; *d. la memoria.* *4* (*fig.*) Indebolire nel corpo o nello spirito: *questo terribile caldo ci deprime*; *è una situazione grave, che mi deprime.* SIN. Abbattere, scoraggiare. **B** v. intr. pron. (aus. *essere*) *1* Diventare basso: *l'avvallamento si è ulteriormente depresso.* *2* (*fig.*) Avvilirsi, rattristarsi: *deprimersi per una brutta notizia.*

deprimìbile agg. ● Che si può deprimere.

deprivàre [comp. di *de-* e *privare*, sul modello dell'ingl. *to deprive*] v. tr. ● Causare deprivazione | Privare qc. della soddisfazione di un bisogno ritenuto indispensabile, provocando quindi una situazione di disagio.

deprivàto part. pass. di *deprivare*; anche agg. ● Nei sign. del v.

deprivazióne [ingl. *deprivation*, da *to deprive* 'deprivare'] s. f. *1* (*med.*) Perdita o carenza di sostanze o principi essenziali all'organismo: *nanismo da d.* *2* (*est.*) Privazione o carenza intesa come esclusione dal godimento di beni peculiari di realtà sociali, culturali e sim. più evolute o di più alto livello. *3* (*psicol.*) *D. culturale*, ridotta abilità linguistica, o menomazione dell'abilità linguistica, dovuta a influenze ambientali negative.

de profundis /*lat.* de pro'fundis/ [lat., letteralmente 'dalle profondità (chiamai verso te, o Signore)'] loc. sost. m. inv. ● Salmo penitenziale che si recita per i defunti.

depsichiatrizzàre [comp. parasintetico di *psichiatr(ico)*, col pref. *de-*] v. tr. ● Sottrarre alla competenza psichiatrica: *d. i tossicomani.*

depsichiatrizzazióne s. f. ● Atto, effetto del depsichiatrizzare.

depuraménto s. m. ● (*raro*) Depurazione.

depuràre [vc. dotta, lat. tardo *depurāre* 'togliere (*dē-*) il *pūs* (gen. *pūris*)'] **A** v. tr. (*io depùro*) *1* Privare delle impurità: *d. un liquido filtrandolo*; *d. dalle scorie il metallo fuso*; *una medicina che depura il sangue.* *2* (*fig.*) Rendere puro, rimuovendo errori, imperfezioni, contaminazioni e sim.: *d. lo stile*; *d. la lingua dalle forme dialettali* | (*raro, est.*) Liberare da elementi corrotti, indegni e sim.: *d. un ambiente, la società.* *3* (*raro*) Defalcare: *d. un debito.* **B** v. intr. pron (aus. *essere*) ● Diventare puro.

depurativo **A** s. m. ● Medicamento atto a depurare. **B** anche agg.: *sostanza depurativa.*

depuratóre **A** agg. (f. *-trice*) ● Che depura: *filtro d.* **B** s. m. *1* Chi depura | Operaio, tecnico addetto alla depurazione. *2* Apparecchio atto a eliminare le impurità da una sostanza o da una soluzione | *D. del gas*, in cui si introduce il gas illuminante prima di inviarlo alla rete di distribuzione | *D. dell'acqua*, che rende l'acqua adatta a bersi oppure all'impiego nelle caldaie a vapore e sim.

depuratòrio **A** agg. ● Atto a depurare: *procedimento d.* **B** s. m. ● Serbatoio dove si raccolgono le acque per depurarle | Depuratore.

depurazióne s. f. ● Atto, effetto del depurare: *la d. delle acque non potabili.*

†**depùro** s. m. ● Sostanza depurata.

deputàre o †**diputàre** [vc. dotta, lat. *deputāre*, comp. di *dē-* e *putāre*, nel senso di 'valutare, pensare'] v. tr. (*io dèputo*, †*dipùto*) *1* Scegliere e destinare qc. allo svolgimento di un compito: *d. i propri rappresentanti per un accordo commerciale*; *lo deputarono a rappresentare la cittadinanza.* *2* (*raro, lett.*) Assegnare, destinare: *d. una somma alla beneficenza.* *3* (*lett.*) †Stabilire, riservare spec. per uso pubblico.

deputàto (1) o †**diputàto** part. pass. di *deputare*; anche agg. ● Nei sign. del v.

deputàto (2) [fr. *député*, dal lat. *deputātus* 'deputato', nel senso specifico di 'inviato, delegato'] s. m. (f. raro *-a*, *raro scherz. -essa*; V. nota d'uso FEMMINILE) *1* Chi è stato eletto dai cittadini a rappresentarli nel Parlamento. *2* Chi è stato scelto e destinato allo svolgimento di particolari compiti. *3* †Ambasciatore.

deputazióne o (*raro*) †**diputazióne** [vc. dotta, lat. tardo *deputatiōne(m)*, da *deputātus* 'deputato'] s. f. *1* Atto, effetto del deputare | Incarico di chi è scelto per svolgere missioni particolari: *accettare, rifiutare una d.* *2* Complesso di persone incaricate di svolgere temporaneamente, in campo interno o internazionale, funzioni proprie di un dato organo o ente, spec. come rappresentanti dello stesso: *una d. di cittadini fu ricevuta dal sindaco*; *la d. straniera ha chiesto udienza.*

dequalificàre [comp. di *de-* e *qualificare*] **A** v. tr. (*io dequalìfico, tu dequalìfichi*) ● Squalificare, abbassare il valore, il prestigio e sim. di q.c.: *un'iniziativa che dequalifica l'associazione.* **B** v. intr. pron. ● Regredire, spec. professionalmente.

dequalificazióne s. f. ● Atto, effetto del dequalificare.

déraciné /*fr.* derasi'ne/ [vc. fr., letteralmente 'sradicato', dal part. pass. di *déraciner* 'strappare dalla (*dé-*) radice (*racine*)'] agg. inv. ● Detto di persona che, dopo aver lasciato il luogo e l'ambiente natale, non riesce ad inserirsi nella diversa sfera sociale in cui vive.

†**deradicàre** [comp. di *de-* e *radicare*] v. tr. ● Sradicare.

deragliaménto [fr. *déraillement*, da *dérailler* 'deragliare'] s. m. *1* Atto, effetto del deragliare. *2* (*fig., letter.*) Sbandamento morale.

deragliàre [fr. *dérailler*, letteralmente 'uscire (*dé-*) dalla rotaia (*rail*, di origine ingl.)'] v. intr. (aus. *essere* se si esprime una meta; aus. *avere* se si esprime l'azione in sé; pres. ind. *io deràglio*) ● Sviare, uscire dalle rotaie.

deragliatóre [da *deragliare*] s. m. ● (*mecc.*) Dispositivo che, nelle biciclette con cambio di velocità e doppia o tripla moltiplica, fa spostare la catena da una ruota dentata all'altra della moltiplica.

dérapage /*fr.* dera'paʒ/ [vc. fr., da *déraper* 'derapare'] s. m. inv. ● Slittamento o deviazione laterale, spec. di aerei, veicoli, sciatori | *D. controllato*, spostamento laterale della parte posteriore della vettura, verso l'esterno, compiuto di proposito dai corridori automobilisti e controllata col volante per prendere le curve più velocemente.

derapàggio s. m. ● Adattamento di *dérapage* (V.).

derapàre [fr. *déraper*, dal provz. *derapar*, comp. dell'ant. provz. *rapar* 'cogliere, afferrare' (dal germ. *rapôn*) e *de-*] v. intr. (*io deràpo*; aus. *avere*) ● Detto di aereo, spostarsi lateralmente per l'azione di un forte vento o per effetto della forza centrifuga durante una virata eseguita in modo non corretto | (*est.*) Slittare lateralmente eseguendo una curva, detto spec. di un veicolo o di uno sciatore.

derapàta s. f. ● Atto, modo, effetto del derapare.

deratizzàre e *deriv.* ● V. *derattizzare* e *deriv.*

derattizzànte o **deratizzànte** **A** part. pres. di *derattizzare*; anche agg. ● Nei sign. del v. **B** s. m. ● Sostanza velenosa usata per distruggere i topi.

derattizzàre o **deratizzàre** [fr. *dératiser*, comp. parasintetico di *rat* 'topo, ratto'] **v. tr.** ● Liberare dai topi: *d. una nave.*

derattizzazióne o **deratizzazióne** [fr. *dératisation*, da *dératiser* 'derattizzare'] **s. f.** ● Atto, effetto del derattizzare.

dèrby /'dɛrbi, *ingl.* 'da:bi, 'də:bi/ [dal nome del conte di *Derby* (contea ingl.), che la promosse] **s. m. inv.** (**pl.** ingl. *derbies*) **1** Corsa al galoppo riservata ai puledri di tre anni: *il d. di Epsom.* **2** (*est.*) Competizione tra due squadre di calcio della stessa città o regione, o tradizionalmente rivali: *il d. della Madonnina.*

derealizzazióne [comp. di *de-* e *reale* (*1*), sul modello del fr. *déréalisation* e dell'ingl. *derealization*] **s. f.** ● (*psicol.*) Alterazione nella percezione della realtà, che viene a perdere il proprio carattere di concretezza.

†**deredàre** ● V. †*diredare.*

deregolamentàre [comp. di *de-* e *regolamentare* (*2*), per calco dell'ingl. *to deregulate*] **v. tr.** (*io deregolaménto*) ● Sottoporre a deregolamentazione. **SIN.** Deregolare.

deregolamentazióne [da *deregolamentare*, per calco sull'ingl. *deregulation*] **s. f.** ● Eliminazione o semplificazione di leggi e regolamenti, spec. in campo economico.

deregolàre [comp. di *de-* e *regolare* (*1*), per calco dell'ingl. *to deregulate*] **v. tr.** (*io derègolo*) ● Deregolamentare.

deregulation /*ingl.* di:regju'leiʃən/ [vc. ingl., comp. di *de-* 'de-' e *regulation* 'norma, regola'] **s. f. inv.** ● Deregolamentazione | Liberalizzazione delle attività economiche attraverso l'eliminazione di norme o vincoli politici o amministrativi.

derelitto [vc. dotta, lat. *derelĭctu(m)*, dal part. pass. di *derelĭnquere* 'abbandonare (*relĭnquere*) completamente (*dē-*)'] **A agg. 1** Che è lasciato in totale abbandono materiale e morale: *infanzia derelitta* | (*est.*) Che è disabitato e squallido: *casa derelitta; campi derelitti; un paese d. e miserabile.* **2** (*fig., lett.*) Malinconico, triste: *il prato deserto aveva non so che derelitta dolcezza* (D'ANNUNZIO). **3** †Abbattuto, fiacco. **B s. m.** (**f.** *-a*) ● Chi, lasciato in totale abbandono, versa in uno stato di estrema miseria e solitudine: *aiutare i derelitti; ospizio per i derelitti.*

derelizióne [vc. dotta, lat. *derelictiōne(m)*, da *derelĭctus* 'abbandonato, derelitto'] **s. f.** ● (*dir.*) Rinunzia al diritto di proprietà su cosa mobile mediante abbandono della stessa da parte del proprietario.

derequişìre [comp. di *de-* e *requisire*] **v. tr.** (*io derequişìsco, tu derequişìsci*) ● Restituire al proprietario i beni requisiti.

derequişizióne **s. f.** ● Atto, effetto del derequisire.

deresponsabilizzàre [comp. di *de-* e *responsabilizzare*] **A v. tr.** ● Esimere da responsabilità. **B v. intr. pron.** ● Perdere il senso di responsabilità.

deresponsabilizzazióne **s. f.** ● Atto, effetto del deresponsabilizzare.

deretàno o †**diretàno** [dal lat. tardo *derĕtro* 'dietro', col suff. *-ānus*] **A agg.** ● (*raro, lett.*) Posteriore | (*est.*) †Ultimo. **B s. m.** ● Sedere, posteriore.

†**deretàre** ● V. †*diredare.*

derìdere o †**dirìdere** [vc. dotta, lat. *deridēre*, comp. di *dē-* e *ridēre* 'ridere' con mutamento di accento subito da *ridere*] **A v. tr.** (**pass. rem.** *io derìsi, tu deridésti*; **part. pass.** *derìşo*) ● Schernire, dileggiare: *d. qc. per i suoi difetti.* **B v. intr.** (**aus.** *avere*) ● †Ridere con scherno.

†**deriditóre** **s. m.** (**f.** *-trice*) ● (*raro*) Derisore.

derìmere ● V. *dirimere.*

derişìbile **agg.** ● (*raro, lett.*) Ridicolo.

derişióne o †**deligióne**, †**dilegióne**, †**diligióne**, †**dirişióne** [vc. dotta, lat. tardo *derisiōne(m)*, da *derīsus* 'deriso'] **s. f.** ● Atto, effetto del deridere | Beffa, scherno: *guardare qc. con aria di d.; parlano di lui con d.* | (*raro*) *Mettere, prendere in d. qc.*, farne gioco, prenderlo in giro. **SIN.** Dileggio.

derişìvo **agg.** ● (*raro*) Derisorio: *discorso, tono d.* ‖ †**derisivaménte**, **avv.**

derìşo (**1**) **part. pass.** di *deridere*; anche **agg.** ● Nei sign. del v.

derìşo (**2**) [vc. dotta, lat. *derīsu(m)*, s. del part. pass. di *deridēre* 'deridere, schernire'] **s. m.** ● Riso, scherno | *Mettere in d.*, beffare, schernire.

derişóre [vc. dotta, lat. *derisōre(m)*, da *derīsus* 'deriso'] **s. m.**; anche **agg.** (**f.** *-sora*, raro) ● Chi, che deride.

derişòrio [vc. dotta, lat. tardo *derisōriu(m)*, da *derīsus* 'deriso'] **agg.** ● Atto a deridere: *discorso d.* | Di derisione: *gesto di d. e villano.* ‖ **derisoriaménte**, **avv.**

deriva [fr. *dérive*, da *dériver* 'derivare (2)'] **s. f. 1** (*mar.*) Trascinamento di un natante, rispetto al fondo del mare, per effetto delle correnti marine | *Angolo di d.*, quello formato dal vettore indicante rotta e velocità del natante con il vettore indicante direzione e velocità della corrente | (*est.*) Scarroccio | *Andare alla d.*, essere trascinato dalle correnti e dai venti e (*fig.*) subire passivamente le difficoltà, le avversità, la sfortuna | *Chiglia di d.*, (*ell.*) *deriva*, piano longitudinale, fisso o mobile, che prolunga la chiglia di piccoli velieri per aumentare la stabilità orizzontale e ridurre lo scarroccio. ➡ **ILL.** p. 1291 SPORT. **2** (*mar.*) Imbarcazione a vela da regata. ➡ **ILL.** p. 1291 SPORT. **3** (*aer.*) Moto laterale di aereo, rispetto alla rotta, causato dalla componente laterale di correnti dell'aria | *Angolo di d.*, compreso fra la prua e la rotta | (*est.*) Parte fissa dell'impennaggio verticale a scopo stabilizzatore. ➡ **ILL.** p. 1759 TRASPORTI. **4** (*geol.*) *D. dei continenti*, teoria secondo la quale i continenti sono migrati, durante le ere passate, spostandosi, analogamente a zattere galleggianti, sullo strato inferiore della crosta terrestre. **5** (*fis.*) Variazione graduale nel tempo del valore di una grandezza fisica. **6** (*biol.*) *D. genetica*, variazione casuale nel genoma in una popolazione, spec. se numericamente ridotta, che si verifica con il procedere delle generazioni.

derivàbile [da *derivare* (*1*)] **agg.** ● Che si può derivare.

derivabilità **s. f. 1** Qualità di ciò che è derivabile. **2** (*mat.*) Proprietà delle funzioni derivabili.

derivaménto **s. m.** ● (*raro*) Derivazione.

derivànte o †**dirivànte** **part. pres.** di *derivare*; anche **agg.** ● Nei sign. del v.

derivànza **s. f.** ● Derivazione.

derivàre (**1**) o †**dirivàre** [vc. dotta, lat. *derivāre*, comp. di *dē-* e *rivāre* 'far defluire le acque (originariamente del *rīvus* 'ruscello')'] **A v. tr. 1** Prendere, ottenere mediante deviazioni, diramazioni e sim.: *d. da un lago le acque per l'irrigazione.* **2** (*fig.*) Trarre: *da pochi indizi discutibili non puoi d. alcuna certezza* | Dedurre: *da ciò derivo che hai torto; ne deriva che l'accusa è infondata.* **3** (*mat.*) Calcolare la derivata. **B v. intr.** (**aus.** *essere*) **1** Scaturire, sgorgare, detto di fiumi e sim.: *molti corsi d'acqua derivano dai ghiacciai alpini.* **2** (*fig.*) Avere o prendere origine: *ha rinunciato ai piaceri che derivano dalle cose del mondo; la sua scoperta deriva da lunghi studi.* **3** Essere causato o prodotto (*anche fig.*): *materiali sintetici che derivano dal carbone; i suoi difetti derivano dall'educazione che ha ricevuto.* **4** (*poet.*) †Muovere, dirigersi. **5** (*fig.*) Discendere: *d. da nobile stirpe, da illustre famiglia.* **C v. intr. pron.** ● (*poet.*) †Sgorgare.

derivàre (**2**) [fr. *dériver*, incrocio dell'ingl. *to drive* e del fr. *dériver* 'allontanare dall'acqua' (V. *derivare* (*1*))] **v. intr.** (**aus.** *essere*) ● (*mar., aer.*) Subire il moto di deriva.

derivata [f. sost. di *derivato*] **s. f.** ● (*mat.*) *D. di una funzione in un punto*, limite del rapporto tra la variazione della funzione e l'incremento della variabile indipendente, quando questo tende a zero | (*est.*) Funzione che a ogni punto associa la derivata di una funzione data in quel punto | *D. seconda*, derivata della derivata | *D. terza*, derivata della derivata seconda | *Derivate successive*, le derivate seconda, terza, ecc.

derivativo o †**dirivativo** [vc. dotta, lat. *derivatīvu(m)*, da *derivātus* 'derivato'] **agg. 1** Derivato. **2** (*med.*) Detto di farmaco che produce derivazione. **3** (*ling.*) *Affissi derivativi*, quelli che contribuiscono alla formazione dei derivati.

derivàto o †**dirivàto**. **A part. pass.** di *derivare* (*1*); anche **agg.** ● Nei sign. del v. **B s. m. 1** Sostanza derivata da un'altra attraverso trasformazioni chimiche: *le materie plastiche sono derivati del petrolio* | (*chim.*) Sostanza ottenuta dal composto di partenza per sostituzione di un atomo o di un gruppo atomico | *D. alogenato*, ottenuto dal composto di partenza sostituendo uno o più atomi o gruppi atomici con atomi di alogeni | *D. arilico*, composto in cui uno o più atomi sono stati sostituiti da radicali arilici. **2** (*ling.*) Nome formato per derivazione.

derivatóre **agg.** (**f.** *-trice*) ● Che deriva o serve a derivare | *Canale d.*, per derivare le acque.

derivazionàle **agg.** ● (*ling.*) Di derivazione.

derivazióne o (*raro*) †**dirivazióne** [vc. dotta, lat. *derivatiōne(m)*, da *derivātus* 'derivato'] **s. f. 1** Atto, effetto del derivare: *la d. delle acque* | *Opera di d.*, complesso comprendente la diga e le varie opere di presa, per derivare l'acqua da un fiume o torrente | (*raro*) Origine, provenienza: *persona, ricchezza di dubbia d.* **2** (*mat.*) L'operazione che associa a una funzione derivabile la sua derivata. **3** (*ling.*) Formazione di una parola nuova partendo da un elemento preesistente. **4** (*elettr.*) Collegamento fra due punti di un circuito elettrico chiuso, eseguito allo scopo di derivare parte della corrente che lo percorre | *In d.*, in parallelo, detto di circuiti elettrici e sim. **5** Apparecchio telefonico derivato da altro principale o da un centralino interno. **6** (*med.*) Flussione di liquidi organici in un organo.

derivòmetro [comp. di *deriva* e *-metro*] **s. m.** ● (*aer.*) Strumento usato per misurare l'angolo di deriva.

dèrma [vc. dotta, gr. *dérma*, da *dérein* 'scorticare', di origine indeur.] **s. m. inv.** ● (*anat.*) Strato di tessuto connettivo della cute, sotto l'epidermide. ➡ **ILL.** p. 366 ANATOMIA UMANA.

dèrma-, **-dèrma** [dal gr. *dérma* 'pelle' (V. *derma*)] **primo o secondo elemento** ● In parole composte della terminologia scientifica, significa 'pelle', 'cute': *dermalgia, dermascheletro, pachiderma.*

dermalgìa o **dermatalgìa** [vc. dotta, comp. di *derm(a)-* e *-algia*] **s. f.** ● (*med.*) Dolore cutaneo o sensazione di fastidio sulla pelle non associati a lesioni strutturali apparenti.

dermaschèletro [vc. dotta, comp. di *derma-* e *scheletro*] **s. m.** ● (*zool.*) Scheletro ricoperto solamente dall'epidermide in quanto sviluppatosi nel derma sottostante, tipico degli Echinodermi e presente in alcuni Vertebrati come i Cheloni.

dermatalgìa ● V. *dermalgia.*

dermatite [vc. dotta, comp. di *dermat(o)-* e *-ite* (*1*)] **s. f.** ● (*med.*) Infiammazione della pelle.

dèrmato- [dal gr. *dérma*, genit. *dérmatos* 'pelle' (V. *derma*)] **primo elemento** ● In parole composte della terminologia scientifica, spec. medica, significa 'pelle', 'cute', 'relativo alla cute': *dermatologia, dermatosi.*

dermatofita [comp. di *dermato-* e *-fita*] **s. m.** (**pl.** *-i*) ● (*biol.*) Ciascun fungo saprofita o parassita della cute dell'uomo e dei Mammiferi, che infetta e degrada i tessuti cheratinizzati quali cute, capelli, unghie e sim.

dermatògeno [comp. di *dermato-* e *-geno*] **s. m.** ● (*bot.*) Tessuto meristematico che dà origine all'epidermide nelle piante superiori.

dermatoglifo [comp. di *dermato-* e *glifo*] **s. m.** ● (*anat.*) Linea rilevata della cute che disegna sui polpastrelli delle dita, sulla palma della mano e sulla pianta del piede figure di varia forma; l'esame di tali linee, attraverso le impronte digitali, è utilizzato per l'identificazione personale a fini giudiziari e, in genetica umana, per l'accertamento della paternità.

dermatologìa [vc. dotta, comp. di *dermato-* e *-logia*] **s. f.** (**pl.** *-gie*) ● Ramo della medicina che studia le malattie della pelle.

dermatològico **agg.** (**pl. m.** *-ci*) ● Di, relativo alla dermatologia.

dermatòlogo **s. m.** (**f.** *-a*; **pl. m.** *-gi* o *-ghi*) ● Specialista in dermatologia.

dermatomicòşi [comp. di *dermato-* e *micosi*] **s. f.** ● (*med.*) Qualsiasi affezione micotica che interessa la cute.

dermàtomo [comp. di *derma* e *-tomo*] **s. m. 1** (*med.*) Strumento chirurgico utilizzato nei prelievi cutanei o nella dermoabrasione. **2** (*anat.*) Porzione di un somite coinvolta nella formazione del derma. **3** (*fisiol.*) Area cutanea innervata da un singolo ramo sensoriale di un nervo spinale.

dermatoplàstica [vc. dotta, comp. di *dermato-*

e plastica] s. f. ● (*chir.*) Intervento di chirurgia plastica della cute.

dermatòsi [vc. dotta, comp. di *dermato-* e *-osi*] s. f. ● (*med.*) Affezione non infiammatoria della cute.

dermatozòo [vc. dotta, comp. di *dermato-* e *-zoo*] s. m. ● (*spec. al pl.*) Parassita animale della cute.

Dermàtteri [comp. di *derma-* e *-ttero*] s. m. pl. ● Nella tassonomia animale, ordine di Insetti con ali ridotte o mancanti, antenne filiformi e cerci trasformati in pinze (*Dermaptera*) | (al sing. *-o*) Ogni individuo di tale ordine.

dermèste [gr. *dermēstḗs* lett. 'mangiatore di pelle', comp. di *dérma* 'pelle' e del tema di *esthíein* 'mangiare'] s. m. ● Piccolo coleottero con corpo nero rettangolare e zampe gracili le cui larve divorano qualunque sostanza organica (*Dermestes lardarius*).

-dermìa [dal gr. *dérma* 'pelle' (V. *derma*)] secondo elemento ● In parole scientifiche composte, fa riferimento alla pelle: *cheratodermia*, *pachidermia*.

dèrmico [da *derma*] agg. (pl. m. *-ci*) ● Di, relativo al derma e (*est.*) alla pelle.

dermìte [comp. di *derm(a-)* e *-ite* (*1*)] s. f. ● (*med.*) Dermatite.

dèrmo- [dal gr. *dérma* 'pelle' (V. *derma*)] primo elemento ● In parole composte della terminologia scientifica, spec. medica, significa 'pelle', 'cute': *dermopatia*, *dermosifilopatia*.

dermoabrasióne [comp. di *dermo-* e *abrasione*] s. f. ● (*chir.*) Rimozione chirurgica mediante dermatotomo degli strati superficiali della cute allo scopo di eliminare anormalità, quali cicatrici o corpi estranei inclusi.

Dermochèlidi [comp. di *dermo-* e del gr. *chélys* 'tartaruga' (V. *cheli*): detti così perché ricoperti di pelle] s. f. pl. ● Nella tassonomia animale, famiglia di testuggini marine con scudo formato da piccole piastre ossee e con creste longitudinali (*Dermochelydae*) | (al sing. *-e*) Ogni individuo di tale famiglia.

dermoesfoliazióne [vc. dotta, comp. di *dermo-* ed *esfoliazione*] s. f. ● (*med.*) Desquamazione lamellare della pelle.

dermòfito o (*evit.*) **dermòfita** [vc. dotta, comp. di *dermo-* e del gr. *phytón* 'pianta'] s. m. ● Parassita vegetale della pelle.

dermografìa [vc. dotta, comp. di *dermo-* e *-grafia*] s. f. ● (*med.*) Dermografismo.

dermografìsmo s. m. ● (*med.*) Particolare ed evidente reazione della cute a uno stimolo meccanico, con persistenza di segni rossi o bianchi nei punti di contatto: *d. bianco*; *d. rosso*.

dermòide [vc. dotta, comp. di *dermo-* e del gr. *êidos* 'forma'] **A** s. f. o m. *1* Surrogato del cuoio, costituito da un supporto su cui si applicano materie plastiche, usato per valigie, coperture di poltrone, di libri, e sim. *2* (*med.*) Tumore solido o cistico formato da tessuti di diversa origine embrionaria. **B** agg. ● (*anat.*, *med.*) Che ha l'aspetto della cute: *cisti d.*

dermopatìa [vc. dotta, comp. di *dermo-* e *-patia*] s. f. (pl. *-ìe*) ● (*gener.*) Malattia della pelle.

dermopàtico agg. (pl. m. *-ci*) ● Relativo a dermopatia.

dermosifilòpata s. m. e f. (pl. m. *-i*) ● Specialista di dermosifilopatia.

dermosifilopatìa [comp. di *dermo-*, *sifili(de)* e *-patia*] s. f. ● Ramo della medicina che studia le malattie della pelle e veneree.

dermosifilopàtico agg. (pl. m. *-ci*) ● Relativo alla dermosifilopatia.

Dermòtteri [comp. di *derma-* e del gr. *pterón* 'ala', con riferimento al loro caratteristico patagio] s. m. pl. ● Nella tassonomia animale, ordine di Mammiferi arboricoli forniti di una membrana alare estesa tra collo, arti e coda (*Dermoptera*) | (al sing. *-o*) Ogni individuo di tale ordine.

dernier cri /fr. dɛr'nje 'kri/ [loc. fr., letteralmente 'ultimo (*dernier*, tratto, col pref. *-er* di *premier*, da *der(e)rain*, che rappresenta il lat. parl. **deretrānus*) grido (*cri*, da *crier*, dal lat. parl. *critāre* 'gridare')'] **A** loc. sost. m. inv. ● Creazione recentissima dell'alta moda. **B** anche agg. inv.: *abito*, *modello*, *cappello dernier cri*.

dèrno [etim. incerta] vc. ● (*mar.*) Nella loc. avv. *in d.*, modo speciale di issare la bandiera in cima all'albero, raccolta e strozzata attorno a se stessa longitudinalmente in segno di pericolo o per chiamare soccorso.

dèroga [da *derogare*] s. f. ● Atto, effetto del derogare | *In d.*, *a d.*, facendo un'eccezione rispetto a una regola stabilita: *in d. alla precedente nostra circolare*; *a parziale d. delle vigenti disposizioni* | *Accordo*, *patto in d.*, stipula, prevista da apposita legge, di contratti di locazione di immobili urbani in deroga della normativa sull'equo canone.

derogàbile agg. ● Detto di norma, clausola e sim. che accordi privati possono non osservare.

derogàre o †**dirogàre** [vc. dotta, lat. *derogāre*, comp. di *dē-* e *rogāre* nel senso tecnico di 'proporre (una legge)'] **A** v. intr. (*io dèrogo*, *tu dèroghi*; aus. *avere*) *1* (*dir.*) Porre con un provvedimento legislativo un'eccezione rispetto alla regola contenuta in altra norma giuridica: *d. a una legge*. *2* (*fig.*) Togliere valore, rinunciare: *d. all'integrità del proprio carattere*; *l'intera nazione non intende d. alla sua dignità* | Contravvenire, discostarsi: *d. a un patto*; *ha derogato dai vostri consigli*. **B** v. tr. *1* (*raro*) Eludere, trasgredire: *d. gli ordini dell'autorità*. *2* †Pregiudicare, offendere: *d. l'onore di qc.*

derogatìvo [vc. dotta, lat. tardo *derogatīvu(m)*, da *derogātus* 'derogato'] agg. ● (*raro*) Derogatorio.

derogatòrio [vc. dotta, lat. tardo *derogatōriu(m)*, da *derogātus* 'derogato'] agg. *1* Atto a derogare. *2* Che costituisce una deroga. *3* †Offensivo, pregiudizievole.

derogazióne [vc. dotta, lat. *derogatiōne(m)*, da *derogātus* 'derogato'] s. f. *1* Deroga. *2* †Diminuzione di merito, di prestigio e sim.

derràta [fr. *denrée*, dal lat. parl. **denariāta(m)* 'che ha il valore di un *denaro*', quindi 'piccola quantità (di merce)'] s. f. *1* (*spec. al pl.*) Prodotto della terra spec. di uso alimentare, soggetto a contrattazioni commerciali: *scarsità*, *abbondanza di derrate* | (*est.*) Merce: *derrate deperibili* | *È più la giunta che la d.*, (*fig.*) è più il superfluo che il necessario. *2* †Affare, negozio, guadagno | †*Aver buona d.*, ottenere un buon guadagno e (*fig.*) essere fortunato. *3* †Porzione, quantità di merce comprata. || **derratàccia**, pegg.

derrick /ingl. 'derik/ [vc. ingl., verso il 1 600 'forca, patibolo', dal n. originario ol. (*Dierryk*, equivalente a 'Teodorico') di un boia ingl.] s. m. inv. ● Torre per la trivellazione di pozzi petroliferi o per sondaggi geologico-minerari.

derubaménto o †**dirubaménto** s. m. ● (*raro*) Furto.

derubàre o †**dirubàre** [comp. di *de-* e *rubare*] v. tr. (*io derùbo*) ● Privare qc. di ciò che gli appartiene o gli spetta, spec. in modo subdolo, carpendone con frodi o inganni la buona fede: *lo attirarono in un vicolo buio per derubarlo*; *è stato derubato del portafoglio*.

derubàto o †**dirubàto** **A** part. pass. di *derubare*; anche agg. ● Nei sign. del v. **B** s. m. (f. *-a*) ● Persona derubata: *il d. tentò di inseguire il ladro*.

derubricàre [comp. parasintetico di *rubrica*, con il pref. *de-*] v. tr. (*io derùbrico*, *tu derubrìchi*) *1* (*dir.*) Nel processo penale, escludere un reato dalla rubrica in cui era stato incluso o includerlo in un'altra di minor gravità. *2* (*est.*, *raro*) Diminuire, abbassare d'importanza.

derubricazióne [da *derubricare*] s. f. ● (*dir.*) Atto, effetto del derubricare.

†**derupàre** ● V. *dirupare*.

deruralizzazióne [comp. parasintetico di *rurale*, col pref. *de-*] s. f. ● Abbandono della campagna per la città.

derustizzazióne [dall'ingl. *to derust* 'togliere la ruggine', comp. con *rust* 'ruggine' (vc. di origine germ.)] s. f. ● (*tecnol.*) Trattamento avente lo scopo di eliminare la ruggine dagli oggetti che ne sono coperti.

derviscio o **dervis**, **dèrvis** [persiano *darvīš* 'povero', di etim. incerta] s. m. *1* Membro della confraternita musulmana sufica dei Dervisci, che si propongono l'unione mistica con Dio mediante l'ascesi e la danza. *2* (*spec. al pl.*) Mahdista.

desacralizzàre [comp. parasintetico di *sacrale*, sul tipo del fr. *désacraliser* (?)] v. tr. (*io desacralìzzo*) ● Ridurre una persona, una cosa, uno spazio, un tempio alla condizione profana, attraverso apposito rito | (*est.*) Rendere privo dei valori sacrali: *d. la società moderna*.

desacralizzazióne s. f. ● Atto, effetto del desacralizzare.

desalàre [comp. di *de-* e *sale*] v. tr. ● (*raro*) Dissalare.

desalatóre s. m. ● Dissalatore.

desalazióne s. f. ● Atto, effetto del desalare.

desalinizzàre [comp. parasintetico di *salino* col pref. *de-*] v. tr. ● Dissalare.

desalinizzazióne s. f. ● Atto, effetto del desalinizzare.

desaparecido /sp. desapare'θido/ [vc. sp., part. pass. di *desaparecer* 'scomparire', comp. di *des-* 'dis- (1)' e *aparecer* 'apparire'] agg. e s. m. (f. sp. *-a*; pl. m. *-os*; pl. f. *-as*) *1* Detto di oppositore politico fatto scomparire dalle autorità di un regime dittatoriale senza lasciare traccia (con riferimento alla situazione politica dell'Argentina nella seconda metà degli anni Settanta e poi anche a quella di altri Paesi). *2* (*est.*) Detto di persona fatta scomparire da organizzazioni criminali: *i desaparecidos della camorra*.

†**descedàre** ● V. *destare*.

†**descéndere** o **descèndere** e *deriv.* ● V. *discendere e deriv.*

†**descensióne** [vc. dotta, lat. tardo *descensiōne(m)*, da *descēnsus* 'descenso'] s. f. *1* V. †*discensione*. *2* L'avvicinarsi di una stella all'orizzonte, verso il tramonto.

†**descetàre** ● V. *destare*.

descherìa [da *desco*] s. f. *1* †Banco dei macellai. *2* Anticamente, dazio imposto ai macellai che vendevano al mercato.

deschétto o (*raro*) †**dischétto** (**1**). s. m. *1* (*lett.*) Dim. di *desco*. *2* Tavolino da lavoro di artigiani, spec. quello dei calzolai. *3* †Specchiera, toletta. || †**deschettàccio**, pegg.

†**descitàre** ● V. *destare*.

désco [lat. *dīscu(m)*, dal gr. *dískos*, 'piatto tondo', poi 'tavola'] s. m. (pl. *-schi*) *1* (*lett.*) Tavola per mangiare: *il d. familiare* | *Stare a d.*, a mensa | *D. molle*, pasto frugale senza tovaglia. *2* (*raro*) Banco di vendita, spec. della macelleria. *3* †Banco presso cui sedevano magistrati, notai, pubblici ufficiali e sim. per esercitare le loro funzioni. *4* (*raro*) Sgabello. *5* †Disco. || **descàccio**, pegg. | **deschétto**, dim. (V.).

descolarizzàre v. tr. ● (*pedag.*) Applicare la teoria della descolarizzazione in una comunità o sistema sociale in genere.

descolarizzazióne [comp. di *de-* e *scolarizzazione*] s. f. ● (*pedag.*) Teoria che sostiene la soppressione della scuola come istituzione educativa.

descrittìbile agg. ● (*raro*) Descrivibile.

descrittivìsmo [da *descrittivo*] s. m. ● Nelle arti figurative, tendenza a indulgere in particolari descrittivi.

descrittìvo o †**discrittìvo** [vc. dotta, lat. tardo *descriptīvu(m)*, da *descrīptus* 'descritto'] agg. *1* Che descrive: *un particolare d.* | *Grammatica descrittiva*, descrizione del sistema di una lingua in una fase determinata, prescindendo dalla sua formazione storica. *2* Nelle arti figurative, detto di opera che raffigura il soggetto con analitica precisione, talora a scapito di più autentici valori formali.

descrìtto o †**discrìtto** part. pass. di *descrivere*; anche agg. ● Nei sign. del v.

descrittóre o (*raro*) †**discrittóre** [vc. dotta, lat. tardo *descriptōre(m)*, da *descrīptus* 'descritto'] s. m.; anche agg. (f. *-trice*) *1* Chi, che descrive | †Scrivano. *2* (*elab.*) Elemento significativo di informazione usato per identificare un record.

descrìvere o †**discrìvere** [vc. dotta, lat. *descrībere* 'scrivere (*scrībere*) da (*dē*) un modello, trascrivere, copiare'] v. tr. (coniug. come *scrivere*) *1* Rappresentare cose o persone con parole o scritti, indicandone tutte le caratteristiche, in modo da darne un'idea compiuta: *d. un paesaggio*, *un oggetto*, *i lineamenti di qc.* | (*est.*) Esporre o spiegare minutamente, con ricchezza di particolari: *d. un avvenimento*; *hai descritto perfettamente la scena*. *2* (*lett.*) Disegnare | (*est.*) Tracciare una determinata linea o figura, detto spec. di corpi in movimento: *la stella cadente descrisse nel cielo* *un arco luminoso*; *un punto che si muove descrive una retta*. **3** †Annotare su registri catastali, anagrafici e sim.

descrivìbile agg. ● Che si può descrivere. CONTR. Indescrivibile.

†**descriviménto** s. m. ● Modo e atto del descrivere.

descrizióne o (*raro*) †**discrizióne** [vc. dotta, lat. *descriptiōne(m)*, da *descrīptus* 'descritto'] s. f. **1** Atto, effetto del descrivere: *crude e atroci descrizioni di battaglie e di morti* (VICO) | *D. del libro*, enumerazione di tutti gli elementi atti a identificare un'opera bibliografica. **2** †Anagrafe. || **descrizioncèlla**, dim. | **descrizioncìna**, dim.

†**deṣdecére** o **deṣdècere** [da *decere* col pref. neg. *des-* sul tipo del lat. *dedecēre* 'essere sconveniente'] v. intr. (anche impers., dif., usato solo nella terza pers. sing. del pres. indic. *deṣdèce*) ● Sconvenire, disdire.

†**desecàre** ● V. †*desiccare*.

†**deṣedàre** ● V. *destare*.

desegregazióne [comp. di *de-* e *segregazione*] s. f. ● Soppressione di uno stato di segregazione; abolizione della segregazione razziale.

desemantiẓẓàre [comp. di *de-*, *semant(ico)* e *-izzare*] **A** v. tr. ● (*ling.*) Provocare una desemantizzazione. **B** v. intr. pron. ● (*ling.*) Subire una desemantizzazione.

desemantiẓẓazióne [da *desemantizzare*] s. f. ● (*ling.*) Processo per cui una parola o un'espressione perde o attenua il proprio significato originario e ne acquisisce uno più vago e indefinito o assume una funzione grammaticale (per es. *durante*, che, da part. pres. del v. *durare*, ha assunto funzione di preposizione).

desensibiliẓẓàre [comp. di *de-* e *sensibilizzare*] v. tr. ● Rendere totalmente o parzialmente privo di sensibilità (*anche fig.*).

desensibiliẓẓatóre s. m. ● (*fot.*) Sostanza chimica che annulla la sensibilità alla luce di un negativo già esposto.

desensibiliẓẓazióne s. f. **1** (*fot.*) Procedimento chimico per annullare la sensibilità alla luce di un negativo già esposto. **2** (*med.*) Metodo usato per prevenire o ridurre le reazioni allergiche consistente nella somministrazione di dosi graduali di allergene.

†**deṣertàre** e *deriv.* ● V. *disertare* e *deriv.*

deṣèrtico [fr. *désertique*, da *desert* (V. *deserto* (*2*))] agg. (pl. m. *-ci*) ● Che ha la natura del deserto: *paesaggio d.* | Che è tipico del deserto: *clima d.*

deṣertìcolo [comp. di *deserto* (*2*) e *-colo*] agg. ● Che vive nei deserti: *fauna, flora deserticola*.

deṣertificazióne [comp. di *deserto* (*2*) e *-ficazione*] s. f. ● Fenomeno per cui una vasta estensione di terreno, prima fertile e ricca di vegetazione, assume, in varie fasi e per varie ragioni, tutte le caratteristiche di un deserto.

deṣèrto (**1**) o †**diṣèrto** (**1**) [vc. dotta, lat. *desĕrtu(m)*, part. pass. di *desĕrere* 'abbandonare' (comp. di *dē* e *sĕrere* 'legare')] agg. **1** Vuoto di abitanti o di occupanti, disabitato, spopolato: *luogo d.*; *città deserta*; *cinema, teatro d.*; *oggi le strade sono deserte*. **2** (*dir.*) *Causa deserta*, estinta per inattività delle parti durata un lasso di tempo stabilito dalla legge | *Asta deserta*, nel corso della quale nessun offerente è stato dichiarato aggiudicatario. **3** (*est.*) Incolto o privo di vegetazione: *campi deserti*.

deṣèrto (**2**) o †**diṣèrto** (**1**) [vc. dotta, lat. tardo *desĕrtu(m)*, s. neutro del part. pass. di *desĕrere* (V. *deserto* (*1*)). Il lat. class. conosce *desĕrta*, nt. pl. 'luoghi deserti'] s. m. (pl. *deserti*, m.; †*desertora*, f.) **1** (*geogr.*) Vasto tratto di superficie terrestre con scarsissime precipitazioni, spoglia di vegetazione e disabitata | (*fig.*) *Parlare, predicare al d.*, sprecare parole, consigli e sim., con chi non vuole ascoltare o intendere **2** (*est.*) Campo, terreno o regione sterile | Luogo arido e disabitato.

†**deservìre** (**1**) [vc. dotta, lat. *deservīre* 'servire (*servīre*) completamente (*dē-*), con zelo'] v. intr. ● (*raro*) Servire con zelo.

†**deservìre** (**2**) ● V. *disservire*.

desessualiẓẓàre [comp. di *de-*, *sessual(e)* e *-izzare*] **A** v. tr. ● Privare del carattere sessuale. **B** v. intr. pron. **1** Perdere il carattere sessuale. **2** (*psican.*) Subire un processo di desessualizzazione.

desessualiẓẓazióne s. f. **1** Atto, effetto del desessualizzare o del desessualizzarsi. **2** (*psican.*) Superamento della fase libidica infantile attraverso la sublimazione delle pulsioni sessuali.

déshabillé /fr. dezabi'je/ [vc. fr., dal part. pass. di *déshabiller* 'svestire', comp. di *dés-* opposizione e *habiller* 'vestire'] s. m. inv. ● Vestaglia da donna | *Essere in d.*, non essere ancora vestita.

†**deṣìa** ● V. †*disia*.

deṣiàbile o (*raro, lett.*) **diṣiàbile**. agg. ● (*lett.*) Desiderabile.

deṣiànza ● V. *disianza*.

deṣiàre o (*lett.*) **diṣiàre** [da *desio*] **A** v. tr. (*io deṣìo*) ● (*lett.*) Desiderare: *con quella man che tanto desiai*, | *m'asciuga li occhi* (PETRARCA). **B** v. intr. (aus. *avere*) ● Piacere, dilettare.

deṣiàto o **diṣiàto** **A** part. pass. di *desiare*; anche agg. ● (*lett.*) Nei sign. del v. **B** s. m. ● (*lett.*) Cosa desiderata.

†**desiccàre** o (*raro*) †**deseccàre** v. tr. ● (*raro*) Disseccare.

desideràbile o †**disideràbile** [vc. dotta, lat. *desiderābile(m)*, da *desiderāre* 'desiderare'] **A** agg. ● Che si può desiderare, che è degno d'essere desiderato: *un futuro d.* | *È d. che*, è conveniente, opportuno che. || **desiderabilménte**, avv. In modo desiderabile, opportuno. **B** s. m. ● (*raro*) †Cosa o bene desiderabile.

desiderabilità s. f. ● Qualità di chi, di ciò che è desiderabile.

†**desideraménto** s. m. ● Desiderio.

desiderànte o †**disiderànte** **A** part. pres. di *desiderare*; anche agg. ● (*raro, lett.*) Nei sign. del v. **B** s. m. e f. ● (*raro, lett.*) Chi desidera.

desideràre o †**disideràre** [vc. dotta, lat. *desiderāre*, letteralmente 'cessare (*dē-*) di contemplare le stelle (*siderāre*, da *sīdus*, gen. *sīderis* 'stella') a scopo augurale', quindi 'bramare'] v. tr. (*io desìdero*) **1** Sentire fisicamente o spiritualmente la mancanza di ciò che è piacevole, utile, buono, necessario e sim. e tendere coscientemente a ottenerne il godimento, la disposizione, il possesso e sim.: *d. la ricchezza, la fama*; *desiderano una casa*; *desideriamo la vostra amicizia*; *da tempo desidera la vicinanza dei genitori* | *D. una donna*, esserne attratto fisicamente e volerla possedere | *Fare d. q.c.*, non soddisfare le richieste o le esigenze di qc. in modo da stimolarne al massimo il desiderio | *Farsi d.*, ritardare la propria apparizione, ridurre al minimo la propria presenza e sim., in modo da far sentire e pesare agli altri la propria mancanza | *Lasciare a d.*, si dice di cosa imperfetta, suscettibile di ulteriori miglioramenti o di persona che presenta difetti, manchevolezze e sim. | *Si desidera*, occorre, è necessario. SIN. Ambire, bramare. **2** Volere, con valore attenuativo: *d. la pace*; *le grandi potenze non desideravano la guerra*; *desidero che chiariate la vostra posizione*. **3** Esigere, richiedere: *diverse categorie di cittadini desiderano queste riforme* | *Lo desiderano al telefono*, è chiamato al telefono | (*raro*) Cercare: *spesso i genitori desiderano nei figli le loro stesse aspirazioni*. **4** (*raro, lett.*) Provare rammarico, rimpiangere.

desideràta /lat. deside'rata/ [pl. di *desiderā-tu(m)* '(oggetto) desiderato'] s. m. pl. ● Cose che si desiderano, si esigono e sim.: *esporre i propri d.*

desiderativo o (*raro*) †**disiderativo** [vc. dotta, lat. tardo *desiderātīvu(m)*, da *desiderātus* 'desiderato'] agg. **1** Che manifesta o esprime desiderio | (*ling.*) Ottativo. **2** †Atto a desiderare | †Desideroso. || **desiderativaménte**, avv..

desideràto o †**disideràto** **A** part. pass. di *desiderare*; anche agg. ● Nei sign. del v. || **desiderataménte**, avv. **B** s. m. ● (*spec. al pl., raro*) Ciò che si desidera, si esige e sim.: *esporre i propri desiderati*.

†**desideratóre** o †**disideratóre** [vc. dotta, lat. tardo *desideratōre(m)*, da *desiderātus* 'desiderato'] s. m.; anche agg. (f. *-trice*) ● Chi, che desidera.

†**desiderazióne** o †**disiderazióne**. s. f. ● Desiderio.

†**desiderévole** o †**disiderévole**. agg. ● Desiderabile.

desidèrio o †**desìdero**, †**disidèrio** [vc. dotta, lat. *desidēriu(m)*, da *desiderāre* 'desiderare'] s. m. **1** Aspirazione, moto dell'animo verso chi o ciò che procura piacere, o che è utile, buono, necessario e sim.: *d. legittimo, empio, insaziabile, sfrenato*; *provare, sentire, soddisfare, frenare un d.*; *avere d. di q.c.* **2** Avidità, cupidigia: *da questo d. di vendetta nasce il sangue e la morte degli uomini* (MACHIAVELLI) | Brama di piaceri sensuali: *desideri inconfessabili*; *l'impeto del d.* **3** Senso di mancanza, di privazione, di bisogno: *un malinconico d. d'affetto* | Rimpianto per ciò che si aveva e si è perduto: *rimanere solo col d.*; *lasciar d. di sé*. **4** Ciò che si desidera: *questo è il mio solo d.*; *finalmente realizzeremo i nostri desideri* | †Persona amata. **5** (*raro*) †Cura, sollecitudine.

desideróso o †**disideróso** [vc. dotta, lat. tardo *desiderōsu(m)*, da *desiderāre* 'desiderare'] agg. ● Che desidera | Che è pieno di desiderio: *un popolo d. di libertà* | Avido: *essere d. di piaceri*. SIN. Bramoso. || **desiderosaménte**, avv.

†**deṣiévole** ● V. †*disievole*.

design /de'zain, *ingl.* di'zain/ [vc. ingl., der. dell'it. *disegno*] s. m. inv. **1** Attività di progettazione di un oggetto da fabbricare in serie: *il d. giapponese sta imponendosi nel mondo* | *La linea, la forma di un oggetto industriale*: *il d. di una sedia*. **2** Acrt. di *industrial design* (V.) e di *graphic design* (V.).

designàbile o **deṣignàbile** agg. ● Che si può designare.

designaménto o **deṣignaménto** s. m. ● (*raro*) Designazione.

designàre o **deṣignàre** [vc. dotta, lat. *designāre* 'segnare (*signāre*), indicare esattamente (*dē-*)'] v. tr. (*io desìgno* o *deṣìgno*) **1** Proporre o destinare una persona a un incarico, un ufficio e sim.: *lo ha designato come suo successore*. SIN. Additare, indicare. **2** Indicare con esattezza: *d. il giorno e l'ora dell'incontro* | *D. il giudice*, indicare, da parte del capo di un ufficio giudiziario, il giudice competente per la trattazione di una causa. **3** Denotare: *ciò designa la vostra incompetenza*. **4** (*raro, lett.*) Raffigurare, simboleggiare. **5** †V. *disegnare*.

designàto o **deṣignàto** **A** part. pass. di *designare*; anche agg. ● Nei sign. del v. **B** s. m. (f. *-a*) ● (*raro*) Persona designata.

designatóre o **deṣignatóre** [vc. dotta, lat. *designatōre(m)*, da *designātus* 'designato'] s. m. (f. *-trice*) ● Chi designa: *il d. degli arbitri di calcio*.

designatum /lat. desiɲ'ɲatum, deziɲ'ɲatum/ [vc. lat., part. pass. di *designāre* 'designare', proprio della terminologia ingl.] s. m. (pl. lat. *designata*) ● (*ling.*) Denotatum.

designazióne o **deṣignazióne** [vc. dotta, lat. *designatiōne(m)*, da *designātus* 'designato'] s. f. **1** Atto, effetto del designare. **2** V. †*disegnazione*.

designer /de'zainer, *ingl.* di'zainə*/ [vc. ingl., dal v. *to design* 'disegnare'] s. m. e f. inv. ● Chi si occupa professionalmente di design.

desilàre e *deriv.* ● V. *dessilare* e *deriv.*

deṣinàre o †**diṣinàre** [ant. fr. *disner*, dal lat. parl. **disieiunāre*, originariamente 'rompere (*dis-*) il digiuno (*ieiūnus*)'] **A** v. intr. (*io déṣino*; aus. *avere*) ● Fare il pasto più sostanzioso della giornata, alla mattina o alla sera: *mi hanno invitato a d. con loro*. **B** s. m. ● Pasto sostanzioso e principale della giornata: *d. lauto, magro, povero*; *preparare il d.*; *fare da d.* | *Dopo d.*, nelle prime ore del pomeriggio. || **deṣinaràccio**, pegg. | **desinarétto**, dim. | **desinarìno**, dim. | **desinaróne**, accr. | **desinarùccio**, dim.

†**deṣinàta** s. f. ● Lauto desinare.

deṣinènte [vc. dotta, lat. *desinĕnte(m)*, da *desĭnere* 'terminare'] agg. ● Che ha una determinata desinenza o terminazione: *i verbi desinenti in -ire*.

deṣinènza [vc. dotta, lat. mediev. *desinĕntia(m)*, da *dēsinens*, gen. *desinĕntis*, part. pres. di *desĭnere* 'finire, terminare', comp. di *dē* e *sĭnere* 'lasciare', di etim. incerta] s. f. ● (*ling.*) Elemento che si presenta nella sede finale di un nome, un pronome, un aggettivo o un verbo, per formare con la radice una forma flessa.

deṣinenziàle agg. ● (*ling.*) Di, relativo a, desinenza.

†**deṣinóre** ● V. *disonore*.

deṣìo o **diṣìo** [lat. parl. **desēdiu(m)*, originariamente 'desiderio erotico', forma neutra corrispondente al f. *desīdia* 'indolenza, pigrizia', considerata incentivo alla lussuria] s. m. ● (*lett.*) Desiderio |

(*est.*) Cosa o persona amata e desiderata: *ov'è 'l disio de li occhi miei?* (DANTE) | (*raro*) †*Andare a d.*, andare a divertirsi.

†**desióre** s. m. ● (*raro*) Vivo desiderio.

desióso o **disióso**. agg. *1* (*lett.*) Desideroso. *2* (*raro*) †Desiderabile. || **desiosaménte**, avv. (*lett.*) In modo desioso.

desipiènte [vc. dotta, lat. *desipiĕnte*(*m*), part. pres. di *desĭpere*, comp. di *dē-* e *săpere* 'aver gusto, buon senso'] agg. ● (*raro, lett.*) Insipiente, vano, sciocco.

desipiènza [vc. dotta, lat. *desipiĕntia*(*m*), da *dēsipiens* 'desipiente'] s. f. ● (*raro, lett.*) Qualità di chi è desipiente.

†**desira** s. f. ● (*raro, poet.*) Desiderio.

†**desiràre** o †**disiràre** [ant. fr. *désirer*, dal lat. *desiderāre* 'desiderare'] v. tr. ● Desiderare.

†**desìre** o †**desìro**, †**disìre**, †**disìro** [ant. fr. *desir*, da *désirer*, dal lat. *desiderāre* 'desiderare'] s. m. ● (*lett.*) Desiderio: *desir immenso delle cose eterne* (CAMPANELLA) | *Entrare in d.*, essere preso dal desiderio | (*est.*) Cosa o persona desiderata.

†**desiróso** ● V. *disiroso*.

desistènza s. f. ● (*raro*) Atto, effetto del desistere | (*dir.*) Volontaria interruzione dell'attività criminosa da parte del reo: *d. dalla commissione di una rapina*.

desìstere [vc. dotta lat. *desĭstere*, comp. di *dē-* e *sĭstere* 'fermare', di origine indeur.] v. intr. (pass. rem. *io desistéi* o *desistètti*, *tu desistésti*; part. pass. *desistito*; aus. *avere*) *1* Ritirarsi da un'attività, da un'impresa, da un'iniziativa e sim.: *non desisterà dall'azione intrapresa* | Recedere da un proposito, da un'intenzione e sim. CONTR. Insistere | (*dir.*) *D. dalla causa*, rinunciare agli atti del giudizio in corso, o non svolgere in esso alcuna attività, determinandone così l'estinzione | (*dir.*) *D. dalla querela*, rimetterla. *2* (*lett.*) †Finire, terminare.

desktop /*ingl.* 'desktɔp/ s. m. inv. ● Acrt. di *desktop publishing*.

desktop publishing /*ingl.* 'desktɔp 'pʌbliʃiŋ/ [loc. ingl., propr. 'editoria da tavolo', comp. di *desktop* 'piano (*top*) della scrivania (*desk*)' e *publishing* 'editoria'] loc. sost. m. inv. ● Sistema di scrittura, impaginazione e stampa basato su un personal computer.

dèsman [sved. *desman* 'muschio' (per il suo odore), da un lat. med. *bisamum*, di orig. or.] s. m. ● Mammifero degli Insettivori con una sorta di proboscide, piedi posteriori palmati e ghiandole che emanano odore di muschio (*Desmana moschata*). SIN. Miogale.

dèsmo- [dal gr. *desmós* 'legame', dal v. *déein* 'legare', di origine indeur.] primo elemento ● In parole composte della terminologia scientifica, significa 'legame, legamento': *desmoconte, desmologia*.

Desmocónte [comp. di *desmo-* e del gr. *kontós* 'bastone, pertica', di origine indeur., per il legamento dei loro flagelli] s. f. pl. ● Nella tassonomia vegetale, classe di alghe monocellulari avvolte generalmente da una membrana divisa in due valve e circondata da gelatina (*Desmokontae*) | (*al sing.*) Ogni individuo di tale classe.

desmologia [vc. dotta, comp. di *desmo-* e *-logia*] s. f. (pl. *-gie*) *1* (*anat.*) Studio degli apparati legamentosi e tendinei. *2* (*fis., chim.*) Studio dei legami atomici e molecolari.

desmològico agg. (pl. m. *-ci*) ● Di, relativo a, desmologia.

desmopatia [vc. dotta, comp. di *desmo-* e *-patia*] s. f. ● (*med.*) Malattia dei tendini o dei legamenti.

†**desnóre** ● V. *disonore*.

†**desnudàre** ● V. †*disnudare*.

desolaménto o †**disolaménto**. s. m. ● (*raro*) Desolazione.

desolànte part. pres. di *desolare*; anche agg. *1* Nei sign. del v. *2* (*est., lett.*) Brutto, disgustoso: *quei ... desolanti interni orrendamente arredati* (UNGARETTI).

desolàre o †**disolàre** (2) [vc. dotta, lat. *desolāre* 'lasciare (*dē-*) solo (*sōlus*)'] v. tr. (*io desòlo* o *dèsolo*) *1* (*lett.*) Devastare: *i barbari invasero e desolarono l'Italia*. *2* (*raro, lett.*) Abbandonare. *3* Colmare di dolore, sconforto e sim.: *la tua cattiva condotta mi ha desolata*. SIN. Affliggere.

desolàto o †**disolàto** **A** part. pass. di *desolare*; anche agg. *1* Nei sign. del v. *2* Che provoca sensazioni tristi, di pena, sconforto, solitudine e sim.: *un paesaggio d.*; *una laguna desolata*. || **desolataménte**, avv. **B** s. m. (f. *-a*) ● (*raro*) Persona colpita da sventura, dolori, e sim.

desolatóre o †**disolatóre** [vc. dotta, lat. tardo *desolatōre*(*m*), da *desolātus* 'desolato'] agg.; anche s. m. (f. *-trice*) ● (*raro*) Che, chi porta desolazione.

desolazióne o †**disolazióne** [vc. dotta, lat. tardo *desolatiōne*(*m*), da *desolātus* 'desolato'] s. f. *1* Atto del desolare | Devastazione, rovina: *la guerra recò lutti e desolazioni*. *2* Squallore, stato di estremo abbandono: *la d. dei campi incolti*. *3* Dolore angoscioso, sconsolato: *il suo viso era l'immagine della d.*

desolforàre [comp. parasintetico del lat. *sulphur* 'zolfo', con il pref. *de-*] v. tr. (*io desólforo*) ● Asportare zolfo, o composti che lo contengono, da sostanze in cui la sua presenza costituisce una impurità dannosa: *d. il gas illuminante, la ghisa*.

desolforatóre s. m. ● Apparecchio per desolforare.

desolforazióne s. f. ● Atto, effetto del desolforare.

desonorizzàre [comp. di *de-*, *sonor*(*o*) e *-izzare*] **A** v. tr. ● (*ling.*) Provocare una desonorizzazione. **B** v. intr. pron. ● (*ling.*) Subire una desonorizzazione.

desonorizzàto [comp. di *de-* e *sonorizzato*] agg. ● (*ling.*) Detto di suono che ha perduto la sonorità.

desonorizzazióne [da *desonorizzare*] s. f. ● (*ling.*) Fenomeno per cui un suono si trasforma da sonoro in sordo.

desorbiménto [da *adsorbimento* con sostituzione del pref. *ad-* con *de-*] s. m. ● (*chim.*) Fenomeno inverso all'adsorbimento, consistente nella liberazione di una sostanza adsorbita da una superficie solida.

†**desortazióne** [comp. di *de-* ed (*e*)*sortazione*] s. f. ● Atto di chi sconsiglia, dissuade.

desòssi- ● V. *deossi-*.

desossidàre e *deriv.* ● V. *disossidare* e *deriv.*

desossiribonuclèico ● V. *deossiribonucleico*.

desossiribòsio ● V. *deossiribosio*.

desossiribòso ● V. *deossiribosio*.

desovranizzàre [comp. parasintetico di *sovrano*, col pref. *de-*] v. tr. ● Eliminare la sovranità, il potere e sim. detenuti da una persona, un organo e sim.

desovranizzazióne s. f. ● Atto, effetto del desovranizzare.

†**desperàre** e *deriv.* ● V. *disperare* e *deriv.*

†**despètto** ● V. *dispetto* (*1*) e †*dispetto* (*2*).

†**despezióne** [vc. dotta, lat. *despectiōne*(*m*), da *despĕctus* 'disdegno' (V. *dispetto*)] s. f. ● Disprezzo.

†**despitto** ● V. †*dispitto*.

†**despogliàre** ● V. *dispogliare*.

†**desponsàre** e *deriv.* ● V. †*disposare* e *deriv.*

dèspota o †**dèspoto** [vc. dotta, gr. *despótēs* 'signore, tiranno', originariamente 'padrone (**potis*) della casa (*dôma*)'] s. m. (pl. *-i*) *1* Sovrano assoluto, tiranno. *2* (*est.*) Chi esercita la propria autorità in modo arbitrario ed eccessivamente rigoroso.

despòtico ● V. *dispotico*.

despotismo ● V. *dispotismo*.

†**dèspoto** ● V. *despota*.

†**despregiàre** e *deriv.* ● V. *dispregiare* e *deriv.*

†**desprezzàre** e *deriv.* ● V. *disprezzare* e *deriv.*

†**despumàre** [vc. dotta, lat. *despumāre* 'schiumare (*spumāre*) via (*dē-*)'] v. tr. ● Schiumare.

†**despumazióne** [vc. dotta, lat. tardo *despumatiōne*(*m*), da *despumātus* 'despumato'] s. f. ● Atto, effetto del despumare.

desquamànte part. pres. di *desquamare*; anche agg. ● Nei sign. del v.

desquamàre [vc. dotta, lat. *desquamāre* 'togliere le squame', comp. parasintetico di *squāma* 'squama'] **A** v. tr. ● Causare la formazione e il successivo distacco di scaglie: *i detersivi desquamano la pelle*. **B** v. intr. pron. ● Sfaldarsi in squame: *la pelle si desquama*.

desquamativo agg. ● Che provoca desquamazione: *processo d.*

desquamazióne s. f. *1* Distacco in forma di squame delle parti superficiali di un organo: *d. cutanea*. *2* (*geol.*) Alterazione di superfici rocciose dovuta a dilatazione termica per calore solare, per cui parti della roccia si staccano in forma di squame. *3* (*bot.*) Asportazione delle tuniche a certe radici bulbose.

†**dessedare** ● V. *destare*.

dessert /*fr.* de'sɛr/ [vc. fr., part. pass. di *desservir* 'togliere ciò che è stato servito, sparecchiare'] s. m. inv. ● Ciò che viene offerto a fine pasto, spec. frutta e dolce | (*est.*) Ultima fase di un pranzo, di una cena.

dessilàre o **desilàre** [comp. di *de-* e *silo*] v. tr. ● (*agr.*) Estrarre, trasportare o convogliare fuori da un silo.

dessilatóre o **desilatóre** **A** s. m. ● Impianto, dispositivo per dessilare. **B** agg. (f. *-trice*) ● Che dessila, atto a dessilare: *macchina dessilatrice*.

dessiocardia [vc. dotta, comp. del gr. *dexiós* 'destro' (di origine indeur.) e di *-cardia*] s. f. ● (*med.*) Destrocardia.

dessiografia [vc. dotta, comp. del gr. *dexiós* 'destro' (di origine indeur.) e di *-grafia*] s. f. ● Scrittura che procede da sinistra a destra.

†**dessìssimo** [sup. di *desso*] pron. dimostr. ● (*raro, scherz.*) Proprio lui.

désso [lat. *īd ĭpsum* 'esso stesso'] **A** pron. dimostr. (f. *-a*) ● (*lett.*) Quello stesso, proprio quello, proprio lui, la stessa persona: *è d.*; *non pare più d.* | Con valore raff., accompagnato da un altro pron. o da un s.: *i' grido: ell'è ben dessa*; *ancor è in vita* (PETRARCA) | (*scherz.*) *Sono io quel d.* **B** pron. pers. ● (*lett.*) †Egli, colui: *era dessa la primogenita* (NIEVO). || †**dessìssimo**, sup. (V.).

dessous /*fr.* də'su/ [vc. fr., propr. 'di sotto', da *vêtements de dessous* 'sottovesti'] s. m. pl. ● Capi di biancheria intima femminile.

dest /dest/ ● V. *destr*.

destabilizzànte part. pres. di *destabilizzare*; anche agg. ● Nei sign. del v.: *elemento, fattore, iniziativa d.*

destabilizzàre [comp. di *de-* e *stabilizzare*] v. tr. ● Turbare, rendere instabile qc. o q.c. in un equilibrio, in un assetto costituito: *il mondo occidentale*; *campagna che tende a d. i partiti democratici*.

destabilizzatóre s. m.; anche agg. (f. *-trice*) ● Chi, che destabilizza.

destabilizzazióne s. f. ● Atto, effetto del destabilizzare: *d. politica*; *fare opera di d.*

destagionalizzàre [comp. di *de-*, *stagional*(*e*) e *-izzare*] v. tr. ● (*stat., econ.*) Eliminare dai dati relativi all'andamento temporale di un fenomeno le variazioni dovute a fattori stagionali.

destagionalizzàto part. pass. di *destagionalizzare*; anche agg. ● Nel sign. del v.: *indice, tasso, dato d.*

destagionalizzazióne [comp. di *de-* e un deriv. di *stagionale*] s. f. ● (*stat.*) Modifica apportata ai dati di una serie temporale al fine di depurarli dalle influenze specifiche del periodo cui si riferiscono e di individuare le reali tendenze di fondo.

destalinizzàre [comp. di *de-* e *stalinizzare*] v. tr. ● Sottoporre a destalinizzazione.

destalinizzazióne s. f. ● Fase di revisione critica del regime, della politica e dei metodi staliniani attuata nell'Unione Sovietica e in altri Paesi dell'Europa orientale dopo la morte di Stalin (1953) e in particolare dopo il XX Congresso del PCUS (1956) | (*est.*) Revisione ideologica, politica e organizzativa attuata da vari partiti comunisti dopo il 1956.

†**destaménto** s. m. ● Risveglio.

destàre o (*dial.*) †**descedàre**, (*dial.*) †**descetàre**, (*dial.*) †**descitàre**, (*dial.*) †**desedàre**, (*dial.*) †**dessedàre** [lat. parl. **deexcitāre* 'chiamare (*citāre*) fuori (*ex-*), sottinteso dal sonno', con *dē-*] **A** v. tr. (*io désto*) *1* Scuotere dal sonno (*anche fig.*): *d. chi dorme*; *d. qc. nel cuore della notte*; *il primo sole desta la campagna*. SIN. Svegliare. *2* (*fig.*) Scuotere dall'inerzia, dal torpore: *d. la volontà dei propri allievi* | Eccitare, stimolare: *d. l'attenzione, la curiosità dei presenti*; *tutto mi senti' destar el core / di dolce voglia, e d'un piacer divino* (POLIZIANO). *3* (*fig.*) Riaccendere, ravvivare: *d. il fuoco, la fiamma*. *4* (*fig.*) Suscitare sentimenti, sensazioni, memorie e sim.: *l'evento* *destò grande gioia in tutti noi; la scena destò in lui dolorosi ricordi.* **B** v. intr. pron. **1** Scuotersi dal sonno (*anche fig.*): *mi destai all'improvviso; la città si desta ai primi albori.* **2** Scuotersi dall'inerzia, dal torpore e sim.: *gli animi si destano; la sua fantasia pareva destarsi a nuova vita.* **3** Nascere: *nuovi ideali si destano in noi* | Cominciare a manifestarsi: *si destarono i primi moti di rivolta.*

destatizzazióne [comp. di *de-* e *statizzazione*] s. f. ● (*econ.*) Privatizzazione.

†**destatóre** agg.; anche s. m. (f. *-trice*) ● Che, chi desta.

†**desterità** [vc. dotta, lat. *dexteritāte(m)*, da *dĕxter* 'destro'] s. f. ● Destrezza | Sagacia.

†**destillàre** e *deriv.* ● V. *distillare* e *deriv.*

destinàre o (*raro*) †**distinàre** [vc. dotta, lat. *destināre*, comp. di *dē-* e *-stanāre*, da avvicinare a *stāre* 'fissare, fermare'] **A** v. tr. (*io destìno*) **1** Dare in sorte, stabilire in modo definitivo e irrevocabile (*anche ass.*): *Dio destina un fine a ogni creatura; gli esseri viventi sono destinati a morire; gli dei avevano destinato altrimenti* | (*est.*) Decidere, deliberare: *accettano di buon grado ciò che avete destinato; avrei destinato di trascorrere le vacanze al mare* | Determinare il tempo o il luogo in cui q.c. dovrà accadere, realizzarsi, compiersi e sim.: *d. una data; d. la città in cui sorgerà la nuova industria; rinviare un incontro a data da destinarsi.* **2** Assegnare qc. a una sede, a una carica, a un ufficio e sim.: *lo hanno destinato alla nuova filiale; ci destineranno a nuovi compiti* | (*est.*) Avviare qc. a una determinata attività, professione e sim.: *suo padre vuole destinarlo alla carriera militare.* **3** Devolvere una somma, un contributo e sim. a favore di qc. o di q.c.: *ha destinato una notevole cifra alla beneficenza; destinerò ogni mia risorsa alla realizzazione dell'opera* | (*est.*) Adibire a un particolare uso, fine e sim.: *il primo piano è destinato ai servizi.* **4** Indirizzare a un luogo o a una persona: *il pacco è destinato a Roma; il dono è destinato a te* | (*est.*) Rivolgere a qc. una frase, un motto e sim.: *la battuta era destinata a voi.* **5** †Proporsi: *abitarvi alcun tempo si destina* (ARIOSTO). **B** v. intr. (aus. *avere*) ● Deliberare, far proposito.

destinatàrio [fr. *destinataire*, da *destiner* 'destinare'] s. m. (f. *-a*) ● Colui al quale si indirizza q.c.: *il d. di una lettera* | (*dir.*) *D. del diritto*, colui cui spetta di osservare e di fare osservare il disposto della legge | (*ling.*) Colui al quale è destinato un messaggio linguistico.

destinàto o †**distinàto**. part. pass. di *destinare*; anche agg. **1** Nei sign. del v. **2** *Mal d.*, sventurato.

destinazióne o †**distinazióne** [vc. dotta, lat. *destinatiōne(m)*, da *destinātus* 'destinato'] s. f. **1** Atto, effetto del destinare | †Deliberazione. **2** Residenza assegnata a funzionari e sim.: *raggiungere la propria d.* | Attività o ufficio cui una persona è destinata. **3** Uso o fine stabilito per una cosa: *ignoro la d. della somma.* **4** Meta di un viaggio: *giungere a d.; partire per d. ignota* | Il luogo a cui viene spedita una lettera, un pacco e sim.

destino o †**distino** [da *destinare*] s. m. **1** Il corso degli eventi considerato come predeterminato, immutabile e indipendente dalla volontà umana: *rassegnarsi al d.; subire il d.; seguire il proprio d.; il d. ha voluto così; credere, non credere, al d.; essere perseguitato dal d.; prendersela col d.; il bel cammino a me mio destin vieta* (L. DE' MEDICI) | *È d. che*, è fatale che. SIN. Fato. **2** (*gener.*) Sorte: *predire, leggere, il d. a qc.* | *Abbandonare qc. al proprio d.*, disinteressarsi di lui | (*spec. al pl.*) Vicende, sorti, di nazioni, popoli, e sim.: *i destini della patria; è un popolo chiamato a grandi destini.* **3** (*raro*) Recapito: *andare a d.* | Destinazione: *giungere a d.; portare q.c. a d.*

destituire [vc. dotta, fr. *destituer*, dal lat. *destitŭere*, comp. di *dē-* e *statŭere* 'mettere in piedi', 'statuire'] v. tr. (*io destituìsco, tu destituìsci*; part. pass. *destituìto*, †*destitùto*) **1** Rimuovere da un incarico, da un ufficio, e sim., spec. per punizione: *fu destituito dall'impiego.* **2** (*lett.*) Privare. **3** †Abbandonare, lasciare solo.

destituito part. pass. di *destituire*; anche agg. **1** Nei sign. del v. **2** Mancante, privo (sempre seguito dalla prep. *di*): *frasi destituite di significato.*

destituzióne [fr. *destitution*, dal lat. *destitūtio*, genit. *destitutiōnis*, da *destitŭere* 'destituire'] s. f. ● Atto, effetto del destituire.

désto [da *dest(at)o*, part. pass. di *destare*] agg. **1** Che non dorme, sveglio: *la preoccupazione lo tiene d.* | *Sogno o son d.?*, domanda che esprime stupore, incredulità e sim. di fronte a un fatto straordinario, quasi incredibile | (*est., lett.*) Vigilante, attento, cauto: *stare d. all'erta.* **2** (*lett., fig.*) Attivo, pronto, vivace: *ingegno d.; mente, intelligenza desta* | Capace, svelto nell'agire.

destoricizzàre [comp. di *de-* e *storicizzare*] v. tr. ● Considerare qc. o q.c. al di fuori del suo contesto storico.

destorificazióne [comp. parasintetico di *storia*, col pref. *de-*] s. f. ● Il considerare un fatto, un'idea e sim. al di fuori del contesto storico e sociale in cui sono nati e si sono sviluppati.

dèstr o **dest A** inter. ● Si usa per indicare la parte destra nei comandi di esecuzione a militari e ginnasti dopo un comando di avvertimento: *attenti a d.!, d.!; squadra d.!, d.!* **B** in funzione di s. f. ● La parte destra in loc. inter. che valgono come comando di avvertimento a militari e ginnasti: *attenti a d.!; fronte a d.!; squadra d.!*

dèstra [vc. dotta, lat. *dĕxtera(m)* 'destra', sottinteso *mānu(m)*, di origine indeur.] s. f. (troncato talvolta in *destr* (V.)) **1** Mano che è dalla parte del fegato e che, nella maggior parte degli uomini, è più agile e vigorosa dell'altra | *Stringere, baciare la d.*, in segno di saluto, rispetto, congratulazione, e sim. | *Dare la d.*, (*fig.*) dimostrare amicizia, stringere un patto | *Porgere la d.*, (*fig.*) prestare soccorso, aiuto. **2** Parte che è dalla mano destra: *alla mia d.; alla d. del Padre; a d. entrando; s'ode a d. uno squillo di tromba* (MANZONI) | *Sulla, alla d. di qc.*, sulla parte destra di chi percorre una strada, un sentiero e sim., od osserva da un punto determinato | *A d. e a sinistra*, da ogni parte, di qua e di là | *Dare la d.*, far camminare qc. alla propria destra in segno di rispetto | *Tenere la d.*, mantenersi sul lato destro di una strada o rispetto a un punto di riferimento | *Attenti a d., fronte a d., squadra d.*, e sim., comandi di avvertimento a militari e ginnasti; V. anche *destr.* **3** Settore che, in un emiciclo assembleare, è posto alla destra del presidente | (*est.*) L'insieme dei parlamentari di tendenza conservatrice o moderata | (*est.*) La parte più conservatrice di un partito politico, di una corrente di pensiero e sim.: *la d. democristiana, socialista; la d. hegeliana.* **4** (*arald.*) La parte dello scudo a sinistra di chi guarda. **5** Nel linguaggio dei cacciatori, la canna destra della doppietta: *tirare di d.*

†**destràle** [vc. dotta, lat. tardo *dextrāle*, da *dĕxtra* '(a mano) destra'] s. m. ● Braccialetto portato al braccio destro. SIN. Destrocherio.

†**destràre** [da *destra*] v. tr. ● Accompagnare qc. tenendo il cavallo con la mano destra in segno di rispetto.

†**destràrre** ● V. *distrarre.*

destreggiaménto s. m. ● (*raro*) Atto del destreggiarsi.

destreggiàre [da *destro*] v. intr. (*aus. avere*) **1** Procedere con accortezza, operare con prontezza e abilità in modo da superare situazioni difficili, evitare rischi, raggiungere i propri scopi, e sim.: *sapersi d. nella vita; destreggiarsi con gli avversari politici; destreggiarsi fra diverse opinioni.* SIN. Barcamenarsi. **2** Muoversi con cautela e prudenza: *destreggiarsi nel traffico.*

destreggiatóre s. m.; anche agg. (f. *-trice*) ● (*raro*) Chi, che si destreggia.

destrézza [da *destro*] s. f. **1** Agilità, prontezza nell'operare: *d. di mano; uno sport che esige forza e d.; gioco, furto di d.* | Abilità: *cavalcare, giocare con d.* **2** (*fig.*) Accortezza, sagacia: *comportarsi con d.* **3** †Attitudine, idoneità. **4** (*fig.*) †Espediente.

destrièro o (*poet.*) **destrière** [ant. fr. *destrier*, da *destre* 'destra', perché lo scudiero lo teneva con la mano destra] s. m. (f. *-a*, raro) ● (*lett.*) Cavallo da battaglia | Cavallo da sella di buona qualità: *lieto spronò il destrier per lei seguire* (POLIZIANO) | (*lett., scherz.*) *D. di Sileno*, asino.

destrimano [comp. di *destro* e *mano*] s. m.; anche agg. ● (*fisiol.*) Chi, che usa di preferenza la mano destra e gener. gli arti della parte destra del corpo.

destrina [fr. *dextrine*, da *dextre* 'destra', parte verso cui questa sostanza fa deviare la polarizzazione] s. f. ● (*chim.*) Sostanza bianca, amorfa, ottenuta per idrolisi dell'amido, usata in pasticceria, nella dieta dei lattanti, per l'appretto di tessuti, come collante e agglutinante.

destrismo s. m. **1** (*med.*) Disposizione naturale ad usare di preferenza gli arti della parte destra del corpo. CONTR. Mancinismo. **2** L'avere posizioni politiche conservatrici, di destra.

dèstro [lat. *dĕxteru(m)*, di origine indeur.] **A** agg. **1** Che, in una persona, sta dalla parte del fegato: *fianco, braccio, piede d.; mano destra* | *Braccio d.*, (*fig.*) aiuto, collaboratore, e sim. di cui non si può fare a meno. **2** Che, nel corpo umano e animale, è a destra rispetto a un punto di riferimento: *lato d.; parte destra; tasca destra* | *Riva destra di un corso d'acqua*, quella a destra di chi guarda nella direzione della corrente. **3** (*fig.*) Attivo, lesto, abile: *d. di mano; d. a tutti gli esercizi* | (*lett.*) Adatto: *d. e cortese modo di negoziare* (TASSO). **4** (*fig.*) Opportuno, propizio, favorevole. **5** (*fig.*) †Accorto, sagace. **6** †Diritto, retto: *per d. camino guidaci alla celeste patria* (MARINO) | (*fig.*) †Onesto, buono. || **destraménte**, avv. Con destrezza. **B** s. m. **1** Opportunità, occasione favorevole: *avere, aspettare, cogliere il d.; offrire, presentare, porgere, fornire il d.* **2** Nel pugilato, colpo portato col pugno destro: *colpire di d.* **3** †Latrina | †Seggetta.

destrocardia [comp. di *destro* e *-cardia*] s. f. ● (*med.*) Posizione anomala del cuore nell'emitorace destro. SIN. Dessiocardia.

destrochèrio [vc. dotta, lat. tardo *dextrochē̆riu(m)*, comp del lat. *dĕxtrum* 'destro' e del gr. *chéir* 'mano'] s. m. **1** Destrale. **2** (*arald.*) Braccio destro uscente dal fianco sinistro dello scudo.

destrogiro [fr. *dextrogyre*, detto di sostanze che fanno girare (*-gyre*) a destra (*dextre*) la luce polarizzata] agg. **1** Destrorso. **2** Di sistema fisico o chimico capace di far ruotare a destra il piano di polarizzazione di un fascio di luce polarizzata che l'attraversa.

destròide agg.; anche s. m. e f. ● (*scherz.*) In politica, che, chi propende per la destra.

destròrso [vc. dotta, lat. *dextrōrsum*, avv. comp. di *dĕxtrum* 'destro' e dell'arc. *vŏrsum* 'verso'] **A** agg. **1** Che va o gira da sinistra verso destra. **2** Detto del verso di rotazione di eliche, viti e sim. che all'osservatore appare come orario, cioè concorde col verso del moto delle lancette dell'orologio. **3** (*chim., fis.*) Destrogiro. **B** agg.; anche s. m. (f. *-a*) ● (*fig., scherz.*) Che, chi ha idee politiche conservatrici, di destra.

destròsio o (*raro*) **destròso** [fr. *dextrose*, da *dextre*, perché la luce polarizzata è deviata a destra, e la terminazione di (*gluc*)*ose* 'glucosio'] s. m. ● (*chim.*) Glucosio.

destruènte agg. ● (*med.*) Detto di processo morboso a carattere distruttivo: *cancrena d.*

†**destrùere** e *deriv.* ● V. *distruggere* e *deriv.*

†**destrùggere** e *deriv.* ● V. *distruggere* e *deriv.*

†**destruire** v. tr. ● (*raro*) Distruggere.

destrutturàre [comp. di *de-* e *strutturare*] **A** v. tr. ● Scomporre una struttura nei suoi elementi costitutivi, spesso per procedere a una ristrutturazione su nuove basi: *d. un'azienda.* **B** v. intr. pron. ● Perdere la propria organizzazione strutturale.

destrutturàto part. pass. di *destrutturare*; anche agg. **1** Nel sign. del v. **2** Privo di una struttura logica, di una coerenza interna: *un discorso totalmente d.* **3** Detto di capo d'abbigliamento dalla linea molto morbida: *giacca destrutturata.*

destrutturazióne [da *destrutturare*] s. f. ● Abbandono di istituzioni, tradizioni e sim. così come sono per riproporle su nuove basi: *d. del matrimonio, del rapporto fra i genitori e i figli.*

desuèto [vc. dotta, lat. *desuētu(m)*, part. pass. di *desuēscere* 'non (*dē-*) aver più l'abitudine (*suēscere*)'] agg. ● (*lett.*) Non più avvezzo | Disusato.

desuetùdine [vc. dotta, lat. *desuetūdine(m)*, da *desuēscere*, comp. di *dē-* e *suēscere* 'abituarsi'] s. f. **1** (*lett.*) Mancanza di consuetudine | Disuso: *vocabolo caduto in d.* **2** (*dir.*) Cessazione di validità di una norma a causa della sua inosservanza prolungata nel tempo; non è ammessa dall'ordinamento giuridico italiano.

desultóre [vc. dotta, lat. pl. *desultōre(s)*, comp. di *dē-* e un deriv. di *saltāre* 'saltare'] s. m. ● Nell'antica Roma, cavaliere che durante la corsa saltava da un cavallo a un altro o, tenendo le briglie, correva insieme col cavallo.

desultòrio [vc. dotta, lat. *desultōriu(m)*, da *desultōres* 'desultori, saltatori'] **agg.** *1* Che si riferisce al desultore. *2* (*fig.*) Irregolare, discontinuo, incoerente: *stile d.*

desùmere o **deṣùmere** [vc. dotta, lat. *desūmere*, in origine 'scegliere per sé', comp. di *dē-* e *sūmere* 'assumere'] **v. tr.** (**pass. rem.** *io desùnsi* o *deṣùnsi, tu desumésti* o *deṣumésti*; **part. pass.** *desùnto* o *deṣùnto*) *1* Trarre, ricavare: *desumiamo la notizia dai giornali.* *2* Arguire, dedurre, congetturare: *dal viso arrossato desumevo la sua eccitazione*; *d. da un fatto elementi di prova.*

desumìbile o **deṣumìbile** **agg.** ● Che si può desumere.

desùnto o **deṣùnto** **part. pass.** di *desumere*; anche **agg.** ● Nei sign. del v.

detartràggio [fr. *détartrage*, der. di *détartrer* 'togliere il tartaro', comp. parasintetico di *tartre* 'tartaro'] **s. m.** ● (*med.*) Eliminazione del tartaro dai denti.

detartràṣi [da *detartr(aggio)*] **s. f.** ● (*med.*) Detartraggio.

detassàre [comp. di *de-* e *tassare*] **v. tr.** ● Liberare da un onere fiscale: *d. le retribuzioni.*

detassazióne [da *detassare*] **s. f.** ● Riduzione o eliminazione di una tassa.

detèctive /de'tɛctiv, *ingl.* di'tektiv/ [vc. ingl., abbrev. di *detective policeman* 'poliziotto (*policeman*) che protegge (*detective*, comp. del lat. *detēctus*, part. pass. di *detēgere* 'scoprire', e del suff. *-ive*)'] **s. m. inv.** ● Investigatore, poliziotto privato.

detectivìstico **agg.** (**pl. m.** *-ci*) ● Relativo a detective: *indagini detectivistiche.*

detèctor /de'tɛctor, *ingl.* di'tektə*/ [vc. ingl., dal lat. tardo *detēctor*, da *detēctus*, part. pass. di *detēgere* 'scoprire'] **s. m. inv.** ● Strumento atto a rilevare varie grandezze.

deteinàto [da *teina*, col pref. *de-* priv., sul modello di *decaffeinato*] **agg.** ● Detto del tè privato o privo di teina.

detenére o †**detinére**, †**ditenére** [vc. dotta, comp. di *de-* e *tenere*, sul tipo del lat. *detinēre* 'tenere (*tenēre*) saldamente (*dē-*)'] **v. tr.** (coniug. come *tenere*) *1* Tenere in proprio possesso: *d. un primato, un titolo* | (*est.*) Possedere. *2* (*dir.*) Avere q.c. in detenzione: *d. un immobile.* *3* Tenere in prigione. *4* †Dominare, signoreggiare. *5* †Mantenere, conservare | (*raro*)†Arginare.

†**detenimènto** **s. m.** ● Detenzione | Arresto.

†**detenitóre** ● V. *detentore.*

détente /*fr.* de'tɑ̃t/ [vc. fr., da *détendre* 'distendere'] **s. f. inv.** ● Nel linguaggio politico e diplomatico, allentamento di uno stato di tensione. **SIN.** Distensione.

detentìvo **agg.** ● Restrittivo della libertà personale: *pena detentiva.*

†**detènto** [vc. dotta, lat. *detēntu(m)*, part. pass. di *detinēre* 'detenere'] **agg.** ● (*raro*) Preso, impedito.

detentóre o †**detenitóre**, †**ditenitóre** [vc. dotta, lat. tardo *detentōre(m)*, da *detēntus* 'detento'] **agg.**; anche **s. m.** (**f.** *-trice*) ● Che, chi detiene: *la squadra detentrice dello scudetto*; *il d. di un immobile.*

detenùto o (*raro*) †**ditenùto**. **A** **part. pass.** di *detenere*; anche **agg.** ● Nei sign. del v. **B** **s. m.** (**f.** *-a*) ● Chi sconta una pena o una misura di sicurezza detentiva: *evasione di un d.*; *nei camerotti sordi ... dei detenuti ... devon arrivar i suoni della strada* (BACCHELLI).

detenzióne [vc. dotta, lat. tardo *detentiōne(m)*, da *detēntus* 'detento'] **s. f.** *1* Atto del detenere: *la d. di un primato, di un titolo*; *essere punito per la d. di materie esplosive* | (*dir.*) Disponibilità materiale di una cosa: *la d. di un bene.* *2* (*dir.*) Stato di chi è sottoposto all'esecuzione di una pena o di una misura di sicurezza detentiva.

detergènte **A** **part. pres.** di *detergere*; anche **agg.** *1* Nei sign. del v. *2 Latte, crema d.*, prodotti cosmetici per la pulizia della pelle. **B** **s. m.** ● (*chim.*) Composto tensioattivo emulsionante dei grassi, capace di schiumeggiare in acqua e di rimanere stabile in soluzione, dotato di azione antibatterica, presente nei detersivi.

detergènza **s. f.** ● Qualità di un detergente | (*est.*) Eliminazione di sudiciume, residui e sostanze inquinanti da una superficie, da un impianto e sim.

detèrgere [vc. dotta, lat. *detĕrgere*, comp. di *dē-* e *tĕrgere* 'asciugare'] **v. tr.** (coniug. come *tergere*) ● Pulire: *d. una piaga* | Asciugare, togliere: *detergersi il sudore.*

deterioràbile **agg.** ● Che si può deteriorare: *beni deteriorabili.*

deterioraménto **s. m.** ● Atto, effetto del deteriorare o del deteriorarsi.

deterioràre [vc. dotta, lat. tardo *deteriorāre*, der. di *detĕrior* 'deteriore'] **A** **v. tr.** (*io deterióro*) ● Ridurre in cattivo stato: *la ruggine deteriora il ferro.* **B** **v. intr. pron.** ● Diventare peggiore | Alterarsi | Scadere.

deterioràto **part. pass.** di *deteriorare*; anche **agg.** *1* Nei sign. del v. *2* Guastato, danneggiato.

deteriorazióne [vc. dotta, lat. tardo *deterioratiōne(m)*, da *deteriorāre* 'deteriorare'] **s. f.** ● (*raro*) Deterioramento.

deterióre [vc. dotta, lat. *deteriōre(m)*, compar. di un **dēter* non attestato (comp. di *dē-* e del suff. dei compar. *-ter*)] **agg.** ● Meno buono, peggiore, scadente: *merce, qualità, prodotto d.*

determinàbile [vc. dotta, lat. *determinābile(m)*, da *determināre* 'determinare'] **agg.** ● Che si può determinare: *prezzo esattamente d.*

determinabilità **s. f.** ● (*raro*) Qualità di ciò che è determinabile.

†**determinaménto** **s. m.** ● Determinazione.

determinànte **A** **part. pres.** di *determinare*; anche **agg.** *1* Nei sign. del v. *2 Elemento d.*, decisivo | (*dir.*) *Dolo d.*, quello che induce alla conclusione di un negozio giuridico. **B** **s. m. e f.** *1* Elemento, fattore, decisivo e fondamentale. *2* (*mat.*) Valore numerico che, secondo un'opportuna regola, si associa a una matrice quadrata | Matrice quadrata. *3* (*ling.*) Elemento linguistico che ne determina un altro.

determinàre o †**diterminàre** [vc. dotta, lat. *determināre*, comp. di *dē-* e *termināre* 'porre i confini'] **A** **v. tr.** (*io detèrmino*) *1* Indicare con precisione i termini di q.c.: *d. i confini di un territorio*; *d. il significato di una parola.* *2* Stabilire, fissare: *d. il prezzo di una merce*; *d. la data della partenza.* *3* Produrre, come causa diretta e immediata, un determinato fenomeno: *la denutrizione determina un progressivo indebolimento.* *4* Indurre ad agire in un determinato modo: *la pioggia lo determinò a rimanere in casa.* *5* (*lett.*) Deliberare, decidere: *la commissione determinò di iniziare i lavori*; *non ha ancora determinato quello che deve fare* | (*raro, lett.*) Definire, risolvere: *d. una questione.* *6* †Affermare, dichiarare. **B** **intr. pron.** ● Risolversi, decidersi: *determinarsi ad accettare una proposta.*

determinatézza **s. f.** ● Qualità di chi, di ciò che è determinato: *le sue idee mancano di d.* | *D. di una misura*, esattezza, precisione.

determinatìvo [vc. dotta, lat. *determinatīvu(m)*, da *determinātus* 'determinato'] **agg.** *1* Che serve a determinare | *Articolo d.*, che dà al nome una indicazione definita | *Aggettivo d.*, che esprime una determinazione specifica. *2* (*raro*) Determinante: *elemento, fattore d.*

determinàto o †**diterminàto** **A** **part. pass.** di *determinare*; anche **agg.** *1* Nei sign. del v. *2* (*mat.*) *Equazione determinata*, che ha un numero finito di soluzioni. *3* Deciso, risoluto: *essere d. nell'agire.* ‖ **determinataménte**, **avv.** **B** **s. m.** solo **sing.** *1* (*raro*) Ciò che è limitato entro precisi termini: *il concreto e il d.* *2* (*ling.*) Elemento linguistico che riceve la determinazione da un altro elemento.

determinatóre [vc. dotta, lat. tardo *determinatōre(m)*, da *determinātus* 'determinato'] **s. m.**; anche **agg.** (**f.** *-trice*) ● (*raro*) Chi, che determina.

determinazióne o (*raro*) †**diterminagióne** [vc. dotta, lat. *determinatiōne(m)*, da *determinātus* 'determinato'] **s. f.** *1* Atto, effetto del determinare: *d. dei limiti territoriali* | *D. di un concetto*, definizione | *D. di una lite*, sentenza. *2* Decisione, deliberazione: *prendere una d.*; *arrivare, venire, a una d.*; *è stata una tragica d.* | Volontà salda, risolutezza: *agire con d.*

determinìṣmo [fr. *déterminisme*, dal ted. *Determinismus*, deriv. dotta da *determināre* 'determinare'] **s. m.** *1* Dottrina filosofica secondo la quale tutti i fenomeni dell'universo sono il risultato necessario di condizioni antecedenti o concomitanti. *2 D. economico*, dottrina che considera i fatti economici come il fondamento di tutti gli aspetti della vita sociale.

determinìsta **s. m. e f.** (**pl. m.** *-i*) ● Chi segue o si ispira alla dottrina del determinismo.

deterministico **agg.** (**pl. m.** *-ci*) ● Che concerne o interessa il determinismo. ‖ **deterministicaménte**, **avv.** Secondo le teorie del determinismo.

deterrènte [ingl. *deterrent*, dal lat. *deterrēnte(m)*, part. pres. di *deterrēre* 'distogliere incutendo timore'] **A** **s. m.** *1* Ogni mezzo di offesa bellica, posseduto da uno Stato, il timore del cui impiego distoglie gli altri Stati da propositi o atti di aggressione | *D. atomico, nucleare*, quello basato su armi atomiche o nucleari. *2* (*est.*) Complesso di mezzi materiali o psicologici la cui sola presenza incute un timore tale da distogliere dal mettere in atto intenzioni aggressive o comunque ritenute nocive. **B** anche **agg.**: *armi deterrenti*; *manovra, mossa d.*

deterrènza [ingl. *deterrence*, da *deterrent* 'deterrente'] **s. f.** *1* Azione, potere deterrente. *2* Complesso di mezzi deterrenti.

detersióne [vc. dotta, lat. *detersiōne(m)*, da *detĕrsus* 'deterso'] **s. f.** ● Atto, effetto del detergere.

detersìvo [fr. *détersif*, dal lat. *detĕrsus* 'deterso'] **A** **agg.** ● (*lett.*) Atto a detergere: *acqua detersiva.* **B** **s. m.** ● Sostanza di natura organica o inorganica usata in luogo del sapone per pulire corpi solidi: *d. per i piatti, per la biancheria, per i pavimenti.*

detèrso **part. pass.** di *detergere*; anche **agg.** *1* Nei sign. del v. *2* (*lett.*) Puro.

detestàbile [vc. dotta, lat. *detestābile(m)*, da *detestāri* 'detestare'] **agg.** ● Degno d'essere detestato: *individuo, fatto d.* | (*est.*) Abominevole: *sapore, gusto d.*; *vita d.* ‖ **detestabilménte**, **avv.**

†**detestaménto** **s. m.** ● Avversione, orrore, odio.

detestàre [vc. dotta, lat. *detestāri*, in origine 'respingere (*dē-*) una testimonianza (*testātio*)'] **A** **v. tr.** (*io detèsto*) *1* Avere in orrore, in odio, esecrare: *d. il male*; *lo detestiamo per la sua disonestà.* **SIN.** Aborrire, odiare. *2* †Rimuovere, stornare, allontanare. *3* †Imprecare, maledire. **B** **v. rifl. rec.** ● Provare reciproca avversione: *quei due si detestano da sempre.*

detestazióne o (*raro*) †**ditestazióne** [vc. dotta, lat. *detestatiōne(m)*, da *detestāri* 'detestare'] **s. f.** ● (*lett.*) Atto del detestare.

†**detinére** ● V. *detenere.*

detonànte **A** **part. pres.** di *detonare*; anche **agg.** *1* Nei sign. del v. *2* Detto di esplosivo nel quale la velocità di propagazione dell'esplosione è molto grande, ossia di qualche kilometro al secondo. **B** **s. m.** ● Esplosivo detonante.

detonàre [fr. *détoner*, vc. dotta che si rifà al lat. *detonāre*, comp. di *dē-* e *tonāre* 'tuonare'] **v. intr.** (*io detòno*; aus. *avere*) ● Esplodere fragorosamente: *le bombe detonano.*

detonatóre [fr. *détonateur*, da *détoner* 'detonare'] **s. m.** ● Dispositivo che serve a provocare lo scoppio di sostanze esplosive: *d. elettrico*; *d. a miccia.*

detonazióne [fr. *détonation*, da *détoner* 'detonare'] **s. f.** *1* Atto, effetto del detonare | Esplosione, scoppio: *si udì una violenta d.*; *la d. di un'arma da fuoco.* *2* (*mecc.*) Rumore metallico dovuto a combustione anormalmente rapida della miscela, nei motori a scoppio.

detonòmetro [comp. di *deton(are)* e *-metro*] **s. m.** ● (*mecc.*) Strumento misuratore dell'intensità di detonazione nei motori alternativi ad accensione comandata, spec. utilizzato per valutare le caratteristiche antidetonanti, ossia il numero di ottano, dei carburanti.

†**detòrcere** [vc. dotta, comp. di *de-* e *torcere*, sul modello del lat. *detŏrquere*] **v. tr.** ● (*lett.*) Storcere, volgere con sforzo o violenza.

detorsióne [comp. di *de-* e *torsione*] **s. f.** ● (*med.*) Correzione di una torsione patologica o di una deformità.

detossicànte [comp. di *de-* e *tossico* (*1*)] **part. pres.** di *detossicare*; anche **agg.** ● Nei sign. del v.

detossicazióne [comp. di *de-* e *tossico*, come nell'ingl. *detoxication*] **s. f.** ● (*raro*) Disintossicazione.

detraènte **part. pres.** di *detrarre*; anche **agg.** ● (*raro*) Nei sign. del v.

†**detràere** ● V. *detrarre.*

detraìbile **agg.** ● Che può essere detratto: *spese*

detraibili dalle imposte.

†detraiménto o **†ditraiménto**. s. m. ● Detrazione.

detràrre o **†detràere**, **†ditràrre** [vc. dotta, lat. *detrăhere*, comp. di *dē-* e *trăhere* 'trarre'] v. tr. (coniug. come *trarre*) **1** Togliere via, levare, sottrarre (*anche fig.*): *d. le spese dall'incasso*; *d. valore a un'impresa.* **2** (*raro, lett.*) Nuocere al buon nome, alla reputazione di qc. o di q.c. sparlandone: *d. l'onore, la fama di qc.*; *per vaghezza di d ... al merito ed alla fama di quello scrittore* (PARINI).

†detrattàre o **†detrettàre** [vc. dotta, lat. *detractāre* 'togliere (*tractare*) via (*dē-*)'] v. tr. ● (*raro*) Rifiutare, ricusare.

detrattìvo [vc. dotta, lat. *detractīvu(m)*, da *detrăctus* 'detratto'] agg. ● Che detrae, che è atto a detrarre.

detràtto o **†ditràtto**. part. pass. di *detrarre* ● Nei sign. del v.

detrattóre o (*raro*) **†ditrattóre** [vc. dotta, lat. *detractōre(m)*, da *detrăctus* 'detratto'] s. m. (f. *-trice*) **1** Chi nuoce al buon nome, alla reputazione di qc. o di q.c.: *cinico d.*; *d. accanito dei meriti altrui.* SIN. Calunniatore, diffamatore. **2** †Chi sottrae, porta via.

†detrattòrio [vc. dotta, lat. *detractōriu(m)*, da *detrăctor* 'detrattore'] agg. ● Denigratorio, diffamatorio.

detrazióne o (*raro*) **†ditrazióne** [vc. dotta, lat. *detractiōne(m)*, da *detrăctus* 'detratto'] s. f. **1** Atto, effetto del detrarre. **2** (*raro, lett.*) Maldicenza, diffamazione. **3** †Privazione di grado.

†detrettàre ● V. *†detrattare.*

detriménto [vc. dotta, lat. *detrimĕntu(m)*, da *detrītus* 'detrito'] s. m. ● Danno, perdita morale o materiale: *ricevere, apportare d.*; *tutto ciò è a suo d.*; *comportarsi a d. della propria reputazione*; *studia poco, con grande d. del suo avvenire.*

detrìtico agg. (pl. m. *-ci*) ● Di detrito.

detrìto [vc. dotta, lat. *detrītu(m)*, da *detĕrere* 'consumare con l'uso', quindi 'perdere', comp. di *dē-* e *tĕrere* 'consumare'] s. m. **1** (*geol.*) Materiale incoerente che si forma per il disfacimento delle rocce esposte agli agenti meteorici: *i fiumi portano al mare enormi quantità di detriti.* **2** (*est.*) Frammento | (*fig.*) Residuo.

detronizzàre [comp. parasintetico di *trono*, col pref. *de-*] v. tr. **1** Deporre dal trono: *d. un monarca* | Nel linguaggio sportivo, privare un campione del titolo, sconfiggendolo: *d. il campione dei pesi massimi.* **2** (*est.*) Privare di un ufficio, un incarico, una posizione di privilegio, e sim. (*anche fig.*): *il direttore è stato detronizzato*; *oggi ... le scienze detronizzano la metafisica* (DE SANCTIS).

detronizzazióne s. f. ● Atto, effetto del detronizzare.

†detrùdere [vc. dotta, lat. *detrūdere* 'spingere (*trūdere*) giù (*dē-*)'] v. tr. (oggi dif. usato solo nel part. pass. *detrùso* e nei tempi comp.) ● Cacciare giù con violenza.

†detruncàre [vc. dotta, lat. *detruncāre* 'staccare (*dē-*) dal tronco (*trŭncus*)'] v. tr. ● Tagliare a pezzi.

detrùso part. pass. di *†detrudere* ● (*raro*) Nei sign. del v.

detrusóre [ingl. *detrusor*, dal lat. *detrūsus*, part. pass. di *detrūdere* 'detrudere'] agg. ● (*anat.*) Che ha funzione di espellere all'esterno: *muscolo d. della vescica.*

détta (1) [lat. *dīcta* 'cose dette', pl. di *dictum*, dal part. pass. di *dīcere* 'dire'] s. f. **1** Nella loc. *a d. di*, secondo quel che dice | *A d. sua*, secondo ciò che egli dice | *A d. di tutti*, secondo l'opinione generale. **2** (*raro*) †Detto.

détta (2) o **†dìtta (2)** [lat. *dĭcta* (nt. pl.) 'le cose dette (dagli dei alla nascita dell'uomo sul suo destino)', parallelo di *fato*] s. f. ● Sorte, fortuna | *Essere in d.*, avere fortuna al gioco e (*est.*) godere del favore di qc.

†détta (3) /'detta?/ [ant. fr. *dette*, dal lat. *dēbita* 'cose dovute', pl. di *dēbitum*, dal part. pass. di *debēre* 'dovere'] s. f. ● Debito | *Tagliare la d.*, cedere la pretensione dei crediti | *Star della d.*, far malleveria | *Pigliare una d.*, assumersi un incarico.

dettagliànte [fr. *détaillant*, da *détailler* 'dettagliare'] s. m. e f. ● Venditore che nel processo di distribuzione è a diretto contatto con il pubblico a cui vende al dettaglio i prodotti acquistati dai produttori o da altri intermediari.

dettagliàre [fr. *détailler*, dapprima 'tagliare (*tailler*) a pezzi (*dé-*)', poi 'vendere a piccole quantità'] v. tr. (*io dettàglio*) **1** Descrivere con abbondanza di particolari (*anche ass.*): *dettagliò minuziosamente la sua storia*; *lo pregarono di d. nel riferire l'accaduto.* **2** (*raro*) Vendere al minuto.

dettagliàto part. pass. di *dettagliare*; anche agg. ● Nei sign. del v. || **dettagliataménte**, avv. In modo dettagliato, con abbondanza di particolari.

dettàglio [fr. *détail*, da *détailler* 'dettagliare'] s. m. **1** Circostanza, elemento, dato, particolare: *esaminare i dettagli di una questione*; *trascurare, curare i dettagli*; *notare i dettagli di un quadro, di un ritratto* | *Entrare nei dettagli*, nei minimi particolari | Nel linguaggio cinematografico, oggetto ripreso in primissimo piano. **2** Piccola quantità, spec. nella loc. *al d.* | *Vendere, vendita al d.*, in piccola quantità, al minuto. **3** (*mar.*) Insieme dei servizi per la vita degli equipaggi e i lavori di bordo.

dettàme [lat. tardo *dictāmen*, da *dictāre* 'dettare'] s. m. **1** Precetto, norma, principio, universalmente riconosciuto e seguito: *seguire i dettami del cuore, della ragione, della coscienza, della morale.* **2** Consiglio, suggerimento: *seguire i dettami della moda*; *agire secondo i dettami della propria utilità.* **3** †Opinione, avviso.

dettàre o **†dittàre** [lat. *dictāre*, iter. di *dīcere* 'dire'] v. tr. (*io détto*) **1** Dire parola per parola quello che un altro deve scrivere (*anche ass.*): *d. una lettera, un ordine, una lezione*; *era stanco di d.* **2** Prescrivere, imporre: *d. i patti della resa*; *d. le proprie condizioni* | *D. legge, sentenze*, imporre la propria volontà. **3** Suggerire, consigliare: *ha scritto come il cuore gli dettava*; *il suo comportamento è dettato dall'esperienza.* **4** (*lett.*) Comporre (*anche ass.*): *d. prose, poesie*; *essere abile nel d.* **5** †Insegnare da una cattedra: *d. eloquenza, matematica, grammatica.*

dettàto (1) o **†dittàto** A part. pass. di *dettare*; anche agg. ● Nei sign. del v. **B** s. m. **1** Ciò che viene scritto sotto dettatura: *errori di d.*; *correggere il d.* **2** (*lett.*) Modo di scrivere per quanto riguarda lingua e stile: *d. chiaro ed elegante.*

dettàto (2) [lat. *dictātu(m)*, part. pass. sostantivato di *dictāre* 'dettare'] s. m. **1** Motto, sentenza, proverbio: *d. popolare*; *un antico d. dice 'aiutati che il ciel t'aiuta'.* **2** Contenuto, disposto spec. di norma giuridica: *attuare il d. della legge.*

dettatóre (1) o **†dittatóre (2)** [lat. *dictatōre(m)*, nel sign. originario, da *dictātus* 'dettato (1)'] s. m. **1** Chi detta. **2** Nel Medioevo, autore di trattati sull'arte del comporre.

†dettatóre (2) ● V. *dittatore (1).*

dettatùra (1) [lat. *dictatūra(m)*, nel sign. originario, da *dictātus* 'dettato (1)'] s. f. ● Atto del dettare: *scrivere sotto d.* | *D. fonica dei telegrammi*, servizio a disposizione degli abbonati al telefono per l'inoltro di un telegramma a mezzo telefono.

†dettatùra (2) ● V. *dittatura.*

†dettazióne [lat. tardo *dictatiōne(m)*, nel sign. proprio da *dictātus* 'dettato (2)'] s. f. ● Dettame.

détto o **†ditto** A part. pass. di *dire*; anche agg. **1** Nei sign. del v. **2** *È presto d.*, di cosa facile a dirsi ma difficile a farsi | *Come non d.*, di ciò di cui non si deve tener conto, come se non fosse stato detto | *D. fatto*, subito. **3** Soprannominato: *Michelangelo Merisi d. il Caravaggio.* **4** Fissato, stabilito: *nel d. giorno.* **5** Già nominato, suddetto: *il d. individuo* | Nelle didascalie teatrali, di personaggio già in scena che agirà anche nelle scene seguenti: *Amleto e detti.* **B** s. m. **1** Parola, discorso | *Stando al suo d.*, a quanto egli dice. **2** Motto, sentenza: *nei classici vi sono molti detti famosi* | *D. morale*, che contiene una norma di comportamento etico e sim. | Facezia, arguzia: *i detti del pievano Arlotto.* **3** Poemetto medievale a carattere allegorico.

detumescènza [vc. dotta, tratta dal v. lat. *detumēscere* 'cessare (*dē-*) di gonfiarsi (*tumēscere*)'] s. f. **1** Riduzione, o scomparsa, di una tumefazione. **2** (*med.*) Scomparsa o diminuzione di una tumefazione.

deturpaménto s. m. ● (*raro*) Deturpazione.

deturpàre [vc. dotta, lat. *deturpāre*, comp. di *dē-* e *turpāre*, da *tūrpis* 'turpe'] v. tr. (*io detùrpo*) **1** Rendere brutto, sfigurare: *una cicatrice le deturpa il viso.* **2** (*fig.*) Rovinare, corrompere: *la cattiva recitazione deturpa questi bei versi* | (*est., fig.*) Macchiare, insozzare: *il vizio deturpa l'animo.*

deturpatóre s. m.; anche agg. (f. *-trice*) ● Chi, che deturpa.

deturpazióne s. f. ● Atto, effetto del deturpare.

deuce /*ingl.* dju:s/ [vc. ingl., dal fr. ant. *deus* (fr. moderno *deux*) 'due'] s. m. inv. ● Nel tennis, punteggio di parità che si raggiunge quando i due giocatori hanno ottenuto almeno tre punti ciascuno e devono conquistare altri due punti consecutivi per vincere il game.

deumidificàre [comp. di *de-* e *umidificare*] v. tr. (*io deumidìfico, tu deumidìfichi*) ● Ridurre o eliminare l'umidità dell'aria.

deumidificatóre [comp. di *de-* e *umidificatore*] s. m. ● Apparecchio usato per deumidificare l'aria.

deumidificazióne s. f. ● Atto, effetto del deumidificare.

deus ex machina /*lat.* 'dɛus ɛks 'makina/ [lat., propriamente 'il dio (che appare) dalla macchina'] loc. sost. m. inv. **1** Nel teatro antico, divinità che, scesa dall'alto mediante apposito meccanismo, scioglie l'intrico della trama. **2** (*fig.*) Persona in grado di risolvere situazioni difficili e complesse | (*est.*) Chi dirige e organizza la trama di un intrigo, di un'attività illecita e sim., restando nell'ombra.

deuteragonìsta [vc. dotta, gr. *deuteragōnistês*, comp. di *déuteros* 'secondo' e *agōnistês* 'lottatore'] s. m. (pl. *-i*) ● Nella tragedia antica, attore che ha il secondo ruolo.

deuteranopìa [comp. di *deuter(o)-*, *an-* e *-opia*] s. f. ● (*med.*) Forma di cecità per il colore verde.

deuteràre [da *deuterio*] v. tr. (*io deutèro*) ● (*chim.*) Introdurre, in certe sostanze, atomi di deuterio al posto di quelli di idrogeno.

deutèrio [ingl. *deuterium*, dal gr. *déuteros* 'secondo'] s. m. ● (*chim., fis.*) Isotopo dell'idrogeno, da cui è estratto, avente massa atomica doppia di quella dell'idrogeno comune | *Ossido di d.*, acqua pesante.

dèutero- [dal gr. *déuteros* 'secondo'] primo elemento ● In parole composte della terminologia scientifica significa 'secondo': *deuteromiceti, deuteropatia.*

deuterocanònico [vc. dotta, comp. di *deutero-* e *canonico*] agg. (pl. m. *-ci*) ● Detto di ciascuno dei libri dell'Antico Testamento respinti come apocrifi dagli Ebrei e dai Riformati e accolti nel Canone della Bibbia cattolica.

Deuteromicèti [comp. di *deutero-* e *micete (1)*] s. m. pl. ● Nella tassonomia vegetale, gruppo di Funghi, di cui non si conosce esattamente la forma di riproduzione, che rappresentano la fase conidiofora di Ascomiceti e Basidiomiceti, in gran parte saprofiti, ma anche parassiti di animali e piante (*Deuteromycetes*) | (al sing. *-e*) Ogni individuo di tale gruppo.

deuteronòmio o **Deuteronòmio** [vc. dotta, lat. eccl. *deuteronŏmiu(m)*, dal gr. *deuteronómion* 'seconda legge' (comp. di *déuteros* 'secondo' e *nómos* 'legge'), che pare fraintendimento del testo ebraico, il quale si riferiva a una 'copia di questa legge'] s. m. ● L'ultimo dei cinque libri che costituiscono il Pentateuco.

deuteropatìa [comp. di *deutero-* e *-patia*] s. f. ● (*med.*) Malattia causata da un'altra malattia.

Deuterostòmi [comp. di *deutero-* e del gr. *stóma* 'bocca'] s. m. pl. ● Nella tassonomia animale, gruppo di Metazoi nei quali l'apertura boccale non deriva dal blastoporo che dà invece origine all'apertura anale | (al sing. *-a*) Ogni individuo di tale gruppo.

deutóne [comp. di *deut(erio)* e del suff. proprio di questa serie *-one*] s. m. ● (*chim., fis.*) Nucleo dell'atomo di deuterio, costituito da un neutrone e da un protone.

deutoplàsma [comp. di *deuto-*, abbr. di *deutero-*, e *plasma*, per accostamento a *protoplasma*] s. m. (pl. *-i*) ● (*biol.*) Materiale nutritizio accumulato nelle uova degli animali e destinato a venir utilizzato dall'embrione durante il suo sviluppo. SIN. Lecite, tuorlo, vitello (2).

devadàsi [ant. indiano *dēvadāsī*, comp. di *deváh* 'divino, della divinità' e *dāsī* 'schiava, serva'] s. f. ● Giovane donna addetta al servizio del tempio in India.

devalutazióne [comp. di *de-* e *valutazione*, sul

modello del fr. *dévaluation*] s. f. ● Svalutazione.

devanàgari [vc. sans., propr. '(scrittura) della città divina'] s. f. inv. ● L'alfabeto più usato in India per l'antico e medio indiano e per l'hindi, che si compone di circa 50 segni e si scrive da sinistra a destra.

devanagàrico agg. (pl. m. *-ci*) ● Relativo alla devanagari.

devascolarizzazióne [comp. di *de-* e *vascolarizzazione*] s. f. ● (*med.*) Interruzione del circolo ematico di un organo o tessuto causata da distruzione od ostruzione dei vasi sanguigni che lo irrorano.

devastaménto s. m. ● (*raro*) Devastazione.

devastàre o (*raro*) †**divastàre** [vc. dotta, lat. *devastāre*, comp. di *dē-* e *vastāre* 'saccheggiare'] v. tr. **1** Guastare, rovinare, con azione selvaggia e violenta, arrecando lutti, danni, distruzione, e sim.: *l'esercito in fuga devastò interi paesi*; *il colera ha devastato la città*. SIN. Distruggere. **2** (*fig.*) Deturpare: *la malattia gli devasta il viso* | Sconvolgere: *il terrore lo devasta*.

devastàto o (*raro*) †**divastàto**. part. pass. di *devastare*; anche agg. **1** Nei sign. del v. **2** Addolorato, affranto: *giaceva ... devastata, ignota a sé medesima* (BACCHELLI). **3** (*lett.*) Squallido, vuoto, detto di casa, stanza e sim.

devastatóre [vc. dotta, lat. tardo *devastatōre(m)*, da *devastātus* 'devastato'] s. m.; anche agg. (f. *-trice*) ● Chi, che devasta: *esercito di devastatori*; *ciclone d.*

devastazióne o (*raro*) †**divastazióne** [vc. dotta, lat. tardo *devastatiōne(m)*, da *devastātus* 'devastato'] s. f. ● Atto, effetto del devastare: *l'uragano ha causato tremende devastazioni*. SIN. Rovina.

†**devecchiàre** ● V. †*divecchiare*.

†**devengiaménto** s. m. ● (*raro*) Vendetta.

†**devengiànza** s. f. ● (*raro*) Vendetta.

†**devengiàre** [comp. di *de-* e †*vengiare*] v. tr. ● (*raro*) Vendicare.

†**devengiatóre** s. m. (f. *-trice*) ● (*raro*) Vendicatore.

†**devenìre** ● V. *divenire*.

†**deventàre** ● V. *diventare*.

deverbàle [comp. parasintetico di *verbo*] **A** agg. ● (*ling.*) Detto di nome che deriva da un verbo. **B** anche s. m.

deverbatìvo **A** agg. ● (*ling.*) Deverbale, spec. quando si tratti di verbo che deriva da un altro verbo. **B** anche s. m.

†**devére** e *deriv.* ● V. *dovere* e *deriv.*

†**deverginàre** [vc. dotta, lat. *devirgināre* 'togliere (*dē-*) la verginità (*virgīnitas*)'] v. tr. ● Sverginare.

†**devèrso** ● V. *diverso*.

†**devessità** [vc. dotta, lat. *devexitāte(m)*, da *devēxus* 'devesso'] s. f. ● Pendio, declivio.

†**devèsso** [vc. dotta, lat. *devēxu(m)*, dal part. pass. di *devĕhere* 'trasportare'] **A** agg. ● Che si volge verso il basso, declive. **B** s. m. ● Pendio, declivio.

devetrificazióne [comp. di *de-* e *vetrificazione*] s. f. ● Difetto dovuto a cristallizzazione parziale o totale del vetro, che si ha mantenendolo per un tempo sufficientemente lungo entro un intervallo di temperatura, spec. tra gli 800 e 1 100 °C.

deviaménto o (*raro*) †**diviaménto**. s. m. ● Atto del deviare.

deviànte part. pres. di *deviare*; anche agg. e s. m. e f. **1** Nei sign. del v. **2** Che, chi, non si adatta alle norme comportamentali ed etiche dell'ambiente in cui vive o del gruppo dominante: *comportamento d.* | (*est.*, *euf.*) Malato di mente.

deviànza [da *deviare*] s. f. ● Comportamento che si discosta dalla norma creando al soggetto insuperabili difficoltà di inserimento nell'ambiente in cui vive o nel gruppo dominante.

deviàre o (*raro*) †**diviàre** [vc. dotta, lat. tardo *deviāre* 'allontanarsi (*dē-*) dalla *via*'] **A** v. intr. (*io devìo*; aus. *avere*) **1** Uscire dalla via diritta, dalla strada che si sta percorrendo, per dirigersi altrove: *il viottolo devia dalla strada principale*; *deviò fino al più vicino paese* | (*raro*) Deragliare: *il tram ha deviato*. **2** (*fig.*) Allontanarsi, scostarsi, dalla norma, dal giusto, dal bene, e sim.: *d. dal proprio dovere* | Divagare: *d. da un tema fissato*; *la conversazione deviò su nuovi argomenti*. **B** v. tr. **1** Rivolgere verso un'altra direzione: *d. un corso d'acqua*; *d. il traffico, la rotta*. **2** (*raro*, *fig.*) Allontanare dalla norma, dal giusto, dal bene e sim.: *d. qc. dalla retta via* | Distogliere: *d. i sospetti di qc.* | *D. il discorso*, volgerlo ad altri argomenti.

deviàto part. pass. di *deviare*; anche agg. **1** Nei sign. del v. **2** *Treno d.*, quando viene instradato su di un tratto di linea che normalmente non interessa il suo percorso.

deviatóio [dal part. pass. di *deviare*] s. m. ● Scambio ferroviario.

deviatóre [vc. dotta, lat. tardo *deviatōre(m)*, da *deviāre* 'deviare'] s. m. **1** Ferroviere che manovra gli scambi e i segnali. **2** Interruttore elettrico che trasferisce la corrente da un conduttore a un altro.

deviazióne [vc. dotta, lat. tardo *deviatiōne(m)*, da *deviāre* 'deviare'] s. f. **1** Atto, effetto del deviare | Cambiamento di direzione: *d. del pendolo*, *della bussola*. **2** Spostamento di q.c. rispetto a una linea, a una traiettoria, a un valore preso come riferimento: *d. della colonna vertebrale*; *d. di una particella*, *di un fascio luminoso*, *della traiettoria di un proiettile* | (*fis.*) *D. di raggio luminoso*, angolo che l'angolo incidente forma con l'angolo emergente di un sistema ottico, in particolare di un prisma | (*stat.*) *D. standard*, scostamento quadratico medio dalla media aritmetica. **3** (*fig.*) Allontanamento dalla norma, dal giusto, dal bene: *d. da una fede religiosa*.

deviazionìsmo s. m. ● Tendenza ad allontanarsi dai principi e dalla linea politica di un determinato partito.

deviazionìsta s. m. e f. (pl. m. *-i*) ● Chi politicamente è su posizioni deviazionistiche.

deviazionìstico agg. (pl. m. *-ci*) ● Proprio del deviazionismo.

dèvio [vc. dotta, lat. *dēviu(m)*, comp. di *dē-* e *vĭa* 'strada'] agg. ● (*lett.*) Che devia: *cammino d.*

†**devisàre** ● V. †*divisare* (*2*).

devisceràre [comp. parasintetico di *viscere*, col pref. *de-*] v. tr. (*io deviscero*) ● Togliere le viscere agli animali macellati.

de visu /*lat.* de 'vizu/ [loc. del lat. mediev., propr. 'di veduta'] loc. avv. ● In modo diretto, con i propri occhi: *constatare*, *verificare de visu*.

devitalità [comp. di *de-* e *vitalità*] s. f. ● Mancanza di vitalità.

devitalizzàre [fr. *dévitaliser*, comp. parasintetico di *vital* 'vitale'] v. tr. ● (*med.*) Togliere l'attività vitale di un organo e le funzioni a essa connesse: *d. un nervo* | In odontoiatria, distruggere, a scopo di terapia, la polpa dentaria: *d. un dente*.

devitalizzazióne s. f. ● (*med.*) Atto, effetto del devitalizzare.

devitaminizzàre [comp. parasintetico di *vitamina*, con il pref. *de-*] v. tr. ● (*med.*) Sottrarre vitamine a un organismo.

devitaminizzàto part. pass. di *devitaminizzare*; anche agg. ● Nei sign. del v.

†**devìtto** [vc. dotta, lat. *devīctu(m)*, part. pass. di *devĭncere*, da *vĭncere* col pref. raff. *dē-*] agg. ● (*raro*) Vinto, battuto.

devocalizzazióne [comp. di *de-* e un deriv. di *vocalico*, sul modello dell'ingl. *devocalisation*] s. f. ● (*ling.*) Passaggio di un suono sonoro al corrispondente suono sordo.

devoltàre [dev. di *volt*, col pref. *de-*] v. tr. (pres. *io devòlto*) ● (*elettr.*) Alimentare un apparecchio o una macchina con corrente inferiore a quella nominale.

devoltàto part. pres. di *devoltare*; anche agg. ● Nei sign. del v.

devoltóre s. m. ● (*elettr.*) Macchina o dispositivo atto a convertire una corrente elettrica in un'altra simile ma a tensione minore.

devolutìvo agg. ● (*dir.*) Che si riferisce alla, che è proprio della devoluzione: *effetto d.*

devoluzióne [vc. dotta, lat. mediev. *devolutiōne(m)*, da *devŏlvere* 'devolvere'] s. f. **1** Atto, effetto del devolvere. **2** (*dir.*) Trapasso di beni o diritti | *D. dell'eredità*, trapasso dei beni ereditari dal patrimonio del defunto a quello dei successori.

devòlvere [vc. dotta, lat. *devŏlvere*, propr. 'far rotolare (*vŏlvere*) giù (*dē-*)'] **A** v. tr. (pres. *io devòlvo*; pass. rem. *io devolvéi* o *devolvètti*, *tu devolvésti*; part. pass. *devolùto*) **1** (*dir.*) Trasmettere a qc. un bene o un diritto: *d. una somma in beneficenza* | Demandare alla competenza di un organo giudiziario: *d. la controversia al tribunale del luogo*. **2** (*lett.*) Rovesciare, travolgere. **B** v. intr. pron. ● (*lett.*) Volgersi in giù | Riversarsi.

devoniàno [ingl. *devonian*, dal n. della contea ingl. di *Devon*, dove si cominciarono a studiare i terreni di questo periodo] **A** s. m. ● (*geol.*) Quarto periodo e sistema del Paleozoico, caratterizzato da grande sviluppo dei pesci e dalla comparsa degli anfibi. SIN. Devonico. **B** anche agg.: *periodo d.*

devònico agg.; anche s. m. (pl. m. *-ci*) ● (*geol.*) Devoniano.

†**devoràre** e *deriv.* ● V. *divorare* e *deriv.*

devòto o †**divòto** (**1**) [vc. dotta, lat. *devōtu(m)*, dal part. pass. di *devovēre* 'fare un voto'] **A** agg. **1** (*lett.*) Offerto, consacrato: *de' corpi ch'alla Grecia eran devoti* (LEOPARDI). **2** Che è interamente consacrato a un ideale, un principio e sim.: *d. alla patria*, *alla tradizione*. SIN. Votato. **3** Che mostra devozione: *è devota ai Santi e alla Madonna* | Che è compreso di devozione: *devote meditazioni* | Che ispira o incita a devozione: *luogo d.* | *Libro d.*, che contiene preghiere. **4** Affezionato, sincero: *servitore*, *animo d.* | Fedele: *essere d. al proprio coniuge* | *Devoti ossequi*, nelle clausole epistolari di cortesia. **5** †Indebitato. || **devotìssimo**, sup. Molto devoto, spec. nelle clausole epistolari di cortesia: *Suo d.* || **devotaménte**, avv. Con devozione, anche nelle clausole epistolari di cortesia: *devotamente Suo*. **B** s. m. (f. *-a* nei sign. 1 e 2) **1** Chi ispira la sua vita a devozione religiosa | Chi pratica un culto particolare: *i devoti della Vergine* | (*est.*) Chi assiste con regolarità alle funzioni religiose: *i devoti si inginocchiarono*; *benedì la schiera dei devoti*. **2** Persona affezionata, fedele: *lo possiamo annoverare tra i nostri devoti*. **3** †Amante. || **devotùccio**, **devotùzzo**, dim.

devozionàle **A** agg. ● Relativo alla devozione, in senso religioso. **B** s. m. ● Oggetto di devozione: *le immagini sacre sono devozionali*.

devozióne o †**divozióne** [vc. dotta, lat. *devotiōne(m)*, da *devovēre* 'fare un voto'] s. f. **1** Atteggiamento spirituale di reverenza e di dipendenza verso la divinità | Nel cattolicesimo, dedizione al culto della Vergine, di un particolare santo, di un mistero | Particolare voto, pratica religiosa. **2** Ossequio, affetto reverente: *d. a un benefattore* | Dedizione: *d. alle istituzioni patrie*, *alla famiglia* | (*lett.*) Sottomissione spontanea | (*raro*) *Rompere la d. a qc.*, importunarlo. **3** †Dipendenza. **4** †Santuario, luogo sacro. **5** (*al pl.*) Preghiere che si recitano al mattino e alla sera: *fare*, *dire le devozioni*.

dharma /*sanscrito* 'dharma/ [vc. sanscrita, da *dhārman* 'ciò che sta fermo, ciò che sostiene'] s. m. inv. **1** Nell'induismo, la legge religiosa e morale. **2** Nel buddismo, l'insegnamento predicato dal Buddha.

dì o †**die** [lat. *dīe(m)*, di origine indeur.] s. m. **1** Giorno: *il dì di Pasqua*, *di San Giovanni*; *sul far del dì*; *innanzi dì* | *Primo dì*, la Creazione | *Ultimo dì*, la morte | *Il gran dì*, il giorno del giudizio universale | (*lett.*) *Dì per dì*, giornalmente, ogni giorno di più | (*lett.*) *L'altro dì*, l'altro giorno, alcuni giorni fa | *Notte e dì*, notte e giorno, continuamente | †*Il dì fra i dì*, per tutti i giorni, da usarsi nei giorni non festivi, detto spec. di indumenti | *Conciare qc. per il dì delle feste*, sistemarlo come merita, ridurlo in cattivo stato | †*Recare a un dì*, (*fig.*, *scherz.*) consumare, dissipare | *Ai miei dì*, ai miei tempi | (*lett.*) *Ai gran dì*, d'estate | (*raro*) *Il dì d'oggi*, il tempo, l'epoca attuale | †*Rimettere nel buon dì*, condonare una prescrizione | *A dì*, nel giorno, il giorno, come formula per indicare la data: *dì 5 maggio*; *a dì tanti del mese*; V. anche *addì* | *Buon dì*, buongiorno; V. anche *buondì* | *Mezzo dì*, mezzogiorno; V. anche *mezzodì* | *Oggi dì*, il tempo, l'epoca presente; V. anche *oggidì* | †*Tutto dì*, continuamente; V. anche *tuttodì*. **2** Periodo di illuminazione durante il giorno | (*raro*, *lett.*) Luce del giorno | †Luce, splendore.

di (**1**) [lat. *dē*] prep. propria semplice. (Fondendosi con gli art. det. dà origine alle prep. art. m. sing. *del*, *dello*; m. pl. *dei*, *degli*; f. sing. *della*; f. pl. *delle*. Si olide davanti a parole che incominciano per vocale: *un giorno d'estate*; *un pezzo d'uomo*). **I** Stabilisce diverse relazioni dando luogo a molti complementi. **1** Compl. di specificazione: *il diametro della terra*; *i bottoni della giacca*; *il suono delle trombe*; *il presi-*

dente della nostra associazione; *re dei romani*; *il padre di Luigi*; *i libri del nonno*; *i tesori dei Faraoni*; *i quadri di Raffaello* | Con valore di specificazione soggettiva: *amore del padre verso il figlio* | Con valore di specificazione oggettiva: *l'amore della gloria* | Nel linguaggio bur. e commerciale, in quello pubblicitario e giornalistico, la prep. 'di' è spesso omessa, giustapponendo i sostantivi: *scalo merci*; *rivendita sali e tabacchi*; *giornale radio*; *radio Roma*; *vocabolario Zingarelli*. ***2*** Compl. partitivo: *alcuni di noi*; *parecchi di voi*; *un migliaio di uomini*; *c'è q.c. di nuovo*; *c'è q.c. di vero in quello che dici*; *non c'è nulla di strano*; *non vedo niente di meglio* | Dopo un superlativo relativo: *il più diligente di tutti* | In particolari espressioni superlative: *il Santo dei Santi*; *il Re dei re*; *il Cantico dei Cantici*; *il servo dei servi di Dio*. ***3*** Compl. di paragone: *Luigi è più forte di Carlo*; *niente è più rapido del pensiero*; *la luce è più veloce del suono*; *io sono meno bravo di te*. ***4*** Compl. di moto da luogo (*anche fig.*): *partii di casa alle otto*; *sono già usciti di scuola*; *vai via di qui!* | †Nelle date: *di Roma, 25 ottobre* | Indica anche il luogo, o il punto, la condizione da cui ha origine un movimento, un passaggio, uno spostamento, spec. in correl. con la prep. 'in': *andarono di città in città*, *di paese in paese*; *di povero divenne ricco*; *andiamo di bene in meglio!*; *vai di male in peggio*. ***5*** (*raro*) Compl. di moto attraverso luogo: *passiamo di qui*; *di valle in valle la strada giunge al confine*; *non posso passare di Toscana* (CARDUCCI). ***6*** (*raro*) Compl. di separazione e allontanamento: *si è allontanato momentaneamente di città* | (*fig.*) †*Trarsi di parlare*, astenersi dal parlare. ***7*** Compl. di origine o provenienza: *uomo di modeste origini*, *di umili natali*; *nativo della Campania*; *figlio di un contadino*; *essere di Torino*; *vengo di lontano* | Indica, in particolare, la paternità onde la formazione di molti cognomi: *Carlo di Giuseppe*; *Di Bernardo*; *Di Stefano*. ***8*** Compl. di denominazione: *il nome di Maria*; *l'appellativo di temporeggiatore*; *il mese di gennaio*; *la città di Bologna*; *l'isola di Sicilia*; *la repubblica di Genova*. ***9*** Compl. di argomento: *un libro di storia*; *trattato di medicina*; *parlare di politica*; *discutere del tempo*; *dire bene*, *dire male*, *sparlare di qc.*; *parlare di tutto un po'* | In titoli di opere: *Dei Sepolcri*; *Dei delitti e delle pene*. ***10*** Compl. di abbondanza: *una cassa colma di cose preziose*; *una botte piena di vino*; *una città dotata di tesori artistici*; *una regione che abbonda di coltivazioni*. ***11*** Compl. di privazione o difetto: *è una regione priva di acqua*; *fu derubato di tutto il denaro*; *mancanza di idee*; *un discorso scarso di argomenti*. ***12*** Compl. di mezzo o strumento: *lavorare di lima*; *spalmare di marmellata*; *lavorare di gomiti*; *dare di sprone*; *cingere di mura*. ***13*** Compl. di modo o maniera: *camminare di buon passo*; *partire di malavoglia*; *venire di corsa*; *fermarsi di botto*; *ridere di gusto*; *mangiare di magro*; *le spose vestono di bianco*. ***14*** Compl. di causa: *cantare*, *gridare di gioia*; *morire di stenti*; *urlare di dolore*. ***15*** Compl. di fine o scopo: *siepe di confine*; *cintura di salvataggio*; *teatro di prosa*; *soldati di riserva*; *essere d'aiuto*; *servire di passatempo*. ***16*** Compl. di tempo determinato: *di mattina*; *di sera*; *di notte*; *di dicembre fa freddo*; *d'autunno cadono le foglie* | Esprimendo durata: *una guerra di dieci anni*; *una civiltà di mille anni* | In correl. con la prep. 'in': *di giorno in giorno*; *di ora in ora*. ***17*** Compl. di colpa: *colpevole di furto*; *imputato d'omicidio*; *accusato di tradimento*, *di spionaggio*; *macchiarsi d'infamia*; *accusare di plagio*. ***18*** Compl. di pena: *è stato multato di cinquantamila lire*. ***19*** Compl. di limitazione: *nemico superiore di numero*, *di forze*; *pronto d'ingegno*; *non si può vivere di solo pane*; *è malato di cuore*. ***20*** Compl. di materia: *una statua di marmo*; *un anello d'oro*; *una palla di gomma*; *un sacchetto di plastica*; *una casa di legno* | †Con l'art.: *colonna del porfido*, *del marmo*. ***21*** Compl. di qualità: *un ragazzo di colorito pallido e di alta statura*; *una persona di grande bontà*; *un ragazzo di belle speranze*. ***22*** Compl. di età: *un bambino di quattro anni*; *un uomo di trent'anni*; *una bottiglia di vino di dieci anni*. ***23*** Compl. di peso o misura: *una trave di sei metri*; *un campanile di trenta metri*; *un'autostrada di mille kilometri*; *un carico di due tonnellate*; *un pane di un kilo*. ***24*** Compl. di stima o prezzo: *un vestito di poche lire*; *un oggetto di gran valore*. ***25*** Compl. distributivo: *di dieci in dieci*. ***26*** Compl. predicativo: †*Tenersi di beato*, ritenersi beato. ***27*** (*lett.*) †Compl. di causa efficiente: *noi fummo d'un romor sorpresi* (DANTE *Inf.* XIII, 111). ***28*** †Compl. di compagnia e d'unione: *Lunga la barba e di pel bianco mista / portava* (DANTE *Purg.* I, 34-35). **II** Introduce varie specie di proposizioni con il v. all'inf. ***1*** Prop. soggettiva: *mi sembra di aver fatto bene*; *capita di sbagliare* | Quando il v. ha valore di sostantivo la prep. 'di' viene di solito omessa: *è vietato (di) fumare*; *vietato entrare*; *è proibito calpestare le aiuole*. ***2*** Prop. oggettiva: *sostengo di aver detto la verità*; *ammetto di aver sbagliato*; *ho tentato di fuggire*; *mi auguro di tornare presto*. ***3*** Prop. finale: *procura di fare il tuo dovere*; *ti prego di dirmi la verità*. ***4*** Prop. consecutiva: *non sono degni di essere trattati altrimenti*; *l'attività di quel ragazzo è degna di essere riconosciuta*. **III** Ricorre con diverso valore e funzione in molte espressioni. ***1*** Con valore indef. o partitivo, sostituisce l'art. indet. o l'agg. indef., introducendo un sogg., un compl. ogg. o, preceduto da prep., qualsiasi compl. indiretto: *vennero degli amici*; *ho mangiato della carne*; *è un mobile che durerà per degli anni*; *ha degli occhi bellissimi* | (*tosc.*) *Ha veramente di gran bei bambini* | *Avere del bugiardo*, *del cattivo*, *del gentile e sim.*, avere in sé q.c. del bugiardo, del cattivo, del gentile e sim. ***2*** Con valore attributivo, stabilisce un rapporto di dipendenza, una relazione simile a quella dell'opposizione, in particolari espressioni enfatiche o esclamative: *quel birbante di Luigino*; *quel mascalzone di Carlo*; *quello screanzato del tuo amico*; *che splendore di bambino*; *che pezzo d'asino quell'uomo!*; *che razza d'asino!*. ***3*** Con valore raff. in espressioni esclamative, per lo più pleon.: *ne ha dovuti sborsare di quattrini!*; *ne va della vita, del nostro onore!*; *Tu!, farmi di questi errori!*; *di queste parole, a me!*; *di queste frasi non voglio più sentirne* | (*pleon.*) *Dire di sì*, *di no*. **IV** Ricorre nella formazione di molte loc. ***1*** Loc. prep. e prep. composte: *prima di*; *dopo di*; *fuori di*; *sotto di*; *a causa di*; *per mezzo di*; *a fianco di*; *in luogo di*; *al pari di*; *contro di*; *di là da*; *invece di* e sim. ***2*** Loc. avv.: *di qua*; *di là*; *di su*; *di giù*; *di sopra*; *di sotto*; *di fianco*; *di fronte*; *d'intorno*; *di fuori*; *di quando in quando*; *di volta in volta*; *di gran lunga* e sim. | Seguito da un agg. forma avv. di modo, tempo e sim.: *di nascosto*; *di nuovo*; *di recente* e sim. ***3*** Loc. cong.: *di modo che*; *di guisa che*; *dopo di che* e sim. (V. note d'uso ACCENTO ed ELISIONE e TRONCAMENTO).

di (2) o †(*dial.*) **de** (1). s. m. o f. • Nome della lettera *d*.

di- (1) [forma pop. del pref. lat. *de-* (V. *de-*)] pref. • In voci verbali di origine latina indica movimento dall'alto verso il basso (*discendere*) o ha valore negativo o intensivo (*disperare*, *divorare*) | È usato inoltre per formare verbi derivati da aggettivi e sostantivi italiani: *dimagrire*, *divampare* | In alcuni verbi denominali indica privazione, sottrazione, separazione: *dibarbare*, *diboscare*, *diliscare*.

di- (2) [dal pref. gr. *di-*, da *dís* 'due volte'] pref. • In parole composte dotte o scientifiche derivate dal greco o di formazione moderna significa 'due', 'doppio': *dimero*, *digramma*, *dimorfo*.

dìa s. f. inv. • Acrt. di *diapositiva*.

†**dìa** (1) • V. *dea*.

†**dìa** (2) [lat. *dīe(m)* 'dì, giorno'] s. f. • Giorno, dì.

dia- [dalla prep. gr. *diá*, dalla base indeur. **dis-*, denotante separazione] pref. • In parole dotte scientifiche significa 'attraverso', 'mediante', oppure indica differenza, separazione: *diacronia*, *diamagnetico*, *diascopia*, *diafonia*.

diabàse [fr. *diabase*, vc. considerata collegata al gr. *diábasis* 'passaggio'] s. m. • (*miner.*) Roccia vulcanica di color verdastro costituita da labradorite e augite.

diabàtico [gr. *diabatikós* 'capace di superare le altezze', der. di *diabáinein* 'attraversare', comp. di *diá* 'attraverso' e *báinein* 'passare' (di origine indeur.)] agg. (pl. m. *-ci*) • (*fis.*) Detto di trasformazione termodinamica in cui avvengono scambi di calore tra il sistema e l'esterno. CONTR. Adiabatico.

diabète [vc. dotta, gr. *diabḗtēs*, da *diabáinein* 'passare (*báinein*) attraverso (*diá*)' con allusione al frequente passaggio di urina provocato dalla malattia] s. m. • (*med.*) Malattia del ricambio glicidico causata da insufficiente secrezione di insulina da parte del pancreas che provoca un aumento di glucosio nel sangue e la perdita del medesimo attraverso l'urina | *D. mellito*, o (*ass.*) *diabete*, da insufficiente produzione di insulina nel pancreas | *D. insipido*, da alterata filtrazione renale.

†**diabètica** s. f. • Diabete.

diabètico [da *diabete*] **A** agg. (pl. m. *-ci*) • Che concerne il diabete. **B** agg.; anche s. m. (f. *-a*; pl. m. *-ci*) • Che, chi è affetto da diabete.

diabetògeno [comp. di *diabet(e)* e *-geno*] agg. • (*med.*) Che può causare il diabete mellito: *farmaci diabetogeni*.

diabolicità s. f. • Qualità di chi è diabolico (*solo in senso fig.*).

diabòlico [vc. dotta, lat. eccl. *diabŏlicu(m)* 'pertinente al *diavolo*'] agg. (pl. m. *-ci*) ***1*** Di, da diavolo: *potenza diabolica* | Che viene dal diavolo: *evocazione*, *ispirazione diabolica*. ***2*** (*fig.*) Maligno, perverso, perfido: *animo d.*; *ghigno d.*; *arti diaboliche*. || **diabolicaménte**, avv.

†**diàbolo** (1) • V. *diavolo*.

diàbolo (2) [fr. *diabolo*, dal lat. *diābolus* con la terminazione propria di altri giocattoli] s. m. • Giocattolo consistente in un rocchetto che si lancia in aria con una cordicella tesa tra due stecche, e che si cerca di ricevere sulla cordicella stessa al suo ricadere.

diacciàia • V. *ghiacciaia*.

diacciàre • V. *ghiacciare*.

diacciatìno [da *diaccio* (*1*)] **A** agg. • (*dial.*) Alquanto freddo. **B** s. m. (f. *-a*, nel sign. 1) ***1*** (*raro*, *dial.*) Venditore di gelati. ***2*** †Bottega dove si vendono sorbetti e sim.

diacciatùra • V. *ghiacciatura*.

diàccio (1) • V. *ghiaccio* (*1*).

diàccio (2) s. m. • (*tosc.*) Addiaccio.

diacciòlo • V. *ghiacciolo*.

†**diacciòre** s. m. • Gelo.

diacciuòlo • V. *ghiacciolo*.

diacère • V. *giacere*.

diachènio [comp. di *di-* (*2*) e *achenio*] s. m. • (*bot.*) Frutto a due carpelli che si apre in due acheni.

diàcine [da *dia(volo)*, stornato nella seconda parte a fine eufemistico] inter. • (*euf.*) Esprime meraviglia, impazienza, disapprovazione e sim. SIN. Diamine, diancine.

diàclasi [vc. dotta, gr. *diáklasis* 'fenditura', dal v. *klá(ei)n* 'rompere, spezzare', di origine indeur.] s. f. • (*geol.*) Frattura delle rocce di dimensioni notevoli.

diacòlor [comp. dell'ingl. *dia(positive)* 'diapositiva' e dell'ingl. amer. *color* 'colore'] s. f. inv. • (*fot.*) Diapositiva a colori, spec. nel linguaggio pubblicitario.

diaconàle /diako'nale, djako'nale/ [vc. dotta, lat. tardo *diaconāle(m)*, da *diācon(us)* 'diacono'] agg. • Di diacono.

diaconàto /diako'nato, djako'nato/ [vc. dotta, lat. eccl. *diaconātu(m)*, da *diācon(us)* 'diacono'] s. m. • Ordine sacro di grado inferiore al presbiterato, conferito o transitoriamente in vista dell'ordinazione sacerdotale o permanentemente per servizio diretto della comunità cristiana, che attribuisce la competenza di amministrare il Battesimo, distribuire l'Eucarestia, benedire il matrimonio, leggere le Sacre Scritture, presiedere a vari culti e riti.

diaconéssa /diako'nessa, djako'nessa/ [vc. dotta, lat. tardo *diaconīssa(m)*, f. di *diācon(us)* 'diacono', col suff. gr. *-issa*] s. f. ***1*** Nella chiesa cristiana primitiva, vedova o vergine destinata a opere caritative o addetta a determinati riti sacri. ***2*** In varie chiese protestanti, donna nubile cui sono affidate funzioni assistenziali, caritative e sim.

diaconìa /diako'nia, djako'nia/ [vc. dotta, lat. eccl. *diacōnia(m)*, da *diācon* 'diacono', con l'accento del modello gr. *diakonía*] s. f. ***1*** Ufficio di diacono, nelle comunità cristiane primitive. ***2*** Titolo di alcune chiese cattoliche di Roma attribuito ai cardinali.

diacònico /dia'kɔniko, dja'kɔniko/ s. m. (pl. *-ci*) ● (*arch.*) Diaconio.

diacònio /dia'kɔnjo, dja'kɔnjo/ [vc. dotta, lat. *diacōniu(m)*, da *diācon(us)* 'diacono'] s. m. ● (*arch.*) Nelle prime basiliche cristiane, ognuna delle due absidi minori posta ai lati dell'abside principale che serviva da sacrestia, parlatorio e tesoreria.

diàcono /di'akono, 'djakono/ [vc. dotta, lat. tardo *diācōnu(m)*, dal gr. *diákonos*, prob. da *kónein* 'affrettarsi'] s. m. *1* (*relig.*) Persona di sesso maschile cui è stato conferito l'ordine sacro del diaconato in vista dell'ordinazione sacerdotale o per servizio diretto della comunità cristiana: *d. per il sacerdozio, d. per il ministero.* *2* (*relig.*) Nella liturgia cattolica anteriore al Concilio Ecumenico Vaticano Secondo, prete che assisteva il celebrante nella messa solenne. *3* (*relig.*) Nelle primitive comunità cristiane, fedele destinato a opere caritative o addetto a particolari riti sacri.

diàcope [vc. dotta, lat. *diăcope(n)*, dal gr. *diakopé*, comp. di *diá* 'attraverso' e *kopé* 'taglio'] s. f. *1* (*med.*) Frattura longitudinale di un osso della volta cranica. *2* (*ling.*) Iperbato.

diacritico [dal gr. *diakritikós*, dal v. *diakrínein* 'separare (*krínein*) uno dall'altro (*diá*)'] agg. (pl. m. *-ci*) ● (*ling.*) Detto di segno grafico che modifica un altro segno, come la tilde in spagnolo e la cediglia in francese.

diacronia [fr. *diachronie*, comp. di *dia-* e un deriv. del gr. *chrónos* 'tempo'] s. f. ● Insieme di fatti o di elementi considerati dal punto di vista della loro evoluzione nel tempo. CONTR. Sincronia.

diacrònico [fr. *diachronique*, da *diachronie* 'diacronia'] agg. (pl. m. *-ci*) ● *Di, relativo a, diacronia* | *Linguistica diacronica*, studio dei fenomeni linguistici nel loro evolversi nel tempo. CONTR. Sincronico. || **diacronicaménte**, avv. Dal punto di vista diacronico.

diade [vc. dotta, lat. tardo *dўade(m)*, nom. *dўas*, dal gr. *dyás*, da *dýo* 'due'] s. f. *1* (*fis., mat.*) Coppia di enti o di elementi. *2* (*biol.*) Figura citologica in cui è disposta ciascuna coppia di cromosomi durante la profase-metafase della meiosi. *3* (*filos.*) Nella filosofia pitagorica, il principio della diversità e della disuguaglianza. *4* (*psicoan.*) Termine usato da R. Spitz (1887-1974) per indicare il rapporto madre-bambino nei primi anni di vita.

diadèlfo [comp. di *di-* (2) e del gr. *adelphós* 'fratello'] agg. ● (*bot.*) Detto di stame avente tutti i filamenti concresciuti in due fasci.

diadèma [vc. dotta, lat. tardo *diadēma(m)*, dal gr. *diádēma*, dal v. *diadêin* 'legare (*dêin*) attraverso (*diá*)'] s. m. (pl. *-i*) *1* Anticamente, benda avvolta attorno al capo di divinità sacerdotali e sovrani asiatici | Cerchio metallico portato come corona dagli imperatori romani durante il basso impero. *2* Ricco ornamento del capo in oro, argento e pietre preziose | Corona reale | Aureola. *3* Decorazione di fiori o di perline nell'acconciatura da sposa.

diademàto [vc. dotta, lat. *diademātu(m)*, da *diadēma* 'diadema'] agg. ● Cinto di diadema.

diàdico [da *diade*] agg. (pl. m. *-ci*) ● Relativo a una diade | (*mat.*) *Numerazione diadica*, binaria.

diàdoco [vc. dotta, gr. *diádochos*, dal v. *diadéchesthai* 'ricevere (*déchesthai*) attraverso (*diá*) la successione'] s. m. (pl. *-chi*) *1* Ciascuno degli immediati successori di Alessandro Magno. *2* Nella Grecia moderna, fino alla caduta della monarchia, titolo del principe ereditario.

diafanimetria [comp. di *diafan(o)* e *-metria*] s. f. ● (*meteor.*) Misurazione della trasparenza atmosferica.

diafanità o (*evit.*) **diafaneità** s. f. ● Qualità di chi, di ciò che è diafano. SIN. Trasparenza.

diàfano [vc. dotta, lat. mediev. *diăphanu(m)*, dal gr. *diaphanḗs*, da *diapháinein* 'mostrare (*pháinein*) attraverso (*diá*)'] **A** agg. *1* Che lascia passare la luce: *corpo, velo d.*; *aria diafana*; *Aveva ... orecchie appuntite e mobili, quasi diafane* (LEVI). SIN. Trasparente. *2* (*fig.*) Delicato, esile, gracile: *mani diafane*; *aspetto d.* | Pallido: *fronte, pelle, diafana.* **B** s. m. *1* †Diafanità. *2* †Corpo diafano.

diafanoscopia [comp. di *diafano* e *-scopia*] s. f. ● (*med.*) Esame di un organo per trasparenza mediante una forte sorgente luminosa.

diafanoscòpio [comp. di *diafano*, nel sign. di 'trasparente', e *-scopio*] s. m. ● (*med.*) Fonte luminosa per praticare la diafanoscopia.

diafàsico [comp. di *dia-* e di un deriv. del gr. *phásis* 'voce', sul modello del fr. *diaphasique*] agg. (pl. m. *-ci*) ● (*ling.*) Relativo a differenza linguistica connessa a variazioni di stile e di registro espressivo. || **diafasicaménte**, avv. Dal punto di vista diafasico.

diàfisi [vc. dotta, gr. *diáphysis*, dal v. *diaphýesthai* 'crescere (*phýein*) tra (*diá*) qualcosa'] s. f. ● (*anat.*) Parte di un osso lungo compresa tra le due estremità.

†**diaflàmma** ● V. *diaframma*.

diafonia [vc. dotta, gr. *diaphōnía*, comp. di *diá* 'attraverso' e *phōnḗ* 'voce' (letteralmente 'voce che va traverso', cioè 'che stona, dissonante')] s. f. *1* (*mus.*) Forma originaria di contrappunto. *2* (*elettr.*) Disturbo di natura elettrica che può verificarsi nelle conversazioni telefoniche o nelle trasmissioni radiofoniche.

diafònico agg. (pl. m. *-ci*) ● (*mus.*) Di, relativo a, diafonia.

diàfora [vc. dotta, gr. *diáphoros* 'diverso'] s. f. ● (*ling.*) Figura retorica che consiste nel ripetere con un significato diverso o comunque più ampio la medesima parola all'interno di una frase, spesso con tono enfatico: *quell'arte che sola fa parer uomini gli uomini* (LEOPARDI).

diaforèsi [vc. dotta, lat. tardo *diaphorēsi(m)*, dal gr. *diaphórēsis*, da *diaphorêin*, comp. di *diá* 'attraverso' e *phorêin* 'portare', cioè disperdere (per evaporazione o traspirazione)] s. f. ● (*med.*) Sudorazione.

diaforètico [vc. dotta, lat. tardo *diaphorēticu(m)*, dal gr. *diaphorētikós*, da *diaphórēsis* 'diaforesi'] **A** s. m. (pl. *-ci*) ● Medicamento che provoca sudorazione. **B** anche agg.: *farmaco d.*

diaframma o †**diaflàmma**, †**diafràgma** [vc. dotta, lat. tardo *diaphrăgma*, dal gr. *diáphragma*, da *diaphragmýnai*, comp. di *diá* 'attraverso' e *phragmýnai* 'ostruire, proteggere'] s. m. (pl. *-i*) *1* Elemento di separazione: *un d. divideva in due parti la cavità*; *un d. di roccia, d'acqua, di fuoco* | (*fig.*) Impedimento, barriera spirituale: *tra noi si è creato un d.* *2* (*anat.*) Muscolo piatto, a funzione respiratoria, che separa la cavità toracica da quella addominale. ➡ ILL. p. 365 ANATOMIA UMANA. *3* Dispositivo a chiusura progressiva per regolare il passaggio della luce attraverso una lente o un sistema ottico. *4* Calotta di materiale gommoso che si applica in corrispondenza del collo dell'utero a scopo contraccettivo. *5* Dispositivo che, vibrando, dà suono in un apparecchio acustico come, per es., un altoparlante.

diaframmàre v. tr. *1* Regolare l'apertura del diaframma di una macchina fotografica o da presa. *2* (*tecnol.*) Munire di diaframma: *d. un condotto.*

diaframmàtico agg. (pl. m. *-ci*) ● (*anat.*) Relativo al diaframma. SIN. Frenico.

diagènesi [comp. di *dia-* e *genesi*] s. f. ● (*geol.*) L'insieme dei processi che avvengono entro un sedimento e che lo trasformano in roccia sedimentaria compatta.

diaglìptica [comp. di *dia(fano)* e *gliptica*] s. f. ● Arte di incidere e lavorare in incavo figure e ornamenti.

diaglìpto s. m. ● Lavoro inciso.

diàgnosi [vc. dotta, gr. *diágnōsis*, comp. di *diá* 'attraverso (alcuni segni)' e *gnôsis* 'conoscenza'] s. f. *1* Definizione di una malattia attraverso l'interrogatorio del malato, i sintomi e gli esami di laboratorio: *d. precoce* | *D. differenziale*, esame critico dei sintomi per distinguere malattie tra loro consimili | *D. biologica di gravidanza*, accertamento dello stato di gravidanza con prove su animali | *D. prenatale*, quella relativa al feto. *2* (*est.*) Giudizio che si esprime su un fenomeno dopo averne considerato ogni aspetto: *fare la d. dei fatti, della situazione politica.* *3* (*elab.*) Analisi dello stato di funzionamento di un sistema con individuazione degli eventuali guasti.

diagnòsta [da *diagnostico*; cfr. gr. delle glosse *diagnṓstēs* 'giudice istruttore'] s. m. e f. (pl. m. *-i*) *1* Medico abile nel formulare diagnosi. SIN. Diagnostico. *2* Tecnico che individua i guasti di impianti, apparecchiature e sim.

diagnòstica [da *diagnosticare*] s. f. ● Tecnica e metodo della diagnosi | (*bot.*) *D. fogliare*, studio delle esigenze nutritive delle piante mediante l'analisi chimica delle foglie.

diagnosticàre [fr. *diagnostiquer*, da *diagnostic* 'diagnostico'] v. tr. (*io diagnòstico, tu diagnòstichi*) ● Riconoscere mediante diagnosi (*anche fig.*): *d. una malattia*; *d. i mali della società.*

diagnòstico [fr. *diagnostic*, dal gr. *diagnōstikós*, der. di *diágnōsis* 'diagnosi'] **A** agg. (pl. m. *-ci*) ● Relativo alla diagnosi: *segno, sintomo d.* || **diagnosticaménte**, avv. Per via di diagnosi. **B** s. m. (f. *-a*) ● Diagnosta.

diagonàle /diago'nale, djago'nale/ [vc. dotta, lat. *diagonāle(m)*, dal gr. *diagṓnios* 'attraverso (*diá*) gli angoli (*gōníes*)'] **A** s. f. ● (*mat.*) In un poligono semplice, il segmento o la retta congiungente due vertici non consecutivi | Correntemente, linea o direzione obliqua: *tracciare una d.*; *seguire la d.* | *In d.*, trasversalmente. **B** s. m. *1* Nel calcio e nel tennis, tiro con direzione obliqua rispetto ai lati del campo. *2* Stoffa caratterizzata da fitte linee a colori e a rilievo lungo le diagonali delle maglie formate dalla trama e dall'ordito. **C** agg. ● Obliquo, trasversale: *tiro, tessuto d.* || **diagonalménte**, avv. In senso diagonale, in senso trasversale.

diagràmma [vc. dotta, lat. *diagrămma(m)*, dal gr. *diágramma* '(di)segno (*grámma*) ottenuto per mezzo di (*diá*) linee'] s. m. (pl. *-i*) *1* (*mat.*) Rappresentazione grafica d'una funzione o d'un fenomeno. *2* (*stat.*) Rappresentazione grafica dell'andamento di un fenomeno | *D. lineare*, quello in cui a ciascuna coppia di valori si fanno corrispondere dei punti nel piano, uniti con segmenti di retta formanti una linea spezzata. ➡ ILL. **diagramma**. *3* (*elab.*) Ogni presentazione grafica usata come mezzo per l'analisi e la risoluzione di un problema | *D. a blocchi*, rappresentazione grafica di un insieme di relazioni in cui le singole unità logiche sono disegnate sotto forma di caselle | *D. di flusso*, rappresentazione grafica di una sequenza di eventi, con l'impiego di simboli convenzionali corrispondenti ai vari tipi di eventi e alle loro reciproche connessioni | *D. di programmazione*, rappresentazione grafica, per mezzo di un insieme convenzionale di simboli, dei vari passi logici che formano un programma. ➡ ILL. **diagramma**. *4* (*ling.*) *D. delle vocali*, rappresentazione geometrica di un insieme di vocali basata sui loro caratteri articolatori o acustici.

diagrammàre v. tr. ● Rappresentare mediante un diagramma | Costruire un diagramma.

diagrammàtico agg. (pl. m. *-ci*) ● Di diagramma.

diagrammatóre s. m. ● (*elab.*) Plotter.

diàle [vc. dotta, lat. *Diāle(m)*, originariamente agg. di *dīes* 'giorno', personificato come divinità luminosa] **A** s. m. ● Addetto al culto di Giove, nella Roma antica. **B** anche agg.: *flamine d.*

dialèfe [dal gr. *dialéipein* 'lasciare (*léipein*) un intervallo (*diá*)', sul modello di *sinalefe*] s. f. ● (*ling.*) In metrica, separazione in due sillabe distinte della vocale finale e della vocale iniziale di due parole contigue: *ché la diritta via era smarrita* (DANTE *Inf.* I, 3). CONTR. Sinalefe.

dialèmma [vc. dotta, lat. tardo *diălemma*, dal gr. *diáleimma*, dal v. *dialéipein* 'lasciare (*léipein*) un intervallo (*diá-*)'] s. m. (pl. *-i*) ● (*med.*) Intermissione nella febbre.

dialettàle [da *dialetto*] agg. *1* Che concerne i dialetti, che è caratteristico di un dialetto: *voce d.* *2* Che è scritto o tramandato in dialetto: *canzone, poesia d.* || **dialettalménte**, avv. Mediante il dialetto.

dialettaleggiànte [da *dialettale*] agg. ● Che presenta caratteri dialettali: *pronunzia d.* | Che contiene vocaboli o espressioni dialettali: *prosa d.*

dialettalìsmo s. m. ● (*ling.*) Vocabolo, forma o costrutto di derivazione dialettale, in una lingua nazionale o letteraria. SIN. Dialettismo.

dialettalizzàre **A** v. tr. ● Rendere dialettale. **B** v. intr. pron. ● Assumere caratteri dialettali.

dialettalizzazióne s. f. *1* Atto, effetto del dialettalizzare o del dialettalizzarsi. *2* Modo in cui i dialetti si presentano all'interno di un dato territorio linguistico.

dialèttica [vc. dotta, lat. *dialĕctica(m)*, dal gr. *dialektikḗ* (*téchnē*) '(arte) della discussione (*diále-*

ktos)'] s. f. *1* Arte del ragionare | Logica. *2* (*est.*) Abilità nel discutere: *ha una d. travolgente.* *3* (*filos.*) Processo con cui due contrari, tesi e antitesi, nel pensiero o nella realtà, si sviluppano unitariamente, risolvendosi in un momento superiore detto sintesi.

dialèttico [vc. dotta, lat. *dialĕcticu(m)*, dal gr. *dialektikós* 'relativo alla discussione (*diálektos*)'] **A** agg. (pl. m. *-ci*) *1* Che concerne o interessa la dialettica | Proprio della dialettica: *procedimento d.* *2* Correntemente, logico, convincente: *potenza, abilità dialettica.* || **dialetticaménte**, avv. **B** s. m. (pl. *-ci*) *1* Logico, filosofo. *2* Chi è abile nel discutere, nel ragionare.

dialettismo s. m. ● Dialettalismo.

dialètto [vc. dotta, lat. *dialĕcto(n)*, dal gr. *diálektos* 'discussione' e poi 'particolarità linguistica', da *dialégein* 'parlare (*légein*) attraverso (*diá*)', 'discutere'] s. m. ● Sistema linguistico particolare usato in zone geograficamente limitate: *i dialetti della lingua italiana; parlare in d.*

dialettòfono [comp. di *dialetto* e *-fono*] s. m. ● (*ling.*) Chi parla un dialetto.

dialettologìa [comp. di *dialetto* e *-logia*] s. f. (pl. *-gie*) ● Disciplina che si occupa della descrizione comparativa dei diversi dialetti nei quali si diversifica una lingua nello spazio, e di stabilire i loro limiti | *D. sociale*, studio delle variazioni sociali di una lingua; sociolinguistica.

dialettològico agg. (pl. m. *-ci*) ● Relativo alla dialettologia.

dialettòlogo s. m. (f. *-a*; pl. m. *-gi* o *-ghi*) ● Studioso di dialettologia.

diàli- [tratto dal v. gr. *dialýein* 'sciogliere (*lýein*) attraverso (*diá*), separare'] primo elemento ● In parole composte della terminologia scientifica, indica separazione: *dialipetalo, dialisepalo.*

dialipètalo [vc. dotta, comp. di *diali-* e *petalo*] agg. ● (*bot.*) Detto di corolla i cui petali sono separati l'uno dall'altro. SIN. Coripetalo.

dialisèpalo [vc. dotta, comp. di *diali-* e *sepalo*] agg. ● (*bot.*) Detto di calice i cui sepali sono separati l'uno dall'altro. SIN. Corisepalo.

diàlisi [vc. dotta, lat. tardo *diălysi(n)*, dal gr. *diálysis*, da *dialýein* 'sciogliere (*lýein*) in mezzo (*diá*)', 'separare'] s. f. *1* (*chim.*) Separazione di sostanze da miscugli liquidi, per mezzo di membrane semipermeabili attraverso cui le molecole più piccole e gli ioni passano facilmente mentre le particelle colloidali e le molecole più grandi non passano o solo molto lentamente. *2* (*fisiol.*) Processo di depurazione del sangue dalle sue scorie e impurità | *D. artificiale*, depurazione sostitutiva in caso d'insufficienza degli organi emuntori, spec. rene e fegato. *3* (*ling.*) Figura retorica per cui si interrompe l'ordine del discorso inserendovi un inciso: *Parte sen giva, e io retro li andava, / lo duca, già faccendo la risposta* (DANTE *Inf.* XXIX, 16-17).

dialìtico [vc. dotta, gr. *dialytikós*, da *dialytós* 'dialito'] agg. (pl. m. *-ci*) ● Relativo a dialisi.

diàlito [gr. *diálytos*, agg. v. di *dialýein* 'sciogliere (*lýein*) attraverso (*diá*) qualcosa'] agg. ● (*chim., raro*) Soluto, sciolto.

dializzàre [da *dialisi*] v. tr. ● (*chim., fisiol.*) Sottoporre a dialisi.

dializzàto A part. pass. di *dializzare*; anche agg. ● Nel sign. del v. **B** s. m. (f. *-a*) ● Malato che viene sottoposto a dialisi.

dializzatóre A agg. (f. *-trice*) ● (*fisiol.*) Che compie o consente la dialisi: *membrana dializzatrice.* **B** s. m. ● Apparecchio con cui si compie la dialisi.

diàllage [vc. dotta, lat. *diăllage(n)*, dal gr. *diallagḗ*, da *diallássein* 'cambiare (*allássein*) attraverso (*diá*)'] s. f. ● (*ling.*) Figura retorica per cui molti argomenti convergono a una stessa conclusione | Accumulazione di parti del discorso che presenta almeno due sinonimi: *Or più non è quel che era, / ma spietata sdegnosa altera e dura, / stassi superba, e del mio mal non cura* (BOIARDO).

diallàgio [vc. dotta, gr. *diallagḗ*, da *diallássein* 'mutare', per l'irregolarità della sfaldatura] s. m. ● (*miner.*) Varietà di pirosseno ricca in calcio, magnesio e ferro, di colore grigioverde.

diallèlo o **diallèle** [gr. *diállēlos*, propr. '(ragionamento) attraverso (*diá*) l'un l'altro (*allḗlōn*)'] s. m. ● (*filos.*) Circolo vizioso.

dialogàre /dialo'gare, djalo'gare/ [da *dialogo*] **A** v. tr. (*io diàlogo, tu diàloghi*) ● Scrivere, ridurre, in dialogo: *d. un dramma.* **B** v. intr. (aus. *avere*) *1* Aprire un dialogo: *d. con la parte avversa, con gli avversari.* *2* (*raro*) Conversare: *d. con qc.*

dialogàto /dialo'gato, djalo'gato/ **A** part. pass. di *dialogare*; anche agg. ● Nei sign. del v. **B** s. m. ● Testo, o parte di un testo, ridotto o scritto in forma di dialogo, spec. in opere teatrali, televisive o cinematografiche: *il d. e la colonna sonora.*

dialoghìsta /dialo'gista, djalo'gista/ ● V. *dialogista.*

†**dialoghizzàre** /dialogid'dzare, djalogid'dzare/ ● V. *dialogizzare.*

dialògico [vc. dotta, gr. *dialogikós* 'in forma di dialogo'] agg. (pl. m. *-ci*) ● Che si riferisce al dialogo | Che ha forma di dialogo: *poesia dialogica.* || **dialogicaménte**, avv. In forma di dialogo.

dialogìsmo /dialo'dʒizmo, djalo'dʒizmo/ [vc. dotta, lat. tardo *dialogīsmu(m)*, dal gr. *dialogismós*, da *dialogízesthai* 'dialoghizzare'] s. m. ● (*ling.*) Figura retorica che consiste nella finzione letteraria del dialogo tra due o più persone e anche con se stessi: *Oh povero me! vedete se quelle due figuracce dovevan proprio piantarsi sulla mia strada, e prenderla con me! Che c'entro io?* (MANZONI).

dialogìsta /dialo'dʒista, djalo'dʒista/ o (*raro*) **dialoghìsta** [vc. dotta, lat. tardo *dialogīsta(m)*, da *diălogus* 'dialogo'] s. m. e f. (pl. m. *-i*) ● Chi scrive dialoghi.

dialogìstico /dialo'dʒistiko, djalo'dʒistiko/ agg. (pl. m. *-ci*) ● Relativo al dialogismo o al dialogista.

dialogizzàre /dialodʒid'dzare, djalodʒid'dzare/ o †**dialoghizzàre** [vc. dotta, gr. *dialogízesthai* 'ragionare (*logízesthai*) a fondo (*diá*)'] **A** v. tr. ● Ridurre in forma di dialogo. **B** v. intr. (aus. *avere*) ● Conversare | Disputare dialogando: *d. con un avversario.*

diàlogo /di'alogo, 'djalogo/ [vc. dotta, lat. *diălogu(m)*, dal gr. *diálogos* 'discorso (*lógos*) tra (*diá*) persone'] s. m. (pl. *-ghi* o †*-gi*; solo sing. nel sign. 5) *1* Discorso fra due o più persone: *ascoltare, riferire un d.; avere un d. con qc.; prendere parte a un d.; udì alcune battute del d.* | Recitazione a battute alterne di un testo drammatico | (*spec. al pl.*) Insieme delle battute di un testo cinematografico. *2* (*est.*) Rapporto basato sulla disponibilità al chiarimento, all'intesa: *d. tra forze politiche diverse* | Atteggiamento di reciproca comprensione basata sul desiderio di capire e di farsi capire: *il d. fra genitori e figli; fra noi non c'è più d.* *3* (*letter.*) Componimento dottrinale in cui la materia è esposta e discussa da due o più persone. *4* (*mus.*) Composizione vocale con testo dialogato. || **dialogàccio**, pegg. | **dialoghétto**, dim. | **dialoghìno**, dim.

diagramma

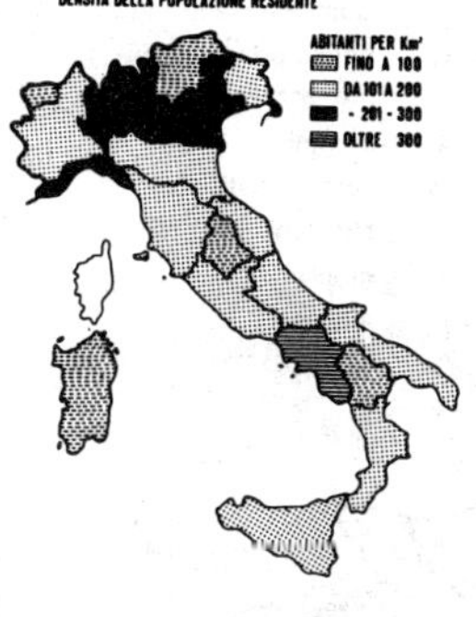

cartogramma

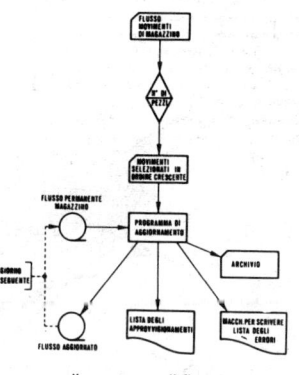

diagramma di flusso

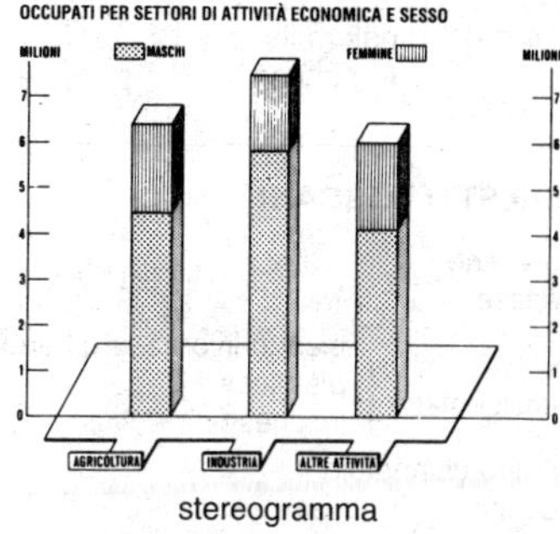

stereogramma

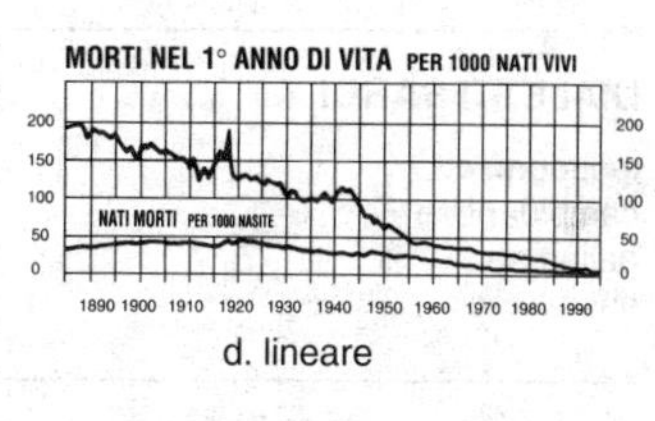

d. lineare

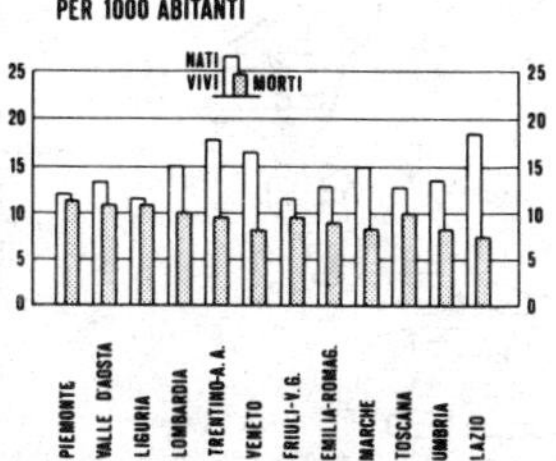

istogramma

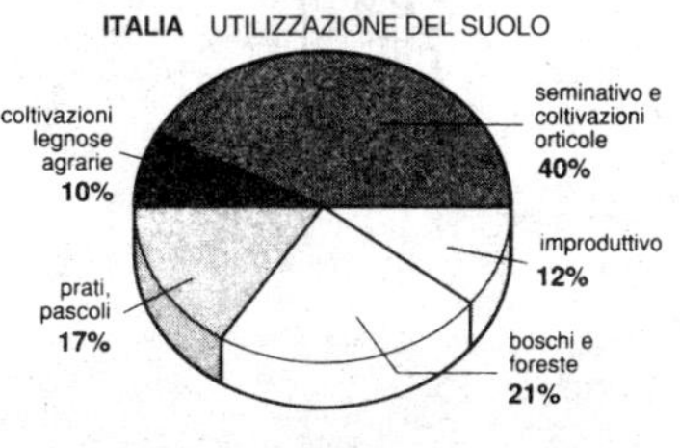

areogramma

ideogramma

DIALETTI D'ITALIA

DIALETTI SETTENTRIONALI

GALLO-ITALICI

piemontese
lombardo
ligure
emiliano-romagnolo
marchigiano settentrionale
(*dialetti metauro-pisaurini o gallo-piceni*)

VENETI

veneziano lagunare
veronese
vicentino-padovano-polesano
trevigiano
feltrino-bellunese
triestino e veneto-giuliano

DIALETTI CENTRO-MERIDIONALI

marchigiano centrale { anconitano, maceratese
umbro e viterbese
laziale centro-settentrionale e romanesco
reatino-aquilano
marchigiano meridionale-abruzzese
molisano
pugliese settentrionale
laziale meridionale e campano { napoletano, irpino, cilentano
lucano-calabrese settentrionale
salentino (o pugliese meridionale)
calabrese centro-meridionale
siciliano { messinese, catanese-siracusano, siciliano sud-orientale, nisseno-ennese, agrigentino, palermitano, trapanese

DIALETTI TOSCANI

fiorentino
senese
toscano occidentale { pisano-livornese-elbano, pistoiese, lucchese
aretino-chianaiolo
apuano

DIALETTI SARDI

logudorese
campidanese
gallurese
sassarese

DIALETTI LADINI

ladino dolomitico (Fassa, Gardena, Badia e Marebbe, Livinallongo, Ampezzo, Comelico)
friulano { centrale-orientale, occidentale, carnico

PARLATE ALLOGLOTTE

PROVENZALE:
in prov. di Cuneo, di Torino, in valle Pellice, in valle Germanasca, in val Chisone; inoltre a Guardia Piemontese in prov. di Cosenza.

FRANCO-PROVENZALE:
in Val d'Aosta, val di Susa, valle dell'Orco, valli di Lanzo, val Soana; inoltre a Faeto e Colle San Vito in prov. di Foggia.

TEDESCO:
Alto Adige, prov. di Bolzano, in alcune zone della prov. di Trento, di Belluno, del veronese, del vicentino, dell'udinese.

ALEMANNO:
(varietà dialettale tedesco-svizzera): i Walser della Val d'Aosta e del Piemonte.

SLOVENO:
in prov. di Trieste, Gorizia, Udine.

SERBO-CROATO:
in Molise, prov. di Campobasso.

CATALANO:
in Sardegna ad Alghero.

ALBANESE:
in alcuni comuni della Campania, dell'Abruzzo, del Molise, della Basilicata, della Calabria, della Puglia, della Sicilia.

GRECO:
nel Salento, in prov. di Lecce e in Calabria.

ZINGARESCO:
gli zingari *rom* nel centro-meridione, come nella zona di Reggio Calabria, gli zingari *sinti* nomadi nel settentrione.

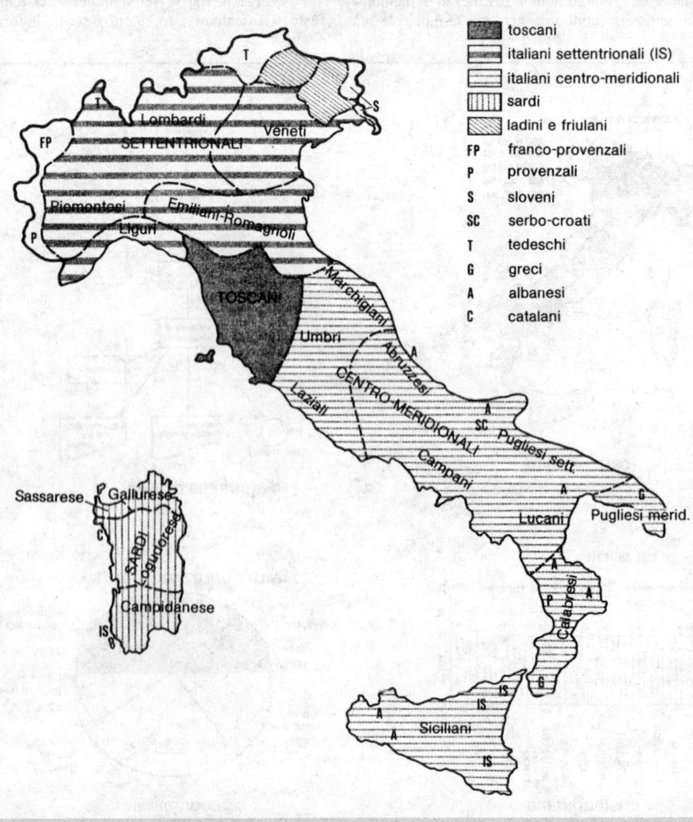

diamagnètico [vc. dotta, comp. di *dia-* e *magnetico*] agg. (pl. m. *-ci*) ● (*fis.*) Detto di corpo o sostanza con suscettività magnetica negativa come, per esempio, il bismuto, l'argento o i gas nobili.

diamagnetìsmo [vc. dotta, comp. di *dia-* e *magnetismo*] s. m. ● (*fis.*) Proprietà di alcune sostanze, con permeabilità magnetica inferiore a 1, di essere respinte dalle zone di più intenso campo magnetico.

diamantàre v. tr. (*io diamànto*) ● Decorare meccanicamente con incisione a taglio lucido oggetti di oreficeria.

diamantàto agg. ● Detto di utensili da taglio per materiali duri, con la superficie tagliente rivestita di diamanti.

diamànte [vc. dotta, lat. tardo *diamănte(m)*, nom. *diămans*, dal gr. *adámas*, letteralmente 'indomabile', con sovrapposizione di *diaphanḗs* 'diafano, trasparente'] s. m. **1** (*miner.*) Carbonio cristallizzato nel sistema monometrico, durissimo, trasparente, per lo più incolore, usato in gioielleria e in varie lavorazioni industriali: *anello, collana, bracciale di diamanti*; *occhi che scintillano come diamanti*; *duro come il d.* | *A d., a punta di d.*, in architettura, detto di pietra tagliata a piramide quadrangolare, usata spec. per rivestimenti esterni | (*fig.*) *Carattere di d.*, saldo, fermo | (*fig.*) *Nozze di d.*, sessantesimo anniversario di matrimonio. **2** Arnese con punta di diamante, per tagliare il vetro | (*est.*) In varie tecnologie, punta a forma di piramide spec. quadrangolare, con cui terminano scalpelli e gener. strumenti per incidere, perforare e sim. | *Essere la punta di d.*, (*fig.*) l'elemento più efficace e incisivo di una squadra, di un gruppo e sim. **3** (*sport*) Nel baseball, tracciato interno del campo di gioco, di forma quadrata, che ha agli angoli le quattro basi. **4** (*mar.*) Estremità del fuso dell'ancora a ceppo, dove si aprono i due bracci. **5** (*edit.*) Antica denominazione di un carattere tipografico molto minuto | *Edizione d.*, quella composta con tale carattere; (*est.*) di formato e caratteri molto piccoli. **6** (*mil.*) Fosso stretto e profondo scavato nel fossato delle antiche opere fortificate per renderne più ardua la scalata. **7** (*numism.*) Moneta d'argento ferrarese, coniata durante il Ducato degli Estensi, così detta per l'anello col diamante raffigurato sul rovescio. || **diamantìno**, dim. | **diamantóne**, accr. | **diamantùccio**, **diamantùzzo**, dim.

diamantìfero [comp. di *diamante* e *-fero*] agg. ● Di diamanti, che contiene diamanti: *giacimento d.*

diamantìna s. f. ● Chiodo con capocchia sfaccettata.

diamantìno agg. **1** (*raro*) Che si riferisce al diamante. **2** (*raro, est.*) Che è simile al diamante. **3** (*raro, fig.*) Adamantino: *carattere d.*; *onestà diamantina*.

diamèsico [comp. di *dia-* e del gr. *mésos* 'mezzo (2)'] agg. (pl. m. *-ci*) ● (*ling.*) Relativo a differenza linguistica connessa all'uso di mezzi comunicativi diversi e in particolare alle variazioni tra lingua scritta e lingua parlata. || **diamesicaménte**, avv. Dal punto di vista diamesico.

diametràle [vc. dotta, lat. tardo *diametrāle(m)*, da *diămetros* 'diametro'] agg. ● (*mat.*) Che si riferisce a un diametro: *proprietà diametrali*. || **diametralménte**, avv. **1** Lungo il diametro. **2** (*fig.*) In totale opposizione: *concetti diametralmente opposti*.

diàmetro [lat. *diămetro(n)*, dal gr. *diámetros* 'misura (*métron*) trasversale (*diá*)'] s. m. ● (*mat.*) Segmento che unisce due punti di una circonferenza o di una sfera passando per il centro.

diamìde ● V. *diammide*.

diamìna ● V. *diammina*.

diàmine [sovrapposizione euf. di *domine* (*domineddio*) a *diavolo*] inter. ● Esprime meraviglia, impazienza, disapprovazione e sim.: *che d. state combinando?* | Come risposta decisamente affermativa: *se ci credo!, d.!* SIN. Diacine, diancine, diavolo.

diammìde o **diamìde** [comp. di *di-* (*2*) e *am(-m)ide*] s. f. ● Composto chimico contenente due volte il radicale tipico delle ammidi.

diammìna o **diamìna** [comp. di *di-* (*2*) e *ammina*] s. f. ● Composto chimico, aromatico o alifatico, contenente due gruppi amminici.

diàna /'djana, di'ana/ [vc. dotta, lat. *Diāna(m)*, da un precedente *Diviāna(m)*, prob. 'appartenente a **Dīvia*' la 'dea che illumina'] s. f. **1** (*lett.*) La stella che appare in cielo all'alba: *la marina è chiara, e la d. / è già levata* (LEOPARDI) | (*raro*) *Alla bella d.*, a cielo scoperto | †*Alla d.*, all'alba. **2** (*est.*) Segnale della sveglia in caserme, accampamenti militari e sim.: *battere, suonare la d.* | (*est.*) Squillo: *la d. della vittoria*. **3** (*fig., lett.*) Ciò che ridesta negli animi sentimenti sopiti spec. di riscossa, rivendicazione e sim. **4** (*mar.*) Periodo di guardia, dalle quattro alle otto del mattino.

diàncine [V. *diamine*] inter. ● (*euf., scherz.*) Esprime meraviglia, impazienza, disapprovazione e sim. SIN. (*euf.*) Diacine, diamine, diavolo.

dianoètico [gr. *dianoētikós* 'che concerne il pensiero che passa attraverso (*diá*) la mente (*nôus*)'] agg. (pl. m. *-ci*) ● (*filos.*) Relativo alla dianoia | Proprio dell'intelletto | *Virtù dianoetiche*, nella filosofia di Aristotele, le virtù proprie dell'anima intellettiva.

diànoia [vc. gr., *diánoia*, comp. di *diá* 'attraverso' e *nóos* 'mente, riflessione'] s. f. ● Nella filosofia platonica e aristotelica, la conoscenza discorsiva distinta da quella intuitiva in quanto procede derivando conclusioni necessarie da premesse date.

diantàcee [comp. di *diant(o)* e *-acee*] s. f. pl. ● (*bot.*) Cariofillacee.

diànto [vc. dotta, comp. del gr. *Diós*, genit. di *Zéus* 'Giove', e *ánthos* 'fiore'] s. m. ● Genere di piante erbacee delle Cariofillacee cui appartiene il garofano (*Dianthus*).

diànzi [comp. del lat. *de* 'da' e *ăntea* 'prima'] avv. ● (*tosc., lett.*) Or è poco tempo, poco fa: *l'ho incontrato d.*; *le considerazioni di d. non valgono più*; *torna a fiorir la rosa / che pur d. languìa* (PARINI) | Una volta.

diàpason [vc. dotta, lat. *diapăson*, dal gr. *diapasôn* '(accordo ottenuto) per mezzo (*diá*) di tutte (*pasôn*, sottinteso *chordôn* 'corde')'] s. m. **1** Registro di una voce o di uno strumento | (*fig.*) Culmine, massimo grado: *giungere, arrivare, al d.*; *raggiungere il d.* **2** Strumento metallico a due bracci che, percosso, vibra emettendo la nota LA, utilizzato per accordare strumenti.

diapàusa [comp. di *dia-* e *pausa*] s. f. ● (*biol.*) Periodo di inattività più o meno completa nella vita di molti animali, gener. legato a fattori ambientali.

diapedèsi [vc. dotta, gr. *diapḗdesis*, dal v. *diapēdân* 'balzare (*pēdân*) attraverso (*diá*)'] s. f. ● (*med.*) Nei focolai infiammatori, fuoriuscita dai capillari degli elementi corpuscolati del sangue.

diapènte [vc. dotta, lat. tardo *diapĕnte*, comp. del gr. *diá* 'attraverso' e *pénte* 'cinque'] s. m. ● (*mus.*) Nella teoria greca e medievale, intervallo di quinta giusta.

diapìrico [da *diapiro*] agg. (pl. m. *-ci*) ● (*geol.*) Relativo al diapirismo.

diapirìsmo s. m. ● (*geol.*) Processo di risalita di rocce leggere e plastiche attraverso gli strati sovrastanti.

diàpiro [gr. *diápyros* 'profondamente (*diá*) infiammato (da *pŷr*, genit. *pyrós* 'fuoco')' dagli effetti vulcanici] s. m. ● (*geol.*) Struttura a cupola, subcilindrica, formata da rocce leggere e plastiche, che risale attraverso gli strati sovrastanti perforandoli a causa di deformazioni della crosta terrestre o della pressione. SIN. Duomo salino.

diapnòico [dal gr. *diapnoḗ* 'tra- (*diá*) -spirazione (da *pnoḗ* 'respiro', dal v. di origine onomat. *pnêin* 'respirare')'] agg. (pl. m. *-ci*) ● (*med.*) Diaforetico.

diàpo s. f. inv. ● Acrt. di *diapositiva*.

diapositìva [comp. di *dia-* e il f. di *positivo*] s. f. ● Immagine fotografica da guardare in trasparenza o da proiettare su schermo, ottenuta per stampa o per inversione su vetro o su pellicola.

diapotèca [comp. di *diapo(sitiva)* e *-teca*] s. f. ● Contenitore di diapositive.

diaproiettóre [comp. di *dia(positiva)* e *proiettore*] s. m. ● Proiettore per diapositive.

diapsìdeo [comp. di *di-* (*2*) e del gr. *hapsís*, genit. *hapsîdos* 'circonferenza, arco'] agg. ● (*zool.*) Detto di un tipo di volta cranica caratteristico dei coccodrilli e dei dinosauri, in cui esistono due fosse.

diarchìa [comp. di *di-* (*2*) e un deriv. del gr. *archḗ* 'comando', sul tipo di *monarchia*] s. f. ● Sistema di governo caratterizzato dalla divisione del potere fra due persone od organi politici.

diària [vc. dotta, lat. *diāria*, pl. di *diārium* 'razione giornaliera', da *dīes* 'giorno'] s. f. ● Somma spettante al prestatore di lavoro quale rimborso spese per ogni giorno di lavoro svolto fuori sede | *D. parlamentare*, rimborso spese che spettava a deputati e senatori in proporzione alla loro partecipazione alle sedute.

†**diàrio** (**1**) [vc. dotta, lat. *diāriu(m)*, da *dīes* 'giorno'] agg. ● Che dura un giorno: *febbre diaria*. || †**diariaménte**, avv.

diàrio (**2**) [vc. dotta, lat. *diāriu(m)* nel sign. tardo di 'registro di annotazioni giorno (*dīes*) per giorno'] s. m. **1** Quaderno, taccuino e sim., in cui vengono annotati giorno per giorno avvenimenti considerati di rilievo, spec. vicende personali, ricordi, osservazioni, impressioni varie e sim.: *d. intimo*; *tenere un d.*; *scrivere q.c. nel d.*; *pubblicare il d. di un poeta scomparso*; *d. di viaggio, di guerra* | Opera narrativa o storica in cui si notano gli avvenimenti ordinandoli secondo la successione cronologica | *D. storico-militare*, documento nel quale ogni comando di unità e reparto mobilitato descrive giorno per giorno quanto avviene nel suo ambito, in periodo bellico. **2** Registro giornaliero | *D. di classe*, registro in cui gli insegnanti annotano giornalmente gli argomenti svolti durante le lezioni, i compiti assegnati agli alunni, e sim. | *D. scolastico*, quaderno, libretto, o sim. in cui gli alunni annotano giornalmente i compiti loro assegnati | *D. degli esami*, prospetto in cui sono indicati i giorni in cui avranno luogo le prove d'esame.

diarìsta [da *diario*] s. m. e f. (pl. m. *-i*) ● Chi scrive diari.

diarrèa [vc. dotta, lat. tardo *diarrhœa(m)*, dal gr. *diárroia*, dal v. *diarrêin* 'scorrere (*rêin*) attraverso (*diá*)'] s. f. ● (*med.*) Emissione frequente di feci liquide o semiliquide.

diarròico [vc. dotta, lat. tardo *diarrhœicu(m)*, dal gr. *diarroïkós*, agg. di *diárroia* 'diarrea'] agg. (pl. m. *-ci*) ● (*med.*) Di diarrea: *scarica diarroica*.

diartròsi [vc. dotta, gr. *diárthrosis*, dal v. *diarthrôun* 'congiungere (*arthrôun*) attraverso (*diá*)'] s. f. ● (*anat.*) Articolazione mobile tra due ossa.

diascolio s. m. ● (*tosc., fam.*) Diavolio.

diàscolo [per *dia(volo)* con oscuramento eufemistico della seconda parte] s. m. ● (*tosc., scherz.*) Diavolo. || **diascolétto**, dim.

diascopìa [comp. di *dia-* e *-scopia*] s. f. **1** Osservazione al microscopio di oggetti illuminati per trasparenza | Proiezione di diapositive o di pellicole cinematografiche. **2** (*med.*) Esame della cute attraverso un vetro che la comprime.

diascòpio [comp. di *dia-* e *-scopio*] s. m. ● Apparecchio per la proiezione di immagini illuminate in trasparenza.

diasistèma [ingl. *diasystem*, comp. di *dia-* e *system* 'sistema'] s. m. (pl. *-i*) ● (*ling.*) Sistema linguistico di livello superiore, che comprende due o più sistemi aventi dei tratti in comune.

diàspora [vc. dotta, gr. *diasporá*, dal v. *diaspéirein* 'seminare (*spéirein*) qua e là (*diá*)'] s. f. ● Dispersione di un popolo che lascia la terra avita migrando in varie direzioni: *la d. ebraica* | (*est.*) Dispersione di un raggruppamento di persone prima unite da forti vincoli, spec. ideali.

diàsporo [dal gr. *diasporá* 'dispersione' (V. *diaspora*), perché, se esposto alla fiamma d'una candela, scoppia e si disperde in una quantità di pagliuzze lucenti] s. m. ● (*miner.*) Idrossido di alluminio diffuso in minutissime lamelle entro certe rocce argillose.

diaspràto agg. ● (*raro, poet.*) Che ha il colore del diaspro.

diasprìno agg. ● (*raro*) Di diaspro | Che è simile al diaspro.

diàspro [vc. dotta, lat. mediev. *dīaspru(m)*, trascrizione inesatta del lat. *iăspis*, dal gr. *íaspis*, di origine ebr.] s. m. **1** (*miner.*) Roccia silicea ricca in calcedonio, a colori molto vivaci. **2** (*fig., raro, lett.*) Durezza, fermezza d'animo: *quel d. ond'ei l'alma ha sì dura* (TASSO).

diastasàto [da *diastasi*] agg. ● Di alimento che ha subito la trasformazione parziale o totale dell'amido in zucchero per effetto della diastasi.

diàstasi o **diastàsi** [vc. dotta, gr. *diástasis* 'separazione', dal v. *diïstánai* 'porre (*istánai*) a parte (*diá*)'] s. f. **1** (*med.*) Allontanamento di organi normalmente vicini: *d. articolare, muscolare.* *2* (*biol.*) Amilasi.

diastèma [vc. dotta, lat. tardo *diastēma*, dal gr. *diástēma*, dal v. *diïstánai* (V. *diastasi*)] s. m. (pl. *-i*) *1* (*zool.*) Spazio che taluni animali presentano fra un dente e l'altro per mancanza di intermedi. *2* (*geol.*) Superficie che separa due strati di una roccia sedimentaria, formata per un temporaneo arresto della sedimentazione.

diàstilo [vc. dotta, lat. tardo *diastylo(n)*, dal gr. *diástylos* 'dalle colonne (*stýloi*) separate (*diá*)'] **A** s. m. ● (*arch.*) Una delle misure dell'intercolunnio greco equivalente a tre diametri di una colonna. **B** agg. ● Detto di tempio greco e romano con intercolunnio equivalente a tre diametri di una colonna.

diastimomètrico [comp. del gr. *diástēma* 'intervallo, distanza' (da *diá* 'attraverso') e di *-metro*] agg. (pl. m. *-ci*) ● Distanziometrico.

diàstole [vc. dotta, lat. tardo *diăstole(n)*, dal gr. *diastolḗ*, dal v. *diastéllein* 'porre (*stéllein*) in mezzo (*diá*)'] s. f. *1* (*med.*) Fase di distensione della muscolatura cardiaca. CFR. Sistole. *2* (*ling.*) Nella metrica latina, allungamento di vocale normalmente breve | Nella metrica italiana, spostamento dell'accento per ragioni ritmiche verso la fine della parola: *e dopo i corsi clamorosi occùpa* (PARINI). CFR. Sistole.

diastòlico agg. (pl. m. *-ci*) ● (*med.*) Che concerne la diastole: *pausa diastolica*.

diastràtico [comp. di *dia-* e di un deriv. di *strato*, sul modello del fr. *diastratique*] agg. (pl. m. *-ci*) ● (*ling.*) Relativo a differenza linguistica connessa a variazioni di strato sociale. || **diastraticaménte**, avv. Dal punto di vista diastratico.

diastrofìsmo [dal gr. *diastrophḗ* 'distorsione', da *diastréphein* 'volgere (*stréphein*) per traverso (*diá*)'] s. m. ● (*geol.*) Fenomeno di deformazione o di movimento della crosta terrestre.

diatèca [comp. di *dia(positiva)* e *-teca*] s. f. ● Raccolta, collezione di diapositive | Archivio, locale dove tale raccolta trova stabile sistemazione.

diatermanità s. f. ● (*fis.*) Trasparenza alla radiazione termica.

diatermàno [vc. dotta, dal v. gr. *diathermáinein* 'scaldare (*thermáinein*) profondamente (*diá*)'] agg. ● (*fis.*) Detto di corpo trasparente alla radiazione termica.

diatermìa [vc. dotta, dal gr. *diáthermos* 'che ha un calore (*thermós*) profondo (*diá*)'] s. f. ● (*med.*) Metodo di terapia praticato mediante l'uso di correnti elettriche ad alta frequenza che sviluppano calore nell'interno dei tessuti.

diatèrmico [vc. dotta, dal gr. *diáthermos* 'calore (*thermós*) penetrante (*diá*)'] agg. (pl. m. *-ci*) ● Relativo alla diatermia: *trattamento d.*; *elettrodo d.*

diatermocoagulazióne [comp. di *diaterm(ia)* e *coagulazione*] s. f. ● (*med.*) Coagulazione di vasi sanguigni eseguita mediante l'elettrobisturi.

diàtesi [vc. dotta, lat. tardo *diăthesi(n)*, dal gr. *diáthesis* 'azione di porre (*thésis*) qua e là (*diá*), ordinamento'] s. f. *1* (*med.*) Predisposizione, di solito ereditaria, dell'organismo verso particolari malattie: *d. emorragica, essudativa.* *2* (*ling.*) Categoria grammaticale associata al verbo e al suo ausiliare che indica la relazione grammaticale fra il verbo, il soggetto, o l'agente e l'oggetto: *d. attiva, passiva, media.*

diatèsico o (*raro*) **diatètico** agg. (pl. m. *-ci*) ● (*med.*) Di diatesi.

Diatomèe [vc. dotta, gr. *diátomos*, da *diatémnein* 'tagliare (*témnein*) attraverso (*diá*)' per la disposizione a zig-zag delle loro cellule] s. f. pl. ● Nella tassonomia vegetale, classe di alghe giallo-brune a cellule libere o in colonie con membrana silicizzata composta da due valve chiuse come una scatola (*Diatomeae*). SIN. Bacillariofite | (al sing. *-a*) Ogni individuo di tale classe.

diatomìte [comp. del lat. scient. *Diatoma* e *-ite* (2)] s. f. ● (*miner.*) Roccia sedimentaria silicea di origine organica, costituita da gusci di Diatomee, usata nella preparazione della dinamite, per refrattari, per filtrare e chiarificare liquidi, e sim. SIN. Farina fossile.

diatonìa [da *diatonico*] s. f. ● (*mus.*) Passaggio del suono da un grado all'altro della scala senza alterazione di note.

diatònico [vc. dotta, lat. *diatŏnicu(m)*, dal gr. *diatonikós*, dal v. *diatéinein* 'tendere (*téinein*) da una parte all'altra (*diá*), distendere'] agg. (pl. m. *-ci*) ● (*mus.*) Che si riferisce alla diatonia | *Scala diatonica*, scala formata dai cinque toni naturali e da due semitoni.

diatonìsmo [da *diatonico*] s. m. ● (*mus.*) Sistema di composizione caratterizzato dalla disposizione delle note secondo la scala diatonica.

diatòpico [comp. di *dia-* e *topico* (V.), sul modello del fr. *diatopique*] agg. (pl. m. *-ci*) ● (*ling.*) Relativo a differenza linguistica connessa a variazioni geografiche. || **diatopicaménte**, avv. Dal punto di vista diatopico.

diàtriba o **diatrìba** [vc. dotta, lat. *diătriba(m)*, dal gr. *diatribḗ*, 'consumo (*tribḗ*) continuo (*diá*) del tempo, occupazione'] s. f. *1* Discussione su temi morali propria delle filosofie popolari greche | †Dissertazione, discussione. *2* (*est.*) Discorso violento pieno di accuse, rimproveri, critiche, e sim.: *una lunga d. contro il malcostume.* *3* (*raro*) Rabbuffo, strapazzata | Invettiva | Alterco.

†**diàulo** ● V. *diavolo*.

†**diàvilo** ● V. *diavolo*.

diavolàccio s. m. (f. *-a*) *1* Pegg. di *diavolo* | (*antifr.*) *Buon d., povero d.*, persona ingenua, bonaria, incapace di fare del male: *compatitelo, in fondo è un buon d.* *2* Arnese usato per la cattura degli uccelli di notte, costituito da un ombrello aperto, esternamente invischiato e contenente all'interno un lume.

diavolerìa s. f. *1* Azione diabolica, perfida | (*est.*) Astuzia, accorgimento ingegnoso: *escogitare continue diavolerie.* *2* Stranezza, stravaganza: *combina sempre nuove diavolerie*; *si tura la bocca per impedire che venga fuori chi sa che d.* (PIRANDELLO).

diavolèrio s. m. ● (*sett.*) Confusione, strepito: *cos'è questo d.?*

diavolésco agg. (pl. m. *-schi*) ● (*raro, scherz.*) Di diavolo.

diavolèssa s. f. *1* Moglie del diavolo | Creatura, essere infernale. *2* (*scherz.*) Donna brutta e perfida.

diavoléto s. m. ● (*raro*) Fracasso, scompiglio.

diavolétto s. m. (f. *-a*) *1* Dim. di *diavolo*. *2* (*scherz.*) Fanciullo vispo e vivace. *3* Bigodino. *4* (*fis.*) *D. di Cartesio*, ludione.

diavolillo [da *diavolo* col suff. dim. merid. *-illo* (dal lat. *-illus*)] s. m. ● (*merid.*) Peperoncino rosso.

diavolìno s. m. *1* Dim. di *diavolo*. *2* (*scherz.*) Bambino vivace. *3* Bigodino.

diavolìo s. m. ● Confusione, strepito, baccano: *un d. di grida e di bestemmie.*

diàvolo o †**diàbolo** (1), †**diàulo**, (*raro*) †**diàvilo**, (*tosc.*) †**ghiàvolo** [lat. crist. *diăbolu(m)*, dal gr. *diábolos*, letteralmente 'calunniatore', dal v. *diabállein* 'gettare (*bállein*) attraverso (*diá*)'] **A** s. m. (f. *-a*, *-essa* (V.)) *1* Nelle religioni cristiana ed ebraica, spirito del male e causa del disordine morale e cosmico, personificato in aspetto teomorfico o antropomorfico nell'angelo ribelle Lucifero, che guida le schiere delle potenze demoniache: *le tentazioni del d.*; *essere nero, brutto, come il d.*; *essere astuto, furbo, come il, più del d.* | *Saperne una più del d.*, essere furbo e accorto | *Sapere dove il d. tiene la coda*, conoscere ogni sorta di inganno o malizia | *Il d. ci ha messo la coda, le corna*, di cosa che va male, o comunque non dà il risultato sperato | (*raro*) *Tirare le orecchie al d.*, tirar su le carte da gioco torcendole tra l'indice e il pollice e scoprendole così a poco a poco, quasi a impetrare e sforzare la fortuna e (*est.*) essere attratto dal gioco | *Essere come il d. e l'acqua santa, come il d. e la croce*, di persone o cose assolutamente inconciliabili tra loro | †*Avere il d. nell'ampolla*, di persona abile e scaltra che sa sempre cavarsi d'impaccio | *Fare patto col d.*, essere particolarmente fortunato | *Venire a patti col d.*, raggiungere uno scopo a forza di compromessi e umiliazioni | *Darsi al d.*, disperarsi | *Farina del d.*, roba acquistata in modo disonesto | *Avvocato del d.*, ecclesiastico che è incaricato di sostenere le tesi contraddittorie nei processi di canonizzazione; (*est., fig.*) chi, in una discussione, sostiene intenzionalmente opinioni contrarie a quelle gener. affermate, allo scopo di dimostrarne l'incongruenza | *Casa del d.*, l'inferno; (*est.*) baccano, frastuono, scompiglio; (*est.*) luogo lontano e scomodo da raggiungere: *abitare a casa del d.* | *Andare al d.*, andare in rovina, in malora e (*est.*) togliersi di torno: *ma perché non vai al d.?* | *Mandare al d.*, mandare in malora e (*est.*) levarsi qc. di torno in malo modo | *Del d.*, di cosa molto forte, intensa, insopportabile: *fa un freddo, un caldo, del d.*; *avere una sete, una fame e sim., del d.*; *fare un chiasso del d.* *2* Si usa in escl. per esprimere meraviglia, impazienza, ira, dispetto e sim.: *corpo del d.!*; *corpo di mille diavoli!*; *sangue del d.!*; *per d.!*; *per mille diavoli! per tutti i diavoli!*; *che il d. vi porti!*; *al d.!*; *al d. tutti quanti!* *3* (*pleon.*) Si usa in frasi esclamative e interrogative: *che d. vuole costui?*; *cosa d. credi mai di fare?*; *come d. ha fatto a riuscire?*; *dove d. ti eri cacciato?*; *per chi d. credete che l'abbia fatto?*; *perché d. dovrei andarci proprio io?*; *che d. ti prende?* *4* (*fig.*) Persona vivace e irrequieta: *quel ragazzo è un vero d.*; *è un d. scatenato*; *diavoli di scolari* | *Fare il d., fare il d. a quattro*, fare disordine, baccano, confusione e (*est.*) darsi molto da fare per raggiungere uno scopo | *Avere il d. addosso, avere il d. in corpo*, essere molto agitato, in continuo movimento | *Avere un d. per capello*, essere di pessimo umore. *5* (*fig., antifr.*) Persona mite e bonaria: *è un buon d.* | *Un povero d.*, persona povera di doti personali e materiali, perseguitata dalla sfortuna: *quel povero d. se la passa proprio male.* *6* (*fig.*) Persona le cui qualità suscitano meraviglia, stupore, ammirazione, e sim.: *quel d. di un uomo riesce in tutto*; *borbottava tra i denti: d. d'un frate (...) d. d'un frate!* (MANZONI). *7* Una delle figure nel gioco dei tarocchi. *8* (*zool.*) Cefalottera | *D. di mare*, manta | *D. orsino*, piccolo marsupiale predatore con largo muso, orecchie tonde e pelo nero (*Sarcophilus Harrisii*) | *D. spinoso*, piccola lucertola con corpo ricoperto di scaglie e rilevatezze spinose (*Moloch horridus*) | *D. di notte*, squalo di color nero-violaceo, la cui pelle è usata come zigrino (*Scymnorhinus licha*). *9* (*meteor.*) *D. del deserto*, vortice di polvere tipico delle regioni aride nei mesi caldi. **B** in funzione di inter. ● Esprime meraviglia, impazienza, disapprovazione, dispetto, ira e sim. o gener. asseverazione: *d.!, ma che avete combinato?*; *d., che confusione!*; *d., chi se lo sarebbe aspettato?*; *se ci sono stato? d.!*; *se ho avuto il coraggio di dirglielo? d.!, certamente!* **C** agg. *1* (*raro, lett.*) Diabolico | (*raro, fig.*) Perfido. *2* (*raro, fig.*) Vivace. **D** Nella loc. agg. e avv. *alla diavola*. *1* Alla peggio, alla disperata: *lavoro fatto alla diavola.* *2* *Pollo alla diavola*, nella cucina classica, pollo tagliato a pezzi, arrostito e servito con una salsa molto piccante; nell'uso della cucina, pollo aperto in due e cotto in padella o alla griglia, sotto la pressione di un peso || PROV. Il diavolo fa la pentola ma non il coperchio; il diavolo non è brutto come lo si dipinge; la farina del diavolo va in crusca. || **diavolàccio**, pegg. (V.) | **diavolétto**, dim. (V.) | **diavolìno**, dim. (V.) | **diavolóne**, accr. (V.).

diavolóne s. m. *1* Accr. di *diavolo* | *Santo d.!*, per esprimere stupore, stizza, ira, e sim. *2* Grosso confetto che un tempo veniva lanciato durante i corsi mascherati di carnevale.

†**diavolóso** [lat. eccl. *diabolōsu(m)*, dal gr. *diábolos* 'diavolo'] agg. ● Diabolico.

diàzo- [comp. di *di-* (2) e *azo-*] primo elemento ● In parole composte della terminologia chimica, indica la presenza nella molecola di un composto del gruppo −N=N−: *diazocomposto*, *diazometano*.

diazocompósto [comp. di *diazo-* e *composto*] s. m. ● Composto chimico alifatico o aromatico contenente un gruppo diazo-.

diazometàno [comp. di *diazo-* e *metano*] s. m. ● Gas giallo, inodoro, molto velenoso, che, se riscaldato, esplode facilmente.

diazònio [comp. di *di-* (2) e *azonio*] s. m. ● Radicale di alcuni idrocarburi, contenente un atomo di azoto pentavalente e uno trivalente.

diazoreazióne [comp. di *diazo-* e *reazione*] s. f. ● (*chim.*) Reazione chimica impiegata per rilevare la bilirubina nei liquidi biologici.

diazotàre [comp. di *di-* (2) e *azoto*] v. tr. (*io diazòto*) ● (*chim.*) Sottoporre a diazotazione.

diazotatóre s. m. ● Apparecchio che lavora a

temperature intorno agli zero gradi centigradi, in cui si opera la diazotazione.

diazotazióne [comp. di *di-* (*2*) e un deriv. di *azoto* per la presenza nella reazione di due composti azotati] s. f. • Reazione chimica fra un'ammina primaria aromatica, solubilizzata come sale, e l'acido nitroso, prodotto da nitrito sodico e acido minerale, a bassa temperatura, applicata spec. nell'industria dei coloranti.

diazotipìa [comp. di *diazo*(*composto*), che permette il processo, e *-tipia*] s. f. • Processo fotografico usato in fotomeccanica per ottenere immagini colorate.

†**dibarbaménto** s. m. • Atto del dibarbare.

dibarbàre [comp. di *di-* (*1*) e *barba* (*1*) 'radice'] v. tr. *1* †Sradicare, svellere dalle radici. *2* Togliere il pelo ai panni di lana.

†**dibarbicàre** [fatto su *abbarbicare* con sostituzione di suff. di sign. opposto] v. tr. • Sradicare.

†**dibassaménto** s. m. • Abbassamento.

†**dibassàre** [comp. di *di-* (*1*) e *bassare*] **A** v. tr. • Abbassare | (*fig.*) Umiliare, mortificare. **B** v. intr. • Diminuire di altezza, d'intensità, di potenza, e sim. **C** v. intr. pron. • Abbattersi, umiliarsi.

dibàttere [lat. *debăttuere*, comp. di *dē-* e *băttuere* 'battere'] **A** v. tr. (coniug. come *battere*) *1* (*raro*) Sbattere qua e là | Agitare velocemente: *l'uccello si levò in volo dibattendo le ali*. *2* (*fig.*) Discutere una questione, un problema, e sim. vagliandone ogni aspetto: *il comitato dibatté a lungo la proposta* | Considerare nel proprio intimo: *dibatteva fra sé e sé l'opportunità di partire*. *3* (*raro, lett., fig.*) Travagliare, tormentare: *il sopraprese la febbre, e forte il dibatteva* (BARTOLI). *4* †Percuotere, battere. **B** v. rifl. • Agitarsi fortemente per opporre resistenza, divincolarsi, liberarsi e sim. (*anche fig.*): *dibattersi nelle maglie di una rete, negli spasimi della morte; dibattersi nel dubbio, nell'incertezza*.

dibattimentàle [da *dibattimento*] agg. • Di, relativo a, dibattimento.

dibattiménto [da *dibattere*] s. m. *1* Atto del dibattere (*spec. fig.*): *d. di una questione; le varie fasi di un d.* | (*fig.*) Disputa, controversia. *2* (*dir.*) Fase del processo penale in cui si assumono e discutono le prove in presenza di tutti i soggetti del processo medesimo. *3* (*fig.*) †Travaglio, tormento.

dibàttito [da *dibattere*] s. m. • Dibattimento, discussione, disputa: *dopo un lungo d. decise di restare; partecipare a un d.; dibattiti intorno alla natura della storia* (CROCE) | Discussione in Parlamento su questioni la cui soluzione spetta per legge a tale organo.

†**dibattitóre** s. m.; anche agg. (f. *-trice*) • Chi, che dibatte.

†**dibàtto** s. m. • Dibattito.

†**dibattùta** s. f. *1* Scossa. *2* Disputa.

dibattùto part. pass. di *dibattere*; anche agg. *1* Nei sign. del v. *2* Discusso a lungo: *è stata una decisione molto dibattuta*.

†**dibilitàre** • V. *debilitare*.

diblàstico [comp. di *di-* (*2*) e *-blasto*, con suff. agg.] agg. (pl. m. *-ci*) • (*zool.*) Detto di metazoo avente due soli foglietti embrionali (ectoderma ed endoderma).

†**dibonàire** • V. †*dibonario*.

†**dibonarietà** o †**debonarità** [fr. *débonnaireté*, da *débonnaire* 'dibonario'] s. f. • Amorevolezza, gentilezza.

†**dibonàrio** o †**debonàrio**, †**dibonàire** [fr. *débonnaire* 'dibonaire' con adattamento del suff.] agg. • Gentile, benigno, cortese. || **dibonariaménte**, avv. Amorevolmente, cortesemente.

diboscaménto o **disboscaménto**. s. m. • Atto, effetto del diboscare.

diboscàre o **disboscàre** [comp. parasintetico di *bosco*, col pref. *di-* (*1*)] v. tr. (*io dibòsco, tu dibòschi*) • Tagliare e diradare gli alberi di un bosco o di una zona boscosa (*anche ass.*): *d. una montagna; non hanno ancora diboscato*.

†**diboscazióne** o †**disboscazióne**. s. f. • (*raro*) Diboscamento.

†**dibottaménto** s. m. • Scuotimento.

†**dibottàre** [comp. da *di-* (*1*) e *bottare*] v. tr. • Agitare, scuotere.

†**dibrancàre** [comp. parasintetico di *branco*, con il pref. *di-* (*1*)] **A** v. tr. • Separare dal branco. **B** v. intr. pron. • Separarsi, differenziarsi.

Dibranchiàti [comp. di *di-* (*2*) e *branchia*] s. m. pl. • Nella tassonomia animale, classe di Molluschi dei Cefalopodi dotati di due sole branchie e di quattro paia di braccia fornite di ventosa, cui appartengono i polpi, le seppie e i calamari (*Dibranchiata*) | (al sing. *-o*) Ogni individuo di tale classe.

dibrucàre [comp. di *di-* (*1*) e *brucare*] v. tr. (*io dibrùco, tu dibrùchi*) • Mondare gli alberi dai ramoscelli inutili o il terreno dai residui della potatura. SIN. Dibruscare.

dibrucatùra s. f. • Atto, effetto del dibrucare.

dibruscàre [comp. da *di-* (*1*) e *bruscare* (*1*)] v. tr. (*io dibrùsco, tu dibrùschi*) • Dibrucare.

†**dibucciaménto** s. m. • (*raro*) Atto, effetto del dibucciare.

†**dibucciàre** [comp. parasintetico di *buccia*, col pref. *di-* (*1*)] **A** v. tr. • Sbucciare | Scortecciare. **B** v. intr. pron. • (*fig.*) Arrovellarsi, indignarsi.

†**dibùccio** s. m. • (*raro*) Sbucciamento.

†**diburràre** [comp. parasintetico di *burro*, con il pref. *di-* (*1*)] v. tr. • Privare il latte del burro.

dicàce [vc. dotta, lat. *dicāce*(*m*), dal v. *dicāre*, durativo di *dīcere* 'dire'] agg. *1* (*lett.*) Mordace, satirico. *2* (*raro*) Chiacchierone.

dicacità [vc. dotta, lat. *dicacitāte*(*m*), da *dĭcax* 'dicace'] s. f. • (*lett.*) Qualità di chi, di ciò che è dicace | Maldicenza.

†**dicadére** e *deriv.* • V. *decadere* e *deriv.*

†**dicalvàre** • V. *decalvare*.

dicanapulàre [comp. parasintetico di *canapule*, con il pref. *di-* (*1*)] v. tr. • Separare il canapulo dal tiglio della canapa. SIN. Stigliare.

†**dicapitàre** e *deriv.* • V. *decapitare* e *deriv.*

dicarbossìlico [ingl. *dicarboxylic*, comp. del pref. *di-* 'di- (2)' e *carboxylic* 'carbossilico'] agg. (pl. m. *-ci*) • (*chim.*) Detto di composto organico contenente nella struttura molecolare due gruppi carbossilici: *acido d.* SIN. Bicarbossilico.

†**dicàre** [lat. *dicāre* 'proclamare'. V. *dire*] v. tr. • (*lett.*) Consacrare (*anche fig.*): *le avea persuaso tutto il resto / d. a Dio del suo vivere onesto* (ARIOSTO).

dicàsio [vc. dotta, dal gr. *díchasis* 'separazione per metà', dal v. *dicházein*, da *dichás* 'metà' connesso con *dís* 'due'] s. m. • (*bot.*) Infiorescenza in cui al di sotto del fiore o dell'asse principale si formano due fiori o due rami fioriferi che sopravanzano l'asse disposti simmetricamente.

dicastèro [ted. *Dikasterium*, dal gr. *dikastḗrion* 'l'ufficio del giudice (*dikastḗs*), tribunale', da *díkē* 'giustizia', di origine indeur.] s. m. *1* Ministero: *d. dei lavori pubblici; d. della difesa; d. del lavoro e della previdenza sociale*. *2* Nella Curia romana, congregazione.

†**dicàstro** [da *castro* con pref. di etim. incerta] s. m. • Fortezza, castello.

dicatalèttico [comp. di *di-* (*2*) e *catalettico* (*2*)] agg. (pl. m. *-ci*) • Detto di verso composto di due *cola* (pl. di *colon* (*2*)) catalettici.

dicatalètto [gr. *dikatálēktos*, comp. di *dís* 'due volte' e il tema di *katalḗgein* 'finire, cessare'] agg. • Dicatalettico.

dicàtti o **di càtti**, †**dicàtto**, †**di càtto** [da *catto* 'presa', dal lat. *căptum*, part. pass. di *căpere* 'prendere, pigliare'] avv. • (*tosc.*) Nelle loc. *avere d.*, (*raro*) *avere un d.*, potersi chiamare fortunato, poter essere contento: *pensi di farcela subito, ma ne avrai d. se ti sbrigherai in tre giorni*.

dìcco (**1**) [medio ol. *dijk*, di prob. origine indeur.] s. m. (pl. *-chi*) • (*geol.*) Corpo geologico intrusivo stratiforme discordante con le rocce in cui è iniettato.

dìcco (**2**) [ingl. *dyke*, letteralmente 'diga', di origine indeur.] s. m. (pl. *-chi*) • Argine, diga.

dicèfalo [vc. dotta, gr. *diképhalos* 'che ha due (*dís*) teste (*kefalaí*)'] agg.; anche s. m. • (*raro*) Che, chi ha due teste.

dicèmbre o (*lett.*) **decèmbre** [lat. *decĕmbre*(*m*), sottinteso *mēnse*(*m*), da *dĕcem* 'dieci', perché originariamente *decimo* mese dell'anno, che iniziava da marzo] s. m. • Dodicesimo e ultimo mese dell'anno nel calendario gregoriano, di 31 giorni.

dicembrìno o (*lett.*) **decembrìno**. agg. • Di dicembre: *feste dicembrine*.

†**dicennòve** • V. *diciannove*.

dicènte part. pres. di *dire*; anche agg. • Nei sign. del v.

dicèntra [comp. di *di-* (*2*) e del gr. *kéntra*, pl. di *kéntron* 'sprone, punta'] s. f. • Genere di piante erbacee ornamentali delle Papaveracee, con foglie composte e fiori penduli (*Dicentra*).

dicentràre e *deriv.* • V. *decentrare* e *deriv.*

†**dìcere** • V. *dire*.

dicerìa [iter. tratto dal v. †*dicere* 'dire', dal lat. *dīcere* (V. *dire*)] s. f. *1* Mormorazione, voce priva di fondamento, spesso maligna, ingiuriosa o calunniosa: *le dicerie della gente; sul suo conto corrono certe dicerie ...; circola la d. che sia partito; sono le solite dicerie contro il governo*. SIN. Chiacchiera. *2* (*raro*) Ragionamento lungo e noioso | †*Fare la d. ai porri*, parlare invano. *3* †Arringa, discorso solenne.

†**dicèrnere** [vc. dotta, lat. *decĕrnere*, comp. di *de-* e *cĕrnere* 'scorgere'] v. tr. • Discernere.

†**dicertàre** [vc. dotta, lat. *decertāre*, comp. di *dē-* e *certāre* 'lottare'] v. intr. • (*raro*) Combattere.

dicervellàre [comp. parasintetico di *cervello*, con il pref. *di-* (*1*)] **A** v. tr. (*io dicervèllo*) *1* †Togliere il cervello. *2* (*fig.*) †Sbalordire, impressionare fortemente. **B** v. intr. pron. (aus. *essere*) • (*raro, tosc.*) Scervellarsi.

†**dicessàre** [comp. di *di-* (*1*) e *cessare*] v. intr. e intr. pron. • Allontanarsi, scostarsi.

†**dicessètte** • V. *diciassette*.

†**dicèsso** o †**di cèsso** [da *dicessare*] avv. • (*raro*) In disparte.

†**dicévole** (**1**) o †**decévole** [lat. tardo *decibile*(*m*), da *decēre* 'convenire'] agg. • Che si addice, che conviene: *mantenersi nello stato d. alla nascita* (DE SANCTIS). || **dicevolménte**, avv. In modo decoroso, conveniente.

†**dicévole** (**2**) [lat. tardo *dicībile*(*m*) 'che si può dire (*dīcere*)'] agg. • Dicibile.

†**dicevolézza** o †**decevolézza** [da *dicevole* (*1*)] s. f. • Convenienza, decoro.

†**dichiaragióne** • V. *dichiarazione*.

dichiaraménto s. m. *1* (*raro*) Dichiarazione. *2* (*gerg., merid.*) Specie di duello con cui si pone fine a un litigio.

dichiarànte **A** part. pres. di *dichiarare*; anche agg. • Nei sign. del v. **B** s. m. e f. • Chi fa una dichiarazione.

dichiaràre o †**declaràre** [lat. *declarāre* 'chiarire apertamente', comp. di *dē-* e *clarāre* 'rischiarare, illuminare', der. di *clārus* 'chiaro'] **A** v. tr. *1* (*lett.*) Rendere chiaro ciò che è dubbio, oscuro, e sim. | (*est.*) Spiegare, interpretare: *d. un brano controverso*. *2* Rendere palese, manifesto: *d. le proprie intenzioni; le dichiarò il suo amore* | In alcuni giochi di carte, annunciare all'avversario le proprie combinazioni | Nel bridge, fare la dichiarazione. *3* Affermare con gravità, con solennità, spec. pubblicamente: *dichiarò di non aver mai visto l'accusato; ha sempre dichiarato la sua fede politica; io sottoscritto dichiaro che ...* | Indire, fissare: *è stato dichiarato lo sciopero generale* | *D. guerra a qc.*, intimarla e (*fig.*) avversare, ostacolare | *D. il proprio reddito*, denunciarlo | *D. qc. in arresto*, arrestarlo. *4* Sentenziare, giudicare: *fu dichiarato innocente; l'atto è stato dichiarato nullo* | Nominare: *lo dichiarò suo erede* | Proclamare: *lo hanno dichiarato vincitore; vi dichiaro marito e moglie*. **B** v. rifl. *1* Mostrarsi, affermare di essere: *puoi dichiararti fortunato; il nemico si dichiarò vinto; si dichiara favorevole all'iniziativa* | In formule epistolari di cortesia: *E. V., a cui mi dichiaro con piena osservanza devotissimo* (CARDUCCI). *2* Palesare, manifestare le proprie intenzioni, opinioni, tendenze, e sim.: *tutti si dichiararono contro il tiranno; deciditi a dichiararti per l'uno o per l'altro*. *3* Confessare il proprio amore alla persona che ne è oggetto: *non ha il coraggio di dichiararsi*.

dichiaratìvo o †**declaratìvo** [lat. *declaratīvu*(*m*), da *declarātus* 'dichiarato'] agg. *1* Atto a dichiarare, a spiegare: *note dichiarative*. *2* (*ling.*) Detto di verbo che esprime comunicazione (per es. *dire, affermare, dichiarare, comunicare, narrare*). *3* (*ling.*) Detto di proposizione subordinata che serve a spiegare un pronome dimostrativo, completando il senso della principale | (*gener.*) Detto di proposizione subordinata che costituisce l'enunciato di una comunicazione. *4* (*ling.*) Detto di congiunzione coordinativa che introduce una proposizione con cui si spiega quanto è affermato nella frase precedente (per es. *cioè*, *infatti*, *invero*) | Detto di congiunzione subordinativa che introduce una dichiarazione, un'affermazione, un'enunciazione (per es. *che*). **5** (*dir.*) Detto di negozio o di provvedimento giurisdizionale o amministrativo che accerta rapporti o situazioni giuridiche preesistenti. || **dichiarativamente**, avv.

dichiarato part. pass. di *dichiarare*; anche agg. ● Nei sign. del v. || **dichiaratamente**, avv. In modo chiaro e manifesto.

dichiaratore [lat. *declaratōre(m)*, da *declarātus* 'dichiarato'] s. m.; anche agg. (f. *-trice*) ● (*raro*) Chi, che dichiara.

†**dichiaratorio** ● V. *declaratorio*.

dichiarazione o †**declarazione**, †**dichiaragione** [lat. *declaratiōne(m)*, da *declarātus* 'dichiarato'] s. f. **1** Atto, effetto del dichiarare e del dichiararsi, a voce o per iscritto: *d. di principi*, *di diritti*; *rilasciare una d.*; *prestar fede alle dichiarazioni di qc.*; *d. d'amore, amorosa*; *d. di guerra* | *Fare la d.*, confessare il proprio amore alla persona amata | (*est.*) Documento recante una dichiarazione. **2** (*dir.*) Contenuto di un provvedimento dichiarativo e (*est.*) il provvedimento stesso: *d. giudiziale della paternità*; *d. di fallimento*. **3** Spiegazione di ciò che è oscuro o incomprensibile. **4** Nel gioco del bridge, fase iniziale in cui ognuno dei partecipanti dichiara quante e quali prese ha intenzione di realizzare. || **dichiarazioncella**, dim.

†**dichinare** e *deriv.* ● V. *declinare* e *deriv.*

dichiocciarsi [comp. di *di-* (*1*) e *chioccia*] v. rifl. (*io mi dichiòccio*) ● (*tosc.*) Smettere di covare, detto della chioccia.

diciannove o †**dicennove**, †**diecinove** [lat. *dĕcem ac nŏvem* 'dieci e nove'] agg. num. card. inv.; anche s. m. e f. inv. ● Numero naturale successivo di diciotto, rappresentato da *19* nella numerazione araba, da *XIX* in quella romana. **I** Come agg. ricorre nei seguenti usi. **1** Rispondendo o sottintendendo la domanda 'quanti?', indica la quantità numerica di diciannove unità (spec. preposto a un s.): *sono le ore otto e d. primi*; *mia figlia ha appena d. anni*; *ho moltiplicato il risultato per d. ventesimi*; *ha fatto un'assenza di d. giorni*. **2** Rispondendo o sottintendendo la domanda 'quale?', identifica q.c. in una pluralità, in una successione, in una sequenza (posposto a un s.): *l'ho incontrato alla fermata del tram d.*; *hai visto il cliente della camera d.?* **II** Come s. ricorre nei seguenti usi. **1** Il numero diciannove (per ell. di un s.); *il d. nel centosettantuno sta esattamente nove volte*; *mia zia sta al d. di piazza Roma*; *è questa la fermata del d.?*; *conto di essere a Roma il d. di aprile*; *sono le d. in punto*. **2** Il segno che rappresenta il numero diciannove.

diciannovenne [comp. di *diciannove* e del lat. *-ennis*, da *ănnus* 'anno'] agg.; anche s. m. e f. ● Che, chi ha diciannove anni di età.

diciannovesimo **A** agg. num. ord. ● Corrispondente al numero diciannove in una sequenza, in una successione (rappresentato da *XIX* nella numerazione romana, da *19°* in quella araba): *si è classificato d.*; *sono già arrivato al d. capitolo*; (*ell.*) *tre alla diciannovesima* | *Il secolo XIX*, gli anni dal 1801 al 1900. SIN. (*lett.*) Decimonono. **B** s. m. ● Ciascuna delle diciannove parti uguali di una stessa quantità: *calcolare i quattro diciannovesimi del numero*; *ha prelevato un d. della somma*.

diciannovismo [da (*millenovecento*)*diciannove*, anno in cui fu fondato il partito fascista] s. m. ● Il complesso dei fenomeni che contraddistinsero la fase politica immediatamente successiva alla prima guerra mondiale.

diciannovista agg.; anche s. m. (pl. *-i*) ● Che, chi partecipò al movimento fascista fin dalla sua fondazione, avvenuta nel 1919.

diciassette o †**dicessette**, †**dicissette**, †**diecisette** [lat. *dĕcem ac sĕptem* 'dieci e sette'] agg. num. card. inv.; anche s. m. e f. inv. ● Numero naturale successivo di sedici, rappresentato da *17* nella numerazione araba, da *XVII in quella romana*. **I** Come agg. ricorre nei seguenti usi. **1** Rispondendo o sottintendendo la domanda 'quanti?', indica la quantità numerica di diciassette unità (spec. preposto a un s.): *il treno parte alle ore cinque e d. minuti*; *mio fratello ha compiuto ieri d. anni*. **2** Rispondendo o sottintendendo la domanda 'quale?', identifica q.c. in una pluralità, in una successione, in una sequenza (posposto a un s.): *prendi l'autobus d.*; *abita al numero d. di via Roma* | *Venerdì d.*, (*est.*, *scherz.*) giorno sfortunato. **II** Come s. ricorre nei seguenti usi. **1** Il numero diciassette (per ell. di un s.): *il d. nel sessantotto ci sta esattamente quattro volte*; *è questa la fermata del d.?*; *ho incontrato il cliente del d.*; *penso di partire il d. maggio*; *ho l'appuntamento per le d.* | *La rivoluzione russa del '17*, del 1917. **2** Il segno che rappresenta il numero diciassette.

diciassettenne [comp. di *diciassette* e del lat. *-ennis*, da *ănnus* 'anno'] agg.; anche s. m. e f. ● Che, chi ha diciassette anni di età.

diciassettesimo **A** agg. num. ord. ● Corrispondente al numero diciassette in una sequenza, in una successione (rappresentato da *XVII* nella numerazione romana, da *17°* in quella araba): *è al d. posto della graduatoria*; *il d. canto del Purgatorio*; *Luigi XVII, re titolare di Francia*; *tre alla diciassettesima*, (*ell.*) | *Il secolo XVII*, gli anni dal 1601 al 1700. SIN. (*lett.*) Decimosettimo. **B** s. m. ● Ciascuna delle diciassette parti uguali di una stessa quantità: *calcolare i cinque diciassettesimi di una somma*.

dicibile [vc. dotta, lat. *dicĭbile(m)*, da *dīcere* 'dire'] agg. ● (*raro*) Che si può dire. CONTR. Indicibile.

†**diciferare** e *deriv.* ● V. *decifrare* e *deriv.*

†**dicimento** [da †*dicere* 'dire' (V.)] s. m. ● Diceria, chiacchiera.

dicioccamento s. m. ● (*agr.*) Dicioccatura.

dicioccare [comp. di *di-* (*1*) e *ciocca*] v. tr. (*io diciòcco, tu diciòcchi*) ● (*agr.*) Levare dal terreno le ceppaie degli alberi abbattuti | Estirpare cespugli dal terreno da rimboscare.

dicioccatura s. f. ● (*agr.*) Azione e prodotto del dicioccare.

diciottenne [comp. di *diciotto* e del lat. *-ennis*, da *ănnus* 'anno'] agg.; anche s. m. e f. ● Che, chi ha diciotto anni di età.

diciottesimo o †**deceottesimo** **A** agg. num. ord. ● Corrispondente al numero diciotto in una sequenza, in una successione (rappresentato da *XVIII* nella numerazione romana, da *18°* in quella araba): *si è classificato d.*; *per il d. compleanno ha dato un grande ballo*; *due alla diciottesima*, (*ell.*) | *Il secolo XVIII*, gli anni dal 1701 al 1800. SIN. (*lett.*) Decimottavo. **B** s. m. ● Ciascuna delle diciotto parti uguali di una stessa quantità: *calcolare i cinque diciottesimi dell'altezza*.

diciotto o †**deceotto**, †**dieceotto**, †**diecіotto** [lat. *dĕcem ŏcto* 'dieci (e) otto'] agg. num. card. inv.; anche s. m. e f. inv. ● Numero naturale successivo di diciassette, rappresentato da *18* nella numerazione araba, da *XVIII in quella romana*. **I** Come agg. ricorre nei seguenti usi. **1** Rispondendo o sottintendendo la domanda 'quanti?', indica la quantità numerica di diciotto unità (spec. preposto a un s.): *sono le ore sei e d. minuti*; *ha una figlia di d. anni*; *sottraete d. ventesimi dalla somma*; *è assente da d. giorni*. **2** Rispondendo o sottintendendo la domanda 'quale?', identifica q.c. in una pluralità, in una successione, in una sequenza (posposto a un s.): *prendere l'autobus d.*; *prima abitavo al numero d. di via Roma*. **II** Come s. ricorre nei seguenti usi. **1** Il numero diciotto (per ell. di un s.): *d. per due*; *il d. sta nel novanta esattamente cinque volte*; *ti aspetto alla fermata del d.*; *dal d. giugno sarò in campagna*; *ti aspetto alle d. in punto* | Il voto equivalente alla sufficienza nella valutazione universitaria, espressa in trentesimi: *ha preso un d. in geografia* | †*Tenere l'invito del d.*, essere pronto, impaziente di agire | *Tirare, trarre d.*, (*fig.*) avere una grande fortuna | (*tosc.*) *D. di vino!*, detto di persona cocciuta. **2** Il segno che rappresenta il numero diciotto.

†**dicissette** ● V. *diciassette*.

dicitore [dal lat. *dīcere* 'dire' (V.)] s. m. (f. *-trice*) **1** Interprete di canzonette recitate anziché cantate nel vecchio teatro di varietà | Chi declama versi o prosa in pubblico: *buon d.*; *d. mediocre*, *mirabile* | *Fine d.*, (*est.*, *iron.*) chi si compiace di virtuosismi oratori. **2** †Parlatore, oratore | *D. in rima*, poeta, verseggiatore.

dicitura s. f. **1** Forma con cui è detta o scritta una frase: *una d. complicata, breve, chiara* | Maniera di esprimere un concetto. **2** Frase scritta breve e concisa, avente senso compiuto: *la bottiglia recava la d. 'agitare prima dell'uso'*. **3** (*raro*) Locuzione, frase | Didascalia.

†**diclinare** ● V. *declinare*.

diclino [comp. di *di-* (*2*) e del gr. *klínē* 'letto'] agg. ● Detto di fiore che possiede solo stami o solo carpelli. SIN. Unisessuale.

dico- [dal gr. *dicho-* 'in due', da *dichás* 'metà', da *dís* 'due'] primo elemento ● In parole composte della terminologia scientifica, significa 'in due, diviso a metà' e sim.: *dicocero*, *dicogamia*.

dicocero [vc. dotta, comp. di *dico-* e del gr. *kéras* 'corno'] s. m. ● Genere di uccelli dei Passeriformi caratterizzati da una grossa protuberanza sul becco (*Dichoceros*).

dicogamia [vc. dotta, comp. di *dico-* e *-gamia*] s. f. ● (*bot.*) Maturazione del polline e degli ovuli in tempi successivi.

†**dicollare** e *deriv.* ● V. *decollare* (*1*) e *deriv.*

†**dicolpare** [ant. fr. *decolper*, da *colp* 'colpo', poi anche 'pezzo'] **A** v. tr. ● (*raro*) Tagliare a pezzi. **B** v. rifl. rec. ● (*raro*) Uccidersi, massacrarsi.

dicordo [vc. dotta, gr. *díchordos* 'a due (*di-*) corde (*chordaí*)'] s. m. ● Antico strumento musicale a due corde.

dicoreo [vc. dotta, lat. *dichorēu(m)*, dal gr. *dichóreios* (sottinteso *póus* 'piede') 'doppio (*di-*) corèo (*choreîos*)'] s. m. ● (*ling.*) Piede metrico della poesia greca e latina formato di due corei o trochei.

dicoriale [comp. di *di-* (*2*) e un deriv. di *corion*] agg. ● (*biol.*) Detto di gravidanza gemellare in cui i gemelli hanno origine dalla fecondazione di due cellule uovo diverse da parte di due diversi spermatozoi.

†**dicorrere** ● V. *decorrere*.

†**dicorso** ● V. *decorso* (*2*).

dicotermia [comp. di *dico-* e *-termia*] s. f. ● (*geogr.*) Fenomeno, tipico dei mari freddi, per cui la temperatura delle acque del fondo è più elevata di quella delle acque di superficie.

dicotiledone [vc. dotta, comp. di *di-* (*2*) e *cotiledone*] agg. ● Detto di pianta o dell'embrione con due cotiledoni.

Dicotiledoni s. f. pl. ● Nella tassonomia vegetale, classe di piante delle Angiosperme che hanno due cotiledoni nell'embrione | (al sing. *-e*) Ogni individuo di tale classe.

dicotomia [vc. dotta, gr. *dichotomía*, comp. di *dicho-* 'in due' (V. *dico-*) e *tomḗ* 'taglio'] s. f. **1** Divisione in due parti | (*astron.*) *D. lunare*, apparenza della Luna bipartita, alle fasi del primo e ultimo quarto, quando metà del disco lunare appare illuminato dal Sole. **2** (*filos.*) Divisione di un concetto in due concetti contrari che ne esauriscono l'estensione. **3** (*bot.*) Successiva biforcazione di un fusto in cui la gemma apicale si divide in due formando due rami equivalenti.

dicotomico agg. (pl. m. *-ci*) ● Che si riferisce alla dicotomia | Che si basa su una dicotomia. || **dicotomicamente**, avv. In modo dicotomico, per dicotomia.

dicotomo [gr. *dichótomos* 'che è tagliato (dal v. *témnein*) in due (*dícha*)'] agg. ● Che si divide in due, che si biforca | *Luna dicotoma*, al primo o all'ultimo quarto.

†**dicozione** ● V. *decozione* (*1*).

†**dicrescere** e *deriv.* ● V. *decrescere* e *deriv.*

†**dicrinare** ● V. *declinare*.

dicroico [vc. dotta, da *dicroismo*] agg. (pl. m. *-ci*) ● Di due colori | (*fis.*) Di sostanza che presenta dicroismo.

dicroismo [vc. dotta, dal gr. *díchroos* 'a doppio (*di-*) colore (*chrṓs*)'] s. m. ● (*fis.*) Proprietà di alcuni cristalli di presentarsi variamente colorati a seconda della direzione di provenienza della luce incidente.

dicroite [dal gr. *díchroos* (V. *dicroismo*), col suff. *-ite* (*2*)] s. f. ● Minerale, silicato di alluminio, magnesio e ferro che si presenta in varie tonalità di azzurro.

†**dicrollamento** s. m. ● Scuotimento.

†**dicrollare** [comp. di *di-* (*1*) e *crollare*] v. tr. ● (*lett.*) Scuotere, agitare, vibrare: *shattersi da lungi e d. / lor cime i monti* (LEOPARDI).

dicromatico [vc. dotta, comp. di *di-* (*2*) e *croma-*

tico] **agg.** (**pl. m.** *-ci*) ● Di due colori.

dicromatiṣmo [comp. di *di-* (*2*) e *cromatismo*] **s. m.** ● (*med.*) Anomalia visiva per cui si percepiscono soltanto due colori.

dicromìa [da *dicromo*] **s. f.** ***1*** Impiego di due colori in opere di pittura o nella decorazione di statue, edifici e sim. ***2*** Bicromia.

dicromiṣmo [comp. di *di-* (*2*) e un deriv. del gr. *chrôma* 'colore'] **s. m.** ***1*** (*fis.*) Dicroismo. ***2*** (*zool.*) *D. sessuale*, differenza di colore fra i due sessi in una specie animale.

dìcromo [gr. *díchrōmos*, comp. di *dís* 'due volte' e *chrôma* 'colore'] **agg.** ● Di due colori: *pittura, decorazione dicroma*.

dicrotiṣmo [da *dicroto*] **s. m.** ● (*med.*) Presenza di due pulsazioni immediatamente succedentisi nel polso arterioso.

dìcroto [vc. dotta, lat. *dĭcrotu(m)*, dal gr. *díkrotos*, 'che ha una doppia (*di-*) battitura (*krótos*)'] **agg.** ● (*med.*) Caratterizzato da dicrotismo: *polso d.*; *onda dicrota*.

dictàfono ● V. *dittafono*.

dicumarìna [comp. di *di-* (*2*) e *cumarina*] **s. f.** ● (*chim.*) Composto organico ossigenato ad azione anticoagulante.

dicumaròlico [da *dicumarolo*] **agg.** (**pl. m.** *-ci*) ● Che contiene dicumarolo: *farmaci dicumarolici*.

dicumaròlo [da *dicumarina*, con cambio di suff.] **s. m.** ● (*chim.*) Dicumarina.

didascalìa [vc. dotta, gr. *didaskalía* 'istruzione, insegnamento', da *didáskalos* 'maestro', dal v. *didáskein* 'insegnare', di origine indeur.] **s. f.** ***1*** Indicazione aggiunta al testo di un'opera teatrale per precisare i particolari della messinscena | Dicitura sovrapposta alle immagini di un film per tradurre il parlato in un'altra lingua o per chiarire l'azione. ***2*** Breve dicitura informativa che accompagna una illustrazione. ***3*** (*est.*) Avviso, indicazione.

didascàlico (**1**) [vc. dotta, lat. tardo *didascălicu(m)*, dal gr. *didaskalikós*, agg. di *didáskalos* 'maestro' (V. *didascalia*)] **agg.** (**pl. m.** *-ci*) ● Fatto per ammaestrare: *scritti didascalici* | *Poesia didascalica*, che mira a istruire. ‖ **didascalicaménte**, **avv.** (*raro*) In modo didascalico.

didascàlico (**2**) [particolare applicazione di *didascalico* (*1*) (?)] **s. m.** (**pl.** *-ci*) ● Lineetta orizzontale più lunga del trattino di divisione, usata in luogo delle parentesi o per introdurre le battute nei dialoghi.

didàssi [gr. *dídaxis*, da *didáskein* 'insegnare'] **s. f.** ● (*raro*) Insegnamento, istruzione.

didàtta [tratto da (*auto*)*didatta*] **s. m.** e **f.** (**pl. m.** *-i*) ***1*** Insegnante, docente, con particolare riferimento alle sue capacità e al suo metodo di insegnare. ***2*** (*psicoan.*) Analista che compie un trattamento analitico sui futuri analisti, a scopo didattico e di addestramento.

didàttica [da *didattico*] **s. f.** ● Settore della pedagogia che ha per oggetto lo studio dei metodi per l'insegnamento.

didàttico [vc. dotta, gr. *didaktikós*, da *didaktós*, part. pass. di *didáskein* 'insegnare', di origine indeur.] **agg.** (**pl. m.** *-ci*) ***1*** Che concerne l'insegnamento: *metodo, criterio, programma d.* | *Direttore d., circolo d.*, nelle scuole elementari. ***2*** (*est.*) Istruttivo, moraleggiante. ‖ **didatticaménte**, **avv.** In modo conforme ai principi della didattica.

didattiṣmo [comp. di *didatt(ica)* e *-ismo*] **s. m.** ● Eccessiva rigidezza nel seguire e applicare teorie e tecniche di insegnamento.

Didèlfidi [comp. di *di-* (*2*) e del gr. *delphýs* 'utero' (prob. di origine indeur.)] **s. m. pl.** ● Nella tassonomia animale, famiglia di Marsupiali americani arboricoli, con coda prensile, cui appartiene l'opossum (*Didelphidae*) | (al sing. *-e*) Ogni individuo di tale famiglia.

didéntro o **di déntro** [comp. di *di* e *dentro*] **A avv.** ● Nell'interno, dalla parte interna; V. anche *dentro*. **B** in funzione di **s. m. inv.** ● (*fam.*) La parte interna: *il d. dell'automobile*; *una voce chiamava dal d. della casa*.

†**didiacciaménto** [parallelo di *dighiacciamento*, secondo la corrispondenza di *diaccio* e *ghiaccio*] **s. m.** ● (*raro, dial.*) Disgelo.

†**didiacciàre** ● V. *dighiacciare*.

didiètro o **di diètro**, nei sign. B e C [comp. di *di* e *dietro*] **A avv.** ● Dietro. **B** in funzione di **agg. inv.** ● Posteriore: *la ruota d. della bicicletta*. **C** in funzione di **s. m. inv.** ***1*** La parte posteriore: *il d. della casa*. ***2*** (*fam., scherz.*) Il sedere: *gli diede un calcio nel d.*

didìmio [vc. dotta, coniata dallo scopritore C. G. Mosander col gr. *dídymos* 'gemello', perché, pur ritenendo questo metallo un elemento, lo trovava sempre accompagnato con un altro elemento, il lantanio] **s. m.** ● (*chim.*) Miscuglio di neodimio e praseodimio un tempo erroneamente ritenuto un elemento chimico.

dìdimo (**1**) [vc. dotta, gr. *dídymos*, prob. reduplicazione di *dýo* 'due' col suff. *-mo*] **agg.** ● (*bot.*) Detto di organo vegetale composto di due metà rotondeggianti e unite per un certo tratto.

dìdimo (**2**) [gr. *dídymos* 'gemello', poi 'testicolo' (V. prec.)] **s. m.** ● (*lett., spec. al pl.*) Testicolo.

dìdo ● V. *dodo*.

didràmma [vc. dotta, lat. *didrăchma*, dal gr. *dídrachmon* 'doppia (*di-*) dramma (*drachmḗ*)'] **s. m.** (**pl.** *-i*) ● Antica moneta d'argento greca del valore di due dramme.

†**didùrre** e *deriv.* ● V. *dedurre* e *deriv.*

†**die** ● V. *dì*.

†**dièce** ● V. *dieci*.

†**dieceòtto** ● V. *diciotto*.

dièci o (*raro*) †**dèce**, †**dièce** [lat. *dĕcem*, di origine indeur.] **agg. num. card. inv.**; anche **s. m.** e **f. inv.** ● Numero naturale successivo di nove, rappresentato da *10* nella numerazione araba, da *X* in quella romana. **I** Come agg. ricorre nei seguenti usi. ***1*** Rispondendo o sottintendendo la domanda 'quanti?', indica la quantità numerica di dieci unità (spec. preposto a un s.): *contare sulle d. dita*; *le d. giornate di Brescia*; *i d. comandamenti*; *non ho nemmeno d. lire in tasca*; *moltiplicare per d.*; *d. sedicesimi*; *sarò lì fra d. minuti*; *sarà distante d. kilometri*. ***2*** Rispondendo o sottintendendo la domanda 'quale?', identifica q.c. in una pluralità, in una successione, in una sequenza (posposto a un s.): *leggi al paragrafo d.*; *ho conosciuto la cliente della camera d.* ***3*** In composizione con altri numeri semplici o composti forma numeri superiori: *centodieci*; *milleduecentodieci*; *diecimila*. **II** Come s. ricorre nei seguenti usi. ***1*** Il numero dieci (per ell. di un s.): *il cinque nel d. sta due volte*; *ho uno sconto del d. per cento*; *abito in Via Mazzini d.*; *è stato estratto il d.*; *ho giocato il d. di picche*; *ha preso d. e lode nel tema*; *le d. di sera*; *il Consiglio dei Dieci*; *i Dieci di balìa strinsero lega co' fiorentini* (CARDUCCI) | *Mangiare, lavorare per d.*, moltissimo | *A d. a d.*, *di d. in d.*, (*ell.*) dieci alla volta. ***2*** Il segno che rappresenta il numero dieci.

diecimìla [comp. di *dieci* e *-mila*] **agg. num. card. inv.**; anche **s. m. inv.** ● Dieci volte mille, dieci migliaia, rappresentato da *10 000* nella numerazione araba, da $\overline{X}$ in quella romana. **I** Come agg. ricorre nei seguenti usi. ***1*** Rispondendo o sottintendendo la domanda 'quanti?', indica la quantità numerica corrispondente a diecimila unità (spec. preposto a un s.): *hai un biglietto da d. lire?* ***2*** (*est.*) Molti, parecchi (con valore indet. o iperbolico): *d. colonne scintillando / ricorrevan per l'alte moli a torno* (D'ANNUNZIO). ***3*** Rispondendo o sottintendendo la domanda 'quale?', identifica q.c. in una pluralità, in una successione, in una sequenza (posposto a un s.): *l'abbonato numero d.* **III** Come s. ricorre nei seguenti usi. ***1*** Il numero diecimila (per ell. di un s.): *una banconota da d.* ***2*** Il segno che rappresenta il numero diecimila. ***3*** (*sport, al pl.*) Distanza di diecimila metri piani, su pista, su cui si sviluppa una classica gara di fondo | (*est.*) La gara stessa: *correre, vincere i d.*; *esordire nei d.*

diecimilionèṣimo o **decimilionèṣimo** [comp. di *dieci* (o *deci-*) e *milionesimo*] **A agg. num. ord.** ● Corrispondente al numero dieci milioni in una successione, in una classificazione, in una serie (rappresentato da $\overline{XM}$ nella numerazione romana, da 10.000.000° in quella araba): *la diecimilionesima parte*. **B s. m.** ● Ciascuna delle parti uguali ottenute dividendo dieci milioni di volte una certa quantità.

diecimillèṣimo o **decimillèṣimo** **A agg. num. ord.** ● Corrispondente al numero diecimila in una successione, in una sequenza (rappresentato da $\overline{X}$ nella numerazione romana, da *10 000°* in quella araba). **B s. m.** ● Ciascuna delle diecimila parti uguali di una stessa quantità: *c'è l'errore di un d.*

diecìna o **decìna** [da *dieci*] **s. f.** ***1*** Complesso, serie di dieci, o circa dieci, unità: *dieci diecine di unità equivalgono a un centinaio*; *l'ho detto una d. di volte* | *Decine e decine*, molti: *ho spedito decine e decine di inviti* | *A decine*, in gran numero. ***2*** Gruppo di dieci membri di un'organizzazione mafiosa facente capo a una famiglia.

†**diecinòve** ● V. *diciannove*.

†**dieciòtto** /djetʃi'ɔtto, dje'tʃɔtto/ ● V. *diciotto*.

†**diecisètte** ● V. *diciassette*.

dièdro [vc. dotta, formata con il gr. *dís* 'due' e *hédra* 'base'] **A s. m.** ***1*** (*mat.*) Porzione di spazio compresa fra due semipiani aventi origine dalla stessa retta | *D. acuto, ottuso, retto, piatto*, la cui sezione normale è, rispettivamente, un angolo acuto, ottuso, retto, piatto. ***2*** Nell'alpinismo, struttura della roccia formata dall'incontro ad angolo di due pareti | *D. aperto, chiuso*, se l'angolo è superiore o rispettivamente inferiore ai 90°. **B** anche **agg.** ***1*** (*mat.*) Detto di angolo compreso fra due semipiani aventi origine dalla stessa retta. ***2*** (*aer.*) *D. alare, trasversale*, angolo fra i piani di due semiali corrispondenti, nel velivolo | *D. longitudinale*, angolo fra il piano medio alare e il piano medio dell'impennaggio orizzontale.

dieffenbàchia /diffem'bakja/ [dal n. del botanico ted. J. F. *Dieffenbach* (1811-1855)] **s. f.** ● (*bot.*) Genere di piante delle Aracee, spontanee nell'America tropicale, sempreverdi, con foglie lucide e screziate, usate come piante ornamentali (*Dieffenbachia*).

diegèṣi [fr. *diégèse*, dal gr. *diḗgēsis* 'narrazione, racconto', da *diēgêisthai* 'raccontare', comp. di *diá* 'attraverso' e *hēgêisthai* 'condurre, guidare'] **s. f.** ● Nella critica strutturalista, lo svolgimento narrativo di un'opera letteraria, teatrale, cinematografica e sim.

diegètico [fr. *diégétique*, dal gr. *diēgētikós* 'che ama raccontare'; V. *diegesi*] **agg.** ● In semiotica, proprio, peculiare del racconto svolto in un'opera letteraria, teatrale, cinematografica, e dei suoi elementi strutturali, come tempi, modi e sim. | *Tempo d. di un film*, quello sul cui arco si svolgono i fatti in esso narrati, spec. in contrapposizione a quello reale della sua proiezione.

†**diel** [comp. di *Dio* e *il* 'lo'] **vc.** ● (*pop., tosc.*) Solo nelle loc. *d. sa*, *d. voglia* e sim., Dio lo voglia, Dio lo sa e sim.

dielettricità **s. f.** ● Caratteristica dei corpi dielettrici.

dielèttrico [ingl. *dielectric*, comp. di *dia-* e *elettrico*] **agg.**; anche **s. m.** (**pl. m.** *-ci*) ● (*elettr.*) Detto di materiale o corpo cattivi conduttori dell'elettricità: *sostanza dielettrica*.

diencefàlico **agg.** ● (*anat.*) Relativo all'encefalo.

diencèfalo [vc. dotta, comp. di *dia-* e *encefalo*] **s. m.** ● (*anat.*) Parte dell'encefalo posta tra telencefalo e mesencefalo, cui corrispondono importanti centri nervosi e l'ipofisi.

diène [comp. di *di-* (*2*) e del suff. proprio della serie *-ene*] **s. m.** ● (*chim.*) Idrocarburo la cui molecola contiene due legami doppi fra atomi di carbonio. **SIN.** Diolefina.

dièreṣi [vc. dotta, lat. tardo *diāeresi(n)*, dal gr. *diáiresis*, dal v. *diáirein* 'togliere (*áirein*) separando (*diá-*)'] **s. f.** ***1*** (*ling.*) In metrica, separazione di due vocali in due sillabe distinte all'interno di parola: *Forse perché della fatal quïete* (FOSCOLO) **CONTR.** Sineresi | Segno diacritico della dieresi. ***2*** (*ling.*) Nella metrica classica pausa ritmica che si trova in fine parola e in fine di piede. ***3*** (*med.*) Separazione fra tessuti che, normalmente, sono uniti | Sezione dei tessuti.

dierètico **agg.** (**pl. m.** *-ci*) ● (*ling.*) Relativo alla dieresi.

diergòlo [comp. di *di-* (*2*) ed *ergolo*] **s. m.** ● Bipropellente.

dieṣàre [da *diesis*] **v. tr.** (*io dièṣo*) ● (*mus.*) Apporre i diesis.

dièsel /'dizel, *ted.* 'di:zəl/ [dal n. dell'inventore, il ted. R. *Diesel* (1858-1913)] **A agg. inv.** ● (*mecc.*) Detto di motore a combustione interna, a iniezione di nafta od olio pesante, la cui accensione è provocata dall'elevata compressione dell'aria nella camera di scoppio. **B s. m. inv.** ***1*** Motore diesel. ***2*** (*est.*) Autoveicolo fornito di motore diesel.

dies irae /*lat.* 'die's ire/ [lat., propr. 'il giorno dell'ira', dalle parole iniziali della sequenza] **loc. sost. m. inv.** *1* (*relig.*) Sequenza latina cantata nell'ufficio funebre cattolico | (*est.*) Il giorno dell'ira di Dio e del Giudizio Universale. *2* (*est., fig.*) Momento della resa dei conti: *verrà il suo dies irae!*

dièsis [vc. dotta, lat. *dĭesi(n)*, dal gr. *díesis* 'intervallo', dal v. *diiénai* 'passare (*hiénai*) attraverso (*diá*)'] **s. m.** ● (*mus.*) Nella notazione, segno che alza di un semitono la nota cui è preposto o la stessa nota tutte le volte che essa compare nel brano, collocandosi nei singoli pentagrammi dopo la chiave e al posto della nota: *Do d.*; *quattro d. in chiave.*

diesizzàre **v. tr.** ● (*mus.*) Diesare.

dièta (1) [vc. dotta, lat. *diāeta(m)*, dal gr. *díaita*, forse originariamente 'decisione, ripartizione (della vita)'] **s. f.** *1* Regola di alimentazione, spec. a fini curativi o igienici: *d. lattea, proteica, liquida, per diabetici* | *D. dissociata*, in cui a pasti ricchi di proteine si alternano pasti a base di farinacei | *D. mediterranea*, basata in prevalenza su cereali, pane, pasta, grassi di origine vegetale come l'olio d'oliva e ortaggi | *D. bilanciata*, in cui l'apporto energetico è ripartito in modo equilibrato tra proteine, lipidi e glucidi. *2* (*est.*) Astinenza più o meno prolungata dal cibo o da certi cibi: *mettersi, stare a d.*; *fare d.*; *tenere qc. a d.* | *Rompere la d.*, mangiare. **SIN.** Regime. *3* (*fig., scherz.*) Privazione, astinenza.

dièta (2) [vc. dotta, lat. mediev. *dīeta(m)*, da *dĭes* 'giorno', passato dal sign. originario di 'giorno stabilito (per l'adunanza)' a l''adunanza' stessa, sull'esempio del ted. *Tag* 'giorno' e 'assemblea'] **s. f.** *1* Assemblea del Sacro Romano Impero. *2* Assemblea politica o parlamentare, in alcuni Stati, spec. federativi. *3* (*est., lett.*) Adunanza, conferenza, consulta. *4* †Spazio di un giorno. *5* †Diaria.

†**dietàle** **agg.** ● Che è proprio della dieta, nel sign. di *dieta (2)*.

†**dietaménte** [etim. incerta] **avv.** ● Sollecitamente.

†**dietàre** [da *dieta (1)*] **v. tr.** ● Tenere a dieta.

†**dietàrio** [vc. dotta, lat. tardo *diaetāriu(m)*, da *diāeta* col senso che aveva anche il gr. *díaita* di 'residenza, appartamento'] **s. m.** ● Cameriere.

dietètica /die'tɛtika, dje'tɛtika/ [vc. dotta, lat. *diaetētica(m)*, da *diāeta* 'dieta (1)', fatta sul gr. *diaitetikê* (sottinteso *téchnē* 'arte')] **s. f.** ● Settore della medicina che studia la composizione dei cibi in relazione a una razionale alimentazione.

dietètico /die'tɛtiko, dje'tɛtiko/ [vc. dotta, lat. *diaetētĭcu(m)*, da *diāeta* 'dieta (1)', rifatto sul gr. *diaitētikós*] **agg.** (**pl. m.** *-ci*) ● Che riguarda la dieta, nel sign. di *dieta (1)*: *regime d.* ‖ **dieteticaménte**, **avv.** Dal punto di vista dietetico.

dietetista /diete'tista, djete'tista/ [da *dietetica*] **s. m. e f.** (**pl. m.** *-i*) ● (*raro*) Dietista.

dietim /*lat.* di'ɛtim/ [vc. dotta, lat. mediev. *diētim* 'giorno per giorno', da *dĭes* 'giorno'] **s. m. inv.** ● (*banca*) Rata giornaliera di interesse.

dietimo **s. m.** ● Adattamento di *dietim* (V.).

dietista [da *dieta (1)*] **s. m. e f.** (**pl. m.** *-i*) ● Medico specialista in dietetica.

dietologìa **s. f.** ● Dietetica.

dietòlogo [comp. di *dieta (1)* e *-logo*] **s. m.** (**f.** *-a*; **pl. m.** *-gi*, pop. *-ghi*) ● Dietista.

dietoterapìa [comp. di *dieta (1)* e *terapia*] **s. f.** ● Terapia basata su diete particolari relativamente alle diverse malattie.

†**dietreggiàre** [da *dietro*] **v. intr.** ● Indietreggiare, ritirarsi.

dietrismo [da *dietro*, col suff. *-ismo*] **s. m.** ● Tendenza a scorgere intrighi e manovre dietro gran parte degli avvenimenti politici.

dietrìsta **s. m. e f.**; anche **agg.** (**pl. m.** *-i*) ● Chi, che dà prova di dietrismo.

diètro o †**dirètro**, †**di rètro**, †**dirièto**, †**di rièto**, †**dirièto**, †**di rièto**, (*tosc.*) †**drèto**, †**drièto** [lat. tardo *dē rĕtro* 'di dietro'] **A** **avv.** ● Nella, dalla parte posteriore (con v. di stato e di moto): *mettiti d.*; *non guardare d.*; *non mi piace stare d.* | Appresso (con v. di moto): *io mi muovo, e lui d.*; *e la morte vien d. a gran giornate* (PETRARCA) | Con altri avv. di luogo: *è qua d.*; *l'abbiamo trovato lì d.* | Con valore raff. nella loc. avv. *di d.*: *vieni avanti, non stare di d.*; *impugnava risolutamente una ronca appesagli per di d. alla cintura* (NIEVO) | V. anche *didietro*. **CONTR.** Davanti. **B** **prep.** *1* Nella parte posteriore, nella parte retrostante: *tenere le mani d. la schiena*; *l'orto è d. la casa* | *Stare d. le quinte*, (*fig.*) agire di nascosto | Anche nella loc. prep. *d. a*: *ti aspetto al bar d. alla stazione*. *2* Di là da: *sta sempre d. il banco*; *era seduto d. il tavolo*; *osserva tutto da d. i vetri* | (*fig.*) *Gettarsi d. le spalle i pensieri, le preoccupazionie sim.*, liberarsene, non dar loro importanza | Anche nella loc. prep. *d. a*: *d. alla scrivania*. *3* Al seguito, appresso (*anche fig.*): *marciare, camminare, procedere uno d. l'altro*; *portarsi, tirarsi d. qc., q.c.* | Anche nelle loc. prep. *d. di, d. a*: *venite d. di me, di noi*; *vai d. a tuo padre* | *Andare, tenere d. a qc.*, (*fig.*) seguirne l'esempio, imitarlo: *andare d. alla maggioranza, alla moda* | *Stare d. a qc.*, (*fig.*) sorvegliarlo, insistere per ottenere q.c.; (*est.*) corteggiarlo | *Essere d. a fare q.c.*, (*region.*) essere occupato a fare q.c. | *Correre d. a q.c.*, (*fig.*) desiderarla molto | *Farsi correre d.*, (*fig.*) farsi pregare, farsi desiderare | *Lasciarsi d. qc.*, (*fig.*) superarlo in misura notevole | *Nessuno ti tira d. niente*, (*fig.*) nessuno ti regala niente. *4* (*fig.*) Alle spalle: *tutti gli ridono d.*; *mi hanno parlato d.*; *gli gettò d. un'occhiata piena d'odio* | Anche nella loc. prep. *d. di, d. a*: *ride d. di te*. *5* (*raro, lett.*) Conforme, secondo: *agite d. l'esempio dei padri*. *6* Dopo: *le disgrazie vengono sempre una d. l'altra* | (*bur.*) *D. domanda*, in seguito a domanda; *d. pagamento*, dopo il pagamento; *d. versamento*, in seguito al versamento; *d. consegna*, alla consegna; *libertà d. cauzione*, mediante cauzione; *consegna d. ricetta medica*, soltanto presentando una ricetta medica. **C** in funzione di **agg. inv.** *1* Posteriore: *la parte d.*; V. anche *didietro*. *2* (*raro*) Successivo, seguente: *niente vale il dì d. pentersi* (BOCCACCIO). **D** in funzione di **s. m.** ● La parte posteriore: *accendeva gli zolfanelli sul d. dei calzoni* (VERGA); V. anche *didietro*. **E** nella **loc. avv.** e **agg.**: *d. motori*, detto di gara consistente nel mantenere la ruota anteriore della bicicletta a contatto con un apposito rullo applicato dietro a una motocicletta che precede il ciclista.

diètro frónt o **dietrofrónt**, (*raro*) **diètro frónte**, (*raro*) **dietrofrónte** [comp. di *dietro* e *fronte* col troncamento proprio di altri comandi militari] **A** **loc. inter.** ● Si usa come comando di avvertimento a militari, ginnasti, alunni perché si volgano, da fermi o in movimento, in direzione opposta. **B** in funzione di **s. m.** ● L'atto del dietro front: *fare dietro front* | (*fig.*) Cambiamento repentino, voltafaccia.

dietrologìa [comp. di *dietro* e *-logia*] **s. f.** ● Analisi critica, spesso esasperata e fuorviante, di chi negli eventi spec. politici individua o tenta di individuare le cause, le modalità, le condizioni reali, che non corrispondono, secondo lui, a quelle apparenti o dichiarate.

dietrològico **agg.** (**pl. m.** *-ci*) ● Di, relativo a dietrologia: *interpretazioni dietrologiche*.

dietròlogo [comp. di *dietro* e *-logo*] **s. m.** (**f.** *-a*; **pl. m.** *-gi*, pop. *-ghi*) ● (*iron., spreg.*) Chi pratica la dietrologia.

difalcàre e *deriv.* ● V. *defalcare* e *deriv.*

†**difaldàre** ● V. †*diffaldare*.

†**difàlta** ● V. †*diffalta*.

difàtti o (*raro*) **di fàtti** [comp. di *di* e il pl. di *fatto*] **cong.** ● Infatti.

difèndere o †**defèndere**, †**diffèndere** [lat. *defĕndere*, comp. di *dē-* e *-fĕndere* 'colpire, urtare', di origine indeur.] **A** **v. tr.** (**pass. rem.** *io difési*, *tu difendésti*; **part. pass.** *diféso*) *1* Assumere atteggiamenti, posizioni o iniziative che consentano di preservare persone o cose da pericoli, danni, violenze, ingiurie, molestie e sim. o da tutto ciò che ne può essere causa: *difesero la città dagli assalti del nemico*; *ci limitiamo a d. i nostri interessi*; *il popolo difese eroicamente la propria libertà*; *d. il buon nome di qc. dalle calunnie, dai diffamatori* | Proteggere, riparare: *lo difese dai colpi*; *si difese gli occhi dal fumo*. *2* Prendere le parti di qc.: *d. i deboli contro i soprusi* | *D. qc. a spada tratta*, difenderlo a oltranza | (*est.*) Scusare, scagionare: *sua madre è sempre pronta a difenderlo*. *3* (*dir.*) Ribattere con prove e argomentazioni giuridiche le accuse o imputazioni: *d. in giudizio le proprie pretese* | *D. un diritto*, affermarne l'esistenza e la titolarità | *D. una parte in giudizio*, essere rappresentante tecnico processuale | *D. una causa*, sostenere un processo in qualità di rappresentante tecnico processuale di una parte. *4* Sostenere: *difese con accanimento le sue ragioni*; *ha saputo d. la vostra teoria contro le obiezioni avversarie*. *5* (*raro, lett.*) Tenere lontano: *un paio d'uose, che difendea il freddo* (PASCOLI). *6* †Proibire, impedire, vietare: *io te 'l difenderò, colui rispose* (TASSO). *7* †Conservare. **B** **v. rifl.** *1* Cercare con mezzi o iniziative adeguate di preservarsi o proteggersi da pericoli, danni, violenze e sim. o da tutto ciò che ne può essere causa: *ha imparato a difendersi*; *difendersi dal nemico, dal freddo, dalla neve*. *2* Sostenere e far valere le proprie ragioni: *è troppo timido e non sa difendersi*; *difendersi contro tutti*; *si è difeso con grande coraggio* | (*dir.*) *Difendersi in giudizio*, sostenere le proprie pretese ribattendo le accuse o imputazioni | Giustificarsi: *non può difendersi di fronte alle nostre contestazioni*. *3* Resistere: *difendersi dagli assalti delle passioni*. *4* (*fam.*) Arrangiarsi, cavarsela: *nelle materie scientifiche non è bravissimo ma si difende*. *5* (*poet.*) †Liberarsi.

†**difendévole** **agg.** *1* Che protegge, difende. *2* Difendibile.

difendìbile **agg.** ● Che si può difendere | Degno d'essere difeso.

difendibilità **s. f.** ● (*raro*) Qualità di chi, di ciò che è difendibile.

†**difendiménto** o (*raro*) †**defendiménto**. **s. m.** ● Difesa.

†**difenditìvo** **agg.** ● Atto a difendere.

†**difenditóre** o †**defenditóre**. **s. m.**; anche **agg.** (**f.** *-trice*) ● Difensore.

difenilchetóne [ingl. *diphenylketone*, comp. di *diphenyl* 'difenile' e *ketone* 'chetone (2)'] **s. m.** ● (*chim.*) Nome scientifico del benzofenone.

difenìle [comp. di *di-* (*2*) e *fenile*] **s. m.** ● (*chim.*) Idrocarburo aromatico usato nella preparazione di miscele fluide per il trasporto del calore.

difènsa [vc. dotta, lat. tardo *defēnsa(m)*, da *defēnsus*, part. pass. di *defĕndere* 'difendere'] **s. f.** *1* (*mar.*) Riparo per il personale disposto attorno a una macchina o a un organo pericolosi. *2* †V. *difesa*.

†**difensàre** o †**defensàre** [vc. dotta, lat. *defensāre*, intens. di *defĕndere* 'difendere'] **v. tr.** ● Difendere.

†**difensìbile** [vc. dotta, lat. tardo *defensībile(m)*, da *defēnsus*, part. pass. di *defĕndere* 'difendere'] **agg.** ● Difendibile.

†**difensiménto** **s. m.** ● Difesa.

difensionàle ● V. *defensionale*.

†**difensióne** o †**defensióne** [vc. dotta, lat. *defensiōne(m)*, da *defēnsus*, part. pass. di *defĕndere* 'difendere'] **s. f.** ● Difesa, resistenza | Protezione, riparo.

difensìva o **defensìva** [f. sost. di *difensivo*] **s. f.** ● (*mil., sport*) Difesa | *Stare, mantenersi, tenersi, sulla d.*, lasciare all'avversario l'iniziativa dell'attacco (*anche fig.*).

difensivìsmo [da *difensivo*] **s. m.** *1* Atteggiamento di difesa. *2* (*sport*) Tattica di gioco basata sulla difesa.

difensivìsta **s. m. e f.** (**pl. m.** *-i*); anche **agg.** *1* Chi, che tende ad assumere atteggiamenti di difesa. *2* (*sport*) Fautore, sostenitore del difensivismo.

difensivìstico **agg.** (**pl. m.** *-ci*) ● (*raro*) Difensivo.

difensìvo o †**defensìvo**, †**diffensìvo** [da *difensa*] **agg.** *1* (*mil.*) Atto a difendere: *guerra difensiva*; *armi difensive*; *sistema d.*; *alleanza difensiva* | *Azione difensiva*, forma della lotta armata che mira ad annullare la capacità offensiva del nemico. *2* Di difesa: *atteggiamento d.* ‖ †**difensivaménte**, **avv.**

difensóre o †**defensóre** [vc. dotta, lat. *defensōre(m)*, da *defēnsus*, part. pass. di *defĕndere* 'difendere'] **A** **s. m.**; anche **agg.** (**f.** *difenditrice*, *difensora*; V. nota d'uso FEMMINILE) ● Chi, che difende: *essere il d. dei deboli*; *soldati difensori del campo*; *avvocato d.* **B** **s. m.** *1* (*dir.*) Rappresentante e assistente processuale di una parte che esplica in giudizio un'attività di contestazione e deduzione nell'interesse della stessa | *D. di fiducia*, nominato dalla parte | *D. d'ufficio*, nominato dal giudice in caso di mancata nomina di quello di fiducia | *D. civico*, pubblico ufficiale che, quale organo indipendente, apolitico e imparziale, collegato al potere legislativo centrale e locale, di propria iniziativa o in seguito a reclami, procede a indagini sull'attività della pubblica amministrazione e riferisce le disfunzioni riscontrate proponendone i rimedi. **2** (*sport*) Nel calcio e sim., giocatore che ricopre un ruolo nella difesa.

difésa o †**defènsa**, †**difènsa**, †**difènza**, †**diffésa** [lat. tardo *defēnsa(m)* 'difesa', da *defēnsus*, part. pass. di *defĕndere* 'difendere'] s. f. **1** Atto, effetto del difendere o del difendersi: *una d. efficace, coraggiosa*; *accingersi alla d. di qc., di q.c.*; *accorrere in d., a d., di qc.*; *meccanismi, mezzi di d.* | *Prendere le difese di qc.*, tentare di giustificarlo, scagionarlo e sim. | (*est.*) Chi, ciò che difende: *sei la mia unica d.*; *essere privo di ogni d.*; *un'ottima d. contro il freddo, il vento* | *D. delle sponde*, di un corso d'acqua, riparo consistente in rimboschimenti, palizzate, gabbioni e sim. **2** (*dir.*) Complesso degli atti processuali e delle argomentazioni giuridiche presentate o svolte in giudizio a favore dell'imputato o di una parte di un processo civile | *D. personale*, autodifesa | *D. tecnica*, attività difensiva esplicata in giudizio dal difensore o dal consulente tecnico | (*dir.*) *Legittima difesa*, V. *legittimo* | (*dir.*) *Eccesso di d.*, uso eccessivo, doloso o colposo, nell'esercizio della legittima difesa | (*est.*) Avvocato difensore: *la parola alla d.!* **3** (*mil.*) Opera di protezione e di fortificazione | Complesso di mezzi e di organi destinati a proteggere da particolari offese: *d. antiaerea, contro carri*; *d. aerea* | *D. a oltranza*, quella che si prefigge di arrestare definitivamente e distruggere il nemico | *Sistemare a d.*, rendere una posizione atta a essere difesa, mediante lavori di fortificazione campale, schieramento di forze, di armi e sim. **4** (*mar.*) Ciò che serve a riparare dall'attrito, dall'urto e dalla corrosione cavi, manovre, bordi e sim. **5** (*sport*) Azione di contrasto contro gli attacchi avversari | Nel calcio e sim., il complesso dei giocatori cui spetta tale azione: *brillanti azioni della d.* **6** (*spec. al pl.*) Zanna: *le difese del cinghiale*. **7** (*biol.*) *D. immunitaria*, risposta difensiva specifica del sistema immunitario, di tipo umorale (anticorpi) o cellulare, in grado di neutralizzare gli antigeni (microrganismi o loro prodotti, trapianti, ecc.) | (*biol.*) *D. aspecifica*, resistenza naturale antimicrobica dell'organismo dovuta a barriere fisiche (cute e mucose integre), chimiche (pH, lisozima) e biologiche (infiammazione, febbre, fagocitosi). **8** (*psicoan.*) *Meccanismi di d.*, processi in parte inconsci messi in atto dall'Io per proteggere la propria integrità. **9** †Opposizione, ostacolo.

diféso part. pass. di *difendere*; anche agg. **1** Nei sign. del v. **2** Fortificato: *linea difesa*.

difettàre o †**defettàre** [da *difetto*] **A** v. intr. (*io difètto*; aus. *avere*) **1** Mancare o scarseggiare di q.c.: *d. di vettovaglie, di munizioni*; *d. di buona volontà, d'ingegno*. **2** Essere difettoso: *è una bella casa ma difetta nei particolari*. **B** v. tr. ● †Ritenere difettoso.

difettìvo o †**defettìvo** [vc. dotta, lat. tardo *defectīvu(m)*, da *defĕctus* 'difetto'] agg. **1** (*lett.*) Che difetta di q.c. o in q.c. **2** (*ling.*) Detto di parola che possiede flessioni nominali (casi) o verbali (tempo e persona), ma che non presenta il paradigma completo delle forme. || **difettivaménte**, avv. (*raro*) In modo difettivo.

difètto o †**defètto** [vc. dotta, lat. *defĕctu(m)*, dal part. pass. di *deficere* 'venir meno'] s. m. **1** Mancanza, scarsità, insufficienza: *d. di mezzi*; *d. di memoria, di pratica*; *or d. di cibo, or camin duro / trovammo* (TASSO) | †*Adempiere il d.*, supplire alla mancanza | †*Sostenere difetti*, soffrire o sopportare privazioni | *Essere in d. di q.c.*, mancare di q.c. | *In d.*, qualora manchi o venga meno q.c.: *vi preghiamo di intervenire immediatamente, in d. provvederemo noi* | (*mat.*) *Per d.*, di approssimazione che si mantenga minore del numero da approssimare | (*fis.*) *D. di massa*, differenza fra la massa del nucleo atomico e la massa totale delle particelle che lo compongono. **2** Imperfezione: *d. di struttura, di fabbricazione*; *l'opera presenta alcuni difetti*; *ha un grave d. di vista*; *correggere un d. fisico*; *d. d'appiombo negli arti degli animali* | *D. di una gemma*, impurità costituita da ghiacciatura, inclusioni, errori di lavorazione e sim. **3** (*med.*) Minorazione che si verifica in una persona in seguito a una determinata malattia: *d. schizofrenico*. **4** Tendenza, abitudine sgradevole o riprovevole: *la pigrizia è un brutto d.*; *ha il d. di parlare troppo*; *un uomo pieno di difetti* | Vizio: *cerca di perdere questo d.* **5** Colpa, peccato: *attribuire q.c. a d. di qc.*; *essere in d.* || **difettàccio**, pegg. | **difettìno**, dim. | **difettòlo**, **difettuòlo** dim. | **difettùccio**, **difettùzzo**, dim.

difettosità o †**difettuosità**. s. f. ● Qualità di ciò che è difettoso.

difettóso o †**defettóso**, †**difettuóso**. agg. **1** Che è manchevole, incompleto, insoddisfacente e sim.: *alimentazione difettosa di vitamine*; *film d. nella trama*; *una uniforme lingua latina, assai rozza per altro e difettosa* (MURATORI). **2** Che presenta difetti fisici: *udito d.*; *gambe difettose* | †Cagionevole: *d. di gola, di petto* | †Malato. **3** Che presenta difetti di costituzione, che funziona in modo imperfetto e sim.: *edificio d.*; *motore d.* **4** †Vizioso, peccatore, colpevole | †Riprovevole | †Scandaloso. || **difettosaménte**, avv.

difettuàle agg. ● (*med.*) Relativo a difetto | *Guarigione d.*, quella da una malattia mentale in cui, nonostante la scomparsa dei sintomi acuti, rimangono nel soggetto alcune alterazioni del carattere.

†**difettuosità** ● V. †*difettosità*.

†**difettuóso** ● V. *difettoso*.

diffalcàre e *deriv.* ● V. *defalcare* e *deriv.*

†**diffaldàre** o (*raro*) †**difaldàre** [comp. di *di-* (*1*) e *falda*] **A** v. tr. ● Sfaldare, sfogliare. **B** v. intr. pron. ● Distruggersi a falda a falda | (*fig.*) Languire.

†**diffàlta** o †**difàlta** [ant. fr. *defaute*, originariamente 'mancanza', da *defaillir*, intens. di *faillir*, dal lat. *fàllere* 'fallire'] s. f. **1** (*lett.*) Scarsezza, mancanza | Inadeguatezza. **2** (*lett.*) Errore, delitto, colpa: *Piangerà ... la difalta / de l'empio suo pastor* (DANTE *Par.* IX, 52-53). **3** Mancanza di parola, inadempimento di promessa e sim.

†**diffaltàre** [da *diffalta*] v. intr. ● Mancare, scemare.

†**diffamaménto** s. m. ● (*raro*) Diffamazione.

diffamàre [vc. dotta, lat. *diffamāre*, comp. di *dis-* (*1*) e *fāma* 'fama'] v. tr. **1** Intaccare la buona fama di qc. diffondendo maldicenze sul suo conto. SIN. Denigrare, screditare. **2** (*dir.*) Fare qc. oggetto di diffamazione. **3** †Propalare, divulgare.

†**diffamatìvo** agg. ● Diffamatorio.

diffamàto part. pass. di *diffamare*; anche agg. **1** Nei sign. del v. **2** (*arald.*) Attributo del leone, del leopardo e dell'aquila, privi di coda.

diffamatóre s. m.; anche agg. (f. *-trice*) ● Chi, che diffama. SIN. Denigratore.

diffamatòrio agg. ● Che è atto a diffamare | Che diffama: *scritto d.*; *lettera diffamatoria*. SIN. Denigratorio.

diffamazióne [vc. dotta, lat. tardo *difamatiōne(m)*, da *diffamāre* 'diffamare'] s. f. **1** Atto, effetto del diffamare. SIN. Denigrazione. **2** (*dir.*) Reato consistente nell'offendere l'altrui reputazione comunicando con più persone in assenza dell'offeso: *promuovere querela per d.*

†**diffàmia** [vc. dotta, lat. tardo *diffāmia(m)*, fatto su *infāmia* 'infamia'] s. f. ● (*raro*) Diffamazione.

†**diffèndere** e *deriv.* ● V. *difendere* e *deriv.*

differènte [vc. dotta, lat. *differĕnte(m)*, part. pres. di *diffĕrre* (V. *differenza*)] agg. ● Che ha caratteristiche diverse da quelle di altra persona o cosa, con le quali si è comunque stabilito un confronto: *visi, caratteri, gusti differenti*; *un uomo d. da tutti*; *tessuti differenti di qualità e di prezzo*; *bottiglie differenti per la forma*. SIN. Diverso. CONTR. Uguale. || **differenteménte**, avv. In modo differente; altrimenti, in altro modo.

differènza o †**differènzia** [vc. dotta, lat. *differĕntia(m)*, da *diffĕrre* 'portare (*fĕrre*) da una parte all'altra (*dis-*)'] s. f. **1** Qualità di chi, di ciò che è differente | Elemento o insieme di elementi che differenziano qualitativamente o quantitativamente due o più persone o cose: *d. di stato, di condizione, di grado, di gusto, di misura, di peso*; *notare, rilevare, annullare la d.*; *d. specifica* | *Una bella d.*, una notevole diversità | *Esserci, non esserci d.*, essere, non essere uguale | *Non vederci, non trovarci alcuna d.*, considerare uguali due persone o cose | *Fare d.*, trattare o considerare in modo diverso, porre su due piani diversi e sim. | *Non fare d.*, trattare nello stesso modo, considerare sullo stesso piano e sim.: *non faccio d. fra te e lui* | *Non fa d.*, è la stessa cosa: *per noi non fa d.* | *A d. di*, diversamente da. SIN. Diversità. CONTR. Uguaglianza. **2** (*mat.*) Risultato della sottrazione | Quantità che aggiunta al sottraendo dà il minuendo | (*stat.*) *D. media*, indice di variabilità ottenuta calcolando la media aritmetica delle differenze in valore assoluto fra i termini di una distribuzione. **3** (*raro*) Controversia, discordia, lite: *appianare le differenze*; *intervengono spesso differenze tra un gentilomo e l'altro, onde poi nasce il combattere* (CASTIGLIONE). || **differenzùccia**, †**differenziùccia**, dim.

differenziàbile agg. **1** Che si può differenziare. **2** (*mat.*) Che ammette il differenziale.

differenziabilità s. f. ● (*mat.*) L'essere differenziabile.

differenziàle [vc. dotta, comp. del lat. *differĕntia* e di *-ale* (*1*)] **A** agg. **1** Che stabilisce una differenza: *analisi d.* | Che si fonda su una o più differenze | *Classi differenziali*, nel passato ordinamento scolastico italiano, quelle d. elementari e medie d. riservate ad alunni subnormali | (*med.*) *Segno, sintomo d.*, che serve per contraddistinguere una malattia a confronto di altre | *Tariffa d.*, tariffa dei mezzi di trasporto, spec. ferroviari, che con l'aumentare della distanza cresce in ragione sempre minore | *Contratto d.*, contratto di borsa a termine con cui le parti non consegnano titoli, ma la differenza tra il prezzo pattuito e quello di mercato alla scadenza. **2** (*mat.*) Che si riferisce a differenziali, derivate, e sim. | *Calcolo d.*, studio dell'operazione di derivazione e delle sue applicazioni | *Equazione d.*, equazione funzionale in cui la funzione incognita compare insieme alle sue derivate. **B** s. m. **1** (*mecc.*) Particolare ruotismo epicicloidale applicato agli autoveicoli, che consente di differenziare la velocità di rotazione delle ruote motrici in curva. **2** (*mat.*) *D. d'una funzione*, prodotto della derivata della funzione per l'incremento della variabile indipendente | *D. d'una funzione di più variabili*, somma dei prodotti delle derivate parziali per gli incrementi delle rispettive variabili.

differenziaménto s. m. **1** Atto, effetto del differenziare e del differenziarsi. **2** (*biol.*) Processo graduale per cui, nel corso dello sviluppo embrionale, cellule, tessuti, organi mutano nella struttura e nella funzione pervenendo da uno stato di organizzazione semplice a una specializzazione definitiva nell'organismo adulto.

differenziàre o †**disferenziàre** [da *differenza*] **A** v. tr. (*io differènzio*) **1** Rendere differente: *le sue idee lo differenziano da tutti gli altri*. SIN. Distinguere. **2** (*mat.*) Calcolare il differenziale. **3** †Far distinguere, porre in risalto. **B** v. intr. pron. ● Essere o diventare differente: *il suo carattere si differenzia dal tuo*; *le nostre idee si differenziano sempre più*.

differenziàto part. pass. di *differenziare*; anche agg. **1** Che ha assunto caratteristiche proprie, specifiche: *organi sessuali differenziati*. **2** Che si diversifica facendo delle distinzioni: *insegnamento d.*; *trattamento d.*; *raccolta differenziata dei rifiuti*. || **differenziataménte**, avv.

differenziatóre A agg. (f. *-trice*) ● Che differenzia, che rende diverso: *l'elemento d. di due opere simili*. **B** s. m. ● Elemento che differenzia.

differenziazióne [da *differenziare*] s. f. **1** Atto, effetto del differenziare e del differenziarsi | (*geol.*) *D. magmatica*, processo per cui un magma cambia composizione durante il suo consolidamento, dando origine a rocce intrusive diverse. **2** (*mat.*) L'operazione consistente nel calcolare il differenziale d'una funzione. **3** (*ling.*) Dissimilazione di due suoni contigui. **4** (*biol.*) Differenziamento.

differìbile agg. ● Che si può differire: *incontro, colloquio d.* SIN. Rinviabile.

differiménto s. m. ● Atto, effetto del differire: *chiedere, ottenere un d.* | Aggiornamento, rinvio: *d. di un'udienza*.

differìre [vc. dotta, lat. tardo *diffĕrere*, var. di *diffĕrre* (V. *differenza*)] **A** v. tr. (*io differìsco, tu differìsci*) **1** Rinviare q.c. a un tempo successivo: *d. la partenza, il pagamento*; *hanno differito di un mese le nozze*; *differiremo al prossimo anno l'esecuzione del progetto* | Aggiornare, rinviare: *d. il giorno fissato per l'udienza*. **2** (*lett.*) †Impacciare, ostacolare. **B** v. intr. (aus. *avere*, *essere*) • Essere diverso, distinguersi: *d. da qc.*, *da q.c.*; *d. nelle opinioni, nei modi, nell'abito*; *d. per grandezza, peso, forma, colore*; *le nostre idee differiscono alquanto.* SIN. Diversificarsi.

differita [f. sost. di *differito*] s. f. • Trasmissione radiofonica o televisiva registrata e mandata in onda in un momento successivo (in contrapposizione a *diretta*) | Nella loc. avv. *in d.*, non registrato, dal vivo: *seguire in TV una partita di calcio in d.*

differito part. pass. di *differire*; anche agg. *1* Nei sign. del v. *2 Pagamento d.*, da effettuarsi un certo periodo di tempo dopo la consegna delle merci. *3* (*tv*) *Trasmissione differita*, V. *differita*.

differitóre s. m.; anche agg. (f. *-trice*) • (*raro*) Chi, che rinvia q.c. a un tempo successivo.

†differmaménto s. m. • Confutazione.

†differmàre [vc. dotta, opposto di *confermare*, con sostituzione di suff. di valore contrario] v. tr. • Confutare.

difficile [vc. dotta, lat. *diffĭcile(m)*, comp. di *dis-* (*1*) e *făcilis* 'facile'] **A** agg. (sup. *difficilissimo*, †*difficillimo*) *1* Che non si può fare senza fatica o abilità: *lavoro d.*; *problema d. da risolvere*; *questione d. da districare* | (*est.*) Oscuro, arduo da capire, da spiegare e sim.: *passo*, *brano*, *musica*, *autore d.*; *versi difficili.* SIN. Astruso, complicato. CONTR. Facile, semplice. *2* Pieno di ostacoli, disagi, pericoli e sim., impervio: *cammino*, *viaggio d.*; *strada d. da percorrere.* SIN. Disagevole, pericoloso. CONTR. Facile. *3* Pieno di ansie, preoccupazioni, complicazioni e sim.: *momento d.*; *essere in una posizione d.*; *attraversare un periodo d.*; *ogni giorno la vita diventa più d.* | *Tempi difficili*, penosi, a causa di guerre, crisi, malattie e sim. | *Rendere la vita d. a qc.*, angustiarlo, tormentarlo. CONTR. Facile. *4* Sgradevole, scabroso: *colloquio d.*; *argomento d.* CONTR. Facile. *5* Detto di persona, intrattabile, bisbetico, permaloso: *uomo*, *donna d.*; *carattere d.* | (*est.*) Di non facile contentatura, esigente: *pubblico d.*; *gusti difficili.* CONTR. Facile. *6* Poco probabile (con valore neutro): *è d. che sia in casa.* CONTR. Facile. || **difficilménte**, **†difficileménte**, avv. || **difficilétto**, dim. | **difficilino**, dim. | **difficilòtto**, dim. | **difficilùccio**, dim. **B** s. m. e f. • Persona intrattabile, incontentabile e sim.: *fare il d.* **C** s. m. solo sing. • Tratto o momento difficile: *il d. ormai è superato.*

†difficillimo [vc. dotta, lat. *difficĭllimu(m)*, sup. di *difficilis* 'difficile'] agg. (sup. di *difficile*) • (*raro*) Difficilissimo.

difficoltà o **†difficultà** [vc. dotta, lat. *difficultā-te(m)*, comp. di *dis-* (*1*) e *facŭltas* 'facoltà, facile capacità'] s. f. *1* Qualità di ciò che è difficile: *la d. di un problema.* SIN. Complessità. CONTR. Facilità. *2* Complicazione, disagio, ostacolo: *una grave d. da superare*; *affrontare con coraggio le d.*; *lottare contro le d. della vita.* SIN. Intoppo, intralcio. *3* Impedimento: *trovo una certa d. nel piegare il braccio* | *Avere una d. di pronuncia*, un difetto di pronuncia. CONTR. Facilità. *4* Obiezione: *fare, mettere avanti delle difficoltà*; *non ho alcuna d. a uscire oggi.* *5* (*spec. al pl.*) Penuria di mezzi, scarsità di denaro: *d. finanziarie*; *trovarsi in d.*

difficoltàre o **†difficultàre** [da *difficoltà*] v. tr. (*io difficólto*) • (*raro*) Rendere difficile o più difficile: *d. il commercio.*

difficoltóso o **†difficultóso** agg. *1* Pieno di difficoltà, arduo: *tema*, *compito d.*; *impresa difficoltosa.* SIN. Difficile. CONTR. Facile. *2* Scontroso, suscettibile e sim.: *un uomo d.*; *carattere d.* SIN. Difficile. CONTR. Facile. *3* †Cagionevole: *d. di stomaco.*

†difficultà • V. *difficoltà*.

diffida [da *diffidare*] s. f. *1* (*dir.*) Atto stragiudiziale di intimazione a una persona affinché esegua una determinata attività o si astenga da un dato comportamento. *2* †Sfida.

diffidaménto s. m. *1* (*raro*) Atto, effetto del diffidare. *2* †Diffidenza.

†diffidànza s. f. • Diffidenza.

diffidàre o **†disfidàre** (*2*) [comp. di *dis-* (*1*) e *fidare* (contrario di *confidare*)] **A** v. intr. (aus. *avere*) *1* Non avere fiducia, non fidarsi: *d. dei discorsi di qc.*; *d. di tutti.* SIN. Dubitare, sospettare. *2* (*lett.*) Disperare: *né di tagliare il ponte ancor diffida* (TASSO). **B** v. tr. *1* (*dir.*) Intimare a qc. una diffida: *d. un dipendente dal tenere un dato comportamento.* *2* †Togliere a qc. sicurezza e speranza. *3* †Sfidare.

diffidènte [vc. dotta, lat. *diffidĕnte(m)*, part. pres. di *diffĭdere* 'diffidare' (comp. di *dis-* (*1*) e *fīdere* 'confidare')] agg. *1* Che non si fida | Che mostra sfiducia, sospetto e sim.: *occhi diffidenti.* SIN. Ombroso, sospettoso. *2* †Che non ispira fiducia. || **diffidenteménte**, avv.

diffidènza o **†diffidènzia** [vc. dotta, lat. *diffidĕntia(m)*, da *diffidĕnte(m)*, part. pres. di *diffīdere* 'diffidare'] s. f. • Qualità di chi, di ciò che è diffidente: *procedere con d.* SIN. Dubbio, sfiducia, sospetto.

diffìngere [vc. dotta, lat. *diffĭngere* 'formare (*fĭngere*) in maniera contraria (*dis-*)'] v. tr. e intr. • Mostrare di non sapere, fingere di non conoscere.

†diffiniménto s. m. *1* Definizione. *2* (*raro*) Decisione.

†diffinìre [vc. dotta, lat. *diffinīre*, forma parallela di *definīre* 'definire' (V.)] v. tr. • Definire.

†diffinitìvo agg. • (*lett.*) Definitivo. || **†diffinitivaménte**, avv. In modo definitivo.

†diffinitóre s. m.; anche agg. (f. *-trice*) • (*raro*) Definitore.

†diffinitòrio agg. • (*raro*) Che definisce.

†diffinizióne [vc. dotta, lat. *diffinitiōne(m)*, forma parallela di *definītio* 'definizione' (V.)] s. f. • Definizione.

difflùente [vc. dotta, lat. *diffluĕnte(m)*, part. pres. di *difflŭere* 'scorrere (*flŭere*) di qua e di là (*dis-*)'] s. m. • (*geogr.*) Corso d'acqua secondario che si stacca dal fiume principale e sbocca separatamente nel mare.

difflùenza [dal lat. *difflŭere* 'scorrere (*flŭere*) di qua e di là (*dis-*)'] s. f. • (*geogr.*) Biforcazione di una lingua glaciale dove questa incontra un ostacolo roccioso o quando si affaccia su terreni aperti.

diffondènte part. pres. di *diffondere*; anche agg. *1* Nei sign. del v. *2* (*edil.*) *Elementi diffondenti*, tutte le superfici non molto ampie e parallele che deviano i suoni.

diffóndere [vc. dotta, lat. *diffŭndere* 'spandere (*fŭndere*) da una parte e dall'altra (*dis-*)'] **A** v. tr. (coniug. come *fondere*) *1* Spandere tutt'attorno: *d. acqua, luce, tenebre, nebbia, gioia, dolore*; *il gelsomino diffonde un soave profumo.* *2* (*fig.*) Divulgare, far conoscere: *d. voci, scritti*; *d. notizie tendenziose.* **B** v. intr. pron. *1* Spargersi intorno: *il calore si diffondeva gradatamente*; *il suono si diffondeva nell'aria* | (*fig.*) Emanare: *una sottile malinconia si diffondeva dalle sue parole.* *2* (*fig.*) Propagarsi: *voci allarmanti si diffondevano*; *tra noi si diffuse la gioia.* *3* Dilungarsi a parlare o a scrivere: *diffondersi troppo su un argomento.* *4* (*lett.*) Cospargersi | †Bagnarsi.

†diffondiménto s. m. • Diffusione.

diffonditóre s. m.; anche agg. (f. *-trice*) • (*raro*) Chi, che diffonde | (*fig.*) Propalatore.

†diffórmàre o **†diformàre** [da *deformare* con cambio di pref.] **A** v. tr. • Sformare, deformare. **B** v. rifl. • Farsi, rendersi diverso nella forma, nell'aspetto. **C** v. intr. pron. • Cambiare forma, diventare diverso.

difformazióne o **†diformazióne**. s. f. • (*lett.*) Deformazione.

diffórme o **†difórme** [da *deforme* con cambio di pref. (*dis-* (*1*))] agg. *1* Differente, diverso, discordante: *copia d. dall'originale.* *2* (*lett.*) Deforme. || **difformeménte**, avv.

difformità o **†diformità** [da *difforme*] s. f. *1* Qualità di ciò che è difforme: *d. di idee, di opinioni, di vedute.* SIN. Diversità, dissomiglianza. *2* (*lett.*) Deformità.

diffràngersi [vc. dotta, lat. *diffrĭngere* 'spezzare (*frăngere*) in più direzioni (*dis-*)' con riporto del v. originario *frangere*] v. intr. pron. (coniug. come *frangere*) • (*fis.*) Subire il fenomeno della diffrazione.

diffrattòmetro [comp. del lat. *diffrăctus*, part. pass. di *diffrĭngere* (V. *diffrangersi*), e *-metro*] s. m. • (*fis.*) Apparecchio che consente di stabilire la struttura del reticolo cristallino mediante l'esame della diffrazione, in un cristallo, dei raggi X.

diffrazióne [lat. sc. *diffractiōne(m)*, comp. di *dis-* (*1*) e *frăctio* 'atto dello spezzare'] s. f. • (*fis.*) Complesso dei fenomeni di propagazione per onde elastiche elettromagnetiche che non si accordano con la legge della propagazione rettilinea dei raggi nei mezzi omogenei, secondo l'ottica geometrica | *D. della luce*, propagazione non rettilinea della luce passante attraverso sottili fenditure o incidente sul contorno degli oggetti | *D. delle particelle*, deviazione secondo direzioni preferenziali di un fascio di particelle elementari passanti attraverso un sottile strato di materia a struttura cristallina | *D. ottica*, fenomeno di flessione della luce che avviene con aperture di diaframma molto piccole.

diffuṣìbile [comp. di *diffuso* e *-ibile*] agg. • Che si può facilmente diffondere.

diffuṣibilità s. f. • Qualità di ciò che è diffusibile.

diffuṣionàle [ingl. *diffusional*, da *diffusion* 'diffusione' col suff. aggettivale *-al* '-ale (1)'] agg. • (*chim., fis.*) Relativo al fenomeno della diffusione.

diffuṣióne [vc. dotta, lat. *diffusiōne(m)*, da *diffūsus* 'diffuso'] s. f. *1* Atto, effetto del diffondere e del diffondersi: *la d. del calore* | *D. della luce*, fenomeno per cui un fascio luminoso giungendo a una superficie scabra, non trasparente né assorbente, viene rinviato in tutte le direzioni | *D. atmosferica*, riflessione della luce degli astri nell'attraversare l'atmosfera di un pianeta. *2* (*fis.*) Compenetrazione reciproca di due sostanze a contatto, senza intervento di forze esterne. *3* (*fig.*) Propagazione, divulgazione: *la d. di un'idea, di una lingua* | *Avere scarsa, grande d.*, di cosa nota a poche o a molte persone, spec. di giornale o altra pubblicazione letti da poche o da molte persone. *4* (*lett.*) Abbondanza di parole, prolissità. *5* (*raro*) †Dissipazione.

diffuṣionìṣmo [ingl. *diffusionism*, da *diffusion* 'diffusione'] s. m. • (*antrop.*) Teoria del primo Novecento secondo la quale lo sviluppo della civiltà e le affinità tra società diverse sono determinati da migrazioni, che hanno permesso il contatto con alcune culture, considerate centri di diffusione della cultura stessa.

diffuṣività [da *diffusione*] s. f. • (*chim.*) Attitudine di una molecola, in particolare di un gas, a diffondere attraverso un setto poroso.

diffuṣìvo agg. • (*raro*) Atto a diffondere o a diffondersi | Che diffonde o tende a diffondersi.

diffùṣo **A** part. pass. di *diffondere*; anche agg. *1* Nei sign. del v. | Frequente, comune: *un'usanza diffusa.* *2* (*fis.*) Detto di fascio i cui raggi si riflettono divergendo su una superficie non perfettamente speculare | *Illuminazione diffusa*, in cui il flusso luminoso è distribuito, da superfici diffondenti, secondo un angolo molto ampio, così che non si formano ombre definite. *3* (*bot.*) Di pianta che allarga i suoi rami disordinatamente | *Pannocchia diffusa*, con fiori alquanto allontanati. *4* (*fig.*) Prolisso: *stile, parlare d.* || **diffusaménte**, avv. In modo diffuso; ampiamente: *trattare un argomento diffusamente.* **B** avv. • Diffusamente: *del palazzo incantato era d. scritto nel libro* (ARIOSTO).

diffuṣóre [vc. dotta, da *diffuso*] **A** s. m. *1* Chi diffonde: *i diffusori della fede.* *2* Ogni apparecchio atto a propagare, distribuire energie e sim. nello spazio | In ottica, apparecchio che distribuisce con una certa uniformità la luce di una sorgente luminosa | In idraulica, organo fisso, costituito da uno o più condotti, che trasforma in energia di pressione parte dell'energia cinetica del fluido che lo percorre | In fisica atomica, strato di sostanze particolari, atte alla diffusione delle particelle che lo attraversano | In varie tecnologie, apparecchio in cui o da cui si compiono processi di diffusione: *d. di scena*; *il d. dei motori a getto* | *D. sonoro*, qualunque apparecchio atto a convertire energia elettrica modulata ad alta frequenza acustica in energia sonora | (*per anton.*) L'apparecchiatura, di solito contenuta in una o più casse di legno, che, come componente di un sistema di riproduzione stereofonica del suono, lo irradia, amplificandolo, nell'ambiente circostante. **B** agg. • Che diffonde: *elemento d.* | *Schermo d.*, schermo che, posto dinanzi alla lampada di un corpo illuminante, ne allarga il fascio luminoso | *Filtro d.*, in fotografia, vetro ottico con incisioni su una superficie che si antepone all'obiettivo per ottenere immagini sfumate.

diffuṣòrio agg. • Che riguarda la diffusione.

†**dificàre** e *deriv.* • V. *edificare* e *deriv.*
†**difìcio** (1) • V. *edificio.*
†**difìcio** (2) [da *maleficio*, per accostamento pop. a (*e*)*dificio*] s. m. • (*raro*) Solo nella loc. *giudice del d.*, giudice del maleficio.
difilàre [da *fila*] **A** v. tr. • (*lett., raro*) Dirigere rapidamente verso un punto o una persona. **B** v. intr. e intr. pron. (aus. *essere*) • (*lett.*) Dirigersi velocemente, precipitarsi in una direzione: *piantò in asso la duchessa e difilò diritto a Milano* (CARDUCCI).
difilàto [part. pass. di *difilare*] **A** agg. • Dritto, rapido: *se ne andò d. a casa*; *venivano difilati per la via più breve.* ‖ **difilataménte**, avv. (*raro*) In modo difilato. **B** in funzione di avv. • Direttamente e rapidamente, celermente: *entrò d. nelle stalle* (PASCOLI) | Di seguito: *ha parlato per due ore d.*
†**difinàre** v. tr. • Definire.
†**difinìre** e *deriv.* • V. *definire* e *deriv.*
difiodónte [comp. del gr. *díphyos* 'duplice, di doppia natura' (comp. di *di-* (2) e *phýein* 'generare') e *-odonte*] agg. • (*biol.*) Detto di mammifero che ha due dentizioni, una decidua e una permanente.
difiodontìa o **difiodonzìa** [da *difiodonte*] s. f. • (*biol.*) Condizione per cui a una dentizione di latte ne segue una permanente, tipica della maggior parte dei Mammiferi.
difonìa [comp. di *di-* (2) e *-fonia*] s. f. • (*med.*) Disturbo della fonazione dovuto a lesioni laringee e consistente nell'emissione contemporanea di due suoni di altezza diversa.
†**diforàno** [dall'ant. *difora*, lat. *dē fŏras* 'di fuori'] agg. • (*lett.*) Che sta di fuori, che viene dal di fuori | *Vento d.*, che viene dall'alto mare.
†**diformàre** e *deriv.* • V. †*difformare* e *deriv.*
†**difraudàre** • V. *defraudare.*
†**difrenàre** [vc. dotta, lat. **defrenāre*, comp. di *dē-* e *frenāre* 'frenare'] v. tr. **1** Togliere il freno. **2** Sciogliere, slegare.
†**difrodàre** • V. *defraudare.*
difrónte o **di frónte** spec. nel sign. B [comp. di *di* e *fronte*] **A** avv. • Di faccia: *stammi d. quando parli*; *mi sono trovato d. una classe scatenata.* **B** in funzione di agg. inv. • Che sta di contro: *abita nel palazzo d.*; *suonare alla porta d.* SIN. Dirimpetto.
difterico [fr. *diphtérique*, da *diphtérite* 'difterite'] agg. (pl. m. *-ci*) • (*med.*) Della difterite: *batterio d.*; *tossina, membrana, angina difterica.*
difterìte [fr. *diphtérite*, dal gr. *diphtéra* 'membrana' (di etim. incerta), col suff. medico *-ite* (*1*)] s. f. • Malattia infettiva acuta causata da un bacillo che colpisce il tratto laringo-faringeo, provocando edema della laringe e pericolo di soffocamento.
difteròide [comp. di *difter*(*ite*) e *-oide*] agg. • (*med.*) Che è simile alla difterite o ne presenta i caratteri: *sintomi difteroidi.*
†**diftòngo** • V. *dittongo.*
dìga [ol. *dijk*, di origine indeur., prob. attrav. il fr. *digue*] s. f. **1** Costruzione in muratura, calcestruzzo o terra per sbarrare artificialmente corsi d'acqua allo scopo di creare un invaso, oppure per proteggere coste o porti. ➡ ILL. p. 826, 827 SCIENZE DELLA TERRA ED ENERGIA. **2** (*fig.*) Barriera, riparo: *una d. di sicurezza*; *opporre una d. alla criminalità* | *Rompere le dighe*, (*fig.*) traboccare, scatenarsi, travolgendo ogni ostacolo, superando ogni limite e sim.
†**digamìa** [vc. dotta, lat. crist. *digamĭa*(*m*), da *dĭgamus* 'digamo'] s. f. • (*raro*) Bigamia.
digàmma [vc. dotta, lat. *digămma*, dal gr. *dígamma* 'doppio (*dis*) gamma' per la forma di due gamma sovrapposti] s. m. (pl. *-i*) • Lettera dell'alfabeto greco antico designante la semivocale *u.*
†**dìgamo** [vc. dotta, lat. crist. *dĭgamu*(*m*), dal gr. *dígamos* 'con doppio (*di-*) matrimonio (*gámos*)'] agg.; anche s. m. • Bigamo.
digàstrico [vc. dotta, comp. di *di-* (*2*) e del gr. *gastḗr*, gen. *gastrós* 'ventre'] agg.; anche s. m. (pl. *-ci*) • (*anat.*) Muscolo del collo formato da due parti carnose unite da un tendine.
Digènei [comp. di *di-* (*2*) e *-geno*] s. m. pl. • Nella tassonomia animale, sottoclasse di Trematodi con due sole ventose e con ciclo che comprende almeno due ospiti (*Digenea*) | (al sing. *-o*) Ogni individuo di tale sottoclasse.
†**digeneràre** • V. *degenerare.*
digerènte part. pres. di *digerire*; anche agg. **1** Nei sign. del v. **2** (*anat.*) *Apparato d.*, insieme degli organi che concorrono alla digestione.
digeribile agg. **1** Che si può digerire | Che si digerisce bene, con facilità: *cibo d.* **2** (*fig.*) Tollerabile: *simili insulti non sono digeribili* | (*fig., scherz.*) Credibile: *un racconto poco d.*
digeribilità s. f. • Qualità di ciò che è digeribile.
digeriménto s. m. • Digestione.
digerìre [vc. dotta, lat. *digĕrere* 'portare (*gĕrere*) qua e là (*dis-*), distribuire (sottinteso: gli alimenti nell'organismo)'] v. tr. (*io digerìsco, tu digerìsci*; part. pass. *digerìto*, †*digèsto* (*1*)) **1** (*med.*) Trasformare i cibi ingeriti in elementi assimilabili | *D. anche i chiodi, i sassi e sim.*, (*fam.*) godere di un'ottima digestione. **2** (*fig.*) Riuscire a vincere, a dominare: *non ha ancora digerito la rabbia.* **3** (*fig.*) Tollerare, sopportare: *d. q.c. di sgradevole*; *d. le ingiustizie*; *non posso d. quell'uomo* | (*fig.*) Credere: *questa non la digerisco proprio.* **4** (*fig.*) Assimilare una materia, un concetto e sim.: *non ha digerito quello che ha studiato.* **5** (*chim.*) Sottoporre una sostanza a digestione. **6** (*fig., raro*) Esaminare, discutere. **7** †Approntare, disporre, ordinare.
†**digeritóre** s. m.; anche agg. (f. *-trice*) • Chi, che digerisce.
†**digestìbile** [vc. dotta, lat. tardo *digestĭbile*(*m*), da *digēstus*, part. pass. di *digĕrere* 'digerire'] agg. • Digeribile.
digestióne [vc. dotta, lat. *digestiōne*(*m*), da *digēstus*, part. pass. di *digĕrere* 'digerire'] s. f. **1** Atto, effetto del digerire | (*med.*) Processo di trasformazione degli alimenti in sostanze semplici, assimilabili, capaci di liberare l'energia necessaria all'organismo: *avere una d. buona, cattiva, lenta, facile, difficile*; *le bevande calde aiutano la d.* | *Guastarsi la d.*, (*fig.*) arrabbiarsi | Assimilazione. **2** (*chim.*) Decomposizione, per mezzo di reattivi chimici, di certe sostanze: *d. delle proteine* | Trattamento di sostanze naturali con reattivi chimici o con mezzi fisici, spec. allo scopo di eliminare impurità: *d. del legno* | Estrazione, con opportuni solventi, di determinate sostanze da miscele di erbe, droghe e sim. **3** †Separazione nei suoi componenti di un miscuglio.
†**digestìre** [da *digesto* (*1*)] v. tr. • Digerire.
digestìvo [vc. dotta, lat. tardo *digestīvu*(*m*), da *digēstus*, part. pass. di *digĕrere* 'digerire'] **A** agg. • Che serve alla digestione: *apparato d.* | Che aiuta la digestione: *liquore d.* **B** s. m. • Bevanda più o meno alcolica atta a stimolare i succhi gastrici al fine di aiutare la digestione.
†**digestizióne** [da *digestire*] s. f. • (*raro*) Digestione.
†**digèsto** (1) [vc. dotta, lat. *digēstu*(*m*), dal part. pass. di *digĕrere* 'digerire'] agg. **1** Digerito. **2** (*raro*) Di persona che ha smaltito l'eccesso di vino o di cibo. **3** (*fig.*) Ben considerato e assimilato, detto di concetti, nozioni e sim. **4** (*fig., raro*) Disposto, incline.
digèsto (2) [vc. dotta, lat. pl. *digēsta*, dal part. pass. di *digĕrere* nel senso di 'distribuire, classificare' (letteralmente 'materie classificate')] s. m. • Raccolta ordinata delle opere dei più autorevoli giureconsulti romani, compilata per comando dell'imperatore Giustiniano.
digestóre [fr. *digesteur*, dal lat. *digēstus* (V. *digesto* (*1*))] s. m. • (*tecnol.*) Apparecchio usato per cuocere, ammorbidire, decomporre determinate sostanze, spec. ad alta temperatura.
dighiacciàre o (*tosc.*) †**didiacciàre** [comp. di *di-* (*1*) e *ghiacciare*] v. intr. e intr. pron. (*io dighiàccio*; aus. *essere*; anche impers.) • (*raro, lett.*) Sgelare.
digiàmbico agg. (pl. m. *-ci*) • Di, relativo a, digiambo: *verso, metro d.*
digiàmbo [vc. dotta, lat. *diiămbu*(*m*), comp. di *di-* (*2*) e *iămbus* 'giambo'] s. m. • Metro della poesia greca e latina formato da due giambi.
†**digiogàre** [vc. dotta, adattamento del lat. *deiugāre*, comp. di *dē-* e *iugāre* 'porre il giogo'] v. tr. • Sciogliere dal giogo.
digitàle (1) [vc. dotta, lat. *digitāle*(*m*) 'relativo al dito (*dĭgitus*)'] agg. • Proprio di un dito o delle dita: *impronta d.*; *arterie digitali.*
digitàle (2) [dal lat. *digitālis*, per la forma a dito (lat. *dĭgitus*) del fiore] s. f. • Genere di piante erbacee delle Scrofulariacee, con fiori grandi e penduli simili a una campanula, riuniti in lunghe e fitte infiorescenze (*Digitalis*) | *D. purpurea*, con fiori rossi molto grandi e foglie pelose dalle quali si estraggono la digitalina e la digitossina (*Digitalis purpurea*) | *D. lanata*, dalle cui foglie si estrae la digossina (*Digitalis lanata*).
digitàle (3) [ingl. *digital* 'relativo al calcolo con elementi numerali (*digits*, propr. 'cifre, unità numeriche', dal lat. *dĭgitus* 'dito (che serve per numerare)')'] agg. **1** (*elab.*) Che prevede l'uso di segnali discreti per rappresentare dati in forma di numeri o di lettere alfabetiche | *Calcolatore, elaboratore elettronico d.*, capace di eseguire elaborazioni su dati rappresentati in forma digitale. **2** (*gener.*) Numerico | *Orologio d.*, quello a cristalli liquidi in cui l'indicazione dell'ora e delle sue frazioni è visualizzata con successivi scatti di cifre.
digitàlico [dall'ingl. *digitalic*, da *digital*(*is*) 'digitale' col suff. *-ic*] agg. (pl. m. *-ci*) • Relativo alla digitale | *Glicosidi digitalici*, glicosidi contenuti nella digitale, usati nella preparazione di farmaci per la terapia di affezioni cardiovascolari.
digitalìna [da *digitale* (*2*)] s. f. • (*bot.*) Miscela di sostanze estratte dalla digitale purpurea contenente i principi attivi e composti derivati.
digitalizzàre [da *digitale* (*3*)] v. tr. • (*elab.*) Nei sistemi per il trattamento automatico delle informazioni, convertire in forma digitale un segnale analogico continuo, per es. una tensione.
digitalizzatóre [da *digitalizzare*] s. m. • (*tecnol.*) Dispositivo che converte in forma digitale un segnale analogico.
digitalizzazióne s. f. • Atto, effetto del digitalizzare.
digitàre [vc. dotta, lat. *digitāre* 'indicare col dito', da *dĭgitus* 'dito'] v. tr. e intr. (aus. intr. *avere*) • (*mus.*) Diteggiare | (*org. az., elab.*) Scrivere caratteri o introdurre dati agendo con le dita sulla tastiera di una macchina per scrivere, una telescrivente, una calcolatrice, un elaboratore e sim.
digitàto [vc. dotta, lat. *digitātu*(*m*), da *dĭgitus* 'dito'] agg. • (*bot.*) Detto di organo vegetale disposto come le dita allargate di una mano: *infiorescenza, foglia digitata.*
digitatùra s. f. • (*mus.*) Digitazione.
digitazióne [da *digitare*] s. f. **1** (*anat.*) Prolungamento terminale di un organo, spec. di un muscolo, avente forma simile a quella delle dita di una mano. **2** (*mus.*) Diteggiatura | Maniera di applicare le dita alla tastiera, e complesso di segni grafici che la indicano.
digitifórme [comp. del lat. *dĭgitus* 'dito' e *-forme*] agg. • Detto di ciò che ha forma simile a un dito.
digitìgrado [vc. dotta, comp. del lat. *dĭgitus* 'dito' e di *-grado*] agg. • (*zool.*) Detto di animale che poggia sul suolo soltanto con le dita.
†**dìgito** [vc. dotta, lat. *dĭgitu*(*m*) 'dito' e 'misura di lunghezza pari a un *dito*', di etim. incerta] s. m. **1** (*astron.*) Un dodicesimo del disco di un astro, usato un tempo come unità di misura per la grandezza di un'eclisse. **2** V. *dito.*
digitoclasìa [vc. dotta, comp. del lat. *dĭgitus* 'dito' e *-clasia*] s. f. • (*chir.*) Tecnica operatoria che si basa sull'uso delle dita, anziché del bisturi.
digitossìna [comp. di *digit*(*ale*) (*2*) e (*t*)*ossina*] s. f. • Glucoside che si estrae dalle foglie della digitale purpurea e della digitale lanata, usato nella terapia delle malattie cardiache.
†**digiùgnere** • V. †*digiungere.*
digiunàre o †**deiunàre** [lat. eccl. *ieiunāre*, da *ieiūnum* 'digiuno'] v. intr. (aus. *avere*) **1** Astenersi completamente dal cibo o da determinati cibi, per un limitato periodo di tempo, intenzionalmente, come pratica religiosa o di protesta non violenta, o anche per necessità: *imporsi di d. per penitenza*; *i quattro deputati digiunano per protesta contro l'approvazione della legge*; *è costretto a d. per motivi di salute* | (*est.*) Mangiare meno di quanto si vorrebbe: *in questa casa ci fanno d.* **2** (*fig.*) Astenersi, privarsi di q.c. che sia necessaria o che si desideri.
digiunàto part. pass. di *digiunare*; anche agg. **1** Nei sign. del v. **2** (*raro*) Che si trascorre digiunando: *quaresima digiunata.*
digiunatóre [lat. eccl. *ieiunatōre*(*m*), da *ieiunātus* 'digiunato'] s. m.; anche agg. (f. *-trice*) • Chi, che digiuna, spec. a lungo.

†**digiùngere** o †**digiùgnere** [vc. dotta, lat. *deiŭngere*, comp. di *dē-* e *iŭngere* 'giungere, unire'] v. tr. ● (*raro*) Disgiungere.

digiùno (**1**) o †**deiùno** [da *digiunare*] s. m. (pl. *digiùni*; †*digiùna*, †*digiùne* f.) **1** Atto, effetto del digiunare: *osservare il d.*; *essere indebolito dai lunghi digiuni* | *A d.*, senza aver mangiato nulla | (*raro*) *D. naturale*, astinenza totale dal cibo | *Rompere il d.*, interrompere o concludere la totale o parziale astensione dal cibo. **2** (*fig.*) Privazione di q.c. che si desidera: *un lungo d. di informazioni* | (*fig.*, *lett.*) Brama, desiderio ardente: *send'io tornato a solver il d. / di veder lei che sola al mondo curo* (PETRARCA).

digiùno (**2**) [lat. *ieiūnu(m)*, legato al v. *ieientāre* 'fare la prima colazione', e come quello di origine pop. e di etim. incerta] **A** agg. **1** Che non ha preso cibo da tempo più o meno lungo: *essere d. da tre giorni*; *bere alcolici a stomaco d.* **2** (*fig.*) Privo: *essere d. di notizie* | *Essere d. di matematica*, non avere cognizioni matematiche | (*raro*, *lett.*) Desideroso, bramoso. **3** (*anat.*) *Intestino d.*, parte mediana dell'intestino tenue, tra duodeno e ileo. || †**digiunaménte**, avv. Scarsamente. **B** s. m. (*anat.*) ● Intestino digiuno. ➡ ILL. p. 365 ANATOMIA UMANA.

digiùno-ileo [comp. di *digiuno* (*2*) e *ileo*] s. m. ● (*anat.*) Parte mobile dell'intestino tenue.

diglossìa [fr. *diglossie*, dal gr. *díglōssos* 'bilingue', comp. di *di-* 'di- (2)' e *glóssa* 'lingua' (V. *glossa* (*1*))] s. f. **1** (*ling.*) Forma particolare di bilinguismo in cui una delle due lingue rappresenta la condizione sociale e politica inferiore | (*est.*) Bilinguismo. **2** Attitudine di un individuo a servirsi anche di una lingua diversa da quella materna.

diglòssico agg. (pl. m. *-ci*) ● (*ling.*) Relativo a diglossia.

†**dignàre** ● V. *degnare*.

†**dignazióne** ● V. *degnazione*.

dignificàre o †**degnificàre** [vc. dotta, formata dal lat. *dĭgnus* 'degno' e *-ficāre* (per *făcere*)] **A** v. tr. (*io dignìfico*, *tu dignìfichi*) ● (*raro*, *lett.*) Rendere, fare degno. **B** v. rifl. ● †Rendersi degno.

dignità o †**degnità**, †**dignitàde**, †**dignitàte** [vc. dotta, lat. *dignitāte(m)*, da *dĭgnus* 'degno'] s. f. **1** Stato o condizione di chi o di ciò che, per qualità intrinseche o per meriti acquisiti, è o si rende meritevole del massimo rispetto: *la d. della persona umana*; *la d. del nome*, *dell'abito talare*, *della famiglia*, *della nazione*; *gli uomini nascono uguali in d. e diritti*; *è necessario tutelare la d. del lavoro*. **2** Rispetto di sé stessi: *un uomo pieno di d.*; *non ha più un briciolo di d.*; *si è comportato con grande d.*; *cerchiamo di conservare la calma e la d.* **3** Aspetto maestoso e signorile, bellezza grave e severa: *la d. del suo viso incute soggezione*. **4** Ogni carica che comporta onori, preminenze, autorità: *d. cavalleresca*, *senatoriale*, *papale* | Privilegio: *privare qc. di una d.* | (*est.*) Condizione sociale elevata, posizione di prestigio: *la sua d. è in pericolo*. **5** (*spec. al pl.*) Persona investita di una carica autorevole: *le più alte d. militari*, *civili*, *religiose*.

dignitàrio [adatt. del fr. *dignitaire*, da *dignité* 'dignità'] s. m. ● Chi è investito di una dignità laica o ecclesiastica: *i dignitari di corte*; *gli alti dignitari della Chiesa*.

†**dignitàte** ● V. *dignità*.

dignitóso o †**degnitóso** [vc. dotta, lat. *dignitō-su(m)*, da *dĭgnus* 'degno'] agg. **1** Che è pieno di dignità: *uomo*, *contegno d.*; *opporre un d. rifiuto*; *ha pronunciato parole nobili e dignitose*. **2** Che è adeguato alla propria posizione e dignità, adatto all'occasione, alla situazione, alla circostanza e sim.: *abito semplice ma d.*; *mantenere un atteggiamento d.*; *rispondere con tono e modi dignitosi*. **3** †Meritevole. **4** †Prezioso, pregevole. || **dignitosaménte**, avv. In modo dignitoso, con dignità.

†**digno** ● V. *degno*.

†**digocciàre** [comp. di *di-* (*1*) e *gocciare*] v. tr. ● Stillare goccia a goccia.

†**digocciolàre** [comp. di *di-* (*1*) e *gocciolare*] **A** v. tr. ● Sgocciolare. **B** v. intr. ● Gocciolare.

digossìna [da *dig(it)ossina*] s. f. ● Glicoside estratto dalle foglie della digitale lanata, dotato di azione più rapida della digitossina.

†**digozzàre** [comp. di *di-* (*1*) e *gozzo*] **A** v. tr. ● Sgozzare. **B** v. rifl. ● Scoprirsi la gola.

digradaménto s. m. ● (*raro*) Digradazione.

†**digradànza** s. f. ● (*raro*) Sfumatura, spec. detto di colori.

digradàre [vc. dotta, lat. tardo *degradāre*, comp. di *dē-* e *grădus* 'passo'] **A** v. intr. (aus. *avere*, *essere*) **1** (*raro*, *lett.*) Scendere a poco a poco, da un grado superiore a uno inferiore | (*est.*) Abbassarsi gradatamente, essere in declivio: *la strada digradava a valle*; *verdi pendii che digradano verso la città*. **2** (*fig.*, *lett.*) Diminuire d'intensità, valore, importanza e sim.: *note che digradano verso toni più bassi*; *una passione che digrada* | Sfumare: *un arancione che digrada nel bianco*. **3** (*lett.*) Farsi sempre più piccolo: *nel cielo di perla*, *dritti*, *uguali / ... / digradano in fuggente ordine i pali* (PASCOLI). **B** v. tr. **1** †Degradare. **2** (*raro*) †Dividere in gradi.

digradazióne [vc. dotta, lat. tardo *degradatiō-ne(m)*, da *degradātus* 'digradato'] s. f. **1** Atto, effetto del digradare. **2** (*geogr.*) Degradazione.

digràmma [vc. dotta, comp. di *di-* (*2*) e del gr. *grámma* 'lettera'] s. m. (pl. *-mi*) ● (*ling.*) Successione di due lettere indicanti un suono unico (per es. *sc*, *gn*, *gl*).

digrassàre [comp. parasintetico di *grasso* con il pref. *di-* (*1*)] **A** v. tr. ● Privare del grasso: *d. il maiale macellato* | *D. il brodo*, schiumarlo | *D. un abito*, togliere le macchie d'unto. **B** v. intr. (aus. *essere*) ● (*raro*) Diventare meno grasso.

digrassatùra s. f. ● Atto, effetto del digrassare: *la d. delle carni*.

digredire o (*lett.*) †**dişgredire** [vc. dotta, lat. *dī-gredi*, comp. di *dis-* (*1*) e *grădi* 'avanzare', collocato sulla serie dei v. in *-ire*] v. intr. (*io digredìsco*, *tu digredìsci*; part. pass. *digredìto*, †*digrèsso*; aus. *avere*, †*essere*) **1** (*raro*) †Allontanarsi, deviare dal cammino intrapreso. **2** (*fig.*) Abbandonare temporaneamente l'assunto principale di un discorso per trattarne quasi incidentalmente una parte o per accennare a notizie diverse, a dati marginali o ad altri elementi di secondaria importanza ma che a quello si ricollegano: *d. dall'argomento fissato*; *Ma perché siam digressi assai* (DANTE *Par.* XXIX, 126).

digressióne o (*lett.*) **dişgressióne** [vc. dotta, lat. *digressiōne(m)*, da *digrĕssus* 'digresso'] s. f. **1** Deviazione dal proprio cammino: *fare*, *operare una d. sulla destra*; *grazie a una breve d. evitarono le paludi*. **2** Deviazione dall'argomento principale o dall'ordine di un discorso. SIN. Divagazione. **3** (*astron.*) Distanza angolare di un pianeta dal Sole: *d. massima*. || **digressioncèlla**, dim.

digressivo [vc. dotta, lat. *digressīvu(m)*, da *digrĕssus* 'digresso'] agg. ● Che costituisce una, che ha le caratteristiche di una digressione: *argomento d.* | Pieno di digressioni: *discorso d.* || **digressivaménte**, avv. (*raro*) In modo digressivo; (*raro*, *est.*) incidentalmente.

†**digrèsso** [vc. dotta, lat. *digrĕssu(m)*, part. pass. sost. di *dĭgredi* 'digredire'] s. m. ● Digressione.

digrignaménto s. m. ● Atto, effetto del digrignare i denti.

digrignàre o †**dişgrignàre** [dall'antico francone **grīnan* 'storcere la bocca'] v. tr. (*io digrìgno*) **1** Mostrare i denti facendoli stridere con ferocia, ringhiando e minacciando di mordere, detto dei cani (*anche ass.*): *d. i denti*; *il mastino digrignava* | (*est.*) Ritrarre le labbra scoprendo i denti in una smorfia feroce, detto dell'uomo (*anche ass.*): *d. i denti per il furore*; *d. per una contrazione nervosa*. **2** (*raro*, *fig.*) †Battere i denti, contrarsi per la fame o per il freddo (*anche ass.*).

digroppàre [comp. parasintetico di *groppo* con il pref. *di-* (*1*)] v. tr. (*io digróppo* o *digròppo*) ● (*raro*, *lett.*) Sciogliere un nodo (*spec. fig.*).

digrossaménto s. m. ● Atto, effetto del digrossare.

digrossàre [comp. parasintetico di *grosso* con il pref. *di-* (*1*)] **A** v. tr. (*io digròsso*) **1** Rendere meno grosso | (*est.*) Sbozzare una pietra, abbozzare una scultura e sim.: *d. un diamante*, *una statua*. **2** (*fig.*) Cominciare ad ammaestrare, a istruire qc., fornendogli i primi rudimenti di un'arte, di una scienza e sim.: *d. un fanciullo in grammatica*. **3** (*fig.*) Cominciare ad affinare, a ingentilire e sim.: *d. la lingua*; *il viaggio all'estero l'ha un po' digrossato*. **B** v. rifl. ● Farsi meno rozzo, ingentilirsi, raffinarsi, perfezionarsi.

digrossatóre s. m. (f. *-trice*) ● (*raro*) Chi digrossa.

digrossatùra s. f. ● (*raro*) Digrossamento.

†**digròsso** [da separare *di grosso*, come opposto a 'sottile' e quindi a 'preciso'] avv. ● (*lett.*) Solo nelle loc. avv. *in d.*, *al d.*, all'incirca: *in d.*, *si stimò che morissono in questo tempo più di quattro mila persone* (VILLANI) | Grandemente.

digrùma [da *digrumare*] s. f. ● (*raro*, *tosc.*) Voracità prodotta da facile digestione.

digrumàle s. m. ● (*pop.*) Rumine.

digrumàre [etim. incerta: lat. tardo *grūma* 'pelle, buccia', con sovrapp. del lat. tardo *rumigāre* 'ruminare'] v. tr. **1** (*raro*, *tosc.*) Ruminare | (*est.*, *scherz.*) Mangiare molto, divorare avidamente. **2** (*fig.*, *lett.*) Ripensare | Rimuginare.

digrumatóre s. m.; anche agg. (f. *-trice*, raro) ● (*raro*) Chi, che digruma.

†**diguastàre** [comp. di *di-* (*1*) e *guastare*] v. tr. ● Guastare, dissipare, devastare (*anche fig.*).

diguazzaménto s. m. ● Atto, effetto del diguazzare.

diguazzàre [comp. parasintetico di *guazzo* col pref. *di-* (*1*)] **A** v. tr. **1** (*raro*) Scuotere, agitare l'acqua o un altro liquido in un recipiente. **2** Agitare, dimenare (*anche fig.*). **B** v. intr. (aus. *avere*) ● Agitarsi nell'acqua o in un altro liquido: *i bambini diguazzavano allegramente nel fiume*.

†**diguazzàta** s. f. ● (*raro*) Sbattimento.

†**diguişàre** [fr. *déguiser* 'uscire (*dé-*) dalla propria maniera' (*guise*: V. *guisa*)] v. tr. ● Mascherare, travestire.

dik dik /dik 'dik/ [vc. ingl. di orig. africana] s. f. inv. ● Piccolissima antilope con minuscole corna, tipica dell'Africa tropicale (*Madoqua*).

Diktat /ted. dik'ta:t/ [vc. ted. (propr. 'dettato'), nata in riferimento all'articolo di un giornale francese del 1919, che parlava di *pace di giustizia dettata*] s. m. inv. (pl. ted. *Diktate*) **1** Trattato di pace imposto a condizioni sfavorevoli e senza possibilità di negoziati. **2** (*est.*, *fig.*) Ordine, condizione e sim. imposti ad altri in modo duro e perentorio: *subire un D.*

†**dilaccàrsi** [comp. di *di-* (*1*) e *lacca*] v. rifl. ● (*raro*, *lett.*) Lacerarsi, squarciarsi, dilaniarsi: *e con le man s'aperse il petto, / dicendo: 'Or vedi com'io mi dilacco!'* (DANTE *Inf.* XXVIII, 29-30).

dilaceraménto s. m. ● (*raro*) Dilacerazione.

dilaceràre [vc. dotta, lat. *dilacerāre*, comp. di *dis-* (*1*) e *lacerāre* 'lacerare'] v. tr. (*io dilàcero*) **1** (*lett.*) Lacerare con violenza | Sbranare, dilaniare. **2** (*lett.*, *fig.*) Affliggere, tormentare.

dilacerazióne [vc. dotta, lat. tardo *dilaceratiō-ne(m)*, da *dilacerātus* 'dilacerato'] s. f. ● Lacerazione.

dilagànte part. pres. di *dilagare*; anche agg. **1** Nei sign. del v. **2** Largamente diffuso: *criminalità*, *vizio d.*

dilagàre [comp. parasintetico di *lago*, con il pref. *di-* (*1*)] **A** v. intr. (*io dilàgo*, *tu dilàghi*; aus. *essere*) **1** Detto di acque, distendersi come un lago dopo aver superato argini, barriere, freni, e sim. (*anche fig.*): *il fiume dilagò per la campagna*; *i nemici dilagarono nella pianura*. **2** (*fig.*) Diffondersi largamente e senza possibilità di arresto: *il mal costume*, *la corruzione dilagano*; *il contagio è pericolosamente dilagato in tutto il paese*. **B** v. tr. ● †Allagare, inondare.

dilagàto part. pass. di *dilagare*; anche agg. **1** Nei sign. del v. **2** Nella loc. †*alla dilagata*, con furia scatenata e veemenza.

†**dilamàre** [comp. di *di-* (*1*) e *lama* (*2*)] **A** v. intr. ● Smottare. **B** v. intr. pron. ● Formare una palude.

†**dilamazióne** s. f. ● Smottamento.

†**dilanguìre** [comp. di *di-* (*1*) e *languire*] v. tr. ● Distogliere, risollevare dal languore o dalla malinconia.

dilaniàre [vc. dotta, lat. *dilaniāre*, comp. di *dis-* e *laniāre* 'fare a pezzi'] **A** v. tr. (*io dilànio*) **1** Fare a pezzi, smembrare: *la belva dilaniò la preda con gli artigli*; *inciampò in una bomba che lo dilaniò orrendamente* (SVEVO) | (*est.*) Strappare: *d. le vesti*, *i capelli*. SIN. Sbranare. **2** (*fig.*) Demolire con feroce accanimento: *d. con la maldicenza il buon nome di qc.*; *le calunnie dilaniano la sua reputazione*. **3** (*fig.*) Straziare, tormentare: *il rimorso dilania il suo cuore*; *era dilaniato dalla gelosia*. **B** v. rifl. ● (*lett.*) Straziarsi lacerando le proprie carni, strappandosi le vesti, i capelli e sim.

C v. rifl. rec. ● Ferirsi, straziarsi, tormentarsi l'un l'altro.

dilaniatóre s. m.; anche agg. (f. *-trice*) ● (*lett.*) Che, chi dilania.

dilapidaménto s. m. ● (*raro*) Dilapidazione.

dilapidàre [vc. dotta, lat. *dilapidāre*, originariamente 'gettar pietre (*lapidāre*) qua e là (*dis-*)'] v. tr. (*io dilàpido*) ● Sperperare le sostanze proprie o altrui: *d. il proprio patrimonio, i propri averi*. SIN. Dissipare, scialacquare.

dilapidatóre s. m.; anche agg. (f. *-trice*) ● Chi, che dilapida. SIN. Dissipatore, scialacquatore.

dilapidazióne [vc. dotta, lat. tardo *dilapidatiōne(m)*, da *dilapidātus* 'dilapidato'] s. f. ● Atto, effetto del dilapidare.

†**dilargaménto** s. m. ● Allargamento, dilatazione.

†**dilargàre** [comp. di *di-* (*1*) e *largare*] **A** v. tr. ● (*lett.*) Allargare, dilatare (*anche fig.*). **B** v. intr. pron. ● (*lett.*) Allargarsi, diffondersi, espandersi (*anche fig.*).

dilassàrsi [adatt. del fr. *se délasser*, nel sign. ant. di *las* 'stanco, lasso'] v. intr. pron. ● Stancarsi, affaticarsi.

†**dilassézza** [comp. di *di-* (*1*) e *lassezza*] s. f. ● Lassezza, debolezza.

†**dilàta** [da *dilatare* (*2*)] s. f. ● Proroga, dilazione.

dilatàbile [da *dilatare* (*1*)] agg. ● Che si può dilatare.

dilatabilità s. f. ● Qualità di ciò che è dilatabile: *d. delle sostanze gassose*.

dilataménto s. m. ● (*raro*) Dilatazione.

dilatànte part. pres. di *dilatare* (*1*); anche agg. *1* Nei sign. del v. *2* (*med.*) *Periodo d.*, tempo in cui, durante il parto, si effettua la preparazione del canale del parto.

†**dilatànza** s. f. ● (*raro*) †Dilatazione.

dilatàre (1) [vc. dotta, lat. *dilatāre* 'allargare allontanando', comp. parasintetico di *lātus* 'largo', col pref. *dis-* (*1*)] **A** v. tr. *1* Rendere più largo, aprire maggiormente: *d. una cavità, un'apertura, un passaggio*; *il cane dilatò le narici* | Spalancare: *d. la bocca per lo stupore*. *2* (*fis.*) Aumentare il volume di un corpo: *d. un gas*. *3* Ampliare, ingrandire, estendere (*anche fig.*): *le bevande gassate dilatano lo stomaco*; *ha dilatato il volume dei propri affari* | †*D. qc., q.c. nella fama*, renderlo più rinomato, più famoso. *4* (*raro, fig.*) Diffondere, divulgare: *d. notizie, chiacchiere*. **B** v. intr. pron. *1* Diventare più largo: *la piaga si è dilatata*; *col calore le vene si dilatano* | Diventare più ampio: *man mano che salivano il panorama si dilatava alla vista*. *2* Aumentare di volume. *3* (*fig.*) Estendersi: *la fama di questo fatto si dilatò per Perugia* (SACCHETTI) | (*raro*) Spargersi: *gli invasori si dilatarono nelle pianure*.

†**dilatàre** (2) [allargamento di senso di *dilatare* (*1*) 'estendere (nel tempo)'] v. tr. ● Differire, rimandare.

dilatatóre [vc. dotta, lat. tardo *dilatatōre(m)*, da *dilatāre* 'dilatare (1)'] **A** agg. (f. *-trice*) ● Che dilata, dilatante: *muscolo d. della pupilla*. **B** s. m. *1* (*med.*) Strumento atto a dilatare. *2* (*lett., fig.*) Chi dilata, propaga idee e sim.

dilatatòrio [da *dilatare* (*1*)] agg. ● Che serve a dilatare.

dilatazióne [vc. dotta, lat. tardo *dilatatiōne(m)*, da *dilatāre* 'dilatare (1)'] s. f. ● Atto, effetto del dilatare e del dilatarsi.

†**dilàto** [vc. dotta, lat. *dilātu(m)*, part. pass. di *differre* 'portare (*ferre*) da una parte all'altra (*dis-*)'] agg. ● (*raro*) Differito.

dilatometrìa [vc. dotta, comp. di *dilat(are)* (*1*) e *-metria*] s. f. ● (*fis.*) Complesso dei metodi di determinazione del coefficiente di dilatazione termica dei corpi.

dilatòmetro [vc. dotta, comp. di *dilat(are)* (*1*) e *-metro*] s. m. ● (*fis.*) Strumento di misura del coefficiente di dilatazione termica dei liquidi e dei solidi.

dilatòrio [vc. dotta, lat. tardo *dilatōriu(m)*, da *dilātus* 'dilato' (V.)] agg. ● Che tende a differire, a dilazionare.

dilavaménto s. m. ● Atto del dilavare | (*geogr.*) Azione delle acque che scorrono sul terreno asportandone alcuni componenti.

dilavàre [vc. dotta, lat. tardo *delavāre*, comp. di *lavāre* col pref. *dē-*] v. tr. *1* (*geogr.*) Sottoporre a dilavamento: *d. il terreno*. *2* (*raro, est.*) Sbiadire, per effetto dell'acqua: *d. un tessuto con i ripetuti lavaggi*.

dilavàto part. pass. di *dilavare*; anche agg. *1* Nei sign. del v. *2* Smorto: *viso d.* | (*fig.*) *Discorso d.*, senza significato, scipito.

†**dilavazióne** [vc. dotta, lat. tardo *delavatiōne(m)*, da *delavātus* 'dilavato'] s. f. ● Dilavamento.

dilazionàbile agg. ● Che si può dilazionare.

dilazionàre [da *dilazione*] v. tr. (*io dilazióno*) ● (*bur.*) Rimandare, spostare nel tempo: *d. un pagamento* | Differire, procrastinare: *d. una decisione*.

dilazionatòrio agg. ● Che tende a dilazionare: *operazione dilazionatoria*.

dilazióne [vc. dotta, lat. *dilatiōne(m)*, da *dilātus* 'dilato'] s. f. *1* Atto, effetto del dilazionare: *chiedere, concedere una d.*; *ottenere una d. per il pagamento di un debito* | *Senza d.*, subito, senza proroghe o ritardi | Tempo, durata della dilazione: *esaurire la d.* | †*In d. di tempo*, col passare del tempo. *2* (*ling.*) Modificazione del timbro di un suono dovuta all'anticipazione di un altro suono non contiguo. || **dilazioncèlla**, dim. | **dilazioncina**, dim.

†**dilefiàre** [etim. incerta] v. intr. (dif. usato solo all'inf.) ● (*pop., tosc., scherz.*) Crepare, spec. in imprecazioni: *che tu possa d.!*

dileggiàbile agg. ● (*lett.*) Degno di dileggio.

dileggiaménto s. m. ● (*raro*) Atto, effetto del dileggiare.

dileggiàre [etim. incerta] v. tr. (*io diléggio*) ● Prendersi gioco di q.c. o di qc. con atti o parole beffarde, sprezzanti, oltraggiose: *d. la religione, le cose sacre*; *una folla urlante lo dileggiava*. SIN. Beffare, deridere.

†**dileggiatézza** s. f. ● (*raro*) Scostumatezza, sfacciataggine oltraggiosa.

dileggiàto (1) part. pass. di *dileggiare*; anche agg. ● Nei sign. del v.

†**dileggiàto** (2) [comp. di *di-* (*1*) e un deriv. di *legge*] agg. ● Sfrenato, scatenato.

dileggiatóre [da *dileggiare*] s. m.; anche agg. (f. *-trice*) ● Chi, che dileggia.

†**dileggìno** s. m. *1* Dileggiatore. *2* Finto innamorato.

diléggio [da *dileggiare*] s. m. ● Atto del dileggiare | Derisione sprezzante, scherno oltraggioso: *subire il d.*; *esporsi al d.*

†**dilégine** [etim. incerta] agg. ● Debole, fiacco, floscio.

†**dilegióne** ● V. *derisione*.

dileguaménto s. m. ● (*raro, lett.*) Atto, effetto del dileguare e del dileguarsi.

dileguàre [lat. *deliquāre* 'liquefare del tutto', comp. di *dē-* e *liquāre* 'liquefare'] **A** v. tr. (*io dilé-guo*) ● Far scomparire, disperdere: *il sole dilegua la neve*; *il vento dileguò le nubi*. **B** v. intr. e intr. pron. (aus. *essere*) *1* Svanire, scomparire (*spec. fig.*): *la nebbia dileguò dalla valle*; *le tenebre si dileguano*; *quando l'uomo concepisce amore tutto il mondo si dilegua dagli occhi suoi* (LEOPARDI). *2* Disperdersi, allontanarsi: *i nemici si dileguarono nella notte*.

diléguo [da *dileguare*] s. m. *1* (*lett.*) Scomparsa, rovina, spec. nelle loc.: *andare, mandare, in d.* *2* (*ling.*) Caduta, scomparsa di un suono.

dilèmma [vc. dotta, lat. tardo *dilēmma*, dal gr. *dílēmma*, comp. di *di-* 'doppio' e *lêmma* 'assunto'] s. m. (pl. *-i*) *1* (*filos.*) Ragionamento ipotetico disgiuntivo tendente a dimostrare che i due membri di un'alternativa conducono alla stessa conclusione. *2* (*est.*) Difficile scelta fra due possibilità: *si trovava di fronte a un vero d.* *3* (*fig.*) Problema di difficile soluzione: *questo esercizio di matematica è un vero d.*

dilemmàtico agg. (pl. m. *-ci*) ● (*filos.*) Che concerne o interessa il dilemma | (*est.*) Che presenta un dilemma: *dibattito d.* || **dilemmaticaménte**, avv. (*raro*) In modo dilemmatico.

†**dilenquìre** [var. dissimilata di *delinquire*] **A** v. tr. ● (*raro*) Mandare in rovina. **B** v. intr. ● (*raro*) Venir meno al proprio dovere.

†**dileticàre** o †**diliticàre** [etim. discussa: lat. *titillicāre*, iter. di *titillāre* (?)] v. tr. ● Solleticare, vellicare, titillare (*anche fig.*).

†**dilètico** s. m. ● Solletico.

†**dilettàbile** o †**delettàbile** [lat. *delectābile(m)*, da *delectāre* 'dilettare'] agg. ● Dilettevole.

†**dilettabilità** o †**delettabilità**, †**dilettabilitàde**, †**dilettabilitàte** s. f. ● (*raro*) Qualità di ciò che è dilettabile.

†**dilettaménto** o †**delettaménto** [lat. *delectamēntu(m)*, da *delectāre* 'dilettare'] s. m. *1* Atto, effetto del dilettare. *2* Godimento dei sensi o dello spirito.

dilettànte [part. pres. di *dilettare*] agg.; anche s. m. e f. *1* Che, chi coltiva un'arte, una scienza o si dedica a un'attività sportiva non per lucro ma per diletto o per pura passione agonistica: *chimico, ciclista d.*; *d. di musica, di pittura*; *compagnia teatrale di dilettanti*; *corsa per dilettanti*. *2* (*est.*) Che, chi manca di esperienza, perizia, e sim.: *filologo, lessicografo d.*; *al tuo confronto è solo un d.* | (*spreg.*) Che, chi si occupa di q.c. con grande faciloneria, in modo superficiale e senza un'adeguata preparazione: *critico d.*; *fare il poliziotto d.*; *in politica è un d.*

dilettantésco agg. (pl. m. *-schi*) ● (*spreg.*) Dilettantistico: *regia dilettantesca*. || **dilettantescaménte**, avv. (*spreg.*) Da dilettante.

dilettantìşmo [fr. *dilettantisme*, dall'italianismo *dilettante*] s. m. *1* Pratica dell'attività sportiva da dilettante. *2* Atteggiamento o comportamento da dilettante (*anche spreg.*).

dilettantìstico agg. (pl. m. *-ci*) *1* Praticato da dilettanti: *sport dilettantistici*. *2* Da dilettante: *preparazione, cultura dilettantistica*.

†**dilettànza** o †**delettànza**. s. f. ● Diletto, piacere.

dilettàre o †**delettàre** [lat. *delectāre*, originariamente 'attirare (*lactāre*, intens. di *lăcere*, di etim. incerta) completamente (*dē-*)', 'sedurre'] **A** v. tr. (*io dilètto*) *1* Dare piacere, diletto, divertimento e sim. (*anche ass.*): *d. i sensi, lo spirito*; *una visione che diletta gli occhi*; *dilettarono l'uditorio con musiche e canti*; *è sol virtù quel che diletta e giova* (METASTASIO). SIN. Divertire. *2* †Amare, prediligere. **B** v. intr. (aus. *essere*) ● †Piacere, essere gradito. **C** v. intr. pron. *1* Provare piacere, diletto e sim., divertirsi: *si diletta a leggere storie avventurose*; *si dilettano con strani passatempi*. *2* Svolgere un'attività solo per trarne svago, piacere e sim.: *dilettarsi di pittura*.

†**dilettatóre** s. m.; anche agg. (f. *-trice*) ● Chi, che diletta.

dilettazióne o †**delettazióne** [lat. *delectatiōne(m)*, da *delectātus* 'dilettato'] s. f. *1* (*raro, lett.*) Atto, effetto del dilettare e del dilettarsi. *2* (*lett.*) Diletto, piacere: *d. estetica*; *d. dello spirito, dei sensi*; *l'arte non è da scambiare con la mera d. sensuale* (CROCE) | Divertimento.

dilettévole o †**delettévole**, †**dilettévile** **A** agg. ● Che diletta, che è atto a procurare diletto, piacere e soddisfazione: *libro, lettura d.*; *amicizie, occupazioni dilettevoli*. SIN. Piacevole. || **dilettevolménte**, avv. In modo dilettevole: *passare dilettevolmente una serata*. **B** s. m. solo sing. ● Ciò che procura piacere, diletto: *ricercare il d.* | *Unire l'utile al d.*, fare q.c. di utile, vantaggioso e, al tempo stesso, piacevole.

†**dilettìvo** agg. ● (*raro*) Amorevole.

dilètto (1) o †**delètto** part. pass. di *diligere*; anche agg. *1* Nei sign. del v. *2* Che è particolarmente caro e teneramente amato: *amico d.*; *i nostri figli diletti*; *sposa diletta*. || **dilettaménte**, avv. (*lett.*) Con tenerezza, con affetto.

dilètto (2) [vc. dotta, lat. *dilēctu(m)*, s. del part. pass. di *dilīgere* 'diligere'] s. m. (f. *-a*) ● (*lett.*) Persona amata: *le prese il capo tra le braccia ... dicendo che ... era la sua diletta* (VERGA).

dilètto (3) o †**delètto** [da *dilettare*] s. m. *1* Sensazione o emozione gradevole, derivante dal soddisfacimento di una tendenza, di una necessità, di un desiderio e sim.: *d. materiale, spirituale*; *procurare d. al corpo, all'animo*; *provare d. nella musica, nella pittura*; *trarre d. dallo studio, dall'amore di d. di qc.*; *prendere d. di qc., di q.c.* | (*lett.*) *Prendere in, a d. qc.*, amarlo. SIN. Godimento, piacere. *2* Divertimento, distrazione, svago: *leggere, scrivere, viaggiare per d.*; *praticare uno sport per d.* | (*raro, lett.*) *Andare, passeggiare, viaggiare a d.*, per divertirsi, svagarsi | *A bel d.*, apposta | †*Fare della necessità d.*, adattarsi di buon grado a q.c. di spiacevole ma necessario. *3* (*lett.*) Cosa che appaga i sensi: *i molti diletti del mondo*; *un* *luogo pieno d'ogni d.* | Attività, occupazione e sim. che solleva e rallegra lo spirito: *la lettura è il suo unico d.*

dilettóso o †**delettóso** [da *diletto* (3)] **agg.** **1** (*lett.*) Che dà diletto: *perché non sali il d. monte / ch'è principio e cagion di tutta gioia?* (DANTE *Inf.* I, 77-78). **2** †Diletto, amato. || **dilettosaménte**, **avv.**

dilezióne o †**delezióne** [vc. dotta, lat. crist. *dilectiōne(m)*, da *dilēctus* 'diletto (1)'] **s. f.** ● (*lett.*) Affetto per una persona della quale si apprezzano i meriti | (*lett.*) Amore costante per Dio e il prossimo.

†**dilezióso** ● V. *delizioso.*

†**diliberaménto** ● V. *deliberamento* (*1*) e †*deliberamento* (*2*).

†**diliberàre** ● V. *deliberare* (*1*) e †*deliberare* (*2*).

†**diliberativa** ● V. *deliberativa.*

†**diliberativo** ● V. *deliberativo.*

†**diliberàto** ● V. *deliberato.*

†**diliberazióne** ● V. *deliberazione* (*1*) e †*deliberazione* (*2*).

†**dilibero** o †**dilivero** [comp. di *di-* (*1*) e *libero*] **agg.** **1** Libero. **2** (*raro*) Liberale.

†**dilibràre** e *deriv.* ● V. *deliberare* (*1*), †*deliberare* (*2*) e *deriv.*

†**dilibràrsi** [comp. di *di-* (*1*) e *librare* 'equilibrare'] **v. intr. pron.** ● Tracollare, detto della bilancia.

†**dilicàto** e *deriv.* ● V. *delicato* e *deriv.*

diligènte [vc. dotta, lat. *diligĕnte(m)*, part. pres. di *dilĭgere* 'diligere'] **A agg.** **1** Che agisce od opera con cura assidua e scrupolosa: *professionista, impiegato, scolaro d.* | *Farsi parte d.*, prendersi a cuore q.c. assumendosene la cura o l'organizzazione | (*spreg.*) Che pone grande attenzione in ciò che fa, limitandosi però a eseguire passivamente gli ordini ricevuti o attenendosi a norme già fissate, senza dare alcun contributo personale e originale alla propria opera: *un d. versificatore*; *è solo un d. imitatore dei classici.* **SIN.** Attento, scrupoloso. **CONTR.** Negligente. **2** Che è fatto con scrupolosa attenzione e accuratezza: *un lavoro d.*; *una d. ricerca.* **SIN.** Accurato, preciso. || **diligenteménte**, **avv.** Con diligenza. **B avv.** ● †Diligentemente.

diligènza (**1**) [vc. dotta, lat. *diligĕntia(m)*, da *dĭligens*, genit. *diligĕntis*, 'diligente'] **s. f.** **1** Qualità di chi, di ciò che è diligente: *lavorare, studiare con d.*; *è abituato a porre la massima d. in ciò che fa* | (*lett.*) Sollecitudine | *Fare d.*, affrettarsi | †*In d.*, sollecitamente. **SIN.** Precisione, scrupolosità. **CONTR.** Negligenza. **2** (*dir.*) Cura con cui il soggetto passivo dell'obbligazione deve svolgere la specifica attività alla quale è obbligato: *d. del prestatore di lavoro.*

diligènza (**2**) [fr. *diligence*, in origine *carrosse de diligence* 'vettura di fretta', secondo un ant. sign. assunto da *diligence* 'cura sollecita, solerzia'] **s. f.** ● Grande carrozza a più cavalli, che un tempo faceva regolare servizio di trasporto tra un luogo e un altro. ➡ **ILL. carro e carrozza.**

diligenzàio [da *diligenza* (*2*)] **s. m.** ● (*raro, scherz.*) Conduttore di diligenza.

diligere [vc. dotta, lat. *dilĭgere*, comp. di *dis-* (*1*) e *lĕgere* 'scegliere', in opposizione a *neglĕgere*] **v. tr.** (**pres.** *io dilìgo, tu dilìgi*; **pass. rem.** *io dilèssi, tu diligésti*; **part. pass.** *dilètto*) ● (*lett.*) Avere particolarmente caro, prediligere.

†**diligióne** ● V. *derisione.*

†**dilimàre** [vc. dotta, lat. **delimāre*, originariamente 'portar via (*dē-*) con la lima (*līma*)'] **A v. intr.** ● (*lett.*) Scendere, scorrere in basso, spec. di corso d'acqua. **B v. intr. pron.** ● (*lett.*) Derivare, discendere | Dilagare.

diliscàre [comp. parasintetico di *lisca*, con il pref. *di-* (*1*)] **v. tr.** (*io dilìsco, tu dilìschi*) ● Levare le lische, pulire dalle lische: *d. un pesce*; *d. la canapa.*

†**diliticàre** ● V. †*dileticare.*

†**diliveraménto** ● V. †*deliberamento* (*2*).

†**diliveràre** ● V. *deliberare* (*1*) e †*deliberare* (*2*).

†**diliverazióne** ● V. †*deliberazione* (*2*).

†**dilivero** ● V. †*dilibero.*

†**dilivràre** ● V. †*deliberare* (*2*).

†**dilizia** e *deriv.* ● V. *delizia* (*1*) e *deriv.*

†**diloggiàre** e *deriv.* ● V. †*disloggiare* e *deriv.*

dilogia [vc. dotta, lat. tardo *dilogĭa(m)*, dal gr. *dilogía* 'discorso (*lógos*) doppio (*dís*)'] **s. f.** (pl. *-gie*) **1** (*raro*) Detto ambiguo | Duplice significato | Discorso ambiguo, di doppio senso. **2** (*raro*) Ripetizione di una o più parole per maggiore espressività.

dilollàre [da *lolla*, con il pref. *di-* (*1*)] **v. tr.** (*io dilòllo* o *dilóllo*) ● Separare il grano o sim. dalla lolla.

dilombàrsi [comp. parasintetico di *lombo*, con il pref. *di-* (*1*)] **v. intr. pron.** (*io mi dilómbo*) ● (*raro*) Sfiancarsi, sforzando e affaticando i muscoli lombari: *d. per il troppo lavoro.*

dilombàto **part. pass.** di *dilombarsi*; anche **agg.** **1** Nei sign. del v. **2** (*est.*) Fiacco. **3** (*veter.*) Di cavallo che, per distrazione dei legamenti o dei muscoli lombari, presenta, quando è in marcia, oscillazione del treno posteriore, andatura incerta e pericolo di caduta.

dilombatùra **s. f.** ● (*veter.*) Distrazione dei muscoli lombari in seguito a sforzi eccessivi.

†**dilongàre** ● V. *dilungare.*

†**dilontanàre** [comp. di *di-* (*1*) e *lontano*] **v. tr.** e **intr. pron.** ● Allontanare, allontanarsi.

dilucidàre ● V. *delucidare* (*1*).

†**dilucidatòrio** [da *dilucidare*] **s. m.** ● Scritto che serve a chiarire, a spiegare.

dilucidazióne ● V. *delucidazione* (*1*).

dilùcolo o †**dilùculo** [vc. dotta, lat. *dilūculu(m)*, da *dilucēre*, comp. di *dis-* e *lucēre* 'brillare, splendere'] **s. m.** ● (*lett.*) Primo albeggiare, albore del giorno.

diluènte **A** **part. pres.** di *diluire*; anche **agg.** ● Nei sign. del v. **B s. m.** ● Sostanza inerte, gassosa, liquida o solida che si aggiunge a un'altra per aumentarne il volume o la dispersione o diminuirne la concentrazione.

diluire [vc. dotta, lat. *dilŭere*, comp. di *dis-* e *lŭere*, tratto da *lăvere*, forma parallela di *lavāre*] **v. tr.** (*io diluìsco, tu diluìsci*; **part. pass.** *diluìto*, †*dilùto*) **1** Sciogliere in un liquido una sostanza solida: *d. una compressa nell'acqua.* **2** Rendere meno concentrata una soluzione aggiungendovi un solvente: *d. una vernice* | (*est.*) Rendere meno densa una sostanza con l'aggiunta di un liquido: *d. l'inchiostro con acqua.* **3** (*fig.*) Esprimere q.c. con eccessiva abbondanza di parole: *d. un pensiero, un concetto.*

diluizióne o (*raro*) **diluzióne**. **s. f.** ● Atto, effetto del diluire | Sostanza diluita.

†**dilungaménto** o †**delongaménto**. **s. m.** ● Atto, effetto del dilungare e del dilungarsi.

dilungàre o †**delongàre**, (*raro*) †**dilongàre** [comp. parasintetico di *lungo*, col pref. *di-* (*1*)] **A v. tr.** (*io dilùngo, tu dilùnghi*) **1** †Allungare, distendere. **2** (*lett.*) Allontanare, rimuovere: *e da festoni della sacra soglia / dilungate i profani* (FOSCOLO). **3** (*lett.*) †Differire: *ma poi che vidon che più d. / non si potea 'l partire* (BOCCACCIO). **B v. intr. pron.** **1** Diventare più lungo. **2** (*lett.*) Allontanarsi, discostarsi. **3** (*fig.*) Soffermarsi troppo a lungo su un argomento o un discorso: *dilungarsi in noiose spiegazioni.* **SIN.** Diffondersi. **4** Nelle corse al trotto e al galoppo, distaccare di parecchie lunghezze gli altri cavalli in gara.

†**dilungazióne** o †**delongazióne**. **s. f.** ● (*raro*) Allontanamento.

dilùngi [comp. di *di* e *lungi*] **A avv.** ● (*raro, lett.*) Lontano | Da lontano. **B** nelle **loc. prep.** *d. da*, †*d. di* ● (*lett.*) Lontano: *parte di loro al d. dell'oste si misono in guato una notte* (VILLANI).

dilùngo o (*raro*) †**di lùngo** nel sign. B [comp. di *di* e *lungo*] **A avv.** ● (*raro*) Nella loc. avv. *a d.*, di continuo | †Dritto, difilato | A distesa, detto di campane: *suonare a d.* **B agg.** ● †Lontano.

†**dilùso** ● V. *deluso.*

†**dilustràre** [comp. parasintetico di *lustro* (*2*), con il pref. *di-* (*1*)] **v. tr.** ● Levare il lustro ai panni.

diluviàle (**1**) [vc. dotta, lat. tardo *diluviāle(m)*, da *dilŭvium* 'diluvio (1)'] **agg.** **1** Del, relativo al, diluvio universale. **2** (*est.*) Torrenziale: *pioggia d.*; *acquazzone d.* | *Autunno d., stagione d.*, eccessivamente piovosi.

diluviàle (**2**) [dall'ingl. *diluvial*] **agg.** ● (*geol.*) Relativo al diluvium.

diluviàre [vc. dotta, lat. *diluviāre*, da *dilŭvium* 'diluvio (1)'] **A v. intr.** (**impers.** *dilùvia*; anche **pers.**; aus. *essere* o *avere*) **1** Piovere dirottamente: *diluviava senza interruzione da dieci ore.* **2** (*fig.*) Venire giù in abbondanza, come un diluvio d'acqua: *le sassate diluviavano*; *gli insulti diluviano su di lui.* **B v. tr.** **1** (*raro*) †Inondare. **2** (*lett.*) Trangugiare, mangiare o bere voracemente.

diluviatóre [da *diluviare* nel sign. B2] **s. m.**; anche **agg.** (f. *-trice*) ● (*raro*) Chi, che mangia molto, voracemente e con ingordigia.

dilùvio (**1**) [vc. dotta, lat. *dilŭviu(m)*, da *dilŭere*, comp. di *dis-* e *luĕre* (V. *diluire*)] **s. m.** **1** Pioggia dirotta e molto abbondante: *piove a d.*; *non ho il coraggio di uscire con questo d.* | Inondazione prodotta da piogge eccessive | *D. universale*, quello descritto nell'Antico Testamento e nella mitologia di molti popoli, anche primitivi. **2** (*fig.*) Grande quantità: *d. di parole, di ingiustizie, di spropositi.* **3** (*lett., fig.*) Invasione.

dilùvio (**2**) [etim. discussa: da *diluvio* (*1*), in senso fig. (?)] **s. m.** ● Grande rete usata per catturare di notte uccelli addormentati su alberi, cespugli e sim.

diluvióne [da *diluviare*] **s. m.** (f. *-a*) ● (*raro*) Diluviatore.

†**diluvióso** [da *diluvio* (*1*)] **agg.** **1** Scrosciante, torrenziale, detto di pioggia | Estremamente piovoso. **2** (*lett.*) Che porta pioggia, tempesta e sim. || †**diluviosaménte**, **avv.** A diluvio.

diluvium /*lat.* di'luvjum/ [vc. dotta, lat. *dilŭvium* 'inondazione'] **s. m. inv.** ● (*geol., raro*) L'insieme dei depositi continentali del Pleistocene | Il periodo del Pleistocene.

diluzióne ● V. *diluizione.*

dima (**1**) [milan. *dima*, dal gr. *dêigma* 'mostra, campione' da *deiknýnai* 'indicare' (di origine indeur.)] **s. f.** ● (*tecnol.*) Pezzo campione che, sovrapposto a pezzi semilavorati, ne consente il controllo o la produzione in serie: *d. per foratura* | Sagoma in cartone o lamierino sulla quale sono posizionati fori, collegamenti e sim. che devono essere predisposti prima del montaggio di un apparecchio: *la d. di una caldaia murale.*

†**dima** (**2**) ● V. †*edima.*

dimacchiàre [comp. parasintetico di *macchia* (*2*), con il pref. *di-* (*1*)] **v. tr.** (*io dimàcchio*) ● Diboscare.

†**dimacràre** ● V. *dimagrare.*

dimafonista **s. m.** e **f.** (**pl. m.** *-i*) ● Tecnico che, per mezzo di un dimafono, effettua registrazioni dall'apparecchio telefonico, provvedendo poi alla loro trascrizione.

dimàfono [comp. con *-fono*; non chiara la prima parte del comp.] **s. m.** ● Apparecchio che, collegato a un telefono, consente la registrazione delle conversazioni su appositi dischi, e il loro successivo ascolto.

dimagraménto **s. m.** ● Atto, effetto del dimagrare | *D. di un terreno*, perdita di parte degli elementi nutritivi, impoverimento.

dimagrànte **part. pres.** di *dimagrare*; anche **agg.** **1** Nei sign. del v. **2** Detto di farmaco che, attraverso un aumento del metabolismo basale, promuove il consumo delle riserve grassose accumulate e arresta la deposizione del grasso.

dimagràre o †**dimacràre** [comp. parasintetico di *magro*, col pref. *di-* (*1*)] **A v. tr.** **1** Rendere magro: *le astinenze lo hanno molto dimagrato* | Rendere sterile: *d. un terreno.* **CONTR.** Ingrassare. **2** (*raro, fig.*) Ridurre in povertà: *d. qc. del suo denaro, dei suoi beni.* **B v. intr.** (aus. *essere*) **1** Dimagrire: *d. per il digiuno*; *è dimagrato molto in seguito alla malattia* | (*fig.*) *D. a vista d'occhio*, diventare sempre più magro in breve periodo di tempo | (*fig.*) *D. come un chiodo*, diventare magrissimo. **CONTR.** Ingrassare. **2** (*fig., lett.*) Diminuire, impoverirsi: *... questa Italia / vedova trista, ch'ognor più dimagra* (CARDUCCI). **3** (*raro, lett.*) Diminuire di livello, detto di corsi d'acqua. **4** (*raro*) †Diventare sterile, detto di terreno. **C v. intr. pron.** **1** (*lett.*) Diventare magro. **2** (*fig., lett.*) Impoverirsi. **3** (*poet., fig.*) Spopolarsi.

†**dimagrazióne** **s. f.** ● Dimagramento.

dimagriménto **s. m.** ● Atto, effetto del dimagrire.

dimagrire [comp. parasintetico di *magro*, col pref. *di-* (*1*)] **v. intr.** (*io dimagrìsco, tu dimagrìsci*; aus. *essere*) ● Diventare magro, calare di peso: *per d. segue una dieta severissima.* **CONTR.** Ingrassare.

†**dimànda** ● V. *domanda.*

†**dimandagióne** ● V. †*domandagione.*

†**dimandaménto** • V. †*domandamento*.
†**dimandàre** • V. *domandare*.
†**dimandatóre** • V. *domandatore*.
†**dimàndita** o †**domàndita** [da *dimandare* sul tipo di altri deverbali astratti, come *nascita, perdita, vendita*] s. f. • (*lett.*) Domanda.
†**dimàndito** s. m. • (*raro, lett.*) Domanda.
†**dimàndo** o (*raro*) †**domàndo** [da *dimandare*] s. m. *1* Domanda, preghiera: *s'appaghi intanto il primo / tuo d.* (MONTI). *2* Desiderio, esigenza: *oltre 'l d. di nostra natura* (DANTE).
dimàne A avv. • V. *domani* nel sign. A. B s. f. inv. *1* (*lett.*) Il giorno seguente a quello del quale si parla: *doveva conoscere le firme dei sottoscritti la sera della d.* (SVEVO). *2* (*poet.*) Mattino: *al re s'apprestarno una d.* (BOIARDO); *Quando fui desto innanzi la d.* (DANTE *Inf.* XXXIII, 37). *3* (*raro, lett.*) Il futuro: *la dubbia d. non t'impaura* (MONTALE).
dimàni • V. *domani*.
†**dimattina** • V. *domattina*.
dimazzàre [comp. di *di-* (*1*) e un deriv. di *mazza*] v. tr. • Ottenere pietrisco mediante frantumazione manuale della pietra con il martello.
dimazzatóre s. m. • Chi dimazza pietrame.
dimazzatùra s. f. • Operazione del dimazzare.
†**dimembràre** o (*raro*) †**demembràre** [comp. parasintetico di *membra*, con il pref. *di-* (*1*)] v. tr. *1* Smembrare. *2* (*fig.*) Alterare, sovvertire. *3* (*raro*) Suddividere, spartire.
dimenaménto s. m. • Atto, effetto del dimenare e del dimenarsi.
dimenàre [comp. di *di-* (*1*) e *menare*] A v. tr. (*io diméno*) *1* Agitare in qua e in là, riferito spec. a parti del corpo: *d. le braccia, le gambe*; *il cane dimenava la coda* | (*raro*) *D. le ganasce*, mangiare con avidità | (*fig.*) *D. un problema*, discuterlo con impegno e accanimento. *2* †Tentennare (*anche fig.*). B v. rifl. *1* Agitarsi, dibattersi, contorcersi: *dimenarsi nel letto senza riuscire a dormire*; *dimenarsi come un ossesso*. *2* (*fig.*) Adoperarsi per fare o per dire q.c., darsi d'attorno: *non dimenarti tanto per questa faccenda*.
†**dimenazióne** s. f. • Dimenamento.
dimenìo s. m. • Dimenamento continuo, prolungato.
dimensionàle agg. • (*fis., mat.*) Delle, relativo alle dimensioni.
dimensionaménto s. m. • Atto, effetto del dimensionare.
dimensionàre [da *dimensione*] v. tr. (*io dimensióno*) • Stabilire le dimensioni di q.c.: *d. un edificio* | (*fig.*) Stabilire l'esatto valore di q.c. o qc., ridurre q.c. o qc. nei suoi giusti limiti: *un periodo storico che va dimensionato*.
dimensionàto [da *dimensione*] part. pass. di *dimensionare*; anche agg. *1* Nei sign. del v. *2* (*lett.*) Fornito di dimensioni, concreto, misurabile.
dimensióne [vc. dotta, lat. *dimensiōne(m)*, da *dimēnsus*, part. pass. di *dimetīri* 'misurare (*metīri*) da ogni parte (*dis-*)'] s. f. *1* (*mat.*) Numero dei parametri dai quali dipende la determinazione di un elemento dell'insieme | (*fis.*) Espressione contenente le unità di misura delle grandezze fondamentali che costituiscono la grandezza in esame. *2* Correntemente, estensione di un corpo quanto a larghezza, altezza, lunghezza: *i solidi hanno tre dimensioni* | *La quarta d.*, il tempo. *3* Misura, grandezza, valore (*anche fig.*): *un impianto di ampie dimensioni*; *prospettive di lavoro di notevole d.* *4* (*fig.*) Caratteristica reale, valore intrinseco: *la d. politica di un discorso*; *il fatto va ricondotto alle sue reali dimensioni*.
†**dimentàre** • V. †*dementare*.
dimenticàbile [ricavato da (*in*)*dimenticabile*] agg. • Che si può dimenticare: *data facilmente d.*
dimenticàggine s. f. • (*raro*) Dimenticanza abituale.
†**dimenticagióne** s. f. • Dimenticanza.
†**dimenticaménto** o (*raro*) †**dismenticaménto**. s. m. • Dimenticanza.
dimenticànza o (*dial.*) †**dismenticànza**. s. f. *1* Atto, effetto del dimenticare e del dimenticarsi | *Andare, cadere in d.*, essere dimenticato | (*raro*) *Mandare, porre in d.*, far dimenticare. *2* Mancanza di memoria, distrazione: *uno sbaglio commesso per d.*; *perdere il treno per pura d.* | Negligenza, trascuratezza, errore: *una grave d.*; *una d. imperdonabile*.
dimenticàre o (*dial.*) †**dismenticàre**, †**sdimenticàre** [lat. tardo *dementicāre*, da *demēnticus* 'dimentico'] A v. tr. (*io diméntico, tu diméntichi*) *1* Perdere la memoria delle cose, togliersi di mente q.c. o qc.: *d. facilmente i nomi, la fisionomia delle persone*; *cerca di non d. quanto ti ho detto*; *lo hanno già dimenticato*; *devi d. questa brutta esperienza*; *dimenticarsi una notizia, una data, un appuntamento*. CONTR. Ricordare. *2* (*est.*) Trascurare, lasciare in abbandono: *d. i propri doveri di padre*; *non dimentica gli amici che hanno bisogno di lui*; *è stato dimenticato da tutti*. CONTR. Ricordare. *3* Considerare con indulgenza e cancellare dalla propria mente (*anche ass.*): *d. le offese*; *per questa volta dimenticheremo*. *4* Lasciare un oggetto in un luogo, per distrazione e sim.: *d. i libri a scuola*; *ho dimenticato la valigia in macchina, sul treno* | *D. la borsa, i guanti, gli occhiali e sim.*, non prenderli con sé. B v. intr. pron. • Non ricordarsi: *mi sono dimenticato che ieri era il tuo compleanno*; *dimenticarsi di comprare il pane*; *si è già dimenticato di noi* | Tralasciare di fare q.c., di recarsi in un luogo e sim., per disattenzione, mancanza di memoria e sim.: *dimenticarsi di un appuntamento, di una ricorrenza*; *mi sono dimenticata di passare da te*. CONTR. Ricordare.
dimenticatóio o (*raro*) **dimenticatòrio**. s. m. • (*scherz.*) Immaginaria nota delle cose dimenticate, spec. nelle loc. *andare, cadere, cascare, mettere, porre nel d.*
†**dimenticatóre** s. m.; anche agg. (f. *-trice*) • Chi, che dimentica.
dimenticatòrio • V. *dimenticatoio*.
†**dimentichévole** agg. • (*raro*) Che dimentica facilmente.
diméntico [lat. *dimēnticu(m)*, da *dēmens*, genit. *demēntis* 'che è fuori di (*dē-*) mente (*mēns*)'] agg. (pl. m. *-chi*) *1* Che non ricorda, che si è dimenticato: *uomo d. del proprio passato*. CONTR. Memore. *2* Trascurato, incurante: *scolaro d. dei propri doveri*.
dimenticóne [da *dimenticare*] s. m.; anche agg. (f. *-a*) • (*raro, pop.*) Smemorato.
†**dimèrgere** • V. †*demergere*.
†**dimergolàre** [etim. discussa: 'smuovere (*di-*) con un forcone da paglia (lat. *mĕrgula*, dim. di *mĕrga*, di etim. incerta)' (?)] A v. tr. • Scrollare, agitare. B v. intr. pron. • Barcollare.
†**dimeritàre** e *deriv.* • V. *demeritare* e *deriv.*
dìmero [comp. di *di-* (*2*) e *-mero*] s. m. • (*chim.*) Composto formato per polimerizzazione di due molecole uguali.
diméssо [lat. *demĭssu(m)* 'basso, umile', part. pass. di *demĭttere* 'mandar giù' (V. *dimettere*)] agg. • Che è caratterizzato da umiltà e modestia: *atteggiamento, contegno, tono d.*; *col fascino d. delle cose ... lungamente abbandonate* (LEVI) | Voce dimessa, bassa e riservata | Trasandato, poco curato, detto del modo di vestire: *abiti dimessi*. || **dimessaménte**, avv.
†**dimesticaménto** • V. †*domesticamento*.
dimesticàre • V. *domesticare*.
†**dimestichévole** agg. *1* (*raro*) Che si può addomesticare. *2* (*raro*) Affabile, familiare.
dimestichézza o (*raro*) **domestichézza**. s. f. *1* Familiarità, intimità: *avere, prendere d. con qc.*; *entrare in d. con qc.*; *trattare qc. con grande d.* | (*raro*) *Con d.*, alla buona | (*euf., lett.*) Intimità carnale. *2* (*fig.*) Esperienza, pratica | *Avere d. con q.c.*, essere pratico di q.c. | *Prendere d. con q.c.*, impratichirsi | (*scherz.*) *Non avere d. con q.c.*, ignorarne l'uso, non conoscerla, non praticarla e sim.
dimèstico • V. *domestico* nei sign. A 2 e B 2.
dimètrico [comp. di *di-* (*2*) e *metro*, con suff. agg.] agg. (pl. m. *-ci*) • Che è dotato di due unità di misura.
dìmetro [vc. dotta, lat. *dĭmetru(m)*, dal gr. *dímetros* 'di doppia misura', comp. di *di-* 'due' e *métron* 'misura'] s. m. • Serie di due metri nella poesia classica.
dimèttere [vc. dotta, lat. *dimĭttere* 'mandare qua e là', comp. di *dis-* (*1*) e *mĭttere* 'mandare'; nei sign. A2 e B, dal fr. *démettre*] A v. tr. (coniug. come *mettere*) *1* Far uscire: *d. dall'ospedale un infermo già guarito*; *in seguito alla grazia lo hanno dimesso dalle carceri*. *2* Esonerare da una carica, destituire da un ufficio e sim.: *hanno dimesso dal ministero molti dipendenti*. *3* (*lett.*) Abbandonare, tralasciare, deporre (*anche fig.*): *d. l'opera*; *dimise infine l'orgoglio*. *4* (*raro*) Perdonare, rimettere: *d. i peccati, le colpe a qc.* *5* †Concedere, permettere. *6* †Lasciar cadere, abbassare. *7* (*fig.*) †Avvilire. *8* †Cessare. B v. rifl. • Recedere da un contratto di lavoro, da un pubblico impiego, da una carica: *il ministro si è dimesso*.
dimezzaménto o (*lett.*) †**dimidiaménto**. s. m. *1* (*raro*) Atto, effetto del dimezzare. *2* (*fis.*) *Periodo di d.*, intervallo medio di tempo necessario perché la metà degli atomi radioattivi di un campione subisca un decadimento. SIN. Emivita.
dimezzàre o †**dimidiàre**, †**sdimezzàre** [vc. dotta, lat. tardo *dimidiāre*, da *dimidiātus*, a sua volta da *dimĭdium* 'diviso (*dis-*) in mezzo (*mĕdius*)'] v. tr. (*io dimèzzo*) • Dividere q.c. a metà: *dimezzarono il pane e lo mangiarono* | Ridurre della metà: *d. la spesa, gli utili* | (*est.*) Ridurre, diminuire q.c. in misura considerevole: *d. la produzione*; *d. il costo dei generi alimentari*.
dimezzàto o (*lett.*) †**dimidiàto**. part. pass. di *dimezzare*; anche agg. *1* Nei sign. del v. *2* (*fig.*) Incompleto, parziale: *una nozione del fatto, non solo dimezzata, ma falsa* (MANZONI).
Dimiàri [vc. dotta, comp. di *di-* (*2*) e del gr. *mŷs* 'muscolo'] s. m. pl. • Nella tassonomia animale, gruppo di Molluschi bivalvi dei Lamellibranchi che presentano due muscoli adduttori per chiudere le valve della conchiglia (*Dimyaria*) | (al sing. *-io*) Ogni individuo di tale gruppo.
†**dimidiàre** e *deriv.* • V. *dimezzare* e *deriv.*
†**diminàre** • V. *dominare*.
†**dimìnio** • V. *dominio*.
†**dimìno** • V. *dominio*.
diminuèndo [ger. di *diminuire*] s. m. (inv. nel sign. 2) *1* (*mat.*) Minuendo. *2* (*mus.*) Notazione musicale che indica la diminuzione graduale dell'intensità di un suono nell'esecuzione | (*est.*) L'esecuzione così ottenuta.
diminuìbile agg. • Che si può diminuire.
diminuiménto s. m. • (*raro, lett.*) Diminuzione.
diminuìre [vc. dotta, lat. *diminŭere* per *deminŭere* 'rendere più piccolo (*mĭnus*), togliendo (*dē-*)', portato nella serie dei v. in *-ire*] A v. tr. (*io diminuìsco, tu diminuìsci*; part. pass. *diminuìto*, †*diminùto*) • Rendere minore, ridurre: *d. la quantità, il peso, il prezzo, le dimensioni di q.c.*; *d. le spese, i guadagni*; *d. l'intensità della luce*. CONTR. Aumentare. B v. intr. (aus. *essere*) • Ridursi di numero, quantità, dimensione, peso, intensità, forza e sim.: *gli iscritti diminuiscono*; *le percentuali sono diminuite*; *grazie alla dieta è diminuito di qualche kilo*; *la loro potenza diminuisce*; *il freddo continua a d.* SIN. Calare. CONTR. Aumentare.
diminuìto o †**diminùto**. part. pass. di *diminuire*; anche agg. *1* Nei sign. del v. *2* (*mus.*) Detto dell'intervallo della scala che sottrae un semitono all'intervallo giusto o minore dello stesso nome | *Quinta diminuita*, dal Do al Sol bemolle.
diminutivàle [dall'ingl. *diminutival*, da *diminutiv(e)* 'diminutivo' col suff. *-al*] agg. • (*ling.*) Di diminutivo: *forma d.*
diminutìvo [vc. dotta, lat. *deminutīvu(m)*, da *deminūtus* 'diminuito', var. di diminuito] A agg. • Atto a diminuire, a ridurre: *suffisso d.* B s. m. • (*ling.*) Alterazione di un sostantivo o di un aggettivo mediante un suffisso indicante diminuzione o sfumatura vezzeggiativa: *''tavolino'' è il d. di ''tavolo''*.
†**diminùto** • V. *diminuito*.
diminutóre s. m. • (*mat.*) Sottraendo.
diminuzióne [vc. dotta, lat. *deminutiōne(m)*, da *deminūtus* 'diminuto', var. di *diminuito*] s. f. *1* Atto, effetto del diminuire: *d. delle spese*. CONTR. Aumento. *2* (*mus.*) Tecnica di contrappunto in uso nei secc. XVII e XVIII per cui il valore di ciascuna nota, nella ripetizione di un'idea, veniva ridotto della metà | Nella musica rinascimentale e barocca, prassi improvvisatoria consistente nella sostituzione di una nota con più note di valore minore: *un trattato di d.*
dimissionàre [fr. *démissionner*, da *démission* 'dimissione (2)'] v. tr. (*io dimissióno*) • (*bur.*) Licenziare, esonerare q. c. da un incarico, inducendolo a dare le dimissioni: *i due funzionari sono stati dimissionati*.

dimissionàrio [fr. *démissionnaire*, da *démission* 'dimissione (2)'] agg. ● Che si è dimesso da un ufficio, da un incarico, e sim.: *ministero, governo d.*

dimissióne (1) [vc. dotta, lat. *dimissiōne(m)*, da *dimīssus*, part. pass. di *dimīttere* 'dimettere'] s. f. ● (*lett.*) Atto, effetto del dimettere.

dimissióne (2) [fr. *démission*, da *démettre* (V. *dimettere*)] s. f. ● (*dir., spec. al pl.*) Recesso del lavoratore da un contratto di lavoro, da un pubblico impiego, da una carica e sim.: *dare, presentare, rassegnare le dimissioni; accettare, respingere le dimissioni* | *Dimissioni del governo*, scioglimento del governo in carica, spec. nell'ipotesi che il parlamento non gli abbia accordata la fiducia.

dimissòria s. f. ● Lettera dimissoria.

dimissòrio [vc. dotta, lat. tardo *dimissōriu(m)*, da *dimīssus*, part. pass. di *dimīttere* 'dimettere'] agg. ● Che dimette, concede licenza | *Lettera dimissoria*, con la quale il vescovo autorizza l'ordinazione di un chierico fuori della sua diocesi.

dimmer /'dimmer, *ingl.* 'dimə*/ [vc. ingl., dall'agg. *dim.* 'debole, offuscato'] s. m. inv. ● Piccolo reostato usato spec. per variare l'intensità luminosa delle lampade a incandescenza e alogene.

dimodoché o **di mòdo che** cong. ● In modo tale che, cosicché.

dimoiàre [etim. incerta: prob. comp. parasintetico di *moia*] **A** v. intr. (*io dimòio*; aus. *essere*) ● (*raro, tosc.*) Liquefarsi, sciogliersi, detto del ghiaccio e della neve: *non sai la gioia / ... della neve, il giorno che dimoia* (PASCOLI). **B** v. tr. ● (*raro, tosc.*) Fare diventare molle q.c. | *D. i panni*, metterli a mollo.

†**dimoiatìccio** s. m. ● (*tosc.*) Stato del terreno in cui si sia sciolto ghiaccio o neve.

dimòio s. m. ● (*raro, tosc.*) Disgelo.

dimólto o **di mólto** [comp. di *di* e *molto*] **A** agg. indef. ● (*fam., tosc.*) Molto: *c'erano dimolte persone alla conferenza.* **B** pron. indef. ● (*al pl., fam., tosc.*) Molte persone. **C** avv. ● (*raro, tosc.*) Molto, assai: *è un libro che mi è piaciuto d.*

†**dimònio** ● V. *demonio (1)*.

dimòra o †**demòra** [da *dimorare*] s. f. **1** (*lett.*) Permanenza in un luogo: *volgi la mente a me, e prenderai / alcun buon frutto di nostra d.* (DANTE *Purg.* XVII, 89-90). **2** Luogo in cui si abita, casa, palazzo: *una d. fastosa, ricca, umile, signorile* | *Prendere d., stare a d., stabilire, fissare la propria d., in un luogo*, stabilirsi, risiedere | *Ultima, estrema d.*, la tomba, il cimitero | (*dir.*) Luogo in cui una persona si trova anche non abitualmente. **3** (*agr.*) *Mettere, porre a d. una pianta*, collocarla nel terreno al luogo in cui dovrà rimanere per sempre. **4** (*lett.*) Fermata, pausa | (*lett.*) Indugio: *non sia tanto la d. lunga* (BRUNO) | *Senza d.*, prestamente.

†**dimoragióne** ● V. †*dimorazione*.

†**dimoraménto** o †**demoraménto**. s. m. ● Dimora, soggiorno.

†**dimorànza** o (*raro*) †**demorànza**. s. f. **1** (*lett.*) Dimora, soggiorno | *Fare d.*, sostare in un luogo: *tre dì fecero quivi d.* (BOIARDO). **2** (*lett.*) Indugio, ritardo. **3** (*raro*) Stabilità.

dimoràre o †**demoràre** [lat. *demorāri*, poi *demorāre*, comp. di *dē-* e *morāri* 'indugiare', da *mōra* 'indugio'] **A** v. intr. (*io dimòro*; aus. *avere*, †*essere*) **1** Risiedere, trattenersi più o meno durevolmente in un luogo (*anche fig.*): *ho dimorato molti anni in questa città; in lui non dimora certo la pazienza.* **2** (*lett.*) Stare fermo: *Noi eravam ... / come gente... / che va col cuore e col corpo dimora* (DANTE *Purg.* II, 10-12). **3** (*fig., lett.*) Persistere, perseverare: *d. nel vizio, nel peccato.* **4** (*raro, lett.*) Indugiare, tardare. **B** v. tr. ● †Trattenere.

†**dimoràta** s. f. ● Dimora.

†**dimorazióne** o †**demoragióne**, †**dimoragióne** [lat. *demoratiōne(m)*, da *demorātus* 'dimorato'] s. f. ● Atto, effetto del dimorare.

dimorfìsmo [da *dimorfo*] s. m. **1** (*biol.*) Fenomeno per cui una specie animale o vegetale presenta due tipi di individui con caratteristiche diverse | *D. sessuale*, quando in una specie i due sessi differiscono per alcuni caratteri. **2** (*chim.*) Capacità di sostanze chimiche di cristallizzare in due differenti forme.

dimòrfo [vc. dotta, gr. *dímorphos* 'dalla doppia (*di-*) forma (*morphḗ*)'] agg. ● (*biol., chim.*) Che presenta dimorfismo.

†**dimòro** [da *dimorare*] s. m. **1** Soggiorno, permanenza | Dimora. **2** (*raro*) Stasi, ristagno. **3** Indugio, esitazione: *a pianger cominciò, sanza d.* (BOCCACCIO).

dimostràbile [vc. dotta, lat. tardo *demonstrābile(m)*, da *demonstrāre* 'dimostrare'] agg. ● Che si può dimostrare: *una tesi facilmente d.*

dimostrabilità s. f. ● Qualità di ciò che è dimostrabile: *la d. dell'immortalità dell'anima, di un teorema.*

†**dimostragióne** ● V. *dimostrazione*.

†**dimostraménto** o (*raro*) †**demostraménto**. s. m. **1** Dimostrazione. **2** (*raro*) †Ostentazione.

dimostrànte A part. pres. di *dimostrare*; anche agg. ● Nei sign. del v. || †**dimostranteménte**, avv. In modo di dimostrare. **B** s. m. e f. ● Chi partecipa a una dimostrazione pubblica: *corteo di dimostranti; una moltitudine di dimostranti si raccolse in piazza.*

†**dimostrànza** s. f. **1** Dimostrazione. **2** (*raro*) Mostra, ostentazione.

dimostràre o †**demostràre** [vc. dotta, lat. *demonstrāre*, comp. di *dē-* e *monstrāre* 'mostrare'] **A** v. tr. (*io dimóstro*) **1** Mostrare o manifestare apertamente uno stato, una qualità, un sentimento e sim., con fatti, parole, segni esteriori: *il suo pallore dimostrava la gravità del male; gli dimostrò affetto e simpatia; con questo intende d. la sua stima per voi; non so come dimostrarvi la mia gratitudine; stai dimostrando di non aver capito nulla; dall'aspetto dimostra poco più di trent'anni.* SIN. Palesare. **2** Provare, con adeguate argomentazioni, la verità di un enunciato, di una tesi, di una dottrina e sim.: *d. un teorema di geometria; intendo dimostrarvi la sua innocenza* | Confermare: *questo dimostra la necessità di una riforma; i fatti dimostrano che non mi ero sbagliato.* **3** Spiegare, insegnare, far vedere: *d. il funzionamento di una macchina; vi dimostrerò le qualità del prodotto.* **4** †Scoprire: *crinita fronte ella dimostra e ciglia / cortesi* (TASSO). **5** (*ass.*) Prendere parte a una dimostrazione pubblica: *hanno dimostrato in massa per la pace.* **B** v. rifl. ● Manifestarsi, rivelarsi: *in quell'occasione ti sei dimostrato veramente cattivo.*

†**dimostrativa** [vc. dotta, lat. *demonstratīva(m)*, da *demonstrātus* 'dimostrato'] s. f. ● (*raro*) Facoltà di dimostrare bene q.c.

dimostratìvo o †**demostrativo** [vc. dotta, lat. *demonstratīvu(m)*, da *demonstrātus* 'dimostrato'] agg. **1** Che serve a dimostrare, a provare una verità: *metodo d.* | (*comm.*) *Documento d.*, documento che si riferisce a una partita di merce e ne dimostra l'avvenuta assicurazione, il trasporto e sim., ma non la proprietà | (*mil.*) *Azione dimostrativa*, quella compiuta per ingannare l'avversario, richiamandone l'attenzione o impegnandolo in luogo eccentrico rispetto a quello prescelto per un attacco effettivo. **2** (*gramm.*) Che indica la posizione, nel tempo e nello spazio, di una persona o di una cosa: *aggettivo, pronome d.* | *Genere d., eloquenza dimostrativa*, tipo di eloquenza espositiva. || **dimostrativaménte**, avv. (*raro*) In modo dimostrativo; tramite dimostrazione.

dimostràto o †**demostràto**. **A** part. pass. di *dimostrare*; anche agg. ● Nei sign. del v. **B** s. m. ● (*lett.*) †Dimostrazione.

dimostratóre o †**demostratóre** [vc. dotta, lat. *demonstratōre(m)*, da *demonstrātus* 'dimostrato'] **A** s. m. (f. *-trice*) **1** (*raro*) Chi dimostra, prova q.c. **2** Chi per professione illustra, davanti a uno o più possibili acquirenti, le caratteristiche di un prodotto, il funzionamento di una macchina e sim.: *d. di detersivi, di elettrodomestici.* **B** agg. ● Che dimostra: *carezze dimostratrici d'affetto.*

dimostrazióne o †**demostrazióne**, (*raro*) †**dimostragióne** [vc. dotta, lat. *demonstratiōne(m)*, da *demonstrātus* 'dimostrato'] s. f. **1** Atto, effetto del dimostrare: *d. d'affetto, di simpatia.* SIN. Attestazione, prova. **2** Argomentazione con cui si prova la verità di un assunto: *la d. di un teorema, di una tesi, di una teoria* | Ragionamento o azione che tende a dimostrare q.c.: *la d. della propria innocenza, della propria forza* | Figura retorica con cui si descrive vivacemente una cosa rendendola tangibile. SIN. Ipotiposi. **3** Manifestazione collettiva di popolo, spec. a scopo di protesta, che ha luogo nelle piazze e nelle strade, o davanti alle sedi degli organi politici: *fare, inscenare una d.; d. politica, sindacale; d. di protesta; d. contro il governo.* **4** Illustrazione delle proprietà di un prodotto o del funzionamento di una macchina, rivolta a un pubblico di probabili compratori. **5** Esibizione intimidatoria di forze militari, al fine di far recedere l'avversario da determinate posizioni | *D. navale*, penetrazione nelle acque territoriali di un altro Stato a scopo coercitivo. **6** (*raro, lett.*) Apparenza, finzione. || **dimostrazioncèlla**, dim.

†**dimozzaménto** s. m. ● Atto, effetto del dimozzare.

†**dimozzàre** [comp. di *di-* (*1*) e *mozzare*] v. tr. ● Tagliare, smozzare.

†**dimozzicàre** [comp. di *di-* (*1*) e *mozzicare*] v. tr. ● Mutilare, smozzicare.

†**dimùngere** [comp. di *di-* (*1*) e *mungere*] v. tr. ● Mungere | (*fig.*) Smungere, impoverire.

†**dimutàre** [vc. dotta, lat. *demutāre*, comp. di *dē-* e *mutāre* 'mutare'] v. tr. ● Mutare, cambiare.

din (1) ● V. *dindin*.

DIN (2) [ted. *DIN-(Grad)* 'misura stabilita dalla *Deutsche Industrie-Norm* (Norma Industriale Tedesca)'] s. m. ● Unità di misura della sensibilità delle pellicole fotocinematografiche; oggi sostituita da ISO.

dina o **dine** [fr. *dyne*, abbr. del gr. *dýna(mis)* 'forza', da *dynatêin* 'essere abile, potere', di origine indeur.] s. f. ● (*fis.*) Unità di forza nel sistema CGS, definita come forza capace di imprimere a un grammo l'accelerazione di 1 cm/s^2. SIMB. dyn.

dinàmetro [comp. del gr. *dýna(mis)* 'forza' e *-metro*] s. m. ● Strumento ottico per misurare l'ingrandimento prodotto dall'oculare di un cannocchiale; è costituito da una lente d'ingrandimento e da una scala graduata montate in un tubo allungabile.

dinàmica [da *dinamico*] s. f. **1** (*fis.*) Parte della meccanica che studia i moti dei corpi, in relazione alle forze che li provocano | *D. dei gas*, parte della meccanica dei fluidi che studia il moto dei fluidi comprimibili. SIN. Aerodinamica | *D. dei liquidi*, parte della meccanica dei fluidi che studia il moto dei fluidi incomprimibili. SIN. Idrodinamica. **2** (*est.*) Successione di fatti, eventi e sim. che si evolvono, mutano, si scontrano e si sovrappongono nel tempo e nello spazio, spec. in relazione ai nessi logici che li collegano tra loro, ai motivi che li determinano, ai principi che li reggono: *la d. della guerra; la d. della storia.* **3** (*mus.*) Teoria della graduazione dell'intensità dei suoni in rapporto all'insieme. **4** (*tecnol.*) Estensione del campo di lavoro di uno strumento, dispositivo e sim. in cui è assente la distorsione o valgono altre determinate proprietà.

dinamicità s. f. ● Qualità di chi, di ciò che è dinamico (*spec. fig.*): *la d. di una persona; la d. della vita moderna.*

dinàmico [fr. *dynamique*, dal gr. *dynamikós* 'potente', da *dýnamis* 'forza' (V. *dina*)] agg. (pl. m. *-ci*) **1** (*fis.*) Che riguarda la dinamica: *leggi dinamiche.* **2** (*ling.*) *Linguistica dinamica*, studio di una lingua nel suo sviluppo | *Accento d.*, rilievo dato a un suono o a una sequenza di suoni mediante un rafforzamento dell'energia espiratoria. **3** (*mus.*) *Segni dinamici*, segni grafici usati per indicare la graduazione dell'intensità sonora di un pezzo musicale. **4** (*fig.*) Che è dotato di energia, forza vitale, movimento: *persona dinamica; fare una vita dinamica; avere una concezione dinamica di q.c.* || **dinamicaménte**, avv.

dinamìsmo [fr. *dynamisme*, dal gr. *dýnamis* 'forza' (V. *dina*)] s. m. **1** Dottrina filosofica che concepisce la forza o l'energia come l'essenza stessa della materia. **2** (*est.*) Attività costante e fervida, animata da un alacre spirito d'iniziativa: *un uomo pieno di d.*

dinamista s. m. e f. (pl. m. *-i*) ● Chi segue e si ispira al dinamismo.

dinamitàrdo [da *dinamite* col suff. *-ardo*] agg.; anche s. m. (f. *-a*) ● Che, chi organizza e compie attentati con la dinamite, spec. a scopo di sovversione politica: *rivoluzionari dinamitardi; il d. è stato arrestato.*

dinamite [dal gr. *dýnamis* 'forza' col suff. *-ite* (*2*)] s. f. ● Potente esplosivo costituito da nitroglicerina stabilizzata con adatte sostanze assorbenti, che esplode per innesco con detonatori | *D. a base inerte*, miscela di nitroglicerina e farina fossile | *D. a base attiva*, miscela di nitroglicerina, nitrocellulosa e altri esplosivi.

dinamìtico [da *dinamite*] agg. (pl. m. *-ci*) ● Relativo alla dinamite.

dinamitificio s. m. ● Stabilimento in cui si produce dinamite.

dinamizzàre [fr. *dynamiser*, dal gr. *dýnamis* 'forza' (V. *dina*)] v. tr. *1* Improntare a dinamismo. *2* (*med.*) Agitare opportunamente un prodotto omeopatico allo scopo di esaltarne la attività.

dinamizzàto agg. ● (*med.*) Attivato mediante dinamizzazione.

dinamizzazióne [da *dinamico*, sul modello dell'ingl. *dynamization*] s. f. ● (*med.*) Secondo la medicina omeopatica, procedimento consistente nella agitazione del principio attivo dopo ciascuna diluizione dello stesso, eseguito allo scopo di trasferire al solvente le sue proprietà terapeutiche.

dìnamo [ted. *Dynamo*, m., forma abbreviata di *Dynamo(elektrische) Maschine* 'apparecchio dinamoelettrico'] s. f. inv. ● Macchina elettrica rotante che trasforma in energia elettrica a tensione continua l'energia meccanica | Correntemente, generatore di corrente continua | *D. magnete*, dispositivo composito che nei motocicli alimenta la luce del proiettore e al tempo stesso funge da magnete d'accensione.

dìnamo- [dal gr. *dýnamis* 'forza', deriv. di *dýnamai* 'essere abile, potere', di origine indeur.] primo elemento ● In parole composte della moderna terminologia scientifica e tecnica, significa 'forza, energia': *dinamometria, dinamometro*.

dinamoelèttrico [vc. dotta, comp. di *dinamo-* e *elettrico*] agg. (pl. m. *-ci*) ● Detto di apparecchio, macchina e sim. che trasforma l'energia elettrica da potenziale in attiva.

dinamometamorfìsmo [comp. di *dinamo-* e *metamorfismo*] s. m. ● (*geol.*) Metamorfismo in cui il fattore prevalente della trasformazione di una roccia è l'azione meccanica distruttiva.

dinamomètrico agg. (pl. m. *-ci*) ● Relativo a dinamometro.

dinamòmetro [comp. di *dinamo-* e *-metro*] s. m. ● (*fis.*) Strumento tarato atto a misurare le forze in base alle deformazioni di un corpo elastico.

dinamoscopìa [comp. di *dinamo-* e *-scopia*] s. f. ● (*med.*) Osservazione di un organo in attività funzionale.

†dinànte ● V. *dinanzi*.

†dinànti ● V. *dinanzi*.

†dinanzàre [da *dinanzi*] v. tr. ● Oltrepassare chi sta dinanzi.

dinànzi o †**dinànte**, †**dinànti**, **dinnànzi** [comp. delle prep. lat. *dē* 'di', *ĭn* 'in' e dell'avv. **āntia*, var. parl. di *āntea* 'prima, avanti'] **A** avv. *1* Di fronte: *guarda d.* | *Levati d.!*, vattene. *2* Prima | *Vedere, guardare d.*, prevedere | *Dire d.*, predire. **B** nelle loc. prep. *d. a*, †*d. da* *1* Davanti a, di fronte a: *facevano fumare le loro vesti bagnate dalla pioggia d. al fuoco* (VERGA). *2* Alla presenza, al cospetto di: *d. a me non dire certe cose*; *è comparso d. al giudice* | *Levarsi qc. d.*, liberarsene. *3* (*fig.*) A paragone, a confronto. *4* (*raro*) Prima: *d. a me non fur cose create / se non etterne* (DANTE *Inf.* III, 7-8). **C** nella loc. cong. *d. che* ● (*raro, lett.*) Prima che (introduce una prop. temp. con il v. al congv. o all'indic.): *uno de' congiurati, il dì d. ch'egli aveva ad ammazzare Nerone, fece testamento* (MACHIAVELLI). **D** in funzione di agg. *1* Che si trova dalla parte anteriore: *l'edificio d.* *2* Precedente: *il mese d.* **E** in funzione di s. m. ● (*raro, lett.*) Il davanti, la parte anteriore.

dinàr [ar. *dīnār*, dal biz. *dēnárion* 'denaro' nella tarda accezione del lat. *denārius* (*āureus*) 'moneta (d'oro)'] s. m. *1* Antica moneta d'oro araba. *2* Dinaro.

dìnaro (1) [serbocroato *dinar*, dal biz. *dēnárion*, e questo dal lat. *denārius* 'moneta'] s. m. ● Unità monetaria circolante in Algeria, Bahrein, Giordania, Iraq, Kuwait, Libia, Serbia e Tunisia.

†dinàro (2) ● V. *denaro*.

dinàsta [vc. dotta, lat. *dynăsta(m)*, dal gr. *dynástēs*, dal v. *dynatêin* 'essere abile, potere'] s. m. (pl. *-i*) ● Principe della dinastia con diritto di successione al trono | Signore di un piccolo Stato, o di un gran principato.

dinastìa [vc. dotta, gr. *dynastéia*, da *dynástēs* 'dinasta'] s. f. *1* Serie di re o di principi di una stessa famiglia che si succedono al governo di uno o più paesi: *la d. dei Borboni*. *2* Serie di appartenenti a una medesima famiglia che si succedono in una stessa attività: *la d. dei Krupp, dei Bach*.

dinàstico [vc. dotta, gr. *dynastikós* 'proprio del dinasta (*dynástēs*)'] agg. (pl. m. *-ci*) *1* Della dinastia o di un dinasta: *guerra dinastica*; *orgoglio d.* | *Crisi dinastica*, quella che avviene, in genere, quando muore un sovrano senza lasciare eredi diretti. *2* (*raro*) Che parteggia per una dinastia. || **dinasticaménte**, avv. (*raro*) Da dinasta.

dìndi o (*raro*) **dindo (1)** [vc. onomat.] s. m. ● (*infant., fam.*) Denaro, quattrini: *anzi che tu lasciassi il 'pappo' e 'l 'd.'* (DANTE *Purg.* XI, 105).

dindìn o **din (1)**, **din din A** inter. ● Riproduce il suono di un campanello o, in genere, il suono di un oggetto di metallo o di cristallo percosso. **B** in funzione di s. m. ● Il suono stesso del campanello.

dìndio ● V. *dindo (2)*.

dindirindìna o **dirindìna**, **dirindindìna** [forma eufemistica di *per Dio*] inter. ● Solo nella loc. inter. *per d.*, esprime meraviglia, stupore, ira o generica asseverazione.

dìndo (1) ● V. *dindi*.

dìndo (2) o **dìndio** [fr. *dinde*, riduzione di (*coq*) *d'Inde* '(gallo) d'India'] s. m. ● (*pop.*) Tacchino.

dindòn o **din don** [vc. onomat.] **A** inter. ● Riproduce il suono delle campane: d., d., *d. dan*. **B** in funzione di s. m. ● Il suono stesso: *un d. prolungato*.

dindonàre [da *dindon*] v. intr. (*io dindóno* o *dindòno*; aus. *avere*, raro) ● (*raro*) Fare dindon.

dìne ● V. *dina*.

†dinegàre e *deriv.* ● V. *denegare* e *deriv.*

†dinegràre ● V. *denigrare*.

dinervàre o †**dinerbàre** [comp. parasintetico di *nervo* con il pref. *di-* (*1*)] v. tr. e intr. pron. ● (*raro, lett.*) Snervare, fiaccare.

dìnghy /'dingi, *ingl.* 'diŋgi/ o **dingey** /*ingl.* 'diŋgi/ [vc. ingl., hindi *dengī*, var. di *dongī*, di prob. origine ant. indiana (dalla radice *dru-* 'legno')] s. m. inv. (pl. ingl. *dinghies*) *1* Piccola imbarcazione da regata e da diporto, con un solo albero smontabile e vela aurica. *2* (*mar.*) Piccola lancia di bordo, spec. per yacht. *3* Barcone fluviale indiano.

dìngo (1) s. m. (pl. *-ghi*) ● Adattamento di *dinghy* (V.).

dìngo (2) [dal n. australiano dell'animale (*jūnghō, jūgūng, ...*)] s. m. (pl. *-ghi* o *-go*) ● Cane selvatico australiano di incerta origine con pelame color fulvo (*Canis dingo*).

†diniegàre ● V. *denegare*.

dinièygo [da *denegare*] s. m. (pl. *-ghi*) ● Negazione, rifiuto: *opporre un d.*; *fare un cenno di d.*; *scuotere il capo in segno di d.*

dinnànzi ● V. *dinanzi*.

dìno- [dal gr. *dînos* 'rotazione', di origine espressiva] primo elemento ● In parole composte della terminologia scientifica, spec. zoologica, indica movimento a rotazione: *dinoficee, dinoflagellati*.

†dinoccàre [comp. parasintetico di *nocca*, col pref. *di-* (*1*)] v. tr. e intr. pron. ● Slogare.

dinoccolàre [comp. parasintetico di *nocca*, col pref. *di-* (*1*)] v. tr. (*io dinòccolo*) ● (*raro*) Rompere, slogare le giunture, spec. della nuca.

dinoccolàto part. pass. di *dinoccolare*; anche agg. *1* Nei sign. del v. *2* (*est.*) Sciolto e un po' cascante nei movimenti: *l'uomo camminava tutto d.*; *un ragazzo magro e d.*

Dinofìcee [comp. di *dino-* e un deriv. del gr. *phýkos* 'alga', di provenienza semitica, per la loro caratteristica vibrazione] s. f. pl. ● Nella tassonomia vegetale, classe di alghe, pirrofite unicellulari, spesso dotate di due caratteristici flagelli posti trasversalmente l'uno all'altro (*Dinophyceae*) | (al sing. *-a*) Ogni individuo di tale classe.

Dinoflagellàti [comp. di *dino-* e *flagellati*] s. m. pl. ● Nella tassonomia animale, Protozoi marini e d'acqua dolce, spesso fosforescenti, caratterizzati dalla presenza di due flagelli (*Dinoflagellata*) | (al sing. *-o*) Ognuno di questi protozoi.

†dinominàre e *deriv.* ● V. *denominare* e *deriv.*

†dinonziàre ● V. *denunziare (1)*.

dinornis /*lat.* di'nɔrnis/ [comp. del gr. *deinós* 'terribile' da *déiden* 'temere', di origine indeur., e *órnis* 'uccello', per le sue dimensioni] s. m. ● Uccello fossile australiano dei Dinornitiformi (*Dinornis*).

Dinornitifórmi [comp. del gr. *deinós* 'terribile', *órnis*, genit. *órnithos* 'uccello' e il pl. di *-forme*] s. m. pl. ● Nella tassonomia animale, ordine di Uccelli estinti privi di carena, con ali ridotte e zampe robuste (*Dinornithiformes*) | (al sing. *-e*) Ogni individuo di tale ordine.

Dinosàuri o **Dinoṣàuri** [V. *dinosauro*] s. m. pl. ● (*zool.*) Nella tassonomia animale, ordine di Rettili estinti, erbivori o carnivori, con cranio piccolo, arti posteriori quasi sempre più grandi degli anteriori, coda possente, la maggior parte dei quali con dimensioni di alcune decina di metri, mentre altri non raggiungevano che poche decine di centimetri.

dinosàuro o **dinoṣàuro** [vc. dotta, comp. del gr. *deinós* 'terribile' (V. *dinornis*) e *sâuros* 'lucertola'] s. m. ● Ogni rettile estinto dell'ordine dei Dinosauri.

dinotàre e *deriv.* ● V. *denotare* e *deriv.*

dinotèrio [vc. dotta, comp. del gr. *deinós* 'terribile' (V. *dinornis*) e *thēríon*, dim. di *thḗr* 'bestia'] s. m. ● Mammifero proboscidato fossile, provvisto di zanne solo nella mandibola, simile all'elefante (*Dinotherium*).

†dintornaménto s. m. ● Atto, effetto del dintornare.

†dintornàre [da *dintorno*] v. tr. ● Disegnare i contorni di una figura | Contornare, circondare.

dintórno o **d'intórno** nei sign. A e B. **A** avv. ● Intorno, tutto in giro: *i curiosi che stavano d. ostacolavano ogni movimento*. **B** nella loc. prep.: *d. a*, intorno a: *d. alla casa*; *sedersi d. al tavolo*. **C** s. m. *1* (*spec. al pl.*) I luoghi circostanti, le vicinanze (*anche fig.*): *i dintorni di Roma, di Firenze*; *non vado lontano, sto qui nei dintorni*; *gli anni del neorealismo e dintorni*. *2* †Linea di contorno di un disegno, di una figura.

†dinudàre ● V. *denudare*.

†dinumeràre [vc. dotta, lat. *dinumerāre* 'contare (*numerāre*) partitamente (*dis-*)'] v. tr. ● (*lett.*) Numerare a uno a uno: *Odisseo due schiere / dinumerò degl'incliti compagni* (PASCOLI).

†dinunciàre e *deriv.* ● V. *denunziare (1)* e *deriv.*

†dinunziàre e *deriv.* ● V. *denunziare (1)* e *deriv.*

Dìo (1) /*'dio/ o †**Dèo**, †**iddèo**, **Iddìo** [lat. *dĕu(m)*, ant. agg. col sign. di 'luminoso', di origine indeur.] **A** s. m. (pl. *dèi* /*'dɛi/, lett. †*dìi* /*'dii/, lett. *iddii*, non nel sign. 1; art. sing. *il*, pl. *gli*; *dio* nei sign. A2 e A3) *1* Nelle religioni monoteistiche, essere supremo concepito come creatore, ordinatore e conservatore di tutta la realtà, nella religione cattolica e nella maggioranza delle religioni della cristianità fornito di attributi di assoluta perfezione che si esprimono nel mistero della Trinità: *giustizia, provvidenza, bontà, sapienza di Dio*; *Dio della pace, della gloria, della misericordia*; *grande come la misericordia di Dio*; *Dio salvi il re, la regina*; *credere, non credere in Dio*; *dimostrare l'esistenza, la non esistenza di Dio*; *Fatto v'avete Dio d'oro e d'argento* (DANTE *Inf.* XIX, 112); *a Dio spiacenti e a' nemici sui* (DANTE *Inf.* III, 63) | Uomo Dio, Figlio di Dio, Gesù Cristo | *Attributi di Dio*, giustizia, bontà, sapienza, eternità | *Dio padre*, la prima persona della Trinità | *Mente, braccio, occhio, dito di Dio*, in quanto provvede, apprende, opera, punisce | *Madre di Dio*, la Madonna | *La sposa di Dio*, la Chiesa Cattolica | *La mano di Dio*, (*fig.*) aiuto insperato | *Ira, castigo di Dio*, rovina, sciagura, calamità e sim. | *Bene, grazia di Dio*, abbondanza | (*lett.*) *Casa di Dio*, chiesa, convento e sim. | *A Dio ottimo massimo*, iscrizione dedicatoria nella facciata di chiese, cappelle e sim. | (*lett.*) *Visita di Dio*, sventura, considerata come una sorta di prova della fermezza, rassegnazione e sim. del buon cristiano | *Essere in grazia di Dio*, libero da peccati mortali | *Timore di Dio*, sentimento di religiosità, di devozione e sim. | *Uomo senza Dio, un senza Dio*, ateo | (*lett.*) *Uomo di Dio, servo di Dio*, devoto, buon cristiano | *Servo dei servi di Dio*, denominazione del papa in segno di umiltà | *Servo di Dio*, nella relig. cattolica, cristiano morto in fama di santità, che può essere venerato con il culto pubblico solo dopo la sua elevazione a Beato | (*lett.*) *La via di Dio*, che conduce a Dio | *Dio sia ringraziato, Dio sia lodato, grazie a Dio, la Dio mercé*, espressioni di riconoscenza, ringraziamento e sim. | *Come, quanto, è vero Dio*, escl. asseverativa | *Dio sa quando*, forse, chissà | *Andarsene con Dio*, per i fatti propri | *Viene giù che Dio la manda*, riferito a precipitazione atmosferica molto intensa | *Lavoro fatto come Dio vuole*, fatto male, senza molta cura, senza impegno | *Lavoro fatto come Dio comanda*, fatto bene, con molta cura, con impegno | *Essere ancora nella mente di Dio*, dover ancora nascere | *In nome di Dio, per l'amor di Dio!*, escl., che dà più vigore a una preghiera, a una richiesta e sim. | *Al nome di Dio*, anticamente, formula di devozione, escl. di augurio e speranza | *Se Dio vuole!*, escl. di speranza, rassegnazione, impazienza | *Dio voglia che ..., voglia Dio, Dio voglia, Dio volesse che ..., volesse Dio, lo volesse Dio, Dio volesse, se piace a Dio, a Dio piacendo, faccia Dio*, espressioni di desiderio, rassegnazione, speranza | *Come Dio volle*, infine, finalmente | *Dio l'avesse voluto*, espressione di rassegnato rimpianto | *Come Dio vuole, quando Dio vorrà*, espressione di rassegnata sottomissione | *Dio ti assista, Dio ti salvi, Dio sia con te, Dio ti guardi*, espressioni di augurio | *Dio guardi*, anticamente, formula di ossequio | *Dio ce ne guardi, Dio non voglia, Dio ce ne scampi e liberi, Dio ce la mandi buona*, espressioni di scongiuro. ***2*** Nelle religioni politeiste, ognuno degli esseri immortali, dotati di attributi soprannaturali, che formano la famiglia o il gruppo delle divinità di livello più elevato: *il Dio delle acque, del commercio, dell'amore, della guerra; gli dei della mitologia cinese, slava, germanica; gli dei dell'Iliade, dell'epica sanscrita; gli dei di Roma, di Cartagine; nel tempo de li dèi falsi e bugiardi* (DANTE *Inf.* I, 72). ***3*** (*est.*) Persona dotata di eccellenti qualità nella propria arte, nel proprio lavoro, o fatto oggetto di ammirata venerazione: *dipingere, scrivere, cantare, come un Dio; è il Dio degli scultori* | (*est.*) Cosa tenuta in altissima considerazione, come se fosse oggetto di culto: *gli affari, i divertimenti sono il suo Dio*. **B** in funzione di **inter.** ***1*** Si usa come invocazione: *oh Dio!; Dio mio!, aiutami!* ***2*** Esprime impazienza, stupore, contrarietà, ira, collera, gioia, e in generale ogni forte emozione: *Dio, che confusione!; Dio buono!; per Dio!; Dio santo, come è ridotto!; sant'Iddio!; Dio, che gioia!; Dio, che pena!; benedite, gran Dio, l'Italia* ‖ **PROV.** Dio manda il freddo secondo i panni; l'uomo propone e Dio dispone; non si muove foglia che Dio non voglia.

dio (2) [vc. dotta, lat. *dīu(m)* 'celeste, luminoso', di origine indeur.] **agg.** ● (*lett.*) Divino, perfetto, splendente: *pur risplendeva oltre il mortal costume / la dia bellezza nel sereno viso* (CARDUCCI).

diocesàno /diotʃe'zano, djotʃe'zano/ [vc. dotta, lat. *diocesānu(m)*, da *diocēsis* 'diocesi'] **agg.** ● Della, relativo alla diocesi.

diòcesi /di'ɔtʃezi, 'djɔtʃezi/ [vc. dotta, lat. *diocēsi(n)*, doppione pop. di *dioecēsi(n)*, dal gr. *dióikēsis*, comp. di *diá* 'attraverso' e *óikesis* 'amministrazione della casa (*ôikos*)'] **s. f.** ***1*** (*st.*) Circoscrizione amministrativa dell'impero romano. ***2*** Circoscrizione soggetta alla giurisdizione spirituale e al governo ecclesiastico di un vescovo.

†diodàrro [deformazione dell'ar.-persiano *de(r)-vādār*, propr. 'che porta il calamaio'] **s. m.** ● Funzionario dipendente da un sultano: *gran d. e maliscalco regio* (ARIOSTO).

dìodo o (*evit.*) **diòdo** [vc. dotta, comp. di *di-* (*2*) e del gr. *hodós* 'via'] **s. m.** ***1*** Tubo elettronico, a effetto termoionico, costituito da un filamento con funzione di catodo che emette elettroni, e da una placca che funziona da anodo e li riceve. ***2*** Dispositivo semiconduttore a due elettrodi che può essere percorso da corrente elettrica in una sola direzione.

diodónte [comp. di *di-* (*2*) e del gr. *odóus*, genit. *odóntos* 'dente'] **s. m.** ● Pesce dei Diodontidi caratterizzato dallo stomaco dilatabile che, se riempito d'aria, fa gonfiare il corpo in modo che il pesce nuoti con il ventre in alto (*Diodon hystrix*).

Diodòntidi [comp. di *diodonte* e *-idi*] **s. m. pl.** ● Nella tassonomia animale, famiglia di pesci dei Tetrodontiformi con il corpo rivestito da spine mobili, spesso erettili, cui appartiene il diodonte (*Diodontidae*) | (al sing. *-e*) Ogni individuo di tale famiglia.

diòico [vc. dotta, comp. di *di-* (*2*) e del gr. *ôikos* 'casa'] **agg.** (**pl. m.** *-ci*) ● (*bot.*) Detto di pianta che porta fiori maschili con i soli stami su un individuo e fiori femminili con i soli pistilli su un altro della stessa specie.

diolefìna [comp. di *di-* (*2*) e *olefina*] **s. f.** ● (*chim.*) Diene.

diòlo [comp. di *di-* (*1*) e *-olo* (*1*)] **s. m.** ● (*chim.*) Glicole.

diomedèa [vc. dotta, lat. *Diomedēa(m)*, dal n. lat. (*Diomedeae*) delle isole di provenienza, le Tremiti, così chiamate perché là si trovava la leggendaria sepoltura dell'eroe greco Diomede (*Diomēdēs*)] **s. f.** ● (*zool.*) Albatro.

dionèa [vc. dotta, lat. *Dionāea(m)*, dal gr. *Diōnâia* 'relativo alla figlia di Dione' (cioè Afrodite)] **s. f.** ● Pianta erbacea, carnivora, delle Droseracee con foglie oblunghe, dentate, con le quali cattura gli insetti (*Dionaea muscipula*).

dionisìaco [vc. dotta, lat. tardo *Dionysĭacu(m)*, dal gr. *Dionysiakós* 'appartenente a Dioniso'] **agg.** (**pl. m.** *-ci*) ***1*** Di, relativo a Dioniso, dio greco dell'entusiasmo e del vino: *culto d.; feste dionisiache* | *Spirito d.*, nella filosofia di F. Nietzsche, atteggiamento di entusiastica accettazione della vita in tutti i suoi molteplici aspetti connesso con la volontà di affermarla e di ripeterla. ***2*** (*est.*) Che esalta, dà ebbrezza: *delirio d.* | Ricco di vitalità, pieno di un'esaltazione spesso sfrenata: *canto d.; poesia dionisiaca*.

diòpside [vc. dotta, dal gr. *diópsis* 'vista (*ópsis*) attraverso (*diá*)', 'trasparenza'] **s. f.** ● (*miner.*) Pirosseno monoclino contenente calcio e magnesio, in cristalli prismatici di colore bianco o verdastro.

dioràma [vc. dotta, comp. del gr. *di(á)* 'attraverso' e *hórama* 'vista', da *horân* 'vedere', di origine indeur., sul tipo di *panorama*] **s. m.** (**pl.** *-i*) ***1*** Nell'Ottocento, forma di spettacolo costituita da quadri o vedute di grandi dimensioni che, illuminati con vari artifici tecnici, davano agli spettatori, tenuti nell'oscurità, l'illusione di trovarsi di fronte a un panorama reale e alle sue variazioni di luce. ***2*** (*est.*) Veduta panoramica.

diorìte [fr. *diorite*, dal gr. *diorízein* 'limitare (*horízein*) attraverso (*diá*)', 'separare', perché roccia composta di parti distinte fra loro] **s. f.** ● (*miner.*) Roccia eruttiva costituita in prevalenza da oligoclasio e orneblenda.

dìospiro o (*tosc.*) **diòspero** [vc. dotta, gr. *dióspyros*, comp. di *Diós* 'di Giove' e *pyrós* 'grano'] **s. m.** ***1*** (*bot.*) Genere di piante delle Ebenacee, arbustive e arboree, distribuite nelle regioni tropicali (*Diospyros*). ***2*** (*bot.*) Cachi (2).

diossàno [comp. di *diossi-* 'di due (*di-*) atomi di ossigeno (*-ossi*)' e *-ano* (*2*)] **s. m.** ● Composto chimico organico ossigenato, ottenuto dal glicole etilenico, usato come solvente.

diòssido [comp. di *di-* (*2*), sottinteso 'atomi' e *ossido*] **s. m.** ● (*chim.*) Biossido.

diossìna [da *diossi-* (V. *diossano*), col suff. *-ina*] **s. f.** ● (*chim.*) Ciascuno dei componenti di un gruppo di composti organici contenenti cloro, presenti come contaminanti in certi erbicidi, dotati di elevata tossicità.

diòttra [vc. dotta, gr. *díoptra*, comp. di *di(á)* 'attraverso' e un deriv. di *optós* 'visibile', di origine indeur.] **s. f.** ● Riga metallica, usata spec. per rilevamenti grafici sul terreno, che porta alle estremità due traguardi, uno oculare e uno obiettivo, che determinano una linea di mira.

diottrìa [da *diottra*] **s. f.** ● (*fis.*) Unità di misura della convergenza delle lenti, equivalente all'inverso di 1 metro; in oculistica, il numero di diottrie di una lente correttiva indica l'entità del difetto visivo che la lente corregge. SIMB. D.

diòttrica [da *diottrico*] **s. f.** ● (*fis.*) Parte dell'ottica che studia la rifrazione della luce.

diòttrico [vc. dotta, gr. *dioptrikós* 'relativo alla diottra (*dioptra*)'] **agg.** (**pl. m.** *-ci*) ● Che si riferisce alla diottrica.

diòttro [vc. dotta, dal gr. *díoptron* 'specchio', comp. di *di(á)-* 'attraverso' e di una vc. legata a *optós* 'visibile'] **s. m.** ● (*fis.*) Superficie curva che separa due mezzi ottici aventi indice di rifrazione diverso.

dipanaménto [da *dipanare* (*1*)] **s. m.** ● (*raro*) Atto, effetto del dipanare.

dipanàre (1) [lat. **depanāre*, comp. di *dē-* e *pānus* 'filo della trama avvolto'] **A v. tr.** ***1*** Raccogliere ordinatamente il filo in un gomitolo, svolgendolo dalla matassa: *d. la lana* | Nella lavorazione della seta, estrarre e districare le bave di seta dai bozzoli. ***2*** (*fig.*) Chiarire, districare, sbrogliare: *d. un intrigo; una faccenda difficile da d.* | *D. la matassa*, (*fig.*) venire a capo di una situazione confusa, complessa, problematica. **B v. intr. pron.** ● Svolgersi, districarsi (*anche fig.*).

†dipanàre (2) [uso fig. di *dipanare* (*1*)] **v. tr.** ● Mangiare pane | Mangiare molto, con avidità.

dipanatóio [da *dipanare* (*1*)] **s. m.** ● Arnese per dipanare matasse, composto di naspo, colonnino e piede.

dipanatùra [da *dipanare* (*1*)] **s. f.** ● (*raro*) Atto del dipanare.

dipanìno [da *dipanare* (*1*)] **s. m.** ● Anima su cui si avvolge il filo per formare il gomitolo.

†dipartènza [da *dipartire* (*2*)] **s. f.** ***1*** Partenza: *tal d. gli è molesta* (PULCI) | Commiato, distacco | *Fare la d.*, accomiatarsi. ***2*** (*euf.*) Morte.

dipartimentàle **agg.** ● Di, relativo a un dipartimento, nel sign. di *dipartimento* (*2*).

†dipartiménto (1) [da *dipartire* (*2*)] **s. m.** ***1*** Atto, effetto del dipartire e del dipartirsi | *Fare d.*, partire, allontanarsi | (*est.*) Luogo appartato, separato dagli altri. ***2*** (*euf.*) Morte.

dipartiménto (2) [fr. *département*, da *départir* 'dividere (in parti)'] **s. m.** ***1*** Ministero, in alcuni paesi stranieri | Circoscrizione territoriale e amministrativa, spec. in Francia. ***2*** Zona costiera dello Stato italiano dipendente da un comando militare marittimo: *il d. dell'Alto e del Basso Tirreno*. ***3*** *D. universitario*, la struttura universitaria che comprende cattedre d'insegnamento di materie affini, anche appartenenti a diverse facoltà, allo scopo di coordinare l'attività di ricerca scientifica.

dipartìre (1) o (*raro*) **†departìre** [comp. di *di-* (*1*) e *partire* 'dividere'] **v. tr.** (*io dipartisco* o *dipàrto, tu dipartisci* o *dipàrti*; **part. pass.** *dipartito, †dipartùto*) ***1*** †Dividere q.c. in due o più parti. ***2*** (*lett.*) Separare, disgiungere: *ma io però da' miei non ti diparto* (PETRARCA). ***3*** †Distribuire.

dipartìre (2) [comp. di *di-* (*1*) e *partire* 'andar via'] **v. intr. e intr. pron.** (aus. *essere*) ***1*** (*lett.*) Partire, allontanarsi: *dipartirsi dalla casa paterna; non desidero che vi dipartiate da noi* | (*euf.*) Morire. ***2*** (*fig., lett.*) Sviarsi, discostarsi: *dipartirsi dal vero; non vi dipartite da questi princìpi*.

dipartìta [da *dipartire* (*2*)] **s. f.** ***1*** (*lett.*) Partenza, separazione: *dopo l'empia d. / ... dal dolce mio bene* (PETRARCA). ***2*** (*euf.*) Morte.

dipartìto o **†dipartùto** **part. pass.** di *dipartire* (*2*); anche **agg.** ***1*** Nei sign. del v. ***2*** †Appartato, solitario.

†dipàscere ● V. *†depascere*.

†dipelàre [comp. di *di-* (*1*) e *pelo*] **v. tr.** ● Privare del pelo.

†dipellàre [comp. di *di-* (*1*) e *pelle*] **v. tr.** ● Scorticare, spellare.

dipendènte o **†dependènte**. **A part. pres.** di *dipendere*; anche **agg.** ***1*** Nei sign. del v. ***2*** (*ling.*) *Proposizione d.*, subordinata. ‖ **dipendenteménte**, **avv.** (*raro*) In dipendenza. **B s. m. e f.** ***1*** Chi, in un lavoro, un'attività e sim., dipende dal potere direttivo e disciplinare di un datore di lavoro: *riunire i dipendenti; certi nostri dipendenti licenziati* (FOGAZZARO) | *Dipendenti pubblici, privati*, quelli che dipendono da enti pubblici, privati. ***2*** †Suddito | †Cliente, sostenitore. **C s. f.** ● (*ling.*) Proposizione dipendente.

-dipendènte secondo elemento ● In parole composte, formate sul modello di *tossicodipendente*, indica uno stato di dipendenza fisica o psicologica (*anche scherz.*): *videodipendente*.

dipendènza (1) o **†dependènza** [da *dipendere*] **s. f.** ***1*** Condizione o stato di chi, di ciò che dipende da qc., o da q.c.: *la d. di un concetto da un altro; la d. economica di uno Stato dalle grandi potenze* | *In d. di ciò*, in conseguenza di ciò | *D. giuridica del prestatore di lavoro*, subordinazione al datore di lavoro | *Avere qc. alle proprie dipendenze*, essere datore di lavoro, o lavoratore in posizione gerarchicamente superiore, rispetto a qc. | *Essere alle dipendenze di qc.*, lavorare in posizione subordinata rispetto al datore di lavoro o ad altro lavoratore. **2** Assenza o rifiuto cosciente della propria autonomia nei confronti di una persona o di un gruppo: *è in posizione di d. nei confronti dei genitori.* **3** Invincibile bisogno fisico e psichico di assumere una determinata sostanza, spec. droga. **4** (*raro*) Correlazione, connessione: *una stretta d. d'interessi.* **5** (*raro, lett.*) Rapporto di clientela: *alcuni clienti legati alla casa per una d. ereditaria* (MANZONI).

dipendènza (**2**) s. f. ● Adattamento di *dépendance* (V.).

dipèndere o (*dial.*) †**depèndere** [lat. parl. **depĕndere* per il class. *dependēre*, letteralmente 'pendere in giù', comp. di *pendēre* e *dē-*] v. intr. (pass. rem. *io dipési, tu dipendésti*; part. pass. *dipéso*, †*dipendùto*; aus. *essere*) **1** Trarre origine, procedere da: *la tua ignoranza dipende dalla tua pigrizia* | Essere connesso a q.c. da rapporti di causa e d'effetto, costituire la conseguenza di determinate premesse: *spesso il vizio dipende dalla povertà*; *da quella decisione dipendeva il corso della sua vita* | Essere legato al verificarsi e al sussistere di una condizione: *la nostra vittoria dipende dall'elemento sorpresa* | *Dipende*, si vedrà: *verrete con noi, domani? d.!* SIN. Derivare. **2** Essere sottoposto all'autorità, al potere, al dominio e sim. di altri: *d. dai genitori, dai superiori*; *la società dipende dallo Stato* | *D. da se stesso*, essere libero di agire secondo la propria volontà | *Non d. da nessuno*, dipendere unicamente da se stesso | Essere subordinato alle decisioni di qc.: *tutto ormai dipende da te* | Essere subordinato, per il proprio mantenimento, al contributo economico di qc.: *d. dalla famiglia.* **3** (*ling.*) In sintassi, essere retto, detto di caso, complemento o proposizione subordinata.

†**dipennàre** ● V. *depennare*.

dipéso part. pass. di *dipendere* ● Nei sign. del v.

dipìngere o †**depìngere**, (*tosc.*) †**dipìgnere** [vc. dotta, lat. *depĭngere* 'ornare (*pĭngere*) accuratamente (*dē-*)'] **A** v. tr. (pres. *io dipìngo, tu dipìngi*; pass. rem. *io dipìnsi, tu dipingésti*; part. pass. *dipìnto*) **1** Rappresentare q.c. per mezzo della pittura: *d. un paesaggio, una natura morta, un ritratto*; *d. un quadro*; *d. a olio, a tempera, ad acquerello*; *d. su stoffa, su vetro, su tela* | (*ass.*) Dedicarsi alla pittura: *sto imparando a d.*; *dipinge da molti anni.* **2** (*est.*) Ornare con pitture: *d. una sala, una parete, un soffitto* | Colorare, pitturare: *questo mobiletto va dipinto in rosso* | Truccare, imbellettare: *dipingersi il viso, le labbra, gli occhi.* **3** (*fig.*) Descrivere, rappresentare q.c. in modo convincente e realistico, spec. scrivendo o parlando, ma anche con il gesto e i suoni: *d. in una poesia la bellezza di un panorama*; *è un attore che sa d. con pochi tratti un carattere.* **4** †Ricamare. **B** v. intr. pron. **1** (*raro*) Colorirsi: *dipingersi del colore della vergogna.* **2** Mostrarsi, apparire, detto di sentimenti e sim.: *una gran paura gli si dipinse in viso.* **C** v. rifl. ● Tingersi, truccarsi: *dipingersi per sembrare più giovane.*

†**dipingiménto** s. m. ● Atto, effetto del dipingere.

†**dipingitóre** s. m. ● Chi dipinge.

†**dipingitùra** s. f. ● Pittura.

dipìnto o †**depénto**, †**depinto** **A** part. pass. di *dipingere*; anche agg. **1** Nei sign. del v. **2** Nelle loc. *neanche, nemmeno, neppure d.*, usate per rafforzare un'espressione negativa: *non lo voglio vedere nemmeno d.*; *qui non ci starei neppure d.* || **dipintaménte**, avv. Con la pittura. **B** s. m. ● Opera di pittura: *d. pregevole, mediocre*; *un d. di Tiziano.*

dipintóre o †**depintóre**. s. m. (f. *-trice*, pop. *-tora*, scherz. †*-essa*) ● (*lett.*) Pittore.

†**dipintorìa** s. f. ● Arte del dipingere.

dipintùra o †**depentùra**, †**depintùra**. s. f. ● (*raro, lett.*) Pittura.

dipirrìcchio o **dipirrìchio** [vc. dotta, comp. di *di-* (*2*) e *pirrichio*] s. m. ● Piede metrico greco formato di due pirrichi, ossia di quattro sillabe brevi.

diplacușìa ● V. *diploacusia*.

diplegìa [vc. dotta, comp. di *di-* (*2*) e un deriv. del gr. *plēgḗ* 'colpo'] s. f. (pl. *-gie*) ● (*med.*) Paralisi di due nervi o gruppi nervosi omologhi.

diplo- [dal gr. *diplóos* 'doppio'] primo elemento ● In parole composte della terminologia scientifica, significa 'doppio': *diplococco, diploide, diplopia, diploporee.*

diploacușìa o **diplacușìa** [comp. di *diplo-*, del gr. *ákousis*, da *akoúō* 'io sento' e del suff. *-ia*] s. f. ● (*med.*) Alterata percezione di un suono che viene sdoppiato in due tonalità differenti.

diplocòcco [vc. dotta, comp. di *diplo-* e *-cocco*] s. m. (pl. *-chi*) ● Batterio fornito di capsula che si trova comunemente in coppia con un altro, talvolta patogeno (*Diplococcus*).

diplodòco [comp. di *diplo-* e del gr. *dokós* 'trave, barra'] s. m. (pl. *-chi*) ● (*paleont.*) Il più grande dei Dinosauri.

dìploe [vc. dotta, gr. *diplóē*, f. di *diplóos* 'doppio'] s. f. ● (*anat.*) Tessuto osseo spugnoso della volta cranica, tra le due lamine di osso compatto.

†**diplòide** (**1**) [vc. dotta, lat. tardo *diplōide*(*m*), dal gr. *diploís*, genit. *diploïdos* 'doppio' (sottinteso *chlâina* 'veste, mantello')] s. f. ● Mantello che veniva avvolto due volte attorno al corpo.

diplòide (**2**) [vc. dotta, comp. di *diplo-* e *-*(*o*)*ide*] agg. ● (*biol.*) Detto del numero di cromosomi presenti nelle cellule somatiche di animali e piante, uguale per la stessa specie e doppio di quello delle cellule germinali.

diplòma [vc. dotta, lat. *diplōma* (nom.), dal gr. *díplōma*, der. di *diplóos* 'doppio', perché originariamente indicava una tavoletta o carta piegata in *due*] s. m. (pl. *-i*) **1** Attestazione del conseguimento di un titolo di studio: *d. di scuola superiore, di laurea.* **2** Attestazione ufficiale rilasciata da un'accademia, un ente, un'associazione, un'autorità e che conferisce un grado, un diritto o un privilegio: *d. di socio, di cittadinanza, di benemerenza.* **3** Atto solenne di una cancelleria imperiale o reale.

diplomàre **A** v. tr. (*io diplòmo*) ● Conferire un diploma scolastico: *lo hanno diplomato a pieni voti.* **B** v. intr. pron. ● Ottenere un diploma scolastico: *diplomarsi con la media del sette*; *diplomarsi maestro*; *diplomarsi in elettrotecnica.*

diplomàtica [fr. *diplomatique*, dal titolo lat. dell'opera di Mabillon *De re diplomatica*, cioè 'Sulla scienza che riguarda i pubblici documenti (*diplōmata*, pl. di *diplōma*)'] s. f. ● Scienza che studia gli antichi documenti.

diplomàtico [fr. (*agent*) *diplomatique*, da *diplôme* nel senso spec. di 'documento che regola i reciproci rapporti fra le nazioni'] **A** agg. (pl. m. *-ci*) **1** Che si riferisce agli antichi documenti: *archivio d.* | *Scrittura diplomatica*, cancelleresca | *Edizione diplomatica*, fedele riproduzione di un antico manoscritto. **2** Che concerne la diplomazia: *corpo d.*; *missione diplomatica* | *Agente d.*, organo che uno Stato invia nel territorio di un altro allo scopo di intrattenere relazioni internazionali con lo stesso; la persona titolare di tale organo | *Corriere d.*, chi porta alle sedi diplomatiche documenti immuni da accertamenti doganali | *Valigia diplomatica*, l'insieme della corrispondenza inviata o ricevuta da un agente diplomatico all'estero, garantita da norme giuridiche di inviolabilità. **3** (*est.*) Abile, accorto, fine, nel condurre faccende importanti o delicate: *linguaggio d.* || **diplomaticaménte**, avv. **B** s. m. **1** Agente diplomatico | (*fig., scherz.*) *Avere, darsi arie da d.*, darsi grande importanza. **2** (*fig.*) Persona particolarmente avveduta, abile, fine nel trattare questioni importanti o delicate. **3** Dolce fatto di strati di pasta sfoglia farciti di crema e liquore.

diplomatista s. m. e f. (pl. m. *-i*) ● Studioso o esperto di diplomatica.

diplomatizzàre [da *diplomatico* nel sign. A2, sul modello dell'ingl. (*to*) *diplomatise*] v. tr. ● Rendere q.c. oggetto di trattativa, di discussione conciliante con qc. evitando o eludendo polemica o litigiosità: *arriva un momento in cui non è più possibile d. i problemi.*

diplomàto **A** part. pass. di *diplomare*; anche agg. ● Nei sign. del v. **B** s. m. (f. *-a*) ● Chi ha ottenuto un diploma scolastico: *d. in ragioneria*; *i diplomati delle scuole tecniche.*

diplomazìa [fr. *diplomatie*, da *diplôme* (V. *diplomatico*) con la terminazione di *aristocratie* 'aristocrazia' e sim.] s. f. **1** L'insieme delle procedure che regolano i rapporti tra i vari Stati | Il complesso delle persone e degli organi che ogni Stato prepone al mantenimento dei rapporti con gli altri Stati | Carriera, professione di diplomatico. **2** (*est.*) Accortezza e abilità nel condurre faccende importanti o delicate: *parlare e agire con tatto e d.*

diplòmetro [vc. dotta, comp. di *diplo-* e *-metro*] s. m. ● (*med.*) Apparecchio per misurazioni sulle pupille.

diplomifìcio [comp. di *diploma* e *-ficio*] s. m. ● (*scherz.*) Fabbrica di diplomi: *la scuola non deve trasformarsi in un d.*

diplopìa [vc. dotta, comp. di *diplo-* e un deriv. del gr. *ṓps*, genit. *ōpós* 'occhio'] s. f. ● (*med.*) Difetto visivo per cui si vedono doppie le immagini.

diplopiòmetro [comp. di *diplopi*(*a*) e *-metro*] s. m. ● (*med.*) Strumento impiegato in oculistica per la misurazione del grado di diplopia.

Diplòpodi [comp. di *diplo-* e del gr. *póus*, genit. *podós* 'piede'] s. m. pl. ● Nella tassonomia animale, sottoclasse di Miriapodi con corpo cilindrico, antenne brevi, due paia di zampe per ogni segmento, cui appartiene il millepiedi (*Diplopoda*) | (al sing. *-e*) Ogni individuo di tale sottoclasse.

diplopòree [vc. dotta, comp. di *diplo-* e del gr. *póros* 'poro' per i due fori della teca] s. f. pl. ● Gruppo di alghe fossili del Triassico, con il tallo incrostato di carbonato di calcio (*Diplopora*).

Dìpnoi o **Dipnòi** [vc. dotta, gr. *dípnoi*, comp. di *di-* 'dalla doppia' e *pnoḗ* 'respirazione'] s. m. pl. ● Nella tassonomia animale, sottoclasse di Pesci a corpo fusiforme che, nei periodi di secca, possono respirare aria atmosferica grazie alla vescica natatoria trasformata in polmone (*Dipnoi*) | (al sing. *-noo*) Ogni individuo di tale sottoclasse.

dipodìa [vc. dotta, lat. *dipodĭa*(*m*), dal gr. *dipodía* 'di doppio (*di-*) piede (*póus*, genit. *podós*)'] s. f. ● Nella metrica classica, successione di due piedi uguali.

dipòi o **di pòi** [comp. di *di* e *poi*] **A** avv. ● Poi, più tardi, in seguito: *me lo dirai d.* **B** in funzione di agg. ● Seguente: *l'anno d.*; *il mese d.*

dipolàre [da *dipolo*] agg. ● (*fis.*) Che ha due poli | Relativo a dipolo.

dipòlo [vc. dotta, comp. di *di-* (*2*) e *polo* (*2*)] s. m. ● (*fis.*) Particolare sistema di due poli elettrici o magnetici di uguale carica e di segno contrario | *Antenna a d.*, di lunghezza uguale a mezza lunghezza d'onda.

†**dipopolàre** e *deriv.* ● V. †*depopolare* e *deriv.*

†**dipórre** e *deriv.* ● V. *deporre* e *deriv.*

diportaménto s. m. ● (*raro, lett.*) Comportamento, contegno morale.

diportàre [comp. di *di-* (*1*) e *portare*] **A** v. tr. (*io dipòrto*) ● †V. *deportare*. **B** v. intr. pron. **1** (*raro, lett.*) Comportarsi, agire. **2** (*lett.*) Andare a spasso: *sovente in questo loco mi diporto* (POLIZIANO). **3** †Divertirsi, svagarsi.

†**diportévole** agg. ● (*lett.*) Atto a divertire, a svagare.

diportìșmo [da *diporto*] s. m. ● La pratica dello sport nautico con imbarcazioni da diporto.

diportista s. m. e f. (pl. m. *-i*) ● Chi pratica la nautica da diporto.

dipòrto [da *diportarsi* nel senso di 'portarsi, per sollazzo, da un luogo all'altro'] s. m. **1** (*raro*) Atto, effetto del diportarsi | *Andare a d.*, a spasso | Svago, divertimento, ricreazione: *fare q.c. per d.* **2** (*raro*) Sport: *diporti invernali* | *Imbarcazione da d.*, denominazione delle varie imbarcazioni sportive, a vela, a motore o a remi | *Nautica, navigazione da d.*, praticata con imbarcazioni da diporto. **3** †Luogo ameno.

†**dipòșito** e *deriv.* ● V. *deposito* e *deriv.*

†**dipravàre** e *deriv.* ● V. *depravare* e *deriv.*

†**dipredàre** e *deriv.* ● V. *depredare* e *deriv.*

diprèsso [comp. di *di* e *presso*] avv. ● Solo nella loc. avv. *a un d.*, all'incirca, presso a poco: *saremo da voi a un d. fra un'ora*; *occorreranno a un d. tre mesi*; *disterà sei chilometri a un d.*

Dipsacàcee [vc. dotta, dal gr. *dípsakos*, da *dipsa* 'sete', di origine sconosciuta, perché queste piante conservano nelle pieghe delle foglie l'umore della rugiada e l'acqua della pioggia] s. f. pl. ● Nella tassonomia vegetale, famiglia di piante erbacee delle Dicotiledoni con foglie opposte e fiori raccolti in capolini o in spighe (*Dipsacaceae*) | (al sing. *-a*) Ogni individuo di tale famiglia. ➡ ILL. **piante** /9.

dipsòmane agg.; anche s. m. e f. ● Che, chi è affetto da dipsomania.

dipsomanìa [vc. dotta, comp. del gr. *dípsa* 'sete' (V. *Dipsacacee*) e *di- mania*] s. f. ● (*med.*) Abuso periodico di bevande alcoliche per forte desiderio incontrollabile.

diptero o **dittero** [vc. dotta, lat. tardo *dīpteru(m)*, dal gr. *dípteros*, propriamente 'a doppia (*di-*) ala (*pterón*)'] agg. • Detto di tempio classico circondato da doppia fila di colonne.

diptòto o (*raro*) **dittòto** [comp. del gr. *dís* 'a due' e di un deriv. agg. da *ptôsis* 'caso (grammaticale)'] s. m. • (*ling.*) Sostantivo la cui declinazione ha due casi.

†**diputàre** e *deriv.* • V. *deputare* e *deriv.*

diradaménto s. m. • Atto, effetto del diradare e del diradarsi.

diradàre [comp. parasintetico di *rado*, col pref. *di-* (*1*)] **A** v. tr. *1* Rendere meno fitto, meno spesso: *d. la vegetazione, una coltura di barbabietole; una folata di vento diradò il fumo* | *D. le piante*, togliere quelle superflue. *2* Rendere meno frequente: *d. le visite.* **B** v. intr. e intr. pron. (aus. *essere*) • Diventare rado: *la nebbia dirada; le nubi si diradano; la folla si è diradata.*

diradatóre s. m. (f. *-trice*) *1* Boscaiolo che dirada i boschi. *2* Zappetta per diradare le colture a file.

diradatrice s. f. • Macchina agricola per il diradamento meccanico di colture a file.

diradicaménto s. m. *1* (*raro*) Atto, effetto del diradicare. *2* (*raro*) †Sterminio.

diradicàre [comp. parasintetico di *radice*, col pref. *di-* (*1*)] v. tr. (*io diràdico, tu diràdichi*) *1* (*lett.*) Sradicare, divellere. *2* (*fig.*) Mandare in rovina | Uccidere, sterminare.

†**diragnàre** [comp. parasintetico di *ragna*, col pref. *di-* (*1*)] v. tr. *1* Nettare dalle ragnatele | *D. i tini*, prepararli per la vendemmia. *2* (*fig., lett.*) Rendere manifesto.

diramàre (1) [comp. parasintetico di *ramo*, col pref. *di-* (*1*)] **A** v. tr. *1* (*raro*) Dividere in rami. *2* (*fig.*) Diffondere in varie parti, tra più persone: *d. una notizia, un ordine, un comunicato ufficiale.* SIN. Propagare. **B** v. intr. e intr. pron. *1* (*raro*) Dividersi in rami | (*est.*) Suddividersi in due o più derivazioni: *dalla città diramano varie autostrade; le vene si diramano per tutto il corpo.* *2* (*fig.*) Discendere, derivare: *stirpi che sono diramate da ceppi autoctoni; da questa affermazione si diramarono varie teorie.* *3* (*fig.*) Diffondersi, dilatarsi, spargersi: *la notizia si diramò dappertutto.*

diramàre (2) [comp. parasintetico di *ramo*, col pref. *di-* (*1*)] **A** v. tr. • †Sfogliare una pianta dei rami superflui. **B** v. intr. pron. • (*raro*) Perdere i rami.

†**diramàre** (3) [comp. parasintetico di *rame*, con il pref. *di-* (*1*)] v. tr. • Spogliare una superficie del rame che la riveste.

diramatóre (1) [da *diramare* (*1*)] s. m.; anche agg. (f. *-trice*) • Chi, che dirama ordini, notizie e sim.

diramatóre (2) [da *diramare* (*2*)] s. m. • (*raro*) Chi dirama le piante. SIN. Potatore.

diramatùra [da *diramare* (*2*)] s. f. • (*raro*) Atto, effetto del diramare una pianta. SIN. Potatura.

diramazióne [da *diramare* (*1*)] s. f. *1* Atto, effetto del diramare e del diramarsi: *la d. di un corso d'acqua; curare la d. di un ordine* | Punto in cui una pianta, un fiume, una via e sim. si diramano | *Stazione di d.*, da cui si dipartono due o più linee. *2* Ramo (*spec. fig.*): *le diramazioni del fiume, della strada ferrata, di una condultura* | Strada secondaria che si diparte dalla principale.

†**diramoràre** [comp. di *di-* (*1*) e *ramora*, pl. ant. di *ramo*] v. tr. • Spogliare dei rami.

†**dirancàre** [comp. di *di-* (*1*) e *ranco*] v. tr. *1* Storcere, guastare. *2* Svellere, strappare (*anche fig.*).

diraspàre [comp. parasintetico di *raspo*, col pref. *di-* (*1*)] v. tr. • Separare gli acini dell'uva dai raspi al momento della pigiatura.

diraspatrice s. f. • Macchina per diraspare.

diraspatùra s. f. • Atto, effetto del diraspare.

dirazzàre [comp. parasintetico di *razza*, con il pref. *di-* (*1*)] v. intr. (aus. *avere*) • (*raro*) Essere o diventare dissimile, nelle principali caratteristiche, dalla propria razza.

dire o †**dicere** [lat. *dīcere*, originariamente 'mostrare', quindi 'far conoscere per mezzo della parola, dire' in solenni contesti religiosi e tecnici, di origine indeur.] **A** v. tr. (pres. *io dìco, tu dìci*, †*dì, egli dìce, noi diciàmo, voi dìte, essi dìcono*; imperf. *io dicévo*, †*dicéva*; pass. rem. *io dìssi, tu dicésti, egli dìsse, noi dicémmo, voi dicéste, essi dìssero*; fut. *io dirò*, †*diràggio, tu dirài*; congv. pres. *io dìca, tu dìca*, †*dìchi, egli dìca, noi diciàmo, voi diciàte, essi dìcano*; congv. imperf. *io dicéssi*; imp. *di'* /di, di*/ o *dì, dìte*; ger. *dicèndo*; part. pres. *dicènte*; part. pass. *détto*). *1* Proferire, enunciare, per mezzo di parole (*anche ass.*): *per l'emozione non riuscì a d. una sillaba; d. delle stupidaggini; non saper cosa d.; d. ciò che si pensa, la propria opinione; vale a d.; sarebbe a d.; lingua mortal non dice ciò ch'io sentiva in seno* (LEOPARDI) | *D. addio a qc.*, (*fig.*) abbandonarlo | *D. addio a q.c.*, farne a meno, rinunciarvi | *Dirle grosse*, dire degli spropositi | *D. q.c. forte, a voce alta*, (*fig.*) senza timore, con orgoglio | *Dirne un sacco e una sporta*, dire una grande quantità di ingiurie, di insolenze | *D. q.c. chiaro e tondo*, esprimersi con franchezza e senza reticenze su q.c. | *D. di no*, negare | *D. di sì*, accettare, acconsentire | *Non dico di no*, (*fig.*) lo ammetto | *D. la sua*, esporre la propria opinione | *Voler sempre d. l'ultima*, (*fig.*) essere ostinato, non cedere mai | *D. q.c. fra i denti*, a mezza bocca, (*fig.*) malvolentieri, con mala grazia | *Non farselo d. due volte*, non farsi pregare | *Non c'è che d.*, è proprio così | *È tutto d.!*, non occorre aggiungere altro | *Per meglio d.*, più esattamente, precisamente | *Volevo ben d.*, (*anche iron.*) *ero certo, sicuro* | (*atten.*) *Si può d., per così d.*, si sarebbe detto, si direbbe che, diresti quasi, si sarebbe supposto | *È una cosa che non si deve d.*, *da non d.*, è una cosa segreta | *È una cosa da non d.*, è una cosa indescrivibile | *D. pane al pane e vino al vino*, parlare chiaramente, senza ipocrisie. *2* Dichiarare, spiegare, rendere manifesto, esporre, mediante parole, scritti e sim.: *non avere nulla da d.; abbiamo detto tutto sull'argomento* | Raccontare: *dimmi come si sono svolti i fatti* | Affermare, sostenere: *tu dici che io sbaglio; io dico solo cose di cui sono sicuro* | Intendere: *il tale, dico; Diogene il filosofo, dico* | Riferire: *un segreto da non d. a nessuno* | Consigliare, suggerire: *dimmi cosa debbo fare* | *Te l'avevo detto io* ..., con riferimento a un consiglio, un avvertimento e sim. che si è dato ma che è rimasto inascoltato | Imporre, comandare: *ti dico di tacere; gli ho detto per l'ultima volta di non muoversi.* *3* (*ass.*) Parlare, esprimersi: *poter d. liberamente; d. bene, male di qc.; lasciar d.; d. tra sé; a dirla in confidenza; d. davvero, sul serio, per scherzo* | *Avere a che d. con qc.*, (*fig.*) avere motivo di diverbio | *Stare per d.*, essere sul punto di parlare | *Dico a voi!*, mi rivolgo a voi | *Dirsela con qc.*, (*fig.*) intendersela | *Non faccio per d.*, non me ne vanto | *Così, tanto per d.*, tanto per parlare del più e del meno, senza particolare impegno | *Dimmi pure*, parlami liberamente | *Ma ti dico io!*, escl. di stupore, impazienza, e sim. | *Ha fatto una figura che non ti dico*, ha fatto una figura tanto brutta che è difficile descriverla. CONTR. Tacere. *4* Recitare: *d. una poesia a memoria; d. le preghiere; d. la propria parte* | *D. la Messa*, officiarla | (*raro, ass.*) *D. all'improvviso*, improvvisare versi. *5* Presentare, considerare come: *tutti lo dicono un uomo di grande cultura* | Esprimere in una determinata lingua: *'ma' in francese si dice 'mais'; come si dice questa parola in russo?* *6* Dimostrare, esprimere con mezzi non verbali, come gesti e sim., oppure indicare, simboleggiare, rappresentare obiettivamente, esercitando un dato influsso psicologico (*anche ass.*): *questo vi dice quanto io vi stimi; questa richiesta dice molte cose su colui che l'ha avanzata; l'esperienza mi dice che stai sbagliando; il cuore ... ha sempre qualcosa da d. su quello che sarà* (MANZONI); *un silenzio che dice più di un lungo discorso; una situazione che dice tutto* | *Un libro, un quadro, una musica che dicono molto*, ricchi di interesse artistico o di richiami culturali | *Uno sguardo che non dice nulla*, inespressivo, opaco | *È un elemento che non dice*, che non ha peso, importanza. **B** v. intr. impers. (aus. *essere*) • È fama, corre voce: *si dice che sia stato trasferito; si direbbe che tutto sia finito.* **C** in funzione di s. m. • Atto e modo del dire: *il d. è più facile del fare; interruppe il suo d.* | *Stando al tuo d.*, ascoltando ciò che tu dici | *Hai un bel d.*, per quanto tu dica || PROV. Fra il dire e il fare c'è di mezzo il mare.

directory /ingl. di'rekt(ə)ri/ [vc. ingl., propr. 'libro, elenco di istruzioni', dal lat. tardo *directōriu(m)*] s. f. inv. • (*elab.*) Indice degli archivi contenuti in un dispositivo di memoria. SIN. Direttorio.

†**diredaménto** s. m. • Atto, effetto del diredare.

†**diredàre** o †**deredàre**, †**deretàre**, †**diretàre** [comp. di *di-* (*1*) e †*rede*, var. ant. di *erede*] v. tr. *1* Diseredare. *2* Rendere privo di eredi.

†**direditàre** • V. †*disereditare.*

†**dirèggere** [parallelo di *dirigere* con adattamento su *reggere*] v. tr. • (*raro*) Reggere, dirigere.

†**direnàre** [lat. parl. **derenāre*, comp. di *dē-* e *rēnes* 'reni'] **A** v. tr. • Sfiancare, slombare. **B** v. intr. e intr. pron. *1* Sfiancarsi. *2* Sfasciarsi, detto di nave e sim.

†**direpzióne** o †**direzióne** (2) [vc. dotta, lat. *direptiōne(m)*, da *dirĕptus*, part. pass. di *dirĭpere* 'portar via (*răpere*)' con *dis-* raff.] s. f. • Rapina, spoliazione, saccheggio.

†**direstàre** [comp. parasintetico di *resta*, col pref. *di-* (*1*)] **A** v. tr. • Privare il grano delle reste. **B** v. intr. e intr. pron. • Perdere le reste.

†**diretàno** • V. *deretano.*

†**diretàre** • V. †*diredare.*

†**dirètro** • V. *dietro.*

†**di rètro** • V. *dietro.*

dirètta [f. sost. di *diretto*] s. f. • Trasmissione radiofonica o televisiva mandata in onda nello stesso momento in cui viene realizzata (in contrapposizione a *differita*) | Nella loc. avv. *in d.*, dal vivo, senza registrazione preventiva: *seguire in TV una partita di calcio in d.*

direttissima [f. sost. di *direttissimo*] s. f. *1* Strada che segue per quanto possibile il percorso più breve fra le due località che collega, senza attraversare centri abitati, per consentire rapide comunicazioni | Linea ferroviaria che, superando forti ostacoli naturali, unisce nel modo più breve località già collegate da altre linee. *2* Nel linguaggio alpinistico, la via di salita più diretta alla vetta, gener. senza deviazioni. *3* (*dir.*) Nella loc. avv. *per d.*, in seguito a giudizio direttissimo: *giudicare qc. per d.*

direttissimo [sup. di *diretto*] **A** agg. • *Treno d.*, denominazione disusata del treno espresso | (*dir.*) *Giudizio d.*, V. *giudizio.* **B** s. m. • Treno direttissimo.

direttiva s. f. • Disposizione generale che fissa gli obiettivi di fondo di un'attività privata o pubblica, lasciando però una certa libertà di scelta relativamente ai modi, ai mezzi e ai tempi migliori per realizzarli: *direttive politiche; le nuove direttive del ministero; seguire le direttive del consiglio d'amministrazione; direttive comunitarie* | (*est.*) Linea di condotta, indirizzo od orientamento di fondo: *una costante d. di rinnovamento.*

direttività [da *direttivo*, come l'ingl. *directivity*, da *directive*] s. f. • (*rad.*) Attitudine propria di un'antenna a variare la propria efficienza a seconda della direzione dei segnali ricevuti o trasmessi. SIN. Direzionalità.

direttivo [da *diretto*] **A** agg. *1* Che dirige: *consiglio, comitato d.; norma, linea direttiva; funzioni direttive.* *2* Che si riferisce al direttore o a chi dirige: *ufficio d.* **B** s. m. • Gruppo di persone investite di funzioni direttive: *il d. di un partito, di un'associazione; riunire, convocare il d.*

dirètto A part. pass. di *dirigere*; anche agg. *1* Nei sign. del v. *2* Che non presenta deviazioni: *la via diretta* | *Luce diretta*, che arriva immediatamente dalla sorgente luminosa. *3* Immediato: *conseguenza, dipendenza diretta* | (*raro*) *Mezzo d.*, che produce un effetto immediato | *Costo d.*, che può essere imputato direttamente al prodotto | *Puntamento d.*, in artiglieria, quando il puntamento della bocca da fuoco si esegue mirando direttamente a un obiettivo visibile | *Imposta diretta*, che ha per oggetto il reddito o il patrimonio e si riscuote in base a ruolo | *Coltivatore d.*, chi coltiva un fondo di sua proprietà | (*dir.*) *Dominio d.*, V. *dominio.* *4* (*ling.*) *Complemento d.*, il complemento oggetto | *Discorso d.*, tipo di costrutto che si ha quando un narratore, ripetendo le parole di qualcuno, le riproduce così come sono state dette. *5* (*tv*) *Trasmissione in diretta*, V. *diretta.* *6* (*astrol.*) Detto del movimento di un pianeta che attraversa progressivamente i segni zodiacali. *7* †Destro: *mi voltai / verso la terza faccia a man diretta* (BOCCACCIO) | †Giusto, buono. || **direttaménte**, avv. *1* Per via diretta: *vado direttamente alla stazione.*

2 Immediatamente, senza il tramite di intermediari: *trattare direttamente con qc.* *3* †Addirittura. **B** s. m. *1* Treno che viaggia a velocità inferiore a quella dell'espresso, dovendo servire un maggior numero di località. *2* Nel pugilato, colpo portato con il pugno allungato in linea retta, accompagnato dalla torsione della spalla: *d. destro, sinistro.* || **direttissimo**, sup. (V.). **C** in funzione di avv. • Senza indugi o deviazioni: *andarsene d. al proprio posto.*

direttóre [fr. *directeur*, dal lat. tardo *directōre(m)*, nom. *dirēctor*, da *dirēctus* 'diretto'] **A** s. m. (f. *-trice* (V.)) *1* Chi dirige imprese, scuole, enti, associazioni e sim., o è comunque investito di responsabilità e funzioni direttive nell'ambito di determinate attività: *il d. di un quotidiano, di un ufficio, di un collegio; d. d'orchestra* | *D. responsabile*, chi risponde giuridicamente di quanto viene pubblicato in un giornale | *D. di produzione*, responsabile di una produzione cinematografica nei suoi aspetti organizzativi ed amministrativi | *D. artistico*, dirigente responsabile delle scelte artistiche in un ente teatrale o musicale | *D. della fotografia*, responsabile del coordinamento e del controllo tecnico delle operazioni di illuminazione e di ripresa cinematografica | *D. di macchina*, in marina, ufficiale addetto all'apparato motore di una nave | *D. di tiro*, su una nave da guerra, ufficiale responsabile dell'impiego delle artiglierie | *D. d'incontro*, arbitro | *D. tecnico*, il responsabile della preparazione tecnica di una squadra sportiva | *D. sportivo*, l'organizzatore dei quadri e dell'attività di una squadra o di un complesso | *D. di corsa*, ufficiale di gara responsabile del regolare andamento della gara e della disciplina dei partecipanti | *D. spirituale*, sacerdote preposto alla vita spirituale, all'istruzione religiosa e alle pratiche di culto di una comunità o di una singola persona. *2* Dispositivo per aumentare l'efficienza di un'antenna televisiva in una particolare direzione. **B** agg. *1* (*raro*) Che fornisce le direttive: *principio d.; linea direttrice.* *2* (*mat.*) Di direzione: *cono d.*

direttoriàle agg. • Di, da direttore: *ufficio d.* | (*iron.*) *Tono, atteggiamento d.*, sussiegoso o troppo autoritario.

direttòrio (1) [vc. dotta, lat. tardo *directōriu(m)*, da *dirēctus* 'diretto'] **A** agg. *1* (*raro*) Di direzione. *2* (*elab.*) Directory. **B** s. m. • (*relig.*) Istruzione sull'ordine di calendario delle messe e sulle osservanze locali liturgiche, pubblicata a cura di una diocesi, di un gruppo di diocesi o di un ordine religioso | Calendario | Ordine dell'Ufficio Divino.

direttòrio (2) [fr. *directoire*, dal lat. tardo *directōriu(m)*, da *dirēctus* 'diretto'] **A** s. m. • Collegio direttivo | *Il Direttorio*, collegio di cinque membri posto a capo del potere esecutivo in Francia dal 27 ottobre 1795 al 10 novembre 1799 | *Alla d.*, (*ell.*) secondo il gusto e la moda invalsi in Francia sotto il Direttorio. **B** in funzione di agg. inv. (posposto al s.) • Che si riferisce al periodo del Direttorio, detto di stile neoclassico di transizione fra gli stili Luigi XVI e Impero.

direttrìce [da *direttore* con sostituzione del corrispondente suff. f.] **A** s. f. *1* Donna che dirige un ufficio, una scuola, un'azienda, e sim.: *la d. di una sartoria, di un educandato.* *2* Impostazione di principio o linea concreta di sviluppo che si segue nello svolgimento di un'azione politica o di un'operazione militare: *seguire la costante d. dell'europeismo; le tre direttrici dell'attacco nemico.* *3* (*mat.*) *D. d'una conica*, polare d'un fuoco rispetto alla conica | Retta tale che il rapporto delle distanze d'un punto della conica dal fuoco relativo e da essa è costante | *D. d'una superficie rigata*, curva della superficie che incontra tutte le generatrici. **B** agg. • Che indica la direzione: *linea d.* | Che fornisce una direttiva: *norma d.*

direzionàbile agg. • Che può essere orientato o spostato con facilità. SIN. Orientabile.

direzionàle [fr. *directionnel*, da *direction* 'direzione'] **A** agg. *1* Che si riferisce alla direzione, che indica una direzione: *freccia d.* *2* Che si riferisce alla direzione di imprese, aziende e sim.: *gruppo d.; attività d.; norme direzionali* | *Centro d.*, quartiere di una città dove sono raggruppati gli uffici direttivi dei più importanti servizi, pubblici e privati. *3* (*ling.*) Detto di caso che esprime il movimento verso un luogo, o la penetrazione in un luogo. **B** s. m. • (*aeron.*) Strumento che indica l'orientamento direzionale di un aereo.

direzionalità s. f. • Attività direzionale.

direzionàre [da *direzione (1)*] v. tr. (*io direzióno*) • (*raro*) Mandare in una certa direzione | Imporre una direzione.

direzióne (1) [vc. dotta, lat. *directiōne(m)*, da *dirēctus* 'diretto'] s. f. *1* (*raro, lett.*) Invio, indirizzamento. *2* Senso in cui persone o cose si muovono, punto verso il quale si dirigono: *muoversi in direzioni diverse; andare nella stessa d. di qc.; prendere la d. giusta, sbagliata; seguire la d. del vento, della corrente* | *D. di attacco*, quella secondo la quale si muove un'unità militare per eseguire un attacco | *In d. di*, verso | *In d. nord, sud*, verso nord, verso sud. *3* (*mat.*) Carattere comune a tutte le rette parallele a una retta data | *D. orientata*, carattere comune a tutte le rette d'un sistema di rette parallele e ugualmente orientate | *D. principale*, che sia perpendicolare a un'altra e che abbia qualche altro notevole legame con essa. *4* (*fig.*) Indirizzo, corso, tendenza: *mutare d.; imprimere una nuova d. alle proprie idee.* *5* Atto, effetto del dirigere, del comandare: *occuparsi della d. di un'impresa; rinunciare alla d. di un istituto* | Funzione e arte di dirigere un complesso musicale. *6* Organo di guida o di coordinamento nell'ambito di un'attività, investito di autorità di comando su organi o persone subordinate e di responsabilità sull'ordinamento dell'attività stessa: *seguire gli ordini della d.; d. territoriale, di sanità, del genio* | Sede di tale organo: *andare, recarsi in d.; chiamare qc. in d.*

direzióne (2) • V. †*direpzione.*

dirham /'diram/ [ar. *dirham*, dal gr. *drachmḗ* 'dracma'] s. m. inv. *1* Antica moneta araba d'argento la cui coniazione comincia alla fine del VII sec. *2* Unità monetaria circolante in Marocco e negli Emirati Arabi Uniti.

diricciàre [comp. parasintetico di *riccio (1)*, con il pref. *di-* (1)] v. tr. (*io dirìccio*) • (*raro*) Sdiricciare.

†dirìdere e *deriv.* • V. *deridere* e *deriv.*

†dirière o (*raro*) **†dirièri** avv. • (*raro*) Dietro.

†dirièto • V. *dietro.*

†diriètro • V. *dietro.*

dirigènte A part. pres. di *dirigere*; anche agg. *1* Nei sign. del v. *2* *Classe d.*, il complesso delle persone che esercitano un ruolo determinante nella vita politica, economica e sociale del Paese. **B** s. m. e f. *1* Chi svolge mansioni direttive | Impiegato che esplica prevalentemente funzioni direttive e di rappresentanza dell'imprenditore | *D. d'azienda*, chi collabora con l'imprenditore seguendone le direttive generali e sostituendolo con potere di autonomia, iniziativa e disposizioni, sia verso i dipendenti sia verso i terzi. *2* (*ferr.*) *D. del movimento*, chi regola la circolazione dei treni in una stazione e nei tratti di linea a essa contigui.

dirigènza s. f. *1* Attività e ruolo del dirigere, dell'essere dirigente | †Direzione, comando. *2* Complesso dei dirigenti di un'azienda, di un partito e sim.: *la d. sindacale.*

dirigenziàle agg. • Che si riferisce alla dirigenza, ai dirigenti, spec. di un'azienda: *attività d.; mansioni dirigenziali.*

dirìgere [vc. dotta, lat. *dirīgere* 'condurre (*rĕgere*) di qua e di là (*dis-*)'] **A** v. tr. (pres. *io dirìgo, tu dirìgi*; pass. rem. *io dirèssi, tu dirigésti*; part. pass. *dirètto*). *1* Volgere verso un punto determinato: *d. i passi, il cammino verso casa; d. il colpo, la mira, lo sguardo; d. l'attenzione su qc., su q.c.* | (*fig.*) Volgere verso un fine determinato: *d. i propri pensieri al bene.* SIN. Indirizzare. *2* Indirizzare: *d. una lettera, una merce al destinatario; d. una persona all'ufficio informazioni* | Rivolgere: *d. la parola a qc.* *3* Guidare e disciplinare attività, enti, persone e sim., con l'autorità e il comando: *d. le operazioni militari, una ditta, un istituto* | *D. il traffico*, regolarlo | Guidare un complesso musicale, battendo il tempo, dando gli attacchi ai singoli esecutori, curando l'espressione generale del brano eseguito. *4* (*lett.*) Dedicare: *d. a qc. un poema.* **B** v. rifl. *1* Muoversi, andare verso un luogo determinato: *ci dirigemmo al più vicino ristorante; dirigersi verso le montagne* | (*fig.*) Indirizzarsi: *dirigersi verso un'attività commerciale.* *2* (*raro*) Rivolgersi: *mi dirigo a voi per avere un consiglio.*

dirigìbile (1) [da *dirigere*] agg. • (*raro*) Che si può dirigere.

dirigìbile (2) [fr. *dirigeable*, sottinteso *ballon*, '(pallone) che può essere diretto (da *diriger* 'dirigere')'] s. m. • Aerostato di forma affusolata, munito di organi di propulsione, stabilità e governo: *d. floscio, semirigido, rigido.*

dirigibilìsta s. m. (pl. *-i*) • Addetto alla condotta o al servizio a terra e in volo di un dirigibile.

dirigìsmo [fr. *dirigisme*, da *diriger* 'dirigere'] s. m. • Intervento statale nella direzione della vita economica per scopi politici e sociali, tali da influire in modo diretto e specifico sui vari settori della produzione e della distribuzione dei beni.

dirigìsta [fr. *dirigiste*, da *dirigisme* 'dirigismo'] **A** s. m. e f. (pl. m. *-i*) • Sostenitore, seguace del dirigismo. **B** agg. • Dirigistico.

dirigìstico agg. (pl. m. *-ci*) • Proprio del dirigismo.

dirimènte part. pres. di *dirimere*; anche agg. *1* Nei sign. del v. *2* (*dir.*) *Impedimento matrimoniale d.*, che rende nullo il concluso matrimonio.

dirìmere o **derìmere** [vc. dotta, lat. *dirĭmere*, originariamente 'separare, disgiungere', comp. di *ĕmere*, nel sign. originario di 'prendere' con *dis-* (1) 'prendere separatamente'] v. tr. (dif. del part. pass. e dei tempi comp.; pass. rem., raro *io diriméi* o *dirimètti, tu diriméstì*) *1* †Dividere, spartire. *2* (*lett.*) Risolvere definitivamente, metter fine: *d. una lite, una questione, una controversia.*

dirimpettàio [da *dirimpetto*] s. m. (f. *-a*) • (*fam.*) Chi sta nell'appartamento o nell'edificio dirimpetto | Chi sta di fronte.

dirimpètto o (*raro*) **di rimpètto** [comp. di *di* e *rimpetto*] **A** avv. • Di contro, di faccia, di fronte: *vai al negozio qui d.* | (*raro*) Anche nelle loc. *a, al d.* **B** nelle loc. prep. *d. a*, raro *d. di*, lett. *d. da* • Di fronte a, di faccia a: *due uomini stavano, l'uno d. all'altro, al confluente, per dir così, delle due viottole* (MANZONI); *e dimostrogli un luogo a d. / di quel verone* (ARIOSTO). **C** in funzione di agg. inv. • Che sta di fronte: *la casa d.* **D** in funzione di s. m. solo sing. • (*raro*) Parte che sta di fronte.

dirindìna • V. *dindirindina.*

dirindindìna • V. *dindirindina.*

†diripàta [comp. di *di-* (1) e *ripa*] s. f. • Precipizio, burrone.

dirìtta o **drìtta** [lat. *dirēcta(m)*, sott. *manu(m)*, perché mano adatta a compiere *direttamente* le sue funzioni] s. f. *1* (*lett.*) Mano destra | *Dare la d. a qc.*, farlo stare alla propria destra in segno di rispetto | *Non sapere a chi dare la d.*, non sapere chi preferire, fra due persone | (*est., raro, tosc.*) *Avere, cedere, lasciare la d.*, la preminenza, il vantaggio. *2* V. *dritta.*

†dirittànza s. f. • (*raro*) Giustizia.

dirittézza o **dirittèzza**. s. f. • (*raro*) Qualità di chi, di ciò che è diritto | (*fig.*) Rettitudine morale | (*fam., fig.*) Furberia.

dirìtto (1) o **drìtto (1)** [vc. dotta, lat. parl. **dirīctu(m)* per il lat. class. *dirēctu(m)*, comp. di *di-* (per *dē-*) di completamento e *rēctus* 'tracciato in linea retta', da *rĕgere* 'dirigere'] **A** agg. *1* Che segue una linea retta: *sentiero, filare, solco d.; strada diritta* | Che ha per asse una linea retta: *asta diritta; gambe diritte* | Che è situato in linea retta rispetto a un punto di riferimento: *eccola là, dritta al mio dito* | (*est.*) Che non si interrompe, non devia, non pende, e sim.: *tracciato d.; riga diritta; orlo, vestito d.* | †*Alla diritta*, (*ell.*) dalla parte diritta, dalla parte giusta (*anche fig.*). CONTR. Storto. *2* Che si erge verticalmente: *muro, pilastro, palo, albero d.; colonna diritta* | Ritto in piedi: *per tenersi d. si appoggiava al bastone* | *Stare d.*, stare in piedi | *Levarsi d.*, levarsi in piedi | Eretto nella persona e nel portamento: *alla sua età è ancora d. come un giovanotto* | *D. come un fuso*, quasi rigido. *3* Destro, detto spec. di parti del corpo: *braccio, piede d.; mano diritta; lato d.* CONTR. Sinistro. *4* (*raro, lett.*) Proteso, rivolto: *teneva il viso d. verso il cielo* | (*lett.*) †Indirizzato: *rispose d'aver avute lettere diritte a me* (MARINO). *5* (*fig.*) Retto, onesto, buono: *coscienza, indole diritta; un giovane d. di cuore* | *La diritta via*, (*fig.*) quella del bene e della virtù | (*lett.*) †Giusto, leale: *mercatante era, e d ... uomo assai* (BOCCACCIO) | †Esatto: *conto d.* **6** (*lett., fig.*) Abile, accorto, sagace. **7** V. *dritto* (*1*). **8** (*raro, lett., fig.*) Saldo, che non recede: *questo esemplare di volontà diritta* (D'ANNUNZIO). **9** (*fig.*) †Effettivo, legittimo | (*lett.*) †Vero, reale: *un pronunciato ... verissimo quando ... preso a suo d. senso* (GALILEI). **10** (*fig.*) †Conveniente, adatto alle circostanze: *diritti consigli* | †Prospero, favorevole: *tempo d.*; *stagione diritta.* || **dirittaménte**, avv. **1** (*raro*) Con andamento diritto, in linea retta. **2** (*lett., fig.*) Con rettitudine: *operare, agire, giudicare dirittamente*; giustamente: *amministrare dirittamente.* **3** (*raro, lett.*) Con ragione. **4** †Acconciamente. **B** avv. **1** Di fronte: *Colà d., sovra 'l verde smalto, / mi fuor mostrati li spiriti magni* (DANTE *Inf.* IV, 118-119). **2** In linea retta: *credo che da Roma a questo luogo, andando d. per tramontana, sia spazio quasi di dumila secento miglia* (DANTE). **3** Direttamente (*anche fig.*): *persone che vanno d. allo scopo*; *ho fatto sferzare i cavalli del mio calesse, e d. sempre sino a Siena* (FOSCOLO) | *Andare, tirare d. per la propria strada*, (*fig.*) tendere al proprio scopo senza curarsi d'altro | Con valore raff. *diritto diritto*: *gli stavo piombando d. d. addosso.* **4** (*fig., lett.*) †Giustamente: *i' come uom ch'erra, e poi più dritto estima, / dico a la mente mia: Tu se' 'ngannata* (PETRARCA) | †Rettamente, onestamente. **C** s. m. **1** La faccia principale o migliore, posta dalla parte esterna, di un oggetto con due facce: *d. di una medaglia, di una moneta, di una stoffa* | *Prendere q.c. per il suo d.*, (*fig.*) prenderla per il suo verso | *Non avere né d. né rovescio*, (*fig.*) di persona, essere bisbetico e intrattabile | *Per d. e per traverso*, (*fig.*) in ogni direzione e (*est.*) in un modo e nell'altro. CONTR. Rovescio. ➡ ILL. **moneta**. **2** Nel tennis, tiro fondamentale che si effettua colpendo la palla con la faccia interna della racchetta, con il braccio quasi teso. **3** Faccia di un tessuto che resterà esposta alla vista nei manufatti con esso costruiti | Punto base nei lavori a maglia. **4** (*raro*) †Linea retta | †Dirittura. **5** (*raro, fig.*) †Giusta misura.

diritto (**2**) o †**dritto** (**3**) [vc. dotta, lat. tardo *dirēctu(m)*, 'diritto' agg. sost. come opposto a *tŏrtu(m)* 'storto, torto'] s. m. **1** Complesso di norme legislative o consuetudinarie che disciplinano i rapporti sociali: *d. naturale, privato, pubblico, costituzionale, penale.* **2** Scienza giuridica: *cultore di d.*; *scuola di d.*; *filosofia del d.*; *storia del d.* | *D. comparato*, studio comparativo di istituti giuridici in diversi ordinamenti. **3** Interesse tutelato dalla legge mediante la garanzia di una diretta utilità sostanziale: *diritti e doveri dei cittadini*; *d. di proprietà*; *d. di sciopero*; *far valere, difendere, i propri diritti*; *avere d. al voto, avere il d. di voto* | *Di d.*, secondo ciò che la legge dispone o facendo uso di un proprio diritto. **4** (*spec. al pl.*) Tassa, onere fisso riscosso in corrispettivo di un atto, di un servizio, o in osservanza di certe norme: *diritti di segreteria, di registro, di bollo* | (*econ.*) *D. speciale di prelievo*, unità ideale di conto di cui ciascun membro del Fondo Monetario Internazionale può disporre per il regolamento di posizioni debitorie con altri Paesi membri | Diritti doganali, dovuti per il passaggio delle merci attraverso la linea doganale. **5** (*est., gener.*) Potere, facoltà che deriva da una consuetudine o da una norma morale: *i diritti della vecchiaia*; *vantare i diritti della ragione*; *ho d. a un po' di rispetto*; *non hai il d. di fare queste cose*; *chi ti dà il d. di seguirmi?*; *con quale d. fai questo?* | *D. del sangue*, quello che si richiama ai legami della consanguineità | *Il d. del più forte*, basato sulla superiorità fisica o economica di qc. | *D. divino*, quello dei sovrani, che lo facevano discendere da Dio | *Di d.*, in forza del diritto | *A buon d.*, con legittima ragione | *A maggior d.*, a tanto maggior ragione | *Questione di d.*, di principio. **6** †Dirittura morale, rettitudine. **7** †Ragione, giustizia | †*Fare d.*, fare giustizia.

dirittóne ● V. *drittone.*

†**dirittorovèscio** ● V. †*drittorovescio.*

dirittùra (**1**) o (*raro*) **drittùra** [da *diritto* (*1*) sul modello del lat. tardo *directūra(m)* 'direzione, linea retta (*dirēcta*)'] s. f. **1** Andamento in linea retta: *andare, trovarsi, essere nella d. di qc., di q.c.* | (*est., raro*) Linea retta: *procedere in d.* | *D. d'arrivo, finale*, tratto terminale rettilineo di una pista o di una strada, ove si conclude una gara di velocità; (*fig.*) fase conclusiva di un lavoro, di una trattativa e sim. | †*A d.*, direttamente, senza deviare e (*fig.*) senza indugio o esitazione | †*Prendere una d.*, (*fig.*) continuare ad agire in un dato modo, senza variare. **2** (*fig.*) Coscienza di ciò che è giusto e onesto: *una persona di grande d. morale* | (*raro*) †Bontà. SIN. Rettitudine, probità. **3** †Giustizia | †*Fare d.*, amministrare la giustizia e (*est.*) comportarsi rettamente.

†**dirittùra** (**2**) [da *diritto* (*2*) nel senso di '(potere d'esigere) quanto dovuto'] s. f. ● Imposta, tributo: *franchi e liberi d'ogni dazio, e gabella e d.* (VILLANI).

†**dirittuRière** o †**dritturière** [ant. fr. *droiturier* 'che agisce secondo diritto (*droit*)'] agg.; anche s. m. ● Che, chi è retto, giusto.

†**dirivàre** e *deriv.* ● V. *derivare* (*1*) e *deriv.*

dirizzaménto o †**drizzaménto** s. m. **1** (*raro*) Atto del drizzare o del drizzarsi. **2** †Direzione | †Ammaestramento | †Correzione.

dirizzàre ● V. *drizzare.*

†**dirizzatìvo** ● V. †*drizzativo.*

†**dirizzatóio** o †**drizzatóio** s. m. **1** (*raro*) Credenza | Scansia. **2** Specie di pettine per spartire i capelli.

†**dirizzatóre** ● V. *drizzatore.*

dirizzatùra s. f. **1** Scriminatura dei capelli: *i neri e giovanili capelli spartiti ... con una bianca e sottile d.* (MANZONI). **2** V. *drizzatura.*

dirizzóne [lat. *directiōne(m)* 'direzione' con sovrapposizione di *diritto* (*1*)] s. m. ● Impulso irrefrenabile ad agire con sconsideratezza e ostinazione | (*est.*) *Prendere, pigliare un d.*, prendere una cantonata, un abbaglio.

dirlindàna ● V. *tirlindana.*

diro [vc. dotta, lat. *dīru(m)*, dapprima termine religioso ('di cattivo augurio, sinistro'), di etim. incerta, prob. di origine dial.] agg. **1** (*lett.*) Crudele, spietato | †Empio. **2** (*raro, lett.*) Atroce, spaventoso | (*lett.*) Funesto, doloroso: *suo fato acerbo e d.* (POLIZIANO).

diroccaménto s. m. ● Atto, effetto del diroccare.

diroccàre [comp. parasintetico di *rocca* (*2*), col pref. *di-* (*1*)] **A** v. tr. (*io diròcco, tu diròcchi*) ● Abbattere, demolire: *d. una fortezza, una torre, un muro.* **B** v. intr. (aus. *essere*) ● (*raro, lett.*) Cadere rovinosamente dall'alto.

diroccàto part. pass. di *diroccare*; anche agg. **1** Nei sign. del v. **2** Semidistrutto, cadente: *costruzione diroccata.*

†**diroccatóre** s. m. (f. *-trice*, raro) ● (*raro*) Chi dirocca.

†**dirocciàre** [comp. di *di-* (*1*) e *roccia*] v. intr. e intr. pron. ● (*lett.*) Scendere o precipitare di roccia in roccia.

dirofilària [comp. con *filaria*; non conosciuta l'orig. della prima parte del termine] s. f. ● Nematode parassita di cani, gatti e carnivori selvatici, cui è trasmesso da zanzare (*Dirofilaria immitis*).

†**dirogàre** ● V. *derogare.*

dirompènte part. pres. di *dirompere*; anche agg. **1** Nei sign. del v. **2** *Esplosivo d.*, dotato di altissima velocità di esplosione, usato, a seconda delle sue caratteristiche, per il riempimento di proietti e bombe, per esplosivi da miniera, per detonatori | *Granata, bomba d.*, con pareti robuste e ad alto esplosivo, di grande efficacia per la proiezione di grosse schegge. **3** (*fig.*) Che suscita un effetto clamoroso, che provoca forti reazioni: *una dichiarazione, una notizia d.*

dirompènza s. f. ● Potere dirompente (*anche fig.*): *la d. di un esplosivo, di una dichiarazione.*

dirómpere [vc. dotta, lat. *dirŭmpere* 'rompere (*rŭmpere*) a pezzi (*dis-*)'] **A** v. tr. (coniug. come *rompere*) **1** †Spezzare, infrangere, rompere con violenza | (*fig.*) †Fiaccare, spossare. **2** (*raro*) Sciogliere la durezza e il torpore delle membra, delle articolazioni. SIN. Sgranchire. **3** †Interrompere. **B** v. intr. (aus. *essere*) ● (*raro, lett.*) Cadere in gran quantità e rovinosamente: *ogni sorta d'acque ... dirompendo ai monti avevan dilagato al piano* (BACCHELLI). **C** v. intr. pron. **1** (*lett.*) Aprirsi, frangersi, rompersi con violenza: *la calca si diruppe*; *le onde si dirompevano sulla riva.* **2** (*raro*) Diventare agile. **3** (*fig.*) †Abbandonarsi interamente. **4** (*raro, lett.*) Prorompere, scoppiare: *dirompersi in lacrime.*

dirottaménto s. m. ● Atto, effetto del dirottare: *il d. di un aereo, di un natante.*

dirottàre [comp. parasintetico di *rotta* (*2*), col pref. *di-* (*1*)] **A** v. tr. (*io dirótto*) **1** Far deviare dalla rotta prestabilita: *d. un aereo, una nave.* **2** (*est.*) Deviare: *d. il traffico automobilistico verso l'autostrada.* **B** v. intr. (aus. *avere*) **1** Deviare dalla rotta prestabilita: *la nave ha dirottato a causa d'avarie al timone.* **2** (*est.*) Cambiare direzione.

dirottatóre s. m. (f. *-trice*) ● Chi, spec. per motivi politici, obbliga, sotto la minaccia delle armi, l'equipaggio di un aereo, o di una nave, a cambiare rotta dirigendosi nel luogo da lui indicato.

dirótto part. pass. di *dirompere*; anche agg. **1** Nei sign. del v. **2** Violento, irrefrenabile, scrosciante: *pioggia dirotta*; *pianto d.* | †*Cielo d.*, molto piovoso | *A d.*, (*lett.*) *a, alla dirotta*, (*ell.*) dirottamente. **3** (*lett.*) Scosceso: *per valli pietrose, per balzi dirotti* (MANZONI). || **dirottaménte**, avv. In modo dirotto, violento, irrefrenabile: *piangere, piovere dirottamente.*

dirozzaménto s. m. **1** Atto, effetto del dirozzare e del dirozzarsi. **2** †Rudimento | Abbozzo.

dirozzàre [comp. parasintetico di *rozzo*, col pref. *di-* (*1*)] **A** v. tr. (*io dirózzo*) **1** Rendere meno ruvido, meno scabro: *d. un legno, un marmo, un metallo* | (*raro, est.*) Abbozzare. **2** (*fig.*) Rendere meno rozzo, meno imperfetto: *d. le consuetudini di una popolazione*; *andò dirozzando i suoi lavori d'ingegno* (VICO). SIN. Affinare, incivilire, sgrezzare. **3** (*fig.*) Cominciare a istruire, a educare: *d. un fanciullo*; *d. l'animo, la mente.* **B** v. intr. pron. ● Diventare meno rozzo, ingentilirsi: *si è molto dirozzato nelle maniere* | (*raro*) Istruirsi, erudirsi.

dirozzatóre agg.; anche s. m. (f. *-trice*) ● Che, chi dirozza (*spec. fig.*).

dirt-track /ingl. 'də:t træk/ [vc. ingl., comp. di *dirt* 'sporcizia' e *track* 'pista'] s. m. inv. (pl. ingl. *dirt-tracks*) ● (*sport*) Pista ricoperta di cenere o di carbone in polvere, usata per particolari corse motociclistiche.

†**dirubàre** e *deriv.* ● V. *derubare* e *deriv.*

diruggìnàre [comp. parasintetico di *ruggine*, col pref. *di-* (*1*)] v. tr. (*io dirùggino*) **1** (*raro*) Dirugginire. **2** (*fig.*) Arrotare, digrignare: *d. i denti.*

diruggìnio [da *dirugginire*] s. m. ● Suono stridulo prodotto dirugginando un ferro o sfregando due ferri fra loro | (*fig.*) *D. dei denti*, scricchiolio.

dirugginìre [comp. parasintetico di *ruggine*, col pref. *di-* (*1*)] v. tr. (*io dirugginìsco, tu dirugginìsci*) ● Pulire dalla ruggine: *d. il ferro* | (*est.*) Rendere nuovamente agile, elastico (*anche fig.*): *d. le membra, le idee.*

dirupaménto s. m. **1** †Atto, effetto del dirupare e del diruparsi. **2** (*raro, lett.*) Luogo dirupato.

dirupàre o (*raro*) †**derupàre** [comp. parasintetico di *rupe*, col pref. *di-* (*1*)] **A** v. tr. (*io dirùpo*) ● †Gettare da una rupe, precipitare dall'alto | (*est.*) †Atterrare, abbattere (*anche fig.*). **B** v. intr. e intr. pron. (aus. *essere*) **1** (*raro, lett.*) Precipitarsi con impeto: *diruparsi giù per un monte.* **2** (*raro*) Cadere precipitando rovinosamente | (*est.*) Franare. **3** (*raro*) Essere ripido, scosceso.

†**dirupàta** s. f. ● Dirupo.

dirupàto **A** part. pass. di *dirupare*; anche agg. **1** Nei sign. del v. **2** Pieno di dirupi, scosceso: *pendio, terreno d.* **B** s. m. ● †Dirupo.

†**dirupinàre** [vc. dotta, lat. **derupināre*, comp. di *dē-* di movimento verso il basso, e *rupīna* 'roccia'] v. tr., intr. e intr. pron. ● Dirupare.

dirùpo [da *dirupare*] s. m. **1** Luogo roccioso o dirupato | Precipizio. **2** (*raro*) †Costruzione in rovina.

dirùto o **diruto** [vc. dotta, lat. *dīrutu(m)*, part. pass. di *dirŭere* 'rovinare (*rŭere*) completamente (*dis-*)'] agg. ● (*lett.*) Abbattuto, in rovina | *Mura dirute*, in rovina, diroccate.

diruttóre [dal lat. *dirŭptus*, part. pass. di *dirŭmpere* (V. *dirompere*)] s. m. ● (*aer.*) Disruttore.

dis- (**1**) [ripete il pref. lat. separativo *dis-*, di origine indeur.] pref. (forma ridotta *s-* in alcuni casi) ● Esprime valore negativo (*disamare, disamore, disattento, discontinuo, diseducare, disonore*) o indica dispersione, separazione (*disgiungere, distrarre*).

dis- (**2**) [dal pref. gr. *dys-*, col sign. di male, mancanza] pref. ● In parole composte, spec. della terminologia medica, indica alterazione, anomalia, malformazione, e sim.: *disfunzione, dispepsia, distrofia.*

dişabbellire [comp. di *dis-* (*1*) e *abbellire*] **A** v. tr. (*io dişabbellisco, tu dişabbellisci*) ● (*lett.*) Privare della bellezza, degli ornamenti e sim.: *d. qc.* o *q.c.* **B** v. intr. pron. ● (*lett.*) Diventare meno bello.

dişabbigliàre [fr. *déshabiller*, comp. di *dés-* neg. e *habiller* 'addobbare'] **A** v. tr. (*io dişabbìglio*) ● (*raro*) Svestire, spogliare. **B** v. rifl. ● Svestirsi.

dişàbile [comp. di *dis-* (*1*) e *abile*] **A** agg. ● †Che non è abile. **B** agg. e s. m. e f. ● Handicappato.

dişabilità s. f. *1* †Mancanza di abilità. *2* L'essere handicappato.

dişabilitàre v. tr. (*io dişabìlito*) ● Privare di particolari attitudini o capacità: *d. qc. a un lavoro.*

dişabilitàto part. pass. di *disabilitare*; anche agg. ● Nel sign. del v.

†**dişabitàre** [comp. di *dis-* (*1*) e *abitare*] v. tr. e intr. pron. ● Spopolare, spopolarsi.

dişabitàto part. pass. di †*disabitare*; anche agg. *1* Nei sign. del v. *2* Non abitato, privo di abitanti: *casa, regione disabitata* | (*fig.*) †*Corpo d.*, di chi mangia molto.

†**dişabitazióne** s. f. ● Spopolamento.

dişabituàre [comp. di *dis-* (*1*) e *abituare*] **A** v. tr. (*io dişabìtuo*) ● Privare di un'abitudine: *d. qc. al vino.* SIN. Disassuefare. **B** v. intr. pron. ● Perdere l'abitudine a q.c.

†**disaccàre** [comp. di *di-* (*1*) e *sacco*] v. tr. ● Togliere q.c. da un sacco, vuotare un sacco.

disaccaridàşi [comp. di *disaccarid(e)* e *-asi*] s. f. ● (*chim.*) Enzima che catalizza la scissione della molecola di un disaccaride nei due monosaccaridi costitutivi.

disaccàride [vc. dotta, comp. di *di-* (*2*) e *saccaride*] s. m. ● (*chim.*) Glucide solubile in acqua, di solito dolce, formato dalla condensazione, con eliminazione di una molecola d'acqua, di due molecole di monosaccaride.

dişaccentàre [comp. di *dis-* (*1*) e *accentare*] v. tr. (*io dişaccènto*) ● Privare dell'accento.

dişaccentàto part. pass. di *disaccentare*; anche agg. ● Nel sign. del v.

†**dişaccèrto** [sp. *desacierto*, da *desacertar*, comp. di *des-* neg. e *acertar* 'accertare'] s. m. ● Errore.

†**dişaccettàre** [comp. di *dis-* (*1*) e *accettare*] v. tr. ● Ricusare, rifiutare.

†**dişaccètto** [da *disaccettare*] agg. ● (*lett.*) Sgradito, inviso.

†**disaccolàre** [comp. di *di-* (*1*) e *saccolo*] v. intr. ● (*raro*) Divincolarsi.

dişaccóncio (1) [comp. di *dis-* (*1*) e *acconcio* (*1*)] agg. (pl. f. *-ce*) *1* (*lett.*) Disadatto, sconveniente. *2* †Disordinato. || †**disacconciaménte**, avv.

†**dişaccóncio (2)** [comp. di *dis-* (*1*) e *acconcio* (*2*)] s. m. ● Incomodo.

dişaccoppiàre [comp. di *dis-* (*1*) e *accoppiare*] v. tr. (*io dişaccòppio*) ● Separare due cose accoppiate.

dişaccordàre [comp. di *dis-* (*1*) e *accordare*] **A** v. tr. (*io dişaccòrdo*) ● In musica, privare dell'accordo | (*est.*) †Mettere in disaccordo. **B** v. intr. pron. ● (*raro, lett.*) Essere discordante: *quei colori si disaccordano* | (*raro*) Venire a contrasto, a contesa.

dişaccòrdo [da *disaccordare*] s. m. *1* In musica, mancanza di accordo. *2* (*fig.*) Dissenso, discordanza: *d. di idee, di opinioni.* *3* (*fig.*) Discordia, dissapore, screzio: *trovare motivi di d.*; *essere in d. con qc. su q.c.*

dişacerbàre o †**dişacervàre** [comp. parasintetico di *acerbo*, col pref. *dis-* (*1*)] **A** v. tr. (*io dişacèrbo*) *1* (*raro*) †Rendere meno acerbo, far maturare. *2* (*fig., lett.*) Addolcire, lenire, mitigare. **B** v. intr. pron. *1* †Diventare maturo. *2* (*fig., lett.*) Divenire meno aspro, meno intenso e tormentoso: *il dolore si disacerba.*

dişacidaménto s. m. ● Modo e atto del disacidare.

dişacidàre [comp. di *dis-* (*1*) e *acido*] v. tr. (*io dişàcido*) ● Rendere privo di acidità: *d. il vino.*

dişacidazióne s. f. ● Atto, effetto del disacidare.

dişacidificazióne s. f. ● Perdita dell'acidità.

dişacidire v. tr. (*io dişacidìsco, tu dişacidìsci*) ● Disacidare.

†**dişacquistàre** [comp. di *dis-* (*1*) e *acquistare*] v. tr. ● (*raro*) Perdere ciò che si è acquistato.

†**dişacquìsto** s. m. ● (*raro*) Perdita.

†**disacràre** ● V. *dissacrare.*

dişacușia [comp. di *dis-* (*2*) e un deriv. del gr. *ákousis* 'azione di udire'] s. f. ● (*med.*) Indebolimento delle facoltà uditive.

†**dişadagiàre** [comp. di *dis-* (*1*) e *adagiare*] v. tr. e rifl. ● Togliere dagli agi.

†**dişadattàggine** s. f. ● Qualità di chi, di ciò che è disadatto.

dişadattaménto [comp. di *dis-* (*1*) e *adattamento*] s. m. ● (*psicol.*) Incapacità, più o meno durevole, di adattamento | Incapacità di risolvere i problemi posti dall'ambiente quotidiano | *D. sociale*, incapacità di soddisfare alle esigenze dell'ambiente sociale o ai normali bisogni di compagnia e di relazioni sociali.

dişadattàre [comp. di *dis-* (*1*) e *adattare*] v. tr. ● Rendere disadattato.

dişadattàto [part. pass. di *disadattare*] agg.; anche s. m. (f. *-a*) ● (*psicol.*) Che, chi è caratterizzato o affetto da disadattamento.

dişadàtto [comp. di *dis-* (*1*) e *adatto*] agg. *1* Che non è adatto o conveniente per un certo uso: *abito d. a, per, una cerimonia ufficiale* | (*est.*) Insufficiente, incomodo: *casa disadatta a una famiglia numerosa* | †Che si maneggia male, a fatica. *2* Che non è idoneo, capace e sim., che è privo delle attitudini necessarie: *fisico d. allo sport.* || **disadattaménte**, avv. (*raro*) In modo disadatto.

dişaddobbàre [comp. di *dis-* (*1*) e *addobbare*] v. tr. (*io dişaddòbbo*) ● Privare degli addobbi, degli abiti, degli ornamenti e sim.

†**dişadiràto** [comp. di *dis-* (*1*) e *adirato*] agg. ● (*raro*) Che non è più adirato.

dişadornàre v. tr. (*io dişadórno*) *1* (*raro*) Privare degli ornamenti. *2* (*est.*) Rendere meno bello o adorno.

dişadórno [comp. di *dis-* (*1*) e *adorno*] agg. *1* Privo di ornamenti, semplice, sobrio: *abito d.*; *stile d.* *2* (*est.*) Nudo, spoglio, squallido: *altare d.*; *linguaggio d.*

dişaeràre [comp. di *dis-* (*1*) e *aerare*] v. tr. (*io dişàero*) ● Privare sostanze, strutture e sim. dell'aria che vi è contenuta.

dişaeratóre s. m. ● Apparecchio usato per disaerare.

dişaerazióne s. f. ● Atto, effetto del disaerare.

†**dişaffannàre** [comp. di *dis-* (*1*) e *affannare*] v. tr. ● Mitigare l'affanno, la pena, il dolore e sim.

†**dişaffaticàre** [comp. di *dis-* (*1*) e *affaticare*] **A** v. tr. ● Liberare dalla fatica. **B** v. rifl. ● Riaversi, riposarsi dalla fatica.

†**dişaffezionaménto** s. m. ● Atto, effetto del disaffezionare e del disaffezionarsi.

dişaffezionàre [comp. di *dis-* (*1*) e *affezionare*] **A** v. tr. (*io dişaffezióno*) ● (*lett.*) Privare dell'interesse, dell'attaccamento, dell'affetto, e sim., per qc. o per q.c.: *d. qc. dai propri ideali*; *nuovi interessi lo disaffezionarono dai vecchi amici* | *Disaffezionarsi la simpatia generale*, perderla. **B** v. intr. pron. ● Cessare di essere interessato, affezionato e sim.: *disaffezionarsi da un'attività sportiva*; *disaffezionarsi ai propri genitori.*

dişaffezionàto part. pass. di *disaffezionare*; anche agg. ● Nei sign. del v.

dişaffezióne [da *disaffezionare*] s. f. ● Diminuzione o mancanza d'affetto, d'interesse e sim.: *d. dalla famiglia*; *d. allo studio, al lavoro*; *provare, sentire d. a, per qc.*

dişagévole [comp. di *dis-* (*1*) e *agevole*] agg. *1* Che è privo di comodità, agi e sim.: *viaggio d.*; *casa d.* SIN. Scomodo. *2* Che presenta difficoltà, ostacoli, pericoli e sim.: *sentiero, cammino, situazione d.* SIN. Difficile. || **disagevolménte**, avv.

dişagevolézza s. f. ● (*raro*) Qualità di ciò che è disagevole.

dişàggio [comp. di *dis-* (*1*) e *aggio* (*1*)] s. m. ● (*econ.*) Differenza negativa tra valore nominale e valore reale di una valuta o di un titolo.

†**dişaggradàre** [comp. di *dis-* (*1*) e *aggradare*] v. intr. (oggi dif. dei tempi comp. e usato solo nella terza pers. sing. dei tempi semplici) ● Riuscire sgradito, dispiacere.

dişaggradévole agg. ● (*raro*) Sgradevole: *comportamento, annuncio d.* || †**disaggradevolménte**, avv. In modo sgradevole.

†**dişaggradire** [comp. di *dis-* (*1*) e *aggradire*] **A** v. tr. ● Non gradire: *d. le cortesie di qc.* **B** v. intr. ● Riuscire sgradevole: *d. a qc.*

†**dişaggregaménto** s. m. ● Disaggregazione.

dişaggregàre [comp. di *dis-* (*1*) e *aggregare*] v. tr. (*io dişaggrègo, tu dişaggrèghi*) ● Operare una disaggregazione.

dişaggregazióne s. f. *1* Separazione di ciò che è aggregato | (*est.*) Scomposizione: *d. di dati statistici* | (*fig.*) Disgregazione. *2* Operazione chimica consistente nel rendere solubili composti che di per sé non sono solubili in acidi e basi.

†**dişagguaglianza** s. f. ● (*lett.*) Disuguaglianza.

†**dişagguagliàre** [comp. di *dis-* (*1*) e *agguagliare*] **A** v. tr. ● Rendere disuguale: *solo la povertà e le ricchezze ci disagguagliano* (MACHIAVELLI). **B** v. intr. pron. ● Divenire disuguale.

†**dişagguàglio** s. m. ● (*raro*) Disuguaglianza, diversità.

dişagiàre [da *disagio*] **A** v. tr. (*io dişàgio*) ● (*raro, lett.*) Mettere o tenere a disagio, molestare. **B** v. rifl. ● (*lett.*) Scomodarsi: *il mugnaio poté soccorrer la vedova senza troppo disagiarsi* (NIEVO).

dişagiàto part. pass. di *disagiare*; anche agg. *1* Nei sign. del v. *2* Che è privo dei mezzi necessari, che versa in gravi ristrettezze economiche: *vita d.*; *i ceti più disagiati* | *Condizioni disagiate*, economicamente pessime. SIN. Povero. *3* †Fisicamente indisposto | †Cagionevole di salute. || **disagiataménte**, avv. In modo disagiato: *vivere disagiatamente.*

dişàgio [comp. di *dis-* (*1*) e *agio*, prob. sul modello del fr. ant. *desaise*, provz. ant. *dezaize*] s. m. *1* Mancanza di agi, di comodità e sim.: *trovarsi in una condizione di estremo d.* | (*est.*) Privazione, sofferenza: *sopportare disagi di ogni sorta* | †Scarsità o mancanza di cose necessarie. *2* (*fig.*) Difficoltà, imbarazzo: *trovarsi, essere a d. in un luogo*; *sentirsi a d. con qc.* *3* Fastidio, molestia. *4* †Incomodo di salute.

dişagióso agg. ● (*raro*) Disagevole, scomodo. || **disagiosaménte**, avv.

†**disagràre** ● V. *dissacrare.*

dişagriménto s. m. ● (*enol.*) Operazione per togliere l'acido al vino, che si esegue sciogliendo in esso del carbonato di calcio.

dişagrire [comp. di *dis-* (*1*) e *agro*] v. tr. (*io dişagrìsco, tu dişagrìsci*) ● (*enol.*) Eseguire il disagrimento.

†**dişaitàre** o (*raro*) †**dişatàre** [comp. di *dis-* (*1*) e †*aitare*] v. tr. ● Disaiutare.

†**dişaiutàre** [comp. di *dis-* (*1*) e *aiutare*] v. tr. *1* Privare del proprio aiuto. *2* Ostacolare, impedire.

†**dişaiùto** s. m. ● Impedimento, ostacolo: *più tosto d. che soccorso mi porsero* (BOCCACCIO).

dişalberaménto s. m. ● Atto, effetto del disalberare.

dişalberàre [comp. parasintetico di *albero* col pref. *dis-* (*1*)] v. tr. (*io dişàlbero*) *1* (*mar.*) Privare una nave dell'alberatura. *2* (*raro*) Diboscare: *d. una radura.*

dişallineàre [comp. di *dis-* (*1*) e *allineare*] v. tr. *1* (*tip.*) Disporre su linee diverse ciò che era allineato. *2* (*rad.*) Agire su più circuiti oscillanti facendo in modo che le relative frequenze di risonanza non coincidano.

†**dişalloggiàre** [comp. di *dis-* (*1*) e *alloggiare*] **A** v. tr. *1* Far uscire dagli alloggiamenti. *2* (*raro*) Scacciare, sfrattare. **B** v. intr. ● Uscire dagli alloggiamenti: *per d. più segretamente, non dava il segno con la tromba* (MACHIAVELLI).

†**dişalmàre** [comp. di *dis-* (*1*) e *alma*] v. tr. ● (*poet.*) Uccidere.

dişalveàre [da *inalveare*, con sostituzione del pref. *dis-* (*1*) a *in-*] v. tr. (*io dişàlveo*) ● Deviare un corso d'acqua dall'alveo.

dişamàbile [comp. di *dis-* (*1*) e *amabile*] agg. ● (*raro*) Che non si può amare | Sgradevole, insopportabile: *gente d.*

dişamànte A part. pres. di *disamare*; anche agg. ● (*raro*) Nei sign. del v. **B** s. m. e f. ● (*raro, lett.*) Chi disama.

disàmara [comp. di *di-* (*2*) e *samara*] s. f. ● (*bot.*) Frutto indeiscente secco dell'acero formato da due samare. SIN. Samaridio.

disamàre [comp. di *dis-* (*1*) e *amare*] v. tr. • (*raro*) Non amare più: *d. gli amici, il proprio lavoro* | Provare indifferenza, disprezzo, avversione per q.c. o per qc.: *io non disamo nessuno.*

†**disamatóre** s. m.; anche agg. (f. *-trice*) • Chi, che disama.

disambientàto [comp. di *dis-* (*1*) e *ambientato*] agg. • Che è o si sente estraneo all'ambiente in cui vive, lavora e sim.: *nel nuovo ufficio si trova ancora d.*

disambiguàre [comp. di *dis-* (*1*) e *ambiguo*, sul modello dell'ingl. *disambiguate*] v. tr. (*io disambìguo*) • (*ling.*) Rendere non ambiguo, liberare dall'ambiguità: *d. una parola, una frase.*

disambiguazióne [da *disambiguare*, sull'esempio dell'ingl. *disambiguation*] s. f. • (*ling.*) Atto, effetto del disambiguare.

†**disambizióso** [comp. di *dis-* (*1*) e *ambizioso*] agg. • Che non nutre ambizioni.

†**disamenità** s. f. • Qualità di ciò che è disameno.

disamèno [comp. di *dis-* (*1*) e *ameno*] agg. • (*raro, lett.*) Non ameno, non dilettevole | Spiacevole.

†**disamicàre** [comp. di *dis-* (*1*) e *amicare*] v. tr. • (*raro*) Inimicare.

†**disamicìzia** [comp. di *dis-* (*1*) e *amicizia*] s. f. • Inimicizia.

disàmina [da *disaminare*] s. f. *1* Esame attento e approfondito delle caratteristiche di qc. o di q.c.: *d. scrupolosa; sottoporre, porre a d.; prendere in, a, d.; passare in d.* *2* (*dir.*) Attento studio delle affermazioni e argomentazioni giuridiche dedotte dalle parti in giudizio, onde vagliarne veridicità, fondatezza e validità.

†**disaminaménto** s. m. • (*lett.*) Disamina.

disaminàre [vc. dotta, comp. del lat. *dē-* rafforzativo, e *examināre* 'sottoporre a esame'] v. tr. (*io disàmino*) • (*raro*) Sottoporre a disamina: *d. un'opera, un argomento; i due censori sono da noi destinati a d. i libri* (MURATORI); *mi sono poco fa venuti a visitare ... quelli che mi disaminano* (GALILEI).

disaminatóre s. m. (f. *-trice*) • Chi disamina.

disamistà o †**disamistàde**, †**disamistàte** [comp. di *dis-* (*1*) e *amistà*] s. f. • (*raro*) Inimicizia.

†**disammiràre** [comp. di *dis-* (*1*) e *ammirare*] v. tr. • (*raro*) Smettere di ammirare.

†**disammirazióne** s. f. • Mancanza di ammirazione | Indifferenza, disistima.

†**disamoràggine** s. f. • (*raro*) Mancanza di amore.

disamoràre [comp. di *dis-* (*1*) e *amore*] **A** v. tr. (*io disamóro*) *1* Spegnere l'amore, l'entusiasmo, l'interesse per qc. o q.c.: *quell'insegnante lo disamorò dallo studio.* *2* (*raro*) †Disinnamorare. **B** v. intr. pron. • Perdere l'amore, l'entusiasmo, l'interesse per qc. o q.c.: *disamorarsi dal lavoro, dagli amici.*

†**disamoratézza** s. f. • Disamore.

disamoràto **A** part. pass. di *disamorare*; anche agg. • Nei sign. del v. || **disamorataménte**, avv. Senza amore, senza interesse. **B** s. m. (f. *-a*) • Chi non sente più amore o interesse per qc. o q.c.

disamóre [comp. di *dis-* (*1*) e *amore*] s. m. • Mancanza di amore: *mostrare d. ai propri genitori* | (*est.*) Avversione: *provare d. per il lavoro.*

disamorévole [comp. di *dis-* (*1*) e *amorevole*] agg. • (*raro*) Poco amorevole.

disamorevolézza s. f. • (*raro*) Mancanza di amorevolezza.

†**disamoróso** [comp. di *dis-* (*1*) e *amoroso*] agg. • Disamorevole.

disancoràre [comp. parasintetico di *ancora* (*1*), col pref. *dis-* (*1*)] **A** v. tr. (*io disàncoro*) • Lasciar libero, salpando l'ancora: *d. la nave.* **B** v. intr. pron. e rifl. *1* Liberarsi dall'ancora: *la nave si disancorò per la tempesta.* *2* (*fig.*) Rendersi autonomi da qc. o q.c.: *disancorarsi dalla famiglia, dalle tradizioni.*

†**disandévole** [comp. di *dis-* (*1*) e un deriv. di *andare*] agg. • (*raro*) Malagevole, impervio.

†**disanellàre** [comp. di *dis-* (*1*) e *anello*] v. tr. • (*raro*) Privare degli anelli.

†**disanimaménto** s. m. • Modo e atto del disanimare o del disanimarsi.

disanimàre [comp. di *dis-* (*1*) e *animare*] **A** v. tr. (*io disànimo*) *1* Far perdere d'animo, togliere coraggio, scoraggiare: *lo disanimò dall'insistere.* *2* †Uccidere. **B** v. intr. pron. • Perdersi d'animo, scoraggiarsi.

disanimàto part. pass. di *disanimare*; anche agg. *1* Nei sign. del v. *2* †Esanime.

†**disannoiàre** [comp. di *dis-* (*1*) e *annoiare*] **A** v. tr. • Togliere dalla noia. **B** v. intr. pron. • Liberarsi dalla noia.

disappagàto [comp. di *dis-* (*1*) e *appagato*] agg. • Che è insoddisfatto e deluso. SIN. Inappagato.

disappaiàre [comp. di *dis-* (*1*) e *appaiare*] v. tr. (*io disappàio*) • (*raro*) Separare due cose appaiate.

disappannaménto s. m. • Atto, effetto del disappannare.

disappannàre [comp. di *dis-* (*1*) e *appannare*] v. tr. *1* Eliminare da vetri e sim. ciò che li appanna. *2* †Rendere chiaro, limpido.

disapparàre (**1**) [comp. di *dis-* (*1*) e *apparare* (*1*)] **A** v. tr. • (*raro*) Togliere i paramenti di dosso. **B** v. rifl. • Togliersi i paramenti di dosso.

†**disapparàre** (**2**) [comp. di *dis-* (*1*) e *apparare* (*2*)] v. tr. • (*raro*) Disimparare.

†**disapparecchiàto** [comp. di *dis-* (*1*) e *apparecchiato*] agg. • Impreparato.

†**disapparìre** [comp. di *dis-* (*1*) e *apparire*] v. intr. • Scomparire, sparire.

†**disappariscènte** [comp. di *dis-* (*1*) e *appariscente*] agg. • Che non è appariscente.

disappassionàre [comp. di *dis-* (*1*) e *appassionare*] **A** v. tr. (*io disappassióno*) • (*raro*) Togliere la passione, l'entusiasmo, e sim. **B** v. intr. pron. • Liberarsi dalla passione, perdere l'entusiasmo: *disappassionarsi dallo studio.*

†**disappassionatézza** s. f. • Spassionatezza.

disappassionàto part. pass. di *disappassionare*; anche agg. *1* Nei sign. del v. *2* Imparziale, obiettivo, spassionato: *occhio, giudizio d.* || **disappassionataménte**, avv. Spassionatamente.

†**disappestàre** [comp. di *dis-* (*1*) e *appestare*] v. tr. • Liberare dalla peste, dal male, dal contagio | (*fig.*) Purificare.

disappetènte [comp. di *dis-* (*1*) e *appetente*] agg. • Che soffre di disappetenza, che è privo di appetito. SIN. Inappetente.

disappetènza [comp. di *dis-* (*1*) e *appetenza*] s. f. • Mancanza di appetito: *soffrire di d.* | Avversione al cibo. SIN. Inappetenza.

disapplicàre [comp. di *dis-* (*1*) e *applicare*] **A** v. tr. (*io disàpplico, tu disàpplichi*) • (*raro*) Non applicare: *d. l'animo da q.c.* **B** v. rifl. • Non applicarsi, non dedicarsi più: *disapplicarsi dagli studi.*

†**disapplicatézza** s. f. • Disapplicazione.

disapplicazióne s. f. *1* (*raro*) Mancanza di applicazione, negligenza. *2* Inosservanza di leggi, norme e sim.

disapprèndere [comp. di *dis-* (*1*) e *apprendere*] v. tr. (coniug. come *prendere*) • (*raro*) Disimparare | *D. i vizi*, liberarsene.

†**disapprensióne** [comp. di *dis-* (*1*) e *apprensione*] s. f. • Noncuranza, trascuratezza.

disapprovàre [comp. di *dis-* (*1*) e *approvare*] v. tr. (*io disappròvo*) • Non approvare, biasimare, riprovare (*anche ass.*): *tutti disapprovano il tuo comportamento; la gente disapprova in silenzio.*

†**disapprovatóre** s. m.; anche agg. (f. *-trice*) • Chi, che disapprova.

disapprovazióne s. f. • Atto del disapprovare | Riprovazione, biasimo: *subire la generale d.; hai tutta la mia d.; esprimere la propria d.*

disappùnto [calco sul fr. *désappointement*, der. di *désappointé*, dall'ingl. *disappointed* (propr. 'che manca all'appuntamento'), a sua volta dal fr. ant. *desappointer* 'destituire'] s. m. • Senso di delusione, molestia, fastidio e sim. dovuto all'improvviso verificarsi di circostanze avverse e inaspettate: *mostrare, nascondere, il proprio d.; gesto di d.*

†**disarboràre** [comp. di *dis-* (*1*) e †*arborare*] **A** v. tr. • (*lett.*) Disalberare, detto di nave. **B** v. intr. pron. • (*lett.*) Perdere la natura arborea.

disarcionàre [fr. *désarçonner*, comp. parasintetico di *arçon* 'arcione', col pref. *dés-* 'dis- (1)'] v. tr. (*io disarcióno*) *1* Far cadere dall'arcione: *il cavallo lo disarcionò.* *2* (*raro, fig.*) Privare di una carica, un ufficio e sim., in modo brusco e improvviso: *d. un funzionario.*

disargentàre [comp. parasintetico di *argento*, con il pref. *dis-* (*1*)] v. tr. (*io disargènto*) • Privare q.c. dello strato d'argento che lo ricopre.

disarginàre [comp. parasintetico di *argine*, con il pref. *dis-* (*1*)] v. tr. (*io disàrgino*) • (*raro*) Privare dell'argine: *d. un fiume.*

†**disarmaménto** s. m. • Disarmo.

disarmànte part. pres. di *disarmare*; anche agg. *1* Nei sign. del v. *2* (*fig.*) Che fa venire meno l'aggressività, che toglie la volontà di reagire: *un sorriso, una calma d.; Mi baciò con ingenua e disarmante gratitudine* (MORAVIA).

disarmàre [comp. di *dis-* (*1*) e *armare*, sul modello del fr. *désarmer*] **A** v. tr. *1* Sguarnire una fortezza | Privare qc. o q.c. dell'apparecchio bellico | Porre un'arma da fuoco in posizione di sicurezza: *d. una pistola.* *2* (*fig.*) Privare di forza, di potenza: *d. gli antagonisti* | (*fig.*) Rabbonire e convincere qc.: *le sue preghiere mi hanno disarmato.* *3* (*mar.*) Privare una nave o un'imbarcazione delle attrezzature per sospenderne temporaneamente o definitivamente il servizio. *4* (*edil.*) Togliere le impalcature da una costruzione: *d. un edificio.* *5* (*teat.*) Smontare le scene staccando le tele dai telai. **B** v. intr. (aus. *avere*) *1* Diminuire gli armamenti: *per realizzare la pace è necessario d.* *2* (*fig.*) Cedere, darsi per vinto: *quel tipo non disarma facilmente.*

disarmàto part. pass. di *disarmare*; anche agg. *1* Nei sign. del v. *2* (*fig.*) Inerme: *essere d. di fronte alle avversità.*

disarmatóre s. m. • In varie tecnologie, chi è addetto alla rimozione di armature, impalcature e sim.

†**disarmentàre** [comp. parasintetico di *armento*, con il pref. *dis-* (*1*)] v. tr. • Privare dell'armento, o di parte di esso.

disàrmo [da *disarmare*] s. m. • Atto, effetto del disarmare: *il d. dei prigionieri; il d. di una scena; mettere una nave in d.* | Riduzione o soppressione delle forze militari o degli armamenti: *conferenza per il d.; i problemi del d.*

disarmonìa [comp. di *dis-* (*1*) e *armonia*] s. f. • Discordanza di suoni: *queste note producono una d.* | (*est.*) Disaccordo, contrasto (*anche fig.*): *d. di colori; d. di opinioni; essere in d. con qc.*

disarmònico agg. (pl. m. *-ci*) *1* Che non è armonico: *toni disarmonici* | (*est.*) Sgradevole: *voce disarmonica* | (*est.*) Sproporzionato, non conveniente: *costruzione disarmonica.* *2* Che non avverte l'armonia, che non ha senso musicale: *orecchio d.* || **disarmonicaménte**, avv.

disarmonizzàre [comp. di *dis-* (*1*) e *armonizzare*] **A** v. tr. • (*raro*) Rendere disarmonico. **B** v. intr. (aus. *avere*) • Essere in disaccordo, in disarmonia, in contrasto: *questo divano disarmonizza con il tavolo.*

disarticolàre [comp. di *dis-* (*1*) e *articolare* (*1*)] **A** v. tr. (*io disartìcolo*) *1* (*med.*) Separare un arto o un segmento di esso dal resto del corpo a livello di una articolazione. *2* (*fig.*) Scomporre, privare dei nessi, disgregare. **B** v. intr. pron. • Slogarsi.

disarticolàto part. pass. di *disarticolare*; anche agg. *1* Nei sign. del v. *2* (*fig.*) Inarticolato, indistinto: *esprimersi con suoni disarticolati.*

disarticolazióne s. f. • Atto, effetto del disarticolare e del disarticolarsi.

†**disartifìcio** o †**disartifìzio** [comp. di *dis-* (*1*) e *artificio*] s. m. • Artificio usato a sproposito.

†**disartificióso** o †**disartifizióso** agg. • (*lett.*) Privo d'arte e d'artificio.

†**disartifìzio** e *deriv.* • V. †*disartificio* e *deriv.*

disàrtria [vc. dotta, comp. di *dis-* (*2*) e del gr. *árthron* 'giuntura'] s. f. • (*med.*) Difetto di articolazione della parola, dovuto a lesioni centrali o periferiche.

disartròsi [vc. dotta, comp. di *dis-* (*2*) e del gr. *árthrōsis* 'articolazione'] s. f. • (*med.*) Articolazione difettosa.

disascóndere [comp. di *dis-* (*1*) e *ascondere*] **A** v. tr. (pres. *io disascóndo*; pass. rem. *io disascósi, tu disascondésti*; part. pass. †*disascóso*, raro †*disascósto*) • †Scoprire, palesare | (*lett.*) Rivelare alla vista: *s'affaccia la viola e disasconde / sua parvola beltà* (CARDUCCI). **B** v. rifl. • (*lett.*) Manifestarsi, rivelarsi.

†**disasconditóre** s. m.; anche agg. (f. *-trice*) • (*raro*) Chi, che disasconde.

†**dişascóso** o (*raro*) †**dişascósto** part. pass. di *disascondere*; anche agg. ● Nei sign. del v.

†**dişaspràre** [comp. di *dis-* (*1*) e *aspro*] v. tr. ● Disasprire.

dişaspriménto s. m. ● Atto, effetto del disasprire.

dişasprìre [comp. di *dis-* (*1*) e *aspro*] v. tr. (*io dişasprisco, tu dişasprìsci*) *1* Eliminare o ridurre l'asprezza del vino. *2* (*fig.*) Addolcire, mitigare.

dişassaménto [comp. di *dis-* (*1*) e di un deriv. di *asse*] s. m. ● (*mecc.*) Caratteristica di due elementi meccanici i cui assi geometrici sono paralleli ma non coincidenti | La distanza fra i due assi.

dişassediàre [comp. di *dis-* (*1*) e *assediare*] v. tr. ● (*raro*) Liberare dall'assedio | (*fig.*) Lasciare libero.

dişassimilatìvo agg. ● (*biol.*) Di, relativo a, disassimilazione.

dişassimilazióne [comp. di *dis-* (*1*) e *assimilazione*] s. f. ● (*biol.*) Catabolismo.

dişassociàre [comp. di *dis-* (*1*) e *associare*] **A** v. tr. (*io dişassòcio*) ● (*raro*) Dissociare, separare. **B** v. rifl. e intr. pron. *1* (*raro*) Disdire la propria associazione a un giornale, a un circolo, e sim. *2* (*raro*) Disgregarsi.

dişassortatìvo [comp. di *dis-* (*1*) e *assortativo*] agg. ● (*biol.*) Detto di accoppiamento non casuale di individui che differiscono fra loro in uno o più caratteri.

dişassortìto [comp. di *dis-* (*1*) e *assortito*] agg. ● Che non fa parte di un assortimento: *camicie disassortite*.

dişassuefàre [comp. di *dis-* (*1*) e *assuefare*] **A** v. tr. (coniug. come *fare*) ● Togliere l'assuefazione, l'abitudine: *d. qc. dall'alcol.* SIN. Disabituare. **B** v. intr. pron. ● (*raro*) Perdere l'assuefazione.

dişassuefàtto part. pass. di *disassuefare*; anche agg. ● (*raro*) Nei sign. del v.

dişassuefazióne s. f. ● Atto, effetto del disassuefare.

dişastràre [da *disastro*] **A** v. tr. *1* Danneggiare grandemente, arrecare disastro: *il nubifragio disastrò l'intera regione.* *2* †Rendere disagiato | (*est.*) †Incomodare, disturbare. **B** v. intr. pron. ● (*raro*) †Scomodarsi, disturbarsi.

dişastràto A part. pass. di *disastrare*; anche agg. ● Nei sign. del v. **B** s. m. (f. *-a*) ● Chi ha subito un disastro: *i disastrati del nubifragio, dall'alluvione*.

†**dişastrévole** agg. ● (*raro*) Disastroso.

dişàstro [comp. di *dis-* (*1*) e *astro*, nel senso di 'cattiva stella'] s. m. *1* Disgrazia di notevoli proporzioni che arreca gravi danni alle cose e provoca la morte di varie persone: *d. ferroviario, aereo*; *disastri delle guerre*; *recarsi, accorrere, sul luogo del d.*; *un d. ha colpito la città.* SIN. Calamità, sciagura. *2* (*est.*) Danno rilevante e irrimediabile: *la crisi economica fu un d. per tutti*; *fame, malattie, disastri d'ogni genere* (MONTALE) | (*est., fig.*) Disordine, grande confusione: *questa stanza è un d.* *3* (*est., fig.*) Persona inadatta, incapace, che non riesce a combinare nulla di buono: *la nuova cameriera è un d.* | Persona, spec. bambino, eccessivamente vivace e rumorosa: *quel d. di tuo figlio.*

dişastróso agg. *1* Che causa disastri, disgrazie, rovine: *incendio, bombardamento d.*; *pioggia disastrosa.* *2* Che è pieno di disastri, di traversie: *annata, stagione disastrosa* | (*est.*) Deludente, mal riuscito, di esito negativo: *viaggio d.*; *prova disastrosa*; *esame d.* || **disastrosaménte**, avv.

†**dişatàre** ● V. †*disaitare*.

dişatomizzàre [comp. di *dis-* (*1*) e *atomizzare*] v. tr. ● Denuclearizzare.

dişatomizzazióne [da *disatomizzare*] s. f. ● Denuclearizzazione.

dişattèndere [comp. di *dis-* (*1*) e *attendere* nel sign. antico di 'applicarsi, accudire'] v. tr. (coniug. come *attendere*) ● Non applicare, non osservare: *d. una norma, un parere* | (*est.*) Non seguire, non ascoltare: *d. i consigli di qc.*

dişattènto [comp. di *dis-* (*1*) e *attento*] agg. ● Che non sta attento: *alunno d.*; *domestica disattenta* | Distratto, negligente: *un'occhiata disattenta.* || **disattentaménte**, avv.

dişattenzióne [comp. di *dis-* (*1*) e *attenzione*] s. f. ● Qualità di chi, di ciò che è disattento: *d. generale*; *fingere d. per q.c.* | Svista, errore: *questa è una grave d.* | Mancanza di gentilezza, riguardo, rispetto: *certe tue disattenzioni sono imperdonabili.*

dişattéso part. pass. di *disattendere*; anche agg. ● Nei sign. del v.

dişattivàre [comp. di *dis-* (*1*) e *attivare*] v. tr. ● Rendere inattivo un impianto, un congegno e sim.: *d. una linea telefonica* | *D. una bomba*, renderla inoffensiva privandola dell'innesco.

dişattivazióne s. f. ● Atto, effetto del disattivare.

dişattrezzàre [comp. di *dis-* (*1*) e *attrezzare*] v. tr. (*io dişattrézzo*) ● Spogliare in tutto o in parte dell'attrezzatura, detto spec. di imbarcazione.

†**dişattristàre** [comp. di *dis-* (*1*) e *attristare*] **A** v. tr. ● (*raro*) Rendere meno triste, consolare. **B** v. rifl. ● (*raro*) Distogliersi da tristezza, malinconia.

dişautoràre [vc. dotta, comp. di *dis-* (*1*) e del lat. *auctorāre* 'vincolare con obbligo' (V. *esautorare*)] **A** v. tr. (*io dişàutoro*) ● (*lett.*) Spogliare, privare dell'autorità, del credito, della stima, e sim. **B** v. rifl. ● (*raro*) Esautorarsi.

dişautorizzàre [fr. *désautoriser*, comp. di *dés-* neg. e del lat. *ăuctor* 'garante' (V. *autorizzare*)] **A** v. tr. ● (*raro*) Disautorare | Privare dell'autorizzazione. **B** v. rifl. ● (*raro*) Spogliarsi dell'autorità, esautorarsi.

dişavanzàre [comp. di *dis-* (*1*) e *avanzare*] v. intr. (aus. *avere*) *1* (*raro*) Peggiorare di condizione, scapitare. *2* Formare disavanzo: *quest'anno le uscite disavanzano.* *3* †Rimanere indietro.

dişavànzo [da *disavanzare*] s. m. ● Deficit: *chiudere il bilancio in d.*

†**dişavvantaggiàrsi** [da *disavvantaggio*] v. intr. pron. (*io mi dişavvantàggio*) ● Mettersi in condizione svantaggiosa.

dişavvantàggio [fr. *désavantage*, comp. di *dés-* neg. e *avantage* 'vantaggio, pro'] s. m. ● (*raro*) Danno, svantaggio: *non fa mai cosa a suo d.* (PULCI).

†**dişavvantaggióso** agg. ● (*raro*) Svantaggioso, sfavorevole | Dannoso. || †**disavvantaggiosaménte**, avv. Svantaggiosamente.

†**dişavvediménto** [comp. di *dis-* (*1*) e *avvedimento*] s. m. ● Mancanza di avvedimento, disavvedutezza.

dişavvedutézza s. f. ● Qualità di chi, di ciò che è disavveduto: *l'ha fatto per d.* | (*est.*) Azione disavveduta: *le sue imperdonabili disavvedutezze.*

dişavvedùto [comp. di *dis-* (*1*) e *avveduto*] agg. *1* Inconsiderato, malaccorto, incauto: *gesto d.*; *parole disavvedute.* *2* †Inaspettato, imprevisto. || **disavvedutaménte**, avv. Senza avvedutezza, sconsideratamente; †improvvisamente, inopinatamente.

†**dişavvenànte** [da *disavvenente* con influenza del corrispondente fr. *désavenant*] agg. ● (*raro*) Sconveniente.

dişavvenènte [comp. di *dis-* (*1*) e *avvenente*] agg. ● (*raro*) Che manca di avvenenza, di bellezza | (*est.*) Spiacevole, sgradevole. || †**disavvenenteménte**, avv.

dişavvenènza s. f. ● (*raro*) Mancanza di avvenenza, di grazia.

†**dişavvenévole** [da *disavvenire*] agg. ● Sconveniente.

†**dişavveniménto** s. m. ● (*raro*) Avvenimento non favorevole.

†**dişavvenìre** [comp. di *dis-* (*1*) e *avvenire* (*1*)] v. intr. ● Essere sconveniente, disdicevole.

dişavventùra [comp. di *dis-* (*1*) e *avventura*] s. f. ● Avvenimento sfavorevole, contrarietà: *sono disavventure che capitano a tutti* | (*est.*) Disgrazia: *ci ha raccontato le sue disavventure* | *Per d.*, per mala sorte.

†**dişavventurànza** s. f. ● Cattiva fortuna.

†**dişavventuràto** agg. ● Sventurato, infelice. || †**disavventurataménte**, avv. Per disgrazia.

†**dişavventuróso** agg. *1* Sventurato, infelice. *2* Infausto, sinistro, malaugurato. || †**disavventurosaménte**, avv. Disgraziatamente.

dişavvertènza [comp. di *dis-* (*1*) e *avvertenza*] s. f. ● Mancanza di attenzione: *commettere una grossa d.* SIN. Distrazione.

dişavvertito [comp. di *dis-* (*1*) e *avvertito*] agg. ● (*raro*) Sbadato, incauto. || **disavvertitaménte**, avv. Sbadatamente.

dişavvezzàre [comp. di *dis-* (*1*) e *avvezzare*] **A** v. tr. (*io dişavvézzo*) ● Far perdere un'abitudine. SIN. Disabituare. **B** v. rifl. ● Liberarsi da un vizio, da un'abitudine e sim. SIN. Disabituarsi.

disavvézzo [comp. di *dis-* (*1*) e *avvezzo*] agg. ● Che ha perso, o non ha mai avuto, un'abitudine: *essere d. al fumo, a far tardi la sera.*

†**dişbandìre** [comp. di *dis-* (*1*) e *bandire*] v. tr. ● (*raro*) Bandire.

†**dişbarattàre** [comp. di *dis-* (*1*) e *barattare* nel senso di 'sbaragliare'] v. tr. ● Sconfiggere, sbaragliare.

dişbarazzàre [comp. di *dis-* (*1*) sostituito al pref. *in-* di *imbarazzare*] v. tr. ● (*raro*) Sbarazzare.

†**dişbarbàre** [comp. di *dis-* (*1*) e *barba* (*1*) 'radice'] v. tr. ● Liberare dalle barbe | Sradicare (*anche fig.*).

†**dişbarbicàre** [comp. di *dis-* (*1*) e *barbicare*] v. tr. ● Sbarbicare (*anche fig.*).

†**dişbarcaménto** s. m. ● (*raro*) Sbarco.

dişbarcàre [comp. di *dis-* (*1*) e *barca*] **A** v. tr. (*io dişbàrco, tu dişbàrchi*) ● (*raro*) Scaricare da una nave: *d. la merce.* **B** v. intr. (aus. *essere*) ● (*raro*) Scendere da una nave: *d. dopo un lungo viaggio.* SIN. Sbarcare.

dişbàrco [da *disbarcare*] s. m. (pl. *-chi*) ● (*raro, lett.*) Sbarco.

dişbaşìa [vc. dotta, lat. *dysbasia*(*m*), comp. di *dis-* (*2*) e del gr. *básis* 'movimento'] s. f. ● (*med.*) Difficoltà della deambulazione.

dişbassàre [comp. di *dis-* (*1*) e *basso*] v. tr. ● (*raro*) Abbassare, sbassare.

†**dişbàttere** [comp. di *dis-* (*1*) e *battere*] **A** v. tr. ● Agitare con forza, sbattere. **B** v. rifl. ● Dibattersi, agitarsi.

†**dişbendàre** [comp. parasintetico di *benda*, con il pref. *dis-* (*1*)] v. tr. ● Liberare dalle bende, sbendare.

dişborsàre [comp. parasintetico di *borsa* (*1*), col pref. *dis-* (*1*)] v. tr. (*io dişbórso*) ● (*raro*) Sborsare.

dişbórso [da *disborsare*] s. m. ● (*raro*) Anticipazione di denaro fatta per conto d'altri | *Essere, stare in d.*, attendere la restituzione di una somma prestata.

dişboscàre e *deriv.* ● V. *diboscare* e *deriv.*

†**dişbramàre** [comp. di *dis-* (*1*) e *bramare*] v. tr. ● (*lett.*) Appagare, soddisfare.

†**dişbranàre** [comp. di *dis-* (*1*) e *brano*] v. tr. ● Sbranare.

†**dişbrancàre** (**1**) [comp. parasintetico di *branca*, con il pref. *dis-* (*1*)] **A** v. tr. ● Troncare le branche, i rami. **B** v. intr. pron. ● Dividersi in più rami, diramarsi.

†**dişbrancàre** (**2**) [comp. di *dis-* (*1*) e *branco*] **A** v. tr. ● Fare uscire dal branco. **B** v. intr. pron. ● Uscire dal branco.

dişbrigàre [comp. parasintetico di *briga*, col pref. *dis-* (*1*)] **A** v. tr. (*io dişbrigo, tu dişbrìghi*) *1* †Togliere dagli impacci, dagli impedimenti: *dimmi chi se', e s'io non ti disbrigo, / al fondo de la ghiaccia ir mi convegna* (DANTE *Inf.* XXXIII, 116-117). *2* Risolvere, sbrigare con sollecitudine: *d. una questione, un incarico urgente.* **B** v. rifl. ● (*lett.*) Liberarsi dagli impacci, dagli impedimenti | (*fig.*) Districarsi, togliersi da una situazione difficile.

dişbrìgo [da *disbrigare*] s. m. (pl. *-ghi*) ● Risoluzione, realizzazione rapida ed efficace: *il d. delle faccende domestiche, delle pratiche, degli affari, della corrispondenza d'ufficio.*

dişbrogliàre [comp. di *dis-* (*1*) e *brogliare*] v. tr. (*io dişbròglio*) ● (*raro*) Sbrogliare.

†**dişbrunàre** [comp. di *dis-* (*1*) e *bruno*] v. tr. ● (*raro*) Rischiarare | (*raro, lett.*) Lucidare.

discacciaménto s. m. ● Modo e atto del discacciare.

discacciàre o (*raro, poet.*) †**discazzàre** [comp. di *dis-* (*1*) e *cacciare*] v. tr. (*io discàccio*) ● (*lett.*) Mandare via, allontanare in malo modo: *discaccia le fetide arpìe / che non rapiscan le vivande mie* (ARIOSTO).

†**discacciatìvo** agg. ● Atto a discacciare.

discacciàto A part. pass. di *discacciare*; anche agg. ● Nei sign. del v. **B** s. m. (f. *-a*) ● (*raro, lett.*) Esule.

†**discacciatóre** s. m.; anche agg. (f. *-trice*) ● Chi, che discaccia.

†**discadére** [comp. di *dis-* (*1*) e *cadere*] v. intr. ● Scadere, decadere, declinare.

†**discadiménto** s. m. ● Decadimento, scadimen-

to | Calo.

†**discagliàre** [comp. di *dis-* (*1*) e (*in*)*cagliare*] v. tr. ● Disincagliare.

discàle agg. ● (*med.*) Di un disco intervertebrale: *lesione d.*

†**discalzàre** [comp. di *dis-* (*1*) e *calzare*] **A** v. tr. *1* Scalzare, liberare dalle calzature. *2* (*fig.*) Corrodere nella parte inferiore. **B** v. rifl. ● Togliersi le calzature.

†**discàlzo** agg. ● Scalzo | Povero e nudo.

†**discànso** [sp. *descanso*, da *descansar* 'scansare, evitare'] s. m. ● Scampo, sicurezza.

†**discantàre** (**1**) [comp. di *dis-* (*1*) e (*in*)*cantare*] v. tr. ● Disincantare.

discantàre (**2**) [da *discanto*] v. intr. (*io discànto*; aus. *avere*) ● (*mus.*) Eseguire o comporre un discanto.

discantìsta s. m. e f. (pl. m. *-i*) *1* Chi compone discanti. *2* Chi esegue la parte di discanto.

discànto [vc. dotta, lat. mediev. *discāntu*(*m*), calco sul gr. *diaphōnía* 'canto (*phōnḗ*) di traverso (*diá*)'] s. m. ● (*mus.*) Nelle prime composizioni polifoniche, parte in opposizione e al di sopra della melodia data | Nella polifonia, la parte del soprano | Negli strumenti a tastiera, la metà superiore, posta a destra, della tastiera stessa.

†**discapezzàre** [comp. di *dis-* (*1*) e *capezzo*] v. tr. ● Scapezzare | Decapitare.

†**discapitaménto** s. m. ● Scapito.

discapitàre [comp. di *dis-* (*1*) e *capitare*] v. intr. (*io discàpito*; aus. *avere*) ● Scapitare: *d. nella pubblica stima, nell'opinione degli altri.*

discàpito [da *discapitare*] s. m. *1* Scapito, svantaggio, danno: *fare q.c. a proprio d.* | *Tornare a d.*, essere di danno. *2* †Disistima.

†**discarcàre** e *deriv.* ● V. *discaricare* e *deriv.*

†**discarceràre** [comp. di *dis-* (*1*) e *carcere*] v. tr. ● Scarcerare.

†**discargàre** ● V. *discaricare*.

discàrica [da *discaricare*] s. f. *1* Luogo in cui si scaricano i materiali di scarto provenienti da perforazioni, scavo di gallerie, fossati, e sim. | *D. pubblica*, in cui si scaricano e si bruciano i rifiuti. *2* Sbarco del carico dalle navi mercantili.

†**discaricaménto** s. m. ● Modo e atto del discaricare.

discaricàre o (*lett.*) †**discarcàre**, †**discargàre** [lat. tardo *discaricāre*, comp. di *dis-* (*1*) e *caricāre* 'caricare'] **A** v. tr. (*io discàrico, tu discàrichi*) ● Scaricare: *d. una nave* | (*fig.*) Liberare da un onere morale, una responsabilità, e sim. **B** v. rifl. ● (*raro*) Scaricarsi (*anche fig.*).

discàrico o (*lett.*) †**discàrco** [da *discaricare*] s. m. (pl. *-chi*) *1* (*raro*) Atto, effetto del discaricare: *il d. delle merci.* *2* (*fig.*) Discolpa, giustificazione, difesa: *prove, argomenti a d.*; *ciò sarà a tuo d.* | *A mio, tuo, suo d.*, a mia, tua, sua difesa | *Testimone a d.*, che depone a favore dell'imputato. *3* †Rendimento di conti.

†**discarnàre** [comp. di *dis-* (*1*) e *carne*] **A** v. tr. ● Scarnare, scarnificare. **B** v. intr. e intr. pron. ● Diventare scarno, smagrito.

discàro [comp. di *dis-* (*1*) e *caro*] agg. ● (*raro, lett.*) Non caro, sgradito, sgradevole, usato spec. in espressioni negative: *voi non siete discara agli occhi miei* (GOLDONI) | *Non vi sia d. accettare*, compiacetevi di accettare.

†**discassàre** [comp. parasintetico di *cassa*, con il pref. *dis-* (*1*)] v. tr. ● (*raro*) Scassinare.

†**discatenàre** [comp. parasintetico di *catena*, con il pref. *dis-* (*1*)] v. tr. ● Liberare, sciogliere dalle catene.

†**discaunoscènza** ● V. †*disconoscenza*.

†**discavalcàre** [comp. di *dis-* (*1*) e *cavalcare*] **A** v. tr. ● Gettare da cavallo. **B** v. intr. *1* Scendere da cavallo. *2* Staccare la bocca da fuoco dall'affusto.

†**discazzàre** ● V. *discacciare*.

discendènte o †**descendènte** **A** part. pres. di *discendere*; anche agg. *1* Nei sign. del v. *2 Corsa d.*, nelle linee urbane di trasporto, quella che va dalla periferia al centro | (*dir.*) *Linea d.*, nella parentela, rapporto intercorrente tra un soggetto e i parenti che da esso discendono (figli, nipoti, pronipoti) | (*mus.*) *Nota d.*, che va dall'acuto al basso | (*ling.*) *Dittongo d.*, il cui primo elemento è una vocale e il secondo è una semivocale | (*tip.*) *Lettera d.*, ciascuna delle lettere che hanno un'asta che discende al di sotto della riga | *Ritmo d.*, in metrica, quello dei metri e delle serie metriche che iniziano con la posizione forte | (*sport*) *Girone d.*, quello di ritorno | *Handicap d.*, nel galoppo, corsa in cui l'handicap dal valore massimo assegnato al cavallo migliore decresce proporzionalmente per gli altri cavalli. **B** s. m. e f. *1* Chi trae origine da qc. per vincoli di sangue: *gli ultimi discendenti degli Incas.* *2* (*dir.*) Parente in linea discendente (figlio, nipote, pronipote). CONTR. Ascendente. **C** s. m. ● (*astrol.*) Punto che designa la cuspide tra la sesta e la settima casa astrologica.

discendènza o †**descendènza** s. f. *1* Rapporto di parentela in linea discendente: *d. diretta.* *2* Complesso di coloro che provengono da un capostipite comune: *avere una numerosa d.* | *D. di Adamo, d. umana*, il genere umano. *3* Nascita, origine: *vantare una nobile d.* | Stirpe: *d. antica, illustre.*

discéndere o **discèndere**, †**descéndere** [lat. *descĕndere*, comp. di *dē-* e *scăndere* 'salire'] **A** v. intr. (coniug. come *scendere*; aus. *essere*) *1* Scendere, calare, venire giù: *d. dal monte, dai tetti*; *d. in un pozzo*; *d. a valle*; *Gesù Cristo discese in terra*; *Enea discese agli inferi* | †*D. in causa*, prendere le parti di uno dei contendenti | (*est.*) Smontare da un mezzo di locomozione: *d. dal treno, dal tram* | (*est.*) Sbarcare, approdare: *d. da una nave.* *2* Scendere a pendio, degradare: *il giardino discende fino alla strada*; *le colline discendono verso il piano* | Scorrere, scaturire verso il basso, detto di corso d'acqua: *il sacro Scamandro al pian discende* (CARDUCCI) | (*est., raro*) Sfociare. *3* Declinare all'orizzonte, tramontare: *il sole discende* | Abbassarsi: *la temperatura è discesa.* *4* (*fig.*) Trarre origine, derivare: *d. da un'insigne schiatta*; *d. da nobile famiglia* | Venire come conseguenza, provenire: *da tali premesse non discende nessuna conclusione*; *da ciò che so discende che hai torto.* *5* (*fig., raro*) Abbandonarsi, lasciarsi andare: *in tal dolor discese / che ... / fu forza a disfogarlo* (ARIOSTO). **B** v. tr. *1* Scendere: *d. le scale.* *2* †Calare, abbassare.

discenderìa [da *discendere*] s. f. ● Galleria inclinata che collega due o più livelli di una miniera.

†**discendiménto** o (*raro*) †**descendiménto** s. m. ● Modo e atto del discendere | Origine.

discensionàle agg. ● (*fis.*) Detto di velocità, forza, spinta, traslazione, e sim. verso il basso, o di loro componente verticale.

†**discensióne** o †**descensióne** [vc. dotta, lat. *descensiōne*(*m*), da *descēnsus* 'discenso'] s. f. ● Atto del discendere | (*fig.*) Derivazione, origine.

discensìvo [da *discenso* nel senso di 'discesa'] agg. ● Che tende a discendere: *moto d.*

†**discènso** o †**descènso** [vc. dotta, lat. *descēnsu*(*m*), part. pass. di *descĕndere* 'discendere'] s. m. *1* Discesa. *2* Discendenza.

discensóre o (*raro*) †**descensóre** [da *discenso* nel senso di 'discesa' e 'discendenza'] s. m. *1* †Chi discende. *2* Nell'alpinismo, piccolo attrezzo agganciato alla vita dello scalatore che, facendo attrito sulle corde, ne frena la discesa. ➡ ILL. p. 1296 SPORT.

discènte [lat. *discĕnte*(*m*), part. pres. di *dīscere* 'imparare'] **A** s. m. e f. ● (*lett.*) Chi impara | Discepolo, scolaro. **B** anche agg. ● (*raro, lett.*) Che impara: *uditori non discenti alle lezioni* (CARDUCCI) | *Chiesa d.*, l'insieme dei fedeli che imparano le verità di fede.

discentraménto s. m. ● (*raro*) Decentramento.

discentràre [comp. di *dis-* (*1*) e *centrare*] **A** v. tr. (*io discèntro*) *1* (*raro*) Decentrare. *2* †Decentrare. **B** intr. pron. ● Spostarsi dal centro.

†**discepolàggio** s. m. ● Condizione di discepolo.

†**discepolàto** [vc. dotta, lat. tardo *discipulātu*(*m*), da *discĭpulus* 'discepolo'] s. m. ● Condizione di discepolo.

discépolo o †**discìpulo** [vc. dotta, lat. *discĭpulu*(*m*), da *dīscere* 'imparare'] s. m. (f. *-a*) *1* Chi studia sotto la guida e alla scuola altrui: *i maestri e i discepoli.* SIN. Allievo, alunno, scolaro. *2* Ciascuno degli Apostoli e degli altri convertiti che seguirono Gesù e predicarono la sua dottrina. *3* (*est.*) Chi nello studio di una disciplina, un'arte e sim., si attiene al metodo, alla dottrina di un maestro famoso, anche senza essere stato alla sua scuola, e anche in tempi posteriori: *i moderni discepoli di Kant* | Seguace: *un d. di Aristotele.* *4* †Apprendista, garzone di bottega.

†**discernènza** s. f. ● Conoscenza.

discèrnere [vc. dotta, lat. *discĕrnere* 'scegliere (*cĕrnere*) separando (*dis-*)'] v. tr. (pass. rem. *io discernéi*, †*discèrsi*, *tu discernésti*; part. pass. †*discernùto*, raro †*discrèto*) *1* Vedere distintamente: *d. una luce nel buio* | (*est.*) Riconoscere, ravvisare: *d. fra tanti un viso conosciuto*; *ragione e giudicio a d. e fuggire la disonestà* (ALBERTI). *2* Differenziare, distinguere: *d. il bene dal male* | (*est., raro*) Scegliere. *3* †Giudicare. *4* †Far conoscere.

†**discernévole** agg. ● Discernibile.

discernìbile [vc. dotta, lat. tardo *discernĭbile*(*m*), da *discĕrnere* 'discernere'] agg. ● (*raro*) Che si può discernere. ‖ **discernibilménte**, avv. (*raro*) In modo da potersi discernere, distinguere.

disceriménto s. m. *1* Facoltà della mente di giudicare, valutare, distinguere, rettamente: *essere privo, mancare di d.*; *persona di poco, di molto, di sottile d.*; *avere l'età del d.*; *agire con d.* SIN. Giudizio, senno. *2* †Distinzione, diversità.

†**discernìre** v. tr. ● Discernere.

†**discernitìvo** agg. ● Atto a discernere.

discernitóre s. m.; anche agg. (f. *-trice*) ● (*raro*) Chi, che discerne.

†**discèrpere** [vc. dotta, lat. *discĕrpere* 'prendere, strappare (*cărpere*) di qua e di là (*dis-*)'] **A** v. tr. ● Lacerare, stracciare. **B** v. intr. pron. ● (*raro*) Disfarsi.

discervellàrsi [comp. parasintetico di *cervello*, con il pref. *dis-* (*1*)] v. intr. pron. (*io discervèllo*) ● (*raro, tosc.*) Scervellarsi.

discésa [da *disceso*] s. f. *1* Atto, effetto del discendere: *d. dai monti, da cavallo* | Calata, invasione: *la d. dei barbari* | *D. libera*, (*ell.*) *libera*, nello sci, gara senza percorso obbligato tra la partenza e l'arrivo, salvo il passaggio tra eventuali porte di controllo | *D. obbligata*, slalom. *2* China, pendio: *una lunga d. segue i tornanti*; *la strada è in d.*; *alla pianura seguì la d.* CONTR. Salita. *3* Nel calcio e sim., azione veloce d'attacco verso la porta avversaria. *4* (*elettr.*) *D. d'antenna*, conduttore, generalmente radiofonico o televisivo ricevente. *5* (*raro, fig.*) Decadenza, scadimento.

discesìsmo s. m. ● Specialità delle prove sportive di discesa con gli sci.

discesìsta **A** s. m. e f. (pl. m. *-i*) ● Specialista nelle gare di discesa libera con gli sci. **B** s. m. ● Corridore ciclista particolarmente abile nelle discese.

discéso part. pass. di *discendere*; anche agg. ● Nei sign. del v.

discettàre [vc. dotta, lat. *disceptāre* 'cercare di prendere (*captāre*), scartando (*dis-*) gli elementi superflui'] v. tr. (*io discètto*) *1* (*lett.*) Discutere, trattare, esaminare. *2* †Sopraffare | †Disperdere: *come subito lampo che discetti / li spiriti visivi* (DANTE).

discettatóre [vc. dotta, lat. *disceptatōre*(*m*), da *disceptāre* 'discettare'] s. m. (f. *-trice*) ● (*lett.*) Chi discetta.

discettazióne [vc. dotta, lat. *disceptatiōne*(*m*), da *disceptāre* 'discettare'] s. f. ● (*lett.*) Ampia trattazione di un argomento | †Disputa, contesa.

†**disceveraménto** s. m. ● Separazione.

†**disceverànza** s. f. ● Separazione.

disceveràre o †**discevràre** [lat. parl. **disseperāre*, comp. di *dis-* (*1*) e *seperāre*, var. di *separare*] v. tr. (*io discévero*) ● (*raro*) Sceverare, separare.

†**dischernìre** [comp. di *di-* (*1*) e *schernire*] v. tr. ● (*raro*) Schernire.

†**dischétto** (**1**) ● V. *deschetto*.

dischétto (**2**) s. m. *1* Dim. di *disco*. *2* Nel calcio, segno circolare sul terreno di gioco, a 11 metri dalla porta in linea retta dal centro di essa, indicante il punto su cui deve essere posto il pallone per il calcio di rigore. *3* (*ferr.*) Segnale di deviatoio. *4* (*elab.*) Floppy disk.

†**dischiaràre** [comp. di *dis-* (*1*) e *chiaro*] v. tr. *1* Chiarire, spiegare, esporre. *2* Purificare, chiarificare.

†**dischiattàre** [comp. di *di*(*s*)- (*1*) e *schiatta*] v. intr. ● Tralignare, degenerare.

†**dischiavacciàre** [comp. di *dis-* (*1*) e *chiavaccio*] v. tr. *1* Aprire levando il chiavaccio. *2* Schiodare.

†**dischiavàre** (**1**) [comp. di *dis-* (*1*) e *chiavare*

nel senso di 'inchiodare'] **A** v. tr. ● Schiodare. **B** v. intr. pron. ● (*fig.*) Staccarsi violentemente.

†**dischiavàre** (**2**) [comp. di *dis-* (*1*) e *chiave*] v. tr. ● (*raro*) Aprire con la chiave.

†**dischiavàre** (**3**) [comp. di *di(s)-* (*1*) e *schiavo*] v. tr. ● (*raro*) Liberare da schiavitù.

†**dischièdere** [comp. di *dis-* (*1*) e *chiedere*] v. tr. ● Rifiutare.

†**dischieràre** [comp. di *di(s)-* (*1*) e *schierare*] **A** v. tr. ● Fare uscire dalla schiera | Disordinare | (*lett.*) Discompagnare. **B** v. intr. pron. ● Uscire dalla schiera.

dischiodàre [comp. di *dis-* (*1*) e *chiodo*] v. tr. (*io dischiòdo*) ● (*raro*) Schiodare.

dischiomàre [comp. di *dis-* (*1*) e *chioma*] v. tr. (*io dischiòmo*) ● (*lett.*) Privare dei capelli strappandoli: *Perché tu mi dischiomi, / né ti dirò ch'io sia, né mosterrolti, / se mille fiate in sul capo mi tomi* (DANTE *Inf.* XXXII, 100-102).

dischiùdere [lat. *disclūdere*, comp. di *dis-* (*1*) e *clāudere* 'chiudere'] **A** v. tr. (coniug. come *chiudere*) **1** Aprire, schiudere: *d. la bocca, gli occhi, le dita.* **2** (*fig.*) Scoprire, svelare, manifestare: *La prova che 'l ver mi dischiude* (DANTE *Par.* XXIV, 100). **3** †Escludere, rimuovere. **4** †Emettere, mandar fuori | Far scaturire (*anche fig.*). **B** v. intr. pron. ● Aprirsi: *la porta si dischiuse.*

†**dischiumàre** [comp. di *dis-* (*1*) e *schiuma*] v. tr. ● Togliere la schiuma.

dischiùso part. pass. di *dischiudere*; anche agg. ● Nei sign. del v.

†**disciferàre** ● V. *discifrare.*

discifórme [comp. del lat. *dĭsci*, genit. di *dĭscus* 'disco' e *-forme*] agg. ● (*bot.*) Che ha forma di disco.

discifràre o †**disciferàre** [comp. di *dis-* (*1*) e *cifrare*] v. tr. ● (*raro, lett.*) Decifrare | (*est.*) Chiarire.

†**disciglìàre** [comp. parasintetico di *ciglia*, con il pref. *dis-* (*1*)] v. tr. ● Scucire le ciglia al falcone da caccia. CONTR. Accigliare.

†**discignere** ● V. *discingere.*

†**discindere** [vc. dotta, lat. *discĭndere*, comp. di *dis-* (*1*) e *scĭndere* 'scindere'] v. tr. ● Scindere, fendere, squarciare.

discinesìa /diʃʃine'zia, distʃine'zia/ [comp. di *dis-* (*1*) e del gr. *kínēsis* 'movimento'] s. f. ● (*med.*) Mancanza di coordinazione nel ritmo e nell'intensità dei movimenti muscolari volontari o involontari.

discinètico /diʃʃi'nɛtiko, distʃi'nɛtiko/ **A** agg. (pl. m. *-ci*) ● (*med.*) Di, relativo a discinesia. **B** agg.; anche s. m. (f. *-a*) ● (*med.*) Che, chi è affetto da discinesia: *bambino d.*; *ospedale per discinetici.*

discìngere o †**discignere** [vc. dotta, lat. *discĭngere*, comp. di *dis-* (*1*) e *cĭngere* 'cingere'] **A** v. tr. (coniugato come *cingere*) ● (*lett.*) Togliere dal fianco ciò che lo cinge: *d. la spada* | (*est., raro, lett.*) Liberare da ciò che lega, cinge, o sim. **B** v. rifl. ● †Sciogliersi le vesti.

discìnto [vc. dotta, lat. *discĭnctu(m)*, part. pass. di *discĭngere* 'discingere'] agg. **1** Di persona che è vestita in modo succinto e scomposto: *apparve tutta discinta.* **2** (*lett.*) Vestito miseramente: *levata era a filar la vecchierella, / discinta e scalza* (PETRARCA).

disciògliere o †**disciòrre** [comp. di *di(s)-* (*1*) e *sciogliere*] **A** v. tr. (coniug. come *sciogliere*) **1** (*lett.*) Disfare ciò che lega, stringe, ferma e sim. (*anche fig.*): *d. i capelli* | (*est.*) Liberare da lacci, da legami (*anche fig.*): *d. una borsa*; *d. le membra* | (*raro*) Districare: *d. un groviglio, una questione.* **2** (*lett.*) Separare, distaccare | †Spezzare, rompere, distruggere. **3** Ridurre allo stato liquido: *il calore discioglie la neve* | Stemperare: *d. una polvere nel latte, una compressa in un po' d'acqua.* **B** v. intr. pron. ● Sciogliersi, liquefarsi: *il ferro si discioglie col fuoco.* **C** v. rifl. ● (*lett.*) Liberarsi da ciò che lega, stringe e sim. (*anche fig.*).

†**disciogliévole** agg. **1** Che si può sciogliere. **2** (*fig.*) Confutabile.

disciogliménto s. m. ● (*raro*) Scioglimento.

†**discioglitóre** s. m.; anche agg. (f. *-trice*) ● Chi, che discioglie (*spec. fig.*).

disciòlto part. pass. di *disciogliere*; anche agg. **1** Nei sign. del v. **2** *Terreno d.*, facile da lavorare. ‖ **discioltaménte**, avv. **1** †Scioltamente. **2** (*fig.*) Sfrenatamente; dissolutamente.

†**discioltùra** s. f. ● Scioglimento | Sveltezza, scioltezza delle membra.

†**disciòrre** ● V. *disciogliere.*

†**discipàre** e *deriv.* ● V. *dissipare* e *deriv.*

†**discipitézza** [da *discipito*] s. f. ● Scipitezza.

†**discipito** [da *scipito* con *di-* (*1*) (?)] agg. ● Scipito.

disciplina o (*raro, dial.*) †**disciprina** [vc. dotta, lat. *disciplīna(m)*, originariamente 'insegnamento, educazione', da *dĭscere* 'imparare'] s. f. **1** Insegnamento, ammaestramento (*anche fig.*): *la d. del sacrificio* | *Mettersi sotto la d. di qc.*, diventare suo discepolo | (*est.*) Materia di studio, di applicazioni pratiche e sim.: *discipline giuridiche, filosofiche, artistiche*; *d. sportiva* | (*est.*) Ramo del sapere: *essere dotto in varie discipline* | †Maestria. **2** Complesso di norme che regolano rigorosamente il comportamento di un individuo, di un gruppo di individui o di un ente: *d. di partito, scolastica, morale*; *mantenere la d.* | (*est.*) Obbedienza a tali norme: *imporsi la d.* | *Tenere la d.*, farla osservare | (*dir.*) Complesso di precetti giuridici riguardanti un determinato settore dell'ordinamento giuridico: *d. civilistica*; *d. del collocamento* | (*relig.*) Regolamento che riguarda il governo e i riti della Chiesa o di un ordine religioso. **3** (*mil.*) Abitudine di adempiere tutti i doveri dello stato militare, osservandoli coscienziosamente, per l'intima persuasione della loro intrinseca necessità. **4** Mazzo di funicelle con nodi, usato, in alcuni ordini religiosi, per la flagellazione penitenziale | (*raro, lett.*) Correzione, pena, castigo. **5** Pianta erbacea delle Poligonacee con fiori rossi raccolti in fitte spighe (*Polygonum orientale*).

disciplinàbile [vc. dotta, lat. tardo *disciplinābile(m)*, da *disciplīna* 'disciplina'] agg. ● Che si può disciplinare | Che si può assoggettare alla disciplina: *truppa d.*

†**disciplinabilità** s. f. ● Qualità di chi è disciplinabile.

disciplinàle agg. ● Proprio della disciplina.

disciplinaménto s. m. ● (*raro*) Atto, effetto del disciplinare.

disciplinàre (**1**) o (*raro, dial.*) †**disciprinàre** [da *disciplina*] **A** v. tr. (*io disciplìno*) **1** (*lett.*) Ammaestrare, erudire, insegnare | Ammaestrare un animale. **2** Sottoporre, assuefare alla disciplina: *d. una scolaresca irrequieta, un battaglione di soldati.* **3** (*dir.*) Regolare con norme di condotta: *d. con leggi la materia sanitaria* | (*est.*) Regolare secondo determinate norme, principi, sistemi e sim.: *d. il traffico dei veicoli*; *d. i propri istinti.* **4** (*raro*) Percuotere con la disciplina, flagellare: *d. il corpo* | (*est.*) †Castigare, punire. **B** v. rifl. ● Imporsi una disciplina: *disciplinarsi con la volontà.*

disciplinàre (**2**) [vc. dotta, lat. tardo *disciplināre(m)*, da *disciplīna* 'disciplina'] **A** agg. ● Che si riferisce alla disciplina: *provvedimento d.* | *Potere d.*, potere, del datore di lavoro o del superiore gerarchico, di infliggere sanzioni. ‖ **disciplinarménte**, avv. Secondo la disciplina. **B** s. m. **1** (*dir.*) Capitolato d'oneri. **2** Documento contenente le modalità di svolgimento di un'attività o le caratteristiche di un prodotto: *d. di vendita*; *d. del vino Barolo.*

†**disciplinàta** s. f. ● Colpo dato con la disciplina.

disciplinatézza s. f. ● (*raro*) Qualità di chi, di ciò che è disciplinato.

disciplinàto A part. pass. di *disciplinare* (*1*); anche agg. **1** Nei sign. del v. **2** Che si svolge con ordine, col rispetto delle norme stabilite: *traffico intenso ma d.* ‖ **disciplinataménte**, avv. Secondo le regole della disciplina: *comportarsi disciplinatamente.* **B** s. m. ● Membro delle compagnie religiose o laiche che praticavano, nel XIII sec., la flagellazione penitenziale e l'ascesi pubblica. SIN. Flagellante.

disciplinatóre s. m.; anche agg. (f. *-trice*) ● (*raro, lett.*) Chi, che disciplina.

†**disciplinévole** [var. pop. di *disciplinabile*] agg. ● Disciplinabile.

†**disciprìna** ● V. *disciplina.*

†**disciprinàre** ● V. *disciplinare* (*1*).

†**discìpulo** ● V. *discepolo.*

discissióne [vc. dotta, lat. *discissiōne(m)*, da *discĭssus*, part. pass. di *discĭndere* '†discindere'] s. f. ● (*med.*) Separazione, dissezione.

†**discìsso** part. pass. di †*discindere*; anche agg. ● (*lett.*) Nei sign. del v.

disc-jockey /*ingl.* 'disk 'dʒɔki/ [loc. dell'ingl. d'America, propr. 'fantino del disco' (V. *jockey*)] s. m. e f. inv. (pl. ingl. *disc-jockeys*) ● Chi seleziona e presenta dischi di musica leggera in trasmissioni radiofoniche e televisive o nelle discoteche.

disco (**1**) [vc. dotta, lat. *dĭscu(m)*, dal gr. *dískos*, der. di *dikêin* 'gettare', di etim. incerta] s. m. (pl. *-schi*) **1** Corpo piatto di forma circolare: *un d. metallico*; *d. orario* | *D. combinatore*, parte dell'apparecchio telefonico con la quale vengono inviati gli impulsi elettrici per la formazione del numero desiderato | *D. forato*, parte esterna del disco combinatore, dotato di dieci fori per la formazione del numero telefonico desiderato | *D. dell'elica*, porzione circolare di un piano delimitata dalle estremità delle pale in rotazione | *D. magnetico*, disco con la superficie magnetizzabile, che nei sistemi elettronici per l'elaborazione dei dati, fa da supporto per il trattamento e l'archiviazione dei dati | *D. rigido*, disco magnetico gener. metallico, sigillato all'interno di un contenitore. SIN. Hard disk. CFR. Floppy disk | *D. ottico*, compact disc | *D. volante*, veicolo aereo o spaziale di forma appiattita di cui sarebbero stati avvistati parecchi esemplari e al quale si attribuisce provenienza extraterrestre. **2** (*anat.*) Anello fibroso interposto fra due capi articolari | *Ernia del, al d.*, lussazione di un disco compreso fra due corpi vertebrali. **3** *D. fonografico*, (*ell.*) *disco*, piastra sottile in materiale termoplastico che porta registrata un'informazione sonora sotto forma di un solco: *incidere un d.*; *ascoltare un d. di musica classica* | *D. microsolco*, V. *microsolco* | *D. caldo*, (*pop.*) quello recante incisa una canzone in procinto di entrare fra le prime dieci canzoni classificate nella hit-parade | *Cambiare d.*, (*fig.*) mutare argomenti di discorso. **4** Attrezzo circolare, un tempo in pietra o metallo, ora di legno con centro metallico e orlo assottigliato e rivestito di lamina, che si lancia in gare sportive: *lancio del d.* | Piastra di gomma dura usata nell'hockey su ghiaccio. ➡ ILL. p. 1283 SPORT. **5** Il cerchio secondo il quale appaiono alcuni astri: *d. solare, lunare, planetario.* **6** Segnale meccanico spec. ferroviario, le cui indicazioni sono ottenute mediante la rotazione di una lama circolare, variamente visualizzata, intorno a un asse | *D. verde*, (*fig.*) via libera, assenza di ostacoli al compimento o al proseguimento di un'azione | *D. rosso*, (*fig.*) ostacolo, impedimento. **7** (*bot.*) *D. del capolino*, la parte centrale dell'infiorescenza delle Composite che porta i fiori tubulosi e ha margine circolare | *D. fiorale*, la modificazione in alcuni fiori di una parte del ricettacolo. ‖ **discàccio**, pegg. | **dischettino**, dim. | **dischétto**, dim. (V.).

disco (**2**) s. f. inv. **1** Acrt. di *disco-music.* **2** Acrt. di *disco-dance.* **3** Acrt. di *discoteca.*

discòbolo [vc. dotta, lat. *discŏbolu(m)*, dal gr. *diskobólos*, comp. di *dískos* 'disco' e del v. *bállein* 'lanciare'] s. m. (f. *-a*) ● Nell'atletica antica e moderna, lanciatore di disco.

discoccàre [comp. di *dis-* (*1*) e *cocca* (*3*)] v. tr. e intr. (*io discòcco* o *discócco*, *tu discòcchi* o *discócchi*; aus. *essere*) ● (*lett.*) Scoccare, scagliare.

disco-dance /*semi ingl.* 'disko da:ns/ [comp. di *disco* e dell'ingl. *dance* 'ballo, danza'] s. f. inv. ● Ballo da discoteca.

discòfilo [comp. di *disco* nel sign. 3 e *-filo*] s. m. (f. *-a*) ● Chi è appassionato di dischi di musica e ne fa raccolta.

Discòfori s. m. pl. ● (*zool.*) Irudinei.

discòforo [vc. dotta, lat. tardo *discŏphoru(m)*, dal gr. *diskophóros* 'colui che porta (dal v. *phérein*) un disco (*dískos*)'] s. m. ● Chi porta un disco, spec. riferito ad atteggiamenti della statuaria classica.

discoglòsso [vc. dotta, comp. del gr. *dískos* 'disco' e *glôssa* 'lingua'] s. m. ● Anfibio anuro simile alla rana con lingua non protrattile a forma discoidale (*Discoglossus pictus*).

discografia [comp. di *disco* nel sign. 3 e *-grafia*] s. f. ● Tecnica di registrazione sonora su dischi fonografici | Produzione di dischi fonografici | Elenco di dischi fonografici.

discogràfico A agg. (pl. m. *-ci*) ● Di, relativo a discografia o disco fonografico: *registrazione di-*

scografica; casa discografica. **B** s. m. (f. *-a*) *1* Chi lavora nell'industria del disco fonografico. *2* Industriale del disco fonografico.

discoiàre ● V. *discuoiare.*

discoidàle agg. ● Che ha forma di disco.

discòide [vc. dotta, gr. *diskoeidés* 'che ha la forma (*óidos*) di un disco (*dískos*)'] **A** agg. ● Discoidale. **B** s. m. ● Compressa medicinale in forma di piccolo disco.

discoidèo agg. ● Discoidale.

discoleggiàre [da *discolo*] v. intr. (*io discoléggio*; aus. *avere*) ● (*raro*) Comportarsi da discolo.

discolìa [comp. di *dis-* (*1*) e del gr. *cholé* 'bile', di origine indeur.] s. f. ● (*med.*) Alterazione nella composizione della bile.

discolibro [comp. di *disco* e *libro*] s. m. (pl. *discolibri* o *dischilibri*) ● Libro corredato di uno o più dischi a complemento del testo scritto.

†**discollàto (1)** [da *incollato* per sostituzione del pref. *dis-* (*1*) a *in-*] s. m. ● (*mar.*) Corso di tavoloni da poppa a prua per i lati del naviglio che coprono tutti i colli del fasciame | *Fregio del d.*, insieme di dentelli o cordoni che ornano la parte esteriore del parapetto.

†**discollàto (2)** [comp. di *dis-* (*1*) e (*ac*)*collato*] agg. ● Aperto sul collo.

†**discolleganza** s. f. ● Disunione, sconnessione.

discollegàre [comp. di *dis-* (*1*) e *collegare*] v. tr. ● Sconnettere, disunire.

discolo [vc. dotta, lat. tardo *dўscolu*(*m*), dal gr. *dýskolos* 'difficile, spiacevole', opposto a *éukolos* 'facile', di etim. incerta] **A** agg.; anche s. m. (f. *-a*) ● Che, chi ha costumi riprovevoli, conduce vita scapestrata, e sim.: *uomini discoli; quel ragazzo fa già il d.* | (*est.*) Che, chi si dimostra eccessivamente vivace, insofferente di disciplina, e sim.: *ragazzo d.; età discola; un gruppo di discoli.* **B** agg. *1* †Difficile a contentare. *2* †Rozzo, illetterato: *io ... come uomo d. e grosso, mi proposi di scrivere la presente opera* (SACCHETTI). ‖ **discolàccio**, pegg. | **discolétto**, dim.

†**discoloraménto** s. m. ● Scoloramento.

discoloràre [comp. di *dis-* (*1*) e *colorare*] **A** v. tr. (*io discolóro*) ● (*lett.*) Privare del colore o attenuarne l'intensità. **B** v. intr. pron. ● (*lett.*) Perdere il colore | Impallidire.

†**discolorazióne** s. f. ● Mancanza di colore | Pallidezza.

discolorire [comp. di *dis-* (*1*) e *colorire*] v. tr. e intr. (*io discolorìsco, tu discolorìsci*) ● (*raro, lett.*) Scolorire.

discólpa [da *discolpare*] s. f. ● Dimostrazione che libera o tende a liberare da una colpa: *la sua d. non è stata accettata* | Giustificazione, scusa: *ciò che ha fatto non ha alcuna d.; testimonianze a d. di qc.; non ha nulla da dire in sua d.*

discolpàre [comp. parasintetico di *colpa* col pref. *dis-* (*1*)] **A** v. tr. (*io discólpo*) ● Difendere da un'accusa o da un sospetto dimostrando la mancanza di colpa, o attenuando questa con motivate ragioni: *l'ignoranza non ti discolpa; lo discolparono dall'accusa di aver rubato.* SIN. Giustificare, scagionare. **B** v. rifl. ● Giustificarsi, difendersi da un'accusa: *si discolpò di avere disobbedito.*

†**discolpazióne** s. f. ● Discolpa.

†**discómbere** o †**discùmbere** [vc. dotta, lat. *discŭmbere*, comp. di *dis-* nel senso di 'attraverso', raff. del v. non attestato *cŭmbere* 'giacere'] v. intr. ● Giacere a mensa.

†**discomméssо** part. pass. di *discommettere*; anche agg. ● Nei sign. del v.

discommèttere [comp. di *dis-* (*1*) e *commettere* 'mettere insieme, unire'] **A** v. tr. (coniug. come *mettere*) ● (*raro*) Sconnettere, disunire, disfare. **B** v. intr. pron. ● (*raro*) Disunirsi, disfarsi.

†**discomodàre** [da *discomodo*] **A** v. tr. ● Dare incomodo. **B** v. rifl. ● Scomodarsi.

†**discomodità** s. f. ● Scomodo, disagio.

†**discòmodo** [comp. di *dis-* (*1*) e *comodo* (*2*)] s. m. ● Incomodo, disagio.

discompagnàbile agg. ● (*raro*) Che si può discompagnare.

†**discompagnaménto** s. m. ● (*raro*) Scompagnamento.

discompagnàre [comp. di *dis-* (*1*) e *compagno*] **A** v. tr. ● (*raro, lett.*) Scompagnare, disgiungere, cose o persone solitamente unite. **B** v. intr. pron. ● (*raro, lett.*) Separarsi.

†**discomponiménto** [comp. di *dis-* (*1*) e *componimento*] s. m. ● Atto, effetto del discomporre.

discompórre [comp. di *dis-* (*1*) e *comporre*] v. tr. (coniug. come *porre*) ● (*raro*) Disfare, scomporre, separare: *d. un tutto, le parti di un tutto* | (*fig.*) Turbare, agitare: *d. l'armonia.*

†**discompostézza** [comp. di *dis-* (*1*) e *compostezza*] s. f. ● Mancanza di compostezza, di decoro.

discompósto part. pass. di *discomporre*; anche agg. ● Nei sign. del v.

disco-music /*semi ingl.* 'disko 'mju:zik/ [comp. di *disco* e dell'ingl. *music* 'musica'] s. f. inv. ● Tipo di musica leggera in voga dalla seconda metà degli anni Settanta, caratterizzata da una base sonora dirompente che la rende adatta a essere suonata e ballata nelle discoteche.

†**disconcentràre** [comp. di *dis-* (*1*) e *concentrare*] v. tr. ● (*raro*) Decentrare.

†**disconcertàre** [comp. di *dis-* (*1*) e *concertare*] **A** v. tr. ● Sconvolgere, sconcertare. **B** v. intr. pron. ● Turbarsi, emozionarsi.

†**disconcèrto** s. m. ● (*raro*) Sconcerto.

†**disconchiùdere** ● V. †*disconcludere.*

†**disconchiùso** ● V. †*disconcluso.*

†**disconciaménto** s. m. ● Sconcio.

†**disconciàre** [comp. di *dis-* (*1*) e *conciare*] v. tr. ● Sconciare, guastare, danneggiare.

†**discóncio** [da *disconci*(*at*)*o*, part. pass. di *disconciare*] **A** agg. (pl. f. *-ce*) ● Scomposto, disacconcio. | Non conveniente: *comportarsi in modo d.* | Turpe, sconcio: *i rei appetiti e le disconce voglie* (BARTOLI). ‖ †**disconciaménte**, avv. Sconciamente. **B** s. m. *1* Sconcio. *2* Danno, aggravio.

†**disconcità** o †**disconcitàde**, †**disconcitàte** s. f. ● Sconcezza.

†**disconclùdere** o †**disconchiùdere** [comp. di *dis-* (*1*) e *concludere*] v. tr. ● (*raro*) Sciogliere ciò che fu concluso: *d. un contratto.*

†**disconclùso** o †**disconchiùso** part. pass. di †*disconcludere*; anche agg. ● Nei sign. del v.

†**disconcòrde** [comp. di *dis-* (*1*) e *concorde*] agg. ● Discorde.

†**disconcòrdia** s. f. ● Discordia.

†**disconfacévole** agg. ● Disdicevole.

†**disconfàrsi** [comp. di *dis-* (*1*) e *confarsi*] v. intr. pron. (dif. del part. pass. e dei tempi composti, coniug. come *fare*) ● Non confarsi, non convenire.

†**disconfermàre** [comp. di *dis-* (*1*) e *confermare*] v. tr. ● Disdire ciò che si è confermato.

disconfessàre [comp. di *dis-* (*1*) e *confessare*] v. tr. (*io disconfèsso*) ● (*lett.*) Astenersi dal confessare, dal rivelare | †Negare, sconfessare.

†**disconfessióne** s. f. ● Sconfessione.

†**disconfidànza** s. f. ● Diffidenza.

†**disconfidàre** [comp. di *dis-* (*1*) e *confidare*] v. intr. e intr. pron. ● Diffidare, sconfidare.

†**disconfidènte** agg. ● Diffidente.

†**disconfidènza** s. f. ● Diffidenza.

disconfiggere [da *sconfiggere* con sostituzione di pref. rafforzativo] v. tr. ● Sconfiggere | Distruggere.

†**disconfitta** s. f. ● Sconfitta.

†**disconfitto** part. pass. di †*disconfiggere*; anche agg. ● Nei sign. del v.

†**disconformàre** [da *disconforme*] v. tr. ● Non conformare.

†**disconformazióne** s. f. ● Mancanza di conformità.

†**disconfórme** [comp. di *dis-* (*1*) e *conforme*] agg. ● Mal conforme, disadatto.

†**disconfortànza** s. f. ● Sconforto.

disconfortàre [comp. di *dis-* (*1*) e *confortare*] **A** v. tr. (*io disconfòrto*) *1* (*raro, lett.*) Addolorare, sconfortare. *2* †Dissuadere, distogliere, sconsigliare. **B** v. intr. pron. ● (*lett.*) Perdersi d'animo.

†**disconfòrto** s. m. ● Sconforto: *se tu me lasci a tal guisa morire, / ancor n'avrai gran pena e d.* (BOIARDO).

†**discongiùgnere** e *deriv.* ● V. †*discongiungere* e *deriv.*

†**discongiùngere** o †**discongiùgnere** [comp. di *dis-* (*1*) e *congiungere*] v. tr. ● Disgiungere, separare.

†**discongiungiménto** o †**discongiugniménto**. s. m. ● Disgiungimento.

†**discongiùnto** part. pass. di †*discongiungere*; anche agg. ● Nei sign. del v.

disconnessióne s. f. ● Atto, effetto di disconnettere.

disconnèsso o **disconnésso** part. pass. di *disconnettere*; anche agg. ● (*raro, lett.*) Nei sign. del v.

disconnèttere o **disconnéttere** [comp. di *dis-* (*1*) e *connettere*] v. tr. (coniug. come *connettere*) *1* (*lett.*) Separare ciò che è connesso, unito. *2* (*tel.*) Togliere un collegamento.

disconoscènte part. pres. di *disconoscere*; anche agg. *1* Nei sign. del v. *2* Che non sente riconoscenza. SIN. Ingrato.

†**disconoscènza** o (*raro*) †**discaunoscènza** s. f. *1* Sconoscenza. *2* Ignoranza.

disconóscere [comp. di *dis-* (*1*) e *conoscere*] v. tr. (coniug. come *conoscere*) *1* Rifiutarsi di riconoscere | *D. una scrittura*, negarne l'autenticità | (*dir.*) *D. un figlio*, proporre azione di disconoscimento della paternità. *2* Fingere di non conoscere: *d. la verità, i benefici ricevuti.*

disconosciménto s. m. ● Atto, effetto del disconoscere | (*dir.*) *Azione di d. della paternità*, concessa al presunto padre, alla madre e al figlio divenuto maggiorenne per vincere la presunzione di paternità che la legge attribuisce al marito.

disconosciùto part. pass. di *disconoscere*; anche agg. *1* (*raro*) Nei sign. del v. *2* Misconosciuto.

†**disconsentiménto** s. m. ● Dissenso.

†**disconsentire** [comp. di *dis-* (*1*) e *consentire*] v. intr. ● Dissentire.

†**disconsenziènte** part. pres. di *disconsentire*; anche agg. ● Nei sign. del v.

†**disconsideràre** [comp. di *dis-* (*1*) e *considerare*] v. tr. ● Non considerare.

†**disconsigliaménto** s. m. ● Dissuasione.

disconsigliàre [comp. di *dis-* (*1*) e *consigliare*] v. tr. (*io disconsìglio*) ● (*lett.*) Sconsigliare, dissuadere.

†**disconsigliatóre** s. m.; anche agg. (f. *-trice*) ● (*raro*) Chi, che disconsiglia.

†**disconsolàre** [comp. di *dis-* (*1*) e *consolare* (*1*)] v. tr. ● Sconsolare.

†**discontentaménto** s. m. ● (*raro*) Scontentezza.

†**discontentàre** [da *discontento*] v. tr. ● Scontentare.

†**discontentézza** s. f. ● Scontentezza, infelicità.

discontènto [comp. di *dis-* (*1*) e *contento*] agg.; anche s. m. ● (*raro, lett.*) Scontento, insoddisfatto.

†**discontinovo** e *deriv.* ● V. *discontinuo* e *deriv.*

†**discontinuàre** [comp. di *dis-* (*1*) e *continuare*] **A** v. tr. ● Non continuare, interrompere. **B** v. intr. pron. ● Perdere la propria continuità | Disperdersi.

†**discontinuazióne** o †**discontinovazióne** s. f. ● Discontinuità.

discontinuità s. f. *1* Qualità di chi, di ciò che è discontinuo. *2* Mancanza di continuità | Interruzione | (*geol.*) *Superfici di d.*, superfici che separano i diversi involucri concentrici dell'interno del globo terrestre | (*geol.*) *D. di Mohorovičić*, cambiamento di velocità delle onde sismiche che si verifica in media a 35 km di profondità nella Terra ed è preso come limite convenzionale di separazione tra crosta e mantello. ➡ ILL. p. 818 SCIENZE DELLA TERRA ED ENERGIA.

discontinuo o †**discontinovo** [comp. di *dis-* (*1*) e *continuo*] agg. *1* Non continuo, non uguale: *lavoro, rendimento d.* | Disgiunto, interrotto: *linee discontinue.* *2* (*mat.*) Non continuo. *3* (*fig.*) Che, nelle sue manifestazioni, mostra incoerenza e mancanza di organicità: *carattere d.; atleta d. nel rendimento; essere d. nel lavoro, nello studio.* ‖ **discontinuaménte**, avv. In modo discontinuo, senza regolarità.

disconvenévole [comp. di *dis-* (*1*) e *convenevole*] agg. *1* (*raro*) Sconveniente, sconvenevole. *2* †Inadatto. *3* †Eccessivo: *disordinate immagini, e ... disconvenevoli digressioni* (MURATORI). ‖ †**disconvenevolménte**, avv. In modo sconveniente.

†**disconvenevolézza** s. f. ● Sconvenienza.

disconveniènte part. pres. di *disconvenire*; anche agg. ● (*lett.*) Nei sign. del v. ‖ **disconvenienteménte**, avv. (*raro*) In modo sconveniente.

disconveniènza o †**disconveniènzia** [vc. dotta, lat. tardo *disconveniĕntia*(*m*), da *disconvenīre* 'disconvenire'] s. f. *1* (*lett.*) Sconvenienza. *2* (*lett.*) Disarmonia: *solamente si ride di quelle* *cose che hanno in sé disconvenienzia* (CASTIGLIONE) | †Diversità.

disconvenìre [comp. di *dis-* (*1*) e *convenire*] v. intr. e intr. pron. (coniug. come *venire*; aus. *essere*; anche impers.) *1* (*lett.*) Essere sconveniente, disdicevole. *2* (*raro*) Discordare, dissentire: *disconvengo dalle tue opinioni*.

discopatìa [comp. di *disco* nel sign. 2 e di *-patia*] s. f. ● (*med.*) Malattia di un disco intervertebrale.

†**discopèrta** o †**discovèrta**. s. f. ● Scoperta: *ella sentirà con piacere ... la d. delle fraudi de' miei nimici* (GALILEI).

discopèrto o †**discovèrto** part. pass. di *discoprire*; anche agg. *1* (*lett.*) Nei sign. del v. *2 Al d.*, a cielo scoperto. || **discopertaménte**, avv. (*raro*) Scopertamente.

†**discopertùra** s. f. ● (*raro*) Scoprimento.

discopriménto o †**discopriménto**. s. m. ● (*raro, lett.*) Scoperta: *tanti nuovi e maravigliosi discoprimenti nel cielo* (GALILEI).

discoprìre o †**discovrìre** [comp. di *dis-* (*1*) e *coprire*] **A** v. tr. (coniug. come *coprire*) *1* (*lett.*) Scoprire, mettere allo scoperto. *2* (*lett.*) Inventare, trovare. *3* (*lett.*) Far noto, manifesto. **B** v. rifl. *1* (*raro, lett.*) Spogliarsi, scoprirsi (*anche fig.*). *2* (*fig., lett.*) Rivelarsi, palesarsi. **C** v. intr. pron. ● (*lett.*) Apparire.

†**discopritóre** o (*raro*) †**discovritóre**. s. m.; anche agg. (f. *-trice*) ● Scopritore.

†**discoraggiaménto** s. m. ● Scoraggiamento.

discoraggiàre [comp. di *dis-* (*1*) e *coraggio*] v. tr. e intr. pron. (*io discoràggio*) ● (*raro, lett.*) Scoraggiare, scoraggiarsi.

†**discoràre** [comp. di *dis-* (*1*) e *c(u)ore*] **A** v. tr. ● Disanimare, scorare, avvilire. **B** v. intr. pron. ● Scoraggiarsi.

discordànte part. pres. di *discordare*; anche agg. *1* Nei sign. del v. *2* Contrastante, opposto: *giudizi, opinioni discordanti*. *3* Detto di corpo geologico la cui stratificazione è orientata diversamente da quella delle rocce circostanti | Detto di corpo geologico che attraversa altre rocce tagliandone la stratificazione. || **discordanteménte**, avv. (*raro*) In modo discordante.

discordànza s. f. *1* Mancanza di accordo, di armonia: *d. di suoni, di colori*. *2* Divario, contrasto di opinioni, stili e sim.: *grande d. di idee*. SIN. Diversità. *3* (*geol.*) Differente orientamento della stratificazione di una roccia da quelle sottostanti o adiacenti.

discordàre [vc. dotta, lat. *discordāre*, da *dīscors*, genit. *discŏrdis* 'discorde'] v. intr. e intr. pron. (*io discòrdo*; aus. intr. *avere*) *1* Non essere d'accordo, avere diversa opinione, dissentire: *le sue idee discordano dalle nostre* | Essere in contrasto | Essere dissimile, diverso. *2* Non armonizzare, stonare, detto di colori, suoni, e sim.

discòrde [vc. dotta, lat. *discŏrde(m)*, fatto su *cŏncors*, genit. *concŏrdis*, con sostituzione di pref. con sign. opposto] agg. *1* Che non è in concordia, in armonia, in accordo: *critiche, interessi, pareri, discordi* | Dissimile, diverso: *voci discordi*. *2* (*raro*) †Dissonante. || **discordeménte**, avv. Senza accordo o concordia.

†**discordévole** agg. ● Discordante, discorde | Contrario.

discòrdia [vc. dotta, lat. *discŏrdia(m)*, da *dīscors*, genit. *discŏrdis* 'discorde'] s. f. *1* Mancanza di concordia, armonia, accordo, e sim.: *d. tra i cittadini*; *d. degli animi, d'intenti*; *d. in famiglia*; *entrare, venire, essere, in d. con qc.*; *provocare, fomentare, mettere, seminare, la d.* | *Pomo della d.*, quello che secondo la mitologia venne offerto dalla dea della discordia 'alla più bella', dando così origine alla contesa fra le dee e al giudizio di Paride; (*fig.*) ciò che è motivo di rivalità, contesa e sim. SIN. Disaccordo. *2* Diversità di vedute, divergenza di opinioni, e sim.: *d. tra i filosofi*; *d. di intenti, di giudizi, di pareri*. SIN. Discrepanza, dissidio.

†**discordiatóre** s. m. ● Chi semina discordia.

†**discòrdio** [vc. dotta, lat. tardo *discŏrdiu(m)*, forma parallela di *discŏrdia* 'discordia'] s. m. ● (*raro*) Discordia.

†**discordióso** [vc. dotta, lat. *discordiōsu(m)*, da *discŏrdia* 'discordia'] agg. ● Che produce la discordia | Che fomenta la discordia.

discòrdo (**1**) [provz. *descort*, da *descordar* 'discordare'] s. m. ● (*letter.*) Antico componimento di origine provenzale, di struttura irregolare per la diversità delle stanze.

†**discòrdo** (**2**) [da *discordio*, rifatto dal pl. *discordi*] s. m. ● (*raro*) Discordia, dissonanza.

discoronàre [comp. di *dis-* (*1*) e *corona*] v. tr. (*io discoróno*) ● (*raro*) Privare della corona.

discórrere [lat. *discŭrrere* 'correre (*cŭrrere*) qua e là (*dis-*)'] **A** v. intr. (coniug. come *correre*; aus. *avere*) *1* Parlare, ragionare con una certa ampiezza di q.c.: *d. di politica, di filosofia* | *D. del più e del meno, del tempo e della pioggia*, (*fig.*) senza un preciso argomento | *D. alla buona*, familiarmente | *E via discorrendo*, e così di seguito | *Non se ne discorre!*, è superfluo parlarne. *2* (*dial.*) Essere fidanzati, fare all'amore. *3* (*lett.*) Correre, muoversi con grande rapidità: *vedea nel pian d. / la caccia affaccendata* (MANZONI). **B** v. tr. *1* (*raro, lett.*) Esaminare q.c. con la mente, con il ragionamento. *2* (*raro*) Attraversare, percorrere: *van discorrendo tutta la marina / con fuste e grippi et altri legni loro* (ARIOSTO). **C** v. rifl. rec. ● (*raro*) Parlarsi | †*Discorrersela con qc.*, intendersela, essere d'accordo.

†**discorrévole** agg. ● Scorrevole.

†**discorridóre** ● V. *discorritore*.

†**discorriménto** s. m. ● Discorso.

discorritóre o †**discorridóre** s. m.; anche agg. (f. *-trice*) *1* Chi, che parla molto. *2* †Chi, che scorre. *3* †Scorridore, esploratore.

discórsa s. f. ● (*lett.*) Discorso lungo e inconcludente.

†**discorsióne** o †**discursióne** s. f. ● Incursione, scorreria.

discorsività s. f. ● Qualità di chi, di ciò che è discorsivo.

discorsìvo o †**discursìvo** agg. *1* Che si riferisce al discorso | Che ha carattere di discorso: *linguaggio, tono d.* *2* Che ama discorrere, loquace: *mio padre non fu verso di me ... troppo d.* (NIEVO). *3* (*filos.*) Detto del procedimento razionale che procede mediante conclusioni derivanti da premesse, per es. attraverso una concatenazione di enunciati affermativi o negativi. || **discorsivaménte**, avv.

discórso (**1**) part. pass. di *discorrere*; anche agg. ● Nei sign. del v.

discórso (**2**) [lat. *discŭrsu(m)* 'il correre qua e là', dal part. pass. di *discŭrrere* 'discorrere'] s. m. *1* Atto del discorrere | Colloquio, conversazione, ragionamento: *d. serio, sconclusionato, frivolo, chiaro, ambiguo*; *attaccare d. con qc.*; *entrare in d.* | *Cambiare d.*, parlare d'altro, spec. per evitare un argomento imbarazzante | *Il d. cadde su* ..., si parlò di ... | *Perdere il filo del d.*, non riuscire a continuare il discorso per distrazione | *D. senza capo né coda*, senza senso, sconnesso | *Che discorsi!*, quante sciocchezze! | *Pochi discorsi!*, poche chiacchiere! | *Tutti discorsi!*, sono solo parole! | *Senza tanti discorsi*, in modo spiccio, brusco. *2* Dissertazione intorno a un determinato argomento, scritta o pronunciata in pubblico: *d. politico, elettorale, inaugurale*; *fare, leggere, pronunciare, un d.* SIN. Conferenza, orazione. *3* (*ling.*) Ogni enunciato superiore alla frase, considerato dal punto di vista delle regole di concatenazione delle sequenze di frasi | *D. diretto*, tipo di costrutto che si ha quando un narratore, ripetendo le parole di qualcuno, le riproduce così come sono state dette | *D. indiretto*, tipo di costrutto che si ha quando la frase riportata non è riprodotta tale e quale nel racconto, ma viene introdotta da un elemento subordinante, generalmente *che* | *D. indiretto libero*, tipo di costrutto che si ha quando il discorso di un personaggio è riportato dall'autore in forma indiretta, ma senza un verbo dichiarativo reggente, in modo da conservare alcuni caratteri tipici della forma diretta | *Analisi del d.*, parte della linguistica che determina le regole della produzione delle sequenze di frasi strutturate | *Parti del d.*, le classi di parole (o categorie lessicali) definite sulla base di criteri sintattici (secondo cui sono divise in nove classi), e su quella di criteri semantici. *4* (*est., fig.*) Orientamento, indirizzo e sim. che caratterizza un determinato stato di cose, un comportamento e sim.: *portare avanti un d.*, *un certo tipo di d.*; *si assiste a un cambiamento di d. nell'ambito sindacale*. || **discorsàccio**, pegg. | **discorsétto**, dim. | **discorsino**, dim. | **discorsóne**, accr. | **discorsùccio**, dim.

discortése [comp. di *dis-* (*1*) e *cortese*] agg. ● (*lett.*) Scortese, villano. || **discorteseménte**, avv. Scortesemente.

discortesìa s. f. ● (*lett.*) Scortesia, villania.

discoscéndere o **discoscèndere** [comp. di *di-* (*1*) e *scoscendere*] **A** v. intr. (coniug. come *scendere*; aus. *essere*) ● Scoscendere. **B** v. tr. ● (*lett.*) Divellere, svellere.

discoscéso A part. pass. di *discoscendere*; anche agg. ● (*lett.*) Nei sign. del v. **B** s. m. ● †Luogo scosceso | †Dirupo.

discostaménto s. m. ● (*lett.*) Modo, atto del discostare o del discostarsi.

discostàre [comp. parasintetico di *costa*, col pref. *dis-* (*1*)] **A** v. tr. (*io discòsto*) ● Scostare, rimuovere, allontanare (*anche fig.*): *chi vuole fare capitare male uno inimico, lo discosti da casa* (MACHIAVELLI). **B** v. rifl. e intr. pron. *1* Scostarsi: *discostati dal fuoco!* *2* (*fig.*) Divergere per opinioni, atteggiamenti, e sim.: *uno storico che si discosta dalla tradizione*.

discòsto [da *discostare*] **A** agg. ● Lontano, distante: *un sentiero d. dalla strada* | (*fig.*) Alieno: *d. dai divertimenti*. **B** avv. ● Lontano, distante: *mi aspettava poco d.*; *mettilo più d.*; *due miglia d.* CONTR. Accosto. **C** nella loc. prep. *d. da* ● Lontano da: *tenetevi d. dal muro*; *Lecco ... giace poco d. dal ponte* (MANZONI).

†**discostumànza** s. f. ● (*raro*) Disuso.

†**discostumàre** [comp. di *dis-* (*1*) e *costumare*] v. tr. ● (*raro*) Togliere di costume. CONTR. Costumare.

discotèca [vc. dotta, comp. di *disco* e *-teca* sul modello di *biblioteca*] s. f. *1* Raccolta di dischi: *possedere una ricca d.* | Luogo ove ha sede tale raccolta. *2* Locale in cui si balla al suono di dischi: *ci vediamo in d.*

discotecàrio s. m. (f. *-a*) ● Chi ha cura di una discoteca.

discotecàro [da *discoteca* col suff. dial. *-aro* (V. *-aio* (*2*))] s. m. (f. *-a*) *1* (*region.*) Chi frequenta assiduamente le discoteche. *2* (*gerg.*) Proprietario o gestore di una discoteca.

discount /ingl. 'diskaunt/ [acrt. della vc. ingl. *discount* 'sconto' *house* 'ditta'] s. m. inv. ● (*org. az.*) Negozio che vende prodotti a prezzi inferiori a quelli correnti.

†**discovrìre** e *deriv.* ● V. *discoprire* e *deriv.*

discrasìa [vc. dotta, gr. *dyskrasía* 'cattiva mescolanza, cattivo temperamento', comp. di *dys-* 'dis- (1)' e *krâsis* 'mescolanza' (V. *crasi*)] s. f. *1* (*med.*) Alterazione dell'equilibrio tra i componenti del sangue o dei liquidi organici. *2* (*fig.*) Disfunzione, disorganizzazione, spec. riferito a organismi politici o economici.

discràsico agg. (pl. m. *-ci*) ● (*med.*) Che concerne la discrasia | *Edema d.*, dovuto a discrasia.

discredènte A part. pres. di *discredere*; anche agg. ● Nei sign. del v. **B** s. m. e f. ● Chi ha mutato parere | Miscredente.

discredènza s. f. ● (*raro, lett.*) Miscredenza, incredulità.

discrédere [vc. dotta, lat. tardo *discrēdere*, comp. di *dis-* (*1*) e *crēdere* 'credere'] **A** v. tr. (coniug. come *credere*) ● (*lett.*) Non credere più ciò che si credeva prima: *l'artista non crede e non discrede la sua immagine; la produce* (CROCE). **B** v. intr. ● (*lett.*) Non credere, diffidare: *d. alle parole di qc.* | †Dubitare. **C** v. intr. pron. (aus. *essere*) *1* (*raro*) Cambiare opinione, ricredersi: *discredersi di q.c.*; *dovette discredersi sul nostro conto*. *2* †Confidarsi, sfogarsi.

†**discredìbile** agg. ● (*raro*) Che non è credibile.

†**discreditaménto** s. m. ● Discredito.

discreditàre [da *discredito*] **A** v. tr. (*io discrédito*) *1* (*lett.*) Togliere credito, stima, reputazione, e sim. *2* Privare del credito commerciale. **B** v. intr. pron. ● Perdere credito, stima, scapitare nella pubblica opinione: *si è discreditato senza rimedio*.

discrédito [comp. di *dis-* (*1*) e *credito*] s. m. *1* Diminuzione, perdita del credito, della stima, della reputazione e sim.: *cadere, venire in d.*; *essere, trovarsi, in d. presso qc.* | *Gettare, buttare, il d. su qc. o q.c.*, *mettere qc. o q.c. in d.*, screditarlo | *Tornare in, a, d. di qc.*, a disonore. *2* Perdita del credito commerciale.

discrepànte [part. pres. di *discrepare*] agg. ●

Che è in contrasto, che discorda: *giudizi, opinioni discrepanti*.

discrepànza [vc. dotta, lat. *discrepāntia(m)*, da *discrepāre* 'discrepare'] s. f. *1* Differenza, divario. *2* Disaccordo, diversità di idee, opinioni, sentimenti, e sim. SIN. Discordia, dissidio.

discrepàre [vc. dotta, lat. *discrepāre* 'far sentire un suono (*crepāre*) discordante (*dis-*)'] v. intr. (*io dìscrepo*; aus. *avere*) ● (*raro, lett.*) Essere differente, difforme, contrastante.

†**discrescènza** s. f. ● (*raro*) Decrescenza.

†**discréscere** [comp. di *dis-* (*1*) e *crescere*] v. intr. ● Decrescere.

discrespàre [comp. parasintetico di *crespa*, con il pref. *dis-* (*1*)] **A** v. tr. ● (*lett.*) Eliminare le rughe. **B** v. intr. pron. ● Perdere le rughe.

discretézza [da *discreto*] s. f. ● Qualità di chi, di ciò che, è discreto | Moderazione, cautela.

discretivo [vc. dotta, lat. *discretīvu(m)*, da *discrētus* 'discreto'] agg. *1* Che serve a discernere, atto a far discernere: *giudizio d.*; *capacità discretiva*. *2* Discrezionale: *potere d.* ‖ **discretivaménte**, avv.

discréto [vc. dotta, lat. *discrētu(m)*, part. pass. di *discèrnere* 'discernere'] agg. *1* (*lett.*) Che sa discernere, giudicare rettamente: *molto vi mostrate d. e accorto nella causa de la vostra patria* (BRUNO) | Saggio, avveduto: *uomo prudente e d.* *2* Non esigente, moderato, ragionevole, nelle richieste e sim.: *è stato d. nel chiedere il prezzo*; *è sempre d. nelle sue esigenze* | Non importuno, non indiscreto: *ospite d.*; *domanda discreta* | (*est.*) Riservato, fidato: *con lui si può parlare, è molto d.* *3* Abbastanza buono, che soddisfa moderatamente, che non supera la giusta misura: *è un d. pittore*; *pagare un d. prezzo*; *fare una discreta figura*; *avere una discreta posizione sociale*; *ottenere discreti risultati* | Più che sufficiente, non piccolo: *hai fatto una discreta parte di lavoro*; *ho un d. appetito*. *4* †Chiaro, distinto. *5* (*mat.*) Composto di parti separate e distinte | Detto di spazio tale che i sottoinsiemi costituiti da un solo punto siano tutti aperti | Detto di grandezza che può assumere solo valori separati e distinti fra loro. CONTR. Continuo. ‖ **discretino**, dim. | **discretòccio**, dim. ‖ **discretaménte**, avv. *1* Con discrezione: *comportarsi discretamente*. *2* Sufficientemente: *un prezzo discretamente caro*. *3* Mediocremente, non troppo: *vivere discretamente bene*.

discrezionàle [fr. *discrétionnel*, der. di *discrétion* 'discrezione'] agg. ● Rimesso, affidato alla discrezione | (*dir.*) *Potere d.*, di fare o non fare quanto la legge non prescrive né vieta; nel sistema giudiziario, potere che il magistrato ha di valutare i fatti e operare secondo la propria coscienza: *fare uso del proprio potere d.*

discrezionalità s. f. ● (*dir.*) Potere discrezionale: *d. del magistrato* | *D. amministrativa*, facoltà della pubblica amministrazione di decidere in determinati casi secondo criteri di opportunità, entro i limiti stabiliti dalla legge.

discrezióne [vc. dotta, lat. tardo *discretiōne(m)*, da *discrētus* 'discreto'] s. f. *1* Capacità, facoltà di discernere e giudicare rettamente | *Anni, età della d.*, in cui si raggiunge un equilibrio intellettuale | †*Intendere per d.*, arguendo, congetturando. *2* Senso della misura, della moderazione, tatto: *bisogna intervenire con d.* | *Senza d.*, smisuratamente | *A d.*, secondo il proprio giudizio, la prudenza e la moderazione delle proprie esigenze | †*Alloggiare a d.*, senza pagar nulla. *3* Volontà priva di limiti imposti dall'esterno: *giudicare, decidere a propria d.* | *Trovarsi, essere alla d. d'altri*, dipendere da loro | *Resa a d.*, senza condizioni, sottomettendosi al pieno arbitrio del vincitore. SIN. Arbitrio. *4* (*ling.*) Deglutinazione.

†**discriminàle** [vc. dotta, lat. tardo *discrimināle(m)*, da *discrīmen* (V. *discriminare*)] s. m. ● Dirizzatoio.

discriminànte **A** part. pres. di *discriminare*; anche agg. ● Nei sign. del v. **B** s. m. ● (*mat.*) *d. d'una equazione algebrica*, risultante dell'equazione e di quella che si ottiene per derivazione e s'annulla se, e solo se, l'equazione possiede una radice multipla | *D. d'una conica*, determinante dei coefficienti dell'equazione della conica, che si annulla se, e solo se, essa è degenere. **C** s. f. ● (*dir.*) Azione, circostanza e sim. che diminuisce o annulla la responsabilità di un reato.

discriminàre [vc. dotta, lat. *discrimināre*, da *discrīmen*, genit. *discrīminis*, propriamente 'ciò che serve a separare (*discèrnere*)'] v. tr. (*io discrìmino*) ● Distinguere una o più cose o persone da altre, far differenza: *d. i buoni amici dai cattivi*.

discriminativo agg. ● Che discrimina: *criteri discriminativi*.

discriminatóre [vc. dotta, lat. tardo *discriminatōre(m)*, da *discriminātus* 'discriminato'] s. m. (f. *-trice* nel sign. 1) *1* Chi discrimina, chi attua discriminazioni. *2* (*elettron.*) Circuito che separa da un segnale altri segnali di tipo diverso.

discriminatòrio agg. ● Della, relativo alla discriminazione.

discriminatùra s. f. ● Scriminatura dei capelli.

discriminazióne [vc. dotta, lat. *discriminatiōne(m)*, da *discriminātus* 'discriminato'] s. f. ● Atto, effetto del discriminare: *qualsiasi d. di valori e disvalori estetici* (CROCE) | *D. politica*, il trattare in modo diverso i cittadini a seconda delle loro opinioni politiche | *D. razziale*, nei confronti dei popoli di colore.

discristallino [comp. di *dis-* (*1*) e *cristallino*] agg. ● (*geol.*) Detto di roccia non cristallina, o con cristalli non distinguibili a occhio nudo.

†**discrìvere** e *deriv.* ● V. *descrivere* e *deriv.*

discromatopsìa [comp. di *dis-* (*2*), del gr. *chrôma*, genit. *chrṓmatos* 'colore' e *ópsis* 'vista, apparenza'] s. f. ● (*med.*) Cecità parziale ai colori; le forme più comuni sono la cecità al rosso, al violetto e al verde. CFR. Daltonismo.

discromatòsi [comp. di *dis-* (*2*), del gr. *chrôma*, genit. *chrṓmatos* 'colore' e *-osi*] s. f. ● (*med.*) Affezione cutanea caratterizzata da discromie.

discromia [comp. di *dis-* (*2*) e un deriv. del gr. *chrôma* 'colore'] s. f. ● (*med.*) Alterata pigmentazione cutanea.

discucire [comp. di *dis-* (*1*) e *cucire*] v. tr. (*io discùcio*) ● Scucire | (*raro, fig.*) *D. l'amicizia*, estinguerla poco a poco.

†**disculminàre** [comp. di *dis-* (*1*) e *culmine* nel sign. di 'tetto'] **A** v. tr. ● Levare il colmo, il tetto. **B** v. intr. pron. ● Rimanere senza tetto.

†**discùmbere** ● V. †*discombere*.

discuoiàre o **discoiàre** [comp. di *dis-* (*1*) e *cuoio*] v. tr. (*io discuòio*, pop. *discòio*; la *o* dittonga preferibilmente in *uo* se tonica) ● (*raro, lett.*) Scuoiare.

†**discursióne** ● V. †*discorsione*.

†**discursivo** ● V. *discorsivo*.

†**discuşàre** [da *scusare* con pref. (*di-*) raff.] v. tr. e rifl. ● Scusare, giustificare.

†**discussàre** [da *discusso*] v. tr. ● Discutere, trattare.

discussióne [vc. dotta, lat. tardo *discussiōne(m)*, da *discŭssus* 'discusso'] s. f. *1* Atto, effetto del discutere | Dialogo, colloquio, dibattito: *aprire, chiudere una d.*; *d. calma, serena, tempestosa*; *non sapevo riprendere la d. col dottore* (SVEVO) | *Essere in d.*, *fare una d. con qc.*, discutere | *Mettere in d.*, criticare, sottoporre a dibattito | *Venire in d.*, di cosa che diviene oggetto di dibattito | *Non c'è d.*, di cosa su cui non v'è alcun dubbio: *su questo non c'è d.* | *Essere fuori d.*, di cosa su cui non si discute nemmeno, essendo già scontata sia positivamente che negativamente: *che tu venga con noi è fuori d.*; *è fuori d. che io stasera possa uscire* | *Essere superiore a ogni d.*, di cosa inoppugnabile. *2* (*est.*) Battibecco, contrasto, litigio: *in casa vostra sono continue discussioni*; *finiamola con le discussioni inutili*. *3* (*dir.*) Nel processo civile, fase in cui i difensori illustrano oralmente le proprie argomentazioni: *svolgimento della d.* | Nel processo penale, fase in cui il pubblico ministero e successivamente i difensori della parte civile, del responsabile civile, della persona civilmente obbligata per la pena pecuniaria e dell'imputato formulano e illustrano le rispettive conclusioni. *4* (*mat.*) Studio del comportamento delle soluzioni d'una equazione, d'un sistema o d'un problema, i cui dati contengano qualche parametro variabile.

discùsso part. pass. di *discutere*; anche agg. *1* Nei sign. del v. *2* Che provoca molte polemiche e discussioni: *una personalità molto discussa*.

†**discussóre** [vc. dotta, lat. tardo *discussōre(m)*, da *discŭssus* 'discusso'] s. m. ● (*raro*) Chi discute.

discùtere [vc. dotta, lat. *discŭtere*, originariamente 'staccare scuotendo', comp. di *dis-* (*1*) e *quătere* 'scuotere'] v. tr. e intr. (pass. rem. *io discùssi*, *tu discutésti*; part. pass. *discùsso*) *1* Esaminare e considerare attentamente un argomento, prospettando diverse opinioni, col fine di chiarirlo, di appurare la verità, di prendere una decisione e sim.: *d. un problema tecnico, un testo letterario, una proposta di legge*; *è necessario d. su questa faccenda*; *non intendo d. con voi dei miei sentimenti*; *da tempo si discute intorno al nuovo accordo*; *prima di decidere, discutiamo*. *2* Mettere in dubbio la validità di un argomento, la veridicità di un fatto, l'esattezza di un'affermazione e sim., opponendo sistematiche obiezioni e critiche, avanzando riserve e sim.: *noi discutiamo questa decisione*; *la sua serietà può essere discussa*; *è inutile d. ancora* | *D. il, sul, prezzo*, cercare di diminuirlo, contrattando col venditore | *Non lo discuto*, non lo metto in dubbio. SIN. Contestare. *3* (*est.*) Altercare, controbattere con toni violenti: *finitela di d.*; *stanno a d. da mane a sera per una sciocchezza*. SIN. Litigare.

discutìbile agg. ● Che si può discutere, che può sollevare riserve, critiche, obiezioni: *proposta, teoria d.*; *gusti discutibili* | (*est.*) Dubbio, incerto: *moralità d.* ‖ **discutibilménte**, avv.

discutibilità s. f. ● Qualità di ciò che è discutibile.

†**dişdàre** [vc. dotta, lat. *disdāre*, comp. di *dis-* (*1*) e *dāre* 'dare'] v. intr. ● Cadere, finire in basso (*spec. fig.*).

†**dişdegnaménto** s. m. ● Sdegno, indignazione | Disprezzo.

†**dişdegnànza** s. f. ● Sdegno, disprezzo.

dişdegnàre [lat. parl. **disdignāre*, in sostituzione del lat. class. *dedignāri*, comp. parasintetico di *dīgnus* 'degno'] **A** v. tr. (*io dişdégno*) *1* Considerare con sdegno, avere a sdegno: *d. le lodi degli adulatori, la compagnia dei vili* | (*est.*) Respingere, disprezzare: *se la Pisana lo disdegnava egli s'arrischiava a punirla con un'ombra d'indifferenza* (NIEVO). *2* †Muovere a sdegno. **B** v. intr. pron. ● (*lett.*) Sdegnarsi.

†**dişdegnatóre** s. m. (f. *-trice*) ● Chi disdegna.

†**dişdegnévole** agg. ● Spregevole, intollerabile.

dişdégno [da *disdegnare*] s. m. ● Sdegno, disprezzo: *avere d. della volgarità*; *segna il nobil volto or di colore / di rabbioso d. ed or d'amore* (TASSO) | *Avere a d.*, disprezzare | *Avere in d.*, odiare | †*Recarsi q.c. a d.*, provare ira e disprezzo per q.c.

dişdegnóso agg. ● (*lett.*) Pieno d'ira, di sdegno: *l'abate, ... d. forte, con l'ambasciadore prese la via verso il castello* (BOCCACCIO) | (*lett.*) Fiero e sprezzante: *animo d.* ‖ **disdegnosétto**, dim. ‖ **disdegnosaménte**, avv.

dişdétta o †**dişditta** [f. sost. di *disdetto*] s. f. *1* Atto, effetto del disdire, negazione, rifiuto | *Far d.*, rifiutarsi. *2* (*lett.*) Ritrattazione, smentita. *3* Sfortuna: *avere d. nel giuoco*; *portar d. a qc.* | *Che d.!*, che sfortuna! | †Contrasto, ostacolo. *4* (*dir.*) Nel contratto di durata, dichiarazione unilaterale, comunicata all'altra parte, dell'intenzione di sciogliersi dal contratto: *dare la d.*

dişdettàre v. tr. (*io dişdétto*) ● (*dir.*) Dare la disdetta, disdire: *d. un contratto, un appartamento*.

dişdétto **A** part. pass. di *disdire* (*1*); anche agg. ● Nei sign. del v. **B** s. m. ● †Disdetta | *Far d.*, dire di no.

†**dişdicènza** s. f. ● Disdicevolezza, sconvenienza.

†**dişdicere** ● V. *disdire* (*1*).

dişdicévole agg. ● Sconveniente. ‖ **disdicevolménte**, avv.

†**dişdicevolézza** s. f. ● Sconvenienza.

†**dişdiciménto** s. m. ● Ritrattazione.

†**dişdicitóre** s. m. (f. *-trice*) ● Chi disdice.

dişdire (**1**) o †**dişdicere** [comp. di *dis-* (*1*) e *dire*] **A** v. tr. (coniug. come *dire*) *1* Negare le affermazioni proprie o altrui: *disdico quello che ho detto*; *ha disdetto pubblicamente le nostre parole* | Ritrattare ciò che si è detto o fatto in precedenza: *d. le accuse*. *2* Sciogliere, rescindere: *d. un contratto* | *D. una società*, uscirne | *D. la casa*, dare la disdetta | Annullare un impegno: *d. un appuntamento*; *ho disdetto la prenotazione a teatro* | †*D. la tregua*, fare avvertito il nemico del termine di

scadenza di essa. *3* (*lett.*) Proibire, vietare | †Rifiutare qc. **B** v. rifl. *1* Ritirarsi: *ha voluto disdirsi su quella questione.* *2* †Negare.
diṣdire (2) [da *addirsi* con sostituzione di pref. di senso neg.] v. intr. e intr. pron. (dif. dei tempi comp.; coniug. come *dire*; si usa solo nella terza pers. sing. e pl.) ● Essere disadatto, sconveniente: *certi atteggiamenti disdicono all'età avanzata; quelle parole ti si disdicono.*
†**diṣditta** ● V. *disdetta.*
†**diṣdoràre** [sp. *desdorar* 'togliere l'oro', poi, fig., 'togliere l'onore'] v. tr. *1* (*raro*) Levare l'oro da q.c. *2* (*lett., fig.*) Togliere, offuscare il pregio, l'onore.
diṣdòro [sp. *desdoro*, da *desdorar* 'disdorare'] s. m. ● (*lett.*) Disonore, vergogna: *quelle parole furono pronunciate a suo d.; egli era, anche se innocente, il d. del reggimento* (BACCHELLI).
†**diṣdòssa** o †**diṣdòsso** [comp. di *dis-* (*1*) parallelo a *bis-* pegg., e *dosso*] vc. ● (*lett.*) Solo nelle loc. avv. *alla d., a disdosso*, sul dorso nudo, senza sella, di cavallo e sim.: *a la d. l'asino cavalca* (MARINO).
†**diṣdòtto** (1) [comp. di *dis-* (*1*) e *dotto* (*1*)] agg. ● (*raro*) Ignorante.
†**diṣdòtto** (2) o †**diṣdùtto** [ant. fr. *de(s)duit*, part. pass. di *de(s)duire* (V. *disducere*)] s. m. ● Piacere, diletto, diporto.
†**diṣdùcere** [ant. fr. *soi de(s)duire* 'divertirsi', letteralmente 'portarsi (*soi duire*, dal lat. *dūcere* 'condurre') di qua e di là (*des-*)'] v. tr. ● Divertire, sollazzare.
†**diṣdùtto** ● V. †*disdotto* (*2*).
diṣebriàre /dizebri'are, dize'brjare/ o †**diṣebbriàre** [da *inebriare* per sostituzione del pref. *dis-* (*1*) a *in-*] **A** v. tr. (*io diṣèbrio*) ● (*lett.*) Fare uscire dall'ebbrezza. **B** v. intr. (aus. *essere*) ● (*raro*) Disubriacarsi.
†**diṣeccàre** e *deriv.* ● V. *disseccare* e *deriv.*
diṣeccitàre [comp. di *dis-* (*1*) ed *eccitare*] v. tr. (*io diṣèccito*) ● (*fis.*) Far passare un sistema fisico da uno stato eccitato a uno non eccitato | Interrompere la corrente che eccita un elettromagnete.
diṣeconomìa [comp. di *dis-* (*1*) e *economia*] s. f. *1* Squilibrio economico esistente fra due o più paesi. *2* (*econ.*) Diminuzione di efficienza, che causa un calo di rendimento | *Diseconomie di scala*, diminuzione di efficienza o aumento dei costi derivanti da un aumento della produzione o della dimensione di un'azienda.
diṣeconomicità s. f. ● Costo eccessivo o alta inefficienza: *d. di un impianto.*
diṣeconòmico agg. (pl. m. *-ci*) ● Caratterizzato da diseconomicità.
diṣeducàre [comp. di *dis-* (*1*) e *educare*] v. tr. (*io diṣèduco, tu diṣèduchi*) ● Educare male, o annullare gli effetti dell'educazione precedentemente ricevuta: *quell'ambiente diseduca i giovani.*
diṣeducatìvo agg. ● Che diseduca: *esempi diseducativi.*
diṣeducazióne s. f. ● Atto, effetto del diseducare | Cattiva educazione.
disegnàre o †**designàre** nel sign. 1 [lat. *designāre*, comp. di *dē-* e *signāre* 'segnare'] v. tr. (*io diségno*) *1* Rappresentare per mezzo di segni, linee e sim. (*anche ass.*): *d. un cane, la pianta di un edificio, un rettangolo; saper d.; d. a matita, a penna, a carboncino* | (*est.*) Tracciare: *d. i confini, il circuito delle mura.* *2* (*fig.*) Progettare nella mente un lavoro prima di eseguirlo: *d. un'impresa, un progetto, la trama di un romanzo* | *D. e non colorire*, (*fig.*) non realizzare i progetti fatti. SIN. Ideare. *3* (*fig.*) Descrivere con le parole: *ha disegnato con precisione il carattere dei personaggi.* SIN. Delineare. *4* Avere in animo, proporsi di fare q.c.: *disegnò di partire al più presto.* SIN. Progettare, stabilire. *5* †Designare, indicare, destinare | †Scegliere: *d. un luogo.*
†**disegnatìvo** agg. ● (*raro*) Atto a disegnare | Che riguarda il disegno.
disegnatóre s. m. (f. *-trice*, pop. *-tora*) ● Chi disegna, spec. per professione: *d. tecnico, progettista, particolarista* | Chi è molto abile nel disegno.
†**disegnatùra** s. f. ● (*raro*) Disegno.
†**disegnazióne** o †**designazióne** [lat. *designatiōne(m)*, da *designātus* 'disegnato'] s. f. *1* Atto, effetto del disegnare. *2* V. *designazione.*
diségno [da *disegnare*] s. m. *1* Rappresentazione con linee e segni di figure immaginate o di oggetti reali: *un d. a matita, a pastello* | *D. industriale*, industrial design | *D. animato*, film d'animazione | *D. preparatorio*, studio per opere di pittura e scultura | Arte del disegnare: *scuole di d.* | Modo di disegnare: *avere un d. preciso, incisivo.* *2* (*fig.*) Traccia schematica di un'opera letteraria o artistica in genere: *il d. iniziale di un romanzo.* SIN. Abbozzo, schema. *3* (*fig.*) Intenzione, proposito, progetto: *il suo d. di intervento immediato era assai audace* | *Colorire un d.*, mettere in esecuzione un progetto | *Far d. su q.c.*, farvi assegnamento | (*dir.*) *D. di legge*, progetto di legge presentato al Parlamento per la discussione ed eventuale approvazione. *4* Ordine e forma di una composizione musicale. || **disegnino**, dim.
diṣeguàle e *deriv.* ● V. *disuguale* e *deriv.*
disellàre ● V. *dissellare.*
disembràre [comp. di *di-* (*1*) opposto al pref. *a-* (*2*) di *assembrare*] v. intr. e intr. pron. ● (*raro*) Separare.
diṣendocrinìa [comp. di *dis-* (*2*) e un deriv. di *endocrino*] s. f. ● (*med.*) Stato di alterata regolazione di un'attività endocrina.
diṣenfiàre [comp. di *dis-* (*1*) e *enfiare*] **A** v. tr. (*io diṣénfio*) ● Togliere il gonfiore. **B** v. intr. e intr. pron. (aus. intr. *avere*) ● Perdere il gonfiore.
†**disennàto** ● V. *dissennato.*
†**disensàre** e *deriv.* ● V. †*dissensare* e *deriv.*
†**disentìre** e *deriv.* ● V. *dissentire* e *deriv.*
†**diseparàre** ● V. †*disseparare.*
diṣepatìa [comp. di *dis-* (*2*) e del gr. *hêpar*, genit. *hḗpatos* 'fegato', di origine indeur.] s. f. ● (*med.*) Qualsiasi disfunzione del fegato.
†**diseppellìre** e *deriv.* ● V. *disseppellire* e *deriv.*
†**diṣequàle** ● V. *disuguale.*
diṣequazióne [comp. di *dis-* (*1*) e *equazione*] s. f. ● (*mat.*) Disuguaglianza nella quale compaiono una o più quantità incognite.
diṣequilibràre [comp. di *dis-* (*1*) e *equilibrare*] **A** v. tr. ● (*raro*) Squilibrare, discostare (*anche fig.*). **B** v. intr. pron. ● Perdere l'equilibrio (*spec. fig.*).
diṣequilìbrio [comp. di *dis-* (*1*) e *equilibrio*] s. m. ● (*fis.*) Assenza di equilibrio.
diṣerbàggio s. m. ● Atto, effetto del diserbare.
diṣerbànte **A** part. pres. di *diserbare*; anche agg. ● Nel sign. del v. **B** s. m. ● Preparato chimico atto a distruggere le erbe nocive. SIN. Erbicida.
diṣerbàre [comp. parasintetico di *erba*, col pref. *dis-* (*1*)] v. tr. (*io diṣèrbo*) ● Liberare un terreno dalle erbe infestanti.
diṣerbatùra s. f. ● Diserbo.
diṣèrbo s. m. ● Eliminazione delle erbe infestanti dal terreno: *d. del grano* | *D. selettivo*, verso determinate specie vegetali | *D. totale*, su tutta la vegetazione.
diṣeredaménto s. m. ● (*raro*) Diseredazione.
diṣeredàre o †**diṣredàre** [comp. parasintetico di *erede*, col pref. *dis-* (*1*)] v. tr. (*io diṣerèdo*) ● Privare dell'eredità.
diṣeredàto **A** part. pass. di *diseredare*; anche agg. *1* Nei sign. del v. *2* (*est.*) Misero, povero: *aiutare i fanciulli diseredati.* *3* †Privo di erede. **B** s. m. (f. *-a*) ● Chi manca del necessario per vivere: *troppi sono i diseredati, nel mondo.*
diṣeredazióne s. f. *1* Atto, effetto del diseredare. *2* Nel diritto romano, esclusione dei figli in potestà dalla successione mediante dichiarazione solenne.
†**diṣerède** [da *diseredare*] agg. ● Privo di eredità.
†**diṣereditàre** o †**direditàre**, †**diṣreditàre** [comp. parasintetico di *eredità*, col pref. *dis-* (*1*)] v. tr. ● Diseredare.
diṣergìa [vc. dotta, gr. *dysérgeia*, comp. di *dys-* 'dis- (2)' e *érgon* 'azione'] s. f. (pl. *-gie*) ● (*med.*) Mancata coordinazione dei movimenti per disturbi nervosi.
diserràre ● V. *disserrare.*
†**diṣertagióne** ● V. †*disertazione.*
diṣertaménto o †**deṣertaménto** s. m. ● (*raro, lett.*) Atto, effetto del disertare.
diṣertàre o †**deṣertàre** [lat. tardo *desertāre*, rafforzat. di *desĕrere* 'abbandonare'] **A** v. tr. (*io diṣèrto*) *1* (*lett.*) Distruggere, devastare: *d. una contrada* | Spopolare: *se un contagio disertasse la vostra città* (CARDUCCI). *2* (*lett.*) Mandare qc. in rovina, ridurlo in totale miseria e povertà. *3* Abbandonare, spec. definitivamente: *i contadini disertano i campi* | *D. la scuola, la chiesa*, non frequentarla | *D. l'amicizia, la compagnia di qc.*, trascurarla, evitarla. *4* †Sconfiggere, sgominare. **B** v. intr. (aus. *avere*, raro *essere*) *1* Abbandonare il reparto in cui si presta servizio militare, oppure non farvi più ritorno dopo un'assenza regolarmente concessa. *2* (*est.*) Abbandonare un gruppo ideologico cui precedentemente si aderiva: *ha disertato dal partito.*
†**diṣertatóre** o †**deṣertatóre** s. m.; anche agg. (f. *-trice*) ● Devastatore, distruttore, saccheggiatore.
†**diṣertatùra** s. f. ● (*raro*) Cosa deforme, guasta.
†**diṣertazióne** o (*raro*) †**diṣertagióne**. s. f. ● Distruzione, sterminio.
†**diṣèrto** (1) ● V. *deserto* (*1*) e (*2*).
†**diṣèrto** (2) [vc. dotta, lat. *disĕrtu(m)*, di etim. incerta] agg. ● (*lett.*) Eloquente, facondo.
diṣertóre o †**deṣertóre** [vc. dotta, lat. *desertō-re(m)*, dal part. pass. di *desĕrere* (*pūgnam*) 'abbandonare (il combattimento)'] s. m. (f. *-trice*, raro) *1* Militare che abbandona il reparto di appartenenza, o che ne rimane arbitrariamente assente oltre una determinata scadenza. *2* (*est.*) Chi abbandona una causa, un'idea, un partito e sim. SIN. Traditore, transfuga.
†**diservìre** e *deriv.* ● V. *disservire* e *deriv.*
diṣerzióne o †**deṣerzióne** [vc. dotta, lat. tardo *desertiōne(m)*, dal part. pass. di *desĕrere* (V. *disertore*)] s. f. *1* Reato del militare che diserta. *2* (*est.*) Abbandono del proprio ufficio, lavoro, partito e sim.
†**disetàre** ● V. *dissetare.*
disfacìbile [comp. di *dis-* (*1*) e *fàcere* 'fare'] agg. ● (*raro*) Che si può disfare.
disfaciménto s. m. *1* Atto del disfare e del disfarsi | Putrefazione, decomposizione: *il d. di un cadavere.* *2* (*fig.*) Sfacelo, dissoluzione: *il d. di una famiglia* | (*fig., lett.*) Sfinimento, struggimento: *questo predominio dei colori di tramonto le dona un caldo d.* (UNGARETTI). *3* †Danno, rovina, distruzione. *4* †Disfatta.
disfacitóre s. m.; anche agg. (f. *-trice*) ● (*raro, lett.*) Chi, che disfà, distrugge.
disfacitùra s. f. *1* (*raro*) Atto, effetto del disfare. *2* (*raro*) Complesso dei materiali che si ricavano dalla demolizione di un edificio e sim.
disfagìa [vc. dotta, comp. di *dis-* (*2*) e *-fagia*] s. f. (pl. *-gie*) ● (*med.*) Difficoltà di deglutizione.
†**disfaldàre** [comp. di *dis-* (*1*) e *falda*] v. tr. e intr. pron. ● Sfaldare, sfaldarsi.
†**disfàma** s. f. ● Cattiva fama.
†**disfamaménto** [da *disfamare* (*1*)] s. m. ● Diffamazione.
†**disfamàre** (1) [comp. di *dis-* (*1*) e *fama*] v. tr. ● Diffamare, infamare.
disfamàre (2) [comp. di *dis-* (*1*) e *fame*] v. tr. *1* (*lett.*) Sfamare. *2* (*fig.*) Soddisfare: *E se la mia ragion non ti disfama, / vedrai Beatrice, ed ella pienamente / ti torrà questa e ciascun'altra brama* (DANTE *Purg.* XV, 76-78).
disfàre [comp. di *dis-* (*1*) e *fare*] **A** v. tr. (*io disfàccio* o *disfò* o *disfo, tu disfài, egli disfà* o *disfa, noi disfacciàmo, voi disfàte, essi disfànno* o *disfano*; per le altre forme coniug. come *fare*) *1* Distruggere o scomporre quanto era stato fatto (*anche fig.*): *d. un vestito, un lavoro, un'opera, mura, edifici* | *D. il letto*, toglierne la biancheria per poi rifarlo | *D. la casa*, vendere tutte le suppellettili | *D. un paese, una contrada*, devastarli | *D. una macchina*, smontarla | Sciogliere, liquefare: *il calore disfa le sostanze grasse.* *2* †Annientare, uccidere. *3* †Esautorare, togliere qc. da una carica: *per far ottimo un re, convien disfarlo* (ALFIERI). **B** v. intr. pron. *1* Ridursi in pezzi: *intere città si disfecero per il terremoto* | Andare in putrefazione: *i cadaveri si disfano nella tomba* | Sciogliersi: *la neve si disfa.* *2* (*fig.*) Struggersi, consumarsi: *disfarsi dal dolore; disfarsi in lacrime, dalle risa* | (*raro*) Andare in rovina. **C** v. rifl. ● Liberarsi, sbarazzarsi: *disfarsi di un oggetto ingombrante.*
disfaṣìa [vc. dotta, formata su *afasia* (V.) con sostituzione del pref. neg. con pref. pegg.] s. f. ● (*med.*) Disturbo della realizzazione del linguaggio, consistente nella incapacità a ordinare le parole | Afasia.
disfàtta [fr. *défaite* 'rotta militare', da *défaire* 'disfare'] s. f. *1* Rotta completa, sconfitta definitiva di un esercito o di un complesso di forze, con per-

dite irreparabili di uomini, materiali e mezzi. *2* (*fig.*) Grave sconfitta: *difficilmente il partito potrà risollevarsi da una simile d.*

†**disfattìbile** agg. • Disfacibile.

disfattismo [fr. *défaitisme*; cfr. seg.] s. m. *1* Attività e atteggiamento di chi, in tempo di guerra, tende a menomare la resistenza politica o economica o militare dello Stato. *2* (*fig.*) Atteggiamento di sfiducia e pessimismo riguardo all'esito di un'azione, un'impresa e sim.

disfattista [fr. *défaitiste*, da *défaite* 'disfatta'; calco sul russo *porajenetz*, der. di *porajenie* 'disfatta'] **A** s. m. e f. (pl. m. *-i*) • Chi desidera e procura, secondo le sue forze e capacità, la disfatta bellica del proprio paese | (*est.*) Chi dimostra pessimismo sull'esito di un'impresa. **B** agg. • Che induce a credere probabile o inevitabile la disfatta: *discorso, propaganda, azione d.*

disfattìstico agg. (pl. m. *-ci*) • Relativo al disfattismo o ai disfattisti.

disfàtto part. pass. di *disfare*; anche agg. • Nei sign. del v.

†**disfattóre** s. m.; anche agg. (f. *-trice*) • Disfacitore.

disfattùra s. f. • (*raro*) Disfacimento.

disfavillàre [comp. di *dis-* (*1*) e *favilla*] v. intr. (aus. *avere*) • (*lett.*) Sfavillare: *qual zaffiro l'occhio disfavilla* (D'ANNUNZIO).

disfavóre [comp. di *dis-* (*1*) e *favore*] s. m. • (*lett.*) Danno, svantaggio | *Argomento a d.*, contrario.

disfavorévole agg. • (*raro*) Contrario, sfavorevole. ‖ †**disfavorevolménte**, avv. Sfavorevolmente.

†**disfavorìre** [comp. di *dis-* (*1*) e *favorire*] v. tr. • Contrariare, danneggiare.

†**disfazióne** [da *disfare*] s. f. *1* Disfacimento, rovina. *2* Scioglimento, liquefazione.

disfemìa [da *dis-* (*2*), sul modello del gr. *euphēmía*, nel sign. di 'buona espressione' (V. *eufemia*)] s. f. • (*med.*) Anomalia del linguaggio consistente nell'incapacità a pronunciare certi fonemi.

disfemismo [tratto da *eufemismo*, per sostituzione del pref. *eu-* con *dis-* (*1*); cfr. gr. *dysphēméin* 'dir male, oltraggiare'] s. m. • (*ling.*) Figura retorica che consiste nel sostituire, in modo spesso scherzoso, una parola con un'altra dotata all'origine di connotazione negativa, senza tuttavia attribuirle un tono offensivo (per es. *i miei vecchi* per *i miei genitori*).

†**disferenziàre** • V. *differenziare*.

†**disfermaménto** s. m. • Atto, effetto del disfermare.

†**disfermàre** [comp. di *dis-* (*1*) e *fermare*] v. tr. • Rendere privo di fermezza, forza e sim., indebolire.

disferràre [comp. di *dis-* (*1*) e *ferro*] **A** v. tr. (*io disfèrro*) *1* (*lett.*) Liberare qc. dalle catene (*anche fig.*). *2* †Liberare dal ferro, strappandolo dalle carni: *d. la ferita, il petto*. *3* Togliere i ferri dai piedi degli animali. **B** v. rifl. • †Togliersi il ferro dalla ferita.

disfida [da *disfidare* (*1*)] s. f. • (*lett.*) Atto, effetto del disfidare, sfida: *la d. di Barletta*; *accettare una d.*; *mandare a qc. una d.* | *Gettare la d.*, il guanto di sfida | *Cartello a, di d.*, che reca scritto e invita a combattere, a gareggiare e sim. | *Colpo, segno a d.*, intimazione a combattere effettuata mediante segnalazioni di bandiera, colpi d'arma da fuoco e sim.

disfidànte **A** part. pres. di *disfidare* (*1*); anche agg. • (*lett.*) Nei sign. del v. **B** s. m. e f. • (*raro, lett.*) Chi lancia una disfida.

†**disfidànza** s. f. • Sfiducia.

disfidàre (1) [lat. mediev. *disfidāre* 'togliere la fede, provocare', comp. parasintetico di *fīdes* 'fede, fiducia', col pref. *dis-* (*1*)] v. tr. *1* (*raro, lett.*) Sfidare: *d. qc. a duello, a battaglia*; *prese in ardimento di d. la Dea della sapienza* (MARINO). *2* †Dichiarare nemico, mettere al bando.

†**disfidàre (2)** • V. *diffidare*.

disfidàto **A** part. pass. di *disfidare* (*1*); anche agg. • Nei sign. del v. **B** s. m. • Chi è stato sfidato.

†**disfidatóre** [da *disfidare* (*1*)] s. m.; anche agg. • Chi, che disfida.

disfiguràre [comp. di *dis-* (*1*) e *figura*] **A** v. tr. (*io disfigùro*) • (*raro, lett.*) Sfigurare: *una cicatrice gli disfigurava il volto*. **B** v. intr. pron. • †Alterarsi | †Trasformarsi.

†**disfigurazióne** s. f. • Atto, effetto del disfigurare.

†**disfinìre** [var. di *diffinire* con ricostruzione integrale del pref.] v. tr. • Definire, risolvere, decidere: *questo coro di figure, che circondano questo cielo ..., disfiniteci di grazia che cosa sono?* (VASARI).

†**disfinitóre** s. m. (f. *-trice*, raro) *1* Chi disfinisce. *2* Interprete: *d. di sogni*.

†**disfinizióne** s. f. • Definizione, risoluzione.

†**disfioraménto** s. m. • Deflorazione.

disfioràre [comp. di *dis-* (*1*) e *fiore* in uso fig.] v. tr. (*io disfióro*) *1* (*raro*) Privare del fiore | (*fig.*) Guastare, sciupare. *2* (*fig., lett.*) Disonorare. *3* Deflorare. *4* (*lett.*) Sfiorare (*anche fig.*): *una carezza disfiora / la linea del mare e la scompiglia / un attimo* (MONTALE).

disfiorentinàre [comp. di *dis-* (*1*) e *fiorentino*] **A** v. tr. • (*lett.*) Rendere qc. o q.c. non fiorentino, privandolo di certe peculiari caratteristiche: *d. il linguaggio*. **B** v. rifl. • (*raro, lett.*) Farsi non fiorentino, diverso dai fiorentini.

†**disfogaménto** s. m. • (*raro*) Sfogo.

disfogàre [comp. di *dis-* (*1*) e *foga*] **A** v. tr. (*io disfógo, tu disfóghi*) • (*lett.*) Sfogare: *or via, disfoga / l'astio racchiuso* (FOSCOLO). **B** v. intr. pron. • (*lett.*) Sfogarsi.

disfogliàre [comp. di *dis-* (*1*) e *foglia*] **A** v. tr. (*io disfòglio*) • (*lett.*) Privare delle foglie: *un soffio disfogliò interamente una larga rosa bianca* (D'ANNUNZIO). **B** v. intr. pron. • (*lett.*) Ridursi senza foglie.

disfonìa [vc. dotta, comp. di *dis-* (*1*) e *-fonia*] s. f. • (*med.*) Alterazione della voce, dovuta a cause funzionali od organiche.

disfònico agg. (pl. m. *-ci*) • (*med.*) Di, relativo a, disfonia.

disforìa [vc. dotta, gr. *dysphoría*, comp. di *dys-* 'dis- (2)' e un deriv. di *phérein* 'portare', quindi 'difficoltà di sopportare'] s. f. • (*med.*) Stato d'animo di oppressione angosciosa e di tristezza. CONTR. Euforia.

disfòrico agg. (pl. m. *-ci*) • (*med.*) Caratterizzato da disforia: *atteggiamento d.* | Affetto da disforia: *soggetto d.*

disformàre [comp. di *dis-* (*1*) e *formare*] **A** v. tr. (*io disfórmo*) • (*raro, lett.*) Rendere disforme | Deformare, alterare. **B** v. intr. e intr. pron. (aus. *essere*) • (*raro, lett.*) Essere o diventare disforme | Deformarsi, guastarsi.

†**disformazióne** s. f. • Deformazione.

disfórme [da *disformare*, sul modello di *deforme* e *deformare*] agg. • (*raro*) Difforme | Differente. ‖ †**disformeménte**, avv. In modo difforme, differente.

disformità s. f. • (*raro, lett.*) Differenza: *non vi essendo d. di costumi, gli uomini si vivono quietamente* (MACHIAVELLI).

†**disfornìto** [comp. di *dis-* (*1*) e *fornito*] agg. • (*raro*) Completamente sfornito.

†**disfrancàre** [comp. di *dis-* (*1*) e *franco* nel sign. di 'libero'] **A** v. tr. *1* Privare della libertà: *il peccato disfrancò il loro volere* (PASCOLI). *2* Privare del coraggio. **B** v. intr. pron. • Perdersi d'animo.

disfrancesàre [comp. di *dis-* (*1*) e *francese*] **A** v. tr. • (*lett.*) Liberare dall'influenza francese. **B** v. rifl. • Liberarsi dall'influenza francese.

disfrasìa [vc. dotta, comp. di *dis-* (*2*) e del gr. *phrásis* 'frase, discorso'] s. f. • (*med.*) Alterata composizione delle frasi dovuta a disturbi neurologici o mentali.

†**disfrenaménto** s. m. • Atto, effetto del disfrenare.

disfrenàre [comp. di *dis-* (*1*) e *frenare*] v. tr. (*io disfréno* o *disfrèno*) • (*lett.*) Sfrenare.

†**disfréno** o **disfrèno** **A** agg. • Sfrenato. **B** s. m. • Mancanza di freni, di impacci | *A d.*, sfrenatamente | *In d.*, liberamente.

†**disfrodàre** [comp. di *dis-* (*1*) e *frodare*] v. tr. • (*raro*) Defraudare, ingannare.

disfrondàre [comp. di *dis-* (*1*) e *fronda*] **A** v. tr. (*io disfróndo*) • (*lett.*) Sfrondare. **B** v. intr. pron. • (*lett.*) Perdere le fronde e (*fig.*) svigorirsi.

disfunzionàle [comp. di *dis-* (*1*) e *funzionale*] agg. • Che non è funzionale, che non adempie adeguatamente alle proprie funzioni.

disfunzióne [comp. di *dis-* (*2*) e *funzione*] s. f. *1* (*med.*) Alterazione della funzione di un organo. *2* (*est.*) Cattivo funzionamento di enti, organizzazioni e sim.: *d. amministrativa*.

disgàggio [dal fr. *dégager* 'distaccare, liberare'] s. m. • (*min.*) Operazione consistente nel distaccare a mano i frammenti rocciosi pericolanti, dopo l'esplosione di mine.

†**disgannàre** [comp. di *dis-* (*1*) sostitutivo del pref. contrario *in-* di *ingannare*] v. tr. • Liberare dall'inganno.

disgarbàre [comp. di *dis-* (*1*) e di *garbare*] v. intr. (aus. *essere*, raro *avere*) • (*lett.*) Dispiacere, non garbare.

†**disgàrbo** s. m. • Mal garbo, mala grazia.

disgelàre [comp. di *dis-* (*1*) e *gelare*] **A** v. tr. (*io disgèlo*) • Sciogliere il ghiaccio, liberare dal ghiaccio: *il sole disgela i campi*. **B** v. intr. e intr. pron. (aus. intr. *essere* o *avere*; anche impers.) • Liberarsi dal gelo, dal ghiaccio: *il lago disgela*; *la campagna si disgelava*; *non disgela ancora*.

disgèlo [da *disgelare*] s. m. *1* Fusione del ghiaccio e della neve dovuta alla temperatura che sale sopra allo zero. *2* (*fig.*) Miglioramento dei rapporti tra due o più persone, graduale ritorno a sentimenti di comprensione e amicizia reciproci | Superamento di posizioni politiche particolarmente rigide, così da portare a un graduale miglioramento sia della situazione interna di uno Stato, sia delle relazioni internazionali.

†**disgènio** [comp. di *dis-* (*1*) e *genio*] s. m. • Avversione, repulsione.

disgeusìa [comp. di *dis-* (*2*) e del gr. *gêusis* 'gusto', da *géuesthai* 'gustare' (di origine indeur.)] s. f. • (*med.*) Alterazione o indebolimento della facoltà del gusto.

†**disghiottìre** [da *inghiottire*, con sostituzione di pref. (*dis-* (*1*)): letteralmente 'inghiottire male'] v. intr. • (*raro*) Singhiozzare.

†**disgiogàre** [comp. di *dis-* (*1*) e *giogo*] v. tr. • Sciogliere, liberare dal giogo (*anche fig.*).

†**disgióngere** e *deriv.* • V. *disgiungere* e *deriv.*

†**disgiovàre** o †**disiovàre** [comp. di *dis-* (*1*) e *giovare*] v. intr. • (*raro*) Nuocere.

†**disgiùgnere** e *deriv.* • V. *disgiungere* e *deriv.*

disgiùngere o †**disgióngere** [lat. *disiŭngere*, comp. di *dis-* (*1*) e *iŭngere* 'congiungere'] **A** v. tr. (coniug. come *giungere*) *1* Separare, disunire, dividere: *d. due amici, una famiglia*; *disgiunse le mani che prima aveva intrecciato* | (*lett.*) Staccare, strappare: *... lo strazio disonesto / c'ha le mie frondi sì da me disgiunte* (DANTE *Inf.* XIII, 140-141). *2* (*fig.*) Considerare separatamente: *d. un'idea dalla sua realizzazione pratica* | (*lett.*) Rendere diverso, distinguere: *è l'ora che disgiunge il primo chiaro / dall'ultimo tremore* (UNGARETTI). **B** v. rifl. e rifl. rec. • Dividersi, separarsi, allontanarsi: *si disgiunsero con molte lacrime*.

†**disgiungìbile** agg. • (*raro*) Che si può disgiungere.

disgiungiménto o †**disgiugniménto** s. m. • (*raro*) Atto, effetto del disgiungere e del disgiungersi.

†**disgiungitóre** o †**disgiugnitóre** s. m.; anche agg. (f. *-trice*) • Chi, che disgiunge.

disgiuntivo o †**disgiontivo** [lat. tardo *disiunctīvu(m)*, da *disiūnctus* 'disgiunto'] agg. *1* Atto a disgiungere | (*ling.*) *Congiunzione disgiuntiva*, che coordina due parole o frasi dividendole | (*filos.*) *Proposizione disgiuntiva*, quella che contiene un'alternativa | *Sillogismo d.*, quello che ha come premessa maggiore una proposizione disgiuntiva. *2* (*geol.*) Detto di deformazione tettonica che si manifesta per mezzo di fratture e di faglie. ‖ **disgiuntivaménte**, avv. (*raro*) In modo disgiuntivo.

disgiùnto o †**disgiónto** part. pass. di *disgiungere*; anche agg. *1* Nei sign. del v. *2* (*mat.*) Detto di due insiemi che non hanno elementi comuni. ‖ **disgiuntaménte**, avv. Separatamente.

†**disgiuntùra** s. f. • Disgiunzione.

disgiunzióne [lat. *disiunctiōne(m)*, da *disiūnctus* 'disgiunto'] s. f. • Atto, effetto del disgiungere.

disgocciolàre [comp. di *dis-* (*1*) e *gocciolare*] v. intr. (*io disgócciolo*; aus. *essere*) *1* (*raro, lett.*) Sgocciolare, stillare. *2* (*raro, lett., fig.*) Consumarsi.

disgomberàre e *deriv.* • V. *disgombrare* e *deriv.*

†**disgómbra** o †**disgómbera** [da *disgombrare*]

s. f. • Sgombero.

†**diṣgombraménto** s. m. • Atto, effetto del disgombrare.

diṣgombràre o **diṣgomberàre** [comp. di *dis-* (*1*) sostituito al pref. contrario *in-* in *ingombrare*] **A** v. tr. (*io diṣgómbro*) **1** (*lett.*) Sgombrare: *disgombrava già di neve i poggi / l'aurora amorosa* (PETRARCA). **2** (*fig., lett.*) Rimuovere dall'animo sentimenti o pensieri molesti, angosce, tormenti e sim.: *quivi è colei che l'alte menti infiamma / e che da' petti ogni viltà disgombra* (POLIZIANO). **3** (*ass.*) †Traslocare, cambiare casa. **B** v. intr. pron. • Dileguarsi (*anche fig.*).

diṣgombratóre s. m.; anche agg. (f. *-trice*) • (*raro, lett.*) Chi, che disgombra.

diṣgómbro agg. • (*lett.*) Sgomberato.

†**diṣgorgàre** [comp. di *dis-* (*1*) e di *gorgo*] **A** v. tr. • Fare sgorgare. **B** v. intr. e intr. pron. • Uscire a fiotti: *dal mio cor disgorghi / gran sangue, e i fiumi scorrano su 'l mondo* (D'ANNUNZIO).

diṣgradàre (1) [comp. di *dis-* (*1*) e *grado*] **A** v. tr. (*io diṣgràdo*) • †Sminuire, degradare: *d. qc. nella opinione altrui* | (*lett.*) Vincere al confronto, superare: *una fame da disgradarne un lupo.* **B** v. intr. (aus. *essere*) • (*raro*) †Allontanarsi, deviare. **C** v. intr. pron. **1** (*raro, lett.*) Perdere la reputazione. **2** (*lett.*) Essere in declivio, digradare.

diṣgradàre (2) [comp. di *dis-* (*1*) sostitutivo dell'opposto *ad-* in *aggradare*] v. intr. (dif. del part. pass. e dei tempi comp.) • (*lett.*) Dispiacere, essere sgradito.

diṣgradévole agg. • (*raro*) Sgradevole.

†**diṣgradiménto** s. m. • Atto, effetto del disgradire.

†**diṣgradìre** [comp. di *dis-* (*1*) e *gradire*] **A** v. tr. • Non gradire. **B** v. intr. • Dispiacere.

†**diṣgràdo** [da *disgradire*] s. m. • Mancanza di gradimento | *Essere a d.*, essere sgradito | *Avere a, in d.*, non vedere di buon occhio.

diṣgrafìa [vc. dotta, comp. di *dis-* (*2*) e *-grafia*] s. f. • (*med.*) Incapacità di scrivere in modo corretto i suoni percepiti, dovuta spec. a malattia nervosa.

diṣgranàre [comp. di *dis-* (*1*) e *grano*] v. tr. • (*raro*) Sgranare: *d. le spighe* | *D. la catena*, disimpegnarla dalla dentiera dell'argano.

†**diṣgranellàre** [comp. di *dis-* (*1*) e *granello*] v. tr. • Sgranare: *d. le spighe.*

†**diṣgràto** [comp. di *dis-* (*1*) e *grato*] agg. • Sgradito, noioso, spiacevole.

diṣgravàre [comp. di *dis-* (*1*) e *gravare*] v. tr. e rifl. • (*lett.*) Sgravare.

†**diṣgravidaménto** s. m. • Aborto | *D. volontario*, aborto procurato.

†**diṣgravidàre** [comp. di *dis-* (*1*) opposto a *in-* di *ingravidare*] v. intr. • Abortire: *ella molte arti usò per dovere, contro al corso della natura, d., né mai le potè venir fatto* (BOCCACCIO).

diṣgràzia [comp. di *dis-* (*1*) e *grazia*] s. f. **1** Perdita della grazia o del favore altrui: *essere, cadere, venire in d. di qc.* | *In d. di Dio*, in peccato mortale | *Avere qc. in d.*, negargli la propria benevolenza | *Mettere, porre qc. in d.*, parlarne male. **2** Sorte avversa, sventura: *essere perseguitato dalla d.*; *ha la d. di essere povero*; *per colmo di d. ha perduto anche il treno*; *ognuno di noi ha le sue disgrazie* | *Per mia, per tua d.*, sfortunatamente per me, per te | *D. volle che*, malauguratamente avvenne che | *Portare d.*, essere causa di guai, sciagure e sim. SIN. Avversità, scalogna, sfortuna. **3** Avvenimento improvviso e luttuoso: *è successa una d.*; *è morto in seguito a una d.* SIN. Calamità, disastro, sciagura. **4** (*est.*) Avvenimento spiacevole e involontario: *non l'ha fatto di proposito, è stata una d.* SIN. Disdetta, scalogna. **5** †Mancanza di grazia, di bellezza.

†**diṣgraziàre** [da *disgrazia*] v. tr. **1** Non ringraziare | Privare della propria gratitudine, del proprio favore e sim. **2** Far sfigurare al paragone, al confronto.

diṣgraziàto [da *disgrazia*] **A** agg. **1** Che non ha fortuna, che è oppresso e perseguitato da malanni, miseria, insuccesso o altre disgrazie: *un uomo d.*; *una famiglia povera e disgraziata*; *essere d. in amore, negli affari, al gioco.* SIN. Sfortunato, sventurato. **2** Di ciò che è iniziato o si è svolto male, che ha prodotto esiti o conseguenze spiacevoli: *viaggio, anno d.*; *fu un'idea veramente disgraziata* | *Una commedia disgraziata*, che non ha avuto successo. SIN. Dannato, sfortunato. **3** (*lett.*) Senza grazia, malfatto. || **disgraziataménte**, avv. Per disgrazia, sfortunatamente: *disgraziatamente il medico è intervenuto troppo tardi.* **B** s. m. (f. *-a*) **1** Persona disgraziata: *è un povero d.*; *aiutare i disgraziati* | (*est., pop.*) Persona colpita da infermità fisica o mentale, che la rende deforme nell'aspetto, o sgraziata nei movimenti o carente nell'intelligenza. SIN. Infelice, miserabile. **2** Persona degna di pietà e disprezzo: *lasciate perdere quel d.*; *d., che cosa hai fatto?* | Persona cattiva, malvagia, che reca o crea disgrazia, sciagura.

diṣgrazière s. m. • (*scherz.*) Chi porta disgrazia | Chi parla sempre di disgrazie e disastri.

†**diṣgrazióso** agg. • Spiacente, ritroso, bisbetico.

†**diṣgredìre** • V. *digredire.*

diṣgregàbile agg. • Che si può disgregare.

diṣgregaménto s. m. • Atto, effetto del disgregare e del disgregarsi.

†**diṣgregànza** s. f. • Disgregazione.

diṣgregàre [vc. dotta, lat. tardo *disgregāre*, da *aggregāre* con sostituzione del pref. *dis-* (*1*) a *ad-*] **A** v. tr. (*io diṣgrègo, tu diṣgrèghi*) **1** Frantumare un corpo solido, compatto: *gli agenti atmosferici disgregano la roccia.* **2** (*fig.*) Privare un gruppo, una comunità, uno Stato e sim. della necessaria unità e coesione ideologica, politica, sociale e sim.: *le rivalità personali hanno disgregato il partito.* **3** (*chim.*) Trattare una sostanza, spec. fondendola con carbonati o alcoli, al fine di renderla solubile. **B** v. intr. pron. **1** Andare in pezzi, in frantumi: *la massa si disgregava sotto i colpi.* **2** (*fig.*) Perdere la coesione e l'accordo, disunirsi: *la famiglia si è ormai disgregata.*

diṣgregatìvo [vc. dotta, lat. tardo *disgregatīvu(m)*, da *disgregātus* 'disgregato'] agg. • Atto a disgregare.

diṣgregatóre [da *disgregare*] s. m.; anche agg. (f. *-trice*) • Chi, che tende a disgregare (*spec. fig.*): *elementi disgregatori della famiglia, della società.*

diṣgregazióne [vc. dotta, lat. tardo *disgregatiōne(m)*, da *disgregātus* 'disgregato'] s. f. • Atto, effetto del disgregare e del disgregarsi (*anche fig.*): *la d. di un corpo, di un materiale solido*; *un periodo di d. sociale* | *D. meteorica*, sgretolamento e frantumazione delle superfici rocciose dovuto a processi di natura fisica.

diṣgressióne • V. *digressione.*

†**disgrevàre** [comp. di *dis-* (*1*) e *greve*] v. tr. • (*raro*) Liberare da un peso.

†**diṣgrignàre** • V. *digrignare.*

diṣgroppàre o †**diṣgruppàre** [comp. di *dis-* (*1*) e *groppo*] v. tr. (*io diṣgróppo* o *diṣgròppo*) • (*lett.*) Disfare, sciogliere un nodo (*anche fig.*).

diṣgrossaménto s. m. • Sgrossamento.

diṣgrossàre [comp. di *dis-* (*1*) e *grosso*] v. tr. e intr. pron. (*io diṣgròsso*) • Sgrossare.

†**diṣgrossatùra** s. f. • Sgrossatura.

†**diṣgruppàre** • V. *disgroppare.*

diṣgruzzolàre [comp. di *dis-* (*1*) e *gruzzolo*] v. tr. • (*raro*) Rovistare, frugare disordinatamente.

†**diṣguàle** e *deriv.* • V. *disuguale* e *deriv.*

diṣguìdo [sp. *descuido*, da *descuidar*, originariamente 'esimere (*des-*) dal pensare (*cuidar*, dal lat. *cogitāre*)', 'trascurare'] s. m. • Errore di spedizione o di recapito: *per un d. non ho ancora ricevuto la lettera* | (*est.*) Errore nell'esecuzione di un programma preordinato.

†**diṣguiṣàre** [comp. di *dis-* (*1*) e *guisa*] v. tr. • Contraffare, deformare.

diṣgustàre [da *disgusto*] **A** v. tr. (*io diṣgùsto*) **1** Dare disgusto: *il sapore di quel cibo mi disgusta.* SIN. Stomacare. **2** (*fig.*) Provocare fastidio, noia, insofferenza, ripugnanza e sim.: *un lavoro che disgusta*; *la sua presenza e le sue parole ci disgustavano.* SIN. Infastidire, nauseare, stomacare. **B** v. intr. pron. **1** Provare disgusto, nausea: *mi sono disgustato dei grassi.* SIN. Nausearsi, stomacarsi. **2** (*fig.*) Non essere più in buoni rapporti con qc.: *si è disgustato con noi.* **C** v. rifl. rec. • (*fig.*) Rompere l'amicizia: *quei due si sono disgustati.*

diṣgustàto part. pass. di *disgustare*; anche agg. • Nei sign. del v.

†**diṣgustatóre** agg.; anche s. m. (f. *-trice*) • Che, chi disgusta.

diṣgustévole agg. • (*raro*) Sgradevole, disgustoso.

†**diṣgustevolézza** s. f. • Qualità di ciò che è disgustevole.

diṣgùsto [comp. di *dis-* (*1*) e *gusto*] s. m. **1** Senso di nausea, di ripugnanza: *mangiare con d.*; *ho il d. delle sigarette*; *sento d. per il cibo* | (*fig.*) Repulsione morale, insofferenza, avversione: *sento per lui un profondo d.*; *riviveva / il d ... della pena / amara* (SABA). **2** Dispiacere provocato da contrasti, offese, difficoltà e sim.: *dare, provare un gran d.*; *subire umiliazioni e disgusti.*

diṣgustóso agg. **1** Che provoca disgusto, repulsione fisica: *odore, sapore, cibo d.* | Pessimo: *ci offrirono un d. caffè.* SIN. Nauseante, ripugnante. **2** (*fig.*) Che provoca repulsione morale, che è estremamente sgradevole: *è un individuo d.*; *il suo contegno fu d.*; *rimasi sconvolto da quel d. spettacolo.* SIN. Ripugnante. || **disgustosaménte**, avv.

†**diṣìa** o (*raro*) †**deṣìa** [da *disia(re)*] s. f. • Desio.

diṣiàbile • V. *desiabile.*

diṣiànza o **deṣiànza** [da *disiare*] s. f. • (*lett.*) Desiderio | (*est.*) Cosa desiderata.

diṣiàre • V. *desiare.*

diṣiàto • V. *desiato.*

†**diṣideràre** e *deriv.* • V. *desiderare* e *deriv.*

diṣidratànte **A** part. pres. di *disidratare*; anche agg. **1** Nei sign. del v. **2** Detto di sostanza in grado di sottrarre acqua ad altre sostanze. **B** anche s. m.

diṣidratàre [fr. *déshydrater*, comp. di *dés-* 'dis- (1)' e *hydrater* 'idratare'] **A** v. tr. • Privare o impoverire una sostanza o un corpo dell'acqua in essi contenuta: *d. l'aria*; *d. i cibi per conservarli*; *d. un organismo.* **B** v. intr. pron. • Subire disidratazione: *si è disidratato a causa della malattia.*

diṣidratàto part. pass. di *disidratare*; anche agg. • Nei sign. del v.

diṣidratatóre s. m. • Apparecchio o impianto per la disidratazione, spec. di fluidi.

diṣidratazióne [fr. *déshydratation*, da *déshydrater* 'disidratare'] s. f. **1** Atto, effetto del disidratare. **2** (*med.*) Eccessiva perdita di liquido organico, tale da portare nocumento alle normali funzioni dell'organismo.

diṣidròṣi [comp. di *dis-* (*2*), *idro-* e del suff. *-osi*] s. f. • (*med.*) Affezione cutanea, favorita dalla sudorazione, caratterizzata da vescicole pruriginose a localizzazione palmo-plantare e interdigitale.

†**diṣiecoràre** [comp. di *dis-* (*1*) e del lat. *iĕcur*, genit. *iĕcoris* 'fegato'] v. tr. • (*raro*) Strappare il fegato.

†**diṣiévole** o †**deṣiévole** [da *disiare*] agg. • (*lett.*) Pieno di desiderio.

†**diṣigillàre** • V. *dissigillare.*

†**diṣiguàle** • V. *disuguale.*

disillàbico [da *disillabo*] agg. (pl. m. *-ci*) • Di due sillabe.

disillabo [vc. dotta, lat. *disyllabu(m)*, dal gr. *disýllabos* 'composto di due (*dís*) sillabe (*syllabái*)'] **A** agg. • Composto di due sillabe. SIN. Bisillabo. **B** s. m. • Gruppo di due sillabe.

diṣillùdere [comp. di *dis-* (*1*) e *illudere*] **A** v. tr. (coniug. come *illudere*) • Togliere le illusioni: *uno sguardo era sufficiente a disilludermi* (SVEVO) | Deludere: *d. le speranze di qc.* **B** v. intr. pron. • Divenir privo di illusioni: *sognava grandi cose ma ora si è disilluso.*

diṣillusióne s. f. • Perdita di una o di molte illusioni: *subire una profonda d.*; *le disillusioni della vita.* SIN. Delusione.

diṣillùṣo **A** part. pass. di *disilludere*; anche agg. • Nei sign. del v. **B** s. m. (f. *-a*) • Persona disillusa.

diṣimballàggio s. m. • Atto, effetto del disimballare.

diṣimballàre [comp. di *dis-* (*1*) e *imballare* (*1*)] v. tr. • Togliere dall'imballaggio: *d. dei quadri.*

†**diṣimbarazzàre** [comp. di *dis-* (*1*) e *imbarazzare*] v. tr. • Togliere dall'imbarazzo, dall'impaccio.

†**diṣimbaràzzo** s. m. • (*raro*) Sgombramento.

diṣimbracàre [comp. di *dis-* (*1*) e *imbracare*] v. tr. (*io diṣimbràco, tu diṣimbràchi*) • Togliere l'imbraca a un animale.

†**diṣimbracciàre** [comp. di *dis-* (*1*) e *imbracciare*] v. tr. • Sfilare dal braccio: *d. lo scudo.*

†**diṣimbrigliàre** [comp. di *dis-* (*1*) e *imbrigliare*] v. tr. • Liberare dalle briglie (*anche fig.*).

diṣimpacciàre [comp. parasintetico di *impaccio*,

col pref. *dis-* (*1*)] **A** v. tr. (*io diṣimpàccio*) ● (*raro*) Liberare da impacci, noie e sim.: *d. le mani.* **B** v. rifl. ● Togliersi dagli impacci: *disimpacciarsi da una situazione difficile.*

diṣimpacciàto part. pass. di *disimpacciare*; anche agg. *1* Nei sign. del v. *2* Disinvolto: *un giovane franco e d.*

diṣimparàre [comp. di *dis-* (*1*) e *imparare*] v. tr. *1* Non ricordare o non sapere più quanto si era imparato: *d. la lezione*; *ho disimparato a guidare l'automobile*; *aveva dunque disimparato di camminare?* (SVEVO) | *D. la paura, la vergogna*, non conoscerle più. *2* (*fig.*) Perdere un'abitudine: *devi d. ad alzarti tardi.*

†**diṣimpedìre** [comp. di *dis-* (*1*) e *impedire*] v. tr. ● (*raro*) Liberare dagli impedimenti.

diṣimpegnàre [comp. di *dis-* (*1*) e *impegnare*] **A** v. tr. (*io diṣimpégno*) *1* Sciogliere una persona da un impegno, da una promessa e sim. | (*est.*) Liberare q.c. data in pegno: *d. un gioiello.* *2* Liberare qc. o q.c. da impedimenti, impacci, ostacoli e sim.: *a fatica disimpegnarono il carro dal fango* | Rendere indipendente: *d. le stanze con un corridoio.* *3* (*mil.*) Liberare con tempestivo aiuto forze premute dall'avversario. *4* (*mar.*) Liberare cavi, manovre, attrezzi, ancore, dagli ostacoli che ne impediscono il libero movimento. *5* Adempiere un ufficio, esercitare una funzione: *è stato molto abile nel d. l'incarico affidatogli.* **B** v. rifl. *1* Liberarsi da un impegno: *mi sono disimpegnato da ogni obbligo verso di lui.* SIN. Disobbligarsi. *2* Riuscire a fronteggiare una situazione, cavarsela: *si disimpegna bene nel fare le veci del capofamiglia.* *3* (*mil.*) Ritirarsi gradualmente di fronte al nemico, spec. con intenti strategici. *4* (*sport*) Sottrarsi all'azione dell'avversario.

diṣimpegnàto part. pass. di *disimpegnare*; anche agg. *1* Nei sign. del v. *2 Locale d.*, locale al quale si può accedere da passaggi comuni come atri, corridoi, scale, e sim., senza dover attraversare altri locali di specifica destinazione.

diṣimpégno [da *disimpegnare*; nel sign. 3, calco sull'ingl. *disengagement*] s. m. *1* Atto, effetto del disimpegnare e del disimpegnarsi: *cercare una scusa che serva da d.* | *Fare q.c. per d.*, solo per adempiere un obbligo o tener fede alla parola data. *2* In un edificio, passaggio che consente l'accesso a un locale senza dovere attraversarne altri: *stanza, locale di d.* | (*est.*) Il locale che gode di tale passaggio: *in fondo al corridoio c'è un d.* *3* (*med.*) In ostetricia, fuoriuscita del feto dal canale del parto al momento della nascita. *4* Abbandono o mancanza di impegno sociale o politico. *5* Nel calcio, azione di alleggerimento di fronte a un attacco avversario.

diṣimpiegàre [comp. di *dis-* (*1*) e *impiegare*] **A** v. tr. (*io diṣimpiègo, tu diṣimpièghi*) ● (*raro*) Privare dell'impiego. **B** v. rifl. ● Dimettersi da un impiego.

diṣimpiègo [comp. di *dis-* (*1*) e *impiego*] s. m. (pl. *-ghi*) ● Stato, condizione di chi non ha un'occupazione totale.

†**diṣimplicàre** [comp. di *dis-* (*1*) e *implicare*] v. tr. ● (*raro*) Disimpacciare.

†**diṣimprimere** [comp. di *dis-* (*1*) e *imprimere*] v. tr. ● (*raro*) Levare l'impronta o l'impressione.

†**diṣinàre** ● V. *desinare.*

diṣincagliàre [comp. parasintetico di *incaglio*, col pref. *dis-* (*1*), prob. sul modello dello sp. *desencallar*] **A** v. tr. (*io diṣincàglio*) *1* Liberare un natante da secche, scogli e sim. *2* (*fig.*) Far procedere, rendere più spedito: *d. una proposta di legge.* **B** v. rifl. *1* Liberarsi da un incaglio, detto di bastimento, barca e sim. *2* (*fig.*) Togliersi, uscire da una situazione difficile.

diṣincàglio s. m. ● Operazione del disincagliare.

diṣincantàre [comp. di *dis-* (*1*) e *incantare*, prob. sul modello del fr. *désenchanter*] v. tr. *1* Sciogliere da un incantesimo, liberare da una magia | (*est.*) Scuotere da un sogno, da una fantasticheria e sim.: *un richiamo improvviso lo disincantò.* *2* (*fig.*) Disilludere, disingannare: *avrebbe detto qualche parola stupida, di quelle che disincantano* (MORAVIA).

diṣincantàto part. pass. di *disincantare*; anche agg. *1* Nei sign. del v. *2* (*fig.*) Smaliziato.

diṣincànto s. m. *1* (*raro*) Atto, effetto del disincantare. *2* (*fig.*) Mancanza di illusioni, scetticismo: *un sorriso che esprime d.*

diṣincarnàre [comp. di *dis-* (*1*) e *incarnare*] **A** v. tr. (*io diṣincàrno*) ● Liberare, svincolare lo spirito dal corpo. **B** v. rifl. ● Liberarsi dai vincoli corporei.

diṣincentivànte **A** part. pres. di *disincentivare*; anche agg. ● Nei sign. del v. **B** s. m. ● Disincentivo.

diṣincentivàre v. tr. ● Non favorire, scoraggiare, privare dell'incentivo: *d. una decisione*; *d. le importazioni.*

diṣincentivazióne s. f. ● Atto, effetto del disincentivare.

diṣincentìvo [comp. di *dis-* (*1*) e *incentivo*] s. m. *1* Misura volta a scoraggiare decisioni economiche considerate non conformi a un equilibrato sviluppo. CONTR. Incentivo. *2* (*est.*) Mancanza di incentivo: *ciò costituisce un d. alla nostra iniziativa.*

†**diṣinclinàre** [comp. di *dis-* (*1*) e *inclinare*] v. intr. ● (*raro*) Non essere incline.

†**diṣinclinazióne** [comp. di *dis-* (*1*) e *inclinazione*] s. f. ● Avversione, antipatia.

†**diṣincontràto** [comp. di *dis-* (*1*) e *incontrato*] agg. ● Isolato, scompagnato.

diṣincrostànte **A** part. pres. di *disincrostare*; anche agg. ● Nel sign. del v. **B** s. m. ● Sostanza chimica che, aggiunta all'acqua delle caldaie, impedisce formazioni calcaree o discioglie quelle esistenti.

diṣincrostàre [comp. di *dis-* (*1*) e *incrostare*] v. tr. (*io diṣincròsto*) ● Liberare da incrostazioni: *d. le tubature.*

diṣincrostazióne s. f. ● Atto, effetto del disincrostare.

diṣindustrializzàre [comp. di *dis-* (*1*) e *industrializzare*] v. tr. ● Abolire o ridurre le industrie di una città o di una regione.

diṣindustrializzazióne s. f. ● Atto, effetto del disindustrializzare.

diṣinfestànte **A** part. pres. di *disinfestare*; anche agg. ● Nei sign. del v. **B** s. m. ● Sostanza atta a distruggere i parassiti animali.

diṣinfestàre [comp. di *dis-* (*1*) e *infestare*] v. tr. (*io diṣinfèsto*) ● Liberare un luogo o una persona da insetti, parassiti e sim.: *d. la casa dai topi, un campo dalle erbacce.*

diṣinfestatóre s. m. ● Chi è addetto alla disinfestazione.

diṣinfestazióne [da *disinfestare*] s. f. ● Atto, effetto del disinfestare.

diṣinfestióne s. f. ● (*raro*) Disinfestazione.

diṣinfettànte **A** part. pres. di *disinfettare*; anche agg. ● Nel sign. del v. **B** s. m. ● Mezzo o sostanza atti a distruggere i microrganismi che provocano le infezioni.

diṣinfettàre [fr. *désinfecter*, comp. di *dés-* 'dis- (1)' e *infécter*, da *infect* 'infetto'] v. tr. (*io diṣinfètto*) ● Distruggere i germi patogeni: *d. una ferita, un ferro chirurgico, un locale.*

diṣinfettàto part. pass. di *disinfettare*; anche agg. ● Nel sign. del v.

diṣinfettóre [da *disinfettare* sul modello del fr. *désinfecteur*] s. m. ● Tecnico della disinfezione, dipendente da autorità sanitarie.

diṣinfezióne [fr. *désinfection*, da *désinfecter* 'disinfettare'] s. f. ● Complesso delle operazioni fisiche, chimiche o meccaniche, intese a distruggere i germi patogeni.

diṣinfiammàre [comp. di *dis-* (*1*) e *infiammare*] v. tr. ● Togliere l'infiammazione.

diṣinflazionàre [comp. di *dis-* (*1*) e *inflazionare*] v. tr. (*io diṣinflazióno*) ● (*econ.*) Ridurre l'inflazione, contenendo la circolazione monetaria.

diṣinflazióne [comp. di *dis-* (*1*) e *inflazione*] s. f. ● Condizione del sistema economico per cui l'inflazione viene contenuta, provocando però deflazione.

diṣinflazionìstico agg. ● Di, relativo a disinflazione.

diṣinformàto [comp. di *dis-* (*1*) e *informato*] agg. ● Che non è informato, che manca della necessaria, o di una buona, informazione: *essere d. su q.c.*; *opinione pubblica disinformata.*

diṣinformazióne s. f. *1* Mancanza di informazione | L'essere disinformato. *2* Informazioni errate o distorte, diffuse intenzionalmente per influenzare l'opinione pubblica su un determinato argomento: *la dichiarazione di guerra è stata preceduta da una campagna di d.*

diṣingannàre [comp. di *dis-* (*1*) e *ingannare*] **A** v. tr. (*io diṣingànno*) *1* Togliere dall'errore, da una convinzione ingannevole: *nessuno lo disingannò, nemmeno Lucia* (MANZONI). *2* Deludere, disilludere: *non ho avuto il coraggio di disingannarlo dicendogli la verità.* SIN. Disincantare. **B** v. intr. pron. ● Rendersi conto della verità, chiarendo errori o eliminando illusioni: *disingannarsi di, su qc.*

†**diṣingannatìvo** agg. ● Che è atto a disingannare.

†**diṣingannatóre** s. m.; anche agg. (f. *-trice*) ● Chi, che disinganna.

diṣingànno [da *disingannare*] s. m. ● Atto, effetto del disingannare o del disingannarsi | Delusione: *i disinganni dell'amore*; *provare i primi disinganni della vita*; *una malinconia che, accompagnata dal d., diviene dolore* (DE SANCTIS).

diṣingranàre [comp. di *dis-* (*1*) e *ingranare*] v. tr. ● Disaccoppiare due ingranaggi, che sono in presa | Disinnestare: *d. la marcia.*

diṣinibìre [comp. di *dis-* (*1*) e *inibire*] **A** v. tr. ● Togliere le inibizioni, i complessi e sim. **B** v. intr. pron. ● Perdere le inibizioni: *le recenti esperienze lo hanno disinibito.*

diṣinibìto part. pass. di *disinibire*; anche agg. *1* Nei sign. del v. *2* Spregiudicato: *usa un linguaggio molto d.*

diṣinibitòrio agg. ● Di, relativo a, disinibizione | Che favorisce la disinibizione.

diṣinibizióne s. f. ● Mancanza di inibizione.

diṣinnamoraménto o †**diṣnamoraménto**. s. m. ● Atto, effetto del disinnamorarsi.

diṣinnamoràre o †**diṣnamoràre** [comp. di *dis-* (*1*) e *innamorare*] **A** v. tr. (*io diṣinnamóro*) ● Far perdere l'innamoramento, l'amore. **B** v. intr. pron. ● Non essere più innamorato.

diṣinnamoràto part. pass. di *disinnamorare*; anche agg. ● Nei sign. del v.

diṣinnescàre [comp. di *dis-* (*1*) e *innescare*] v. tr. (*io diṣinnésco, tu diṣinnéschi*) ● Disattivare una bomba, una mina e sim., togliendo l'innesco.

diṣinnésco s. m. (pl. *-schi*) ● Atto, effetto del disinnescare.

diṣinnestàre [comp. di *dis-* (*1*) e *innestare*] **A** v. tr. (*io diṣinnèsto*) ● (*mecc.*) Togliere l'innesto fra un organo motore e un organo mosso da questo | *D. la marcia*, interrompere la connessione fra l'albero primario e quello secondario del cambio di velocità di un autoveicolo, manovrando la leva opportuna. **B** v. intr. pron. ● Togliersi dell'innesto fra un organo motore e un organo da questo mosso: *la marcia si è disinnestata.*

diṣinnèsto s. m. ● Atto, effetto del disinnestare | *Doppio d.*, nella guida degli autoveicoli, doppietta.

†**diṣinóre** ● V. *disonore.*

diṣinquinaménto s. m. ● Atto, effetto del disinquinare.

diṣinquinàre [comp. di *dis-* (*1*) e *inquinare*] v. tr. ● Liberare dall'inquinamento: *d. le acque, l'ambiente.*

diṣinsegnàre [comp. di *dis-* (*1*) e *insegnare*] v. tr. (*io diṣinségno*) ● (*raro, lett.*) Insegnare male | Far dimenticare le cose imparate.

diṣinserìre [comp. di *dis-* (*1*) e *inserire*] v. tr. (*io diṣinserìsco, tu diṣinserìsci*) ● Interrompere il collegamento tra un apparecchio elettrico e il circuito di alimentazione.

diṣinserìto part. pass. di *disinserire*; anche agg. *1* Nei sign. del v. *2* (*fig.*) Che non è inserito in un ambiente, un gruppo e sim.

diṣinserzióne s. f. ● Atto, effetto del disinserire.

diṣintasàre o **diṣintaṣàre** [comp. di *dis-* (*1*) e *intasare*] v. tr. (*io diṣintàso* o *diṣintàṣo*) ● Sturare: *d. una tubatura.*

diṣintegràre [ingl. *to disintegrate*, comp. di *dis-* (*1*) e *to integrate* 'integrare'] **A** v. tr. (*io diṣintegro*) *1* Ridurre un corpo in frammenti: *lo scoppio disintegrò l'edificio* | (*fis. nucl.*) *D. l'atomo*, provocare la disintegrazione atomica. *2* (*fig.*) Disgregare: *l'odio di parte sta disintegrando la nostra comunità.* **B** v. intr. pron. *1* Subire la disintegrazione. *2* (*fig.*) Disgregarsi: *l'associazione si è disintegrata.*

diṣintegratóre s. m. ● Apparecchio atto a disintegrare materiali.

diṣintegrazióne s. f. ● Atto, effetto del disintegrare e del disintegrarsi: *d. d'un edificio*; *d. so-*

ciale | Spezzettamento in minuscoli frammenti | (*fis. nucl.*) *D. atomica, nucleare*, mutamento di costituzione di un nucleo, dovuto a un processo radioattivo.

diṣintèndere [comp. di *dis-* (*1*) e *intendere*] v. tr. *1* Trascurare. *2* Fraintendere, travisare.

†**diṣinteressaménto** s. m. ● Il disinteressarsi, mancanza di interesse.

diṣinteressàre [comp. di *dis-* (*1*) e *interessare*] **A** v. tr. (*io diṣinterèsso*) ● Privare qc. dell'interesse per q.c.: *d. i giovani alla musica, alla politica.* **B** v. intr. pron. ● Non provare interesse per qc. o per q.c., non curarsene: *disinteressarsi delle opinioni altrui.*

†**diṣinteressatézza** s. f. ● Disinteresse.

diṣinteressàto part. pass. di *disinteressare*; anche agg. *1* Nei sign. del v. *2* Che non mira al guadagno, che non agisce per utilità propria: *comportamento, amico d.* || **disinteressataménte**, avv. Senza scopo di lucro o fini particolari: *agire, parlare disinteressatamente.*

diṣinterèsse [comp. di *dis-* (*1*) e *interesse*] s. m. *1* Mancanza d'interesse per qc. o q.c.: *mostrare d. per la famiglia, per la scuola; ha sempre dimostrato il massimo d. per i beni materiali.* SIN. Indifferenza, noncuranza. *2* Spassionatezza, imparzialità: *giudicare con d.* *3* Noncuranza di ricavare un utile, materiale o morale: *aiutare qc. con vero d.*

diṣintermediazióne [comp. di *dis-* (*1*) e *intermediazione*] s. f. ● (*econ.*) Riduzione dell'attività intermediaria delle banche in seguito alla diminuzione dei depositi.

diṣintossicànte **A** part. pres. di *disintossicare*; anche agg. ● Nei sign. del v. **B** s. m. ● Farmaco, sostanza atta a disintossicare.

diṣintossicàre [fr. *désintoxiquer*, comp. di *dés-* 'dis- (1)' e *intoxiquer* 'intossicare'] **A** v. tr. (*io diṣintòssico, tu diṣintòssichi*) ● Liberare un organo o un organismo dalle sostanze tossiche, rendendo innocue quelle già introdotte in esso, impedendone la produzione e facilitandone l'eliminazione. **B** v. rifl. ● Eliminare dall'organismo le sostanze tossiche: *è in clinica per disintossicarsi; disintossicarsi dal fumo, dall'alcol.*

diṣintossicàto part. pass. di *disintossicare*; anche agg. ● Nei sign. del v.

diṣintossicazióne [fr. *désintoxication*, da *désintoxiquer* 'disintossicare'] s. f. ● Atto, effetto del disintossicare. SIN. Detossicazione.

†**disintrecciàre** [comp. di *dis-* (*1*) e *intrecciare*] v. tr. ● (*raro*) Sciogliere ciò che è intrecciato.

diṣinvestiménto s. m. ● Operazione con cui si sottraggono i mezzi economici dalla prevista destinazione.

diṣinvestìre [comp. di *dis-* (*1*) e *investire*] v. tr. (*io diṣinvèsto*) ● Sottrarre dalla produzione mezzi economici ivi investiti.

diṣinvitàre [con iperb. di *dis-* (*1*) e *invitare*, sul modello del fr. *désinviter*] v. tr. (*io diṣinvìto*) ● (*raro*) Revocare un invito.

†**diṣinvìto** s. m. ● (*raro*) Atto, effetto del disinvitare.

diṣinvòlgere [comp. di *dis-* (*1*) e *involgere*] v. tr. ● Disfare un pacco, un involto e sim. | (*fig.*) Districare.

diṣinvòlto [sp. *desenvuelto*, letteralmente 'non (*des-*) impacciato, involto (*envuelto*)'] agg. *1* Che è privo di timidezza, indecisione, affettazione e sim.: *una persona disinvolta; avere, assumere un contegno d.* | Semplice e spigliato: *stile, linguaggio d.* CONTR. Impacciato. *2* Ardito, sfrontato, sfacciato: *un ragazzo troppo d. nel mentire.* || **disinvoltaménte**, avv.

diṣinvoltùra [sp. *desenvoltura*, da *desenvolver* 'disinvolgere', 'disimpacciare'] s. f. *1* Qualità di chi, di ciò che è disinvolto: *parlare, agire con d.* | Agilità, scioltezza: *muoversi con d.* CONTR. Impaccio. *2* Mancanza di timore e di ritegno: *affermare, negare q.c. con d.* | Leggerezza, noncuranza: *simili argomenti non si possono trattare con tanta d.*

diṣìo ● V. *desio.*

diṣionìa [vc. dotta, comp. di *dis-* (*2*) e un deriv. di *ione*] s. f. ● (*med.*) Ogni alterazione dell'equilibrio ionico nei liquidi organici, spec. nel sangue.

diṣióso ● V. *desioso.*

†**diṣiovàre** ● V. †*disgiovare.*

†**diṣiràre** ● V. †*desirare.*

†**diṣìre** ● V. †*desire.*

†**diṣìro** ● V. †*desire.*

diṣiróso o †**deṣiróso** agg. ● (*raro*) Desideroso.

diṣìstima [da *disistimare*] s. f. ● Scarsa o sfavorevole considerazione, discredito: *cadere, venire in d. presso qc.; guadagnarsi, meritarsi la d. di qc.* | (*est.*) Disprezzo: *la d. della vita* (LEOPARDI).

diṣistimàre [comp. di *dis-* (*1*) e (*i*)*stimare*] v. tr. (*io diṣistìmo*) ● Considerare con disistima | (*est.*) Disprezzare.

diṣitalianiẓẓàre [comp. di *dis-* (*1*) e *italianizzare*] v. tr. ● Rendere privo di caratteristiche italiane.

diṣlacciàre o †**ṣdilacciàre** [comp. di *dis-* (*1*) e *laccio*] v. tr. (*io diṣlàccio*) ● (*raro*) Slacciare, togliere: *d. l'elmo e la corazza; ceppi e ferri dai piè li dislaccia* (BOIARDO).

†**diṣlagàrsi** [comp. di *dis-* (*1*) e *lago*] v. intr. pron. ● (*lett.*) Ergersi, elevarsi da una distesa d'acqua: *diedi 'l viso mio incontr' al poggio / che 'nverso 'l ciel più alto si dislaga* (DANTE *Purg.* III, 14-15).

diṣlalìa [vc. dotta, comp. di *dis-* (*2*) e *-lalia*] s. f. ● (*med.*) Disturbo della pronuncia per difetto di conformazione degli organi della voce.

†**diṣlamàre** [comp. di *dis-* (*1*) e *lama* (*1*)] v. tr. *1* (*raro*) Fare in pezzi un'armatura asportandone le piastre metalliche. *2* (*lett.*) Spezzare, rompere.

†**diṣlargaménto** s. m. ● Atto, effetto del dislargare.

†**diṣlargàre** [comp. di *dis-* (*1*) e *largo*] **A** v. tr. ● Slargare. **B** v. intr. pron. ● Dilatarsi.

†**dislattàre** [comp. di *dis-* (*1*) e *latte*] v. tr. ● Slattare, svezzare.

†**diṣlaudàre** ● V. *dislodare.*

diṣleàle o †**diṣliàle** [comp. di *dis-* (*1*) e *leale*] agg. ● (*raro, lett.*) Sleale, infido, spergiuro: *il crudo tiranno Amor che sempre / d'ogni promessa sua fu d.* (ARIOSTO). || **disleàlménte**, †**dislealeménte**, avv. (*raro*) Slealmente.

†**diṣlealtà** [comp. di *dis-* (*1*) e *lealtà*] s. f. ● Slealtà.

†**diṣleànza** o †**diṣliànza** [da *disleale* con richiamo indiretto ad *alleanza*] s. f. ● Slealtà.

diṣlegàre o (*raro, tosc.*) **ṣdilegàre** [comp. di *dis-* (*1*) e *legare*] **A** v. tr. (*io diṣlégo, tu diṣléghi*) *1* †Slegare, slacciare | (*fig.*) *D. i denti*, eliminare l'allegamento. *2* (*fig.*) Liberare, sciogliere: *comanda forse tua fortuna ai venti, / e gli avince a sua voglia e gli dislega?* (TASSO) | †Districare, separare. *3* (*lett.*) †Manifestare, spiegare chiaramente. **B** v. rifl. ● (*lett.*) Slegarsi, liberarsi | (*fig.*) †*Dislegarsi da colpa*, discolparsi.

†**diṣleghévole** agg. ● Che si slega facilmente.

diṣlessìa [vc. dotta, comp. di *dis-* (*1*) e del gr. *léxis* 'lettura'] s. f. ● (*med.*) Disturbo per cui non si riesce né a leggere né a capire un testo scritto, pur essendo in grado di leggere e di capire le singole parole.

diṣlèssico agg. (pl. m. *-ci*) ● (*med.*) Di, relativo a, dislessia | Affetto da dislessia.

†**diṣliàle** ● V. *disleale.*

†**diṣliànza** ● V. †*disleanza.*

†**diṣlignàre** [comp. di *dis-* (*1*) sostitutivo di *al-* (per *ad-*) in *allignare*] v. intr. ● Degenerare, tralignare.

†**diṣlinguàto** [comp. di *dis-* (*1*) e *linguato*] agg. ● Che è privo di lingua | (*fig.*) Balbuziente, scilinguato.

diṣlipidemìa [comp. di *dis-* (*2*), *lipid*(*e*) ed *-emia*] s. f. ● (*med.*) Alterazione del quadro dei lipidi ematici in termini quantitativi assoluti oppure di abbondanza relativa.

diṣlivèllo [comp. di *dis-* (*1*) e *livello*] s. m. *1* Differenza di livello o di quota tra due punti: *un d. di pochi metri; superare il d. stradale.* *2* (*fig.*) Diversità di grado, condizione, situazione e sim.: *un d. di natura tecnologica; colmare il d. esistente.*

diṣlocaménto s. m. *1* Collocazione di truppe, materiali, mezzi in determinate località o zone, rispondenti ad esigenze di impiego. *2* (*mar.*) Peso dell'acqua spostata dalla parte immersa dello scafo | *D. standard*, dislocamento di una nave da guerra calcolato con equipaggio al completo, armamento e munizioni, viveri, acqua potabile, rifornimenti, ma senza combustibile né acqua per caldaie.

diṣlocàre [lat. mediev. *dislocāre*, comp. parasintetico di *lŏcus* 'luogo', col pref. *dis-* (*1*)] v. tr. (*io diṣlòco, tu diṣlòchi*) *1* Ripartire in località o zone opportune gli elementi costitutivi delle forze armate, secondo esigenze d'ordine vario di pace e di guerra | (*est.*) Collocare nel luogo più opportuno: *d. i vigili urbani nei punti di maggior traffico; d. i propri rappresentanti in varie province.* *2* (*mar.*) Spostare una certa quantità di acqua, corrispondente alla parte immersa di uno scafo, detto di navi e sim.

diṣlocazióne [fr. *dislocation*, da *disloquer* 'dislocare'] s. f. *1* Atto, effetto del dislocare: *d. dei centri di rifornimento, dei semafori, delle biblioteche.* *2* (*geol.*) Modificazione delle condizioni originarie di giacitura di masse rocciose sottoposte a forze tettoniche | Trasporto di masse rocciose. *3* (*med.*) Spostamento dei due monconi di un osso fratturato. *4* (*psicol.*) *D. affettiva*, meccanismo mentale inconscio in cui un sentimento è spostato dal suo oggetto interno verso un sostituto esterno. *5* (*ling.*) Spostamento di un componente della frase a sinistra o a destra del suo posto normale (ad es. la dislocazione a sinistra del complemento oggetto nella frase *il biglietto l'ho comprato io*).

diṣlodàre o (*raro*) †**diṣlaudàre** [comp. di *dis-* (*1*) e *lodare*] v. tr. (*io diṣlòdo*) ● (*raro, lett.*) Privare della lode prima concessa.

diṣlogaménto s. m. *1* †Atto, effetto del dislogare. *2* (*med., raro*) Slogatura.

diṣlogàre [comp. di *dis-* (*1*) e *l*(*u*)*ogo*] v. tr. e intr. pron. (*io diṣlògo, tu diṣlòghi*) *1* (*raro, lett.*) Spostare q.c. dalla sua sede naturale. *2* (*raro*) Slogare.

diṣlogatùra s. f. ● (*med., raro*) Slogatura.

†**diṣlogazióne** s. f. ● Slogatura.

†**diṣloggiaménto** o †**diloggiaménto**. s. m. ● (*raro*) Atto, effetto del disloggiare.

†**diṣloggiàre** o †**diloggiàre** [comp. di *dis-* (*1*) opposto a *ad-* di *alloggiare*] v. tr. e intr. ● Sloggiare.

†**diṣlungàre** [comp. di *dis-* (*1*) e *lungo*] v. tr. e intr. pron. ● Dilungare.

diṣlustràre [comp. di *dis-* (*1*) e *lustrare*] v. tr. ● Togliere il lustro a una stoffa, tenendola involta in un panno umido.

diṣlustratóre s. m. ● Operaio che toglie alla stoffa in pezza il lustro passeggero datole dalla fabbricazione e provvede a ridonarle un lustro stabile, resistente alla pioggia.

†**diṣmagàre** [ints. di *smagare* (V.)] **A** v. tr. *1* Indebolire, infiacchire (*anche fig.*): *la fretta, / che l'onestade ad ogn'atto dismaga* (DANTE *Purg.* III, 10-11). *2* (*lett.*) Turbare, conturbare: *io son dolce serena, / che' marinari in mezzo mar dismago* (DANTE *Purg.* XIX, 19-20). **B** v. intr. pron. ● Perdersi d'animo, smarrirsi, sbigottire.

†**diṣmagliàre** [comp. di *dis-* (*1*) e *maglia*] **A** v. tr. ● Rompere le maglie di un'armatura e sim. **B** v. rifl. ● Strapparsi con le unghie le croste dalla pelle.

†**diṣmalàre** [comp. di *dis-* (*1*) e *male*] **A** v. tr. *1* Risanare, guarire. *2* Purificare dal peccato, dal vizio e sim. **B** v. intr. ● Recuperare la salute.

†**diṣmaltàre** [comp. di *dis-* (*1*) e *smalto*] **A** v. tr. ● Privare dello smalto. **B** v. intr. pron. ● Perdere lo smalto | Screpolarsi.

†**diṣmantàre** [comp. di *dis-* (*1*) e *manto*] v. tr. ● Spogliare del manto.

†**diṣmarriménto** s. m. ● Smarrimento.

†**diṣmarrìre** [ints. di *smarrire* (V.)] v. tr. e intr. pron. ● Smarrire, perdere.

†**diṣmembraménto** s. m. ● Atto, effetto del dismembrare, nel sign. di *dismembrare* (*1*).

†**diṣmembràre** (**1**) [comp. di *dis-* (*1*) e del den. di *membro*] v. tr. ● Smembrare.

†**diṣmembràre** (**2**) [comp. di *dis-* (*1*) in sostituzione a *ri-* di *rimembrare*] v. tr. ● Dimenticare.

†**diṣmembrazióne** [da *dismembrare* (*1*)] s. f. ● Smembramento.

†**diṣmemoràto** [ints. di *smemorato*] agg. ● Smemorato.

diṣmenorrèa [vc. dotta, comp. di *dis-* (*2*) e *menorrea*] s. f. ● (*med.*) Mestruazione preceduta o accompagnata da dolore.

diṣmenorròico agg. (pl. m. *-ci*) ● (*med.*) Relativo alla dismenorrea.

†**diṣmentàre** [comp. di *dis-* (*1*) e *mente*] v. tr. (*io diṣménto*) ● (*lett.*) Dimenticare: *l'infelice, / seguendo me, dismenta l'accattare* (CARDUCCI).

†**diṣmenticàre** e *deriv.* ● V. *dimenticare* e

deriv.

dismentire [comp. di *dis-* (*1*) e *mentire*] v. tr. ● (*raro, lett.*) Mentire, simulare: *nel sogno che dismente la veglia* (SABA).

dismésso part. pass. di *dismettere*; anche agg. *1* Nei sign. del v. *2* Disusato: *parola dismessa.* *3* Esonerato da una carica, un ufficio e sim.

dismetabòlico agg. (pl. m. *-ci*) ● (*med.*) Provocato da dismetabolismo: *malattie dismetaboliche* | Affetto da dismetabolismo: *organo, individuo d.*

dismetabolismo [comp. di *dis-* (*2*) e *metabolismo*] s. m. ● (*med.*) Alterazione del metabolismo in un individuo, un organo e sim.

dismetria [comp. di *dis-* (*1*) e *-metria*] s. f. ● (*med.*) Mancanza di misura nei movimenti volontari.

disméttere o (*raro*) †**sdiméttere** [comp. di *dis-* (*1*) e *mettere*] v. tr. (coniug. come *mettere*) ● (*lett.*) Smettere, interrompere, tralasciare: *d. l'opera*; *hanno dismesso ogni antica usanza* | *D. un abito*, non portarlo più | *D. una macchina*, smontarla | *D. casa*, disfarla e trasferirsi altrove.

dismissióne [comp. di *dis-* (*1*) e *missione* nel senso proprio legato a *mettere*] s. f. *1* (*raro*) Atto, effetto del dismettere | *D. della bandiera*, cambio autorizzato della nazionalità di nave mercantile. *2* (*econ.*) Cessione di un'impresa o di un cespite.

dismisùra [comp. di *dis-* (*1*) e *misura*] s. f. ● Mancanza della giusta misura | Smoderatezza, eccesso | *A d.*, eccessivamente.

†**dismisurànza** s. f. ● Intemperanza, eccesso.

†**dismisuràre** [da *dismisura*] v. intr. e intr. pron. ● Eccedere il termine, la misura.

†**dismisurità** s. f. ● (*raro*) Dismisura.

dismnesìa [vc. dotta, comp. di *dis-* (*2*) e *-mnesia*, sul modello di *amnesia*] s. f. ● (*psicol.*) Alterazione della memoria.

†**dismodàto** [comp. di *dis-* (*1*) e *modo* nel sign. di 'regola, misura'] agg. ● Smodato, sregolato.

†**dismontànte** part. pres. di †*dismontare*; anche agg. *1* Nei sign. del v. *2* Che si abbassa: *marea d.*

†**dismontàre** [comp. di *dis-* (*1*) e *montare*] **A** v. tr. ● Discendere: *d. la montagna.* **B** v. intr. *1* Scendere, smontare: *d. da cavallo*; *scesero il monte e dismontaro in quella / valle* (ARIOSTO) | Sbarcare. *2* Mettere piede a terra, far tappa.

†**dismonticàre** [comp. parasintetico di *monte*, col pref. *dis-* (*1*)] v. tr. ● Togliere dal mucchio.

†**dismorbàre** [comp. di *dis-* (*1*) e *morbo*] v. tr. ● Purificare, disinfettare.

dismorfofobìa [comp. di *dis-* (*2*), *morfo-* e *-fobia*] s. f. ● (*psicol.*) Timore ossessivo di manifestare deformità fisiche.

†**dismuòvere** [comp. di *dis-* (*1*) e *muovere*] **A** v. tr. ● Smuovere, distogliere. **B** v. intr. ● (*raro*) Lasciarsi commuovere, cambiare di proposito.

dismuschiatùra [comp. di *dis-* (*1*) e un deriv. di *muschio*] s. f. ● (*bot.*) Eliminazione, dal fusto e dai rami degli alberi, di muschi, licheni, alghe microscopiche che vi si depositano diventando spesso sede di insetti nocivi.

dismutazióne [comp. del gr. *dís* 'doppio', e *mutazione*] s. f. ● (*chim.*) Reazione chimica in cui due molecole o parti di molecola identiche reagiscono tra loro dando origine a un composto più ossidato e a uno più ridotto.

†**disnamoràre** e *deriv.* ● V. *disinnamorare* e *deriv.*

†**disnaturàle** [comp. di *dis-* (*1*) e *naturale*] agg. ● (*raro*) Innaturale.

disnaturàre [comp. di *dis-* (*1*) e *natura*] v. tr. ● (*raro, lett.*) Snaturare.

†**disnebbiàre** [comp. di *dis-* (*1*) e *nebbia*] **A** v. tr. *1* Rendere privo di nebbia. *2* (*fig., lett.*) Chiarire, rischiarare: *d. un argomento*; *d. l'intelletto.* **B** v. intr. pron. ● Divenire chiaro.

†**disnervàre** o †**disnerbàre** [comp. di *dis-* (*1*) e *nervo*] v. tr. e intr. pron. ● Snervare.

†**disnervazióne** s. f. ● (*raro*) Atto, effetto del disnervare.

†**disnètto** [comp. di *dis-* (*1*) e *netto*] agg. ● Sudicio.

disnodàre [comp. di *dis-* (*1*) e *nodo*] **A** v. tr. (*io disnòdo*) *1* (*raro, lett.*) Disfare ciò che è annodato, sciogliere (*anche fig.*): *d. un vincolo d'amore.* *2* (*raro*) Rendere sciolto nei movimenti: *d. le articolazioni, le giunture.* *3* (*fig., lett.*) †Rendere chiaro, manifesto. **B** v. rifl. *1* (*raro*) Snodarsi, slegarsi. *2* (*fig., lett.*) Distaccarsi, liberarsi: *sì che l'anima mia, che fatt'hai sana, / piacente a te dal corpo si disnodi* (DANTE *Par.* XXXI, 89-90).

†**disnodévole** agg. ● (*raro, lett.*) Che si può disnodare.

†**disnóre** ● V. *disonore.*

†**disnudàre** o †**desnudàre** [comp. di *dis* (*1*) e *nudo*] v. tr. ● Denudare.

disobbedire e *deriv.* ● V. *disubbidire* e *deriv.*

disobbligàre o †**disobbrigàre**, †**disobligàre**, (*raro*) †**disubbligàre**, (*raro*) †**disubrigàre** [comp. di *dis-* (*1*) e *obbligare*] **A** v. tr. (*io disòbbligo, tu disòbblighi*; part. pass. *disobbligàto*, †*disòbbligo*) ● Liberare qc. da un obbligo, da un vincolo, da un impegno e sim.: *d. da un voto, da una promessa*; *venivano obbligati i Vescovi ed Abbati ... quando non li disobbligava qualche legittima scusa* (MURATORI). SIN. Disimpegnare. **B** v. rifl. *1* (*raro*) Affrancarsi da un obbligo, esimersi da un impegno e sim. *2* Sdebitarsi nei confronti di qc. contraccambiando ciò che si è ricevuto: *non so come disobbligarmi con lui per il favore che mi ha reso.*

†**disobbligazióne** o (*raro*) †**disubbligazióne** s. f. ● Atto, effetto del disobbligare e del disobbligarsi.

disòbbligo o †**disòbligo** **A** part. pass. di *disobbligare* ● †Nei sign. del v. **B** s. m. (pl. *-ghi*) ● (*raro, lett.*) Liberazione da un obbligo, mancanza di obblighi, impegni e sim.

†**disobbrigàre** ● V. *disobbligare.*

†**disobligàre** e *deriv.* ● V. *disobbligare* e *deriv.*

†**disocchiàre** [comp. di *dis-* (*1*) e *occhio*] v. tr. ● Privare degli occhi.

disoccupàre [comp. di *dis-* (*1*) e *occupare*] **A** v. tr. (*io disòccupo*) ● Lasciare libero, non occupare più: *gli studenti hanno disoccupato la scuola.* **B** v. rifl. ● (*raro*) Rendersi libero da occupazioni, impegni, faccende e sim.: *bisogna che io pensi a disoccuparmi da quelle occupazioni che possono ritardare i miei studi* (GALILEI).

disoccupàto **A** part. pass. di *disoccupare*; anche agg. *1* Nei sign. del v. *2* Che è senza lavoro, senza occupazione: *masse di operai disoccupati.* *3* (*lett.*) Ozioso: *ora disoccupata*; *vita disoccupata.* *4* (*raro*) Sgombro, libero: *c'è un appartamento d.* **B** s. m. (f. *-a*) ● Chi non ha o non trova un lavoro | Chi ha perduto il posto di lavoro e ne cerca un altro: *il numero dei disoccupati aumenta.*

disoccupazióne s. f. ● Fenomeno sociale rappresentato dalla scarsità di posti di lavoro in rapporto al numero di aspiranti: *la piaga della d.*; *un piano del governo contro la d. giovanile* | *D. stagionale*, derivante da cause meteorologiche o da cicli di lavorazione stagionale | *D. tecnologica*, provocata dall'introduzione di nuove macchine, e particolarmente dall'estendersi del processo di automazione, nelle imprese | Condizione di chi non riesce a trovare lavoro pur essendo in grado di lavorare | Numero complessivo di quanti non trovano lavoro.

disodìa [vc. dotta, gr. *dysōdía*, comp. di *dys-* 'dis-(1)' e un deriv. del v. *ózein* 'odorare'] s. f. ● (*med.*) Cattivo odore di secrezioni del naso o della bocca.

disòdico [comp. di *di-* (*2*) e *sodio*, con suff. agg.] agg. (pl. m. *-ci*) ● (*chim.*) Detto di composto chimico che contiene due atomi di sodio.

disodontìasi [comp. di *dis-* (*2*) e del gr. *odontíasis* 'dentizione', da *odontiân* 'mettere i denti (*odóntes*)'] s. f. ● (*med.*) Difetto di eruzione del dente.

disodorànte [comp. di *dis-* (*1*) e *odorante*] agg. ● (*raro*) Deodorante.

disolàre (1) [comp. di *di(s)-* (*1*) e *s(u)ola*] v. tr. (*io disuòlo*) ● (*veter.*) Privare della suola per ferratura o per intervento chirurgico: *d. una bestia da soma.*

†**disolàre** (2) e *deriv.* ● V. *desolare* e *deriv.*

disolatùra [da *disolare* (*1*)] s. f. ● (*veter.*) Operazione del disolare.

disoleàre [comp. di *dis-* (*1*) e un deriv. di *olio*] v. tr. (*io disòleo*) ● Estrarre l'olio da frutti secchi: *d. mandorle, noci.*

disoleazióne s. f. ● Operazione del disoleare.

disolfòrico [vc. dotta, comp. di *di-* (*2*) e *solforico*] agg. (pl. m. *-ci*) ● (*chim.*) Detto di acido inorganico, bibasico, denso, oleoso, ottenuto sciogliendo anidride solforica nell'acido solforico concentrato. SIN. Pirosolforico.

†**disombràre** [comp. di *dis-* (*1*) e *ombra*] v. tr. ● Liberare dall'ombra, dalle tenebre (*anche fig.*).

disomogeneità [da *disomogeneo*] s. f. ● Mancanza di omogeneità.

disomogèneo [comp. di *dis-* (*1*) e *omogeneo*] agg. ● Non omogeneo, privo di omogeneità: *un insieme d. di colori.* || **disomogeneaménte**, avv. In modo disomogeneo.

disonestà [comp. di *dis-* (*1*) e *onestà*] s. f. *1* Mancanza di onestà e di rettitudine: *mostrare d. nel trattare gli affari*; *comportarsi con d.* | Mancanza di pudore e di decenza: *d. di pensieri, di vita.* *2* Atto, comportamento disonesto: *rubare sul peso è una vera d.* | Atto, comportamento immorale: *commettere orribili d.*

†**disonestànza** s. f. ● Mancanza di decoro.

†**disonestàre** [da *disonesto*] **A** v. tr. *1* Disonorare, screditare | Avvilire. *2* Violentare | Vituperare. **B** v. rifl. ● Disonorarsi, perdere decoro.

†**disonestézza** s. f. ● Disonore, impudicizia.

†**disonestità** s. f. ● (*raro*) Disonestà.

disonèsto [comp. di *dis-* (*1*) e *onesto*] **A** agg. *1* Che è privo di onestà, rettitudine, probità: *gente disonesta*; *negoziante d.*; *azione disonesta* | (*est.*) Losco, sconveniente, corrotto: *politicante d.* *2* Che è privo di pudore o è contrario al pudore: *spettacoli, discorsi disonesti* | Lascivo, corrotto: *donna disonesta*; *pensieri, desideri disonesti* | *Luogo d.*, malfamato | †*Parti disoneste del corpo*, pudende. *3* †Brutto, turpe. *4* †Eccessivo, smoderato. || **disonestaménte**, avv. **B** s. m. (f. *-a*) ● Persona senza scrupoli, priva di onestà.

†**disonestóso** agg. ● (*raro*) Disonesto.

†**disonnàre** ● V. *dissonnare.*

dìsono [comp. di *di-* (*1*) e *s(u)ono*] agg. ● (*ling.*) Di due suoni.

†**disonoraménto** s. m. ● Atto, effetto del disonorare.

disonorànte part. pres. di *disonorare*; anche agg. ● Nei sign. del v.

†**disonorànza** s. f. ● Disonore, vituperio: *la verecundia è una paura di d. per fallo commesso* (DANTE).

disonoràre [comp. di *dis-* (*1*) e *onorare*] **A** v. tr. (*io disonóro*) *1* Privare dell'onore, macchiare l'onore: *d. il proprio nome, la famiglia, la patria, il grado* | Infamare, screditare. *2* Sedurre, violentare: *d. una donna* | †Deflorare. *3* Non pagare o non accettare un titolo di credito quando dovuto: *d. la propria firma.* *4* †Non trattare con il debito rispetto. *5* †Privare degli ornamenti, di tutto ciò che rende bello e decoroso. **B** v. rifl. ● Ledere il proprio onore, perdere l'onore: *con le sue azioni si è disonorato.*

disonoràto part. pass. di *disonorare*; anche agg. ● Nei sign. del v. || **disonorataménte**, avv. Senza onore.

†**disonoratóre** s. m.; anche agg. ● Chi, che disonora.

disonóre o †**desinóre**, †**desnóre**, †**disinóre**, †**disnóre** [comp. di *dis-* (*1*) e *onore*] s. m. *1* Perdita dell'onore: *è meglio la morte del d.* | Infamia, vergogna: *è un d. fuggire così.* *2* Atto, persona, che disonora: *certi uomini sono il d. del proprio paese.* SIN. Vergogna.

disonorévole agg. ● Che arreca disonore: *una resa d.* || **disonorevolménte**, avv.

†**disonràre** ● V. †*disorrare.*

disontogenìa [comp. di *dis-* (*2*), *onto-* e *-genia*] s. f. ● (*med.*) Congenita malformazione del corpo.

disopercolàre [comp. di *dis-* (*1*) e *opercolo*] v. tr. (*io disopèrcolo*) ● Togliere con apposito mezzo gli opercoli alle celle dei favi.

disopercolatóre agg. (f. *-trice*) ● Detto di qualsiasi mezzo usato per disopercolare: *coltello d.*

disopìa [vc. dotta, comp. di *dis-* (*2*) e *-opia*] s. f. ● (*med.*) Alterazione, spec. diminuzione, della vista.

†**disoppellire** ● V. *disseppellire.*

disoppilàre [comp. di *dis-* (*1*) e *oppilare*] v. tr. ● (*med.*) Liberare da intasamento, da oppilazione | Sturare.

disoppilativo agg. ● (*med.*) Atto a levare l'oppilazione.

disópra o **di sópra** spec. nel sign. A [comp. di *di* e *sopra*] **A** avv. *1* Sopra | *Andare, salire d.*, al piano superiore di un'abitazione. *2* Prima: *com* *ho già detto d.* **B** in funzione di **agg. inv.** ● Superiore: *il piano d.* | Esterno: *la parte d. della foglia è lucida.* **C** in funzione di **s. m. inv.** ● La parte superiore o esterna di q.c.: *il d. di un tavolo, di un libro, di un abito* | †*Prendere il d.*, (*fig.*) prendere il sopravvento.

†**diṣoràre** [comp. di *dis-* (*1*) e un deriv. di *oro*] **v. tr.** ● (*raro*) Privare una superficie dello strato d'oro che la ricopre.

†**diṣorbitànza** **s. f.** ● Esorbitanza | Eccesso.

†**diṣorbitàre** [comp. di *dis-* (*1*) e *orbita*] **v. intr.** ● Esorbitare.

diṣordinaménto **s. m.** ● (*raro*) Disordine.

†**diṣordinànza** **s. f.** ● Turbamento, confusione.

diṣordinàre (1) [comp. di *dis-* (*1*) e *ordine*] **A** **v. tr.** (*io diṣórdino*) **1** Privare dell'ordine, mettere in disordine: *il vento ha disordinato tutte le carte.* SIN. Scompigliare. **2** (*mil.*) Scompaginare, rompere le ordinanze del nemico. **3** (*fig.*) Confondere, sconvolgere: *d. i progetti, i piani di qc.* **B** **v. intr.** (aus. *avere*) ● Essere eccessivo, sregolato: *d. nel bere, nel mangiare, nello spendere.* **C** **v. intr. pron.** **1** Uscire dall'ordine: *con queste disposizioni contraddittorie tutto si disordina.* **2** †Dissestarsi economicamente: *molto più si disordina il povero di pagare la sua decima che il ricco la sua* (GUICCIARDINI).

diṣordinàre (2) [comp. di *dis-* (*1*) e *ordinare*] **v. tr.** (*io diṣórdino*) ● (*raro*) Revocare un ordine.

†**diṣordinàrio** [da *disordine*] **agg.** ● Straordinario, irregolare. || †**disordinariaménte**, **avv.** Straordinariamente.

diṣordinàto **A** **part. pass.** di *disordinare* (*1*); anche **agg.** **1** Nei sign. del v. **2** Alieno dall'ordine e dall'esattezza: *famiglia disordinata* | Privo di coerenza, di chiarezza e sim.: *idee disordinate*; *racconto, discorso d.* **3** Privo di modo e di misura: *bevitore, mangiatore d.*; *vita disordinata* | †Licenzioso: *donna disordinata.* **4** †Che eccede in ornamenti. **5** †Inadatto, non idoneo. || **disordinataménte**, **avv.** **B** **s. m.** (f. *-a*) ● Persona disordinata.

diṣordinatóre **s. m.**; anche **agg.** (f. *-trice*) ● (*raro*) Chi, che disordina.

†**diṣordinazióne** **s. f.** ● Disordine.

diṣórdine [comp. di *dis-* (*1*) e *ordine*] **s. m.** **1** Perturbamento dell'ordine, stato di confusione, scompiglio e sim. (*anche fig.*): *il fumo azzurro salì sottile dalla tavola in d.* (MORAVIA); *qui regna il d.*; *vivere in mezzo al d.*; *mettere, portare, il d.*; *d. nelle idee, in uno scritto*; *stato di d. mentale* | *In d.*, in stato di confusione, scompiglio e sim. e, con riferimento a persona, non in condizione di essere presentabile: *avere i capelli, gli abiti in d.*; *essere, trovarsi in d.*; *la mattina sono sempre in d.* **2** Mancanza di temperanza, sobrietà: *d. nel mangiare, nel bere.* SIN. Sregolatezza. **3** Situazione confusa e dissestata nell'ambito amministrativo o economico, spec. di enti, società e sim.: *porre rimedio al d. della pubblica finanza.* **4** (*spec. al pl.*) Tumulto, moto popolare: *nella regione si verificarono violenti disordini.*

diṣoressìa [vc. dotta, gr. *dysorexía*, comp. di *dys-* 'dis- (2)' e *órexis* 'appetito'] **s. f.** ● (*med.*) Alterazione del senso dell'appetito.

diṣorganicità **s. f.** ● Qualità di ciò che è disorganico.

diṣorgànico [comp. di *dis-* (*1*) e *organico*] **agg.** (pl. m. *-ci*) ● Che manca di organicità, sistematicità, omogeneità: *lavoro d., idee disorganiche.* || **disorganicaménte**, **avv.**

diṣorganiẓẓàre [fr. *désorganiser*, comp. di *dés-* 'dis- (1)' e *organiser* 'organizzare'] **A** **v. tr.** ● Privare in tutto o in parte dell'ordine, dell'organizzazione: *d. un ente, un ufficio, i piani di qc.* **B** **v. intr. pron.** ● Venire a trovarsi in uno stato di confusione, disordine e sim.: *al primo attacco la difesa si disorganizzò.*

diṣorganiẓẓàto **part. pass.** di *disorganizzare*; anche **agg.** **1** Nei sign. del v. **2** Che manca di organizzazione, che agisce in modo confuso e disorganico: *una persona disorganizzata.*

diṣorganiẓẓazióne [fr. *désorganisation*, da *désorganiser* 'disorganizzare'] **s. f.** **1** Atto, effetto del disorganizzare | Mancanza di organizzazione. **2** (*med.*) Perdita dei normali rapporti anatomici e funzionali tra i costituenti di un tessuto o di un organo.

diṣorientaménto **s. m.** **1** Mancanza, perdita dell'orientamento | (*fig.*) Confusione, smarrimento: *il d. morale del dopoguerra.* **2** (*med.*) Mancanza della capacità di riferirsi ai punti dello spazio, del tempo e agli oggetti circostanti, come sintomo di malattia spec. mentale.

diṣorientàre [comp. di *dis-* (*1*) e *orientare*] **A** **v. tr.** (*io diṣoriènto*) **1** Turbare, confondere qc. alterandone il senso della direzione: *l'uniformità del deserto disorienta chi vi si avventura.* **2** (*fig.*) Sconcertare, confondere: *la sua reazione mi disorientò.* **B** **v. intr. pron.** **1** Confondersi circa la direzione da seguire o da prendere: *è facile disorientarsi in un bosco.* **2** (*fig.*) Rimanere perplesso, sconcertato: *alla minima obiezione si disorienta.*

diṣorientàto **part. pass.** di *disorientare*; anche **agg.** **1** Nei sign. del v. **2** Confuso, sconcertato: *essere, rimanere d.*

diṣorlàre [comp. di *dis-* (*1*) e *orlare*] **A** **v. tr.** (*io diṣórlo*) ● Disfare un orlo: *d. una gonna.* **B** **v. intr. pron.** ● Perdere l'orlo, detto di abiti o sim.

diṣormeggiàre [comp. di *dis-* (*1*) e *ormeggiare*] **A** **v. tr.** (*io diṣorméggio*) ● (*mar.*) Levare l'ormeggio, cioè i cavi o le catene che fissano navi, imbarcazioni e sim. a terra: *d. un peschereccio.* **B** **v. intr.** (aus. *essere*) ● (*mar.*) Perdere l'ormeggio per incendio, tempesta, o altro.

diṣorméggio **s. m.** ● Operazione del disormeggiare.

†**diṣornàre** [comp. di *dis-* (*1*) e *ornare*] **A** **v. tr.** ● Privare degli ornamenti. **B** **v. rifl.** ● Togliersi gli ornamenti.

†**diṣorpellàre** [comp. di *dis-* (*1*) e *orpello*] **A** **v. tr.** ● Render privo di orpelli e ornamenti | (*fig.*) Mettere a nudo, svelare. **B** **v. intr. pron.** ● (*fig.*, *raro*) Aprire senza riserve o falsità il proprio animo.

†**diṣorràre** o †**diṣonràre** [comp. di *dis-* (*1*) e *orrare* 'onorare'] **v. tr.** ● Disonorare, spregiare.

†**diṣorrévole** **agg.** ● Disonorevole, spregevole. || †**disorrevolménte**, **avv.** In modo spregevole.

diṣortografìa [comp. di *dis-* (*2*) e *ortografia*] **s. f.** **1** Disturbo dell'apprendimento dell'ortografia nei bambini, spesso associato a dislessia. **2** (*gener.*) Errore di ortografia.

diṣortogràfico **A** **agg.** (pl. m. *-ci*) ● Di, relativo a disortografia: *disturbo d.* | Affetto da disortografia: *bambino d.* **B** **s. m.** (f. *-a*) ● Persona affetta da disortografia.

diṣoṣmìa [vc. dotta, gr. *dysosmía*, comp. di *dys-* 'dis- (2)' e *osmḗ* 'odore'] **s. f.** ● (*med.*) Alterazione del senso dell'olfatto.

diṣossàre [comp. parasintetico di *osso*, col pref. *dis-* (*1*)] **A** **v. tr.** (*io diṣòsso*) ● Privare delle ossa un pezzo di carne o un animale ucciso: *d. un prosciutto, d. un pollo prima di cuocerlo.* **B** **v. intr. pron.** ● (*fig.*, *poet.*) †Consumarsi: *in fin ch'i' mi disosso, e snervo, e spolpo* (PETRARCA).

diṣossàto **part. pass.** di *disossare*; anche **agg.** **1** Nei sign. del v. **2** (*fig.*) Dinoccolato, floscio | (*fig.*) Fiacco, spezzato.

diṣossidànte o **deṣossidànte**. **A** **part. pres.** di *disossidare*; anche **agg.** ● Nei sign. del v. **B** **s. m.** ● Composto, sostanza atta a disossidare.

diṣossidàre o **deṣossidàre** [fr. *désoxyder*, comp. di *dés-* 'dis- (1)' e *oxyder* 'ossidare'] **v. tr.** (*io diṣòssido*) ● (*chim.*) Privare un composto, del tutto o in parte, dell'ossigeno.

diṣossidazióne o **deṣossidazióne**. **s. f.** ● Atto, effetto del disossidare.

diṣòstoṣi [comp. di *dis-* (*2*), *osteo-* e *-osi*] **s. f.** ● (*med.*) Malformazione dello scheletro, congenita o ereditaria.

diṣostruìre [comp. di *dis-* (*1*) e *ostruire*] **v. tr.** (*io diṣostruìsco, tu diṣostruìsci*) ● Liberare da un'ostruzione.

diṣostruzióne **s. f.** ● Atto, effetto del disostruire.

†**diṣottenebràre** [comp. di *dis-* (*1*) e *ottenebrare*] **v. tr.** ● Rischiarare.

disotterràre e *deriv.* ● V. *dissotterrare* e *deriv.*

disótto o **di sótto**, spec. nel sign. A [lat. *desūbtus*, comp. della prep. *dē* 'di' e *sūbtus* 'sotto'] **A** **avv.** ● Sotto, giù | *Andare, scendere d.*, al piano inferiore di un'abitazione. **B** in funzione di **agg. inv.** ● Inferiore: *il piano d.* | Interno: *la parte d. della foglia è opaca.* **C** in funzione di **s. m. inv.** ● La parte inferiore o interna di q.c.: *il d. del mobile, di un vestito* | *Essere, rimanere al d.*, (*fig.*) in condizione d'inferiorità rispetto ad altri o, in un'operazione economica, in perdita.

†**diṣovràre** [comp. di *dis-* (*1*) e *ovrare*] **v. intr.** ● (*raro*) Stare nell'inattività.

†**dispacciaménto** **s. m.** ● Disbrigo di un affare, un incarico e sim.

†**dispacciàre** [prov. *despachar*, dal lat. parl. **disimpedicāre*, comp. di *dis-* (*1*) e *impedicāre*, letteralmente 'porre la pastoia (*pĕdica*)'] **A** **v. tr.** **1** Inviare. **2** Affrancare, liberare (*spec. fig.*). **B** **v. intr.** ● Spedire un dispaccio. **C** **v. rifl.** ● Cavarsi d'impaccio.

dispàccio [sp. *despacho*, da *despachar* nel senso di 'sbrigare'] **s. m.** **1** Documento epistolare concernente questioni di rilievo, spec. affari di Stato: *d. militare*; *un d. cifrato*; *i dispacci diplomatici.* **2** (*est.*, *gener.*) Comunicazione scritta, lettera | *D. telegrafico*, telegramma. **3** †Spaccio. **4** (*raro*) †Diploma accademico.

dispaiàre [comp. di *dis-* (*1*) sostituito a *ap-* (per *ad-*) in *appaiare*] **v. tr.** (*io dispàio*) **1** (*raro*) Scompagnare, spaiare cose accoppiate | Separare. **2** †Rendere sproporzionato.

†**dispàndere** [vc. dotta, lat. *dispăndere* 'spandere (*păndere*) in ogni direzione (*dis-*)'] **v. tr.** ● Spandere, spargere.

†**dispantanàre** [comp. di *dis-* e *pantano*] **v. tr.** ● Togliere dal pantano.

†**disparàre (1)** [vc. dotta, lat. *disparāre*, comp. di *dis-* (*1*) e *parāre* 'appaiare' con sovrapposizione del sign. di 'preparare' del v. omon.] **v. tr.** ● Dividere, separare.

†**disparàre (2)** [comp. di *dis-* (*1*) sostitutivo di *in-* in *imparare*] **v. tr.** ● Disimparare, disapprendere.

disparatézza **s. f.** ● Diversità | Disuguaglianza.

disparàto [part. pass. di †*disparare* (*1*)] **agg.** ● Che è estremamente diverso, che non presenta alcuna somiglianza con altre cose, persone, o sim.: *là si incontrano i tipi più disparati*; *mi vengono in mente le idee più disparate.* || **disparataménte**, **avv.**

†**disparécchi** [comp. di *dis-* (*1*) e il pl. di *parecchio*] **agg.** e **pron. indef. m. pl.** ● (*raro*) Moltissimi.

†**dispareggiàre** [comp. di *dis-* (*1*) e *pareggiare*] **v. tr.** ● Rendere disuguale.

†**disparéggio** **s. m.** ● Disuguaglianza, differenza.

†**disparére (1)** [comp. di *dis-* (*1*) e del v. *parere*] **v. intr.** **1** Sembrare brutto, sconveniente, inadatto. **2** Disparire.

disparére (2) [comp. di *dis-* (*1*) e del sost. *parere*] **s. m.** ● (*raro*) Parere diverso da quello di altri | Leggero dissenso | (*raro*, *lett.*) Contrasto: *il re di Scozia è in qualche d. con lui* (GUICCIARDINI).

dispareunìa [vc. dotta, dal gr. *dyspáreunos* 'male accoppiato'] **s. f.** ● (*med.*) Dolore genitale avvertito soprattutto dalla donna durante il coito; può essere causato da fattori psicologici o fisiologici.

†**disparévole** [da *disparire*] **agg.** ● Dispariscente.

†**dispàrgere** [vc. dotta, lat. *dispărgere* 'spargere (*spărgere*) qua e là (*dis-*)'] **v. tr.** ● Spargere, spandere.

†**dispargiménto** **s. m.** **1** Spargimento. **2** Distrazione.

dìspari o †**dìsparo** [vc. dotta, lat. *dīspare(m)*, comp. di *dis-* (*1*) e *păr*, genit. *păris* 'pari'] **agg.** **1** (*mat.*) Detto di numero non pari, non divisibile per due. **2** (*raro*) Disuguale, differente: *essere d. di cultura*; (*lett.*) *due ragazzi d. fra loro per pochi anni.* **3** Che è qualitativamente o quantitativamente inferiore, inadeguato: *sostenere l'attacco con forze d.* SIN. Impari. || †**disparménte**, †**dispariménte**, **avv.** In modo diverso, disuguale.

†**dispariménto** **s. m.** ● Sparizione, scomparsa.

disparìre [comp. di *dis-* (*1*) sostituito a *ap-* (per *ad-*) di *apparire*] **v. intr.** (pres. *io dispàio* o *disparìsco, tu dispàri* o *disparisci, egli dispàre* o *disparìsce, noi dispariàmo, voi disparìte, essi dispàiono* o *disparìscono*; pass. rem. *io dispàrvi* o *disparìi*, †*dispàrsi, tu disparìsti, egli dispàrve* o *disparì, noi disparìmmo, voi dispariste, essi dispàrvero* o *disparìrono*; congv. pres. *io dispàia, noi dispariàmo, voi dispariàte, essi dispàiano*; part. pass. *disparito* o, raro, *dispàrso*; aus. *essere*) ● (*raro*, *lett.*) Sparire, scomparire, dileguarsi.

disparisciènte **agg.** ● (*raro*, *lett.*) Che scompare rapidamente.

disparità o †**disparitàde**, †**disparitàte** [vc. dotta, lat. tardo *disparitāte(m)*, da *dīspăris* 'dispari'] s. f. ● Disuguaglianza, differenza: *d. di età, di trattamento, di condizione, di idee.*

†**disparlaménto** s. m. ● Modo, atto di sparlare.

†**disparlàre** [var. ints. di *sparlare*] v. intr. *1* Sparlare. *2* Sragionare.

†**dispàro** ● V. *dispari.*

†**dispàrso** (1) part. pass. di *disparire*; anche agg. ● (*raro*) Nei sign. del v.

†**dispàrso** (2) part. pass. di †*dispargere*; anche agg. ● Nei sign. del v.

dispàrte [comp. di *dis-* (*1*) e *parte* 'luogo'] **A** avv. *1* †Da lato, discosto: *stava colla schiera d. a vedere le condizioni della battaglia* (VILLANI). *2* Nella loc. avv. *in d.*, †*a d.*, da lato, da parte, in un luogo discosto: *tu pensoso in d. il tutto miri* (LEOPARDI) | *Tenersi, starsene in d.*, (*est.*) vivere appartato | *Mettere, lasciare in d. qc., q.c.*, (*fig.*) non curarsene più, non servirsene | *Tenere, mettere in d. qc.*, (*fig.*) non farlo partecipare a q.c. | *Mettere, tenere in d. q.c.*, metterla in serbo. **B** nella loc. prep. *in d. da* ● (*raro*) Lontano da: *le altre vengono raggruppate in d. da quella* (CROCE).

†**dispartènza** s. f. ● (*raro*) Partenza, separazione.

†**dispartiménto** s. m. ● Separazione, divisione.

dispartìre [vc. dotta, lat. *dispartīre*, comp. di *dis-* (*1*) e *partīre* 'dividere'] **A** v. tr. (*io dispartìsco* o *dispàrto, tu dispartìsci* o *dispàrti*; part. pass. *dispartito*, lett. †*dispàrto*) ● (*lett.*) Disgiungere, separare, spartire | †*D. un'amicizia*, romperla | †*D. una questione*, risolverla, terminarla | †*D. due o più persone*, separarle in una lite, contesa, e sim. **B** v. intr. e intr. pron. ● †Allontanarsi, scostarsi.

†**dispartitóre** s. m.; anche agg. (f. *-trice*) ● Chi, che dispartisce.

†**dispàrto** part. pass. di *dispartire*; anche agg. ● Nei sign. del v.

†**disparutézza** [da *disparuto*] s. f. ● Sparutezza.

†**disparùto** [dal part. pass. di *disparere* (*1*)] agg. ● Sparuto, macilento.

†**dispassionaménto** s. m. ● Atto del non sentire più una passione | Stato d'animo di chi è disappassionato.

†**dispassionàre** [comp. di *dis-* (*1*) sostituito a *ap-* (per *ad-*) in *appassionare*] v. tr. e intr. pron. ● Disappassionare.

†**dispegnàre** [comp. di *dis-* (*1*) e di un deriv. di *pegno*] v. tr. ● Disimpegnare.

†**dispégnere** [var. ints. di *spegnere*] v. tr. ● Spegnere (*anche fig.*).

†**dispèndere** [vc. dotta, lat. *dispĕndere*, letteralmente 'pesare (*pĕndere*) distribuendo (*dis-*)'] v. tr. ● Spendere, scialacquare | Sprecare, consumare: *d. il tempo, gli anni.*

dispèndio [vc. dotta, lat. *dispĕndiu(m)*, der. di *dispĕndere* ' †dispendere'] s. m. ● Spesa eccessiva, sperpero, spreco di danaro: *il mio salario non permette il minimo d.* | Consumo, impiego eccessivo e spesso inutile (*anche fig.*): *ottenere il massimo effetto col minimo d.*; *d. di mezzi, di forze, di energie.*

dispendióso [vc. dotta, lat. *dispendiōsu(m)*, da *dispĕndere* ' †dispendere'] agg. ● Che comporta dispendio: *tenore di vita d.* SIN. Caro, costoso. || **dispendiosétto**, dim. || **dispendiosaménte**, avv. Con dispendio.

†**dispenditóre** s. m.; anche agg. ● Chi, che dispende.

†**dispennàre** [comp. di *dis-* (*1*) e *penna*] v. tr. ● (*raro*) Privare della punta.

dispènsa (1) o (*pop.*) †**dispènza** [da *dispensare*] s. f. *1* Distribuzione, somministrazione: *effettuare una d. di viveri* | *D. d'acqua*, ripartizione delle disponibilità idriche tra gli utenti, negli impianti collettivi. *2* Stanza ove si tengono in serbo provviste di cibi | Sulle navi, luogo ove si custodiscono e distribuiscono vettovaglie. *3* (*dial.*) Bottega, spaccio. *4* Mobile della cucina o della sala da pranzo per le stoviglie, le vettovaglie e quanto altro occorre per il servizio della mensa | Armadio, credenza. *5* (*dir.*) Atto mediante il quale l'amministrazione esenta taluno dal compimento di date formalità o dall'osservanza di date prescrizioni per il compimento di certe attività | Atto con il quale l'autorità ecclesiastica, in particolari condizioni, esonera dall'osservanza di un obbligo o di un precetto canonico | (*est.*) Documento che attesta tale esonero: *ritirare la d.*; *richiedere una copia della d.* *6* Fascicolo di un'opera pubblicata periodicamente: *enciclopedia a dispense* | *D. universitaria*, fascicolo contenente sinteticamente parte del, o tutto il, corso di un docente. *7* †Assimilazione del cibo, digestione. || **dispensìna**, dim.

†**dispènsa** (2) [f. sost. del part. pass. di *dispendere*] s. f. ● Spesa, dispendio.

dispensàbile agg. ● Che si può dispensare.

†**dispensagióne** ● V. †*dispensazione.*

†**dispensaménto** s. m. *1* Atto, effetto del dispensare. *2* Dispensa.

dispensàre [vc. dotta, lat. *dispensāre*, ints. di *dispĕndere*, originariamente 'distribuire, pesando bene'] **A** v. tr. (*io dispènso*) *1* Dividere, distribuire, elargire fra più persone (*anche scherz.*): *d. lavori, elemosine ai poveri*; *d. sorrisi, sgridate, scappellotti* | (*lett.*) Concedere. *2* Rendere esente qc. dal fare q.c. cui di regola sarebbe tenuto: *d. qc. dagli esami, dalle tasse, dal servizio militare* | *D. dal servizio*, licenziare. SIN. Esimere, esonerare. *3* (*lett.*) †Consumare, spendere, spec. il tempo: *vedrete ... come onestamente si possa d. el tempo* (GUICCIARDINI). *4* †Amministrare, governare. **B** v. rifl. ● Esimersi dal fare o dal dire q.c.: *non posso dispensarmi dal dirvi che siete un ingrato* (GOLDONI).

dispensariàle agg. ● Che riguarda un dispensario.

dispensàrio [fr. *dispensaire*, dall'ingl. *dispensary*, da *to dispense* nel senso di 'somministrare (medicinali)'] s. m. *1* Istituto ospedaliero dove si danno consulti e medicamenti gratuiti: *d. antitubercolare, oftalmico.* *2* (*raro*) Insieme di medicinali di cui dispone una farmacia.

†**dispensativa** s. f. ● Amministrazione domestica.

†**dispensativo** [vc. dotta, lat. tardo *dispensatīvu(m)*, da *dispensātus* 'dispensato'] agg. ● Atto a dispensare.

dispensàto A part. pass. di *dispensare*; anche agg. ● Nei sign. del v. **B** s. m. ● †Provvidenza.

dispensatóre [vc. dotta, lat. *dispensatōre(m)*, da *dispensātus* 'dispensato'] s. m.; anche agg. (f. *-trice*) *1* Chi, che dispensa. *2* †Ordinatore: *piaciuto fosse al d. de l'universo ...!* (DANTE). *3* †Amministratore, economo | †Elemosiniere.

†**dispensatòrio** [vc. dotta, lat. tardo *dispensatōriu(m)*, da *dispensātus* 'dispensato'] agg. ● Che riguarda la distribuzione || †**dispensatoriaménte**, avv.

†**dispensazióne** o †**dispensagióne** [vc. dotta, lat. *dispensatiōne(m)*, da *dispensātus* 'dispensato'] s. f. *1* Dispensa, distribuzione. *2* Concessione | Esenzione.

dispènser /dis'pɛnser, *ingl.* di'spensə*/ [vc. ingl., dal fr. ant. *dispenseur* 'dispensatore'] s. m. inv. ● Dispositivo di diversa forma e struttura, atto a contenere materiale vario e a erogarlo in uno o più pezzi o a più riprese.

dispensière [da *dispensa* (*1*)] s. m. (f. *-a*) *1* (*lett.*) Chi dispensa, elargisce (*anche fig.*): *a' generosi / giusta di gloria dispensiera è morte* (FOSCOLO). *2* Chi ha la cura e la sorveglianza della dispensa.

†**dispènso** (1) [da *dispensare*] s. m. ● Disposizione, volontà, ordine.

†**dispènso** (2) [per *dispens(at)o* 'convenientemente distribuito'] agg. ● Accomodato, disposto.

†**dispènto** o **dispénto** part. pass. di †*dispegnere*; anche agg. ● Nei sign. del v.

†**dispènza** ● V. *dispensa* (*1*).

dispepsìa [vc. dotta, lat. *dyspĕpsia(m)*, dal gr. *dyspepsía*, comp. di *dys-* 'dis- (2)' e *pépsis* 'digestione'] s. f. ● (*med.*) Disturbo della funzione digestiva, gastrica o intestinale.

dispèptico [da *dispepsia* con richiamo del gr. *dýspeptos* 'indigesto'] **A** agg. (pl. m. *-ci*) ● (*med.*) Che concerne la dispepsia. **B** agg.; anche s. m. (f. *-a*) ● (*med.*) Che, chi è affetto da dispepsia.

†**dispèra** [da *disperare*] s. f. ● (*pop.*) Disperazione.

†**disperàbile** [vc. dotta, lat. tardo *desperābile(m)*, da *desperāre* 'disperare'] agg. ● Privo di speranza | Senza rimedio.

†**disperàggine** s. f. ● Disperazione.

†**disperaménto** s. m. ● Disperazione.

disperànte part. pres. di *disperare*; anche agg. *1* Nei sign. del v. *2* Che porta a disperare; molto grave, drammatico: *trovarsi in una situazione d.*

disperànza o †**desperànza**. s. f. ● (*lett.*) Disperazione: *decaddi a emblema / di d.* (UNGARETTI).

disperàre o †**desperàre** [vc. dotta, lat. *desperāre*, comp. di *dē-* e *sperāre* 'sperare'] **A** v. tr. (*io dispèro*) *1* (*lett.*) Non sperare più di conseguire, di ottenere q.c., di riuscire in q.c., e sim.: *dispera la vittoria e la vendetta* (TASSO); *i soccorritori disperavano di trovarlo in vita*; *dispero di poter vincere la gara.* *2* Privare della speranza, ridurre alla disperazione: *la brutta situazione lo dispera* | *Far d. qc.*, tormentarlo, fargli perdere la pazienza. **B** v. intr. (aus. *avere*) ● Perdere completamente la speranza: *d. della salvezza, della buona riuscita di un affare*; *quando tutto va male non bisogna d.* **C** v. intr. pron. ● Abbandonarsi, essere in preda, alla disperazione: *si disperava per il fallimento dell'impresa*; *non disperarti in quel modo!* SIN. Abbattersi, avvilirsi.

disperàta [f. sost. di *disperato*] s. f. *1* (*letter.*) Varietà di rispetto tipico della poesia popolare che ha come tema fisso il disperato lamento di un amante deluso o tradito, assunto a forma lirica, con vario metro, dal sec. XIV al XVI: *si mise a cantare una canzone d'amore, una d.* (D'ANNUNZIO). SIN. Dispetto. *2* Specie di tressette con due giocatori.

disperàto o †**desperàto A** part. pass. di *disperare*; anche agg. *1* Nei sign. del v. *2* (*lett.*) Che è provocato dalla disperazione: *udirai le disperate strida, / vedrai li antichi spiriti dolenti* (DANTE *Inf.* I, 115-116) | *Sforzo, tentativo d.*, che si compie quando si è perduta ogni altra possibilità | *Alla disperata*, (*ell.*) disperatamente, con furia, alla meno peggio. *3* (*lett.*) Violento, crudele: *per gli spaldi in arme, / corre, e provvede a disperata pugna* (ALFIERI). || **disperataménte**, avv. *1* In modo disperato: *piangeva disperatamente.* *2* Con tutte le proprie forze, furiosamente: *lottare disperatamente.* **B** s. m. (f. *-a* nei sign. 1, 2 e 3) *1* Chi non nutre più alcuna speranza: *lasciàn dolersi questo d.* (BOIARDO). *2* (*fam.*) Persona squattrinata che vive di espedienti: *è un d. che non ha mai un soldo in tasca.* *3* Chi mostra zelo e impegno eccessivi, forsennati: *lavora, corre, viaggia come un d.* *4* (*raro*) †Disperazione.

disperazióne o †**desperazióne** [vc. dotta, lat. *desperatiōne(m)*, da *desperātus* 'disperato'] s. f. *1* Perdita d'ogni speranza | Stato d'animo di chi non nutre più alcuna speranza: *abbandonarsi alla d.*; *essere ridotto, essere in preda, alla d.*; *essere preso, assalito, dalla d.* | *Darsi alla d.*, compiere atti che mostrino grande afflizione. SIN. Abbattimento, avvilimento, sconforto. *2* (*est.*) Angoscia, dolore. *3* Persona, cosa che fa disperare: *mia sorella è la d. della famiglia*; *la matematica è la sua d.* | (*est.*) Cosa molto desiderata che non si spera più di conseguire e che perciò causa tormento: *la promozione è la sua d.*

disperdènte A part. pres. di *disperdere*; anche agg. ● Nei sign. del v. **B** s. m. ● (*chim.*) Sostanza che favorisce la formazione di una dispersione o di una sospensione colloidale.

dispèrdere [vc. dotta, lat. *dispĕrdere*, ints. (*dis-*) di *pĕrdere* 'perdere'] **A** v. tr. (coniug. come *perdere*) *1* Allontanare da una sede fissa, mandando in luoghi diversi: *d. le tribù indigene, un popolo vinto* | (*est.*) Disseminare, sparpagliare qua e là: *il vento disperde le sementi*; *la polizia disperse i dimostranti.* CONTR. Concentrare. *2* (*mil.*) Mettere in rotta il nemico, annullandone ogni capacità operativa. *3* Dissipare, consumare (*anche fig.*): *d. le proprie sostanze in errate speculazioni*; *quando si lotta per varii scopi, si disperdono le forze* (DE SANCTIS). *4* (*chim., fis.*) Fare dispersione. *5* (*lett.*) Perdere, smarrire. *6* †Procurare l'aborto. **B** v. intr. pron. *1* Sbandarsi, sparpagliarsi, dividersi: *i soldati si dispersero per la boscaglia.* *2* Andare perduto senza produrre alcun risultato: *l'energia del motore si disperde* | (*raro, fig.*) *Si disperda l'augurio!*, in risposta a previsioni dolorose. *3* (*fig.*) Fare un uso esagerato delle proprie forze fisiche e intellettuali senza trarne alcun vantaggio: *si disperde in studi disordinati.* *4* Svanire, scomparire. **C** v. intr. e intr. pron. (aus. *essere*) ● †Sconciarsi, abortire.

disperdiménto s. m. ● (*raro*) Dispersione.

disperditóre s. m.; anche agg. (f. *-trice*) ● (*lett.*) Chi, che disperde.

dispèrgere [vc. dotta, lat. *dispĕrgere* 'spandere (*spărgere*) qua e là (*dis-*)'] **A** v. tr. (pres. *io dispèrgo, tu dispèrgi*; pass. rem. *io dispèrsi, tu dispergésti*; part. pass. *dispèrso*) **1** (*lett.*) Disperdere, sparpagliare. **2** (*lett.*) Sperperare, scialacquare. **B** v. intr. pron. **1** (*lett.*) Sbandarsi, scompagnarsi. **2** †Divulgarsi, diffondersi.

†**dispergiménto** s. m. ● (*raro*) Dispersione | Spargimento.

†**dispergitóre** s. m.; anche agg. (f. *-trice*) ● Chi, che disperge.

dispermìa [comp. di *dis-* (*2*), *sperm(atozoo)* e del suff. *-ìa*] s. f. ● (*med.*) Penetrazione di due spermatozoi nella stessa cellula uovo.

dispèrmo [comp. di *di-* (*2*) e del gr. *spérma*, genit. *spérmatos* 'seme'] agg. ● (*bot.*) Detto di frutto che ha due semi.

†**dispèro** [da *disperare*] s. m. ● Disperazione.

dispersióne [vc. dotta, lat. *dispersiōne(m)*, da *dispĕrsus* 'disperso'] s. f. **1** Atto, effetto del disperdere o del disperdersi: *d. di carte, di fogli, di documenti*; *lavorare con grande d. di forze*; *d. del gener umano perduto per la gran selva della terra* (VICO) | *D. dell'elettricità*, fenomeno per il quale un corpo elettrizzato perde, col tempo, il suo stato elettrico, per imperfetto isolamento | *D. del suono*, variazione della velocità di fase del suono a seconda della frequenza delle oscillazioni. **2** (*chim., fis.*) Miscuglio eterogeneo, formato da due o più componenti, in cui un componente è in quantità prevalente e disperde gli altri e le dimensioni delle particelle disperse non sono minori di 0,1 o 0,2 micron. **3** (*stat.*) Modo di distribuirsi dei singoli valori di una distribuzione statistica. **4** (*fis.*) Separazione di onde elettromagnetiche o acustiche in componenti aventi diverse frequenze | *D. della luce*, scomposizione della luce nei colori che la compongono.

dispersività s. f. ● Proprietà di chi, di ciò che è dispersivo.

dispersìvo agg. **1** Che è privo di ordine interno, di concentrazione, di organicità, e sim.: *lavoro d.*; *studiare in maniera dispersiva*. **2** (*fis.*) Atto a dare dispersione. || **dispersivaménte**, avv.

dispèrso (1) **A** part. pass. di *disperdere*; anche agg. **1** Nei sign. del v. **2** (*fis.*) Detto di raggio, fascio luminoso e sim. scomposto nei colori che lo compongono. || **dispersaménte**, avv. In modo dispersivo, improduttivo. **B** s. m. (f. *-a*) ● Chi risulta irreperibile e non dà più notizie di sé, spec. militare che dopo un fatto d'arme non è annoverabile né fra i prigionieri né fra i caduti accertati.

dispèrso (2) part. pass. di *dispergere*; anche agg. ● (*lett.*) Nei sign. del v.

dispersóre [da *disperdere*] s. m. **1** Apparecchio atto a disperdere a terra la corrente elettrica, per la sicurezza delle persone. **2** †Disperditore.

†**dispésa** [f. sost. di *dispeso*] s. f. ● Spesa. || †**dispesétta**, dim.

†**dispéso** part. pass. di †*dispendere*; anche agg. ● Nei sign. del v.

†**dispettàbile** agg. ● Spregevole.

†**dispettàre** [lat. *despectāre*, raff. di *despĭcere* 'guardare (*spĕcere*) dall'alto in basso (*dē-*)'] **A** v. tr. ● Disprezzare, disdegnare. **B** v. intr. ● Incollerire, sdegnarsi.

†**dispettatóre** s. m.; anche agg. (f. *-trice*) ● Chi, che dispregia.

†**dispettévole** agg. ● Disprezzabile.

†**dispettivaménte** avv. ● Con disprezzo.

dispètto (1) o (*raro*) †**despètto** [lat. *despĕctu(m)*, part. pass. di *despĭcere*, comp. di *dē-* e *spĕcere* 'guardare, osservare'] s. m. **1** Azione compiuta con la ferma intenzione di molestare, irritare, dispiacere e sim.: *fare un d.*, *dei dispetti*, *i dispetti* | *Per d.*, *per fare d.*, con la deliberata intenzione di dispiacere, contrariare e sim.: *agisce così solo per d.*; *tutto ciò che fa lo fa per d.*; *è uscito per farmi d.* | *A d.*, *a marcio d.*, malgrado, nonostante: *partiremo a d. della pioggia* | *A maggior d. di qc.*, perché egli ne risenta maggior molestia | *A d. del mondo, a d. di mare e di vento*, nonostante ogni contrarietà, a ogni costo | *Stare in paradiso a d. dei santi*, voler stare a ogni costo in un luogo ove non si è bene accetti. **2** Stizza, invidia, irritazione: *prova d. per la nostra vittoria*; *è roso dal d.*; *non riesce a nascondere il suo d.*; *d'ira e di d.* / *svampa dentro, e fuor qual fiamma è rosso* (TASSO). **3** †Disprezzo, sdegno | (*raro*) *Avere, tenere qc., q.c. in d.*, disprezzare | (*raro*) *Recarsi q.c. a d.*, aversene a male, ritenersene offeso. **4** (*letter.*) Disperata. || **dispettàccio**, pegg. | **dispettìno**, dim. | **dispettùccio**, **dispettùzzo**, dim.

†**dispètto** (2) o (*raro*) †**despètto** [lat. *despĕctu(m)*, part. pass. sost. di *despĭcere* (V. *dispetto* (*1*))] agg. ● (*lett.*) Disprezzato, spregevole: *O cacciati dal ciel, gente dispetta* (DANTE *Inf.* IX, 91).

dispettóso [da *dispetto* (*1*)] agg. **1** Che si compiace di fare dispetti: *bambine dispettose* | (*est.*) Che muove a dispetto, fastidioso, irritante: *vento d.* **2** Che è fatto per dispetto: *gesto d.* **3** (*lett.*) Sprezzante, altero, fiero. **4** †Spregevole, abbietto. || **dispettosàccio**, pegg. | **dispettosètto**, dim. | **dispettosùccio**, **dispettosùzzo**, dim. || **dispettosaménte**, avv. In modo dispettoso; con stizza.

dispiacènte part. pres. di *dispiacere*; anche agg. ● (*raro*) Nei sign. del v.

†**dispiacènza** o (*raro, dial.*) †**dispiagènza**. s. f. ● Dispiacere | Disgusto.

dispiacére [lat. parl. **displacēre* (comp. di *dis-* (*1*) e *placēre* 'piacere'), per il class. *displicēre*] **A** v. intr. (coniug. come *piacere*; anche impers.; aus. *essere*) **1** Riuscire sgradito: *d. all'occhio, all'orecchio, al palato*; *il tuo comportamento è dispiaciuto a tutti* | *Non d.*, riuscire abbastanza gradevole: *il film non mi è dispiaciuto*. **2** Costituire motivo di dolore, rammarico, disagio, noia e sim.: *la sua assenza dispiace a tutti*; *ci dispiace molto che dobbiate subire simili angherie* | *D. a Dio*, peccare | *Mi dispiace, ci dispiace* e sim., formule di cortesia usate per scusarsi, esprimere il proprio rammarico e sim.: *mi dispiace che la faccenda sia andata a monte*; *credimi, ci dispiace infinitamente* | *Ti dispiace? Vi dispiace? Ti dispiacerebbe?* e sim., formule di cortesia usate per domandare favori, permessi e sim.: *ti dispiace imbucarmi questa lettera?*; *ti dispiacerebbe se ti accompagnassi?* | *Se non ti dispiace, se non le dispiace* e sim., formule di cortesia usate per chiedere l'assenso di qc.: *se non ti dispiace, cambio il mio libro col tuo*; *se non le dispiace, verrò da lei domani*. SIN. Addolorare. **B** v. intr. pron. **1** Provare rincrescimento, dispiacere: *mi dispiaccio molto di quanto è accaduto*. CONTR. Compiacersi. **2** †Disprezzarsi. **C** in funzione di s. m. **1** (*lett.*) Fastidio, ripugnanza fisica. **2** Senso di afflizione, pena, rammarico e sim.: *fare, dare, recare d. a qc.*; *provare, sentire un d. vivo, fiero, profondo*; *piangere dal d.* | *Morire dal d.*, soffrire moltissimo | (*est.*) Ciò che addolora, mortifica, contraria e sim.: *è stato il più grande d. della sua vita*.

dispiacévole agg. ● (*lett.*) Che arreca dispiacere. || **dispiacevolménte**, avv.

dispiacevolézza s. f. ● (*raro*) Qualità di chi, di ciò che è dispiacevole.

dispiaciménto s. m. ● (*raro*) Dispiacere.

dispiaciùto part. pass. di *dispiacere* (*1*); anche agg. **1** Nei sign. del v. **2** Spiacente: *sono d. di dovervi disturbare*.

†**dispianàre** [comp. di *dis-* (*1*) e *spianare*] **A** v. tr. **1** Spianare, distendere. **2** (*fig.*) Dichiarare, spiegare. **B** v. rifl. ● Distendersi, sdraiarsi.

†**dispiantàre** [comp. di *dis-* (*1*) e *piantare*] v. tr. ● Spiantare, sradicare | (*fig.*) Rovinare, distruggere.

†**dispiatà** e *deriv.* ● V. †*dispietà* e *deriv.*

dispiccàre [comp. di *dis-* (*1*) sostitutivo di *ap-* (per *ad-*) in *appiccare*] **A** v. tr. (*io dispìcco, tu dispìcchi*) ● (*lett.*) Staccare, spiccare. **B** v. rifl. ● (*lett.*) Partirsi rapidamente: *la cerulea diva* / *dalle cime d'Olimpo dispiccossi* / *velocissima* (MONTI). **C** v. intr. pron. ● †Distaccarsi, scindersi.

†**dispicciàre** [comp. di *di(s)-* (*1*) e *spicciare*] v. tr. e rifl. ● Liberare da un impiccio.

dispiegaménto [da *dispiegare*] s. m. ● Grande spiegamento: *d. di forze*.

dispiegàre [comp. di *di(s)-* (*1*) e *spiegare*] **A** v. tr. (*io dispièga, tu dispièghi*) **1** (*lett.*) Distendere, spiegare: *d. al vento le vele, la bandiera* | Allargare: *d. le ali*. **2** (*lett.*) Disporre truppe in ordinanza. **3** (*fig., lett.*) Rendere manifesto. **B** v. intr. pron. **1** Distendersi, allargarsi. **2** (*fig.*) Svolgersi, svilupparsi: *la melodia si dispiegò nella sala*. **3** †Scaturire.

†**dispietà** o (*raro*) †**dispiatà** [comp. di *dis-* (*1*) e *pietà*] s. f. ● Mancanza di pietà.

†**dispietànza** s. f. ● (*raro*) Crudeltà.

†**dispietatézza** s. f. ● Crudeltà.

dispietàto o (*raro*) †**dispiatàto** [comp. di *di(s)-* (*1*) e *spietato*] agg. **1** (*poet.*) Spietato, crudele: *e poi distese i dispietati artigli* (DANTE *Inf.* XXX, 9). **2** (*fig., poet.*) Inesorabile, che infierisce crudelmente: *la dispietata mia ventura* (PETRARCA). || †**dispietataménte**, avv. Spietatamente.

†**dispietóso** agg. ● Crudele.

†**dispìngere** [comp. di *dis-* (*1*) e *pingere* (*1*)] v. tr. ● Cancellare un dipinto, un disegno e sim.

†**dispìtto** o (*raro*) †**despìtto** [ant. fr. *despit*, dal lat. *despĕctus* 'dispetto'] s. m. ● Disprezzo, dispetto.

dispiumàre [comp. di *dis-* (*1*) e *piuma*] v. tr. (*io dispiùmo*) ● (*lett.*) Privare delle piume: *la canna che dispiuma* / *mollemente il suo rosso* / *flabello a primavera* (MONTALE).

displasìa [comp. di *dis-* (*2*) e del gr. *plásis* 'azione formativa' (da *plássein* 'formare', prob. di origine indeur.)] s. f. ● (*med.*) Alterata differenziazione cellulare seguita da un'anomalia formativa di organi o tessuti.

displàsico agg. (pl. m. *-ci*) ● (*med.*) Di, relativo a, displasia.

display /*ingl.* di'splei/ [vc. ingl., dal v. *to display* 'esporre, mettere in mostra'] s. m. inv. **1** Esposizione di merci. **2** (*elettron.*) Apparecchiatura (schermo video, tabellone luminoso e sim.) che presenta visivamente i dati numerici o grafici in uscita da un sistema, consentendone l'immediata lettura.

†**displicàre** [vc. dotta, lat. tardo *displicāre*, comp. di *dis-* (*1*) e *plicāre* '(ri)piegare'] v. tr. ● Spiegare, chiarire.

†**displicènzia** o †**displicènza** [vc. dotta, lat. *displicĕntia(m)*, da *displicēre* 'dispiacere', comp. di *dis-* (*1*) e *placēre* 'piacere'] s. f. ● Dispiacere, dolore.

displuviàle agg. ● (*geogr.*) Relativo a displuvio.

displuviàto [vc. dotta, lat. *displuviātu(m)*, tratto da *plŭvia* 'pioggia' col pref. *dis-* 'da una parte e dall'altra'] agg. ● A due spioventi: *tetto d.*

displùvio [da *compluvio*, per sostituzione del pref. *dis-* (*1*) al pref. *con-*] s. m. **1** (*geogr.*) Versante di un altipiano, di una collina, di un monte | *Linea di d.*, spartiacque. **2** (*arch.*) Diedro convesso formato da due falde di tetto contrapposte | Spigolo spartiacque del tetto, all'intersezione delle due falde.

dispnèa [vc. dotta, gr. *dýspnoia*, comp. di *dys-* 'dis- (*2*)' e un deriv. di *pnoḗ* 'respiro, respirazione'] s. f. ● (*med.*) Difficoltà di respiro accompagnata da senso di affanno: *d. da sforzo*; *d. inspiratoria, espiratoria*.

dispnòico [vc. dotta, gr. *dyspnoïkós* 'relativo alla dispnea (*dýspnoia*)'] **A** agg. (pl. m. *-ci*) ● (*med.*) Di, relativo a, dispnea. **B** agg.; anche s. m. (f. *-a*) ● (*med.*) Che, chi è affetto da dispnea.

dispodestàre o **dispotestàre** [comp. di *di(s)-* (*1*) e *spodestare*] **A** v. tr. (*io dispodèsto*) ● (*lett.*) Spodestare. **B** v. rifl. ● (*raro*) Privarsi del potere, dell'autorità.

dispogliàre o (*raro*) †**despogliare** [lat. *despoliāre* 'togliere (*dē-*) la spoglia (*spŏlium*)'] **A** v. tr. (*io dispògli̇o*) **1** (*lett.*) Spogliare: *dispogliò il nemico dell'armatura*; *d. un albero delle fronde*. **2** (*fig.*) †Privare. **3** Depredare, saccheggiare. **B** v. rifl. **1** (*raro*) Spogliarsi. **2** (*fig., lett.*) Liberarsi da pensieri, sentimenti e sim. **3** †Dileguarsi.

†**dispogliatóre** [lat. *despoliatōre(m)*, da *despoliātus* 'dispogliato'] s. m.; anche agg. (f. *-trice*) ● Chi, che dispoglia | Predatore.

†**dispòglio** [da *dispogliare*] s. m. ● Spoglio, ruberia.

dispolpàre [comp. di *dis-* (*1*) e *polpa*] v. tr. (*io dispólpo*) ● (*raro*) Spolpare.

dispondèo [vc. dotta, lat. *dispondēu(m)*, dal gr. *dispóndeios* 'a doppio (*dís*) spondeo (*spondêios*)'] s. m. ● Metro della poesia greca e latina formato da quattro sillabe lunghe.

disponènte A part. pass. di *disporre*; anche agg. ● Nei sign. del v. **B** s. m. e f. ● (*dir.*) Chi è autore di un atto di disposizione.

†dispónere • V. *disporre*.

disponìbile [fr. *disponible*, dal lat. mediev. *disponibilis*, da *dispōnere* 'disporre'] **A** agg. *1* †Che si può disporre. *2* Di cui si può disporre: *somma d.* | (*dir.*) *Patrimonio d.*, complesso di beni appartenenti ad enti pubblici, la cui disponibilità è disciplinata per legge | (*dir.*) *Quota, porzione d.*, parte dell'asse ereditario non riservato ai legittimari e di cui, quindi, il testatore può disporre liberamente | (*est.*) Libero, vuoto: *posto, impiego d.*; *camera d.* *3* (*fig.*) Che è libero da impegni od occupazioni materiali, da legami sentimentali e sim.: *cercare operai disponibili*; *un giovanotto simpatico e d.* *4* (*fig.*) Sensibile e aperto a stimoli, suggerimenti o esperienze nuove: *mentalità d.* | (*lett.*) Incline: *persona d. alle avventure*. **B** anche s. f. • (*dir.*) Quota disponibile: *la legittima e la d.*

disponibilità [fr. *disponibilité*, da *disponible* 'disponibile'] s. f. *1* Qualità o condizione di chi, di ciò che è disponibile (*anche fig.*): *la d. di una persona, di un capitale*. *2* (*spec. al pl.*) Elementi patrimoniali che possono essere prontamente ed economicamente trasformati in denaro, denaro a disposizione: *le spese non possono eccedere le d.* *3* (*bur.*) Condizione transitoria di pubblico ufficiale o pubblico impiegato sospeso dal servizio per soppressione dello stesso o riduzione dell'organico, in attesa di essere riassunto in servizio o collocato a riposo: *collocamento in d.* *4* (*mar.*) Stato di una nave che debba restare inattiva per lungo tempo a causa di riparazioni e sim.

†disponiménto s. m. • Disposizione.

disponitìvo agg. • (*raro*) Dispositivo.

†disponitóre s. m.; anche agg. (f. *-trice*) • (*lett.*) Dispositore.

†disponsàre e *deriv.* • V. *†disposare* e *deriv.*

†dispopolaménto s. m. • Spopolamento.

†dispopolàre [comp. di *dis-* (*1*) e *popolare* (*1*)] v. tr. • Spopolare.

†dispopolatóre s. m. • Chi dispopola | Devastatore.

dispórre o †**dispónere** [lat. *dispōnere* 'porre (*pōnere*) qua e là (*dis-*)'] **A** v. tr. (coniug. come *porre*) *1* Sistemare convenientemente secondo un determinato criterio od ordine: *d. i libri negli scaffali, i mobili in una stanza, i commensali a tavola*; *saper d. le parole nel periodo* | Acconciare: *d. i capelli nella foggia voluta*. *2* Apprestare, preparare: *d. ogni cosa per la partenza* | Rendere idoneo, capace, adatto e sim.: *d. l'animo a una grande notizia*. *3* Indurre, persuadere: *d. qc. all'ira, a una decisione, a un atto di generosità*. *4* Comandare, ordinare (*anche ass.*): *la legge dispone di perseguire gli evasori fiscali*; *disponiamo che queste norme siano rispettate*; *egli solo disponeva e tutti obbedivano* (D'ANNUNZIO). SIN. Stabilire. *5* †Deporre, dimettere. *6* †Spiegare, narrare, esporre. **B** v. intr. (aus. *avere*) *1* Decidere, stabilire: *disporrà nel modo che riterrà opportuno*; *abbiamo disposto diversamente*. *2* (*est.*) Essere in condizioni di utilizzare liberamente q.c. o qc.: *disponiamo di una notevole somma*; *non dispongo di una persona di fiducia* | *D. su di un conto*, trarre su di esso, prelevare. *3* Essere dotato: *l'albergo dispone di duecento posti letto*. **C** v. rifl. *1* Sistemarsi secondo un certo criterio, un certo ordine: *gli atleti si disposero in semicerchio*. *2* Prepararsi a fare q.c.: *disporsi a ben morire*. *3* †Esporsi, rischiare.

†disportazióne [vc. dotta, lat. *deportatiōne*(*m*) 'deportazione' (V.), con sostituzione di pref.] s. f. • (*raro*) Trasporto.

disposal /ingl. dis'pouzəl/ [vc. ingl., da *to dispose* 'sbarazzarsi, disfarsi'] s. m. inv. • Oggetto che si butta via dopo essere stato usato, come un piatto o un bicchiere di plastica.

†disposaménto o (*raro*) †**desponsaménto**, †**disponsaménto**. s. m. • Sposalizio.

†disposàre o (*raro*) †**desponsàre**, †**disponsàre** [lat. *desponsāre*, comp. di *dē* e *sponsāre* 'promettere in sposa (*spōnsa*)'] v. tr. *1* Dare, promettere o prendere una donna in moglie: *Paolo Malatesta è giunto / ... / qui, con pieno mandato / a d. Madonna Francesca* (D'ANNUNZIO). *2* Congiungere spiritualmente. *3* (*fig., lett.*) Unire, mescolare.

dispositìvo (*1*) [da *disposito*] agg. • Atto a disporre | (*dir.*) *Sentenza dispositiva*, sentenza che dispone dei diritti o interessi dedotti in giudizio | *Processo d.*, in cui spetta alle parti il potere di dare impulso alla causa | *Documento d.*, contenente un negozio giuridico, un contratto. || †**dispositivaménte**, avv.

dispositìvo (*2*) [fr. *dispositif*, dal lat. *dispŏsitus* 'disposito'] s. m. *1* Congegno che viene applicato a una macchina o a un impianto allo scopo di ottenere determinati effetti | *D. di sicurezza*, nelle armi da fuoco, sicura e (*fig.*) piano per fronteggiare particolari situazioni: *è scattato il d. di sicurezza della polizia* | *D. di vigilanza*, apparecchio di sicurezza di un mezzo di trazione che interviene automaticamente per l'arresto del mezzo qualora il guidatore cessi di compiere determinate azioni meccaniche su apparecchi predisposti allo scopo | *D. di controllo*, insieme degli elementi conduttori i quali, con il loro movimento relativo, stabiliscono o interrompono la continuità di un circuito. *2* (*mil.*) Articolazione di una unità o di un complesso di forze, nel senso del fronte e in quello della profondità: *d. di attacco, di marcia*. *3* (*dir.*) Contenuto decisorio di un atto giurisdizionale: *d. di una sentenza*.

†dispòsito [vc. dotta, lat. *dispŏsitu*(*m*), part. pass. di *dispōnere* 'disporre'] agg. • Disposto.

dispositóre [vc. dotta, lat. tardo *dispositōre*(*m*), da *dispŏsitus* 'disposito'] s. m.; anche agg. (f. *-trice*) • (*raro*) Chi, che dispone.

†dispositòrio agg. • (*raro*) Dichiarativo.

†dispositùra [vc. dotta, lat. *dispositūra*(*m*), da *dispŏsitus* 'disposito'] s. f. • Disposizione, nel sign. di *disposizione* (*1*).

disposizióne (*1*) [vc. dotta, lat. *dispositiōne*(*m*), da *dispŏsitus* 'disposito'] s. f. *1* Atto, effetto del disporre | (*dir.*) Manifestazione di volontà negoziale che opera immediatamente sulla situazione giuridica preesistente: *atto di d.*; *d. testamentaria*. *2* Modo in cui cose e persone vengono disposte: *la d. delle terre e delle acque sul globo terrestre*; *la d. delle forze nemiche lungo i confini*; *la d. dei posti a tavola*. SIN. Collocazione, ordine. *3* (*mat.*) *D. semplice* di *n* oggetti *a k a k*, ciascuno dei raggruppamenti che si possono formare prendendo k elementi tra gli n dati, con la condizione che i raggruppamenti differiscano tra loro se hanno elementi diversi o collocati in diverso ordine. *4* Stato d'animo: *non è nella d. adatta a darti retta*; *d. d'animo, di spirito*; *d. favorevole, sfavorevole, verso qc.* | (*raro*) Abito morale: *d. buona, cattiva* | (*raro*) Intenzione, pensiero: *a nulla valsero le buone disposizioni originarie*. *5* Attitudine, inclinazione naturale dell'ingegno e del carattere: *avere molta, poca d. per lo scrivere, per la poesia, per la musica, per la matematica, per un lavoro*; *è un giovane di pessime disposizioni* | (*med.*) Tendenza di un organismo a risentire gli effetti dannosi di una determinata causa nociva. *6* Facoltà di disporre di persone e cose a proprio arbitrio: *l'albergo è a vostra completa d.*; *ha un intero patrimonio a sua d.* | *Essere, mettersi, porsi, tenersi, a d. di qc.*, essere pronto ad aiutarlo in qualsiasi momento e in qualsiasi modo | *Essere a d. di qc.*, ai suoi ordini, alle sue dipendenze. *7* Parte della retorica antica che consiste nel disporre con ordine la materia dell'orazione. *8* Ordine, comando, volontà: *si atteneva alle disposizioni venute dall'alto*; *per d. di legge*; *sono le sue ultime disposizioni*. *9* (*lett.*) †Circostanza adatta, favorevole: *qui si vuole attendere la naturale d. del tempo* (DANTE). *10* †Stato, condizione: *la città ..., lungamente in guerra ... stata, alquanto in miglior disposizion ritornò* (BOCCACCIO). *11* †Esposizione, spiegazione | †Deliberazione, risoluzione. || **disposizioncèlla**, dim.

†disposizióne (*2*) [vc. dotta, lat. *depositiōne*(*m*) 'deposizione' (V.) con sostituzione di pref.] s. f. • (*raro*) Fondiglio, deposito: *nella commozione dell'acqua ... si solleva la sua d. dal fondo, e s'intorbida* (GALILEI).

dispossessàre [comp. di *dis-* (*1*) e *possesso*] v. tr. • Spossessare.

dispósta [f. sost. di *disposto*] s. f. • (*raro*) Disposizione.

†dispostézza s. f. *1* Attitudine, disposizione. *2* Compitezza. *3* Snellezza, agilità.

dispósto A part. pass. di *disporre*; anche agg. *1* Nei sign. del v. *2* *Ben d.*, favorevole, animato da simpatia e comprensione: *essere ben d. verso, nei confronti di, qc.* | *Mal d.*, sfavorevole, mosso da animosità, sfiducia e sim. **B** s. m. • (*dir.*) Contenuto di un atto di disposizione: *in base al d. dell'autorità giudiziaria* | *D. della legge*, ciò che la legge dispone | (*dir.*) *D. combinato, combinato d.*, principio di diritto risultante dalla applicazione congiunta di due o più norme.

dispotestàre • V. *dispodestare*.

dispòtico o (*raro*) **despòtico** [gr. biz. *despotikós* 'relativo al dispoto (*despótēs*)'] agg. (pl. m. *-ci*) • Proprio di un despota o del dispotismo: *legislazione dispotica*; *regime politico d.* | (*est.*) Tirannico, dittatoriale: *marito d.*; *maniere dispotiche*. || **dispoticaménte**, avv.

dispotìsmo o (*raro*) **despotìsmo** [da *dispoto*, gr. biz. *despótēs* 'despota' (V.)] s. m. *1* Governo assoluto, esercitato senza alcun rispetto per la legge | *D. illuminato*, che si ispira ai principi della ragione. *2* (*fig.*) Modo di comportarsi tirannico e autoritario.

†dispòto [da *despoto*, var. di *despota*, modificato per analogia sulle numerose vc. it. in *dis-*] s. m. • Principe, governatore, signore locale, nell'amministrazione bizantina.

dispregévole [comp. di *dis-* (*1*) e *pregevole*] agg. *1* (*lett.*) Disprezzabile, spregevole. *2* Trascurabile, insussistente. || †**dispregevolménte**, avv. Con disprezzo.

dispregiàbile agg. • (*raro*) Spregevole.

†dispregiaménto s. m. • Dispregio.

†dispregiànza o (*raro*) †**despregiànza**. s. f. • Dispregio.

dispregiàre o †**despregiàre** [fr. ant. *despriser* 'disprezzare'] v. tr. (*io disprègio*) • (*lett.*) Avere in poco o in nessun pregio: *le cose che giornalmente si veggono, con più facilità si dispregiano* (MACHIAVELLI). SIN. Disprezzare.

dispregiatìvo agg. *1* Che mostra o esprime disprezzo: *tono d.* *2* (*ling.*) Spregiativo. || **dispregiativaménte**, avv.

dispregiatóre s. m.; anche agg. (f. *-trice*) • Chi, che dispregia.

disprègio o †**desprègio** [da *dispregiare*] s. m. *1* Senso di disistima che si nutre nei confronti di qc. o di q.c. | Disprezzo: *avere, tenere qc. in d.*; *essere, cadere in d. di qc.*; *lo trattava con evidente d.* *2* †Atto spregevole, infame.

†disprèndersi [comp. di *dis-* (*1*) e *prendere*] v. rifl. • Distaccarsi, distogliersi.

†dispreziàre • V. *disprezzare*.

disprezzàbile agg. *1* Degno di disprezzo. *2* Di poco o nessun pregio o importanza: *un debituccio d.*; *non era un nemico d.* (BACCHELLI) | *Non d.*, abbastanza pregevole o importante: *un contributo non d.*

†disprezzagióne s. f. • Disprezzo, spregio.

†disprezzaménto s. m. • Dispregio, disprezzo.

disprezzàre o (*dial.*) †**desprezzàre**, †**dispreziàre** [lat. parl. **dispretiāre*, comp. parasintetico di *prĕtium* 'valore' (V. *prezzo*), col pref. *dis-* (*1*)] **A** v. tr. (*io disprèzzo*) *1* Ritenere qc. o q.c. indegno della propria stima e della propria considerazione: *tutti lo disprezzavano per la sua doppiezza*; *disprezzava onori, glorie, ricchezze* | Disdegnare: *disprezzò la nostra offerta di aiuto* | Disistimare: *ha mostrato di d. il nostro lavoro*. *2* Avere in poco o in nessun conto: *d. le leggi, i comandi, le imposizioni* | Detestare. **B** v. rifl. *1* Ritenersi indegno di rispetto, stima e sim.: *mi disprezzo per ciò che ho fatto*. *2* †Trascurarsi, spec. negli abiti o nella persona.

†disprezzatìvo agg. • Offensivo, sprezzante.

disprezzatóre agg.; anche s. m. (f. *-trice*) • (*raro*) Che, chi disprezza.

†disprezzatùra s. f. • Trascuratezza | (*fig.*) Disinvoltura.

†disprezzévole agg. • Spregevole. || †**disprezzevolménte**, avv. Spregevolmente.

disprèzzo o †**desprèzzo** [da *disprezzare*] s. m. *1* Totale mancanza di stima, considerazione e sim., spesso unita a una valutazione negativa di q.c. o di qc.: *nutrire, sentire, provare d. per qc. o q.c.*; *trattare qc. o q.c. con d.*; *manifestare il proprio d. a qc.* | (*est.*) Scarsa considerazione, noncuranza: *mostrare d. per le leggi, delle opinioni altrui*; *agire con grande d. del pericolo*. *2* (*lett.*) Offesa, oltraggio, ingiuria.

†**disprezzóso** agg. ● Sprezzante.

†**disprigionàre** [comp. di *dis-* (*1*) e *prigione*] v. tr. ● Scarcerare, liberare.

†**disprofanàre** [comp. di *dis-* (*1*) e *profanare*] v. tr. ● Riconsacrare, riscattare dalla profanazione.

†**disprométtere** [comp. di *dis-* (*1*) e *promettere*] v. tr. ● Ritirare ciò che si è promesso.

†**disproporzionàre** v. tr. ● Rendere sproporzionato.

disproporzióne [comp. di *dis-* (*1*) e *proporzione*] s. f. ● (*raro*) Sproporzione.

dispròsio [vc. dotta, tratta dal gr. *dysprósitos* 'che si può difficilmente (*dys-*) raggiungere (*prositós* 'accessibile', dal v. *prosiénai* 'andare (*iénai*) verso (*prós*)')'] s. m. ● Elemento chimico, metallo appartenente al gruppo delle terre rare. SIMB. Dy.

†**disprovvedùto** [comp. di *dis-* (*1*) e *provveduto*] agg. ● Sprovveduto, incauto.

disprunàre [comp. parasintetico di *pruno* col pref. *dis-* (*1*)] v. tr. ● Togliere i pruni, sprunare.

†**dispulàre** [comp. di *dis-* (*1*) e *pula*] v. tr. ● Ripulire dalla pula.

†**dispumàre** [comp. di *di(s)-* (*1*) e *spuma*] v. tr. ● Despumare.

†**dispùngere** [vc. dotta, lat. *dispŭngere*, letteralmente 'separare con punti', comp. di *dis-* (*1*) e *pŭngere* 'pungere'] v. tr. ● Staccare.

disputa o †**dispùta** [da *disputare*] s. f. *1* Dibattito vivace e animato intorno a un tema prestabilito: *ci fu una d. letteraria dotta e accesa*; *d. filosofica, teologica, matematica*; *dispute contra tutti i dogmi e libri* (CAMPANELLA) | *Non soggetto a d.*, certo, indiscutibile. SIN. Discussione. *2* Alterco, contesa, lite: *nacque tra loro una d. violenta per futili motivi*. *3* Atto del gareggiare, contendendosi la vittoria: *d. dei campionati mondiali di calcio*.

disputàbile [vc. dotta, lat. *disputābile(m)*, da *disputāre* 'disputare'] agg. ● Che può dare adito a dispute: *le cose poetiche ... sono ... disputabili* (MARINO). SIN. Discutibile.

disputabilità [da *disputabile*] s. f. ● Qualità di ciò che è disputabile.

†**disputaménto** [da *disputare*] s. m. ● Disputa, discussione.

disputànte A part. pres. di *disputare*; anche agg. ● Nei sign. del v. B s. m. e f. ● Chi disputa.

†**disputànza** s. f. ● Disputa.

disputàre [vc. dotta, lat. *disputāre* 'esaminare (*putāre*) partitamente (*dis-*) un conto o un argomento', quindi 'discutere, argomentare'] A v. intr. (*io dìsputo* o †*dispùto*; aus. *avere*) *1* Ragionare di, argomentare su, q.c. contrapponendo la propria opinione a quella altrui: *d. di politica, di questioni economiche, su un problema filosofico*. SIN. Discutere, polemizzare. *2* Competere, gareggiare: *d. con i colleghi per una promozione*. B v. tr. *1* Esaminare, discutere: *gli intervenuti al dibattito disputarono varie questioni*. *2* Contrastare: *gli disputarono accanitamente il successo*. *3* Sostenere, affrontare una competizione sportiva contendendone ad altri la vittoria: *d. una gara, una partita di calcio* | *D. il giro d'Italia*, prendervi parte. SIN. Giocare nel sign. B2. C v. rifl. rec. ● Contendersi in gare q.c.: *disputarsi il posto, il premio, la vittoria*; *si disputavano accanitamente il pallone*.

disputatìvo [vc. dotta, lat. tardo *disputatīvu(m)*, da *disputātus* 'disputato'] agg. ● (*raro*) Che si riferisce alla disputa | Che è proprio della disputa.

disputatóre [vc. dotta, lat. *disputatore(m)*, da *disputātus* 'disputato'] s. m.; anche agg. (f. *-trice*) ● Chi, che disputa | Chi, che è incline alla disputa.

†**disputatòrio** [vc. dotta, lat. tardo *disputatōriu(m)*, da *disputātus* 'disputato'] agg. ● Che si riferisce alla disputa o che le è proprio.

disputazióne [vc. dotta, lat. *disputatiōne(m)*, da *disputātus* 'disputato'] s. f. *1* (*lett.*) Atto, effetto del disputare. SIN. Disputa. *2* (*lett.*) Dissertazione scritta: *d. di medicina*; *disputazioni filosofiche*. || **disputazioncèlla**, dim.

disqualificàre [comp. di *dis-* (*1*) e *qualificare*] v. tr. (*io disqualìfico, tu disqualìfichi*) ● Privare qc. della qualifica precedentemente attribuitagli.

disquassàre [comp. di *di(s)-* (*1*) e *squassare*] v. tr. ● (*lett.*) Squassare, scrollare.

disquilìbrio [comp. di *dis-* (*1*) e (*e*)*quilibrio*] s. m. ● Mancanza di equilibrio.

disquiṣìre [da *disquisizione*] v. intr. (*io disquiṣìsco*; aus. *avere*) ● Discutere con sottigliezza, intrattenersi in dispute eleganti e acute: *gli avvocati amano d.*; *d. per ore su un argomento*.

disquiṣitóre [da *disquisizione*] s. m. (f. *-trice*) ● Chi disquisisce: *un fine ed elegante d.*

disquiṣizióne [vc. dotta, lat. *disquisitiōne(m)*, da *disquīrere* 'ricercare (*quāerere*) da tutti i lati (*dis-*)'] s. f. ● Indagine accurata e approfondita su un determinato argomento, condotta con particolare abilità e sottigliezza: *disquisizioni dotte, erudite, inutili, capziose* | Esposizione particolareggiata, minuziosa di una tesi, di una teoria e sim., condotta con ragionamenti sottili e insidiosi: *disquisizioni matematiche*. || **disquisizioncèlla**, dim.

diṣrafìa [vc. dotta, comp. di *dis-* (*2*) e del gr. *ráphein* 'cucire', di origine indeur.] s. f. ● (*med.*) Malformazione congenita derivante dalla saldatura difettosa delle due metà di un organo pari.

diṣràfico agg. (pl. m. *-ci*) ● (*med.*) Di, relativo a, disrafia.

diṣrafìṣmo [da *disrafia*] s. m. ● (*med.*) Condizione anormale causata dalla presenza di una disrafia.

†**diṣragionàre** [comp. di *dis-* (*1*) e *ragionare*] v. intr. ● Sragionare.

†**diṣragióne** [comp. di *dis-* (*1*) e *ragione*] s. f. *1* Follia, insensatezza. *2* Torto, ingiustizia | *A d.*, a torto.

†**diṣragionévole** agg. ● Folle, insensato, irrazionale. || †**disragionevolménte**, avv. Irrazionalmente.

†**diṣramàre (1)** [comp. di *dis-* (*1*) e *ramo*] v. tr. ● Privare dei rami, diramare.

†**diṣramàre (2)** [comp. di *dis-* (*1*) e *rame*] v. tr. ● Privare un oggetto, una superficie e sim. del rame che lo riveste.

diṣramatùra [da *disramare* (*2*)] s. f. ● Operazione del privare un oggetto del rame che lo riveste.

†**diṣredàre** ● V. *diseredare*.

†**diṣreditàre** ● V. †*disereditare*.

†**diṣrómpere** [vc. dotta, lat. *disrŭmpere*, var. di *dirŭmpere* 'dirompere' (V.) con pref. intatto] v. tr. ● Rompere, spezzare.

†**diṣrótto** part. pass. di †*disrompere*; anche agg. ● Nel sign. del v.

†**diṣrottùra** [da *disrompere*] s. f. ● Rottura, frattura.

†**diṣrugginàre** [comp. di *dis-* (*1*) e *ruggine*] v. tr. ● (*raro*) Dirugginare.

†**diṣrugginìre** [comp. di *dis-* (*1*) e *ruggine*] v. tr. ● Dirugginire.

diṣrupzióne [dall'ingl. *disruption* 'disgregazione, rottura': V. *disruttare*] s. f. ● (*elettr.*) Fenomeno che si realizza allorché si verifica una scarica disruttiva.

diṣruttìvo o **diṣruptìvo** [dal lat. *disrŭptus*, part. pass. di *di(s)rŭmpere* 'spezzare', propriamente 'rompere (*rŭmpere*) a pezzi (*dis-*)'] agg. ● (*fis.*) Detto di scarica elettrica brusca tra due elettrodi quando la loro differenza di potenziale supera un certo valore o la loro distanza diminuisce oltre un certo limite.

diṣruttóre [dal lat. *disrŭptus*, var. di *dirŭptus* (con cambio di pref.): V. *diruttore*] s. m. ● (*aer.*) In un velivolo, dispositivo destinato a ridurre o annullare la portanza dell'ala, costituito gener. da un'aletta incernierata sul dorso di questa, che può essere fatta sporgere, per es. durante l'atterraggio, allo scopo di aumentare la frenata. SIN. Spoiler.

dissabbiatóre [comp. parasintetico di *sabbia*, con il pref. *dis-* (*1*)] s. m. ● (*idraul.*) Bacino, posto subito dopo le luci di introduzione di un'opera di presa, avente lo scopo di trattenere le sabbie trasportate dall'acqua sino a che questa venga inviata nel canale derivato.

dissacrànte part. pres. di *dissacrare*; anche agg. ● Nei sign. del v.

dissacràre o †**disacràre**, †**disagràre**, †**dissagràre** [da *consacrare*, con cambio di pref. (*dis-* (*1*))] A v. tr. (*io dissàcro*) *1* Ridurre persona o cosa alla condizione profana, con apposito rito. SIN. Sconsacrare. *2* (*fig.*) Contestare, con azioni o con scritti, il valore e il prestigio di un'istituzione sociale o culturale, di un avvenimento storico, di una persona, di un tipo di comportamento e sim., fissati da una tradizione così lunga e autorevole da farli considerare come indiscutibili e inviolabili. SIN. Demistificare, demitizzare. B v. rifl. ● †Sciogliersi da un vincolo sacro.

dissacratóre s. m.; anche agg. (f. *-trice*) ● Chi, che dissacra (*spec. fig.*).

dissacratòrio agg. ● Dissacrante, dissacratore.

dissacrazióne s. f. ● (*lett.*) Atto, effetto del dissacrare.

†**dissagràre** ● V. *dissacrare*.

dissalaménto s. m. ● Dissalazione.

dissalàre [comp. parasintetico di *sale*, col pref. *dis-* (*1*), prob. sul modello del fr. *dessaler*] v. tr. *1* Asportare da acque salmastre i sali in esse contenute. *2* Eliminare il sale di conservazione da alimenti tenendoli a bagno spec. in acqua: *d. il baccalà* | Raschiare con un coltello la superficie incrostata di sale di un alimento: *d. le acciughe*.

dissalatóre s. m. ● Impianto o apparecchio usato per dissalare le acque del mare, allo scopo di renderle potabili.

dissalazióne s. f. ● Atto, effetto del dissalare.

dissaldàre [comp. di *dis-* (*1*) e *saldare*, prob. sul modello del fr. *dessouder*] v. tr. *1* Distaccare togliendo la saldatura: *d. due piastre metalliche*. *2* (*fig.*) Spezzare, infrangere: *d. un'amicizia di lunga data*.

dissaldatùra s. f. ● Atto, effetto del dissaldare.

dissanguaménto s. m. ● Atto, effetto del dissanguare e del dissanguarsi.

dissanguàre [comp. parasintetico di *sangue*, col pref. *dis-* (*1*)] A v. tr. (*io dissànguo*) *1* Privare del sangue un organismo vivente: *le ferite lo hanno dissanguato*. *2* (*fig.*) Esaurire quanto a risorse umane, a disponibilità economiche e sim.: *l'eccessivo fiscalismo dissangua la nazione*; *d. il proprio patrimonio*. B v. intr. pron. *1* Perdere sangue in abbondanza: *dissanguarsi per le ferite*. *2* (*fig.*) Rovinarsi, spec. economicamente: *si dissangua per i figli*.

dissanguatóre agg.; anche s. m. (f. *-trice*) ● Che, chi dissangua.

dissanguinàre [comp. di *dis-* (*1*) e *sanguinare*] v. tr. (*io dissànguino*) ● (*conciar.*) Mettere a bagno le pelli di animali affinché si purghino del sangue che vi è attaccato.

†**dissapìto** [var. di †*dissipito*] agg. ● Scipito, insipido.

dissapóre [comp. di *dis-* (*1*) e *sapore*] s. m. ● Contrasto o screzio che turba l'armonia dei rapporti tra due o più persone: *fra loro c'è qualche d.*; *dissapori fra amici, fra coniugi*.

†**dissavére** [adatt. dell'ant. fr. *dessavoir* 'senza (*des-*) sapere (*savoir*)'] s. m. ● Insipienza, ignoranza.

†**dissavoróso** [comp. di *dis-* (*1*) e *savore*] agg. ● Privo di sapore.

dissecàre [vc. dotta, lat. *dissecāre* 'tagliare (*secāre*) a pezzi (*dis-*)'] v. tr. (*io dissèco* o *disséco, dissechi, tu dissèchi* o *disséchi, dìsséchi*) ● Sezionare i cadaveri per studiarne l'anatomia e la causa di morte. SIN. Anatomizzare.

dissecazióne s. f. ● Dissezione.

disseccàre o †**diseccàre** [comp. di *dis-* (*1*) e *seccare*] A v. tr. (*io dissécco, tu dissécchi*) *1* Rendere secco, asciutto: *il sole d'agosto ha disseccato i campi*. SIN. Asciugare, essiccare. *2* (*fig.*) Indebolire, inaridire. B v. intr. pron. *1* Prosciugarsi: *il pozzo si è disseccato*. *2* (*fig.*) Inaridirsi: *la sua vena creativa si è disseccata*.

disseccatìvo o †**diseccatìvo**. agg. ● Atto a disseccare.

disseccazióne o †**diseccazióne**. s. f. ● Atto, effetto del disseccare e del disseccarsi.

disselciàre [comp. di *dis-* (*1*) e *selciare*] v. tr. (*io dissélcio*) ● Privare del selciato: *d. una strada, una piazza*.

dissellàre o (*raro*) **disellàre** [comp. parasintetico di *sella*, col pref. *dis-* (*1*)] A v. tr. (*io dissèllo*) ● Privare della sella: *d. un cavallo*. B v. intr. ● †Cader di sella.

†**dissembràre** [comp. di *dis-* (*1*) e *sembrare*] v. intr. ● (*raro*) Non assomigliare.

disseminagióne ● V. *disseminazione*.

disseminàre [vc. dotta, lat. *dissemināre* 'spargere il seme (*semināre*) d'ogni lato (*dis-*)'] v. tr. (*io dissémino*) *1* Spargere qua e là senza ordine apparente, alla maniera di chi semina. *2* (*fig.*) Diffondere, divulgare: *d. il contagio tra la popolazione*; *hanno disseminato tra voi molte notizie inesatte*.

disseminatìvo agg. • (*bot.*) Relativo alla disseminazione: *fenomeno, processo d.*

disseminatóre [vc. dotta, lat. tardo *disseminatōre(m)*, da *disseminātus* 'disseminato'] s. m.; anche agg. (f. *-trice*) • Chi, che dissemina: *d. di zizzania, di false notizie.*

disseminazióne o **disseminagióne** [vc. dotta, lat. tardo *disseminatiōne(m)*, da *disseminātus* 'disseminato'] s. f. *1* (*bot.*) Dispersione dei semi e di ogni sorta di propagoli prodottisi per via vegetativa, che assicura la riproduzione della specie | *D. anemocora, idrocora, zoocora*, attuata a opera, rispettivamente, del vento, dell'acqua o di animali, spec. insetti. *2* (*fig.*) †Diffusione, divulgazione: *hanno lasciato aperta la strada alla d. delle nuove dottrine* (SARPI).

dissemìnulo [da *disseminare*, con suff. dim.] s. m. • (*bot.*) Organo capace di riprodurre la pianta dalla quale si è distaccato.

dissennàre v. tr. (*io dissénno*) • (*raro, lett.*) Privare qc. del senno, rendere dissennato.

dissennatézza [da *dissennato*] s. f. • Mancanza di senno, stoltezza.

dissennàto o (*raro*) †**disennàto** [comp. parasintetico di *senno*, col pref. *dis-* (*1*)] agg.; anche s. m. (f. *-a*) • Che, chi è privo di senno, stolto, insensato: *ragazzo d.; atti dissennati.* || **dissennataménte**, avv.

†**dissensàre** o †**disensàre** [comp. di *dis-* (*1*) e *senso*] v. tr. • Privare qc. dell'uso dei sensi.

dissensàto o †**disensàto** **A** part. pass. di †*dissensare*; anche agg. *1* (*lett.*) Nei sign. del v. *2* Privo della ragione, insensato. || †**dissensataménte**, avv. Insensatamente. **B** s. m. (f. *-a*) • (*raro*) Chi è privo di ragione.

dissensióne [vc. dotta, lat. *dissensiōne(m)*, da *dissēnsus* 'dissenso'] s. f. • Contrasto, diversità di opinioni, sentimenti, voleri e sim., su di un punto particolare: *non mancano dissensioni in famiglia, nel partito* | (*est.*) Discordia, contesa: *interne / dissension di questo regno a fuga / l'avean costretto* (ALFIERI).

dissènso [vc. dotta, lat. *dissēnsu(m)*, dal part. pass. di *dissentīre* 'dissentire'] s. m. *1* Mancanza di assenso, di consentimento: *manifestare il proprio d. su q.c.* | Disapprovazione: *dar segni di d.; suscitare il generale d.* *2* Disaccordo, contrasto: *d. di opinioni, di giudizi.* *3* Situazione di conflitto, e di conseguente distacco, nei confronti delle linee ufficiali di una chiesa, un partito, un regime politico totalitario e sim.: *il d. sovietico negli anni della dittatura comunista; il d. cattolico; i cattolici del d.*

†**dissentaneità** s. f. • Dissomiglianza.

dissentàneo [vc. dotta, lat. *dissentāneu(m)*, da *dissentīre* 'dissentire'] agg. • (*lett.*) Dissimile, discorde.

dissenterìa [vc. dotta, lat. *dysentĕria(m)*, dal gr. *dysentería*, comp. di *dys-* 'dis- (2)' e *éntera* 'intestini'] s. f. • (*med.*) Infezione intestinale accompagnata da diarrea spesso con muco e sangue.

dissentèrico [vc. dotta, lat. *dysentĕricu(m)*, dal gr. *dysenterikós* 'pertinente alla *dissenteria* (*dysentería*)'] **A** agg. (pl. m. *-ci*) • (*med.*) Della dissenteria. **B** s. m. (f. *-a*; pl. m. *-ci*) • (*med.*) Chi è affetto da dissenteria.

dissentiménto s. m. • (*lett.*) Dissenso.

dissentìre o (*raro*) †**disentìre** [vc. dotta, lat. *dissentīre* 'sentire (*sentīre*) diversamente (*dis-*)'] v. intr. (*io dissènto*; part. pres. *dissenziènte*; aus. *avere*) *1* Essere di parere diverso o contrario rispetto ad altri: *su questi punti dissentiamo completamente da voi.* SIN. Discordare. *2* Essere in disaccordo, essere diverso: *troppo spesso in voi i fatti dissentono dalle parole.*

dissenziènte o (*raro*) †**disenziènte** [vc. dotta, lat. *dissentiĕnte(m)*, part. pres. di *dissentīre* 'dissentire'] agg.; anche s. m. e f. • Che, chi dissente | Che, chi fa parte di un movimento di dissenso.

†**disseparàre** o (*raro*) †**diseparàre** [vc. dotta, lat. *disseparāre*, comp. di *dis-* (*1*) e *separāre* 'separare'] v. tr. e rifl. • (*lett.*) Separare, dividere, staccare.

†**disseparazióne** [vc. dotta, lat. tardo *disseparatiōne(m)*, da *disseparātus*, part. pass. di *disseparāre* 'disseparare'] s. f. • Separazione.

dissepólto part. pass. di *disseppellire*; anche agg. • Nei sign. del v.

disseppelliménto s. m. • Atto, effetto del disseppellire.

disseppellìre o (*lett.*) †**diseppellìre**, (*raro*) †**disoppellìre** [comp. di *dis-* (*1*) e *seppellire*] v. tr. (*io disseppellìsco, tu disseppellìsci*; part. pass. *disseppellìto*, o *dissepólto*) *1* Togliere dalla sepoltura. SIN. Esumare. *2* Togliere q.c. di sotto terra, mediante scavi: *d. i resti di un'antica civiltà.* *3* (*fig.*) Rimettere in luce, in vista, in uso cose ormai dimenticate: *d. una vecchia usanza popolare.* SIN. Riesumare.

disseppellitóre o (*raro*) †**diseppellitóre** agg.; anche s. m. (f. *-trice*) • (*raro*) Che, chi disseppellisce.

dissequestràre [comp. di *dis-* (*1*) e *sequestrare*] v. tr. (*io dissequèstro*) • Liberare da un sequestro: *d. un immobile.*

dissequèstro s. m. • Liberazione dal sequestro: *d. di un bene.*

disserràre o (*raro*) **diserràre** [comp. di *dis-* (*1*) e *serrare*] **A** v. tr. (*io dissèrro*) *1* (*lett.*) Aprire, schiudere: *a suo piacere la man chiude o disserra* (ALFIERI). *2* (*lett.*) Vibrare: *più colpi tuttavia disserra al vento / e quinci e quindi spinge il suo cavallo* (ARIOSTO) | *D. una schiera*, sbaragliarla. *3* (*lett., fig.*) †Manifestare un sentimento: *con quello aspetto che pietà diserra* (DANTE *Purg.* XV, 114). **B** v. intr. pron. *1* (*lett.*) Aprirsi. *2* (*lett.*) Lanciarsi, scagliarsi | Uscir fuori con impeto. *3* †Scaturire.

dissertàre [vc. dotta, lat. *dissertāre*, freq. di *dissĕrere* 'disporre (*sĕrere*) ordinatamente (*dis-*)'] **A** v. intr. (*io dissèrto*; aus. *avere*) • Trattare di un argomento ragionandovi sopra a lungo, con impegno e serietà: *d. su problemi filosofici.* **B** v. tr. • (*raro*) Discutere.

dissertatìvo agg. • (*raro, lett.*) Dissertatorio. || †**dissertativaménte**, avv.

dissertatóre [vc. dotta, lat. tardo *dissertatōre(m)*, da *dissertātus*, part. pass. di *dissertāre* 'dissertare'] s. m.; anche agg. (f. *-trice*) • Chi, che disserta.

dissertatòrio agg. • Che è proprio della dissertazione.

dissertazióne [vc. dotta, lat. tardo *dissertatiōne(m)*, da *dissertātus*, part. pass. di *dissertāre* 'dissertare'] s. f. • Discorso o studio su un determinato argomento condotto con metodo scientifico | *D. di laurea*, tesi. || **dissertazioncèlla**, dim.

†**disservigio** • V. *disservizio.*

disservìre o (*raro*) †**deservìre** (2), †**diservìre** [comp. di *dis-* (*1*) e *servire*] v. tr. e intr. (*io dissèrvo*; aus. *avere*) • (*lett.*) Rendere un cattivo servizio, risultare inutile o dannoso.

disservizio o †**diservigio**, †**diservizio**, †**disservigio** [comp. di *dis-* (*1*) e *servizio*] s. m. *1* Cattivo funzionamento, spec. di un servizio pubblico: *d. postale, ferroviario, aereo; il d. di un ufficio.* *2* (*lett.*) Cattivo servizio, danno.

dissestàre [comp. parasintetico di *sesto* (*3*), con il pref. *dis-* (*1*)] v. tr. (*io dissèsto*) *1* Mettere in disordine, ridurre in condizioni di squilibrio e instabilità: *il temporale ha dissestato le tegole.* *2* (*fig.*) Danneggiare gravemente nel settore economico e finanziario: *d. l'azienda, la famiglia.*

dissestàto **A** part. pass. di *dissestare*; anche agg. • Nei sign. del v. **B** s. m. (f. *-a*) • Chi ha subito un dissesto economico: *la moltitudine dei dissestati, postulanti pane o giustizia* (BACCHELLI).

dissèsto [da *dissestare*] s. m. *1* Disastrosa situazione patrimoniale di una persona, di una società, di un ente e sim.: *d. economico; azienda in d.; tutta la famiglia fu coinvolta nel d.* *2* (*fig.*) Situazione di squilibrio e disordine: *d. idro-geologico; il d. della società contemporanea si aggrava sempre più.*

dissetànte **A** part. pres. di *dissetare*; anche agg. • Nei sign. del v. **B** s. m. • Bevanda, caramella e sim. che disseta.

dissetàre o †**disetàre** [comp. parasintetico di *sete*, con il pref. *dis-* (*1*)] **A** v. tr. (*io disséto*) *1* Levare la sete: *portaci una bibita che ci disseti.* *2* (*fig.*) Appagare, soddisfare: *a la mia donna / che mi diseta con le dolci stille* (DANTE *Par.* VII, 11-12). **B** v. rifl. *1* Levarsi la sete: *dissetarsi con una bevanda fresca.* *2* (*fig.*) Appagare il proprio desiderio di q.c.: *dissetarsi alle fonti del sapere.*

dissettóre [vc. dotta, tratta da *dissēctus*, part. pass. di *dissecāre* 'dissecare'] s. m. *1* Colui che prepara i pezzi per le dimostrazioni anatomiche. *2* Strumento per la dissezione.

dissezionàre [da *dissezione*] v. tr. (*io dissezióno*) *1* Sottoporre a dissezione, dissecare: *d. un cadavere.* *2* (*fig.*) Analizzare in modo minuzioso: *d. un'opera.*

dissezióne [vc. dotta, tratta da *dissēctus*, part. pass. di *dissecāre* 'dissecare'] s. f. • Atto del dissecare: *d. anatomica* | *Sala di d.*, sala settoria.

dissidènte [vc. dotta, lat. *dissidĕnte(m)*, part. pres. di *dissidēre*, letteralmente 'sedere (*sedēre*) separatamente (*dis-*)', quindi 'discordare'] **A** agg. • Che dissente: *gruppo d.; l'ala d. di un partito.* SIN. Discorde, dissenziente. **B** s. m. e f. • Chi si distacca da un gruppo ideologico, politico, religioso e sim., non condividendo l'operato o il pensiero della maggioranza: *i dissidenti del movimento, del partito; la chiesa dei dissidenti.*

dissidènza [vc. dotta, lat. *dissidĕntia(m)*, da *dissīdens*, genit. *dissidĕntis* 'dissidente' (V.)] s. f. • Contrasto o dissidio di opinioni, idee e sim. all'interno di un gruppo, di un movimento e sim. | (*est.*) L'insieme dei dissidenti.

dissìdio [vc. dotta, lat. *discĭdiu(m)* 'separazione' con sovrapposizione di *dissidēre* 'discordare'] s. m. • Dissenso o contrasto fra due o più persone, gruppi, enti e sim.: *il loro d. è insanabile; un lieve d. d'opinioni; il d. tra Chiesa e Stato* | *Comporre il d.*, accordare coloro che dissentono | (*est.*) Discordia, litigio: *ignoro le cause del d.*

dissigillàre o †**disigillàre** [comp. di *dis-* (*1*) e *sigillare*] **A** v. tr. • Aprire q.c. rompendone i sigilli: *d. un dispaccio, una lettera.* **B** v. intr. pron. • †Perdere la propria impronta e forma: *Così la neve al sol si disigilla* (DANTE *Par.* XXXIII, 64).

†**dissìmbolo** [comp. di *dis-* (*1*) e *simbolo* nel senso di 'simile'] agg. • Differente, dissimile.

dissimigliànte • V. *dissomigliante.*

dissimigliànza • V. *dissomiglianza.*

dissimigliàre • V. *dissomigliare.*

†**dissimigliévole** agg. • Dissimile, differente.

†**dissimiglievolézza** s. f. • Dissomiglianza.

dissimilàre (**1**) [da *dissimile*] **A** v. tr. (*io dissìmilo*) • (*raro*) Rendere dissimile. **B** v. intr. pron. • (*ling.*) Subire una dissimilazione, detto di suono.

†**dissimilàre** (**2**) [comp. di *dis-* (*1*) e *similare*] agg. • Che è composto di parti o specie differenti.

†**dissimilarità** s. f. • Qualità di ciò che è dissimilare.

dissimilàto part. pass. di *dissimilare*; anche agg. • Nei sign. del v.

dissimilazióne [da *assimilazione*, con cambio di pref. (*dis-* (*1*))] s. f. *1* †Dissomiglianza. *2* (*ling.*) Processo per il quale due suoni identici o simili, trovandosi a contatto o a breve distanza, tendono a differenziarsi.

dissìmile o *poet.* **dissimìle** [vc. dotta, lat. *dissĭmile(m)*, comp. di *dis-* e *sĭmilis* 'simile'] agg. (sup. *dissimilissimo*, lett. *dissimillimo*) • Che è privo di somiglianza, di similitudine, nei confronti di qc. o q.c.: *un oggetto d. da un altro; avere opinioni dissimili; persone dissimili tra loro; siamo dissimili per abitudini.* SIN. Diverso. || **dissimilménte**, avv.

dissimilitùdine [vc. dotta, lat. *dissimilitūdine(m)*, da *dissĭmilis* 'dissimile'] s. f. • (*lett.*) Dissomiglianza, diversità.

dissimìllimo agg. • (*lett.*) Molto dissimile.

dissimmetrìa [comp. di *dis-* (*1*) e *simmetria*] s. f. • Mancanza di simmetria, asimmetria.

dissimmètrico [comp. di *dis-* (*1*) e *simmetrico*] agg. (pl. m. *-ci*) • Che presenta dissimmetria.

dissimulàre [vc. dotta, lat. *dissimulāre*, comp. di *dis-* (*1*) e *simulāre*, letteralmente 'non essere simile', quindi 'nascondere, fingere'] **A** v. tr. (*io dissìmulo*) *1* Nascondere qualità, difetti, sentimenti e sim. sotto diversa apparenza: *d. la propria ambizione; dissimulava il timore sotto una forzata allegria; dissimularsi le difficoltà di un'impresa.* *2* Fingere, mostrarsi indifferente, celare le proprie intenzioni (*spec. ass.*): *saper d.; ha imparato a d.* *3* †Falsificare. **B** v. rifl. • (*raro*) Celarsi, nascondersi.

dissimulàto part. pass. di *dissimulare*; anche agg. *1* Nei sign. del v. *2* (*dir.*) *Negozio giuridico d.*, nella simulazione, quello che non appare all'esterno, ma che le parti hanno veramente voluto porre in essere. || **dissimulataménte**, avv. Con dissimulazione.

dissimulatóre [vc. dotta, lat. *dissimulatōre(m)*, da *dissimulātus* 'dissimulato'] s. m.; anche agg. (f. *-trice*) ● Chi, che dissimula: *forme, apparenze dissimulatrici; un abilissimo d.* | Chi, che è solito dissimulare.

dissimulazióne [vc. dotta, lat. *dissimulatiōne(m)*, da *dissimulātus* 'dissimulato'] s. f. *1* Atto, effetto del dissimulare. SIN. Finzione, mascheramento. *2* Capacità di nascondere il proprio pensiero, le proprie intenzioni e sim.

dissintonìa [comp. di *dis-* (*1*) e *sintonia*] s. f. *1* Mancanza di sintonia fra un trasmettitore e un ricevitore. *2* (*fig.*) Disaccordo, discordanza, disarmonia.

dissipàbile [vc. dotta, lat. *dissipābile(m)*, da *dissipāre* 'dissipare'] agg. ● Che si può dissipare.

dissipaménto s. m. ● Dissipazione.

dissipàre o †**discipàre** [vc. dotta, lat. *dissipāre* 'gettare (*supāre*) qua e là (*dis-*)'] **A** v. tr. (*io dìssipo* o †*dissìpo*) *1* (*lett.*) Spargere in varie direzioni | †Sbaragliare. *2* Dissolvere, disperdere: *d. la nebbia, le tenebre, i sospetti, i dubbi, le calunnie* | (*lett.*) Consumare, annientare: *dissipa tu se lo vuoi / questa debole vita che si lagna* (MONTALE). *3* Ridurre a nulla sperperando o scialacquando: *ha dissipato un intero patrimonio; d. i propri beni, le sostanze di qc.* SIN. Dilapidare. *4* Sciupare inutilmente: *d. il proprio tempo.* SIN. Sprecare. *5* (*fis.*) Operare una dissipazione di energia o di calore. **B** v. intr. pron. *1* Andare in rovina, consumarsi: *le sue ricchezze si sono dissipate in breve tempo.* *2* Dissolversi, disperdersi (*anche fig.*): *la nebbia si sta dissipando; i vostri sospetti si dissiperanno ben presto.*

dissipatézza s. f. ● Qualità di chi, di ciò che è dissipato, corrotto: *d. di costumi, di vita.*

dissipatìvo [da *dissipare*] agg. ● Che provoca dissipazione (spec. con riferimento alla dissipazione di energia): *forza dissipativa.*

dissipàto A part. pass. di *dissipare*; anche agg. *1* Nei sign. del v. *2* Dedito all'ozio e a sfrenati divertimenti: *condurre una vita dissipata.* SIN. Scapestrato, scioperato. || **dissipataménte**, avv. **B** s. m. (f. *-a*) ● Chi trascorre la propria vita oziosamente, cercando solo il divertimento e il piacere. SIN. Scapestrato, scioperato.

dissipatóre o †**discipatóre** [vc. dotta, lat. tardo *dissipatōre(m)*, da *dissipātus* 'dissipato'] s. m. (f. *-trice*, pop. †*-tora* nel sign. 1) *1* Chi va dissipando la propria o l'altrui sostanza. SIN. Scialacquatore, spendaccione. *2* (*idraul.*) Bacino avente lo scopo di dissipare parte dell'energia cinetica posseduta da una corrente. *3* Apparecchio elettrodomestico, di vario tipo e modello, che permette di convogliare nelle reti delle fognature, dopo una completa triturazione, tutti i rifiuti di cucina. *4* Attrezzo che, applicato all'imbracatura dell'alpinista, in caso di caduta lascia scorrere con forte attrito un breve tratto di corda, riducendo lo strappo sulla persona. ➡ ILL. p. 1296 SPORT.

dissipazióne o †**discipazióne** [vc. dotta, lat. *dissipatiōne(m)*, da *dissipātus* 'dissipato'] s. f. *1* Atto, effetto del dissipare: *d. delle sostanze, del patrimonio.* SIN. Sperpero, spreco. *2* Scioperatezza o sregolatezza di vita, di costumi, e sim. *3* (*fis.*) Dispersione, perdita | *D. di energia*, trasformazione di energia meccanica o elettrica o d'altro tipo, normalmente per attrito, in una forma non utilizzabile | *D. di calore*, dispersione nell'ambiente del calore generato da un apparecchio elettronico o di altro tipo.

†**dissipidézza** s. f. ● (*raro*) Scipitezza, balorderia.

†**dissìpido** [da *insipido* con altro (*dis-*) pref.] agg. ● Insipido | (*fig.*) Insulso.

†**dissìpito** [etim. incerta: da avvicinare a *scipito*, col pref. *dis-* (*1*)] agg. *1* Insipido. *2* (*fig., lett.*) Insulso, sciocco: *qualunque Ferondo fosse in ogni altra cosa semplice e d.* (BOCCACCIO).

dissipóne [da *dissipare*] s. m. (f. *-a*) ● (*pop.*) Sciupone.

dissociàbile [vc. dotta, lat. *dissociābile(m)*, da *dissociāre* 'dissociare'] agg. ● Che si può dissociare: *le vostre responsabilità non sono dissociabili dalle nostre.*

dissociabilità s. f. ● Qualità di ciò che è dissociabile.

dissocialità [comp. di *dis-* (*1*) e *socialità*] s. f. ● (*psicol.*) Resistenza al coinvolgimento nella relazione sociale umana.

dissociàre [vc. dotta, lat. *dissociāre*, comp. di *dis-* (*1*) e *sociāre* 'associare'] **A** v. tr. (*io dissòcio*) *1* Disgiungere, separare (*anche fig.*): *d. le forze, le parti; d. il pensiero dall'azione.* *2* (*chim.*) Scindere una molecola in altre più semplici oppure in atomi o ioni. **B** v. rifl. ● (*fig.*) Non aderire, tenersi fuori: *mi dissocio dalle vostre decisioni.*

dissociatìvo agg. ● Che è atto a dissociare | Che si riferisce alla dissociazione: *fenomeno d.*

dissociàto A part. pass. di *dissociare*; anche agg. ● Nei sign. del v. **B** s. m. (f. *-a*) *1* (*psicol.*) Chi soffre di dissociazione mentale. *2* (*fig.*) Persona disordinata e incoerente. *3* Imputato, spec. nei processi per terrorismo, che, pur riconoscendo l'errore delle proprie posizioni e azioni, rifiuta di collaborare con la giustizia.

dissociazióne [vc. dotta, lat. *dissociatiōne(m)*, da *dissociātus* 'dissociato'] s. f. *1* Atto, effetto del dissociare. SIN. Disgiunzione, separazione. *2* (*chim.*) Scomposizione reversibile o irreversibile di molecole in molecole più semplici, atomi o ioni: *d. elettrolitica* | *D. termica*, pirolisi. *3* (*med.*) Processo o condizione in cui attività psicologiche che possiedono una certa unità tra di loro perdono la maggior parte delle relazioni col resto della personalità e funzionano più o meno indipendentemente | *D. mentale*, grave alterazione del potere logico, tipica della schizofrenia.

dissodaménto s. m. ● Atto, effetto del dissodare.

dissodàre [comp. parasintetico di *sodo*, col pref. *dis-* (*1*)] v. tr. (*io dissòdo*) *1* Lavorare un terreno mai coltivato o lasciato incolto per qualche tempo per ridurlo a coltura. *2* (*fig.*) Cominciare a formare, trattare, educare e sim.: *d. un argomento, la mente dei giovani.*

dissòlto part. pass. di *dissolvere*; anche agg. ● Nei sign. del v.

dissolùbile [vc. dotta, lat. *dissolūbile(m)*, da *dissŏlvere* 'dissolvere'] agg. ● Che si può dissolvere, annullare e sim.: *un legame d.* CONTR. Indissolubile.

dissolubilità s. f. ● Qualità di ciò che è dissolubile. CONTR. Indissolubilità.

dissolutézza s. f. *1* Qualità di chi, di ciò che è dissoluto: *la sua d. è senza limiti; la d. dei costumi caratterizzò quel secolo.* SIN. Corruzione, sregolatezza. *2* Azione o abitudine dissoluta: *grido contro quell'uomo ... ministro pagato della sua d.* (FOSCOLO).

dissolutìvo [vc. dotta, lat. tardo *dissolutīvu(m)*, da *dissolūtus* 'dissoluto'] agg. ● Atto a dissolvere: *forza dissolutiva.*

dissolùto [lat. *dissolūtu(m)*, part. pass. di *dissŏlvere* 'dissolvere'] **A** agg. *1* Che manca di freni morali, che mostra licenziosità e sregolatezza: *vita dissoluta; uomo d.; abitudini dissolute* | (*lett.*) Osceno: *scritti dissoluti.* *2* (*est., raro*) Eccessivo, esagerato: *allegrezza dissoluta.* || **dissolutaménte**, avv. **B** s. m. (f. *-a*) ● Persona dissoluta: *invitava a modestia i dissoluti* (MARINO).

dissolutóre [vc. dotta, lat. tardo *dissolutōre(m)*, da *dissolūtus* 'dissoluto'] agg.; anche s. m. (f. *-trice*) ● (*lett.*) Che, chi dissolve.

dissoluzióne [vc. dotta, lat. *dissolutiōne(m)*, da *dissolūtus* 'dissoluto'] s. f. *1* Atto, effetto del dissolvere o del dissolversi: *la d. di un materiale; la d. della carne.* *2* (*fig.*) Decadenza, crisi di valori, sfacelo morale: *la d. della società, della famiglia, delle idee.* *3* (*fig.*) Stato o condizione di ciò che è dissoluto: *la d. morale e la depravazione del gusto* (DE SANCTIS). *4* (*raro*) †Scherno, beffa. *5* (*raro*) Soluzione.

dissolvènte A part. pres. di *dissolvere*; anche agg. ● Nei sign. del v. **B** s. m. ● (*chim., raro*) Solvente.

dissolvènza [prob. trad. del termine cinematografico ingl. *fade-out*] s. f. ● Apparizione graduale e progressiva dell'immagine cinematografica o suo oscuramento graduale e progressivo | *D. incrociata*, evanescenza progressiva di un'immagine sulla quale si sovrappone gradualmente una nuova immagine.

dissòlvere [vc. dotta, lat. *dissŏlvere* 'sciogliere (*sŏlvere*) completamente (*dis-*)'] **A** v. tr. (pass. rem. *io dissòlsi* o *dissolvètti* o *dissolvéi, tu dissolvésti*; part. pass. *dissòlto* o *dissolùto*) *1* Sciogliere: *d. una polvere nell'acqua; il fuoco dissolse rapidamente il metallo.* *2* Disunire, disgregare, disfare: *d. un ente, un gruppo, una famiglia* | (*lett.*) Distruggere: *i legni apre e dissolve / con fiero bombo il fulmine piombato* (MARINO). *3* Dissipare: *d. il fumo, la nebbia; hanno dissolto i nostri dubbi.* *4* (*lett.*) Confutare, contraddire: *d. una critica, un'ipotesi.* **B** v. intr. pron. *1* Sciogliersi: *le nevi si dissolvono al sole.* *2* Disunirsi, disfarsi | Dissiparsi (*anche fig.*): *i vostri timori presto si dissolveranno.*

dissolviménto s. m. ● (*lett.*) Dissoluzione.

dissolvitóre agg.; anche s. m. (f. *-trice*) ● Che, chi dissolve.

dissomigliànte o **dissimigliànte**, part. pres. di *dissomigliare*; anche agg. ● Nei sign. del v. || †**dissomigliantemente**, avv.

dissomiglianza o **dissimigliànza**, s. f. *1* Qualità di chi, di ciò che è dissomigliante. SIN. Differenza, diversità. *2* Ciò che rende dissomiglianti due o più cose o persone: *questa è l'unica d. fra noi.* SIN. Differenza, diversità.

dissomigliàre o **dissimigliàre** [comp. di *dis-* (*1*) e *somigliare*] **A** v. intr. (*io dissomìglio*; aus. *essere*) ● (*lett.*) Essere o diventare dissimile, diverso: *d. da qc., da q.c.; la vera umanità, sempre, ..., progrediente nel d. alla bestia* (PASCOLI). **B** v. intr. pron. ● (*raro*) Diventare dissimile, diverso.

dissonànte part. pres. di *dissonare*; anche agg. *1* Nei sign. del v. *2* Che non consuona, che è disarmonico | *Sala d.*, sorda, ove il suono si perde e si rifrange. || **dissonanteménte**, avv. (*raro*) In modo dissonante.

dissonànza [vc. dotta, lat. tardo *dissonāntia(m)*, da *dĭssonans*, genit. *dissonăntis*, part. pres. di *dissonāre* 'dissonare'] s. f. *1* (*mus.*) Nella tradizione occidentale, insieme di due o più suoni il cui effetto non risulta soddisfacente all'orecchio, e che richiede una risoluzione | Rapporto di suoni appartenenti a elementi tonali differenti. *2* (*est.*) Discordanza, disaccordo: *d. di colori, di opinioni.*

dissonàre [vc. dotta, lat. tardo *dissonāre* 'suonare (*sonāre*) diversamente (*dis-*)'] v. intr. (*io dissuòno*; la *o* dittonga in *uo* solo se tonica; aus. *avere*) *1* (*mus.*) Produrre dissonanza. *2* (*fig.*) Essere discordante.

dissonnàre o †**disonnàre** [comp. di *dis-* (*1*) e *sonno*] v. tr. e intr. pron. (*io dissónno*) ● (*lett.*) Svegliare, destare.

dissono [vc. dotta, lat. *dissŏnu(m)* 'suono (*sŏnus*) discordante (*dis-*)'] agg. *1* (*mus.*) Dissonante. *2* (*fig., lett.*) Discordante.

dissotterraménto o (*lett.*) **disotterraménto** s. m. ● (*raro*) Atto, effetto del dissotterrare.

dissotterràre o (*lett.*) **disotterràre** [comp. di *dis-* (*1*) e *sotterrare*] v. tr. (*io dissottèrro*) *1* Cavare di sotterra, togliere dalla sepoltura: *d. un cadavere per l'autopsia.* SIN. Esumare. *2* (*est.*) Riportare alla luce mediante scavi: *dissotterrarono i resti di un antico tempio.* *3* (*fig.*) Riportare alla memoria: *d. una rivalità di vecchia data* | Rimettere in uso: *d. antiche abitudini locali.* SIN. Riesumare.

dissotterratóre o (*raro, lett.*) **disotterratóre** agg.; anche s. m. (f. *-trice*) ● (*raro*) Che, chi dissotterra.

†**dissovvenìrsi** [comp. di *dis-* (*1*) e *sovvenirsi*] v. intr. pron. ● (*lett.*) Dimenticarsi.

dissuadére o (*raro*) †**disuadére** [vc. dotta, lat. *dissuadēre* 'sconsigliare', comp. di *dis-* (*1*) e *suadēre* 'consigliare'] v. tr. (coniug. come *suadere*) *1* Convincere qc. a desistere da intenzioni, convinzioni, propositi, iniziative e sim.: *l'ha dissuaso dall'abbandonare gli studi; l'oste e il conduttore cercarono di dissuaderlo di andare innanzi* (VERGA). SIN. Distogliere. *2* (*raro, lett.*) Sconsigliare un'azione, un'impresa e sim.: *i generali gli dissuadevano la battaglia.*

dissuasióne [vc. dotta, lat. *dissuasiōne(m)*, da *dissuāsus* 'dissuaso'] s. f. ● Atto, effetto del dissuadere.

dissuasìvo agg. ● Atto a dissuadere: *tono d.* | Che tende a dissuadere: *discorso d.* || **dissuasivaménte**, avv.

dissuàso part. pass. di *dissuadere*; anche agg. ● Nei sign. del v.

dissuasóre [vc. dotta, lat. *dissuasōre(m)*, da *dissuāsus* 'dissuaso'] s. m.; anche agg. (f. *dissuaditrice*, raro) ● Chi, che dissuade | *D. di velocità*, (*bur.*) piccolo dosso artificiale posto sulle strade per obbligare i conducenti a ridurre la velocità del veicolo.

†**dissuasòrio** agg. ● Dissuasivo.

†**dissuefàtto** [vc. dotta, lat. *desuefāctu(m)*, part. pass. di *desuefācere*, opposto a *adsuefācere* 'assuefare'] agg. ● (*lett.*) Disabituato, disavvezzo.

dissuèto [vc. dotta, lat. tardo *dissuētu(m)*, per *desuētu(m)* 'desueto' (V.)] agg. *1* (*lett.*) Che ha perduto la consuetudine, che non è più avvezzo a q.c.: *genti dissuete alla guerra*. *2* Desueto: *abito, costume d.*

dissuetùdine [vc. dotta, lat. tardo *dissuetūdine(m)*, per *desuetūdine(m)* 'desuetudine' (V.)] s. f. *1* (*lett.*) Mancanza di consuetudine: *la d. dallo scrivere*. *2* Desuetudine.

dissugàre [comp. di *dis-* (*1*) e *sugo*] **A** v. tr. (*io dissùgo, tu dissùghi*) *1* (*raro, lett.*) Asciugare, disseccare. *2* (*fig., lett.*) Svigorire. **B** v. intr. pron. ● (*lett.*) Diventare asciutto, privo d'umore.

dissuggellàre o †**disuggellàre** [comp. di *dis-* (*1*) e *suggellare*] v. tr. (*io dissuggèllo*) *1* Dissigillare: *d. una lettera, un plico*. *2* (*fig., lett.*) Aprire, schiudere: *d. gli occhi*.

distaccaménto (1) [da *distaccare*] s. m. ● Atto, effetto del distaccare e del distaccarsi.

distaccaménto (2) [adattamento del fr. *détachement*, da *détacher* 'distaccare'] s. m. ● (*mil.*) Aliquota di reparto impiegata altrove per compiti particolari, o dislocata per servizio.

†**distaccànza** o **distaccànzia** s. f. ● (*raro*) Distacco, separazione.

distaccàre [da *attaccare* con cambio di pref. *dis-* (*1*); nel sign. 3, calco sul fr. *détacher*] **A** v. tr. (*io distàcco, tu distàcchi*) *1* Separare una cosa dal corpo o dall'oggetto al quale è naturalmente o artificialmente attaccata: *d. un frutto dalla pianta*; *d. con delicatezza il francobollo dalla busta*. *2* Allontanare materialmente o spiritualmente una persona da qc. o da q.c.: *d. un fanciullo dalla madre*; *non riusciamo a distaccarlo dai libri*. *3* Inviare, trasferire altrove, per ragioni di servizio, l'aliquota di un reparto militare: *d. un contingente al settore operativo* | (*est.*) Trasferire altrove una persona o un gruppo per ragioni di lavoro: *d. qc. presso la sede centrale*. *4* (*sport*) Conquistare in gara un rilevante vantaggio sugli avversari, vincere con distacco: *d. il gruppo in salita*. **B** v. intr. pron. *1* Separarsi: *le due parti del meccanismo si distaccano facilmente*. *2* (*fig.*) Allontanarsi, disaffezionarsi: *distaccarsi dal mondo, dagli amici*. *3* (*fig.*) Distinguersi, emergere, risaltare: *si distaccava dagli altri*; *distaccarsi dalla media*.

distaccàto part. pass. di *distaccare*; anche agg. *1* Nei sign. del v. *2* (*fig.*) Indifferente, imperturbabile: *ci ascoltava con espressione distaccata*. || **distaccataménte**, avv. In modo distaccato, con atteggiamento distaccato.

†**distaccatùra** s. f. ● Distacco, separazione.

distàcco [da *distaccare*] s. m. (pl. *-chi*) *1* Atto, effetto del distaccare e del distaccarsi: *il d. di alcune parti del motore*; *il d. delle province italiane dall'Austria*. *2* (*fig.*) Allontanamento, separazione: *è doloroso il d. dalle persone care*; *è arrivato il momento del d.* *3* (*fig.*) Stato d'animo di profondo e imperturbabile disinteresse, astrazione, indifferenza, disamore: *trattare qc. con d.*; *considerare q.c. con d.*; *il suo d. dalla realtà si aggrava ogni giorno*; *parla della disgrazia con cinico d.* *4* (*sport*) Vantaggio sui competitori nel corso di una gara o alla sua conclusione: *annullare il d. con un velocissimo inseguimento*; *vincere con un d. di tre minuti*. *5* (*aer.*) Decollo.

†**distagliàre** [comp. di *di(s)-* (*1*) e *stagliare*] **A** v. tr. *1* Dividere, separare. *2* Intaccare. **B** v. intr. pron. ● Dividersi, intersecarsi.

distàle [ingl. *distal*, tratto dal lat. *distāre* sul modello di altre parole dello stesso campo, come *central* 'centrale" e *proximal* 'vicino'] agg. ● (*anat.*) Detto di organo o parte di esso che si trova lontano rispetto al centro dell'apparato a cui appartiene o rispetto al centro dell'organismo.

distanasìa [tratto da *eutanasia*, per sostituzione del pref. *eu-* con *dis-* (*1*); cfr. gr. *dysthánatos* 'che produce una dura morte'] s. f. ● Morte dolorosa, con riferimento all'uso di tecniche terapeutiche che mirano a prolungare la vita del paziente quanto più possibile, senza tener conto delle sofferenze a cui va incontro.

distànte **A** part. pres. di *distare*; anche agg. *1* Nei sign. del v. *2* (*fig.*) Che sente o mostra indifferenza, freddezza, distacco: *tono, espressione d.*; *non essere così d. con le persone!* **B** in funzione di avv. ● Lontano: *venire da molto, poco d.*; *abitare d.*; *da così d. non si può distinguere bene*; *la nebbia non lasciava scorgere tre passi d.* (BACCHELLI).

distànza o †**distànzia** [lat. *distāntia(m)*, da *dīstans*, genit. *distāntis*, 'distante'] s. f. *1* Intervallo di spazio che intercorre tra due cose, luoghi o persone: *le nostre case sono alla d. di venti metri*; *la d. tra Milano e Bologna*; *a questa d. non riesco a leggere la scritta*; *a poca d. da qui c'è un bar* | (*ass.*) Notevole estensione di spazio: *in questa città le distanze sono enormi*; *l'aereo ha abolito le distanze* | *Mantenersi a rispettosa, a debita d.*, tenersi prudentemente discosto e (*fig.*) non prendere eccessiva confidenza | *Tenere, mantenere, rispettare, le distanze*, (*fig.*) non dare molta confidenza | *D. di sicurezza*, quella che occorre mantenere dal veicolo che precede per evitare la collisione qualora questo si arresti bruscamente; nella terminologia militare, quella che deve intercorrere tra un obiettivo e le truppe amiche affinché il tiro d'artiglieria possa effettuarsi senza offenderle | *D. focale*, V. *focale*. *2* (*mat.*) *D. di due punti*, lunghezza del segmento che ha per estremi i due punti | *D. di rette o piani paralleli*, lunghezza del segmento intercettato da questi su una retta perpendicolare. *3* (*sport*) Nelle gare di corsa, lunghezza del percorso: *gara su media, lunga d.*; *coprire la d. in 5'30''* | *Vincere, venir fuori alla d.*, vincere una prova nella fase finale, grazie a una forte resistenza allo sforzo (*anche fig.*). *4* Tempo intercorrente tra due eventi: *non vi è molta d. tra le due festività*. *5* (*fig.*) Differenza o disuguaglianza di grado, condizione, educazione e sim.: *tra noi esiste una d. incolmabile*.

distanziàle **A** agg. ● Relativo alla distanza. **B** s. m. ● In varie tecnologie, pezzo che s'interpone fra altri due per mantenerli a una distanza stabilita.

distanziaménto [da *distanziare* (*2*)] s. m. ● Atto, effetto del distanziare.

distanziàre (1) [da *distanz(i)a*] v. tr. (*io distànzio*) ● Porre a una certa distanza: *d. due oggetti dal muro*.

distanziàre (2) [ingl. *to distance* 'frapporre una distanza (*distance*, a sua volta dal fr.)'] v. tr. (*io distànzio*) *1* Conquistare un certo vantaggio sull'avversario: *d. qc. di cento metri, di quattro minuti, di otto punti* | (*est.*) Lasciare dietro di sé, a una determinata distanza: *d. gli inseguitori*. *2* (*fig.*) Lasciare indietro qc., superare qc. in abilità, impegno e sim.: *ha distanziato in poco tempo tutti i suoi colleghi*.

distanziatóre [da *distanziare* (*1*)] **A** agg. ● Che serve a distanziare | *Anello d.*, in fotografia, spessore circolare destinato ad aumentare la distanza fra l'obiettivo e la superficie sensibile. **B** s. m. ● In varie applicazioni tecniche, apparecchio che serve a mantenere distanziati fra loro due o più pezzi.

distanziazióne s. f. ● Atto, effetto del distanziare.

distanziomètrico agg. (pl. m. *-ci*) ● Che serve per la misura della distanza: *cannocchiale d.* | *Pannello d.*, ciascuno dei tre segnali stradali che, posti a una certa distanza l'uno dall'altro, preannunciano un passaggio a livello.

distanziòmetro [comp. di *distanza* e *-metro*] s. m. ● Cannocchiale con oculare munito di reticolo, che permette la misura delle distanze indirette.

distàre [vc. dotta, lat. *distāre*, propriamente 'stare (*stāre*) lontano (*dis-*)'] v. intr. (*io dìsto, tu dìsti, egli dìsta*, raro *distà*; *noi distiàmo, voi distàte, essi dìstano*, raro *distànno*; dif. dei tempi composti) *1* Essere lontano, discosto: *distiamo pochi kilometri dalla città*. *2* (*fig.*) Essere differente o discordante: *le nostre opinioni distano alquanto*.

†**distasàre** o **distaṣàre** [comp. di *dis-* (*1*) opposto a *in-* di *intasare*] v. tr. ● Liberare dall'intasatura.

†**distemperaménto** s. m. *1* Atto, effetto del distemperare. *2* Intemperanza, incontinenza, eccesso.

†**distemperànza** [vc. dotta, lat. *distemperāntia(m)*, da *distĕmperans*, genit. *distemperāntis* 'distemperante'] s. f. *1* Incontinenza, intemperanza. *2* Disarmonia, squilibrio.

distemperàre o **distempràre** [vc. dotta, lat. *distemperāre*, comp. di *dis-* (*1*) e *temperāre* 'temperare'] v. tr. (*io distèmpero*) *1* (*raro, lett.*) Stemperare, sciogliere. *2* (*fig.*) †Indebolire, logorare, struggere: *sopiti ardori / d'occhi nascosi distempràr quel gelo* (TASSO).

†**distemperatézza** s. f. ● Disordine | Intemperanza.

distemperàto o **distempràto**. part. pass. di *distemperare*; anche agg. *1* Nei sign. del v. *2* (*lett.*) Smoderato, eccessivo. || †**distemperataménte**, avv. (*raro*) Smoderatamente.

distempràre e *deriv.* ● V. *distemperare* e *deriv.*

distèndere [vc. dotta, lat. *distĕndere* 'tendere (*tĕndere*) di qua e di là (*dis-*)'] **A** v. tr. (coniug. come *tendere*) *1* Rendere privo di tensione (*anche fig.*): *d. l'arco*; *questa musica distende i nervi*. *2* Estendere nel senso della lunghezza o della larghezza: *d. un foglio sul tavolo, le gambe sul letto, le reti ad asciugare* | *D. la mano*, (*fig.*) per chiedere o recare soccorso | *D. la vernice, il colore su q.c.*, spalmarli sottilmente | *D. la voce*, spiegarla | (*mar.*) *D. la vela*, tesarla perché non faccia sacco | *D. l'ancora*, affondarla lontano dalla nave già ferma, facendola trasportare sul punto di fonda da un pontone e mettendo poi in forza con l'argano di bordo la catena cui l'ancora stessa è fissata. *3* Mettere a giacere: *distesero con cura il ferito sulla barella*; *il colpo lo distese morto a terra*. *4* (*raro*) Mettere per iscritto: *d. un atto, un trattato* | (*raro, lett.*) Esporre, narrare: *d. le proprie memorie*. **B** v. rifl. *1* (*fig.*) Rilassarsi: *dopo un lavoro intenso è necessario distendersi*. *2* Sdraiarsi: *bisogna ch'io mi distenda un poco sul letto*. **C** v. intr. pron. *1* Estendersi: *il deserto si distende sotto il sole*. *2* (*raro*) Dilungarsi nel parlare, nello scrivere: *si distende eccessivamente in frasi retoriche*.

†**distendévole** agg. ● Atto a distendersi.

distendìbile agg. ● (*raro*) Che si può distendere.

distendiménto s. m. ● (*raro, lett.*) Atto, effetto del distendere e del distendersi: *il d. delle ali, di un territorio, dello spirito*.

†**distendìna** s. f. ● Distesa, strato.

distenditóre s. m.; anche agg. (f. *-trice*) *1* Chi, che distende. *2* Operaio tessile addetto alla preparazione e lavorazione delle fibre.

†**distenditùra** s. f. *1* Estensione. *2* (*raro*) Stile di uno scrittore.

distenebràre [comp. parasintetico di *tenebra*, con il pref. *dis-* (*1*)] v. tr. (*io distènebro*) ● (*raro, lett.*) Rischiarare: *siamo obbligati alle scienze superiori, le quali sole sono potenti a d. la cecità della nostra mente* (GALILEI).

†**distenére** [vc. dotta, lat. *distinēre*, comp. di *dis-* (*1*) e *tenēre* 'tenere'] v. tr. *1* Catturare, trattenere, imprigionare. *2* Aggravare, opprimere. *3* (*fig.*) Tenere occupata la mente, l'attenzione di qc.

†**disteniménto** s. m. ● Atto, effetto del distenere.

†**distenitóre** s. m.; anche agg. (f. *-trice*) ● Chi, che distiene.

distensióne [vc. dotta, lat. tardo *distensiōne(m)*, da *distēnsus*, part. pass. di *distĕndere* 'distendere'] s. f. *1* Atto, effetto del distendere e del distendersi: *la d. di un filo, dei muscoli*; *aver bisogno di d. e riposo*. *2* (*fig.*) Miglioramento della situazione politica interna di uno Stato o dei rapporti fra Stati: *periodo, fase di d.*; *la d. internazionale*. CONTR. Tensione. *3* (*sport*) Nel sollevamento pesi, uno dei tre modi di alzata dell'attrezzo eseguito portando il bilanciere in due tempi, prima all'altezza del petto e poi sopra il capo con un breve arresto fra i due movimenti.

distensìvo agg. *1* Che è atto a distendere: *farmaco d.*; *ginnastica distensiva*. *2* (*fig.*) Riposante e tranquillo: *finalmente una giornata distensiva!* *3* (*fig.*) Caratterizzato da distensione, in senso politico: *provvedimento, periodo d.* || **distensivaménte**, avv.

†**disterminaménto** [da *disterminare* (*2*)] s. m. ● Sterminio.

†**disterminàre (1)** [vc. dotta, lat. *disterminăre* 'tenere separato (*dis-*) con dei limiti (*tĕrmini*)'] v.

tr. *1* Determinare i confini di un territorio. *2* Cacciare, espellere dai confini.

†**disterminàre** (**2**) [da *sterminare* con sostituzione di pref. raff.] v. tr. ● Sterminare, distruggere.

†**disterminaziόne** [vc. dotta, lat. tardo *disterminatiōne(m)*, da *disterminātus*, part. pass. di *disterminăre* 'disterminare (2)'] s. f. ● Sterminio.

†**disterràre** (**1**) [comp. di *dis-* (*1*) e *terra*] v. tr. ● Dissotterrare.

†**disterràre** (**2**) [comp. di *dis-* (*1*) e *terra* nel senso di 'città, paese'] v. tr. ● Mandare in esilio.

distésa [f. sost. di *disteso*] s. f. *1* Spazio o superficie di rilevanti dimensioni: *la d. del mare*; *possedere una vasta d. di terra*. SIN. Estensione. *2* Quantità di cose riunite ordinatamente l'una accanto all'altra: *una d. di oggetti da vendere*; *una d. di panni messi ad asciugare*. *3* Nella loc. avv. *a d.*, senza interruzione, speditamente: *leggere a d.* | *Cantare a d.*, a voce spiegata | *Suonare a d.*, con la massima intensità e durata, riferito alle campane | (*raro*) *Alla d.*, continuamente, in fretta | *Ridere alla d.*, sgangheratamente. *4* †Stesura per iscritto.

distéso A part. pass. di *distendere*; anche agg. *1* Nei sign. del v. *2 Mano distesa*, allargata e (*fig.*) generosa | *Capelli distesi*, lisci | *Vela distesa*, bene spiegata, senza formare sacco | *Lungo d.*, completamente sdraiato | *Per d.*, minutamente e per intero. *3* (*est.*) Ampio, vasto (*anche fig.*): *cercò l'acqua e la terra ... / ... / le distese campagne e l'oceano* (LEOPARDI) | *Vento d.*, (*fig.*) che ha uniformità di forza e lunghezza di durata | *Canzone distesa*, ampia, di più stanze, di struttura regolare. *4* †Grande e grosso. || **distesaménte**, avv. *1* Minutamente, lungamente, con abbondanza di particolari: *raccontare q.c. d.* *2* †Difilato. *3* †Per intero. **B** avv. *1* (*raro, lett.*) Diffusamente. *2* (*lett.*) †Difilato: *ma il re Gradasso ha già passati i monti, / ed a Parise se ne vien d.* (BOIARDO). **C** s. m. *1* †Scritto contenente informazioni, memorie, suppliche, norme, istruzioni e sim. *2* †Distesa.

†**distèssere** [comp. di *dis-* (*1*) e *tessere*] v. tr. ● Disfare la tela tessuta.

dìstico (**1**) [vc. dotta, lat. *dĭstĭcho(n)*, dal gr. *dístichon*, comp. di *di-* (*2*) e *stíchos* 'verso', di origine indeur.] s. m. (pl. *-ci*) *1* Nella metrica classica, strofa di due versi | *D. elegiaco*, nella poesia greca e latina, strofa formata da un esametro e da un pentametro. *2* Composizione di poche righe, e tipograficamente diversa dal testo successivo, per presentare in un giornale un autore o un pezzo.

dìstico (**2**) [vc. dotta, lat. *dĭstĭchu(m)*, dal gr. *dístichos* 'a doppia (*dis-*) fila (*stíchos*)'] agg. (pl. m. *-ci*) ● (*bot.*) Detto del modo di disporsi alternato a destra e a sinistra di certi organi vegetali rispetto all'asse da cui sono generati.

distillàbile agg. ● Che può essere distillato.

†**distillaménto** s. m. ● (*raro*) Distillazione.

distillàre o †**destillàre** [vc. dotta, lat. *distillāre*, var. di *destillāre* 'colare goccia a goccia (*stillāre*, da *stĭlla*) completamente (*dis-*)'] **A** v. tr. (*io distillo*) *1* (*chim.*) Sottoporre q.c. a distillazione: *d. l'acqua* | Ottenere q.c. per distillazione: *d. l'alcol* | Decantare | Sottoporre ad analisi chimica. *2* Mandare fuori un liquido goccia a goccia: *i favi distillano miele*; *lagrime ... che 'l dolor distilla, / per li occhi miei* (PETRARCA). *3* (*fig.*) Estrarre faticosamente: *d. sentenze da antichi libri* | *Distillarsi il cervello*, pensare intensamente. *4* †Filtrare. *5* (*raro, fig.*) Infondere, trasfondere, instillare: *in quel libro ha distillato tutta la sua scienza*. **B** v. intr. (aus. *essere*) *1* Trasudare o colare a stille: *la resina distilla dalla corteccia*; *dal serbatoio distilla un po' d'acqua*. *2* (*fig.*) †Derivare, procedere.

distillàto o †**destillàto**. **A** part. pass. di *distillare*; anche agg. ● Nei sign. del v. **B** s. m. *1* Prodotto di una distillazione. *2* (*per anton.*) Correntemente, bevanda fortemente alcolica, ottenuta per distillazione di un liquido fermentato: *d. di vino* | *D. di vinacce*, grappa.

distillatóio s. m. ● Alambicco, storta.

distillatóre A s. m. (f. *-trice* nel sign. 1) *1* Operaio addetto alla distillazione | Fabbricante di liquori. *2* Apparecchio per la distillazione. **B** agg. ● Che distilla.

†**distillatòrio** o †**destillatòrio A** agg. ● Che serve alla distillazione: *fornello d.* **B** s. m. ● (*raro*) Apparecchio per la distillazione.

distillazióne o †**destillazióne** [vc. dotta, lat. *distillatiōne(m)*, var. di *destillatiōne(m)*, da *distillātus* 'distillato'] s. f. ● (*chim.*) Operazione per separare uno o più liquidi volatili dalle sostanze, non volatili, in essi contenute o per separare liquidi di volatilità diversa, consistente nel fare bollire il liquido e nel raffreddare e condensare i vapori che si svolgono | *D. frazionata*, quando la miscela iniziale può essere scissa in frazioni sempre più ricche in uno dei componenti | *D. secca, distruttiva*, operazione consistente nel riscaldare un solido, in assenza di aria, per decomporlo e ottenerne dei vapori che si possono condensare e separare.

distillerìa [da *distillare*] s. f. ● Impianto industriale in cui si effettuano distillazioni | Correntemente, fabbrica di liquori.

dìstilo [vc. dotta, comp. di *di-* (*2*) e del gr. *-stilo*] agg. *1* (*bot.*) Detto di fiore con ovario a due stili. *2* (*arch.*) Detto di tempio con due colonne sulla fronte o di elemento architettonico sostenuto da due colonne.

distimìa [gr. *dysthymía* 'abbattimento, depressione', da *dýsthymos* 'scoraggiato, triste', comp. di *dys-* 'dis- (*2*)' e *thymós* 'volontà, desiderio' (di etim. incerta)] s. f. ● (*med.*) Forma di psicosi caratterizzata da esagerazione del tono affettivo nel senso dell'ottimismo o del pessimismo.

distìmico agg. (pl. m. *-ci*) ● (*med.*) Relativo a distimia: *sindrome distimica*.

†**distinàre** e *deriv.* ● V. *destinare* e *deriv.*

distìnguere [vc. dotta, lat. *distĭnguere* 'pungere (*-stĭnguere*) d'ogni parte (*dis-*)', quindi 'separare con punti' e 'tenere diviso'] **A** v. tr. (pres. *io distìnguo*; pass. rem. *io distìnsi, tu distinguésti*; part. pass. *distìnto*) *1* Differenziare per mezzo dell'intelletto cosa da cosa, persona da persona, caso da caso e sim.: *bisogna d. il bene dal male*. SIN. Discernere. *2* (*ass.*) Specificare con chiarezza i termini di un problema, la portata di un'affermazione, la possibilità di un'azione e sim.: *distinguo*: *io non intendevo dire questo*; *... in quanto alla femmina distinguo secondo e casi e secondo le qualità loro ...* (GUICCIARDINI). *3* Percepire chiaramente coi sensi le differenze esistenti fra due o più cose o persone, spec. se confuse in un insieme: *d. i colori, i suoni, le forme*; *gli occhi son fatti per d. e conoscere le differenze* (BRUNO). SIN. Individuare. *4* Rendere riconoscibile fra due o più persone o cose: *l'etichetta distingue questa bottiglia dalle altre*; *l'abito lo distingueva fra tutti*; *mi contento a d. con un asterisco quei sonetti* (CARDUCCI). SIN Contrassegnare. *5* Rendere diverso, caratterizzare: *è la bontà che lo distingue dagli altri* | (*est.*) Mettere in luce, far emergere: *l'audacia e la generosità lo distinsero nell'esecuzione dell'impresa*. *6* Dividere, separare, spartire: *la catena appenninica distingue l'oriente e l'occidente d'Italia*; *abbiamo distinto l'opera in tre parti*. **B** v. intr. pron. *1* Essere riconoscibile, disporre di uno o più elementi caratterizzanti: *le due parole si distinguono per il diverso accento*. *2* Farsi notare: *si distingue per la sua buona volontà*. SIN. Emergere, spiccare.

distinguìbile agg. ● Che si può distinguere. || **distinguibilménte**, avv.

†**distinguiménto** s. m. ● Distinzione.

†**distinguitóre** agg.; anche s. m. (f. *-trice*) ● Che distingue.

distìnguo [prima pers. sing. del pres. indic. di *distinguere*] s. m. inv. *1* Nella filosofia scolastica, formula con cui veniva introdotto l'esame di un'argomentazione. *2* (*est.*) Distinzione acuta o pedante: *un sottile d.*; *sollevare un d.*

distìnta [f. sost. di *distinto*] s. f. ● Nota in cui si specificano dati relativi a oggetti, valori e sim.: *fatemi avere la d. dei vostri prezzi*; *fare la d. di un versamento bancario*.

distintìssimo agg. *1* Sup. di *distinto*. *2* Usato in formule introduttive di cortesia, spec. nelle intestazioni epistolari: *d. signore*.

distintìvo [da *distinto*] **A** agg. ● Che distingue: *carattere d.* | (*ling.*) *Funzione distintiva*, che differenzia le une dalle altre le unità provviste di significato | Che è atto a distinguere: *elemento d.* **B** s. m. *1* Contrassegno dell'uniforme che indica il grado, l'appartenenza alle varie armi e specialità, qualifiche, e sim. | (*est.*) Contrassegno di varia forma e materia che si porta in modo visibile e serve a distinguere gli appartenenti a una categoria, a un gruppo, a una associazione, a un partito e sim.: *appuntarsi sulla giacca il d.*; *un d. metallico di vari colori* | (*fig.*) Elemento caratterizzante: *il d. dell'arte, della poesia*; *l'ipocrisia è il suo d.* *2* (*mar.*) Insegna, guidone, fiamma e sim., usate sulle navi per indicare il grado dei comandanti, la presenza di alte autorità, la qualifica della nave e sim. o per segnalazione.

distìnto A part. pass. di *distinguere*; anche agg. *1* Nei sign. del v. *2* Particolarmente dignitoso ed elegante: *portamento d.*; *una persona molto distinta* | Speciale: *categoria distinta* | *Posti distinti*, quelli che a teatro seguono subito le poltrone. *3* Degno di grande stima e rispetto: *il nostro d. professore* | *Distinta famiglia, d. signore* e sim., formule di cortesia usate nell'intestazione delle lettere. *4* Che manifesta stima, considerazione, rispetto: *ricevere un'accoglienza d.* | *Distinti saluti*, formula di cortesia usata per concludere una lettera. || **distintìssimo**, sup. (V.). || **distintaménte**, avv. In modo distinto, spec. nelle clausole epistolari di cortesia: *distintamente salutiamo*. **B** avv. ● (*raro, lett.*) Chiaramente.

distinzióne (**1**) [vc. dotta, lat. *distinctiōne(m)*, da *distīnctus* 'distinto'] s. f. *1* Atto, effetto del distinguere: *operare una sottile d.*; *senza fare d. alcuna dalle cose oneste a quelle che oneste non sono* (BOCCACCIO). *2* Discriminazione, differenza: *eliminare ogni d. di razza* | *Fare d.*, discriminare | *Senza d.*, senza fare differenze. *3* Segno d'onore: *meritare una d.* | (*lett.*) Privilegio: *una ambita d.*

distinzióne (**2**) [fr. *distinction*, dal lat. *distīnctio*, genit. *distinctiōnis* 'distinzione (1)'] s. f. ● Garbo, cortesia, signorilità di modi: *persona di grande d.* | Deferenza: *trattare qc. con molta d.*

distiroidìsmo [comp. di *dis-* (*2*) e *tiroidismo*] s. m. ● (*med.*) Alterazione della funzionalità della tiroide.

†**distirpàre** [comp. di *dis-* (*1*) sostituito a *es-* in *estirpare*] v. tr. ● Estirpare, svellere.

distocìa [gr. *dystokía*, comp. di *dys-* 'dis- (2)' e *tókos* 'parto' (di origine indeur.)] s. f. ● (*med.*) Espletamento del parto in modo difficile e pericoloso per la madre e per il feto.

distòcico agg. (pl. m. *-ci*) ● (*med.*) Detto di parto che si svolge in modo diverso da quello normale e fisiologico.

distògliere o (*poet.*) **distòrre** [comp. di *dis-* (*1*) e *togliere*] **A** v. tr. (coniug. come *togliere*) *1* Allontanare, togliere via: *a fatica lo distolsero da quel luogo*; *distolse lo sguardo dal ferito*. *2* (*fig.*) Far desistere, allontanare, distrarre: *d. qc. da un'idea, da un proposito*; *d. da q.c. l'attenzione, il pensiero di una persona*; *gli amici lo distolsero dal lavoro*. **B** v. rifl. ● Allontanarsi: *non riuscivo a distoglierm da loro* | (*fig.*) Distrarsi, sviarsi: *si distoglie troppo spesso dallo studio*.

†**distogliménto** s. m. ● Atto, effetto del distogliere.

†**distoglitóre** s. m.; anche agg. (f. *-trice*) ● Chi, che distoglie.

distòlto part. pass. di *distogliere*; anche agg. ● Nei sign. del v.

distoma [vc. dotta, comp. di *di-* (*2*) e del gr. *stóma* 'bocca', prob. di origine indeur.] s. m. (pl. *-i*) ● (*zool.*) Ogni verme trematode dei Digenei | *D. cinese*, trematode parassita anche dell'uomo, comune nell'Asia sud-orientale, trasmesso da pesci ingeriti crudi o poco cotti.

distomatòsi [comp. di *distoma* e *-osi* applicato al tema del genit. (*stómatos*) della seconda parte del composto] s. f. ● (*med.*) Infestione di distoma.

distonìa [comp. di *dis-* (*2*) e un deriv. del gr. *tónos* 'tensione' (V. *tono* (*1*))] s. f. ● (*med.*) Alterazione dell'equilibrio tonico dei muscoli e dell'equilibrio neurovegetativo: *d. muscolare, neurovegetativa*.

distònico A agg. (pl. m. *-ci*) ● (*med.*) Di, relativo a, distonia. **B** s. m. (f. *-a*; pl. m. *-ci*) ● (*med.*) Chi è affetto da una distonia.

distopìa (**1**) [comp. di *dis-* (*1*) e (*u*)*topia*] s. f. ● Forma di società caratterizzata da aspetti negativi e indesiderabili, dovuti a fattori come lo sviluppo tecnocratico o l'eccesso del controllo statale.

distopìa (**2**) [comp. di *dis-* (*2*) e di un deriv. del gr. *tópos* 'luogo'] s. f. ● (*med.*) Spostamento di un viscere o di un tessuto dalla sua sede normale.

distòrcere [comp. di *dis-* (*1*) e *torcere*] **A** v. tr. (coniug. come *torcere*) **1** Scomporre, storcere con violenza: *d. le membra* | Contorcere, stravolgere: *d. la bocca, gli occhi*. **2** (*fig.*) Falsare: *d. il significato di una parola*. **3** (*fis.*) Provocare la distorsione: *d. un segnale, un suono*. **B** v. rifl. ● Contorcersi.

distorciménto s. m. ● (*raro*) Atto, effetto del distorcere e del distorcersi.

†**distornaménto** s. m. ● Atto, effetto del distornare.

distornàre [comp. di *dis-* (*1*) e (*s*)*tornare*, sul modello del fr. ant. *destorner*] v. tr. (*io distórno*) **1** (*lett.*) Volgere ad altra parte, deviare, stornare (*anche fig.*): *prima dal corso distornar la luna / potrà* (TASSO). **2** (*raro, lett.*) Frastornare, disturbare. **3** †Cassare, cancellare.

†**distórno** s. m. ● Impedimento, ostacolo.

distòrre ● V. *distogliere*.

distorsióne [vc. dotta, lat. tardo *distorsiōne(m)* per *distortiōne(m)*, da *distŏrtus* 'distorto'] s. f. **1** Atto, effetto del distorcere o del distorcersi | (*med.*) *D. articolare*, allontanamento temporaneo dei capi articolari con lesione della capsula e dei legamenti. **2** (*fis.*) Aberrazione di un sistema ottico, per cui l'immagine non risulta simile all'oggetto. **3** (*fis., mus.*) Ogni alterazione di un suono riprodotto rispetto a quello originale, spec. in radiofonia e telefonia. || **distorsioncèlla**, dim.

distorsóre [da *distorsione*] s. m. ● (*mus.*) Dispositivo applicato a chitarre elettriche e apparecchiature di riproduzione stereofonica per ottenere, nei suoni originali, alterazioni di particolare effetto stilistico, spec. nell'esecuzione di musica rock.

distòrto part. pass. di *distorcere*; anche agg. **1** Nei sign. del v. **2** (*fig.*) Perverso, morboso: *immaginazione distorta*; *idee distorte*. **3** (*med., fis.*) Sottoposto a distorsione: *arto d.*; *immagine distorta*; *suono d.* **4** (*miner.*) *Cristalli distorti*, irregolari e di apparente asimmetria.

distoscanàre [comp. di *dis-* e *toscano*] v. tr. ● (*raro*) Privare delle caratteristiche toscane: *d. la lingua*.

†**distràere** ● V. *distrarre*.

†**distràggere** ● V. *distrarre*.

distraìbile agg. ● Che si può distrarre.

†**distraiménto** s. m. ● Atto, effetto del distrarre.

†**distralciàre** [comp. di *dis-* (*1*) e *tralcio*] v. tr. ● Privare dei tralci | (*fig.*) Districare.

distràrre o †**destràrre**, †**distràere**, †**distràggere** [vc. dotta, lat. *distrăhere* 'tirare (*trăhere*) di qua e di là (*dis-*)'] **A** v. tr. (coniug. come *trarre*) **1** Trarre qua e là con forza, far divergere: *d. le membra per liberarsi dai legami* | (*est.*) Dislocare o togliere da un luogo: *d. le truppe dal fronte*. **2** Sottrarre e utilizzare q.c. per scopi diversi dal previsto: *d. una somma dal bilancio*. **3** (*fig.*) Distogliere, sviare: *d. lo sguardo*; *marito mio, non temete ch'io voglia distrarvi da' vostri affari* (GOLDONI) | Rendere disattento, privo della necessaria concentrazione: *i rumori mi distraggono*; *non distraetelo quando studia*. **4** (*est.*) Svagare, divertire: *bisogna distrarlo*. **B** v. rifl. **1** Sviare la propria mente, il pensiero, l'attenzione e sim. da ciò che si fa o si deve fare: *non distrarti mentre scrivi*; *un ragazzo che si distrae facilmente*. **2** (*est.*) Svagarsi, divertirsi: *vado al mare per distrarmi un poco*. **C** v. intr. pron. ● †Allungarsi, dilatarsi verso parti opposte.

†**distrattàre** [comp. di *dis-* (*1*) e *trattare*] v. tr. ● (*raro*) Bistrattare.

†**distràttile** [da *distrarre* nel sign. C] agg. ● Che si può dilatare, distendere. CONTR. Contrattile.

†**distrattivo** agg. ● Che è atto a distrarre.

distràtto **A** part. pass. di *distrarre*; anche agg. **1** Nei sign. del v. **2** (*fig.*) Che è assorto nei propri pensieri e lontano dalle cose presenti e reali: *molti studiosi sono distratti*; *Orlando, ch'era in gran pensier d., / vien pur inanzi e fa l'orecchia sorda* (ARIOSTO) | Sbadato, disattento: *ragazzo d.*; *mi guardava con un sorriso d.* || **distrattaménte**, avv. Con distrazione, in modo sbadato. **B** s. m. (f. *-a*) ● Persona distratta.

distrazióne [vc. dotta, lat. *distractiōne(m)*, da *distrăctus* 'distratto'] s. f. **1** Atto, effetto del distrarre: *la d. di una somma*; *d. delle spese processuali*. **2** (*med.*) Allontanamento momentaneo dei capi articolari senza grave lesione della capsula. **3** Condizione in cui il pensiero, l'attenzione e sim. sono, spec. momentaneamente, lontani dalla realtà attuale: *è stato un attimo di d.*; *incidente provocato da d., dovuto a d.*; *in questo lavoro non sono ammesse distrazioni*; *mi rimproverano la mia d., la mia incapacità di ricordare nomi e persone* (SVEVO). **4** Ciò che allontana dalle attività abituali: *quel ragazzo ha troppe distrazioni* | (*est.*) Svago, divertimento: *non ci sono distrazioni in questa città*. || **distrazioncèlla**, dim.

distrétta [f. sost. di *distretto* (*1*)] s. f. **1** †Stretta. **2** (*lett.*) Angustia, spec. economica | Necessità urgente.

†**distrettézza** s. f. **1** (*raro*) Strettezza | Stringimento. **2** (*raro*) Severità, rigore.

distrétto (**1**) o (*poet.*) †**distritto** **A** part. pass. di *distringere*; anche agg. **1** Nei sign. del v. **2** †Intrinseco, intimo | Devoto. **3** †Rigoroso, severo. || †**distrettaménte**, avv. **1** Strettamente. **2** Rigorosamente. **3** Per forza. **B** s. m. ● †Luogo stretto | †Prigione: *e nella rocca gli ha fatto ambidui / ... chiudere in d.* (ARIOSTO).

distrétto (**2**) [lat. mediev. *distrĭctum*, da *distrĭngere* 'distringere'] s. m. **1** (*dir.*) Circoscrizione entro cui esplica le proprie funzioni un dato organo giurisdizionale o amministrativo: *d. della Corte d'appello di Bologna*; *d. ferroviario, postale, telefonico*; *d. notarile* | *D. militare*, o (*ass.*) *distretto*, ente dell'organizzazione territoriale, preposto all'anagrafe e alla destinazione d'impiego del personale soggetto a obblighi di servizio militare; la sede di tale ente | *D. scolastico*, territorio determinato, all'interno del quale un organo eletto dalle varie componenti sociali interessate ha, per tutte le scuole del territorio stesso, funzioni di proposta, promozione e consulenza sull'organizzazione e lo sviluppo dei servizi e delle strutture e sulle attività complementari di assistenza, orientamento e sim. **2** (*geogr.*) Zona caratterizzata dal manifestarsi di un determinato fenomeno: *d. vulcanico*; *d. industriale*. **3** (*anat.*) Regione del corpo umano distinta per le sue caratteristiche funzionali: *d. vascolare*. **4** †Contado.

distrettuàle o †**distrittuàle** [lat. mediev. *districtuāle(m)*, da *distrĭctus* 'distretto (2)'] **A** agg. ● Di, relativo a distretto, nel sign. di *distretto* (*2*): *ufficio d.* **B** s. m. ● †Cittadino o abitante di un distretto.

†**distribuiménto** s. m. ● Distribuzione.

distribuìre o (*raro*) †**stribuìre** [vc. dotta, lat. *distribŭere* 'ripartire (*tribŭere*) in diverse parti (*dis-*)'] v. tr. (*io distribuìsco, tu distribuìsci*; part. pass. *distribuìto*, lett. †*distribùto*) **1** Assegnare a ciascuno secondo determinati criteri o principi: *d. i posti a tavola*; *devono ancora d. le parti agli attori*; *hanno distribuito le nuove onorificenze*. **2** Disporre sistematicamente persone o cose in vista di precise finalità o realizzazioni: *d. le truppe nei vari reparti, i libri negli scaffali*. **3** Diffondere capillarmente: *d. i giornali ai rivenditori* | (*est.*) Fornire, erogare: *d. acqua, gas*.

distribuitóre ● V. *distributore*.

distributività s. f. ● (*mat.*) Il fatto che una data operazione sia distributiva rispetto ad altra.

distributìvo [vc. dotta, lat. tardo *distributīvu(m)*, da *distribūtus* 'distribuito'] agg. **1** Che è atto a distribuire | Che si riferisce alla distribuzione: *criterio d.* | *Giustizia distributiva*, nella filosofia aristotelica, quella che distribuisce le ricompense in modo direttamente proporzionale ai meriti | (*dir.*) *Negozio giuridico d.*, quello che pone termine a una comunione | (*ling.*) *Aggettivi numerali distributivi*, numerali che indicano il modo di distribuire o ripartire una quantità. **2** (*mat.*) *Proprietà distributiva*, proprietà per cui il prodotto di un fattore per una somma di addendi è uguale alla somma dei prodotti di quel fattore per ognuno degli addendi.

distributóre o (*raro, lett.*) **distribuitóre** [vc. dotta, lat. tardo *distributōre(m)*, da *distribūtus* 'distribuito'] **A** agg. (f. *-trice*) ● Che distribuisce: *apparato d.*; *macchina distributrice*. **B** s. m. (f. *-trice* nei sign. 1 e 2) **1** Chi distribuisce: *il d. del rancio* | *D. di giornali, di libri*, chi li compera all'ingrosso dagli editori e li distribuisce ai rivenditori | *D. cinematografico*, *d. di film*, persona, o ente, che provvede alla diffusione commerciale dei film nei cinematografi. **2** Apparecchio od organo atto a erogare varie sostanze o prodotti: *d. di benzina* | *D. automatico*, quello che, grazie all'introduzione di monete, gettoni e biglietti di banca, distribuisce biglietti, sigarette, generi di conforto e sim. **3** In varie tecnologie, dispositivo atto a distribuire energia e sim. | *D. d'accensione*, dispositivo che nei motori a benzina distribuisce la corrente elettrica alle candele per farvi scoccare la scintilla al momento giusto. SIN. Spinterogeno.

distribuzionàle [da *distribuzione*, sul modello dell'ingl. *distributional*] agg. ● Che concerne la distribuzione di uno o più elementi linguistici; che si riferisce al distribuzionalismo: *analisi d.* | (*ling.*) Che concerne la distribuzione dei suoni nella catena parlata.

distribuzionalìsmo [da *distribuzionale*] s. m. ● (*ling.*) Corrente linguistica statunitense della prima metà del Novecento, che scompone la frase nei suoi elementi costitutivi e li classifica in base alla loro distribuzione.

distribuzióne o (*raro*) †**stribuzióne** [vc. dotta, lat. *distributiōne(m)*, da *distribūtus* 'distribuito'] s. f. **1** Atto, effetto del distribuire: *d. di viveri, di volantini, di omaggi*; *procedere alla d. della posta* | *D. delle parti*, in una rappresentazione teatrale o in un film, attribuzione della parte a ciascun attore | *D. dell'acqua, del gas, dell'elettricità*, erogazione secondo i bisogni dei singoli e della collettività. **2** Meccanismo o complesso di organi atto a regolare l'entrata e l'uscita del fluido motore o a trasmettere il moto: *d. delle motrici termiche, dei motori a combustione interna*. **3** (*econ.*) Insieme di attività attraverso le quali le merci prodotte vengono portate a contatto del consumatore finale e a questo vendute: *canali, catena, rete di d.* | *Grande d.*, quella realizzata su vasta scala mediante catene di grandi magazzini e sim. | *D. cinematografica*, diffusione commerciale dei film nelle sale di proiezione. **4** (*econ.*) Ripartizione del reddito netto totale di un ente fra i diversi fattori della produzione. **5** (*stat.*) Successione delle modalità di un carattere in scala crescente a cui corrispondono dati statistici di frequenza o intensità. **6** L'insieme dei contesti in cui un elemento linguistico può trovarsi. || **distribuzioncèlla**, dim.

districaménto s. m. ● (*raro*) Atto, effetto del districare e del districarsi.

districàre o (*raro*) **distrigàre** [comp. di *dis-* (*1*) e del lat. *tricāri* 'far difficoltà, creare imbarazzi', dal pl. *trīcae* 'noie, imbarazzi', di origine sconosciuta] **A** v. tr. (*io distrìco* o evit. *dìstrico, tu distrìchi* o evit. *dìstrichi*) **1** Sbrogliare ciò che è intricato, avviluppato e sim.: *d. un groviglio di funi* | Liberare dagli impacci: *ha districato un amico da una grave situazione*. **2** (*fig.*) Chiarire e risolvere ciò che è confuso, ingarbugliato e sim.: *d. una questione, un problema, una situazione complicata*. **B** v. rifl. **1** Tirarsi fuori da q.c. di intricato: *riuscì a fatica a districarsi dalle spine*. **2** (*fig.*) Cavarsela: *si è districato molto bene in quella situazione*.

†**distrìdere** [da *stridere* col suff. raff. *di-*] v. intr. ● Stridere, dissonare.

distrigàre ● V. *districare*.

†**distrìgnere** e deriv. ● V. *distringere* e *deriv.*

distrìngere o †**distrìgnere** [vc. dotta, lat. *distrĭngere* 'stirare (*strĭngere*) d'ogni lato (*dis-*)'] v. tr. (coniug. come *stringere*) **1** (*lett.*) Stringere con forza, avvincere (*anche fig.*) | †*D. d'assedio*, cingere d'assedio. **2** (*fig.*) †Affliggere, opprimere. **3** †Trattenere, frenare.

†**distringiménto** o †**distrigniménto**. s. m. **1** Atto, effetto del distringere | Costrizione. **2** Rigore, severità.

†**distritto** ● V. *distretto* (*1*).

†**distrittuàle** ● V. *distrettuale*.

distrofia [vc. dotta, tratta dal gr. *dýstrophos* 'malnutrito', comp. di *dys-* 'dis- (2)' e un deriv. di *tréphein* 'nutrire', di origine indeur.] s. f. ● (*med.*) Alterazione dei processi nutritivi dei tessuti animali | *D. muscolare*, miopatia degenerativa a carattere ereditario, caratterizzata da astenia progressiva e ingravescente, atrofia e debolezza dei muscoli scheletrici volontari. SIN. Miopatia primitiva.

distròfico [fr. *dystrophique*] **A** agg. (pl. m. *-ci*) ● (*med.*) Relativo alla distrofia. **B** s. m. ● (*med.*) Chi è affetto da distrofia.

distrùggere o †**destrùere**, †**destrùggere**, (*ra-*

ro) †**distrùere** [lat. *destrŭere*, comp. di *dē-* oppos. e *strŭere* '(co)struire'] **A** v. tr. (pres. *io distrùggo, tu distrùggi*; pass. rem. *io distrùssi, tu distruggésti*; part. pass. *distrùtto*) **1** Ridurre al nulla: *nulla si crea e nulla si distrugge; spesso l'esperienza distrugge le illusioni* | Demolire completamente, ridurre in rovina: *d. una città, un edificio; il fuoco distrusse ogni cosa* | (*est.*) Ridurre in pessime condizioni: *è un bambino che distrugge tutti i giocattoli; il male lo distrugge.* **2** †Struggere, liquefare: *d. la cera.* **3** (*fig., lett.*) Consumare lentamente: *cieco desir, che 'l cor distrugge* (PETRARCA). **B** v. rifl. **1** Ridursi in pessime condizioni, spec. di salute: *si distrugge con l'alcol.* **2** †Struggersi (*anche fig.*): *distruggersi di dolore.* **C** v. intr. pron. **1** Divenire inesistente | (*est.*) Dissolversi, disfarsi. **2** (*fig.*) Andare in rovina: *così lo Stato si distrugge.*

distruggìbile agg. ● (*raro*) Distruttibile.

†**distruggiménto** o †**destruggiménto**. s. m. ● Distruzione: *scampò la nostra città di Firenze da tanta furia, d., ruina* (G. VILLANI).

†**distruggitìvo** agg. ● Distruttivo.

distruggitóre o †**destruggitóre** agg.; anche s. m. (f. *-trice*) ● (*lett.*) Distruttore.

distruttìbile o †**destruttìbile**. agg. ● Che si può distruggere.

distruttività [da *distruttivo* sul modello dell'ingl. *destructivity*] s. f. **1** Qualità di ciò che è distruttivo. **2** (*psicol.*) Aggressività finalizzata all'annientamento di qualcosa o di qualcuno, che non viene messa in atto per proteggersi.

distruttìvo o †**destruttìvo** [vc. dotta, lat. tardo *destructīvu(m)*, da *destrūctus* 'distrutto'] agg. ● Che è atto a distruggere | Che distrugge: *azione distruttiva* | *Critica distruttiva*, che pone in rilievo solo gli aspetti negativi e non suggerisce soluzioni valide. || **distruttivaménte**, avv.

distrùtto o †**destrùtto** part. pass. di *distruggere*; anche agg. **1** Nei sign. del v. **2** (*fig.*) Privato di ogni energia fisica o morale: *un uomo d. dalla malattia, dai dolori; in ... biblioteca passò la maggior parte della sua vita, finché e quanto gli fu permesso dalla salute distrutta* (LEOPARDI).

distruttóre o †**destruttóre** [vc. dotta, lat. tardo *destructōre(m)*, da *destrūctus*, 'distrutto'] agg.; anche s. m. (f. *-trice*) ● Che, chi distrugge: *l'opera distruttrice del tempo* | *D. di documenti*, apparecchio impiegato negli uffici per la riduzione in paglia di carta di documenti che non si intende ulteriormente conservare.

distruzióne o †**destruzióne**, †**struzióne** [vc. dotta, lat. *destructiōne(m)*, da *destrūctus* 'distrutto'] s. f. ● Atto, effetto del distruggere: *la d. di un edificio pericolante; portare la d.* | Rovina: *sanare le distruzioni della guerra.*

†**disturbaménto** s. m. ● Disturbo.

†**disturbànza** s. f. ● Disturbo.

disturbàre [vc. dotta, lat. *disturbāre* 'turbare, rovesciare (*turbāre*), disperdendo (*dis-*)'] **A** v. tr. **1** (*lett.*) Turbare, sconvolgere: *ci vuol così poco a d. uno stato felice!* (MANZONI). **2** Privare qc. della necessaria tranquillità, molestare, importunare (*anche ass.*): *il rumore mi disturba; si prega di non d.* | *Disturbo?, Disturbiamo?*, formule di cortesia per introdursi presso qc. SIN. Infastidire, seccare. **3** Dare noia: *d. la vista, l'udito* | Provocare disturbo fisico: *cibi che disturbano lo stomaco.* **4** Impedire il normale svolgimento di q.c. portando disordine, scompiglio e sim.: *d. il sonno, il riposo; ha la pessima abitudine di d. le lezioni; dal loggione disturbano lo spettacolo con fischi e grida.* **B** v. rifl. ● Prendersi l'incomodo, la noia: *non importa che vi disturbiate per noi; non disturbarti a intervenire* | *Non si disturbi, non doveva disturbarsi*, e sim., formule di cortesia per evitare che qc. si incomodi per noi, per ringraziarlo di un favore, di un servizio reso e sim.

disturbàto part. pass. di *disturbare*; anche agg. **1** Che ha un malessere fisico. **2** Affetto da turbe psichiche. **3** Reso poco chiaro da interferenze e sim.: *ricezione disturbata.*

disturbatóre agg.; anche s. m. (f. *-trice*) ● Che, chi disturba: *d. dell'ordine, della quiete pubblica; cacciare i disturbatori dal teatro.* SIN. Importuno.

distùrbo [da *disturbare*] s. m. **1** Atto del disturbare | Incomodo, molestia, contrattempo: *mi dispiace di causarti tanto d.; ce ne andammo insino a Parigi senza un d. al mondo* (CELLINI) | *Togliere il d.*, congedarsi, in formule di cortesia del visitatore. SIN. Disagio, fastidio. **2** Turbamento nella funzionalità dell'organismo umano o di qualche sua parte: *ho qualche d. dovuto ai reumatismi; d. gastrico, viscerale; d. di stomaco; d. psichico.* **3** Difetto nel funzionamento di un apparecchio: *d. telefonico; disturbi al motore dell'auto* | Ogni perturbazione che renda impossibile o imperfetta la ricezione nelle telecomunicazioni.

distùrna [etim. incerta] s. f. ● (*tosc.*) Scambio orale o scritto di componimenti polemici, satirici e sim., sotto forma di botta e risposta | *Dare la d.*, motteggiare | *Darsi la d.*, scambiarsi motti e frizzi.

†**diṣuadére** ● V. *dissuadere.*

diṣubbidiènte o **diṣobbediènte** **A** part. pres. di *disubbidire*; anche agg. ● Nei sign. del v. **B** s. m. e f. ● Chi disubbidisce.

diṣubbidiènza o **diṣobbediènza**. s. f. **1** Atteggiamento, abitudine di chi disubbidisce: *d. incorreggibile.* **2** Atto, effetto del disubbidire: *d. agli ordini, alla legge; commettere una d.* SIN. Trasgressione.

diṣubbidìre o **diṣobbedìre** [comp. di *dis-* (*1*) e *ubbidire*] **A** v. intr. (*io diṣubbidìsco, tu diṣubbidìsci*; aus. *avere*) ● Comportarsi o agire in modo contrario a quello prescritto o stabilito: *devi imparare a non d. continuamente* | Essere indocile nei confronti di qc., inosservante nei confronti di q.c.: *d. ai genitori, alle leggi.* **B** v. tr. ● (*fam.*) Rifiutare di ubbidire: *d. il proprio padre, i comandi della coscienza.*

†**diṣubbligàre** e deriv. ● V. *disobbligare* e deriv.

†**diṣubriacàrsi** [comp. di *dis-* (*1*) e *ubriacarsi*] v. rifl. ● (*raro*) Farsi passare l'ubriachezza.

†**diṣubrigàre** ● V. *disobbligare.*

†**diṣuggellàre** ● V. *dissuggellare.*

†**diṣùgnere** ● V. *disungere.*

diṣuguagliànza o **diṣeguagliànza**, †**diṣguagliànza** [comp. di *dis-* (*1*) e *uguaglianza*] s. f. **1** Qualità di chi, di ciò che è disuguale. SIN. Diversità. **2** Disparità, differenza: *d. di grado, di età, di stile; d. sociale.* **3** (*mat.*) Relazione nella cui espressione compaia il segno disuguale, oppure uno dei segni maggiore, minore, maggiore o uguale, minore o uguale.

diṣuguagliàre o **diṣeguagliàre**, †**diṣguagliàre** [comp. di *dis-* (*1*) e *uguagliare*] v. tr. (*io diṣuguàglio*) ● (*raro*) Rendere disuguale.

diṣuguagliàto o **diṣeguagliàto**, †**diṣguagliàto**. part. pass. di *disuguagliare*; anche agg. **1** (*raro*) Nei sign. del v. **2** Detto di colore non uniforme di una tintura.

†**diṣuguàglio** o †**diṣguàglio** [da *disuguagliare*] s. m. ● Disuguaglianza.

diṣuguàle o **diṣeguàle**, †**diṣequàle**, †**diṣiguàle**, †**diṣguàle** [comp. di *di-* (*1*) e *uguale*] agg. **1** Che si diversifica per forma, estensione, dimensioni, colore, qualità, ecc.: *abiti, tessuti, stili disuguali; essere di condizione d.; vedo mobili eterogenei ... muoversi con velocità d.* (GALILEI). **2** (*mat.*) Non uguale, diverso. **3** Privo di uniformità: *terreno d.* SIN. Irregolare. **4** (*fig.*) Incostante, incoerente: *rendimento, umore, carattere d.* || **diṣugualménte**, avv.

†**diṣugualità** o †**diṣegualità**. s. f. ● Disuguaglianza, disparità, sproporzione.

diṣumanàre [da *disumano*] **A** v. tr. ● (*lett.*) Privare della natura e della dignità di uomo: *contano di ... Pirrone che disumanava gli uomini per farne filosofi* (BARTOLI). **B** v. intr. pron. ● (*lett.*) Perdere la natura di uomo | Imbestialirsi.

diṣumanità s. f. **1** Qualità di chi, di ciò che è disumano. **2** Atto disumano.

diṣumanizzàre **A** v. tr. ● Togliere le qualità tipiche dell'uomo (*anche ass.*): *la società tecnologica disumanizza.* **B** v. intr. pron. ● Perdere le qualità proprie dell'uomo.

diṣumanizzazióne s. f. ● Atto, effetto del disumanizzare.

diṣumàno [comp. di *dis-* (*1*) e *umano*] agg. **1** Privo di umanità, indegno dell'uomo: *atti di crudeltà disumana.* **2** Che non sembra umano: *grido d.* **3** Che supera la capacità di sopportazione dell'uomo: *dolore d.; malattia disumana.* SIN. Atroce. || **diṣumanaménte**, avv.

†**diṣumàre** [comp. di *dis-* (*1*) sostituito ad altro pref. (*in-* di *inumare*, *es-* di *esumare*)] v. tr. ● Dissotterrare, esumare.

diṣumazióne [da *disumare*] s. f. ● (*raro*) Atto, effetto del disumare.

diṣumidìre [comp. di *dis-* (*1*) e *umido*] v. tr. (*io diṣumidìsco, tu diṣumidìsci*) ● Privare dell'umidità.

†**diṣunàrsi** [comp. di *dis-* (*1*) e *uno*] v. rifl. e intr. pron. ● Distaccarsi da un tutto di cui si è parte.

diṣùngere o †**diṣùgnere** [comp. di *dis-* (*1*) e *ungere*] v. tr. (coniug. come *ungere*) ● (*raro*) Sgrassare.

diṣunìbile [da *disunire*] agg. ● (*raro*) Che si può disunire.

†**diṣunifórme** [comp. di *dis-* (*1*) e *uniforme*] agg. ● Non uniforme.

diṣunióne [comp. di *dis-* (*1*) e *unione*] s. f. **1** Atto, effetto del disunire: *d. di due organi meccanici.* **2** Discordia: *mettere la d. tra concittadini; ho veduto cogli occhi miei delle famiglie in disordine, in d.* (GOLDONI).

diṣunìre [comp. di *dis-* (*1*) e *unire*] **A** v. tr. (*io diṣunìsco, tu diṣunìsci*) **1** Separare o disgiungere ciò che è unito: *d. due fogli incollati.* SIN. Dividere. **2** (*fig.*) Disgregare con attriti e discordie: *d. una famiglia, una coppia di sposi.* SIN. Dividere. **B** v. rifl. e rifl. rec. ● Separarsi, dividersi.

diṣunità [comp. di *dis-* (*1*) e *unità*] s. f. ● (*raro*) Mancanza di unità, accordo, armonia | *D. di stile*, disorganicità.

diṣunitézza s. f. ● (*raro*) Qualità di ciò che è disunito.

diṣunito part. pass. di *disunire*; anche agg. **1** Nei sign. del v. **2** Privo di concordia: *popolo d.* | (*fig.*) Privo di omogeneità: *stile, discorso d.* || **diṣunitaménte**, avv. In modo disunito; (*fig.*) senza unione o concordia.

diṣùria o **diṣurìa** [vc. dotta, lat. tardo *dysūria(m)*, dal gr. *dysuría*, comp. di *dys-* 'dis- (2)' e *ôuron* 'urina'] s. f. ● (*med.*) Difficoltà o irregolarità nell'emissione dell'urina, dovuta alla presenza di ostacoli meccanici o di fenomeni infiammatori.

†**diṣuṣànza** s. f. ● Desuetudine, disuso | *Cadere in d.*, in disuso.

diṣuṣàre [comp. di *dis-* (*1*) e *usare*] v. tr. **1** Smettere di usare: *d. un cappotto* | Far cadere in disuso: *d. una parola.* **2** †Usare male. **3** †Lasciare in abbandono.

diṣuṣàto part. pass. di *disusare*; anche agg. **1** Nei sign. del v. **2** (*lett.*) Insolito, straordinario: *un nuovo e d. incanto* (ARIOSTO). **3** (*raro, lett.*) Privo di abitudine o assuefazione a q.c. || **diṣuṣataménte**, avv. (*raro*) In modo disusato.

diṣùṣo (**1**) [comp. di *dis-* (*1*) e *uso*] s. m. ● Cessazione di un uso, mancanza di uso: *andare, cadere in d.*

†**diṣùṣo** (**2**) [per *disus(at)o*] agg. ● (*raro*) Disusato.

diṣutilàccio s. m. (f. *-a*; pl. f. *-ce*) **1** Pegg. di *disutile.* **2** Persona oltremodo inetta e pigra.

diṣùtile o †**diṣùtole** [comp. di *dis-* (*1*) e *utile*] **A** agg. **1** Che non è utile, che non produce alcuna utilità: *fatica, lavoro d.; estinguer le Religioni disutili è utilissimo* (CAMPANELLA) | (*est.*) Dannoso, svantaggioso: *intervento d.* **2** Inetto, detto di persona: *uomo d.* || **diṣutilménte**, avv. **B** s. m. **1** Danno, perdita: *l'agricoltura ha subito molti disutili.* **2** Persona inetta. || **diṣutilàccio**, pegg. (V.).

diṣutilità o †**diṣutilitàde**, †**diṣutilitàte** s. f. ● Qualità di chi, di ciò che è disutile | Danno.

†**diṣùtole** ● V. *disutile.*

†**diṣvalére** [comp. di *dis-* (*1*) e *valere*] v. intr. **1** Diminuire di valore. **2** Nuocere.

†**diṣvaloràre** [da *disvalore*] v. tr. ● Privare di valore.

diṣvalóre [comp. di *dis-* (*1*) e *valore*] s. m. **1** (*filos.*) Negazione di un valore | Valore negativo. **2** (*econ.*) Perdita, calo di valore: *il d. delle azioni negli ultimi mesi.*

diṣvantàggio [comp. di *dis-* (*1*) e *vantaggio*] s. m. ● (*raro*) Svantaggio.

diṣvantaggióso agg. ● (*raro*) Svantaggioso. || **diṣvantaggiosaménte**, avv. (*raro*) Svantaggiosamente.

†**diṣvariaménto** s. m. ● Atto, effetto del disvariare.

†**diṣvariàre** [adatt. del provz. *se desvariar* 'diffe-

renziarsi', comp. di *des-* rafforzativo e *variar* 'variare'] v. intr. e intr. pron. *1* Essere diverso. *2* Essere di parere discorde.

†disvàrio (1) [da *disvariare*] s. m. ● Divario, differenza.

†disvàrio (2) [comp. di *dis-* (*1*) e *vario*] agg. ● Vario, diverso.

†disvedére [comp. di *dis-* (*1*) e *vedere*] v. tr. ● Non voler vedere, ignorare.

†disvegliàre [comp. di *di(s)-* (*1*) e *svegliare*] v. tr. ● Svegliare, destare.

†disvègliere ● V. *disvellere*.

†disvelaménto s. m. ● Atto, effetto del disvelare.

disvelàre [comp. di *di(s)-* (*1*) e *velare*] **A** v. tr. (*io disvélo*) *1* (*lett.*) Svelare. *2* (*fig.*) Palesare, manifestare. **B** v. rifl. ● Svelarsi.

disvelatóre s. m.; anche agg. (f. *-trice*) ● Chi, che disvela.

disvèllere o **†disvègliere**, **†disvèrre** [comp. di *di(s)-* (*1*) e *svellere*] v. tr. (coniug. come *svellere*) ● (*lett.*) Svellere, strappare; *disvellendoli da mezzo le corna la fosca lana* (SANNAZARO).

disvèlto part. pass. di *disvellere*; anche agg. ● (*raro, lett.*) Nei sign. del v.

†disvenìre [comp. di *di(s)-* (*1*) e *svenire*] **A** v. intr. *1* Svenire. *2* Indebolirsi, consumarsi | (*est.*) Attenuarsi, sbiadire. *3* Disdire. **B** v. intr. impers. ● Essere sconveniente.

†disventùra [comp. di *dis-* (*1*) e *ventura*] s. f. ● Sventura.

†disventuràto agg. ● Sventurato. ‖ **†disventurataménte**, avv. Disgraziatamente.

†disvèrre ● V. *disvellere*.

†disvertudàre o **†disvertudiàre** [comp. di *dis-* (*1*) e dell'ant. *vertude* 'virtù'] v. intr. ● Perdere in tutto o in parte la forza d'animo.

disvestìre [comp. di *dis-* (*1*) e *vestire*] v. tr. e rifl. (*io disvèsto*) *1* (*lett.*) Svestire. *2* (*fig., lett.*) †Liberare: *S'io fui del primo dubbio disvestito* (DANTE *Par.* I, 94).

†disvezzàre [comp. di *dis-* (*1*) e *vezzo*] v. tr. ● Disavvezzare, disabituare.

†disvézzo agg. ● Disavvezzo, disabituato.

disviàbile agg. ● (*raro, lett.*) Che si può disviare.

†disviaménto s. m. ● Atto, effetto del disviare e del disviarsi.

†disviànza s. f. ● Smarrimento.

disviàre [comp. parasintetico di *via* (*1*), col pref. *dis-* (*1*)] **A** v. tr. (*io disvìo*) *1* (*lett.*) Allontanare dal cammino, dalla direzione stabilita (*anche fig.*). *2* (*lett.*) Allontanare dalla giusta via, dal bene e sim. *3* (*raro, lett.*) Danneggiare, ostacolare un'attività e sim. **B** v. intr. e intr. pron. ● (*lett.*) Deviare (*anche fig.*): *disviarsi dalla retta strada*.

†disviatézza s. f. ● Errore, sviamento.

†disviatóre agg. (f. *-trice*) ● Che disvia, corrompe: *piaceri disviatori*.

†disviévole agg. ● Atto a disviare.

disvigorìre [comp. di *dis-* (*1*) e *vigore*] **A** v. tr. (*io disvigorìsco, tu disvigorìsci*) ● (*raro, lett.*) Svigorire. **B** v. intr. (aus. *essere*) ● (*raro*) Perdere vigore.

disviluppàre [comp. di *dis-* (*1*) sostituito a *av-* (da *ad-*) di *avviluppare*] **A** v. tr. *1* (*lett.*) Svolgere ciò che è avviluppato. *2* (*raro*) Sviluppare. **B** v. rifl. ● (*lett.*) Districarsi, liberarsi (*anche fig.*): *Da tema e da vergogna / voglio che tu omai ti disviluppe* (DANTE *Purg.* XXXIII, 31-32).

disvìo [da *disviare*] s. m. *1* (*raro*) Disguido: *il d. di una lettera*. *2* (*fig., lett.*) Sviamento.

†disvisceràre [comp. parasintetico di *viscere*, con il pref. *dis-* (*1*)] v. tr. ● Cavare le viscere.

†disvischiàre [comp. parasintetico di *vischio*, con il pref. *dis-* (*1*)] v. tr. ● Liberare, togliere dal vischio (*spec. fig.*) CONTR. Invischiare.

disvitaminòsi [comp. di *dis-* (*2*), *vitamin(a)* e del suff. *-osi*] s. f. ● (*med.*) Qualsiasi malattia causata da un carente o eccessivo apporto di vitamine.

disviticchiàre [comp. di *dis-* (*1*) sostituito a *av-* (da *ad-*) di *avviticchiare*] v. tr. (*io disviticchio*) *1* (*lett.*) Sciogliere ciò che è avviticchiato, intricato e sim. *2* (*fig.*) †Guardare e vedere distintamente.

†disviziàre [comp. parasintetico di *vizio*, con il pref. *dis-* (*1*)] v. tr. ● Liberare da un vizio, da un male, da un difetto.

†disvogliàre [comp. di *dis-* (*1*) sostituito a *in-* di *invogliare*] **A** v. tr. ● Togliere la voglia, disamorare. **B** v. intr. pron. ● Diventare svogliato, perdere il desiderio di q.c.

disvolére [comp. di *dis-* (*1*) e *volere*] **A** v. tr. (coniug. come *volere*) ● (*lett.*) Non volere più quello che si voleva prima: *volere e d. q.c.* **B** s. m. ● (*raro, lett.*) Cambiamento di volontà | Volontà contraria e opposta a quella di altri.

disvòlgere o **†disvòlvere** [comp. di *dis-* (*1*) sostituito a *av-* (da *ad-*) di *avvolgere*] v. tr. (coniug. come *volgere*) *1* Svolgere. *2* (*raro*) †Slogare.

ditàle [lat. *digitāle* 'che copre il dito (*dĭgitus*)'] s. m. *1* Specie di piccolo cappuccio di metallo o di plastica, punteggiato da minuscoli incavi, usato per proteggere il dito con il quale si spinge l'ago quando si cuce. *2* Cappuccio di pelle o altra materia usato per proteggere un dito malato. *3* (*spec. al pl., mus.*) Anelli incastrati in cima alle dita, con un pezzo appuntato di cannello di penna per pichiare sulle corde del salterio. ‖ **ditalino**, dim. (V.).

ditalino s. m. *1* Dim. di *ditale*. *2* (*spec. al pl.*) Tipo di pasta alimentare a forma di piccoli cilindri rigati.

ditàta s. f. *1* Colpo dato con un dito o con le dita: *gli ha dato una d. in un occhio*. *2* Impronta lasciata da un dito: *su questi fogli ci sono le tue ditate*. *3* (*raro*) Quantità di roba che si può raccogliere con un dito: *una d. di panna*. ‖ **ditatina**, dim.

Dite [vc. dotta, lat. *Dīte(m)*, il dio degli Inferi nella mitologia latina] s. m. *1* (*poet.*) Lucifero | *Città di D.*, la parte più profonda dell'Inferno dantesco. *2* (*poet.*) L'inferno, l'oltretomba.

diteggiàre [da *dito*, con suff. verb. iter.] **A** v. tr. (*io ditéggio*) ● (*mus.*) Segnare ciascuna nota con cifra corrispondente al dito da muovere per l'esecuzione. **B** v. intr. (aus. *avere*) ● Applicare con uno studio metodico le dita a uno strumento per suonarlo.

diteggiatùra s. f. ● (*mus.*) Atto e tecnica del diteggiare | Su una partitura, l'insieme delle indicazioni delle dita che si devono muovere su uno strumento per eseguire le note.

†ditèllo [lat. tardo *titĭllu(m)*, da *titillāre* 'fare il solletico', con sovrapposizione di *dito*] s. m. (pl. *ditèlle* o *ditèlla*, f.) ● Ascella.

†ditenére e *deriv.* ● V. *detenere* e *deriv.*

†ditermināre e *deriv.* ● V. *determinare* e *deriv.*

†ditestazióne ● V. *detestazione*.

ditionàto [da *dition(ico)*, col suff. chim. *-ato*] s. m. ● (*chim.*) Sale dell'acido ditionico.

ditiònico [comp. di *di-* (*2*) e del gr. *thêion* 'zolfo' (prob. d'origine indeur.)] agg. (pl. m. *-ci*) ● (*chim.*) Detto di acido che è noto soltanto in soluzioni oppure sotto forma di sali.

ditiràmbico [vc. dotta, lat. *dithyrămbicu(m)*, dal gr. *dithyrambikós* 'relativo al ditirambo'] agg. (pl. m. *-ci*) ● Che concerne il, o è proprio del, ditirambo.

ditiràmbo [vc. dotta, lat. *dithyrămbu(m)*, dal gr. *dithýrambos*, di etim. incerta] s. m. *1* Canto corale in onore di Dioniso. *2* (*fig.*) Componimento o discorso destinato a lodare con entusiasmo qc. o q.c.

ditisco [vc. dotta, tratta dal gr. *dýtēs* 'colui che s'immerge' col suff. dim. *-iskos*] s. m. (pl. *-chi*) ● Insetto acquatico dei Coleotteri, con corpo ovale, zampe posteriori con setole che funzionano da organi natatori, ali ben sviluppate sotto le elitre, carnivoro, predatore di qualsiasi animaletto acquatico.

dito o **†digito** [lat. *dĭgitu(m)*, di etim. incerta, attrav. il lat. parl. **dĭitu(m)*] s. m. (pl. *dita*, *†dìte*, *†digita*, f. considerate nel loro insieme; pl. *dìti*, m. se si specifica il nome di ciascuno) *1* Ciascuna delle parti terminali della mano e del piede, mobili e articolate in una serie di piccole ossa: *le cinque dita della mano* | *D. grosso*, primo dito del piede | *†D. auricolare*, mignolo | *Mostrare a d.*, (*fig.*) indicare, additare alla riprovazione | (*fig.*) *Legarsela al d.*, ricordare le offese per farne a suo tempo vendetta | *Darsi il d. nell'occhio*, (*fig.*) danneggiarsi | (*fig.*) *Sapere le cose sulla punta delle dita*, conoscere a fondo | (*fig.*) *Avere dita di fata*, essere abile nel cucire e nel ricamare | *Mettere il d. sulla piaga*, (*fig.*) mettere in luce le difficoltà di una situazione | *Non muovere un d. a favore di qc.*, (*fig.*) non prestargli il minimo aiuto | *Contarsi sulle dita*, essere in pochi | (*fig.*) *Toccare il cielo con un d.*, raggiungere il colmo della felicità | *Mordersi le dita*, (*fig.*) provare rabbia, ira o rimpianto, pentimento e sim. | *Leccarsi le dita*, (*fig.*) gustare moltissimo un cibo | *Non sollevare, non alzare un d.*, non accennare nessun gesto; (*fig.*) non fare nulla | *Alzare il d.*, (*fig.*) arrendersi, dal segno di resa degli antichi combattenti del circo | (*fig.*) *Nascondersi dietro un d.*, voler a ogni costo negare l'evidenza, anche macroscopica, dei fatti. *2* (*est.*) Oggetto a forma di dito | *D. di apostolo*, pasta dolce di forma cilindrica, ripiena di crema. *3* Parte del guanto che riveste il dito: *un guanto con le dita troppo strette*. *4* Antica unità di misura lineare corrispondente alla ventiquattresima parte del cubito. *5* (*est.*) Misura, quantità e sim. corrispondente circa alla larghezza di un dito: *bere un d. di vino*; *ha acquistato un nastro largo due dita* | (*fig.*) *Essere a un d. da q.c.*, essere vicinissimo a q.c. ‖ **ditàccio**, pegg. | **ditino**, dim. | **ditóne**, accr. (V.).

ditola [da *dito*, per la forma] s. f. ● (*bot., pop.*) Clavaria.

ditóne s. m. *1* Accr. di *dito*. *2* (*fam.*) Alluce.

dìtono [vc. dotta, lat. tardo *dĭtonu(m)*, dal gr. *dítonon* 'doppio (*dís*) tono (*tónos*)'] s. m. ● (mus.) Intervallo composto di due toni.

†ditràrre e *deriv.* ● V. *detrarre* e *deriv.*

†ditrinciàre [comp. di *di-* (*1*) e *trinciare*] v. tr. ● (*raro*) Trinciare, sminuzzare.

ditrochèo [vc. dotta, lat. tardo *ditrochǣu(m)*, dal gr. *ditróchaios* 'doppio (*dís*) trocheo (*trochâios*)'] s. m. ● Metro della poesia greca e latina formato da due trochei.

ditta (1) [venez. *dita* 'detta' (sottinteso *compagnia*), in formule come 'la sopra*detta* (casa commerciale)', oppure 'la casa commerciale *detta*, chiamata ...'] s. f. *1* (*dir.*) Denominazione distintiva dell'impresa | Correntemente, l'impresa individuata da tale denominazione e la sede della stessa: *premiata d.*; *passo un momento in d.* | (*scherz.*) *Offre, paga la d.*, frase pronunziata da chi, per liberalità od opportunità, si accolla il costo di un pasto o gener. di una consumazione di un'altra persona, o di un gruppo di persone, in un locale pubblico. *2* Gruppo di attori di teatro che gestiscono una propria compagnia dandole il nome.

†ditta (2) ● V. *detta* (*2*).

dittàfono® o (*raro*) **dictàfono** [nome commerciale; ingl. *dictaphone*, comp. del lat. *dictā(re)* 'dettare' e del gr. *phōnḗ* 'suono'] s. m. ● Particolare dispositivo usato negli uffici per registrare e riprodurre la voce spec. nella dettatura della corrispondenza.

dittàggio [da *dittare* 'dettare' nel sign. di 'consigliare, prescrivere'] s. m. ● (*raro, tosc.*) Diceria.

dittamo [vc. dotta, lat. *dĭctamnu(m)*, dal gr. *díktamnos*, di etim. discussa: da *Díktē*, nome di una montagna cretese (?)] s. m. ● Pianta erbacea delle Rutacee sempreverde e aromatica con fiori bianchi, grandi, in racemi allungati (*Dictamnus alba*). SIN. Frassinella.

†dittàre e *deriv.* ● V. *dettare* e *deriv.*

dittatóre (1) o **†dettatóre (2)** [vc. dotta, lat. *dictatōre(m)*, dipendente da *dictāre* nel senso di 'comandare, prescrivere'] s. m. (f. *-trice*) *1* Nella Roma repubblicana, magistrato supremo eletto nei momenti di grave pericolo per lo Stato e investito dei pieni poteri civili e militari | Oggi, chi governa secondo i principi della dittatura: *un d. di fredda e atroce follia* (SCIASCIA). *2* (*est.*) Persona autoritaria e dispotica: *con i figli ha un comportamento da d.*

dittatóre (2) ● V. *dettatore* (*1*).

dittatoriàle [fr. *dictatorial*, da *dictateur* 'dittatore'] agg. *1* Che è proprio di un dittatore. *2* (*fig.*) Che fa valere in modo autoritario la volontà di qc.: *regolamento d.* ‖ **dittatorialménte**, avv.

dittatòrio [vc. dotta, lat. *dictatōriu(m)*, da *dictātor* 'dittatore'] agg. *1* Proprio di dittatore e della sua autorità. *2* (*est.*) Dispotico, autoritario: *sistema, metodo d.* ‖ **dittatoriaménte**, avv. (*fig.*) In modo dittatorio.

dittatùra o **†dettatùra (2)** [vc. dotta, lat. *dictatūra(m)*, da *dictātor* 'dittatore'] s. f. *1* Nella Roma repubblicana, ufficio di dittatore e durata di tale ufficio | Oggi, forma di governo autoritario che accentra tutto il potere in un solo organo collegiale o nella sola persona di un dittatore. *2* (*est.*) Predominio assoluto e incontrastato.

Ditteri [vc. dotta, lat. *dīptero(n)*, dal gr. *dípteros* 'a doppia (*dís*) ala (*pterón*)'] s. m. pl. ● Nella tassonomia animale, ordine di Insetti con ali anteriori sviluppate e posteriori trasformate in bilancieri (*Diptera*) | (al sing. *-o*) Ogni individuo di tale ordine.

†**dittèrio** [vc. dotta, lat. *dictēriu(m)*, da *dīctum* 'detto, arguzia'] s. m. ● Pulpito, cattedra.

dittero [V. *diptero*] **A** agg. ● V. *diptero*. **B** s. m. ● (*zool.*) Ogni insetto appartenente all'ordine dei Ditteri.

dittico [vc. dotta, lat. tardo *dīptychu(m)* 'piegato in due, a dittico', dal gr. *díptychos*, comp. di *di-* (*2*) e un deriv. del v. *ptýssein* 'piegare'] s. m. (pl. *-ci*) ● Complesso formato da due tavolette d'avorio o di legno scolpite o dipinte, congiunte da cerniera | *Dittici consolari*, per lo più d'avorio, con figurazioni a rilievo, usati nella tarda età imperiale romana a scopo commemorativo | Nei secc. XIV e XV, dipinto di tale forma ma di dimensioni maggiori, spec. di soggetto sacro.

dittiosòma [comp. del gr. *díktyon* 'rete' e *sôma* 'corpo'] s. m. (pl. *-i*) ● (*biol.*) Organulo cellulare costituente l'apparato di Golgi e coinvolto in molteplici funzioni correlate alla sintesi di proteine.

†**ditto** ● V. *detto*.

dittografia [comp. del gr. *dittós*, var. di *dissós* 'doppio', e *-grafia*] s. f. ● (*ling.*) Ripetizione di un segno grafico o di un gruppo di segni. CONTR. Aplografia.

dittogràfico agg. (pl. m. *-ci*) ● (*ling.*) Di, relativo a, dittografia.

dittologia [comp. del gr. *dittós*, var. di *dissós* 'doppio', e *-logia*] s. f. (pl. *-gie*) ● (*ling.*) Ripetizione di un elemento di parola o di frase | *D. sinonimica*, giustapposizione di due sinonimi o quasi sinonimi per amplificare un concetto.

dittològico agg. (pl. m. *-ci*) ● (*ling.*) Di, relativo a, dittologia.

dittongàre [vc. dotta, lat. tardo *diphtongāre*, da *diphtŏngus* 'dittongo'] **A** v. tr. (*io dittòngo, tu dittònghi*) ● (*raro*) Unire in dittongo. **B** v. intr. (aus. *avere*) ● Formare, generare un dittongo: *nel verbo 'sonare' la 'o' dittonga in 'uo' quando è tonica.*

dittongazióne s. f. ● (*ling.*) Trasformazione di una vocale in un dittongo.

dittòngo o †**diftòngo** [vc. dotta, lat. tardo *diphtŏngu(m)*, dal gr. *díphthongos* 'doppio (*dís*) suono (*phthóngos*)'] s. m. (pl. *-ghi*) ● (*ling.*) Unione di due elementi vocalici in una sola emissione di voce (V. nota d'uso SILLABA).

dittòto ● V. *diptoto*.

diurèsi /diu'rɛzi, dju'rɛzi/ [da *diuretico*] s. f. ● (*med.*) Quantità di urina prodotta dai reni in 24 ore.

diurètico /diu'rɛtiko, dju'rɛtiko/ [vc. dotta, lat. tardo *diurēticu(m)*, dal gr. *diouretikós*, da *diourêin* 'passare attraverso (*diá*) l'urina (*ôuron*)'] **A** s. m. (pl. *-ci*) ● Farmaco capace di aumentare la diuresi. **B** anche agg.: *farmaco d.*

†**diurnàle** [da *diurno*] **A** agg. ● Del giorno. **B** s. m. *1* Cronaca, diario. *2* (*relig.*) Parte del breviario comprendente le ore diurne dell'Ufficio divino.

diurnàrio [vc. dotta, lat. tardo *diurnāriu(m)*, da *diŭrnus* 'diurno'] s. m. ● Presso gli antichi Romani, specie di scriba che stendeva gli atti del giorno.

diurnista [comp. di *diurno* e *-ista*] s. m. e f. (pl. m. *-i*) ● Impiegato assunto per lavori straordinari, e retribuito a giornata.

diùrno [vc. dotta, lat. *diŭrnu(m)* 'della durata di un giorno (*dīes*)', in opposizione a *noctŭrnus* 'notturno'] **A** agg. *1* Del giorno: *ore diurne* | (*poet.*) *Astro d.*, il sole | *Albergo d.*, dove non si pernotta e che fornisce principalmente rapidi servizi igienici | (*astron.*) *Moto d.*, quello apparente di un astro per effetto della rotazione della Terra. *2* Che avviene o si manifesta durante il giorno: *fenomeno, spettacolo d.*; *il sonno aveva ogni animal terreno / dalle fatiche lor diurne sciolti* (L. DE' MEDICI) | (*zool.*) *Animali diurni*, che agiscono durante le ore di luce. *3* (*raro*) Quotidiano, di ogni giorno: *lavoro d.*; *pena diurna*. || **diurnaménte**, avv. (*raro*) Giornalmente. **B** s. m. *1* (*relig.*) Parte dell'Ufficio che contiene le ore canoniche da recitare durante il giorno. *2* (*ell.*) Albergo diurno.

diùtino [vc. dotta, lat. *diūtinu(m)* 'che dura a lungo (*dĭu*)', originariamente 'di un giorno (*dīes*) intero'] agg. ● (*raro*) Di lunga durata.

diuturnità o (*raro*) †**diuturnitàde**, (*raro*) †**diuturnitàte** [vc. dotta, lat. *diuturnitāte(m)*, da *diutŭrnus* 'diuturno'] s. f. ● (*lett.*) Qualità di ciò che è diuturno: *forse che la felicità e la d. della vita, sono la stessa cosa?* (LEOPARDI).

diutùrno [vc. dotta, lat. *diutŭrnu(m)*, da *diūtinus* 'di lunga durata' con sovrapposizione di *diŭrnus* 'diurno'] agg. ● Che dura a lungo: *dolori diuturni*; *la diuturna fatica* | (*est., lett.*) Continuo: *con d. e pertinace esercizio* (MARINO). || **diuturnaménte**, avv.

dìva [vc. dotta, lat. *dīva(m)*, f. di *dīvu(m)*, nom. *dīvus* 'divo'] s. f. *1* (*lett.*) Dea. *2* Cantante o attrice molto famosa: *una d. della canzone, del cinema, dei fumetti* | *D. dello schermo, della celluloide*, attrice del cinema. || **divétta**, dim. (V.).

divagaménto s. m. ● (*raro*) Divagazione.

divagàre [vc. dotta, lat. tardo *divagāri* 'vagare (*vagāri*) di qua e di là (*dis-*)'] **A** v. intr. (*io divàgo, tu divàghi*; aus. *avere*) *1* (*raro, lett.*) Andar vagando. *2* (*fig.*) Allontanarsi da un argomento, da un proposito e sim.: *d. dal tema della discussione*; *d. su particolari irrilevanti*; *stai divagando dietro assurde ambizioni*; *non d. dall'argomento*. **B** v. tr. ● (*raro*) Divertire, distrarre: *d. un fanciullo*. **C** v. rifl. ● Distrarsi, svagarsi: *cerca di divagarti un po'*.

divagazióne s. f. *1* Atto, effetto del divagare: *d. poetica, fantastica*; *una esposizione succinta ... senza pedantesche divagazioni* (CARDUCCI). *2* (*raro*) Svago, divertimento, distrazione.

†**divallaménto** s. m. ● Atto, effetto del divallare.

divallàre [comp. di *di-* (*1*) e *valle*] v. intr. e intr. pron. (aus. *essere*) *1* (*lett.*) Scendere a valle. *2* (*raro*) Declinare, calare.

divampaménto s. m. ● (*raro*) Atto, effetto del divampare | †Incendio.

divampàre [comp. parasintetico di *vampa*, col pref. *di-* (*1*)] **A** v. intr. (aus. *essere*) *1* Accendersi all'improvviso con grande fiamma: *l'incendio divampò in un batter d'occhio*; *il petrolio divampa con estrema facilità*. *2* (*fig.*) Ardere: *d. d'ira, d'odio, di passione*. *3* (*fig.*) Scatenarsi, manifestarsi con violenza: *la rivolta divampò in tutto il paese*. **B** v. tr. ● (*lett.*) †Bruciare, incendiare.

divàno [turco *diwán*, di origine persiana, dapprima 'consiglio di Stato', poi il 'sofà', dove sedevano i consiglieri e anche il 'libro', nel quale erano trascritte le loro decisioni, poi, per est., un 'libro di poesia' d'una certa importanza] s. m. *1* Nell'antico impero ottomano, consiglio dei ministri. *2* Un tempo, sofà basso e lungo, senza spalliera ma con cuscini, appoggiato a una parete della stanza | *D. alla turca*, ottomana, sultana | Oggi, sofà, in genere | *D. letto*, trasformabile in letto | Canapè. *3* Libro nel quale sono raccolte in ordine alfabetico di rime o cronologico tutte le poesie di un dato scrittore orientale. || **divanétto**, dim.

†**divanzàre** [ant. fr. *devanc(i)er* 'passare avanti (*devant*)'] v. tr. ● Prevenire, precorrere | Superare.

†**divariaménto** s. m. ● Variazione.

†**divariàre** [comp. di *di-* (*1*) e *variare*] **A** v. tr. ● (*raro*) Variare, modificare. **B** v. intr. e intr. pron. *1* Essere o diventare diverso. *2* (*raro*) Distare.

†**divariazióne** s. f. ● (*raro*) Differenza, divario.

divaricàbile agg. ● Che si può divaricare.

divaricaménto s. m. ● (*raro*) Divaricazione.

divaricàre [vc. dotta, lat. *divaricāre*, comp. di *di-* (*1*) e *varicāre* 'allargare le gambe' (da *vārus* 'che ha le gambe storte in fuori', di etim. incerta)] **A** v. tr. (*io divàrico, tu divàrichi*) *1* In ginnastica, far divergere gli arti inferiori che si allontanano dall'asse longitudinale del corpo: *d. le gambe*. *2* (*est.*) Allargare, aprire: *d. i due lembi di una ferita*; *a ogni risposta ... divaricava le labbra* (PIRANDELLO). *3* (*med.*) Allontanare. **B** v. intr. pron. ● Divergere.

divaricàta s. f. ● In ginnastica, rapida apertura, nella stazione eretta, degli arti inferiori in direzioni opposte, eseguita con un saltello a gambe molleggiate: *d. in fuori*; *d. avanti-dietro*; *doppia d.*

divaricàto part. pass. di *divaricare*; anche agg. *1* Nei sign. del v. *2* (*bot.*) Detto di organo vegetale che si allontana dal suo asse quasi ad angolo retto: *rami divaricati*.

divaricatóre s. m. ● (*med.*) Strumento chirurgico usato per divaricare durante l'operazione i bordi di un'incisione.

divaricazióne s. f. *1* Atto, effetto del divaricare. *2* Spazio che intercorre tra due parti divaricate.

divàrio o †**divàro** [da *divariare*] s. m. *1* Diversità, differenza, spec. notevole: *il d. tra le tue e le mie opinioni*; *dalla vita alla morte non è d.* (LEOPARDI). *2* †Divertimento.

†**divastàre** e *deriv.* ● V. *devastare* e *deriv.*

†**dìve** o †**dìvo** (*3*) [vc. dotta, lat. *dīves* (nom.) di etim. incerta: da *dīvus* 'dio', perché il ricco, come dio, non abbisogna di nulla (?)] agg. ● (*raro*) Ricco.

†**divecchiàre** o (*raro*) †**devecchiàre** [comp. di *di-* (*1*) sostituito a *in-* di *invecchiare*] v. tr. ● Svecchiare, rinnovare.

divedére [comp. di *di-* (*1*) e *vedere*] v. tr. (dif. usato solo all'inf.) ● Solo nella loc. *dare a d.*, dimostrare, mostrare chiaramente, lasciar capire, dare a intendere.

diveggiàre [da *diva, divo* (*2*)] v. intr. (*io divéggio*; aus. *avere*) ● Ostentare, assumere modi e atteggiamenti da diva o da divo.

divègliere e *deriv.* ● V. *divellere* e *deriv.*

divèllere o †**divègliere**, (*raro*) †**divèrre** [vc. dotta, lat. *divĕllere*, comp. di *dis-* (*1*) e *vĕllere* 'strappare'] **A** v. tr. (pres. *io divèllo* o *divèlgo, tu divèlli*; pass. rem. *io divèlsi*, raro *divùlsi, tu divellésti*; cong. pres. *io divèlga* o *divèlla*; part. pass. *divèlto*, raro *divùlso*) ● (*lett.*) Estirpare, sradicare, strappare (*anche fig.*): *d. piante, rami, erbe*; *d. i sospetti dalla mente di qc.* **B** v. rifl. ● (*lett.*) Staccarsi, allontanarsi a fatica, con sforzo, da qc. o da q.c.: *poi che con fatica dalla cucina e dalla Nuta si fu divelto* (BOCCACCIO).

†**divelliménto** o (*raro*) †**divegliménto**. s. m. ● Atto, effetto del divellere.

divèlto part. pass. di *divellere*; anche agg. ● Nei sign. del v.

†**diveltóre** s. m.; anche agg. (f. *-trice*) ● (*raro*) Chi, che divelle.

divenìre o (*lett.*) †**devenìre**, (*raro*) †**dovenìre** [vc. dotta, lat. *devenīre* 'arrivare (*venīre*) giù (*dē-*)', 'pervenire'] **A** v. intr. (coniug. come *venire*; aus. *essere*) *1* Diventare: *d. grande, adulto, vecchio*; *è divenuto più saggio*. *2* †Avvenire, accadere. *3* (*lett.*) †Giungere, arrivare: *Tacendo divenimmo là 've spiccia / fuor de la selva un picciol fiumicello* (DANTE *Inf.* XIV, 76-77). *4* (*lett.*) †Derivare, discendere, provenire. **B** in funzione di s. m. solo sing. ● (*filos.*) Il perpetuo fluire di tutte le cose dal nulla all'essere e dall'essere al nulla.

diventàre o †**deventàre**, (*tosc.*) †**doventàre** [vc. dotta, lat. parl. **deventāre*, raff. di *devenīre* 'divenire'] v. intr. (*io divènto* o *divénto*; aus. *essere*) ● Acquistare forma, qualità o condizione nuove e diverse dalle precedenti: *d. buono, cattivo, odioso, simpatico, attempato, vecchio*; *d. sindaco, deputato*; *il vino è diventato aceto* | *D. bianco*, (*fig.*) impallidire | *D. rosso*, (*fig.*) vergognarsi | *D. di tutti i colori*, (*fig.*) confondersi, incollerirsi o smarrirsi per la paura | *D. matto*, (*fig.*) perdere la testa | *D. di sasso*, (*fig.*) restare stupefatto, senza parole. SIN. Divenire.

†**diverberàre** [vc. dotta, lat. *diverberāre* 'percuotere a colpi di verga (*verberāre*, da *vĕrbera*, pl., 'verghe')' con *dis-* (*1*)] v. tr. ● Squassare, agitare, percuotere.

divèrbio [vc. dotta, lat. *divĕrbiu(m)*, originariamente 'discorso (*vĕrbum*) opposto (*dis-*) tra due attori sulla scena'] s. m. *1* Animata e aspra discussione, litigio verbale: *avere un violento d. con qc.*; *sono venuti a d. per futili motivi*. *2* (*letter.*) Parte dialogata dell'antico dramma latino.

divergènte **A** part. pres. di *divergere*; anche agg. *1* Nei sign. del v. *2* (*mat.*) Di serie tale che la successione delle somme parziali abbia limite infinito | Di prodotto infinito tale che la successione dei prodotti parziali abbia limite infinito o nullo | Detto di rette orientate le quali, nella regione che interessa, s'allontanano l'una dall'altra. *3* (*fis.*) Detto di lente che trasforma un fascio di raggi divergenti. **B** s. m. ● (*pesca*) Tavola sagomata che viene legata ai cavi della rete a strascico per tenerne divaricate le pareti.

divergènza [vc. dotta, lat. *divergĕntia(m)* 'inclinazione', da *devĕrgere* 'divergere'] s. f. *1* Atto, effetto del divergere | (*mat.*) In un campo vettoriale, quantità pari al rapporto tra il flusso uscente da una superficie chiusa infinitesima e il volume da essa racchiuso | (*meteor.*) Deflusso orizzontale di aria, in tutte le direzioni, dal centro verso l'esterno di un'alta pressione. **2** Punto in cui due cose divergono: *la d. di due torrenti.* **3** Qualità o condizione di ciò che diverge (*spec. fig.*): *d. di opinioni, di caratteri, di giudizi.* **4** (*geol.*) Allontanamento reciproco di due zolle crostali che avviene lungo le dorsali medio-oceaniche.

divèrgere [vc. dotta, lat. tardo *devĕrgere* 'volgere (*vĕrgere*) d'altra parte (*dē-*)'] **v. intr.** (**pres.** *io divèrgo, tu divèrgi*; raro il **pass. rem.** *io divergéi, tu divergésti*; dif. del **part. pass.** e dei tempi comp.) **1** Procedere in direzioni diverse, partendo da un punto comune: *le due strade divergono*; *la linea secondaria diverge dal binario principale.* **2** (*fig.*) Essere lontano, diverso, contrastante: *i miei gusti divergono dai tuoi.* **3** (*raro, fig.*) Divagare: *d. dall'argomento.*

†**divèrre** ● V. *divellere.*

†**diversàre (1)** [adatt. del fr. *déverser* 'versare (*verser*) fuori (*de-*)'] **v. tr.** ● Versare, effondere.

†**diversàre (2)** [da *diverso*] **v. intr.** e **intr. pron.** ● Essere diverso.

†**diversificaménto** **s. m.** ● Diversificazione.

diversificàre [vc. dotta, lat. mediev. *diversificāre*, comp. di *divĕrsus* e *-ficare*] **A v. tr.** (*io diversìfico, tu diversìfichi*) **1** Rendere diverso, differenziare: *qualche tratto diversificava i loro lineamenti* | Considerare diverso: *d. due concetti.* **2** (*econ.*) Impiegare un patrimonio in differenti attività produttive o finanziarie allo scopo di ridurre il rischio dell'investimento o la variabilità del suo rendimento. **B v. intr.** e **intr. pron.** (aus. *essere*) ● Essere o diventare diverso: *i due disegni si diversificano per alcuni particolari.*

diversificàto **part. pass.** di *diversificare*; anche **agg.** ● Nei sign. del v.

diversificazióne **s. f.** ● Atto, effetto del diversificare.

diversióne [vc. dotta, lat. tardo *diversiōne(m)*, da *divĕrsus* 'diverso' nel senso etim.] **s. f.** **1** Deviazione: *d. delle acque* | (*raro*) Svolta: *le diversioni di una strada.* **2** (*mil.*) Procedimento tattico consistente nell'attaccare o minacciare di attacco il nemico in luogo eccentrico rispetto a quello di effettivo previsto attacco. **3** (*raro, fig.*) Digressione: *l'argomento non ammette diversioni.* **4** (*raro*) Svago.

diversità o †**diversitàde**, †**diversitàte** [vc. dotta, lat. *diversitāte(m)*, da *divĕrsus* 'diverso'] **s. f.** **1** Qualità o condizione di chi, di ciò che è diverso: *d. di idee, di giudizi, di opinioni* | (*raro*) *Fare d.*, distinguere, discriminare. **SIN.** Differenza. **CONTR.** Uguaglianza. **2** (*est.*) Varietà, molteplicità: *d. di colori, di forme*; *la natura varia le semenze secondo la d. delle cose che essa vole produrre al mondo* (LEONARDO). **3** Ciò che rende diverse due persone o due cose: *non riusciva a cogliere la d. fra i due stili* | Contrasto, discordanza: *la tanta d. di giudizi sopra le medesime cose* (MURATORI). **SIN.** Differenza, divario. **4** †Contrasto, controversia. **5** †Perversità, crudeltà. **6** †Calamità, sventura, avversità.

diversìvo **A agg.** ● Che è atto a far divergere, a deviare, (*spec. fig.*): *azione, manovra diversiva.* **B s. m.** **1** Mezzo atto a distogliere qc. da un'idea, da una preoccupazione, da un'attività e sim.: *un d. innocuo*; *cercare un d. alla monotonia quotidiana*; *il suo arrivo costituisce un d. per noi* | Svago: *nello sport ha trovato un piacevole d.* **SIN.** Distrazione. **2** (*idraul.*) Alveo artificiale avente la funzione di sottrarre da un corso d'acqua parte delle acque di piena.

divèrso o †**devèrso** [vc. dotta, lat. *divĕrsu(m)*, part. pass. di *divĕrtere* 'volgere (*vĕrtere*) in opposta direzione (*dis-*)'] **A agg.** **1** Che è volto o procede in altra direzione (*anche fig.*): *strade, aspirazioni diverse.* **2** Differente, dissimile: *un abito d. dagli altri*; *la natura si presenta ad ogni uomo con aspetti diversi* (FOSCOLO). **CONTR.** Uguale. **3** †Strano | †Insolito, straordinario. **4** †Orribile, mostruoso: *Cerbero, fiera crudele e diversa, / con tre gole caninamente latra* (DANTE *Inf.* VI, 13-14). **5** †Crudele, perverso. || **diversaménte**, **avv.** **1** In modo diverso: *ti sei comportato diversamente da come avevi detto.* **2** (*impr.*) Altrimenti: *scrivici, diversamente verremo subito.* **3** †In modo perverso, strano. **4** †Orribilmente. **B agg.** e **pron. indef.** ● (*al pl.*) Molti, parecchi: *ho accomandato a Vostra Signoria in diverse volte diverse mie lettere* (TASSO); *per la qual cosa da diversi fu cominciata a vagheggiare* (BOCCACCIO). **C s. m.** (f. *-a*) ● Chi si comporta in modo non conforme a quelli che, per la maggioranza delle persone, sono i normali canoni di vita | (*euf.*) Omosessuale. **D avv.** ● (*raro*) Diversamente: *s'appressa / chi assai di me ti parlerà d.* (PINDEMONTE).

†**diversòrio** [vc. dotta, lat. *deversōriu(m)*, da *devĕrsus*, part. pass. di *devĕrtere* 'volgere (*vĕrtere*) verso (*dē-*)'] **s. m.** ● Ospizio, albergo.

divertènte **part. pres.** di *divertire*; anche **agg.** ● Nei sign. del v.

divertévole **agg.** ● (*raro*) Divertente.

diverticolàre **agg.** ● (*anat.*) Di, relativo a, diverticolo: *cavità d.*

diverticolìte [comp. di *diverticolo* e *-ite (1)*] **s. f.** ● (*med.*) Infiammazione di diverticoli.

divertìcolo [vc. dotta, lat. *divertĭculu(m)*, per *devertĭculu(m)*, da *devĕrtere*, comp. del pref. d'allontanamento *dē-* e *vĕrtere* 'volgere'] **s. m.** **1** (*lett.*) Viottolo che porta fuori della strada maestra | (*est.*) Luogo appartato. **2** (*fig., lett.*) Sotterfugio | †Digressione. **3** (*anat.*) Piccola estroflessione della parete di un organo cavo.

diverticolòṣi [comp. di *diverticol(o)* e *-osi*] **s. f.** ● Malattia consistente nella presenza di diverticoli in organi cavi quali, per es., la vescica e l'intestino.

divertimentifìcio [comp. di *divertiment(o)* e *-ficio*] **s. m.** ● (*scherz.*) Luogo che offre un gran numero di divertimenti.

divertiménto [da *divertire*; nel sign. 4, calco sul fr. *divertissement*] **s. m.** **1** (*raro, lett.*) Allontanamento | (*fig.*) Digressione. **2** Ciò che diverte: *un d. infantile, intelligente, sciocco*; *pensare solo ai divertimenti*; *ama troppo i divertimenti* | *Parco dei divertimenti*, luna park | Svago, passatempo: *studiare per d.*; *non lavora per d. ma per guadagnare* | *Non è un d., che bel d., sai che d.* e sim., con riferimento a cose piuttosto gravose: *non è un d. lavorare tutto il giorno* | *Buon d.!*, escl. di augurio (*anche iron.*). **SIN.** Diletto, sollazzo. **3** Persona che diverte: *quello strano individuo era il d. dei ragazzi.* **4** (*mus.*) Composizione strumentale in più movimenti | Parte della fuga, inserita fra le varie riesposizioni del soggetto.

divertìre [fr. *divertir*, dal lat. *divĕrtere* (V. *diverso*)] **A v. tr.** (*io divèrto*, o *divertìsco*, nel sign. 1) **1** (*lett.*) Volgere altrove, allontanare, distogliere (*anche fig.*): *d. la disputa*; *d. l'animo dalla cura*; *la poesia ci divertisce da molti delitti* (TASSO). **2** Rallegrare qc. intrattenendolo o facendolo partecipare ad attività od occupazioni piacevoli, atte a ricrearlo fisicamente e spiritualmente (*anche ass.*): *d. un fanciullo con giochi e passatempi*; *la lettura e lo sport mi divertono*; *è uno spettacolo che diverte.* **SIN.** Dilettare, ricreare, svagare. **3** (*mil.*) †Fare diversione. **B v. rifl.** **1** Occupare il proprio tempo in attività gradevoli e distensive, darsi ai passatempi, agli svaghi e sim.: *dopo tanto lavoro ha bisogno di divertirsi*; *non pensa ad altro che a divertirsi* | *Divertirsi con poco*, essere di gusti semplici, non avere troppe esigenze, quanto ai divertimenti | *Divertirsi alle spalle di qc., a spese di qc.*, prendersi gioco di qc., farsi beffe di qc. | *Divertircisi*, provarci gusto: *non sai quanto mi ci diverta a farlo arrabbiare*; *si divertiva a versar per terra e disperdere l'acqua della scienza* (SCIASCIA) | *Divertircisi un mondo*, moltissimo, provarci un gusto matto. **SIN.** Dilettarsi, ricrearsi, svagarsi. **2** (*est.*) Darsi a esperienze spec. amorose senza assumersi impegni o responsabilità, come per gioco: *con lei vuole solo divertirsi*; *in gioventù si è divertito molto.* **C v. intr.** e **intr. pron.** (aus. intr. *avere*) ● †Allontanarsi, divergere (*anche fig.*).

divertissement /fr. divertis'mã/ [vc. fr., propr. 'divertimento'] **s. m. inv.** **1** (*mus.*) Divertimento. **2** Composizione letteraria o artistica caratterizzata dal libero sviluppo di un tema spec. di carattere giocoso.

divertìto **part. pass.** di *divertire*; anche **agg.** **1** Nei sign. del v. **2** Che rivela divertimento: *un'espressione, un'occhiata divertita.*

divétta [fr. *divette*, dim. di *diva*, italianismo] **s. f.** **1** Dim. di *diva.* **2** Cantante o attrice poco nota: *una d. in cerca di pubblicità.*

†**divettàre (1)** [comp. di *di- (1)* e *vetta* 'cima'] **v. tr.** ● Cimare un albero, una pianta e sim.

†**divettàre (2)** [comp. di *di- (1)* e *vetta* 'scamato'] **v. tr.** ● Scamatare, battere con lo scamato o vetta: *d. la lana.*

†**divettatùra** [da *divettare (2)*] **s. f.** ● Operazione del divettare la lana.

†**divettìno** **s. m.** ● Lanaiolo che divetta.

divezzaménto [da *divezzare (1)*] **s. m.** **1** Atto, effetto del divezzare. **2** (*med.*) *D. del bambino*, passaggio dall'allattamento a un tipo di alimentazione più ricca.

divezzàre (1) [comp. parasintetico di *vezzo*, col pref. *di- (1)*] **A v. tr.** (*io divézzo*) **1** Togliere un'abitudine, disavvezzare. **2** (*med.*) *D. un bambino*, slattarlo, sottoporlo al divezzamento. **B v. intr. pron.** ● Perdere un'abitudine, disassuefarsi: *divezzarsi dal fumo.*

†**divezzàre (2)** [comp. parasintetico di *vezzo* nel sign. 5, con il pref. *di- (1)*] **v. tr.** ● Privare qc. dei vezzi, dei gioielli.

†**divezzatùra** [da *divezzare (1)*] **s. f.** ● (*raro*) Divezzamento.

divézzo **agg.** ● (*pop.*) Che è stato divezzato.

†**diviàre** e *deriv.* ● V. *deviare* e *deriv.*

diviàto [da analizzare *di viato* (da *via*)] **agg.** ● (*raro, lett.*) Ratto, spedito. || †**diviataménte**, **avv.** Speditamente.

dividèndo [vc. dotta, lat. tardo *dividĕndu(m)*, da *divĭdere* 'dividere'] **s. m.** **1** (*mat.*) Primo termine della divisione | Quantità o numero da dividere. **2** (*econ.*) Parte degli utili netti di una società per azioni distribuita annualmente fra gli azionisti.

dividere o (*raro*) †**dovidere** [vc. dotta, lat. *divĭdere*, comp. di *dis- (1)* e **vĭdere*, di forma e sign. incerti] **A v. tr.** (**pass. rem.** *io divìṣi, tu dividésti*, ecc.; **part. pass.** *divìṣo*) **1** Fare in parti un tutto: *d. un numero per quattro*; *d. il pane in fette*; *d. una torta in sei porzioni* | *D. a, per metà*, in due parti uguali | Ripartire in gruppi e sim.: *divisero gli operai in varie squadre* | (*mat.*) Eseguire una divisione. **2** Separare, disgiungere una parte dall'altra: *d. la radice e la desinenza di una parola*; *d. due litiganti*; *d. due coniugi* | (*fig.*) Disunire, mettere in disaccordo: *d. la famiglia, gli animi*; *d. il popolo in opposte fazioni.* **3** Porre intervallo in una massa, delimitare uno spazio, tracciare un confine: *d. lo specchio d'acqua in settori*; *d. il tempo in ore, minuti, secondi*; *una catena montuosa divide i due Stati* | Porre, stabilire una distinzione: *d. il bene dal male*; *d. il torto dalla ragione* | Classificare, ripartire: *d. le piante in famiglie e specie*; *d. un libro in capitoli e paragrafi*; *la commedia era divisa in tre atti.* **4** Distribuire: *d. il bottino, la preda*; *d. gli utili tra i soci*; *d. un'eredità fra gli eredi* | *D. il lavoro*, assegnare a ogni persona un compito determinato | *D. l'ordine del giorno*, esaminarlo e votarlo articolo per articolo, parte per parte e sim. | *D. q.c. con qc.*, fare a metà, prenderne una parte per uno: *ha diviso le sue ricchezze coi fratelli* | (*fig.*) *D. con qc. le gioie, i dolori*, renderlo partecipe di tali sentimenti | (*fig.*) *D. le gioie, i dolori di qc.*, essere, farsi partecipe di questi sentimenti, gioire o soffrire con lui | *Non aver nulla da d. con qc.*, non voler avere a che fare con lui, considerarsi e mantenersi estraneo alla sua vita, ai suoi pensieri e sim. **SIN.** Spartire. **B v. rifl.** **1** Allontanarsi, separarsi: *si è diviso dalla sua città e dalla famiglia*; *così dalla mia terra io mi divisi, / con quanto gaudio non ti potrei dire* (ARIOSTO). **2** Distribuirsi in gruppi: *dividersi in sette, in fazioni.* **3** Dedicarsi a più attività, occuparsi contemporaneamente di più cose: *si divide fra l'insegnamento e la politica.* **C v. rifl. rec.** ● Separarsi, detto dei coniugi che cessano la convivenza. **D v. intr. pron.** **1** Essere diviso, distinto in parti, periodi, gruppi, specie, categorie: *la preistoria si divide in varie epoche.* **2** (*raro*) Fendersi, spaccarsi.

†**dividévole** **agg.** **1** Divisibile. **2** Sedizioso.

†**dividitóre** **s. m.**; anche **agg.** (f. *-trice*) ● Chi, che divide.

dividivi [vc. delle Antille (*dividivi, dibidibi*) (?)] **s. m. inv.** ● Frutto di un arbusto dell'America centr. e merid. ricco di tannino e quindi usato come materia conciante (*Caesalpinia coriaria*).

†**dividuità** [vc. dotta, lat. tardo *dividuitāte(m)*, da

divĭduus 'dividuo'] **s. f.** ● Divisibilità.

†dividụo [vc. dotta, lat. *divĭduu(m)* 'diviso, divisibile', da *divĭdere* 'dividere'] **agg.** ● Divisibile, separabile.

†divietagióne **s. f.** ● Divieto.

†divietaménto **s. m.** ● Proibizione, divieto.

divietàre [comp. di *di-* raff. e *vietare*] **v. tr.** (*io divièto*) **1** (*raro*) Vietare, proibire. **2** (*raro, lett.*) Impedire. **3** †Cacciare, escludere.

divièto [da *divietare*] **s. m.** **1** Comando di legge che impone al singolo un comportamento negativo: *porre, mettere un d.*; *d. di sosta, di transito*; *rispettare, osservare, non osservare il d.* | Correntemente, proibizione | *Far d.*, proibire, vietare: *a tutti è fatto d. di entrare* | †*Aver d.*, essere proibito. **SIN.** Proibizione. **2** (*raro, lett.*) Impedimento, ostacolo: *questa volta il d. è vinto dal dovere* (MONTI) | †*Aver d.*, essere impedito.

divina [f. sost. di *divino*] **s. f.** ● Donna di incomparabile bellezza, fascino, talento e sim.

†divinàle [vc. dotta, lat. tardo *divināle(m)*, da *divīnus* 'divino'] **agg.** ● Divino. || **†divinalménte**, **avv.** Per opera divina.

divinaménto **s. m.** ● (*raro*) Presagio risultante dalla pratica divinatoria.

divinàre [vc. dotta, lat. *divināre*, da *divīnus* 'relativo a dio'] **v. tr.** **1** Indovinare, predire il futuro mediante le tecniche divinatorie. **2** (*lett.*) Antivedere il futuro, presagire | (*raro, est.*) Intuire, immaginare.

divinatóre [vc. dotta, lat. tardo *divinatōre(m)*, da *divinātus* 'divinato'] **s. m.**; anche **agg.** (f. *-trice*) **1** Chi, che esercita la divinazione. **SIN.** Mago, indovino. **2** Chi, che prevede o intuisce il futuro: *mente divinatrice*.

divinatòrio **agg.** **1** Che si riferisce alla divinazione | *Arte, facoltà divinatoria*, capacità paranormale di conoscere il futuro o il presente ignoto. **2** Profetico: *istinto d.*

divinazióne [vc. dotta, lat. *divinatiōne(m)*, da *divinātus* 'divinato'] **s. f.** **1** Nelle religioni superiori e primitive, tecnica per scoprire gli avvenimenti futuri o quelli presenti ignoti, attraverso l'esame dei segni che esprimono la volontà degli dèi. **2** (*est.*) Predizione.

†divincolàbile **agg.** ● Che si può divincolare.

divincolaménto **s. m.** ● Atto del divincolare e del divincolarsi.

divincolàre [comp. di *di-* (*1*) e *vincolare*] **A** **v. tr.** (*io divìncolo*) ● (*lett.*) Piegare da una parte e dall'altra come un vinco, un vimine | *D. la coda*, scodinzolare. **B** **v. intr.** (aus. *essere*) **1** (*raro*) Guizzare, detto di serpenti, anguille e sim. **2** (*raro, lett.*) Tentennare, vacillare. **C** **v. rifl.** ● Dimenarsi, contorcersi: *divincolarsi per sciogliere i legami*; *quella serpe che lacerata e pesta ... si va pur tuttavia divincolando* (GALILEI).

†divincolazióne **s. f.** ● Divincolamento.

divincolìo **s. m.** ● Divincolamento continuato.

divinità o **†divinitàde**, **†divinitàte** [vc. dotta, lat. *divinitāte(m)*, da *divīnus* 'proprio del dio'] **s. f.** **1** Natura, essenza divina: *gli antichi stimarono la d. e l'umanità potersi congiungere ... in un solo subbietto* (LEOPARDI). **2** Essere divino, dio: *le d. pagane*. **3** (*fig.*) Qualità di chi, di ciò che è divino, sublime: *la d. della poesia dantesca*. **4** Scienza teologica: *i maestri, i dottori in d.* **5** †Arte o facoltà divinatoria.

divinizzàre [fr. *diviniser*, da *divin* 'divino'] **v. tr.** **1** Rendere o considerare divino, collocare fra le divinità: *d. le forze della natura*; *gli antichi divinizzarono molti eroi*. **2** (*fig.*) Celebrare, esaltare come persona o cosa divina: *d. un poeta*; *d. l'arte*.

divinizzazióne **s. f.** ● Atto, effetto del divinizzare.

divino [vc. dotta, lat. *divīnu(m)*, da *dīvus* 'dio'] **A** **agg.** **1** Di Dio, che si riferisce a Dio o agli dèi: *bontà, volontà, misericordia divina*; *i divini attributi di Giove*; *il nettare d.* | *Scienza divina*, la teologia. **2** Che ha natura di divinità, che partecipa della divina perfezione: *un essere d.*; *una creatura divina*. **SIN.** Celeste. **3** Che è degno di Dio o degli dèi: *tributare a qc. onori divini*. **4** Che proviene da Dio, che è voluto o ispirato da Dio: *perdono d.*; *grazia divina*; *subire il castigo d.*; *ascoltare la parola divina* | *Divina Scrittura*, la Bibbia. **5** (*fig.*) Eccellente, straordinario, sovrumano: *arte, bellezza, poesia divina*; *ogni aura tace al suo parlar d.* (POLIZIANO) | *Il d. poeta*, (*per anton.*) Dante | (*fam.*) Bellissimo: *hai un vestito d.*; *oggi sei divina!* **6** †Che indovina, predice. || **divinaménte**, **avv.** **1** In modo divino, degno di Dio. **2** (*est.*) In modo eccellente, straordinario. **B** **s. m.** **1** Essenza o natura divina: *la collisione tra il satanico e il d.* (DE SANCTIS). **2** (*raro*) Ciò che riguarda la divinità: *conoscere il d.* **3** †Indovino, vate.

divịṣa (*1*) [da *divisare* (*1*)] **s. f.** **1** (*raro, lett.*) Divisione, ripartizione | †*Fare d. da qc., da q.c.*, separarsene, allontanarsene | (*tosc.*) *Fare la d.*, dividere i prodotti agricoli fra proprietario e mezzadro o contadino. **2** (*fig.*) †Discordia. **3** (*raro*) Scriminatura: *l'avevano pettinata alla moda, colla divisa in mezzo* (VERGA).

divịṣa (*2*) o (*dial.*) **†dovịṣa** [da *diviso*, perché originariamente veste *divisa* in più colori] **s. f.** **1** Veste di varia foggia e colore, un tempo comune a tutti i membri di una casata, di una confraternita, di un'associazione e sim. | Livrea: *la d. dei camerieri*. **2** Uniforme: *la d. degli alpini, degli aviatori*; *quasi tutti i collegi adottano una d. per i loro alunni* | Nelle attività sportive, complesso degli indumenti che si devono indossare in osservanza al regolamento. **3** (*arald.*) Frase allegorica scritta su un nastro, posto sotto lo scudo: *la d. della famiglia è 'ad augusta per angusta'*. **4** †Sembianza. **5** †Modo, maniera.

divịṣa (*3*) [fr. *devise*, dal più ant. sign. di 'insegna, iscrizione'(?)] **s. f.** ● (*econ.*) Credito o titolo di credito in moneta estera | *D. convertibile*, valuta convertibile.

divịṣaménto [da *divisare* (*2*)] **s. m.** ● (*raro*) Atto, effetto del divisare, dello stabilire, del proporsi.

†divịṣàre (*1*) [lat. parl. **divisāre*, ints. di *divĭdere* 'dividere'] **v. tr.** **1** Dividere, separare, frazionare. **2** Differenziare, distinguere. **3** Distribuire.

†divịṣàre (*2*) o (*raro*) **†devịṣàre** [fr. *deviser*, dal lat. parl. **divisāre*; cfr. prec.] **v. tr.** **1** (*lett.*) Proporsi, stabilire: *divisò di partire al più presto*; *quello che Pietro si divisasse a sodisfacimento di tutti ..., m'è uscito di mente* (BOCCACCIO). **2** (*lett.*) Immaginare, pensare: *d. q.c. tra sé*. **3** (*lett.*) Esporre, descrivere, narrare con precisione, minuzia.

†divịṣatóre [da *divisare* (*2*)] **agg.**; anche **s. m.** (f. *-trice*) ● (*raro*) Chi, che divisa, stabilisce, propone.

divịṣìbile [vc. dotta, lat. tardo *divisĭbile(m)*, da *divīsus* 'diviso (1)'] **agg.** **1** Che si può dividere | (*dir.*) *Obbligazione d.*, in cui la prestazione si può ridurre in parte per sua natura o per volontà delle parti | (*dir.*) *Cosa d.*, riducibile in parti senza che sia del tutto alterata la destinazione economico-sociale. **2** (*mat.*) Che si può dividere esattamente, cioè con resto nullo: *il 16 non è d. per 7*. || **†divisibilménte**, **avv.**

divịṣibilità **s. f.** ● Qualità di ciò che è divisibile.

divịṣionàle [da *divisione*] **agg.** **1** (*mil.*) Che concerne la divisione. **2** Detto di moneta che rappresenta una frazione di unità monetaria.

divịṣionàrio **A** **agg.** ● Di divisione | *Moneta divisionaria*, divisionale. **B** **s. m.** ● (*mil.*) Generale comandante di una divisione.

divịṣióne [vc. dotta, lat. *divisiōne(m)*, da *divīsus* 'diviso (1)'] **s. f.** **1** Atto, effetto del dividere o del dividersi: *la d. di una parola in sillabe, di un libro in capitoli, di una provincia in comuni*; *le divisioni di casta*; *la d. di due coniugi* | *Linea, punto, di d.*, che divide, separa | *D. del lavoro*, principio di organizzazione della produzione secondo cui ogni uomo svolge solo un dato tipo di lavoro e in particolare ogni operaio dell'industria una sola operazione manuale o mentale o comunque un gruppo assai ristretto di tali operazioni | *Votare per d.*, mutando posto, nella sede di riunione dell'assemblea | *D. dei poteri*, principio secondo cui i poteri dello Stato appartengono ad organi distinti, senza interferenze. **2** (*dir.*) Scioglimento della comunione mediante assegnazione in proprietà, a ciascuno dei contitolari, di una parte dei beni comuni: *d. consensuale, giudiziale*. **3** (*mat.*) Operazione inversa della moltiplicazione per cui, dati due numeri, detti dividendo e divisore, se ne ottiene un terzo, detto quoziente, che moltiplicato per il divisore dà il dividendo. **4** (*elettron.*) *D. di frequenza*, operazione, eseguita mediante un divisore di frequenza, che fa passare da un segnale periodico avente una frequenza data a uno avente una frequenza sottomultipla della prima. **5** (*bot.*) La categoria più elevata della sistematica vegetale, comprendente tutte le piante che possono ritenersi filogeneticamente collegate | (*biol.*) *D. cellulare indiretta*, cariocinesi. **6** (*mil.*) Grande unità elementare idonea a condurre compiutamente il combattimento mediante l'impiego di brigate o di raggruppamenti tattici: *d. di fanteria, corazzata*; *il serpente verdegrigio delle divisioni naziste* (LEVI) | In marina, gruppo organico di navi da guerra per lo più omogenee: *d. di cacciatorpediniere, d'incrociatori* | In aeronautica militare, unità organica costituita da più brigate. **7** Partizione che fa l'oratore dei vari capi del suo discorso | Nell'antica esegesi, suddivisione di un capitolo o di un canto di un'opera letteraria prima di prenderne a chiosare parole e frasi. **8** Ripartizione interna di un ministero o di altra pubblica amministrazione comprendente più sezioni o più uffici. **9** Nei campionati di calcio e sim., raggruppamento di squadre in base al valore | *Massima d.*, quella di serie A. || **divisioncèlla**, **dim.**

divịṣionìṣmo [dalla *divisione* dei colori nei loro elementi, escludendone l'impasto] **s. m.** ● Movimento pittorico sorto in Francia verso la fine del sec. XIX, e passato poi in Italia, che adotta una tecnica consistente nell'accostare sulla tela tocchi di colore puro, talvolta piccoli come punti, per moltiplicare le vibrazioni luminose.

divịṣionìsta **A** **s. m. e f.** (pl. m. *-i*) ● Pittore che pratica il divisionismo. **B** anche **agg.** (pl. m. *-i*) ● Divisionistico: *pittura divisionista*.

divịṣionìstico **agg.** (pl. m. *-ci*) ● Che è proprio del divisionismo: *tecniche divisionistiche*.

†divịṣìvo [vc. dotta, lat. tardo *divisīvu(m)*, da *divīsus* 'diviso (1)'] **agg.** ● Che divide | Che è atto a dividere.

divịṣmo [da *divo* (*2*)] **s. m.** **1** Fanatismo di massa verso personaggi famosi del cinema, della canzone, dello sport e dello spettacolo in genere. **2** Comportamento capriccioso, eccentrico e presuntuoso ostentato, spec. nei contatti con il pubblico, da personaggi noti o famosi del mondo dello spettacolo, dello sport e sim.

divịṣo (*1*) **part. pass.** di *dividere*; anche **agg.** **1** Nei sign. del v. **2** *Vivere d. dal mondo*, lontano da tutti, appartato | †*In d.*, privatamente | †*Per non d.*, in comune. || **†divisaménte**, **avv.** Separatamente.

†divịṣo (*2*) [vc. dotta, lat. *divīsu(m)*, s. del part. pass. di *divĭdere* 'dividere'] **s. m.** ● Divisione.

†divịṣo (*3*) [adatt. dell'ant. fr. *devis* 'opinione', da *deviser* 'divisare, pensare'] **s. m.** ● Divisamento, pensiero.

divịṣóre [lat. *divisōre(m)*, da *divīsus* 'diviso (1)'] **A** **s. m.**; anche **agg.** ● (*raro*) Chi, che divide. **B** **s. m.** **1** (*mat.*) Secondo termine d'una divisione, numero che divide il dividendo | Ente per il quale l'ente dato è divisibile | *Comun d.*, divisore di tutti gli enti dati | *Massimo comun d.*, di più numeri, massimo fra i loro divisori comuni; di più polinomi, polinomio di grado massimo fra i divisori comuni. **2** Nelle lavorazioni meccaniche, apparecchio atto a dividere una circonferenza in un numero esatto di parti uguali. **3** (*elettron.*) *D. di frequenza*, oscillatore che effettua la divisione di frequenza.

divịṣòrio **A** **agg.** ● Atto a dividere: *muro d.* **B** **s. m.** ● Elemento che divide, separa e sim.: *il d. delle acque*; *la stanza era tagliata in due da un d.*

divìstico [da *divo* (*2*)] **agg.** (pl. m. *-ci*) **1** Proprio di un divo o di una diva: *modi, atteggiamenti divistici*. **2** Relativo al divismo.

†divìẓa ● V. *dovizia*.

†divìẓia e *deriv.* ● V. *dovizia* e *deriv.*

divo (*1*) [vc. dotta, lat. *dīvu(m)* 'dio', di origine indeur.] **A** **agg.** **1** (*lett.*) Divino | Magnifico, illustre: *il d. Augusto*. **2** (*poet.*) Risplendente, scintillante: *bello il tuo manto, o d. cielo, e bella / sei tu, rorida terra* (LEOPARDI). **B** **s. m.** (f. *-a* (V.)) ● (*lett.*) Dio, nume.

divo (*2*) [da *divo* (*1*), ma modellato sul f. *diva*, che per primo ha assunto tale senso] **s. m.** ● Artista famoso, personaggio molto popolare: *un d. del cinema, della canzone, della televisione*.

†divo (*3*) ● V. †*dive*.

†**divolgàre** e *deriv.* • V. *divulgare* e *deriv.*
†**divòlgere** [adatt. su *avvolgere* dal lat. *devŏlvere* 'voltare (*vŏlvere*) in giù (*dē-*)'] v. tr. *1* Volgere, travolgere. *2* (*fig.*) Distogliere, allontanare.
†**divòlto** part. pass. di †*divolgere*; anche agg. • Nei sign. del v.
divoracità [da *divorare*] s. f. • (*raro*) Voracità.
divoraménto o (*raro*) †**devoraménto**. s. m. • (*raro, lett.*) Atto, effetto del divorare.
†**divoramónti** [comp. di *divora(re)* e il pl. di *monte*] s. m. • (*scherz.*) Spaccone, millantatore.
divoràre o †**devoràre** [vc. dotta, lat. *devorāre*, comp. di *dē-* e *vorāre* 'divorare', di origine indeur.] **A** v. tr. (*io divóro*) *1* Mangiare con grande avidità, detto degli animali spec. feroci: *la belva divorò la preda* | (*est.*) Mangiare voracemente, inghiottendo il cibo in fretta, senza quasi masticarlo: *ha letteralmente divorato la cena*; *s'è divorato un piatto enorme di pasta.* *2* (*raro, lett., fig.*) Depredare, distruggere, soggiogare: *d. popoli, città*; *l'ambizione ... soffia in cuor de' potenti, incitandoli a d. i vicini* (MURATORI). *3* (*fig.*) Distruggere, consumare, detto di fuoco, malattia, passione e sim.: *le fiamme divorarono l'edificio in breve tempo*; *la febbre lo divora*; *è divorato dall'odio.* *4* (*fig.*) Scialacquare, dilapidare: *sta divorando le poche sostanze del padre.* *5* (*fig.*) Leggere con grande interesse, senza distrarsi né interrompersi: *d. un libro, un romanzo*; *presto avrai divorato l'intera biblioteca!* *6* (*fig.*) Percorrere a tutta velocità: *d. la strada*; *divorò i pochi metri che lo separavano da casa.* *7* (*fig.*) Fissare qc. o q.c. con grande intensità, mostrando apertamente il desiderio, la passione e sim.: *d. il cibo con gli occhi*; *la divorava con lo sguardo.* **B** v. intr. pron. • (*fig.*) Struggersi, consumarsi: *divorarsi dalla rabbia, dal desiderio.*
divoratóre o †**devoratóre** [vc. dotta, lat. tardo *devoratōre(m)*, da *devorātus* 'divorato'] **A** agg. (f. *-trice*) • Che divora (*spec. fig.*): *fuoco d.*; *febbre divoratrice*; *angoscia divoratrice dell'anima.* **B** s. m. • Gran mangiatore, uomo estremamente ingordo e goloso: *un d. di dolci* | (*fig.*) *D. di libri*, lettore avido e instancabile.
†**divoratùra** s. f. • (*raro*) Divoramento.
†**divorazióne** o †**devorazióne** [vc. dotta, lat. *devoratiōne(m)*, da *devorātus* 'divorato'] s. f. • (*raro*) Divoramento.
†**divóro** [da *divorare*] s. m. • (*raro*) Divoramento.
divorziàre [fr. *divorcer*, adattato prima in *divorzare*, poi, nella forma attuale, per analogia su *divorzio*] v. intr. (*io divòrzio*; aus. *avere*) • Fare divorzio: *ha divorziato di recente*; *hanno divorziato un anno fa* | (*est.*) Dividersi, allontanarsi da cose o persone alle quali si era legati (*spesso scherz.*): *dopo una lunga amicizia, hanno divorziato.*
divorziàto **A** part. pass. di *divorziare*; anche agg. • Nei sign. del v. **B** s. m. (f. *-a*) • Chi ha sciolto il precedente matrimonio mediante divorzio.
divorzile agg. • Di, relativo a divorzio | *Assegno d.*, somma che uno dei due coniugi è tenuto a versare all'altro in caso di divorzio.
divòrzio o (*poet.*) †**divòrzo** [vc. dotta, lat. *divŏrtiu(m)*, da *divĕrtere* 'volgere (*vĕrtere*) verso un'altra parte (*dis-*)'] s. m. • (*dir.*) Scioglimento del matrimonio durante la vita dei coniugi: *chiedere, ottenere, concedere, negare il d.* | (*est.*) Separazione, scissione: *il suo d. dall'ambiente accademico è stato senza rimpianti*; *il d. dei due partiti è un fatto scontato.*
divorzìsmo s. m. • Atteggiamento di chi è divorzista.
divorzista **A** s. m. e f. (pl. m. *-i*) *1* Chi sostiene l'introduzione del divorzio in ordinamenti giuridici ove non è ammesso. *2* Avvocato esperto in cause di divorzio. **B** agg. (pl. m. *-i*) • Divorzistico.
divorzìstico agg. (pl. m. *-ci*) *1* Del, relativo al, divorzio. *2* Proprio del divorzismo e dei divorzisti.
†**divòrzo** • V. *divorzio.*
†**divòto** (1) • V. *devoto.*
†**divòto** (2) • V. †*divuoto.*
†**divozióne** • V. *devozione.*
divulgàbile agg. • Che si può divulgare.
divulgaménto o †**divolgaménto**. s. m. • (*raro*) Divulgazione.
divulgàre o †**divolgàre** [vc. dotta, lat. *divulgāre*, comp. di *dis-* 'dis- (1)' e *vulgāre* 'spandere tra la folla (*vŭlgus*)'] **A** v. tr. (*io divùlgo, tu divùlghi*) *1* Rendere noto a tutti un fatto, un avvenimento, un segreto e sim.: *d. una notizia per danneggiare una persona.* SIN. Diffondere. *2* Rendere comprensibili a una vasta cerchia di persone concetti artistici, letterari o scientifici esponendoli in modo semplice e chiaro: *d. i principi della fisica moderna.* **B** v. intr. pron. • Spargersi, diffondersi: *la chiacchiera si è divulgata velocemente* | Entrare nell'uso comune: *questo francesismo si è divulgato dappertutto.*
divulgativo agg. • Atto a divulgare: *un testo, un manuale d.*; *scritti scientifici divulgativi.*
divulgatóre o †**divolgatóre** [vc. dotta, lat. tardo *divulgatōre(m)*, da *divulgātus* 'divulgato'] s. m.; anche agg. (f. *-trice*) *1* Chi, che divulga: *un d. di notizie infondate.* *2* Chi, che fa opera di divulgazione di opere, dottrine, idee altrui: *quel letterato è soprattutto un d.*
divulgazióne o †**divolgazióne** [vc. dotta, lat. tardo *divulgatiōne(m)*, da *divulgātus* 'divulgato'] s. f. • Atto, effetto del divulgare e del divulgarsi: *un libro di d. scientifica*; *la d. di un segreto militare.*
divulsióne [vc. dotta, lat. *divulsiōne(m)*, da *divŭlsus*, part. pass. di *divĕllere* 'strappar (*vĕllere*) via (*dis-*)'] s. f. • (*med.*) Dilatazione forzata di orifizio o canale: *d. anale.*
divùlso part. pass. di *divellere*; anche agg. • (*raro*) Nei sign. del v.
divulsóre s. m. • (*med.*) Strumento per la divulsione.
†**divuòto** o †**divòto** (2) [comp. di *di-* (*1*) e *vuoto*] agg. • Vuoto, cavo.
dixieland /ingl. 'diksilænd/ [dal luogo di provenienza, gli 'stati del Sud', chiamati con una espressione di origine incerta *Dixie(land)* 'la terra (*land*) di *Dixie* (soprannome dei negri)', quindi 'la terra dei negri'] s. m. inv. • Jazz tradizionale, sorto a New Orleans e diffusosi successivamente a Chicago e a New York.
dizigòte [comp. di *di-* (*2*) e *zigote*] **A** s. m. • (*biol.*) Ognuno dei due gemelli che si sviluppano dalla fecondazione di due cellule uovo. **B** agg. • (*biol.*) Dizigotico.
dizigòtico [comp. di *di-* (*2*) e *zigote*, con suff. aggettivale] agg. (pl. m. *-ci*) • (*biol.*) Biovulare.
dizionàrio [lat. mediev. *dictionāriu(m)*, dal lat. class. *dĭctio*, genit. *dictiōnis* 'dizione' (cfr. *vocabolario*)] s. m. • Opera che presenta il lessico di una o più lingue, raccolto in ordine alfabetico e corredato di un determinato numero di informazioni (pronuncia, etimologia, categoria grammaticale, definizione o traduzione, esempi d'uso), o anche i termini relativi a un determinato settore specialistico, a una scienza, un'arte e sim.: *d. della lingua italiana*; *d. monolingue*; *d. bilingue*; *d. giuridico*; *d. di informatica, di geologia, di musica*; *d. enciclopedico.* SIN. Vocabolario. || **dizionariàccio**, pegg. | **dizionariétto**, dim. | **dizionarino**, dim. | **dizionarióne**, accr. | **dizionariùccio**, dim., spreg.
dizionarìsta [fr. *dictionnariste*, da *dictionnaire* 'dizionario'] s. m. e f. (pl. m. *-i*) • Chi compila dizionari. SIN. Lessicografo.
dizionarìstica [f. sost. di *dizionaristico*] s. f. • Lessicografia.
dizionarìstico agg. (pl. m. *-ci*) • Di, da dizionarista; lessicografico, vocabolaristico: *attività dizionaristica.*
dizióne [vc. dotta, lat. *dictiōne(m)*, da *dīcere* 'dire'] s. f. *1* Atto, effetto del dire | Recitazione: *una pubblica d. di poesia.* *2* Modo chiaro e corretto di pronunciare le parole: *corso di d.*; *è un bravo attore, ma non ha una buona d.* *3* Discorso, frase, parola | Locuzione: *una d. tipica del Meridione.* *4* †Autorità, potestà, dominio.
DNA /di ɛnne 'a/ [sigla dell'ingl. *DeoxyriboNucleic Acid* 'acido deossiribonucleico'] s. m. inv. • (*biol.*) Acido deossiribonucleico, che si trova quasi esclusivamente nel nucleo delle cellule ed è portatore dei fattori ereditari: *DNA ricombinante.*
†**do'** /dɔ/ [per *dove*] avv. • Forma tronca di 'dove'.
do (1) /dɔ*/ [dalla prima sillaba del cognome del coniatore, il musicista fiorentino G. B. *Doni* (?)] s. m. • Prima nota della scala musicale fondamentale nella terminologia italiana | *Do di petto*, il più acuto che può emettere un tenore; (*fig.*) il punto più alto, il culmine di q.c.: *quel poema fu il do di petto della sua produzione letteraria* (V. nota d'uso ACCENTO). ➡ ILL. **musica**.
†**do** (2) /dɔ/ • V. †*doh.*
†**doàgio** • V. †*duagio.*
†**doàna** • V. *dogana.*
doàrio • V. *dovario.*
†**dòbbra** o **dòbbra** • V. *dobla.*
†**dobbràre** • V. †*doblare.*
dobermann /'dɔberman, *ted.* 'do:bərman/ [ted. *Dobermann(pinscher)* '(griffone) *Dobermann*'; dal n. dell'allevatore che l'ottenne per incrocio di un griffone con un pastore ted.] s. m. inv. • Cane da guardia e da difesa di taglia media con corpo snello e vigoroso, pelo corto e lucido e muso appuntito.
dóbla o **dòbla** o †**dóbbra** [sp. *dobla*, letteralmente 'doppia', perché in origine valeva il doppio di uno scudo] s. f. *1* Moneta d'oro spagnola, coniata per la prima volta da Alfonso XI di Castiglia. *2* (*lett.*) Moneta d'oro in genere: *facea nascer le doble a diece a diece* (ARIOSTO).
†**doblàre** o †**dobbràre** [fr. ant. *dobler* 'raddoppiare'] v. tr. • Raddoppiare, duplicare.
†**dóblo** [ant. fr. *doble*, dal lat. *dŭplus* 'doppio'] agg. • Doppio. || †**doblaménte**, avv. Doppiamente.
doblóne [sp. *doblón*, accr. di *dobla* 'dobla'] s. m. • Moneta spagnola d'oro del valore di due scudi d'oro, coniata dal XVI sec. in poi.
doc /dɔk/ o **DOC** [sigla di *d(enominazione di) o(rigine) c(ontrollata)*] **A** agg. inv. *1* Detto di vino, o di altro prodotto, provvisto di un contrassegno che ne garantisce la zona di produzione: *chianti doc*; *parmigiano doc.* *2* (*fig., scherz.*) Genuino, autentico: *milanesi doc*; *intellettuale doc* | Molto buono, di gran pregio: *un film doc.* **B** s. m. inv. • Vino doc.
dóccia [etim. incerta] s. f. (pl. *-ce*) *1* (*arch.*) Canale in terracotta, lamiera o cemento armato che, partendo dalla grondaia di un tetto, sporge dal muro del fabbricato onde scaricare con un getto esterno l'acqua piovana. *2* Canale inclinato per convogliare l'acqua contro le pale della ruota di un mulino | (*est., gener.*) Canale | *A d.*, detto di scalpello con scanalatura mediana. *3* Impianto idraulico usato nei locali da bagno per ottenere un'uniforme distribuzione a spruzzo dell'acqua sul corpo | (*est.*) Locale, o parte di esso, in cui si trova tale impianto: *una d. rivestita di piastrelle azzurre* | (*est.*) Bagno fatto con tale sistema: *fare, farsi la d.*; *d. fredda, tiepida, calda* | *D. fredda*, (*fig.*) notizia o avvenimento che giunge improvviso a spegnere ogni precedente entusiasmo | *D. scozzese*, fatta alternando acqua calda e acqua fredda; (*est., fig.*) successione rapida e violenta di eventi piacevoli e spiacevoli | †*Bere a d.*, a garganella. *4* (*med.*) Apparecchio ortopedico in gesso o metallo, a forma di solco, usato per immobilizzare un arto. *5* (*zool.*) *D. esofagea*, nei Ruminanti, parte dello stomaco per cui l'omaso comunica con l'esofago.
docciàio s. m. *1* (*tosc.*) Chi fabbrica o installa docce o grondaie. *2* Chi fa o ripara tubi per l'acqua. SIN. Idraulico.
docciàre [da *doccia*] **A** v. tr. (*io dóccio*) • (*raro, lett.*) Versare l'acqua a guisa di doccia su una persona o una cosa. **B** v. intr. (*io dóccio*; aus. *essere* se il sogg. è il liquido, *avere* se il sogg. è il recipiente) • †Sgorgare come l'acqua di una doccia. **C** v. rifl. • (*raro*) Fare la doccia.
docciaschiùma [n. commerciale; comp. di *doccia* e *schiuma*] s. f. (pl. inv. o *docceschiume*) • Prodotto che sciolto nell'acqua della doccia produce una schiuma saponosa.
docciatùra s. f. • (*raro*) Atto, effetto del docciare e del docciarsi, spec. a scopo curativo.
†**dóccio** [etim. incerta] s. m. *1* Doccia. *2* Doccione.
doccionàta s. f. • Condotto formato di doccioni.
doccióne [etim. discussa: lat. *ductiōne(m)* 'condotto (d'acqua)' con sovrapposizione d'altra parola (?)] s. m. *1* (*arch.*) Parte terminale della grondaia che serve a scaricare l'acqua lontano dai muri, consistente talora, spec. in palazzi antichi, in un'opera di scultura con figure grottesche o di animali | Tubo collegato alla grondaia, che scarica le acque piovane a terra. *2* Nell'alpinismo, colatoio.

docènte [vc. dotta, lat. *docĕnte(m)*, part. pres. di *docēre* 'insegnare'] **A** agg. ● Che insegna: *il personale d.* **B** s. m. e f. ● Insegnante: *d. di matematica.*

docènza [vc. dotta, lat. tardo *docĕntia(m)* 'dottrina', da *docēre* 'insegnare'] s. f. ● Titolo e professione di docente: *ottenere la d. in latino*; *concorrere per la libera d.*

docenziàle [da *docente*] agg. ● (*raro*) Di, relativo a, docente.

†**docére** o **dócere** [vc. dotta, lat. *docēre*, di origine indeur.] v. tr. (dif. usato solo nella terza pers. sing. del pres. indic. *dòce*) ● (*lett.*) Insegnare.

docèta [vc. dotta, lat. eccl. *Docētae* (nom.), dal gr. *Dokētái*, letteralmente 'i credenti (che il corpo di Cristo fosse un fantasma)', da *dokêin* 'sembrare, credere'] s. m. e f. (pl. m. *-i*) ● Seguace del docetismo.

docetìsmo [da *doceta*] s. m. ● Dottrina eretica dei primi secoli cristiani, secondo la quale il corpo di Cristo era soltanto apparenza.

docetìsta s. m. e f. (pl. m. *-i*) ● Doceta.

dòcile [vc. dotta, lat. *dŏcile(m)*, propriamente 'che si può istruire (*docēre*)'] agg. *1* Che apprende senza sforzo: *un'intelligenza d. e ricettiva.* *2* Che si piega con facilità alla volontà altrui, arrendevole, ubbidiente: *bambino, carattere d.*; *essere d. ai comandi, ai consigli di qc.* | Mansueto: *animale d.*; *essere d. come un agnello.* SIN. Cedevole, remissivo. *3* (*fig.*) Che si può usare, manovrare, maneggiare, lavorare e sim. con molta facilità: *strumento d.*; *macchina, nave d. ai comandi*; *materiale d. allo scalpello.* || **docilino**, dim. || **docilménte**, avv. In modo docile: *acconsentire docilmente ai desideri di qc.*

docilità o †**docilitàde**, †**docilitàte** [vc. dotta, lat. *docilitāte(m)*, da *dŏcilis* 'docile'] s. f. ● Qualità di chi, di ciò che è docile.

docimaṣìa [vc. dotta, gr. *dokimasía*, da *dokimázein* 'provare, assaggiare', da *dókimos*, propriamente 'accettato'] s. f. *1* Nell'antica Grecia, esame dei requisiti necessari per esercitare particolari diritti o uffici. *2* (*med.*) Saggio necroscopico per dimostrare se il feto sia nato vivo o morto: *d. polmonare, auricolare.* *3* (*chim.*) Esame o saggio analitico di controllo su materiali metallici, da costruzione, combustibili e sim.

docimàstica [da *docimastico*] s. f. ● (*chim.*) Tecnica di preparazione dei saggi.

docimàstico [vc. dotta, gr. *dokimastikós* 'relativo alla docimasia'] agg. (pl. m. *-ci*) ● (*chim.*) Relativo alla docimasia | *Bilancia docimastica*, di precisione, tenuta sotto campana o cassa di vetro, per riconoscere le proporzioni dei vari componenti di una sostanza minerale, spec. metallica.

docimèno [vc. dotta, lat. tardo *Docimēnu(m)* 'relativo alla città frigia di Docimio (*Docimēum*)'] s. m. ● (*miner.*) Marmo lucente molto usato dagli antichi.

docimologìa [comp. del gr. *dókimos* 'idoneo, capace' (da *dokimôun* 'mettere alla prova', di origine indeur.), e *-logia*] s. f. (pl. *-gie*) ● Disciplina a base pedagogica e didattica che studia scientificamente i metodi delle prove scolastiche e i loro criteri di valutazione.

docimològico agg. (pl. m. *-ci*) ● Relativo alla docimologia.

docimòlogo s. m. (f. *-a*; pl. m. *-gi*, pop. *-ghi*) ● Studioso, esperto di docimologia.

dock /*ingl.* dɔk/ [vc. ingl., dal medio ol. *docke*, di etim. incerta] s. m. inv. ● Zona del porto dotata di banchine e delle attrezzature necessarie alle operazioni di carico e scarico delle navi, alla custodia e a quant'altro si richieda per il movimento delle merci.

docking /*ingl.* 'dɔkiŋ/ [vc. ingl., der. di *to dock* 'attraccare', da *dock* 'bacino' (vc. di origine olandese)] s. m. inv. ● In astronautica, aggancio in volo fra due o più veicoli spaziali.

dòcmio [vc. dotta, gr. *dóchm(i)os* 'obliquo, trasversale', di etim. incerta] s. m. *1* (*ling.*) Metro della poesia greca e latina formato da cinque sillabe. *2* (*zool.*) Anchilostoma.

documentàbile agg. ● Che si può documentare.

documentàle agg. ● Che si riferisce a uno o più documenti | *Prova d.*, documentazione.

documentalista s. m. e f. (pl. m. *-i*) ● Persona esperta della documentazione, di cui applica praticamente i principi.

documentàre [da *documento*] **A** v. tr. (*io documénto*) *1* Comprovare o dimostrare q.c. con documenti: *d. la verità di un fatto*; *documentò il suo racconto con registrazioni e fotografie* | Illustrare e confermare una tesi e sim. mediante l'esibizione di documenti: *d. una teoria scientifica.* *2* Fornire uno studioso, uno scienziato, un tecnico e sim. della documentazione necessaria alle sue ricerche, alle sue opere e sim. **B** v. rifl. ● Procurarsi le informazioni, i documenti e sim. necessari a conoscere con precisione q.c.: *documentarsi sugli ultimi avvenimenti politici.*

documentàrio [fr. *documentaire* (sott. *film*) 'che documenta', da *document* 'documento'] **A** agg. *1* Che si riferisce a uno o più documenti | Che si fonda su documenti. *2* Che ha natura o forma di documento, che ha funzioni o finalità prettamente informative: *testimonianze documentarie.* *3* Che riguarda la documentazione: *materiale d.* || **documentariaménte**, avv. Secondo i documenti, in base a documenti. **B** s. m. ● Film o cortometraggio di contenuto informativo, culturale o divulgativo, senza trama narrativa.

documentarista s. m. e f. (pl. m. *-i*) *1* (*raro*) Classificatore, ordinatore di documenti. *2* Creatore e regista di documentari. *3* Persona esperta in documentazione giuridica.

documentarìstico agg. (pl. m. *-ci*) ● Relativo a, proprio di, un documentario.

documentatìvo agg. ● Di documentazione, che serve a documentare.

documentàto part. pass. di *documentare*; anche agg. *1* Nei sign. del v. *2* Attendibile, provato con sicuri argomenti: *sono notizie ben documentate* | Di persona, dotata di profonda conoscenza dell'argomento che tratta: *uno storico, un critico d.*

documentatóre s. m. (f. *-trice*) ● Chi raccoglie e fornisce ad altri una serie di documenti e di informazioni atte a facilitare lo studio, la ricerca scientifica e sim.

documentazióne [fr. *documentation*, da *document* 'documento'] s. f. *1* Atto, effetto del documentare e del documentarsi: *la d. di una verità*; *la d. di uno scienziato* | (*elab.*) *D. automatica*, insieme di tecniche che permettono la registrazione in forma abbreviata di documenti letterali nelle memorie e la loro successiva ricerca automatica. *2* L'insieme dei dati, dei documenti e sim. che consentono di documentare q.c.: *d. ricca, scarsa, abbondante*; *fornire q.c. della relativa d.* | Complesso di documenti relativi a q.c.: *la d. di un processo* | (*dir.*) Complesso dei documenti rappresentativi di un atto o di un negozio giuridico. *3* Complesso di ricerche, studi, pubblicazioni specialistiche e sim. con cui studiosi e scienziati indagano e accertano fatti e fenomeni, avanzano o discutono ipotesi, propongono o confutano teorie e sim.

documénto [vc. dotta, lat. *documēntu(m)* 'ogni cosa che serva per insegnare (*docēre*)'] s. m. *1* (*dir.*) Cosa mobile rappresentativa di un fatto giuridicamente rilevante: *d. dichiarativo, dispositivo, autentico*; *d. d'identità*; *documenti personali* | *Documenti di lavoro*, quelli che le parti di un rapporto di lavoro sono per legge obbligate ad avere | *Documenti!*, invito perentorio a presentare o esibire i propri documenti personali. *2* Testimonianza di interesse storico: *quei castelli sono un d. della civiltà medievale* | (*est.*) Avvenimento che comprova q.c. o riassume le caratteristiche di un determinato fenomeno: *un regime che è il massimo d. di disumanità.* *3* Qualsiasi cosa che costituisce materiale d'informazione o che può essere utile a documentare q.c.: *quel manoscritto è un valido d. per la tua ricerca.* *4* †Insegnamento, ammaestramento. || **documentino**, dim.

documentografìa [comp. di *documento* e *-grafia*] s. f. ● Insieme di pubblicazioni a carattere documentario.

documentologìa [comp. di *documento* e *-logia*] s. f. ● Studio della documentazione nei suoi aspetti teorici e pratici.

documentotèca [comp. di *documento* e *-teca*] s. f. ● Raccolta di documenti, di materiale di documentazione.

dòdeca- o **dódeca-** [dal gr. *dṓdeka* 'dodici'] primo elemento ● In parole composte, significa 'dodici': *dodecaedro, dodecafonia, dodecasillabo.*

dodecaèdrico agg. (pl. m. *-ci*) ● (*mat.*) Di dodecaedro.

dodecaèdro [vc. dotta, gr. *dōdekáedros* 'con dodici (*dṓdeka*) facce o basi (*hédrai*)'] s. m. ● (*mat.*) Poliedro con dodici facce | *D. regolare*, dodecaedro che ha per facce dei pentagoni regolari uguali.

dodecafonìa [vc. dotta, comp. di *dodeca-* e *-fonia*] s. f. ● Moderna tecnica di composizione musicale, basata sull'uguaglianza dei dodici suoni della scala cromatica, i quali vengono raggruppati in serie, costituenti in varie trasformazioni l'impianto di un pezzo.

dodecafònico agg. (pl. m. *-ci*) ● Della, relativo alla, dodecafonia: *stile d.*; *musica dodecafonica.*

dodecàgono [vc. dotta, gr. *dōdekágōnon* 'con dodici (*dṓdeka*) angoli (*gōníai*)'] s. m. ● (*mat.*) Poligono con dodici vertici.

dodecasillabo [vc. dotta, gr. *dōdekasýllabos* 'che ha dodici (*dṓdeka*) sillabe (*syllabái*)'] **A** agg. ● Detto di verso di dodici sillabe. **B** anche s. m.

dodecàstilo [vc. dotta, gr. *dōdekástylos*, comp. di *dṓdeka* 'dodici' e *stýlos* 'colonna'] agg. ● (*arch.*) Detto di edificio che ha dodici colonne sulla facciata.

†**dódeci** ● V. *dodici.*

dodecilbenzène [comp. di *dodec(a)-* e *benzene*] s. m. ● (*chim.*) Molecola organica aromatica e alifatica che, sottoposta a solforazione, costituisce il componente base per la preparazione dei detersivi.

†**dodècimo** ● V. *duodecimo.*

dodicènne [vc. dotta, lat. tardo *duodecĕnne(m)* 'di dodici (*duŏdecim*) anni (*-ĕnnis*, da *ănnus* 'anno')'] agg.; anche s. m. e f. ● Che, chi ha dodici anni: *un giovinetto d.*; *spettacolo per dodicenni.*

dodicènnio [vc. dotta, lat. tardo *duodecĕnniu(m)* '(spazio) di dodici (*duŏdecim*) anni (*-ĕnnium*, da *ănnus* 'anno')'] s. m. ● Periodo di tempo di dodici anni.

dodicèṣima s. f. ● (*mus.*) Intervallo di dodici suoni.

dodiceṣimàle agg. ● (*mat.*) Di sistema che ha per base dodici.

dodicèṣimo **A** agg. num. ord. ● Corrispondente al numero dodici in una sequenza, in una successione (rappresentato da *XII* nella numerazione romana, da *12* in quella araba): *ho letto il capitolo d.*; *Luigi XII, re di Francia, regnò fino al 1515*; *elevare tre alla dodicesima, (ell.)* | *Il secolo XII*, gli anni dal 1101 al 1200. SIN. (*lett.*) Decimosecondo, (*lett.*) duodecimo. **B** s. m. ● Ciascuna delle dodici parti uguali di una stessa quantità: *calcolare i tre dodicesimi di trenta.*

dódici o †**dódeci** [lat. *duŏdecim*, comp. di *dŭo* 'due' e *dĕcem* 'dieci'] agg. num. card. inv.; anche s. m. e f. ● Numero naturale successivo di undici, rappresentato da *12* nella numerazione araba, da *XII* in quella romana. **I** Come agg. ricorre nei seguenti usi. *1* Rispondendo o sottintendendo la domanda 'quanti?' indica la quantità numerica di dodici unità (spec. preposto a un s.): *i d. mesi dell'anno*; *i d. apostoli*; *le d. tavole*; *i d. segni dello zodiaco*; *i d. Cesari*; *d. tredicesimi*; *il dodecaedro ha d. facce* | (*lett.*) Parecchi, molti (con valore indet.): *li nemici delle Signorie Vostre vi faranno su d. comenti* (MACHIAVELLI) | *I Dodici*, i Paesi membri della Comunità Economica Europea. *2* Rispondendo o sottintendendo la domanda 'quale?', identifica q.c. in una pluralità, in una successione, in una sequenza (posposto a un s.): *leggete il paragrafo d.*; *abita al numero d. della mia stessa strada.* **II** Come s. ricorre nei seguenti usi. *1* Il numero dodici (per ell. di un s.): *il sei nel d. sta due volte*; *sconto del d. per cento*; *è questa la fermata del d.?*; *la Commissione dei d. fu eletta in Francia dall'assemblea costituente*; *ha fatto d. al totocalcio* | *Le d.*, mezzogiorno o mezzanotte. *2* Il segno che rappresenta il numero dodici. *3* Numero telefonico corrispondente al servizio informazioni | (*est.*) Il servizio informazioni stesso.

†**dodicìna** s. f. ● Dozzina.

dodicista s. m. e f. (pl. m. *-i*) ● (*raro*) Chi ha fatto dodici al totocalcio e sim.

dòdo o **dido** [port. *dodo* 'semplicione', d'etim. incerta] s. m. ● (*zool.*) Dronte.

dóga o **dòga** [etim. incerta; forse da accostare al lat. tardo *dŏga* 'recipiente', a sua volta di origine non chiarita] s. f. *1* Ognuna delle strisce di legno che compongono il corpo di botti, barili, tini e sim.: *una d. di rovere, di abete* | (*raro*) *Essere buone doghe da botte*, (*fig.*) di cose o persone che stanno unite. *2* †Lista, striscia, fregio, spec. di vestiti | Ognuna delle strisce di diverso colore che formano le bandiere da segnalazione.

dogàdo ● V. *dogato* (*2*).

†**dogàia** o †**dugàia** [forse da *doga* 'recipiente, botte'] s. f. ● Fosso o canale di scolo o di scarico di acqua | (*est.*) Terreno bonificato dalle acque mediante canali di scolo.

dogàle [da *doge*] agg. ● (*lett.*) Del doge: *palazzo d.*; *veste d.* | *Città d.*, (*per anton.*) Venezia | *Corno d.*, berretto di velluto rosso curvato in avanti portato dai Dogi veneziani.

dogalìna [dim. di (*veste*) *dogale*] s. f. ● Veste foderata di ermellino e con maniche molto ampie indossata un tempo dai nobili veneziani.

†**dogàme** [da *doga*] s. m. ● (*raro*) Quantità di doghe | Legname per doghe.

†**dogaménto** s. m. ● (*raro*) Atto, effetto del dogare.

dogàna o (*raro*) †**doàna** [ar. parl. **duwān*, per *dīwān* 'ufficio' (dal persiano *divan*), con intrusione di *-g-* nel più ant. *doana*] s. f. *1* Ufficio fiscale che ha l'incarico di esigere e riscuotere i tributi d'entrata e d'uscita cui sono sottoposte le merci che entrano o escono dal territorio dello Stato. *2* Edificio in cui si esercita l'ufficio doganale: *una merce bloccata in d.* | (*raro*) *Avere sale in d.*, (*fig.*) avere senno | Fondaco in cui si scaricano le merci che rimangono in deposito franche di imposizione doganale sino all'atto della immissione al consumo | Il complesso degli impiegati addetti al controllo doganale: *lo sciopero della d.*; *i controlli della d.* *3* Gabella, tassa: *pagare la d.*

doganàle agg. ● Relativo alla dogana: *linea, tariffa, guardia d.* | *Dazio d.*, dovuto per il passaggio di merce attraverso la linea doganale di uno Stato | *Unione d.*, accordo tra diversi Stati per l'abolizione dei dazi doganali sulle merci tra essi scambiate, e per l'istituzione di un'unica barriera doganale nei confronti dei Paesi non facenti parte dell'unione.

†**doganàto** s. m. ● (*raro*) Ufficio di doganiere.

†**doganése** s. m. ● (*raro*) Doganiere.

doganière s. m. ● Agente dello Stato che sta nei porti e negli aeroporti o negli uffici doganali per il controllo delle operazioni inerenti la dogana | Correntemente, guardia di finanza.

dogàre [da *doga*] v. tr. (*io dógo* o *dògo, tu dóghi* o *dòghi*) *1* (*raro*) Applicare o rimettere le doghe: *d. una botte, un tino*. *2* (*lett.*) †Cingere, listare.

dogaréssa [lat. mediev. *ducarissa*(*m*), f. di *dŭx* 'doge', con il suff. che si trova in *duchessa, contessa*, ecc.] s. f. ● Moglie del doge di Venezia.

dogàto (**1**) part. pass. di *dogare*; anche agg. *1* Nei sign. del v. *2* (*fig., lett.*) Solido | Avveduto, posato: *uomo ben d.*

dogàto (**2**) o **dogàdo** [da *doge*] s. m. *1* Carica, titolo e dignità di doge | Durata di tale carica. *2* †Territorio della Repubblica di Venezia.

dòge o (*raro*) †**dògio** [vc. venez., che continua il lat. *dŭce*(*m*) 'duce, condottiero'] s. m. *1* Titolo dato a chi ricopriva la suprema carica nelle repubbliche di Venezia e di Genova | *Stare come un d.*, (*fig.*) vivere con tutti i comodi | *Berretto del d.*, corno dogale. *2* †Duce, capo.

doghettàto [da *doga*] **A** agg. ● Rivestito di doghe. **B** s. m. ● Tipo di rivestimento costituito da doghe.

dòglia [lat. tardo *dŏlia*, pl. di *dŏlium* 'dolore', ricavato da *dolēre* 'dolere'] s. f. *1* (*lett.*) Dolore, patimento, sofferenza: *di lacrime pregni / sien gli occhi miei, sì come 'l cor di d.* (PETRARCA). *2* (*spec. al pl.*) Dolori che precedono il parto. *3* †Lutto: *abito di d.* || **doglierèlla**, dim. | **dogliùzza**, dim.

dogliànza [ant. fr. *do*(*u*)*liance*, da *doloir* 'dolere'] s. f. *1* (*raro*) Atto, effetto del dolersi, lagnanza, rimostranza: *presentare all'autorità la propria d.* | *Far d.*, reclamare. *2* (*lett.*) Dolore, angoscia: *Vergine madre / vestita di cupa d.* (D'ANNUNZIO) | †Condoglianza.

†**dogliènza** s. f. *1* (*lett.*) Lagnanza: *or sempre nascono rampogna / e rimbrotti, d. e crucci* (D'ANNUNZIO). *2* (*lett.*) Dolore.

dòglio (**1**) o **dóglio** [lat. *dōliu*(*m*), di etim. incerta] s. m. ● Grosso vaso di creta usato anticamente per conservare cereali, vino, olio | (*lett.*) Orcio, giara, barile: *s'apriva / il fumeo d. e si saggiava il vino* (PASCOLI). || **dogliétto**, dim.

dòglio (**2**) o **dóglio** ● V. *dolio*.

doglióso [da *doglia*] agg. *1* (*lett.*) Dolente, sofferente: *animo d.*; *corpo d.* *2* †Che arreca dolore. || †**dogliosaménte**, avv. Dolorosamente.

dògma o **dòmma** [vc. dotta, lat. *dŏgma* (nom.), dal gr. *dógma*, genit. *dógmatos*, che passò dal primo sign. di 'parere' (da *dokêin* 'sembrare') a quello di 'parere decisivo, definitivo'] s. m. (pl. *-i*) *1* Nella religione cattolica, verità contenuta nella Rivelazione e proposta come obbligatoria alla fede universale per esplicita e solenne dichiarazione di concili ecumenici o del sommo Pontefice | Articolo di fede: *d. della Trinità, dell'Immacolata, dell'Assunzione di M. V. al cielo*. *2* (*est.*) Proposizione o principio tenuto per verità incontrastabile: *d. filosofico, politico* | *Quest'affermazione non è un d.*, è discutibile | (*biol.*) *D. centrale*, tesi della biologia molecolare secondo cui il trasferimento dell'informazione genetica avviene nelle tre successive fasi della duplicazione del DNA, della trascrizione in RNA, della traduzione in proteina.

dogmàtica o **dommàtica** [f. sost. di *dogmatico*] s. f. ● Parte della scienza teologica che tratta dei dogmi | Studio teorico e astratto del diritto.

dogmàtico o **dommàtico** [vc. dotta, lat. tardo *dogmătĭcu*(*m*), dal gr. *dogmatikós* 'pertinente al dogma'] **A** agg. (pl. m. *-ci*) *1* (*relig.*) Che si riferisce al dogma: *verità dogmatica*; *studio d.*; *testi dogmatici*. *2* Che si fonda su principi assiomatici e rifiuta qualsiasi tipo di verifica sperimentale. *3* (*est.*) Che non ammette dubbi, critiche, discussioni e sim.: *tono d.*; *verità dogmatica*; *queste sono affermazioni dogmatiche*. *4* Che adegua rigidamente il proprio pensiero e la propria attività ad affermazioni, idee o principi ai quali si attribuisce valore di dogma, accettandoli con intransigenza e tendendo a considerare assurdo ogni dubbio: *moralista d.* || **dogmaticaménte**, avv. In modo dogmatico: *affermare dogmaticamente q.c.* **B** s. m. (f. *-a*; pl. m. *-ci*) ● Persona dogmatica: *in politica è un d.* | Studioso dei dogmi giuridici.

dogmatiṣmo o **dommatiṣmo** [fr. *dogmatisme*, da *dogme* 'dogma'] s. m. *1* Qualsiasi posizione filosofica che, muovendo da principi assiomatici, afferma la possibilità di pervenire alla conoscenza di una realtà che sia assoluta certezza. *2* (*est.*) Tendenza a considerare come assolutamente vere le proprie opinioni, rifiutando quelle altrui come false.

dogmatista o **dommatista** [vc. dotta, lat. tardo *dogmatĭsta*(*m*), dal gr. *dogmatistḗs*, da *dogmatízein* 'dogmatizzare'] s. m. e f. (pl. m. *-i*) ● (*raro*) Chi sostiene una tesi in modo dogmatico.

dogmatiẓẓàre o **dommatiẓẓàre** [vc. dotta, lat. tardo *dogmatizāre*, dal gr. *dogmatízein*, da *dógma* 'dogma'] **A** v. intr. (aus. *avere*) ● Parlare in modo dogmatico, come se si enunciassero verità assolute e incontrovertibili: *costui ... s'era impancato ... a dogmatizzar di morale* (NIEVO). **B** v. tr. ● (*raro*) Affermare come dogma.

dògre [fr. *dogre*, dall'ol. *dogger*, sottinteso *boot*, 'battello per la pesca del merluzzo' (*dogger*, di etim. incerta)] s. m. ● Bastimento olandese per la pesca delle aringhe, e anche per trasporto di merci, a scafo rigonfio e tondo, con due alberi, da 80 e 90 tonnellate.

†**doh** /dɔ?/ o (*raro*) †**dò** (**2**). inter. ● (*raro*) Esprime desiderio, esortazione, preghiera, meraviglia, sdegno, rimprovero e sim.

†**dòi** ● V. *due*.

†**doimila** ● V. *duemila*.

do-it-yourself /ingl. 'du: it jo:'self/ [loc. ingl., propr. 'fai ciò da te'] loc. sost. m. inv. ● Il far da sé, cioè senza ricorrere all'aiuto di operai e artigiani, piccoli lavori o piccole riparazioni, spec. nell'ambito domestico.

dolàbra [vc. dotta, lat. *dolābra*(*m*), da *dolāre* 'piallare'] s. m. *1* Nell'antica Roma, coltellaccio da sacrificio. *2* Piccone a due becchi, di taglio e di punta.

†**dolàre** [lat. *dolāre*, di origine indeur.] v. tr. ● Piallare.

dolatóra [lat. tardo *dolatōria*, pl. di *dolatōrium*, da *dolātus* 'dolato'] s. f. ● Antica piccozza da taglio e da punta nelle due parti.

Dolby ® /ingl. 'dɔlbi/ [dal n. del fisico amer. R. *Dolby*] s. m. inv. ● Nome commerciale di un sistema usato nella registrazione dei nastri magnetici che, mediante amplificazione selettiva, permette di migliorare il rapporto segnale/rumore delle alte frequenze sonore.

dólce [lat. *dŭlce*(*m*), di etim. incerta] **A** agg. *1* Che ha il gradevole sapore proprio dello zucchero, del miele e sim.: *bevanda d.*; *mandorle dolci* | *Farina d.*, quella di castagne | *Caffè d.*, zuccherato. CONTR. Amaro. *2* Che ha il sapore tipico della frutta matura: *arancio d.*; *ciliegie dolci*. CONTR. Aspro. *3* Che contiene una maggiore quantità di zucchero rispetto ad altri cibi o bevande dello stesso tipo: *vino, liquore d.* CONTR. Secco. *4* Che ha sapore delicato, non piccante: *formaggio d.* *5* Che è privo di sale: *acqua d.* | *D. di sale*, detto di cibo insipido. CONTR. Salato. *6* (*chim.*) Detto di acqua che contiene minime quantità di sali di calcio e magnesio. CONTR. Duro. *7* Gradevole alla vista, di armoniosa e serena bellezza: *un panorama d.*; *un colore d. e sfumato*; *un viso d. ed espressivo*. SIN. Delicato, soave. *8* Gradevole all'udito, melodioso: *un d. suono*; *il d. canto degli usignoli*; *mi parlava con voce d. e suadente*. *9* Gradevole all'odorato, di soave profumo: *l'aria era piena di dolci odori*. *10* (*lett.*) Gradevole al tatto, morbido: *... gli pareva che fossero dolci e lisci come le mani del babbo* (VERGA) | (*est.*) Tenero, facile da lavorare, da incidere e sim.: *legname, ferro, pietra d.* | *Legno d.*, che brucia con facilità | *Carbone d.*, non minerale | (*fam.*) *Piedi dolci*, delicati o piatti. *11* Che non è ripido: *un d. pendio*; *le dolci colline* | Che non richiede particolare sforzo, moderato: *movimento d.* *12* (*fig.*) Mite, tiepido, temperato: *la d. primavera*; *i dolci raggi del primo sole*; *amare i climi dolci*. *13* (*fig.*) Che desta sentimenti di gioiosa serenità, che rallegra e conforta lo spirito: *una d. speranza*; *i dolci ricordi della giovinezza*; *non saprei rinunciare alla vostra d. compagnia* | *A bocca d.*, con soddisfazione, di buon umore | Amoroso: *una d. promessa*; *un d. sentimento* | *D. stil novo*. V. *stilnovo*. *14* (*fig., lett.*) Allettante, piacevole, raffinato: *i dolci ozi delle antiche corti* | *Il d. far niente*, lo stare in ozio | *La d. vita*, vita che trascorre nell'ozio e nel divertimento alla ricerca di momentanei appagamenti | *Maglione d. vita*, V. *dolcevita*. *15* (*fig.*) Che rifugge dalla malvagità, dalla violenza, dall'egoismo e sim. umani: *carattere d.*; *educare un bambino con d. rigore*; *usare modi dolci e persuasivi* | Docile: *indole d.* | †Credulo, ingenuo. *16* (*fig., lett.*) Benigno, amorevole: *e 'l d. duca meco si ristette* (DANTE *Inf.* XVIII, 44). *17* (*fig., lett.*) Diletto, amato: *casa, d. casa*; *talor meco s'adira / la mia d. nemica* (PETRARCA). *18* In ecologia, detto di tecnologia atta a produrre energia, il cui impiego è, o si ritiene, meno costoso, inquinante, rischioso e soggetto all'estinzione delle fonti di quello delle tecnologie tradizionali. SIN. Soffice. CONTR. Duro. *19* (*ling.*) Detto di suono la cui pronuncia è relativamente poco intensa | *Spirito d.*, nelle vocali iniziali non aspirate del greco. || **dolceménte**, avv. **B** s. m. *1* Sapore dolce: *il d. gli piace molto*. *2* Cibo che ha come ingrediente fondamentale lo zucchero o il miele: *il budino è il d. che preferisco* | Confetto, caramella, cioccolatino, pasta dolce e sim.: *mangiarsi un d.* | Piatto dolce servito solitamente alla fine di un pranzo: *d. o formaggio*; *essere al d.* *3* †Migliaccio. *4* (*fig., lett.*) Dolcezza, diletto: *e ancor mi distilla / nel core il d. che nacque da essa* (DANTE *Par.* XXXIII, 62-63). **C** avv. ● (*poet.*) In modo dolce: *chi non sa come d. ella sospira, / e come d. parla, e d. ride* (PETRARCA). || **dolciàccio**, pegg. | **dolcétto**, dim. | **dolcino**, dim.

dolceamàro o **dolciamàro** [comp. di *dolce* e *amaro*] agg. ● Che ha sapore insieme dolce e amaro: *caffè d.*

dolcestilnovista [da *dolce stil novo*. V. *stilnovo*] s. m.; anche agg. (pl. m. *-i*) ● (*raro*) Stilnovista.

dolcétta [da *dolce*] s. f. ● (*bot.*) Piccola pianta erbacea delle Valerianacee, spontanea nelle regioni temperate, le cui foglie basali si mangiano in insalata (*Valerianella olitoria*). SIN. Gallinelle, lattughella, lattughina.

dolcétto [da *dolce*] s. m. ● Vino rosso delle Langhe piemontesi, asciutto, con fondo lievemente amarognolo | Vitigno che produce il vino omonimo.

dolcevita o **dólce vita** [comp. di *dolce* e *vita*, dal film di F. Fellini *La dolce vita* (1959) in cui il protagonista talora lo indossava] **A** s. f. ● Maglione a collo alto e aderente. **B** anche in loc. agg. inv.: *maglione d., maglione a d.*

dolcézza [lat. parl. **dulcĕtia(m)*, da *dŭlcis* 'dolce'] s. f. *1* Sapore dolce: *la d. del miele*. CONTR. Amarezza. *2* Qualità di ciò che è dolce (*anche fig.*): *la d. di un suono, di una sensazione, di un sentimento; la d. del suo sguardo ci turbava; ebbe un sorriso di estrema d.* | Bontà, mitezza, gentilezza di modi: *parlare con d.; trattare, guardare qc. con d.; lo ha rimproverato con molta d.* *3* (*spec. al pl., fig.*) Ciò che è dolce, piacevole: *le dolcezze della vita*. *4* (*fig.*) Persona amata: *dove sei gita / che qui solo di te la ricordanza trovo, d. mia?* (LEOPARDI). *5* (*fig.*) Sentimento di intima felicità e commozione: *avere l'animo colmo di d.*

†**dólcia** [lat. *dŭlcia* 'la cosa dolce', neutro sostantivato di *dŭlcis* 'dolce'] s. f. ● (*raro*) Sangue di porco con cui si fa il migliaccio.

dolciamàro ● V. *dolceamaro*.

dolciàna o **dulciàna** nel sign. 2 [adattamento del fr. ant. *douçaine*, dal lat. *dŭlcis* 'dolce', perché strumento dal suono dolce] s. f. ● (*mus.*) Antico strumento musicale a fiato, simile all'oboe.

dolciàrio [da *dolce*] **A** agg. ● Che si riferisce alla lavorazione e alla produzione dei dolci: *industria dolciaria*. **B** s. m. ● Chi è addetto alla lavorazione dei dolci.

dolciàstro [fr. *douceâtre*, da *doux* 'dolce'] agg. *1* Che ha sapore dolce, ma stucchevole o disgustoso: *bevanda dolciastra*. *2* (*fig.*) Ambiguo, mellifluo: *maniere dolciastre; tono d.*

†**dolciàto** agg. *1* (*raro*) Molto dolce. *2* (*fig., lett.*) Mellifluo.

†**dolcibène** [da *Dolcibene* (comp. di *dolce* e *bene*), n. di un celebre giullare] s. m. ● (*raro*) Giullare.

dolcicanòro [comp. di *dolce* e *canoro*] agg. ● (*raro, lett.*) Che canta dolcemente.

dolcichìni [adatt. del venez. *dolzeghìn*, da *dolze* 'dolce'(?)] s. m. pl. ● (*pop.*) Tuberi commestibili del cipero dolce. SIN. Babbagigi.

dolcière [da *dolce*] s. m. *1* Addetto alla lavorazione dei dolci. *2* Pasticcere.

dolcificànte o (*raro*) **dulcificànte** **A** part. pres. di *dolcificare*; anche agg. ● Nei sign. del v. **B** s. m. ● Additivo atto a rendere dolce un cibo. SIN. Edulcorante.

dolcificàre o (*raro*) **dulcificàre** [vc. dotta, lat. tardo *dulcificāre*, da *dŭlcis* 'dolce' e *-ficāre* = *făcere* 'fare'] v. tr. (*io dolcìfico, tu dolcìfichi*) *1* Rendere dolce, spec. prodotti alimentari: *d. il caffè*. SIN. Edulcorare. *2* Eliminare, almeno in parte, da un'acqua dura i sali di calcio e magnesio che le conferiscono durezza. SIN. Addolcire. *3* (*raro, fig.*) Mitigare.

dolcificazióne s. f. ● Atto, effetto del dolcificare.

dolcìgno [da *dolce*] agg. *1* Che tende al dolce: *gusto d.* *2* (*fig.*) Dolciastro.

†**dolcióne** [da *dolce*] agg.; anche s. m. ● (*lett.*) Credulone, sciocco.

†**dolcióre** ● V. †*dolzore*.

†**dolcìre** [da *dolce*] **A** v. tr. ● Dolcificare. **B** v. intr. ● Divenire dolce.

dolcisonànte [comp. di *dolce* e *sonante*] agg. ● (*poet.*) Che suona dolcemente: *cetra d.*

†**dolcitùdine** [vc. dotta, lat. *dulcitūdine(m)*, da *dŭlcis*, sul tipo di *amaritūdine(m)*, da *amārus* 'amaro'] s. f. *1* Dolcezza | (*est.*) Piaceri, mollezze: *troppi denari ad un tratto hai spesi in d.* (BOCCACCIO). *2* (*fig.*) Ingenuità, sciocchezza.

dolciùme [da *dolce*] s. m. *1* Sapore troppo dolce, e quindi stucchevole. *2* Quantità di cose dolci. *3* (*al pl.*) Qualsiasi prodotto dell'industria dolciaria: *dolciumi freschi, secchi; negozio di dolciumi; una scatola di dolciumi*.

dolciùra s. f. *1* (*lett.*) †Dolcezza. *2* (*raro*) Tempo mite e tiepido: *alla prima languida d. / l'olmo già sogna di rigermogliare* (PASCOLI).

dólco [da **dolcare*, dal lat. tardo *dulcāre* 'rendere dolce'] **A** agg. (pl. m. *-chi*) *1* (*tosc., lett.*) Mite, temperato, detto di clima, stagione e sim. *2* (*fig., lett.*) Morbido, molle. **B** s. m. ● (*lett.*) Stagione mite e umidiccia: *il tempo s'è messo a d.*

†**dolcoràre** o †**dulcoràre** [vc. dotta, lat. tardo *dulcorāre*, da *dŭlcor* 'dolcore'] v. tr. ● (*raro*) Addolcire.

†**dolcóre** [vc. dotta, lat. tardo *dulcōre(m)* 'sapore dolce (*dŭlcis*)'] s. m. *1* (*tosc.*) Dolcezza *2* (*tosc.*) Tempo mite.

dolènte part. pres. di *dolere*; anche agg. *1* Nei sign. del v. *2* Che manifesta dolore: *sguardo d.* | *Le dolenti note*, le voci dei condannati all'inferno dantesco e (*fig., iron.*) fatti e avvenimenti spiacevoli | *Città d.*, l'Inferno. *3* (*lett.*) Meschino, misero, infelice: *possedo un cuore che mi rende la vita tempestosa e d.* (FOSCOLO). || **dolenteménte**, avv. (*lett.*) Con dolore.

†**dolènza** o †**dolenzìa** [vc. dotta, lat. *dolĕntia(m)*, da *dŏlens*, genit. *dolĕntis* 'dolente'] s. f. ● Dolere, doglienza.

dolére [vc. dotta, lat. *dolēre* 'sentire dolore', di etim. incerta] **A** v. intr. (pres. *io dòlgo* o †*dòglio, tu duòli, egli duòle, noi doliàmo* o *dogliàmo, voi doléte, essi dòlgono*; imperf. *io dolévo* o †*dolévа* o †*doléa* o †*dolìa*; pass. rem. *io dòlsi* o †*dòlvi* o †*dòlfi, tu dolésti*; fut. *io dorrò*; cond. pres. *io dorrèi, tu dorrésti*; congv. pres. *io dòlga* o *dòglia, noi doliàmo* o *dogliàmo, voi doliàte* o *dogliàte, essi dòlgano*; imp. *duòli, doléte*; part. pres. *dolènte*, †*dogliènte*; part. pass. *dolùto*, †*dòlto*; ger. *dolèndo*; aus. *essere*, raro *avere*). *1* Provocare una sofferenza fisica: *mi duole il capo; gli dolevano gli occhi per il troppo guardare; il disinfettante doleva nella ferita*. *2* (*raro, lett.*) Arrecare dolore, angoscia e sim.: *duolmi il tuo fato / il mio non già* (TASSO). *3* Dispiacere, rincrescere: *mi duole di non poter venire; ci duole che siate giunti tardi*. *4* †Provare pietà. **B** v. intr. pron. *1* Provare rincrescimento, rammaricarsi: *dolersi di un errore, di una cattiva azione* | Pentirsi: *dolersi dei propri peccati; ho sbagliato e me ne dolgo*. *2* Lamentarsi: *dolersi con qc. delle ingiustizie subite; ha buoni motivi per dolersi di voi; me ne dorrò con chi di dovere* | *Dolersi di, per una gamba sana*, (*fig.*) lamentarsi per nulla. *3* (*raro, lett.*) Far male: *il suo corpo continuava a dolersi*. *4* (*raro, lett.*) Manifestare il proprio compianto, condolersi.

†**dolfìno** [da *delfino* con alterazione della voc. iniziale] s. m. ● (*dial.*) Delfino.

†**dolìa** s. f. ● (*lett.*) Dolore, pena.

†**dolicàre** [da *dol(ere)* col suff. freq. *-icare*] v. intr. ● (*raro, tosc.*) Dolicchiare.

dolicchiàre [da *dol(ere)* con suff. attenuativo] v. intr. (*io dolìcchio*; aus. *essere* e *avere*) ● (*raro*) Dolere leggermente e noiosamente: *la ferita mi dolicchia*.

doliccicàre v. intr. (*io dolìccico, tu dolìccichi*; aus. *essere* e *avere*) ● (*raro*) Dolicchiare.

dòlico [vc. dotta, lat. *dŏlichu(m)*, dal gr. *dolichós* 'lungo', di origine indeur.] s. m. (pl. *-chi*) ● Pianta rampicante delle Papilionacee con foglie composte da tre foglioline ovate, fiori purpurei o bianchi in racemi e frutti con semi commestibili (*Dolichos melanophtalmus*).

dòlico- [dal gr. *dolichós* 'lungo', di origine indeur.] primo elemento ● In parole composte della terminologia scientifica, significa 'lungo': *dolicocefalia, dolicomorfo*.

dolicocefalìa [comp. di *dolico-* e *-cefalia*] s. f. ● Tipo di conformazione del cranio con prevalenza del diametro longitudinale su quello trasverso.

dolicocèfalo [comp. di *dolico-* e *-cefalo*] agg.; anche s. m. (f. *-a*) ● Che, chi presenta i caratteri della dolicocefalia.

dolicodattilìa [comp. di *dolico-*, *-dattil(o)* e del suff. *-ia*] s. f. ● (*med.*) Anomalia congenita delle dita delle mani e dei piedi che appaiono abnormemente lunghe.

dolicomòrfo [comp. di *dolico-* e *-morfo*] agg. ● Detto di parte del corpo, spec. del cranio, che si presenta stretta e allungata.

dolicònice [vc. dotta, comp. di *dolico-* e del gr. *ónyx*, genit. *ónykos* 'unghia'] s. f. ● Uccello americano dei Passeriformi dannoso alle colture dei cereali (*Dolichonyx orizivorus*).

dolicostìlo [comp. di *dolico-* e *-stilo*] agg. ● (*bot.*) Detto di fiore che ha lungo stilo.

dolìna [sloveno e serbocroato *dolina*, da *dô*, genit. *dòla* 'valle', di origine indeur.] s. f. ● (*geogr.*) Depressione di forma arrotondata frequente nei terreni calcarei e dovuta al fenomeno carsico | *D. a inghiottitoio*, foiba. ➡ ILL. p. 818 SCIENZE DELLA TERRA ED ENERGIA.

dòlio o (*pop.*) **dòglio** (2) [vc. dotta, lat. *dōliu(m)* 'doglio (1)', con allusione alla forma globulare della conchiglia] s. m. ● Grande mollusco gasteropode mediterraneo con ghiandole salivari che producono acido cloridrico e solforico (*Dolium galea*).

†**dolìre** v. intr. ● Dolere.

dòllaro [ingl. *dollar*, dal basso ted. *dāler* 'tallero' (V.)] s. m. ● Unità monetaria degli Stati Uniti d'America e di altri paesi. || **dollaróne**, accr.

dòlly /ˈdɔlli, *ingl.* ˈdɔli/ [vc. ingl., propriamente 'bambolina' e poi anche 'carrello (per ripresa cinematografica e televisiva)'] s. m. inv. (pl. ingl. *dollies*) ● (*cine, tv*) Specie di piccola gru montata su un carrello che, recando sollevata la macchina da presa cinematografica o televisiva, consente di effettuare con questa movimenti di particolare complessità.

dòlman [fr. *dolman*, dal turco *dolama(n)*, prob. attraverso il ted. *Dolman*] s. m. *1* Indumento dell'uniforme militare da parata degli ussari | Giacca con alamari per signora. *2* Veste talare turca.

dòlmen [fr. *dolmen*, vc. coniata dagli archeologi con le parole bret. *t(a)ol* 'tavola' e *men* 'pietra'] s. m. ● Monumento funerario megalitico assai diffuso nelle regioni europee, costituito da due lastre di pietra di supporto e una di copertura. ➡ ILL. **archeologia**.

dolmènico agg. (pl. m. *-ci*) ● Di dolmen, a forma di dolmen: *tombe, celle dolmeniche*.

dòlo (1) [vc. dotta, lat. *dŏlu(m)*, di etim. incerta] s. m. *1* (*dir.*) Previsione e volontà del fatto illecito da parte dell'autore: *illecito civile, penale, commesso con d.* | Induzione di una persona, mediante inganno, a compiere un negozio giuridico che altrimenti non avrebbe posto in essere: *d. commissivo, determinante, incidente, omissivo*. *2* (*lett.*) Inganno, frode | †Fallo, errore.

†**dòlo** (2) ● V. *duolo*.

dolòmia [fr. *dolomie*, dal n. del geol. D. de Gratet de *Dolomieu* (1750-1801), che per primo l'individuò] s. f. ● (*miner.*) Roccia costituita da carbonato di calcio e di magnesio.

dolomìte [comp. di *dolom(ia)* e *-ite* (*2*)] s. f. ● (*miner.*) Minerale costituito da carbonato doppio di calcio e magnesio in cristalli romboedrici bianchi.

dolomìtico agg. (pl. m. *-ci*) *1* (*miner.*) Relativo alla dolomite: *roccia dolomitica*. *2* (*geogr.*) Relativo alle Dolomiti: *lago d.* | (*sport, est.*) *Alpinismo d.*, quello praticato sulle Alpi orientali.

dolomitizzazióne s. f. ● (*geol.*) Processo di trasformazione di rocce calcaree in dolomie per sostituzione della calcite da parte della dolomite.

†**dolóne** [vc. dotta, lat. *dolōne(m)*, nom. *dŏlo(n)*, dal gr. *dólōn*, di etim. incerta] s. m. ● (*mar.*) Albero inclinato o sporgente dalla prua. SIN. Bompresso | Vela quadrata col pennoncino sotto al bompresso | Fiocco, controfiocco.

dolorabilità [da *dolore*] s. f. ● (*med.*) Reazione dolorosa di una parte del corpo quand'è palpata, compressa, percossa a scopo diagnostico.

doloránte part. pres. di *dolorare*; anche agg. ● Nei sign. del v.

†**doloránza** s. f. ● Dolore.

doloràre [da *dolore*] **A** v. intr. (*io dolóro*; aus. *avere*) ● (*lett.*) Soffrire e manifestare la propria sofferenza. **B** v. tr. ● †Addolorare.

doloràto **A** part. pass. di *dolorare*; anche agg. ● (*raro, lett.*) Nei sign. del v. **B** s. m. *1* †Dolore. *2* (*raro, lett.*) Chi soffre.

†**dolorazióne** s. f. ● Sofferenza fisica.

dolóre [lat. *dolōre(m)*, da *dolēre* 'dolere'] s. m. (pl. *-i*, m., †*-a*, f.) *1* Sensazione spiacevole per effetto di un male corporeo: *d. reumatico, articolare; d. di testa, di denti, di stomaco; mitigare, calmare, acuire il d.; sentire un forte d. a una gamba, a una spalla; avere il corpo pieno di dolori* | *Letto di d.*, dove si giace da tempo per grave malattia | *L'eterno d.*, la perenne sofferenza fisica dei dannati | †*D. di gomito*, (*fig.*) sofferenza breve, da nulla. SIN. Male. *2* Sentimento o stato di profonda infelicità dovuto alla insoddisfazione dei bisogni, delle aspirazioni o delle tendenze individuali, alla privazione di ciò che procura piacere e gioia, al verificarsi di sventure e sim.: *d. intenso, inconsolabile, disperato; impazzire, morire di d.; vivere nel d.; essere straziato, sconvolto dal d.; Nessun maggior d. / che ricordarsi del tempo felice / ne la miseria* (DANTE *Inf.* V, 121-123) | *Abbandonarsi, darsi al d.*, disperarsi | †*Menar d.*, lamentarsi | *I sette dolori*, quelli della Madonna, da questa provati durante la vita terrena sua e del Cristo. SIN. Afflizione, pena, sofferenza. **3** Avvenimento, cosa o persona che procura dolore: *è stato il più grande d. della mia vita; la tua malvagità è fonte di d. per tutti; quel figlio è il suo perenne d.* SIN. Tormento. || **doloràccio**, pegg. | **dolorétto**, dim. | **dolorino**, dim. | **doloruccio**, **dolorùzzo**, dim.

†**dolorìfero** [vc. dotta, lat. tardo *dolorĭferu(m)*, comp. di *dŏlor* 'dolore' e *-fer* '-fero'] agg. ● Che reca dolore.

dolorìfico [comp. di *dolore* e *-fico*] agg. (pl. m. *-ci*) **1** (*raro*) Che dà dolore fisico: *stimolo d.* **2** Che si riferisce alla percezione del dolore fisico: *sensibilità dolorifica.*

dolorimetrìa [comp. di *dolore* e *-metria*] s. f. ● (*med.*) Procedimento di misura obiettiva dell'intensità del dolore.

dolorosità s. f. **1** (*raro*) Qualità di ciò che è doloroso. **2** (*raro*) Dolore, spec. abituale e continuo.

doloróso [lat. tardo *dolorōsu(m)*, da *dŏlor* 'dolore'] agg. **1** Di, del dolore: *sensazione dolorosa* | (*lett.*) *Il d. regno*, l'Inferno. **2** Che procura dolore: *intervento d.; il d. distacco dalla persona amata.* **3** Che è pieno di dolore: *vita grama e dolorosa* | Che manifesta dolore: *sguardo, sospiro d.; lamenti dolorosi.* **4** †Infelice, sventurato. **5** †Malvagio, scellerato, tristo. || **dolorosétto**, dim. || **dolorosaménte**, avv. Con dolore, angoscia.

dolosità o †**dolositàde**, †**dolositàte** [vc. dotta, lat. *dolositāte(m)*, da *dolōsus* 'doloso'] s. f. ● L'esser doloso.

dolóso [vc. dotta, lat. *dolōsu(m)*, da *dŏlus* 'dolo'] agg. **1** (*dir.*) Commesso con dolo: *delitto d.; omicidio d.* **2** (*lett.*) Ingannevole, fraudolento. || **dolosaménte**, avv. Con inganno, astuzia.

†**dòlto** part. pass. di *dolere*; anche agg. ● (*lett.*) Nei sign. del v.

†**dolùto** part. pass. di *dolere*; anche agg. ● (*raro*) Nei sign. del v.

†**dolzàina** [fr. ant. *douçaine*, dal lat. *dŭlcis* 'dolce', perché strumento dal suono dolce] s. f. ● (*mus.*) Dolciana.

†**dólze** [ant. provz. *dolz* 'dolce'] agg. ● Dolce.

†**dolzóre** o †**dolcióre** [ant. provz. *dolzor*, da *dolz* 'dolce'] s. m. **1** (*lett.*) Dolcezza. **2** (*lett., fig.*) Felicità, beatitudine: *letizia che trascende ogni d.* (DANTE *Par.* XXX, 42).

dom /dɔm, dom/ [abbr. del lat. *dŏminus* 'signore' (V. *don* (3))] s. m. ● Nel Medioevo, titolo riservato ai prelati, agli abati e ai monaci dell'ordine benedettino, e poi a tutti gli ecclesiastici | Attualmente, titolo riservato ai prelati dell'ordine benedettino.

dóma (1) o **dòma** [da *domare*] s. f. **1** (*dial.*) Domatura di animale | Luogo in cui viene praticata. **2** (*raro*) Domatrice.

dòma (2) [gr. *dôma* 'costruzione'] s. m. ● (*miner.*) Forma cristallina semplice, costituita da due facce formanti un diedro.

domàbile [vc. dotta, lat. *domābile(m)*, da *domāre* 'domare'] agg. **1** Che si può domare (*anche fig.*): *animale d.; rivolta d.* **2** (*raro, lett.*) Che si può rompere, frangere, detto spec. di pietra.

†**domàggio** ● V. †*dommaggio.*

†**domagióne** ● V. †*domazione.*

domànda o †**dimànda** [da *domandare*] s. f. **1** Atto del domandare: *fare una d.; rivolgere a qc. una d.; rispondere a una d.* | Le parole stesse con cui si domanda q.c.: *una d. strana, imbarazzante, assurda* | Interrogazione scolastica: *non ho saputo rispondere alle domande del professore.* **2** Richiesta scritta: *presentare una d. in carta da bollo; la vostra d. è stata respinta* | (*dir.*) Pretesa che si intende far valere in un giudizio civile | *D. giudiziale, processuale*, atto contenente l'esposizione della pretesa che si intende far valere in un giudizio civile. SIN. (*raro*) Istanza | *D. accessoria*, richiesta di interessi, spese, danni e sim. che si accompagna a quella principale di cui è una conseguenza logica. **3** (*econ.*) Quantità richiesta di un dato bene, a un certo prezzo, da parte di un singolo e dal mercato: *curva della d.* CONTR. Offerta. || **domandina**, dim. | **domandùccia**, dim. | **domanduòla**, dim.

†**domandagióne** o †**dimandagióne**. s. f. ● Domanda.

†**domandaménto** o †**dimandaménto**. s. m. ● Domanda.

domandàre o †**dimandàre** [lat. *demandāre* 'raccomandare (*mandāre* con *dē-*)', poi 'mandare per sapere', 'chiedere'] **A** v. tr. **1** Chiedere per sapere (*anche ass.*): *d. a qc. l'ora, un'informazione, un indirizzo; gli ho domandato se sapeva la data del vostro ritorno; bisogna d. quanto costa; ignoro come si sono svolti i fatti, quindi domando* | *Non si domanda nemmeno*, di cosa ovvia, evidentissima | *Domando e dico!*, escl. di meraviglia, indignazione e sim.: *io domando e dico se questo è il modo di comportarsi* | *Domandarsi q.c.*, essere incerto su q.c., stupirsi di q.c. e sim.: *mi domando cosa devo fare; mi domando come certe cose possano accadere.* **2** Chiedere per ottenere: *d. un consiglio; d. il permesso di fare q.c.; d. scusa, perdono, aiuto; la libertà non si domanda ma si vuole* (NIEVO) | *D. ragione di q.c.*, chiederne conto | *D. la parola*, il permesso di parlare in assemblee, riunioni e sim. | (*raro*) *D. qc. di q.c.*, chiedere q.c. a qc. **3** (*lett.*) Esigere, richiedere: *la direzione di un giornale dimanda una testa sgombra* (MONTI). **4** †Chiamare, invitare, convocare. **5** †Cercare: *d. la morte.* **6** †Voler raggiungere: *d. le stelle, il cielo, il mare.* **7** (*raro, lett.*) Denominare, soprannominare: *quel buon gusto che dimandiamo universale* (MURATORI). **B** v. intr. (aus. *avere*) ● Informarsi, chiedere notizie: *mi domandano spesso di te* | Manifestare il desiderio di vedere una persona o di parlarle: *al telefono domandano di te; c'è di là una persona che domanda di voi.* **C** v. intr. pron. ● †Aver nome, chiamarsi. **D** v. rifl. rec. ● †Sfidarsi: *domandarsi a battaglia.*

†**domandatìvo** agg. ● Che è atto a domandare, interrogativo: *punto d.*

domandàto A part. pass. di *domandare*; anche agg. ● Nei sign. del v. **B** s. m. **1** (*raro, lett.*) Persona interrogata. **2** †Cosa domandata, richiesta.

domandatóre o †**dimandatóre**. s. m.; anche agg. (f. *-trice*) ● (*raro*) Chi, che domanda.

†**domàndita** ● V. †*dimandita.*

†**domàndo** ● V. †*dimando.*

domàne A avv. ● V. *domani* nel sign. A. **B** s. f., †m. inv. **1** (*raro, lett.*) Il giorno successivo a quello del quale si parla: *alla d. la era più rifinita che mai* (NIEVO) | (*est.*) Il futuro. **2** (*raro, lett.*) Mattino.

domàni o (*lett.*) **dimàne** nel sign. A, (*lett.*) **dimàni**, (*lett.*) **domàne** nel sign. A [lat. tardo *demāne*, comp. di *dē-* e *māne* '(di buon) mattino', n. di *mānis*, agg. parallelo di *mānus* 'buono', che nelle espressioni di tempo ha assunto il sign. 'di buonora'; la *-i* finale per analogia con *oggi*] **A** avv. **1** Nel giorno che segue immediatamente l'oggi: *ritornerò, arriverò, verrò d.; d. siamo impegnati; d. è un giorno festivo; d. mattina; d. alle dieci; d. a mezzogiorno; d. pomeriggio; d. sera; d. a mezzanotte; d. notte; dimani, a mezzo il giorno / ... / ti canteremo noi cipressi i cori* (CARDUCCI) | *Domani, doman l'altro*, dopodomani | *D. a otto, a quindici*, una settimana, due settimane dopo di domani | *A d.!*, formula di saluto come promessa di rivedersi il giorno seguente. **2** In un tempo avvenire (con sign. indeterminato, spec. in contrapposizione con 'oggi'): *rimandare un lavoro dall'oggi al d., d'oggi in d.; oggi a me, d. a te; oggi qui, d. là* | *Oggi o d.*, prima o poi: *oggi o d. finiremo per scoprirlo* | *Da oggi a d.*, subito, in fretta: *è una decisione che non si può prendere da oggi a d.* | *Dagli oggi, dagli d.*, continuando a insistere: *dagli oggi, dagli d., sono riuscito a convincerlo.* **3** (*iron.*) Mai: *'credi che mi restituirà il denaro che gli ho prestato?' 'Sì, d.!'*. **B** in funzione di s. m. **1** Il giorno successivo a quello del quale si parla: *il fanciullo, il d., era al lavoro* (PASCOLI). **2** (*est.*) Il futuro, l'avvenire: *il d. è oscuro per tutti; la soluzione si prospetta in un d. molto lontano; in un prossimo d.*

domàre [lat. *domāre*, di origine indeur.] v. tr. (*io dómo* o *dòmo*) **1** Rendere mansueto, domestico, atto al lavoro e sim.: *d. una belva; d. un cavallo selvaggio.* SIN. Addomesticare, ammansire. **2** Rendere docile, ubbidiente e sim.: *d. un ragazzo caparbio, una fanciulla riottosa; era piuttosto bisbetica ma siamo riusciti a domarla.* **3** Ammorbidire con l'uso il tessuto di un abito, il cuoio di una calzatura e sim.: *queste scarpe fanno male, bisogna domarle.* **4** (*fig.*) Soggiogare, sottomettere: *d. un popolo con l'uso delle armi* | *D. un incendio*, riuscire a spegnerlo | Fiaccare, stroncare: *d. la resistenza del nemico, degli insorti; d. una rivolta.* **5** (*fig.*) Tenere a freno, dominare: *d. le passioni, gli istinti.*

domatóre [lat. tardo *domatōre(m)*, da *domātus* 'domato'] **A** s. m. (f. *-trice*) ● Chi doma, spec. chi presenta in un circo bestie feroci da lui ammaestrate. **B** agg. ● Che doma (*spec. fig.*).

domatrìce [lat. tardo *domitrīce(m)*, da *dŏmitus* 'domito' con sovrapposizione di *domato*] s. f. ● Carro pesante a due ruote e lunghe stanghe per domare i cavalli e renderli atti al tiro. SIN. Doma (1).

domattìna o †**dimattìna** [riduzione di *do(mani) mattina*] avv. ● Nella mattinata del giorno che segue oggi: *arrivederci d., a d.; ti aspetto d.; d. decideremo.*

domatùra [lat. *domitūra(m)*, da *dŏmitus* 'domito' con sovrapposizione di *domato*] s. f. ● (*raro*) Atto, effetto del domare.

†**domazióne** o †**domagióne**. s. f. ● Atto, effetto del domare.

Domeneddìo ● V. *Domineddio.*

†**Domenedìo** /domene'dio, domened'dio/ ● V. *Domineddio.*

domènica [lat. eccl. *domĭnica(m)*, sottinteso *dīe(m)*, '(giorno) del Signore (*Dŏminus*)'] s. f. ● Settimo giorno della settimana, dai Cristiani dedicato alle pratiche religiose e al riposo festivo: *osservare la d.* | *Rompere la d.*, non osservare il riposo domenicale | *Vestito della d.*, della festa | *Parlare la lingua della d.*, affettatamente | *Pittore, poeta e sim. della d.*, dilettante, che coltiva la pittura, la poesia e sim. nei giorni liberi dal lavoro | (*pop.*) *Nato, battezzato in d.*, (*fig.*) sciocco, credulone | *Nato di d.*, (*fig.*) fortunato.

domenicàle (1) [vc. dotta, lat. eccl. *dominicāle(m)*, da *domĭnica* 'domenica'] **A** agg. **1** Della domenica: *gita d.; funzione religiosa d.* | *Riposo d.*, riposo festivo | *Giornale d.*, che esce la domenica. **2** (*fig.*) Allegro, spensierato: *in quella giornata si respirava un'atmosfera d.* || **domenicalménte**, avv. Ogni domenica. **B** s. m. ● (*raro, pop.*) Vestito da indossarsi la domenica.

domenicàle (2) ● V. *dominicale.*

domenicàno (1) **A** agg. **1** Di S. Domenico di Guzmán (1170-1221): *ordine d.; regola domenicana.* **2** Dell'ordine fondato da S. Domenico: *monaco d.* **B** s. m. (f. *-a*) ● Religioso dell'ordine fondato da S. Domenico: *i domenicani e i francescani.*

domenicàno (2) [dal colore bianco, proprio della veste dei frati di san *Domenico*] s. m. ● (*zool.*) Mestolone, quattrocchi.

domenichìno [da *domenica*, giorno nel quale prestava prezzolato servizio] s. m. ● Servitore che una volta veniva assunto soltanto per la domenica.

domènse [da *Domo(dossola)*, col suff. *-ense* degli etnici] **A** agg. ● Di Domodossola. **B** s. m. e f. ● Abitante, nativo di Domodossola.

domèstica [f. sost. di *domestico*] s. f. ● Donna di servizio.

domesticàbile agg. **1** (*raro*) Addomesticabile. **2** (*biol.*) Detto di pianta o animale suscettibile di domesticazione.

†**domesticaménto** o †**dimesticaménto**. s. m. ● Addomesticamento.

domesticàre o **dimesticàre** [da *domestico*] **A** v. tr. (*io domèstico, tu domèstichi*) **1** (*raro*) Addomesticare. **2** (*biol.*) Sottoporre specie vegetali o animali a selezioni tali da modificarne la morfologia e la fisiologia rispetto alle corrispondenti forme selvatiche, a vantaggio dell'uomo. **B** v. intr. e intr. pron. (aus. *essere*) ● †Avvezzarsi.

domesticazióne [da *domesticare*] s. f. ● (*biol.*) Atto, effetto del domesticare.

†**domestichévole** agg. ● Facile a domesticarsi.

†**domestichevolézza** s. f. ● Qualità di chi è domestichevole.

domestichézza s. f. **1** Stato di un vegetale o animale coltivato o allevato dall'uomo. **2** V. *domestichezza.*

domesticità s. f. **1** (*raro*) Familiarità, dimestichezza: *trattare qc. con d.* **2** Qualità di chi, di ciò che è domestico o addomesticato: *la d. di un animale, di una pianta.*

domèstico o (*dial.*) **dimèstico** nei sign. A 2 e B 2 [vc. dotta, lat. *domĕsticu(m)* 'appartenente alla casa (*dŏmus*)', col suff. di *rūsticus, silvāticus,* e sim.] **A** agg. (pl. m. *-ci*) **1** Della casa, della famiglia: *pareti domestiche; consuetudini domestiche* | *Focolare, tetto d.,* (*per anton.*) la casa e (*fig.*) il nucleo familiare | *Lari domestici,* nella religione degli antichi romani, divinità protettrici della casa e del focolare | *Lavori domestici,* faccende di casa | *Prelato d.,* ecclesiastico addetto alla corte pontificia, anche a titolo onorario e senza funzioni | *Archivio d.,* che contiene i documenti di famiglia | *Azienda domestica,* gestita da un gruppo familiare | *Lavoro d.,* attività lavorativa prestata al servizio di una famiglia o di altra comunità e caratterizzata dalla convivenza tra lavoratore e datore di lavoro | (*est.*) Privato: *vita domestica; affari domestici.* **2** (*lett.*) Confidenziale, familiare: *trattamento, tono d.* | *Uomo d.,* affabile, trattabile | *Essere, farsi d. con qc.,* avere o prendere una certa familiarità | †Semplice, alla buona | (*raro*) *Alla domestica,* (*ell.*) con semplicità. **3** Detto di animale o pianta sottoposti a domesticazione, cioé che l'uomo ha modificato rispetto alle forme selvatiche e alleva spec. per proprio vantaggio: *il cane e la mucca sono animali domestici.* **4** (*raro*) Che appartiene alla stessa patria, allo stesso paese, allo stesso gruppo etnico e sim.: *usi domestici* | *Discordia domestica,* guerra civile. || **domesticaménte,** avv. (*raro*) In modo domestico. **B** s. m. (f. *-a* (V.) nei sign. 1 e 2; pl. m. *-ci*) **1** Chi si occupa dei lavori domestici presso una famiglia dalla quale è retribuito: *furono ricevuti da due domestici.* **2** †Persona che fa parte della famiglia. **3** (*bot.*) Marza.

domiciliàre (1) [da *domicilio,* sul modello del fr. *domiciliaire*] agg. ● (*dir.*) Del domicilio: *perquisizione d.; visita d.* | *Arresto d.,* sanzione consistente nell'obbligo di non abbandonare il proprio domicilio.

domiciliàre (2) [da *domicilio*] **A** v. tr. (*io domicilio*) ● (*raro*) Fornire di domicilio | (*dir.*) *D. una cambiale,* indicare come luogo per il pagamento della stessa il domicilio di un terzo. **B** v. rifl. **1** (*dir.*) Eleggere domicilio: *domiciliarsi presso un terzo.* **2** Prendere domicilio: *domiciliarsi in città; si è domiciliato a Roma.* **C** v. intr. (aus. *essere*) ● †Abitare.

†**domiciliàrio** agg. ● Che si riferisce al domicilio.

domiciliatàrio [da *domiciliare (2)*] s. m. (f. *-a*) **1** (*dir.*) Persona presso la quale si è eletto domicilio e a cui si devono notificare gli atti diretti a colui che ha fatto tale elezione. **2** (*dir.*) Persona presso la quale è pagabile una cambiale domiciliata.

domiciliàto part. pass. di *domiciliare (2)*; anche agg. **1** Nei sign. del v. **2** (*dir.*) *Debito d.,* debito di denaro che il debitore deve pagare al domicilio del creditore al tempo della scadenza | *Cambiale domiciliata,* pagabile non al domicilio dell'obbligato principale, ma al domicilio di un terzo. **3** (*raro, fig.*) Di vocabolo, spec. straniero, divenuto di uso comune in una lingua: *infinite sono le antiche parole straniere domiciliate, e fatte cittadine della nostra lingua* (LEOPARDI).

domiciliazióne [da *domiciliare (2)*] s. f. ● (*dir.*) Indicazione del luogo nel quale è pagabile una cambiale domiciliata.

domicìlio [vc. dotta, lat. *domicĭliu(m),* da *dŏmus* 'casa' con sign. più astratto; per il secondo componente della vc., l'etim. è incerta] s. m. **1** (*dir.*) Luogo in cui una persona ha stabilito la sede principale dei propri affari e interessi | *Eleggere d.,* stabilire con atto scritto un domicilio speciale | *D. volontario, d. elettivo,* quello scelto liberamente dal soggetto | *D. necessario, d. legale,* quello fissato dalla legge a determinati soggetti | *D. fiscale,* quello che ogni contribuente deve avere in relazione ai suoi rapporti con l'amministrazione finanziaria. **2** (*est.*) Casa, abitazione, dimora: *farsi recapitare un pacco a d.; violazione di d.*

3 (*astrol.*) Segno zodiacale nel quale un corpo celeste trova la maggiore affinità e in cui può espandere liberamente la propria influenza.

domificàre [vc. dotta, lat. mediev. *domificāre,* comp. di *dŏmus* 'casa' e *-ficāre = făcere* 'fare'] v. tr. ● (*astrol.*) Dividere la sfera celeste in case.

domificazióne s. f. ● (*astrol.*) Suddivisione della sfera celeste in dodici case.

domifórme [comp. di *domo (3)* e *-forme*] agg. ● (*lett.*) Che ha forma di cupola.

†**domilia** ● V. *duemila.*

dominàbile agg. ● Che si può dominare: *un temperamento d.*

dominànte A part. pres. di *dominare;* anche agg. **1** Nei sign. del v. **2** Che predomina, prevale sugli altri: *la classe, il partito d.; il colore d.* | *Religione d.,* quella che è più diffusa in uno Stato | *Opinioni dominanti,* quelle accolte e accettate da tutti, spesso per conformismo | *Idea d.,* pensiero fisso, che ricorre costantemente nella mente di qc. | *Posizione d.,* che sovrasta i luoghi sottostanti (*anche fig.*). **3** (*dir.*) *Fondo d.,* nelle servitù prediali, quello a favore del quale la servitù è costituita. **4** (*meteor.*) *Vento d.,* quello che supera in forza e violenza ogni altro vento di un determinato luogo. **5** (*mus.*) *Nota d.,* il quinto grado di una scala musicale. **B** s. m. ● Chi detiene il potere, sovrano, tiranno | (*raro, est.*) Signore, padrone. **C** s. f. **1** (*mus.*) Nota dominante. **2** (*fot.*) Nella fotografia a colori, erronea accentuazione di una banda dello spettro cromatico.

dominànza s. f. **1** (*raro*) Qualità o stato di ciò che è dominante. **2** (*biol.*) Prevalenza di un determinato carattere nella discendenza di un incrocio.

dominàre o †**diminàre** [vc. dotta, lat. *domināri,* lat. tardo *domināre* 'fare da padrone (*dŏminus*)'] **A** v. tr. (*io dòmino*) **1** Reggere da padrone, tenendo soggette persone o cose alla propria autorità, influenza, controllo e sim.: *d. il popolo, uno Stato; un tempo si credeva che gli astri dominassero il destino dell'uomo; è un'industria che domina il mercato interno ed estero* | *D. i mari,* essere una potenza marinara, avere il monopolio dei traffici marittimi | *D. una situazione, una vicenda,* avere precisa cognizione della sua natura, dei possibili sviluppi e sim., ed essere in grado di intervenire in essa in modo determinante | (*fig.*) *D. una lingua,* conoscerla perfettamente | *D. uno stile,* usarlo con grande maestria | *D. una materia,* maneggiarla, lavorarla con rara abilità: *è uno scultore che sa d. la creta e il marmo.* **2** (*est.*) Soggiogare con la forza del proprio ingegno, della propria personalità e sim.: *d. le menti, gli spiriti; quel ragazzo è completamente dominato dal padre; riesce sempre a d. la conversazione* | *D. l'uditorio, il pubblico, gli spettatori* e sim., avvincerli, affascinarli. **3** Sovrastare, detto di costruzioni elevate, di monti, colline e sim.: *la fortezza domina la città; l'altura dominava il paese sottostante* | Abbracciare con lo sguardo: *di lassù si domina tutta la vallata.* **4** (*fig.*) Contenere, frenare, reprimere: *d. un sentimento, gli istinti; non sa d. la propria passione.* **5** (*fig.*) Imporsi, influenzare in modo decisivo, determinante: *la ricerca del benessere domina la nostra società; sogni e fantasie dominavano la sua mente.* **B** v. intr. (aus. *avere*) **1** Essere padrone assoluto, esercitare il potere: *d. in casa propria, in uno Stato; d. sul popolo, sulla nazione.* **2** Essere superiore, primeggiare, eccellere: *d. su tutti; d. in una fazione per coraggio.* **3** Ergersi, elevarsi: *una torre domina sul passo* | Incombere: *una minaccia di sterminio dominava su di noi.* **4** (*fig.*) Imporsi, prevalere: *nella Francia di Luigi Filippo dominavano i moderati; quell'umore malinconico ... dominava poi sempre su tutte le altre qualità* (ALFIERI). **C** v. rifl. ● Tenere a freno i propri istinti, reprimere i propri impulsi e sim.: *se è provocato, difficilmente riesce a dominarsi.* SIN. Controllarsi.

†**dominativo** agg. ● Atto a dominare.

dominàto (1) A part. pass. di *dominare;* anche agg. ● Nei sign. del v. **B** s. m. ● Chi è soggetto al dominio altrui.

†**dominàto (2)** [vc. dotta, lat. *dominātu(m),* s. del part. pass. di *domināri* 'dominare'] s. m. ● Dominio.

dominatóre [vc. dotta, lat. *dominatōre(m),* da *dominātus* 'dominato (1)'] s. m.; anche agg. (f. *-trice*) ● Chi, che domina: *gli antichi dominatori dei mari; un popolo d.*

dominazióne [vc. dotta, lat. *dominatiōne(m),* da *dominātus* 'dominato (1)'] s. f. **1** Atto, effetto del dominare | Dominio: *la d. straniera in Italia.* **2** Stato, possedimento territoriale: *ritornato nella sua d ... ruinò ... tutte le fortezze di quelle provincie* (MACHIAVELLI). **3** (*al pl.*) Gli angeli di uno dei cori che circondano il trono di Dio.

domine (1) /*lat.* 'dɔmine/ [lat. *dŏmine,* voc. di *dŏminus* 'padrone, signore'] inter. **1** †Si usa come formula di invocazione: *Domine, fallo tristo!* (BOCCACCIO). **2** (*raro*) Esprime dubbio, incertezza, meraviglia e sim. o gener. asseverazione. **3** (*fam., pleon.*) Si usa in frasi interrogative e esclamative: *che d. ho io stamani intorno all'occhi?* (MACHIAVELLI).

†**dòmine (2)** [vc. dotta, lat. *dŏmine,* voc. di *dŏminus* 'padrone, signore'] s. m. **1** Padrone, signore. **2** Prete, abate.

Domineddio o (*lett.*) **Domeneddio,** †**Domenedio,** (*lett.*) **Dominedio** /domine'dio, domined'dio/ [comp. di *domine* (e) *dio*] s. m. ● (*fam.*) Dio | Signore Iddio.

dominicàle o **domenicàle (2)** [vc. dotta, lat. tardo *dominicāle(m)* 'relativo al padrone (*dŏminus*)'] agg. **1** Del Signore | *Orazione d.,* il Paternostro. **2** (*dir.*) Del proprietario: *diritti dominicali* | *Reddito d.,* reddito soggetto all'imposta sui terreni, che compete al proprietario del fondo in quanto tale.

dominicàno [dallo sp. *dominicano,* da *S. Domingo,* n. della capitale] **A** agg. ● Della Repubblica Dominicana. **B** s. m. (f. *-a*) ● Abitante, nativo della Repubblica Dominicana.

dominicàto [vc. dotta, lat. *dominicātu(m),* da *dŏminus* 'signore, padrone'] s. m. ● Nell'età del feudalesimo, terra di cui si aveva la proprietà e che non era soggetta ad alcun vincolo di carattere feudale.

domìnico [vc. dotta, lat. *domĭnicu(m)* 'che appartiene al padrone (*dŏminus*)'] agg. (pl. m. *-ci*) ● Del Signore, di Dio.

domìnio o †**diminio,** †**dimino,** †**domino (4)** [vc. dotta, lat. *domĭniu(m)* 'diritto di dominare (*domināri*)'] s. m. **1** Autorità, potere: *sete di d.; il d. spirituale della Chiesa; ribellarsi a ogni d. e imposizione* | (*raro*) Disponibilità: *perdere il d. di q.c.* | *Di d. pubblico,* detto di ciò che può essere goduto dalla generalità e (*fig.*) che è noto a tutti: *notizia di d. pubblico.* **2** Potere politico ed esercizio dello stesso: *sottrarsi al d. di un principe* | Posizione di supremazia, spec. politica o militare: *il d. di Sparta nell'antica Grecia.* **3** Padronanza, controllo assoluto (*anche fig.*): *avere il d. della produzione industriale; ammiro il tuo d. sulle passioni; ha un grande d. della materia che tratta* | *D. di sé,* autocontrollo | *D. territoriale,* nel gioco del calcio e sim., costante supremazia di azioni d'attacco, effettuate da una squadra nell'area avversaria. **4** (*dir.*) Proprietà | *D. diretto,* nell'enfiteusi, il rapporto che intercorre fra il proprietario del fondo e il fondo stesso | *D. utile,* nell'enfiteusi, il rapporto che intercorre fra l'enfiteuta e il fondo | *Patto di riservato d.,* quello che regola le vendite a rate, secondo cui il compratore acquista la proprietà della cosa comprata soltanto con il pagamento dell'ultima rata. **5** Territorio sottomesso a un determinato potere politico: *i domini coloniali inglesi.* **6** (*mat.*) *D. di una funzione,* l'insieme dei valori in cui essa è definita. **7** (*fis.*) Regione di un solido in cui i momenti magnetici o elettrici elementari sono allineati in modo uniforme. **8** (*fig.*) Campo, ambito, settore: *il d. della letteratura, delle scienze* | (*lett.*) *Entrare nel d. della storia,* assumere grande importanza, detto di personaggio o avvenimenti di rilievo; anche, scomparire dall'uso attuale, detto di modo o istituzioni.

dominion /*ingl.* də'minjən/ [vc. ingl., dall'ant. fr. *dominion,* adatt. del lat. *domĭnium* 'dominio'] s. m. inv. ● Territorio facente parte un tempo dell'Impero britannico pur essendo indipendente e dotato della personalità giuridica internazionale, e poi del Commonwealth (termine abbandonato dal 1947).

†**dòmino (1)** [vc. dotta, lat. *dŏminu(m),* da *dŏmus* 'casa'; quindi, originariamente 'padrone (di

casa)'] s. m. (f. *-a*) ● Signore, padrone | *D. e padrone*, padrone assoluto.

dòmino (2) [da *domino (1)* con passaggio semantico non chiarito] s. m. inv. **1** Grande cappa con cappuccio, gener. di seta, che donne e uomini indossano per la festa di Carnevale sull'abito da sera. **2** (*est.*) Persona mascherata col domino.

dòmino (3) [fr. *domino*: dai colori bianco e nero che ricordano quelli del costume omonimo (?)] s. m. ● Gioco che si fa con 28 tessere divise in due parti recanti ciascuna un numero da zero a sei, nel quale vince chi per primo riesce a disfarsi di tutte le proprie tessere.

†domino (4) ● V. *dominio*.

dominus /*lat.* 'dɔminus/ [vc. lat.: V. *domino (1)*] s. m. inv. ● (*dir.*) Titolare di un affare, di un ufficio e sim.

dòmito [vc. dotta, lat. *dŏmitu(m)*, part. pass. di *domāre* 'domare'] agg. ● (*lett.*) Domato, vinto, sconfitto. CONTR. Indomito.

†domitóre [vc. dotta, lat. *domitōre(m)*, da *dŏmitus* 'domito'] s. m. (f. *-trice*) ● (*lett.*) Domatore.

dòmma e *deriv.* ● V. *dogma* e *deriv.*

†dommaggiàre [ant. fr. *domagier*, var. di *damagier* 'causare del danno (*dam*)'] v. tr. ● (*raro*) Danneggiare.

†dommàggio o **†domàggio** [fr. *dommage*, per *damage* da *dam* 'danno (lat. *dămnum*)'] s. m. ● (*raro*) Danno.

dòmo (1) [vc. dotta, lat. *dŏmo*, abl. di *dŏmus* 'casa', di origine indeur.] **A** s. m. e f. ● †Casa | †Famiglia. **B** s. m. ● V. *duomo (1)*.

dòmo (2) o (*raro*) **duòmo (2)** [fr. *dôme*, dal gr. *dôma* 'tetto a terrazza', attrav. l'ant. provz. *doma* 'cupola'] s. m. **1** (*lett.*) Cupola. **2** (*geol.*) Duomo (2).

dómo (3) o **dòmo** [da *dom(at)o*, part. pass. di *domare*] agg. ● (*lett.*) Domato | (*raro*) Addomesticato.

†domònio ● V. *demonio (1)*.

domòtica [comp. del lat. *dŏmus* 'casa' e di (*informa*)*tica*] s. f. ● Scienza che si occupa delle applicazioni dell'informatica e dell'elettronica all'abitazione.

domus /*lat.* 'dɔmus/ [vc. lat.: V. *domo (1)*] s. f. inv. ● Nel sign. di museo, fondazione, in varie loc.: *d. galileiana*.

†don (1) /dɔn/ [ant. fr. *don*, dal lat. *dē ŭnde* 'da dove'] avv. ● (*raro*, *poet.*) Forma tronca di 'donde'.

don (2) /dɔn/ o **don don**, **dong (1)** [vc. imit.] **A** inter. ● Riproduce il suono di una grossa campana o i rintocchi di un orologio (*spec. iter.*). **B** in funzione di s. m. ● Il suono stesso delle campane: *il don don delle campane*.

don (3) /dɔn, don/ [riduz. di *donno* per *dom(i)no* col sign. del lat. *dŏminus* 'signore'] s. m. **1** Titolo riservato anticamente al papa, poi ai vescovi e agli abati e infine spec. ai monaci e ai preti: *don Abbondio*; *don Orione*. **2** In Spagna e Portogallo, titolo che spettava al re, ai principi del sangue e ai grandi del regno: *don Carlos* | Titolo riservato a gentiluomini e a persone di riguardo spec. nei territori corrispondenti ai domini spagnoli in Italia: *don Rodrigo*; *mastro don Gesualdo*.

donàbile [vc. dotta, lat. *donābile(m)*, da *donāre* 'donare'] agg. ● (*raro*) Che si può donare.

†donagióne ● V. *donazione*.

†donaménto s. m. **1** Donazione, dono. **2** (*raro*) Corredo da sposa.

donànte A part. pres. di *donare*; anche agg. ● Nei sign. del v. **B** s. m. e f. ● (*dir.*) Chi fa una donazione.

donàre [lat. *donāre*, da *dōnum* 'dono'] **A** v. tr. (*io dóno*) **1** Dare q.c. con un libero atto di volontà e senza aspettarsi ricompense: *d. q.c. per riconoscenza, amore, affetto, ricordo* | *D. tutto sé stesso a qc.*, dedicarsi completamente a qc. SIN. Regalare. **2** (*raro*, *pop.*) Dare. **B** v. intr. (aus. *avere*) **1** (*dir.*) Effettuare una donazione. **2** Giovare, essere vantaggioso, da un punto di vista estetico: *un'acconciatura che le dona molto*; *il viola non ti dona*. **3** (*raro*) Concedere, accordare attenuanti: *d. all'inesperienza di qc.* **C** v. rifl. ● (*lett.*) Dedicarsi, offrirsi, applicarsi completamente: *donarsi alla medicina*; *si è donato completamente alla causa*.

donàrio [vc. dotta, lat. *donāriu(m)*, da *dōnum* 'dono'] s. m. ● Offerta agli dèi | Luogo in cui tale offerta era custodita.

donatàrio s. m. (f. *-a*) ● (*dir.*) Beneficiario di una donazione.

donatismo [da *donatista*] s. m. ● Nella chiesa cristiana d'Africa del IV sec., eresia e scisma di Donato, secondo i quali il battesimo rende santi e perfetti e deve essere rinnovato per i peccatori.

donatista [vc. dotta, lat. *Donatĭsta(m)*, da *Donātus*, n. dell'eretico seguito] s. m. (pl. *-i*) ● Seguace del donatismo.

donatìvo [vc. dotta, lat. *donatīvu(m)*, da *donātus* 'donato'] s. m. ● (*lett.*) Dono, elargizione: *un lauto d.*; *un generoso d.* | Mancia: *i donativi di fine d'anno*.

donatóre [lat. *donatōre(m)*, da *donātus* 'donato'] s. m.; anche agg. (f. *-trice*) **1** Chi, che dona: *la fortuna donatrice di beni*. **2** (*med.*) Chi, che concede il proprio sangue per trasfusioni e organi del proprio corpo per trapianti: *d. di sangue*, *di un rene*, *degli occhi* | *D. di sangue*, (*fig.*) chi presta aiuto a qc., spesso con proprio danno.

†donatòrio s. m. ● (*raro*) Donazione.

†donatùra s. f. ● (*raro*) Donazione.

donazióne o **†donagióne** [vc. dotta, lat. *donatiōne(m)*, da *donātus* 'donato'] s. f. **1** Atto, effetto del donare. **2** (*dir.*) Contratto con cui una parte, per spirito di liberalità, arricchisce un'altra disponendo a suo favore di un proprio diritto o assumendo verso la stessa un'obbligazione. || **donazioncèlla**, dim.

†dónche ● V. *dunque*.

donchisciottàta [da *donchisciotte*] s. f. ● Azione ingenuamente spavalda, diretta al conseguimento di obiettivi irraggiungibili.

donchisciòtte [dal fantasioso e ingenuamente spavaldo protagonista dell'omonimo romanzo di M. de Cervantes Saavedra (1547-1616)] s. m. **1** Chi si erge a difensore di principi e ideali generosi e nobili ma superati o comunque privi di contatto con la realtà attuale, senza curarsi della situazione di fatto e delle possibilità di riuscita, assumendo posizioni coraggiose ma ingenue e un poco ridicole: *essere un d.*; *fare il d.* **2** (*raro*) Persona magra e allampanata.

donchisciottésco agg. (pl. m. *-schi*) ● Di, da donchisciotte: *audacia, generosità donchisciottesca*.

donchisciottismo s. m. ● Atteggiamento donchisciottesco.

dónde o (*raro*) **d'ónde** [lat. *dē ŭnde* 'onde, da dove', di etim. incerta] **A** avv. (poet. troncato in †*dón*) **1** Da dove, da quale luogo (in prop. interr. dirette o indirette): *d. arrivi?*; *non si è mai potuto sapere d. venisse* | (*est.*) Da chi, da quale fonte: *d. viene questa notizia?*; *non riesco a capire d. tragga tanto coraggio*. **2** Dal quale, da cui, dal luogo da cui (con valore rel.): *ritornarono al punto d. erano partiti* | Attraverso cui: *e si lasciorno una via nel mezzo d. le fanterie passavano* (MACHIAVELLI) | Per dove: *e piove sangue d. son passati* (CARDUCCI). **3** Da cui, dal che, dalla quale cosa (con valore caus.): *d. si deduce*; *d. consegue* | Per quale motivo: *d. tante lamentele?* | *Avere d.*, *averne ben d.*, avere buone e fondate ragioni. **4** (*lett.*) Di cui, con cui, per cui (con valore rel.): *non avere d. vivere*; *duo valletti, d. si servia / a portar elmo e scudo, aveva allato* (ARIOSTO). **B** in funzione di cong. ● Per cui, quindi (con valore concl.).

dóndola [da *dondolare*] s. f. **1** †Dondolamento | †*Stare a d.*, trastullarsi. **2** Sedia a dondolo | (*pop.*) Altalena: *giocare con la d.*

dondolaménto s. m. ● Atto, effetto del dondolare e del dondolarsi.

dondolàre o (*pop.*) **sdondolàre** [etim. discussa: almeno parzialmente imitativo (?)] **A** v. tr. (*io dóndolo*) **1** Mandare in qua e in là una cosa sospesa, in equilibrio instabile o con un unico punto d'appoggio: *d. una corda, una sedia*; *d. la testa, la coda* | (*raro*) †*d. la mattea*, parlare sconclusionatamente | Cullare: *d. un bambino*. **2** (*fig.*) †Rimandare continuamente | (*est.*) †Tenere a bada: *i Franzesi ... potrebbero d. e straccare i Svizzeri* (MACHIAVELLI). **B** v. intr. e rifl. (aus. intr. *avere*) **1** Muoversi oscillando o ciondolando: *l'altalena dondola*; *d. da una parte e dall'altra*; *dondolarsi pigramente su una sedia*. **2** (*fig.*) Star bighelloni, senza far niente: *non fa che dondolarsi tutto il giorno per la casa*. SIN. Gingillarsi, oziare.

dondolio s. m. ● Leggero dondolamento continuo.

dóndolo [da *dondolare*] s. m. **1** (*raro*) Atto del dondolare | *Sedia, poltrona a d.*, su cui ci si può allungare e dondolare | *Cavallo a d.*, V. *cavallo*. **2** (*lett.*) Cosa che dondola: *un collarin ... / con un dondol nel mezzo* (L. DE' MEDICI) | (*est.*, *pop.*) Altalena: *hanno messo il d. in giardino*. **3** †Pendolo | †*Orologio a d.*, orologio a pendolo. **4** (*raro*) †Trastullo, balocco | (*raro*, *fig.*) †Passatempo | *Stare, andare a d.*, perder tempo, stare in ozio. **5** (*fig.*) †Indugio, traccheggio.

dondolóna s. f. ● (*raro*) Sedia a dondolo.

dondolóne s. m.; anche agg. (f. *-a*) ● (*raro*) Bighellone, ozioso, sfaccendato: *fare il d.*; *camminare con aria dondolona*. SIN. Girellone.

dondolóni o (*pop.*) **sdondolóni**. avv. ● Dondolando, dondolandosi | *Andare, camminare d.*, girellare oziosamente, bighellonare | Anche nella loc. avv. *a d.*

don don /dɔn 'dɔn/ ● V. *don (2)*.

dong (1) /dɔng/ [vc. onomat.] inter. **1** V. *don (2)*. **2** Riproduce il suono di un colpo di una botta o di uno scapaccione (*spec. scherz.*).

dong (2) /dɔng/ [letteralmente 'rame'] s. m. inv. ● Unità monetaria circolante nel Vietnam.

dongiovannésco agg. (pl. m. *-schi*) ● Di, da dongiovanni: *atteggiamento, orgoglio d.*

dongiovànni [dal n. *Don Giovanni* Tenorio, personaggio di una commedia di Tirso de Molina (1584-1648)] s. m. **1** Uomo audace e galante | Fortunato corteggiatore di donne. **2** (*iron.*) Chi si atteggia a corteggiatore irresistibile.

dongiovannismo s. m. ● Ostentato comportamento da dongiovanni.

dònna [lat. *dŏmina(m)* 'signora' attraverso la forma sincopata *dŏmna(m)*] s. f. **1** Femmina fisicamente adulta della specie umana: *caratteri biologici, fisiologici, sessuali della d.*; *una d. alta, bassa, robusta, sottile, slanciata, ben fatta*; *una d. piccola, brutta*; *una bella d.* | Nella loc. avv. *da d.*, proprio della donna o adatto a lei: *voce da d.*; *abito, cappello da d.* | *Vestirsi, agire, comportarsi da d.*, come una donna: *è solo una ragazzina, ma si comporta già da d.* | *Di d.*, femminile: *voce di d.* | *Mezza d.*, (*pop.*) molto piccola di statura | *D. crisi*, volutamente molto magra, di moda spec. negli anni intorno al 1930 | *D. cannone*, enormemente grassa, come fenomeno da circo e (*est.*) donna molto grassa. **2** Persona indeterminata di sesso femminile: *ti ha cercato una d.*; *è venuta una d.*; *al telefono mi sembrava che parlasse una d.*; *pare una d. d'una certa età* | *Andare a donne*, cercare facili avventure amorose, con riferimento a uomo. **3** Ogni essere umano di sesso femminile, considerato rispetto alle sue qualità, attributi, caratteristiche e sim. intellettuali o morali, positive o negative: *d. intelligente, ragionevole, equilibrata, buona, brava, gentile*; *d. malvagia, corrotta, crudele, perversa, ipocrita, pettegola, linguacciuta, maligna* | *Buona d.*, di animo buono, di sentimenti generosi e sim., ma non troppo intelligente; (*antifr.*) prostituta | *Brava d.*, abile, lavoratrice e sim. | *D. onesta*, che sa conservare la propria castità, se nubile, che è fedele al proprio marito, se sposata | *Santa d.*, estremamente buona, onesta, paziente, e sim. | *Gran d.*, dotata di eccezionali capacità e virtù; (*antifr.*) che dimostra di non valere nulla | *D. di cuore, di gran cuore*, generosa, molto generosa | *D. generosa*, (*antifr.*) facile a concedersi | *D. di poche parole*, taciturna, non pettegola e sim. | *Una d. d'oro, una perla di d.*, e sim., ricca d'ogni qualità e virtù | *D. di casa*, che ama vivere ritirata nella propria casa e sim. | *D. di spirito*, brillante, spiritosa, dotata di senso dell'umorismo | *D. di gusto, di buon gusto*, che sa scegliere, che ha e dimostra buongusto | *D. di classe*, elegante, colta, raffinata | *D. da poco*, facile, leggera e sim. | *D. di facili costumi*, incline ad avventure amorose | *D. per bene*, onesta, rispettabile | *Essere, non essere d. da*, essere, non essere capace di: *non è d. da fare sciocchezze*. **4** Ogni essere umano di sesso femminile, considerato in relazione allo specifico contesto sociale, economico, politico, storico e sim. in cui vive, alla posizione che occupa, alla funzione che svolge e sim.: *la d. moderna*; *la d. lavoratrice*; *la mentalità, le esigenze, i problemi della d. d'oggi*; *è una* *d. all'antica, aggiornata, à la page; le occupazioni tradizionali della d.* | *D. di servizio*, domestica, fantesca | *D. di casa*, che accudisce, nella propria casa, alle faccende domestiche | *D. di mondo*, abituata alla vita di società | (*euf.*) *D. di mondo, di partito, di vita, di malaffare*, prostituta | (*euf.*) *D. galante, perduta, pubblica*, prostituta | (*euf.*) *D. da prezzo, da trivio*, prostituta | *La d. del giorno, del momento*, e sim., di cui si parla molto, che occupa una posizione di particolare rilievo e sim. ***5*** (spec. preceduto dall'agg. poss.) Sposa, moglie, donna amata: *la sua d.* | †*D. novella*, sposa novella. ***6*** (*al pl., preceduto all'agg. poss.*) Donna di una stessa famiglia e (*est.*) donna della stessa città o della stessa nazione cui appartiene la persona che parla o scrive o della quale si riferisce il pensiero, il convincimento e sim.: *le mie donne, ... ti ricordano sempre* (CARDUCCI). ***7*** (*ell.*) Donna di servizio: *cercare una d.*; *licenziare la d.*; *ho trovato una d. molto fidata* | *D. a mezzo servizio*, assunta solo per qualche ora della giornata | *D. a tutto servizio*, assunta per l'intera giornata | *D. fissa*, che vive con la famiglia presso la quale lavora | †*D. di camera*, cameriera | (*raro*) *D. di cucina*, cuoca | *D. a tutto fare*, che sbriga tutte le faccende domestiche. ***8*** (*lett.*) Signora, padrona: *apparve ... la gloriosa d. della mia mente* (DANTE). ***9*** Titolo riservato anticamente alle religiose di alcuni ordini: *essi lavorano nel monastero delle Donne di Faenza* (BOCCACCIO). ***10*** Titolo riservato alle nobildonne e alle signore di riguardo: *d. Vittoria Colonna*; *d. Prassede* | †Maria Vergine | †*Nostra Donna*, la Madonna. ***11*** Attrice | *Prima d.*, attrice che ricopre la parte principale. ***12*** Figura delle carte da gioco | Nel gioco degli scacchi, regina. SIN. Dama, regina. || **donnàcchera**, pegg. | **donnàccia**, pegg. (V.) | **donnàccola**, pegg. | **donnarèlla**, pegg. | **donnétta**, dim. pegg. (V.) | **donnettàccia**, pegg. | **donnettina**, dim. vezz. | **donnettùccia**, pegg. | **donnicciòla**, pegg. (V.) | **donnicciuòla**, pegg. | **donnicciolùccia**, pegg. | **donnicìna**, dim. | **donnina**, dim. (V.) | **donnino**, dim. m. (V.) | **donnóna**, accr. | **donnóne**, accr. m. (V.) | **donnòtta**, accr. | **donnùccia**, dim. | **donnucciàccia**, pegg. | **donnuccina**, dim. | **donnùcola**, pegg.

donnàccia s. f. (pl. *-ce*) ***1*** Pegg. di *donna*. ***2*** Prostituta.

†donnàio s. m. ● Donnaiolo.

donnaiòlo o **†donnaiuòlo** s. m. ● Chi corteggia assiduamente e con successo le donne.

†donneàre [ant. provz. *domneiar*, da *domna* 'donna'] v. intr. ● Conversare con donne | Corteggiare le donne.

†donneggiàre v. intr. ● Signoreggiare.

†donnerìa s. f. ● Condizione e abitudine donnesca.

donnésco agg. (pl. m. *-schi*) ***1*** Di, da donna: *abito d.*; *lavori donneschi*; *faccende donnesche*. SIN. Muliebre. ***2*** †Nobile, signorile: *con animo e con costume d.* (BOCCACCIO). ***3*** (*raro*) †Incline alle donne. || **donnescaménte**, avv. (*raro*) In modo donnesco.

donnétta s. f. ***1*** Dim. di *donna*. ***2*** Donna di umile condizione sociale | (*spreg.*) Donna mediocre, meschina.

donnicciòla o **donnicciuòla** s. f. ***1*** Dim. di *donna*. ***2*** (*spreg.*) Donna (o anche uomo) di carattere debole, di animo vile, incline al pettegolezzo.

donnina s. f. ***1*** Dim. di *donna*. ***2*** Bambina assennata: *non ha ancora dieci anni ma è già una d.* ***3*** (*euf.*) Donna di facili costumi | *D. allegra*, sgualdrina.

donnino s. m. ***1*** Dim. di *donna*. ***2*** Uomo effeminato e troppo curato.

donnìṣmo [da *donna*] s. m. ● Movimento sorto alla fine degli anni Settanta in contrapposizione polemica al femminismo, che interpreta il rapporto uomo-donna in chiave di confronto e di scambio e non di antagonismo.

donnista agg. (pl. m. *-i*) ● Di, relativo a donnismo.

†dònno [lat. *dŏmnu(m)*, forma sincopata di *dŏminu(m)* 'signore'] s. m. ***1*** Signore, padrone: *son donni ... di lurida plebe* (MANZONI). ***2*** Don: *un prete, chiamato d. Gianni di Barolo* (BOCCACCIO).

dònnola o **dónnola** [lat. tardo *dŏmnula(m)* 'signorina, padroncina', dim. di *dŏmna* 'donna', con riferimento eufemistico alla grazia di questo animale] s. f. ● Piccolo mammifero dei Carnivori con lungo corpo flessuoso, corte zampe e pelliccia di color rossiccio sul dorso, bianco sulla gola e sul ventre (*Mustela nivalis*).

donnóne s. m. ***1*** Accr. di *donna*. ***2*** Donna di grossa corporatura.

dóno [lat. *dōnu(m)*, della stessa origine di *dāre* 'dare'] **A** s. m. (pl. *dóni*, m.; †*dónora*, f.) ***1*** Atto del donare: *porgere, portare q.c. in d. a qc.* | Ciò che si dona, l'oggetto di una donazione, regalo: *i doni di Natale*; *fare un d. a qc.* | (*est.*) Donazione: *accettare il d.* ***2*** (*fig.*) Concessione, grazia, privilegio: *un d. di Dio*; *de' Numi è d. / servar nella miseria altero nome* (FOSCOLO) | *D. militare*, decorazione con la quale venivano onorati i valorosi dell'esercito romano | *Doni dello Spirito Santo*, Sapienza, Intelletto, Scienza, Consiglio, Fortezza, Pietà e Timor di Dio, virtù santificanti infuse dallo Spirito Santo. ***3*** (*fig.*) Qualità, virtù, dote: *è un d. di natura* | *D. della parola*, facoltà di parlare, propria dell'uomo e (*est.*) eloquenza | *Avere il d. della recitazione, delle lingue, della matematica e sim.*, essere naturalmente portati alla recitazione, imparare facilmente le lingue straniere, la matematica e sim. ***4*** †Rimunerazione, interesse | *D. di tempo*, usura. **B** in funzione di agg. inv. ● (posposto al s.) Detto di ciò che si dona, si dà in regalo, spec. nella loc. *pacco d.* || **donerèllo**, dim. | **donètto**, dim.

†dónqua ● V. *dunque*.

†dónque ● V. *dunque*.

dont /dɔnt, *fr.* dɔ̃/ [vc. fr., propr. 'di cui'] s. m. inv. ● (*borsa*) Contratto che conferisce a un operatore il diritto, in considerazione del pagamento di un premio, di esercitare o meno l'opzione di acquisto prevista dal contratto stesso. SIN. Call. CFR. Put.

donẓèlla [ant. provz. *donsela*, dal lat. *dom(i)nicĕlla(m)*, dim. di *dŏm(i)na* 'signora'] s. f. ***1*** (*lett.*) Giovinetta: *una d., / che adagio ne venia sopra a quel piano* (BOIARDO). ***2*** †Damigella, servente. ***3*** (*zool.*) Denominazione di vari pesci dei Labridi, caratterizzati dai vivaci colori. || **donzellétta**, dim. | **donzellina**, dim. (V.).

†donẓellàrsi [da *donzella*] v. rifl. ● Divertirsi, baloccarsi.

donẓellìna s. f. ***1*** Dim. di *donzella*. ***2*** (*al pl.*) Frittella di pasta lievitata.

donẓèllo [ant. provz. *donsel*, dal lat. **dom(i)nicĕllu(m)*, dim. di *dŏm(i)nus* 'signore'] s. m. ***1*** Titolo dato ai giovani nobili che si mettevano al servizio del re o di un cavaliere, per conseguire l'investitura cavalleresca | *D. di corte*, paggio. ***2*** †Garzone, servente. ***3*** †Usciere dei magistrati | (*tosc.*) Usciere del municipio.

doomwriting /*ingl.* 'du:m-raitiŋ/ [vc. ingl., comp. di *doom* 'distruzione, rovina' (vc. germ. d'orig. indeur.) e *writing* 'scrittura, presagio', da *to write* 'scrivere' (vc. germ.)] s. m. inv. ● Visione fatalmente pessimistica del futuro, che porta a prevedere sciagure e catastrofi e a scrivere di esse. SIN. Rovinografia.

dòpa [ted. *dopa*, sigla di *d(i)o(xy)p(henyl)a(lanine)*] s. f. ● (*chim.*) Amminoacido derivato dalla tiroxina, che contribuisce alla formazione dei pigmenti scuri della pelle, dei capelli ecc.

dopamìna o **dopammìna** [ingl. *Dopamine*, sigla di *DihydrOxyPhenylethylAmine* 'diidrossifeniletilamina'] s. f. ● (*chim.*) Catecolamina che negli animali superiori svolge importanti funzioni di neurotrasmettitore nel sistema nervoso centrale e la cui carenza, nell'uomo, è causa del morbo di Parkinson.

dopàre [dall'ingl. *to dope* 'drogare'. V. *doping*] **A** v. tr. (*io dòpo*) ● Somministrare sostanze stupefacenti per accrescere il rendimento sportivo: *d. un atleta*. **B** v. rifl. ● Fare uso di sostanze stupefacenti per migliorare le proprie prestazioni agonistiche.

dopàto A part. pass. di *dopare*; anche agg. ● Nei sign. del v. **B** s. m. (f. *-a*) ● Atleta che fa uso di sostanze stupefacenti per migliorare le proprie prestazioni agonistiche.

dòping /'dɔpin(g), *ingl.* 'doupiŋ/ [vc. ingl., propriamente part. pres. di *to dope* 'drogare', da *dope* 'liquido spesso' di origine ol. (*doop* 'salsa', da *dopen* 'mescolare', ma originariamente 'battezzare (per immersione)')] s. m. inv. ● Uso, o somministrazione illegale, di droghe ad atleti o ad animali per accrescerne le energie psicofisiche e quindi il rendimento agonistico in competizione. SIN. Drogaggio nel sign. 1.

†doplèro ● V. *doppiere*.

†doplicàre ● V. *duplicare*.

†dóplo ● V. *doppio*.

dópo o **†dóppo** [lat. *dĕpo(st)* 'da (*dē*) poi (*pŏst*)' col mutamento non infrequente di *-ep-* in *-ŏp-*] **A** avv. ***1*** In seguito, di poi, più tardi: *prima studia, d. usciremo*; *prima o d. è la medesima cosa*; *parleremo d. di questa faccenda*; *un'ora d.*; *una settimana d.*; *questo accadde due mesi d.*; *subito d.*; *poco d.* | *A d.*, a più tardi, arrivederci | Anche pleon.: *intanto fai quello che devi fare, poi d. si vedrà cosa decidere* | V. anche *dopodiché*. CONTR. Prima. ***2*** Oltre: *passate questo palazzo e voltate subito d.* | (*lett.*) Dietro, appresso: *Taciti, soli, sanza compagnia / n'andavam l'un dinanzi e l'altro d.* (DANTE *Inf.* XXIII, 1-2). **B** prep. ***1*** Indica posteriorità nel tempo: *ci vediamo d. pranzo, d. cena, d. domani*; *arriverà d. il tramonto del sole*; *rinviamo la discussione a d. il pranzo*; *mi ha promesso una visita per d. le vacanze* | *Andarsene, entrare uno d. l'altro*, in rapida successione | *D. tutto*, V. anche *dopotutto* | Anche nella loc. prep. *d. di* (davanti a un pron. pers. atono): *siamo arrivati d. di voi* | Precedendo i nomi propri di personalità rilevanti, spec. politiche, forma s. inv. indicanti il periodo successivo a quello del loro predominio: *in Egitto si inizia il d. Sadat.* ***2*** Oltre (indica una successione nello spazio): *prendete la strada a destra d. la chiesa* | Dietro: *veniva avanti lentamente, un passo d. l'altro*. **C** cong. ● Poi che, in seguito (introduce una prop. temp. implicita con il v. all'inf. o al part. pass.): *d. mangiato vado sempre a dormire*; *d. aver asciugate in segreto le lacrime, alzò la testa* (MANZONI) | Anche nella loc. cong. *d. di* (con il v. all'inf.): *d. di aver parlato per due ore, riuscii a convincere i presenti* | V. anche *dopoché*.

dopobàrba [comp. di *dopo* e *barba* (*1*)] **A** s. m. inv. ● Preparato che si applica sul viso dopo la rasatura. **B** anche agg. inv.: *lozione, crema d.*

dopobórsa [comp. di *dopo* 'periodo successivo' e *borsa* (*2*)] s. m. inv. ● Attività borsistica svolta dopo le contrattazioni alle grida.

dopocéna [comp. di *dopo* e *cena*] s. m. inv. ● Periodo di tempo che intercorre fra la fine della cena e il riposo notturno | (*est.*) Trattenimento, riunione e sim. che ha luogo in questo periodo di tempo: *dare un d.*; *essere invitato a un d.*

dopoché o **dópo che** [comp. di *dopo* e *che* (*2*)] cong. ***1*** Da quando, dal momento che (introduce una prop. temp. con il v. all'indic.): *l'ho saputo d. eri partito*. ***2*** (*raro*) Quando, una volta che (introduce una prop. temp. con valore condiz. e il v. al cong.): *verrai a trovarmi d. tu sia guarito*.

dopodiché o **dópo di che** [comp. di *dopo*, *di* e *che* (*2*)] avv. ● Infine: *dopo di che l'Italia si trovò, stupita, quasi incredula, sul Campidoglio* (PASCOLI).

dopodomàni o **dópo domàni** [comp. di *dopo* e *domani*] **A** avv. ● Nella giornata che segue immediatamente il domani, nel secondo giorno dopo oggi: *partirò, verrò d.*; *arrivederci a d.*; *addio a d.!* SIN. Domani l'altro. **B** s. m. ● Il giorno che segue il domani: *non è venuto né l'indomani né il d.* | (*fig.*) Futuro non immediato: *risolti i problemi del domani, dovremo affrontare quelli del d.*

dopoelezióni [comp. di *dopo* e il pl. di *elezione*] s. m. ● Periodo immediatamente successivo alle elezioni: *pensare al d.*

dopoguèrra [comp. di *dopo* e *guerra* sul modello del fr. *après-guerre*] s. m. inv. ● Periodo storico che segue immediatamente una guerra, caratterizzato da gravi problemi e da molteplici esigenze d'ordine materiale e spirituale, considerato spec. in relazione alla crisi ideologica e morale degli individui e della società o agli squilibri e disordini politici, economici e sociali determinati dallo svolgimento e dall'esito del conflitto stesso: *gli uomini, i giovani del d.*; *le difficoltà del d.* | *Primo d.*, che seguì alla guerra del 1914-18 | *Secondo d.*, che seguì alla guerra del 1939-45.

dopolavorista s. m. e f. (pl. m. *-i*) ● Chi è iscritto a un dopolavoro.

dopolavoristico agg. (pl. m. *-ci*) ● Del dopolavoro, dei dopolavoristi | (*fig., spreg.*) Dilettantistico.

dopolavóro [comp. di *dopo* e *lavoro*] s. m. inv. • Ente che organizza le attività ricreative e culturali dei lavoratori.

dopolistino [comp. di *dopo* e *listino*] s. m. inv. • (*banca*) Dopoborsa: *oscillazioni del d.*

dopopartita [comp. di *dopo* e *partita* (*1*)] s. m. inv. • Periodo immediatamente successivo a una partita, spec. di calcio: *i commenti del d.*

dopoprànzo o **dópo prànzo** [comp. di *dopo* 'periodo successivo' e *pranzo*] **A** avv. • Nel primo pomeriggio, o più gener., nel pomeriggio: *ieri, oggi, domani d.*; *ci vediamo subito d.*; *mi troverete in casa d.* **B** s. m. inv. • Il pomeriggio: *il mal tempo s'è diradato e fa il più bel dopo pranzo del mondo* (FOSCOLO).

doposcì o **dópo scì** [comp. di *dopo* e *sci*] **A** s. m. • Capo di vestiario o particolare tipo di calzature che gli sciatori portano durante il riposo. **B** anche agg.: *pantaloni, scarpe d.*

doposcuòla [comp. di *dopo* e *scuola*] s. m. inv. • Istituzione per l'assistenza degli scolari dopo le regolari ore di lezione.

doposóle [comp. di *dopo* e *sole*] **A** s. m. inv. • Cosmetico per idratare la pelle dopo un'esposizione ai raggi solari. **B** anche agg. inv.: *crema, lozione d.*

dopotùtto o **dópo tùtto** [comp. di *dopo* e *tutto*] avv. • Insomma, alla fin fine, in conclusione, tutto considerato, tutto sommato: *fate come volete, d. siete voi i responsabili*; *d. non sarò io a rimetterci*; *d. non ci vedo una gran differenza.*

dóppia [f. sost. di *doppio*] s. f. **1** (*fam.*) Paga doppia. **2** Moneta d'oro del valore di due ducati coniata in vari Stati italiani a partire dalla seconda metà del XV sec. **3** Gemma contraffatta.

doppiàggio [fr. *doublage*, da *doubler* 'doppiare (2)'] s. m. • (*cine*) Operazione consistente nel corredare una pellicola cinematografica di una colonna sonora diversa da quella registrata durante la lavorazione del film, allo scopo di avere il film stesso parlato in una lingua diversa da quella originale, oppure di eliminare eventuali difetti di pronuncia degli interpreti.

doppiàre (1) o †**dopiàre**, †**duplàre** [lat. tardo *duplāre*, da *dŭplus* 'doppio'] **A** v. tr. (*io dóppio*) **1** (*raro, lett.*) Raddoppiare, duplicare | (*est.*) Accrescere, aumentare. **2** Foderare un tessuto leggero con un altro più consistente, per meglio sostenere un abito o per realizzare capi rovesciabili, di doppio uso. **3** (*mar.*) Oltrepassare un punto di terra, un faro, un molo. **4** (*sport*) Nelle gare di corsa in pista o su circuito, superare un avversario di un intero giro | Nel pugilato, *d. i colpi*, colpire con una doppietta, portare un uno-due. **B** v. intr. e intr. pron. (aus. *essere*) • (*raro, lett.*) Diventare doppio | (*est.*) Aumentare, crescere.

doppiàre (2) [fr. *doubler*, a sua volta dall'ingl. *to double*] v. tr. (*io dóppio*) • (*cine*) Effettuare il doppiaggio.

doppiàto A part. pass. di *doppiare* (*2*); anche agg. • Nei sign. del v. **B** s. m. • (*cine*) Colonna sonora che sostituisce quella originale.

doppiatóre (1) [da *doppiare* (*1*)] s. m. • Nell'industria metallurgica, operaio addetto alla piegatura e rifilatura della latta appena uscita dal laminatoio.

doppiatóre (2) [da *doppiare* (*2*)] s. m. (f. *-trice*) • Attore specializzato nel doppiaggio.

doppiatrice [da *doppiare* (*1*)] s. f. • Macchina che piega in due la stoffa nel senso dell'altezza.

doppiatùra (1) [da *doppiare* (*1*)] s. f. **1** Raddoppiamento. **2** (*mar.*) Rinforzo dello scafo di una nave, costituito dal raddoppiamento del fasciame metallico.

doppiatùra (2) [da *doppiare* (*2*)] s. f. • (*raro*) Doppiaggio.

doppieggiàre [da *doppio*] v. intr. (*io doppiéggio*; aus. *avere*) **1** (*raro*) Essere falso, insincero. **2** †Avere doppio senso.

doppière o (*raro*) †**doplèro**, (*lett.*) †**doppièro** [provz. ant. *dobler*, da *doble* 'doppio'] s. m. **1** Candeliere o candelabro a due o più bracci. **2** †Doppia torcia di cera.

doppiétta [da *doppio*] s. f. **1** Fucile da caccia a due canne | *D. giustapposta*, in cui le due canne sono accoppiate lateralmente | *D. sovrapposta*, le cui canne sono accoppiate verticalmente | (*est.*) Cacciatore. **2** Doppio colpo di fucile. SIN. Coppiola. **3** Nella guida degli autoveicoli, manovra in cui, portato il cambio in folle, si torna a innestare la frizione e si accelera il motore per facilitare il passaggio a una marcia inferiore: *fare la d.* **4** Nel calcio, coppia di reti segnate da un giocatore nella stessa partita | Nel pugilato, rapida successione di due colpi portati di sinistro e di destro. **5** (*fis.*) Dipolo. **6** Moneta d'oro del XVIII sec. coniata a Torino per la Sardegna.

doppiétto s. m. • Doppietta, nei sign. 2 e 3.

doppiézza s. f. **1** Qualità o condizione di ciò che è doppio: *la d. del filo, della corda* | Molteplicità. **2** (*fig.*) Mancanza di sincerità e di lealtà | Simulazione, inganno, imbroglio: *aveagli insegnato a detestare ... la d. propria di un tiranno* (LEOPARDI).

doppino [da *doppio*] s. m. **1** (*mar.*) Parte di canapo o corda che si ripiega a doppio su sé stessa. **2** Insieme di due cavi conduttori di un impianto di linea aerea costituenti un circuito telefonico.

dóppio o (*raro*) †**dóplo**, (*lett.*) **dùplo** [lat. *dŭplu(m)*, comp. di *dŭo* 'due' e *-plus*, proprio di questo tipo di agg.] **A** agg. **1** Che è due volte maggiore, relativamente ad altra cosa analoga: *sostenere una doppia fatica*; *d. litro*; *ricevere una doppia razione*; *paga doppia* | *Numero d.*, di pubblicazione periodica che contiene un numero di pagine doppio rispetto al consueto. **2** Che è costituito da due cose identiche unite o sovrapposte e che servono spesso allo stesso uso: *fucile a doppia canna*; *scarpe a doppia suola*; *finestra con doppi vetri* | *Filo d.*, formato di due o più capi uniti insieme | (*fig.*) *Essere cucito a filo d. con qc.*, essere molto legato a qc. da interessi, sentimenti e sim. | *Corda doppia*, nell'alpinismo, manovra che consente di superare in discesa tratti anche non percorribili in arrampicata libera | *D. mento*, deposito di grasso sotto il mento | (*est.*) Grosso, spesso: *tessuto d.*; *carta doppia.* **3** Duplice: *lettera in doppia copia* | Che è ripetuto due volte: *hai commesso una doppia infrazione* | *Colpo d.*, nella scherma, quello che si ha quando gli avversari si toccano contemporaneamente per effetto di una iniziativa comune | *A doppia mandata*, con due giri di chiave | *Frasi, parole a d. senso*, che si possono spiegare o interpretare in due modi opposti | *Fare il d. gioco*, barcamenarsi tra due avversari per opportunismo | (*bot.*) *Fiore d.*, che ha maggior numero di petali dell'ordinario per la trasformazione di tutti gli stami | *Punto d.*, formato da due punti a croce sovrapposti. **4** (*fig.*) Falso, finto, infido: *è un uomo d.*; *parole doppie* | *Dadi doppi*, truccati. **5** Detto di bozzolo che contiene due crisalidi. **6** (*ling.*) Detto di segno grafico, ripetuto | Detto di vocale o consonante, geminato | *Doppia articolazione*, articolazione del linguaggio sul piano del significato in monemi e sul piano del significante in fonemi. **7** Nel gioco del domino, di pezzo che ha su ambo i lati lo stesso numero: *un d. cinque.* **8** (*etn.*) Nelle credenze di alcuni popoli, spec. dell'Africa nera, entità spirituale di un individuo che, all'insaputa di questi, può compiere malefici ai danni di altri esseri umani. || **doppiaménte**, avv. **1** Due volte; in misura o dimensione doppia: *mi rallegro d. con voi.* **2** In modo falso, ambiguo: *agire d.* **B** s. m. **1** Quantità, numero, misura doppia: *no, voglio il d.*; *pagare il d.*; *pesare il d.*; *il d. di dieci è venti* | *In molti doppi, a mille doppi*, molte volte, mille volte di più. **2** (*raro*) Capo intrecciato di una fune: *corda a molti doppi.* **3** (*comm.*) *D. di commissione*, copiacommissione. **4** Attore pronto a sostituire un collega della compagnia in caso di necessità. **5** Il diverso o contrario aspetto di una stessa persona o situazione: *Pirandello e il suo d.*; *una metropoli moderna e il suo d. di violenza.* **6** Nel tennis, incontro fra quattro giocatori che gareggiano in coppia: *d. maschile, femminile, misto.* **C** avv. **1** Due volte | *Vederci d.*, vedere le cose raddoppiate e (*fig.*) avere la sbornia, avere le traveggole. **2** (*raro, fig.*) In modo falso e subdolo: *parlare, scrivere, agire d.* || **doppiàccio**, pegg. | **doppino**, dim.

doppiofóndo o **dóppio fóndo** [comp. di *doppio* e *fondo*] s. m. (pl. *doppifóndi*) **1** (*mar.*) Larga intercapedine del fondo degli scafi metallici, formata da un fasciame stagno interno disposto quasi parallelamente a quello esterno. **2** (*est.*) Qualunque cavità celata sotto un fondo fittizio: *valigia con d.*

doppiogiochìsta [da *doppio gioco*] s. m. e f. (pl. m. *-i*) • Persona falsa e opportunista che fa il doppio gioco.

doppiolavorista [da *doppio lavoro*] s. m. e f. (pl. m. *-i*) • Bioccupato.

doppióne [da *doppio*] s. m. **1** Cosa identica a un'altra | Altro esemplare di un libro o di un oggetto da collezione che già si possiede: *scambiarsi i doppioni.* **2** Bozzolo di seta che racchiude due o più crisalidi. **3** (*ling.*) Allotropo. **4** (*tess.*) Difetto di un tessuto, là dove il filo si raddoppia. **5** Recita di due parti sostenuta dallo stesso attore in un'opera teatrale. **6** †Doppiere. **7** Pezzo del domino che reca impresso nelle due caselle lo stesso numero.

doppiopètto [comp. di *doppio* e *petto*] **A** s. m. (pl. *doppiopètto* o *doppiopètti*) • Giacca o mantello con i due davanti più o meno sovrapposti e chiusi da due file di bottoni | (*fig.*) Nella loc. *in d.*, con riferimento al classico capo d'abbigliamento inteso come simbolo di serietà, detto di chi o di ciò che, intrinsecamente pericoloso, mira, al contrario, a dare di sé un'immagine rassicurante: *fascisti in d.* **B** anche in funzione di agg.: *cappotto d.*; *giacca d.*; *tailleur d.*

doppiotétto [comp. di *doppio* e *tetto*] s. m. • (*edil.*) Soprattetto.

doppiovétro [comp. di *doppio* e *vetro*] s. m. (pl. *doppivétri*) **1** (*fam.*) Vetrocamera. **2** (*est.*) Finestra con doppia intelaiatura e doppi vetri per aumentare l'isolamento termico e acustico.

doppista [da *doppio* nel sign. B 5] s. m. e f. (pl. m. *-i*) • Nel tennis, giocatore o giocatrice di doppio.

dòppler /'dɔppler, *ingl.* 'dɔplə*/ [dal n. del matematico C. J. *Doppler* (1803-1853)] in funzione di agg. inv. (posposto al s.) **1** (*fis.*) *Effetto d.*, fenomeno fisico per il quale la frequenza di un'onda appare aumentare se la sorgente e il ricevitore hanno un moto relativo che li avvicina tra loro, e appare diminuire se tale moto porta ad allontanarli; è usato per misure di velocità (per es. di autoveicoli o del flusso del sangue). **2** Detto di strumenti, apparecchi e sim. che si basano su tale effetto.

dopplersonografia [comp. di *doppler* e *sonografia*] s. f. • (*med.*) Ecodoppler.

†**dòppo** • V. *dopo.*

doradilla /dora'dilla, *sp.* dora'diʎa/ [sp. *doradilla*, da *dorado* 'dorato', dal lat. *deaurātus*, per il colore brillante delle foglie] s. f. • Pianta delle Felci con foglie a pagina inferiore di colore dorato (*Asplenium ceterach*).

doràre [lat. tardo *deaurāre*, comp. parasintetico di *āurum* 'oro', col pref. *dē-*] v. tr. (*io dòro*) **1** Applicare uno strato sottile d'oro sulla superficie di un oggetto secondo vari metodi: *d. ad amalgama, a foglia, a bagno galvanico* | (*fig.*) *D. la pillola*, presentare una notizia, un fatto sgradevole e sim. in modo da farlo sembrare migliore di quanto sia in realtà. **2** (*lett.*) Rendere simile all'oro | (*lett.*) Rivestire di una luce dorata: *quel raro strale / che di sua mano Amor pulisce e dora* (TASSO). **3** Spennellare con albume o con tuorlo d'uovo o con uovo sbattuto la parte superiore di una pasta, prima di cuocerla | Cuocere un cibo, in un grasso, sino a dargli un colore simile al giallo oro.

doràto A part. pass. di *dorare*; anche agg. **1** Che ha il colore o i riflessi dell'oro: *giallo d.*; *marrone, bruno d.* **2** (*fig., poet.*) Inondato di luce: *mirava il ciel sereno, / le vie dorate e gli orti* (LEOPARDI). **B** s. m. **1** †Doratura. **2** (*raro, lett.*) Colore giallo oro.

doratóre [lat. tardo *deauratōre(m)*, da *deaurātus* 'dorato'] s. m. • Chi esercita l'arte del dorare.

doratùra s. f. **1** Atto, effetto del dorare. **2** Rivestimento, più o meno sottile, di oro | Ornamento, fregio e sim., d'oro.

dorèma [vc. dotta, gr. *dṓrēma* 'dono' per le sue benefiche proprietà] s. m. • Genere di piante perenni delle Ombrellifere da cui si ricava una gommoresina (*Dorema*).

doreria [da *dorare*] s. f. • (*raro, lett.*) Quantità di oggetti d'oro: *lasciarono i Medici molti argenti e dorerie* (VASARI).

Dòri [vc. dotta, lat. *Dōres*, dal gr. *Dōriêis*, che è da *Dôros* 'Doros', leggendario eroe eponimo della stirpe] s. m. pl. • Popolazione indoeuropea che nel XII sec. a.C. si stanziò in Grecia ponendo fine alla civiltà micenea; è uno dei tre principali gruppi etnolinguistici dell'antica Grecia, insieme con gli Ioni e gli Eoli.

doriàno [dal nome della squadra di calcio dell'Andrea *Doria*, che, fondendosi con la Sampierdarenese, diede vita alla Sampdoria] agg.; anche s. m. (f. *-a* nel sign. 2) *1* Che, chi gioca nella Sampdoria, squadra di calcio della città di Genova. *2* Che, chi è sostenitore o tifoso della Sampdoria.

doricìsmo • V. *dorismo*.

dòrico [vc. dotta, lat. *Dōricu(m)*, dal gr. *Dōrikós* 'proprio della stirpe dei Dori', così chiamati dal loro mitico antenato *Dôros*] **A** agg. (pl. m. *-ci*) *1* Che è proprio dell'antica popolazione greca dei Dori: *dialetto d.* | (*arch.*) *Ordine d.*, ordine architettonico classico caratterizzato da colonna senza base scanalata, rastremata verso l'alto, con capitello composto di echino a forma di bacile e di abaco, fregio a metope e triglifi alternati. ➡ ILL. p. 357 ARCHITETTURA. *2* (*arch.*) Proprio dell'ordine dorico: *capitello, fregio d.*; *colonna dorica*. *3* (*mus.*) *Modo d.*, il modo principale dell'antica musica greca. **B** s. m. solo sing. • Dialetto greco parlato dagli antichi Dori.

dorìfora [vc. dotta, d'eguale formazione di *doriforo* (V.): per le lunghe linee nere delle elitre, simili a lance (?)] s. f. • Coleottero dei Crisomelidi, di color giallo con dieci linee nere sul dorso, le cui larve arrecano gravi danni alle patate (*Doryphora decemlineata*).

dorìforo [vc. dotta, lat. *doryphoru(m)*, dal gr. *doryphóros* 'colui che porta (dal v. *phérein*) una lancia (*dóry*)'] s. m. • Nell'antichità greca, soldato armato di lancia | Soldato mercenario usato dai tiranni come guardia del corpo.

dòrio [vc. dotta, lat. *Dōriu(m)* 'il ('modo') *dorio*', dal gr. *Dôrios* 'dorico, dei Dori'] s. m. • Nell'antica musica greca, nome dato al tetracordo avente il semitono fra il terzo e il quarto suono, nonché al modo e all'armonia corrispondenti.

dorìsmo o **doricìsmo** [da *dorico*] s. m. • (*ling.*) Parola o locuzione caratteristica del dialetto dorico usata in altri dialetti greci.

†**dormalfuòco** • V. †*dormialfuoco*.

†**dormentàre** [etim. discussa: lat. parl. **dormentāre*, freq. di *dormīre* 'dormire' (?)] v. intr. e intr. pron. • Dormire, addormentarsi.

dormènte • V. *dormiente*.

†**dormentòrio** o †**dormentòro** [da *dormitorio* con sovrapposizione di *dormentare*] s. m. *1* Dormitorio. *2* (*fig.*) Cosa uggiosa.

dormeuse /fr. dɔr'møz/ [vc. fr., letteralmente 'dormitrice', da *dormir* 'dormire'] s. f. inv. • Poltrona a sdraio settecentesca munita di una o più spalliere di differente altezza.

†**dòrmi** [abbrev. di *dormi(glione)*] s. m. inv. • (*tosc.*, *scherz.*) Dormiglione | *Fare il d.*, fingersi sbadato, ingenuo e sim.

†**dormialfuòco** o †**dormalfuòco**, †**dòrmi al fuòco** [da analizzare: *dormi(re vicino) al fuoco*] s. m. e f. inv. • Persona oziosa, dormigliona, indifferente.

dormicchiàre [lat. parl. **dormitulāre*, ints. di *dormitāre*, forma raff. di *dormīre* 'dormire'] v. intr. (*io dormicchio*; aus. *avere*) *1* Dormire un sonno leggero svegliandosi di tanto in tanto. SIN. Sonnecchiare. *2* (*fig.*) Essere disattento, fiacco e sim.: *il poeta dormicchiava quando ha scritto questi versi* | Nascondersi: *una sottile speranza dormicchia nel suo cuore*.

dormicolàre [da *dorm(ire)* con suff. freq.] v. intr. (*io dormìcolo*; aus. *avere*) • (*raro*) Dormicchiare.

dormiènte o **dormènte**. **A** part. pres. di *dormire*; anche agg. *1* Nei sign. del v. *2* (*bot.*) *Gemma d.*, la gemma che non si sviluppa ma rimane in stato di riposo anche per diversi anni. *3* (*fig.*) Nella massoneria, detto di affiliato che non partecipa più attivamente ai consigli della società. **B** s. m. e f. *1* Chi dorme: *svegliare i dormienti*. *2* (*gerg.*) Incensurato, privo di precedenti penali. **C** s. m. *1* (*bot.*, *tosc.*) Fungo marzuolo. *2* (*arch.*) Trave in legno, posta orizzontalmente su un muro per ripartire i carichi. *3* (*mar.*) Cavo, cima o manovra che, mentre svolge le sue funzioni, resta fissa.

dormiènza s. f. • Nelle piante, riposo temporaneo di semi o gemme prima di germogliare.

†**dormigióne** • V. *dormizione*.

†**dormigliàre** [ant. fr. *dormiller* 'dormire leggermente', da *dormir* e il suff. attenuativo *-iller* (lat. *-iculāre*)] v. intr. • Dormicchiare.

dormiglióne [da *dormigliare*] s. m.; anche agg. (f. *-a*) *1* Chi, che ama dormire e dorme molto: *sveglia, d.!* SIN. Poltrone. *2* (*fig.*) Negligente, pigro. || **dormiglionàccio**, pegg.

dormiglióso [provz. *dormilhos*, dall'ant. fr. *dormiller* 'dormigliare'] agg. *1* (*lett.*) Sonnacchioso, sonnolento. *2* (*raro*, *fig.*) Negligente, tardo, pigro.

dormìre [lat. *dormīre*, di origine indeur.] **A** v. intr. (*io dòrmo*; aus. *avere*) *1* Riposarsi per mezzo del sonno: *d. supino, disteso, bocconi, sul fianco*; *mettersi, buttarsi, andare a d.*; *d. profondamente, saporitamente, sodo* | *D. come un ghiro, come un macigno, come un masso, della grossa*, profondamente | *D. dell'altro*, riprendere il sonno interrotto | †*D. a necessità*, solo quanto è necessario | *D. in piedi, a occhi aperti*, essere molto assonnato | *Levarsi da d.*, destarsi, alzarsi dal letto | *Camera da d.*, camera da letto | *Trovare, non trovare da d.*, una stanza, un letto ove passare la notte | *D. con gli occhi aperti*, (*fig.*) stare all'erta, vigilare | *Dormirci sopra*, (*fig.*) rimandare ad altra data una decisione importante e (*est.*) non pensare più a q.c. *2* (*est.*) Stare inerte, inattivo: *Dorme lo 'ngegno tuo* (DANTE *Purg.* XXXIII, 64) | *Qui non bisogna d.*, bisogna essere solleciti e decisi | *È un tipo che non dorme*, furbo, astuto | *Su, non d.!*, non essere pigro, sbrigati! | †*Dormi al fuoco*, V. *dormialfuoco*. *3* (*fig.*) Fidarsi, stare sicuro: *per quanto lo riguarda puoi d. tranquillo* | *D. tra due guanciali*, essere privo di timori e di preoccupazioni, non aver nulla da temere | (*tosc.*) *Abbi fortuna e dormi!*, chi ha fortuna può star tranquillo | †*D. a occhi chiusi*, (*fig.*) star sicuro. *4* Giacere morto, nel sonno della morte: *qui dormono le sue spoglie mortali* | *D. in pace, nel Signore*, morire cristianamente. *5* (*fig.*) Essere silenzioso, immoto, detto di luoghi: *di notte tutta la città dorme*; *i campi dormono sotto la neve* | Essere dimenticato, in disparte, detto di cose: *carte che dormono in un cassetto*; *le trattative dormono da mesi* | *La pratica, l'istanza, la domanda dormono*, sono ferme, non procedono | *Mettere q.c. a d.*, metterla da parte, farla dimenticare. **B** v. tr. • Determinato dall'oggetto interno: *d. sonni tranquilli, agitati* | (*ints.*) *Dormirsela*, dormire profondamente e con assoluta tranquillità | *D. la grossa*, profondamente | *D. tutto un sonno*, dalla sera alla mattina, senza risvegli intermedi | *D. tutti i propri sonni*, (*fig.*) stare in pace, senza preoccupazioni | *D. il sonno del giusto*, serenamente, di chi ha fatto il proprio dovere | *D. il sonno dei giusti, il sonno eterno, il sonno della morte*, essere morto, giacere sepolto || PROV. Non destare il can che dorme; chi dorme non piglia pesci.

dormìta [astr. verb. da *dormire*] s. f. *1* Sonno lungo, ininterrotto e riposante: *fare, farsi una bella d.* *2* (*zoot.*) Stato di torpore dei bachi da seta durante la muta. || **dormitàccia**, pegg. | **dormitìna**, dim. | **dormitóna**, accr.

dormitàre [vc. dotta, lat. *dormitāre*, forma raff. di *dormīre* 'dormire'] v. intr. (aus. *avere*) • (*lett.*) Dormicchiare.

†**dormitóre** s. m.; anche agg. *1* Chi, che dorme. *2* (*raro*) Trascurato, spensierato.

dormitòrio [vc. dotta, lat. *dormitōriu(m)*, da *dormītus*, part. pass. di *dormīre* 'dormire'] **A** s. m. *1* Grande stanza dove possono dormire molte persone, in collegi, caserme e sim. | *D. pubblico*, ricovero per indigenti in cui si è accolti gratuitamente o con una minima spesa | Parte del convento in cui sono situate le celle. *2* (*fig.*) Città, o quartiere periferico, scarsamente dotato di servizi e spazi verdi in cui abitano prevalentemente persone che lavorano in centri vicini e rientrano solo la sera. **B** in funzione di agg.: • *quartiere d.*

†**dormitóso** agg. • Sonnolento.

dormitùra s. f. • (*zoot.*) Stato di torpore dei bachi da seta quando mutano la pelle.

dormivéglia [comp. di *dormi(re)* e *veglia(re)*] s. m. e (*lett.*) f. inv. • Stato fra il sonno e la veglia: *all'alba lo fece saltare su da quella d. la tromba dei soldati* (VERGA).

dormizióne o (*raro*) †**dormigióne** [vc. dotta, lat. *dormitiōne(m)*, da *dormītus*, part. pass. di *dormīre* 'dormire'] s. f. *1* (*raro*) †Sonno. *2* (*relig.*) Nella chiesa orientale, transito di Maria Vergine da questa all'altra vita.

dormósa s. f. • Adattamento di *dormeuse* (V.).

doronico [ar. *dūrunğ*, di origine persiana] s. m. (pl. *-ci*) • Genere di piante erbacee rizomatose delle Composite con capolini solitari o in corimbi dai colori vivaci (*Doronicum*).

dorotèo [dal convento delle Suore *Dorotee* sul Gianicolo, ove si riunì il gruppo che poi costituì la corrente] **A** agg. (f. *-a*) • (*spec. al pl.*) *Suore Dorotee*, (*ell.*) *Dorotee*, appartenenti alla Pia Opera di S. Dorotea. **B** s. m. • (*polit.*) Che, chi appartiene a una importante corrente di centro del partito della Democrazia Cristiana.

dorsàle [vc. dotta, lat. tardo *dors(u)āle(m)* 'pertinente al dorso (*dōrsum*)'] **A** agg. *1* Relativo al dorso, situato nel dorso | (*anat.*) *Spina d.*, colonna vertebrale | *Senza spina d.*, (*fig.*) privo di carattere, debole, inetto | *Muscolo gran d.*, muscolo della regione posteriore del tronco | *Decubito d.*, sulla schiena, sul dorso | (*sport*) *Salto d.*, salto in alto che l'atleta effettua superando l'asticella con il dorso rivolto verso terra. *2* (*ling.*) Detto di suono articolato per mezzo del dorso della lingua. || **dorsalménte**, avv. Dalla parte del dorso. **B** s. m. *1* Spalliera di sedia, poltrona o divano *2* Testata di letto. *3* Muscolo gran dorsale. **C** s. f. • Rilievo o catena montuosa: *d. alpina* | Parte o diramazione di catena montuosa | *D. oceanica*, rilievo sottomarino, vulcanico, gener. al centro degli oceani. ➡ ILL. p. 821 SCIENZE DELLA TERRA ED ENERGIA.

dorsalgìa [comp. di *dors(o)* e *-algia*] s. f. • Manifestazione dolorosa localizzata nella zona del dorso.

dorsalìsta [da *dorsale*] s. m. e f. (pl. m. *-i*) • (*sport*) Atleta che pratica il salto dorsale.

dorsay /fr. dɔr'sɛ/ [dal n. dell'elegante conte A. G. *d'Orsay*] s. m. inv. • Abito maschile da cerimonia.

dorsìsta [da *dorso* nel sign. 6] s. m. e f. (pl. m. *-i*) • Nuotatore specialista dello stile sul dorso.

dòrso o **dórso** [lat. *dōrsu(m)*, propriamente spiegato come neutro sostantivato dell'avv. *deōrsum* 'in giù, in basso'] s. m. *1* Parte posteriore del torace compresa fra la nuca e i lombi | (*est.*) Schiena | *Dare, mostrare il d.*, (*fig.*) fuggire | *Piegare il d.*, (*fig.*) sottomettersi | *Spianare il d. a qc.*, bastonarlo. *2* Parte convessa di un organo anatomico: *d. della mano, del piede*. *3* Striscia di tela o altro materiale che unisce i due piatti della copertina d'un libro. SIN. Costa, costola. *4* Lato superiore di un profilo aerodinamico, di un'ala e sim. SIN. Estradosso. *5* Colmo, estremità alta di una montagna. *6* Stile di nuoto in cui il nuotatore conduce la sua azione procedendo sulla schiena. ➡ ILL. p. 1284 SPORT. *7* (*fot.*) Parte posteriore intercambiabile delle macchine fotografiche in cui viene inserita la pellicola sensibile.

dorsoventràle [comp. di *dorso* e *ventrale*, forse sul modello del fr. *dorsiventral*] agg. *1* Che riguarda sia la parte dorsale sia la parte ventrale di un organismo animale | *Asse d.*, che si sviluppa fra dorso e ventre. *2* Detto di pianta, o di una sua parte, che presenta una faccia superiore, o dorsale, e una inferiore, o ventrale, differenti fra loro.

dòsa • V. *dose*.

dosàggio [fr. *dosage*, da *dose* 'dose'] s. m. *1* Atto, effetto del dosare: *il d. di una medicina*; *sbagliare il d.* *2* (*mar.*) Operazione consistente in spostamenti d'acqua nel doppio fondo e nei serbatoi dei sommergibili per produrre l'immersione e l'emersione.

dosaménto s. m. • (*raro*) Dosaggio.

dosàre [fr. *doser*, da *dose* 'dose'] v. tr. (*io dòso*) *1* Misurare una o più sostanze, stabilendone la quantità o dose necessaria per q.c.: *d. gli ingredienti per un dolce*; *d. una medicina*. *2* (*fig.*) Usare con oculatezza e parsimonia: *d. le forze, le spese, le parole*.

dosatóre s. m. (f. *-trice* nel sign. 1) *1* Chi dosa. *2* Apparecchio avente la funzione di immettere in un ciclo di produzione quantità dosate e regolabili di materiali | (*est.*) Dispositivo che, applicato a una bottiglia, consente di versare una quantità determinata del contenuto.

dosatùra s. f. • (*raro*) Dosaggio.

dòse o †**dòsa** [vc. dotta, gr. *dósis* 'il dare', da *dídōmi* 'io do'] s. f. *1* Quantità determinata e proporzionata di una o più sostanze per ottenere un certo effetto o risultato: *calcolare in grammi una d.*; *mettere nella minestra la giusta d. di sale* | Quantità prescritta di un farmaco. *2* (*est.*) Razione (*anche fig.*): *la d. quotidiana di tabacco* | *A piccole dosi*, poco per volta. *3* (*fig.*) Quantità (*spec. scherz.*): *dare, prendere una buona d. di schiaffi, di pugni, di legnate* | *Rincarare la d.*, aumentare la quantità, con riferimento a cose sgradevoli.

dosimetrìa [comp. di *dose* e *-metria*] s. f. ● (*fis.*) Determinazione dell'intensità di una radiazione.

dosimètrico [comp. del gr. *dósis* 'dose' e *-metrico*, sull'esempio dell'ingl. *dosimetric*] agg. (pl. m. *-ci*) ● (*fis.*) Relativo alla dosimetria: *unità di misura dosimetriche*.

dosìmetro [comp. di *dose* e *-metro*] s. m. ● Apparecchio per la dosimetria.

dossàle [vc. dotta, lat. eccl. *dossāle*, forma assimilata di *dorsāle*, dall'agg. *dorsālis* 'pertinente al dosso (*dŏrsum*)'] s. f. *1* Copertura del dosso di mobili, oggetti preziosi, artistici o di lusso. *2* Travicello o tavolone che fa parte della armatura provvisoria di archi e volte. *3* Parte dorsale dell'altare cristiano | Fondo scolpito, dipinto o decorato a tergo di un altare addossato al muro | Parte anteriore dell'altare, spesso coperta da un rivestimento decorativo | Paliotto.

dossier /fr. dɔ'sje/ [dall'intitolazione scritta sul dorso (*dos*) dell'incartamento] s. m. inv. ● Fascicolo in cui sono raccolti i documenti riguardanti un argomento, una persona, un avvenimento.

dossière o †**dossièro** [fr. *dossier*, da *dos* 'dorso, schiena'] s. m. *1* (*raro*) Spalliera imbottita a capo del letto. *2* Parte della bardatura da tiro a cui sono uniti i portastanghe. ➡ ILL. p. 1289 SPORT.

dòsso [lat. parl. **dŏssu(m)*, forma assimilata di *dŏrsum* 'dorso'] s. m. *1* Dorso: *il d. della mano* | *Voltare il d.*, (*fig.*) fuggire | (*est.*) Corpo | *Mettersi a, in d. un abito*, indossarlo | *Levarsi i vestiti di d.*, spogliarsi | *Levarsi un peso di d.*, (*fig.*) liberarsi di una preoccupazione | (*raro*) *Vestito tagliato al d.*, che si adatta perfettamente alla persona | †*Arma di d.*, la corazza. *2* (*est.*) Prominenza | Cima, sommità: *il d. nevoso di un monte*. *3* Rialzo del fondo stradale, indicato da apposito segnale di pericolo. *4* La parte più grossa della pietra focaia.

dossògrafo [comp. del gr. *dóxa* 'opinione' e *-grafo*] s. m. ● Nell'antica Grecia, erudito raccoglitore di notizie storiche, detti celebri e opinioni dei filosofi più reputati.

dossologìa (1) [vc. dotta, gr. *doxología*, comp. di *dóxa* 'opinione, lode' e di *-logía* '-logia'] s. f. (pl. *-gie*) ● Brano liturgico glorificatore, usato nei riti cattolico, romano e bizantino.

dossologìa (2) [comp. del gr. *dóxa* 'opinione' e *-logia*] s. f. ● Demodossologia.

dossològico agg. (pl. m. *-ci*) ● Relativo a dossologia.

dot /dɔt/ [vc. ingl., propriamente 'punto' (di area germ.), che con *line* 'linea' costituisce il simbolo-chiave del codice telegrafico] s. m. inv. ● Unità di misura della velocità di trasmissione telegrafica.

†**dòta** ● V. *dote*.

dotàle [vc. dotta, lat. *dotāle(m)* 'relativo alla dote (*dōs*, gen. *dōtis*)'] agg. ● (*dir.*) Relativo alla dote: *beni dotali*; *rendita d.* | *Regime d.*, complesso delle norme disciplinanti la costituzione, l'amministrazione e il godimento della dote.

dotàre [vc. dotta, lat. *dotāre*, da *dotātus* 'dotato'] v. tr. (*io dòto*) *1* Dare, fornire della dote: *d. la propria figlia di, con una rendita modesta*; *se vuol dotar la serva, non lo ha da far col mio* (GOLDONI) | (*est.*) Fornire un istituto, un ente e sim. di adeguati mezzi finanziari: *d. le associazioni benefiche della provincia*. *2* Provvedere, corredare, fornire (*anche fig.*): *d. la città di nuove scuole*; *la natura l'ha dotato di bellezza e di ingegno*.

dotàto part. pass. di *dotare*; anche agg. *1* Nei sign. del v. *2* Provveduto di ottime qualità: *un giovane d.*; *uno scrittore molto d.* | *Essere, non essere d. per un lavoro*, avere, non avere le qualità necessarie per svolgerlo.

dotatóre s. m. (f. *-trice*) ● (*raro*) Chi dota qc. o q.c.

dotazióne s. f. *1* (*raro*) Atto, effetto del dotare. *2* Insieme di beni assegnati a una filiale, a una persona o a un ufficio per svolgere una determinata attività | *Fondo di d.*, insieme di mezzi esposto nel bilancio di un ente pubblico. *3* (*mil.*) Complesso di materiali d'armamento, equipaggiamento e vari assegnati al soldato e al reparto | (*mar.*) Quantità di armi, munizioni, attrezzi, viveri e sim. che si imbarcano in un bastimento, secondo le navigazioni e azioni a cui è destinato.

dòte o †**dòta** [vc. dotta, lat. *dōte(m)*, della stessa radice di *dāre* 'dare'] s. f. *1* Il complesso dei beni che la moglie o altri per essa apportava al marito per sostenere i pesi del matrimonio: *farsi la d.*; *avere una ricca d.*; *portare q.c. in d.* | *Sposare la d.*, sposare una donna per la sua dote | *Cacciatore di d.*, chi si dà da fare per sposare una donna ricca | (*est.*) Complesso dei beni personali che la novizia, all'atto della monacazione, attribuisce al monastero. *2* Complesso di beni finanziari assegnati a istituto o ente per il suo funzionamento. *3* (*fig.*) Speciale pregio o buona qualità naturale: *ha la d. della simpatia, della bellezza*; *la chiarezza è una grande d.*; *non ha certo la d. dell'altruismo*. *4* (*lett.*) Dono. || **doterèlla**, dim. | **dotìna**, dim. | **dotóna**, accr.

†**dòtta** (1) [da (*a*)*d otta* nel senso di 'a tempo'] s. f. *1* Ora, tempo. *2* Momento, occasione, circostanza | *A d.*, nel momento opportuno.

dótta (2) [dal lat. *dŭcta(m)*, part. pass. di *dŭcere* 'condurre (i bovi al lavoro)'] s. f. ● (*tosc.*) Turno di lavoro, in campagna | *Rimetter le dotte*, recuperare il lavoro, e il tempo, perduto.

†**dótta** (3) [ant. provz. *dopte*, deriv. di *doptar* 'dottare'] s. f. *1* Timore, paura, panico: *tanta fu la viltà, tanta la d.* (ARIOSTO). *2* Dubbio, incertezza.

†**dottàbile** agg. ● Temibile.

†**dottàggio** s. m. ● Dubbio | Timore.

†**dottaménto** s. m. ● Sospetto, dubbio.

†**dottànza** [ant. fr. *doutance*, da *douter* 'dubitare'] s. f. *1* Sospetto, timore: *di dir mi vien d.* (DANTE). *2* Dubbio, esitazione.

†**dottàre** [ant. provz. *doptar*, dal lat. *dubitāre* 'dubitare'] v. tr. *1* Temere, paventare. *2* Dubitare, esitare.

dottàto [etim. incerta] agg. ● Detto di una qualità di fico dal frutto grosso, che si consuma fresco o essiccato.

†**dottévole** [cfr. *dotta* (*3*)] agg. ● Incerto, dubbio.

†**dottìfico** [da *dotto* (*1*)] agg. ● (*scherz.*) Che rende dotto, sapiente.

dòtto (1) [vc. dotta, lat. *dŏctu(m)*, part. pass. di *docēre* 'insegnare' (V.)] **A** agg. *1* Che dispone di un'ottima cultura generale o di una specifica e approfondita preparazione in una determinata materia: *un uomo d.*; *essere d. in matematica, in teologia, di leggi, di musica*. SIN. Colto, sapiente. *2* Ricco di cultura, erudito: *libro d.*; *dotte citazioni* | Che è proprio delle persone di grande cultura: *studi dotti* | *Lingue dotte*, quelle antiche, come il greco e il latino | *Parola dotta*, non popolare. *3* †Esperto, accorto. || **dottaménte**, avv. **B** s. m. (f. *-a*, raro) ● Persona di grande cultura e profonda preparazione: *congresso, società di dotti*. SIN. Sapiente.

dótto (2) o **dùtto** [lat. *dŭctu(m)*, da *dūcere* 'condurre'] s. m. ● (*anat.*) Canale, condotto: *d. biliare*. ➡ ILL. p. 366 ANATOMIA UMANA.

-dótto [dal lat. *dŭctu(m)* 'conduttore'] secondo elemento ● In parole composte, significa 'condotto', 'conduttura' e sim.: *acquedotto*, *metanodotto*, *oleodotto*, *viadotto*.

dottoràggine s. f. ● (*lett.*, *scherz.*) Comportamento o atteggiamento da dottore, da grande erudito.

dottoràle agg. ● Di, da dottore: *toga d.*; *laurea d.* | (*iron.*) Proprio di chi assume pose da sapientone: *aria d.* || **dottoralménte**, avv.

dottoràme s. m. ● (*spreg.*) Quantità di dottori.

†**dottoràre** [da *dottore*] **A** v. tr. ● Conferire a qc. il grado di dottore, laureare. **B** v. intr. pron. ● Diventare dottore, laurearsi: *dottorarsi in fisica*.

†**dottoràtico** s. m. ● Dottorato, titolo di dottore.

dottoràto s. m. ● Grado, dignità di dottore: *raggiungere il d.* | Titolo di dottore: *conseguire il d. in medicina* | *D. di ricerca*, qualifica accademica conseguita dopo la laurea da chi svolga, nell'ambito universitario, ulteriori studi e ricerche ottenendo, alla loro conclusione, risultati di valore scientifico | (*raro*) Conferimento di tale titolo: *il giorno del d.*

dottóre [vc. dotta, lat. *doctōre(m)* 'insegnante', da *dŏctus* 'dotto (1)'] s. m. (f. *-essa*, scherz. †*-a*, †*-trice*) *1* Chi, per vastità e profondità di dottrina, è in grado di insegnare una disciplina | *Fare il d.*, darsi arie di persona colta, sputare sentenze | *Parlare come un d.*, con tono saputo | *D. della Chiesa*, titolo attribuito a determinati Santi della Chiesa cattolica per la perfetta ortodossia delle loro dottrine, dei loro scritti | *D. dei gladiatori*, specie di maestro di scherma. *2* Chi è fornito del diploma di laurea di una facoltà universitaria: *è diventato d. quest'anno*; *d. in medicina, in lettere, in giurisprudenza*. SIN. Laureato. *3* Maschera della Commedia dell'arte, che satireggiava i sapienti e il loro modo di approfittare dell'ignoranza dei poveri. *4* (*ass.*, *fam.*) Medico: *farsi curare da un bravo d.*; *chiamare il d.* *5* †Avvocato. || **dottoràccio**, pegg. | **dottorèllo**, dim. | **dottorellùccio**, pegg. | **dottorétto**, dim. | **dottoricchio**, pegg. | **dottorìno**, dim. | **dottoróne**, accr. | **dottorucciàccio**, pegg. | **dottorùccio**, **dottorùzzo**, pegg. | **dottorùcolo** pegg.

dottoreggiàre v. intr. (*io dottoréggio*; aus. *avere*) ● (*spreg.*) Ostentare in modo saccente la propria dottrina | (*scherz.*) Atteggiarsi a persona di grande cultura.

†**dottorerìa** s. f. ● Boriosa ostentazione di dottrina.

dottorésco agg. (pl. m. *-schi*) ● (*spreg.*) Che rivela un tono saputo e dottorale: *modo di parlare d.* || **dottorescaménte**, avv. In modo dottoresco, saputo.

†**dottorésimo** ● V. †*dottorismo*.

†**dottorésmo** ● V. †*dottorismo*.

†**dottorévole** agg. ● (*raro*, *scherz.*) Dottorale.

†**dottorézza** s. f. ● (*scherz.*) Chi eccelle negli studi: *il tragico a tai detti impallidì*; / *onde sua d. impietosì* (ALFIERI).

†**dottorìa** s. f. ● Dottrina.

†**dottorìsmo** o †**dottorésimo**, †**dottorésmo**. s. m. ● Ostentazione arrogante di cultura.

†**dottóso** [ant. fr. *douteux*, da *douter* 'dubitare'] agg. *1* Timoroso, pauroso. *2* Dubbioso, incerto.

dottrìna [vc. dotta, lat. *doctrīna(m)* 'insegnamento', da *dŏctor* 'dottore'] s. f. *1* (*raro*, *lett.*) Atto, effetto dell'insegnare e dell'imparare: *senza avere alcuna d. di medicina avuta già mai* (BOCCACCIO). *2* Complesso di cognizioni apprese mediante uno studio approfondito: *uomini di grande, vasta, profonda d.* | *D. di seconda mano*, semplice ripetizione di scoperte e idee altrui. SIN. Cultura, sapere. *3* Complesso di principi teorici fondamentali e organicamente sistemati sui quali è basato un movimento politico, artistico, filosofico, scientifico, e sim.: *la d. del surrealismo, del libero scambio* | Insieme di principi affermati da un autore o riguardanti un settore di una scienza: *la d. di Platone*; *la d. della relatività*. *4* Complesso dei dogmi e dei principi della fede cristiana. *5* Opuscolo in cui sono esposti, in forma di domande e risposte, i principali articoli della fede cattolica romana. SIN. Catechismo | *Andare a d.*, frequentare le lezioni di catechismo, gener. presso la propria parrocchia. *6* Opera sistematica e interpretativa degli studiosi di diritto | Il complesso di tali studiosi.

†**dottrinàio** s. m. ● (*scherz.*) Dottrina.

dottrinàle [vc. dotta, lat. tardo *doctrināle(m)*, da *doctrīna* 'dottrina'] **A** agg. *1* Che si riferisce a una dottrina, che è proprio di una dottrina: *disputa d.*; *metodi dottrinali* | *Interpretazione d.*, ricerca, proveniente da un giureconsulto, del significato e della portata di una norma giuridica. *2* Che ha funzioni o finalità didattiche: *commento d.*; *scuola d.* || **dottrinalménte**, avv. *1* In modo dottrinale. *2* (*raro*) In modo astratto: *ragionare dottrinalmente*. **B** s. m. ● (*raro*) Opera scritta a scopo didattico o comunque adatta a istruire.

†**dottrinàre** [da *dottrina*] v. tr. ● Addottrinare, ammaestrare.

dottrinàrio **A** agg. ● Che si ispira esclusivamente a una dottrina, che si fonda in modo acritico su enunciazioni e principi teorici e assoluti, spesso lontani dalla realtà o inadeguati a essa: *insegnamento d.*; *gente candida ... che si era nutrita di credenze dottrinarie* (CROCE). **B** s. m. ● Chi è portato a ragionare di dottrine piuttosto che ad affrontare in modo concreto i problemi politici | Chi, in politica, si mantiene assolutamente fedele a una dottrina, a un partito, senza ammettere compromessi.

dottrinarìsmo s. m. ● Qualità di chi, di ciò che è dottrinario | Tendenza o posizione dottrinaria.

dottrineggiàre v. intr. (*io dottrinéggio*; aus. *avere*) ● (*raro, spreg.*) Fare sfoggio di cultura, di dottrina.

†dottrinésco agg. ● (*raro*) Dottrinario.

doublé /fr. du'ble/ [vc. fr., part. pass. di *doubler* 'rendere doppio', dal lat. tardo *duplāre*, da *dŭplus* 'doppio'] agg. **1** Rivestito di un sottile strato di oro, argento o altro metallo prezioso; placcato | *Oro d.*, similoro. **2** Foderato: *cappotto d.*

double-face /fr. 'dublə 'fas/ [vc. fr., comp. di *double* 'doppio' e *face* 'faccia' nel sign. di 'parte diritta del tessuto'] loc. agg. inv. ● Detto di tessuto avente due diritti, diversi l'uno dall'altro per disegno e colore | *Impermeabile double-face*, rifinito anche all'interno, sì da poter essere indossato anche al rovescio.

douglàsia /du'glazja/ [dal n. del botanico scozzese D. *Douglas* (1798-1834)] s. f. ● (*bot.*) Abete americano.

do ut des /lat. 'dɔ ut 'dɛs/ [lat., propr. 'do perché tu dia'] loc. sost. m. inv. ● Favore che si fa per riceverne in contraccambio un altro.

dovàrio o **doàrio** [fr. *douaire*, dal lat. mediev. *dotārium*, da *dōs*, genit. *dōtis* 'dote'] s. m. ● Nel Medioevo, dono che il marito faceva alla moglie, all'atto del matrimonio, in previsione di un'eventuale vedovanza.

dóve /'dove*, 'dove *nei sign. A, B*; *solo* 'dove *nel sign. C*/ [lat. *dē ŭbi* 'da (d)ove'] **A** avv. (troncato in *†do'*, tosc. *†du'*) **1** In quale luogo (in frasi interr. dirette e indirette e in frasi escl.): *d. andate?*; *d. sarà nascosto?*; *d. mai si troverà ora?*; *non riesco a immaginare d. diavolo possa essersi cacciato*; *non sono riuscito a sapere d. abita*; *d. siamo capitati!*; *chissà d. si andrà a finire andando avanti di questo passo!* | *Da, di d.*, da quale luogo: *da d. arrivi?* | *Per d.*, per quale luogo: *per d. pensi di passare?* **2** Nel luogo in cui (con valore rel.): *stai fermo d. sei* | Dovunque: *d. tu vai ti verrà sempre appresso* (PULCI) | (*lett.*) *D. che*, dovunque: *lo troveremo d. che sia.* **3** Il luogo in cui (con valore rel.): *ecco d. l'abbiamo trovato* | *Da, di d.*, dal luogo in cui: *da d. abito vedo la tua casa* | *Per d.*, per il luogo per cui. **4** In cui (preceduto da un s.): *il paese d. sono nato è molto piccolo*; *quella è la casa d. siamo diretti*; *Siede la terra d. nata fui / su la marina* (DANTE *Inf.* V, 97-98). **5** (con valore correl.) In qualche luogo: *d. più d. meno.* **B** cong. **1** Se, nel caso che (introduce una prop. condiz. con il v. al congv.): *e d. non vi piacesse, ciascuno ... quello faccia che più gli piace* (BOCCACCIO). **2** Mentre, laddove (con valore avversativo): *a me fu di danno, d. a te fu di aiuto.* **3** †Perché, dal momento che (introduce una prop. caus. con il v. all'indic.): *perciò non ne chiamate lupi, d. voi state pecore non siete* (BOCCACCIO). **4** †Quando (introduce una prop. temp. con il v. all'indic.): *la favola ... si deve fingere solo d. si teme dir il vero* (CAMPANELLA). **C** in funzione di s. m. inv. ● Luogo: *non voglio sapere né il d. né il quando*; *Chiaro mi fu allor come ogne d. / in cielo è paradiso* (DANTE *Par.* III, 88-89) | *In, per ogni d.*, dappertutto.

dovechessia o **dovecchessia** o **dóve che sia** avv. ● In qualsiasi luogo.

†dovenìre ● V. *divenire.*

†doventàre ● V. *diventare.*

dovére o (*raro*) **†devére** [lat. *debēre*, comp. di *dē* 'da' e *habēre* 'avere' (originariamente 'avere qualcosa ottenuta da qualcuno')] **A** v. tr. (dif. dell'imperat. e del part. pres.; pres. *io dèvo* o *dévo*, *dèbbo* o *débbo*, *†dèggio* o *†déggio*, *†dèbbio* o *†débbio*, *†dèo*, *tu dèvi* o *dévi*, *†dèggi* o *†déggi*, *†dèbbi* o *†débbi* *†dèi*, *egli dève* o *déve*, *†dèbbe* o *†débbe*, *†dègge* o *†dégge*, *†dèe*, *†de'* /dɛ/, *noi dobbiàmo*, *†doviàmo*, *†dovémo*, lett. *deggiàmo*, *voi dovéte*, *essi dèvono* o *dévono*, *dèbbono* o *débbono*, *†dèggiono* o *†déggiono*, *†dèono*, *†dènno* o *†dénno*; imperf. *io dovévo*, lett. *dovéva*, *†dovéa*, *noi dovevàmo*, *†debbevàmo*; pass. rem. *io dovéi* o *dovètti*, *tu dovésti*; fut. *io dovrò*, *†doverò*; condiz. pres. *io dovrèi*, lett. *doverèi* o *dovrìa* o *dovrìa*, *tu dovrésti*; congv. pres. *io dèva* o *déva*, *dèbba* o *débba*, *†dèbbia* o *†débbia*, *†dèggia* o *†déggia*, *†dèa*, ecc., *noi dobbiàmo*, *†debbiàmo*, *†deggiàmo*, *voi dobbiàte*, *†debbiàte*, *†deggiàte*; *essi dèvano* o *dévano* o *dèbbano* o *débbano*, *†dèbbiano* o *†débbiano*, *†dèggiano* o *†déggiano*; part. pass. *dovùto*, *†debùto*, *†devùto*; aus. *avere* se è usato ass.; come v. servile ha l'aus. del v. a cui si accompagna: *sono dovuto andare*, *partire*; *ho dovuto ridere*, *mangiare*). **1** Avere l'obbligo di fare una determinata cosa: *d. rispettare le leggi*, *gli orari dei pasti*; *dovete mantenere le promesse* | Essere tenuto a comportarsi in un certo modo per ragioni di convenienza, di opportunità e sim.: *devi assolutamente partire*; *debbo comportarmi meglio* | *Dovete sapere che*, formula che introduce una narrazione, spec. piuttosto lunga | *Comportarsi come si deve*, in modo corretto, educato | Con valore raff.: *Dovessi morire*, a costo di morire | (*pleon.*, *interr.*) *Perché devi sempre fare a modo tuo?*, perché fai sempre a modo tuo? | (*pleon.*) *Dev'essere pazzo per agire così!*, è pazzo per agire così! **2** Avere necessità, bisogno di fare q.c.: *deve dormire almeno tre ore*; *devi sapere tutta la verità.* **3** Essere possibile, probabile: *dovresti aver fame*; *dovrebbe essere mezzogiorno*; *dev'essere successo q.c.* **4** Essere sul punto di: *dovevo parlargli, ma poi mi è mancato il coraggio.* **5** Essere debitore, essere sotto l'obbligo di restituire, dare (*anche fig.*): *d. una somma*; *ti devo la vita*; *gli deve molta gratitudine* | *D. avere da qc.*, essere creditore di qc. | *Si deve a*, è merito di, è grazie a: *si deve a lui se il bambino si è salvato.* **B** In funzione di s. m. **1** Ciò che si è tenuti a fare secondo la legge, la morale le convenzioni e sim. predominanti in una data situazione, periodo storico e sim.: *avere il senso del d.*; *i doveri del cittadino*; *sottrarsi al d.*; *vittima del d.* | *Farsi un d. di q.c.*, sentirsi obbligati ad agire in un determinato modo | (*raro*) *Ridurre*, *mettere qc. a d.*, costringere qc. a fare il proprio dovere. SIN. Obbligo. **2** Ciò che è considerato come conveniente, giusto: *sono cose conformi al d.* | *Più del d.*, più del giusto: *si dà da fare più del d.* | (*tosc.*) *Gli sta a d.*, gli sta bene | *Fare le cose a d.*, bene, con cura | *Ha avuto il suo d.*, il fatto suo. **3** (*dir.*) Posizione passiva di un rapporto giuridico. **4** (*spec. al pl.*) Saluti, complimenti, cerimonie: *fare i propri doveri a qc.* **5** (*spec. al pl., raro*) Esercizi scolastici, compiti: *non tutti i ragazzi fanno i loro doveri.*

doverìsmo s. m. ● Eccessivo senso del dovere.

doverìsta s. m. e f. (pl. m. *-i*) ● Chi ha un eccessivo senso del dovere.

doveróso agg. ● Che è di dovere: *d. riserbo*; *obbedienza doverosa* | Che è imposto dalla legge, dalla morale, dalle circostanze: *scuse doverose*; *è cosa doverosa dirci la verità.* SIN. Dovuto. || **doverosaménte**, avv. In modo doveroso; come si deve, come è opportuno, conveniente.

†dovìdere ● V. *dividere.*

†dovìsa ● V. *divisa* (2).

dovìzia o (*raro*) **†divìza**, **†divìzia** [vc. dotta, lat. tardo *divĭtia(m)*, da *dīves* 'ricco' di etim. incerta: da *dīvus* 'dio', perché il ricco, come dio, non abbisogna di nulla (?)] s. f. ● (*lett.*) Grande abbondanza: *raccontare q.c. con d. di particolari* | (*lett.*) *A gran d.*, in grande abbondanza | Ricchezza.

dovizióso o **†divizióso**. **A** agg. ● (*lett.*) Ricco: *famiglia doviziosa* | Abbondante: *pasto d.* || **doviziosaménte**, avv. Con dovizia. **B** s. m. ● (*raro, lett.*) Persona ricca: *credo che la voce di d. mi accreditasse come ottimo partito* (NIEVO).

dovùnque o (*raro*) **†dovùnche** [comp. di *dove* e *-unque*] avv. **1** In qualunque luogo in cui (con valore rel. e il v. al congv.): *d. tu sia*; *d. si trovi*; *d. tu vada.* **2** Dappertutto, in ogni luogo: *è un prodotto che si trova d.*; *si udivano d. grandi grida.* **3** (*lett.*) †Ogniqualvolta (con valore temp.): *fa' d'andare secondando il parlare mio d. bisognerà* (MACHIAVELLI).

dovùto o **†debùto**, (*raro*) **†devùto**. **A** part. pass. di *dovere*; anche agg. **1** Nei sign. del v. **2** Causato, prodotto da: *il suo successo è d. alla forte volontà.* || **dovutaménte**, avv. (*raro*) Nel modo dovuto. **B** s. m. **1** Ciò che si è tenuti a restituire, a dare: *pagare più del d.*; *dare a qc. il d.* **2** †Dovere: *fare il d.*

down /ingl. daun/ [dal n. di J. L. H. *Down* (1828-1896), medico inglese che studiò e curò tale sindrome, spesso confuso con l'avv. ingl. *down* 'giù, di sotto'] agg.; anche s. m. e f. inv. ● (*med.*) Che, chi è affetto dalla sindrome omonima: *una nuova terapia per i bambini d.*; *un convegno sull'assistenza ai d.*

†dóze o **†dózi** agg. num. card. inv.; anche s. m. inv. ● (*raro*) Dodici.

dozzìna o (*dial.*) **†dozzèna** [ant. fr. *douzaine*, da *douze* 'dodici'] s. f. **1** Complesso, serie di dodici, o circa dodici, unità: *acquistare una d. di fazzoletti, di uova*; *hanno iscritto alla corsa una d. di piloti*; *ci sarà stata una d. di clienti*; *ti ho chiamato una d. di volte* | *A dozzine*, in gran numero, in grande quantità | *Di, da d.*, di poco pregio | *Poeta di d.*, di scarse capacità | (*raro*) *Mettere q.c. in d.*, confonderla con molte altre. **2** (*raro*) Vitto e alloggio che una famiglia privata fornisce a un pensionante a un determinato prezzo: *stare a d. presso qc.* | Prezzo pattuito per tale prestazione: *riscuotere, pagare la d.* **3** Nel gioco della roulette, ciascuna delle tre combinazioni costituite dai numeri 1-12, 13-24, 25-36 su cui si può puntare.

dozzinàle [dalla locuz. *di dozzina*] agg. ● Ordinario, comune: *un abito d.* | Grossolano: *persona d.*; *gusti dozzinali.* || **dozzinalàccio**, pegg. || **dozzinalménte**, avv.

dozzinalità s. f. ● Volgarità, grossolanità.

dozzinànte s. m. e f. **1** (*raro*) Pensionante presso una famiglia. **2** (*raro*) Degente a pagamento, in un ospedale: *reparto dozzinanti.*

dracèna [vc. dotta, lat. tardo *dracāena(m)*, dal gr. *drákaina*, f. di *drákōn* 'drago' per l'aspetto e per il succo rosso (sangue di drago) che si estrae incidendone la corteccia] s. f. ● Genere di piante arboree delle Liliacee con rami terminanti in un ciuffo di foglie, fiori con sei petali uniti alla base e corteccia da cui si ricava una gommoresina detta sangue di drago (*Dracaena*).

Drachenballon /ted. 'draxənbalɔ̃/ [ted., letteralmente 'pallone (dal fr. *ballon*) drago (lat. *drăco*)' per il suo aspetto pauroso] s. m. inv. (pl. ted. *Drachenballons* o *Drachenballone*) ● Pallone frenato.

dràcma [vc. dotta, lat. *drăchma(m)*, dal gr. *drachmḗ*, originariamente 'quanto si può prendere (*drássesthai*) con una mano'] s. f. **1** Unità monetaria della Grecia moderna. **2** V. *dramma* (2).

†dràco ● V. *drago.*

†dracóne ● V. *drago* nei sign. 1 e 2.

draconiàno [dal n. del severo legislatore ateniese *Dracone* (*Drákōn*, letteralmente 'drago')] agg. **1** Di, relativo a Dracone. **2** (*est.*) Molto severo e rigido: *provvedimento d.*

dracònico [parallelo di *draconiano* (V.)] agg. (pl. m. *-ci*) ● (*astron.*) Del periodo di rivoluzione considerato come l'intervallo di tempo tra due successivi passaggi a uno stesso nodo dell'orbita della Luna: *anno, mese d.*

draconìtico agg. (pl. m. *-ci*) ● (*astron.*) Draconico.

dracontiàsi [da *drakóntion*, n. gr. del parassita, col suff. *-iasi*] s. f. ● (*med.*) Malattia tropicale parassitaria dell'uomo causata dalla migrazione nel tessuto sottocutaneo e nei visceri della larva del nematode *Dracunculus medinensis.* SIN. Dracunculosi.

dracònzio [vc. dotta, lat. *dracōntiu(m)*, dal gr. *drakóntion*, da *drákōn*, genit. *drákontos* 'drago, serpente', perché ritenuto, per la sua variegatura, rimedio contro i serpi dalla pelle ad essa simile] s. m. ● Genere di piante erbacee rizomatose delle Aracee che sviluppano una foglia con lungo picciolo ogni anno (*Dracontium*).

dracunculòsi [dal n. lat. del parassita *Dracuncul(us)* (*medinensis*) col suff. *-osi*] s. f. ● (*med.*) Dracontiasi.

dràga [fr. *drague*, dal v. ingl. *to drag* 'tirare (dal fondo del mare alla superficie)'] s. f. **1** Macchina per l'escavazione e lo spurgo dei porti, dei fiumi, dei canali. **2** (*mar.*) Sacco conico di tela, immerso e legato alla poppa di piccole imbarcazioni per renderle più stabili in mare agitato.

dragàggio [fr. *dragage*, da *drague* 'draga'] s. m. ● Atto ed effetto del dragare | *D. di mine*, operazione di recupero o distruzione delle mine subacquee poste dal nemico.

dragamìne [comp. di *draga(re)* e il pl. di *mina* (*1*)] s. m. inv. ● Nave militare appositamente attrezzata per il dragaggio delle mine.

dragànte (1) [etim. discussa: gr. mediev. **trikánthin* 'di tre (*tri-*) angoli (*kanthái*)' (?)] s. m. ● (*mar.*) Pezzo di costruzione che a poppa fa croce di traverso della ruota e per le estremità si congiunge alle ultime coste e alle alette.

dragànte (2) ● V. *adragante*.

dragàre [fr. *draguer*, da *drague* 'draga'] v. tr. (*io dràgo, tu dràghi*) **1** Scavare con la draga. **2** Bonificare un tratto di mare da mine subacquee, recuperandole o distruggendole.

dragàta s. f. ● Escavazione subacquea mediante draga.

dragatóre s. m. ● Draghista.

†**draghinàssa** [da *daghinassa*, pegg. di *daga*, con sovrapposizione di *drago*] s. f. ● (*scherz.*) Spadone, sciabolone.

draghìsta [da *draga*] s. m. (pl. *-i*) ● Operaio addetto alla manovra di una draga.

dràglia o **tràglia** [fr. *draille*, da *traille* 'traglia' con sovrapposizione di *drague* 'draga'] s. f. ● (*mar.*) Corda fermata alle due estremità e tesa, sulla quale scorrono oggetti inanellati. ➡ ILL. p. 1756 TRASPORTI.

†**dràgma** ● V. *dramma (2)*.

dràgo o (*lett.*) †**dràco**, (*lett.*) †**dracóne** e **dragóne (1)** nei sign. 1 e 2 [lat. *drăco* (nom.), *dracōnem* (acc.), dal gr. *drákōn*, di etim. discussa: connesso col v. *dérkesthai* 'guardare' per il suo sguardo paralizzante (?)] s. m. (pl. *-ghi*) **1** Animale favoloso simile a un enorme rettile alato che vomitava fuoco | (*est.*) Animale selvatico e feroce | *D. volante*, aquilone, balocco di fanciulli. **2** Demonio | (*fig.*) †Persona malvagia. **3** *D. volante*, piccolo rettile arboricolo dei Sauri con lunga coda sottile e due espansioni cutanee che gli permettono brevi voli (*Draco volans*). **4** *Pallone d.*, pallone frenato. SIN. Drachenballon. **5** (*fam.*, *fig.*, *gerg.*) Chi è dritto, in gamba: *è un d.*, *un gran d.*; *che d.!*

dragomànno [vc. di origine orient., ar. *turǧumān* 'interprete', da *tarǧama* 'tradurre'; V. *Turcimanno*] s. m. ● Un tempo, interprete presso le ambasciate e i consolati europei in Oriente o viceversa.

dragóna [fr. *dragonne*, f. di *dragon* 'dragone (2)', il soldato della cui uniforme faceva parte] s. f. ● (*mil.*) Striscia doppia di cuoio o cordone intrecciato, di varia composizione, che, annodata all'elsa della sciabola e avvolta al polso, rende più sicura la presa della mano che impugna l'arma.

dragonàto [da *dragone (2)*] agg. ● In araldica, detto di animale con coda di drago.

dragoncèllo [parallelo di *draconzio* (V.)] s. m. **1** Pianta erbacea, cespugliosa, delle Composite con fiori raccolti in ampie pannocchie, usata per condimento (*Artemisia dracunculus*). SIN. Estragone. **2** Verme dei Nematodi che provoca una grave malattia tropicale (*Dracunculus medinensis*).

dragóne (1) [vc. dotta, lat. *dracōne(m)* 'drago' (V.) perché di brutto aspetto e velenoso] s. m. (f. *-essa* (V.)) **1** V. *drago* nei sign. 1 e 2. **2** Effigie del drago per insegna della coorte romana, dai tempi di Traiano. || **dragonàccio**, pegg. | **dragoncèllo**, dim.

dragóne (2) [fr. *dragon*, perché militava sotto l'insegna fregiata da un *dragone*] s. m. ● Archibugiere a cavallo, nel XV sec. | Soldato di cavalleria, con elmo fornito o meno di criniera | Artiglieria del XV sec. con palla da 40 libbre.

dragóne (3) [ingl. *dragon* (*boat*) 'nave vichinga', dalla vc. vichinga *drakar* 'dragone', chiamata così prob. da un dragone che vi era effigiato] s. m. ● Tipo di imbarcazione a vela per regate, a chiglia fissa, di categoria internazionale, adatta per equipaggi di tre persone.

dragonéssa [f. di *dragone (1)*] s. f. **1** (*raro*) Femmina del drago. **2** (*fig.*) Donna dall'aspetto terribile e furioso.

dragster /*ingl.* 'drægstə*/ [vc. ingl., comp. di *to drag* 'trascinare' e di (*road*)*ster* 'automobile scoperta a due posti'] s. m. inv. ● (*autom.*) Speciale automobile dotata di motore elaborato per gare di accelerazione su brevi percorsi con partenza da fermo, usata spec. negli Stati Uniti.

draisìna /drai'zina, dre'zina/ [ted. *Draisine*, dal n. dell'inventore, il nobile ted. C. F. *Drais* von Sauerbronn (1785-1851)] s. f. ● Strumento di locomozione a due ruote, una dietro l'altra, mosso dalla spinta alterna dei piedi sul terreno, provvisto di una specie di manubrio, che rappresenta il prototipo della bicicletta.

dràkar [sved. *drakar*, pl. di *drake*, letteralmente 'drago' per la figura del mostro usata come polena dagli antichi navigatori scandinavi] s. m. inv. ● Antica imbarcazione scandinava a vela quadra e a remi.

dràlon® [dal ted. *Dralon*, foggiato su (*ny*)*lon*] s. m. inv. ● Nome commerciale di una fibra tessile sintetica acrilica, usata per capi di biancheria e abiti.

†**dràma** e *deriv.* ● V. *dramma (1)* e *deriv.*

dràmma (1) o (*lett.*) †**dràma** [vc. dotta, lat. tardo *drāma* (nom.), dal gr. *drâma* 'azione' (dal v. *drân* 'fare, agire')] s. m. (pl. *-i*) **1** Qualsiasi componimento letterario scritto per la rappresentazione scenica | *D. storico*, a carattere tragico, introdotto dai romantici su base storica liberamente rielaborata | *D. pastorale*, ambientato tra pastori tipizzati o mitici e ispirato alle bucoliche virgiliane | *D. liturgico*, dramma sacro medievale su temi liturgici | *D. giocoso*, l'opera comica del sec. XVIII | *D. musicale*, l'opera del secondo Ottocento, spec. tedesca | *D. per musica*, il melodramma dei secc. XVII e XVIII. **2** (*est.*) Vicenda dolorosa, pubblica o privata: *d. di una famiglia*; *un d. sulla nave*. **3** Forza, tensione drammatica: *il d. dell'Inferno di Dante*; *un'opera interessante ma priva di d.* || **drammàccio**, pegg. | **drammettàccio**, pegg. | **drammettino**, dim. | **drammétto**, dim. | **drammóne**, accr. (V.).

dràmma (2) o **dràcma**, †**dràgma** [per *dracma*, con assimilazione] s. f. **1** La principale unità monetaria degli antichi Greci, di vario peso a seconda dei luoghi e dei tempi, con numerosi multipli e sottomultipli. ➡ ILL. **moneta**. **2** (*raro*, *fig.*) Parte piccolissima di q.c. **3** Misura di peso inglese, pari alla sedicesima parte dell'oncia.

drammàtica s. f. **1** Uno dei generi letterari, che comprende le varie forme drammatiche. **2** L'arte che concerne il teatro di prosa.

drammaticità s. f. ● Qualità di ciò che è drammatico: *la d. di una situazione* | Potenza, forza drammatica: *la d. di un quadro*.

drammàtico o (*lett.*) †**dramàtico** [vc. dotta, lat. tardo *dramătĭcu(m)*, dal gr. *dramatikós* 'relativo al dramma (*drâma*)'] agg. (pl. m. *-ci*) **1** Che si riferisce al dramma, che è proprio del dramma: *arte, forma drammatica*; *stile, tono d.* | Che scrive o interpreta drammi: *poeta d.*; *attore d.* | *Compagnia drammatica*, compagnia teatrale di prosa. **2** (*fig.*) Che ha l'intensità emotiva propria di un dramma: *scena, situazione drammatica*; *parlare con tono d.*; *fare gesti drammatici*; *via, non essere così d.* | *Narrazione drammatica*, presentata vivacemente, come in un dramma | *Dialogo d.*, diretto. || **drammaticaménte**, avv.

drammatizzàre [fr. *dramatiser*, dal gr. *dramatízein*] v. tr. **1** (*raro*) Rendere atto alla rappresentazione, ridurre in forma di dramma: *d. un racconto, un romanzo storico, una vicenda reale*. **2** (*fig.*) Esagerare la gravità di un fatto (*anche ass.*): *d. la situazione*; *cercare di non d.*

drammatizzazióne [fr. *dramatisation*, da *dramatiser* 'drammatizzare'] s. f. **1** Atto, effetto del drammatizzare. **2** (*pedag.*) Esercitazione scolastica consistente nella libera rappresentazione scenica di un racconto e sim. in cui gli allievi, in veste di attori, esprimono le sensazioni e le immagini suggerite loro dalla lettura del racconto stesso.

drammaturgìa [vc. dotta, gr. tardo *dramatourgía*, da *dramatourgós* 'drammaturgo'] s. f. (pl. *-gie*) ● Arte drammatica | Letteratura drammatica | Trattato sull'arte drammatica.

drammatùrgo [vc. dotta, gr. tardo *dramatourgós*, comp. di *drâma*, genit. *drámatos* 'dramma (1)', e *érgon* 'lavoro'] s. m. (f. *-a*, pl. m. *-ghi*, †*-gi*) ● Scrittore di testi drammatici.

drammóne s. m. **1** Accr. di *dramma (1)*. **2** Opera teatrale o cinematografica con forti effetti drammatici | Situazione, vicenda molto drammatica e patetica.

drap /*fr.* dra/ [vc. fr., letteralmente 'drappo' (V.)] s. m. inv. ● Stoffa di lana morbida, lucida, setosa, adatta per abiti da sera.

†**drappaménto** s. m. ● Vestito.

†**drappàre** [da *drappo*] v. tr. ● Vestire, spec. sontuosamente | (*est.*) Dipingere una figura vestita di drappi.

†**drapparìa** ● V. *drapperia*.

drappeggiaménto s. m. ● (*raro*) Atto, effetto del drappeggiare.

drappeggiàre [iter. di †*drappare*] **A** v. tr. (*io drappéggio*) **1** Disporre in drappeggi: *d. un mantello sulle spalle di qc.* | Avvolgere o ricoprire con drappeggi: *d. la propria persona in un ampio scialle*. **2** (*fig.*, *lett.*) Nascondere sotto apparenze pompose ciò che in realtà è misero, dimesso e sim. **B** v. rifl. **1** Avvolgersi con drappeggi: *drappeggiarsi in abiti lussuosi*. **2** (*fig.*, *lett.*) Assumere un atteggiamento imponente, fiero, statuario.

drappéggio [da *drappeggiare*] s. m. **1** Tessuto ripreso e fissato in modo da formare un movimento armonioso di ampie pieghe ricadenti. **2** Insieme di pieghe morbide, disposte a ornare un abito e sim.: *motivo di d.*

drappèlla [da *drappello (1)*] s. f. ● Piccolo drappo rettangolare, di seta, con sopra ricamato lo stemma del reggimento, che si appende per ornamento alla tromba.

†**drappellàre (1)** [da *drappo*] v. tr. ● Agitare, sventolare drappi, insegne, bandiere e sim.

drappellàre (2) [da *drappello (2)*] v. intr. ● Andare in drappello.

drappèllo (1) s. m. **1** Dim. di *drappo*. **2** (*raro*, *lett.*) Bandiera, insegna. || **drappellóne**, accr. (V.).

drappèllo (2) [dim. di *drappo*, nel sign. di 'insegna' e poi di 'gruppo di soldati che militano sotto la medesima insegna'] s. m. **1** Gruppo di armati raccolti sotto la stessa insegna. **2** (*est.*) Gruppo di persone raccolte insieme: *un d. di cacciatori* | (*raro*) *Fare d.*, riunirsi in gruppo. || **drappellétto**, dim.

drappellonàre v. tr. (*io drappellóno*) ● Ornare di drappelloni.

drappellóne s. m. **1** Accr. di *drappello (1)*. **2** Grande drappo appeso attorno al cielo dei baldacchini | Addobbo di chiese e sim. | Balza o frangia dell'abito.

drapperìa o (*raro*) †**drapparìa** s. f. **1** Quantità di drappi. **2** Fabbrica o magazzino di drappi e di tessuti in genere. **3** Nell'industria tessile, l'insieme di tutte le stoffe di lana o miste destinate all'abbigliamento maschile.

drappicèllo s. m. **1** Dim. di *drappo*. **2** †Fazzoletto da naso.

drappière o †**drappièri**, †**drappièro** [fr. *drapier*, da *drap* 'drappo'] s. m. ● Fabbricante o mercante di drappi.

dràppo [lat. tardo *drăppu(m)*, di prob. origine celtica] s. m. **1** Tessuto di lana o di seta, per lo più operato | (*est.*, *lett.*) Tessuto in genere. **2** (*lett.*) Abito fastoso: *avvolgersi in drappi* | †Abito, in genere | †Fazzoletto di taffetà portato dalle donne sul capo o sulle spalle. **3** Palio colorato di seta che si dava in premio ai vincitori nelle gare spec. di corsa. **4** †Tovaglia dell'altare. || **drappèllo**, dim. (V.) | **drappétto**, dim. | **drappicèllo**, dim. (V.) | **drappicino**, dim. | †**drappóne**, accr. | **drappùccio**, dim.

dràstico [fr. *drastique*, dal gr. *drastikós* 'efficace', da *drastós* 'fatto', agg. verb. di *drân* 'agire, compiere'] agg. (pl. m. *-ci*) ● Energico e deciso, oltre che efficace: *provvedimento d.* | *Purgante d.*, ad azione violenta. CONTR. Blando. || **drasticaménte**, avv.

dràvida [ant. indiano *Dravidāh*, di etim. incerta] **A** agg. (pl. m. *-a* o *-i*) ● Detto di una popolazione che già abitava la penisola indiana prima dell'invasione aria. **B** s. m. e f. ● Chi appartiene a tale popolazione.

dravìdico [da *dravida*] agg. (pl. m. *-ci*) ● Che appartiene ai Dravidi: *lingua dravidica*.

drawback /*ingl.* 'drɔ: bæk/ [vc. ingl., comp. di *to draw* 'tirare' e *back* 'indietro'] s. m. inv. ● Restituzione, all'atto dell'esportazione di un prodotto, del dazio d'importazione o degli altri tributi interni di cui furono gravati i materiali impiegati nella fabbricazione dello stesso.

dreadnought /*ingl.* 'dred nɔ:t/ [vc. ingl., comp. di to *dread* 'aver paura' e *nought* 'niente'] s. f. inv. ● (*mar.*) Tipo di corazzata veloce, armata con cannoni di grosso calibro.

drenàggio [fr. *drainage*, da *drainer* 'drenare'] s.

m. *1* Sistema di tubi, canali o pozzi per lo scolo delle acque | Bonifica di terreni palustri per mezzo di canali. *2* (*chir.*) Operazione destinata a favorire lo scolo di liquidi da cavità patologiche o naturali mantenendo aperto un orifizio mediante garze, tubi e sim.: *d. di una ferita* | Strumento con cui si effettua tale operazione. *3* (*fig.*) Azione del drenare: *d. dei capitali* | (*econ.*) *D. fiscale*, slittamento verso aliquote impositive superiori che si verifica, in un sistema di imposizione fiscale progressiva, alla crescita del reddito nominale e a parità di reddito reale. SIN. Fiscal drag.

drenàre [fr. *drainer*, dal v. ingl. *to drain*, letteralmente 'prosciugare, rendere secco (*dry*)'] v. tr. (*io drèno*) *1* Prosciugare un terreno mediante drenaggio. *2* (*chir.*) Favorire lo scolo di liquidi da cavità patologiche o naturali mantenendo aperto un orifizio mediante garze, tubi e sim.: *d. una ferita.* *3* (*fig.*) Fare affluire, attirando a sé, per conservare o ridistribuire: *d. la manodopera straniera con una politica d'immigrazione.*

†drénto ● V. *dentro.*

drepanocìta o **drepanocìto** [comp. del gr. *drépanon* 'falce' e *-cita*] s. m. (pl. *-i*) ● (*med.*) Eritrocita patologico a falce, contenente un tipo di emoglobina anomala.

drepanocitemìa [comp. di *drepanocit(a)* ed *-emia*] s. f. ● (*med.*) Drepanocitosi.

drepanocìtico **A** agg. (pl. m. *-ci*) ● (*med.*) Di, relativo a drepanocitosi. **B** s. m. (f. *-a*); anche agg. ● (*med.*) Chi, che è affetto da drepanocitosi.

drepanocìto ● V. *drepanocita.*

drepanocitòsi [comp. di *drepanocit(a)* e del suff. *-osi*] s. f. ● (*med.*) Forma di anemia ereditaria caratterizzata dalla presenza di drepanociti nel sangue. SIN. Falcemia, drepanocitemia.

dressage /*fr.* drɛ'saʒ/ [vc. fr., da *dresser*, che, oltre al sign. proprio di 'drizzare', ha anche quello di 'indirizzare bene, istruire, educare'] s. m. inv. *1* Gara di equitazione consistente nell'esecuzione delle arie. *2* Addestramento di animali, spec. cani e cavalli da corsa.

dressàggio s. m. ● Adattamento di *dressage* (V.).

dressàre [fr. *dresser*, propriamente '(in)dirizzare' (dal lat. parl. **directiāre*), che ha assunto anche il sign. più specifico di 'istruire, educare'] v. tr. (*io drèsso*) ● Addestrare animali, spec. cani e cavalli da corsa.

†drèto ● V. *dietro.*

drìade [vc. dotta, lat. *drȳade(m)*, dal gr. *dryás*, genit. *dryádos* 'ninfa dell'albero', da *drŷs* 'albero', di origine indeur.] s. f. *1* Nella mitologia greco-romana, ninfa abitatrice degli alberi e dei boschi. *2* Pianta erbacea delle Rosacee con foglie biancastre, inferiormente pelose e fiori bianchi, solitari (*Dryas octopetala*).

dribblàggio s. m. ● Adattamento di *dribbling* (V.).

dribblàre [ingl. *to dribble*, propr. 'gocciolare', freq. di *drib*, var. arc. di *drip* 'gocciolatura'] v. intr. e tr. (aus. intr. *avere*) *1* (*sport*) Nel calcio e sim., effettuare il dribbling | *D. l'avversario*, scartarlo con un'azione di dribbling. *2* (*est.*) Evitare, eludere, spec. con riguardo a faccende fastidiose o incresciose.

dribblatóre [da *dribblare*] s. m. ● Calciatore abile nel dribbling.

dribbling /'dribblin(g) *ingl.* 'dribliŋ/ [vc. ingl., da *to dribble* 'dribblare'] s. m. inv. ● Nel calcio e sim., l'azione di scartare abilmente l'avversario conservando il possesso della palla, spostata con piccoli tocchi, compiendo finte e rapide evoluzioni.

†drièto ● V. *dietro.*

drillo [da una lingua dell'Africa occ.] s. m. ● Scimmia dei Cenocefali, con coda corta, barba di colore bianco-fulvo e pelame scuro (*Mandrillus leucocephaeus*).

drindrìn o **drin drin**, **dring drìng** **A** inter. ● Riproduce il suono di un campanello che squilla con insistenza. **B** in funzione di s. m. ● Il suono stesso del campanello: *il d. delle biciclette.*

†dringolàre [vc. imitativa] v. intr. ● (*raro*) Tentennare, oscillare.

drink /drink, *ingl.* driŋk/ [vc. ingl., letteralmente 'bevanda', dal v. di origine germ. *to drink* 'bere'] s. m. inv. *1* Nel linguaggio dei barman, miscela liquida, calda o fredda, alla cui base è una bevanda alcolica | Correntemente, bevanda alcolica: *offrire un d.; vieni a prendere un d. da me?* *2* (*est.*) Piccola festicciola o riunione in cui si offrono bevande alcoliche: *invitare qc. per un d.*

dripping /*ingl.* 'dripiŋ/ [vc. ingl., da *to drip* 'sgocciolare'] s. m. inv. ● Tecnica pittorica consistente nel far sgocciolare i colori sulla tela, in modo da dar vita a forme apparentemente casuali.

drìtta o (*raro*) **dirìtta**. s. f. *1* V. *diritta* nei sign. 1 e 2. *2* Parte destra, lato destro: *volgere a d.; tenersi a d.* | *A d. e a manca*, a destra e a sinistra e (*est.*) in ogni direzione. *3* (*mar.*) Fianco destro dell'imbarcazione: *virare a d.* *4* (*gerg.*) Informazione riservata e fondamentale per la buona riuscita di un affare: *dare la d. a qc.; avere una d. precisa, giusta.*

drittàta [da *dritto* (*1*) nel sign. di 'furbo'] s. f. ● (*fam.*) Azione che rivela scaltrezza; trovata astuta: *fare una d.; è stata una gran d.*

drittézza ● V. *dirittezza.*

drìtto (1) **A** agg. *1* V. *diritto* (*1*). *2* †Preciso, nella loc. con valore ints.: *nel d. mezzo.* *3* (*fam.*) Astuto, scaltro: *parla poco, ma è d.* **B** s. m. (f. *-a* nel sign. 2) *1* V. *diritto* (*1*). *2* (*fam.*) Chi, agendo con astuzia e a volte anche con prepotenza e poco riguardo per gli altri, riesce a raggiungere lo scopo prefissosi. *3* (*mar.*) *D. di poppa, d. di prora*, pezzo di costruzione quasi perpendicolare all'estremità posteriore e anteriore della chiglia. *4* Lato principale, sotto l'aspetto tipologico o tecnico, di una moneta o di una medaglia. **C** avv. *1* V. *diritto* (*1*). *2* Nelle loc. *d. di poppa, d. di prora*, che indicano la direzione di oggetti lontani, lungo il prolungamento ideale dell'asse della nave verso poppa o verso prora. || **drittàccio**, pegg. nel sign. B2 | **drittóne**, accr. nel sign. B2 (V.).

†drìtto (2) part. pass. di *drizzare* ● Nei sign. del v.: *Vedi là Farinata che s'è d.* (DANTE *Inf.* X, 32).

†drìtto (3) ● V. *diritto* (*2*).

drittofilo [comp. di *d(i)ritto* e *filo*] s. m. inv. *1* Il filo delle trame di un tessuto | *Tagliare in d.*, seguendo il filo della trama. *2* Segno che si fa con la punta di un ago lungo il filo di una stoffa prima di fare un orlo o una cucitura.

drittóne o (*lett.*) **dirittóne** s. m. (f. *-a*) *1* Accr. di *dritto* (*1*) nel sign. B2. *2* (*fam.*) Persona molto scaltra, furbacchione: *quel frate ... con quel suo fare di gatta morta, ... io l'ho per un dirittone* (MANZONI).

†drittorovèscio o **†dirittorovèscio** [comp. di *d(i)ritto* e *rovescio*] avv. ● (*raro, lett.*) Sottosopra.

drittùra ● V. *dirittura* (*1*).

†dritturière ● V. *†diritturiere.*

drive /*ingl.* 'draiv/ [vc. ingl., letteralmente 'condurre, guidare' e spec. 'colpire, scagliare (una palla)', di area germ.] s. m. inv. *1* (*sport*) Nel tennis, diritto | Nel golf, il colpo lungo d'inizio di partita. *2* (*elab.*) Dispositivo per la registrazione o la lettura di dati in un disco o nastro magnetico.

drive-in /*ingl.* 'draiv 'in/ [vc. ingl. d'Amer., letteralmente 'condurre, guidare (*drive*) dentro (*in*)' (sottinteso la propria automobile)] s. m. inv. ● Luogo pubblico all'aperto, quale cinema, ristorante, banca e sim., in cui i clienti usufruiscono delle prestazioni o dei servizi rimanendo entro il loro automezzo opportunamente parcheggiato.

driver /*ingl.* 'draivə*/ [vc. ingl., dal v. *to drive* 'condurre, guidare', di origine germ.] s. m. inv. ● Guidatore del cavallo nelle corse al trotto. ➡ ILL. p. 1289 SPORT.

drizza [da *drizzare*] s. f. ● (*mar.*) Manovra corrente, cavo, paranco al centro di pennone o angolo di vela per drizzarli o issarli. ➡ ILL. p. 1756, 1757 TRASPORTI.

†drizzaménto ● V. *dirizzamento.*

drizzàre o **dirizzàre** [lat. parl. **directiāre*, da *dirēctus* 'diretto, dritto'] **A** v. tr. (part. pass. *drizzàto*, *†drìtto*) *1* Far tornare dritto q.c. che è storto: *d. un chiodo, un ferro* | *D. le gambe ai cani*, (*fig.*) fare una cosa impossibile. *2* (*lett.*) Dirigere | Rivolgere verso una meta (*anche fig.*): *d. gli occhi, lo sguardo per guardare*; *d. l'animo, la mente, al bene* | *D. le orecchie*, ascoltare attentamente, fare attenzione | *D. il dito*, per accennare | (*raro, lett.*) Muovere in linea retta: *mena di punta, e drizza il colpo crudo* (ARIOSTO). *3* Rizzare, innalzare: *d. un'antenna, una scala, l'albero di una nave* | (*lett.*) Erigere, edificare: *contro gli drizza ... / piramidi, obelischi e mausolei* (MARINO). *4* (*raro, lett.*) Indirizzare, spedire. *5* (*raro, lett.*) Riparare, correggere: *desiderava correttori ... che sapessero ... drizzargli qualche torto nella dizione* (CARDUCCI) | (*raro*) †Rimettere in ordine, in buon assetto. *6* (*raro*) †Disporre, predisporre. **B** v. rifl. ● Mettersi in posizione eretta: *drizzarsi in piedi, sulla sella, sulle staffe.* SIN. Alzarsi. **C** v. intr. pron. ● (*raro, lett.*) Volgersi, dirigersi: *verso Parigi si son dirizzati* (PULCI) | (*raro, lett.*) Rivolgersi: *drizzarsi a qc. per averne aiuto, consiglio* e sim.

†drizzàta s. f. ● Atto del drizzare.

†drizzatìvo o **†dirizzatìvo**. agg. ● (*raro*) Che serve a drizzare.

†drizzatóio ● V. *†dirizzatoio.*

drizzatóre o **†dirizzatóre**. s. m.; anche agg. (f. *-trice*) *1* (*raro*) Chi, che drizza. *2* Operaio addetto al raddrizzamento delle lamiere.

drizzatùra o (*raro*) **dirizzatùra**. s. f. ● (*raro*) Atto, effetto del drizzare | †Solco divisorio, spartizione.

dròga [fr. *drogue*, di etim. discussa: ol. *droog* 'secco' (?), con passaggio semantico oscuro] s. f. *1* Sostanza aromatica vegetale usata per condire le vivande: *la noce moscata è una d.* *2* Sostanza di origine vegetale, o sintetizzata chimicamente, capace di provocare modificazioni più o meno temporanee e dannose dell'equilibrio psicofisico di chi la assume: *il traffico della d.; spacciatori di d.; fare uso di d.; essere dedito alla d.* | *Droghe leggere*, quelle che, come la canapa indiana, producono effetti meno gravi delle droghe pesanti | *Droghe pesanti*, quelle che, come l'eroina, la morfina e la cocaina, producono notevoli alterazioni dell'equilibrio psicofisico e dipendenza fisica o psichica. *3* (*fig., est.*) Abitudine radicata, spec. di svago, a cui è difficile o sgradevole rinunciare: *per Carla i film sono una d.* | (*fig., est.*) Persona, cosa, fenomeno sociale, culturale e sim., che esercita un'attrattiva irresistibile e irrinunziabile ma reca danno talora gravissimo: *quella donna è la tua d.; la d. del fumo; la d. del consumismo.*

drogàggio s. m. *1* Uso o somministrazione illegale di droghe ad atleti o ad animali per accrescerne le energie psicofisiche e quindi il rendimento agonistico in competizione. SIN. Doping. *2* (*est.*) In varie tecnologie, aggiunta controllata di impurezze a una sostanza, al fine di variarne le caratteristiche.

drogànte s. m. ● Farmaco o sostanza eccitante.

drogàre [fr. *droguer*, da *drogue* 'droga'] **A** v. tr. (*io drògo, tu dròghi*) *1* Condire con droghe: *d. una pietanza, un intingolo.* SIN. Aromatizzare. *2* Somministrare droghe a qc.: *d. un atleta; l'hanno drogato per farlo parlare* | (*fig., econ.*) Modificare, per eccesso, attribuendo ai dati un valore maggiore del dovuto, spec. in relazioni di preventivo, consuntivo e sim.: *d. una statistica.* *3* In varie tecnologie, sottoporre a drogaggio: *d. i semiconduttori.* **B** v. rifl. ● Prendere la droga, fare uso di droga.

drogàto **A** part. pass. di *drogare*; anche agg. *1* Nei sign. del v. *2* Detto di atleta, o di animale, sottoposti a drogaggio, e di quanto loro si riferisce: *pugile, cavallo d.; occhi drogati.* *3* (*lett.*) Eccitante: *mi affidavano le parti meno drogate del repertorio lirico* (MONTALE). **B** s. m. (f. *-a*) ● Chi fa abitualmente uso di droga: *i drogati sono una piaga sociale; d. in crisi di astinenza; la disintossicazione dei drogati.*

drogatóre s. m. ● Nella lavorazione delle carni, chi è addetto a condire con droghe, o spezie, le carni stesse.

drogatùra s. f. ● Atto, effetto del drogare.

droghería s. f. ● Negozio in cui si vendono spezie, generi alimentari e prodotti per la casa.

droghière s. m. (f. *-a*) ● Esercente di una drogheria.

droghìsta s. m. e f. (pl. *-i*) ● (*raro*) Venditore all'ingrosso di spezie, droghe e sim.

dròma [fr. *drome*, dall'ol. *drom* 'massa, quantità (di pezzi)'] s. f. ● (*mar.*) Legname, attrezzatura di rispetto per l'alberatura, che un veliero porta con sé.

dromedàrio [vc. dotta, lat. tardo *dromedāriu(m)*, in origine agg. (sottinteso *camēlum* 'cammello'), da *drŏmas*, genit. *drŏmadis* 'corridore, rapido alla corsa' (dal gr. *dromás*, genit. *dromádos*, der. di *drómos* 'corsa', di origine indeur.)] s. m. ● Ruminante simile al cammello, ma con una sola gobba, con labbro superiore diviso in due metà e mantello di color fulvo (*Camelus dromedarius*).

dròmia [vc. dotta, gr. *dromías* 'corridore', da *drómos* 'dromo'] s. f. ● Genere di Granchi dai movimenti molto lenti, che vivono sul fondo marino (*Dromia*).

dròmo [gr. *drómos* 'corsa', dal v. *dramêin* 'correre', di origine indeur.] s. m. *1* (*mar.*) Palo che serve da ormeggio o segnala e delimita passaggi pericolosi. *2* Antica nave da corsa.

-drómo o (*evit.*) **-dròmo** [gr. *-dromos*, da *dramêin* 'correre' di origine indeur.] secondo elemento ● In parole composte, indica il luogo dove si effettuano determinate gare di corsa e sim.: *autodromo, cinodromo, ippodromo*.

dromògrafo [vc. dotta, comp. del gr. *drómos* 'corsa' e di *-grafo*] s. m. ● Strumento per misurare la velocità di una nave.

dromomanìa [comp. del gr. *drómos* 'corsa' e *-mania*] s. f. ● (*med.*) Tendenza nevrotica a passeggiare frettolosamente senza sosta.

dromóne [vc. dotta, lat. tardo *dromōne(m)*, dal gr. *drómōn*, genit. *drómōnos*, legato al v. *dramêin* 'correre', per la sua velocità] s. m. ● Bastimento medievale a tre alberi da corsa o da guerra, a vela e a remi.

dromos /*gr.* 'drɔmos/ [vc. gr. (*drómos*), propr. 'corsa' e anche 'passaggio, corridoio', dal v. *dramêin* 'correre'] s. m. inv. ● (*archeol.*) Corridoio sotterraneo che conduceva alla camera sepolcrale delle tombe a tholos.

drone /*ingl.* 'droun/ [vc. ingl., propr. 'fuco', così chiamato per la sua passività] s. m. inv. (pl. ingl. *drones*) ● Bersaglio radiocomandato per esercitazioni militari.

dròngo [vc. malgascia giunta attraverso il fr.] s. m. ● Passeriforme tropicale con piumaggio nero dai riflessi metallici,capace di ripetere parole, spesso tenuto in cattività (*Dissemurus paradiseus*).

drónte [etim. incerta, prob. dal n. indig.] s. m. ● Grosso uccello dei Colombiformi oggi estinto (*Raphus cucullatus*). SIN. Dodo.

drop (1) /*ingl.* drɔp/ [vc. ingl., da *to drop* 'far cadere (propriamente: a gocce)', da *drop* 'goccia'] s. m. inv. ● Nel calcio e nel rugby, calcio di rimbalzo dato al pallone.

drop (2) /*ingl.* drɔp/ [vc. ingl., letteralmente 'goccia', e poi anche 'piccola quantità, breve distanza', di origine indeur.] s. m. inv. *1* Caramella dissetante a base di gomma e frutta, solitamente non incartata. *2* Variazione delle misure di vita e torace apportate alle taglie degli abiti confezionati, per meglio adattarle alle singole strutture fisiche. *3* Linea luminosa che appare sullo schermo televisivo a causa di un difetto del nastro magnetico.

droplock /*ingl.* 'drɔp 'lɔk/ [vc. ingl., comp. di *drop* 'caduta' e *lock* 'blocco'] agg. inv. ● (*econ.*) Detto di prestito a tasso di interesse variabile che è tramutato in prestito a tasso fisso se i tassi di interesse scendono al di sotto di un livello prestabilito.

drop shot /*ingl.* 'drɔp ʃɔt/ [loc. ingl., comp. di *drop* (V. *drop* (*1*)) e *shot* 'colpo'] loc. sost. m. inv. (pl. ingl. *drop shots*) ● Nel tennis, colpo smorzato per far cadere la palla subito al di là della rete.

dròsera [vc. dotta, dal gr. *droserós* 'rugiadoso', da *drósos* 'rugiada', di etim. incerta] s. f. ● Pianta erbacea carnivora delle Droseracee, tipica dei luoghi paludosi, con foglie picciolate e lamina coperta di peli vischiosi (*Drosera rotundifolia*).

Droseràcee [vc. dotta, comp. di *drosera* e *-acee*] s. f. pl. ● Nella tassonomia vegetale, famiglia di piante erbacee, carnivore, delle Dicotiledoni con foglie a rosetta fornite di tentacoli o peli ghiandolari con cui catturano piccoli insetti (*Droseraceae*) | (al sing. *-a*) Ogni individuo di tale famiglia. ➡ ILL. **piante** /3.

drosòfila [comp. del gr. *drósos* 'rugiada' e del f. di *-filo*] s. f. ● Piccolo insetto dei Ditteri di color ruggine, con ali trasparenti e occhi rossi, largamente impiegato negli studi sul meccanismo dell'eredità genetica (*Drosophila melanogaster*).

drosòmetro [vc. dotta, comp. del gr. *drósos* 'rugiada' e di *-metro*] s. m. ● Apparecchio per la misurazione della rugiada notturna.

†**drucciolènte** ● V. †*sdrucciolente*.

†**druderìa** s. f. *1* Comportamento, atteggiamento e sim. amichevole o amoroso. *2* Tresca.

drùdo [provz. ant. *drut* 'amico, amante', forse dal francone **drūd* 'fedele'; vc. diffusa attrav. la lirica provenzale] **A** s. m. (f. *-a*) *1* †Amico fedele, persona cara. *2* (*lett.*) Amante, innamorato (*spec. spreg.*): *tu non guardi questa damigella? / Tu non saresti d'accettar per d.* (PULCI). **B** agg. *1* (*lett.*) †Leale, fedele | †Amoroso. *2* (*lett.*) †Forte, florido | (*raro, lett.*) †Rigoglioso, folto, detto di piante.

drugstore /'dragstor, *ingl.* 'drʌgstɔ:*/ [vc. ingl., propr. 'farmacia, emporio', comp. di *drug* 'farmaco' e *store* 'negozio'] s. m. inv. ● Grande negozio al dettaglio a orario continuato dove si vendono prodotti di vario tipo, come riviste, cosmetici e generi alimentari e di ristoro.

drùida o **drùido** [vc. dotta, lat. *drŭida(s)* e *drŭide(s)*, nom. pl. *drŭidae* e *drŭides*, di origine celtica, propriamente 'che conosce (*wid-*) la quercia (*dru-*)', con allusione alle misteriose pratiche fatte col vischio quercino] s. m. (pl. *-i*) ● Sacerdote degli antichi Celti.

druìdico agg. (pl. m. *-ci*) ● Dei druidi: *riti druidici*.

druidismo s. m. ● La dottrina segreta religiosa che era insegnata dai Druidi e faceva parte della religione dei Celti.

drùido ● V. *druida*.

drùpa [vc. dotta, lat. *drūpa(m)*, dal gr. *drýpepa*, acc. di *drýpeps*, forma parallela di *drypepés* 'che matura (dal v. *péptein*) sull'albero (*drŷs*)'] s. f. ● (*bot.*) Frutto carnoso indeiscente con esocarpo membranoso, mesocarpo carnoso ed endocarpo legnoso.

drupàceo agg. ● (*bot.*) Detto di frutto o seme che presenta i caratteri della drupa.

drùsa [ted. *Druse* 'sedimento', di origine germ.] s. f. ● (*miner.*) Aggregato di cristalli che crescono su una superficie più o meno pianeggiante.

†**drusciolàre** e *deriv.* ● V. *sdrucciolare* e *deriv.*

drusiàna [da *Drusiana*, n. di un'eroina dei poemi cavallereschi, passato nella letteratura pop. come sin. di 'donna brutta', 'vecchia'] s. f. ● (*raro, tosc.*) Donna sciatta e volgare | Donna di malaffare.

drùso [ar. *Durūz*, pl. di *Darazi*, dal n. di uno dei fondatori della comunità, l'egiziano *ad-Darazi*] s. m. ● Membro di una comunità etnico-religiosa sorta in Egitto nel sec. XI, in seguito trasferitasi in Libano, Siria e altri paesi vicini, di lingua araba, che professa una religione esoterica affine alla musulmana secondo la quale i misteri della fede vengono rivelati solo agli Intelligenti, che hanno piena conoscenza della dottrina, contrapposti agli Ignoranti che non fanno parte dell'assemblea religiosa; attualmente la comunità dei drusi controlla una regione montuosa del Libano e dispone di una forte milizia.

†**druzzolàre** [da *ruzzolare* rafforzato col pref. *d(i)-*] v. intr. ● Ruzzolare, rotolare.

dry /*ingl.* 'drai/ [vc. ingl., 'secco', di area germ.] agg. inv. ● Secco, detto di bevande alcoliche: *vermut, gin dry*.

†**dùa** ● V. *due*.

†**duàgio** o †**doàgio** [dal n. fr. della città di provenienza, *Douais*, nelle Fiandre] s. m. ● Sorta di panno fine.

duàlberi o **due àlberi** [comp. di *due* e il pl. di *albero*] s. m. ● Bastimento con due alberi verticali.

duàle [vc. dotta, lat. *duāle(m)*, da *dŭo* 'due'] **A** agg. *1* (*mat.*) Associato a un ente per effetto d'un principio di dualità. *2* (*ling.*) Detto del numero di forme grammaticali che indicano due persone o cose e l'azione fatta o subita da due persone o cose. **B** s. m. ● (*ling.*) Numero duale: *il d. dei verbi greci*.

dualismo s. m. *1* Concezione filosofica che, per spiegare l'universo, si appella a due principi opposti e irriducibili | (*est.*) In qualsiasi ordine di ragionamenti, opposizione tra due principi assolutamente irriducibili. *2* (*fig.*) Contrasto, antagonismo.

dualista s. m. e f. (pl. m. *-i*) ● Seguace e sostenitore di una qualsiasi concezione dualistica.

dualìstico agg. (pl. m. *-ci*) ● Che si riferisce al dualismo.

dualità [vc. dotta, lat. tardo *dualitāte(m)*, da *duālis* 'duale'] s. f. *1* (*mat.*) Legge che mette in relazione biunivoca due insiemi di enti, in modo che applicando due volte la legge a un ente si ottenga di nuovo l'ente di partenza, e una affermazione vera per un ente lo sia anche per il suo corrispondente nell'altro insieme. *2* (*filos.*) Relazione che si stabilisce tra due principi antitetici. *3* Natura di ciò che è composto di due parti, elementi o principi in armonia o in disaccordo.

dubàt [somalo *dub* 'copricapo maschile, turbante' e *had* 'bianco'] s. m. inv. ● Soldato indigeno delle truppe italiane in Somalia, fino al secondo conflitto mondiale.

†**dubbiànza** s. f. ● Dubbio.

†**dubbiàre** o †**dibiàre** [da *dubbio*] **A** v. intr. ● (*lett.*) Dubitare, esitare. **B** v. tr. e intr. ● (*raro*) Temere: *che dubbii? o che vaneggia il tuo pensiero?* (TASSO).

†**dubbieggiàre** v. intr. ● Dubitare.

dubbietà o †**dubietà** [vc. dotta, lat. tardo *dubietāte(m)*, da *dŭbius* 'dubbio'] s. f. ● (*lett.*) Incertezza, dubbio.

†**dubbiévole** agg. *1* Ambiguo | Dubitabile. *2* Sospettoso.

dubbiézza o †**dubiézza**. s. f. ● (*raro*) Stato di dubbio, di indecisione.

dùbbio o †**dùbio** [vc. dotta, lat. *dŭbiu(m)*, da *dubiāre* 'dubitare'] **A** agg. *1* Che è privo di certezza, sicurezza e sim., che non si può conoscere, definire o affermare con esattezza: *identità, speranza dubbia*; *quadro di autore d.*; *una persona di età dubbia* | *È d. se*, non si sa se: *è d. se sia stato lui o un altro* | Discutibile: *la sua sincerità è per lo meno dubbia*; *una scelta di d. gusto* | *Fortuna dubbia*, avversità | Inattendibile: *giustificazioni dubbie*. SIN. Incerto. *2* Che non garantisce esiti o prospettive favorevoli, che è causa di ansie, preoccupazioni, timori e sim.: *il nostro avvenire è d.*; *la dubbia dimane non t'impaura* (MONTALE) | *Credito d.*, di difficile esazione. SIN. Incerto. *3* Variabile: *clima, tempo d.* *4* Indistinto, indefinibile: *abito di colore d.* | *Colore d.*, (*fig.*) idee politiche indefinibili: *quanto a lui, è di colore d.* | Fioco, scarso: *la dubbia luce del crepuscolo*. *5* Indeciso, esitante, irresoluto: *persona dubbia*; *carattere d.* *6* Ambiguo, equivoco: *intenzioni, proposte dubbie*; *un uomo di dubbia fama*. ‖ **dubbiaménte**, avv. **B** s. m. *1* Stato d'animo di chi dubita, grave perplessità o incertezza: *essere in d. fra due diverse soluzioni*; *vivere continuamente nel d.*; *uscire da un grave d.*; *abbiamo tentato di dissipare ogni vostro d.* | *D. amletico*, (*fig.*) insolubile (*spec. iron.*) | *Senza d.*, *senza alcun d.*, *senza ombra di d.*, certamente | *Essere, sembrare fuori d.*, *fuori d'ogni d.*, essere o sembrare certo, sicuro | *Mettere, revocare in d. q.c.*, dubitarne | Sospetto, inquietudine, timore: *ho il d. che abbia detto la verità*; *i vostri dubbi sono infondati*; *tenere per sé i propri dubbi*; *avere molti dubbi, nutrire seri dubbi, su qc.* *2* Dilemma, problema, questione: *esprimere, manifestare, esporre un d.*; *un d. difficile da risolvere*; *dubbi di natura filosofica, morale, religiosa*. *3* Punto o elemento controverso, ambiguo, difficile e sim.: *chiarire un d.*; *l'unico d. che ancora sussiste riguarda l'autenticità della firma*. SIN. Incertezza. *4* (*filos.*) *D. metodico*, sospensione momentanea del giudizio adottata come mezzo per giungere alla certezza | *D. scettico*, sospensione definitiva del giudizio dettata dalla convinzione di non poter mai giungere ad alcuna certezza. ‖ **dubbiarèllo**, **dubbierèllo**, dim. | **dubbiétto**, dim. | **dubbiùzzo**, dim.

dubbiosità s. f. ● Qualità di chi, di ciò che è dubbioso.

dubbióso o †**dubióso** [vc. dotta, lat. tardo *dubiōsu(m)*, da *dŭbium* 'dubbio'] agg. *1* Che dubita, che è pieno di dubbi: *uomo d. d'ogni cosa*; *esaminava la notizia con mente dubbiosa* | Diffidente, sospettoso: *è d. di tutti*. *2* Che manifesta dubbio, perplessità, preoccupazione e sim.: *sguardo d.*; *parole dubbiose*; *mi osservò con aria dubbiosa*. SIN. Esitante, perplesso, titubante. *3* Che fa sorgere dubbi o perplessità, che rende incerto, esitante e sim.: *votazione, elezione dubbiosa*; *la faccenda presenta alcuni aspetti dubbiosi*. *4* Ambiguo, oscuro, discutibile: *le cose poetiche ... sono più di tutte le altre dubbiose e disputabili* (MARINO).

5 (*lett.*) Che dà timore, ansia, preoccupazione: *tempi dubbiosi*; *sorte dubbiosa* | Che comporta rischi e non offre sicura garanzia di riuscita: *battaglia, impresa dubbiosa*. 6 (*fig., lett.*) Fioco, incerto: *al moribondo lume / di sepolcrali lampade dubbiose* (LEOPARDI). || **dubbiosaménte**, avv.

†dubbitàre ● V. *dubitare*.

†dùbio e *deriv.* ● V. *dubbio* e *deriv.*

dubitàbile [vc. dotta, lat. *dubitābile(m)*, da *dubitāre*] agg. ● Che può dare adito a dubbi.

†dubitaménto s. m. ● Dubbio.

†dubitamentóso agg. ● (*raro*) Dubbioso.

dubitànte A part. pres. di *dubitare*; anche agg. ● Nei sign. del v. || †**dubitanteménte**, avv. B s. m. e f. ● Chi dubita.

†dubitànza o (*raro*) †**duvitànza**. s. f. ● Dubbio.

dubitàre o †**dubbitàre** [vc. dotta, lat. *dubitāre*, iter. di *dubiāre* 'essere in dubbio'] v. intr. (*io dùbito*; aus. *avere*) 1 Trovarsi in una situazione psicologica di incertezza, non sapere se credere o non credere: *d. dei fatti*; *d. della verità di un'asserzione*; *dubito che le loro reali intenzioni siano oneste* | *Non d. che*, essere sicuro che: *non dubito che verrai*. 2 Mettere in discussione dati, convinzioni o principi fondamentali, gener. considerati come verità incontrovertibili: *d. dell'esistenza di Dio, dell'immortalità dell'anima*; *il cattolico non può d. dei dogmi della fede* | *Chi può, chi potrebbe d.?*, nessuno può avere dubbi al riguardo. 3 Non essere sicuro, diffidare: *d. di sé, delle proprie forze*; *d. della bontà, dell'onestà di qc.*; *è lecito d. della sua buonafede* | *D. di tutto e di tutti*, non avere fiducia in nulla e in nessuno. 4 Temere: *dubito che la malattia sia più grave di quel che sembra*.

dubitatìvo [vc. dotta, lat. *dubitatīvu(m)*, da *dubitāre* 'dubitare'] agg. 1 Che esprime dubbio: *rispondere con un tono d.*; *assolvere con formula dubitativa*. 2 (*ling.*) Detto di forma verbale che esprime dubbio e incertezza. || **dubitativaménte**, avv.

†dubitatóre [vc. dotta, lat. tardo *dubitatōre(m)*, da *dubitāre* 'dubitare'] s. m.; anche agg. (f. *-trice*) ● Chi, che è solito dubitare.

dubitazióne [vc. dotta, lat. *dubitatiōne(m)*, da *dubitāre*] s. f. 1 (*raro, lett.*) Dubbio. 2 (*ling.*) Figura retorica che consiste nell'esprimere l'esitazione nel compiere una determinata scelta oppure l'incertezza sulla verità di ciò che si afferma: *Fu vera gloria? Ai posteri / l'ardua sentenza* (MANZONI). || **dubitazioncèlla**, dim.

†dubitézza s. f. ● (*raro, lett.*) Dubbio.

†dùbito [da *dubitare*] s. m. ● Dubbio.

dubitóso agg. 1 (*lett.*) Pieno di dubbi, di preoccupazioni, di timori e sim. | Sospettoso: *carattere d.* 2 (*raro*) Temibile | (*lett.*) Misterioso, spaventoso: *poi vidi cose dubitose molto* (DANTE). || **dubitosaménte**, avv.

dublinése A agg. ● Di Dublino. B s. m. e f. ● Abitante, nativo di Dublino.

dùca [biz. *dôuka*, acc. di *dôux* 'duce', dal lat. *dūx* 'duce'] s. m. (pl. *dùchi*, †*dùca*; f. *duchéssa*) 1 Anticamente, sovrano di un ducato: *Francesco IV d. di Modena*. 2 Persona insignita del grado di nobiltà inferiore a quella di principe e superiore a quella di marchese: *il d. d'Alba*. 3 †Condottiero, guida: *tu d., tu segnore, e tu maestro* (DANTE *Inf.* II, 140). 4 †Maestro, precettore, ispiratore: *Aristotile è maestro e d. de la ragione umana* (DANTE). || **ducarèllo**, dim. | **duchétto**, dim. | **duchìno**, dim. (V.).

ducàle [vc. dotta, lat. tardo *ducāle(m)*, da *dūx* 'duce'] A agg. ● Del, relativo al, duca: *titolo d.*; *corte d.*; *palazzo d.* || †**ducalménte**, avv. (*raro*) In modo ducale. B s. m. ● (*raro*) †Partigiano di un duca.

†ducàre v. tr. ● Insignire qc. della dignità ducale.

ducàto (1) [vc. dotta, lat. *ducātu(m)*, da *dūx* 'duce'] s. m. 1 Titolo, dignità di duca | (*est.*) Autorità, potere, comando. 2 Territorio posto sotto l'autorità e la giurisdizione di un duca: *il d. di Parma*.

ducàto (2) [vc. dotta, lat. mediev. *ducātu(m)*, perché vi era impressa la figura del doge (*duca*) venez.] s. m. ● Moneta d'oro italiana coniata dapprima a Venezia poi anche negli altri Stati italiani e stranieri. ➡ ILL. **moneta**. || **ducatóne**, accr. (V.).

ducatóne s. m. 1 Accr. di *ducato* (2). 2 Grossa moneta d'argento introdotta da Carlo V a Milano, poi coniata in molti Stati italiani e stranieri.

dùce [vc. dotta, lat. *dūce(m)*, dalla stessa radice di *dūcere* 'condurre', di origine indeur.] s. m. 1 (*lett.*) Capo, condottiero | *D. del fascismo*, titolo assunto da Benito Mussolini dopo la marcia su Roma | *Il Duce*, (*per anton.*) Benito Mussolini. 2 †Guida, scorta: *lo tuo piacere omai prendi per d.* (DANTE *Purg.* XXVII, 131). || **ducétto**, dim. pegg. (V.).

†ducèa o †**duchèa** [ant. fr. *duchée* 'signoria di un duca (*duc*)'] s. f. ● Titolo e giurisdizione di un duca | (*raro*) Territorio retto da un duca: *la d. di Bronte*. SIN. Ducato (1).

ducènto e *deriv.* ● V. *duecento* e *deriv.*

†dùcere o †**dùrre** [vc. dotta, lat. *dūcere* 'tirare, condurre', di origine indeur.] v. tr. 1 Condurre. 2 (*raro*) Modellare, plasmare.

ducésco agg. (pl. m. *-schi*) ● Da duce; dittatoriale, autoritario, spec. con riferimento a B. Mussolini: *pose ducesche*; *atteggiamenti, modi duceschi*.

ducétto s. m. 1 Dim. di *duce*. 2 (*spreg.*) Chi ha atteggiamenti e modi autoritari.

†duchèa ● V. †*ducea*.

†duchésco agg. ● Ducale.

duchéssa [da *duca* col suff. di dignità f. *-essa*] s. f. 1 Anticamente, sovrana di un ducato: *Maria Luisa d. di Parma*. 2 Moglie o figlia di un duca: *la d. di Windsor*. || **duchessìna**, dim. (V.).

duchesse /fr. dy'ʃɛs/ [vc. fr., *duchesse* '(seta da) duchessa'] s. f. inv. 1 Tessuto di seta rasata o tela pesante lucida dall'aspetto fastoso e scintillante. 2 Tipo di poltrona a sdraio a una o due spalliere di differente altezza, molto diffusa in Francia nel Settecento.

duchessìna s. f. 1 Dim. di *duchessa*. 2 Figlia spec. giovane o nubile di un duca.

duchìno s. m. 1 Dim. di *duca*. 2 Figlio spec. giovane di un duca.

dùe o †**dòi**, (*tosc.*) †**dùa**, †**dùi**, †**dùo**, †**duòi** [lat. *dŭo*, lat. tardo *dŭi*, di origine indeur.] agg. num. card.; anche s. m. (pl. *dùe*, pop. *dùi*) ● Numero naturale successivo di uno, rappresentato da *2* nella numerazione araba, da *II* in quella romana. **I** Come agg. ricorre nei seguenti usi. 1 Rispondendo o sottintendendo la domanda 'quanti?', indica la quantità numerica di due unità (spec. preposto a un s.): *noi abbiamo due braccia, due gambe, due occhi, due orecchie, due mani, due piedi*; *prendere q.c. con due dita*; *afferrare con le due mani*; *i due terzi del consumo*; *spadone a due mani*; *coltello a due tagli*; *costume a due pezzi*; *il Regno delle Due Sicilie*; *due volte nella polvere, / due volte sull'altar* (MANZONI). 2 (*est.*) Pochi (con valore indet. per indicare una piccola quantità): *esco a fare due passi*; *vengo a fare due chiacchiere*; *mangio prima due bocconi*; *te lo dico in due parole*; *abito qui a due passi*; *è alto come due soldi di cacio* | *In due minuti*, (*fig.*) prestissimo | Anche nelle loc. *uno o due, due o tre*; *sto via due o tre giorni*; *torno tra un'ora o due*. 3 Rispondendo o sottintendendo la domanda 'quale?', identifica q.c. in una pluralità, in una successione, in una sequenza (posposto a un s.): *abita al numero due della mia stessa strada*. 4 In composizione con altri numeri semplici o composti forma i numeri superiori: *trentadue*; *duecento*; *milleduecentocinquanta*. **II** Come s. ricorre nei seguenti usi. 1 Il numero due (per ell. di un s.): *il due per cento della popolazione si è astenuto*; *il due nel dieci sta cinque volte*; *ho un due in pagella*; *il due maggio cambio casa*; *è uscito il due al lotto sulla ruota di Cagliari*; *ho giocato il due di spade*; *ha telefonato alle due di notte*; *devo uscire alle due del pomeriggio*; *una delle due*: *o via io o via lui!* | *E due!*, escl. d'impazienza e di irritazione | *Marciare per due*, affiancati | *Camminare, uscire a due a due*, due per volta | *Mangiare, bere, lavorare per due*, molto, il doppio del giusto | *Tiro a due*, carrozza con due cavalli. 2 Il segno che rappresenta il numero due: *scrivo il due e riporto l'uno* | (*sport*) Nel pronostico sulla schedina del totocalcio, indica la vittoria della squadra calcistica che gioca fuori casa; (*est.*) la vittoria stessa | (*sport*) Nel totip indica che un cavallo appartenente al gruppo due è arrivato primo o secondo | Nell'enalotto indica che un numero, uscito su una certa ruota, è compreso fra 61 e 90. 3 Nel canottaggio, *due di coppia*, imbarcazione montata da due vogatori che azionano due remi ciascuno | *Due con, due senza*, imbarcazione montata da due vogatori con o senza timoniere.

due àlberi ● V. *dualberi*.

duecentènne o †**ducentènne** [comp. di *duecento* e la terminazione *-enne* (lat. *-ĕnnis*, per *ănnus* 'anno')] agg. 1 (*raro*) Che ha duecento anni, detto di cosa. 2 (*raro*) Che dura da duecento anni.

duecentésco o (*lett.*) **ducentésco**, (*tosc., lett.*) **dugentésco**. agg. (pl. m. *-schi*) ● Del secolo XIII: *poema, scrittore d.*

duecentèsimo o (*lett.*) †**ducentèsimo**, (*tosc.*) **duegentèsimo**, (*tosc., lett.*) **dugentèsimo** [vc. dotta, lat. *ducentēsimu(m)*, da *ducēnti* 'duecento'] A agg. num. ord. ● Corrispondente al numero duecento in una sequenza, in una successione (rappresentato da *CC* nella numerazione romana, da *200°* in quella araba): *è d. in graduatoria*. B s. m. ● Ciascuna delle duecento parti uguali di una stessa quantità.

duecentista o (*lett.*) **ducentista**, (*tosc., lett.*) **dugentista**. s. m. e f. (pl. m. *-i*) 1 Scrittore, artista del XIII sec. 2 (*sport*) Duecentometrista.

duecentìstico o (*lett.*) **ducentìstico**, (*tosc., lett.*) **dugentìstico**. agg. (pl. m. *-ci*) ● Del Duecento, dei duecentisti.

duecènto o (*lett.*) **ducènto**, (*tosc.*) **duegènto**, (*tosc., lett.*) **dugènto** [lat. *ducēnti*, comp. di *dŭ(o)* 'due' e *cĕntu(m)* 'cento'] agg. num. card. inv.; anche s. m. inv. ● Due volte cento, due centinaia, rappresentato da *200* nella numerazione araba, da *CC* in quella romana. **I** Come agg. ricorre nei seguenti usi. 1 Rispondendo o sottintendendo la domanda 'quanti?', indica la quantità numerica corrispondente a duecento unità (spec. preposto a un s.): *abita qui a d. metri*; *costa solo d. lire*; *correre i d. metri*. 2 Rispondendo o sottintendendo la domanda 'quale?', identifica q.c. in una pluralità, in una successione, in una sequenza (posposto a un s.): *sono arrivata fino a pagina d.*; *l'anno d. a.C.* **II** Come s. ricorre nei seguenti usi. 1 Il numero duecento (per ell. di un s.): *il Consiglio dei Duecento fu istituito a Firenze nel 1411*; *la Sala dei Dugento, in Palazzo Vecchio* | *Il Duecento*, (*per anton.*) il secolo XIII: *la prosa del Duecento*. 2 Il segno che rappresenta il numero duecento. 3 (*sport, al pl.*) Nell'atletica e nel nuoto, distanza di duecento metri su cui si svolge una classica gara | (*est.*) La gara stessa: *correre, vincere i d.*; *esordire nei d.*

duecentometrista s. m. e f. (pl. m. *-i*) ● Atleta che compie gare di corsa o nuoto sulla distanza dei duecento metri.

duegènto e *deriv.* ● V. *duecento* e *deriv.*

duellànte A part. pres. di *duellare*; anche agg. ● Nei sign. del v. B s. m. e f. ● Chi duella.

duellàre (1) [vc. dotta, lat. tardo *duellāre*, da *duĕllum* 'duello'] v. intr. (*io duèllo*; aus. *avere*) ● Battersi in duello.

duellàre (2) [da *duello*] agg. ● Che concerne i duelli.

duellatóre [vc. dotta, lat. arc. *duellatōre(m)*, da *duĕllum* 'duello'] s. m.; anche agg. (f. *-trice*) ● (*lett.*) Chi, che si batte in duello.

duellista s. m. (pl. *-i*) ● Chi si batte di frequente ed è esperto di duelli.

duèllo [vc. dotta, lat. mediev. *duĕllu(m)*, che si rifà al lat. arc. *duĕllu(m)*, parallelo di *bĕllum* 'guerra', inteso come 'combattimento fra due (*dŭo*)'] s. m. 1 Combattimento che si svolge secondo speciali norme tra due contendenti con armi uguali per risolvere controversie spec. d'onore: *d. alla pistola, alla spada*; *sfidare a d.* | *D. rusticano*, con il coltello e senza testimoni | *D. all'ultimo sangue*, fino alla morte di uno dei contendenti. 2 (*fig.*) Contesa, contrasto, lotta, gara accanita: *d. letterario, diplomatico*; *d. alle bocce, agli scacchi*; *così al tempio ne venni ove si fea / l'amoroso d.* (TASSO) | Nel linguaggio calcistico, azione di contrasto del pallone tra due avversari | *Perdere il d. con l'avversario*, farsi togliere la palla. 3 †Scontro fra più persone armate.

duemìla o †**doimìla**, †**domìlia**, (*pop., tosc.*) **dumìla**, †**duomìlia**. agg. num. card. inv.; anche s. m. inv. ● Due volte mille, due migliaia, rappresentato da *2 000* nella numerazione araba, da *MM* in quella romana. **I** Come agg. ricorre nei seguenti usi. 1 Rispondendo o sottintendendo la domanda 'quanti?', indica la quantità numerica di duemila unità (spec. preposto a un s.): *ho pagato d. lire* *d'iscrizione*; *il vecchio teatro conteneva d. persone*. **2** Rispondendo o sottintendendo la domanda 'quale?', identifica q.c. in una pluralità, in una successione, in una sequenza (posposto a un s.): *l'abbonato numero d.*; *l'anno d.* **III** Come s. ricorre nei seguenti usi. **1** Il numero duemila (per ell. di un s.) | *Il Duemila*, (*per anton.*) il secolo XXI: *la civiltà del Duemila*. **2** Il segno che rappresenta il numero duemila.

duennàle [dal lat. *biennāle*(*m*) 'biennale', con sostituzione della prima parte con *due*] agg. ● (*raro*) Biennale.

duepèzzi o **dùe pèzzi** [comp. di *due* e il pl. di *pezzo*] s. m. **1** Costume da bagno femminile composto di reggiseno e mutandine o slip. **2** Abito femminile con giacca | Insieme di gonna e giacca.

duepónti [comp. di *due* e il pl. di *ponte*] s. m. ● Nave di linea con due batterie coperte.

duèrno [forma analogica, comp. di *du*(*e*) e della seconda parte di (*quad*)*erno*] s. m. ● Negli antichi codici e libri a stampa, mezzo quaderno costituito di due carte, pari a otto pagine.

duétto s. m. **1** Dim. di *duo*. **2** (*mus.*) Brano o composizione musicale per due voci o due strumenti. **3** (*fam.*, *scherz.*) Diverbio fra due persone | Il rumore, gli strilli, la confusione prodotti da due persone: *quei bambini fanno un bel d.* **4** Duino. || **duettino**, dim.

†**dugàia** ● V. †*dogaia*.

dugènto e *deriv.* ● V. *duecento* e *deriv.*

dùglia [adattamento del genov. *duggia* 'doppia', dal lat. *dūpla*] s. f. ● (*mar.*) Rotolo di cavo.

dugliàre v. tr. ● (*mar.*) Addugliare.

dugòngo [ingl. *dugong*, dal mal. *dūyung*, di etim. incerta] s. m. (pl. *-ghi*) ● Mammifero marino erbivoro dei Sireni con largo muso e setole intorno alla bocca (*Dugong dugong*).

†**dùi** ● V. *due*.

duìna [da *due*] s. f. ● (*mus.*) Coppia di note aventi uguale durata.

duìno [da *due*] s. m. **1** Il punteggio minimo ottenibile coi dadi, allorché entrambi segnano l'uno. **2** †Moneta di due centesimi.

duìsono [comp. di *due* e *s*(*u*)*ono*] agg. ● (*ling.*) Di due suoni.

dulcacquìcolo o **dulciacquìcolo** [comp. del lat. *dulcis* 'dolce' e di *acquicolo*] agg. ● (*biol.*) Detto di organismo animale o vegetale che vive in acqua dolce.

dulcamàra [lat. mediev. *dulcamāra*, comp. di *dŭlcis* 'dolce' e *amārus* 'amaro'] s. f. ● Pianta erbacea rampicante o strisciante delle Solanacee con proprietà medicinali, foglie intere, fiori violacei e frutti rossi a bacca (*Solanum dulcamara*).

dulciacquìcolo ● V. *dulcacquicolo*.

dulciàna [var. di *dolzaina*, rifatta sul lat. *dŭlcis* 'dolce'] s. f. **1** (*mus.*) Registro dell'organo che dà un suono più dolce del flauto. **2** (*mus.*) V. *dolciana*.

dulcificàre e *deriv.* ● V. *dolcificare* e *deriv.*

dulcimer /*ingl.* 'dʌlsimə*/ [dal fr. ant. *doulcemer*, comp. del lat. *dŭlcis* 'dolce' e del gr. *mélos* 'canto'] s. m. inv. ● (*mus.*) Salterio inglese a corde percosse, d'uso colto nel tardo Medioevo e popolare-urbano in seguito.

dulcina [vc. dotta, tratta dal lat. *dŭlcis* 'dolce'] s. f. ● Sostanza bianca, cristallina, di potere dolcificante circa 200 volte superiore a quello dello zucchero comune, usata come dolcificante in genere e per diabetici.

dulcinèa /dultʃi'nɛa, *sp.* dulθi'nea/ [dal n., tratto dallo sp. *dulce* 'dolce', dell'innamorata di Don Chisciotte] s. f. ● (*scherz.*) Fanciulla amata.

dulcis in fundo /*lat.* 'dultʃis in 'fundo/ [lat., propr. 'il dolce in fondo'] loc. avv. ● (*anche iron.*) Espressione che si usa con riferimento a qualcosa di bello, o anche di brutto, che capita per ultimo, dopo una serie di altri fatti.

dulcite [vc. dotta, tratta dal lat. *dŭlcis* 'dolce'] s. f. ● Alcol esavalente dolce, incolore, cristallizzabile, isomero della mannite, principale componente della manna del Madagascar.

†**dulcoràre** ● V. †*dolcorare*.

dulìa [vc. dotta gr. *douleía*, da *dôulos* 'servo', di origine egea] s. f. ● Nel cattolicesimo, culto di venerazione reso ad angeli e santi.

dulimàno [V. *dolman*] s. m. ● Alta uniforme dei giannizzeri caratterizzata dal tipico mantello rosso.

dum-dùm /dum'dum, *ingl.* 'dʌm dʌm/ [dalla località di *Dumdum* (= 'collina', 'terrapieno', 'batteria'), presso Calcutta, dove questo proiettile venne fabbricato per la prima volta alla fine dell'Ottocento] agg. inv. ● Detto di proiettile da arma portatile inciso a croce sulla punta che all'impatto si frantuma provocando orrende ferite.

duméto [vc. dotta, lat. *dumētu*(*m*), da *dūmus* 'dumo'] s. m. ● (*lett.*) Spineto, pruneto.

dumìla ● V. *duemila*.

dùmo [vc. dotta, lat. *dūmu*(*m*), di etim. incerta] s. m. ● (*lett.*) Pruno, spino.

dumóso [vc. dotta, lat. *dumōsu*(*m*), da *dūmus* 'dumo'] agg. ● (*lett.*) Pieno di rovi, spine e sim.: *terreno d.*

dumper /*ingl.* 'dʌmpə*/ [vc. ingl., da *to dump* 'scaricare' (di etim. incerta)] s. m. inv. ● Pesante autoveicolo con cassone rinforzato ribaltabile, usato per trasportare sabbia, pietrame e sim.

dumping /'dampin(g), *ingl.* 'dʌmpiŋ/ [dal v. *to dump* 'lasciar cadere, scaricare', da vc. di origine scandinava di natura imitativa] s. m. inv. ● (*econ.*) Vendita di merci all'estero sotto costo o comunque a prezzi inferiori di quelli praticati all'interno.

dùna [medio ol. *dūne* 'altura', di lontana origine indeur.] s. f. ● Monticello di sabbia instabile formato dal vento sulle spiagge o nei deserti sabbiosi.

dune buggy /*ingl.* 'dju:n 'bʌgi/ [loc. ingl., comp. di *dune* 'duna' e *buggy* 'calesse' (di etim. incerta)] s. f. o m. inv. (pl. ingl. *dune buggies*) ● Tipo di automobile appositamente attrezzata per viaggiare nelle regioni desertiche, e quindi su qualsiasi terreno non asfaltato e accidentato.

dunóso agg. ● Ricco di dune.

dùnque o †**dónche**, †**dónqua**, †**dónque**, †**dùnqua** [lat. tardo *dŭnc*, da *dŭm* 'ancora', per analogia con la coppia *tŭm-tŭnc* 'allora'] **A** cong. **1** Perciò, pertanto, quindi (con valore concl.): *ho sbagliato, d. è giusto che debba pagare*; *penso, d. sono*. **2** Allora, quindi (per riprendere un discorso): *d. come dicevamo prima*; *dovete d. sapere che, in quel convento, c'era il nostro padre* (MANZONI) | Per concludere un discorso: *d. siamo tutti d'accordo*. **3** Con valore raff. (per esortare, sollecitare, per esprimere impazienza, incredulità, rammarico e sim. in espressioni interr. o escl.) allora: *sbrigati d.!*; *ti vuoi d. decidere?*; *d.?, cos'è che mi vuoi dire?*; *d.! ci moviamo?*; *credi d. che io sia qui per ascoltare le tue sciocchezze?*; *d. non ho scelta!* **B** in funzione di s. m. inv. ● La conclusione, il punto fondamentale di una questione: *veniamo al d.* | *Essere, trovarsi al d.*, al momento decisivo, risolutivo.

dùo [vc. dotta, lat. *dŭo* 'due', di origine indeur.] **A** agg. num. card. inv. ● †V. *due*. **B** s. m. inv. **1** (*mus.*) Duetto, spec. se strumentale. **2** Coppia di artisti, spec. cantanti o musicisti, che si esibiscono insieme | (*est.*) Coppia di persone inseparabili o che si comportano nello stesso modo. || **duétto**, dim. (V.).

dùo- [dal lat. *dŭo* 'due'] primo elemento ● In parole composte, significa 'due', 'di due', 'doppio': *duopolio*.

duodècima [da *duodecimo*] s. f. ● (*mus.*) Intervallo che abbraccia dodici gradi.

duodecimàle [da *duodecimo*] agg. ● Detto di sistema di numerazione, o di misura, che ha per base dodici.

duodècimo o †**dodècimo** [vc. dotta, lat. *duodĕcimu*(*m*), da *duŏdecim* 'dodici'] agg. num. ord.; anche s. m. ● (*lett.*) Dodicesimo: *fu nominato papa Giovanni d.* (VILLANI).

†**duodècuplo** [vc. dotta, comp. del lat. *dŭo* 'due' e *dĕcuplu*(*m*) 'decuplo'] agg. ● Che è dodici volte maggiore, relativamente ad altra cosa analoga: *il tempo di un minuto primo è d. del tempo di cinque secondi* (GALILEI).

duodenàle [da *duodeno*] agg. ● (*anat.*, *med.*) Di, relativo a, duodeno | Che colpisce il duodeno: *ulcera d.*

duodenite [comp. di *duodeno* e *-ite* (*1*)] s. f. ● (*med.*) Infiammazione del duodeno.

duodèno [vc. dotta, lat. mediev. *duodēnu*(*m*), da *duodēni*, avv. distr. di *duŏdecim* 'dodici', perché ritenuto della lunghezza media di *dodici* pollici] s. m. ● (*anat.*) Prima porzione dell'intestino tenue, tra stomaco e digiuno. ➡ ILL. p. 365 ANATOMIA UMANA.

†**duòi** ● V. *due*.

duòlo o (*raro*) †**dòlo** (**2**) [lat. tardo *dŏlu*(*m*), tratto forse da *dolēre* 'dolere'] s. m. **1** (*lett.*) Dolore | *Abito di d.*, da lutto | *Prendere il d.*, vestire a lutto. **2** †Pianto: *Per li occhi fora scoppiava lor d.* (DANTE *Inf.* XVII, 46) | †Lamento.

†**duomila** ● V. *duemila*.

duòmo (**1**) o (*lett.*) **dòmo** (**1**) [lat. *dŏmu*(*m*), letteralmente 'casa (del Signore)', di origine indeur.] s. m. ● Chiesa cattedrale.

duòmo (**2**) o **dòmo** (**2**) s. m. ● (*geol.*) Struttura rocciosa cupoliforme di origine diapirica, intrusiva, vulcanica | *D. salino*, diapiro.

duòmo (**3**) [fr. *dôme* 'cupola' (V. *domo* (*2*))] s. m. ● In varie tecnologie, la parte a forma di cupola di una caldaia che, sovrapposta al corpo principale di questa, è destinata ad accogliere il vapore saturo secco.

duopòlio [da *monopolio* con sostituzione di *duo-* 'due' a *mono-* 'uno'] s. m. ● (*econ.*) Forma di mercato di un certo bene o servizio caratterizzata dalla presenza di due sole imprese venditrici in concorrenza fra loro.

duopsònio [da *monopsonio*, con sostituzione di *duo-* 'due' a *mono-* 'uno'] s. m. ● (*econ.*) Situazione di mercato caratterizzata dalla presenza di due soli compratori di un bene o servizio, offerto da una pluralità di venditori.

duòviro e *deriv.* ● V. *duunviro* e *deriv.*

†**duplàre** ● V. *doppiare* (*1*).

†**duplazióne** [vc. dotta, lat. tardo *duplatiōne*(*m*), da *duplāre* 'doppiare'] s. f. ● Moltiplicazione per due.

dùplex [fr. *duplex* 'duplice'] **A** s. m. inv. ● Tipo di collegamento radiotelefonico in cui, tramite due canali, è possibile trasmettere e ricevere contemporaneamente | Tipo di circuito telefonico in cui la trasmissione avviene su un'unica linea in modo bidirezionale | Metodo di collegamento in cui una sola linea telefonica è condivisa da due utenti che vi accedono in mutua esclusione. **B** anche agg. inv.: *collegamento d.*

dùplica [da *duplicare*] s. f. ● (*dir.*) Atto con cui il convenuto reagisce alla replica dell'attore.

duplicàre o †**doplicàre**, (*lett.*) †**dupplicàre** [vc. dotta, lat. *duplicāre*, da *dŭplex* 'duplice'] v. tr. (*io dùplico, tu dùplichi*) **1** (*raro*) Raddoppiare. **2** Riprodurre in una o più copie: *d. una chiave*; *d. una cassetta*.

duplicàto **A** part. pass. di *duplicare*; anche agg. ● (*raro*) Nei sign. del v. || **duplicataménte**, avv. (*raro*) Due volte. **B** s. m. **1** Esemplare di una scrittura, un documento e sim., ottenuto con mezzi meccanici dall'originale. **2** (*est.*) Copia esatta di un oggetto: *fare il d. di una statua, di un gioiello*. **3** Opera bibliografica di cui si ha già una copia.

duplicatóre [vc. dotta, lat. tardo *duplicatōre*(*m*), da *duplicātus* 'duplicato'] s. m. ● Apparecchio che permette di ottenere un qualsiasi numero di copie del testo, disegno e sim. eseguito sulla matrice: *d. ad alcol, a inchiostro* | *Duplicatori xerografici*, che operano senza matrice.

duplicatùra s. f. ● (*raro*) Duplicazione.

duplicazióne [vc. dotta, lat. tardo *duplicatiōne*(*m*), da *duplicātus* 'duplicato'] s. f. ● Atto, effetto del duplicare.

dùplice [vc. dotta, lat. *dŭplice*(*m*), comp. di *dŭo* 'due' e *-plex*, della stessa origine di *plĕctere* 'piegare'; 'piegato in due'] **A** agg. **1** Doppio: *presentare un documento in d. copia*. **2** Che si compone di due parti o elementi diversi, che presenta due aspetti e sim.: *un d. incarico*; *una d. questione* | Che avviene fra due parti: *d. intesa*. || **duplicemménte**, avv. **B** s. f. ● Nell'ippica, tipo di scommessa che richiede l'indicazione dei cavalli vincitori di due corse successive.

Duplicidentàti [comp. del pl. di *duplice* e del pl. di *dentato*] s. m. pl. ● Nella tassonomia animale, sottordine di Roditori con labbro superiore spaccato a metà, mascella superiore con quattro denti incisivi a crescita continua, arti anteriori con 5 dita, posteriori, più lunghi, con 4: vi appartengono il coniglio e la lepre (*Duplicidentata*) | (al sing. *-o*) Ogni individuo di tale sottordine. SIN. Lagomorfi.

duplicità [vc. dotta, lat. tardo *duplicitāte*(*m*), da *dŭplex*, genit. *dŭplicis* 'duplice'] s. f. **1** Qualità di ciò che è duplice. *2* (*astrol.*) Natura doppia dei segni zodiacali Gemelli, Vergine, Sagittario, Pesci. *3* (*raro, fig.*) Finzione, simulazione | Falsità, ipocrisia.

†duplificàto agg. ● Raddoppiato.

†dùplo [lat. *dŭplu(m)*; V. *doppio*] **A** agg. ● (*lett.*) Doppio. **B** s. m. ● Moneta pontificia coniata ad Avignone nel sec. XIV.

†dupplicàre ● V. *duplicare*.

†dùra (1) [da *durare*] s. f. ● Durata | (*raro*) *Far d.*, resistere | (*raro*) *Stare alla d.*, ostinarsi.

dùra (2) o **dùrra** [ar. *dhurra*] s. f. ● (*bot.*) Pianta delle Graminacee, coltivata in Africa e Asia, la cui importanza alimentare è paragonabile a quella del frumento (*Sorghum durrha*).

duràbile [vc. dotta, lat. *durābile(m)*, da *durāre* 'durare'] agg. ● (*raro*) Durevole. || **†durabileménte**, **durabilménte**, avv. Durevolmente.

durabilità [vc. dotta, lat. tardo *durabilitāte(m)*, da *durābilis* 'durabile'] s. f. ● (*raro*) Qualità di ciò che è durabile.

duràcino [vc. dotta, lat. *durăcinu(m)* 'dall'acino (*ăcinus*) duro (*dūrus*)'] agg. *1* Di frutto a polpa consistente che resta attaccata al nocciolo: *pesca duracina*. CONTR. Spiccace. *2* Di uva con acini sodi e buccia resistente.

duràle agg. ● (*anat.*) Relativo alla dura madre.

duralluminio [comp. con *alluminio* e il n. della fabbrica tedesca che ne acquistò il brevetto, la *Dür(ener Metallwerke)*, dalla città di Düren] s. m. ● Lega d'alluminio, rame, magnesio, manganese e silicio, che unisce alla resistenza chimica una resistenza meccanica prossima a quella dell'acciaio.

duramàdre o **dùra màdre** [lat. mediev. *dūra(m) mātre(m) (cerĕbri)* 'spessa madre del cervello', calco sull'espressione della medicina araba *umm addimāg*, in cui *umm* significa 'madre' e 'protettrice, nutrice'] s. f. ● (*anat.*) Robusta membrana fibrosa che riveste all'esterno l'encefalo e il midollo spinale. ➡ ILL. p. 364 ANATOMIA UMANA.

duràme [vc. dotta, lat. *durāmen* (nom.), da *dūrus* 'duro' col suff. coll. *āmen* '-ame'] s. m. ● Parte interna del legno degli alberi, più vecchia, più compatta, più dura e più scura dell'alburno.

†duraménto [da *durare*] s. m. ● Durata | (*fig.*) Fermezza.

durànte A part. pres. di *durare*; anche agg. *1* (*raro, lett.*) Nei sign. del v. *2 Vita natural d.*, per tutta la durata della vita. **B** prep. ● Mentre, nel tempo in cui si svolge o si svolgeva q.c., all'epoca di, nel corso di: *d. la guerra*; *d. la gara*; *d. la gita*; *d. il giorno*; *d. la notte*; *d. l'intera giornata*; *d. tutto il mese*; *d. tutto il tempo che è rimasto con noi, è stato buonissimo*. **C** s. m. inv. ● (*banca*) Insieme delle contrattazioni che si svolgono in borsa tra apertura e chiusura di seduta.

†duränza s. f. ● (*raro*) Durata.

duràre [lat. *durāre*, di etim. incerta, accostato erroneamente a *dūrus* 'duro'] **A** v. intr. (aus. *essere* e *avere*) *1* Conservarsi, mantenersi, resistere: *fiori che durano molto*; *un cibo che non dura*; *i tessuti solidi durano a lungo* | *D. in carica*, restare in carica | Bastare: *nelle sue mani il denaro non può d.*; *quanto dureranno le scorte di viveri?* *2* Andare per le lunghe, protrarsi nel tempo: *la questione dura ormai da vari anni*; *la primavera ha durato molto*; *la buona stagione durerà per poco* | *D. in eterno*, per sempre | *D. da Natale a S. Stefano*, di cosa che finisce subito | Continuare per un certo periodo di tempo, spec. in costr. impers. o con sogg. indef.: *dici che dura?*; *da troppo tempo dura così*; *la faccenda durò tre anni*; *credo che non durerà*; *non può d.!* *3* Perseverare, insistere, ostinarsi: *d. nello scherzo, nello studio*; *d. a piangere, a lamentarsi*; *in questa sorte di sofismi si durerebbe in eterno a rigirarsi* (GALILEI). **B** v. tr. *1* (*lett.*) Soffrire, sopportare: *egli rimane a d. altri oltraggi, altre risa* (CARDUCCI) | *D. fatica*, affaticarsi, avere difficoltà: *d. fatica per guadagnarsi il pane*; *d. fatica a trovare un aiuto*. *2* Avere la forza, la capacità di resistere, spec. nella loc. *durarla*: *non so come posso durarla*; *non la durerò a lungo* || PROV. Ogni bel gioco dura poco; chi la dura la vince.

†duràstro [da *duro*] agg. ● Alquanto duro.

duràta [da *durare*] s. f. *1* Atto, effetto del durare | Periodo di tempo durante il quale si svolgono fatti, hanno luogo fenomeni e sim.: *la d. di una guerra, di una eclissi*; *calcolare la d. media della vita umana* | *Essere di lunga, di breve d.*, durare molto, poco | *Lunga d.*, in storiografia, detto di processi sociali lenti, come la vita contadina, le strutture familiari e sim. in contrapposizione alle rapide trasformazioni prodotte da singoli eventi, per lo più politici o militari | *Di d.*, che si conserva a lungo, che è solido, robusto e sim.: *cibo di d.*, *materiale di d.* | *Contratto di d.*, la cui esecuzione si protrae nel tempo. *2* (*ling.*) Estensione temporale di una articolazione.

duratìvo agg. *1* †Durevole. *2* (*ling.*) *Aspetto d.*, che esprime la durata e lo sviluppo dell'azione verbale | Imperfettivo | Continuo.

†duratóre [vc. dotta, lat. tardo *duratōre(m)*, da *durātus* 'durato'] s. m. ● Chi sa durare, sopportando, resistendo e sim.

duratùro [vc. dotta, lat. *duratūru(m)*, part. fut. di *durāre* 'durare'] agg. ● Che dura, che è destinato a durare per molto tempo: *affetto d.*; *situazione stabile e duratura*.

†durazióne s. f. ● Durata.

durévole agg. ● Duraturo: *amore sincero e d.* | (*econ.*) *Bene d.*, atto a prestare più servizi utili successivi | (*econ.*) *Bene non d.*, atto a prestare un solo servizio. || **durevolménte**, avv.

durevolézza s. f. *1* (*raro*) Qualità di ciò che è durevole. *2* (*geogr.*) Attitudine di una roccia a resistere alle azioni alteratrici dell'atmosfera e degli agenti meteorici.

durézza o **†durìzia** [lat. *durĭtia(m)*, da *dūrus* 'duro'] s. f. *1* Qualità di ciò che è duro: *la d. di un metallo*; *questo è un legno di grande d.* | Proprietà di molte pietre preziose, spec. del diamante. *2* Proprietà di certe acque che, per via dei sali di calcio e magnesio in esse disciolti, stentano a dar schiuma coi saponi e formano incrostazioni per ebollizione. *3* Mancanza di elasticità | (*fig.*) Ostinazione, caparbietà: *perseguire con d. i propri fini*. *4* (*fig.*) Asprezza | Inclemenza: *la d. del clima*. *5* (*fig.*) Severità: *la d. del suo carattere lo danneggia* | Cattiveria, insensibilità: *dimostra grande d. di cuore*. *6* (*fig.*) Difficoltà: *lavoro di particolare d.* | (*raro*) Oscurità di significato: *non lasciatevi scoraggiare dalla d. delle prime pagine*. *7* Scarsa sensibilità al morso in un cavallo. *8* Nella musica del XVII sec., dissonanza.

†durindàna ● V. *durlindana*.

†durìre [da *duro*] v. intr. ● Indurire.

†durità [vc. dotta, lat. *duritāte(m)*, da *dūrus* 'duro'] s. f. ● (*raro*) Durezza, solo fig.

†durìzia ● V. *durezza*.

durlindàna o **†durindàna** [ant. fr. *durendal*, letteralmente *d'Orlandana*, cioè 'la spada *d'Orlando*'] s. f. ● (*scherz.*) Spada.

dùro [lat. *dūru(m)*, di etim. incerta] **A** agg. *1* Che non si lascia intaccare, scalfire e sim.: *d. come l'acciaio, come il sasso* | *Terreno d.*, non dissodato | *Legno d.*, particolarmente compatto | *Pane d.*, raffermo | *Carne dura*, tigliosa | *Pera, mela dura*, acerba | *Uova dure*, sode | *Pezzo d.*, specie di cassata | *Pietra dura*, denominazione di minerali di elevata durezza come la giada, l'ametista, il lapislazzuli, usati in oreficeria | (*fam.*) *D. d'orecchi*, che ci sente poco e (*fig.*) che finge di non capire | (*fig., fam.*) *D. di testa, di comprendonio*, ottuso, lento a capire | *Avere la pelle dura*, (*fig.*) resistere alle fatiche e alle sofferenze fisiche e morali | *Osso d.*, (*fig.*) persona o cosa non facile da affrontare o risolvere | (*fig.*) *A muso duro*, con modi rudi e decisi | (*est.*) Ruvido, ispido: *tessuto d.*; *barba dura*. *2* (*sport*) *Fare, praticare, un gioco d.*, nel rugby, nel calcio e in altri giochi di palla, disimpegnarsi con interventi eccessivamente decisi e pericolosi | *Sport duri*, quelli prevalentemente basati sull'impiego della forza fisica nel contatto con l'avversario o che consentono azioni rudi. *3* Che cede con difficoltà, che è privo di elasticità: *materasso d.* | *Cappello d.*, bombetta | (*fig.*) Ostinato, caparbio: *persona dura*. *4* (*fig.*) Aspro, spiacevole, doloroso: *vita dura*; *è una dura verità*; *è d. calle / lo scendere e 'l salir per l'altrui scale* (DANTE *Par.* XVII, 59-60) | Dura necessità, inevitabile e crudele | (*fig.*) Inclemente, freddo, detto di tempo: *un inverno molto d.*; *la dura stagione delle piogge* | Hard: *musica dura*. *5* (*fig.*) Rigido, severo, inflessibile: *ha assunto un atteggiamento troppo d. nei nostri confronti* | Malvagio, crudele, insensibile: *uomo dal cuore d.* *6* (*fig., lett.*) Difficile, arduo: *sarà d. il poter fargli inganno* (ARIOSTO); *ci hanno affidato un compito particolarmente d.* | (*est.*) Incomprensibile, ostico: *un testo d. da capire*. *7* (*chim.*) Detto di acqua caratterizzata da durezza: *acqua dura*. *8* (*ecol.*) Detto di tecnologia tradizionale atta a produrre energie, il cui impiego è, o si ritiene, dispendioso, inquinante, rischioso e soggetto all'estinzione delle fonti. CONTR. Dolce, soffice. || **duraménte**, avv. Con durezza; †fortemente, faticosamente. **B** s. m. (f. *-a*, nel sign. 3) *1* Oggetto o superficie dura: *dormire sul d.* | Parte dura di q.c.: *togliere il d.* *2* (*fig.*) Difficoltà: *adesso viene il d.* *3* (*fig.*) Persona che non accetta imposizioni, che sa superare ogni difficoltà, che non si piega: *il nostro capitano è un d.* | Persona spietata e violenta: *fare il d.*; *assumere atteggiamenti da d.* *4* (*tosc.*) Caramella di zucchero filato. **C** in funzione di avv. *1* Con asprezza e severità: *parlare d.* | *Andai giù d.*, polemizzare o criticare molto aspramente. *2* Profondamente: *dormire d.* | *Lavorare d.*, intensamente. || **duracchióne**, accr. | **duràccio**, pegg. | **†durèllo**, dim. | **durettìno**, dim. | **durétto**, dim. | **duràccio**, dim. | **duróne**, accr. | **duròtto**, accr.

duròmetro [comp. di *duro* e *-metro*] s. m. ● (*fis.*) Apparecchio per la misurazione della durezza dei corpi.

duróna [da *duro*] s. f. ● Varietà coltivata di ciliegie duracine: *d. di Vignola*.

duróne [milan. *durón*] s. m. *1* Nodo durissimo in un blocco di marmo. *2* Callo, tiloma. *3* Durona.

dùrra ● V. *dura* (2).

†dùrre ● V. *†ducere*.

†duttìbile agg. ● Docile, duttile.

dùttile [vc. dotta, lat. *dŭctile(m)*, da *dŭctus*, part. pass. di *dūcere* 'guidare', letteralmente 'che si può condurre, tirare'] agg. *1* Detto di corpo o sostanza che presenta duttilità. *2* (*est.*) Flessibile: *verso lei / piega il d. collo* (PARINI). *3* (*fig.*) Arrendevole, malleabile, docile: *carattere d.* | Che ha facilità di applicazione in diversi campi di studio: *ingegno, mente d.* || **duttilménte**, avv.

duttilità [da *duttile*, sul modello del fr. *ductilité*] s. f. *1* Qualità di corpi o sostanze che si possono piegare, allungare e ridurre in fili senza rompersi. *2* (*fig.*) Adattabilità, arrendevolezza: *d. di carattere* | Capacità di applicazione a svariati argomenti: *dimostrare grande, scarsa, d. d'ingegno*.

dùtto ● V. *dotto* (2).

†duttóre [vc. dotta, lat. *ductōre(m)*, da *dŭctus*, part. pass. di *dūcere* 'condurre'] s. m. (f. *-trice*) ● Condottiero, duce, guida.

duty free shop /djuti'fri 'ʃɔp, *ingl.* 'dju:ti fri: 'ʃɔp/ [loc. ingl., comp. di *duty* 'dovere, imposta' (dal fr. ant. *du* 'dovuto'), *free* 'libero' (vc. germ.) e *shop* 'bottega' (vc. germ.)] loc. sost. m. inv. (pl. ingl. *duty free shops*) ● Negozio, situato spec. in aeroporti, su navi e sim., in cui si vendono merci non gravate di tasse.

duùmviro /du'unviro/ e *deriv.* ● V. *duunviro* e *deriv.*

duunviràle o **duoviràle**, **duumviràle** [vc. dotta, lat. *duumvirāle(m)*, da *duŭmviri* (V. *duunviro*)] agg. ● Attinente ai duunviri, al duunvirato.

duunviràto o **duoviràto**, **duumviràto** [vc. dotta, lat. *duumvirātu(m)*, da *duŭmviri* (V. *duunviro*)] s. m. *1* Ufficio e dignità di duunviro | Durata di tale ufficio. *2* (*raro*) L'insieme dei duunviri.

duùnviro o **duòviro**, **duùmviro** [vc. dotta, lat. *duŭmviru(m)*, comp. di *duo* 'due' e *vir* 'uomo'] s. m. (pl. *-i*) ● Nell'antica Roma, ognuno degli appartenenti al collegio di magistrati composto di due membri.

duvet /*fr.* dyvɛ/ [vc. fr., 'lanugine, piuma' e 'letto di piume', dim. di *dum*, dall'ant. nordico *dūnn* 'piuma'] s. m. inv. ● Giacca, spec. in tessuto impermeabile, trapuntata e imbottita di piuma, usata spec. da alpinisti. SIN. Piumino.

duvetìna s. f. ● Adattamento di *duvetine* (V.).

duvetine /*fr.* dyv'tin/ [da *duvet*] s. f. inv. ● Tessuto leggero, spec. di lana, molto morbido e con superficie pelosa.

†duvitànza ● V. *†dubitanza*.

e,E

I suoni rappresentati in italiano dalla lettera *E* sono quelli delle due vocali anteriori o palatali di media apertura: la *E* chiusa o stretta /e/, che tende verso la vocale più chiusa di questa serie /i/ e la *E* aperta o larga /ɛ/, che tende invece verso la vocale più aperta di tutte /a/. La distinzione tra le due *E* si ha regolarmente solo in sillaba tonica (es. *sènto* /'sɛnto/, *rilièvo* /ri'ljɛvo/, *bèlo* /'bɛlo/, *caffè* /kaf'fɛ*/, di fronte a *véndo* /'vendo/, *compiévo* /kom'pjevo/, *vélo* /'velo/, *perché* /per'ke*/); in sillaba atona si ha solo una *E* chiusa (es. *pàdre* /'padre/, *però* /pe'rɔ*/, *sentìva* /sen'tiva/, *vendùto* /ven'duto/). In sillaba tonica, la lettera può portare un accento scritto, obbligatorio per le vocali toniche finali di determinati monosillabi e di tutte le parole polisillabe (es. è /ɛ*/ verbo, canapè /kana'pɛ*/), raro e facoltativo negli altri casi (es., *nèttare* /'nɛttare/, volendo distinguere da *nettàre* /net'tare/). L'accento è sempre grave se la *E* è aperta (come negli esempi ora citati), è invece acuto se la *E* è chiusa (es. *batté* /bat'te*/); ma è tuttora molto diffusa la più antica accentazione uniformemente grave (es. *battè*, *perchè*, con lo stesso segno d'accento di *caffè*, *canapè*, *è*, nonostante la diversa pronunzia).

e, E /e*/ **s. f. o m.** ● Quinta lettera dell'alfabeto italiano: *e minuscola*, *E maiuscolo* | Marchio della C.E.E. che garantisce il peso netto di un prodotto preconfezionato o ne assicura la rispondenza a formati o confezioni standard | *E come Empoli*, nella compitazione, spec. telefonica, delle parole | *E commerciale*, nome del simbolo & | *Vitamina E*, V. *vitamina*.

e /e*/ o **ed**, (*poet.*) †**et** (1) [lat. *ĕt*, di origine indeur.] **cong.** (per eufonia *ed*, poet. †*et*, davanti a parola che comincia per vocale, spec. per *e*: *ed egli*; *Adamo ed Eva*; *ed ora?*. Seguito dall'**art. m. pl.** *i* dà origine alla forma contratta lett. o pop. tosc. *e'*: *voi fiorirete i ginnasi e' licei* (CARDUCCI). Seguito dagli **art. m. sing.** *il* e *lo* dà origine alle forme contratte poet. *e 'l*, †*el*: *e par che l'aria e 'l ciel si ravviluppi* (PULCI)). **1** Con valore coordinativo e aggiuntivo unisce semplicemente due o più elementi di una prop. che abbiano la stessa funzione (sostantivi, aggettivi, predicati, pronomi, avverbi, complementi) oppure due o più prop. della stessa specie: *la luna e il sole*; *Franco e Flavia*; *rosso e azzurro*; *bello e buono*; *è un lavoro utile e bello*; *noi e voi*; *presto e bene*; *a te e per te*; *gioca e si diverte molto* | Se gli elementi coordinati sono più di due la cong. precede in genere l'ultimo; viene invece ripetuta davanti a ogni elemento quando si voglia ottenere un particolare effetto stilistico: *un uomo, una donna e un bambino*; *bianco, rosso e verde*; *adesso, domani e sempre*; *esta selva selvaggia e aspra e forte* (DANTE *Inf.* I, 5); *e resiste e s'avanza e si rinforza* (TASSO); *a poco a poco cominciò poi a scoprir campanili e torri e cupole e tetti* (MANZONI). **2** Con valore raff.: *bell'e fatto*; *bell'e finito*; *bell'e andato*; *bell'e morto*; *tutti e due*; *tutt'e tre*; *tutt'e quattro* | (*raff.* ed *enf.*) Al principio di un periodo: *e tu dov'eri allora?*; *e ho avuto cuore di abbandonarla?* (FOSCOLO); *e l'acqua cade su la morta estate* (PASCOLI) | In espressioni correl.: *vuole e questo e quello*; *e uno piange e l'altro strilla.* **3** Ma, invece, mentre (con valore avversativo e antitetico): *lo credevo sincero e non lo è affatto*; *tutti lavorano e tu te ne stai lì a guardare* | Eppure: *sapeva bene di sbagliare, e l'ha fatto ugualmente*; *non t'incresca restare a parlar meco: / vedi che non incresce a me, e ardo!* (DANTE *Inf.* XXVII, 24). **4** Ebbene (con valore enf. e esortativo): *vuoi proprio comprarlo? e compralo!*; *e deciditi dunque! e sta un po' fermo!*; *e smettila!*; *e vattene!* **5** (*fam.*) Più (nell'addizione, nella composizione dei numerali, nell'indicazione di pesi e misure): *tre e due, cinque*; *mille e duecento*; *cento e due*; *quattro kili e seicento*; *un metro e ottanta*. **6** †Allora, in tal caso, ebbene (con valore correl.): *quando questo fatto avrai, e io ti dirò il rimanente* (BOCCACCIO). **7** †Anche: *se pure questo v'è all'animo di volere essere moglie e marito insieme, e a me* (BOCCACCIO). **8** †Ecco che: *Com'io tenea levate in lor le ciglia, / e un serpente con sei piè si lancia* (DANTE *Inf.* XXV, 49-50). **9** †Cioè: *la qual tu poi, tornando al tuo fattore, / lasciasti in terra, e quel soave vello* (PETRARCA).

e' (1) /e/ **pron. pers. m.** di terza pers. sing. e **pl.** ● (*pop. tosc.* o *poet.*) Forma tronca di 'ei'.

†**e'** (2) /e/ ● V. *i*.

e' (3) /e/ **cong.** ● (*lett.* o *pop. tosc.*) Forma tronca per la cong. 'e' seguita dall'art. m. pl. 'i': *contro i servi e' tiranni* (CARDUCCI).

e- [dalla prep. lat. *ex* 'da, fuori'] **pref.** ● Presente in numerose parole di origine latina, come forma ridotta del pref. lat. *ex-*, ha il significato di 'fuori' o indica privazione: *emettere*, *enucleare*, *evirare*.

easy rider /ingl. 'i:zi 'raidə*/ [loc. ingl., propr. 'cavaliere' (*rider*) 'facile, comodo' (*easy*) che nello slang significa 'parassita', diffusasi con il famoso film omonimo di D. Hopper (1969)] **loc. sost. m. e f. inv.** (pl. ingl. *easy riders*) ● Chi cerca di vivere nel modo più agevole possibile, senza affaticarsi e impegnarsi eccessivamente.

ebanista [fr. *ébéniste*, da *ébène* 'ebano'] **s. m.** (pl. *-i*) ● Artigiano specializzato nella lavorazione dell'ebano o di altri legni di pregio.

ebanisterìa [fr. *ébénisterie*, da *ébéniste* 'ebanista'] **s. f. 1** Arte della lavorazione dell'ebano o di altri legni di pregio e le opere prodotte. **2** Bottega dell'ebanista.

ebanite [ingl. *ebonite*, da *ebony* 'ebano'] **s. f.** ● Massa dura di colore scuro, ottenuta vulcanizzando il caucciù con molto zolfo, usata come dielettrico, per rivestimenti anticorrosivi e per svariati oggetti di uso industriale e domestico.

èbano o **èbeno** [vc. dotta, lat. *ĕbenu(m)*, dal gr. *ébenos*, di origine egiz. (*hbnj*, *hebni*)] **A s. m.** ● Albero delle Ebenacee che fornisce un legno pregiato nero e durissimo (*Diospyros ebenum*) | (*est.*) Il legno di questo albero: *una statuetta d'e.* | (*fig.*) *Nero come l'e.*, nerissimo. **B** in funzione di **agg. inv.** ● Che ha il colore nero intenso caratteristico dell'ebano: *capelli di un nero e.*; *pelle d'e.*

ebbène o (*fam.*) **ebbè**, (*centr.*) **embè** [comp. di *e* (2) e *bene*] **cong. 1** Dunque, orbene (con valore concl.): *e. verrò anch'io*; *e. decidi come credi.* **2** Con valore raff. ed enf. (per esortare o sollecitare, per esprimere impazienza, incredulità, rammarico e sim. in espressioni interr.) allora: *e., che te ne pare?*; *e., avete deciso?*; *e., cosa intendi fare?* | (*ass.*) *E.?*, sollecitando una risposta, un parere.

èbbio [lat. *ĕbulu(m)*, di etim. incerta] **s. m.** ● Pianta erbacea perenne delle Caprifogliacee dall'odore sgradevole, con fiori bianchi in infiorescenze e bacche nere globose (*Sambucus ebulus*).

ebbrézza o (*raro*) **ebrézza**, †**ebriézza** [da *ebbro*] **s. f. 1** Stato di ubriachezza. **2** (*est.*) Perturbamento, simile all'ubriachezza, dovuto a sentimenti o sensazioni particolarmente intense: *l'e. dei sensi*; *le parve di aver dato un balzo immenso nel cielo dell'e.* (MORAVIA) | Entusiasmo: *giungere al colmo dell'e.* **SIN.** Esaltazione, rapimento.

†**ebbriàco** e *deriv.* ● V. *ubriaco* e *deriv.*

ebbrietà ● V. *ebrietà*.

†**ebbriόso** ● V. †*ebrioso*.

èbbro o (*raro*) †**èbrio**, (*raro*) **èbro** [vc. dotta, lat. *ēbriu(m)*, di etim. incerta, ma certo in opposizione con *sōbrius* 'sobrio'] **agg. 1** Ubriaco: *e. di vino*; *così vecchio, è e. e lieto* (L. DE' MEDICI). **2** (*fig.*) Che è fuori di sé: *e. di dolore, di gioia* | *E. d'ira*, cieco per l'ira | Acceso di desiderio: *e. d'amore, di gloria*. **SIN.** Esaltato, rapito.

ebdòmada o (*raro*) **eddòmada**, †**edòmada** [vc. dotta, lat. tardo *hebdŏmada(m)*, dal gr. *hebdomáda*, acc. di *hebdomás*, 'gruppo di sette (*heptá*)'] **s. f.** ● (*lett.*) Settimana.

ebdomadàrio o (*raro*) **eddomadàrio**, †**edomadàrio** [vc. dotta, lat. tardo *hebdomadāriu(m)*, da *hebdŏmada* 'settimana', sul tipo del corrispondente *septimanāriu(m)*, da *septimāna* 'settimana'; nel sign. B1, dal fr. *hebdomadaire*] **A agg.** ● (*lett.*) Che accade o si ripete ogni settimana: *ricorrenza ebdomadaria*. **SIN.** Settimanale. **B s. m. 1** Pubblicazione con periodicità settimanale: *un e. scientifico*. **2** (*raro*) Ecclesiastico che, nel capitolo di una cattedrale, compie un ufficio della durata di una settimana, a turno con gli altri canonici.

ebefrenìa [vc. dotta, comp. del gr. *hḗbē* 'giovinezza' e *phrḗn*, genit. *phrenós* 'mente'] **s. f.** ● (*med.*) Forma di schizofrenia che compare prevalentemente nell'età dell'adolescenza.

ebefrènico A agg. (pl. m. *-ci*) ● Di, relativo all'ebefrenia. **B s. m.**; anche **agg.** ● Chi, che è affetto da ebefrenia.

Ebenàcee [comp. di *ebeno* e *-acee*] **s. f. pl.** ● Nella tassonomia vegetale, famiglia di piante arboree delle Dicotiledoni tropicali cui appartiene l'ebano (*Ebenaceae*) | (al sing. *-a*) Ogni individuo di tale famiglia. ➡ **ILL. piante** /8.

†**ebenìno agg.** ● Di ebano.

èbeno ● V. *ebano*.

†**ebére** o **èbere** [vc. dotta, lat. *hebēre*, di etim. incerta] **v. intr.** (dif. usato solo nella terza pers. sing. del **pres. indic.** *èbe* poet.) ● Essere ottuso, indebolito di mente | (*fig.*, *lett.*) Impoltronire, oziare: *la spada di Medoro anco non ebe*; */ ma si sdegna ferir l'ignobil plebe* (ARIOSTO).

ebetàggine s. f. ● Ottusità di mente | Comportamento, azione da ebete | (*raro*) Ebetismo.

†**ebetàre** [vc. dotta, lat. *hebetāre*, da *hĕbes*, genit. *hĕbetis* 'ebete'] **v. tr.** ● Rendere ebete.

†**ebetazióne** [vc. dotta, lat. *hebetatiōne(m)*, da *hebetāre* 'ebetare'] **s. f.** ● Ottusità mentale.

èbete [vc. dotta, lat. *hĕbete(m)*, da *hebēre* 'essere smussato' (contrapposto ad *acūtus* 'acuto' tanto in senso fisico quanto in senso morale)] **agg.**; anche **s. m. e f.** ● Che, chi mostra ottusità o deficienza di mente: *sguardo e.*; *comportamento da e.*

ebetìsmo s. m. ● L'essere ebete.

ebetùdine [vc. dotta, lat. tardo *hebetūdine(m)*, da *hebetāre* 'ebetare'] **s. f.** ● (*raro*) Ebetismo: *una specie di e. gli occupò il cervello* (D'ANNUNZIO).

eblaìta A agg. ● Relativo all'antichissima città siriana di Ebla: *lingua, scrittura e.* **B** s. m. e f. ● Abitante di Ebla.

ebolliménto s. m. ● Ebollizione.

ebollìre [vc. dotta, lat. *ebullīre* 'bollire (*bullīre*) a lungo (*ex-*)'] **A** v. intr. (coniug. come *bollire*; aus. *avere*) ● (*raro*) Bollire. **B** v. tr. ● Mandar fuori per bollore.

ebollitóre s. m. ● (*raro*) Bollitore.

ebollizióne o **ebullizióne** [vc. dotta, lat. *ebullitiōne(m)*, da *ebullīre* 'ebollire'] s. f. *1* (*fis.*) Passaggio di un liquido allo stato aeriforme, caratterizzato dalla formazione di bolle gassose non soltanto alla superficie ma in tutta la massa del liquido stesso | *Punto, temperatura di e.*, in cui il fenomeno si manifesta, variabile da sostanza a sostanza e dipendente dalla pressione esterna. *2* (*fig.*) Inquietudine, agitazione dell'animo e dei sensi provocata da impulsi improvvisi: *aveva la mente in e.* | Tumulto, agitazione: *tutta la scuola è in e.*

ebraicìsta s. m. e f. (pl. m. *-i*) ● (*raro*) Ebraista.

ebràico [vc. dotta, lat. eccl. *Hebrāicu(m)*, dal gr. *Hebraïkós*, da *Hebrâios* 'ebreo'] **A** agg. (pl. m. *-ci*) ● Degli, appartenente agli, Ebrei: *calendario e.*; *lingua, scrittura, nazione ebraica.* || **ebraicaménte**, avv. (*raro*) In modo ebraico. **B** s. m. solo sing. ● Lingua della famiglia semitica parlata dagli Ebrei | *Parlare in e.*, (*fig.*) in modo oscuro, incomprensibile.

ebraìsmo [vc. dotta, gr. *Hebraïsmós*, originariamente 'lingua degli Ebrei (*Hebrâioi*)'] s. m. *1* Religione e complesso delle tradizioni degli Ebrei, spec. di quelli antichi, distinto talvolta dal giudaismo, il quale si riferisce soltanto agli Ebrei della diaspora. *2* (*ling.*) Voce o sintagma proprio della lingua ebraica.

ebraìsta s. m. e f. (pl. m. *-i*) ● Chi si dedica allo studio della lingua, della cultura e della tradizione ebraica.

ebraizzàre [vc. dotta, gr. *hebraïzein* 'parlare come un ebreo (*Hebrâios*)'] **A** v. tr. ● Rendere ebreo, simile agli ebrei, conforme ai costumi ebrei. **B** v. intr. (aus. *avere*) ● (*raro*) Comportarsi nel modo degli ebrei imitandone i riti, i costumi, la lingua.

ebrèo [vc. dotta, lat. *Hebrāeu(m)*, dal gr. *Hebrâios*, dall'ebr. *'ibhrí*: letteralmente 'che proviene dalla regione al di là (*'ébher*), sottinteso del fiume' (?)] s. m.; anche agg. (f. *-a*) *1* Chi, che appartiene a, o discende da, un gruppo di tribù semitiche stanziatesi, durante il secondo millennio a.C., nella Palestina e costituitosi poi in unità nazionale e religiosa | *Confondere Ebrei e Samaritani*, (*fig.*) mettere insieme cose o persone disparate. *2* (*fig.*, *spreg.*) Secondo un'antica tradizione antisemitica chi, che mostra grande attaccamento al denaro: *Don Rodrigo intanto faceva ... mentalmente i suoi conti ... Questo capriccio mi vuol costare! Che e.!* (MANZONI). || **ebreàccio**, pegg. | **ebreìno**, dim. | **ebreùzzo**, dim. (V. nota d'uso STEREOTIPO).

ebrézza ● V. *ebbrezza.*

†ebriàco e *deriv.* ● V. *ubriaco* e *deriv.*

†ebriàrsi [vc. dotta, lat. tardo *ebriāre*, da *ēbrius* 'ebbro'] v. rifl. ● Ubriacarsi.

†ebriàto part. pass. di *†ebriarsi*; anche agg. *1* Nei sign. del v. *2* (*est.*) †Fuori di sé.

†ebriatóre s. m. ● Ubriacone.

ebrietà o (*raro*) **ebbrietà**, **†ebrietàde**, **†ebrietàte** [vc. dotta, lat. *ebrietāte(m)*, da *ebriātus* 'ebriato'] s. f. ● (*raro, lett.*) Ebbrezza, ubriachezza.

†ebriézza ● V. *ebbrezza.*

†ebrifestóso [vc. dotta, comp. di *ebri(o)* e *festoso*] agg. ● (*poet.*) Festosamente ebbro.

†èbrio ● V. *ebbro.*

†ebrióso o (*raro*) **†ebbrióso** [vc. dotta, lat. *ebriōsu(m)*, da *ēbrius* 'ebbro' sul tipo di *vinōsus* 'dedito al vino'] agg. ● Incline all'ebbrezza.

èbro ● V. *ebbro.*

ebulliometrìa [vc. dotta, comp. del lat. *ebullīre* 'bollire' e *-metria*] s. f. ● (*chim.*, *fis.*) Ebullioscopia.

ebulliòmetro [comp. del lat. *ebullīre* 'bollire (*bullīre*) del tutto (*ex-*)' e *-metro*] s. m. ● Ebullioscopio.

ebullioscopìa [comp. di un deriv. del lat. *ebullīre* 'bollire (*bullīre*) del tutto (*ex-*)' e *-scopia*] s. f. ● Parte della chimica fisica che studia l'innalzamento del punto di ebollizione di un determinato solvente dovuto alla dissoluzione in esso di una data sostanza, usato spec. per la determinazione dei pesi molecolari.

ebullioscòpico [da *ebullioscopia*] agg. (pl. m. *-ci*) ● Relativo all'ebullioscopia: *apparecchio e.*; *analisi ebullioscopica.*

ebullioscòpio [vc. dotta, comp. del lat. *ebullire* 'bollire' e *-scopio*] s. m. *1* Apparecchio per misurare il punto di ebollizione, e quindi il peso molecolare, di una soluzione. *2* (*enol.*) Strumento che, in base al punto di ebollizione di un vino, ne determina il grado alcolico.

ebullizióne ● V. *ebollizione.*

èbulo [V. *ebbio*] s. m. ● (*lett.*) Ebbio: *Come fosser finocchi, ebuli o aneti* (ARIOSTO).

eburneazióne [da *eburneo*] s. f. ● (*med.*) Formazione patologica di osso compatto in seno ad altro tessuto osseo, spesso di natura tumorale.

ebùrneo o **ebùrno** [vc. dotta, lat. *ebŭrneu(m)* 'fatto di avorio (*ĕbur*)', di origine straniera, ma di etim. incerta] agg. *1* (*lett.*) D'avorio: *corno e.* *2* (*lett.*, *fig.*) Candido come l'avorio: *collo e.*; *denti eburnei.*

ecatómbe [vc. dotta, lat. *hecatŏmbe(m)*, dal gr. *hekatómbē*, comp. di *hekatón* 'cento' e *bôus* 'bue'] s. f. *1* Nella religione dell'antica Grecia, sacrificio di cento buoi, o di molti in generale, o di altri animali, a una o a più divinità | (*est.*) Sacrificio grande e solenne di vittime animali. *2* (*fig.*) Sterminio, strage (*anche scherz.*): *il combattimento si risolse in una vera e.*; *l'esame di latino è stato un'e.*

†ecatombèo [vc. dotta, gr. *hekatómbaios* 'relativo all'ecatombe (*hekatómbē*)'] agg. ● Di, relativo all'ecatombe.

ecatommìti [vc. dotta, comp. del gr. *hekatón* 'cento' e *mýthoi* 'favole, racconti'] s. m. pl. ● Raccolta di cento novelle.

ecatontàrca [vc. dotta, gr. *hekatóntarchos*, comp. di *hekatón* 'cento (sottinteso uomini)' e *árchōs* 'capo'] s. m. (pl. *-chi*) ● Centurione, capo di cento soldati, nella falange.

ecatontarchìa [vc. dotta, gr. *hekatontarchía*, da *hekatóntarchos* 'ecatontarca'] s. f. ● Centuria.

ecatòntoro [vc. dotta, gr. *hekatóntoros*, comp. di *hekatón* 'cento' e *-oros*, da un originario v. col sign. di 'remare'] s. m. ● Bastimento a cento remi, di due banchi per lato con venticinque remi.

ecatòstilo [vc. dotta, lat. *hecatŏstylo(n)*, dal gr. *hekatóstylos*, comp. di *hekatón* 'vento' e *-stilo*] s. m. ● Portico o edificio di cento colonne.

ecbòlico [vc. dotta, dal gr. *ekbólion* 'sostanza che favorisce l'espulsione del feto'] agg. (pl. m. *-ci*) ● (*med.*) Oxitocico.

†eccecàre o (*raro*) **†escecàre** [vc. dotta, lat. *excaecāre*, da *caecāre* 'accecare' col pref. rafforzat. *ex-*] v. tr. ● Accecare.

†eccecazióne [vc. dotta, lat. tardo *excaecatiōne(m)*, da *excaecāre* 'eccecare'] s. f. ● Cecità di mente.

eccedentàrio [fr. *excédentaire*, da *excédent* 'eccedente'] agg. ● Che è in eccedenza, in più, rispetto al fabbisogno: *mano d'opera eccedentaria.*

eccedènte **A** part. pres. di *eccedere*; anche agg. *1* Nei sign. del v. *2* (*mus.*) Detto dell'intervallo della scala che aggiunge un semitono all'intervallo giusto o maggiore dello stesso nome: *quarta e.*, *dal Do al Fa diesis.* **B** s. m. ● Ciò che eccede, che è in più: *eliminare tutto l'e.*

eccedènza s. f. *1* L'essere eccedente rispetto a un dato limite: *un'e. di peso, di prezzo.* SIN. Eccesso. *2* Quantità che supera il limite fissato: *c'è un'e. di centomila lire sulla spesa prevista* | Ciò che eccede: *eliminare le eccedenze* | *Utilizzo in e.*, l'utilizzo di un fido al di fuori dei limiti autorizzati dal concedente. SIN. Avanzo.

eccèdere o (*raro*) **†escèdere** [vc. dotta, lat. *excēdere* 'andar (*cēdere*) fuori (*ex-*)'] v. tr. (pass. rem. *io eccedéi* o *eccedètti*, *tu eccedésti*) *1* Andar oltre: *e. la competenza, i limiti, la spesa prevista.* SIN. Esorbitare, oltrepassare. *2* (*ass.*) Superare la giusta misura: *e. nel mangiare, nel bere, nello scherzo* | Mostrare eccessiva impulsività nel parlare, nell'agire: *sono stato provocato e ho ecceduto*; *ti chiedo scusa per aver ecceduto.* SIN. Esagerare, trascendere, trasmodare. *3* †Vincere, oltrepassare. *4* †Peccare.

ecce homo /lat. 'ɛttʃe 'ɔmo/ o (*raro*) **ecceòmo** [dalle parole di Pilato, secondo la tradizione lat.: 'ecco (*ĕcce*) l'uomo (*hŏmo*)'] loc. sost. m. inv. *1* Immagine dipinta o scolpita del Cristo flagellato e coronato di spine. *2* (*raro, fig.*) Persona fisicamente mal ridotta e malconcia.

eccéità [vc. dotta, lat. mediev. *haecceitāte(m)*, dal lat. *hāecce* (*rēs*) 'queste (cose)', f. di una forma ints. (*hīcce*) di *hīc* 'questo' (f. *hāec*)] s. f. ● Nella filosofia di Duns Scoto, principio che intende spiegare il modo in cui la sostanza comune si delimita determinandosi nella cosa individuale.

eccellènte o (*raro*) **†escellènte** [vc. dotta, lat. *excellĕnte(m)*, part. pres. di *excĕllere* 'eccellere'] agg. *1* Che si innalza sugli altri dello stesso genere per pregi, qualità, dignità: *è un e. scrittore*; *mi sembra un'e. idea* | Superiore per bontà, qualità: *vino, cibo, pranzo e.* CONTR. Scadente. *2* Nel linguaggio giornalistico, si dice di personaggi di grande rilievo ed importanza, o di fatti che li riguardano: *un testimone e.*; *arresti eccellenti.* *3* †Eccelso, eminente, detto di luogo. || **eccellentìssimo**, sup. (V.). || **eccellenteménte**, avv.

eccellentìssimo agg. *1* Sup. di *eccellente.* *2* Titolo dato anticamente ai primi re di Francia e d'Italia, ai duchi di Savoia, poi ai senatori della repubblica di Lucca e ai patrizi di Venezia. *3* Titolo onorifico spettante a persona di grande autorità: *l'e. presidente della Corte* | Titolo spettante agli arcivescovi e ai vescovi della Chiesa Cattolica.

eccellènza o (*raro*) **†eccellènzia**, **†escellènza** [vc. dotta, lat. *excellĕntia(m)*, da *excĕllens*, genit. *excellĕntis* 'eccellente'] s. f. *1* Condizione e qualità di chi, di ciò che, è eccellente: *e. di mente, d'ingegno*; *l'e. dell'uomo sugli animali* | Massimo grado di bontà e perfezione: *ha raggiunto l'e. nella poesia*; *desiderosi di imitare con l'e. dell'arte la grandezza della natura* (VASARI) | Qualità superiore: *l'e. di un cibo, di una medicina* | *Per e.*, per antonomasia | *In e.*, in sommo grado. *2* Titolo dato anticamente a imperatori, re, pontefici, ai più alti ufficiali della corona e ai maggiori feudatari, esteso poi a tutti i nobili, ai vescovi, ad alti funzionari e ufficiali: *desidero ringraziare Vostra e.* | (*est.*) La persona che portava il titolo di eccellenza: *al ricevimento ho conosciuto molte eccellenze.*

eccèllere [vc. dotta, lat. *excĕllere* 'salire (*°cĕllere*) oltre (*ex-*) tutti'] v. intr. (pass. rem. *io eccèlsi*, *tu eccellésti*; part. pass. *eccèlso*, raro (V.); aus. *essere* e *avere*; raro nei tempi comp.) ● Essere superiore: *e. in, nella bontà*; *e. su tutti*; *e. nella pittura, nella matematica* | (*antifr.*) Distinguersi: *e. nel male, nella bruttezza.* SIN. Emergere.

†eccelsitùdine o (*raro*) **†escelsitùdine**. s. f. ● Grandezza, altezza, spec. come titolo di principe.

eccèlso o (*raro*) **†escèlso**. **A** part. pass. di *eccellere*; anche agg. *1* Nei sign. del v. *2* Altissimo: *cime, montagne eccelse* | (*fig.*) Sommo, eminente: *è un uomo di ingegno e.* *3* †Titolo onorifico attribuito a personaggi di alta autorità. || **eccelsaménte**, avv. Altamente. **B** s. m. *1* (*est.*, *per anton.*, *lett.*) Dio: *Vedi l'Eccelso omai e la larghezza / de l'etterno valor* (DANTE *Par.* XXIX, 142-143). *2* (*raro, lett.*) Il cielo, il Paradiso: *gloria a Dio nell'e.*, *negli eccelsi.*

eccentricità s. f. *1* Distanza dal centro di q.c., spec. di una città e sim. *2* (*mat.*) In una conica, rapporto delle distanze d'un punto da un fuoco e dalla relativa direttrice. *3* (*astron.*) *E. lineare*, distanza del centro dell'ellisse da uno dei due fuochi | *E. numerica*, rapporto tra l'eccentricità lineare e il semiasse maggiore dell'ellisse. *4* (*fig.*) Stravaganza, bizzarria: *cerca di farsi notare con le sue e.*

eccèntrico [vc. dotta, lat. mediev. *excĕntricu(m)*, comp. parasintetico di *cĕntrum* 'centro', col pref. *ex-*] **A** agg. (pl. m. *-ci*) *1* (*mat.*) Che non ha il medesimo centro | (*astron.*) *Circolo e.*, deferente. *2* Che è distante dal centro: *quartiere, luogo e.* | (*bot.*) *Ovario e.*, quando non occupa il centro del fiore. *3* (*fig.*) Bizzarro, singolare, stravagante: *abito, atteggiamento e.* || **eccentricaménte**, avv. *1* Fuori del centro. *2* In maniera stravagante, bizzarra. **B** s. m. (f. *-a* nel sign. 2) *1* (*mecc.*) Dispositivo per la trasformazione di un moto rotatorio in moto rettilineo alterno, formato da una piastra circolare in ghisa o acciaio ruotante attorno a un asse e da un collare portante un'asta | Camma. *2* Artista del caffè-concerto che mescola al suo numero improvvisazioni comico-brillanti.

ecceòmo ● V. *ecce homo.*

eccepìbile agg. ● Che può essere criticato, discusso: *è un argomento e.* || **eccepibilménte**, avv.

(*raro*) In modo eccepibile.

eccepire [vc. dotta, lat. *excĭpere* 'prendere, mettere (*căpere*) da parte (*ex-*)' con inserimento nella serie dei v. in *-ire*] v. tr. (*io eccepìsco, tu eccepìsci*) ● Addurre in contrario, sollevando un'eccezione: *la difesa ha eccepito che ...* | Correntemente, obiettare: *non ha nulla da e.*

eccerpire [vc. dotta, lat. *excĕrpere* 'cavar (*cărpere*) fuori (*ex-*)', 'estrarre', con passaggio ad altra coniug.] v. tr. (*io eccerpisco, tu eccerpìsci*) ● (*raro*) Trascegliere parole e brani da un testo, spec. giuridico.

eccessività s. f. ● Qualità di ciò che è eccessivo.

eccessivo [da *eccesso*] agg. **1** Che eccede, oltrepassa il limite, la misura: *il caldo oggi è e.*; *dosi eccessive, velocità eccessiva, prezzo e.* | *Idee eccessive*, estreme, in politica. **2** †Sommo, sovrumano | (*poet.*) Singolare: *alberi di tanto strana ed eccessiva bellezza* (SANNAZARO). || **eccessivaménte**, avv. Fuor di misura, in eccesso.

eccèsso o (*raro*) †**escèsso** nei sign. 5 e 6 [vc. dotta, lat. *excĕssu(m)*, part. pass. di *excēdere* 'eccedere'] s. m. **1** Atto, effetto dell'eccedere, dell'oltrepassare la giusta misura: *e. di zelo, d'ira* | Esagerazione: *peccare per e.* | *All'e.*, in modo esagerato, esorbitante | *In e.*, in quantità eccessiva. SIN. Dismisura, soverchio. **2** Atto, comportamento, sentimento e sim. lontani dal giusto mezzo in cui risiede la norma: *spingere all'e. un sentimento* | *Andare agli eccessi*, trascendere | *Dare in eccessi*, farsi sopraffare dalla collera | (*mat.*) *Per e.*, di approssimazione che si mantiene maggiore del numero da approssimare. **3** (*dir.*) Superamento dei limiti posti dalla legge all'esercizio di una facoltà, di un diritto, di una potestà: *e. colposo di legittima difesa*; *e. di potere*. **4** †Amplificazione, ingrandimento: *esorbitante potenza da piccioli princìpi pervenuta con vari progressi ad un e. illimitato* (SARPI). **5** †Delitto, misfatto: *de' commettitori di così grande e. investigando* (BOCCACCIO). **6** †Uscita | *E. di mente*, estasi.

eccètera o †**e cètera**, †**et cètera**, †**etcètera** [vc. dotta, lat. *ĕt cētera*, letteralmente 'e le altre cose' (neutro di *cēteri* 'gli altri', di origine indeur.)] **A** vc. ● (*anche iter.*) Si usa, anche abbreviato in *ecc.* o *etc.*, con il sign. di 'e tutto il rimanente', 'e altre analoghe cose', 'e così via', per troncare una numerazione, un'elencazione, una citazione, un discorso e sim. che si ritiene superfluo continuare: *carta, matita, gomma, riga e. e.* **B** in funzione di s. m. e †f. (pl. *eccètera* m., †*eccètere* f.) ● La formula stessa di eccetera: *troppi e.*; *con tutti questi e. non si capisce molto*; *chiarissimi questi e.!*

†**eccettàre** o †**escettàre** [vc. dotta, lat. *exceptāre*, parallelo freq. e fam. di *excĭpere* 'eccepire'] v. tr. ● (*raro*) Eccettuare.

†**eccettàto** **A** part. pass. di †*eccettare*; anche agg. ● Nei sign. del v. **B** in funzione di prep. ● (*raro*) Tranne, eccetto.

eccètto (1) [vc. dotta, lat. *excĕptu(m)*, part. pass. di *excĭpere* 'eccepire'] **A** prep. ● Tranne, fuorché, all'infuori di: *sono venuti tutti, e. Carlo*; *tutti si sono ricordati, e. lui*; *riceve tutti i giorni e. il giovedì* | Anche nella loc. prep. *e. che*: *vado d'accordo con tutti, e. che con te*. **B** nelle loc. cong. *e. che*, raro *e. se* ● A meno che, salvo il caso che (introduce una prop. eccettuativa esplicita con il v. all'indic. o al congv., implicita con il v. all'inf.): *verrò certamente, e. che non sopraggiunga un improvviso ostacolo*; *è permessa ogni cosa, e. che fumare*. **C** agg. **1** †Eccettuato. **2** (*raro*) †Privilegiato.

†**eccètto (2)** [vc. dotta, lat. *excĕptu(m)*, part. pass. sost. di *excĭpere* 'eccepire'] s. m. ● Eccezione.

eccètto (3) [vc. dotta, lat. *excĕptu(m)*, part. pass. di *excĭpere* nel senso particolare di 'trascrivere'] agg. ● (*raro*) Notato.

†**eccettóre** [vc. dotta, lat. *exceptōre(m)*, da *excĕptus* 'eccetto (*2*)'] s. m. ● Scrivano.

eccettuàbile agg. ● (*raro*) Che si può eccettuare.

eccettuàre [da *eccetto* (*1*)] v. tr. (*io eccèttuo*) ● Togliere dal, non includere nel numero, nella totalità, nella norma: *se eccettuate questo caso, tutti gli altri non hanno creato complicazioni*. SIN. Escludere.

eccettuativo agg. ● Che serve a eccettuare.

eccettuàto **A** part. pass. di *eccettuare*; anche agg. ● Nei sign. del v. **B** in funzione di prep. ● (*raro*) †Tranne, eccetto. **C** nella loc. cong. †*e. che* ● (*raro*) †Salvo che, eccetto che: *gli accettò con le condizioni proposte, e. che Alessandro da Triulzi con alcuni capitani dei fanti rimanessero prigioni suoi* (GUICCIARDINI).

†**eccettuazióne** s. f. ● Esclusione, eccezione.

†**eccezionàbile** agg. ● Eccettuabile.

eccezionàle [fr. *exceptionnel*, da *exception* 'eccezione'] agg. **1** Che costituisce un'eccezione: *intervento e.* | *Legge e.*, le cui disposizioni derogano a regole generali poste da altre leggi. **2** Singolare, straordinario: *capacità, intelligenza, bellezza e.* | *In via e., del tutto e.*, per eccezione, in via straordinaria. || **eccezionalménte**, avv. Per eccezione, in via eccezionale; straordinariamente.

eccezionalità [da *eccezionale*] s. f. ● L'essere eccezionale | Il costituire un fatto eccezionale, non consueto: *data l'e. della situazione*.

eccezionàre [da *eccezione*] v. tr. ● (*raro*) Eccettuare.

eccezióne [vc. dotta, lat. *exceptiōne(m)*, da *excĕptus* 'eccetto (1)'] s. f. **1** Atto, effetto dell'eccettuare: *per voi faremo un'e.* | *Senza e.*, niente e nessuno escluso | *Fatta e. per, a e. di*, eccettuato | *D'e.*, fuori del normale, dell'ordinario | *A e. di*, tranne | *In via d'e.*, eccezionalmente | *Fare e.*, essere anomalo | (*est.*) Fatto che esce dalla normalità, dall'ordinarietà: *il fenomeno osservato costituisce un'e. inspiegabile*. **2** Censura, obiezione, rilievo: *muovere, opporre un'e.*; *fare delle eccezioni* | *Superiore a qualunque, a ogni e.*, a qualunque critica. **3** (*dir.*) Ragione che, nel processo civile, può essere addotta davanti al giudice, o rilevata d'ufficio dallo stesso, perché provveda diversamente da come gli è stato chiesto: *sollevare una e.*; *e. processuale, di rito*; *e. sostanziale, di merito* || PROV. L'eccezione conferma la regola.

†**eccheggiàre** ● V. *echeggiare*.

ecchimoṣi o **ecchimòṣi** [vc. dotta, gr. *ekchýmōsis* 'travaso', dal v. *ekchymôusthai* 'far travasare il sangue', letteralmente 'far uscire (*ek-*) il succo (*chymós*)'] s. f. ● (*med.*) Lesione consistente nella soluzione di continuo dei vasi nello spessore dei tessuti e, in seguito a ciò, nell'emorragia e nell'infiltrazione ematica delle parti circostanti.

ecchimòtico agg. (pl. m. *-ci*) ● (*med.*) Di ecchimosi.

eccì o **atciù**, **ecciù**, **etcì**, **etciù** [vc. onomat.] inter. ● Riproduce il suono di uno starnuto.

eccidio o (*raro*) †**escidio** [vc. dotta, lat. *excīdiu(m)*, da *exscĭndere* 'annientare', con sovrapposizione di *uccidere*] s. m. **1** Sterminio, strage: *l'e. di Tebe, l'e. delle Fosse Ardeatine*. **2** †Rovina.

eccipiènte [vc. dotta, lat. *excipiĕnte(m)*, part. pres. di *excĭpere* nel senso di 'accogliere', 'prendere (*căpere*) completamente (*ex-*)'] **A** agg. ● (*farm.*) Detto di sostanza priva di qualsiasi attività farmacologica, che si mescola a una sostanza attiva per poterla usare nella forma voluta facilitandone la somministrazione. **B** anche s. m.

eccitàbile [vc. dotta, lat. tardo *excitābile(m)*, da *excitāre* 'eccitare'] agg. ● Facile a eccitarsi: *è un temperamento e.* SIN. Emotivo.

eccitabilità s. f. **1** Facilità a eccitarsi: *persona di grande e.* **2** (*biol.*) Caratteristica propria di ogni cellula di reagire agli stimoli naturali o artificiali con un mutamento del proprio stato fisico-chimico che si può tradurre in varie manifestazioni biologiche.

eccitaménto s. m. **1** Atto dell'eccitare o dell'eccitarsi: *e. sessuale* | Ciò che eccita: *certi film sono un e. alla violenza*. **2** (*biol.*) Stimolo capace di provocare reazioni nella sostanza vivente: *e. nervoso*.

eccitànte **A** part. pres. di *eccitare*; anche agg. ● Nei sign. del v. **B** s. m. ● Sostanza che stimola gli organi o i tessuti organici, rendendoli più pronti alle loro funzioni. SIN. Stimolante.

eccitàre o (*raro*) †**escitàre** [vc. dotta, lat. *excitāre* 'muover (*citāre*) fuori (*ex-*)'] **A** v. tr. (*io èccito*) **1** Risvegliare, stimolare, suscitare: *e. l'appetito, l'interesse, la curiosità*; *le velleità di rievocare l'antica tragedia greca ... tentano ... invano di e. violente e torbide commozioni* (CROCE) | Muovere, provocare: *e. il riso, la nausea, la collera* | Istigare: *e. la discordia*; *e. il popolo alla rivolta* | Incitare: *e. un giovane allo studio*. **2** (*med.*) Suscitare una reazione nella materia vivente. **3** Porre in uno stato di agitazione (*anche ass.*): *e. i sensi, la fantasia*; *il tè è una bevanda che eccita* | Muovere a sdegno, a ira: *non eccitarlo, sai che reagirebbe in malo modo*. CONTR. Calmare. **4** (*elettr.*) Mandare corrente in un circuito per magnetizzare un circuito magnetico e generare quindi un flusso. **5** (*fis.*) Rendere eccitato un sistema quantistico. **B** v. intr. pron. ● Turbarsi per qualunque passione o stimolo fisico: *si eccita facilmente*.

eccitativo agg. ● (*raro*) Che eccita o è idoneo a produrre eccitazione.

eccitàto part. pass. di *eccitare*; anche agg. **1** Nei sign. del v. **2** Che si trova in uno stato di notevole vivacità mentale e psichica, tale da riflettersi anche sul fisico. **3** (*fis.*) Detto di un sistema quantistico avente un'energia maggiore di quella minima possibile: *stato e. di un atomo*.

eccitatóre [vc. dotta, lat. tardo *excitatōre(m)*, da *excitātus* 'eccitato'] **A** agg. (f. *-trice*) ● Che eccita: *strumento e.*; *grido eccitator de la battaglia* (TASSO). **B** s. m. **1** (*raro*) Chi eccita. **2** (*med.*) Elemento o strumento che provoca eccitazione. **3** Apparecchio che produce vibrazioni meccaniche | Generatore di corrente elettrica per l'alimentazione delle bobine di altri generatori.

eccitatrìce [vc. dotta, lat. tardo *excitatrīce(m)*, da *excitātus* 'eccitato'] s. f. ● (*elettr.*) Tipo di dinamo accoppiata meccanicamente agli alternatori con lo scopo di fornire corrente continua sufficiente per l'eccitazione dei poli delle macchine sincrone.

eccitazióne [vc. dotta, lat. tardo *excitatiōne(m)*, da *excitātus* 'eccitato'] s. f. **1** Atto, effetto dell'eccitare: *e. degli animi, della fantasia*; *e. nervosa* | *E. di motori elettrici*, creazione del campo magnetico necessario al funzionamento del motore. **2** Condizione di chi è eccitato: *un momento di e.*; *una grave e pesante e. galleggiava negli occhi inespressivi dell'uomo* (MORAVIA).

ecciù ● V. *eccì*.

acclèṣia (1) [vc. dotta, lat. *ecclēsia(m)*, dal gr. *ekklēsía* 'assemblea degli invitati' (*ékklētoi*, dal v. *kaléin* 'chiamare per nome')] s. f. ● Assemblea del popolo nelle antiche città greche.

†**ecclèṣia (2)** ● V. *chiesa*.

ecclesiàle [fr. *ecclésial*, dal lat. *ecclēsia* 'chiesa'] agg. ● Che concerne la Chiesa, spec. nel suo aspetto di comunità preminentemente spirituale.

ecclesiàste [vc. dotta, lat. tardo *ecclesiāste(m)*, dal gr. *ekklēsiastḗs*] s. m. **1** Chi, presso gli antichi Greci, partecipava all'ecclesia | Oratore che parlava nell'ecclesia. **2** Titolo di uno dei libri biblici.

ecclesiasticità s. f. ● L'essere ecclesiastico: *l'e. di una cerimonia*.

ecclesiàstico [vc. dotta, lat. eccl. *ecclesiăsticu(m)* 'pertinente alla chiesa (*ecclēsia*)', dal gr. *ekklēsiastikós* 'pertinente all'assemblea (*ekklēsía*)'] **A** agg. (pl. m. *-ci*) ● Che concerne la chiesa o il clero, spec. nell'aspetto organizzativo, istituzionale e gerarchico: *gerarchia ecclesiastica*; *abito, beneficio e.* | *Asse e.*, i beni confiscati dallo Stato alla Chiesa | *Diritto e.*, ramo speciale del diritto pubblico che disciplina la fenomenologia religiosa e (*est.*) disciplina che lo studia. || **ecclesiasticaménte** avv. In modo conforme alle regole della Chiesa. **B** s. m. ● Sacerdote, prete, chierico.

ecclesiologìa [comp. del lat. *ecclēsia* 'chiesa', e *-logia*] s. f. (pl. *-gie*) ● Dottrina teologica cattolica circa l'origine, la natura e gli attributi della Chiesa | (*est.*) Ogni disciplina, anche non cattolica, che studia la chiesa come comunità dei fedeli.

ecclesiològico agg. (pl. m. *-ci*) ● Della, relativo alla, ecclesiologia.

ecclesiòlogo s. m. (pl. *-gi*) ● Studioso di ecclesiologia.

ecclèttico ● V. *eclettico*.

acclìmetro o **eclìmetro** [vc. dotta, comp. del gr. *ékklima* 'movimento laterale, inclinazione', e *-metro*] s. m. ● Strumento topografico che dà l'inclinazione della linea di mira.

†**ecclisse** ● V. *eclissi*.

†**ecclissi** e *deriv.* ● V. *eclissi* e *deriv.*

ecclìttico e *deriv.* ● V. *eclittico* e *deriv.*

ècco (1) o (*tosc.*) †**dècco** [lat. *ĕccum*, di origine indeur.] **A** avv. **1** Si usa per indicare, mostrare, annunciare, presentare qc. o q.c., per sottolineare un dato di fatto o per introdurre un discorso, con i sign. di 'vedi', 'vedi qui', 'tieni', 'ascolta', 'senti' e sim.: *e. la casa dei nostri amici*; *e. qui il tuo libro*; *e. là il signor Momolo, egli è pronto a sposarla* (GOLDONI); *e. qual è il problema*; *e. il punto*; *e. in poche parole la situazione*; *e. come sono andate le cose* | Anche iron.: *e. le tue prodezze!*; *e. i bei risultati delle mie fatiche!* | Con valore raff.: *quand'e.*, quando improvvisamente, quando inaspettatamente: *quand'e. me lo vedo venire incontro* | Con valore raff. *e. che*: *e. che siamo daccapo!* | Con valore concl. *e. perché*: *e. perché insistevi tanto!* | Seguito da un part. pass. indica un'azione già compiuta: *e. fatto*; *e. detto*; *e. finito*. **2** Si unisce in posizione encl. ai pron. pers. atoni *mi, ti, ci, si, vi, lo, la, le, li* e alla particella *ne*: *eccoci pronti*; *eccoli là*; *eccone uno*; *eccomi! arrivo!* **3** Si usa come risposta a una chiamata: *'Luigi?' 'e.!'*; *'cameriere?' 'eccomi, signore!'*; *'la mia giacca?' 'eccola!'*. **B** in funzione di inter. ● (*pleon.*) Con valore ints.: *e., se tu facessi maggiore attenzione!*; *'che te ne pare?' 'e., non saprei'*.

†**ècco (2)** ● V. *eco*.

eccóme o (*raro*) **e cóme** [comp. di *e* (*2*) e *come*, con radd. sintattico] avv. ● Certamente, senza dubbio (come energica conferma di un fatto, di una dichiarazione): *se ha ubbidito? e. ha ubbidito!*; *i ragazzi ci stanno, e.*; *lo so e.!* | *E. no?*, certamente: *'lo credi proprio?' 'e. no?!'* | (*ass.*) Nelle risposte: *'l'hai proprio visto?' ' e.!'*

èccrino [comp. del gr. *ek-* 'fuori' e di un deriv. del v. *krínein* 'separare'] agg. ● (*biol.*) Detto di ghiandola le cui cellule epiteliali non perdono parte del protoplasma nel corso della secrezione.

ecdèmico [vc. dotta, tratta dal gr. *ékdēmos* 'che è estraneo (*ek-*) al popolo (*dêmos*)', sul modello di *endemico*] agg. (pl. m. *-ci*) ● (*med.*) Detto di malattia non diffusiva, prodotta da causa non locale.

ecdòtica [dal gr. *ékdotos* 'edito' con il suff. agg. proprio dei n. gr. delle arti] s. f. ● In filologia, teoria e pratica dell'edizione critica del testo.

ecdòtico agg. (pl. m. *-ci*) ● (*ling.*) Relativo all'ecdotica.

†**e cètera** ● V. *eccetera*.

echeggiaménto s. m. ● (*raro*) Continuo risonare come d'eco.

echeggiàre o †**eccheggiàre** [da *eco*] **A** v. intr. (*io echéggio*; aus. *avere* e *essere*) ● Fare eco, risuonare con eco: *il teatro echeggiava di applausi fragorosi*; *lo scoppio echeggiò nella vallata*. **B** v. tr. ● (*fig.*) Evocare, imitare, ricalcare.

Echeneifórmi [comp. del lat. *echenēis* 'remora', dal gr. *echenēís* 'che (trat)tiene (dal v. *échein*) la nave (*nâus*, genit. *nēós*)', e del pl. di *-forme*] s. m. pl. ● Nella tassonomia animale, ordine di Pesci ossei con la prima pinna dorsale trasformata in disco adesivo mediante il quale si attaccano ad altri individui (*Echeneiformes*) | (al sing. *-e*) Ogni individuo di tale ordine.

echèo [vc. dotta, tratta dal lat. tardo *echēa* (pl.), dal gr. *ēchêia*, da *ēchḗ* 'eco', per la loro funzione risonatrice] s. m. **1** Nell'antico teatro greco, vaso di rame che si metteva in apposite nicchie per far risuonare la voce degli attori o che, riempito di pietre, era agitato per imitare il rumore del tuono. **2** Piccolo vaso di bronzo un tempo messo nel corpo degli strumenti a corda per aumentarne la sonorità.

èchide [vc. dotta, tratta dal gr. *échis* 'serpente', di origine indeur.] s. m. ● Piccolo serpente dei Viperidi velenosissimo, di color sabbia con una macchia bianca sul capo (*Echis carinatus*). SIN. Vipera delle piramidi.

echidna [vc. dotta, dal gr. *échidna* 'vipera', di origine indeur.] s. f. ● Genere di Mammiferi Monotremi con muso sottile, unghie robustissime atte a scavare e aculei disseminati fra i peli del mantello (*Echidna*).

echidnina [comp. di *echidna* e *-ina*] s. f. ● Principio attivo del veleno dei serpenti.

echinàto [vc. dotta, lat. *echinātu(m)* 'spinoso'] agg. ● (*bot.*) Che è coperto di piccole spine o di aculei.

echino [vc. dotta, lat. *echīnu(m)*, dal gr. *echînos*, da *échis* 'serpente'] s. m. **1** (*zool.*) Riccio di mare. **2** (*arch.*) Elemento del capitello dorico e di quello ionico, posto sotto l'abaco, con profilo pressoché parabolico. ➡ ILL. p. 357 ARCHITETTURA.

echino- [dal gr. *echînos* 'riccio'] primo elemento ● In parole scientifiche composte significa 'riccio', 'che ha aspetto di riccio', 'spinoso': *echinococco*, *echinodermi*.

echinocàctus [comp. di *echino-* e *cactus*] s. m. ● Genere di piante americane delle Cactacee, con fusto unico e rotondeggiante e foglie trasformate in spine (*Echinocactus*).

echinocàrdio [comp. di *echino-* e *-cardio*] s. m. ● Genere di Echinodermi con guscio poligonale a forma di cuore (*Echinocardium*).

echinocòcco [vc. dotta, comp. di *echino-* e del gr. *kókkos* 'granello' (V. *cocco* (*4*))] s. m. (pl. *-chi*) ● Verme parassita dei Platelminti, che vive adulto nell'intestino del cane e come larva anche nell'uomo (*Echinococcus granulosus*).

echinococcòsi s. f. ● (*med.*) Infestione da echinococco, con formazione di cisti in svariati organi, spec. il fegato e il polmone.

Echinodèrmi [vc. dotta, comp. di *echino-* e *-derma*] s. m. pl. ● Nella tassonomia animale, tipo di Deuterostomi marini con corpo rivestito da dermascheletro, planctonici allo stato larvale, di solito bentonici da adulti (*Echinodermata*) | (al sing. *-a*) Ogni individuo di tale tipo. ➡ ILL. animali /4.

Echinòidi [vc. dotta, comp. del gr. *echînos* 'riccio' e *êidos* 'forma'] s. m. pl. ● Nella tassonomia animale, classe di Echinodermi comprendente i ricci di mare (*Echinoidea*) | (al sing. *-e*) Ogni individuo di tale classe.

echinomètra [vc. dotta, lat. *echinomētra(m)*, dal gr. *echinomḗtra*, comp. di *echînos* 'riccio' e *métra* 'matrice' (da *mḗtēr* 'madre')] s. f. ● (*zool.*) Riccio di mare.

echinulàto [da *echino*, con suff. dim.] agg. ● (*bot.*) Detto di spore, semi e sim. coperti di piccolissime sporgenze.

èchio [vc. dotta, lat. *ĕchio(n)*, dal gr. *échion*, da *échis* 'vipera', per il suo frutto simile a una testa di vipera] s. m. ● Genere di piante erbacee o arbustive delle Borraginacee con fiori a corolla bilabiata (*Echium*).

echistotèrmo [comp. del gr. *hḗkistos* 'minimo' (sup. dell'avv. *êka* 'lievemente'), e *-termo*] agg. ● (*bot.*) Detto di flora che si sviluppa oltre i limiti di latitudine e altitudine propri della vegetazione arborea.

Echiuroidèi [comp. del gr. *échis* 'vipera', di origine indeur., *ourá* 'coda' e un deriv. di *êidos* 'forma', per la loro proboscide estensibile] s. m. pl. ● Nella tassonomia animale, gruppo di organismi simili agli Anellidi, ma privi di parapodi (*Echiuroidea*) | (al sing. *-deo*) Ogni individuo di tale gruppo.

ecìdio [vc. dotta, gr. *oikídion*, dim. di *ôikos* 'casa', per la forma] s. m. ● (*bot.*) Corpo fruttifero dei funghi Basidiomiceti Uredinali determinante forme patologiche note col nome di ruggini.

eclampsìa [vc. dotta, fr. *éclampsie*, dal gr. *éklampsis*, der. del v. *eklámpein* 'uscir fuori (*ek-*) con lo splendere (*lámpein*)': per la luce abbagliante che colpisce i malati durante gli attacchi (?)] s. f. ● (*med.*) Accesso di violente contrazioni muscolari epilettiformi, con cefalea e perdita di coscienza | *E. gravidica*, che si manifesta durante la gravidanza, e che è da essa provocata.

eclàmptico agg. (pl. m. *-ci*) ● (*med.*) Di, relativo a, eclampsia: *sindrome eclamptica*.

eclatànte [fr. *éclatant*, propr. part. pres. di *éclater* 'scoppiare', dal francone **slaitan* 'fendere, spezzare'] agg. ● Detto di ciò che, nel suo manifestarsi, appare con grande evidenza in quella che è la sua natura: *una verità e.*; *questo costituisce un esempio e. di egoismo* | (*est.*) Che colpisce vivamente: *notizia e.*; *il fatto e. è che ...*

eclettìcismo s. m. ● Eclettismo.

eclètticità s. f. ● Qualità di chi, di ciò che è eclettico.

eclèttico o (*raro*) **ecclèttico** [vc. dotta, fr. *éclectique*, dal gr. *eklektikós* 'atto a scegliere', der. del v. *eklégein* 'cogliere (*légein*) fuori (*ek-*)', 'trascegliere'] **A** agg. (pl. m. *-ci*) **1** (*filos.*) Che interessa o concerne l'eclettismo | Che segue l'eclettismo. **2** (*est.*) Che si interessa di, o si applica con buon esito a, studi, discipline o attività differenti: *ha una mente eclettica* | (*est.*) Di artista, e della sua opera, il cui stile si compone di elementi tratti da diverse correnti. || **eclettìcaménte**, avv. In modo eclettico, con versatilità. **B** s. m. (f. *-a*) **1** Chi segue l'indirizzo filosofico dell'eclettismo. **2** (*est.*) Chi ha diversi e molteplici interessi o attività.

eclettìsmo [fr. *éclectisme*, da *éclectique* 'eclettico'] s. m. **1** Indirizzo filosofico che pretende di fondare una propria dottrina scegliendo fra le dottrine dei diversi sistemi filosofici quelle che più si prestano ad essere conciliate e fuse tra di loro. **2** Nell'arte figurativa, tendenza a ispirarsi a diverse fonti culturali, operando una scelta degli elementi ritenuti migliori.

eclìmetro ● V. *ecclimetro*.

†**eclissaménto** s. m. ● Atto, effetto dell'eclissare o dell'eclissarsi.

eclissàre o (*pop.*) †**ecclissàre** [da *eclissi*] **A** v. tr. **1** (*astron.*) Rendere invisibile in seguito a eclissi: *la Luna ha eclissato la Terra*. **2** (*est.*) Vincere col proprio splendore uno splendore meno intenso: *il Sole eclissa le stelle*. SIN. Offuscare, oscurare. **3** (*fig.*) Umiliare, far sfigurare vistosamente: *e. la fama, la gloria, la bellezza di qc.* **B** v. intr. pron. **1** (*astron.*) Diventare invisibile per il verificarsi di un'eclissi. **2** (*est.*) Scomparire: *le sue ricchezze si sono eclissate in un momento*. **3** (*fig.*) Non farsi più vedere, andarsene di nascosto: *dopo lo scandalo ha preferito eclissarsi*.

eclìssi o (*pop.*) †**ecclisse**, (*pop.*) †**ecclìssi**, **eclisse** [vc. dotta, lat. *eclīpse(m)*, dal gr. *ékleipsis*, dal v. *ekléipein* 'lasciare, abbandonare'] s. f. o †m. **1** (*astron.*) Temporanea invisibilità di un astro per interposizione di un altro | *E. solare*, quando la Luna occulta il Sole | *E. lunare*, quando la Terra si interpone tra Luna e Sole | *E. totale*, di tutto l'astro | *E. parziale*, di una parte dell'astro | *E. anulare*, quando rimane visibile la parte esterna dell'astro, come un anello. ➡ ILL. p. 832 SISTEMA SOLARE. **2** (*raro*, *fig.*) Oscurità. **3** (*fig.*) Scomparsa, sparizione.

eclìttica o **ecclìttica** [f. sost. di *eclittico*] s. f. ● (*astron.*) Traiettoria circolare apparentemente percorsa dal Sole in un anno nella sfera celeste | Piano nel quale giace l'orbita che la Terra descrive intorno al Sole.

eclìttico o **ecclìttico** [vc. dotta, lat. tardo *eclīpticu(m)*, dal gr. *ekleiptikós* 'relativo all'eclisse (*ékleipsis*)'] agg. (pl. m. *-ci*) ● (*astron.*) Che concerne l'eclissi o l'eclittica.

†**eclìzia** ● V. *clizia*.

ècloga ● V. *egloga*.

ecmnesìa [comp. del gr. *ek* 'fuori' e *mêsia*, sul modello di *amnesia*] s. f. ● (*psicol.*) Alterazione della memoria per cui si rivive il passato come presente.

ecmnèstico agg. (pl. m. *-ci*) ● (*med.*) Di, relativo a ecmnesia: *fenomeno e.*

èco (1) o †**ècco (2)** [vc. dotta, lat. *ēchu(m)*, dal gr. *ēchṓ*, der. del v. *ēchêin* 'risonare', di etim. incerta] s. f. o m. (pl. m. *èchi*) **1** Fenomeno acustico caratterizzato dal ripetersi di un suono a causa della riflessione dell'onda sonora contro un ostacolo, quando l'onda riflessa giunge all'osservatore distinta dall'onda diretta | *Fare eco*, (*fig.*) ripetere le parole di qc. o appropriarsene spec. con intenzione di scherno; consentire, approvare ciò che qc. dice | (*fig.*) *Farsi eco di qc.*, *di q.c.*, riferire, ripetere l'opinione di altri | †*Sott'eco*, a voce bassa | *Radio eco*, *eco radioelettrico*, fenomeno simile all'eco sonoro ma relativo alle onde radioelettriche. **2** (*raro*, *est.*) Luogo in cui l'eco si verifica. **3** (*fig.*) Insieme di dicerie, voci, commenti: *suscitare una vasta eco nella città*; *l'avvenimento ha destato una larga eco*. **4** (*letter.*) Artificio poetico consistente nel ripetere l'ultima parola o le ultime sillabe di senso compiuto del verso precedente.

èco (2) s. f. inv. ● Acrt. di *ecografia*.

èco- [gr. *ôikos* 'casa, abitazione', di origine indeur.] primo elemento ● In parole composte della terminologia scientifica, significa 'casa, ambiente naturale': *ecofobia*, *ecologia*.

ecocardiografìa [comp. di *eco* e *cardiografia*] s. f. ● (*med.*) Impiego degli ultrasuoni per diagnosticare lesioni vascolari o determinare strutture cardiache.

ecocardiogràfico agg. ● (*med.*) Relativo all'ecocardiografia.

ecocardiogràmma [comp. di *eco* e *cardiogramma*] s. m. (pl. *-i*) • (*med.*) Registrazione dell'immagine cardiaca e dei grossi vasi sanguigni mediante ecocardiografia.

ecocatàstrofe [comp. di *eco-* e *catastrofe*] s. f. • Catastrofe ecologica.

ecocìdio [comp. di *eco-* e *-cidio*] s. m. • Distruzione dell'ambiente naturale attuata consapevolmente.

ecodòppler [comp. di *eco* e *doppler*] s. f. o m. inv. • (*med.*) Tecnica diagnostica che impiega gli ultrasuoni per determinare la velocità del flusso ematico. SIN. Dopplersonografia. CFR. Doppler.

ecofobìa [comp. di *eco-* e *-fobia*] s. f. • (*med.*) Timore morboso di stare soli in casa.

ecòfora [vc. dotta, gr. *oikophóros* 'che porta (dal v. *phérein*) la sua casa (*ôikos*)'] s. f. • Piccola farfalla la cui larva vive sotto la corteccia di svariati alberi (*Oecophora oliviella*).

ecogenètica [comp. di *eco-* e *genetica*] s. f. • (*biol.*) Ramo della genetica che indaga sulle correlazioni tra le variazioni ereditarie e gli adattamenti all'ambiente.

ecogoniòmetro [comp. di *eco* e *goniometro*] s. m. • Dispositivo atto a localizzare oggetti subacquei mediante emissione di onde ultrasoniche e ricezione delle onde riflesse. SIN. Sonar.

ecografìa (1) [comp. di *eco* e *-grafia*] s. f. • (*med.*) Ripetizione passiva e inerte di segni grafici.

ecografìa (2) [comp. di *eco* e *-grafia*] s. f. • (*med.*) Tecnica diagnostica basata sull'eco di onde ultrasoniche ad alta frequenza inviate sull'organo in esame. SIN. Sonografia, ultrasonografia.

ecogràfico (1) agg. (pl. m. *-ci*) • (*med.*) Relativo all'ecografia.

ecogràfico (2) [comp. di *eco-* e *-grafico*] agg. • Pertinente allo studio della distribuzione territoriale e dell'organizzazione della comunità umana.

ecografista s. m. e f. (pl. m. *-i*) *1* Tecnico specializzato nella lettura e nell'impiego dell'ecografo. *2* Tecnico che esegue l'ecografia.

ecògrafo [comp. di *eco* e *-grafo*] s. m. *1* (*mar.*) Strumento costituito da un ecometro fornito di dispositivo registratore. *2* (*med.*) Apparecchio per ecografia. *3* Ecografista.

ecogràmma [comp. di *eco* e *-gramma*] s. m. (pl. *-i*) • Diagramma fornito da un ecografo.

†**ecòico** [vc. dotta, lat. tardo *echŏicu(m)*, da *ēchṓ* 'eco'] agg. (pl. m. *-ci*) • Attinente all'eco | Simile a eco.

ecolalìa [ted. *Echolalie*, comp. del gr. *ēchṓ* 'eco' e *-lalia*] s. f. *1* (*med.*) Ripetizione insensata di parole o frasi udite, frequente negli schizofrenici e negli idioti e, in forma più debole, nei bambini. *2* Ripetizione, nell'ambito di una frase parlata, della stessa parola o espressione (per es. *voglio vedere cosa farai, voglio*).

ecologìa [ted. *Oekologie* comp. del gr. *ôikos* 'casa, abitazione' (V. *eco-*), e di *-logia* '-logía'] s. f. (pl. *-gie*) • Branca della biologia che studia i rapporti reciproci fra organismi viventi e ambiente circostante e le conseguenze di tali rapporti, spec. al fine di limitarne o eliminarne gli effetti negativi: *e. umana, animale, vegetale*; *e. marina*.

ecològico agg. (pl. m. *-ci*) *1* Che riguarda l'ecologia. *2* Che salvaguarda l'ambiente naturale: *detersivo e.* | (*est.*) *Pelliccia ecologica*, confezionata con tessuti che imitano la pelliccia degli animali, di cui si evita così l'uccisione || **ecologicaménte**, avv. In modo ecologico; dal punto di vista ecologico.

ecologìsmo [da *ecologia*] s. m. • Movimento per la salvaguardia e la conservazione dell'ambiente naturale.

ecologìsta A s. m. e f. (pl. m. *-i*) • Chi si interessa di ecologia | (*est.*) Chi si preoccupa della salvaguardia e della conservazione dell'ambiente naturale. **B** anche agg.: *movimento e.*

ecologìstico agg. (pl. m. *-ci*) • Dell'ecologismo, degli ecologisti: *movimento e.* SIN. Ambientalistico.

ecòlogo s. m. (f. *-a*; pl. m. *-gi*) • Studioso di ecologia.

e cóme • V. *eccome*.

ecometrìa [comp. di *eco* (*1*) e *-metria*] s. f. • Tecnica di rilevamento e misurazione che si basa sugli echi prodotti da un corpo riflettente.

ecòmetro [comp. di *eco* e *-metro*] s. m. • Strumento che misura la profondità del fondo marino basandosi sulla velocità di propagazione di onde sonore. SIN. Ecoscandaglio.

economàto [da *economo*] s. m. *1* Ufficio e carica di economo. *2* L'ufficio che provvede all'acquisto e all'amministrazione delle attrezzature e dei materiali necessari al funzionamento di un ente, un'istituzione e sim.: *l'e. dell'università*.

econometrìa [ingl. *econometry*, comp. di *economy*) 'economia' e *-metry* '-metria'] s. f. • Branca dell'economia che utilizza la matematica e la statistica per indagare sulle leggi e le relazioni quantitative esistenti fra le variabili economiche.

econometrico A agg. (pl. m. *-ci*) • Della, relativo alla, econometria. **B** s. m. • Econometrista.

econometrista s. m. e f. (pl. m. *-i*) • Studioso, esperto di econometria.

econòmetro [comp. di *econo(mia)* e *-metro*] s. m. • (*mecc.*) Analizzatore automatico di gas di combustione, usato per determinare la completezza o meno della combustione stessa | Strumento montato sul cruscotto di un'automobile che indica il consumo di carburante in relazione al regime del motore.

economìa [vc. dotta, lat. *oeconŏmia(m)*, dal gr. *oikonomía*, da *oikonómos* 'economo'] s. f. *1* Tendenza dell'uomo a realizzare il massimo risultato con mezzi dati, o un dato risultato col minimo di mezzi, motivata dalla limitatezza dei mezzi rispetto ai fini e dalla scarsità dei beni rispetto ai bisogni | (*est.*) Utilizzazione razionale delle fonti di utilità di cui si dispone: *amministrare il proprio tempo con e.* *2* Complesso delle attività e dei rapporti fra uomini connessi alla produzione, alla distribuzione e al consumo di beni e servizi. *3* Sistema di produzione, distribuzione e consumo, di un dato paese in un dato periodo | *E. di mercato*, basata sull'iniziativa privata, in cui operano senza correttivi la legge della domanda e dell'offerta | *E. mista*, in cui coesistono iniziativa privata e iniziativa dello Stato, quest'ultimo con funzione di propulsione e controllo sul complesso delle attività economiche | *E. agraria*, basata prevalentemente sull'agricoltura | *E. sommersa*, parte di reddito, prodotto in un Paese, che sfugge a ogni controllo fiscale o statistico. *4* Risparmio: *fare e.* | *Vivere senza e.*, con prodigalità | (*econ.*) *Retribuzione a e.*, quella corrisposta a un operaio indipendentemente dalla quantità di lavoro svolto | (*econ., edil.*) *Lavori fatti in e.*, quelli che, nella costruzione di un edificio, il proprietario gestisce direttamente senza l'intervento di ditte appaltatrici, fornendo i materiali, retribuendo la mano d'opera, dirigendo e sorvegliando lo svolgimento dell'esecuzione tecnica | (*econ.*) *E. di scala*, in un'azienda, l'insieme dei risparmi che si ottengono quando, per le sue dimensioni ottimali, i costi globali di produzione crescono meno che proporzionalmente rispetto all'aumento della quantità di prodotto | (*raro*) Taccagneria. *5* (*spec. al pl.*) Denaro accumulato risparmiando: *avere qualche e.*; *investire saggiamente le proprie economie*. *6* Scienza, dottrina, teoria economica | *E. politica*, disciplina che studia i processi di produzione, scambio e consumo dei beni e dei servizi atti alla soddisfazione dei bisogni e dei desideri umani | *E. classica*, spec. per il marxismo, complesso delle teorie economiche di Ricardo e dei suoi predecessori | *E. agraria*, studio dell'ordinamento aziendale e dei processi produttivi dell'agricoltura. *7* *E. domestica*, disciplina che studia la conduzione della casa, della famiglia. *8* Ordine che regola la disposizione delle parti in un'opera spec. letteraria.

econòmica s. f. *1* (*raro*) Economia. *2* Nel sistema filosofico crociano, parte della filosofia pratica che studia le azioni utilitarie ed economiche.

economicìsmo s. m. • Complesso delle dottrine che assegnano all'economia un posto preponderante nell'insieme delle attività umane.

economicìstico agg. (pl. m. *-ci*) • Proprio dell'economicismo.

economicità s. f. *1* Conformità ai principi dell'economia: *e. di una legge, di una politica*. *2* Convenienza a livello economico: *e. di una spesa*.

econòmico [vc. dotta, lat. *oeconŏmicu(m)*, dal gr. *oikonomikós*, da *oikonomía* 'economia'] agg. (pl. m. *-ci*) *1* Relativo all'economia: *ciclo e.*; *crisi economica*; *dottrine, scienze economiche*. *2* Poco costoso, fatto con economia: *vitto, trasporto e.* | *Edizione economica*, realizzata con materiali meno pregiati, allo scopo di ridurre il prezzo di vendita di un libro al minimo possibile | *Classe economica*, nei viaggi aerei, quella meno dispendiosa. CONTR. Dispendioso. *3* †Economo, economista. || **economicaménte**, avv. Con riferimento all'economia: *un paese economicamente debole*; con economia.

economìsmo s. m. • Economicismo.

economista s. m. e f. (pl. m. *-i*) • Studioso, scrittore di economia politica.

economìstico agg. (pl. m. *-ci*) • Che si riferisce all'economia politica.

economizzàre [fr. *économiser*, da *économe* 'economo'] **A** v. tr. • Amministrare con economia | Risparmiare: *e. il tempo, le forze*. **B** v. intr. (aus. *avere*) • Fare economia, astenersi da spese non necessarie: *siamo costretti a e. al massimo*.

economizzatóre [ingl. *economizer*, da *to economize* 'economizzare'] s. m. (f. *-trice*) *1* (*raro*) Chi economizza. *2* (*mecc.*) Scambiatore di calore in grado di utilizzare l'energia termica di fluidi scaricati da macchine termiche.

ecònomo [vc. dotta, lat. tardo *oecŏnomu(m)*, dal gr. *oikonómos*, comp. di *ôikos* 'casa' e *-nómos*, che sta in rapporto col v. *némein* 'ripartire, distribuire'] **A** s. m. (f. *-a*) • Chi amministra le cose proprie o le altrui, quanto alle entrate e alle spese: *e. di un collegio, dell'Università*; *un e. di prim'ordine*. **B** agg. • Che risparmia, che usa con parsimonia i beni propri o altrui: *un ragazzo e.*; *donna, madre economa* | Ispirato alla parsimonia: *le idee aristocratiche della marchesa, temperate di abitudini econome* (FOGAZZARO).

economy class /ingl. i'kɔnəmi 'kla:s/ [loc. ingl., comp. di *economy* 'economia' con valore attributivo e *class* 'classe'] loc. sost. f. inv. (pl. ingl. *economy classes*) • Su navi e aerei, classe economica o turistica.

ecoscandàglio [comp. di *eco* e *scandaglio*] s. m. • Ecometro.

ecosfèra [comp. di *eco-* e *sfera*] s. f. • Lo strato dell'atmosfera più vicino alla crosta terrestre, nel quale può sussistere la vita.

ecosistèma [comp. di *eco-* e *sistema*] s. m. (pl. *-i*) • L'insieme degli esseri viventi, dell'ambiente e delle condizioni fisico-chimiche che, in uno spazio delimitato, sono inseparabilmente legati tra loro, sviluppando interazioni reciproche. SIN. Biosistema.

ecostòria [comp. di *eco-* e *storia*] s. f. • Storia degli insediamenti umani.

ecostràge [comp. di *eco-* e *strage*] s. f. • Danno ecologico che interessa molte zone più o meno limitrofe.

ecotipo o **ecòtipo** [comp. di *eco-* e *tipo*] s. m. • (*biol.*) Aspetto particolare assunto da organismi vegetali e animali per selezione genotipica dell'ambiente | Popolazione di individui derivata da selezione naturale in un determinato ambiente.

ecotomografìa [comp. di *eco(grafia)* e *tomografia*] s. f. • (*med.*) Tecnica diagnostica a ultrasuoni che permette di osservare sezioni di organi interni.

ecpiròsi [vc. dotta, lat. *ecpyrōsi(n)*, dal gr. *ekpýrōsis* 'consumazione (*ek-*) col fuoco (*pŷr*, genit. *pyrós*)'] s. f. • Nella filosofia stoica, conflagrazione universale che dovrebbe avvenire alla fine di ogni anno cosmico.

écru /fr. e'kry/ [vc. fr., comp. di un pref. raff. (*é-*) e *cru*, lett. 'crudo', perché non ha ancora subito la 'cottura' di certe operazioni] agg. inv. • Detto di tessuto crudo o filato allo stato greggio | Detto di colore che ricorda quello, grezzo, della corda e dello spago.

ecstasy /ingl. 'ekstəsi/ [vc. ingl., propr. 'estasi'] s. f. inv. • Tipo di droga sintetizzata chimicamente che produce notevoli alterazioni del sistema nervoso.

ectasìa o **ettasìa** [vc. dotta, tratta dal gr. *éktasis*, dal v. *ektéinein* 'estendere (*ek-* e *téinein* 'tendere')'] s. f. • (*med.*) Dilatazione uniforme del lume di un vaso o di un organo cavo: *e. gastrica, venosa*.

ectàsico agg. (pl. m. *-ci*) • (*med.*) Dilatato.
ectipografìa [ingl. *ectypography*, comp. del gr. *éktypos* 'segno (*týpos*) in fuori (*ek*)' e dell'ingl. *-graphy* '-grafia'] s. f. • Particolare tipo di stampa per ciechi consistente, un tempo, in lettere alfabetiche in rilievo e in seguito, in uno speciale alfabeto basato su sei punti variamente disposti, secondo il sistema Braille.
ectlìpsi [vc. dotta, lat. tardo *ecthlīpsi(m)*, dal gr. *ékthlipsis*, dal v. *ekthlíbein* 'far uscire (*ek-*) col comprimere (*thlíbein*)'] s. f. • (*ling.*) Soppressione del suono di una parola.
ècto- [dal gr. *ektós* 'esterno'] primo elemento • In parole scientifiche composte significa 'fuori, esterno': *ectoplasma*.
ectoblàstico [da *ectoblasto*] agg. (pl. m. *-ci*) • Relativo a ectoblasto.
ectoblàsto [vc. dotta, comp. di *ecto-* e *-blasto*] s. m. • (*anat.*) Ectoderma.
ectodèrma [vc. dotta, comp. di *ecto-* e *-derma*] s. m. • (*anat.*) Foglietto esterno della gastrula embrionale dopo che si è formato il tubo neurale.
-ectomìa [dal gr. *ektomḗ* 'resezione', comp. di *ek* 'fuori' e *tomḗ* 'taglio' (dal v. *témnein* 'tagliare', di origine indeur.)] secondo elemento • In parole composte della terminologia medica significa 'ablazione': *appendicectomia, prostatectomia, tonsillectomia*.
ectoparassìta [comp. di *ecto-* e *parassita*] s. m. • Parassita vivente sulla superficie del corpo dell'ospite.
ectopìa [vc. dotta, tratta dal gr. *éktopos* 'che è fuori (*ek-*) di posto (*tópos*)'] s. f. • (*med.*) Anomalia di posizione di un organo: *e. renale*; *e. testicolare*.
ectòpico agg. (pl. m. *-ci*) • (*med.*) Di organo che è in una sede diversa da quella normale.
ectoplàṣma [vc. dotta, comp. di *ecto-* e *plasma*] s. m. (pl. *-i*) **1** (*biol.*) Strato esterno, più denso, del citoplasma cellulare. SIN. Ectosarco. **2** (*psicol.*) In parapsicologia, la sostanza emanata dal medium in trance.
ectoplaṣmàtico agg. (pl. m. *-ci*) • Che concerne l'ectoplasma.
ectosàrco [vc. dotta, comp. di *ecto-* e del gr. *sárx*, genit. *sarkós* 'carne'] s. m. (pl. *-chi*) • (*biol.*) Ectoplasma.
ectoscopìa [comp. di *ecto-* e *-scopia*] s. f. • (*med.*) Osservazione esteriore del corpo umano, spec. a scopi diagnostici, antropologici e sim.
ectotermìa [comp. di *ecto-* e *-termia*] s. f. • (*fisiol.*) Condizione degli ectotermi. CONTR. Endotermia.
ectotèrmico [comp. di *ecto-* e *-termico*] agg. (pl. m. *-ci*) • (*fisiol.*) Riferito a un ectotermo. CONTR. Endotermico.
ectotèrmo [comp. di *ecto-* e *-termo*] s. m. • (*zool.*) Organismo animale che utilizza prevalentemente sorgenti di calore esterne per elevare la propria temperatura corporea. CONTR. Endotermo.
ectròpion o **ectrópio** [vc. dotta, gr. *ektrópion*, dal v. *ektrépein* 'volgere (*trépein*) in fuori (*ek-*)'] s. m. • (*med.*) Rovesciamento all'esterno della palpebra.
ecu /'ɛku, e'ky, e'ku*/ [sigla ingl. tratta dalle iniziali di *E(uropean) c(urrency) u(nit)* 'unità monetaria europea'; simile anche alla vc. fr. *écu* 'scudo'] s. m. inv. • (*econ.*) Unità monetaria di conto del Sistema Monetario Europeo, il cui valore è il risultato della media ponderata delle unità monetarie dei Paesi aderenti. SIN. Euroscudo.
ecuadoriàno **A** agg. • Dell'Ecuador. **B** s. m. (f. *-a*) • Abitante, nativo dell'Ecuador. SIN. Equadoregno.
ecùleo [vc. dotta, lat. *ecŭleu(m)*, dim. di *ĕquus* 'cavallo'] s. m. • Strumento di tortura simile nella forma a un cavalletto, su cui un tempo si disarticolavano le membra degli inquisiti.
ecumène [vc. dotta, lat. *oecūmene(m)*, dal gr. *oikouménē*, letteralmente 'abitata' (dal v. *oikêin* 'abitare', da *ôikos* 'casa, abitazione'), sottinteso *gê* 'terra'] s. f. **1** (*geogr.*) Parte emersa della Terra su cui l'uomo trova le condizioni minime essenziali per abitare. **2** (*est.*) La comunità universale dei seguaci di una fede religiosa, spec. con riguardo a quella cattolica.
ecumenicità s. f. • Qualità di ecumenico, di universale, riferita spec. al movimento di unificazione dei Cristiani e di riconoscimento dei valori comuni di tutte le religioni.
ecumènico [vc. dotta, lat. tardo *oecumĕnicu(m)*, dal gr. *oikoumenikós* 'pertinente all'ecumene (*oikouménē*)'] agg. (pl. m. *-ci*) **1** Di tutto il mondo cattolico | *Concilio e.*, al quale prendono parte tutti i vescovi cattolici. **2** Universale, che supera le divisioni fra confessioni cristiane e aspira al recupero dei valori comuni di fede | *Movimento e.*, proprio di molte chiese riformate e della chiesa cattolica, dopo il Concilio Vaticano II | *Spirito e.*, atteggiamento delle chiese cristiane, tendente a superare i conflitti ideologici e gerarchici nel riconoscimento del comune patrimonio spirituale o rivelato. || **ecumenicaménte**, avv. Secondo lo spirito evangelico.
ecumeniṣmo s. m. • (*relig.*) Indirizzo ideologico e pratico che ispira i vari movimenti che tendono a superare gli attriti dottrinari e le differenze storiche fra confessioni cristiane e a recuperare, nello spirito di fraternità, i comuni valori religiosi e soprannaturali | (*est.*) Tendenza post-conciliare della chiesa cattolica e di molte chiese cristiane alla rivalutazione dei motivi spirituali presenti in tutte le religioni.
ecẓèma [vc. dotta, dal gr. *ékzema*, letteralmente 'ebollizione', comp. di *ék-* 'fuori' e *zéma* '(che è stato) bollito'] s. m. (pl. *-i*) • Malattia infiammatoria della cute caratterizzata da arrossamento e dalla presenza di vescicole.
ecẓemàtico agg. (pl. m. *-ci*) • Eczematoso.
ecẓematóso [fr. *eczémateux*, da *eczéma* 'eczema'] agg. • Dell'eczema: *processo e.*
ed /ed/ • V. *e* (*2*).
edàce [vc. dotta, lat. *edāce(m)*, da *ĕdere* 'mangiare', di origine indeur.] agg. • (*lett.*) Che divora, consuma.
†**edacità** [vc. dotta, lat. *edacitāte(m)*, da *ĕdax*, genit. *edācis* 'edace'] s. f. • Voracità.
edàfico [dal gr. *édaphos* 'suolo, terreno' (legato con *hédos* 'sede, base')] agg. (pl. m. *-ci*) • (*biol.*) Di elemento che da solo o con altri influisce sulla distribuzione della flora in una data zona | *Fattore e.*, rapporto fra le piante e il substrato.
edafiṣmo [da *edafico*] s. m. • Rapporto fra la struttura chimico-fisica del terreno e la distribuzione dei vegetali.
edafòbio [comp. del gr. *édaphos* 'suolo, terreno' (V. *edafico*), e *-bio*] agg. • Detto di animale che vive nel terreno.
edafologìa [comp. del gr. *édaphos* 'suolo, terreno' (V. *edafico*), e *-logia*] s. f. (pl. *-gie*) • Ramo dell'ecologia che studia il suolo come mezzo biologico.
èdafon [dal gr. *édaphos* 'suolo, terreno' (V. *edafico*), con la terminazione della vc. modello (*plancton*)] s. m. • Insieme di organismi animali o vegetali viventi nel terreno.
Edàm [dal n. della città ol. di produzione] s. m. inv. • Formaggio fuso olandese, di forma sferica e crosta vermiglia.
èddico agg. (pl. m. *-ci*) • Dell'Edda, raccolta di canti epici spec. in antico islandese: *carmi eddici*.
eddòmada e *deriv.* • V. *ebdomada* e *deriv.*
Edelweiss /*ted.* 'e:dəlvais/ [ted. *Edelweiss*, letteralmente 'bianco (*weiss*) nobile (*edel*)'] s. m. inv. (pl. ted. *Edelweisse*) • (*bot.*) Stella alpina.
edèma o **èdema** [vc. dotta, gr. *oídēma*, da *oidein* 'gonfiare', di origine indeur.] s. m. (pl. *-i*) • (*med.*) Accumulo di liquido nello spazio interstiziale dei tessuti che, perciò, si presentano tumefatti.
edemàtico agg. (pl. m. *-ci*) • (*med.*) Che si riferisce a edema.
edematóso **A** agg. • (*med.*) Dell'edema | Che ha la natura, l'aspetto e sim. dell'edema. **B** agg.; anche s. m. (f. *-a*) • Che, chi è affetto da edema.
èden [ebr. *'Ēden*, da *'ḗden* 'delizia'] s. m. (*Èden* nel sign. 1) **1** Nell'Antico Testamento, Paradiso Terrestre assegnato alle creature prima del peccato. **2** (*est.*) Luogo meraviglioso e felice: *questo paese è un e.* SIN. Paradiso. **3** (*fig.*) Condizione di grande felicità.
edènico agg. (pl. m. *-ci*) **1** (*raro, lett.*) Proprio dell'eden | Che merita l'eden. **2** (*fig.*) Caratterizzato da felicità, beatitudine, perfezione: *immagine edenica*; *mondo e.*
édera [vc. dotta, lat. *(h)ĕdera(m)*, di etim. incerta] s. f. • Pianta sempreverde rampicante delle Araliacee, che si attacca per mezzo di piccole radici avventizie ai tronchi degli alberi e ai muri (*Hedera helix*). SIN. Ellera | (*fig.*) *Avvinto come l'e.*, strettamente e per sempre | (*polit., fig., est.*) *Il partito dell'e.*, (*per anton.*) il partito repubblicano italiano che ha la foglia di tale pianta come simbolo.
ederàceo [vc. dotta, lat. *hederāceu(m)*, da *hĕdera* 'edera'] agg. • (*raro*) Che si riferisce all'edera.
ederèlla [da *edera*] s. f. • (*bot.*) Piccola erba annuale delle Scrofulariacee, con foglie simili all'edera (*Veronica arvensis*).
ederìfero [vc. dotta, comp. di *edera* e *-fero*] agg. • (*raro*) Che porta edera | Cinto d'edera.
ederóso [vc. dotta, lat. *hederōsu(m)*, da *hĕdera* 'edera'] agg. • (*raro*) Pieno d'edera.
edìbile [vc. dotta, lat. tardo *edībile(m)*, da *ĕdere* 'mangiare'] agg. • Che si può mangiare: *la parte e. del melone, della pesca*. SIN. Commestibile.
edìcola [vc. dotta, lat. *aedĭcula(m)*, dim. di *āedes*, originariamente '(locale con) focolare', poi 'locale' in genere, quindi 'dimora', spec. 'dimora sacra, tempio', di origine indeur.] s. f. **1** Piccola costruzione, indipendente o annessa a un edificio maggiore, che contiene una statua o un'immagine sacra | *Finestra, nicchia a e.*, inquadrata da motivi architettonici analoghi a quelli di certe edicole. **2** Chiosco adibito alla vendita di giornali e sim.
edicolànte s. m. e f. • Chi vende giornali e sim. in un chiosco.
edicolìsta s. m. e f. (pl. m. *-i*) • Edicolante.
edificàbile [da *edificare*] agg. **1** Che si può edificare: *palazzo e.* **2** Detto di terreno, area, zona e sim. che possiede i requisiti previsti dalla legge per potervi edificare: *zona e.*
edificabilità s. f. • Qualità di un terreno, di un'area, di una zona edificabile.
†**edificaménto** s. m. • Modo e atto dell'edificare | Edificio.
edificànte **A** part. pres. di *edificare*; anche agg. **1** Nei sign. del v. **2** (*fig.*) Che dispone al bene, alla virtù, che dà buon esempio: *condotta poco e.* || **edificanteménte**, avv. (*raro*) In modo edificante. **B** s. m. • †Muratore.
edificàre o (*raro*) †**deficàre**, †**dificàre** [vc. dotta, lat. *aedificāre*, comp. di *āedes* 'dimora' (V. *edicola*) e *-ficāre* '-ficare'] **A** v. tr. (*io edìfico, tu edìfichi*) **1** Fabbricare, costruire, spec. in muratura: *e. una casa, una torre, un monumento*. **2** (*fig.*) Fondare, istituire stabilmente (*anche ass.*): *e. uno Stato, una dottrina religiosa, un sistema filosofico* | *E. sulla roccia*, (*fig.*) in modo duraturo | *E. sulla sabbia*, (*fig.*) senza fondamento. **3** Indurre al bene: *e. l'animo, la coscienza, i giovani*. **B** v. intr. pron. • Disporsi al bene, alla virtù.
†**edificàta** s. f. • Edifizio.
edificatìvo agg. • (*raro*) Atto a edificare | Esemplare.
edificatóre o (*raro*) †**dificatóre** [vc. dotta, lat. *aedificatōre(m)*, da *aedificātus* 'edificato'] agg.; anche s. m. (f. *-trice*) • Che, chi edifica.
edificatòrio [vc. dotta, lat. tardo *aedificatōriu(m)*, da *aedificātus* 'edificato'] agg. **1** (*raro*) Concernente l'edificazione. **2** (*fig.*) Edificante, con l'esempio e le parole.
edificazióne o †**dificazióne** [vc. dotta, lat. *aedificatiōne(m)*, da *aedificātus* 'edificato'] s. f. **1** Atto ed effetto dell'edificare: *faremo menzione ordinatamente della e. delle dette mura* (VILLANI). **2** (*raro*) Costruzione, edificio. **3** (*fig., lett.*) Buon esempio, invito al bene, alla virtù: *che le nostre parole vi siano di e.*
edifìcio o (*raro*) †**defìcio**, †**difìcio** (*1*), **edifìzio** [vc. dotta, lat. *aedifĭciu(m)*, da *aedificāre* 'edificare'] s. m. **1** Costruzione di pietra, mattoni, cemento armato, acciaio, per abitazione o altro uso pubblico o privato. **2** (*est.*) Complesso organico, strutturato organizzato: *e. sociale* | (*fis.*) *E. molecolare*, disposizione spaziale degli atomi o dei gruppi atomici che formano la molecola. **3** (*fig.*) Complesso di ragionamenti, argomentazioni e sim. congegnati insieme: *l'e. dell'accusa risultò inverosimile*. **4** †Frode, stratagemma.
edìle o (*evit.*) **èdile** [vc. dotta, lat. *aedīle(m)*, propriamente 'addetto a ogni dimora (*āedes*: V. *edicola*) sacra e privata'] **A** agg. • Della, relativo all'edilizia: *impresa e.*; *operaio, perito e.* **B** s. m. **1** Nella Roma antica, magistrato con funzioni am-

ministrative e di polizia cittadina. *2* Operaio edile: *gli edili entreranno in sciopero domani.*

edilità [vc. dotta, lat. *aedilitāte(m)* da *aedīlis* 'edile'] s. f. *1* Carica dell'edile: *aspirare all'e.* | Durata dell'ufficio di edile: *durante l'e.* *2* (*raro*) Ufficio municipale che si occupa dei lavori pubblici.

edilìzia [da *edilizio*] s. f. ● Arte e tecnica di costruire e conservare gli edifici: *e. pubblica, privata; e. scolastica, residenziale.*

edilìzio [vc. dotta, lat. *aedilīciu(m)* 'pertinente all'*edile* (*aedīlis*)'] agg. *1* Di edile: *carica edilizia; editto e.* | *Azione edilizia*, nel diritto romano, azione accordata dall'edile nelle controversie sorte nei mercati pubblici. *2* Relativo all'edilizia: *cooperativa edilizia* | *Regolamento e.*, complesso di norme di legge che regolano la costruzione degli edifici di un centro urbano | *Credito e.*, concesso per far fronte alle esigenze della proprietà immobiliare urbana.

†**èdima** o (*raro*) †**dìma** (2) [lat. *hĕbdomas* (nom.), dal gr. *hebdomás* 'il numero sette', legato con *heptá*, 'sette' di origine indeur.] s. f. ● Settimana | *Mezz'e.*, mercoledì.

edipèo [da *Edipo* (V. *edipico*)] agg. ● (*letter.*) Di Edipo: *ciclo e.*

edìpico [da *Edipo*, personaggio mitologico a cui l'oracolo di Delfi aveva predetto che avrebbe ucciso il padre e sposato la madre] agg. (pl. m. *-ci*) ● (*psicoan.*) Che si riferisce al complesso di Edipo.

edipìsmo [da (complesso di) *Edipo*] s. m. *1* Condizione di chi non ha superato il complesso di Edipo. *2* (*med.*) Tendenza a provocare lesioni intenzionali ai propri occhi.

edipo s. m. inv. ● (*psicoan.*) Acrt. di *complesso di Edipo* (V. *complesso*).

edìpoda [dal gr. *Oidipódēs*, var. di *Oidípous* 'Edipo'] s. f. ● Genere di Insetti Ortotteri comuni nei luoghi aridi, con ali generalmente fasciate di scuro (*Oedipoda*).

editàre [fr. *éditer*, da *éditeur* 'editore'] v. tr. (*io èdito*) *1* (*raro*) Dare alle stampe. SIN. Pubblicare, stampare. *2* (*edit.*) Fare l'editing.

editing /*ingl.* 'editiŋ/ [vc. ingl., gerundio di *to edit* 'dare alle stampe, curare per la stampa', che ha la stessa radice dell'it. *edito* (V.)] s. m. inv. ● (*edit.*) Elaborazione e messa a punto redazionale del testo originale, scritto e consegnato o comunicato dall'autore, prima della composizione.

editio princeps /*lat.* e'dittsjo 'printʃeps/ [lat., letteralmente 'edizione (V.) prima (*prīnceps*, da *prīmocaps 'che prende (dal v. *căpere*) il *primo* posto')'] loc. sost. f. inv. ● Prima edizione a stampa di un'opera | La prima edizione di un autore classico, greco o latino, stampata nel '400 o nella prima metà del '500.

èdito [vc. dotta, lat. *ēditu(m)*, part. pass. di *ēdere* 'dar (*dāre*) fuori (*ex-*)'] agg. ● Divulgato per mezzo della stampa: *opera edita per la prima volta; poesie edite e inedite.* SIN. Pubblicato. CONTR. Inedito.

editor /*ingl.* 'editə*/ [vc. ingl., da *to edit* 'curare un'edizione' e anche 'dirigere un giornale'] s. m. e f. inv. *1* Chi cura la pubblicazione di un'opera altrui. *2* Direttore di un giornale, di una rivista. *3* Chi, in una casa editrice, è responsabile di un intero settore di attività (narrativa, saggistica, ecc.).

editóre (1) [vc. dotta, lat. *editōre(m)*, da *ēditus* 'edito'] **A** agg. (f. *-trice*) ● Che pubblica libri, riviste e sim.: *società editrice.* **B** s. m. ● Chi si occupa di scegliere, stampare e pubblicare, di solito a proprie spese, opere letterarie, musicali, e sim.

editóre (2) [ripresa del sign. assunto dall'ingl. *editor*, che significa, oltre che 'curatore di un'edizione', anche 'direttore o redattore di periodico'] s. m. (f. *-trice*) *1* Studioso che cura la pubblicazione di un'opera altrui. *2* (*raro*) Direttore di un giornale, di una rivista.

editorìa s. f. ● Industria libraria, attività editoriale: *dedicarsi all'e.* | Complesso degli editori, nel sign. di *editore (1)* | *E. elettronica*, attività di realizzazione di prodotti editoriali su supporto elettronico | *E. individuale, da scrivania*, attività editoriale svolta da singoli operatori mediante tecniche e strumenti di composizione tipografica e videoimpaginazione su personal computer.

editoriàle (1) [da *editore (1)*] agg. ● Di, relativo a editore o a casa editrice: *pubblicità e.; direttore e.*

editoriàle (2) [ingl. *editorial*, da *editor* 'direttore di giornale' (V. *editore (2)*)] **A** s. m. ● Articolo di prima pagina, sulle prime colonne di sinistra, che esprime il punto di vista del giornale spec. sui fatti politici o economici del giorno, scritto, di solito, dal direttore o da un collaboratore di sua fiducia. **B** anche agg.: *articolo e.*

editorialìsta [da *editoriale (2)*] s. m. e f. (pl. m. *-i*) ● Chi scrive articoli di fondo in un giornale.

edittàle [vc. dotta, lat. tardo *edictāle(m)*, da *edĭctum* 'editto'] agg. *1* Di editto: *formula e.* *2* Nella pratica forense, della legge: *norma e.; pena e.*

editto [vc. dotta, lat. *edĭctu(m)*, dal part. pass. di *edĭcere* 'dichiarare, dir (*dĭcere*) fuori (*ex-*)'] s. m. *1* Nel diritto romano, atto di governo proveniente da un magistrato o dall'imperatore. *2* (*est.*) Ordine, comando, scritto, emanato da una pubblica autorità | (*raro*) Bando. *3* Diploma regio di protezione o di immunità.

edìtuo [vc. dotta, lat. *aedĭtuu(m)* 'custode (dal v. *tuēri*) del tempio (*āedes*: V. *edicola*)'] s. m. ● Nella religione degli antichi Romani, guardiano delle cose sacre e custode del tempio.

edizióne [vc. dotta, lat. *editiōne(m)*, da *ēditus* 'edito'] s. f. *1* Pubblicazione di un'opera a stampa nuova o di successivi rifacimenti di essa, in un certo numero di copie: *e. economica; e. scolastica, purgata, poliglotta; e. spuria, originale* | *E. principe*, V. *editio princeps* | *E. critica*, il cui testo è stato ricostruito criticamente dal curatore con l'intento di ristabilirne la forma originale | *E. riveduta e corretta*, sensibilmente migliorata rispetto alla precedente | *E. in folio, in 4°, in 8°, in 16°*, quella in cui il foglio disteso è stato piegato rispettivamente 1, 2, 3, 4 volte | *E. fuori commercio*, destinata a una ristretta cerchia di persone | *E. di lusso*, quella eseguita con materiali di qualità superiore alla media, talvolta con tavole, carte, e sim. mancanti nell'edizione normale | *E. a dispense*, quella pubblicata a fascicoli di solito settimanali | *E. clandestina*, quella eseguita illegalmente, nonostante il divieto della censura o delle autorità di polizia | *E. contraffatta*, quella eseguita senza il permesso del proprietario del copyright | *E. nazionale*, quella delle opere di un grande scrittore fatta a spese dello Stato | (*raro*) Ristampa. *2* (*est.*) Libro, opera pubblicata: *una e. antica, rara.* *3* Complesso di esemplari che si stampano di un'opera con una stessa composizione tipografica: *un'e. di poche copie.* *4* Parte della tiratura complessiva di un giornale, eseguita entro ore fisse prestabilite | *E. nazionale*, destinata alla diffusione in tutto il paese | *Seconda e.*, con aggiunta di notizie recentissime o correzioni | *E. regionale*, con pagine riservate a quanto interessa una determinata regione | *E. straordinaria*, in occasione di avvenimenti particolari. *5* (*est.*) Esecuzione di spettacoli, manifestazioni, feste e sim.: *l'ultima e. del Palio di Siena; una applaudita e. dell'Edipo Re* | (*est.*) Realizzazione di una gara che si ripete periodicamente, secondo il tempo stabilito: *la prima e. del Giro d'Italia.* *6* (*est.*) Ultima fase della lavorazione di un film | Versione di un film in una lingua straniera. *7* (*fig., scherz.*) Modo di essere, di apparire, di comportarsi: *si è presentata in un'e. completamente rinnovata.* ‖ **edizionàccia**, pegg. | **edizioncèlla**, dim. | **edizioncìna**, dim.

edochiàno [giapp. *Edokko* 'proprio di Tokio (*Edo*, n. dell'ant. capitale)'] **A** agg. ● Di Tokio: *folclore e.* **B** s. m. (f. *-a*) ● Abitante, nativo di Tokio.

†**edòmada** e *deriv.* ● V. *ebdomada* e *deriv.*

edònico agg. (pl. m. *-ci*) ● (*raro*) Edonistico, epicureo.

edonìsmo [vc. dotta, tratta dal gr. *hēdonḗ* 'piacere', da *hēdýs* 'dolce', di origine indeur.] s. m. ● Dottrina filosofica secondo la quale il piacere individuale costituisce a un tempo il bene più alto e il fondamento della vita morale.

edonista s. m. e f. (pl. m. *-i*) ● Chi segue l'edonismo.

edonìstico agg. (pl. m. *-ci*) ● Che è proprio dell'edonista o dell'edonismo. ‖ **edonisticaménte**, avv.

edòtto [vc. dotta, lat. *edŏctu(m)*, part. pass. di *edocēre* 'insegnare (*docēre*) a fondo (*ex-*)'] agg. ● Informato, istruito: *rendere e. qc. sulle* (o *circa le*) *nuove norme della circolazione; fu reso e. del tradimento.*

edredóne [fr. *édredon*, dall'islandese *aedhar-dúnn* 'piuma (*dúnn*) dell'uccello chiamato *aedhr* (genit. *aedhar*)', passato dal nord a tutte le lingue dell'Europa centro-sett.] s. m. ● Anatra marina delle zone nordiche dal bellissimo piumaggio nero e bianco (*Somateria mollissima*).

-èdro [dal gr. *hédra* 'base', di origine indeur.] secondo elemento ● In parole composte della geometria, significa 'faccia', 'che ha un dato numero di facce': *decaedro, dodecaedro, triedro.*

educàbile agg. ● Che si può educare | Atto a essere educato.

educabilità s. f. ● Qualità di chi è educabile | Attitudine a essere educato.

†**educaménto** s. m. ● Modo e atto dell'educare.

educànda [vc. dotta, lat. *educănda*, f. sost. del gerundivo di *educāre* 'educare'] s. f. ● Giovinetta che viene educata in un convento o in un istituto.

educandàto [da *educanda*] s. m. ● Istituto o collegio ove si educano giovinette | Parte del convento a esse riservato.

educàre [vc. dotta, lat. *educāre*, della stessa radice di *dūcere* 'condurre, portare' col pref. raff. *ex-*] v. tr. (*io èduco, tu èduchi*) *1* Guidare e formare qc., spec. giovani, affinandone e sviluppandone le facoltà intellettuali e le qualità morali in base a determinati principi: *e. i figli, i giovani; e. qc. in modo rigido, al rispetto degli altri, con l'esempio* | *E. il popolo*, elevarne il livello culturale | *E. la mente, i sensi, le facoltà dell'intelletto*, affinarle, ingentilirle | (*est.*) Rendere idoneo allo svolgimento di certe funzioni: *e. qc. all'arte, alla vita pubblica.* *2* Abituare con l'esercizio, con la pratica ripetuta: *e. il corpo alle privazioni, i muscoli allo sforzo, il cavallo al morso.* SIN. Allenare, assuefare, avvezzare, esercitare. *3* (*lett.*) Allevare, coltivare: *e. una pianta; e. un figlio; amaranti educavano e viole* (FOSCOLO).

educativo agg. *1* Che concerne l'educazione: *nuova concezione educativa.* *2* Atto a educare: *libro, spettacolo e.*

educàto part. pass. di *educare*; anche agg. *1* Nei sign. del v. *2* (*est.*) Compìto, cortese: *giovane e.; modi educati.* ‖ **educataménte**, avv. Da persona ben educata.

educatóre [vc. dotta, lat. *educatōre(m)*, da *edu-cātus* 'educato'] **A** agg. (f. *-trice*) ● Che educa: *la funzione educatrice della famiglia.* **B** s. m. *1* (*gener.*) Chi educa o istruisce i giovani | Chi si interessa ai problemi dell'educazione. *2* Chi nell'ambito delle istituzioni specializzate si occupa professionalmente dei problemi psico-pedagogici dei soggetti handicappati o disadattati.

educatòrio s. m. ● (*raro*) Educandato.

educazióne [vc. dotta, lat. *educatiōne(m)*, da *educātus* 'educato'] s. f. *1* Formazione intellettuale e morale sulla base di determinati principi: *dare, impartire, ricevere una buona e.; e. rigida, severa, sbagliata* | *E. civile*, nel rispetto dei doveri e nell'esercizio dei diritti | *E. religiosa*, nella conoscenza e nella pratica delle norme religiose | *E. permanente*, quella che, seguendo l'individuo lungo tutto l'arco della vita, ne vuole sviluppare la personalità alla luce delle trasformazioni culturali in atto nella società | *E. di base*, volta a fornire a ogni membro della comunità sociale la capacità di trasmettere e ricevere le comunicazioni orali e scritte connesse con le necessità fondamentali del rapporto fra individuo e società | *E. sessuale*, volta a dare al bambino corrette e opportune informazioni sul tema della riproduzione sessuale | *E. fisica*, volta al rinvigorimento del corpo umano mediante la pratica di particolari esercizi ginnici. *2* Denominazione generica di alcune discipline o materie d'insegnamento scolastico (sempre seguita da un agg. che ne specifica il contenuto), spec. nell'ambito della scuola dell'obbligo: *e. artistica, e. civica, e. fisica, e. musicale, e. tecnica.* *3* Buona creanza, modo di comportarsi corretto e urbano nei rapporti sociali: *ha dato prova di grande e.; bella e.!* | *Chi ti ha insegnato l'e.?*, per sottolineare il comportamento scortese di qc. SIN. Gentilezza, urbanità. *4* (*lett.*) Allevamento, coltura di piante o di animali: *e. dei fiori, dei bachi da seta.*

†**edùcere** o †**edùrre** [vc. dotta, lat. *edūcere* 'con-

durre (*dūcere*) fuori (*ex-*)'] **v. tr.** • Condurre fuori.

edulcorànte A **part. pres.** di *edulcorare*; anche **agg.** • Nei sign. del v. **B** **s. m.** • Dolcificante.

edulcoràre [fr. *édulcorer*, dal lat. tardo *dŭlcor*, genit. *dulcōris* 'sapore dolce, dolcezza'] **v. tr.** (*io edùlcoro*) **1** (*raro*) Rendere dolce. **2** (*fig.*) Attenuare, mitigare gli aspetti più crudi e polemici di una notizia, racconto e sim.

edulcoràto **part. pass.** di *edulcorare*; anche **agg.** **1** Nei sign. del v. **2** Mitigato, attenuato: *racconto e. dei fatti.*

edulcorazióne [vc. dotta, tratta dal lat. tardo *dulcorāre*, da *dŭlcor*, gen. *dulcōris*, col prev. *ex-* rafforzat.] **s. f.** • (*raro*) Dolcificazione.

edùle o (*evit.*) **èdule** [vc. dotta, lat. *edūle(m)*, da *ĕdere* 'mangiare', di origine indeur.] **agg.** • Buono da mangiare: *frutti, piante eduli.* **SIN.** Commestibile.

†**edùrre** • V. †*educere.*

eduzióne [vc. dotta, lat. *eductiōne(m)*, da *edūcere* 'condurre fuori'] **s. f.** **1** Nella filosofia scolastica, il passaggio dalla potenza all'atto. **2** (*min.*) Operazione con cui si allontanano dalla miniera le acque sotterranee che vi si infiltrano: *galleria di e.*

efebèo [vc. dotta, lat. *ephebēu(m)*, dal gr. *ephēbêion*, da *éphēbos* 'efebo'] **s. m.** • Nell'antica Grecia, luogo della palestra riservato agli esercizi degli efebi.

efebìa **s. f.** • Condizione di efebo, nel mondo greco-romano.

efèbico **agg.** (**pl. m.** *-ci*) **1** Di efebo: *istruzione efebica.* **2** (*est.*) Da efebo: *grazia efebica.*

efèbo [vc. dotta, lat. *ephēbu(m)*, dal gr. *éphēbos* 'in (*epí*) adolescenza (*hḗbē*)'] **s. m.** **1** Nell'antica Grecia, giovinetto che, superati diciotto anni, era iscritto nelle liste di leva e istruito nell'arte musicale, nella letteratura e soprattutto nell'uso delle armi. **2** Adolescente, giovinetto | (*est., spreg.*) Giovane con corporatura e atteggiamenti non pienamente virili.

èfedra [vc. dotta, lat. *ĕphedra(m)*, dal gr. *ephédra*, f. di *éphedros* 'che si pone (da *hédra* 'base') sopra (*epí*)', per la sua proprietà di ergersi e innalzarsi] **s. f.** • Genere di piante arbustive e cespugliose delle Efedracee con piccole foglie caduche squamiformi e fiori piccoli (*Ephedra*).

Efedràcee [comp. di *efedra* e *-acee*] **s. f. pl.** • Nella tassonomia vegetale, famiglia di piante arbustive delle zone temperate, alcune specie delle quali contengono un alcaloide medicinale (*Ephedraceae*) | (al sing. *-a*) Ogni individuo di tale famiglia.

efedrìna [comp. di *efedra* e *-ina*] **s. f.** • Alcaloide contenuto in varie specie di efedra, usato per istillazioni oculari o nasali e nella cura dell'asma bronchiale.

efelcìstico o **efelchìstico** [gr. *ephelkystikós* 'attirato, aggiunto', comp. di *epí* 'sopra' ed *élkein* 'tirare'] **agg.** (**pl. m.** *-ci*) • (*ling.*) Nella morfologia del greco, detto del *ni* che si aggiunge alla fine di alcune parole terminanti per vocale, seguite da forte interpunzione o da parola cominciante con vocale.

efèlide [vc. dotta, lat. tardo *ephēlide(m)*, dal gr. *ephēlís* (al pl. *ephēlídes*), di etim. incerta, ma ritenuto comp. di *epí* 'sopra' e *hélios* 'sole', perché sorgono maggiormente con l'esposizione al sole] **s. f.** • (*med.*) Piccola macchia giallo-bruno liscia della cute, dovuta ad accumulo di pigmento melanico. **SIN.** Lentiggine.

efèmera [dal gr. *ephḗmeros* 'che resta su (*epí*) un solo giorno (*hēméra*)'] **s. f.** • Genere di Insetti degli Efemeroidei con metamorfosi incompleta e vita brevissima (*Ephemera*). **SIN.** Effimera.

efemèride • V. *effemeride.*

efèmero [vc. dotta, lat. *ephēmeru(m)*, dal gr. *ephḗmeros* 'in (*epí*) un giorno (*hēméra*)'] **s. m.** • (*bot.*) Colchico autunnale.

Efemeroidèi [dal gr. *ephḗmeros* 'che resta su (*epí*) un solo giorno (*hēméra*)' e *-oidei*] **s. m. pl.** • Nella tassonomia animale, ordine di Insetti emimetaboli, con ali anteriori più grandi delle posteriori, larve acquatiche, adulti a vita breve, e apparato digerente ridotto (*Ephemeroidea*) | (al sing. *-eo*) Ogni individuo di tale ordine.

efèndi • V. *effendi.*

efèṣia [vc. dotta, lat. *Ephēsia(m)*, dal gr. *ephesía*, perché si riteneva che fosse la pianta che ha favorito la nascita di Artemide d'*Efeso*] **s. f.** • (*bot.*) Aristolochia.

efeṣìno A **agg.** • Di Efeso. **B** **s. m.** • (f. *-a*) Abitante, nativo di Efeso. **SIN.** Efesio.

efèṣio [vc. dotta, lat. *Ephēsiu(m)*, dal gr. *Ephésios*] **agg.** (solo **f. sing.** nel sign. 2) **1** Di Efeso | *Lettere efesie*, antiche formule greche, di significato oscuro, che si incidevano su amuleti e a cui si attribuivano poteri magici. **SIN.** Efesino. **2** Appellativo di Artemide, a cui era dedicato un tempio nella città di Efeso e in onore della quale venivano celebrate ogni anno feste orgiastiche.

†**effàbile** [vc. dotta, lat. *effābile(m)*, da *effāri*, sin., nella terminologia religiosa, di *ēlŏqui* 'parlare (*fari*) chiaramente (*ex-*)'] **agg.** • Che si può esprimere. **CONTR.** Ineffabile.

†**effascinazióne** [vc. dotta, lat. *effascinatiōne(m)*, da *effascināre*, raff. di *fascināre* 'fascinare (2)'] **s. f.** • Fascino, malia.

effàto [vc. dotta, lat. *effātu(m)*, part. pass. di *effāri* 'parlare (*fāri*) nettamente (*ex-*)', quindi, in senso augurale, 'limitare con formule sacre' e, nella terminologia filosofica, 'stabilire un assioma'] **s. m.** **1** Preghiera pronunziata dal sacerdote, nell'atto di consacrare solennemente un luogo, o un tempio. **2** †Detto, assioma, sentenza.

èffe **s. f.** o **m. inv.** • Nome della lettera *f.*

effemèride o **efemèride** [vc. dotta, lat. *ephemĕride(m)*, dal gr. *ephēmerís*, genit. *ephēmerídos* 'giornaliero', comp. di *epí* (con valore distributivo) ed *hēméra* 'giorno'] **s. f.** **1** (*astron.*) Tavola numerica recante le coordinate, e altri elementi variabili nel tempo, degli astri, per istanti regolarmente intervallati | (*astrol.*) Tabelle per la ricerca della posizione dei pianeti nello Zodiaco. **2** Libro nel quale, un tempo, si annotavano i fatti che accadevano giorno per giorno | (*est.*) Giornale, rassegna periodica in materia scientifica o letteraria. **3** (*raro*) Almanacco, lunario. **4** (*lett.*) †Cronaca: *ma che più mi stendo io in farvi una efemeride della mia vita ...?* (BARTOLI).

effemerotèca [fr. *éphémerothèque*, comp. di *éphémère* 'effimero' (nel senso etim. 'che dura un giorno', cioè 'giornale') e *thèque* 'teca', sul modello di *bibliothèque* 'biblioteca'] **s. f.** • (*raro*) Raccolta di pubblicazioni periodiche. **SIN.** Emeroteca.

†**effeminaménto** o †**effemminaménto**. **s. m.** • Effeminatezza.

effeminàre o **effemminàre** [vc. dotta, lat. *effemināre*, comp. parasintetico di *fēmina* 'femmina', col pref. *ex-*] **A** **v. tr.** (*io efféṃino*) **1** Far assumere atteggiamenti, apparenza e sensibilità di tipo femminile. **2** (*est., spreg.*) Rendere debole, lezioso e frivolo: *abitudini e svaghi che effeminano i giovani; queste attillature, imprese, moti ... spesso non fanno altro che effeminare gli animi* (CASTIGLIONE). **SIN.** Infiacchire, rammollire. **B** **v. intr. pron.** • Infiacchirsi, snervarsi.

†**effeminatàggine** o †**effemminatàggine**. **s. f.** • Effeminatezza.

effeminatézza o **effemminatézza**. **s. f.** • L'essere effeminato: *e. di costumi* | Atto effeminato.

effeminàto o **effemminàto**. **part. pass.** di *effeminare*; anche **agg.** • Nei sign. del v. || **effeminataménte**, **avv.** Con effeminatezza.

effeminatóre o **effemminatóre**. **s. m.**; anche **agg.** (f. *-trice*) • (*lett.*) Chi, che rende effeminato.

†**effeminazióne** [vc. dotta, lat. tardo *effeminatiōne(m)*, da *effeminātus* 'effeminato'] **s. f.** • Effeminatezza.

effemminàre e *deriv.* • V. *effeminare* e *deriv.*

effèndi o **efèndi** [turco *efendi*, dal neogr. *aphéndis* per il gr. ant. *authéntēs*, di oscura composizione, anche se il primo elemento è concordemente ritenuto *autós* 'sé, sé stesso'] **s. m.** • (posposto al nome) In Turchia, particolare titolo onorifico per funzionari, notabili, uomini di alto livello culturale o sociale | Correntemente, signore.

†**efferatàggine** **s. f.** • Efferatezza.

efferatézza **s. f.** • Inumana ferocia e crudeltà: *agire con e.* | (*est.*) Azione efferata: *in ogni guerra si sono compiute efferatezze.*

efferàto [vc. dotta, lat. *efferātu(m)*, part. pass. di *efferāre* 'rendere feroce', comp. parasintetico di *fĕra* 'bestia feroce', col pref. *ex-* raff.] **agg.** • Che è caratterizzato da crudeltà e ferocia inumane: *un delitto e.; strage efferata.* || **efferataménte**, **avv.** Con efferatezza.

†**efferazióne** [vc. dotta, lat. tardo *efferatiōne(m)*, da *efferātus* 'efferato'] **s. f.** • Ferocia.

efferènte [vc. dotta, lat. *efferĕnte(m)*, part. pres. di *effĕrre* 'portar (*fĕrre*) fuori (*ex-*)'] **agg.** **1** Detto di tubo o condotto che serve all'uscita di un liquido o di un gas da un recipiente. **2** (*anat.*) Detto di canale o condotto che porta fuori da un organo i fluidi da questo secreti: *ansa e.; vaso e.* | Detto di organo che esercita una funzione di allontanamento da un altro.

efferènza [vc. dotta, dal lat. *effĕrre* (V. *efferente*)] **s. f.** • (*anat.*) Struttura anatomica (nervo, vaso sanguigno e sim.) che allontana segnali o fluidi da una parte del corpo.

†**efferità** o (*raro*) †**efferitàde**, (*raro*) †**efferitàte** [vc. dotta, lat. *efferitātem*, da *efferātus* 'efferato'] **s. f.** • Efferatezza.

effervescènte [vc. dotta, lat. *effervescĕnte(m)*, part. pres. di *effervēscere* '(cominciare a) bollire (*fervēre*)'] **agg.** **1** Che produce effervescenza o è in stato di effervescenza: *magnesia e.; bibita e.* **2** (*fig.*) Oltremodo fervido e brioso: *ingegno, spirito, immaginazione e.*

effervescènza [da *effervescente*] **s. f.** **1** Fenomeno per cui un gas si sviluppa da un liquido sotto forma di piccole e numerose bolle. **2** (*fig.*) Vivacità, impetuosità: *l'e. del vostro carattere mi stupisce* | Agitazione, fermento: *il pubblico è in grande e. per l'accaduto.*

†**effèto** [vc. dotta, lat. *effētu(m)*, comp. di *fētus* 'pregno' con *ex-* concl.] **agg.** • (*raro*) Languente, spossato.

effettàto [da *effetto* (*1*)] **agg.** **1** Pieno di effetti: *musica effettata.* **2** Nel gioco del calcio, del tennis e sim., detto di tiro eseguito con l'effetto.

†**effettìo** • V. *effettivo.*

effettìṣmo [comp. di *effetto* (*1*) e *-ismo*] **s. m.** • Ricerca dell'effetto, della sensazione, spec. in opere narrative o cinematografiche: *l'autore ha rinunciato a un facile e.*

effettìstica [f. sost. di *effettistico*] **s. f.** **1** Tendenza all'effettismo. **2** Insieme degli effetti utilizzati in opere cinematografiche, teatrali, televisive e sim.

effettìstico **agg.** (**pl. m.** *-ci*) • (*raro*) Caratterizzato da effettismo: *tecniche effettistiche.*

effettività **s. f.** • Carattere, qualità di ciò che è effettivo, reale, concreto | *E. di servizio*, servizio effettivo.

effettìvo o (*raro*) †**effettìo** [vc. dotta, lat. *effectīvu(m)*, da *effĕctus* 'effetto'] **A** **agg.** **1** (*raro*) Che serve a produrre o produce un effetto. **2** Vero, reale, tangibile: *guadagno e.; dare alle parole il loro e. significato; la cura mi ha dato un e. miglioramento* | *Tempo e.*, nello sport, quello impiegato detratti gli intervalli di interruzione, le sospensioni, le neutralizzazioni e gli abbuoni | *Lavoro e.*, quello realmente prestato non calcolandosi nel computarlo i periodi di riposo e il tempo occorrente per recarsi e tornare dallo stesso. **CONTR.** Apparente. **3** Che ricopre di diritto e in modo permanente una carica o un ufficio: *docente e.; assistente e.* | *Socio e.*, contrapposto a onorario | *Ufficiale e.*, in servizio permanente, di professione, contrapposto a ufficiale di complemento | *Personale e.*, insieme dei lavoratori, facenti parte del ruolo organico dell'impresa, che occupano posti con caratteri di permanenza. || **effettivaménte**, **avv.** In realtà, veramente: *è effettivamente malato; effettivamente non ha tutti i torti.* **B** **s. m.** **1** Chi ricopre di diritto e in modo permanente una carica o un ufficio: *gli effettivi dell'università.* **2** Complesso numerico degli uomini in forza organica a un corpo o ente militare. **3** Atleta, giocatore, titolare e riserva, componente una squadra. **4** Concreta consistenza di q.c.: *e. del patrimonio.*

effètto (1) [vc. dotta, lat. *effĕctu(m)*, dal part. pass. di *efficere* 'fare (*făcere*) completamente (*ex-*)', 'compiere'] **s. m.** **1** Ciò che è conseguenza di una causa: *gli effetti del caldo, dell'età; i buoni effetti dello studio, dell'onestà; molte volte nascono occasioni sufficienti per produr notabili effetti* (SARPI) | *Sortire l'e. voluto*, ottenerlo | Esito favorevole, giovamento: *l'e. di una medicina, di una cura.* **SIN.** Frutto, risultato. **2** (*est.*) Attuazione, realizzazione: *mandare q.c. a e.* | Adempimento di minaccia, promessa e sim. **3** Capacità di produrre determinate conseguenze, efficacia: *la legge ha e. retroattivo; essere privo d'ogni e.*

4 (*fig.*) Impressione viva e immediata: *che e. queste luci sul prato!* | *Cercare l'e.*, cercare di colpire l'attenzione, di commuovere: *attore, cantante che cerca l'e.* | *D'e.*, di ciò che colpisce vivamente, anche se in modo superficiale: *battute, frasi d'e.*; *scena d'e.*; *un quadro, un abbigliamento d'e.*, *di grande e.* | *Fare e.*, provocare turbamento, commozione: *quella scena mi ha fatto un certo e.*; *mi fa e. rivederti dopo tanto tempo* | *Fare l'e. di*, dare un'impressione di somiglianza: *quell'uomo mi fa l'e. di una brava persona.* *5* In vari giochi, traiettoria deviata fatta seguire alla bilia, alla palla o al pallone mediante un particolare colpo di lato perché arrivi in un determinato modo o per ingannare l'avversario: *gioco d'e.*; *colpire d'e.* *6* Titolo di credito: *e. bancario*; *e. bancabile* | (*per anton.*) Cambiale, ordine di pagamento: *firmare, protestare un e.* *7* (*fis.*) Fenomeno, scientificamente notevole, derivante da una causa definita: *e. corona* | *E. Joule*, fenomeno per cui un corpo attraversato da corrente elettrica si riscalda | *E. Larsen*, in una catena elettroacustica, innesco spontaneo di oscillazioni di ritorno, spec. tra altoparlante e microfono, con emissione di un caratteristico fischio | *E. Volta*, forza elettromotrice di contatto che si ha quando il contatto stesso avviene fra due corpi conduttori di natura fisica o chimica differenti | *E. Zeeman*, scissione delle linee spettrali, all'esame spettroscopico, quando gli atomi emittenti sono sottoposti a un campo magnetico. *8* (*est.*) Fenomeno dovuto a particolari accorgimenti o al verificarsi di determinate situazioni | *E. ottico, acustico*, per il quale q.c. o qc. si presenta alla vista o all'udito in maniera non corrispondente al vero | *Effetti speciali*, accorgimenti della tecnica cinematografica o teatrale necessari per produrre immagini alterate o illusionistiche | *Effetti di luce*, ottenuti in cinematografia o teatro mediante mutamenti di luce | *Effetti sonori*, rumori e suoni atti a completare in un film o in una scena teatrale una precisa ambientazione | (*tv*) *E. neve*, apparizione sullo schermo televisivo di incoerenti puntini biancastri, dovuto a debolezza di segnale video o a guasto dell'apparecchio, accompagnato spesso da un altrettanto incoerente rumore nell'audio, come di continue scariche | *E. serra*, nelle serre e nei collettori solari, riscaldamento di un ambiente mediante coperture trasparenti ai raggi solari capaci di trattenere parte del calore prodotto; (*ecol.*) aumento della temperatura terrestre, dovuto spec. all'incremento del contenuto di anidride carbonica e altri gas nell'atmosfera, che impedisce a una parte del calore solare riflesso dalla superficie terrestre di disperdersi nello spazio | (*med.*) *E. cocktail*, quello prodotto dall'assunzione contemporanea di farmaci diversi | *E. Doppler*, V. *doppler*. *9* (*est.*) Insieme delle conseguenze politiche, economiche, sociali e dei riflessi che derivano da un evento importante o dalla notorietà di un personaggio pubblico: *e. Chernobyl*; *e. Mitterand.* *10* (*raro*) Fatto: *veniamo all'e.* | *In e.*, *in effetti*, in realtà, davvero: *in effetti hai proprio ragione.* *11* (*raro*) Fine, scopo: *a questo e. decidemmo di intervenire*; *l'affermazione è valida a tutti gli effetti.* || **effettàccio**, pegg. | **effettóne**, accr. | **effettùccio**, dim.

effètto (**2**) [adattamento del fr. (usato al pl.) *effets*, da *effet* 'effetto, realizzazione'] s. m. ● (*spec. al pl.*) Beni mobili, immobili, preziosi e sim.: *effetti patrimoniali* | *Effetti personali*, vestiario e sim.

effettóre [vc. dotta, lat. *effectōre(m)*, da *effĕctus* 'effetto (1)'] s. m. (f. *-trice*) *1* (*anat.*) Organo capace di rispondere con una particolare attività a una stimolazione nervosa. *2* In cibernetica, dispositivo o apparecchio capace di produrre un effetto quando sia opportunamente stimolato. *3* †Autore.

effettuàbile agg. ● Che si può effettuare.

effettuabilità s. f. ● Qualità di ciò che è effettuabile.

effettuàle [fr. *effectuel*, da *effectuer* 'effettuare'] agg. ● Effettivo, reale: *mi è parso più conveniente andare drieto alla verità e. della cosa, che alla immaginazione di essa* (MACHIAVELLI). || **effettualménte**, avv. In realtà.

effettualità s. f. ● Qualità di ciò che è effettuale.

effettuàre [fr. *effectuer*, dal lat. *effĕctus* 'effetto (1)'] **A** v. tr. (*io effèttuo*) ● Mandare a effetto, compiere, realizzare: *e. una memorabile impresa*; *il treno non effettua altre fermate* | Adempiere, eseguire: *e. l'altrui volontà.* **B** v. intr. pron. ● Accadere, aver luogo: *la riunione non si è effettuata per mancanza di adesioni.*

effettuazióne s. f. ● L'adempiere, il mandare a effetto: *l'e. di un proposito.* SIN. Attuazione, compimento.

†effettuóso [vc. dotta, lat. *effectuōsu(m)*, da *effĕctus* 'effetto (1)'] agg. ● Di molto effetto. SIN. Efficace. || **†effettuosaménte**, avv. Efficacemente.

†effezióne [vc. dotta, lat. *effectiōne(m)*, da *effĕctus* 'effetto (1)'] s. f. ● Azione condotta a effetto, a termine.

†efficàbile agg. ● Efficace.

efficàce [vc. dotta, lat. *efficāce(m)*, da *effĭcere* 'fare (*făcere*) del tutto (*ex-*)'] agg. *1* Che raggiunge il fine in precedenza determinato o produce l'effetto che si desidera: *rimedio, ragione, aiuto, argomento e.*; *parole efficaci*; *queste opinioni furono in lui abbastanza efficaci per fargli comporre di belle poesie* (DE SANCTIS) | *Grazia e.*, nella teologia cattolica, quella che determina la volontà a operare e produce l'azione meritoria. SIN. Efficiente, valido. *2* (*est.*) Che mantiene viva l'attenzione di chi legge o ascolta, in quanto dotato di vivezza, incisività e sim.: *un e. resoconto*; *la tua descrizione dell'incidente è molto e.* *3* (*fis.*) Che provoca lo stesso effetto | *Lunghezza e. di un pendolo composto*, quella di un pendolo semplice di pari frequenza | *Valore e. di una corrente elettrica alternata*, il valore di una corrente continua che produce lo stesso riscaldamento. || **efficaceménte**, avv. Con efficacia.

efficàcia [vc. dotta, lat. *efficācia(m)*, da *effĭcere* 'fare (*făcere*) del tutto (*ex-*)'] s. f. (pl. *-cie*) *1* Qualità di ciò che è efficace | Particolare intensità espressiva: *parlare, scrivere con e.*; *dipinto di rara e.* | (*lett.*) Forza: *l'e. dei venti marittimi* (ALFIERI). *2* (*dir.*) Capacità di un fatto, atto o negozio di produrre effetti giuridici: *l'e. di una norma* | *E. della legge*, capacità di produrre i suoi effetti tipici | Il prodursi di tali effetti: *e. retroattiva.* *3* Nel pugilato, uno degli elementi determinanti nell'attribuire il punteggio agli atleti.

efficènte ● V. *efficiente.*

efficènza ● V. *efficienza.*

efficiènte o **efficènte** [vc. dotta, lat. *efficiĕnte(m)*, part. pres. di *effĭcere* 'fare (*făcere*) del tutto (*ex-*)'] agg. *1* Atto a produrre l'effetto voluto: *legislazione e.* | *Causa e.*, che produce l'effetto direttamente e non in modo occasionale | (*ling.*) *Complemento di causa e.*, indica l'essere inanimato da cui è fatta l'azione espressa con verbo passivo. *2* Che funziona normalmente: *motore, organismo e.* | (*est.*) Che risponde pienamente alle sue funzioni e ai suoi compiti: *un'organizzazione e.*; *un'impiegata molto e.* || **efficienteménte**, avv.

efficientìsmo s. m. ● Qualità di chi, o di ciò che, è sempre e comunque efficiente al massimo grado (*anche spreg.*).

efficientìsta s. m. e f. (pl. m. *-i*) ● Chi agisce o si comporta con efficientismo.

efficientìstico agg. (pl. m. *-ci*) ● Caratterizzato da efficientismo.

efficiènza o **efficènza** [vc. dotta, lat. *efficĕntia* 'le cose efficienti', nt. pl. di *effĭciens*, genit. *efficiĕntis* 'efficiente'] s. f. *1* Capacità di produrre un dato effetto, di raggiungere certi risultati | *Mettere, rimettere in e.*, mettere o rimettere un motore, un congegno e sim. in grado di funzionare | *Essere in piena e.*, al massimo, nella pienezza della propria capacità e attività. *2* Requisito indicante l'alta produttività che presentano le risorse impiegate o le tecniche produttive assunte da un'impresa | (*gener.*) Procedimento e comportamento seguiti nell'esplicazione di una qualsiasi attività. *3* (*aer.*) *E. aerodinamica*, rapporto fra il peso di un determinato corpo portante e la forza che occorre a trainarlo.

effige ● V. *effigie.*

†effìgia s. f. ● (*raro*) Effigie.

effigiàre [vc. dotta, lat. tardo *effigiāre*, da *effĭgies* 'effigie'] v. tr. (*io effìgio*) *1* Fare l'effigie di qc., ritrarlo, rappresentarne le sembianze: *un affresco che effigia personaggi illustri* | Adornare mediante effigi, modellare: *e. il portale di una chiesa*; *e. la cera, il marmo.* *2* (*lett.*) Lavorare a figure.

†effigiatóre s. m.; anche agg. (f. *-trice*) ● Chi, che effigia.

effìgie o **effìge** [vc. dotta, lat. *effĭgie(m)*, arc. *effĭgia(m)*, da *effĭngere* '†effingere'] s. f. (pl. *effigie* o *effigi*) *1* Figura, ritratto: *dipingere l'e. di qc.* | Opera d'arte che rappresenta tale immagine: *e. in marmo, in bronzo, in cera* | *Giustiziare, ardere in e.*, in epoca antica, eseguire la condanna capitale di un contumace servendosi, in assenza di lui, di un suo ritratto. *2* Aspetto, sembiante: *non avere più e. d'uomo.* || **effigiétta**, dim.

effìmera [da *effimero*] s. f. ● (*zool.*) Efemera.

effìmero o **efìmero** [vc. dotta, gr. *ephḗmeros* 'in (*epí*) un giorno (*hēméra*)', 'che dura un sol giorno', quindi 'di breve durata'] **A** agg. *1* Che dura un giorno solo. *2* (*est.*) Che ha breve o brevissima durata: *è stata una gloria effimera*; *febbre effimera*; *le effimere scorrerie dei Turchi* (NIEVO) | *Fiore e.*, che appassisce nel volgere di poche ore | *Insetto e.*, che da adulto ha vita brevissima. SIN. Caduco, labile, fugace. **B** s. m. ● Ciò che ha breve durata, è caduco | Complesso di spettacoli o manifestazioni culturali di carattere occasionale e di breve durata.

†effìngere [vc. dotta, lat. *effĭngere*, in origine 'esprimere (*ex-*) modellando con l'argilla (*fĭngere*)'] v. tr. ● Ritrarre.

efflorescènte [vc. dotta, lat. *efflorescĕnte(m)*, letteralmente part. pres. di *efflorēscere* 'cominciare a fiorire (*florēre*), a sbocciare (*ex-*)'] agg. *1* (*lett.*) Che comincia a fiorire. *2* (*chim.*) Detto di sostanza che presenta efflorescenza.

efflorescènza [da *efflorescente*] s. f. *1* (*chim.*) Proprietà di certe sostanze cristalline, consistente nel perdere la propria trasparenza e nel ridursi in polvere spec. per totale o parziale perdita di molecole d'acqua di cristallizzazione. *2* (*geol.*) Formazione salina su rocce, terreni, muri e in genere ambienti umidi | Fenomeno che porta a tali formazioni. *3* (*med.*) Esantema poco rilevato della cute.

efflu̦ènte [vc. dotta, lat. *effluĕnte(m)*, part. pres. di *efflŭere* 'scorrer (*flŭere*) via (*ex-*)'] **A** agg. ● Di liquido o gas che sgorga da un orifizio. **B** s. m. ● Massa delle acque di rifiuto di agglomerati urbani o stabilimenti industriali, in qualsiasi stadio dello smaltimento o del trattamento di depurazione | *E. radioattivo*, residuo gassoso, liquido o solido, che deriva da operazioni su sostanze radioattive e deve essere sottoposto a opportuni trattamenti prima di essere smaltito, per non contaminare l'ambiente.

efflu̦ìre [vc. dotta, lat. *efflŭere* 'scorrer (*flŭere*) via (*ex-*)', con cambio di coniugaz.] v. intr. (*io efflu̦ìsco, tu efflu̦ìsci*; aus. *essere*) ● (*raro*) Uscire, riversarsi a fiotti: *dalla botte aperta il vino effluiva con violenza.*

efflùsso [vc. dotta, lat. tardo *efflŭxu(m)*, part. pass. di *efflŭere* 'effluire'] s. m. ● Sgorgamento di un gas o di un liquido da un'apertura: *l'e. dell'acqua dalla rottura del tubo.*

efflùvio [vc. dotta, lat. *efflŭviu(m)*, da *efflŭere* 'scorrer (*flŭere*) via (*ex-*)'] s. m. *1* Esalazione di un odore, spec. gradevole: *cipressi e cedri / di puri effluvi i zefiri impregnando* (FOSCOLO). *2* (*iron.*) Odore sgradevole, lezzo: *senti l'e. della palude!* *3* (*est.*) Emanazione: *un e. di raggi luminosi* | (*elettr.*) *E. elettrico*, dispersione dell'elettricità da un conduttore nell'aria.

effóndere o **†effùndere** [vc. dotta, lat. *effŭndere* 'versare (*fŭndere*) fuori (*ex-*)'] **A** v. tr. (coniug. come *fondere*) ● (*lett.*) Spargere, versare (*anche fig.*): *e. acqua sui prati*; *e. l'animo, la piena degli affetti*; *parea per gli occhi e. / il sorriso de l'alma* (CARDUCCI). **B** v. intr. (aus. *essere*) ● Fuoriuscire. **C** v. intr. pron. ● Spandersi, diffondersi: *il suono della campana si effonde per la valle*; *un lampo ad or ad or s'effonde* (PASCOLI).

†effondiménto o **†effundiménto**. s. m. ● Effusione.

effossòrio [vc. dotta, tratta dal lat. *effŏssus*, part. pass. di *effŏdere* 'cavare (*fŏdere*) fuori (*ex-*)', 'scavare'] agg. ● Atto a scavare detto spec. di macchine usate in canali, porti e sim.

effrazióne [fr. *effraction*, dal lat. *effrāctus*, part. pass. di *effrĭngere* 'rompere (*frăngere*) del tutto (*ex-*)'] s. f. *1* (*bur.*) Rottura, forzatura di dispositivi di sicurezza spec. nel compimento di un furto:

l'e. di una serratura. SIN. Scasso nel sign. 1. **2** (*est., fig.*) Rottura, violazione: *e. di norme stilistiche.*

†effrenàto [vc. dotta, tratta da *effrenātu(m)*, part. pass. di *effrenāre*, comp. di *ex-* separativo e *frenāre* 'frenare'] **agg.** ● Sfrenato, smodato. || **†effrenatamènte**, **avv.** Sfrenatamente, smodatamente.

†effùgere [vc. dotta, lat. *effŭgere* 'fuggire (*fŭgere*) via (*ex-*)'] **v. tr.** ● Fuggire, sfuggire.

†effùgio [vc. dotta, lat. *effŭgiu(m)*, da *effŭgere* '†effugere'] **s. m.** ● Sfuggita, scappatoia.

effumazióne [vc. dotta, tratta dal lat. tardo *effumāre* 'mandar fumo (*fumāre*) fuori (*ex-*)'] **s. f.** **1** Esalazione naturale di vapori o fumo, dalla superficie di alcune acque o dal dorso o sommità di alcuni monti. **2** (*mil.*) Fumo per segnali. SIN. Fumata.

†effùndere e *deriv.* ● V. *effondere* e *deriv.*

effusiòmetro [comp. di *effusione* e *-metro*] **s. m.** ● (*fis.*) Apparecchio per la determinazione della densità di un gas, ottenuta misurando il suo tempo di efflusso da un foro in parete sottile.

effusióne [vc. dotta, lat. *effusiōne(m)*, da *effūsus* 'effuso'] **s. f.** **1** Spargimento abbondante: *la battaglia ci costò grande e. di sangue.* **2** (*fis.*) Diffusione di un gas in uno o più altri attraverso piccoli fori in parete sottile. **3** (*geol.*) Emissione di lava da un condotto vulcanico sopra alla superficie terrestre subaerea o sottomarina | (*est.*) Lava emessa alla superficie. **4** (*fig.*) Calda dimostrazione di affetto: *abbracciare qc. con e.* || **effusioncèlla**, **dim.**

effusìvo **agg.** **1** (*geol.*) Detto di processo geologico originato dall'effusione di lave in superficie | Detto di roccia formata per consolidamento di lave. **2** (*fig.*) Pieno di calore, di affetto: *abbraccio e.*; *ha un carattere poco e.*

effùso **part. pass.** di *effondere*; anche **agg.** **1** Nei sign. del v. **2** *e. in pianto*, sciolto in lacrime | (*raro, lett.*) Ampio, copioso.

effusóre [vc. dotta, lat. tardo *effusōre(m)*, da *effūsus* 'effuso'] **A** **s. m.**; anche **agg.** ● Chi, che effonde. **B** **s. m.** ● (*fis.*) Condotto divergente atto a trasformare in energia cinetica quella di pressione di un fluido | Ugello di scarico all'estremità posteriore dei motori a getto.

-èfico [dal secondo elemento compositivo lat. *-(ĕ)fĭcu(m)*, dalla radice di *făcere* 'fare', di origine indeur.] **suff.** ● In aggettivi di derivazione latina indica capacità di fare, creare, produrre: *benefico, malefico* | V. anche *-ifico.*

efidròsi [vc. dotta, gr. *ephídrōsis* 'sudore (da *hidrṓs* 'sudore, traspirazione') superficiale (*epí*)'] **s. f.** ● (*med.*) Aumento di sudorazione in una parte del corpo.

efìmero ● V. *effimero.*

efìmnio [gr. *ephýmnion* 'ciò che si canta dopo (*epí*) l'inno (*hýmnos*)'] **s. m.** ● (*letter.*) In componimenti strofici della poesia classica, ritornello posto al termine di ogni strofa.

èfod [ebr. *'ēphō(w)dh*, propr. 'veste'] **s. m.** ● Nella liturgia levitica dell'Antico Testamento, paramento sacerdotale privo di maniche indossato solo dal sommo sacerdote | Abito di lino grezzo indossato dai sacerdoti comuni.

eforàto **s. m.** ● Titolo, carica e dignità di eforo | Durata di tale carica.

èforo [vc. dotta, lat. *ĕphoru(m)*, dal gr. *éphoros* 'che sorveglia (da *horân* vedere) sopra (*epí*)'] **s. m.** ● Nell'antica Sparta, ciascuno dei cinque magistrati supremi con poteri civili e talvolta anche politici.

eftemìmera o **eftemimere**, **eptemimera** [comp. del gr. *heptá* 'sette', *hemi-* 'mezzo' e *méros* 'parte', come spiega il calco *semisettenaria*] **agg.** solo **f.** ● (*letter.*) Di cesura che si trova dopo tre piedi e mezzo. SIN. Semisettenaria.

ègagro o **egàgro** [vc. dotta, gr. *áigagros*, comp. di *áix*, genit. *aigós* 'capra' e *ágrios* 'selvatico'] **s. m.** ● Capra asiatica simile allo stambecco alpino ma con corna meno imponenti (*Capra hircus*).

egalitàrio ● V. *egualitario.*

egalitarìsmo ● V. *egualitarismo.*

egèmone [vc. dotta, gr. *hēgemṓn*, dal v. *hēgêisthai* 'condurre'] **A** **s. m.** ● Duce, guida: *l'e. degli eserciti greci.* **B** **agg.** ● Che prevale, domina, si impone: *Stato e.*; *potenza e.*

egemonìa [vc. dotta, gr. *hēgemonía*, da *hēgemṓn* 'egemone'] **s. f.** **1** Supremazia che uno Stato esercita su altri | Superiorità di una classe basata sul consenso: *e. del proletariato.* **2** (*fig.*) Direzione, guida: *e. culturale.*

egemònico [vc. dotta, gr. *hēgemonikós*, da *hēgemṓn* 'egemone'] **agg.** (**pl. m.** *-ci*) **1** Che è in posizione di egemonia: *Stato e.* **2** (*est.*) Proprio di chi vuole raggiungere una posizione di egemonia: *volontà egemonica*; *tendenze egemoniche.* || **egemonicamènte**, **avv.**

egemònio **agg.** ● (*lett.*) Che ha ufficio di guida.

egemonìsmo [da *egemonia*] **s. m.** ● Aspirazione, tendenza all'egemonia.

egemonìstico **agg.** (**pl. m.** *-ci*) ● Di, relativo a egemonismo: *mire egemonistiche.*

egemonizzàre **v. tr.** ● Sottoporre all'egemonia di un gruppo, di una classe, e sim.: *e. la cultura.*

egemonizzazióne **s. f.** ● Atto, effetto dell'egemonizzare.

†egèno [vc. dotta, lat. *egēnu(m)*, legato col v. *egēre* 'abbisognare', di etim. incerta] **agg.** ● Povero, indigente.

†egènte [vc. dotta, lat. *egĕnte(m)*, part. pres. di *egēre* 'essere bisognoso', di etim. incerta] **agg.** ● Bisognoso, indigente.

egèo [vc. dotta, lat. *Aegēum* (*măre* o *pĕlagus*), dal gr. *Aigéus*, di prob. origine pregreca] **agg.** ● Relativo al mare Egeo: *coste, isole egee.*

†egestà [vc. dotta, lat. *egestāte(m)*, collegata con *egēre* 'aver bisogno', di etim. incerta] **s. f.** ● Povertà, indigenza, miseria.

-eggiàre [dal suff. verb. del lat. parl. *-idiāre*, che riproduce il gr. *-ízein*, suff. den. di origine indeur.] **suff.** ● Forma verbi tratti da nomi, da aggettivi, da avverbi e indicanti manifestazione del termine stesso da cui derivano, o azione intensiva, continuata: *amareggiare, corteggiare, favoleggiare, indietreggiare, noleggiare, occhieggiare* | V. anche *-izzare.*

-éggio **suff.** ● Forma sostantivi derivati da verbi in *-eggiare*: *arpeggio, conteggio, carteggio, maneggio, noleggio, solfeggio, sorteggio.*

eghelìano e *deriv.* ● V. *hegeliano* e *deriv.*

ègida o **†ègide** [vc. dotta, lat. *āegida*, acc. di *āegis*, dal gr. *aigís*, da *áix*, genit. *aigós* '(pelle di) capra', che proteggeva lo scudo di Zeus] **s. f.** **1** Scudo di Zeus, coperto con la pelle della capra Amaltea | Scudo o ornamento pettorale di Pallade Atena. **2** (*fig.*) Protezione, difesa, riparo: *porsi sotto l'e. della legge.*

eginètico [vc. dotta, lat. *Aeginēticu(m)*, dal gr. *Aiginētikós*, dal n. di Egina (*Áigina*), facilmente di origine preellenica] **agg.** (**pl. m.** *-ci*) ● Di Egina, isola greca | *Lega eginetica*, lega di bronzo usata da statuari greci | *Sorriso e.*, quello, attonito, di statue di guerrieri rinvenute spec. a Egina.

egìoco [vc. dotta, gr. *aigíochos*, perché portatore dell'*egida* (V.)] **agg.** ● (*lett.*) Armato dell'egida, appellativo di Zeus.

ègira o (*evit.*) **egìra** [ar. *hiğra* 'emigrazione', dal v. *hāğara* 'fuggire, emigrare'] **s. f.** ● Fuga di Maometto dalla Mecca a Medina, avvenuta il 16 luglio del 622 d.C., che segna l'inizio dell'era musulmana.

egittologìa [vc. dotta, comp. di *Egitto* e *-logia*] **s. f.** (**pl.** *-gie*) ● Disciplina che studia scientificamente le civiltà, i popoli e le arti dell'antico Egitto.

egittològico **agg.** (**pl. m.** *-ci*) ● Relativo all'egittologia.

egittòlogo [vc. dotta, comp. di *Egitto* e *-logo*] **s. m.** (**f.** *-a*; **pl. m.** *-gi*, pop. *-ghi*) ● Studioso, esperto di egittologia.

egiziàco [vc. dotta, lat. tardo *Aegyptĭacu(m)*, dal gr. *Aigyptiakós* 'relativo all'Egitto (*Áigyptos*)'] **agg.** (**pl. m.** *-ci*) ● (*lett.*) Egiziano.

egiziàno [da *egizio*] **A** **agg.** ● Relativo all'Egitto. **B** **s. m.** (**f.** *-a* nel sign. 1) **1** Abitante, nativo dell'Egitto. **2** Carattere tipografico nero con grazie piatte dello stesso spessore delle aste, apparso agli inizi del sec. XIX. **C** **s. m.** solo **sing.** ● Lingua dell'antico Egitto appartenente alla famiglia camitica.

egìzio [vc. dotta, lat. *Aegўptiu(m)*, dal gr. *Aigýptios* 'di Egitto (*Áigyptos*)'] **A** **agg.** ● Dell'antico Egitto: *arte egizia.* **B** **s. m.** (**f.** *-a*) ● Abitante dell'antico Egitto.

eglefìno [fr. *aiglefin*, da *églefin* (con sovrapposizione di *aigle* 'aquila'), a sua volta dal precedente *esclevis*, che riproduce il medio ol. *schelvisch*, letteralmente 'pesce (*visch*) dalla carne che si sfalda (*schelle* 'scaglia')', con due componenti di area germ.] **s. m.** ● Pesce osseo dei Gadiformi dell'Atlantico di cui si utilizzano le carni molto saporite (*Gadus aeglefinus*).

égli o (*lett.*) **éi** (troncato in **e'**, V.), **†élli**, (*tosc.*) **gli** (**3**) nel sign. 2 e 3, purché in proclisi [lat. parl. **īlli* per *ĭlle*, parola di difficile analisi nella formazione dei componenti] **pron. pers. m.** di terza pers. sing. e †**pl.** (pop. tosc. o poet. troncato in *e'* davanti a consonante semplice o davanti a *f, v, p, b, t, d, c, g* seguite da *l* e *r*, purché in proclisi) **1** Indica la persona di cui si parla e si usa come sogg. riferito al m. sing.: *e. partirà domani*; *e. crede che sia vero*; *del gravissimo scudo arma ei la manca* (TASSO); *Ei fu* (MANZONI). **2** (*tosc., lett.*) Riferito a pers. o cosa sing. o pl., spec. con valore pleon.: *e. è gran tempo che ciò è accaduto*; *non è e. forse vero?*; *e. non sono ancora molti anni passati, che in Firenze fu una giovane* (BOCCACCIO). **3** (*tosc.*) †Essi: *e' verranno subito*; *se cosa appare ond'elli abbian paura* (DANTE *Purg.* II, 127). **4** (*raro*) †Lui, ciò, esso, loro, essi (riferito a pers. o cosa sing. e pl., anche nei compl. indiretti): *ch' alcuna gloria i rei avrebber d'elli* (DANTE *Inf.* III, 42).

†églino o **†éllino** [da *egli* col suff. *-no*, proprio della terza pers. pl. nella coniug. verb.] **pron. pers. m.** di terza pers. pl. ● Essi: *si avevan e. ad imbarcar per Venezia* (GOLDONI).

ègloga o **ècloga** [vc. dotta, lat. *ĕcloga(m)*, dal gr. *eklogḗ* 'scelta', dal v. *eklégein* 'coglier (*légein*) fuori (*ek-*)'] **s. f.** **1** Componimento poetico solitamente di argomento pastorale e di forma amebea: *le egloghe di Virgilio.* **2** Tipo di composizione musicale che si ispira a quella letteraria, con accenti idillici.

ègo /lat. 'ɛgo/ [vc. dotta, lat. *ĕgo* 'io', di origine e vasta diffusione indeur.] **s. m. inv.** ● Nella psicoanalisi, Io.

ègo- [dal lat. *ĕgo* 'io'] primo elemento ● In parole composte, spec. della terminologia filosofica e psicologica, significa 'sé stesso', 'di sé': *egocentrismo, egoismo.*

egoàrca [vc. dotta, comp. di *ego-* e *-arca*] **s. m.** (**pl.** *-chi*) ● (*lett.*) Egoista presuntuoso e soperchiatore: *voi vi atteggiate a felici, ad egoarchi, a superuomini* (PASCOLI).

egoàrchico **agg.** (**pl. m.** *-ci*) ● (*lett.*) Di, da, egoarca.

egocentricità **s. f.** ● Qualità di chi è egocentrico.

egocèntrico [vc. dotta, comp. di *ego-* e *centrico*, da *centro*] **A** **agg.** (**pl. m.** *-ci*) ● Che è proprio dell'egocentrismo o che è caratterizzato da esso: *carattere e.* | *Linguaggio e.*, linguaggio che non ha riferimento o esigenze sociali, sebbene possa prodursi in presenza di altri, comune nei bambini. || **egocentricamènte**, **avv.** **B** **agg.**; anche **s. m.** (**f.** *-a*) ● Che, chi manifesta egocentrismo.

egocentrìsmo [da *egocentrico*] **s. m.** ● (*psicol.*) Tendenza a porre se stessi al centro di ogni situazione | (*est.*) Atteggiamento accentratore, proprio di chi vuol fare tutto da sé.

egòcero [vc. dotta, lat. *aegōceras* (neutro), dal gr. *aigókeras* 'capra (*áix*, genit. *aigós*) con corno (*kéras*)'] **s. m.** ● (*zool.*) Stambecco.

egofonìa [vc. dotta, comp. del gr. *áix*, genit. *aigós* 'capra' e *-fonia*] **s. f.** ● (*med.*) Suono belante, come di capra, cui dà origine la voce del paziente percepita attraverso il torace, nei versamenti pleurici.

egoìsmo [fr. *égoïsme*, comp. del lat. *ĕgo* 'io' e del suff. *-isme* '-ismo'] **s. m.** ● Esclusivo e soverchio amore di sé stesso o dei propri beni, che non tiene conto delle altrui esigenze e diritti: *è di un incredibile e.*; *restringere e riconcentrare ogni ... affetto ed inclinazione verso sé stesso, il che si chiama appunto e.* (LEOPARDI). CONTR. Altruismo.

egoìsta **A** **s. m. e f.** (**pl. m.** *-i*) ● Chi tende a seguire i propri interessi e desideri, senza considerare quelli altrui. CONTR. Altruista. **B** **agg.** ● Egoistico: *mentalità egoista*; *desideri egoisti.* || **egoistàccio**, **pegg.**

egoìstico **agg.** (**pl. m.** *-ci*) ● Di, da egoista | Che denota egoismo: *amore e.* CONTR. Altruistico. || **egoisticamènte**, **avv.** Da egoista.

egolatrìa [vc. dotta, comp. di *ego-* e *-latria*] **s. f.** ● Adorazione, culto di sé stesso. SIN. Autolatria.

egopòdio [vc. dotta, gr. *aigopódēs*, comp. di *áix*, genit. *aigós* 'capra' e *póus*, genit. *podós* 'piede'] s. m. ● Pianta erbacea perenne delle Ombrellifere con foglie di forma simile ai piedi di capra (*Aegopodium podagraria*).

egotèle [vc. dotta, gr. *aigothḗlas*, perché popolarmente si riteneva che succhiasse (da *thēlḗ* 'mammella') il latte di capra (*áix*, genit. *aigós*)] s. m. ● Uccello notturno australiano con capo simile a quello dei gufi, occhio grande e vivace, piumaggio molle e abbondante (*Aegoteles cristata*).

egotismo [ingl. *egotism*, dal lat. *ĕgo* 'io' col suff. *-ism* '-ismo' e la *-t-* di altre vc., come *nepotism* 'nepotismo'] s. m. ● (*psicol.*) Stima eccessiva di sé che induce ad attribuire valore solo alle proprie esperienze e a parlare esclusivamente di sé.

egotìstico agg. (pl. m. *-ci*) ● Di, da egotista | Che denota egotismo: *carattere e.* || **egotisticaménte**, avv.

egotizzàre [ingl. *to egotize*, da *egotism* 'egotismo'] v. intr. ● (*raro*) Esaltare il proprio io | (*est.*) Parlare esageratamente di sé.

egrègio [vc. dotta, lat. *egrĕgiu(m)*, letteralmente 'che si stacca dal (*ex-*) gregge (*grĕx*, genit. *grĕgis*)'] agg. (pl. f. *-gie*) **1** Che esce dall'ordinario, che è singolare, eccellente: *una traduzione egregia*; *i gran nomi e i fatti egregi* (POLIZIANO) | Cospicuo: *una somma egregia*. **2** Formula di cortesia negli indirizzi e nelle intestazioni di lettere: *all'e. signor Rossi*. SIN. Distinto, esimio. || **egregiaménte**, avv.

egressivo [dal lat. *egrĕssus*, part. pass. di *ēgredi* 'andare (*grădi*) fuori (*ex-*)', 'terminare', in opposizione a *ingressivo*] agg. ● (*ling.*) Detto di suono la cui articolazione provoca uscita di aria.

egrèsso [vc. dotta, lat. *egrĕssu(m)*, dal part. pass. di *ēgredi* 'andar (*grădi*) fuori (*ex-*)'] s. m. ● (*raro, lett.*) Uscita.

egrétta [fr. *aigrette*, da *aigron*, di origine germ., con sostituzione di suff.] s. f. **1** Genere di Aironi comprendente l'airone maggiore e l'airone minore (*Egretta*). **2** Pennacchio usato un tempo come ornamento sul copricapo dei generali e colonnelli. **3** Adattamento di *aigrette* (V.).

†**egritùdine** [vc. dotta, lat. *aegritūdine(m)*, da *āeger*, genit. *āegri* 'malato'] s. f. ● (*lett.*) Infermità, malattia.

ègro [vc. dotta, lat. *āegru(m)*, di etim. incerta] agg. ● (*lett.*) Infermo, debole: *ella già sente / morirsi, e 'l piè le manca e. e languente* (TASSO) | Dolente, afflitto. || †**egraménte**, avv. Malvolentieri.

†**egrotànte** [vc. dotta, lat. *aegrotānte(m)*, part. pres. di *aegrotāre* 'essere ammalato'] agg. ● (*lett.*) Ammalato.

†**egròto** [vc. dotta, lat. *aegrōtu(m)*, legato ad *āeger*, genit. *āegri* 'malato' in modo non chiaro] agg. ● (*lett.*) Infermo.

eguàle e *deriv.* ● V. *uguale* e *deriv.*

egualitàrio o **egalitàrio** [fr. *égalitaire*, da *égalité* 'eguaglianza'] **A** agg. ● Che si ispira all'egualitarismo, che si fonda sull'egualitarismo: *teoria, ideologia, politica egualitaria*; *istanze egualitarie*. **B** s. m. ● Seguace, sostenitore dell'egualitarismo.

egualitarismo o **egalitarismo** [fr. *égalitarisme*, da *égalitaire* 'egualitario'] s. m. ● Dottrina politica che preconizza una società in cui tutti godano di una eguale parte delle ricchezze.

†**eguàre** ● V. †*equare*.

egùmeno [vc. dotta, gr. *hegoúmenos*, part. di *hēgêisthai* 'condurre, guidare'] s. m. ● Capo di una comunità di monaci della chiesa greca.

eh /ɛ, *nel sign. 1 anche* e/ [vc. espressiva] inter. **1** Esprime malcontento, perplessità, rincrescimento, con diverse sfumature che vanno dallo sdegno al rimprovero, alla minaccia, alla disapprovazione, al compatimento, alla esortazione, alla rassegnazione: eh! *queste cose non si fanno!*; *silenzio eh!*; *eh, signore, il gran mondo pensa diversamente* (GOLDONI) | Con valore raff. *eh, via!*, *eh là*: *eh, via, per chi mi prende!*; *eh, via, bisogna farsi animo!* **2** Esprime dubbio, possibilità e anche lieve speranza: *eh! può darsi che il tempo cambi*; *potrebbe anche farcela, eh?*; *eh! spero che tutto ti vada bene!* **3** Pronunciato in tono interr., esprime meraviglia, sorpresa, stupore: *eh? e tu non hai reagito?* | Esprime approvazione: *è stata una bella festa, eh?*; *bella ragazza, eh?* **4** (*fam.*) Si usa come risposta a una chiamata con i sign. di 'eccomi', 'sono qua' e sim.: *'Maria!' 'eh?'*.

éhi /'ei/ [vc. espressiva] inter. **1** Si usa per richiamare l'attenzione di qc., spec. in tono secco e perentorio: *ehi voi, venite qui!*; *ehi di casa! c'è nessuno?*; *ehi di bottega!*; *ehi! attento a quello che dici!*; *ehi, quel galantuomo di campagna!* (MANZONI) | (*fam.*) Si usa in risposta a chi chiama: *'Giuseppe!' 'ehi!'*. **2** Esprime meraviglia, stupore e anche ammirazione: *ehi, che roba!*; *ehi! hai visto che riflessi?*

ehilà /ei'la*/ o **ehi là** [comp. di *ehi* e *là*] inter. **1** Si usa per richiamare l'attenzione di qc. spec. in tono perentorio o (*fam.*) in risposta a chi chiama: *e.! buon uomo!*; *e.! salve!* **2** Esprime meraviglia, stupore, ammirazione e sim.: *e.! che salto!*

ehimè /ei'mɛ*, ei'me*/ ● V. *eimè*.

†**ehlà** /e'la*/ ● V. †*elà*.

ehm /m/ [vc. onomat.] inter. ● Riproduce il suono non precisamente articolato di un leggero colpo di tosse ed esprime esitazione, minaccia, reticenza, incredulità, ironia e sim. | Si usa per richiamare copertamente l'attenzione di qc. o per interrompere un discorso imbarazzante.

éi ● V. *egli*.

èia [vc. dotta, lat. *ēia*, pari al gr. *êia*, egualmente d'origine espressiva] inter. ● Esprime meraviglia, esortazione, esultanza: *eia, mirto del Quarnaro! / alalà!* (D'ANNUNZIO); *eia! eia! eia!, alalà*, grido di saluto, ovazione, incitamento, usato nel periodo fascista.

eiaculàre [vc. dotta, lat. *eiaculāri* (tardo *eiaculāre*) 'gettar fuori', comp. di *ex* 'fuori' e *iaculāri* 'scagliare' (da *iăculum* 'giavellotto', der. di *iăcere* 'scagliare')] v. intr. (*io eiàculo*) ● (*anat., fisiol.*) Emettere sperma dall'uretra.

eiaculatóre agg. ● (*anat.*) Che serve all'eiaculazione | *Dotto e.*, parte terminale del dotto deferente.

eiaculatòrio agg. ● Eiaculatore.

eiaculazióne s. f. ● Atto, effetto dell'eiaculare.

†**eibò** [comp. di *e(h)i* e del monosillabo espressivo *bò*, che ritorna in *oibò*] inter. ● (*raro*) Esprime sdegno o meraviglia.

eidètico [gr. *eidētikós* 'proprio della conoscenza (*éidēsis*) della forma (*êidos*), specifico'] agg. (pl. m. *-ci*) **1** Nella filosofia di E. Husserl, detto di tutto ciò che concerne gli oggetti ideali della mente, cioè le essenze, non direttamente dipendenti dall'esperienza sensibile. **2** (*psicol.*) Detto di immagine percettiva soggettiva, proiettata sul mondo esterno indipendentemente dalla presenza reale degli oggetti cui l'immagine si riferisce.

eidologìa [comp. del gr. *êidos* 'aspetto, forma' e *-logia*] s. f. ● Eidomatica.

eidomàtica [dal gr. *êidos* 'aspetto, forma' (V. *eidotipo*), sul modello di *informatica*] s. f. ● (*elab.*) Computer graphics.

eidomàtico **A** agg. (pl. m. *-ci*) ● Relativo all'eidomatica. **B** s. m. (f. *-a*) ● Tecnico specializzato in eidomatica.

eidophòr® /eido'fɔr/ [nome commerciale] s. m. inv. ● (*tv*) Apparecchio per la proiezione televisiva di immagini su un grande schermo, usato spec. per seguire in studio collegamenti in diretta o brani registrati.

eidotipo o **eidòtipo** [comp. del gr. *êidos* 'aspetto, forma' (d'orig. indeur.) e *-tipo*] s. m. ● Schizzo topografico quotato eseguito in modo approssimativo dal geometra, quando ancora si trova sul terreno da rilevare, perché serva di base al disegno definitivo.

eiettàbile [da *eiettare*, sul modello dell'ingl. *ejectable*] agg. ● (*aer.*) Che può essere espulso da un aereo in volo: *serbatoio e.* |*Sedile e.*, quello che in certi velivoli militari, spec. da caccia, può essere espulso in caso di avaria o emergenza consentendo a chi lo occupa di scendere con il paracadute.

eiettàre [vc. dotta, lat. *eiectāre* 'gettare (*iectāre*, parallelo di *iactāre*) fuori (*ex-*)'] v. tr. (*io eiètto*) ● Espellere all'esterno: *gli aerei supersonici eiettano ossido d'azoto*.

eiettivo [dal lat. *eiĕctus*, part. pass. di *eĭcere* 'gettar (*iăcere*) fuori (*ex-*)'] agg. ● (*ling.*) Detto di suono la cui articolazione è egressiva.

eiettóre [vc. dotta, tratta da *eiĕctus* (V. *eiezione*) sul modello di analoghe deriv.] s. m. **1** Dispositivo per l'aspirazione e l'espulsione di fluidi, che sfrutta la depressione creata dal passaggio di un getto di aria, vapore o acqua in un condotto composto di un tratto convergente e di uno divergente. **2** Dispositivo che, nelle armi da fuoco moderne a retrocarica, a ripetizione e automatiche, estrae ed espelle dall'arma l'involucro della carica sparata.

eiezióne [vc. dotta, lat. *eiectiōne(m)*, da *eiĕctus*, part. pass. di *eĭcere* 'gettar (*iăcere*) fuori (*ex-*)'] s. f. **1** Espulsione all'esterno, spec. di un liquido. **2** (*geol.*) Espulsione di materiali lavici e piroclastici da un condotto vulcanico.

eimè o **eimé**, (*raro*) **ehimè**. inter. ● (*raro*) Ahimè, ohimè.

einsteiniàno /ainstai'njano/ agg. ● Che si riferisce ad A. Einstein (1879-1955) e alle sue teorie.

einstèinio /ain'stainjo/ [dal n. del matematico e fisico ted. Albert *Einstein*] s. m. ● Elemento chimico, metallo transuranico ottenuto artificialmente. SIMB. Es.

èira [guaraní *eyra*, letteralmente 'gatto'] s. m. inv. ● Felino simile al gatto domestico con arti brevi e lunga coda (*Felis yaguarundi*).

†**eiulàre** [vc. dotta, lat. *eiulāre*, dall'escl. di dolore *ēi*, di origine espressiva] v. intr. ● Guaire, piangere lamentosamente.

†**eiulàto** [vc. dotta, lat. *eiulātu(m)*, dal part. pass. di *eiulāre* '†eiulare'] s. m. ● Pianto clamoroso.

†**eiulazióne** [vc. dotta, lat. *eiulatiōne(m)*, da *eiulātus*, part. pass. di *eiulāre* '†eiulare'] s. f. ● Lamento accompagnato da pianto.

†**e'l** /el/ o (*raro*) †**el**. cong. ● (*poet.*) Forma tronca per la cong. 'e' seguita dagli art. m. sing. 'il' e 'lo'.

†**el (1)** /el/ art. det. m. sing. ● (*poet.*) Il: *del rimbombar de' corni el cel rintruona* (POLIZIANO).

†**el (2)** /el/ pron. pers. m. di terza pers. sing. (*'l*, se preceduto da vocale) ● Forma tronca di 'ello'.

†**elà** (*raro*) †**ehlà**. inter. ● (*raro*) Ehilà.

elaboràre [vc. dotta, lat. *elaborāre* 'applicarsi, lavorare diligentemente' (comp. parasintetico di *lăbor*, genit. *labōris* 'fatica')] v. tr. (*io elàboro* o *raro elabóro*) **1** Eseguire, formare, comporre o preparare q.c. con grande applicazione, diligenza e studio dei particolari, avendo cura di svolgerne, svilupparne, trasformarne o perfezionarne gli elementi di fondo, i dati caratterizzanti e sim.: *e. un piano, un progetto*; *e. una legge, una riforma*; *la poesia elaborerà lentamente questa materia nuova* (PASCOLI). **2** Digerire: *lo stomaco elabora il cibo*. **3** (*biol.*) Produrre, emettere, secernere: *le cellule del pancreas elaborano il succo pancreatico*. **4** Sottoporre a elaborazione: *e. dati*.

elaboratézza s. f. ● (*raro*) Qualità di ciò che è elaborato: *l'e. dello stile appesantisce la sua prosa*.

elaboràto **A** part. pass. di *elaborare*; anche agg. **1** Nei sign. del v. **2** Detto di ciò che è eccessivamente studiato, curato, raffinato e sim.: *stile e.*; *prosa elaborata e priva di spontaneità*. SIN. Ricercato. **3** Detto di motore d'automobile che, avendo subito particolari adattamenti, è in grado di sviluppare maggior potenza e velocità. || **elaborataménte**, avv. **B** s. m. **1** Effetto dell'elaborare | Compito scritto eseguito a scuola: *consegnare gli elaborati di latino*. **2** (*biol.*) La sostanza prodotta da un organo: *l'e. di una ghiandola*. **3** (*elab.*) Tabulato.

elaboratóre **A** agg. (f. *-trice*) ● Che elabora: *fantasia elaboratrice*. **B** s. m. **1** Chi elabora. **2** Organo che elabora: *il fegato è un e. di sostanze*. **3** *E. elettronico*, o (*ass.*) *elaboratore*, macchina capace di eseguire elaborazioni su dati costituiti da una serie di elementi discreti codificati in una certa forma e rappresentanti caratteri, ossia cifre, lettere alfabetiche e segni speciali.

elaborazióne [vc. dotta, lat. tardo *elaboratiōne(m)*, da *elaborātus* 'elaborato'] s. f. **1** Atto, effetto dell'elaborare. **2** (*med.*) Complesso di modificazioni biochimiche impartite a una sostanza dall'attività di un organo o di una cellula. **3** *E. dei dati*, o (*ass.*) *elaborazione*, qualunque procedimento aritmetico e logico al quale vengono sottoposti i dati numerici o non, introdotti in un sistema di apparecchiature, allo scopo di ottenerne i risultati contabili, scientifici e sim. voluti, nella forma richiesta | *E. automatica dei dati*, meccanizzazione integrale del lavoro di ufficio mediante l'uso di macchine elettroniche o tradizionali altamente automatizzate | *E. elettronica dei dati*, sistema attuato mediante macchine elettroniche in grado di funzionare ad altissima velocità, secondo un programma prestabilito, senza l'intervento dell'uomo durante i passaggi intermedi. *4* (*mus.*) La seconda parte della forma sonata, che sviluppa i temi esposti dalla prima | Qualunque cambiamento, arrangiamento, modificazione. *5* (*raro*) Ciò che si elabora.

elàbro [dal grecismo lat. *ellĕborus* 'elleboro' con sovrapposizione del sin. indig. *verātrum* 'veratro'] s. m. ● (*bot.*) Elleboro.

elàfide o **èlafe** [vc. dotta, tratta dal gr. *élaps* 'elapide' (?)] s. m. ● (*zool.*) Colubro di Esculapio.

èlafro [vc. dotta, dal gr. *elaphrós* 'leggero', di origine indeur.] s. m. ● Piccolo insetto coleottero dei Carabidi (*Elaphrus riparius*).

elàide [vc. dotta, dal gr. *elaís*, genit. *elaídos* 'pianta di olivo'] s. f. ● Genere di palme con poche specie, una delle quali fornisce il grasso di palma (*Elaeis*).

elàidico agg. (pl. m. *-ci*) ● (*chim.*) Elaidinico.

elaidìna [vc. dotta, dal gr. *elaís*, genit. *elaídos* 'pianta di olivo', e *-ina*] s. f. ● (*chim.*) Gliceride dell'acido elaidinico, isomero dell'oleina dalla quale si ottiene per azione dell'acido nitroso.

elaidìnico [da *elaidina*] agg. (pl. m. *-ci*) ● (*chim.*) Detto di acido isomero dell'acido oleico | *Acido e.*, acido organico insaturo monobasico, ottenuto per trattamento dell'acido oleico con acido nitroso.

elaidinizzazióne [ingl. *elaidinization*, dal v. *to elaidinize*, da *elaidine* 'elaidina'] s. f. ● (*chim.*) Trasformazione dell'acido oleico in acido elaidinico; il fenomeno avviene nel corso di trattamenti chimici sugli oli, come per es. la distillazione.

elaìna [vc. dotta, dal gr. *elaïnos*, agg. di *élaion* 'olio'] s. f. ● (*chim.*, *raro*) Oleina.

elàio- o **elèo-** [dal gr. *élaion* 'olio', di origine indeur.] primo elemento ● In parole composte spec. della terminologia scientifica, significa 'olio': *elaiometro, elaiotecnica.*

elaiòmetro [vc. dotta, comp. di *elaio-* e *-metro*] s. m. ● Strumento usato per determinare la quantità di oli e di grassi presente nei semi oleosi.

elaiopòlio [gr. *elaiopṓlion*, comp. di *élaion* 'olio' (V. *elaio-*) e un deriv. di *pōlêin* 'vendere' (di origine indeur.)] s. m. ● Stabilimento consortile per la lavorazione e la vendita dell'olio d'oliva.

elaiotècnica [comp. di *elaio-* e *tecnica*] s. f. ● Tecnica della lavorazione e produzione dell'olio.

elàmico [da *Elam*, n. di una regione dell'antica Asia anteriore] agg. (pl. m. *-ci*) ● Relativo, appartenente all'Elam: *arte, lingua, religione elamica.*

elamìta s. m. e f. (pl. m. *-i*) ● Abitante dell'Elam.

elamìtico agg. (pl. m. *-ci*) ● Relativo all'Elam e agli Elamiti.

Elàpidi [vc. dotta, dal gr. *élaps*, variante tarda di *él(l)ops*, noto spec. come 'nome di pesce', di etim. incerta, e *-idi*] s. m. pl. ● Nella tassonomia animale, famiglia di Rettili velenosissimi caratteristici per la coda a forma conica (*Elapidae*) | (al sing. *-e*) Ogni individuo di tale famiglia.

elargìre [vc. dotta, lat. *elargīri*, da *largīri* 'distribuire con larghezza' (da *lărgus*) con *ex-* raff.] v. tr. (*io elargisco, tu elargisci*) ● Donare, concedere generosamente: *e. doni, favori.* SIN. Dispensare.

elargitóre s. m. (f. *-trice*) ● Chi elargisce.

elargizióne s. f. ● Atto dell'elargire | Dono generoso: *fare un'e. ai poveri.*

Elaṣmobrànchi [comp. del gr. *elasmós* 'piastra' e *bránchia* 'branchie' per la forma delle loro branchie] s. m. pl. ● (*zool.*) Sottoclasse di Condroitti comprendente la quasi totalità dei Pesci cartilaginei, con la sola esclusione degli Olocefali (*Elasmobranchia*).

elasticità s. f. *1* (*fis.*) Proprietà dei corpi di riprendere forma e volume iniziali se solidi, o solo volume, se liquidi, al cessare della causa deformante. *2* (*est.*) Scioltezza nei movimenti del corpo: *malgrado gli anni ha conservato una incredibile e.* SIN. Agilità. *3* (*fig.*) Capacità di adattarsi prontamente a situazioni e ambienti diversi, di apprendere nuove idee, di assuefarsi a nuovi concetti e sim.: *l'e. dell'ingegno, della mente.* *4* Capacità di mutare secondo le circostanze: *e. di un sistema economico* | *E. della domanda, dell'offerta*, variabilità della domanda o dell'offerta di beni o servizi al variare delle condizioni generali di mercato | *E. di cassa*, utilizzo di un credito in conto corrente il quale presenta frequenti passaggi da debito a credito del correntista.

elasticiẓẓàre [comp. di *elastic(o)* e *-izzare*] v. tr. ● Rendere elastico: *e. un tessuto.*

elasticiẓẓàto part. pass. di *elasticizzare*; anche agg. ● Detto di tessuto cui viene conferita elasticità con opportuni trattamenti, usato spec. per costumi da bagno, guaine e sim.

elàstico [vc. dotta, gr. *elastikós* per *elatós* 'duttile', da *elân*, forma abbr. di *eláunein* 'tirare' e 'spingere'] **A** agg. (pl. m. *-ci*) *1* Che possiede elasticità: *corpo, materiale e.* | *Deformazione elastica*, di un corpo elastico | *Linea, curva elastica*, linea secondo cui si dispone l'asse geometrico di un solido deformato sotto l'azione di forze esterne | *Filo e.*, filo di gomma rivestito di seta, di cotone o altra fibra | *Tessuto e.*, tessuto fabbricato con filo elastico. *2* (*est.*) Dotato di agilità, scioltezza e sim.: *passo e.*; *muscoli elastici* | (*mil.*) *Difesa elastica*, basata sullo scaglionamento in profondità dei reparti schierati in difesa, così che parziali e previste penetrazioni dell'attaccante possano essere assorbite e poi eliminate con il contrattacco. *3* (*fig.*) Pronto, svelto, aperto: *mente, intelligenza elastica.* *4* (*fig.*) Che muta col mutare delle circostanze, adeguandosi alla realtà, e non attenendosi a idee o schemi fissi (*anche spreg.*): *un uomo di principi morali piuttosto elastici* | *Coscienza elastica*, che scende a compromessi | *Discorso e.*, vago e ambiguo. || **elasticaménte**, avv. **B** s. m. *1* Strisciolina di gomma ad anello, usata per stringere o legare. *2* Nastro composto di fili di cotone, seta e sim. e di filamenti di gomma: *l'e. della cintura, del reggiseno, del reggicalze.* *3* Ripiano molleggiato del letto, che serve da sostegno al materasso.

elastìna [comp. di *elast(ico)* e *-ina*] s. f. ● (*biol.*) Scleroproteina che costituisce la sostanza fondamentale del tessuto connettivo elastico.

elastòmero [comp. del gr. *elast(ik)ós* 'elastico' e *méros* 'parte', per la proprietà caratteristica] s. m. ● (*chim.*) Ogni polimero, naturale o sintetico, che ha le proprietà e le caratteristiche del caucciù.

elatère [vc. dotta, gr. *elatḗr*, genit. *elatêros*, 'che spinge', da *eláunein* 'spingere, guidare', di etim. incerta] s. m. *1* Insetto coleottero che, se rovesciato sul dorso, spicca salti mediante un particolare meccanismo per rimettersi in piedi (*Elater*). SIN. (*pop.*) Elaterio (1). *2* (*bot.*) Cellula sterile, igroscopica, che in alcuni muschi e nelle epatiche sta fra le spore e coi suoi movimenti ne orienta l'espulsione.

Elatèridi [comp. di *elater(e)* e *-idi*] s. m. pl. ● Nella tassonomia animale, grande famiglia di Coleotteri con corpo allungato e convesso, numerose specie della quale sono dannosissime a varie piante coltivate (*Elateridae*) | (al sing. *-e*) Ogni individuo di tale famiglia.

elaterìna [da *elaterio* (*1*) e *-ina*] s. f. ● (*chim.*) Sostanza fortemente purgativa contenuta nel frutto dell'elaterio.

elatèrio (1) [vc. dotta, gr. *elatḗr* 'che spinge' (dal v. *eláunein* 'spingere avanti'), V. *elatere*] s. m. *1* (*bot.*) Cocomero asinino. *2* (*zool.*) Elatere | *E. dei cereali*, piccolo coleottero le cui larve sono dannosissime alle piante, spec. ai cereali (*Agriotes lineatus*).

elatèrio (2) [vc. dotta, lat. tardo *elatēriu(m)*, dal gr. *elatḗrios* 'stimolante'] s. m. ● (*chim.*) Mescolanza di sostanze estratte da frutti di cucurbitacee contenenti elaterina.

elaterìte [dal gr. *elatḗr*, genit. *elatêros* 'che spinge' (V. *elatere*), con *-ite* (*2*)] s. f. ● (*miner.*) Resina fossile, massa amorfa di color bruno contenente carbonio e idrogeno, infiammabile ed elastica.

elatìvo [dal lat. *elātus*, part. pass. di *ecfĕrre* nel senso di 'elevare', 'portare (*fĕrre*) su (*ex-*)', col suff. di altri termini grammaticali (*ablativo* e *superlativo*)] agg. ● (*ling.*) Detto del caso che esprime il movimento dall'interno di un luogo verso l'esterno | Superlativo assoluto | Superlativo.

†**elàto** [vc. dotta, lat. *elātu(m)*, part. pass. di *effĕrre* 'portar (*fĕrre*) fuori (*ex*-) dagli altri, in alto'] agg. ● Sollevato, innalzato | (*fig.*) Altero.

†**elazióne** [vc. dotta, lat. *elatiōne(m)*, da *elātus* 'elato'] s. f. ● Alterigia, superbia.

èlce o **èlice (1)** [lat. *ēlice(m)*, forma parallela, di origine dial., di *īlice(m)*, di etim. incerta] s. m. o f. ● Leccio.

elcéto s. m. ● Lecceto.

eldoràdo [sp. *el dorado*, dapprima indicante *el (hombre) dorado* 'l'uomo d'oro', che, secondo la leggenda, abitava in un favoloso e fantastico impero, che da lui prese nome] s. m. ● Paese leggendario di delizie e d'abbondanza. SIN. Eden.

Eleagnàcee [comp. di *eleagn(o)* e *-acee*] s. f. pl. ● Nella tassonomia vegetale, famiglia di piante legnose coperte di particolari peli squamosi (*Elaeagnaceae*) | (al sing. *-a*) Ogni individuo di tale famiglia.

eleàgno [gr. *eláiagnos*, comp. del n. di due piante, 'olivo' (*eláia*) e 'agnocasto' (*ágnos*), di origine beotica] s. m. ● Pianta ornamentale da giardino delle Eleagnacee, con foglie bianco-argento e frutto a drupa, rosso e commestibile (*Elaeagnus angustifolia*). SIN. Olivagno.

eleàte s. m. ● (*filos.*) Eleatico.

eleàtico **A** agg. (pl. m. *-ci*) *1* Di Elea, città della Magna Grecia: *costumi eleatici.* *2* Proprio della filosofia della scuola di Elea: *dottrina eleatica.* **B** s. m. (f. *-a*) *1* Nativo, abitante di Elea. *2* Chi segue la, o si ispira alla, filosofia eleatica.

eleatiṣmo s. m. ● Dottrina filosofica della scuola di Elea che si caratterizza per la svalutazione del mondo dei fenomeni e della conoscenza sensibile e per l'identificazione della verità con un essere immutabile, necessario ed eterno, accessibile esclusivamente alla conoscenza razionale.

elèctron o **èlectron**, **elèktron** [gr. *ḗlektron* 'lega d'oro e d'argento', da *ēléktōr* 'brillante', di etim. incerta] s. m. ● Lega ultraleggera a base di magnesio con rame, alluminio, zinco, caratterizzata da buone proprietà meccaniche, usata spec. in aeronautica.

eledóne [vc. dotta, gr. *heledṓnē* 'polpo' (di etim. incerta), per la forma delle sue antenne] s. f. ● Mollusco cefalopode simile a un piccolo polpo (*Eledone moschata*). SIN. Moscardino.

elefànte [vc. dotta, lat. *elephānte(m)*, nom. *ĕlepha(n)s*, dal gr. *eléphas*, di origine straniera] s. m. (f. *-essa* nel sign. 1) *1* Mammifero proboscidato, il più grosso animale terrestre vivente, con caratteristiche zanne e lunga proboscide | *E. africano*, con grandi orecchie e zanne molto sviluppate (*Loxodonta africana*) | *E. indiano*, con orecchie e zanne più piccole dell'elefante africano (*Elephas indicus*) | (*fig.*) *Fare di una mosca un e.*, esagerare molto i fatti. *2* *E. di mare*, gambero marino (*Homarus vulgaris*) | *E. marino*, grossa foca fornita di una corta proboscide (*Mirounga leonina*). SIN. Foca elefantina. *3* (*lett.*) †Avorio. || **elefantàccio**, pegg. | **elefantìno**, dim. (V.) | **elefantóne**, accr.

elefantésco agg. (pl. m. *-schi*) ● Di, da elefante: *s'alzò con passi elefanteschi* (CALVINO) | (*est.*) Di grandi proporzioni: *mole elefantesca.*

elefantìaco [vc. dotta, lat. tardo *elephantīacu(m)*, dal gr. *elephantiakós* 'relativo all'*elefantiasi* (detta anche *eléphas*)'] agg. (pl. m. *-ci*) *1* (*med.*) Elefantisiaco. *2* (*fig.*) Enorme, smisurato: *crescita elefantiaca.*

elefantìaṣi [vc. dotta, lat. *elephantīasi(m)*, dal gr. *elephantíasis* per l'aspetto rugoso che assume la pelle, simile a quella di un elefante (*eléphas*)] s. f. *1* (*med.*) Edema imponente da stasi linfatica, di solito causato da un parassita dei Nematodi. *2* (*fig.*) Anormale ed esagerato aumento: *l'e. della burocrazia.*

elefantìno (1) s. m. *1* Dim. di *elefante.* *2* Il piccolo dell'elefante.

elefantìno (2) [vc. dotta, lat. *elephantīnu(m)*, dal gr. *elephántinos*, da *eléphas*, genit. *eléphantos* 'elefante'] agg. *1* (*raro*) Di elefante | (*med.*) *Morbo e.*, elefantiasi. *2* (*lett.*) †D'avorio.

elefantiṣìaco agg. (pl. m. *-ci*) ● (*med.*) Dell'elefantiasi | Affetto da elefantiasi.

elegànte [vc. dotta, lat. *elegānte(m)*, ant. part. pres. di **elegāre* 'scegliere (**legāre*, ints. di *lĕgere*) fuori (*ex-*)'] **A** agg. *1* Di fattura squisitamente accurata e fine: *abito, mobile e.* | Che mostra grazia e semplicità unite a una gradevole accuratezza: *donna, uomo e.*; *abito e.*; *gesti eleganti.* *2* (*fig.*) Ingegnoso, sottile: *una e. questione di diritto.* ||

elegantemènte, avv. Con eleganza: *vestire elegantemente*; con stile: *ha fronteggiato elegantemente la situazione*. **B** in funzione di avv. ● Elegantemente: *è una signora che veste molto e.*; *scrivere, parlare e.* ‖ **elegantino**, dim.

elegantóne s. m.; anche agg. (f. *-a*) ● Chi, che veste seguendo rigorosamente la moda | (*iron.*) Chi, che ostenta una eleganza vistosa e poco fine.

elegànza [vc. dotta, lat. *elegăntia(m)*, da *ēlegans*, genit. *elegăntis* 'elegante'] s. f. **1** Caratteristica propria di chi, di ciò che, è elegante: *l'e. di una persona, di un vestito, dello stile* | (*per anton.*) Modo di vestire con gusto e raffinatezza: *la sua e. è proverbiale*; *Ella era vestita ... con un e. cittadina, trita e complicata* (MORAVIA). **2** (*al pl.*) Modi di dire ricercati e raffinati: *le eleganze dei classici*.

†**eleggèndo** agg. ● Che è da eleggere.

eleggènte o †**eligènte**. **A** part. pres. di *eleggere* ● Nei sign. del v. **B** s. m. e f. ● (*raro*) Elettore.

elèggere o †**elìgere** [vc. dotta, lat. *elĭgere* 'scegliere', comp. di *ex* 'da, fra' e *lĕgere* 'scegliere'] v. tr. (coniug. come *leggere*) **1** (*lett.*) Scegliere, preferire: *care mie violette, quella mano / che v'elesse infra l'altre ... / v'ha di tanta eccellenza e pregio ornate* (L. DE' MEDICI) | (*est.*) Stabilire in base a una scelta: *e. il proprio domicilio in un luogo*. **2** Nominare qc. a un ufficio, una carica o dignità, con votazione palese o segreta: *e. un consigliere, gli amministratori, i deputati*; *eleggemmo sei cittadini comuni, tre de' Neri e tre de' Bianchi* (COMPAGNI).

eleggìbile [fr. *éligible*, dal lat. *elĭgere* 'eleggere'] agg. ● Che può essere eletto; che ha i requisiti necessari a essere eletto a una carica.

eleggibilità [fr. *éligibilité*, da *éligible* 'eleggibile'] s. f. ● Possesso dei requisiti necessari a essere validamente eletto: *e. a un organo, a una carica*.

†**eleggiménto** s. m. ● Elezione.

†**eleggitóre** s. m. (f. *-trice*) ● Elettore.

elegìa [vc. dotta, lat. *elegīa(m)*, dal gr. *elegéia* (sottinteso *ōdḗ*) '(canto) elegiaco', agg. f. di *élegos* 'elego'] s. f. (pl. *-gìe*) **1** (*letter.*) Componimento poetico di carattere morale o sentimentale. **2** (*mus.*) Composizione strumentale di carattere mesto. **3** (*raro, fig.*) Serie continua di tristi vicende | (*scherz.*) Lamentazione.

elegìaco [vc. dotta, lat. tardo *elegīacu(m)*, dal gr. *elegiakós*, da *elegéia* 'elegia'] agg. (pl. m. *-ci*) **1** Di elegia | Appartenente a elegia | *Poeta e.*, di elegie | *Distico e.*, strofa risultante dall'unione di un esametro con un pentametro. **2** (*raro, fig.*) Tristemente monotono | (*iron.*) Querulo. ‖ **elegiacaménte**, avv. In modo lamentoso, triste.

elegiàmbo [vc. dotta, gr. *elegíambos*, comp. di *élegos* 'elego' e *íambos* 'giambo'] s. m. ● Verso latino formato da un comma di pentametro e da un dimetro giambico.

†**elegiògrafo** [vc. dotta, gr. *elegeiográphos*, comp. di *elegêion* 'distico' e *-gráphos* '-grafo'] s. m. ● Poeta elegiaco.

elegìsmo s. m. ● (*raro*) Carattere o tendenza elegiaca.

†**èlego** [vc. dotta, gr. *élegos* 'verso elegiaco', di origine microasiatica] agg. ● Elegiaco.

elèktron o **èlektron** ● V. *electron*.

†**elementàle** agg. ● Che concerne gli elementi di un corpo.

elementàre (**1**) o †**elementàrio** [vc. dotta, lat. *elementāriu(m)*, da *elemĕntum* 'elemento'] agg. **1** Che si riferisce a uno o più elementi | (*chim.*) *Analisi e.*, metodo di analisi chimica atto a determinare la qualità e la quantità degli elementi che costituiscono una sostanza | (*fis.*) *Carica e.*, carica elettrica dell'elettrone, per convenzione negativa. **2** Che costituisce un elemento: *sostanza e.* | (*fis.*) *Particella e.*, particella di materia che, allo stato attuale delle conoscenze, può essere considerata come unitaria e indivisibile: *l'elettrone è una particella e.* **3** (*est.*) Che è proprio delle prime e fondamentali nozioni di una scienza, di un'arte e sim.: *principi elementari*; *geometria e.* | *Scuola e.*, primo livello della scuola dell'obbligo, suddivisa in cinque classi | *Maestro e.*, che insegna in una scuola elementare | (*est.*) Facile da comprendere: *è una dimostrazione e.* | Basilare, fondamentale: *ignora le più elementari regole di grammatica*. ‖ **elementarménte**, avv.

†**elementàre** (**2**) [da *elemento*] v. tr. ● (*raro*) Comporre di più elementi.

†**elementàrio** ● V. *elementare (1)*.

elementarità s. f. ● Qualità di ciò che è elementare.

elementarizzàre [da *elementare (1)*] v. tr. ● Rendere molto semplice e chiaro: *e. l'esposizione di una teoria*.

†**elementazióne** [da *elemento*] s. f. ● Composizione degli elementi.

eleménto o †**eliménto** [vc. dotta, lat. *elemĕntu(m)*, di etim. discussa: dalle lettere dell'alfabeto (*elemĕnta*) *l, m, n* (?)] s. m. **1** Ciascuna delle parti semplici di cui i filosofi antichi credevano fosse composta la materia | *I quattro elementi*, l'acqua, l'aria, la terra e il fuoco | *La furia degli elementi*, lo scatenamento delle forze naturali | *Il quinto e.*, persona o cosa indispensabile alla vita di un individuo o di una società. **2** (*chim.*) Ognuno dei corpi semplici costituiti da atomi che hanno uguale il numero e la disposizione degli elettroni: *e. chimico*; *e. transuranico*; *e. marcato* | *E. di transizione*, i cui atomi presentano una struttura elettronica con uno strato interno incompleto | *E. nativo*, allo stato naturale | *E. biogeno fondamentale*, ciascuno dei dieci elementi chimici indispensabili alla struttura del protoplasma | *E. oligodinamico*, oligoelemento. **3** (*est.*) Ciascuna delle parti essenziali che compongono un apparecchio multiplo: *gli elementi di un radiatore, di una batteria elettrica*. **4** (*est.*) Parte o fattore costitutivo di q.c.: *il primo e. di una parola composta*; *gli elementi accidentali del negozio giuridico* | *E. morboso*, qualsiasi fattore di malattia | (*astron.*) *Elementi orbitali*, sei quantità che determinano la forma di un'orbita e la sua posizione nello spazio | (*mat.*) *E. d'un insieme*, uno degli enti che costituiscono l'insieme | *E. differenziale*, classe delle curve che in un punto dato hanno contatto d'ordine non inferiore a un numero intero dato. **5** (*fig.*) Ambiente | *Il liquido e.*, il mare | *Essere, trovarsi nel proprio e.*, a proprio agio. **6** (*fig.*) Chi fa parte di un gruppo, di una comunità: *è il peggior e. dell'ufficio* | (*fam.*) *Che e.!*, che bel tipo! **7** (*spec. al pl.*) Dati e notizie fondamentali di un fatto, di un problema e sim.: *eccovi tutti gli elementi della questione* | *Elementi di prova*, che provano q.c. | *Elementi di giudizio*, sui quali si fonda un giudizio. **8** (*al pl.*) Primi rudimenti, nozioni fondamentali di una scienza, di un'arte e sim.: *elementi di geometria*.

elemòsina o †**elimòsina**, (*pop.*) **lemòsina**, (*pop.*) **limòsina** [vc. dotta, lat. crist. *eleemŏsyna(m)*, poi anche *elemŏsina(m)*, dal gr. *eleēmosýnē*, da *eleḗmōn* 'misericordioso' da *éleos* 'pietà' (di etim. sconosciuta)] s. f. **1** Atto morale e religioso con cui si soccorre materialmente il

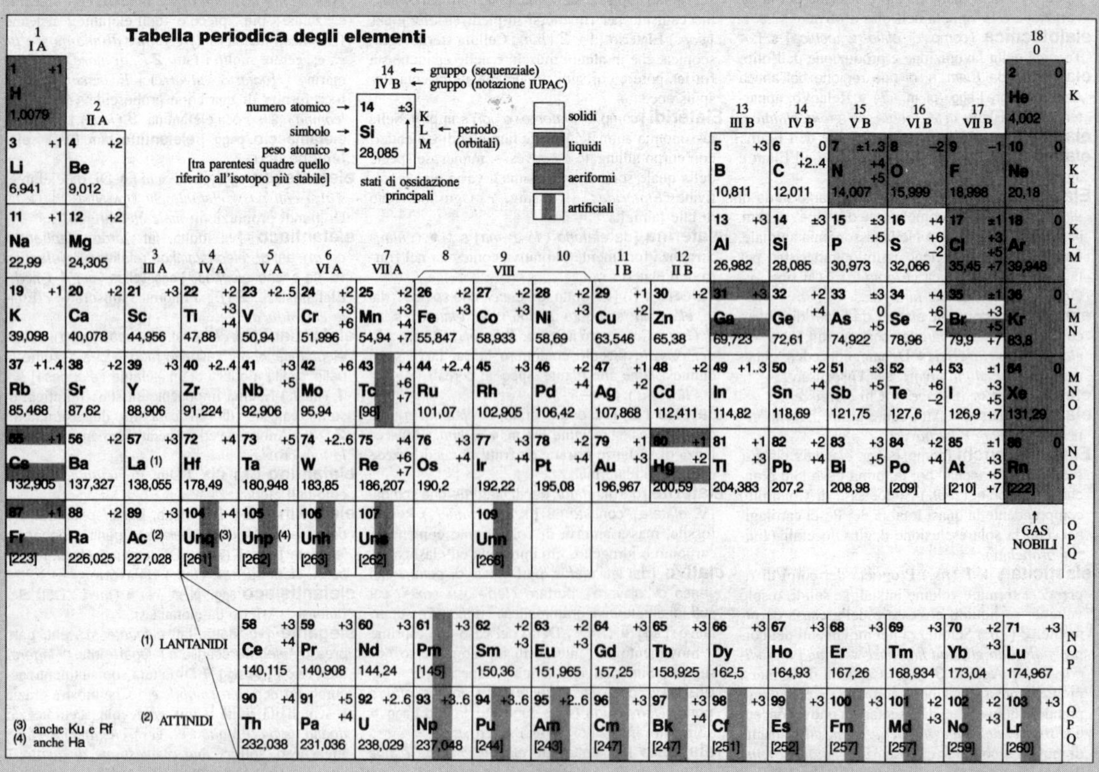

Tabella periodica degli elementi

Legenda: 14 ← gruppo (sequenziale); IV B ← gruppo (notazione IUPAC); numero atomico → 14; simbolo → Si; peso atomico → 28,085 [tra parentesi quadre quello riferito all'isotopo più stabile]; ±3 stati di ossidazione principali; K L M ← periodo (orbitali). Solidi; liquidi; aeriformi; artificiali.

1 IA	2 IIA	3 IIIA	4 IVA	5 VA	6 VIA	7 VIIA	8 VIII	9 VIII	10 VIII	11 IB	12 IIB	13 IIIB	14 IVB	15 VB	16 VIB	17 VIIB	18 0	
1 H +1 1,0079																	2 He 0 4,002	K
3 Li +1 6,941	4 Be +2 9,012											5 B +3 10,811	6 C 0 +2..4 12,011	7 N ±1..3 +4 +5 14,007	8 O −2 15,999	9 F −1 18,998	10 Ne 0 20,18	K L
11 Na +1 22,99	12 Mg +2 24,305											13 Al +3 26,982	14 Si ±3 28,085	15 P ±3 +5 30,973	16 S +4 +6 −2 32,066	17 Cl ±1 +3 +5 +7 35,45	18 Ar 0 39,948	K L M
19 K +1 39,098	20 Ca +2 40,078	21 Sc +3 44,956	22 Ti +2 +3 +4 47,88	23 V +2..5 50,94	24 Cr +2 +3 +6 51,996	25 Mn +2 +3 +4 +7 54,94	26 Fe +2 +3 55,847	27 Co +2 +3 58,933	28 Ni +2 +3 58,69	29 Cu +1 +2 63,546	30 Zn +2 65,38	31 Ga +3 69,723	32 Ge +2 +4 72,61	33 As ±3 0 +5 74,922	34 Se +4 +6 −2 78,96	35 Br ±1 +3 +5 +7 79,9	36 Kr 0 83,8	L M N
37 Rb +1..4 85,468	38 Sr +2 87,62	39 Y +3 88,906	40 Zr +2..4 91,224	41 Nb +3 +5 92,906	42 Mo +6 95,94	43 Tc +4 +6 +7 [98]	44 Ru +2..4 101,07	45 Rh +3 102,905	46 Pd +2 +4 106,42	47 Ag +1 +2 107,868	48 Cd +2 112,411	49 In +1..3 114,82	50 Sn +2 +4 118,69	51 Sb ±3 +5 121,75	52 Te +4 +6 −2 127,6	53 I ±1 +3 +5 +7 126,9	54 Xe 0 131,29	M N O
55 Cs +1 132,905	56 Ba +2 137,327	57 La (1) +3 138,055	72 Hf +4 178,49	73 Ta +5 180,948	74 W +2..6 183,85	75 Re +4 +6 +7 186,207	76 Os +3 +4 190,2	77 Ir +3 +4 192,22	78 Pt +2 +4 195,08	79 Au +1 +3 196,967	80 Hg +1 +2 200,59	81 Tl +1 +3 204,383	82 Pb +2 +4 207,2	83 Bi +3 +5 208,98	84 Po +2 +4 [209]	85 At ±1 +3 +5 +7 [210]	86 Rn 0 [222]	N O P
87 Fr +1 [223]	88 Ra +2 226,025	89 Ac (2) +3 227,028	104 Unq (3) +4 [261]	105 Unp (4) [262]	106 Unh [263]	107 Uns [262]		109 Unn [266]									↑ GAS NOBILI	O P Q

(1) LANTANIDI	58 Ce +3 +4 140,115	59 Pr +3 140,908	60 Nd +3 144,24	61 Pm +3 [145]	62 Sm +2 +3 150,36	63 Eu +2 +3 151,965	64 Gd +3 157,25	65 Tb +3 158,925	66 Dy +3 162,5	67 Ho +3 164,93	68 Er +3 167,26	69 Tm +3 168,934	70 Yb +2 +3 173,04	71 Lu +3 174,967	N O P
(2) ATTINIDI	90 Th +4 232,038	91 Pa +5 +4 231,036	92 U +2..6 238,029	93 Np +3..6 237,048	94 Pu +3..6 [244]	95 Am +2..6 [243]	96 Cm +3 [247]	97 Bk +3 +4 [247]	98 Cf +3 [251]	99 Es +3 [252]	100 Fm +3 [257]	101 Md +2 +3 [257]	102 No +2 +3 [259]	103 Lr +3 [260]	O P Q

(3) anche Ku e Rf
(4) anche Ha

prossimo indigente applicando lo spirito di carità o i precetti della legge divina: *fare, chiedere l'e.* | (*per anton.*) Beneficenza fatta ai poveri, a una chiesa o a un convento: *dare in e.* | *Ridursi all'e.*, (*fig.*) in totale miseria. **2** Compenso dato al sacerdote per applicare una messa | Compenso, tassa percepita per le concessioni di dispense e di atti amministrativi ecclesiastici. **3** (*spreg.*) Ciò che si fa o che si dà con superiore degnazione o con mal garbo: *ti ho chiesto un favore, non un'e.* ‖ **elemosinùccia, elemosinùzza, dim.**

elemoṣinàre o (*pop.*) **limoṣinàre**. **A** v. tr. (*io elemòṣino*) **1** Chiedere q.c. in elemosina: *e. un tozzo di pane* | Domandare q.c. umiliandosi come per un'elemosina: *viene sempre a e. la mia compagnia.* SIN. Mendicare, questuare. **2** Dare in elemosina. **B** v. intr. (aus. *avere*) ● Chiedere l'elemosina: *va elemosinando tutto il giorno per le strade.*

†**elemoṣinàrio** o †**elimoṣinàrio**, †**limoṣinàrio** [vc. dotta, lat. tardo *eleemosynāriu(m)*, da *eleemŏsyna* 'elemosina'] s. m. ● Elemosiniere.

†**elemoṣinatóre** o †**limoṣinatóre**. s. m. ● Chi fa l'elemosina.

elemoṣinerìa s. f. ● Ufficio della curia romana addetto all'esazione delle elemosine, alla loro custodia e amministrazione.

elemoṣinière o †**elemoṣinièro**, †**elimoṣinière**, †**elimoṣinièro**, (*pop.*) **limoṣinière**, (*pop.*) **limoṣinièro**. **A** s. m. ● Distributore di elemosine, nelle corti dei sovrani, nelle case dei ricchi d'un tempo, e sim. | Dignitario della corte pontificia investito della dignità di arcivescovo titolare e del governo dell'elemosineria apostolica. **B** s. m.; anche agg. (f. *-a*) ● (*raro*) Chi, che fa volentieri elemosine.

elencàbile agg. ● Che si può elencare.

elencàre [da *elenco*] v. tr. (*io elènco, tu elènchi*) ● Disporre in ordine di elenco: *e. gli alunni di una scuola* | (*est.*) Esporre, considerare uno per uno: *gli elencai tutti i suoi difetti.*

elencazióne s. f. ● Atto dell'elencare.

elènco [vc. dotta, lat. tardo *elĕnchu(m)*, dal gr. *élenchos* 'riprovazione, dimostrazione', da *elénchein* 'riprovare, confutare' (di etim. incerta)] s. m. (pl. *-chi*) **1** Lista compilata con opportuno ordine: *e. di libri, di nomi*; *l'e. degli assenti* | *E. telefonico*, di tutti gli abbonati telefonici di un distretto. **2** Indice dei documenti di un fascicolo, annesso al medesimo. **3** (*filos.*) Confutazione. ‖ **elenchìno**, dim.

elènio [vc. dotta, lat. *helĕniu(m)*, dal gr. *hélenion* 'la pianta di Elena (*Helénē*), figlia di Giove'] s. m. ● Pianta erbacea delle Composite con foglie ovate e rugose e fiori gialli in pannocchie (*Inula helenium*). SIN. Enula campana.

elèo [vc. dotta, lat. *Elēu(m)*, dal gr. *Elêios* 'proprio dell'Elide (*Êlis*)'] **A** agg. ● Dell'Elide, regione del Peloponneso, dove si celebravano i giochi olimpici: *dialetto e.*; *palma elea.* **B** s. m. (f. *-a*) ● Nativo, abitante dell'Elide.

elèo- ● V. *elaio-*.

eleolite [comp. di *eleo-* e *-lite*] s. f. ● (*miner.*) Varietà scura di nefelina che costituisce uno dei componenti di alcune rocce eruttive.

eleomèle [vc. dotta, lat. *elaeŏmeli* (neutro), dal gr. *elaiómeli* 'gomma dolce (come il miele: *méli*), che cola dall'olivo (*élaion*)'] s. m. ● Balsamo oleoso che si ricava da un albero della Siria.

eleotèṣio [vc. dotta, lat. tardo *elaeothĕsiu(m)*, comp. del gr. *élaion* 'olio' e *thésis* 'posto'] s. m. ● (*archeol.*) Parte del bagno dove i bagnanti o i frequentatori della palestra si ungevano il corpo con oli, unguenti o sim.

elètta [f. sost. di *eletto*] s. f. **1** (*raro, lett.*) Elezione, scelta: *io temo forse / che troppo avrà d'indugio nostra e.* (DANTE *Purg.* XIII, 11-12). **2** (*lett.*) Gruppo di persone scelte.

elettézza s. f. ● (*raro*) Squisitezza, eleganza: *e. di pensieri, di frasi.*

elettività s. f. ● (*raro*) Eleggibilità.

elettivo [vc. dotta, lat. tardo *electīvu(m)*, da *elēctus* 'eletto, scelto'] agg. **1** Che si nomina o si assegna per elezione: *assemblea, carica, monarchia elettiva* | Che deriva da una libera scelta: *domicilio e.* **2** Di scelta, che serve a scegliere: *atto e.* | *Affinità elettiva*, specie di simpatia e attrazione reciproca fra due o più persone, che le spinge a scelte e comportamenti simili. **3** (*farm.*) Che agisce soltanto in casi ben determinati | Fornito di azione specifica. ‖ **elettivaménte**, avv. (*raro*) In modo elettivo, in modo da costituire una scelta.

elètto A part. pass. di *eleggere*; anche agg. **1** Nei sign. del v. **2** Chiamato da Dio a una missione o a una predicazione religiosa | *Popolo e.*, (*per anton.*) gli Ebrei | Scelto con grazia particolare fra gli altri credenti. **3** Distinto, nobile, pregiato: *ingegno e.*; *anima, mente eletta* | (*est.*) Scelto, selezionato: *classe eletta.* ‖ **elettaménte**, avv. In modo eletto, con distinzione. **B** s. m. **1** Chi è stato scelto, prescelto, nominato: *ecco il nostro e.*; *gli eletti al Parlamento.* **2** (*spec. al pl.*) Chi è stato scelto, chiamato da Dio: *gli eletti del Signore* | Anima beata: *la schiera degli eletti.*

elettoràle agg. **1** Relativo alle elezioni, agli elettori: *riforma e.*; *circoscrizione e.* | *Corpo e.*, l'insieme degli elettori di uno Stato o anche di una circoscrizione | *Legge e.*, legge che disciplina il modo di svolgimento delle elezioni | *Diritto e.*, diritto di elettorato | *Seggio e.*, V. *seggio* | *Sistema e.*, modo di computare i voti nelle elezioni. **2** (*st.*) Che concerne gli elettori del Sacro Romano Impero: *dieta e.* ‖ **elettoralménte**, avv. Dal punto di vista elettorale.

elettoraliṣmo [comp. di *elettorale* e *-ismo*] s. m. ● Atteggiamento di chi, in politica, dà importanza preponderante ai risultati elettorali.

elettoralìstico agg. (pl. m. *-ci*) ● Che si riferisce all'elettoralismo.

elettoràto s. m. **1** Corpo elettorale: *chiamare alle urne l'e.* | *Diritto di e.*, diritto di partecipare alle elezioni di rappresentanti popolari | *Diritto di e. attivo*, diritto di voto | *Diritto di e. passivo*, diritto di porre la propria candidatura. **2** (*st.*) Dignità e ufficio di elettore del Sacro Romano Impero | Territorio soggetto a tale elettore.

elettóre [vc. dotta, lat. *electōre(m)* 'sceglitore', da *elēctus* 'eletto'] s. m. (f. *-trice* nel sign. 1) **1** Chi ha il diritto di elettorato attivo: *lista degli elettori* | *Grande e.*, chi è in grado di raccogliere un elevato numero di voti per un candidato a una qualsiasi elezione; nel linguaggio giornalistico, membro del Parlamento che elegge il presidente della Repubblica. **2** (*st.*) Titolo dei principi e degli arcivescovi del Sacro Romano Impero che eleggevano l'imperatore.

†**elettovàrio** ● V. *elettuario*.

†**elettovàro** ● V. *elettuario*.

elettràuto [comp. di (*impianto*) *elettr*(*ico*) e *auto*(*mobile*)] s. m. inv. ● Officina di riparazione o negozio di vendita delle parti elettriche degli autoveicoli | Chi ripara o vende queste parti.

elettrète [dall'ingl. *electret*, comp. di *electr*(*icity*) 'elettricità' e (*magn*)*et* 'magnete'] s. m. ● (*elettr.*) Materiale dielettrico dotato di polarizzazione permanente e quindi in grado di generare autonomamente un campo elettrico.

elettriciṣmo s. m. ● (*raro*) Elettricità.

elettricista s. m. (pl. *-i*) ● Tecnico che ripara o installa impianti elettrici.

elettricità [fr. *électricité*, a sua volta dall'ingl. *electricity*, da *electric* 'elettrico'] s. f. **1** (*fis.*) Proprietà fisica della materia che si manifesta tramite forze attrattive o repulsive| *E. negativa* (o *resinosa*), quella dei corpi con un eccesso di elettroni | *E. positiva* (o *vetrosa*), quella dei corpi ai quali sono stati sottratti elettroni. **2** Elettrologia. **3** (*fam.*) Energia elettrica: *è mancata l'e.* ➡ ILL. p. 826 SCIENZE DELLA TERRA ED ENERGIA; **elettricità**. **4** (*fig., fam.*) Agitazione, irritabilità, tensione: *c'è molta e. nell'aria*; *cerca di scaricare su qualcun altro la tua e.*

elèttrico [fr. *électrique*, tratto dal lat. *ēlectrum* 'ambra', perché il fenomeno elettrico fu notato per la prima volta strofinando dell'ambra] **A** agg. (pl. m. *-ci*) **1** (*fis.*) Relativo all'elettricità: *energia elettrica*; *campo e.* | *Carica elettrica*, quantità di elettricità presente in un accumulatore, in ciascuna delle due armature di un condensatore elettrico | *Centrale elettrica*, locale o gruppo di locali adibito essenzialmente all'esercizio di generatori dell'energia elettrica | *Albero e.*, accoppiamento di trasmissione fra due macchine elettriche, in cui una funge da generatore e l'altra da motore, stabilito collegandole elettricamente. **2** (*est.*) Detto di ogni meccanismo la cui forza motrice è l'energia elettrica: *orologio e.*; *macchina elettrica.* **3** Nella loc. *blu e.*, colore azzurro brillante simile a quello della scintilla elettrica. **4** (*fig., fam.*) Pieno di irrequietezza, di nervosismo: *umore e.* **B** s. m. ● Lavoratore dell'industria elettrica: *lo sciopero degli elettrici.* ‖ **elettricaménte**, avv. Mediante l'elettricità; dal punto di vista dell'elettricità.

elettrificàre [fr. *électrifier*, da *electri-* 'elettro-' e *-fier* '-ficare'] v. tr. (*io elettrìfico tu elettrìfichi*) ● Attrezzare o trasformare un impianto allo scopo di utilizzare energia elettrica.

elettrificazióne [fr. *électrification*, da *électrifier* 'elettrificare'] s. f. ● Atto, effetto dell'elettrificare.

elettrizẓàbile agg. ● Che si può elettrizzare.

elettrizẓànte part. pres. di *elettrizzare*; anche agg. ● Nei sign. del v.

elettrizẓàre [fr. *électriser*, da *électrique* 'elettrico'] **A** v. tr. **1** Far comparire delle cariche elettriche su un corpo inizialmente neutro: *e. per strofinio, per contatto, per induzione elettrostatica.* **2** (*fig.*) Entusiasmare, eccitare: *e. il pubblico.* **B** v. intr. pron. **1** Divenire carico di elettricità. **2** (*fig.*) Eccitarsi, accendersi.

elettrizẓàto part. pass. di *elettrizzare*; anche agg. ● Nei sign. del v.

elettrizẓatóre agg.; anche s. m. (f. *-trice*) ● Che, chi elettrizza.

elettrizẓazióne s. f. ● Atto, effetto dell'elettrizzare.

elèttro [vc. dotta, lat. *elĕctru(m)*, dal gr. *éléktron* 'ambra', da *ēléktōr* 'brillante', di etim. incerta] s. m. **1** Lega naturale o artificiale dell'oro con l'argento, usata per le più antiche monete greche dell'Asia Minore. **2** (*lett.*) Ambra gialla: *porta anelli d'e. e di cristallo / alla caviglia* (D'ANNUNZIO).

elèttro- [dal gr. *éléktron* 'ambra'. V. *elettro*] primo elemento ● In parole composte della terminologia scientifica, significa 'elettrico', 'dell'elettricità', 'che è mosso dall'energia elettrica', e sim.: *elettrocardiogramma, elettrochimica, elettromagnete, elettrotreno.*

elettroacùstica [comp. di *elettro-* e *acustica*] s. f. ● Ramo dell'acustica relativa ai trasduttori elettrici per la generazione e la ricezione del suono.

elettroacùstico agg. (pl. m. *-ci*) ● Relativo all'elettroacustica.

elettroaffinità [comp. di *elettro-* e *affinità*] s. f. ● (*chim.*) Attitudine di un atomo a ricevere un elettrone e a trasformarsi in ione negativo.

elettroanàliṣi [comp. di *elettro-* e *analisi*] s. f. ● (*chim.*) Analisi chimica effettuata con l'ausilio di metodi elettrochimici.

elettrobisturi [comp. di *elettro-* e *bisturi*] s. m. ● Apparecchio usato in chirurgia per incidere i tessuti sfruttando l'azione di determinate forme di corrente elettrica che contemporaneamente hanno effetto emostatico.

elettrocalamita [vc. dotta, comp. di *elettro-* e *calamita*] s. f. ● Elettromagnete.

elettrocapillarità [comp. di *elettro-* e *capillarità*] s. f. ● Capillarità nei liquidi causata dalla presenza di cariche elettriche.

elettrocardiografìa [comp. di *elettro-* e *cardiografia*] s. f. ● Registrazione grafica degli impulsi elettrici del cuore.

elettrocardiogràfico agg. (pl. m. *-ci*) ● Che si riferisce all'elettrocardiografia o all'elettrocardiografo: *registrazione elettrocardiografica.*

elettrocardiògrafo [vc. dotta, comp. di *elettro-* e *cardiografo*] s. m. ● Apparecchio per la registrazione degli impulsi elettrici del cuore. ➡ ILL. **medicina e chirurgia**.

elettrocardiogràmma [vc. dotta, comp. di *elettro-* e *cardiogramma*] s. m. (pl. *-i*) ● Diagramma ottenuto con l'elettrocardiografo.

elettrochìmica [vc. dotta, comp. di *elettro-* e *chimica*] s. f. ● Disciplina che studia le relazioni tra elettricità e reazioni chimiche, spec. le trasformazioni di energia chimica in energia elettrica e viceversa.

elettrochìmico [vc. dotta, comp. di *elettro-* e *chimico*] **A** agg. (pl. m. *-ci*) ● Relativo all'elettrochimica: *potenziale e.* **B** s. m. ● Studioso, esperto in elettrochimica.

elettrochirurgìa [comp. di *elettro-* e *chirurgia*] s. f. ● (*chir.*) Impiego dell'elettricità nella pratica chirurgica mediante elettrobisturi.

elettrochòc /elettroʃ'ʃɔk/ ● V. *elettroshock*.

elettrocinètica [comp. di *elettro-* e *cinetica*] s. f. ● Ramo dell'elettrologia che studia particolari fenomeni dovuti al movimento di particelle cariche.

elettrocoagulazióne [comp. di *elettro-* e *coagulazione*] s. f. *1* (*med.*) Emostasi ottenuta mediante forme di corrente elettrica che sviluppano calore. *2* Tecnica di depilazione permanente consistente nella distruzione del bulbo pilifero mediante corrente ad alta frequenza.

elettrocomandàto [comp. di *elettro-* e *comandato*] agg. ● Detto di dispositivo il cui funzionamento è regolato da un comando elettrico.

elettrocontàbile [comp. di *elettro-* e *contabile*] agg. ● Detto di macchina elettronica che esegue operazioni contabili | Detto di centro, di ufficio che si serve di tali macchine.

elettroconvulsivo [comp. di *elettro-* e *convulsivo*] agg. ● (*med.*) Che, mediante scosse elettriche, provoca convulsioni, contrazioni violente: *shock e.*

elettrocuzióne [ingl. *electrocution*, forma contratta di *electro-execution*] s. f. *1* Elettroesecuzione. *2* Scarica accidentale di corrente elettrica sul corpo umano.

elettrodepoṣizióne [comp. di *elettro-* e *deposizione*] s. f. ● Finissima deposizione di un metallo su di una superficie mediante elettrolisi di un suo sale.

elettrodiàgnoṣi [comp. di *elettro-* e *diagnosi*] s. f. ● (*med.*) Diagnosi di patologie o disfunzioni del sistema nervoso e dei muscoli volontari mediante esami che impiegano la stimolazione elettrica o che registrano l'attività elettrica.

elettrodiagnòstica [comp. di *elettro-* e *diagnostica*] s. f. ● (*med.*) Tecnica ed esecuzione della elettrodiagnosi.

elettrodiàliṣi [comp. di *elettro-* e *dialisi*] s. f. ● (*chim.*) Dialisi in cui il passaggio di ioni o altre specie chimiche attraverso la membrana viene accelerato per mezzo di una forza elettromotrice.

elettròdico [comp. di *elettrod(o)* e *-ico*] agg. (pl. m. *-ci*) ● (*chim.*) Pertinente o relativo a un elettrodo: *potenziale e.*

elettrodinàmica [vc. dotta, comp. di *elettro-* e *dinamica*] s. f. ● Parte dell'elettrologia che studia le azioni reciproche di circuiti percorsi da corrente elettrica.

elettrodinàmico [vc. dotta, comp. di *elettro-* e *dinamico*] agg. (pl. m. *-ci*) ● Che riguarda l'elettrodinamica | *Azioni elettrodinamiche*, azioni meccaniche che si esercitano tra fili percorsi da corrente.

elettrodinamiṣmo [vc. dotta, comp. di *elettro-* e *dinamismo*] s. m. ● Insieme dei fenomeni elettrodinamici.

elettrodinamòmetro [vc. dotta, comp. di *elettro-* e *dinamometro*] s. m. ● Strumento che serve per misurare l'intensità di una corrente elettrica.

elèttrodo o (*evit.*) **elettròdo** [ingl. *electrode*, comp. di *electro-* 'elettro-' e del gr. *hodós* 'via'] s. m. ● Conduttore attraverso il quale una corrente elettrica penetra in un corpo o ne esce | Nella candela dei motori a scoppio, parte da cui scocca la scintilla.

elettrodomèstico [vc. dotta, comp. di *elettro-* e *domestico*, agg.] **A** agg. (pl. m. *-ci*) ● Detto di apparecchio elettrico avente impiego soprattutto domestico. **B** anche s. m.: *negozio di elettrodomestici*.

elettrodótto [vc. dotta, comp. di *elettro-* e *-dotto*] s. m. ● Conduttura costituita da linee aeree o da cavi adibita al trasporto dell'energia elettrica.

elettroencefalografìa [comp. di *elettro-* e *encefalografia*] s. f. ● Registrazione dei fenomeni elettrici che si svolgono nell'encefalo.

elettroencefalogràfico agg. (pl. m. *-ci*) ● Di, relativo a, elettroencefalografia.

elettroencefalògrafo [comp. di *elettro-* e *encefalografo*] s. m. ● Strumento per la registrazione degli elettroencefalogrammi.

elettroencefalogràmma [comp. di *elettro-* e *encefalogramma*] s. m. (pl. *-i*) ● Tracciato ottenuto dalla registrazione elettroencefalografica.

elettroeroṣióne [comp. di *elettro-* ed *erosione*] s. f. ● Processo di lavorazione dei metalli che si basa sull'erosione prodotta da scariche elettriche.

elettroeṣecuzióne [comp. di *elettro-* e *esecuzione*, svolgimento dell'ingl. *electrocution* 'elettrocuzione'] s. f. ● Esecuzione delle condanne capitali mediante corrente elettrica con particolari caratteristiche.

elettròfilo [comp. di *elettro(ne)* e *-filo*] agg. ● (*chim.*) Detto di atomo o molecola organica caratterizzati da una carenza elettronica e quindi da una elevata affinità con specie chimiche ricche di elettroni.

elettrofiltro [comp. di *elettro-* e *filtro* (*1*)] s. m. ● (*chim.*) Apparecchiatura usata per la separazione di particelle solide o liquide sospese in un gas.

elettrofìsica [comp. di *elettro-* e *fisica*] s. f. ● Elettrologia.

elettrofiṣiologìa [vc. dotta, comp. di *elettro-* e *fisiologia*] s. f. (pl. *-gie*) ● (*med.*) Studio dei rapporti tra elettricità e organismo vivente.

elettrofiṣiològico [vc. dotta, comp. di *elettro-* e *fisiologico*] agg. (pl. m. *-ci*) ● Dell'elettrofisiologia.

elettrofonìa [comp. di *elettro-* e *-fonia*] s. f. ● Produzione di suoni puri mediante apparecchiature elettroniche.

elettroforèṣi [comp. di *elettro-* e del gr. *phórēsis* 'trasporto', da *phorêin* 'portare qua e là'] s. f. ●

produzione e distribuzione dell'elettricità

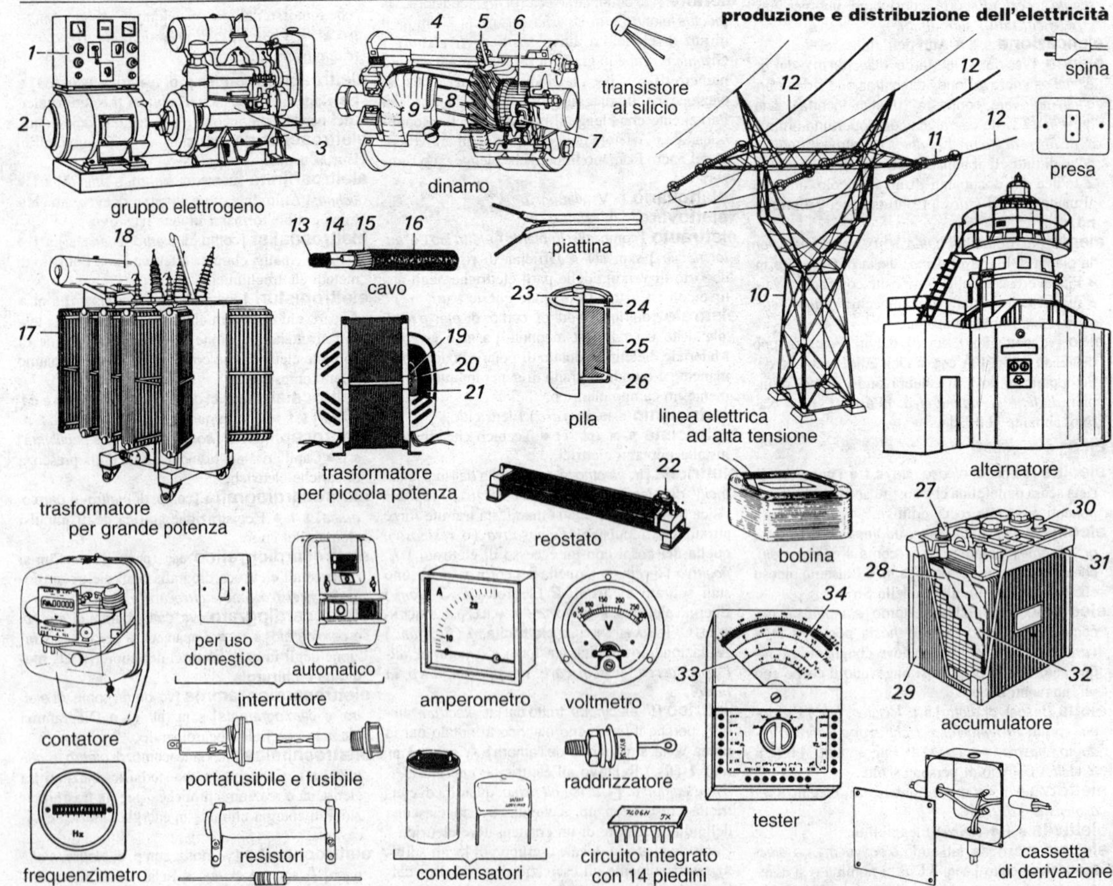

1 quadro elettrico 2 alternatore 3 motore Diesel 4 carcassa 5 morsetto 6 collettore 7 spazzola 8 indotto 9 induttore 10 traliccio 11 isolatore 12 fune di guardia 13 conduttore 14 isolante 15 armatura in acciaio 16 guaina 17 radiatori 18 serbatoio dell'olio di raffreddamento 19 nucleo 20 primario 21 secondario 22 cursore 23 carbone 24 elettrolito 25 zinco 26 miscela depolarizzante 27 polo positivo 28 piastra 29 cassetta 30 polo negativo 31 ponticello 32 separatore 33 indice 34 scala

(*fis.*) Trasporto unidirezionale di particelle colloidali cariche dovuto all'azione di un campo elettrico. SIN. Cataforesi.

elettroforètico agg. (pl. m. *-ci*) ● Relativo all'elettroforesi.

Elettrofòridi [comp. di *elettro-*, *-foro* e *-idi*] s. m. pl. ● Nella tassonomia animale, famiglia di Pesci dei Cipriniformi sudamericani simili ad anguille, muniti di potenti organi elettrici (*Electrophoridae*) | (al sing. *-io*) Ogni individuo di tale famiglia.

elettroformatùra [comp. di *elettro-* e *formatura*] s. f. ● Produzione di oggetti metallici mediante elettrodeposizione.

elettròforo [vc. dotta, comp. di *elettro-* e *-foro*] s. m. ● Macchina elettrostatica atta a produrre una separazione di cariche elettriche mediante induzione elettrostatica.

elettrofuṣióne [comp. di *elettro-* e *fusione*] s. f. ● Fusione di metalli effettuata con il forno elettrico.

elettrògeno [vc. dotta, comp. di *elettro-* e *-geno*] agg. ● Che produce elettricità: *apparecchio, gruppo e.*

elettròliṣi o (*evit.*) **elettroliṣi** [ingl. *electrolysis*, comp. di *electro-* 'elettro-' e del gr. *lýsis* 'soluzione'] s. f. ● (*chim., fis.*) Migrazione degli ioni di un elettrolito verso elettrodi a cui è stata applicata una opportuna differenza di potenziale.

elettròlita ● V. *elettrolito.*

elettrolìtico [ingl. *electrolytic*, da *electrolyte* 'elettrolito'] agg. (pl. m. *-ci*) ● (*chim., fis.*) Proprio dell'elettrolisi | *Dissociazione elettrolitica*, scissione delle molecole di una sostanza in ioni, per effetto di fusione o di adatto solvente, e conseguente migrazione degli ioni verso gli elettrodi. ‖ **elettroliticaménte**, avv. Mediante elettrolisi.

elettròlito o **elettròlita** [ingl. *electrolyte*, comp. di *electro-* 'elettro-' e del gr. *lytós* 'che può essere sciolto'] s. m. ● (*chim., fis.*) Sostanza dissociabile in ioni quando venga disciolta in acqua o in altri solventi dissocianti | (*est.*) Soluzione risultante dal processo di elettrolisi.

elettroliẓẓàre v. tr. ● Sottoporre a elettrolisi.

elettroliẓẓatóre s. m. ● Dispositivo entro cui avviene una elettrolisi.

elettroliẓẓazióne s. f. ● Operazione dell'elettrolizzare.

elettrologìa [vc. dotta, comp. di *elettro-* e *-logia*] s. f. (pl. *-gie*) ● Parte della fisica che studia i fenomeni elettrici ed elettromagnetici.

elettrològico agg. (pl. m. *-ci*) ● Relativo all'elettrologia.

elettròlogo s. m. (pl. *-gi*) ● Studioso, esperto di elettrologia.

elettroluminescènza [vc. dotta, comp. di *elettro-* e *luminescenza*] s. f. ● Energia raggiante luminosa che viene emessa durante una scarica elettrica nei gas rarefatti.

elettromagnète [vc. dotta, comp. di *elettro-* e *magnete*] s. m. ● (*fis.*) Avvolgimento con nucleo di acciaio nel quale al passaggio della corrente si generano forti campi magnetici che gli fanno attrarre i metalli come una calamita. SIN. Elettrocalamita.

elettromagnètico [vc. dotta, comp. di *elettro-* e *magnetico*] agg. (pl. m. *-ci*) ● Relativo a elettromagnetismo: *induzione elettromagnetica.*

elettromagnetiṣmo [vc. dotta, comp. di *elettro-* e *magnetismo*] s. m. ● Branca della fisica che studia le azioni mutue fra correnti elettriche e magneti | Complesso dei fenomeni elettrici e magnetici.

elettromeccànica [comp. di *elettro-* e *meccanica*] s. f. ● Ramo dell'elettrotecnica applicata alle macchine.

elettromeccànico [vc. dotta, comp. di *elettro-* e *meccanico*] **A** agg. (pl. m. *-ci*) **1** Proprio dell'elettromeccanica. **2** Detto di meccanismo azionato da elettricità. **B** s. m. ● Persona che svolge attività nel campo delle macchine elettriche.

elettromedicàle [comp. di *elettro-* e *medicale*] agg. ● Che riguarda le apparecchiature elettriche impiegate in medicina.

elettrometallurgìa [vc. dotta, comp. di *elettro-* e *metallurgia*] s. f. (pl. *-gie*) ● Branca dell'industria chimica relativa all'estrazione e raffinazione dei metalli mediante processi elettrici.

elettrometallùrgico agg. (pl. m. *-ci*) ● Relativo all'elettrometallurgia.

elettrometrìa [comp. di *elettro-* e *-metria*] s. f. ● (*fis.*) In metrologia, misura delle differenze di potenziale mediante l'uso di elettrometri | Misura di grandezze elettrostatiche.

elettròmetro [vc. dotta, comp. di *elettro-* e *-metro*] s. m. ● Misuratore elettrostatico di tensioni: *e. a filo, a quadranti.*

elettromiografìa [comp. di *elettro-* e *miografia*] s. f. ● (*med.*) Tecnica diagnostica basata sulla registrazione dei potenziali elettrici associati all'attività muscolare.

elettromiògrafo [comp. di *elettro-* e *miografo*] s. m. ● (*med.*) Strumento utilizzato per elettromiografie.

elettromiogràmma [comp. di *elettro-*, *mio-* e *-gramma*] s. m. (pl. *-i*) ● (*med.*) Tracciato ottenuto mediante elettromiografia.

elettromotóre [vc. dotta, comp. di *elettro-* e *motore*] **A** agg. (f. *-trice*) ● Che ha capacità di mettere in movimento cariche elettriche | *Forza elettromotrice*, differenza di potenziale misurata ai morsetti di un generatore elettrico a circuito aperto. **B** s. m. ● Apparecchio elettrico che produce il moto dell'elettricità in un circuito chiuso. SIN. Motore elettrico.

elettromotrìce [vc. dotta, comp. di *elettro-* e *motrice*] s. f. ● Automotrice ferroviaria azionata da motori elettrici.

elettronarcòṣi [comp. di *elettro-* e *narcosi*] s. f. **1** (*med.*) Pratica terapeutica usata nella cura di alcune malattie nervose, consistente nel provocare per via elettrica nel paziente uno stato di coma. **2** Nei mattatoi, metodo usato per anestetizzare, mediante corrente elettrica, gli animali destinati al macello.

elettróne [vc. dotta, comp. di *elettro-* e (*i*)*one*] s. m. ● (*fis. nucl.*) Ciascuna delle particelle cariche di elettricità negativa che ruotano attorno al nucleo dell'atomo, carico di elettricità positiva.

elettronegatività [da *elettronegativo*, come il corrispondente ingl. *electronegativity*] s. f. ● Tendenza degli atomi di un elemento ad attrarre elettroni | *Serie delle e.*, che classifica gli elementi in base a tale tendenza.

elettronegatìvo [vc. dotta, comp. di *elettro-* e *negativo*] agg. **1** (*fis.*) Detto di ione che nell'elettrolisi si porta al polo positivo. **2** (*chim.*) Di elemento i cui atomi sono capaci di appropriarsi di elettroni appartenenti ad atomi contigui, diventando ioni negativi.

elettrònica [da *elettronico*, secondo il modello già gr.-lat. di deriv. dei n. di arti] s. f. ● Branca dell'elettrotecnica che studia fenomeni e applicazioni della conduzione dell'elettricità nei gas, nel vuoto e nei materiali semiconduttori.

elettrònico [da *elettrone*] agg. (pl. m. *-ci*) **1** Che si riferisce all'elettrone o all'elettronica | *Calcolatore e., elaboratore e.*, che impiegano per il calcolo o l'elaborazione circuiti elettronici | *Calcolo e., elaborazione elettronica*, svolti con l'impiego di calcolatori o elaboratori elettronici | *Orologio e.*, in cui l'oscillatore meccanico è sostituito da un dispositivo elettronico generatore d'oscillazioni. **2** *Musica elettronica*, tipo di realizzazione sonora ottenuta con generatori di frequenza e manipolata con mezzi offerti dalla moderna tecnica della registrazione. ‖ **elettronicaménte**, avv. Per mezzo dell'elettronica.

elettronucleàre [comp. di *elettro-* e *nucleare*] **A** agg. ● Detto di energia elettrica prodotta nelle centrali nucleari. **B** s. m. ● L'energia elettrica così prodotta e l'insieme delle sue utilizzazioni, con i relativi problemi sanitari, ecologici, economici e politici.

elettronvòlt [comp. di *elettron*(*e*) e *volt*] s. m. inv. ● (*fis.*) Unità di energia, pari a $1{,}602 \cdot 10^{-19}$ joule, uguale a quella necessaria per spostare un elettrone da un punto a un altro il cui potenziale differisce dal primo di 1 volt. SIMB. eV.

elettrooṣmòṣi /elettrooz'mɔzi, elettroz'mɔzi/ e *deriv.* ● V. *elettrosmosi* e *deriv.*

elettroòttica [comp. di *elettr*(*o*)*-* e *ottica*] s. f. ● (*fis.*) Scienza che studia l'effetto di campi elettrici sull'emissione e propagazione di luce in mezzi materiali.

elettropneumàtico [comp. di *elettro-* e *pneumatico*] agg. (pl. m. *-ci*) ● (*mecc.*) Detto di dispositivo meccanico ad azionamento pneumatico comandato elettricamente: *servomeccanismo e.*

elettropómpa [comp. di *elettro-* e *pompa*] s. f. ● Pompa mossa da motore elettrico e costituente con quest'ultimo un unico gruppo.

elettropoṣitività s. f. ● Tendenza di un elemento chimico a cedere elettroni trasformandosi in ione positivo.

elettropoṣitìvo [vc. dotta, comp. di *elettro-* e *positivo*] agg. **1** (*fis.*) Detto di ione che nell'elettrolisi si dirige al polo negativo. **2** (*chim.*) Detto di elemento i cui atomi sono capaci di cedere elettroni, diventando così ioni positivi.

elettrosaldàto [comp. di *elettro-* e *saldato*] agg. ● Che è stato sottoposto a saldatura elettrica: *materiale e.*

elettroscòpio [vc. dotta, comp. di *elettro-* e *-scopio*] s. m. ● Strumento elettrostatico destinato a segnalare l'esistenza di una differenza di potenziale elettrico.

elettroshòck /elettroʃ'ʃɔk/ o **elettrochòc** [vc. dotta, comp. di *elettro-* e *shock* (V. *choc*)] s. m. ● Metodo di cura di alcune malattie mentali consistente nell'applicare al cervello del paziente correnti elettriche molto brevi, di voltaggio elevato e di bassa frequenza, in modo da provocare una specie di crisi epilettica.

elettroshockterapìa /elettroʃʃokteraˈpia/ [comp. di *elettroshock* e *terapia*] s. f. ● Terapia mediante elettroshock.

elettrosiderurgìa [comp. di *elettro-* e *siderurgia*] s. f. ● Settore della siderurgia che utilizza forni elettrici per ottenere leghe ferrose da minerale di ferro.

elettrosincrotróne [comp. di *elettro-* e *sincrotrone*] s. m. ● Sincrotrone per elettroni.

elettroṣmòṣi o **elettrooṣmòṣi** [vc. dotta, comp. di *elettro-* e *osmosi*] s. f. ● Passaggio di un liquido attraverso una parete porosa, provocato dalla differenza di potenziale esistente fra le due parti di liquido separate dalla membrana stessa.

elettroṣmòtico o **elettrooṣmòtico** agg. (pl. m. *-ci*) ● Relativo all'elettrosmosi: *fenomeno e.*

elettrostàtica [vc. dotta, comp. di *elettro-* e *statica*] s. f. ● Branca dell'elettrologia che tratta dei campi elettrici e in genere dei fenomeni di elettricità in quiete.

elettrostàtico agg. (pl. m. *-ci*) ● Proprio dell'elettrostatica o a essa relativo.

elettrostrittìvo agg. ● Relativo alla elettrostrizione | Che presenta elettrostrizione.

elettrostrizióne [comp. di *elettro-* e del lat. *strĭctio*, genit. *strictiōnis* 'costrizione, stringimento'] s. f. ● Fenomeno di deformazione elastica di un corpo sotto l'influenza di un campo elettrico.

elettrotècnica [vc. dotta, comp. di *elettro-* e *tecnica*] s. f. ● Tecnica della produzione e della utilizzazione dell'elettricità.

elettrotècnico [vc. dotta, comp. di *elettro-* e *tecnico*] **A** agg. (pl. m. *-ci*) ● Proprio dell'elettrotecnica o a essa relativo. **B** s. m. ● Specialista, esperto di elettrotecnica.

elettroterapìa [vc. dotta, comp. di *elettro-* e *terapia*] s. f. ● Applicazione di particolari forme di elettricità nella cura delle malattie.

elettroteràpico agg. (pl. m. *-ci*) ● Relativo all'elettroterapia.

elettrotermìa [comp. di *elettro-* e *-termia*] s. f. **1** Parte dell'elettrotecnica che si occupa delle applicazioni relative ai fenomeni termici prodotti dall'elettricità. **2** Conversione di energia elettrica in energia termica.

elettrotèrmico agg. (pl. m. *-ci*) ● Che si riferisce all'elettrotermia.

elettrotrazióne [comp. di *elettro-* e *trazione*] s. f. ● Trazione elettrica di veicoli.

elettrotrèno [vc. dotta, comp. di *elettro-* e *treno*] s. m. ● Complesso di elettromotrici e di eventuali rimorchi meccanicamente distinti e funzionalmente inscindibili fra loro, adibito esclusivamente a servizi rapidi per viaggiatori.

elettrotropiṣmo [comp. di *elettro-* e *tropismo*] s. m. ● (*biol.*) Galvanotropismo.

elettrovalènza [comp. di *elettro-* e *valenza*] s. f. ● (*chim., fis.*) Legame chimico dovuto all'attrazione elettrostatica tra ioni di segno opposto.

elettrovàlvola [comp. di *elettro-* e *valvola*] s. f. ●

(*tecnol.*) Dispositivo di regolazione di un circuito idraulico o pneumatico, comandato gener. da un elettromagnete.

elettuàrio o †**elettovàrio**, †**elettovàro**, (*raro*) **lattovàro**, (*raro*) **lattuàrio** [vc. dotta, lat. tardo *electuāriu(m)*, di etim. incerta] s. m. • Preparato farmaceutico semimolle o sciropposo ottenuto mescolando medicamenti con miele, sciroppo, conserve e sim.

eleușino [vc. dotta, lat. *Eleusīnius*, dal gr. *Eleusínios* 'di Eleusi (*Eleusís*)'] **A** agg. • Di Eleusi, nell'Attica | *Misteri eleusini*, riti e feste in onore di Demetra e di Persefone, che si celebravano in Eleusi; (*fig.*) cose occulte, arcane, indecifrabili (*anche scherz.*). **B** s. m. (f. *-a*) • Abitante, nativo di Eleusi.

eleuterògino [vc. dotta, comp. del gr. *eléutheros* 'libero' e *gynḗ* 'donna'] agg. • (*bot.*) Di fiore che ha l'ovario libero.

elevaménto s. m. • Modo e atto dell'elevare | (*est.*) Zona, punto più elevato.

elevàre [vc. dotta, lat. *elevāre* 'levare (*levāre*) fuori (*ex-*), in alto'] **A** v. tr. (*io elèvo*, o *èlevo*) **1** Levare in alto: *e. le mani al cielo* | (*est.*) Rendere più alto: *e. un edificio di un piano* | (*fig.*) Rendere migliore: *e. le proprie condizioni sociali, il proprio tenore di vita*. SIN. Alzare. **2** (*mat.*) *E. al quadrato, al cubo, all'ennesima potenza*, calcolare il quadrato, il cubo, l'ennesima potenza di un numero; moltiplicare il numero per se stesso rispettivamente due, tre o enne volte. **3** (*fig.*) Innalzare, promuovere a una carica o dignità: *e. qc. al trono, alla tiara*. **4** (*bur.*) Intimare, contestare: *e. un'ammenda, una contravvenzione* | *E. il protesto*, notificare. **B** v. intr. pron. • Divenire più alto: *la temperatura si è ulteriormente elevata* | Divenire migliore: *il tenore di vita si è elevato*. **C** v. rifl. • Innalzarsi (*anche fig.*): *si è elevato a una posizione economica invidiabile* | †Rialzarsi.

elevatézza s. f. • Qualità di ciò che è elevato (*spec. fig.*): *e. di sentimenti*.

elevàto A part. pass. di *elevare*; anche agg. **1** Nei sign. del v. **2** (*fig.*) Nobile, eletto: *sentimenti elevati*. ‖ **elevataménte**, avv. In modo elevato (*spec. fig.*): *sentire, pensare elevatamente*. **B** s. m. • †Elevazione, alzata di un fabbricato.

elevatóre [dal lat. tardo *elevatōre(m)*, da *elevātus* 'elevato'; nel sign. B2, dall'ingl. *elevator*] **A** agg. (f. *-trice*) • Che eleva | (*anat.*) Detto di muscolo che agisce alzando una parte del corpo: *muscolo e. della scapola*. **B** s. m. **1** (*raro*) Chi eleva. **2** Macchina per sollevare o trasportare materiali a diversa altezza: *e. trasportabile, fisso, pneumatico; e. a nastro, a catene, a tazze*. **3** Meccanismo che, nelle armi da fuoco portatili, serve a sollevare la cartuccia per portarla nella canna predisponendola per lo sparo.

elevazióne [vc. dotta, lat. *elevatiōne(m)*, da *elevātus* 'elevato'] s. f. **1** Atto, effetto dell'elevare o dell'elevarsi: *l'e. della mente, a Dio* | (*med.*) *E. del polso*, aumento di frequenza | (*est.*) Punto o luogo elevato: *una e. del terreno*. **2** (*mat.*) *E. a potenza*, operazione consistente nel calcolare una data potenza d'un numero. **3** Atto con il quale, nella liturgia della Messa, il celebrante solleva e presenta all'adorazione dei fedeli l'ostia e il calice immediatamente dopo le due relative formule consacratorie del Canone. **4** In varie specialità sportive, slancio in alto di un atleta | Nella ginnastica, passaggio lento dal basso in alto di un arto da una posizione lunga ad un'altra lunga. **5** (*mil.*) Angolo verticale di cui si inclina verso l'alto la bocca da fuoco di un pezzo, affinché la traiettoria del proietto passi per l'obiettivo, colpendolo: *puntamento in e.* | (*aeron.*) Quota di un punto del terreno rispetto al livello del mare | *Angolo di e.*, fra l'asse longitudinale di un aereo e la traiettoria, nel piano verticale vero o apparente. **6** (*astron.*) Altezza.

elevóne /'ɛlevon, *ingl.* 'elivɔn/ [ingl. *elevon*, da *elev(ator)* 'superficie portante' col suff. *-on* di *aileron* 'alettone', preso dal fr.] s. m. • (*aer.*) Superficie di governo che esercita la funzione combinata di alettone ed equilibratore; è impiegato nelle ali a delta.

†**elezionàre** v. tr. • Eleggere con votazione a un ufficio.

†**elezionàrio** s. m. **1** Chi è destinato a essere eletto. **2** Elettore.

elezióne [vc. dotta, lat. *electiōne(m)*, da *elēctus* 'eletto'] s. f. **1** Atto, effetto dell'eleggere, nei modi stabiliti dalla legge, rappresentanti popolari o persone atte a ricoprire una data carica o ufficio: *l'e. del presidente, dell'amministratore delegato* | *Elezioni politiche*, dei deputati e dei senatori | *Elezioni amministrative*, dei membri dei consigli comunali, provinciali, regionali. **2** Atto della volontà nello scegliere q.c. o qc., libera scelta: *tema di mia e.; né per elezion mi si nascose, / ma per necessità* (DANTE *Par.* XV, 40-41) | *Patria d'e.*, nazione o luogo in cui non si è nati ma dove si sceglie di vivere | (*dir.*) *E. di domicilio*, dichiarazione scritta con cui una persona stabilisce che tutte le comunicazioni relative a uno o più affari le vengano fatte in un dato luogo | Nella teologia cristiana della salvezza, libera e gratuita scelta che Dio fa di alcune anime alla gloria eterna o alla partecipazione di eccezionali grazie | *Vaso d'e.*, (*per anton.*) S. Paolo.

èlfo [ingl. *elf*, vc. di origine germ.] s. m. • Piccolo ingenio dell'aria, ora benefico e ora ostile all'uomo, nella mitologia nordica.

èli- [tratto da *elicottero*] primo elemento • In parole composte indica relazione con l'elicottero: *elibus, eliporto*.

èlia [da un n. proprio lat. (?)] s. f. • Insetto emittero che infesta i vegetali erbacei e arborei danneggiandoli gravemente (*Aelia*).

elìaco [vc. dotta, gr. *hēliakós*, da *hḗlios* 'sole', di origine indeur.] agg. (pl. m. *-ci*) • (*astron.*) Detto di astro che sorge e tramonta rispettivamente prima e dopo il Sole, nell'istante in cui risulta appena percettibile nelle luci del crepuscolo.

eliambulànza [comp. di *eli-* e *ambulanza*] s. f. • Elicottero adibito al trasporto di malati o feriti.

eliàntemo [vc. dotta, comp. del gr. *hḗlios* 'sole' e *ánthemon* 'fiore', per il colore dorato dei fiori] s. m. • Suffrutice delle Cistacee con fusti legnosi alla base e fiori gialli o rosei raccolti in grappoli (*Helianthemum chamaecistus*).

elianticolo [comp. di *elianto* (V.) e di *-colo*] agg. • Relativo alla coltivazione del girasole.

eliantìna [da *elianto*, per la colorazione prodotta] s. f. • (*chim.*) Correntemente, metilarancio.

eliànto [vc. dotta, lat. *hēlianthe(s)*, dal gr. *hēlianthḗs* 'il fiore (*ánthos*) del sole (*hḗlios*)', per il suo colore giallo] s. m. • (*bot.*) Girasole.

eliappròdo [comp. di *eli-* e *approdo*] s. m. • Luogo in cui gli elicotteri possono atterrare o decollare in caso di emergenza.

eliàste [vc. dotta, gr. *hēliastḗs*, da *hēliáia* 'eliea'] s. m. • Nell'antico diritto greco, membro del tribunale penale di Atene.

èlibus [comp. di *eli-* e *-bus*, sul modello dell'ingl. *helibus*] s. m. • Elicottero usato per il trasporto frequente di molte persone su tratti brevi | Elicottero di grande capienza.

èlica [vc. dotta, lat. *hĕlica(m)*, dal gr. *hélix*, genit. *hélikos* 'spirale', di origine indeur.] s. f. **1** (*mat.*) Curva d'un cilindro o d'un cono che incontra le generatrici sotto angolo costante: *e. cilindrica, e. conica* | (*biol.*) *Doppia e.*, struttura molecolare tridimensionale costituita da due filamenti avvolgentisi a elica, caratteristica dell'acido deossiribonucleico. **2** (*mar.*) Propulsore idro-dinamico a due o più pale disposte angolarmente intorno a un asse, generalmente posto a poppa dei natanti | (*aer.*) Sistema rotante di pale radiali connesse in vari modi al mozzo che agisce da propulsore, da motore o da organo sostentatore. ➡ ILL. p. 1756 TRASPORTI. **3** Linea cava in giro di viti, torchi, trapani, chiocciole | Rigatura elicoidale nell'interno della canna di fucili e pistole, che dà stabilità e precisione a un proiettile conico.

èlice (1) • V. *elce*.

èlice (2) [vc. dotta, lat. *hĕlice(m)*, nom. *hĕlix*, dal gr. *hélix* (V. *elica*)] s. f. **1** (*anat.*) Margine libero del padiglione auricolare. ➡ ILL. p. 366 ANATOMIA UMANA. **2** (*arch.*) Piccola voluta del capitello corinzio. ➡ ILL. p. 357 ARCHITETTURA. **3** (*lett.*) Chiocciola. **4** †Elica.

†**elìcere** [vc. dotta, lat. *elĭcere* 'far uscire (*lăcere*) fuori (*ex-*)'] v. tr. (dif. usato solo nella terza pers. sing. dell'indic. pres. *elice*) • (*poet.*) Far uscire: *questo finto dolor da molti elice / lacrime vere* (TASSO).

elìcico agg. (pl. m. *-ci*) • (*lett.*) Della, relativo alla, chiocciola.

elicicoltóre [comp. di *elice (2)* nel sign. 3 e *-coltore*] s. m. (f. *-trice*) • Chi alleva chiocciole commestibili.

elicicoltùra [comp. di *elice (2)* nel sign. 3 e *coltura*] s. f. • Allevamento di chiocciole commestibili, spec. nelle varietà pregiate.

Elìcidi [dal gr. *hélix* 'voluta della chiocciola' (V. *elice (2)*), e *-idi*] s. m. pl. • Nella tassonomia animale, grande famiglia di Gasteropodi dei Polmonati terrestri a conchiglia elicoidale cui appartiene la chiocciola (*Helicidae*) | (al sing. *-e*) Ogni individuo di tale famiglia.

elicìsta [da *elica*] s. m. (pl. *-i*) • (*mar.*) Addetto all'istallazione, alla manutenzione e al controllo delle eliche.

elicoidàle [da *elicoide*] agg. • Proprio di un'elica o di un elicoide | A forma di elica: *rampa, scala e.*

elicòide [vc. dotta, gr. *helikoeidḗs* 'che ha la forma (*êidos*) di un'elica (*hélix*, genit. *hélikos*)'] **A** agg. • Che è fatto a elica | (*bot.*) *Cima e.*, specie d'infiorescenza con fiori inseriti attorno all'asse. **B** s. m. • (*mat.*) Superficie luogo delle rette che incontrano un'elica tracciata su un cilindro di rotazione e l'asse del cilindro, e sono perpendicolari a quest'ultimo.

Elicóna [vc. dotta, lat. *Helicōna*, nom. *Hĕlicon*, dal gr. *Helikṓn*, propriamente 'monte coperto di salici (*helíkes*)' della Beozia, che, nella mitologia greca, era ritenuto la sede delle Muse e di Apollo] s. m. • (*lett.*) L'ispirazione poetica: *Or convien che E. per me versi, / ... / forti cose a pensar mettere in versi* (DANTE *Purg.* XXIX, 40-42).

elicóne [ingl. *helicon*, propr. 'Elicona', n. del monte sacro alle Muse] s. m. • (*mus.*) Tipo di bassotuba molto grande, usato spec. nelle bande militari, avente forma circolare, in modo da poter essere portato sulla spalla quando si marcia. ➡ ILL. **musica**.

elicònio [vc. dotta, lat. *Helicōniu(m)*, dal gr. *Helikṓnios* 'dell'Elicona (*Helikṓn*)'] agg. • (*lett.*) Dell'Elicona | *Le vergini eliconie*, (*per anton.*) le Muse | (*est.*) Della poesia, delle muse.

elicotterista A s. m. e f. (pl. m. *-i*) **1** Chi pilota un elicottero. **2** Chi fabbrica elicotteri. **B** agg. (pl. m. *-i*) • Che fabbrica elicotteri: *industria e.*

elicòttero [fr. *hélicoptère*, comp. del gr. *hélix*, genit. *hélikos* 'elica', e *pterón* 'ala'] s. m. • Aerogiro con rotori azionati ad asse pressoché verticale, che può restare fermo in aria, spostarsi lungo qualunque traiettoria e raggiungere notevoli velocità in volo traslatorio. ➡ ILL. p. 1759 TRASPORTI; **vigili del fuoco**.

elicrìșo [vc. dotta, lat. *helichrȳsu(m)*, dal gr. *helíchrysos* 'oro (*chrysós*) di palude (*hélos*)', per il colore dorato dei suoi fiori] s. m. • Pianta erbacea delle Composite che fornisce un'essenza per profumi (*Helichrysum italicum*).

elìdere [vc. dotta, lat. *elīdere* 'spingere (*lāedere*, nel sign. poi perduto di 'urtare') fuori (*ex-*)'] **A** v. tr. (pass. rem. *io elișì* o *elidètti*, *elidéi*, *tu elidésti*; part. pass. *eliso*) **1** (*ling.*) Sopprimere la vocale atona in fine di parola perché non formi iato con la vocale successiva, e sostituirvi l'apostrofo. **2** (*est.*) Annullare, rimuovere: *e. gli effetti di un acido*. **B** v. rifl. rec. • Annullarsi reciprocamente: *due forze opposte che si elidono*.

elièa [vc. dotta, gr. *hēliáia*, prestito dorico, da *halḗs* 'riunito, raccolto'] s. f. • Massimo tribunale dell'antica Atene costituito di cittadini tratti a sorte in misura uguale da ogni tribù.

†**elìgere** e *deriv.* • V. *eleggere* e *deriv.*

†**eliménto** • V. *elemento*.

eliminàbile agg. • Che si può eliminare: *ostacoli, difetti difficilmente eliminabili*.

eliminàre [vc. dotta, fr. *éliminer*, dal lat. *elimināre*, letteralmente 'cacciare dalla (*ex-*) soglia (*līmen*, genit. *līminis*)'] v. tr. (*io elìmino*) **1** Togliere, rimuovere: *e. errori, sospetti* | *E. una squadra, un avversario*, estromettere dall'ulteriore partecipazione a una competizione, spec. sportiva, in base ai risultati delle eliminatorie. **2** Mandar fuori: *e. le tossine*. **3** (*mat.*) *E. un parametro, una variabile*, dato un sistema di equazioni, dedurne un sistema equivalente nel quale il parametro o la variabile non compaiano più. **4** (*pop.*) Sopprimere, ammazzare: *e. un rivale, un testimone scomodo*.

eliminatòria [f. sost. di *eliminatorio*] s. f. • Ciascuna delle gare di selezione di una stessa specialità, per l'ammissione alla finale solo dei migliori concorrenti.

eliminatòrio [fr. *éliminatoire*, da *éliminer* 'eliminare'] agg. • Atto a eliminare, a selezionare: *prove, gare eliminatorie*; *girone e.*

eliminazióne [fr. *élimination*, da *éliminer* 'eliminare'] s. f. *1* Atto, effetto dell'eliminare: *e. di errori, di sostanze tossiche, di elementi negativi*; *decidere l'e. dei nemici* | *Procedere per e.*, escludendo una a una le ipotesi che si rivelano errate. *2* (*sport*) In una competizione, spec. sportiva, esclusione di un concorrente o di una squadra dal proseguimento di una gara in base ai risultati delle eliminatorie o per squalifica.

†**elimòṣina** e *deriv.* • V. *elemosina* e *deriv.*

èlio [ingl. *helium*, dal gr. *hḗlios* 'sole', di origine indeur.] s. m. • Elemento chimico, gas inerte presente in forti quantità nel sole, in molte stelle e, sulla terra, spec. nei gas naturali, impiegato nell'industria del freddo, nella missilistica, e sim. SIMB. He.

èlio- [dal gr. *hḗlios* 'sole' (V. prec.)] primo elemento • In parole composte della terminologia scientifica, significa 'sole', 'solare': *eliocentrico, eliografia, elioscopio, elioterapia.*

eliocèntrico [vc. dotta, comp. di *elio-* e *centro*, con suff. agg.] agg. (pl. m. *-ci*) • (*astron.*) Che assume il Sole come centro | *Sistema e.*, quello di Copernico, che postulò la Terra in moto intorno al Sole. CFR. Geocentrico.

eliocentrìṣmo [vc. dotta, da *eliocentrico*] s. m. • (*astron.*) Il sistema di Copernico che affermò la rivoluzione dei pianeti intorno al Sole.

elioelèttrico [comp. di *elio-* ed *elettrico*] agg. (pl. m. *-ci*) • Che riguarda l'elettricità prodotta con l'energia solare | *Centrale elioelettrica*, centrale dotata di impianti per tale produzione.

eliofanògrafo [comp. di *eliofan(ia)* 'periodo d'illuminazione diurna', comp. di *elio-* e della base gr. *phan-* 'apparire', e *-grafo*] s. m. • (*meteor.*) Strumento per la misurazione dell'insolazione giornaliera.

eliofilìa [vc. dotta, comp. di *elio-* e *-filia*] s. f. • Proprietà di alcune piante di vegetare bene alla luce solare.

eliòfilo [vc. dotta, comp. di *elio-* e *-filo*] agg. • Detto di pianta che vegeta in modo ottimale se esposta alla luce diretta del sole.

eliofobìa [vc. dotta, comp. di *elio-* e *-fobia*] s. f. *1* Proprietà di alcune piante di vegetare bene in ombra non sopportando la luce. SIN. Sciafilia. *2* (*med.*) Impossibilità di guardare luci molto intense quali quella solare.

eliòfobo [vc. dotta, comp. di *elio-* e *-fobo*] agg. *1* Di pianta che rifugge la luce. SIN. Sciafilo. *2* (*med.*) Che soffre di eliofobia.

eliografìa [vc. dotta, comp. di *elio-* e *-grafia*] s. f. *1* Primo e rudimentale procedimento fotografico. *2* Procedimento di stampa su carta speciale, mediante lampada ad arco o fluorescente e sviluppo a vapori di ammoniaca. *3* †Scritto o disegno che descrive il sole.

eliogràfico agg. (pl. m. *-ci*) *1* (*astron.*) Relativo alla posizione di un punto sul disco apparente del sole. *2* Che serve per l'eliografia: *macchina eliografica* | Ottenuto mediante l'eliografia: *riproduzione eliografica.*

eliografìsta s. m. e f. (pl. m. *-i*) • Tecnico addetto a operazioni di riproduzione eliografica.

eliògrafo [vc. dotta, comp. di *elio-* e *-grafo*] s. m. *1* Apparecchio telegrafico ottico che trasmette segnali riflettendo la luce del Sole o una luce artificiale mediante un sistema di specchi. *2* Cannocchiale astronomico usato per fotografare il sole.

eliomagnetìṣmo [comp. di *elio-* e *magnetismo*] s. m. • Magnetismo solare.

eliòmetro [vc. dotta, comp. di *elio-* e *-metro*] s. m. • (*astron.*) Strumento per misurare l'intensità della radiazione solare.

elióne [da *eli(o)* col suff. *-one* (*2*)] s. m. • (*chim., fis.*) Nucleo dell'elio, costituito da due protoni e due neutroni.

elioscòpico agg. (pl. m. *-ci*) • (*astron.*) Che permette l'osservazione diretta del Sole: *strumento e.*

elioscòpio [vc. dotta, comp. di *elio-* e *-scopio*] s. m. *1* Segnale o punto brillante che utilizza, per riflessione, i raggi solari. *2* (*astron.*) Strumento per osservare il Sole che attenua la luminosità senza modificarne il colore.

eliosfèra [comp. di *elio-* e *sfera*] s. f. • (*astron.*) Regione concentrica con il Sole, nella quale si estende il vento solare.

eliòstato [vc. dotta, comp. di *elio-* e del gr. *statós* 'posto, collocato'] s. m. • Specchio che riflette in una data direzione un fascio di raggi del Sole. ➡ ILL. p. 828 SCIENZE DELLA TERRA ED ENERGIA.

elioteìṣmo [comp. di *elio-* e *teismo*] s. m. • Carattere di alcune religioni superiori e primitive, nelle quali il sole divinizzato è la suprema rappresentazione religiosa.

elioterapìa [vc. dotta, comp. di *elio-* e *terapia*] s. f. • (*med.*) Metodo di cura mediante l'esposizione del corpo nudo ai raggi solari.

elioteràpico agg. (pl. m. *-ci*) • Proprio dell'elioterapia: *cure elioterapiche.*

eliotipìa [vc. dotta, comp. di *elio-* e *-tipia*] s. f. • Procedimento usato in passato per ottenere, mediante la luce solare, più copie da una negativa fotografica | Fototipia.

eliotìpico agg. (pl. m. *-ci*) • Di eliotipia | Che si ottiene mediante eliotipia: *riproduzione eliotipica.*

eliotròpia (**1**) o **elitròpia** [vc. dotta, lat. *heliotrŏpiu(m)*, dal gr. *hēliotrópion* 'che si volge (dal v. *trépein*) verso il sole (*hḗlios*)', del quale riflette i raggi] s. f. • (*miner.*) Pietra preziosa verde picchiettata di rosso, che si credeva rendesse invisibile chi la portava.

eliotropìa (**2**) [comp. di *elio-* e *-tropia*] s. f. • (*bot.*) Eliotropismo.

eliotròpico [vc. dotta, da *eliotropismo*] agg. (pl. m. *-ci*) • (*bot.*) Che presenta eliotropismo.

eliotròpio o **elitròpio** [vc. dotta, lat. *heliotrŏpiu(m)*, dal gr. *hēliotrópion* 'che si volge (dal v. *trépein*) verso il sole (*hḗlios*)'] s. m. *1* Pianta erbacea delle Borraginacee con fiori bianchi in infiorescenze e proprietà medicinali (*Heliotropium europaeum*) | (*lett.*) Girasole. *2* (*miner.*) Eliotropia.

eliotropìṣmo [vc. dotta, comp. di *elio-* e *tropismo*] s. m. • (*bot.*) Proprietà di organi vegetali di reagire a stimoli luminosi incurvandosi nella direzione degli stimoli stessi. SIN. Fototropismo.

Eliozòi [vc. dotta, comp. di *elio-* e del gr. *zôon* 'animale'] s. m. pl. • Nella tassonomia animale, ordine di Protozoi dei Sarcodini con pseudopodi rigidi disposti radialmente (*Heliozoa*) | (al sing. *-zoo*) Ogni individuo di tale ordine.

elipàrco [comp. di *eli-* e *parco* (*1*), sul modello di *autoparco*] s. m. (pl. *-chi*) *1* Parco per lo stazionamento di elicotteri. *2* Il complesso degli elicotteri addetti a un servizio o a un ente.

eliplàno [comp. di *eli-* e della seconda parte di (*aereo*)*plano*] s. m. • Mezzo aereo sperimentale caratterizzato da un'elica orizzontale e da ali fisse capace quindi di muoversi sia come un elicottero sia come un aeroplano. SIN. Elicoplano.

elipòrto [comp. di *eli-* e della seconda parte di (*aero*)*porto*, sul modello dell'ingl. *heliport*] s. m. • Area destinata all'atterraggio e al decollo di elicotteri, alla quale sono annesse le installazioni per i passeggeri, il personale di bordo e gli apparecchi. SIN. Eliscalo.

eliportuàle agg. • Di, relativo a un eliporto; *area e.*

elipòsta [comp. di *eli-* e *posta*] s. f. • Posta trasportata per mezzo d'elicotteri.

eliṣabettiàno agg. • Proprio di Elisabetta I d'Inghilterra e del corrispondente periodo storico e culturale: *teatro e.*

eliscàlo [comp. di *eli-* e *scalo*] s. m. • Eliporto.

elìṣia [vc. dotta, dal gr. *Ēlýsia*, pl. di *Ēlýsion* 'degli Elisi'] s. f. • Mollusco marino simile a una lumaca, con due espansioni laterali del mantello e respirazione solo cutanea (*Elysia viridis*).

elìṣio o **elìṣo** (**2**) [vc. dotta, lat. *Elýsiu(m)*, dal gr. *Ēlýsion* (sottinteso *pedíon* 'pianura'), vc. pregreca di etim. sconosciuta] **A** s. m. • Giardino di delizie assegnato, secondo la mitologia classica, alle anime dei virtuosi. **B** agg. • Dell'Elisio: *campi elisi.*

eliṣióne [vc. dotta, lat. *elisiōne(m)*, da *elīsus*, part. pass. di *elīdere* 'elidere'] s. f. *1* Atto, effetto dell'elidere. *2* (*ling.*) Caduta nella pronuncia della vocale finale di una parola davanti a vocale iniziale, indicata graficamente con l'apostrofo: *spira, ov'Amor ferì nel fianco Apollo* (PETRARCA) | Nella metrica latina, spesso nel sign. di *sinalefe*. *3* (*mus.*) Artificio vocale che si usa per la fusione di due sillabe in una sola nota.

ELISIONE e TRONCAMENTO

Uno dei mezzi per evitare incontri sgradevoli di suoni (o 'cacofonie') tra due parole diverse è quello di abbreviare la parola che precede. Perciò, invece di dire *lo uomo, una àncora, santo Antonio, della opera* oppure *buono anno, bello giovane, signore preside*, diremo più opportunamente *l'uomo, un'àncora, sant'Antonio, dell'opera* oppure *buon anno, bel giovane, signor preside*. Come si vede dagli esempi, abbiamo soppresso una vocale o una sillaba in fine di parola, sostituendola in qualche caso con il segno dell'apostrofo. Sono i due fenomeni dell'elisione e del troncamento.

Si intende per **elisione** la soppressione della vocale finale atona (cioè non accentata) di una parola seguita da un'altra che comincia per vocale. Al posto della vocale caduta si mette **l'apostrofo** ('). Le regole sull'uso dell'elisione sono piuttosto flessibili e molto è lasciato al gusto e alla scelta personali. In generale si registra una tendenza alla diminuzione dell'uso di alcuni tipi di elisione mentre altri assumono oggi una coloritura un po' antiquata (es. *il tuo amico, ch'era a Bologna lo scorso anno*).

- Normalmente si elidono gli articoli *lo* e *la*, le preposizioni articolate composte con *lo* e *la* e gli aggettivi dimostrativi *questo* e *quello* e qualificativo *bello* (però soltanto al singolare): *l'ozio, l'edera, quell'inetto, bell'idea* (o *bella idea*), *quest'esempio* (o anche *questo esempio*), *quell'uscita* (o anche *quella uscita*). Analogamente si elidono l'art. ind. *una* e i suoi composti *alcuna, ciascuna*, ecc.: *un'àncora, un'amica* (o *una amica*), *un'àsola, nessun'altra*; come si vede, si elidono sempre davanti a vocale tonica, non sempre davanti a vocale atona. ATTENZIONE: l'art. e pron. *le* non si elide mai, perciò si scriverà *le oche, le industrie, le epoche, le incontrai*. Quanto ai plurali maschili in *-i* (*gli, degli, quegli*), si elidono soltanto davanti a *i* e non davanti ad altre vocali: *gl'Italiani* (ma nell'uso prevale oggi *gli Italiani*); ma **non** *gl'atleti, gl'ultimi*, ecc., bensì *gli atleti, gli ultimi*, ecc.
- Le forme atone dei pron. pers. *lo* e *la* di regola si elidono: *l'ho amata, l'odierò sempre*. *Gli* pronome si comporta come *gli* articolo (vedi sopra), quindi: *gl'indicai l'uscita*, ma **non** *gl'aprii*, bensì *gli aprii*.
- Le particelle *mi, ti, si, ne* di regola si elidono: *m'ha detto, s'alzò, se n'andò, t'ho visto*. Tuttavia in questo caso l'uso è vario e si trovano normalmente le forme non elise.
- La particella pron. o avv. *ci* si elide soltanto davanti a *e* o *i*: *c'è, c'era, c'eravamo, c'incontrammo*, ma **non** *c'andai, c'urlò*, bensì *ci andai, ci urlò*.
- La preposizione *di* si elide: *un chilo d'insalata, una domenica d'autunno*. Invece la preposizione *da* normalmente non si elide: *casa da affittare*; tuttavia l'elisione avviene in alcune locuzioni: *d'altronde, d'altra parte, d'ora in poi, d'altro canto*.
- Articoli, preposizioni o aggettivi non si elidono davanti a una *i* seguita da vocale (in questo caso la *i* è considerata una semiconsonante). Si dirà perciò *lo iodio, la iuta, lo iato, lo Ionio*.
- *Santo* si elide normalmente davanti a nome proprio che comincia per vocale: *Sant'Antonio, Sant'Onorato*.

Vediamo ora i seguenti esempi: *signor preside, un buon amico, mal di mare, son tornati, che bel cagnolino*. Anche in questo caso abbiamo abbreviato una parola per evitare un suono ritenuto sgradevole nell'incontro con la parola successiva. Si tratta del **troncamento**, che è la caduta della parte finale di una parola. Rispetto all'elisione **tre** sono le **differenze** fondamentali:

– l'elisione fa cadere soltanto la vocale finale, il troncamento fa cadere un'intera sillaba: *quel li-*

bro, un bel tipo;

– si può avere elisione soltanto davanti a parola che comincia per vocale, il troncamento avviene invece anche se la parola che segue comincia per consonante: *san Fermo, gran salto*;

– l'elisione vuole sempre l'apostrofo per sostituire la vocale caduta; il troncamento generalmente non lo vuole (a parte alcune eccezioni; V. oltre): *un tal amico, qual è, nessun altro*.

Perché ci sia troncamento si devono verificare **tre condizioni**:

– dopo aver subito il troncamento, la parola deve terminare con le consonanti *l, r, n* e (raramente) *m*: *qual motivo, suor Anna, son caduti, siam soli*;

– la parola che segue non deve cominciare con *s impura, z, x, gn* e *ps*. Quindi *un albero, un cane*, ma *uno stupido, uno zoppo*. Il caso di parola che comincia con *pn* è più flessibile: davanti a *pneumatico*, ad esempio, è ormai comune l'uso del troncamento: *un buon pneumatico*;

– la parola che subisce il troncamento deve essere al singolare; non c'è troncamento al plurale: *un buon libro*, ma *buoni libri*. ATTENZIONE: *grande* fa eccezione a questa condizione ed a quella precedente. Si può dire infatti: *sono dei gran farabutti*; *un gran scalatore*.

Nel caso di caduta della sola vocale finale davanti a parola che comincia per vocale resta spesso il dubbio se si tratti di elisione o di troncamento e cioè se si debba mettere l'apostrofo. Ad esempio: *buon anno* o *buon'anno? qual è* o *qual'è? pover uomo* o *pover'uomo? un artista* o *un'artista?* Il problema si può facilmente risolvere. Se la parola accorciata può essere posta davanti ad un'altra parola dello stesso genere che comincia per consonante, questo significa che tale parola non richiede elisione perché è già di per sé compiuta. È una forma tronca, non ci vuole l'apostrofo. Ad es. *buon* davanti a parola maschile che comincia per consonante non si modifica: *buon compleanno, buon pranzo*; potrò quindi scrivere *buon anno, buon appetito*, ecc. Al contrario, *buon* davanti a parola femminile che comincia per consonante non si può dire: *buon donna, buon maestra* sono forme inaccettabili, occorre dire *buona*. Poiché l'aggettivo *buona* si elide davanti a vocale, scriverò: *buon'amica, buon'alimentazione*. Per lo stesso motivo scriverò *qual è, qual auspicio, qual amica, qual angoscia* (**senza** l'apostrofo: posso dire infatti *qual buon vento, qual cumulo di errori* ed anche, al femminile, *qual grazia, qual testardaggine*). Scriverò invece *pover'uomo*, trattandosi di elisione (infatti non posso scrivere *pover caro, pover figlio*, bensì *povero caro, povero figlio*). Quanto a *un artista*, se si tratta di un uomo lo scriverò così, senza apostrofo (in quanto posso dire *un cane, un leone*), ma scriverò *un'artista* (= *una artista*) se si tratta di una donna (appunto perché non posso dire *un donna, un sedia*, bensì *una donna, una sedia*).

Vediamo ora in quali casi si ha generalmente troncamento:

- con *uno* e composti (*alcuno, ciascuno*, ecc.): *un angelo, alcun desiderio, ciascun libro, nessun altro*;
- con *buono*: *buon onomastico, buon compleanno*;
- con *quello, bello, grande e santo* davanti a consonante: *quel comico, un bel pasticcio, un gran giocatore, san Giorgio*. ATTENZIONE: davanti a vocale si ha invece elisione sia al femminile che al maschile: *quell'amico, bell'amicizia, grand'uomo, sant'Antonio*;
- con *frate*, davanti a consonante: *fra Cristoforo, fra Luigi* (ma *frate Antonio*);
- con *suora*, anche davanti a vocale: *suor Teresa, suor Angela*;
- con *tale* e *quale*, che non si elidono mai nemmeno davanti al femminile (si può dire infatti *tal donna, qual donna*): *qual amica, tal amarezza, qual emozione, qual orrore*. Ricordiamo che è molto frequente anche la forma non troncata: *quale rischio, tale uomo, quale astuzia*.

Come si è detto, il troncamento non richiede alcun segno grafico che indichi la caduta della vocale o della sillaba. Ci sono però delle eccezioni in cui il troncamento è indicato con l'apostrofo. Le principali sono: *ca'*, troncamento di *casa*: *Ca' Foscari*; *mo'*, tronc. di *modo*: *a mo' d'esempio*; *po'*, tronc. di *poco*: *ne assaggio solo un po'*; *va', da', sta', di', fa'*, forme dell'imperativo dei verbi *andare, dare, stare, dire, fare*: *va' dove ti pare!*, eccetera.

(In relazione ai problemi di troncamento ed elisione, V. anche le voci *bello, buono, grande, quale, quello, santo, suora, tale, uno*).

elịṣir o **elịṣire**, **elixir** [ar. *al iksīr* 'la (*al*) pietra filosofale', efficace anche come medicamento, in forma di 'sostanza secca' (*iksīr*, dal gr. *xērós* 'secco')] **s. m.** (**pl.** *-ir* o *-rri*) ***1*** Preparazione farmaceutica ottenuta dalla mescolanza di sciroppi con alcolati e sostanze medicamentose | *E. di lunga vita*, nella chimica alchimistica, farmaco dell'eterna giovinezza, rimedio a ogni male. ***2*** Liquore tonico e corroborante: *e. di china*.

eliskì **s. m. inv.** ● Adattamento di *heliski* (V.).

elịṣo (**1**) **part. pass.** di *elidere*; anche **agg.** ● Nei sign. del v.

elịṣo (**2**) ● V. *elisio*.

elisoccórso [comp. di *eli-* e *soccorso*] **s. m.** ● Soccorso a malati o feriti portato con un elicottero attrezzato e impiegato come ambulanza.

elitàrio [da *élite*] **agg.** ● Che riguarda un'élite, che è tipico di un'élite: *divertimento e.*; *scelte elitarie*. || **elitariaménte**, **avv.** Da un punto di vista elitario.

elitarịṣmo [comp. di *elitar(io)* e *-ismo*] **s. m.** ● Atteggiamento, spirito elitario.

elitàxi o **elitassì** [comp. di *eli-* e *taxi*] **s. m.** ● Elicottero impiegato come taxi.

élite /*fr.* e'lit/ [vc. fr., originariamente 'azione di scegliere (part. pass., ant. fr. *eslit*, di *élire*, dal lat. parl. **exlĕgere* 'eleggere')', poi 'ciò che vi è di meglio, di scelto'] **s. f. inv.** ● Cerchia ristretta di persone che si distinguono dai più per superiore cultura, censo, ascendente e sim. | Classe dirigente: *l'é. che detiene il potere politico, economico*.

elitista **s. m. e f.**; anche **agg.** (**pl. m.** *-i*) ● (*raro*) Chi, che fa parte di un'élite.

elitistico **agg.** (**pl. m.** *-ci*) ● (*raro*) Che si riferisce a coloro che fanno parte di un'élite: *discorso e.*

èlitra [vc. dotta, gr. *élytra*, neutro pl. di *élytron* 'involucro', da *eilýein* 'avvolgere', di origine indeur.] **s. f.** ● (*zool.*) Nei Coleotteri, ognuna delle due ali indurite che coprono le seconde ali membranose.

elitrasportàre [comp. di *eli-* e *trasportare*] **v. tr.** ● (*mil.*) Trasportare mediante elicottero.

elitròpia ● V. *eliotropia* (*1*).

elitròpio ● V. *eliotropio*.

elivìa [comp. di *eli-* e della seconda parte di comp. come (*ferro*)*via*, (*aero*)*via*, (*funi*)*via*, e sim.] **s. f.** ● Aerovia per elicotteri.

elixir /elig'zir, elik'sir/ ● V. *elisir*.

élla [lat. *ĭlla(m)*, originariamente un dimostrativo: 'quella', comp. di due elementi di origine non chiara] **pron. pers. f.** di terza pers. sing. (pop. tosc. *la*, per aferesi, nei sign. 1, 3, 4, purché in proclisi) ***1*** (*lett.*) Indica la persona di cui si parla e si usa come sogg. riferito al f. sing.: *e. sorrideva*; *e. venne*; *ell'è un'altra madonna, ell'è un'idea* (CARDUCCI). ***2*** †Riferito a pers. o cosa f. sing. nei compl. indiretti: *'inverso d'e. / ogne dimostrazion mi pare ottusa* (DANTE *Par.* XXIV, 95-96). ***3*** (*tosc., lett.*) Riferito a cosa, spec. con valore pleon.: *e tanto più mi riusciva gravosa questa servitù, quanto ch'e. era una particolarità usata a me solo* (ALFIERI); *son elle cose ch'abbiano a narrarsi / a un par mio?* (ALFIERI). ***4*** Si usa in luogo di 'lei' come forma di rispettosa cortesia, rivolgendosi a persona, di sesso sia maschile, sia femminile, con cui non si è in familiarità: *Ella conosce me, e conosce la condotta ch'io ho tenuto fino ad ora* (LEOPARDI).

ellàdico [lat. *Hellădicu(m)*, dal gr. *Helladikós* 'dell'Ellade (*Hellás*, genit. *Helládos*)'] **agg.** (**pl. m.** *-ci*) ● Dell'Ellade.

-ellàre [corrisponde al suff. lat. *-illāre*, proprio di dim. verb.] **suff.** verbale ● Ha valore diminutivo e frequentativo: *girellare, saltellare*.

èlle (**1**) **s. f.** o **m. inv.** ● Nome della lettera *l*.

†èlle (**2**) [lat. *ĭllae* (nom.), pl. di *ĭlla* 'ella'] **pron. pers. f.** di terza pers. pl. ● Esse (in funzione di sogg. e compl.): *voci alte e fioche, e suon di man con e.* (DANTE *Inf.* III, 27).

elleborìna [comp. di *elleboro* e *-ina*] **s. f.** ● Sostanza vermifuga e purgativa contenuta nel rizoma dell'elleboro.

ellèboro [vc. dotta, lat. (*h*)*ellĕboru(m)*, dal gr. (*h*)*elléboros*, comp. di *ellós* 'cerbiatto' e *bibrṓskein* 'divorare', perché pianta mangiata dai cervi] **s. m.** ● (*bot.*) Genere di piante erbacee delle Ranuncolacee, velenose, con fiori provvisti di perigonio e stami in parte trasformati in nettarii (*Helleborus*).

ellènico [vc. dotta, gr. *Hellēnikós*, agg. di *Héllēnes* 'Greci, Elleni'] **agg.** (**pl. m.** *-ci*) ● Greco, spec. con riferimento alla Grecia classica.

ellenịṣmo [vc. dotta, gr. *hellēnismós* 'imitazione dei modi greci', da *hellēnízein* 'ellenizzare'] **s. m.** ***1*** Periodo storico e corrispondente fase della cultura greca compresi tra la morte di Alessandro Magno e la conquista romana dell'Egitto, in cui tale cultura si estese e sviluppò al di fuori della madrepatria, spec. in Egitto e nell'Asia Minore, assumendo particolari caratteristiche derivanti dall'incontro con le preesistenti civiltà del mondo mediorientale. ***2*** Gusto ricercato, erudito e spesso formalistico che caratterizza tale cultura. ***3*** (*ling.*) Grecismo.

ellenìsta [vc. dotta, gr. *Hellēnistḗs* 'partigiano delle usanze greche', da *hellēnízein* 'ellenizzare'] **s. m. e f.** (**pl. m.** *-i*) ● Chi studia la cultura greca, spec. quella classica.

ellenìstico [da *ellenista*] **agg.** (**pl. m.** *-ci*) ***1*** Dell'ellenismo: *periodo e.*; *arte, civiltà ellenistica*. ***2*** (*est.*) Che apprezza il gusto o si adegua allo stile degli ellenisti. || **ellenisticaménte**, **avv.** Da ellenista.

ellenizzànte **part. pres.** di *ellenizzare*; anche **agg.** ● (*lett.*) Nei sign. del v.

ellenizzàre [vc. dotta, gr. *hellēnízein* 'agire come i Greci (*Héllēnes*)'] **A** **v. tr.** (aus. *avere*) ● Sottoporre all'influenza ellenica. **B** **v. intr.** ● Imitare i modelli di cultura greca.

ellenizzazióne **s. f.** ● Atto, effetto dell'ellenizzare.

†élleno (**1**) [da *elle* (*2*) con attrazione della desin. verb. *-no*] **pron. pers. f.** di terza pers. pl. ● Esse: *elle non sanno, ... quello che elle si vogliono e. stesse* (BOCCACCIO).

ellèno (**2**) [vc. dotta, gr. *héllēn*, genit. *héllēnos* 'greco, elleno', da *Héllēn* 'Elleno', mitico eroe fondatore della stirpe ellenica] **A** **agg.** ● (*lett.*) Della Grecia antica. **B** **s. m.** (**f.** *-a*) ● Abitante, nativo della Grecia antica.

ellepì [trascrizione delle due lettere di cui è formata la sigla *LP* di *long playing*] **s. m.** ● Long playing.

†éllera o **†lèllera** [prob. contaminazione del lat. *hĕdera(m)* 'edera' e del lat. *hĕlica(m)* 'elica'] **s. f.** ● (*poet.*) Edera.

-ellétto [doppio suff. dim. *-ello* e *-etto*] **suff.** alterativo composto (**f.** *-a*) ● Conferisce ai sostantivi valore diminutivo.

†élli ● V. *egli*.

†éllino ● V. *†eglino*.

-ellìno [doppio suff. dim. *-ello* e *-ino*] **suff.** alterativo composto (**f.** *-a*) ● Conferisce ai sostantivi valore diminutivo o vezzeggiativo: *campanellino, fiorellino*.

ellìsse o **ellìssi** [vc. dotta, gr. *élleipsis* 'mancanza', da *elléipein* 'omettere', con riferimento a determinate situazioni di figure geom.] **s. f.** ***1*** (*geom.*) Curva piana chiusa, a forma di cerchio schiacciato, simmetrica rispetto a due assi ortogonali | Luogo dei punti tali che la somma delle loro distanze da due punti fissi, detti fuochi, è costante | Conica non degenere, priva di punti all'infinito reali. ***2*** (*astron.*) Orbita descritta da un corpo celeste intorno a un altro: *l'e. di un pianeta intorno al Sole, di un satellite intorno a un pianeta*.

ellìssi [vc. dotta, lat. *ellīpsi(m)*, dal gr. *élleipsis* 'mancamento, omissione', da *elléipein* 'mancare (*léipein*) dentro (*en-*)'] **s. f.** ● (*ling.*) Omissione di una o più parole che il contesto o la costruzione grammaticale richiederebbero: *che degio far più sconsolato al mondo?* (BOIARDO).

ellissògrafo [vc. dotta, comp. di *ellisse* e *-grafo*] **s. m.** ● (*mat.*) Strumento per disegnare un'ellisse.

ellissoidàle [da *ellissoide*] **agg.** ● (*mat.*) Che ha forma di ellissoide.

ellissòide [vc. dotta, comp. di *ellisse* e del gr. *-oeidḗs* 'simile', da *êidos* 'forma'] **s. m.** ● (*mat.*) Quadrica che non sia un cono o un cilindro e priva di punti all'infinito reali | *E. di rotazione*, superficie ottenuta facendo ruotare un'ellisse intorno a un suo asse.

ellittico (1) [vc. dotta, gr. *elleiptikós*, da *élleipsis* 'ellisse'] agg. (pl. m. *-ci*) **1** (*mat.*) Proprio di un'ellisse | Detto di una configurazione o espressione nella quale v'è una coppia di elementi complessi coniugati. **2** (*bot.*) Detto di organo vegetale con contorno a forma di ellisse: *foglia ellittica*. SIN. Ovale.

ellittico (2) [vc. dotta, gr. *elleiptikós*, da *élleipsis* 'ellissi'] agg. (pl. m. *-ci*) ● (*ling.*) Di ellissi. || **ellitticaménte**, avv. In modo ellittico, per ellissi.

†**éllo** [lat. *íllu(m)* (V. *ella*)] pron. pers. m. di terza pers. sing. (poet. troncato in †*el*) ● (*raro*) Egli, lui.

-èllo [suff. dim. corrispondente al lat. *-ĕllu(m)*] suff. alterativo (f. *-a*) ● Conferisce ad aggettivi e sostantivi valore diminutivo, spesso con tono affettivo-vezzeggiativo: *carrozzella, cattivello, finestrella, fontanella, contadinella.*

†**elmàto** [da *elmo*] agg. ● Fornito di elmo.

elmétto s. m. **1** Dim. di *elmo*. **2** Copricapo metallico usato a scopo difensivo da soldati, minatori e sim.

Elmìnti [vc. dotta, gr. *hélmi(n)s*, genit. *hélminthos* 'verme', di origine indeur.] s. m. pl. ● (*gener.*) Vermi parassiti.

elmintiaṣi [vc. dotta, comp. di *elminto-* e *-iasi*] s. f. ● Malattia causata da vermi o elminti.

elminticìda [comp. di *elminti* e *-cida*] **A** s. m. (pl. *-i*) ● Sostanza usata per disinfestare acque, terreni e sim. dagli elminti che li infestano. **B** anche agg.

elmìnto-, -elmìnto [dal gr. *hélmins*, genit. *hélminthos* 'verme' (V. *elminti*)] primo o secondo elemento ● In parole composte della terminologia scientifica, spec. zoologica, significa 'verme' o indica relazione coi vermi: *elmintologia, Platelminti.*

elmintologìa [vc. dotta, comp. di *elminto-* e *-logia*] s. f. (pl. *-gie*) ● Ramo della zoologia che ha per oggetto lo studio dei vermi parassiti.

elmintològico agg. (pl. m. *-ci*) ● Che riguarda l'elmintologia.

elmintòlogo [vc. dotta, comp. di *elminto-* e *-logo*] s. m. (pl. *-gi*, pop. *-ghi*) ● Studioso, esperto di elmintologia.

elmintòṣi s. f. ● (*med.*) Elmintiasi.

élmo [got. *hilms*, vc. germ.] s. m. **1** Antica armatura difensiva del capo, di ferro, di forme svariate, indossata anticamente durante i combattimenti | (*est.*) *Cingersi l'e.*, armarsi | (*raro*) Casco | (*raro*) Celata. ➡ ILL. **armi**. **2** (*est.*) Copricapo metallico di varia foggia, usato per protezione, ornamento cerimoniale e sim.: *e. da pompiere*; *e. da corazziere*. ➡ ILL. **vigili del fuoco**. **3** Parte superiore dello scafandro del palombaro, munita di vetri per poter guardare all'esterno. SIN. Casco. **4** (*arald.*) Ornamento dello scudo. **5** (*chim.*) Parte superiore dell'alambicco. || **elmétto**, dim. (V.).

elocutòrio [vc. dotta, lat. *elocutōriu(m)*, da *elocūtus*, part. pass. di *ēloqui* 'parlare eloquentemente' (V. *eloquio*)] agg. ● (*raro*) Della, relativo alla, elocuzione.

elocuzióne [vc. dotta, lat. *elocutiōne(m)*, da *elocūtus*, part. pass. di *ēloqui* 'parlare eloquentemente' (V. *eloquio*)] s. f. ● Esposizione ordinata e studiata delle proprie idee e dei propri sentimenti col discorso | Parte della retorica che insegna la maniera di adattare le parole e le frasi alle idee.

elodèa [vc. dotta, tratta dal gr. *helṓdēs* 'paludoso' (da *hélos* 'palude')] s. f. ● Pianta acquatica delle Idrocaritacee che si riproduce rapidamente in modo da ostacolare la navigazione o la pesca (*Elodea canadensis*). SIN. Peste d'acqua.

elodèrma [vc. dotta, comp. del gr. *hêlos* 'chiodo' e *dérma* 'pelle', per le sue chiazze scure] s. m. (pl. *-i*) ● Genere di Rettili dei Sauri con zampe tozze, coda lunga e massiccia, pelle ricoperta da piccoli tubercoli e morso velenoso (*Heloderma*).

elogiàre [vc. dotta, lat. tardo *elogiāre*, propriamente 'descrivere in breve', da *elŏgium* nel senso di 'breve formula, sommario'] v. tr. (*io elògio*) ● Esaltare con lodi: *e. una persona per le sue azioni*; *e. la bontà, l'onestà*. SIN. Encomiare, lodare. CONTR. Biasimare.

elogiatìvo agg. ● Atto a elogiare: *parole elogiative*. || **elogiativaménte**, avv. In modo, con tono, elogiativo.

elogiatóre agg.; anche s. m. (f. *-trice*) ● Che, chi elogia, spec. adulando.

elògio [vc. dotta, lat. *elŏgiu(m)*, prob. dal gr. *elegêion* 'componimento elogiativo' deformato dall'etim. pop.] s. m. **1** Discorso o scritto laudativo: *l'e. della filosofia*; *fare l'e. di qc., di q.c.* | *E. funebre*, in lode di un defunto. **2** Componimento in voga nella letteratura latina e umanistica con cui veniva celebrato un personaggio ricorrendo a rigorosi schemi retorici. **3** Parole di lode: *il suo coraggio merita molti elogi*. SIN. Lode, plauso. || **elogétto**, dim. | **elogiàccio**, pegg. | **elogiùccio**, dim.

elogìsta s. m. e f. (pl. m. *-i*) ● Chi scrive elogi.

elogìstico agg. (pl. m. *-ci*) ● (*lett.*) Fatto in forma di elogio, contenente elogi: *scrittura elogistica.*

†**elongàre** [vc. dotta, lat. *elongāre*, comp. parasintetico di *lŏngus* 'lungo'] v. tr. e intr. ● Dilungare, allontanare.

elongazióne [vc. dotta, lat. *elongatiōne(m)*, da *elongātus*, part. pass. di *elongāre* '†elongare'] s. f. **1** Atto, effetto dell'elongare. **2** (*astron.*) Digressione. **3** (*fis.*) Distanza, a ogni istante, di un punto oscillante dal centro di oscillazione.

eloquènte [vc. dotta, lat. *eloquĕnte(m)*, part. pres. di *ēloqui* 'parlare con arte' (V. *eloquio*)] agg. ● Che sa parlare efficacemente: *oratore, predicatore e.* | (*est.*) Di ciò che è chiaro ed espressivo: *ragionamento, silenzio, sguardo e.*; *parole eloquenti*. || **eloquenteménte**, avv.

eloquènza [vc. dotta, lat. *eloquĕntia(m)*, da *elŏquens* 'eloquente'] s. f. **1** Facoltà naturale o acquisita di parlare acconciamente e in modo da produrre l'impressione desiderata sugli ascoltatori: *e. politica, forense, accademica*; *e. ornata, sobria*; *e. greca, romana*; *versare fiumi di e.*; *per pompa di e., hanno fabbricato e fabbricano nuove parole e frasi* (MURATORI) | *Modello di e.*, chi è particolarmente facondo | †*Cattedra di e.*, di letteratura. **2** Forza ed espressività: *l'e. di uno sguardo, di un gesto, di un silenzio* | (*iron.*) *L'e. del bastone, della spada*, la loro forza.

elòquio [vc. dotta, lat. *elŏquiu(m)*, da *ēloqui*, originariamente 'parlare (*lŏqui*), dicendo tutto, completamente (*ex-*)', poi 'parlare con arte o eloquenza'] s. m. ● (*lett.*) Linguaggio, modo di parlare: *un e. ricercato, ornato, abbondante, forbito.*

élsa [ant. alto ted. *helza*, di ambito germ.] s. f. ● Impugnatura della spada, spec. con riferimento agli elementi metallici variamente figurati che proteggono la mano | *E. a crociera*, con traversa difensiva di metallo perpendicolare alla lama tipica delle spade antiche | *Tenere la mano sull'e.*, (*fig.*) stare pronto all'offesa o alla difesa.

†**élso** s. m. ● Elsa.

èlson [vc. ingl. *nelson* (con *n-* sottratto nella loc. *in (n)elson*, dal n. proprio (di un lottatore?) *Nelson*)] s. f. inv. ● Nella lotta greco-romana, presa a terra che si effettua infilando l'avambraccio sotto l'ascella dell'avversario tentando con la mano di far leva o di premere sulla nuca per rovesciarlo in avanti sulle spalle.

†**elucidàre** [vc. dotta, lat. tardo *elucidāre*, da *lucidāre* nel senso di 'chiarire, illustrare' con *ex-* raff.] v. tr. ● Dichiarare, spiegare.

elucubràre [vc. dotta, lat. *elucubrāre*, comp. di *ex-* raff. e *lucubrāre* 'lavorare a lume di lanterna' (da *lūcubrum* 'lucerna', interpretato come 'ciò che riluce (*lucēre*) nell'ombra')] v. tr. (*io èlucubro*) ● Pensare impegnando seriamente l'intelletto, lavorare assiduamente a un'opera d'ingegno (*anche iron.*): *e. un piano, un progetto*; *sei riuscito finalmente a e. qualcosa?*

elucubrazióne s. f. ● Meditazione lunga e minuziosa (*anche iron.*): *l'e. di un filosofo*; *non bisogna dar troppo peso alle sue elucubrazioni.*

elùdere [vc. dotta, lat. *elūdere*, originariamente 'finire (*ex-*) di giocare (*lūdere*)', poi 'prendersi gioco', 'schivare un colpo nel gioco'] v. tr. (pass. rem. *io elùṣi* o *eludéi, tu eludésti*; part. pass. *elùṣo*) ● Sfuggire, evitare scaltramente: *e. la sorveglianza dei guardiani*; *e. le leggi, la giustizia.*

eludìbile [da *eludere*] agg. ● (*raro*) Che si può eludere.

eluènte **A** part. pres. di *eluire*; anche agg. ● Nel sign. del v. **B** s. m. ● (*chim.*) Liquido adoperato per l'eluizione di sostanze adsorbite su mezzi adsorbenti.

eluìre [vc. dotta, lat. *elŭere* 'lavar (*lŭere*) via (*ex-*)', con passaggio ad altra coniug.] v. tr. (*io eluìsco, tu eluìsci*) ● (*chim.*) Asportare per mezzo di un gas o di un opportuno solvente una sostanza mescolata ad altre.

eluìto **A** agg. ● (*chim.*) Detto di sostanza percolata attraverso una colonna cromatografica. **B** anche agg. ● La sostanza stessa.

eluizióne o **eluzióne**. s. f. ● (*chim.*) Atto, effetto dell'eluire.

eluṣìbile agg. ● (*raro*) Che si può eludere.

eluṣióne [vc. dotta, lat. tardo *elusiōne(m)*, da *elūdere* 'eludere'] s. f. ● (*raro*) Atto, effetto dell'eludere | *E. fiscale, tributaria*, ogni atto tendente a eliminare o ridurre il carico tributario mediante comportamento giuridicamente lecito.

eluṣività s. f. ● Qualità di elusivo.

eluṣìvo [vc. dotta, tratta da *eludere* sul modello di altri deriv. da comp. del lat. *lūdere*] agg. ● Che serve o tende a eludere: *un intervento e.*; *possedeva una qualità elusiva e selvatica* (LEVI). SIN. Evasivo, sfuggente. || **elusivaménte**, avv.

elùṣo part. pass. di *eludere* ● Nei sign. del v.

eluṣòrio [vc. dotta, tratta da *eludere* sul modello di altri deriv. da comp. del lat. *lūdere*] agg. ● Di elusione.

eluviàle [dal lat. *elŭvies* 'inondazione' (V. *eluvio*), col medesimo rapporto esistente tra *alluviale* e il lat. *allŭvies*] agg. ● (*geol.*) Di eluvio: *terreno e.*; *depositi eluviali.*

eluviazióne s. f. ● Dilavamento di sali solubili dallo strato attivo del terreno nei climi piovosi.

elùvio [lat. *elŭvies* 'inondazione', da *elŭere*, propr. 'portare via (*ex-*) col lavare (*lŭere*)'] s. m. ● (*geol.*) Deposito o terreno formato dal disfacimento di rocce preesistenti sul luogo stesso.

eluzióne ● V. *eluizione.*

elvèlla [vc. dotta, lat. *helvĕlla(m)* 'piccola erba', vc. rara della terminologia rustica in rapporto con una formazione indeur., che spiegherebbe 'che dà sul verde tenero o sul giallo'] s. f. ● Fungo con gambo solcato e cappello liscio e lobato (*Helvella crispa*).

elvètico [vc. dotta, lat. *Helvĕticu(m)* 'proprio degli Elvezi (*Helvētii*)', n. degli antichi abitanti dell'odierna Svizzera] **A** agg. (pl. m. *-ci*) **1** Relativo all'Elvezia o agli antichi Elvezi. **2** (*lett.*) Svizzero. **B** s. m. (f. *-a*) ● (*lett.*) Svizzero.

elzeviriàno [da *elzeviro*] agg. ● Che è proprio degli Elzevier, tipografi olandesi operanti nei secc. XVI e XVII.

elẓevirìsta s. m. e f. (pl. m. *-i*) ● Scrittore di elzeviri | (*est.*) Prosatore d'arte particolarmente dotato per il bozzetto o il ricordo autobiografico.

elẓevìro [dal n. della famiglia di tipografi ol. *Elzevier*, che idearono quei caratteri, con i quali, poi, si compose solitamente l'articolo d'apertura della terza pagina] **A** s. m. **1** Carattere tipografico di antico stile usato dagli stampatori olandesi Elzevier. **2** Edizione di tipo elegante e di formato molto piccolo. **3** Articolo d'argomento artistico, storico, letterario, o anche recensione o racconto che un giornale pubblica in apertura di terza pagina. **B** agg. ● Elzeviriano.

emaciaménto s. m. ● Grave dimagramento.

emaciàre [vc. dotta, lat. tardo *emaciāre*, comp. parasintetico di *măcies* 'magrezza' (der. di *măcer* 'magro')] **A** v. tr. (*io emàcio*) ● Rendere magro, smunto: *la malattia l'ha emaciato*. **B** v. intr. pron. ● Diventare magro e smunto.

emaciàto part. pass. di *emaciare*; anche agg. ● Nel sign. del v.

emaciazióne s. f. ● (*raro*) Estrema magrezza.

emagràmma [ingl. *emagram*, comp. di *em-* 'in-' e *-agram* di (*di*)*agram* 'diagramma'] s. m. (pl. *-i*) ● (*meteor.*) Diagramma su assi cartesiani che descrive il rapporto tra temperatura e pressione atmosferica.

emàle [comp. del gr. *hâima* 'sangue' *em(o)-* e del suff. *-ale* (1)] agg. ● (*biol.*) Relativo al sistema circolatorio | *Arcata e.*, porzione ventrale della vertebra dei Vertebrati inferiori che accoglie vasi sanguigni.

emalopìa [vc. dotta, tratta dal gr. *haimálōps* 'dall'aspetto (*ṓps*, gen. *ōpós* 'vista') sanguinante (*haimaléos*, da *hâima* 'sangue')'] s. f. ● (*med.*) Versamento di sangue nella camera anteriore dell'occhio.

emanàre [vc. dotta, lat. *emanāre* 'spandersi (*ma-*

nāre) fuori (*ex-*)'] **A** v. tr. **1** Mandar fuori: *molti fiori emanano un gradevole profumo.* SIN. Effondere, esalare. **2** Emettere, promulgare: *e. una sentenza, un decreto, un ordine, una circolare* | *E. una legge*, legiferare. **B** v. intr. (aus. *essere*) ● Avere origine, derivare, provenire: *la luce emana dal sole; i diritti emanano dai doveri.*

emanatismo s. m. ● Dottrina filosofica secondo la quale l'universo risulta essere un'emanazione di Dio. SIN. Emanazionismo.

emanatista s. m. e f.; anche agg. (pl. m *-i*) ● Chi, che segue la, e si ispira alla, dottrina dell'emanatismo.

emanatistico agg. (pl. m. *-ci*) ● Che concerne l'emanatismo o che gli è proprio.

†**emanativo** agg. ● Emanatistico.

emanazióne [vc. dotta, lat. tardo *emanatiōne(m)*, da *emanāre* 'emanare'] s. f. **1** Atto, effetto dell'emanare: *e. di raggi, odori, vapori.* **2** Atto con cui un'autorità pubblica stabilisce norme vincolanti: *e. di un decreto da parte del Presidente della Repubblica.* **3** (*est.*) Ciò che è emanato | Esalazione, odore: *e. pestifera, venefica* | (*raro*) Derivazione. **4** (*chim.*) Ciascuno dei prodotti gassosi radioattivi (attinon, radon, toron), che si producono dalla disintegrazione di elementi radioattivi quali l'attinio, il radio, il torio. **5** Teoria filosofico-religiosa secondo la quale la molteplicità delle cose di ordine materiale e spirituale che costituiscono il mondo risultano emanare da Dio per una irradiazione continua, spontanea e necessaria della sua potenza. **6** In alcune religioni e sette, ciascuna delle serie di realtà non create, ma emanate dalla sostanza divina.

emanazionismo [comp. di *emanazion(e)* e *-ismo*] s. m. ● (*filos.*) Emanatismo.

†**emanceppàre** e deriv. ● V. *emancipare* e *deriv.*

emancipàre o (*raro*) †**emanceppàre** [vc. dotta, lat. *emancipāre*, comp. parasintetico di *mancĭpium* 'acquisto di una proprietà', 'schiavo acquistato', comp. di *mănus* 'mano' e *căpere* 'prendere'] **A** v. tr. (*io emàncipo*) **1** Rendere libero: *e. una popolazione dal dominio straniero.* **2** (*dir.*) Nel mondo romano, liberare un figlio dalla patria potestà o uno schiavo facendolo liberto | Attualmente, attribuire al minore di età, allorché sussistono determinate condizioni, una limitata capacità di agire. **3** †Alienare, vendere. **B** v. rifl. ● Rendersi libero, indipendente da qc. o q.c.: *emanciparsi dalla dipendenza economica.*

emancipàto o (*raro*) †**emanceppàto**. part. pass. di *emancipare*; anche agg. **1** Nei sign. del v. **2** Privo di condizionamenti nel modo di pensare, di vivere e sim.: *una ragazza emancipata.*

emancipatóre [vc. dotta, lat. tardo *emancipatōre(m)*, da *emancipātus* 'emancipato'] s. m.; anche agg. (f. *-trice*) ● Chi, che emancipa.

emancipazióne [vc. dotta, lat. *emancipatiōne(m)*, da *emancipātus* 'emancipato'] s. f. ● Atto, effetto dell'emancipare o dell'emanciparsi | *E. della donna*, liberazione dalla condizione di inferiorità giuridica, sociale e sessuale rispetto agli uomini.

emangiòma o **emoangiòma** [comp. di *em(o)-* e *angioma*] s. m. (pl. *-i*) ● (*med.*) Neoformazione benigna costituita da proliferazione di vasi sanguigni.

emarginàre [comp. parasintetico di *margine*, sul modello del fr. *émarger*] v. tr. (*io emàrgino*) **1** (*bur.*) Indicare, segnare in margine: *e. una nota su un documento.* **2** (*fig.*) Mettere ai margini, estromettere dalla vita sociale: *e. i diversi.*

emarginàto **A** part. pass. di *emarginare*; anche agg. ● (*bur.*) Nei sign. del v. **B** s. m. (f. *-a* nel sign. 2) **1** (*bur.*) Nota a margine su un documento. **2** Chi viene messo ai margini, o addirittura escluso, dalla vita sociale in quanto limitato, fisicamente, psichicamente, culturalmente, ecc. in qualcuna delle capacità o delle caratteristiche proprie degli appartenenti a un dato tipo di società: *i carcerati, gli handicappati, gli analfabeti sono degli emarginati.*

emarginazióne s. f. ● Atto, effetto dell'emarginare | (*est.*) Situazione che rende nulla ogni possibilità di partecipazione e di intervento.

emàrtro [vc. dotta, comp. del gr. *hâima* 'sangue' e *árthrōsis* 'articolazione (da *árthron* 'giuntura')'] s. m. ● (*med.*) Versamento di sangue in una cavità articolare.

emascolazióne ● V. *emasculazione.*

emasculazióne [vc. dotta, tratta dal v. lat. *emasculāre*, comp. di *ex-* sottrattivo e del deriv. verbale di *măsculus* sul modello di *evirāre* 'evirare'] s. f. ● (*med.*) Asportazione chirurgica o traumatica del pene.

ematèmeși [vc. dotta, comp. di *emat(o)-* e del gr. *émesis* 'vomito'] s. f. ● (*med.*) Espulsione di sangue con il vomito.

emàtico [gr. *haimatikós* 'di sangue (*hâima*, genit. *háimatos*)'] agg. (pl. m. *-ci*) ● (*med.*) Del sangue: *versamento e.; stasi ematica.*

ematidròși [comp. di *em(o)-*, *idr(o)-* e del suff. *-osi*] s. f. ● (*med.*) Traspirazione di sudore misto a sangue.

ematimetria [vc. dotta, comp. di *emato-* e *-metria*] s. f. ● (*med., raro*) Emometria.

ematina [vc. dotta, comp. di *emat(o)-* e *-ina*] s. f. ● (*chim.*) Idrossido della forma ossidata dell'eme.

ematite [vc. dotta, lat. *haematīte(m)*, dal gr. *haimatítē* 'color del sangue (*hâima*, genit. *háimatos*)', sottinteso *líthos* 'pietra'] s. f. ● (*miner.*) Ossido di ferro in cristalli romboedrici o lamellari, spesso in masse compatte di color grigio scuro o nerastro e dalla lucentezza metallica.

emato- [dal gr. *hâima*, genit. *háimatos* 'sangue' di etim. incerta] primo elemento (*emat-*, davanti a vocale) ● In parole scientifiche composte della terminologia medica significa 'sangue', 'del sangue', 'sanguigno': *ematofobia, ematuria.*

ematocèfalo [vc. dotta, comp. di *emato-* e del gr. *kephalḗ* 'testa'] s. m. ● (*med.*) Cefaloematoma.

ematocèle [comp. di *emato-* e *-cele*] s. m. ● (*med.*) Raccolta circoscritta di sangue in una cavità del corpo, spec. in quella peritoneale.

ematòcrito [comp. di *emato-* e del gr. *kritós* 'separato'] s. m. ● (*med.*) Rapporto, espresso in percentuale, tra il volume della frazione corpuscolata del sangue (cellule bianche e rosse) e il volume totale del sangue.

ematodermia [comp. di *emato-* e *-dermia*] s. f. ● (*med.*) Qualsiasi alterazione della pelle legata a malattie del sangue.

ematòfago [comp. di *emato-* e *-fago*] agg. (pl. m. *-gi*) ● Detto di insetto che si nutre di sangue: *pulci ematofaghe.*

ematofobia [vc. dotta, comp. di *emato-* e *-fobia*] s. f. ● (*psicol.*) Emofobia.

ematògeno [vc. dotta, comp. di *emato-* e *-geno*] agg. ● Che concerne la produzione dei globuli rossi.

ematologia [vc. dotta, comp. di *emato-* e *-logia*] s. f. (pl. *-gie*) ● (*med.*) Studio delle caratteristiche normali e patologiche del sangue.

ematològico agg. (pl. m. *-ci*) ● (*med.*) Relativo all'ematologia.

ematòlogo s. m. (pl. *-gi*, pop. *-ghi*) ● Studioso, esperto di ematologia.

ematòma [vc. dotta, comp. di *emat(o)-* e *-oma*] s. m. (pl. *-i*) ● (*med.*) Raccolta localizzata di sangue.

ematopatia [vc. dotta, comp. di *emato-* e *-patia*] s. f. ● (*med.*) Emopatia.

ematopoièși [vc. dotta, comp. di *emato-* e del gr. *póiēsis* 'azione di fare (*poiêin*)'] s. f. ● (*biol.*) Produzione degli elementi corpuscolati del sangue. SIN. Emopoiesi.

ematopoiètico [vc. dotta, gr. *haimatopoietikós*, comp. di *hâima*, genit. *háimatos* 'sangue' e *poiētikós* 'che ha la possibilità di fare (*poiêin*)'] agg. (pl. m. *-ci*) ● (*biol.*) Che concerne l'ematopoiesi. SIN. Emopoietico.

ematopsia [vc. dotta, comp. di *emato-* e del gr. *ópsis* 'vista'] s. f. ● (*med.*) Alterazione della vista per cui gli oggetti appaiono colorati di rosso.

ematòși [vc. dotta, gr. *haimátōsis*, da *haimatôun* 'convertire in sangue (*hâima*)'] s. f. ● (*med.*) Processo di ossigenazione del sangue venoso a livello dei polmoni.

ematossilina [vc. dotta, comp. di *emato-* e del gr. *xýlon* 'legno'] s. f. ● (*chim.*) Composto incolore ottenuto dal durame della leguminosa subtropicale *Haematoxylon campechianum*, utilizzato in istologia come colorante della cromatina.

ematùria o **ematuria** [vc. dotta, comp. di *emat(o)-* e *-uria*] s. f. ● (*med.*) Presenza di sangue nelle urine.

emàzia [fr. *hématies*, dal gr. *haimátia*, dim. pl. di *hâima* 'sangue'] s. f. ● (*anat.*) Globulo rosso.

embarcadéro /sp. embarka'dero/ [vc. sp., da *embargar* 'imbarcare'] s. m. ● Imbarcadero.

embàrgo [dallo sp. *embargar* 'impedire', dal lat. parl. **imbarricāre* 'chiudere con una *barra*'] s. m. (pl. *-ghi*) **1** Blocco economico consistente nel divieto disposto dall'autorità di esportare o comunque di avere scambi commerciali con un dato Stato. **2** Fermo di navi straniere nei porti o nelle acque territoriali, disposto da uno Stato per rappresaglia.

embatèrio [vc. dotta, gr. *embatḗrios*, sottinteso *rythmós* o *mélos* '(canto) di marcia', da *embáinein* 'entrare (*báinein*) dentro (*en-*)'] s. m. **1** (*letter.*) Dispondeo. **2** Nella Grecia antica, canto di marcia e di guerra.

embè ● V. *ebbene.*

Embioidèi [dal gr. *émbios* 'vitale', comp. di *en* 'dentro' e *bíos* 'vita' (di origine indeur.)] s. m. pl. ● Nella tassonomia animale, ordine di Insetti con femmine sempre attere e maschi talvolta alati, viventi in gallerie di seta prodotta da ghiandole contenute nei tarsi del primo paio di zampe (*Embioidea*) | (al sing. *-eo*) Ogni individuo di tale ordine.

emblèma [vc. dotta, lat. *emblēma* (neutro), dal gr. *émblēma*, letteralmente 'inserzione', 'che si getta (dal v. *bállein*), che si applica dentro (*en-*)'] s. m. (pl. *-i*) **1** Figura simbolica ordinariamente accompagnata da un motto o da una sentenza | Simbolo rappresentativo: *la bilancia è l'e. della giustizia.* **2** Nell'antichità, raffinata figurazione a mosaico che, accuratamente eseguita nella bottega di un artigiano, era poi inserita in un mosaico pavimentale più rozzo formato direttamente sul posto.

emblemàtica [f. sost. di *emblematico*] s. f. ● Raccolta, studio di emblemi, spec. come componimenti letterari.

emblemàtico [vc. dotta, lat. *emblemătĭcu(m)*, sottinteso *ŏpus* 'opra, lavoro', da *emblēma* 'emblema'] agg. (pl. m. *-ci*) **1** Di, da emblema: *una figura emblematica.* SIN. Simbolico | *Pittura emblematica*, quella in cui determinati segni si ripetono costantemente. **2** (*fig., lett.*) Rappresentativo, paradigmatico: *linguaggio e.* ‖ **emblematicaménte**, avv.

emblematista s. m. e f. (pl. m. *-i*) ● Creatore di emblemi o allegorie.

embolia [da *embolo*] s. f. ● (*med.*) Presenza di embolo in un vaso sanguigno con occlusione dello stesso e arresto della circolazione: *e. cerebrale, polmonare, gassosa.*

embolișmàle [vc. dotta, adattamento del lat. tardo *embolismāle(m)*, da *embolĭsmus* 'embolismo (2)'] agg. ● (*lett.*) Intercalare | *Mese e.*, in alcuni calendari lunisolari come quello greco e quello ebraico, mese inserito nell'anno per far coincidere ciclo lunare e ciclo solare.

embolișmo (1) [da *embolo*] s. m. ● (*med.*) Embolia.

embolișmo (2) [vc. dotta, lat. tardo *embolĭsmu(m)*, dal gr. *embolismiós* 'intercalazione', da *embállein* 'gettare (*bállein*) dentro (*en-*)'] s. m. **1** Anno di tredici mesi lunari o che, in alcuni calendari lunisolari per es. quello ebraico, ha un mese intercalare. **2** Preghiera liturgica intercalata nel canone della messa, con cui si chiede a Dio la liberazione da tutti i mali.

èmbolo o **èmbolo** [gr. *émbolos* 'ostruttore, cuneo', da *embállein* 'lanciare (*bállein*) dentro (*en-*)'] s. m. **1** (*med.*) Formazione estranea, solida, liquida o gassosa, presente nel sangue. **2** (*mecc.*) Discontinuità o bolla d'aria che può formarsi nelle canalizzazioni del carburante o di altro liquido provocando il difettoso funzionamento del motore. **3** Rostro di legno con punta di rame che gli antichi solevano attaccare alla prora per investire le navi nemiche.

embrassons nous /fr. ɑ̃bra'sɔ̃ 'nu/ [loc. fr., propr. 'abbracciamoci'] loc. sost. m. inv. ● Invito a superare discordie, controversie e sim., spec. di natura politica, che si ferma all'esteriorità, senza affrontare i problemi di fondo.

embricàre o (*lett.*) **imbricàre** [adatt. del lat. tardo *imbricāre*, da *ĭmbrix*, genit. *ĭmbricis* 'embrice'] **A** v. tr. (*io émbrico, tu émbrichi*) ● Coprire con embrici. **B** v. rifl. rec. ● Sovrapporsi a guisa di embrici: *penne che si embricano.*

embricàto o (*raro*) **imbricàto** [lat. *imbricātus*, part. pass. di *imbricāre*. V. *embricare*] agg. *1* Coperto di embrici: *tetti embricati.* *2* (*bot.*, *zool.*) Detto di foglie, squame di pesci e sim. sovrapposte le une alle altre come gli embrici di un tetto.

embricatùra s. f. ● Disposizione di elementi vari come gli embrici di un tetto | (*est.*) L'insieme degli elementi così disposti.

émbrice o †**ìmbrice** [lat. *ĭmbrice(m)* 'tegola per raccogliere le acque piovane' (da *ĭmbrex*, genit. *ĭmbris* 'pioggia', prob. di origine indeur.)] s. m. *1* Lastra di terracotta a forma di trapezio, con orlo rialzato ai due lati opposti non paralleli, che serve di prima copertura dei tetti | *Scoprire un e.*, (*fig.*) rivelare una cosa segreta | *Cotto come un e.*, (*fig.*) ubriaco fradicio. *2* (*mar.*) Grossa corda che, con altre similari, tiene fissa l'invasatura allo scafo durante il varo.

embriciàta o †**imbriciàta** [da *embrice*] s. f. *1* Copertura di embrici. *2* (*raro*) Colpo d'embrice.

embriciàto agg. ● Embricato.

èmbrio- [dal gr. *émbryon* 'embrione'] primo elemento ● In parole composte della terminologia scientifica, significa 'embrione', 'feto': *embriogenia, embriologia.*

embriofìllo [vc. dotta, comp. di *embrio-* e *-fillo*] s. m. ● (*bot.*) Cotiledone.

embriogènesi [vc. dotta, comp. di *embrio-* e *genesi*] s. f. ● Processo di formazione e sviluppo dell'embrione.

embriogenìa [vc. dotta, comp. di *embrio-* e *-genia*] s. f. ● (*biol.*) Embriogenesi.

embriogènico [vc. dotta, comp. di *embrio-* e *-genico*] agg. (pl. m. *-ci*) ● Dell'embriogenesi.

embriologìa [vc. dotta, comp. di *embrio-* e *-logia*] s. f. (pl. *-gie*) ● Ramo della biologia che studia lo sviluppo degli organismi viventi attraverso i processi che seguono la fecondazione della cellula uovo.

embriològico agg. (pl. m. *-ci*) ● Che concerne l'embriologia.

embriòlogo [vc. dotta, comp. di *embrio-* e *-logo*] s. m. (f. *-a*; pl. m. *-gi*, pop. *-ghi*) ● Studioso di embriologia.

embrionàle agg. *1* (*biol.*) Che concerne l'embrione. SIN. Embrionario, embrionico. *2* (*fig.*) Che è ancora in fase di formazione: *un piano ancora e.* | *Allo stato e.*, (*fig.*) in fase di formazione, di elaborazione e sim. *3* Detto di manifestazione vulcanica in cui il magma non risale fino alla superficie. || **embrionalménte**, avv. (*fig.*) Allo stato embrionale.

embrionàrio agg. ● (*biol.*) Embrionale.

embrionàto agg. ● Dotato di embrione: *uova embrionate.*

embrióne [vc. dotta, gr. *émbryon*, letteralmente 'che cresce (dal v. *brýein* 'germogliare, fiorire', di etim. incerta) dentro (*en-*)'] s. m. *1* (*biol.*) Individuo animale nei suoi primi stadi di sviluppo dopo la fecondazione della cellula uovo. *2* (*bot.*) Abbozzo della pianta che si trova nel seme. *3* (*fig.*) Cosa o idea che comincia a prendere forma: *il nostro progetto è ancora un e.* | *In e.*, in formazione. SIN. Abbozzo.

embriònico agg. (pl. m. *-ci*) ● (*biol.*) Embrionale.

embriotomìa [vc. dotta, gr. *embryotomía*, comp. di *émbryon* 'feto, neonato' e *témnein* 'tagliare'] s. f. ● (*med.*) Operazione ostetrica, praticata sempre più raramente, mediante la quale si riduce il volume di un feto morto per facilitarne l'estrazione dall'utero.

embriòtomo [gr. *embryotómos*, comp. di *émbryon* 'feto, embrione' e un deriv. di *témnein* 'tagliare'] s. m. ● (*med.*) Strumento per l'embriotomia.

embrocàre [da *embroc(c)a*] v. tr. (*io embròco* o *èmbroco, tu embròchi* o *èmbrochi*) ● (*med.*) Curare mediante embrocazioni.

embrocazióne s. f. ● (*med.*) Medicamento liquido per uso esterno, a base di sostanze oleose, adoperato come calmante.

†**embròcca** [vc. dotta, lat. tardo *ĕmbrocha(m)*, dal gr. *embrochḗ*, da *embréchein* 'bagnare, irrorare (*bréchein*) dentro (*en-*)'] s. f. ● (*med.*) Embrocazione.

†**embùto** ● V. *imbuto.*

ème [dal gr. *haimo-*, da *hâima* 'sangue', di etim. incerta] s. m. ● (*chim.*) Molecola organica costituita da un anello di quattro unità di pirrolo contenente al centro uno ione ferro; è il gruppo prostetico dell'emoglobina e di altre proteine coniugate.

emènda [da *emendare*] s. f. ● (*raro*) Correzione.

emendàbile [vc. dotta, lat. *emendābile(m)*, da *emendāre* 'emendare'] agg. ● Che si può emendare.

emendaménto o (*raro*) †**mendaménto**. s. m. *1* Atto, effetto dell'emendare. SIN. Correzione. *2* (*agr.*) Apporto di sostanze a un terreno per migliorarne la fertilità. *3* (*dir.*) Modifica di un testo legislativo sottoposto all'esame di un'assemblea parlamentare: *proporre un e.*; *votare un e.*, *su un e.*

emendàre o †**emmendàre**, (*raro*) †**mendàre** [vc. dotta, lat. *emendāre* 'correggere', comp. parasintetico di *mĕnda* 'errore, menda', col pref. *ex-*] **A** v. tr. (*io emèndo*) *1* Privare di imperfezioni, errori o difetti: *e. una dottrina, una legge*; *la buona consuetudine a tempo vince ed emenda ogni appetito non ragionevole* (VICO) | *E. uno scritto*, limarlo. *2* (*agr.*) Correggere la costituzione fisica di un terreno con l'apporto di elementi in tutto o in parte mancanti. **B** v. rifl. ● Correggersi | Rimettersi sulla buona via: *devi emendarti.*

emendatio /*lat.* emen'dattsjo/ [vc. lat., propr. 'emendazione'] s. f. inv. ● In filologia, correzione degli errori penetrati in un testo passato attraverso varie trascrizioni.

emendatìvo agg. ● (*raro*) Che tende a emendare: *giustizia emendativa.*

emendatóre o (*raro*) †**mendatóre** [vc. dotta, lat. *emendatōre(m)*, da *emendātus* 'emendato'] agg.; anche s. m. (f. *-trice*) ● Che, chi emenda: *legge, pena emendatrice.*

†**emendatòrio** [vc. dotta, lat. tardo *emendatōriu(m)*, da *emendātus* 'emendato'] agg. ● Che ha forza di emendare | Emendativo.

emendazióne o (*raro*) †**mendazióne** [vc. dotta, lat. *emendatiōne(m)*, da *emendātus* 'emendato'] s. f. *1* (*raro*) Atto, effetto dell'emendare | (*est.*) †Castigo, punizione. *2* Correzione degli errori penetrati in un testo passato attraverso varie trascrizioni.

†**emèndo** s. m. ● Ammenda.

èmental s. m. ● Adattamento di *emmental* (V.).

emeralopìa [fr. *héméralopie*, dal gr. *hēmerálōps* 'emeralopo'] s. f. ● (*med.*) Difficoltoso adattamento visivo alla luce fioca.

emeràlopo [vc. dotta, gr. *hēmerálōps*, da *hēméra* 'giorno' (di origine indeur.), sul modello di *nyktálōps* 'nictalopo'] agg.; anche s. m. (f. *-a*) ● (*med.*) Che, chi è affetto da emeralopia.

emergènte **A** part. pres. di *emergere*; anche agg. *1* Nei sign. del v. *2* Che va acquistando maggiore importanza o successo: *ceti emergenti*; *un cantante e.* | *Paesi emergenti*, quelli, spec. appartenenti al Terzo Mondo, in cui è in crescita il livello di civiltà tecnologica e industriale | (*dir.*) *Danno e.*, perdita patrimoniale risarcibile quando sia conseguenza immediata e diretta di un inadempimento o di un fatto illecito altrui. **B** s. m. ● (*raro*) Accidente, caso imprevisto.

emergènza (1) [da *emergente*] s. f. *1* (*raro*) Atto dell'emergere | (*astron.*) †Emersione. *2* (*raro*) Condizione di ciò che emerge | Cosa che emerge.

emergènza (2) [ingl. *emergency*, dal lat. *emĕrgens*, genit. *emergĕntis* 'emergente'] s. f. *1* Circostanza o eventualità imprevista, spec. pericolosa: *in caso di e. telefonatemi* | *Freno d'e.*, dispositivo in opera su carrozze, bagagliai e sim. che permette di provocare l'arresto del treno mediante avviso con segnalazione acustica. *2* Situazione pubblica pericolosa, che richiede provvedimenti eccezionali: *dichiarare lo stato di e.* | Anche come primo elemento di locuzioni: *e. occupazione*; *e. droga.*

emergenziàle agg. ● Di emergenza: *periodo, stato e.* | Emanato per fronteggiare un'emergenza; eccezionale: *legge, provvedimento e.*

emèrgere [vc. dotta, lat. *emĕrgere*, opposto (*ex-* 'fuori') a *mĕrgere* 'affondare', di origine indeur.] v. intr. (pres. *io emèrgo, tu emèrgi*; pass. rem. *io emèrsi, tu emergésti*; part. pass. *emèrso*; aus. *essere*) *1* Venire a galla, sporgere rispetto a un piano: *lo scoglio emerge con la bassa marea* | (*est.*) Uscir fuori: *una figura indistinta emerse dal buio.* *2* (*fig.*) Risultare, manifestarsi: *sono emersi nuovi particolari*; *sono emerse le sue responsabilità* | (*fig.*) Segnalarsi, distinguersi, eccellere: *emerge su tutti per la sua statura morale.*

emèrito [vc. dotta, lat. *emĕritu(m)*, part. pass. di *emerēre* 'finire (*ex-*) di servire nell'esercito (*merēre*)'; era detto *emeritus* il soldato romano congedato dopo aver compiuto il servizio militare] agg. ● Di chi conserva il grado e la dignità di un ufficio che ha cessato di esercitare: *professore e.*; *consigliere e.* | (*est.*) Famoso, notorio (*anche scherz.*): *un e. truffatore.*

èmero [vc. dotta, gr. *hḗmeros* 'non selvatico, coltivato', di etim. incerta (?)] s. m. ● Arbusto cespuglioso delle Papilionacee con fiori gialli e legumi pendenti, sottili e ricurvi (*Coronilla emerus*).

emerocàllide [vc. dotta, tratta dal gr. *hēmerokallés* 'bellezza (*kállos*) di un solo giorno (*hēméra*)'] s. f. ● Genere di piante rizomatose delle Liliacee con foglie allungate e strette e fiori di color giallo o arancio (*Hemerocallis*).

emerografìa [vc. dotta, comp. del gr. *hēméra* 'giorno' (per 'giornale') e *-grafia*] s. f. ● Indagine e raccolta bibliografica relativa ai giornali.

emerotèca [vc. dotta, comp. del gr. *hēméra* 'giorno' (per 'giornale') e *thḗka* 'custodia', attraverso il fr. *hémérothèque*] s. f. ● Collezione di giornali e riviste. SIN. Effemeroteca.

emersióne [da *emerso*] s. f. *1* Atto, effetto dell'emergere da un fluido. *2* (*mar.*) Manovra per cui un mezzo subacqueo viene a galla: *e. totale, parziale*; *effettuare l'e.* | *Navigare in e.*, sopra il livello dell'acqua. *3* (*astron.*) Riapparizione di un astro dopo un'occultazione.

emèrso part. pass. di *emergere*; anche agg. *1* Nei sign. del v. *2* (*geogr.*) *Terra emersa*, la superficie terrestre rispetto agli oceani.

eméssο part. pass. di *emettere*; anche agg. *1* Nei sign. del v. *2* Detto di francobollo o serie di francobolli di cui è stata effettuata l'emissione | *Francobollo non e.*, francobollo pronto per l'emissione, che poi non viene effettuata.

emètico [vc. dotta, lat. tardo *emĕticu(m)*, dal gr. *emetikós*, da *emêin* 'vomitare', di origine indeur.] **A** agg. (pl. m. *-ci*) ● Che provoca il vomito: *tartaro e.*; *sostanza emetica.* **B** s. m. ● Farmaco o sostanza che provoca il vomito.

emetìna [vc. dotta, comp. del gr. *émetos* '(disposizione al) vomito', da *emêin* 'vomitare', di origine indeur., e *-ina*] s. f. ● Alcaloide che si trova nella radice di ipecacuana, usato come espettorante ed emetico.

emetìsmo [dal gr. *émetos* (V. *emetina*)] s. m. ● (*med.*) Tendenza patologica a vomitare.

emetizzànte agg. ● (*med.*) Che provoca il vomito: *tosse e.*

eméttere [lat. *emĭttere* 'mandar (*mĭttere*) fuori (*ex-*)'] v. tr. (coniug. come *mettere*) *1* Mandare o mettere fuori: *e. un grido, un fischio*; *e. fumo e fiamme*; *e. onde radio* | (*est.*) Mettere in circolazione: *e. un assegno*; *lo Stato ha emesso nuovi biglietti di banca.* *2* (*fig.*) Esprimere, dire: *e. un'opinione discutibile* | Pronunciare, esprimere, in modo ufficiale e solenne: *e. un decreto, un'ordinanza, una sentenza.*

emettitóre s. m. ● (*elettr.*) Uno degli elettrodi del transistor. SIN. Emittore.

emettitrìce [propr. f. di *emettitore*] s. f. ● Macchina automatica che distribuisce biglietti di viaggio o altro.

èmi- [dal gr. *hēmi-* 'mezzo', di origine indeur.] primo elemento ● In parole composte della terminologia scientifica, spec. medica, significa 'mezzo', 'metà' o fa rifermento a localizzazione limitata a una sola metà: *emiatrofia, emiciclo, emicrania* | V. anche *semi-*.

-emìa [gr. *aimía*, dai comp. tecnici in *-aimos*, da *hâima* 'sangue', di origine incerta] secondo elemento ● In parole composte della terminologia medica, significa 'sangue': *leucemia, setticemia.*

emiangiocàrpo [comp. di *emi-* e *angiocarpo*] agg. ● (*bot.*) Detto del corpo fruttifero di un fungo quando l'imenio si forma avvolto da uno strato protettivo e si libera successivamente, come nel genere *Amanita*.

emianopsìa [comp. di *emi-*, *an-* priv. e del gr. *ópsis* 'vista'] s. f. • (*med.*) Cecità d'una metà del campo visivo, a uno o entrambi gli occhi.

emiatrofìa [vc. dotta, comp. di *emi-* e *atrofia*] s. f. • (*med.*) Atrofia di una metà di un corpo o di un organo.

emicefalìa [vc. dotta, comp. di *emi-* e un deriv. del gr. *képhalḗ* 'testa'] s. f. • (*med.*) Mancanza parziale di sviluppo del cranio nel feto. Sin. emicrania (2).

emicèfalo [vc. dotta, comp. di *emi-* e del gr. *kephalḗ* 'testa'] agg.; anche s. m. (f. *-a*) • Che, chi è affetto da emicefalia.

emicellulósa [comp. di *emi-* e *cellulosa*] s. f. • (*chim.*) Polisaccaride complesso che si trova nei vegetali, insieme alla cellulosa e alla lignina, come costituente delle pareti cellulari o come materiale di riserva.

emiciclo [vc. dotta, lat. tardo *hemicýcl(i)u(m)*, dal gr. *hēmikýklion* 'semicerchio', comp. di *hēmi-* 'mezzo' e *kýklos* 'cerchio'] s. m. *1* Anticamente, luogo per conversazione costituito da sedili posti a semicerchio nei giardini. *2* Costruzione o parte di costruzione a pianta semicircolare | *E. della Camera dei deputati*, lo spazio centrale limitato dai banchi dei deputati disposti a semicerchio.

èmico [ingl. *emic*, tratto da (*phon*)*emic* 'fonemico'] agg. (pl. m. *-ci*) • (*ling.*) Relativo a dati che sono pertinenti e hanno quindi una funzione distintiva (in contrapposizione a quella descrittiva). CONTR. Etico (3).

emicrània (1) [V. seguente] s. f. • (*med.*) Dolore che colpisce metà del capo.

emicrània (2) [vc. dotta, lat. tardo *hemicrānia(m)*, dal gr. *hēmikranía*, comp. di *hēmi-* 'metà' e *kranion* 'cranio, testa'] s. f. • (*med.*) Emicefalia.

emicrànico agg. (pl. m. *-ci*) • Dell'emicrania (2).

emidàttilo [comp. di *emi-* e *-dattilo*] s. m. • (*zool.*) Genere dei Rettili degli Squamati, diffuso nelle zone tropicali e in quelle temperate calde (*Hemidactylus*).

èmide [vc. dotta, lat. *ĕmyde(m)*, nom. *ĕmys*, dal gr. *emýs*, di etim. incerta] s. f. • Tartaruga palustre, diffusa in Europa (*Emys orbicularis*).

emidràmma [vc. dotta, comp. di *emi-* e *dramma* (*2*), come il gr. *hēmídrachmon*] s. f. • Moneta greca antica del valore di mezza dramma.

emièdrico [vc. dotta, comp. di *emi-* e del gr. *hédra* 'base'] agg. (pl. m. *-ci*) • Di cristallo che presenta solo la metà delle facce che si possono ricavare mediante tutti gli elementi di simmetria del sistema cristallino.

emiencefalìa [vc. dotta, comp. di *emi-* ed *encefalo*] s. f. • (*med.*) Sviluppo parziale dell'encefalo nel feto.

emifonìa [vc. dotta, comp. di *emi-* e *-fonia*] s. f. • (*med.*) Attenuazione della voce.

emigale [vc. dotta, comp. di *emi-* 'mezzo' e del gr. *galê* 'donnola, faina'] s. f. • Piccolo mammifero carnivoro dal corpo snello, con lunga coda e pelliccia fulva dotata di quattro strie dorsali scure (*Hemigalus derbyanus*).

emigrànte **A** part. pres. di *emigrare*; anche agg. • Nei sign. del v. **B** s. m. e f. • Chi emigra, spec. per trovare lavoro: *la nave degli emigranti esce dal porto*.

emigràre [vc. dotta, lat. *emigrāre*, da *migrāre* con *ex-* raff.] v. intr. (aus. *essere*; *avere* quando il v. è usato ass.) *1* Partire dal proprio luogo di origine per andare a stabilirsi in modo temporaneo o definitivo in altra località: *e. in America*, *in Germania*, *al Nord*. SIN. Espatriare. *2* (*est.*) Di animali, spostarsi da un luogo a un altro col variare della stagione.

emigràto **A** part. pass. di *emigrare*; anche agg. • Nei sign. del v. **B** s. m. • Chi ha lasciato il proprio paese per vivere altrove: *gli emigrati italiani sono numerosi in Argentina* | (*est.*) Fuoriuscito politico: *gli emigrati napoletani in Piemonte dopo il 1848*.

emigratòrio agg. • Inerente all'emigrazione: *movimento*, *flusso e.*

emigrazióne [vc. dotta, lat. tardo *emigratiōne(m)*, da *emigrātus* 'emigrato'] s. f. *1* Spostamento dai luoghi di origine e insediamento in altri territori per motivi di lavoro o di clima: *la grande e. italiana della fine dell'800* | *E. selettiva*, spostamento di popolazione che interessa solo determinate categorie. *2* (*est.*) Flusso di moneta verso mercati esteri: *l'e. dei capitali*; *e. di valuta*. *3* Insieme degli emigrati di una data nazionalità: *l'e. italiana in America*.

emiliàno **A** agg. • Dell'Emilia: *dialetto e.* **B** s. m. (f. *-a*) • Nativo, abitante dell'Emilia. **C** s. m. solo sing. • Dialetto gallo-italico, parlato in Emilia.

emimetabolìa [da *emimetabolo*] s. f. • (*zool.*) Condizione degli insetti emimetaboli.

emimetàbolo [comp. di *emi-* e del gr. *métabolos* 'cangiante' (cfr. *metabole*)] agg. • (*zool.*) Detto di insetto a metamorfosi incompleta.

emimorfite [vc. dotta, comp. di *emi-*, del gr. *morphḗ* 'forma' e di *-ite* (*2*)] s. f. • (*miner.*) Silicato di zinco idrato, i cui cristalli sono caratterizzati da un abito schiettamente emimorfo. SIN. Calamina.

emimòrfo [comp. di *emi-* e *-morfo*] agg. • Detto di un cristallo che presenta terminazioni diverse alle due estremità.

emìna [vc. dotta, comp. di *em(o)-* e *-ina*] s. f. • (*chim.*) Cloridrato di ematina sotto forma di cristalli microscopici bruni.

eminènte [vc. dotta, lat. *eminĕnte(m)*, dal part. pres. di *eminēre* 'sporgere in fuori, elevarsi', comp. di *ĕx* e *minae* 'eminenza, sporgenza', di etim. incerta] agg. *1* Che si innalza rispetto all'ambiente circostante: *castello in posizione e.* *2* (*fig.*) Che eccelle sugli altri: *un ingegno e.* | Che si distingue per dignità, onore o pregi: *erano presenti eminenti personalità* | Degno di grande stima e considerazione: *avere eminenti meriti*; *ha reso eminenti servigi durante la guerra*. || **eminentissimo**, sup. (V.) || **eminenteménte**, avv. In modo specifico; in massima parte: *attività eminentemente pratica*; (*raro*) in modo eminente.

eminentìssimo agg. *1* Sup. di *eminente*. *2* Titolo spettante ai cardinali.

eminènza [vc. dotta, lat. *eminĕntia(m)*, da *ēminens*, genit. *eminĕntis* 'eminente'] s. f. *1* Elevazione, prominenza: *eminenze e cavità, delle quali ne è numero grandissimo nella faccia lunare* (GALILEI) | (*anat.*) Sporgenza o rilievo di organi o tessuti: *e. tenar*. *2* (*est.*, *raro*) Terreno o luogo eminente: *attestare le truppe su un'e. del terreno*. *3* (*fig.*) Eccellenza, elevatezza: *l'e. del suo ingegno*. *4* Titolo spettante ai cardinali: *si rivolse a Sua Eminenza* | (*fig.*) *E. grigia*, consigliere potente e segreto di un'alta personalità.

†**eminenziàle** agg. • Di eminenza.

emiòbolo [vc. dotta, gr. *hēmiṓbolon*, comp. di *hēmi-* 'mezzo' e *óbolos* 'obolo'] s. m. • Moneta greca antica del valore di mezzo obolo.

emìono o **emióne** [vc. dotta, gr. *hēmíonos* 'mulo', comp. di *hēmi-* 'mezzo' e *ónos* 'asino'] s. m. • Equide selvatico dell'Asia (*Equus hemionus*).

emiopìa [vc. dotta, comp. di *emi-* e del gr. *ṓps*, genit. *ōpós* 'occhio'] s. f. • (*med.*) Emianopsia.

emiparassìta [comp. di *emi-* e *parassita*] s. m. e f.; anche agg. • Detto di pianta verde che si attacca alla radice o al caule di altre piante, sottraendo loro acqua e sali minerali. SIN. Semiparassita.

emiparèsi [comp. di *emi-* e *paresi*] s. f. • (*med.*) Paresi che colpisce una sola metà del corpo.

emiparètico **A** agg. (pl. m. *-ci*) • Di emiparesi. **B** agg.; anche s. m. (f. *-a*) • Che, chi è stato colpito da emiparesi.

emiplegìa [gr. *hēmiplēgía*, comp. di *hēmi-* 'emi-' e un deriv. di *plēgḗ* 'colpo' (di origine indeur.), attraverso il fr. *hémiplégie*] s. f. (pl. *-gie*) • (*med.*) Paralisi dei muscoli di tutta una metà del corpo.

emiplègico [fr. *hémiplégique*, da *hémiplégie* 'emiplegia'] **A** agg. (pl. m. *-ci*) • Dell'emiplegia. **B** agg.; anche s. m. (f. *-a*) • Che, chi è affetto da emiplegia.

emiràto s. m. *1* Titolo, carica e dignità dell'emiro | Durata di tale carica. *2* Il territorio retto da un emiro.

emìro [ar. *amīr* 'principe, governatore'] s. m. • Nel mondo islamico, titolo dei discendenti di Maometto e dei capi tribù arabi.

emisfèrico agg. (pl. m. *-ci*) • A forma d'emisfero.

emisfèro o †**emisfèrio**, †**emispèrio**, †**emispèro** [vc. dotta, lat. *hemisphāeriu(m)*, dal gr. *hēmisphaírion* 'mezza (*hēmi-*) sfera (*sphaîra*)'] s. m. *1* Metà di una sfera | (*anat.*) *E. cerebrale*, ciascuna metà del pallio del telencefalo | *E. cerebellare*, ciascuna delle strutture che affiancano il verme del cervelletto. *2* (*geogr.*) Ognuna delle due metà del globo terrestre | *E. boreale*, quello posto a nord dell'equatore | *E. australe*, quello posto a sud dell'equatore | (*est.*) Carta geografica in cui è rappresentata metà della superficie terrestre.

emisferoidàle agg. • Che ha forma di mezza sfera.

†**emispèrio** • V. *emisfero*.

†**emispèro** • V. *emisfero*.

emissàrio (1) [vc. dotta, lat. *emissāriu(m)*, che ha il senso proprio del v., dal part. pass. dal quale è tratto: *emĭttere* 'mandar (*mĭttere*) via, fuori (*ex-*)'] **A** agg. • (*raro*) Che consente il deflusso: *vena emissaria*. **B** s. m. *1* Corso d'acqua, naturale o artificiale in cui laghi, paludi, e sim. convogliano e scaricano le loro acque | Canale deviatore di un fiume. *2* (*anat.*) Vaso o canale che allontana gli umori da un organo. *3* Stallone, cavallo maschio da riproduzione.

emissàrio (2) [vc. dotta, lat. *emissāriu(m)*, s. da *emĭssus*, part. pass. di *emĭttere* 'emettere'] s. m. (f. *-a*) • Chi per conto d'altri svolge trattative segrete, spionaggio, sabotaggio o attentati: *venne ucciso da emissari del nemico*.

emissióne [vc. dotta, lat. *emissiōne(m)*, da *emĭssus*, part. pass. di *emĭttere* 'emettere'] s. f. *1* Atto, effetto dell'emettere, del mandar fuori: *e. di voce*, *di sangue*. *2* Il mettere in circolazione titoli di credito: *e. di azioni*, *di obbligazioni*. *3* Messa in vendita di un francobollo o di una serie di francobolli | *Data di e.*, giorno della messa in vendita. *4* (*fis.*) Ogni fenomeno che ha sede in un corpo e che dà origine a un flusso non nullo di energia o di materia o di elettricità attraverso una superficie chiusa contenente quel corpo: *e. elettronica*; *e. di onde radio*. || **emissioncèlla**, dim.

emissìvo agg. • Che serve a emettere: *potere e.*; *forza emissiva*.

emistìchio [vc. dotta, lat. *hemistĭchiu(m)*, dal gr. *hemistíchion* 'mezzo (*hēmi-*) verso (*stíchos*)'] s. m. • Mezzo verso | Ciascuna delle due parti in cui la cesura divide un verso.

emitrago [vc. dotta, comp. di *emi-* e del gr. *trágos* 'capro'] s. m. (pl. *-ghi*) • Mammifero simile a una capra, con corpo robusto, corna ben sviluppate e pelame che forma criniera (*Hemitragus jemlahicus*).

emitritèo o **emitridèo** [vc. dotta, lat. *hēmitritaeu(m)*, dal gr. *hēmitritâios*, comp. di *hēmi-* 'mezzo' e *tritâios* 'del terzo giorno', da *trítos* 'terzo'] s. m. • (*med.*) Febbre terzana doppia.

emittènte **A** part. pres. di *emettere*; anche agg. *1* Nei sign. del v. *2* *Stazione radio e.*, trasmittente. **B** s. f. *1* Società che emette certificati azionari. *2* Apparecchiatura, stazione trasmittente: *e. radiofonica*, *televisiva*. **C** s. m. e f. *1* (*dir.*) Il sottoscrittore di un vaglia cambiario. *2* Nella teoria dell'informazione, chi emette un messaggio, linguistico o no.

emittènza [da *emittente*, sul modello di *utente-utenza* e sim.] s. f. • L'insieme delle emittenti radiofoniche e televisive.

Emìtteri [vc. dotta, comp. di *emi-* e del gr. *pterón* 'ala'] s. m. pl. • Nella tassonomia animale, superordine di Insetti emimetaboli con un apparato boccale atto a pungere e succhiare. SIN. Emitteroidei | (al sing. *-o*) Ogni individuo di tale superordine.

Emitteroidèi s. m. pl. • (*zool.*) Emitteri.

emittóre [dal lat. *emĭttere* 'emettere'] s. m. • (*elettr.*) Emettitore.

emivìta [comp. di *emi-* 'mezzo' e *vita*] s. f. • (*fis.*) Periodo di dimezzamento.

emizigòte [comp. di *emi-* e *zigote*] agg. • (*biol.*) Detto di gene presente singolarmente nel genoma, come avviene nel caso degli organismi aploidi.

èmme s. f. o m. inv. • Nome della lettera *m*.

emmenagògo [vc. dotta, comp. del gr. *émmēna* 'corsi del mese (*mḗn*, genit. *mēnós*)' e *agōgós* 'che guida, conduce'] **A** s. m. (pl. *-ghi*) • Farmaco che provoca la comparsa delle mestruazioni. **B** anche agg.: *farmaco e.*

†**emmendàre** • V. *emendare*.

Emmental /ted. 'ɛmənta:l/ [dal n. della valle svizzera, la valle (*Tal*) del fiume Grande Emme (*Grosse Emme*), dove è fiorente la produzione casearia] s. m. inv. • Formaggio svizzero a pasta dura cotta, preparato con latte vaccino intero, di colore giallo chiaro, caratterizzato da grossi buchi.

emmètrope A agg. ● (*med.*) Che presenta emmetropia: *occhio e.*; *soggetto e.* SIN. Emmetropico. B s. m. e f. ● (*med.*) Soggetto che non ha bisogno di correzioni visive.

emmetropìa [vc. dotta, comp. del gr. *émmetros* 'in (*en-*) misura (*métron*) giusta' e *ôps*, genit. *ōpós* 'occhio'] s. f. ● (*med.*) Vista normale per corretta rifrazione oculare.

emmetròpico agg. (pl. m. *-ci*) ● (*med.*) Emmetrope.

èmo- [dal gr. *haimo-*, da *hâima* 'sangue' (V. *emato-*)] primo elemento ● In parole composte della terminologia scientifica, spec. medica, significa 'sangue', 'sanguinoso': *emofilia*, *emoglobina*, *emoscopia*.

emoangiòma ● V. *emangioma*.

emoblàsto [comp. di *emo-* e *-blasto*] s. m. ● (*biol.*) Cellula indifferenziata dalla quale può prendere origine un qualsiasi elemento delle varie linee cellulari del sangue.

emocatèreṣi [comp. di *emo-* e del gr. *kathaíresis* 'distruzione'] s. f. ● (*fisiol.*) Eritrocateresi.

emocianìna [vc. dotta, comp. di *emo-* e *cianina*] s. f. ● (*biol.*) Proteina, contenente rame, presente nel sangue di certi invertebrati ai quali impartisce, per esposizione all'aria, una colorazione bluastra.

emocìto [comp. di *emo-* e *-cito*] s. m. ● Cellula del sangue degli insetti e di altri invertebrati.

emoclaṣìa [vc. dotta, comp. di *emo-* e del gr. *klásis* 'rottura' (dal v. *klân* 'spezzare', di origine indeur.)] s. f. ● (*med.*) Grave alterazione del sangue per distruzione degli elementi corpuscolati.

emoclàṣico [da *emoclasia*] agg. (pl. m. *-ci*) ● Di emoclasia: *crisi emoclasica*.

emocoltùra o **emocultùra** [comp. di *emo-* e *-coltura*] s. f. ● (*med.*) Esame colturale del sangue, fisiologicamente sterile, al fine di isolare microrganismi.

emocròmo [comp. di *emo-* e *-cromo*] s. m. *1* (*biol.*) Pigmento responsabile del colore del sangue, come l'emoglobina nei Vertebrati e l'emocianina in alcuni invertebrati. *2* (*med.*) Esame emocromocitometrico.

emocromocitomètrico [comp. di *emo-*, *cromo-*, *cito-* e *-metrico*] agg. (pl. m. *-ci*) ● (*med.*) Detto di esame di laboratorio inteso a determinare il numero di globuli rossi, globuli bianchi e piastrine che si trovano nel sangue, per ogni mm^3, e il contenuto in emoglobina dei globuli rossi: *esame e.*

emocultùra ● V. *emocoltura*.

emoderivàto [comp. di *emo-* e *derivato*] A s. m. ● (*med.*) Qualsiasi componente derivato dal sangue intero che viene impiegato a scopo terapeutico (es. trasfusionale) o preventivo (es. immunoglobuline). B agg. ● (*med.*) Che deriva dal sangue: *sostanza emoderivata*.

emodiàliṣi [comp. di *emo-* e *dialisi*] s. f. ● (*med.*) Depurazione del sangue da sostanze tossiche mediante un processo di dialisi attuato con un'apparecchiatura nota come rene artificiale.

emodializzàto [da *emodialisi*] agg.; anche s. m. (f. *-a*) ● Che, chi è sottoposto a emodialisi.

emodinàmica [vc. dotta, comp. di *emo-* e *dinamica*] s. f. ● Studio dei fenomeni legati alla circolazione del sangue.

emodinàmico [da *emodinamica*] agg. (pl. m. *-ci*) ● Di emodinamica.

emodinamòmetro [vc. dotta, comp. di *emo-* e *dinamometro*] s. m. ● Misuratore della velocità del sangue.

emofilìa [vc. dotta, comp. di *emo-* e del gr. *philía* 'amicizia', qui nel senso di 'tendenza (a emorragie)'] s. f. ● (*med.*) Turba della coagulazione del sangue, a carattere ereditario, dovuta alla mancanza di un particolare fattore plasmatico.

emofilìaco o **emofìlico** [da *emofilia*] A agg. (pl. m. *-ci*) ● Di emofilia. B agg.; anche s. m. (f. *-a*; pl. m. *-ci*) ● Che, chi, è affetto da emofilia.

emofobìa [vc. dotta, comp. di *emo-* e *fobia*] s. f. ● Paura morbosa del sangue.

emoftalmìa [vc. dotta, comp. di *emo-* e *oftalmia*] s. f. ● (*med.*) Emorragia endoculare.

emogènico [comp. di *emo-* e *-genico* 'genetico'] agg. (pl. m. *-ci*) ● (*med.*) Detto di prova di laboratorio intesa a verificare la resistenza dei capillari e i processi di coagulazione del sangue: *prove emogeniche*.

emoglobìna [vc. dotta, comp. di *emo-* e *glob(u-l)ina*, dal lat. *glŏbulus* 'piccolo globo'] s. f. ● (*chim.*) Proteina contenente eme, presente nei globuli rossi con la funzione prevalente di trasporto dell'ossigeno.

emoglobinemìa [comp. di *emoglobin(a)* ed *-emia*] s. f. ● (*med.*) Concentrazione di emoglobina nel plasma.

emoglobinòmetro [comp. di *emoglobina* e *-metro*] s. m. ● Strumento per misurare il tasso di emoglobina nel sangue.

emoglobinùria o **emoglobinurìa** [vc. dotta, comp. di *emoglobina* e del gr. *ôuron* 'orina'] s. f. ● (*med.*) Presenza di emoglobina nelle urine.

emolìnfa [comp. di *emo-* e *linfa*] s. f. ● Liquido, talvolta colorato, circolante negli insetti e in altri artropodi.

emolinfàtico agg. (pl. m. *-ci*) ● (*anat.*) Detto di linfoghiandola molto ricca di globuli rossi.

emolìṣi [vc. dotta, comp. di *emo-* e *lisi*] s. f. ● (*med.*) Rottura dei globuli rossi con fuoruscita dell'emoglobina.

emoliṣìna [comp. di *emolis(i)* e *-ina*] s. f. ● (*biol.*) Anticorpo specifico che determina emolisi.

emolìtico agg. (pl. m. *-ci*) ● (*med.*) Dell'emolisi, che provoca emolisi.

emolliènte [vc. dotta, lat. *emolliĕnte(m)*, part. pres. di *emollīre* 'render molle (*mollīre*, den. di *mŏllis*) completamente (*ex-*)'] A agg. *1* (*med.*) Detto di preparato, rimedio e sim. atti a proteggere e a disinfiammare le mucose. *2* (*tess.*) Detto di sostanza usata per rendere i tessuti flessibili e morbidi. B anche s. m.

†**èmolo** ● V. *emulo*.

emoluménto [vc. dotta, lat. *emolumĕntu(m)*, originariamente 'somma pagata per macinare il grano', da *emŏlere* 'macinare completamente', comp. di *ĕx* e *mŏlere* 'macinare', di origine indeur.] s. m. *1* Retribuzione corrisposta per una prestazione continuativa o saltuaria di carattere professionale: *percepisce ricchi emolumenti*; *la patente di Console non parlava di emolumenti* (GOLDONI) | (*raro*) Compenso incerto oltre allo stipendio. *2* †Profitto, guadagno.

emometrìa [vc. dotta, comp. di *emo-* e *-metria*] s. f. ● (*med.*) Misurazione dell'emoglobina contenuta nel sangue.

emòmetro [comp. di *emo-* e *-metro*] s. m. ● Strumento usato per l'emometria.

emònio [vc. dotta, lat. *Haemŏniu(m)*, da *Hemŏnia*, n. gr. della Tessaglia (*Haimonía*), da Emone (*Háimōn*, genit. *Háimonos*), l'eponimo della stirpe insediatasi nell'Emonia, forse di origine eolica, ma di etim. incerta] agg. ● (*lett.*) Della Tessaglia.

emopatìa [vc. dotta, comp. di *emo-* e *-patia*] s. f. ● Malattia del sangue circolante e degli organi emopoietici.

emopatologìa [vc. dotta, comp. di *emo-* e *patologia*] s. f. (pl. *-gie*) ● Studio delle emopatie.

emopericàrdio [vc. dotta, comp. di *emo-* e *pericardio*] s. m. ● (*med.*) Versamento di sangue nella cavità pericardica.

emoperitonèo [vc. dotta, comp. di *emo-* e *peritoneo*] s. m. ● (*med.*) Raccolta di sangue nella cavità peritoneale.

emopoièṣi [vc. dotta, comp. di *emo-* e del gr. *póiēsis* 'fattura' (dal v. *poiêin* 'fare')] s. f. ● (*biol.*) Ematopoiesi.

emopoiètico [vc. dotta, comp. di *emo-* e del gr. *poiētikós* (da *poiētós* 'creato', agg. verb. di *poiêin* 'fare')] agg. (pl. m. *-ci*) ● (*biol.*) Ematopoietico.

emoreologìa [comp. di *emo-* e *reologia*] s. f. ● (*fisiol.*) Studio del comportamento idrodinamico del sangue all'interno dei vasi.

emorragìa [vc. dotta, lat. *haemorrhăgia(m)*, dal gr. *haimorragía*, comp. di *hâima* 'sangue' e *rēgnýnai* 'scorrere'] s. f. (pl. *-gie*) *1* (*med.*) Fuoriuscita di sangue dai vasi sanguiferi: *e. esterna*, *interna*. *2* (*est.*, *fig.*) Perdita, fuga, deflusso: *e. di capitali*; *e. di cervelli*.

emorràgico [vc. dotta, gr. *haimorragikós*, da *haimorragía* 'emorragia'] agg. (pl. m. *-ci*) ● Che concerne l'emorragia.

emorroidàle [da *emorroide*] agg. ● Di emorroide.

emorroidàrio agg. *1* (*anat.*) Che si trova nelle pareti dell'intestino retto e dell'ano: *nervo e.*; *arterie*, *vene emorroidarie*. *2* (*med.*) Di emorroide, causato da emorroide.

emorròide [vc. dotta, lat. *haemorrhŏidae* (nom. pl.), dal gr. *haimorroïdes* (sottinteso *flébes* 'vene') 'soggette a emettere (*réein*) sangue (*hâima*)'] s. f. ● (*med.*, *spec. al pl.*) Dilatazione di una o più vene emorroidarie.

emorroidectomìa [comp. di *emorroid(e)* e *-ectomia*] s. f. ● Asportazione chirurgica delle emorroidi.

emorroìssa [vc. dotta, lat. tardo *haemorrhoïssa(m)*, dal gr. *haimorrôusa* 'che soffre per fluire (*réein*) di sangue (*hâima*)'] s. f. ● (*raro*) Donna che soffre di perdite di sangue, spec. riferito alla donna che guarì toccando il lembo della veste di Gesù.

emospermìa [comp. di *emo-* e *sperma*] s. f. ● (*med.*) Presenza di sangue nello sperma.

Emosporìdi [comp. di *emo-* e il pl. di *sporidio*] s. m. pl. ● Nella tassonomia animale, gruppo di Sporozoi parassiti del sangue di vertebrati, cui appartengono i plasmodi della malaria (*Haemosporidia*) | (al sing. *-io*) Ogni individuo di tale gruppo.

emòstaṣi [vc. dotta, gr. *haimóstasis* 'arresto (*stásis*) del sangue (*hâima*)'] s. f. ● Arresto di un'emorragia.

emostàtico [vc. dotta, gr. *haimostatikós*, da *haimóstasis* 'emostasi'] A agg. (pl. m. *-ci*) ● Che produce emostasi: *cotone e.*; *pinza emostatica*; *matita emostatica*. B s. m. ● Ogni farmaco atto a produrre emostasi.

emotèca [vc. dotta, comp. di *emo-* e *teca*] s. f. ● Luogo ove si conserva il sangue per le trasfusioni.

emoterapìa [comp. di *emo-* e *terapia*] s. f. ● Cura delle malattie mediante introduzione di sangue umano per via parenterale.

emotìṣi ● V. *emottisi*.

emotività [fr. *émotivité*, da *émotif* 'emotivo'] s. f. ● Caratteristica di chi reagisce facilmente e intensamente a situazioni emotive | (*est.*) Impressionabilità, tendenza a commuoversi facilmente.

emotìvo [fr. *émotif*, dal lat. *emōtus*, part. pass. di *emovēre* 'muover via, rimuovere'] A agg. ● Che provoca, o deriva da, emozione: *stimolo*, *particolare e.*; *crisi emotiva*. B agg.; anche s. m. (f. *-a*) ● Che, chi è facile alle emozioni: *temperamento e.*; *reazioni da e.*; *limitate capacità emotive* (PIRANDELLO). || **emotivaménte**, avv. Per quanto riguarda le emozioni.

emotoràce [vc. dotta, comp. di *emo-* e *torace*] s. m. ● (*med.*) Raccolta di sangue nella cavità toracica.

emotossìna [comp. di *emo-* e *tossina*] s. f. ● (*biol.*) Tossina contenuta nel sangue.

emotrasfuṣióne [comp. di *emo-* e *trasfusione*] s. f. ● (*med.*) Trasfusione diretta di sangue nel circolo ematico.

emotrasfùṣo [da *emotrasfusione*] A s. m. (f. *-a*) ● (*med.*) Individuo cui è stata praticata una trasfusione di sangue. B anche agg.

emòtrofo [comp. di *emo-* e *-trofo*] s. m. ● (*biol.*) Negli Euteri, ognuna delle sostanze nutritive fornite dal sangue materno all'embrione.

emottìṣi o (*pop.*) **emotìṣi** [vc. dotta, comp. di *emo-* e del gr. *ptýsis* 'sputo' (da *ptýein* 'sputare', di origine espressiva), accostata, per etim. pop., a *tisi*] s. f. ● Fuoruscita di sangue dalla bocca.

emottòico [vc. dotta, gr. *haimoptyïkós*. V. *emottisi*] agg.; anche s. m. (f. *-a*; pl. m. *-ci*) ● Che, chi è soggetto a emottisi.

emozionàbile [fr. *émotionnable*, da *émotionner* 'emozionare'] agg. ● Che si emoziona facilmente: *un ragazzo e.*

emozionabilità s. f. ● Qualità di chi è emozionabile.

emozionàle agg. ● Di, relativo a emozione: *stato e.*

emozionànte part. pres. di *emozionare*; anche agg. *1* Nei sign. del v. *2* Che appassiona, che eccita: *film*, *racconto e.*

emozionàre [da *emozione*] A v. tr. (*io emozióno*) ● Cagionare o suscitare un'emozione (*anche ass.*): *uno spettacolo che emoziona* | Impressionare, turbare: *l'equilibrista emozionò il pubblico con i suoi esercizi*. B v. intr. pron. ● Turbarsi, agitarsi: *all'esame mi sono emozionato, e non ho saputo rispondere*.

emozionàto part. pass. di *emozionare*; anche agg. *1* Nei sign. del v. *2* Che è in preda a un'emozione: *era molto e. per quell'incontro inatteso* | Agitato, impressionato. SIN. Turbato. || **emozionataménte**, avv. (*raro*) Con emozione.

emozióne [fr. *émotion*, da *émouvoir* 'mettere in moto, eccitare' (poi solo in senso morale), dal lat. parl. *exmovēre*, parallelo di *emovēre* 'muover (*movēre*) via (*ex-*)'] s. f. ● Sentimento accompagnato da attività motorie e ghiandolari: *la paura, l'ira, la gioia, sono emozioni* | Correntemente, impressione o turbamento vivo e intenso: *la forte e. gli provocò un malore*; *andare in cerca di emozioni*.

empatia [vc. dotta, gr. *empátheia* 'passione', comp. di *en* 'in' e un deriv. di *páthos* 'affetto' (V. *pathos*)] s. f. *1* (*filos.*) Supposta fusione emotiva tra il soggetto e l'oggetto della conoscenza nel campo delle scienze umane. *2* (*psicol.*) Capacità di capire, sentire e condividere i pensieri e le emozioni di un altro in una determinata situazione.

empàtico A agg. (pl. m. *-ci*) ● Che si riferisce all'empatia, che è caratterizzato da empatia: *identificazione empatica*. || **empaticaménte**, avv. In modo empatico, con empatia. **B** agg.; anche s. m. (f. *-a*) ● Che, chi prova empatia.

†emperadóre ● V. *imperatore*.

empetìgine ● V. *impetigine*.

empiàstro e *deriv.* ● V. *impiastro* e *deriv.*

Empìdidi [vc. dotta, gr. *empís*, genit. *empídos* 'insetto', formazione pop. da *empínein* 'bere (*pínein*) avidamente (*en-*)', s'intende dai fiori] s. m. pl. ● Nella tassonomia animale, famiglia di Insetti ditteri, pelosi, con la proboscide atta a perforare, i cui maschi offrono alla femmina come dono di nozze una preda appena catturata (*Empididae*) | (al sing. *-e*) Ogni individuo di tale famiglia.

empièma [vc. dotta, gr. *empýēma*, dal v. *empyêin* 'avere il pus (*pýon*) dentro (*en-*)'] s. m. (pl. *-i*) ● (*med.*) Raccolta di pus in una cavità: *e. pleurico*; *e. della colecisti*.

empiemàtico [vc. dotta, gr. *empyēmatikós*, da *empýēma*, genit. *empyḗmatos*, 'empiema'] agg. (pl. m. *-ci*) ● Empiematoso.

empiematóso A agg. ● Che concerne l'empiema. **B** agg.; anche s. m. (f. *-a*) ● Che, chi è affetto da empiema.

émpiere [lat. *implēre* 'riempire (*plēre*) dentro (*in-*)' con passaggio ad altra coniug.] v. tr. rifl. e intr. pron. (coniug. come *empire*; part. pass. *empiùto*) ● Empire, empirsi.

empietà o †**empietàde**, †**empietàte**, †**impietà** [lat. *impietāte(m)*, da *īmpius* 'empio (1)'] s. f. *1* Carattere o qualità di chi o di ciò che è empio: *l'e. di uno spettacolo, di uno scritto* | Sacrilega irreligiosità: *Socrate fu condannato per e.* *2* Azione, discorso da persona empia: *commettere, dire ogni sorta d'e.* | Scelleratezza, crudeltà: *quell'efferata rappresaglia fu una vera e.*

†**empiézza (1)** o †**impiézza** [da *empio (1)*] s. f. ● Crudeltà, spietatezza: *ancora mostrarono i Ghibellini maggior e.* (VILLANI).

empiézza (2) [da *empio (2)*] s. f. ● Ripienezza, spec. di cibo.

empiménto [da *empire*] s. m. *1* Atto, effetto dell'empire o dell'empirsi. *2* †Adempimento.

émpio (1) o †**ìmpio** [lat. *īmpiu(m)*, comp. di *īn-* con valore avversativo, e *pīus* 'pio'] agg. *1* Che reca grave offesa al sentimento religioso: *un'empia bestemmia*; *un libro e.*; *un e. bestemmiatore* | (*est.*) Irriverente verso istituzioni tradizionalmente rispettate: *un e. attentato al monumento dei Caduti*. *2* Spietato, crudele: *un'empia vendetta* | (*est.*, *lett.*) Iniquo: *fato, destino e.*; *non è nuova colpa / chieder ch'agli empi guai segua alcun bene* (CAMPANELLA). || **empiaménte**, avv. In modo empio, senza religione e senza pietà.

émpio (2) [per *empi(ut)o*, part. pass. di *empire*] agg. ● (*tosc.*, *scherz.*) Pieno, satollo.

empìre [lat. parl. **implīre* per *implēre* 'empiere'] **A** v. tr. (pres. *io émpio, tu émpi, egli émpie, noi empiàmo, voi empìte, essi émpiono*; imperf. *io empìvo*; fut. *io empirò*; pass. rem. *io empìi* o *empiéi, tu empìsti* o *empiésti*; congv. pres. *io émpia*; congv. imperf. *io empìssi*; cond. *io empirèi*; imp. *émpi tu, empìte voi*; ger. *empièndo*; part. pass. *empìto*) *1* Far pieno (*anche fig.*): *e. di acqua un secchio*; *e. un carro di merci*; *e. la testa di pregiudizi, la bocca di paroloni* | *E. un pollo*, mettervi il ripieno | *E., empirsi la pancia, il ventre*, e sim., saziarsi | Occupare uno spazio. *2* (*fig.*) Colmare, riparare: *e. un difetto, una lacuna* | *E. il numero*, completarlo. *3* †Soddisfare, adempiere: *e. la brama, la profezia*. *4* (*raro, pop.*) Ingravidare. **B** v. rifl. ● Saziarsi: *empirsi di dolci*. **C** v. intr. pron. *1* Riempirsi (*anche fig.*): *il teatro si empì di spettatori*; *s'empì d'uno zampettio / di talpe la limonaia* (MONTALE). *2* †Avverarsi.

empìreo o †**empìrio**, (*poet.*) †**empìro**, (*raro*) †**impìreo**, (*raro*) †**impìrio** [vc. dotta, gr. *empýrios* 'che è nel (*en-*) fuoco (*pŷr*, gen. *pyrós*)'] **A** s. m. ● Nel sistema tolemaico e nella filosofia scolastica, il cielo supremo o della luce, sede di Dio e dei beati | (*lett.*) Paradiso. **B** agg. ● (*lett.*) Degno del cielo, sublime.

empireumàtico [vc. dotta, tratta dal gr. *empýreuma*, genit. *empyréumatos* 'carbone coperto di cenere per accendere il fuoco (*pŷr*, genit. *pyrós*)'] agg. (pl. m. *-ci*) ● (*chim.*) Detto di sostanza ottenuta dalla distillazione a secco di sostanze organiche, che ha odore e sapore caratteristico dello zucchero bruciato.

empirìa [gr. *empeiría* 'esperienza (*peiría*) in (*en-*) qualche settore', 'pratica (spec. in campo medico)'] s. f. ● (*filos.*) Tutto ciò che concerne l'esperienza o ha relazione con essa.

empìrico [vc. dotta, lat. tardo *empīricu(m)*, dal gr. *empeirikós* 'che si muove nella (*en-*) esperienza (*pêira*)', attrav. il fr. *empirique*] **A** agg. (pl. m. *-ci*) *1* (*filos.*) Che si basa sull'esperienza non guidata da presupposti metodici. *2* Fondato solo sulla pratica e non su criteri scientifici: *rimedio, procedimento, metodo e.* *3* (*chim.*) *Formula empirica*, che indica la natura e il numero degli atomi di una molecola e non le relazioni strutturali. || **empiricaménte**, avv. **B** s. m. (f. *-a*) ● (*med.*) Chi segue l'empirismo.

†**empìrio** ● V. *empireo*.

empiriocriticìșmo [comp. di *empiri(sm)o* e *criticismo*] s. m. ● (*filos.*) Indirizzo filosofico sviluppatosi nella seconda metà del sec. XIX (i cui principali esponenti furono R. Avenarius e E. Mach), che intendeva eliminare ogni residuo di tipo metafisico limitandosi al riconoscimento e alla definizione dell'esperienza pura.

empirìșmo [fr. *empirisme*, da *empirique* 'empirico'] s. m. *1* Indirizzo filosofico secondo il quale tutti i dati della conoscenza derivano direttamente o indirettamente dall'esperienza che viene pertanto assunta come unico criterio di verità | *E. logico*, neopositivismo. *2* (*med.*) Metodo terapeutico basato sulla pratica, non su criteri scientifici. *3* Carattere, qualità di chi, di ciò che è empirico: *l'e. di un metodo, di un sistema*.

empirìsta [fr. *empiriste*, da *empirisme* 'empirismo'] s. m. e f. (pl. m. *-i*) *1* Chi segue l'indirizzo filosofico dell'empirismo. *2* (*raro*) Chi opera, agisce in modo empirico.

empirìstico agg. (pl. m. *-ci*) ● Che concerne o interessa l'empirismo o gli empiristi. || **empiristicaménte**, avv.

†**empìro** ● V. *empireo*.

émpito [lat. *ímpetu(m)* 'impeto' (V.)] s. m. ● (*lett.*) Forza travolgente e precipitosa: *e. del mare*; *la valle echeggiò di fragore / come d'un e. d'acque / irrompenti* (D'ANNUNZIO) | (*est.*) Smania, ardore violento: *e. carnale*.

empitóre [lat. parl. **implitōre(m)*, da **implīre* 'empire'] s. m. (f. *-trice*) *1* (*raro*) Chi empie. *2* †Chi adempie: *e. del comandamento del suo signore* (DANTE).

†**empitùra** s. f. ● Atto, effetto dell'empire | (*est.*, *raro*) Ripieno | Imbottitura.

emplàstico [vc. dotta, gr. *emplastikós* 'che serve per empiastro (*émplastron*)'] s. m. (pl. *-ci*) ● Empiastro.

empòrio [vc. dotta, lat. *empŏriu(m)*, dal gr. *empórion*, da *émporos* 'navigante su nave straniera, passeggero *in viaggio* (*en pórō*)'] s. m. *1* (*raro*) Luogo ove confluivano i commerci e i prodotti di una regione: *Venezia era l'e. dell'Adriatico* | Centro di commercio di un particolare prodotto: *Amsterdam è l'e. mondiale dei diamanti*. *2* Grande magazzino ove si vende ogni genere di prodotti | (*est.*) Varia e disordinata accozzaglia di oggetti | (*fig.*) *È un e. di erudizione*, di persona con varia e vasta cultura.

emù [prob. voce australiana, giunta a noi attrav. il fr. *émeu*] s. m. ● Uccello dei Casuariformi, simile allo struzzo ma più piccolo, con corpo tozzo e zampe con tre dita (*Dromiceius novae-hollandiae*). SIN. Struzzo australiano.

emulàre [vc. dotta, lat. *aemulāri*, poi anche *aemulāre*, da *āemulus* 'emulo'] v. tr. (*io èmulo*) ● Sforzarsi di eguagliare o superare q.c. o qc.: *è difficile e. la sua generosità*.

emulatìvo agg. *1* Tendente a emulare. *2* (*dir.*) Di emulazione: *atto e.*

emulatóre [vc. dotta, lat. *aemulatōre(m)*, da *aemulātus*, part. pass. di *aemulāre* 'emulare'] s. m.; anche agg. (f. *-trice*) *1* Chi, che emula. *2* (*elab.*) *Programma e.*, programma destinato a permettere ai programmi scritti per un certo elaboratore di essere eseguiti su un elaboratore diverso.

emulazióne [vc. dotta, lat. *aemulatiōne(m)*, da *aemulātus*, part. pass. di *aemulāre* 'emulare'] s. f. *1* Desiderio e sforzo di eguagliare o superare qc.: *un buon maestro deve suscitare l'e. tra gli scolari*; *ha un forte spirito di e.*; *l'e. è la forza, l'invidia è la debolezza* (DE SANCTIS). *2* (*dir.*) Atto compiuto dal proprietario di una cosa, al solo scopo di nuocere o recare molestia a terzi. *3* (*elab.*) Operazione di un elaboratore elettronico con un programma che gli permette di simulare il modo di operare di altro elaboratore con caratteristiche diverse.

emulgènte part. pres. di †*emulgere*; anche agg. *1* Nel sign. del v. *2* (*anat.*) Detto di vaso o condotto che deriva gli umori da un organo: *vena e.*

†**emùlgere** o **emulgére** [vc. dotta, lat. *emulgēre* 'mungere (*mulgēre*) sino in fondo (*ex-*)'] v. tr. ● Smungere.

èmulo o †**èmolo** [vc. dotta, lat. *āemulu(m)*, di etim. incerta] agg.; anche s. m.(f. *-a*) ● Che, chi si sforza di imitare o uguagliare qc. o le sue capacità e virtù: *quel discepolo fu degno e. del maestro*; *e. del ciel, ... / saettato dal sole, il mar lampeggia* (MARINO) | (*raro*) Avversario, nemico.

emulsìna [dal lat. *emŭlsus*, part. pass. di *emulgēre* 'trarre (*mulgēre*) fino in fondo (*ex-*)' col suff. di prodotto chim. *-ina*] s. f. ● Enzima contenuto nelle mandorle amare e in altri semi.

emulsiòmetro [da *emulsione*] s. m. ● Apparecchio consistente in una specie di pompa usata per sollevare acque fangose mediante insufflazione di aria compressa.

emulsionàbile agg. ● Che può essere portato allo stato di emulsione.

emulsionànte A part. pres. di *emulsionare*; anche agg. ● Nel sign. del v. **B** s. m. ● Sostanza che rende possibile o facilita l'emulsione.

emulsionàre [da *emulsione*] v. tr. (*io emulsióno*) ● Ridurre a emulsione.

emulsionatóre A s. m. ● Apparecchio che induce in emulsione un liquido con un altro in cui sia insolubile. **B** anche agg. (f. *-trice*): *apparecchio e.*; *macchina emulsionatrice*.

emulsióne [vc. dotta, tratta dal lat. *emŭlsu(m)*, part. pass. di *emulgēre* '†emulgere'] s. f. *1* (*chim.*) Sospensione, sotto forma di goccioline, di un liquido in un altro non miscibile col primo: *e. di olio in acqua*; *e. medicamentosa*. *2* (*fot.*) *E. sensibile*, sostanza gelatinosa contenente sali di argento sensibili all'azione della luce.

emùngere [vc. dotta, lat. *emŭngere*, di origine indeur.] v. tr. *1* Estrarre, derivare: *e. metano da un giacimento marino*. *2* †Smungere | (*fig.*) Fiaccare, indebolire: *tutti uno dopo l'altro uccise, / o ferì sì ch'ogni vigor n'emunse* (ARIOSTO).

emungiménto s. m. *1* (*lett.*) Atto, effetto dell'emungere. *2* Estrazione di acqua da falde sotterranee.

†**emùnto** part. pass. di *emungere*; anche agg. ● Nei sign. del v.

emuntóre A agg.; anche s. m. ● (*raro*) Che, chi emunge. **B** s. m. ● (*geogr.*) Emissario di un bacino lacustre.

emuntòrio [vc. dotta, lat. tardo *emunctōriu(m)*, da *emūnctus* 'emunto', part. pass. di *emŭngere* 'emungere'] s. m. ● (*anat.*) Organo o apparato destinato all'eliminazione dei materiali di rifiuto dell'organismo: *e. renale*.

†**en (1)** /en/ ● V. *in*.

†**en (2)** /en/ ● V. *ne (1)*.

enàllage [vc. dotta, lat. tardo *enăllage(n)*, dal gr.

enallagê, dal v. *enallássein* 'cambiare (*allássein*) in senso inverso (*en-*)'] s. f. ● (*ling.*) Figura retorica che consiste nell'utilizzare una parte del discorso con la funzione di un'altra (un aggettivo per un avverbio; un tempo presente per un futuro e sim.): *e cominciommi a dir soave e piana* (DANTE *Inf.* II, 56).

enalòtto [comp. di *ENAL* (a cui viene devoluta una parte delle entrate) e *lotto*] s. m. inv. ● Concorso pubblico settimanale a premi, analogo al Totocalcio ma fondato sul gioco del lotto: *fare dodici all'e.*

†enànte ● V. *†innante.*

enantèma [vc. dotta, lat. *enanthēma* (nom. nt.), dal gr. *enanthêin* 'fiorire'] s. m. (pl. *-i*) ● (*med.*) Eruzione a carico di una membrana mucosa: *e. scarlattinoso, e. morbilloso.*

enàntio- [dal gr. *enantíos* 'contrario, opposto' (da *antí* 'contro')] primo elemento ● In parole composte della terminologia scientifica, significa 'opposizione': *enantiomorfismo, enantiosemia.*

enantiomorfìsmo [da *enantiomorfo*] s. m. ● Proprietà di due enti, immagine speculare l'uno dell'altro, di sovrapporsi tra loro unicamente per riflessione rispetto a un piano esterno agli enti stessi: *tra la mano destra e la mano sinistra esiste e.*

enantiomòrfo [comp. di *enantio-* e *-morfo*] agg. *1* Che presenta enantiomorfismo: *strutture enantiomorfe.* *2* (*chim.*) Detto di ciascuna delle due modificazioni, una destrogira e l'altra levogira, di uno stesso composto.

enantiopatìa [vc. dotta, tratta dal gr. *enantiopathḗs*, comp. di *enantíos* 'contrario, opposto' e *páthos* 'sofferenza'] s. f. ● (*med.*) Allopatia.

enantiosemìa [comp. di *enantio-* e *-semia*] s. f. ● (*ling.*) Processo di cambiamento di significato per cui una parola viene ad assumere un senso opposto a quello originario.

enantiotropìa [comp. di *enantio-* e *-tropia*] s. f. ● (*miner.*) Passaggio reversibile di una sostanza da una forma cristallina all'altra.

enàrca [adattamento del fr. *énarque*, da *É(cole) N(ationale) (d')A(dministration)*, sul modello di vc. italiane come *monarca, esarca* e sim., formate col suff. *-arca*] s. m. e f. (pl. m. *-chi*) ● Alto funzionario statale francese, fornito di rilevantissima preparazione professionale grazie alla frequentazione di un'alta scuola specializzata di amministrazione pubblica.

enarmonìa [da *enarmonico*] s. f. ● Qualità di ciò che è enarmonico.

enarmònico [vc. dotta, lat. tardo *en(h)armŏnicu(m)*, parallelo di *en(h)armŏniu(m)* 'enarmonio'] agg. (pl. m. *-ci*) ● (*mus.*) Detto del terzo genere dell'antica musica greca, che si serve dei quarti di tono: *il tetracorto di genere e.* | Detto dell'intervallo della scala temperata che è scritto diversamente da un altro al quale suona uguale. CONTR. Equabile. || **enarmonicaménte**, avv.

enarmònio [vc. dotta, lat. tardo *en(h)armŏniu(m)*, dal gr. *enarmónios* 'che ha un'armonia (*harmonía*) dentro (*en-*) di sé'] agg. ● Enarmonico.

enarmonizzàre A v. tr. ● Rendere enarmonico. **B** v. intr. (aus. *avere*) ● Praticare l'enarmonia.

†enarràbile [vc. dotta, lat. *enarrābile(m)*, da *enarrāre* '†enarrare'] agg. ● Spiegabile, dicibile. CONTR. Inenarrabile.

†enarràre [vc. dotta, lat. *enarrāre* 'raccontare (*narrāre*) diffusamente (*ex-*)'] v. tr. ● Spiegare, esporre: *un capitolo ... che enarra i nomi e le famiglie di molte bellezze fiorentine* (CARDUCCI).

enarratìvo [vc. dotta, lat. tardo *enarratīvu(m)*, da *enarrātus*, part. pass. di *enarrāre* '†enarrare'] agg. ● Espositivo.

†enarraziόne [vc. dotta, lat. *enarratiōne(m)*, da *enarrātus*, part. pass. di *enarrāre* '†enarrare'] s. f. ● Spiegazione, esposizione.

enartròsi [vc. dotta, gr. *enárthrōsis*, comp. di *en-* raff. e *árthrōsis* 'articolazione'] s. f. ● (*med.*) Tipo di articolazione mobile le cui superfici articolari sono sferiche, una concava e una convessa.

encàrpo [vc. dotta, lat. tardo *encărpa* (nt. pl.), dal gr. *énkarpa* 'festoni di frutti (*kárpa*) nelle (*en-*) colonne'] s. m. ● Festone di fiori, frutti e foglie usato come motivo ornamentale nell'architettura classica e del Rinascimento.

encàustica [vc. dotta, lat. *encaustica(m)*, dal gr. *enkaustikḗ*, sottinteso *téchnē*, '(arte) dell'*encausto* (*énkaustos*)'] s. f. ● Arte del dipingere a encausto.

encàustico [vc. dotta, lat. *encaustĭcu(m)*, dal gr. *enkaustikós* 'proprio dell'*encausto* (*énkaustos*)'] agg. (pl. m. *-ci*) ● Dell'encausto, che si riferisce all'encausto: *tecnica encaustica.*

encàusto [vc. dotta, lat. *encaustu(m)*, dal gr. *énkaustos*, originariamente 'colore sciolto nella cera fusa' poi 'inchiostro di porpora usato dagli imperatori per firmare', poi, generalmente, 'inchiostro', dal v. *enkáiein* 'bruciare (*káiein*) sopra (*en-*)'] s. m. ● Tecnica di pittura murale usata dai Greci e dai Romani che si servivano di colori diluiti in cera fusa e spalmati a caldo sull'intonaco: *pittura a e.*; *dipingere a e.*

encefàlico agg. (pl. m. *-ci*) ● (*anat.*) Che concerne l'encefalo.

encefalina [comp. di *encefal(o)* e *-ina*] s. f. ● (*chim.*) Neuropeptide con azione oppioide isolato dal cervello.

encefalite [vc. dotta, comp. di *encefal(o)* e *-ite (1)*] s. f. ● (*med.*) Infiammazione dell'encefalo.

encefalìtico A agg. (pl. m. *-ci*) ● (*med.*) Di, relativo a, encefalite. **B** agg.; anche s. m. (f. *-a*) ● (*med.*) Che, chi è affetto da encefalite.

encèfalo [vc. dotta, gr. *enképhalos*, sottinteso *myelós* '(il midollo) che è dentro (*en-*) la testa (*kephalḗ*)'] s. m. ● (*anat.*) Parte del sistema nervoso centrale contenuta per intero nella cavità cranica.

encefalografìa [vc. dotta, comp. di *encefal(o)* e *-grafia*] s. f. ● (*med.*) Radiografia della massa cerebrale, eseguita a scopo diagnostico.

encefalogràmma [comp. di *encefalo* e *-gramma*] s. m. ● (*med.*) Lastra radiografica ottenuta mediante encefalografia.

encefalòide [vc. dotta, comp. di *encefal(o)* e *-oide*] agg. ● (*med.*) Che ha consistenza molle, simile a quella del cervello: *tumore e.*

encefalomalacìa [comp. di *encefalo* e *malacia*] s. f. ● (*med.*) Rammollimento cerebrale dovuto a disturbi circolatori.

encefalopatìa [vc. dotta, comp. di *encefal(o)* e *-patia*] s. f. ● (*med.*) Qualsiasi malattia dell'encefalo.

encefalospinàle [comp. di *encefalo* e *spinale*] agg. ● (*anat.*) Relativo all'encefalo e al midollo spinale | *Asse e.*, nevrasse.

enchimòsi [vc. dotta, gr. *enchýmōsis* 'diffusione di succo (*chymósis*) nel (*en-*) corpo'] s. f. ● (*med.*) Ecchimosi.

enchirìdio [vc. dotta, lat. tardo *enchirĭdio(n)*, dal gr. *encheirídion* '(libro che si tiene) in (*en-*) mano (*chéir*, genit. *cheirós*)', 'manuale'] s. m. ● (*raro*) Manuale.

encìclica [vc. dotta, lat. eccl. (*epĭstola*) *encȳclica* '(lettera) circolare (da *encȳclicus*: V. *enciclico*)'] s. f. ● Lettera circolare apostolica che il papa indirizza, in forma solenne, ai vescovi e ai prelati di tutta la Chiesa, su argomenti riguardanti la dottrina, la morale o la liturgia, o su particolari temi religiosi, sociali o filosofici che interessano la Cristianità o tutti i popoli.

encìclico [vc. dotta, lat. eccl. *encȳclicu(m)*, adattamento del gr. *enkýklios* 'circolare, in (*en-*) cerchio (*kýklos*)'] agg. (pl. m. *-ci*) ● Circolare, spec. nella loc. *lettera enciclica.*

enciclopedìa [gr. *enkýklios paidéia*, propr. 'educazione (*paidéia*) ciclica (*enkýklios*)', cioè complessiva] s. f. *1* Opera che riunisce, ed espone in modo sistematico, le cognizioni relative a tutto lo scibile umano, o a una singola parte di esso: *e. popolare, giuridica, medica*; *e. dei giochi e degli sport* | *Piccola e.*, dizionario di cognizioni utili | *E. dantesca*, che tratta delle opere e della vita di Dante | *L'Enciclopedia*, (*per anton.*) quella pubblicata in Francia nella seconda metà del XVIII sec., opera dei maggiori rappresentanti dell'Illuminismo francese. *2* (*fig.*) Persona molto dotta: *quell'uomo è un'e. ambulante.* *3* †Sistema ordinato di tutte le conoscenze umane.

enciclopèdico agg. (pl. m. *-ci*) *1* Di enciclopedia: *opera enciclopedica*; *manuale e.* | *Dizionario e.*, che riporta non solo termini enciclopedici ma anche lessico comune. *2* (*fig.*) Ricco di cognizioni in ogni campo del sapere: *ingegno e.*; *mente enciclopedica.* || **enciclopedicaménte**, avv. In maniera enciclopedica.

enciclopedìsmo [fr. *encyclopédisme*, da *encyclopédie* 'enciclopedia'] s. m. *1* Corrente filosofica che si ispira alle dottrine e alle idee illuministiche diffuse dalla Enciclopedia francese. *2* Il complesso delle dottrine e delle idee contenute nell'Enciclopedia francese.

enciclopedista [fr. *encyclopédiste*, da *encyclopédie* 'enciclopedia'] s. m. e f. (pl. m. *-i*) *1* Collaboratore dell'Enciclopedia francese | (*raro*) Chi collabora alla compilazione di una enciclopedia. *2* Seguace delle dottrine e delle idee illuministiche.

enclave /fr. ã'klav/ [vc. fr., da *enclaver*, dal lat. parl. **inclavāre* 'chiudere a chiave (*clāvis*)'] s. f. inv. ● Piccolo territorio appartenente a uno Stato, ma tutto circondato da territori appartenenti a uno o più altri Stati.

ènclisi [vc. dotta, tratta dal gr. *énklisis* 'inclinazione', da *enklínein* 'appoggiarsi (*klínein*) sopra (*en-*)'] s. f. ● (*ling.*) Processo per il quale una parola atona si appoggia alla parola tonica precedente (es. *dimmi, dallo, sceglilo*).

enclìsia s. f. ● (*ling.*) Enclisi.

enclìtica [vc. dotta, lat. tardo *enclĭtica*, nt. pl. di *enclĭticus* 'enclitico'] s. f. (pl. *-che*) ● (*ling.*) Morfema grammaticale non accentato, che viene unito al termine che lo precede in modo da formare con esso un'unica parola dotata di accento.

enclìtico [vc. dotta, lat. tardo *enclĭticu(m)*, dal gr. *enklitikós*, da *enklínein* 'chinarsi (*klínein*) sopra (*en-*)'] agg. (pl. m. *-ci*) ● Detto di parola soggetta a enclisi (V. nota d'uso ACCENTO).

encòlpio [gr. tardo *enkólpion*, nt. sost. dell'agg. *enkólpios* 'che sta sul seno', comp. di *en* 'in' e *kólpos* 'seno'] s. m. ● Piccolo reliquiario che anticamente i cristiani portavano appeso al collo.

encomiàbile agg. ● Degno di encomio: *un comportamento e.* || **encomiabilménte**, avv.

encomiàre [da *encomio*] v. tr. (*io encòmio*) ● Lodare solennemente e pubblicamente: *fu encomiato per il suo grande coraggio.*

†encomiàsta o **encomiàste** [vc. dotta, gr. *enkōmiastos*, da *enkōmiázein* 'fare un *encomio* (*enkṓmion*)'] s. m. ● (*lett.*) Encomiatore.

encomiàstico [vc. dotta, gr. *enkōmiastikós*, da *enkomiázein* 'fare un *encomio* (*enkṓmion*)'] agg. (pl. m. *-ci*) ● (*lett.*) Che loda, elogia: *tono, discorso e.* || **encomiasticaménte**, avv. (*lett.*) In modo, con tono encomiastico.

encomiatóre s. m.; anche agg. (f. *-trice*) ● (*raro*) Chi, che encomia: *un servile e.*

encomiènda [sp. *encomienda*, da *encomendar* 'affidare'] s. f. ● Istituzione socio-economica delle colonie spagnole dell'America centromeridionale, consistente nella concessione di grandi estensioni di terreno a conquistatori o immigrati spagnoli, che avevano l'obbligo di provvedere alla evangelizzazione e protezione delle popolazioni indigene con il diritto di riceverne in cambio tributi e prestazioni di lavoro.

encòmio [vc. dotta, gr. *enkṓmion* 'discorso in (*en-*) un banchetto (*kṓmos*)'] s. m. *1* Canto in lode di un personaggio eminente: *mendico un epigramma, / un sonetto, un e.* (BRUNO). *2* (*est.*) Lode, spec. pubblica e solenne, tributata da un superiore all'inferiore o da una persona importante, autorevole, e sim.: *tributare a qc. un e.*; *rivolgere a qc. parole di e.*; *azione degna di e.* | (*mil.*) *E. semplice*, lode data dal superiore all'inferiore, sia verbalmente sia con lettera | *E. solenne*, lode esemplarmente pubblicata nell'ordine del giorno dell'unità cui appartiene il militare encomiato.

†encomiògrafo [vc. dotta, lat. tardo *encomiŏgraphu(m)*, dal gr. *enkōmiográphos*, comp. di *enkṓmion* 'encomio' e *gráphein* 'scrivere'] s. m. ● Scrittore di encomi.

encondròma [vc. dotta, comp. del gr. *énchondros* 'cartilaginoso', letteralmente 'nella (*en-*) cartilagine, simile a un grano (*chóndros*)', e *-oma*] s. m. (pl. *-i*) ● (*med.*) Tumore benigno della cartilagine.

encondròtomo [vc. dotta, comp. del gr. *énchondros* (V. *encondroma*) e *-tomo*] s. m. ● (*raro*) Strumento per tagliare la cartilagine.

encopressìa o **encoprèsi** [vc. dotta, comp. del gr. *en* 'sopra' e del tema di *kópros* 'sterco', sul modello di *enuresi*] s. f. ● (*med.*) Incontinenza fecale per incapacità di controllo degli sfinteri dovuta spec. a disturbi psichici o a regressione.

†**énde** ● V. *ne* (*1*).

endecacòrdo [vc. dotta, lat. tardo (*h*)*endecachŏrdu*(*m*), dal gr. *hendekáchordos* 'con undici (*héndeka*) corde (*chordái*)'] s. m. ● (*mus.*) Sistema di undici corde diatoniche | Strumento a undici corde.

endecaèdro [vc. dotta, comp. del gr. *héndeka* 'undici' e *-edro*] s. m. ● (*mat.*) Poliedro con undici facce.

endecàgono [vc. dotta, lat. (*h*)*endecagōnu*(*m*), dal gr. *hendekágōnos* 'che ha undici (*héndeka*) angoli (*gōníai*)'] s. m. ● Poligono con undici vertici.

endecasìllabo [vc. dotta, lat. *hendecasýllabu*(*m*), dal gr. *hendekasýllabos* 'di undici (*héndeka*) sillabe (*syllabái*)'] **A** s. m. ● Verso di undici sillabe | *E. sciolto*, senza rima. **B** anche agg.: *verso e.*

endemìa [vc. dotta, gr. *endēmía*, agg. f. di *endḗmios* 'natio, indigeno', comp. di *en* 'in' e *dêmos* 'regione, paese', attrav. il fr. *endémie*] s. f. ● Manifestazione morbosa di malattia a carattere diffusivo, circoscritta a un limitato territorio.

endemicità [da *endemico*, attrav. il fr. *endémicité*] s. f. ● Carattere endemico.

endèmico [da *endemia*, attrav. il fr. *endémique*] agg. (pl. m. *-ci*) **1** (*med.*) Che riguarda l'endemia | Caratterizzato da endemia: *malattia endemica.* **2** (*biol.*) Caratterizzato da endemismo. **3** (*fig.*) Cronicamente diffuso o radicato in una determinata situazione o in un dato ambiente: *i mali endemici di una metropoli.* || **endemicaménte**, avv.

endemìsmo s. m. ● (*biol.*) Fenomeno per cui una varietà, razza, specie di organismo rimane circoscritta a un'area geografica limitata.

endèrmico [vc. dotta, comp. del gr. *en-* 'in, sotto' e *dérma* 'pelle, derma', con suff. agg.] agg. (pl. m. *-ci*) ● (*med.*) Che agisce attraverso la cute.

endìadi o (*raro*) **endìade** [vc. dotta, lat. tardo (*h*)*endўadis* (nom.), tratta dall'espressione gr. *hèn dià dyôin*, letteralmente 'uno per mezzo di due'] s. f. ● (*ling.*) Espressione di un unico concetto per mezzo di due termini coordinati, solitamente due sostantivi, uniti da congiunzione: *e 'n un punto e 'n un'hora / quel far le stelle, et questo sparir lui* (PETRARCA).

†**èndica** [lat. parl. **ĕnthica*(*m*) per *enthēca*(*m*), dal gr. *enthḗkē*, dal v. *entithénai* 'porre (*tithénai*) dentro (*en-*)'] s. f. **1** Provvista, incetta | *Fare e.*, incettare. **2** (*raro*) Fondaco, deposito, magazzino.

†**endicaiuòlo** s. m. ● Incettatore.

†**endicàre** [da *endica*] v. intr. ● Fare incetta.

èndice [lat. *īndice*(*m*) 'indicatore', da una radice di origine indeur. col sign. di 'mostrare'] s. m. o †f. **1** †Cosa che si serba per ricordo o segno di q.c. **2** Uovo finto o vero che si lascia nel nido perché le galline tornino a deporvi le uova. SIN. Guardanidio, nidiandolo.

endìvia ● V. *indivia*.

èndo- [dal gr. *éndon* 'dentro', di origine indeur.] primo elemento ● In parole composte della terminologia scientifica, significa 'dentro', 'interno', 'posto all'interno': *endocardio, endocrino, endogeno, endoscopia.*

-èndo [lat. *-ĕndu*(*m*), desinenza del gerundivo] suff. (f. *-a*) ● Proprio di aggettivi, talora sostantivati, o di sostantivi di origine latina o formati in modo analogo: *orrendo, stupendo, tremendo*; *agenda, faccenda, leggenda* | V. anche *-ando*.

endoarterióso [da *endo-* e *arterioso*] agg. **1** (*med.*) Interno a un'arteria. **2** (*med.*) Pertinente al rivestimento interno di una arteria.

endoarterìte [comp. di *endo-* e *arterite*] s. f. ● (*med.*) Processo infiammatorio a carico dell'intima di un'arteria.

endoblàsto [comp. di *endo-* e *-blasto*] s. m. ● (*anat.*) Endoderma.

endocàrdico agg. (pl. m. *-ci*) ● (*anat.*) Relativo all'endocardio.

endocàrdio [vc. dotta, comp. di *endo-* e *-cardio*] s. m. ● (*anat.*) Lamina endoteliale che riveste le cavità interne del cuore.

endocardìte [comp. di *endocardio* e *-ite* (*1*)] s. f. ● (*med.*) Infiammazione dell'endocardio.

endocàrpo o (*raro*) **endocàrpio** [vc. dotta, comp. di *endo-* e del gr. *karpós* 'frutto'] s. m. ● (*bot.*) Il più interno dei tre strati che costituiscono il frutto.

endocellulàre [comp. di *endo-* e *cellula*, con suff. agg.] agg. ● (*biol.*) Che si trova, o si sviluppa, all'interno della cellula: *membrana e.* CONTR. Extracellulare.

endocèntrico [comp. di *endo-* e *centro*] agg. (pl. m. *-ci*) ● Detto di un sintagma la cui distribuzione è identica a quella di uno dei suoi costituenti.

endocitòsi [comp. di *endo-* e *-cito* 'cellula' con il suff. *-osi*] s. f. ● (*biol.*) Processo di assunzione da parte della cellula di minute particelle o di liquidi mediante l'attività del plasmalemma e del citoplasma periferico. CFR. Pinocitosi. CONTR. Esocitosi.

endocrànico agg. (pl. m. *-ci*) ● (*med.*) Che si trova o si sviluppa all'interno del cranio: *tumore e.*

endocrànio [vc. dotta, comp. di *endo-* e *cranio*] s. m. ● (*anat.*) Lamina periostale interna del cranio.

endocranìte [comp. di *endocranio* e *-ite* (*1*)] s. f. ● (*med.*) Infiammazione dell'endocranio.

endocrìnico [da *endocrino*] agg. (pl. m. *-ci*) ● (*anat.*) Che si riferisce alle ghiandole endocrine.

endòcrino [vc. dotta, comp. di *endo-* e del v. gr. *krínein* 'separare'] agg. ● (*anat.*) Che compie una secrezione interna | *Ghiandola endocrina*, che immette le sostanze elaborate direttamente nel sangue, senza condotti escretori.

endocrinologìa [vc. dotta, comp. di *endocrino* e *-logia*] s. f. (pl. *-gie*) ● (*med.*) Studio della funzione e delle malattie delle ghiandole a secrezione interna.

endocrinòlogo s. m. (f. *-a*; pl. m. *-gi*, pop. *-ghi*) ● Studioso di endocrinologia.

endodèrma [vc. dotta, comp. di *endo-* e *-derma*] s. m. (pl. *-i*) **1** (*anat.*) Lo strato interno della gastrula embrionale, dal quale trae origine la mucosa dei visceri. **2** (*bot.*) Lo strato più interno della corteccia.

endodèrmico agg. (pl. m. *-ci*) ● Di, relativo a, endoderma.

endodinàmica [comp. di *endo-* e *dinamica*] s. f. ● (*geol.*) Insieme dei fenomeni, quali terremoti, bradisismi, moti magmatici convettivi, che, agendo dall'interno della superficie terrestre, ne modificano l'aspetto.

endodonzìa [comp. di *endo-* e un deriv. di *-odonte*] s. f. ● (*med.*) Branca della odontoiatria che studia le malattie della polpa dentaria.

endofasìa [comp. di *endo-* e del gr. *phásis* 'voce'] s. f. **1** (*psicol.*) Allucinazione acustica, per cui si crede di sentire delle voci interne. **2** Nel linguaggio della critica letteraria, il discorso interiore, distinto, nella sua apparente irrazionalità, dal discorso scritto o parlato.

endofàsico agg. (pl. m. *-ci*) ● Relativo a endofasia: *fenomeni endofasici*; *discorso e.*

endòfita [comp. di *endo-* e un deriv. del gr. *phytón* 'pianta'] **A** s. m. (pl. *-i*) ● Vegetale parassita di organi interni di altre piante | Organismo animale che vive come parassita o saprofita nei tessuti di una pianta. **B** anche agg.: *insetto e.*; *pianta e.*

endofìtico agg. (pl. m. *-ci*) ● Di organismo che penetra all'interno di un altro e qui vive: *alghe endofitiche.*

endogamìa [vc. dotta, comp. di *endo-* e *-gamia*] s. f. **1** (*etn.*) Istituzione per cui i membri di un clan o di una tribù contraggono matrimonio entro lo stesso gruppo sociale. **2** (*est.*) Tendenza a scegliersi il coniuge nell'ambito del proprio gruppo etnico o del proprio ambiente economico e sociale. **3** (*biol.*) Tipo di riproduzione fra individui della stessa stirpe, tipico dei Protozoi Ciliati.

endogàmico agg. (pl. m. *-ci*) ● (*etn., biol.*) Di, relativo a, endogamia.

endògamo [vc. dotta, comp. di *endo-* e *-gamo*] agg. ● (*etn.*) Che pratica l'endogamia: *popolazioni endogame.*

endogastrìte [vc. dotta, comp. di *endo-* e *gastrite*] s. f. ● (*med.*) Infiammazione della mucosa gastrica.

endogènesi [vc. dotta, comp. di *endo-* e *genesi*] s. f. ● (*biol., geol.*) Generazione per via interna.

endògeno [vc. dotta, comp. di *endo-* e *-geno*; cfr. il gr. *endogenḗs* 'nato dentro la casa'] agg. **1** (*biol.*) Che proviene dall'interno dell'organismo | *Spore endogene*, che si formano all'interno della cellula madre. **2** (*geol.*) Detto di processo geologico, roccia, fenomeno e sim. che ha origine all'interno della litosfera o del globo terrestre. **3** (*econ.*) Che nasce o scaturisce dall'interno di un sistema: *inflazione endogena.* CONTR. Esogeno.

endogèo [comp. di *endo-* e *-geo* 'terreno', dal gr. *geo-* (da *gê* 'terra')] agg. ● (*biol.*) Detto di organismo che vive nel terreno.

endolìnfa [vc. dotta, comp. di *endo-* e *linfa*] s. f. ● (*anat.*) Liquido che riempie le cavità dell'orecchio interno.

endometamorfìsmo [comp. di *endo-* e *metamorfismo*] s. m. ● (*geol.*) Endomorfismo.

endomètrio [vc. dotta, comp. di *endo-* e del gr. *mḗtra* 'utero'] s. m. ● (*anat.*) Mucosa di rivestimento della superficie interna dell'utero.

endometriòsi [comp. di *endometri*(*o*) e *-osi*] s. f. ● Malattia caratterizzata dalla presenza e dallo sviluppo di mucosa uterina in sede anormale, oppure in organi diversi dall'utero.

endometrìte [comp. di *endometr*(*io*) e *-ite* (*1*)] s. f. ● (*med.*) Infiammazione dell'endometrio.

endomìsio [vc. dotta, comp. di *endo-* e del gr. *mŷs* 'muscolo'] s. m. ● (*anat.*) Membrana connettivale che riveste fascetti di fibre muscolari striate.

endomitòsi [comp. di *endo-* e *mitosi*] s. f. ● (*biol.*) Cariocinesi incompleta nel corso della quale la replicazione della cromatina non è seguita né dalla divisione nucleare né da quella citoplasmatica; ne risulta la condizione detta poliploidia.

endomorfìsmo [comp. di *endo-* e *-morfismo*] s. m. ● (*geol.*) Metamorfismo esercitato su una massa magmatica endogena da una roccia già consolidata che con essa viene a contatto.

endomòrfo agg. ● (*geol.*) Relativo a endomorfismo.

endomuscolàre [da *endo-* sul modello di *intramuscolare*] agg. ● Intramuscolare.

endònimo [comp. di *end*(*o*)- e *-onimo*, sul modello del contr. *esonimo*] s. m. ● Nome con cui una località è chiamata nella lingua dell'area geografica in cui è situata (per es. *Paris* è l'endonimo della città di Parigi).

†**endonnàrsi** ● V. †*indonnarsi*.

endooculàre /endookuˈlare, endokuˈlare/ [comp. di *endo-* e del lat. *ŏculus* 'occhio'] agg. ● (*anat.*) Che sta nell'interno dell'occhio: *liquido e.*

endoparassìta [comp. di *endo-* e *parassita*] s. m. (pl. *-i*) ● Parassita che vive all'interno del corpo dell'ospite, in cavità profonde o nello spessore dei tessuti.

endoplàsma [vc. dotta, comp. di *endo-* e *plasma*] s. m. (pl. *-i*) ● (*biol.*) Parte più interna del citoplasma caratterizzata dalla presenza di organuli.

endoplasmàtico agg. (pl. m. *-ci*) ● (*biol.*) Che si riferisce all'endoplasma | *Reticolo e. liscio*, organulo dalle molteplici funzioni, costituito da una rete tridimensionale di cavità per lo più tabulari | *Reticolo e. granulare*, organulo della sintesi proteica, costituito da un sistema di cavità delimitate da membrane corredate da ribosomi.

endoplèurico [comp. di *endo-* e *pleura*, con suff. agg.] agg. (pl. m. *-ci*) ● (*med.*) Che si trova, o che avviene, nello spazio pleurico.

Endoprócti [comp. di *endo-* e del gr. *prōktós* 'ano', vc. prob. di origine indeur.] s. m. pl. ● Nella tassonomia animale, gruppo di Protostomi acquatici sessili, di piccole dimensioni (*Endoprocta*) | (al sing. *-o*) Ogni individuo di tale gruppo.

endòptico ● V. *endottico*.

endorachidèo [vc. dotta, comp. di *endo-* e *rachideo*] agg. ● (*anat.*) Che è all'interno della cavità vertebrale.

endoreattóre [vc. dotta, comp. di *endo-* e *reattore*] s. m. ● (*aer.*) Motore a razzo che contiene combustibile e comburente.

endorèico [comp. di *endo-* e un deriv. del gr. *rêin* 'scorrere', di origine indeur.] agg. (pl. m. *-ci*) ● (*geogr.*) Detto di bacino idrografico o di una regione le cui acque si versano in specchi d'acqua interni.

endorfìna [comp. di *endo-* e (*mo*)*rfina*] s. f. ● (*chim.*) Peptide ad azione oppioide prodotto dal cervello.

endorsement /ingl. inˈdɔːsmənt/ [vc. ingl., da *to endorse* 'firmare a tergo, girare'] s. m. inv.

1 (*comm.*) Girata. *2* Sostituzione di un biglietto aereo di una compagnia con quello di un'altra.

endoschèletro [comp. di *endo-* e *scheletro*] s. m. • (*anat.*) Scheletro interno dei Vertebrati.

endoscopìa [vc. dotta, comp. di *endo-* e *-scopia*] s. f. • (*med.*) Tecnica di esame ottico di organi o cavità interne.

endoscòpico agg. (pl. m. *-ci*) • Relativo a endoscopia.

endoscòpio [vc. dotta, comp. di *endo-* e *-scopio*] s. m. • (*med.*) Strumento per esaminare l'interno di organi o cavità naturali.

endosmòmetro [comp. di *endosmo(si)* e *-metro*] s. m. • (*fis.*) Strumento usato per la misurazione di fenomeni di endosmosi.

endoṣmòṣi [vc. dotta, comp. di *endo-* e *osmosi*] s. f. *1* (*fis.*) Diffusione di solvente in una soluzione, attraverso una membrana porosa, che la mantenga all'esterno. *2* (*med.*) Penetrazione di agenti medicamentosi per azione dell'elettricità.

endospèrma [vc. dotta, comp. di *endo-* e *sperma*] s. m. (pl. *-i*) • (*bot.*) Albume della pianta.

endòsseo [comp. di *endo-* e *osseo*] agg. • (*anat.*) Che si riferisce alla parte interna di un osso, o di più ossa.

endòstio [comp. di *endo-* e un deriv. del gr. *ostéon* 'osso'] s. m. • (*anat.*) Lamina fibrosa che riveste il canale midollare delle ossa lunghe.

endoteliàle agg. • (*anat.*) Relativo all'endotelio | Che costituisce l'endotelio: *cellula e.*

endotèlio [comp. di *endo-* e un deriv. del gr. *thēlḗ* 'mammella' sul modello, con sostituzione del pref., di *epitelio*] s. m. • (*anat.*) Lamina cellulare che riveste la superficie interna dei vasi sanguigni e delle cavità cardiache.

endoterapìa [vc. dotta, comp. di *endo-* e *terapia*] s. f. • Metodo di cura per alcune malattie delle piante, consistente spec. nel far assorbire dall'apparato radicale sostanze medicinali somministrate nel terreno in soluzioni acquose.

endotermìa [comp. di *endo-* e *-termia*] s. f. • (*fisiol.*) Condizione degli endotermi. CONTR. Ectotermia.

endotèrmico [vc. dotta, comp. di *endo-* e *termico*] agg. (pl. m. *-ci*) *1* Detto di processo chimico o reazione che avviene con assorbimento di calore. *2* (*fisiol.*) Relativo a un endotermo. CONTR. Ectotermico.

endotèrmo [comp. di *endo-* e *-termo*] s. m. • (*zool.*) Organismo animale che utilizza i propri processi metabolici come principale sorgente di calore corporeo. CONTR. Ectotermo.

endotimpànico [vc. dotta, comp. di *endo-* e *timpano*, con suff. agg.] agg. (pl. m. *-ci*) • (*med.*) Che avviene dentro il timpano: *insufflazioni endotimpaniche.*

endotossìna [comp. di *endo-* e *tossina*] s. f. • (*biol.*) Tossina prodotta in un microrganismo e liberata solo quando esso muore.

endotracheàle [vc. dotta, comp. di *endo-* e *trachea*, con suff. agg.] agg. • (*med.*) Relativo all'interno della trachea: *intubazioni endotracheali.*

endòttico o **endòptico** [comp. di *end(o)-* e *ottico*] agg. (pl. m. *-ci*) • (*anat.*) Relativo all'interno dell'occhio.

endovéna [comp. di *endo-* e *vena (2)*] **A** s. f. • (*med.*) Iniezione endovenosa: *fare, praticare un'e.* **B** in funzione di avv. • Dentro la vena: *iniettare un farmaco e.*

endovenósa s. f. • (*med.*) Iniezione endovenosa.

endovenóso [da *endovena*] agg. • (*med.*) Che penetra all'interno della vena | *Iniezione endovenosa*, fatta introducendo i medicamenti direttamente nella vena.

endurance /*ingl.* in'djuərəns/ [vc. ingl., propr. 'resistenza', da *to endure* 'resistere'] **A** s. f. inv. • (*sport*) Gara automobilistica di lunga distanza che si svolge fuori da un circuito. **B** anche agg.

endurìsta s. m. e f. (pl. m. *-i*) • (*sport*) Chi pratica l'enduro.

endùro [vc. ingl. d'America, prob. dallo spagn. *endurar* 'resistere'] s. m. inv. *1* (*sport*) Specialità del fuoristrada motociclistico consistente in una gara di regolarità su percorsi di lunghezza non inferiore al centinaio di miglia. *2* (*est.*) La motocicletta usata per tale specialità. ➡ ILL. p. 1747 TRASPORTI.

-ène [dal suff. patronimico f. gr. *-énē*] suff. • In chimica organica indica idrocarburi con almeno un doppio legame (*etene, propene, isoprene*) o composti della serie aromatica (*benzene, toluene*).

†èneo [vc. dotta, lat. *āeneu(m)*, agg. di *āes*, genit. *āeris*, di origine indeur.] agg. • (*lett.*) Di bronzo.

eneolìtico [vc. dotta, comp. di *eneo* e del gr. *lithikós* 'della pietra (*líthos*)'] **A** agg. (pl. m. *-ci*) *1* Detto di periodo preistorico i cui reperti partecipano dei fenomeni e delle attività proprie dell'età della pietra e dell'età del bronzo. *2* Che è proprio di tale periodo: *civiltà eneolitica.* **B** s. m. • Periodo eneolitico: *gli uomini, i reperti dell'e.*

energètica [da *energetico*] s. f. • (*fis., ing.*) Studio dell'energia e delle sue trasformazioni.

energètico [vc. dotta, gr. *energētikós* 'attivo', da *enérgeia* 'energia'] agg. (pl. m. *-ci*) *1* Di energia | Che è in grado di produrre energia: *fonte energetica.* *2* Detto di sostanza o farmaco capace di stimolare e corroborare le energie dell'organismo. *3* †Energico.

energetìṣmo s. m. • Teoria filosofico-scientifica che riduce ogni sostanza a manifestazione dell'energia.

energìa [vc. dotta, lat. tardo *energīa(m)*, dal gr. *enérgeia*, da *energḗs*, forma tarda parallela di *energós* 'attivo', 'dentro (*en-*) al lavoro (*érgon*)'] s. f. (pl. *-gie*) *1* Vigore fisico, spec. di carattere nervoso e muscolare: *un uomo pieno di e.*; *perdere, riacquistare le energie.* SIN. Vigore, vitalità. CONTR. Fiacchezza. *2* (*fis.*) Attitudine di un corpo o di un sistema di corpi a compiere un lavoro: *e. cinetica, potenziale, elettrica* | *E. dolce, dura*, a seconda delle tecnologie, dolci o dure, che la producono | *E. nucleare*, quella ottenuta mediante la fissione o la fusione nucleare | *E. alternativa*, non derivante dalle fonti energetiche comunemente usate | *E. azzurra*, (*per anton.*) il metano. ➡ ILL. p. 824-829 SCIENZE DELLA TERRA ED ENERGIA. *3* (*fig.*) Forza di carattere, risolutezza nell'agire: *non ha l'e. necessaria per comandare*; *un lampo d'e. rese il suo pensiero rapido e intenso* (SVEVO). *4* (*fig.*) Forza, efficacia, intenso effetto: *uno stile pieno di e., ricco di e., privo di e.*; *medicina che agisce con e.*

enèrgico agg. (pl. m. *-ci*) • Che possiede energia, che opera con energia: *uomo, carattere, discorso, rimedio e.* SIN. Attivo, forte, risoluto. CONTR. Fiacco. || **energicaménte**, avv. Con energia.

energìṣmo s. m. • Energetismo.

energiẓẓànte **A** part. pres. di *energizzare*; anche agg. • Nei sign. del v. **B** s. m. • Preparato capace di stimolare e corroborare le energie dell'organismo. SIN. Energetico.

energiẓẓàre [comp. di *energ(ia)* e *-izzare*] v. tr. *1* (*tecnol.*) Dare, fornire energia a una macchina, a un apparecchio. *2* Rendere qc. energico o più energico, rafforzare, rinvigorire.

energometrìa [comp. di *energ(ia)* e *-metria*] s. f. • (*med.*) Esame eseguito mediante energometro.

energòmetro [comp. di *energ(ia)* e *-metro*] s. m. • (*med.*) Strumento impiegato per misurare l'espansibilità della parete di un vaso arterioso periferico in rapporto all'attività cardiaca.

energùmeno [vc. dotta, lat. *energūmenu(m)*, dal gr. *energóumenos*, part. pass. di *energêin* 'agire (vigorosamente)'] s. m. (f. *-a*) *1* (*raro*) Chi è posseduto dal demonio. *2* (*est.*) Chi si lascia dominare dall'ira e non è capace di padroneggiarsi: *urlare come un e.*

enervàre [vc. dotta, lat. *enervāre* 'togliere (*ex-*) il nerbo (*nērvus*)'] v. tr. (*io enèrvo*) *1* †Infiacchire, snervare: *cominciarono ad e. le forze dell'Imperio romano* (MACHIAVELLI). *2* (*med.*) Privare dell'innervazione.

enervazióne [vc. dotta, lat. tardo *enervatiōne(m)*, da *enervātus* 'enervato'] s. f. • Atto, effetto dell'enervare.

enfant gâté /*fr.* ā'fā ga'te/ [loc. fr., letteralmente 'bambino guastato' (cioè 'viziato')] loc. sost. m. inv. (pl. fr. *enfants gâtés*) • Bambino troppo viziato, al quale si perdona ogni capriccio | (*est.*) Persona che è riuscita nella vita, presto e senz'alcuna fatica.

enfant prodige /*fr.* ā'fā prɔ'diʒ/ [loc. fr., letteralmente 'fanciullo (*enfant*, della stessa origine del corrispondente it. 'infante') prodigio (in uso agg.)' sul tipo di *enfant gaté*] loc. sost. m. inv. (pl. fr. *enfants prodiges*) *1* Bambino prodigio. *2* (*est.*) Chi, nonostante l'età ancora relativamente giovane, occupa una posizione importante in un dato contesto: *è l'enfant prodige della politica italiana.*

enfant terrible /*fr.* ā'fā te'ribl/ [loc. fr., letteralmente 'fanciullo (*enfant* 'infante') terribile'] loc. sost. m. inv. (pl. fr. *enfants terribles*) *1* Bambino particolarmente turbolento e irrispettoso. *2* (*est.*) Chi, in un ambiente, in un movimento culturale e sim., si distingue per la sua spregiudicata irriverenza.

ènfaṣi [vc. dotta, lat. tardo *ĕmphasi(m)*, dal gr. *émphasis*, der. di *empháinein* 'esibire, dimostrare', 'mostrare (*pháinein*) dentro (*en-*)'; nel sign. 3 per influsso dell'ingl. *emphasis*] s. f. *1* (*ling.*) Figura retorica che consiste nel mettere in particolare rilievo una parola o un'espressione: *Sì, se l'arroganza de' vostri pari fosse legge per i pari miei* (MANZONI). *2* Forza ed efficacia del parlare, dell'esprimersi: *lo difendeva respingendo con e. ogni accusa* | (*est.*) Esagerazione retorica: *parlare, scrivere con e.*; *un libro scritto senza e., con semplicità e vivacità* (DE SANCTIS). *3* Importanza, rilievo: *nel concorso particolare e. viene data alla personalità del candidato.*

enfàtico [vc. dotta, lat. tardo *emphăticos* (avv.), dal gr. *emphatikós*, da *empháinein* (V. *enfasi*)] agg. (pl. m. *-ci*) • Che comporta una certa gonfiezza o intensità di espressione: *parlare con tono e.*; *discorso, stile e.* || **enfaticaménte**, avv.

enfatiẓẓàre [da *enfatico*] v. tr. • Pronunciare con enfasi | Rendere enfatico, solenne, ridondante | Esagerare, ingigantire: *e. la notizia.*

enfatiẓẓazióne s. f. • Atto, effetto dell'enfatizzare.

†enférmo • V. *infermo.*

†enfertà • V. *infermità.*

enfiagióne o **†enfazióne**, **†infiagióne**, **†infiazióne**, **†inflagióne** [da *enfiare*] s. f. • Gonfiore, tumefazione.

enfiaménto o **†infiaménto**. s. m. • Gonfiamento | Ingrossamento.

†enfiammagióne • V. *infiammazione.*

enfiàre o **†infiàre** [lat. *inflāre* 'soffiare (*flāre*) dentro (*in-*)', 'gonfiare'] **A** v. tr. (*io énfio*) • Gonfiare, ingrossare: *il vento salso gli enfia le narici* (PASCOLI). **B** v. intr. e intr. pron. (aus. *essere*) *1* Ingrossarsi per gonfiore, spec. di parti del corpo: *le gambe, i piedi si enfiano* | (*est.*) †Crescere, aumentare. *2* (*fig.*) †Insuperbire. *3* (*fig.*) †Arrabbiarsi, adirarsi.

†enfiatìvo agg. • Che serve a enfiare.

enfiàto o **†infiàto**. **A** part. pass. di *enfiare*; anche agg. • Nei sign. del v. **B** s. m. • †Enfiagione, tumore, bubbone. || **†enfiatèllo**, dim. | **†enfiaticcio**, dim. | **†enfiatino**, dim.

enfiatùra o **†infiatùra**. s. f. • (*raro*) Enfiagione | (*fig.*) †Alterigia.

†enfiazióne [lat. *inflatiōne(m)*, da *inflātus* 'enfiato'] s. f. *1* V. *enfiagione.* *2* (*raro, fig.*) Alterigia.

énfio [per *enfi(at)o*] agg. • (*lett.*) Gonfio, tumefatto.

enfióre [da *enfiare*, sul modello di *gonfiore* da *gonfiare*] s. m. • (*raro*) Enfiagione rossastra simile a tumore.

enfiṣèma [vc. dotta, gr. *emphýsēma*, dal v. *emphysân* 'soffiare (*physân*) dentro (*en-*)'] s. m. (pl. *-i*) • (*med.*) Aumento del contenuto aereo di un organo | *E. polmonare*, aumento del contenuto d'aria nei polmoni per dilatazione degli alveoli.

enfiṣemàtico agg. (pl. m. *-ci*) • (*med.*) Di enfisema | Che presenta enfisema: *polmone e.*

enfiṣematóso **A** agg. • Di, relativo a, enfisema. **B** agg.; anche s. m. (f. *-a*) • Che, chi è affetto da enfisema.

enfitèuṣi [vc. dotta, lat. tardo *emphytĕusi(m)*, dal gr. *emphýteusis*, da *emphytéuein* 'piantare (*phytéuein*) dentro (*en-*)'] s. f. • (*dir.*) Diritto di godere un fondo altrui per almeno vent'anni, con l'obbligo di apportarvi migliorie e di corrispondere periodicamente un canone in denaro o in natura.

enfitèuta [vc. dotta, lat. tardo *emphytĕuta(m)*, dal gr. *emphyteutḗs*, da *emphytéuein* 'piantare (*phytéuein*) dentro (*en-*)'] s. m. (pl. *-i*) • (*dir.*) Titolare del diritto reale di enfiteusi.

enfitèutico [vc. dotta, lat. tardo *emphyteuticu(m)*, dal gr. *emphyteutikós*, da *emphytéuein* 'piantare (*phytéuein*) dentro (*en-*)'] agg. (pl. m. *-ci*)

● (*dir.*) Relativo all'enfiteusi | *Fondo e.*, oggetto d'enfiteusi.

engagé /*fr.* ãga'ʒe/ [vc. fr., propriamente part. pass. di *s'engager* 'impegnarsi' (da *gage* 'pegno': V. *ingaggiare*)] agg. inv. ● Detto di chi è impegnato culturalmente e politicamente: *pittore, poeta e.*

engagement /*fr.* ãgaʒ'mã/ [vc. fr., deriv. di *engager* 'impegnare' (V. *engagé*)] s. m. inv. ● Impegno, in senso politico e culturale.

†**engannàre** e *deriv.* ● V. *ingannare* e *deriv.*

†**enghestàra** ● V. †*anguistara*.

engineering /*ingl.* endʒi'niəriŋ/ [vc. ingl., propr. 'ingegneria', da *engineer* 'ingegnere'] s. m. inv. ● Progettazione, produzione, verifica e condotta di macchine e impianti industriali, richiedenti l'applicazione di tecniche proprie di settori diversi dell'ingegneria.

engler /*ted.* 'ɛŋlər/ [dal n. del chimico ted. C. O. V. *Engler* (1842-1925)] s. m. inv. ● Unità di misura della viscosità degli oli minerali.

-éngo o **-èngo** ● V. *-ingo*.

engràmma [vc. dotta, comp. del gr. *en* 'in' e *-gramma*] s. m. (pl. *-i*) ● (*fisiol.*) Ipotetica modifica che interviene nel sistema nervoso centrale a seguito di un'esperienza e che viene considerata come base dei processi di memorizzazione.

†**engrestàra** ● V. †*anguistara*.

eniàlio [vc. dotta, dal gr. *Enyálos*, prob. da *enyn* 'uccidere'] agg. ● Nella mitologia greca, epiteto di Ares, dio della guerra.

enicùro [vc. dotta, comp. del gr. *henikós* 'singolare' e *ourá* 'coda'] s. m. ● Uccello asiatico dei Passeriformi con ciuffo erettile sul capo, coda lunga e forcuta (*Enicurus leschenaulti*).

enidrocoltùra [comp. del gr. *énydros* 'acquatico' e *-coltura*] s. f. ● (*bot.*) Idrocoltura.

enìgma o †**enìgmate**, **enìmma** [vc. dotta, lat. *aenīgma* (neutro), dal gr. *áinigma*, dal v. *ainíssesthai* 'parlare per enigma (*âinos*, di etim. incerta)'] s. m. (pl. *-i*) **1** Breve componimento, per lo più in versi, in cui ambiguamente e allusivamente si propone una parola o un concetto da indovinare | (*est.*) Indovinello. **2** (*est.*) Discorso o frase ambigui e difficili da comprendere: *padre guardiano, non mi dica la cosa così in enimma* (MANZONI). **3** (*fig.*) Cosa inspiegabile e misteriosa: *il suo comportamento per me è un e.* | Persona di cui non si riesce a capire il carattere, le intenzioni e sim.: *quell'uomo è un e.* | †Simbolo oscuro. SIN. Rebus.

enigmàtico o **enimmàtico** [vc. dotta, gr. *ainigmatikós*, da *áinigma* 'enigma'] agg. (pl. m. *-ci*) ● Che ha natura o apparenza di enigma: *discorso, viso, uomo e.* | †Simbolico, allegorico. SIN. Astruso, misterioso, oscuro. || **enigmaticaménte**, avv.

†**enigmatizzàre** o †**enimmatizzàre**. v. intr. ● Parlare per enigmi.

enigmista o **enimmista**. s. m. e f. (pl. m. *-i*) ● Persona abile a inventare o risolvere enigmi | Cultore di enigmistica.

enigmìstica o (*raro*) **enimmìstica** [comp. di *enigma* con suff. originariamente agg. (sottinteso 'arte' o 'tecnica')] s. f. ● Arte di inventare o risolvere giochi enigmistici, quali indovinelli, rebus, sciarade, anagrammi.

enigmìstico o (*raro*) **enimmìstico** [da *enigma*] agg. (pl. m. *-ci*) ● Di, relativo a enigma | Della, relativo alla enigmistica: *giochi enigmistici.* || **enigmisticaménte**, avv. Dal punto di vista enigmistico.

enigmologìa [comp. di *enigma* e *-logia*] s. f. ● Disciplina che studia grandi enigmi o fatti misteriosi della storia, per cercare di risolverli e chiarirli.

enìmma e *deriv.* ● V. *enigma* e *deriv.*

enjambement /*fr.* ãʒãbə'mã/ [vc. fr., da *enjamber* 'oltrepassare in terreno altrui', senso fig. di un deriv. di *jambe* 'gamba'] s. m. inv. ● (*ling.*) In metrica, eliminazione della pausa alla fine di un verso, la cui ultima parola è in stretto legame sintattico con la prima del successivo: *Ma sedendo e mirando, interminati / spazi di là da quella ...* (LEOPARDI).

ènna ● V. *henna*.

ennagonàle agg. ● Di ennagono.

ennàgono [vc. dotta, lat. tardo *enneagōnu(m)*, dal gr. *enneágōnos* 'che ha nove (*ennéa*) angoli (*gōníai*)'] s. m. ● Poligono con nove vertici.

ènne s. f. o m. inv. ● Nome della lettera *n*.

-ènne [lat. *-enne(m)*, che in comp. agg. vale 'anno' (da *ănnus*)] secondo elemento ● Forma parole composte che servono a indicare gli anni di età: *quindicenne, ventenne.*

enneacòrdo [vc. dotta, gr. *enneáchordos* 'con nove (*ennéa*) corde (*chordái*)'] s. m. ● (*mus.*) Antico strumento a nove corde | Sistema di nove corde diatoniche.

ennèade [vc. dotta, gr. *ennéades*, pl. di *enneás* 'complesso di nove (*ennéa*)'] s. f. ● (*raro*) Complesso di nove cose o persone.

enneaginia [vc. dotta, comp. del gr. *ennéa* 'nove' e *gynḗ* 'donna'] s. f. ● (*bot.*) Presenza di nove ovari nel fiore.

enneasìllabo [vc. dotta, gr. *enneasýllabos* 'di nove (*ennéa*) sillabe (*syllabái*)'] s. m. ● Verso di nove sillabe.

ennése A agg. ● Di Enna. **B** s. m. e f. ● Abitante, nativo di Enna.

ennèsimo [dall'espressione mat. *elevare alla (seconda, terza, quarta, ...) ennesima potenza*, con riferimento all'esponente *n* (*enne*), che simboleggia un qualsiasi *numero* intero] agg. num. ord. indef. **1** Corrispondente al numero *n* in una sequenza, in una successione: *elevare all'ennesima potenza; tre all'ennesima*, (*ell.*). **2** (*fam.*) Corrispondente a un numero alto ma indeterminato in una sequenza, in una successione: *farò un e. tentativo; gliel'ho detto per l'ennesima volta.*

-ènnio [lat. *-enniu(m)*, che in comp. sost. vale 'anno' (da *ănnus*)] secondo elemento ● In parole composte significa 'periodo di (due, tre, dieci, trenta, ecc.) anni': *biennio, triennio, decennio, trentennio.*

ènnupla [dal n. della lettera *enne*, sul modello di *quadrupla*] s. f. ● (*mat.*) Insieme di *n* elementi considerati nel loro ordine.

èno- [dal gr. *oînos* 'vino', di origine indeur.] primo elemento ● In parole composte, significa 'vino': *enofilo, enologo.*

enocianìna [vc. dotta, comp. di *eno-* e *cianina*] s. f. ● (*chim.*) Liquido denso rosso-violetto colorante naturale dell'uva, estraibile dalle vinacce e dalla buccia dell'uva nera.

enòfilo [vc. dotta, comp. di *eno-* e *-filo*] **A** agg. ● Interessato alla produzione e al miglioramento del vino: *circolo e.* **B** s. m. ● (*scherz.*) Chi ama il vino, chi è buon bevitore.

enoftàlmo [comp. del gr. *en* 'dentro' e *ophthalmós* 'occhio'] s. m. ● (*med.*) Infossamento del globo oculare nell'orbita.

enogastronòmico [comp. di *eno-* e *gastronomico*] agg. (pl. m. *-ci*) ● Che riguarda sia l'arte culinaria sia i vini: *riunione enogastronomica.*

enòico [vc. dotta, comp. di *eno-* e *-ico*] agg. (pl. m. *-ci*) ● Relativo al vino e alla vite.

enòlito [vc. dotta, comp. di *eno-* e del gr. *lytós* 'sciolto'] s. m. ● Vino medicinale.

enòlo [vc. dotta, comp. del gr. *hen* 'uno' e *-olo* (*1*)] s. m. ● (*chim.*) Composto organico nella cui molecola è contenuto un gruppo ossidrilico legato a un atomo di carbonio portante un doppio legame.

enologìa [vc. dotta, comp. di *eno-* e *-logia*, attrav. il fr. *oenologie*] s. f. (pl. *-gie*) ● Disciplina che insegna il modo e la tecnica di preparare e conservare i vini.

enològico [da *enologia*, attrav. il fr. *oenologique*] agg. (pl. m. *-ci*) ● Concernente l'enologia: *industria enologica.* || **enologicaménte**, avv. Per quanto concerne l'enologia.

enòlogo s. m. (f. *-a*; pl. m. *-gi*) ● Esperto, diplomato in enologia.

enomèle [vc. dotta, lat. *oenŏmeli* (nom. neutro), dal gr. *oinómeli*, comp. di *ôinos* 'vino' e *méli* 'miele'] s. m. ● Sciroppo di vino e miele.

enòmetro [vc. dotta, comp. di *eno-* e *-metro*] s. m. ● Strumento atto a determinare il peso specifico del vino.

Enòplidi [vc. dotta, gr. *énoplos* 'in (*en-*) armi (*hopla*)', 'armato'] s. m. pl. ● Nella tassonomia animale, gruppo di Nemertini marini piccoli e con corpo appiattito (*Enoplidae*) | (al sing. *-e*) Ogni individuo di tale famiglia.

enòplio [gr. *enóplios* (sott. *rythmós*) '(aria per danza) armata', dall'agg. *enóplios*, 'che è sotto (*en*) le armi (*hópla*)'] agg. ● Detto di metro dell'antica poesia lirica, tragica e comica greca, tipico in origine delle danze guerriere, poi adattato in grande varietà di forme e spesso associato ad altri metri.

enopòlio [vc. dotta, lat. *oenopōliu(m)*, dal gr. *oinopṓlion*, comp. di *ôinos* 'vino' e dello stesso deriv. del gr. *pōlêin* 'vendere', che è nel modello propulsore *monopolio*] s. m. ● Cantina per ammassi liberi e volontari di uve, gestite, in certe zone viticole, da enti statali o parastatali per conto dei produttori.

enórme [vc. dotta, lat. *enŏrme(m)* 'fuori (*ex-*) della regola (*nŏrma*)'] agg. ● Estremamente grande, smisurato (*anche fig.*): *perdite, ricchezze, guadagni enormi; è stata una e. ingiustizia.* || **enormeménte**, avv. Smisuratamente; †scelleratamente.

enormità o †**enormitàde**, †**enormitàte** [vc. dotta, lat. *enormitāte(m)*, da *ĕnormis* 'enorme'] s. f. **1** Stato e qualità di ciò che è enorme (*spec. fig.*): *l'e. delle sue richieste ci stupisce.* **2** Cosa al di fuori della norma: *stai dicendo delle e.* | Azione irragionevole, o malvagia: *fare, commettere e.*

enoṣigèo [vc. dotta, lat. *Ennosigāeu(m)*, dal gr. *En(n)osígaios*, comp. di *énosis* 'scotimento' e *gâia* 'terra'] agg. ● (*lett.*) Epiteto di Poseidone, dio del mare, scuotitore della terra.

enostòṣi [vc. dotta, comp. del gr. *en-* 'in' e *ostéon* 'osso'] s. f. ● (*med.*) Tumefazione verso il canale interno dell'osso.

enotèca [gr. tardo *oinothḗkē* 'custodia (*thḗkē*, intesa come 'cantina' o 'bottiglia') di vino (*ôinos*)', ma assunta come comp. di *eno-* e della seconda parte di simili voci: (*biblio*)*teca*, (*pinaco*)*teca*, ecc.] s. f. **1** Raccolta di vini tipici pregiati in bottiglie. **2** (*est.*) Il luogo in cui sono raccolte tali bottiglie, a scopo di esposizione o di vendita.

enotecàrio [da *enoteca* sul modello di *bibliotecario*] s. m. ● (*raro*) Chi conduce un'enoteca nel sign. 2.

enotècnica [comp. di *eno-* e *tecnica*] s. f. ● Tecnica della produzione dei vini.

enotècnico A agg. (pl. m. *-ci*) ● Relativo all'enotecnica. **B** s. m. (f. *-a*) ● Tecnico specializzato nella produzione vinicola.

enoteìṣmo [ted. *Henotheismus*, comp. del gr. *hêis*, genit. *henós* 'uno' e *theós* 'Dio'] s. m. ● Atteggiamento religioso di chi adora una divinità come unica, pur senza avere la convinzione dell'esistenza di un solo Dio.

enotèra [gr. *oinothêras*, di composizione incerta: anche la prima parte (da *ôinos* 'vino') non è semanticamente spiegata] s. f. ● Genere di piante erbacee delle Enoteracee comprendente varie specie ornamentali e medicinali (*Oenothera*).

Enoteràcee [comp. di *enotera* e *-acee*] s. f. pl. ● Nella tassonomia vegetale, famiglia di piante erbacee delle Dicotiledoni con fiori a quattro petali e frutto secco (*Oenotheraceae*) | (al sing. *-a*) Ogni individuo di tale famiglia. ➡ ILL. **piante** /5.

enovàglio [comp. di *eno-* e *vaglio*] s. m. ● (*enol.*) Spartisemi.

en passant /*fr.* ã pa'sã/ [fr., propriamente 'passando', part. pres. di *passer* 'passare' con *en* 'in', che denota simultaneità con altra azione] loc. avv. ● Di sfuggita, tra l'altro, incidentalmente: *mi ha parlato della faccenda soltanto così, en passant.*

en plein /*fr.* ã 'plɛ̃/ [fr., propriamente 'in (*en*) pieno (*plein*)'] loc. sost. m. inv. ● Nel gioco della roulette, uscita del numero su cui si è puntato singolarmente, non in combinazione con altri numeri, e con cui si ottiene la massima vincita possibile | (*fig., est.*) *Fare en plein, fare un en plein*, fare un colpo fortunato, riuscire ottimamente in un'impresa difficoltosa.

en plein air /*fr.* ãplɛn'ɛr/ [loc. fr., propr. 'in piena aria'] loc. avv. **1** All'aria aperta, all'aria libera. **2** (*fig.*) Allo scoperto, alla luce del sole.

enroṣàdira [lad. dolomitico *enrosadöra* e *rosadüra*: da *rösa* '(color di) rosa'] s. f. ● Il caratteristico color rosa che sfuma verso il viola, che le pareti dolomitiche assumono al tramonto.

-ènse ● V. *-ese*.

ensemble /*fr.* ã'sãbl/ [vc. fr., letteralmente 'insieme', presto sost., dapprima con riferimento alle arti plastiche] s. m. inv. **1** Nel linguaggio della moda, gruppo di indumenti che costituiscono un insieme. *2* (*mus.*) Complesso vocale o strumentale.

ensifórme [vc. dotta, comp. del lat. *ēnsis* 'spada' (prob. di origine indeur.), e *-forme*] agg. • Di organo animale o vegetale con vertice acuto a forma di spada.

enstatite [vc. dotta, tratta dal gr. *enstátēs* 'che si pone (dal v. *histánai* 'porre') davanti (*en-*)', 'contrario', con allusione alla sua refrattarietà] s. f. • (*miner.*) Silicato magnesifero del gruppo dei pirosseni, di colore verdiccio o bruno.

entalpìa [dal gr. *enthálpein* 'riscaldare', 'scaldare (*thálpein*, di non chiara origine) dentro (*en-*)'] s. f. • (*fis.*) In un sistema termodinamico, funzione pari alla somma dell'energia interna e del prodotto del volume occupato moltiplicato per la pressione cui esso è sottoposto.

entàlpico agg. (pl. m. *-ci*) • (*fis.*) Relativo all'entalpia.

èntaṣi [vc. dotta, gr. *éntasis* 'azione di tendere, serrare', da *entéinein* 'tendere (*téinein*) dentro (*en-*)'] s. f. • (*arch.*) Rigonfiamento centrale del busto della colonna classica per compensare l'effetto ottico che, se esattamente cilindrica, la farebbe apparire più stretta al centro.

ènte [vc. dotta, lat. *ēns*, genit. *ĕntis*, supposto part. pres. del v. *esse* 'essere', introdotto per rendere il corrisp. *tò ón*, pl. *tà ónta*, dei filosofi greci] s. m. *1* (*filos.*) Tutto ciò che è o che ha la possibilità di essere | *E. di ragione*, ciò che esiste soltanto nel pensiero. *2* (*dir.*) Persona giuridica, spec. pubblica: *enti locali*; *e. morale*, *previdenziale*, *parastatale*; *e. ecclesiastico* | *E. pubblico*, ente organizzato in vista di scopi di interesse pubblico, sia generali sia di dimensioni locali.

-ènte [dal part. pres. lat. della coniug. dei v. in *-ere* (*-ĕnte(m)*)] suff. • Forma i participi presenti dei verbi in *-ere* (*temente*) e in *-ire* (*sentente*) e gli aggettivi participiali spesso sostantivati, di origine latina o no, che indicano generalmente modo di essere, condizione: *adolescente*, *credente*, *consulente*, *esercente*, *trasparente*.

entelechìa [vc. dotta, lat. tardo *entelechīa(m)*, dal gr. *entelécheia*, che si analizza 'avere (*échein*) in (*en-*) compimento (*télos*)'] s. f. • Nella filosofia di Aristotele, condizione di assoluta perfezione dell'essere in atto che ha compiutamente realizzato ogni sua potenzialità | Nella filosofia di Leibniz, la sostanza semplice o monade in quanto capace di realizzare in sé il proprio fine senza l'intervento di elementi esterni.

entèllo [vc. dotta, lat. *Entĕllu(m)*, dal gr. *Éntellos*, mitico eroe siciliano, secondo l'uso scient. di attribuire talvolta nomi classici a specie animali o vegetali] s. m. • Scimmia dei Cercopitecidi agilissima, con muso piccolo incorniciato di peli (*Presbytis entellus*).

entente /fr. ã'tãt/ [vc. fr., da *entendre* 'intendere'] s. f. inv. • Intesa, alleanza, accordo, spec. in campo politico e diplomatico.

†**entènza** • V. †*intenza*.

enteralgìa [vc. dotta, comp. di *enter(o)-* e *-algia*] s. f. (pl. *-gie*) • (*med.*) Dolore intestinale.

enterectàṣia [vc. dotta, comp. di *enter(o)-* e *ectasia*] s. f. • (*med.*) Dilatazione dell'intestino.

enterectomìa [comp. di *enter(o)-* ed *-ectomia*] s. f. • (*chir.*) Asportazione chirurgica, parziale o totale, dell'intestino.

entèrico [vc. dotta, gr. *enterikós*, agg. di *énteron* 'intestino' (V. *entero-*)] agg. (pl. m. *-ci*) • (*anat.*) Relativo all'intestino tenue.

enterite [vc. dotta, comp. di *entero-* e *-ite* (*1*)] s. f. • (*med.*) Infiammazione della mucosa intestinale.

èntero- [dal gr. *énteron* 'intestino' (da *én* 'in, dentro')] primo elemento • In parole scientifiche composte, spec. della terminologia medica, significa 'intestino': *enteroclisma*, *enteropatia*.

Enterobatteriàcee [comp. di *entero-* e *batterio*] s. f. pl. • Nella tassonomia vegetale, famiglia di batteri saprofiti che provocano la decomposizione di materiali contenenti carboidrati (*Enterobacteriaceae*) | (al sing. *-a*) Ogni individuo di tale famiglia.

enterocèle [comp. di *entero-* e *-cele*] s. m. • (*med.*) Ernia intestinale.

enterocettóre [comp. di *entero-* e (*re*)*cettore*] s. m. • (*anat.*, *fisiol.*) Recettore adatto a ricevere informazioni dagli organi interni cavi. CFR. Esterocettore, propriocettore.

enterocezióne [comp. di *entero-* e (*ri*)*cezione*] s. f. • (*fisiol.*) Complesso delle funzioni dei recettori e dei centri nervosi che consentono l'acquisizione di informazioni dagli organi interni cavi. CFR. Esterocezione, propriocezione.

enteroclìṣi [comp. di *entero-* e del gr. *klýsis* 'lavaggio'] s. f. • Lavanda intestinale. SIN. Clistere.

enteroclìṣma [vc. dotta, comp. di *entero-* e del gr. *klýsma* 'lavanda'] s. m. (pl. *-i*) • Apparecchio per l'enteroclisi | Enteroclisi.

enterocòlico [comp. di *entero-* e *colico* (*1*)] agg. (pl. m. *-ci*) • (*med.*) Di o pertinente all'intestino tenue e al colon.

enterocolite [vc. dotta, comp. di *entero-* e *colite*] s. f. • (*med.*) Infiammazione dell'intestino tenue e del colon.

enteroepàtico [comp. di *entero-* ed *epatico*] agg. (pl. m. *-ci*) • (*med.*) Di o pertinente all'intestino e al fegato.

enterolitìaṣi [comp. di *entero-* e *litiasi*] s. f. • (*med.*) Condizione caratterizzata dalla presenza di calcoli nell'intestino.

enteròlito [comp. di *entero-* e *-lito* (*1*)] s. m. • (*med.*) Calcolo intestinale.

enterologìa [comp. di *entero-* e *-logia*] s. f. • Branca della medicina che studia la struttura, la funzione, la patologia dell'intestino.

enteròlogo [comp. di *entero-* e *-logo*] s. m. (f. *-a*; pl. m. *-gi*, pop. *-ghi*) • Studioso di enterologia | Medico specializzato in enterologia.

enteropatìa [vc. dotta, comp. di *entero-* e *-patia*] s. f. • Qualsiasi malattia intestinale.

Enteropnèusti [comp. di *entero-* e un deriv. del v. gr. *pnêin* 'respirare'] s. m. pl. • Nella tassonomia animale, gruppo di animali marini dal corpo vermiforme muniti di una proboscide contrattile anteriore all'apertura boccale (*Enteropneusta*) | (al sing. *-a*) Ogni individuo di tale gruppo.

enteroptòṣi [comp. di *entero-* e *ptosi*] s. f. • (*med.*) Dislocazione più bassa dell'intestino rispetto alla posizione normale per lassità dei sistemi di sostegno.

enterorrafìa [vc. dotta, comp. di *entero-* e un deriv. del gr. *raphḗ* 'cucitura'] s. f. • (*chir.*) Sutura dell'intestino.

enterorragìa [vc. dotta, comp. di *entero-* e (*emo*)*rragia*] s. f. (pl. *-gie*) • (*med.*) Emorragia intestinale.

enteròṣi [vc. dotta, comp. di *entero-* e *-osi*] s. f. • Malattia non infiammatoria dell'intestino.

enterostenòṣi [vc. dotta, comp. di *entero-* e *stenosi*] s. f. • (*med.*) Restringimento dell'intestino.

enterostomìa [comp. di *entero-* e *-stomia*] s. f. • (*chir.*) Creazione di una comunicazione dell'intestino con l'esterno attraverso la parete addominale (stoma), tale da evitare lo svuotamento intestinale per via anale.

enterotomìa [vc. dotta, comp. di *entero-* e *-tomia*] s. f. • (*chir.*) Incisione di un tratto di parete intestinale.

enteròtomo [vc. dotta, comp. di *entero-* e *-tomo*] s. m. • Bisturi per l'enterotomia.

enterotossìna [comp. di *entero-* e *tossina*] s. f. • (*med.*) Qualsiasi proteina batterica esogena che, ingerita o prodotta nell'organismo ospite, agisce sulla mucosa intestinale causando i sintomi dell'intossicazione alimentare.

enteroẓòo [vc. dotta, comp. di *entero-* e del gr. *zôon* 'animale'] s. m. • Verme intestinale.

entertainer /ingl. entə'teinə*/ [vc. ingl., propr. 'intrattenitore', da *to entertain* 'intrattenere, divertire'] s. m. e f. inv. • Chi intrattiene il pubblico in modo brillante e divertente.

entertainment /ingl. entə'teinmənt/ [vc. ingl., propr. 'intrattenimento', da *to entertain* 'intrattenere, divertire'] s. m. inv. • Genere di spettacolo leggero diretto a intrattenere piacevolmente il pubblico.

entimèma [vc. dotta, lat. *enthymēma* (neutro), dal gr. *enthýmēma*, dal v. *enthymêisthai* 'tenere in (*en-*) mente (*thymós*)', 'considerare'] s. m. (pl. *-i*) • (*filos.*) Ragionamento in forma sillogistico-deduttiva in cui è taciuta una delle due premesse.

entimemàtico [vc. dotta, lat. tardo *enthymemăticu(m)*, dal gr. *enthymēmatikós* 'proprio dell'entimema (*enthýmēma*)'] agg. (pl. m. *-ci*) • (*filos.*) Che concerne o interessa l'entimema.

entipologìa [comp. del gr. *entypôun* 'incidere, imprimere' (comp. di *en* 'in' e *typôun* 'segnare con un'impronta', da *týpos* 'impronta', d'orig. indeur.) e *-logia*] s. f. (pl. *-gie*) • Studio degli stampati sotto il profilo storico, tecnico, artistico e funzionale.

entipòsi [gr. *entýpōsis* 'impressione, impronta', deriv. di *entipôun* 'imprimere, effigiare', comp. di *en* 'dentro' e *typôun* 'imprimere' (der. di *týpos* 'impronta': V. *tipo*)] s. f. • (*anat.*) Cavità articolare della spalla.

entità [vc. dotta, tratta dal lat. *ēns*, *ĕntis* 'ente'] s. f. *1* (*filos.*) Ciò che esiste in modo definito e determinato. *2* (*fig.*) Importanza, valore, grandezza: *cose di molta e.*; *patrimonio di notevole e.*; *danno di scarsa e.*

†**entitativo** [da *entità*] agg. • (*raro*) Atto a costituire l'ente.

entolòma [comp. del gr. *entós* 'dentro' e *lôma* 'orlo, frangia' (di etim. incerta): detto così perché ha le lamelle connesse col gambo] s. m. (pl. *-i*) • Genere di Funghi dei Basidiomiceti con molte specie, la maggior parte delle quali velenose (*Entoloma*). ➡ ILL. **fungo**.

†**entòmata** [falso pl. del gr. *éntoma* 'insetti' (già pl., dunque, di *éntomon*), ritenuto uno dei sing. in *-ma* (come *poema*, *dogma*, *thema*), che assumevano al pl. la desinenza *-ta* (*poemata*, *themata*)] s. m. pl. • Insetti.

èntomo [vc. dotta, gr. *éntomon*, da *entémnein* 'tagliare (*témnein*) in (*en-*) pezzi', per la configurazione del suo corpo segmentato] s. m. • (*raro*) Insetto.

èntomo- [dal gr. *éntomon* (*zôion*) '(animale) segmentato', 'insetto', 'entomo' (V.)] primo elemento • In parole composte della terminologia scientifica, significa 'insetto': *entomofago*, *entomofilo*, *entomologo*.

entomocorìa [comp. di *entomo-* e un deriv. del gr. *chōrêin* 'spostarsi, diffondersi'] s. f. • (*bot.*) Disseminazione che avviene a opera di insetti.

entomòcoro agg. • (*bot.*) Che avviene per entomocoria: *disseminazione entomocora* | Che presenta entomocoria: *piante entomocore*.

entomòfago [vc. dotta, comp. di *entomo-* e *-fago*] s. m. (pl. *-gi*) • Insetto che si nutre di altri insetti.

entomofàuna [vc. dotta, comp. di *entomo-* e *fauna*] s. f. • Il complesso degli insetti di una determinata zona o regione.

entomofilìa [vc. dotta, comp. di *entomo-* e *-filia*] s. f. • (*bot.*) Impollinazione che avviene a opera di insetti.

entomòfilo [vc. dotta, comp. di *entomo-* e *-filo*] agg. • (*bot.*) Che avviene per entomofilia: *impollinazione entomofila* | Che presenta entomofilia: *piante entomofile*.

entomologìa [vc. dotta, comp. di *entomo-* e *-logia*] s. f. (pl. *-gie*) • Ramo della zoologia che ha per oggetto lo studio degli insetti.

entomològico agg. (pl. m. *-ci*) • Della, relativo alla, entomologia.

entomòlogo s. m. (f. *-a*; pl. m. *-gi*, pop. *-ghi*) • Studioso di entomologia.

Entomòstraci o **Entomòstrachi** [vc. dotta, comp. di *entomo-* e del gr. *óstrakon* 'conchiglia'] s. m. pl. • Nella tassonomia animale, sottoclasse di Crostacei comprendente gli individui a organizzazione più primitiva nei quali il capo risulta di un numero vario di segmenti e l'addome è sempre privo di arti (*Entomostraca*) | (al sing. *-co*) Ogni individuo di tale sottoclasse.

entòtico [comp. del gr. *entós* 'dentro' e *oto-*, con suff. aggettivale] agg. (pl. m. *-ci*) • (*med.*) Detto di impressioni uditive che si originano nell'orecchio stesso.

entòttico [fr. *entoptique*, comp. del gr. *entós* 'dentro' e del fr. *optique* 'ottico'] agg. (pl. m. *-ci*) • (*med.*) Detto di impressioni luminose che si originano nell'occhio stesso.

entourage /fr. ãtu'raʒ/ [vc. fr., da *entourer* 'stare attorno (*entour*)', 'circondare'] s. m. inv. • Gruppo di persone che stanno di solito attorno a un personaggio di rilievo: *fa parte dell'e. del ministro* | (*est.*) Cerchia di conoscenti, di amici: *il proprio e.*

entoẓòo [vc. dotta, comp. del gr. *entós* 'dentro' e

zôon 'animale'] s. m. • (*zool.*) Parassita degli animali che vive all'interno dell'ospite.

entracte /*fr.* ã'trakt/ [vc. fr., propriamente 'tra (*entre*) un atto (*acte*) e l'altro'] s. m. inv. • Intervallo fra gli atti di uno spettacolo teatrale.

†**entràgna** [sp. *entraña*, dal lat. *interānea*, neutro pl. di *interāneum* = *intestīnum* 'intestino', fatto da *ĭnter* 'dentro' sul modello di *extrāneus* 'esterno'] s. f. • (*spec. al pl.*) Viscere, interiora.

†**entràgno** s. m. • Entragna | (*fig.*) Animo, cuore: *aver buon e.*, buon cuore.

entraîneuse /*fr.* ãtrɛ'nøz/ [vc. fr., letteralmente 'trascinatrice', da *entraîner* 'trainare (*traîner*) con sé'] s. f. inv. • Ragazza che ha il compito d'intrattenere i clienti nei locali notturni.

entràmbi o †**entràmbo**, †**intràmbo**, †**tràmbi** [dal lat. *ĭnter ămbos* 'con l'uno e l'altro'] **A** agg. num. (f. *entràmbe*) • Tutti e due, l'uno e l'altro (seguito dall'art. det.): *e. i comandanti morirono*; *entrambe le figlie sono bionde*. SIN. Ambedue. **B** anche pron.: *colei Sofronia, Olindo egli s'appella, / d'una cittade e. e d'una fede* (TASSO); *so che da e. è sommamente amato* (ARIOSTO).

†**entràme** [lat. *interāmen*, tratto dal pl. *interāmina*, da *interānea* 'entragna' (V.) con sostituzione di suff.] s. m. • Viscere, interiora.

†**entraménta** [lat. *intĕramenta* (nt. pl.) 'che stanno nella parte più interna (*intĕrius*)'] s. f. • Interiora.

†**entraménto** o †**intraménto**. s. m. *1* Atto dell'entrare | (*est.*) Entrata. *2* (*fig.*) Opportunità, occasione | Modo di comportarsi.

entrànte o †**intrànte**. **A** part. pres. di *entrare*; anche agg. *1* Nei sign. del v. *2* Che sta per iniziare: *settimana e.*; *mese e.* *3* (*fig.*) Convincente: *ragione e.* | *Persona e.*, che con abilità o invadenza sa introdursi presso altri. *4* (*raro*) Insinuante, gradevole, suasivo: *tono di voce e.* **B** s. m. • †Inizio: *e. del mese.*

entràre o †**intràre** [lat. *intrāre* 'andare all'interno (*ĭntra*)'] **A** v. intr. (*io éntro*; aus. *essere*) *1* Andare all'interno di un luogo o di un ambiente: *e. in casa, in classe, in città*; *e. dalla porta, per la finestra, attraverso il giardino*; *il cancello è chiuso e non si può e.* | *Entra! Entrate!*, invito a entrare, rivolto a chi bussa, suona e sim. | *E. per la finestra*, (*fig.*) riuscire immeritatamente, per vie o con metodi irregolari | *E. in acqua*, immergersi | *E. in area*, nel calcio, pervenire nell'area di rigore, sviluppando un'azione d'attacco | *E. in scena*, detto di attore, presentarsi sul palcoscenico e dare inizio alla recitazione; (*fig.*) cominciare ad agire, a produrre determinati effetti e sim.: *poi entrarono in scena i grossi calibri* | *E. nel personaggio*, detto di attore, impersonarlo con totale aderenza e (*fig.*) immedesimarsi in un tipo, in un modello e sim.: *e. nel personaggio della vittima* | *E. in sagrestia*, (*fig.*) mettersi a parlare di cose sacre fuori tempo | *E. sotto le coperte*, *e. nel letto*, andare a letto | *E. sotto*, (*fig.*) introdursi destramente | (*fig.*) Immischiarsi, ficcare il naso: *vuole e. dappertutto*; *e. nei fatti degli altri*; *smetti di e. nelle cose che non ti riguardano* | Penetrare: *il chiodo non entra nel muro.* *2* (*est.*) Trovar posto, poter stare in q.c., essere contenuto: *questo vino non può e. in una sola bottiglia*; *il due entra quattro volte nell'otto* | *Entrarci, non entrarci*, (*fig.*) avere, non avere, a che vedere con q.c.: *è un discorso che non c'entra niente* | (*fig.*) *Entrarci come i cavoli a merenda, come Pilato nel credo*, di ciò che non ha nulla a che vedere con un'altra determinata cosa, faccenda e sim. | (*fig.*) Essere capito, ricordato e sim.: *ogni idea nuova che gli picchiasse nella testa per e. lo metteva in sospetto* (VERGA); *questa poesia non mi entra in testa* | *Le tue ragioni non mi entrano in testa*, non mi convincono | (*fig.*) Insinuarsi: *e. nel cuore, nella mente, di qc.*; *un dubbio entrò nel mio animo.* *3* (*fam.*) Calzare, adattarsi: *queste scarpe non mi entrano.* *4* (*fig.*) Essere ammesso a far parte di un gruppo, di una categoria e sim.: *e. in magistratura, nell'esercito, in senato*; *è entrato ormai nella nostra famiglia* | *E. in convento, in religione*, farsi suora, frate | *E. in un intrigo, in un complotto*, trovarvisi implicato, anche involontariamente. *5* (*fig.*) Dare inizio, principio a un'attività: *e. in lotta, in guerra con, contro qc.* | *E. in mare*, cominciare a navigare | *E. in campo contro qc.*, cominciare a lottare, a combattere | *E. in argomento*, iniziarne la trattazione | *E. in ballo, in gioco*, intervenire | *E. in società*, iniziare a frequentarla | *E. in contatto con qc.*, iniziare rapporti, trattative e sim. | *E. nella vita*, nascere | *E. a dire, a parlare, a rispondere e sim.*, cominciare a dire, a parlare, a rispondere | *E. a parte*, partecipare | *Mi entra la paura, la febbre*, comincio ad aver paura, ad aver la febbre | (*est.*) Iniziare a trovarsi in una condizione, o stato, o tempo: *e. in agonia, in convalescenza, nel secondo anno di vita, nei dieci anni d'età* | *E. paciere, mediatore e sim.*, mettersi in mezzo come paciere, e sim. | *E. in bestia*, montare in collera | *E. in carica*, assumerla | *E. in amore*, detto degli animali, quando assumono comportamenti o atteggiamenti particolari del periodo riproduttivo | *E. in vigore*, diventare obbligatorio cominciando ad avere efficacia, detto spec. di atto normativo | *E. in possesso di q.c.*, ottenerla | *E. in collisione con q.c.*, scontrarsi | *E. in forse*, dubitare. *6* Nel calcio, effettuare un'entrata | *E. a gamba tesa*, con azione di contrasto fallosa, in quanto costituisce gioco pericoloso. **B** v. tr. • †Penetrare: *per poter e. ogni sentiero* (ARIOSTO). **C** in funzione di s. m. solo sing. *1* (*raro, lett.*) Ingresso, entrata. *2* Principio di stagione, mese, anno, settimana: *sull'e. di maggio, della primavera*.

entràta o †**intràta**. s. f. *1* Atto, effetto dell'entrare: *l'e. degli operai in fabbrica*; *un'efficace e. in scena*; *dazio d'e.* | *All'e.*, quando si entra | *E. libera*, in negozi, mostre e sim., dove non c'è obbligo di acquistare merci, biglietto e sim. | *E. di favore*, in locali pubblici, con sconto o gratuita | (*est.*) Ora in cui si entra: *sposteremo l'e. alle nove* | (*est.*) Luogo per cui si entra, ingresso, atrio: *un edificio con varie entrate*; *la nave è all'e. del porto*; *e. di servizio, principale, laterale*; *e. coperta, vasta, luminosa*. *2* (*fig.*) Ammissione, accettazione e sim.: *la sua e. in magistratura è cosa certa.* *3* (*fig.*) Inizio, principio: *e. in guerra, in lotta*; *l'e. della messa* | *E. in carica*, presa di possesso di un impiego, ufficio e sim. | *E. in vigore*, acquisto dell'obbligatorietà da parte di un atto normativo | (*mat., stat.*) *Tabella a doppia e.*, V. *tabella*. *4* †Adito | (*fig.*) †Occasione, pretesto. *5* (*mus.*) Inizio di un brano musicale | Cenno che il direttore d'orchestra o di coro rivolge a un esecutore perché attacchi la sua parte | Intervento di un attore nella scena teatrale. *6* Nel calcio, intervento di un difensore sull'azione d'attacco di un avversario: *e. a gamba tesa.* *7* Lemma di un dizionario. *8* (*fig.*) Provento, incasso, reddito: *un'e. sicura*; *non tutte le sue entrate provengono dal lavoro*; *imposta sulle entrate* | *Entrate e uscite*, incassi e spese | †*Vivere d'e.*, di rendita. *9* (*elab.*) Operazione di trasferimento dei dati, o delle istruzioni di programma, da un'unità periferica alla memoria principale di un elaboratore. || **entratàccia**, pegg. | **entratìna**, dim. | **entratùccia**, dim.

entràto o †**intràto**. part. pass. di *entrare*; anche agg. • Nei sign. del v.

†**entratóre** agg.; anche s. m. (f. *-trice*) • Che, chi entra.

entratùra s. f. *1* (*raro*) Modo e atto dell'entrare | (*est.*) Ingresso, entrata. *2* (*fig.*) Facilità di accedere in un ambiente importante e presso persone autorevoli | *Avere e. con qc.*, familiarità, amicizia | (*fig.*) †Esordio | (*fig.*) †Opportunità: *saper cogliere l'e.* *3* Somma che si deve versare per l'iscrizione di un cavallo a una corsa.

entrave /*fr.* ã'trav/ [vc. fr., letteralmente 'impaccio, impedimento' e propriamente 'pastoia', da *entraver*, deriv. dall'ant. fr. *tref* 'pezzo di legno' (dal lat. *trăbs*, genit. *trăbis*, 'trave')] s. f. inv. • Restringimento della gonna, subito sotto il ginocchio, o più in basso secondo una moda dei primi anni del Novecento.

entrecôte /*fr.* ãtrə'kot/ [vc. fr., letteralmente 'pezzo di carne tagliata tra (*entre*) una costola (*côte*) e l'altra'] s. f. inv. • Carne disossata della bistecca, tagliata senza il filetto.

entre-deux /*fr.* ãtrə'dø/ [fr., letteralmente 'parte posta tra (*entre*) due (*deux*)'] s. m. inv. • Tramezzo di pizzo o di ricamo inserito come guarnizione in un tessuto.

entrée /*fr.* ã'tre/ [vc. fr., propr. 'entrata'] s. f. inv. *1* Prima portata, dopo la minestra o l'antipasto | Nei menu importanti, pietanza che viene servita dopo la portata di carne o pesce. *2* (*spec. scherz.*) Entrata, ingresso in un ambiente di qc. che vuole stupire o richiamare l'attenzione su di sé.

entremets /*fr.* ãtrə'mɛ/ [vc. fr., letteralmente 'piatto fra (*entre*) le portate (*mets*)'] s. m. inv. • Nei pranzi importanti, piatto piuttosto leggero che si serve fra l'arrosto e la frutta.

entrismo [da *entro*, col suff. *-ismo*] s. m. • Tattica politica, consistente nell'agire all'interno delle istituzioni allo scopo di modificarle in senso rivoluzionario o, comunque, innovatore.

entrista **A** s. m. e f. (pl. m. *-i*) • Sostenitore, fautore dell'entrismo. **B** agg. • Relativo all'entrismo: *politica entrista*.

éntro o (*raro*) †**intro** [lat. *ĭntro*, da *ĭnter*, comp. di *ĭn* con la determinazione locutiva *-ter*] **A** prep. *1* Prima della fine di: *e. un giorno*; *e. l'anno.* *2* (*lett.*) Dentro, in: *va e. casa*; *guarda e. l'armadio* | (*lett.*) †Anche nelle loc. prep. *e. a*, *e. in*, *e. per*: *la lasciò cadere e. nel pozzo* (BOCCACCIO); *guardavano con attenzione per e. il nostro calesso* (GOLDONI) | †*Da e.*, da dentro: *d'e. le leggi trassi il troppo e 'l vano* (DANTE *Par.* VI, 12) | †*Per e.*, attraverso: *per e. i luoghi tristi / venni stamane* (DANTE *Purg.* VIII, 58-59). *3* †Tra. **B** avv. • (*raro*) Dentro: *che fa' tu e., che non esci fuora?* (L. DE' MEDICI) | Con valore raff. con altri avv. di luogo: *qua e.*; *là e.*; *colà e.*; *ivi e.* (anche *entrovi*). **C** in funzione di agg. inv. • Nella loc. *d'e.*, interno: *nascendo di quel d'e. quel di fori* (DANTE *Par.* XII, 13).

entrobórdo [comp. di *entro* 'dentro' e *bordo* (in opposizione a *fuoribordo*)] **A** agg. inv. • Detto di motore sistemato all'interno di un'imbarcazione | (*est.*) Detto di imbarcazione dotata di tale motore. CONTR. Fuoribordo. **B** s. m. inv. • Motore posto o da porre all'interno di un'imbarcazione | (*est.*) Imbarcazione da turismo o da competizione con motore applicato all'interno dello scafo: *gare per e.*

entrofuoribórdo [comp. di *entro*(*bordo*) e *fuoribordo*] s. m. • Imbarcazione veloce con motore posto nell'interno dello scafo, che muove un'elica applicata su un piede mobile e sollevabile | (*est.*) Tale tipo di meccanismo propulsivo.

†**entrométtere** • V. *intromettere*.

entróne [da *entrata*, modellato su *androne*] s. m. • (*tosc.*, *pop.*) Androne.

entropia [vc. dotta, ted. *Entropie*, comp. del gr. *en-* 'dentro' e *tropḗ* 'rivolgimento', sul modello di *Energie* 'energia'] s. f. *1* (*fis.*) Grandezza usata in termodinamica come indice della degradazione dell'energia di un sistema fisico, la cui variazione in una trasformazione isotermica reversibile è pari al calore assorbito dal sistema diviso per la sua temperatura assoluta. *2* Nella teoria dell'informazione, misura della scarsità dell'informazione contenuta in un segnale.

entròpico agg. (pl. m. *-ci*) • Della, relativo all'entropia.

entròpion o **entròpio** [vc. dotta, dal gr. *entropḗ* 'volgimento (*tropḗ*) in dentro (*en-*)'] s. m. • (*med.*) Introflessione della palpebra verso il bulbo oculare.

entrotèrra [comp. di *entro* 'dentro' e *terra*, secondo il modello compositivo del corrispondente ted. *Hinterland*] s. m. inv. • Territorio che si estende per una certa profondità all'interno di una fascia costiera.

entroválle [comp. di *entro* e *valle*] s. m. inv. • Territorio che si trova all'interno di una valle, o di una zona valliva.

entusiasmànte part. pres. di *entusiasmare*; anche agg. *1* Nei sign. del v. *2* Che entusiasma, che appassiona: *film, lettura e.*

entusiasmàre [da *entusiasmo*] **A** v. tr. • Rendere pieno d'entusiasmo: *la lettura di quel libro mi ha entusiasmato* | Infiammare: *e. la folla con discorsi*. SIN. Appassionare, eccitare, infervorare. **B** v. intr. pron. • Divenire entusiasta: *entusiasmarsi per una partita di calcio*. SIN. Appassionarsi, eccitarsi, infervorarsi.

entusiàsmo [vc. dotta, gr. *enthousiasmós*, da *enthousiázein* 'essere ispirato in (*en-*) dio (*theós*)'] s. m. *1* Commozione ed esaltazione dell'animo per cui esso sente e agisce con intensità e vigore particolari: *destare, suscitare, spegnere* *l'e.*; *essere pieno di e.*; *mettersi con e. a fare q.c.* **2** Dedizione totale: *abbracciare con e. un ideale*; *credette d'aver trovata la via per dare aiuto all'amico ed ... accettò con e.* (SVEVO). **3** †Delirio, furore sacro: *l'e. della sibilla.*

entușiàsta [vc. dotta, gr. *enthousiastḗs*, da *enthousiázein* 'essere divinamente ispirato' (*enthéōs*, da *en-* 'in' e *theós* 'dio')] **A** agg. (pl. m. *-i*) **1** Pieno di entusiasmo: *atteggiamento e.*; *essere e. per, di q.c.* **2** (*est.*) Particolarmente soddisfatto: *sono e. del tuo nuovo libro.* **B** s. m. e f. ● Chi sente entusiasmo, chi è pieno di entusiasmo: *una folla di entusiasti.*

entușiàstico [vc. dotta, gr. *enthousiastikós*, da *enthousiastḗs* 'entusiasta'] agg. (pl. m. *-ci*) ● Mosso da entusiasmo: *grido, applauso e.*; *lode entusiastica.* || **entusiasticaménte**, avv.

enucleàre [vc. dotta, lat. *enucleāre* 'togliere (*ex-*) il nocciolo (*nŭcleus*, dim. di *nŭx* 'noce')'] v. tr. (*io enùcleo*) **1** Spiegare, chiarire con precisione una determinata questione: *abbiamo finalmente enucleato il problema.* **2** In chirurgia, eseguire un'enucleazione.

enucleazióne s. f. **1** (*raro*) Spiegazione: *l'e. di un principio scientifico.* **2** (*chir.*) Asportazione di una formazione sferoidale circoscritta dai tessuti circostanti | *E. dell'occhio*, asportazione del bulbo oculare dalla cavità orbitaria.

ènula [lat. tardo *ĕnula(m)*, per *ĭnula(m)*, preso per via pop. dal gr. *helénion* 'elenio'] s. f. ● (*bot.*) Inula.

†enumeraménto s. m. ● Enumerazione.

enumeràre [vc. dotta, lat. *enumerāre* 'contare (*numerāre*) perfettamente (*ex-*)'] v. tr. (*io enùmero*) ● Esporre una serie di cose una dopo l'altra con ordine: *e. le difficoltà, i vantaggi.* SIN. Elencare, noverare.

enumerazióne [vc. dotta, lat. *enumeratiōne(m)*, da *enumerāre* 'enumerare'] s. f. **1** Atto, effetto dell'enumerare | Serie di cose enumerate: *e. parziale, totale.* **2** (*ling.*) Figura retorica che consiste nel raggruppare per coordinazione una serie di parole e di concetti: *Le donne, i cavallier, l'arme, gli amori, / le cortesie, l'audaci imprese io canto* (ARIOSTO) | Nella retorica classica, riepilogo ordinato dei punti salienti di un discorso precedente.

enunciàre o **enunziàre** [vc. dotta, lat. *enuntiāre* 'far conoscere (*nuntiāre*) fuori (*ex-*)'] v. tr. (*io enùncio*) **1** Esprimere q.c. con parole precise e adatte a voce o per iscritto: *e. un problema, una teoria, un teorema.* **2** †Affermare.

enunciatìva o **†enunziatìva** s. f. **1** (*raro*) Facoltà di enunciare le proprie idee. **2** †Proposizione che serve a enunciare.

enunciatìvo o **enunziatìvo** [vc. dotta, lat. *enuntiatīvu(m)*, da *enuntiātus* 'enunciato'] agg. ● Atto a enunciare | (*ling.*) *Proposizione enunciativa*, che esprime in modo positivo o negativo una constatazione.

enunciàto o **enunziàto** [vc. dotta, lat. *enuntiātu(m)*, dal part. pass. di *enuntiāre* 'enunciare'] **A** part. pass. di *enunciare*; anche agg. ● Nei sign. del v. **B** s. m. **1** (*mat.*) Forma nella quale si esprime un teorema o un problema. **2** (*filos.*) Nella logica moderna, complesso di segni dotato di senso. **3** (*ling.*) Qualsiasi sequenza finita di parole, appartenenti a una lingua, emessa da uno o più parlanti.

enunciatóre o **†enunziatóre**, s. m. (f. *-trice*) ● Chi enuncia.

enunciazióne o (*raro*) **enunziazióne** [vc. dotta, lat. *enuntiatiōne(m)*, da *enuntiātus* 'enunciato'] s. f. ● Atto, effetto dell'enunciare: *la precisa e. del problema*; *bisognerebbe richiedere senz'altro alla critica l'e. di tali problemi* (PIRANDELLO) | Ciò che si enuncia.

enunziàre e *deriv.* ● V. *enunciare* e *deriv.*

enurèși [vc. dotta, tratta dal v. gr. *enourêin* 'orinare (*ourêin*) sopra (*en-*)'] s. f. ● (*med.*) Incontinenza involontaria di urina, spec. durante il sonno.

†envèa ● V. *†inveggia.*

†envèia ● V. *†inveggia.*

environment /ingl. in'vaiərənmənt/ [vc. ingl. 'ambiente'] s. m. inv. ● Genere di ricerca artistica, fiorita negli anni '70, che tende a fare uscire la creazione dell'artista dalla superficie convenzionale del quadro ponendo l'osservatore-spettatore al centro di elementi più o meno organizzati, estranei ai mezzi codificati delle belle arti, anche di natura tecnologica.

-ènza [tratto, come il corrispondente lat. *-ĕntia(m)*, dal part. pres. in *-ente*] suff. ● Forma sostantivi astratti che indicano condizione, modo di essere, stato: *conoscenza, convenienza, partenza, prudenza.*

enzìma [vc. dotta, ted. *Enzym*, comp. del gr. *en-* 'dentro' e *zýmē* 'lievito' (di origine indeur.)] s. m. (pl. *-i*) ● Composto di natura proteica che accelera le reazioni chimiche. SIN. Fermento.

enzimàtico agg. (pl. m. *-ci*) ● Di, relativo a enzima.

enzimologìa [comp. di *enzima* e *-logia*] s. f. ● Branca della biochimica che studia gli enzimi.

enzoozìa [vc. dotta, comp. del gr. *en-* 'in' e un deriv. di *zôion* 'animale'] s. f. ● (*zoot.*) Malattia la cui diffusione è limitata a una stalla o a un allevamento, con carattere di permanenza.

†éo /'eo/ ● V. *io.*

e/o /e 'o/ cong. ● Con valore aggiuntivo e disgiuntivo, coordina due elementi che possono unirsi e sommarsi o escludersi e contrapporsi a vicenda, spec. nel linguaggio economico e commerciale: *cercansi tecnici e/o disegnatori* (V. nota d'uso BARRA).

-eo /eo/ [in lat. *-ĕu(m)*, proprio delle formazioni agg.] suff. ● Forma aggettivi, di origine quasi esclusivamente latina, che esprimono derivazione e qualità: *aureo, ferreo, ligneo, terreo.*

eocène [vc. dotta, ingl. *eocene*, comp. del gr. *héōs* 'aurora' (di origine indeur.) e *kainós* 'recente' (V. *ceno-* (*1*))] s. m. ● (*geol.*) Secondo periodo e sistema del Paleogene.

eocènico agg. (pl. m. *-ci*) ● (*geol.*) Del, relativo all'eocene.

Èoli [vc. dotta, lat. *Āeoles*, dal gr. *Aiolées* con var., dal n. del mitico fondatore della stirpe Áiolos o Aiólos 'Eolo'] s. m. pl. ● Popolazione indoeuropea che si stanziò in Tessaglia e in Beozia e che, a partire dall'XI sec. a.C., fondò colonie in Asia Minore; è una delle tre stirpi tradizionali greche, insieme con i Dori e gli Ioni.

eòlico (**1**) [dal n. di *Eolo*, dio dei venti nella mitologia greca] agg. (pl. m. *-ci*) **1** Del dio Eolo. **2** (*geogr.*) Del vento, dovuto al vento | *Depositi eolici*, di sabbie accumulate dal vento | (*fis.*) Mosso dal vento, generato dal vento: *motore e., energia eolica.*

eòlico (**2**) [vc. dotta, lat. *Aeŏlicu(m)*, dal gr. *Aiolikós* 'proprio degli Eoli (*Aiolées*)'] **A** agg. (pl. m. *-ci*) ● Dell'Eolide, antica regione dell'Asia Minore | Degli antichi Eoli: *dialetto e.* | *Modi eolici*, melodie eoliche della cetra e della lira. **B** s. m. solo sing. ● Dialetto greco parlato dagli antichi Eoli.

eolìna [da *eolio* (*1*)] s. f. **1** †Armonica a bocca. **2** Particolare registro d'organo che produce suoni dolci.

eòlio (**1**) [vc. dotta, lat. *Aeoliu(m)*, dal gr. *Aiólios*, der. di *Aíolos* 'Eolo, re dei venti'] agg. ● (*lett.*) Di Eolo, mitico re dei venti | *Grotte eolie*, dove spirano venti freschi | *Arpa eolia*, strumento a corda da cui il vento trae suoni gradevoli.

eòlio (**2**) [vc. dotta, lat. *Aeoliu(m)*, dal gr. *Aiólios* 'relativo all'Eolia'] agg. ● (*lett.*) Degli antichi Eoli, spec. con riferimento a Saffo e alla sua poesia | *La poetessa eolia*, (*per anton.*) Saffo.

eolìșmo [da *eolico* (*2*), con *-ismo*] s. m. ● (*ling.*) Parola o locuzione caratteristica del dialetto eolico.

eolìte [vc. dotta, comp. del gr. *héōs* 'aurora' e *-lite*, *-lito* (*1*), e formata sul modello di *neolite*, V. *neolitico*] s. f. ● (*geol.*) Pietra prodotta dall'azione erosiva del vento.

eóne [vc. dotta, lat. eccl. *aeōne(m)* 'essere esistente dall'eternità (gr. *aiṓn*, di etim. incerta)'] s. m. ● (*spec. al pl.*) Nella filosofia gnostica (II sec. d.C.), esseri eterni che emanano da Dio e che fungono da intermediari tra Lui e il mondo.

eonìșmo [dal n. del cavaliere Ch. d'Eon (XVIII sec.), che era affetto da tale deviazione, e *-ismo*] s. m. ● (*raro*) Travestitismo.

eòo [vc. dotta, lat. *Eōu(m)*, dal gr. *ēôos* 'proprio dell'aurora (*ēṓs*)'] **A** agg. ● (*poet.*) Orientale: *sorgeva il novo sol da i lidi eoi* (TASSO) | *Luce eoa*, mattutina. **B** s. m. ● (*poet.*) Vento di levante.

eoșìna [comp. del gr. *ēṓs* '(del colore dell')aurora' e *-ina*] s. f. ● Colorante del gruppo delle ftaleine usato per tingere lana e seta, per colorare inchiostri e lacche e in medicina.

eoșinofilìa [da *eosinofilo*] s. f. **1** La proprietà di alcune cellule di colorarsi con l'eosina. **2** (*med.*) Presenza, superiore al normale, di eosinofili nel sangue, che si verifica nel corso di certe malattie.

eoșinòfilo [comp. di *eosina* e *-filo*] s. m. ● Cellula bianca del sangue.

èpa [vc. dotta, lat. tardo *hēpar* (neutro), dal gr. *hêpar* 'fegato', di origine indeur.] s. f. ● (*lett.*) Pancia, ventre: *rispuose quel ch'avea infiata l'epa* (DANTE *Inf.* XXX, 119). || **epàccia**, pegg.

épagneul /fr. epa'ɲœl/ [vc. fr., propriamente 'spagnolo', dapprima *espaignol*, che meglio riflette la diretta deriv. dallo sp. *español* 'spagnolo', perché razza proveniente dalla Spagna] s. m. inv. ● Cane da caccia a pelo lungo e setoso | *Épagneul breton*, tipo di épagneul più piccolo, di pelo bianco e marrone o bianco e rossiccio.

epagòge [vc. dotta, lat. tardo *epagōge(m)*, dal gr. *epagōgḗ* 'condotta (*agōgḗ*) sopra (*ep(í)*)', 'induzione'] s. f. ● Nella logica aristotelica, procedimento induttivo che consiste nel procedere dall'eguale all'eguale.

epagògico [vc. dotta, gr. *epagōgikós*, da *epagōgḗ* 'epagoge'] agg. (pl. m. *-ci*) ● Che concerne o interessa l'epagoge | Induttivo.

epagòmeni [vc. dotta, gr. *epagoménē* (sottinteso *hēméra* 'giorno'), part. passivo di *epágein* 'portare sopra, aggiungere'] s. m. pl. ● Giorni complementari che, in alcuni calendari, si intercalano o aggiungono a determinati anni per far coincidere l'anno solare con quello lunare o per scopi analoghi.

epanadiplòși [vc. dotta, lat. tardo *epanadiplōsi(m)*, dal gr. *epanadíplōsis* 'reduplicazione', da *díplōsis* 'raddoppiamento', rafforzato con *ep(í)* 'sopra' e *ána* 'nuovamente'] s. f. ● (*ling.*) Figura retorica che consiste nella ripetizione della medesima parola (o gruppo di parole) all'inizio e alla fine di un enunciato: *Prendi partito accortamente, prendi* (PETRARCA).

epanàfora [vc. dotta, lat. tardo *epanăphora(m)*, dal gr. *epanaphorá* 'riportare' comp. di un deriv. del v. *phérein* 'portare' rafforzato con *ep(í)* 'sopra' e *ána* 'di nuovo'] s. f. ● (*ling.*) In retorica, ripetizione, anafora.

epanalèssi [vc. dotta, lat. tardo *epanalēpsi(n)*, dal gr. *epanálēpsis*, comp. delle part. rafforzat. *ep(í)* 'sopra' e *ána* 'di nuovo' e di un deriv. del v. *lambánein* 'prendere'] s. f. ● (*ling.*) Figura retorica che consiste nella ripetizione di una o più parole all'inizio, alla fine o all'interno di un enunciato: *canta nell'ombra più fonda, / chi sa dove, chi sa dove!* (D'ANNUNZIO).

epanalèttico [da *epanalessi*] agg. (pl. m. *-ci*) ● Di, relativo a epanalessi.

epànodo [vc. dotta, lat. tardo *epănodu(m)*, dal gr. *epánodos* 'regressione'] s. m. ● (*ling.*) Figura retorica che consiste nel riprendere, arricchendole di particolari, una o più parole enunciate in precedenza: *consiglio la montagna e la collina: la montagna per l'aria, la collina per il riposo.*

epanortòși [vc. dotta, lat. tardo *epanorthōsis*, dal gr. *epanórthōsis* 'correzione'] s. f. ● (*ling.*) Figura retorica con cui si attenua o si ritratta qualcosa che si è detto in precedenza: *come ho fatto a dire che era un genio? È un artista appena mediocre.*

epàrca ● V. *eparco.*

eparchìa [vc. dotta, gr. *eparchía* 'provincia governata dall'*eparco* (*éparchos*)'] s. f. ● Nell'impero romano d'oriente, suddivisione della diocesi o dell'esarcato sottoposta al governo di un eparca.

epàrco o **epàrca** [vc. dotta, gr. *éparchos* 'che governa (*archós*) sopra (*epí*) un territorio'] s. m. (pl. *-chi*) ● Funzionario preposto al governo di un'eparchia.

eparìna [ingl. *heparin*, dal gr. *hêpar* 'fegato'] s. f. ● (*chim.*) Mucopolisaccaride acido ad azione anticoagulante ed antilipemica.

epatalgìa [vc. dotta, comp. di *epat(o)* e *-algia*] s. f. (pl. *-gie*) ● (*med.*) Dolore localizzato alla regione epatica.

†èpate [vc. dotta, lat. *hēpar*, genit. *hēpatis*, dal gr. *hêpar*, di origine indeur.] s. m. ● Fegato.

epàtica [vc. dotta, lat. *hepătica(m)*, f. di *hepăticu(m)* 'epatico', per la forma delle foglie somiglianti al fegato (*hêpar*)] s. f. ● Pianta erbacea delle Ranuncolacee con foglie cuoriformi, inferiormente pelose di color rosso bruno e fiori azzurri (*Anemone hepatica*). SIN. Erba trinità.

Epàtiche [dall'agg. lat. *hepăticus* 'proprio del fegato (*hēpar*, genit. *hēpatis*)', perché una specie era popolarmente usata per la cura dei mali epatici] s. f. pl. ● Nella tassonomia vegetale, classe di Briofite dal tallo laminare strisciante (*Hepaticae*) | (al sing. *-a*) Ogni individuo di tale classe.

epàtico [vc. dotta, lat. tardo *hepăticu(m)*, dal gr. *hēpatikós* 'proprio del fegato (*hêpar*, genit. *hḗpatos*)'] **A** agg. (pl. m. *-ci*) ● (*anat., med.*) Del, relativo al fegato: *arteria epatica; insufficienza, colica, cirrosi epatica.* **B** agg.; anche s. m. (f. *-a*) ● Che, chi è malato di fegato. **C** s. m. ● (*chim.*) Fegato di zolfo.

epatìte [vc. dotta, comp. di *epat(o)* e *-ite* (*1*), secondo il fr. *hépatite*] s. f. ● (*med.*) Infiammazione del fegato: *e. virale.*

epatizzazióne [vc. dotta, tratta dal v. gr. *hēpatízein* 'soffrire di fegato' e 'essere come il fegato' (*hêpar*, genit. *hêpatos*)] s. f. ● (*med.*) Indurimento di un tessuto o di un organo che assume la consistenza del fegato: *e. polmonare.*

èpato- [dal gr. *hêpar*, genit. *hêpatos* 'fegato' (di origine indeur.)] primo elemento ● In parole composte della terminologia medica, significa 'fegato': *epatite, epatotomia.*

epatobiliàre [comp. di *epato-* e *biliare*] agg. ● (*anat.*) Relativo al fegato e alle vie biliari.

epatocìta o **epatocìto** [comp. di *epato-* e *-cita*] s. m. (pl. *-i*) ● (*biol.*) Cellula di forma poliedrica e metabolicamente molto attiva, costituente fondamentale del tessuto epatico.

epatologìa [comp. di *epato-* e *-logia*] s. f. ● (*med.*) Ramo della medicina che studia il fegato e le sue malattie.

epatòlogo [da *epatologia*] s. m. (f. *-a*; pl. m. *-gi*) ● (*med.*) Medico specialista in malattie del fegato.

epatomegalìa [vc. dotta, comp. di *epato-* e *megalia*] s. f. ● (*med.*) Ingrossamento del fegato.

epatopàncreas [comp. di *epato-* e *pancreas*] s. m. ● (*zool.*) Denominazione di alcune ghiandole annesse all'apparato digerente degli Artropodi e dei Molluschi.

epatopatìa [comp. di *epato-* e *-patia*] s. f. ● Qualsiasi malattia del fegato.

epatoprotettìvo [comp. di *epato-* e *protettivo*] agg. ● Detto di sostanza atta a prevenire intossicazioni e degenerazioni patologiche della cellula epatica tutelandone la buona funzionalità.

epatoprotettóre [comp. di *epato-* e *protettore*] **A** agg. ● (*farm.*) Detto di prodotto in grado di svolgere un'azione di protezione sulle cellule epatiche, sia in condizioni flogistiche, come si verifica nell'epatite, o degenerative come nella cirrosi: *farmaco e., alimento e.* **B** anche s. m.

epatorragìa [vc. dotta, comp. di *epato-* e *-(r)ragia*] s. f. (pl. *-gie*) ● (*med.*) Emorragia epatica.

epatoscopìa [gr. *hēpatoskopía*, comp. di *hêpar*, genit. *hêpatos* 'fegato' e un deriv. di *skopêin* 'osservare'] s. f. ● Nelle religioni greco-romana, etrusca e mesopotamica, esame divinatorio del fegato delle vittime per trarne pronostici.

epatòși [vc. dotta, comp. di *epato-* e *-osi*] s. f. ● Malattia non infiammatoria del fegato.

epatosplenomegalìa [comp. di *epato-*, *spleno-* e *-megalia*] s. f. ● (*med.*) Ingrossamento simultaneo del fegato e della milza.

epatotomìa [vc. dotta, comp. di *epato-* e *-tomia*] s. f. ● (*med.*) Incisione del fegato.

epatotossìna [comp. di *epato-* e *tossina*] s. f. ● Tossina che determina alterazioni più o meno gravi nelle cellule epatiche.

epàtta [vc. dotta, lat. tardo *epăcta(s)* (pl.), nom. *epăctae*, dal gr. *epaktái*, sottinteso *hēmérai* '(giorni) intercalari', da *epágein* 'portare (*ágein*) sopra (*epí*)', 'aggiungere'] s. f. ● (*astron.*) Età della luna al 1° di gennaio di ogni anno, cioè numero di giorni trascorsi dall'ultimo novilunio che, aggiunti all'anno lunare, lo rendono uguale all'anno solare.

epèira [vc. dotta, comp. del gr. *epí* 'sopra' e *eírein* 'intrecciare'] s. f. ● Ragno degli Araneidi con un disegno a croce sull'addome (*Araneus diadematus*).

epeirogèneși ● V. *epirogenesi.*

epèndima [gr. *epéndyma* 'che sta sopra (*ep(í)*) la veste (*éndyma*)'] s. f. ● (*anat.*) Rivestimento interno dei ventricoli cerebrali e del canale midollare.

ependimàle [comp. di *ependim(a)* e del suff. *-ale* (*1*)] agg. ● (*anat.*) Relativo al rivestimento delle cavità del sistema nervoso centrale o alle cavità stesse | *Canale e.*, lume del midollo spinale.

epèntesi [vc. dotta, lat. tardo *epĕnthesi(n)*, dal gr. *epénthesis*, comp. di *énthesis* 'inserzione', da *entithénai* 'porre (*tithénai*) dentro (*en-*)' con *epí* 'sopra' raff.] s. f. *1* (*ling.*) Inserzione di un elemento non etimologico nell'interno di una parola: *nacque la valentre contessa* (VILLANI). *2* In enigmistica, gioco che consiste nell'inserire una lettera in una parola data, sì da ottenerne un'altra.

epentètico [vc. dotta, gr. *epenthetikós* 'relativo all'*epentesi* (*epénthesis*)'] agg. (pl. m. *-ci*) ● (*ling.*) Della, relativo all'epentesi | Inserito per epentesi: *fonema e.*

eperlàno [fr. *éperlan*, dal medio neerlandese *spierlinc*, da *spier* 'palo', per la sua forma] s. m. ● (*zool.*) Sperlano.

†**e però** ● V. *epperò.*

epeșegèși [vc. dotta, lat. tardo *epexegēsi(n)*, dal gr. *epexḗgēsis* 'spiegazione (*exḗgēsis*) ulteriore (*epí*, lett. 'sopra')'] s. f. ● (*ling.*) Gruppo di parole o proposizione aventi la funzione di apposizione rispetto a una parola.

epeșegètico [da *epesegesi*] agg. (pl. m. *-ci*) ● (*ling.*) Esplicativo | *Genitivo e.*, nella grammatica latina, quello che determina il senso generico del sostantivo da cui dipende (per es. *virtus temperantiae*, la virtù della temperanza).

ephemera /*lat.* e'femera/ [vc. lat., propr. 'cose effimere', dal nt. gr. e lat. *ephêmeron*] s. m. o f. pl. ● In antiquariato, insieme di oggetti, accessori, curiosità, e sim. attinenti a un determinato settore merceologico e difficilmente classificabili come settore a sé stante per l'assenza di caratteri comuni.

èpi- [dal gr. *epí* 'su', 'di nuovo', di origine indeur.] pref. ● Significa 'sopra', 'in', 'di nuovo' o indica sovrapposizione, aggiunta: *epicarpo, epifita.*

èpica [da *epico*] s. f. *1* Genere di poesia che tratta temi e leggende eroiche: *l'e. di Omero, di Virgilio.* *2* (*raro*) Componimento poetico di tale genere: *le epiche di Apollonio Rodio.* *3* (*est.*) Ogni vicenda memorabile per lotta, ardimento, eroismo: *l'e. del lavoro italiano nel mondo.*

epicànto [comp. di *epi-* e del gr. *kanthós* 'angolo dell'occhio' (V. *canto* (*2*))] s. m. ● (*med.*) Anomalia consistente in una plica cutanea che copre talvolta l'angolo interno dell'occhio.

epicàrdio [vc. dotta, comp. di *epi-* e *-cardio*] s. m. ● (*anat.*) Sottile lamina cellulare che riveste all'esterno il cuore.

epicardìte [vc. dotta, comp. di *epicardio-* e *-ite* (*1*)] s. f. ● (*med.*) Infiammazione dell'epicardio.

epicàrpo o **epicàrpio** [vc. dotta, comp. di *epi-* e del gr. *karpós* 'frutto'] s. m. ● (*bot.*) Strato più esterno del frutto, per lo più membranoso. SIN. Esocarpo.

epicèdico [da *epicedio*] agg. (pl. m. *-ci*) ● Del, relativo all'epicedio.

epicèdio [vc. dotta, lat. tardo *epicedīo(n)*, dal gr. *epikḗdeion* '(canto) sul (*epí*) funerale (*kêdos*)'] s. m. ● Nell'antica poesia greca, canto corale in onore di un morto | Componimento poetico funebre.

epicèno [vc. dotta, lat. tardo *epicōenu(m)*, dal gr. *epíkoinon* '(genere) comune (*koinós*)' con *epí* 'su' raff.] agg. ● (*ling.*) Promiscuo: *genere e.*

epicèntro [vc. dotta, gr. *epíkentros* 'che sta sopra (*epí*) al centro (*kéntron*)'] s. m. *1* Punto della superficie terrestre sovrastante l'ipocentro di un terremoto. ➡ ILL. p. 818 SCIENZE DELLA TERRA ED ENERGIA. *2* (*fig.*) Punto in cui q.c. si manifesta più intensamente, da cui q.c. si origina e si espande: *l'e. di una epidemia, della sommossa.*

epicherèma [vc. dotta, lat. *epichirēma*, dal gr. *epichéirēma*, letteralmente '(sostenuto) sulla (*epí*) mano (*chéir*)'] s. m. (pl. *-i*) ● (*filos.*) Sillogismo in cui una o entrambe le premesse sono accompagnate dalla loro dimostrazione.

epicheremàtico [gr. *epicheirēmatikós* 'relativo all'epicherema (*epichéirēma*)'] agg. (pl. m. *-ci*) ● Che concerne e interessa l'epicherema.

epicìclo [vc. dotta, lat. tardo *epicȳclu(m)*, dal gr. *epíkyklos* 'che sta sopra (*epí*) il cerchio (*kýklos*)'] s. m. ● (*astron.*) Uno dei due circoli immaginari che nell'antico sistema tolemaico rappresentano il moto di ciascun pianeta.

epicicloidàle [da *epicicloide*] agg. ● (*mat.*) Di, relativo a, epicicloide | (*mecc.*) *Moto e.*, generato da un cerchio che rotola su un altro.

epicicloìde [vc. dotta, comp. di *epicicl(o)* e *-oide*] s. f. ● (*mat.*) Cicloide della circonferenza, tale che il cerchio ruotante stia nella regione esterna a questa.

epicità s. f. ● Qualità di ciò che è epico.

epiclàstico [comp. di *epi-* e *clastico*] agg. (pl. m. *-ci*) ● (*geol.*) Detto di roccia clastica i cui elementi sono stati trasportati dalle acque, dai venti o dai ghiacciai.

epiclèși [gr. *epíklēsis* 'invocazione', da *epikalêin* 'chiamare, invocare'] s. f. *1* Attributo rituale con cui gli antichi Greci si rivolgevano a una divinità nelle invocazioni. *2* Nella liturgia della messa, preghiera con cui il sacerdote chiede a Dio di operare la transustanziazione.

èpico [vc. dotta, lat. *ĕpicu(m)*, dal gr. *epikós*, agg. di *épos* (V. *epos*)] **A** agg. (pl. m. *-ci*) *1* Che canta temi e leggende eroiche: *poema e.*; *poeta e.*; *poesia epica* | *Soggetto e.*, degno di un'epopea. *2* Eroico: *racconto, tema e.* | (*fig., lett.*) Grandioso: *le epiche selve immense della Svezia scoscesa* (ALFIERI). || **epicaménte**, avv. A modo di epopea. **B** s. m. ● Poeta epico.

epicondilìte [comp. di *epicondil(o)* e *-ite* (*1*)] s. f. ● (*med.*) Infiammazione dell'epicondilo.

epicòndilo [comp. di *epi-* e *condilo*] s. m. ● (*anat.*) Protuberanza ossea adiacente a un condilo, che costituisce il punto di inserimento di legamenti o tendini: *e. laterale, mediale del femore, dell'omero.*

epicontinentàle [comp. di *epi-* e *continentale*] agg. ● (*geol.*) Detto di ambiente di sedimentazione marina, poco profondo, sovrastante le masse di sial continentali.

epicòrio [gr. *epichṓrios* 'che sta sopra (*epí*) il paese (*chōra*)'] agg. ● (*lett.*) Nativo, indigeno.

epicòtile [comp. di *epi-* e *cotile(done)*] s. m. ● (*bot.*) Parte di una pianticella compresa fra le foglie embrionali e la foglia successiva.

epicràși [vc. dotta, gr. *epíkrasis* 'mescolanza (*krâsis*)' con *epí* 'sopra' raff.] s. f. ● (*med.*) Somministrazione di un farmaco a intervalli brevi e regolari.

epicràtico [vc. dotta, gr. *epikratikós* 'relativo all'epicrasi (*epíkrasis*)'] agg. (pl. m. *-ci*) ● (*med.*) Della, relativo all'epicrasi. || **epicraticaménte**, avv.

epìcriși [vc. dotta, gr. *epíkrisis* 'giudizio (*krísis*)' con *epí* 'sopra' raff.] s. f. ● (*med.*) Giudizio riassuntivo su una malattia o sulla causa di morte.

epicrìtico agg. (pl. m. *-ci*) ● (*med.*) Di, relativo a, epicrisi.

epicureggiàre [da *epicureo* sul tipo del lat. tardo *epicurizāre*] v. intr. (*io epicuréggio*; aus. *avere*) ● Fare l'epicureo, il gaudente.

epicureìșmo s. m. *1* Indirizzo filosofico inaugurato da Epicuro di Samo (341-270 a.C.) che subordina la ricerca filosofica al conseguimento della felicità individuale, consistente nella liberazione dalle passioni e nell'assenza di qualsiasi turbamento. *2* (*est.*) Modo di vivere da gaudente.

epicurèo o (*raro*) †**epicùrio** [vc. dotta, lat. *Epicurēu(m)*, dal gr. *Epikóureios* 'proprio di Epicuro (*Epíkouros*)'] **A** agg. ● Che concerne o interessa Epicuro e il suo insegnamento. **B** s. m. (f. *-a*) *1* Chi segue la, o si ispira alla, filosofia di Epicuro. *2* (*est.*) Chi conduce una vita tendente al benessere materiale e dedita ai piaceri.

epidemìa [vc. dotta, gr. *epidēmía*, da *epídēmos* 'generale, pubblico', comp. di *epí-* e *dêmos* 'popolo' (V. *demo-*)] s. f. *1* Manifestazione improvvisa di una malattia infettiva che si diffonde rapidamente tra gli individui di una stessa area. *2* (*fig., fam.*) Cattiva tendenza, riprovevole abitudine largamente diffusa: *il malcostume, la malafede sono diventati una vera e.*

epidemicità [fr. *épidémicité*, da *épidémie* 'epidemia'] s. f. ● Qualità di ciò che è epidemico.

epidèmico [fr. *épidémique*, da *épidémie* 'epidemia'] agg. (pl. m. *-ci*) ● Di, relativo a, epidemia: *meningite epidemica* | Che ha le caratteristiche di un'epidemia. || **epidemicaménte**, avv.

epidemiologìa /epidemjolo'dʒia, epidemiolo'dʒia/ [vc. dotta, comp. di *epidemia* e *-logia*] s. f. (pl. *-gie*) ● Settore della medicina che studia le cause e le leggi di diffusione delle malattie, spec. di quelle infettive.

epidemiològico agg. (pl. m. *-ci*) ● (*med.*) Relativo all'epidemiologia: *indagini epidemiologiche*.

epidemiòlogo [vc. dotta, comp. di *epidemi(a)* e *-logo*] s. m. (f. *-a*; pl. m. *-gi*, pop. *-ghi*) ● Studioso di epidemiologia | Medico specializzato in epidemiologia.

epidèrmico [fr. *épidermique*, da *épiderme* 'epidermide'] agg. (pl. m. *-ci*) *1* (*anat.*) Che si riferisce all'epidermide: *formazioni epidermiche*. *2* (*fig.*) Che resta in superficie: *emozioni epidermiche*; *sensibilità epidermica*. SIN. Superficiale. || **epidermicaménte**, avv.

epidèrmide [vc. dotta, lat. tardo *epidĕrmide(m)*, gr. *epidermís*, genit. *epidermídos* 'che sta sopra (*epí*) la pelle (*dérma*)'] s. f. *1* (*anat.*) Parte più superficiale, epiteliale, della cute. ➡ ILL. p. 366 ANATOMIA UMANA. *2* (*bot.*) Tegumento che ricopre tutte le parti del vegetale, costituito dal sughero nella radice e nel fusto della maggior parte delle piante. *3* (*fig.*) Parte superficiale: *emozioni che scalfiscono appena l'e.*

epidiascòpico agg. (pl. m. *-ci*) ● Di, relativo a, epidiascopio.

epidiascòpio [comp. di *epi(scopio)* (*1*) e *diascopio*] s. m. ● Proiettore di immagini stampate su corpi non trasparenti.

epididimìte [da *epididim(o)* con *-ite* (*1*)] s. f. ● (*med.*) Infiammazione dell'epididimo.

epidìdimo [vc. dotta, gr. *epididymís* '(posto) sopra (*epí*) i testicoli (*dídymoi*: letteralmente 'gemelli'. V. *didimo* (*1*) e (*2*))'] s. m. ● (*anat.*) Primo segmento delle vie spermatiche costituito da un sottile canale raggomitolato su se stesso e situato nella parte postero-superiore del testicolo.

epidìttico [vc. dotta, lat. *epidīcticu(m)*, dal gr. *epideiktikós* 'relativo alla dimostrazione (*epídeixis*)'] agg. (pl. m. *-ci*) ● Dimostrativo | *Eloquenza epidittica*, che tratta di lodi, persuasioni, biasimi.

epidòto [fr. *épidote*, tratto dal v. gr. *epididónai* 'dare (*didónai*) in più (*epí*)' perché due lati del suo parallelogramma di base sono più lunghi degli altri due] s. m. ● (*miner.*) Allumosilicato di calcio e ferro di colore giallo-verdino, verde o nerastro.

epidurale [da *epi-* e *dura* (*madre*)] agg. ● (*med.*) Relativo allo, o localizzato nello spazio compreso fra la dura madre e la parete ossea del cranio o del canale vertebrale | *Anestesia e.*, somministrazione di farmaci anestetici nello spazio tra vertebra e dura madre del midollo spinale.

Epifanìa o †**Pifanìa** [vc. dotta, lat. tardo *epiphanīa(m)* (nt. pl.), dal gr. *tà epipháneia* 'manifestazioni (da *pháinein* 'apparire' e *epí* 'sopra'), sottinteso della divinità'] s. f. (*epifanìa* nel sign. 3) *1* Nella tipologia religiosa, manifestazione della divinità in forma visibile | Nella tradizione cristiana occidentale, la prima manifestazione dell'umanità e divinità del Cristo ai Magi. *2* Festa che commemora la visita dei Magi alla grotta di Betlemme, il 6 gennaio. SIN. (*pop.*) Befana. *3* (*fig.*, *lett.*) Manifestazione, apparizione: *l'E. del pensiero* || PROV. L'Epifania tutte le feste porta via.

epifànico agg. (pl. m. *-ci*) ● (*lett.*) Di epifania.

epifenomènico agg. (pl. m. *-ci*) ● Relativo a un epifenomeno.

epifenòmeno [vc. dotta, comp. di *epi-* e *fenomeno*] s. m. *1* (*filos.*) Fenomeno accessorio che accompagna i fenomeni corporei, intesi come fondamentali, senza peraltro alterarne o modificarne lo sviluppo. *2* (*med.*) Sintomo secondario che si aggiunge in un tempo successivo a quelli fondamentali di una malattia.

epifìllo [comp. di *epi-* e *-fillo*] **A** agg. ● (*bot.*) Detto di fungo o lichene che vive sulle foglie di altre piante. **B** s. m. *1* Parte superiore dell'abbozzo fogliare. *2* Genere di Cactacee prive di spine, con ramificazioni appiattite e grandi fiori, spesso ad antesi notturna, originarie del Brasile e coltivate per ornamento (*Epiphyllum*).

epifisàrio agg. ● (*anat.*) Della, relativo alla, epifisi.

epìfisi [vc. dotta, gr. *epíphysis* 'sostanza (*phýsis*) aggiunta (*epí*)'] s. f. *1* (*anat.*) Estremità delle ossa lunghe. *2* (*anat.*) Ghiandola a secrezione interna posta all'interno del cranio, la cui attività endocrina si svolge nei primi anni di vita, inibendo lo sviluppo sessuale. ➡ ILL. p. 364, 365 ANATOMIA UMANA.

epifìta [vc. dotta, comp. di *epi-* e *-fita*] s. f. ● Pianta che cresce su un'altra utilizzandola come sostegno.

epifitìa [comp. di *epi-* e un deriv. di *phytón* 'pianta', con richiamo alla formazione di *epidemia*] s. f. ● Ogni malattia epidemica delle piante.

epifonèma [vc. dotta, lat. *epiphonēma* (nom.), gr. *epiphṓnēma* 'voce (*phṓnēma*) aggiunta (*epí*)'] s. m. (pl. *-i*) ● (*ling.*) Figura retorica per la quale si conclude il discorso con una sentenza, spesso di tono esclamativo: *ecco il giudicio uman come spesso erra!* (ARIOSTO). SIN. Epistrofe.

epìfora [vc. dotta, lat. *epĭphora(m)*, dal gr. *epiphorá*, dal v. *epiphérein* 'portare (*phérein*) in aggiunta (*epí*)'] s. f. *1* (*med.*) Lacrimazione. *2* (*ling.*) Figura retorica che consiste nella ripetizione della medesima parola, o gruppo di parole, alla fine di due o più frasi o versi successivi: *dintorno ai campi d'Ilïon; da tutte / molte asportai pregiate spoglie, e tutte* (MONTI). SIN. Epistrofe.

epifràgma [gr. *epíphragma* 'coperchio', comp. di *epí* 'sopra' e *phrágma* 'chiusura' (cfr. *diaframma*)] s. m. ● (*zool.*) Opercolo formato da muco seccato con cui le chiocciole possono chiudere la conchiglia in determinati periodi.

epìfrasi [dal gr. *epiphrázein* propr. 'addurre inoltre'] s. f. ● (*ling.*) Figura retorica che consiste nell'aggiungere mediante coordinazione uno o più termini ad una frase in sé compiuta: *Già era dritta in sù la fiamma e queta* (DANTE *Inf.* XXVII, 1).

epigamìa [vc. dotta, gr. *epigamía* 'matrimonio (*gámos*) addizionale o reciproco (*epí*)'] s. f. ● Nell'antico diritto greco, concessione accordata da uno stato a un cittadino straniero di contrarre nozze legittime con un cittadino di quello stesso stato.

epigàstrico [da *epigastro*] agg. (pl. m. *-ci*) ● (*anat.*) Che concerne l'epigastrio: *ernia epigastrica*.

epigàstrio [vc. dotta, gr. *epigástrion*, forma sostantivata dell'agg. *epigástrios* 'sopra il basso ventre' (comp. di *epi-* e *gastḗr* 'ventre': V. *gastro-*)] s. m. ● (*anat.*) Regione addominale anteriore compresa fra i due margini costali.

epigènesi [vc. dotta, comp. di *epi-* e *genesi*] s. f. ● (*biol.*) Teoria secondo cui tutte le parti di un nuovo individuo si formano ex-novo nel corso dello sviluppo embrionale, non essendo già contenute come tali nell'uovo.

epigenètico [da *epigenesi*] agg. (pl. m. *-ci*) *1* (*biol.*) Dell'epigenesi. *2* (*geol.*) Detto di apparato vulcanico o attività vulcanica posteriore rispetto a precedenti manifestazioni.

epigenìa [comp. di *epi-* e *-genia*] s. f. *1* (*geol.*) Processo di fossilizzazione mediante sostituzione di alcuni minerali contenuti nello scheletro degli organismi. *2* (*geol.*) Formazione di minerali di una roccia per processi diversi da quelli che hanno generato la roccia stessa. *3* (*geol.*) Fenomeno di sostituzione dei minerali nelle rocce dilavate dall'azione di acque sotterranee con i sali contenuti nelle acque stesse.

epigèo [vc. dotta, gr. *epígeios* 'terrestre, che sta sopra (*epí*) la terra (*gê*)'] **A** agg. *1* Detto di pianta od organo vegetale che si sviluppa sopra il terreno. CONTR. Ipogeo. *2* Detto di animale che vive sulla superficie del suolo. **B** s. m. ● (*mar.*) Canapo di ormeggio a terra.

epìgino [vc. dotta, comp. di *epi-* e del gr. *gynḗ* 'donna'] agg. ● (*bot.*) Detto di fiore che ha perianzio e androceo inseriti superiormente all'ovario. CONTR. Ipogino.

epiglòttico agg. (pl. m. *-ci*) ● (*anat.*) Dell'epiglottide.

epiglòttide [vc. dotta, gr. *epiglōttís*, genit. *epiglōttídos* 'che sta sopra (*epí*) la lingua (*glôtta*)'] s. f. ● (*anat.*) Cartilagine laringea a forma di racchetta, che chiude la glottide. ➡ ILL. p. 367 ANATOMIA UMANA.

epiglottìte [vc. dotta, comp. di *epiglott(ide)* e *-ite* (*1*)] s. f. ● (*med.*) Infiammazione dell'epiglottide.

epigònio [vc. dotta, gr. *epigóneion*, dal n. del suo inventore (*Epígonos*)] s. m. ● Antico strumento musicale a quaranta corde usato in Grecia.

epìgono [vc. dotta, lat. *Epĭgono(s)*, nom. pl. *Epĭgoni*, dal gr. *epígonoi* 'i nati (*gónoi*) dopo (*epí*)', comp. di *epi-* e *gónos* 'prole, discendente' (di origine indeur.)] s. m. *1* Scrittore, artista, pensatore che continua ed elabora idee e forme dei suoi predecessori. *2* (*raro*) Discendente, successore: *i nostri epigoni*.

epigrafàio s. m. ● (*spreg.*) Chi compone epigrafi non belle, per mestiere.

epìgrafe [vc. dotta, gr. *epigraphḗ* 'scrittura (*graphḗ*) sovrapposta (*epí*)'] s. f. *1* Iscrizione: *epigrafi greche e latine*. *2* Citazione in versi o in prosa all'inizio di un'opera o di una sua parte | Dedica posta in fronte a un libro.

epigrafìa s. f. *1* Scienza che si occupa delle iscrizioni antiche e della loro interpretazione. *2* Arte di comporre epigrafi. *3* Complesso delle epigrafi oggetto di un particolare studio: *l'e. latina, greca*.

epigràfica s. f. ● Scrittura epigrafica.

epigràfico [vc. dotta, gr. *epigraphikós* 'relativo all'epigrafe (*epigraphḗ*)'] agg. (pl. m. *-ci*) *1* Di epigrafe | *Scrittura epigrafica*, scrittura elaborata per l'incisione su pietra. *2* (*fig.*) Conciso e concettoso: *discorso, stile e.* || **epigraficaménte**, avv.

epigrafista s. m. e f. (pl. m. *-i*) *1* Studioso di epigrafia. *2* Scrittore di epigrafi.

epìgrafo [gr. *epigraphéus* 'che registra (le proprietà, i tributi, ...)', dal v. *epigráphein* 'scrivere (*gráphein*) sopra (*epí*)'] s. m. ● Pubblico ufficiale che nell'antica Atene aveva l'incarico di stabilire i tributi degli Stati assoggettati e le tasse di guerra.

epigràmma [vc. dotta, lat. *epigrámma*, dal gr. *epígramma* 'scritto (*grámma*) sovrapposto (*epí*)'] s. m. (pl. *-i*) *1* (*letter.*) Breve componimento poetico di vario metro, ispirato da un motivo di esiguo respiro contenutistico, come un piccolo quadro di vita, il ricordo succinto di un'impresa, di una vicenda e sim., fiorito nella letteratura greca antica e latina | Breve componimento poetico di contenuto pungente e satirico, fiorito spec. nella letteratura latina. *2* (*est.*) Arguzia mordace. *3* †Iscrizione funeraria. || **epigrammàccio**, pegg. | **epigrammétto**, dim. | **epigrammino**, dim. | **epigrammùccio**, dim.

†**epigrammatàrio** [vc. dotta, lat. tardo *epigrammatāriu(m)*, da *epigrămma* (genit. *epigrămmatis*)] s. m. ● (*lett.*) Epigrammista.

epigrammàtica s. f. ● Arte di comporre epigrammi | Genere letterario degli epigrammi | Insieme della produzione di epigrammi di un determinato periodo letterario: *l'e. greca del IV sec.*

epigrammàtico [vc. dotta, lat. tardo *epigrammăticu(m)*, da *epigrămma* (genit. *epigrămmatis*)] agg. (pl. m. *-ci*) *1* Di, relativo a epigramma. *2* (*est.*) Conciso e pungente: *motto, detto e.* || **epigrammaticaménte**, avv. Da epigramma, in modo epigrammatico.

epigrammatista [vc. dotta, gr. *epigrammatistḗs*, da *epígramma*, genit. *epigrámmatos* 'epigramma'] s. m. e f. (pl. m. *-i*) ● Epigrammista.

†**epigrammatizzàre** [vc. dotta, gr. *epigrammatízein* 'scrivere epigrammi (*epigrámmata*)'] v. intr. ● (*lett.*) Scrivere epigrammi.

epigrammìsta [var. di *epigramm(at)ista*] s. m. e f. (pl. m. *-i*) ● Scrittore di epigrammi.

epilatòrio [fr. *épilatoire*, da *épiler* 'depilare'] agg. ● Depilatorio.

epilazióne [fr. *épilation*, da *épiler* 'togliere (*é-*) i peli (ant. fr. *peils*)'] s. f. ● Depilazione.

epilèmma [comp. di *epi-* e del gr. *lêmma* 'premessa di un sillogismo' (dal v. *lambánein* 'ricevere', essendo il sign. proprio 'ciò che si riceve o prende')] s. m. (pl. *-i*) *1* Obiezione che l'oratore fa a sé medesimo per poi confutarla. *2* (*ling.*) Estratto più o meno lungo della sequela del discorso.

epilessìa [vc. dotta, lat. tardo *epilēpsia(m)*, dal gr. *epilēpsía*, da *epilambánein* 'attaccare (*lambánein*) sopra (*epí*)'] s. f. ● (*med.*) Sindrome cerebrale caratterizzata da crisi di convulsioni, spesso con perdita della coscienza. SIN. Mal caduco, morbo comiziale.

epilèttico [vc. dotta, lat. tardo *epilēpticu(m)*, dal gr. *epilēptikós* 'proprio dell'epilessia (*epilēpsía*)'] **A** agg. (pl. m. *-ci*) ● Di, relativo a, epilessia | *Equivalente e.*, disturbo somatico o psichico che si manifesta al posto delle convulsioni. **B** agg.; anche s. m. (f. *-a*) ● Che, chi è affetto da epilessia.

epilettifórme [vc. dotta, comp. di *epilett(ico)* e *-forme*] agg. ● Che ha sintomi simili a quelli dell'epilessia.

epilettòide [vc. dotta, comp. di *epilett(ico)* e *-oide*] **A** agg. ● Che è simile all'epilessia: *crisi e.* **B** agg.; anche s. m. e f. ● Che, chi ha tendenza all'epilessia.

epilimnio [comp. di *epi-* e un der. di *limno-*] s. m. ● (*biol.*) La zona superiore di un lago, spessa una decina di metri, dove sono massime l'attività assimilatrice dei vegetali e la concentrazione dell'ossigeno.

epillio [gr. *epýllion*, dim. (*-ýllion*) di *épos* 'racconto epico'] s. m. ● (*letter.*) Poemetto di carattere narrativo ed erudito sviluppatosi in età alessandrina.

epilòbio [vc. dotta, comp. di *epi-* e del gr. *lóbion*, dim. di *lóbos* 'lobo'] s. m. ● Pianta erbacea delle Enoteracee con infiorescenze rosee o bianche e frutto a capsula (*Epilobium*).

epilogaménto s. m. ● (*raro*) Riepilogamento.

epilogàre [da *epilogo*] v. tr. (*io epìlogo, tu epìloghi*) ● (*raro*) Riepilogare.

†**epilogatùra** s. f. ● Epilogo.

†**epilogazióne** s. f. ● Riepilogo.

epìlogo [vc. dotta, lat. *epĭlogu(m)*, dal gr. *epílogos* 'discorso (*lógos*) aggiunto (*epí*), conclusivo'] s. m. (pl. *-ghi*) **1** Parte finale di un dramma o di altre opere letterarie, dove si ha lo scioglimento della trama | Ultima parte di un'orazione. **2** (*est.*) Compimento, termine, conclusione: *l'e. di una storia, della guerra, della sommossa, delle trattative.*

epìmaco [vc. dotta, gr. *epímachos* 'facile ad attaccare', comp. di *epí* raff. e un deriv. di *máchē* 'battaglia'] s. m. (pl. *-chi*) ● Uccello tropicale dei Passeriformi che ha le due penne centrali della coda lunghissime (*Epimachus fastosus*).

epìmero [deriv. impropriamente da *epi-* e *-mero*] s. m. **1** (*chim.*) Composto organico, spec. uno zucchero, la cui formula di struttura differisce da quella di un suo simile solamente per la distribuzione spaziale dei sostituenti di uno degli atomi di carbonio che lo compongono. **2** (*biol.*) Porzione dorsale del mesoderma dalla quale derivano, tra l'altro, gli abbozzi delle vertebre, i muscoli del tronco e il derma di tale regione del corpo.

epinefrìna [vc. dotta, comp. di *epi-*, *nefro-* e *-ina*] s. f. ● (*biol.*) Adrenalina.

epinìcio [vc. dotta, lat. *epinīciu(m)*, dal gr. *epiníkion*, sottinteso *mélos*, '(canto) sopra (*epí*) la vittoria (*níkē*, di origine sconosciuta)'] **A** s. m. ● Canto in onore di un vincitore negli agoni ginnici, tipico dell'antica poesia greca. **B** agg. ● Proprio di tale canto: *genere e.*

epiornite o **epiòrnite** [vc. dotta, comp. del gr. *aipýs* 'alto' e un deriv. di *órnis* 'uccello'] s. m. ● Grosso uccello fossile non volatore con robuste zampe a quattro dita (*Aepyornis*).

epìploon o **epìploo** [vc. dotta, gr. *epíploon*, comp. di *epí* 'sopra' e *ploos*, attinente a *pléô* 'fluttuo'] s. m. inv. ● (*anat.*) Piega del peritoneo che pende liberamente dal colon trasverso nella cavità peritoneale.

epirogènesi o **epeirogènesi** [vc. dotta, comp. del gr. *êpeiros* 'continente' e *genesi*] s. f. ● (*geol.*) Complesso di lenti movimenti verticali che interessano le zone rigide della crosta terrestre.

epirogenètico agg. (pl. m. *-ci*) ● Relativo all'epirogenesi: *movimenti epirogenetici.*

epiròta A agg. (pl. m. *-i*) ● Dell'antico Epiro. **B** s. m. e f. ● Abitante, nativo dell'antico Epiro.

epiròtico agg. (pl. m. *-ci*) ● Che si riferisce all'antico Epiro o ai suoi abitanti.

epirrèma [gr. *epírrēma* 'che sta sopra (*epí*) il discorso (*rêma*)'] s. m. (pl. *-i*) ● Nella commedia attica, serie di tetrametri trocaici di carattere e tono satirico o beffardo che il semicoro rivolgeva al pubblico.

episclerìte [comp. di *epi-*, *scler(otica)* e *-ite* (*1*)] s. f. ● (*med.*) Infiammazione superficiale della sclerotica.

episcopàle [vc. dotta, lat. tardo *episcopāle(m)*, da *epĭscopus* 'vescovo'] agg. ● Vescovile: *giurisdizione, sede, sedia, capitolo e.* | *Città e.*, ove risiede un vescovo | *Chiesa e.*, chiesa protestante anglicana degli Stati Uniti d'America, costituita come federazione di vescovi.

episcopalìano agg. ● Che si riferisce alla dottrina o all'organizzazione della chiesa episcopale.

episcopalìsmo [ingl. *episcopalism*, da *episcopal* 'episcopale'] s. m. **1** Dottrina ecclesiologica secondo la quale i vescovi radunati in concilio posseggono collegialmente un'autorità superiore a quella del papa. SIN. Conciliarismo. **2** Dottrina che sostiene i diritti del vescovo contro il primato papale di giurisdizione e nega al pontefice il potere di limitarli o abrogarli.

episcopàto [vc. dotta, lat. tardo *episcopatu(m)*, da *epĭscopus* 'vescovo'] s. m. **1** Ufficio, titolo e dignità di vescovo | Durata di tale ufficio. **2** Complesso dei vescovi: *l'e. cattolico*; *l'e. francese.* **3** (*raro*) Sede, curia vescovile.

episcopìa [comp. di *epi-* e *-scopia*] s. f. ● (*fis.*) Proiezione di corpi opachi illuminati a luce riflessa.

episcòpico agg. (pl. m. *-ci*) ● Ricavato, ottenuto con episcopia: *proiezione episcopica.*

episcòpio (1) [vc. dotta, lat. tardo *episcŏpiu(m)*, da *epĭscopus* 'episcopo'] s. m. ● Casa e curia vescovile.

episcòpio (2) [vc. dotta, comp. di *epi-* e *-scopio*] s. m. ● (*fis.*) Apparecchio per la proiezione di corpi opachi illuminati a luce riflessa.

epìscopo [vc. dotta, lat. tardo *epĭscopu(m)*, dal gr. *epískopos*, originariamente 'ispettore, colui che guarda (dal v. *skopêin*) sopra (*epí*)'] s. m. **1** Nell'antichità classica, ispettore straordinario che Atene inviava nelle città soggette con funzioni speciali. **2** †Vescovo.

episèma [vc. dotta, gr. *epísēm(a)* 'segno (*sêma*) posto sopra (*epí*)'] s. m. (pl. *-i*) **1** Motivo araldico che appare su stemmi di antiche città greche, monete o vasi decorati. **2** (*mus.*) Nella scrittura neumatica, segno che prescrive il prolungamento di durata del suono sopra il quale è posto.

episillogìsmo [comp. di *epi-* e *sillogismo*] s. m. ● (*filos.*) Sillogismo in cui una delle due premesse risulta essere la conclusione di un altro sillogismo.

episiotomìa [vc. dotta, comp. del gr. *epíseion* 'regione pubica' e del suff. *-tomia*] s. f. ● (*chir.*) Incisione laterale o mediale dell'orifizio vulvovaginale per facilitare il passaggio del feto durante il parto.

†**episodiàre** [da *episodio*] v. tr. e intr. ● Comporre un episodio | Tessere episodi, arricchire di episodi.

episodicità s. f. ● Qualità di ciò che è episodico.

episòdico agg. (pl. m. *-ci*) **1** Di episodio | Introdotto per episodio | *Fatto e.*, particolare staccato, incidentale. **2** Di componimento che contiene molti episodi: *romanzo e.* | (*est.*) Frammentario: *narrazione episodica.* ‖ **episodicaménte**, avv. A modo di episodio; in maniera irregolare.

†**episodieggiàre** v. intr. ● Fare episodi.

episòdio [vc. dotta, gr. *epeisódion* 'entrata (*eisódion*, comp. di *eis* 'verso' e *hodós* 'via') aggiuntiva (*ep(í)*)'] s. m. **1** Nella tragedia greca, scena o serie di scene comprese fra due stasimi. **2** In una composizione letteraria, azione accessoria collegata alla principale: *l'e. di Cloridano e Medoro nell'Orlando Furioso* | (*raro, gener.*) Parte di una composizione letteraria: *studiare alcuni episodi dell'Eneide.* **3** Avvenimento, vicenda: *un triste e. di cronaca*; *un e. della II guerra mondiale* | Fatto di secondaria importanza: *quell'incontro è stato solo un e. nella sua vita.* **4** (*mus.*) Pensiero musicale accessorio | Nelle sonate e composizioni analoghe, brano introdotto fra le esposizioni dei temi principali | Nella fuga, divertimento. **5** (*med.*) Manifestazione accessoria di una malattia. ‖ **episodiàccio**, pegg. | **episodiétto**, dim. | **episodiùccio**, dim.

epispadìa [comp. di *epi-* e del gr. *spân* 'lacerare'] s. f. ● (*med.*) Anomalia congenita caratterizzata dall'apertura dell'uretra sul dorso del pene.

epispàstico [vc. dotta, gr. *epispastikós* 'che tira (*spastikós* 'spastico') su (*epí*), che attira'] agg. (pl. m. *-ci*) ● Detto di rimedio che, applicato sulla cute, provoca vivo bruciore e vescicolazione.

epispèrma [vc. dotta, comp. di *epi-* e del gr. *spérma* 'seme'] s. m. (pl. *-i*) ● (*bot.*) Involucro esterno del seme.

epìstasi [vc. dotta, gr. *epístasis* 'che si ferma (*stásis*) sopra (*epí*)'] s. f. ● (*biol.*) Prevalenza, nel fenotipo, di un carattere sull'altro quando i geni non siano allelomorfi.

epistàssi [vc. dotta, gr. *epístaxis* 'gocciolamento', da *epistázein* 'che gocciola (*stázein*) sopra (*epí*)'] s. f. ● (*med.*) Perdita di sangue dal naso.

epìstate [vc. dotta, lat. *epistăte(m)*, dal gr. *epistátēs* 'che sta avanti o sopra (*epí*)'] s. m. ● Nell'antica Atene, funzionario con mansioni politiche, amministrative, giudiziarie, militari.

epistàttico agg. (pl. m. *-ci*) ● (*med.*) Di epistassi.

epistemàtico [vc. dotta, tratta dal gr. *epistḗmē* 'conoscenza' (propr. 'ciò che è posto sopra', comp. di *epí-* e *histánai* 'esser posto')] agg. (pl. m. *-ci*) **1** Deduttivo. **2** (*raro*) Relativo alla conoscenza scientifica.

epistème [gr. *epistḗmē* 'conoscenza' (V. *epistematico*)] s. m. e f. ● (*filos.*) Nella filosofia platonica, il sapere certo, spec. in contrapposizione all'opinione individuale | (*est.*) Scienza esatta.

epistèmico agg. (pl. m. *-ci*) ● Che riguarda la conoscenza, la scienza esatta.

epistemologìa [vc. dotta, comp. del gr. *epistḗmē* 'conoscenza' (V. *epistematico*) e *-logia*] s. f. (pl. *-gie*) **1** Teoria della conoscenza. **2** Filosofia della scienza | Riflessione intorno ai principi e al metodo della conoscenza scientifica. **3** (*psicol.*) *E. genetica*, teoria di J. Piaget (1896-1980) che si propone di individuare le connessioni fra gli stadi dello sviluppo dell'intelligenza dell'individuo e l'evoluzione delle forme del pensiero nella storia dell'umanità.

epistemològico agg. (pl. m. *-ci*) ● Che concerne o interessa l'epistemologia.

epistemòlogo s. m. (f. *-a*; pl. m. *-gi*, pop. *-ghi*) ● Studioso di epistemologia.

epistìlio [vc. dotta, lat. tardo *epistȳliu(m)*, dal gr. *epistýlion* 'che sta sopra (*epí*) la colonna (*stŷlos*)'] s. m. ● Architrave.

epìstola o †**epìstula**, †**pìstola (3)** [vc. dotta, lat. *epĭstola(m)*, dal gr. *epistolḗ* 'messaggio', da *epistéllein* 'ordinare (*stéllein*) sopra (*epí*) qualcosa'] s. f. **1** Componimento, in versi o in prosa, in forma di lettera, di contenuto e stile nobile ed elevato: *le epistole del Petrarca* | Composizione poetica di tipo lirico-didascalico, fiorita in Italia nei secc. XVIII e XIX: *il carme dei Sepolcri del Foscolo è un'e. a Pindemonte.* **2** Parte della Messa, nella quale il celebrante legge, prima del Vangelo, tratti delle Epistole degli Apostoli | Ognuna delle lettere indirizzate dagli Apostoli alle prime chiese cristiane o a fedeli di tali chiese, e facenti parte del canone del Nuovo Testamento | *Dalla parte dell'e.*, a destra del celebrante. **3** (*scherz.*) Lettera prolissa e noiosa. ‖ **epistolétta**, dim. | **epistolóna**, accr. | **epistolóne**, accr. m. | **epistolùccia**, dim.

epistolàre o †**pistolàre** [vc. dotta, lat. tardo *epistolāre(m)*, da *epĭstola* 'epistola'] agg. ● Di, da lettera: *corrispondenza, genere, stile e.* | *Testamento e.*, redatto in forma di lettera | *Romanzo e.*, in cui l'azione viene narrata attraverso lettere inviate dal personaggio principale o che i vari personaggi si scambiano tra loro. ‖ **epistolarménte**, avv. In forma epistolare.

epistolàrio [vc. dotta, lat. tardo *epistolāriu(m)*, da *epĭstola* 'epistola'] s. m. **1** Libro che, nell'antica liturgia cattolica di rito latino, conteneva i tratti delle Epistole e del Vangelo da leggersi nelle messe quotidiane o solenni. **2** Raccolta delle lettere di un autore o di una persona illustre: *l'e. di Leopardi*; *e. di Cavour* | Opera che raccoglie tali lettere.

epistolografìa [vc. dotta, comp. di *epistola* e *-grafia*] s. f. ● Arte dello scrivere lettere, spec. ufficiali o di argomento elevato | Insieme di tali lettere in un determinato periodo letterario: *l'e. politica rinascimentale.*

epistologràfico agg. (pl. m. *-ci*) **1** Relativo all'epistolografia: *genere e.* **2** (*lett.*) Epistolare. ‖ **epistolograficaménte**, avv. Dal punto di vista epistolografico, secondo lo stile epistolografico.

epistològrafo [vc. dotta, comp. di *epistola* e *-grafo*, analogamente al gr. *epistolográphos*] s. m. ● Chi scrive epistole.

epistolóne ● V. *pistolone.*

epìstrofe [vc. dotta, gr. *epistrophḗ* 'conversione', 'che si volge (*strophḗ*) in su (*epí*)'] s. f. ● (*ling.*) Epifora.

epistrofèo [vc. dotta, gr. *epistrophéus*, propr. 'vertebra che ruota sopra un'altra', comp. di *epí* e *strophéus* 'cardine, ganghero' (da *stréphein* 'volgere', di etim. incerta)] s. m. ● (*anat.*) Seconda vertebra cervicale. SIN. Asse (2). ➡ ILL. p. 362 ANATOMIA UMANA.

†**epìstula** • V. *epistola*.

epitàffio o **epitàfio**, †**pitàffio** [vc. dotta, lat. *epităphiu(m)*, dal gr. *epitáphios* '(scritto, ma originariamente discorso) sopra (*epí*) la tomba (*táphos*)'] **s. m.** *1* Nell'antica Grecia, discorso pubblico in onore di un defunto. *2* Iscrizione celebrativa posta sulla tomba di un defunto: *un e. retorico*. *3* (*fig.*, *iron.*) Scritto confuso e retorico.

epitaffista o **epitafista** [vc. dotta, lat. tardo *epitaphĭsta(m)*, da *epităphius* 'epitaffio'] **s. m.** (**pl.** *-i*) • (*raro*) Compositore di epitaffi.

epitàfio e *deriv.* • V. *epitaffio* e *deriv.*

epitàgma [vc. dotta, gr. *epítagma* 'corpo (*tágma*) sussidiario (*epí*)'] **s. m.** (**pl.** *-i*) • Nell'antica falange greca, corpo dei fanti armati alla leggera e corpo dei cavalleggeri.

epitalàmico **agg.** (**pl. m.** *-ci*) • Proprio dell'epitalamio: *poesia epitalamica*.

epitalàmio [vc. dotta, lat. *epithalămiu(m)*, dal gr. *epithalámios*, sottinteso *hýmnos*, 'inno cantato in coro davanti (*epí*) alla camera nuziale (*thálamos*)'] **s. m.** • Componimento poetico in onore degli sposi: *gli epitalami di Callimaco, di Catullo*.

epitàlamo [comp. di *epi-* e *talamo*] **s. m.** • (*anat.*) Parte dorsale del diencefalo, in cui è situata l'epifisi.

epìtaṣi [vc. dotta, gr. *epítasis* 'distendimento, accrescimento'] **s. f.** • (*lett.*) Parte centrale del dramma greco dedicata al crescendo dell'azione.

epitassìa o **epitàssi** [fr. *épitaxie*, comp. di *épi-* 'epi-' e *-taxie* (dal gr. *táxis*: V. *-tassi*)] **s. f.** • (*miner.*) Crescita orientata di una sostanza cristallina su uno strato di una sostanza cristallina diversa.

epitassiàle [da *epitassia*] **agg.** • (*miner.*) Ottenuto, prodotto mediante epitassi: *crescita e.*

epiteliàle [da *epitelio*] **agg.** • (*anat.*) Di epitelio: *tessuto e.*

epitèlio [vc. dotta, comp. di *epi-* e un deriv. del gr. *thēlḗ* 'mammella'] **s. m.** • (*anat.*) Tessuto caratterizzato da cellule strettamente addossate una all'altra: *e. di rivestimento*; *e. ghiandolare*.

epitelióma [vc. dotta, comp. di *epiteli(o)* e *-oma*] **s. m.** (**pl.** *-i*) • (*med.*) Tumore maligno dell'epitelio cutaneo.

epitelioprotettivo [vc. dotta, comp. di *epitelio* e *protettivo*] **agg.** • Che protegge gli epiteli: *la vitamina A è dotata di funzione epitelioprotettiva*.

epitelizẓànte [da *epitelio*] **A** **agg.** • Detto di farmaco o altra sostanza che favorisce l'accrescimento dell'epitelio su una superficie da cui è stato asportato per intervento chirurgico, trauma e sim. **B** anche **s. m.**

epitèma [vc. dotta, lat. tardo *epĭthema(m)*, dal gr. *epíthēma* 'che è applicato, posto (*tithénai*) sopra (*epí*)'] **s. m.** (**pl.** *-i*) *1* †Ogni medicamento esterno, liquido, molle, secco. *2* (*bot.*) Nelle foglie, gruppo di particolari cellule prive di clorofilla aventi la funzione di secernere acqua. *3* (*mar.*) Testata dell'albero, del calcese e sim.

epìteṣi [vc. dotta, gr. *epíthesis* 'il porre (*thésis*) sopra (*epí*)', 'sovrapposizione'] **s. f.** *1* (*med.*) Correzione di un arto difettoso. *2* (*ling.*) Aggiunta di un elemento non etimologico alla fine di una parola: *Or s'i' non procedesse avanti piùe* (DANTE *Par.* XIII, 88). *3* (*mar.*) Testata, arrembo.

epitetàre [da *epiteto*] **v. intr.** (*io epìteto*; **aus.** *avere*) • (*raro*, *lett.*) Arricchire di epiteti ben scelti e collocati.

epitètico [da *epitesi*] **agg.** (**pl. m.** *-ci*) • (*ling.*) Di, relativo a, epitesi.

epìteto o †**pìteto** [vc. dotta, lat. *epĭtheto(n)*, dal gr. *epítheton* 'posto (dal v. *tithénai*) in aggiunta (*epí*)'] **s. m.** *1* (*ling.*) Sostantivo, aggettivo o locuzione che qualifica un nome indicandone le caratteristiche | *E. fisso*, che accompagna frequentemente un nome. *2* (*est.*) Titolo ingiurioso: *un e. irripetibile*.

epitomàre [vc. dotta, lat. tardo *epitomāre*, da *epĭtoma*, forma parallela, latinizzata, di *epĭtome*] **v. tr.** (*io epìtomo*) • Ridurre in epitome. **SIN.** Compendiare, riassumere.

epitomatóre **s. m.** (**f.** *-trice*) • Autore di un'epitome.

epìtome [vc. dotta, lat. *epĭtome(m)*, dal gr. *epitomḗ* 'tagliato (dal v. *témnein*) in superficie (*epí*)'] **s. f.** o †**m.** • Compendio di un'opera di notevole vastità: *l'e. delle storie di Livio* | Sunto di storia sacra usato un tempo nelle scuole.

epìtrito [vc. dotta, lat. tardo *epĭtritu(m)*, dal gr. *epítritos* '(uno) sopra (*epí*) il terzo (*trítos*)'] **s. m.** • (*ling.*) Piede metrico della poesia greca e latina formato da quattro sillabe, di cui tre sono lunghe e una è breve.

epitròclea [comp. di *epi-* e *troclea*] **s. f.** • (*anat.*) Rilievo osseo che sovrasta la troclea.

epìtrope [vc. dotta, lat. tardo *epĭtrope(n)*, propr. 'concessione', dal gr. *epitropḗ* 'azione di appellarsi a qualcuno', comp. di *epí* 'sopra, verso' (V. *epi-*) e *trépein* 'volgere' (forse d'orig. indeur.)] **s. f.** *1* (*ling.*) Figura retorica per la quale l'oratore, confidando nella bontà della sua causa, mostra di rimettersi al giudizio del magistrato: *Signori giurati, io so che voi renderete alla luce e alla vita quest'uomo che ne è degno* (BACCHELLI). *2* Raccolta di decisioni relative a questioni morali o materiali della chiesa ortodossa.

epìtropo [vc. dotta, lat. tardo *epĭtropo(n)*, dal gr. *epítropos* 'colui al quale è affidata la gestione di q.c.', da *epitropḗ* 'diritto di decidere' (V. *epitrope*)] **s. m.** *1* Nell'antica Grecia, funzionario pubblico. *2* Nella Grecia medievale, magistrato con funzioni simili a quelle del giudice conciliatore.

epìttima [variante di *epitema*] **s. f.** • (*raro*) Empiastro.

†**epittimazióne** **s. f.** • Applicazione di epittime.

epiẓòo [vc. dotta, comp. di *epi-* e del pl. del gr. *zôion* 'animale'] **s. m.** • Organismo che vive su altri animali senza esserne parassita.

epiẓoòtia • V. *epizoozia*.

epiẓoòtico [fr. *épizootique*, da *épizootie* 'epizootia'] **agg.** (**pl. m.** *-ci*) • (*zoot.*) Di, relativo a, epizoozia.

epiẓoozìa o **epiẓoòtia** [fr. *épizootie*, dal gr. *zō(i)ótēs* 'natura animale', da *zō(i)on* 'animale vivente' (V. *zoo-*), sul modello di *épidémie* 'epidemia'] **s. f.** • Malattia diffusa fra un grande numero di animali e su un vasto territorio.

època [vc. dotta, gr. *epochḗ* (sottinteso *astérōn*) 'posizione (delle stelle)' (dal v. *epéchein* 'trattenere', 'tenere (*échein*) sopra (*epí*)'), come punto fermo nel computare il tempo] **s. f.** *1* Periodo storico di lunga durata, contrassegnato dagli avvenimenti storici, politici, culturali che in esso si sono verificati: *e. classica, napoleonica, risorgimentale* | (*est.*) Punto fisso, nella storia, da cui si comincia o si può cominciare a contare gli anni e che è notevole per avvenimenti memorabili: *l'e. di Maometto* | *Fare e.*, (*fig.*) essere degno di rilievo e memoria: *uno scandalo che fece e.* | *Le epoche della vita umana*, l'infanzia, la giovinezza, ecc. | *Costume, vestiti d'e.*, di un secolo passato. **SIN.** Età, evo. *2* (*est.*) Tempo, periodo: *l'e. della villeggiatura*; *l'e. fortunata del mio Teatro* (GOLDONI). *3* Unità della cronologia geologica in cui viene suddiviso un periodo. *4* (*banca*) Data iniziale fissata per il calcolo di scadenza media o di interesse nei conti correnti.

epocàle **agg.** • Che riguarda una data epoca, spec. in storiografia | (*ip.*) Che inizia una nuova epoca, straordinario: *una svolta e.*

epochè [gr. *epochḗ* 'arresto', da *epéchein* 'trattenere, sospendere', 'tenere (*échein*) sopra (*epí*)'] **s. f.** • Nella filosofia scettica, sospensione del giudizio | Nella filosofia fenomenologica di E. Husserl, atto con cui si mette fra parentesi il mondo, cioè si sospende qualsiasi giudizio nei riguardi dell'esistenza contingente.

epòdico [vc. dotta, gr. *epōdikós* 'relativo all'*epodo* (*epōdós*)'] **agg.** (**pl. m.** *-ci*) • Che si riferisce all'epodo o che ne ha la forma | *Sistema e.*, formato da un trimetro e da un dimetro giambici | Che contiene epodi: *raccolta epodica*.

epòdo o (*evit.*) **èpodo** [vc. dotta, lat. *epōdo(n)*, dal gr. *epōdós* 'canto (*ōdḗ*) aggiunto (*epí*, sottinteso nell'intervallo)'] **s. m.** *1* Secondo verso di un distico | Componimento in distici giambici, spec. usato nella poesia di argomento morale-satirico: *gli Epodi di Orazio*; *i giambi ed epodi del Carducci*. *2* Terza parte di una triade lirica di cui la prima parte è la strofe e la seconda l'antistrofe.

eponimìa [vc. dotta, gr. *epōnymía*, da *epṓnymos* 'eponimo'] **s. f.** *1* Presso gli antichi Greci e Romani, l'uso di indicare l'anno col nome del magistrato in carica. *2* (*est.*) Il designare un movimento, un periodo, un organo anatomico, una malattia e sim. col nome di un personaggio, di uno studioso, di uno scienziato e sim.

epònimo [vc. dotta, gr. *epṓnymos* '(dato) sopra (*epí*) il nome (*ónyma*, eolico per *ónoma*)'] **agg.**; anche **s. m.** (**f.** *-a*) • Che, chi dà il nome a una città, a una famiglia, a un popolo, e sim. | *Arconte e.*, che dava il nome all'anno | (*est.*) Che, chi dà il proprio nome a un periodo, un movimento, una raccolta di scritti e sim.: *il Marino è l'e. del secentismo in Italia*.

epopèa o †**epopèia** [vc. dotta, gr. *epopoiía*, da *epopoiós* 'poeta epico', comp. di *épos* 'poesia', 'poema' e un deriv. da *poiêin* 'fare, creare'] **s. f.** *1* Poema epico | (*est.*) Genere letterario proprio delle narrazioni epiche | (*est.*) Insieme delle narrazioni epiche proprie di un popolo o di una letteratura, considerate nel loro aspetto contenutistico o stilistico: *l'e. anglosassone, omerica*. *2* (*est.*) Serie di fatti memorabili ed eroici: *e. garibaldina, napoleonica*.

†**epopèico** [vc. dotta, gr. *epopoiikós*, da *epopoiía* 'epopea'] **agg.** • (*lett.*) Epico, eroico.

eporediése o **eporediènse** [vc. dotta, lat. tardo *eporediēnse(m)*, da *Eporēdia*, nome lat. di Ivrea] **A** **agg.** • Relativo a Ivrea. **B** **s. m. e f.** • Abitante, nativo di Ivrea.

èpos [vc. dotta, lat. *ĕpos*, dal gr. *épos*, propriamente 'parola', di origine indeur.] **s. m. inv.** • Leggenda epica | Complesso o ciclo di narrazioni epiche, relative a un popolo: *l'e. bretone, classico*.

epossìdico [da *epossido*] **agg.** (**pl. m.** *-ci*) • (*chim.*) Detto di gruppo contenente un atomo di ossigeno in una struttura a ponte | Di sostanza o composto contenente uno o più gruppi epossidici | *Resina epossidica*, materiale polimerico ottenuto polimerizzando uno o più monomeri di cui almeno uno contenente due o più gruppi epossidici.

epòssido [comp. di *ep(i)-* e *ossido*] **s. m.** • (*chim.*) Composto che contiene un gruppo epossidico.

epòtide [vc. dotta, gr. *epōtídes* 'con orecchie (*ôta*) sovrapposte (*epí*)'] **s. f.** • (*spec. al pl.*) Ciascuno dei due spuntoni anticamente collocati a prua della nave per concorrere all'urto insieme allo sperone.

epperò o †**e però** [comp. di *e(t)* (*1*) e *però*] **cong.** • (*lett.*) Perciò (con valore concl.): *e però tu te n'andrai prima* (BOCCACCIO).

eppùre [comp. di *e(t)* (*1*) e *pure*] **cong.** *1* Tuttavia, nondimeno (con valore avvers.): *non si decide a muoversi*, *e. sa che è tardi*; *e., vedete, la cosa è più facile che non sembri* (VERGA). *2* In frasi escl. ribadisce un concetto già espresso, rafforza un'obiezione, un rimprovero o esprime rammarico: *e. è così!*; *eppur si muove!*; *e. mi sembra chiaro!*

èpsilon [vc. dotta, gr. *è psilón* '*e* semplice', perché non si scrive *ai*, che nel tardo gr. aveva assunto la stessa pronuncia] **s. m. o f. inv.** • Nome della quinta lettera dell'alfabeto greco.

epsomìte [dal n. della località ingl. *Epsom*, dove per la prima volta fu preparato dall'acqua delle fonti minerali, e *-ite* (*2*)] **s. f.** • (*miner.*) Solfato idrato di magnesio in croste o masse compatte entro giacimenti di salgemma o di sali potassici.

èpta- [dal gr. *heptá* 'sette', di origine indeur.] primo elemento (per assimilazione *etta-*) • In parole composte della terminologia scientifica, significa 'sette': *eptagono*, *eptaedro*; in chimica, indica la presenza di 7 atomi o raggruppamenti atomici uguali: *eptano*.

eptacòrdo o **ettacòrdo** [vc. dotta, lat. tardo *heptachōrdu(m)*, dal gr. *heptáchordos* 'di sette (*heptá*) corde (*chordái*)'] **s. m.** *1* Antica lira fornita di sette corde. *2* (*mus.*) Successione dei suoni nella scala diatonica.

eptaèdro • V. *ettaedro*.

eptafònico [vc. dotta, comp. di *epta-* e *-fonico*] **agg.** (**pl. m.** *-ci*) • (*mus.*) Eptatonico.

eptàgono e *deriv.* • V. *ettagono* e *deriv.*

eptàno [ingl. *heptane*, dal gr. *heptá* 'sette'; chiamato così per il numero degli atomi di carbonio] **s. m.** • (*chim.*) Alcano a sette atomi di carbonio, contenuto nel petrolio.

eptasìllabo [vc. dotta, lat. tardo *heptasyÿllabu(m)*, comp. del gr. *heptá* 'sette' e *syllabḗ* 'sillaba' sul modello di *hendecasýllabus* 'endecasillabo'] **A** **s. m.** •

Verso di sette sillabe. SIN. Settenario. **B** anche agg.: *verso e.*

èptathlon /ˈɛptatlon/ o **èptatlon** [da *epta-* sul modello di *pentathlon*] s. m. • Gara atletica femminile comprendente sette prove (tre di corsa, due di salto e due di lancio).

eptatlèta [comp. di *ept(athlon)* e *atleta*] s. f. • Atleta specializzata o partecipante a gare di eptathlon.

èptatlon • V. *eptathlon*.

eptatònico [vc. dotta, comp. di *epta-* e *-tonico*] agg. (pl. m. *-ci*) • (*mus.*) Detto della scala di sette suoni o gradi, che nella forma della scala diatonica è tipica delle culture evolute (Fa Sol La Si Do Re Mi). SIN. Eptafonico.

eptavalènte [comp. di *epta-* e *valente*] agg. • (*chim.*) Detto di atomo o aggruppamento atomico che si può combinare con sette atomi di idrogeno | Detto di composto che nella molecola presenta sette identici gruppi funzionali.

eptemìmera • V. *eftemimera*.

èptodo [vc. dotta, tratta dal gr. *heptá* 'sette', con riferimento al numero degli elementi che lo compongono, integrato dalla seconda parte di componenti della stessa serie (*anodo, catodo, elettrodo,* ecc.)] s. m. • Tubo elettronico a sette elettrodi.

epùlide [vc. dotta, gr. *epoulís*, genit. *epoulídos* '(che si forma) sopra (*ep(í)*) la gengiva (*ôulon*)'] s. f. • (*med.*) Tumore connettivale benigno della gengiva.

epulóne [vc. dotta, lat. *epulōne(m)*, originariamente 'incaricato della preparazione del banchetto (*ĕpulae*) in onore di Giove'] s. m. *1* Presso i Romani, magistrato incaricato di provvedere ai banchetti sacri in onore di Giove e delle altre divinità. *2* Persona che ama cibi ghiotti, abbondanti.

†epulonésco agg. • Da epulone.

†epulonişmo s. m. • Smodato uso di cibi, bevande e ricchi conviti.

epuràre [fr. *épurer*, comp. parasintetico di *pur* 'puro'] v. tr. *1* (*raro*) Liberare dalle impurità: *e. la benzina*. *2* (*fig.*) Sottoporre a epurazione: *e. la pubblica amministrazione*.

epuràto A part. pass. di *epurare*; anche agg. • Nei sign. del v. **B** s. m. (f. *-a*) • Chi è stato sottoposto a un procedimento di epurazione.

epuratóre s. m. *1* Chi è addetto alla depurazione di prodotti chimici, alimentari e sim. *2* Membro di una commissione di epurazione.

epurazióne [fr. *épuration*, da *épurer* 'epurare'] s. f. *1* Atto, effetto dell'epurare | (*raro*) Cernita. *2* Procedimento inteso a liberare una collettività dagli elementi che, spec. per motivi politici, si sono dimostrati indegni di appartenervi.

equàbile [vc. dotta, lat. *aequābile(m)*, da *aequāre* 'equare'] agg. *1* (*raro*) Che si distribuisce egualmente, che è uniforme: *moto e.* *2* (*est.*) Equo, giusto: *legge e.* *3* (*mus.*) Detto della scala temperata che, per dividersi in dodici intervalli uguali, assimila nella scala naturale i diesis delle note con i bemolli delle note seguenti e viceversa. CONTR. Enarmonico. || **equabilménte**, avv. (*raro*) In modo equabile.

equabilità [vc. dotta, lat. *aequabilitāte(m)*, da *aequābilis* 'equabile'] s. f. • (*lett.*) Qualità di ciò che è equabile.

equadorégno [formazione pseudo-sp. per lo sp. *ecuatoriano*] **A** agg. • Dell'Ecuador. **B** s. m. (f. *-a*) • Abitante, nativo dell'Ecuador. SIN. Ecuadoriano.

†equàle e *deriv.* • V. *uguale* e *deriv.*

equalizzàre [ingl. *to equalize*, da *equal* 'eguale'] v. tr. • (*raro*) Rendere uguale | Equilibrare.

equalizzatóre [vc. ingl. 'equilibratore'] s. m. • (*mus., fis.*) In un sistema di riproduzione stereofonica del suono, apparecchio capace di attenuare o esaltare le diverse bande di frequenza separatamente, mediante comandi distinti, per ottimizzare il segnale acustico in relazione all'ambiente circostante.

equalizzazióne s. f. *1* Nella riproduzione del suono, operazione con la quale si attenuano o si esaltano singole bande di frequenza. *2* (*econ.*) Eliminazione di differenze ingiustificate di trattamento salariale o tributario tra varie categorie di lavoratori o contribuenti.

equànime o **†equànimo** [vc. dotta, lat. tardo *aequănime(m)*, dall'espressione corrente *ăequo ănimo* 'di un animo (*ănimus*) eguale (*ăequus*)'] agg. • Sereno, giusto e imparziale: *essere, dimostrarsi e. nel giudicare; professore e.; giudizio, parere e.* || **equanimeménte**, avv.

equanimità o **†equanimitàde**, **†equanimitàte** [vc. dotta, lat. tardo *aequanimitāte(m)*, da *aequănimus* 'equanime'] s. f. *1* Qualità di chi, di ciò che è equanime. SIN. Giustizia, imparzialità. *2* (*raro*) Bontà d'animo.

†equànimo • V. *equanime*.

†equànte [vc. dotta, lat. *aequănte(m)*, part. pres. di *aequāre* 'equare'] **A** agg. • Che eguaglia. **B** s. m. • (*astron.*) Nel sistema tolemaico, particolare punto interno al circolo eccentrico, dal quale il moto del pianeta appariva uniforme.

†equàre o **†eguàre** [vc. dotta, lat. *aequāre*, da *ăequus* 'equo'] v. tr. *1* Uguagliare, adeguare, proporzionare. *2* Spianare, pareggiare.

equatóre [vc. dotta, lat. tardo *aequatōre(m)* 'che rende eguali i giorni e le notti', der. del class. *aequāre* 'rendere uguale' (V. *†equare*)] s. m. • (*geogr.*) Circolo massimo equidistante dai due poli, che divide la Terra in due emisferi. SIN. Circolo equinoziale, linea equinoziale | *E. celeste*, circolo massimo della sfera celeste i cui poli sono i poli celesti | *E. termico*, linea che unisce i punti della superficie terrestre ove risulta massima la temperatura media annuale | *E. magnetico*, luogo dei punti della superficie terrestre in cui è nulla l'inclinazione magnetica.

equatoriàle [prob. dal fr. *équatorial*, da *équateur* 'equatore'] **A** agg. • Dell'equatore: *clima, fauna, foresta e.; piogge equatoriali*. **B** s. m. • Telescopio mobile rispetto a due assi di cui uno parallelo all'asse di rotazione della Terra.

equazióne [vc. dotta, lat. *aequatiōne(m)* 'uguagliamento', da *aequāre* (V. *†equare*)] s. f. *1* (*mat.*) Uguaglianza contenente una o più quantità variabili o incognite, verificata solo per particolari valori di queste: *e. algebrica, determinata, differenziale, impossibile, assurda; e. trascendentale, trigonometrica* | *E. d'una curva, d'una superficie*, condizione necessaria e sufficiente cui debbono soddisfare le coordinate d'un punto, affinché questo appartenga alla curva o alla superficie. *2* (*astron.*) *E. del tempo*, differenza in tempo tra la culminazione del Sole medio e quella del Sole vero | *E. della luce*, differenza tra l'istante in cui la luce viene emessa da un astro e quello in cui arriva all'osservatore. *3* (*chim.*) Rappresentazione simbolica della reazione chimica che indica l'eguaglianza stechiometrica fra le sostanze di partenza e quelle che si formano nel corso di una reazione. *4* (*fig., lett.*) Rapporto di corrispondenza, di uguaglianza. *5* †Computo, calcolo.

equèstre o **†equèstro** [vc. dotta, lat. *equĕstre(m)*, da *ĕquus* 'cavallo' (di origine indeur.)] agg. *1* Di cavalieri, di cavalleria: *milizia, battaglia e.* | Di persona a cavallo: *statua e.* | *Circo e.*, ove si danno spettacoli di cavallerizzi | *Sport equestri*, quelli che si basano sull'impiego del cavallo, quali l'ippica, equitazione e polo | *Ordine e.*, nella Roma antica, quello dei cavalieri forniti di particolare censo. *2* (*est.*) Cavalleresco: *onorificenza e.*

èqui- [lat. *aequi-* (da *ăequus* 'eguale'; V. *equo*), che in parecchi comp. poetici o tecnici riproduce i corrispondenti gr. *iso-* e *homo-*] primo elemento • In parole composte dotte, significa 'uguale': *equidifferenza, equidistare, equipartizione*.

equiàngolo [vc. dotta, lat. tardo *aequiăngulu(m)*, comp. di *ăequus* 'eguale' e *ăngulus* 'angolo' sul tipo corrispondente gr. *isogṓnios*] agg. • Che ha gli angoli uguali: *triangolo, poligono e.*

equicrùre [vc. dotta, lat. tardo *aequicrūriu(m)*, comp. di *ăequus* 'eguale' e *crūs*, gen. *crūris* 'gamba, lato' sul tipo del corrispondente gr. *isoskelḗs*] agg. • (*mat., raro*) Isoscele.

Èquidi [comp. del lat. *ĕqu(us)* 'cavallo' e *-idi*] s. m. pl. • Nella tassonomia animale, famiglia di Mammiferi dei Perissodattili che poggiano sul terreno con un solo dito dell'arto fornito di un robusto zoccolo (*Equidae*) | (al sing. *-e*) Ogni individuo di tale famiglia.

equidiàle [vc. dotta, lat. tardo *aequidiāle(m)*, comp. di *ăequus* 'eguale' e *dĭes* 'giorno' sul modello dell'equivalente gr. *isḗmeros*] agg. • Equinoziale.

equidifferènte [vc. dotta, comp. di *equi-* e *differente*] agg. • (*mat.*) Ugualmente differente.

equidifferènza [vc. dotta, comp. di *equi-* e *differenza*] s. f. • (*mat.*) L'essere equidifferente.

equidistànte [vc. dotta, lat. tardo *aequidistănte(m)*, comp. di *ăeque* 'egualmente' e *dīstans*, genit. *distăntis* 'distante'] agg. *1* (*mat.*) Ugualmente distante | *Rette equidistanti*, rette parallele. *2* (*fig.*) Detto di chi, di ciò che, tra opposte soluzioni, partiti, opinioni, e sim., si mantiene in una posizione intermedia, di equilibrio. || **equidistanteménte**, avv. (*raro*) In modo equidistante.

equidistànza [da *equidistante*] s. f. *1* (*mat.*) Uguale distanza. *2* (*geogr.*) Costante differenza di livello fra una isoipsa e l'altra nella rappresentazione topografica di un rilievo. *3* (*est., fig.*) Posizione intermedia e imparziale: *atteggiamento di e.; e. politica*.

equidistàre v. intr. (*io equidistò* o *equidìsto, tu equidìsti*; coniug. come *stare*; aus. *essere*; raro nei tempi comp.) • (*raro*) Essere a uguale distanza da q.c. rispetto a un punto di riferimento.

equilàtero [vc. dotta, lat. tardo *aequilăteru(m)*, comp. di *ăequus* 'eguale' e *lătus*, genit. *lăteris* 'lato' sul tipo dell'equivalente gr. *isópleuros*] agg. • Che ha i lati uguali: *poligono, triangolo e.*

equilibraménto s. m. *1* Atto, effetto dell'equilibrare. *2* (*mecc.*) Operazione con cui si ottiene l'equilibrio di un corpo rotante, modificando la distribuzione delle sue masse in modo che il baricentro si venga a trovare sull'asse di rotazione | (*autom.*) Equilibratura.

equilibràre [vc. dotta, lat. tardo *aequilibrāre* 'bilanciare (*librāre*) egualmente (*ăeque*)'] **A** v. tr. • Porre, tenere in equilibrio (*anche fig.*): *e. i due piatti della bilancia; e. le spese con le entrate*. **B** v. rifl. e rifl. rec. • Mettersi, tenersi in equilibrio (*anche fig.*): *forze, argomenti che si equilibrano; equilibrarsi nelle spese*.

equilibràto part. pass. di *equilibrare*; anche agg. *1* Nei sign. del v. *2* Che mostra equilibrio, uniformità, armoniosità e sim. fra le sue varie parti: *carico non e.; costruzione equilibrata; arredamento ben e.* *3* (*fig.*) Che dà prova di equanimità, ponderatezza e sim.: *giudizio e.; opinione, critica equilibrata; ragazzo e.* || **equilibrataménte**, avv.

equilibratóre A agg. (f. *-trice*) • Che equilibra: *organo e.* **B** s. m. *1* (*raro*) Chi equilibra (*spec. fig.*). *2* (*mecc.*) Organo atto a realizzare l'equilibrio | Negli orologi, strumento per controllare l'equilibrio del bilanciere. *3* (*aer.*) Parte mobile dell'impennaggio orizzontale, che serve a equilibrare l'aereo sul piano longitudinale, nel cabrare o picchiare. *4* (*mil.*) Congegno dell'affusto di artiglieria che serve a mantenere bilanciata, facilitandone il puntamento, la bocca da fuoco.

equilibratùra s. f. • (*autom.*) Operazione consistente nell'applicare sul cerchio della ruota di un autoveicolo piccoli pesi di piombo per compensare le irregolarità di distribuzione delle masse di gomma nel copertone.

equilibrazióne [vc. dotta, lat. tardo *aequilibratiōne(m)*, da *aequilibrātus* 'equilibrato'] s. f. • (*raro*) Atto, effetto dell'equilibrare.

equilibrio o (*raro*) **†equilibro** [vc. dotta, lat. tardo *aequilībriu(m)*, comp. di *ăequus* 'eguale' e un deriv. da *lĭbra* 'bilancia', come il corrispondente modello gr. *isostathmía*] s. m. *1* (*fis.*) Stato di un corpo che è in quiete, o che si muove di moto rettilineo uniforme, in quanto si annullano le somme di tutte le forze e di tutti i momenti torcenti applicati | *E. stabile, instabile*, secondo che il corpo, spostato di poco dalla sua posizione, vi ritorna o si allontana di più | *E. indifferente*, se rimane fermo in qualsiasi posizione | *E. statico, dinamico*, secondo che, fra le forze applicate, non si considerino oppure si considerino anche quelle di inerzia. *2* Correntemente, stato di un corpo che, posto in bilico, si regge dritto per contrappeso: *stare, mettersi in e.* | *Perdere l'e.*, non reggersi in piedi e cadere. *3* (*chim.*) *E. chimico*, lo stabilirsi di condizioni stazionarie fra le sostanze di partenza e quelle che si formano nel corso di una reazione. *4* (*fig.*) Armonica proporzione fra le componenti di q.c.: *l'e. di una costruzione*. *5* (*fig.*) Convivenza e conciliazione di forze, elementi, atteggiamenti e sim., contrastanti: *l'e. politico fra le grandi potenze; tendere all'e. economico* | Capacità di comportarsi con misura, controllo di sé e sim.: *in* *quell'occasione dimostrò un grande e.*

equilibrìsmo s. m. *1* Arte dell'equilibrista | Giochi d'equilibrio. *2* (*fig.*) Il destreggiarsi con abilità non sempre irreprensibile, in modo da superare vantaggiosamente, o almeno senza danno, difficoltà, contrasti, pericoli e sim.: *e. politico.*

equilibrìsta [fr. *équilibriste*, da *équilibre* 'equilibrio'] s. m. e f. (pl. m. *-i*) *1* Artista di circo o varietà specialista in giochi d'equilibrio. *2* (*fig.*) Chi è particolarmente abile nel destreggiarsi in situazioni difficili, spec. in politica.

†**equilìbro** • V. *equilibrio.*

equinìsmo [da *equino*, perché ricorda il movimento delle zampe del cavallo] s. m. • (*med.*) Grave anomalia del piede per cui la punta è volta verso il basso, mentre il tallone resta sollevato, dovuta spec. a paralisi dei muscoli anteriori della gamba.

equìno [vc. dotta, lat. *equīnu(m)*, da *ĕquus* 'cavallo' (V. *equestre*)] **A** agg. *1* Di cavallo: *razza equina; carne equina.* *2* (*med.*) Detto di piede affetto da equinismo. **B** s. m. • Ogni animale appartenente alla famiglia degli equidi.

equinoziàle [vc. dotta, lat. *aequinoctiāle(m)*, da *aequinŏctium* 'equinozio'] agg. • Attinente all'equinozio.

equinòzio [vc. dotta, lat. *aequinŏctiu(m)*, comp. di *āequus* 'eguale' e *nŏx*, genit. *nŏctis*, come l'equivalente gr. *isonýktion*] s. m. • (*astron.*) Istante in cui il Sole, muovendosi sull'eclittica, si trova esattamente sull'equatore, cioè a uno dei due nodi della sua orbita rispetto all'equatore celeste | *E. di primavera*, il 21 marzo | *E. d'autunno*, il 23 settembre | (*raro, fig.*) *Prendere un e.*, incorrere in un equivoco.

equipaggiaménto s. m. *1* Atto, effetto dell'equipaggiare o dell'equipaggiarsi. *2* Complesso degli indumenti, mezzi, impianti, materiali, apparati, e sim. aventi lo scopo di estendere, facilitare, migliorare certe attività: *l'e. di un esercito, di un atleta; e. fisso, mobile; e. radio, radar; e. militare, di salvataggio.*

equipaggiàre [da *equipaggio*] **A** v. tr. (*io equipàggio*) • Fornire dei materiali, degli uomini, dei mezzi necessari a una determinata attività: *e. una nave; e. l'esercito, una spedizione, una macchina.* **B** v. rifl. • Prendere con sé ciò che serve a una determinata attività, a un particolare momento, situazione e sim.: *equipaggiarsi per la montagna, per l'inverno.*

equipaggiàto part. pass. di *equipaggiare*; anche agg. *1* Nei sign. del v. *2* *Ben e.*, ben provveduto e (*scherz.*) ben vestito.

equipàggio [fr. *équipage*, da *équiper* 'fornire del necessario', originariamente 'provvedere un'imbarcazione dell'occorrente' dall'ant. nordico *skipa*, che ha quest'ultimo sign.] s. m. *1* L'insieme del personale, sottufficiali e marinai, imbarcato su una nave militare o mercantile, agli ordini degli ufficiali di bordo | (*est.*) Insieme delle persone che provvedono alla guida e al funzionamento di vari mezzi di locomozione: *l'e. di un aereo, di un'auto da corsa, di un bob.* *2* (*raro*) Tutto ciò che occorre per viaggiare a un gruppo di persone | (*raro*) Corredo. *3* †Abbigliamento, addobbo (*anche fig.*). *4* (*raro, scherz.*) Maniera in cui una persona è vestita. *5* Carrozza signorile: *vedemmo, affacciati alla finestra, fermarsi davanti al portone di casa nostra uno strano e.* (SABA) | L'insieme dei cavalli e dei servitori addetti a tale carrozza. *6* (*elettr.*) Organo mobile di un apparecchio di misura.

equiparàbile [vc. dotta, lat. *aequiperābile(m)*, da *aequiperāre* 'equiparare'] agg. • Che si può equiparare.

equiparàre o (*raro*) †**equiperàre** [vc. dotta, lat. *aequiperāre*, prob. da **aequĭperus*, comp. di *āequus* 'eguale' e *-parus* dal v. *părere* 'partorire, produrre'] v. tr. (*io equìparo* o *equìparo*) • Pareggiare, ridurre alla pari: *e. il trattamento economico di tutti i dipendenti* | Comparare: *e. le qualità di due persone.*

equiparàto part. pass. di *equiparare*; anche agg. • Nei sign. del v.

equiparazióne [vc. dotta, lat. tardo *aequiperatiōne(m)*, da *aequiperāre* 'equiparare'] s. f. • Atto, effetto dell'equiparare.

equipartizióne [comp. di *equi-* e *partizione*] s. f. • Giusta divisione e assegnazione.

équipe /fr. e'kip/ [vc. fr., originariamente 'equipaggio' (V.)] s. f. inv. *1* (*sport*) Squadra. *2* Gruppo di persone operanti insieme per uno stesso fine: *un'é. di ricercatori.*

†**equiperàre** • V. *equiparare.*

equipollènte [vc. dotta, lat. tardo *aequipollĕnte(m)*, comp. di *āequus* 'eguale' e *pŏllens*, genit *pollĕntis*, part. pres. di *pollēre* 'essere forte, dominare', sul tipo del corrispondente gr. *isodýnamos*] agg. *1* Equivalente quanto al valore o agli effetti | *Proposizioni equipollenti*, che con diversi vocaboli dicono la stessa cosa | *Titoli equipollenti*, documenti non uguali nella forma, ma nel valore intrinseco, rispetto a ciò che attestano. *2* (*ling.*) *Opposizione e.*, in cui l'elemento distintivo è differente in ciascuno dei due fenomeni. *3* (*arald.*) Detto dei nove scacchi che compongono uno scudo, cinque dei quali di uno smalto e quattro di un altro. || †**equipollenteménte**, avv. (*raro*) Con equipollenza.

equipollènza [da *equipollente*] s. f. *1* Equivalenza di forza, potenza o valore. *2* Nella logica, coincidenza di due enunciati nel loro valore di verità.

†**equiponderànza** s. f. • Equivalenza di peso.

†**equiponderàre** [vc. dotta, tratta dal lat. *aequipŏnderus* 'di eguale (*āequus*) peso (*pŏndus*, genit. *pŏnderis*)'] v. tr. e intr. • (*raro*) Pesare egualmente.

equipotènte [comp. di *equi-* e *potente*] agg. • (*mat.*) Detto di ognuno di due insiemi che hanno la stessa potenza.

equipotenziàle [vc. dotta, comp. di *equi-* e *potenziale*] agg. • (*fis.*) Detto di linee e superfici aventi lo stesso potenziale.

equiprobàbile [comp. di *equi-* e *probabile*] agg. • Che ha uguale probabilità: *casi, eventi equiprobabili.*

Equisetàcee [comp. di *equiset(o)* e *-acee*] s. f. pl. • Nella tassonomia vegetale, famiglia di piante terrestri o palustri comprendente gli equiseti (*Equisetaceae*) | (al sing. *-a*) Ogni individuo di tale famiglia.

equisèto [vc. dotta, lat. *equis(ā)etu(m)*, comp. di *ĕquus* 'cavallo' e *sāeta* 'crine', così detta per il suo aspetto] s. m. • Pianta rizomatosa delle Equisetacee con fusto aereo articolato e foglie connate in verticilli (*Equisetum*).

equisonànza [vc. dotta, lat. tardo *aequisonăntia(m)* 'che suona (*sŏnans*, genit. *sonăntis*, part. pres. di *sonāre*) eguale (*āequus*)'] s. f. • L'essere equisono.

equìsono [vc. dotta, lat. tardo *aequisŏnu(m)*, comp. di *āequus* 'eguale' e *sŏnus* 'suono' come il gr. *isóphthongos*] agg. • (*raro*) Di uguale suono.

equità o †**equitàde**, †**equitàte** [vc. dotta, lat. *aequitāte(m)*, da *āequus* 'eguale'] s. f. *1* (*dir.*) Applicazione della norma giuridica secondo giustizia, cioè tenendo conto delle concrete circostanze non previste dalla legge. *2* (*est.*) Giustizia, imparzialità: *decidere con e.*

†**equitàre** [vc. dotta, lat. *equitāre*, da *ĕques*, genit. *ĕquitis* 'equite, cavaliere'] v. intr. • Cavalcare.

†**equitàte** • V. *equità.*

equitatìvo [da *equita(te)*] agg. • (*lett.*) Dettato da equità: *giudizio e.*

†**equitatóre** s. m. • Cavalcatore.

equitazióne [vc. dotta, lat. *equitatiōne(m)*, da *equitāre* '†equitare'] s. f. • Complesso degli insegnamenti e delle tecniche relative all'arte di cavalcare: *scuola di e.* | Attività agonistica a cavallo. ➡ ILL. p. 1288 SPORT.

†**èquite** [vc. dotta, lat. *ĕquite(m)*, da *ĕquus* 'cavallo', perché originariamente 'cittadino tenuto a servire nella cavalleria'] s. m. • Cavaliere dell'ordine, originariamente militare, di guardie reali, poi di un ordine di cittadini con determinato censo e particolari insegne.

equivalènte **A** part. pres. di *equivalere*; anche agg. *1* Nei sign. del v. *2* Che ha uguale valore: *titoli equivalenti* | (*mat.*) *Figure piane equivalenti*, d'ugual area | *Solidi equivalenti*, di ugual volume. || **equivalenteménte**, avv. (*raro*) In modo equivalente. **B** s. m. *1* Valore uguale, somma di uguale valore: *dare l'e. in merci, in derrate.* *2* (*chim.*) Frazione del peso atomico di un elemento che sostituisce o si combina con un atomo di idrogeno.

equivalènza [da *equivalente*] s. f. *1* Condizione o stato di ciò che è equivalente. *2* (*mat.*) Qualsiasi relazione che sia riflessiva, simmetrica e transitiva.

equivalére [vc. dotta, lat. tardo *aequivalēre*, comp. del lat. *āequus* 'eguale' e *valēre* 'valere'] **A** v. intr. (coniug. come *valere*; aus. *essere* e *avere*) • Essere di ugual valore, pregio o efficacia: *questo discorso equivale a una sfida.* **B** v. rifl. rec. • Avere lo stesso valore, la stessa importanza, lo stesso significato e sim.: *questi due quadri si equivalgono; concetti che si equivalgono.*

equivàlso part. pass. di *equivalere* • Nei sign. del v.

†**equivelóce** [vc. dotta, comp. di *equi-* e *veloce*] agg. • Uguale nella velocità.

†**equivelocità** [vc. dotta, comp. di *equi-* e *velocità*] s. f. • Uguaglianza nella velocità.

†**equivocàle** agg. • Di equivoco.

†**equivocaménto** s. m. • Equivoco.

equivocàre [vc. dotta, lat. tardo *aequivocāre*, da *aequĭvocus* 'equivoco'] v. intr. (*io equìvoco, tu equìvochi*; aus. *avere*) • Sbagliarsi nell'interpretare il significato di un discorso o di un'espressione o nel valutare qualcosa: *credo che tu stia equivocando; hai equivocato su quel che ho detto.*

†**equivocazióne** [vc. dotta, lat. tardo *aequivocatiōne(m)*, da *aequivocāre* 'equivocare'] s. f. *1* Atto, effetto dell'equivocare: *occasione a molte fallacie e equivocazioni* (GALILEI). SIN. Sbaglio. *2* (*filos.*) Ambiguità che deriva dall'uso dello stesso termine per denotare cose diverse.

†**equivochésco** agg. • Che ha dell'equivoco.

equivocità s. f. • (*raro*) Qualità di equivoco.

equìvoco [vc. dotta, lat. tardo *aequĭvocu(m)*, comp. di *āequus* 'eguale' e *vŏx*, genit. *vŏcis* 'voce' sul tipo del corrispondente gr. *homṓnymos*] **A** agg. (pl. m. *-ci*) *1* Che si può intendere in modi diversi: *frase, risposta equivoca; parole equivoche* | *Rima equivoca*, formata da parole di egual suono e di diverso significato. *2* (*fig.*) Che desta sospetto: *condotta, moralità equivoca* | Di moralità incerta: *donna equivoca* | *Condizione equivoca*, di chi vive con mezzi oscuri, loschi. SIN. Ambiguo, dubbio, losco. || **equivocaménte**, avv. **B** s. m. *1* Interpretazione erronea: *a scanso di equivoci, ascoltatemi con attenzione* | Ciò che deriva da tale interpretazione: *dare adito a equivoci; cadere in un e.* | (*est.*) Ambiguità, malinteso: *abbiamo chiarito ogni e.* *2* †Vocabolo di diversi significati.

†**equivocóso** agg. • Dubbio, incerto, oscuro.

èquo (1) [vc. dotta, lat. *āequu(m)*, di etim. incerta] **A** agg. *1* Che ha il senso della misura e della moderazione, che è giusto e imparziale: *giudizio e.* | *Patto e., condizioni eque*, in cui i vantaggi e gli svantaggi si equilibrano | (*est.*) Discreto: *prezzo, compenso e.* *2* Proporzionato alle concrete esigenze: *condizioni eque; affitto e.* | *E. canone*, canone di affitto stabilito da una apposita legge che disciplina le locazioni degli immobili urbani. || **equaménte**, avv. **B** s. m. • (*raro*) Ciò che è giusto: *l'e. e l'onesto.*

†**èquo** (2) [vc. dotta, lat. *ĕquu(m)*, di origine indeur.] s. m. • Cavallo.

equocanonìsta [da *equo canone*] s. m. e f. (pl. m. *-i*) • (*dir.*) Chi è esperto nella valutazione dell'equo canone.

equòreo [vc. dotta, lat. *aequŏreu(m)*, da *āequor*, genit. *āequoris* 'mare', ma letteralmente 'superficie piana, eguale (*āequus*)'] agg. • (*lett.*) Del mare: *nell'e. seno* (LEOPARDI).

èra [vc. dotta, lat. tardo *āera(m)* 'numero, cifra', poi 'data dalla quale si inizia a contare gli anni', originariamente pl. di *āes*, genit. *āeris*, nel senso di 'denaro', 'quantità'] s. f. *1* Periodo di tempo il cui inizio è contrassegnato da un avvenimento di particolare importanza a partire dal quale vengono computati gli anni: *era fascista* | *Era di Cristo, era volgare*, sistema di indicazione degli anni secondo il quale la nascita di Cristo è stabilita al 25 dicembre del 753 dalla fondazione di Roma | (*est.*) Periodo storico caratterizzato da particolari avvenimenti: *era atomica, missilistica.* *2* (*geol.*) L'unità più generale in cui si suddivide il tempo geologico, e che a sua volta può suddividersi in periodi. ➡ TAV. **geologia**.

eracleènse agg. • Di Eraclea, città della Magna Grecia.

eracliàno agg. • Di Eraclio (575-641), imperatore d'Oriente.

eraclitèo agg. ● Del filosofo greco Eraclito (550 ca.-480 ca. a.C.) di Efeso.

eraclitismo s. m. *1* Dottrina del filosofo greco Eraclito di Efeso, che sosteneva la tesi dell'eterno divenire. *2* (*est.*) Ogni concezione che si rifà alla dottrina di Eraclito.

†**eradicàre** [vc. dotta, lat. tardo *eradicāre*, da *rādix*, genit. *radīcis* 'radice' con *ex-* sottratt.] v. tr. ● Sradicare: *era sì fisso ... el desiderio ... che nessuna mansuetudine ... bastava a eradicarlo* (GUICCIARDINI).

†**eradicativo** agg. ● Atto a eradicare.

eradicazióne s. f. *1* †Atto, effetto dell'eradicare. *2* Eliminazione definitiva di una malattia su un intero territorio o su scala mondiale.

erariàle [da *erario*] agg. ● Proprio del, relativo all'erario: *amministrazione e.*; *spese, imposte erariali.*

eràrio [vc. dotta, lat. tardo *aerāriu(m)*, da *āes*, genit. *āeris*, originariamente 'rame, bronzo', poi 'denaro, tesoro (dello Stato)'] s. m. *1* Denaro pubblico | Luogo in cui tale denaro si conservava, nell'antica Roma. *2* Le finanze statali | (*est.*) Lo Stato inteso come amministrazione finanziaria: *gli introiti, le spese dell'e.*; *devolvere all'e. le proprie sostanze.* *3* †Tesoriere.

erasmiàno agg. ● Proprio dell'umanista Erasmo da Rotterdam (1466 o 1469-1536) | *Pronunzia erasmiana*, pronuncia del greco classico per cui i dittonghi si pronunciano come tali, e la lettera η (eta) ha il valore di *e.*

eràso o **eràso** [lat. *erāsu(m)*, part. pass. di *erādere*, comp. di *ex-* sottratt. e *rādere* 'radere' (V.)] agg. ● Raso, raschiato via, detto spec. di scrittura, titolo e sim. su codici pergamenacei.

erastianismo o **erastianésimo** [dal n. del teologo svizzero Tommaso *Erasto* (1524-1583)] s. m. ● Dottrina teologico-politica che subordina il potere della Chiesa a quello dello Stato.

èrba [lat. *hĕrba(m)*, di etim. incerta] **A** s. f. *1* Pianta di altezza generalmente limitata con fusto verde e mai legnoso | *E. aglina*, cicuta minore | *E. amara*, balsamite, erba di S. Pietro | *E. argentata*, driade | *E. bacaia*, delle Papilionacee con fiori bianchi o gialli a stendardo striato di rosso (*Ononis natrix*) | *E. baccellina*, ginestrella | *E. bozzolina*, (*tosc.*) bambagiona | *E. brusca*, acetosa | *E. calderina*, delle Composite, ricoperta di peli con capolini formati solo da fiori tubulari (*Senecio vulgaris*) | *E. cali*, cali | *E. cariofillata*, garofanaia | *E. cipollina*, V. *cipollina* | *E. cicutaria*, delle Geraniacee con foglie pennatosette e fiori rosei riuniti in infiorescenze (*Erodium cicutarium*) | *E. cipressina*, delle Euforbiacee con rizoma strisciante e fiori in ombrelle terminali (*Euphorbia cyparissias*) | *E. codina*, delle Graminacee ottima foraggera (*Alopecurus agrestis*) | *E. cornetta*, emero | *E. da calli*, delle Grassulacee con fusti eretti, foglie carnose e fiori bianchi o porporini in corimbi (*Sedum telephium*) | *E. da gatti*, maro | *E. da porri*, celidonia | *E. da spazzole*, delle Graminacee le cui radici fibrose si usano per fabbricare spazzole (*Chrisopogan gryllus*) | *E. dei camosci*, nardo celtico | *E. dei pidocchi*, stafisagria | *E. del cucco*, delle Cariofillacee con fiori il cui calice forma un piccolo otre aperto alla sommità (*Silene inflata*) | *E. della regina*, tabacco | *E. di S. Pietro*, erba amara | *E. fava*, favagello | *E. forbicina*, delle Composite con fusto angoloso e fiori gialli (*Bidens tripartita*) | *E. fragolina*, sanicola | *E. fumaria*, adoxa | *E. galletta*, delle Leguminose le cui foglie terminano in un cirro (*Lathyrus pratensis*) | *E. gatta*, gattaia | *E. ginestrina*, vecciarino | *E. guada*, guaderella | *E. limoncina*, cedrina | *E. lucciola*, delle Giuncacee con fiori bianco-argentei e foglie con lunghi peli bianchi ai margini (*Luzula nivea*) | *E. Luisa*, cedrina | *E. luiula*, acetosella | *E. lupa*, delle Orobancacee di color giallo rossastro, parassita delle Composite (*Orobanche major*) | *E. mazzolina*, pannocchina | *E. medica*, delle Papilionacee a foglie composte di tre foglioline (*Medicago sativa*) | *E. miseria*, miseria | *E. morella*, morella | *E. nocca*, delle Ranuncolacee, velenosa con foglie composte peduncolate alla base, sessili superiormente e fiori verdi o rossastri (*Helleborus viridis*) | *E. paris*, uva di volpe | *E. perla*, nome di alcune piante erbacee delle Borraginacee i cui frutti sono acheni piccoli, duri e biancastri (*Buglossoides*, *Lithodora*, *Lithospermum*, *Neatostema*) | *E. pesce*, felce acquatica con foglie distiche, inferiormente rossastre e pelose (*Salvinia natans*) | *E. pignola*, delle Crassulacee con radici sottili e foglie carnose di sapore piccante (*Sedum acre*) | *E. puzza*, elleboro fetido | *E. quattrina*, nummularia | *E. rogna*, erba viperina | *E. ruggine*, cedracca | *E. saetta*, acquatica delle Alismatacee a foglie eteromorfe immerse nastriformi, galleggianti a cuore, emerse a saetta (*Sagittaria sagittaefolia*) | *E. seta*, vincetossico | *E. spagna*, erba medica | *E. stella*, alchimilla | *E. strega*, licopodio | *E. tortora*, delle Borraginacee con foglie biancastre ricoperte di peluria (*Cerinthe minor*) | *E. trinità*, epatica | *E. vellutina*, cinoglossa | *E. vescica*, utricularia | *E. vetriola*, parietaria | (*fig.*) *Fare di ogni e. un fascio*, mettere insieme alla rinfusa e senza distinzione | *Non essere più dell'e. d'oggi*, (*fig.*) essere avanti con gli anni | *Mangiare il grano, il fieno, in e.*, (*fig.*) spendere ancor prima di essere pagato | *Essere, non essere e. del proprio orto*, di idee, concetti e sim. che appartengono o no alla persona che li enuncia | (*fig.*, *scherz.*) *E. voglio*, spec. nella loc. *l'e. voglio non cresce neanche nel giardino del re*, con riferimento a desideri, spec. infantili, espressi con capricciosa ostinazione. *2* Complesso delle piante erbacee che crescono spec. spontaneamente su un terreno: *sedere, sdraiarsi sull'e.* | *Fare l'e., andare a e.*, raccoglierla in quanto nociva alle colture o per darla al bestiame | *Tenere, mettere, mandare a e. il bestiame*, al pascolo | *Giardino in cui cresce l'e.*, trascurato, non più coltivato | *Vedere l'e. dalla parte delle radici*, essere morto, essere sotto terra | *Andare a e., all'e.*, (*pop.*) amoreggiare in luoghi solitari di campagna. *3* (*gerg.*) Marijuana: *fumare l'e.* *4* (*spec. al pl.*) Verdure, erbaggi: *sono erbe cotte ieri*; *acquistare erbe e frutta al mercato*; *il mercato delle erbe* | *Erbe aromatiche*, quelle odorose, usate in cucina per aromatizzare le pietanze | *Piazza delle erbe*, nome di una piazza dove si svolgeva o si svolge il mercato ortofrutticolo. *5* (*fig.*) Nella loc. agg. *in e.*, detto di chi si trova agli inizi di un'attività, professione e sim. ed è ancora privo di abilità ed esperienza: *dottore, tecnico, scolaro, in e.* **B** in funzione di agg. (posposto al s.) *1* Che ha il colore tipico dell'erba: *verde e.* *2* Nella loc. *Punto e.*, punto di ricamo, usato spec. per ricamare erba, fogliame e sim. ‖ **erbàccia**, pegg. | **erbétta**, dim. (V.) | **erbettina**, dim. | **erbicciuòla**, dim. | **erbicina**, dim. | **erbina**, dim. | **erbolina**, dim. | **erbùccia**, dim. (V.) | **erbuccina**, dim.

†**erbàccio** ● V. *erbaggio.*

erbàceo [vc. dotta, lat. *herbāceu(m)*, da *hĕrba* 'erba'] agg. *1* Di vegetale a fusto tenero, non lignificato. *2* Detto di vino di sapore acidulo che richiama un gusto d'erba.

erbàggio o (*raro*) †**erbàccio** [fr. *herbage*, da *herbe* 'erba'] s. m. *1* Ogni qualità di erba commestibile. *2* (*dir.*) †Erbatico.

erbàio s. m. *1* Luogo in cui crescono solo erbe. *2* Coltura di foraggere non prative da utilizzarsi fresche o insilate.

erbaiòlo o **erbaiuòlo**, (*dial.*) **erbaròlo**, †**erbaruòlo**. s. m. (f. *-a*) *1* Chi vende erbaggi. *2* Chi va a fare l'erba nei campi. *3* Erborista.

†**erbàle** agg. ● (*lett.*) Che ha qualità di erba: *vanno pel tratturo antico al piano, / quasi per un erbal fiume silente* (D'ANNUNZIO).

erbalùce [forse, rifacimento pop. con *erba* di un precedente *albaluce*] s. m. ● Vitigno coltivato in Piemonte, da cui si ottengono vini passiti.

erbàrio [vc. dotta, lat. *herbāriu(m)*, da *hĕrba* 'erba'] s. m. *1* Volume in cui sono descritte le piante medicinali e le loro proprietà. *2* Raccolta di piante fatte essiccare con opportuni accorgimenti.

erbaròlo ● V. *erbaiolo.*

†**erbaruòlo** ● V. *erbaiolo.*

†**erbàta** s. f. ● Quantità d'erbe.

erbàtico [vc. dotta, lat. tardo *herbāticu(m)*, da *hĕrba* 'erba'] s. m. (pl. *-ci*) ● (*raro*) Diritto di far erba o di fare pascolare il bestiame in terreno pubblico | Censo dovuto al comune per tale diritto.

erbàto [da *erba*] **A** agg. *1* Condito di erbe. *2* (*raro*) Coperto d'erba | (*raro*) Mescolato con l'erba. **B** s. m. ● Torta fatta con erbaggi.

erbatùra s. f. ● Periodo di tempo che intercorre tra una falciatura d'erba e l'altra.

erbeggiàre v. intr. (*io erbéggio*; aus. *avere*; anche impers. con aus. *essere*) ● (*raro*) Verdeggiare d'erba.

erbétta s. f. *1* Dim. di *erba*. *2* (*dial.*) Prezzemolo | *Le erbette*, (*per anton.*) le erbe odorose.

erbicìda [comp. di *erba* e *-cida*] s. m.; anche agg. (pl. m. *-i*) ● Sostanza chimica che impedisce la crescita e la moltiplicazione di determinate specie erbacee.

èrbio [dal n. della località sved. (*Ytt*)*erby*, dove fu scoperto] s. m. ● Elemento chimico, metallo del gruppo delle terre rare. SIMB. Er.

erbìre [da *erba*] v. intr. (*io erbìsco, tu erbìsci*; aus. *avere*) ● (*raro*) Coprirsi di erba.

erbivéndolo [comp. di *erba* e *-vendolo*, sul modello di *fruttivendolo*] s. m. (f. *-a*) ● Venditore di erbaggi, legumi, frutta e sim.

erbìvoro [vc. dotta, comp. del lat. *hĕrba* 'erba' e un deriv. di *vorāre* 'divorare'] **A** agg. ● Che si nutre esclusivamente di vegetali: *animali erbivori.* **B** s. m. (f. *-a*) *1* Animale erbivoro. *2* (*scherz.*) Persona vegetariana o prevalentemente vegetariana.

erbolàre ● V. *erborare.*

erbolàto o †**erbolàtto** nel sign. 3. s. m. *1* Torta a base di erbaggi. *2* Impiastro fatto con erbe medicinali. *3* Erborista.

erboràre o (*raro*) **erbolàre**. v. intr. (*io èrboro*; aus. *avere*) ● Andare in cerca di erbe per uso medicinale, per studio o per diletto.

erborazióne s. f. ● Atto, effetto dell'erborare.

erborinàto [milan. *erborinà* 'stracchino venato di muffa verde (*erborín*, propriamente 'prezzemolo', da *erba*)'] agg. ● Detto di formaggio striato o chiazzato di muffa verde.

erborìsta [fr. *herboriste* per *herboliste*, dal lat. *hĕrbula* 'erbetta'] s. m. e f. (pl. m. *-i*) ● Specialista nella raccolta e utilizzazione di piante officinali | Chi vende erbe medicinali.

erboristerìa [fr. *herboristerie*, da *herboriste* 'erborista'] s. f. *1* Disciplina che insegna a raccogliere, a conservare e a utilizzare le piante officinali. *2* Bottega di erborista.

erborìstico agg. (pl. m. *-ci*) ● Relativo all'erboristeria.

erborizzàre [fr. *herboriser* per *herboliser*, dal lat. *hĕrbula* 'erbetta'] v. intr. (aus. *avere*) ● Erborare.

erborizzatóre [da *erborizzare*] s. m. (f. *-trice*) ● Raccoglitore di erbe, di piante.

erborizzazióne [fr. *herborisation*, da *herboriser* 'erborizzare'] s. f. *1* Erborazione. *2* Addizione ai formaggi di muffe verdi o blu per renderne il sapore più piccante.

erbóso [lat. *herbōsu(m)*, da *hĕrba* 'erba'] agg. ● Ricco, folto d'erba: *prato, terreno e.*; *per lo e. paese, andava ... pianamente* (SANNAZARO) | *Tappeto e.*, folto prato. ‖ **erbosétto**, dim.

erbùccia s. f. (pl. *-ce*) *1* Dim. di *erba*. *2* (*bot.*) Timo. *3* (*al pl.*) Erbe aromatiche usate come condimento.

erciniàno agg. ● (*geol.*) Ercinico.

ercìnico [dal lat. *Hercȳnia* (sott., o no, *silva* 'bosco'), n. d'una catena montuosa in territorio ted.] agg. (pl. m. *-ci*) ● (*geol.*) Detto dell'orogenesi che si verificò nel tardo Paleozoico, interessando varie regioni dell'Europa centrale. SIN. Variscico.

ercogamìa [comp. del gr. *hércos* 'recinto' e *-gamia*] s. f. ● (*bot.*) Nei fiori ermafroditi, particolare disposizione degli organi riproduttivi maschili e femminili che ne rende impossibile la reciproca impollinazione.

ercolanènse o **ercolanése** **A** agg. ● Della città di Ercolano. **B** s. m. e f. ● Abitante, nativo di Ercolano.

èrcole [vc. dotta, lat. *Hércule(m)*, dal gr. *Hēraklês* 'celebre (*-kleēs*, da *kléos* 'gloria, fama') attraverso Giunone (*Hḗra*)', eroe della mitologia greco-romana, celebre per le sue imprese e prove] s. m. ● Persona eccezionalmente forte e robusta. ‖ **ercolino**, dim. (V.).

ercolino (1) s. m. *1* Dim. di *Ercole*. *2* Bambino particolarmente robusto.

ercolìno (2) [da *Ercole*, con sovrapposizione di *arco*] **A** agg. ● (*raro*) Detto di gambe, o di chi ha le gambe, leggermente arcuate dal ginocchio in giù. **B** anche s. m.

ercùleo [vc. dotta, lat. *Hercŭleu(m)* 'di *Ercole* (*Hĕrcules*)'] agg. **1** Di, da Ercole: *forza, statura erculea.* **2** (*lett.*) Di Ercole I d'Este.

-ere /ere, 'ere/ [dalla desin. lat. dei v. della seconda (*-ēre*) e della terza (*-ĕre*) coniug.] suff. ● Proprio dei verbi della seconda coniugazione: *credere, perdere, vedere.*

erèbia [dal lat. *Ĕrebus* 'dio delle tenebre' e 'erebo, regno delle ombre', per il colore oscuro (?)] s. f. ● Piccola farfalla bruno-nera con ali rossastre ai margini, la cui larva cresce sulle Graminacee (*Erebia*).

èrebo [vc. dotta, lat. *Ĕrebu(m)*, dal gr. *Érebos*, di origine indeur.] s. m. ● Nella mitologia greca, luogo oscuro, sotterraneo, dimora dei morti.

†**erèda** ● V. *erede.*

†**eredàre** o (*raro*) †**redàre** v. tr. ● Ereditare.

erède o †**erèda**, †**rèda** (1), †**rède** [vc. dotta, lat. *herēde(m)*, di etim. incerta] s. m. e f. **1** (*dir.*) Chi acquista a causa di morte da una persona la totalità o una quota del patrimonio di questa: *lasciare, nominare qc. e.*; *istituzione di e.* | *E. legittimo*, chi succede per legge, in mancanza di testamento | *E. necessario*, chi per legge, in caso di successione testamentaria, ha diritto a una quota del patrimonio del defunto | *E. universale*, chi succede nell'intero patrimonio | *E. testamentario*, chi è stato chiamato alla successione per testamento | *E. beneficiario*, erede che ha accettato l'eredità con beneficio d'inventario | *E. apparente*, chi possiede i beni di un'eredità e si comporta come erede, senza esserlo | *E. al trono*, in una dinastia, chi è destinato a succedere al sovrano regnante | (*scherz., fam.*) Figlio primogenito, spec. maschio: *finalmente ha avuto il tanto sospirato e.* **2** (*fig.*) Chi conserva e prosegue attività, tradizioni e sim.: *e. della famiglia*; *l'e. delle virtù familiari* | *E. spirituale*, o (*ell.*) *erede*, chi continua ed estende o elabora ulteriormente idee e attività di una grande personalità in ogni settore dell'umanità: *gli eredi di Freud, di Marx, di Mazzini.*

eredità o †**ereditàde**, †**ereditàte**, (*raro*) †**redità** [vc. dotta, lat. *hereditāte(m)*, da *hēres*, genit. *herēdis* 'erede'] s. f. **1** (*dir.*) Complesso dei beni e dei rapporti appartenuti al defunto e oggetto della successione: *adire un'e.*; *delazione dell'e.* **2** (*biol.*) Complesso delle qualità e proprietà potenziali, in forma di istruzioni chimiche, contenute nei cromosomi, che un organismo vivente riceve dal genitore attraverso le cellule germinali. **3** (*fig.*) Retaggio: *lasciare un'e. di gloria, di vizi, di virtù*; *sol chi non lascia e. d'affetti / poca gioia ha dell'urna* (FOSCOLO).

ereditabilità [da *ereditare*] s. f. ● (*biol.*) Capacità di essere ereditato | *Indice di e.*, misura quanto un carattere fenotipico è geneticamente determinato e quanto esso è frutto della selezione naturale.

†**ereditàggio** o (*raro*) †**reditàggio** [comp. di *eredit(à)* e *-aggio*] s. m. ● Eredità.

†**ereditàle** agg. ● Attinente a eredità.

ereditàndo s. m. (f. *-a*) ● (*dir.*) Il soggetto defunto il cui patrimonio viene devoluto ai successori.

ereditàre o (*raro*) †**redetàre** [vc. dotta, lat. tardo *hereditāre*, da *hērēditas* 'eredità'] v. tr. (*io erèdito*) ● Ricevere per successione ereditaria (*anche fig.*): *e. un immobile*; *e. la virtù, la fede, la sensibilità paterna* | †*E. alcuno*, prenderne l'eredità.

ereditarietà s. f. **1** (*dir.*) Possibilità di essere trasmesso in eredità. **2** (*biol.*) Trasmissione dei caratteri normali o patologici attraverso il patrimonio cromosomico.

ereditàrio [vc. dotta, lat. *hereditāriu(m)*, da *herēditas* 'eredità'] agg. **1** (*dir.*) Relativo all'eredità: *asse e.*; *diritti, beni ereditari*; *comunione ereditaria* | *Principe e.*, l'erede al trono. **2** (*biol.*) Che concerne l'ereditarietà: *caratteri ereditari* | *Malattia ereditaria*, le cui cause esistono già nelle cellule germinali. || **ereditariaménte**, avv. Per via ereditaria.

†**ereditàte** ● V. *eredità.*

ereditièra [adatt. del fr. *héritière*, dall'agg. lat. *hereditārius* 'proprio dell'erede (*hēres*, genit. *herēdis*)'] s. f. ● Donna, spec. giovane, che ha ereditato o deve ereditare una notevole ricchezza.

†**erèggere** ● V. *erigere.*

-erellàre [doppio suff. attenuativo, accanto a *-ellare*] suff. verbale ● Ha valore diminutivo e frequentativo: *bucherellare, canterellare, giocherellare, salterellare, trotterellare.*

-erellino [doppio suff. dim., *-erello* e *-ino*] suff. alterativo composto (f. *-a*) ● Conferisce a sostantivi valore diminutivo: *bucherellino, caserellina.*

-erèllo [ampliamento raff. con *-er-* del suff. dim. *-ello*] suff. alterativo composto (f. *-a*) ● Conferisce a sostantivi valore diminutivo e spregiativo: *coserella, fatterello, salterello.*

-erellóne [doppio suff. *-erello* (dim.) e *-one* (accr. a senso vezz.)] suff. alterativo composto (f. *-a*) ● Conferisce a sostantivi valore diminutivo-vezzeggiativo: *pazzerellone.*

eremacàuṣi o **eremacoṣìa** [vc. dotta, comp. del gr. *ēréma* (avv.) 'lentamente' e *kâusis* 'combustione'] s. f. ● Processo chimico e biochimico che subiscono le sostanze organiche nel terreno, in presenza di eccesso di ossigeno.

eremita o †**eremìto**, †**remìta**, (*pop.*) †**romìto** [vc. dotta, lat. crist. *eremīta(m)*, dal gr. *erēmítēs*, da *érēmos* 'deserto'] s. m. (pl. *-i*) **1** Chi, spec. per motivi religiosi, vive solitario in luoghi remoti o deserti | (*est.*) Persona che vive appartata dal mondo: *vivere da e.*; *essere un e.* **2** Una delle figure nel gioco dei tarocchi. **3** (*zool.*) *Bernardo l'e.*, paguro.

eremitàggio o **romitàggio**. s. m. ● Luogo da eremita | (*est.*) Abitazione solitaria e isolata.

eremitàno o **romitàno**. **A** agg. **1** Che appartiene all'ordine di S. Agostino di osservanza eremitica: *monaco e.* **2** †Eremitico. **B** s. m. ● Monaco dell'ordine di S. Agostino di osservanza eremitica: *convento degli eremitani.*

eremìtico o †**romìtico** [vc. dotta, lat. eccl. *eremīticu(m)*, da *eremīta* 'eremita'] agg. (pl. m. *-ci*) ● Di, da eremita: *vita eremitica.* || **eremiticaménte**, avv. Al modo di un eremita.

†**eremìto** ● V. *eremita.*

†**eremitòrio** ● V. *romitorio.*

†**eremitòro** ● V. *romitorio.*

èremo o (*poet.*) **èrmo** (2) [vc. dotta, lat. eccl. *erēmu(m)*, dal gr. *érēmos* 'solitario', di etim. incerta] **A** s. m. ● Luogo solitario dove si ritirano gli eremiti | (*est.*) Luogo tranquillo e isolato: *si è ritirato nell'e. della sua stanza.* **B** agg. ● †V. *ermo* (*1*).

†**èreo** [vc. dotta, lat. *āereu(m)*, da *āes*, genit. *āeris*, sul tipo di *fĕrreu(m)* da *fĕrrum*, in sostituzione del più ant. *ahēnu(m)* 'èneo'] agg. ● (*lett.*) Di bronzo, di rame.

ereṣìa o (*pop., tosc.*) †**reṣìa** [vc. dotta, dal lat. *hāeresi(m)*, che riproduce il gr. *háiresis*, da *hairêisthai* 'fare la propria scelta', di etim. incerta] s. f. **1** Nelle religioni fondate su una dogmatica universalmente o ufficialmente riconosciuta, dottrina basata su interpretazioni personali in contrasto con la tradizione | Nel cristianesimo antico, tesi o dottrina che si oppone agli insegnamenti dei Concili e all'opinione comune dei Padri della Chiesa | Nel cattolicesimo, dottrina che si oppone alla verità rivelata da Dio e proposta autenticamente come tale dalla Chiesa. **2** (*est.*) Opinione erronea o contrastante con quelle più comunemente seguite: *e. filosofica, letteraria, scientifica* | (*est.*) Grosso sproposito: *non farmi dire eresie.* **3** †Discordia.

ereṣiàrca /erezj'arka, ere'zjarka/ [vc. dotta, lat. tardo *haeresiărcha(m)*, dal gr. *hairesiárchēs* 'capo (V. *-arca*) di un'*eresia* (*háiresis*)'] s. m. (pl. *-chi*) ● Capo o fondatore di movimento eretico.

ereṣiologìa /erezjolo'dʒia, ereziolo'dʒia/ [comp. di *eresia* e *-logia*] s. f. (pl. *-gie*) ● Trattazione storica e dottrinaria delle eresie e dei loro rapporti con l'insegnamento canonico della Chiesa.

ereṣiòlogo /ere'zjɔlogo, erezi'ɔlogo/ [vc. dotta, comp. di *eresia* e *-logo*] s. m. (pl. *-gi*, pop. *-ghi*) ● Studioso di eresiologia.

ereṣìpela ● V. *erisipela.*

ereṣìpola ● V. *erisipela.*

†**eretàggio** ● V. *retaggio.*

†**eretàre** [fr. *hériter*, dal lat. *hereditāre* 'ereditare'] v. tr. ● Ereditare.

ereticàle agg. ● Che si riferisce a, che è proprio di, eretici o eresie: *dottrina e.*

†**ereticàre** [da *eretico*] v. intr. ● Cadere in eresia, diventare eretico | (*est.*) Bestemmiare.

†**ereticazióne** s. f. ● Adozione di una eresia o cerimonia relativa.

erètico [vc. dotta, lat. tardo *haerĕticu(m)*, dal gr. *hairetikós* 'colui che ha scelto' (V. *eresia*)] **A** agg. (pl. m. *-ci*) ● Di, relativo a, eresia: *dottrina eretica.* || **ereticaménte**, avv. Da eretico. **B** s. m. (f. *-a*) **1** (*relig.*) Chi professa una dottrina eretica. **2** (*fam.*) Ateo, miscredente. **3** Chi, all'interno di un partito politico e sim., sostiene principi contrari all'ideologia del partito stesso. || **ereticàccio**, pegg.

eretiṣmo [vc. dotta, gr. *erethismós*, dal v. *erethízein*, forma secondaria di *eréthein* 'irritare, eccitare', di etim. incerta] s. m. ● (*med.*) Stato di esagerata irritabilità o sensibilità di tutto il corpo o di qualche sua parte.

eretìstico agg. (pl. m. *-ci*) ● (*med.*) Di, relativo a eretismo: *stato e.*

erèttile [da *eretto*] agg. **1** (*anat.*) Detto di tessuto o di organo che si inturgidisce e si erige riempiendosi di sangue. **2** (*bot.*) Di organo vegetale che si erige se sottoposto a determinati stimoli.

erètto part. pass. di *erigere*; anche agg. **1** Nei sign. del v. **2** Dritto: *tenere il capo, il busto e.* | (*raro*) Perpendicolare | †Erto, ripido.

erettóre [vc. dotta, lat. tardo *erectōre(m)*, da *erēctus* 'eretto'] agg.; anche s. m. (f. *-trice*) ● (*anat.*) Di muscolo che permette l'erezione.

ereutofobìa [comp. del gr. *éreuthos* 'rossore' e *-fobia*] s. f. ● (*psichiatr.*) Eritrofobia.

erezióne [vc. dotta, lat. tardo *erectiōne(m)*, da *erēctus* 'eretto'] s. f. **1** Atto, effetto dell'erigere: *e. di un monumento* | (*fig.*) Fondazione: *e. di un'opera pia in ente morale.* **2** (*biol.*) Fenomeno del drizzarsi di un organo erettile: *e. del pene.*

erg (1) /ɛrg/ [dal gr. *érg(on)* 'lavoro', di origine indeur.] s. m. ● (*fis.*) Unità di lavoro nel sistema CGS, corrispondente al lavoro compiuto dalla forza di 1 dina per lo spostamento di 1 cm. SIMB. erg.

erg (2) /ɛrg/ [da una vc. ar. '*erg*] s. m. inv. ● Deserto sabbioso con dune, tipico del Sahara.

ergal ® /'ɛrgal/ [nome commerciale] s. m. inv. ● (*metall.*) Lega leggera da lavorazione plastica costituita da alluminio, zinco, magnesio e rame, che, dopo opportuno trattamento termico, raggiunge resistenze elevatissime necessarie nelle attrezzature alpinistiche e sim.

erga omnes /*lat.* 'ɛrga 'ɔmnes/ [lat., letteralmente 'contro (*ĕrga* 'verso', con la sfumatura negativa, propria del lat. fam., che aveva assunto la prep. dal senso benevolo 'diretto verso ...') tutti (*ŏmnes*, acc. pl. di *ŏmnis*, isolato nel lat.)'] loc. avv. e agg. ● (*dir.*) Nei confronti di tutti i cittadini: *atto valido erga omnes.*

ergastolàno [da *ergastolo*] s. m. (f. *-a*) ● Chi sta scontando una condanna all'ergastolo.

†**ergastolàrio** [vc. dotta, lat. *ergastulāriu(m)*, da *ergăstulum* 'ergastolo'] agg. ● Di ergastolo.

ergàstolo [vc. dotta, lat. *ergăstulu(m)*, dal gr. *ergastḗrion* 'casa di lavoro (dal v. *ergázesthai*, da *érgon* 'lavoro'), fabbrica (per schiavi)', con adattamento al sistema di suff. lat.] s. m. **1** (*dir.*) Pena detentiva consistente nella privazione della libertà personale per tutta la durata della vita: *condannare all'e.* **2** (*est.*) Correntemente, stabilimento ove si sconta detta pena | *Gente da e.*, (*fig.*) da galera | (*est.*) Luogo triste, penoso: *questa casa è un e.* **3** Nell'antica Roma, edificio ove abitavano gli schiavi e i condannati a lavori agricoli.

ergastoplàṣma [comp. della base gr. *ergast*, dal v. *ergázesthai* 'lavorare', e *plasma*] s. m. (pl. *-i*) ● (*biol.*) Regione del citoplasma caratterizzata dalla presenza di abbondante reticolo endoplasmatico granulare.

ergatìvo [dal tema del gr. *ergázesthai* 'lavorare, operare', sul modello di *ablativo*] **A** agg. ● (*ling.*) Che indica chi compie l'azione: *caso e.*; *funzione ergativa.* **B** s. m. ● (*ling.*) Caso della declinazione che esprime la funzione grammaticale del complemento d'agente in alcune lingue indoeuropee, come il basco e le lingue caucasiche.

èrgere [lat. parl. **ĕrgere*, per il class. *erĭgere* 'erigere' (V.)] **A** v. tr. (pres. *io èrgo, tu èrgi*; pass. rem. *io èrsi, tu ergésti*) **1** Levare in alto: *e. il capo con gesto di sfida* | Edificare: *ersero uno splendido* monumento. **2** (*fig.*) Innalzare: *e. l'anima, la mente a Dio* | *E. l'animo*, insuperbirsi | †Far insuperbire. **B** v. rifl. ● Drizzarsi: *si erse minaccioso in tutta la sua statura* | (*fig.*) †Adirarsi. **C** v. intr. pron. ● Innalzarsi: *sul fondo si erge un monte.*

èrgo /*lat.* 'ɛrgo/ [vc. dotta, lat. *ĕrgo*, sorto dall'espressione **ē rŏgo* 'partendo dalla (*ex-*) direzione (dal v. *rĕgere*) di ...'] **A** cong. ● (*lett., scherz.*) Dunque, pertanto (con valore concl.): *ribocca di antitesi e metafore, ha molte lacune, spesso presenta male i personaggi, fa errori volgarissimi nello sceneggiare. Ergo, è un cattivo poeta* (DE SANCTIS). **B** in funzione di s. m. inv. ● (*raro, scherz.*) Conclusione: *essere, giungere, venir all'e.*; *quegli argomenti e quegli e. di cui si servivano i predicatori* (DE SANCTIS).

èrgo- [dal gr. *érgon* 'lavoro', di origine indeur.] primo elemento ● In parole composte moderne significa 'lavoro': *ergometro, ergoterapia.*

ergòdico [der. del gr. *ergódes* 'laborioso, difficile'] agg. (pl. m. *-ci*) ● (*fis.*) Detto di sistema o processo in cui le medie calcolate nel tempo coincidono con le medie calcolate su sistemi o processi simili.

ergògrafo [comp. di *ergo-* e *-grafo*] s. m. ● (*fisiol.*) Apparecchio impiegato per la misura e la registrazione del lavoro muscolare prodotto in condizioni controllate.

ergòlo [comp. di *erg(o)-* e *-olo (2)*] s. m. ● (*chim.*) Elemento attivo di un propellente.

ergologìa [comp. di *ergo-* e *-logia*] s. f. ● Parte dell'etnologia che studia la cultura materiale dei popoli primitivi.

ergometrìa [comp. di *ergo-* e *-metria*] s. f. ● (*med.*) Misurazione del lavoro muscolare mediante l'ergometro.

ergòmetro [comp. di *ergo-* e *-metro*] s. m. ● Dinamometro con cui si misura la potenza utile di una macchina o del lavoro muscolare.

ergóne [dal gr. *érgon* 'lavoro', di orig. indeur.] s. m. ● (*chim.*) Termine desueto indicante qualsiasi sostanza necessaria in tracce per attivare o regolare un processo fisiologico o biochimico, tra cui enzimi, ormoni, vitamine e sim.

ergonomìa [comp. di *ergo-* e un deriv. del gr. *nómos* 'norma, regola'] s. f. ● Disciplina che studia le condizioni e l'ambiente di lavoro per adattarli alle esigenze psico-fisiche del lavoratore.

ergonòmico agg. (pl. m. *-ci*) ● Di, relativo a, ergonomia. ‖ **ergonomicaménte**, avv. Dal punto di vista ergonomico.

ergònomo s. m. (f. *-a*) ● Studioso, esperto di ergonomia.

ergosterìna s. f. ● (*chim.*) Ergosterolo.

ergosteròlo [fr. *ergostérol* 'sterolo (*stérol*) presente nella segale cornuta (*ergot*)'] s. m. ● (*chim.*) Sterolo precursore della vitamina D presente nel lievito e in numerosi vegetali.

ergotècnica [comp. di *ergo-* e *tecnica*] s. f. ● Disciplina che studia i mezzi e le tecniche per ottenere un maggior rendimento del lavoro umano.

ergoterapìa [comp. di *ergo-* e *terapia*] s. f. ● (*psicol.*) Metodo di cura delle malattie mentali mediante l'addestramento al lavoro.

ergotìna [fr. *ergotine*, comp. di *ergot* '(fungo della) segale cornuta' (di etim. incerta) e *-ine* '-ina'] s. f. ● (*chim.*) Sostanza che si estrae dalla segale cornuta, usata come emostatico uterino.

ergotìṣmo [fr. *ergotisme*, comp. di *ergot* '(fungo della) segale cornuta' (di etim. incerta) e *-isme* '-ismo'] s. m. ● Intossicazione da segale cornuta.

-erìa [dal suff. fr. *-erie*] suff. ● Forma nomi concreti indicanti negozio, laboratorio (*birreria, falegnameria, macelleria*, o anche neologismi di recente coniazione, come *focacceria, jeanseria* e sim.), azione, attività (*pirateria*), insieme di oggetti, di armi e di appartenenti a corpi militari (*argenteria, fanteria*); oppure nomi astratti indicanti qualità, stato, azione, spesso con valore spregiativo (*porcheria, furberia, poltroneria*).

eribànno [ant. alto ted. *heriban* 'bando (*ban*) per la raccolta dell'esercito (*heri, hari*)'] s. m. ● Nell'ordinamento franco e longobardo, bando di chiamata alle armi di tutti gli uomini liberi.

èrica [vc. dotta, lat. *ĕrica(m)*, dal gr. *eríkē*, di etim. incerta] s. f. ● Genere di piante delle Ericacee, comprendente moltissime specie, con rami fitti e sottili, foglie aghiformi e fiori piccoli solitari o riuniti in grappoli (*Erica*).

Ericàcee [vc. dotta, comp. di *erica* e *-acee*] s. f. pl. ● Nella tassonomia vegetale, famiglia di piante legnose delle Dicotiledoni con foglie per lo più persistenti, coriacee e fiori attinomorfi (*Ericaceae*) | (al sing. *-a*) Ogni individuo di tale famiglia. ➡ ILL. **piante** /7.

eridologìa [comp. del gr. *éris*, genit. *éridos* 'lotta' (di etim. incerta) e *-logia*] s. f. ● Disciplina che studia l'aggressività e la violenza umane nelle loro varie cause, manifestazioni e sim.

eridòlogo [da *eridologia*] s. m. (f. *-a*; pl. m. *-gi*) ● Studioso di eridologia.

erigèndo [vc. dotta, lat. *erigĕndu(m)*, part. fut. pass. di *erĭgere* 'erigere'] agg. ● Da doversi erigere, che sta per erigersi: *l'erigenda casa di riposo per attori.*

erìgere o †**erèggere** [vc. dotta, lat. *erĭgere*, comp. di *rĕgere* 'dirigere' col pref. *ex-* che indica movimento dal basso in alto] **A** v. tr. (pres. *io erìgo, tu erìgi*; pass. rem. *io erèssi, tu erigésti*; part. pass. *erètto*) **1** Innalzare: *e. un altare, una statua.* **2** (*fig.*) Fondare, istituire: *e. una scuola, un beneficio ecclesiastico.* **3** (*fig.*) Costituire, spec. mediante cambiamento di stato o situazione: *e. una regione in, a principato*; *e. una fondazione in ente morale.* **B** v. rifl. **1** Elevarsi, anche indebitamente o in modo gratuito e inopportuno, a una carica o qualità: *erigersi a giudice, a censore.* **2** (*fig.*) Costituirsi: *buona parte delle città si eressero in repubblica* (MURATORI).

erigeróne [gr. *ērigérōn*, propr. 'che invecchia presto', comp. di *ēri* 'presto' e *gérōn* 'vecchio' (entrambi di origine indeur.)] s. m. ● Genere di piante delle Composite comprendente erbe annue o perenni, con foglie lanceolate e fiori minuti in capolini disposti a racemo (*Erigeron*).

erigìbile [da *erigere*] agg. ● Che si può erigere.

†**erìle** [vc. dotta, lat. *erīle(m)*, fatto da *ĕrus* 'padrone' (di etim. incerta), come *servīle(m)*, da *sĕrvus* 'servo'] agg. ● (*lett.*) Padronale.

Erinacèidi [dal lat. tardo *erinăceus* 'riccio', var. di *erīcius* 'riccio', di etim. incerta, e *-idi*] s. m. ● Nella tassonomia animale, famiglia di Insettivori di solito piccoli e con coda corta, cui appartiene il riccio (*Erinaceidae*) | (al sing. *-e*) Ogni individuo di tale famiglia.

erìngio [gr. *ērýngion*, di etim. incerta] s. m. ● Genere di piante delle Ombrellifere comprendente erbe perenni con brattee spinose e fiori in capolini (*Eryngium*).

erìnni [vc. dotta, lat. *Ĕrin(n)y(n)*, dal gr. *Erinýs*, di etim. incerta] s. f. pl. ● Divinità greche vendicatrici dell'empietà e dei delitti di sangue, poi suscitatrici di discordie. SIN. Furie.

erinnofilìa [ted. *Erinnophilie*, comp. di *Erinn(erungsmark)* '(franco)bollo commemorativo (da *erinnern* 'ricordare')' e *-philie* '-filia'] s. f. ● Collezionismo di etichette chiudilettera.

erinnòfilo agg.; anche s. m. (f. *-a*) ● Che, chi pratica l'erinnofilia.

erinòṣi [vc. dotta, comp. del gr. *eríneos*, letteralmente 'lanoso', n. attribuito al fungo che causa questa malattia, e *-osi*] s. f. ● Malattia della vite o di altre piante che si manifesta con una presenza eccessiva di peli sulle foglie.

èrio- [dal gr. *érion* 'lana', di etim. incerta] primo elemento ● In parole composte della terminologia scientifica, significa 'lana' o indica somiglianza con la lana: *eriocalco, eriosoma.*

eriocàlco [comp. di *erio-* e del gr. *chalkós* 'rame'] s. m. ● Minerale azzurro monoclino che si trova nelle lave del Vesuvio in aggregati fibrosi.

eriodinamòmetro [comp. di *erio-* e *dinamometro*] s. m. ● Strumento usato per misurare la resistenza e l'elasticità dei fili di lana.

eriòforo [lat. *eriŏphoru(m)*, dal gr. *eriophóros*, comp. di *érion* 'lana' (V. *erio-*) e *-phoros* '-fero', perché piante lanugginose] s. m. ● Genere di piante erbacee delle Ciperacee col frutto rivestito di setole (*Eriophorum*).

eriòmetro [comp. di *erio-* e *-metro*] s. m. ● Strumento ottico usato per misurare il diametro dei fili di lana.

eriosòma [comp. di *erio-* e *-soma*] s. m. (pl. *-i*) ● Afide le cui femmine danneggiano i rami dei meli coprendoli di una sostanza cerosa a fiocchi (*Eriosoma lanigerum*).

eriṣamo ● V. *erisimo.*

Eriṣifàcee [comp. del gr. *erysi-* 'rosso', *síphōn* 'tubo' e *-acee*] s. f. pl. ● Nella tassonomia vegetale, famiglia di Funghi degli Ascomiceti che vivono sulle foglie con micelio di colore bianco (*Erysiphaceae*) | (al sing. *-a*) Ogni individuo di tale famiglia.

eriṣimo o **eriṣamo** [vc. dotta, lat. *erўsimu(m)*, dal gr. *erýsimon*, da *érysthai* 'proteggere', per le sue proprietà terapeutiche] s. m. ● Pianta erbacea delle Crocifere con piccoli fiori gialli e frutto a siliqua (*Erysimum officinale*).

eriṣipela o **ereṣipela**, **ereṣipola** [vc. dotta, lat. tardo *erysĭpelas* (nom. nt.), dal gr. *erysípelas* 'dalla pelle (*-pelas*) di color rosso (*erysi-*)'] s. f. ● (*med.*) Infezione cutanea a chiazze rosse migranti, provocata da streptococchi specifici.

eriṣipelatóso **A** agg. ● Di erisipela. **B** agg.; anche s. m. (f. *-a*) ● Che, chi è affetto da erisipela.

erìstica [vc. dotta, gr. *eristikḗ* (sottinteso *téchnē*) '(arte) disputatoria', da *erízein* 'contendere', da *éris* 'contesa'] s. f. ● (*filos.*) Tecnica di confutare con la parola argomenti o proposizioni senza tener conto della loro verità o falsità.

erìstico [vc. dotta, gr. *eristikós*, da *erízein* 'amare la contesa (*éris*)'] agg. (pl. m. *-ci*) ● Che concerne l'eristica | (*est.*) Sottile, ingannevole. ‖ **eristicaménte**, avv.

†**eritàggio** ● V. *retaggio.*

eritèma [vc. dotta, gr. *erýthēma* 'rossore', da *erytháinein* 'far diventare rosso (*erythrós*)'] s. m. (pl. *-i*) ● (*med.*) Arrossamento della cute per vasodilatazione capillare: *e. solare.*

eritematóso agg. ● (*med.*) Relativo a eritema | Che si manifesta con eritema: *eruzione eritematosa.*

eritremìa [comp. di *eritr(o)-* e *-emia*] s. f. ● (*med.*) Malattia del sangue caratterizzata da un aumento anormale del numero dei globuli rossi e da un alto grado di anemia.

eritrène [comp. di *eritr(o)-* ed *-ene*] s. m. ● (*chim.*) Butadiene.

eritrèo **A** agg. ● Dell'Eritrea: *flora, fauna eritrea.* **B** s. m. (f. *-a*) ● Nativo, abitante dell'Eritrea.

eritrìna [dal gr. *erythrós* 'rosso', di origine indeur., col suff. *-ina*] s. f. **1** Genere di piante arboree o arbustive delle Papilionacee con fiori di color rosso intenso (*Erythrina*). **2** (*chim.*) Sostanza contenuta in vari licheni tintori.

eritrìte [comp. di *eritr(o)-* e *-ite (2)*] s. f. **1** (*miner.*) Arseniato idrato di cobalto. **2** (*chim.*) Alcol alifatico tetravalente contenuto in alcuni licheni.

eritro- [dal gr. *erythrós* 'rosso', di origine indeur.] primo elemento ● In parole composte scientifiche, significa 'rosso', o indica relazione con i globuli rossi: *eritrocita, eritropoiesi.*

eritroblàsto [comp. di *eritro-* e *-blasto*] s. m. ● (*biol.*) Globulo rosso immaturo.

eritroblastòṣi [da *eritroblasto*, con il suff. *-osi*] s. f. ● (*med.*) Presenza di un elevato numero di eritroblasti nel sangue.

eritrocatèreṣi [comp. di *eritro-* e del gr. *hathaíresis* 'diminuzione'] s. f. ● (*fisiol.*) Processo di demolizione dei globuli rossi usurati da parte di organi deputati a tale funzione. SIN. Emocateresi.

eritrocita o **eritrocito** [vc. dotta, comp. di *eritro-* e *-cito* (o *-cita*)] s. m. (pl. *-i*) ● (*anat.*) Globulo rosso.

eritrocitòṣi [da *eritrocita*, col suff. *-osi*] s. f. ● (*med.*) Aumento anormale del numero dei globuli rossi del sangue.

eritrodèrma [comp. di *eritro-* e *-derma*] s. m. ● (*med.*) Eritrodermia.

eritrodermìa [comp. di *eritro-* e *-dermia*] s. f. ● (*med.*) Eritema generalizzato e persistente spesso associato a desquamazione cutanea: *e. da psoriasi, e. da eczema.* SIN. Eritroderma.

eritrofìlla [vc. dotta, comp. di *eritro-* e del gr. *phýlla* 'foglie'] s. f. ● (*bot.*) Ficoeritrina.

eritrofobìa [comp. di *eritro-* e *-fobia*] s. f. ● (*psicol.*) Paura ossessiva di arrossire. SIN. Ereutofobia.

eritromicìna [comp. di *eritro-*, *mic(o)-* e del suff. *-ina*] s. f. ● (*farm.*) Antibiotico macrolidico prodotto dal batterio *Streptomyces erithreus*, efficace nella terapia della maggior parte delle infezioni causate da batteri gram-positivi e da alcuni gram--negativi, nei quali inibisce la sintesi proteica.

eritropoièṣi [comp. di *eritro-* e *-poiesi*] s. f. ● (*biol.*) Processo di formazione dei globuli rossi.

eritropsìa [vc. dotta, comp. di *eritro-* e un deriv. del gr. *ópsis* 'vista'] s. f. ● (*med.*) Alterazione della vista per cui gli oggetti appaiono colorati in rosso.

eritrorèṣina [vc. dotta, comp. di *eritro-* e *resina*] s. f. ● Resina di colore rosso contenuta nella radice del rabarbaro.

eritrosedimentazióne [comp. di *eritro-* e *sedimentazione*] s. f. ● (*med.*) Sedimentazione dei globuli rossi | *Velocità di e.*, prova di laboratorio che misura il tempo impiegato dai globuli rossi a depositarsi sul fondo di un recipiente.

eritròṣi [comp. di *eritr(o)-* e *-osi*] s. f. ● (*med.*) Arrossamento cutaneo.

eritroṣìna [comp. di *eritro-* e di *(e)osina*] s. f. ● (*chim.*) Ciascuno di una classe di coloranti, contenenti iodio e sodio o potassio, analoghi all'eosina, usati per tingere di rosso o giallo la lana e la seta, per colorare la carta, e come sensibilizzatori fotografici.

Eritroxilàcee [comp. di *eritro-*, *xilo-* e *-acee*] s. f. pl. ● Nella tassonomia vegetale, famiglia di piante legnose delleDicotiledoni (*Erythroxylaceae*) | (al sing. *-a*) Ogni individuo di tale famiglia. ➡ ILL. **piante** /4.

èrlang [dal n. dello scienziato danese A.K. *Erlang* (1878-1929)] s. m. inv. ● (*fis.*) Unità di misura adimensionale del traffico telefonico, pari al tasso medio di occupazione di un apparecchio o di un impianto.

èrma [vc. dotta, lat. *hĕrma(m)*, dal gr. *Hermês*, n. del dio Mercurio] s. f. ● Nell'antica Grecia, pilastro rettangolare, posto ai crocicchi, terminante superiormente con la raffigurazione scolpita di una testa umana che in origine era quella del Dio Ermete | Attualmente, qualsiasi statua a mezzo busto posta su pilastro.

ermafrodiṣmo s. m. ● Ermafroditismo.

ermafrodìta ● V. *ermafrodito*.

ermafroditiṣmo [da *ermafrodito*] s. m. ● (*biol.*) Coesistenza, in uno stesso individuo, degli organi sessuali primari maschili e femminili | (*impr.*) Pseudoermafroditismo.

ermafrodìto o **ermafrodìta** [vc. dotta, lat. *hermaphrodītu(m)*, dal gr. *hermaphróditos*, dal n. del figlio di Mercurio (*Hermês*) e Venere (*Aphrodítē*), che ottenne di fondersi nel corpo della ninfa Salmace] **A** agg. *1* (*biol.*) Che presenta ermafroditismo: *fiore, animale e.*; *pianta ermafrodita*. *2* (*est., spreg.*) Invertito. *3* †Ambiguo, vario. **B** s. m. *1* (*biol.*) Individuo vegetale o animale caratterizzato da ermafroditismo. *2* (*est., spreg.*) Invertito.

ermellinàto o **armellinàto**. agg. *1* Detto di mantello equino bianco cosparso di macchie nere delle dimensioni di pochi centimetri. *2* (*arald.*) Detto di ermellino di smalto diverso dal bianco a macchie nere.

ermellìno o **armellìno** [da *armellino*, a sua volta da **armenino*, topo di Armenia] s. m. *1* Mammifero dei Mustelidi con lungo corpo flessuoso dalla pelliccia pregiata, bruna d'estate e candida in inverno, e la punta della coda sempre nera (*Mustela erminea*). *2* Pelliccia pregiata dell'omonimo animale: *mantello orlato, foderato di e.* | *Toghe di e.*, (*per anton.*) i magistrati dei più alti gradi gerarchici, spec. quelli della Corte di Cassazione. *3* (*arald.*) Pelliccia composta di un campo d'argento seminato di macchie nere a forma di trifoglio con gambo tripartito. *4* (*bot., tosc.*) Albero di S. Andrea.

ermenèuta [vc. dotta, gr. *hermēneutḗs*, da *hermenéuein* 'interpretare', da *hermēnéus* 'interprete': di origine microasiatica (?)] s. m. (pl. *-i*) ● Studioso, esperto di ermeneutica.

ermenèutica [vc. dotta, gr. *hermēneutikḗ* (sottinteso *téchnē*) '(arte) interpretatoria'] s. f. ● Arte d'intendere e d'interpretare i monumenti, i libri e i documenti antichi.

ermenèutico [vc. dotta, gr. *hermēneutikós*, da *hermenéuein* 'interpretare'] agg. (pl. m. *-ci*) ● Dell'ermeneutica, interpretativo: *metodo e.*

ermeṣìno ● V. *ermisino*.

ermeticità [da *ermetico* (*1*)] s. f. ● Qualità di ciò che è ermetico (*anche fig.*): *l'e. di un recipiente*; *l'e. di un discorso, di una poesia*.

ermètico (1) [vc. dotta, dal n. gr. del dio Mercurio (*Hermês*), cui si attribuiva l'invenzione dell'alchimia, l'esposizione delle sue dottrine in libri di oscura interpretazione e la fusione dei bordi di vasi di vetro, che restavano, così, *ermeticamente* chiusi] **A** agg. (pl. m. *-ci*) *1* Di Ermete Trismegisto, nome greco del dio egiziano Thot, e della corrente filosofico-religiosa attribuita ai suoi scritti: *libri ermetici*. *2* Di recipiente perfettamente chiuso, a chiusura stagna: *vaso, contenitore e.* *3* (*fig.*) Oscuro e difficile a comprendersi: *discorso e.*; *espressione ermetica del viso*. *4* (*letter.*) Che si riferisce alla tendenza poetica dell'ermetismo: *poeta e.*; *poesia ermetica*. || **ermeticaménte**, avv. *1* In modo ermetico: *vaso chiuso ermeticamente*. *2* In modo incomprensibile: *scrivere, esprimersi ermeticamente*. **B** s. m. ● (*filos., letter.*) Chi segue i canoni dell'ermetismo.

†**ermètico (2)** [sviluppo semantico di *ermetico* (*1*)] agg. (pl. m. *-ci*) ● Di erma: *colonna ermetica*.

ermetiṣmo [fr. *hermétisme*, da *hermétique* 'ermetico (1)'] s. m. *1* (*filos.*) Dottrina filosofica del I sec. d.C., attribuita a Ermete Trismegisto, che riconduce la filosofia greca a quella egizia, e difende il paganesimo dagli attacchi della religione cristiana. *2* (*letter.*) Tendenza poetica nella poesia italiana degli anni Trenta e Quaranta che, interpretando la letteratura come professione totale e la poesia come ricerca intuitiva dell'assoluto, si esprime in un linguaggio fortemente analogico, che si distingue anche per allusività, rapidità, concentrazione e talvolta con esiti di oscurità. *3* (*fig.*) Oscurità, incomprensibilità: *l'e. di un discorso*.

ermiṣìno o **ermeṣìno**, **ormeṣìno**, **ormiṣìno** [dal n. della città persiana di *Ormuz*, di cui tale tessuto era originario] s. m. ● Tessuto leggero di seta.

érmo (1) o **èrmo**, †**èremo** [allotropo pop. di *eremo*] agg. ● (*lett.*) Solitario, deserto: *cercai per poggi solitari ed ermi* (PETRARCA).

érmo (2) o **èrmo** ● V. *eremo*.

ermogeniàno [vc. dotta, lat. tardo *Hermogeniānu(m)* 'di Ermogene (*Hermŏgenes*)', letteralmente 'figlio (*-genḗs*) di Mercurio (*Hermês*)'] agg. ● (*dir.*) Nella loc. *Codice e.*, raccolta di costituzioni imperiali romane compilata in Oriente intorno al sec. III a.C. da un certo Ermogene o dal giurista Ermogeniano.

èrnia [vc. dotta, lat. *hĕrnia(m)*, di etim. incerta] s. f. *1* (*med.*) Fuoruscita di un viscere o di una parte di esso dalla cavità dove normalmente risiede: *e. infiammata, strozzata*. *2* (*bot.*) Malattia che compare nelle radici del cavolo o della rapa.

erniària [da *ernia*, perché usata come medicamento contro questa malattia] s. f. ● Piccola pianta erbacea delle Cariofillacee molto ramosa e con fiori piccoli, ritenuta medicamentosa per l'ernia (*Herniaria glabra*).

erniàrio agg. ● (*med.*) Relativo all'ernia: *strozzamento e.* | *Cinto e.*, apparecchio di contenzione dell'ernia.

erniàto agg. ● (*med.*) Detto di organo che forma il contenuto di un'ernia: *intestino e.*

erniazióne [da *ernia*, col suff. *-zione*] s. f. ● (*med.*) Processo di formazione di un'ernia.

èrnico [lat. *Hĕrnicu(m)*] **A** agg. (pl. m. *-ci*) ● Relativo a un'antica popolazione italica, stanziata nel Lazio presso la valle del Sacco. **B** s. m. (f. *-a*) ● Ogni appartenente a tale popolazione.

ernióso [vc. dotta, lat. *herniōsu(m)*, da *hĕrnia* 'ernia'] agg.; anche s. m. (f. *-a*) ● (*med.*) Che, chi è affetto da ernia.

erniotomìa [vc. dotta, comp. di *ernia* e *-tomia*] s. f. ● (*chir.*) Incisione del cingolo erniario.

ernìsta s. m. e f. (pl. m. *-i*) ● Chi prepara apparecchi curativi dell'ernia.

èro s. f. inv. ● (*gerg.*) Acrt. di *eroina*.

eródere [vc. dotta, lat. *erōdere*, comp. di *rōdere* e del pref. asportativo *ex-*] v. tr. (pass. rem. *io erósi* o *eróṣi*; part. pass. *eróso* o *eróṣo*) ● Consumare per erosione: *l'acqua erode le coste alte*.

erodìbile agg. ● Che può essere eroso, che è soggetto a erosione: *rocce erodibili*.

erodotèo agg. ● Dello storico greco Erodoto (484-426 ca. a.C.).

eròe [vc. dotta, lat. *herōe(m)*, dal gr. *hḗrōs*, genit. *hḗrōos*, di etim. incerta] s. m. (f. *-ina* (V.), †*-essa*) *1* In molte mitologie, essere intermedio fra gli dèi e gli uomini che interviene nel mondo con imprese eccezionali | Nella mitologia greco-romana, figlio nato dall'unione di un dio o di una dea con un essere umano e dotato di virtù eccezionali. *2* Chi sa lottare con eccezionale coraggio e generosità, fino al cosciente sacrificio di sé, per una ragione o un ideale ritenuti validi e giusti: *morire da e.*; *battersi, sacrificarsi da e. per la fede, per la scienza, per un'idea politica* | (*est.*) Uomo illustre per virtù eccelse e in particolare per valore guerriero: *gli eroi del Risorgimento* | *L'e. dei due mondi*, (*per anton.*) G. Garibaldi | (*iron.*) Persona coraggiosa solo a parole: *e. da poltrona, da soffitta, da caffè*; *fare l'e. a chiacchiere*. *3* Personaggio principale di un'opera letteraria, teatrale, cinematografica: *e. omerico, ariostesco*; *gli eroi del cinema americano*; *tutti gli eroi e le eroine dell'Ibsen sono protesi nell'aspettazione* (CROCE) | *Il nostro e.*, il protagonista dell'opera di cui si sta trattando | *E. negativo*, quello che si contrappone all'eroe convenzionale per essere privo dei valori positivi a questo di solito attribuiti | (*iron.*) *L'e. della festa*, chi primeggia in essa. SIN. Protagonista.

erogàbile agg. ● Che si può erogare.

erogabilità s. f. ● Qualità di ciò che è erogabile.

erogàre [vc. dotta, lat. *erogāre* 'chiedere (*rogāre*) dal (*ex-*) popolo il consenso per prelevare il denaro dell'erario per le spese pubbliche', quindi, prevalendo il fine, 'pagare, spendere, distribuire'] v. tr. (*io èrogo, tu èroghi*) *1* Spendere per un fine determinato: *e. una somma in beneficenza*; *e. fondi per un'autostrada*. *2* Fornire, mediante appositi impianti, a una rete di distribuzione: *e. gas, luce, acqua*.

erogatóre [vc. dotta, lat. tardo *erogatōre(m)*, da *erogātus* 'erogato'] **A** agg. (f. *-trice*) ● Che eroga: *società erogatrice del gas*. **B** s. m. ● Congegno che regola l'erogazione di un liquido o di un fluido.

erogazióne [vc. dotta, lat. *erogatiōne(m)*, da *erogātus* 'erogato'] s. f. ● Atto, effetto dell'erogare: *si prevede l'e. di alcune somme*; *sospendere l'e. della corrente elettrica* | *Azienda di e.*, che tende al soddisfacimento dei bisogni dei componenti la stessa, non a scopo di lucro.

erògeno [comp. del gr. *érōs* 'amore' e *-geno*] agg. ● Che è atto a produrre sensazioni erotiche, a eccitare sessualmente: *zone erogene del corpo*. SIN. Erotogeno.

†**eroicherìa** s. f. ● (*scherz.*) Eroicità.

eroicità s. f. ● Qualità di chi, di ciò che è eroico.

eroicizzàre [comp. da *eroic(o)* e *-izzare*] v. tr. ● Considerare e trattare qc. come un eroe | Trattare un argomento con tono e modo eroico.

eròico [vc. dotta, lat. *herōicu(m)*, dal gr. *hērōïkós* 'proprio dell'*eroe*'] agg. (pl. m. *-ci*) *1* Di, da eroe: *azione, impresa eroica*; *fare una morte eroica* | (*relig.*) *Virtù eroica*, quella esercitata in forma eccezionale e richiesta come segno della santità nei processi di beatificazione | (*est.*) Dotato di grande coraggio e forza d'animo: *donna, madre eroica*. *2* Attinente agli eroi antichi: *poemi eroici* | *Secoli eroici*, favolosi, in cui sarebbero vissuti gli eroi dell'antichità | *Verso e.*, l'esametro, usato nei poemi epici. || **eroicaménte**, avv. Da eroe: *battersi, morire eroicamente*.

eroicòmico [vc. dotta, comp. di *eroi(co)* e *comico*] agg. (pl. m. *-ci*) *1* Eroico e comico insieme | *Poema e.*, in cui le gesta di un eroe o la storia di un grande avvenimento sono narrate comicamente, o cose futili e persone di basso livello sono presentate a modo di fatti e personaggi eroici. *2* (*est.*) Di ciò che è fatto con intenzioni serie, e si conclude comicamente: *impresa eroicomica*.

eroicosatìrico [vc. dotta, comp. di *eroico* e *satirico*] agg. (pl. m. *-ci*) ● Di poema eroico e satirico insieme.

eroìna (1) [vc. dotta, lat. *heroīna(m)*, dal gr. *hērōínē*, f. di *hḗrōs* 'eroe'] s. f. *1* Donna di virtù eroica. *2* Protagonista femminile di un romanzo, dramma e sim.

eroìna (2) [vc. dotta, comp. di *eroe*, per la sua azione vigorosa, e *-ina*] s. f. ● Alcaloide derivato dalla morfina, ad azione analgesica, narcotica e stupefacente.

eroinòmane [comp. di *eroina* (*2*) e *-mane*] s. m. e f.; anche agg. ● Chi, che è affetto da eroinomania.

eroinomanìa [comp. di *eroina* (*2*) e *-mania*] s. f. ● Forma di tossicomania dovuta all'assuefazione all'eroina.

eroìsmo [fr. *héroïsme*, dal gr. *hḗrōs* 'eroe'] s. m. *1* Qualità e virtù di, da, eroe. SIN. Coraggio. *2* Atto eroico: *è stato un vero e.*

erómpere o †**erùmpere** [adattamento del lat. *erŭmpere* 'romper (*rŭmpere*) fuori (*ex-*)'] v. intr. (coniug. come *rompere*; raro nei tempi comp.; aus. *avere*) ● Venir fuori con violenza (*anche fig.*): *la folla eruppe nella strada*; *eruppero in un'imprecazione*; *così dicendo dalle porte eruppe, / seguito dal fratello, il grande Ettorre* (MONTI).

èros [gr. *érōs*, da *erân* 'amare', di etim. incerta] s. m. ● In psicoanalisi, libido | L'insieme degli istinti di conservazione.

erosióne [vc. dotta, lat. *erosiōne(m)*, da *erōsus* 'eroso'] s. f. *1* (*geogr.*) Azione distruttiva delle acque in pendenza sulle rocce | *E. regressiva*, quella di un corso d'acqua che tende a spostare verso le sue sorgenti il punto di massima erosione | (*est.*) Azione abrasiva esercitata dagli agenti naturali sulla parte superficiale della litosfera. *2* (*med.*) Lesione circoscritta della cute o di una mucosa per distacco degli strati più superficiali. *3* (*econ.*) *E. nel potere d'acquisto di una moneta*, la sua progressiva perdita di valore nel tempo | *e. fiscale*, riduzione della base imponibile dei tributi in conseguenza di esenzioni, detrazioni o di evasione.

erosìvo agg. ● (*geogr.*) Che provoca erosione: *l'azione erosiva delle acque, del vento.*

eróso (**1**) o **eròso** part. pass. di *erodere*; anche agg. ● Nei sign. del v.

eróso (**2**) [vc. dotta, lat. *aerōsu(m)* 'ricco (o misto) di rame (*āes*, genit. *āeris*, di origine indeur.)'] agg. ● (*raro*) Detto di moneta di rame misto a pochissimo argento.

eròstrato [dal n. del distruttore del tempio di Diana, l'efesino *Hēróstratos*: 'armata (*stratós*) di Giunone (*Hḗra*)' (?)] s. m. ● (*lett.*) Persona che cerca fama con azioni disastrose per gli altri.

eroticità s. f. ● Qualità di chi o di ciò che è erotico.

eròtico [vc. dotta, lat. tardo *erōticu(m)*, dal gr. *erōtikós* 'proprio dell'amore sensuale (*érōs*, genit. *érōtos*, da *erân* 'amare', di etim. incerta)'] agg. (pl. m. *-ci*) ● Inerente all'erotismo: *desiderio e.*; *romanzi, libri erotici* | Afrodisiaco: *bevande erotiche.* || **eroticaménte**, avv.

erotìsmo [per *erot(ic)ismo*, da *erotico*] s. m. ● L'insieme degli istinti, dei desideri, delle manifestazioni relativi alla sfera sessuale | Particolare propensione verso il godimento di tipo sessuale | (*psicol.*) Piacere sessuale che deriva dall'eccitazione di alcune zone corporee: *e. orale* | Prevalenza, esaltazione dell'amore fisico nella letteratura e nell'arte.

erotizzàre [comp. di *erot(ico)* e *-izzare*] v. tr. ● (*psicol.*) Attribuire a q.c. significato sessuale.

erotizzàto part. pass. di *erotizzare*; anche agg. *1* Nel sign. del v. *2* Detto di persona eccitata eroticamente o sottoposta a stimoli erotici. *3* Caratterizzato da elementi o motivi erotici: *un ambiente e.*

erotizzazióne s. f. ● Atto, effetto dell'erotizzare.

eròto- [dal gr. *érōs*, genit. *érotos* 'amore', di origine sconosciuta] primo elemento ● In parole composte significa 'amore', 'impulso erotico', 'istinto sessuale': *erotogeno, erotomania.*

erotògeno [comp. di *eroto-* e *-geno*] agg. ● Erogeno.

erotologìa [comp. di *eroto-* e *-logia*] s. f. ● Studio dei fenomeni relativi all'erotismo.

erotòmane agg.; anche s. m. e f. ● Che, chi è affetto da erotomania.

erotomanìa [vc. dotta, gr. *erōtomanía*, comp. di *érōs*, genit. *érōtos* 'amore sensuale' e *manía* 'mania'] s. f. ● (*med.*) Desiderio sessuale morbosamente intenso.

erótto part. pass. di *erompere* ● (*raro*) Nei sign. del v.

èrpete [vc. dotta, lat. *hĕrpete(m)*, nom. *hĕrpes*, dal gr. *hérpēs*, dal v. *hérpein* 'strisciare', perché malattia che striscia e si diffonde sulla pelle] s. m. ● (*med.*) Herpes.

erpètico [vc. dotta, tratta dal gr. *hérpēs*, genit. *hérpētos* 'herpes'] **A** agg. (pl. m. *-ci*) ● (*med.*) Che concerne l'herpes. **B** s. m. (f. *-a*) ● (*med.*) Chi è affetto da herpes.

erpetifórme agg. ● (*med.*) Che ha l'aspetto di un herpes.

erpetìsmo s. m. ● (*med.*) Predisposizione, gener. ereditaria, verso malattie erpetiche.

erpetologìa [vc. dotta, comp. del gr. *herpetón* 'rettile' e *-logia*] s. f. (pl. *-gie*) ● Ramo della zoologia che ha per oggetto lo studio dei rettili e degli anfibi.

erpetòlogo s. m. (pl. *-gi*, pop. *-ghi*) ● Studioso, esperto di erpetologia.

erpicaménto s. m. ● (*raro*) Erpicatura.

erpicàre [lat. **herpicāre*, da *hĭrpex*, genit. *hĭrpicis* 'erpice'] v. tr. (*io érpico, tu érpichi*) ● Lavorare il terreno con l'erpice.

erpicatóio s. m. ● Grande rete per catturare pernici, quaglie e fagiani.

erpicatùra s. f. ● Atto, effetto dell'erpicare.

érpice [lat. *(h)ĭrpice(m)*, da *hĭrpus*, n. sannita del 'lupo', ai cui denti venivano paragonati i rebbi] s. m. ● Attrezzo di ferro per lavori superficiali del terreno, costituito da un telaio provvisto di denti, lame o dischi. ➡ ILL. p. 354 AGRICOLTURA.

†**erràbile** [vc. dotta, lat. *errābile(m)*, da *errāre* 'errare'] agg. ● Soggetto a errare.

errabóndo [vc. dotta, lat. *errabŭndu(m)*, da *errāre* 'errare'] agg. ● (*lett.*) Che vaga, errante: *gli sguardi errabondi, e il gesto tremante della vittima* (NIEVO) | (*raro*) Ramingo, randagio.

erraménto s. m. *1* †Errore. *2* Vagabondaggio | (*fig.*) Fantasticheria.

errànte **A** part. pres. di *errare*; anche agg. *1* Nei sign. del v. *2* *Stella e.*, pianeta, così chiamato dagli antichi perché la sua posizione muta rapidamente rispetto alle stelle fisse. *3* (*fig.*) Instabile: *amori erranti* | *Sguardo e.*, (*fig.*) incerto, vago. **B** s. m. ● Chi erra | Peccatore.

†**erranza** [vc. dotta, lat. tardo *errāntia(m)*, da *ĕrrans*, genit. *errāntis* 'errante'] s. f. ● Errore, smarrimento, incertezza: *così mi truovo in amorosa e.* (DANTE).

erràre [vc. dotta, lat. *errāre*, di origine indeur.] **A** v. intr. (*io èrro*; aus. *avere*) *1* Vagare qua e là senza meta (*anche fig.*): *e. per valli e monti*; *errando per boschi senza sentiero* (SANNAZARO); *e. con l'immaginazione.* SIN. Peregrinare. *2* (*lett.*) Allontanarsi dal vero, dal giusto, dal bene (*spec. fig.*): *forse erra dal vero / mirando all'altrui sorte, il mio pensiero* (LEOPARDI). *3* Cadere in errore: *se erro ditemelo*; *e. nello scrivere, nel parlare*; *e. in materia di fede.* SIN. Sbagliare. **B** v. tr. *1* (*raro*) Sbagliare: *e. il cammino, il colpo.* *2* (*lett.*) Percorrere vagando.

†**errata** [da *rata* con un primo elemento di etim. incerta] s. f. ● Rata.

errata corrige /*lat.* er'rata 'kɔrridʒe/ [lat., letteralmente 'correggi (imperat. del v. *corrĭgere*) gli errori (pl. di *errātum*, dal part. pass. di *errāre*)'] loc. sost. m. e raro f. inv. ● Tavola che riporta gli errori incorsi nella stampa di un libro scoperti dopo la tiratura dei fogli, generalmente posta alla fine del libro stesso.

erraticità s. f. *1* Qualità di ciò che è erratico. *2* (*fig.*) Instabilità, variabilità: *l'e. dei prezzi.*

erràtico [vc. dotta, lat. *errāticu(m)*, da *errātus* 'errato'] agg. (pl. m. *-ci*) *1* Che cambia continuamente posto: *fauna erratica* | *Piante, erbe erratiche*, che attecchiscono dovunque, senza coltura. *2* (*med.*) Che sparisce e ricompare: *febbri erratiche.* *3* (*geol.*) Di materiale trasportato dai ghiacciai e poi abbandonato a causa del loro ritirarsi: *masso e.*

erràto (**1**) part. pass. di *errare*; anche agg. *1* Nei sign. del v. *2* *Andar e.*, incorrere in un errore involontario. CONTR. Esatto. || **errataménte**, avv.

erràto (**2**) [da *erre*] agg. ● (*tosc.*) Detto di parola che contiene la lettera erre.

èrre s. f. o m. inv. ● Nome della lettera *r* | *Arrotare la e., avere l'e. moscia, avere l'e. francese*, (*fam.*) *parlare con l'e.*, avere una pronuncia della erre difettosa rispetto a quello che è il normale uso italiano.

†**èrro** [da *errare*] s. m. ● Errore.

erroneità s. f. ● Qualità di ciò che è erroneo.

erròneo o †**errònio** [vc. dotta, lat. *errōneu(m)*, da *errāre* 'errare'] agg. ● Che ha in sé l'errore, che si fonda sull'errore: *un'erronea interpretazione della legge.* || **erroneaménte**, avv.

†**erròrico** agg. *1* Erroneo. *2* Vagante.

†**erròrio** ● V. *erroneo.*

erróre [vc. dotta, lat. *errōre(m)*, da *errāre*, come *amōre(m)*, da *amāre*] s. m. *1* Allontanamento dal vero, dal giusto, dalla norma e sim.: *e. di valutazione, di giudizio*; *e. di calcolo*; *un e. di grammatica, di ortografia*; *commettere, rilevare, correggere, rettificare un e.*; *non è uom sì savio che non pigli qualche volta degli errori* (GUICCIARDINI) | *Salvo e.*, a meno che non vi sia stato qualche involontario errore | *Per e.*, per sbaglio, spec. di distrazione | *E. di distrazione*, a questa dovuto | *E. sistematico*, provocato da una causa permanente, come il metodo seguito o lo strumento usato | Opinione sbagliata, eretica e sim.: *essere, cadere in e.*; *indurre qc. in e.* | (*est.*) Colpa, peccato: *fu un e. di gioventù*; *riparare gli errori commessi.* *2* (*dir.*) Falsa rappresentazione della realtà: *e. di fatto, di diritto*; *e. ostativo, e. motivo* | *E. giudiziario*, in un processo penale, condanna pronunciata a torto contro un innocente per un errore relativo ai fatti imputatigli. *3* Nella misurazione di una grandezza fisica, differenza fra il valore esatto e quello dedotto dall'osservazione | *E. sistematico*, dipendente da difetto dello strumento o da cattivo procedimento | *E. accidentale*, dipendente da cause incontrollabili. *4* (*lett.*) Peregrinazione: *ne' deserti / seguír d'Arabia i suoi errori infelici* (TASSO). *5* (*fig., lett.*) L'errare, il vagare con la mente, con la fantasia. || **erroràccio**, pegg. | **errorétto**, dim. | **errorino**, dim. | **erroróne**, accr. | **errorùccio**, **errorùzzo**, dim.

†**erséra** ● V. *iersera.*

érta [f. sost. di *erto*] s. f. *1* Salita con forte pendenza, faticosa a percorrersi: *prendere l'e. del monte*; *mirar pender da un'e. / le capre e pascer questo e quel virgulto* (POLIZIANO) | *All'e.*, in su, diritto in su, ritto. *2* Nella loc. *stare all'e.*, (*fig.*) vigilare, stare attento. *3* Nella loc. inter. *all'e.!*, (*fig.*) attenzione!, grido con cui le sentinelle si controllavano vicendevolmente e si esortavano a vigilare.

ertézza s. f. ● (*raro*) Qualità di ciò che è erto, ripido, scosceso.

érto [part. pass. di *ergere*] **A** agg. ● Faticoso da salire, ripido: *colle e.* || **ertaménte**, avv. (*raro*) Ripidamente. **B** s. m. ● †Erta | †*Poggiar sull'e.*, salire molto in alto e (*fig.*) essere sublime.

†**erubescènte** [vc. dotta, lat. *erubescĕnte(m)*, part. pres. di *erubēscere* 'diventare del tutto (*ex-*) rosso (*rŭber*)'] agg. *1* Di colore rosso. *2* (*fig.*) Che si fa rosso per vergogna.

erubescènza [vc. dotta, lat. tardo *erubescĕntia(m)*, da *erubēscens*, genit. *erubescĕntis* 'erubescente'] s. f. ● (*lett.*) Rossore causato da pudore o vergogna.

erubescite [vc. dotta, comp. del lat. *erubēscere* 'diventare rosso (*rŭber*)', per il suo vivo colore, e *-ite* (*2*)] s. f. ● (*miner.*) Solfuro di rame e ferro in masse compatte, spec. cubiche, la cui superficie per esposizione all'aria si ricopre di patine iridescenti e vivaci.

erùca [vc. dotta, lat. *erūca(m)*, di etim. incerta] s. f. *1* Genere di piante erbacee mediterranee delle Crocifere, cui appartiene la ruchetta (*Eruca*). *2* Bruco.

erùcico [da *eruca*] agg. (pl. m. *-ci*) ● (*chim.*) Detto di acido alifatico non saturo, contenuto nell'olio di colza, di ravizzone e di altre Crocifere, usato spec. come lubrificante.

erudìbile [vc. dotta, lat. tardo *erudībile(m)*, da *erudīre* 'erudire'] agg. ● Che si può erudire.

erudiménto s. m. ● (*raro*) Atto, effetto dell'erudire.

erudìre [vc. dotta, lat. *erudīre*, comp. di *ex-* sottrattivo e *rŭdis* 'rude, rozzo'] **A** v. tr. (*io erudìsco, tu erudìsci*) ● Rendere colto e istruito: *e. un discepolo.* SIN. Addottrinare, istruire. **B** v. intr. pron. ● Acquistare erudizione: *erudirsi nelle scienze, nelle arti, nelle lettere.*

eruditìsmo s. m. ● Erudizione arida che consiste in una confusa raccolta di nozioni minuziose e inutili.

erudìto **A** part. pass. di *erudire*; anche agg. *1* Nei sign. del v. *2* *Libro e.*, ricco di notizie minute e copiose | *Memoria erudita*, scrittura piena di dottrine e notizie peregrine | *Note erudite*, corredo di annotazioni dotte a un testo. || **eruditaménte**, avv. In modo dotto. **B** s. m. (f. *-a*) ● Chi possiede un vasto bagaglio di nozioni relative a una o più discipline, ma è privo di idee e spunti originali. || **eruditèllo**, dim. | **eruditóne**, accr.

erudizióne [vc. dotta, lat. *eruditiōne(m)*, da *erudītus* 'erudito'] s. f. ● Ampio corredo di cognizioni intorno a varie discipline: *e. storica, filosofica; fare sfoggio di e.; uomo di una immensa e. greca, latina e toscana* (VICO) | *Per semplice e.*, come notizia, per soprappiù. || **erudizioncèlla**, dim.

†**erùmna** [vc. dotta, lat. *aerūmna(m)* 'peso, carico' in senso fisico, prima che morale: di origine etrusca (?)] s. f. ● Affanno, tristezza, miseria.

†**erumnóso** [vc. dotta, lat. *aerumnōsu(m)*, da *aerūmna* 'erumna'] agg. ● Afflitto, dolente.

†**erùmpere** ● V. *erompere*.

eruttaménto s. m. *1* Eruzione: *l'e. di un vulcano*. *2* Rutto.

eruttàre [vc. dotta, lat. *eructāre*, da *ructāre* 'ruttare' con *ex-* raff.] **A** v. intr. (aus. *avere*) ● Compiere eruttazioni. SIN. Ruttare. **B** v. tr. *1* Emettere, più o meno violentemente, prodotti piroclastici, gassosi e lavici, detto di vulcano e sim. *2* (*fig.*) Mandar fuori dalla bocca: *eruttava parole sconce*.

eruttazióne [vc. dotta, lat. tardo *eructatiōne(m)*, da *eructāre* 'eruttare'] s. f. ● Emissione rumorosa dalla bocca di gas provenienti dallo stomaco.

eruttivo [dal lat. *erŭptus*, part. pass. di *erŭmpere* 'erompere'] agg. *1* Di processo geologico originato da magmi o da lave | *Rocce eruttive*, rocce formate per raffreddamento e consolidamento di magmi e lave. *2* (*med.*) Di morbo in cui compare eruzione.

eruzióne [vc. dotta, lat. *eruptiōne(m)*, da *erŭptus*, part. pass. di *erŭmpere* 'erompere'] s. f. *1* (*geol.*) Fuoruscita più o meno violenta di materiale lavico, piroclastico e gassoso da una bocca vulcanica | (*astron.*) *E. solare*, espulsione dal Sole di particelle che raggiungendo la Terra provocano perturbazioni del campo magnetico | (*min.*) Violenta fuoruscita di petrolio o gas naturale dal pozzo, quando questo raggiunge il giacimento. *2* (*med.*) Comparsa simultanea di macchie, pustole, bolle, sulla cute: *e. varicellosa* | *E. dentaria*, fuoruscita del dente dall'alveolo verso la cavità buccale. *3* †Sortita: *distendendosi in tanto spazio, restava per tutto debile a poter resistere a una e.* (MACHIAVELLI).

erziàno ● V. *hertziano*.

Es /ted. ɛs/ [ted. *Es*, sostantivazione del pron. nt. di terza pers. sing. ('esso')] s. m. ● (*psicoan.*) Parte della psiche da cui provengono i desideri istintivi o impulsi alla soddisfazione immediata dei bisogni primitivi. SIN. Id.

es- /ɛs/ [dalla prep. lat. *ex*] pref. ● Presente in numerose parole di origine latina, in cui rappresenta l'*ex-* originario, ha valore negativo-sottrattivo (*esautorare*) o intensivo (*esclamare*); in altri casi ha il sign. di 'fuori' della prep. lat. *ex* (*escludere, espellere*).

èsa- [dal gr. *héx* 'sei', di origine indeur.] primo elemento ● In parole composte significa 'sei', 'formato di sei': *esamotore, esapodi, esarchia* | In chimica indica la presenza di 6 atomi o raggruppamenti atomici: *esano*.

eṣacànta [vc. dotta, comp. di *esa-* e del gr. *ákantha* 'spina'] agg. solo f. ● (*zool.*) Nella loc. *larva e.*, il primo stadio larvale di alcuni Cestodi, provvisto di 6 uncini chitinosi. SIN. Oncosfera.

eṣacerbaménto s. m. ● (*raro*) Modo e atto dell'esacerbare o dell'esacerbarsi.

eṣacerbàre [vc. dotta, lat. *exacerbāre*, comp. di *acerbāre* col pref. *ex-* raff.] **A** v. tr. (*io eṣacèrbo*) *1* Inasprire: *e. un dolore, una pena* | (*est.*) Aggravare: *e. una infezione*. *2* (*fig.*) Irritare, inasprire: *e. l'animo con parole offensive*. **B** v. intr. pron. ● Divenire più aspro, più irritato: *l'umore della folla si esacerbava; si esacerbarono molto più gli animi de' principi* (GUICCIARDINI).

eṣacerbàto part. pass. di *esacerbare*; anche agg. *1* Nei sign. del v. *2* Amareggiato, esasperato: *avere, sentirsi, l'animo e.*

eṣacerbazióne [vc. dotta, lat. tardo *exacerbatiōne(m)*, da *exacerbātus* 'esacerbato'] s. f. *1* Atto, effetto dell'esacerbare. *2* Aumento dell'intensità dei sintomi di una malattia: *una repentina e. d'un mal cronico* (MANZONI).

eṣacịṣottaèdro [vc. dotta, comp. del gr. *hexákis* 'sei (*héx*) volte' e *ottaedro*] s. m. ● (*miner.*) Poliedro cristallino delimitato da 48 facce triangolari scalene disposte a piramide in gruppi di 6 al posto di ciascuna delle facce di un ottaedro.

eṣacistetraèdro [vc. dotta, comp. del gr. *hexákis* 'sei (*héx*) volte' e *tetraedro*] s. m. ● (*miner.*) Poliedro cristallino delimitato da 24 facce triangolari scalene disposte a piramide in gruppi di 6 al posto di ciascuna delle facce di un tetraedro.

Eṣacoràlli [comp. di *esa-* e il pl. di *corallo*] s. m. pl. ● (*zool.*) Zoantari.

eṣacordàle agg. ● Relativo all'esacordo.

eṣacòrdo [vc. dotta, lat. tardo *hexăchordu(m)*, comp. del gr. *héx* 'sei' e *chordḗ* 'corda'] s. m. *1* (*mus.*) Successione di sei suoni che costituiscono la base della solmisazione. *2* (*gener.*) Strumento musicale a sei corde.

eṣadactilia o **eṣadattilia** [vc. dotta, gr. *hexadaktylía* 'che ha sei (*héx*) dita (*dáktyloi*)'] s. f. ● (*med.*) Presenza di sei dita nelle mani o nei piedi.

eṣadecimàle [comp. di *esa-* e *decimale* (*1*)] agg. ● (*mat.*) Detto di sistema di numerazione che ha per base il numero sedici.

eṣaèdro [vc. dotta, lat. tardo *hexăhedru(m)*, dal gr. *hexáedros* 'che ha sei (*héx*) basi (*hédrai*)'] s. m. ● (*mat.*) Poliedro con sei facce quadrangolari | *E. regolare*, cubo.

eṣafònico [vc. dotta, comp. di *esa-* e *-fonico*] agg. (pl. m. *-ci*) ● (*mus.*) Esatonico.

eṣageràre [vc. dotta, lat. *exaggerāre*, originariamente 'ammassare, fare argine', poi 'ingrandire', comp. del pref. raff. *ex-* e di *aggerāre* 'arginare', da *ăgger*, genit. *ăggeris* 'argine'] **A** v. tr. (*io eṣàgero*) *1* Ingrandire eccessivamente con parole, per vanto, adulazione e sim.: *e. l'importanza di un fatto* | (*ass.*) Eccedere nel comportarsi: *adesso stai esagerando; guarda di non e.* *2* Rendere eccessivo: *e. le tinte, la forma*. **B** v. intr. (aus. *avere*) ● Eccedere: *e. nel tono, nell'enfasi*. **C** v. intr. pron. ● †Adirarsi, scaldarsi, indignarsi.

eṣagerativo agg. ● (*raro*) Che tende a esagerare.

eṣageràto A part. pass. di *esagerare*; anche avv. ● Nei sign. del v. || **eṣagerataménte**, avv. **B** s. m. (f. *-a*) ● Chi eccede la misura, i limiti della normalità, convenienza e sim.

eṣageratóre [vc. dotta, lat. tardo *exaggeratōre(m)*, da *exaggerātus* 'esagerato'] s. m.; anche agg. (f. *-trice*, pop. *-tora*) ● (*raro*) Chi, che esagera.

eṣagerazióne [vc. dotta, lat. *exaggeratiōne(m)*, da *exaggerātus* 'esagerato'] s. f. *1* Atto, effetto dell'esagerare | *Senza e.*, secondo verità, senza aggiungere nulla a quella che è la verità. *2* Discorso, atto, esagerato | Cosa esagerata: *costare un'e.* || **eṣagerazioncèlla**, dim.

eṣageróne s. m. (f. *-a*) ● (*fam.*) Chi è solito esagerare.

eṣagitàre [vc. dotta, lat. *exagitāre* 'spingere con forza (*agitāre*) sino in fondo (*ex-*)'] v. tr. (*io eṣàgito*) *1* (*lett., fig.*) Agitare, turbare fortemente: *e. l'animo*. *2* †Tormentare, travagliare.

eṣagitàto part. pass. di *esagitare*; anche agg. *1* Nei sign. del v. *2* Che è in preda a grande agitazione.

eṣagitazióne [vc. dotta, lat. tardo *exagitatiōne(m)*, da *exagitātus* 'esagitato'] s. f. ● (*lett.*) Agitazione, turbamento.

eṣagòge [vc. dotta, lat. *exagōga(m)*, lat. tardo *exagōge(m)*, dal gr. *exagōgḗ* 'il trasportare (*agōgḗ*) fuori (*ex-*)'] s. f. ● Nell'antica Grecia, processione fuori del tempio durante le cerimonie in onore di Dioniso.

eṣagonàle agg. ● Di esagono | *Sistema e.*, sistema cristallino che presenta quattro assi cristallografici.

eṣàgono [vc. dotta, lat. tardo *hexagōnu(m)*, dal gr. *hexágōnos* 'che ha sei (*héx*) angoli (*gōníai*)'] **A** s. m. ● Poligono con sei vertici. **B** agg. ● (*raro*) Esagonale: *forma esagona*.

eṣalàbile agg. ● (*raro*) Che può essere esalato.

eṣalaménto s. m. *1* Esalazione. *2* †Spasso, svago.

eṣalàre [vc. dotta, lat. *exhalāre* 'soffiare (*halāre*, donde *hālitus* 'alito') fuori (*ex-*)'] **A** v. tr. *1* Mandare fuori, disperdendo attorno nell'aria: *e. profumo, vapori, fumo* | *E. lo spirito, il fiato, l'ultimo respiro*, (*fig.*) morire. SIN. Effondere, emanare. *2* (*raro, lett.*) Sfogare. **B** v. intr. (aus. *essere*) *1* Emanare: *dal terreno esala un pessimo odore*. *2* †Ricrearsi, respirare.

†**eṣalatóio** s. m. ● Esalatore.

eṣalatóre [da *esalare*, col senso etim. del lat. *exhalāre* 'soffiar (*halāre*) fuori (*ex-*)'] **A** s. m. ● Sfiatatoio per il ricambio d'aria in locali di edifici, o per l'uscita di fumo, gas e sim. in una fornace. **B** agg. ● Che serve al ricambio dell'aria: *tubo e.*

eṣalazióne [vc. dotta, lat. *exhalatiōne(m)*, da *exhalātus*, part. pass. di *exhalāre* 'esalare'] s. f. *1* Atto, effetto dell'esalare | Ciò che esala: *e. pestilenziale*. SIN. Effluvio, emanazione. *2* †Ricreazione, spasso. || **eṣalazioncèlla**, dim.

†**eṣaldire** ● V. *esaudire*.

†**eṣàlo** [da *esalare*] s. m. ● Esalazione, effluvio.

eṣaltaménto s. m. ● (*raro*) Esaltazione.

eṣaltànte part. pres. di *esaltare*; anche agg. *1* Nei sign. del v. *2* Entusiasmante, eccitante: *un'esperienza e.* | Che costituisce motivo di grande vanto: *una vittoria e.*

eṣaltàre o †**essaltàre** [vc. dotta, lat. tardo *exaltāre*, comp. del pref. di movimento verso l'alto *ex-* e *ăltus* 'alto'] **A** v. tr. *1* Magnificare con lodi: *e. le imprese di un eroe* | *E. qc. al cielo, alle stelle*, lodarlo eccessivamente. *2* (*lett.*) Elevare ad alte dignità, cariche, onori: *e. al pontificato*. *3* Rendere entusiasta, infervorato: *il discorso esaltò la folla* | Eccitare: *di desideri vani / t'esalto, mia inesperta anima altera* (SABA). SIN. Entusiasmare. *4* Potenziare, mettere in risalto: *quell'abito esaltava la sua bellezza; quel ruolo esaltava le capacità dell'attore*. **B** v. rifl. ● Gloriarsi, vantarsi: *chi si esalta sarà umiliato, e chi si umilia sarà esaltato*. **C** v. intr. e intr. pron. (aus. *essere*) *1* (*raro*) Farsi più grande, crescere di potere, di fama | Insuperbire. *2* (*lett.*) Elevarsi spiritualmente | (*fig.*) †Esultare: *mi fuor mostrati li spiriti magni, / che del vedere in me stesso m'essalto* (DANTE *Inf.* IV, 119-120). *3* Infervorarsi eccessivamente: *esaltarsi per un'idea*.

eṣaltàto A part. pass. di *esaltare*; anche agg. *1* Nei sign. del v. *2* *Testa esaltata*, piena di idee avventate. **B** s. m. (f. *-a*) ● Persona esaltata.

eṣaltatóre [vc. dotta, lat. tardo *exaltatōre(m)*, da *exaltātus* 'esaltato'] agg.; anche s. m. (f. *-trice*) ● Che, chi esalta.

eṣaltatòrio agg. ● (*raro*) Di esaltazione: *tono e.*

eṣaltazióne [vc. dotta, lat. tardo *exaltatiōne(m)*, da *exaltātus* 'esaltato'] s. f. *1* Magnificazione: *e. dei pregi, delle virtù di qc.* *2* (*geol.*) Emissione alla superficie terrestre di gas e vapori di origine vulcanica. *3* Innalzamento a un'alta dignità: *l'e. al pontificato*. SIN. Elevazione. *4* (*fig.*) Stato di anormale eccitazione: *e. morbosa* | (*est.*) Fanatismo, fervore eccessivo: *e. di mente, religiosa*. *5* (*med.*) Accentuazione dell'attività di un organo. *6* (*astron.*) †Culminazione superiore di un astro. *7* (*astrol.*) Segno zodiacale particolarmente affine a un corpo celeste, il cui influsso risulta perciò esaltato, potenziato, più efficace.

eṣàme o (*raro*) †**eṣàmine** [vc. dotta, lat. *exāmen* (nom.), da *exĭgere* nel sign. di 'pesare (*ăgere*) bene (*ex-*)'] s. m. *1* Ponderata considerazione di una persona, una cosa, un'idea, una situazione, e sim. al fine di conoscerne la condizione, le qualità, la costituzione, i pregi, i difetti, le conseguenze: *e. della vista, del sangue; sottoporre a e. chimico, istologico; prendere in e. una proposta, un progetto; fare l'e. di un testo; non gioverebbe togliere in e. queste opere per dimostrarne il difetto e il vizio* (CROCE) | (*dir.*) *E. dei testimoni*, interrogatorio dei testimoni dedotti in giudizio | (*dir.*) *E. della causa*, studio delle questioni portate in giudizio e delle formalità nello stesso svolte | *E. di coscienza*, esercizio mentale che, nel cattolicesimo, precede la confessione e consiste nel richiamare alla memoria i peccati commessi. SIN. Analisi, disamina. *2* Prova, o serie di prove, cui si sottopone un candidato per verificarne la preparazione, le attitudini e sim.: *e. scritto, orale; e. di ammissione, di idoneità, di maturità, di abilitazione, di laurea, di Stato; sostenere gli esami; esami attitudinali; concorso per titoli ed esami* | *E. di guida*, per ottenere la patente | *Passare l'e.*, superarlo, essere promosso. || **eṣamàccio**, pegg. | **eṣamìno**, dim. | **eṣamóne**, accr. | **eṣamùccio**, dim.

eṣametilendịammina [comp. di *esametilene* e

diammina] s. f. ● (*chim.*) Diammina alifatica che costituisce uno dei prodotti più importanti per la fabbricazione del nylon, e si presenta in lamelle cristalline e incolori.

eṣametilène [comp. di *esa-* e *metilene*] s. m. ● (*chim.*) Cicloesano.

eṣàmetro [vc. dotta, lat. *hexāmetru(m)*, dal gr. *hexámetron* 'di sei (*héx*) misure (*métra*)'] s. m. ● Verso di sei piedi della poesia greca e latina, detto anche esametro dattilico.

eṣamificio [comp. di *esam(e)* e *-ficio*] s. m. ● (*spreg.*) L'università vista non come luogo di formazione, ma come una fabbrica di esami.

†**eṣàmina** [da *esaminare*] s. f. ● (*dir.*) Atto, effetto dell'esaminare: *e. dei testimoni, della causa.*

eṣaminàbile agg. ● Che si può esaminare.

†**eṣaminaménto** s. m. ● Atto, effetto dell'esaminare | Esame lungo e minuto.

eṣaminàndo [vc. dotta, lat. *examinăndu(m)*, part. fut. pass. di *examināre* 'esaminare'] agg.; anche s. m. (f. *-a*) ● Che, chi si appresta a sostenere un esame. SIN. Candidato.

eṣaminànte A part. pres. di *esaminare* ● Nei sign. del v. **B** s. m. e f. ● Chi esamina.

†**eṣaminànza** s. f. ● Esame.

eṣaminàre [vc. dotta, lat. *examināre*, da *exāmen*, genit. *exāminis* 'esame'] v. tr. (*io eṣàmino*) **1** Prendere in esame, analizzare con attenzione: *e. una questione, una dottrina, un autore*; *e. la causa.* SIN. Considerare, studiare. **2** Sottoporre a un esame: *e. gli scolari, i candidati*; *e. qc. in filosofia*; *e. i testimoni.*

eṣaminatóre [vc. dotta, lat. tardo *examinatōre(m)*, da *examinātus*, part. pass. di *examināre* 'esaminare'] s. m.; anche agg. (f. *-trice*) ● Chi, che esamina, spec. nelle scuole, in concorsi e sim.: *e. severo*; *commissione esaminatrice.*

†**eṣaminazióne** [vc. dotta, lat. tardo *examinatiōne(m)*, da *examinātus*, part. pass. di *examināre* 'esaminare'] s. f. ● Esame, investigazione.

†**eṣàmine** ● V. *esame.*

eṣamotóre [comp. di *esa-* e *motore*] **A** agg. ● Dotato di sei motori. **B** s. m. ● Aeroplano con sei motori.

eṣàngue [vc. dotta, lat. *exsăngue(m)* 'privo (*ex-*) di sangue (*sănguis*)'] agg. **1** Quasi privo di sangue | Che ha perso molto sangue. **2** (*fig.*) Debole, languido, pallido: *viso, aspetto e.* | (*fig., lett.*) Di scritto e sim. privo di vigoria stilistica: *stile e.* **3** (*fig., lett.*) Morto: *plachi il tiranno e. / lo spirto mio col suo maligno sangue* (TASSO).

eṣanimàre [vc. dotta, lat. *exanimāre*, da *exănimis* 'esanime'] **A** v. tr. (*io eṣànimo*) ● (*lett.*) Scoraggiare, abbattere | Privare della forza. **B** v. intr. pron. ● Perdersi d'animo.

eṣanimàto part. pass. di *esanimare*; anche agg. **1** Nei sign. del v. **2** (*raro, lett.*) Morto: *e par ch'al vento muovasi / la trista Filli esanimata e pendola* (SANNAZARO).

eṣànime [vc. dotta, lat. *exănime(m)* 'privo (*ex-*) di anima (*ănima*)'] agg. ● Che è, o pare, morto: *giaceva e. al suolo.*

eṣàno [vc. dotta, comp. di *es(a)-* e *-ano (2)*] s. m. ● (*chim.*) Alcano a sei atomi di carbonio contenuto nel petrolio, usato come solvente.

eṣanòfele [vc. dotta, comp. di *es-* e *anofele*] s. m. ● Farmaco a base di solfato di chinino contro le febbri malariche.

eṣantèma [vc. dotta, lat. tardo *exanthēma* (nom. nt.), dal gr. *exánthēma*, da *exanthêin* 'che fiorisce (*anthêin*) fuori (*ex-*)'] s. m. (pl. *-i*) ● (*med.*) Ogni eruzione cutanea costituita da vescicole, pustole, petecchie, bolle: *e. morbilloso.*

eṣantemàtico agg. (pl. m. *-ci*) ● (*med.*) Di esantema, che si manifesta con esantemi: *tifo e.*; *malattia esantematica.*

Eṣàpodi [vc. dotta, comp. di *esa-* e del gr. *póus*, genit. *podós* 'piede'] s. m. pl. ● (*zool.*) Insetti.

eṣapodìa [comp. di *esa-* e del gr. *póus*, genit. *podós* 'piede'] s. f. ● (*ling.*) Nella metrica classica, successione di sei piedi metrici.

eṣarazióne o **exarazióne** [vc. dotta, lat. *exaratiōne(m)*, da *exarāre*, propriamente 'cavar fuori (*ex-*) dalla terra con l'*arāre*', poi, fig., 'scrivere (con lo stilo, come aratro che solchi le tavolette di cera)'] s. f. **1** (*geol.*) Azione erosiva che un ghiacciaio, col suo peso e il suo lento movimento di discesa, esercita sulle rocce. **2** In paleografia, cancellatura presente in codici e documenti fatta con il raschietto.

eṣàrca [vc. dotta, lat. tardo *exărchu(m)*, dal gr. *éxarchos* 'comandante, che è a capo (*archós*)'] s. m. (pl. *-chi*) ● Nell'impero romano d'oriente, comandante supremo delle forze militari imperiali | Governatore dei domini bizantini in Italia dal VI all'VIII sec.

eṣarcàto [vc. dotta, lat. mediev. *exarchātu(m)*, da *exarca* 'esarca' col suff. di dominio territoriale *-ātum* '-ato'] s. m. **1** Ufficio dell'esarca e durata della carica dello stesso. **2** Provincia d'Italia soggetta al dominio di Bisanzio.

eṣarchìa [comp. di *esa-* e *-archia*] s. f. ● Governo di sei uomini o di sei partiti.

eṣàrchico agg. (pl. m. *-ci*) ● Relativo a esarchia.

eṣasperaménto s. m. ● (*raro*) Atto, effetto dell'esasperare o dell'esasperarsi.

eṣasperànte part. pres. di *esasperare*; anche agg. **1** Nei sign. del v. **2** Che provoca irritazione e nervosismo: *questo gocciolio è davvero e.*

eṣasperàre [vc. dotta, lat. *exasperāre* 'rendere aspro (*asperāre*, da *ăsper* 'aspro') del tutto (*ex-*)'] **A** v. tr. (*io eṣàspero*) **1** Portare alla massima indignazione: *e. il popolo con le ingiustizie*; *e. qc. con soprusi e prepotenze* | Irritare. SIN. Inasprire. **2** Rendere aspro, intenso: *e. il dolore, la malattia, la pena.* SIN. Esacerbare. **B** v. intr. pron. ● Adirarsi, irritarsi, risentirsi.

eṣasperàto part. pass. di *esasperare*; anche agg. **1** Nei sign. del verbo. **2** Che è in preda all'esasperazione: *era e. per le continue prepotenze subite.* SIN. Irritato, incollerito. **3** Spinto all'eccesso, molto intenso: *un rancore e.* || **eṣasperataménte**, avv. In modo esasperato, con esasperazione: *sbuffava e.*; in modo da esasperare: *un film e. noioso.*

eṣasperatóre s. m.; anche agg. (f. *-trice*) ● (*raro*) Chi, che esaspera.

eṣasperazióne [vc. dotta, lat. tardo *exasperatiōne(m)*, da *exasperāre* 'esasperare'] s. f. **1** Estrema irritazione e risentimento: *portare qc. all'e.*; *essere al colmo, al massimo, dell'e.* **2** Massima asprezza o intensità: *il progresso del male portò all'e. della sofferenza.*

eṣàstico [vc. dotta, lat. *hexăstichu(m)*, dal gr. *hexástichos* 'che ha sei (*héx*) versi (*stíchoi*)'] agg. (pl. m. *-ci*) **1** Composto di sei versi. **2** (*bot., raro*) Detto di alcune spighe fornite di sei file di granelli.

eṣàstilo [vc. dotta, lat. tardo *hexăstylo(n)*, dal gr. *hexástylos*, comp. di *héx* 'sei' e *-stilo*] agg. ● (*arch.*) Fornito di sei colonne | *Tempio, portico e.*, che ha sulla fronte sei colonne come la maggior parte dei templi greci.

eṣatòmico [comp. di *es(a)-* e *atomico*] agg. (pl. m. *-ci*) ● (*chim.*) Detto di ione, raggruppamento atomico o molecola formato da sei atomi | Di composto chimico la cui molecola è formata da sei atomi uguali o diversi.

eṣatonàle [comp. di *esa-* e *tonale*] agg. ● (*mus.*) Detto della scala di sei toni, usata fra il XIX e il XX sec. da alcuni autori come Debussy.

eṣatonìa [dal gr. *hexátonos* 'che ha sei (*héx*) toni (*tónoi*, sing. *tónos*)'] s. f. ● (*mus.*) Sistema armonico che si basa sull'uso di una scala costituita dalla successione di sei suoni interi e sul principio della divisione dell'ottava in sei parti uguali.

eṣatònico agg. (pl. m. *-ci*) ● (*mus.*) Detto dell'antica scala di sei suoni o gradi (Fa Sol La Do Re Mi). SIN. Esafonico.

eṣattézza [da *esatto (1)*] s. f. **1** Qualità di ciò che è esatto: *l'e. di un orologio, di un calcolo, di una risposta.* SIN. Precisione. **2** Scrupolosa diligenza: *lavorare con grande e.* SIN. Accuratezza, rigore.

Eṣattinèllidi [vc. dotta, comp. di *esa-*, del gr. *aktís*, genit. *aktînos* 'raggio' e il suff. *-ella* con *-idi*] s. m. pl. ● Nella tassonomia animale, classe di Spugne silicee delle acque profonde, a forma generalmente cilindrica (*Hexactinellidae*) | (al sing. *-e*) Ogni individuo di tale classe.

eṣàtto (1) [vc. dotta, lat. *exăctu(m)*, propr. part. pass. di *exĭgere* nel senso di 'pesare (*ăgere*) esattamente (*ex-*)'] agg. **1** Eseguito con accuratezza e precisione, privo di errori: *i suoi calcoli sono sempre esatti* | (*est.*) Che si fonda sulla precisione e la conformità a certi principi: *scienze esatte.* **2** Conforme al vero: *il suo racconto era e.*; *riferire l'e. svolgimento dei fatti* | Giusto: *quell'orologio indica l'ora esatta* | Con ell. del v. 'essere' con valore di affermazione, spec. nelle risposte: *'tre più due fa cinque' 'e.!'.* **3** Che fa le cose con diligenza e precisione: *era il più e. dei funzionari* | Puntuale: *essere e. nel, a, pagare.* SIN. Diligente, preciso. || **esattaménte**, avv.

eṣàtto (2) part. pass. di *esigere*; anche agg. ● Nei sign. del v.

eṣattóre [vc. dotta, lat. *exactōre(m)*, da *exăctus* 'esatto (2)', part. pass. di *exĭgere* nel senso di 'trar (*ăgere*) fuori (*ex-*)', 'riscuotere'] s. m. (f. *-trice*, pop. *-tora* nel sign. 2) **1** Chi è delegato a riscuotere per conto terzi affitti, abbonamenti, tasse, imposte | Impiegato dell'esattoria. **2** †Chi esige, pretende q.c. come a sé dovuto. **3** †Esecutore di giustizia.

eṣattorìa [da *esattore*] s. f. ● Ufficio dell'esattore e luogo ove risiede: *e. comunale, provinciale.*

eṣattoriàle A agg. ● Dell'esattoria, dell'esattore | *Cartella esattoriale*, avviso emesso ai contribuenti per specificare gli importi dovuti per imposte, tasse e sim. **B** s. m. ● Esattore.

†**eṣaudévole** [adattamento del lat. tardo *exaudībile(m)* 'esaudibile'] agg. ● Facile da esaudire.

eṣaudìbile [vc. dotta, lat. tardo *exaudībile(m)*, da *exaudīre* 'esaudire'] agg. ● Che si può esaudire: *il tuo desiderio è e.*

eṣaudiménto s. m. ● (*raro*) Atto, effetto dell'esaudire.

eṣaudìre o (*raro*) †**eṣaldìre** [vc. dotta, lat. *exaudīre* 'ascoltare (*audīre*) pienamente (*ex-*)'] v. tr. (*io eṣaudìsco, †eṣàudo, tu eṣaudìsci, †eṣàudi*) **1** Ascoltare benevolmente una richiesta e concedere ciò che ne costituisce l'oggetto: *e. una preghiera, una grazia, un desiderio, i voti di qc.*; *se tu già m'esaudisti peccatore, / perch'or non m'esaudisci penitente?* (CAMPANELLA) | †Concedere, permettere. SIN. Accogliere. **2** †Ubbidire.

eṣauditóre [vc. dotta, lat. tardo *exauditōre(m)*, da *exaudītus*, part. pass. di *exaudīre* 'esaudire'] s. m.; anche agg. (f. *-trice*) ● (*raro*) Chi, che esaudisce: *pietoso e. de' miei prieghi* (SACCHETTI).

†**eṣaudizióne** [vc. dotta, lat. tardo *exauditiōne(m)*, da *exaudītus*, part. pass. di *exaudīre* 'esaudire'] s. f. ● Esaudimento.

eṣauribile agg. ● Che si può esaurire. CONTR. Inesauribile.

eṣauribilità s. f. ● Qualità di ciò che è esauribile.

eṣauriènte part. pres. di *esaurire*; anche agg. **1** Nei sign. del v. **2** Che toglie ogni dubbio o incertezza: *prova, motivazione e.* || **esaurienteménte**, avv.

eṣauriménto s. m. **1** Atto, effetto dell'esaurire. **2** (*med.*) Indebolimento, spossamento: *e. fisico, mentale* | *E. nervoso*, condizione fisica caratterizzata da stanchezza, irritabilità e altri disturbi. **3** (*idraul.*) Prosciugamento di stagni, paludi, scavi di fondazione, e sim.

eṣaurìre [vc. dotta, lat. *exhaurīre* 'vuotare (*haurīre*, di etim. incerta) completamente (*ex-*)'] **A** v. tr. (*io esaurìsco, tu eṣaurìsci*) **1** Consumare completamente (*anche fig.*): *e. le provviste*; *e. un pozzo petrolifero, una sorgente*; *e. i fondi stanziati*; *e. le proprie forze, il proprio repertorio.* SIN. Finire. **2** Indebolire, spossare: *una fatica prolungata esaurisce chiunque.* **3** Trattare con completezza, realizzare interamente: *e. un argomento, i propri compiti.* **4** Estrarre completamente da una sostanza, con opportuni procedimenti, i principi attivi o ciò che interessa. **5** (*mar.*) Liberare dall'acqua i locali interni di una nave. **6** †Attingere. **B** v. rifl. ● Logorare le proprie forze fisiche, le proprie energie mentali e sim.: *esaurirsi nel lavoro, per lo studio eccessivo.* **C** v. intr. pron. ● Consumarsi: *le sue virtù poetiche si sono esaurite* | Restar privo del proprio contenuto: *la miniera s'è ormai esaurita.*

eṣaurito part. pass. di *esaurire*; anche agg. **1** Nei sign. del v. **2** Interamente venduto: *è una edizione da tempo esaurita* | *Tutto e.*, frase indicante l'avvenuta vendita della totalità dei biglietti, e cartello che si espone in tale caso in teatri e sim., in prossimità del botteghino. **3** Detto di persona che mostra sintomi di esaurimento nervoso: *essere, sentirsi e.*

†**eṣaustióne** [vc. dotta, lat. tardo *exhaustiōne(m)*, da *exhăustus* 'esausto'] s. f. **1** Esaurimento di forze. **2** (*mat.*) Procedimento per il calcolo di aree e volumi in cui si possono scorgere i rudimenti del concetto di integrale.

eṣaustività s. f. • Qualità di ciò che è esaustivo.

eṣaustivo [fr. *exhaustif*, preso a sua volta dall'ingl. *exhaustive*, coniato dal lat. *exhāustus*, part. pass. di *exhaurīre* 'esaurire'] agg. • (*lett.*) Che tende a esaurire o esaurisce un argomento, un problema e sim.: *risposta esaustiva*. ‖ **esaustivaménte**, avv.

eṣàusto o †**essàusto** [vc. dotta, lat. *exhāustu(m)*, part. pass. di *exhaurīre* 'esaurire'] agg. *1* Completamente vuoto o finito: *erario e.*; *fondi esausti* | Esaurito, scarico: *batteria esausta*. *2* (*fig.*) Stremato: *forza, mente esausta*; *sentirsi e. per il troppo lavoro* | *Terreno e.*, che non ha più sostanze nutritive, che non produce più. *3* (*lett.*) Consumato: *non er'anco del mio petto essausto / l'ardor del sacrificio* (DANTE *Par.* XIV, 91-92).

eṣautoraménto s. m. • (*raro, lett.*) Esautorazione.

eṣautoràre [vc. dotta, lat. *exauctorāre*, nella terminologia mil. 'porre in congedo, privare del soldo', comp. di *ex-* oppos. e *auctorāre* 'assoldare, ingaggiare' (da *āuctor* nel senso di 'venditore')] v. tr. (*io eṣàutoro*) • Privare qc. o q.c. della propria importanza o autorità: *e. l'assemblea, il presidente, un ufficiale*; *e. una dottrina*.

eṣautoràto part. pass. di *esautorare*; anche agg. • Nei sign. del v.

eṣautorazióne [vc. dotta, lat. tardo *exauctoratiōne(m)*, da *exauctorātus* 'esautorato'] s. f. • Atto, effetto dell'esautorare.

eṣavalènte [comp. di *esa-* e *valente*] agg. • (*chim.*) Detto di elemento, ione, gruppo atomico, 6 volte monovalente.

eṣazióne [vc. dotta, lat. *exactiōne(m)*, da *exāctus* 'esatto (2)', part. pass. di *exīgere* 'trar (*āgere*) fuori (*ex-*)', 'riscuotere'] s. f. *1* Riscossione: *e. delle tasse, dei crediti, delle quote*. *2* Quantità di danaro riscossa per conto terzi: *abbondantissime esazioni di danari* (SARPI). *3* †Imposizione, gravezza.

eṣborsàre [comp. parasintetico di *borsa*] v. tr. (*io eṣbórso*) • (*bur.*) Sborsare, spendere.

eṣbórso [da *esborsare*] s. m. • (*bur.*) Atto, effetto dello sborsare | Spesa.

eṣbòsco [comp. del pref. latineggiante *es-* (da *ex-* 'fuori da') e *bosco*] s. m. (pl. *-schi*) • Trasporto degli alberi abbattuti al luogo di raccolta e di carico.

ésca [lat. *ēsca(m)*, dal v. *ĕdere*, precedentemente *ĕsse*, 'mangiare'] s. f. *1* Tutto ciò che attrae, in qualità di cibo, animali selvatici, pesci, uccelli e sim., e che viene utilizzato per catturarli: *e. vivente, naturale, artificiale, avvelenata*; *attaccare l'e. all'amo*. ➡ ILL. **pesca**. *2* (*fig.*) Inganno, lusinga, seduzione: *correre all'e.*; *prendere qc. all'e.* *3* Sostanza vegetale, ricavata spec. dai funghi, che si usava un tempo per accendere il fuoco con l'acciarino o per trasmetterlo alla polvere delle antiche armi da fuoco | *Asciutto come l'e.*, (*fig.*) senza un quattrino. *4* (*fig.*) Incitamento, fomite: *e. amorosa* | *Mettere l'e. accanto al fuoco*, procurare l'occasione d'innamorarsi, di litigare e sim. | *Dare e.*, incitare | *Dare e. al fuoco*, (*fig.*) alimentare una passione, un litigio. *5* †Cibo, nutrimento (*anche fig.*): *ch'i' non curo altro ben, né bramo altr'e.* (PETRARCA). *6* Malattia di vari alberi, e dei ceppi della vite, provocata da funghi i quali penetrano nel legno dei tronchi trasformandolo in una massa molliccia ‖ PROV. Invan si pesca se l'amo non ha l'esca. ‖ **eschétta**, dim.

escaiuòlo [comp. di *esca* e *-aiuolo*] s. m. • (*raro*) Chi vendeva l'esca per il fucile.

escalation /ingl. eskə'leiʃən/ [vc. ingl., dal v. *to escalate* 'intensificare', a sua volta da *escalade* 'ascesa, scalata'] s. f. inv. • Aumento graduale e progressivo di un'azione bellica e (*est.*) di una qualsiasi azione o fatto economico sociale: *l' e. dell'uso di stupefacenti*.

†**escaménto** s. m. • Esca.

escamotage /fr. ɛskamɔ'taʒ/ [vc. fr., da *escamoter* 'far sparire una cosa, sostituire una cosa con un'altra, cambiare le carte in tavola', che è l'occitano *escamotar*, der. di *escamar* 'sfilacciare', da *escama* 'squama, scaglia'] s. m. inv. • Espediente che si mette in atto per eludere qc., sottrarsi a q.c. e sim., in modo abile e astuto ma, talvolta, poco onesto.

escandescènte [vc. dotta, lat. *excandescĕnte(m)*, part. pres. di *excandēscere* 'infiammarsi', 'cominciare a imbianchire (*candēscere*) completamente (*ex-*)'] agg. • (*raro*) Che dà spesso in escandescenze.

escandescènza o †**scandescènza** [vc. dotta, lat. *excandescĕntia(m)*, da *excandēscens* genit. *excandescĕntis*, 'escandescente'] s. f. • (*spec. al pl.*) Impeto improvviso d'ira accompagnato da atti e parole violente: *dare in escandescenze*.

escapìṣmo [ingl. *escapism*, da *to escape* 'scappare', che è il fr. *échapper*] s. m. • Il complesso di ciò che si riferisce all'evasione intesa in senso psicologico, cioè alla fuga dai problemi della realtà.

èscara o **èschera** [vc. dotta, lat. tardo *ĕschara(m)*, dal gr. *eschára*, di etim. incerta] s. f. • (*med.*) Lesione necrotica, nerastra, della cute o degli organi interni.

escardinàre v. tr. (*io escàrdino*) • Provvedere canonicamente all'escardinazione.

escardinazióne [da *incardinazione* con sostituzione di suff. di sign. opposto] s. f. • Atto canonico con il quale si consente che un chierico sia tolto da una diocesi per essere incardinato in un'altra.

escarificazióne [vc. dotta, comp. di *escara* e *-ficazione*] s. f. • (*med.*) Produzione di un'escara.

escaròtico [vc. dotta, lat. tardo *escharōticu(m)*, dal gr. *escharōtikós* 'tendente a formare un'escara (*eschára*)'] s. m. (pl. *-ci*) • (*med.*) Sostanza che, applicata sopra una parte vivente, l'irrita violentemente, la disorganizza e vi determina la formazione di un'escara.

escàtico [da *esca* 'cibo' col suff. di tributo *-atico*] s. m. (pl. *-ci*) • Anticamente, diritto di far pascolare suini nei boschi pubblici | Tassa dovuta per l'esercizio di tale diritto. SIN. Ghiandatico.

†**escàto** s. m. *1* Luogo dove si pone l'esca per attirare gli uccelli. *2* (*fig.*) Inganno, allettamento: *avendo sempre gli animi ... a dire menzogne, a fare escati* (SACCHETTI).

escatologìa [vc. dotta, comp. del gr. *éskata* 'le cose estreme (da *éschatos*, da *ex-* 'fuori')' e *-logia*] s. f. (pl. *-gie*) • Parte della teologia che ha per oggetto l'indagine sugli stadi finali dell'uomo e dell'universo.

escatològico agg. (pl. m. *-ci*) • Che concerne o interessa l'escatologia | Che si riferisce al destino ultimo del mondo e dell'uomo. ‖ **escatologicaménte**, avv. Dal punto di vista escatologico.

escatologìṣmo [comp. di *escatolog(ico)* e *-ismo*] s. m. • Indirizzo della critica storica del Cristianesimo secondo il quale elemento fondamentale della predicazione di Gesù sarebbe l'attesa della fine del mondo, ritenuta imminente.

escavàre • V. *scavare*.

escavatóre o **scavatóre** nel sign. B2. **A** s. m.; anche agg. (f. *-trice* (V.)) • V. *scavatore* nel sign. A. **B** s. m. *1* Macchina per lo più semovente e cingolata, atta a eseguire scavi o movimenti di terreno per fondazioni, canali, strade. *2* Strumento chirurgico usato per compiere interventi sulle ossa.

escavatorìsta s. m. (pl. *-i*) • Operaio addetto a una escavatrice.

escavatrìce o **scavatrìce**. s. f. • Escavatore nel sign. B1.

escavazióne o (*raro*) **scavazióne** [vc. dotta, lat. *excavatiōne(m)*, da *excavātus*, part. pass. di *excavāre* 'scavare'] s. f. *1* Atto, effetto dello scavare | (*min.*) *E. a giorno, a cielo aperto*, eseguita sulla superficie terrestre | *E. in sotterraneo*, eseguita sotto la superficie terrestre. *2* (*med.*) Processo morboso consistente nella formazione di cavità nei polmoni dei tubercolotici.

†**escecàre** • V. †*eccecare*.

†**escèdere** • V. *eccedere*.

†**escellènte** e *deriv.* • V. *eccellente* e *deriv.*

†**escèlso** e *deriv.* • V. *eccelso* e *deriv.*

escèrti s. m. pl. • (*raro*) Adattamento di *excerpta* (V.).

†**escertóre** s. m. • (*raro*) Chi fa escerti.

†**escèsso** • V. *eccesso*.

†**escettàre** • V. †*eccettare*.

èschera • V. *escara*.

escherichia /eʃʃe'rikja/ [dal n. del biologo ted. T. *Escherich* (1857-1911)] s. f. • (*biol.*) Genere di batteri della famiglia *Enterobacteriaceae* che comprende specie gram-negative presenti nel canale alimentare di animali e dell'uomo | *E. coli*, nell'uomo, è causa di enteriti, infezioni delle vie urogenitali e di meningite nel neonato.

†**eschermidóre** • V. *schermidore*.

èschia o **ìschia** [lat. *aescŭlus*] s. f. • (*bot., tosc.*) Nome popolare della rovere e della farnia.

†**eschifàre** • V. *schifare*.

eschilèo agg. • Che è proprio di Eschilo (525-456 a.C.), poeta tragico greco, del suo stile, della sua opera.

eschimése [dall'algonchino *uiyaskimowok* 'mangiatore (*mow* 'egli mangia') di carne cruda (*aski*)'] **A** agg. • Dell'Artide americana e delle coste orientali siberiane. **B** s. m. e f. • Appartenente alla popolazione di razza mongolica che abita nell'Artide americana e lungo le coste orientali siberiane. **C** s. m. solo sing. • Lingua parlata dagli eschimesi.

èschimo • V. *èskimo* (*1*).

eschimotàggio [fr. *esquimautage*, da *esquimau* 'esquimese' con la term. di (*cano*)*tage* 'canottaggio'] s. m. • (*sport*) Eskimo (2).

èschio o **èschio**, †**èsculo** [lat. *āesculu(m)*, di etim. incerta] s. m. • (*bot.*) Farnia.

†**eschiùdere** e *deriv.* • V. *escludere* e *deriv.*

†**eschivàre** • V. *schivare*.

†**escìame** • V. *sciame*.

†**escìdio** • V. *eccidio*.

†**escìndere** [vc. dotta, lat. *exscĭndere* 'squarciare (*scĭndere*) del tutto (*ex-*)'] v. tr. • (*raro*) Scindere.

†**escìre** e *deriv.* • V. *uscire* e *deriv.*

escissióne o **esciṣióne** [vc. dotta, lat. *excisiōne(m)*, da *excīsus* 'escisso'] s. f. • (*med.*) Asportazione di una parte limitata di un tessuto o di un organo.

escìsso o **esciṣo** [vc. dotta, lat. *excīsu(m)*, part. pass. di *excīdere* 'tagliare (*cāedere*) via (*ex-*)'] agg. • (*med.*) Asportato mediante escissione.

†**escitàre** • V. *eccitare*.

†**esclamaménto** s. m. • Esclamazione.

esclamàre o †**sclamàre**, (*raro*) †**scramàre** [vc. dotta, lat. *exclamāre* 'chiamare (*clamāre*) ad alta voce (*ex-*)'] v. intr. (aus. *avere*) *1* Dire ad alta voce e con enfasi: *esclamò: 'Guarda!', indicandomi inorridito la scena*. *2* †Lamentarsi, reclamare: *e. contro la sorte*.

esclamativo agg. • Di esclamazione | *Punto e.*, segno che denota il senso e l'intonazione esclamativa. ‖ **esclamativaménte**, avv. Con esclamazione.

†**esclamatóre** s. m.; anche agg. • Chi, che esclama.

esclamazióne o (*raro*) †**sclamazióne** [vc. dotta, lat. *exclamatiōne(m)*, da *exclamāre* 'esclamare'] s. f. *1* Atto, effetto dell'esclamare | Espressione o parola pronunciata in segno di allegria, ammirazione, sdegno e sim.: *prorompere in esclamazioni*. *2* (*ling.*) Interiezione | Figura retorica che consiste nell'esprimere con enfasi uno stato d'animo in forma esclamativa: *Ahi figlio mio! Se con sì reo destino / ti partorii, perché allevarti, ahi lassa!* (MONTI). ‖ **esclamazioncèlla**, dim.

esclaustràto [da *esclaustrazione*] agg.; anche s. m. • Che, chi vive in stato di esclaustrazione.

esclaustrazióne [lat. eccl. *exclaustrātio*, genit. *exclaustratiōnis*, der. di *clāustrum* 'chiostro'] s. f. • Facoltà concessa a un membro di un istituto religioso di vivere temporaneamente fuori della comunità, rimanendo legato all'osservanza dei voti ma deponendo l'abito religioso.

esclùdere o (*raro*) †**eschiùdere**, (*raro*) †**ischiùdere** [vc. dotta, lat. *exclūdere* 'chiudere (*clāudere*) fuori (*ex-*)'] **A** v. tr. (pass. rem. *io esclùṣi, tu escludésti*; part. pass. *esclùṣo*) *1* Chiudere fuori: *fummo esclusi dalla sala*. *2* Lasciare al di fuori: *e. da un beneficio* | Non ammettere: *e. le circostanze attenuanti*; *e. qc. da un esame*; *una cosa esclude l'altra* | Eccettuare: *tutti i colori mi piacciono escludendo il rosso*. *3* (*lett.*) Impedire: *questa siepe, che da tanta parte / dell'ultimo orizzonte il guardo esclude* (LEOPARDI). **B** v. rifl. rec. • Elidersi: *i contrari si escludono*.

escludìbile agg. • Che si può escludere.

escluṣióne [vc. dotta, lat. *exclusiōne(m)*, da *exclūsus* 'escluso'] s. f. • Atto, effetto dell'escludere: *e. dal voto, da un'assemblea*; *una lotta senza e. di colpi* | *Procedere per e.*, ricercare una verità eliminando via via le ipotesi che sembrano poco convincenti | *A e. di*, fatta eccezione per.

escluṣiva [f. sost. di *esclusivo*] s. f. • Facoltà di

esercitare un diritto o godere un bene escludendone gli altri: *e. di vendita; il giornale ha l'e. di questa notizia* | *In e.*, godendo di tale facoltà | *Diritto di e.*, diritto esclusivo | *Clausola di e.*, patto di limitazione della concorrenza.

esclusivismo s. m. *1* Intolleranza nel valutare le opinioni e i giudizi degli altri per amore dei propri. SIN. Intransigenza. *2* Indirizzo politico-economico di uno Stato consistente nell'accordare a società private particolari privilegi.

esclusivista A s. m. e f. (pl. m. *-i*) *1* Chi si mostra intollerante nei confronti delle opinioni, degli atteggiamenti, dei gusti altrui, ponendo in primo piano i propri. SIN. Intransigente. *2* Chi gode di un'esclusiva. **B** anche agg.: *tendenza e.*

esclusivistico agg. (pl. m. *-ci*) ● Di, da esclusivista: *atteggiamento, comportamento e.* ‖ **esclusivisticamente**, avv.

esclusività s. f. *1* Qualità di esclusivo. *2* Esclusiva.

esclusivo [da *escluso*] agg. *1* Che tende o serve a escludere: *intervento e.* *2* Che appartiene o spetta solo a una persona o a un gruppo di persone: *è un nostro e. beneficio* | *Diritto e.*, che non compete ad altri | *Dottrina, opinione esclusiva*, che esclude tutte le altre | *Amore e.*, geloso. *3* Unico: *modello e.* *4* (*raro*) Esclusivista: *è troppo e. nei suoi giudizi.* ‖ **esclusivamente**, avv. Con esclusione di ogni altra cosa o persona.

escluso o (*raro*) †**eschiuso**, (*pop.*) †**scluso**. **A** part. pass. di *escludere*; anche agg. *1* Nei sign. del v. *2 Nessuno e.*, tutti compresi | *È e. che ...*, è impossibile: *è e. che domani si parta* | *Non è e. che ...*, c'è qualche probabilità: *non è e. che io venga a trovarti.* **B** s. m. (f. *-a*) ● Chi non è ammesso a partecipare o a godere di q.c.

†**esclusore** [vc. dotta, lat. tardo *exclusōre(m)*, da *exclūsus* 'escluso'] s. m. ● Chi esclude.

esclusorio [vc. dotta, lat. tardo *exclusōriu(m)*, da *exclūsus* 'escluso'] agg. ● Che tende a escludere: *restrizione, clausola esclusoria.*

-esco [suff. agg., in cui sono confluiti due diversi suff.: il lat. *-īscu(m)* e il germ. *-isk*] suff. derivativo ● Forma numerosi aggettivi, talora sostantivati, di tono e valore diverso: *bambinesco, cavalleresco, gigantesco, grottesco, poliziesco, dantesco, trecentesco, arabesco, romanesco.*

escogitabile agg. ● (*raro*) Che si può escogitare.

escogitare [vc. dotta, lat. *excogitāre*, da *cogitāre* 'pensare, immaginare', col pref. raff. *ex-*] v. tr. (*io escògito*) ● Trovare nella propria mente, dopo aver pensato a lungo: *e. un mezzo, un espediente, un trucco.*

†**escogitativa** s. f. ● Inventiva.

†**escogitatore** [vc. dotta, lat. tardo *excogitatōre(m)*, da *excogitātus* 'escogitato', part. pass. di *escogitāre* 'escogitare'] agg.; anche s. m. (f. *-trice*) ● Che, chi escogita.

escogitazione [vc. dotta, lat. *excogitatiōne(m)*, da *excogitātus* 'escogitato', part. pass. di *escogitāre* 'escogitare'] s. f. ● (*raro*) Atto, effetto dell'escogitare | Cosa escogitata.

†**escolpazione** [vc. dotta, tratta dal lat. tardo *exculpāre*, comp. di *culpāre*, da *cūlpa* 'colpa' col preverbale sottrattivo *ex-*] s. f. ● (*raro*) Atto del discolparsi.

escomiare [vc. sett., dal lat. *commeāre* 'andar via' (V. *commiato*)] v. tr. (*io escòmio*) ● (*dir.*) Licenziare mediante escomio.

escomio [da *escomiare*] s. m. ● (*dir.*) Licenziamento del colono o mezzadro dal fondo: *dare l'e.*

†**escomunicare** e *deriv.* ● V. *scomunicare* e *deriv.*

escoriare [vc. dotta, lat. tardo *excoriāre*, comp. parasintetico di *cŏrium* 'crosta, pelle'] v. tr. (*io escòrio*) ● Ledere con un'escoriazione: *nell'urto si è escoriato un braccio.*

escoriativo agg. ● Che ha capacità di escoriare.

escoriato part. pass. di *escoriare*; anche agg. *1* Nel sign. del v. *2* Che presenta una o più escoriazioni: *ginocchio, gomito e.*

escoriazione s. f. ● Lesione superficiale della cute, che interessa solo gli strati epiteliali, causata da trauma tangenziale.

escort /ingl. 'eskɔ:t/ [vc. ingl. 'scorta, accompagnatore'] s. m. inv. ● (*raro*) Accompagnatore turistico.

†**escorticamento** ● V. *scorticamento.*

escreato [vc. dotta, lat. *exscreātu(m)*, part. pass. di *exscreāre*, di origine onomat.] s. m. ● (*med.*) Muco o altro materiale eliminato dalle vie respiratorie mediante raschio o espettorazione.

†**escrementale** agg. ● Escrementizio.

escrementizio o (*raro*) †**scrementizio**. agg. ● Di escremento.

escremento o †**scremento** [vc. dotta, lat. *excremĕntu(m)*, da *excĕrnere* 'fare uscire (*ex-*) col passare per il setaccio (sign. originario di *cĕrnere*)'] s. m. ● (*med.*) Ogni materiale di rifiuto dell'organismo | Comunemente, sterco, feci.

†**escrementoso** agg. ● Fatto di escrementi.

escrescenza [vc. dotta, lat. *excrescĕntia* (nom. nt. pl.), da *excrēscens*, genit. *excrescĕntis* 'escrescente'] s. f. *1* (*med.*) Proliferazione della cute o delle mucose. *2* (*est.*) Protuberanza, sporgenza. *3* †Crescita delle acque di un fiume nei periodi di piena. *4* (*raro*) Frondosità di scritti o di discorsi.

escrescere [vc. dotta, lat. *excrēscere* 'crescere (*crēscere*) in fuori (*ex-*)'] v. intr. (coniug. come *crescere*; aus. *essere*) ● (*med.*) Crescere di tessuti abnormi sulla cute o sulle mucose.

escretivo [vc. dotta, tratta dal lat. *excrētu(m)*, part. pass. di *excĕrnere* 'far uscire (*ex-*) col setacciare (*cĕrnere*)'] agg. ● (*med.*) Proprio dell'escrezione | Che favorisce l'escrezione.

escreto [vc. dotta, lat. *excrētu(m)*, part. pass. di *excĕrnere* 'setacciare (*cĕrnere*) per far uscir fuori (*ex-*)'] **A** agg. ● (*med.*) Versato esternamente per escrezione. **B** s. m. ● Sostanza secreta ed eliminata.

escretore [vc. dotta, tratta dal lat. *excrētu(m)*, part. pass. di *excĕrnere* 'far uscire (*ex-*) col setacciare (*cĕrnere*)'] **A** agg. (f. *-trice*) ● (*med.*) Che concerne o consente l'escrezione: *condotto, apparato e.; ghiandola escretrice.* **B** s. m. ● (*chim.*) Recipiente con cui si separa una materia da un misto o dalle sostanze che la compongono.

escretorio agg. ● (*med.*) Escretore.

escrezione [vc. dotta, tratta dal lat. *excrētu(m)*, part. pass. di *excĕrnere* 'far uscire (*ex-*) col setacciare (*cĕrnere*)'] s. f. *1* (*med.*) Processo di allontanamento dei prodotti di secrezione ghiandolare. *2* Sostanza secreta ed eliminata dall'organismo.

†**escruciare** [vc. dotta, lat. *excruciāre*, comp. di *cruciāre* 'travagliare con strumento di supplizio (*crūx*, genit. *crŭcis* 'croce')', col preverbale intensivo *ex-*] v. tr. ● Tormentare (*anche fig.*).

†**escubia (1)** [vc. dotta, lat. *excŭbia(s)* (pl.), da *excubāre* 'giacere fuori (*ex-*)'] s. f. spec. al pl. ● Guardia, sentinella.

escubia (2) [da *escubia (1)* per etim. pop., in quanto 'sentinella' vale per i marinai 'occhio aperto'] s. f. ● (*mar.*) Cubia.

†**escubitoio** [vc. dotta, lat. *excubitōriu(m)*, da *excŭbitus*, part. pass. di *excubāre* 'dormire (*cubāre*) fuori (*ex-*) casa'] s. m. ● Posto di guardia per le escubie, nel sign. di escubia (1).

†**escubitore** [vc. dotta, lat. *excubitōre(m)*, da *excŭbitus*, part. pass. di *excubāre* 'dormire (cubāre) fuori (*ex-*) casa'] agg. ● Che vigila | *Uccello e.*, il gallo.

escudo /port. iʃ'kudu, sp. es'kudo/ [dal lat. *scūtu(m)*, per lo 'scudo' impressovi] s. m. (pl. *escudos* /port. is'kuduʃ, sp. es'kudos/) ● Unità monetaria circolante in Capo Verde e Portogallo.

esculento [lat. *esculĕntu(m)*, da *ēsca* 'cibo', sul tipo di *suculĕntus* da *sūcus*, e simili] agg. ● Commestibile, detto spec. di vegetali.

esculina [da †*esculo*] s. f. ● (*chim.*) Glucoside ad azione vasocostrittrice.

†**esculo** ● V. *eschio.*

†**escuotere** ● V. *scuotere.*

escursione [vc. dotta, lat. *excursiōne(m)*, da *excŭrsus*, part. pass. di *excŭrrere* 'correre (*cŭrrere*) fuori (*ex-*)'] s. f. *1* Gita o viaggio fatto a scopo di studio o di divertimento. *2* (*mil., spec. al pl.*) Esercitazione a scopo di allenamento fisico e di addestramento operativo dei reparti alpini | †Scorreria. *3* Differenza fra il valore massimo e il valore minimo assunti da una grandezza in un ciclo di variazione: *e. febbrile* | (*meteor.*) *E. della temperatura diurna, mensile, annuale*, differenza tra la temperatura più alta e la temperatura più bassa verificatasi in un determinato periodo di tempo. *4* Ampiezza massima di spostamento permessa all'elemento mobile di un meccanismo o a una parte del corpo nell'esecuzione della propria funzione: *e. di una biella; e. del femore.*

escursionismo [da *escursione*] s. m. *1* Attività di chi fa escursioni. *2* Forma minore di alpinismo che esclude itinerari di arrampicata o comunque difficili.

escursionista [fr. *excursionniste*, da *excursion* 'escursione'] s. m. e f. (pl. m. *-i*) ● Chi fa escursioni.

escursionistico agg. (pl. m. *-ci*) ● Relativo alle escursioni o all'escursionismo.

†**escusa** ● V. *scusa.*

†**escusabile** ● V. *scusabile.*

†**escusare** ● V. *scusare.*

†**escusatorio** [vc. dotta, lat. tardo *excusatōriu(m)*, da *excusātus* 'escusato'] agg. ● Attinente a scusa.

†**escusazione** o †**iscusazione**, (*raro*) †**scusazione** [vc. dotta, lat. *excusatiōne(m)*, da *excusātus* 'escusato'] s. f. ● Scusa, difesa: *accettare benignamente la loro e.* (GUICCIARDINI). ‖ †**escusazioncella**, dim.

escussione [vc. dotta, lat. *excussiōne(m)*, da *excŭssus*, part. pass. di *excŭtere* 'escutere'] s. f. *1* (*dir.*) Atto dell'escutere: *e. dei testimoni; e. di un debitore; beneficio di e.* *2* (*dir., raro*) Istruzione probatoria nel processo penale.

escusso part. pass. di *escutere*; anche agg. ● Nel sign. del v.

escutere [vc. dotta, lat. *excŭtere*, letteralmente 'scuotere (*quătere*) per far cader giù (*ex-*)', poi 'esaminare'] v. tr. (pass. rem. *io escùssi, tu escutésti*; part. pass. *escùsso*) ● (*dir.*) Interrogare i testimoni nel corso del processo | *E. il debitore*, intimargli di pagare, iniziare contro di lui un processo di esecuzione.

-ese (1) [lat. parl. *-ēse(m)* per il corrispondente classico *-ēnse(m)*] suff. (*-ense*, in forma talora lett.) ● In aggettivi e sostantivi indica appartenenza a una entità geografica o linguistica, cittadinanza, nazionalità, famiglia (*bolognese, piemontese, francese, estense*), oppure stato, qualità, titolo nobiliare (*borghese, forense, marchese*).

-ese (2) [per incrocio di *-ese (1)* col suff. fr. *-ais* di *franglais*, comp. di *fran(çais)-(an)glais* 'linguaggio ibrido di francese e inglese'] suff. ● Conferisce valore spreg. a parole designanti linguaggi speciali: *sinistrese.*

esecrabile [vc. dotta, lat. *exsecrābile(m)*, da *exsecrāre* 'esecrare'] agg. ● Degno di esecrazione: *l'e. e fiero / misfatto* (PARINI). ‖ **esecrabilmente**, avv.

esecrabilità [vc. dotta, lat. tardo *exsecrabilitāte(m)*, da *exsecrābilis* 'esecrabile'] s. f. ● Qualità di esecrabile.

esecrando [vc. dotta, lat. tardo *exsecrăndu(m)*, da *exsecrāre* 'esecrare'] agg. ● Che deve essere esecrato: *delitto e.; azione esecranda.* SIN. Abominevole.

esecrare o †**essecrare** [vc. dotta, lat. *exsecrāre* 'togliere il carattere sacro', comp. parasintetico di *săcer* 'sacro', col pref. *ex-*] v. tr. (*io esècro* o *èsecro*) ● Aborrire, detestare, odiare: *il suo delitto fu esecrato da tutti; i traditori devono essere esecrati.*

esecrato part. pass. di *esecrare*; anche agg. ● Nei sign. del v.

†**esecratore** [vc. dotta, lat. tardo *exsecratōre(m)*, da *exsecrātus*, part. pass. di *exsecrāre* 'esecrare'] s. m.; anche agg. (f. *-trice*) ● Chi, che esecra | Chi, che maledice.

†**esecratorio** agg. ● Che serve a esecrare: *commento e.*

esecrazione o †**essecrazione** [vc. dotta, lat. *exsecratiōne(m)*, da *exsecrātus*, part. pass. di *exsecrāre* 'esecrare'] s. f. ● Sentimento di estremo orrore e disprezzo: *fu oggetto della nostra e.* | Manifestazione di tale sentimento: *indicarono il bandito alla pubblica e.*

esecutare [fr. *exécuter*, da *exécution* 'esecuzione'] v. tr. ● (*dir.*) Colpire nelle forme di legge dando esecuzione processuale forzata a un atto avente forza autoritaria: *e. un debitore.*

esecutività [da *esecutivo*] s. f. ● (*dir.*) Condizione di un atto o di un provvedimento giurisdizionale cui si può dare immediata esecuzione.

esecutivo [vc. dotta, tratta dal lat. *exsecūtus*,

part. pass. di *ĕxsequi* 'eseguire'] **A** agg. *1* Atto a eseguire o a essere eseguito: *progetto e.* *2* (*dir.*) Che conferisce la potestà di eseguire: *formula esecutiva* | *Titolo e.*, atto avente dati requisiti che fornisce al titolare il diritto di dare inizio a una esecuzione processuale forzata | *Processo e.*, di esecuzione | *Potere e.*, funzione di operare per il perseguimento dell'interesse pubblico, spettante al governo e alla pubblica amministrazione | *Comitato e.*, organo collegiale cui spetta di attuare le direttive impartite dall'organo deliberante. || **esecutivaménte**, avv. Mediante esecuzione. **B** s. m. *1* (*dir.*) Potere esecutivo | Comitato esecutivo. *2* Bozzetto od opera grafica realizzata in modo da poter essere passata alla stampa senza altre correzioni. *3* †Chi è solito mettere in esecuzione i propri sentimenti e propositi.

eṣecutóre [vc. dotta, lat. tardo *exsecutōre(m)*, da *exsecūtus*, part. pass. di *ĕxsequi* 'eseguire'] s. m. (f. *-trice*) *1* Chi esegue: *uno scrupoloso e. degli ordini* | (*dir.*) *E. testamentario*, persona incaricata dal testatore di curare l'esecuzione delle disposizioni testamentarie. *2* Chi esegue una composizione musicale. *3* †Sbirro | *E. di giustizia*, carnefice, boia.

†eṣecutorìa [da *esecutore*] s. f. ● (*dir.*) Ufficio e mansione dell'esecutore testamentario o di quello di giustizia.

eṣecutoriàle agg. ● Esecutivo.

eṣecutorietà s. f. ● (*dir.*) Qualità di ciò che è esecutorio: *e. di una sentenza.*

eṣecutòrio [vc. dotta, lat. tardo *exsecutōriu(m)*, da *exsecūtus*, part. pass. di *ĕxsequi* 'eseguire'] agg. ● (*dir.*, *raro*) Esecutivo: *atto, giudizio e.*; *legge esecutoria.*

eṣecuzióne o (*raro*) **†secuzióne** [vc. dotta, lat. *ex(s)ecutiōne(m)*, da *exsecūtus*, part. pass. di *ĕxsequi* 'eseguire'] s. f. *1* Modo, atto ed effetto dell'eseguire: *l'e. di un lavoro*; *un'e. di brani musicali.* *2* Realizzazione di un'idea, un proposito, un comando e sim.: *è una cosa di difficile e.*; *le deboli risoluzioni e debolissime esecuzioni* (MACHIAVELLI) | *Avere e.*, realizzarsi | *Dare e. a q.c.*, eseguirla. SIN. Attuazione, effettuazione. *3* (*dir.*) Adempimento, spontaneo o forzato, di contratto, sentenza, atto amministrativo e sim.: *e. coattiva per inadempimento del compratore* | *E. provvisoria di una sentenza*, forzato adempimento di una sentenza non ancora passata in giudicato | *E. capitale*, o (*ass.*) *esecuzione*, uccisione del condannato a morte. *4* (*ling.*) Manifestazione concreta della competenza grammaticale dei parlanti negli usi linguistici realizzati nelle diverse situazioni e sottoposti a diverse costrizioni psicologiche o comunicative.

eṣèdra o **èṣedra** [vc. dotta, lat. *ĕxedra(m)*, dal gr. *exédra* 'sede (*hédra*, di origine indeur.) esterna (*ex-*)', perché posta davanti alla casa] s. f. *1* Nel mondo greco e romano, portico in luogo aperto, spesso con sedili, per intrattenersi a conversare. *2* Nell'uso moderno, spazio a emiciclo, spesso delimitato da colonne e aperto su un altro vano.

eṣegèṣi o **eṣègeṣi** [vc. dotta, gr. *exḗgēsis*, da *exágesthai* 'condurre (*ágesthai*) fuori (*ex-*)', 'accompagnare'] s. f. ● Studio e interpretazione critica di un testo: *e. biblica, dantesca, delle fonti del diritto romano* | Metodologia di tale studio.

eṣegèta o (*raro*) **eṣegète** [vc. dotta, gr. *exēgētḗs* 'guida', da *exágesthai* (V. *esegesi*)] s. m. (pl. *-i*) ● Chi si dedica all'interpretazione di testi | (*est.*) Commentatore, critico, interprete.

eṣegètica [vc. dotta, lat. tardo *exegētice(m)*, dal gr. *exēgētiká*, sottinteso *biblía*, '(libri) esplanatori', da *exēgētikós* 'esegetico'] s. f. ● Arte e tecnica dell'interpretazione di un testo sacro, giuridico, letterario.

eṣegètico o **†exegètico** [vc. dotta, gr. *exēgētikós*, da *exēgētḗs* 'esegeta'] agg. (pl. m. *-ci*) ● Interpretativo: *commento e.* | Concernente l'esegesi: *lezioni esegetiche.* || **esegeticaménte**, avv. Mediante esegesi.

eṣeguìbile agg. ● Che si può eseguire.

eṣeguibilità s. f. ● Qualità di ciò che è eseguibile.

eṣeguiménto s. m. ● (*raro*) Esecuzione.

eṣeguire o (*raro*) **†esseguire** [lat. *ĕxsequi* 'seguire (*sĕqui*) fino in fondo (*ex-*), perseguire', rifatto su *seguire*] v. tr. (*io eṣeguìsco* o *eṣéguo*, *tu eṣeguìsci* o *eṣégui*) *1* Mettere in opera, mandare a effetto: *e. un lavoro, un disegno, un progetto, un piano.* SIN. Attuare, realizzare. *2* Mettere o far mettere in pratica: *e. gli ordini dell'autorità, i dettami di una legge.* *3* (*mus.*) Interpretare, con la voce o con strumenti, composizioni musicali: *e. una sinfonia, un concerto*; *e. Mozart.*

†eṣeguitóre o (*raro*) **†esseguitóre**. s. m. (f. *-trice*) ● Esecutore.

†eṣeguizióne o (*raro*) **†esseguizióne**. s. f. ● Esecuzione.

†eṣempigràzia o **†eṣempligràzia**, **†essempigràzia** [vc. dotta, lat. *exĕmpli grātia* 'per, in grazia di (*grātia*) esempio (*exĕmplum*)'] avv. ● Per esempio, a mo' d'esempio | Oggi scherz.: *nemici ne abbiamo tutti. Mastro don Gesualdo, e.!* (VERGA).

eṣèmpio o **†assèmpro**, **†eṣèmplo**, (*raro*) **†eṣèmpro**, **†essèmpio**, **†essèmplo**, (*raro*) **†iṣèmplo** [lat. *exĕmplu(m)*, da *exĭmere* 'porre (*ĕmere*, di origine indeur.) da parte (*ex-*) per servire da modello'] s. m. *1* Persona o animale degno d'esser preso a modello di virtù da imitare o di difetti da riprovare: *tuo fratello è un e. di bontà e di integrità*; *il cane è il miglior e. di fedeltà* | (*est.*) Fatto reale o immaginario, azione analoga o caso da imitare: *insegnare con gli esempi*; *dare buono, cattivo e.*; *prender e. da qc.*; *imitare l'e. di qc.* | *Sull'e.*, seguendo l'esempio | *Cosa senza e.*, del tutto nuova, priva di precedenti | *Per e.*, *ad e.*, *in via di e.*, *a mo' d'e.*, frasi usate per proporre un esempio | (*est.*) Ammaestramento: *questa punizione deve servire a tutti di e.* *2* Caso che attesta usi grammaticali o lessicali, o che chiarisce un concetto: *un vocabolario ricco di esempi*; *addurre, citare un e.* *3* Cosa tipica di una serie di altre del medesimo genere: *un e. di prosa naturalista.* SIN. Modello, tipo. *4* †Copia di scrittura. || **esempiàccio**, pegg. | **esempiétto**, dim. | **esempìno**, dim.

eṣemplàre (1) [vc. dotta, lat. *exemplāre(m)* 'che serve come esempio (*exĕmplum*)'] agg. ● Che serve come esempio: *giustizia, vita, virtù e.*; *madre, marito e.* | *Castigo, punizione e.*, che costituisce un monito per gli altri nei riguardi di determinati fatti. || **esemplarménte**, avv.

eṣemplàre (2) [vc. dotta, lat. *exemplāre*, abl. di *exĕmplar* (nt.), da *exĕmplum* 'esempio, modello'] s. m. *1* Persona o cosa che serve di esempio: *un e. di onestà*; *un e. di stile barocco.* SIN. Esempio, modello. *2* Ogni unità in un gruppo di oggetti analoghi o identici: *un prezioso e. di moneta del Cinquecento* | (*est.*) Copia: *un e. di una stampa dell'Ottocento.* *3* Individuo, oggetto tipico del proprio genere, famiglia o specie: *ha raccolto molti esemplari di farfalle, di funghi, di fiori esotici*; *un bell'e. di giada.* *4* (*filos.*) Modello, archetipo. *5* Quaderno di esercizi di calligrafia e disegno.

eṣemplàre (3) o **†assempràre** [vc. dotta, lat. tardo *exemplāre*, da *exĕmplum* 'esempio, modello'] v. tr. (*io eṣèmplo*) *1* (*lett.*) Ritrarre da un esempio, da un modello, da uno scritto, da un disegno, copiando o imitando: *e. il proprio comportamento su quello di un amico.* *2* (*raro*) Effigiare: *ritrasse ed esemplò in limpide armonie il suo intimo colloquio* (CARDUCCI).

†eṣemplàrio o (*raro*) **†eṣempràrio**, (*raro*) **†essemplàrio** [vc. dotta, lat. tardo *exemplāriu(m)*, da *exemplāria*, pl. di *exĕmplar* 'esemplare (2)'] s. m. ● Esemplare, nel sign. di esemplare (2).

eṣemplarità [da *esemplare (1)*] s. f. ● (*raro*) Qualità di esemplare: *l'e. del suo comportamento.*

†eṣemplatìvo agg. ● Che serve a dare esempio. || **†esemplativaménte**, avv. In via d'esempio.

eṣemplàto part. pass. di *esemplare*; anche agg. ● Nei sign. del v.

†esemplazióne s. f. ● Atto dell'esemplare.

eṣemplificàre [vc. dotta, lat. mediev. *exemplificāre*, comp. di *exĕmplum* 'esempio' e *-ficāre* '-ficare'] v. tr. (*io eṣemplìfico, tu eṣemplìfichi*) *1* Spiegare con esempi, allegare esempi: *esemplifcò con chiarezza la sua teoria.* *2* †Rassomigliare.

eṣemplificatìvo agg. ● Atto a esemplificare: *una lezione esemplificativa.* || **esemplificativaménte**, avv.

eṣemplificàto part. pass. di *esemplificare*; anche agg. ● Nei sign. del v. || **esemplificataménte**, avv. Per via d'esemplificazione, per portare esempio.

eṣemplificazióne [vc. dotta, lat. mediev. *exemplificatiōnem*, da *exemplificāre* 'esemplificare'] s. f. ● Spiegazione per mezzo d'esempi: *è necessaria una e.* | Citazione d'esempi: *una ricca e. accompagna la teoria* | Complesso degli esempi citati: *ecco la nostra e.*

†eṣempligràzia ● V. *†esempigrazia.*

†eṣèmplo ● V. *esempio.*

†eṣèmpro e *deriv.* ● V. *esempio* e *deriv.*

eṣencèfalo [vc. dotta, comp. di *eso-* (*2*) e *encefalo*] s. m. ● (*med.*) Malformazione congenita in cui l'encefalo è posto prevalentemente fuori del cranio.

eṣentàre [lat. parl. **exemptāre*, da *exĕmptus*, part. pass. di *exĭmere* 'mettere (*ĕmere*) da parte (*ex-*)'] **A** v. tr. (*io eṣènto*) ● Rendere libero da un dovere, da un obbligo, da un onere: *e. dal servizio militare, dalla frequenza delle lezioni.* SIN. Dispensare, esimere. **B** v. rifl. ● Esimersi, dispensarsi: *esentarsi dai propri doveri di cittadino.*

eṣentàsse [da *esent(e)* (*dalle*) *tasse*] agg. inv. ● (*bur.*) Che è esente da tasse: *villetta e.*

eṣènte o **†eṣènto** [vc. dotta, lat. *exĕmptu(m)*, part. pass. di *exĭmere* 'esimere', inserito nella serie dei part. in *-ente*] **A** agg. *1* Dispensato da un dovere, da un obbligo, da un onere: *e. dalle tasse, dal servizio militare* | *Fare e.*, esentare | (*est.*) Libero, preservato da malanni: *e. dal contagio, dall'infezione* | †Privilegiato. *2* †Privato, escluso: *Rodomonte, causa del mal loro, / se ne va e. da tanto martoro* (ARIOSTO). **B** s. m. ● Ufficiale della guardia nobile pontificia, di grado corrispondente a quello di colonnello.

eṣenterazióne [vc. dotta, comp. di *es-* e un deriv. di *entero-*] s. f. ● (*chir.*) Eviscerazione.

†eṣènto ● V. *esente.*

†eṣenzionàre [da *esenzione*] v. tr. ● Esentare.

eṣenzióne [vc. dotta, lat. tardo *exemptiōne(m)*, da *exĕmptus* 'esente'] s. f. *1* Privilegio che dispensa da qualche obbligo: *godere dell'e. dalle imposte*; *ecco il nostro documento di e.* SIN. Dispensa, esonero. *2* (*mil.*) Dispensa dall'obbligo del servizio militare, secondo specifiche ipotesi e prescrizioni sancite dalle leggi sul reclutamento. *3* †Privazione: *sempre alle donne sia licito aver ... e. di fatiche* (CASTIGLIONE).

eṣequiàle o (*raro*) **†essequiàle** [vc. dotta, lat. *exsequiāle(m)*, da *exsĕquiae* 'esequie'] agg. ● (*raro*) Delle, relativo alle, esequie.

†eṣequiàre [vc. dotta, lat. *exsequiāri*, da *exsĕquiae* 'esequie'] v. tr. ● Sotterrare o accompagnare qc. con esequie.

eṣèquie o (*raro*) **†essèquie** [vc. dotta, lat. *exsĕquiae*, nom. pl., da *ĕxsequi* (V. *eseguire*) 'seguire (*sĕqui*) completamente (*ex-*) (un corteo funebre)'] s. f. pl. ● Cerimonie, onori e preghiere con cui si accompagna o si commemora un defunto: *e. pie, sacre, solenni, umili*; *celebrare le e. di qc.*; *tributare solenni e. a qc.* | Funerale: *seguire le e. di qc.*; *partecipare alle e. di qc.*

†eṣèquio o (*raro*) **†essèquio**. s. m. ● (*raro*) Esequie.

†eṣequióso agg. ● Funebre.

eṣercènte **A** part. pres. di *esercire*; anche agg. ● Nei sign. del v. **B** s. m. e f. ● Chi pone o mantiene in esercizio un negozio, un'impresa e sim.: *l'e. di una sala cinematografica.*

eṣercìre [vc. dotta, lat. *exercēre*, originariamente 'cacciare (*arcēre*) via (*ex-*)', poi 'lavorare, esercitare', con cambio di coniug.] v. tr. (*io eṣercìsco, tu eṣercìsci*) *1* Gestire, amministrare un negozio. *2* Esercitare: *e. la professione medica.*

eṣercitàbile agg. ● Che si può esercitare.

eṣercitaménto [vc. dotta, lat. tardo *exercitamĕntu(m)*, da *exercitātus* 'esercitato'] s. m. ● (*raro*) Esercizio.

eṣercitàre o (*raro*) **†essercitàre** [vc. dotta, lat. *exercitāre*, ints. di *exercēre* 'esercire'] **A** v. tr. (*io eṣèrcito*) *1* Tenere in esercizio, in attività, in funzione: *e. l'occhio, la voce, i muscoli* | *E. la pazienza*, usarne molta | *E. la lingua*, chiacchierare oltre misura | (*est.*) Addestrare rendendo fisicamente agile o intellettualmente idoneo: *e. le gambe, le braccia, la prontezza dei riflessi*; *e. il corpo alla lotta, al salto, al nuoto*; *e. qc. nel disegno, nelle arti* | Assuefare: *e. la propria mente ai prolungati sforzi, il proprio fisico ai digiuni.* *2* Usare, adoperare per un fine: *e. il potere, il dominio, la propria autorità, il comando* | *E. un'influenza, un* *ascendente su qc.* o *su q.c.*, avere molto potere su qc. o su q.c.; *la sottile influenza che esercita sui caratteri l'educazione* (VERGA) | *E. pressioni su qc.*, spingerlo a q.c. | (*dir.*) *E. un'azione*, rivolgere un'istanza a un dato organo giudiziario perché provveda | *E. un diritto*, valersene operando in conformità allo stesso. *3* Attendere abitualmente a una professione o a un'attività (*anche ass.*): *e. l'avvocatura, la critica, la carità*; *un medico che non esercita* | *E. il culto*, praticarlo | (*raro, est.*) Far funzionare: *e. un'officina, una ferrovia*. *4* †Mettere alla prova, esporre a prove pericolose. **B** v. rifl. ● Addestrarsi, allenarsi: *esercitarsi nella caccia, in palestra, al nuoto, alla lotta* | (*est.*) Fare del movimento fisico: *non si può restare seduti tutto il giorno, bisogna anche esercitarsi* | Far pratica: *esercitarsi in un ufficio legale*.

†eșercitatìvo [vc. dotta, lat. tardo *exercitatīvu(m)*, da *exercitātus* 'esercitato'] agg. ● Atto a esercitare.

eșercitàto part. pass. di *esercitare*; anche agg. *1* Nei sign. del v. *2* (*fig.*) Penna esercitata, scrittore che conosce la propria arte | †Affaticato, stanco.

eșercitatóre [vc. dotta, lat. *exercitatōre(m)*, da *exercitātus* 'esercitato'] s. m.; anche agg. (f. *-trice*) *1* (*raro*) Chi, che esercita. *2* †Istruttore.

eșercitazióne [vc. dotta, lat. *exercitatiōne(m)*, da *exercitātus* 'esercitato'] s. f. ● Pratica o esercizio di addestramento a qualche attività fisica o intellettuale: *esercitazioni scolastiche, critiche, militari*.

eșèrcito o †**essèrcito** [vc. dotta, lat. *exĕrcitu(m)*, originariamente 'esercizio', poi 'esercizio, rivista militare', quindi 'soldati (adunati per la rivista)', da *exĕrcitus*, part. pass. di *exercēre* 'esercire'] s. m. *1* Complesso degli uomini di uno Stato istruiti, ordinati e forniti di tutto quanto occorre per combattere | Aliquota delle forze armate destinata a condurre la guerra terrestre | *E. di occupazione*, quello che in guerra occupa militarmente un paese nemico sottomesso | *E. di campagna*, quello che svolge le operazioni belliche vere e proprie. *2* (*fig.*) Gran quantità di persone, animali o cose, riunite insieme: *un e. di fannulloni, di creditori, di cavallette*. *3* (*relig.*) *E. di Cristo*, Chiesa militante | *E. della Salvezza*, organizzazione evangelica, ispirata a una rigida disciplina militare, fondata per scopi religiosi o morali.

eșerciziàrio s. m. ● Raccolta di esercizi, spec. scolastici.

eșercìzio [vc. dotta, lat. *exercĭtiu(m)*, da *exĕrcitus* 'esercito' nel senso originario] s. m. *1* Assidua ripetizione di atti per addestrarsi in q.c. o imparare q.c.: *mettere, tenere in e. il corpo, la mente, la memoria*; *lo 'ngegno sanza e. si guasta* (LEONARDO) | *Essere, non essere in e.*, essere o non addestrato, allenato | (*est.*) Moto: *per conservarsi in salute è bene fare molto e.* | (*est.*) Applicazione di nozioni e regole per diventare esperti in una materia, in un'attività: *è un e. molto duro, faticoso, impegnativo, difficile*; *avete fatto i vostri esercizi di matematica?* | *Esercizi spirituali*, nella pratica religiosa cattolica, ritiro di laici o di ecclesiastici per dedicarsi alla preghiera e alla meditazione. *2* Uso o pratica di q.c.: *l'e. di una professione, di un diritto, dei propri poteri* | *Essere nell'e. delle proprie funzioni*, nel loro adempimento | *E. di un diritto*, nel diritto penale, causa di giustificazione del reato prevista per chi agisce nell'esplicazione di un proprio diritto soggettivo. *3* Funzionamento o gestione di impresa, azienda pubblica o privata, e sim.: *chi ha ottenuto l'e. della nuova ferrovia?*; *l'e. della fabbrica non è redditizio* | *Essere, non essere in e.*, in attività | *Fuori e.*, non funzionante | (*est.*) Azienda, bottega: *aprire, chiudere un e.* | *Pubblico e.*, albergo, ristorante, bar, luogo di spettacolo e sim. *4* (*comm.*) Periodo di tempo, per lo più annuale, corrispondente all'attività di gestione di un'azienda: *bilancio dell'e. 1983*; *e. finanziario, costi d'e.* | *E. provvisorio*, autorizzazione del parlamento al governo a effettuare entrate e uscite in attesa dell'approvazione tardiva del bilancio di previsione. *5* (*sport*) Complesso di movimenti razionalmente finalizzati: *esercizi individuali, collettivi, liberi, obbligatori*; *esercizi atletici, ginnici*.

†eșeredàre [vc. dotta, lat. *exheredāre* 'escludere (*ex-*) dall'ereditare (*hereditāre*)'] v. tr. ● Privare dell'eredità.

†eșereditàre [vc. dotta, lat. tardo *exhereditāre* 'escludere (*ex-*) dall'ereditare (*hereditāre*)'] v. tr. ● Privare dell'eredità.

eșèrgo [fr. *exergue*, comp. del gr. *ex-* 'fuori' e *érgon* 'opera, lavoro', detto così perché situato al di fuori del disegno] s. m. (pl. *-ghi*) ● (*numism.*) Settore inferiore del campo della moneta o della medaglia, posto al disotto della figurazione e generalmente delimitato da una linea orizzontale. ➡ ILL. **moneta**.

esfoliàrsi [vc. dotta, lat. tardo *exfoliāre*, comp. di *ex-* sottratt., e *fŏlia* 'foglia'] v. intr. pron. (*io mi esfòlio*) ● (*med.*) Sfaldarsi, detto degli strati più superficiali dell'epidermide.

esfoliatìvo agg. ● (*med.*) Che presenta esfoliazione: *dermatite esfoliativa*.

esfoliazióne o **esfogliazióne** [vc. dotta, tratta dal lat. tardo *exfoliātu(m)*, part. pass. di *exfoliāre*. Cfr. *esfoliarsi*] s. f. ● (*med.*) Distacco lamellare degli strati superficiali di un organo o tessuto: *e. cutanea*; *e. intestinale*; *cellule di e.*

†eșguardàre ● V. †*sguardare*.

eșibìre [vc. dotta, lat. *exhibēre* 'produrre (*habēre*) fuori (*-ex-*)', 'presentare', con mutamento di coniug., attrav. il fr. *exhiber*] **A** v. tr. (*io eșibìsco, tu eșibìsci*) *1* Mostrare, esporre: *e. le proprie qualità*. *2* (*raro*) Proporre: *esibì il suo aiuto davanti a tutti*. *3* (*dir.*) Presentare in giudizio, per ordine dell'autorità giudiziaria. **B** v. rifl. *1* Offrirsi per q.c.: *si esibì di compiere quell'impresa*. *2* Farsi notare: *non perde mai l'occasione di esibirsi* | (*raro*) Offrirsi per servigi. *3* Prendere parte a, realizzare un pubblico spettacolo: *la compagnia si esibisce per la prima volta*.

eșibitóre [vc. dotta, lat. tardo *exhibitōre(m)*, da *exhĭbitus*, part. pass. di *exhibēre* 'esibire'] s. m. (f. *-trice*) *1* (*raro*) Chi esibisce. *2* †Chi presenta lettere, documenti e sim.

eșibizióne [vc. dotta, lat. tardo *exhibitiōne(m)*, da *exhĭbitus*, part. pass. di *exhibēre* 'esibire', attrav. il fr. *exhibition*] s. f. *1* Atto, effetto dell'esibire: *l'e. di un documento*. SIN. Mostra. *2* Offerta, spec. dei propri servigi: *e. di aiuto*. *3* Atto, effetto dell'esibirsi: *è stata un'ottima e. musicale* | Nel linguaggio sportivo, gara, incontro, partita di carattere dimostrativo e spettacolare: *l'e. dei campioni del mondo*.

eșibizionìșmo [dal fr. *exhibitionnisme*, da *exhibition* 'esibizione'] s. m. *1* Tendenza eccessiva a far mostra di sé. *2* (*psicol.*) Esposizione intenzionale, generalmente di tipo ossessivo, degli organi sessuali, in condizioni non appropriate.

eșibizionìsta agg.; anche s. m. e f. (pl. m. *-i*) *1* Che, chi ama far mostra di sé, delle proprie doti o capacità, supposte o autentiche, e sim. *2* (*psicol.*) Che, chi è affetto da esibizionismo.

eșibizionìstico agg. (pl. m. *-ci*) ● Proprio dell'esibizionismo o dell'esibizionista.

eșicàșmo s. m. ● Dottrina e metodo proprio dei monaci esicasti.

eșicàsta [vc. dotta, gr. *hēsychastḗs*, da *hēsycházein* 'stare tranquillo (*hḗsychos*)'] **A** s. m. (pl. *-i*) ● Monaco orientale seguace delle dottrine ascetiche cristiane che professano la possibilità di accedere alla visione sensibile di Dio attraverso tecniche fisiologiche e mentali di concentrazione. **B** anche agg.: *monaco e.*

†eșìcio ● V. *esizio*.

eșigènte part. pres. di *esigere*; anche agg. ● Nei sign. del v.

eșigènza o †**eșigènzia** [vc. dotta, lat. tardo *exigĕntia(m)*, da *ĕxigens*, genit. *exigĕntis* 'esigente'] s. f. *1* Qualità di chi è esigente. *2* (*spec. al pl.*) Bisogno, richiesta: *le esigenze della convenienza, della società, del grado, della scuola* | *Avere molte esigenze*, pretendere molto | *Esser pieno di esigenze*, pretendere troppo.

eșigere [vc. dotta, lat. *exĭgere* 'far uscire (*ăgere*) fuori (*ex-*)'] v. tr. (pres. *io eșigo, tu eșigi*; pass. rem. *io eșigéi*, o *eșigètti, tu eșigésti*; part. pass. *eșàtto*) *1* Chiedere con autorità o con forza una cosa, come dovuta: *e. il rispetto, una risposta, una spiegazione*. SIN. Pretendere. *2* (*est.*) Richiedere q.c. come necessaria: *è un lavoro che esige la massima attenzione*. *3* Riscuotere: *e. un credito*.

eșigìbile agg. ● Che si può esigere, riscuotere: *il credito è già e.*

eșigibilità s. f. ● Qualità o condizione di ciò che è esigibile.

eșìglio ● V. *esilio*.

eșiguità [vc. dotta, lat. *exiguitāte(m)*, da *exĭguus* 'esiguo'] s. f. ● Qualità di ciò che è esiguo.

eșìguo [vc. dotta, lat. *exĭguu(m)*, propriamente 'pesato esattamente', da *exĭgere*, che ha anche questo senso; poi 'pesato troppo rigidamente', 'scarso'] agg. ● Piccolo, modesto, irrilevante: *una spesa esigua*. || **esiguaménte**, avv. (*raro*) In modo esiguo.

eșilaraménto s. m. ● (*raro*) Atto, effetto dell'esilarare o dell'esilararsi.

eșilarànte part. pres. di *esilarare*; anche agg. *1* Nei sign. del v. *2 Gas e.*, protossido d'azoto usato come anestetico.

eșilaràre [vc. dotta, lat. *exhilarāre* 'dare un aspetto esteriore gaio e vivace', comp. parasintetico di *hĭlaris* 'ilare', col pref. *ex-*] **A** v. tr. (*io eșìlaro*) ● Rendere ilare, allegro: *le sue parole esilararono la platea*. **B** v. intr. pron. ● Spassarsi, divertirsi.

èșile †**eșìle** [vc. dotta, lat. *exīle(m)*, di etim. incerta, con accento retratto per analogia con altri agg. sdruccioli in *-ile*] agg. *1* Sottile, tenue: *mughetto fiore piccino / calice di enorme candore / sullo stelo e.* (UNGARETTI) | Magro, gracile: *un bambino e.* *2* (*fig.*) Debole: *una voce e.* || **esilménte**, avv.

eșiliàre [da *esilio*] **A** v. tr. (*io eșìlio*) ● Mandare in esilio, condannare all'esilio | (*est.*) Mandar via, allontanare: *lo esiliarono dalla sua casa*. **B** v. intr. (aus. *avere*) ● †Esulare. **C** v. rifl. ● Andarsene spontaneamente in esilio: *si è esiliato oltre confine* | (*est.*) Appartarsi da qc. o q.c.

eșiliàto A part. pass. di *esiliare* ● Nei sign. del v. **B** s. m. (f. *-a*) ● Esule: *il paese si è riempito di esiliati politici*.

eșìlio o (*raro*) **eșìglio**, (*raro*) †**essìglio**, **essìlio** [vc. dotta, lat. *ex(s)ĭliu(m)*, da *ĕx(s)ul*, genit. *ĕx(s)ulis* 'esule'] s. m. *1* Allontanamento forzato o fuga volontaria dalla propria patria: *subire una condanna all'e. per motivi politici*; *l'e., che m'è dato, onor mi tegno* (DANTE) | *L'e. d'Israele*, la schiavitù degli Ebrei in Egitto e in Babilonia e (*est.*) la condizione degli Ebrei nella diaspora | (*raro*) Cacciata da un luogo, sfratto da una casa. *2* (*relig.*) Condizione attuale dell'uomo che, cacciato dal Paradiso, non gode della visione di Dio. *3* (*fig.*) Separazione, isolamento da q.c. o qc.: *il suo e. dal mondo ci addolora*; *mi sento in e. in mezzo agli uomini* (UNGARETTI). *4* Il luogo, il tempo e lo stato di esule: *vivere e morire in e.* *5* (*astrol.*) Segno zodiacale, opposto al domicilio, che presenta scarsa affinità con un corpo celeste, il cui influsso perciò risulta indebolito.

eșilità o †**eșilitàde**, †**eșilitàte** [vc. dotta, lat. *exilitāte(m)*, da *exīlis* 'esile'] s. f. ● Qualità di chi, di ciò che è esile.

†eșimàre [da †*esi(sti)mare* (cfr. ant. provz. *esismar*)] v. tr. ● Pensare, stimare, valutare.

eșimènte A part. pres. di *esimere*; anche agg. ● Nei sign. del v. **B** s. f. ● (*dir.*) Causa di giustificazione: *accertare l'esistenza di una e.*

eșimere [vc. dotta, lat. *exĭmere* 'prendere (*ĕmere*) in disparte (*ex-*)', 'liberare'] **A** v. tr. (dif. del part. pass. e dei tempi comp.) ● Rendere libero, esente: *e. qc. da un servizio*. SIN. Dispensare, esentare. **B** v. rifl. ● Sottrarsi: *esimersi da un obbligo*.

eșìmio [vc. dotta, lat. *exĭmiu(m)*, letteralmente 'messo da parte', secondo il sign. originario di *exĭmere*, poi 'che si stacca dagli altri', 'eccellente'] agg. ● Eccellente, egregio, insigne (*anche iron.*): *lavoro e.*; *studioso, medico, insegnante e.*; *e. furfante*.

†eșimizióne [da *esimere*] s. f. ● Esenzione.

†èșimo [ant. fr., ant. provz. *esme*, da *esmer* 'stimare', dal lat. *aestimāre* 'stimare'] s. m. ● Ragguaglio, computo.

-èșimo (1) [lat. *-ēsimu(m)*, dal suff. sup. italico e celt.] suff. ● Forma i numerali ordinali successivi a 'decimo': *undicesimo, dodicesimo, diciannovesimo, ventesimo, centesimo*.

-èșimo (2) ● V. *-ismo*.

†eșinanìre [vc. dotta, lat. *exinanīre* 'rendere del tutto (*ex-*) vano (*inānis*)'] v. tr. ● Annientare, annichilire | Esaurire.

†**eṣinanizióne** [vc. dotta, lat. *exinanitiōne(m)*, da *exinanītus* 'esinanito'] s. f. ● Svanimento, annientamento.

eṣiodèo agg. ● Che è proprio di Esiodo (fine sec. VIII-inizio VII a.C.), poeta greco, del suo stile, della sua opera.

èṣipo [vc. dotta, lat. *ōesypu(m)*, dal gr. *óisypos*, di etim. incerta] s. m. ● Grasso greggio della lana.

eṣistènte part. pres. di *esistere*; anche agg. ● Nei sign. del v.

eṣistènza [vc. dotta, lat. tardo *exsistĕntia(m)*, da *ĕxsistens*, genit. *exsistĕntis* 'esistente'] s. f. *1* Realtà, fatto di esistere o qualità di ciò che esiste: *dimostrare l'e. di Dio, di un grave errore, di molte difficoltà*. *2* Vita: *diritto all'e.*; *lotta per l'e.*; *la mia e. temporale, come uomo, tocca omai al suo termine* (NIEVO) | *Giocarsi l'e.*, mettere a repentaglio la propria vita.

eṣistenziàle [vc. dotta, lat. tardo *exsistentiā-le(m)*, da *exsistĕntia* 'esistenza', ripreso anche dalla filosofia ted. (*existentiell*, *-al*)] agg. *1* Che riguarda l'esistenza: *disagio e.* | Detto di tutto ciò che coinvolge l'individuo a livello di vissuto personale: *problemi esistenziali*. *2* (*filos.*) Di giudizio che afferma o nega semplicemente l'esistenza di una cosa. || **esistenzialménte**, avv.

eṣistenzialìṣmo [vc. dotta, tratta dal ted. *Existenz (Philosophie)* 'filosofia dell'esistenza'] s. m. ● Complesso di indirizzi filosofici contemporanei che affermano il primato dell'esistenza sull'essenza e hanno per oggetto l'analisi dell'esistenza stessa intesa come categoria comprensiva di tutte le cose che sono al mondo.

eṣistenzialìsta [da *esistenzialismo*] **A** agg. (pl. m. *-i*) ● Che concerne o interessa l'esistenzialismo. **B** s. m. e f. ● Chi segue o professa l'esistenzialismo.

eṣistenzialìstico agg. (pl. m. *-ci*) ● Proprio dell'esistenzialismo o degli esistenzialisti: *angoscia esistenzialistica*. || **esistenzialisticaménte**, avv. Secondo il pensiero dell'esistenzialismo.

eṣìstere [vc. dotta, lat. *exsĭstere* 'levarsi (*sĭstere*) fuori (*ex-*)', 'apparire'] v. intr. (pass. rem. *io eṣistéi*, o *eṣistètti*, *tu eṣistésti*; part. pass. *eṣistìto*; aus. *essere*) *1* Essere, nel tempo e nell'attuale realtà: *è un personaggio che non esiste e non è mai esistito*; *non esistono dubbi o errori di sorta* | *Non esiste*, (*fam.*) è assurdo, impensabile. *2* Esser vivo: *ha da poco cessato di e.*

†**eṣistimàre** [vc. dotta, lat. *existimāre* 'giudicare (*aestimāre*) a fondo (*ex-*)'] v. tr. ● Giudicare, stimare.

†**eṣistimazióne** [vc. dotta, lat. *existimatiōne(m)*, da *existimātus*, part. pass. di *existimāre* 'esistimare'] s. f. ● Stima, opinione.

eṣitàbile [da *esitare (2)*] agg. ● Che si può vendere facilmente: *una merce e.*

eṣitabilità s. f. ● Qualità di ciò che è esitabile.

eṣitabóndo [vc. dotta, lat. *haesitabŭndu(m)*, da *haesitāre* 'esitare (1)'] agg. ● Dubbioso, incerto.

†**eṣitaménto** s. m. ● Esitanza.

eṣitànte part. pres. di *esitare (1)*; anche agg. ● Nei sign. del v.

eṣitànza [vc. dotta, lat. *haesitāntia(m)*, da *haesitātus* 'esitato'] s. f. ● Atto, effetto dell'esitare, nel sign. di esitare (1) | *Senza e.*, con prontezza e decisione.

eṣitàre (1) [vc. dotta, lat. *haesitāre*, ints. di *haerēre* 'restare attaccato', di etim. incerta] v. intr. (*io èṣito*; aus. *avere*) ● Non sapersi decidere: *è un tipo che esita sempre* | Essere o mostrarsi perplesso, dubbioso, incerto: *esito fra le due soluzioni*; *esitò alquanto a voltarsi quando s'accorse che qualcuno era entrato* (SVEVO).

eṣitàre (2) [da *esito*] v. tr. (*io èṣito*) ● Spacciare, vendere: *quelle merci si esitano poco* | (*bur.*) Recapitare: *e. la corrispondenza*.

eṣitàre (3) [da *esito* nel sign. 2] v. intr. (*io èṣito*; aus. *avere*) ● Nel linguaggio medico, risolversi di una malattia.

eṣitazióne [vc. dotta, lat. *haesitatiōne(m)*, da *haesitātus* 'esitato', part. pass. di *esitare (1)*] s. f. ● Indecisione, perplessità: *e. nell'operare*, *nel rispondere* | *Senza e.*, risolutamente. CONTR. Risolutezza.

èṣito [vc. dotta, lat. *ĕxitu(m)* 'uscita', dal part. pass. di *exīre* 'uscire'] s. m. *1* Uscita: *e. della folla*, *dell'acqua* | Spesa: *un negozio che ha molti esiti*. *2* Vendita, spaccio. *3* Riuscita: *e. di una pratica*, *di un affare*; *un e. incerto*; *qual fu l'e. di questa missione?* (GOLDONI) | *Di dubbio e.*, di riuscita problematica | *Non sortire alcun e.*, non avere alcun effetto | (*bur.*) Risposta: *la nostra lettera è ancora priva di e.* | (*med.*) Conclusione di un processo morboso: *e. fausto*; *gli esiti della polmonite* | (*med.*) Risultato di un test diagnostico: *e. positivo*, *negativo*. SIN. Compimento, risultato. *4* (*ling.*) Risultato, punto d'arrivo di una trasformazione fonetica, morfologica o lessicale.

eṣiziàle [vc. dotta, lat. *exitiāle(m)*, da *exĭtium* 'esizio'] agg. ● Che apporta grave danno: *una politica*, *un comportamento e.* | *Malattia e.*, mortale. SIN. Dannoso, funesto. || **esizialménte**, avv.

eṣìzio o (*poet.*) †**eṣìcio** [vc. dotta, lat. *exĭtiu(m)*, parallelo di *ĕxitus* 'uscita (dalla vita)'] s. m. ● (*lett.*) Rovina, distruzione, morte.

†**eṣizióso** agg. ● Esiziale.

èskimo (1) o **èschimo** [vc. ingl. che significa 'eschimese': detto così perché ricorda l'abbigliamento degli eschimesi] s. m. ● Ampio giaccone con cappuccio, di tela impermeabile quasi sempre grigioverde, gener. foderato di lana.

èskimo (2) [vc. ingl. *eskimo(roll)* 'ribaltamento eschimese', dagli eschimesi che lo hanno ideato] s. m. ● (*sport*) Operazione di raddrizzamento della canoa o del kayak rovesciati.

eṣlège [vc. dotta, lat. *exlēge(m)* 'fuori (*ex-*) della legge (*lēx*, genit. *lēgis*)'] agg. ● Fuori della legge, non soggetto a legge: *condizione e.*

èṣo- (1) [dal gr. *ésō* 'dentro', di etim. incerta] primo elemento ● In parole composte dotte, significa 'dentro', 'interno': *esoterico*.

èṣo- (2) [dal gr. *éxō* 'fuori', di origine indeur.] primo elemento (raro *exo-*) ● In parole composte dotte o della terminologia scientifica, significa 'in fuori', 'esterno', 'dall'esterno', 'verso l'esterno', e sim.: *esoderma*, *esogamia*, *esosfera*.

eṣobiologìa [comp. di *eso- (2)* e *biologia*] s. f. ● Ramo della biologia che studia la possibilità di esistenza di organismi viventi nei corpi extraterrestri. SIN. Cosmobiologia.

eṣobiòlogo [comp. di *eso- (2)* e *biologo*] s. m. (f. *-a*; pl. m. *-gi*, pop. *-ghi*) ● Studioso di esobiologia.

eṣocàrpo [vc. dotta, comp. di *eso- (2)* e *-carpo*] s. m. ● (*bot.*) Epicarpo.

eṣocèntrico [comp. di *eso- (2)* e *centro*] agg. (pl. m. *-ci*) ● (*ling.*) Detto di sintagma la cui distribuzione non è identica a quella dei suoi costituenti.

eṣocèto [vc. dotta, lat. *exocoētu(m)*, dal gr. *exṓkoitos* 'pesce che riposa (*kóitē* 'azione di dormire') fuori (*éxō*) dell'acqua' secondo l'opinione degli antichi] s. m. ● Genere di pesci Teleostei con ampie pinne pettorali grazie alle quali spiccano salti fuori dall'acqua (*Exocoetus*). SIN. Pesce volante.

Eṣocetoidèi [vc. dotta, comp. del lat. *exocōetus*, trascrizione del gr. *exṓkoitos* 'che resta (dal v. *heîsthai*) fuori (*éxō*)' per la sua capacità di uscire dall'acqua, col suff. *-idei*, proprio dei raggruppamenti zoologici superiori alle famiglie] s. m. pl. ● Nella tassonomia animale, sottordine dei Teleostei caratterizzati dalla posizione molto arretrata della pinna dorsale, di quella anale e di quelle pelviche (*Exocoetoidei*) | (al sing. *-o*) Ogni individuo di tale sottordine. SIN. Sinentognati.

eṣocitòṣi [comp. di *eso- (2)* 'fuori', *cito-* e il suff. *-osi*] s. f. ● (*biol.*) Emissione modulata di minute quantità di materiale da parte di una cellula. CFR. Pinocitosi. CONTR. Endocitosi.

eṣòcrino [vc. dotta, comp. di *eso- (2)* e un deriv. del gr. *krínein* 'separare'] agg. ● (*anat.*) Che compie una secrezione esterna | *Ghiandola esocrina*, i cui prodotti vengono riversati nell'organismo attraverso un sistema di condotti escretori.

eṣodèrma [vc. dotta, comp. di *eso- (2)* e *-derma*] s. m. (pl. *-i*) ● (*bot.*) Esodermide.

eṣodèrmide [vc. dotta, comp. di *eso- (2)* e un deriv. del gr. *dérma* 'pelle'] s. f. ● (*bot.*) Guaina a uno o più strati di cellule che nelle piante riveste l'ipodermide, sostituendo, spec. nelle radici, l'epidermide presto distrutta.

eṣodinàmica [comp. di *eso- (2)* e *dinamica*] s. f. ● (*geol.*) Insieme dei fenomeni extraatmosferici, atmosferici e biologici che, agendo dall'esterno della superficie terrestre, ne modificano l'aspetto.

eṣòdio [vc. dotta, lat. *exŏdiu(m)*, dal gr. *exódion* (V. *esodo*)] s. m. ● Nell'antica Roma, specie di farsa che veniva eseguita dopo la rappresentazione di un dramma.

èṣodo [vc. dotta, lat. crist. *ĕxodu(m)*, dal gr. *éxodos* 'via (*hodós*) d'uscita (*ex-*)'] s. m. *1* Partenza in gran numero da uno stesso luogo: *l'e. dei profughi dalle terre invase* | *Il grande e.*, (*per anton.*) quello degli abitanti di un centro urbano verso i luoghi delle vacanze, spec. estive | Emigrazione: *l'e. dei meridionali a Torino*. *2* (*est.*) Allontanamento di somme di denaro e altri beni da uno Stato per essere investiti o collocati all'estero: *l'e. dei capitali*, *l'e. delle opere d'arte*. *3* (*per anton.*) Uscita dall'Egitto del popolo ebraico, guidato da Mosè verso la Terra Promessa | Titolo del secondo libro del Pentateuco, nella Bibbia, che narra tale vicenda. *4* (*letter.*) Ultimo episodio nella tragedia greca.

eṣofagèo agg. ● (*anat.*) Dell'esofago.

eṣofagìṣmo [comp. di *esofago* e *-ismo*] s. m. ● (*med.*) Malattia caratterizzata da spasmo dell'esofago.

eṣòfago [vc. dotta, gr. *oisophágos*, propriamente 'quello che trasporta (da *óisein*, di etim. incerta) e mangia (*-phagos* '-fago')'] s. m. (pl. *-gi*) ● (*anat.*) Organo tubulare dell'apparato digerente compreso tra la faringe e lo stomaco. ➡ ILL. p. 365, 367 ANATOMIA UMANA.

eṣofagostomìa [vc. dotta, comp. di *esofago* e *-stomia*] s. f. ● (*med.*) Abboccamento chirurgico dell'esofago all'esterno.

eṣoftàlmo [vc. dotta, gr. *exóphthalmos* 'con l'occhio (*ophthalmós*) in fuori (*ex-*)'] s. m. ● (*med.*) Protrusione dei bulbi oculari dalla cavità orbitaria.

eṣogamìa [comp. di *eso- (2)* e *-gamia*, in oppos. a *endogamia*] s. f. *1* Istituzione per cui i membri di un clan o di una tribù devono cercare il coniuge al di fuori del loro gruppo sociale. *2* (*biol.*) Riproduzione tra individui appartenenti alla stessa specie, ma provenienti da gruppi familiari, etnici o tribali diversi.

eṣogàmico agg. (pl. m. *-ci*) ● Esogamo. || **eṣogamicaménte**, avv. Per esogamia: *riprodursi e.*

eṣògamo [comp. di *eso- (2)* e *-gamo*] agg. ● Che riguarda l'esogamia | Che pratica l'esogamia: *tribù esogame*.

eṣogèneṣi [comp. di *eso- (2)* e *genesi*, in oppos. a *endogenesi*] s. f. ● Formazione per via esterna.

eṣògeno [vc. dotta, comp. di *eso- (2)* e *-geno*] agg. *1* (*geol.*) Di processo geologico che avviene alla superficie terrestre, causato da agenti esterni e superficiali quali le acque, i venti, i ghiacciai. *2* (*med.*) Che proviene dall'esterno dell'organismo. *3* (*econ.*) Che deriva o proviene dall'esterno di un sistema: *variabile esogena*. CONTR. Endogeno.

†**eṣolèto** [vc. dotta, lat. *exolētu(m)*, dal part. pass. di *exolēscere* 'cessare (*ex-*) di crescere (*alēscere*, incoativo di *ălere*)', con sovrapposizione, per il sign., di *obsolēscere* 'passare di moda' (da *solēre* 'essere solito')] agg. ● Disusato, scaduto, antiquato: *vocabolo e.*

eṣometamorfìṣmo [comp. di *eso- (2)* e *metamorfismo*] s. m. ● (*geol.*) Esomorfismo.

eṣòmide [vc. dotta, gr. *exōmís*, genit. *exōmídos* 'che lascia scoperta (*éxō* 'fuori') la spalla (*ômos*)'] s. f. ● (*archeol.*) Nell'antica Grecia, tunica corta che lasciava scoperta la parte destra del torace.

eṣomorfìṣmo [comp. di *eso- (2)* e *-morfismo*] s. m. ● (*geol.*) Metamorfismo esercitato su una roccia già consolidata da una massa magmatica endogena.

eṣomòrfo agg. ● (*geol.*) Relativo a, originato da esomorfismo.

eṣondàre [vc. dotta, lat. *exundāre*, comp. del pref. *ex-* 'fuori' e *undāre* 'ondeggiare, fluttuare'] v. intr. ● (*lett.*) Straripare, traboccare (*anche fig.*): *non essendo a' nostri termini contenti, esondiamo* (BOCCACCIO).

eṣondazióne s. f. ● Atto, effetto dell'esondare.

eṣóne [comp. di *eso- (2)* e *-one (3)* (contrapposto a *introne*)] s. m. ● (*biol.*) Uno dei tratti di DNA presenti in un gene interrotto da introni. CFR. Introne.

eṣoneràre [vc. dotta, lat. *exonerāre*, comp. di *ex-* oppos. e *onerāre* 'caricare di un peso (*ŏnus*, genit. *ŏneris*)'] **A** v. tr. (*io eṣònero*) ● Rendere libero, esente da un incarico, da un onere: *e. dal paga-*

mento di una spesa, dall'obbligo di leva | *E. qc. dal comando*, destituire | *E. un fondo da un canone*, affrancarlo. SIN. Dispensare. **B** v. rifl. ● Dispensarsi: *esonerarsi da un dovere*.

esonerato A part. pass. di *esonerare*; anche agg. ● Nei sign. del v. **B** s. m. (f. *-a*) ● Chi ha ottenuto un esonero.

esònero [da *esonerare*] s. m. ● Dispensa, esenzione.

esònimo [ingl. *exonym*, comp. di *exo-* 'eso- (2)' e *-onym* '-onimo'] s. m. ● Nome con cui una località è chiamata in una determinata lingua e che differisce dal nome con cui la località stessa viene denominata nell'area geografica in cui è situata (per es. *Londra* è l'esonimo italiano della città che in Inghilterra è denominata *London*).

esopiàno agg. ● Esopico.

esòpico agg. (pl. m. *-ci*) ● Di Esopo (sec. VI a.C.), celebre favolista greco | *Favole esopiche*, di Esopo e di chi imita il suo stile o segue i suoi insegnamenti.

†**esoràbile** [vc. dotta, lat. *exorābile(m)*, da *exorāre* 'esorare'] agg. ● Che si può piegare con la preghiera. SIN. Arrendevole.

†**esoràre** [vc. dotta, lat. *exorāre* 'pregare (*orāre*) fino in fondo (*ex-*)'] v. intr. ● Pregare intensamente.

esorbitànte part. pres. di *esorbitare*; anche agg. ● Nei sign. del v. || **esorbitanteménte**, avv. In maniera esorbitante.

esorbitànza s. f. *1* Qualità di ciò che è esorbitante: *l'e. di una richiesta*. *2* (*astron., raro*) Differenza, un tempo sensibile, tra le posizioni osservate dei pianeti e quelle calcolate.

esorbitàre [vc. dotta, lat. tardo *exorbitāre* 'uscire (*ex-*) dalla via tracciata (*ŏrbita*)'] v. intr. (*io esòrbito*; aus. *avere*) ● Uscire dai limiti, passare la misura: *il suo discorso esorbitò dal tema proposto*. SIN. Eccedere, esagerare.

†**esorbitazióne** [vc. dotta, lat. tardo *exorbitatiōne(m)*, da *exorbitātus*, part. pass. di *exorbitāre* 'esorbitare'] s. f. ● Esorbitanza.

esorcìsmo [vc. dotta, lat. eccl. *exorcīsmu(m)*, dal gr. *exorkismós*, da *exorkízein* 'esorcizzare'] s. m. ● (*relig.*) In tutte le religioni, rito generalmente magico, a mezzo del quale si allontanano demoni o spiriti malefici da luoghi o li si espellono da persone, delle quali si sono impossessati | Nel cattolicesimo e nella chiesa ortodossa, rito a mezzo del quale si espelle il demonio dal corpo dei battezzandi, ovvero dal corpo degli ossessi, o da oggetti, cibi, animali, luoghi.

esorcìsta [vc. dotta, lat. eccl. *exorcīsta(m)*, dal gr. *exorkistés*, da *exorkízein* 'esorcizzare'] s. m. (pl. *-i*) ● Chi pratica l'esorcismo | Chi, nella gerarchia sacerdotale cattolica vigente prima del Concilio Ecumenico Vaticano Secondo, aveva ricevuto l'ordine dell'esorcistato.

esorcistàto s. m. ● Nella gerarchia dell'ordinazione sacerdotale cattolica, terzo degli ordini minori, soppresso dopo il Concilio Ecumenico Vaticano Secondo.

esorcìstico agg. (pl. m. *-i*) ● Relativo all'esorcismo, proprio dell'esorcismo: *formula esorcistica*; *pratiche esorcistiche*.

esorcizzàre [vc. dotta, lat. eccl. *exorcizāre*, dal gr. *exorkízein* 'scongiurare', comp. di *ex-* raff. e *horkízein* 'giurare', da *hórkos* 'giuramento', di origine oscura] **A** v. tr. *1* (*relig.*) Liberare, purificare dal demonio mediante esorcismo: *e. un indemoniato* | Cacciare, espellere dall'indemoniato o dall'ossesso mediante esorcismo: *e. il demonio*. *2* (*est.*) Scongiurare, allontanare un probabile evento avverso: *il governo si sforza di e. lo spettro dell'inflazione*. **B** v. intr. (aus. *avere*) ● Celebrare, compiere un esorcismo.

esorcizzatóre s. m.; anche agg. ● Chi, che esorcizza.

esorcizzazióne s. f. ● Atto, effetto dell'esorcizzare.

†**esòrdia** [da *esordio* con mutamento spreg. di genere] s. f. ● Esordio: *dopo lunga e., / gli ricordò l'oltraggio e la violenza* (PULCI).

esordiàle agg. ● (*raro*) Di esordio.

†**esordiàre** [da *esordio*] v. intr. ● Esordire.

esordiènte A part. pres. di *esordire*; anche agg. ● Nei sign. del v. **B** s. m. e f. ● Chi esordisce in un'attività: *gara di nuoto per esordienti*. SIN. Principiante.

†**esordiménto** s. m. ● Atto di esordire. SIN. Principio.

esòrdio o †**essòrdio** [vc. dotta, lat. *exōrdiu(m)*, propriamente 'inizio (*ex-*) di una trama (da *ordīri* 'ordire')', poi 'principio', in generale per influenza da *exorīri* 'spuntare'] s. m. (pl. *†esòrdia*, f.) *1* (*letter.*) Parte introduttiva o iniziale di una orazione | (*est.*) Preambolo, introduzione: *dopo un breve e. l'oratore incominciò il suo discorso*. *2* (*fig.*) Inizio di avvenimenti o di particolari attività umane: *e. di un'impresa, di un attore sulle scene*; *civiltà ai suoi esordi*. SIN. Principio. || **esordiétto**, dim. | **esordino**, dim. | **esordióne**, accr. | **esordiùccio**, dim.

esordìre [vc. dotta, lat. *exordīri* 'cominciare (*ex-*) a ordire una trama (*ordīri*)', quindi, 'dar inizio'] v. intr. (*io esordìsco, tu esordìsci*; aus. *avere*) *1* Dare inizio a un discorso: *l'oratore esordì salutando i convenuti*. *2* Iniziare una professione, un'attività artistica, sportiva, e sim.: *e. nel commercio, nell'insegnamento*; *e. sulla scena, in teatro* | *E. in serie A, al Giro d'Italia*, parteciparvi per la prima volta.

esoreattóre [comp. di *eso-* (*2*) e *reattore* per l'espulsione delle masse dei fluidi] s. m. ● (*aer.*) Propulsore che utilizza come comburente l'aria atmosferica.

esorèico [comp. di *eso-* (*2*) e un deriv. del gr. *rêin* 'scorrere'] agg. (pl. m. *-ci*) ● (*geogr.*) Detto di un bacino idrografico o di una regione le cui acque scolano al mare.

esornàre [vc. dotta, lat. *exornāre*, comp. del pref. raff. *ex-* e *ornāre* 'ornare'] v. tr. ● (*lett.*) Abbellire, adornare.

esornatìvo [dal lat. *exornātus*, part. pass. di *exornāre*, comp. di *ornāre* 'ornare', col pref. raff. *ex-*] agg. ● (*lett.*) Che serve ad abbellire, a ornare.

esortàre [vc. dotta, lat. *exhortāri*, comp. del pref. raff. *ex-* e *hortāri* 'esortare', di origine indeur.] v. tr. (*io esòrto*) ● Incitare con la persuasione: *e. qc. al bene, al male, allo studio, al rispetto dei genitori*; *ti esorto a non ripetere simili errori*.

esortatìvo [vc. dotta, lat. *exhortatīvu(m)*, da *exhortāri* 'esortare'] agg. ● Che serve a esortare: *discorso e.*; *orazione, epistola esortativa*.

esortatóre [vc. dotta, lat. tardo *exhortatōre(m)*, da *exhortātus*, part. pass. di *exhortāri* 'esortare'] s. m.; anche agg. (f. *-trice*) ● Chi, che esorta.

esortatòrio [vc. dotta, lat. tardo *exhortatōriu(m)*, da *exhortātus*, part. pass. di *exhortāri* 'esortare'] agg. ● (*raro*) Esortativo.

esortazióne [vc. dotta, lat. *exhortatiōne(m)*, da *exhortātus*, part. pass. di *exhortāri* 'esortare'] s. f. ● Atto, effetto dell'esortare: *rivolgere parole di e. a qc.* | Ciò che serve a esortare: *l'e. fu priva di effetti*. SIN. Ammonizione, consiglio. || **esortazioncèlla**, dim.

†**esòrto** [vc. dotta, lat. *exŏrtu(m)*, dal part. pass. di *exorīri* 'uscir (*orīri*) fuori (*ex-*)'] s. m. ● (*astron.*) Il sorgere di un astro.

esoschèletro [vc. dotta, comp. di *eso-* (*2*) e *scheletro*] s. m. ● (*zool.*) Rivestimento cutaneo chitinoso più o meno rigido del corpo di invertebrati, spec. degli Artropodi.

esosfèra [comp. di *eso-* (*2*) e della seconda parte di (*atmo*)*sfera*] s. f. ● Involucro più esterno, oltre i 400 km, dell'atmosfera. ➡ ILL. p. 817 SCIENZE DELLA TERRA ED ENERGIA.

esòsio o **esòso** [vc. dotta, comp. di *es*(*a*) e *-osio*] s. m. ● (*chim.*) Zucchero a sei atomi di carbonio.

esosità s. f. ● Qualità di chi, di ciò che è esoso.

esòso (1) [vc. dotta, lat. *exōsu(m)* 'che odia', poi 'che è odiato', da *ōsus* 'che odia' (da *odīsse* 'odiare')] agg. *1* Avaro, gretto: *parenti esosi* | *Prezzo e.*, eccessivo | *Negoziante e.*, che vende a prezzi troppo alti. *2* Odioso, antipatico: *atteggiamento e.* | (*tosc.*) Uggioso.

esòso (2) ● V. *esosio*.

esostòrico [comp. di *eso-* (*2*) e *storico*] agg. (pl. m. *-ci*) ● Che è al di fuori della tradizione storica, spec. con riferimento a quei popoli primitivi studiati dall'etnologia e non dalle scienze storiche.

esostòsi [vc. dotta, gr. *exóstōsis*, comp. di *éx*(*ō*) 'esterno' e un deriv. di *ostéon* 'osso'] s. f. ● (*med.*) Escrescenza dell'osso verso l'esterno, senza carattere tumorale.

esòstra [vc. dotta, lat. *exōstra(m)*, dal gr. *exóstra*, da *exōthêin* 'cacciare (*thêin*) fuori (*éxō*)'] s. f. *1* Ponte di legno, usato nell'antichità, che dalla torre degli assedianti veniva calato sulle mura degli assediati per penetrare nella città. *2* Macchina teatrale.

esotèca [comp. di *eso-* (*2*) e *teca*] s. f. ● Tessuto esterno della teca dei coralli.

esotècio [vc. dotta, comp. del gr. *éxō* 'fuori' e del dim. di *thékē* 'ripostiglio'] s. m. ● (*bot.*) Strato esterno dell'involucro dell'antera.

esotèrico [vc. dotta, gr. *esōterikós*, da *esṓteros* 'interiore, intimo', der. di *ésō* 'dentro' (V. *eso-* (*1*)), col suff. *-teros*, che indica opposizione] agg. (pl. m. *-ci*) *1* (*filos.*) Detto di insegnamento intimo e segreto che alcuni filosofi greci riservavano ai propri discepoli e non rendevano pubblico. CONTR. Essoterico. *2* (*relig.*) Relativo a esoterismo e a ogni dottrina iniziatica di religione o di setta. *3* (*fig.*) Misterioso, incomprensibile dai più: *poesia esoterica*. || **esotericaménte**, avv. In modo esoterico; in modo incomprensibile.

esoterìsmo s. m. *1* (*relig.*) Tendenza in alcune religioni a riservare una parte delle verità e degli insegnamenti soltanto a gruppi di eletti o di iniziati. *2* (*est.*) Caratteristica delle sètte e dei movimenti segreti di comunicare le proprie dottrine e tecniche solo agli iniziati.

esotèrmico [vc. dotta, comp. di *eso-* (*2*) e *termico*] agg. (pl. m. *-ci*) ● Detto di processo chimico, di reazione e di tutto ciò che avviene con sviluppo di calore.

esoteromania [vc. dotta, comp. del gr. *exṓteros* 'straniero' e *-mania*] s. f. ● (*raro*) Irragionevole predilezione per tutto ciò che è straniero. SIN. Esteromania.

esoticità s. f. ● Qualità di ciò che è esotico: *e. di una moda*.

esòtico [vc. dotta, lat. *exōticu(m)*, dal gr. *exōtikós* 'che viene da fuori (*éxō*)'] **A** agg. (pl. m. *-ci*) ● Che proviene da, che è proprio di, paesi lontani, forestieri: *vocabolo e.*; *arte, civiltà esotica* | *Specie esotica*, specie vegetale o animale che non è originaria del luogo che si considera | (*est.*) Strano, stravagante: *moda esotica*; *gusti esotici*. CONTR. Nostrano. **B** s. m. ● Ciò che è esotico: *amare l'e.* || **esoticaménte**, avv.

esotìsmo s. m. *1* Elemento, motivo e sim. straniero, in arte, letteratura e sim. *2* (*ling.*) Forestierismo. *3* Predilezione per tutto ciò che è straniero, ricerca di modi e forme esotiche: *e. nella moda, nelle abitudini di vita*; *gusto per l'e.* | Carattere esotico: *l'e. del suo abbigliamento sfiora il ridicolo*.

esotista s. m. e f. (pl. m. *-i*) ● Chi predilige o indulge all'esotismo.

esotizzànte agg.; anche s. m. e f. ● Che, chi si ispira e si adegua a usi, costumi, forme tipiche di paesi lontani.

esotossina [comp. di *eso-* (*2*) e *tossina*] s. f. ● (*biol.*) Ciascuna delle tossine eliminate o escrete da un microrganismo nel mezzo circostante e capaci di provocare la comparsa dei rispettivi anticorpi.

esotropia [comp. di *eso-* (*2*) e *-tropia*] s. f. ● (*med.*) Strabismo.

espàda /sp. es'pada/ [vc. sp., dal lat. *spătha* 'spada'] s. m. inv. ● Nella corrida, chi ha il compito di uccidere il toro con la spada. SIN. Matador.

espadrille s. f. pl. ● Adattamento di *espadrilles* (V.).

espadrilles /fr. espa'drij/ [vc. fr., ant. *espardille*, da *espardillo*, vc. dial. del Roussillon, con radice *spart* 'sparto'] s. f. pl. ● Calzature basse in tela, con suola di sparto intrecciato.

espàndere [vc. dotta, lat. *expăndere*, comp. di *ex-* raff. e *păndere* 'spandere, allargare', di etim. incerta] **A** v. tr. (pass. rem. *io espànsi* o *espandètti* o *espandéi, tu espandésti*; part. pass. *espànso*) ● Ingrandire, allargare: *e. l'area abitata di un territorio* | Diffondere, spandere: *quel fiore espande un intenso profumo*. **B** v. intr. pron. *1* (*fis.*) Aumentare di volume: *il gas si espande*. *2* Estendersi, diffondersi: *un delicato aroma si espande*; *il benessere deve espandersi*. *3* (*raro*) Aprirsi, confidarsi con qc.

espandiménto s. m. ● Modo e atto dell'espandere | Modo di espandersi, nella superficie terrestre, del materiale lavico.

espansìbile agg. ● Che ha proprietà di espandersi.

espansibilità s. f. ● Proprietà di ciò che è espansibile.

espansióne [vc. dotta, lat. tardo *expansiōne(m)*, da *expānsus*, part. pass. di *expăndere* 'espandere'] s. f. ***1*** (*fis.*) Aumento di volume di un corpo | *E. dell'universo*, fenomeno per il quale le galassie si allontanano l'una dall'altra con velocità proporzionali alle relative distanze. ***2*** Nei motori a combustione interna, fase in cui il gas prodotto dalla combustione della miscela d'aria e carburante si espande spingendo lo stantuffo verso il punto morto inferiore e producendo un lavoro. ***3*** Parte che ha subito un allargamento o un ingrossamento | *E. polare*, quella estrema di un polo magnetico. ***4*** (*med.*) Dilatazione di un organo. ***5*** Diffusione in uno spazio sempre maggiore: *l'e. di un popolo, di una civiltà* | Sviluppo: *fase di e.* ***6*** (*fig.*) Manifestazione ed effusione d'affetto: *ci tratta sempre con grande e.* ***7*** †Spargimento, uscita.

espansionìsmo s. m. ● Tendenza a espandersi, ad allargare i propri confini, la propria sfera d'influenza economica e sim., spec. mediante la conquista di nuovi territori o di nuovi mercati: *e. coloniale*.

espansionìsta **A** agg. (pl. m. *-i*) ● Che appoggia, favorisce, sviluppa l'espansionismo: *Stato e.* **B** s. m. e f. ● Fautore dell'espansionismo.

espansionìstico agg. (pl. m. *-ci*) ● Proprio dell'espansionismo e degli espansionisti: *politica espansionistica*.

espansività s. f. ● Qualità di chi, di ciò che è espansivo.

espansìvo [da *espanso*, come il parallelo fr. *expansif*] agg. ***1*** Che ha proprietà di espandersi: *moto e.*; *forza espansiva*. ***2*** Che palesa sinceramente e spontaneamente i propri affetti: *ragazzo, carattere e.* || **espansivaménte**, avv. (*raro*) In modo espansivo.

espànso **A** part. pass. di *espandere*; anche agg. ***1*** Nei sign. del v. ***2*** (*chim.*) Detto di resina sintetica che possiede bassa densità dovuta all'espansione del prodotto polimerico, utilizzata come isolante termico o acustico: *polistirolo e., poliuretani espansi*. **B** s. m. ● (*chim., per anton.*) Polistirolo espanso.

espàrgere ● V. *spargere*.

espatriàre [fr. *expatrier* 'andar fuori (*ex-*) della propria patria (*patrie*)'] v. intr. (*io espàtrio*; aus. *essere*, raro *avere*) ● Andarsene dalla patria per sempre o per un periodo di tempo più o meno lungo. SIN. Emigrare. CONTR. Rimpatriare.

espàtrio [da *espatriare*] s. m. ● Atto, effetto dell'espatriare: *e. temporaneo, definitivo*. SIN. Emigrazione. CONTR. Rimpatrio.

espediènte o (*pop.*) **spediènte** [vc. dotta, lat. *expediĕnte(m)*, part. pres. di *expedīre* 'render libero, facile'] **A** s. m. ● Trovata, rimedio, spesso ingegnosi, per risolvere una situazione difficile: *e. efficace, valido, giovevole*; *ricorrere agli espedienti* | *Vivere di espedienti*, arrangiarsi come meglio si può. SIN. Mezzuccio, rimedio, stratagemma. **B** agg. ● †Utile, giovevole.

†**espedìre** [vc. dotta, lat. *expedīre*, propriamente 'liberare (*ex-*) da un laccio' (*pĕdi(ca)*, da *pēs*, genit. *pĕdis*, 'il piede, preso dal laccio')] **A** v. tr. ***1*** Sbrigare, spedire, terminare: *non potè le parole e.* / *come chi parla molte volte e sogna* (PULCI). ***2*** Facilitare, promuovere. ***3*** Sbarazzare. **B** v. rifl. ● Spicciarsi, sbrigarsi, liberarsi.

†**espeditìvo** agg. ● Spiccio.

†**espedìto** part. pass. di †*espedire*; anche agg. ***1*** Nei sign. del v. ***2*** Libero, disimpacciato | *Linguaggio e.*, con una pronuncia comprensibile. ***3*** Veloce, pronto | *Soldato e.*, armato alla leggera. || †**espeditaménte**, avv. Speditamente.

†**espedizióne** [vc. dotta, lat. *expeditiōne(m)*, da *expedītus* nel senso di '(soldato) non impedito (dai bagagli)'] s. f. ***1*** Spedizione, impresa. ***2*** Disbrigo di un affare, di una faccenda.

espèllere [vc. dotta, lat. *expĕllere* 'spingere (*pĕllere*) fuori (*ex-*)'] v. tr. (pass. rem. *io espùlsi, tu espelléstì*; part. pass. *espùlso*) ***1*** Scacciare: *e. dalla scuola, da un circolo, da uno Stato, da un partito*. ***2*** (*med.*) Mandare fuori dal corpo.

†**espèndere** e *deriv.* ● V. *spendere* e *deriv.*

esperantìsta [da *esperanto*] s. m. e f. (pl. m. *-i*) ● Cultore o sostenitore dell'esperanto.

esperànto [dallo pseudonimo *Esperanto* 'colui che spera', del suo inventore] **A** s. m. solo sing. ● Lingua artificiale, semplificata nei suoi elementi costitutivi, creata per i rapporti internazionali. **B** in funzione di agg. inv.: *grammatica e.*

espèria [vc. dotta, lat. *hespĕria(m)*, dal gr. *hespérios* 'vespertino'] s. f. ● Genere di piccole farfalle dal corpo tozzo, con ali corte e rossastre e un caratteristico volo a scatti (*Hesperia*).

esperìbile [da *esperire*] agg. ● Che si può esperire.

esperìdio [vc. dotta, dal lat. *Hespĕrides* (gr. *Hesperídes*) 'ninfe abitanti un'isola dell'Oceano dove possedevano un giardino con mele d'oro': il frutto è detto così per allusione a queste mele d'oro] s. m. ***1*** (*bot.*) Frutto degli agrumi. ***2*** (*zool.*) Esperia.

†**esperiènte** [vc. dotta, lat. *experiĕnte(m)*, part. pres. di *experīre* 'esperire'] agg. ● Esperto. || †**esperienteménte**, avv. Con esperienza.

esperiènza o †**esperiènzia**, (*raro*) †**isperiènza**, (*raro*) †**speriènza**, †**speriènzia** [vc. dotta, lat. *experiĕntia(m)*, da *expĕriens*, genit. *experiĕntis* 'esperiente'] s. f. ***1*** Conoscenza e pratica delle cose acquisita per prove fattene da noi stessi o per averle vedute fare da altri: *avere e. del mondo, degli uomini, del dolore*; *possedere una vasta e. nelle armi, nello sport, in un determinato lavoro*; *la e. non falla mai, ma sol fallano i nostri giudizi* (LEONARDO) | *Parlare per e.*, per diretta conoscenza | *Età dell'e.*, la vecchiaia | (*est.*) Conoscenza del mondo, della vita: *un uomo pieno di e.* | *Donna che ha avuto molte esperienze*, (*euf.*) un'intensa vita sentimentale | *Raccontare le proprie esperienze*, le proprie vicende. ***2*** Prova che fornisce l'occasione di conoscere direttamente qc.: *e. del vero*; *dare e.* | *Procedere per esperienze*, per prove e tentativi ripetuti. ***3*** (*filos.*) Il complesso dei fatti e dei fenomeni che si succedono in noi e fuori di noi acquisiti mediante la sensazione, elaborati e strutturati dalla riflessione, verificati attraverso l'esperimento. ***4*** Fenomeno provocato artificialmente in determinate condizioni, al fine di coglierne le caratteristiche, essenzialmente in relazione alla causa che lo ha provocato | Complesso delle operazioni riguardanti lo studio di un fenomeno provocato nelle condizioni volute. || **esperienzùccia**, dim. | **esperienzuòla**, dim.

esperienziàle agg. ● Relativo a esperienza | (*psicol.*) Relativo a una fenomenologia che si svolge dentro e fuori la persona, e viene elaborata dalla riflessione.

esperimentàre e *deriv.* ● V. *sperimentare* e *deriv.*

esperiménto o (*raro*) †**esperménto**, (*raro*) **speriménto**, (*raro*) †**sperménto** [vc. dotta, lat. *experimĕntu(m)*, da *experīre* 'esperire'] s. m. ***1*** Prova, tentativo compiuto per saggiare e conoscere la qualità o le caratteristiche di q.c. o qc.: *far e. delle proprie forze* | *Fare q.c. in via di e., per e.*, per provare e vedere i risultati | *Far e. del proprio diritto*, farne uso | *E. di latino, di matematica*, prova, saggio orale o scritto. ***2*** Prova artificiale accompagnata da osservazioni e confronti, per l'indagine nelle scienze reali. SIN. Esperienza. ***3*** †Dolore, sventura.

espèrio [vc. dotta, lat. *hespĕriu(m)*, dal gr. *hespérios*, da *héspera* 'sera', di origine indeur.] agg. ***1*** (*lett.*) Occidentale. ***2*** Dell'Esperia, antico nome della penisola italica.

esperìre [vc. dotta, lat. *experīri*, comp. del pref. *ex*-raff. e del v. non attestato **perīre*, da un n. affine al gr. *pêira* 'prova, saggio'] v. tr. (pres. *io esperìsco, tu esperìsci*; part. pass. *esperìto*, †*espèrto*) ***1*** Mettere in opera: *e. la via, i mezzi legali*; *e. un'azione avanti all'autorità giudiziaria*. ***2*** (*lett.*) Provare.

†**espermentàre** ● V. *sperimentare*.

†**esperménto** ● V. *esperimento*.

èspero o (*poet.*) †**èspro** [vc. dotta, lat. *hĕsperu(m)*, dal gr. *hésperos*, sottinteso *astḗr*, '(la stella) della sera'] s. m. ***1*** (*astron.*) Vespero. ***2*** (*lett.*) Occidente. ***3*** Vento di ponente.

espèrto o (*lett., pop., tosc.*) **spèrto**. **A** part. pass. di *esperire* ● †Nei sign. del v. **B** agg. ***1*** Che ha molta esperienza. SIN. Consumato, navigato. ***2*** Che conosce q.c., che è pratico di q.c.: *essere e. degli uomini, delle cose del mondo* | (*est.*) Dotto: *uno studioso particolarmente e. in epigrafia*. SIN. Competente, conoscitore. ***3*** Bravo, abile, provetto, valente: *un tecnico e.*; *giovarsi di esperti collaboratori*. || **espertaménte**, avv. Da persona esperta: *trattare espertamente un'arte*. **C** s. m. (f. *-a*) ● Chi possiede una specifica e approfondita preparazione su determinati argomenti, in determinati campi: *è un e. di elettrotecnica*; *chiedere la consulenza di un e.*

†**espetìbile** [vc. dotta, lat. *expetībile(m)*, da *expĕtere* 'desiderare (*pĕtere*) ardentemente (*ex*-raff.)'] agg. ● Desiderabile.

†**espettaménto** s. m. ● (*raro*) Aspettazione.

†**espettàre** [lat. *expectāre* 'guardare (*spectāre*) da lontano (*ex-*)', poi 'attendere'] v. tr. ***1*** Aspettare. ***2*** Spettare.

†**espettatìva** s. f. ● (*raro*) Aspettativa.

†**espettazióne** [vc. dotta, lat. *expectatiōne(m)*, da *exspectātus*, part. pass. di *expectāre* 'aspettare'] s. f. ● (*raro*) Aspettazione.

espettorànte **A** agg. ● Detto di rimedio atto a facilitare l'espettorazione. SIN. Espettorativo. **B** anche s. m.

espettoràre [vc. dotta, lat. *expectorāre*, comp. parasintetico di *pĕctus*, genit. *pĕctoris* 'petto', col pref. *ex-* 'fuori'] v. tr. (*io espèttoro*) ● (*med.*) Espellere muco o altro materiale dai bronchi o dalla trachea.

espettoratìvo agg.; anche s. m. ● Espettorante.

espettoràto **A** part. pass. di *espettorare*; anche agg. ● Nei sign. del v. **B** s. m. ● Muco o altro materiale eliminato con l'espettorazione.

espettorazióne s. f. ● Atto, effetto dell'espettorare.

espiàbile [vc. dotta, lat. *expiābile(m)*, da *expiāre* 'espiare (1)'] agg. ● Che si può espiare, nel sign. di espiare (1).

espiaménto s. m. ● (*raro*) Espiazione.

espianazióne ● V. *spianazione (2)*.

espiantàre [vc. dotta, lat. scient. *explantāre*, coniato in analogia con l'opposto *implantāre* 'impiantare'] v. tr. ● (*chir.*) Compiere un espianto di organi o tessuti | Sottoporre a espianto.

espiantazióne [ingl. *explantation*, da *to explant*, propr. 'spiantare'] s. f. ● (*biol.*) Coltura, in un mezzo artificiale, di frammenti di organo tolti da individui viventi.

espiànto [sovrapp. di *espiantazione* a *trapianto*] s. m. ● (*biol.*) Frammento di organo asportato da un individuo vivente.

espiàre (1) [vc. dotta, lat. *expiāre*, comp. di *ex*-raff. e *piāre* 'rendere puro (*pīus*)', 'purificare, espiare'] v. tr. (*io espìo*) ***1*** Emendare con la pena una colpa commessa: *e. i propri errori giovanili*; *e. un delitto, una sofferenza* | Scontare: *e. la pena, il fio dei propri debiti*. ***2*** Compiere l'espiazione, nei suoi vari significati religiosi.

†**espiàre (2)** [adatt. dell'ant. fr. *espier*, della stessa origine e sign. dell'it. *spiare*] v. tr. ● Spiare.

†**espiatìvo** agg. ● Che serve a espiare, nel sign. di espiare (1).

espiatóre [vc. dotta, lat. tardo *expiatōre(m)*, da *expiātus* 'espiato'] agg.; anche s. m. (f. *-trice*) ● (*raro*) Che, chi espia.

espiatòrio [vc. dotta, lat. tardo *expiatōriu(m)*, da *expiātus* 'espiato'] agg. ***1*** Che si riferisce all'espiazione: *rito e.* | *Capro e.*, che si sacrificava per uccisione o si abbandonava nel deserto, perché, assumendole sopra di sé, liberasse l'offerente dalle colpe. ***2*** Che serve a espiare: *cerimonia espiatoria*; *il sacrificio generoso ed e.* (CROCE) | *Capro e.*, (*fig.*) chi, senza colpa, paga per gli errori di altri.

espiazióne [vc. dotta, lat. *expiatiōne(m)*, da *expiātus* 'espiato'] s. f. ***1*** Atto, effetto dell'espiare, nel sign. di espiare (1): *l'e. di un delitto, di una pena*. ***2*** Nella religione greco-romana, solenne rito di propiziazione sacrificale degli dei | In tutte le religioni, placazione della divinità offesa per errati comportamenti rituali o infrazione delle norme etiche | Nella teologia cattolica, il riparare al torto fatto a Dio, con il peccato, compiendo opere di carità e accettando penitenze e mortificazioni.

espilàre (1) [vc. dotta, lat. *expilāre*, comp. di *ex*-raff. e *pilāre* 'rubare' (in origine 'ammucchiare, piantare', da *pīla* 'pilastro')] v. tr. ***1*** (*lett.*) Sottrarre mediante frode denaro o cose d'altri di cui si abbia la disponibilità. ***2*** (*fig.*) Carpire: *s'era addentrato nelle grazie di qualche cardinale per e. la buona fede del Papa* (NIEVO). ***3*** (*raro, fig.*) Plagiare, copiare.

†espilàre (2) [vc. dotta, comp. di *es-* e del lat. *pilāre*, da *pĭlux* 'pelo'] v. tr. ● Pelare.

espilazióne [vc. dotta, lat. *expilatiōne(m)*, da *expilāre* 'espilare (1)'] s. f. ● (*lett.*) Appropriazione indebita, sottrazione fraudolenta di cose altrui.

†espingere ● V. *spegnere*.

espiràre [vc. dotta, lat. *exspirāre* 'soffiar (*spirāre*) fuori (*ex-*)'] **A** v. intr. ● †Spirare: *caduto da cavallo e calpesto, espirò* (MACHIAVELLI). **B** v. tr. e intr. (aus. intr. *avere*) ● Espellere l'aria dai polmoni. CONTR. Inspirare.

espiratóre agg. ● (*anat.*) Che agisce promuovendo l'espirazione: *muscolo e.*

espiratòrio agg. ● Di espirazione.

espirazióne [vc. dotta, lat. *exspiratiōne(m)*, da *exspirātus*, part. pass. di *exspirāre* 'espirare'] s. f. ● Fase della respirazione in cui l'aria viene espulsa dai polmoni.

†espiscàre [vc. dotta, lat. *expiscāri*, propriamente 'cercare diligentemente (*ex-*) dove si nasconde il pesce (*pĭscis*)', poi gener. 'indagare con attenzione'] v. tr. ● Indagare.

†esplanàre ● V. *spianare*.

†esplanatóre ● V. *†spianatore* (2).

esplementàre [dal lat. *explemĕntum* 'ciò che serve a riempire'] agg. ● (*geom.*) *Angoli esplementari*, angoli la cui somma dà un angolo di 360°.

espletaménto s. m. ● Modo, atto ed effetto dell'espletare.

espletàre [vc. dotta, dal lat. *explētus*, part. pass. di *explēre* 'riempire (*plēre*) del tutto (*ex-*)'] v. tr. (*io esplèto*) ● (*bur.*) Compiere, portare a termine: *e. gli atti, le operazioni di carico e scarico.*

espletazióne s. f. ● (*raro*) Espletamento.

espletivo [vc. dotta, lat. tardo *expletīvu(m)*, da *explētus*, part. pass. di *explēre* 'riempire (*plēre*) interamente (*ex-*)'] agg. ● (*ling.*) Pleonastico, riempitivo | *Particelle espletive*, quelle non indispensabili, ma atte ad aumentare l'efficacia dell'espressione.

esplicàbile [vc. dotta, lat. tardo *explicābile(m)*, da *explicāre* 'esplicare'] agg. ● (*raro*) Che si può esplicare. CONTR. Inesplicabile.

†esplicaménto s. m. ● Esplicazione.

esplicàre o (*raro*) **†splicàre** [vc. dotta, lat. *explicāre*, letteralmente 'dispiegare', comp. di *ex-* oppos. e *plicāre* 'piegare'] **A** v. tr. (*io èsplico, tu èsplichi*) **1** Esercitare: *e. un'attività.* **2** (*lett.*) Esporre, spiegare: *e. un'idea, una dottrina, un concetto.* **B** v. intr. pron. **1** Attuarsi, realizzarsi: *Sapete dov'è la vita della legge, dove ella si esplica?* (DE SANCTIS). **2** †Spiegarsi.

esplicativo agg. ● Atto a spiegare, a esporre | (*filos.*) *Giudizio e.*, quello analitico.

esplicazióne [vc. dotta, lat. *explicatiōne(m)*, da *explicātus*, part. pass. di *explicāre* 'esplicare'] s. f. **1** Chiarimento, spiegazione. **2** Esercizio, svolgimento: *e. di un dovere.*

†esplicere [vc. dotta, tratta da *esplicito*] v. tr. (dif. usato solo nella terza pers. sing. dell'indic. pres. *èsplice*) ● Spiegare.

esplicitàre [da *esplicito*] v. tr. (*io esplìcito*) ● Rendere esplicito | Esprimere chiaramente: *mi esplicitò il suo rifiuto.*

esplicitazióne s. f. ● Atto, effetto dell'esplicitare.

esplìcito [vc. dotta, lat. *explĭcitu(m)*, part. pass. di *explicāre* 'esplicare', forma parallela di *explicātu(m)*] agg. ● Espresso chiaramente, senza sottintesi: *obbligo e.*; *condizione esplicita* | *Proposizione esplicita*, quella che ha il verbo al modo finito. CONTR. Implicito. || **esplicitaménte**, avv. In modo esplicito e chiaro.

esplodènte **A** part. pres. di *esplodere*; anche agg. ● Nei sign. del v. **B** s. m. ● (*spec. al pl.*) Materie esplosive.

esplòdere [vc. dotta, lat. *explōdere*, propriamente 'cacciar via (*ex-*) col battere le mani (arc. *plōdere*, classico *plaūdere*)'] **A** v. intr. (pass. rem. *io esplòsi, tu esplodésti*; part. pass. *esplòso*; aus. *essere* riferito a materie esplosive e nei sign. fig.; aus. *avere* riferito ad arma) **1** Subire un'esplosione: *la dinamite, la nitroglicerina, esplodono* | Scoppiare: *le bombe esplodono.* **2** (*fig.*) Dare in violente manifestazioni di sentimenti: *esplose in grida di rabbia* | Rivelarsi con grande intensità e quasi all'improvviso: *è esplosa l'estate.* SIN. Scoppiare. **3** (*fig.*) Eruttare, detto di vulcano: *esplode, e la cascata della lava vien giù* (BACCHELLI). **B** v. tr. ● Sparare con un'arma da fuoco: *esplose un colpo di rivoltella.*

esploditóre s. m. ● Piccolo generatore elettrico portatile, usato per ottenere il brillamento delle mine.

esploràbile agg. ● Che si può esplorare.

esploràre [vc. dotta, lat. *explorāre*, di etim. incerta] v. tr. (*io esplòro*) **1** Cercare di conoscere: *e. le mosse, le posizioni del nemico*; *e. le attività, i segreti, l'animo, le intenzioni di qc.* **2** Osservare attentamente: *e. i crateri lunari col telescopio* | (*med.*) Eseguire una esplorazione. **3** Percorrere un territorio sconosciuto per conoscerlo e descriverlo | (*mar.*) Esaminare coste, isole e sim. per determinare posizioni, passaggi, insenature.

esplorativo agg. ● Di esplorazione, che serve a esplorare: *mandato, sondaggio e.*; *indagine esplorativa*; *fare q.c. a scopo e.*

esploratóre o (*raro*) **†sploratóre** [vc. dotta, lat. *exploratōre(m)*, da *explorātus* 'esplorato'] **A** agg. (f. *-trice*) ● Che esplora: *mente esploratrice.* **B** s. m. **1** Chi esplora: *e. di caverne sotterranee* | *Giovani esploratori*, giovani organizzati sul modello dei boy- -scout inglesi per scopi educativi e addestramento sportivo-militare. **2** (*per anton.*) Chi si dedica alle esplorazioni geografiche: *un grande, un famoso e.* **3** Soldato specializzato per l'esplorazione. **4** (*mar.*) Nave leggera e veloce di ricerca, di scoperta, di avviso, di sorpresa, di guida di flottiglia.

esploratòrio [vc. dotta, lat. *exploratōriu(m)*, da *explorātus* 'esplorato'] agg. **1** (*lett.*) Attinente all'esplorazione. **2** (*med.*) Che ha lo scopo di studiare gli organi interni.

esplorazióne [vc. dotta, lat. *exploratiōne(m)*, da *explorātus* 'esplorato'] s. f. **1** Indagine diretta su cose o zone sconosciute: *le esplorazioni polari*; *l'e. del continente nero*; *compiere un viaggio di e. geografica.* **2** (*med.*) Esame di un organo interno eseguito mediante l'uso di strumenti o con le mani. **3** (*mil.*) Attività diretta a ricercare il nemico, a riconoscere il terreno, a individuare obiettivi, per fornire dati informativi e per evitare sorprese: *e. ravvicinata, strategica, tattica.* **4** Scomposizione dell'immagine ripresa dalla telecamera in elementi che vengono successivamente trasformati in segnali elettrici e sintesi dell'immagine a partire dai corrispondenti segnali nel televisore.

esplosióne [vc. dotta, lat. *explosiōne(m)*, da *explōsus* 'esploso'] s. f. **1** Reazione violenta propria degli esplosivi che avviene con forte sviluppo di gas e di calore. **2** Atto, effetto dell'esplodere: *l'e. del tuono, della folgore*; *un'e. d'ira, di sdegno, di gioia.* **3** (*med.*) Manifestazione subitanea di sintomi patologici. **4** Nei motori a combustione interna, fase in cui avviene la combustione rapidissima della miscela d'aria e carburante che ha come conseguenza l'espansione. SIN. Scoppio. **5** (*ling.*) Movimento di apertura improvvisa del canale vocale.

esplosivista [da *esploso* (2)] agg.; anche s. m. e f. (pl. m. *-i*) ● Disegnatore specializzato nel disegno esploso.

esplosività s. f. ● Qualità, caratteristica di ciò che è esplosivo (*anche fig.*): *l'e. di una miscela, di una situazione.*

esplosivo **A** agg. **1** Di, inerente a, esplosione: *reazione esplosiva.* **2** Che è in grado di produrre un'esplosione: *preparato e.*; *miscela esplosiva.* **3** (*fig.*) Improvviso e intenso: *odio, amore e.*; *ira esplosiva.* **4** (*fig.*) Estremamente critico e pericoloso: *situazione esplosiva.* **5** (*ling.*) Occlusivo. || **esplosivaménte**, avv. **B** s. m. ● Sostanza o miscuglio di sostanze che per urto, effetto del calore, innesco o altre cause, subisce una reazione di esplosione: *e. innescante, dirompente.*

esplòso (1) part. pass. di *esplodere*; anche agg. ● Nei sign. del v.

esplòso (2) [dall'ingl. *exploded*] agg. ● Detto di disegno che mostra con grande chiarezza le varie parti di una macchina, rappresentandole separatamente nella sequenza e nella posizione in cui si disporranno nel montaggio.

†espogliàre ● V. *†espoliare*.

espogliazióne o (*raro*) **espoliazióne** [vc. dotta, lat. tardo *exspoliatiōne(m)*, da *exspoliātus*, part. pass. di *exspoliāre* 'espoliare'] s. f. ● (*raro*) Spoliazione | †Depredazione.

†espoliàre o (*raro*) **†espogliàre** [vc. dotta, lat. *exspoliāre* 'spogliare (*spoliāre*) completamente (*ex-*)'] v. tr. ● Spogliare.

espoliazióne ● V. *espogliazione*.

esponènte o (*raro*) **†sponènte**. **A** part. pres. di *esporre*; anche agg. ● (*raro*) Nei sign. del v. **B** s. m. e f. **1** (*bur.*) Chi in un'istanza espone il caso, la lagnanza, le richieste sue e di altri: *l'e. chiede pertanto che gli sia resa giustizia.* **2** (*fig.*) Persona particolarmente qualificata e rappresentativa nell'ambito di un'attività, di una corrente, di un partito e sim.: *un noto e. politico, sindacale*; *i maggiori esponenti della pittura informale.* **C** s. m. **1** (*ling.*) Lemma. **2** (*mat.*) Secondo termine dell'operazione di elevamento a potenza | Numero che indica la potenza alla quale la base va elevata | *E. intero*, numero di volte per il quale la base va moltiplicata per se stessa. **3** (*mar.*) *E. di carico*, numero indice del peso che una nave può portare, oltre quello del suo scafo. **4** In tipografia, segno, lettera, numero in corpo minore collocato un po' sopra la riga.

esponenziàle [vc. dotta, tratta dal lat. *expōnens*, genit. *expōnĕntis* 'esponente'] **A** agg. ● (*mat.*) Di funzione o equazione nella quale una o più variabili figurano all'esponente | *Curva, funzione e.*, curva di equazione $y = e^x$ | (*anche fig.*) Detto di fenomeno in cui una quantità è soggetta a una crescita o diminuzione percentualmente costante nel tempo: *crescita e.* **B** s. f. ● Curva esponenziale.

†espónere ● V. *esporre*.

esponìbile agg. ● (*raro*) Che si può esporre.

†esponiménto o (*raro*) **†sponiménto**. s. m. ● Esposizione.

esponitóre o (*raro*) **†sponitóre**. s. m.; anche agg. (f. *-trice*) ● Espositore.

espórre o **†espónere**, (*raro*) **†spórre** [vc. dotta, lat. *expōnere* 'porre (*pōnere*) fuori (*ex-*)'] **A** v. tr. (coniug. come *porre*) **1** Porre fuori, in mostra, alla vista del pubblico: *e. le merci in vetrina*; *e. quadri*; *e. un avviso* | *E. il Santissimo, le reliquie*, collocarli sull'altare per presentarli al culto dei fedeli. **2** (*fot.*) Sottoporre una pellicola, una lastra sensibile e sim. all'azione della luce. **3** Abbandonare: *e. al rischio, alle intemperie, alle dicerie, alle calunnie*; *pèra colui che primo / a le triste oziose / acque e al fetido limo / la mia cittade espose* (PARINI) | *E. un neonato*, abbandonarlo perché resti affidato alla carità pubblica o comunque per liberarsene | *E. alle fiere*, presso gli antichi, condannare qc. a esserne divorato. **4** (*fig.*) Arrischiare, porre in grave pericolo: *e. i propri soldati*; *e. la propria vita.* **5** Narrare, citare per esteso, riferendone a qc.: *e. all'autorità il proprio alibi, a un amico la propria vicenda* | *E. le spese di viaggio*, farne conoscere l'ammontare a chi dovrà risarcirle | (*est.*) Leggere, spiegare, interpretare, spec. di fronte a un pubblico: *e. le sacre scritture.* **6** (*ass.*) Fare una mostra delle proprie opere, detto di artisti: *è un pittore che espone in molte gallerie.* **B** v. rifl. **1** Porsi imprudentemente alla mercé di q.c.: *esporsi ai pericoli, all'ira dei nemici, alle pallottole* | *Esporsi al pubblico*, al giudizio del pubblico. **2** (*fig.*) Compromettersi: *esporsi manifestando opinioni rivoluzionarie*; *bada a non esporti troppo.* **3** (*fig.*) Indebitarsi: *la ditta x si è esposta per circa un miliardo.*

esportàbile agg. ● Che si può esportare.

esportàre o **isportàre** [vc. dotta, lat. *exportāre* 'portar (*portāre*) fuori (*ex-*)'] v. tr. (*io espòrto*) ● Portare q.c. oltre i confini di una nazione, spec. per farne commercio: *e. prodotti agricoli, manufatti industriali, generi d'abbigliamento* | (*fig.*) Diffondere, spargere all'estero: *e. idee nuove.* CONTR. Importare.

esportatóre agg.; anche s. m. (f. *-trice*) ● Che, chi esporta: *compagnia esportatrice*; *è uno dei maggiori esportatori di frutta.*

esportazióne [vc. dotta, lat. *exportatiōne(m)*, da *exportāre* 'esportare'] s. f. ● Spedizione di prodotti all'estero, in cambio di moneta e merci: *lavoro nel settore delle esportazioni* | (*est.*) Complesso delle merci esportate: *il valore delle vostre esportazioni è invariato da due anni.* CONTR. Importazione.

esposìmetro [comp. di (*tempo di*) *esposi(zio-*

ne) e *-metro*] s. m. ● (*fot.*) Fotometro che indica il tempo di esposizione in base alla misurazione quantitativa della luce.

espositivo o (*raro*) †**spositivo** [da *esposito*] agg. ● Che serve a esporre, a spiegare: *genere, scritto e.* ‖ **espositivaménte**, avv. (*raro*) In modo espositivo.

†**espòsito** [vc. dotta, lat. *expŏsitu(m)*, dal part. pass. di *expōnere* 'esporre'] s. m.; anche agg. ● Trovatello, bambino esposto.

espositóre o (*raro*) †**spositóre** [vc. dotta, lat. tardo *expositōre(m)*, da *expŏsitus* 'esposto'] **A** s. m.; anche agg. (f. *-trice*) **1** Chi, che espone opere artistiche o prodotti industriali: *il premio è riservato agli espositori*; *ditta espositrice*. **2** Chi, che riferisce o narra q.c.: *è un brillante e.* | Chiosatore, illustratore di testi. **B** s. m. ● Supporto mobile, di diversa struttura e materia a seconda dei tipi, con cui, nei negozi, si espongono al pubblico alcune merci in vendita, spec. quelle su cui per qualsiasi ragione si voglia attirare una particolare attenzione.

esposizióne o (*raro*) †**sposizióne** [vc. dotta, lat. *expositiōne(m)*, da *expŏsitus* 'esposto'] s. f. **1** Atto, effetto dell'esporre: *e. del bucato all'aria aperta*; *l'e. di una scultura* | (*relig.*) *E. del Santissimo*, pratica liturgica cattolica, consistente nel disporre sopra l'altare l'ostia consacrata nell'ostensorio, per presentarla all'adorazione dei fedeli | *E. delle reliquie*, collocazione delle reliquie dei santi sull'altare per presentarle alla venerazione dei fedeli | *E. di neonati*, l'abbandonarli alla carità altrui | †*E. di un condannato*, gogna, berlina. **2** (*fot.*) Scelta della combinazione di tempo di posa e diaframma | *Indice di e.*, metodo di accoppiamento del tempo di posa e dell'apertura del diaframma. **3** Pubblica mostra: *e. di opere d'arte, di prodotti agricoli*; *e. biennale, internazionale, regionale, nazionale* | *Palazzo delle esposizioni*, destinato ad accoglierle. **4** Giacitura, posizione di q.c. rispetto ai quattro punti cardinali: *e. a mezzogiorno, a oriente*; *l'e. di un edificio*. **5** Relazione, narrazione orale o scritta: *e. dei risultati di un affare*; *precisa e. dei fatti, dei concetti, delle proprie ragioni, di una dottrina* | Interpretazione: *e. di un'allegoria*. **6** (*mus.*) Parte iniziale di una composizione musicale, ove sono enunciati per la prima volta i temi che daranno vita allo sviluppo successivo. **7** Nel linguaggio alpinistico, caratteristica di un passaggio, di una via di arrampicata, e sim. che sono esposti. **8** (*comm.*) Complesso dei crediti verso un terzo da parte di un'azienda. ‖ **esposizioncèlla**, dim.

espósto o (*raro*) †**spósto**. **A** part. pass. di *esporre*; anche agg. **1** Nei sign. del v. **2** Collocato, rivolto: *edificio e. a nord, a occidente, al sole*. **3** Nel linguaggio alpinistico, detto di un passaggio, di una via di arrampicata e sim., del tutto scoperti sul vuoto. **4** (*med.*) Detto di frattura in cui esiste una comunicazione tra il focolaio di frattura e l'esterno: *frattura esposta dell'omero*. **B** s. m. (f. *-a* nel sign. 1) **1** Fanciullo abbandonato dai genitori. SIN. Trovatello. **2** (*bur.*) Ciò che è narrato e riferito in una petizione diretta a un'autorità: *secondo quanto risulta dall'e.* | (*est.*) La petizione stessa e il documento che la reca: *scrivere, accogliere, respingere un e.*

†**esprèmere** ● V. *esprimere*.

espressióne o †**ispressióne**, †**spressióne** [vc. dotta, lat. *expressiōne(m)*, da *exprĕssus* 'espresso (1)'] s. f. **1** Atto, modo, effetto dell'esprimere: *e. della volontà, del pensiero, di un'idea*. **2** Parola, frase con cui si esprime il pensiero, il sentimento e sim.: *e. d'amore, di dolore, di gratitudine* | *E. di grazia*, ringraziamento | (*est.*) Locuzione: *mi sembra un'e. dialettale*. SIN. Termine, vocabolo. **3** (*ling.*) L'elemento esteriore del segno linguistico. **4** Atteggiamento, aspetto che manifesta sentimenti o stati d'animo: *i suoi occhi avevano un'e. triste* | (*est.*) Capacità di esprimere q.c. con efficacia: *parole prive di e.*; *prosa ricca di e.*; *sogguardò la sposa, con una e. di doppiezza* (MORANTE). **5** (*mat.*) Serie di termini, di simboli e di segni propri di una teoria | Procedimento e risultato di un numero finito di operazioni razionali e di estrazioni di radice applicate a determinati numeri o lettere.

espressionìsmo [fr. *expressionisme*, da *expression* 'espressione'] s. m. ● Tendenza a manifestare nell'arte il mondo interiore dei sentimenti, deformando sino alla più violenta esasperazione i dati del reale | Movimento artistico che, sorto in Germania agli inizi del sec. XX, si pose questi intenti programmaticamente, in reazione all'impressionismo.

espressionìsta [fr. *expressioniste*, da *expressionisme* 'espressionismo'] **A** s. m. e f. (pl. m. *-i*) ● Seguace dell'espressionismo: *una mostra di espressionisti*. **B** agg. ● Espressionistico: *pittore e.*; *quadro e.*

espressionìstico agg. (pl. m. *-ci*) ● Relativo all'espressionismo o agli espressionisti | Detto di artista e di opera d'arte che presenta i caratteri dell'espressionismo. ‖ **espressionisticaménte**, avv. Secondo le teorie dell'espressionismo.

espressìva s. f. ● (*raro*) Facoltà di esprimersi, di esprimere q.c. efficacemente.

espressivìsmo [comp. di *espressiv(o)* e *-ismo*] s. m. ● Stile letterario che tende, con invenzioni espressive, a dare più forza alla comunicazione scritta, ricorrendo ai dialetti, ai gerghi, ai linguaggi tecnici e settoriali, alle lingue straniere: *l'e. di Gadda*.

espressività s. f. ● Qualità di chi, di ciò che è espressivo.

espressìvo [fr. *expressif*, da *expression* 'espressione'] agg. **1** Che esprime chiaramente ed efficacemente concetti, pensieri, sentimenti, stati d'animo e sim.: *silenzio, sguardo, gesto, linguaggio e.*; *avere un viso molto e.*; *occhi espressivi* | (*raro*) Atto a esprimere. **2** (*ling.*) Detto di fatto linguistico dovuto a fattori soggettivi. ‖ **espressivaménte**, avv.

esprèsso (1) o †**isprèsso**, †**sprèsso**. **A** part. pass. di *esprimere*; anche agg. **1** Nei sign. del v. **2** Manifestato esplicitamente: *patto commissorio e.* **3** (*raro, lett.*) Appositamente mandato. ‖ **espressaménte**, avv. **1** In modo chiaro, manifesto, esplicito: *mi chiese espressamente di partire*. **2** A bella posta: *ti ho chiamato espressamente per parlarti*. **B** avv. ● Espressamente, esplicitamente: *El par che tu mi nieghi, / o luce mia, e. in alcun testo / che decreto del cielo orazion pieghi* (DANTE *Purg.* VI, 28-30).

esprèsso (2) [ingl. *express*, dal fr. *exprès* 'espresso'] **A** agg. **1** Celere, rapido | *Treno e.*, impostato ad alta velocità, che ferma solo nelle località di maggior importanza | (*est.*) Detto di cibo o bevanda fatta sul momento per chi la richiede: *piatto e.*; *spaghetti espressi*; *caffè e.* **2** Detto di speciale francobollo per la corrispondenza, che deve essere recapitata con maggior celerità rispetto a quella ordinaria | (in funzione di agg. inv.) Munito di tale affrancatura: *raccomandata e.*; *plichi e.* **B** s. m. **1** (*ell.*) Caffè espresso: *chiedere, bere un e.* **2** (*ell.*) Treno espresso. **3** (*ell.*) Francobollo espresso | (*est.*) Lettera affrancata con tale francobollo: *spedire un e.*

†**espressóre** o †**ispressóre** [vc. dotta, lat. tardo *expressōre(m)*, da *exprĕssus* 'espresso (1)'] s. m. ● (*raro*) Strumento che serve a spremere.

esprìmere o (*raro*) †**esprèmere**, †**isprimére**, †**sprìmere** [vc. dotta, lat. *exprĭmere* 'premere (*prĕmere*) per far uscire (*ex-*)'] **A** v. tr. (pass. rem. *io esprèssi, tu esprimésti*; part. pass. *esprèsso*) **1** Manifestare con atti e parole: *e. giudizi, pensieri, opinioni, sentimenti*; *col pianto, col silenzio si possono e. molte cose* | Significare: *queste parole non esprimono nulla*; *e. quel che si sente, in italiano, nel proprio dialetto, a modo proprio* | †Tradurre da un'altra lingua. SIN. Dimostrare, esternare, estrinsecare. **2** Tradurre in espressione artistica: *un musicista che esprime perfettamente il senso del dolore*. **3** †Spremere. **4** (*fig.*) †Trarre fuori | *E. la verità dalla bocca altrui*, estorcerla. **B** v. intr. pron. ● Esporre chiaramente i propri pensieri: *non sa esprimersi* | Parlare: *non riesco a esprimermi in francese*; *che modo di esprimersi!*

esprimìbile agg. ● Che si può esprimere: *è un concetto non e. a parole*. CONTR. Inesprimibile.

esprit /fr. ɛs'pri/ [vc. fr., dal lat. *spĭritu(m)* 'spirito (1)'] s. m. inv. ● Vivacità d'ingegno, arguzia, senso dell'umorismo.

†**èspro** ● V. *espero*.

†**esprobràbile** [vc. dotta, lat. tardo *exprobrābile(m)*, da *exprobrāre* 'esprobrare'] agg. ● Biasimevole.

†**esprobràre** [vc. dotta, lat. *exprobrāre*, comp. di *ex-* raff. e *prŏbrum* 'azione riprovevole'] v. tr. ● Rimproverare, biasimare, rinfacciare.

†**esprobratóre** [vc. dotta, lat. *exprobratōre(m)*, da *exprobrātus* 'esprobrato'] s. m. ● Chi rimprovera.

†**esprobrazióne** [vc. dotta, lat. *exprobratiōne(m)*, da *exprobrātus* 'esprobrato'] s. f. ● Biasimo solenne.

†**esprómere** [vc. dotta, lat. *exprōmere*, comp. di *ex-* raff. e *prōmere* 'porre (originario sign. di *ēmere*) avanti (*pro-*)'] v. tr. (dif. usato solo alla terza pers. sing. dell'indic. pres. *esprōme* e all'inf. pres.) ● Far uscir fuori.

espromissàrio [dal lat. *expromĭssus*, part. pass. di *expromĭttere* 'rispondere per qualcuno' (V. *espromittente*)] s. m. ● (*dir.*) Creditore parte di una espromissione.

espromissióne [dal lat. *expromĭssus*, part. pass. di *expromĭttere* 'garantire' (V. *espromittente*)] s. f. ● (*dir.*) Negozio col quale un terzo assume su di sé un debito altrui in favore del creditore: *e. cumulativa, liberatoria*.

espromissóre [vc. dotta, lat. tardo *expromissōre(m)*, da *expromĭttere* 'promettere'] s. m. ● (*dir.*) Espromittente.

espromittènte [vc. dotta, lat. *expromittĕnte(m)*, part. pres. di *expromĭttere* 'garantire (secondo il sign. giuridico-religioso di *promĭttere* 'promettere') fermamente (*ex-*)'] s. m. e f. ● (*dir.*) Chi nell'espromissione assume su di sé il debito. SIN. Espromissore.

espropriàre o (*pop.*) **spropiàre**, (*pop.*) **spropriàre** [vc. dotta, lat. mediev. *expropriāre*, comp. parasintetico di *prŏprius* 'proprio', col pref. *ex-* 'fuori'] **A** v. tr. (*io espròprio*) **1** Privare qc. della proprietà su un bene nelle ipotesi e con le forme disposte dalla legge: *e. i proprietari terrieri*; *e. il latifondo*. **2** (*est.*) Privare qc. di ciò che possiede. **B** v. rifl. ● Privarsi spontaneamente di q.c.

espropriazióne [da *espropriare*] s. f. ● Atto, effetto dell'espropriare: *e. per pubblica utilità*; *procedura di e.*

espròprio [da *espropriare*] s. m. ● Espropriazione.

espugnàbile [vc. dotta, lat. *expugnābile(m)*, da *expugnāre* 'espugnare'] agg. ● Che si può espugnare (*anche fig.*): *roccaforte e.*; *virtù e.* CONTR. Inespugnabile.

espugnàre o (*raro*) †**spugnàre (2)** [vc. dotta, lat. *expugnāre*, comp. di *ex-* raff. e *pugnāre* 'combattere'] v. tr. **1** Impadronirsi combattendo d'un luogo forte e munito: *e. una fortezza, una città, una piazza*. **2** (*fig.*) Costringere alla resa: *e. la virtù di una fanciulla*.

espugnatóre [vc. dotta, lat. *expugnatōre(m)*, da *expugnātus*, part. pass. di *expugnāre* 'espugnare'] agg.; anche s. m. (f. *-trice*) ● (*raro, lett.*) Che, chi espugna.

espugnazióne o (*raro*) †**spugnazióne** [vc. dotta, lat. *expugnatiōne(m)*, da *expugnātus*, part. pass. di *expugnāre* 'espugnare'] s. f. ● Atto, effetto dell'espugnare: *le espugnazioni di lochi inespugnabili* (CASTIGLIONE).

espulsióne [vc. dotta, lat. *expulsiōne(m)*, da *expŭlsus* 'espulso'] s. f. ● Atto, effetto dell'espellere: *l'e. dalla scuola, da uno Stato, da un'assemblea, dal campo di gara*.

espulsìvo [vc. dotta, lat. tardo *expulsīvu(m)*, da *expŭlsus* 'espulso'] agg. ● Che spinge fuori, che ha forza di espellere | (*med.*) *Periodo e. del parto*, quello in cui si ha la proiezione all'esterno del feto.

espùlso **A** part. pass. di *espellere* ● Nei sign. del v. **B** s. m. (f. *-a*) ● Chi è stato scacciato: *gli espulsi devono presentarsi in direzione accompagnati dai genitori*.

espulsóre [vc. dotta, lat. *expulsōre(m)*, da *expŭlsus* 'espulso'] **A** agg. ● Che espelle. **B** s. m. **1** Chi espelle. **2** Congegno che nelle armi a retrocarica concorre a espellere il bossolo sparato.

espulsòrio agg. ● Atto a espellere.

espùngere [vc. dotta, lat. *expŭngere* 'pungere (*pŭngere*) completamente (*ex-*)', poi 'cancellare con punti'] v. tr. (coniug. come *pungere*) ● Eliminare parole o brani da uno scritto o da uno stampato: *nella ristampa l'autore ha espunto l'ultimo capi-*

tolo | (*raro*) Sopprimere da un ruolo: *e. militi, giudici dal numero.* SIN. Cancellare, togliere.

espùnto part. pass. di *espungere* ● Nei sign. del v.

†**espuntòrio** agg. ● (*lett.*) Che serve a espungere | *Punto e.*, nelle antiche scritture, il punto posto sopra o sotto una lettera da espungere.

espunzióne [vc. dotta, lat. tardo *expunctiōne(m)*, da *expŭnctum* 'espunto'] s. f. ● Atto dell'espungere. CONTR. Interpolazione.

espurgàbile agg. ● (*raro*) Che si può espurgare.

espurgàre [vc. dotta, lat. *expurgāre*, comp. di *ex-* raff. e *purgāre* 'pulire'] v. tr. (*io espùrgo, tu espùrghi*) **1** (*raro*) Ripulire, nettare, disinfettare | *E. una caldaia*, toglierne sali, incrostazioni e sim. **2** (*fig.*) Togliere da un'opera letteraria ciò che è, o sembra, contrario alla morale comune: *e. il Decamerón.*

espurgatóre s. m.; anche agg. (f. *-trice*) ● (*raro*) Chi, che espurga un testo.

espurgatòrio agg. ● Fatto per espurgare.

espurgazióne [vc. dotta, lat. *expurgatiōne(m)*, da *expurgātus* 'espurgato', part. pass. di *expurgāre* 'espurgare'] s. f. **1** Atto, effetto dell'espurgare. **2** †Evacuazione. **3** (*med., raro*) Spurgo.

†**espùrgo** [da *espurgare*] s. m. ● Spurgo, espurgazione.

esquimése [dal fr. *esquimeau*; V. *eschimese*] agg.; anche s. m. e f. ● Eschimese.

†**esquisito** e *deriv.* ● V. *squisito* e *deriv.*

éssa pron. pers. f. di terza pers. sing. ● Forma f. di 'esso'.

-éssa [lat. parl. *-issa*, dal gr. *-issa*, usato per n. personali f.] suff. ● Forma nomi femminili: *baronessa, dottoressa, duchessa, leonessa, ostessa, poetessa.*

essai /fr. e'sɛ/ [vc. fr., dal lat. tardo *exăgium*, da cui anche l'it. *saggio (2)*] s. m. inv. **1** Saggio, prova, esperimento | V. anche *ballon d'essai* e *cinema.* **2** (*sport*) Nel gioco del rugby, meta.

†**essaltàre** ● V. *esaltare.*

†**essàusto** ● V. *esausto.*

ésse (1) pron. pers. f. di terza pers. pl. ● Forma f. pl. di 'esso'.

èsse (2) s. f. o m. inv. ● Nome della lettera *s* | *Fatto a e.*, di oggetto che ricorda la forma sinuosa della S maiuscola | *Avere le gambe a e.*, avere le gambe storte.

†**essecràre** e *deriv.* ● V. *esecrare* e *deriv.*

essedàrio [vc. dotta, lat. *essedāriu(m)*, da *ĕssedum* 'essedo'] s. m. ● Chi guidava un essedo o combatteva su di esso.

èssedo [vc. dotta, lat. *ĕssedu(m)*, vc. di origine celt.] s. m. ● Carro a due ruote scoperto usato dai Galli e dai Britanni.

†**esseguire** e *deriv.* ● V. *eseguire* e *deriv.*

†**essèmpio** e *deriv.* ● V. *esempio* e *deriv.*

†**essèmplo** e *deriv.* ● V. *esempio* e *deriv.*

essendoché o **essèndo che** [comp. di *essendo* e *che (2)*] cong. ● (*raro*) Poiché, giacché, per il fatto che (introduce una prop. caus. con il v. all'indic., raro al congv.): *essendo che amendue i pronunziati posson esser veri* (GALILEI).

essènico agg. (pl. m. *-ci*) ● Degli, relativo agli, Esseni.

essèno [vc. dotta, lat. *Essēni* (nom. pl.), dal gr. *Essēnói*, di etim. discussa: dal siriaco *hăsēn*, pl. di *hăsē* 'pio' (?)] s. m. ● Seguace di una setta ebraica precristiana praticante forme di ascetismo.

essènza o †**essènzia** [vc. dotta, lat. *essĕntia(m)*, costruito su *esse* 'essere', *ĕssens* 'essente', analogico su *sapiĕntia* e calco sul gr. *ousía*] s. f. **1** (*filos.*) Ciò che una cosa non può non essere | Ciò senza di cui una cosa non può essere né compiuta né pensata. **2** (*est.*) Parte intima, fondamentale e caratteristica di q.c.: *l'e. del discorso, del problema*; *l'e. di una teoria, di una dottrina.* **3** (*chim.*) Sostanza volatile di odore acuto e composizione varia, estratta da diverse parti di alcune piante e spec. dai fiori, usata in medicina, farmacia, profumeria: *e. di trementina, di mandorle amare.* **4** Nel linguaggio forestale e merceologico, la specie di un albero: *un bosco di pini e altre essenze* | (*est.*) Il legno che si ricava da tali alberi: *il rovere è un'e. forte*; *il pioppo è un'e. dolce.*

essenziàle [vc. dotta, lat. tardo *essentiāle(m)*, da *essĕntia* 'essenza'] **A** agg. **1** Che concerne l'essenza di q.c.: *la ragione è un requisito e. dell'uomo*; *il punto e. della questione* | (*dir.*) *Errore e.*, determinante del consenso | *Termine e.*, il cui mancato rispetto comporta la risoluzione del contratto | Necessario, indispensabile: *l'ossigeno è e. alla respirazione* | Privo di fronzoli, scarno ma efficace: *stile, linguaggio e.* SIN. Capitale, fondamentale, primario. CONTR. Accidentale, casuale. **2** (*chim.*) *Olio e.*, essenza. || **essenzialménte**, avv. In sostanza, in essenza; fondamentalmente: *si tratta di questioni essenzialmente diverse.* **B** s. m. ● La cosa principale e necessaria: *l'e. è capire il problema.*

essenzialìṣmo s. m. ● (*filos.*) Ogni concezione filosofica che ammette la priorità ontologica dell'essenza rispetto all'esistenza.

essenzialità [vc. dotta, lat. tardo *essentialitāte(m)*, da *essentiālis* 'essenziale'] s. f. ● (*raro*) Qualità di ciò che è essenziale.

essenzièro [da *essenza* nel sign. 3] agg. ● Relativo alla produzione di essenze.

†**essèquie** e *deriv.* ● V. *esequie* e *deriv.*

essèra [vc. dotta, lat. *hexēre(m)*, dal gr. *hexḗrēs*, comp. di *héx* 'sei' e un deriv. di *eréssein* 'remare', di origine indeur.] s. f. ● Nell'antica Grecia, nave a sei ordini di remi sovrapposti.

†**essercitàre** ● V. *esercitare.*

†**essèrcito** ● V. *esercito.*

èssere [lat. parl. **ĕssere*, per il classico *ĕsse*, di origine indeur., convogliato nel quadro della terza coniug.] **A** v. intr. (pres. *io sóno*, †*so'* /sɔ*/, *tu sèi, egli è*, †*èe*, *noi siàmo*, †dial. *sémo* o *sèmo*, †*sómo*, *voi siète*, †*séte*, *essi sóno*, †*ènno*; imperf. *io èro*, †*èra*, *tu èri, egli èra, noi eravàmo*, †*èramo* o †*eràmo*, *voi eravàte, essi èrano*; pass. rem. *io fùi, tu fósti*, †*fùsti, egli fu*, †*fo'* /fo*/, *noi fùmmo, voi fóste*, †*fùste*, *essi fùrono*, †*fùro*, †*fòro*, †*fuòro*; fut. *io sarò*, †*serò*, *tu saràì, egli sarà*, †*fia*, †*fie*, *noi sarémo, voi saréte, essi sarànno*, †*fiano*, †*fieno*; cond. pres. *io sarèi*, †*sarìa*, †*fòra, tu sarésti, egli sarèbbe*, †*sarìa*, †*fòra*, *noi sarémmo, voi saréste, essi sarèbbero*, †*sariano*, †*fòrano*; cong. pres. *io sìa*, †*sie*, *tu sìa, sìi, egli sìa, noi siàmo, voi siàte, essi sìano*, †*sièno*; congv. imperf. *io fóssi*, †tosc. *fùssi*; imperat. *sìi, siàte*; part. pres. raro *essènte*; part. pass. *stàto* (V.), †*essùto* (V.), †*sùto*; ger. *essèndo*, †*sèndo*. ATTENZIONE! *è* va sempre accentato; *fu* non va accentato (V. nota d'uso ACCENTO) È v. ausiliare per tutti i tempi della forma passiva, per i tempi composti di ogni forma rifl., intr. pron. e impers. e inoltre per i tempi composti di molti v. intr. att. e dei servili quando il verbo che segue all'infinito richiede l'aus. *essere*) **I** Esprimere, possedere, rappresentare un qualche aspetto di quella che è considerata realtà (in un dato momento psicologico o periodo storico, da una data prospettiva filosofica o genericamente culturale e sim.), sia che questa realtà coincida con qualcuna delle forme dell'esistenza quotidiana, sia che si svolga a un livello ritenuto più importante e profondo rispetto al livello dell'esistenza quotidiana. **1** (*ass.*) Esprime essenza o apparizione primordiale: *Dio è, Dio non è*; *non preoccupatevi per ciò che non è*; *bisogna prendere la vita com'è*; *e la luce fu* | Accompagnato dalle particelle *ci* e *vi*, esprime esistenza: *non ci sono uomini perfetti*; *non c'è nessuno che sia così ingenuo*; *ci sono a questo riguardo regole precise* | Vivere: *c'era in quel tempo un uomo* | *C'era una volta*, inizio di molti racconti e favole | (*bur.*) *Carlo X, (del) fu Giuseppe*, figlio del defunto Giuseppe. **2** Accadere, avvenire, aver luogo: *sarà quel che sarà*; *quel che è stato è stato*; *che sarà di me?*; *dopo varie scaramucce vi fu una dura battaglia*; *che cosa c'è, adesso?* | *Così sia*, formula concl. che esprime talvolta anche rassegnazione | Arrivare, pervenire: *fra due ore siamo in città*; *un attimo e sono da lei* | *Ci siamo!*, (*fig.*) siamo giunti a una conclusione, a un punto importante e sim. | (*fig., fam.*) Capire: *ci sei?* **3** Trovarsi in un dato rapporto, di appartenenza, favore, contrasto e sim., rispetto a q.c.: *allora, sei del numero anche tu?*; *lui è dei nostri*; *sono tutti dalla tua parte*; *sei o non sei per il divorzio?* | Trovarsi, vivere e sim.: *non so dove sono*; *e. a casa, a scuola, in ufficio*; *e. davanti, dietro, vicino a qc.*; *e. al sicuro, nei guai* | *Siamo alle solite!*, ci troviamo nella situazione, generalmente spiacevole, in cui ci siamo già trovati più volte | *E. altrove*, (*fig.*) essere distratto, o comunque psicologicamente lontano dalla propria situazione concreta in un dato momento | Occupare una data posizione, con riferimento a un sistema di relazioni spaziali o temporali: *che ora è?*; *da qui a casa ci sono due kilometri* | Diventare: *vuole e. ricco*; *mi riposerò quando sarò vecchio.* **4** Come v. copulativo collega direttamente il sogg. con un pred. che lo determina: *e. operaio, impiegato*; *e. ricco, povero, influente*; *e. una nullità*; *e. se stesso*; *e. buono, cattivo*; *e. primo, ultimo*; *la balena è un mammifero*; *lui preferisce e. che sembrare onesto*; *non è niente*; *come se niente fosse.* **5** (*fam.*) Pesare: *quanto è questa carne?*; *il pane è un kilo* | (*fam.*) Costare: *quanto è in tutto? Sono circa centomila lire.* **II** Esprime varie relazioni grammaticali. **1** Seguito da prep., spec. *in, di* e *da*, introduce un elemento che determina il soggetto, specificandone lo stato, la funzione, l'appartenenza, l'origine, la materia e sim.: *e. in buono, in cattivo stato*; *e. in uniforme, in cappello*; *e. in gran numero*; *e. in dubbio, in forse*; *quel cassettone è di mio nonno*; *è d'oro, di bronzo*; *è di molto, di poco lavoro*; *e. di aiuto, di conforto, di sostegno*; *e. di cattivo umore*; *e. di turno*; *questo mio amico è di Ferrara*; *questo non è da voi* | *E. di ritorno*, ritornare | *Non siamo di questa opinione*, non condividiamo questa opinione | *E. da più, da meno*, valere di più, di meno. **2** Seguito dalla prep. *da* e preceduto o no dalla particella *ci*, indica la necessità, la possibilità, la convenienza di q.c.: *sono principi da dimostrare*; *è difficile da spiegare, è difficile a spiegarsi*; *è facile da fare, da dire, è facile a farsi, a dirsi*; *non c'è nulla da dire*; *non c'è che da aspettare*; *c'è da piangere.* **3** Seguito dalla prep. *per* e da una forma nominale, indica la destinazione, il fine, la preferenza; *questo è per te*; *è per questo che sei venuto* | (*lett.*) Seguito dalla prep. *per* e da una forma verbale, indica l'imminenza dell'azione espressa dal verbo che segue: *siamo per lasciare la città.* **4** Preceduto dalla prep. *per*, limita il raggio di applicazioni della frase che lo segue: *per e. il direttore, è molto democratico*; *per e. intelligente, lo è.* **B** v. intr. impers. **1** Introduce un predicato che determina una data azione, processo, fenomeno e sim., senza che vi sia un soggetto esplicitamente definito: *è caldo, freddo, nuvolo*; *è Pasqua*; *è così*; *è come dici tu*; *beh, sa com'è.* **2** Seguito dalla prep. *per* che determina un pronome, sostantivo o verbo, e da una frase introdotta dalla congiunzione *che*, rafforza il legame fra il verbo che segue *che* e l'oggetto di *per*: *è per te che lo dico*; *è per il tuo bene che lo faccio.* **C** in funzione di s. m. **1** (*filos.*) Esistenza, vita, stato, condizione: *discutere dell'e. e del non e.*; *indagare i problemi dell'e.*; *in natura ogni cosa ha il suo e.*; *l'e. dell'uomo è diverso da quello delle cose*; *il nostro e. è piuttosto durare* | †*Dare l'e.*, la vita. **2** Ciò che ha una qualunque forma di vita, di esistenza: *gli esseri viventi* | *L'Essere supremo*, Dio. **3** (*fam.*) Persona, uomo, individuo: *sei un e. ammirevole*; *è un e. odioso*; *non farci caso, è un povero e.* || **esserino**, dim. (V.).

esserino s. m. **1** Dim. di *essere* nel sign. C 3. SIN. Bambinello, creaturina. **2** Essere animato che ispira tenerezza e compassione: *povero e., muore dal freddo.*

éssi pron. pers. m. di terza pers. pl. ● Forma m. pl. di 'esso'.

essiccagióne ● V. *essiccazione.*

essiccaménto s. m. ● Essiccazione.

essiccànte **A** part. pres. di *essiccare*; anche agg. ● Nei sign. del v. **B** s. m. **1** (*med.*) Sostanza che, a contatto con piaghe e ferite infette, assorbe il materiale purulento e sterilizza la lesione favorendo la cicatrizzazione. **2** Prodotto chimico impiegato per l'essiccamento delle piante in campo.

essiccàre [vc. dotta, lat. *exsiccāre* 'seccare (*siccāre*) del tutto (*ex-*)'] **A** v. tr. (*io essìcco, tu essìcchi*) **1** Prosciugare: *e. una palude, un bacino* | Asciugare: *e. una piaga.* **2** Sottoporre a essiccazione: *e. la canapa, le prugne.* **B** v. intr. pron. **1** Diventare secco, asciutto: *presto le paludi si essiccheranno.* **2** (*fig.*) Inaridirsi: *gli si è essiccata la fantasia.*

essiccativo agg. ● Atto a essiccare: *polvere essiccativa.*

essiccatóio s. m. **1** Macchina dell'industria tessile che compie l'essiccazione della fibra | Impianto per l'essiccazione di vari prodotti: *e. per* *riso, grano, mais; e. per pelli.* **2** Luogo in cui si compie l'essiccazione.

essiccatóre s. m. **1** Essiccatoio. **2** Addetto all'essiccazione di prodotti vari | Nelle saline e nelle torbiere, chi raccoglie i residui.

essiccazióne o **essiccagióne** [vc. dotta, lat. tardo *exsiccatiōne(m)*, da *exsiccātus*, part. pass. di *exsiccāre* 'essiccare'] s. f. ● Eliminazione parziale o totale, da materiali o sostanze varie, di acqua o altri liquidi: *e. di una pellicola, delle pelli, dei materiali edilizi* | Prosciugamento, bonifica: *l'e. di un acquitrino.*

essiccòsi [da *essiccare*, col suff. *-osi*] s. f. ● (*med.*) Perdita di notevole quantità di acqua da parte dell'organismo.

†**essìglio** ● V. *esilio.*

essìlio ● V. *esilio.*

ésso [lat. *ĭpsu(m)*, di etim. incerta] **A** pron. pers. m. di terza pers. sing. (f. *éssa*; pl. m. *éssi*; pl. f. *ésse*) **1** (*al sing.*) Indica la cosa o l'animale (fam. o dial. anche la persona) di cui si parla e si usa come sogg., più raramente, e spec. nel f., come compl.: *ho ascoltato il tuo proposito: e. è lodevolissimo; si esige la firma del titolare o chi per e.; ella mi piace, ... accomoderei con essa i miei interessi* (GOLDONI); *se anche il tacesse, lo direbbe il di lui viso per e.* (ALFIERI) | †*E con e.*, insieme: *la disavventura era tale, e con e. la discordia de' Fiorentini* (VILLANI). **2** (*al pl.*) Indica le persone, gli animali, le cose di cui si parla e si usa sia come sogg., sia come compl.: *essi verranno domani; alcune di esse sono pronte.* **B** in funzione di agg. dimostr. **1** (*lett.*) Proprio, medesimo (con valore raff. e ints. preposto a un s. o a un pron. pers. con i quali può o meno concordare): *e. lui; io son essa che lutto, / madre* (DANTE *Purg.* XVII, 38-39); e correr fra' primieri / pallido e scapigliato e. tiranno (LEOPARDI) | (*pleon.*) *Di vero tu cenerai con e. meco* (BOCCACCIO); *mi proposero di accompagnarmi con e. loro* (GOLDONI). **2** (*lett.*) Questo, quello, tale, suddetto: *l'anima in tanto esce di e. corpo, in quanto solo è impedita di rimanervi* (LEOPARDI). **3** (*lett.*) †Entra nella composizione di alcune prep.: *lunghesso; sovresso; sottesso.*

†**essòrdio** ● V. *esordio.*

essotèrico [vc. dotta, lat. *exotĕricu(m)*, dal gr. *exōterikós*, da *éxō* 'di fuori, esterno' (V. *eso-* (2))] agg. (pl. m. *-ci*) ● Di dottrina o insegnamento destinati al pubblico. CONTR. Esoterico. || **essotericaménte**, avv.

essoterìșmo s. m. ● Qualità di ciò che è essoterico.

essudàre [vc. dotta, lat. *exsudāre* 'uscire per trasudamento, trasudare', comp. di *ex-* 'fuori' e *sudāre* 'sudare'] v. intr. (aus. *avere*) ● (*med., biol.*) Fuoriuscire per filtrazione.

essudativo agg. ● (*med.*) Che concerne l'essudazione: *diatesi essudativa.*

essudatìzio agg. ● (*med.*) Caratteristico, proprio di un essudato: *liquido e.*

essudàto A part. pass. di *essudare*; anche agg. ● Nei sign. del v. **B** s. m. **1** (*med.*) Liquido che fuoriesce dai vasi sanguigni di un tessuto infiammato. **2** (*biol.*) Materiale fluido che in certi organismi vegetali filtra attraverso le pareti cellulari e si deposita nei tessuti adiacenti, come le gomme e le resine.

essudazióne [vc. dotta, lat. tardo *exsudatiōne(m)*, da *exsudātus* 'essudato'] s. f. ● (*med., biol.*) Azione, effetto dell'essudare.

†**essùto** o †**sùto**. part. pass. di *essere* ● Nei sign. del v.

est /ɛst/ [fr. *est*, dall'ingl. *east*, di origine indeur.] s. m. **1** (*geogr.*) Punto cardinale nella cui direzione si vede sorgere il sole nei giorni degli equinozi di primavera e di autunno. **2** (*est.*) Territorio, paese e sim. situato in direzione dell'est rispetto a un punto stabilito: *l'est dell'Europa* | (*per anton.*) *I paesi dell'E*, quelli dell'Europa orientale, un tempo soggetti all'influenza politica dell'Unione Sovietica. **3** (*est.*) Nel bridge, posizione del giocatore che, al tavolo da gioco, si colloca di fronte al giocatore in posizione Ovest con cui fa coppia.

†**ésta** o (*pop.*) **'sta** [lat. *ĭsta(m)*. Cfr. †*esto*] agg. dimostr. f. ● (*lett.*) Questa, codesta: *ahi quanto a dir qual era è cosa dura / e. selva selvaggia e aspra e forte* (DANTE *Inf.* I, 4-5) | Oggi pop.: *che è sta roba?*

†**està** ● V. *estate.*

establishment /*ingl.* is'tæbliʃmənt/ [vc. ingl., der. del v. *to establish* 'stabilire' di origine fr. (dall'ant. fr. *establir*), dapprima applicato all'organizzazione mil. *stabilita per legge*] s. m. inv. ● Classe dirigente, insieme di coloro che occupano un posto preminente in ogni ambito della vita sociale, economica e culturale.

estàglio [deriv. merid. del lat. tardo *taliāre* 'tagliare, dividere'(?)] s. m. ● Contratto per l'esecuzione di un lavoro a cottimo, in uso nell' Italia meridionale.

estampida /*provz.* estam'pida/ [vc. ant. provz. 'canzone a ballo ritmata battendo i piedi', dal got. **stampjan* 'pestare'] s. f. ● (*mus.*) Composizione strumentale diffusa nei secc. XIII e XIV.

estancia /*sp.* es'tanθja/ [vc. sp., 'luogo dove si usa stare (*estar*)', 'stanza'] s. f. inv. ● Nell'America meridionale, grande tenuta dove si alleva il bestiame su vasta scala.

†**estànti** vc. ● Solo nella loc. avv. *in e.*, subito, all'istante.

èstaşi [vc. dotta, lat. tardo *ĕx(s)tasi(m)*, dal gr. *ékstasis*, dal v. *existánai* 'star (*histánai*) fuori (*ex-*) dalla mente'] s. f. **1** Anormale stato di coscienza, con senso di rapimento, di svincolamento dalla realtà, di entusiasmo fanatico e di commozione, a volte accompagnato da visioni e da sensazioni uditive allucinatorie. **2** Nella fenomenologia religiosa, l'"uscita da sé" dell'anima che, abbandonato il legame con il corpo fisico e con i sensi, stabilisce un contatto temporaneo con il divino | Nella teologia cattolica, supremo grado dell'ascesi e dell'esperienza mistica, nel quale l'anima è rapita nella contemplazione di Dio. **3** (*est., fig.*) Stato di intenso piacere dell'animo: *è una musica che fa andare in e.* | (*fam., scherz.*) *Essere in e.*, essere distratto. SIN. Rapimento.

†**estaşìa** [fr. *extasie*, dal lat. crist. *ĕx(s)tasis* 'estasi'] s. f. ● Estasi.

estaşiàre [fr. (*s'*)*extasier*, da *extase* 'estasi'] **A** v. tr. (*io estàşio*) ● Mandare in estasi: *è una musica che mi estasia.* SIN. Affascinare. **B** v. intr. pron. ● Andare in estasi, in visibilio: *si estasiava nel contemplare quel quadro.* SIN. Bearsi, incantarsi.

estaşiàto part. pass. di *estasiare*; anche agg. **1** Nei sign. del v. **2** Preso da intensa ammirazione, da profondo godimento: *rimase e. davanti a quel quadro.*

†**estaşìre** [da *estasi*] v. intr. ● Essere rapito in estasi.

estàte o (*poet.*) †**està**, (*pop.*) **istàte**, (*pop.*) **stàte** [vc. dotta, lat. *aestāte(m)*, di origine indeur. col sign. fondamentale di 'calore bruciante'] s. f. ● Stagione dell'anno che dura 93 giorni e 14 ore, dal solstizio d'estate all'equinozio d'autunno, corrispondente all'inverno nell'emisfero australe | *E. di S. Martino*, periodo di buona stagione che si verifica solitamente verso l'11 novembre, giorno di tale santo | *E. indiana*, nell'America settentrionale, estate di S. Martino || PROV. L'estate di S. Martino dura tre giorni e un pocolino.

estàtico [vc. dotta, gr. *ekstatikós*, da *ékstasis* 'estasi'] **A** agg. (pl. m. *-ci*) **1** Di estasi: *mi parve in una visïone / estatica di sùbito esser tratto* (DANTE *Pur.* XV, 85-86). **2** Di chi è rapito in estasi (*anche fig.*): *un santo dall'espressione estatica era al centro del quadro; rimase e. a guardarla.* **3** (*fig.*) Di ciò che per immobilità, apparente distacco dal tempo e perfezione ricorda il rapimento dell'estasi: *un mare e. brillava sotto la luna.* || **estaticaménte**, avv. In modo estatico, in estasi. **B** s. m. ● Chi è in estasi, o entra abitualmente in estasi.

†**estemporàle** [vc. dotta, lat. *extemporāle(m)*, dall'espr. *ĕxtempore* 'al (*ĕx-*) momento (*tĕmpus*, genit. *tĕmporis*)'] agg. ● Estemporaneo.

†**estemporalità** [vc. dotta, lat. *extemporalitāte(m)*, da *extemporālis* 'estemporale'] s. f. ● Estemporaneità.

estemporaneità [da *estemporaneo*, sul modello di *estemporalità*] s. f. ● (*raro*) Qualità di chi, di ciò che è estemporaneo.

estemporàneo [var. di *estemporale*] agg. ● Che non pone tempo in mezzo, che è immediato e improvvisato: *risoluzione estemporanea; discorso e.* | *Poeta e.*, che compone versi senza antecedente preparazione. CONTR. Meditato. || **estemporaneaménte**, avv. Senza preparazione, all'improvviso.

estèndere [vc. dotta, lat. *extĕndere* 'tendere (*tĕndere*) del tutto (*ex-*)'] **A** v. tr. (coniug. come *tendere*) **1** Dotare di maggiore ampiezza: *e. i confini dello Stato, il significato di un vocabolo, le proprie nozioni scientifiche* | Applicare a un maggior numero di persone: *e. un beneficio, un diritto, una disposizione di legge.* **2** (*mus.*) Produrre estensione. **3** (*fig., raro*) Stendere: *il notaio estenderà l'atto domani.* **4** †Distendere, spiegare: *e. il mantello.* **B** v. intr. pron. **1** Divenire, farsi sempre più ampio: *la città si estende ogni giorno* | Propagarsi: *il male, il contagio, il malcontento, la corruzione si estendono* | (*raro*) Dilungarsi. SIN. Allargarsi. **2** Distendersi: *le sue terre si estendono per molti ettari.*

estendìbile agg. ● (*raro*) Estensibile.

estendiménto s. m. ● Atto dell'estendere.

estènse A agg. ● Di Este | Dei duchi d'Este: *Stato e.* **B** s. m. ● (*spec. al pl.*) I duchi di casa d'Este e i loro successori: *la corte degli Estensi a Ferrara.*

estensìbile agg. ● Che si può estendere (*anche fig.*): *un materiale e.; una norma e. a tutta la popolazione* | Che si deve estendere: *ossequi estensibili a tutta la famiglia.*

estensìmetro [comp. di *estensi(one)* e *-metro*] s. m. ● (*mecc.*) Dispositivo per misurare deformazioni di corpi o strutture.

estensionàle agg. ● (*filos.*) Che si riferisce all'estensione, nel sign. 5 | *Definizione e.*, quella che definisce un termine per estensione.

estensióne o (*raro*) †**stensióne** [vc. dotta, lat. tardo *extentiōne(m)*, da *extēnsus* 'esteso'] s. f. **1** Atto, effetto dell'estendere o dell'estendersi: *e. territoriale; favorire l'e. della potenza di qc.* | (*fig.*) Ampliamento: *e. di un concetto, del significato di un termine* | *In tutta l'e. della parola*, nel suo pieno significato, senza restrizioni | *Per e.*, estendendo il significato del termine. **2** Movimento per cui un segmento di un arto viene allontanato da quello vicino: *e. della gamba sulla coscia* | In ginnastica, movimento che consiste nel passaggio lento da un atteggiamento raccolto a uno disteso degli arti o del corpo. **3** Quanto si estende in larghezza o in lunghezza una superficie, un territorio e sim.: *l'e. di un campo, di una zona; un paese di grande e.* | (*raro*) Superficie, spazio: *una grande e. di colore misterioso e indistinto* (SVEVO). **4** (*mus.*) Serie dei suoni prodotti dagli strumenti e dalle voci umane, fissa negli uni e relativamente variabile nelle altre: *un'e. di tre ottave.* **5** (*filos.*) L'insieme degli oggetti a cui si applica correttamente il significato di un termine.

estensìvo o (*raro*) †**stensìvo** [vc. dotta, lat. tardo *extensīvu(m)*, da *extēnsus* 'esteso'] agg. **1** Che estende: *commento e.; interpretazione estensiva.* **2** *Coltura estensiva*, di terreni lasciati a pascolo e solo in piccola parte coltivati con modesto impiego di capitali. CONTR. Intensivo. **3** (*fis., chim.*) Detto di grandezza o proprietà caratteristica di un corpo o un sistema la cui misura dipende dalla quantità di materia presente in quest'ultimo o dalla sua forma: *la massa, l'energia interna, il volume sono grandezze estensive.* CONTR. Intensivo. **4** (*urban.*) Detto di zona residenziale caratterizzata da una densità della popolazione residente inferiore a 150 abitanti all'ettaro. || **estensivaménte**, avv. In modo estensivo, per estensione.

estènso [vc. dotta, lat. *extēnsu(m)*, part. pass. di *extĕndere* 'estendere'] agg. ● (*raro*) Esteso, spec. nella loc. *per e.*, distesamente, senza abbreviazioni.

estensóre [da *extēnsus* 'esteso'] **A** agg. ● Che produce estensione: *muscolo e.* **B** s. m. **1** Compilatore di uno scritto: *l'e. di un articolo, di una sentenza* | Redattore di un giornale specializzato nel redigere o rifare i pezzi. **2** Attrezzo ginnico formato da più spirali metalliche portanti all'estremità due impugnature mediante le quali si pongono in tensione. ➡ ILL. p. 1281 SPORT. **3** (*anat.*) Muscolo estensore. ➡ ILL. p. 362 ANATOMIA UMANA.

estenuànte part. pres. di *estenuare*; anche agg. **1** Nei sign. del v. **2** Che provoca grande stanchezza, che indebolisce fisicamente e psichicamente: *viaggio, attesa e.*

estenuàre o †**stenuàre** [vc. dotta, lat. *extenuāre*, comp. parasintetico di *tĕnuis* 'tenue, sottile', col pref. *ex-* raff.] **A** v. tr. (*io estènuo*) **1** Rendere magro, assottigliare e consumare lentamente: *la lunga prigionia l'aveva estenuato* | (*est.*) Indebolire, fiaccare: *questa malattia mi ha estenuato.* SIN. Sfibrare, spossare. **2** (*fig.*) Impoverire: *e. le casse dello Stato* | *E. un terreno*, impoverirlo per il mancato apporto di adeguate concimazioni. **3** (*fig.*) †Avvilire, deprimere: *estenuando i meriti suoi* (CASTIGLIONE). **B** v. intr. pron. ● Stancarsi, spossarsi.

estenuativo o †**stenuativo**. agg. ● Che ha la proprietà di estenuare | Deprimente.

estenuàto part. pass. di *estenuare*; anche agg. **1** Nei sign. del v. **2** Privo di forze fisiche o morali. **3** (*fig., lett.*) Languido, tenue, velato. SIN. Sfinito, spossato. || **estenuataménte**, avv. (*lett.*) Con estenuazione, con spossatezza, stancamente.

estenuazióne o †**stenuazióne** [vc. dotta, lat. *extenuatiōne(m)*, da *extenuātus* 'estenuato'] s. f. **1** Estrema spossatezza. **2** †Dimagrimento eccessivo.

esteràsi [comp. di *ester(e)* e *-asi*] s. f. ● (*chim.*) Enzima che, con l'intervento degli elementi dell'acqua, catalizza la scissione della molecola di un estere liberando l'acido e l'alcol costituenti.

èstere [ted. *Ester*, da *Es(sigä)ther* 'etere (*Äther*) acet(ic)o (*Essig*, dal lat. **atēcum*, forma metatetica di *acētum*)'] **A** s. m. ● (*chim.*) Composto organico che usualmente si ottiene per condensazione di un acido con un alcol, con eliminazione di acqua: *e. fosforico.* **B** anche agg.: (*chim.*) *gruppo e.*

esterificàre [da *estere*] v. tr. (*io esterìfico, tu esterìfichi*) ● (*chim.*) Convertire in estere un acido mediante trattamento con un alcol.

esterificazióne s. f. ● Processo chimico che porta alla formazione di un estere.

esterióre [vc. dotta, lat. *exteriōre(m)*, compar. di *ĕxter(us)* 'esterno'] **A** agg. ● Che è, avviene o appare al di fuori: *aspetto, fenomeno e.* | *Doti esteriori*, pregi, bellezza del corpo | *Mondo e.*, che è al di fuori dell'uomo, contrapposto al mondo dello spirito. SIN. Esterno, estrinseco. CONTR. Interiore. || **esterioreménte**, avv. All'esterno, dall'esterno, di fuori. **B** s. m. ● Ciò che appare al di fuori: *stando all'e., la casa mi sembra in ottimo stato.*

esteriorità s. f. ● Ciò che appare all'esterno: *non farsi ingannare dall'e. delle cose o delle persone* | *Curare le esteriorità*, la pompa, la forma. SIN. Apparenza. CONTR. Interiorità.

esteriorizzàre [comp. di *esterior(e)* e *-izzare*] **A** v. tr. ● Rendere esteriore, mostrare all'esterno, spec. sentimenti e sim. **B** v. intr. pron. ● Esternarsi.

esteriorizzazióne s. f. **1** Atto, effetto dell'esteriorizzare o dell'esteriorizzarsi. **2** (*med.*) Atto del portare all'esterno un organo o una parte di esso, dalla sede in cui è contenuto. **3** (*psicol.*) Il rivolgersi di interessi ed energie verso l'esterno.

esterminàre ● V. *sterminare.*

esterminàto ● V. *sterminato (1).*

esterminatóre ● V. *sterminatore.*

esterminazióne ● V. *sterminazione.*

†**esterminévole** [adattamento del lat. tardo *extermĭnābilis*, da *extermĭnāre* 'esterminare'] agg. ● Distruggitore.

estermìnio ● V. *sterminio.*

esternalità [ingl. *externality*, da *external* 'esterno'] s. f. **1** Ciò che si colloca all'esterno di q.c. (*anche fig.*): *le e. di un sistema.* **2** (*econ.*) Effetto esterno consistente in un danno o in un beneficio per un consumatore o un'impresa, derivante dal consumo o dalla produzione di altri.

esternàre [vc. dotta, lat. *ex(s)ternāre*, che, anche se non si consideri da *extĕrnus* 'esterno', ha subito l'influenza di questo] **A** v. tr. (*io estèrno*) ● Manifestare q.c. che si ha nell'animo, nel pensiero e sim.: *e. un sospetto*; *e. il proprio affetto per qc.*; *una certa vergogna di me stesso che non esternava* (ALFIERI). SIN. Esprimere, palesare. **B** v. intr. pron. ● Divenire palese, apparire all'esterno: *il timore impediva ai suoi sentimenti di esternarsi.* **C** v. rifl. ● Aprire il proprio animo: *esternarsi con qc.*

esternàto [da *esterno* (*1*), sul modello del f. *externat*] s. m. ● Condizione propria degli allievi o degli assistiti di un'istituzione scolastica e gener. educativa che fruiscano del vitto e dell'alloggio familiari.

esternazióne [da *esternare*] s. f. ● Atto dell'esternare: *l'e. di un sentimento* | *Potere di e.*, quello che consente al presidente della Repubblica di esprimere la propria opinione in materia politico-istituzionale.

estèrno (**1**) [vc. dotta, lat. *extĕrnu(m)*, da *ĕxter* 'di fuori (*ĕx-*)', come *intĕrnus* 'interno', da *ĭnter* 'di dentro'] **A** agg. (compar. *esterióre* (V.); sup. *estrèmo* (V.)) **1** Che è al di fuori di q.c.: *perimetro e.*; *mura esterne*; *dai segni esterni si conosce l'interno* (GOLDONI) | *Scala esterna*, fuori della casa | *Angolo e.*, in un poligono, uno degli angoli compresi fra un lato e il prolungamento d'un altro | *Alunni esterni*, che non hanno seguito i corsi regolari nella scuola in cui sostengono gli esami; anche, in un collegio, quelli che ne frequentano i corsi scolastici senza essere convittori | *Pregi esterni*, del corpo | *Impressione esterna*, che proviene dal mondo che ci circonda | *Per uso e.*, di medicamento da impiegarsi per le parti esterne del corpo; (*fig., scherz.*) per gli altri, per l'apparenza | *Pianeta e.*, superiore. CONTR. Interno. **2** Nel linguaggio sportivo, detto di incontro disputato sul campo avversario, di vittorie in esso ottenute o di sconfitte in esso subite. CONTR. Casalingo. **3** †Forestiero, straniero. **4** †Separato, disgiunto. || **esternaménte**, avv. Dalla parte esterna; al di fuori. **B** s. m. (f. *-a* nel sign. 2) **1** Il lato o la parte di fuori: *l'e. del tronco è ruvido.* CONTR. Interno. **2** Chi frequenta i corsi di studio di un collegio senza esserne convittore. **3** In teatro, ricostruzione scenografica di un luogo aperto, anche di città | In cinematografia, ripresa girata al di fuori dei teatri di posa. **4** (*sport, gener.*) In alcuni giochi di palla a squadre, chi si muove lungo le fasce laterali del campo | Nella pallacanestro, l'attaccante che gioca fuori dell'area avversaria | Nel baseball, ciascuno dei tre giocatori della stessa squadra schierata in difesa che prende posizione nel settore del campo di gioco fuori del diamante: *e. sinistro*; *e. centro*; *e. destro.*

†**estèrno** (**2**) [vc. dotta, lat. *hestĕrnu(m)*, agg. di *hĕri* 'ieri', formato sull'esempio di *hodiĕrnus* 'odierno', *aetĕrnus* 'eterno', e simili] agg. ● Di ieri.

èstero [vc. dotta, lat. *ĕxteru(m)* 'di fuori', da *ĕx*, spec. con l'idea di 'uscita', e il suff. compar. *-tero*] **A** agg. ● Forestiero, straniero: *giornali esteri*; *merci estere* | Che riguarda le realazioni con gli Stati stranieri: *politica estera*; *Ministero degli affari esteri.* **B** s. m. **1** Qualunque territorio o parte di territorio posto al di fuori dei confini nazionali | *All'e.*, fuori dal proprio paese: *vivere, lavorare, andare all'e.* | *Ministero degli Esteri*, (*ell.*) *gli Esteri*, Ministero degli affari esteri | (*econ.*) *Pagamento e., su e.*, trasferimento di moneta da un conto estero a un altro conto estero. **2** (*spec. al pl.*) Sezione della redazione di un giornale che cura il notiziario internazionale.

esterocettóre [comp. di *estero-* e *(re)cettore*] s. m. ● (*fisiol.*) Recettore situato sulla superficie del corpo e sensibile a stimoli provenienti dall'esterno. CFR. Enterocettore, propriocettore.

esterocezióne [comp. di *estero-* e *(ri)cezione*] s. f. ● (*fisiol.*) Complesso delle funzioni dei recettori e dei centri nervosi che consentono l'acquisizione delle informazioni dall'ambiente esterno. CFR. Enterocezione, propriocezione.

esterofilìa [comp. di *estero* e *-filia*] s. f. ● Accentuata predilezione per tutto ciò che è straniero. SIN. Xenofilia.

esteròfilo [comp. di *estero* e *-filo*] **A** agg.; anche s. m. (f. *-a*) ● Che, chi predilige tutto ciò che è straniero. **B** agg. ● Caratterizzato da esterofilia: *atteggiamento e.* SIN. Xenofilo.

esterofobìa [comp. di *estero* e *-fobia*] s. f. ● Avversione per tutto ciò che è straniero.

esteromanìa [comp. di *estero* e *-mania*] s. f. ● Irragionevole predilezione per tutto ciò che è straniero.

esterrefàtto [vc. dotta, dal lat. *exterrēre* sul modello di *stupefatto*] agg. ● Spaventato, atterrito | Sbalordito: *restare, rimanere e.*; *lasciare qc. e.*

†**estèrrere** [vc. dotta, lat. *exterrēre*, comp. di *ex-* raff. e *terrēre* 'atterrire'] v. tr. ● Spaventare, sbigottire, atterrire.

†**estèrrito** part. pass. di †*esterrere*; anche agg. ● (*raro*) Nei sign. del v.

-estesìa [dal gr. *áisthēsis* 'sensazione'] secondo elemento ● In parole composte della terminologia medica, significa 'sensazione' o 'sensibilità': *iperestesia.*

estèsio- [Cfr. *-estesia*] primo elemento ● In parole composte della medicina significa 'sensazione' o 'sensibilità': *estesiometro.*

estesiologìa [comp. di *estesio-* e *-logia*] s. f. (pl. *-gie*) ● Settore della medicina che si occupa dello studio degli organi di senso.

estesiòmetro [comp. di *estesio-* e *-metro*] s. m. ● Apparecchio per lo studio delle sensazioni elementari.

estéso A part. pass. di *estendere*; anche agg. **1** Nei sign. del v. **2** Vasto: *un territorio e.* | (*fig.*) *Significato e.*, traslato | *Per e.*, senza abbreviazioni. **3** †Teso in fuori. || **estesaménte**, avv. Ampiamente. **B** s. m. ● †Estensione.

est est est /ˈɛst ɛst ˈɛst/ [ripetizione dell'indic. pres. lat. *ĕst*, tanto '(egli) è', quanto '(c')è', spesso aneddoticamente spiegata, ma d'incerta interpretazione] loc. sost. m. ● Celebre vino di Montefiascone, amabile o asciutto, di colore giallo e dal fresco aroma d'uva.

estèta [vc. dotta, gr. *aisthētḗs*, da *aisthánesthai* 'percepire', di origine indeur.] s. m. e f. (pl. m. *-i*) **1** Chi nella vita considera prioritari i valori estetici e a essi subordina tutti gli altri ivi compresi quelli morali. **2** (*est.*) Persona di raffinata sensibilità.

estètica [ted. *Ästhetik*, dal gr. *aisthētikós* 'estetico, percettivo'] s. f. **1** Scienza filosofica che ha per oggetto lo studio del bello e dell'arte. **2** (*est.*) Avvenenza, bellezza: *curare l'e. del proprio corpo*; *una costruzione che difetta di e.* **3** Teoria filosofica della conoscenza sensibile.

esteticità s. f. ● Carattere, aspetto estetico | Valore formale di un'opera artistica.

estètico [vc. dotta, gr. *aisthētikós*, da *aisthētós* 'sensibile', agg. verb. di *aisthánesthai* 'percepire', di origine indeur.] agg. (pl. m. *-ci*) **1** Che concerne o interessa l'estetica. **2** (*est.*) Inerente, relativo al bello: *gusto, senso e.* || **esteticaménte**, avv. Secondo l'estetica, dal punto di vista estetico.

estetìsmo [per *esteti(ci)smo*, da *estetico*] s. m. **1** Dottrina o atteggiamento che, ponendo al vertice della vita i valori estetici, subordina a essi tutti gli altri ivi compresi quelli morali. **2** Indirizzo critico che valuta e giudica un'opera d'arte limitatamente ai suoi valori formali.

estetìsta [per *estet(ic)ista*, da *estetica*] s. m. e f. (pl. m. *-i*) ● Persona esperta in cure di bellezza.

estetìstico agg. (pl. m. *-ci*) ● Proprio dell'estetismo.

estetizzànte part. pres. di *estetizzare*; anche agg. **1** Nei sign. del v. **2** Improntato a estetismo: *poetica e.* | Che ostenta una raffinatezza di modi, gesti, stile e sim. spesso esagerata.

estetizzàre [comp. di *estet(a)* e *-izzare*] v. intr. (aus. *avere*) ● Assumere atteggiamenti da esteta.

estetologìa [comp. di *estetica* e *-logia*] s. f. (pl. *-gie*) ● Estetica, nel sign. 1.

†**estìma** ● V. *stima.*

estimàbile [vc. dotta, lat. *aestimābile(m)*, da *aestimāre* 'estimare'] agg. ● Che si può valutare. CONTR. Inestimabile.

†**estimabilità** s. f. **1** Qualità di ciò che è estimabile. **2** V. *stimabilità.*

estimàle agg. ● Di, relativo a estimo.

estimàre ● V. *stimare.*

†**estimàrio** [da *estimo*] s. m. ● Libro dell'estimo.

estimativa o (*raro, lett.*) **stimativa**. s. f. ● (*lett.*) Facoltà di ben giudicare | Giudizio.

estimativo o (*raro*) †**stimativo**. agg. ● Atto a stimare, valutare: *giudizio e.* | *Virtù estimativa*, facoltà di giudicare.

estimatóre [vc. dotta, lat. *aestimatōre(m)*, da *aestimātus* 'estimato'] s. m. (f. *-trice*) **1** Chi prova e professa ammirazione per qc. o q.c.: *e. della pittura cubista.* **2** V. *stimatore.*

estimatòrio [vc. dotta, lat. tardo *aestimatōriu(m)*, da *aestimātus* 'estimato'] agg. ● Che concerne la stima del valore, del prezzo di q.c.: *giuramento e.*

estimazióne o (*raro*) †**stimagióne**, (*raro*) **stimazióne** [vc. dotta, lat. *aestimatiōne(m)*, da *aestimātus* 'estimato'] s. f. ● (*lett.*) Stima: *essere in grande e.* | (*lett.*) Valutazione, giudizio: *io mi truovo dalla mia e. ingannato* (BOCCACCIO).

èstimo (**1**) o †**stimo** (**2**) [da *estimare*] s. m. **1** Stima del valore di beni | Rendita imponibile di beni immobili | *E. catastale*, rendita imponibile quale risulta dal catasto | †Valutazione: *l'e. dei danni*. ***2*** Disciplina economica avente per oggetto la formulazione di giudizi relativi ai valori monetari attribuibili ai beni economici in relazione a un dato scopo: *e. rurale, civile, catastale*. ***3*** †Libro ove si registra la stima a fini fiscali dei beni dei contribuenti | Tributo agli stessi applicato. ***4*** †Censo.

†èstimo (2) [vc. dotta, lat. *ĕxtimu(m)*, sup. di *ĕxter(us)* 'esterno'] **agg.** ● Esterno.

estinguere [vc. dotta, lat. *ex(s)tĭnguere* 'spegnere (*stĭnguere*) completamente (*ex-*)'] **A v. tr.** (**pres.** *io estìnguo*; **pass. rem.** *io estìnsi, tu estinguésti*; **part. pass.** *estinto*) ***1*** Spegnere: *e. l'incendio, le fiamme, la sete*. ***2*** (*fig.*) Annullare, far svanire: *e. un desiderio, la memoria*; *né verrà tempo mai / che 'l tuo bel nome estingua* (SANNAZARO) | *E. un debito*, pagarlo | *E. una razza, una famiglia, un popolo*, terminarne la discendenza. ***3*** (*lett.*) Uccidere, annientare. **B v. intr. pron.** ***1*** Spegnersi: *le fiamme si estinsero da sole* | (*fig., lett.*) Morire. ***2*** (*fig.*) Finire: *quando si estingueranno questi odi?* ***3*** Cessare di esistere per estinzione: *una famiglia che si è estinta*.

estinguìbile [vc. dotta, lat. tardo *extinguĭbile(m)*, da *extĭnguere* 'estinguere'] **agg.** ● Che si può estinguere.

†estinguiménto **s. m.** ● (*raro*) Estinzione.

†estinguitóre **s. m.**; anche **agg.** (f. *-trice*) ● Chi, che estingue.

estintìvo **agg.** ● Atto a estinguere.

estinto A **part. pass.** di *estinguere*; anche **agg.** ***1*** Nei sign. del v. ***2*** †Cancellato | †Che ha perduto la tinta, il colore. **B s. m.** (f. *-a*) ● Chi è morto: *l'illustre e.; il caro e.*

estintóre [vc. dotta, lat. *exstinctōre(m)*, da *exstĭnctus* 'estinto', attrav. il fr. *extincteur*] **s. m.** ● Apparecchio usato per estinguere piccoli incendi. ➡ **ILL. vigili del fuoco**.

estinzióne [vc. dotta, lat. *exstinctiōne(m)*, da *exstĭnctus* 'estinto'] **s. f.** ***1*** Atto, effetto dell'estinguere o dell'estinguersi: *l'e. di un incendio* | *E. di un debito*, pagamento per cui rimane annullato | (*est.*) Cessazione dei fenomeni prodotti da agenti naturali o da una forza qualunque | *E. della calce*, spegnimento della calce viva in acqua | *E. di un vulcano*, fine dell'attività vulcanica per il raffreddamento e il consolidamento del serbatoio magmatico. ***2*** (*dir.*) Cessazione di un diritto o rapporto per cause previste dalla legge o disposte dalle parti: *e. di un diritto reale, di un'obbligazione*. ***3*** Il venir meno di una famiglia o stirpe per mancanza di discendenti diretti: *e. di una dinastia*.

estirpàbile **agg.** ● Che si può estirpare.

estirpaménto **s. m.** ● Atto, effetto dell'estirpare (*anche fig.*).

estirpàre o (*pop.*) **stirpàre** [vc. dotta, lat. *exstirpāre*, comp. di *ex-* raff. e *stĭrps*, genit. *stĭrpis* 'pollone, sterpo'] **v. tr.** ***1*** Sradicare, svellere dalla radice: *e. le erbacce, un dente, un tumore*. ***2*** (*fig.*) Eliminare totalmente: *e. gli errori, le eresie, gli odi di parte*.

estirpatóre [vc. dotta, lat. tardo *exstirpatōre(m)*, da *exstirpātus* 'estirpato'] **A agg.** (f. *-trice*) ● Che estirpa. **B s. m.** ***1*** Chi estirpa (*spec. fig.*). ***2*** Attrezzo con organi lavoranti di vario tipo usato per smuovere o liberare il terreno da radici ed erbe infestanti.

estirpatùra **s. f.** ● Estirpazione delle erbacce.

estirpazióne [vc. dotta, lat. tardo *exstirpatiōne(m)*, da *exstirpātus* 'estirpato'] **s. f.** ● Atto, effetto dell'estirpare (*anche fig.*): *e. di erbacce*; *e. di un dente*; *l'e. degli odi*.

estivànte A **part. pres.** di *estivare*; anche **agg.** ● Nei sign. del v. **B s. m. e f.** ● Villeggiante: *gli estivanti della Versilia*.

estivàre [vc. dotta, lat. *aestivāre*, da *aestīvus* 'proprio dell'estate (*āestas*, genit. *aestātis*)', attrav. il fr. *estiver*] **A v. tr.** ● Condurre il bestiame in pascoli di montagna durante l'estate. **B v. intr.** (aus. *avere*) ● (*raro*) Soggiornare durante l'estate in luogo diverso da quello in cui di solito si vive.

estivazióne [fr. *estivation*, da *estiver* 'estivare'] **s. f.** ***1*** Fenomeno per cui alcuni animali vanno in letargo quando la temperatura ambiente diviene troppo alta per il normale svolgersi delle attività vitali. ***2*** Alpeggio, monticazione. ***3*** (*bot.*) Particolare disposizione dei pezzi florali in un bocciolo.

estìvo [vc. dotta, lat. *aestīvu(m)*, per **aestatīvu(m)*, da *āestas*, genit. *aestātis* 'estate'] **agg.** ● Dell'estate: *abbigliamento e.*; *mesi estivi*; *verdi fronde / mover soavemente a l'aura estiva ... / s'ode* (PETRARCA). || **estivaménte**, **avv.** (*lett.*) Da estate.

†èsto o (*fam., pop.*) **'sto** [lat. *ĭstu(m)*, nom. *ĭste*, comp. della partcl. lat. *is-* e del dimostr. di origine indeur. *-te*] **agg. dimostr.** ● Questo, codesto: *Voi credete / forse che siamo esperti d'e. loco* (DANTE *Purg.* II, 61-62).

†estògliere ● V. *estollere*.

†estollènza [vc. dotta, lat. tardo *extollĕntia(m)*, da *extollere* 'estollere'] **s. f.** ● Boria, superbia.

estòllere o (*raro*) **†estògliere** [vc. dotta, lat. *extŏllere*, comp. di *ex-* di movimento verso l'alto e *tŏllere* 'alzare'] **A v. tr.** (dif. del **pass. rem.** e del **part. pass.**) ● (*lett.*) Innalzare (*anche fig.*): *qui il vulgo de' pagani il pianto estolle* (TASSO) | (*fig.*) Lodare, celebrare. **B v. intr. pron.** ***1*** (*lett.*) Sorgere, alzarsi. ***2*** (*est.*) Togliersi via, rimuoversi.

èstone A **agg.** ● Dell'Estonia: *territorio e.* **B s. m. e f.** ● Abitante, nativo, dell'Estonia. **C s. m.** solo **sing.** ● Lingua della famiglia uralica, parlata dagli Estoni.

estòrcere o (*raro*) **†estòrquere** [vc. dotta, lat. *extorquēre* 'togliere (*torquēre*) via (*ex-*) di forza', con passaggio a diversa coniug.] **v. tr.** (coniug. come *torcere*) ● Carpire ad altri beni o vantaggi con minaccia, violenza o inganno: *e. denaro con ricatti*; *e. una promessa*.

†estòrre [adattamento (su *torre (2)*) del lat. *extŏllere* 'levare (*tŏllere*) completamente (*ex-*)'] **v. tr.** ● Togliere, sottrarre.

estorsióne [vc. dotta, lat. tardo *extorsiōne(m)*, da **extŏrsus*, part. pres. (parallelo di *extŏrtus*) di *extorquēre* 'estorcere'] **s. f.** ***1*** Reato di chi, costringendo con violenza o minaccia taluno a un atto di disposizione patrimoniale, procura a sé o ad altri un profitto ingiusto con altrui danno. ***2*** (*est.*) Pretesa violenta e arbitraria.

estorsìvo **agg.** ● Di, relativo a estorsione: *sequestro di persona a scopo e.*

estorsóre o **estortóre** [da *estorsione*; la var. è tratta da *estorto*, part. pass. di *estorcere*] **s. m.** (f. *estorcitrice*) ● Chi commette estorsioni.

estòrto **part. pass.** di *estorcere*; anche **agg.** ***1*** Nei sign. del v. ***2*** †Sottratto, rimosso.

èstra- ● V. *extra-*.

estraconiugàle ● V. *extraconiugale*.

estracontrattuàle ● V. *extracontrattuale*.

estradàbile **agg.** ● Che si può estradare.

estradàre [fr. *extrader*, da *extradition* 'estradizione'] **v. tr.** ● (*dir.*) Consegnare per estradizione.

estradiòlo [da *estro*] **s. m.** ● (*chim.*) Ormone naturale della classe degli estrogeni, dotato di attività anabolizzante, deputato alla regolazione del ciclo mestruale della femmina dei Mammiferi e alla comparsa e al mantenimento dei caratteri sessuali femminili.

estradizióne [fr. *extradition*, comp. del lat. *ĕx* 'fuori' e *tradĭtio*, genit. *traditiōnis* 'consegna'] **s. f.** ● (*dir.*) Procedura, messa in atto in determinati casi e regolata da convenzioni e usi internazionali, in forza della quale uno Stato (richiesto) consegna a un altro Stato (richiedente) una persona imputata o condannata per un reato commesso nello Stato richiedente e per il quale deve essere giudicata o scontare la pena: *rifiutare, concedere l'e.*

estradòsso [adatt. del fr. *extrados*, comp. di *ĕxtra-* e *dos* 'dosso'] **s. m.** ***1*** (*arch.*) Superficie esterna e convessa di un arco o di una volta. ***2*** (*aer.*) Dorso, lato superiore di un'ala.

estradotàle ● V. *extradotale*.

†estràere ● V. *estrarre*.

estraeuropèo ● V. *extraeuropeo*.

estragalàttico ● V. *extragalattico*.

estragiudiziàle o (*raro*) **estragiudiciàle**, (*raro*) **extragiudiciàle, extragiudiziàle** [comp. di *estra-* e *giudiziale*] **agg.** ● (*dir.*) Estraneo a una causa: *spese estragiudiziali*. || **estragiudizialménte**, **avv.** In maniera estragiudiziale.

estragóne [fr. *estragon*, di orig. araba] **s. m.** ● (*bot.*) Dragoncello.

estraìbile [da *estrarre*] **agg.** ● Che si può estrarre, tirar fuori.

estràle [da *estro* nel sign. 2] **agg.** ● (*biol.*) Relativo all'estro | *Ciclo e.*, il periodico presentarsi dell'estro venereo nelle femmine degli animali domestici.

estralegàle o **extralegàle** [comp. di *estra-* e *legale*] **agg.** ● Non disciplinato legislativamente: *problema e.*

†estramissióne [da *trasmissione* col pref. lat. raff. *ex-*] **s. f.** ● Trasmissione.

estramuràle o **extramuràle** [comp. di *extra-* e *mura*, con suff. agg.] **agg.** ● Che si trova, avviene e sim. al di fuori delle mura di cinta: *passeggiata, corsa e.*

†estranaturàle [vc. dotta, lat. tardo *extranaturāle(m)*, comp. di *ĕxtra-* 'estra-' e *naturālis* 'naturale'] **agg.** ● Che è fuori dalle leggi della natura.

estraneazióne ● V. *estraniazione*.

estraneità **s. f.** ● Qualità di chi, di ciò che è estraneo.

estràneo o **†estrànio**, **†estràno**, **†istràneo**, **†istràno**, (*raro*) **†stràgno**, (*poet.*) **†strànio**, (*poet.*) **†stràno** [vc. dotta, lat. *extrāneu(m)* 'di fuori', da *ĕxtra* 'extra-'] **A agg.** ***1*** Che appartiene a Stato, società, ambiente o famiglia, diversi da quelli cui appartiene chi parla: *persona estranea al nostro mondo*. ***2*** (*est.*) Che è al di fuori di un luogo, di un lavoro e sim.: *essere e. a una attività, a una iniziativa*; *mantenersi, dichiararsi estranei a un movimento politico*. ***3*** (*fig.*) Che ha natura, struttura, significato e sim., diversi da quelli dell'oggetto o dell'elemento considerato: *discorso e. all'argomento* | *Corpo e.*, frammento di varia natura e sim. penetrato in un organismo animato. ***4*** †Forestiero, straniero | †Strano, inusitato: *qual che si fosse / de l'estrania prigion l'ordigno e l'arte* (TASSO). || **estraneaménte**, **avv.** (*raro*) In maniera estranea. **B s. m.** (f. *-a*) ***1*** Persona estranea: *ingresso vietato agli estranei*. ***2*** †Straniero.

estraniaménto **s. m.** ***1*** Estraniazione. ***2*** Straniamento.

estraniàre o (*raro, lett.*) **straniàre** [da *†estranio*] **A v. tr.** ● Allontanare, rendere estraneo: *e. qc. dalla famiglia, dallo studio*. **B v. rifl.** ● Rendersi estraneo: *si è completamente estraniato dal nostro gruppo* | *Estraniarsi dalla realtà*, fuggirla rinchiudendosi nel proprio mondo interiore o nel proprio ambito quotidiano.

estraniazióne o **estraneazióne** **s. f.** ● Atto, effetto dell'estraniarsi. **SIN.** Estraniamento.

†estrànio ● V. *estraneo*.

†estràno ● V. *estraneo*.

†estraordinàrio ● V. *straordinario*.

estraparlamentàre ● V. *extraparlamentare*.

estrapolàre o **extrapolàre** [da *estrapolazione*] **v. tr.** ***1*** (*mat.*) Calcolare approssimativamente il valore d'una funzione in un punto esterno all'intervallo in cui sono noti i valori da essa assunti. ***2*** (*est.*) Ricavare, estrarre da un contesto.

estrapolazióne [tratto da *interpolazione* con sostituzione del pref. *estra-* (o *extra-*) a *inter-*] **s. f.** ***1*** (*mat.*) Operazione dell'estrapolare | In statistica, procedimento matematico di determinazione induttiva mediante il quale si riesce a prevedere come si svolgerà tendenzialmente nel futuro un certo fenomeno di cui si conosce in modo più o meno approssimativo l'andamento passato. ***2*** (*est.*) Estrazione di una parte da un tutto | Nella critica letteraria, l'espungere una frase dal testo in cui è inserita. ***3*** (*fig.*) Passaggio, per analogia, da un'idea semplice a una più complessa.

estraprocessuàle o **extraprocessuàle** [comp. di *estra-* e *processuale* 'del processo'] **agg.** ● (*dir.*) Estragiudiziale: *spese estraprocessuali* | Che si produce al di fuori dello stesso processo: *effetti estraprocessuali di una sentenza*.

estràrre o **†estràere**, (*raro*) **†stràere**, (*raro*) **†stràrre** [vc. dotta, lat. *extrāhere* 'trar (*trāhere*) fuori (*ex-*)'] **v. tr.** (coniug. come *trarre*) ***1*** Trarre fuori da q.c.: *e. un dente, il denaro dalla tasca, un brano da un libro* | (*mat.*) *E. la radice d'un numero*, trovare il numero che, moltiplicato per se stesso, dà il numero dato | (*est.*) Scavare da un giacimento minerario: *e. i diamanti, il carbone*. ***2*** (*fig.*) Tirare a sorte: *e. i numeri del lotto, i partecipanti a una gara*. ***3*** †Portar fuori da uno stato. **SIN.** Esportare. ***4*** (*chim.*) Asportare meccanicamente o con solventi uno o più elementi da un miscuglio.

estrasistole e *deriv.* ● V. *extrasistole* e *deriv.*

estrasoggettivo [comp. di *estra-* e *soggettivo*] agg. ● Che è fuori dal soggetto. ‖ **estrasoggettivamente**, avv. (*raro*) In modo estrasoggettivo.

estrasolare ● V. *extrasolare.*

estratemporale ● V. *extratemporale.*

estraterritoriale e *deriv.* ● V. *extraterritoriale* e *deriv.*

estrattivo [da *estratto*] **A** agg. ● Di, relativo a, estrazione: *procedimenti estrattivi* | *Industria estrattiva*, mineraria | (*ling.*) Detto del prefisso *s-*, quando indica l'estrazione di qualche cosa. **B** s. m. ● Sostanza che sussiste nelle erbe e che spremuta può formare l'estratto.

estratto o †**stratto** (2). **A** part. pass. di *estrarre*; anche agg. ● Nei sign. del v. **B** s. m. **1** Prodotto che si ricava da sostanze animali o vegetali per estrazione con opportuni solventi e successiva evaporazione o con altri metodi vari: *e. di camomilla, di china, di fegato*; *e. di carne, di pomodoro*; *e. di lavanda, di tuberosa* | In profumeria, essenza. **2** Fascicolo contenente un articolo di rivista o un capitolo di un libro, stampato a parte utilizzando la stessa composizione. **3** Copia testuale di prestabiliti elementi di un documento | *E. conto*, distinta recante il saldo delle operazioni effettuate su un conto corrente in un determinato periodo di tempo | *E. catastale*, certificato dei beni immobili posseduti da una ditta | *E. di un atto pubblico*, certificato rilasciato da pubblico ufficiale contenente gli estremi di un atto pubblico precedentemente redatto. **4** Numero o biglietto estratto a sorte in lotterie o per ammortizzare obbligazioni. **5** †Indice. **C** in funzione di prep. ● (*raro*) †Tranne, eccetto. ‖ **estrattino**, dim. | **estrattuccio**, dim.

estrattore [da *estratto*] s. m. **1** Tecnico od operaio addetto a operazioni di estrazione. **2** Strumento che serve a estrarre cuscinetti, boccole, perni e sim. dalle sedi nelle quali sono stati forzati | Nelle armi da fuoco a retrocarica, dispositivo che estrae dalla camera l'involucro della carica sparata. **3** In varie tecnologie, apparecchio per l'estrazione di sostanze liquide o solide. **4** (*raro, biol., med.*) Strumento per estrarre corpi estranei da tessuti animali.

estravagante [vc. dotta, lat. mediev. *extravagăntem* (V. *stravagante*)] **A** agg. **1** V. *stravagante.* **2** Detto di scritti minori e sim. non compresi da un autore nella raccolta delle proprie opere: *le rime estravaganti del Petrarca*. **B** s. f. ● Costituzione o decretale che, nelle antiche fonti di diritto canonico, si aggiunge al corpo principale di fonti.

†**estravaganza** ● V. *stravaganza.*

estrazione [vc. dotta, tratta dal lat. *extrāctus* 'estratto'] s. f. **1** Atto, effetto dell'estrarre: *l'e. di un dente, di un chiodo, di un minerale*; *pozzo, impianto di e.* | (*mat.*) *E. di una radice*, operazione consistente nell'estrarre una radice da un dato numero. **2** Sorteggio: *e. di una lotteria, di un biglietto*; *le estrazioni del lotto* | *Di prima e.*, detto di numero estratto per primo. **3** (*chim.*) Separazione di uno o più composti da una mescolanza mediante trattamento con opportuno solvente. **4** (*fig.*) Origine, derivazione, nascita: *persona di bassa e.* **5** †Esportazione.

-estre [lat. *-ĕstre(m)*, da *-str-* per *-ttr-*, suff. di relazione di origine incerta] suff. derivativo ● In aggettivi di origine quasi esclusivamente latina: *alpestre, equestre, silvestre, terrestre.*

estrema s. f. ● Nel calcio, ala: *e. destra*; *e. sinistra.*

†**estremare** [da *estremo*] **A** v. intr. ● Scemare, diminuire, menomarsi. **B** v. tr. ● Far scemare.

estremismo [fr. *extrémisme*, da *extrême* 'estremo'] s. m. ● Tendenza e atteggiamento di chi, spec. in politica, sostiene e propugna idee radicali ed estreme: *e. di destra, di sinistra.*

estremista [fr. *extrémiste*, da *extrême* 'estremo'] **A** s. m. e f. (pl. m. *-i*) ● Chi sostiene e propugna idee, teorie e sim. ispirate a estremismo: *gli estremisti di destra, di sinistra.* **B** agg. ● Proprio dell'estremismo e degli estremisti: *corrente politica e.*; *idee estremiste.*

estremistico agg. (pl. m. *-ci*) ● Proprio dell'estremismo o degli estremisti. ‖ **estremisticamente**, avv.

estremità o †**estremitade**, †**estremitate**, †**stremità**, †**stremitade**, †**stremitate** [vc. dotta, lat. *extremitāte(m)*, da *extrēmus* 'estremo'] s. f. **1** Parte estrema, punto terminale (*anche fig.*): *e. di una spada*; *all'e. della vita* (DANTE) | (*est.*) Orlo, lembo: *e. di un tavolo* | *E. di una stoffa*, vivagno. **2** (*fig., lett.*) Apice, eccesso | †Ultimo grado di perfezione nell'arte. **3** †Estrema miseria, indigenza: *tolga Iddio che voi in sì fatta e. venuto siate* (BOCCACCIO). **4** (*al pl.*) Piedi o gambe, mani o braccia: *avere le e. congelate.*

estremizzare v. tr. (*io estremizzo*) **1** Esasperare le tensioni politiche e sociali. **2** Ispirare a estremismo, rendere estremistico.

estremizzazione s. f. ● Atto, effetto dell'estremizzare.

estremo o †**stremo** [vc. dotta, lat. *extrēmu(m)*, sup. di *ĕxter(us)* 'esterno'] **A** agg. **1** Ultimo (*anche fig.*): *limite, confine, grado e.*; *questo è de' nostri passi e. segno* (POLIZIANO) | *Giungere all'ora estrema*, al momento di morire | *E. orizzonte*, l'ultimo limite dell'orizzonte visibile | *E. Oriente*, l'Asia Orientale | *Gli estremi onori*, le onoranze funebri | *Estrema Unzione*, uno dei Sette Sacramenti della Chiesa, dopo il Concilio Ecumenico Vaticano Secondo denominato Sacramento degli Infermi, consistente nell'ungere, con olio santo, le diverse parti del corpo che sono sedi dei sensi e nell'invocare sopra di esse la benedizione di Dio | *Partiti estremi*, che propugnano idee e soluzioni politiche radicali | *Estrema destra*, conservatori più retrivi | *Estrema sinistra*, progressisti più avanzati. **2** Di massima grandezza, gravità, urgenza, e sim.: *pericolo e.*; *un caso di estrema necessità*; *miseria estrema* | *Alpinismo e.*, quello praticato affrontando le massime difficoltà tecniche | *Sci e.*, quello praticato discendendo, con grave difficoltà e rischio, pareti e canaloni ghiacciati a fortissima pendenza. ‖ **estremamente**, avv. Al massimo grado: *è estremamente buono e generoso.* **B** s. m. **1** Punto, limite, momento estremo (*anche fig.*): *toccare l'e.*; *giungere agli estremi della gioia, della potenza, della miseria*; *appendere q.c. all'e. di un palo* | *L'e., gli estremi della vita*, il momento della morte | *Essere agli estremi*, in punto di morte | *Lottare fino all'e.*, fino all'ultimo | *Gli estremi si toccano*, le idee antitetiche si rassomigliano in qualche modo | *All'e.*, alla fine. **2** (*mat.*) In una proporzione, il primo o il quarto termine | *E. di un intervallo, di un segmento*, uno dei due punti che lo individuano | *E. di una funzione di una o più variabili*, punto in cui essa assume un valore massimo o minimo rispetto ai punti adiacenti. **3** (*spec. al pl.*) Elemento di identificazione: *gli estremi di un documento* | *Estremi di un reato*, elementi costitutivi di un singolo reato | (*filos.*) I due termini conclusivi di un sillogismo. **4** (*sport*) *E. di difesa*, o (*ass.*) *estremo*, nel rugby, il giocatore più arretrato nello schieramento, l'ultimo dei difensori. **5** (*fig.*) Esagerazione, eccesso: *passare da un e. all'altro.* **6** †Miseria, bisogno ‖ PROV. A mali estremi estremi rimedi.

estremorientale [comp. di *estrem(o)* e *orientale*] agg. ● Che concerne l'Estremo Oriente.

estricare ● V. *strigare.*

estrinsecamento s. m. ● Estrinsecazione.

estrinsecare [da *estrinseco*] **A** v. tr. (*io estrìnseco, tu estrìnsechi*) ● Manifestare all'esterno: *e. il proprio pensiero.* SIN. Esprimere. **B** v. intr. pron. ● Esternarsi: *nell'opera d'arte si estrinseca l'artista.*

estrinsecazione s. f. ● Atto, effetto dell'estrinsecare o dell'estrinsecarsi. SIN. Espressione, manifestazione.

estrinseco [vc. dotta, lat. *extrīnsecus* (avv.), comp. di **ĕxtrim*, da *ĕxter(us)* 'di fuori, esterno', e *sĕcus* (prep.) 'lungo, presso'] agg. (pl. m. *-ci*) ● Che è al di fuori o viene da fuori e non appartiene in modo sostanziale all'oggetto: *pregio e.*; *ragioni, prove estrinseche*; *argomenti estrinseci* | (*est.*) Superficiale, apparente. ‖ **estrinsecamente**, avv.

estro [vc. dotta, lat. *ŏestru(m)*, dal gr. *óistros*, di etim. incerta] s. m. **1** Genere di Insetti dei Ditteri le cui larve sono parassite di animali domestici (*Oestrus*) | *E. bovino*, ipoderma. **2** (*biol.*) Nelle femmine dei Mammiferi, periodo in cui maturano le cellule uovo e l'apparato riproduttore si prepara all'accoppiamento e alla riproduzione: *e. venereo.* **3** (*est.*) Incitamento, stimolo, ardore: *e. oratorio, guerriero.* **4** Disposizione artistica naturale: *e. poetico, musicale* | *Scrivere, comporre seguendo l'e.*, l'ispirazione. **5** Capriccio, ghiribizzo: *venir l'e. di fare q.c.*; *agire secondo l'e. e non secondo la ragione* | *A e.*, secondo l'umore.

estroflessione [comp. di *estra-* e *flessione*] s. f. ● (*med.*) Ripiegamento verso l'esterno di un organo anatomico o di una sua parte.

estroflesso part. pass. di *estroflettersi*; anche agg. ● Nei sign. del v.

estroflettersi [comp. di *estra-* e *flettersi*] v. intr. pron. (coniug. come *flettere*) ● (*med.*) Svilupparsi e curvarsi verso l'esterno, detto di organo anatomico o di una sua parte.

estrogenico agg. (pl. m. *-ci*) ● Che si riferisce alle sostanze estrogene.

estrogeno [comp. di *estro* nel sign. 2 e *-geno*] **A** agg. ● Detto di sostanza capace di produrre l'estro venereo: *composto, ormone e.* **B** s. m. ● Ormone ovarico che agisce sullo sviluppo dei caratteri femminili e sul ciclo mestruale.

estromania [comp. di *estro* nel sign. 2 e *-mania*] s. f. ● (*med.*) Ninfomania.

estromesso part. pass. di *estromettere* ● Nei sign. del v.

estromettere [comp. di *estra-* e *mettere*, come contrapposto a *intromettere*] v. tr. e rifl. (coniug. come *mettere*) ● Mettere, mettersi al di fuori: *e. qc. dalla società, da un club.*

estromissione s. f. ● Atto, effetto dell'estromettere: *e. dal partito.*

estrone [comp. di *estro* nel sign. 2 e (*orm*)*one*] s. m. ● (*biol.*) Estrogeno che si trova nell'ovaia, nella placenta, nelle urine e che esercita azioni svariate e complesse. SIN. Follicolina.

estrorso [vc. dotta, lat. *extrōrsu(m)*, da **ĕxtro* (parallelo a *ĭntro*), locat. di *ĕxter(us)* 'di fuori'] agg. ● (*bot.*) Di antera che si apre verso l'esterno del fiore.

estrosità s. f. **1** Qualità di chi o di ciò che è estroso. **2** Azione o idea estrosa. SIN. Capriccio, bizzarria, originalità.

estroso [da *estro* nel sign. 5] agg. **1** Di chi, di ciò che è bizzarro, capriccioso: *carattere, atleta, oratore e.* **2** Compiuto, fatto con estro, con originalità: *scritto, articolo e.* ‖ **estrosamente**, avv.

estroversione [da *introversione*, con cambio di pref. (*estra-*)] s. f. ● (*psicol.*) Atteggiamento psicologico di interesse per il mondo esterno, per l'ambiente sociale, piuttosto che per i propri pensieri e sentimenti. CONTR. Introversione.

estroverso A part. pass. di *estrovertere*; anche agg. ● Nei sign. del v. **B** s. m. (f. *-a*) ● (*psicol.*) Chi è caratterizzato da estroversione. CONTR. Introverso.

estrovertere [da *introvertere*, con cambio di pref. (*estra-*)] **A** v. tr. (pres. *io estrovèrto*; part. pass. *estrovèrso*; dif. del pass. rem.) ● Rivolgere in fuori. **B** v. rifl. ● Volgersi verso, aprirsi al, mondo esterno.

estrovertito [ted. *extrovertiert*, secondo la tipologia dei caratteri di C. G. Jung] agg.; anche s. m. (f. *-a*) ● Estroverso.

estrudere [vc. dotta, lat. *extrūdere* 'spingere (*trūdere*) fuori (*ex-*)'] v. tr. (pass. rem. *io estrùsi, tu estrudésti*; part. pass. *estrùso*) **1** Spingere fuori con violenza: *facultà di e. e dissipare le materie aderenti* (GALILEI). **2** Sottoporre a estrusione: *e. un metallo* | Formare un imballaggio mediante estrusione.

†**estruere** [vc. dotta, lat. *extrūere* 'costruire (*strūere*, propriamente 'disporre a strati') innalzando (*ex-*)'] v. tr. **1** Costruire, fabbricare. **2** Accumulare.

estrusione [da *estruso*] s. f. **1** Atto, effetto dell'estrudere. **2** (*geol.*) Lenta emissione, da parte di un vulcano, di lava molto viscosa che si stagna sopra il condotto innalzandosi lentamente come una guglia. **3** (*tecnol.*) Processo di lavorazione di metalli e materie plastiche, consistente nel comprimerli in un cilindro riscaldato alla cui estremità si trova un orifizio di forma opportuna dal quale il materiale esce modellato secondo la forma voluta; usato per preparare lastre, tubi, barre, profilati e sim.

estrusivo agg. **1** Di, relativo a, estrusione. **2** (*raro*) Atto a estrudere.

estruso part. pass. di *estrudere*; anche agg. ● (*raro*)

Nei sign. del v.

estrusóre s. m. ● (*tecnol.*) Apparecchio che realizza l'estrusione.

†**estrùtto** part. pass. di †*estruere*; anche agg. ● Nei sign. del v.

†**estuàre** [vc. dotta, lat. *aestuāre*, da *āestus* 'ribollimento', di origine indeur.] v. intr. ● (*lett.*) Ardere, ribollire (*anche fig.*).

estuàrio [vc. dotta, lat. *aestuāriu(m)*, da *āestus* nel senso di 'agitazione delle onde', da quello primitivo di 'calore bruciante, bollore'] s. m. ● (*geogr.*) Foce di fiume, che si allarga a forma di lungo imbuto in cui il mare penetra profondamente, caratteristica delle coste basse spec. oceaniche: *l'e. del Tamigi*. ➡ ILL. p. 821 SCIENZE DELLA TERRA ED ENERGIA.

estudiantina [vc. sp., da *estudiantino* 'studentesco', perché formata di studenti (*estudiantes*)] s. f. ● Gruppo, società musicale di studenti che si recavano a suonare in abitazioni private in occasione di feste, banchetti o per fare serenate.

estumescènza [vc. dotta, tratta dal lat. tardo *extumēscere*, comp. di *ex-* raff. e *tumēscere* '(cominciare a) gonfiarsi', incoativo di *tumēre* 'essere gonfiato', di origine indeur.] s. f. ● (*raro*) Rigonfiamento.

estumulazióne [comp. di *es-* (dal lat. *ĕx* 'fuori') e *tumulazione*] s. f. ● Esumazione di una salma sepolta mediante tumulazione.

estuóso [vc. dotta, lat. *aestuōsu(m)*, da *āestus* 'effervescenza per il calore', di origine indeur.] agg. *1* (*lett.*) Che arde, ribolle: *ardea tra bianche nuvole estuose / il sol primaverile* (CARDUCCI). *2* Burrascoso (*anche fig.*).

†**esturbàre** [vc. dotta, lat. *exturbāre* 'spingere (*turbāre*) fuori (*ex-*)'] v. tr. ● Mandare via con violenza.

esuberànte part. pres. di *esuberare*; anche agg. *1* Nei sign. del v. | Eccedente: *manodopera e.* *2* (*fig.*) Pieno di vitalità, di brio: *ragazzo, carattere e.* || **esuberanteménte**, avv.

esuberànza [vc. dotta, lat. tardo *exuberāntia(m)*, da *exūberans*, genit. *exuberāntis* 'esuberante'] s. f. *1* Grande o eccessiva abbondanza: *l'e. del raccolto*; *l'e. di personale* | *In e.*, in quantità superiore al necessario. *2* (*fig.*) Vivacità, espansività, comunicativa: *e. del carattere*; *l'e. dei giovani*.

esuberàre [vc. dotta, lat. *exuberāre* 'produrre (*uberāre*, da *ūber* 'fertile, fecondo', sign. deriv. da quello proprio di 'mammella', di origine indeur.) abbondantemente (*ex-*)'] v. intr. (aus. *essere*) ● (*raro, lett.*) Sovrabbondare.

esùbero s. m. ● (*bur.*) Quantità eccedente: *e. di personale*.

esulàre [vc. dotta, lat. *exsulāre*, da *ēxul*, genit. *ēxulis* 'esule'] v. intr. (*io èsulo*; aus. *avere*) *1* (*raro*) Andare volontariamente in esilio | Andar vagando lontano. *2* (*fig.*) Essere al di fuori: *questo esula dai miei compiti*.

esulceraménto s. m. ● (*raro*) Esulcerazione.

esulceràre [vc. dotta, lat. *exulcerāre*, comp. di *ex-* raff. e *ulcerāre* 'piagare (da *ŭlcus*, genit. *ŭlceris* 'ferita, piaga', di origine indeur.)'] **A** v. tr. (*io esùlcero*) *1* (*med.*) Provocare un'ulcera | (*est.*) Piagare. *2* (*fig.*) Irritare, addolorare al massimo grado. **B** v. intr. pron. ● (*raro*) Subire un'ulcerazione.

esulcerativo agg. ● Atto a esulcerare.

esulceràto part. pass. di *esulcerare*; anche agg. *1* Nei sign. del v. *2* (*fig.*) Profondamente, atrocemente colpito da un evento doloroso.

esulceratóre agg. (f. *-trice*) ● (*raro*) Che esulcera.

esulcerazióne [vc. dotta, lat. *exulceratiōne(m)*, da *exulcerātus* 'esulcerato'] s. f. *1* (*med.*) Ulcerazione superficiale. *2* (*fig.*) Inasprimento.

èsule [vc. dotta, lat. *ĕx(s)ule(m)*: '(cacciato) dal (*ex-*) proprio suolo (*sŏlum*)' (?)] s. m. e f.; anche agg. ● Chi, che è o va in esilio: *la tristezza degli esuli* | *Tomba e.*, in terra d'esilio | *E. dal cielo*, dannato | (*est.*) Fuggiasco, lontano: *andare, vivere e.*

esultànte part. pres. di *esultare*; anche agg. *1* Nei sign. del v. *2* Pieno di esultanza: *i tifosi erano esultanti per la vittoria della loro squadra*.

esultànza [vc. dotta, lat. tardo *ex(s)ultāntia(m)*, da *ex(s)ūltans*, genit. *ex(s)ultāntis* 'esultante'] s. f. ● Intensa allegrezza: *con indicibile e.*

esultàre [vc. dotta, lat. *ex(s)ultāre*, comp. di *ex-* raff. e *saltāre* 'saltellare', iter. di *salīre* 'saltare'] v. intr. (aus. *avere*) ● Sentire e manifestare esultanza: *la notizia mi fece e.* | *E. in cuor proprio*, senza manifestazione esteriore | †Imbaldanzire.

esultazióne [vc. dotta, lat. *ex(s)ultatiōne(m)* da *exultātus*, part. pass. di *ex(s)ultāre* 'esultare'] s. f. ● (*raro*) Esultanza.

esumàre [vc. dotta, lat. mediev. *exhumāre*, comp. di *ex-* estrattivo e *hŭmus* 'terra', in contrapposizione al lat. class. *inhumāre* 'inumare'] v. tr. (*io esùmo*) *1* Trarre dalla tomba: *la salma fu esumata per ordine delle autorità*. *2* (*fig.*) Trarre dall'oblio cose già dimenticate: *e. un'antica abitudine*.

esumazióne s. f. ● Atto, effetto dell'esumare (*anche fig.*).

†**esuperànte** [vc. dotta, lat. *ex(s)uperānte(m)*, part. pres. di *ex(s)uperāre*, comp. di *ex-* raff. e *superāre* 'superare'] agg. ● Esorbitante.

†**esuperànza** [vc. dotta, lat. *ex(s)uperāntia(m)*, da *exsŭperans*, genit. *ex(s)uperāntis* 'esuperante'] s. f. ● Eccedenza.

†**esurìre** [vc. dotta, lat. *esurīre*, desiderativo di *ēsse*, *ĕdere* 'mangiare', di origine indeur.] v. intr. (dif. usato solo al gerundio *esurièndo*) ● Avere fame, voglia, brama.

†**esùsto** [vc. dotta, lat. *exūstu(m)*, part. pass. di *exūrere* 'bruciare (*ūrere*) completamente (*ex-*)'] agg. ● Bruciato, arso.

esùvia o **exùvia** [vc. dotta, lat. *exŭviae*, nom. pl., der. di *exŭere* 'spogliare', contr. di *indŭere* 'vestire' (V. *indumento*)] s. f. inv. ● (*zool.*) L'esoscheletro degli Artropodi o lo strato corneo dei Rettili eliminato periodicamente con la muta.

†**esvèllere** ● V. *svellere*.

†**et** (**1**) /et/ ● V. *e* (*2*).

†**et** (**2**) /et/ ● V. *ette*.

èta [dal gr. *êta*, di origine semitica] s. m. o f. inv. ● Nome della settima lettera dell'alfabeto greco.

età o (*poet.*) †**etàde**, (*poet.*) †**etàte** [vc. dotta, lat. *aetāte(m)*, per il più ant. *aevitāte(m)*, da *āevus* '(durata di) tempo'] s. f. *1* Gli anni della vita, il tempo che si ha: *che età ha?*; *all'età di sei, venti, trent'anni*; *maggiore, minore di età* | *Di piccola, poca età*, che ha pochi anni di vita. *2* Ognuno dei vari periodi in cui si è soliti dividere la vita degli uomini o, più in generale, degli esseri viventi: *morta / in tanto strazio e in sì tenera etate* (L. DE' MEDICI) | *La prima, la tenera età*, l'infanzia | *La novella, la verde età*, l'adolescenza o la giovinezza | *La mezza età*, fra la giovinezza e la vecchiaia | *L'età matura*, in cui si raggiunge la pienezza della propria vita | *Età critica*, quella intermedia tra l'adolescenza e la giovinezza e tra l'età matura e la vecchiaia | *La terza età*, la vecchiaia | *Età evolutiva*, il periodo della vita compreso fra la nascita e il conseguimento della piena maturità fisica e psichica | *Di prima età*, giovanissimo | *Essere in età da marito*, di donna matura per il matrimonio | *Essere in età militare*, di uomo atto alle armi | *Un uomo d'età, di una certa età*, avanti con gli anni | *Ha la sua età*, di chi è in età avanzata | *Persona di bella età*, d'età matura, ma ben portante | *Avere l'età della ragione*, essere mentalmente maturi | *Età mentale*, livello di sviluppo dell'intelligenza, espresso come equivalente all'età della vita in cui il bambino, in media, raggiunge il livello medesimo | *L'età della luna*, i giorni trascorsi dall'ultimo novilunio. *3* Gli anni che si richiedono per poter fare q.c.: *ha passato ormai l'età di giocare* | *Limiti di età*, oltre i quali non è più possibile fare q.c. | *Minore età*, in diritto civile, quella inferiore ai 18 anni | *Maggiore età*, in diritto civile, quella stabilita dalla legge nel compimento del diciottesimo anno d'età, in cui si ha capacità di agire per la cura dei propri interessi. *4* Epoca, periodo: *età storiche, preistoriche*; *l'età di Augusto*; *età risorgimentale, contemporanea* | *L'età di mezzo*, il Medioevo | *Età bassa*, i tempi meno antichi | *Età grossa*, barbara | (*est.*) Generazione: *la nostra età* | (*lett.*) Vita. *5* Unità della cronologia geologica in cui si suddivide un'epoca | Unità cronologica della preistoria: *età del bronzo, età del ferro*.

etacìsmo [dal gr. *êta*, di origine semitica, con sovrapposizione, per la seconda parte, di vc. affini, come *lambdacismo*] s. m. ● (*ling.*) Pronuncia del greco classico secondo cui i dittonghi conservano il loro valore fonetico, e la lettera η viene pronunciata *e*.

etacìsta s. m. e f. (pl. m. *-i*) ● (*ling.*) Chi segue o sostiene l'etacismo.

etacìstico agg. (pl. m. *-ci*) ● Dell'etacismo | Che si basa sull'etacismo: *pronuncia etacistica*.

†**etàde** ● V. *età*.

étagère /fr. eta'ʒɛr/ [vc. fr., da *étage* '(ri)piano', dal lat. parl. **stāticum* per *stātio* 'che sta', da *stāre*] s. f. inv. ● Mobile a scaffali, per libri, oggetti ornamentali ecc. | Mensola d'angolo. SIN. Cantoniera.

étamine /fr. eta'min/ [vc. fr., lat. parl. **stamīnea*, f. sost. di *stamĭneus* 'fatto di filo (*stāmen*)'] s. f. inv. ● (*tess.*) Stamigna.

etàno [fr. *éthane*, comp. dell'iniziale di *éth(er)* 'etere (2)' e *-ano* (*2*)] s. m. ● (*chim.*) Alcano gassoso contenuto nel petrolio e nei gas naturali, impiegato spec. come combustibile.

etanòlo [comp. di *etano* e *-olo* (*1*)] s. m. ● (*chim.*) Alcol etilico.

†**etàte** ● V. *età*.

†**et cètera** /et'tʃɛtera/ ● V. *eccetera*.

†**etcètera** /et'tʃɛtera/ ● V. *eccetera*.

etcì /et'tʃi*/ ● V. *eccì*.

etciù /et'tʃu*/ ● V. *eccì*.

etelìsmo [ted. *Ethelismus*, dal gr. *ethélein* 'volere', di origine indeur.] s. m. ● (*filos.*) Teoria secondo la quale la volontà è la forza fondamentale dell'anima.

etelónte [vc. dotta, gr. *ethelontḗs*, dal part. di *ethélein* 'volere', di origine indeur.] s. m. ● Nel mondo greco, soldato volontario.

etèra (**1**) [vc. dotta, gr. *hetáira*, di origine indeur.] s. f. *1* Donna di vita galante nell'Ellade | Cortigiana. *2* (*lett., euf.*) Donna di facili costumi.

†**ètera** (**2**) ● V. *etere* (*1*).

eteradelfìa [comp. di *etero-* e *adelfia* (V.)] s. f. ● (*med.*) Crescita abnormemente maggiore di un feto rispetto a un altro, nello sviluppo intrauterino dei gemelli.

eteradèlfo agg. ● (*med.*) Proprio dell'eteradelfia, caratterizzato da eteradelfia.

ètere (**1**) o †**ètera** (**2**) [vc. dotta, lat. *āethera*, nom. *āether*, dal gr. *aithḗr*, da *áithein* 'ardere, brillare', di origine indeur.] s. m. ● Aria, cielo, spazio: *quest'e. vivace / che gli egri spirti accende* (PARINI) | *Via e.*, per mezzo della propagazione delle onde elettromagnetiche, si contrappone a *via cavo* | †Spazio atmosferico più alto e puro | *E. cosmico*, ipotetico mezzo imponderabile ed elastico che si supponeva riempisse tutto l'Universo, per spiegare la propagazione dell'energia.

ètere (**2**) [ted. *Äther*, attribuito alla sostanza volatile per accostamento con il latinismo *Äther* 'etere (1)'] **A** s. m. *1* (*chim.*) Composto organico costituito da due radicali idrocarburici uniti da un atomo di ossigeno | *E. etilico*, liquido organico volatile che produce anestesia generale o locale. *2* (*per anton.*) Correntemente, etere etilico. **B** anche agg.: (*chim.*) *gruppo e.*

etèreo (**1**) [vc. dotta, lat. *aethĕriu(m)*, dal gr. *aithérios*, agg. di *aithḗr*, genit. *aithéros* 'etere (1)'] agg. ● Che è dell'etere, che si trova nell'etere: *vibrazione eterea* | (*poet.*) Del cielo: *sotto l'e. padiglion rotarsi / più mondi* (FOSCOLO) | (*est.*) Celeste, puro: *bellezza eterea*.

etèreo (**2**) [da *etere* (*2*)] agg. ● (*chim.*) Di, relativo all'etere | *Narcosi eterea*, ottenuta con inalazione di etere. SIN. Eterico.

eterìa [vc. dotta, lat. *hetāeria(m)*, dal gr. *hetairía*, da *hetâ(i)ros* 'compagno', di origine indeur.] s. f. *1* Nell'antica Grecia, lega spec. politica. *2* Nella Bisanzio medievale, guardia del corpo dell'imperatore costituita da mercenari stranieri.

eteriàrca [comp. di *eteria* e *-arca*] s. m. (pl. *-chi*) ● Comandante dell'eteria bizantina.

etèrico agg. (pl. m. *-ci*) ● (*chim.*) Etereo.

eterificàre [comp. di *etere* (*2*) e *-ficare*] **A** v. tr. (*io eterìfico, tu eterìfichi*) ● Trasformare un alcol in etere. **B** intr. pron. ● (*chim.*) Trasformarsi in etere, detto di alcol.

eterificazióne s. f. ● Processo chimico che porta alla formazione di un etere.

†**etèrio** agg. ● Etereo, nel sign. di etereo (1).

eterìsmo [da *etere* (*2*)] s. m. ● Intossicazione per inalazione di etere.

eterizzàre [comp. di *etere* (*2*) e *-izzare*] v. tr. *1* Aggiungere etere a un liquido. *2* Far respirare etere per produrre anestesia generale.

eterizzazióne s. f. ● Narcosi con etere.

eternàbile agg. ● Che si può eternare.

†**eternàle** o †**etternàle** [vc. dotta, lat. tardo *aeternāle(m)*, da *aetĕrnus* 'eterno'] agg. ● Eterno: *sono alle pene eternali dannato* (BOCCACCIO). || **eternalménte**, avv. In eterno.

†**eternalità** [da *eternale*] s. f. ● Eternità.

eternàre o †**etternàre** [vc. dotta, lat. *aeternāre*, da *aetĕrnus* 'eterno'] **A** v. tr. (*io etèrno*) ● Immortalare: *e. il volto di qc. in un quadro* | Rendere durevole, perenne: *e. gli odi, la discordia.* **B** v. rifl. ● Farsi immortale, per meriti, fama e sim. **C** v. intr. pron. ● Continuare, essere durevole, perenne: *rivalità che si eternano attraverso le generazioni.*

eternit ® o **èternit** [nome commerciale] s. m. ● (*edil.*) Materiale per costruzione o protezione, costituito da malta cementizia e fibre di amianto.

eternità o †**eternitàde**, †**eternitàte**, †**etternità** [vc. dotta, lat. *aeternitāte(m)*, da *aeternus* 'eterno'] s. f. *1* Nelle rappresentazioni religiose, una delle forme proprie della condizione divina, che è libera dai limiti del tempo umano e non ha principio né fine: *l'e. di Dio* | (*est.*) Qualità e condizione di ciò che dura indefinitamente | *L'e. della materia*, indistruttibilità. *2* Tempo infinito, senza principio né termine | (*fam., scherz.*) Tempo lungo, interminabile: *un discorso noioso che dura un'e.* *3* Vita eterna, fuori di questo mondo o nella memoria dei viventi: *guadagnarsi l'e.* | *Andare all'e.*, morire | *Le porte dell'e.*, della gloria immortale.

etèrno o †**ettèrno** [vc. dotta, lat. *aetĕrnu(m)*, prima *aevitĕrnu(m)*, da *āevus* 'durata della vita', di origine indeur.] **A** agg. *1* Che non ebbe principio e non avrà fine, che è durato e durerà sempre: *Dio è e.; certe eterne verità che non possiamo sconoscere o riniegare* (VICO). *2* Che ebbe principio e non avrà fine | *Il sonno e.*, la morte | *Pena eterna*, l'inferno | *Premio e.*, il Paradiso | *La vita eterna*, l'esistenza ultraterrena | *L'e. nemico*, il demonio | Immortale rispetto alla durata dell'umanità: *Dante ha raggiunto una fama eterna* | *La città eterna*, (*per anton.*) Roma | Che ha la durata della vita dell'uomo: *provare un'eterna gratitudine*; *giurare e. amore* | *In e.*, (*ell.*) per l'eternità. *3* Incessante, interminabile: *un lavoro, un discorso e.* || **eternaménte**, avv. In modo eterno, per l'eternità; per sempre, per tutta la vita; (*ip.*) costantemente, continuamente. **B** s. m. *1* Eternità | *L'Eterno*, (*per anton.*) Dio. *2* †Anima.

ètero- [dal gr. *héteros* 'altro', 'diverso'] primo elemento ● In parole composte dotte o della terminologia scientifica, significa 'altro', 'diverso': *eterociclico, eterodonte, eterogenesi.*

eteroàtomo [comp. di *etero-* e *atomo*] s. m. ● (*chim.*) Qualsiasi atomo, diverso dal carbonio, che entra nella composizione di un composto ciclico.

eterocarpìa [comp. di *etero-* e del gr. *karpós* 'frutto', di orig. indeur.] s. f. ● (*bot.*) Produzione di frutti morfologicamente diversi da parte della stessa pianta.

eterocàrpo agg. ● (*bot.*) Detto di pianta che presenta eterocarpia.

eterocentrìsmo [comp. di *etero-* ed (*ego*)*centrismo*] s. m. ● (*psicol.*) Atteggiamento di chi tende a porre gli altri al centro della realtà in cui vive.

eterocèrco [comp. di *etero-* e *-cerco*] agg. (pl. m. *-chi*) ● (*zool.*) Detto della coda dei pesci in cui la pinna è asimmetrica.

eterocìclico [comp. di *etero-* e *ciclico*] agg. (pl. m. *-ci*) ● (*chim.*) Detto di composto organico ciclico il cui anello è formato, oltre che da atomi di carbonio, anche da atomi di elementi chimici diversi: *anello e.*

eteroclìsia s. f. ● (*ling.*) Anomalia di lemma eteroclito.

eteròclito [vc. dotta, lat. tardo *heterŏclito(n)*, dal gr. *heteróklitos* 'di altra (*héteros*) declinazione (da *klínein*)'] agg. *1* (*ling.*) Di sostantivo, aggettivo o verbo la cui flessione comprende più temi o radici. *2* (*lett.*) Anormale, inusitato: *cotesto sì e. / nome, per certo, avrò male in memoria* (ARIOSTO).

eterocromìa [comp. di *etero-* e *-cromia*] s. f. ● (*med.*) Differente colorazione delle iridi o di altre due parti del corpo che hanno normalmente lo stesso colore.

eteròcrono [gr. *heteróchronos* 'di tempo (*chrónos*) diverso (*héteros*)'] agg. ● (*med.*) Aritmico.

eterodiegètico [fr. *hétérodiégétique*, comp. di *hétéro-* 'etero-' e *diégétique* 'diegetico'] agg. (pl. m. *-ci*) ● Detto di narrazione in cui il narratore non compare come personaggio della storia che racconta.

eterodìna [gr. *heterodýna(mos)* 'di diverso (*héteros*) potere (*dýnamis*)'] s. f. ● Oscillatore ad alta frequenza, con intensità e periodo regolabili, che negli apparecchi radiofonici serve per ottenere un'oscillazione di battimento.

eterodirètto [comp. di *etero-* e *diretto*] agg. ● Detto di chi non ha autonoma capacità di decisione interiore e si lascia perciò dirigere da altri nel proprio comportamento.

eterodónte [comp. di *etero-* e del gr. *odṓn*, genit. *odóntos* 'dente'] agg. ● Detto di animale fornito di denti disuguali fra loro a seconda della funzione che essi assumono. CONTR. Omodonte.

eterodossìa [gr. *heterodoxía*, da *heteródoxos* 'eterodosso'] s. f. ● Dottrina o insegnamento in contrasto con l'opinione comune o ufficialmente riconosciuta, spec. in materia religiosa. CONTR. Ortodossia.

eterodòsso [gr. *heteródoxos* 'di un'altra (*héteros*) opinione (*dóxa*)'] agg. ● Che si riferisce a eterodossia: *teoria eterodossa* | Che insegna o segue una dottrina eterodossa. CONTR. Ortodosso.

eteroeducazióne [comp. di *etero-* e *educazione*] s. f. ● Azione educativa esercitata dall'esterno su un soggetto. CONTR. Autoeducazione.

eterofillìa [da *eterofillo*] s. f. ● Fenomeno per cui le foglie di una pianta si presentano lungo il fusto con due o più forme diverse.

eterofìllo [comp. di *etero-* e *-fillo*] agg. ● Di pianta che presenta eterofillia.

eterofonìa [comp. di *etero-* e *-fonia*] s. f. ● (*mus.*) Nell'antica Grecia, sorta di polifonia consistente nel sovrapporre alla melodia del canto un accompagnamento degli strumenti talora differenziato e forse esornativo.

eteroforìa [comp. di *etero-* e *-foria*] s. f. ● (*med.*) Tendenza patologica di un occhio o di entrambi a deviare dalla normale direzione dello sguardo, dovuta a squilibrio funzionale dei muscoli che presiedono ai movimenti dell'occhio.

eterofòrico **A** agg. (pl. m. *-ci*) ● Di, relativo a, eteroforia. **B** agg.; anche s. m. (f. *-a*) ● Che, chi è affetto da eteroforia.

eterogamète [comp. di *etero-* e *gamete*] s. m. ● (*biol.*) Gamete morfologicamente diverso a seconda del sesso di provenienza.

eterogamìa [comp. di *etero-* e un deriv. del gr. *gámos* 'matrimonio'] s. f. ● (*biol.*) Presenza, in una specie, di gameti diversi a seconda del sesso di provenienza.

eterògamo [comp. di *etero-* e del gr. *gámos* 'matrimonio'] agg. ● (*biol.*) (*biol.*) Relativo all'eterogamia | *Riproduzione sessuale eterogama*, caratterizzata dalla fusione di gameti differenti.

eterogeneità [da *eterogeneo*] s. f. ● Qualità di ciò che è eterogeneo. CONTR. Omogeneità.

eterogèneo [gr. *heterogenḗs*, 'di altro (*héteros*) genere (*génos*)'] agg. *1* Di natura e qualità diverse: *sulle banchine del porto vi sono le merci più eterogenee*; *pubblico e.* CONTR. Omogeneo. *2* (*ling.*) Di sostantivo che nel plurale ha o può avere genere diverso che nel singolare.

eterogènesi [comp. di *etero-* e *genesi*] s. f. *1* (*biol.*) Alternanza di generazioni. *2* (*filos.*) *E. dei fini*, principio secondo cui le azioni umane possono conseguire fini diversi da quelli perseguiti.

eterogonìa [comp. di *etero-* e *-gonia*] s. f. ● (*biol.*) Regolare alternanza di riproduzione partenogenetica e non partenogenetica.

eteroinnèsto [comp. di *etero-* e *innesto*] s. m. ● (*chir.*) Eterotrapianto.

eterolalìa [comp. di *etero-* e *-lalia*] s. f. ● (*med.*) Forma di loquacità propria del delirio.

eteròlogo [da *omologo* con sostituzione di prefissoide a senso opposto (*etero-* a *omo-*)] agg. (pl. m. *-ghi*) *1* Detto di elemento chimico appartenente alla stessa serie orizzontale nel sistema periodico di Mendeleev. *2* (*biol.*) Detto di organo, tessuto o sostanza organica che proviene da una specie diversa da quella considerata.

eteròmane agg.; anche s. m. e f. ● Che, chi è affetto da eteromania.

eteromanìa [comp. di *etere* e *mania*] s. f. ● (*med.*) Abitudine morbosa d'inalare etere.

eteròmero [comp. di *etero-* e *-mero*] agg. ● (*bot.*) Detto di verticillo florale che ha un numero di pezzi disuguale | Detto del tallo dei licheni in cui i gonidi non sono sparsi uniformemente, ma distribuiti in strati.

eterometàbolo [comp. di *etero-* e del gr. *metabolḗ* 'mutamento'] agg.; anche s. m. ● (*zool.*) Detto di insetto che alla nascita è privo di ali, ma ha un aspetto simile all'adulto.

eteròmio [comp. di *etero-* e del gr. *mŷs*, genit. *myós* 'topo'] s. m. ● Piccolo mammifero roditore dell'America meridionale (*Heteromys*).

eteromorfìsmo [da *eteromorfo*] s. m. ● (*bot.*) Fenomeno per cui su una stessa pianta sono presenti due o più tipi di organi della medesima struttura morfologica.

eteromòrfo [gr. *heterómorphos* 'di forma (*morphḗ*) diversa (*héteros*)'] agg. ● Di pianta che presenta eteromorfismo.

eteronimìa [comp. di *etero-* e un deriv. del gr. *ónyma*, var. di *ónoma* 'nome'] s. f. ● (*ling.*) Fenomeno per cui coppie naturali di oggetti o di esseri animati sono denominati con nomi di diversa etimologia.

eterònimo [comp. di *etero-* e del gr. *ónyma*, dial. per *ónoma* 'nome'] agg. *1* (*ling.*) Detto di nome che è in rapporto di eteronimia con uno o più altri. CONTR. Omonimo. *2* Detto di scritto pubblicato con nome diverso da quello dell'autore.

eteronomìa [comp. di *etero-* e un deriv. del gr. *nómos* 'legge'] s. f. ● (*filos.*) Principio in base al quale la volontà del soggetto non ha in sé la ragione della propria azione ma la deriva da principi estranei alla stessa volontà. CONTR. Autonomia.

eterònomo agg. *1* (*filos.*) Che riceve dall'esterno le modalità della propria azione. CONTR. Autonomo. *2* (*ling.*) Detto di mutamento fonetico condizionato da altri fattori.

eteropàtico [comp. di *etero-* e un deriv. del gr. *páthos* 'malattia'] agg. (pl. m. *-ci*) ● (*med.*) Allopatico.

eteropolàre [comp. di *etero-* e *polare*] agg. ● (*fis.*) Di legame che avviene per attrazione elettrostatica fra ioni di segno opposto. SIN. Ionico.

eteropòlio [da *etero-* sul modello di *monopolio* (V.)] s. m. ● (*econ.*) Forma di mercato caratterizzata dalla differenza qualitativa dei beni e servizi offerti da ciascuno dei venditori rispetto a quelli offerti dagli altri, e dalla conseguente preferenza dei compratori per uno o alcuni dei venditori in particolare.

eteropsònio [da *etero-* sul modello di *monopsonio* (V.)] s. m. ● (*econ.*) Forma di mercato caratterizzata dalla differenza delle condizioni economiche di ciascuno dei compratori e dalla conseguente preferenza dei venditori per la domanda di uno o di alcuni fra loro in particolare.

eterosessuàle [comp. di *etero-* e *sessuale*] **A** agg. ● Che riguarda i rapporti sessuali fra due persone di sesso diverso: *relazione e.* **B** agg.; anche s. m. e f. ● Che, chi prova attrazione sessuale per persone di sesso opposto.

eterosessualità s. f. ● Attrazione sessuale fra persone di sesso diverso.

eterosfèra [da *etero-*, sul modello di *atmosfera*] s. f. ● (*geogr.*) La regione superiore dell'atmosfera terrestre, che si estende oltre gli 80-100 km di altezza.

eterosillàbico [comp. di *etero-* e *sillaba*, con suff. agg.] agg. (pl. m. *-ci*) ● (*ling.*) Detto di suono appartenente a sillaba diversa da quella considerata.

eterosòmo [vc. dotta, comp. di *etero-* e del gr. *sôma* 'corpo'] agg. ● (*biol., zool.*) Che ha corpo diverso, detto spec. di razze di polli in domesticità rispetto a quelli selvatici.

eterotàllico [comp. di *etero-* e *tallo*, con suff. agg.] agg. (pl. m. *-ci*) ● (*bot.*) Detto di pianta in cui l'organo di riproduzione produce gameti di sesso o solo maschile o solo femminile.

eterotassìa [comp. di *etero-* e un deriv. del gr. *táxis* 'ordinamento'] s. f. ● (*biol.*) Anormale disposizione di organi.

eterotermìa [da *eterotermo*] s. f. ● (*fisiol.*) Condizione degli eterotermi. CONTR. Omeotermia.

eterotèrmico [comp. di *etero-* e *termico*] agg. (pl. m. *-ci*) ● (*fisiol.*) Riferito agli eterotermi. CONTR. Omeotermico.

eterotèrmo [comp. di *etero-* e del gr. *thermós* 'caldo'] s. m. ● (*zool.*) Organismo animale in grado di variare la temperatura corporea in vari distretti anatomici o in tempi diversi. CONTR. Omeotermo.

eterotopìa [comp. di *etero-* e un deriv. del gr. *tópos* 'luogo'] s. f. ● (*med.*) Sviluppo di un tessuto in sede anomala.

eterotrapiànto [comp. di *etero-* e *trapianto*] s. m. ● (*chir.*) Trasferimento di un tessuto o di un organo da un organismo a un altro di specie diversa | Il tessuto o l'organo così trapiantati. SIN. Eteroinnesto, xenotrapianto.

eterotrofìa [comp. di *etero-* e un deriv. del gr. *trophḗ* 'cibo, nutrizione'] s. f. ● (*biol.*) Fenomeno per cui un organismo che non è capace di fabbricare da sé le sostanze organiche le assume da altri organismi. CONTR. Autotrofia.

eterotròfico agg. (pl. m. *-ci*) ● Di, relativo a, eterotrofia.

eteròtrofo agg. ● (*biol.*) Di organismo animale o vegetale che presenta eterotrofia.

Eteròtteri [comp. di *etero-* e un deriv. del gr. *pterón* 'ala'] s. m. pl. ● Nella tassonomia animale, ordine di Insetti degli Emitteri con ali anteriori in parte indurite (*Heteroptera*) | (al sing. *-o*) Ogni individuo di tale ordine.

eteroẓigòṣi [comp. di *eterozig(ote)* e *-osi*] s. f. ● (*biol.*) Condizione genetica degli eterozigoti | L'unione di gameti geneticamente diversi.

eteroẓigòte [comp. di *etero-* e *zigote*] s. m. ● (*biol.*) Individuo derivante dall'unione di gameti a fattori ereditari diversi.

etèṣie s. f. pl. ● Etesii.

etèṣii [vc. dotta, lat. *etēsia(s)*, nom. *etēsiae* (pl.), dal gr. *etēsíai*, sottinteso *ánemoi* '(venti) annuali (da *étos* 'anno')'] s. m. pl. ● Venti periodici provenienti da nord che soffiano durante i mesi estivi nel Mediterraneo orientale.

etèṣio agg. ● (*lett.*) Proprio degli etesii: *vento e.*; *brezza etesia*.

èthos /gr. 'ɛtos/ [vc. gr., *éthos* 'costume, carattere', di origine indeur.] s. m. inv. ● Costume, norma di vita.

ètica [vc. dotta, lat. *ēthica(m)*, dal gr. *ēthikḗ* 'relativo al carattere (*êthos*, di origine indeur.)'] s. f. *1* (*filos.*) Studio della determinazione della condotta umana e della ricerca dei mezzi atti a concretizzarla | (*est.*) Opera di filosofo e gener. scrittore che contiene e sviluppa tale studio, e spesso titolo di tale opera. *2* Insieme delle norme di condotta pubblica e privata che, secondo la propria natura e volontà, una persona o un gruppo di persone scelgono e seguono nella vita, in un'attività, e sim.: *un'e. severa*; *la mia e. professionale*; *l'e. cristiana*; *l'e. di Giolitti*, *l'e. di De Gasperi*.

etichétta (1) [fr. *étiquette*, dall'ant. fr. *estiquer* 'attaccare', dall'ol. *stikken*] s. f. *1* Cartellino che si applica sopra bottiglie, libri e sim. per indicarne il prezzo, il contenuto, il nome, la collocazione negli scaffali, e sim. *2* (*fig.*) Definizione sommaria e astratta di un movimento artistico, filosofico, politico: *quanti autori sono entrati sotto l'e. del romanticismo!* | (*est.*) Definizione sbrigativa e superficiale assegnata a qc. o a q.c.: *rifiuto recisamente l'e. di perfezionista*; *gli hanno appiccicato l'e. del piantagrane*; *l'opera è stata qualificata sotto l'e. di 'romanzo'*. || **etichettina**, dim. | **etichettóna**, accr.

etichétta (2) [sp. *etiqueta*, dal fr. *étiquette* 'lista dei testimoni' (dal senso più ant. di 'marca attaccata a un palo'), esteso da Carlo V al 'protocollo di corte'] s. f. ● Cerimoniale degli usi e costumi da osservare nelle corti regali | (*est.*) Il complesso delle norme consuetudinarie di comportamento in società e in particolari cerimonie | *Tenere all'e.*, guardare alla forma | *Senza e.*, senza formalismi, alla buona.

etichettàre [adattamento del fr. *étiqueter*, da *étiquette* 'etichetta (1)'] v. tr. (*io etichétto*) *1* Fornire di etichetta. *2* (*fig.*) Qualificare in modo generico e sommario: *l'hanno etichettato come extraparlamentare*.

etichettatrìce s. f. ● Macchina o apparecchio per etichettare.

etichettatùra s. f. ● Atto, effetto dell'etichettare.

etichettificio [comp. di *etichetta* e *-ficio*] s. m. ● Fabbrica di etichette.

eticità [da *etico (1)*] s. f. *1* Qualità di ciò che è etico. *2* Nella filosofia hegeliana, la realizzazione del diritto e della moralità in istituzioni storiche quali la famiglia, la società, lo Stato.

ètico (1) [vc. dotta, lat. *ēthicu(m)*, dal gr. *ēthikós* 'proprio della morale (*êthos*, di origine indeur.)'] **A** agg. (pl. m. *-ci*) *1* (*filos.*) Che concerne o interessa l'etica o la filosofia morale. *2* Attenente al costume | Relativo alla vita sociale e civile: *è un grave problema e.* *3* Detto di medicinale venduto solo su presentazione di prescrizione medica. *4* (*ling.*) Detto di complemento che esprime l'interesse con cui una persona segue l'azione verbale. || **eticaménte**, avv. Per quanto concerne l'etica. **B** s. m. ● (*filos.*) Chi si dedica allo studio dell'etica.

ètico (2) [vc. dotta, gr. *hektikós*, attributo di una febbre 'continua' (da *héxis* 'essere in una certa condizione', deriv. di *échein* 'avere, tenere')] agg.; anche s. m. (f. *-a*; pl. m. *-ci*) ● (*raro*) Tisico.

ètico (3) [ingl. *etic*, tratto da (*phon*)*etic* 'fonetico'] agg. (pl. m. *-ci*) ● (*ling.*) Relativo a dati oggettivi, che non sono pertinenti e non hanno quindi una funzione distintiva. CONTR. Emico.

etil- [da *etano*] primo elemento ● In parole composte della terminologia chimica, denota la presenza di un radicale derivante dall'etano per eliminazione di un atomo di idrogeno in molecole organiche.

etìle [comp. del gr. *aith(ḗr)* 'etere (2)' e *hýlē* 'materia'] s. m. ● (*chim.*) Residuo dell'etano, corrispondente all'etano a cui manca un atomo di idrogeno: *bromuro, cloruro di e.*

etilène [da *etile*] s. m. ● (*chim.*) Primo termine della serie olefinica, gassoso, di largo impiego nell'industria.

etilènico agg. (pl. m. *-ci*) ● (*chim.*) Relativo all'etilene: *legame e.*

etìlico agg. (pl. m. *-ci*) ● (*chim.*) Detto di composto che contiene un etile: *alcol e.*; *etere e.*

etilìṣmo [comp. di *etile* e *-ismo*] s. m. ● (*med.*) Intossicazione da alcol etilico: *e. cronico, acuto*. SIN. Alcolismo.

etilìsta s. m. e f. (pl. m. *-i*) ● Chi presenta i sintomi dell'etilismo. SIN. Alcolista.

etilòmetro [comp. di (*alcol*) *etil*(*ico*) e *-metro*] s. m. ● Strumento che serve per misurare la quantità di alcol etilico ingerita attraverso l'analisi del fiato; è usato dalla polizia stradale per controllare se un automobilista guida in stato di ebbrezza.

ètimo [vc. dotta, lat. *ĕtymo(n)*, dal gr. *étymon* 'vero (*étymos*) significato di una parola'] s. m. ● (*ling.*) Forma data o stabilita dalla quale si fa derivare una parola.

etimologìa [vc. dotta, lat. *etymolŏgia(m)*, dal gr. *etymología*, comp. di *étymon* 'intimo significato della parola', e *-logía* '-logia'] s. f. (pl. *-gie*) ● (*ling.*) Ricerca dei rapporti che una parola ha con un'altra unità più antica da cui è derivata | Disciplina che si occupa della formazione delle parole, mediante la quale si riducono unità più recenti a termini già conosciuti | (*est.*) Etimo | *E. popolare*, *e. incrociata*, fenomeno per cui il soggetto parlante, basandosi su alcune somiglianze formali, riallaccia una parola a un'altra senza che fra esse esista alcuna parentela.

etimològico [vc. dotta, lat. *etymolŏgicu(m)*, dal gr. *etymologikós*, da *etymología* 'etimologia'] **A** agg. (pl. m. *-ci*) ● Che riguarda l'etimologia | Detto di significato originario o di suono che è il reale sviluppo di un suono precedente | *Dizionario e.*, quello che dà l'etimologia dei lemmi registrati | *Figura etimologica*, procedimento retorico per il quale si usano nella stessa frase parole che hanno uguale radice: *rise, e in quel riso dalla man del figlio / prese il nappo* (MONTI). || **etimologicaménte**, avv. Secondo l'etimologia. **B** s. m. ● †Etimologo.

etimologìsta s. m. e f. (pl. m. *-i*) ● Etimologo.

etimologiẓẓàre [da *etimologi(a)* e *-izzare*] v. intr. ● Dare o cercare l'etimologia di una parola.

etimòlogo [vc. dotta, lat. *etymŏlogu(m)*, dal gr. *etymólogos*, da *etymología* 'etimologia'] s. m. (f. *-a*; pl. m. *-gi*) ● Chi si dedica a studi etimologici.

etìno [da *etile*] s. m. ● (*chim.*) Acetilene.

ètio- ● V. *ezio-*.

etiologìa e *deriv.* ● V. *eziologia* e *deriv.*

etiònico [comp. di *e*(*tilene*) e del gr. *theîon* 'zolfo'] agg. (pl. m. *-ci*) ● (*chim.*) Detto di acido organico contenente due gruppi solfonici.

etiopatogèneṣi ● V. *eziopatogenesi*.

etìope o †**etìopo** [vc. dotta, lat. *Aethĭope(m)*, nom. *Āethiops*, dal gr. *Aithíops*, letteralmente 'dall'aspetto (*ópsis*) bruciato (dal v. *áithein* 'ardere')'] **A** agg. ● Dell'Etiopia. **B** s. m. e f. *1* Abitante, nativo dell'Etiopia. *2* †Africano.

etiòpico [vc. dotta, lat. *Aethiŏpicu(m)*, dal gr. *Aithiopikós*, agg. di *Aithíops* 'etiope'] **A** agg. (pl. m. *-ci*) ● Dell'Etiopia o degli Etiopi. **B** s. m. solo sing. ● Lingua della famiglia semitica parlata dagli Etiopi.

etiòpide [vc. dotta, lat. *Aethiŏpide(m)*, nom. *Aethĭopis*, dal gr. *Aithiopís*, f. di *Aithíops* 'etiope'] s. m. e f. ● Ciascuno degli appartenenti a un ceppo umano formato da Etiopici, da alcune tribù sahariane e centro-africane e da alcuni gruppi malgasci.

†**etìopo** ● V. *etiope*.

etiotropìṣmo e *deriv.* ● V. *eziotropismo* e *deriv.*

etìṣia [fr. *étisie*, da un precedente *hectisie* (fatto sul modello di *phtisie* 'tisi'), adattato a *étique* 'etico'] s. f. ● (*med.*) Tubercolosi.

etmoidàle agg. ● Che concerne l'etmoide.

etmòide [vc. dotta, gr. *ēthmoeidḗs* 'a forma (*êidos*) di crivello (*ēthmós*)'] s. m. ● (*anat.*) Osso della base del cranio che concorre alla formazione delle cavità nasali e delle cavità orbitarie.

etnàrca [vc. dotta, gr. *ethnárkhēs*, comp. di *éthnos* 'popolo' e *-árkhēs*, da *árchein* 'essere a capo'] s. m. (pl. *-chi*) ● Titolo di rango inferiore a quello di re, dato in età ellenistico-romana a capi di popoli orientali | Presso i cristiani ortodossi soggetti a dominazione straniera (per es. a Cipro), il patriarca o metropolita investito anche di funzioni civili.

etnèo [vc. dotta, lat. *Aetnāeu(m)*, dal gr. *Aitnâios*, di origine indeur. (?)] **A** agg. ● Dell'Etna. **B** s. m. *1* Abitante delle pendici dell'Etna. *2* Abitante, nativo dell'antica città di Etna.

etnìa [dal gr. *éthnos* 'razza, popolo' (V. *etnico*)] s. f. ● Raggruppamento umano basato su comuni caratteri razziali, linguistici o culturali.

ètnico [vc. dotta, lat. eccl. *ĕthnicu(m)* 'pagano', dal gr. *ethnikós*, da *éthnos*, di etim. incerta] agg. (pl. m. *-ci*) *1* Che è proprio di una razza, di un popolo: *i caratteri etnici dei polinesiani* | *Gruppo e.*, aggregato sociale che si caratterizza per comunanza di cultura e lingua. *2* (*ling.*) Detto di aggettivo o nome derivato da un nome di paese o di regione e indicante l'appartenenza a questa regione o a questo paese. *3* Nella terminologia cristiana antica, detto di chi non appartiene al popolo giudaico e (*est.*) di chi non è cristiano. || **etnicaménte**, avv. Dal punto di vista etnico.

ètno- [dal gr. *éthnos* 'popolo', di etim. incerta] primo elemento ● In parole composte dotte, significa 'popolo', 'razza': *etnografia*, *etnologia*.

etnocèntrico [comp. di *etno-* e di un deriv. di *centro*, sul modello dell'ingl. *ethnocentric*] agg. (pl. m. *-ci*) ● Proprio dell'etnocentrismo, caratterizzato da etnocentrismo: *atteggiamento e.* || **etnocentricaménte**, avv. In modo etnocentrico, da un punto di vista etnocentrico.

etnocentrìṣmo [comp. di *etnocentr(ico)* e *-ismo*, sul modello dell'ingl. *ethnocentrism*] s. m. ● Atteggiamento di chi attribuisce al proprio gruppo etnico una superiorità culturale e giudica gli altri gruppi etnici esclusivamente in base ai propri valori.

etnocìdio [comp. di *etno-* e *-cidio*] s. m. ● Distruzione del patrimonio culturale di un gruppo etnico.

etnografìa [comp. di *etno-* e *-grafia*] s. f. ● Scienza che studia i costumi e le tradizioni dei popoli viventi con intendimenti descrittivi.

etnogràfico agg. (pl. m. *-ci*) ● Proprio dell'etnografia. || **etnograficaménte**, avv. Dal punto di vista dell'etnografia.

etnògrafo [comp. di *etno-* e *-grafo*] s. m. (f. *-a*) ● Studioso, esperto di etnografia.

etnolinguìstica [comp. di *etno-* e *linguistica*] s. f. ● Parte della linguistica che studia le relazioni fra le lingue e i vari tipi di cultura umana.

etnologìa [comp. di *etno-* e *-logia*] s. f. (pl. *-gie*) ● Scienza che studia le culture e le civiltà dei vari popoli, utilizzando i dati dell'etnografia, per stabilire l'evoluzione, il diffondersi e l'affermarsi delle culture umane.

etnològico agg. (pl. m. *-ci*) ● Che concerne l'etnologia: *studi etnologici*. ‖ **etnologicaménte**, avv. Dal punto di vista etnologico.

etnòlogo [comp. di *etno-* e *-logo*] s. m. (f. *-a*; pl. m. *-gi*) ● Studioso, esperto di etnologia.

etnomuṣicologìa [comp. di *etno-* e *musicologia*] s. f. (pl. *-gie*) ● Parte della musicologia che studia le musiche popolari dei vari paesi.

etnònimo [comp. di *etn(o-)* e *-onimo*] s. m. ● (*ling.*) Nome etnico.

etnopsichiatrìa [comp. di *etno-* e *psichiatria*] s. f. ● Ramo della psichiatria che studia i rapporti esistenti tra le manifestazioni psicopatologiche e i fattori etnici.

etnostòria [comp. di *etno-* e *storia*] s. f. ● Studio storico ed etnologico delle civiltà primitive scomparse o acculturate.

-éto [lat. *-ētu(m)*, suff. impiegato per n. coll.] suff. ● Forma termini che indicano terreni adibiti a particolari colture (*frutteto*, *vigneto*) o boschi e sim. di determinate piante e altre forme vegetali (*canneto*, *castagneto*, *faggeto*) o insieme di materiali o costruzioni varie (*ghiaieto*, *macereto*, *sepolcreto*).

etòlico [vc. dotta, lat. *Aetōlicu(m)*, dal gr. *Aitōlikós* 'proprio dell'Etolia (*Aitōlía*, di etim. incerta)'] agg. (pl. m. *-ci*) ● Dell'Etolia, regione storica della Grecia classica: *città etoliche*.

etologìa [vc. dotta, lat. *ethológia(m)*, dal gr. *ēthología*, comp. di *éthos* 'costume' e *-logía* '-logia'] s. f. (pl. *-gie*) **1** Ramo della psicologia che cura lo studio e la classificazione dei caratteri, delle loro cause e anomalie | (*raro*) Studio dei caratteri e dei costumi dei popoli. **2** Scienza che studia il comportamento e le abitudini animali con particolare attenzione alle loro reciproche relazioni e all'adattamento all'ambiente | *e. vegetale*, studio del modo di vita delle piante.

etològico agg. (pl. m. *-ci*) ● Dell'etologia. ‖ **etologicaménte**, avv. Dal punto di vista etologico.

etòlogo s. m. (f. *-a*; pl. m. *-gi*) ● Studioso, esperto di etologia.

etopèa [vc. dotta, lat. tardo *ethopoēia(m)*, dal gr. *ēthopoiía* 'formazione (da *poiêin* 'fare, creare') del carattere (*êthos*)'] s. f. ● (*ling.*) Nella retorica, descrizione del carattere, dei costumi, dell'indole di un personaggio: *o anima lombarda, / come ti stavi altera e disdegnosa / e nel mover de li occhi onesta e tarda!* (DANTE *Purg.* VI, 61-63).

etossilazióne [da *etossilico*] s. f. ● (*chim.*) Reazione chimica che consente di introdurre in una molecola organica un gruppo etossilico.

etossìlico [comp. di *et(ano)*, *ossi(dato)* e del suff. *-ico*] agg. (pl. m. *-ci*) ● (*chim.*) Detto di gruppo sostituente ottenuto dall'alcol etilico per eliminazione di un atomo di idrogeno dal suo gruppo ossidrilico.

†**ètra** [vc. dotta, lat. *aethra(m)*, dal gr. *áithra*, deriv. di *aithḗr*, genit. *aithéros* 'etere'] s. m. solo sing. ● (*poet.*) Etere, aria.

etrùsco [vc. dotta, lat. *Etrūscu(m)*, di etim. discussa: di origine osca, da *tursko* 'etrusco' con sovrapposizione di *etro-* 'altro' (?)] **A** agg. (pl. m. *-schi*) **1** Dell'antica Etruria. **2** (*poet.*) Toscano | *Il mare e.*, il Tirreno. **B** s. m. (f. *-a*) ● Abitante, nativo dell'antica Etruria. **C** s. m. solo sing. ● Lingua etrusca.

etruscologìa [comp. di *etrusco* e *-logia*] s. f. (pl. *-gie*) ● Studio della storia e dei monumenti etruschi.

etruscològico agg. (pl. m. *-ci*) ● Relativo all'etruscologia.

etruscòlogo [comp. di *etrusco* e *-logo*] s. m. (f. *-a*; pl. m. *-gi*) ● Studioso, esperto di etruscologia.

ètta- ● V. *epta-*.

-ettàccio [doppio suff., *-etto* dim. e *-accio* pegg.] suff. alterativo composto (f. *-a*) ● Conferisce a sostantivi valore spregiativo: *carrettaccio*, *librettaccio*, *panchettaccia*.

ettacòrdo ● V. *eptacordo*.

ettaèdro o **eptaèdro** [vc. dotta, comp. di *epta-* e *-edro*] s. m. ● (*mat.*) Poliedro con sette facce.

ettagonàle o **eptagonàle** agg. ● (*mat.*) Di ettagono | Che ha forma di ettagono.

ettàgono o **eptàgono** [vc. dotta, lat. tardo *heptagōnu(m)*, dal gr. *heptágōnos* 'che ha sette (*heptá*) angoli (*gōníai*)'] s. m. ● (*mat.*) Poligono con sette vertici.

ettaràto [da *ettaro*] s. m. ● Superficie di un terreno misurata in ettari.

-ettàre [suff. verb. corrispondente, per forma e funzioni, al suff. attenuativo *-etto*] suff. verbale ● Ha valore diminutivo e frequentativo: *fischiettare*, *picchiettare*, *schioppettare*, *scoppiettare*, *zampettare*.

èttaro [fr. *hectare*, ibrido comp. del gr. *hekatón* 'cento' e del lat. *ārea* 'area'] s. m. ● Unità di superficie agraria equivalente a 10 000 metri quadrati. SIMB. ha.

ettaṣìa ● V. *ectasia*.

ètte o †**et** (**2**) [var. raff. di *et*, secondo la pron. pop. tosc.] s. m. solo sing. **1** (*fam.*) Nulla, niente (in frasi negative): *non ci capisco un e.*; *non me ne importa un e.* **2** (*fam.*) Poco: *c'è mancato un e. che non finisse per terra*.

†**ettèrno** e *deriv.* ● V. *eterno* e *deriv.*

-ettìno [doppio suff., *-etto* e *-ino*, l'uno e l'altro dim.] suff. alterativo (f. *-a*) ● Conferisce ad aggettivi e sostantivi valore diminutivo o vezzeggiativo: *casettina*, *grandettino*.

ètto [fr. *hect(o)-*, abbr. arbitraria del gr. *hekatón* 'cento'] s. m. ● (*fam.*) Ettogrammo.

ètto- [fr. *hect(o)-*, arbitrariamente ricavato dal gr. *hekatón* 'cento', di origine indeur.] primo elemento ● Anteposto a un'unità di misura, la moltiplica per cento, cioè per 10^2: *ettogrammo*, *ettolitro*. SIMB. h.

-étto [suff. dim. di origine incerta] suff. alterativo (f. *-a*) ● Conferisce a sostantivi e aggettivi valore diminutivo, spesso con particolare tono affettivo o vezzeggiativo e, anche, spregiativo: *bimbetto*, *cerchietto*, *foglietto*, *piccoletto*.

ettogràmmo [fr. *hectogramme*, comp. di *hecto-* 'etto-' e *gramme* 'grammo'] s. m. ● Unità di massa equivalente a 100 grammi. SIMB. hg.

ettolìtro [fr. *hectolitre*, comp. di *hecto-* 'etto-', e *litre* 'litro'] s. m. ● Unità di capacità equivalente a 100 litri. SIMB. hl.

ettòmetro [fr. *hectomètre*, comp. di *hecto-* 'etto-', e *mètre* 'metro'] s. m. ● Misura lineare equivalente a 100 metri. SIMB. hm.

èu- [dal gr. *êu* 'bene', di origine indeur.] primo elemento (talora *ev-* davanti a vocale) ● In parole composte dotte o della terminologia scientifica, significa 'bene', 'buono': *eucaina*, *eucalipto*, *euclasio*.

eubiòtica [comp. di *eu-* e del gr. *biotikós* 'vitale, della vita', sul modello di *macrobiotica*] s. f. ● Insieme di regole utili per vivere in modo sano, basate spec. sull'adozione di alcune consuetudini dietetiche, come la scelta di cibi naturali, integrali e la giusta associazione dei diversi componenti nutritivi.

eubòico [vc. dotta, lat. *Eubŏicu(m)*, dal gr. *Euboïkós* 'proprio dell'Eubea (*Éuboia*, di etim. incerta)'] agg. (pl. m. *-ci*) ● (*lett.*) Dell'Eubea | (*lett.*, *est.*) Della città di Cuma, fondata da coloni dell'Eubea.

eucaìna [comp. di *eu-* e della seconda parte di (*co*)*caina*] s. f. ● (*chim.*) Prodotto succedaneo della cocaina.

eucalìpto o **eucalìtto** [comp. di *eu-* e gr. *kalyptós* 'coperto', per la forma del calice dei suoi fiori] s. m. ● Albero delle Mirtacee con foglie ovali o falcate da cui si ricava un olio essenziale (*Eucalyptus globulus*). SIN. Albero della febbre.

eucaliptòlo [comp. di *eucalipto* e *-olo* (*2*)] s. m. ● Liquido di odore aromatico canforaceo, estratto dall'olio essenziale di eucalipto, usato come farmaco balsamico, antisettico, anticatarrale e sim.

eucalìtto ● V. *eucalipto*.

eucariòte [comp. di *eu-* e del gr. *káryon* 'nucleo' (di orig. sconosciuta)] **A** s. m. ● (*biol.*) Organismo le cui cellule hanno il nucleo provvisto di una membrana che lo delimita rispetto al citoplasma. **B** anche agg.: *organismo e.* CONTR. Procariote.

eucariòtico agg. (pl. m. *-ci*) ● (*biol.*) Di, relativo a eucariote. CONTR. Procariotico.

eucarestìa o **eucarestìa** [vc. dotta, lat. crist. *eucharĭstia(m)*, dal gr. *eucharistía*, comp. di *êu* 'bene' e di un deriv. da *cháris* 'grazia'] s. f. ● Uno dei Sacramenti della Chiesa cattolica, in cui, sotto le specie del pane e del vino, si contengono realmente il corpo, il sangue, l'anima e la divinità di Gesù Cristo, come tale accettato, con varianti di dottrina teologica, dalla Chiesa ortodossa, dalla Chiesa luterana e da altre confessioni cristiane | Comunione | Ostia consacrata.

eucarìstico [vc. dotta, lat. eccl. *eucharĭstico(n)*, dal gr. *eucharistikós* 'di gratitudine' (V. *eucarestia*)] agg. (pl. m. *-ci*) ● Dell'eucaristia, attinente all'eucaristia: *sacramento*, *pane*, *culto e.* | *Offerta eucaristica*, Messa | *Preghiera eucaristica*, che si recita prima e dopo la consacrazione | *Congresso e.*, adunanza religiosa cattolica nella quale si intende adorare pubblicamente Gesù Cristo nell'Eucaristia e diffondere il culto.

èucera [comp. di *eu-* e del gr. *kērós* 'cera' (?)] s. f. ● Ape selvatica a vita non sociale, con maschi dotati di lunghe antenne (*Eucera longicornis*).

euclàṣio [comp. di *eu-* e del gr. *klásis* 'rottura' (da *klán* 'rompere (in pezzi)', di origine indeur.)] s. m. ● (*miner.*) Silicato di berillio e alluminio in cristalli incolori.

euclidèo agg. **1** Che concerne il matematico greco Euclide o i suoi postulati: *geometria euclidea* | Di ente fondato sui principi della geometria euclidea. **2** (*fig.*) Razionale, rigoroso.

eucologìa [comp. del gr. *euchḗ* 'preghiera' (di origine indeur.) e *-logia*] s. f. (pl. *-gie*) ● Nella teologia cattolica, dottrina che riguarda la preghiera e le sue forme.

eucològico agg. (pl. m. *-ci*) ● Proprio dell'eucologia.

eucològio [vc. dotta, gr. eccl. *euchológion*, comp. di *euchḗ* 'preghiera' e *-lógion*, da *légein* 'dire, parlare'] s. m. ● Libro di preghiere rituali nella chiesa orientale.

eucraṣìa [vc. dotta, gr. *eukrasía*, comp. di *êu* 'buono' e un deriv. di *krâsis* 'mescolanza, temperamento' (V. *crasi*)] s. f. ● (*med.*) Armonico sviluppo delle parti di un corpo o di un organo.

eudemonìa [gr. *eudaimonía*, da *eudáimōn* 'fortunato', 'posseduto dal buon (*êu*) genio (*dáimōn*)'] s. f. ● La felicità intesa come scopo fondamentale e ultimo dell'azione umana.

eudemònico [vc. dotta, gr. *eudaimonikós*, da *eudáimōn* 'fortunato', 'posseduto da un buon (*êu*) genio (*dáimōn*)'] agg. (pl. m. *-ci*) ● Che concerne o interessa l'eudemonia.

eudemoniṣmo [vc. dotta, gr. *eudaimonismós*, da *eudaimonizein* 'chiamare felice' (V. *eudemonico*)] s. m. ● Dottrina filosofica secondo la quale la felicità costituisce il fondamento della vita morale.

eudemonìstico agg. (pl. m. *-ci*) ● Che concerne o interessa l'eudemonismo. ‖ **eudemonisticaménte**, avv. (*raro*) In modo eudemonistico.

eudemonologìa [comp. del gr. *eudáimōn* 'fortunato' (V. *eudemonico*) e *-logia*] s. f. (pl. *-gie*) ● Ragionamento intorno alla felicità.

eudemonològico agg. (pl. m. *-ci*) ● Relativo all'eudemonologia. ‖ **eudemonologicaménte**, avv. (*raro*) In modo eudemonologico.

eudermìa [comp. di *eu-* e un deriv. del gr. *dérma* 'pelle'] s. f. ● (*med.*) Stato fisiologico normale della pelle.

eudèrmico agg. (pl. m. *-ci*) ● (*med.*) Di eudermia | Detto di medicamento che migliora il trofismo cutaneo.

eudiometrìa [da *eudiometro*] s. f. ● Analisi dell'aria e dei gas in genere.

eudiòmetro [vc. dotta, comp. del gr. *éudios* 'chiaro, fine', letteralmente 'che ha un buon (*êu*) giorno (*díos*)', di origine indeur., e *-metro*] s. m. ● (*mecc.*) Tubo robusto con un estremo chiuso, fornito di spinterometro, e l'altro estremo aperto che pesca in acqua, usato per determinare spec. la quantità di miscela tonante esistente nell'aeriforme che viene introdotto.

eufemìa [vc. dotta, lat. tardo *euphēmia(m)*, dal gr. *euphēmía*, comp. di *êu* 'bene' e *phḗmē* 'cosa detta'] s. f. ● (*ling.*) Eufemismo.

eufemiṣmo [vc. dotta, gr. *euphēmismós*, da *euphēmizesthai* 'usare buone (*êu*) parole (*phḗ-*

mai), di buon auspicio'] s. m. ● (*ling.*) Figura retorica mediante la quale si attenua l'asprezza o la sconvenienza di un'espressione usando una perifrasi o sostituendo un vocabolo con un altro: *quanti dolci pensier, quanto disio / menò costoro al doloroso passo!* (DANTE *Inf.* V, 113-114).

eufemìstico agg. (pl. m. *-ci*) ● (*ling.*) Dovuto a eufemismo. || **eufemisticaménte**, avv. In modo eufemistico, per eufemismo.

eufonìa [vc. dotta, lat. tardo *euphōnia(m)*, dal gr. *euphōnía*, comp. di *êu* 'bene' e *phōnḗ* 'voce'] s. f. ● (*ling.*) Effetto, impressione gradevole che si produce quando dati suoni si incontrano.

eufònico agg. (pl. m. *-ci*) ● (*ling.*) Detto di suono gradevole | Che facilita la pronuncia. || **eufonicaménte**, avv.

eufònio [comp. di *eu-* e del gr. *phōnḗ* 'voce'] s. m. ● (*mus.*) Strumento aerofono d'ottone della famiglia del flicorno | Registro organistico che ha il timbro del clarinetto.

eufòrbia [vc. dotta, lat. *euphŏrbia(m)*, dal gr. *euphórbion*, dal n. del medico scopritore del suo sugo, *Eúphorbos* 'il ben (*êu*) nutrito (da *phérbein* 'alimentare')'] s. f. ● Genere di piante delle Euforbiacee comprendente alcune comuni erbe e alcune piante grasse che giungono a 2-3 m d'altezza (*Euphorbia*).

Euforbiàcee [vc. dotta, comp. di *euforbia* e *-acee*] s. f. pl. ● Nella tassonomia vegetale, famiglia di piante delle Dicotiledoni contenenti spesso un latice biancastro (*Euphorbiaceae*) | (al sing. *-a*) Ogni individuo di tale famiglia. ➡ ILL. **piante** /2.

euforìa [vc. dotta, gr. *euphoría*, comp. di *êu* 'bene' e un deriv. di *phérein* 'portare'] s. f. **1** (*psicol.*) Stato d'animo o atteggiamento emotivo di invulnerabilità e di benessere. **2** Correntemente, sensazione di vigore, contentezza e ottimismo: *vivere in continua e.*

eufòrico agg. (pl. m. *-ci*) ● Pieno di euforia: *stato e.*; *sentirsi e.* || **euforicaménte**, avv. In modo euforico, con euforia.

euforizzànte [sul modello della vc. fr. *euphorisant*] part. pres. di *euforizzare*; anche agg. ● Che provoca euforia, che rende euforico: *farmaco e.*

euforizzàre [comp. di *eufor(ia)* e *-izzare*, sul modello del fr. *euphoriser*] v. tr. ● Rendere euforico, mettere in stato di euforia.

eufòtide [vc. dotta, comp. di *eu-* e del gr. *phôs*, genit. *phōtós* 'luce'] **A** s. f. ● (*miner.*) Roccia gabbrica a grana grossa contenente grandi pirosseni alterati riflettenti la luce. **B** in funzione di agg. inv.: *gabbro e.*

eufràsia [vc. dotta, gr. *euphrasía* 'ilarità', perché rendeva lieta (*êu*) la mente (*phrḗn*, gen. *phrenós*)] s. f. ● Pianta erbacea delle Scrofulariacee, comune in Italia, parassita, con fiori in grappoli di colori variabili dal violaceo al giallo (*Euphrasia officinalis*).

eufuìsmo [ingl. *euphuism*, da *Euphues*, titolo del romanzo, che John Lyly trasse dal gr. *euphyḗs* 'ben (*êu*) cresciuto (dal v. *phýein*)'] s. m. ● Stile letterario inglese analogo al nostro marinismo, caratterizzato dalla ricchezza di similitudini e di altre figure retoriche.

eufuìsta s. m. (pl. *-i*) ● Seguace dell'eufuismo.

eufuìstico agg. (pl. m. *-ci*) ● Pertinente all'eufuismo.

eugàneo [vc. dotta, lat. *Eugănĕu(m)*, di etim. incerta: da accostarsi ai (Liguri) *Ingauni* (?)] **A** s. m. ● Antico abitatore del Veneto. **B** agg. **1** Degli Euganei | *Venezia Euganea*, il Veneto. **2** Dei colli Euganei: *flora euganea.*

eugenètica o **eugènica** [comp. di *eu-* e *genetica*, sul modello dell'ingl. *eugenics*] s. f. ● Ramo della genetica che si propone il progressivo miglioramento della specie umana attraverso l'incrocio tra individui portatori di caratteri geneticamente favorevoli. SIN. Eugenica.

eugenètico [vc. dotta, gr. *eugenḗs*, *eugenḗtēs*, comp. di *êu* 'buono' e un deriv. di *génos* 'razza, specie'] agg. (pl. m. *-ci*) ● (*med.*) Proprio dell'eugenetica | Che concerne o ha per scopo il miglioramento della specie umana. SIN. Eugenico. || **eugeneticaménte**, avv. Per quanto riguarda l'eugenetica.

eugènia [dal n. del principe *Eugenio* di Savoia (?)] s. f. ● (*bot.*) Genere di piante delle Mirtacee cui appartengono varie specie, una delle quali fornisce i chiodi di garofano (*Eugenia*).

eugènica [dall'ing. *eugenics*, deriv dal gr. *eugenēs* 'di buona razza'; V. *eugenetico*] s. f. ● Eugenetica.

eugènico [ingl. *eugenic*, dal gr. *eugenḗs* 'di buona nascita'] agg. (pl. m. *-ci*) ● Eugenetico.

eugenìsta s. m. e f. (pl. m. *-i*) ● Studioso, esperto di eugenetica e dei problemi a essa relativi.

eugenòlo [comp. di *eugen(ia)* (*1*) e *-olo* (*2*)] s. m. ● (*chim.*) Fenolo monovalente che si trova nell'olio essenziale di garofano, usato come antisettico e in profumeria.

euginìa [vc. dotta, comp. di *eu-* e del gr. *gynè* 'donna'] s. f. ● Ramo della ginecologia che si occupa del massimo benessere della donna e del suo equilibrio fisico e psichico.

euglèna [vc. dotta, gr. *éuglenos* 'dai begli (*êu*) occhi, pupille (*glḗnai*)'] s. f. ● Alga flagellata verde, unicellulare, comune nelle acque stagnanti e sul terreno molto umido (*Euglena viridis*). ➡ ILL. **alga**.

Euglenofìcee [comp. di *euglena* e *-ficee*] s. f. pl. ● Nella tassonomia vegetale, classe di alghe verdi unicellulari d'acqua dolce (*Euglenophyceae*) | (al sing. *-a*) Ogni individuo di tale classe.

Euglenòfite [comp. di *euglena* e *-fito*] s. f. pl. ● Nella tassonomia vegetale, divisione di alghe verdi unicellulari (*Euglenophyta*) | (al sing. *-a*) Ogni individuo di tale divisione.

eugubìno [forma mediev. di *iguvino* (V.)] **A** agg. ● Di Gubbio. **B** s. m. (f. *-a*) ● Abitante, nativo di Gubbio. **C** s. m. solo sing. ● Dialetto parlato a Gubbio.

euleriàno agg. ● Che si riferisce al, che è proprio del matematico svizzero L. Euler (1707-1783): *triangolo sferico e.*

eulogìa [vc. dotta, lat. *eulŏgia(s)* (pl.), dal gr. *eulogíes* 'buone (*êu*) parole (da *lógos* 'parola')', come *benedizioni* (da *bene* e *dire*)] s. f. ● Pane benedetto che, nei primi secoli del Cristianesimo, veniva distribuito ai fedeli che partecipavano all'assemblea e alla celebrazione del sacrificio.

èumene [vc. dotta, gr. *eumenḗs* 'benevolo', 'di buon (*êu*) animo (*ménos*)'] s. f. ● Insetto simile alla vespa con livrea nera a macchie gialle che nidifica nel fango (*Eumenes*).

Eumicèti [comp. di *eu-* e del gr. *mýkētes* 'funghi', pl. di *mýkēs*, di origine indeur.] s. m. pl. ● Nella tassonomia vegetale, sottodivisione comprendente i Funghi superiori, terrestri, saprofiti o parassiti (*Eumycetes*) | (al sing. *-e*) Ogni individuo di tale sottodivisione.

eumòlpo [da *Eumolpo*, n. di un personaggio della mitologia greca] s. m. ● Genere di Coleotteri comprendente lo scrivano della vite (*Eumolpus*).

eunucherìa [da *eunuco*] s. f. ● (*raro*) Debolezza, impotenza d'animo.

eunuchìsmo [da *eunuco*] s. m. ● (*med.*) Stato morboso causato dalla mancanza delle ghiandole sessuali in individui di sesso maschile.

eunùco o (*raro*) †**inùco** [vc. dotta, lat. *eunūchu(m)*, dal gr. *eunôuchos*, comp. di *eunḗ* 'letto' e di un deriv. dal v. *échein* 'avere (in custodia)'] s. m. (pl. *-chi*) **1** (*med.*) Uomo privo delle facoltà virili, per difetto organico o per evirazione. **2** Guardiano evirato degli harem. **3** (*fig.*) Persona incapace e inetta.

eunucòide [comp. di *eunuc(o)* e *-oide*] **A** agg. ● Proprio dell'eunucoidismo, provocato da eunucoidismo: *caratteri eunucoidi*; *voce e.* **B** agg.; anche s. m. e f. ● Che, chi è affetto da eunucoidismo.

eunucoidìsmo [comp. di *eunuco*, *-oide* e *-ismo*] s. m. ● (*med.*) Sviluppo sessuale incompleto, in individui di entrambi i sessi, causato da deficiente attività delle ghiandole sessuali.

†**eù oè** ● V. *evoè*.

eupatorìna [comp. di *eupatori(o)* e *-ina*] s. f. ● (*chim.*) Alcaloide che si estrae dall'eupatorio.

eupatòrio [vc. dotta, lat. *eupatŏriu(m)*, dal gr. *eupatórion*, dal n. di Mitridate *Eupatore*, re del Ponto, che da essa avrebbe tratto uno specifico per il fegato] s. m. ● Pianta erbacea perenne delle Composite con rizoma rossastro, foglie pelose e fiori biancastri in capolini, a proprietà medicinale (*Eupatorium cannabinum*).

eupàtride [vc. dotta, gr. *eupatrídes* 'di nobile (*êu*) padre (*patḗr*, gen. *patrós*)'] s. m. ● Patrizio ateniese o corinzio che assumeva le cariche più elevate dello Stato.

eupepsìa [gr. *eupepsía*, da *éupeptos* 'di facile (*êu*) digestione (da *péptein*, propriamente 'cuocere')'] s. f. ● (*med.*) Buona digestione.

eupèptico [vc. dotta, dal gr. *éupeptos*, comp. di *êu* 'buona' e dell'agg. di *péptein* 'cuocere, digerire'] **A** agg. (pl. m. *-ci*) ● Detto di medicamento o sostanza che facilita la digestione. **B** anche s. m.

eupnèa [vc. dotta, lat. *eupnoea(m)*, dal gr. *eúpnoia* 'facile respirazione'] s. f. ● (*fisiol.*) Respirazione facile e regolare. CONTR. Dispnea.

eurasiàno agg.; anche s. m. ● Eurasiatico.

eurasiàtico o **euroasiàtico** **A** agg. (pl. m.*-ci*) ● Dell'Europa e dell'Asia, considerate come una sola entità geografica: *continente e.*; *regioni eurasiatiche.* **B** agg.; anche s. m. (f. *-a*) ● Che, chi è nato da padre europeo e da madre asiatica, o viceversa.

èureka o (*pop.*) **eurèka** [vc. gr. (*héureka*), perf. del v. *heurískein* 'trovare'] inter. ● Esprime gioia per avere raggiunto la soluzione di q.c. o per avere trovato il modo di realizzarla: *io mi sono travagliato ... a risolvere una difficoltà filosofica e alfine l'ho risoluta o credo di averla risoluta. Eureka!* (CROCE).

eurialinità s. f. ● (*biol.*) Proprietà degli individui eurialini.

euriàlino [vc. dotta, comp. del gr. *eurýs* 'largamente' e *háilinos* 'salino'] agg. ● (*biol.*) Di organismo acquatico che tollera più o meno ampie variazioni di salinità dell'ambiente. CONTR. Stenoalino.

eurìbate [comp. del gr. *eurýs* 'largo' e *báthos* 'profondità'] agg. ● (*biol.*) Detto di organismo acquatico che può tollerare ampie variazioni della pressione idrostatica. CONTR. Stenobate.

eurìcoro [dal gr. *eurýchōros* 'ampio, spazioso', comp. di *eurýs* 'largo' e *chóros* 'terreno'] agg. ● (*biol.*) Detto di specie animale o vegetale che può vivere in vari ambienti. CONTR. Stenocoro.

euripidèo agg. ● Che è proprio del poeta tragico greco Euripide.

eurìpiga [vc. dotta, comp. del gr. *eurýs* 'largo' e *pygḗ* 'natica'] s. m. (pl. *-gi*) ● Genere di uccelli tropicali dei Gruiformi simili all'airone, con piumaggio di vari colori (*Eurypyga*).

eurìstica [da *euristico*] s. f. ● Arte e tecnica della ricerca filosofica o scientifica.

eurìstico [vc. dotta, tratta dal v. gr. *heurískein* 'trovare', con diversi collegamenti indeur.] agg. (pl. m. *-ci*) **1** Che concerne o interessa la ricerca filosofica o scientifica. **2** Nella ricerca scientifica, detto di metodo o procedimento atto a favorire la scoperta di nuovi risultati: *questa ipotesi ha validità prevalentemente euristica.*

eurìte [dal gr. *eurýs* 'che si estende in larghezza' (di origine indeur.) e *-ite* (*2*) (?)] s. f. ● (*miner.*) Porfido quarzifero bianco a struttura microcristallina e frattura scheggiosa.

euritèrmo [comp. del gr. *eurýs* 'largo' e *-termo*] agg. ● (*biol.*) Detto di organismo in grado di tollerare notevoli variazioni della temperatura ambientale. CONTR. Stenotermo.

euritmìa [vc. dotta, lat. tardo *eurȳthmia(m)*, dal gr. *eurythmía*, comp. di *êu* 'buono' e un deriv. di *rythmós* 'ritmo'] s. f. **1** Calcolata armonia nella distribuzione degli elementi compositivi di un'opera d'arte: *l'e. di una facciata, di un rilievo.* **2** (*med.*) Normale andamento di ogni funzione ritmica dell'organismo.

eurìtmico [da *euritmia*] agg. (pl. m. *-ci*) **1** Che presenta euritmia. **2** (*med.*) Relativo a euritmia. || **euritmicaménte**, avv. (*raro*) In modo euritmico.

èuro [vc. dotta, lat. *ēuru(m)*, dal gr. *êuros*, di etim. incerta] s. m. ● (*lett.*) Scirocco.

èuro- primo elemento (*eur* davanti a vocale) ● In parole composte, significa 'europeo': *eurodollaro*, *eurovisione*.

euroamericàno [comp. di *euro-* e *americano*, sull'es. dell'ingl. *euro-american* o *euramerican*] agg. ● Che concerne l'Europa e l'America.

euroasiàtico ● V. *eurasiatico*.

eurobbligazióne [comp. di *euro-* e *obbligazione*] s. f. ● (*econ.*) Titolo a reddito fisso emesso in un'eurodivisa.

eurobond /euro'bɔnd, *ingl.* 'juərouboŋd/ [vc. ingl., comp. di *euro-* 'euro-' e *bond* 'obbligazione']

s. m. inv. ● (*econ.*) Eurobbligazione.

euroccidentàle [comp. di *eur(o)-* e *occidentale*] agg. ● Dell'Europa occidentale: *Paesi, nazioni euroccidentali.*

eurocèntrico [da *eurocentrismo*] agg. (pl. m. *-ci*) ● Relativo a, ispirato da, eurocentrismo: *prospettive eurocentriche.*

eurocentrìsmo [comp. di *euro-* e *centrismo*] s. m. ● Concezione, diffusa soprattutto nella seconda metà dell'Ottocento, secondo la quale l'Europa sarebbe la protagonista della storia e della civiltà umana.

eurochèque /euroʃ'ʃɛk, *fr.* øro'ʃɛk/ [vc. fr., comp. di *euro-* 'euro-' e *chèque* (V.)] s. m. inv. *1* Carta di credito con cui è possibile acquistare beni e servizi nei Paesi europei che la accettano. *2* Assegno incassabile presso una qualsiasi banca dei Paesi europei che hanno sottoscritto una determinata convenzione.

eurocity /*semi-ingl.* euro'siti/ [comp. di *euro-* e dell'ingl. *city* (V.), sul modello di *intercity*] s. m. inv. ● (*ferr.*) Treno rapido che effettua collegamenti veloci fra città di diverse nazioni europee.

eurocomunìsmo [comp. di *euro-* e *comunismo*] s. m. ● Il complesso delle posizioni politiche e delle elaborazioni teoriche tipiche di alcuni partiti comunisti occidentali (italiano, spagnolo, francese) riguardo ai modi di attuazione del socialismo nei paesi a sviluppo industriale e con tradizioni di tipo liberale e democratico.

eurocomunista **A** agg. (pl. m. *-i*) ● Relativo all'eurocomunismo: *politica e.* **B** agg.; anche s. m. e f. ● Sostenitore, fautore dell'eurocomunismo.

eurocomunitàrio [comp. di *euro-* e *comunitario*] agg. ● Relativo alla Comunità europea.

euròcrate [comp. di *euro-* e *-crate*] s. m. ● Funzionario delle istituzioni europee.

eurodeputàto [comp. di *euro-* e *deputato*] s. m. (f. raro *-a*, raro, scherz. *-essa*) ● Deputato al Parlamento della Comunità europea.

eurodèstra [comp. di *euro-* e *destra*] s. f. ● Insieme dei partiti politici europei di destra.

eurodivìsa [comp. di *euro-* e *divisa*] s. f. ● (*econ.*) Ogni divisa negoziata e collocata in Stati diversi da quello d'emissione e spec. in Europa | In particolare, divisa di uno Stato europeo occidentale collocata a lungo termine in un altro Stato. SIN. Euromoneta, eurovaluta.

eurodòllaro [comp. di *euro-* e *dollaro*] s. m. ● Dollaro statunitense depositato in banche fuori degli Stati Uniti, spec. in Europa, e disponibile per operazioni finanziarie.

eurolira [comp. di *euro-* e *lira*] s. f. ● (*banca*) Lira italiana negoziata e collocata in Stati europei.

euromercàto [comp. di *euro-* e *mercato*] s. m. ● (*econ.*) Il mercato delle eurodivise.

euromissile [comp. di *euro-* e di *missile*] s. m. ● (*mil.*) Missile balistico a gittata intermedia con testata nucleare che era schierato in Europa dai blocchi contrapposti della N.A.T.O. e del patto di Varsavia.

euromissilìstico agg. (pl. m. *-ci*) ● Relativo agli euromissili.

euromonéta [comp. di *euro-* e *moneta*] s. f. ● (*econ.*) Eurodivisa.

europarlamentàre **A** agg. ● Dell'europarlamento. **B** s. m. e f. ● Membro dell'europarlamento.

europarlaménto [comp. di *euro-* e *parlamento*] s. m. ● Parlamento della Comunità europea.

europeìsmo s. m. *1* Atteggiamento di chi è favorevole all'unità europea | Movimento che mira a creare tale unità. *2* (*ling.*) Forma linguistica propria di più lingue europee.

europeìsta **A** s. m. e f. (pl. m. *-i*) ● Sostenitore, fautore dell'europeismo. **B** agg. ● Europeistico.

europeìstico agg. (pl. m. *-ci*) ● Proprio dell'europeismo e degli europeisti. || **europeisticaménte**, avv. Secondo l'europeismo.

europeizzàre **A** v. tr. ● Ridurre al costume e all'uso europeo. **B** v. intr. pron. ● Farsi in tutto simile agli europei, per gusti, abitudini e sim.

europeizzazióne s. f. ● Atto, effetto dell'europeizzare o dell'europeizzarsi.

europèo [vc. dotta, lat. *Europǣu(m)*, dal gr. *Eurōpâios*, da *Eurṓpē* 'Europa', di etim. incerta] **A** agg. ● Dell'Europa | *Guerra europea*, tra gli Stati europei. **B** s. m. (f. *-a*) ● Abitante, nativo, dell'Europa.

euròpide s. m. e f. ● Chi appartiene al più grande ceppo del ramo degli Europoidi.

euròpio [fr. *europium*, da *Europe* 'Europa'] s. m. ● Elemento chimico, metallo del gruppo delle terre rare. SIMB. Eu.

europòide s. m. e f. ● Chi appartiene a uno dei due grandi rami delle razze boreali.

euroscùdo [comp. di *euro-* e *scudo*] s. m. ● (*econ.*) Ecu.

eurosinistra [comp. di *euro-* e *sinistra*] s. f. ● Insieme dei partiti politici europei di sinistra.

eurosocialìsmo [comp. di *euro-* e *socialismo*] s. m. ● Insieme delle comunanze ideologiche, politiche, storiche e istituzionali tra i partiti socialisti, socialdemocratici e laburisti dell'Europa occidentale.

eurosocialista **A** agg. (pl. m. *-i*) ● Relativo all'eurosocialismo. **B** s. m. e f. ● Sostenitore, fautore dell'eurosocialismo.

euroterrorìsmo [comp. di *euro-* e *terrorismo*] s. m. ● Terrorismo politico che opera in Europa attraverso collegamenti tra i gruppi eversivi dei singoli Paesi.

euroterrorìsta [comp. di *euro-* e *terrorista*] **A** s. m. e f. (pl. m. *-i*) ● Terrorista che appartiene a gruppi eversivi collegati a livello europeo. **B** agg. ● Relativo all'euroterrorismo.

eurovalùta [comp. di *euro-* e *valuta*] s. f. ● (*econ.*) Eurodivisa.

eurovisióne [comp. di *euro-* e della seconda parte di *(tele)visione*] s. f. ● Collegamento fra le reti televisive di diversi paesi europei per trasmettere contemporaneamente lo stesso programma.

èuscaro [sp. *éuscaro*, adattamento del basco *euskara* 'lingua basca'] **A** agg. ● Relativo alla popolazione dei Baschi. **B** s. m. solo sing. ● Lingua parlata dai Baschi. SIN. Basco.

eustàtico [comp. di *eu-* e *statico*] agg. (pl. m. *-ci*) ● Relativo all'eustatismo.

eustatìsmo [da *eustatico*] s. m. ● Fenomeno di innalzamento o abbassamento del livello dei mari per il discioglimento o la formazione di grandi calotte di ghiaccio durante l'epoca glaciale.

èustilo [vc. dotta, lat. tardo *eustȳlo(n)*, dal gr. *éustylos*, comp. di *êu* 'bene, giusto' e *-stilo*] s. m. ● Una delle misure dell'intercolunnio greco, in cui la distanza fra una colonna e l'altra è di due diametri e un quarto.

eutanasìa [vc. dotta, comp. di *eu-* e un deriv. del gr. *thánatos* 'morte', di origine indeur.] s. f. *1* (*med.*) Morte non dolorosa provocata in caso di prognosi infausta e di sofferenze ritenute intollerabili | *E. attiva*, per somministrazione di determinate sostanze | *E. passiva*, per sospensione del trattamento medico. *2* †Morte tranquilla e naturale.

eutèctico ● V. *eutettico.*

eutènica [ingl. *euthenics*, dal gr. *euthēnía* 'prosperità', der. di *euthenêin* 'fiorire', di etim. incerta] s. f. ● Disciplina che studia le pratiche riguardanti il miglioramento degli individui, realizzabile attraverso il miglioramento dei fattori ambientali.

eutènico agg. (pl. m. *-ci*) ● Relativo all'eutenica: *pediatria eutenica.*

Eutèri [comp. di *eu-* e del gr. *thēríon* 'animale'] s. m. pl. ● Nella tassonomia animale, sottoclasse di Mammiferi privi di marsupio e di cloaca, con sviluppo embrionale intrauterino, dotati di placenta (*Eutheria*) | (al sing. *-io*) Ogni individuo di tale sottoclasse.

eutèttico o **eutèctico** [vc. dotta, tratta dal gr. *éutēktos* 'ben (*êu*) fuso (*tēktós*, dal v. *tēkein*, di origine indeur.)'] **A** agg. (pl. m. *-ci*) ● (*chim.*) Detto di miscuglio di due o più sostanze che presenta un punto di fusione o di solidificazione ben definito e più basso di quello dei singoli componenti. SIN. Crioidrato. **B** anche s. m.

eutettòide [comp. di *eutett(ico)* e *-oide*] **A** agg. ● (*chim.*) Detto di miscuglio simile all'eutettico | *Acciaio e.*, extraduro, a struttura lamellare, rappresentato unicamente dalla perlite. **B** anche s. m.

eutichiàno s. m. ● Eretico monofisita, seguace dell'eresia di Eutiche, che credeva esistere in Cristo la sola natura divina.

eutimia [vc. dotta, gr. *euthymía*, da *éuthymos* 'di buon (*êu*) animo (*thymós*)'] s. f. ● Sicurezza ed equilibrio spirituale.

eutocia [gr. *eutokía*, lett. 'parto (dal v. *tíktein*) felice (*êu*)'] s. f. (pl. *-cìe*) ● (*med.*) Espletamento naturale del parto, senza pericolo per la madre e per il feto.

eutòcico agg. (pl. m. *-ci*) ● (*med.*) Detto del parto espletato normalmente.

eutonìa [comp. di *eu-* e *-tonia*] s. f. ● Stato di equilibrata distensione psicofisica dell'individuo, ottenuto mediante l'applicazione, pedagogica o terapeutica, di particolari tecniche di profonda concentrazione mentale e di controllo muscolarmente rilassante dei movimenti.

eutònico agg. (pl. m. *-ci*) ● Proprio della, relativo alla, eutonia.

eutrofia [gr. *euthrophía* 'buona (*êu*) nutrizione (*trophḗ*, di origine indeur.)'] s. f. *1* (*fisiol.*) Buono stato di nutrizione dei tessuti. *2* (*biol.*) Condizione di un ambiente acquatico eutrofico.

eutròfico agg. (pl. m. *-ci*) *1* (*farm.*) Detto di farmaco che migliora lo stato di nutrizione dei tessuti. *2* (*biol.*) Detto di ambiente acquatico ricco di sostanze nutritizie. CONTR. Oligotrofico | (*biol.*) Detto di tessuto, di organo o di organismo caratterizzati da eutrofia.

eutrofizzànte [da *eutrofia*] agg. ● Che contribuisce al processo di eutrofizzazione: *agenti eutrofizzanti.*

eutrofizzàre [comp. di *eutrof(ia)* e *-izzare*] v. tr. ● (*biol.*) Arricchire un ambiente di sostanze nutritive.

eutrofizzazióne [V. *eutrofizzante*] s. f. ● (*biol.*) Processo naturale di arricchimento in sostanze nutritive di un ambiente che di quelle sostanze è povero. CFR. Mesotrofia.

euzòne o **èuzone** [gr. *éuzōnos*, comp. di *êu* 'bene' e *zṓnē* 'cintura' (V. *zona*)] s. m. ● Nell'esercito greco moderno, soldato di fanteria leggera.

èv- ● V. *eu-*.

Èva [vc. dotta, lat. tardo *Eva(m)*, dal gr. *Éua*, di origine ebr. col sign. originario 'essere vivente'] s. f. ● Nome della prima donna, creata da Dio e data per compagna ad Adamo, madre del genere umano | *I figli di Eva*, gli uomini | *Il fallo di Eva*, la colpa originale.

evacuaménto s. m. ● Modo e atto dell'evacuare: *e. di una trincea, di un edificio.*

evacuànte **A** part. pres. di *evacuare*; anche agg. ● Nei sign. del v. **B** s. m. ● (*raro*) Purgante.

evacuàre [vc. dotta, lat. tardo *evacuāre*, comp. di *ex-* raff. e *văcuus* 'vuoto, vacuo'] **A** v. tr. (*io evàcuo*) *1* Rendere vuoto, sgombro: *e. un luogo per ragioni di sicurezza.* *2* Espellere: *e. le feci, la bile* | (*ass.*) Andare di corpo. *3* (*fig.*) †Annullare, render vano. **B** v. intr. (aus. *avere*) ● Andarsene da un luogo: *e. dalla zona in pericolo.* **C** v. rifl. *1* †Purgarsi. *2* (*lett.*) †Sfogarsi.

evacuativo agg. ● (*med.*) Che serve a evacuare.

evacuàto **A** part. pass. di *evacuare*; anche agg. ● Nei sign. del v. **B** s. m. ● Civile costretto ad abbandonare la propria residenza per esigenze belliche.

evacuatóre [da *evacuare*] **A** s. m. ● Farmaco che ha l'effetto di aumentare la peristalsi favorendo l'evacuazione dell'intestino. **B** anche agg.: *farmaco e.*

evacuazióne [vc. dotta, lat. tardo *evacuatiō-ne(m)*, da *evacuātus* 'evacuato'] s. f. ● Atto, effetto dell'evacuare.

evàdere [vc. dotta, lat. *evādere* 'andar (*vādere*) fuori (*ex-*)'] **A** v. intr. (pass. rem. *io evàsi, tu evadésti*; part. pass. *evàso*; aus. *essere*) *1* Fuggire da un luogo di pena, da una prigione e sim. *2* Sfuggire ai propri obblighi fiscali. *3* (*fig.*) Cercare di allontanarsi da situazioni, ambienti e sim. sgradevoli o insoddisfacenti (*anche ass.*): *e. dalla monotonia di ogni giorno, dalle preoccupazioni; ogni tanto sento il bisogno di e.* | †Scampare da un male, pericolo e sim. **B** v. tr. *1* Sbrigare, eseguire: *e. una pratica di ufficio, un affare* | *E. la corrispondenza*, rispondere alle lettere ricevute. *2* Evitare di pagare: *e. le tasse.*

†**evagazióne** [vc. dotta, lat. *evagatiōne(m)*, da *evagātus*, part. pass. di *evagāre*, comp. di *ex-* d'allontanamento e *vagāre* 'vagare'] s. f. ● Svago, divertimento.

evaginàre [vc. dotta, lat. tardo *evagināre*, comp. di *ex-* estrattivo e *vagīna* 'guaina'] **A** v. tr. (*io evàgino*, alla lat. *evagino*) ● †Togliere dalla guaina.

B v. intr. pron. ● (*biol.*) Derivare come struttura autonoma dalla parete di un organo cavo, mantenendo un proprio lume, come avviene nel corso di alcuni processi di sviluppo.

evaginazióne [vc. dotta, lat. tardo *evaginatiōne(m)*, da *evagīnātus*, part. pass. di *evagināre* 'evaginare'] s. f. *1* †Atto, effetto dell'evaginare. *2* (*biol.*) Struttura anatomica cava, che ha preso origine da un'altra struttura di maggiori dimensioni e parimenti cava.

evanescènte [vc. dotta, lat. *evanescĕnte(m)*, part. pres. di *evanēscere* 'perdersi', comp. di *ex-* raff. e (incoativo) *vānus* 'vuoto, vano'] agg. *1* Che va svanendo, dileguando, affievolendosi: *immagine, suono, ricordo e.*; *accosto il volto a evanescenti labbri* (MONTALE). *2* (*ling.*) Detto di vocale che ha suono debole o indistinto.

evanescènza [da *evanescente*] s. f. *1* Qualità di ciò che è evanescente. *2* Improvviso e temporaneo affievolimento di una ricezione telefonica.

evangeliàrio o **evangelàrio** [dal lat. crist. *euangĕlium* 'vangelo' col suff. proprio di libri liturgici] s. m. ● Libro liturgico delle chiese occidentali e orientali che raccoglieva i passi dell'Evangelo da cantare o recitare nelle messe dell'anno e in particolari funzioni.

evangèlico o †**vangèlico** [vc. dotta, lat. crist. *euangĕlicu(m)*, dal gr. *euangelikós*, da *euangélion* 'evangelo'] **A** agg. (pl. m. *-ci*) *1* Che appartiene ai Vangeli: *testo e.*, *spirito e.* | *Chiesa evangelica*, denominazione generica di molti movimenti religiosi riformati | *Unione evangelica*, confessione protestante scozzese | *Tratti evangelici*, stampati con estratti di passi biblici diffusi dalle chiese evangeliche. *2* Conforme agli insegnamenti del Vangelo: *vita, virtù, perfezione evangelica* | *Uomo e.*, che vive secondo lo spirito del Vangelo. || **evangelicaménte**, avv. Secondo gli insegnamenti del Vangelo. **B** s. m. ● Chi appartiene alla chiesa evangelica.

Evangèlio ● V. *Vangelo*.

evangelìsmo [comp. di *evangelo* e *-ismo*] s. m. ● Tendenza ad adeguare totalmente il proprio modo di vivere allo spirito e agli insegnamenti del Vangelo: *l'e. di Tolstoi*.

evangelista o †**vangelista** [vc. dotta, lat. crist. *euangelīsta(m)*, dal gr. *euangelistḗs*, da *euangelízesthai* 'evangelizzare'] s. m. (pl. *-i*) ● Scrittore di uno dei quattro Vangeli.

evangelistàrio [da *evangelista*, col suff. di raccolta antologica *-ario*] s. m. ● Evangeliario.

evangelizzàre o †**vangelizzàre** [vc. dotta, lat. eccl. *euangelizāre*, dal gr. *euangelízesthai*, da *euangélion* 'evangelo'] v. tr. *1* Predicare la parola del Vangelo per convertire alla fede del Cristo e partecipare ai non cristiani il frutto della redenzione. *2* (*fig.*) Cercare di convincere qc., spec. in campo politico: *e. grandi masse di simpatizzanti*.

evangelizzatóre [vc. dotta, lat. eccl. *euangelizatōre(m)*, da *euangelicāre* 'evangelizzare'] s. m. (f. *-trice*) ● Chi predica il Vangelo, spec. a popoli non cristiani.

evangelizzazióne s. f. ● Predicazione e diffusione delle dottrine contenute nel Vangelo.

Evangèlo ● V. *Vangelo*.

evaporàbile agg. ● Di facile evaporazione.

evaporaménto s. m. ● Evaporazione.

evaporàre [vc. dotta, lat. tardo *evaporāre*, comp. di *ex-* sottratt. e *văpor*, genit. *vapōris* 'vapore'] **A** v. intr. (*io evapóro*, evit. *evàporo*; aus. *essere* nel sign. 1; aus. *avere* nel sign. 2) *1* Diventare vapore: *l'acqua marina evapora depositando sale*; *la benzina evapora con facilità*. *2* Diminuire per evaporazione. **B** v. tr. ● Trasformare un liquido in un vapore per riscaldamento o abbassamento di pressione.

evaporatìvo [vc. dotta, lat. tardo *evaporatīvu(m)*, da *evaporāre* 'evaporare'] agg. ● (*raro*) Atto a far evaporare.

evaporàto part. pass. di *evaporare*; anche agg. *1* Nei sign. del v. *2* Che ha perduto il profumo, il contenuto alcolico e sim., per evaporazione: *liquore e.*; *essenza evaporata*.

evaporatóre s. m. *1* Apparecchio usato per essiccare solidi o per separare due liquidi mediante evaporazione d'uno di loro. *2* Recipiente pieno d'acqua che si applica ai caloriferi, per mantenere all'ambiente la necessaria umidità.

†**evaporatòrio** s. m. ● (*raro*) Suffumigio.

evaporazióne [vc. dotta, lat. *evaporatiōne(m)*, da *evaporātus* 'evaporato'] s. f. *1* (*fis.*) Passaggio di un liquido allo stato aeriforme, che si verifica solo alla superficie del liquido stesso e a qualsiasi temperatura inferiore a quella di ebollizione | †Esalazione, vapore. *2* (*est.*) La riduzione di volume che ne consegue.

evaporìmetro [comp. di *evapor(azione)* e *-metro*] s. m. ● (*fis.*) Strumento, usato spec. in meteorologia, che misura la quantità d'acqua evaporata in un dato intervallo di tempo.

evaṣióne [vc. dotta, lat. tardo *evasiōne(m)*, da *evāsus* 'evaso'] s. f. *1* Fuga da un luogo di pena: *l'e. dei tre detenuti fallì*. *2* (*fig.*) Allontanamento, distrazione da ciò che opprime: *e. dalla realtà* | Mancanza di impegno, di ogni serio accenno ai problemi di fondo della società contemporanea: *arte, film, letteratura d'e.* *3* Il trattare o concludere affari, incarichi e sim. | *E. della corrispondenza*, il rispondere alle lettere ricevute. *4* Mancato pagamento di tasse, imposte e sim.: *e. fiscale*.

evaṣività s. f. ● Qualità di chi o di ciò che è evasivo.

evaṣìvo [fr. *évasif*, dal lat. *evāsus* 'evaso'] agg. ● Sfuggente, poco chiaro: *contegno e.* | Che vuole evitare di trattare o affrontare un problema, di rispondere direttamente e sim.: *mostrarsi e. su un argomento*; *frasi, risposte evasive*. || **evasivaménte**, avv.

evàṣo **A** part. pass. di *evadere*; anche agg. ● Nei sign. del v. **B** s. m. (f. *-a*) ● Chi è fuggito dalla prigione: *la polizia ha catturato due evasi*.

evaṣóre s. m. (f. *evaditrice*) ● Chi si sottrae ai propri obblighi fiscali.

†**evèllere** [vc. dotta, lat. *evĕllere* 'strappare (*vĕllere*) via (*ex-*)'] v. tr. ● Svellere, estirpare.

evemerìṣmo s. m. ● Dottrina di Evemero di Messina (sec. III a.C.), che considerava gli dei come uomini benemeriti divinizzati | Tendenza presente in alcune religioni alla divinizzazione di uomini e di antenati illustri.

evenemenziàle [calco sul fr. *événementiel*, deriv. con suff. aggettivale da *événement* 'avvenimento, evento'] agg. ● (*raro*) Detto di tendenza storiografica che studia in prevalenza i singoli eventi, piuttosto che i processi sociali di lunga durata.

evenièṇza [da *evenire*] s. f. ● Occorrenza, caso: *è bene tenersi pronti per ogni e.*; *ad una e. gli avrei dato mano* (NIEVO). SIN. Caso, occasione.

†**eveniménto** s. m. ● Evento.

†**evenire** [vc. dotta, lat. *evenīre* 'venir (*venīre*) fuori (*ex-*)'] **A** v. intr. ● Avvenire, accadere | Eccitarsi, destarsi. **B** s. m. ● Avvenire.

evènto [vc. dotta, lat. *evĕntu(m)*, part. pass. di *evenīre* 'evenire'] s. m. *1* Fatto che si è già verificato o che si può verificare: *è stato un e. disastroso*; *attendiamo gli eventi*; *avverso al mondo, avversi a me gli eventi* (FOSCOLO) | *In ogni e.*, comunque vada | *Fausto, lieto e.*, la nascita di un bambino | Avvenimento o iniziativa di particolare rilievo: *un e. culturale*. *2* (*fis.*) Punto dello spazio-tempo.

eventuàle [da *evento*] **A** agg. ● Che può accadere: *eventuali complicazioni*; *guadagni, debiti, diritti eventuali*. SIN. Possibile. || **eventualménte**, avv. Nel caso, se mai: *eventualmente verrò domani*. **B** s. f. al pl. ● Nel linguaggio burocratico, argomentazioni, temi e sim., possibili al di fuori di uno schema prestabilito di lavoro | *Varie ed eventuali*, formula conclusiva spec. di ordini del giorno prefissati.

eventualità [da *eventuale*] s. f. *1* Qualità di eventuale. *2* Evento: *tenersi pronti per ogni e.* SIN. Avvenimento, possibilità.

evergreen /ɛver'grin, *ingl.* 'evəgri:n/ [vc. ingl., propr. 'sempreverde'] **A** agg. inv. *1* (*spec. iron.*) Detto di chi o di ciò che è sempre attuale, sempre di moda: *cantante, canzone e.* SIN. Intramontabile. *2* (*banca*) Detto di credito rotativo senza data di scadenza, che la banca può, in determinate circostanze, convertire in un credito a termine. **B** s. m. e f. inv. ● Personaggio, cantante, canzone e sim. sempre di moda | Campione intramontabile.

eversióne [vc. dotta, lat. *eversiōne(m)*, da *evĕrsus*, part. pass. di *evĕrtere* '†evertere'] s. f. *1* Complesso di atti, violenti e spesso anche criminosi, tendenti a creare disordine e smarrimento nell'ambito sociale, allo scopo di abbattere l'ordine costituito: *lotta all'e.* *2* (*lett.*) Rovina, distruzione: *l'e. di Gerusalemme*. *3* †Nausea e disturbi di stomaco.

eversìvo [dal lat. *evĕrsus*, part. pass. di *evĕrtere* 'volgere (*vĕrtere*) via (*ex-*)'] agg. ● Che intende rovesciare o abolire q.c. | *Trame eversive*, complotti intesi ad abbattere o a modificare l'ordine costituito di un paese.

†**evèrso** part. pass. di †*evertere*; anche agg. ● Nei sign. del v.

eversóre [vc. dotta, lat. *eversōre(m)*, da *evĕrsus*, part. pass. di *evĕrtere* '†evertere'] s. m. *1* Chi attua una trama eversiva: *gli eversori fascisti*. *2* (*lett.*) Chi distrugge: e. */ di mura, piloto di tutte / le sirti, ove navighi?* (D'ANNUNZIO).

†**evèrtere** [vc. dotta, lat. *evĕrtere*, comp. di *ex-* d'allontanamento e *vĕrtere* 'volgere'] v. tr. ● Rovinare, abbattere, distruggere.

evezióne [vc. dotta, lat. tardo *evectiōne(m)*, da *evĕctus*, part. pass. di *evĕhere* 'portare (*vĕhere*) su (*ex-*)'] s. f. ● (*astron.*) Ineguaglianza nel moto della Luna prodotta dall'attrazione del Sole.

èvia [vc. dotta, lat. *Eu(h)ĭade(m)*, nom. *Eu(h)ias*, dal gr. *Euiás* 'baccante', così detta per il suo grido di giubilo *euán*, dall'inter. *êua*] s. f. ● (*raro, poet.*) Baccante.

evidènte [vc. dotta, lat. *evidĕnte(m)*, usata per rendere il gr. *enargḗs*, ricorrendo ad **evidēre* 'vedere (*vidēre*) chiaramente (*ex-*)'] agg. *1* Che si vede con chiarezza: *colore, ira, irritazione e.* *2* Che non si può mettere in dubbio, che non ha bisogno di dimostrazioni: *colpa e.* SIN. Certo, chiaro, manifesto. || **evidenteménte**, avv.

evidènza o †**evidènzia** [vc. dotta, lat. *evidĕntia(m)*, da *ēvidens*, genit. *evidĕntis* 'evidente', sul modello del gr. *enárgeia*] s. f. *1* Qualità di ciò che è evidente: *l'e. dei fatti* | *Mettere, porre in e.*, far notare, mettere in risalto | *Mettersi in e.*, farsi notare | (*est.*) Forza rappresentativa: *la grande e. di un'immagine, di una metafora*. *2* Certezza, chiarezza: *è di una e. matematica*; *provare l'e. di q.c.* *3* (*bur.*) Prova, spec. in copia, di operazioni, pratiche e sim. svolte da un ufficio: *conservare le evidenze*; *tenere in e.*

evidenziàbile agg. ● Che si può evidenziare.

evidenziàre v. tr. (*io evidènzio*) ● Mettere in evidenza.

evidenziatóre **A** agg. ● Che mette in evidenza: *colore e.* **B** s. m. ● Tipo di pennarello a tratto colorato non coprente usato per dare risalto a una o più parole in uno scritto. SIN. Marker.

evìncere [vc. dotta, lat. *evĭncere* 'superare (*vĭncere*) del tutto, completamente (*ex-*)'] v. tr. (coniug. come *vincere*) ● Trarre come deduzione: *da ciò si evince che non è possibile fare altrimenti*.

evinto part. pass. di *evincere* ● (*raro*) Nei sign. del v.

eviràre [vc. dotta, lat. *evirāre*, comp. di *ex-* sottratt. e *vĭr* 'uomo'] v. tr. *1* Asportare i testicoli. SIN. Castrare. *2* (*fig.*) Rendere fiacco, debole.

eviràto **A** part. pass. di *evirare*; anche agg. ● Nei sign. del v. **B** s. m. *1* Chi ha subìto l'evirazione. SIN. Castrato. *2* Cantore evirato.

evirazióne [vc. dotta, lat. *evirātiōne(m)*, da *evirātus* 'evirato'] s. f. ● Asportazione dei testicoli. SIN. Castrazione.

evisceràre [vc. dotta, lat. *eviscerāre*, comp. di *ex-* sottratt. e *vīscera* (nt. pl.) 'viscere'] v. tr. ● (*chir.*) Estroflettere o asportare i visceri dalla cavità in cui sono contenuti.

evisceràto part. pass. di *eviscerare*; anche agg. *1* Nel sign. del v. *2* Detto di animale commestibile che, dopo l'uccisione, è stato privato delle interiora: *pollame, pesce e.*

eviscerazióne [da *eviscerare*] s. f. ● Atto, effetto dell'eviscerare.

evitàbile [vc. dotta, lat. *evitābile(m)*, da *evitāre* 'evitare'] agg. ● Che si può o si deve evitare: *scandalo e.* | *Persona e.*, da sfuggire.

evitabilità s. f. ● (*raro*) L'essere evitabile.

†**evitàndo** [vc. dotta, lat. *evităndu(m)*, gerundivo di *evitāre* 'evitare'] agg. ● Che si deve evitare.

evitàre [vc. dotta, lat. *evitāre*, comp. di *ex-* raff. e *vitāre* 'evitare'] **A** v. tr. (*io èvito* o †*evìto*) *1* Scansare, schivare: *e. un pericolo, un ostacolo*; *si dedica ai problemi che sempre evitò* (SVEVO) | Sfuggire: *e. gli sguardi indiscreti* *2* Comportarsi in modo da non fare q.c.: *e. di bere troppo.* **3** Togliere a qc. pesi, preoccupazioni e sim.: *gli ho potuto e. una spesa.* **B** v. rifl. rec. ● Sfuggirsi, cercare di non incontrarsi: *dopo il litigio i fratelli si evitavano.*

†evitatóre s. m. (f. *-trice*) ● Chi evita, schiva.

evitazióne [ingl. *evitation*, dal lat. *evitatiōne(m)* 'fatto di evitare (*evitāre*)' già usato in altre accezioni] s. f. ● (*etn.*) Istituzione diffusa spec. tra gli aborigeni del continente americano per cui alcuni parenti acquisiti (come genero e suocera) non possono rivolgersi la parola, mangiare o dormire nello stesso luogo.

evìtico agg. (pl. m. *-ci*) ● Di Eva, progenitrice del genere umano | *Costume e.*, (*scherz.*) la nudità.

evìtto [vc. dotta, lat. tardo *evīctus*, part. pass. di *evĭncere* 'evincere'] s. m. e agg. ● (*dir.*) Chi, che ha subito l'evizione.

evizióne [vc. dotta, lat. tardo *evictiōne(m)*, da *evīctus*, part. pass. di *evĭncere* 'evincere'] s. f. ● (*dir.*) Perdita totale o parziale di una cosa per rivendica della stessa da parte di un terzo.

èvo [vc. dotta, lat. *āevu(m)* 'tempo (che dura)', di origine indeur.] s. m. **1** Ciascuno dei grandi periodi in cui si usa suddividere, da un punto di vista cronologico, la storia dell'umanità: *evo antico, medio, moderno.* **2** (*raro*) Lungo spazio di tempo.

evocàre [vc. dotta, lat. *evocāre* 'chiamar (*vocāre*) fuori (*ex-*)'] v. tr. (*io èvoco* o *poet. evòco, tu èvochi* o *poet. evòchi*) **1** Richiamare dal mondo dei trapassati per facoltà medianiche: *e. gli spiriti.* **2** Nel mondo romano, richiamare soldati veterani in caso di bisogno. **3** (*fig.*) Ricordare, celebrare: *e. il passato, la memoria di qc.*; *me ad evocar gli eroi chiamin le Muse* (FOSCOLO).

evocatìvo agg. ● Che serve a evocare (*anche fig.*).

evocatóre [vc. dotta, lat. *evocatōre(m)*, da *evocātus* 'evocato'] s. m. (f. *-trice*) ● Chi evoca.

evocatòrio [vc. dotta, lat. tardo *evocatōriu(m)*, da *evocātus* 'evocato'] agg. ● Di evocazione, atto a evocare: *rito, potere e.*

evocazióne [vc. dotta, lat. *evocatiōne(m)*, da *evocātus* 'evocato'] s. f. ● Atto, effetto dell'evocare.

evoè o **†eù oè**, (*raro*) **èvoe** [vc. dotta, lat. *eu(h)ōe*, dal gr. *euôi*, onomat.] inter. ● (*poet.*) Esprime la gioia bacchica e si usa come invocazione o come acclamazione al dio Dioniso: *ognun segua, Bacco, te! / Bacco, Bacco, eù, oè!* (POLIZIANO).

-évole [continuazione pop. dei suff. lat. *-ēbile(m)* e *-ībile(m)*, estesa poi anche agli agg. verb. in *-ābile(m)*] suff. ● Forma aggettivi, sia di senso attivo che passivo, derivati da verbi o da sostantivi: *amorevole, biasimevole, caritatevole* (*caritevole*), *cedevole, favorevole, piacevole* | V. anche *-abile, -ibile, -ubile.*

evolùire [da *evoluzione* sul tipo di altri rapporti, come *costruire* da *costruzione*, *attribuire* da *attribuzione*] v. intr. (*io evolùisco, tu evolùisci*; aus. *avere*) ● Fare evoluzioni, detto spec. di reparti militari, navi e aerei.

evolùta [f. sost. di *evoluto*] s. f. ● (*mat.*) Curva in viluppo delle normali alla curva data | Luogo dei centri dei cerchi osculatori alla curva data.

evolutìvo agg. **1** Di evoluzione: *processo e.*; *fase evolutiva* | (*dir.*) *Interpretazione evolutiva*, interpretazione della norma giuridica fatta tenendo conto del mutare della realtà e delle esigenze sociali | (*ling.*) *Grammatica evolutiva*, studio dell'evoluzione di uno o più sistemi linguistici | (*psicol., pedag.*) *Età evolutiva*, il periodo della vita fra la nascita e il raggiungimento della piena maturità fisica e psichica. **2** Atto a evolvere. || **evolutivaménte**, avv. In maniera evolutiva, secondo un'evoluzione.

evolùto part. pass. di *evolvere*; anche agg. **1** Nei sign. del v. **2** (*est.*) Pervenuto alla piena coscienza civile e sociale: *nazione, civiltà evoluta* | *Persona evoluta*, priva di pregiudizi.

evoluzióne [vc. dotta, lat. *evolutiōne(m)*, da *evolūtus* 'evoluto'] s. f. **1** Atto, effetto dell'evolvere o dell'evolversi: *e. del pensiero, di una società*; *fase, periodo di e.* | *E. sociale*, processo di mutamento sociale secondo determinate leggi di sviluppo continuo e graduale | *E. linguistica*, insieme dei mutamenti subiti da un sistema linguistico nel corso del tempo. **2** (*biol.*) Trasformazione degli organismi viventi nel corso del tempo, che porta all'affermazione di nuovi caratteri trasmessi dall'eredità. **3** Insieme di movimenti eseguiti secondo preordinate modalità: *e. di un battaglione*; *evoluzioni di ginnasti.* **4** (*aer.*) Volo di aereo su traiettoria curva. **5** (*mar., spec. al pl.*) Insieme di percorsi rettilinei e curvilinei che una o più navi compiono per determinati scopi cinematici o tattici.

evoluzionìsmo [fr. *évolutionnisme*, da *évolution* 'evoluzione'] s. m. **1** (*biol.*) Complesso delle teorie che ammettono l'evoluzione biologica e che variamente la interpretano. CONTR. Fissismo. **2** (*antrop.*) Teoria dell'antropologia culturale, sviluppatasi parallelamente a quella della evoluzione biologica, che postula una evoluzione culturale dell'uomo dallo stato selvaggio alla civiltà, secondo modalità ineluttabili. **3** Complesso delle dottrine filosofico-scientifiche che spiegano mediante la legge dell'evoluzione la derivazione dalla materia di ogni tipo o forma di realtà, sia quella del mondo inorganico sia quella del pensiero.

evoluzionìsta s. m. e f. (pl. m. *-i*) ● Chi segue o si ispira alle teorie filosofico-scientifiche dell'evoluzionismo.

evoluzionìstico agg. (pl. m. *-ci*) ● Che concerne o interessa l'evoluzione o l'evoluzionismo.

evolvènte **A** part. pres. di *evolvere*; anche agg. ● Nei sign. del v. **B** s. f. ● (*mat.*) Curva di cui la curva data è l'evoluta.

evòlvere [vc. dotta, lat. *evŏlvere*, comp. di *ex-* raff. e *vŏlvere* 'volgere'] **A** v. tr. (pass. rem. *io evolvétti* o *evolvéi* o *evòlsi, tu evolvésti*; part. pass. *evolùto*) ● (*raro*) Sviluppare. **B** v. intr. pron. ● Trasformarsi progredendo lentamente e gradualmente: *gli organismi viventi si sono evoluti nel tempo.*

evònimo [vc. dotta, gr. *euōnymos* 'di buon (*êu*) nome (*ónyma*, dial. per il più corrente *ónoma*)', denominazione euf., perché pianta velenosa] s. m. ● Arbusto ramoso delle Celastracee con legno giallo, piccoli fiori verdognoli e frutto ad angoli sporgenti, rosso, purgativo (*Evonymus europaeus*). SIN. Berretta da prete.

†evùlso part. pass. di *†evellere*; anche agg. ● Nei sign. del v.

evvìva [comp. di *e* (2) e *viva*, imperat. di *vivere*] **A** inter. **1** Esprime esultanza, plauso, entusiasmo, approvazione, augurio e sim. (nelle scritte murali espresso generalmente con una W): *e. l'Italia*; *e. gli alpini!*; *e. la vita!* | (*scherz.*) *E. me!*; *e. tutti!* | Anche iron.: *e. la modestia!* **2** Si usa anche con il sign. di 'salve', 'salute', come forma di saluto, come espressione augurale nei brindisi, come augurio rivolto a qc. che starnuta. **B** in funzione di s. m. inv. ● Grido di esultanza, plauso e sim.: *mandare un e.*; *gli entusiastici e. della folla.*

ex /*lat.* ɛks/ [prep. lat. con vari sign. ('da', 'fuori', 'secondo'), che assume spesso, in composizione, il senso neg. del concetto principale, come in vari comp. verb. e agg. lat.] **A** prep. ● Già, ora non più (premesso a un s. cui può anche essere unito da un trattino, indica l'anteriorità di una condizione, di una dignità o di una funzione rispetto al presente): *ex combattente*; *l'ex presidente*; *gli ex deputati*; *associazione di ex allievi*; *l'ex fidanzata*; *la mia ex casa.* **B** in funzione di s. m. e f. ● Chi ha cessato di ricoprire una carica o di svolgere una funzione determinata (per ell. del s.) | (*fam.*) *Il mio ex*, la persona con cui sono stati troncati rapporti amorosi.

exa- /'ɛgza/ [di formazione sconosciuta] primo elemento ● Anteposto al nome di una unità di misura la moltiplica per 10^{18}, cioè per un miliardo di miliardi. SIMB. E.

ex abrupto /*lat.* ɛgz a'brupto/ [lat., letteralmente 'dal (*ĕx*) discorso spezzato, rotto (*abrŭpto*, abl. del part. pass. di *abrŭmpere* 'troncare, strappare')'] loc. avv. ● All'improvviso, detto spec. di discorsi che iniziano senza introduzione.

ex aequo /*lat.* ɛg'z ɛkwo/ [lat., letteralmente 'dal (*ĕx*) giusto (*āequo*, abl. di *āequus*, con sottintendimento di 'valore', 'diritto')'] loc. avv. ● Alla pari, a pari merito: *classificarsi primo ex aequo.*

ex ante /*lat.* ɛg'z ante/ [lat., propr. 'da prima'] **A** loc. avv. ● Con effetto retroattivo. **B** loc. agg. inv. ● Relativo a situazioni o aspettative precedenti al verificarsi di un dato evento | *Risparmio ex ante*, il risparmio programmato o preventivato, che può differire da quello effettivamente realizzato.

exarazióne ● V. *esarazione.*

ex cathedra /*lat.* ɛks 'katedra/ [lat., letteralmente 'dalla (*ĕx*) cattedra (*căthedra*)'] loc. avv. **1** Detto delle dichiarazioni del Papa in materia di fede e di morale, quando devono essere considerate infallibili perché direttamente provenienti dall'autorità apostolica ed ispirate dallo Spirito Santo. **2** (*est.*) In modo e con tono perentorio, superbo e sussiegoso: *parlare ex cathedra.*

excèntro [comp. del lat. *ĕx*, col senso proprio nei comp. di 'fuori', e *centro*] s. m. ● (*mat.*) Punto d'incontro delle bisettrici degli angoli esterni formati dai prolungamenti di due lati di un triangolo e di quella dell'angolo tra essi compreso.

excerpta /*lat.* eks'tʃɛrpta/ [vc. dotta, lat. *excĕrpta*, nt. del part. pass. di *excĕrpere* 'prendere, trarre (*cărpere*) fuori (*ex-*)'] s. m. pl. ● Brani estratti da una o più opere di un autore.

exclave /*fr.* eks'klav/ [vc. fr., da *enclave* con sostituzione di pref. opposto] s. f. inv. ● Territorio appartenente a uno Stato, ma posto al di là dei confini e completamente circondato dal territorio straniero.

excursus /*lat.* eks'kursus/ [vc. lat., propr. 'scorreria', dal part. pass. di *excŭrrere* 'correre (*cŭrrere*) fuori (*ex-*)'] s. m. inv. ● Divagazione, digressione: *fare un e.*; *un breve e.*

executive /*ingl.* ig'zekjutiv/ [vc. ingl., agg. (negli Stati Uniti sost.) da *to execute* 'eseguire', tratto dal fr. *executeur* 'esecutore'] **A** s. m. inv. ● Dirigente aziendale | Persona incaricata di un lavoro amministrativo o della gestione di affari. **B** in funzione di agg. inv. ● Detto di ciò che è particolarmente adatto a uomini d'affari, dirigenti e sim.: *valigetta e.* | *Aereo, jet e.*, aereo privato usato da dirigenti d'azienda e sim. per rapidi trasferimenti.

†exegètico /egze'dʒɛtiko/ ● V. *esegetico.*

exequatur /*lat.* egze'kwatur/ [vc. lat., dal congv. imperat. di *exsĕqui* 'eseguire'] s. m. inv. **1** (*dir.*) Riconoscimento dell'efficacia di una sentenza civile emessa in uno Stato straniero | Dichiarazione pretorile di esecutività di un lodo arbitrale. **2** (*bur.*) Ordine o permesso di eseguire un atto amministrativo, dato dal superiore gerarchico di chi ha formulato o emanato l'atto. **3** (*dir.*) Atto con cui uno Stato autorizza un console straniero a esercitare sul suo territorio le funzioni affidategli. **4** (*dir.*) Ogni provvedimento di controllo esercitato da un'autorità statuale su atti giuridici dell'autorità ecclesiastica, spec. cattolica, con particolare riguardo alla destinazione di beni economici e conferimento di benefici.

exèresi /eg'zɛrezi/ [gr. *exáiresis* 'estrazione', der. di *exairêin* 'estrarre', comp. di *ex* 'fuori' e *airêin* 'prendere' (d'etim. incerta)] s. f. ● (*chir.*) Asportazione, totale o parziale, di un organo.

exeùnte [vc. dotta, lat. *exeŭnte(m)*, part. pres. di *exīre* 'uscire'] agg. ● (*lett.*) Che è alla fine, che sta per finire: *un manoscritto del dodicesimo secolo e.* SIN. Uscente. CFR. Ineunte.

ex lege /*lat.* ɛks 'lɛdʒe/ [lat., propr. 'secondo (*ĕx*) la legge (*lēge*, abl. di *lēx*, genit. *lēgis*)'] loc. avv. ● In base alla legge, secondo quanto è stabilito dalla legge.

ex libris /*lat.* ɛks 'libris/ [lat., letteralmente 'dai (*ĕx*) libri (*līber*, abl. pl. *lībris*)', sottinteso 'di ... '] loc. sost. m. inv. ● Nota scritta o cartellino incollato nell'interno della copertina o sul frontespizio, indicante il nome o le iniziali del proprietario, spesso con fregi e motti.

ex novo /*lat.* ɛks 'nɔvo/ [lat., letteralmente 'da (*ĕx*) nuovo (*nŏvo*, abl. di *nŏvus*)'] loc. avv. ● Daccapo, di sana pianta: *rifare q.c. ex novo.*

èxo- /'ɛgzo/ ● V. *eso-* (2).

exoàsco /egzo'asko/ [comp. di *exo-* e del lat. *ascus* 'asco'] s. m. ● Genere di Funghi ascomiceti i cui aschi si sviluppano direttamente sul micelio (*Exoascus*).

expertise /*fr.* ɛksper'tiz/ [vc. fr., da *expert* 'esperto' con suff. di sostantivazione d'agg. *-ise*] s. f. inv. ● Dichiarazione di autenticità di un'opera d'arte, rilasciata da un esperto.

explicit /*lat.* 'ɛksplitʃit/ [vc. lat., riduzione della formula di chiusura del lat. tardo *ĕxplicit* (*lĭber*) '(il libro) finisce (per *explĭcĭt(us est)*, da *explĭcere* 'compiere, spianare') qui'] **s. m. inv.** ***1*** Nei codici, parola iniziale della formula che era posta spec. al termine di un'opera con indicazione riguardo al titolo e al nome dell'autore. ***2*** Nell'uso filologico e bibliografico, le parole finali di un testo.

exploit /*fr* ɛks'plwa/ [vc. fr., ant. fr. *espleit*, dal lat. parl. **explĭcitum* 'azione compiuta', da *explĭcāre* 'effettuare, finire', '(s)piegare (*plĭcāre*) del tutto (*ex-*)'] **s. m. inv.** ● Impresa di rilievo, spec. sportiva: *fare un e.*; *un e. sbalorditivo*.

expo /*fr.* eks'po/ [vc. fr., abbr. di *exposition* 'esposizione'] **s. f. inv.** ● Esposizione universale.

export /*ingl.* 'ekspɔːt/ [ingl., dal lat. *exportāre* (V. *esportare*)] **s. m. inv.** ● (*econ.*, *comm.*) Esportazione.

ex post /*lat.* ɛks 'pɔst/ [lat., propr. 'di poi'] **A loc. avv.** ● Con l'esperienza del dopo. **B loc. agg. inv.** ● Relativo a situazioni successive al verificarsi di un dato evento | *Risparmio ex post*, il risparmio effettivamente realizzato, che può differire da quello programmato o preventivato.

ex professo /*lat.* ɛks pro'fɛsso/ [lat., letteralmente 'da (*ĕx*) dichiarazione (*profĕssus*, part. pass. di *profitēri* 'dichiarare apertamente')'] **loc. avv.** ● Intenzionalmente, in modo deliberato: *parlare ex professo di politica* | (*est.*) In maniera completa, approfondita: *trattare ex professo un argomento*.

exsanguinotrasfuṣióne [vc. dotta, comp. del lat. *ĕx*, *sānguin(em)* e *trasfusione*] **s. f.** ● (*med.*) Sostituzione completa del sangue di un soggetto mediante trasfusione di sangue compatibile.

extended play /*ingl.* iks'tendid 'plei/ [ingl., per *extended playing*, letteralmente '(disco) con tempo di esecuzione (da *to play* 'recitare, eseguire') prolungato (*extended*, da *to extend* 'estendersi, prolungarsi')'] **A loc. sost. m. inv.** ● Disco fonografico a 45 giri la cui audizione ha una durata superiore a quella normale. **B loc. agg. inv.**: *disco extended play*.

extispìcio [vc. dotta, lat. *extispĭciu(m)*, comp. di *ĕxta* (pl.) 'viscere', vc. della terminologia augurale, di origine incerta, e *-spicio*] **s. m.** ● Esame divinatorio che gli aruspici, in Roma antica, facevano dei visceri delle vittime, per trarne pronostici.

èxtra [dall'avv. e prep. lat. *ĕxtra* 'fuori di', da *ĕx* 'fuori'] **A prep.** ● Fuori di, non incluso in: *relazioni e. famiglia*; *spese e. bilancio*. **B** in funzione di **agg. inv.** ***1*** Di qualità superiore: *vino e.*; *un prodotto e.* | Seguito da un altro agg. gli dà valore di sup.: *procedimento e. rapido*; *burro e. fino*. ***2*** Fuori dell'usuale o del previsto, insolito: *limitare le spese e.*; *assistere a uno spettacolo e.* **C** in funzione di **s. m. inv.** ***1*** Il sovrappiù, ciò che si consuma o si guadagna fuori del prestabilito: *tutti gli e. sono a carico mio*; *quel lavoro gli porta molti e.* ***2*** Lavoratore avventizio, assunto per un breve periodo o per una attività contingente.

èxtra- o **èstra-** [dal lat. *ĕxtra* 'fuori' (V. *extra*)] **pref.** ● In parole composte significa 'fuori'; *extraparlamentare*, *extraterritoriale*, *extrauterino* | Inoltre conferisce grado superlativo ad aggettivi: *extraforte*; V. anche *stra-*.

extraatmosfèrico o **extratmosfèrico** [comp. di *extra-* e *atmosferico*] **agg.** ● Che si trova o avviene fuori dell'atmosfera terrestre | (*mil.*) *Missile e.*, destinato a mettere in orbita satelliti artificiali extraterrestri o a lanciare sonde e veicoli spaziali nello spazio extraterrestre.

extracellulàre [comp. di *extra-* e dell'agg. *cellulare*] **agg.** ● (*biol.*) Riferito all'ambiente esterno rispetto a una cellula.

extracomunitàrio [comp. di *extra-* e *comunitario*] **A agg.** ● Relativo a Paesi non appartenenti alla Comunità europea: *politiche extracomunitarie*. **B agg.**; anche **s. m.** (**f.** *-a*) ● Che, chi proviene da Paesi non appartenenti alla Comunità europea, spec. con riferimento agli immigrati in cerca di occupazione provenienti da Paesi economicamente arretrati.

extraconiugàle o **estraconiugàle** [comp. di *extra-* e *coniugale*] **agg.** ● Estraneo all'ambito del matrimonio: *relazione e.*

extracontrattuàle o **estracontrattuàle** [comp. di *extra-* e *contratto*, con suff. aggettivale] **agg.** ● Che non deriva da un rapporto contrattuale: *colpa*, *responsabilità e.*

extracorpòreo [comp. di *extra-* e *corporeo*] **agg.** ● Che si trova o avviene fuori del corpo umano | (*med.*) Detto di funzione fisiologica umana che, diversamente dalla norma e a causa di eccezionali esigenze terapeutiche, si compie al di fuori dell'organismo: *circolazione sanguigna extracorporea*.

extracorrènte [comp. di *extra-* e *corrente* (*2*)] **s. f.** ● (*elettr.*) Corrente elettrica secondaria di autoinduzione che si verifica all'atto dell'apertura o chiusura di un circuito.

extracurricolàre o **extracurriculàre** [comp. di *extra-* e *curricolare*] **agg.** ● Che è al di fuori di un curricolo scolastico, che non rientra in un normale corso di studi: *corsi extracurricolari*.

extradiegètico [fr. *extradiégétique*, comp. di *extra-* 'extra-' e *diégétique* 'diegetico'] **agg.** (**pl. m.** *-ci*) ● Detto di narrazione in cui il narratore si rivolge direttamente al pubblico e non ad altri personaggi del racconto.

extradotàle o **estradotàle** [comp. di *extra-* e *dote*, con suff. aggettivale] **agg.** ● (*dir.*) Detto di bene della moglie che non fa parte della dote.

extraeuropèo o **estraeuropèo** [comp. di *extra-* e *europeo*] **agg.** ● Che non fa parte del continente europeo: *nazioni extraeuropee*.

extragalàttico o **estragalàttico** [comp. di *extra-* e *galattico*] **agg.** (**pl. m.** *-ci*) ● (*astron.*) Che non appartiene alla galassia locale, cioè a quella di cui fa parte il sistema solare.

extragiudiciàle ● V. *estragiudiziale*.

extragiudiziàle ● V. *estragiudiziale*.

extralegàle ● V. *estralegale*.

extralinguìstico [comp. di *extra-* e *linguistico*] **agg.** (**pl. m.** *-ci*) ● (*ling.*) Detto di fattore linguistico che non appartiene alla grammatica, bensì all'uso di quest'ultima nella codificazione e nella decodificazione degli enunciati.

extramuràle ● V. *estramurale*.

extranazionàle [comp. di *extra-* e *nazionale*] **agg.** ● Che è al di fuori di un ambito nazionale.

extraoràrio [comp. di *extra-* e *orario*] **agg. inv.** ● Che è al di fuori dell'orario concordato, detto spec. di prestazioni lavorative.

extraparlamentàre o **estraparlamentàre** [comp. di *extra-* e *parlamentare* (*2*)] **A agg.** ***1*** Che non fa parte dello schieramento dei partiti rappresentati in parlamento: *formazioni extraparlamentari* | Che si verifica al di fuori del parlamento: *crisi e.* ***2*** Che privilegia altre forme di lotta politica rispetto a quella parlamentare: *movimento e.*; *sinistra e.*; *destra e.* **B s. m. e f.** ● Chi aderisce a un movimento politico extraparlamentare: *e. di destra, di sinistra*; *il corteo degli extraparlamentari*.

extrapiramidàle [comp. di *extra-* e *piramidale*] **agg.** ● (*med.*) Che non appartiene al sistema piramidale.

extrapolàre ● V. *estrapolare*.

extraprocessuàle ● V. *estraprocessuale*.

extraprofìtto [comp. di *extra-* e *profitto*] **s. m.** ● Profitto superiore al livello ritenuto normale.

extraràpido [comp. di *extra-* e *rapido*] **agg.** ● Rapidissimo, detto spec. di lastra fotografica molto sensibile.

extrascolàstico [comp. di *extra-* e *scolastico*] **agg.** (**pl. m.** *-ci*) ● Che è, si svolge fuori della scuola: *attività extrascolastica*.

extrasensìbile [comp. di *extra-* e *sensibile*] **agg.** ● Che oltrepassa il livello percettivo dell'uomo.

extrasensoriàle [comp. di *extra-* e *sensoriale*] **agg.** ● (*psicol.*) *Percezione e.*, in parapsicologia, la percezione che avviene senza l'intervento di uno dei sensi.

extrasìstole o **estrasìstole** [comp. di *extra-* e *sistole*] **s. f.** ● (*med.*) Sistole cardiaca anomala, che altera il ritmo cardiaco.

extrasistolìa o **estrasistolìa** **s. f.** ● (*med.*) Alterazione del ritmo cardiaco a causa di extrasistoli.

extrasistòlico o **estrasistòlico** **agg.** (**pl. m.** *-ci*) ● (*med.*) Di estrasistole.

extrasolàre o **estrasolàre** [comp. di *extra-* e *solare* (*1*)] **agg.** ● Che è fuori del Sole | Che è fuori del sistema solare.

extrasottìle [comp. di *extra-* e *sottile*] **agg.** ● Sottilissimo: *lenti extrasottili*.

extrastallìa [comp. di *extra-* e *stallia*] **s. f.** ● Nel commercio marittimo, compenso ulteriore dovuto all'armatore quando il completamento del carico non è ultimato entro il termine convenuto.

extrastrong /*semi-ingl.* ɛkstra'strɔŋ/ [comp. di *extra-* e dell'ingl. *strong* (V.)] **A agg. inv.** ● Detto di un tipo di carta molto resistente, usata spec. per dattilografare. **B s. f. inv.** ● Tale tipo di carta: *un foglio di e.*

extratemporàle o **estratemporàle** [comp. di *extra-* e *temporale*] **agg.** ● Che è al di fuori dei limiti di tempo. **SIN.** Sovratemporale.

extraterrèstre [comp. di *extra-* e *terrestre*] **A agg.** ● Che si trova o avviene al di fuori del pianeta Terra. **B s. m. e f.** ● Ipotetico abitante di corpi celesti diversi dalla Terra: *l'invasione degli extraterrestri*.

extraterritoriàle o **estraterritoriàle** [comp. di *extra-* e *territorio*, con suff. aggettivale] **agg.** ● Che è fuori del territorio di uno Stato: *zona e.* | Che gode della extraterritorialità: *sede e.*

extraterritorialità o **estraterritorialità** **s. f.** ● Privilegio per cui date persone o dati beni non sono soggetti alla giurisdizione dello Stato sul cui territorio si trovano.

extraurbàno [comp. di *extra-* e *urbano*] **agg.** ● Che è situato al di fuori di una città: *parco e.* | *Linea di trasporto extraurbana*, quella che collega la città con i paesi e sobborghi vicini.

extrauterìno [comp. di *extra-* e *utero*] **agg.** ● (*med.*) Che è fuori dell'utero | *Gravidanza extrauterina*, quando l'uovo fecondato si impianta al di fuori della mucosa uterina.

extravérgine [comp. di *extra-* e *vergine*] **agg.** ● (*comm.*) Qualifica che la legge riserva a un olio di oliva ottenuto con spremitura meccanica e che abbia un tasso di acidità non superiore all'1%.

exùvia /eg'zuvja/ ● V. *esuvia*.

ex voto /*lat.* ɛks 'vɔto/ [lat., letteralmente 'secondo (*ĕx*) il voto (*vōto*, abl. di *vōtum*, sott. *suscĕpto*, abl. del part. pass. di *suscĭpere* 'fare', cioè 'per un voto fatto')'] **loc. sost. m. inv.** ● Oggetto dedicato a una divinità | Nel cattolicesimo, oggetto offerto a chiese o ad altari per grazie ricevute.

eye-liner /*ingl.* 'ai-lainə/ [vc. ingl., letteralmente 'che segna con una linea (*line*, di origine fr.) l'occhio (*eye*, di origine indeur.)'] **s. m. inv.** (**pl.** ingl. *eye-liners*) ● Liquido denso, di vario colore, da usarsi con apposito pennellino, per il trucco degli occhi.

†**eziandìo** [lat. *ĕtiam* 'anche' (comp. di *ĕt* 'e' e *iăm* 'già') e *Dio* per raff.] **cong.** ● (*lett.*) Anche, altresì | †*E. che*, anche se: *porterò io il mio consiglio e darollo e. che non mi sia chiesto* (DANTE).

èzio- o **ètio-** [dal gr. *aitía* 'causa', di origine incerta] primo elemento ● In parole composte della terminologia scientifica, significa 'causa': *eziopatogenesi*, *eziotropo*.

eziolaménto [fr. *étiolement*, da *étioler* 'far deperire e scolorire una pianta tenendola al buio', d'etim. incerta] **s. m.** ● (*bot.*) Fenomeno per cui le piante cresciute all'oscuro sono giallastre per mancanza di clorofilla, hanno steli molto lunghi e foglie di dimensioni ridotte.

eziolàto [adattamento del fr. *étiolé* 'deperito', di origine incerta] **agg.** ● Detto di pianta tenuta in ambiente scuro il cui caule si allunga più del normale e non è più verde.

eziologìa o **etiologìa** [vc. dotta, lat. tardo *aetiolŏgia(m)*, dal gr. *aitiología*, comp. di *aitía* 'causa' (V. *ezio-*) e *-logía* '-logia'] **s. f.** (**pl.** *-gie*) ***1*** Settore di una scienza che studia e ricerca le cause di un fenomeno o di una classe di essi | (*est.*, *med.*) Studio delle cause che provocano una malattia | L'insieme di tali cause: *malattia a e. sconosciuta*. ***2*** Nel mondo greco e latino, scienza che studiava le origini di città, feste, miti e sim.

eziològico o **etiològico** **agg.** (**pl. m.** *-ci*) ● Proprio dell'eziologia.

eziopatogènesi o **etiopatogènesi** [comp. di *ezio-* e *patogenesi*] **s. f.** ● (*med.*) Studio delle cause e dei meccanismi di insorgenza di una malattia.

eziotropìsmo o **etiotropìsmo** [comp. di *ezio-* e *tropismo*] **s. m.** ● (*med.*) Attività terapeutica di un farmaco volta specificamente contro l'agente responsabile di una malattia infettiva.

eziòtropo o **etiòtropo** **agg.** ● (*med.*) Relativo a eziotropismo | Dotato di eziotropismo: *farmaco e.*

-ézza [continuazione pop. del suff. lat. *-ĭtia(m)* e del più raro suff. parallelo *-ĭtie(m)*] **suff.** derivativo ● Forma nomi astratti tratti da aggettivi: *agiatezza*, *bellezza*, *crudezza*, *grandezza*, *sicurezza*.

f, F

Il suono rappresentato in italiano dalla lettera *F* è quello della consonante fricativa labiodentale sorda /f/. Questa consonante, quando è preceduta da una vocale e seguita da un'altra vocale, da una semiconsonante /j, w/ o da una liquida /l, r/, può essere, secondo i casi, di grado tenue (es. *gùfo* /'gufo/, *cenotàfio* /tʃeno'tafjo/, *mellìfluo* /mel'lifluo/, *di fuòri* /di 'fwɔri/) oppure di grado rafforzato (es. *gòffo* /'gɔffo/, *sóffio* /'soffjo/, *affluènte* /afflu'ente/, *da fuòri* /da f'fwɔri/), mentre nelle altre posizioni è sempre di grado medio (es. *trónfio* /'tronfjo/, *in fuòri* /in 'fwɔri/).

f, F /nome per esteso: *effe*/ s. f. o m. ● Sesta lettera dell'alfabeto italiano: *f minuscola*; *F maiuscolo* | *F come Firenze*, nella compitazione, spec. telefonica, delle parole | *Vitamina F*, V. *vitamina*.

fa (**1**) [dalla sillaba iniziale della parola *Famuli* di un inno a S. Giovanni. V. *solfeggio*] s. m. ● Quarta nota della scala musicale di *do* (V. nota d'uso ACCENTO).

fa (**2**) [terza pers. sing. del pres. indic. di *fare*] vc. ● Usata in varie loc. temporali: *tanto tempo fa*, or è tanto tempo; *venti anni fa*, or sono venti anni; *poche settimane fa*, poche settimane or sono; *due ore fa*, due ore or sono.

fabbiṣógno [comp. di *fa(re)* e *bisogno*] s. m. ● Quantità di denaro, o di altri beni, necessaria al soddisfacimento di un bisogno o al raggiungimento di uno scopo: *il f. alimentare dell'uomo.*

fàbbrica o (*lett.*) **fàbrica** [vc. dotta, lat. *fàbrica(m)* 'arte, mestiere, negozio di artigiano', da *fàber*, genit. *fàbri* 'artigiano, fabbro'] s. f. **1** Luogo opportunamente attrezzato per lo svolgimento di un'attività industriale: *una f. d'automobili*; *gli operai, gli impiegati, il direttore di una f.*; *comprare a prezzo di f.* | (*fig.*) Luogo, ambiente e sim. da cui trae origine q.c. di criticabile o di negativo: *quel ritrovo è una f. di chiacchiere, di pettegolezzi* | (*fig., scherz.*) *La f. dell'appetito*, la necessità di nutrirsi e mantenersi. **2** Attività e organizzazione dirette a edificare q.c.: *Brunelleschi diresse la f. del Duomo di Firenze*; *iniziare la f. di uno stadio* | (*fig.*) *Lungo come la f. di S. Pietro*, di ciò che non finisce mai. **3** Fabbriceria. **4** (*raro*) Edificio in costruzione o ultimato: *questo palazzo è una bella e solida f.* || **fabbricàccia**, pegg. | **fabbrichétta**, dim. | **fabbrichina**, dim. | **fabbricóna**, accr. | **fabbricóne**, accr. m. (V.) | **fabbricùccia**, pegg.

fabbricàbile [vc. dotta, lat. tardo *fabricàbile(m)*, da *fabricàre* 'fabbricare'] agg. ● Che si può fabbricare | *Area, terreno f.*, su cui si può edificare.

fabbricabilità s. f. ● Condizione di un terreno, di un'area, di una zona edificabile. SIN. Edificabilità.

fabbricànte A part. pres. di *fabbricare* ● Nei sign. del v. **B** s. m. e f. ● Chi fabbrica | Chi possiede e dirige una fabbrica: *un f. di scarpe.*

fabbricàre o (*lett.*) **fabricàre** [vc. dotta, lat. *fabricàre*, da *fàbrica*. V. *fabbrica*] v. tr. (*io fàbbrico, tu fàbbrichi*) **1** Costruire o erigere un edificio: *f. un grattacielo* | (*fig.*) *F. sulla sabbia*, non dare solide basi. SIN. Edificare. CONTR. Abbattere, demolire. **2** Produrre, fare (*anche fig.*): *quella industria fabbrica sapone*; *si è fabbricato i mobili da solo*; *Amor, sa solo fabricar inganni* (ALBERTI) | (*fig.*) *F. il vino*, sofisticarlo. **3** (*fig.*) Inventare, immaginare: *fabbricarsi un alibi*; *f. un vocabolo nuovo* | (*fig.*) *F. castelli in aria*, fantasticare. **4** (*fig.*) Ordire, macchinare, architettare: *f. un processo, false accuse.*

fabbricatìvo agg. ● Detto di luogo ove si possa edificare: *terreno f., area fabbricativa.*

fabbricàto A part. pass. di *fabbricare*; anche agg. ● Nei sign. del v. **B** s. m. ● Edificio, costruzione in muratura | Corpo di fabbrica che occupa un certo tratto di terreno | *Imposta sui fabbricati*, imposta che colpisce il reddito degli edifici.

fabbricatóre [vc. dotta, lat. *fabricatōre(m)*, da *fabricāre* 'fabbricare'] **A** agg. (f. *-trice*) ● Che fabbrica o costruisce (*anche fig.*). **B** s. m. **1** Chi fabbrica | (*fig.*) Chi inventa q.c. ad arte: *quel giornalista è un f. di notizie false.* **2** (*raro*) Muratore.

fabbricatòrio [vc. dotta, lat. tardo *fabricatōriu(m)*, da *fabricāre* 'fabbricare'] agg. ● (*raro*) Che concerne la fabbricazione.

fabbricazióne [vc. dotta, lat. *fabricatiōne(m)*, da *fabricāre* 'fabbricare'] s. f. **1** Atto, effetto del fabbricare: *la f. della carta* | *Imposta di f.*, imposta che colpisce la fabbricazione di una data merce: *imposta di f. sugli spiriti, sugli oli minerali, sullo zucchero.* **2** Modo di fabbricare q.c.: *difetto di f.* SIN. Costruzione.

fabbricerìa [da *fabbriciere*] s. f. ● Ente ecclesiastico, composto da ecclesiastici e da laici, in Italia riconosciuto come persona giuridica e sottoposto alla vigilanza dello Stato, destinato, in virtù delle norme del diritto canonico, ad amministrare quella parte del patrimonio di una chiesa che deve essere usato per la manutenzione dell'edificio e per le spese di culto.

fabbricière o †**fabbrichière** [fr. *fabricier*, da *fabrique* 'fabbrica'] s. m. **1** (*raro*) Costruttore | †*F. del pane*, fornaio. **2** Chi sovrintende alla fabbrica di una chiesa o chi fa parte di una fabbriceria.

fabbricóne s. m. **1** Accr. di *fabbrica*. **2** Casamento grande e senza armonia.

fabbrile o (*lett.*) †**fabrile** [vc. dotta, lat. *fabrīle(m)*, da *fāber*, genit. *fābri* 'artigiano, fabbro'] agg. ● (*lett.*) Relativo al fabbro e a ogni attività di carattere artigianale: *mercanzia, arte, arnese f.*

fàbbro o (*lett.*) †**fàbro** [lat. *fābru(m)*, di etim. incerta] s. m. **1** Artigiano che lavora in ferramenti: *f. ferraio* | Magnano: *f. ramaio, stagnaio.* **2** (*est., lett.*) Artefice, creatore: *f. d'inganni e tradimenti* | (*fig.*) *F. eterno, f. dell'Universo*, Dio | (*fig.*) *F. della penna, f. delle parole*, scrittore, oratore raffinato.

fabianiṣmo o **fabianeṣimo** [ingl. *fabianism*. V. *fabiano*] s. m. ● Movimento politico di tendenza socialista riformista, sorto in Inghilterra alla fine del sec. XIX, dal quale ha avuto origine il laburismo.

fabiàno [dall'ingl. *Fabian Society*, società che prendeva il nome da Q. *Fabio* Massimo il Temporeggiatore (275 ca.-203 a.C.)] s. m.; anche agg. ● Seguace del fabianismo.

fabliau /fr. fabli'o/ [fr., forma piccarda, da *fable* 'favola'] s. m. inv. (pl. fr. *fabliaux*) ● (*letter.*) Breve racconto satirico, in rima, tipico del Medioevo francese.

fàbrica e *deriv.* ● V. *fabbrica* e *deriv.*

†**fabrile** ● V. *fabbrile.*

†**fàbro** ● V. *fabbro.*

fàbula [dal lat. *fābula(m)* 'favola'] s. f. **1** V. †*favola* e *deriv.* **2** Nel linguaggio della critica letteraria, intreccio, trama di un romanzo.

†**fabulàre** [vc. dotta, lat. *fabulāri*, da *fābula* 'favola'] v. intr. (*io fàbulo*; aus. *avere*) **1** Raccontare favole. **2** Conversare, chiacchierare.

fabulatòrio agg. ● (*psicol.*) Relativo alla fabulazione.

fabulazióne [fr. *fabulation*, dal lat. *fābula(m)* (V. *favola*)] s. f. **1** (*psicol.*) Produzione immaginaria del pensiero espressa sia in forma di racconti più o meno coordinati, sia in forma di discorsi totalmente incoerenti alle circostanze. **2** (*filos.*) Creazione di superstizioni e di finzioni consolatorie tipica della religione che, secondo H. Bergson (1859-1941), avrebbe il fine di proteggere la vita contro l'azione disgregatrice dell'intelletto.

faccènda [lat. *faciĕnda* 'cose da farsi', gerundio nt. pl. di *făcere* 'fare'] s. f. **1** Cosa da fare, affare: *devo sbrigare questa f.*; *d'ora in poi baderò solo alle mie faccende*; *non è f ... nella quale bisogni più virtù che in uno capitano gli esserciti* (GUICCIARDINI) | *Essere in faccende*, essere occupato | (*raro*) *Mettere qc. in faccende*, affidargli un'incombenza | (*scherz.*) *Ser f.*, chi si dà da fare senza concludere. SIN. Occupazione. **2** Fatto, situazione, vicenda: *è una f. seria*; *mi è capitata una brutta f.* **3** (*spec. al pl.*) Complesso dei lavori domestici quotidiani: *in due ore sbrigo tutte le faccende*; *fare le faccende*. SIN. Mestieri. || **faccendàccia**, pegg. | **faccendèlla**, dim. | **faccendina**, dim. | **faccendùccia**, **faccendùzza**, dim. | **faccenduòla**, dim.

faccendière o **faccendièro** [da *faccenda*] s. m. (f. *-a*); *anche* agg. **1** Detto di chi si dà da fare in intrighi e in affari poco onesti, spec. per trarne profitto: *è stato arrestato un noto f.*; *un f. politico*; *sono sempre nelle corti ... faccendieri, che stanno desti per intender le cose che vanno attorno* (MACHIAVELLI). SIN. Armeggione, intrigante, maneggione. **2** †Commerciante.

faccendino [da *faccenda*] s. m.; anche agg. (f. *-a*) ● (*raro*) Intrigante, ficcanaso.

faccendóne [da *faccenda*] s. m. (f. *-a*) ● Chi si dà molto da fare con scarsi risultati.

†**faccènte** ● V. *facente.*

faccétta s. f. **1** Dim. di *faccia*. **2** Viso piccolo e grazioso | (*fig., raro*) Brutta figura: *ha fatto una di quelle faccette!* **3** Ciascuno dei piani di una pietra preziosa tagliata a forma di poliedro. **4** (*med.*) *F. articolare*, piccola superficie articolare di un osso, per lo più pianeggiante. || **faccettina**, dim.

faccettàre [da *faccetta*] v. tr. (*io faccétto*) ● Fare le faccette alle pietre preziose.

faccettatrice [da *faccettare*] s. f. ● In apicoltura, macchina usata per la preparazione dei fogli cerei, sui quali imprime la forma delle celle: *f. a stampo, a cilindri.*

faccettatùra s. f. ● Operazione, effetto del faccettare.

facchinàggio [da *facchino*] s. m. **1** Attività di trasporto di merci e bagagli svolta da facchini. **2** Retribuzione dovuta a facchini.

facchinàta s. f. **1** Gesto o atto triviale, o da facchino. **2** (*fig.*) Lavoro faticoso e ingrato.

facchinésco agg. (pl. m. *-schi*) ● Di, da facchino: *lavoro f.* | *Scherzo, linguaggio f.*, triviale.

facchino [etim. discussa: dall'ar. *faqīh*, in origine 'giureconsulto, teologo' (?)] **A** s. m. **1** Chi per mestiere trasporta carichi o bagagli nelle stazioni, nei porti e sim.: *f. di porto, di stazione, di piazza* | *Lavoro da f.*, faticoso. SIN. Portabagagli. **2** (*fig.*)

Uomo grossolano e triviale: *si è comportato come un f.* **B** agg. ● †Facchinesco. ‖ **facchinàccio**, pegg.

fàccia [lat. parl. **fācia(m)*, per il class. *făcie(m)* 'figura, aspetto', da *facĕre* 'fare'] s. f. (pl. *-ce*) **1** Parte anteriore del cranio umano, nella quale si trovano le orbite, le fosse nasali e la bocca: *f. tonda, ovale, quadrata; f. grassa, magra, ossuta, emaciata; f. abbronzata, rossa, pallida, cerea; f. sana, malaticcia; lavarsi la f.* | (*fig.*) *Mostrare la f.*, esporsi alle critiche | *Perdere, salvare la f.*, disonorarsi o conservare la propria dignità | *Uomo a due facce*, doppio | (*fig.*) *Avere la f. di dire o fare q.c.*, averne il coraggio | *Voltare la f. a qc.*, rinnegarlo | *In f., di f., sulla f. a qc. o a q.c.*, davanti | (*A*) *f. a f.*, di fronte o molto vicino e (*fig.*) a confronto. SIN. Vis-à-vis | *F. a f.* (in funzione di s. m.) incontro, confronto fra due personaggi: *oggi ci sarà il previsto f. a f. tra i segretari dei due partiti* | (*fig.*) *Guardare bene in f. qc.*, trattarlo con franchezza | *Dire le cose in f. a qc.*, parlare chiaramente | *Ridere in f. a qc.*, esprimergli incredulità e disprezzo | *Gettare in f. a qc. i favori fatti*, rinfacciare | *Non guardare in f. a nessuno*, non aver preferenze o parzialità | (*fig.*, *scherz.*) *Viva la f. sua!*, escl. diretta a una persona spudorata | *Alla f. di chi ci vuole male*, a suo dispetto | *Alla f. tua!*, escl. di spregio. **2** Espressione, aspetto: *una f. amica; una f. sinistra, brutta, patibolare; cambiar f.* | (*fig.*) *F. di bronzo, f. tosta*, chi non si turba per nulla | *Fare la f. feroce*, assumere un'espressione truce | (*fig.*) *F. del mare, del cielo*, condizione meteorologica. SIN. Fisionomia. **3** Parte e superficie esterna o anteriore di q.c.: *la f. della casa dà sulla piazza; le facce di una moneta; sulla f. della terra; le due facce di un foglio; le facce dei dadi* | (*fig.*) *Le mille facce d'una questione*, i suoi numerosi aspetti, lati e sim. | Parte di q.c. rivolta verso chi guarda: *la f. della luna, del sole* | *L'altra f. della luna, di q.c.*, (*fig.*) il lato nascosto, problematico, sgradevole e sim. **4** (*mat.*) Ciascuna delle superfici che individuano un poliedro | *F. d'un simplesso*, il simplesso individuato da una parte dell'insieme dei vertici del simplesso. **5** (*geol.*) *F. fondamentale*, quella che, in una specie cristallina, taglia gli assi cristallografici di riferimento. ‖ **facciàccia**, pegg. | **faccétta**, dim. (V.) | **faccìna**, dim. | **faccìno**, dim. m. | **facciòna**, accr. | **faccióne**, accr. m. ‖ **facciòtta**, accr., vezz.

fàccia a fàccia [calco dell'ingl. *face to face*] **A** loc. sost. m. inv. ● Incontro, spec. televisivo, in cui si confrontano due o più persone che sostengono tesi, idee, posizioni contrapposte. **B** anche loc. agg. inv.: *dibattito faccia a faccia*.

facciàle o **faciàle** agg. **1** (*anat.*) Della faccia: *nervo f.* | *Angolo f.*, quello costituito da due rette, di cui una dalle narici alla fronte e l'altra dalle narici all'orecchio, il cui valore è una misura craniometrica per la definizione della fisionomia facciale. **2** (*econ.*, *numism.*, *filat.*) Nella loc.: *Valore f.*, quello di monete, titoli azionari od obbligazionari, francobolli e sim., quale risulta dalle indicazioni stampate o incise sopra di essi.

facciàta [da *faccia*] s. f. **1** (*arch.*) Parete o muro anteriore esterno di un edificio dove è l'ingresso principale e di maggior importanza architettonica. **2** Ciascuna delle due superfici di una pagina: *tema di due facciate*. **3** (*fig.*) Apparenza, aspetto esterno: *non giudicare dalla f.* | *Di f.*, formale, solo apparente: *cortesia di f.* SIN. Esteriorità. ‖ **facciatìna**, dim.

facciavista [comp. di *faccia* e *vista*] s. f. ● Solo nella loc. agg. *a f.*, detto di struttura muraria lasciata al rustico, priva delle opere di finitura superficiale.

facciòla [da *faccia*] s. f. **1** Ciascuna delle due strisce di tela bianca inamidata che scendono dal collo sul petto, oggi tipiche di alcuni abiti talari e della toga dei magistrati. **2** †L'ottava parte del foglio.

fàce [vc. dotta, lat. *făce(m)*, da una radice indeur. che significa 'bruciare'] s. f. ● (*lett.*) Fiaccola | (*fig.*) *F. della discordia*, fatto che è stato causa di litigi | (*est.*) Splendore, luce. ‖ **facèlla**, dim. (V.).

facèlla s. f. **1** Dim. di *face*. **2** Piccola ma intensa luce | (*est.*) Splendore. ‖ **facellìna**, dim.

facènte o †**faccènte**, †**faciènte** **A** part. pres. di *fare* ● Nei sign. del v. **B** s. m. e f. ● (*bur.*) Nella loc. *f. funzione*, chi in un ufficio svolge funzioni e compiti in assenza del legittimo titolare.

†**fàcere** ● V. *fare*.

facèto [vc. dotta, lat. *facētu(m)* 'elegante', poi 'arguto', di etim. incerta] agg. ● Piacevole, arguto, spiritoso: *persona faceta; discorso, sonetto f.; di naturale il tono diviene comico e f.* (DE SANCTIS). ‖ **facetaménte**, avv. (*raro*) In modo faceto.

facèzia [vc. dotta, lat. *facētia(m)*, da *facētus* 'faceto'] s. f. ● Motto arguto e piacevole: *una f. pungente, elegante; si scambiano facezie di cattivo gusto; quivi ... i suavi ragionamenti e l'oneste facezie s'udivano* (CASTIGLIONE). SIN. Amenità, arguzia, frizzo. ‖ **faceziétta**, dim. | **facezìna**, dim. | **facezièla**, **faceziuòla**, dim.

fachirìsmo s. m. ● Insieme delle pratiche ascetiche dei fachiri.

fachìro [ar. *faqīr* 'povero, mendicante'] s. m. **1** Religioso indù, che vive in povertà e pratica l'ascesi. **2** (*est.*) Chi si sottopone a prove e a pratiche ascetiche come il digiuno, le mutilazioni, la catalessi. **3** (*est.*) Persona magrissima.

fachìte [dal gr. *phakê* 'lenticchia' di origine orient. (?)] s. f. ● (*med.*) Infiammazione del cristallino.

faciàle ● V. *facciale*.

facicchiàre [freq. di †*facere*] v. tr. (*io facìcchio*) ● (*raro*) Fare q.c. malamente o con svogliatezza (*anche ass.*).

†**facidànno** [comp. di †*facere* e *danno*] s. m. **1** Che fa danno. SIN. Malfattore. **2** Ladro campestre.

†**faciènte** ● V. *facente*.

facies /*lat.* 'fatʃes/ [vc. lat., propr. 'faccia'] s. f. inv. **1** Modo di presentarsi di una roccia, di una pianta, di un animale | *F. sedimentaria*, insieme dei caratteri relativi alla sedimentazione che una roccia presenta in un luogo o in una determinata area geografica. **2** (*med.*) Aspetto, espressione del volto di un malato dovuto a modifiche causate da determinate malattie | *F. ippocratica*, nella peritonite.

fàcile [vc. dotta, lat. *făcile(m)*, da *făcere* 'fare'] **A** agg. (sup. *facilìssimo*, †*facìllimo*) **1** Che si fa senza fatica o difficoltà: *un tema, un compito f. da fare, a farsi; lavoro f.* | (*est.*) *Salita, strada f.*, che si supera senza fatica. SIN. Agevole, eseguibile, possibile. **2** Che si comprende senza fatica, sforzo o difficoltà: *lezione f.; linguaggio f.* | *Stile f.*, piano e scorrevole. SIN. Comprensibile, semplice. CONTR. Oscuro. **3** Che può essere ottenuto o raggiunto senza difficoltà: *ai disonesti son riservati i facili guadagni* | *Persona di f. contentatura*, che si accontenta di poco | *Metallo f. alla fusione*, che fonde con poco calore | *Far tutto f.*, crederlo per leggerezza realizzabile senza fatica. SIN. Comodo. **4** Affabile, trattabile: *uomo di f. carattere* | Incline, propenso: *f. al bere; f. alla collera* | *Avere il bicchiere, il pugno, la pistola f.*, (*pop.*) bere, azzuffarsi, sparare con facilità | Corrivo, leggero: *f. alle promesse* | Poco serio: *donna f., di facili costumi*. **5** Probabile, possibile a verificarsi: *è f. che nevichi*. ‖ **facilménte**, o †**facileménte**, avv. Con facilità; probabilmente. **B** avv. ● (*fam.*) Facilmente, agevolmente: *è un tipo che parla e scrive f.* ‖ **facilétto**, dim. | **facilìno**, dim.

facilità o †**facilitàde**, †**facilitàte** [vc. dotta, lat. *facilitāte(m)*, da *făcilis* 'facile'] s. f. **1** Qualità di ciò che è facile: *f. di un'impresa; la maggiore ... f. di tradurre i medesimi effetti* (GALILEI). CONTR. Difficoltà. **2** Predisposizione, attitudine naturale a fare q.c. senza sforzo: *f. di parola, di penna* | *Avere f. a fare q.c.*, mostrare una notevole predisposizione per q.c.: *ha f. a imparare le lingue* | *Avere f. a*, essere portato a un determinato comportamento: *ha f. ad arrabbiarsi; ha molta f. a dimenticare le date* | *Con f.*, senza sforzo o fatica: *ho imparato con f. la lezione*. **3** †Benignità, dolcezza, condiscendenza.

facilitàre [da *facile*] v. tr. (*io facìlito*) **1** Rendere più facile o agevole: *f. la digestione; f. il passaggio; f. la soluzione di un problema*. SIN. Appianare, favorire. **2** Concedere crediti.

†**facilitàte** ● V. *facilità*.

facilitàto **A** part. pass. di *facilitare*; anche agg. ● Nei sign. del v. **B** s. m. ● Cliente di una banca cui è stato concesso un credito a breve termine per particolari motivi.

facilitazióne s. f. ● Atto, effetto del facilitare | Agevolazione.

†**facìllimo** [vc. dotta, lat. *facĭllimu(m)*, sup. di *făcilis* 'facile'] agg. ● Facilissimo.

facilóne [da *facile*] s. m. (f. *-a*) ● Persona che, per superficialità e leggerezza, crede tutto facile da realizzare e non si impegna seriamente nelle cose.

facilonerìa s. f. ● Qualità di facilone.

†**facimàle** [comp. di †*facere* e *male*] s. m. e f. inv. ● Chi fa del male | Mettimale | Bambino, ragazzo irrequieto che provoca malestri.

†**facìmolo** [da avvicinare al lat. *făcere* 'fare'. Cfr. *fattura*] s. m. ● Stregoneria, malia.

facinoróso [vc. dotta, lat. *facinorōsu(m)*, da *făcinus*, genit. *facĭnoris* 'atto colpevole', da *făcere* 'fare'] agg.; anche s. m. (f. *-a*) ● Che, chi tende a compiere azioni di violenza: *un gruppo di facinorosi impedì lo svolgersi della cerimonia; gente facinorosa; fare stare a dovere un f.* (MANZONI).

facitóre [da †*facere*] s. m. (f. *-trice*) **1** Chi fa, chi realizza | (*scherz.*) *F. di versi*, poeta di facile vena. **2** (*tosc.*) Fattore o uomo che amministra beni immobili urbani per conto del padrone.

facocèro [comp. del gr. *phakós* 'lenticchia' (di etim. incerta) e *chôiros* 'porco' (prob. di origine indeur.): detto così per le escrescenze che ha sul grugno] s. m. ● Mammifero africano dei Suidi simile al cinghiale, con pelle rugosa ricoperta da pochissime setole, grossa testa con criniera che si prolunga sul dorso e canini sporgenti e ricurvi (*Phacochoerus aethiopicus*).

fàcola o **fàcula** [lat. *făcula(m)*, dim. di *făx*, genit. *făcis* 'face'] s. f. ● Facella | (*astron.*) *F. solare*, chiazza chiara che si osserva sul disco del Sole e che può ricoprire estensioni di migliaia di kilometri. ➡ ILL. p. 832 SISTEMA SOLARE.

facoltà o †**facultà**, †**facultàde**, †**facultàte** [vc. dotta, lat. *facultāte(m)*, da *făcilis* 'facile'] s. f. **1** Capacità, attitudine umana a fare o sentire q.c.: *f. creativa, di giudizio, di osservazione; f. mentali* | *Perdere l'uso delle f.*, perdere ogni capacità intellettiva. **2** Autorità, potere, diritto: *non ho la f. di impedirti questa azione* | Autorizzazione, permesso: *avremo presto la f. di recarci all'estero*. **3** Proprietà e forza, che hanno alcune cose, di provocare determinati effetti: *l'acido cloridrico ha la f. di corrodere i metalli; avea facultà di remirar le lontanissime stelle* (BRUNO). **4** (*dir.*) Manifestazione del diritto soggettivo consistente nella possibilità di porre in essere comportamenti giuridicamente rilevanti: *f. del proprietario di disporre della cosa*. **5** Ciascuna delle unità didattiche in cui è ripartito l'insegnamento universitario, che raggruppano le materie necessarie per il raggiungimento della laurea in un determinato settore di studi: *la f. di medicina, di lettere* | (*est.*) Corpo dei professori che insegnano discipline relative a un ordine di studi nelle Università | (*est.*) La sede della facoltà. **6** (*spec. al pl.*) Averi, patrimonio, beni materiali. SIN. Mezzi, risorse.

facoltatìvo [da *facoltà*] agg. **1** Che è lasciato alla discrezione o alla facoltà di qc. | *Esame, corso f.*, che lo studente può liberamente scegliere | *Fermata facoltativa*, a richiesta del viaggiatore | *Obbligazione facoltativa*, in cui il debitore adempie prestando un oggetto diverso da quello dedotto in obbligazione. CONTR. Obbligatorio. **2** Che concede facoltà o libertà quanto alla scelta o alla effettuazione: *disposizioni facoltative, esercizi ginnici facoltativi*. **3** (*ling.*) Detto di variante fonematica libera. ‖ **facoltativaménte**, avv. Senza obbligo.

facoltizzàre [comp. di *facolt(à)* e *-izzare*] v. tr. ● (*bur.*) Dare facoltà a qc. di fare q.c. SIN. Autorizzare.

facoltóso [da *facoltà*] agg. ● Che è ben fornito di beni materiali: *una famiglia facoltosa*. SIN. Abbiente, danaroso, ricco.

façon /*fr.* fa'sɔ̃/ [vc. fr., propr. 'arte di fare' (stessa etim. dell'it. *fazione*)] s. f. inv. ● (*ind. abbigl.*) Fattura, modello | *Lavorazione a f.*, quella di capi d'abbigliamento confezionati in serie su un modello base.

facóndia [vc. dotta, lat. *facŭndia(m)*, da *facŭndus* 'facondo'] s. f. ● Facilità, varietà, ricchezza di parole: *sostenne con grande f. la nostra causa* | (*spreg.*) Verbosità o eloquio eccessivo. SIN. Eloquenza.

facóndo [vc. dotta, lat. *facŭndu(m)*, da *fāri* 'parlare', di origine indeur.] agg. • (*lett.*) Dotato di facondia: *oratore, avvocato f.*; *sia il cortigiano, quando gli viene in proposito, f.* (CASTIGLIONE) | (*spreg.*) Verboso. || **facondamente**, avv.

façonneur /*fr.* fasɔ'nœr/ [vc. fr., da *façon*] s. m. inv. • (*ind. abbigl.*) Façonnista.

façonnista /fason'nista/ [dal fr. *façonner* 'dare a una cosa una forma particolare', da *façon* 'modo, forma' (dal lat. *factiōne(m)* 'il fare', der. di *făctus*, part. pass. di *făcere* 'fare')] s. m. e f. (pl. m. *-i*) • (*abbigl.*) Chi confeziona in serie abiti e altri indumenti, spec. femminili.

facsìmile o **fac-sìmile**, **fassìmile** [pseudolatinismo di formazione mod., propr. 'fa una cosa simile'] s. m. inv. *1* Riproduzione esatta, nella forma della scrittura e in ogni particolare, di scritto, stampa, incisione, firma. *2* (*fig.*) Persona o cosa assai simile a un'altra: *quella cravatta è un f. della mia.* SIN. Copia. *3* (*raro*) Telefax.

factor /*ingl.* 'fæktə*/ [vc. ingl., V. *factoring*] s. m. inv. • Agente o istituto finanziario che svolge attività di factoring.

fàctoring /'faktorin(g) *ingl.* 'fæktəriŋ/ [vc. ingl., da *factor* nel sign. di 'agente commissionario, depositario', dal fr. ant. *facteur* 'fattore'] s. m. inv. • (*dir.*) Operazione finanziaria consistente nell'acquistare i crediti di un'azienda nei confronti di terzi, con o senza garanzia di adempimento, in cambio di uno sconto più o meno elevato.

factòtum [pseudolatinismo di formazione mod., propr. 'fa tutto'] s. m. e f. • Persona che, in un ufficio, una ditta e sim., svolge mansioni di varia natura, godendo della completa fiducia del titolare dell'ufficio o della ditta: *è diventato il f. del direttore.*

fàcula • V. *facola.*

†**facultà** • V. *facoltà.*

†**facultàde** • V. *facoltà.*

†**facultàte** • V. *facoltà.*

†**fadìga** • V. *fatica.*

fading /*ingl.* 'feidiŋ/ [vc. ingl. 'affievolimento', da *to fade* 'appassire'] s. m. inv. • (*elettr.*) Evanescenza.

†**fàdo** (*1*) [ant. fr. *fade*, dal lat. parl. **făpidu(m)*, sovrapposizione di *fătuus* 'fatuo' a *văpidus* 'svanito' da *văpor* 'vapore'] agg. • Scipito, sciocco.

fado (*2*) /*port.* 'fadu/ [vc. port., dal lat. *fātu(m)* 'fato, destino'] s. m. inv. (pl. port. *fados*) • Canzone popolare portoghese di intonazione nostalgica.

faentina [lat. *faventīna(m)*, da *Favēntia* 'Faenza'] s. f. • Ceramica fatta a Faenza o su imitazione di quelle di Faenza.

faentìno A agg. • Di Faenza. B s. m. (f. *-a*) • Abitante, nativo di Faenza.

faènza [dalla città di *Faenza*. V. *faentina*] s. f. • Ceramica a impasto poroso e naturalmente colorato, dal giallo al rosso, ricoperto di uno strato di smalto.

faesìte [dal paese di *Faés* (Belluno), dove il prodotto veniva lavorato] s. f. • Legno sintetico ottenuto dai cascami di segheria, ridotti per macerazione in pasta e poi pressati in tavole.

Fagàcee [dal lat. *făgus* 'faggio'] s. f. pl. • (*bot.*) Cupulifere. ➡ ILL. **piante** /2.

faggéta [da *faggio*] s. f. • Bosco di faggi. SIN. Faggeto.

faggéto s. m. • Faggeta.

faggina [da *faggio*] s. f. *1* Il frutto del faggio. SIN. Faggiola. *2* (*chim.*) Alcaloide che si estrae dai frutti del faggio.

fàggio [lat. *făgeu(m)*, agg. di *fāgus* 'faggio', di origine indeur.] s. m. *1* Grande albero delle Cupulifere con corteccia liscia e biancastra, foglie ovate e frutti a forma triangolare (*Fagus silvatica*). *2* Legno dell'albero omonimo.

faggiòla s. f. • Faggina, nel sign. 1.

-fagìa [dal gr. *-phagía*, da *phagêin* 'mangiare' (di origine indeur.)] secondo elemento • In parole composte della terminologia scientifica, significa 'mangiare', o indica tendenza, vizio di mangiare: *aerofagia, antropofagia, onicofagia.*

fagianàia [da *fagiano*] s. f. • Luogo ove si allevano fagiani, in voliere, con incubatrici o chiocce.

fagianàre [da *fagiano*] v. tr. • (*raro*) Cucinare una vivanda allo stesso modo in cui si prepara il fagiano | Frollare.

fagianèlla [da *fagiano*] s. f. • (*zool.*) Gallina prataiola.

fagiàno [lat. *phasiānu(m)*, nom. *phasiānus*, dal gr. *phasianós* '(uccello) del Fasi', fiume della Colchide] s. m. • Uccello dei Galliformi con lunga coda, piumaggio dai vivaci colori nel maschio, volo pesante, carni molto pregiate (*Phasianus colchicus*) | *F. alpestre*, gallo cedrone | *F. argentato*, con un vistoso ciuffo sul capo (*Gemnaeus nychtemerus*) | *F. dorato*, vistosamente colorato, con ciuffo color oro sul capo (*Chrysolophus pictus*) | *F. di monte*, simile al gallo cedrone, il maschio adulto nero, la femmina e il giovane fulvi (*Lyrurus tetrix*). || **fagianòtto**, dim.

fagiolàio s. m. (f. *-a*) • (*pop.*) Che mangia volentieri fagioli.

fagiolàta o (*raro*) †**fagiuolàta**. s. f. *1* Scorpacciata di fagioli. *2* Minestra a base di fagioli. *3* (*fig., raro*) Balordaggine, sciocchezza.

fagiolino s. m. *1* Dim. di *fagiolo*. *2* Baccello di una varietà di fagiolo nano commestibile non ancora maturo.

fagiòlo o (*lett.*) **fagiuòlo** [lat. *phasēolu(m)*, nom. *phasēolus*, dal gr. *phásēlos* 'fagiolo', di etim. incerta] s. m. *1* Pianta annua erbacea delle Papilionacee con fiori in grappoli di color bianco, giallo o purpureo, fusto nano o rampicante, foglie composte da tre foglioline e frutto a legume (*Phaseolus vulgaris*) | *F. americano*, fagiolone | *F. cinese*, soia | *F. dall'occhio*, *f. con l'occhio nero*, erba tropicale simile al fagiolo, di cui si consumano i semi secchi. *2* Seme commestibile della pianta di fagiolo: *fagioli lessi, in insalata*; *pasta e fagioli*; *fagioli con le cotiche* | (*fig., fam.*) *Andare a f.*, andare a genio | (*fig., fam.*) *Capitare a f.*, arrivare al momento giusto. *3* (*scherz.*) Studente del secondo anno di una facoltà universitaria. || **fagiolàccio**, pegg. | **fagiolétto**, dim. | **fagiolino**, dim. (V.) | **fagiolóne**, accr. (V.).

fagiolóne s. m. *1* Accr. di *fagiolo*. *2* Varietà di fagiolo ornamentale dai fiori di color scarlatto (*Phaseolus coccineus*). SIN. Fagiolo americano.

fagìsmo • V. *famismo.*

fagiuòlo e *deriv.* • V. *fagiolo* e *deriv.*

†**fàglia** (*1*) [provz. *falha*, dal lat. *făllere* 'ingannare'] s. f. • Fallo, errore, mancanza | *Senza f.*, certamente.

fàglia (*2*) [fr. *faille*, vc. del dial. vallone, del linguaggio dei minatori: dev. di *faillir* 'mancare, far difetto'] s. f. • (*geol.*) Frattura di un complesso roccioso, accompagnata dallo spostamento relativo delle due parti separate | *F. diretta*, causata da una distensione delle rocce | *F. inversa*, dovuta a compressione, in cui il movimento tende a sovrapporre le parti fagliate | *F. trasforme*, frattura che attraversa tutta la litosfera, dove due zolle scivolano l'una accanto all'altra. SIN. Paraclasi. ➡ ILL. p. 818, 821 SCIENZE DELLA TERRA ED ENERGIA.

fàglia (*3*) [fr. *faille*, in origine 'velo, copricapo (delle donne fiamminghe)', di etim. incerta] s. f. • Tessuto di seta, con armatura derivata dalla tela, per lo più nero, a coste fortemente rilevate.

fagliàre • V. *sfagliare* (*1*).

fàglio • V. *sfaglio* (*1*).

fàgo s. m. (pl. *-gi*) • (*biol.*) Batteriofago.

fàgo-, **-fàgo** [dal gr. *-phagos* 'mangiatore', da *phagêin* 'mangiare' (V. *-fagia*)] primo o secondo elemento • In parole composte della terminologia scientifica, significa 'che mangia': *fagocita, antropofago.*

fagocita o **fagocito** [comp. di *fago-* e *-cito* (o *-cita*)] s. m. (pl. *-i*) • (*biol.*) Cellula capace di assumere dall'ambiente nel proprio citoplasma particelle di natura biologica o inorganica; nell'uomo e nei Mammiferi rappresenta un dispositivo difensivo contro le infezioni microbiche.

fagocitàre [da *fagocita*] v. tr. (*io fagocito*) *1* (*biol.*) Assorbire per fagocitosi. *2* (*fig.*) Assorbire, incorporare, accaparrarsi: *l'impero romano fagocitò i reami dell'Asia minore.*

fagocitàrio agg. • (*biol.*) Che si riferisce ai fagociti o alla fagocitosi.

fagocitazióne s. f. • Atto, effetto del fagocitare (*spec. fig.*).

fagocito • V. *fagocita.*

fagocitòsi [da *fagocita*] s. f. • (*biol.*) Meccanismo con cui una cellula ingerisce particelle estranee o microbi mediante l'emissione di processi citoplasmatici che circondano tali corpuscoli.

fagopirìsmo s. m. • Malattia cutanea eruttiva che colpisce equini, suini e ruminanti determinata da abnorme sensibilità cutanea legata all'ingestione di fagopiro.

fagopiro [comp. del lat. *fāgus* 'faggio' e del gr. *pyrós* 'frumento'] s. m. • (*bot.*) Grano saraceno.

fagostàtico [comp. di *fago-* e *-statico*] agg. (pl. m. *-ci*) • (*biol.*) Detto di sostanza, presente in natura o usata nella lotta biologica agli organismi nocivi, gener. insetti, che inibisce il comportamento di nutrizione inducendo gli organismi stessi a non alimentarsi, provocando così, indirettamente, la loro morte per inedia.

fagottista [da *fagotto* (*2*)] s. m. (pl. *-i*) • Suonatore di fagotto.

fagòtto (*1*) [fr. *fagote*, di etim. incerta] s. m. *1* Pacco di roba fatto alla meglio: *l'ho incontrato al mercato carico di fagotti*; *dare alla lavandaia il f. della biancheria* | *Far f.*, (*fig.*) andarsene in modo frettoloso da un posto e (*est.*) morire | *Vestito che fa f.*, che non si adatta a chi l'indossa. *2* (*fig.*) Persona che si comporta e si veste in modo goffo e impacciato. || **fagottàccio**, pegg. | **fagottèllo**, dim. | **fagottino**, dim. | **fagottóne**, accr. | **fagottùccio**, dim.

fagòtto (*2*) [etim. incerta; forse da *fagotto* (*1*), per il mantice che lo strumento aveva in origine] s. m. *1* Strumento musicale a fiato, della famiglia dei legni, ad ancia doppia con lunga canna e beccuccio ripiegato a collo d'oca. ➡ ILL. **musica**. *2* (*est.*) Orchestrale che suona detto strumento.

Fahrenheit /*ted.* 'fa:rənhait/ [dal n. del fisico G. D. *Fahrenheit* (1686-1736), che la ideò] agg. inv. • (*fis.*) Detto di scala termometrica che attribuisce valore 32 alla temperatura del ghiaccio fondente e valore 212 a quella dell'acqua bollente alla pressione di 1 atmosfera | *Grado F.*, grado relativo a detta scala. SIMB. °F | *Termometro F.*, quello con scala Fahrenheit. CFR. Scala.

fàida [longob. *faihida* 'diritto alla vendetta privata', vc. germ.] s. f. *1* Presso gli antichi popoli germanici, il diritto dei familiari di un ucciso di vendicarne la morte sull'uccisore stesso o sui suoi familiari. *2* Lotta fra gruppi privati, spec. a scopo di vendetta.

fai da te /'fai da t'te*/ [calco sull'ingl. *do it yourself*] loc. sost. m. inv. • Il fare da sé piccoli lavori o piccole riparazioni, spec. nell'ambito domestico, senza ricorrere all'aiuto di artigiani od operai specializzati.

faille /*fr.* faj/ s. f. inv. • Faglia (3).

faina [lat. parl. **fagīna(m)* '(martora) dei faggi' da *fāgus* 'faggio', prob. attrav. il fr. ant. *faïne*] s. f. *1* Carnivoro dei Mustelidi, bruno scuro, con macchia bianca sul petto, agile predatore spec. di volatili (*Martes foina*). *2* Pelliccia pregiata fornita dall'animale omonimo. *3* (*fig.*) Persona furba e scaltra.

fainésco agg. (pl. m. *-schi*) • Di, da faina: *muso f.* | (*fig.*) Scaltro, infido, maligno. || **fainescaménte**, avv. In modo fainesco (*anche fig.*).

fair play /*ingl.* 'fɛə plei/ [loc. ingl., letteralmente 'gioco (*play*) leale (*fair*, propriamente 'bello')', l'uno e l'altro di vasta area germ.] loc. sost. m. inv. • Comportamento corretto e gentile, capacità di trattare gli altri nel modo dovuto.

fairway /*ingl.* 'fɛə wei/ [vc. ingl., propr. 'cammino (*way*) favorevole (*fair*)'] s. m. inv. • (*sport*) Nel golf, parte del percorso priva di ostacoli compresa tra una buca e l'altra.

fàla [lat. *fāla(m)*, di origine etrusca] s. f. • Torre di legno per scagliare dardi usata anticamente in assedi o combattimenti del circo.

fa la /fa l'la*/ [dalle sillabe *fa* e *la* ripetute nel ritornello] s. m. inv. • Canto semplice e grazioso della fine del sec. XVI con ritornello costituito dalle sillabe *fa la fa la* ripetute tante volte quante richieste dal canto o dal verso.

falangarchìa [vc. dotta, gr. *phalangarchía*, da *phalangárchēs* 'comandante di una falange'] s. f. • Una divisione della falange.

falànge (*1*) [vc. dotta, lat. *phalānge(m)*, nom. *phālanx*, dal gr. *phálanx*, di origine indeur.] s. f. *1* Nell'antica Grecia, particolare ordinanza di fanteria schierata in battaglia, costituita da una massa compatta e rigida di armati di sarissa | *F. macedone*, quella perfezionata da Alessandro Magno e da lui impiegata per la conquista dell'Asia | Genericamente, qualunque schiera massiccia e forte. *2* (*fig.*) Moltitudine di gente: *una f. di creditori, di studiosi.* SIN. Schiera. *3* Partito spagnolo di ideologia fascista, fondato da Primo de Rivera nel 1933 e riorganizzato dal generale Franco nel 1937 | Partito politico paramilitare dell'estrema destra cristiano-maronita, in Libano.

falànge (2) [gr. *phálanx*, genit. *phálangos*, per la disposizione delle ossa che ricorda una falange militare] s. f. ● (*anat.*) Ciascuno dei segmenti delle dita delle mani e dei piedi. ➡ ILL. p. 362, 366 ANATOMIA UMANA.

falangétta [propriamente dim. di *falange* (*2*)] s. f. ● (*anat.*) Falange terminale del dito che porta l'unghia.

falangina [propriamente dim. di *falange* (*2*)] s. f. ● (*anat.*) Seconda falange del dito.

falangismo [da *falange* (*1*)] s. m. ● Movimento politico promosso in Spagna dalla Falange.

falangista (1) agg. e s. m. e f. (pl. m. *-i*) *1* Aderente, pertinente alla Falange spagnola e al falangismo. *2* Aderente, pertinente alla Falange libanese.

falangista (2) [dalla forma caratteristica della *falange* delle dita dei piedi] s. m. (pl. *-i*) ● Genere di Marsupiali di piccole dimensioni, con folta pelliccia, coda prensile e ripiegatura laterale della pelle che funge da paracadute (*Trichosurus*).

falangite [vc. dotta, lat. *phalangītae*, nom. pl., dal gr. *phalangitai*, da *phálanx*, genit. *phálangos* 'falange (1)'] s. m. ● Soldato della falange.

falangitico [vc. dotta, gr. *phalangitikós*, da *phálanx*, genit. *phálangos* 'falange (1)'] agg. (pl. m. *-ci*) ● Detto dell'ordinamento tattico dell'antica falange.

falanstèrio o **falanstèro** [fr. *phalanstère*, comp. di *phalange* 'falange, gruppo di persone' e il suff. *-stère*, ricavato da *monastère* 'monastero'] s. m. *1* Edificio che avrebbe dovuto ospitare una collettività di 1 600 persone, ordinata secondo principi socialisti, nell'utopistico 'regno dell'armonia' teorizzato da F. Ch. Fourier. *2* (*est.*) Grosso caseggiato popolare.

falàrica [vc. dotta, lat. tardo *falārica*(*m*), da *fāla* 'fala'] s. f. ● Pesante giavellotto in uso spec. presso gli antichi romani che, ravvolto di stoppa intrisa di pece, zolfo ed olio incendiario, si scagliava tra i nemici a mano o mediante una macchina da guerra.

falascià [adattamento it. dell'amarico *falasha* 'straniero'] s. m. e f. inv. ● Appartenente alla comunità degli ebrei neri d'Etiopia: *l'esodo dei f. verso Israele.*

falàsco [vc. di etim. incerta, prob. di origine medit.] s. m. (pl. *-schi*) ● Genere di piante erbacee delle Ciperacee usate per impagliare seggiole, intrecciare sporte e stuoie e costruire capanni da caccia (*Carex*).

falbalà ● V. *falpalà.*

fàlbo [provz. *falb*, di origine germ.] agg. ● (*lett.*) Di colore giallo scuro: *bei segugi falbi e maculati* (D'ANNUNZIO).

fàlca [gr. *phálkēs* 'costa di nave'] s. f. ● (*mar.*) Ciascuna di quelle tavolette ad arco che si mettono sul capo di banda dei piccoli bastimenti per rialzare il bordo perché l'acqua non entri di sottovento quando vanno a vela e col mare grosso.

falcàre [lat. parl. **falcāre*, da *falcātus* 'armato di falce, a forma di falce'] v. tr. (*io fàlco, tu fàlchi*) *1* Piegare a guisa di falce: *f. il passo* | (*ass.*) Riferito al cavallo, fare una falcata. *2* †Detrarre, defalcare.

falcàstro [vc. dotta, lat. tardo *falcāstru*(*m*), da *fālx*, genit. *fālcis* 'falce'] s. m. ● Antica arma in asta, con spuntoni laterali, simile a una falce, impiegata dalla fanteria contro i guerrieri a cavallo.

falcàta [da *falcare*] s. f. *1* Proiezione in avanti dell'arto anteriore nel trotto del cavallo | Ampiezza del passo del cavallo. *2* Nel podismo, l'azione e la misura dello spostamento di una gamba da un contatto col terreno a quello successivo | Nelle corse a ostacoli, balzo dell'atleta nel passaggio della barriera. | (*est.*) Andatura dell'atleta in corsa. *3* Rapido abbassarsi del falco, a piombo sulla preda | Rapida virata sulle ali effettuata da un uccello.

falcàto [lat. *falcātu*(*m*), da *fālx*, genit. *fālcis* 'falce'] agg. *1* Che ha forma simile a quella di una falce | *Luna falcata*, che presenta illuminata solo una parte, sottile come una falce | *Ordinanza falcata*, schieramento usato dagli eserciti dell'antichità, a fronte arcuato, con la concavità rivolta verso il nemico. *2* Munito di falce | *Carro f.*, carro da guerra dell'antichità, armato di falci sul timone, ai fianchi e ai mozzi delle ruote.

falcatùra [da *falcare*] s. f. *1* Figura falcata: *la f. della luna.* *2* Curvatura graduale progressiva di q.c.

fàlce [lat. *fālce*(*m*), di origine preindeur.] s. f. *1* Attrezzo per tagliare a mano cereali ed erbe, fornito di un corto manico e di una lama di acciaio stretta e molto arcuata con costola di rinforzo | *F. fienaia*, falce a manico lungo, con una o due impugnature e lama larga e lunga dall'estremità appuntita, per il taglio manuale dei foraggi | *F. messoria*, falciola | *Il grano è alla f.*, è quasi maturo per essere falciato | *Metter la f. all'altrui messe*, (*fig.*) impicciarsi delle faccende altrui | *F. e martello*, simbolo dei partiti di sinistra di ispirazione marxista, figurante anche nello stemma di vari paesi del mondo a regime comunista. *2* Falce agricola inastata e trasformata in arma | *F. d'assedio*, falcione per difendere le mura dalle scalate | *F. murale*, tipo di arpione solido e tagliente con cui, sotto la difesa della testuggine, si scalzavano le pietre delle mura nemiche, si radevano e disponevano i ripari volanti. *3* (*est.*) Qualunque oggetto che abbia la forma di una falce | *F. di luna*, piccola parte illuminata nella luna crescente o calante | (*anat.*) *F. del cervello, del cervelletto*, piega della dura madre che si insinua fra gli emisferi di questi organi. || **falcétta**, dim. | **falcétto**, dim. m. (V.) | **falciàzza**, pegg. | **falcino**, dim. m. | **falciòla**, dim. (V.) | **falcióne**, accr. m. (V.).

falcemia [comp. di *falc*(*e*) ed *-emia*] s. f. ● (*med.*) Drepanocitosi.

falcétto s. m. *1* Dim. di *falce.* *2* Coltello di diverse dimensioni per potare rami non molto grossi e ripassare la superficie di taglio per renderla liscia. SIN. Falciola, potatoio.

falchétta [da *falca*] s. f. ● (*mar.*) Bordo superiore dello scafo nelle imbarcazioni, dove sono ricavate le scalmiere per i remi.

falchétto s. m. *1* Dim. di *falco.* *2* (*zool.*) Gheppio.

falciacaricatrìce [comp. di *falcia*(*trice*) e il f. di *caricatore*] s. f. ● Macchina agricola che taglia le erbe da foraggio e le carica su un rimorchio.

falciaménto s. m. ● (*raro*) Atto del falciare.

falciànte part. pres. di *falciare*; anche agg. *1* Nei sign. del v. *2* *Tiro f.*, specie di tiro proprio della mitragliatrice, ottenuto con movimento continuo dell'arma in senso orizzontale, così da battere un intero settore d'azione.

falciàre [da *falce*] v. tr. (*io fàlcio*) *1* Tagliare con la falce: *f. l'erba, il fieno* | (*fig.*) Mietere vittime: *l'epidemia ha falciato molte vite umane.* SIN. Recidere. *2* Nel calcio, far cadere volontariamente, con uno sgambetto, un avversario in corsa, mentre è in possesso del pallone e generalmente lanciato a rete. *3* Abbattere nemici con tiro falciante di mitragliatrice.

falciàta s. f. *1* Atto del falciare | Colpo di falce: *dare una f. al fieno.* *2* Quantità falciata in una sola volta: *una f. d'erbacce.*

falciatóre [da *falciare*] **A** s. m.; anche agg. (f. *-trice*, pop. *-tora*) ● Chi, che falcia erba e fieno | Guidatore di una falciatrice. **B** s. m. ● †Milite armato di falce.

falciatrice [da *falciare*] s. f. ● Macchina per il taglio dei foraggi a mezzo della barra falciante. ➡ ILL. p. 354 AGRICOLTURA.

falciatùra s. f. ● Atto del falciare erbe e fieno | Il periodo di tempo in cui ciò avviene. SIN. Taglio.

falcìdia [vc. dotta, lat. *quārta*(*m*) *Falcīdia*(*m*) 'la quarta parte di eredità' detta così dal n. del tribuno della plebe C. *Falcīdius* che propose questa legge] s. f. *1* Nel diritto romano, legge limitatrice dei legati che riserva all'erede un quarto dell'eredità. *2* (*fig.*) Detrazione, tara: *i debiti hanno operato una vera f. sulle sue sostanze* | †*Fare la f.*, falcidiare. *3* (*est.*) Strage, sterminio (*anche fig.*): *una f. di concorrenti, di esaminandi.*

falcidiàre [da *falcidia*] v. tr. (*io falcìdio*) ● Eseguire una falcidia (*anche fig.*): *i nemici furono falcidiati dai tiri delle mitragliatrici; le continue spese falcidiarono il suo stipendio.* SIN. Decimare, ridurre.

falcìfero [vc. dotta, lat. *falcĭferu*(*m*), comp. di *fālx*, genit. *fālcis* 'falce' e *fĕrre* 'portare'] agg. ● (*lett.*) Armato o portatore di falce | *Il Dio f.*, Saturno.

falcifórme [comp. di *falce* e *-forme*] agg. ● Che ha forma di falce.

falcigliòne [da *falce*, per la forma del becco] s. m. ● (*zool., centr.*) Beccaccino.

falciòla s. f. *1* Dim. di *falce.* *2* Piccola falce per mietere a mano cereali ed erba in genere, con tagliente a lembo continuo o seghettato. SIN. Falcetto.

falcióne s. m. *1* Accr. di *falce.* *2* Tipo di assolcatore per seminatrice a righe | Grosso coltello a tagliante ricurvo del trinciaforaggio. *3* Arma in asta con lungo ferro a foggia di coltellaccio a un filo e mezzo, con sporgenze taglienti sulla costola, ordinaria nelle milizie a piedi degli antichi comuni italiani | Specie di daga con lama falcata in punta.

fàlco [lat. tardo *fālco*, nom., da avvicinare a *fālx*, genit. *fālcis* 'falce', per la forma del becco; nel sign. 3, calco sull'anglo-amer. *hawk*] s. m. (pl. *-chi*) *1* Uccello dei Falconiformi predatore diurno con robusto becco ricurvo e possenti unghie (*Falco*) | *F. pescatore*, rapace diurno che pesca non solo in superficie ma anche tuffandosi in profondità (*Pandion Laliaëtus*) | *F. pellegrino*, rapace migratore, che cattura la preda quasi sempre in volo (*Falco peregrinus*) | *F. della regina*, rapace che, in Italia, è stazionario nel sud della Sardegna e nelle isole vicine (*Falco eleonorae*) | *Occhi di f.*, (*fig.*) dallo sguardo vivo e penetrante. *2* (*fig.*) Persona d'indole fiera e d'intelligenza sveglia | Persona rapace, astuta, capace di tendere insidie. *3* (*fig.*) Sostenitore della maniera forte, delle soluzioni drastiche, degli interventi militari e sim., spec. nelle controversie di politica internazionale. CONTR. Colomba. || **falcàccio**, pegg. | **falchétto**, dim. (V.).

†**falconàra** [da *falcone*] s. f. *1* Luogo dove si tengono i falconi per allevarli. *2* (*mil.*) Falconiera.

†**falconàre** [da *falcone*] v. intr. *1* Andare a caccia col falcone. *2* Dare il volo al falcone.

falcóne [lat. tardo *falcōne*(*m*). V. *falco*] s. m. *1* Falco, spec. quello di grosse dimensioni usato per la caccia: *f. di Tunisi* | †*Andare a f.*, falconare | †*Gettare il f.*, cercare di attrarre, di innamorare qc. *2* Anticamente, il più piccolo dei cannoni, da 6 a 7 libbre di palla. *3* (*mar.*) †Caposaldo di argano, ormeggi e sim., piantato in terra, con poca sporgenza e inclinato a becco. || **falconcèllo**, dim. | **falconétto**, dim. (V.).

falconerìa [da *falcone*] s. f. ● Arte usata nel Medioevo, e che ancora sopravvive in alcuni paesi, di cacciare uccelli e quadrupedi con l'ausilio di falchi ammaestrati.

falconétto s. m. *1* Dim. di *falcone.* *2* Il più piccolo pezzo di artiglieria del genere colubrina, da 3 a 4 libbre di palla.

falconièra [da *falcone*] s. f. ● Feritoia nelle mura delle antiche opere fortificate, da servire per il tiro delle artiglierie dette falconi e falconetti. SIN. Falconara.

falconière [da *falcone*] s. m. *1* Colui che era addetto all'ammaestramento e alla custodia dei falconi da caccia. *2* (*arald.*) Titolo dell'ufficiale di corte preposto all'allevamento dei falconi e alla direzione delle cacce.

Falconifórmi [comp. di *falcone* e il pl. di *-forme*] s. m. pl. ● Nella tassonomia animale, ordine di Uccelli predatori, carnivori, con becco robusto uncinato e piedi con forti artigli | (al sing. *-e*) Ogni individuo di tale ordine.

fàlda [got. **falda* 'piega di una veste'] s. f. *1* Larga striscia, strato sottile che può sovrapporsi ad altri: *f. di fuoco, di ghiaccio, di pasta sfoglia*; *lana, cotone in falde* | *Nevicare a larghe falde*, con grossi fiocchi. *2* Lamina, scaglia, strato di pietre o metalli: *f. di piombo, di sasso* | *F. del tetto*, ciascuna delle superfici piane e inclinate che lo compongono | (*geol.*) *F. di ricoprimento, tettonica, di carreggiamento*, vasto complesso di rocce che, nel sollevamento o nel corrugamento di una catena montuosa, hanno subìto una forte traslazione orizzontale ricoprendo un'area diversa della catena | *F. freatica*, nella quale l'acqua filtra liberamente attraverso la roccia permeabile e può essere raggiunta con pozzi ordinari | *F. acquifera, idrica*, complesso delle acque che imbevono uno strato sotterraneo di rocce permeabili | *F. artesiana*, nella quale l'acqua filtra sotto pressione attraverso rocce permeabili ricoperte da strati di rocce impermeabili. *3* Parte del soprabito che pende dalla cintura in giù: *le falde della marsina* | *Essere in falde*, in abito da cerimonia | Lembo di veste | *Attaccarsi alle falde di qc.*, (*fig.*) stargli sempre intorno per avere un favore | *Farsi prendere per le falde*, (*fig.*) costringere i creditori a chiedere con insistenza quanto è loro dovuto | *Tirare qc. per le falde*, (*fig.*) avvertirlo di nascosto di q.c. | †*A f. a f.*, a parte a parte. *4* Veste di seta bianca, con lunga coda a strascico che il papa indossa durante le funzioni sacre pontificali. *5* Prolungamento della corazza fatto di lame snodate per non ostacolare i movimenti, costituito di due parti, una anteriore (panciera) e una posteriore (guardareni). *6* (*geogr.*) Pendice di un monte: *le falde del Monte Bianco*. *7* Tesa del cappello. *8* Carne attaccata alla lombata e alla coscia dei bovini. *9* (*al pl., raro*) Cinghie, bretelle, tiranti | Strisce di panno o cuoio che si attaccano all'abito del bambino per sostenerlo nei primi passi. *10* †Sopravveste. *11* †Tasca. || **faldèlla**, dim. (V.) | **faldétta**, dim. | **faldìno**, dim. m. | **faldolìna**, dim. | **faldóna**, accr. | **faldóne**, accr. m.

faldàre [da *falda*] v. tr. (*io fàldo*) ● Tagliare pietre o minerali secondo le falde o strati.

faldàto part. pass. di *faldare*; anche agg. *1* Nei sign. del v. *2* Provvisto di falde: *abito f.*

faldèlla s. f. *1* Dim. di *falda* | Strato, striscia sottile. *2* (*med.*) Piccola pezzuola di garza o cotone per medicazioni. *3* (*tess.*) Quantità di lana scamatata, del peso di 10 libbre, prima che si unga per pettinarla | Piccola quantità di seta a matassa | Cardato di cotone, per imbottiture.

faldìglia [sp. *faldilla*, dim. di *falda* 'falda'] s. f. ● Guardinfante, crinolina.

faldistòrio o **faldistòro** [lat. mediev. *faldistorium*(*m*), dal francone *faldistôl* 'sedia pieghevole', attrav. il fr. ant. *faldestoel*] s. m. ● Sedia a bracciuoli, senza spalliera, con cuscino e inginocchiatoio, della quale si servono il papa e i vescovi in alcune funzioni sacre.

faldóne [accr. di *falda*] s. m. ● (*bur.*) Cartella per raccogliere documenti | (*est.*) I documenti stessi.

faldóso [da *falda*] agg. *1* Che presenta falde, strati: *roccia faldosa*. *2* (*raro*) Che si sfalda.

falecèo o **falècio**, **falèucio**, **falèuco** [vc. dotta, lat. tardo *Phalāeciu*(*m*), dal gr. *Phaláikeion*, chiamato così dal poeta gr. *Faleco* che lo inventò] s. m. ● Verso greco e latino di undici sillabe.

falegnàme [comp. di *fa*(*re*) 'lavorare' e *legname*] s. m. *1* Artigiano che lavora il legno | *Martello da f.*, con la bocca quadra e la penna biforcuta. *2* (*fam., est.*) Qualunque uccello che si scava il nido nel tronco di alberi. || **falegnamìno**, dim.

falegnamerìa s. f. *1* Arte, mestiere del falegname. *2* Bottega, laboratorio del falegname.

falèna [vc. dotta, gr. *phálaina* 'piccola farfalla notturna' (accostata, ma senza chiaro legame semantico, a *phállaina* 'balena', la quale, a sua volta, va ricondotta a *phallós* 'fallo (2)': per la forma del corpo)] s. f. *1* Lepidottero dei Geometridi le cui femmine depongono le uova su vari alberi, in autunno, così che le larve divorano i germogli in primavera (*Operophtera brumata*) | Qualunque farfalla crepuscolare o notturna che è attratta dalla luce. *2* (*fig.*) Persona incostante o estremamente vivace | Prostituta e (*est.*) donna leggera.

fàlera [vc. dotta, lat. *phălerae*, nom. pl. f., dal gr. *phálara*, nt. pl., di origine indeur.] s. f. *1* Medaglia d'oro assegnata come premio ai soldati dell'antica Roma e da appendersi al petto. *2* Correntemente, borchia metallica, spec. usata per ornamento nei finimenti dei cavalli.

faleràto [vc. dotta, lat. *phalerātu*(*m*), da *phălerae* 'falera'] agg. ● (*raro*) Ornato di falere.

falèrno [vc. dotta, lat. *falĕrnu*(*m*), dal n. del territorio in cui si produceva questo vino] **A** s. m. ● Vino famoso, noto fin dall'antichità, prodotto nella zona dei Campi Flegrei (Napoli), bianco o rosso, asciutto, caldo, di 12°-13°. **B** anche agg.: *viti falerne*.

falèṣia o **falèṣa** [fr. *falaise*, vc. normanno-piccarda, dal francone **falisa*] s. f. ● Costa con ripide pareti rocciose a strapiombo sul mare. ➡ ILL. p. 821 SCIENZE DELLA TERRA ED ENERGIA.

falèucio ● V. *faleceo*.

falèuco ● V. *faleceo*.

falìsco [vc. dotta, lat. *Falīscu*(*m*)] **A** agg.; anche s. m. (f. *-a*; pl. m. *-sci*) *1* Appartenente a un'antica popolazione italica dell'Etruria meridionale. *2* Che, chi è nato o abita a Montefiascone. **B** s. m. solo sing. ● Dialetto parlato dagli antichi Falisci.

fàlla [da *fallare*] s. f. *1* Squarcio, fenditura e sim. nella carena di una nave, in un serbatoio, in un argine e sim., da cui penetrano o fuoriescono le acque. *2* (*fig.*) Punto di dispersione che è causa di danno: *non riuscirà a tamponare tutte le falle del suo patrimonio*. *3* (*mil.*) Interruzione della linea difensiva attraverso cui è facile al nemico infiltrarsi e rompere lo schieramento. SIN. Breccia. *4* (*fig.*) †Errore, mancanza.

†fallàbile agg. ● Che può fallare.

fallàccio s. m. *1* Pegg. di *fallo* (*1*). *2* (*sport*) Fallo vistoso e intenzionale contro un avversario, in una competizione.

fallàce [vc. dotta, lat. *fallāce*(*m*), da *fallere*. V. *fallire*] agg. *1* Che trae o può trarre in inganno: *indizio, segno, argomentazione f.* | Che è frutto di false illusioni o non corrisponde alle aspettative: *speranza f.*; *promesse fallaci* | Incerto: *o vita nostra debole e f.!* (PULCI) | (*raro*) *Uomo f.*, spergiuro, indegno di fiducia. SIN. Illusorio, ingannevole. *2* (*est.*) Di colore, che non regge: *il giallo oro è un colore f.* *3* †Deperibile, detto spec. di frutta. || **fallaceménte**, avv. (*raro*) In modo fallace.

fallàcia [vc. dotta, lat. *fallācia*(*m*), da *fāllax*, genit. *fallācis* 'fallace'] s. f. (pl. *-cie*) *1* Qualità di ciò che è fallace: *f. di una prova, di una dimostrazione* | (*raro*) *F. del raccolto*, cattiva riuscita di un raccolto che prometteva bene. SIN. Falsità, inganno. CONTR. Veracità. *2* (*raro*) Sofisma, ragionamento falso o complicato.

fallànza [provz. *falhansa*, dal lat. *fallere* 'fallare'] s. f. *1* Fallimento, esito negativo di q.c.: *f. di un incrocio botanico*. *2* †Errore, fallo, colpa: *come donna onesta che permane / di sé secura, e per l'altrui f., / ..., timida si fane* (DANTE *Par.* XXVII, 31-33) | Fare f., mancare, errare. *3* (*fig.*) †Bugia, falsità | Frode.

fallàre [lat. tardo *fallāre*, per il classico *fallere*. V. *fallire*] **A** v. intr. (aus. *avere*) *1* (*raro, lett.*) Commettere un errore, un fallo, un peccato: *ma nell 'ultima bolgia ... / me ... / dannò Minòs, a cui fallar non lece* (DANTE *Inf.* XXIX, 118-120). *2* (*lett.*) †Mancare, venir meno: *il pagan vuole entrar, ma il piè gli falla* (ARIOSTO). *3* Non germinare, spec. riferito a semi di piante. **B** v. tr. *1* †Trasgredire, violare. *2* (*raro*) Sbagliare: *f. il colpo, la mira, la strada*. **C** v. intr. pron. ● †Sbagliarsi, ingannarsi || PROV. Chi fa falla; il proverbio non falla.

fallàto part. pass. di *fallare*; anche agg. *1* Nei sign. del v. *2* Che presenta un difetto di fabbricazione: *un tessuto, un cristallo f.*

†fallènte part. pres. di *fallire*; anche agg. ● Nei sign. del v.

†fallènza [provz. *falhensa*, dal lat. *fallere* 'fallare'] s. f. *1* Errore, fallanza: *il nostro imperadore / che ti dovea punir di tua f.* (PULCI). *2* Fallimento, povertà.

fallìbile [dal lat. *fallere* 'fallare'] agg. *1* (*lett.*) Che è soggetto a errare: *tutti gli uomini sono fallibili*. CONTR. Infallibile. *2* †Fallace.

fallibilità o **†fallibilitàde**, **†fallibilitàte** s. f. ● (*raro*) L'essere fallibile.

fàllico [vc. dotta, lat. tardo *phăllicu*(*m*), nom. *phăllicus*, dal gr. *phallikós*, da *phallós* 'fallo' (2)] agg. (pl. m. *-ci*) *1* Del, relativo al, fallo: *simbologia fallica*. *2* Di Priapo | *Versi fallici*, in onore di Priapo. *3* (*psicoan.*) *Fase fallica*, la terza fase dello sviluppo psicosessuale, corrispondente alla fase edipica, in cui le zone erogene sono il pene e la clitoride.

†falligióne [provz. *falhizon*, dal lat. *fallere* 'fallare'] s. f. ● Fallo, mancanza: *io non credetti mai tal f. / della tu' fé* (BOCCACCIO).

fallimentàre [da *fallimento* (*1*)] agg. *1* Del, relativo al, fallimento: *vendita f.*; *concordato, procedimento f.* | *Asta f.*, vendita all'asta dei beni di un fallito. *2* (*fig.*) Che porta al disastro, alla rovina | *Prezzo f.*, (*fig.*) di assoluta concorrenza.

fallimentarista s. m. e f. (pl. m. *-i*) ● (*raro*) Legale o giurista particolarmente esperto di pratiche fallimentari o di diritto fallimentare.

falliménto (1) [da *fallire*] s. m. *1* Atto, effetto del fallire: *il definitivo f. di un'impresa* | (*est.*) Disastro, insuccesso totale: *la festa si risolse in un vero f.* *2* (*dir.*) Procedimento concorsuale giudiziale tendente alla liquidazione del patrimonio dell'imprenditore commerciale insolvente e alla ripartizione del ricavato fra tutti i suoi creditori | *Dichiarazione di f.*, provvedimento del Tribunale che accerta l'insolvenza dell'imprenditore commerciale e apre la procedura fallimentare. *3* †Sconfitta, rotta. *4* †Mancanza, grande scarsità.

†falliménto (2) [provz. *falhmien*, dal lat. *fallere* 'fallare'] s. m. ● Fallo, errore.

fallìre [lat. *fallere*, di origine indeur.] **A** v. intr. (*io fallìsco, tu fallìsci*; part. pass. *fallìto*, †*fallùto*; aus. *avere* nei sign. 2, 3 e 4, *essere* negli altri sign.) *1* Non raggiungere il fine prefisso: *f. in un tentativo, in un'impresa, in uno scopo*. CONTR. Riuscire. *2* (*dir.*) Sottostare a una dichiarazione di fallimento. *3* †Sbagliare, peccare. *4* (*lett.*) Venir meno, mancare di fede: *f. all'aspettativa, alla promessa, al giuramento*. *5* †Mancare | †*Fallisce poco*, manca poco. *6* †Cessare. **B** v. tr. *1* Non riuscire a colpire: *f. la preda, la palla* | *F. il colpo*, non cogliere il bersaglio | *F. la porta*, nel calcio, tirare il pallone fuori della porta avversaria | *F. l'intervento*, mancarlo. *2* †Ingannare: *f. la fede, la promessa* | †*F. il tedio*, scacciarlo.

fallìto **A** part. pass. di *fallire*; anche agg. *1* Nei sign. del v. *2* †Insufficiente, manchevole. *3* Difettoso: *tendine f.* **B** s. m. (f. *-a*) *1* Imprenditore che ha subìto la dichiarazione di fallimento. *2* Chi non è riuscito a raggiungere alcun risultato valido in un'attività o nella vita in genere: *è un povero f.*; *quello scrittore è un f.*

fàllo (1) [da *fallare*] s. m. *1* Errore, sbaglio, equivoco: *quella teoria ha fatto cadere in f. molti studiosi*; *li falli di fragilità e d'ignoranza si puniscono solo con vituperi* (CAMPANELLA) | *Mettere un piede in f.*, scivolare, sdrucciolare (*anche fig.*) | Colpa, peccato: *essere in f.*; *un f. imperdonabile* | (*est., lett.*) †Delitto. *2* (*sport*) Infrazione al regolamento di gara, per cui è comminata una punizione | *F. intenzionale*, nel calcio, nella pallanuoto e sim., grave scorrettezza deliberatamente commessa ai danni di un avversario | *Doppio f.*, nel tennis, errore del battitore quando manda in rete o fuori del rettangolo di servizio anche il secondo tiro. *3* Mancamento, difetto: *la pazienza comincia a fargli f.* | *Senza f.*, in modo certo, sicuro | (*raro*) *Il colpo è andato in f.*, è andato a vuoto. *4* Difetto, imperfezione, spec. di un tessuto, del vetro, della porcellana. *5* †Slealtà. || **fallàccio**, pegg. (V.).

fàllo (2) [vc. dotta, lat. tardo *phăllu*(*m*), nom. *phăllus*, dal gr. *phallós*, di origine indeur.] s. m. *1* Emblema del membro virile che, nella religione greco-romana ed in molte altre religioni antiche e primitive, rappresenta le divine energie della generazione e della fecondità umana, animale ed agricola | Amuleto usato, per scopo apotropaico, dai Romani. *2* Organo, membro virile.

fallocèfalo [comp. di *fallo* (*2*) e *-cefalo*] s. m. (f. *-a*) ● (*scherz.*) Persona oltremodo stupida e sprovveduta.

fallocèntrico [comp. di *fallo* (*2*) e *centrico*, sul modello di *egocentrico*] agg. (pl. m. *-ci*) ● Che si riferisce al fallocentrismo, che è caratterizzato da fallocentrismo: *società fallocentrica*; *atteggiamenti fallocentrici*.

fallocentrìṣmo [da *fallocentrico*] s. m. ● Tendenza ad attribuire all'uomo, in quanto dotato degli attributi maschili, un ruolo centrale nella società e una posizione di privilegio e di predominio rispetto alla donna.

fallòcrate [da *fallocrazia*] s. m. (pl. *-i*) ● Uomo che pensa, agisce e sim. in modo fallocratico.

fallocràtico agg. (pl. m. *-ci*) ● Relativo, ispirato, a fallocrazia: *società fallocratica*; *atteggiamenti fallocratici*.

fallocrazìa [comp. di *fallo* (*2*) e *-crazia*] s. f. ● Tipo di società caratterizzata dalla presenza del maschio come elemento dominante e prevaricante sulla donna | Comportamento che da tale tipo di società deriva.

fallofòria [ricostruzione su *fallo* (*2*) del gr. *phallēphória*, comp. di *phallós* 'fallo (2)' e *-phória* '-foria'] s. f. ● Nell'antica Grecia, processione, facente parte del culto di Dioniso, in cui veniva portato in giro il simulacro fallico.

fallòppa ● V. *faloppa*.

fallosità s. f. ● Qualità di chi, di ciò che è falloso.

fallóso [da *fallo* (*1*)] agg. *1* Di ciò che presenta falli o difetti di fabbricazione: *vetro f.*; *stoppa fallosa*. SIN. Difettoso. *2* (*sport*) Che commette molti falli, che è caratterizzato da ripetuti falli: *giocatore f.*; *gioco f.* ‖ **fallosaménte**, avv. In modo falloso, commettendo molti falli.

fall-out /*ingl.* 'fɔːl aut/ [loc. ingl., propriamente 'caduta fuori', comp. di *fall* 'caduta' (vc. germ. di origine indeur.) e *out* 'fuori'] s. m. inv. *1* Caduta sulla superficie terrestre di polveri radioattive accumulate nell'atmosfera in seguito a esplosioni nucleari. SIN. Ricaduta radioattiva. *2* (*fig.*) Effetto indiretto di un evento, di un fenomeno: *il fall-out tecnologico della ricerca spaziale*.

†**fallùto** part. pass. di *fallire* ● Nei sign. del v.

falò [prob. dal gr. *phanós* 'torcia', poi 'fanale, lanterna', di etim. incerta] s. m. *1* Fuoco intenso ma di breve durata acceso all'aperto per distruggere q.c., per fare segnalazioni o anche come manifestazione di allegria: *in segno di festa i contadini accesero grandi f. sulle aie*. *2* (*est., fig.*) Distruzione: *ha fatto un f. di tutte le sue idee giovanili* | *Fare un f. del proprio patrimonio*, dilapidarlo | (*raro, fig.*) Scompiglio: *alla festa ci fu un gran f. fra gli invitati*.

falòppa o (*raro*) **fallòppa** [etim. incerta] **A** s. f. *1* Bozzolo floscio e irregolare del baco da seta rimasto incompleto per la morte della larva. *2* Seta di qualità inferiore, che si trae dalle faloppe. SIN. Terzanella. **B** s. m. e f. ● (*fig., fam.*) Persona bugiarda. ‖ **faloppóna**, accr. f. | **faloppóne**, accr. m.

falòtico [dal fr. *falot* 'stravagante, bizzarro', dall'ingl. *fellow* 'compagno'] agg. (pl. m. *-ci*) ● (*lett.*) Fantastico, bizzarro, strano: *il f. / mutarsi della mia vita* (MONTALE).

falpalà o **falbalà** [fr. *falbala*, dal franco-provenzale *farbela* 'cencio, vesti stracciate', forse da accostare a *faloppa*] s. m. ● Striscia di stoffa arricciata, pieghettata e sim. messa per guarnizione intorno a sottane, tende, cappelli e sim.

falsabràca [calco sul fr. *fausse-braie*] s. f. (pl. *falsebràche*) ● Elemento dell'antica fortificazione, costituito da un recinto basso a raddoppio del recinto principale dell'opera fortificata.

falsachìglia [comp. del f. di *falso* e *chiglia*] s. f. (pl. *falsechìglie*) ● Deriva, chiglia mobile delle imbarcazioni a vela.

†**falsadóre** ● V. *falsatore*.

falsaménto s. m. ● (*raro*) Atto del falsare.

falsamonéte [comp. di *falsa*(*re*) e il pl. di *moneta*] s. m. inv. ● (*raro*) Falsificatore di monete.

†**falsàrdo** [provz. *falsart*, dal lat. *fălsus* 'falso'] s. m. (f. *-a*) ● Falsificatore | (*est.*) Imbroglione, stregone.

falsàre [vc. dotta, lat. tardo *falsāre*, da *fălsus* 'falso'] v. tr. *1* Esporre, rappresentare q.c. in modo contrario o diverso dal vero: *f. la realtà storica* | Falsificare, alterare: *f. una deposizione con notizie inventate*; *un registratore che falsa le voci*. SIN. Deformare, travisare. *2* (*raro, est.*) Fuorviare: *f. l'opinione pubblica su q.c.* *3* (*lett.*) Contraffare: *f. monete, documenti*. *4* Ornare, guarnire con falsature.

falsarìga [comp. del f. di *falso* e *riga*] s. f. (pl. *falsarìghe*) *1* Foglio rigato da porre sotto il foglio su cui si scrive per procedere diritto nella scrittura. *2* (*fig.*) Esempio, norma che si segue in modo fedele o pedissequo: *andare sulla f. di qc.* | *Dare la f.*, la traccia, le norme precise.

falsàrio [vc. dotta, lat. *falsāriu*(*m*), da *fălsus* 'falso'] s. m. *1* Chi falsifica documenti, atti pubblici, banconote, monete e sim. *2* (*raro*) Chi dice bugie o giura il falso.

falsàto part. pass. di *falsare*; anche agg. ● Nei sign. del v.

falsatóre o †**falsadóre** [vc. dotta, lat. *falsatō-re*(*m*), da *falsāre* 'falsare'] s. m.; anche agg. (f. *-trice*) *1* (*lett.*) Chi, che altera la realtà: *f. del vero*. *2* (*raro*) Chi falsifica monete. SIN. Falsario.

falsatùra s. f. *1* Guarnizione di merletto fra due pezzi di tessuto. SIN. Entre-deux. *2* Tipo di ricamo sfilato usato in particolare per guarnire la biancheria di casa.

†**falseggiàre** [da *falso*] **A** v. tr. ● Falsare | Simulare. **B** v. intr. ● Cantare in falsetto.

falsettìsta s. m. e f. (pl. m. *-i*) ● Chi canta in falsetto.

falsétto [da *falso*] s. m. ● Tono di voce artificiosamente più alto del normale o del naturale: *cantare in f.*

falsificàbile agg. ● Che si può falsificare.

falsificaménto s. m. ● (*raro*) Atto del falsificare.

falsificàre [dal lat. tardo *falsificātus*, comp. di *fălsus* 'falso' e *făcere* 'fare'] v. tr. (*io falsìfico, tu falsìfichi*) *1* Contraffare, deformare, alterare con l'intenzione e la consapevolezza di commettere un reato: *f. un documento, una firma, una banconota, un quadro* | *F. una notizia, un racconto*, modificarlo secondo i propri fini e poi diffonderlo per vero. *2* (*filos.*) Dimostrare la falsità di un'ipotesi.

falsificàto part. pass. di *falsificare*; anche agg. ● Nei sign. del v.

falsificatóre s. m. (f. *-trice*) ● Chi falsifica q.c. intenzionalmente | Falsario.

falsificazióne s. f. *1* Atto, effetto del falsificare: *f. di documento, di un'opera d'arte, di un oggetto antico*. SIN. Alterazione, contraffazione. *2* Documento o atto artificiosamente prodotto per sostituire un originale perduto o guasto o per creare testimonianza dolosa.

falsificazionìsmo [da *falsificazione*] s. m. ● (*filos.*) Teoria filosofica, proposta nel 1934 da K. R. Popper, secondo cui le ipotesi e le teorie rivestono un carattere scientifico solo quando possono essere contraddette dall'esperienza.

falsità o †**falsitàde**, †**falsitàte** [vc. dotta, lat. tardo *falsitāte*(*m*), da *fălsus* 'falso'] s. f. *1* Qualità di ciò che è falso: *f. di un giudizio, di una prova, di una affermazione*; *la verità o f. della dottrina* (GALILEI) | *F. di stile*, artificio. SIN. Inganno. CONTR. Verità. *2* Mancanza di lealtà, ipocrisia, finzione: *f. d'animo*; *rivelare la f. di qc.* *3* Azione, frase, parola contraria al vero: *le sue f. verranno presto smascherate*. SIN. Menzogna.

fàlso [lat. *fălsu*(*m*), da *fāllere* 'ingannare'. V. *fallire*] **A** agg. *1* Che non corrisponde alla realtà e alla verità: *f. indizio*; *notizia, citazione, opinione, apparenza, supposizione falsa* | Errato, erroneo: *falsa traccia*; *le false religioni incominciaron a svanire con le lettere* (VICO) | *Falsa strada*, strada sbagliata e (*fig.*) che porta all'errore, al male | *Passo f.*, compiuto con rischio di cadere e di scivolare e (*fig.*) azione poco accorta | *Colpo f.*, tirato in fallo. SIN. Ingannevole. CONTR. Vero. *2* Che è stato contraffatto, alterato con intenzione dolosa: *lettera falsa*; *moneta, firma falsa*; *testamento f.*; *chiave falsa* | *Fare carte false*, (*fig.*) adoperarsi con ogni mezzo per ottenere q.c. o favorire qc. SIN. Truccato. CONTR. Autentico. *3* Che è privo di sincerità e di schiettezza: *giuramento f.*; *promessa falsa* | *Testimone f.*, che non dice o tace il vero | *Immagine falsa*, artificiosa | *Essere, sentirsi in una posizione falsa*, agire in modo poco chiaro e onesto o trovarsi al centro di una situazione imbarazzante | *Toccare un tasto f.*, (*fig.*) affrontare incautamente un discorso o un argomento che era meglio evitare | Simulato, finto: *sorriso, pianto f.*; *falsa virtù, modestia* | Detto di persona ipocrita: *f. amico*; *f. credente*. SIN. Inattendibile. CONTR. Genuino, schietto. *4* Che non è ciò di cui ha l'apparenza: *oro, argento f.*; *f. padre* | *F. appetito*, provocato da debolezza o malessere, non da vera fame | *F. allarme*, fatto, evento che si annunciava poco gradito e che non si è verificato | *F. scopo*, *f. problema*, intesi a nascondere la vera natura di quello che si vuole o di cui si tratta | *Tinta falsa, colore f.*, che si alterano facilmente | *Luce falsa*, che dà agli oggetti un colore non naturale | *Mettere, presentare qc., q.c. sotto falsa luce*, farlo apparire meschino, denigrarlo e sim. | *F. magro*, chi appare sottile, pur avendo in realtà forme rotonde | †*Sotto f. colore*, con ingannevole apparenza | *F. bordone*, V. anche *falsobordone*. SIN. Illusorio. *5* Posticcio: *denti, capelli falsi*. *6* (*bot.*) *F. frutto*, quello formato da parti della pianta non appartenenti all'ovario | *F. fusto*, caule formato dalle guaine delle foglie strettamente addensate come nel banano e in alcune palme | *F. pepe*, albero del pepe | *F. verticillo*, insieme di organi vegetali riuniti in modo da simulare un vero verticillo. ‖ **falsaménte**, avv. In modo falso; in modo affettato, artificioso. **B** s. m. (f. *-a* nel sign. 2) *1* Cosa falsa: *il vero e il f.*; *dire, giurare il f.* *2* (*fam.*) Persona falsa. *3* Falsificazione, falsità: *delitti di f.*; *querela di f.* | *F. ideologico*, contraffazione che vizia il contenuto di un atto giuridico. *4* Opera d'arte, francobollo, documento e sim., contraffatto: *un f. di Michelangelo*; *vendere, comprare, firmare un f.* **C** avv. ● Falsamente: *parole, promesse che suonano f.* ‖ **falsàccio** pegg. | **falsìno**, dim. | **falsóne**, accr.

falsobordóne o **falso bordóne** [comp. di *falso* e *bordone* (*2*)] s. m. (pl. *falsibordóni*) ● (*mus.*) Particolare successione di accordi fissi e quindi paralleli | Tecnica tipica del salmo, per cui nel canto gregoriano s'inseriscono brevi frammenti polifonici | Tecnica tipica del salmo, per cui all'invariato suono dell'organo s'alterna il canto delle voci, sempre soggetto a variazioni.

falsobràccio [comp. di *falso* e *braccio*] s. m. (pl. *falsibràcci*) ● (*mar.*) Grosso cavo per tonneggio, o per l'ormeggio delle imbarcazioni sottobordo.

falsopiàno [comp. di *falso* e *piano*] s. m. (pl. *falsipiàni*) ● Tratto di superficie terrestre che appare piano, ma che in realtà è caratterizzato da modeste irregolarità, dislivelli o rilievi.

fàma [vc. dotta, lat. *fāma*(*m*), da *fāri* 'parlare', di origine indeur.] s. f. *1* Notizia, voce che ha fra la gente una diffusione vasta e rapida: *la f. dei suoi misfatti è arrivata fino a noi*; *conoscere qc. per f.* | (*lett.*) *È f.*, corre voce, si dice dappertutto | †*Noto di f.*, famoso. *2* Stima pubblica, nomea, reputazione: *buona, dubbia, cattiva, pessima f.*; *avere f. di galantuomo* | (*raro*) *Lasciare f. di sé*, lasciare un buon ricordo | (*raro, lett.*) *Levar di sé gran f.*, procurarsi un'ottima reputazione. *3* Notorietà, rinomanza: *quel poeta gode f. mondiale*; *ha faticato molto ma è riuscito ad arrivare alla f.* *4* †Cattiva opinione, discredito: *e se nulla di noi pietà ti move, / a vergognar ti vien de la tua f.* (DANTE *Purg.* VI, 116-117).

†**famàre** v. tr. ● Divulgare la fama | Diffamare.

†**famàto** agg. ● Affamato.

fàme [lat. *fāme*(*m*), di etim. incerta] s. f. (raro al pl.) *1* Sensazione causata dall'impellente bisogno di cibo: *sentire gli stimoli, i morsi della f.*; *soffrire la f.*; *cascare dalla f.*; *f. da lupi, da leoni* | *F. canina*, impulso morboso verso i cibi. SIN. Mal della lupa | *Morire di f.*, essere molto affamato e (*fig.*) essere in condizioni di estrema miseria | *Cavarsi la f.*, saziarsi | *Ingannare la f.*, cercare di distrarsi per non avvertirne gli stimoli | *Morto di f.*, persona molto povera e (*fig.*) miserabile | *Brutto come la f.*, bruttissimo | *Lungo come la f.*, lunghissimo | †*Pascere la f.*, cavarsi la fame. CONTR. Sazietà. *2* (*est.*) Carestia | *Prendere una città per f.*, costringerla ad arrendersi privandola dei viveri necessari al sostentamento della popolazione. *3* (*fig.*) Bisogno intenso di qc.: *quel bambino ha f. di affetto* | Desiderio sfrenato: *f. di denaro, di gloria, di onori* | *F. dell'oro*, cupidigia. ‖ **famìna**, dim.

famèdio [comp. del lat. *fāma* 'fama' e *āedes* 'casa', sul modello di *cavāedium* 'cavedio'] s. m. ● Edificio funebre eretto a scopo di celebrazione e sepoltura di uomini illustri.

famèlico [vc. dotta, lat. *famēlicu*(*m*), da *fămes* 'fame'] agg. (pl. m. *-ci*) *1* Molto affamato, detto spec. di animali: *un branco di cani randagi e famelici*. *2* (*lett., fig.*) Avido, cupido: *la famelica brama e sitibonda* (MARINO). ‖ **famelicaménte**, avv. (*raro*) Avidamente.

famigeràto [vc. dotta, lat. *famigerātu*(*m*), comp. di *fāma* 'fama' e *gĕrere* 'portare'] agg. *1* Che gode di cattiva fama: *il f. ladro è stato finalmente arrestato*. *2* †Molto noto, insigne.

famìglia o †**famìlia** [lat. *famĭlia*(*m*), da *fămulus* 'servitore' (V. *famulo*)] s. f. *1* Nucleo fondamentale della società umana costituito da genitori e figli: *f. legittima*; *essere di f. ricca, povera, agiata, benestante*; *entrare a far parte di una f.*; *sentire il peso della f.*; *provare le gioie della f.*; *padre, madre di f.* | *Figlio di f.*, minorenne ancora sottoposto alla tutela e all'autorità dei genitori | *Consiglio di f.*, riunione dei componenti di una famiglia per deliberare sugli affari e gli interessi di casa | *Stato* *di f.*, certificato recante l'indicazione dei dati anagrafici dei componenti una famiglia | *F. nucleare*, quella ristretta al nucleo fondamentale formato da genitori e figli, espressione caratteristica della società industrializzata | *F. colonica*, quella residente sul podere e addetta alla sua coltivazione | *Farsi una f.*, sposarsi | *Tenere, avere f.*, essere sposato, spec. con figli | *Essere tutto f., tutto casa e f.*, dedito completamente alla casa e ai congiunti | *Essere di f.*, amico e assiduo frequentatore di casa | *Stare in f.*, alla buona, senza tante cerimonie | *La Sacra f.*, quella composta da Gesù, Giuseppe e Maria | (*fig.*) *Lavare i panni sporchi in f.*, non interessare gli estranei alle cose spiacevoli della propria casa. ***2*** Il complesso delle persone unite da uno stesso vincolo e aventi un ascendente diretto comune, considerato nel passato, nel presente, nel futuro: *appartenere a una f. nobile, antica, aristocratica*; *indagare sulle origini di una f.*; *ricostruire l'albero genealogico di una f.*; *essere il capostipite di una f.*; *f. reale* | *Capita anche nelle migliori famiglie*, (*fig.*) di fatto o evento riprovevole ma non inconsueto. **SIN.** Discendenza, stirpe. ***3*** (*est.*) Gruppo di persone, animali o cose che presentano caratteristiche analoghe o hanno un vincolo comune: *la f. dei medici, degli avvocati, degli insegnanti*; *la f. degli idrocarburi* | *F. monastica, religiosa*, ordine o congregazione maschile o femminile | *La f. umana*, il genere umano | *F. linguistica, di lingue*, complesso di parlate derivanti da una stessa lingua comune | *F. di codici, di manoscritti*, che derivano da una fonte comune | *Una f. di ceramiche*, serie di ceramiche che presentano lo stesso tipo di motivi decorativi e gli stessi toni di colore | (*mus.*) Insieme di strumenti differenziati fra loro per la grandezza: *la f. dei violini, degli oboe*. ***4*** Gruppo sistematico usato nella classificazione degli organismi animali e vegetali e comprendente uno o più generi affini. ***5*** Nella mafia, gruppo i cui membri si ritengono uniti da un patto di reciproca omertà, nel rispetto della volontà di un capo. ***6*** (*ant.*) Insieme delle persone che costituiscono il seguito o la corte di un personaggio: *f. del podestà, del bargello, del vescovo*; *f. pontificia* | †La servitù di una casa: *apre terrazze e logge la f.* (LEOPARDI). ***7*** †Sbirraglia. || **famigliàccia**, **pegg.** | **famigliétta**, **dim.** | **famiglina**, **dim.** | **famiglióna**, **accr.** | **famigliòla**, **famigliuòla**, **dim.** (V.) | **famigliùccia**, **dim.**

famigliàre e *deriv.* ● V. *familiare* e *deriv.*

famìglio [da *famiglia*] **s. m.** ***1*** Usciere, messo del Comune | †Birro. ***2*** (*lett.*) Domestico, servo: *un suo fidato f.* (SACCHETTI). ***3*** Nell'Italia settentrionale, persona che svolge la propria attività in un'azienda agricola e convive con la famiglia del proprietario di essa. || **famigliàccio**, **pegg.**

famigliòla o **famigliuòla**. **s. f.** ***1*** Dim. di *famiglia*. ***2*** (*bot.*) *F. buona*, chiodino.

†famìlia ● V. *famiglia*.

familiàre o **famigliàre** [vc. dotta, lat. *familiāre(m)*, da *famĭlia* 'famiglia'] **A** **agg.** ***1*** Della famiglia: *faccenda, preoccupazione, educazione, esempio f.* | *Lettere familiari*, indirizzate a persona di famiglia o ad amici intimi | *Patrimonio f.*, complesso di beni destinato esclusivamente a sopperire ai bisogni di una famiglia | *Lavoro f.*, attività lavorativa prestata a favore di una persona a cui il lavoratore è legato da vincoli familiari e con cui convive | *Genio f.*, nella mitologia romana, genio del luogo, divinità domestica | *Lingua, locuzione f.*, proprie della conversazione corrente, quotidiana. ***2*** Di ciò che si conosce bene per lunga pratica o dimestichezza: *panorama f.*; *letture familiari* | *Aver f. una lingua, una scienza*, conoscerla a fondo. **SIN.** Consueto, noto. ***3*** (*fig.*) Affabile, semplice: *linguaggio, stile, tono f.* | (*fig.*) Intimo, confidenziale: *colloquio f.* | *Essere f. con qc.*, intrattenere rapporti molto amichevoli | *Essere f. con tutti*, poco riservato | *Alla f.*, con dimestichezza, in modo confidenziale. || **familiarménte**, **avv.** In modo familiare: *trattare familiarmente qc.* **B** **s. m. e raro f.** ***1*** Persona di famiglia o considerata come tale: *in alcune circostanze riuniamo tutti i familiari*. ***2*** †Servo | †Birro. ***3*** †Ministro, confidente o servitore di principe o prelato: *con Currado Malespina si mise per famigliare* (BOCCACCIO). **C** **s. f.** ● Automobile con carrozzeria speciale, adatta alle esigenze di una famiglia.

†familiarésco o **†famigliarésco** **agg.** ● Da familiare. || **†familiarescaménte**, **avv.**

familiarità o **famigliarità** [vc. dotta, lat. *familiaritāte(m)*, da *familiāris* 'familiare'] **s. f.** ***1*** Confidenza e affabilità tipiche di chi, di ciò che è familiare: *trattare qc. con f.* | *Prendersi troppa f.*, eccedere in confidenza. ***2*** Consuetudine, dimestichezza, intimità con q.c. che si acquista attraverso un'esperienza attenta e prolungata: *avere f. con un libro, un autore, una disciplina, una scienza*; *non avrei consentito mai di contrarre né amicizia né f. con una Musa appigionata o venduta* (ALFIERI).

familiarizzàre o **famigliarizzàre** [fr. *familiariser*, da *familier* 'familiare'] **v. intr.** e **intr. pron.** (*io familiarìzzo*; aus. intr. *avere*) ● Diventare familiare, prendere familiarità con q.c. e con qc.: *subito si familiarizzò con lui, meravigliato della sua mitezza* (SVEVO) | Addomesticarsi: *un animale che si familiarizza facilmente*.

familìsmo [da *famiglia*] **s. m.** ● Vincolo particolarmente intenso di solidarietà fra i membri di una stessa famiglia, spec. quando prevalga sul legame con la comunità sociale.

familìsta **s. m. e f.**; anche **agg.** ● Chi, che è ispirato o caratterizzato da familismo.

familìstico [da *famiglia*] **agg.** (**pl. m.** *-ci*) ● Relativo al, proprio del familismo.

famìsmo o **fagìsmo** [da *fame*] **s. m.** ● Teoria secondo la quale l'esistenza umana si basa sul soddisfacimento della fame e sulla tranquillità e sicurezza di vita.

famìsta **agg.**; anche **s. m. e f.** (**pl. m.** *-i*) ● Che, chi, sostiene il famismo.

famóso [lat. *famōsu(m)*, da *fāma* 'fama'] **agg.** ***1*** Che gode di una fama rilevante, buona o cattiva che sia: *medico, quadro, ladro, furfante, usuraio f.* **SIN.** Celebre, illustre, rinomato. **CONTR.** Ignoto, oscuro. ***2*** Di cosa o persona su cui si discute o si è discusso a lungo: *è stato un avvenimento f.*; *pranzo, viaggio f.* | (*iron.*) *Questo è il f. scrittore di cui tanto si parla?*; *quando uscirà quel vostro f. lavoro?* **SIN.** Celebrato, memorabile. ***3*** (*raro*) Diffamatorio | *Libello f.*, scritto ingiurioso e infamante. || **famosaménte**, **avv.** (*raro*) In modo famoso.

famulàto [vc. dotta, lat. *famulātu(m)*, da *fămulus* 'famulo'] **s. m.** ● Condizione di famulo.

†famulatòrio [vc. dotta, lat. tardo *famulatōriu(m)*, da *fămulus* 'famulo'] **agg.** ● Servile.

†famulazióne [vc. dotta, lat. tardo *famulatiōne(m)*, da *fămulus* 'famulo'] **s. f.** ● Servitù.

†famulènto [da *fame*] **agg.** ● (*lett.*) Famelico, affamato: *per sovvenire alle famulenti pecorelle* (SANNAZARO).

fàmulo [vc. dotta, lat. *fămulu(m)*, di origine preindeur.] **s. m.** (**f.** *-a*) ● (*lett.*) Servo, domestico, famiglio, spec. nell'antica Roma.

fan /fan, *ingl.* fæn/ [ingl., abbr. di *fanatic* 'fanatico'] **s. m. e f. inv.** ● Sostenitore fanatico di un cantante, di un famoso attore e sim. | (*raro*) Tifoso.

fanàle [gr. biz. *phanárion* 'lanterna', der. di *phanós* (V. *falò*), col suff. *-ale*, tipico degli agg.] **s. m.** ***1*** Apparecchio che serve a illuminare o a segnalare con la sua luce la presenza e la posizione di un oggetto: *il f. di un faro*; *accendere il f.*; *i fanali dell'auto, di una nave, di un aereo*; *fanali a luce bianca, a luce colorata* | *F. da carrozza*, lume per lo più a cera che, in coppia, veniva posto sul davanti delle carrozze, uno per parte. ➡ **ILL.** p. 1745, 1746, 1747, 1752 TRASPORTI. ***2*** †Lume, lanterna, lampione: *f. a gas, a petrolio*; *una strada illuminata da numerosi fanali* | †Faro. ***3*** (*zool.*) Pesce lucerna. || **fanalétto**, **dim.** | **fanalìno**, **dim.** (V.) | **fanalóne**, **accr.** | **fanalùccio**, **pegg.**

fanalerìa **s. f.** ***1*** Apparato d'illuminazione, spec. di un veicolo: *la f. dell'automobile, dell'aeroplano*. ***2*** (*gener.*) Apparecchio d'illuminazione.

fanalìno **s. m.** ***1*** Dim. di *fanale*. ***2*** *F. di coda*, luce rossa di segnalazione, collocata nella parte posteriore di un veicolo; (*fig.*) chi occupa l'ultimo posto spec. in graduatorie, classifiche e sim.: *fare, essere il f. di coda*.

fanalìsta **s. m.** (**pl.** *-i*) ● Addetto alla manutenzione di un fanale, di un faro e sim.

fanàtico [vc. dotta, lat. *fanātĭcu(m)* 'ispirato da una divinità, invasato da estro divino', da *fānum* 'tempio'] **agg.**; anche **s. m.** (**f.** *-a*; **pl. m.** *-ci*) ***1*** Che, chi, mosso da esagerato entusiasmo per un'idea, una fede, una teoria e sim., si mostra intollerante nei confronti di ogni posizione che non sia la sua: *è un credente f.*; *il suo è uno zelo f.* **SIN.** Fazioso, settario. ***2*** Ammiratore entusiasta di qc. o di q.c. | Che, chi si dedica a una determinata attività con eccessivo zelo ed entusiasmo: *essere f. del teatro, della letteratura, dello sport*; *essere f. per la musica*; *sono tutti fanatici ammiratori di quell'attrice*. ***3*** (*pop.*) Intemperante, violento. || **fanaticaménte**, **avv.**

fanatìsmo [fr. *fanatisme*, da *fanatique* 'fanatico'] **s. m.** ***1*** Adesione incondizionata ed entusiasta a un'idea, una fede, una teoria e sim., che comporta l'intolleranza più assoluta dell'opinione altrui: *si lasciano trasportare dal f.*; *la loro adesione giunge fino al f.* **SIN.** Faziosità, settarismo. **CONTR.** Misura, tolleranza. ***2*** Eccessivo entusiasmo o ammirazione: *l'arrivo di quel cantante suscita scene di f.*; *faceva parlar molto di sé ... col suo f. pei Francesi* (NIEVO). **SIN.** Esaltazione.

fanatizzàre [fr. *fanatiser*, da *fanatisme* 'fanatismo'] **v. tr.** ● Portare al fanatismo: *una dottrina politica che tende a f. tutti i cittadini*.

†fancèllo [da *fanticello*, dim. di *fante* (*1*)] **s. m.** (**f.** *-a*) ● Fanciullo | Garzone, servo. || **†fancellétto**, **dim.**

fanciùlla [f. di *fanciullo*] **s. f.** ***1*** Giovanetta di età compresa fra i sei e i tredici anni | (*est.*) Giovane donna: *una graziosa f.*; *si è sposata ancora f.* ***2*** (*raro*) Nubile, zitella: *è rimasta f.* || **fanciullàccia**, **pegg.** (V.) | **fanciullétta**, **dim.** | **fanciullina**, **dim.** | **fanciullóna**, **accr.**

fanciullàccia **s. f.** (**pl.** *-ce*) ***1*** Pegg. di *fanciulla*. ***2*** Pianta erbacea delle Ranuncolacee, con foglie divise in lobi sottili, fiore terminale a 5 brattee simili alle foglie e frutto a capsula contenente semi neri e piccanti (*Nigella damascena*).

fanciullàggine [da *fanciullo*] **s. f.** ● Azione o discorso da fanciullo: *dici sempre le solite fanciullaggini*. **SIN.** Bambinata.

†fanciullàia o (*raro*) **†fanciullaglia** **s. f.** ● Moltitudine di fanciulli | Ragazzaglia.

fanciullàta **s. f.** ● Ragazzata.

fanciullésco **agg.** (**pl. m.** *-schi*) ● Di fanciullo: *età fanciullesca* | Conveniente a fanciullo: *atto f.* | (*est.*) Puerile, sciocco: *atteggiamenti fanciulleschi*; *un ingegno f.* (VICO). **SIN.** Bambinesco, infantile. || **fanciullescaménte**, **avv.** In modo fanciullesco; in modo sconsiderato.

fanciullézza **s. f.** ***1*** Età umana compresa tra i sei e i tredici anni circa: *i ricordi della f. sono spesso deformati dalla nostalgia*. ***2*** (*fig.*) Origine di q.c.: *la f. della poesia*. ***3*** †Fanciullaggine.

fanciùllo [da *fancello*, con cambio di suff.] **A** **s. m.** (**f.** *-a*) ***1*** Giovanetto di età compresa fra i sei e i tredici anni: *letture per i fanciulli* | *F. prodigio*, che mostra intelligenza e capacità superiori alla norma. **SIN.** Ragazzino. ***2*** (*fig.*) Persona ingenua o inesperta: *comportarsi da f.* | *È ancora un f.*, di chi, pur avendo superato l'età della fanciullezza, ne conserva la fresca semplicità | *Eterno f.*, chi non matura con gli anni | †*Fare a fanciulli*, venir meno alla parola data. **B** **agg.** ***1*** Fanciullesco: *ha ancora un aspetto f.*; *il suo viso f. ingannava un po' tutti*. ***2*** (*fig.*) Di ciò che è ancora agli inizi e lontano dalla maturità: *si tratta di una scienza fanciulla*; *è una nazione ancora fanciulla*. || **fanciullàccio**, **pegg.** | **fanciullétto**, **dim.** | **fanciullino**, **dim.** | **fanciullóne**, **accr.** (V.) | **fanciullòtto**, **accr.**

fanciullóne **s. m.** (**f.** *-a*) ***1*** Accr. di *fanciullo*. ***2*** (*fig.*) Persona ingenua e sempliciotta.

fan club /*ingl.* 'fænklʌb/ [loc. ingl., comp. di *fan* e *club*] **loc. sost. m. inv.** ● Associazione di cui fanno parte i sostenitori più accesi di un cantante, di un attore e sim.

fandàngo [dallo sp. *fandango*, di etim. incerta] **s. m.** (**pl.** *-ghi*) ● Ballo andaluso a tempo ternario accompagnato dal suono di nacchere e chitarre.

fandònia [etim. incerta] **s. f.** ● Notizia, vicenda e sim. inventata per burla o per vanteria: *racconta sempre e solo grosse fandonie*. **SIN.** Bugia, frottola.

fandonióne **s. m.** (**f.** *-a*) ● Chi spaccia abitualmente grosse fandonie.

fané /*fr.* fa'ne/ [vc. fr., part. pass. di *faner* 'far appassire, avvizzire', dal lat. parl. **fenāre*, da *fēnum* 'fieno'] **agg. inv.** ● Che ha perduto la freschezza: *abito f.*; *viso f.*

fanèllo [dal lat. *fāginus*, agg. di *fāgus* 'faggio', perché 'uccello del faggio', con suff. dim.] s. m. ● Uccello dei Passeriformi comune in Italia nelle zone incolte ai margini dei boschi, che ha voce piacevole e può vivere in gabbia (*Carduelis cannabina*). SIN. Montanello | *F. nordico*, diffuso nel nord Europa durante l'estate (*Carduelis flavirostris*).

fanerògama [comp. del gr. *phanerós* 'visibile' (da *pháos*, var. di *phôs* 'luce'), e *-gamo*] agg. solo f.; anche s. f. ● Detto di pianta che ha gli organi di riproduzione visibili.

Fanerògame s. f. pl. ● (*bot.*) In alcune sistematiche, spec. antiche, gruppo di piante caratterizzate dagli organi di riproduzione visibili. SIN. Spermatofite.

fanerogàmico agg. (pl. m. *-ci*) ● Relativo alle fanerogame: *flora fanerogamica*.

fanfalùca [lat. tardo *fanfalūca(m)*, dal gr. *pompholyga*, acc. di *pomphólyx* 'bolla d'aria', di origine espressiva] s. f. *1* (*raro*) Frammento leggerissimo di paglia o di carta bruciata che si leva in aria. *2* (*fig.*) Ciancia, fandonia: *le tue fanfaluche non si contano più* | Gingillo, bagattella | Capriccio: *ha troppe fanfaluche a cui pensare per lavorare seriamente*. *3* (*raro*) †Pasta dolce simile alla pasta sfoglia.

fànfano (1) [vc. espressiva] s. m. (f. *-a*, raro) ● Chiacchierone, armeggione, imbroglione.

fànfano (2) [lat. *pŏmpilu(m)*, nom. *pŏmpilus*, dal gr. *pompílos*, da *pompḗ* 'accompagnamento'] s. m. ● (*zool.*, *sett.*) Pesce pilota.

fanfàra [fr. *fanfare*, di origine onomat.] s. f. ● Banda musicale militare formata spec. da ottoni | Musica composta per tali bande.

fanfaronàta [sp. *fanfarronada*, da *fanfarrón* 'fanfarone'] s. f. ● Atteggiamento o discorso da fanfarone. SIN. Millanteria, smargiassata, sparata.

fanfaróne [sp. *fanfarrón*, di origine onomat.] s. m. (f. *-a*) ● Chi ingrandisce a dismisura la portata delle sue vere o più spesso presunte qualità. SIN. Millantatore, smargiasso, spaccone.

†fànfera [forma ant. di *vanvera*] s. f. ● Cosa da nulla.

†fanferìna [dim. di *fanfera*] s. f. ● Baia, burla | *Mettere in f.*, in burla.

fànga [da *fango*] s. f. ● Poltiglia alta e in grande quantità, spec. in zone campestri: *un viottolo pieno di f.*

fangàia [da *fango*] s. f. ● Tratto di strada o luogo con molto fango.

fangatùra s. f. ● (*med.*) Immersione di tutto il corpo o di parti di esso nei fanghi termali a scopo terapeutico.

fanghìccio s. m. ● Fanghiglia.

fanghìglia [da *fango*] s. f. *1* Mota, melma: *la densa f. nel centro della via* (SVEVO) | Deposito terroso dell'acqua. *2* Poltiglia che resta nel truogolo della ruota dell'arrotino. *3* Deposito argilloso di materiali eterogenei.

fanghìno s. m. (f. *-a*) ● Nelle stazioni termali, chi è addetto alle operazioni di fangatura.

fàngo [vc. di origine germ.] s. m. (pl. *-ghi*) *1* Terra trasformata dall'acqua in poltiglia più o meno consistente: *imbrattarsi di f.* | *F. termale*, o (*ass.*) *fango*, impasto di melma e acque termali, con particolari proprietà medicamentose: *cura dei fanghi* | *F. di fondo*, parte del fondo marino in cui è presente terriccio più o meno molle e in cui affonda l'ancora | *Fanghi rossi*, le scorie industriali, tossiche, del biossido di titanio | *Fanghi blu*, sedimenti marini bluastri per la presenza di solfuri e materie organiche | *Fanghi verdi*, sedimenti marini verdastri per la presenza di glauconite. *2* (*fig.*) Stato di abiezione, di miseria morale: *cadere nel f.*; *uscire dal f.*; *raccogliere, togliere qc. dal f.* | *Far f. di qc.*, malmenarlo. *3* (*geol.*) Sedimento clastico non consolidato, impregnato d'acqua, a elementi di dimensioni inferiori a un sedicesimo di mm: *f. argilloso*; *fanghi silicei*. || **fangàccio**, pegg.

fangosità s. f. ● Caratteristica di ciò che è fangoso: *la f. del terreno*.

fangóso agg. *1* Pieno di fango: *terreno, viottolo f.* | Imbrattato di fango: *scarpe fangose*. *2* (*fig.*, *lett.*) Abietto, laido, immorale: *vita fangosa*. || **fangosétto**, dim.

fangoterapìa [comp. di *fango* e *terapia*] s. f. ● (*med.*) Uso dei fanghi termali a scopo terapeutico.

fànnia [etim. incerta] s. f. ● Dittero simile alla mosca comune tanto da essere con essa confuso, diffuso ovunque, con scarsa tendenza a posarsi sugli uomini (*Fannia canicularis*).

fannullàggine s. f. ● (*raro*) Abitudine di non far nulla, carattere di fannullone. SIN. Poltronaggine.

fannullóne [comp. di *fare* e *nulla*] s. m. (f. *-a*) ● Chi non sa o non vuole far niente. SIN. Bighellone, ozioso, poltrone. CONTR. Sgobbone.

fannullonerìa s. f. ● Qualità di chi è fannullone.

fàno [vc. dotta, lat. *fānu(m)*, da avvicinare a *fās* 'diritto sacro'] s. m. ● (*archeol.*) Tempio, luogo sacro, santuario.

fanóne (1) [fr. *fanons*. V. *fanone (2)*] s. m. ● (*zool.*) Ognuna delle lamine cornee flessibili a margine frangiato, inserite in gran numero sulla mascella superiore dei Cetacei misticeti, che nell'insieme fungono da filtro trattenendo il plancton. ➡ ILL. **zoologia generale**.

fanóne (2) [fr. *fanon*, dal francone **fano* 'pezzo di stoffa'] s. m. ● Ognuna delle mozzette uguali, sovrapposte, di seta, a strisce bianche e dorate, che il papa pone sugli omeri quando celebra pontificalmente | Ciascuna delle strisce pendenti dalla parte posteriore della mitra.

fànotron [comp. del gr. *pháinō* 'io risplendo' e *-trone*, ricavato da *elettrone*] s. m. ● Tipo di tubo elettronico a gas usato come raddrizzatore.

fànta- [abbr. di *fantasia*] primo elemento ● In alcune parole composte di formazione recente, sul modello di *fantascienza*, indica la presenza di elementi fantasiosi o d'invenzione fantastica: *fantapolitica*, *fantastoria*.

fantaccìno [dim. di *fante (2)*] s. m. ● Anticamente, soldato a piedi, a servizio di un cavaliere | (*est.*, *scherz.*) Soldato semplice di fanteria.

fantacrònaca [comp. di *fanta-* e *cronaca*] s. f. ● Cronaca in cui si narrano avvenimenti fantastici o scarsamente aderenti alla realtà.

fantafìlm [comp. di *fanta-* e *film*] s. m. inv. ● Film di fantascienza.

fantapolìtica [da *politica*, sul modello di *fantascienza*] s. f. ● Genere narrativo che si basa su avvenimenti politici immaginari o ipotetici | Interpretazione o ipotesi politica inverosimile, non basata su dati reali: *fare della f.*

fantapolìtico agg. (pl. m. *-ci*) ● Di fantapolitica | Ispirato dalla, o alla, fantapolitica.

fantaromànzo [comp. di *fanta-* e *romanzo*] s. m. ● Romanzo di fantascienza.

fantascientìfico [comp. di *fanta-* e *scientifico*] agg. (pl. m. *-ci*) ● Proprio della, relativo alla, fantascienza: *letteratura fantascientifica*.

fantasciènza [comp. di *fanta-* e *scienza*, per tradurre l'ingl. *science-fiction*] s. f. ● Interpretazione fantastica e avveniristica delle conquiste della scienza e della tecnica che entra come componente essenziale in un particolare genere di letteratura, spettacoli e sim.

fantaṣìa [vc. dotta, lat. *phantăsia(m)*, nom. *phantăsia*, dal gr. *phantasía*, da *pháinō* 'io mostro'] A s. f. *1* Facoltà della mente umana di interpretare liberamente i dati forniti dall'esperienza, o di rappresentare contenuti inesistenti in immagini sensibili: *f. sbrigliata, originale, fervida, povera, ricca*; *f ... quella potenza la quale è simile al lume nell'illustrar le cose* (TASSO); *lavorare di f.*; *mancare di, non avere f.*; *sono illusioni della tua f.*; *queste supposizioni sono frutto di una f. malata*. SIN. Immaginazione, inventiva. *2* Opera o prodotto di tale facoltà: *una splendida f. di colori* | (*est.*) Fenomeno naturale che esce dall'ordinario, dalla norma: *le fantasie della natura*. *3* Bizzarria, capriccio, voglia: *non capisco queste tue fantasie improvvise*; *non dar peso alle sue fantasie* | *Avere f. di q.c.*, desiderarla | *Togliersi la f.*, il pensiero | *Andare a f.*, a genio | *Cosa di f.*, bizzarra | *Rompere la f.*, importunare. *4* (*raro*) Mente, pensiero, memoria: *non passare per la f.*, non pensare, non ricordare. *5* Tessuto, capo d'abbigliamento, e sim., a colori vivaci, disegni vistosi e capricciosi: *una f. in seta a colori contrastanti*; *accessori di f.* *6* (*mus.*) Brano per liuto, clavicembalo o pianoforte, molto vario nei secoli, contrappuntistico o libero, autonomo o ispirato a temi precedenti: *la f. Wanderer di Schubert*. *7* Danza di certe popolazioni africane compiuta su due file di ballerini che avanzano o indietreggiano per poi assumere forma circolare, con forti battute dei piedi e accelerazioni frenetiche. B in funzione di agg. inv. (posposto al s.) *1* Detto di tessuto a colori vivaci e a disegni vistosi e di ciò che con tale tessuto si confeziona: *seta f.*; *abito f.* | (*est.*) Detto di gioiello d'imitazione, non prezioso: *collana f.* *2* Detto di ogni carattere tipografico usato a scopo di richiamo per brevi diciture in stampati pubblicitari e sim., e non rientrante nelle suddivisioni principali: *carattere f.* || **fantasiàccia**, pegg. | **fantasiùccia**, dim.

fantàṣima [da *fantasma*, con epentesi della *-i-*] s. f. *1* (*tosc.*) Fantasma, spettro. *2* †Incubo nel sonno | †Apparizione paurosa: *egli è la f., della quale io ho avuta a queste notti la maggior paura che mai s'avesse* (BOCCACCIO). *3* †Oppressione, travaglio.

fantaṣióso /fanta'zjoso, fantazi'oso/ [da *fantasia*] agg. *1* Pieno di estro: *spettacolo, racconto f.* SIN. Brioso, vivace. CONTR. Arido, monotono. *2* (*est.*) Bizzarro, stravagante. *3* Di persona dotata di estro e di fantasia: *un uomo f. e originale*. SIN. Immaginoso. || **fantasiosaménte**, avv.

fantaṣìsta [fr. *fantaisiste*, da *fantaisie* 'fantasia'] A s. m. e f. (pl. m. *-i*) ● Artista di varietà dalle molteplici attitudini sceniche | (*est.*) Nel linguaggio sportivo, giocatore, spec. di calcio, dalle molteplici attitudini tecniche. B agg. ● Fantasistico.

fantaṣìstico agg. (pl. m. *-ci*) ● Di fantasista.

fantàṣma [vc. dotta, lat. *phantăsma*, dal gr. *phántasma* 'fantasma, immagine', da *phantázō* 'io mostro', al medio 'io appaio'] A s. m. (pl. *-i*) *1* Immagine creata dalla fantasia che non ha alcuna corrispondenza precisa con la realtà dei fatti: *sono tutti fantasmi della loro mente malata* | *F. poetico*, visione poetica come si configura all'intuizione dell'artista | Illusione: *la vita è tutto un vano f.*; *sono i fantasmi del sogno* | *F. di regno, di dominio*, apparenza, speranza. CONTR. Realtà. *2* Immagine di persona defunta rievocata dalla fantasia allucinata e considerata come reale | Spettro, ombra: *f. notturno*; *credere, non credere ai fantasmi* | *È il f. di se stesso*, di persona irriconoscibile e malridotta. SIN. Apparizione. *3* (*psicoan.*) Scenario prodotto dalla fantasia, in cui il soggetto realizza un desiderio conscio o inconscio. *4* †Incubo, oppressione. B in funzione di agg. inv. ● (posposto al s., *fig.*) Nelle loc.: *Re f.*, privo di qualsiasi potere effettivo | *Governo f.*, privo di ufficialità od operante nella clandestinità; (*per anton.*) secondo la propaganda nazifascista, ogni governo legittimo fuggito all'estero di uno Stato europeo invaso militarmente dai Tedeschi durante la seconda guerra mondiale | (*raro*) *Gabinetto f.*, V. *gabinetto* | *Scrittore f.*, che dà forma letteraria a idee e scritti di altra persona lasciandone a quest'ultima la paternità | *Immagine f.*, detto di difetto della ricezione televisiva in cui appare una seconda immagine più debole, dovuta a un'onda riflessa, che dà luogo a una visione sdoppiata.

fantaṣmagorìa [fr. *fantasmagorie*, comp. del gr. *phántasma* 'fantasma' e *agoréuō* 'io parlo pubblicamente'] s. f. *1* †Rapida successione, su uno schermo bianco, di immagini in movimento, prodotte dalla lanterna magica. *2* (*est.*) Serie ininterrotta di suoni o di immagini fantastiche che eccitano esageratamente l'immaginazione | Spettacolo sfarzoso e fantastico: *la piazza era tutta una f. di luci, suoni e colori*. *3* (*est.*) Insieme artificioso ed eccessivo, per ottenere effetti vistosi in quadri, romanzi, poesie e sim.: *una f. di citazioni, di ipotesi, di cifre*. *4* (*fig.*) Insieme di illusioni o visioni prodotte da una fantasia alterata, sovreccitata e sim.: *ha la testa piena di fantasmagorie*.

fantaṣmagòrico [fr. *fantasmagorique*, da *fantasmagorie* 'fantasmagoria'] agg. (pl. m. *-ci*) ● Di, relativo a fantasmagoria: *spettacolo f.* || **fantasmagoricaménte**, avv.

fantaṣmàtico [fr. *fantasmatique*, da *fantasme* 'fantasma'] agg. (pl. m. *-ci*) *1* (*raro*, *lett.*) Di fantasma, di spettro | (*est.*) Misterioso, irreale. *2* (*raro*, *lett.*) Derivante dalla sensazione, da un'impressione sensoriale. *3* (*psicoan.*) Detto di quanto è prodotto dai fantasmi presenti nel mondo interiore.

fantàṣmico [da *fantasma*] agg. (pl. m. *-ci*) ● (*lett.*) Di fantasma, di spettro | (*fig.*) Irreale, inconsistente.

fantasticàggine [da *fantasticare*] s. f. ● (*raro*) Fantasticheria, bizzarria, stravaganza: *sapeva ... tollerare a tempo il brontolio e le fantasticaggini del padrone* (MANZONI).

fantasticàre [da *fantastico*] **A** v. tr. (*io fantàstico, tu fantàstichi*) ● Cercare con la fantasia una spiegazione, ragione, idea, e sim. | Almanaccare, arzigogolare: *cosa state fantasticando?* **B** v. intr. (aus. *avere*) ● Abbandonarsi a congetture fantastiche, lavorare di fantasia: *su cosa state fantasticando?*; *assai ore ... su quelle sue pagine ... io andava fantasticando* (ALFIERI).

†**fantasticatóre** s. m.; anche agg. (f. *-trice*) ● Chi, che ha l'abitudine di fantasticare.

fantasticherìa s. f. ● Atto, effetto del fantasticare | Cosa o congettura fantastica: *sono le sue solite fantasticherie*. SIN. Arzigogolo, chimera.

fantàstico [vc. dotta, lat. tardo *phantăsticu(m)*, nom. *phantăsticus*, dal gr. *phantastikós*, da *phantázō* 'io mostro'] **A** agg. (pl. m. *-ci*) **1** Della fantasia: *mostrare potenza, virtù fantastica e immaginativa* | Che è dotato di fantasia vivace: *ingegno f.* **2** Che è prodotto dalla fantasia e non ha necessaria rispondenza nella realtà dei fatti: *è una narrazione fantastica*; *sono tutte idee fantastiche le tue* | Irreale, immaginario, chimerico: *è un paesaggio, un luogo f.* **3** (*fam.*) Fuori dalla norma, unico nel suo genere e che quindi colpisce la fantasia: *uno spettacolo f.*; *dispone di un patrimonio f.*; *è una ragazza assolutamente fantastica*. SIN. Eccezionale, favoloso, formidabile. **4** Lunatico, cervellotico, bizzarro: *poteva ... cavarsi anche lui la voglia di essere un po' f.* (MANZONI). || **fantasticaménte**, avv. **B** in funzione di inter. ● Esprime meraviglia, stupore, ammirazione, approvazione e sim.: *f.! ce l'ha fatta!* **C** s. m. **1** Ciò che è proprio della fantasia o che da essa nasce. CONTR. Reale. **2** Cosa, fatto e sim., unico, incredibile, eccezionale: *il f. è che sia riuscito a vincere*. || **fantastichétto**, dim. | **fantasticùccio**, **fantasticùzzo**, dim.

fantasticóne s. m. (f. *-a*) ● Chi fantastica spesso o per abitudine.

fantastiliàrdo [comp. di *fantasti(co)* e *(mi)liardo*] s. m. ● (*scherz.*) Quantità elevatissima di denaro. SIN. Fantastilione.

fantastilióne [comp. di *fantasti(co)* e *(mi)lione*] s. m. ● (*scherz.*) Fantastiliardo.

fantasy /*ingl.* 'fæntəsi/ [vc. ingl., propr. 'fantasia'] **A** s. f. inv. ● Genere letterario e cinematografico basato sulla narrazione di avvenimenti ambientati spec. in un Medioevo di fantasia, con elementi propri del romanzo cavalleresco, delle saghe nordiche, della fiaba e della mitologia. **B** anche agg. inv.: *genere f.*

fànte (1) [lat. *infănte(m)* 'infante', con aferesi della sillaba iniziale] s. m. **1** †Ragazzo, fanciullo. **2** (*raro, lett.*) Garzone addetto a vari servizi: *essere f. di qc.* | †*F. di stalla*, stalliere | *Lesto f.*, (*raro*) V. anche *lestofante* || PROV. Scherza coi fanti e lascia stare i santi. || **fanticèllo**, dim. | **fanticino**, dim.

fànte (2) [dal gotico *fanthja* 'soldato a piedi'; nel sign. 2, dal 'soldato di fanteria' che vi è raffigurato] s. m. **1** Soldato di fanteria | *F. piumato*, bersagliere | †*F. perduto*, soldato scelto, addestrato alle azioni più rischiose | †*Far cavalli e fanti*, arruolare truppe | (*raro*) †Staffetta, corriere. **2** Nelle carte napoletane e francesi, la figura di minor pregio | *F. di picche*, (*tosc.*, *fig.*) uomo smargiasso, piccolo e ridicolo. || **fantaccino**, dim. (V.).

†**fànte (3)** [f. di *fante (1)*] s. f. **1** Serva, fantesca: *aveva Giacomin in casa una f. attempata* (BOCCACCIO). **2** (*lett.*) Donna di mala fama e di bassa estrazione. || **fanticèlla**, dim. | **fantina**, dim. (V.).

fanterìa [da *fante (2)*] s. f. ● Milizia combattente a piedi | *Arma di f.*, arma complessa dell'Esercito, dotata di ampia gamma di armi individuali e di reparto, di mezzi di trasporto e di mezzi tecnici, che combatte tuttora a piedi salvo talune sue specialità | *Specialità di f.*, comprendono corpi speciali destinati ad operare in particolari ambienti, con particolari mezzi da fuoco o di trasporto | *F. di marina*, truppa speciale da sbarco e per le operazioni anfibie.

fantésca [da *fante (3)*] s. f. ● (*lett.* o *scherz.*) Domestica | Donna di servizio. || **fantescàccia**, pegg.

fantina s. f. **1** Dim. di *fante (3)*. **2** (*tecnol.*) Nel tornio parallelo, l'organo, fissato rigidamente al banco, che contiene il mandrino e tutti i meccanismi di variazione di velocità. **3** (*al pl.*) †Ritti posti a ciascun angolo del castello o cavalletto del setaiolo.

†**fantinétto** [da *fanto (1)*] s. m. ● (*mar.*) Ciascuna delle doghe d'olmo che si inchiodano intorno alla campana dell'argano con qualche sporgenza perché, nel virare, i canapi vi facciano presa.

fantino [propriamente dim. di *fante (1)*] s. m. (f. *-a* nei sign. 1 e 2) **1** †Fanciullo, bambino: *non è fantin che sì sùbito rua / col volto verso il latte* (DANTE *Par.* XXX, 82-83). **2** Chi monta o guida per professione i cavalli nelle corse al galoppo o al trotto | *Berretto da f.*, berretto con cupola a spicchi molto aderente e con visiera. SIN. Jockey. ➡ ILL. p. 1289 SPORT. **3** (*raro, est.*) Postiglione. **4** †Fante, soldato. **5** †Destro, furbo.

fantoccerìa [da *fante (1)*] s. f. ● (*raro*) Puerilità, fanciullaggine.

fantòccia [da *fantoccio*] s. f. (pl. *-ce*) **1** Bambola. **2** (*fig.*) Donna sciocca e priva di volontà.

fantocciàio s. m. ● Chi fa e dipinge fantocci.

fantocciàta s. f. **1** Rappresentazione di fantocci, pupazzi. **2** (*fig.*) Attitudine, comportamento, discorso da fantoccio.

fantòccio [da *fante (1)*] **A** s. m. (f. *-a*) **1** (*raro*) Bambino. **2** Manichino o pupo fatto a imitazione della figura umana con cenci, legno o altri materiali, usato come giocattolo, spaventapasseri, e sim. | Manichino in plastica o carta, articolabile, utilizzato per film di animazione. SIN. Pupazzo. **3** (*fig.*) Uomo senza volontà propria che si lascia agevolmente guidare dagli altri: *non sei che un povero f. e non te ne accorgi*; *voglio vedere quando la smetterai di fare il f.* **B** in funzione di agg. inv. ● (posposto al s., *fig.*) Nella loc. *governo f.*, governo privo di ogni effettiva autorità, usato strumentalmente da altri; (*per anton.*) spec. quello creato e sostenuto dai Tedeschi in ogni Stato europeo da loro invaso militarmente durante la seconda guerra mondiale. || **fantoccétto**, dim. | **fantoccino**, dim. | **fantoccióne**, accr.

fantolino [dim. del lat. *infăntulus*, a sua volta dim. di *ĭnfans*, genit. *infăntis* 'infante', con aferesi della sillaba iniziale. Cfr. *fante (1)*] s. m. (f. *-a*) ● (*lett.*) Bambino.

fantomàtico [fr. *fantômatique*, da *fantôme* 'fantasma'] agg. (pl. m. *-ci*) **1** Spettrale, fantastico. **2** (*est.*) Inafferrabile, misterioso: *un f. personaggio*.

fantozziàno [dal n. del ragioniere Ugo *Fantozzi*, personaggio creato dal comico P. Villaggio negli anni Settanta] agg. ● Che ricorda i modi goffi e impacciati di U. Fantozzi: *aspetto f.* | Tragicomico, grottesco: *vicenda, situazione fantozziana*.

fanzina s. f. ● Adattamento di *fanzine* (V.).

fanzine /*ingl.* fæn'zi:n/ [vc. dell'ingl. d'America, propr. 'rivista per appassionati', comp. di *fan* e *(maga)zine*] s. f. inv. ● Rivista, per lo più realizzata in economia e a bassa tiratura, destinata agli appassionati di un settore (musica rock, fantascienza, cartoni animati, ecc.).

fàra [vc. longob.] s. f. ● (*st.*) Presso i Longobardi, spedizione cui partecipava tutto il popolo | Piccolo nucleo gentilizio e militare longobardo che, sotto il comando di un arimanno, costituiva la cellula del ducato | Il termine è rimasto come primo elemento di molti toponimi italiani: *Fara S. Martino*.

farabolóne o **farabolàno** [dalla sovrapposizione di *parabola* a *favola*] s. m. (f. *-a*) ● Chi parla molto e realizza poco | Imbroglione, gabbamondo.

farabùtto [ted. *Freibeuter* 'libero saccheggiatore, corsaro'. Cfr. *filibustiere*] s. m. (f. *-a*, raro) ● Persona sleale e senza scrupoli capace di qualsiasi cattiva azione. SIN. Canaglia, imbroglione, mascalzone.

fàrad [dal n. del fisico ingl. M. *Faraday* (1791-1867)] s. m. inv. ● Unità di misura di capacità elettrica, corrispondente a 1 coulomb/volt. SIMB. F.

faraday /'faradai, *ingl.* 'færədei/ [dal n. del fisico inglese M. *Faraday* (1791-1867)] s. m. inv. ● (*elettr.*) Unità di misura della carica elettrica necessaria per liberare in elettrolisi 1 grammo-equivalente di sostanza, equivalente a 96484,56 coulomb.

faràdico agg. (pl. m. *-ci*) ● Detto di corrente elettrica di induzione.

faraglióne [etim. incerta] s. m. ● Grande scoglio aguzzo, staccato dalla costa. ➡ ILL. p. 821 SCIENZE DELLA TERRA ED ENERGIA.

faràndola [provz. moderno *farandoulo*, da *fa-rundello* 'fa-giri'] s. f. ● Danza a catena tipica della Provenza.

faraóna [da *faraone (1)*, perché proviene dall'Egitto] **A** s. f. ● Uccello dei Galliformi con testa e parte del collo nudi, piumaggio macchiettato di bianco e grigio, allevato per la carne (*Numida meleagris*). **B** anche agg.: *gallina f.*

faraóne (1) [vc. dotta, lat. *Pharaōne(m)*, nom. *Pharao*, dal gr. *Pharaṓ*, dall'ebr. *Par'ōh*, di origine egiz.] s. m. **1** Uno dei titoli onorifici spettanti agli antichi re d'Egitto. **2** (*est.*, *fig.*) Persona superba.

faraóne (2) [fr. *pharaon*: dal *faraone* che era raffigurato sulle carte (?)] s. m. ● Gioco d'azzardo, a carte, tra un numero illimitato di giocatori, dei quali uno tiene il banco.

faraònico [da *faraone (1)*] agg. (pl. m. *-ci*) **1** Dei, relativo ai faraoni dell'antico Egitto: *le tombe faraoniche*. **2** (*fig.*) Grandioso, di uno sfarzo esagerato: *al mare s'è fatto una villa faraonica*.

fàrcia [fr. *farce*, da *farcir* 'farcire'] s. f. (pl. *-ce*) ● Qualsiasi composto culinario usato per farcire.

farcino [fr. *farcin*, dal lat. *farcīmen*, da *farcīre* 'riempire, imbottire', in quanto produce tumori] s. m. ● Malattia contagiosa cronica degli equini, caratterizzata da infiammazione purulenta del sistema linfatico e formazione di noduli e ulcere.

farcìre [fr. *farcir*, dal lat. *farcīre*, di etim. incerta] v. tr. (*io farcìsco, tu farcìsci*) **1** Imbottire polli, pasticci o altro con carne tritata, riso, castagne, tartufi, o un qualsiasi altro ripieno. **2** (*raro, fig.*) Riempire, inzeppare: *f. un compito di errori*.

farcìto part. pass. di *farcire*; anche agg. ● Nei sign. del v.

farcitùra s. f. **1** Atto, effetto del farcire. **2** Insieme di ingredienti con cui si farcisce una vivanda.

fard /fard, *fr.* far/ [vc. fr., dev. di *farder* 'imbellettare', di origine germ.] s. m. inv. ● Cosmetico in polvere pressata o in pasta, in varie tonalità di rosso, usato per rendere più vivo il colorito delle guance o per creare ombreggiature sul viso.

†**fàrda** [dal fr. *farder* 'imbellettare'; V. il prec.] s. f. **1** Roba sporca o da imbrattare. **2** Sputo catarroso.

†**fardellàre** v. tr. ● Affardellare.

fardèllo [dim. di *fardo (1)*] s. m. **1** Involto o fagotto di notevole peso e dimensioni: *un pesante f. di merci* | *Far f.*, far fagotto: *d'ogni cosa ne fece un f.* (PULCI). **2** (*fig.*) Peso, carico: *il f. dei pensieri e delle preoccupazioni quotidiane*. **3** (*dial.*) Corredo. || **fardellétto**, dim. | **fardellino**, dim. | **fardellóne**, accr.

†**fàrdo (1)** [ar. *farda* 'carico del cammello'] s. m. ● Balla cilindrica di pelle in cui si riponevano cibi, spezie e sim. | Balla, collo di lana. || **fardèllo**, dim. (V.).

†**fàrdo (2)** [da †*farda*] s. m. ● Belletto.

fàre o †**fàcere** [lat. *făcere*, di origine indeur.] **A** v. tr. (pres. *io fàccio*, raro *fo* /fɔ*/, †*fào*, *tu fài*, †*fàci*, *egli fa*, †*fàce*, †*fàe*, *noi facciàmo*, *voi fàte*, *essi fànno*; imperf. *io facévo*, *tu facévi*, *egli facéva*, †*facìva*, †*facìa*, †*fàva*, †*féa*, *essi facévano*, †*féano*; pass. rem. *io féci*, †*féi*, †*féo*, *tu facésti*, †*fésti*, *egli féce*, †*fé*, †*féne*, *noi facémmo*, †*fémmo*, *voi facéste*, †*féste*, *essi fécero*, †*fénno*, †*férono*, †*féciono*, †*féro*, †*fér*; fut. *io farò*, †*faràggio*; congv. pres. *io fàccia*, †*fàzza*, †*fàcci*; congv. imperf. *io facéssi*, †*féssi*; cond. *io farèi*, †*farìa*, *tu farésti*, *egli farèbbe*, †*farè*; imp. *fa* /fa, fa*/ o *fa'* (V. nota d'uso ELISIONE e ACCENTO) o *fài*, *fàte*; part. pres. *facènte* (V.), †*faccènte*; part. pass. *fàtto* (V.); ger. *facèndo*, †*faccèndo*, †*facièndo*). ATTENZIONE! *fa* non richiede l'accento (V. nota d'uso ACCENTO) **I** Agire operando o muovendosi o stando, con riferimento all'azione in generale, che si determina secondo le relazioni con l'oggetto nel tempo e nello spazio, e può adempiere le veci di ogni altro verbo o sostituirsi ad esso per evitarne la ripetizione in una proposizione successiva o in una similitudine. Una prima serie di significati si raccoglie intorno al concetto di produrre un effetto col lavoro delle mani o dell'ingegno, o usando forza, capacità o mezzi particolari. **1** Creare: *Iddio fece il mondo dal nulla* | Generare: *carne fa carne*; *f. figli, fiori, frutti, rami, foglie* | Di animali, figliare: *la gatta ha fatto quattro gattini* | Cagionare o produrre:

terra magra e arida che fa poco; le arrabbiature fanno cattivo sangue. **2** Porre in essere, in atto: *f. una legge, il male, il bene; hanno fatto una vera strage; f. gli atti; f. causa a qc.; f. credito a un cliente* | Realizzare: *f. un'opera, un lavoro di grande impegno e difficoltà* | Eseguire: *f. la volontà, il desiderio di qc.; avete fatto la nostra ambasciata?* | Ripetere imitando: *f. il verso del gufo, del gallo, del corvo.* **3** Costruire, produrre: *f. scarpe, abiti, case, automobili, pezzi di ricambio* | *F. un quadro, una natura morta,* dipingere | *F. una statua, un bassorilievo,* scolpire | *F. una lettera, un libro, un poema,* scriverli | *F. testamento,* esprimere le proprie ultime volontà. **4** Cucinare: *f. pietanze squisite, piatti prelibati* | Preparare: *f. da mangiare, da pranzo, da cena; questa carne può essere fatta a lesso, arrosto o in salsa.* **5** Mettere insieme: *Roma fa circa tre milioni di abitanti* | Adunare: *f. massa, gente, schiere; †f. cavalli, fanti* | Procacciarsi, ottenere: *f. denari, quattrini, fortuna* | *F. denari a palate,* in grande quantità. **6** Allevare, educare, formare: *f. proseliti, allievi, discepoli; si è fatto molti amici tra noi.* **7** Rendere: *f. bella una stanza; col vostro continuo andirivieni, avete fatto un albergo della mia casa!; gli stanno facendo la vita difficile.* **8** Lasciare uscire o entrare, detto spec. di liquidi: *la ferita fa sangue; la pentola fa acqua* | *F. acqua,* di natante non più impermeabile, con falle | *F. acqua da tutte le parti,* (*fig.*) di ciò che attraversa una grave crisi o di chi è sull'orlo della rovina | *Un ragionamento che fa acqua da tutte le parti,* che è estremamente lacunoso, suscettibile di molte critiche. **9** Seminare, piantare, coltivare: *f. il grano, le fave, i piselli.* **10** Dare come risultato, relativamente alle quattro operazioni aritmetiche: *due più due fa quattro; tre per due fa sei; sette meno due fa cinque; nove diviso tre fa tre.* **11** Configurare, formare: *un tubo che fa gomito; qui la strada fa angolo e più oltre si biforca.* **12** Rappresentare in teatro: *f. il Saul, l'Otello; ha fatto la parte di Iago.* **13** Eleggere: *f. qc. re, console, imperatore, papa, sindaco, deputato* | Nominare: *f. conte, cavaliere, generale.* **14** Praticare un mestiere, esercitare una professione: *f. l'arrotino, il fruttivendolo, il medico, l'ingegnere, il professore* | Occupare una carica o un ufficio e svolgerne le relative mansioni: *f. il sindaco, il presidente, il questore* | *F. da sindaco, da giudice, da padre, da madre,* esercitare le funzioni connesse con tali qualifiche, senza averne i titoli. **15** Pensare, giudicare, ritenere: *dopo una così lunga assenza, ti facevamo ormai morto; si faceva più furbo e più abile* | Concepire: *f. un disegno, un proposito, un pensiero* | (*fam.*) *F. un pensierino su q.c.,* desiderarla. **16** (*pop.*) Nelle loc. *farsi q.c.,* acquistarla: *mi sono fatto la macchina nuova* | Consumare, mangiare: *ti sei già fatto due pacchetti di sigarette; ho voglia di farmi un bel piatto di fettuccine* | *Farsi una donna, un uomo,* avere con essi un rapporto sessuale. **II** Una seconda serie di significati si raccoglie intorno al concetto generale di compiere un'azione, senza l'idea del causare o produrre, sicché anche con l'oggetto ha sempre valore indeterminato. **1** Operare, agire: *f. bene, male, presto, tardi* | *F. i fatti propri, le cose sue,* attendere al proprio ufficio, lavoro e sim. | *F. molto, poco per qc., o q.c.,* adoperarsi molto o poco | *F. e disfare,* (*fig.*) spadroneggiare | *Fa tu,* provvedi tu | *F. per tre, per dieci,* quanto farebbero tre, dieci persone | *F. tanto che,* adoperarsi fino a che non si è riusciti in q.c. | *F. come qc.,* comportarsi come qc. | *Non sapere cosa f.,* essere dubbiosi su una decisione da prendere, su una via da seguire, e sim. | *Non se ne fa nulla,* non si conclude | *Non c'è che f., non c'è niente da f.,* è tutto inutile | *Non f. niente,* essere oziosi | *Non fa nulla,* non importa | *Non f. altro che,* dedicarsi quasi esclusivamente | *Non f. per dire, per criticare,* non avere deliberato proposito ostile nel dire q.c. | *Lasciar f.,* permettere che qc. operi come meglio crede | *Saper f.,* essere abile nel lavoro, nel comportarsi e sim. | *Darsi da f.,* agitarsi o adoperarsi molto | *Avere da f.,* essere occupato | *Ma chi te lo fa f.?,* per sottolineare la probabile mancanza di effetti di un'impresa che costa fatica a chi la compie | *Farsela con qc.,* intendersela; prendersela | *Farsela addosso, sotto, nei pantaloni,* andare di corpo insudiciandosi; (*fig.*) aver paura | *Farne di tutti i colori, farne di cotte e di crude, farne più di Carlo in Francia,* compiere azioni di ogni genere, ma soprattutto bizzarre o riprovevoli. **2** Unito alla prep. *di,* seguito da un inf., sforzarsi, industriarsi: *fate di venire al più presto; fa di ottenere un prestito.* **3** Usato per introdurre un discorso diretto con maggiore forza, dire, interloquire: *a un certo punto mi fece: 'hai proprio ragione'.* **III** Spesso è usato per evitare le ripetizioni di un v. precedente, dal quale è specificato: *vorrei dirgli il fatto suo ma non so come f.* | Con valore pleon. e raff. di un altro v.: *il continuo spendere che fa, finirà per rovinarlo.* **IV** Seguito da un infinito. **1** In numerose costruzioni assume valore causativo: *f. piangere, ridere; far credere q.c. a qc.; fammi vedere quel che succede; vuole farmi dire, fare, ciò che non voglio; farò valere le mie ragioni* | *Far dormire una pratica,* insabbiarla | (*fig., fam.*) *Vai a farti friggere,* detto spec. a persona importuna | *Far correre, trottare, qc.,* (*fig.*) licenziarlo, scacciarlo, allontanarlo bruscamente. **2** Lasciare: *fammi pensare un momento; farsi sedurre, ingannare; si è fatto prendere, trasportare dall'ira* | *Far capire q.c. a qc.,* fornirgli gli elementi necessari per capire q.c. **V** Nei casi segg. assume significati diversi, determinati dal complemento: *f. acqua, legna, carbone,* procurarsene una determinata quantità | *F. fuoco,* accenderlo; (*fig.*) sparare | *F. scuola,* insegnare; (*fig.*) servire d'esempio, di modello | *F. razza,* riprodursi | *F. una grazia,* concederla | *F. una promessa,* impegnarsi | *F. il bagno,* immergersi nell'acqua a scopo igienico o curativo; (*fig.*) bagnarsi molto con un liquido | *F. un prezzo,* stabilirlo o proporlo | *F. un sogno,* sognare | *F. la vita,* (*euf.*) esercitare la prostituzione | *F. la bella vita,* vivere piacevolmente | *F. una vita d'inferno, da cani,* vivere malissimo | *F. un colpo, un grosso colpo,* rubare o rapinare | *F. voglia a qc.,* invogliarlo | *F. voglia di q.c.,* sentirne il desiderio | *F. appetito,* stuzzicarlo | *F. giudizio,* ravvedersi | *F. coraggio, animo a qc.,* incoraggiarlo o rincuorarlo | *F. il nome, i nomi,* rivelarli | *F. lezione,* insegnare | *†F. mercanzia,* esercitare il mestiere di mercante | *F. teatro,* recitare | *F. una scuola,* frequentarla | *F. la barba, i capelli, le unghie,* tagliarli | *F. la pelle a qc.,* ucciderlo | *F. le carte,* mescolarle e distribuirle, nel gioco | *f. il biglietto,* pagare il prezzo di una corsa in autobus, di un viaggio in treno, di entrata in un cinema o teatro e sim. dietro rilascio di un tagliando | *l'ora,* occupare in qualche modo il proprio tempo finché non giunga il momento di partire o altro | *F. le tre, le quattro, le dieci,* con riferimento a orologio, segnare tali ore; con riferimento a persona, stare alzata fino a tali ore | *F. pelo,* detto di muraglie che si incrinano | *F. corpo,* detto di mura, gonfiarsi e uscire dalla perpendicolare | *F. presa,* detto di colla o cemento o sim., indurirsi, raffreddarsi | (*raro*) *F. abito,* abituarsi | *F. un accordo,* accordarsi | *F. un patto,* pattuire | *F. briga,* litigare | *F. cenere di qc.,* incenerire | *F. allegria,* procurarla | *F. un lungo, un breve, cammino,* percorrerlo | *†F. abito,* abitare | *F. i fatti,* agire e non parlare | *F. q.c. a mente,* a memoria | *F. le smorfie, il muso,* atteggiare il viso a tali espressioni | *F. un saluto,* salutare | *F. una riverenza, un inchino,* inchinarsi | *F. buona accoglienza,* accogliere benignamente | *F. il viso rosso,* arrossire | *F. a mezzo,* dividere | *†F. brigata,* conversare | *†F. bruno,* portare il lutto | *F. forca, vela, fuga, sega,* marinare le lezioni | *†F. cavalcate,* muovere milizie a cavallo | *F. canale,* incavarsi a forma di canale | *F. le forche,* (*fig.*) fingere, simulare | *F. la forca a qc.,* ostacolarlo in ogni modo | *F. un sermone,* una predica, predicare | *F. festa,* festeggiare | *F. un triduo, una novena,* celebrarli pregando | *F. una brutta, una bella figura,* impressionare sfavorevolmente o favorevolmente | *F. notizia, titolo,* essere di notevole importanza giornalistica, detto di avvenimenti, personaggi e sim. | *F. caso a q.c. o a qc.,* darle o dargli peso | *F. la bocca a q.c.,* abituarvisi | *F. rotta,* dirigersi | *F. scalo, tappa,* sostare | *F. la fame,* patirla | *F. lieto,* allietare | *F. onore a qc.,* procurargliene | *F. paura,* impaurire | *F. meraviglia,* di cosa che stupisce | *F. meraviglie,* dimostrare grande stupore | *†F. serra,* sollecitare | *†F. mobile,* accumulare averi | (*fig.*) *F. il buono e il cattivo tempo,* spadroneggiare | *F. fuori qc.,* ucciderlo | *F. colpo su qc.,* impressionarlo | *F. il gioco di qc.,* favorirlo | *F. piacere a qc.,* soddisfarlo | *F., farsi strada,* aprirsi un varco; (*fig.*) ottenere successi, raggiungere una buona posizione sociale | *F. specie,* meravigliare, stupire | *F. schifo,* risultare disgustoso; di persona, essere insopportabile e sim. | *F. silenzio,* tacere | *F. giuramento,* giurare | *F. stato,* definire parzialmente o totalmente una controversia, detto di provvedimento giurisdizionale | *F. tesoro di q.c.,* conservarla con gran cura, averla sempre presente | *F. il callo a q.c.,* assuefarsi | *F. fronte a q.c.,* non sfuggirla | *F. fronte a qc.,* resistere | *F. d'uopo,* essere necessario | *F. di cappello,* salutare togliendoselo | (*fig.*) *F. tanto di cappello,* mostrare la propria ammirazione | *Non f. né caldo né freddo,* (*fig.*) lasciare indifferente | *Non f. motto, parola,* non dire nulla | *Farla a qc.,* ingannarlo o sorprenderlo | *Farla in barba a tutti,* prendersi gioco di, spuntarla su, tutti | *Farla finita,* smettere definitivamente q.c.; (*est.*) uccidersi | *Farla franca,* sfuggire alle proprie responsabilità, alla cattura e sim. | *Farla sporca,* commettere azioni riprovevoli | *Farcela,* riuscire | *Non farcela,* non riuscire. **B** v. intr. (aus. *avere*) **1** Essere adatto, conveniente, vantaggioso: *questo cappotto non fa per lui; la fatica intensa e prolungata non faceva per loro; queste cose fanno proprio al nostro bisogno.* **2** Compiersi, con riferimento al tempo: *oggi fanno dieci anni che è finita la guerra* | Iniziare una nuova fase della luna: *oggi fa la luna nuova.* **3** Allignare, attecchire: *l'abete fa sulle montagne; l'olivo fa nelle regioni temperate* | Maturare. **4** Giovare: *la cura ti fa proprio bene; ti farebbe bene un po' di riposo.* **5** È usato in diverse costruzioni, spesso con la prep. *a*: *f. a pugni, a calci, a botte, a coltellate,* azzuffarsi con pugni ecc. | *F. alla neve,* tirarsi palle di neve | *F. alla lotta, alla corsa, a gara, a chi arriva prima,* gareggiare lottando, correndo, ecc. | *F. a mosca cieca, alla morra, alle comari, all'altalena,* giocare | *F. al bisogno,* volere essere utile | *F., non f. a qc.,* importare o no | *Fa fino,* denota raffinatezza | *Fa moda,* detto di qc. (abito, libro, avvenimento) che segue, o anche anticipa, la moda | *Fa notizia,* detto di avvenimento e sim. di grande risonanza. **C** v. rifl. **1** Rendersi: *farsi cattolico, protestante* | *Farsi del partito, del gruppo,* aggregarsi | (*fig.*) *Farsi in quattro,* moltiplicare i propri sforzi, le proprie cure per qc. o q.c. **2** (*raro*) Fingersi: *per ottenere il nostro consenso si fa buono e tranquillo.* **3** Portarsi: *farsi presso, accosto a qc.* **4** (*ass., gerg.*) Drogarsi: *è uno che si fa; da quanto tempo ti fai?* **D** v. intr. pron. **1** Diventare: *farsi grande, grosso, alto, sottile; è un traguardo che si fa sempre più lontano.* **2** Iniziare a narrare: *farsi da lontano, dal principio, dalle origini.* **E** v. intr. impers. (aus. *avere*) **1** Compiersi: *ha già fatto notte; fa giusto un mese che gli ho scritto* | *Dieci giorni fa,* dieci giorni orsono. **2** Essere, riferito alle condizioni del tempo: *fa caldo; fa bello; fa brutto; questa notte ha fatto molto freddo.* **F** in funzione di s. m. **1** L'operare, l'agire: *con tutti quei figli ha il suo da f.* | *Ha un bel f. e insistere!,* nonostante lavori e insista, è tutto inutile. SIN. Lavoro. **2** Portamento, tratto, tono: *ha un f. distaccato e impersonale; il colloquio risultò più facile per quel suo f. gentile e affettuoso.* **3** Fase o momento iniziale di q.c.: *essere sul f. della vita* | *Al f. del giorno,* all'alba | *Al f. dell'alba,* all'apparire delle prime luci | *Al, sul f. della notte, della sera,* quando comincia ad annottare | *Il f. della luna,* luna nuova o principio delle fasi. SIN. Principio || PROV. Chi la fa l'aspetti; chi fa da sé fa per tre.

†farèa [errore di lettura del lat. *parēas,* dal gr. *paréias,* di etim. incerta] s. f. ● Leggendario serpente africano.

farètra [vc. dotta, lat. *phărĕtra(m),* nom. *phărĕtra,* dal gr. *pharétra,* da *phérō* 'io porto', di origine indeur.] s. f. ● Astuccio portatile contenente le frecce, usato dagli arcieri. SIN. Turcasso. ➡ ILL. p. 1287 SPORT; **armi**.

faretràto [vc. dotta, lat. *pharetrātu(m),* da *phăretra* 'faretra'] agg. ● Fornito di faretra | *Il dio f.,* Cupido o Apollo | *La dea faretrata,* Diana.

farétto s. m. **1** Dim. di *faro.* **2** Dispositivo per illuminazione, sistemato da solo o più spesso in gruppo, che in genere sfrutta lampade a incandescenza ed è usato, oltre che per illuminazione generica, spec. per valorizzare determinati elementi di un arredamento.

farfàlla [etim. incerta] s. f. *1* Correntemente, ogni lepidottero | *F. diurna*, attiva nelle ore di luce | *F. notturna*, attiva solo durante la notte | *F. crepuscolare*, attiva al calar della sera | *Andare a caccia di farfalle*, (*fig.*) perdere il proprio tempo in cose inutili | *Andare per* (o *a*) *farfalle*, nel gergo del calcio, detto di portiere o altro difensore che fa degli interventi a vuoto | *Da bruco è diventato f.*, (*fig.*) di chi ha mutato in meglio il proprio stato o condizione | (*fig., lett.*) *L'angelica f.*, l'anima umana | *A f.*, detto di tutto ciò che per la forma ricorda una farfalla | *Cravatta a f.*, annodata a quattro capi, con due code e due cocche | *Nuoto a f.*, stile di nuoto con azione contemporanea delle braccia fuori dell'acqua, mentre le gambe si muovono a rana | *Valvola a f.*, valvola nella quale la chiusura è regolata da un otturatore con asse di rotazione nel mezzo usato per regolare l'afflusso di miscela o aria nel motore a carburazione o ad iniezione. *2* (*fig.*) Donna leggera e volubile. *3* (*fig.*) Uomo volubile che ronza ora intorno a una donna ora intorno a un'altra. *4* (*fig., scherz.*) Biglietto o comunicazione scritta in genere, spec. se poco gradita | Cambiale, citazione. *5* (*al pl.*) Sorta di pasta da brodo di media pezzatura. || **farfallétta**, dim. | **farfallina**, dim. | **farfallino**, dim. m. (V.) | **farfallóna**, accr. | **farfallóne**, accr. m. (V.) | **farfallùccia**, dim.

farfallaménto [da *farfalla*] s. m. ● Forte oscillazione delle ruote anteriori degli autoveicoli | Moto vibratorio delle molle delle valvole dei motori a scoppio, negli autoveicoli, che si verifica alle velocità troppo alte di rotazione del motore.

farfallìno s. m. (f. *-a* nel sign. 3) *1* Dim. di *farfalla*. *2* Cravatta a farfalla. *3* (*fig.*) Uomo superficiale e incostante.

farfallista s. m. e f. (pl. m. *-i*) ● Nuotatore o nuotatrice specialista nello stile a farfalla.

farfallóne s. m. (f. *-a* nel sign. 2) *1* Accr. di *farfalla*. *2* (*fig.*) Persona fatua e incostante. *3* (*fig.*) Sproposito, errore.

†**farfanìcchio** [etim. incerta] s. m. ● Persona piccola e di poco conto che si dà arie del tutto ingiustificate.

fàrfara s. f. ● (*bot.*) Farfaro.

farfaràccio [da *farfaro*] s. m. ● Pianta erbacea delle Composite con foglie grigiastre e pelose e fiori piccoli di color rosa o bianco (*Petasites officinalis*).

fàrfaro [lat. *fărfaru(m)*, di origine preindeur.] s. m. ● Pianta erbacea delle Composite con rizoma sotterraneo, foglie cuoriformi e fiori gialli che compaiono prima delle foglie (*Tussilago farfara*). SIN. Farfara, tussilagine, tussilago.

farfugliàre [prob. dallo sp. *farfullar*, di origine onomat.] v. intr. (*io farfùglio*; aus. *avere*) ● Parlare in modo disarticolato, indistinto e sim.; – *Ottima – farfugliò, masticando grosso* (SCIASCIA). SIN. Balbettare, barbugliare.

fàrgna ● V. *farnia*.

farina [lat. *farīna(m)*, da *făr*, genit. *fărris* 'farro'] s. f. *1* Prodotto della macinazione dei semi di un cereale, spec. del grano | *Fior di f.* o *f. di primo velo*, la più fine e pura, che esce dal velo più fitto del buratto | *F. gialla*, di granoturco, per la polenta | *F. di patate*, fecola | *F. lattea*,® nome commerciale di latte concentrato nel vuoto con pane e zucchero, per bambini e convalescenti | *F. dolce*, di castagne | *Essere più bianco che il fior di f.*, candido | *F. netta, schietta*, (*fig.*) persona pulita e leale | *Non è f. del tuo sacco*, non è cosa o idea tua | *Vendere semola per f.*, (*fig.*) ingannare, darla a bere, a intendere | †*Assediato di f.*, ridotto alla fame. *2* (*est.*) Prodotto ottenuto macinando altre sostanze: *f. di tabacco* | *F. fossile*, insieme di spoglie silicee di Diatomee, usato nella preparazione della dinamite, per refrattari, per filtrare e chiarificare liquidi, e sim. | *F. d'ossa*, fertilizzante fosfatico ricavato da ossa gregge o sgrassate, seccate e macinate | *Ridurre q.c. in f.*, polverizzarla || PROV. La farina del diavolo se ne va in crusca.

farinàccio [da *farina*, nel sign. 1, per il colore bianco] s. m. *1* Fungo commestibile delle Agaricacee con cappello grigiastro simile all'ovolo (*Amanita ovoidea*). *2* †Legno ridotto come in farina dai tarli. *3* (*spec. al pl.*) Scarti della farina usata per pane e pasta, utilizzati come alimento per animali.

farinàceo [vc. dotta, lat. *farinàceu(m)*, da *farīna* 'farina'] **A** agg. ● Della natura della farina | Simile alla farina. **B** s. m. ● (*spec. al pl.*) Legumi e cereali coi quali si fa la farina.

farinàio [vc. dotta, lat. *farinăriu(m)*, da *farīna* 'farina'] s. m. ● Luogo ove i pastai ripongono e conservano la farina.

farinaiòla [da *farina*] s. f. ● Recipiente di legno ove è contenuta la farina per infarinare le vivande prima della cottura.

farinaiòlo o (*lett.*) **farinaiuòlo** s. m. (f. *-a*) ● (*raro, lett.*) Venditore di farina.

farinàta [da *farina*] s. f. ● Alimento a base di farina cotta in acqua, latte e sim. | Specialità ligure a base di farina di ceci e acqua, cotta al forno in una teglia bene unta d'olio d'oliva.

†**farinèllo** [da *farina*, in senso metaforico] s. m.; anche agg. ● Furfante, persona trista.

†**farinévole** agg. ● Di farina.

faringàle agg. *1* (*raro*) Faringeo. *2* (*ling.*) Detto di suono articolato nella faringe.

faringe [vc. dotta, gr. *phárynx*, genit. *pháryngos*, di origine indeur.] s. f. o m. ● (*anat.*) Condotto muscolo-membranoso che si trova dietro le fosse nasali e sopra la laringe e continua con l'esofago. ➡ ILL. p. 365 ANATOMIA UMANA.

faringectomìa [comp. di *faring(e)* ed *-ectomia*] s. f. ● (*chir.*) Asportazione parziale della faringe.

faringèo o (*raro*) **faringeo** [da *faringe*] agg. ● Della faringe: *affezione faringea*.

faringite [comp. di *faring(e)* e *-ite (1)*] s. f. ● (*med.*) Infiammazione della faringe.

faringoiatrìa [comp. del gr. *phárynx*, genit. *pháryngos* 'faringe' e *-iatria*] s. f. ● Parte della medicina che studia la faringe.

faringoscopìa [comp. del gr. *phárynx*, genit. *pháryngos* e *-scopia*] s. f. ● (*med.*) Ispezione della faringe.

faringospàsmo [comp. di *faring(e)* e *spasmo*] s. m. ● (*med.*) Spasmo dei muscoli della faringe.

faringotomìa [comp. di *faring(e)* e *-tomia*] s. f. ● (*chir.*) Incisione chirurgica delle pareti faringee.

farinóso [vc. dotta, lat. tardo *farinōsu(m)*, da *farīna* 'farina'] agg. *1* Di farina, contenente farina: *semi farinosi* | Che si sfarina: *patate farinose*. *2* Simile a farina: *neve farinosa*.

farisàico [vc. dotta, lat. tardo *pharisāicu(m)*, da *pharisaeus* 'fariseo'] agg. (pl. m. *-ci*) *1* Di, da, fariseo. *2* (*fig.*) Falso, ipocrita: *zelo f.*; *invidia farisaica*. || **farisaicaménte**, avv. In modo farisaico; (*fig.*) falsamente.

fariseìsmo o **farisaìsmo** [comp. di *farise(o)* e *-ismo*] s. m. *1* Dottrina e indirizzo morale della setta legalitaria dei Farisei presso gli antichi Ebrei. *2* (*fig.*) Atteggiamento di falsità o di zelo non sincero.

farisèo [vc. dotta, lat. tardo *pharisāeu(m)*, nom. *pharisaeus*, dal gr. *pharisáios*, dall'aramaico *perīshayyā*, agg. plur. 'separati'] **A** s. m. (f. *-a*) *1* Seguace di un'antica setta religiosa ebraica, che si distingueva per la rigida e formale osservanza della Legge mosaica. *2* (*fig.*) Chi con falsità e ipocrisia si preoccupa della forma più che della sostanza delle sue azioni: *viso, faccia da f.*; *non fidarti di lui, è un f.* **B** anche agg.: *setta farisea*; *azione farisea*.

farmacèutica [fr. *pharmaceutique*. V. *farmaceutico*] s. f. ● Farmacologia.

farmacèutico [vc. dotta, lat. tardo *pharmaceuticu(m)*, nom. *pharmaceuticus*, dal gr. *pharmakeutikós*, da *phármakon* 'rimedio, farmaco'] agg. (pl. m. *-ci*) ● Relativo ai farmaci: *laboratorio f.*; *industria, chimica farmaceutica*.

farmacìa [vc. dotta, gr. *pharmakéia*, da *phármakon* 'rimedio, farmaco'] s. f. (pl. *-cie*) *1* Scienza e tecnica della preparazione di medicinali secondo le prescrizioni mediche e le norme della farmacopea ufficiale. *2* Locale dove si preparano e si vendono i medicamenti.

farmacista [da *farmacia*] s. m. e f. (pl. m. *-i*) ● Laureato in farmacia che vende medicinali e, talvolta, li prepara.

fàrmaco [vc. dotta, gr. *phármakon*, di origine indeur.] s. m. (pl. *-ci* o *-chi*) ● Sostanza che per le sue proprietà chimiche, chimico-fisiche e fisiche è dotata di virtù terapeutiche. SIN. Medicamento.

fàrmaco- [V. *farmaco*] primo elemento ● In parole composte, per lo più formate modernamente, indica relazione con i farmaci: *farmacologia, farmacovigilanza*.

farmacobotànica [comp. di *farmaco(logia)* e *botanica*] s. f. ● (*bot.*) Scienza che ha come oggetto le piante medicinali.

farmacochìmica [comp. di *farmaco(logia)* e *chimica*] s. f. ● (*chim.*) Branca della chimica che studia la struttura e le proprietà biologiche delle molecole di interesse farmacologico.

farmacocinètica [comp. di *farmaco-* e *cinetica*] s. f. ● (*farm.*) Studio delle modalità di assorbimento, distribuzione, trasformazione biologica ed eliminazione dei farmaci da parte dell'organismo.

farmacodinàmica [comp. di *farmaco-* e *dinamica*] s. f. ● Studio del meccanismo d'azione dei farmaci.

farmacodipendènte s. m. e f.; anche agg. ● Che, chi si trova in uno stato di farmacodipendenza.

farmacodipendènza [comp. di *farmaco-* e *dipendenza* nel sign. 5] s. f. ● Necessità assoluta, da parte di un individuo, di assumere un determinato farmaco, o più farmaci, per raggiungere una situazione di benessere psichico e fisico.

farmacognosìa [comp. di *farmaco-* e *-gnosia*] s. f. ● Ramo della farmacologia che studia le droghe medicinali, spec. quelle vegetali.

farmacologìa [comp. di *farmaco-* e *-logia*] s. f. ● (*farm.*) Scienza che studia i farmaci per quanto riguarda origine, natura chimica, sviluppo, proprietà ed effetti sugli organismi viventi.

farmacològico agg. (pl. m. *-ci*) ● Pertinente alla farmacologia. || **farmacologicaménte**, avv. Dal punto di vista della farmacologia.

farmacòlogo [comp. di *farmaco-* e *-logo*] s. m. (f. *-a*; pl. m. *-gi*) ● Studioso di farmacologia.

farmacopèa [fr. *pharmacopée*, dal gr. *pharmakopoiía*, comp. di *phármakon* 'farmaco' e *poiéō* 'io faccio'] s. f. *1* Codice, emanato dallo Stato, che registra i nomi di tutti i preparati medicinali in uso, nonché le relative formule, i metodi di preparazione, i requisiti analitici, la loro purezza, e altre caratteristiche. *2* (*raro*) Arte di preparare farmaci.

†**farmacopòla** [vc. dotta, lat. *pharmacopōla(m)*, nom. *pharmacopōla*, dal gr. *pharmakopṓlēs*, comp. di *phármakon* 'farmaco' e *pōléō* 'io vendo'] s. m. (pl. *-i*) ● Farmacista.

farmacoterapìa [comp. di *farmaco-* e *-terapia*] s. f. ● Cura, trattamento delle malattie mediante i farmaci.

farmacovigilànza [comp. di *farmaco-* e *vigilanza*] s. f. ● Attività di controllo sui farmaci in commercio, allo scopo di individuarne eventuali effetti collaterali non registrati nella fase di sperimentazione.

farnesìano agg. ● Appartenente, relativo alla famiglia Farnese.

farneticaménto o †**freneticaménto**. s. m. ● Modo e atto del farneticare. SIN. Delirio, vaneggiamento.

farneticàre o (*raro*) **freneticare** [da *farnetico*] v. intr. (io *farnètico, tu farnètichi*; aus. *avere*) *1* Parlare in modo sconnesso per delirio, malattia e sim.: *è da ieri che farnetica*; *la notte seguente tutta farneticò* (CELLINI). *2* (*fig.*) Parlare a vanvera, far discorsi assurdi e irragionevoli: *stai farneticando e non intendo ascoltarti*. SIN. Sragionare, vaneggiare.

farneticazióne s. f. ● Atto, effetto del farneticare.

farnètico o (*raro*) †**frenetico** nel sign. 1 B [lat. *phrenĕticu(m)* 'frenetico' (V. *frenetico*)] **A** agg. (pl. m. *-chi*) ● Che è o pare in preda al delirio o alla pazzia. || **farneticaménte**, avv. (*raro*) Da farnetico. **B** s. m. *1* Accesso di frenesia, delirio, follia: *essere in preda al f.* | *Dare in farnetichi*, in deliranti escandescenze. SIN. Vaneggiamento. *2* (*fig.*) Desiderio vivo e impaziente: *gli è venuto il f. di partire*. SIN. Capriccio, smania. *3* †Ciò che procura grande preoccupazione o agitazione. *4* †Chi farnetica.

farnétto [dal lat. *fārnu(m)* 'frassino', con suff. dim.] s. m. ● Quercia della regione mediterranea (*Quercus farnetto*).

fàrnia o **fàrgna** [lat. *fārnea(m)* (*ărborem*) 'albero di frassino', da *fārnus* 'frassino'] s. f. ● Grande albero delle Cupulifere con grosso tronco a corteccia scura, foglie lobate glabre con corto picciolo e ghiande riunite in piccoli gruppi all'apice di un peduncolo (*Quercus pedunculata*). SIN. Quercia gentile.

fàro [vc. dotta, lat. *Phăru(m)*, nom. *Phărus*, dal gr. *Pháros*, n. di un'isoletta nel porto di Alessandria, dove Tolomeo Filadelfo edificò una gran torre bianca da cui risplendeva la luce ai naviganti nella notte] s. m. **1** Costruzione elevata sulla quale è installata una sorgente luminosa di grande intensità con lenti e specchi speciali per indirizzare opportunamente il fascio luminoso, che serve di riferimento per la navigazione marittima e aerea | *F. galleggiante*, posto su un natante, una boa, un pontile ancorati. ➡ ILL. p. 1755 TRASPORTI. **2** Riflettore, fanale: *il duomo, illuminato dai fari, campeggiava nella piazza*. **3** Su veicoli e aeromobili, proiettore: *i fari dell'automobile, del treno* | (*est.*) Fotoelettrica. || **farétto**, dim. (V.).

†**farràggine** e *deriv.* ● V. *farragine* e *deriv.*

†**farragginàre** o †**farragginàre**. v. tr. ● Mescolare insieme molte cose.

†**farraginatóre** s. m. ● Confusionario imbrattacarte.

farràgine o †**farràggine** [vc. dotta, lat. *farrāgine(m)* 'miscuglio di biade per il bestiame', da *făr*, genit. *fărris* 'grano'; passò poi già in lat. a significare 'miscuglio di varie materie e cose'] s. f. ● Moltitudine confusa di cose disparate: *f. di libri, di opinioni, di citazioni*. SIN. Congerie, confusione, guazzabuglio. || **farraginàccia**, pegg.

farraginosità s. f. ● L'essere farraginoso.

farraginóso [da *farragine*] agg. ● Ammucchiato alla rinfusa: *erudizione farraginosa* | Disordinato, confuso, sconclusionato: *discorso, racconto, libro f.* || **farraginosaménte**, avv.

fàrro [lat. *fărri*, abl. sing. di *făr*, di origine indeur.] s. m. ● Varietà poco coltivata di frumento (*Triticum dicoccum*).

fàrsa (1) [fr. *farce* 'carne tritata', poi 'commedia', da *farcir* 'farcire'] s. f. **1** Genere teatrale, risalente al XV sec. ma vivo ancor oggi, di carattere comico e grossolano | Ogni opera teatrale appartenente a tale genere. **2** (*mus.*) Intermezzo burlesco tra un atto e l'altro di un'opera seria, in voga dal sec. XVI al sec. XVIII. **3** (*fig.*) Serie di avvenimenti o imprese sciocche e ridicole: *spesso la vita è una f.* || **farsàccia**, pegg. | **farsétta**, dim. | **farsùccia**, dim.

†**fàrsa (2)** [etim. incerta] s. f. ● Tela riempita di lana da materassi.

farsàlico agg. (pl. m. *-ci*) ● Di Farsalo, antica città greca.

†**farsàta** [da *farsa (2)* (?)] s. f. **1** Farsetto. **2** Sorta di cuffia imbottita che si indossava sotto l'elmo. **3** (*raro*) Coperta imbottita.

farsésco [da *farsa (1)*] agg. (pl. m. *-schi*) **1** Di, da farsa. **2** (*est.*) Ridicolo, sciocco, comico: *episodio f.*

†**farsettàio** [da *farsetto*] s. m. (f. *-a*) ● Chi confezionava i farsetti.

farsétto [etim. incerta] s. m. **1** Corpetto imbottito che si indossava sopra la camicia, tipico dell'abbigliamento maschile popolare d'un tempo | *Spogliarsi in f.*, restare in maniche di camicia; (*fig.*) dedicarsi con molto impegno a q.c. | (*est.*) *F. protettivo*, giubbetto corazzato. **2** Specie di camiciola in lana che i militari indossavano sopra la camicia | Corpetto dei marinai. **3** Piccola stecca pieghevole di legno su cui è avvolto il lembo della pelle del tamburo. || **farsettàccio**, pegg. | **farsettìno**, dim. | **farsettóne**, accr.

Far West /far 'west, *ingl.* 'fa: west/ [loc. ingl., propr. 'lontano Ovest'] loc. sost. m. inv. **1** Insieme delle regioni occidentali degli Stati Uniti, verso cui si diressero le migrazioni dei coloni del sec. XIX e in cui sono ambientati i film western. **2** (*fig.*) Territorio governato da leggi proprie e spietate, in cui predomina la violenza e ha grande diffusione la criminalità. **3** (*fig.*) Contrasto violento, scontro furibondo.

fasatùra [da *fase*] s. f. ● (*autom.*) Regolazione di un motore a combustione interna in modo che le varie fasi del ciclo avvengano nel momento più adatto per ottenere il massimo rendimento complessivo.

fascèra [da *fascia*] s. f. ● Stampo a un sol fondo, tondo o quadrato, di legno o metallo forato, nel quale viene posta la cagliata.

fascétta s. f. **1** Dim. di *fascia*. **2** Banda di carta, recante l'indirizzo del destinatario, che avvolge pubblicazioni spedite per posta | *F. editoriale*, quella sovrapposta trasversalmente alla copertina di un libro, con funzioni pubblicitarie e di richiamo. **3** Tipo di busto femminile, spec. di tessuto elastico, per modellare la vita e i fianchi. **4** Anello metallico per fissare la canna del fucile o del moschetto al fusto della cassa. **5** (*mil.*) Piccola striscia di tessuto, su cui è applicato lo scudetto del reparto e talvolta il grado, inserita nella spallina della camicia e della tuta mimetica. **6** (*mecc.*) Anello metallico per serrare manicotti di gomma sui raccordi | Anello in plastica per legare cavi elettrici e sim. ai loro supporti. || **fascettàccia**, pegg. | **fascettìna**, dim. | **fascettùccia**, dim.

fascettàia s. f. ● (*raro*) Bustaia.

fascettàrio [da *fascetta*] s. m. ● Raccolta delle fascette con gli indirizzi delle persone abbonate a periodici o alle quali vengano regolarmente spediti cataloghi, circolari, materiale pubblicitario e sim.

fascettatrìce [da *fascetta*] s. f. ● Macchina che applica le fascette per la spedizione di giornali e riviste.

fàscia [lat. *făscia(m)*, da *făscis* 'fascio', di etim. incerta] s. f. (pl. *-sce*) **1** Striscia di tessuto, carta e sim. usata per avvolgere, stringere, ornare q.c.: *f. per medicazioni*; *portare in vita un'alta f. di seta*; *la f. del cappello*; *la f. tricolore del sindaco* | *F. elastica*, in medicina, quella in tessuto elastico per curare slogature, distorsioni e sim.; nell'abbigliamento femminile, ventriera o busto in tessuto elastico, senza stecche | *F. tergisudore*, quella, di tessuto spugnoso, portata dagli atleti sulla fronte perché assorba il sudore | *Spedire giornali, documenti e sim. sotto f.*, avvolgendoli in una fascia di carta, e non chiudendoli in busta, il che permette di usufruire di una tariffa ridotta. **2** (*spec. al pl.*) Strisce di tessuto usate un tempo per avvolgere i neonati | *Essere in fasce*, detto di bambino, essere nei primi mesi di vita; (*fig.*) detto di cosa ancora sul nascere | *Morire in fasce*, nella prima infanzia. **3** (*spec. al pl.*) Indumento militare, oggi in disuso, costituito da strisce di stoffa che i soldati avvolgevano attorno alle gambe, dalle caviglie al ginocchio. SIN. Mollettiera. **4** (*est.*) Oggetto che, per la forma o la funzione, è analogo a una fascia | *F. elastica*, anello elastico in ghisa o altro metallo, non completamente chiuso su sé stesso, che, montato in apposite gole sullo stantuffo, striscia contro la parete del cilindro dei motori alternativi di combustione interna, mantenendo la tenuta | *A f.*, detto di oggetti a forma di fascia | *Anello, bracciale a f.*, di forma unita, piatta, regolare. **5** (*est.*) Parte di territorio estesa in lunghezza e non in profondità: *f. smilitarizzata, equatoriale, torrida* | *F. fortificata, di resistenza*, zona di terreno di una certa profondità contenente opere difensive e artiglierie | (*fig.*) *F. oraria*, suddivisione delle ore di una giornata in determinati raggruppamenti: *fasce d'ascolto radio-televisivo*. SIN. Zona. **6** (*est.*) Nel linguaggio sportivo, ciascuna delle due zone che corrono lungo le linee laterali del campo di calcio. **7** (*est.*) Gruppo, settore, categoria: *le varie fasce di contribuenti*; *fasce sindacali*. **8** (*anat.*) Membrana fibrosa, spesso disposta a rivestire muscoli o gruppi muscolari | *F. lata*, membrana che riveste i muscoli della coscia. **9** (*arch.*) Tipo di cornice, anche decorata, stretta e piana. **10** (*arald.*) Striscia che occupa orizzontalmente la parte centrale dello scudo. **11** (*mus.*) Superficie cilindrica esteriore del tamburo | Parte del violino e sim. che ne chiude i lati tra il fondo e il coperchio || PROV. Bello in fascia, brutto in piazza. || **fascétta**, dim. (V.) | **fascióne**, accr. m. | **fasciùzza**, dim.

fasciacóda [comp. di *fascia(re)* e *coda*] s. m. inv. ● Striscia di cuoio o di tela con cui si fascia o si tiene ripiegata la coda del cavallo.

fascìale [da *fascia*] agg. ● (*anat.*) Di, relativo a, fascia | *Muscolo f.*, sartorio.

fasciàme [da *fascia*] s. m. ● (*mar.*) Rivestimento della struttura di una nave avente funzioni di resistenza e di forma: *f. esterno, interno*.

fasciànte part. pres. di *fasciare*; anche agg. **1** Nei sign. del v. **2** Detto di capo di vestiario molto aderente, spec. sui fianchi: *abito f.*; *blue jeans fascianti*.

fasciàre [lat. tardo *fasciāre*, da *făscia* 'fascia'] **A** v. tr. (*io fàscio*) **1** Avvolgere in una fascia: *f. il neonato*; *fasciarsi un arto ferito*. SIN. Bendare. **2** Coprire o circondare come con una fascia: *f. di carta un libro per conservarlo*. SIN. Rivestire. **3** (*lett.*) Cingere o chiudere tutt'attorno | (*ass.*) Aderire: *un abito che fascia molto*. **4** Circondare con il fasciame la struttura di una nave o di un aereo. **B** v. rifl. ● Avvolgersi in fasce, in abiti o indumenti attillati e sim.: *fasciarsi in lunghi abiti*; *fasciarsi di seta*.

fasciàta s. f. ● Atto, effetto del fasciare, spec. in modo rapido o approssimativo.

fasciàto A part. pass. di *fasciare*; anche agg. **1** Nei sign. del v. **2** *Corda fasciata*, ottenuta avvolgendo a spirale un sottile filo metallico in giri stretti e continui, intorno a un'anima metallica o di minugia. **B** s. m. ● (*arald.*) Scudo coperto di fasce in numero pari e a smalti alternati.

fasciatóio o **fasciatóre** s. m. **1** Piano d'appoggio di un mobile su cui si depone il bambino per fasciarlo. **2** †Panno di lino o altro atto a fasciare

fasciatùra s. f. **1** (*med.*) Applicazione di fasce o bende per comprimere parti malate del corpo, o isolarle dal contatto con germi, o per mantenere in sede i medicamenti. **2** Insieme di fasce e sim. che avvolgono o stringono: *f. elastica*. **3** Protezione in cavetto fatta su un cavo. || **fasciaturìna**, dim.

fascicolàre (1) [dal lat. *fascĭculus* 'fascetto', dim. di *făscis* 'fascio'] agg. ● (*anat.*) Che concerne un piccolo fascio di fibre | *Contrazione f.*, che avviene in gruppi limitati di fibre, in uno stesso muscolo.

fascicolàre (2) [da *fascicolo*] v. tr. (*io fascìcolo*) ● (*bur.*) Raccogliere fogli in fascicoli.

fascicolàto agg. ● (*bot.*) Detto di organi vegetali riuniti in un fascio | *Radici fascicolate*, quelle in cui le radici secondarie uguagliano o superano in sviluppo la principale. SIN. Affastellato.

fascicolatóre s. m. ● Dispositivo che, in una macchina fotocopiatrice, divide automaticamente in fascicoli un insieme di documenti di cui si vogliono ottenere più copie.

fascicolatrìce [da *fascicolare (2)*] s. f. ● Macchina che fascicola automaticamente.

fascicolatùra [da *fascicolare (2)*] s. f. ● Atto, effetto del fascicolare.

fascicolazióne [da *fascicolo*] s. f. **1** Studio della composizione dei fascicoli che costituiscono libri o codici. **2** Disposizione in fascicoli di un giornale. **3** (*med.*) Piccola contrazione muscolare conseguente a un impulso spontaneo abnorme generato in una fibra nervosa motoria.

fascìcolo [vc. dotta, lat. *fascĭculu(m)*, dim. di *făscis* 'fascio'] s. m. **1** Insieme di carte e documenti relativi a una pratica, una causa e sim.: *ritirare un f.* **2** Ogni numero di una pubblicazione periodica o a dispense: *raccogliere tutti i fascicoli di un'enciclopedia*; *mi manca il quarto f. della rivista* | (*est.*) Libretto, opuscolo. SIN. Dispensa. **3** (*anat.*) Piccolo fascio spec. di fibre: *f. nervoso*. || **fascicolétto**, dim.

fascìna [lat. *fascīna(m)*, da *făscis* 'fascio'] s. f. **1** Fascio di sterpi o legna di piccolo formato usato spec. per bruciare o per formare ripari: *una catasta di fascine* | *Far f.*, (*fig.*) far fagotto | (*est.*) †Fuoco di fascina | *Scaldarsi a una buona f.*, (*fig.*) nutrire buone speranze. **2** †Fazzoletto.

fascinàia s. f. ● (*raro*) Luogo dove si tengono le fascine.

fascinàio s. m. ● Chi fa o vende fascine.

fascinàme s. m. ● Quantità di legna da fascine.

fascinàre (1) [da *fascina*] v. tr. (*io fascìno*) ● Radunare in fascine legname minuto o rametti.

fascinàre (2) [vc. dotta, lat. *fascināre*, da *fāscinum*. V. *fascino*] v. tr. (*io fàscino*) ● (*lett.*) Affascinare.

fascinàta [da *fascina*] s. f. ● Ammasso di fascine per difesa contro l'azione delle acque su sponde, argini, trincee, terrapieni, colmate.

fascinatóre [vc. dotta, lat. tardo *fascinatōre(m)*, da *fāscinum*. V. *fascino*] agg.; anche s. m. (f. *-trice*) ● (*lett.*) Che, chi affascina.

fascinazióne [vc. dotta, lat. *fascinatiōne(m)*, da *fāscinum*. V. *fascino*] s. f. ● (*lett.*) L'affascinare.

fàscino [vc. dotta, lat. *fāscinu(m)* 'malia, amuleto', nato dalla sovrapposizione di *fāscis* 'fascio' al gr. *báskanos* 'ammaliatore'] s. m. *1* †Influenza malefica dovuta a malia o incantesimo. *2* †Scongiuro o pratica esorcizzante per tenere lontano il malocchio e gli incantesimi. *3* Capacità di attrarre fortemente: *il f. della bellezza, dell'eloquenza*; *una donna ricca di f.* SIN. Attrattiva, richiamo.

fascinóso agg. ● Ricco di fascino. || **fascinosaménte**, avv.

fàscio [lat. *fāsce(m)*, di etim. incerta] s. m. *1* Ammasso di più oggetti raccolti e spesso legati insieme: *un f. d'erba, di legna, di fili, di carta*; *gli aveva scagliato in faccia il f. dei pennelli* (PIRANDELLO) | *Andare in un f.*, disfarsi, andare in pezzi | *In un f.*, uniti strettamente | (*fig.*) *Far d'ogni erba un f.*, accatastare concetti o argomenti disparati, senza esaminarne o verificarne il valore o l'opportunità | (*fig.*) *Aver più fasci che ritorte*, ragioni e scuse pronte per ogni mancanza. *2* (*fig.*) Quantità di cose riunite disordinatamente: *un f. di notizie* | Quantità di anni, colpe, responsabilità e sim.: *porta un bel f. d'anni sulle spalle.* SIN. Ammasso. *3* In varie scienze e tecnologie, insieme coordinato di elementi, strutture, parti e sim. | *F. di binari*, insieme di più binari cui è attribuita una determinata funzione | *F. elettronico*, insieme dei raggi di elettroni emessi da un catodo e convogliati, per mezzo di campi elettrici o magnetici, lungo una particolare direzione | (*mat.*) *F. di piani*, insieme dei piani che passano per una retta o sono paralleli ad un piano | *F. di rette*, l'insieme delle rette che passano per un punto o sono parallele a una retta | *F. di raggi*, insieme o flusso di raggi luminosi, di particelle o di radiazioni elettromagnetiche che escono da uno stesso punto o convergono in uno stesso punto | (*ling.*) *F. di correlazioni*, insieme di più correlazioni della stessa classe di parentela i cui fonemi entrano in più opposizioni. *4* (*anat.*) Unione di fibre disposte longitudinalmente | *F. muscolare*, di fibre muscolari | *F. nervoso*, di fibre nervose | (*bot.*) *F. vascolare*, insieme delle cellule o di complessi di cellule che servono per la conduzione di sostanze nutritizie nella pianta. *5* Nella Roma antica, mazzo di verghe con la scure, simbolo del potere esecutivo e quindi insegna dei re e in seguito dei consoli: *i littori precedevano i consoli, portando i fasci* | Simbolo del movimento fascista. *6* Associazione politica: *Camera dei Fasci e delle Corporazioni* | *Fasci dei lavoratori*, associazioni socialiste o con tendenze anarchiche, fondate dai contadini sul finire del XIX sec. per lottare contro i latifondisti | *Fasci di combattimento*, gruppi di azione politica dai quali si organizzò il fascismo | (*est.*) Fascista. || **fascerèllo**, dim. | **fascétto**, dim. | **fascióne**, accr. (V.) | **fasciùccio**, dim.

fascìola o **fasciòla** [lat. *fascĭola(m)*, dim. di *fāscia* 'fascia'] s. f. *1* Piccola fascia. *2* (*zool.*) *F. epatica*, verme dei Platelminti piatto a forma ovale e munito di due ventose, parassita delle vie biliari della pecora ed eccezionalmente dell'uomo (*Fasciola epatica*). SIN. Distoma.

fascióne s. m. *1* Accr. di *fascio*. *2* (*tosc.*) Parte esterna di uno pneumatico di bicicletta o di automobile.

fascismo [dal *fascio* littorio, simbolo del partito] s. m. *1* Regime politico totalitario stabilito in Italia dal 1922 al 1943, fondato sulla dittatura di un partito unico, l'esaltazione nazionalista e il corporativismo: *il Duce del f.* *2* (*est.*) Ogni ideologia e regime politico fondato sul totalitarismo di destra, spec. se proprio del XX sec.: *il f. di F. Franco.*

fascista [da *fascismo*] **A** s. m. e f. (pl. m. *-i*) *1* Seguace, sostenitore del fascismo. *2* (*est.*, *spreg.*) Chi, in un contesto sociale, tende con ogni mezzo a sopraffare l'avversario, a negare i diritti altrui, e sim. | (*est.*) Persona dispotica e prepotente. **B** agg. *1* Del fascismo, dei fascisti: *periodo f.*; *dittatura f.* | *Era f.*, notazione cronologica istituita nel 1926 in aggiunta alla data del calendario civile, con inizio dal 28 ottobre 1922, giorno della marcia su Roma. *2* (*est.*, *spreg.*) Dispotico, prepotente. || **fascistàccio**, pegg. | **fascistèllo**, dim. | **fascistóne**, accr.

fascìstico agg. (pl. m. *-ci*) ● (*raro*) Fascista.

fascistizzàre v. tr. (*io fascistìzzo*) ● Rendere fascista.

fascistizzazióne s. f. ● Atto, effetto del fascistizzare.

fascògale [comp. del gr. *pháskō(los)* 'borsa' e *galê* 'donnola', ambedue di etim. incerta] s. m. ● Marsupiale carnivoro australiano con la coda per metà fornita di lunghi peli e dita con forti unghie (*Phascogale tapoafata*).

fàse [gr. *phásis* 'apparizione di un astro', da *pháinomai* 'io appaio'] s. f. *1* (*astron.*) Ciascuno dei diversi aspetti successivamente e ciclicamente osservabili in un corpo celeste, dovuti alla sua posizione rispetto al Sole e alla Terra: *le fasi di Venere, di Mercurio* | *Fasi lunari*, luna nuova, primo quarto, luna piena, ultimo quarto. *2* (*est.*) Ognuno dei momenti o periodi successivi e diversi in cui si può suddividere q.c.: *le fasi della Rivoluzione francese.* SIN. Epoca. *3* (*est.*) Aspetto caratteristico e definito nel tempo di un processo tecnico, di un fenomeno, di una serie di attività e sim.: *le fasi del processo*; *f. istruttoria*; *le fasi del motore* | *Mettere in f.*, nei motori a scoppio e sim., mettere a punto, regolare: *mettere in f. l'accensione, la distribuzione* | *Fuori f.*, detto di motore che manca di tale messa a punto | *Essere fuori f.*, (*fig.*) sentirsi stanco, esaurito, svogliato e sim., essere giù di corda | (*fisiol.*) *F. paradossale*, nel sonno, periodo in cui si sogna | (*geol.*) *F. magnetica*, ciascuno stadio del consolidamento di un serbatoio magmatico. *4* (*fis.*) Caratteristica delle variazioni di una grandezza periodica, che determina l'inizio di ciascun periodo: *accordo di f.*; *differenza di f.* | In un sistema elettrico polifase, ciascuno dei circuiti. *5* (*chim.*) Porzione fisicamente omogenea di un sistema in equilibrio: *f. liquida*; *f. solida*.

fasèlo o **fasèllo** [vc. dotta, lat. *phasēlu(m)*, nom. *phasēlus*, dal gr. *phásēlos*, di etim. incerta] s. m. ● Antica imbarcazione piccola e leggera, a vela o a remi, di origine egizia.

fashion /ingl. 'fæʃən/ [vc. ingl., a sua volta dal fr. *façon* 'modo' (V. *façon*)] s. f. inv. ● Alta moda, eleganza.

Fasiànidi [comp. del lat. *phasiānus* 'fagiano' (propriamente agg. di *Phāsis* '(l'uccello) del fiume Fasi') col suff. *-idi*] s. m. pl. ● Nella tassonomia animale, famiglia di Uccelli dei Galliformi cui appartengono i tipici gallinacei (*Phasianidae*) | (al sing. *-e*) Ogni individuo di tale famiglia.

fàsmate [vc. dotta, gr. *phásma*, genit. *phásmatos*, da *pháinomai* 'io appaio'] s. f. pl. ● Apparenze di forme e colore delle nuvole per effetto della luce del Sole o della Luna.

Fasmìdi [comp. del gr. *phásma* 'figura', 'fantasma' (della radice di *pháinein* 'apparire') col suff. *-idi*] s. m. pl. ● Nella tassonomia animale, ordine di Insetti con ali posteriori più grandi delle anteriori, pieghevoli, e apparato masticatore (*Phasmida*) | (al sing. *-e*) Ogni individuo di tale ordine.

fasòmetro [comp. di *fase* e *-metro*] s. m. ● (*elettr.*) Strumento che misura la differenza di fase di due fenomeni periodici aventi la stessa frequenza.

fasóre [dall'ingl. *phasor*, comp. di *phas(e)* 'fase' e (*vect*)*or* 'vettore'] s. m. ● (*fis.*) Vettore simbolico.

fasservizi [comp. di *fare* e il pl. di *servizio*] s. m. e f. ● Garzone adibito ai servizi più grossolani e pesanti: *il f. del monastero.*

fassìmile ● V. *facsimile*.

fastèllo [da **fascitello*, dim. di *fascio*] s. m. (pl. *fastèlli*, m. o *fastèlla*, f., raro) *1* Fascio non troppo voluminoso di legna o altri oggetti non grossi: *un f. di sterpi, di verghe, di paglia* | *F. di fieno*, manipolo. *2* †Fascetto di lettere o carte. *3* (*raro*, *scherz.*) Bambino robusto. || **fastellàccio**, pegg. | **fastellétto**, dim. | **fastellino**, dim. | **fastellóne**, accr. | **fastellùccio**, dim.

fast food /fast'fud, ingl. 'fa:st fu:d/ [loc. ingl., comp. di *fast* 'rapido, veloce' e *food* 'cibo, alimento' (entrambi d'orig. germ.)] loc. sost. m. inv. ● Pasto da consumarsi velocemente, costituito da piatti di rapida preparazione, quali hamburger, patate fritte, panini e sim. | Locale in cui si servono tali piatti.

fasti [vc. dotta, lat. *fāsti*, nom. pl. 'giorni in cui il pretore poteva amministrare la giustizia', da *fās* 'comando divino'] s. m. pl. *1* Nell'antica Roma, calendario ufficiale, compilato dal Pontefice massimo, che indicava i giorni in cui era lecito discutere cause, trattare pubblici affari e sim. | *F. consolari*, cataloghi annuali dei consoli o di altri magistrati eponimi, cui venivano spesso aggiunte notizie sugli avvenimenti principali dell'anno. *2* (*fig.*) Ricordi di avvenimenti grandiosi, memorabili: *i f. di una città in decadenza* | *I f. e i nefasti*, le pagine gloriose e oscure di un periodo storico.

†fastidiàre [vc. dotta, lat. tardo *fastidiāre*, da *fastīdium* 'fastidio'] **A** v. tr. ● Molestare, infastidire. **B** v. intr. ● Venire in fastidio: *le cose di che l'uomo abbondevole si trova, fastidiano* (BOCCACCIO). **C** v. intr. pron. ● Infastidirsi.

fastidiévole agg. ● (*raro*, *lett.*) Fastidioso.

fastìdio [vc. dotta, lat. *fastīdiu(m)* 'nausea', comp. di *fāstus* 'orgoglio' e *tǣdium* 'noia'] s. m. *1* Senso di molestia, disagio, disturbo e sim.: *dare, recare f. a qc.* | *Darsi f.*, assumersi un impegno noioso. *2* Disgusto, avversione, noia: *avere f. di un lavoro, di una persona, di un'idea*; *il f. che recano le trattazioni che ogni giorno le officine letterarie e librarie offrono* (CROCE). *3* Causa di affanno, dispiacere o molestia: *è un bel f.!* *Smettetela di dar f. a tutti.* SIN. Cruccio, seccatura. *4* Nausea: *quei cibi mi hanno dato f.* *5* (*raro*) Cosa sudicia e immonda. || **fastidiàccio**, pegg. | **fastidiòlo**, dim.

fastidiosàggine s. f. ● (*raro*) Fastidio, noia, molestia.

fastidiosità s. f. ● Senso di fastidio | Carattere di ciò che procura fastidio.

fastidióso [vc. dotta, lat. *fastidiōsu(m)*, da *fastīdium*. V. *fastidio*] agg. *1* Noioso, seccante, molesto: *lavoro, clima, conversazione fastidiosa*; *è un bambino insistente e f.*; *sì lungo e f. peregrinaggio* (BRUNO). CONTR. Gradito, piacevole. *2* Sensibile a ogni molestia o fastidio: *persona fastidiosa* | *Stomaco f.*, che sente nausea | Difficile da accontentare. *3* †Nauseante, disgustoso. *4* †Stizzoso, sdegnoso. || **fastidiosàccio**, pegg. | **fastidiosèllo**, dim. | **fastidiosétto**, dim. | **fastidiosùccio**, dim. || **fastidiosaménte**, avv.

fastidire [vc. dotta, lat. *fastidīre*, da *fastīdium*. V. *fastidio*] v. tr. (*io fastidìsco, tu fastidìsci*) *1* (*lett.*) Infastidire. *2* †Avere a nausea, in disgusto.

fastigiàto agg. *1* Che termina con un fastigio: *un polittico f.* *2* (*bot.*) Detto di chioma d'albero i cui rami si sviluppano verso l'alto ravvicinati al tronco.

fastìgio [vc. dotta, lat. *fastīgiu(m)* 'inclinazione, pendenza, elevazione', da *fastigāre* 'far terminare in punta', poi 'elevare'] s. m. *1* Parte superiore di un edificio | (*est.*) Tavoletta più alta di un polittico. *2* (*fig.*) Grado massimo di q.c.: *raggiungere i fastigi della perfezione*; *i sommi fastigi ... della storia* (CARDUCCI). SIN. Culmine, pienezza.

†fastigióso agg. ● (*raro*) Fastoso, altero.

fàsto (1) [vc. dotta, lat. *fāstu(m)*. V. *fasti*] agg. *1* Detto di giorno in cui, secondo le prescrizioni vigenti nell'antica Roma, era lecito trattare cause, affari pubblici e sim. *2* (*est.*, *lett.*) Propizio, favorevole.

fàsto (2) [vc. dotta, lat. *fāstu(m)*, di etim. incerta] s. m. *1* Sfarzo, lusso, sontuosità, magnificenza: *il f. della corte imperiale* | Ostentazione di pompe e ricchezze: *far q.c. per f.* *2* (*est.*, *poet.*) Bellezza intensa e decadente: *ho sofferto i primi fasti / dell'autunno* (SABA).

fastosità s. f. ● Qualità di fastoso: *la f. di un ricevimento* | (*est.*) Insieme di apparati fastosi. SIN. Lusso, pompa, sontuosità.

fastóso [vc. dotta, lat. *fastōsu(m)*, da *fāstus* 'fasto (2)'] agg. ● Pieno di fasto: *lusso f.* SIN. Pomposo, sfarzoso, sontuoso. CONTR. Modesto. || **fastosaménte**, avv.

fasùllo [vc. del giudeo-romanesco, dall'ebr. *pâsûl* 'illegittimo, invalido'] agg. *1* Privo di autenticità: *un certificato f.* | Privo di valore: *moneta fasulla.* SIN. Falso. *2* (*fig.*) Inetto, incapace: *avvocato f.*

fàta [lat. parl. **fāta(m)*, da *fātum* 'fato'] s. f. *1* Nelle tradizioni popolari, donna bellissima e dotata di poteri soprannaturali e della capacità di compiere imprese straordinarie, generalmente benefica: *bacchetta della f.* | *Racconti di fate*, fiabe in cui compaiono e agiscono fate | (*fig.*) *Avere dita, mani di f.*, avere dita, mani molto belle, o dal tocco particolarmente leggero o abilissime, spec. nei lavori femminili. **2** Nella mitologia romana, divinità del destino che stabilisce il termine finale della vita umana. SIN. Parca. **3** *F. morgana*, miraggio in cui un oggetto appare sospeso nell'aria, dovuto a rifrazioni, riflessione totale, ulteriori rifrazioni della luce proveniente dall'oggetto reale nell'atmosfera, causato da particolari condizioni termiche dell'aria. **4** (*fig.*) Donna dotata di grande bellezza e di numerose virtù: *era la f. dei poveri e degli ammalati*. || **fatàccia**, pegg. | **fatina**, dim.

†fatagióne [da *fatare*] s. f. • (*lett.*) Pratica magica, incantesimo.

fatàle [vc. dotta, lat. *fatāle(m)*, da *fātum* 'fato'] agg. **1** Stabilito dal fato, dal destino: *ordine, legge, decisione f.* | Del fato: *empio destin f., / uccidi omai questa odiosa vita* (TASSO) | *Libri fatali*, sibillini. **2** Di ciò che cagiona morte, distruzione o danno irrimediabile: *il freddo intenso gli è stato f.* | *L'ora f.*, della morte. SIN. Esiziale, funesto. CONTR. Fausto. **3** (*fig.*) Dotato di irresistibile fascino: *donna, sguardo f.*; *occhi fatali*. || **fatalménte**, avv. In modo fatale; per disgrazia.

fatalìsmo [fr. *fatalisme*, da *fatal* 'fatale'] s. m. **1** Dottrina in base alla quale tutti gli eventi si verificano in modo ineluttabile, cioè indipendentemente da quello che l'uomo può volere o fare. **2** Atteggiamento di chi subisce la realtà, senza cercare di modificarla.

fatalista [fr. *fataliste*, da *fatal* 'fatale'] s. m. e f. (pl. m. *-i*) • Chi si sottomette al corso degli eventi senza cercare di modificarlo.

fatalìstico agg. (pl. m. *-ci*) • Che concerne o interessa il fatalismo: *concezione fatalistica*. || **fatalisticaménte**, avv. In modo fatalistico, con fatalismo.

fatalità [da *fatale*] s. f. **1** Qualità di fatale: *la f. di un avvenimento*. **2** Destino contrario: *la f. ha voluto che l'impresa non fosse portata a termine* | Avvenimento dannoso e imprevedibile: *è stata una vera f.* SIN. Sfortuna.

fatalóne [da *fatale*] s. m. (f. *-a*) • (*iron.*) Chi si dà arie d'irresistibile conquistatore e seduttore.

fatàre [da *fato*] v. tr. **1** Fornire di potenza e virtù magiche: *f. un anello, un'arma* | Render preda di un incantesimo: *f. una persona*. **2** †Annunziare o predire il destino.

fatàto part. pass. di *fatare*; anche agg. **1** Nei sign. del v.: *quella manina artistica e fatata che ha formato tutte le cose dell'universo* (MORANTE). **2** *Mani fatate*, (*fig.*) che riescono in qualunque lavoro con grande facilità. **3** (*raro*) †Fatale, destinato. **4** †Avuto dal destino | †*Mal f.*, che ha avuto cattiva sorte | †*Le mal fatate*, le mal maritate.

fathom /ingl. 'fæðəm/ [ant. ingl. *faethm*, da una vc. germ. che indicava 'apertura delle braccia'] s. m. inv. • Unità di misura di lunghezza, usata nei paesi anglosassoni spec. in marina per la misura della profondità, equivalente a 2 yard e cioè a 1,8288 m. SIN. Braccio. SIMB. fm.

fatìca o **†fadìga**, **†fatìga** [lat. parl. **fatīga(m)*, da *fatigāre*. V. *faticare*] s. f. **1** Sforzo che si sostiene per compiere q.c. di particolarmente impegnativo per il corpo o per l'intelletto: *f. ardua, penosa, ingrata*; *f. di braccia, di gambe* | *Buttar via la f.*, sforzarsi per niente | †*Prendere f.*, affaticarsi | *Esser di f.*, riuscir grave | (*est.*) Lavoro fisico o mentale che costa sforzo e stanca: *scansare, fuggire le fatiche*; *le fatiche di Ercole*; *l'alta f. e le mirabil prove / che fece il franco Orlando per amore* (BOIARDO) | *Da f.*, di persona o animale atto a compiere lavori gravosi | *Abiti di, da f.*, che non temono di essere sciupati, strapazzati | *F. particolare*, lavoro che può essere fatto da una sola persona o tocca a una data persona. CONTR. Riposo. **2** Nei materiali metallici o in altri, debolezza causata da sforzi ripetuti | *Rottura per f.*, dovuta a sollecitazioni inferiori al carico di rottura, quando queste si ripetono un elevato numero di volte. **3** (*fig.*) Pena, difficoltà | *A f.*, a stento | *Durar f. a fare q.c.*, incontrare ostacoli, difficoltà. **4** (*raro*) Ricompensa, mercede: *defraudare le altrui fatiche*. **5** †Angoscia, travaglio | †Noia, fastidio: *dare f.* || **faticàccia**, pegg. | **fatichétta**, dim. | **faticùccia**, **faticùzza**, dim.

faticabilità [dal fr. *fatigabilité*] s. f. • Disposizione naturale, più o meno accentuata, all'affaticamento spec. nelle attività lavorative.

faticàre o **†fatigàre** [lat. *fatigāre* 'affaticare', dalla stessa etim. di *fatīsci*. V. *fatiscente*] **A** v. intr. (*io fatìco, tu fatìchi*; aus. *avere*) **1** Lavorare con fatica: *f. per q.c.* **2** (*fig.*) Lavorare od operare con difficoltà o sforzo: *f. a lungo per terminare uno scritto, una ricerca*. SIN. Penare, sforzarsi. **B** v. tr. **1** †Affaticare, stancare. **2** †Molestare: *f. qc. con pressanti richieste*. **3** †Guadagnare col proprio lavoro. **C** v. intr. pron. • †Affaticarsi | Sforzarsi.

faticàta o **†fatigàta**. s. f. • Grande sforzo o fatica: *ti assicuro che è una dura f.* SIN. Sfacchinata.

faticàto part. pass. di *faticare*; anche agg. **1** Nei sign. del v. **2** (*raro*) Ottenuto, raggiunto con grande impegno e fatica: *l'esito dell'impresa è stato molto f.*

faticatóre [lat. tardo *fatigatōre(m)*, da *fatigāre* 'affaticare'] s. m.; anche agg. (f. *-trice*, pop. *-tora*) • (*raro*) Chi lavora molto e resiste bene allo sforzo.

fàtico [dal gr. *phatós* 'che si può dire, esprimere', dalla stessa radice di *phēmí* 'io parlo' (d'orig. indeur.)] agg. • (*ling.*) Nella loc. *funzione fatica*, quella del linguaggio mediante la quale l'atto della comunicazione ha il fine di assicurare o mantenere il contatto fra il locutore e il destinatario (per es., nella frase *'Pronto, mi sente?'*).

faticóne s. m. (f. *-a*) • (*fam.*) Persona che lavora intensamente e non si sottrae alla fatica.

faticóso o **†fatigóso** [da *fatica*] agg. **1** Che richiede sforzo e procura fatica: *salita faticosa*; *lavoro molto f.* | Difficile: *f. a maneggiare, a lavorare* | Gravoso, molesto | (*fig.*) †*Tempi faticosi*, duri, difficili. SIN. Grave, pesante. CONTR. Agevole, leggero. **2** †Esercitato alla fatica: *sovrappone / l'arme a le membra faticose 'ntorno* (TASSO). **3** (*lett.*) Affaticato: *disteso in terra, f. e lasso* (SANNAZARO). || **faticosétto**, dim. | **faticosìno**, dim. | **faticosùccio**, dim. || **faticosaménte**, avv. In modo faticoso; †difficilmente.

fatìdico [vc. dotta, lat. *fatĭdicu(m)*, comp. di *fātum* 'fato' e *dīcere* 'dire'] agg. (pl. m. *-ci*) **1** Che rivela il fato o predice il futuro: *augurio, linguaggio f.*; *una fatidica Cassandra* (BRUNO) | *Segno f.*, rivelatore del futuro della volontà divina. SIN. Profetico. **2** Fatale: *una data fatidica*. || **fatidicaménte**, avv.

†fatìga e *deriv.* • V. *fatica* e *deriv.*

fatimìta [da *Fatima*, figlia di Maometto, da cui i fatimiti dicono di discendere] agg. (pl. m. *-i*) • Della, relativo alla dinastia musulmana sciita dei Fatimidi, che dominò gran parte dell'Africa settentrionale, Egitto e Siria dal 909 al 1171.

fatiscènte [vc. dotta, lat. *fatiscĕnte(m)*, part. pres. di *fatīsci* 'fendersi', di etim. incerta] agg. • Che va in rovina, cadente (talvolta anche in senso *fig.*): *muro f.*; *edificio f.*; *sistema politico ormai f.*

fatiscènza s. f. • (*lett.*) Condizione di ciò che è fatiscente.

fàto [vc. dotta, lat. *fātu(m)*, da *fāri* 'pronunziare, profetare, parlare', di origine indeur.] s. m. (pl. *fàti*, m., *†fàta*, f.) **1** Per gli antichi, legge eterna e ineluttabile che regola e domina senza contrasto la vita dell'Universo: *sta scritto nel f.*; *opporsi al f.* | †*Cedere al f.*, morire | (*est.*) Volere divino. **2** Destino, caso, fatalità: *il f. ha voluto così*.

fàtta (1) [f. di *fatto (2)*] s. f. • Specie, genere, qualità: *uomini di questa f.* | *D'ogni f.*, d'ogni genere | *Male fatte*, cattive azioni.

fàtta (2) [part. pass. f. sost. di *fare*] s. f. • Escrementi degli uccelli, spec. della beccaccia, sul terreno, che il cacciatore utilizza come traccia | *Essere sulla f.*, seguire le tracce (*anche fig.*).

fattàccio s. m. **1** Pegg. di *fatto (2)*. **2** Azione o avvenimento riprovevole. **3** Crimine di particolare malvagità: *la cronaca del f.*

fatterèllo o **fattarèllo** s. m. **1** Dim. di *fatto (2)*. **2** Avvenimento di poca importanza. **3** Raccontino, aneddoto. || **fatterellìno**, dim.

fattézza [da *fatto (1)*] s. f. **1** †Figura, forma di q.c.: *prima ti dice l'altezza e la f. di questo circulo* (BOCCACCIO). **2** (*spec. al pl.*) Lineamenti del viso: *avere, essere di fattezze fini, delicate, grossolane*. SIN. Fisionomia, sembianze. **3** (*raro*) Forma del corpo: *un giovane di robusta f.*

fattìbile [da *fatto (1)*] **A** agg. • Che si può fare o che è agevole fare: *una cosa f.* SIN. Attuabile, possibile. CONTR. Irrealizzabile. **B** s. m. • Ciò che si può fare: *bisogna sapere prima il f.*

fattibilità s. f. • Qualità di ciò che è fattibile: *accertare il grado di f. dell'operazione*.

fattìccio [lat. *factīciu(m)*. V. *fattizio*] agg. (pl. f. *-ce*) • Di membra grosse, di complessione robusta e tarchiata.

fattispècie [lat. *fācti spĕcie(m)* 'apparenza di fatto'. V. *fatto (2)* e *specie*] s. f. inv. • Fatto produttivo di conseguenze giuridiche, spec. caso concreto di cui si tratta in giudizio: *esaminare la f.*; *nella f. non esiste alcuna attenuante*.

fattitivo [dal lat. *factitāre*, freq. di *fācere* 'fare'] agg. • Iterativo | Causativo.

fattività s. f. • Qualità di chi o di ciò che è fattivo.

fattìvo [da *fatto (1)*] agg. • (*raro*) Che è utile a, o tende a realizzare, q.c.: *il f. interessamento delle autorità* | Di chi è operoso, attivo: *un dirigente f. e abile*. || **fattivaménte**, avv. In modo fattivo, utile.

fattìzio [vc. dotta, lat. *factīciu(m)*, da *făctus* 'fatto (2)'] agg. • (*raro*) Che non è naturale o autentico, ma procede dalla mano dell'uomo | *Idee fattizie*, nella filosofia cartesiana, quelle formate o inventate da noi. SIN. Artificiale.

fàtto (1) part. pass. di *fare*; anche agg. **1** Nei sign. del v. **2** Formato: *f. a esse, a calice, a quadri* | *F. al buio*, (*fig.*) deforme | *Persona ben fatta*, fisicamente ben formata | *Come Dio l'ha f.*, nudo | *Non sapere come una cosa è fatta*, non conoscerla, non averla mai vista | *Non altrimenti f.*, simile | *È f. così!*, questo è il suo carattere | *Com'è f.?*, come è? di che qualità o aspetto è? | Costituito: *f. di carne e d'ossa, di marmo, di ferro*. **3** Maturo: *frutti fatti* | *Uomo f.*, perfettamente adulto | *Ragazza fatta*, da marito | *Pecora fatta*, che ha completato il suo sviluppo | *Cavallo f.*, domato | (*fig.*) *Vento f.*, duraturo | (*fig.*) *A notte fatta*, inoltrata. **4** Cotto al punto giusto: *la pasta è fatta*. **5** Operato, compiuto, realizzato: *cosa ben fatta, mal fatta* | *Ben f.!*, escl. di approvazione | (*fig.*) *Uomo f. e messo lì*, alla buona | *Così f., sì f.*, tale | *Letto f.*, riordinato | *Conto f.*, terminato, completato | *A conti fatti*, (*fig.*) tutto considerato | *Subito f.!*, ecco pronto | *È fatta!*, di cosa conclusa, positivamente o negativamente | *Detto f.*, immediatamente | *È subito, è presto f.*, immediatamente. **6** Adatto: *essere, non essere f. per q.c. o per qc.* | *Nato f.*, proprio adatto | *F. apposta per q.c.*, adattissimo, tagliato su misura. **7** (*raro*) Sazio | Ubriaco. **8** (*gerg.*) Molto stanco, molto affaticato: *dopo una giornata di lavoro sono f.* | (*est.*) Che è sotto l'effetto di una droga: *quel tipo è f.* || PROV. Cosa fatta capo ha. || **†fattaménte**, avv. **1** (*raro*) Effettivamente. **2** Nelle loc. avv. *sì fattamente, così fattamente*, in tal modo: *l'altre, udendo costei così fattamente parlare, ... si tacquero* (BOCCACCIO); V. anche *†siffattamente*.

fàtto (2) [vc. dotta, lat. *făctu(m)*, part. pass. nt. sost. di *fācere* 'fare'] s. m. **1** Azione o atto concreto: *ci vogliono fatti e non parole* | *Fare i fatti*, agire | *Porre qc. di fronte al f. compiuto*, ad una azione già realizzata | *Fatti amministrativi*, le varie operazioni con cui si manifesta l'attività aziendale | *Sul f.*, nell'atto stesso di compiere un'azione | *Cogliere qc. sul f.*, mentre agisce | *Venire, scendere, passare a vie di f.*, alle mani | *F. d'arme*, combattimento | *F. di sangue*, uccisione o ferimento | *Il f. è fatto*, non si può tornare indietro, è inutile ripensarci o recriminare | *In detto e in f.*, in tutto e per tutto | (*fig.*) *I fatti parlano chiaro*, non vi sono dubbi di sorta | *In f. di*, per quanto riguarda | *In fatti*, V. anche *infatti*. **2** Avvenimento, accaduto: *raccontami come si sono svolti i fatti* | *Fatti diversi*, di minore importanza riportati dai giornali | *Il f. sta, il f. è che*, in realtà | Fenomeno, circostanza, evento: *bisogna verificare questo strano f.*; *è un f. del tutto eccezionale*. **3** (*dir.*) Avvenimento che determina il sorgere, il modificarsi o l'estinguersi di un rapporto giuridico: *f. illecito*; *f. notorio* | (*est.*) Insieme delle concrete circostanze di un rapporto giuridicamente rilevante: *desumere da un f. elementi di prova*; *errore di f.* | *Fatti di causa*, questioni di cui si discute in giudizio | *Questione di f.*, sostanziale. **4** Serie di eventi che costituiscono la trama di un romanzo, film, commedia e sim.: *il f. si svolge durante la seconda guerra mondiale*; *il f. è banale e risaputo, ma la recitazione ottima*. **5** Cosa, nel suo significato più ampio: *è un f. quasi incredibile* | *Badare ai fatti propri*, alle proprie faccende | *Andare per i fatti propri*, andarsene | *F. personale*, faccenda relativa ad una sola persona e alla sua vita privata: *chiedere la parola per f. personale*, in un'assemblea | *Impicciarsi dei fatti altrui*, occuparsi delle faccende altrui | *I fatti di casa*, questioni o interessi familiari | *Non è gran f.*, gran guadagno, vantaggio e sim. | (*lett.*) *Non ci credo gran f.*, molto | *Non parere suo f.*, mostrare di essere estranei e indifferenti a q.c. | *Sapere il f. suo*, conoscere bene il proprio mestiere, essere consapevoli delle proprie capacità e sim. | *Dire a qc. il f. suo*, ciò che si merita | †*Il mio, il tuo, il suo f.*, il mio, tuo, suo utile o vantaggio. SIN. Affare. *6* Con valore pleonastico, è usato in varie costruzioni, spec. del linguaggio familiare: *il f. è che ormai mi sono annoiato*; *è un f. che tu non ti sei neppure svegliato*. *7* Spesso è usato per introdurre un argomento che si annuncia: *il f. della sua promozione ci rende felici*; *il f. che sia partito ci riempie di malinconia*. || **fattàccio**, pegg. (V.) | **fattarèllo**, **fatterèllo**, dim. (V.) | **fatticèllo**, dim. | **fattùccio**, dim.

fattóra s. f. *1* Moglie del fattore, nel sign. 2. *2* †Cameriera.

fattóre [lat. *factōre(m)* 'fabbricatore', da *făcere* 'fare'] s. m. (f. *-essa* (V.), *-tora* (V.)) *1* (*lett.*) Artefice, autore, creatore | *L'Alto, il Sommo Fattore*, Dio. *2* Chi coadiuva l'imprenditore agricolo nell'esercizio dell'impresa agricola e lo rappresenta secondo gli usi. *3* †Agente, esecutore. *4* †Fattorino. *5* (*raro*) Persona di salute florida. *6* Ciò che concorre a produrre un effetto: *i fattori del benessere sociale, della ricchezza* | *F. campo*, nel calcio e in altri sport, l'influenza favorevole che il giocare sul proprio campo con l'incitamento del pubblico esercita sullo svolgimento e sul risultato di una partita: *contare sul f. campo* | *F. produttivo, di produzione*, ogni elemento che concorre alla produzione, in particolare terra, capitale e lavoro | (*biol.*) *Fattori di riproduzione*, elementi responsabili della trasmissione dei caratteri ereditari, che passano da una generazione all'altra attraverso i gameti | (*biol., fisiol.*) *F. Rh*, fattore antigene del sangue umano; V. anche *Rh*. *7* (*mat.*) Ciascuno dei termini d'una operazione, spec. della moltiplicazione. *8* In varie tecnologie, coefficiente | *F. di potenza*, rapporto fra potenza effettiva e potenza apparente di una corrente alternata | *F. ambientale*, coefficiente di maggiorazione del tempo normale di lavorazione che tiene conto di eventuali condizioni disagevoli relative all'ambiente spec. di lavoro. *9* †Trottola.

fattoréssa s. f. *1* Moglie del fattore, nel sign. 2. *2* Lavoratrice d'azienda agricola con compiti diversi, ma specifici.

fattorìa [da *fattore*, nel sign. 2] s. f. *1* Azienda agricola | *F. collettiva*, azienda agricola gestita secondo i principi cooperativi dai produttori medesimi. ➡ ILL. p. 353 AGRICOLTURA. *2* Insieme dei fabbricati agricoli necessari a una fattoria | Casa del fattore. *3* (*raro*) Amministrazione di una fattoria | (*raro*) Ufficio di fattore.

fattoriàle agg. ● Di, relativo a, fattore nei sign. 6, 7, 8 | (*mat.*) *Prodotto f.*, prodotto dei successivi numeri interi da 1 fino a un numero dato | *Psicologia f.*, descrizione dell'intelligenza o della personalità in termini di fattori, determinabili attraverso un metodo statistico detto analisi fattoriale di numero limitato, qualitativamente invarianti da soggetto a soggetto, ma differenti quantitativamente.

fattorinàggio [da *fattorino*] s. m. ● (*bur.*) Il complesso delle funzioni proprie del fattorino.

fattorìno [da *fattore*] s. m. (f. *-a* nei sign. 1 e 2) *1* Chi presso un'azienda pubblica o privata è incaricato dei piccoli servizi, spec. di consegna e recapito: *il f. vi consegnerà il pacco* | *F. telegrafico*, che porta a domicilio telegrammi. *2* In un mezzo di trasporto pubblico, chi è addetto alla distribuzione dei biglietti: *il f. del tram, dell'autobus*. *3* Arnese di materiale diverso che le donne tenevano legato alla vita per infilarvi il ferro maestro nei lavori a maglia. *4* Treppiede del girarrosto. *5* Assicella che regola la sega dei segatori di pietre. *6* †Fermacarte, calcafogli.

fattorizzàre [da *fattore* nel sign. 7] v. tr. *1* (*mat.*) Procedere alla ricerca dei componenti primi di un numero. *2* (*econ.*) Cedere un credito a una società di factoring.

fattorizzazióne s. f. ● Atto, effetto del fattorizzare.

fattrìce [vc. dotta, lat. tardo *factrīce(m)*, da *făcere* 'fare'] s. f. *1* La femmina degli equini e dei bovini destinata alla riproduzione | *F. di sangue puro*, per la riproduzione dei cavalli da corsa. *2* (*raro, lett.*) Donna che fa, opera, agisce e sim.

fattuàle [da *fatto* (*2*)] agg. ● (*filos., raro*) Pertinente a una determinata realtà di fatto.

fattualità s. f. ● (*filos., raro*) Condizione, stato di ciò che è fattuale.

fattucchièra s. f. ● Donna che fa fatture. SIN. Incantatrice, maliarda, strega.

fattucchière [prob. connesso con il lat. *fātum* 'fato'] s. m. (f. *-a* (V.)) ● Chi fa fatture. SIN. Stregone.

fattucchierìa s. f. ● Pratica di arti magiche popolari, per mezzo di filtri, incantesimi e stregonerie.

fattùra [lat. tardo *factūra(m)*, da *făcere* 'fare'] s. f. *1* Atto, effetto del fare, confezionare o realizzare materialmente q.c.: *la f. di un abito*; *la f. di quel cappello mi è costata molto* | (*est.*) Modo con cui una cosa è realizzata o fatta: *versi di rozza, buona, pregevole f.* *2* Documento che il venditore rilascia al compratore e che contiene la distinta delle merci vendute o la descrizione del servizio prestato e il corrispondente importo: *spedire, ricevere la f.* *3* †Creatura. *4* †Opera: *e questo consiglio fu f. di due compagni* (SACCHETTI). *5* †Fattezza. *6* (*pop.*) Stregoneria, incantesimo: *fare la f. a qc.*; *credere alle fatture*. || **fatturìna**, dim. | **fatturùccia**, **fatturùzza**, dim.

fatturànte [da *fattura*] s. m. e f. ● (*raro*) Cottimista.

fatturàre [da *fattura*] v. tr. (*io fattùro*) *1* Manipolare, adulterare: *f. il vino con sostanze acquose*. *2* Annotare in fattura le vendite effettuate, redigere una fattura: *f. le importazioni, le esportazioni*; *f. grosse cifre, un notevole volume di affari*. *3* Lavorare con accuratezza e precisione: *f. un prodotto di prima qualità*. *4* (*raro*) Affatturare.

fatturàtica [comp. di *fattura* nel sign. 2 e (*infor*m)*atica*] s. f. ● (*raro*) Tecnica della compilazione di fatture commerciali, schede contabili e sim., mediante apparecchiature informatiche.

fatturàto A part. pass. di *fatturare*; anche agg. ● Nei sign. del v. **B** s. m. ● Ammontare delle fatture emesse da un'impresa in un determinato periodo: *il f. della ditta è in aumento*; *avere un f. di molti miliardi*.

fatturatrìce [da *fattura* nel sign. 2] s. f. ● Macchina contabile dotata di moltiplicazione automatica e di dispositivi particolari destinata al conteggio e alla compilazione di fatture e di altri documenti contabili.

fatturazióne s. f. ● Atto, effetto del fatturare.

fatturìsta [da *fattura* nel sign. 2] s. m. e f. (pl. m. *-i*) ● Impiegato che compila fatture commerciali.

†**fattùro** [vc. dotta, lat. *factūru(m)*, part. fut. di *făcere* 'fare'] agg. ● (*raro*) Che sta per fare, che farà | *Essere f.*, stare per fare, essere sul punto di fare: *fatto avea prima e poi, era f.* (DANTE *Par.* VI, 83).

fatuità o †**fatuitàde**, †**fatuitàte** [vc. dotta, lat. *fatuitāte(m)*, da *fătuus* 'fatuo'] s. f. ● Caratteristica o qualità di chi, di ciò che è fatuo. SIN. Leggerezza.

fàtuo [vc. dotta, lat. *fătuu(m)*, di etim. incerta] agg. ● Vuoto, vano, frivolo, leggero: *discorso, amore f.* | *Fuoco f.*, fiammella che appare nei cimiteri nei pressi delle tombe, prodotta dall'accensione spontanea di sostanze gassose emananti dalla decomposizione dei cadaveri; (*fig.*) illusione che svanisce presto. || **fatuaménte**, avv. Con fatuità, frivolezza.

†**fatùtto** [comp. di *fa(re)* e *tutto*] s. m. e f. inv.; anche agg. inv. ● Faccendone.

faucàle [da *fauci*] agg. ● (*raro, ling.*) Detto di suono articolato per mezzo delle fauci.

fàuci [vc. dotta, lat. *fāuces*, pl., di etim. incerta] s. f. pl. *1* Orifizio di passaggio dalla cavità orale alla faringe: *le f. di un leone* | (*fig.*) *Cadere nelle f. di un usuraio*, essere costretto a chiedergli un prestito, cadere nelle sue mani. *2* (*fig.*) Apertura, sbocco: *le f. del vulcano, della caverna*.

fault /ingl. fɔ:lt/ [vc. ingl., dal fr. *faute*, dal lat. parl. **fallita(m)*, da *fallere* 'fallire'] s. m. inv. ● Nel tennis e in altri sport, fallo.

fàuna [vc. dotta, lat. *Fāuna(m)*, figlia (o sposa) del dio *Fauno*] s. f. *1* Insieme degli animali di un determinato ambiente: *f. marina*; *f. alpina*. *2* (*est., scherz.*) Insieme di persone connesse a un dato ambiente: *la f. locale è piuttosto ostile*.

faunésco [da *fauno*] agg. (pl. m. *-schi*) ● Di, da fauno: *sguardo, viso f.*; *orecchie faunesche*.

faunìstica s. f. ● Studio della fauna di un determinato ambiente.

faunìstico agg. (pl. m. *-ci*) ● Che si riferisce alla, che è proprio della, fauna: *patrimonio f.* || **faunisticaménte**, avv. Relativamente alla fauna.

fàuno [vc. dotta, lat. *fāunu(m)*, da avvicinare a *favēre* 'favorire (la crescita)'] s. m. ● Antica divinità italica protettrice dei campi e delle greggi, raffigurato con orecchie appuntite, corna e piedi caprini, analogamente al dio Pan col quale venne a identificarsi.

faustiàno agg. ● Proprio di Faust, personaggio dell'omonimo poema drammatico di W. Goethe | *Spirito f.*, che ricerca sempre nuove conoscenze ed esperienze.

faustìsmo [da *Faust*] s. m. ● Estetismo.

fàusto [vc. dotta, lat. *fāustu(m)*, da avvicinare a *favēre* 'favorire'] agg. *1* (*lett.*) Propizio, favorevole. *2* (*est.*) Lieto, felice, fortunato: *annunzio f.* | *F. evento*, lieto evento | *Giorno f.*, di festività e gioia per una lieta ricorrenza o per un avvenimento felice. CONTR. Nefasto. || **faustaménte**, avv. Felicemente.

fautóre [vc. dotta, lat. *fautōre(m)*, da *favēre* 'favorire'] agg.; anche s. m. (f. *-trice*) ● Che, chi favorisce, promuove, sostiene: *f. della libertà, dell'alleanza, della pace, della rivoluzione*. SIN. Sostenitore. CONTR. Avversario, nemico.

fauve /fr. fov/ [vc. fr., propriamente 'belva', vc. di origine francone] **A** s. m. inv. ● Artista seguace del fauvismo. **B** agg. inv. ● Relativo al fauvismo, che segue il fauvismo: *pittura, esposizione f.*

fauvìsmo /fo'vizmo/ [fr. *fauvisme*, da *fauve* (V.) col suff. *-isme* 'ismo'] s. m. ● Movimento artistico sorto in Francia agli inizi del sec. XX, la cui pittura è caratterizzata da colori puri violentemente contrastanti e da una composizione tridimensionale tendente alla semplificazione o alla deformazione del reale nella ricerca di una primitiva immediatezza di espressione.

fàva [lat. *făba(m)*, di origine indeur.] s. f. *1* Pianta erbacea delle Papilionacee con foglie composte paripennate, fiori di color bianco o violaceo in racemi e legumi scuri contenenti semi verdastri (*Vicia faba*) | Il seme commestibile di tale pianta | *Prendere due piccioni con una f.*, raggiungere due risultati e sim., in una sola volta | (*pop.*) *Aver gran f.*, aver molta superbia. *2* In passato, voto, suffragio che si dava deponendo una fava nell'urna | †*F. nera*, voto contrario | †*F. bianca*, voto favorevole | †*Mettere alle fave*, ai voti | (*raro*) *Rendere la sua f.*, esprimere il proprio parere. *3* (*raro*) Bagattella | †*È tutto f.*, tutto la stessa cosa. *4* (*volg.*) Glande | (*est.*) Pene. || **favàccia**, pegg. | **favétta**, dim. (V.) | **favìna**, dim.

favagèllo [da *fava*, perché le foglie assomigliano a quelle delle fave] s. m. ● Pianta erbacea delle Ranuncolacee con tuberi carnosi, breve fusto sdraiato e fiori giallo-dorati (*Ranunculus ficaria*).

favàggine [da *fava* col suff. di alcune piante *-aggine*, suff. già in lat. usato per formare nomi di piante] s. f. ● Pianta erbacea delle Zigofillacee con foglioline carnose e fiori ascellari con proprietà medicinali (*Zygophyllum fabago*).

favàio [lat. tardo *fabāriu(m)*, da *făba* 'fava'] s. m. ● (*raro*) Campo coltivato a fave.

favàra [dall'ar. *fawwāra*] s. f. ● Nell'isola di Pantelleria, abbondante emissione di vapore a 100 °C.

favarèlla ● V. *faverella*.

favàta [lat. *fabāta(m)*, da *făba* 'fava'] s. f. *1* Minestra di fave. *2* (*fig., raro*) Millanteria.

favela /port. fa'vɛla/ [vc. del port. brasiliano, propr. 'alveare', dal lat. *făvu(m)* 'favo'] s. f. inv. (pl. port. *favelas*) ● Quartiere di baracche costruite spec. alla periferia di grandi città brasiliane.

favèlla [da *favellare*] s. f. *1* Facoltà di parlare: *il dono della f.*; *perdere, riacquistare la f.* | (*est.*) Discorso: *con qual f. / il lor voler ti palesaro i numi?* (METASTASIO) | *Tener f.*, conversare. *2* Lingua particolare: *la f. latina*; *tutte le favelle del mondo*.

favellàre [lat. parl. **fabellāre*, da *fabĕlla* 'piccolo racconto', dim. di *fābula* 'favola'] **A** v. intr. e tr. (*io *favèllo*; aus. *avere*) • Parlare, discorrere: *chi d'una cosa, e chi d'altra favella* (L. DE' MEDICI). **B** in funzione di s. m. • †Discorso | †Locuzione.

†favellatóre [da *favellare*] s. m. (f. *-trice*) • Parlatore.

favellìo s. m. • (*lett.*) Chiacchierio.

†favènte [vc. dotta, lat. *favĕnte(m)*, part. pres. di *favēre* 'favorire'] agg. • (*lett.*) Fautore.

faverèlla o **favarèlla** [da *fava*] s. f. • Impasto di fave cotte, usato come mangime per cavalli.

favéto s. m. • (*raro*) Campo coltivato a fave.

favétta s. f. *1* Dim. di *fava*. *2* Tipo di fava a seme piccolo usata spec. nell'alimentazione del bestiame (*Vicia faba minor*). SIN. Favino. *3* (*fig.*) †Persona saccente.

favìlla [lat. *favīlla(m)*, dalla stessa radice di *favēre* 'riscaldare'] s. f. *1* Parte minutissima di materia incandescente: *le faville di un falò* | *Far faville*, di chi riesce bene in q.c. o ha successo per certe qualità personali | *Andar in faville*, bruciare | *Mandar faville dagli occhi*, (*fig.*) per gioia o ira | †Cenere sottile che ricopre la brace. SIN. Scintilla. *2* (*fig.*) Fiammella, intesa anche come principio di sentimento, passione, avvenimento: *la f. dell'amore, dell'odio, della discordia, della distruzione*. *3* (*fig., lett.*) Briciola, minima parte. || **favillétta**, dim. | **favillìna**, dim. | **favillùccia**, **favillùzza**, dim.

favìno [da *fava*] s. m. • Favetta, nel sign. 2.

favìṣmo [da *fava*] s. m. • (*med.*) Anemia emolitica ereditaria che si manifesta con l'ingestione di fave crude o con l'inalazione di polline di fava.

favìssa [vc. dotta, lat. *favĭssae*, nom. pl., di origine preindeur.] s. f. • Negli antichi templi, cella sotterranea situata all'interno del recinto sacro ma fuori del tempio, che serviva come deposito per le offerte votive.

fàvo [lat. *făvu(m)*, di etim. incerta] s. m. *1* Insieme delle celle a forma esagonale costruite dalle api per deporvi uova, miele e polline: *un f. di miele* | *Più dolce che un f. di miele*, di cosa dolcissima (*anche fig.*). *2* (*med.*) Agglomerato di foruncoli. SIN. Antrace, vespaio.

fàvola o **†fàbula** [lat. *fābula(m)*, da *fāri* 'parlare'] s. f. *1* Breve narrazione in prosa o in versi, di intento morale, didascalico e sim., avente per oggetto un fatto immaginato i cui protagonisti sono per lo più cose o animali: *le favole di Esopo, di La Fontaine* | *La morale della f.*, l'insegnamento che se ne ricava e (*est.*) il significato reale, l'effettiva portata di un fatto, di un avvenimento e sim. *2* Racconto spec. popolare di argomento fantastico, con personaggi immaginari quali fate, gnomi, streghe e sim., spesso con intenti educativi: *raccontare le favole ai bambini*; *un libro di favole*; *le favole di Andersen*; *la f. di Biancaneve, del gatto con gli stivali*. SIN. Fiaba. *3* Qualsiasi racconto o argomento fantastico, misterioso, mitico: *l'origine di quel popolo è avvolta nella f.*; *quelle credenze hanno il tono della f.* | Chiacchiera, diceria sul conto di una persona o su un avvenimento od anche l'oggetto di tali chiacchiere: *quell'individuo è diventato la f. del paese* | *Essere la f. del mondo*, oggetto di riso e scherno. *4* Commedia, dramma: *f. pastorale* | Intreccio di commedia, dramma o poema | †Novella, aneddoto, fatterello. *5* (*fig., poet.*) Vita umana: *la f. breve è finita* (CARDUCCI). *6* Invenzione, bugia, fandonia: *eran tutte favole*. || **favolàccia**, pegg. | **favolétta**, dim. | **favolìna**, dim. | **favolùccia**, **favolùzza**, dim.

†favolàre v. intr. *1* Raccontar favole. *2* Favellare, confabulare. SIN. Fabulare.

†favolatóre o **†fabulatóre** [lat. *fabulatōre(m)*, da *fābula* 'favola'] s. m. (f. *-trice*) *1* Scrittore di favole. *2* (*raro, est.*) Chiacchierone.

favoleggiaménto s. m. • (*raro*) Atto, effetto del favoleggiare.

favoleggiàre o **†fabuleggiàre** [da *favola*] v. intr. (*io favoléggio*; aus. *avere*) *1* Raccontare favole. *2* Rappresentare cose favolose, parlandone o scrivendone: *questa è la città di cui tanto si è favoleggiato*.

favoleggiatóre s. m.; anche agg. (f. *-trice*) • (*raro*) Chi, che favoleggia.

favolèllo [adattamento dell'ant. fr. *fablel*, dim. di *fable* 'racconto immaginario', di origine lat. (*fābula*)] s. m. • Breve racconto, poemetto narrativo medievale.

favolista s. m. e f. (pl. m. *-i*) • Scrittore di favole.

favolìstica s. f. *1* Genere letterario delle favole | Insieme di favole proprie di un determinato paese o area geografica: *la f. nordica*. *2* Disciplina relativa allo studio delle favole.

favolìstico agg. (pl. m. *-ci*) • Che si riferisce alle favole: *genere f.*

favolosità [lat. *fabulositāte(m)*, da *fabulōsus* 'favoloso'] s. f. • (*raro*) Qualità di ciò che è favoloso.

favolóso o (*raro*) **†fabulóso** [lat. *fabulōsu(m)*, da *fābula* 'favola'] agg. *1* Di favola, che appartiene alla favola: *una storia, una divinità favolosa* | Leggendario: *il f. Egitto*; *tutte le storie barbare hanno favolosi principi* (VICO). *2* (*est.*) Incredibile, enorme, esagerato: *una ricchezza favolosa*; *prezzo f.* | (*fam.*) Straordinario, suggestivo: *uno spettacolo f.*; *un libro f.* || **favolosaménte**, avv.

favònio [vc. dotta, lat. *favōniu(m)*, da *favēre* 'favorire la crescita', perché col suo tepore favorisce i germogli] s. m. • (*lett.*) Vento caldo di ponente.

†favoràbile [vc. dotta, lat. *favorābile(m)*, da *fāvor*, genit. *favōris* 'favore'] agg. • Favorevole. || **†favorabilménte**, avv. Favorevolmente.

favóre [vc. dotta, lat. *favōre(m)*, da *favēre* 'favorire', di etim. incerta] s. m. *1* Benevolenza, preferenza, simpatia: *f. popolare*; *godere il f. del popolo, del pubblico*; *la squadra gode del f. del pronostico* | *Essere, trovarsi in f.*, essere favorito | *Essere a f.*, favorire | *Votare a f. di qc., di q.c.*, dimostrare col voto di volere la sua elezione, di approvarne le richieste, le proposte e sim. | *Parlare in f.*, esprimere consenso, approvazione e sim. | *Incontrare il f. di qc.*, detto di cosa, atteggiamento, iniziativa e sim. che riscuote simpatia e consensi | *Di f.*, detto di ciò che si fa o si concede non per dovere ma per venire incontro alle esigenze, alle necessità, alle richieste di qc.: *prezzo di f.*; *firma, cambiale di f.* | *Entrata, biglietto di f.*, che consente l'ingresso gratuito a spettacoli e sim. *2* Azione che dimostra benevolenza verso qc.: *chiedere, fare un f. a qc.*; *fammi il f. di tacere*; *non mi scorderò mai il f. che fatto mi avete* (GOLDONI) | *Mi faccia il f.!*, escl. di impazienza, sdegno e sim. | *Per f.*, formula di cortesia per chiedere q.c. SIN. Cortesia, piacere. *3* Aiuto, beneficio, vantaggio, spec. nelle loc. *a f.*, *in f.*: *soccorsi a f. degli alluvionati*; *testimoniare a f. di qc.*; *testimoni a f. di qc.*; *intervenire in f. di qc.*; *la sentenza è in nostro f.* | Protezione, appoggio, complicità: *con il vostro f. è riuscito a sistemarsi*; *fuggì col f. delle tenebre*. || **favorétto**, dim. | **favorìno**, dim. | **favoróne**, accr. | **favorùccio**, **favorùzzo**, dim.

favoreggiaménto s. m. • Atto, effetto del favoreggiare | (*dir.*) *F. personale*, reato consistente nell'aiutare qc. a eludere le indagini o a sottrarsi alle ricerche delle autorità, dopo che è stato commesso un reato, quando non ci sia concorso nel reato stesso | *F. reale*, reato consistente nell'aiutare qc. ad assicurarsi il prodotto o il profitto di un reato quando non ci sia concorso nel reato stesso | *F. bellico*, reato di chi si accorda in tempo di guerra con lo straniero o commette altri fatti al fine di favorire le operazioni militari del nemico o nuocere a quelle del proprio Stato | *F. della prostituzione*, reato di chi agevola, con qualsiasi atto di prossenetismo che non raggiunga lo sfruttamento vero e proprio, la prostituzione altrui.

favoreggiàre [da *favore*] v. tr. (*io favoréggio*) • Proteggere col proprio favore: *f. un intrigo, la corruzione*; *f. un reo, un omicida*.

favoreggiatóre s. m. (f. *-trice*) • Chi favoreggia, spec. chi si rende colpevole di favoreggiamento.

favorévole agg. *1* Che approva, consente, reca vantaggio: *sentenza, risposta, voto f.*; *tempo, stagione f.* *2* Benigno, benevolo: *giudizio f.* | Propizio: *vento f.* CONTR. Avverso, ostile. || **favorevolménte**, avv.

favorire [da *favore*] **A** v. tr. (*io favorìsco, tu favorìsci*) *1* Incoraggiare, aiutare, a volte anche con parzialità: *f. i desideri, le aspirazioni, le inclinazioni di qc.*; *f. un concorrente*. SIN. Assecondare, sostenere. CONTR. Avversare, contrariare. *2* Promuovere, appoggiare, facilitare, agevolare: *f. il commercio, l'industria, un partito, una opinione* | *F. qc. di una cosa*, fargliene dono. **B** v. intr. (aus. *avere*) • Accettare di fare q.c., compiacere per cortesia: *di' al cavaliere di Ripafratta, che favorisca venire da me* (GOLDONI) | *Vuole f.?*, invitando qc. a pranzare alla propria tavola | *Tanto per f.*, formula di cortesia con la quale si accetta l'offerta di cibi, bevande e sim., prendendone in piccola quantità | *Favorisca!*, entri!, si accomodi! | *Favorisca alla cassa*, invito che si fa al cliente di pagare | *Favorisca in questura!*, *favorisca seguirmi*, esprimendo un ordine, anche in modo brusco.

favorita s. f. • Donna prediletta da un uomo, spec. potente e importante: *la f. dell'imperatore, del sultano*.

favoritìṣmo [da *favorire*] s. m. • Atteggiamento, atto di chi favorisce qc. indebitamente, con parzialità.

favorito **A** part. pass. di *favorire*; anche agg. *1* Nei sign. del v. *2* Amato, prediletto, preferito: *il mio scrittore f.* *3* Detto di atleta, cavallo, e sim., che è considerato il probabile vincitore di una competizione sportiva: *la squadra favorita di un torneo*. || **favoritaménte**, avv. (*raro*) In modo favorito. **B** s. m. (f. *-a* nel sign. 1 (V.)) *1* Persona prediletta: *ecco il suo f.* SIN. Beniamino. *2* Atleta, cavallo, squadra e sim., favoriti: *clamorosa sconfitta del f.* *3* (*al pl.*) Basette lunghe fino all'altezza del mento.

favùle [lat. *fabūle* 'gambo della fava' (da *fāba* 'fava')] s. m. *1* Campo di fave. *2* Stoppia, gambo seccato della fava.

fax s. m. inv. • Acrt. di *telefax* (V.).

faxàre [da *fax*] v. tr. • Trasmettere con il telefax: *f. un documento*.

fazenda /*port.* fa'zɛnda/ [vc. port., dal lat. *faciĕnda* 'cose da farsi' (V. *faccenda*)] s. f. inv. (pl. port. *fazendas*) • Azienda agricola brasiliana.

fazendeiro /*port.* fazen'deiru/ [vc. port., der. di *fazenda*] s. m. inv. (pl. port. *fazendeiros*) • Chi possiede o conduce una fazenda.

†fazionàrio [vc. dotta, lat. tardo *factionāriu(m)* 'capo fazione nelle corse del circo', da *făctio*, genit. *factiōnis* 'fazione'] s. m. • Aderente a una fazione.

fazióne [vc. dotta, lat. *factiōne(m)*, da *făcere* 'fare'] s. f. *1* Raggruppamento spec. politico, particolarmente intollerante e violento: *guerre, lotte di fazioni*. SIN. Setta. *2* (*est.*) Nel calcio e sim., squadra, in quanto contrapposta a quella avversaria: *i tifosi di entrambe le fazioni*. *3* (*mil., raro*) Servizio obbligatorio | †Fatto d'arme, azione militare: *uomo, gente, cavallo da f.* | *Fare f.*, combattere | *Essere, montare di f.*, di sentinella. *4* †Forma, maniera, specie | †*A f.*, a forma, guisa. *5* †Fattezza, forma del corpo. *6* †Fatto, faccenda.

faziosità s. f. • Qualità di chi, di ciò che è fazioso.

fazióso [vc. dotta, lat. *factiōsu(m)*, da *făctio* 'fazione'] **A** agg. *1* Che appartiene a una fazione | (*est.*) Settario: *il suo è un atteggiamento f.* *2* Ribelle, sovversivo, fanatico: *fare discorsi faziosi*. CONTR. Moderato. || **faziosaménte**, avv. **B** s. m. (f. *-a*) • Persona settaria e intollerante: *fu assalito da un gruppo di faziosi*.

fazzolétto [dim. di *fazzolo*] s. m. • Quadrato spec. di lino o di cotone, semplicemente orlato o ricamato, per soffiarsi il naso, asciugare il sudore e sim.: *f. da donna, da uomo* | *Fare un nodo al f.*, annodarne una cocca, per ricordare q.c. | Grande quadrato, di seta o altri tessuti, per coprire la testa e sim.: *portare il f. annodato sotto il mento*. V. anche *foulard* | (*fig.*) *F. di terra*, campo molto piccolo | *Il mondo è, è grande come un f.*, il mondo è piccolo, spec. per dire che si incontrano ovunque persone conosciute. || **fazzolettino**, dim. | **fazzolettóne**, accr. | **fazzolettùccio**, dim.

fazzòlo o **fazzuòlo** [lat. parl. **facĭolu(m)*, da *făcies* 'faccia'] s. m. *1* Tela per fazzoletti. *2* (*dial., lett.*) Fazzoletto | Sindone, sudario. || **fazzolétto**, dim. (V.).

†fé [forma tronca di *fede* (V.)] s. f. • (*poet.*) Fede: *alla buona fé!*; *alla fé di Cristo!*; *alla fé di Dio!*; *in fé di Dio, se tu non la mi dai, tu non avrai mai da me cosa che ti piaccia* (BOCCACCIO).

febbràio o (*dial.*) **†febbràro** [lat. *februāriu(m)* 'mese dedicato alla purificazione', da *fĕbruus* 'purificante'] s. m. • Secondo mese dell'anno nel calendario gregoriano, di 28 giorni negli anni normali, di 29 in quelli bisestili.

fèbbre o **†fèbre** [lat. *fĕbre(m)*, di etim. incerta] s. f. *1* Aumento della temperatura corporea dovuto a malattia: *provare, misurare la f.* | (*fig.*) *Avere una f. da cavallo*, molto alta | *Albero della f.*, eucalipto | (*est.*) Nome di alcune malattie: *f. gialla*, epatite infettiva acuta causata da un virus trasmesso dalla puntura di particolari zanzare | *F. ondulante*, *f. maltese*, brucellosi. **2** (*pop.*, *est.*) Herpes, che appare sulle labbra. **3** (*fig.*) Passione ardente, desiderio intenso: *f. della gelosia, dell'invidia, del sapere, del denaro* | *Avere la f. addosso*, (*fig.*) essere in preda a forte agitazione, paura, ansietà. || **febbràccia**, pegg. | **febbrétta**, dim. | **febbriciàttola**, dim. (V.) | **febbrina**, dim. | **febbróna**, accr. | **febbróne**, accr. m. (V.).

febbriciàttola s. f. **1** Dim. di *febbre*. **2** Febbre poco elevata, ma persistente.

febbricitànte [lat. *febricitāntem*, part. pres. di *febricitāre*, der. di *fēbris* 'febbre'] agg. • Che ha la febbre: *fronte f.*; *malato f.*

febbrìcola [lat. *febrīcula(m)*, dim. di *fēbris* 'febbre'] s. f. • (*med.*) Febbre poco elevata, e persistente, spec. serotina.

febbricóso o †**febricóso**. agg. **1** (*lett.*) Febbricitante. **2** (*raro*) Che dà la febbre.

febbrìfugo o (*evit.*) **febbrifùgo** [comp. di *febbre* e *-fugo*] agg.; anche s. m. (pl. m. *-ghi*) • Antipiretico.

febbrile o †**febrile** [da *febbre*] agg. **1** Di febbre: *accesso, stato f.* **2** (*fig.*) Agitato, convulso: *il cammino ... f. che segue l'umanità per raggiungere la conquista del progresso* (VERGA) | Intenso, instancabile: *attività, lavoro f.* || **febbrilménte**, avv.

febbróne s. m. **1** Accr. di *febbre*. **2** Febbre molto alta.

febèo [vc. dotta, lat. *phoebēu(m)*, nom. *phoebēus*, dal gr. *phóibeios*, da *Phôibos* 'Febo'] agg. • Di Febo: *la scorta de' febei raggi lucenti* (L. DE' MEDICI) | *Estro f.*, poetico.

†**fèbre** e *deriv.* • V. *febbre* e *deriv.*

fecàle agg. • Delle, relativo alle, feci: *materia f.*

fecalizzazióne [da *fecale*] s. f. • Immissione di acque aventi un alto contenuto di materia fecale in acque marine, lacustri e sim.

fecalòma [comp. di *fecal(e)* e del suff. *-oma*] s. m. (pl. *-i*) • (*med.*) Grossa massa fecale che provoca occlusione del retto terminale.

fèccia [lat. parl. **faecea(m)*, da *fāex*, genit. *fāecis* 'feccia', di origine preindeur.] s. f. (pl. *-ce*) **1** Deposito melmoso che si forma nei vasi vinari per sedimentazione dei vini dell'annata: *f. di svinatura, di filtrazione* | *Bere il calice sino alla f.*, (*fig.*) provare tutte le amarezze | (*est.*, *gener.*) Sedimento di un liquido. **2** Parte peggiore: *la f. della società*. **3** (*spec. al pl.*) †Feci || PROV. Beva la feccia chi ha bevuto il vino.

fecciàia [da *feccia*] s. f. • Apertura praticata nel fondo del mezzule, ove si mette la cannella della botte e se ne può far uscire la feccia.

fecciàio agg. • Di feccia | *Spina fecciaia*, che si toglie per far uscire la feccia dalla botte.

feccióso agg. **1** Ricco di feccia: *vino f.* | Torbido, impuro (*anche fig.*): *olio f.* CONTR. Limpido, pulito, puro. **2** (*fig.*) †Spregevole, vile: *i modi fecciosi della moglie* (SACCHETTI).

fecciùme s. m. **1** (*raro*) Quantità di feccia. **2** (*fig.*, *raro*) Gentaglia, canaglia.

fèci [lat. *fāeces*, pl. di *fāex* 'feccia'] s. f. pl. • (*fisiol.*) Materiali di rifiuto dell'organismo, di origine alimentare, eliminati dal corpo attraverso l'intestino retto. SIN. Escrementi.

feciàle • V. *feziale*.

fècola [fr. *fécule*, dal lat. *fāecula(m)*, dim. di *fāex*, genit. *fāecis* 'feccia'] s. f. **1** Sostanza amidacea d'aspetto farinoso, che si estrae da alcuni tuberi, rizomi e bulbi: *f. di patate, di castagne*. **2** (*per anton.*) Correntemente, fecola di patate.

fecondàbile agg. • Che si può fecondare.

fecondabilità s. f. • Capacità di essere fecondato.

fecondàre o (*raro*) †**fecundàre** [vc. dotta, lat. *fecundāre*, da *fecŭndus* 'fecondo'] v. tr. (*io fecóndo*) **1** (*biol.*) Determinare la formazione e lo sviluppo del germe embrionario. **2** Rendere fertile (*anche fig.*): *l'acqua e il sole fecondano la terra*; *f. la mente con lo studio e l'applicazione* | *F. un'idea*, darle sviluppo, renderla ricca di applicazioni. CONTR. Inaridire, isterilire.

fecondatìvo agg. • Che serve a fecondare.

fecondatóre **A** agg. • Che feconda (*spec. fig.*): *un sole f.*; *pensiero, ideale f.* **B** s. m. (f. *-trice*) • Chi feconda (*anche fig.*) | *F. laico*, in zootecnia, qualifica professionale di chi è in grado di svolgere le operazioni di fecondazione artificiale di suini e bovini.

fecondazióne o †**fecundazióne**. s. f. • (*biol.*) Atto, effetto del fecondare | *F. artificiale*, introduzione artificiale del seme maschile nell'apparato genitale della femmina appartenente alla stessa specie, negli animali e nell'uomo | *F. incrociata*, quella di una pianta con polline di un'altra pianta | *F. in vitro*, quella realizzata in laboratorio su una cellula germinale (*oocita*) di una donatrice che verrà successivamente impiantata nella parete uterina.

fecondità o †**fecondità de**, †**fecondità te**, †**fecundità** [vc. dotta, lat. *fecunditāte(m)*, da *fecŭndus* 'fecondo'] s. f. **1** (*biol.*) Capacità di fecondare o di essere fecondata. **2** (*fig.*) Capacità di creare, produrre: *la f. di un terreno*; *f. d'ingegno*; *la f. dell'immaginazione* (LEOPARDI). SIN. Fertilità. CONTR. Improduttività.

fecóndo o †**fecùndo** [vc. dotta, lat. *fecŭndu(m)*, di origine indeur.] agg. **1** Detto di donna o di femmina di animali che può procreare: *una sposa feconda* | *Matrimonio f.*, *nozze feconde*, con molti figli. **2** (*fig.*) Che produce largamente: *terreno f.*; *ingegno f.*; *fu in lettere ed in arme più f.* / *che l'universo tutto quanto insieme* (CAMPANELLA) | (*fig.*) Che può avere ricco svolgimento, ampi sviluppi, larga trattazione: *tema f.*; *idea feconda*. SIN. Fertile, produttivo. CONTR. Sterile. **3** Che feconda: *vento f.* || **fecondaménte**, avv. Con fecondità.

feculàceo [dal lat. *fāecula* 'fecola'] agg. • Che ha natura di fecola.

feculènto [vc. dotta, lat. *faeculĕntu(m)*, da *fāecula*, dim. di *fāex*, genit. *fāecis* 'feccia'] agg. • (*raro*) Feccioso: *vino f.*

†**fecundàre** e *deriv.* • V. *fecondare* e *deriv.*

fedain o **fedayn**, **feddayn** [plur. dell'ar. class. *fidāi* 'che offre la sua anima in riscatto, volontario della morte'] s. m. inv. • Appartenente al corpo militare composto da guerriglieri palestinesi, organizzato nel 1955 dall'Egitto contro Israele | (*est.*) Guerrigliero palestinese.

†**fedàre** [vc. dotta, lat. *foedāre*, da *foedus* 'turpe'. V. †*fedo*] v. tr. • Lordare, sporcare, insozzare.

fedayn /feda'in, *ar.* fida:'i:n/ • V. *fedain*.

feddayn /fedda'in/ • V. *fedain*.

féde [lat. *fīde(m)*, di origine indeur.] s. f. (poet. troncato in *fé*) **1** Adesione incondizionata a un fatto, a un'idea determinata da motivi non giustificabili per intero dalla ragione: *avere f. nei valori, nel progresso*; *avere f. nelle cose invisibili, spirituali, incorporee*; *prestar f. alla magia, all'astrologia*. **2** Il complesso dei princìpi seguiti in politica, in filosofia e sim.: *avere una f. incrollabile nella repubblica*; *f. monarchica, socialista, anarchica*. SIN. Credo. **3** (*relig.*) Adesione dell'anima e della mente ad una verità rivelata o soprannaturale non sempre dimostrabile con la ragione | Complesso delle credenze che, in una religione, sono accettate come rivelate e non discutibili | Religione: *la f. ebraica, cristiana*. **4** Nel cristianesimo, una delle tre virtù teologali, consistente nell'assenso della ragione e nell'adesione della volontà, mossa da Dio a mezzo della grazia, alle verità da Dio rivelate che devono essere accettate per l'autorità di chi le rivela: *lume della f.*; *dono della f.*; *f. ortodossa, sincera, dritta*; *articolo, dogma di f.*; *dubbio di f.* | *Materia di f.*, parti della religione cattolica che costituiscono dogma | *Fare atto di f.*, dichiarare formalmente la propria credenza e (*fig.*) la propria adesione a q.c. | *Rinnegare la f.*, apostatare | *Il segno della f.*, la croce | *Il simbolo della f.*, il credo | *I conforti della f.*, estrema unzione | *Uomo di poca f.*, (*fig.*, *scherz.*) chi non ha fiducia negli altri o nel loro operato. **5** Fiducia, credito: *aver f. nel trionfo della tecnica, nell'avvenire*; *ottenere, acquistare, meritare f.* | *Uomo di buona f.*, fiducioso, che non inganna né sospetta inganni | *Agire in buona f.*, senza coscienza di colpa; V. anche *buonafede* | *Agire in mala f.*, con l'inganno; V. anche *malafede*. **6** Osservanza delle cose promesse | Fedeltà, onestà, lealtà: *f. coniugale, di sposo, di amico, di amante*; *mantenere f. alla parola data*; *tener f. ai patti, al giuramento*; *tentare, violare l'altrui f.* | *Tradurre con f.*, fedelmente, alla lettera | *Riferire con f.*, con scrupolosa esattezza | *Virtù e f. antica*, di tempi non ancora corrotti | *Dar f.*, promettere | *Darsi la f.*, la mano | †*Alzar la f.*, la mano per giurare. **7** Anello che si scambiano gli sposi, il giorno del matrimonio: *la f. si porta infilata nell'anulare della mano sinistra*. **8** Attestato | *Far f.*, attestare, essere prova | *Voler f.*, una prova, un attestato | *In f.*, formula di conferma e conclusione di un documento, un certificato e sim. | Documento, certificato: *f. di battesimo, di stato civile* | *F. di credito*, documento bancario con cui l'istituto emittente si obbliga a pagare a vista al prenditore o al giratario una data somma di denaro | *F. di deposito*, titolo di credito all'ordine rappresentativo delle merci depositate in un magazzino generale o in un deposito franco. || **fedina**, dim. nel sign. 7.

†**fedecommessàrio** • V. *fedecommissario*.

fedecommésso o **fidecommésso**, (*raro*) **fidecommisso** [vc. dotta, lat. *fideicommĭssu(m)* 'affidato alla lealtà', comp. di *fīdes* 'lealtà' e *commĭssum*, part. pass. di *committere* 'affidare' (V. *commettere*)] s. m. • (*dir.*) Obbligo imposto dal testatore all'erede di conservare i beni ereditati e di trasmetterli alla sua morte, in tutto o in parte, a una data persona, consentito in casi molto limitati dalla legislazione vigente.

fedecommèttere o (*raro*) **fidecommèttere**, (*raro*) **fidecommittere** [ricavato da *fedecommesso*] v. tr. (coniug. come *mettere*) • (*dir.*) Lasciare q.c. in fedecommesso.

fedecommissàrio o †**fedecommessàrio**, †**fidecommessàrio**, (*raro*) **fidecommissàrio** [vc. dotta, lat. tardo *fideicommissāriu(m)*, da *fideicommĭssum* 'fedecommesso'] **A** agg. • (*dir.*) Di, relativo a, fedecommesso: *disposizione fedecommissaria* | *Sostituzione fedecommissaria*, fedecommesso. **B** s. m. (f. *-a*) • (*dir.*) Persona cui devono essere trasmessi, dall'erede, i beni lasciati in fedecommesso.

fededégno [lat. *fīde dignu(m)* 'degno di fede'] agg. • (*lett.*) Che è degno di fede, di fiducia: *i pagani non sono inferiori, ma sono spesso più ... fede degni dei cristiani* (DE SANCTIS).

†**fedelàggio** s. m. • Condizione di suddito, di fedele. SIN. Vassallaggio.

fedéle o †**fidèle** [lat. *fidēle(m)*, da *fīdes* 'fede'] **A** agg. **1** Che è costante nell'affetto, nell'amore e sim.: *sposa, amante f.*; *alleato, compagno, guida f.*; *restare f. alle tradizioni, al dovere* | Che mantiene le promesse | Che corrisponde alla fiducia a cui è fatto segno. SIN. Devoto. CONTR. Traditore. **2** (*est.*) Che osserva con scrupolo l'esattezza, la puntualità, la precisione: *dare una f. versione degli avvenimenti*; *traduzione, ristampa, imitazione, ritratto f.*; *f. all'appuntamento*. SIN. Esatto. || **fedelménte**, avv. In modo fedele; con fedeltà. **B** s. m. e f. **1** Seguace di una fede religiosa: *i fedeli di Cristo, di Maometto*. SIN. Credente | Chi, anche per solo atto formale di adesione e senza pratica attiva, è ascritto ad una confessione religiosa | Chi ha una particolare devozione spec. per un santo: *f. di san Francesco, della Madonna*. **2** (*est.*) Seguace di una idea, di una persona e sim.: *i fedeli del re, della monarchia*; *ha riunito tutti i suoi fedeli*. **3** Titolo dato nel medioevo da re e imperatori ai vassalli e agli ufficiali della corona: *eran fedeli de' conti Guidi* (VILLANI). || **fedelàccio**, pegg. | **fedelóne**, accr.

fedelini o (*dial.*) **fidelini**, **fidellini** [da *filo*, con dissimilazione] s. m. pl. • Tipo di pasta alimentare lunga e molto sottile.

fedeltà o (*raro*) †**fedelità**, †**fedeltàde**, †**fedeltàte**, †**fidelità**, †**fidelitàde**, †**fidelitàte** [lat. *fidelitāte(m)*, da *fidēlis* 'fedele'] s. f. **1** Qualità di chi è fedele: *f. coniugale*; *f. verso la patria*; *giurare, serbare f. a qc.*; *uomo di sicura e provata f.* SIN. Devozione. **2** Conformità all'originale: *f. di una copia, una traduzione* | *Alta f.*, V. *alta fedeltà*. SIN. High fidelity | (*fis.*) *F. di uno strumento*, attitudine di uno strumento per misurazione a fornire, in misurazioni successive della stessa grandezza eseguite in un breve intervallo di tempo e nelle stesse condizioni, valori poco dispersi della misura. **3** †Devozione di vassallo al signore.

fèdera [longob. *fĕdera* 'federa del cuscino, imbottita di piume'] s. f. • Involucro a forma di sacco, di tela, di lino e sim., entro cui si pone il guanciale: *una f. di bucato*; *cambiare le federe*. || **federina**, dim.

federàle [fr. *fédéral*, dal lat. *fŏedus*, genit. *fŏederis* 'patto'] **A** agg. *1* Detto di Stato composto i cui membri sono enti territoriali muniti di un'ampia sfera di autonomia: *Stato f.*; *repubblica f.* | Che si riferisce a, che è proprio di, tale Stato: *parlamento f.* *2* Di federazione sportiva: *regolamento f.*; *dirigente f.* **B** s. m. ● In epoca fascista, segretario di una federazione di fasci di combattimento.

federalismo [fr. *fédéralisme*, da *fédéral* 'federale'] s. m. ● Tendenza politica favorevole alla federazione di più Stati.

federalista [fr. *fédéraliste*, da *fédéral* 'federale'] **A** s. m. e f. (pl. m. *-i*) ● Fautore, seguace del federalismo. **B** agg. ● Federalistico: *sistema f.*

federalistico agg. (pl. m. *-ci*) ● Del federalismo, dei federalisti.

federare [fr. *fédérer*, da *fédéré* 'federato'] **A** v. tr. (*io fèdero*) ● Riunire in federazione. **B** v. intr. pron. ● Riunirsi in federazione.

federativo [fr. *fédératif*, da *fédéré* 'federato'] agg. *1* Proprio di una federazione. *2* Proprio del federalismo e dei federalisti: *movimento f.*

federato [fr. *fédéré*, dal lat. *foederātu(m)*, da *fōedus*, genit. *fōederis* 'patto'] agg. *1* Detto di Stato membro di uno Stato federale, dotato di un'ampia sfera di autonomia benché privo della personalità giuridica sotto il profilo del diritto internazionale. *2* Nel mondo romano, detto delle città unite a Roma con patto speciale per il quale erano soggette a determinate prestazioni.

federatore s. m. (f. *-trice*) ● Chi sostiene una politica o una economia di coalizione tra gruppi, partiti o Stati.

federazione [fr. *fédération*, dal lat. tardo *foederatiōne(m)*, da *foederātus* 'federato'] s. f. *1* Atto del federare o del federarsi. *2* (*dir.*) Confederazione: *f. di Stati.* *3* Associazione formata non da persone fisiche ma da enti minori: *f. sindacale*; *f. dei consorzi agrari*; *f. provinciale di un partito.* *4* Ente nazionale che regola e disciplina una determinata attività sportiva: *Federazione Italiana Gioco Calcio.* *5* Sede di una federazione | Ambito territoriale in cui una federazione opera.

federiciano agg. ● Proprio di ogni personaggio storico di nome Federico, spec. di Federico II di Svevia (1194-1250) e Federico II di Prussia (1712-1786): *politica federiciana.*

fedifrago [vc. dotta, lat. *foedĭfragu(m)*, comp. di *fōedus* 'patto' e *frăngere* 'spezzare'] agg. (pl. m. *-ghi*) ● (*lett.*) Che rompe i patti e tradisce impegni e accordi presi | (*scherz.*) Infedele: *ha cacciato di casa il marito f.*

fedina (1) [da *fede*, nel sign. 8] s. f. ● (*bur.*) *f. penale*, certificato rilasciato dalla Procura della Repubblica, attestante se un dato cittadino abbia riportato in passato condanne penali: *f. penale sporca, pulita.*

fedina (2) [vc. tosc. di etim. incerta] s. f. ● (*spec. al pl.*) Strisce di barba che dalle tempie scendono lungo le gote.

†**fedire** e *deriv.* ● V. *ferire* e *deriv.*

feditore s. m. *1* V. *feritore.* *2* †Nelle milizie medievali, soldato armato alla leggera.

†**fèdo** [vc. dotta, lat. *foedu(m)*, di etim. incerta] agg. ● Lordo, sozzo, repellente: *l'alta valle feda* (DANTE *Inf.* XII, 40).

feedback /fid'bɛk, *ingl.* 'fi:dbæk/ [vc. ingl., 'reazione', propriamente 'ri fornimento all'indietro', comp. di *feed* 'alimento' (vc. germ. di origine indeur.) e *back* 'indietro' (vc. germ.)] s. m. inv. *1* (*elab.*) Nei sistemi automatici di controllo o di trattamento dell'informazione, ritorno di segnale che permette all'unità di governo del sistema di scoprire eventuali anomalie nello svolgimento del processo controllato e di provvedervi opportunamente. SIN. Retroazione. *2* (*ling.*) Effetto retroattivo di un'azione o di un messaggio sui promotori dell'azione o del messaggio stessi. *3* (*fig.*) Effetto retroattivo, rimbalzo all'indietro di un'azione o di un fenomeno: *studiare, registrare il f. negativo di una campagna pubblicitaria.* *4* (*biol.*) Modalità di regolazione di un processo biologico che si attua attraverso la attivazione o la inibizione di uno dei componenti attivi del processo, per esempio di un enzima nel caso di una via metabolica, da parte di uno dei prodotti del processo stesso.

feeling /'filin(g), *ingl.* 'fi:liŋ/ [vc. ingl., da *to feel* 'percepire, provare sensazioni' (vc. germ. d'orig. indeur.)] s. m. inv. ● Intesa, sintonia, simpatia che si stabilisce fra due o più persone per affinità di sentimenti e sensibilità.

feèrico [fr. *féerique*, da *féerie*; V. seg.] agg. (pl. m. *-ci*) ● (*lett.*) Pieno di incanto, estremamente suggestivo, quasi fatato: *spettacolo f.*; *visione feerica.*

féerie /*fr.* fe'ri/ [vc. fr., da *fée* 'fata'] s. f. inv. *1* Genere teatrale francese del XIX sec. comprendente storie di fate talvolta simboliche e allusive a situazioni reali. *2* (*est.*) Spettacolo irreale, fantasticamente bello.

fegatàccio s. m. *1* Accr. di *fegato.* *2* (*fig.*) Uomo audace e coraggioso.

fegatèlla [dal colore rosso scuro, come quello del fegato, della parte inferiore delle foglie] s. f. ● Piccola pianta delle Epatiche con tallo laminare e frastagliato la cui parte inferiore ha il colore del fegato (*Fegatella conica*).

fegatèllo s. m. *1* Dim. di *fegato.* *2* Pezzetto di fegato di maiale, ravvolto nella rete e cucinato, di solito, con erbe aromatiche | (*fig.*) *Rinvoltarsi come un f.*, coprirsi molto, per il freddo.

fegatino s. m. *1* Dim. di *fegato.* *2* Fegato di pollo, piccione o altro volatile, usato in molte preparazioni di cucina.

fégato [lat. (*iĕcur*) *ficātu(m)* 'fegato (d'oca) riempito di fichi'] s. m. *1* (*anat.*) Grossa ghiandola dell'apparato digerente dei Vertebrati, posta nella parte superiore destra dell'addome: *soffrire di f.*; *essere malati di f.* | *Mangiarsi, rodersi il f.*, (*fig.*) struggersi per la rabbia | *Farsi venire il mal di f.*, (*fig.*) prendersela troppo per q.c. ➡ ILL. p. 363, 365 ANATOMIA UMANA. *2* Fegato di animale, per vivanda: *f. di maiale, di vitello*; *f. alla veneziana*; *pasticcio di f. d'oca* | *Olio di f. di merluzzo*, olio medicinale con proprietà ricostituenti. *3* *F. di zolfo*, polisolfuro di potassio usato in medicina sotto forma di lozioni o pomate come antipsorico ed antiseborroico. *4* (*fig.*) Grande coraggio, audacia, ardimento: *uomo di f.*; *aver f.*; *mancare di f.*; *avere il f. di fare q.c.* || **fegatàccio**, accr. (V.) | **fegatèllo**, dim. (V.) | **fegatino**, dim. (V.).

fegatóso [da *fegato*] **A** agg. (f. *-a*) *1* Che soffre di disturbi epatici. *2* (*fig.*) Che è astioso, irascibile: *un carattere f.* *3* (*raro*) Di colore rosso cupo, come quello del fegato. **B** s. m. (f. *-a*) *1* Chi soffre di disturbi epatici. *2* (*fig.*) Persona irascibile e astiosa.

feijoa /*bras.* fei'ʒoa/ [dal n. del botanico brasiliano J. De Silva *Feijo*] s. f. inv. ● (*bot.*) Genere di piante delle Mirtacee con due sole specie distribuite nelle regioni temperate dell'America meridionale (*Feijoa*).

feiòca [da *feijoa*] s. f. ● (*bot.*) Arbusto sempreverde delle Mirtacee originario dell'America meridionale, coltivato anche in Europa per le sue bacche eduli con profumo di ananas (*Feijoa sellowiana*) | Il frutto di tale pianta.

félce [lat. *fĭlice(m)*, di origine preindeur.] s. f. ● Correntemente, pianta delle Pteridofite con spore che si trovano sulla pagina inferiore delle foglie | *F. aquilina*, delle Polipodiacee con foglie coriacee molto lunghe (*Pteridium aquilinum*). SIN. Felce comune | *F. dolce*, delle Polipodiacee, con foglie divise in lobi allungati e riuniti alla base e grosso rizoma commestibile dal sapore di liquirizia (*Polypodium vulgare*) | *F. femmina*, delle Polipodiacee, con foglie di color verde chiaro due volte suddivise (*Athyrium filix-foemina*) | *F. maschio*, delle Polipodiacee, con grandi foglie suddivise e rizoma a proprietà medicinali (*Polystichum filix-mas*).

felcéta s. f. ● Terreno ricco di felci.

felcéto s. m. ● Felceta.

Félci [V. *felce*] s. f. pl. ● Nella tassonomia vegetale, classe di piante delle Pteridofite con radice, fusto e foglie ma senza fiori e frutti (*Filicinae*). SIN. Filicali, filicine | (al sing. *-e*) Ogni individuo di tale classe. ➡ ILL. **piante** /1.

feldispàto e *deriv.* ● V. *feldspato* e *deriv.*

feldmaresciàllo [ted. *Feldmarschall* 'maresciallo di campo', comp. di *Feld* 'campo' e *Marschall* 'maresciallo'] s. m. ● Massimo grado di generale nell'ex impero austriaco, nella Germania imperiale e nazista e in Gran Bretagna.

feldspàtico o **feldispàtico** agg. (pl. m. *-ci*) ● Che contiene feldspato: *rocce feldspatiche* | Che si riferisce al feldspato.

feldspàto o **feldispàto** [ted. *Feldspat* 'spato di campo', comp. di *Feld* 'campo' e *Spat* 'spato'] s. m. ● (*miner.*) Allumosilicato di potassio, sodio o calcio appartenente ad un gruppo di minerali molto diffusi nella litosfera.

feldspatòide o **feldispatòide** [comp. di *feldspato* e *-oide*] s. m. ● (*miner.*) Allumosilicato di potassio o di sodio.

†**fèle** ● V. *fiele.*

felibrìsmo s. m. ● Movimento promosso dai felibri per conservare vita e dignità letteraria al provenzale e ai dialetti affini.

felìbro [provz. *félibre*, dal lat. tardo *fĕllebre(m)* 'poppante', in quanto questi poeti si allattano alla scienza'] s. m. ● Ciascuno dei membri di una associazione letteraria fondata in Provenza nel XIX sec.

felìce [vc. dotta, lat. *felīce(m)* 'fertile, nutriente', dalla stessa radice di *fecŭndus* 'fecondo'] agg. *1* Che è pienamente appagato nei suoi desideri: *marito, donna f.*; *vivere f. e contento* | *Fare f. qc.*, soddisfare, appagare completamente qc. nei suoi desideri | *Sono f. di vederla, di conoscerla*, mi fa piacere vederla, conoscerla | *Temperamento f.*, che non si scoraggia e si appaga facilmente | *Te f.!*, beato te! | *Siate felici!*, escl. di augurio. SIN. Beato, contento, lieto. CONTR. Triste. *2* Che apporta gioia, felicità: *giorni felici*; *matrimonio f.* | *Tempo, stato f.*, epoca di grande gioia e contentezza o condizione di vita tranquilla e agiata | (*per anton.*) *L'età f.*, l'infanzia | (*escl.*) *F. notte, f. riposo!*, buona notte, buon riposo! *3* (*fig.*) Favorevole, propizio: *esito f.* | *Giorno f.*, fausto | *Viaggio, spedizione f.*, che ha avuto un buon esito | *Idea f.*, fortunata, utile, opportuna | *Invenzione f.*, di grande successo | *Memoria f.*, che non ha difficoltà a ricordare | *Parola f.*, eloquenza facile, ricca | (*fig.*) *Avere la mano f.*, saper scegliere bene o essere abile e fortunato in q.c. *4* †Fertile: *Campania f.* | (*raro, lett.*) Che rende fertile, fecondo: *te beata, gridai, per le felici / aure pregne di vita* (FOSCOLO). *5* †Buono, virtuoso. || **felicemènte**, avv. In modo felice; in modo favorevole, senza contrattempi o difficoltà.

felicità o †**felicitàde**, †**felicitàte** [vc. dotta, lat. *felicitāte(m)*, da *fēlix*, genit. *felīcis* 'felice'] s. f. *1* Condizione, stato di chi è felice o pienamente appagato: *vivere in perfetta f.*; *la somma f. possibile dell'uomo ... è quando egli vive quietamente nel suo stato* (LEOPARDI) | (*filos.*) Eudemonia. SIN. Beatitudine, contentezza. *2* Circostanza, cosa che procura contentezza: *che f. vederti!*; *ti auguro ogni f.* SIN. Gioia. CONTR. Tristezza. *3* (*raro*) Buona riuscita in q.c.: *la f. di un discorso* | Abilità particolare: *la tua f. nel comporre versi.*

felicitàre [vc. dotta, lat. tardo *felicitāre* 'rendere felice', da *fēlix*, genit. *felīcis* 'felice'] **A** v. tr. (*io felìcito*) *1* (*lett.*) Rendere felice, beato | Fare contento qc. o rendere prospera q.c.: *che Dio vi feliciti!* *2* †Stimare, giudicare felice. **B** v. intr. (aus. *avere*) ● †Prosperare: *si vede oggi questo principe f. e domani ruinare* (MACHIAVELLI). **C** v. intr. pron. *1* Essere contento: *felicitarsi dell'esito favorevole di q.c.* SIN. Gioire, rallegrarsi. *2* Congratularsi: *felicitarsi con qc. per un successo.*

†**felicitàte** ● V. *felicità.*

felicitazióne s. f. ● (*spec. al pl.*) Atto del felicitarsi | Parole di rallegramento o congratulazioni: *sincere felicitazioni*; *presentare le proprie felicitazioni.* SIN. Augurio, complimento, congratulazione.

Fèlidi [dal lat. *fēles* 'piccolo carnivoro', in genere, spec. 'gatto', col suff. *-idi*] s. m. pl. ● Nella tassonomia animale, famiglia di Mammiferi dei Carnivori abili al salto, con unghie retrattili, canini e denti ferini molto sviluppati (*Felidae*) | (al sing. *-e*) Ogni individuo di tale famiglia.

felìno [vc. dotta, lat. tardo *felīnu(m)*, agg. di *fēles* 'gatto'] **A** agg. ● Di, da gatto: *agilità felina*; *sguardo f.* | *Astuzia felina*, rapace. || **felinamènte**, avv. Alla maniera dei felini, dei gatti. **B** s. m. ● Carnivoro appartenente alla famiglia dei Felidi.

fellàga o **fellàgha** [vc. fr., *fellagha*, dall'ar. *fallaq*, propriamente 'taglia(strada), bandito', da *falaqa* 'spaccare'] s. m. inv. ● Ribelle membro di bande armate in lotta contro la Francia all'epoca dell'occupazione coloniale francese dell'Algeria e della Tunisia.

fellàh /fel'la*/ [ar. *fallāḥ* o *fellāḥ* 'contadino', attraverso il fr. *fellâh*] s. m. inv. ● Contadino egiziano della valle del Nilo.

fellàndrio [dal lat. *phellandrion*] s. m. ● (*bot.*) Pianta erbacea perenne delle Ombrellifere che vive in terreni acquitrinosi dell'Europa centro-meridionale e dell'Asia occidentale, con frutti di uso medicinale (*Oenanthe aquatica*).

fellatio /fel'lattsjo/ [vc. lat. moderno, da *fellātu(m)*, part. pass. del v. *fellāre* 'succhiare'] s. f. inv. (pl. lat. raro *fellationes*) ● Pratica erotica consistente nello stimolare con la bocca e con la lingua l'organo sessuale maschile.

†fèlle ● V. *fiele*.

fellèma [dal gr. *phellós* 'sughero', di origine indeur.] s. m. (pl. *-i*) ● (*bot.*) Sughero.

felliniàno agg. ● Del regista cinematografico F. Fellini: *i film felliniani* | (*est.*) Che ricorda l'atmosfera onirica, le situazioni o i personaggi grotteschi o caricaturali dei film di Fellini: *una vicenda felliniana; una donna opulenta, dalla bellezza felliniana*.

†fèllo o (*raro*) **†fellóne** nel sign. 1 [V. *fellone*] agg. *1* Malvagio, scellerato, empio: *che gridava: 'Or se' giunta, anima fella!'* (DANTE *Inf.* VIII, 18). *2* (*raro*) Triste, malinconico.

fellodèrma [comp. del gr. *phellós* 'sughero' e *-derma*] s. m. (pl. *-i*) ● (*bot.*) Tessuto parenchimatico generato, nei fusti e nelle radici, dal fellogeno nel lato interno.

fellògeno [comp. del gr. *phellós* 'sughero' e *-geno*] s. m. ● (*bot.*) Strato di cellule vive che nella zona corticale del fusto produce il sughero verso l'esterno e il felloderma verso l'interno.

fellóne [etim. incerta] **A** s. m. (f. *-a*, *†-essa*) ● (*lett.*) Traditore, ribelle | (*scherz.*) Briccone. **B** agg. ● V. *†fello*. || **†felloneménte**, avv. Da fellone.

fellonésco agg. (pl. m. *-schi*) *1* (*raro*) Proprio di un fellone, scellerato: *atto f.*; *composto il viso a un atto di serietà ancor più bieco e f.* (MANZONI). *2* †Crudele. || **†fellonescaménte**, avv. Da fellone.

fellonìa [da *fellone*] s. f. *1* Nel diritto feudale, infedeltà del vassallo verso il proprio signore che comporta la perdita del feudo. *2* †Ribellione | (*raro, lett.*) Defezione, tradimento. *3* †Malvagità, scelleratezza. *4* †Sdegno, corruccio.

felloplàstica [comp. del gr. *phellós* 'sughero' e *plastica*] s. f. ● Lavorazione plastica del sughero.

félpa [ant. fr. *ferpe*, di etim. incerta] s. f. ● Tessuto morbido di lana, cotone o altre fibre, peloso solo su una faccia | (*est.*) Indumento sportivo, spec. dell'abbigliamento giovanile, confezionato con tale tessuto. || **felpétta**, dim.

felpàre v. tr. (*io félpo*) *1* Foderare, rivestire, imbottire di felpa. *2* (*fig., raro*) Attutire, attenuare, smorzare: *L'odore acuto della segatura ... felpava i passi e il sussurrio delle signorine del paese* (CAMPANA).

felpàto **A** agg. *1* Detto di tessuto lavorato a felpa o simile a felpa | (*est.*) Rivestito o foderato di felpa: *guanti felpati*. *2* (*fig.*) Che non produce rumore: *passo f.* **B** s. m. ● Tessuto a superficie pelosa e morbida come una felpa.

félse ● V. *felze*.

felsìneo [dal lat. *Fĕlsina*, ant. n. di Bologna, di origine etrusca] agg. ● (*lett.*) Bolognese.

feltràbile agg. ● Che può feltrarsi.

feltrabilità s. f. ● Proprietà delle lane e di altri peli di animali di compenetrarsi intimamente sotto l'azione combinata del calore, di particolari soluzioni e di una appropriata sollecitazione meccanica.

feltràio s. m. ● Operaio che esegue la follatura delle lane e dei peli.

feltràre [da *feltro*] **A** v. tr. (*io féltro*) *1* Lavorare il panno di lana o il pelo in modo da ridurlo come feltro. *2* Coprire, foderare di feltro. *3* †Filtrare. **B** v. intr. pron. *1* Divenire feltro o compatto come feltro. *2* Intrecciarsi, detto delle erbe in un prato e delle loro radici.

feltràto part. pass. di *feltrare*; anche agg. ● Nei sign. del v.

feltratùra s. f. ● Operazione che, sfruttando le proprietà feltranti della lana, crea uno strato di feltro sulla superficie dei tessuti o trasforma in feltro un insieme di fibre sciolte.

feltrazióne s. f. ● Fenomeno fisico-chimico che consente alle fibre cellulosiche di unirsi tenacemente fra loro nel momento in cui ha inizio la sottrazione d'acqua della sospensione.

féltro [vc. di origine germ.] s. m. *1* Falda di lana o di altri peli di animali, di spessore uniforme, ottenuta senza il concorso della tessitura, usufruendo esclusivamente della capacità feltrante delle fibre. *2* Articolo d'abbigliamento, spec. cappello, in feltro: *un f. da uomo, da signora*; *L'uomo dal f. nero si voltò* (MORAVIA). *3* Pezzo di feltro, adibito a vari usi o impiegato in varie tecnologie: *proteggere con un f. il materasso di un bambino, di un malato*; *i feltri della lucidatrice*. *4* †Filtro. || **†feltrèllo**, dim. || **feltrìno**, dim.

felùca [fr. *felouque*, dallo sp. *faluca*, dal nord. *hulk* (?). Il cappello prese questo nome dalla foggia somigliante a quella della nave] s. f. *1* Imbarcazione bassa e veloce con due alberi e una vela latina. *2* Bicorno dell'alta uniforme degli ufficiali di marina, dei diplomatici, degli accademici. *3* (*fig.*) Ambasciatore, diplomatico.

felzàta [dal lat. mediev. *fersata* 'stuoia, coperta'] s. f. ● Coperta di lana, spec. da letto, con ordito sottile e ritorto.

félze o **félse** [etim. incerta] s. m. ● Copertura centrale della gondola per protezione del passeggero.

†fémina e *deriv.* ● V. *femmina* e *deriv.*

fémmina o (*poet.*) **†fémina** [lat. *fēmina(m)*, dalla stessa radice di *fecŭndus* 'fecondo'] **A** s. f. *1* Negli organismi a sessi separati, l'individuo portatore dei gameti femminili atti a essere fecondati da quelli maschili al fine della riproduzione della specie: *la f. del lupo, del cervo*; *avere due figlie femmine*. *2* Donna (*spec. spreg.*): *la curiosità è f.*; *femina è cosa garrula e fallace* (TASSO) | *†F. di mondo, di comune, di guadagno*, meretrice | (*merid.*) *Mala f.*, prostituta. *3* (*fig.*) Persona debole, timida e vile: *quell'uomo è una f.* *4* †Moglie | *†Prendere a f.*, prendere in moglie. *5* In un arnese o congegno composto, il pezzo di forma incavata che consente l'inserimento stabile di un altro pezzo: *la f. del gancio, dell'automatico*; *l'attrezzo funziona a maschio e f.* | (*tecnol.*) *F. della vite*, madrevite. **B** in funzione di agg. *1* Detto di donna fisicamente dotata e desiderabile: *quella ragazza è molto f.* *2* Detto dell'elemento incavato, in un congegno composto: *automatico, gancio f.* | (*tecnol.*) *Vite f.*, madrevite. *3* Si usa per indicare il sesso femminile di animali il cui nome è un sost. di genere promiscuo: *un leopardo f.*; *un falco f.* || **femminàccia**, pegg. | **femminèlla**, dim. (V.) | **femminèllo**, dim. m. (V.) | **femminétta**, dim. | **femminìna**, dim. | **†femminòccia**, accr. | **femminóna**, accr. | **femminóne**, accr. m. | **femminùccia**, **†femminùzza**, dim. (V.).

†femminàrda s. f. ● Donnaccia.

femminèlla o **†feminèlla** s. f. *1* Dim. di *femmina*. *2* Donna piccola o debole | (*est.*) Uomo, spec. giovane, debole o effemminato. *3* Parte dell'agganciatura dove entra il gancio. *4* (*mar.*) Ognuno dei cardini metallici inchiodati alla ruota di poppa in cui entrano gli agugliotti per tenere il timone e farlo girare. *5* (*bot.*) Germoglio della vite derivato da una gemma dell'anno. *6* Varietà di bergamotto.

femminèllo ● V. *femminiello*.

femmìneo o **†femìneo** [lat. *femĭneu(m)*, agg. di *fēmina* 'femmina'] agg. *1* (*lett.*) Di, da donna: *un f. segno / ti fa piangere quasi* (SABA). *2* (*lett.*) Effeminato.

femminésco agg. (pl. m. *-schi*) ● (*raro, spreg.*) Femmineo.

femminièllo o **femminèllo** [vc. nap., da *femmina*] s. m. ● (*merid.*) Travestito che esercita la prostituzione.

femminière o **†feminière** s. m. *1* Donnaiolo. *2* Uomo effeminato.

femminìle o (*poet.*) **†feminìle**. **A** agg. *1* Di, da femmina: *sesso f.* | (*ling.*) *Genere f.*, genere grammaticale che, in una classificazione a due generi, si oppone al maschile, e, in una classificazione a tre generi, si oppone al maschile e al neutro | (*astrol.*) *Temperamento f.*, dei segni Toro, Cancro, Vergine, Scorpione, Capricorno, Pesci. *2* Che è proprio delle donne: *abito f.* | *Scuola, classe f.*, di, per sole donne | *Linea f.*, discendenza dalle figlie femmine | Fisicamente e moralmente tipico della donna: *grazia f.*; *astuzia, orgoglio f.* SIN. Muliebre. || **femminilménte**, **†femminilménte**, avv. **B** s. m. *1* (*ling.*) Genere femminile: *il f., il maschile e il neutro* | Forma, desinenza che è propria del genere femminile: *f. regolare, irregolare*. *2* (*sport*) Incontro, torneo e sim. che ha luogo fra atlete: *il f. di tennis, di fioretto, di nuoto*.

FEMMINILE

Nella lingua italiana esistono due generi: il maschile e il femminile. Nel caso di esseri inanimati o di concetti, la distinzione è del tutto convenzionale: non ha cioè alcuna relazione col sesso maschile o femminile: *il piatto, la sedia, la gioia, il dolore, il sole, la luna*. Nel caso di essere animati, invece, la distinzione tra genere maschile e femminile corrisponde generalmente al sesso: *marito, attore, portiere* e *gallo* sono di genere maschile; *moglie, attrice, portiera* e *gallina* sono di genere femminile. Si è detto 'generalmente' perché ci sono delle eccezioni, nomi che sono di genere femminile anche quando indicano uomini, come *la guida, la spia, la recluta, la sentinella, la guardia, la vittima*, o nomi maschili che si riferiscono sempre a donne, come *il soprano*, o indifferentemente a uomini o donne, come *il pedone*. ATTENZIONE: in questi casi la concordanza è sempre grammaticale: *il soprano Maria R. è stato applaudito*; *la sentinella, Luigi R., è stata ricoverata in ospedale*.
Da ciò deriva che la trasformazione dal maschile al femminile riguarda soltanto nomi che indicano persone o animali. Anche alcuni nomi che indicano 'cose' o concetti hanno la forma maschile e femminile oppure, con la medesima forma, possono essere maschili e femminili. Ad es.: *il testo – la testa, il modo – la moda, il radio – la radio, il capitale – la capitale*. È evidente però che in questi casi si tratta di un falso cambiamento di genere che riflette un completo cambiamento di significato.

Ma come si forma, di regola, il femminile? Ricordiamo che i nomi, da questo punto di vista, si dividono in quattro categorie:
1 I nomi indipendenti o **di genere fisso**, che hanno come femminile un nome di radice diversa: *uomo – donna, maschio – femmina, fratello – sorella*, ecc.;
tra gli animali: *bue – mucca, porco – scrofa*, ecc.
2 I nomi **di genere comune**, che hanno un'unica forma per il maschile e per il femminile: *il consorte – la consorte, il pianista – la pianista, il cliente – la cliente*, ecc. Tali nomi si distinguono per mezzo dell'articolo o dell'aggettivo con cui si uniscono.
3 I nomi **di genere promiscuo**, nomi di animali con un'unica forma per il maschio e per la femmina: *la mosca, il serpente, la volpe*. Per specificare occorre dire *il maschio (la femmina) della volpe*, oppure *la volpe maschio (femmina)*.
4 I nomi **di genere mobile**, che formano il femminile mutando la desinenza o aggiungendo un suffisso sulla base delle seguenti regole generali:

- i nomi che al maschile terminano in *-o* prendono al femminile la desinenza *-a*: *amico – amica, fanciullo – fanciulla, zio – zia, lupo – lupa*;
- i nomi che al maschile terminano in *-a* formano il femminile aggiungendo al tema il suffisso *-essa*: *duca – duchessa, poeta – poetessa*. Fanno eccezione i nomi in *-cida* e *-ista* (*parricida, artista*) ed alcuni altri (ad es. *atleta, collega*), che appartengono alla categoria dei nomi di genere comune, con un'unica forma sia per il maschile che per il femminile;
- i nomi che al maschile terminano in *-e* formano il femminile assumendo la desinenza *-a* (*signore – signora, padrone – padrona*) oppure rimangono invariati (*cliente, agente, dirigente*) oppure aggiungono il suffisso *-essa* (*conte – contessa, studente – studentessa*);
- i nomi che al maschile terminano in *-tore* formano il femminile mutando la desinenza in *-trice*: *genitore – genitrice*; *lettore – lettrice*. Attenzione: *dottore* diventa però *dottoressa*; *pastore, tintore e impostore* prendono invece il suffisso *-tora*;
- i nomi che al maschile terminano in *-sore* for-

mano il femminile aggiungendo il suffisso *-itrice* alla radice del verbo da cui derivano: *uccisore – ucciditrice*; *possessore – posseditrice* (ma *professore* diventa, com'è noto, *professoressa*);

- in alcuni pochi casi, la formazione del femminile avviene in maniera particolare: *dio – dea, re – regina, abate – badessa, doge – dogaressa, eroe – eroina, gallo – gallina.*

In questo quadro generale, è spesso difficile formare il femminile dei nomi che indicano professioni o cariche. Il motivo è semplice: negli ultimi decenni sono avvenute nel nostro Paese profonde modificazioni sociali, economiche e culturali. Una delle conseguenze è stata la crescente presenza femminile in mestieri e professioni un tempo riservate agli uomini. Ecco allora che, quando un'abitudine consolidata identificava una certa professione col ruolo – e quindi col nome – maschile, la necessità di individuare la corrispondente forma femminile ha creato imbarazzo e dubbi. *Avvocata, avvocatessa* o ancora *avvocato? Chirurga* o ancora *chirurgo?* Valgono comunque le seguenti regole:

- il femminile di nomi indicanti professioni o cariche si forma in generale senza problemi applicando le regole indicate in precedenza. Si dirà perciò: *la dentista, la pediatra, la analista, la farmacista*; *la psicologa, la radiologa, la ginecologa, la cardiologa*; *la chimica, la filosofa, la deputata*; *la direttrice, la amministratrice, la ispettrice, la senatrice*; *la preside, la docente, la agente*. Rare invece sono le forme *ingegnera, ministra, medica* e *soldata*, con tutti i femminili dei nomi dei gradi militari;
- è sempre opportuno usare la forma femminile, quando esiste, anziché il maschile: si dirà perciò *la radiologa di turno Maria R.* e non *il radiologo di turno Maria R.* Analogamente è consigliabile preferire *l'ambasciatrice Clara L.* a *l'ambasciatore signora Clara L.*: l'eventuale dubbio che possa trattarsi della moglie di un ambasciatore maschio sarà chiarito dal contesto;
- spesso il suffisso *-essa* ha intonazione ironica o addirittura spregiativa: perciò è preferibile *la presidente* a *la presidentessa*, *l'avvocata* a *l'avvocatessa*, etc. Nessun problema tuttavia per *studentesse, professoresse, poetesse, dottoresse* e, naturalmente, neppure per *ostesse, duchesse, baronesse, contesse* e *principesse*;
- anche i nomi invariabili di origine straniera possono in generale essere femminili: si dirà perciò *la manager, la leader, la art director, la designer, la scout*, etc. Ma *gentleman, chaperon, premier, alter ego, dandy, mister* e *steward* sono solo maschili, mentre *nurse, vendeuse, miss* e *hostess* sono solo femminili;
- il femminile di *capo* e dei suoi composti è invariabile sia al singolare che al plurale: si dirà perciò *il capo, la capo, i capi, le capo* e *il caposervizio, la caposervizio, i capiservizio, le caposervizio*;
- alcuni nomi femminili si riferiscono sia a uomini che a donne: *guida, guardia, sentinella, recluta, matricola, spia, comparsa, controfigura, maschera*, etc.; analogamente alcuni nomi maschili si riferiscono anche a donne: per esempio *messo, mimo, mozzo, sosia, giullare, secondo* (nei duelli), *fantasma*. Inoltre *soprano, mezzosoprano* e *contralto* si usano preferibilmente al maschile, benché indichino in genere cantanti di sesso femminile; si notino comunque i plurali: *i soprani, le soprano*;
- mantengono il loro genere anche se riferite a persone di sesso diverso le locuzioni come *battitore libero, franco tiratore, portatore d'acqua, braccio destro* e *prima donna*;
- alcuni nomi, infine, si riferiscono solo a uomini: *galantuomo, maggiordomo, nostromo, paggio* e *marito, padre, padrino, fratello, genero, scapolo, celibe*; altri solo a donne: *dama, mondina, caterinetta, perpetua* e *moglie, madre, madrina, sorella, nuora, nubile*;
- di norma il vocabolario riporta nella sezione grammaticale di ciascun lemma le indicazioni per la formazione del femminile nei casi in cui possano esservi dubbi.

femminilìṣmo s. m. ● (*biol.*) Presenza, nell'individuo maschio, di caratteri secondari femminili.

femminilità s. f. *1* Complesso di qualità e caratteristiche, fisiche, psichiche e comportamentali che sono proprie della donna e la distinguono dall'uomo. *2* (*est.*) Dolcezza, tenerezza, delicatezza.

femminiliẓẓazióne [da *femminile*] s. f. *1* (*fisiol.*) Acquisizione dei caratteri sessuali secondari femminili. *2* Fenomeno per cui certi settori dell'attività produttiva vengono abbandonati dalla manodopera maschile e sono sempre più occupati da quella femminile.

femminìno o **feminìno** [lat. *feminīnu(m)*, da *fēmina* 'femmina'] **A** agg. ● (*lett.*) Di, da donna (*anche spreg.*): *grazia femminina*; *astuzia femminina*. || †**femmininaménte**, avv. In modo femminile. **B** s. m. ● Nella loc. *l'eterno f.*, ciò che vi è di spiritualmente nobile e puro nel fascino muliebre sull'animo degli uomini.

femminìṣmo [fr. *féminisme*, dal lat. *fēmina* 'femmina'] s. m. ● In senso storico, movimento tendente a portare la donna su un piano di parità con l'uomo per quanto riguarda i diritti civili e politici, e le condizioni socio-economiche | In senso più recente, movimento che pone l'accento sulla posizione antagonistica della donna rispetto all'uomo in ogni contesto sociale (anche privato), culturale e politico, e sulla riscoperta in senso antitradizionale di alcuni valori tipicamente femminili.

femminìsta [fr. *féministe*, dal lat. *fēmina* 'femmina'] **A** s. f. e m. (pl. m. *-i*) ● Chi sostiene e favorisce il femminismo. **B** agg. ● Relativo al, proprio del, femminismo: *movimento f.*

femminìstico agg. (pl. m. *-ci*) ● (*raro*) Relativo al femminismo o alle femministe: *rivendicazioni femministiche*.

femminiẓẓàre [fr. *féminiser*, dal lat. *fēmina* 'femmina'] v. intr. (aus. *avere*) ● (*raro, lett.*) Comportarsi da donna.

femminùccia o †**femminùzza** s. f. (pl. *-ce*) *1* Dim. di *femmina*. *2* (*fig.*) Bambino pauroso e impressionabile | Uomo debole o vile.

femoràle [vc. dotta, lat. tardo *femorāle(m)*, da *fēmur*, genit. *fēmoris* 'femore, coscia'] **A** agg. ● (*anat.*) Del femore, della coscia: *arteria f.* **B** s. m. ● (*spec. al pl.*) Particolare tipo di pantaloni di origine barbarica in uso a partire dall'epoca di Traiano | Parte della veste che copre le cosce.

fèmore [vc. dotta, lat. *fĕmur*, nt. nom., al genit. *fĕmoris*, di orig. oscura] s. m. *1* (*anat.*) Osso lungo che costituisce lo scheletro della coscia, articolato con l'anca e con la tibia. ➡ ILL. p. 362 ANATOMIA UMANA. *2* (*arch.*) Listello che divide l'uno dall'altro i glifi del triglifo.

fèmto- [di formazione incerta] primo elemento ● Anteposto al nome di un'unità di misura, la divide per un milione di miliardi, cioè la moltiplica per 10^{-15}. SIMB. f.

fen /fɛn/ [vc. cinese] s. m. ● Moneta divisionale della Repubblica Popolare Cinese, corrispondente alla centesima parte dello *yüan*.

fenacetìna [comp. di *fen(olo)* e *aceto*] s. f. ● Preparato medicinale derivato dal fenolo, usato come antipiretico, analgesico, sedativo.

fenantrène [comp. di *fen(ile)* e *antr(ac)ene*] s. m. ● (*chim.*) Composto organico, isomero dell'antracene, contenuto nel catrame del carbon fossile, usato per fare coloranti e farmaceutici.

fenàto [da *fen(ico)*] s. m. ● (*chim.*) Sale dell'acido fenico: *f. di canfora, di chinina, di potassio.*

fence /*ingl.* fens/ [vc. ingl., da *defense* 'difesa'] s. f. inv. ● (*sport*) Nell'ippica, ostacolo consistente in un fosso seguito da una siepe.

fendènte **A** part. pres. di *fendere* ● (*raro*) Nei sign. del v. **B** s. m. ● Colpo di sciabola vibrato alla testa, disimpegnando il proprio ferro da quello dell'avversario con un movimento dall'avanti all'indietro | Nel linguaggio calcistico, tiro in porta, forte e rapido.

fèndere o †**sfèndere** [lat. *findere*, di origine indeur.] **A** v. tr. (pres. *io fèndo*; pass. rem. *io fendéi* o *fendètti*, †*féssi*, *tu fendésti*; part. pass. *fendùto*, †*fésso*) *1* Spaccare trasversalmente: *f. una pietra, la testa con un colpo* | (*est.*) Lacerare | (*fig.*) †*f. il cuore*, trafiggerlo dolorosamente. SIN. Aprire, tagliare. *2* Attraversare in mezzo: *f. le nubi, la nebbia* | *F. l'aria*, volare | *F. i flutti, le onde*, nuotare, navigare | *F. la folla, la calca*, passarvi in mezzo con difficoltà. *3* †Dividere, tagliare in due parti. **B** v. intr. pron. *1* Screpolarsi, aprirsi, spaccarsi. *2* (*raro*) Dividersi.

fendinébbia [comp. di *fendere* e *nebbia*] s. m. inv. ● Proiettore d'autoveicolo, talvolta a luce gialla, che migliora la visibilità nella nebbia.

fenditóio [da *fendere*] s. m. *1* Strumento per l'innesto a spacco su grossi rami con lama talora a dorso ripiegato per battervi col martello. *2* (*gener.*) Strumento usato per spaccare q.c. trasversalmente.

fenditóre **A** s. m.; anche agg. (f. *-trice*) ● (*raro*) Chi, che fende. **B** s. m. ● Arnese usato nella lavorazione dei cappelli di feltro.

fenditùra o (*raro*) †**sfenditùra** [da *fendere*] s. f. ● Effetto del fendere o del fendersi: *f. di una roccia, di una trave*. SIN. Apertura, spacco.

feneratìzio o **feneratìcio** [vc. dotta, lat. tardo *feneratīciu(m)*, da *fenerātor* 'feneratore'] agg. ● Relativo all'usura: *patto f.*; *condizioni feneratizie* | *Mutuo f.*, quello in cui sono pattuiti interessi usurari.

†**feneratóre** [vc. dotta, lat. *feneratōre(m)*, da *fēnus*, genit. *fēnoris* 'usura'] s. m. ● Usuraio.

†**fenèstra** e *deriv.* ● V. *finestra* e *deriv.*

fenestràto agg. ● (*bot.*) Detto di organo provvisto di aperture.

fenestratùra s. f. ● In varie tecnologie, apertura praticata allo scopo di ricavare frammenti o campioni di un materiale.

fenestrazióne [da *fenestra*, col suff. *-zione*] s. f. *1* (*chir.*) Creazione di un'apertura eseguita spec. per aggirare un'ostruzione. *2* (*med.*) Comunicazione anomala, gener. congenita, fra comparti dell'organismo.

fenianìṣmo [fr. *fénianisme*. V. precedente] s. m. ● Dottrina, movimento dei feniani.

feniàno [ingl. *fenian*, dall'irl. *fiann*, n. di una fazione di irlandesi] s. m. ● (*spec. al pl.*) Rivoluzionari irlandesi che, spec. nel XIX sec., cospirarono contro il dominio inglese.

fenicàto [da *fenico*] agg. ● (*chim.*) Di preparato trattato con acido fenico, che contiene acido fenico: *cotone f.*; *acqua fenicata*.

fenìce [vc. dotta, lat. *phoenīce(m)*, nom. *phoenix*, dal gr. *phôinix* 'della Fenicia'] **A** s. f. o †m. *1* Uccello favoloso d'Arabia che, secondo le leggende classiche e medievali, si costruiva, ogni cinquecento anni, un rogo con piante aromatiche, per ardervi e poi risorgerne. *2* (*fig., lett.*) *La f., l'araba f.*, simbolo di cosa o persona irreale, introvabile o molto rara:: *la pietra filosofale fu la f. degli alchimisti medievali*; *come l'araba f. / che ci sia ciascun lo dice / dove sia nessun lo sa* (METASTASIO). **B** s. f. ● Genere di palme asiatiche e africane cui appartiene la palma da datteri (*Phoenix*).

fenìcio [vc. dotta, lat. *phoenīciu(m)*, nom. *phoenīcius*, dal gr. *phoiníkeos*] **A** agg. (pl. f. *-cie*) ● Dell'antica Fenicia. **B** s. m. (f. *-a*) ● Abitante, nativo dell'antica Fenicia. **C** s. m. solo sing. ● Lingua della famiglia semitica parlata dagli antichi fenici.

fènico [fr. *phénique*, dal gr. *pháinomai* 'io risplendo', perché ricavato dal gas illuminante] agg. (pl. m. *-ci*) ● (*chim.*) *Acido f.*, fenolo.

fenicòttero [vc. dotta, lat. *phoenicŏpteru(m)*, nom. *phoenicŏpterus*, dal gr. *phoinikópteros*, letteralmente 'dalle ali rosse', comp. di *phôinix* 'rosso' e *pterón* 'ala'] s. m. ● Uccello dei Ciconiformi, con lunghissime zampe prive di piume, collo straordinariamente allungato e mobilissimo, becco largo e lungo piegato ad angolo, che predilige le lagune salmastre (*Phoenicopterus ruber*). SIN. Fiammingo.

fenilalanìna [comp. di *fenil(e)* e *alanina*] s. f. ● (*chim.*) Amminoacido aromatico presente nelle proteine vegetali e animali, considerato indispensabile nell'uomo e in numerosi animali.

fenilammìna [comp. di *fenil(e)* e *ammina*] s. f. ● (*chim.*) Anilina.

fenilchetonùria o **fenilchetonurìa** [comp. di *fenil(e)*, *cheton(e)* (2) e *-uria*] s. f. ● (*med.*) Malattia ereditaria del metabolismo caratterizzata da accumulo nel sangue di fenilalanina ed eliminazione urinaria di acido fenilpiruvico.

fenìle [da *fen(olo)*] s. m. ● (*chim.*) Radicale derivato dal benzene per perdita di un atomo di idrogeno.

fenilico [da *fenile*] agg. ● (*chim.*) Detto di composto che contiene il radicale fenile.

fenilpiruvico [comp. di *fenil(e)* e *piruvico*] agg. (pl. m. *-ci*) ● (*chim.*) Detto di acido che si forma nel rene come prodotto metabolico di un aminoacido.

fennèc [ar. *fanak* 'volpe del deserto'] s. m. ● Carnivoro dei Canidi simile a una piccola volpe con orecchie sviluppatissime (*Fennecus zerda*). SIN. Volpe del deserto, volpe della sabbia.

fèno- [dal gr. *pháinein* 'apparire', di origine indeur.] primo elemento ● In parole composte della terminologia scientifica, significa 'manifestazione' o fa riferimento a ciò che appare: *fenologia*, *fenotipo*.

fenocristàllo [comp. di *feno-* e *cristallo*] s. m. ● Cristallo relativamente più grande degli altri, ben distinguibile dalla pasta di fondo, in rocce a struttura porfirica.

fenolàto s. m. ● (*chim.*) Fenato.

fenolftaleìna [comp. di *fenol(o)* e *ftaleina*] s. f. ● (*chim.*) Ftaleina usata in chimica analitica come indicatore, incolore in soluzione acida e rosso-violacea in soluzione alcalina, in medicina come lassativo, sotto forma di compresse o pillole.

fenòli s. m. pl. ● (*chim.*) Composti della serie aromatica in cui uno o più gruppi ossidrilici sostituiscono gli atomi di idrogeno degli anelli benzenici.

fenòlico agg. (pl. m. *-ci*) ● Di, relativo ai fenoli | *Resina fenolica*, resina polimerica ottenuta polimerizzando due o più monomeri di cui almeno uno contenente uno o più gruppi fenolo.

fenòlo [fr. *phénol*, da *phénique* 'fenico'] **A** s. m. ● Derivato ossigenato del benzolo, capostipite dei fenoli, contenuto nel catrame di carbon fossile, ora ottenuto per sintesi, impiegato nell'industria chimica spec. per la fabbricazione di resine fenoliche e in medicina per l'azione antisettica e anestetica locale. SIN. Acido fenico. **B** anche agg.: (*chim.*) *gruppo f.*

fenologìa [comp. di *feno-* e *-logia*] s. f. ● Studio dei fenomeni della vita animale e vegetale in relazione allo svolgersi delle vicende climatiche stagionali.

fenològico agg. (pl. m. *-ci*) ● Della, relativo alla, fenologia: *ricerche fenologiche*.

fenòlogo s. m. (f. *-a*; pl. m. *-gi*, pop. *-ghi*) ● Studioso, esperto di fenologia.

fenomenàle [da *fenomeno*] agg. *1* Che ha caratteре di fenomeno. *2* (*est.*) Straordinario, notevole, eccezionale: *ha una memoria f.*

fenomenalìsmo [da *fenomenale*] s. m. ● Fenomenismo.

fenomenalità s. f. ● Qualità di chi, di ciò che è fenomenale.

fenomenicità s. f. ● (*filos.*) Qualità di ciò che è fenomenico.

fenomènico agg. (pl. m. *-ci*) ● Che concerne il fenomeno o che ne ha le caratteristiche | *Conoscenza fenomenica*, quella limitata al fenomeno.

fenomenìsmo s. m. ● Dottrina filosofica secondo la quale la nostra conoscenza è limitata al fenomeno, ossia alla rappresentazione che noi ci facciamo delle cose, e nulla può dire intorno al noumeno o alla cosa in sé.

fenòmeno [vc. dotta, lat. tardo *phaenŏmeno(n)*, dal gr. *phainómenon*, part. pres. medio di *pháinomai* 'io appaio'] **A** s. m. *1* Tutto ciò che può essere osservato e studiato attraverso una conoscenza diretta: *f. acustico, ottico, atmosferico* | *F. storico, sociale*, fatto o insieme di fatti considerati come manifestazione delle leggi che regolano la storia e la vita sociale. *2* Fatto che si distingue per caratteristiche particolari: *il f. del turismo di massa.* *3* (*fam.*) Persona o cosa straordinaria: *quel medico è un f.*; *la sua superbia è proprio un f.* *4* Essere umano con anomalie mostruose esibito nei baracconi e nei circhi. **B** in funzione di agg. inv. ● (posposto al s., *fam.*) Stupefacente, sorprendente, straordinario: *un ragazzo f.*; *ha fatto una carriera f.*

fenomenologìa [da *fenomeno*] s. f. *1* Descrizione di un complesso di fenomeni così come essi si manifestano all'esperienza | *F. dello spirito*, nella filosofia di Hegel, analisi dei momenti attraverso i quali lo spirito si manifesta realizzandosi come autocoscienza assoluta. *2* Nella filosofia di E. Husserl, metodo attraverso il quale lo spirito, per mezzo di riduzioni successive, viene a trovarsi al di là degli esseri empirici e individuali, di fronte alle essenze assolute di tutto ciò che è.

fenomenològico agg. (pl. m. *-ci*) *1* Che concerne o interessa la fenomenologia. *2* Proprio della fenomenologia di E. Husserl.

fenomenòlogo [tratto da *fenomenologia*] s. m. (f. *-a*; pl. m. *-gi*, pop. *-ghi*) *1* Chi si dedica allo studio e alla descrizione dei fenomeni. *2* Chi segue il metodo filosofico della fenomenologia di E. Husserl.

fenoplàsto [comp. di *feno(lo)* e *-plasto*] s. m. ● (*chim.*) Resina termoindurente ottenuta per condensazione del fenolo o di suoi derivati con aldeidi, impiegata spec. per polveri da stampaggio oltre che nell'industria elettrica, chimica, tessile, e nel campo delle vernici.

fenòssido [comp. di *feno(lo)* e *ossid(at)o*] agg. ● (*chim.*) Detto dello ione negativo ottenuto dal fenolo per perdita di uno ione idrogeno.

fenotìpico agg. (pl. m. *-ci*) ● (*biol.*) Di, relativo a, fenotipo.

fenotìpo o **fenòtipo** [ingl. *phenotype*, comp. di *pheno-* 'feno-' e *type* 'tipo'] s. m. ● Il complesso dei caratteri fisici esterni di un individuo, risultato del suo patrimonio genetico ma anche dei fattori ambientali. CFR. Genotipo.

Feofìcee [comp. del gr. *phaiós* 'scuro' e *phŷkos* 'alga'] s. f. pl. ● (*bot.*) Alghe brune.

Feòfite [comp. del gr. *phaiós* 'scuro' e del pl. f. di *-fito*] s. f. pl. ● Nella tassonomia vegetale, divisione comprendente alghe brune pluricellulari (*Phaeophyta*) | (al sing. *-a*) Ogni individuo di tale divisione.

†**fèra** ● V. *fiera* (*2*).

feràce [vc. dotta, lat. *ferāce(m)*, da *fĕrre* 'portare'] agg. ● (*lett.*) Fertile, fecondo (*anche fig.*): *terreno f.*; *le vendemmie spumanti / di tutti gli autunni feraci* (D'ANNUNZIO); *fantasia, ingegno f.* ‖ **feraceménte**, avv.

feracità o †**feracitàde**, †**feracitàte** [vc. dotta, lat. *feracitāte(m)*, da *fĕrax*, genit. *ferācis* 'ferace'] s. f. ● (*lett.*) Qualità di ciò che è ferace (*anche fig.*).

feràle [vc. dotta, lat. *ferāle(m)*, di etim. incerta] agg. ● (*lett.*) Che porta morte | *Notizia, annunzio f.*, funesto | *Presagio f.*, di cattivo augurio. ‖ **feralménte**, avv.

fèrcolo [vc. dotta, lat. *fĕrculu(m)*, da *fĕrre* 'portare'] s. m. *1* Nell'antica Roma, grande vassoio per portare i piatti in tavola. *2* Nell'antica Roma, specie di portantina sulla quale si esponevano oggetti che erano portati alla vista di tutti, come ad es. le spoglie dei vinti in un trionfo.

ferecratèo o **ferecràzio** [vc. dotta, lat. *pherecratīu(m)*, nom. *pherecratīus*, dal gr. *pherekráteios*, dal n. di *Ferecrate* (sec. V a.C.), il poeta che lo adoperò] **A** s. m. ● Verso greco e latino di sette sillabe che si può considerare come una forma catalettica del gliconeo. **B** anche agg.: *verso f.*

ferecràtico agg. (pl. m. *-ci*) ● Di, relativo a ferecrateo.

ferecràzio ● V. *ferecrateo*.

ferentàrio [vc. dotta, lat. *ferentāriu(m)*, di etim. incerta] s. m. ● Soldato della legione romana, a piedi o a cavallo, fornito di armi da getto per dare inizio al combattimento.

ferètrio [vc. dotta, lat. *ferĕtriu(m)*, di etim. incerta] agg. ● Attributo di Giove capitolino cui si offrivano le spoglie del trionfo, prese ai vinti.

fèretro o (*poet.*) **ferètro** [vc. dotta, lat. *fĕretru(m)*, dal gr. *phéretron*, da *phérō* 'io porto'] s. m. *1* Bara ricoperta dalla coltre funebre | (*est.*) Bara: *seguire, accompagnare il f.* *2* Fercolo usato per i funerali presso gli antichi romani.

fèria [vc. dotta, lat. tardo *fēria(m)*, da avvicinare a *fēstus* 'festivo'] s. f. *1* Nel calendario liturgico cattolico, ogni giorno della settimana non festivo | *Seconda f.*, il lunedì. *2* (*al pl.*) Periodo di riposo a cui ha diritto il lavoratore: *entrare in ferie*; *prendere due giorni di ferie* | *Ferie estive, pasquali*, periodo di vacanza durante l'estate, a Pasqua. SIN. Vacanze. *3* (*al pl.*) Nel diritto romano, giorni dedicati agli dèi in cui è vietato compiere dati atti giuridici.

feriàle [vc. dotta, lat. tardo *feriāle(m)*, da *fēria*; il sign. di 'giorno lavorativo' deriva dall'uso liturgico in cui si chiamavano *feriali* i giorni dedicati alla *festa* di un santo, cioè tutti i giorni della settimana, tranne la domenica dedicata al Signore] agg. *1* Di giorno o periodo, non festivo | (*est.*) Lavorativo: *questa settimana ha soltanto quattro giorni feriali.* *2* Riferito a ciò che non è festivo: *orario f.* | *Messa f.*, celebrata secondo il rito proprio delle ferie, non festiva. *3* Relativo alle ferie, nel sign. 2: *periodo f.* | *Lavoro f.*, prestazione di lavoro svolto durante il periodo in cui al lavoratore spettano le ferie e che attribuisce allo stesso il diritto a una retribuzione maggiorata. *4* †Usuale, comune, ordinario.

feribile [da *ferire*] agg. ● Che si può ferire | (*est.*) †Vulnerabile.

†**ferigno** [da *ferino*, con accostamento a *maligno*] agg. ● (*lett.*) Bestiale, ferino.

feriménto o †**fediménto** [da *ferire*] s. m. ● Atto del ferire.

ferinità s. f. ● (*lett.*) Qualità di chi, di ciò che è ferino.

ferino [vc. dotta, lat. *ferīnu(m)*, da *fĕra* 'fiera'] agg. ● (*lett.*) Di fiera: *orme ferine* | (*est.*) *Cuore, istinto f.*, selvaggio, crudele: *di una nudità e di uno squallore naturali e quasi ferini* (MORAVIA).

ferire o †**fedire** [lat. *ferīre*, di origine indeur.] **A** v. tr. (*io ferisco, tu ferisci, egli ferisce*, lett. †*fière* o *fère*; part. pass. *ferito*, †*ferùto*) *1* Colpire causando una ferita: *f. di coltello, di pistola* | *F. a morte*, ferire in modo così grave da procurare la morte. *2* (*fig.*) Addolorare, offendere con atti e parole: *f. qc. nell'onore, nell'orgoglio*; *la tua indifferenza lo ferisce.* *3* †Percuotere | †*F. colpi, percosse*, dare colpi, percosse | *Senza colpo f.*, senza fare uso delle armi o senza trovare resistenza | †*F. tornei*, battersi nei tornei. *4* (*fig.*) Colpire, detto spec. dell'azione dei raggi solari sugli occhi o della voce sull'udito: *la luce viva lo ferisce*; *f. le orecchie con grida e lamenti* | (*fig.*) *F. la fantasia di qc.*, produrre una forte impressione su qc. | (*fig.*) *F. il cuore a qc.*, addolorarlo o farlo innamorare. *5* †Caricare il nemico | †*F. per costa*, caricare di lato: *Corso Donati ... fedì i nemici per costa* (COMPAGNI). **B** v. rifl. o intr. pron. ● Prodursi una ferita: *ferirsi alla testa.*

ferita o †**fedita**, †**ferùta** [da *ferire*] s. f. *1* Taglio o lacerazione della cute e dei tessuti sottostanti prodotta da un corpo contundente o penetrante: *f. grave, leggera, mortale*; *f. d'arma da fuoco*; *medicare una f.* | *F. superficiale*, scalfittura | *F. contusa*, di contusione | Lesione del tessuto vegetale: *un vecchio tronco pieno di ferite.* *2* (*fig.*) Grave dolore o offesa morale: *inasprire, riaprire una f.*; *f. d'amore.* ‖ **feritàccia**, pegg. | **feritina**, dim. | **ferìtuccia**, dim.

ferità o †**feritàde**, †**feritàte**, †**fierità**, †**fieritàde**, †**fieritàte** [vc. dotta, lat. *feritāte(m)*, da *fĕrus* 'feroce'] s. f. *1* (*lett.*) Crudeltà: *orrenda, immane / f.* (TASSO). *2* (*raro*) Selvatichezza.

ferito o †**fedito**. **A** part. pass. di *ferire*; anche agg. ● Nei sign. del v. **B** s. m. (f. *-a*) ● Chi ha subìto una o più ferite: *un f. grave*; *raccogliere, medicare i feriti* | *Scambio dei feriti*, scambio dei prigionieri gravemente feriti, tra belligeranti.

feritóia [da *ferire*, perché da essa si colpiva il nemico] s. f. *1* (*arch.*) Stretta apertura verticale, allargata verso la parete interna, ricavata nei muri di rocche, parapetti, torri, navi, per tirare contro il nemico rimanendo protetti. *2* Apertura per dare luce a una cantina e sim. *3* In vari dispositivi o apparecchi, fessura per introdurre monete, gettoni e sim.

feritóre o †**feditóre** [da *ferire*] **A** s. m.; anche agg. (f. *-trice*, pop. *-tora*) ● Chi, che ferisce. **B** agg. ● †Che è valente nel maneggiare armi | †Valoroso.

†**fèrla** [lat. *fĕrula(m)* 'canna'. V. *ferula* (*1*)] s. f. ● Gruccia, stampella.

†**ferlinànte** [da *ferlino*] s. m. ● Operaio che lavora a ferlini o a gettoni.

†**ferlìno** [ingl. *ferlin*, dall'ol. *vierling*, da avvicinare al ted. *vier* 'quattro'] s. m. ● Gettone, contrassegno, spec. quello in piombo bollato da una parte sola, un tempo dato a soldati e operai per riconoscerne e verificarne la presenza in certi lavori.

férma [da *fermare*] s. f. *1* Periodo di permanenza sotto le armi per adempiere agli obblighi del servizio militare | *F. di leva*, quella obbligatoria | *F. speciale*, quella assunta volontariamente. *2* Puntata del cane da penna davanti al selvatico | *Cane in f.*, puntato sull'animale | *F. di consenso*, fatta dal cane vedendo un altro cane puntare | *F. a vuoto*, quando il cane punta sull'emanazione di un selvatico che non c'è più | *F. girata*, del cane che ha girato il selvatico e lo ha messo tra sé e il cacciatore. ***3*** Rete a maglia molto stretta, con una specie di bertuello al centro, che viene tesa da una sponda all'altra di un corso d'acqua per catturare i pesci trascinati dalla corrente. ***4*** †Accordo, patto.

fermacalzóni [comp. di *ferma(re)* e il pl. di *calzone*] **s. m.** • Molletta usata da chi va in bicicletta per stringere alla gamba il fondo dei pantaloni in modo da evitare che si sporchino e che si impiglino nella catena.

fermacapélli [comp. di *ferma(re)* e il pl. di *capello*] **s. m.** • Fermaglio di materiale vario, spesso anche decorato, usato per trattenere i capelli.

fermacàrro [comp. di *ferma(re)* e *carro*] **s. m.** • (*ferr.*) Dispositivo con respingenti impiantato all'estremità di un binario tronco.

fermacàrte [comp. di *ferma(re)* e il pl. di *carta*] **s. m. inv.** • Oggetto pesante di bronzo, pietra o cristallo, da tenere sulla scrivania poggiato su fogli sciolti per impedire che volino via. **SIN.** Calcafogli, calcalettere.

fermacravàtta o **fermacravàtte** [comp. di *ferma(re)* e *cravatta*] **s. m. inv.** • Fermaglio per fissare la cravatta alla camicia, in modo che rimanga tesa.

fermadeviatóio [comp. di *ferma(re)* e *deviatoio*] **s. m.** • (*ferr.*) Dispositivo meccanico, applicato ad un deviatoio che immobilizza direttamente gli aghi onde assicurarli nella posizione voluta. **SIN.** Fermascambio.

fermàglio [provz. *fermalh*, dal lat. parl. **firmăculu(m)*, da *firmāre* 'assicurare'] **s. m.** ***1*** Ogni oggetto, sotto forma di gancio, fibbia, monile e sim. che serva a chiudere o a tenere ferme due parti staccate di q.c. ***2*** Monile, ornamento per vesti o per acconciature. || **fermagliétto**, **dim.** | **fermaglìno**, **dim.**

†**fermaménto** [lat. *firmamĕntu(m)*, da *firmāre*. V. *fermare*] **s. m.** ***1*** Modo e atto del fermare o del fermarsi. ***2*** Fermezza. ***3*** Afforzamento. ***4*** Cessazione.

fermanèllo [comp. di *ferma(re)* e *anello*] **s. m.** • Anello sottile che si tiene infilato al dito per assicurare un anello prezioso o che, comunque, non si vuole rischiare di perdere.

fermapàlle [comp. di *ferma(re)* e il pl. di *palla*] **s. m. inv.** • Riparo naturale o artificiale che è dietro il bersaglio e serve a fermare la corsa dei proiettili nei tiri d'esercitazione.

fermapièdi [comp. di *ferma(re)* e il pl. di *piede*] **A s. m.** • Dispositivo a staffa, applicato spec. al pedale delle biciclette da corsa, che permette al piede di non scivolare. **B agg.** • Detto di ogni dispositivo con analoga funzione: *cinghia f.* ➡ **ILL.** p. 1281 SPORT; p. 1745 TRASPORTI.

fermapòrta o **fermapòrte** [comp. di *ferma(re)* e *porta*] **s. m. inv.** • Qualsiasi oggetto o sistema che serve per impedire a una porta aperta di chiudersi o di sbattere.

fermàre [lat. *firmāre* 'assicurare, rafforzare', da *firmus* 'fermo, saldo'] **A v. tr.** (*io férmo*) ***1*** Trattenere qc. o q.c. arrestandone il movimento: *f. un fuggitivo*; *f. il treno*; *f. qc. per strada a parlare* | (*lett.*) *F. il passo*, fermarsi | *F. la circolazione del sangue*, impedirla | (*fig.*) *F. l'attenzione su q.c.*, considerare attentamente q.c. | *F. il lavoro, il discorso*, interrompere il lavoro, il discorso | Nel calcio e sim., *f. una squadra*, sconfiggere una formazione forte in una partita di campionato, non permettendole quindi di aumentare il suo punteggio in classifica. ***2*** Trattenere qc. in stato di fermo in attesa di arresto o di rilascio: *la polizia fermò un individuo sospetto*. ***3*** Dare saldezza, stabilità a q.c. che si muove: *f. un bottone*; *f. la cravatta con lo spillo* | *F. le persiane*, fissarle con l'apposito fermo perché non sbattano col vento | (*fig.*) *F. q.c. nella mente, nel pensiero*, ricordarsi perfettamente di q.c. | *F. le carni*, impedirne il processo di ulteriore frollatura con una prima cottura | (*raro*) *F. il colore*, renderlo consistente con un'altra mano di vernice | *F. il punto*, fissare con una annodatura il punto al termine di una cucitura. **SIN.** Assicurare, fissare. ***4*** (*raro, fig.*) Risolvere, decidere: *f. un punto controverso, una questione*. ***5*** (*fam.*) Usufruire di q.c. o di un servizio per un determinato tempo: *f. un tassì* | *F. una casa*, prenderla in affitto. ***6*** †Accogliere qc. al proprio servizio. ***7*** (*fig.*) Appoggiare | *F. la voce*, sopra una parola, una sillaba | †Collocare, piantare: *f. le tende, l'accampamento*. ***8*** (*caccia*) Puntare: *f. le pernici*. ***9*** †Stabilire, concludere: *fermai di partire alla volta d'Italia* (ALFIERI) | Pattuire. ***10*** †Approvare, ratificare. **B v. intr. pron.** ***1*** Interrompere un movimento: *non fermarti così bruscamente!*; *mi sono fermato a parlare con tuo zio*; *fermatevi!* | *Non fermarsi alla prima osteria*, (*fig.*) non contentarsi subito | (*raro*) *Fermarsi in tronco*, all'improvviso. **CONTR.** Muoversi. ***2*** Trattenersi: *mi fermerò a Roma pochi giorni*. ***3*** Stabilirsi: *fermarsi definitivamente in una città*. ***4*** Smettere di funzionare, spec. temporaneamente: *l'orologio si è fermato*. ***5*** †Fortificarsi. **C v. intr.** (aus. *avere*) • Cessare di andare, di muoversi: *l'autobus ferma in punti determinati* | *Ferma!*, *ferma là!*, intimazione ad arrestarsi e rimanere immobili nella posizione in cui si è stati sorpresi, intimazione a cessare un'azione.

fermascàmbio o **fermascàmbi** [comp. di *ferma(re)* e *scambio*] **s. m.** • (*ferr.*) Fermadeviatoio.

fermàta [da *fermare*] **s. f.** ***1*** Atto, effetto del fermare o del fermarsi: *effettuare una f. improvvisa* | Pausa, interruzione: *parlare con frequenti fermate*. ***2*** Interruzione della corsa in un mezzo di trasporto pubblico per lasciare salire e scendere i viaggiatori o per altro motivo: *f. in linea, in stazione* | *F. di servizio*, con esclusione del servizio viaggiatori | *F. obbligatoria*, dei tram, autobus, e sim., che va fatta anche se nessun viaggiatore lo richiede | *F. facoltativa*, a richiesta di chi vuole scendere o salire | *F. intermedia*, fra i due capolinea. **SIN.** Sosta. ***3*** Punto del tragitto in cui si fermano mezzi pubblici di trasporto: *hanno spostato la f. del tram* | Durata di una sosta: *una breve f.* ***4*** (*mus.*) Pausa, corona. || **fermatìna**, **dim.**

fermàto A part. pass. di *fermare*; anche **agg.** • Nei sign. del v. **B s. m.** ***1*** Chi è sottoposto a fermo giudiziario: *il f. è privo di alibi*. ***2*** †Accordo, convenzione.

fermatùra [da *fermare*] **s. f.** ***1*** (*raro*) Modo, atto, effetto del fermare: *f. di un bottone, del bavero* | Allacciatura: *si è rotta la f.* ***2*** Punto in cui una cosa è fermata. || **fermaturìna**, **dim.**

fermentàbile agg. • Che può fermentare. **SIN.** Fermentescibile.

fermentàre [vc. dotta, lat. *fermentāre*, da *fermĕntum* 'fermento'] **A v. intr.** (*io ferménto*; aus. *avere*) ***1*** Essere in fermentazione, ribollire: *l'uva nel tino fermenta*. ***2*** (*fig.*) Essere agitato, in subbuglio: *dopo la ribellione gli animi fermentavano*. ***3*** Lievitare, detto della pasta. **B v. tr.** • Sottoporre una sostanza, vino, mosto, pasta, all'azione dei fermenti.

fermentatìvo agg. • Che può fermentare o produrre una fermentazione.

fermentàto part. pass. di *fermentare*; anche **agg.** • Nei sign. del v.

fermentatóre s. m. (f. *-trice* nei sign. 1 e 2) ***1*** (*chim.*) Addetto alla conduzione di apparecchi per fermentazione. ***2*** (*enol.*) Addetto alla fermentazione del mosto d'uva dopo la pigiatura, per ottenere un determinato tipo di vino. ***3*** (*chim.*) Apparecchio nel quale avviene la fermentazione, usato spec. negli impianti di depurazione delle acque di rifiuto per trattare i fanghi provenienti dalle vasche di fermentazione.

fermentazióne [vc. dotta, lat. tardo *fermentatiōne(m)*, da *fermentāre* 'fermentare'] **s. f.** • Processo consistente nella trasformazione chimica di sostanze organiche per mezzo di alcuni microorganismi | *F. acetica*, trasformazione dell'alcol in acido acetico | *F. alcolica*, trasformazione di zuccheri in alcol | *F. lattica*, trasformazione di zuccheri in acido lattico | *F. putrida*, putrefazione | *F. intestinale*, processo di decomposizione degli zuccheri con formazione di gas e di anidride carbonica.

fermentescìbile [dal lat. *fermentēscere*, da *fermentāre* 'fermentare'] **agg.** • Fermentabile.

fermentescibilità s. f. • Proprietà di ciò che è fermentescibile.

fermentìo [da *fermento*] **s. m.** • (*raro*) Rumore di massa in fermentazione | Un fermentare continuo.

ferménto [vc. dotta, lat. *fermĕntu(m)*, dalla stessa radice di *fervēre* 'bollire'] **s. m.** ***1*** Enzima | *Fermenti lattici*, microorganismi che si ritrovano nel latte acido e che hanno la proprietà di scindere il lattosio producendo acido lattico; sono usati nelle infezioni intestinali e per l'attivazione dei processi digestivi. ***2*** (*raro*) Fermentazione. ***3*** Lievito. ***4*** (*fig.*) Situazione o stato d'animo, e relative manifestazioni esteriori, caratterizzato dal sovrapporsi, spesso disordinato o incontrollato, di avvenimenti, aspirazioni, critiche e sim., tendenti a mutare una situazione di fatto che si ritiene ingiusta o inadeguata: *la popolazione è in f.*; *gli animi erano in f.*; *cominciarono così i primi fermenti di rivolta* | (*est.*) Ciò che determina tale situazione o stato d'animo: *fermenti di libertà*; *idee che sono il f. della società contemporanea*. **SIN.** Agitazione, inquietudine, subbuglio.

fermézza [da *fermo*] **s. f.** ***1*** (*raro*) Qualità di ciò che è fermo, stabile: *f. del braccio, della mano*. ***2*** (*fig.*) Costanza, saldezza, risolutezza: *f. di propositi, di convinzioni*. ***3*** †Validità, di leggi e sim.: *articoli ... contro la f. de' quali non è pericolo alcuno* (GALILEI). ***4*** Chiusura di collana formata da due pezzi. ***5*** †Robustezza, durabilità.

fèrmi [dal n. del fisico E. *Fermi* (1901-1954)] **s. m.** • Unità di misura di lunghezza che vale 10^{-13} centimetri ed è utilizzata nelle scienze nucleari. SIMB. fm.

fèrmio [dal n. del fisico E. *Fermi*] **s. m.** • Elemento chimico, metallo transuranico ottenuto artificialmente con reazioni nucleari. SIMB. Fm.

fermióne [detto così perché ubbidisce alle leggi di statistica enunciate dal fisico E. *Fermi*] **s. m.** • Particella di spin semintero, che obbedisce alla statistica di Fermi-Dirac.

férmo [lat. *firmu(m)*, di origine indeur.] **A agg.** ***1*** Che non si muove: *bastimento, treno f.*; *stare f. con i piedi, con le mani* | *Fermo!*, *fermo là!*, *fermi tutti!*, intimazioni ad arrestarsi e rimanere immobili, nella posizione in cui si è sorpresi, intimazione a cessare un'azione | *Orologio f.*, non funzionante | *Acqua ferma*, stagnante | *Terra ferma*, V. anche *terraferma* | *Salute ferma*, non cagionevole | (*fig.*) *Mente ferma*, lucida e coerente | *Mano ferma*, non tremante e (*fig.*) decisa, sicura | *Camminare su terreno f.*, (*fig.*) agire con sicurezza di risultati | (*fig.*) *Non avere il terreno f.*, viaggiare spesso | *Gli affari sono fermi*, le vendite sono in ribasso | (*lett.*) *Stare a piè f.*, non muoversi | *Tirare a f.*, nel linguaggio dei cacciatori, tirare ad animali immobili, né in corsa, né a volo. **SIN.** Immobile | *Vino f.*, non frizzante. ***2*** (*est.*) Fisso, fissato: *con gli occhi fermi allo spettacolo raccapricciante* | †*Stelle ferme*, stelle fisse | Stabile: *terreno f.*; *vi veggio qual saldo, f. e costante scoglio* (BRUNO). ***3*** (*fig.*) Costante in una decisione: *animo, carattere f.* | *Rimanere f. nelle proprie idee*, non cambiarle | *Fede, speranza ferma*, senza mutamenti | (*raro, fam.*) *Essere f. al chiodo*, essere ostinato. **SIN.** Perseverante, saldo, tenace. **CONTR.** Volubile. ***4*** (*fig.*) Risoluto, energico: *tono di voce f.* | (*lett.*) *Con viso f.*, senza batter ciglio e (*fig.*) con animo forte | (*fig.*) Deciso: *è f. proposito di tutti di ritrovarci presto*. ***5*** (*fig.*) Stabilito in modo certo, con sicurezza: *resta f. che ci vedremo domani* | *F. restando che ...*, restando valido, inteso, stabilito che ... | *Per f.*, per certo, con sicurezza. ***6*** †Chiuso, serrato. ***7*** (*mus.*) *Canto f.*, canto gregoriano. ***8*** (*banca*) Blocco momentaneo di utilizzazione di un conto corrente o di un deposito titoli. || **fermaménte**, **avv.** **B** in funzione di **avv.** ***1*** (*raro, lett.*) Fortemente | (*fam.*) *Tener f.*, resistere. ***2*** (*lett.*) †Fermamente. **C s. m.** ***1*** Atto, effetto del fermare o del fermarsi | *Voler dare un f. agli anni*, non volere invecchiare | *Dare un f. alla carne*, darle una prima cottura | Nell'hockey su prato, arresto della palla da parte di un giocatore. ***2*** (*dir.*) *F. di indiziato di delitto*, limitazione provvisoria della libertà personale disposta dal pubblico Ministero o dalla polizia giudiziaria a carico delle persone gravemente indiziate di un reato quando vi sia fondato sospetto di fuga e per il tempo strettamente necessario alle indagini. ***3*** Strumento o congegno che serve per fissare q.c.: *il f. di un cancello*; *il f. della baionetta*; *il f. automatico del giradischi*; *il f. immagine del videoregistratore*. ***4*** †Patto | †Ciò che è stato convenuto o stabilito | †*Non tenere il f.*, cambiare idea. || **fer-**

mino, dim.

fèrmo pòsta o **fermoposta** [da *fermo (in) posta*] **A** avv. ● Di servizio postale per cui la corrispondenza viene trattenuta presso l'ufficio postale d'arrivo e qui ritirata personalmente dal destinatario: *inviare, spedire una lettera fermo posta; scrivere fermo posta.* **B** in funzione di agg. inv. ● Detto del servizio postale così effettuato: *lettere fermoposta.* **C** in funzione di s. m. inv. **1** Il servizio così effettuato: *servirsi, fare uso del fermo posta.* **2** Il reparto di un ufficio postale che svolge il suddetto servizio: *ritirare una lettera al fermo posta.*

fernèt® o (*evit.*) **fèrnet**, (*pop.*) **fernè** [nome commerciale] s. m. ● Liquore amaro digestivo a base di erbe e radici, quali rabarbaro, china e genziana.

fernétta [da *ferla*] s. f. ● (*spec. al pl.*) Ognuna delle piccole lastre ripiegate a squadra, nei congegni delle serrature, che imboccano nelle tacche della chiave | Ognuna delle tacche perpendicolari al fusto della chiave e che corrispondono alle fernette della serratura.

†**fèro** ● V. *fiero*.

-fero [lat. *-feru(m)* 'che produce', da *fĕrre* 'portare', di origine indeur.] secondo elemento ● In parole composte dotte o della terminologia scientifica e tecnica, significa 'che porta', 'che genera', 'che produce': *calorifero, frigorifero, frugifero.*

feróce [vc. dotta, lat. *ferōce(m)*, da *fĕrus* 'fiero'] agg. **1** Crudele, inumano, spietato, atroce: *nemico, battaglia, tiranno f.; discorso f.; da tempi selvaggi, feroci e fieri cominciano gli uomini ad addimesticarsi con le religioni* (VICO) | *Bestie feroci*, quelle che vivono allo stato selvaggio | (*scherz.*) *Professore f.*, molto severo | *Scherzo f.*, offensivo. CONTR. Mite, pacifico. **2** Intollerabile, violento: *appetito, sete f.* **3** (*lett.*) Coraggioso, animoso | Orgoglioso, altero. || **ferocétto**, dim. || **feroceménte**, avv. In modo feroce, con ferocia.

feròcia [vc. dotta, lat. *ferōcia(m)*, da *fĕrox*, genit. *ferōcis* 'feroce'] s. f. (pl. *-cie*) **1** Qualità di chi, di ciò che è feroce: *f. di un nemico, di un animale.* SIN. Crudeltà, inumanità. **2** (*spec. al pl.*) Atto di crudeltà: *le ferocie dei tiranni.*

ferocità o †**ferocitàde**, †**ferocitàte** [vc. dotta, lat. *ferocitāte(m)*, da *ferōcia* 'ferocia'] s. f. **1** Ferocia. CONTR. Mitezza. **2** †Coraggio, fierezza.

feròdo® [nome commerciale] s. m. ● Materiale usato come guarnizione dei tamburi dei freni e negli innesti a frizione, costituito da tessuto di amianto, con o senza inserzione di fili d'ottone, molto resistente all'usura e alle variazioni di temperatura.

fèrola o **fèrula** (2) [lat. *fĕrula(m)* 'canna, bastoncello'. V. *ferula (1)*] s. f. ● Pianta erbacea perenne delle Ombrellifere con foglie ampie e fiori gialli in ombrelle (*Ferula communis*).

feromóne o **ferormóne** [comp. del lat. *fĕr(re)* 'portare' (V. *-fero*) e *o(r)mone*] s. m. ● (*biol.*) Ogni sostanza chimica escreta da un animale che influenza il comportamento, lo sviluppo o la riproduzione di altri individui della stessa specie.

ferracavàllo [comp. di *ferra(re)* e *cavallo*] s. m. ● Maniscalco.

ferràccia [da *ferro*] s. f. (pl. *-ce*) ● Recipiente di ferro, usato dai doratori a fuoco per scaldare l'oro puro prima di amalgamarlo col mercurio.

ferràccio s. m. **1** Pegg. di *ferro*. **2** Ghisa.

ferràglia [fr. *ferraille*, da *fer* 'ferro'] s. f. **1** Quantità di rottami di ferro. **2** Rottami, chiodi e frantumi di ferro usati come mitraglia dagli antichi pezzi d'artiglieria.

ferragostàno agg. ● Del ferragosto.

ferragósto [lat. *fĕriae* (nom.) *Augŭsti* 'festa di agosto'] s. m. ● Festa del 15 agosto in onore dell'Assunta e periodo festivo esteso, non nel calendario liturgico, ai giorni precedenti e seguenti il 15.

ferràio [lat. *ferrāriu(m)*, da *fĕrrum* 'ferro'] s. m.; anche agg. ● Chi, che lavora il ferro: *fabbro f.*

ferraiòlo (1) o **ferraiuòlo** [ar. *feryûl*, dal lat. *pallĭolu(m)*, dim. di *păllium* 'pallio'] s. m. ● Ampio mantello a ruota con bavero e senza maniche, un tempo usato per difendersi dal freddo, oggi portato da cardinali e prelati, con colore corrispondente alla dignità | (*raro*) *Tagliare il f. dietro le spalle*, (*fig.*) fare della maldicenza | (*pop.*) *Farsi tirare per il f.*, (*fig.*) tardare a pagare i debiti.

ferraiòlo (2) [da *ferro*] s. m. **1** Operaio che pone in opera l'armatura in ferro delle costruzioni in cemento armato. **2** †Fabbro ferraio.

ferràme [da *ferro*] s. m. ● Quantità di oggetti di ferro.

ferraménta [ant. pl. di *ferramento*] s. f. ● Assortimento di oggetti, arnesi e sim. di ferro: *negozio di f.* | (*est.*) Negozio in cui si vendono tali oggetti: *comprare dei chiodi in f.*

ferraménto [vc. dotta, lat. *ferramĕntu(m)*, da *fĕrrum* 'ferro'] s. m. **1** Arnese, utensile di ferro | *Ferramenti grossi*, cerchioni, catene, ancore, incudini e sim. **2** (*spec. al pl.*) Arnesi per ferrare i cavalli.

†**ferrandina** [etim. discussa: fr. *ferrandine*, dal n. dell'inventore *Ferrand* (?)] s. f. ● Stoffa leggera con trama di lana e ordito di seta.

ferràre [da *ferro*] v. tr. (*io fèrro*) **1** Munire di ferro o ferri | *F. la porta*, munirla d'inferriata | *F. una botte*, cerchiarla. **2** Applicare verghe o piastre metalliche sul contorno plantare del piede di cavallo, asino, mulo e bue a sua protezione e difesa | *F. a ghiaccio*, con ramponi | *Lasciarsi f.*, (*fig.*) sopportare con rassegnazione. **3** †Inchiodare sulla croce. **4** †Mettere i ferri ai condannati.

ferraréccia [da *ferro*] s. f. (pl. *-ce*) **1** Insieme di effetti e arnesi in ferro, spec. per uso agricolo, come vomeri, badili, scuri, falci: *negozio di ferrarecce.* **2** Negozio, magazzino di ferramenta.

ferrarése **A** agg. ● Di Ferrara. **B** s. m. e f. ● Abitante, nativo di Ferrara. **C** s. m. solo sing. ● Dialetto parlato a Ferrara.

ferrarìsta [dal n. dell'industriale modenese E. *Ferrari* (1898-1988), costruttore di automobili sportive e da competizione] s. m. e f. (pl. m. *-i*) ● Chi possiede o guida un'automobile Ferrari.

ferràta [da *ferrare*] s. f. **1** Colpo di ferro da stirare passato sulla biancheria o su panno | Impronta che può lasciare. **2** (*raro*) Inferriata, cancello. **3** (*raro*) Ferrovia. **4** In alpinismo, itinerario su roccia attrezzato con funi metalliche, scale, gradini di ferro e sim. allo scopo di facilitarne il percorso. **5** †Carcere, prigione. **6** †Impronta lasciata dai ferri del cavallo.

ferràto (1) part. pass. di *ferrare*; anche agg. **1** Nei sign. del v. **2** Munito di elementi di ferro, quali chiodi e sim.: *bastone, palo f.* | *Scarpe ferrate, stivali ferrati*, usati per montagna | *Via ferrata*, in alpinismo, ferrata | *Strada ferrata*, ferrovia | (*fig.*) *Persona ferrata a ghiaccio*, di una ricchezza solida. **3** (*fig.*) Che conosce a fondo un argomento, una disciplina: *un ragazzo f. in letteratura contemporanea.*

ferràto (2) [da *(acido) ferr(ico)*] s. m. ● (*chim.*) Sale dell'acido ferrico, di cui non è nota l'esistenza allo stato libero.

ferratóre [da *ferrare*] s. m. **1** Maniscalco | Fabbro. **2** Operaio che, nelle miniere, nelle saline, nei cantieri edili e sim., provvede alla posa in opera e alla manutenzione dei binari necessari al trasporto, mediante vagoncini, del minerale estratto o del materiale.

ferratùra [da *ferrare*] s. f. **1** Atto, effetto del ferrare, spec. cavalli o altri animali. **2** Orma dei ferri delle bestie ferrate. **3** Insieme di elementi in ferro che armano porte, finestre, carrozze, mobili, casse | Lavori in ferro.

ferravècchio o **ferrovècchio** [comp. di *ferro* e *vecchio*] s. m. **1** Chi compera e rivende ferri od oggetti vecchi | *La bottega del f.*, (*fig.*) luogo ingombro di oggetti diversi, e quindi pieno di confusione. **2** (*fig.*) Cosa, oggetto in pessime condizioni: *la tua bicicletta è proprio un f.* | (*est.*) Persona consunta dall'età.

fèrreo [vc. dotta, lat. *fĕrreu(m)*, agg. di *fĕrrum* 'ferro'] agg. **1** Di ferro: *corona ferrea* | *Età ferrea*, l'età del ferro, nella preistoria. **2** (*fig.*) Resistente, robusto: *braccia ferree; salute ferrea* | (*raro*) *Sonno f.*, della morte | *Memoria ferrea*, molto tenace. **3** (*fig.*) Inflessibile, rigido, rigoroso: *disciplina ferrea; proposito f.; il f. regnar* (ALFIERI).

ferrettizzazióne [da *ferretto (2)*] s. f. ● (*geol.*) Alterazione superficiale di terreni alluvionali consistente in una decalcificazione completa con ossidazione e idrolisi dei composti di ferro.

ferrétto (1) s. m. **1** Dim. di *ferro*. **2** Ferro per fare la calza. || **ferrettino**, dim.

ferrétto (2) [detto così perché contiene sostanze ferrifere] s. m. ● Terreno ferruginoso, impermeabile, a reazione acida, di color rosso-ruggine, tipico di lande o brughiere. SIN. Baraggia.

fèrri- primo elemento ● In parole composte della terminologia chimica, indica la presenza del ferro trivalente.

fèrrico [da *ferro*] agg. (pl. m. *-ci*) ● (*chim.*) Detto di composto del ferro trivalente | *Idrato f.*, si forma esponendo ferro all'aria umida.

ferrièra [fr. *ferrière*, dal lat. *ferrāria(m)* 'miniera di ferro', da *fĕrrum* 'ferro'] s. f. **1** Stabilimento siderurgico per la lavorazione dei lingotti di ferro: *il padrone delle ferriere.* **2** †Miniera di ferro. **3** Borsa di pelle ove il maniscalco tiene i ferri e gli arnesi per ferrare i cavalli.

ferrìfero [comp. di *ferro* e *-fero*] agg. ● Che è composto di ferro: *pietra ferrifera* | Che produce ferro: *miniera ferrifera.*

ferrìgno [da *ferro*] agg. **1** Simile al ferro per colore, sapore, o altre caratteristiche: *acqua ferrigna* | Che contiene ferro: *minerale f.* **2** (*fig.*) Duro, rigido: *aspetto f.* **3** (*fig.*) Robusto, resistente: *io non credo che sia il più f. e 'l più rubizzo uomo in Firenze di me* (MACHIAVELLI). **4** †Di ferro: *armatura ferrigna.*

ferrìsta [da *ferro* nel sign. 2] s. m. e f. ● (*chir.*) Infermiere specializzato che, durante un intervento operatorio, prepara e porge di volta in volta al chirurgo i ferri necessari.

ferrìte [comp. di *ferro* e *-ite (2)*] s. f. **1** Nel linguaggio metallurgico concernente gli acciai, ferro puro. **2** Materiale ferromagnetico ceramico costituito da assi di ferro e altri metalli.

ferritìna [dall'*(acido) ferr(ico)*] s. f. ● (*chim.*) Composto albuminoide del ferro ricavato dal fegato e dalla milza di maiale, o preparato per sintesi.

fèrro [lat. *fĕrru(m)*, di etim. incerta] s. m. **1** Elemento chimico, metallo in generale di color grigio, molto diffuso in natura nei suoi composti ma raramente allo stato libero, ottenuto negli altiforni dai suoi minerali ossidati, impiegato tal quale, oppure nella preparazione di leghe come ghise o acciai, nelle costruzioni, nella fabbricazione degli oggetti più svariati e in terapia come uno dei migliori tonici e ricostituenti dell'organismo. SIMB. Fe | *F. dolce*, contenente meno del 15% di carbonio | *F. passivato*, inattaccabile dagli acidi dopo trattamento con acido nitrico concentrato | *F. battuto*, lavorato a martello | *F. crudo*, che non si può lavorare, ferraccio | *F. stagnato*, latta | *F. vetrino*, ferro crudo che si rompe facilmente | *F. ridotto*, miscela di ferro metallico e di ossido ferroso, polvere fina, pesante, insolubile in acqua ma solubile nel succo gastrico, di impiego medicinale | (*fig.*) *Digerire il f.*, (*fig.*) essere di stomaco forte | *Sentirsi in una botte, in un cerchio di f.*, (*fig.*) essere tranquillo, sentirsi sicuro | *Toccare f.*, (*fig.*) fare scongiuri | *Pigliare il f. caldo*, (*fig.*) intraprendere un'impresa pericolosa | *Di f.*, (*fig.*) robustissimo quanto al fisico, inflessibile quanto a carattere, volontà e sim., detto di persona; detto di cosa, molto resistente | *Avere il polso, il pugno di f.*, essere severo, rigido | *Testa di f.*, (*fig.*) testardo, ostinato | *Cuore di f.*, duro come il ferro, crudele, spietato | *Alibi di f.*, (*fig.*) inattaccabile | (*fig.*) *Raccomandato di f.*, che dispone di raccomandazioni potentissime e riesce, sempre e comunque, a prevalere sugli altri. **2** Oggetto di ferro o altro metallo: *accomodare q.c. con un f.* | *I ferri del mestiere*, gli strumenti che servono a un determinato lavoro | *Essere sotto i ferri del chirurgo*, stare subendo un intervento operatorio | (*raro*) *Mano ai ferri*, (*fig.*) veniamo al discorso, all'argomento | *Aguzzare i ferri*, (*fig.*) fare uno sforzo | *Battere due ferri a un caldo*, (*fig.*) fare due cose contemporaneamente | *Battere il f. finché è caldo*, (*fig.*) insistere in q.c. finché dura la situazione favorevole | (*raro*) *I ferri di bottega*, i ferri del mestiere | *F. da stiro, da stirare*, (*ell.*) *ferro*, piastra di ferro alquanto pesante e fornita di manico, che si passa più o meno arroventata sui panni per stirarli, asciugarli o renderli lucidi; (*fig.*, *scherz.*) il motocabinato, per i velisti | *F. di cavallo*, lama metallica più larga che spessa, formata come l'orlo plantare dello zoccolo che deve proteggere dal soverchio consumo | *A f. di cavallo*, a semicerchio: *tavola a f. di cavallo* | *F. da calza*, asticciola di metallo o anche di legno o plastica per lavorare a maglia | Nel golf, tipo di mazza. ***3*** (*lett.*) Arma da taglio, spada: *nella destra ha il f. ancora* (METASTASIO) | *A f. freddo*, con pugnale, coltello, non con arma da fuoco | *Incrociare i ferri*, incrociare le spade, detto dei duellanti | *Venire ai ferri*, fare uso delle armi | *Essere, venire ai ferri corti*, (*fig.*) a un contrasto decisivo | *Mettere a f. e a fuoco*, distruggere, saccheggiare | *Venire ai ferri*, (*fig.*) alla conclusione. ***4*** (*spec. al pl.*) Catena di prigionieri, carcerati e sim. | *Mettere ai ferri*, incatenare, ammanettare | *Condannare ai ferri*, ai lavori forzati, alla galera. ***5*** (*spec. al pl.*) Graticola per cuocere i cibi: *pesce, bistecca ai ferri*. ***6*** Strumento per arricciare barba, baffi, capelli. ***7*** Sorta di tenaglia a bocche lunghe coniche e dritte. ***8*** (*zool.*) *F. di cavallo*, rinolofo. ***9*** (*mar.*) Ancora o ancorotto per imbarcazioni. ***10*** Nelle gondole veneziane, pettine. ***11*** †Armatura. || **ferràccio**, **pegg.** (V.) | **ferrétto**, **dim.** (V.) | **ferrino**, **dim.** | **ferrùccio**, **ferrùzzo**, **dim.** (V.).

fèrro- (1) primo elemento ● In parole composte della terminologia scientifica, indica la presenza del ferro: *ferrolega, ferrochina* | Nella terminologia chimica, indica in particolare presenza di ferro bivalente in un composto: *ferrocianuro*.

fèrro- (2) primo elemento ● In parole composte, è accorciamento di *ferrovia* e significa 'ferrovia-rio' o indica relazione con la ferrovia: *ferromodellismo, ferrotranviere*.

ferrobattèrio [comp. di *ferro-* (*1*) e *batterio*] **s. m.** ● (*biol.*) Batterio diffuso nel suolo, nelle acque e nei sistemi di distribuzione idrica, il cui sviluppo è associato con la deposizione extracellulare di ossidi o idrossidi di ferro e/o manganese.

ferrochìna ® [nome commerciale] **s. m. inv.** ● Liquore tonico e ricostituente a base di ferro e di china.

ferrocianìdrico [comp. di *ferro-* (*1*) e *cianidrico*] **agg.** (**pl. m.** *-ci*) ● (*chim.*) *Acido f.*, composto del ferro bivalente, non stabile, che per azione dell'aria si scompone diventando azzurro.

ferrocianùro [comp. di *ferro-* (*1*) e *cianuro*] **s. m.** ● (*chim.*) Sale dell'acido ferrocianidrico | *F. di potassio*, usato come ossidante e mordente in tintoria, per preparare esplosivi e nella cementazione dell'acciaio.

ferrocròmo [comp. di *ferro-* (*1*) e *cromo*] **s. m.** ● Ferrolega contenente altissime quantità di cromo, usata per preparare acciai al cromo.

ferroelettricità [comp. di *ferro-* (*1*) e *elettricità*] **s. f.** ● Proprietà, posseduta da alcuni materiali dielettrici, di presentare caratteristiche elettriche analoghe a quelle magnetiche dei materiali ferromagnetici.

ferrofilotranviàrio [comp. di *ferro-* (*2*), *filo-* (*3*) e *tranviario*] **agg.** ● Relativo ai trasporti ferroviari, filoviari e tranviari.

ferrolèga [comp. di *ferro-* (*1*) e *lega*] **s. f.** (**pl.** *ferroléghe*) ● Lega contenente ferro e altri metalli e metalloidi vari che ne caratterizzano le proprietà, ottenuta in generale al forno elettrico; trova impiego spec. in siderurgia nella fabbricazione dell'acciaio e della ghisa.

ferromagnètico **agg.** (**pl. m.** *-ci*) ● (*fis.*) Relativo al, o che presenta, ferromagnetismo.

ferromagnetìsmo [comp. di *ferro-* (*1*) e *magnetismo*] **s. m.** ● (*fis.*) Tipo di magnetismo del ferro, nichel, cobalto e certi loro composti e leghe, aventi suscettività magnetica positiva ed elevata.

ferromodellìsmo [comp. di *ferro-* (*2*), *modello*, e *-ismo*] **s. m.** ● Il costruire o collezionare modellini funzionanti di treni e di attrezzature ferroviarie.

ferromodellìsta **s. m. e f.** (**pl. m.** *-i*) ● Chi si diletta di ferromodellismo.

ferromodellìstico **agg.** (**pl. m.** *-ci*) ● Relativo al ferromodellismo.

ferroprìvo [comp. di *ferro-* (*1*) e *privo*] **agg.** ● (*med.*) Caratterizzato da carenza o mancanza totale di ferro: *anemia ferropriva*.

ferróso [da *ferro*] **agg.** ● (*chim.*) Detto di composto del ferro bivalente: *solfato f.*

ferrotipìa [comp. di *ferro-* (*1*) e *-tipia*] **s. f.** ● Procedimento mediante il quale si ottiene un positivo fotografico su una lastra metallica sensibilizzata.

ferròtipo [comp. del lat. *fĕrru(m)* 'ferro' e *-tipo*] **s. m.** ● (*fot.*) Immagine positiva ottenuta su una lastra di ferro coperta di emulsione sensibile.

ferrotranviàrio /ferrotran'vjarjo, ferrotranvi'arjo/ [comp. di *ferro-* (*2*) e *tranviario*] **agg.** ● Attinente alle ferrovie e tranvie.

ferrotranvière [comp. di *ferro-* (*2*) e di *tranviere*] **s. m.** ● (*spec. al pl.*) Denominazione dei ferrovieri e tranvieri considerati nel loro complesso.

ferrovècchio ● V. *ferravecchio*.

ferrovìa [calco sul ted. *Eisenbahn* 'strada ferrata', comp. di *Eisen* 'ferro' e *Bahn* 'via'] **s. f.** ***1*** Strada fornita di guide d'acciaio o rotaie su cui avanzano i veicoli: *f. a scartamento normale, ridotto*; *f. a semplice, a doppio binario*. ***2*** Servizio di trasporto ferroviario: *spedire un pacco per f.* ***3*** (*fam.*) Amministrazione ferroviaria: *è impiegato in f.* | Stazione ferroviaria: *andare alla f.*; *il negozio è vicino alla f.*

ferroviàrio [da *ferrovia*] **agg.** ● Relativo alle ferrovie: *orario f.*; *stazione ferroviaria*.

ferrovière [da *ferrovia*] **s. m.** (**f.** *-a*) ***1*** Chi lavora presso un'azienda ferroviaria. ***2*** (*al pl.*) Specialità dell'Arma del genio per l'esercizio di linea ferroviaria e per la costruzione di tronchi di linea, normali e a scartamento ridotto, piani caricatori, ponti ferroviari.

ferrùccio o **ferrùzzo**. **s. m.** ***1*** Dim. di *ferro* | *Aguzzare i ferruzzi*, (*fig.*) aguzzare l'ingegno. ***2*** (*al pl.*) Arpioncini piantati in fila verticalmente nei rastrelli, orizzontalmente nelle reste dei lanaioli.

ferrugìgno o (*raro*) **ferrugìneo** [lat. *ferrugĭneu(m)*, da *ferrūgo*, genit. *ferrūginis* 'ferrugine'] **agg.** ● (*lett.*) Di color ruggine: *nelle fenditure ferrugine de' riarsi maggesi* (CARDUCCI).

ferrùgine [vc. dotta, lat. *ferrūgine(m)*, da *fĕrrum* 'ferro'] **s. f.** ***1*** Liquido bruno-rossastro ottenuto per azione degli acidi solforico e nitrico sul solfato ferroso, usato in tintoria come mordente per seta. ***2*** †Ruggine.

ferrugìneo [vc. dotta, lat. *ferrugĭneu(m)*. V. *ferrugigno*] **agg.** ***1*** V. *ferrugigno*. ***2*** Ferruginoso.

ferruginosità **s. f.** ● Qualità di ciò che è ferruginoso.

ferruginóso [vc. dotta, lat. tardo *ferruginōsu(m)*, da *ferrūgo*, genit. *ferrūginis* 'ferrugine'] **agg.** ● Che contiene ferro in soluzione o un suo composto: *medicamento f.*; *acqua ferruginosa*. **SIN.** Ferrato, ferrugineo.

†**ferruminàre** [vc. dotta, lat. *ferrumināre*, da *ferrūmen*, genit. *ferrūminis* 'saldatura', dalla stessa radice di *fĭrmus* 'fermo, saldo', con accostamento a *fĕrrum* 'ferro'] **v. tr.** ● Saldare a fuoco.

ferruminatóre **s. m.** ● Cannello ferruminatorio.

ferruminatòrio [da *ferruminare*] **agg.** ● Atto a saldare | *Cannello f.*, cannello col quale si avviva e dirige la fiamma per saldare a fuoco o per fondere metalli.

ferrùzzo ● V. *ferruccio*.

ferry-boat /ferri'bɔt, *ingl.* 'feri bout/ [vc. ingl., comp. di *to ferry* 'traghettare' e *boat* 'battello'] **s. m. inv.** (**pl. ingl.** *ferry-boats*) ● Nave traghetto.

†**fèrsa (1)** [ted. alpino *fersse*, di origine germ.] **s. f.** ● Malattia fungina delle foglie di alcune piante arboree, quali fico, castagno, gelso.

fèrsa (2) ● V. *sferza*.

fèrtile [vc. dotta, lat. *fĕrtile(m)*, da *fĕrre* 'portare, produrre'] **agg.** ***1*** Che produce, rende molto: *terreno f.* **CONTR.** Sterile. ***2*** (*fig.*) Fecondo, ricco: *immaginazione, ingegno f.*; *miniera f.* ***3*** Nella terminologia nucleare, detto di sostanza o materiale suscettibile di essere trasformato in materiale fissile. || **fertilménte**, †**fertileménte**, **avv.**

fertilità o †**fertilitàde**, †**fertilitàte** [vc. dotta, lat. *fertilitāte(m)*, da *fĕrtilis* 'fertile'] **s. f.** ● Qualità di ciò che è fertile (*anche fig.*): *f. di una terra*; *f. di ingegno, di mente*. **SIN.** Fecondità.

fertilizzànte **A** **part. pres.** di *fertilizzare*; anche **agg.** ● Nel sign. del v. **B** **s. m.** ● Sostanza naturale o chimica atta a fertilizzare terreni agrari.

fertilizzàre [da *fertile*] **v. tr.** (*io fertilìzzo*) ● Rendere fertile un terreno con l'apporto di concimi. **SIN.** Concimare.

fertilizzazióne **s. f.** ● Concimazione.

fertirrigàre [da *fertirrigazione*] **v. tr.** ● (*agr.*) Sottoporre a fertirrigazione: *f. campi, prati*.

fertirrigazióne [comp. di *ferti(le)* e *irrigazione*] **s. f.** ● (*agr.*) Irrigazione eseguita con acque contenenti disciolte determinate quantità di concime, o anche con liquami urbani adeguatamente depurati.

fèrula (1) [vc. dotta, lat. *fĕrula(m)*, di etim. incerta] **s. f.** ***1*** Scudiscio in uso un tempo nelle scuole per punizioni corporali. ***2*** (*lett.*, *fig.*) Castigo, correzione | Critica a sfondo moraleggiante. ***3*** Nell'antichità classica, bastone costituente il simbolo della dignità sacerdotale | In epoca medievale, bastone pastorale del vescovo. ***4*** Stecca di legno o di metallo per immobilizzare un arto fratturato. ***5*** †Tirso.

fèrula (2) ● V. *ferola*.

ferulìfero [comp. di *ferula* (*1*) e *-fero*] **s. m.** ● Portatore di ferula sacerdotale.

ferulòṣi [comp. di *ferula* (*2*) e *-osi*] **s. f.** ● (*veter.*) Nei bovini e negli ovini, intossicazione causata dall'ingestione della parte aerea della ferola.

†**ferùta** ● V. *ferita*.

†**ferùto** **part. pass.** di *ferire*; anche **agg.** ● Nei sign. del v.

fervènte **part. pres.** di *fervere*; anche **agg.** ***1*** Nei sign. del v. ***2*** (*fig.*) Ardente, intenso, detto spec. di sentimento: *amore, odio f.* | *Preghiera f.*, piena di fervore | *Cattolico, socialista f.*, acceso sostenitore delle proprie idee. || **ferventeménte**, **avv.**

fervènza **s. f.** ● (*raro*) Fervore, bollore.

fèrvere [lat. *fĕrvere* (classico *fervēre*), di origine indeur. Cfr. *fermento*] **v. intr.** (**pass. rem.** *io fervéi* o *fervètti*, *tu fervésti*, dif. del **part. pass.** e dei tempi comp.) ***1*** (*lett.*) Essere cocente, ardere. ***2*** Ribollire o essere agitato, detto di un liquido: *l'acqua ferve sul fuoco* | *Il mare ferve nella tempesta*, infuria. ***3*** (*fig.*) Essere al colmo dell'intensità, della violenza: *te seguirò, quando l'ardor più ferva / de la battaglia* (TASSO).

fervidézza **s. f.** ● (*raro, lett.*) L'essere fervido.

fèrvido [vc. dotta, lat. *fĕrvidu(m)*, da *fervēre*. V. *fervere*] **agg.** ***1*** (*fig.*) Ardente, caloroso: *augurio f.*; *sentimento f.* | Entusiasta, appassionato: *una fervida attività* | Vivace: *errai seguendo / troppo il f. pensiere* (PARINI). ***2*** (*lett.*) Bollente: *i fervidi raggi del sole*. || **fervidaménte**, **avv.** Con fervore.

fervóre [vc. dotta, lat. *fervōre(m)*, da *fervēre*. V. *fervere*] **s. m.** ***1*** Ardore di un sentimento, di una passione: *questo f. di nuova vita* (CROCE) | Intensità di partecipazione: *studiare, lavorare con grande f.* **SIN.** Ardore, entusiasmo. ***2*** Impeto di un'azione, di un movimento: *il f. delle danze* | Momento culminante: *nel f. della lotta*. ***3*** (*lett.*) Calore, bollore: *nel f. dell'estate*. || **fervorino**, **dim.** (V.).

fervorìno **s. m.** ***1*** Dim. di *fervore*. ***2*** Nella devozione cattolica, discorso breve che il celebrante rivolgeva ai fedeli, per accenderne lo zelo, in particolari occasioni, come la prima Comunione, la Cresima e sim. ***3*** (*scherz.*) Discorsetto di esortazione, di ammonimento: *un f. del padre al figlio*. **SIN.** Paternale.

fervoróso **agg.** ● Pieno di ardore, assai fervido: *le risa, le svariate esclamazioni, che seguirono ... la confessione fervorosa* (PIRANDELLO). || **fervorosaménte**, **avv.** Con fervore.

fèrza ● V. *sferza*.

fèrzo [etim. incerta] **s. m.** ● (*mar.*) Ciascuna delle strisce di tela che cucite insieme formano la vela. ➡ ILL. p. 1291 SPORT.

féṣa [vc. lomb. di origine sconosciuta] **s. f.** ● Taglio di carne ricavato dalla coscia del bue o del vitello macellati indicato per arrosti, scaloppine e fettine.

fescennìno [vc. dotta, lat. *fescennīnu(m)*, dalla città di *Fescĕnnia*] **A** **agg.** ***1*** (*letter.*) Detto di carme popolare, tipico degli antichi latini, di carattere salace, eseguito in forma amebea durante feste agresti. ***2*** (*est.*) Sfrenato, licenzioso. **B** **s. m.** ● (*letter.*) Carme fescennino.

†**fèscina** [lat. *fĭscina(m)*, dim. di *fĭscus* 'cestello'. V. *fisco*] **s. f.** ● Corba o paniere per cogliere frutta.

fesserìa [da *fesso* (*2*)] **s. f.** ***1*** (*pop.*) Discorso, comportamento e sim. da fesso: *dire, fare fesserie*. **SIN.** Sciocchezza, stupidaggine. ***2*** (*est.*) Cosa di nessun conto: *non perderti in simili fesserie*.

fèsso (1) [lat. *fĭssu(m)*, part. pass. di *fĭndere* 'fendere'] **A** **part. pass.** di *fendere*; anche **agg.** ***1*** Nei sign. del v. ***2*** *Suono f.*, quello sordo o stonato prodotto da oggetti cavi le cui pareti sono incrinate: *il suono f. di un vaso, di una campana* | *Voce* *fessa*, sgradevole e stridula. **B** s. m. *1* (*lett.*) †Spaccatura, incrinatura. *2* (*raro, tosc.*) Apertura, fessura: *il fumo pei fessi del solaio penetrava nell'andito ove eravamo* (NIEVO) | *Il f. dell'uscio*, il vano tra i battenti appena scostati. || **fessino**, dim. | **fessolino**, dim.

fèsso (2) [dalla vc. dei dial. merid. *fessa* 'vulva', da *fendere*] **A** agg. ● Sciocco, balordo, tonto | *Fare f. qc.*, ingannarlo. **B** s. m. (f. *-a*) ● Chi si lascia raggirare con facilità. || **fessacchiòtto**, dim.

†fèsso (3) [vc. dotta, lat. *fĕssu(m)*, da *fatīsci* 'stancarsi', dalla stessa radice da cui anche *fatigāre* 'stancare'] agg. ● Stanco, affaticato.

fessùra [lat. *fissūra(m)*, da *fissus* 'fesso, spaccato'] s. f. *1* Spaccatura lunga e sottile in un corpo compatto: *una f. del terreno*. SIN. Fenditura. *2* (*est.*) Spiraglio, spec. di porte e finestre socchiuse. *3* (*anat.*) Apertura, fenditura naturale gener. di forma allungata: *f. cerebrale* | (*est., euf.*) Organo genitale femminile. SIN. Scissura. *4* (*raro*) Screpolatura, ruga. *5* (*lett.*) †Buca, pozza. || **fessurétta**, dim. | **fessurina**, dim. | **fessurino**, dim. m.

fessuràrsi v. intr. pron. ● Incrinarsi, rompersi con crepe o fessure longitudinali.

fessurazióne s. f. ● Formazione di crepe e fessure.

fèsta [lat. *fēsta*, nt. pl. di *fēstum*, di etim. incerta] s. f. *1* Giorno di solennità per lieta ricorrenza: *f. civile, nazionale, commemorativa*; *osservare, celebrare la f.* | *Parato, ornato, vestito a f.*, come nei giorni di festa | *F. doppia*, per doppia ricorrenza | *F. centenaria*, in cui si celebra il centenario di qualche avvenimento | *F. di famiglia*, ricorrenza lieta per una famiglia | *F. degli alberi*, giornata in cui si procede alla piantagione di alberi e nello stesso tempo si esalta la conservazione ed il rispetto di quelli esistenti. CONTR. Lutto. *2* Nelle religioni, giorno solenne, generalmente dedito al riposo e alle celebrazioni rituali, ricorrente periodicamente o occasionale: *f. di Capodanno, dei morti* | Solennità della religione e della Chiesa cattolica, nella quale ricorre l'obbligo di partecipare al servizio divino e di non lavorare, ovvero, senza tale obbligo, si celebra localmente o universalmente un avvenimento liturgico: *f. del Natale, della Pasqua, di Ognissanti* | *F. di un santo*, giorno della sua commemorazione | *F. di precetto*, in cui ricorre l'obbligo della Messa e dell'astensione dal lavoro | *Feste mobili e fisse*, che ricorrono in date fisse o non fisse del calendario liturgico. *3* (*al pl.*) Serie di giorni festivi, a Natale o a Pasqua: *ritrovarsi durante le feste* | *Buone feste*, augurio fatto in occasione delle feste natalizie o pasquali. *4* (*fam.*) Giorno del compleanno o dell'onomastico: *oggi è la mia f.* *5* Giorno di astensione dal lavoro per riposo o per pubblica festività | *Far f.*, cessare di lavorare | *Aver f.*, essere liberato dal lavoro, da un'occupazione | *È finita la f.*, (*fig.*) è affare finito, finora si è scherzato, ora bisogna fare sul serio | *Conciare per le feste*, (*fig.*) ridurre in pessime condizioni. SIN. Vacanza. *6* Cerimonia per celebrare una ricorrenza o un avvenimento spesso con spettacoli o ricevimenti: *organizzare una f. danzante* | *Guastare una f.*, parteciparvi controvoglia portando tristezza o disordine | *Far la f. a qc.*, giustiziarlo pubblicamente, ucciderlo | *Fare la f. a una donna*, possederla, spec. in modo violento | *Fare la f. a una cosa*, consumarla in fretta | *Essere della f.*, intervenirvi | †*Avere f. di qc. o di q.c.*, prendersi gioco di qc. o q.c. *7* Tutto ciò che reca allegria e gioia: *la sua laurea è una f. per tutti*. *8* Lieta accoglienza, dimostrazione di gioia, allegria, giubilo | *Far f. a qc.*, accoglierlo lietamente: *il cane fa f. al padrone* || PROV. Passata la festa gabbato lo santo; il pazzo fa la festa e il savio se la gode. || **festàccia**, pegg. | **festicciòla**, **festicciuòla**, dim. | **festicina**, dim. | **festina**, dim. | **festino**, dim. m. (V.) | **festòccia**, dim. | **festóna**, accr. | **festóne**, accr. m. | **festùccia**, dim.

festaiòlo o (*lett.*) **festaiuòlo** **A** agg. ● Che ama le feste o i festeggiamenti: *è una compagnia festaiola*. **B** s. m. (f. *-a*) *1* Chi allestisce spesso feste | Chi contribuisce o raccoglie fondi per organizzare una festa. *2* †Addobbatore, apparatore.

festànte part. pres. di *†festare*; anche agg. *1* Nei sign. del v. *2* (*lett.*) Allegro, lieto: *popolo, città f.* CONTR. Cupo, mesto. *3* †Festivo.

†festànza s. f. ● Festa, allegrezza.

†festàre [lat. tardo *festāre*, da *fēsta*] **A** v. tr. ● Festeggiare. **B** v. intr. ● Dimostrare allegrezza, felicità.

festeggiaménto s. m. *1* Modo, atto del festeggiare: *indire un solenne f.* *2* (*spec. al pl.*) Insieme delle manifestazioni con cui si festeggia q.c.: *i festeggiamenti per le nozze di suo fratello*.

festeggiàre [da *festa*] **A** v. tr. (*io festéggio*) *1* Celebrare con festa: *f. un anniversario, un compleanno* | Solennizzare: *f. la vittoria, la pace*. SIN. Onorare. *2* Accogliere, onorare qc. con festa: *f. un amico, un collega, i convitati*. **B** v. intr. (aus. *essere*) ● †Fare festa: *spesso festeggia e fa molti conviti* (BOIARDO) | Dimostrare grande gioia e allegrezza.

festeggiàto A part. pass. di *festeggiare*; anche agg. ● Nei sign. del v. **B** s. m. (f. *-a*) ● Persona cui è dedicata una festa.

festeggiatóre s. m. (f. *-trice*) ● Chi festeggia.

festeréccio agg. (pl. f. *-ce*) ● (*raro*) Da festa | *Giorno f.*, festivo. || †**festerecciaménte**, avv.

festévole [da *festa*] agg. *1* (*raro*) Allegro, festoso: *un f. avvenimento*; *danza, musica f.*; *di festevoli ninfe accorta schiera* (MARINO). *2* Che ama far festa, stare in allegria e sim.: *una compagnia f.* *3* †Festivo. || **festevolménte**, avv. Allegramente, lietamente.

festevolézza s. f. ● (*raro*) Allegria, giocondità.

†festinàre [vc. dotta, lat. *festināre*, di etim. incerta] v. intr. ● Affrettarsi: *da terra il ciel che più alto festina* (DANTE *Purg.* XXXIII, 90).

†festinazióne [vc. dotta, lat. *festinatiōne(m)*, da *festināre* 'festinare'] s. f. ● Sollecitudine, fretta, premura.

festino (1) s. m. *1* (*raro*) Dim. di *festa*. *2* Festa, trattenimento spec. notturno e con balli, musica, rinfreschi: *offrire un f.*

†festino (2) [vc. dotta, lat. *festīnu(m)*, da *festināre* 'festinare'] agg. ● Sollecito, pronto, presto: *però non fui a rimembrar f.* (DANTE *Par.* III, 61). || †**festinaménte**, avv. Con fretta, con sollecitudine.

fèstival o **festivàl** [vc. ingl., dall'ant. fr. *festival*, dal lat. *festīvus* 'piacevole, festivo'] s. m. inv. *1* Manifestazione organizzata periodicamente per presentare al pubblico opere musicali, teatrali o cinematografiche talora con assegnazione finale di premi: *il f. della canzone*; *il f. di Venezia*. *2* Festa popolare all'aperto.

festivalière [da *festival* nel sign. 1] s. m. ● Chi prende parte a un festival (*anche iron.* o *spreg.*).

festivalièro agg. ● Relativo a un festival (*anche iron.* o *spreg.*).

festività o **†festivitàde**, **†festivitàte** [vc. dotta, lat. *festivitāte(m)*, da *festīvus* 'piacevole, festivo'] s. f. *1* Festa solenne: *le festività del Santo patrono*; *una f. civile*. SIN. Solennità. *2* (*lett.*) Gaiezza, giocondità: *la f. delle sue maniere*.

festivo [vc. dotta, lat. *festīvu(m)*, da *fēsta* 'festa'] agg. *1* Di festa: *giorno f.* | Proprio dei giorni di festa: *abito f.* | *Scuola festiva*, per chi è occupato durante i giorni feriali | *Riposo f.*, quello di cui, per legge, fruiscono i lavoratori mantenendo il diritto alla normale retribuzione | *Lavoro f.*, lavoro straordinario prestato durante le festività. CONTR. Feriale. *2* (*lett.*) Allegro, lieto, festoso: *maniere festive*. || **festivaménte**, avv.

†fèsto [lat. *fēstu(m)*. V. *festa*] **A** agg. ● Di festa: *per adornare il dì f. ed altero* (PETRARCA). **B** s. m. ● Festa.

festonàre [da *festone*] v. tr. ● Disporre un cavo a guisa di festone lungo il bordo di una nave.

festonàto part. pass. di *festonare*; anche agg. *1* Nel sign. del v. *2* Adorno di festoni | A forma di festone.

festonatura s. f. ● Smerlatura.

festóne [da *festa*] s. m. *1* Serto di fiori, frutti, foglie e altro che, sorretto da due capi, si appende a finestre, balconi, soffitti come motivo ornamentale. *2* Motivo ornamentale consistente nella raffigurazione, scolpita o dipinta, di un festone. *3* Punto di ricamo per rifinire l'orlatura di fazzoletti, tovagliette e sim. SIN. Smerlo. *4* Sistema di allevamento della vite i cui tralci vengono tesi tra un tutore e l'altro. || **festoncino**, dim.

festosità [da *festoso*] s. f. *1* Qualità di chi, di ciò che è festoso. *2* Dimostrazione di allegria, letizia.

festóso [da *festa*] agg. ● Che accoglie, saluta e sim. con festa: *cane f.* | Che manifesta allegria, giocondità: *accoglienze festose*. SIN. Allegro, gioioso. || **festosaménte**, avv.

festùca [lat. *festūca(m)*, di etim. incerta] s. f. *1* Fuscello di paglia | *Vedere la f. nell'occhio altrui e non la trave nel proprio*, criticare i difetti altrui, ma essere insensibile ai propri. *2* Pianta erbacea rizomatosa delle Graminacee coltivata per foraggio (*Festuca*).

fetàle [da *feto*] agg. ● Che si riferisce al feto: *annessi fetali*.

fetazióne [da *feto*] s. f. ● Formazione del feto.

fetènte [lat. *foetĕnte(m)*, part. pres. di *foetēre* 'puzzare'] **A** agg. *1* Che emana puzza, fetore: *locale f.* SIN. Fetido, puzzolente. *2* (*fig.*) Meschino, vile: *un comportamento f.* **B** s. m. e f. ● Persona vile e malvagia: *non fare il f.* SIN. Carogna. || **fetentóne**, accr.

fetenzìa s. f. *1* †Puzza, fetore. *2* (*pop.*) Insieme di cose sporche, disordinate e sim.: *togli questa f. dalla tua camera*.

†fetére o **fètere** [lat. *foetēre*, di etim. incerta] v. intr. ● Mandar fetore.

feticcio [fr. *fétiche*, dal port. *feitiço*, dal lat. *factīciu(m)* '(idolo) falso'. V. *fattizio*] s. m. *1* Oggetto che, nelle religioni di molti popoli primitivi, si ritiene dotato di forza e potere magici, composto generalmente di vari elementi vegetali, animali, umani e minerali, in forma di statua o immagine. SIN. Idolo. *2* (*fig.*) Ciò che desta sommo interesse, stima e desiderio in una pluralità di persone tanto da divenirne una delle aspirazioni fondamentali e, contemporaneamente, uno degli elementi caratterizzanti, spec. dal punto di vista sociale: *ogni epoca ha i suoi feticci*; *l'automobile è un f. nella società contemporanea*.

feticìdio [comp. di *feto* e *-cidio*] s. m. ● Uccisione del feto.

feticìsmo [fr. *fétichisme*, da *fétiche* 'feticcio'] s. m. *1* Carattere di alcune religioni primitive nelle quali prevale il culto dei feticci. *2* Ammirazione, stima e desiderio eccessivi per qc. o q.c. SIN. Fanatismo. *3* (*psicol.*) Forma di perversione in cui un oggetto, spec. un indumento, rappresenta l'altro sesso e permette il soddisfacimento del desiderio sessuale.

feticìsta [fr. *fétichiste*, da *fétichisme* 'feticismo'] s. m. e f.; anche agg. (pl. m. *-i*) *1* Chi accentra la propria esperienza religiosa intorno al culto dei feticci. *2* Chi è dedito al culto dei feticci (*anche fig.*). *3* (*psicol.*) Chi è affetto da feticismo.

feticìstico agg. (pl. m. *-ci*) ● Relativo a feticismo o a feticista.

fetidézza [da *fetido*] s. f. ● (*raro*) L'essere fetido.

fètido [vc. dotta, lat. *fōetidu(m)*, da *foetēre* 'puzzare'] agg. *1* Che fa fetore: *pèra colui che primo / a le triste oziose / acque e al f. limo / la mia cittade espose* (PARINI). SIN. Puzzolente. CONTR. Odoroso, profumato. *2* (*fig.*) Abietto, disonesto: *persona fetida*. || **fetidaménte**, avv. Con fetore.

fetidùme s. m. *1* Fetore, puzza. *2* Insieme di cose fetide.

fèto [vc. dotta, lat. *fētu(m)*, dalla stessa radice di *fēmina* 'femmina'] s. m. ● (*anat., fisiol.*) Prodotto del concepimento quando assume la forma caratteristica della specie a cui appartiene: nella specie umana ciò avviene all'inizio del terzo mese di gravidanza.

fetologìa [comp. di *feto* e *-logia*] s. f. (pl. *-gie*) ● Ramo della medicina che studia lo sviluppo del prodotto del concepimento dal secondo mese di vita intrauterina al parto.

fetòlogo s. m. (f. *-a*; pl. m. *-gi*) ● Specialista e studioso di fetologia.

fetónte [dal n. del personaggio mitico] s. m. ● Uccello marino tropicale, ottimo volatore, con becco diritto, più lungo del capo (*Phaethon*). SIN. Uccello del sole, uccello dell'oceano.

fetóre [vc. dotta, lat. *foetōre(m)*, da *foetēre* 'puzzare'] s. m. ● Puzzo forte e nauseante: *f. di cadaveri, di fogna*.

fétta [da **offetta*, dim. di *offa*] s. f. *1* Parte di cibo larga e di vario spessore separata con un taglio: *una f. di pane, di polenta, di cocomero*; *tagliare q.c. a fette* | *F. di terra*, parte di terra staccata dalla vanga o dall'aratro | (*fig.*) *Fare a fette qc.*, ammazzarlo | *Stare alla f.*, mangiare a razione |

Essere alla f., trovarsi in condizioni disagiate | *F. di torta*, (*fig.*) porzione di guadagno, quota di utile. **2** (*fig.*) Ciò che ha forma di fetta: *tra i tetti si vede una f. di cielo* | *F. di luna*, falce | *Una f. di terra*, una striscia | (*fig.*, *scherz.*) Falda della giubba. **3** (*fig.*) Parte, porzione: *una grossa f. di guadagno*; *ritagliarsi la propria f. di potere*. **4** Striscia di tessuto | Nastro. **5** (*dial.*, *spec. al pl.*) Piede umano. || **fettàccia**, pegg. | **fettìna**, dim. (V.) | **fettolìna**, dim. | **fettóna**, accr. | **fettóne**, accr. m. | **fettùccia**, dim. (V.).

fettìna s. f. **1** Dim. di *fetta*. **2** Taglio sottile di carne (manzo, vitellone, vitello) da cucinare ai ferri o in padella.

fettóne [da *fetta*] s. m. **1** Parte dello zoccolo del cavallo a forma di piramide quadrangolare con la base fra gli angoli d'inflessione dei talloni ed il vertice verso il centro della suola che funge da organo elastico di ammortamento. SIN. Forchetta. **2** (*dial.*) Piede umano. **3** (*fig.*, *scherz.*) Giubba a coda.

fettùccia s. f. (pl. *-ce*) **1** Dim. di *fetta*. **2** Robusta striscia, spec. di cotone, usata per vari scopi: *rinforzare l'orlo con una f.*; *legare q.c. con una f.* | (*est.*) Benda sottile e allungata. **3** (*est.*) Rotella metrica, nastro. **4** (*spec. al pl.*) Sorta di pasta alimentare avente forma di lunghi e larghi nastri. **5** Residuo dell'estrazione industriale dello zucchero costituito dalle radici di barbabietola tagliate in sottili strisce. **6** Rettilineo stradale lungo vari kilometri: *la f. di Terracina*. **7** Robusta striscia di nylon usata dagli alpinisti nell'arrampicata su roccia o su ghiaccio; ha la stessa funzione del cordino. || **fettuccìna**, dim. (V.).

fettuccìna s. f. **1** Dim. di *fettuccia*. **2** (*spec. al pl.*) Tipo di pasta alimentare tagliata a strisce lunghe e sottili.

fettùnta [comp. di *fetta* e *unto*] s. f. ● (*pop.*, *tosc.*) Fetta di pane tostato strofinata con aglio e condita con sale e olio di frantoio.

feudàle [da *feudo*] agg. **1** Che si riferisce al feudo o al feudalesimo: *giurisdizione*, *età f.* **2** (*fig.*) Assolutista, dispotico: *prepotenza f.* | (*est.*) Antiquato, rozzo: *mentalità f.* || **feudalménte**, avv.

feudalésco agg. (pl. m. *-schi*) ● (*raro*, *spreg.*) Feudale.

feudalèṣimo o **feudalìṣmo** [da *feudo*] s. m. ● Sistema politico, economico e sociale basato sull'istituto del feudo, sorto nell'alto Medioevo nella regione franca ed estesosi successivamente in Germania e Italia.

feudalità [da *feudale*] s. f. **1** Regime feudale | Condizione feudale. **2** La classe dei feudatari.

feudatàrio [da *feudo*] **A** s. m. (f. *-a*) **1** Nel mondo medievale, il titolare del feudo. **2** (*est.*) Latifondista, spec. se di mentalità arretrata. **B** agg. ● Feudale.

fèudo [francone *fĕh-od* 'proprietà di bestiame, proprietà mobile', comp. di *fĕh* 'bestiame' e *od* 'proprietà'] s. m. **1** Nel mondo medievale, concessione di un signore o del sovrano a un vassallo di un beneficio e del privilegio della immunità fiscale | (*est.*) Il territorio concesso in beneficio. **2** (*fig.*) Grande possedimento terriero. **3** (*fig.*) Ambiente, campo di attività e sim. in cui si esercita un dominio assoluto e spesso dispotico: *l'ufficio è diventato il suo f.*; *la facoltà è il f. incontrastato di quel professore*.

feuilleton /*fr.* fœj'tɔ̃/ [vc. fr., da *feuillet*, dim. di *feuille* 'foglio'] s. m. inv. ● Qualsiasi scritto pubblicato in appendice a un giornale | Romanzo popolare a forti tinte, ricco di colpi di scena, con nette contrapposizioni tra personaggi buoni e cattivi e trionfo finale del bene | (*est.*) Scritto di nessun valore artistico.

fez /fets/ [da *Fez*, città del Marocco] s. m. inv. ● Copricapo a tronco di cono, rosso, con un fiocchetto di seta nera, in uso nell'impero ottomano e oggi in alcuni paesi arabi | Analogo berretto, parte dell'uniforme dei bersaglieri | Berretto nero di tale foggia, usato, in epoca fascista, dagli appartenenti alla milizia.

feziàle o **feciàle** [vc. dotta, lat. *fetiāle(m)*, di etim. incerta] s. m. ● Ciascuno dei venti sacerdoti che, presso gli antichi Romani, provvedevano ritualmente a dichiarare la guerra e a concordare la pace.

†**fi'** /fi, fi*/ o †**fil** s. m. ● (*poet.*) Figlio: *Né li gravò viltà di cuor le ciglia / per esser fi' di Pietro Bernardone* (DANTE *Par.* XI, 88-89) | Oggi usato in alcuni cognomi: *Firidolfi*; *Fibonacci*.

fi (**1**) o **phi** [dal gr. *phî*] s. m. o f. inv. ● Nome della ventunesima lettera dell'alfabeto greco.

†**fi** (**2**) ● V. *fiiiuuu*.

†**fìa** o †**fìe** [ant. fr. *fiée*. V. *fiata*] s. f. ● (*raro*, *tosc.*) Solo nelle loc. *due fia due*, *quattro*; *quattro fie quattro*, *sedici* e sim., due moltiplicato due, quattro; quattro moltiplicato quattro, sedici e sim.

fiàba [lat. *fābula(m)* 'favola', attraverso il lat. parl. **flāba(m)*] s. f. **1** Novella, racconto o commedia di origine popolare e fantastica: *antiche fiabe nordiche*; *rappresentare*, *mettere in scena una f.*; *le fiabe dei fratelli Grimm*; *scrivere un libro di fiabe*. SIN. Favola. **2** (*fig.*) Fandonia, fola, frottola.

fiabésco agg. (pl. m. *-schi*) **1** Di, da fiaba: *tono f.* | (*est.*) Irreale: *ciò che ci raccontate è quasi f.* **2** (*est.*, *fig.*) Favoloso, fantastico, straordinario: *spettacolo f.*; *indossare un abito f.*; *vivere in un palazzo f.*

fiabìstica [da *fiaba*, sul modello di *novellistica*] s. f. ● Favolistica.

fiàcca [da *fiaccare*] s. f. **1** Stanchezza, fiacchezza, svogliatezza: *aver la f.* | *Battere la f.*, agire controvoglia, scansare le fatiche | Lentezza negli atti e nelle parole. **2** †Fracasso, strepito. **3** (*pop.*, *tosc.*) Abbondanza.

fiaccàbile agg. ● (*raro*) Che si può fiaccare.

fiaccacòllo [comp. di *fiacca(re)* e *collo*] s. m. ● (*raro*) Rompicollo | *A f.*, a precipizio, a rotta di collo.

fiaccaménto s. m. ● (*raro*) Modo e atto del fiaccare.

fiaccàre [da *fiacco* (*1*)] **A** v. tr. (*io fiàcco*, *tu fiàcchi*) **1** Rendere debole e fiacco: *i dolori hanno fiaccato il suo spirito*; *f. le forze*, *la resistenza di qc.* SIN. Prostrare, spossare. **2** Rompere q.c. flettendola: *f. un bastone con la forza delle braccia* | *F. le ossa*, *le costole*, *il collo a qc.*, percuoterlo | (*fig.*) *F. le corna a qc.*, umiliarne la superbia, l'arroganza. **B** v. intr. pron. e †intr. **1** Perdere forza, divenire fiacco: *come tu vedi*, *a la pioggia mi fiacco* (DANTE *Inf.* VI, 54). SIN. Accasciarsi. **2** Rompersi, spaccarsi.

fiaccatùra s. f. ● (*raro*) Atto, effetto del fiaccare: *la f. della legna*.

fiaccheràio [da *fiacchere* 'fiacre'] s. m. ● (*tosc.*) Vetturino pubblico della carrozza a cavalli.

fiàcchere s. m. ● Adattamento di *fiacre* (V.).

fiacchézza [da *fiacco* (*1*)] s. f. **1** Spossatezza fisica, mancanza di vigore o di resistenza anche morale: *la f. causata da uno strapazzo fisico*; *f. di mente*, *d'animo*; *f. di stile*. SIN. Debolezza. CONTR. Forza. **2** †Fallo commesso per debolezza.

fiacchìte s. f. ● (*fam.*, *scherz.*) Mancanza di vigore e nerbo, fisico e morale, intesa quasi come una malattia: *un attacco di f.*

fiàcco (**1**) [lat. *flăccu(m)*, di origine indeur.] agg. (pl. m. *-chi*) ● Che non ha forza, vigore fisico o morale: *una persona fiacca*; *un discorso f.* SIN. Apatico, stanco. CONTR. Energico, vigoroso. || **fiaccherèllo**, dim. | **fiacchétto**, dim. | **fiacchìccio**, dim. | **fiaccóne**, accr. | **fiaccùccio**, dim. || **fiaccaménte**, avv. In modo fiacco: *sostenere fiaccamente una proposta*, *una teoria*.

fiàcco (**2**) [da *fiaccare*] s. m. (pl. *-chi*) **1** †Rovina, distruzione, strage. **2** Grande quantità di bastonate: *se ne prese un f. per la sua spavalderia*.

fiàccola [lat. parl. **flăcula(m)*, da *fācula*, dim. di *fāx*, genit. *fācis* 'face'] s. f. **1** Fusto di legno resinoso o fascio di sarmenti o altro spalmati di materiale infiammabile, per ardere e illuminare anche all'aperto e con vento: *ognuno di noi portava la sua f.* | *F. olimpica*, la torcia che prima dell'inizio delle olimpiadi alcuni atleti con un sistema di staffetta recano dalla Grecia al luogo in cui si svolgono i giochi olimpici. **2** (*fig.*) Ciò che illumina, ravviva, riscalda, incita e sim.: *la f. della discordia*, *della scienza*, *della libertà*. || **fiaccolétta**, dim. | **fiaccolìna**, dim. | **fiaccolóna**, accr. | **fiaccolóne**, accr. m.

fiaccolàre [ints. di *fiaccare*] v. tr. (*io fiàccolo*) ● (*raro*, *tosc.*) Battere ripetutamente più fusti minuti insieme | *F. la canapa*, stroncarle il fusto.

fiaccolàta [da *fiaccola*] s. f. ● Corteo notturno fatto con fiaccole accese, per feste, onoranze e sim.

fiacre /*fr.* 'fjakr/ [fr., dal n. di S. *Fiacre*, la cui immagine era appesa nel luogo in cui si affittavano queste vetture] s. m. inv. ● Vettura di piazza, a cavalli. ➡ ILL. **carro e carrozza**.

fiadóne [lat. tardo *fladōne(m)*, di origine germ.] s. m. ● Rustica pasta dolce con ripieno di mandorle e rum, tipica del Trentino | Dolce di pasta sfoglia con ripieno di formaggio e uova, che si prepara in Abruzzo per le feste pasquali. || **fiadoncèllo**, dim.

fiàla [vc. dotta, lat. *phĭala(m)*, nom. *phĭala*, dal gr. *phiálē*, di origine egea] s. f. **1** Piccolo recipiente in vetro, chiuso ermeticamente, contenente liquidi medicamentosi o profumi: *la cura completa consta di ventiquattro fiale*. **2** Piccola bottiglia di vetro, panciuta e a collo lungo | †Bottiglia. || **fialétta**, dim. | **fialìna**, dim. | **fialóne**, accr. m.

fiàmma (**1**) [lat. *flămma(m)*, di origine indeur.] **A** s. f. **1** Lingua di fuoco prodotta dalla combustione di un gas: *la f. della candela*; *la casa era avvolta dalle fiamme*; *alte fiamme si levavano dal bosco incendiato* | *F. ossidrica*, ottenuta bruciando l'idrogeno in corrente di ossigeno | *F. ossiacetilenica*, ottenuta bruciando l'acetilene in corrente di ossigeno | *Andare in fiamme*, prendere fuoco | *Dare alle fiamme*, incendiare | *Mettere a fuoco e fiamme*, sconvolgere, devastare | *Vivanda alla f.*, cosparsa di acquavite cui si dà fuoco in tavola | *Levar f.*, accendersi; (*fig.*) manifestarsi in tutta la sua violenza | *Far fuoco e fiamme*, agitarsi, strepitare per q.c., darsi molto da fare per ottenere o raggiungere q.c. | *Ritorno di f.*, nei motori, combustione della miscela eccessivamente prolungata per cui l'infiammazione si comunica alla miscela in arrivo nel cilindro; (*fig.*) il riaccendersi di passioni e sentimenti che si credevano ormai sopiti | (*est.*) Rogo: *condannare alle fiamme*. **2** (*fig.*) Sentimento intenso e ardente: *la f. dell'amore*, *della fede*, *della libertà* | (*est.*) Persona amata (*anche poet.*): *ha rivisto una sua vecchia f.*; *l'alma mia f. oltra le belle bella* (PETRARCA). SIN. Ardore, passione. **3** (*fig.*) Colore rosso acceso: *un tramonto*, *un cielo di f.* | *Avere*, *sentirsi salire le fiamme al viso*, arrossire per emozione, ansietà o alterazione febbrile | *Diventare di f.*, arrossire | Nel linguaggio dei tintori, il vivace riflesso delle tinte quando sono osservate a luce radente. **4** Ornamento intagliato a foglia stilizzata molto usato come terminale nei seggioloni cinquecenteschi italiani. **5** (*mil.*, *al pl.*) Mostrine colorate sul bavero della giubba, a guisa di fiamme, che contraddistinguono Armi, corpi e specialità varie | I militari che le portano | *Fiamme gialle*, le guardie di finanza. **6** (*mar.*) Striscia triangolare di stoffa, lunga e sottile, con i colori nazionali che le navi da guerra portano in testa d'albero, come distintivo di nave militare | Banderuola triangolare per segnali. **B** in funzione di agg. inv. ● (posposto al s.) Nelle loc. *rosso f.*, di colore rosso vivo, tipico della fiamma | *Punto f.*, punto di ricamo eseguito in lana o seta a più colori alternati, secondo un disegno a dente di sega di varia misura. || **fiammèlla**, dim. | **fiammellìna**, dim. | **fiammétta**, dim. (V.) | **fiammicèlla**, dim. | **fiammìna**, dim. | **fiammolìna**, dim.

fiàmma (**2**) [dal precedente] s. m. inv. ● Nelle industrie siderurgiche, operaio che taglia i rottami di ferro e di acciaio con la fiamma ossiacetilenica.

fiammànte part. pres. di †*fiammare*; anche agg. **1** Nei sign. del v. **2** (*fig.*) *Rosso*, *colore f.*, molto vivo, acceso | (*fig.*) *Nuovo f.*, nuovissimo.

†**fiammàre** [lat. *flammāre*, da *flămma* 'fiamma (1)'] v. intr. ● Fiammeggiare: *fiammando*, *a volte*, *a guisa di comete* (DANTE *Par.* XXIV, 12).

fiammàta s. f. **1** Fiamma gagliarda e rapida, dovuta all'accensione di sostanze che bruciano con grande facilità: *l'alcol ha prodotto una gran f.* | *Fare una f. di q.c.*, dare q.c. alle fiamme. **2** (*fig.*) Sentimento intenso e di breve durata: *quell'idillio è stato solo una f.* || **fiammatèlla**, dim. | **fiammatìna**, dim.

fiammàto **A** agg. ● Detto di filato o tessuto avente striature a colori appariscenti, spesso con ingrossamenti saltuari alquanto marcati. **B** anche s. m.: *un bel f.*

fiammeggiànte part. pres. di *fiammeggiare*; anche agg. **1** Nei sign. del v. **2** *Gotico f.*, tardo gotico caratterizzato da sovrabbondanza di sovrastrutture decorative, di elementi terminali accentuatamente aguzzi e slanciati, quasi a forma di fiamma.

fiammeggiàre **A** v. intr. (*io fiamméggio*; aus. *avere* nel sign. 1, *avere* e *essere* nel sign. 2) **1** Bruciare con fiamma | Mandar fiamme (*anche fig.*). **2** (*fig.*) Risplendere, scintillare, sfavillare: *i suoi occhi fiammeggiano d'ira*; *l'eterne nevi intatte / d'armi e armati fiammeggiar* (MONTI) | Rosseggiare: *il cielo fiammeggia*. **B** v. tr. ● Bruciare la peluria del pollame e della cacciagione spennata, passandola rapidamente più volte sulla fiamma | Accendere l'acquavite con cui si prepara una vivanda alla fiamma.

fiàmmeo o (*lett.*) **flàmmeo** [lat. *flāmmeu(m)*, da *flămma* 'fiamma (1)'] agg. ● (*poet.*) Di fiamma.

fiammétta s. f. **1** Dim. di *fiamma* (*1*). **2** (*raro, fig.*) Amante. || **fiammettina**, dim.

fiammiferàio s. m. (f. *-a*) **1** Operaio in una fabbrica di fiammiferi. **2** Venditore di fiammiferi.

fiammìfero [vc. dotta, lat. *flammĭferu(m)*, comp. di *flămma* 'fiamma (1)' e *fĕrre* 'portare'] **A** s. m. ● Fuscello di legno o stelo di carta o cotone imbevuto di stearina, con una capocchia rivestita di una miscela fosforica che si accende per sfregamento | *F. da cucina*, di legno | *F. di cera*, cerino | *F. di sicurezza* o *svedese*, con capocchia contenente clorato di potassio o altro ossidante, infiammabile per sfregamento | *Accendersi come un f.*, (*fig.*) di persona molto irascibile. **B** agg. ● †Che porta fiamma. || **fiammiferino**, dim.

fiammìnga [da *fiammingo* (*1*), perché usata nelle Fiandre] s. f. ● (*region.*) Vassoio o piatto ovale per servire in tavola.

fiammìngo (**1**) [da *flaming*, vc. germ.] **A** agg. (pl. m. *-ghi*) ● Delle Fiandre: *paesaggio f.*; *lingua fiamminga* | (*est.*) Dei Paesi Bassi: *pittori fiamminghi* | *Genere f.*, proprio della pittura fiamminga | *Stile f.*, realistico. **B** s. m. (f. *-a*) **1** Nativo, abitante delle Fiandre | Belga, non di lingua francese: *contrasti tra fiamminghi e valloni*. **2** Pittore fiammingo: *lo stile dei fiamminghi*. **C** s. m. solo sing. ● Lingua fiamminga, spec. quella attualmente parlata in una parte del Belgio.

fiammìngo (**2**) [provz. *flamenc*, da *flămma* 'fiamma (1)'; letteralmente '(dalle ali) di fiamma'] s. m. (pl. *-ghi*) ● (*zool.*) Fenicottero.

fiàmmola [lat. *flămmula(m)* 'fiammella'] s. f. ● Pianta erbacea comune nei boschi, con fiori candidi e profumati raccolti in pannocchie (*Clematis flammula*).

fiancàle [da *fianco*] s. m. ● Parte dell'armatura che copre ciascun fianco.

fiancàre [da *fianco*] v. tr. (*io fiànco, tu fiànchi*) **1** Rinforzare ai fianchi: *f. un arco, una volta*. **2** (*fig.*) Pungere con un motto, con un frizzo | *F. calci*, dare calci nei fianchi.

fiancàta [da *fianco*] s. f. **1** Colpo dato col fianco. **2** (*raro, fig.*) Frase pungente, mordace: *rispose con una f.* **3** Fianco o parte laterale di q.c.: *la f. di un bastimento, di una vettura, di un mobile*. **4** Nell'affusto dei cannoni, coscia. **5** (*mar.*) †Bordata.

fiancheggiaménto [da *fiancheggiare*] s. m. ● Atto, effetto del fiancheggiare.

fiancheggiàre [da *fianco*] v. tr. (*io fianchéggio*) **1** Chiudere q.c. ai fianchi: *i monti che fiancheggiano il fiume*; *una siepe di biancospino fiancheggia la strada* | Accompagnare tenendosi al fianco di qc. o sui fianchi di q.c.: *i carabinieri in alta uniforme fiancheggiavano il corteo*. **2** (*mil.*) Proteggere con tiro di artiglieria o di armi portatili o automatiche il fianco di un'opera o il lato di un saliente di fronte difensivo | Proteggere con appositi distaccamenti i fianchi scoperti di una unità in movimento. **3** (*fig.*) Aiutare qc. standogli a fianco nelle difficoltà, dandogli man forte e sim.: *è fiancheggiato da numerosi sostenitori* | Assecondare, proteggere, appoggiare dall'esterno movimenti politici o movimenti eversivi, spec. clandestini. SIN. Sostenere. **4** †Pungere con motti.

fiancheggiatóre [da *fiancheggiare*] agg.; anche s. m. (f. *-trice*) ● Che, chi fiancheggia.

fianchétto [da *fianco*] s. m. ● Particolare mossa d'attacco nel gioco degli scacchi.

fiànco [ant. fr. *flanc*, dal francone *hlanka*] s. m. (pl. *-chi*) **1** Parte laterale del corpo compresa tra l'ultima costa e l'anca | *Aprire il f.*, ferire qc. al fianco | *Mettersi le mani sui fianchi*, in atto di stizza o di impazienza | *Poco nei fianchi*, magro | *Tenersi i fianchi*, (*fig.*) per non scoppiare dal ridere | *Essere ai fianchi*, stare vicino | *Avere ai fianchi*, (*fig.*) alle costole, come emuli, inseguitori e sim. | (*sport*) *Lavorare ai fianchi l'avversario*, colpirlo in quella parte del corpo con una scarica fitta di colpi brevi ma intensi per fiaccarne la capacità di resistenza agonistica; (*fig.*) sottoporre q.c. ad attacchi continui e logoranti | *Al f.*, vicino, accosto | *F. a f.*, molto vicino | *Scostarsi dai fianchi*, allontanarsi | *Stare a f. di qc.*, essergli vicino; (*fig.*) essere sempre solidale con qc. | (*fig.*) †*Alzare il f.*, mangiare molto | (*est.*) Lato debole (*anche fig.*): *presentare il f. al nemico*; *è una teoria che presta il f. a molte critiche*. **2** (*lett.*) Grembo materno. **3** (*fig., spec. al pl.*) Capacità di resistenza: *avere buoni fianchi*; *essere senza fianchi*. **4** Parte laterale di q.c.: *i fianchi dello scudo, di un monumento* | *Affrontare una questione di f.*, (*fig.*) non direttamente | *Di f.*, lateralmente | *F. destr! f. sinistr!*, comando militare o ginnico per fare passare una squadra dalla formazione di fronte a quella di fianco | (*mil.*) In un'opera fortificata, quel tratto di fronte che ha azione fiancheggiante su di un altro | (*mil.*) *Far f.*, fiancheggiare, difendere | †(*mar.*) *Presentare il f.*, detto di nave antica che si apprestava a sparare la bordata. SIN. Lato. ➡ ILL. p. 361 ARCHITETTURA. || **fianchétto**, dim. | **fiancóne**, accr.

fianconàta [da *fianco*] s. f. ● Nella scherma di fioretto e di spada, azione di filo che termina al fianco: *f. di seconda*; *f. di quarta*.

†fiancùto agg. ● Grosso di fianchi.

fiàndra [dalla *Fiandra*, regione dell'Europa sett.] s. f. ● Filo o tessuto di lino, usato spec. per tovagliati: *tela di f.*

fiàno [prob. da un toponimo *Fiano*, luogo di provenienza] s. m. ● (*enol.*) Vitigno tipico della zona di Avellino, da cui si ricava il vino bianco omonimo.

fiàsca [da *fiasco*] s. f. **1** Fiasco di forma schiacciata da appendersi alla cintura, oggi usata come borraccia, un tempo anche per portare la polvere per caricare armi da fuoco: *f. di vetro, di cuoio*. **2** (*tosc.*) Piccola damigiana senza manici. || **fiaschétta**, dim. (V.) | **fiaschettina**, dim.

fiascàio s. m. (f. *-a*) **1** Chi vende fiaschi. **2** Chi è addetto alla lavorazione dei fiaschi, sia industrialmente che artigianalmente.

fiascheggiàre v. intr. (*io fiaschéggio*; aus. *avere*) **1** Far fiasco, aver cattivo esito. **2** †Essere incostante. **3** †Comprare il vino a fiaschi.

fiaschétta s. f. **1** Dim. di *fiasca*. **2** Piccola borraccia usata in viaggio o in escursioni. **3** Tasca di cuoio appesa alla bandoliera, nella quale il soldato teneva le cartucce | Recipiente usato un tempo dai cacciatori per tenervi la polvere da sparo.

fiaschetterìa s. f. ● Vendita di vino al minuto, in fiaschi, con servizio di mescita e talora di cucina.

fiaschettóne [da *fiaschetto*, per la forma del nido] s. m. ● (*zool.*) Pendolino.

fiàsco [got. *flaskō*] s. m. (pl. *-schi*) **1** Recipiente in vetro di forma sferoidale, rivestito di fibre vegetali o sintetiche, con collo lungo e stretto, destinato a contenere liquidi: *riempire i fiaschi di vino, di olio* | *Vedere il fondo a un f.*, vuotarlo bevendo | *Sboccare, scemare il f.*, versare un po' di vino, se è troppo pieno | *Attaccare il f.*, mettere l'insegna del fiasco a uno spaccio di vini | *Fare il f.*, giocare a chi deve pagare da bere. ➡ ILL. vino. **2** (*est.*) La quantità di liquido contenuta in un fiasco: *ne bevvi più di un f.* (CELLINI). **3** Gabbia di canna a forma rotonda, in cui si mettono quaglie da richiamo. **4** (*fig.*) Esito negativo, insuccesso, fallimento: *fare f. in q.c.*; *l'esame è stato un vero f.*; *il nuovo film è un f. colossale*. || **fiascàccio**, pegg. | **fiaschétto**, dim. | **fiaschettino**, dim. | **fiaschettóne**, dim. | **fiaschìno**, dim. | **fiascóne**, accr. (V.) | **fiascùccio**, dim.

fiascóne s. m. **1** Accr. di *fiasco*. **2** †Vino di qualità scadente.

fiat [dalla frase biblica *fīat lūx* 'la luce (*lūx*) sia fatta (*fīat*, dal v. *fĭeri* 'farsi, divenire', della stessa radice di *fŭi*)'] s. m. ● Attimo, tempo brevissimo, dalle parole che Dio, secondo la Genesi, pronunciò creando il mondo: *in un f.*

†fiàta [ant. fr. *fiée*, dal lat. parl. **vicāta(m)*, da **vĭx*, genit. *vĭcis* 'vece'] s. f. ● (*lett.*) Circostanza, volta: *in quella f.*, allora | *Lunga f.*, lungamente | *Alla f.*, talvolta | *Tal f.*, talvolta.

†fiataménto s. m. ● Atto del respirare.

fiatàre [lat. tardo *flatāre*, ints. di *flāre* 'soffiare'] v. intr. (aus. *avere*) **1** (*raro*) Alitare, respirare | (*est.*) Essere, stare in vita. **2** (*fig.*) Articolar parola | *Non f.*, *non ardire di f.*, tacere, non osare dir nulla: *dopo averle fatto più d'una volta giurare che non fiaterebbe* (MANZONI) | *Senza f.*, in silenzio assoluto | *Non f. con nessuno*, non parlare di q.c. con nessuno. **3** †Fiutare, annusare | (*fig.*) Subodorare.

fiatàta s. f. **1** Emissione di fiato | (*est.*) Fiato o alito cattivo esalato respirando. **2** †Attimo, fiato: *fare q.c. in una f.*

fiàti s. m. pl. ● (*mus.*) Strumenti a fiato.

fiàto [lat. *flātu(m)*, da *flāre* 'soffiare'] s. m. **1** Aria che si emette dai polmoni attraverso naso e bocca, durante il movimento di espirazione: *scaldarsi le mani col f.*; *appannare i vetri col f.* | Alito: *puzzare il f.*; *il suo f. sa di vino, di sigaro* | (*est.*) Alito, respiro: *trattenere il f.*; *un odore terribile che mozza, toglie il f.* | *Dare, esalare il f.*, morire | *Fino all'ultimo f.*, finché si vive | *Aver f.*, aver vita | *Avere il f. grosso*, ansimare | *Tirare il f. a sé*, pensare alla propria colpa prima di attribuirla ad altri, non impicciarsi nelle cose altrui | *Sentirsi mancare il f.*, respirare con difficoltà | *Prendere, ripigliare f.*, fermarsi un poco per riposare | *Strumenti a f.*, quelli in cui le vibrazioni sonore sono provocate dall'aria fortemente espirata dal suonatore | *Dar f. alle trombe*, cominciare a suonarle; (*fig.*) divulgare una notizia | *A perdita di f.*, V. anche *perdifiato* | (*fig.*) *A un f.*, d'un sol tratto | (*fig.*) *D'un f.*, *tutto d'un f.*, senza interruzioni, tutto in una volta | (*fig.*) *In un f.*, in un attimo. **2** (*lett.*) Odore, esalazione: *sì che s'ausi un poco in prima il senso / al tristo f.* (DANTE *Inf.* XI, 11-12). **3** (*lett.*) Voce, favella | *Non aver f.*, restare senza parole | *Non dire, non far f.*, non fiatare | *Buttar via, sprecare, consumare il f.*, parlare inutilmente | *F. sprecato*, discorsi inutili, senza efficacia. **4** Forza di respirare (*anche fig.*): *non aver f.*; *perdere il f.* | *Rimanere senza f.*, (*fig.*) allibire | (*fig.*) *Rimettere il f. in corpo*, restituire il coraggio | (*sport*) Capacità di resistenza: *avere poco, molto f.* | *Fare il f.*, allenarsi per raggiungere la forza di resistenza necessaria per affrontare una competizione. SIN. Energia, forza. **5** Fatica, sforzo | *A forza di fiati*, con grandi sforzi. **6** (*lett.*) †Vento o brezza leggera | Soffio di vento. **7** Essere animato, in quanto respirante: *ci sono molti fiati in questa stanza* | †Anima. **8** †Nulla: *non intender f.* | †*È un f.*, di tessuto finissimo | †*Cosa fatta col f.*, con la massima delicatezza | †Poco: *un f. di scienza, di virtù* || PROV. Finché c'è fiato c'è speranza. || **fiaterèllo** dim. | **fiatóne**, accr. (V.).

fiatóne s. m. **1** Accr. di *fiato*. **2** Fiato grosso, difficoltà di respiro, affanno: *alla fine della corsa aveva il f.*

fìbbia [lat. *fībula(m)*, da *fīgere* 'ficcare'] s. f. ● Fermaglio di varia materia e forma usato per tenere chiuse cinture, braccialetti e sim. o come ornamento. || **fibbiétta**, dim.

fiberglass /ingl. 'faibəgla:s/ o **fiber glass**, **fibreglass** [vc. ingl., comp. di *fiber* 'fibra', dal lat. *fibra* attraverso il fr. *fibre*, e *glass* 'vetro' di diffusione germanico-celtica e di orig. indeur.] s. m. inv. ● Fibra di vetro, molto resistente ed elastica, impiegata spec. nella fabbricazione di carrozzerie di autoveicoli, scafi d'imbarcazioni, aste da salto.

fìbra [vc. dotta, lat. *fibra(m)*, di etim. incerta] s. f. **1** (*anat., biol.*) Qualsiasi struttura allungata e sottile presente in tessuti animali e vegetali: *f. connettivale, vegetale, del legno* | *F. muscolare*, unità morfologica e funzionale dei tessuti contrattili, della varietà liscia o striata (scheletrica o miocardica) | *F. nervosa*, prolungamento di un neurone che assicura la connessione con altre cellule nervose, con effettori o con recettori | *Fibre alimentari*, negli alimenti vegetali, parte costituita da cellulosa, polisaccaridi non cellulosici e lignina, resistente all'azione degli enzimi digestivi. **2** (*est.*) Sostanza, prodotto e sim. filamentoso o riducibile in fili | *F. tessile*, prodotto di origine naturale o artificiale atto ad essere trasformato in filato e in tessuto | (*tecnol.*) *F. di vetro*, materiale costituito da fili di vetro assai flessibili e sottili, continui o corti, di composizione variabile secondo l'applicazione, impiegato spec. per l'isolamento termico, acustico ed elettrico e come rinforzo di materie plastiche per la produzione di vetroresina | *Fibre sintetiche*, ottenute mediante procedimenti chimici di sintesi | *Fibre artificiali*, ottenute mediante opportune trasformazioni chimiche da polimeri già esistenti in natura | (*ott.*) *F. ottica*, filamento lungo e sottile di materiale trasparente, quale il vetro o il plexiglas, che ha la proprietà di convogliare con rendimento molto alto un flusso di energia raggiante | *Fibre di carbonio*, ottenute da filamenti polimerici di cellulosa o poliacrilici mediante vari trattamenti termici che conferiscono loro particolari proprietà di resistenza, leggerezza ed elasticità che ne suggeriscono l'impiego in varie tecnologie d'avanguardia. ***3*** Carta non collata, o cartone, impregnata in bagno di cloruro di zinco, usata per valigeria, nell'industria meccanica, elettrotecnica e tessile: *borsa di f.* ***4*** (*al pl.*) †Viscere degli animali. ***5*** (*fig.*) Parte più interna, intimo: *la f. del cuore, dell'animo*; *giungere alle più nascoste fibre*. ***6*** (*fig.*) Costituzione o complessione fisica: *uomo di forte f.* | (*est.*) Energia, vigore: *non avere f.* ***7*** †Vena. || **fibrèlla**, **dim.** | **fibrétta**, **dim.** | **fibrettina**, **dim.**

fibràto [vc. dotta, lat. *fibrātu(m)*, da *fībra* 'fibra'] **agg.** ● Che ha, che presenta fibre.

fibratùra [da *fibra*] **s. f.** ● Tessuto che costituisce la struttura resistente del legno.

fibreglass /*ingl.* 'faibəgla:s/ ● V. *fiberglass.*

fibrilla [dim. del lat. *fībra(m)* 'fibra'] **s. f.** ● (*biol.*) Costituente elementare di una fibra dell'organismo umano o animale.

fibrillàre (**1**) **agg.** ● (*biol.*) Relativo a fibrilla.

fibrillàre (**2**) **v. intr.** (aus. *avere*) ● (*med.*) Andar soggetto a fibrillazione.

fibrillazióne [prob. dal fr. *fibrillation*, da *fibrille* 'fibrilla'] **s. f.** ● (*med.*) Contrazione anomala, di breve durata, di piccoli fasci di fibre muscolari, che non porta a efficiente contrazione muscolare | *F. cardiaca*, contrazione rapida della muscolatura cardiaca | (*fig.*) Stato di nervosismo, di agitazione: *essere, entrare in f.*; *il Governo è in f.*

fibrina [da *fibra*] **s. f.** ● (*biol.*) Sostanza proteica del sangue, di origine epatica, che partecipa al processo di coagulazione sanguigna | *Spugna di f.*, ottenuta dal fibrinogeno umano, con proprietà emostatiche, usata nelle emorragie capillari e venose.

fibrinògeno [comp. di *fibrina* e *-geno*] **s. m.** ● (*biol.*) Sostanza proteica da cui deriva la fibrina per azione di enzimi.

fibrinolisi [comp. di *fibrin(a)* e *lisi*] **s. f.** ● (*med.*) Processo enzimatico che determina la dissoluzione di un coagulo di fibrina.

fibrinóso **agg.** ● (*biol.*) Che contiene fibrina | Che ha i caratteri della fibrina.

fibroadenòma [comp. di *fibra* e *adenoma*] **s. m.** (**pl.** *-i*) ● (*med.*) Tumore benigno delle ghiandole, caratterizzato da abbondante tessuto fibroso.

fibroblàsto [comp. di *fibro-* e *-blasto*] **s. m.** ***1*** (*biol.*) Cellula connettivale indifferenziata destinata a evolvere come fibrocita. ***2*** (*biol.*) Fibrocita impegnato nella sintesi delle componenti extracellulari del connettivo.

fibrocèllula [comp. di *fibra* e *cellula*] **s. f.** ● (*anat.*) Cellula affusata a mo' di fibra, propria del tessuto muscolare liscio.

fibroceménto ® [nome commerciale, comp. di *fibra* e *cemento*] **s. m.** ● Cemento-amianto.

fibrocita o **fibrocito** [comp. di *fibro-* e *-cita*] **s. m.** (**pl.** *-i*) ● (*biol.*) Fondamentale elemento cellulare del tessuto connettivale.

fibròide [comp. di *fibr(a)* e *-oide*] **agg.** ● Costituito da tessuto fibroso.

fibroina [da *fibra*] **s. f.** ● (*chim.*) Sostanza albuminoide, componente principale della fibra serica, cui conferisce lucentezza e morbidezza.

fibròma [fr. *fibrome*, da *fibre* 'fibra'] **s. m.** (**pl.** *-i*) ● (*med.*) Tumore benigno del tessuto connettivo fibroso.

fibromatóso [da *fibroma*] **agg.** ● (*med.*) Caratterizzato dalla presenza di fibromi.

fibrosarcòma [comp. di *fibra* e *sarcoma*] **s. m.** (**pl.** *-i*) ● (*med.*) Tumore maligno del tessuto connettivo fibroso.

fibroscòpio [comp. di *fibra* e *-scopio*] **s. m.** ● (*med.*) Strumento che sfrutta la proprietà delle fibre di vetro di guidare la luce, usato per l'esame endoscopico di vari organi.

fibròsi [comp. di *fibra* e *-osi*] **s. f.** ● (*med.*) Degenerazione di tessuto nobile e sua sostituzione a opera di tessuto connettivo.

fibrosità **s. f.** ● Qualità di fibroso.

fibróso [da *fibra*] **agg.** ***1*** Che possiede, che è formato da, fibre: *organo, tessuto, materiale f.* ***2*** (*est.*) Filamentoso, legnoso: *carne fibrosa.*

fibula [vc. dotta, lat. *fībula(m)*. V. *fibbia*] **s. f.** ***1*** (*anat.*) Perone. ***2*** (*archeol.*) Fibbia, fermaglio.

fibulàre [da *fibula*] **agg.** ● (*anat.*) Riferito alla fibula o al perone: *osso f.*

fica o **figa** [etim. incerta] **s. f.** ● (*volg.*) Vulva | (*fig., volg.*) Donna attraente, desiderabile. || **fichétta**, **dim.**.

ficàia [lat. tardo *ficāria(m)*, da *fīcus* 'fico (1)'] **s. f.** ● (*tosc.*) Fico, nel sign. 1 | (*est.*) Luogo piantato a fichi.

ficàio **A** **agg.** ● (*raro, tosc.*) Che produce fichi: *settembre f.* **B** **s. m.** ● Venditore di fichi.

ficàlbo [comp. di *fic(o)* (*1*) e *albo* 'bianco'] **s. m.** ● Sorta di fico selvatico.

-ficàre [lat. *-ficāre*, equivalente, in verbi comp. denominali, a *fàcere* 'fare'] **secondo elemento** ● In verbi per la maggior parte di origine latina, vale 'fare', 'rendere', 'fabbricare': *beneficare, dolcificare, panificare, pianificare, prolificare.*

ficària [dalla forma di *fico* (*1*) dei tuberi] **s. f.** ● (*bot.*) Favagello.

ficàto [vc. dotta, lat. *ficātu(m)*, da *fīcus* 'fico (1)'] **agg.** ***1*** Di pane impastato con polpa di fichi: *pan f.* ***2*** (*raro*) Detto di campo con molte piante di fichi.

-ficatóre **secondo elemento** ● Forma sostantivi derivati dai corrispondenti verbi in *-ficare*: *panificatore, pianificatore.*

-ficatòrio **secondo elemento** ● Forma aggettivi derivati dai corrispondenti verbi in *-ficare*: *edificatorio, purificatorio.*

-ficazióne **secondo elemento** ● Forma sostantivi derivati dai corrispondenti verbi in *-ficare*: *dolcificazione, pianificazione.*

ficcanasàre [da *ficcanaso*] **v. intr.** (aus. *avere*) ● Intromettersi indebitamente, curiosare in modo indiscreto e invadente: *f. nelle faccende degli altri.*

ficcanàso [comp. di *ficca(re)* e *naso*] **s. m. e f.** (**pl. m.** *ficcanàsi*; **pl. f.** *ficcanàso*) ● (*fig.*) Persona indiscreta che si intromette in cose che non la riguardano.

ficcànte **part. pres.** di *ficcare*; anche **agg.** ***1*** †Nei sign. del v. ***2*** (*mil.*) *Tiro f.*, dall'alto in basso | †*Fortificazione f.*, quella che per la sua elevazione dominava la campagna. ***3*** (*sport, fig.*) Incisivo, penetrante: *giuoco f.*; *azione f.*

ficcàre [lat. parl. **figicāre*, ints. di *fīgere* 'infiggere'] **A** **v. tr.** (*io ficco, tu ficchi*) ***1*** Fare entrare a forza: *f. un palo in terra, un chiodo nel muro* | (*tosc.*) †*f. il maio*, piantare il ramo dinnanzi alla casa della fidanzata la prima notte di maggio | *F. il chiodo*, (*fig.*) star saldi sulle proprie risoluzioni | †*F. carote*, piantarle; (*fig.*) inventare bugie | *F. il capo*, (*fig.*) farsi avanti | *F. il naso*, (*fig.*) essere troppo curioso e invadente | (*raro*) *Ficcarla*, riuscire a combinare un guaio, una burla, una bugia a qc. | (*fig.*) *Ficcarsi in capo, in testa q.c.*, ostinarsi in un proposito | *Ficcarsi le mani in tasca, le dita nel naso*, infilarle. **SIN.** Piantare. ***2*** (*fig.*) Affissare, appuntare: *io l'osservai profondamente, ficcandogli rispettosamente gli occhi negli occhi* (ALFIERI); *f. la mente, l'intelletto, in o sopra q.c.* **B** **v. rifl.** ● Cacciarsi dentro a q.c. (*anche fig.*): *s'è ficcato in un paesucolo sperduto tra i monti*; *ficcarsi nella tana, in casa*; *ci siamo ficcati in un bell'imbroglio!* | (*est.*) Intromettersi importunamente in q.c.

-fìcee [dal gr. *phŷkos* 'alga', di origine semitica] **secondo elemento** ● In parole composte della sistematica botanica, indica la classe delle Alghe: *Cloroficee, Rodoficee.*

fiche /*fr.* fiʃ/ [vc. fr., da *ficher* 'ficcare', propriamente 'chiodo che si conficca'] **s. f. inv.** (**pl. fr.** *fiches*) ***1*** Gettone da gioco. ***2*** (*banca*) Tagliando su cui si registrano operazioni bancarie.

fichéto o (*raro*) **ficheréto** [da *fico* (*1*)] **s. m.** ● Luogo piantato a fichi.

fichétto o **fighétto** **s. m.** (**f.** *-a*) ***1*** Dim. di *fico* (*3*). ***2*** (*gerg.*) Persona di bella presenza, elegante, vanesia.

fichtiàno /fix'tjano/ **A** **agg.** ● Che riguarda il filosofo tedesco J. G. Fichte (1762-1814) e il suo pensiero. **B** **s. m.** (**f.** *-a*) ● Chi segue o si ispira alla filosofia di Fichte.

fichu /*fr.* fi'ʃy/ [vc. fr., 'messo su alla meglio', da *ficher* 'ficcare, mettere'] **s. m. inv.** ● Fazzoletto triangolare di leggera seta, di velo, di batista, ornato spesso di pizzi, che le donne portavano al collo, incrociandolo o annodandolo sul petto per coprire la scollatura.

-fìcio [lat. *-ficiu(m)*, dal v. *fàcere* 'fare' e, quindi, 'operare', 'lavorare'] **secondo elemento** ● In parole composte, significa 'luogo dove si lavora, si fabbrica, si produce' o 'fabbricazione', 'lavorazione': *calzaturificio, cotonificio, lanificio, oleificio, pastificio, zuccherificio.*

fico (**1**) o †**figo** (**1**) [lat. *fīcu(m)*, di origine preindeur.] **s. m.** (**pl.** *fichi*, **m.**, †*ficora*, **f.**) ***1*** Albero delle Moracee con corteccia grigia, foglie palmato-lobate e frutti dolci e carnosi (*Ficus carica*) | *L'apostolo del f.*, Giuda che vi si impiccò | (*fig.*) *Devoto all'apostolo del f.*, spia | (*fig.*) *Attaccare il collare a un f.*, sfratarsi, gettar la tonaca alle ortiche | *Essere il f. dell'orto*, (*fig.*) essere il prediletto di qc. ***2*** Frutto di tale pianta: *fare una scorpacciata di fichi*; *conservare, seccare i fichi*; *una collana di fichi secchi* | *F. secco*, V. *ficosecco* | *F. mandorlato*, fatto appassire e imbottito con una mandorla, spesso anche cotto al forno per favorirne l'amalgama | (*fig.*) *Salvare la pancia per i fichi*, non esporsi ai pericoli per viltà | *Conoscere le sorbe dai fichi*, (*fig.*) avere buon senso | (*fig., pop.*) *Non me ne importa un f.*, non me ne importa niente, me ne frego, me ne infischio. ***3*** *F. d'India*, V. *ficodindia*. ***4*** (*fig., pop.*) Pomo d'Adamo. ***5*** (*spec. al pl., tosc.*) Carezze, smancerie: *far fichi* | *Esser pieno di fichi*, (*fig.*) tutto lezzi.

fico (**2**) [gr. *phýkēs* 'pesce che vive nel *fuco*'] **s. m.** (**pl.** *-chi*) ● Pesce osseo dei Gadidi che vive sui fondi fangosi dei mari italiani, le cui carni sono assai apprezzate (*Phycis blennioides*).

fico (**3**) o **figo** (**2**) [prob. da *fica*] **agg.**; anche **s. m.** ● (*gerg.*) Che, chi incontra pienamente il gusto del momento, perché piacevole fisicamente, alla moda, stravagante e sim. || **fichétto**, **dim.** (V.).

fico- [gr. *phŷkos* 'alga' (V. *-ficee*)] **primo elemento** ● In parole composte della terminologia scientifica, significa 'alga': *ficocianina, ficomiceti.*

-fico [lat. *-ficu(m)*, come secondo termine di comp. tratto da *-ficere*, forma non accentata di *fàcere* 'fare'] **secondo elemento** ● In parole di derivazione o formazione latina, significa 'che fa', 'che rende' e sim.: *benefico, munifico, prolifico.*

ficocianina [comp. di *fico-* e *cianina*] **s. f.** ● Proteina coniugata di colore bluastro che si trova nel plasma esterno delle alghe azzurre.

ficodindia o **fico d'India** **s. m.** (**pl.** *fichidindia* o *fichi d'India*) ***1*** Pianta grassa delle Cactacee, con foglie trasformate in spine, fusti appiattiti, verdi, simili a foglie successive, fiori gialli o rossi, frutto a bacca. ***2*** Frutto commestibile di tale pianta, ovoide e con molti semi.

ficoeritrina [comp. di *fico-* ed *eritrina*] **s. f.** ● Proteina coniugata rosa, caratteristica di certe alghe nei cui plastidi si trova.

Ficomicèti [comp. di *fico-* e del gr. *mýkēs*, genit. *mýkētos* 'fungo'] **s. m. pl.** ● Nella tassonomia vegetale, classe di Funghi unicellulari, parassiti o saprofiti (*Phycomycetes*) | (al sing. *-e*) Ogni individuo di tale classe.

ficosécco o **fico sécco** [comp. di *fico* (*1*) e *secco*] **s. m.** (**pl.** *fichisécchi*) ***1*** Fico fatto appassire al sole | (*fig.*) *Diventare un f.*, avvizzire, dimagrire | (*fig.*) *Far le nozze coi fichisecchi*, celebrare con miseri mezzi circostanze solenni. ***2*** (*fig.*) Rammendo mal fatto | (*est.*) Cicatrice che resta sulla gola per infezioni glandolari. ***3*** (*fig.*) Niente, nulla: *non vale un f.*; *non me ne importa un f.* | *Stimare un f.*, una cosa da nulla | †*Fare f.*, fallire.

fiction /*ingl.* 'fikʃən/ [vc. ingl., propr. 'finzione, invenzione'] **s. f. inv.** ● Genere letterario, cinematografico o televisivo che si basa sulla narrazione di fatti inventati | (*est.*) Opera appartenente a tale genere.

ficus /*lat.* 'fikus/ [lat. *fīcus*, nom., 'fico'] s. m. inv. ● Pianta delle Moracee originaria delle Indie, coltivata in vaso per le belle foglie, ovali, coriacee e lucenti (*Ficus decora*).

fida [da *fidare*] s. f. *1* Nell'Italia meridionale, contratto di affitto di un pascolo il cui corrispettivo è calcolato sulla base di un tanto per ogni capo di bestiame | Il terreno stesso preso a pascolo. *2* †Sicurtà, salvacondotto. *3* †Linea fissa della bussola che esprime la posizione invariabile della prora rispetto alla poppa.

fidànte **A** part. pres. di *fidare*; anche agg. ● (*raro*) Nei sign. del v. **B** s. m. ● Chi dà un terreno a fida.

†**fidànza** [rifacimento su *fidare* del fr. ant. *fiance* 'promessa', da *fier* 'fidare'] s. f. ● (*lett.*) Fede, fiducia | *Dar f.*, assicurare | *Fare f.*, far affidamento | *Dare, prendere a f.*, in garanzia.

fidanzaménto [da *fidanzare*] s. m. ● Promessa reciproca di matrimonio: *celebrare, sciogliere il f.* | (*est.*) Cerimonia relativa a tale promessa: *è stato un f. molto fastoso* | (*est.*) Periodo di tempo che intercorre fra la promessa di matrimonio e quest'ultimo: *un f. di molti anni.*

fidanzàre [da *fidanza*] **A** v. tr. (*io fidànzo*) *1* Impegnare per il matrimonio: *f. una figlia a, con qc.* *2* †Dare fede, sicurezza. **B** v. rifl. e rifl. rec. ● Scambiarsi promessa di matrimonio: *fidanzarsi in giovane età; si sono fidanzati da poco.*

fidanzàto **A** part. pass. di *fidanzare*; anche agg. ● Nei sign. del v. **B** s. m. (f. *-a*) ● Chi ha dato o ricevuto promessa di matrimonio | *Libro dei fidanzati*, registro parrocchiale in cui, anticamente, si iscrivevano coloro che contraevano impegni matrimoniali | (*med.*) *Malattia dei fidanzati*, mononucleosi. || **fidanzatino**, dim.

fidàre [lat. parl. **fidāre*, per il classico *fīdere*, da *fīdus* 'fido'] **A** v. tr. (*io fido*) *1* Affidare, commettere: *f. una persona a un'altra*; *a me sol fida la importante cura* (ALFIERI) | (*raro*) *F. un terreno*, darlo in affitto per il pascolo. *2* Dare a fido, a credito: *gli hanno fidato molta merce.* *3* †Assicurare. **B** v. intr. (aus. *avere*) ● Aver fede, fiducia: *f. nel buon volere, nell'onestà, nella protezione di qc., nella propria stella*; *f. in Dio, nella provvidenza.* SIN. Confidare. **C** v. intr. pron. *1* Essere fiducioso: *fidarsi di un amico, del padre, della moglie* | *Fidarsi nel senno altrui, nella fortuna*, riporvi la propria fiducia, farvi assegnamento | *Ci fidiamo di ottenere q.c.*, abbiamo la sicura speranza di ottenerla. *2* (*fam.*) Sentirsi capace di fare q.c.: *non mi fido ancora di camminare solo.* **D** v. rifl. ● †Affidarsi: *fidarsi a qc* || PROV. Fidarsi è bene non fidarsi è meglio.

fidatézza s. f. ● Qualità di chi merita fiducia, di ciò su cui si può fare affidamento.

fidàto **A** part. pass. di *fidare*; anche agg. *1* Nei sign. del v. *2* Di persona in cui si può aver fiducia: *è un'amica fidata.* SIN. Sicuro. || **fidataménte**, avv. **B** s. m. ● (*raro*) Chi riceve un terreno a fido.

fidayìn /fida'in/ ● V. *fedain.*

fidecommèttere e *deriv.* ● V. *fedecommettere* e *deriv.*

fidecommìttere e *deriv.* ● V. *fedecommettere* e *deriv.*

fideìsmo [fr. *fidéisme*, dal lat. *fīdes* 'fede'] s. m. *1* Atteggiamento filosofico e religioso secondo cui soltanto la fede, strumento di conoscenza superiore alla ragione e da essa indipendente, consente di conoscere le supreme verità. *2* (*est.*) Adesione incondizionata a una teoria, una dottrina, un'opinione.

fideìsta [fr. *fidéiste*, dal lat. *fīdes* 'fede'] s. m. e f. (pl. m. *-i*) ● Seguace, fautore del fideismo.

fideìstico agg. (pl. m. *-ci*) ● Che concerne il fideismo, proprio dei fideisti. || **fideisticaménte**, avv. In modo fideistico, secondo il fideismo.

fideiussióne [vc. dotta, lat. tardo *fideiussiōne(m)*, da *fideiubēre* 'far sicurtà, farsi garante', comp. di *fīdes* 'lealtà, fede' e *iubēre* 'comandare'] s. f. ● (*dir.*) Garanzia personale mediante cui un terzo si impegna verso il creditore ad adempiere l'obbligazione del debitore principale: *contratto di f.* | *F. omnibus*, con la quale il terzo si impegna ad adempiere tutte le obbligazioni del debitore principale.

fideiussóre [vc. dotta, lat. tardo *fideiussōre(m)*. V. *fideiussione*] s. m. ● (*dir.*) Colui che si obbliga personalmente verso il creditore con un contratto di fideiussione.

fideiussòrio [vc. dotta, lat. tardo *fideiussōriu(m)*. V. *fideiussione*] agg. ● Relativo alla fideiussione o al fideiussore: *obbligazione fideiussoria.*

†**fidèle** e *deriv.* ● V. *fedele* e *deriv.*

fidelìni ● V. *fedelini.*

fidellìni ● V. *fedelini.*

fidènte [vc. dotta, lat. *fidĕnte(m)*, part. pres. di *fīdere* 'fidarsi'] agg. ● Che ha fiducia: *persona f. nelle proprie forze.* SIN. Fiducioso. || **fidenteménte**, avv. Con piena fiducia.

fidenziàno [da *Fidenzio*, pseudonimo di C. Scroffa] agg. ● Proprio del, relativo alla maniera di Fidenzio Glottocrisio, pseudonimo dello scrittore del '500 C. Scroffa, che pubblicò poesie in lingua pedantesca, beffeggiando il linguaggio dei dotti del suo tempo.

fidìaco [vc. dotta, lat. *phidīacu(m)*, nom. *phidīacus*, dal gr. *pheidiakós* 'di Fidia'] agg. (pl. m. *-ci*) ● Di Fidia | Di eccelso scultore, paragonabile a Fidia: *scalpello f.* | Di opera degna dello scalpello di Fidia: *una testa fidiaca.*

fidìcine [vc. dotta, lat. *fidicĭne(m)*, comp. di *fĭdes* 'cetra' e *cănere* 'cantare'] s. m. (f. *-a*) ● Nell'antica Roma, suonatore di strumento a corde che partecipava coi tibicini alle cerimonie religiose.

fido (**1**) [lat. *fīdu(m)*, da *fīdere* 'porre fiducia'] **A** agg. ● (*lett.*) Di provata fedeltà e lealtà: *f. amico e compagno* | (*lett.*) Di luogo con cui si ha confidenza: *già mai vidi valle aver sì spessi / luoghi da sospirar riposti e fidi* (PETRARCA) | (*fig.*) *Petto f.*, animo devoto e fedele | *F. interprete*, fedele, coscienzioso | *F. giudice*, onesto, probo. **B** s. m. ● Compagno o seguace fidato: *i suoi fidi gli fecero scudo.*

fido (**2**) [da *fidare*] s. m. *1* (*banca*) Credito commerciale | Limite massimo di credito che una banca può accordare ad un proprio cliente: *cifra di f.* SIN. Castelletto. *2* (*fig.*) Fiducia | *Non far f. a nessuno*, (*fig.*) non concedere fiducia.

-fido [lat. *fidu(m)*, da *findere* 'fendere'] secondo elemento ● In aggettivi composti di formazione latina o moderna, significa 'diviso, che presenta fenditure': *bifido, trifido.*

fidùcia [vc. dotta, lat. *fidūcia(m)*, da *fīdere* 'porre fiducia'] s. f. (pl. *-cie*) *1* (*dir.*) Nel diritto romano, contratto con cui si consegnava una cosa a una persona affinché questa la restituisse più tardi alla prima o la consegnasse ad altri | *F. del Parlamento al Governo*, adesione al programma politico governativo che le due Camere esprimono mediante voto favorevole allo stesso: *voto di f.*; *mozione di f.* | *Questione di f.*, che il Governo pone, dichiarando di fare dipendere le proprie dimissioni dall'accoglimento o dal rigetto, da parte del Parlamento, di una proposta di legge. *2* Senso di affidamento e di sicurezza che viene da speranza o stima fondata su qc. o q.c.: *f. piena, assoluta, illimitata*; *f. nell'avvenire, nella vittoria*; *f. nelle proprie forze, nella propria riuscita*; *avere, nutrire f. in qc. o q.c.*; *perdere la f. in qc.*; *ingannare, tradire la f. di qc.*; *ispirare f.* | *Persona, uomo di f.*, di cui ci si fida completamente | *Ufficio, incarico di f.*, che richiede tatto, prudenza e comporta notevoli responsabilità. SIN. Fede. CONTR. Diffidenza.

†**fiduciàle** [vc. dotta, lat. tardo *fiduciāle(m)*, da *fidūcia* 'fiducia'] agg. ● Di fiducia | Fiducioso. || †**fiducialménte**, avv. Con fiducia.

fiduciànte s. m. e f. ● (*dir.*) Chi cede un bene con negozio giuridico fiduciario.

fiduciàrio [vc. dotta, lat. tardo *fiduciāriu(m)*, da *fidūcia* 'fiducia'] **A** agg. *1* Fondato sulla fiducia | (*dir.*) *Negozio giuridico f.*, attribuzione di un bene con l'obbligo, per chi lo riceve, di farne un uso determinato | *Circolazione fiduciaria*, della carta moneta, fondata nella solvibilità dello Stato. *2* Detto di società che amministra beni immobili o mobili per conto di clienti a cui rende conto periodicamente dei risultati della sua gestione | (*banca*) Relativo a un rapporto di fido | *Deposito f.*, l'ammontare dei depositi presso banche in partite, al portatore o nominative, libere o vincolate. **B** s. m. (f. *-a*) ● Nel linguaggio commerciale, chi è incaricato di svolgere stabilmente un'attività di fiducia, spec. per conto di un ente.

fiducióso [da *fiducia*] agg. ● Che sente fiducia, che è pieno di fiducia: *f. nella divina provvidenza, nelle proprie capacità.* CONTR. Diffidente. || **fiduciosaménte**, avv. Con fiducia.

†**fie** ● V. †*fia.*

†**fièbole** e *deriv.* ● V. *fievole* e *deriv.*

†**fièdere** [da *fedire* 'ferire' con passaggio ad altro tipo di coniug. (da *-íre* a *-ére*), come *rièdere* per *redire*] v. tr. e rifl. (oggi dif. usato solo all'indic. pres. e al congv. pres.) ● (*lett.*) Ferire.

fièle o (*poet.*) †**fèle**, (*poet.*) †**fèlle** [lat. *fĕlle*, abl. di *fĕl*, di origine indeur.] s. m. solo sing. *1* (*anat.*) Bile | *Amaro come il f.*, estremamente amaro. *2* (*fig.*) Amarezza, rancore, odio: *parole di f.*; *s'era chiuso in un feroce orgoglio pieno di f. e di noia* (BACCHELLI) | *Intingere la penna nel f.*, scrivere con cattiveria | †*Portar f. contro qc.*, serbargli rancore | *Non aver f., essere senza f.*, essere alieno da rancore o astio | *Masticar f. e sputar dolce*, provare sdegno o collera e fingere | †*Con mal f.*, con odio. SIN. Livore, malanimo. *3* †Vizio.

fienagióne [da *fieno*] s. f. ● Insieme delle operazioni necessarie per l'essiccamento in campo dell'erba | Epoca della raccolta del fieno.

fienàia [da *fienaio*] s. f. ● (*raro*) Fienile.

fienàio [lat. *fenāriu(m)*, da *fēnum* 'fieno'] agg. ● (*raro*) Da fieno: *falce, forca fienaia.*

fienaiòlo o **fienaiuòlo** [da *fieno*] **A** agg. ● Da fieno: *erba fienaiola.* **B** s. m. ● †Chi porta a vendere il fieno.

fienàle agg. ● (*raro*) Fienaio: *falce f.*

fienaròla [detta così perché sta nel *fieno*] s. f. *1* (*zool.*) Luscengola. *2* (*bot.*) Graminacea da prato (*Poa pratensis*).

fienicoltùra s. f. ● Coltura e produzione dei fieni.

fienìle [lat. *fenīle* (normalmente adoperato al pl.), da *fēnum* 'fieno'] s. m. *1* Luogo dove si conservano i foraggi ed il materiale per lettiera. ➡ ILL. p. 353 AGRICOLTURA. *2* (*fig.*) Luogo sudicio e mal tenuto: *vivere in un f.*

fièno [lat. parl. **flēnum*, nato dalla sovrapp. di *flōs* 'fiore' a *fēnum* 'fieno' (dalla stessa radice di *fecŭndus* 'fecondo')] s. m. *1* Erba di prato, pascolo ed erbaio, tagliata, essiccata e conservata per l'alimentazione del bestiame | *Fare il f.*, raccoglierlo | *F. fresco*, non ancora essiccato | *F. ribollito*, di colore bruno, alteratosi per scarsa essiccazione | *F. bianco*, bambagione | *F. d'Ungheria*, erba medica | *F. greco*, erba delle Papilionacee con fiori giallastri e semi dotati di proprietà medicinali (*Trigonella fenumgraecum*) | *F. santo*, lupinella | (*raro, fig.*) *Uomo di f.*, di paglia. *2* (*med.*) *Raffreddore da f.*, rinite provocata da uno stato allergico nei confronti dei pollini.

fienóso agg. ● (*raro*) Che ha molto fieno.

fièra (**1**) [lat. tardo *fēria(m)* (V. *feria*), con metatesi della *i*; detta così perché le fiere avvenivano nei giorni di festa] s. f. *1* Mercato locale periodico con vendita all'ingrosso e al minuto dei più svariati prodotti, tenuta per lo più in occasione di festività religiose: *domani comincia la f. di S. Lucia*; *andò alla f. coi puledri da vendere* (VERGA) | *Roba di, da f.*, oggetti da poco reperibili in qualunque fiera di paese | (*fig.*) *Corbellar la f.*, ridersi del mondo | †*F. fredda*, quando ormai tutti i clienti sfollano; in cui si vendono oggetti di scarso valore | †*F. franca*, in cui non si pagavano gabelle | (*raro, est.*) Oggetto che si compra in fiera: *t'ho portato la f.* *2* Grande mercato nazionale o internazionale che si tiene periodicamente in luoghi determinati ove convengono produttori ed acquirenti, che interessa tutti i settori della produzione o si limita solo ad alcuni: *la f. di Milano, del Levante*; *la f. del mobile e dell'arredamento* | *F. campionaria*, ove si espongono solo i campioni dei vari prodotti da vendersi su ordinazione. *3* Esposizione e vendita al pubblico di oggetti gratuitamente ottenuti, a scopo benefico: *f. di beneficenza*; *organizzare una f. a favore degli alluvionati.* *4* (*fig.*) Grande disordine e confusione: *cos'è questa f.?* || **fieràccia**, pegg. | **fierétta**, dim. | **fierina**, dim. | **fieróna**, accr. | **fieróne**, accr. m. | **fierùccia**, dim. | **fierùcola**, dim.

fièra (**2**) o (*poet.*) †**fèra** [lat. *fĕra(m)*, f. di *fĕrus* 'fiero'] s. f. *1* Belva o animale selvaggio: *il pasto delle fiere* | †*Condannato alle fiere*, a essere divorato dalle fiere nel circo. *2* (*fig.*) Persona crudele e selvaggia. **3** (*poet.*) †Donna ritrosa che non contraccambia i sentimenti dell'innamorato. || **fierùcola**, dim.

fierézza [da *fiero*] s. f. ● Qualità di chi, di ciò che è fiero: *f. d'animo, di carattere; la modestia accresce e più compar per la f.* (CASTIGLIONE). SIN. Dignità, orgoglio.

fierìstico [da *fiera* (*1*)] agg. (pl. m. *-ci*) ● Di, relativo a fiera: *il nuovo quartiere f.*

†fierità ● V. *ferità.*

†fieritàde ● V. *ferità.*

†fieritàte ● V. *ferità.*

fièro o (*poet.*) **†fèro** [lat. *fĕru(m)*, di origine indeur.] agg. **1** Terribile, spaventoso, orrendo: *strage, battaglia, lotta fiera; bosco, antro f.* | *Fiera malattia*, molto grave | Crudele, feroce, selvaggio: *aspetto f.; con lo spiedo acuto / il fèr cignale aspetterò* (L. DE' MEDICI) | Severo, aspro, crudo: *risposta, rampogna, parola fiera.* **2** Energico, coraggioso, intrepido: *f. in armi* | Altero, superbo: *una risposta fiera* | Dignitoso: *carattere f.* | *Andar f. di qc. o q.c.*, esserne orgoglioso. **3** Ardente, veemente: *amore, sdegno f.* | (*raro*) Forte, grande: *calore, sonno f.* | (*tosc.*) Vivace: *bambino f.* **4** †Scaltro, astuto, abile. || **fieraménte**, avv. In modo fiero, con fierezza.

†fievilézza ● V. *fievolezza.*

fièvole o **†fièbole** [lat. *flēbile(m)*, da *flēre* 'piangere', di origine onomat.] agg. ● Debole, fioco: *voce, suono f.* | (*raro*) Fiacco. || **fievolétto**, dim. || **fievolménte**, avv. In modo fioco e debole.

fievolézza o **†fiebolézza**, **†fievilézza** [da *fievole*] s. f. ● (*raro*) Debolezza | (*fig.*) †Fragilità: *f. d'animo.*

fifa (**1**) [vc. d'origine milan. o ven.] s. f. ● (*fam., scherz.*) Paura: *agli esami ho una gran f.* | (*fam.*) *F. blu*, grande spavento.

fifa (**2**) [vc. onomat.] s. f. ● (*zool.*) Pavoncella.

fifo [sigla ingl., tratta dalle iniziali della locuz. *first in first out*, propriamente 'il primo dentro, il primo fuori'] s. m. inv. ● Criterio di valutazione delle scorte di magazzino basato sulla presunzione che le ultime unità immagazzinate siano le ultime a essere prelevate | Sistema di immagazzinamento a tunnel, per cui l'ultima unità entrata è l'ultima a essere prelevata. CFR. Lifo.

fifóne [da *fifa* (*1*)] agg.; anche s. m. (f. *-a*) ● (*fam., scherz.*) Che, chi è pauroso, pusillanime.

fifty-fifty /*ingl.* 'fifti 'fifti/ [loc. dell'ingl. d'America, propriamente 'cinquanta-cinquanta'] loc. avv. **1** (*econ.*) Indica che il capitale sociale di una società, o gli utili ricavati da un'impresa, sono divisi in parti uguali fra i partecipanti. **2** (*est.*) A metà, in parti uguali: *per le spese del viaggio faremo fifty-fifty.*

figa ● V. *fica.*

figaro [dal n. del protagonista del 'Barbiere di Siviglia' di P. A. C. Beaumarchais. L'abito è detto così perché usato da questo personaggio nella commedia] s. m. **1** (*scherz.*) Barbiere. **2** Corto giacchino di stile spagnolo | Bolero.

figgere o **†fìgere** [lat. *fīgere*, di origine indeur.] v. tr. (pres. *io figgo, tu figgi*; pass. rem. *io fissi, tu figgésti*; part. pass. *fitto*) **1** (*lett.*) Conficcare: *f. un chiodo, la lancia* | *F. i piedi*, fermarsi con decisione | (*fig.*) *Figgersi in mente q.c.*, ostinarsi in q.c. | †Rendere immobile: *tanto l'afflisse / questo dolor, ch'infermo al letto il fisse* (ARIOSTO). **2** Fissare: *f. lo sguardo o gli occhi su q.c.* | (*fig.*) *F. la mente*, applicarsi | †Statuire, stabilire: *f. un termine.*

fighétto ● V. *fichetto.*

fighièra [dal lat. *fīgere* 'ficcare'. V. *figgere*] s. f. ● Nei velieri, scanalatura metallica lungo i pennoni in cui si inserisce il margine della vela.

fighter /*ingl.* 'faitə*/ [vc. ingl., 'combattente, lottatore', da *to fight* 'combattere', vc. germ. di origine indeur.] s. m. inv. ● Pugile la cui azione è basata sull'attacco.

figiàno agg. ● Delle, relativo alle, isole Figi.

figiciòtto s. m. (f. *-a*) ● Aderente alla Federazione Giovanile Comunista Italiana (F.G.C.I.).

figlia [lat. *fīlia(m)*, f. di *fīlius* 'figlio', dalla stessa radice indeur. da cui derivano anche *fēmina* 'femmina' e *fecŭndus* 'fecondo'] s. f. **1** Individuo di sesso femminile, rispetto a chi l'ha generata | *F. da maritare o da marito*, che ha l'età per potersi sposare | (*fig.*) *Le figlie di Eva*, le donne | (*est.*) Ragazza, donna: *è una buona f.; quante ne ha passate quella povera f.!* | *Le figlie di Maria*, associazione religiosa secolare di giovanette. **2** Nata, generata (*anche fig.*): *Venere, f. del mare.* **3** Tagliando di un bollettario, destinato a essere staccato e consegnato quale ricevuta: *blocchetto a madre e f.* || **figliétta**, dim. | **figlina**, dim.

figliàle ● V. *filiale.*

figliàre [da *figlio*] v. tr. (*io figlio*) ● Generare, partorire: *la mucca ha figliato; la scrofa ha figliato dieci maialini* | (*poet.*) Produrre frutti, delle piante e della terra.

figliàstro [lat. tardo *filiāstru(m)*, da *fīlius* 'figlio'] s. m. (f. *-a*) **1** Figlio che il marito ebbe da altra moglie o la moglie da altro marito, nei confronti del nuovo coniuge: *ha una figlia e due figliastri.* **2** †Figlio illegittimo.

figliàta [da *figliare*] s. f. ● Il complesso degli animali nati da una bestia in un unico parto: *una f. di tre gattini.* SIN. Nidiata.

figliatùra [da *figliare*] s. f. ● Atto del figliare | Periodo in cui gli animali figliano.

figliazióne ● V. *filiazione.*

figlio o **†filio** [lat. *fīliu(m)*, dalla stessa radice indeur. da cui derivano anche *fēmina* 'femmina' e *fecŭndus* 'fecondo'] s. m. (f. *-a*; poet. troncato in *†fi'*, *†fil*) **1** Prole di sesso maschile rispetto a chi l'ha generata, tanto nella specie umana che in quelle animali: *avere, allevare, educare un f.; f. unico, primogenito, maggiore, minore; è f. di povera gente* | *F. unigenito, Figlio di Dio*, o (*per anton.*) *il Figlio*, il Cristo, come seconda persona della Trinità | *Il Figlio dell'uomo*, Gesù Cristo, negli Evangeli | *F. di primo, di secondo letto*, di prime o seconde nozze | *F. di latte*, rispetto alla balia che l'ha allattato | *F. della provetta*, nato in seguito a fecondazione artificiale | *È f. di suo padre!*, di chi somiglia moltissimo al padre, tanto fisicamente che moralmente | (*euf.*) *F. dell'amore*, naturale | *F. di papà*, (*spreg.*) giovane che si giova soltanto dell'autorità o della ricchezza paterna per raggiungere il successo nella vita | *F. di mammà*, ragazzo o uomo di carattere debole, timido e sim. | *F. di famiglia*, soggetto alla potestà dei genitori; che vive ancora nella famiglia dei genitori | *F. della serva*, (*fig., scherz.*) di chi non gode alcuna considerazione | (*fig., pop.*) *F. di drusiana, di buona femmina, di buona donna, d'un cane*, persona malvagia o disonesta | (*fig., volg.*) *F. di puttana*, persona astuta e intrigante; persona malvagia o disonesta | *F. unico di madre vedova*, esente, in quanto tale, dall'obbligo di leva; (*fig., scherz.*) cosa unica e irripetibile da trattare, perciò, con particolare riguardo o attenzione | (*est.*) Chi o ciò che è prodotto o generato non materialmente da qc. o q.c.: *f. del dolore, della fortuna, del vizio; immagino benissimo di chi sia f. questo scritto anonimo* | *F. del popolo*, di chi ha umili origini | *F. d'arte*, chi nasce da una famiglia di artisti o di attori e si dedica anch'esso all'arte o al teatro | *F. del secolo, del suo tempo*, di chi riunisce in sé le caratteristiche positive e negative della propria epoca | (*dir.*) *F. naturale*, di genitori non uniti in matrimonio al momento della nascita; *f. incestuoso*, di genitori uniti da vincoli di parentela o di affinità entro un certo grado. **2** (*al pl.*) L'insieme degli individui generati da una stessa persona: *ha avuto parecchi figli* | *Salute e figli maschi!*, escl. di augurio a chi starnutisce | *Auguri e figli maschi*, escl. di augurio, spec. a chi si sposa o attende un figlio | *I figli dei figli*, le generazioni a venire | (*est.*) Posteri, discendenti: *tramandare q.c. ai figli* | *I figli di Adamo*, (*fig.*) tutti gli uomini | *I figli di Israele*, (*fig.*) gli ebrei | *I figli del vento*, (*fig.*) gli zingari. **3** (*est.*) Persona particolarmente cara: *quei ragazzi per lui son tutti figli* | *Carissimi, dilettissimi figli*, appellativo rivolto da ecclesiastici ai fedeli. **4** Cittadino od originario di un dato paese o regione: *i figli d'Italia, di Francia; tu non altro che il canto avrai del f., / o materna mia terra* (FOSCOLO). **5** (*fig.*) Conseguenza, risultato: *molti problemi contemporanei sono figli di errori passati.* || **figliétto**, dim.

figliòccio [da *figlio*] s. m. (f. *-a*; pl. f. *-ce*) ● Chi è o fu tenuto a battesimo o a cresima da padrino o madrina, nei confronti degli stessi. || **figlioccino**, dim.

figliolàccio o **figliuolàccio**. s. m. (f. *-a*; pl. f. *-ce*) **1** Pegg. di *figliolo.* **2** (*fam., scherz.*) Buona persona, buon diavolo: *è un bravo f.*

†figliolàggio o **†figliuolàggio**. s. m. ● Condizione di figliolo.

figliolànza o (*raro*) **figliuolànza**. s. f. **1** Il complesso dei figli: *una bella, numerosa f.* SIN. Prole. **2** †Relazione o dipendenza spirituale o intellettuale simile a quella che intercorre tra padre e figlio.

figliòlo o **figliuòlo** [lat. *filĭolu(m)*, dim. di *fīlius* 'figlio'] s. m. (f. *-a*) **1** Figlio, con significato più familiare e affettuoso: *ha due bei figlioli* | *Il figliuol prodigo*, (*scherz.*) di chi si pente di ciò che ha fatto e torna sulle sue decisioni, dal protagonista della parabola evangelica che torna, dopo lunga assenza, alla casa del padre | *Padre, Figliolo e Spirito Santo*, le tre Persone della Trinità. **2** (*est.*) Ragazzo, giovane: *si è fidanzata con un bravo e bel f.; questi figlioli fanno impazzire a scuola.* **3** Persona per cui si ha stima e affetto: *è un bravo f.!; povero f.!* | *Caro f.!*, vocativo (*anche iron.*), che una persona più anziana rivolge a una più giovane, un ecclesiastico a un fedele e sim. || **figliolàccio**, pegg. (V.) | **figliolétto**, dim. | **figliolettino**, dim. | **figliolino**, dim.

figliuòlo e *deriv.* ● V. *figliolo* e *deriv.*

fignolo [ant. alto ted. *finne* 'pustola'] s. m. ● (*tosc.*) Foruncolo. || **fignolàccio**, pegg. | **fignolétto**, dim.

fignolóso agg. ● (*tosc.*) Pieno di piccoli foruncoli.

†figo (**1**) ● V. *fico* (*1*).

figo (**2**) ● V. *fico* (*3*).

figulìna s. f. **1** (*raro*) Arte del vasaio. **2** (*raro*) Oggetto prodotto dal vasaio.

figulinàio s. m. ● (*raro*) Chi lavora la terracotta. SIN. Vasaio.

figulino [vc. dotta, lat. *figulīnu(m)*, da *fĭgulus* 'figulo'] agg. ● (*lett.*) Del vasaio e della sua arte | *Terra figulina*, atta a far vasi | *Opere figuline*, vasi | *Arte figulina*, ceramica.

figulo [vc. dotta, lat. *fĭgulu(m)*, da *fingere* 'plasmare'. V. *fingere*] **A** s. m. ● (*lett.*) Vasaio. **B** agg. ● †Figulino.

figùra [vc. dotta, lat. *figūra(m)*, da *fingere* 'plasmare'] s. f. **1** Forma o aspetto esterno di q.c.: *quell'edificio ha una strana f.; la f. dell'astro appariva chiaramente al telescopio* | Il complesso delle fattezze e sembianze umane: *mutare, conservare, perdere la propria f.; una f. slanciata, elegante, tozza; aver f. di persona ammalata* | *In f. umana*, in forma d'uomo | (*est.*) La persona stessa, quanto alle sue caratteristiche intrinseche o all'impressione che produce sugli altri: *una f. simpatica, bella, sospetta, strana; è la f. più enigmatica del nostro Risorgimento; una f. di primo, di secondo piano.* **2** (*mat.*) Insieme di punti e/o di sottospazi particolarmente notevoli, come rette, piani e sim., d'uno spazio topologico | †Cifra. **3** Disegno, illustrazione: *ogni f. reca una didascalia; ancora non sa leggere e guarda solo le figure* | Nelle arti figurative, immagine disegnata, dipinta o scolpita, rappresentazione di un uomo o di una donna: *ritratto a f. intera, paesaggio con figure* | Nel gioco delle carte, ogni carta con un'immagine | Negli scacchi, ogni pezzo, escluso il pedone. **4** Simbolo: *figure allegoriche, surreali* | *Parlare in f.*, velatamente | (*est.*) La rappresentazione che ne consegue: *il Buon Pastore Orfeo e Mosè, nelle catacombe, sono figure di Cristo.* **5** (*fig.*) Immagine: *f. reale, ideale* | (*fig.*) Spettro: *le figure del sogno.* **6** Apparenza, mostra: *oggetti vistosi e di poco valore esposti solo per f.* | *Far f.*, comparire bene | *Fare una bella, una brutta f.*, in pubblico, suscitare impressione favorevole o sfavorevole | *Far la f. dello sciocco, del babbeo, del disonesto, del gran signore*, dare l'impressione di essere sciocco, babbeo, ecc. **7** (*raro, fig.*) Idea, ipotesi | *Facciamo f.*, supponiamo | *†Per f.*, per esempio. **8** (*ling.*) *F. retorica*, ognuno dei vari aspetti che possono assumere nel discorso le diverse espressioni del pensiero. **9** (*filos.*) *Figure del sillogismo*, forme fondamentali del sillogismo determinate dalla posizione che il termine medio assume nelle premesse del sillogismo medesimo. **10** (*dir.*) Tipo: *f. di processo; pena applicabile a una data f. di reato.* **11** Esercizio che si esegue, nel pattinaggio artistico, nello sci nautico, e sim.: *figure obbligatorie; figure libere* | Nella danza, serie di movimenti o di posizioni particolari del ballerino o della coppia: *le figure del valzer, del tango.* **12** †Costellazione. **13** (*mus.*) Nota, quanto alla sua forma. || **figuràccia**, pegg. (V.) | **figurétta**, dim. (V.) | **figurina**, dim. (V.) | **figurino**, dim. m. (V.) | **figuróna**, accr. (V.) | **figurùccia**, **figurùzza**, dim.

figuràbile agg. ● (*raro*) Che si può figurare.

figuràccia s. f. (pl. *-ce*) **1** Pegg. di *figura*. **2** Cattiva impressione di sé, suscitata negli altri col proprio comportamento sbagliato: *ha fatto una f.*

figuràle [vc. dotta, lat. tardo *figurāle(m)*, da *figūra* 'figura'] agg. ● Di figura, simbolo, allegoria: *significato f.* || †**figuralménte**, avv.

figurànte [dal part. pres. di *figurare*, sul modello del fr. *figurant*] s. m. e f. **1** Comparsa con incarichi particolari, che talvolta può compiere azioni di una certa importanza o dire qualche battuta generica. **2** (*est.*) Persona di scarsissimo rilievo: *è solo un f. in seno all'amministrazione.*

figuràre [vc. dotta, lat. *figurāre*, da *figūra* 'figura'] **A** v. tr. (*io figùro*) **1** Plasmare o lavorare q.c., traendone una figura ben definita: *f. il bronzo, il marmo* | Rendere visibile o riconoscibile mediante l'attribuzione di una data figura: *f. un angelo, un demonio nel marmo, nel legno, in un grande affresco.* **2** Descrivere, ritrarre: *f. una situazione, un ambiente con grande vivacità.* **3** Rappresentare in qualità di simbolo, segno: *f. la discordia, la fortuna, il vizio*; *l'edera figura l'affetto tenace.* **4** †Raffigurare, ravvisare. **5** (*fig.*) Rappresentare a sé o a qc. mediante l'immaginazione: *mi figuravo di compiere un lungo viaggio meraviglioso*; *te la figuri la faccia del professore?* | *Figurarsi! Figurati! Figuriamoci! Si figuri!* ecc., certamente sì o certamente no, a seconda della frase cui si risponde con tali esclamazioni. **6** Fingere o far mostra di q.c.: *è inutile che figuri di non saper niente.* SIN. Fingere. **B** v. intr. (aus. *avere*) **1** Far figura: *figura male col suo aspetto modesto* | (*ass.*) Far bella mostra o impressione: *è un vestito che figura.* SIN. Comparire. **2** Stare, trovarsi, risultare: *nel conto non figura la mia percentuale.* **3** Apparire: *la loro intercessione non deve f.*; *deve f. come debitore e non come creditore.* **C** v. intr. pron. ● (*lett.*) Assumere forma o sembianza fisica.

figurativismo [da *figurativo*] s. m. ● Tendenza figurativa in pittura e scultura.

figuratività s. f. ● Qualità o caratteristica di chi, di ciò che è figurativo in pittura e scultura.

figurativo [vc. dotta, lat. tardo *figuratīvu(m)*, da *figurāre* 'figurare'] agg. **1** Che rappresenta per mezzo di figure | *Arti figurative*, la pittura e la scultura | Nell'arte moderna, detto di arte, artista o tendenza che in qualche modo rappresenti o interpreti la realtà esterna senza prescindere da essa, spec. in contrapposizione ad astratto. **2** (*econ.*) Detto di un valore cui non corrisponde un effettivo esborso monetario, come il fitto non pagato da chi occupa un immobile proprio o l'interesse sul capitale di un'impresa. **3** †Simbolico. || **figurativaménte**, avv.

figuràto part. pass. di *figurare*; anche agg. **1** Nei sign. del v. **2** *Ballo f., danza figurata*, con figure. **3** Illustrato o decorato con figure: *libro f.*; *vaso f.* **4** Che si esprime mediante simboli, allegorie, allusioni e sim.: *linguaggio f.* | *Carme f.*, componimento poetico i cui versi sono disposti in modo da riprodurre la figura di un oggetto o di un essere animato. || **figurataménte**, avv.

figurazióne [vc. dotta, lat. *figuratiōne(m)*, da *figurāre* 'figurare'] s. f. **1** Rappresentazione mediante scene e figure: *la f. di una piazza cittadina* | Insieme di figure, di immagini: *un arazzo con figurazioni di tipo orientale.* **2** Nella danza e nello sport, insieme di figure. **3** (*mus., raro*) Figura.

figurétta s. f. **1** Dim. di *figura*. **2** Figura meschina, brutta figura: *fare delle figurette.* **3** †Individuo tristo | †Fantoccio. || **figurettina**, dim.

figurina s. f. **1** Dim. di *figura*. **2** Statuetta di vari materiali: *le figurine di Tanagra*; *le figurine di Lucca* | (*est.*) Donna di fattezze sottili e minute. **3** Piccola immagine di vario soggetto stampata su cartoncino, acclusa a prodotti commerciali o venduta in buste chiuse, la cui serie completa può dare diritto a premi.

figurinàio [da *figurina*] s. m. ● Fabbricante e venditore di statuette: *i figurinai di Lucca.*

figurinista [da *figurino*] s. m. e f. (pl. m. *-i*) ● Chi disegna figurini, spec. di moda.

figurino s. m. **1** Dim. di *figura* | *F. di Lucca*, (*fig.*) persona affettata | (*est.*) Persona minuta, smunta. **2** Disegno che mostra la foggia o i particolari di un abito maschile o femminile | (*fig.*) *Sembrare un f.*, essere vestito all'ultima moda e con ricercatezza | (*est.*) Giornale che porta esclusivamente modelli di abiti. **3** (*est.*) Persona che veste con ricercatezza.

figurista [da *figura*] s. m. e f. (pl. m. *-i*) ● Pittore che dipinge figure | Nei secc. XVII e XVIII, pittore che eseguiva le figure in paesaggi dipinti da altri.

figùro [da *figura*] s. m. ● Uomo d'aspetto losco: *ho incontrato uno strano f.* | (*est.*) Uomo di dubbia moralità. || **figuràccio**, pegg.

figuróna s. f. **1** Accr. di *figura*. **2** Gran successo, ottima impressione: *fare una f.*

figuróne s. m. ● (*fam.*) Figurona.

fiiiuuu /ˈfiu/ o †**fi** (**2**) [vc. onomat.] inter. **1** Riproduce il suono del fischio. **2** Esprime disprezzo, nausea e sim.

†**fil** ● V. †*fi'*.

fila [da *filo*, prob. attrav. il pl. ant. (*le*) *fila*] s. f. **1** Insieme di persone o cose disposte una dopo l'altra: *una f. di scolari, di seminaristi, di mattoni*; *mettere, tenere in f.*; *prima, seconda, terza f.* | *F. di denti*, chiostra | *F. di alberi*, filare | *A, per f.*, disposti in file, una separata dall'altra | *Far f.*, allinearsi | *Fare la f.*, attendere il proprio turno, disporsi in fila | *In f. indiana*, uno dietro l'altro | *Per f. destr!, per f. sinistr!*, ordini per fare girare a destra o a sinistra un reparto incolonnato senza mutarne la formazione | *Serrare le file*, stringersi in formazione compatta, detto di militari | *Disertare le file*, far defezione e (*fig.*) abbandonare un'impresa, tradire qc. | *Essere in prima f.*, esposto per primo a una prova pericolosa (*anche fig.*) | In un teatro o in un cinema, serie trasversale di poltrone | *Sedere in prima f.*, nel posto più avanzato verso lo scenario o lo schermo | In un teatro, ordine di palchi | (*mus.*) *Di f.*, nell'orchestra moderna, detto di strumenti ad arco nelle cui parti non sono previsti assolo: *violino di f.* **2** (*est.*) Serie continua: *subire una f. di sciagure, di malanni* | *Di f.*, senza interruzione | *Tre giorni di f.*, uno dopo l'altro | *Fuoco di f.*, serie continua di colpi d'arma da fuoco e (*fig.*) susseguirsi rapido di domande, contestazioni e sim. **3** Serie di otto caselle contigue sulla scacchiera.

filàbile agg. ● Che si può filare.

filàccia o †**filàccica** [lat. parl. **filācea(m)*, da *fīlum* 'filo'] s. f. (pl. *-ce*) **1** Insieme delle fibre gregge vegetali appena liberate dal tiglio mediante macerazione, gramolatura e pettinatura | *F. di lino*, usata per medicare ferite, prima che fosse introdotto l'uso del cotone idrofilo | Insieme di fili che pendono da un'orlatura sfilacciata. **2** (*mar.*) Fibra vegetale ritorta che serve a formare il legnolo dei cavi.

filaccicóso o **filaccióso** [da *filaccio*] agg. ● (*raro*) Filamentoso.

filàccio [da *filaccia*] s. m. ● (*mar.*) Filo di vecchio cavo.

filacciòlo o **filacciuòlo** [da *filaccio*] s. m. ● Speciale lenza, fornita di un grosso amo, usata per pescare pesci piuttosto grossi.

filaccióso ● V. *filaccicoso*.

filacciuòlo ● V. *filacciolo*.

filactèrio ● V. *filatterio*.

filadelfiése **A** agg. ● Di Filadelfia. **B** s. m. e f. ● Abitante, nativo di Filadelfia.

filagràna ● V. *filigrana*.

filaménto [vc. dotta, lat. tardo *filamĕntu(m)*, da *fīlum* 'filo'] s. m. (pl. *filaménti*, m., lett. *filaménta*, f.) **1** (*anat.*) Fibra sottile e allungata: *filamenti nervosi.* **2** (*elettr.*) Sottile filo metallico, proprio di valvole e lampade: *f. metallico*; *f. di tungsteno.* **3** (*bot.*) Peduncolo che nello stame sostiene l'antera | *F. dei muschi*, seta.

filamentóso agg. ● Che si presenta sotto l'aspetto di filamenti | Che è ricco di filamenti: *corteccia filamentosa.*

filànca ® [nome commerciale] s. f. ● Fibra sintetica elastica usata spec. per calze e maglie.

filànda [da *filare* (*1*)] s. f. ● Opificio nel quale si procede alla trattura della seta | Opificio nel quale vengono filate le fibre tessili.

filandàia s. f. ● Operaia di una filanda.

filandière s. m. ● Padrone o direttore di una filanda.

filandina s. f. ● Filandaia.

filàndra [fr. *filandre*, da *filer* 'filare (1)'] s. f. ● (*spec. al pl.*) Sottoprodotto o cascame della filatura e della tessitura.

filànte **A** part. pres. di *filare* (*1*); anche agg. **1** Nei sign. del v. **2** Detto di ciò che, svolgendosi, si allunga in forma di filo: *stella f.* **3** Nel linguaggio degli sciatori, detto di percorso favorevole alle forti andature. **B** s. m. ● Alterazione del vino, più frequente in quello bianco e dolce, che diventa torbido e mucillaginoso. SIN. Grassume.

filantropìa [fr. *philantropie*, dal gr. *philanthrōpía*, da *philánthrōpos* 'filantropo'] s. f. ● Amore per gli altri e interesse perché si realizzi la loro felicità: *opere di f.*; *la f., o amore universale dell'umanità* (LEOPARDI). SIN. Umanitarismo. CONTR. Misantropia.

filantròpico [fr. *philanthropique*, da *philanthropie* 'filantropia'] agg. (pl. m. *-ci*) ● Di, da filantropo: *sentimenti, propositi, interventi filantropici* | Di filantropia: *istituzione, società filantropica.* || **filantropicaménte**, avv. Con filantropia; da filantropo.

filantropismo s. m. **1** Tendenza alla filantropia. **2** Movimento pedagogico di ispirazione illuministica sviluppatosi in Germania nella seconda metà del XVIII secolo.

filàntropo [fr. *philanthrope*, dal gr. *philánthrōpos*, comp. di *phílos* 'amico' e *ánthrōpos* 'uomo'] s. m.; anche agg. (f. *-a*) ● Chi, che prova sentimenti di filantropia e tenta di realizzarli concretamente. CONTR. Misantropo.

filàre (**1**) [lat. tardo *filāre*, da *fīlum* 'filo'] **A** v. tr. (*io filo*) **1** Ridurre in filo fibre tessili, quali canapa, lino, lana, seta, cotone, raion | *F. grosso, sottile*, secondo la grossezza del filo | *F. pieno, vuoto*, secondo la quantità di filamenti che compongono un filo della stessa grossezza | *F. grosso*, (*fig.*) badare poco alla parsimonia o agli scrupoli | *Al tempo che Berta filava*, al bel tempo antico, in un'età lontana, leggendariamente felice | (*fig.*) *F. un discorso*, condurlo bene | (*fig.*) *F. un'idea*, seguirla nel suo processo, nel suo sviluppo | (*fig.*) *F. il perfetto amore*, di due innamorati che vanno completamente d'accordo. **2** (*est.*) Ridurre in fili altri materiali, dopo averli opportunamente ammorbiditi spec. col calore: *f. l'oro, l'argento, il vetro, lo zucchero.* **3** (*mar.*) Lasciare scorrere con regolarità un cavo e sim.: *f. una gomena, la catena dell'ancora a mare* | *F. in bando*, lasciare scorrere il cavo fino a che non si fermi da solo | *F. a collo, a mano a mano*, lentamente | *F. i remi*, smettere di remare, lasciandoli fuor d'acqua. **4** (*fig.*) Lasciar colare o scorrere lentamente ma in modo continuo, producendo quasi un filo di liquido: *la botte fila il vino* | (*mus.*) *F. un suono*, prolungarlo il più possibile variandone solo l'intensità. **5** (*ints.*) Nelle loc. *filarsela all'inglese*, e (*ass.*) *filarsela*, svignarsela. **6** †Disporre anticipatamente. **B** v. intr. (aus. *avere* nei sign. 1, 2, 3, 4, 5 e 7, *essere* nel sign. 2) **1** Fare la tela o il bozzolo, detto di ragno, baco da seta e sim. **2** Assumere forma di filo, ridursi in lunghi filamenti: *se riscaldata la mozzarella fila* | Diventare vischioso, detto di vino o aceto. **3** (*est.*) Uscire lentamente dal recipiente, quasi in forma di filo continuo: *l'olio fila* | (*fig.*) *Il lume, la candela fila*, dà una fiamma lunga e fumosa | (*fig.*) *F. di paura*, avere una paura tremenda. **4** (*fig.*) Svolgersi secondo un filo logico, chiaro e riconoscibile: *discorso, ragionamento che fila.* **5** (*fig.*) Fare le fusa, detto del gatto. **6** (*fig.*) Muoversi o spostarsi a forte velocità: *è una macchina potente e fila ch'è una bellezza* | Andarsene lestamente, fuggire: *quando mi ha visto furioso, è filato via senza discutere* | *Fila!, Filate!*, vai, andatevene | *F. per la tangente*, (*fig.*) prendere il largo, andarsene in gran fretta | *F. diritto*, (*fig.*) rigar dritto, non deviare dal proprio dovere | *Far f. qc.*, (*fig.*) farlo rigare diritto | *F. all'inglese*, andarsene alla chetichella. **7** (*fig., scherz.*) Amoreggiare: *quei due filano da parecchio.*

filàre (**2**) [da *fila*] s. m. **1** Fila: *f. di alberi, di viti, di cipressi* | *F. di mattoni*, strato. **2** †Serie di otto quadretti nella scacchiera. *3* (*raro*) Riga di scrittura. || **filarétto**, dim. | **filarino**, dim.

†**filargirìa** [vc. dotta, gr. *philargyría*, da *philárgyros* 'avido di denaro', comp. di *phílos* 'amico' e *árgyros* 'argento'] s. f. ● Avidità smodata di denaro.

filària [dal lat. *fīlum* 'filo'] s. f. ● (*zool.*) Verme nematode con corpo filiforme, parassita, dei climi tropicali (*Filaria*).

filariași o **filariòși** [da *filaria*] s. f. ● Malattia tropicale causata da una filaria.

filarìno [da *filare* (*1*) nel sign. 7] s. m. ● (*fam.*, *scherz.*) Giovane corteggiatore, innamorato | Relazione sentimentale tra ragazzi.

filariòși ● V. *filariasi*.

filarmònica s. f. ● Associazione che riunisce amatori della musica o, in genere, chi si diletta di musica | (*est.*) Sede di tale associazione: *il concerto si terrà alle 9,30 alla f.*

filarmònico [comp. di *filo-* e *armonia*] agg.; anche s. m. (pl. m. *-ci*) ● Che, chi ha passione per la musica e ne coltiva lo studio: *un gruppo di giovani filarmonici* | *Società filarmonica*, di filarmonici.

filastròcca [da *fila*] s. f. *1* Componimento in versi brevi, con ripetizioni di sillabe, parole e sim. spesso recitato in cadenza, per divertire i fanciulli. *2* (*est.*) Tiritera, litania, cantilena: *mi sono sorbito la solita f.*

filatelìa [fr. *philatélie*, comp. del gr. *phílos* 'amico' e *atéleia* 'franchigia'] s. f. ● Collezionismo di francobolli.

filatèlica [da *filatelico*] s. f. ● Filatelia | Il complesso delle nozioni storiche, tecniche, e sim. concernenti i francobolli.

filatèlico [fr. *philatélique*, da *philatélie* 'filatelia'] **A** agg. (pl. m. *-ci*) ● Di, relativo a, collezionismo o commercio di francobolli: *valore, mercato f.*; *quotazione, passione, rarità filatelica*. **B** s. m. (f. *-a*) *1* Collezionista di francobolli. SIN. Filatelista. *2* Commerciante di francobolli.

filatelìsta s. m. e f. (pl. m. *-i*) ● Collezionista di francobolli, cultore della filatelia.

filatèra [da *fila*] s. f. ● Successione di più cose in fila | Filastrocca: *una f. di ciance* (BARTOLI).

†**filatéssa** [da *filata*] s. f. ● Filatera.

filatìccio [da *filato*] s. m. ● Seta scadente, ricavata da bozzoli sfarfallati | Filo e tessuto ottenuto da tale seta.

filàto **A** part. pass. di *filare* (*1*); anche agg. *1* Nei sign. del v. *2* (*fig.*) Continuo, ininterrotto: *discorso f.*; *parlare per tre ore filate*. || **filataménte**, avv. In modo continuo e ordinato. **B** s. m. ● Insieme di fibre tessili ritorte che danno origine a un corpo approssimativamente cilindrico, continuo, flessibile, di piccola sezione, prodotto mediante filatura | *F. semplice*, a corpo unico | *F. ritorto*, a più capi | *F. cucirino*, per fare cuciture | (*fig.*, *scherz.*) *Riportare il f.*, andare a confessarsi.

filatóio [da *filato*] s. m. *1* Macchina per la filatura. *2* (*raro*) Arcolaio | †*Girare il f.*, (*fig.*) girare la fantasia o aver paura. *3* Parte della filanda in cui si completa la filatura e si procede all'avvolgimento del filo su bobine. *4* (*tess.*) *F. ad anelli*, ring.

filatóre [da *filare* (*1*)] **A** s. m. (f. *-trice*, pop. *-tora*) ● Chi fila, spec. operaio addetto alla filatura. **B** agg. ● Che fila: *macchina filatrice*.

filatrìce s. f. ● Macchina per la filatura.

filattèrio o **filactèrio** [vc. dotta, lat. tardo *phylactēriu(m)*, dal gr. *phylaktḗrion* 'difesa, talismano', da *phylássō* 'io proteggo'] s. m. ● Ciascuno dei pezzi di pergamena, recanti alcuni passi biblici e chiusi in capsule di cuoio, che gli Ebrei tengono legato al braccio sinistro e destro e al capo, durante la preghiera.

filàttico [vc. dotta, gr. *phylaktikós*, da *phylássō* 'io custodisco'] agg. (pl. m. *-ci*) ● (*med.*) Che previene, che protegge.

filatùra [da *filare* (*1*)] s. f. *1* Operazione o serie di operazioni che consentono di trasformare una fibra tessile in filato: *f. a mano, a macchina*; *f. cardata, pettinata* | *F. delle fibre sintetiche*, operazione consistente nel far passare la pasta da filare attraverso le filiere e nel coagulare in vari modi la bava. *2* Opificio tessile nel quale le fibre vengono trasformate in filati. *3* (*agr.*) Anormale allungamento di steli, germogli e sim. | Nelle viti, trasformazione delle infiorescenze in viticci.

fildifèrro o **fil di fèrro** o **filo di fèrro** s. m. (pl. *fildifèrro* o *fili di fèrro* o pop. *fildifèrri*) ● Trafilato di acciaio dolce, a sezione circolare, del diametro di qualche millimetro, adibito a vari usi e applicazioni tecniche e artigianali.

file /*ingl.* 'fail/ [vc. ingl., propr. 'fila'] s. m. inv. ● (*elab.*) Insieme di dati logicamente correlati conservati nella memoria centrale o di massa; è caratterizzato da un nome, da una modalità di accesso (sequenziale o casuale) e da altri parametri, quali data e ora di creazione o modifica, permessi di accesso e sim. SIN. Archivio.

fileggiàre [da *filare* (*1*)] v. intr. (*io filéggio*; aus. *avere*) ● (*mar.*) Sbattere, detto della vela che riceve il vento parallelamente alla sua superficie.

filellènico agg. (pl. m. *-ci*) ● (*lett.*) Filelleno: *società filellenica*.

filellenișmo s. m. *1* Interesse e amore per la civiltà e la nazione greca. *2* Movimento sviluppatosi in Europa tra il 1820 e il 1830 a sostegno della causa dell'indipendenza greca.

filellèno [vc. dotta, gr. *philéllēn*, genit. *philéllēnos*, comp. di *phílos* 'amico' e *éllēn*, genit. *éllēnos* 'elleno, greco'] agg.; anche s. m. (f. *-a*) ● Sostenitore del filellenismo.

filet /*fr.* fi'lɛ/ [vc. fr., propr. 'rete', alterazione di *filé* 'filato', part. pass. sost. di *filer* 'filare (1)'] s. m. inv. ● Tipo di ricamo eseguito su un fondo costituito da una rete a maglie geometriche | (*est.*) Tessuto ricamato a filet.

filètico [ingl. *phyletic*, dal gr. *phyletikós*, agg. di *phylḗ* 'tribù, razza' (d'orig. indeur.)] agg. (pl. m. *-ci*) ● (*biol.*) Filogenetico.

filettàggio [fr. *filetage*, da *fileter* 'filettare'] s. m. ● (*tecnol.*) Filettatura.

filettàre [da *filetto* (*1*)] v. tr. (*io filétto*) *1* Ornare, guarnire con filetti: *f. una gonna di rosso*; *f. un cappello*; *f. una livrea*. *2* Dotare di filettatura: *f. un foro, un dado, un perno, una vite*.

filettàto part. pass. di *filettare*; anche agg. *1* Nei sign. del v. *2* Detto di carattere tipografico in cui i tratti di ciascuna lettera sono percorsi da una linea bianca.

filettatóre s. m. ● Operaio addetto alla filettatura.

filettatrìce s. f. ● Macchina utensile semiautomatica o automatica, che serve a filettare viti e madreviti.

filettatùra [da *filettare*] s. f. *1* Atto del filettare | Insieme dei filetti che ornano q.c.: *una f. in pelle, in oro*; *abito bianco con f. blu*. *2* Operazione meccanica atta a fornire viti, dadi e sim. dei filetti | Parte filettata di tali pezzi. SIN. Filettaggio.

filétto (**1**) [dim. di *filo*] s. m. *1* Filo di liquido denso e viscoso. *2* Ornamento costituito da striscette di tessuto, cordoncini, galloni: *i filetti sul berretto degli ufficiali*. *3* In tipografia, lamina di ottone pari in altezza ai caratteri, recante nella parte superiore linee continue, tratteggiate, ondulate e sim. | Segno stampato risultante dall'uso di tali lamine. *4* Sottile tratto di penna con cui si iniziano o si uniscono fra loro le lettere alfabetiche. *5* Funicella legata al basso delle reti da pesca perché stiano tese. *6* (*anat.*) Frenulo. *7* Nei finimenti del cavallo, tipo d'imboccatura semplice. ➡ ILL. p. 1288 SPORT. *8* (*mecc.*) Sporgenza elicoidale della vite a sezione triangolare, trapezoidale, e sim. SIN. Pane (2). *9* Negli orologi, scanalatura praticata nella lunetta, nella quale s'incastra a forza il vetro. *10* (*fig.*) Nella loc. †*Tenere in, a f. qc.*, tenerlo a dieta, a digiuno. || **filettino**, dim.

filétto (**2**) [detto così perché le pedine si devono mettere in *fila*] s. m. ● Gioco da tavolo a due, consistente nel disporre in fila tre pedine, su uno dei lati di tre quadrati concentrici. SIN. Tria (2).

filétto (**3**) [dal *filo* della schiena] s. m. *1* (*cuc.*) Parte muscolare interna dei lombi di un animale macellato, spec. bovino: *bistecca di f.* *2* (*cuc.*, *est.*) Lembo di carne lungo e stretto tagliato sul petto di polli, tacchini, ecc. | Ognuna delle due parti, pulite e diliscate, in cui si dividono alcuni pesci: *filetti di sogliola, di acciughe, di sgombro*.

-filìa [dal gr. *philía* 'amore' (V. *filo-* (*1*))] secondo elemento ● In parole composte, significa 'amore', 'simpatia', 'tendenza', 'affinità' e sim. per persone o cose: *anglofilia, bibliofilia, francofilia*.

filiàle o **figliàle** [vc. dotta, lat. tardo *filiāle(m)*, da *fīlius* 'figlio'] **A** agg. ● Di, da figlio: *amor f.*; *carità, pietà f.*; *la debita obbedienza f.* (BOCCACCIO). || **filialménte**, avv. Da figlio. **B** s. f. *1* Sede secondaria di un'azienda: *la sede centrale e le filiali*; *la f. della mia banca*. *2* Impresa dipendente da altra.

filiazióne o **figliazióne** [vc. dotta, lat. tardo *filiatiōne(m)*, da *fīlius* 'figlio'] s. f. *1* Rapporto giuridico tra genitori e figli: *f. legittima, illegittima, naturale, adottiva*. *2* (*fig.*) Derivazione, provenienza: *f. di una lingua da un'altra*. *3* (*geogr.*) L'insieme delle masse di ghiaccio che si staccano da un ghiacciaio o da un iceberg.

filibùsta [da *filibustiere*] s. f. ● Consorteria costituita dai predoni di mare che nel sec. XVII infestavano le coste del mar Caribico.

filibusterìa [da *filibustiere*] s. f. ● Attività dei filibustieri.

filibustering /*ingl.* 'filibʌstəriŋ/ [vc. ingl., da *to filibuster* 'fare un'azione da filibustiere'] s. m. inv. ● Nel linguaggio politico, l'ostruzionismo parlamentare.

filibustière [sp. *filibustero*, dall'ol. *vrjbuiter* 'libero cacciatore di bottino', comp. di *vrji* 'libero' e *buit* 'bottino'] s. m. *1* Corsaro. *2* (*fig.*) Avventuriero senza scrupoli, mascalzone.

Filicàli [comp. del lat. *fīlix*, genit. *fīlicis* 'felce', e *-ali*] s. f. pl. ● Nella tassonomia vegetale, ordine di piante delle Pteridofite con gli organi riproduttori sulla pagina inferiore delle foglie (*Filicales*). SIN. Felci | (al sing. *-e*) Ogni individuo di tale ordine.

filicìne [dal lat. *fīlix*, genit. *fīlicis* 'felce'] s. f. pl. ● (*bot.*) Felci.

filièra [fr. *filière*, da *fil* 'filo'] s. f. *1* Organo per la filatura delle fibre tessili artificiali e sintetiche, costituito da una piastrina di metallo pregiato con fori capillari attraverso i quali vengono spinte le masse fluide destinate a formare le fibre elementari. *2* In varie tecnologie, dispositivo per trafilare materiali metallici o plastici. SIN. Trafila | In meccanica, disco metallico dotato di un foro con settori filettati, usato per eseguire la filettatura di viti e sim. *3* Strumento del ceraiolo, consistente in una lastra rettangolare di ferro nei cui fori passa il lucignolo intriso di cera | Arnese del valigiaio, per tagliare a strisce il cuoio. *4* (*zool.*) Organo addominale dei ragni, mediante il quale essi formano il filo per costruire la loro tela. *5* (*raro*) Fila, filare: *f. di denti*. *6* Linea di prodotti industriali, spec. di reattori nucleari.

filière /*fr.* fi'ljɛr/ [vc. fr., da *file* 'fila (dei sottoscrittori)'] s. f. inv. ● Titolo all'ordine, giuridicamente considerato titolo rappresentativo della merce, mediante il quale il venditore fa reale offerta di consegna, della merce stessa, al proprio compratore.

filifórme [comp. di *filo* e *-forme*] agg. ● Che ha forma di filo, che è lungo e sottile come filo: *tentacolo f.*

filìggine ● V. *fuliggine*.

filigràna o **filagràna**, **filogràna** [comp. di *filo* e *grano*, cioè 'filo a grani'] s. f. *1* Lavoro di oreficeria a trafori formato da fili e nastrini sottili o curvati a forma di arabeschi e fogliami composti e saldati insieme. *2* (*fig.*) Ciò che è concepito ed eseguito con estrema precisione, sottigliezza e delicatezza: *la descrizione di quell'ambiente è una f.* *3* Marchio, disegno, figurazione che si rivela solamente osservando in controluce un certo tipo di carta: *la f. di una banconota, di un francobollo*.

filigranàto agg. *1* Detto di carta su cui è stata impressa la filigrana. *2* (*fig.*, *lett.*) Sottilmente venato, appena impregnato: *una prosa filigranata di tristezza*.

filigranatùra [da *filigrana*] s. f. ● Operazione consistente nell'imprimere la filigrana sui fogli di carta.

filigranoscòpio [comp. di *filigrana* e *-scopio*] s. m. ● Piccola vaschetta di color nero, dove si esamina la filigrana di un francobollo dopo averlo collocato con la vignetta in basso e inumidito di benzina.

†**filio** ● V. *figlio*.

filipèndula [comp. di *filo* e *pendulo*, perché i tuberi pendono da un filo] s. f. ● Pianta erbacea delle Rosacee con foglie pennate, fiori bianchi e radici con un ingrossamento circa alla loro metà (*Spiraea filipendula*).

filìppica [vc. dotta, lat. tardo *Philĭppicae* (nom.

pl.), f. sost. di *Philīppicus* 'filippico'; furono chiamate così le orazioni di Demostene contro *Filippo II* di Macedonia e, per analogia, quelle di Cicerone contro M. Antonio] s. f. ● Discorso impetuoso e ostile: *è uscito in una f. contro il malcostume.* SIN. Invettiva.

filippino (1) **A** agg. ● Delle isole Filippine. **B** s. m. (f. *-a*) ● Abitante, nativo delle isole Filippine.

filippino (2) [da S. *Filippo* Neri] s. m. ● Prete regolare della congregazione fondata da S. Filippo Neri (1515-1595). SIN. Oratoriano, padre dell'oratorio.

filippo [da *Filippo*, n. del re che la fece incidere] s. m. *1* Nome dello statere d'oro di Filippo II di Macedonia (382 ca.-336 a.C.), usato nell'area mediterranea in epoca ellenistica. *2* Moneta milanese d'argento, coniata da Filippo II di Spagna (1527-1598).

filisteìsmo [comp. di *filiste(o)* e *-ismo*] s. m. ● Atteggiamento, comportamento e mentalità da filisteo.

filistèo [ebr. *Pelishtīm*: l'uso del termine nel sign. di 'conformista' nacque nel sec. XVI tra gli studenti tedeschi che paragonavano se stessi al popolo eletto e gli altri cittadini ai Filistei] agg.; anche s. m. *1* Appartenente a un'antica popolazione stanziatasi sulle coste della Palestina: *esercito f.*; *le lotte fra israeliti e filistei.* *2* (*fig.*) Che, chi ha mentalità meschina e borghese, contraria alle novità: *il padre f. brutale* (MORANTE) | *Gretto, pedante.* SIN. Conformista.

fillade [fr. *phyllade*, dal gr. *phyllás*, genit. *phylládos* 'fogliame', da *phýllon* 'foglia' (V. *fillo-*)] s. f. ● (*miner.*) Roccia metamorfica a grana minutissima costituita essenzialmente da quarzo e miche.

filler /ˈfiller, *ingl.* ˈfilə*/ [vc. ingl. 'riempitivo'] s. m. inv. (pl. ungh. inv.) ● In varie tecnologie, elemento riempitivo, additivo.

fillér /*ungh.* ˈfille:r/ [ungh., dal medio alto ted. *vierer*, n. di una moneta del valore di quattro (ted. *vier*, di origine indeur.) pfennig] s. m. inv. ● Moneta ungherese pari alla centesima parte del fiorino.

fillio [vc. dotta, gr. *phýllion*, dim. di *phýllon* 'foglia' (V. *fillo-*)] s. m. ● Genere di insetti che si confondono facilmente con le foglie, diffusi nella regione indo-malese (*Phyllium*).

fillipsìte o **phillipsite** [ingl. *phillipsite*, dal n. del mineralogista W. *Phillips* (1775-1828)] s. f. ● (*miner.*) Varietà di zeolite in piccoli cristalli bianchi.

fillirèa [gr. *phillyréa* 'sorta di pianta'] s. f. ● Genere di piante delle Oleacee, diffuse nella macchia mediterranea, con fiori bianchi e frutti a drupa (*Phillyrea*).

fillo-, -fillo [dal gr. *phýllon* 'foglia', prob. di origine indeur.] primo o secondo elemento ● In parole composte della terminologia scientifica, soprattutto botanica, significa 'foglia' o indica relazione con foglie: *fillotassi, antofillo.*

fillocládio [comp. di *fillo-* e del gr. *kládion* 'piccolo ramo'] s. m. ● (*bot.*) Cladodio.

fillòdia [V. *fillodio*] s. f. ● (*agr.*) *f. del cotone*, malattia di tipo virale che colpisce le gemme e i fiori delle piante di cotone, i quali diventano verdi e sterili e, di conseguenza, non producono fibra.

fillòdio [dal gr. *phyllṓdēs* 'simile a foglia', comp. di *phýllon* 'foglia' ed *-eidḗs* '-oide'] s. m. ● Picciolo fogliare allargato, simile a una foglia.

fillòfago [comp. di *fillo-* e *-fago*] agg. (pl. m. *-gi*) ● Di animale, spec. insetto, che mangia le foglie.

fillòma [comp. di *fill(o)-* e *-oma*] s. m. (pl. *-i*) ● (*bot.*) Denominazione generica delle foglie e degli organi vegetali a esse omologhi.

fillomania [comp. di *fillo-* e *-mania*] s. f. ● (*bot.*) Produzione di foglie in quantità superiore al normale.

fillomedùsa [comp. di *fillo-* e *medusa*] s. f. ● Anfibio dell'America tropicale simile alle raganelle, che fa vita arboricola ed ha mani e piedi prensili (*Phyllomedusa*).

Fillòpodi [vc. dotta, comp. del lat. sc. *phyllo-* 'fillo-' e del gr. *póus*, genit. *podós* 'piede'] s. m. pl. ● Nella tassonomia animale, sottordine di Crostacei dei Branchiopodi viventi nell'acqua, comprendente piccole specie di Artropodi dal corpo molto allungato, segmentato e fornito di numerose zampine (*Phyllopoda*) | (al sing. *-e*) Ogni individuo di tale sottordine.

filloptòsi [comp. di *fillo-* e *ptosi*] s. f. ● (*bot.*) Caduta delle foglie dovuta a cause non naturali.

fillosòma [comp. di *fillo-* e *-soma*, perché ha il corpo appiattito e somigliante a una foglia] s. m. (pl. *-i*) ● Stadio larvale dell'aragosta a forma di fogliolina trasparente con esili zampe.

fillòssera o **filòssera** [comp. di *fillo-* e del gr. *xērós* 'secco', perché dissecca le foglie] s. f. ● Piccolo insetto degli Afidi che reca gravi danni alla vite, attaccandone le foglie o le radici per succhiarne la linfa (*Phylloxera vastatrix*).

fillotàssi [comp. di *fillo-* e del gr. *táxis* 'ordine, disposizione'] s. f. ● Disposizione delle foglie sui rami.

fillumenìstica [comp. di *filo-* (*1*) e del lat. *lūmen*, genit. *lūminis* 'lume'] s. f. ● Collezionismo di etichette e figurine ritagliate dalle scatole di fiammiferi.

film o (*raro*) **filme** [vc. ingl., propriamente 'pellicola'] s. m. inv.; raro f. *1* Pellicola fotografica o cinematografica, in rullo o in caricatore. *2* (*est.*) Narrazione cinematografica: *un f. d'avventure, d'amore* | *F. pubblicitario*, prodotto con scopi pubblicitari | *F. LUCE*, programma di attualità e notizie proiettato nelle sale cinematografiche tra uno spettacolo e l'altro, spec. in Italia negli anni fra il '30 e il '50 | *F. d'animazione*, serie di disegni dalla quale si ottiene un effetto di movimento mediante la proiezione cinematografica. SIN. Disegno animato | (*est.*) Genere di narrazione cinematografica: *f. western, di guerra, di gangster* | *F. in costume*, ispirato a episodi storici, leggende o comunque ambientato in una civiltà del passato. *3* Cinema, arte cinematografica: *all'epoca del f. muto.* *4* Patina, strato sottile. *5* Pellicola plastica leggerissima usata per imballare oggetti delicati, per proteggere fiori e frutti nelle serre, e sim. || **filmàccio**, pegg. | **filmétto**, dim. | **filmino**, dim. | **filmóne**, accr.

filmàbile agg. ● Da cui si può trarre un film | Che si può ridurre in film: *romanzo f.*

filmàre [da *film*] v. tr. (*io filmo*) ● Riprendere con la macchina da presa: *f. un incontro di calcio, un avvenimento mondano* | (*raro*) Ridurre a film: *f. un romanzo.*

filmàto **A** part. pass. di *filmare*; anche agg. ● Nei sign. del v. **B** s. m. ● Brano cinematografico inserito spec. a fini di documentazione in trasmissioni televisive, spettacoli teatrali, conferenze e sim.

filme ● V. *film.*

filmico agg. (pl. m. *-ci*) ● Di, relativo a, film. || **filmicaménte**, avv.

filmina s. f. ● Striscia di pellicola cinematografica da 35 mm sulla quale sono impresse diapositive per proiezione fotografica.

filmìstico agg. (pl. m. *-ci*) ● Di, relativo a film.

film-maker /*ingl.* ˈfilm ˈmeikə*/ [vc. ingl., comp. di *film* e *maker* 'facitore, creatore' (di orig. germ.)] s. m. e f. inv. (pl. ingl. *film-makers*) ● Autore di un film, di cui segue tutte le fasi della lavorazione, curando il soggetto, la sceneggiatura, la regia, il montaggio, ecc.

film noir /*fr.* film ˈnwar/ [comp. di *film* e del fr. *noir* 'nero'] loc. sost. m. inv. (pl. fr. *films noirs*) ● Film avente per contenuto le gesta di rapinatori o gangster, come rapine, omicidi, sparatorie e sim.

filmografia [comp. di *film* e *-grafia*] s. f. ● Lista dei film realizzati da un autore | Lista di film riguardanti un determinato argomento o classificabili rispetto ad un determinato criterio di raggruppamento.

filmologia [comp. di *film* e *-logia*] s. f. ● Disciplina che studia le opere cinematografiche dal punto di vista tecnico, artistico e sociologico.

filmològico agg. (pl. m. *-ci*) ● Di, relativo a, filmologia.

film-òpera [comp. di *film* e *opera* nel sign. 10] s. m. inv. ● Film avente per contenuto un'opera lirica, preordinatamente cantata e recitata in funzione della sua ripresa cinematografica.

filmotèca [comp. di *film* e *-teca*] s. f. ● (*raro*) Cineteca.

film-strip /*ingl.* film strip/ [vc. ingl., comp. di *film* (V.) e *strip* 'nastro'] s. m. inv. (pl. ingl. *film-strips*) ● Filmina.

filo [lat. *fīlu(m)*, di origine indeur.] s. m. (pl. *fili*, m., *fila*, f. con valore collettivo in alcune loc.) *1* Manufatto per tessere, cucire e sim. allungato e sottile, che si trae mediante filatura da fibre tessili naturali o artificiali: *f. di cotone, di seta, di nailon*; *f. semplice, doppio, ritorto*; *matassa, gomitolo, rocchetto di f.* | *F. di Scozia*, di cotone, lucido, usato spec. per articoli di maglieria: *guanti di f. di Scozia* | *F. chirurgico*, vegetale, animale o metallico, usato per suture | *Essere attaccato a un f.*, (*fig.*) in condizioni di insicurezza | *Dar del f. da torcere*, (*fig.*) procurare difficoltà | *Essere legato a f. doppio con qc.*, (*fig.*) avere forti legami affettivi o di interesse | (*fig.*) *Fare il f. a qc.*, fare la corte | *Trarre il f. dalla camicia a qc.*, (*fig.*) piegarlo a fare quanto gli si chiede | Tessuto di lino o cotone: *fazzoletto, lenzuolo di f.* *2* Tutto ciò che ha o assume forma sottile e allungata, simile a quella del filo (*anche fig.*): *f. di fieno, d'erba, di paglia*; *f. di ferro, d'oro*; *il f. del telefono* | *F. diretto*, collegamento diretto (*anche fig.*) | *Fili d'oro*, (*fig.*) capelli biondi | *F. spinato*, metallico, con punte intrecciate a intervalli regolari, usato per recinzioni e difese | *F. elettrico*, conduttore metallico per corrente elettrica | *F. del vasaio*, di ottone, col quale il vasaio separa il lavoro appena compiuto dal tagliere al quale aderisce | *F. di sicurezza*, quello inserito nella carta delle banconote per impedirne la falsificazione | *F. morto*, setola | *F. di perle, di coralli e sim.*, quante perle o coralli stanno infilate su un filo | Filamento, anche di liquidi: *fagioli col f.*; *i fili del formaggio*; *un f. d'olio cola dalla bottiglia*; *un f. di sangue sgorgava dalla ferita.* *3* (*est.*) Cordicella, cavetto | *F. a piombo*, sottile fune che reca a un'estremità un peso di piombo o di ottone, usato per fissare la direzione della verticale: *il f. a piombo dei muratori* | *F. elicoidale*, quello formato da tre fili di acciaio avvolti ad elica, usato per il taglio dei blocchi di marmo | *F. della vela*, ultimo ferro cui è attaccata la scotta, parte della vela dalla penna al basso | *F. d'Arianna*, quello che, secondo la leggenda, Arianna consegnò a Teseo perché non si smarrisse all'interno del labirinto; (*fig.*) ciò che consente di uscire da una situazione particolarmente intricata, confusa, difficile | *F. del traguardo, f. di lana*, in vari sport, quello teso sulla linea del traguardo, che l'atleta vincente taglia per primo | *Vincere sul f. del traguardo, sul f. di lana*, prevalere all'ultimo momento in una gara molto combattuta e d'esito incerto (*anche fig.*) | (*fig.*) *F. della schiena, delle reni*, spina dorsale. *4* Tirante dei burattini | (*fig.*) *Tirare per i fili qc.*, fargli fare ciò che si vuole | *Tirare le fila di q.c.*, cercare di concluderla | (*fig.*) *Stare in piedi coi fili*, essere molto debole. *5* Nelle armi bianche e in ogni altro strumento tagliente, parte della lama che forma il limite estremo del taglio: *il f. del pugnale, della spada, della scure, del rasoio, delle forbici* | *F. morto*, sbavatura che resta sul filo del rasoio quando è arrotato e che si toglie con la pietra da affilare | *Spada di f.*, tagliente | *Perdere il f.*, non essere più tagliente | *Essere sempre in f.*, (*fig.*) aver sempre appetito | *Essere, camminare, trovarsi sul f. del rasoio*, (*fig.*) in condizione di pericolo o rischio continuo | *Passare qc. a fil di spada*, ucciderlo. *6* Spigolo: *il f. del muro, del tavolo* | *F. falso*, parte assottigliata della costola | Nei pattini da ghiaccio, ciascuno dei due spigoli della lama del pattino da ghiaccio, formati dalla scanalatura longitudinale ad essa: *f. interno, esterno.* *7* Scanalatura, incisione: *i pattini tracciavano sul ghiaccio fili e fili* | *F. della segatura*, incisione, taglio in cui procede la sega. *8* (*fig.*) Quantità minima: *un f. di voce*; *un f. di speranza*; *un f. d'acqua, di vento* | *Essere ridotto a un f.*, essere molto deperito. *9* (*fig.*) Continuità, andamento, direzione: *perdere, ritrovare il f. del discorso, delle idee, della storia*; *il f. della corrente, del vento* | *Per f. e per segno*, in modo continuo e dettagliato | *Il f. del legno*, il senso, la direzione della fibra | *A f., a dritto f.*, per diritto | *Stare a f.*, stare diritto | *Di f.*, senza por tempo in mezzo | (*fig.*) Bandolo, capo: *trovare il f.* | *A f. di logica*, (*fig.*) secondo un corretto ragionamento | (*fig.*) *Prendere il f.*, trovare il modo di far q.c. *10* (*al pl.*) *Le fila*, il complesso dei mezzi direttivi, in genere segreti, di q.c.: *le fila di una congiura, di un complotto.* *11* †Fila | †*In f.*, in fila | †*Tenere in f.*, (*fig.*) far rigar dritto. || **filétto**, dim. (V.) | **filino**, dim. | **fi-**

lolino, dim. | **filóne**, accr. (V.).

filo- (**1**) [gr. *philo-*, da *phílos* 'amico', di origine indeur.] primo elemento (*fil-*, davanti a vocale) ● In parole composte, significa 'che ha amore, disposizione, simpatia', 'che dimostra tendenza, affinità' e sim., per persone o cose: *filocinese, filodrammatico, filofascista, filologo, filosofo.*

filo- (**2**) [dal gr. *phýlon* 'stirpe', di origine indeur.] primo elemento ● In parole composte della terminologia botanica e zoologica, significa 'discendenza': *filogenesi.*

filo- (**3**) primo elemento ● In parole composte della terminologia tecnica, indica trasporto e comunicazione 'mediante filo': *filovia, filodiffusione.*

-filo [V. *filo-* (*1*)] secondo elemento ● In parole composte, significa 'che ha amore, disposizione, simpatia, tendenza, affinità' e sim. per persone o cose: *bibliofilo, francofilo.* CONTR. *-fobo.*

filoamericàno [comp. di *filo-* (*1*) e *americano*] agg.; anche s. m. ● Che, chi ha simpatia per gli Stati Uniti d'America e ne approva la politica.

filoàrabo [comp. di *filo-* (*1*) e *arabo*] agg.; anche s. m. (f. *-a*) ● Che, chi ha simpatia per i popoli di lingua araba, ne ammira la cultura e i costumi o ne approva la politica.

filoatlàntico [comp. di *filo-* (*1*) e *atlantico*] agg.; anche s. m. (f. *-a*; pl. m. *-ci*) ● Che, chi approva l'alleanza politico-militare istituitasi con il Patto atlantico fra gli Stati Uniti e i Paesi dell'Europa occidentale.

filobus o (*pop.*) **filobùs**, (*evit.*) **filòbus** [comp. di *filo-* (*3*) e *-bus*] s. m. ● Autobus elettrico munito di un doppio trolley con cui attinge energia da una linea aerea bifilare.

filoccidentàle o **filo-occidentàle** [comp. di *filo-* (*1*) e *occidentale*] agg.; anche s. m. e f. ● Che, chi ha simpatia per il mondo occidentale, ne ammira la cultura e i costumi o ne approva la politica.

filocinése [comp. di *filo-* (*1*) e *cinese*] agg.; anche s. m. e f. ● Che, chi ha simpatia per la Cina e ne ammira la cultura e i costumi o ne approva la politica.

filocomunìsta [comp. di *filo-* (*1*) e *comunista*] agg.; anche s. m. e f. (pl. m. *-i*) ● Che, chi ha simpatia per il comunismo pur non aderendovi apertamente.

filodèndro [vc. dotta, gr. *philódendros* 'amante degli alberi', comp. di *phílos* 'amico' e *déndron* 'albero'] s. m. ● Genere di piante rampicanti delle Aracee, ornamentali con fusto scarsamente ramificato e foglie persistenti (*Philodendron*) | Correntemente, pianta delle Aracee con radici aeree e foglie dai caratteristici fori ovali o tondeggianti (*Monstera deliciosa*).

filodiffusióne [comp. di *filo-* (*3*) e *diffusione*] s. f. ● Sistema di ricezione di particolari trasmissioni radiofoniche a mezzo della normale linea telefonica in utenza.

filodiffùso [comp. di *filo-* (*3*) e *diffuso*, part. pass. di *diffondere*] agg. ● Trasmesso con il sistema della filodiffusione: *programma radiofonico f.*

filodiffusóre [comp. di *filo-* (*3*) e *diffusore*] s. m. ● Dispositivo per riprodurre i programmi radiofonici trasmessi con la filodiffusione.

filodossìa [vc. dotta, gr. *philodoxía*, comp. di *phílos* 'amico' e *dóxa* 'gloria'] s. f. *1* (*filos.*) Atteggiamento di chi affermando la validità dell'opinione nega al sapere una qualsiasi base scientifica. *2* (*raro*) Desiderio vivo di gloria.

filodrammàtica s. f. ● Compagnia, società di attori filodrammatici.

filodrammàtico [comp. di *filo-* (*1*) e (*arte*) *drammatica*] agg.; anche s. m. (pl. m. *-ci*) ● Che, chi è appassionato di teatro e si dedica a esso in modo continuativo ma non professionale: *una recita di filodrammatici.*

filofascìsta [comp. di *filo-* (*1*) e *fascista*] agg.; anche s. m. e f. (pl. m. *-i*) ● Che, chi simpatizza per il fascismo.

filogènesi [comp. di *filo-* (*2*) e *genesi*] s. f. ● Storia dello sviluppo evolutivo degli organismi viventi dall'epoca della loro comparsa sulla terra ad oggi.

filogenètico [da *filogenesi*] agg. (pl. m. *-ci*) ● Relativo alla, che riguarda la, filogenesi. || **filogeneticaménte**, avv. Per quanto riguarda la filogenesi.

filogràna ● V. *filigrana.*

filoguidàto [comp. di *filo-* (*3*) e *guidato*, part. pass. di *guidare*] agg. ● Detto di congegno o macchina comandata tramite un filo elettrico o, nei sistemi più sofisticati, tramite una fibra ottica: *gru filoguidata, missile f.*

filoisraeliàno [comp. di *filo-* (*1*) e *israeliano*] agg.; anche s. m. (f. *-a*) ● Che, chi ha simpatia per lo Stato d'Israele e ne approva la politica.

filologìa [vc. dotta, lat. *philolŏgia*(*m*), nom. *philolŏgia*, dal gr. *philología*, da *philólogos*. V. *filologo*] s. f. *1* Scienza che studia la lingua e la letteratura di un popolo o di un gruppo di popoli deducendola dai testi scritti: *f. greca, latina, slava, germanica, romanza, ugro-finnica.* *2* Scienza e tecnica che ha come fine la ricostruzione di un testo letterario nella sua forma più vicina all'originale indagandone la genesi e la struttura. *3* (*est.*) I filologi e gli studi filologici di un dato periodo considerati nel loro complesso: *la f. tedesca dell'Ottocento.*

filològico [da *filologia*] agg. (pl. m. *-ci*) ● Della, relativo alla, filologia: *studio f.*; *dissertazione, indagine filologica* | *Scienze filologiche*, costitutive o ausiliarie della filologia, come l'ermeneutica, la critica del testo e sim. || **filologicaménte**, avv. Da filologo, in base alla filologia.

filologìsmo s. m. ● (*spreg.*) Riduzione della critica letteraria a tecnica filologica.

filòlogo [vc. dotta, lat. *philŏlogu*(*m*), nom. *philŏlogus*, dal gr. *philólogos* 'amante dei discorsi, amante delle lettere', comp. di *phílos* 'amico' e *lógos* 'discorso'] **A** s. m. (f. *-a*; pl. m. *-gi*, pop. *-ghi*) ● Cultore di filologia | Erudito in materie letterarie e grammaticali. **B** anche agg.: *umanista f.*

filonazìsta [comp. di *filo-* (*1*) e *nazista*] agg.; anche s. m. e f. (pl. m. *-i*) ● Che, chi ha simpatia per il nazismo.

filoncìno s. m. *1* Dim. di *filone* (*1*). *2* Pane di forma allungata, con le punte arrotondate.

filondènte o **filundènte** [da *filo in dente* (del pettine)] s. m. ● Tela di canapa molto rada e tesa sulla quale si ricama.

filóne (**1**) s. m. *1* Accr. di *filo.* *2* (*fig., scherz.*) Dirizzone: *gli prendono certi filoni!* *3* (*min., geol.*) Vena principale della miniera, strato di giacimento nella fenditura di una roccia: *f. metallifero, carbonifero.* *4* Zona del corso d'acqua dove la corrente è più profonda e veloce. *5* (*fig.*) Tradizione o corrente letteraria, artistica o di pensiero: *opera che rientra nel f. del Decadentismo.* *6* Grosso pane di forma allungata. *7* Midollo spinale del bue e del vitello macellati. || **filoncìno**, dim. (V.) | **filonétto**, dim.

filóne (**2**) [fr. *filon*, vc. gerg. da *filer* 'filare'] s. m. (f. *-a*) ● (*sett.*) Persona furba che sa manovrare abilmente persone e situazioni a seconda dei suoi interessi.

filoneìsmo [comp. di *filo-* (*1*) e del gr. *néos* 'nuovo'] s. m. ● (*lett.*) Amore eccessivo per il nuovo.

filoneìstico agg. (pl. m. *-ci*) ● (*lett.*) Di, relativo a, filoneismo.

filoniàno [da *filone* (*1*)] agg. ● (*min., geol.*) Relativo a un filone: *rocce filoniane.*

filonucleàre [comp. di *filo-* (*1*) e *nucleare*] agg.; anche s. m. e f. ● Che, chi è favorevole all'uso dell'energia nucleare e all'installazione di centrali nucleari.

filoplùma [comp. di *filo* e *piuma*] s. f. ● (*zool.*) Ognuno dei peculiari annessi cutanei degli Uccelli, corrispondenti a penne prive di vessillo, prevalentemente localizzati intorno al becco con probabili funzioni sensoriali.

filorientàle o **filo-orientàle** [comp. di *filo-* (*1*) e *orientale*] agg.; anche s. m. e f. ● Che, chi ha simpatia per l'Oriente e ne ammira la cultura e i costumi.

filóso [da *filo*] agg. *1* Ricco di, costituito da, fili o elementi simili: *frutto dalla polpa aspra e filosa.* *2* (*est.*) Fibroso, stopposo: *carne filosa.*

filosofàglia s. f. ● (*spreg.*) Accozzaglia di cattivi filosofi.

filosofàle [da *filosofo*] agg. *1* (*raro, iron.*) Di, da filosofi: *parlare con tono f.* *2* Dicesi della leggendaria pietra, capace di tramutare in oro ogni altro metallo, ricercata dagli alchimisti medievali.

filosofànte **A** part. pres. di *filosofare*; anche agg. ● (*raro*) Nei sign. del v. **B** s. m. e f. ● †Chi si interessa ai problemi della filosofia, oggi iron. spreg.

filosofàre [vc. dotta, lat. *philosophāri*, da *philŏsophus* 'filosofo'] **A** v. intr. (*io filòsofo*; aus. *avere*) *1* Dedicarsi allo studio dei problemi della filosofia: *f. sul determinismo, sulla libertà, sul relativismo, sull'unità delle scienze.* *2* Argomentare attenendosi al linguaggio e ai metodi propri della filosofia | (*iron., spreg.*) Ragionare su cose banali ma atteggiandosi a filosofo: *vuole f. su tutto.* **B** v. tr. ● (*raro*) †Trattare filosoficamente un argomento.

filosofàstro [vc. dotta, lat. tardo *philosophăstru*(*m*), spreg. di *philŏsophus* 'filosofo'] s. m. ● (*spreg.*) Filosofo ignorante e dappoco.

filosofeggiàre v. intr. (*io filosoféggio*; aus. *avere*) ● (*spreg.*) Assumere atteggiamenti, linguaggio e sim. da filosofo | Disquisire su un problema irrilevante con la pretesa di fare filosofia.

filosofèma [vc. dotta, gr. *philosóphēma*, da *philosophéō* 'io filosofeggio'] s. m. (pl. *-i*) *1* Nella logica di Aristotele, il ragionamento dimostrativo. *2* Luogo comune della filosofia. *3* (*spreg.*) Sofisma.

filosoferìa s. f. *1* (*spreg.*) Atto del filosofare con affettata ostentazione. *2* Argomentazione vuota o astrusa che vuole presentarsi come profonda riflessione filosofica.

filosofésco agg. (pl. m. *-schi*) ● (*spreg.*) Attinente al filosofo o alla filosofia: *atteggiamento, discorso f.*; *boria, vanagloria filosofesca.* || **filosofescaménte**, avv. (*raro*) In modo filosofesco.

filosoféssa s. f. *1* Studiosa di filosofia. *2* (*iron., fig.*) Donna saccente e chiacchierona.

filosofìa [vc. dotta, lat. *philosŏphia*(*m*), nom. *philosŏphia*, dal gr. *philosophía*, comp. di *phílos* 'amico' e *sophía* 'saggezza'] s. f. *1* Ricerca di un sapere capace di procurare un effettivo vantaggio all'uomo: *f. teoretica, pratica*; *f. del linguaggio, della storia* | *F. morale*, etica | *F. dell'arte*, estetica | *F. della scienza*, epistemologia | *Storia della f.*, studio dello sviluppo delle dottrine e dei problemi della filosofia | Facoltà universitaria per le discipline filosofiche: *iscriversi a, in f.* *2* L'opera, il sistema, l'indirizzo di un filosofo: *la f. di Aristotele, di Hegel, di Bergson* | *F. della libertà*, libertismo. *3* (*est.*) Concezione, orientamento fondamentale alla base di un'attività: *la f. produttiva di un'azienda.* *4* (*fig.*) Serenità d'animo, superiorità spirituale: *sa accettare con f. tanto le cose sgradite che le piacevoli.*

filosòfico [vc. dotta, lat. tardo *philosŏphicu*(*m*), nom. *philosŏphicus*, dal gr. *philosophikós*, da *philósophos* 'filosofo'] agg. (pl. m. *-ci*) *1* Che concerne o interessa la filosofia: *studi filosofici.* *2* (*scherz.*) Di persona che è distratta, negligente, originale: *vivere con filosofica trascuratezza.* || **filosoficaménte**, avv. *1* Da filosofo, con filosofia. *2* (*fig., scherz.*) Con serena rassegnazione: *prendersela filosoficamente.*

filosofìsmo [fr. *philosophisme*, da *philosophe* 'filosofo'] s. m. *1* Esagerata ostentazione di principi e concetti filosofici. *2* Inclinazione a estendere arbitrariamente il metodo della filosofia a discipline che ne sono estranee.

filòsofo [vc. dotta, lat. *philŏsophu*(*m*), nom. *philŏsophus*, dal gr. *philósophos*. V. *filosofia*] s. m. (f. *-a*, *-essa* (V.)) *1* Chi si dedica alla ricerca filosofica | *Il f.*, (*per anton.*) Aristotele, secondo la tradizione medievale. *2* (*fig.*) Chi assume un atteggiamento di serena imperturbabilità di fronte alle sventure e alle avversità della vita: *non sei abbastanza f. per godere le gioie della vita.* || **filosofàccio**, pegg. | **filosofétto**, dim. | **filosofìno**, dim. | **filosofóne**, accr. | **filosofùccio**, **filosofùzzo**, pegg.

filosofùme s. m. ● (*spreg.*) Accolta di filosofastri.

filosovièticо [comp. di *filo-* (*1*) e *sovietico*] agg.; anche s. m. (pl. m. *-ci*) ● Che, chi aveva simpatia per l'Unione Sovietica e ne approvava la politica.

filòssera ● V. *fillossera.*

filotèa [gr. *philotéia* 'amore di Dio', comp. di *phílos* 'amico' e *theós* 'Dio'] s. f. ● Libro di meditazioni e pratiche devote.

filòtto [contrazione di *fila di otto*, perché i tre birilli in fila valgono otto punti] s. m. ● Nel gioco del biliardo, colpo tirato in modo che il pallino o la palla avversaria abbatta tutti e tre i birilli in fila: *fare f.*

filoveìcolo [comp. di *filo-* (*3*) e *veicolo*] s. m. ● Ogni veicolo provvisto di pneumatici e con motore a trazione elettrica alimentato per contatto da una linea aerea bifilare.

filovìa [comp. di *filo-* (*3*) e *via*, sul modello di *ferrovia*] s. f. (pl. *filovìe*) *1* Linea aerea bifilare per l'alimentazione elettrica dei filobus. *2* Linea di trasporto pubblico servita da filobus.

filoviàrio /filovi'arjo, filo'vjarjo/ agg. ● Di, relativo a filobus o a filovie.

filtràbile [da *filtrare*] agg. *1* Che si può filtrare. *2* Che può attraversare un filtro | (*biol.*) *Virus f.*, caratterizzato da filtrabilità.

filtrabilità s. f. ● Qualità di ciò che è filtrabile | (*biol.*) *F. di un virus*, proprietà di alcuni virus che, per la loro piccolezza e per varie condizioni fisico-chimiche, attraversano i comuni filtri batteriologici.

filtràggio s. m. ● Operazione del filtrare.

filtrànte part. pres. di *filtrare*; anche agg. ● Nei sign. del v.

filtràre o †**feltràre** [da *filtro* (*1*)] **A** v. tr. (*io filtro*) *1* Passare un liquido, un gas e sim. attraverso un filtro per purificarli: *f. il vino, l'olio, il tè*. *2* (*fig.*) Analizzare, elaborare mentalmente: *f. un'esperienza, un avvenimento*. **B** v. intr. (aus. *essere*) *1* Penetrare goccia a goccia attraverso un corpo solido dopo averlo inzuppato o utilizzando fessure e sim.: *l'acqua filtrava dai muri e dalle imposte*. *2* (*fig.*) Riuscire a passare, a trapelare: *per quanto segreta la notizia filtrò ugualmente* | *F. tra le maglie della difesa avversaria*, nel linguaggio calcistico, passare nonostante lo stretto controllo.

filtràto **A** part. pass. di *filtrare*; anche agg. ● Nei sign. del v. **B** s. m. ● Sostanza filtrata | *F. dolce*, mosto parzialmente fermentato e filtrato per impedire la trasformazione completa dello zucchero in alcol.

filtratóre s. m.; anche agg. *1* In varie tecnologie, addetto alla filtrazione. *2* (*zool.*) Organismo acquatico che raccoglie il proprio nutrimento mediante la filtrazione dell'acqua ambientale tramite le fessure branchiali o altre strutture.

filtrazióne s. f. ● Atto, effetto del filtrare.

filtro (**1**) [fr. *filtre*, di origine germ.] s. m. *1* Dispositivo per filtrazione che consta di materiali porosi vari come carta, tela, carbone: *f. per il vino, per l'olio* | *F. della cisterna*, strato di rena, carbone o ghiaia, per depurare l'acqua piovana che vi si raccoglie | *F. dell'aria*, montato sulla presa d'aria dei motori a scoppio o di altre macchine per depurarla | *F. del carburante*, montato a monte del carburatore | *F. dell'olio*, montato sul circuito di lubrificazione. *2* Rotolo di carta o di sostanza porosa introdotta in pipe o bocchini oppure applicato ad un estremo delle sigarette, affinché assorba la nicotina. *3* Nella tecnica fotografica, lastra di vetro o foglio di gelatina di colorazione determinata che posto davanti all'obiettivo assorbe una parte dello spettro luminoso modificandolo per migliorare la ripresa. *4* (*elettr.*) Circuito che permette soltanto il passaggio di correnti di particolari frequenze. *5* (*fig.*) Tutto ciò che seleziona, chiarifca: *il f. della memoria*.

filtro (**2**) [vc. dotta, lat. *phĭltru(m)*, dal gr. *phíltron*, da *philéō* 'io amo', perché il filtro doveva suscitare l'amore] s. m. ● Bevanda magica capace di eccitare o spegnere una passione.

filtroprèssa [ted. *Filterpresse*, comp. di *Filter* 'filtro (1)' e *Presse* 'pressa'] s. f. (pl. *filtroprèsse*) ● Filtro per operazioni industriali, costituito da una serie di piastre filtranti affiancate, attraverso cui passa mediante pressione il liquido da depurare.

filugèllo [lat. parl. **follicĕllu(m)*, dim. di *fŏllis* 'sacco di cuoio, vescica', con avvicinamento a *filo*] s. m. ● (*zool.*) Baco da seta.

filundènte ● V. *filondente*.

filza [etim. discussa: da un **filzella*, nato da un incontro del lat. *filum* 'filo' con **funicĕlla* (?)] s. f. *1* Serie di cose simili infilate una di seguito all'altra: *una f. di perle*; *mettere al fuoco una f. di salsicce*. SIN. Fila. *2* (*fig.*) Serie successiva di più cose simili: *una f. di esempi, di citazioni, di improperi*. SIN. Sequela. *3* Festone intessuto di mazzetti di alloro e di mortella. *4* Particolare tipo di cucitura eseguita passando ago e filo a intervalli regolari, sopra e sotto al tessuto per le increspature di ogni tipo e per l'imbastitura. *5* Fascio di documenti uniti insieme per essere collocati in archivio. || **filzétta**, dim. (V.) | **filzolina**, dim.

filzétta s. f. *1* Dim. di *filza*. *2* Particolare tipo di salame fine, sottile e allungato.

filzuòlo [da *filza*] s. m. ● Unità minima di matasse di seta.

fimbria [vc. dotta, lat. *fĭmbria(m)*, di etim. incerta] s. f. *1* (*raro*) Orlo frangiato di una gonna | Balza ricamata, posta in fondo ad una veste | *Toccare la f. dell'abito*, in segno di riverenza. *2* (*anat.*) Appendice, estremità a forma di frangia | *F. tubarica*, porzione iniziale della salpinge.

fimbriàto [vc. dotta, lat. *fimbriātu(m)*, da *fĭmbria* 'fimbria'] agg. *1* †Ornato di frangia | Ricamato all'orlo. *2* (*bot.*) Detto di organo con margine finemente suddiviso.

fimìcolo [comp. di *fimo* e *-colo*] agg. ● Detto di animale, spec. insetto, che vive sul letame.

fimo [vc. dotta, lat. *fĭmu(m)*, di etim. incerta] s. m. ● (*lett.*) Sterco, letame.

fimòsi o **fimòsi** [vc. dotta, gr. *phímōsis* 'stringimento', da *phimóō* 'io metto la museruola', da *phimós* 'museruola'] s. f. ● (*med.*) Restringimento congenito o acquisito dell'orifizio del prepuzio.

finacché o **fino a che** [comp. di *fin(o)* (*1*), *a* e *che* (*2*)] cong. ● (*lett., ints.*) Finché.

final cut /ingl. 'fainəl 'kʌt/ [loc. ingl., comp. di *final* 'finale' e *cut* 'taglio'] loc. sost. m. inv. (pl. ingl. *final cuts*) ● Nell'industria cinematografica hollywoodiana, diritto riservato alla produzione di modificare il montaggio effettuato dal regista.

finàle [vc. dotta, lat. tardo *fināle(m)*, da *fīnis* 'fine (1)'] **A** agg. *1* Che viene per ultimo, che sta alla fine: *vocale, sillaba f.* | *Esame f.*, alla fine dell'anno scolastico | (*est.*) Che definisce e conclude: *esito, intervento f.*; *decisione f.*; *la scena, la battuta f. di un dramma* | *Giudizio f.*, giudizio universale. SIN. Estremo. CONTR. Iniziale. *2* Relativo al fine e allo scopo: *causa, intenzione f.* | (*ling.*) *Proposizione f.*, proposizione subordinata indicante lo scopo per il quale si compie l'azione espressa dalla reggente. *3* (*est.*) Decisivo, definitivo: *desiderare la soluzione f. di un problema, di una questione*. *4* (*al pl.*) Nel gioco della roulette, puntata su numeri singoli che terminano con la stessa cifra (3, 13, 23, 33). || **finalino**, dim. | **finalménte**, †**finaleménte**, avv. *1* Da ultimo, alla fine: *salutò tutti e f. si ricordò di me*. *2* In fine, spec. per esprimere la soddisfazione derivante da q.c. che si è ottenuto, si è verificato e sim. dopo una lunga attesa: *abbiamo f. ottenuto quanto chiedevamo*; *f. siete arrivati*; (*ass.*) si usa come escl.: f.!; *oh, f.!* *3* †A scopo finale. *4* Completamente. **B** s. m. *1* Ultima parte, parte conclusiva: *il f. di un dramma, di una commedia, di una sinfonia* | Fase conclusiva, spec. di una competizione sportiva: *vincere, imporsi nel f.*; *crollare sul f.* *2* Parte terminale della lenza, di filo più sottile, al quale è legato l'amo. SIN. Bava, setale. **C** s. f. *1* (*ling.*) Posizione dell'ultimo suono o dell'ultima sillaba di una parola. *2* (*ling.*) Proposizione finale: *le finali e le causali*. *3* (*sport*) Gara conclusiva dopo le eliminatorie: *disputare, giocare, vincere la f.*; *entrare in f.* || **finalissima**, sup. (V.).

finalìsmo [fr. *finalisme*, da *final* 'finale'] s. m. ● Dottrina filosofica secondo cui nell'universo ogni fenomeno, nella sua concatenazione con altri fenomeni, tende alla realizzazione di un determinato fine. SIN. Teleologia.

finalissima [sup. di *finale* C3] s. f. ● (*sport*) Finale di grandissima importanza e prestigio.

finalista [fr. *finaliste*, da *final* 'finale'] s. m. e f.; anche agg. (pl. m. *-i*) *1* In gare a eliminazione, chi o che è stato ammesso alle finali: *i finalisti dei 100 metri piani*; *le concorrenti finaliste*. *2* (*filos.*) Chi o che segue, o si ispira a una teoria finalistica.

finalìstico agg. (pl. m. *-ci*) ● (*filos.*) Che interessa il finalismo | Conforme al finalismo. || **finalisticaménte**, avv. Secondo una concezione finalistica.

finalità [vc. dotta, lat. tardo *finalitāte(m)*, da *fīnālis* 'finale'] s. f. *1* (*filos.*) Di un complesso di fenomeni, il loro essere ordinati a un fine | *Principio di f.*, principio filosofico in base al quale tutto ciò che si verifica tende verso un fine ultimo. SIN. Teleologia. *2* Fine, scopo: *ogni azione deve avere delle f. ben precise*.

finalizzàre [comp. di *final(e)* e *-izzare*] v. tr. *1* Portare a termine, concludere. *2* Attribuire un fine, uno scopo: *l'intervento è finalizzato alla salvaguardia del verde pubblico*. *3* (*spec. ass.*) Nel gergo del calcio, segnare una rete.

finalizzàto part. pass. di *finalizzare*; anche agg. *1* Nei sign. del v. *2* Che mira al raggiungimento di un fine determinato o prevede realizzazioni concrete (*anche ass.*): *progetti finalizzati*.

finalizzazióne [da *finalizzare*] s. f. ● Atto, effetto del finalizzare.

fin allóra o **finallóra**, **fino allóra** [comp. di *fino* (*1*) e *allora*] avv. ● Fino a quel momento.

finànche o (*lett.*) **finànco** [comp. di *fino* (*1*) e *anche*] avv. ● Anche, perfino: *è f. troppo facile*.

finànza (**1**) [fr. *finance*, da *finer* 'pagare alla fine', da *fin* 'fine'] s. f. *1* (*dir.*) Il complesso delle entrate e delle spese dello Stato o di altro ente pubblico: *f. statale, pubblica* | La gestione di tali spostamenti patrimoniali | *F. locale*, degli enti locali | *F. straordinaria*, insieme delle entrate e delle spese relative a esigenze eccezionali | *Scienza delle finanze*, ramo dell'economia che studia i presupposti e gli effetti dell'attività finanziaria dello Stato | *Ministero delle finanze*, quello spec. incaricato dell'imposizione e della riscossione dei tributi dello Stato. *2* *Guardia di f.*, (*ell., per anton.*) *la Finanza*, corpo delle guardie, dipendente dal Ministero delle finanze, incaricate di vigilare sulle dogane, i monopoli, i tributi | *Intendenza di f.*, ufficio provinciale periferico del Ministero delle Finanze. *3* (*dir., spec. al pl.*) Insieme di mezzi di cui dispongono lo Stato o altri enti pubblici per il raggiungimento dei propri fini: *finanze insufficienti, dissestate* | (*est.*) Correntemente, disponibilità economiche di un individuo, di una famiglia, di una organizzazione: *le sue finanze non glielo permettono*. *4* (*banca*) Attività per il reperimento dei mezzi e l'impiego di essi in imprese economiche | Il complesso delle persone che esplicano tale attività | *Alta f.*, i maggiori operatori economici sul piano nazionale e internazionale, e il complesso di capitali da essi manovrati, utilizzati e sim.: *i problemi dell'alta f.*

†**finànza** (**2**) [provz. *finanza*, da *finar* 'cessare, finire'] s. f. ● Fine.

finanziaménto [da *finanziare*] s. m. *1* Fornitura di denaro occorrente per un'impresa: *siamo in attesa di un f.* | (*banca*) *F. in valuta*, apertura di credito in valuta estera. *2* La somma di denaro che viene fornita: *un congruo f.* | Disponibilità di capitali per un'attività.

finanziàre [fr. *financer*, da *finance* 'finanza (1)'] v. tr. (*io finànzio*) ● Provvedere dei mezzi finanziari necessari alla riuscita di una determinata impresa o al compimento di un dato investimento: *f. una ricerca, una pubblicazione, un partito politico*.

finanziària s. f. *1* Società finanziaria. *2* Legge finanziaria.

finanziàrio [fr. *financier*, da *finance* 'finanza (1)'] agg. *1* (*dir.*) Relativo alla finanza: *anno f. dello Stato*; *esercizio f.* | *Diritto f.*, complesso degli atti legislativi che disciplinano la raccolta, la gestione e l'erogazione dei mezzi economici occorrenti all'attività degli enti pubblici | *Legge finanziaria*, legge annuale che prevede le modifiche alle disposizioni vigenti che hanno riflessi sul bilancio dello Stato. *2* Relativo al complesso di denaro liquido posseduto in un dato momento: *situazione finanziaria*. *3* Detto di società avente come scopo l'investimento prevalente dei propri capitali in titoli di altra società o enti e il finanziamento di attività produttive anche di privati. || **finanziariaménte**, avv. Secondo l'aspetto finanziario.

finanziarizzazióne s. f. ● (*econ.*) Diffusione e accresciuta importanza delle attività finanziarie nel sistema economico.

finanziatóre [da *finanziare*] agg.; anche s. m. (f. *-trice*) ● Che, chi provvede a un finanziamento: *banca finanziatrice*; *i nostri finanziatori esteri*.

finanzièra [fr. *financière*, da *finance* 'finanza (1)', perché adoperata da banchieri e uomini di finanza] s. f. *1* Lunga giacca maschile a falde per cerimonia, usata anticamente spec. da banchieri e deputati. SIN. Redingote. *2* Intingolo a base di tartufi, funghi, interiora e marsala.

finanzière [fr. *financier*, da *finance* 'finanza (1)'] s. m. (V. nota d'uso FEMMINILE) *1* Chi tratta affari di alta finanza | Chi si occupa di problemi finanziari. *2* Membro del corpo delle guardie di finanza.

finattantoché o **finattànto che**, **fino a tànto che** [comp. di *fino* (*1*), *a*, *tanto* e *che* (*2*)] **cong.** ● (*ints.*) Fintantoché.

finca [sp. *finca* 'debito', poi 'registro'] **s. f.** ● Colonna di una tabella, di un registro e sim.

fincàto **agg.** ● Diviso in colonne: *registro, modulo f.*

fincatùra [da *finca*] **s. f.** ● Divisione di un foglio in colonne.

finché o **fin che** [comp. da *fin*(*o*) (*1*), (*a*) e *che* (*2*)] **cong.** ● Fino a quando (introduce una prop. temp. con il v. all'indic. o al congv. e può anche essere seguita dalla negazione 'non' senza assumere valore negativo): *gridò f. ebbe voce*; *insisterò f. non l'abbia ottenuto*; *f. c'è la salute il resto è niente!* (VERGA); *... f. il Sole / risplenderà su le sciagure umane* (FOSCOLO) | In frasi negative: *non uscirai f. non te lo dico io.*

fin de siècle /fr. fɛ̃ d 'sjɛkl/ [fr., 'fine di secolo'] **loc. agg. inv.** ● Detto di oggetto, mobile, tessuto e sim. tipico della fine del sec. XIX, o che rammenta tale periodo.

fìne (**1**) [lat. *fīne*(*m*), di etim. incerta] **A** **s. f.** *1* Punto estremo o momento terminale di q.c.: *seguire una vicenda dal principio alla f.*; *eccoci alla f. del nostro cammino, delle nostre peripezie*; *la f. del mondo* | *Non avere né principio né f.*, essere in eterno; (*fig.*) essere sconclusionato, non aver né capo né coda | *Essere al principio della f.*, nella fase iniziale della crisi, del crollo definitivo | *Buona f. e miglior principio*, frase augurale per il Capodanno | *F. dell'ora*, della lezione | *F.!*, escl. con cui si annunzia che q.c. è terminata | *Alla f. del gioco, del salmo*, (*fig.*) dopo tutto | *Essere la f. del mondo*, (*fig.*) essere assolutamente eccezionale, capace di scatenare indicibili entusiasmi | *F. della parola*, terminazione | *Essere in f. di vita*, in agonia, in punto di morte | *Dare, porre f. a q.c.*, terminarla | *Alla f.*, finalmente | *Alla f. dei conti*, (*fig.*) tutto considerato | *Alla f. della f., alla fin f.*, dopo tutto | *In f.*, in conclusione | *Senza f.*, perennemente, continuamente, molto | *Alla perfine, alla fatta f.*, da ultimo, in conclusione | Compimento, conclusione: *vedere la, arrivare alla f. del proprio lavoro* | *Far f.*, concludere | *Che f. ha fatto la mia richiesta?*, che esito ha avuto? | (*fig.*) *La f. loda l'opera, la f. corona l'opera*, il buon risultato premia il lavoro fatto | †Accordo, transazione. *2* Morte: *che f. terribile!* | *Fare una buona, bella, brutta f.*, morire bene, male; avere un destino favorevole, sfavorevole | *Mettere qc. a f.*, ucciderlo | Distruzione, rovina: *correre, precipitare verso la f.* *3* (*raro*) †Confine. **B** **s. m.** *1* Scopo, intendimento, proposito: *prefiggersi, proporsi, conseguire un f.*; *mirare, tendere a un f. onesto, turpe, lecito, prossimo, remoto*; *il f. de' concetti ben fatti ... è di svegliar la meraviglia in chi legge* (MURATORI) | *F. ultimo, sommo, supremo*, Dio | *F. a se stesso*, in filosofia, obiettivo e assoluto; correntemente, che si esaurisce in sé, la cui realizzazione non è preordinata al conseguimento di ulteriori scopi | *Secondo f.*, non rivelato, non confessabile | *A fin di bene*, con intenzioni oneste | *Al f. di, ai fini di*, allo scopo di | *A che f.?*, a quale scopo? | *A f. di vedere, ottenere* e sim., per vedere, ottenere e sim. | *A f. che*, V. anche *affinché*. *2* Esito, effetto, riuscita: *concludersi con un lieto f.*; *spero di condurre l'affare a buon f.* | *Clausola salvo buon f.*, patto con cui il cessionario di un credito subordina l'efficacia della cessione alla solvibilità del debitore. *3* (*lett.*) Freno, limite. *4* (*raro*) †Confine, limite di terra, paese | †*A f. terra*, (*fig.*) in capo al mondo.

fìne (**2**) o **fìno** (**2**) [V. *fino* (*2*)] **A** **agg.** *1* Che ha spessore o diametro molto ridotti: *f. come un capello*; *una f. lamina d'oro* | Di grana molto minuta: *cipria, polvere f.*; *sabbia bianca e f.* **CONTR.** Grosso. *2* (*fig.*) Dotato di grande sottigliezza, acutezza e sim.: *udito, vista f.*; *ha un ingegno f. e penetrante* | *Una trovata, un espediente f.*, astuto. *3* (*fig.*) Di gusto squisito, di eccellente e delicata fattura: *abito, trucco f.*; *un gioiello estremamente f.* | (*est.*) Elegante, distinto: *è una donna non bella ma molto f.* **CONTR.** Dozzinale, grossolano. *4* (*fig.*) Gentile, delicato, raffinato: *il suo f. sorriso di galante cavaliere* (FOGAZZARO). **CONTR.** Volgare. *5* (*fig.*) Estremamente accurato o preciso: *meccanica f.* *6* (*lett.*) †Valente, eccellente. ||

finemènte, **avv.** *1* Con acutezza. *2* Con abilità. *3* Con eleganza, con distinzione. **B** **s. m.** ● Parte sottile di q.c.: *il f. della lama* | *Lavorare di f.*, lavorare con delicatezza; fare un lavoro di precisione; (*fig.*) agire con astuzia.

†**fìne** (**3**) ● V. *fino* (*1*).

finecórsa [comp. di *fine* (*1*) e di *corsa*] **s. m.** ● (*tecnol.*) In una macchina, sistema destinato ad arrestare al momento voluto la corsa di un organo meccanico che si muove automaticamente e periodicamente: *f. ad azionamento meccanico.* **SIN.** Scontro.

fìne settimàna [comp. di *fine* (*1*) e *settimana*; calco sull'ingl. *week-end*] **loc. sost. m. o f. inv.** ● Gli ultimi due giorni della settimana, sabato e domenica, considerati come giorni di riposo.

finèstra o (*dial.*) †**fenèstra** [lat. *fenĕstra*(*m*), di etim. incerta] **s. f.** *1* Apertura nelle pareti degli edifici, per aerazione e illuminazione, e i battenti che servono per aprirla o chiuderla a volontà: *aprire la f.* | *F. a tetto*, prossima al tetto | *F. sopra tetto*, sul tetto, che prende luce dall'alto | *Aprire una f.*, costruirla; (*est.*) schiuderne le imposte | *F. esterna*, che si apre sulla strada o un giardino pubblico | *F. interna*, che dà su un cortile | *F. panoramica*, più larga che alta | *F. a ghigliottina*, il cui vetro si fa scorrere dall'alto verso il basso | *F. a tramoggia*, con un riparo che impedisce di affacciarsi, di vedere in basso e di essere veduti, tipica dei conventi di monache e delle carceri | *Stare alla f.*, affacciati; (*fig.*) rimanere spettatori, non impegnarsi | *Farsi alla f.*, affacciarsi | *Fare una f. sul tetto a uno*, (*fig.*) spiare le sue faccende e prevenirlo; arrivare a qc. dall'alto | *Entrare, passare per la f.*, (*fig.*) giungere a qc. per via irregolare tramite favori e imbrogli | *Chiudere la f. in faccia a qc.*, per stizza o dispetto nei confronti di chi guarda | *Donna da f.*, civetta | *Mettere alla f.*, (*fig.*) propalare i fatti propri | *Buttare il denaro dalla f.*, (*fig.*) spenderlo in modo insensato | *Uscire dalla porta e rientrare dalla f.*, (*fig.*) essere scacciati da un luogo o incarico e tornarvi grazie ad appoggi o irregolarità. *2* Apertura, ferita, squarcio: *fare ampia, larga f.*; *aprire una f. nella corazza* | *Busta con f., a f.*, con riquadro di carta trasparente per consentire la lettura dell'indirizzo scritto sulla lettera in essa contenuta | (*anat.*) *F. ovale, f. rotonda*, forami dell'orecchio medio occupato da un ossicino dell'udito | †Cruna dell'ago. *3* (*giorn.*) Palchetto. *4* (*spec. al pl., fig., lett.*) Occhi. *5* (*elab.*) In un elaboratore elettronico, porzione delimitata dello schermo del terminale, nella quale è possibile eseguire un'attività indipendente. || **finestràccia**, **pegg.** | **finestrèlla**, **dim.** | **finestrina**, **dim.** | **finestrìno**, **dim. m.** (V.) | **finestróna**, **accr.** | **finestróne**, **accr. m.** (V.).

finestràta **s. f.** *1* (*raro*) Colpo di finestra chiusa bruscamente in segno di ira o di dispetto. *2* (*raro, fig.*) Squarcio improvviso nel cielo nuvoloso attraverso cui appare la luce del sole.

finestràto o (*dial.*) †**fenestràto** [vc. dotta, lat. *fenestrātu*(*m*), da *fenĕstra* 'finestra'] **A** **agg.** ● Fornito di finestre. **B** **s. m.** ● †Ordine di finestre in un piano di un edificio.

finestratùra **s. f.** ● L'insieme delle finestre di un edificio, o dei finestrini di un mezzo di trasporto.

finestrìno o (*dial.*) †**fenestrìno**. **s. m.** *1* Dim. di *finestra*. *2* Apertura analoga a una piccola finestra, spec. dei mezzi di trasporto: *il f. dell'automobile, dell'autobus*; *è severamente vietato sporgersi dai finestrini.* *3* (*fig., scherz.*) Spazio vuoto lasciato da un dente mancante.

finestróne **s. m.** *1* Accr. di *finestra*. *2* Finestra molto grande, propria degli edifici monumentali. *3* Portafinestra.

finézza [da *fine* (*2*)] **s. f.** *1* Sottigliezza, tenuità: *i suoi capelli erano di una f. estrema*; *la f. di un tessuto* | (*fig.*) Acume, sagacia: *f. di giudizio, di mente, di gusto*; *f. di udito.* *2* Squisitezza, delicatezza: *intaglio eseguito con grande f.*; *trattare con f. qc.* **CONTR.** Grossolanità. *3* Atto di cortesia: *mi hanno circondato di finezze*; *obbligatissima alle sue finezze* (GOLDONI).

finfèrlo [ted. *Pfifferling*, n. dell''ovolo'] **s. m.** ● (*bot., sett.*) Gallinaccio (2).

fìngere [lat. *fingere*, da una radice indeur. che indica 'plasmare'] **A** **v. tr.** (**pres.** *io fingo, tu fingi*; **pass. rem.** *io finsi, tu fingésti*; **part. pass.** *finto*) *1* Supporre, figurarsi, immaginare: *f. di essere povero, ricco, re, papa*; *f. col pensiero, con l'immaginazione.* *2* Voler far credere q.c. che in realtà non è: *f. di partire, di ignorare, di conoscere* | Simulare: *f. gioia, amore, affetto, una malattia* | (*ass.*) Mostrare il contrario di ciò che si prova o si sente: *sa f. molto bene* | *È una persona che non sa f.*, sincera, schietta. *3* Simboleggiare o rappresentare con la narrazione in poemi e sim.: *Dante fingeva un viaggio nei regni eterni.* *4* †Ritrarre con la pittura, la scultura. *5* †Plasmare, formare. **B** **v. rifl.** ● Voler apparire, farsi credere: *fingersi pazzo, malato, allegro, triste*; *di fingermi felice anche ho pensato* (SABA).

fingìbile [vc. dotta, lat. tardo *fingĭbile*(*m*), da *fingere* 'fingere'] **agg.** ● Che si può fingere.

fingiménto **s. m.** *1* Atto, effetto del fingere o del fingersi. *2* Rappresentazione | (*lett.*) Invenzione.

†**fingitóre** **s. m.** (f. *-trice*) *1* Chi abitualmente finge o simula. *2* Chi figura, rappresenta, plasma q.c. con l'immaginazione e sim.

finìbile **agg.** ● Che si può finire, condurre a termine: *ritengo che il lavoro sia f. nel giro di un mese.*

finiménto [da *finire*] **s. m.** *1* (*raro*) Modo e atto del finire. *2* (*raro*) Compimento o rifinitura di q.c.: *occuparsi del f. di una statua* | (*est.*) Ciò che serve per completare, ornare, abbellire o perfezionare q.c. | *Un f. d'oro, di brillanti, di trine*, parure | *F. di bicchieri, di tazze*, servizio | *F. da letto*, completo di parato, coperte, ecc. per la stanza da letto. *3* (*al pl.*) L'insieme degli oggetti che servono per attaccare gli animali da tiro a carri, carrozze e sim. o per sellare i cavalli. *4* †Le portate finali di un pranzo.

finimóndo [lat. *fīne*(*m*) *mŭndi* 'fine del mondo'] **s. m.** *1* La fine del mondo. *2* (*fig.*) Grande sconquasso accompagnato da trambusto e confusione: *pareva il f.*; *le sue dichiarazioni scatenarono il f.* *3* †Luogo dove finisce il mondo.

finìre [lat. *finīre*, da *fīnis* 'fine, termine'] **A** **v. tr.** (*io finisco, tu finisci*) *1* Portare a termine, a compimento: *f. un discorso, un lavoro, un disegno, una costruzione* | *F. un romanzo, un libro*, concluderne la stesura o la lettura | *F. gli anni*, compierli | *F. la vita, i giorni*, morire | (*est.*) Perfezionare q.c. curandone al massimo l'aspetto estetico: *f. un mobile con fregi e intagli.* *2* Esaurire, consumare completamente: *abbiamo finito il pane*; *fra poco finiremo le riserve* | *F. un patrimonio, le proprie sostanze* e sim., dilapidarli. *3* (*est.*) Uccidere: *finirono i superstiti a colpi di sciabola*; *finite quell'animale, che non soffra più!* *4* Concludere in modo definitivo, smettere: *dovete f. questa storia*; *finiamola, una buona volta!*; *finitela con questi scherzi!* | *È tempo di finirla!, finiscila!, finiamola!* e sim., escl. di impazienza e di sdegno | (*raro*) Definire, liquidare: *f. una lite.* *5* (costruito con la prep. *di* seguita da un inf.) Compiere del tutto una data azione: *hai finito di scrivere?*; *ho appena finito di leggere il tuo libro* | (*est., pleon.*) Smettere di fare q.c.: *non la finisce più di lamentarsi*; *finiscila di ridere!* *6* Costruito con la prep. *con*, o *per*, seguita da un inf., indica il protrarsi di un'azione o di un comportamento oltre il necessario, o semplicemente il loro concludersi: *se lavori così finirai con l'ammalarti*; *hanno finito col lasciarsi*; *quella sera finì per piovere.* *7* †Mettere in atto. *8* †Dare quietanza mediante pagamento. **B** **v. intr.** (aus. *essere*) *1* Avere fine, giungere alla fine, alla conclusione: *la festa è finita*; *arrivammo quando il giorno finiva*; *presto finirà l'inverno*; *anche il gran cielo stellato finirà* (UNGARETTI); *fa noi tutto è finito* | *F. bene, male*, concludersi bene, male | *La cosa non finisce qui!*, espressione con cui si minacciano conseguenze spiacevoli. *2* (con uso impers. e costruito con la prep. *di* seguita da un inf.) Cessare: *è finito di piovere, di nevicare.* *3* Aver termine, limite, sbocco: *la strada finisce tra i campi*; *questo fiume finisce nel Po*; *il sentiero finisce qui* | (*est.*) Terminare in un determinato modo (*anche fig.*): *il vestito finisce con una frangia*; *la storia finì in tragedia* | *F. in vocale, in consonante*, di vocabolo, avere una certa terminazione. *4* Riferito a persona, avere un dato esito, spec. determinato dal proprio comportamento: *quel ragazzo finirà male*; *f. in carcere, in manicomio*; *ma dove andremo a f.?* | *Chissà dov'è an-*

dato a f.?, riferendosi a persona di cui non si hanno più notizie | (*est.*) Morire: *anche quel poveretto è finito.* **5** Seguito da un compl. predicativo, diventare: *f. ministro, impiegato*; *è finito povero in canna.* **6** Di oggetti, cadere, cacciarsi in un dato luogo: *il palloncino finì in cielo*; *la palla finì in acqua*; *dov'è finito il mio ombrello?* **7** (*fig.*) Metter capo, andare a parare: *so bene dove vuoi f. con le tue allusioni*; *un discorso che non si sa dove vada a f.* | *Com'è poi andata a f.?*, quali sono stati i risultati? **8** (*fam.*) Soddisfare completamente: *lo spettacolo è interessante, ma non mi finisce.* **C** in funzione di **s. m.** solo **sing.** ● Termine, fine: *il f. del giorno* | *Sul f.*, verso la fine | *Al f.*, alla fine.

finis /*lat.* 'finis/ [vc. lat. 'fine, termine'] **s. m. inv.** ● (*scherz.*) Fine: *f. delle lezioni.*

finish /*ingl.* 'finiʃ/ [vc. ingl., da *to finish* 'finire', dal fr. *finir* 'finire'] **s. m. inv.** (**pl.** ingl. *finishes*) ● Nel linguaggio degli sportivi, finale.

finissàggio [fr. *finissage*, da *finir* 'finire'] **s. m.** **1** Fase finale del processo produttivo costituito da operazioni di rifinitura sul prodotto, spesso eseguite manualmente o con l'ausilio di macchine e attrezzature semplici | Insieme di tali operazioni: *il f. di un pezzo meccanico* | *F. di un tessuto*, rifinizione. **2** (*zoot.*) Ultimo periodo della fase di ingrasso di qualsiasi tipo di animale destinato alla macellazione: *f. di suini, bovini, ovini*; *stalla di f.*

†**finita** [provz. *fenida*, dal lat. *finīre*] **s. f.** ● (*lett.*) Fine.

†**finità** **s. f.** ● (*filos.*) L'essere finito.

finitézza **s. f.** **1** Qualità di ciò che è compiuto, rifinito e perfetto: *manufatto di rara f.* **2** Condizione di ciò che è limitato, imperfetto, incompiuto: *la f. delle possibilità della ragione umana.*

finìtimo [vc. dotta, lat. *finĭtimu(m)*, da *fīnis* 'confine'] **A** **agg.** ● Confinante, vicino, limitrofo: *paesi finitimi.* **B** **s. m.** ● Abitante di territorio che confina: *altri finitimi loro inimici* (MACHIAVELLI).

finitìvo [vc. dotta, lat. *finitīvu(m)*, da *finīre* 'finire'] **agg.** **1** Che serve a finire, a concludere | (*ling.*) *Modo f.*, finito. **2** †Definitivo.

finito **A** **part. pass.** di *finire*; anche **agg.** **1** Nei sign. del v. **2** Nella loc. *farla finita*, porre fine a q.c., una volta per tutte: *basta con questo chiasso, fatela finita!* | *Farla finita con la vita*, uccidersi | *Farla finita con qc.*, cessare ogni rapporto con lui o ucciderlo. **3** Detto di ciò che è compiuto e perfetto in ogni particolare: *esecuzione musicale finita* | *Non ben f.*, di ciò che si è in qualche modo trascurato | Detto di chi è estremamente preparato e abile in q.c.: *artista, artigiano f.* **4** (*ling.*) *Modo f.*, che ha determinazione di numero e persona. **5** (*mat.*) Non infinitesimo: *equazione alle differenze finite* | Limitato, non infinito. **6** Detto di chi, di ciò che ha dato o prodotto ciò che aveva o poteva e ormai non ha più nulla da dire: *un artista f.*; *un uomo f.* | *È finita*, non c'è più niente da fare. || **finitaménte**, **avv.** (*raro*) In modo finito. **B** **s. m.** **1** (*filos.*) Ciò che è limitato, imperfetto: *sentire il contrasto tra f. e infinito.* **2** *F. di stampare*, complesso dei dati d'obbligo, quali data e luogo di stampa, nome dello stampatore e sim., posti alla fine dell'opera.

finitóre [vc. dotta, lat. *finitōre(m)*, da *finīre* 'finire, determinare i confini'] **s. m.** (**f.** *-trice* nel sign. 1) **1** Chi rifinisce e completa un lavoro iniziato da altri. **2** Utensile usato per la lavorazione di finitura | (*tecnol.*) Parte terminale di una macchina copiatrice automatica che esegue le operazioni finali di fascicolatura e pinzatura dei testi duplicati.

finitrìce **s. f.** ● Macchina stradale che stende e spiana con continuità l'impasto bituminoso.

finitùdine **s. f.** ● (*filos.*) Carattere, condizione di ciò che è finito.

finitùra **s. f.** ● Tutto ciò che è necessario per completare e perfezionare q.c.: *all'abito mancano solo le finiture* | *F. di un edificio*, insieme delle opere da aggiungere al rustico per rendere l'edificio utilizzabile. **SIN.** Rifinizione.

finizióne [da *finire*; calco sul fr. *finition* nel sign. 2] **s. f.** **1** (*tosc.*) Fine, compimento. **2** (*al pl., raro*) In varie tecnologie, spec. quella dell'automobile, finitura, rifinitura.

finlandése **A** **agg.** ● Della Finlandia: *costumi finlandesi* | (*sport*) *Passo f.*, uno dei modi di procedere adottato nelle gare sciistiche di fondo. **B** **s. m.** e **f.** ● Nativo, abitante della Finlandia. **C** **s. m.** solo **sing.** ● Lingua della famiglia uralica, parlata in Finlandia.

finlandizzàre [da *Finlandia*, nazione non dipendente dall'Unione Sovietica, ma sostanzialmente soggetta a essa] **v. tr.** ● Sottoporre a finlandizzazione.

finlandizzazióne [da *finlandizzare*] **s. f.** ● Stato di neutralità di un Paese, condizionata da fattori geo-politici che ne sottintendono la soggezione a una grande potenza confinante, come nel caso della Finlandia con l'Unione Sovietica negli anni '50.

finn /*ingl.* fin/ [ingl., propriamente 'finlandese'] **s. m. inv.** ● Piccola imbarcazione a vela, da regata, monoposto.

fìnnico [dai *Finni*, che diedero il nome alla Finlandia] **A** **agg.** (**pl. m.** *-ci*) ● Relativo ai Finni, antico popolo eurasiatico stanziatosi nell'Europa nord-orientale: *letteratura finnica.* **B** **agg.**; anche **s. m.** ● (**f.** *-a*) Finlandese.

fino (1) o (*raro*) †**fine (3)** [lat. *fīne*, abl. di *fīnis* 'limite'] **A** **prep.** (troncata in *fin*. Ha gli stessi sign. di 'sino'. Si preferisce l'una o l'altra forma per evitare la cacofonia: f. a settembre) **1** Esprime l'estensione da un termine a un altro, con riferimento allo spazio e al tempo (quasi sempre seguita da un avv. o da un'altra prep. che determina il termine): *la sciara si stendeva malinconica e deserta fin dove giungeva la vista* (VERGA); *fin quando?*; *fin qui*; *fin là*; *fin lassù*; *fin sopra i capelli* | †*Fin quel giorno*; †*fin iersera* | V. anche *fintantoché, finché.* **2** Nelle loc. prep. *f. a, f. in*, esprime il limite cui si giunge, con riferimento sia allo spazio, sia al tempo: *giungere f. a mille metri di profondità*; *andare f. in fondo*; *aspettare f. a domani, f. al prossimo anno*; *ho atteso f. a ora*; *resistere f. all'ultimo, f. all'estremo limite delle forze*; *spendere f. all'ultimo centesimo* | In espressioni correl.: *dal principio f. alla fine*; *dal primo f. all'ultimo* | Seguito da un v. all'inf. (l'azione espressa dal v. è intesa come termine talora eccessivo): *gridare f. a restare senza voce*; *insistere f. a raggiungere il proprio intento, soffrire di q.c. f. a morirne*; *lavorare f. ad ammalarsi* | Esprime approssimazione a un limite estremo: *prendere dalle dieci f. alle venti gocce prima dei pasti*; *un pesce della lunghezza dai due f. ai sei metri* | (*fig.*) *Dall'ultimo uomo f. al re, tutti sono soggetti alle leggi* | V. anche *finacché, finattantoché.* **3** Nelle loc. prep. *f. da*, †*f. di*, esprime il limite da cui si parte o si giunge, con riferimento sia allo spazio, sia al tempo: *venire f. dall'America, f. dall'estremo Oriente*; *esplorare il corso di un fiume f. dalle sorgenti*; *esiste f. dal principio del mondo*; *aspetta fin da ieri, fin dall'alba, fin da stamattina*; *bisogna incominciare fin d'ora*; *si è dedicato alla musica fin da bambino.* **B** **avv.** ● Pure, anche, perfino, finanche: *f. il figlio gli ha negato aiuto* | *Ha fin detto troppo, ha detto fin troppo*, anche troppo, più del necessario.

fino (2) [lat. *fīne(m)* 'limite', nel senso di 'estremo'] **A** **agg.** **1** V. *fine (2).* **2** Purissimo: *oro, argento f.* **3** †Fidato, fido. || **finaménte**, **avv.** Con finezza. **B** **s. m.** ● La quantità di metallo prezioso contenuta in una moneta. **C** in funzione di **avv.** ● Nella loc. *far f.*, apparire elegante, raffinato.

fino a che /'fino a k'ke*/ ● V. *finacché.*

fino allóra ● V. *fin allora.*

fino a tànto che /'fino a t'tanto 'ke*, 'fino a t-'tanto ke*/ ● V. *finattantoché.*

finocchièlla [detta così perché assomiglia al *finocchio*] **s. f.** ● (*bot.*) Mirride.

finòcchio (1) [lat. parl. **fenŭculu(m)*, per il class. *fenĭculu(m)*, dim. di *fēnum* 'fieno'] **s. m.** **1** Pianta erbacea perenne delle Ombrellifere con foglie divise in lobi filiformi, fiori gialli e semi aromatici e piccanti (*Foeniculum vulgare*) | *F. dolce*, varietà coltivata per le guaine fogliari carnose e bianche commestibili (*Foeniculum sativum*) | *F. porcino*, pianta delle Ombrellifere con proprietà medicinali (*Peucedanum officinale*) | †*Pascere di f. qc., dar finocchi a qc.*, (*fig.*) infinocchiare | †*Sino al f.*, fino all'ultima e minima parte | (*tosc.*) *Finocchi!*, escl. di stupore e meraviglia. ➡ **ILL. spezie.** **2** †Inetto, babbeo. || **finocchiàccio**, **pegg.** | **finocchiétto**, **dim.** | **finocchìno**, **dim.** | **finocchióne**, **accr.**

finòcchio (2) [vc. fior., entrata in it. solo recentemente con la letteratura neorealistica, da riconnettere a *finocchio (1)*, con passaggio semantico non chiaro] **s. m.** ● (*pop.*) Omosessuale maschile.

finocchióna [detta così perché dentro c'è del *finocchio*] **s. f.** ● Specie di mortadella aromatizzata con semi di finocchio.

finóra o **fin óra** [comp. di *fin(o) (1)*, *(a)* e *ora*] **avv.** ● Fino adesso, fino a questo momento: *i progressi compiuti f. sono scarsi*; *ti ho atteso fin ora*; *delle opere innumerabili dei mortali da te vedute f., pensi tu che pur una ottenesse l'intento suo?* (LEOPARDI).

fìnta [da *finto*] **s. f.** **1** Atto, effetto del fingere: *la sua allegria e le sue gentilezze sono una f.* | *Far f.*, fingere | *Fare q.c. per f.*, per finzione, spec. scherzosa | *Far f. di niente*, restare imperturbabile. **2** (*mil.*) Azione simulata per distrarre il nemico dal punto in cui lo si vuole effettivamente attaccare. **3** (*sport*) Simulazione di una mossa per ingannare l'avversario. **4** Striscia di tessuto che nasconde l'abbottonatura su giacche, mantelli, impermeabili e sim. **SIN.** Pattina.

fintàggine [da *finto*] **s. f.** ● Vizio di fingere, e comportamento che ne deriva. **SIN.** Doppiezza.

†**fintànto** [comp. di *fino (1)* e *tanto*] **cong.** ● (*lett.*) Finché | Anche nella loc. cong. *f. che*; V. *fintantoché.*

fintantoché o **fintànto che** /fin'tanto ke*, fin-'tanto 'ke*/ [comp. di *fin(o) (1)*, *tanto* e *che (2)*] **cong.** ● (*enf., ints.*) Finché, fino a quando: *non gli darò tregua f. non muterà condotta di vita.*

fintàre [da *finta*] **v. tr.** e **intr.** (*io finto*) ● Nel linguaggio sportivo, effettuare una finta | *F. un'azione*, simularla per ingannare l'avversario | *F. un avversario*, ingannarlo con una finta.

†**fintino** **s. m.** ● Posticcio di capelli a forma di coda o di frangia, un tempo usato dalle donne.

fìnto **A** **part. pass.** di *fingere*; anche **agg.** **1** Nei sign. del v. **2** Fatto a imitazione di cose autentiche, naturali o spontanee: *barba finta*; *capelli finti*; *la sua è una finta pazzia.* **SIN.** Artificiale, falso. **CONTR.** Vero. || **fintaménte**, **avv.** Con finzione, con simulazione. **B** **s. m.** (**f.** *-a* nel sign. 1) **1** Persona doppia, falsa, ipocrita. **CONTR.** Sincero. **2** Finzione: *il vero e il f.* || **fintacchiòlo**, **fintacchiuòlo**, **dim.** | **fintàccio**, **pegg.** | **fintóne**, **accr.**

finzióne [lat. *fictiōne(m)* (da *fictus* 'finto'), rifatto su *fingere*] **s. f.** **1** Simulazione, doppiezza: *parlare con, senza f.*; *è un individuo alieno da finzioni* | Cosa finta, simulata: *non credere alle loro finzioni*; *le loro parole sono tutta una f.* | *F. scenica*, immagine della realtà che si finge sulla scena teatrale | *F. giuridica, legale*, procedimento logico per cui il diritto, spec. romano, presuppone che esista un fatto in realtà inesistente allo scopo di attribuire a una certa situazione le stesse conseguenze giuridiche che si verificherebbero se fosse vero il fatto supposto esistente. **2** (*lett.*) Invenzione, immaginazione.

fìo (1) [fr. ant. *fieu* 'feudo'] **s. m.** **1** †Feudo: *baronie e signoraggi e fii de' cavalieri* (VILLANI). **2** †Censo o pagamento che si deve per fondo, tributo o altro | (*est.*) †Tributo, omaggio, ricompensa. **3** (*fig.*) Pena: *pagare il fio della propria colpa.*

†**fìo (2)** [dal n. della lettera *phi* dell'alfabeto greco] **s. m.** solo **sing.** **1** Fine | *Dall'a al fio*, (*fig.*) dal principio alla fine | *Venire al fio*, alla conclusione. **2** (*fam.*) Poca cosa | Nulla (in loc. neg.).

fiocàggine [da *fioco*] **s. f.** ● (*raro*) Impedimento della voce.

†**fiòcca (1)** [da *fioccare*] **s. f.** **1** Fiocco di neve. **2** Quantità grande di cose o persone | Gragnuola: *una f. di bastonate* (CARDUCCI).

fiòcca (2) [detta così perché vi si fa il *fiocco*] **s. f.** ● (*tosc.*) Parte superiore della scarpa | Analoga parte delle calze e del piede.

fioccànte [da *fiocco (2)*] **s. m.** ● (*mar.*) Sui natanti a vela, marinaio cui compete la manovra dei fiocchi.

fioccàre [da *fiocco (1)*] **A** **v. intr.** (*io fiòcco, tu fiòcchi*; aus. *essere*, raro *avere*; anche **impers.**) **1** Cadere a fiocchi: *più che neve bianca / che senza vento in un bel colle fiocchi* (PETRARCA). **2** (*fig.*) Essere detto o fatto in abbondanza, come appunto cadono i fiocchi di neve: *fioccano le bugie, le contravvenzioni*; *incominciarono a fioccar botte da ogni parte* | Spargersi, diffondersi. **3** (*fig.*) Adunarsi o concorrere in folla: *è una città in cui i mercanti fioccano nei giorni di mercato.* **B** **v. tr.** ●

†Spargere in quantità | *Fioccarle a uno*, tempestarlo di rimproveri, ingiurie e sim.

fiocchettàre v. tr. (*io fiocchétto*) ● Ornare di fiocchetti.

fiocchettatùra s. f. ● Ornamento di fiocchetti.

fiocchétto s. m. *1* Dim. di *fiocco* (*1*). *2* Nappina per distintivo. *3* (*spec. al pl.*) Tipo di pastina da brodo a forma di piccoli fiocchi. || **fiocchettino**, dim.

fiòcco (**1**) [lat. *flŏccu(m)* 'fiocco di lana', di etim. incerta] s. m. (pl. *-chi*) *1* Annodatura di un nastro o di una cravatta fatta in modo da formare due cocche e due lembi: *legare, sciogliere il f.; il f. della scarpa, del cappello; scollatura ornata da un f. di seta* | *Mettersi in fiocchi*, (*fig.*) indossare l'abito di gala | *Coi fiocchi*, (*fig.*) eccellente: *pianista, professore, medico coi fiocchi* | *F. della coda*, insieme dei crini che ricopre l'estremità distale della coda di alcuni animali. *2* Bioccolo di lana, seta e sim.: *acquistare della lana in fiocchi* | Falda di neve, nebbia e sim. *3* Ammasso di fibre tessili naturali pronte per le lavorazioni preliminari dell'industria tessile | Insieme di fibre di filati artificiali e sintetici a basso titolo tagliate a lunghezza predeterminata per essere trasformate in filo continuo con i macchinari in uso per il cotone e la lana: *f. di nylon, f. di poliestere*. *4* (*spec. al pl.*) Pasta di media pezzatura a forma di fiocco | *Fiocchi d'avena, di riso*, granelli di questi cereali, trattati in modo da divenire più digeribili e leggeri. *5* †Abbondanza di q.c. | †*Fare il f.*, affollarsi. *6* (*gerg.*) Furto: *fare un f.* || **fiocchétto**, dim. (V.) | **fiocchino**, dim. | **fioccóne**, accr. | **fioccùccio**, dim.

fiòcco (**2**) o **flòcco** [deformazione paretimologica, per avvicinamento a *fiocco* (*1*), del fr. *foc*, dall'ol. *fok*, a sua volta dal medio ol. *vocken* 'ventilare'] s. m. (pl. *-chi*) ● (*mar.*) Vela triangolare tra l'albero verticale prodiero e il bompresso, nei velieri in numero di quattro che assumono il nome di trinchettina, gran fiocco, fiocco e controfiocco | *F. pallone*, denominazione italiana dello spinnaker, per l'aspetto caratteristico che assume quando è gonfiato dal vento. ➡ ILL. p. 1291 SPORT; p. 1757 TRASPORTI.

fioccóso [lat. tardo *floccōsu(m)*, da *flŏccus* 'fiocco (1)'] agg. *1* Ricco di fiocchi | Fatto a fiocchi | Soffice come un fiocco. *2* (*chim.*) Di precipitato che si separa in forma di fiocchi.

fioccùto agg. ● (*raro, lett.*) Fornito di grossi fiocchi.

fiochézza [da *fioco*] s. f. ● Fiocaggine.

fiòcina [lat. *fŭscina(m)* 'tridente', di etim. incerta] s. f. ● Attrezzo con tre o più denti fissi muniti di ardiglione che viene impiegato per la cattura di pesci di medie e grandi dimensioni | *F. snodata*, con alette mobili ai lati che si aprono nella ferita facendo maggior presa. ➡ ILL. **pesca**.

fiocinànte **A** part. pres. di *fiocinare*; anche agg. ● Nel sign. del v. **B** s. m. ● Pescatore che sta ritto sulla prua dell'imbarcazione per lanciare la fiocina.

fiocinàre [da *fiocina*] **A** v. intr. (*io fiòcino*; aus. *avere*) ● Lanciare la fiocina. **B** v. tr. ● Colpire con la fiocina: *f. un pesce*.

fiocinàta s. f. ● Colpo vibrato con la fiocina.

fiocinatóre s. m. ● Pescatore esperto nel lanciare la fiocina.

fiòcine [lat. *flŏce(m)* 'feccia', cui si è sovrapposto *ăcinus* 'acino'] s. m. *1* Buccia dell'acino dell'uva. *2* (*tosc.*) Seme dell'uva. SIN. Vinacciolo.

fiocinière [da *fiocina*] s. m. ● Pescatore addetto al lancio della fiocina.

fiocinino s. m. ● Pescatore di frodo con la fiocina.

fiòco [sovrapposizione di *roco* a *fiacco*] agg. (pl. m. *-chi*) *1* Di suono fievole, rauco, soffocato: *parlare con voce fioca; udire un rumore f.; pace! grida la campana, / ma lontana, fioca* (PASCOLI) | *Far f.*, attutire | Di luce debole, bassissima: *un f. chiarore di candela*. SIN. Tenue. *2* (*fig., lett.*) Inadatto, insufficiente. || **fiocaménte**, avv. Debolmente.

fiónda [lat. parl. **flŭnda(m)*, da **fŭndula*, dim. di *fŭnda* 'fionda', di etim. incerta] s. f. *1* Antica arma da getto formata da due strisce di cuoio e una tasca in cui era riposto il proiettile da lanciare. *2* Arnese con cui i ragazzi si divertono a lanciar sassi, costituito da un legno o ferro biforcuto cui è assicurato un robusto elastico.

fiondàre [da *fionda*] **A** v. tr. (*io fióndo*) ● (*lett.*) Lanciare con la fionda | (*est.*) Scagliare q.c. con forza | (*fig., fam.*) Far accorrere precipitosamente qc. in qualche posto. **B** v. rifl. (*io mi fióndo*; aus. *essere*) ● (*fam.*) Spostarsi da un luogo a un altro con estrema precipitazione: *si fiondò fuori dal negozio; appena ho saputo la notizia mi sono fiondata da te* | (*est.*) Buttarsi a capofitto: *si è fiondato nel lavoro*.

†fiondatóre [da *fionda*, sul modello del lat. tardo *fundātor*, genit. *fundatōris* 'fromboliere'] s. m. ● Soldato armato di fionda.

fioràia [da *fiore* (*1*)] s. f. ● Donna o ragazza che vende fiori nelle strade. || **fioraina**, dim.

fioràio s. m. (f. *-a* (V.)) ● Venditore di fiori.

fioràle ● V. *florale*.

fiorališo ● V. *fiordaliso*.

fioràme s. m. *1* (*raro*) L'insieme dei fiori che ornano un giardino. *2* (*spec. al pl.*) Fiori e frutti dipinti, tessuti, disegnati e sim., per ornamento: *stoffa, cornice a fiorami*.

fioràto agg. ● Disegnato o stampato a fiori: *carta, stoffa fiorata*.

fiorcappùccio [da *fiore* (*1*) e *cappuccio*] s. m. ● Pianta erbacea delle Ranuncolacee con fiori azzurri che si prolungano in una specie di sprone (*Delphinium consolida*). SIN. Sprone di cavaliere.

fiordališo o **fiorališo** [fr. *fleur de lis* 'fiore di giglio'] s. m. *1* Pianta erbacea delle Composite a fusto eretto, ramoso, foglie lineari e fiori azzurri in capolini (*Centaurea cyanus*). SIN. Battisegola, battisuocera. *2* (*arald.*) Giglio, spec. quello d'oro, emblema dei re di Francia.

fiordilàtte o **fiór di làtte** s. m. inv. *1* Mozzarella di latte vaccino. *2* Tipo di gelato a base di latte, panna e zucchero.

fiòrdo [norv. *fjord*, da una forma indeur. che significa 'approdo'] s. m. ● Insenatura marina lunga, stretta e ramificata dovuta alla sommersione di valli modellate dall'esarazione glaciale.

fióre (**1**) [lat. *flōre(m)*, di origine indeur.] s. m. *1* Organo della riproduzione delle piante superiori costituito da foglie trasformate in sepali e petali e contenente stami e pistilli: *f. doppio, ermafodita, unissessuato; fiori rossi, gialli, bianchi; fiori freschi, profumati, selvatici, di giardino, di serra, di campo; corona, mazzo, ghirlanda di fiori* | *F. artificiale*, fatto di stoffa, carta, plastica e sim. | *Fiori d'arancio*, simbolo delle nozze | *Linguaggio dei fiori*, che attribuisce ad ogni fiore un significato simbolico | *Vedere, credere, sembrare tutto rose e fiori*, (*fig.*) tutto bello | (*fig.*) *Spargere di fiori il cammino della vita*, di gioia | *Catena di fiori*, (*fig.*) dolce vincolo | (*fig.*) *Essere fiori e baccelli*, apparire lieto e prospero | (*fig.*) *La bellezza è f. caduco*, che avvizzisce presto | *Portare un f. all'occhiello, tra i capelli*, per ornamento | (*fig.*) *F. all'occhiello*, persona o cosa che costituisce motivo di orgoglio, di fierezza: *la sicurezza sociale è il f. all'occhiello di quel paese* | †*Portare un f. all'orecchio*, (*fig.*) esser lieto | (*fig.*) †*Venire un f. all'orecchio*, riuscire bene | *Pianta in f.*, fiorita, coperta di fiori | *Essere in f.*, nell'epoca della fioritura; (*fig.*) nel pieno rigoglio, in auge | *Primo f.*, (*fig.*) la lanugine che prelude alla barba | *A fiori*, di cosa dipinta, ornata e sim. con fiori. *2* (*est.*) Pianta che produce fiori, spec. ornamentali: *piantare, annaffiare i fiori; un giardino pieno di fiori* | (*pop., est.*) Pianta, in quanto caratterizzata dal fiore che produce | *Fior di cera*, pianta erbacea perenne delle Asclepiadacee, con fusto rampicante e fiori rosei in infiorescenza (*Hoya carnosa*) | *F. di cuculo*, pianta erbacea delle Cariofillacee con fiori rosei a cinque petali (*Lychnis floscuculi*) | *F. d'ogni mese*, calendola | *Fior di passione*, granadiglia, passiflora | *F. di primavera*, pratolina | *F. rosso*, adonide, fior d'adone | *Fior galletto*, V. anche *fiorgalletto* | *F. nobile*, stella alpina | *F. di maggio*, narciso | *F. ragno*, pianta delle Orchidacee con fiori verde-giallastro e labello bruno con due linee colorate al centro così da somigliare all'incirca a un ragno posato su un fiore (*Ophrys arancifera*) | *F. stella*, pianta delle Ranuncolacee con fiore rosso a petali raggiati (*Anemone hortensis*). *3* (*fig.*) Parte scelta, migliore, più bella di q.c.: *il f. dei cavalieri, degli eroi, dei poeti* | Con valore raff. nella loc. *fior f.*, parte migliore, che eccelle: *il fior f. della nobiltà* | *F. di farina*, farina di massima purezza | *F. del latte*, panna | *F. della lana*, la parte più lunga e soffice | *Il f. della verginità*, la purezza, considerata come la qualità migliore di una fanciulla | *Perdere il suo f.*, la verginità | (*fig.*) *Fiori retorici, poetici*, forme di raffinata eleganza nello scrivere o nel parlare | *Essere nel f.*, nel momento migliore | *Nel f. degli anni*, nel rigoglio della giovinezza | *Nel f. della bellezza, della giovinezza*, all'apice. SIN. Perfezione. *4* (*est.*) Persona oltremodo bella, delicata: *quella fanciulla è un f.* *5* (*chim.*) Polvere finissima ottenuta per sublimazione di talune sostanze | *F. di zolfo*,® nome commerciale dello zolfo sublimato. *6* (*letter.*) Compendio, sommario, antologia. *7* (*fig.*) Grande quantità, abbondanza, nella loc. *un fior di*: *rimetterci un fior di quattrini; portare un fior di dote* | (*fig.*) *Un fior di galantuomo, di mascalzone*, di persona in cui l'onestà o la disonestà raggiungono il massimo grado. *8* (*fig.*) Parte superficiale di q.c., nella loc. *a fior di*: *sparire a fior d'acqua; sentire un dolore a fior di pelle* | (*fig.*) *Dire q.c. a fior di labbra*, mormorarla appena. *9* Schiuma formata sulla superficie dei liquidi costituenti il bagno di tintura dei coloranti al tino | Muffa biancastra alla superficie del vino. SIN. Fioretta | Lo strato superficiale della pelle conciata, recante la grana caratteristica di questa. *10* Tela crespa sottilissima ricavata dal fiore della bambagia. *11* Piccola macchia bianca a contorni irregolari, situata sulla fronte dei cavalli. *12* (*al pl.*) Uno dei quattro semi delle carte da gioco francesi: *re di fiori*. || **fioràccio**, pegg. | **fiorellino**, dim. | **fiorèllo**, dim. | **fiorétto**, dim. (V.) | **fioricino**, dim. | **fiorino**, dim. (V.) | **fioróne**, accr. (V.).

fióre (**2**) [lat. *fluōre(m)* 'flusso', da *flŭere* 'scorrere'] s. m. ● (*spec. al pl., raro*) Mestruo | *Fiori bianchi*, leucorrea.

fiorènte part. pres. di *fiorire*; anche agg. ● Nei sign. del v. || **fiorenteménte**, avv. (*raro*) In modo florido, rigoglioso.

fiorentina [f. sost. di *fiorentino*] s. f. *1* Bistecca o costata alla fiorentina. *2* Lucerna a olio metallica, composta di tre becchi e di un alto fusto. *3* (*chim.*) Bottiglia fiorentina.

fiorentinàme s. m. ● (*raro, spreg.*) Gentaglia o teppaglia fiorentina.

fiorentineggiàre [da *fiorentino*] v. intr. (*io fiorentinéggio*; aus. *avere*) ● Affettare accento, dialetto e modi fiorentini.

fiorentinerìa s. f. ● Modo affettato del dialetto fiorentino.

fiorentinésco agg. (pl. m. *-schi*) ● Di, da fiorentino: *modo, accento f.* || **fiorentinescaménte**, avv. Alla fiorentina.

fiorentinišmo s. m. *1* Espressione tipica del dialetto fiorentino: *autore che abusa di fiorentinismi*. *2* Tendenza letteraria a ritenere gli autori fiorentini i veri modelli della lingua italiana.

fiorentinìsta **A** s. m. (pl. *-i*) ● Sostenitore della tendenza letteraria del fiorentinismo. **B** agg. ● (*raro*) Fiorentinistico.

fiorentinìstico agg. (pl. m. *-ci*) ● Relativo al fiorentinismo.

fiorentinità s. f. *1* Qualità di chi, di ciò che è fiorentino. *2* Complesso dei caratteri peculiari dell'arte, della lingua, del carattere e dello spirito dei fiorentini.

fiorentinizzàre **A** v. tr. ● Tradurre in volgare fiorentino | (*est.*) Italianizzare. **B** v. intr. (aus. *avere*) ● (*raro*) Fiorentineggiare.

fiorentino [lat. *florentīnu(m)*, da *Florĕntia* 'Firenze'] **A** agg. ● Di Firenze o dei suoi abitanti: *usi fiorentini; parlata fiorentina* | *Alla fiorentina*, (*ell.*) alla maniera dei fiorentini | *Bistecca, costata alla fiorentina*, bistecca di vitellone toscano che si ricava dalla lombata, col filetto attaccato, cucinata ai ferri con olio, pepe e sale | (*chim.*) *Bottiglia fiorentina*, recipiente provvisto superiormente di un rubinetto e inferiormente di un sifone e destinato a separare due liquidi, gener. acqua e un olio essenziale, che vi si stratificano. || **fiorentinaménte**, avv. In modo fiorentino. **B** s. m. (f. *-a*) *1* Abitante, nativo di Firenze. *2* Giocatore e tifoso della squadra di calcio della Fiorentina. **C** s. m. solo sing. ● Dialetto del gruppo toscano, parlato a Firenze.

fiorènza [da *Fiorenza*, n. poet. di Firenze, che è

il lat. *Florĕntia(m)*, n. augurale da *florēre* 'fiorire'] s. f. ● Tessuto leggerissimo di seta per biancheria.

fiorerìa o **floreria** [da *fiore* (*1*)] s. f. ● (*region.*) Negozio in cui si vendono fiori.

fiorétta [da *fiore* (*1*)] s. f. *1* (*raro, poet.*) †Piccolo fiore. *2* Malattia dei vini poco alcolici che determina la formazione in superficie di una pellicola biancastra che, scuotendo il vino, si rompe in piccoli frammenti simili a fiori.

fiorettàre [da *fioretto* (*1*)] **A** v. tr. (*io fiorétto*) ● Ornare il discorso con eccessive ricercatezze ed eleganze. **B** v. intr. (aus. *avere*) ● (*raro*) Fare sfoggio di eleganze retoriche.

fiorettatùra s. f. ● Abuso di artifizi e ornamenti retorici: *un discorso, un brano musicale pieno di fiorettature*.

fiorettista [da *fioretto* (*2*)] s. m. e f. (pl. m. *-i*) ● Schermidore di fioretto.

fiorétto (1) s. m. *1* (*lett.*) Dim. di *fiore* (*1*). *2* Parte scelta di q.c.: *il f. del cotone* | †Gruppo di elementi scelti: *f. di cavalieri*. *3* (*al pl.*) Scelta di racconti, avvenimenti, aneddoti e sim.: *i fioretti di S. Francesco* | Florilegio di sentenze, motti e sim. *4* †Specie di zucchero assai bianco | Zuppa in brodo, con un uovo sbattuto. *5* Seta di scarto, cascame. *6* Sacrificio o rinuncia spontaneamente accettata per penitenza a fine di devozione: *i fioretti del mese di maggio*. *7* (*spec. al pl.*) Forme eleganti con cui si orna un discorso, uno scritto e sim. || **fiorettino**, dim. | †**fiorettóne**, accr.

fiorétto (2) [dal bottone che ha in cima, raffigurato come un piccolo *fiore*] s. m. *1* Una delle tre armi della scherma, a lama quadrangolare d'acciaio, sottile e flessibile, il cui colpo è valido solo se arriva di punta: *scherma di f.* | *F. elettrico*, fornito di un filo elettrico che consente la segnalazione automatica, su un apposito apparecchio, di un colpo portato | Bottone che si mette in punta alla spada per renderla inoffensiva. ➡ ILL. p. 1286 SPORT. *2* (*tecnol.*) Punta di acciaio, talvolta di diamante, che si applica alle perforatrici per forare le rocce. *3* In elettrotecnica, lungo bastone isolato, munito di gancio, che serve a manovrare a mano apparecchiature sotto tensione.

fiorgallétto o **fiór gallétto** [da separarsi *fior(e) galletto* (in accezione botanica)] s. m. ● (*bot.*) Afaca.

fioricoltóre ● V. *floricoltore*.

fioricoltùra ● V. *floricoltura*.

fioricultóre ● V. *floricoltore*.

fioricultùra ● V. *floricoltura*.

fiorièra [da *fiore* (*1*)] s. f. *1* Cassetta di vario materiale atta a contenere fiori o piante ornamentali. *2* Recipiente per fiori recisi di forma varia in legno, metallo o ceramica.

fiorìfero [vc. dotta, lat. *florĭferu(m)*, comp. di *flōs*, genit. *flōris* 'fiore (1)' e *-fer* '-fero'] agg. ● Che produce fiori: *pianta fiorifera* | Che porta fiori: *maggio f.*

fiorile [da *fiore* (*1*) sul modello del fr. *floréal* 'floreale'] s. m. ● Ottavo mese del calendario rivoluzionario francese, il cui inizio corrispondeva al 20 aprile e il termine al 19 maggio.

fiorìno s. m. *1* Dim. di *fiore* (*1*). *2* Moneta d'oro coniata in Firenze nel sec. XIII, del valore di venti soldi, che su una faccia aveva il giglio e sull'altra il Battista, imitata in molti Stati spec. dell'Europa centrale | Unità monetaria attualmente circolante in Antille Olandesi, Paesi Bassi, Suriname e Ungheria. ➡ ILL. **moneta**. *3* (*est.*) †Denaro, moneta.

fiorire o †**florire** [lat. tardo *florīre*, da *florēre* (da *flōs*, genit. *flōris* 'fiore (1)'), con metaplasmo] **A** v. intr. (*io fiorisco, tu fiorisci*; aus. *essere*) *1* Far fiori, coprirsi di fiori: *la pianta, il ramo, il giardino, la campagna fioriscono* | *Il grano fiorisce*, fa la spiga. *2* (*fig.*) Essere nel pieno vigore, floridezza, rigoglio e sim.: *la giovinezza fiorisce*; *le arti e i commerci fiorirono nell'Italia rinascimentale* | (*est.*) Essere adorno: *f. di virtù, di bellezza, d'innocenza*. SIN. Prosperare. *3* (*fig.*) Giungere alla fama, divenire illustre: *Dante fiorì alla fine dell'Evo Medio*; *Roma fiorì per le armi e per il diritto*. *4* (*fig.*) Riuscire, attuarsi: *vide f. le proprie speranze* | Giungere a un certo risultato: *la sua bontà fiorìva*. *5* Coprirsi di muffa, di ossido o di un sale in efflorescenza: *il vino, il rame, i muri fioriscono* | Incresparsi, spec. per umidità: *l'intonaco del soffitto sta fiorendo* | Divenire ruvido per foruncoli e sim.: *f. per, di, acne* | Incanutire, detto di capelli, barba, tempie. **B** v. tr. *1* (*raro*) Render pieno di fiori: *la primavera fiorisce i campi e i giardini*. *2* Cospargere di fiori, ornare con fiori: *f. una tomba, il cammino di qc.*; *f. la mensa, le stanze*. *3* Dipingere o disegnare a fiori: *f. una parete*. *4* (*fig.*) Abbellire, arricchire: *f. uno scritto, un discorso con eleganti metafore*. *5* †Bollare con un marchio d'infamia a forma di fiore. **C** v. rifl. ● †Ornarsi || PROV. Se son rose, fioriranno.

fiorista [fr. *fleuriste*, da *fleur* 'fiore (1)'] s. m. e f. (pl. m. *-i*) *1* Fioraio | Fabbricante o venditore di fiori artificiali. *2* Pittore di fiori.

fiorita [f. sost. di *fiorito*] s. f. *1* Fiori e foglie, anche riuniti in festoni, con cui si ornano strade o chiese in occasione di feste, processioni e sim.: *spargere la f.* | (*fig., scherz.*) Insieme di oggetti sparsi disordinatamente spec. per terra: *la tua casa è una f. di cenci, piatti e bicchieri*. *2* Compendio e scelta di canti, poesie, brani letterari e sim.: *f. di liriche provenzali*. *3* †Fioritura.

†**fioritézza** s. f. ● Carattere di ciò che è fiorito, elegante: *f. di stile*.

fiorito o †**florito**. part. pass. di *fiorire*; anche agg. *1* Nei sign. del v. *2* (*est.*) Di ciò che è tessuto a fiori: *seta fiorita*. *3* Pieno: *un tema f. di errori di ortografia*. *4* (*fig.*) Scelto, eletto, eccellente, illustre: *gente, conversazione fiorita*; *ingegno f.* *5* (*fig.*) Ornato: *stile f.*; *uomo f. d'ogni virtù* | *Carità fiorita*, splendida e affettuosa | *Gotico f.*, è detto lo stile gotico tardo, caratterizzato da un gusto accentuato per la ricchezza e l'eleganza dei motivi decorativi. *6* (*fig.*) Prospero, felice: *età, vita fiorita* | *Scuola fiorita*, molto frequentata. || **fioritaménte**, avv. In modo fiorito; con eleganza.

fioritùra [da *fiorire*] s. f. *1* Atto, effetto del produrre fiori: *una f. ricca, bella, rigogliosa*; *è ormai il momento della f.* | (*est.*) Epoca in cui le piante fioriscono: *siamo alla f.* *2* (*fig.*) Grande sviluppo e rigoglio: *le arti sono in piena f.*; *si assiste ad una incredibile f. di studi e scoperte scientifiche*. *3* (*fig.*) Abbellimento, eleganza: *la f. dello stile*; *un brano musicale ricco di fioriture*. *4* Macchia di umidità, ossido e sim. | Eruzione: *una f. di foruncoli*.

fioróne s. m. *1* Accr. di *fiore* (*1*). *2* Fico primaticcio, non molto saporito, che matura a primavera avanzata o all'inizio dell'estate.

fiorrancìno [da *fiorrancio* 'calendola', per il ciuffo che ricorda quel fiore] s. m. ● Passeraceo comune sui monti italiani, riconoscibile per la parte superiore del capo color rosso fuoco (*Regulus ignicapillus*).

fiorràncio [dal colore *arancio* dei *fiori*] s. m. ● (*bot.*) Calendola.

fiorùme [da *fiore* (*1*)] s. m. ● Insieme di residui di piante affienate sparsi sul pavimento del fienile.

fiòsso [lat. parl. **flŏssu(m)*, da **fŏssulu(m)*, da *fŏssa* 'fossa'] s. m. *1* Arco del piede, piú o meno marcato. *2* La parte più stretta della scarpa, situata fra il tacco e la pianta.

fiottàre [da *fiotto*] v. intr. (*io fiòtto*; aus. *avere*) *1* (*lett.*) Rumoreggiare o gorgogliare sordamente. *2* (*centr.*) Borbottare, piagnucolare, mugugnare.

fiottìo [da *fiottare*] s. m. ● Brontolio continuo e insistente di acque mosse | (*fig.*) Piagnucolio.

fiòtto [lat. *flŭctu(m)*, da *flŭere* 'scorrere'] s. m. *1* †Movimento ondoso del mare ed il rumore che ne deriva | †Marea. *2* Quantità di liquido che esce in una volta e d'improvviso: *un f. inerte e denso di sangue cupo sgorgò dalla bocca* (BACCHELLI). *3* (*raro*) Borbottio lamentoso. *4* †Insulto, rimprovero. *5* †Moltitudine, frotta | *In f.*, tutti insieme, con impeto.

firma [da *firmare*] s. f. *1* Sottoscrizione del proprio nome e cognome per chiudere una scrittura, confermarla o renderne noto l'autore: *apporre, mettere la f.*; *f. chiara, illeggibile, per esteso* | (*bur.*) *Andare alla f.*, di impiegati che si recano dal direttore per far firmare la corrispondenza; di documento inviato a chi deve firmarlo per renderlo valido, esecutivo e sim. | *F. falsa*, imitata, non autentica | *Sottoporre una f. a perizia calligrafica*, farla esaminare per controllarne l'autenticità | *Raccogliere le firme*, le adesioni per qualche iniziativa | *Registro delle firme*, dei visitatori | *Far onore alla propria f.*, essere puntuale nell'adempimento di obblighi, promesse e sim. | (*fam.*) *Ci farei la f.!*, ne sarei felice. *2* Nome di chi gode rinomanza, stima, credito nel campo artistico, letterario, commerciale: *avere una buona f.* | La persona stessa: *essere una grande f.* *3* (*raro*) Ditta. *4* Atto e operazione del firmare: *documenti che vanno alla f.*; *ora della f.* *5* Nel linguaggio commerciale, potere di trattare e assumere obbligazioni in nome e per conto di terzi: *ha la f. per l'impresa* | (*banca*) *Credito di f.*, garanzia prestata dalla banca a terzi. *6* (*fig.*) Conferma, ratifica | (*est.*) Approvazione: *per partire aspettiamo la vostra f.* *7* Nel gergo militare, firmaiolo. || **firmétta**, dim.

firmaiòlo s. m. ● (*spreg.*) Nel gergo militare, chi, firmando il documento di rafferma, prolunga per volontà propria il periodo della ferma militare.

firmaménto [vc. dotta, lat. *firmamĕntu(m)* 'sostegno (del cielo)', da *firmāre* 'tener saldo'] s. m. *1* Cielo: *le stelle del f.* *2* (*fig.*) Gruppo di persone che in certo settore hanno raggiunto un grado elevato di capacità e notorietà: *il f. del cinema, del teatro, della letteratura*. *3* †Atto, effetto del confermare | †Stabilità.

firmàno [persiano *farmān* 'ordine'] s. m. ● Decreto, licenza, ordine dei sultani ottomani.

firmànte **A** part. pres. di *firmare*; anche agg. ● (*raro*) Nei sign. del v. **B** s. m. e f. ● (*raro*) Firmatario.

firmàre [vc. dotta, lat. *firmāre* 'render saldo, assicurare', da *fĭrmus* 'saldo'] **A** v. tr. (*io firmo*) *1* Munire della propria firma: *f. un atto come autore, come testimone*; *f. col timbro, di mano propria* | (*est.*) Ratificare o sanzionare apponendo la firma: *f. un trattato, un decreto* | *F. la propria condanna*, (*fig.*) essere la causa diretta delle proprie sventure, di un insuccesso e sim. SIN. Sottoscrivere. *2* †Fondare, fissare, munire. **B** v. rifl. ● (*raro*) Sottoscriversi.

firmàrio [da *firma*] s. m. ● (*bur.*) Cartella per documenti o lettere da firmare.

firmatàrio [da *firmare*] s. m.; anche agg. (f. *-a*) ● Chi, che sottoscrive con la propria firma un atto, un documento e sim., per approvarlo, ratificarlo, renderlo esecutivo e sim.: *i firmatari del trattato di pace*; *i ministri firmatari del nuovo accordo commerciale*.

firmàto part. pass. di *firmare*; anche agg. *1* Nei sign. del v. *2* Detto di capo di abbigliamento o di accessorio che porti la sigla di un noto stilista: *una camicetta, una borsetta firmata*.

firmware /'firmwer, *ingl.* 'fɜːm wɛə/ [vc. ingl., comp. di *firm* 'fermo, stabile' (dal lat. *fĭrmu(m)*) e *ware* 'elemento' (vc. di orig. germ.)] s. m. inv. ● (*elab.*) Insieme delle istruzioni e dei programmi residenti in memoria di cui un sistema di elaborazione è permanentemente dotato dal costruttore.

firn [ted. dial. 'vecchio di un anno'] s. m. inv. ● Neve caduta da parecchio tempo e che in parte si è trasformata in ghiaccio.

first-lady /'ferst 'ledi, *ingl.* 'fɜːst 'leidi/ [vc. ingl., letteralmente 'prima (*first*) signora (*lady*)'] s. f. inv. (pl. ingl. *first ladies*) *1* La moglie del presidente degli Stati Uniti d'America e (*est.*) del presidente di altre repubbliche. *2* (*fig.*) Donna che primeggia in un determinato campo: *la first-lady della moda italiana*.

fisàlia [dal gr. *physaléos* 'pieno di vento', da *physáō* 'io soffio'] s. f. ● Celenterato marino formante colonie sostenute da un grosso pneumatoforo vescicolare, da cui pendono i filamenti atti a catturare il cibo (*Physalia physalis*).

†**fisàre** [da (*af*)*fisare*] v. tr. ● Affisare.

fisarmònica [ted. *Physarmonika*, comp. del gr. *phŷsa* 'mantice' e *harmonikós* 'armonico'] s. f. ● Strumento musicale formato da un mantice a soffietto con ai lati due tastiere, una per la melodia e una per l'accompagnamento | *A f.*, (*fig.*) a soffietto, come una fisarmonica. ➡ ILL. **musica**.

fisarmonicista s. m. e f. (pl. m. *-i*) ● Chi suona la fisarmonica.

†**fiscalàto** s. m. ● Titolo, dignità e ufficio di fiscale.

fiscal drag /*ingl.* 'fiskəl dræg/ [loc. ingl., comp. di *fiscal* 'fiscale' e *drag* 'trascinamento'] loc. sost. m. inv. (pl. ingl. *fiscal drags*) ● Drenaggio fiscale.

fiscàle [vc. dotta, lat. *fiscāle(m)*, da *fĭscus* 'fisco'] **A** agg. *1* Relativo al fisco: *reati fiscali*; *aggravio f.*; *codice f.* | (*econ.*) *Ricevuta f.*, documento obbligatorio attestante l'effettuazione di una prestazione a titolo oneroso da parte di determinate categorie di contribuenti | *Scontrino f.*, documento rilasciato da determinati operatori economici a seguito di vendita o somministrazione di beni in pubblici esercizi o in locali aperti al pubblico | *Dazio f.*, avente lo scopo di procurare un'entrata allo Stato | *Avvocato f., procuratore f.*, chi un tempo sosteneva l'accusa nei processi, come l'attuale pubblico ministero | *Medico f.*, fiduciario di un'amministrazione incaricato di sottoporre a visita medica i dipendenti assenti per malattia. **2** (*fig.*) Duro, rigoroso, vessatorio | Inquisitorio: *domande fiscali* | Pignolo, meschino: *mostrarsi f. con i dipendenti*. || **fiscalmente**, avv. In modo fiscale e vessatorio. **B** s. m. (f. *†-essa* nel sign. 2) **1** (*filat.*) Marca da bollo. **2** (*est.*) Persona inquisitrice. **3** †Avvocato, procuratore fiscale.

fiscaleggiàre [da *fiscale*] v. intr. (*io fiscaléggio*; aus. *avere*) ● Esaminare e indagare con pignoleria e malignità per scoprire errori e manchevolezze altrui.

fiscalìsmo s. m. ● Metodo o sistema improntato a fiscalità.

fiscalìsta s. m. e f. (pl. m. *-i*) **1** Specialista, esperto di questioni fiscali. **2** (*fig.*) Persona il cui comportamento è ispirato a fiscalismo.

fiscalìstico agg. (pl. m. *-ci*) ● (*raro*) Relativo al fiscalismo.

fiscalità s. f. **1** Sistema fiscale. **2** (*fig.*) Eccessiva rigidezza e pignoleria.

fiscalizzàre [da *fiscale*] v. tr. ● Trasferire all'erario: *il governo fiscalizza la riduzione del prezzo del gasolio* | Attribuire al fisco oneri o spese che in precedenza gravavano su privati.

fiscalizzazióne s. f. ● Atto, effetto del fiscalizzare | *F. degli oneri sociali*, intervento dello Stato che si assume oneri previdenziali in precedenza posti a carico degli imprenditori.

fiscèlla [lat. *fiscĕlla(m)*, dim. di *fiscina*, dim. di *fiscus* 'cestello'. V. *fisco*] s. f. ● Cestello di vimini usato per far scolare il siero della ricotta fresca.

fischiàre o (*pop., tosc.*) **fistiàre** [lat. tardo *fistulāri* 'suonare la zampogna', da *fistula* 'zampogna', di etim. incerta] **A** v. intr. (*io fischio*; aus. *avere*) **1** Emettere o produrre un suono acuto e sibilante: *f. con le labbra, con due dita in bocca, con un fischietto; la locomotiva fischia; il vento fischiava tra i rami; la serpe scattò fischiando; i proiettili fischiavano attorno a lui senza colpirlo* | *F. al cane, a qc.*, fare un fischio o sibilo di richiamo | *F. ai tordi, alle quaglie*, imitarne il fischio per farli avvicinare | (*fam.*) *Mi fischia un orecchio*, qualcuno parla di me. **2** Essere di pronuncia difettosa riguardo alle consonanti sibilanti: *quando parla fischia*. **3** (*fig., tosc.*) Essere in miseria | Essere sdrucito, rotto: *le sue scarpe fischiano*. **4** (*raro, fig.*) †Cacciarsi, precipitarsi, buttarsi. **B** v. tr. **1** Riprodurre col fischio un'aria musicale: *f. una canzone, un motivetto* | *F. un ordine*, ordinare q.c. ai marinai mediante il fischietto. SIN. Zufolare. **2** Disapprovare con fischi: *fischiarono il tenore, l'autore, la commedia* | (*fig.*) *F. una bastonata*, darla forte | *†Fischiarla a uno*, accoccargliela. **3** Nel calcio e sim., rilevare da parte dell'arbitro con un colpo di fischietto un fallo, o dare un ordine d'arresto o di ripresa del gioco: *f. un fuorigioco, la fine dell'incontro* | *F. il calcio d'inizio*, dare il via alla partita.

fischiàta o (*pop., tosc.*) **fistiàta** [da *fischiare*] s. f. **1** Fischio spec. di richiamo, di riconoscimento e sim.: *fammi una f. dalla strada così ti riconoscerò*. **2** Manifestazione di disapprovazione o scherno fatta con forti fischi e alti schiamazzi: *dovevi sentire le fischiate dal loggione!* | *Tirarsi le fischiate*, provocarle. || **fischiatina**, dim.

fischiatóre o (*pop., tosc.*) **fistiatóre** [lat. *fistulatōre(m)* 'suonatore di flauto, di zampogna', da *fistula* 'zampogna'] **A** agg. (f. *-trice*) ● Che fischia: *serpe fischiatrice*. **B** s. m. **1** Chi sa fischiare molto bene. **2** Chi imita il verso degli uccelli per richiamo. **3** Chi manifesta la propria disapprovazione fischiando.

fischierellàre [cfr. *fischiettare*] v. tr. e intr. (*io fischierèllo*; aus. intr. *avere*) ● Fischiare piano: *f. una canzoncina; fischierella sempre mentre si fa la barba*.

fischiettàre [ints. di *fischiare*] v. tr. e intr. (*io fischiétto*; aus. intr. *avere*) ● Fischiare leggermente: *f. un'arietta*.

fischiettìo s. m. ● Il continuo e insistente fischiettare.

fischiétto s. m. **1** Dim. di *fischio* (*1*). **2** Piccolo oggetto attraverso cui si fischia: *il f. del capostazione, dell'arbitro* | Strumento con cui si imita il sibilo o il verso di vari uccelli: *un f. per i tordi, per le pernici*. **3** (*sport, fig., est.*) Nel calcio, arbitro: *il miglior f. italiano*. **4** (*al pl.*) Pasta da minestra, sorta di cannelloni corti. || **fischiettino**, dim.

fischio (**1**) o (*pop., tosc.*) **fistio** [da *fischiare*] s. m. **1** Suono lungo e sottile prodotto da persone, animali o cose: *un f. forte, prolungato, di richiamo; senti il f. del merlo; si udiva il f. del vento tra le foglie; e il treno non smetteva quel suo altissimo f. per le campagne* (CALVINO) | *Accogliere a, con fischi*, manifestando ostilità o disapprovazione | (*fig.*) *Prendere fischi per fiaschi, un corno per un f.*, una grossa svista. **2** Piccolo strumento di materiale vario, sagomato in modo che, soffiandoci dentro, ne esca un fischio: *il f. del capostazione; giocattolo col f.* | *Non valere un f.*, nulla. || **fischiétto**, dim. (V.) | **fischióne**, accr.

fischìo (**2**) [da *fischiare*] s. m. ● Il fischiare prolungato e insistente: *si sentiva ... negli orecchi un ronzìo, un f. continuo* (MANZONI).

fischióne [dal caratteristico *fischio* che emette volando] s. m. **1** Uccello degli Anseriformi affine all'anatra, che, diffuso nell'Europa settentrionale ove vive in vicinanza di zone d'acqua, sverna in Italia (*Anas penelope*). SIN. Anatra matta. **2** Chiurlo.

fiscina [vc. dotta, lat. *fīscina(m)*, dim. di *fīscus* 'cestello' (V. *fisco*)] s. f. ● (*lett.*) Paniere, cesta di vimini, spec. per riporvi la frutta: *al secondo è apparecchiata una nova e bella f.* (SANNAZARO).

fisciù s. m. ● Adattamento di *fichu* (V.).

fisco [vc. dotta, lat. *fīscu(m)* 'cestello', poi 'cassa dello stato', di etim. incerta] s. m. **1** Amministrazione dello Stato a cui si devolvono i tributi, il ricavato delle condanne pecuniarie, le eredità di coloro che muoiono senza eredi legittimi o testamentari: *incamerare nel f.* **2** Amministrazione finanziaria: *esattore del f.; lite col f.; avvocato del f.*

fiscolo [vc. dotta, lat. tardo *fīsculu(m)*, dim. di *fīscus*. V. *fisco*] s. m. ● Recipiente circolare di fibra o disco metallico per stratificare la pasta di olive da sottoporre a pressione. SIN. Bruscola.

fisetère [vc. dotta, lat. *physetēre(m)*, nom. *physētēr*, dal gr. *physētḗr* 'canale per la respirazione dei cetacei', al pl. 'cetacei', da *physáō* 'io soffio'] s. m. ● (*zool.*) Capodoglio.

fisherman /ingl. ˈfiʃəmən/ s. m. inv. ● Acrt. di *sport-fisherman* (V.).

fish eye /ingl. ˈfiʃ ai/ [vc. ingl., propr. 'occhio di pesce', comp. di *fish* 'pesce' (vc. germ. d'orig. indeur.) e *eye* 'occhio' (vc. germ.)] s. m. inv. ● (*fot.*) Obiettivo grandangolare con angolo di ripresa molto ampio che crea un'immagine a prospettiva sferica, così chiamato perché la lente esterna è molto curva e sporgente come l'occhio di un pesce.

fisiàtra [comp. di *fis*(*iochinesiterapia*) e *-iatra*] s. m. e f. (pl. m. *-i*) ● Medico specialista in fisiatria.

fisiatrìa s. f. **1** (*med.*) Termine impiegato per indicare il trattamento delle malattie con mezzi fisici. **2** Fisioterapia.

fisiàtrico agg. ● Della, relativo alla fisiatria.

fìsica [vc. dotta, lat. *phȳsica(m)*, nom. *phȳsica*, dal gr. *physikḗ* (sottinteso *téchnē*) 'arte della natura', da *phýsis* 'natura'] s. f. **1** Scienza che studia la materia, l'energia e le loro reciproche interazioni: *La f. era prosa: elegante ginnastica della mente, specchio del Creato* (LEVI) | *F. matematica*, disciplina che tratta questioni fisiche con metodi strettamente matematici | *F. nucleare, atomica*, scienza che studia l'atomo e la sua struttura | *F. elettronica*, branca della fisica che studia le azioni degli elettroni. **2** †Filosofia naturale. **3** †Arte medica. || **fisichétta**, dim. (V.).

fisicalìsmo [ted. *Physikalismus*, da *physikalisch*, agg. di *Physik* 'fisica'] s. m. ● Programma e movimento filosofico di unificazione delle scienze sulla base del linguaggio della fisica che viene assunto come unitario e universale.

fisichétta s. f. **1** Dim. di *fisica*. **2** Nel linguaggio universitario, esame di sperimentazione di fisica.

fisicìsmo [fr. *physicisme*, da *physique* 'fisico'] s. m. ● (*filos.*) Dottrina che tende a dare una spiegazione fisica di tutte le realtà.

fisicìsta [fr. *physiciste*, da *physicisme* 'fisicismo'] s. m. e f. (pl. m. *-i*) ● (*filos.*) Chi segue o si ispira al fisicismo.

fisicità s. f. ● Qualità di ciò che è fisico | Corporeità, materialità.

fìsico [vc. dotta, lat. *phȳsicu(m)*, nom. *phȳsicus*, dal gr. *physikós*, da *phýsis* 'natura'] **A** agg. (pl. m. *-ci*) **1** Che concerne la natura, i suoi fenomeni e le leggi che li regolano: *cause, ragioni, prove fisiche; proprietà, scienze, leggi fisiche; è curioso che l'ordine f. sia così lento a filtrare in noi* (MONTALE) | *Carte fisiche*, che mettono in evidenza i fatti fisici della superficie terrestre, quali l'orografia, il clima, le caratteristiche geologiche e sim. **2** Del, relativo al corpo umano: *difetto f.; forza fisica* | *Effetti fisici*, opposti a quelli morali | *†Malattie fisiche*, interne | *†Dottore, medico f.*, di malattie interne. || **fisicaménte**, avv. **1** Secondo la fisica: *principio fisicamente inaccettabile*. **2** Relativamente al corpo: *fisicamente sei a posto*. **3** Materialmente: *mi è fisicamente impossibile essere lì per le tre*. **B** s. m. (V. nota d'uso FEMMINILE) **1** Studioso di fisica. **2** Complessione del corpo umano, sua condizione di salute e sua conformazione: *avere un bel f.; un f. cagionevole; valutare qc. nel f. e nel morale*. **3** †Studioso di filosofia naturale. **4** †Medico.

fisicochìmica [comp. di *fisica* e *chimica*] s. f. ● Scienza che studia i fenomeni concernenti la fisica e la chimica.

fisicomatemàtico [comp. di *fisico* e *matematico*] **A** agg. (pl. m. *-ci*) ● Attinente a fisica e matematica. || **fisicomatematicaménte**, avv. Secondo la fisica e la matematica. **B** s. m. ● Cultore di fisica matematica.

fisicomeccànica [comp. di *fisica* e *meccanica*] s. f. ● Scienza fisica relativa spec. alla meccanica.

fisima [etim. incerta: deformazione pop. di *sofisma* (?)] s. f. ● Idea fissa, singolare e capricciosa: *ha la f. di far versi; è pieno di fisime* | *†Andare in f.*, in collera | *†Dar nelle fisime*, infuriarsi. SIN. Fissazione.

fisio- [dal gr. *physio-*, da *phýsis* 'natura', di origine indeur.] primo elemento ● In parole composte dotte o scientifiche, ha il significato di 'natura' (*fisiognosia, fisiologia*) o di 'fisico' (*fisioterapia*) | In alcuni casi è accorciamento di *fisiologia* e vale 'considerato dal punto di vista fisiologico'.

fisiochinesiterapìa e *deriv.* ● V. *fisiocinesiterapia* e *deriv.*

fisiocinesiterapìa o **fisiochinesiterapìa**, **fisiokinesiterapìa** [comp. di *fisio-*, *cinesi-* e *terapia*] s. f. ● (*med.*) Fisioterapia basata sull'esecuzione di specifici movimenti ed esercizi fisici terapeutici.

fisiocinesiterapista o **fisiochinesiterapista** s. m. e f. (pl. m. *-i*) ● (*med.*) Chi pratica la fisiocinesiterapia.

fisiòcrate [fr. *physiocrate*, da *physiocratie* 'fisiocrazia'] s. m. ● Economista seguace della fisiocrazia.

fisiocràtico **A** agg. (pl. m. *-ci*) ● Che concerne la fisiocrazia. **B** s. m. ● Fisiocrate.

fisiocrazìa [fr. *physiocratie*, comp. del gr. *phýsis* 'natura' e *krátos* 'forza, potere'] s. f. ● Dottrina economica sorta nel XVIII sec. che sosteneva la libertà di circolazione dei beni, e riteneva la terra unica fonte di ricchezza.

fisiognomìa ● V. *fisiognomonia*.

fisiognòmica ● V. *fisiognomonia*.

fisiognòmico ● V. *fisiognomonico*.

fisiògnomo [vc. dotta, lat. *physiognōmon*, nom. del gr. *physiognṓmōn*, comp. di *phýsis* 'natura' e *gnṓmōn* 'conoscitore', da *gignṓskō* 'io conosco'] s. m. ● Esperto di fisiognomonia.

fisiognomonìa o **fisiognòmica**, **fisiognomìa**, **fisiognomònica** [vc. dotta, gr. *physiognōmonía*. V. *fisiognomo*] s. f. ● Scienza che cerca di interpretare i caratteri di un individuo dall'aspetto esterno.

fisiognomònico o **fisiognòmico**. agg. (pl. m. *-ci*) ● Relativo alla fisiognomonia.

fisiognosìa [comp. di *fisio-* e del gr. *gnôsis* 'conoscenza'] s. f. ● Nella filosofia di Peirce, il complesso delle scienze della natura.

fiṣiokineṣiterapìa ● V. *fisiocinesiterapia*.

fiṣiologìa [vc. dotta, lat. *physiolŏgia(m)*, nom. *physiolŏgia*, dal gr. *physiología*. V. *fisio-* e *-logia*] s. f. ● Scienza che studia le funzioni organiche dei vegetali e degli animali: *f. umana, vegetale*.

fiṣiològico [vc. dotta, lat. tardo *physiolŏgicu(m)*, nom. *physiolŏgicus*, dal gr. *physiologikós*, da *physiología* 'fisiologia'] agg. (pl. m. *-ci*) **1** Che concerne la fisiologia. **2** Naturale, normale: *la fame è un fatto f.* ‖ **fisiologicaménte**, avv.

fiṣiòlogo [vc. dotta, lat. tardo *physiŏlogu(m)*, nom. *physiŏlogus*, dal gr. *physiológos*. V. *fisiologia*] s. m. (f. *-a*; pl. m. *-gi*, pop. *-ghi*) **1** Studioso di fisiologia. **2** †Naturalista.

fiṣiomanzìa [comp. di *fisio(nomia)* e *-manzia*] s. f. ● Arte d'indovinare il passato o il futuro di una persona in base ai tratti della sua fisionomia.

fiṣionomìa o **fiṣonomìa** [da *fisiognomonia*] s. f. **1** Aspetto caratteristico di una persona, costituito dalla figura del corpo, dai lineamenti del viso e dall'espressione: *f. regolare, bella, brutta, nota*; *la f. immobile di cartapecora, la voce brutalmente sonora* (SVEVO). **2** (*est.*) Aspetto esteriore generale e tipico di q.c.: *un paesaggio con una inconfondibile f.*; *con proprie motivazioni e propria f.* (CROCE). SIN. Carattere.

fiṣionòmico o †**fiṣonòmico** nel sign. B. **A** agg. (pl. m. *-ci*) ● Della fisionomia: *carattere f.* **B** s. m. ● †Studioso di fisionomia.

fiṣionomìsta o **fiṣonomìsta** [fr. *physionomiste*, da *physionomie* 'fisionomia'] s. m. e f. (pl. m. *-i*) ● Chi ha l'attitudine a riconoscere immediatamente una persona scorta o conosciuta in precedenza in base al ricordo della sua fisionomia: *essere, non essere f.*

fiṣiònomo o **fiṣònomo** s. m. (f. *-a*) ● (*raro*) Fisionomista.

fiṣiopatologìa [comp. di *fisio-* e *patologia*] s. f. (pl. *-gie*) ● Branca della medicina che studia le modificazioni organiche che insorgono durante una malattia.

fiṣiopatològico agg. (pl. m. *-ci*) ● Relativo alla fisiopatologia.

fiṣiopsìchico [comp. di *fisio-* e *psichico*] agg. (pl. m. *-ci*) ● Psicofisico.

fiṣiopsicologìa [comp. di *fisio(logia)* e *psicologia*] s. f. ● Psicofisiologia.

fiṣioterapìa [comp. di *fisio-* e *terapia*] s. f. ● (*med.*) Ramo della medicina riabilitativa che si avvale di mezzi fisici (elettricità, ultrasuoni, freddo, luce, radiazioni termiche), dell'attività fisica, del massaggio a scopo terapeutico. SIN. Terapia fisica, fisiatria.

fiṣioteràpico agg. (pl. m. *-ci*) ● (*med.*) Che concerne la fisioterapia.

fiṣioterapìsta s. m. e f. (pl. m. *-i*) ● (*med.*) Tecnico che applica la fisioterapia.

fiṣo [da †*fisare* 'affisare'] **A** agg. ● (*lett.*) Fisso, intento, detto dello sguardo o del pensiero. **B** avv. ● (*lett.*) Fissamente, intensamente: *Ma guarda f. là, e disviticchia / col viso quel che vien sotto a quei sassi* (DANTE *Purg.* X, 118-119) | †*Dormire f.*, profondamente, sodo.

fiṣo- [dal gr. *phŷsa* 'bolla', di origine indeur.] primo elemento ● In parole composte della terminologia scientifica, significa 'bolla, vescica': *fisofora, fisoclisti*.

fiṣoclìsti [comp. di *fiso-* e del gr. *kleistós* 'chiuso'] s. m. pl. ● Nella tassonomia animale, specie di pesci Teleostei nei quali la vescica natatoria non comunica con l'apparato digerente (*Physoclisti*) | (al sing. *-o*) Ogni individuo di tale specie.

fiṣòfora [comp. di *fiso-* e *-foro*] s. f. ● Celenterato coloniale marino dell'ordine dei Sifonofori, la cui colonia si allunga su uno stolone sormontato dal pneumatoforo e prolungato da tentacoli prensili (*Physophora hydrostatica*).

fiṣomètra [comp. di *fiso-* e del gr. *mḗtra* 'utero'] s. f. ● (*med.*) Distensione dell'utero per formazione di gas, per lo più di origine putrefattiva.

fiṣonomìa e *deriv.* ● V. *fisionomia* e *deriv.*

Fiṣòstomi [comp. di *fiso-* e *-stoma*] s. m. pl. ● Nella tassonomia animale, ordine di Pesci degli Attinopterigi nei quali la vescica natatoria comunica con l'esterno mediante il dotto pneumatico che la unisce all'esofago (*Physostomi*) | (al sing. *-o*) Ogni individuo di tale ordine.

fissa s. f. ● (*fam.*) Pensiero fisso, idea ossessiva, fissazione: *avere una f.*

fissàbile agg. ● Che si può fissare.

fissàggio [fr. *fixage*, da *fixer* 'fissare'] s. m. **1** Atto, effetto del fissare. **2** Operazione chimica per rendere stabile l'immagine fotografica ottenuta con lo sviluppo. **3** In tintoria, operazione con cui si fissano i colori di un tessuto.

fissamaiùscole [comp. di *fissare* e il pl. di *maiuscola*] s. m. inv. ● Tasto delle macchine per scrivere che fissa nella posizione di 'maiuscole' il carrello, permettendo così la scrittura a lettere tutte maiuscole.

fissàre [da *fisso*] **A** v. tr. (*io fisso*) **1** Rendere fisso, fermo, stabile: *f. un'imposta, un uscio*; *f. un foglio con le puntine da disegno* | *F. un colore*, impedirne ogni modifica o alterazione | *F. la carne*, impedirne la ulteriore frollatura con una prima cottura. **2** (*est.*) Fermare su q.c. o qc.: *f. l'occhio su una vetrina*, *l'attenzione sulle parole dell'insegnante* | *F. l'anima e il volto su q.c.*, tenere gli occhi e l'attenzione fermi a q.c. | *F. gli occhi su qc.*, porgli gli occhi addosso; (*fig.*) fare assegnamento su di lui | *F. q.c. nella mente*, imprimerla nella memoria. **3** Guardare intensamente e a lungo: *f. bene in volto qc.*; *non f. così la gente!* **4** Determinare, limitare, stabilire: *f. un principio, una teoria, una regola grammaticale, una data, un appuntamento*. **5** (*fig.*) Prendere per sé mediante impegno, accordo e sim.: *f. una camera d'albergo, un appartamento, un domestico* | Pattuire: *f. q.c. per una data somma*; *f. il prezzo di q.c.* **6** Sottoporre la pellicola fotografica al fissaggio. **B** v. intr. pron. **1** Tenersi fermo | Stabilirsi in un luogo: *dopo mille peregrinazioni si è fissato a Roma*. **2** (*fig.*) Pensare continuamente a q.c., ostinarsi o insistere su q.c. o qc.: *fissarsi con l'occhio, con la mente*; *si è fissato di divenire un pittore*. SIN. Intestarsi. **3** Stare assorto, con l'occhio o la mente fissi in q.c.

fissatìvo agg. ● Detto di sostanze impiegate in varie tecnologie, come la fotografia, la tintura delle stoffe, la chimica e sim. per conservare o proteggere altre sostanze o il prodotto finale di una lavorazione.

fissàto **A** part. pass. di *fissare*; anche agg. ● Nei sign. del v. **B** s. m. (f. *-a* nel sign. 1) **1** Chi ha una fissazione, una mania. **2** Impegno, accordo: *non stare al f.* | (*tosc.*) Appuntamento: *mancare al f.*

fissàto bollàto [comp. dei part. pass. di *fissare* e *bollare*] loc. sost. m. ● Modulo, assoggettato all'imposta di bollo, su cui vengono redatti i contratti di Borsa.

fissatóre [fr. *fixateur*, da *fixer* 'fissare'] **A** agg. ● Atto a fissare. **B** s. m. (f. *-trice*) **1** Operaio di una tintoria addetto al fissaggio dei colori. **2** Componente principale di una soluzione di fissaggio. **3** Cosmetico liquido o pastoso, usato per mantenere la piega dei capelli.

fissazióne [da *fissare*] s. f. **1** Atto del rendere fisso, fermo, stabile. **2** (*psicol.*) Idea ossessiva, ostinata. **3** (*est., fam.*) Ubbia, fisima. **4** †Sguardo fisso.

fissile [vc. dotta, lat. *fĭssile(m)*, da *fĭssus*, part. pass. di *fĭndere* 'fendere'] agg. **1** Che si fende facilmente in lamina: *roccia f.* **2** (*fis.*) Detto di nuclide capace di scindersi per fissione in seguito a cattura di neutroni | Detto di materiale contenente nuclei capaci di subire la fissione in seguito all'assorbimento di neutroni di qualsiasi energia. SIN. Fissionabile.

fissilità s. f. ● (*fis.*) Qualità di fissile.

fissionàbile [da *fissione*, sul modello dell'ingl. *fissionable*] agg. ● (*fis.*) Fissile.

fissionàre v. tr. (*io fissióno*) ● (*fis.*) Sottoporre a una fissione nucleare: *f. un nucleo atomico*.

fissióne [ingl. *fission*, dal lat. *fissiōne(m)* 'fendimento', da *fĭssus* (V. *fesso (1)*)] s. f. ● (*fis.*) Rottura, spontanea o indotta da bombardamento di opportune particelle, di un nucleo atomico talvolta con enorme liberazione di energia.

fissìparo [comp. del lat. *fĭssus* (V. *fesso (1)*) e un deriv. di *părere* 'partorire'] agg. ● Detto di animale, spec. protozoo, che si riproduce per scissione.

Fissìpedi [vc. dotta, lat. tardo *fissĭpede(m)*, comp. di *fĭssus* (V. *fesso (1)*) e *pēs*, genit. *pĕdis* 'piede'] s. m. pl. ● Nella tassonomia animale, sottordine dei Mammiferi carnivori, le cui zampe hanno dita ben distinte fra loro e munite di artigli (*Fissipedia*) | (al sing. *-e*) Ogni individuo di tale sottordine.

fissìṣmo s. m. ● (*biol.*) Teoria che sostiene la fissità, l'invariabilità delle specie viventi. CONTR. Evoluzionismo.

fissìstico agg. (pl. m. *-ci*) ● (*biol.*) Che concerne il fissismo.

fissità [da *fisso*] s. f. ● Qualità o caratteristica di ciò che è fisso, immobile: *la f. del suo sguardo mi impressiona* | Invariabilità, immutabilità: *la f. delle idee* | (*est.*) Fermezza, costanza: *la f. dei nostri propositi*.

fisso [lat. *fīxu(m)*, part. pass. di *fīgere* 'fissare', di origine indeur.] **A** agg. **1** Fissato e attaccato tanto saldamente da non potersi spostare o muovere: *tavola fissa*; *chiodo f. al muro*; *f. coi chiodi*; *coltello a manico f.* | *Corda fissa*, nell'alpinismo, corda, per lo più metallica, fissata in un passaggio difficile di una via d'arrampicata per agevolarne il superamento | (*fig.*) *Avere f. nel cuore, nella mente qc. o q.c.*, pensarci continuamente | (*fig.*) *Idea fissa*, sempre presente nella mente | *Chiodo f.*, (*fig.*) pensiero continuo e tormentoso. CONTR. Mobile. **2** Fermo, immobile: *i soldati erano fissi sull'attenti*; *si fero spere sopra fissi poli* (DANTE *Par.* XXIV, 11) | (*astron.*) *Stelle fisse*, gli astri i cui moti apparenti sulla sfera celeste sono apprezzabili con osservazioni intervallate di molti anni | (*econ.*) *Costo f.*, quello che resta immutato malgrado aumenti quantitativamente il bene prodotto. **3** (*est.*) Intento, concentrato, con riferimento allo sguardo e al pensiero: *occhio f. su qc. o q.c.*; *Ad ascoltarli er' io del tutto f.* (DANTE *Inf.* XXX, 130) | Irremovibile, ostinato, risoluto: *ormai è f. in quella sua opinione*. **4** (*fig.*) Stabile e non saltuario: *impiego, stipendio, domicilio f.*; *essere senza fissa dimora* | Costante, invariabile: *regola fissa*; *prezzo, reddito f.*; *spese, rendite fisse* | Determinato, stabilito: *resta f. che ci vediamo domani*. **5** †Compatto, unito | *Tela, tessuto f.*, non rado, a trama fitta | †Denso: *liquido f.* ‖ **fissaménte**, avv. **B** avv. ● Fissamente: *guardare f.* **C** s. m. ● Stipendio o compenso stabile: *percepire un f. più le percentuali*.

fissurèlla [detto così dalla *fessura* all'apice della conchiglia] s. f. ● Mollusco dei Gasteropodi con conchiglia conica priva di spirale e forata all'apice, assai comune nel Mediterraneo (*Fissurella graeca*).

fistiàre e *deriv.* ● V. *fischiare* e *deriv.*

fìstola o †**fìstula** [lat. *fĭstula(m)*, di etim. incerta] s. f. **1** (*med.*) Comunicazione patologica, congenita o acquisita, fra due strutture normalmente non comunicanti (due cavità o una cavità corporea o patologica con l'esterno); non tende a guarigione spontanea: *f. anale, duodenale* | (*raro*) †Cancro. **2** Tubo usato dagli antichi, e spec. dai Romani, per la conduttura delle acque. **3** (*mus.*) Siringa | Canna d'organo. ‖ **fistolétta**, dim.

fistoliẓẓàre [den. di *fistola*] v. intr. e intr. pron. (aus. intr. *avere*) **1** (*med.*) Dare luogo a una fistola in seguito a un processo morboso. **2** (*chir.*) Creare chirurgicamente una comunicazione fra due strutture di cui una è gener. un organo cavo.

fistoliẓẓazióne s. f. ● (*med.*) Formazione di una fistola.

fìstolo s. m. **1** Piaga, fistola. **2** (*fig., tosc.*) Diavolo, demonio: *avere il f. addosso*.

fistolóso [vc. dotta, lat. *fistulōsu(m)*, da *fĭstula* 'fistola'] agg. **1** (*med.*) Che concerne la fistola: *tramite f.* **2** Che soffre di fistole. **3** Detto di organo vegetale cavo all'interno.

†**fìstula** ● V. *fistola*.

fistulàre [vc. dotta, lat. tardo *fistulāre*, da *fĭstula* 'fistola'] v. intr. (*io fìstulo*; aus. *avere*) ● Suonare la fistola.

fistulatóre [vc. dotta, lat. *fistulatōre(m)*, da *fĭstula* 'fistola'] s. m. ● Chi suona la fistola.

fistulìna [dim. del lat. *fĭstula* 'tubo, fistula'] s. f. ● Fungo delle Poliporacee a forma di clava o lingua, carnoso, di colore rosso sanguigno, che cresce sui tronchi di castagno (*Fistulina hepatica*). SIN. Lingua di bue.

-fita ● V. *-fito*.

fitèuma [vc. dotta, gr. *phýteuma*, da *phyteúō* 'io

pianto'] s. m. ● Campanulacea perenne dei prati e dei boschi con fiori azzurri o giallastri in spiga ovoide (*Phyteuma spicatum*).

fitina [ingl. *phytin*, dal gr. *phytón* 'pianta' (V. *fito-*)] s. f. ● Sostanza organica, contenente calcio, magnesio e fosforo, abbondante in molti vegetali, proposta in terapia come attivatore del ricambio organico.

fitness /ingl. 'fitnis/ [vc. ingl., propr. 'appropriatezza, convenienza, idoneità', da *fit* 'adatto, appropriato' (d'etim. incerta)] s. f. inv. **1** Risposta di una popolazione alla selezione; esprime il numero degli individui generati in rapporto a quello degli individui necessari a mantenere invariata la popolazione stessa | *F. darwiniana* o *relativa*, indice o misura diretta del contributo di un genotipo alla generazione successiva rispetto agli altri genotipi della popolazione. **2** Benessere, forma fisica che si raggiunge spec. mediante opportuni programmi di ginnastica.

fito- [dal gr. *phytón* 'pianta', di origine indeur.] primo elemento ● In parole composte della terminologia scientifica, significa 'pianta' o fa riferimento al regno vegetale: *fitobiologia*, *fitochimica*, *fitogeografia*, *fitopatologia*.

-fito o **-fita** [cfr. prec.] secondo elemento ● In parole composte della terminologia scientifica, significa 'pianta' o fa riferimento al regno vegetale: *saprofito*, *tallofita*, *xerofito*.

fitobiologia [comp. di *fito-* e *biologia*] s. f. ● Biologia dei vegetali.

fitocenòsi [comp. di *fito-* e *cenosi*] s. f. ● Complesso di piante che crescono in un ambiente fisico e chimico ben determinato, e in cui i singoli individui si influenzano reciprocamente.

fitochìmica [comp. di *fito-* e *chimica*] s. f. ● Ramo della chimica biologica che studia i processi chimici propri dei vegetali.

fitocosmèsi [comp. di *fito-* e *cosmesi*] s. f. ● Cosmesi che impiega prodotti contenenti estratti vegetali.

fitocròmo [comp. di *fito-* e *-cromo*] s. m. ● (*chim.*) Pigmento vegetale che, attivato dalla luce, regola la colorazione e la crescita delle piante.

fitoenzima [comp. di *fito-* ed *enzima*] s. m. (pl. *-i*) ● (*chim.*) Enzima di origine vegetale.

fitofagìa [comp. di *fito-* e *-fagia*] s. f. ● Condizione degli animali fitofagi.

fitòfago [comp. di *fito-* e *-fago*] agg. (pl. m. *-gi*) ● Di animale, spec. insetto, che si nutre di vegetali: *acari fitofagi*.

fitofarmacìa [da *fitofarmaco*] s. f. ● Studio e applicazione dei fitofarmaci.

fitofàrmaco [comp. di *fito-* e *farmaco*] s. m. (pl. *-ci* o *-chi*) ● (*agr.*) Sostanza chimica che, intervenendo sul ciclo biologico di una pianta, vi apporta delle modificazioni atte a incrementare e migliorare la produzione della pianta stessa, oppure è usata come vero e proprio farmaco per curarne alcune malattie.

fitofenologìa [comp. di *fito-* e *fenologia*] s. f. ● (*bot.*) Studio dei fenomeni della vita vegetale in relazione alle vicende climatiche stagionali.

Fitoflagellàti [vc. dotta, comp. di *fito* e *Flagellati*, secondo il modello del lat. scient. *Phytoflagellati*] s. m. pl. ● (*biol.*) Raggruppamento sistematico di Flagellati accomunati dalla presenza di organuli caratteristici delle cellule vegetali | (al sing. *-o*) Ogni individuo di tale raggruppamento.

fitogènico [comp. di *fito-* e *-genico*] agg. (pl. m. *-ci*) ● (*geol.*) Detto di roccia sedimentaria organogena formata da resti vegetali | *Formazioni fitogeniche*, dovute agli organismi vegetali, come i giacimenti di carboni fossili.

fitogeografìa [comp. di *fito-* e *geografia*] s. f. ● (*bot.*) Studio della distribuzione geografica delle piante e delle sue cause.

fitogeologìa [comp. di *fito-* e *geologia*] s. f. ● Disciplina che studia la distribuzione delle specie vegetali nelle ere geologiche.

fitoiatrìa [comp. di *fito-* e *-iatria*] s. f. ● Fitoterapia.

fitolàcca [comp. di *fito-* e *lacca*] s. f. ● Pianta delle Fitolaccacee con fiori riuniti in grappoli, frutto a bacca contenente una sostanza colorante e radici velenose (*Phytolacca decandra*). SIN. Uva turca.

Fitolaccàcee [vc. dotta, comp. di *fitolacca* e *-acee*] s. f. pl. ● Nella tassonomia vegetale, famiglia di piante a fiore ciclico (*Phytolaccaceae*) | (al sing. *-a*) Ogni individuo di tale famiglia.

fitologìa [comp. di *fito-* e *-logia*] s. f. ● La scienza che studia i vegetali. SIN. Botanica.

fitonimìa [da *fitonimo*] s. f. ● (*ling.*) Parte dell'onomastica che studia i nomi delle piante.

fitònimo [comp. di *fit(o)-* e *-onimo*] s. m. ● (*ling.*) Nome di pianta.

fitopaleontologìa [comp. di *fito-* e *paleontologia*] s. f. ● Studio dei fossili vegetali.

fitoparassitologìa [comp. di *fito-* e *parassitologia*] s. f. ● (*biol.*) Ramo della parassitologia che studia i parassiti delle piante.

fitopatìa [comp. di *fito-* e *-patia*] s. f. ● Qualsiasi malattia che colpisca le piante.

fitopatologìa [comp. di *fito-* e *patologia*] s. f. ● Studio delle malattie delle piante sia di origine parassitaria che fisiologica.

fitopatòlogo [comp. di *fito-* e *patologo*] s. m. (pl. *-gi*) ● Chi studia le malattie delle piante.

fitoplàncton [comp. di *fito-* e *plancton*] s. m. inv. ● (*biol.*) Insieme di microscopici organismi vegetali che partecipano alla costituzione del plancton.

fitormóne [comp. di *fito-* e *ormone*] s. m. ● Ormone vegetale attualmente prodotto anche sinteticamente.

fitosanitàrio [comp. di *fito-* e *sanitario*] agg. ● Che concerne la cura e la difesa delle piante contro i parassiti animali e vegetali: *provvedimenti fitosanitari*.

fitosteròlo [comp. di *fito-* e *sterolo*] s. m. ● (*chim.*) Sterolo di origine vegetale.

fitostimolìna [comp. di *fito-* e un deriv. del lat. *stĭmulu(m)* 'stimolo'] s. f. ● (*chim.*) Composto appartenente a una classe di sostanze complesse di origine vegetale; stimola la rigenerazione di tessuti animali ed è impiegato come farmaco topico spec. in dermatologia.

fitoterapìa [comp. di *fito-* e *terapia*] s. f. **1** Cura delle malattie con rimedi vegetali. **2** (*agr.*) Ramo della patologia vegetale che studia i rimedi atti a combattere le malattie delle piante.

fitoterapìsta [comp. di *fito-* e *terapista*] s. m. e f. (pl. m. *-i*) ● Chi cura le malattie con rimedi vegetali.

fitotomìa [comp. di *fito-* e *-tomìa*] s. f. ● Anatomia delle piante.

fitotòssico [comp. di *fito-* e *tossico* (*1*)] agg. (pl. m. *-ci*) ● Detto di sostanza nociva alle piante.

fitotossìna [comp. di *fito-* e *tossina*] s. f. ● Tossina di origine vegetale, per es. proveniente da funghi.

fitotróne [ingl. *phytotron*, comp. di *phyto-* 'fito-' e *-tron* '-trone', ricavato da *elettrone*] s. m. ● Serie di camere ad aria condizionata per lo studio e la sperimentazione delle piante.

†**fitozòo** [comp. di *fito-* e *-zoo*] s. m. ● (*zool.*) Anterozoo.

fitta [da *fitto* (*1*)] s. f. **1** Sensazione fisica dolorosa che si manifesta d'improvviso e acutamente: *una f. crudele gli torturava un fianco* (BACCHELLI). SIN. Trafittura. **2** (*tosc.*) Ammaccatura prodotta da un colpo: *pentola piena di fitte*. **3** Gran quantità di persone: *nella piazza c'era una gran f.* | (*raro*) Gran numero di cose: *quel compito è una f. di errori*. **4** Difetto del tessuto prodotto dalla gual chiera. **5** Profondità raggiunta con un solo colpo di vanga. ‖ **fittarèlla**, dim.

fittàbile [da *fitto* (*2*)] s. m. ● (*dial.*) Fittavolo.

fittacàmere [comp. di *fitta(re)* e il pl. di *camera*] s. m. e f. inv. ● (*pop.*) Affittacamere.

fittaiòlo o (*lett.*) **fittaiuòlo** [V. *fittabile*] s. m. ● Fittavolo.

fittàre [da *fitto* (*2*)] v. tr. ● (*pop.*) Affittare.

fittàvolo s. m. ● Chi ha in affitto un podere altrui. SIN. Affittuario.

fittézza [da *fitto* (*1*)] s. f. ● Compattezza, densità, foltezza: *la f. degli alberi nel bosco*.

fittile [vc. dotta, lat. *fictile(m)*, da *fictus*, part. pass. di *fingere* 'plasmare, fingere'] agg. ● Fatto con argilla: *vasi, figure fittili*.

fittìzio [vc. dotta, lat. *fictīciu(m)*, da *fictus*. V. *fittile*] agg. ● Ingannevole, falso, irreale: *lettere fittizie*; *testimonianza fittizia*; *Colui non par corpo f.* (DANTE *Purg.* XXVI, 12) | Sepoltura fittizia, cenotafio | *Maggioranza fittizia*, che appare solida ma è costituita da elementi discordanti. SIN. Apparente. ‖ **fittiziaménte**, avv. In modo apparente o simulato; (*lett.*) per via d'invenzione.

fitto (**1**) [lat. *fictu(m)*, part. pass. di *figere* 'fissare', di origine indeur.] **A** part. pass. di *figgere*; anche agg. **1** Nei sign. del v. **2** *A capo f.*, col capo all'ingiù; (*fig.*) con grande impegno: *buttarsi a capo f. in un'impresa* | †*Prezzo f.*, stabilito, fissato | *Spina fitta nel cuore*, (*fig.*) dolore continuo e intenso. **3** Folto: *pelo f.*; *bosco f.*; *tessuto a trama fitta* | *Pettine f.*, con denti sottili e molto vicini | *Lettera fitta*, di scrittura minuta a caratteri ravvicinati | †*Star f. addosso a qc.*, premerlo da troppo vicino | *Rete fitta*, a maglie strette e frequenti. CONTR. Rado. **4** Denso, compatto, spesso: *liquido f. e viscoso*; *nebbia fitta*; *tenebre fitte*. **5** Frequente: *un f. lampeggiare di luci colorate*; *una fitta serie di visite*. **6** Trafitto. **7** †Risoluto, fermo: *il cor volonteroso al cammin f.* (ARIOSTO). ‖ **fittaménte**, avv. **1** Densamente. **2** Strettamente. **3** Frequentemente. **B** avv. ● Ininterrottamente, intensamente: *piove, nevica f.*; *parlare f. f.*, molto rapidamente e senza sosta: *tu mi parlavi simulato e f. f.* (PULCI); frequentemente: *lampeggia f.* **C** s. m. ● La parte più densa e folta di q.c.: *il f. della foresta*.

fitto (**2**) [da (*canone*) *fitto* 'canone di locazione fissato'] s. m. ● Affitto.

fittonànte agg. ● (*bot.*) Nella loc. *radice f.*, radice a fittone.

fittóne [accr. di *fitto* (*1*) 'conficcato' (?)] s. m. ● (*bot.*) Radice principale, simile a un cono rovesciato, che si accresce fortemente rispetto alle radici secondarie.

fittuàrio [da *fitto* (*2*)] s. m. ● Affittuario.

fiumàna [da *fiume*] s. f. **1** Fiume gonfio e impetuoso | (*est.*) Piena del fiume: *una f. devastatrice ha rotto gli argini*. **2** (*fig.*) Gran numero di persone o cose, spec. se si muovono in una stessa direzione: *una f. di gente, di veicoli*; *siamo noi ... f. d'ombre* (UNGARETTI) | *Una f. di parole*, un flusso inarrestabile. SIN. Folla.

fiumàno (**1**) agg. ● (*raro*) Di fiume: *acqua fiumana*.

fiumàno (**2**) **A** agg. ● Della città di Fiume. **B** s. m. (f. *-a*, raro) ● Abitante, nativo della città di Fiume.

fiumàra [vc. merid., da *fiume*] s. f. **1** Corso d'acqua a regime torrentizio: *le fiumare calabresi*. **2** Fiumana nel sign. 1.

fiumaròlo [da *fiume*] s. m. ● (*dial., centr.*) Barcaiolo del Tevere | Chi fa bagni nel Tevere.

fiùme [lat. *flūme(n)*, da *flŭere* 'scorrere'] **A** s. m. (pl. *fiùmi*, †*fiùmini*) **1** Corso perenne di acque adunate da vari corsi minori nati da sorgenti o da laghi o ghiacciai, che, per l'impulso della gravità, scorre verso il mare o verso un fiume più grande nel quale s'immette: *la sorgente, il corso, la foce di un f.* | (*est.*) †Acqua. **2** Il greto o alveo lasciato libero dall'acqua corrente: *cavar sassi, sabbia dal f.* **3** (*fig.*) Grande quantità: *dalla botte spaccata uscì un f. di vino*; *versare fiumi di lacrime, di sangue* | (*fig.*) *Versare fiumi d'inchiostro su q.c.*, scrivere moltissimo su un dato argomento | *A fiumi*, in gran copia. SIN. Abbondanza. **B** in funzione di agg. inv. ● (posposto al s.) Detto di ciò che si dilunga oltre il termine consueto: *processo, seduta, romanzo f.* ‖ PROV. Tutti i fiumi vanno al mare. ‖ **fiumàccio**, pegg. | **fiumétto**, dim. | **fiumicciòlo**, dim. | **fiumicèllo**, dim. | **fiumiciàttolo**, dim. | **fiumicìno**, dim.

fiutàre [etim. incerta] v. tr. (*io fiùto*) **1** Aspirare col naso per percepire odori, anche ass.: *il bracco fiuta la preda* | †*F. le orme*, seguirle. SIN. Annusare. **2** Aspirare q.c. col naso: *f. il tabacco, la cocaina* | (*ass.*) Avere il vizio di fiutare la cocaina. **3** (*fig.*) Intuire o presagire q.c. da indizi vaghi e imprecisi: *f. la tempesta, una sciagura*; *noi uomini civili udendo e fiutando alcune cose, ci turiamo naso ed orecchie* (DE SANCTIS).

fiutàta s. f. **1** Atto del fiutare: *dare una f.* **2** (*raro, fig.*) Ricerca leggera e superficiale. ‖ **fiutatìna**, dim.

fiùto [da *fiutare*] s. m. **1** Atto del fiutare: *tabacco da f.* | *Al primo f.*, subito. **2** Odorato, spec. degli animali: *il cane da caccia ha un f. finissimo*. **3** (*fig.*) Intuizione pronta: *ha un ottimo f. nel trattare gli affari* | *Conoscere al f.*, (*fig.*) giudicare a prima vista. **4** (*fig., raro, lett.*) Indizio, sentore:

vero è che abbiamo avuto qualche f. questa mattina (MACHIAVELLI).

fiutóne [da *fiutare*] s. m. (f. *-a*) • (*tosc.*) Intrigante.

fix /*ingl.* fiks/ [vc. ingl., da *to fix* 'fissare'] s. f. inv. • Nel linguaggio dei drogati, iniezione di droga, spec. di eroina.

fixing /'fiksin(g), *ingl.* 'fiksiŋ/ [vc. ingl., propr. 'fissaggio', da *to fix* 'fissare'; V. prec.] s. m. inv. • (*borsa*) Prezzo del corso dell'oro fissato, sul mercato ufficiale, dalle principali banche | (*est.*) Quotazione ufficiale di metalli, valute e sim.

flabellàto agg. *1* Flabelliforme. *2* (*bot.*) Di organo disposto a ventaglio.

flabellìfero [comp. di *flabello* e *-fero*] s. m. • Chi porta il flabello.

flabellifórme [comp. di *flabello* e *-forme*] agg. • Che ha forma di flabello: *foglie flabelliformi*.

flabèllo [vc. dotta, lat. *flabĕllu(m)* 'ventaglio', dim. di *flābrum* 'soffio di vento', da *flāre* 'soffiare'] s. m. *1* Ventaglio, di foglie, di piume, e sim. *2* Ciascuno dei due ventagli di piume bianche in cima ad un'asta, innalzati un tempo ai lati del Papa, quando veniva portato in sedia gestatoria. *3* (*bot.*) Lembo di pagina fogliare che si forma da foglie parallelinervie per rottura ad opera del vento.

flaccidézza s. f. *1* Qualità di flaccido, floscio. *2* Malattia del baco da seta che diventa floscio.

flaccidità s. f. • (*raro*) Flaccidezza.

flàccido [vc. dotta, lat. *flăccidu(m)*, da *flăccus* 'fiacco'] agg. • Privo di compattezza, elasticità, e sim.: *muscoli flaccidi*. SIN. Cascante, floscio. || **flaccidaménte**, avv.

flacóne [fr. *flacon*; stessa origine dell'it. *fiasco*] s. m. • Boccetta di vetro, plastica o ceramica, di ridotta capacità, contenente prodotti dell'industria profumiera, cosmetica e chimico-farmaceutica. || **flaconcino**, dim.

flag /*ingl.* flæg/ [vc. ingl., propr. 'bandiera, segnale'] s. m. o f. inv. • (*elab.*) In un programma, variabile di servizio il cui stato indirizza il flusso dell'elaborazione.

flagellaménto [da *flagellare*] s. m. • Atto del flagellare continuo e ripetuto (*anche fig.*).

flagellànte A part. pres. di *flagellare*; anche agg. • Nei sign. del v. **B** s. m. e f. • Membro di una delle confraternite umbre di devoti del XIII sec., che praticavano la mortificazione con pubblica flagellazione e visitavano i santuari cantando laudi. SIN. Disciplinato.

flagellàre o (*pop.*) †**fragellàre** [vc. dotta, lat. *flagellāre*, da *flagĕllum* 'flagello'] **A** v. tr. (*io flagèllo*) *1* Sferzare col flagello, con una sferza: *f. le carni, uno schiavo, un condannato* | (*est.*) Battere o colpire con forza: *la tempesta flagellava i campi* | (*raro, lett.*) *F. l'aria con le ali*, volare | (*fig.*) *F. i vizi, le menzogne*, denunciarli e condannarli con parole violente. *2* (*lett.*) Tormentare, vessare. **B** v. rifl. *1* Percuotersi con la disciplina. *2* (*fig., lett.*) Preoccuparsi, affliggersi: *ora s'affligge indarno e si flagella* (ARIOSTO).

Flagellàti [da *flagelli*, di cui sono provvisti] s. m. pl. • Nella tassonomia animale, classe di Protozoi muniti di uno o più flagelli, comprendente alcuni ordini intermedi tra animali e piante (*Flagellata*) | (al sing. *-o*) Ogni individuo di tale classe.

flagellatóre o (*pop.*) †**fragellatóre** s. m.; anche agg. (f. *-trice*) • Chi, che flagella, colpisce, tormenta.

flagellazióne o (*pop.*) †**fragellazióne** [vc. dotta, lat. tardo *flagellatiōne(m)*, da *flagellāre* 'flagellare'] s. f. *1* Atto, effetto del flagellare o del flagellarsi | *F. del Cristo*, pena alla quale fu sottoposto Gesù, secondo la narrazione evangelica, e rappresentazione iconografica o statuaria di Gesù flagellato. *2* Disciplina del flagello usata da alcuni movimenti di devoti nel XIII sec. *3* (*med.*) Battitura con strumenti o sostanze irritanti su determinate aree cutanee per suscitare riflessi nervosi sugli organi interni.

flagèllo o (*pop.*) †**fragèllo** [lat. *flagĕllu(m)*, dim. di *flăgrum* 'sferza', di etim. incerta] s. m. (pl. *flagèlli*, m., †*flagèlla*, f.) *1* Sferza formata da funicelle sparse di nodi, o da strisce di cuoio, usata un tempo come strumento di supplizio o di disciplina | (*est.*) Il supplizio stesso: *gli schiavi furono condannati al f.* *2* (*raro, fig.*) Flagellamento: *il f. delle onde*. *3* (*fig.*) Evento o fatto che arreca danni e rovine: *il f. della guerra, della carestia, della grandine* | *F. di Dio*, cosa o persona che è causa di disastri e tribolazioni, intese come punizioni divine. SIN. Calamità. *4* (*est.*) Persona che causa tormento, fastidio e dolore: *tuo figlio è un vero f.* SIN. Disastro. *5* (*fig.*) Chi esercita, con le parole o con gli scritti, una critica aspra e continua sulle istituzioni, i personaggi più in vista e sim.: *Pietro Aretino fu detto il f. dei principi*. *6* (*fam.*) Quantità enorme: *un f. di disgrazie*. *7* (*biol.*) Prolungamento protoplasmatico filamentoso grazie al quale alcune cellule si muovono in un mezzo liquido (es. alghe, protozoi, gameti). *8* Mazza, frusta. || **flagellétto**, dim.

flagiolétto [fr. *flageolet*, dim. dell'ant. fr. *flageol*, dal lat. parl. **flabĕolu(m)*, da *flābrum* 'soffio' (V. *flabello*)] s. m. • (*mus.*) Specie di piccolo flauto con becco.

flagìzio [vc. dotta, lat. *flagītiu(m)*, da *flagitāre* 'interpellare aspramente', di origine espressiva] s. m. • Scelleratezza, malvagità, peccato.

flagizióso [vc. dotta, lat. *flagitiōsu(m)*, da *flagītium* 'flagizio'] agg. • (*lett.*) Scellerato.

flagrànte [lat. tardo *flagrānti crīmine* (*comprehēndi*) 'esser sorpreso sul delitto ancor caldo'. V. *flagrare*] agg. *1* (*dir.*) Di reato o di reo in stato di flagranza o quasi flagranza: *cogliere qc. in f.* *2* (*fig.*) Evidente, chiaro, manifesto: *essere in f. contraddizione* | *In f.*, sul fatto, mentre si compie q.c. || **flagranteménte**, avv.

flagrànza [vc. dotta, lat. *flagrăntia(m)*. V. *flagrante*] s. f. • (*dir.*) Situazione che ricorre allorché l'autore di un reato viene sorpreso dalla forza pubblica o da un privato nell'atto di commetterlo | *Quasi f.*, situazione che ricorre allorché, immediatamente dopo il reato, l'autore dello stesso è inseguito ovvero è sorpreso con cose o tracce dalle quali appaia che egli ha commesso poco prima il reato.

†**flagràre** [vc. dotta, lat. *flagrāre*, da avvicinare a *flamma* 'fiamma'] v. intr. • Ardere, avvampare (*spec. fig.*): *non sente ... quand'io flagro* (PETRARCA).

flambàggio [fr. *flambage*, da *flamber* (V. *flambare*)] s. m. • Operazione di laboratorio con cui si sterilizza un oggetto passandolo più volte su una fiamma.

flambàre [fr. *flamber* 'infiammare', dal lat. *flammāre* 'infiammare'] v. tr. *1* Sterilizzare mediante flambaggio. *2* In gastronomia, fiammeggiare.

flambé /*fr.* flɑ̃'be/ [vc. fr., part. pass. di *flamber* (V. *flambare*)] agg. inv. • Detto di vivanda che si presenta cosparsa di liquore al quale poi si dà fuoco al momento di servire la vivanda stessa in tavola: *filetto, omelette f.*

flambèrga [fr. *flamberge*, n. della spada di Rinaldo da Montalbano, eroe delle canzoni di gesta, da *Froberge, Floberge*, n. proprio di pers. germ., accostato per etim. pop. a *flamme* 'fiamma'] s. f. • Spada da duello in uso nei secc. XVII e XVIII.

flamboyant /*fr.* flɑ̃bwa'jɑ̃/ [fr., propr. 'fiammeggiante', part. pres. di *flamboyer* 'fiammeggiare', da *flambe*, forma dissimilata dell'ant. fr. *flamble*, dal lat. *flămmula(m)*, dim. di *flămma* 'fiamma'] agg. inv. • Detto dello stile tardo-gotico, spec. francese e germanico, caratterizzato da sovrabbondanza di strutture decorative, di elementi terminali accentuatamente aguzzi e slanciati, quasi a forma di fiamma.

flaménco o **flamènco** [dallo sp. *flamenco*, dall'ol. *flaming* 'fiammingo'] s. m. • Componimento musicale spagnolo d'origine gitana per solo canto oppure canto con accompagnamento di strumenti a pizzico | Danza sul ritmo di tale composizione.

flaminàle [vc. dotta, lat. *flaminăle(m)*, da *flămen*, genit. *flăminis* 'flamine'] agg. • Relativo al flamine.

flaminàto [vc. dotta, lat. *flaminātu(m)*, da *flămen*, genit. *flăminis* 'flamine'] s. m. • Dignità e ufficio di flamine.

flàmine [vc. dotta, lat. *flāmine(m)*, dalla stessa radice da cui deriva il sanscrito *brahmán* 'bramino'] s. m. • In Roma antica, ciascuno dei 15 sacerdoti che attendevano al culto di singole divinità e provvedevano ai riti sacrificali in onore di esse.

flamìnica [vc. dotta, lat. *flammĭnica(m)*, da *flămen*, genit. *flăminis* 'flamine'] s. f. • Moglie del flamine | Ancella che serviva nei sacrifici offerti dalla moglie del flamine.

flàmmeo • V. *fiammeo*.

flàmmula [vc. dotta, lat. *flămmula(m)*, dim. di *flămma* 'fiamma'] s. f. • Fungo basidiomicete delle Agaricacee saprofita su legno (*Flammula*).

flan (*1*) /flan, *fr.* flɑ̃/ [vc. fr., dal francico **flado*] s. m. inv. • Sformato cotto in uno stampo dal quale viene tolto a cottura ultimata: *f. di carciofi*.

flan (*2*) /flan, *fr.* flɑ̃/ [fr. V. *flan* (*1*)] s. m. inv. • (*tip.*) Cartoncino speciale usato in stereotipia per prendere l'impronta | L'impronta stessa.

flanàre [da *flan* (*2*)] v. tr. (*io flàno*) • (*tip.*) Prendere l'impronta di una composizione in un flan.

flanatùra s. f. • Atto, effetto del flanare.

flanèlla [fr. *flanelle*, dall'ingl. *flannel*, dal gallese *gwhanen*, da *gwlân* 'lana'] s. f. • Stoffa di lana o cotone a trama piuttosto rada, non rasata dal diritto, per camicie, mutande, e sim. | (*fig., pop.*) *Far f.*, andare in una casa di tolleranza solo per curiosare; amoreggiare contenendosi nelle effusioni; oziare, perder tempo, spec. facendo lavorare gli altri.

flàngia [ingl. *flange* 'bordo, costa'] s. f. (pl. *-ge*) • (*mecc.*) Piastra a forma di anello provvista di fori, posta all'estremità dei tubi per congiungere i tubi stessi fra loro o con altre parti di macchina.

flangiàre [dall'ingl. *to flange* 'munire di costa o bordo (*flange*, alterazione di *flanch*, di orig. oscura)'] v. tr. (*io flàngio*) *1* (*mecc.*) Collegare due organi meccanici o due tubi mediante flange. *2* Chiudere totalmente o parzialmente, con una flangia, la sezione di un tubo onde eliminare o limitare il passaggio di un fluido.

flàno s. m. • Adattamento di *flan* (*2*) (V.).

flap /*ingl.* flæp/ [vc. ingl., propriamente 'falda', da *to flap* 'agitare', di origine espressiva] s. m. inv. • (*aer.*) Ipersostentatore costituito da un'aletta articolata al bordo posteriore dell'ala. ➡ ILL. p. 1758 TRASPORTI.

flappéggio s. m. • (*aer.*) Nei rotori di elicotteri e sim., oscillazione o battito delle pale in un piano che contiene l'asse del rotore.

flash /flɛʃ, *ingl.* flæʃ/ [vc. ingl., propriamente 'lampo', di origine espressiva] s. m. inv. (pl. ingl. *flashes*) *1* Lampo di luce ottenuto col magnesio o mediante dispositivo elettrico, per eseguire fotografie notturne o in ambiente scarsamente illuminato | Dispositivo che produce tale lampo. *2* Lampo di luce variamente impiegato in apparecchiature elettroniche | Sorgente luminosa, spec. lampada a spirale, che lo produce. *3* Breve notizia giornalistica riguardante un avvenimento recentissimo: *un f. d'agenzia*.

flashback /flɛʃ'bɛk, *ingl.* 'flæʃbæk/ [vc. ingl., comp. di *flash* 'lampo' (V. prec.) e *back* 'indietro' (di origine germ.)] s. m. inv. *1* In cinematografia, inserimento di scene che spezzano l'ordine cronologico del racconto per rievocare avvenimenti già trascorsi | L'avvenimento stesso | (*est.*) Analogo procedimento usato in un testo narrativo. *2* (*fig.*) Episodio del passato che torna vividamente alla mente.

flashing /*ingl.* 'flæʃiŋ/ [vc. ingl., da *flash* 'sprazzo di luce' (di origine incerta) e, quindi, relativo a operazioni con la 'fiamma'] s. m. inv. • Denominazione usata per definire alcuni tipi di operazioni industriali quali l'arrostimento, la distillazione e sim.

flàto [vc. dotta, lat. *flātu(m)* 'soffio'. V. *fiato*] s. m. • Gas emesso dalla bocca o dal retto senza violento rumore.

†**flatterìa** [fr. *flatterie*, da *flatter* 'accarezzare con la mano', dal francone *flat* 'piatto (della mano)'] s. f. • (*raro*) Adulazione | Lusinga.

flatting /*ingl.* 'flætiŋ/ [vc. ingl., dal v. *to flatter*, da *flat* 'uniforme', 'liscio'] s. m. inv. • Tipo di vernice traslucida, da applicarsi per dare brillantezza a mobili e sim.

flatulènto [fr. *flatulent*, dal lat. *flātus* 'soffio'] agg. • Che concerne la flatulenza.

flatulènza [fr. *flatulence*, da *flatulent* 'flatulento'] s. f. • Eccessiva produzione di gas nello stomaco e nell'intestino | Emissione di gas dal retto.

flautàto agg. *1* (*mus.*) Modulato come fa il flauto. *2* (*est.*) Di suono modulato e dolce: *voce, nota flautata*.

flautìno s. m. *1* Dim. di *flauto*. *2* (*mus.*) Flauto piccolo, come l'ottavino e il piffero.

flautìsta [da *flauto*] s. m. e f. (pl. m. *-i*) • Chi suona il flauto.

flàuto (*1*) [provz. *flaut*, nato dalla sovrapposizione di *laiit* 'liuto' a *flaujol* (stessa origine di *flagioletto*)] s. m. *1* Strumento a fiato in legno o metallo a forma di canna cilindrica, privo di ancia e munito di più fori dei quali il primo serve d'imboccatura per spingere il fiato e gli altri, posti su una stessa linea, si aprono e si chiudono coi polpastrelli delle dita, modulando il suono | *F. traverso*, quello che si suona tenendolo orizzontalmente alla bocca dell'esecutore | *F. diritto, dolce*, quello che si suona appoggiando le labbra all'appòsita imboccatura situata a un'estremità | *F. a becco*, flagioletto | *F. di Pan*, siringa. ➡ ILL. **musica**. *2* (*est.*) Flautista. *3* †Strumento a fiato in gener. *4* (*agr.*) *A f.*, taglio a piano inclinato del tronco degli alberi | *A becco di f.*, tipo di innesto. || **flautétto**, dim. | **flautino**, dim. (V.).

flàuto (2) [fr. *flûte*, dall'ol. *fluit*, abbr. di *fluitschip* 'nave a forma di bicchiere'] s. m. ● Antico bastimento da carico a tre alberi, ricavato da una fregata o da un vascello.

flavèdo /*lat.* fla'vɛdo/ o **flavèdine** [ricavato dal lat. *flavēre* 'essere color oro', der. di *flāvus* 'biondo' (V. *flavo*)] s. f. ● (*bot.*) La parte più esterna, gialla, della buccia del frutto degli agrumi.

†**flavènte** [vc. dotta, lat. *flavĕnte(m)*, part. pres. di *flavēre* 'esser color oro'] agg. ● (*lett.*) Biondeggiante, fulvo: *ariste flaventi / com'oro a' raggi canicolari* (D'ANNUNZIO).

flavescènte [vc. dotta, lat. *flavescĕnte(m)*, part. pres. di *flavēscere* 'diventare color oro', da *flāvus* 'biondo'. V. *flavo*] agg. ● (*raro, lett.*) Biondeggiante.

flavìna [da *flavus* 'biondo, giallo' col suff. *-ina*] s. f. ● (*chim.*) Pigmento giallo, solubile in acqua, sintetizzato da piante e da alcuni microrganismi, ma non dagli animali superiori.

flavìsmo [da *flavo*] s. m. ● Anomalia di certi uccelli soggetti al fenomeno ereditario dell'ingiallimento delle penne.

†**flavìzie** [da *flavo*, sul modello di *canizie*] s. f. ● Qualità di flavo. SIN. Biondezza.

flàvo [vc. dotta, lat. *flāvu(m)*, di etim. incerta] agg. ● (*lett.*) Di colore giallo dorato: *mostrare il colore dei capegli flavi* (CASTIGLIONE).

flavóne [da *flavo*, per il colore] s. m. ● Pigmento naturale organico che dà colore a molte piante, fiori, frutti.

flavònico agg. (pl. m. *-ci*) ● Relativo a flavone.

flebectomìa [comp. di *fleb(o)-* ed *-ectomia*] s. f. ● (*chir.*) Asportazione parziale o totale di una vena.

flèbile [vc. dotta, lat. *flēbile(m)*, da *flēre* 'piangere', di origine onomat.] agg. *1* Di suono o voce fievole, lamentosa e dolcemente triste: *in queste voci languide risuona / un non so che di f. e soave* (TASSO). SIN. Fioco, sommesso. *2* (*mus.*) Notazione di espressione dogliosa e lamentevole. || **flebilménte**, avv. In modo flebile, lamentevole.

flebìte [fr. *phlébite*, dal gr. *phléps*, genit. *phlebós* 'vena' (V. *flebo-*)] s. f. ● (*med.*) Infiammazione di una vena.

flèbo s. f. ● (*med.*) Acrt. di *fleboclisi* (V.).

flèbo- [gr. *phlebo-*, da *phléps*, genit. *phlebós* 'vena', di etim. incerta] primo elemento ● In parole composte, significa 'vena': *fleboclisi, flebotomo*.

fleboclìsi [comp. di *flebo-* e del gr. *klýsis* 'lavaggio'] s. f. ● (*med.*) Introduzione di liquidi e medicamenti nell'organismo attraverso una vena.

flebografia [comp. di *flebo-* e *-grafia*] s. f. ● (*med.*) Studio radiologico di una vena o di un distretto venoso mediante introduzione endovenosa di sostanze radiopache.

flebogràmma [comp. di *flebo-* e *-gramma*] s. m. (pl. *-i*) *1* (*med.*) Immagine radiografica di una vena previa iniezione intravascolare di un mezzo di contrasto radiopaco. *2* (*med.*) Tracciato del polso venoso.

flebologìa [comp. di *flebo-* e *-logia*] s. f. ● (*med.*) Studio delle vene e delle loro malattie.

fleboscleròsi o **flebosclerósi** [comp. di *flebo-* e *sclerosi*] s. f. ● (*med.*) Ispessimento fibroso di una vena per deposizione di collageno nella parete, in seguito a traumi o ipertensione venosa.

flebotomìa [vc. dotta, lat. tardo *phlebotŏmia(m)*, nom. *phlebotŏmia*, dal gr. *phlebotomía*, da *phlebotómos* 'flebotomo'] s. f. ● (*chir.*) Incisione della parete di una vena, in passato per praticare salassi, oggi per asportare coaguli.

flebòtomo (1) [vc. dotta, lat. tardo *phlebŏtomu(m)*, nom. *phlebŏtomus*, dal gr. *phlebotómos*, comp. di *phléps*, genit. *phlebós* 'vena' e *témno* 'io taglio'] s. m. *1* Chi esercitava le forme più semplici di chirurgia, in particolare le flebotomie per i salassi. *2* Lancetta per salassare.

flebòtomo (2) [detto così perché succhia il sangue. Cfr. precedente] s. m. ● Dittero simile alla zanzara, ma più piccolo, che punge l'uomo e, oltre che molesto, può divenire trasmettitore di virus e protozoi (*Phlebotomus papatasi*). SIN. Pappataci.

flèche /*fr.* 'flɛʃ/ [vc. fr., propr. 'freccia, frecciata', per la caratteristica posizione assunta dallo schermidore nell'esecuzione del colpo] s. f. inv. ● (*sport*) Nella scherma, colpo diretto portato con il corpo tutto proteso in avanti.

flegrèo [vc. dotta, lat. *Phlegrāeu(m)*, dal gr. *Phlegrâios*, agg. etnico di *Phlégra* 'Flegra', che è da *phlégein* 'ardere, bruciare', perché zona vulcanica] agg. *1* Di, relativo a Flegra, antico nome della penisola greca di Cassandra. *2* Di, relativo a un territorio vulcanico della Campania a ovest di Napoli e al tratto di mare a esso prospiciente: *Campi Flegrei; isole flegree*.

flèmma o †**flègma** [lat. tardo *phlĕgma*, dal gr. *phlégma* 'infiammazione', poi 'catarro', da *phlégō* 'io brucio'] s. f. *1* Uno dei quattro umori principali del corpo secondo la medicina antica. *2* Calma o lentezza esagerata: *fare le cose con f.; alle volte la vivacità ... alle volte la languidezza e f. è madre di grazia* (LEOPARDI) | *Scappare, perdere la f.*, la pazienza | (*raro*) *F.!*, si usa come escl. per esortare a non precipitare le risoluzioni. CONTR. Foga, impeto. *3* Residuo acquoso di una distillazione alcolica. *4* †Spurgo mucoso.

flemmaticità s. f. ● Qualità di chi è flemmatico.

flemmàtico [vc. dotta, lat. tardo *phlegmătĭcu(m)*, nom. *phlegmăticus*, dal gr. *phlegmatikós*, da *phlégma*. V. *flemma*] agg. (pl. m. *-ci*) *1* (*med.*) Caratterizzato da flemma. *2* Che agisce con calma e lentezza, senza mai scomporsi: *temperamento, tipo f.* SIN. Lento, placido. CONTR. Impetuoso. || **flemmaticaménte**, avv. Con flemma.

flèmmone o (*evit.*) **flemmóne** [vc. dotta, lat. tardo *phlĕgmone(m)*, nom. *phlĕgmone*, dal gr. *phlegmonḗ*, da *phlégō* 'io brucio'. V. *flemma*] s. m. ● (*med.*) Infezione infiltrante del tessuto cellulare sottocutaneo o interstiziale.

flemmonóso agg. ● Che ha i caratteri del flemmone.

flessìbile [vc. dotta, lat. *flexĭbile(m)*, da *flĕxus* 'flesso'] agg. *1* Che si piega facilmente senza spezzarsi: *ramo, metallo f.* | Elastico: *corpo agile e f.* CONTR. Rigido. *2* (*fig.*) Cedevole, arrendevole: *animo f.* | Che si adatta alle diverse esigenze o necessità: *ingegno f.* | *Voce f.*, che passa facilmente da un tono all'altro: *o tu che addestri / a modular con la flessibil voce / teneri canti* (PARINI) | *Costituzione f.*, che può essere modificata con la stessa procedura seguita per la formazione delle leggi ordinarie | *Orario f.*, sistema per cui, in un'azienda, i dipendenti hanno la possibilità di scegliere il momento d'inizio e di termine del lavoro, entro limiti preventivamente concordati, fermo restando l'obbligo di effettuare le ore lavorative fissate dal contratto. || **flessibilménte**, avv. (*raro*) In modo flessibile.

flessibilità o †**flessibilitàde**, †**flessibilitàte** [vc. dotta, lat. tardo *flexibilitāte(m)*, da *flexĭbilis* 'flessibile'] s. f. *1* Qualità di ciò che è flessibile, pieghevole, duttile (*anche fig.*): *la f. di un corpo, di una verga, dell'ingegno*. *2* (*econ.*) *F. del prezzo*, coefficiente numerico che esprime la reazione del prezzo alla variazione della domanda.

flèssile agg. ● (*lett.*) Flessibile.

flessìmetro [comp. di *flĕxus*, part. pass. di *flĕctere* 'piegare' e *-metro*] s. m. ● Strumento di misura con lettura diretta, che serve per determinare gli spostamenti dei punti di una struttura sotto carico in una determinata direzione.

flessionàle agg. ● (*ling.*) Proprio della flessione: *forme flessionali*.

flessióne [vc. dotta, lat. *flexiōne(m)*, da *flĕxus* 'flesso'] s. f. *1* Atto, effetto del flettere o del flettersi | In ginnastica, passaggio del corpo o di una sua parte, da un atteggiamento esteso a uno raccolto: *f. di braccia, di gambe*; *f. in avanti*. *2* Curvatura: *la f. di un arco*. *3* Progressiva riduzione o calo: *si è notata una certa f. dei prezzi al dettaglio* | *F. economica*, lieve depressione dell'attività economica. SIN. Diminuzione. CONTR. Incremento. *4* (*ling.*) Processo morfologico consistente nel dare alle radici (verbali, nominali e sim.) gli affissi, o desinenze, che esprimono le funzioni sintattiche e le categorie grammaticali di numero, genere e persona. || **flessioncèlla**, dim.

flessìvo [da *flesso*] agg. ● (*ling.*) Detto delle lingue che esprimono i rapporti grammaticali per mezzo della flessione della parola.

flèsso **A** part. pass. di *flettere*; anche agg. *1* Nei sign. del v. *2* (*ling.*) *Forma flessa*, parola composta di un morfema lessicale e di una desinenza. **B** s. m. ● (*mat.*) Punto d'una curva in cui la tangente ha contatto almeno del secondo ordine | *Punto di f.*, punto d'una curva in cui la tangente l'attraversa.

flessografia [comp. di *flĕxus*, part. pass. di *flĕctere* 'piegare' e *-grafia*] s. f. ● Sistema di stampa che usa un cliché di caucciù in rilievo, il che consente di stampare su qualsiasi supporto, comprese le materie plastiche.

flessogràfico agg. (pl. m. *-ci*) ● Relativo alla flessografia: *stampa flessografica*.

flessòmetro [comp. del lat. *flĕxus*, part. pass. di *flĕctere* 'piegare', e *-metro*] s. m. ● Metro tascabile costituito da un nastro d'acciaio graduato in centimetri e millimetri, lungo gener. da uno a cinque metri, avvolto in un contenitore di metallo o plastica e capace di rimanere rigido per una notevole lunghezza quando viene estratto.

flessóre [da *flesso*] **A** s. m. ● Muscolo atto a flettere. ➡ ILL. p. 362 ANATOMIA UMANA. **B** anche agg.: *muscolo f.*

flessuosità [vc. dotta, lat. tardo *flexuositāte(m)*, da *flexuōsus* 'flessuoso'] s. f. ● Qualità di chi, di ciò che è flessuoso: *la f. della serpe*. CONTR. Rigidità.

flessuóso [vc. dotta, lat. *flexuōsu(m)*, da *flĕxus* 'flesso'] agg. ● Dotato di grande flessibilità ed elasticità: *corpo, salice f.; cantar forse degg'io / il f. acanto?* (MARINO) | Piegato o incurvato in più punti: *la sponda flessuosa di un fiume*. CONTR. Rigido. || **flessuosaménte**, avv.

flessùra [vc. dotta, lat. *flexūra(m)*, da *flĕxus* 'flesso'] s. f. *1* (*geol.*) Piega monoclinale che raccorda due livelli diversi di uno strato roccioso. *2* (*lett.*) Piegatura: *la terra, corpo uno e continuo, e privo di flessure e di snodamenti* (GALILEI).

†**flèto** [vc. dotta, lat. *flētu(m)*, da *flēre* 'piangere', di origine onomat.] s. m. ● Pianto, lutto: *sparser lo sangue dopo molto f.* (DANTE *Par.* XXVII, 45).

flèttere [vc. dotta, lat. *flĕctere*, di etim. incerta] **A** v. tr. (pass. rem. *io flettéi*, raro *flèssi*, *tu flettésti*; part. pass. *flèsso*) *1* Piegare, curvare: *la fronda che flette la cima / nel transito del vento* (DANTE *Par.* XXVI, 85-86). *2* (*ling.*) Variare la desinenza di una parola per esprimere determinati rapporti grammaticali. **B** v. rifl. e intr. pron. ● Piegarsi.

fliàci [vc. dotta, gr. *phlýax*, genit. *phlýakos* 'buffone', di origine indeur.] s. m. pl. ● Denominazione di attori di rappresentazioni popolari, farsesche e salaci, presso gli antichi Dori nell'Italia meridionale.

flicornìsta o (*raro*) **fliscornìsta** s. m. e f. (pl. m. *-i*) ● Suonatore di flicorno.

flicòrno o (*raro*) **fliscòrno** [ted. *Flügelhorn*, comp. di *Flügel* 'ala' e *Horn* 'corno'] s. m. ● Strumento musicale simile alla tromba ma più grande e di suono più pieno, un tempo dotato di fori e ora di valvole | *F. basso grave*, bombardone | *F. baritono*, bombardino | *Suonare il f.*, (*fig.*) fare la spia.

flight-recorder /*ingl.* 'flait ri'kɔ:də*/ [loc. ingl., comp. di *flight* 'volo' (vc. germ.) e *recorder* 'registratore' (da *to record* 'registrare, ricordare')] loc. sost. m. inv. (pl. ingl. *flight-recorders*) ● (*aer.*) Registratore di volo, scatola nera.

flint /*ingl.* flint/ [ingl. 'selce', di origine indeur.] s. m. inv. ● Vetro con notevole contenuto di ossido di piombo, usato per lenti e per cristalleria di pregio.

flip-book /*ingl.* 'flip buk/ [vc. dell'ingl. d'America, comp. di *to flip* 'dare un colpetto' e *book* 'libro'] s. m. inv. ● Libretto formato da una serie di immagini che raffigurano in successione diverse posizioni di un soggetto e che, fatte scorrere rapidamente, danno la sensazione del movimento del soggetto stesso.

flip-flòp [vc. ingl. onomat.] s. m. inv. ● (*elettron.*) Amplificatore avente due punti di lavoro stabili, usato in sistemi elettronici o in sistemi di controllo a fluido.

flippàre [ingl. *to flip* 'colpire', a sua volta dal gerg. *to flip out* 'spingersi oltre'] **A** v. tr. ● Nel gioco del flipper, colpire con uno dei respingenti schiacciando i tasti laterali del biliardino: *f. la pallina.* **B** v. intr. (aus. *avere*) **1** Giocare al flipper. **2** Nel gergo dei tossicodipendenti, drogarsi, assumere sostanze stupefacenti. **3** Nel gergo giovanile, dare in escandescenze, agitarsi.

flippàto part. pass. di *flippare*; anche agg. **1** Nei sign. del v. **2** Nel gergo giovanile, detto di chi sia rimasto stravolto da un'esperienza di droga | (*est.*) Intontito, sbadato, non presente a se stesso: *oggi mio fratello è proprio f.*

flipper /'flipper, *ingl.* 'flɪpə*/ [ingl., da *to flip* 'far scattare', di origine espressiva] s. m. inv. ● Biliardino elettrico a gettoni.

flirt /*ingl.* flə:t/ [fr. *flirt*, dall'ingl. *flirt*, da *to flirt* 'far muovere, ondeggiare', di etim. incerta] s. m. inv. **1** Relazione sentimentale breve e superficiale. **2** (*est.*) Persona con cui si ha una relazione di tal genere.

flirtàre /flɛr'tare, flir'tare/ [fr. *flirter*. V. *flirt*] v. intr. (aus. *avere*) ● Amoreggiare in modo superficiale, senza impegnare i propri sentimenti.

fliscòrno e *deriv.* ● V. *flicorno* e *deriv.*

flit ® [nome commerciale di un liquido insetticida] s. m. ● (*gener.*) Qualunque insetticida che venga usato per nebulizzazione.

flittèna o **flittène** [gr. *phlýktaina* 'pustola', da *phlýzō* 'io ribollo', di origine indeur.] s. f. ● (*med.*) Cavità negli strati superficiali della cute ripiena di liquido sieroso limpido. SIN. Bolla.

float /*ingl.* 'flout/ [vc. ingl., da *float* 'galleggiante' (vc. germ.)] agg. inv. ● Detto di vetro molto sottile e resistente, destinato a usi speciali (per es., come vetro di sicurezza nelle automobili).

floating /*ingl.* 'floutiŋ/ [vc. ingl., propr. 'galleggiante, fluttuante', da *to float* 'galleggiare' (vc. d'orig. germ.)] s. m. inv. ● (*banca*) Fluttuazione.

flobert /'flɔbert, *fr.* flo'bɛ:r/ [vc. fr., dal n. dell'armaiolo N. *Flobert* (1819-1894)] **A** s. m. inv. ● Tipo di fucile a retrocarica a un colpo, con canna ad anima liscia di calibro molto piccolo, usato spec. per il tiro a segno. **B** s. f. inv. ● Pistola con le medesime caratteristiche.

floccàggio o **flockàggio** [da *flock*] s. m. ● (*tecnol.*) Operazione mediante la quale fibre di nylon, cotone e sim. lunghe qualche millimetro ed elettrizzate vengono fatte aderire perpendicolarmente alla superficie di un supporto, spec. un tessuto, spalmato di adesivo allo scopo di conferirgli un aspetto scamosciato o vellutato. SIN. Vellutatura, vellutazione.

floccàre v. tr. ● (*tecnol.*) Eseguire l'operazione del floccaggio.

floccàto s. m. ● (*tecnol.*) Materiale di aspetto scamosciato o vellutato, usato in arredamento, abbigliamento e pelletteria, e costituito da un supporto, gener. un tessuto, a cui sono state fatte aderire, mediante una floccatrice, corte fibre di nylon, cotone e sim.

floccatrice s. f. ● (*tecnol.*) Macchina usata per eseguire il floccaggio. SIN. Vellutatrice.

flòcco ● V. *fiocco* (2).

flocculànte agg. ● (*chim.*) Detto di additivo atto a favorire la flocculazione.

flocculàre v. intr. (*io flòcculo*; aus. *avere*) ● (*chim.*) Separarsi allo stato fioccoso, detto di un precipitato, di un colloide.

flocculazióne [dal lat. tardo *flŏcculus*, dim. di *flŏccus* 'fiocco'] s. f. ● (*chim.*) Aggregazione di particelle di precipitato a formare fiocchi facilmente depositabili | Gelificazione di colloide sotto forma di fiocchi.

flòcculo [vc. dotta, lat. tardo *flŏcculu(m)*, dim. di *flŏccus* 'fiocco'] s. m. **1** (*astron.*) Facola solare. **2** (*anat.*) Ciascuno dei due corpiccioli cerebellari disposti nella parte inferiore del cervelletto. **3** (*chim.*) Precipitato formato da aggregati di discrete proporzioni, ottenuto per flocculazione.

flock /*ingl.* flɔk/ [vc. ingl., propr. 'fiocco, lana da materassi' (prob. stessa orig. dell'it. *fiocco*)] s. m. inv. ● (*tecnol.*) Insieme di fibre di nylon, cotone e sim., lunghe qualche millimetro, fatte aderire a un supporto mediante una floccatrice per la produzione di floccati.

flockàggio ● V. *floccaggio.*

floèma [fr. *phloème*, dal gr. *phloiós* 'corteccia', di origine indeur.] s. m. (pl. *-i*) ● (*bot.*) Insieme dei tubi cribrosi che servono nella pianta alla circolazione delle sostanze nutritive.

flogìstico [da *flogisto*] agg. (pl. m. *-ci*) **1** (*med.*) Di infiammazione: *processo f.* **2** (*lett.*) Che può bruciare.

flogìsto [gr. *phlogistós* 'arso', da *phlogízō* 'io brucio', da *phlóx*, genit. *phlogós* 'fiamma', di origine indeur.] s. m. ● Sostanza che, nei secc. XVII e XVIII, si riteneva presente nei combustibili e nei metalli dai quali si sarebbe separata per riscaldamento od ossidazione.

flogòṣi o **flògoṣi** [vc. dotta, gr. *phlógōsis* 'infiammazione', da *phlogóō* 'io infiammo', da *phlóx*, genit. *phlogós* 'fiamma'. Cfr. *flogisto*] s. f. ● (*med.*) Infiammazione.

flop /*ingl.* flɔp/ [vc. ingl., propr. 'tonfo'] s. m. inv. ● Insuccesso, fallimento, fiasco.

floppy disk /flɔppi'disk, *ingl.* 'flɔpi disk/ [vc. ingl., comp. di *floppy* 'allentato, floscio' (da *to flop* 'dibattersi, lasciar cadere', vc. d'orig. espressiva) e *disk* 'disco'] s. m. inv. (pl. ingl. *floppy disks*) ● (*elab.*) Disco magnetico flessibile per la registrazione di dati. SIN. Dischetto.

flòra [vc. dotta, lat. *Flōra(m)*, dea dei fiori, da *flōs*, genit. *flōris* 'fiore'] s. f. ● L'insieme dei vegetali spontanei o coltivati che popolano un determinato ambiente: *f. di palude*; *f. batterica*; *la f. italiana* | (*est.*) La letteratura che descrive la vegetazione di una determinata regione.

floràle o (*raro*) **fioràle** nel sign. 2 [vc. dotta, lat. *florāle(m)*, da *Flōra* 'Flora'] agg. **1** (*raro, lett.*) Che si riferisce alla dea Flora: *giuochi, feste florali.* **2** Di, relativo a fiore: *foglie florali.*

†**floralìzio** [vc. dotta, lat. *floralĭciu(m)*, da *florālis* 'fiorale'] agg. ● Florale.

floreàle [fr. *floréal*, dal lat. *flōreus*, agg. di *flōs*, genit. *flōris* 'fiore'] **A** agg. **1** Che si compone di fiori: *decorazione f.* **2** *Stile f.*, quello affermatosi tra la fine del sec. XIX e l'inizio del XX soprattutto nell'architettura e nella decorazione, caratterizzato dall'uso di forme sinuose ed eleganti ispirate al mondo vegetale, e da una certa predilezione per l'arte orientale. **B** s. m. ● Fiorile.

florènzio [dal lat. *Florēntia* 'Firenze' perché fu scoperto nell'università di questa città] s. m. ● (*chim., raro*) Prometeo.

florerìa ● V. *fioreria.*

floricolo [comp. del lat. *flōs*, genit. *flōris* 'fiore' e *cŏlere* 'coltivare, abitare'] agg. **1** Di animale che vive, o si nutre, o si posa, di preferenza sui fiori. **2** Relativo alla coltivazione dei fiori: *tecniche floricole.*

floricoltóre o **fioricoltóre**, **floricultóre**, **fioricultóre** s. m. (f. *-trice*) ● Chi si dedica alla floricoltura.

floricoltùra o **fioricoltùra**, **floricultùra**, **fioricultùra** [fr. *floriculture*, comp. del lat. *flōs*, genit. *flōris* 'fiore' e fr. *culture* 'coltura, coltivazione'] s. f. ● Arte del coltivare fiori e piante ornamentali: *esperto in f.*

floricultóre ● V. *floricoltore.*

floricultùra ● V. *floricoltura.*

Florìdee [dal lat. *flōridus* nel senso etim. di 'fiorito' (da *flōs*, genit. *flōris* 'fiore')] s. f. pl. ● Nella tassonomia vegetale, classe di alghe rosse di forma varia ed elegante, filamentosa o ramificata (*Florideae*) | (al sing. *-a*) Ogni individuo di tale classe.

floridézza [da *florido*] s. f. ● Stato o condizione di chi o di ciò che è florido, prospero, fiorente e sim.: *ha perso tutta la sua f.*; *la f. del corpo, sodo, anzi un po' quadro* (CALVINO); *f. di un commercio, di un'industria* | *F. di stile*, (*fig.*) eleganza. SIN. Rigogliosità.

floridità s. f. ● (*raro*) Floridezza.

flòrido [vc. dotta, lat. *flōridu(m)*, da *florēre* 'fiorire'] agg. **1** Che è prosperoso, fiorente, rigoglioso (*anche fig.*): *aspetto f.*; *essere in f. stato*; *commercio, condizioni, finanze floride* | *Anni floridi*, la gioventù | (*fig.*) *Stile f.*, fiorito | *Ingegno f.*, vivace | *Colori floridi*, vivi. **2** (*mus.*) Detto di contrappunto caratterizzato dalle più svariate combinazioni ritmiche nelle diverse parti. || **floridaménte**, avv.

florilègio [comp. del lat. *flōs*, genit. *flōris* 'fiore' e *-legio*, ricavato dal lat. *lĕgere* 'raccogliere'; calco sul gr. *anthología* 'antologia'] s. m. **1** Raccolta di brani scelti di uno solo o di più autori. SIN. Antologia. **2** Titolo di libro di devozione, che raccoglie preghiere ed esempi di pietà dalla vita dei santi. **3** (*scherz.*) Quantità rappresentativa: *f. di errori.*

†**florìre** e *deriv.* ● V. *fiorire* e *deriv.*

florìstica [da *flora*] s. f. ● Parte della botanica che cataloga le piante di un determinato territorio.

florovivaìṣmo [da *florovivaista*] s. m. ● L'attività dei florovivaisti.

florovivaìsta [comp. del lat. *flōs*, genit. *flōris* 'fiore' e *vivaista*] s. m. e f. (pl. m. *-i*) ● Chi, per professione, si occupa di un vivaio di fiori e di piante.

florovivaìstico agg. (pl. m. *-ci*) ● Relativo al florovivaismo o ai florovivaisti.

floscézza s. f. ● (*raro*) Condizione e stato di ciò che è floscio.

flòscio [sp. *flojo*, dal lat. *flŭxu(m)*. V. *flusso*] agg. (pl. f. *-sce*) **1** Privo di consistenza, non sodo: *tessuto, cartone f.* | *Cappello f.*, di feltro non rigido | Flaccido: *carni flosce.* SIN. Moscio. **2** (*fig.*) Privo di vigore, energia e sim.: *educazione floscia.* SIN. Fiacco, molle. || **flosciaménte**, avv.

flòsculo [vc. dotta, lat. *flōsculu(m)* 'fiorellino', dim. di *flōs*, genit. *flōris* 'fiore'] s. m. ● (*bot.*) Ciascuno dei piccoli fiori che formano il capolino delle Composite.

flòtta [sp. *flota*, dal fr. *flotte*, vc. di origine scandinava] s. f. ● Insieme dei natanti da guerra o da traffico appartenenti a uno Stato o a una compagnia di navigazione: *la f. romana, cartaginese*; *la nostra f. mercantile* | (*est.*) *F. aerea*, complesso degli aerei militari di uno stato, o degli aerei civili appartenenti a una società: *la f. aerea italiana*; *la f. aerea dell'Alitalia*; *dall'alta lontananza, già si avvicinavano i boati della f. aerea* (MORANTE).

flottàggio [fr. *flottage*, da *flotter* 'galleggiare'. V. *flottare*] s. m. **1** Atto, effetto del flottare: *il f. di un aereo.* **2** (*chim.*) Flottazione.

flottànte [fr. *flottant*, part. pres. di *flotter*. V. *flottare*] s. m. ● (*banca*) Nelle loc.: *A largo f.*, detto di titolo di cui si trattano giornalmente in Borsa grossi quantitativi | *Di scarso f.*, detto di titolo di cui vengono trattati solo modesti quantitativi.

flottàre [fr. *flotter*, dal lat. *fluctuāre* 'fluttuare', con influsso del francone *flôd* 'flutto'] **A** v. intr. (*io flòtto*; aus. *avere*) **1** Muoversi in acqua, detto di natante o aereo in regime di sostentazione idrostatica. **2** (*sport*) Nel basket, muoversi con scioltezza e fluidità, spec. in area d'attacco, per prendere posizione in attesa di ricevere la palla. **B** v. tr. **1** (*chim.*) Sottoporre a flottazione. **2** Far scendere lungo la corrente di un fiume: *f. alberi da legname.*

flottazióne [fr. *flottaison*, da *flotter* 'galleggiare'. V. *flottare*] s. f. **1** (*chim., miner.*) Separazione dalla ganga dei minerali utili mediante sospensione in acqua addizionata di agenti schiumogeni e agitata con forti correnti d'aria. **2** Fluitazione. **3** Galleggiamento | *Linea di f.*, di galleggiamento.

flottìglia [sp. *flotilla*, dim. di *flota* 'flotta'] s. f. ● (*mar.*) Nella marina militare, complesso di due squadriglie di navi leggere e dello stesso tipo, riunito sotto un unico comando: *f. di motocannoniere, motosiluranti, sommergibili* | (*est.*) Complesso di navi da pesca partecipanti a una operazione di pesca comune | (*est.*) Complesso di natanti da diporto appartenenti a una determinata società sportiva.

flou /*fr.* flu/ [fr., propriamente 'sfumato'] **A** agg. inv. **1** Detto di abito vaporoso a linee morbide. **2** Nella tecnica fotografica, detto di contorno sfumato, evanescente. **B** s. m. inv. ● Speciale effetto fotografico di evanescenza nei contorni dell'immagine.

flow chart /*ingl.* 'flou tʃa:t/ [vc. ingl., letteralmente 'scheda di *flusso*'] s. m. inv. (pl. ingl. *flow charts*) ● (*elab.*) Diagramma di flusso.

fluènte A part. pres. di *fluire*; anche agg. **1** Nei sign. del v. **2** *Capelli fluenti*, (*fig.*) lunghi, morbidi e lisci. **3** †Detto di città e sim. che risiede presso un fiume: *Roma è f. al Tevere.* **B** s. m. o f. ● (*lett.*) †Corso d'acqua: *alcuni non Florenzia, ma Fluen-*

zia vogliono che la fusse nel principio detta, per esser posta propinqua al f. d'Arno (MACHIAVELLI).

fluff /*ingl.* flʌf/ [vc. ingl., propr. 'lanugine, peluria'] s. m. inv. • Materiale fioccoso dotato di potere assorbente, usato per fabbricare pannolini per neonati.

fluidézza [da *fluido*] s. f. • (*raro*) Fluidità.

fluìdica [da *fluido*] s. f. • Tecnologia per il controllo e la regolazione di processi e impianti industriali, che utilizza, a questo scopo, tipici circuiti percorsi da piccoli getti di fluidi come acqua, metallo fuso, aria e viene impiegata spec. in modo complementare all'elettronica.

fluìdico agg. (pl. m. *-ci*) • Relativo a fluido nel sign. 2.

fluidificàbile [da *fluidificare*] agg. • Che può essere ridotto allo stato fluido.

fluidificànte A part. pres. di *fluidificare*; anche agg. • Nei sign. del v. **B** s. m. • Medicamento espettorante che agendo sulla secrezione bronchiale rende più acquoso e tenue il catarro.

fluidificàre A v. tr. (*io fluidìfico, tu fluidìfichi*) **1** Far passare un corpo allo stato fluido | Aumentare la scorrevolezza di un liquido particolarmente denso e viscoso. **2** (*fig.*) Eliminare motivi di attrito, facilitando il conseguimento di un accordo, di un risultato e sim. **3** Nel calcio, consentire alla difesa di preparare azioni per l'attacco. **B** v. intr. pron. • Diventare fluido, mutevole, privo di stabilità.

fluidificazióne s. f. • Atto, effetto del fluidificare.

fluidìsta A s. m. e f. (pl. m. *-i*) • Progettista di dispositivi, macchine e impianti a fluido. **B** agg. • Detto di disegnatore tecnico che prepara i piani di esecuzione e i disegni relativi a dispositivi, macchine e impianti a fluido.

fluidità o †**fluiditàde**, †**fluiditàte** s. f. **1** Stato o qualità di ciò che è fluido: *la f. dell'olio*. **2** (*fig.*) Scorrevolezza: *f. di stile*. **3** (*fig.*) Mancanza di stabilità, possibilità di rapidi mutamenti: *la f. dei rapporti internazionali*.

fluidizzazióne [da *fluidificare*, sul modello dell'ingl. *fluidization*] s. f. • (*chim.*) Operazione che consente, tramite l'introduzione dal basso di un gas, di disperdere materiale pulverulento all'interno di un recipiente al fine di accelerare e rendere più uniforme la reazione con altre materie presenti.

flùido [vc. dotta, lat. *flŭidu(m)*, da *flŭere* 'scorrere'. V. *fluire*] **A** agg. **1** (*fis.*) Detto di sostanze le cui molecole hanno pochissima coesione e sono libere di scorrere le une sulle altre: *composto f.* | *Corrente fluida*, il moto spec. dell'acqua nei canali, nelle condotte o nei corsi d'acqua naturali. **2** (*fig.*) Che è scorrevole, sciolto: *stile f.*; *parola, eloquenza fluida*. **3** (*fig.*) Che è in fase di evoluzione, che non si è ancora stabilizzato: *situazione fluida*. SIN. Mutevole. CONTR. Fermo. ‖ **fluidaménte**, avv. In modo fluido, scorrevole. **B** s. m. **1** (*fis.*) Sostanza liquida o aeriforme, le cui molecole sono così poco aderenti fra loro che o possono scivolare liberamente le une sulle altre o si possono indefinitamente allontanare le une dalle altre. **2** Ipotetica emanazione di energia che consente di trasmettere ad altri il proprio pensiero o la propria volontà.

fluidodinàmica [comp. di *fluido* e *dinamica*] s. f. • Parte della fisica meccanica che studia la dinamica dei fluidi.

fluidostàtica [comp. di *fluido* e *statica*] s. f. • (*fis.*) Parte della meccanica dei fluidi che studia le proprietà di un fluido in equilibrio statico.

fluìre [lat. *flŭere*, di origine indeur. Cfr. *fiume*] v. intr. (*io fluìsco, tu fluìsci*; aus. *essere*) **1** Scendere, scorrere, sgorgare con abbondanza e facilità (*anche fig.*): *il sangue fluiva dalla ferita*; *le parole fluivano chiare dalle sue labbra* | *F. e refluire*, detto dell'alta e bassa marea. **2** (*poet.*) Filtrare: *fluisce tra te e me sul belvedere / un chiarore* (MONTALE).

fluitàre [vc. dotta, lat. *fluitāre*, ints. di *flŭere* 'fluire'] v. intr. (*io flùito*; aus. *essere*) • Farsi o lasciarsi trasportare galleggiando dalla corrente: *grossi tronchi fluitavano al centro del fiume*.

fluitazióne [da *fluitare*] s. f. • Sistema di trasporto del legname affidandolo in tronchi alla corrente di un fiume.

fluminènse o **fluminiènse** [port. *fluminense*, dal lat. *flūmen*, genit. *flūminis* 'fiume', per allusione al port. *rio* 'fiume'] agg. • Della regione di Rio de Janeiro.

fluoboràto [ingl. *fluoborate*, comp. di *fluo-* per *fluor* 'fluoro' e *borate* 'borato'] s. m. • (*chim.*) Ognuno dei sali dell'acido fluoborico, impiegati come fondenti in metallurgia.

fluobòrico [ingl. *fluoboric*, comp. di *fluo-* per *fluor* 'fluoro' e l'agg. *boric* 'borico'] agg. (pl. m. *-ci*) • (*chim.*) Detto dell'acido costituito da atomi di idrogeno, boro e fluoro.

fluografìa [comp. di *fluo(ro)* e *-grafia*] s. f. • Procedimento, basato sul fenomeno della fluorescenza, per la fotografia di superfici incise.

fluoràto [comp. di *fluor(o)* e *-ato*] s. m. • (*chim.*) Sale dell'acido fluorico.

fluoresceìna [da *fluorescenza*] s. f. • (*chim.*) Sostanza organica che presenta un'intensa fluorescenza giallo-verde; è impiegata principalmente in medicina, oftalmologia e geologia.

fluorescènte [fr. *fluorescent*, der. di *fluor* 'fluoro'] agg. • Detto di sostanza che presenta il fenomeno della fluorescenza.

fluorescènza [fr. *fluorescence*, da *fluor* 'fluoro'] s. f. • (*fis.*) Emissione di luce, da parte di alcuni corpi, dovuta all'assorbimento di date reazioni eccitatrici che dura soltanto finché dura l'eccitazione.

fluòrico [da *fluoro*] agg. (pl. m. *-ci*) • (*chim.*) Relativo al fluoro.

fluoridràto [fr. *fluorhydrate*. V. *fluoruro* e *idrato*] s. m. • Composto chimico derivante dall'addizione di acido fluoridrico a una base organica o a un fluoruro alcalino.

fluorìdrico [fr. *fluorhydrique*, comp. di *fluor* 'fluoro' e del gr. *hýdōr* 'acqua'] agg. (pl. m. *-ci*) • (*chim.*) Detto di acido, inorganico, monobasico, tossico, corrosivo, formato da idrogeno e fluoro, usato spec. per intaccare materiali silicei come vetri e sim.

fluorimetrìa [comp. di *fluoro* e *-metria*] s. f. • (*chim.*) Tecnica analitica per la determinazione quantitativa e qualitativa di un composto chimico, basata sulla misurazione della sua fluorescenza e usata in campo farmaceutico, nell'agricoltura, negli inquinamenti, nelle analisi medico-legali e sim.

fluorimètrico agg. • Della, relativo alla fluorimetria.

fluorìna [da *fluoro*] s. f. • (*miner.*) Fluorite.

fluorìte [comp. di *fluoro* e *-ite* (2)] s. f. • (*miner.*) Fluoruro di calcio in cristalli cubici o in masse compatte, vitree, di vario colore. SIN. Fluorina.

fluorizzàre [da *fluoro*] v. tr. • (*med.*) Aggiungere fluoruri alle acque potabili a scopo preventivo della carie.

fluorizzazióne s. f. **1** (*med.*) Atto, effetto del fluorizzare. **2** Processo con cui si ricopre la superficie di una lente con uno strato sottilissimo di un fluoruro per diminuire la percentuale di luce riflessa.

fluòro [fr. *fluor*, vc. dotta, dal lat. *fluōre(m)* 'flusso', da *flŭere* 'scorrere, fluire', quindi, in origine, 'sostanza liquida'] s. m. • Elemento chimico, metalloide, alogeno gassoso giallo-verdastro, di odore irritante, ottenuto per elettrolisi di acido fluoridrico anidro; misto a fluoruro di potassio è impiegato in terapia in misura molto limitata e per lo più sotto forma di fluoruri. SIMB. F.

fluoro- [V. *fluoro*] primo elemento • In parole composte della terminologia scientifica indica presenza di fluoro: *fluorocarburo, fluoroderivato*.

fluorocarbùro [comp. di *fluoro-* e *carburo*] s. m. • (*chim.*) Idrocarburo in cui tutti o parte degli atomi di idrogeno sono stati sostituiti da atomi di fluoro.

fluoroderivàto [comp. di *fluoro-* e *derivato*] s. m. • (*chim.*) Composto gener. organico contenente fluoro.

fluoròsi [comp. di *fluor(o)* e del suff. *-osi*] s. f. • (*med.*) Condizione conseguente a ingestione prolungata ed eccessiva di fluoro, caratterizzata da osteosclerosi e da alterata calcificazione dei denti il cui smalto appare chiazzato.

fluoruràre [den. di *fluoro*] v. tr. • (*chim.*) Introdurre uno o più atomi di fluoro in molecole, gener. di sostanze organiche, mediante fluorurazione.

fluorurazióne [da *fluorurare*] s. f. • (*chim.*) Reazione chimica che consente di introdurre atomi di fluoro in molecole.

fluorùro [da *fluoro*] s. m. • Sale dell'acido fluoridrico: *f. di calcio*.

fluosilicàto [comp. di *flu(oro)* e *silicato*] s. m. • Sale dell'acido fluosilicico, usato in diverse lavorazioni industriali.

fluosilìcico [comp. di *flu(oro)* e *silicico*] agg. (pl. m. *-ci*) • Detto di acido formato da fluoro e silicio, noto soltanto in soluzione acquosa, ma non allo stato anidro.

flussàggio [fr. *fluxage*, da *fluxer* 'rendere fluido' (a sua volta dall'ingl. *to flux*)] s. m. • (*tecnol.*) Procedimento usato per rendere fluidi materiali bituminosi mediante solventi a base oleosa.

†**flussìbile** [vc. dotta, lat. tardo *fluxĭbile(m)*, da *flŭxus* 'flusso'] agg. • Che può scorrere, fluire | (*fig.*) Transitorio.

†**flùssile** [vc. dotta, lat. tardo *flŭxile(m)*, da *flŭxus* 'flusso'] agg. • Atto a fluire.

flussimetrìa [comp. di *fluss(o)* e *-metria*] s. f. • (*med.*) Registrazione mediante flussimetro della velocità con cui il sangue circola nelle arterie.

flussìmetro [comp. di *flusso* e *-metro*] s. m. • (*med.*) Apparecchio a ultrasuoni per il controllo della velocità della circolazione del sangue nelle arterie.

flussióne [vc. dotta, lat. tardo *fluxiōne(m)*, da *flŭxus* 'flusso'] s. f. **1** †(*med.*) Malattia generata dal flusso eccessivo di sangue. **2** (*veter.*) Iridociclite recidivante. **3** †(*mat.*) Velocità con la quale varia una quantità fluente | Derivata.

flùsso [vc. dotta, lat. tardo *flŭxu(m)*, da *flŭere* 'scorrere, fluire'] **A** s. m. **1** Movimento scorrevole di un liquido su una superficie o in un condotto: *il f. delle acque* | (*med.*) Fuoriuscita di liquidi organici dalle cavità in cui sono contenuti: *f. mestruale* | (*fig.*) *Un f. di parole*, grande quantità di parole che escono dalle labbra come sgorgando. SIN. Getto. **2** (*est.*) Movimento incessante di ciò che si muove con continuità in una data direzione, nel tempo o nello spazio: *il f. delle stagioni, del pubblico all'uscita di un teatro, del traffico*. **3** Movimento periodico e costante della marea per il quale l'acqua di mare si solleva e dilaga sul livello ordinario. SIN. Alta marea | *F. e riflusso*, alta e bassa marea | (*fig.*) *F. e riflusso della folla*, confuso e movimentato spostamento in direzioni opposte | *F. e riflusso delle vicende umane*, il loro alterno avvicendarsi. **4** (*fis.*) Passaggio di una certa grandezza fisica attraverso una superficie o una linea chiusa: *f. luminoso* | *F. magnetico*, prodotto dell'induzione magnetica per l'area della sezione retta attraversata. **5** Nell'elaborazione elettronica dei dati, ciascuna delle sequenze di dati che attraverso le unità periferiche dell'elaboratore entrano in elaborazione come dati da elaborare o ne escono come risultati dell'elaborazione. **B** agg. • (*lett.*) †Caduco, labile: *eran l'altre transitorie e flusse / speranze umane* (ARIOSTO).

flussòmetro [comp. di *flusso* e *-metro*] s. m. (pl. *-ometri*) **1** Apparecchio usato spec. per la misura della portata di un fluido in un condotto. **2** Strumento atto a misurare il flusso magnetico.

flûte /*fr.* flyt/ [vc. fr., propriamente 'flauto', per la forma] s. f. inv. • Tipo di bicchiere a calice, stretto e alto.

flutter /*ingl.* ˈflʌtə/ [vc. ingl., propriamente 'vibrazione', da *to flutter* 'ondeggiare', ints. di un precedente *to flotian* 'galleggiare, stare a galla' vc. germ. di origine indeur.] s. m. inv. **1** (*med.*) Contrazione rapida del muscolo cardiaco con frequenza di 200-350 battiti al minuto. **2** (*mus., fis.*) Fluttuazione di frequenza, rispetto alla frequenza originale, del suono inciso o registrato su un supporto mobile, quale un disco fonografico, un nastro magnetico o una pellicola cinematografica, dovuta a fluttuazioni rapide della velocità di rotazione o di scorrimento del supporto stesso. SIN. Tremulo.

flùtto [vc. dotta, lat. *flŭctu(m)*, da *flŭere* 'scorrere'] s. m. • (*lett.*) Onda marina: *il notturno zeffiro / blando sui flutti spira* (FOSCOLO).

fluttuaménto s. m. • (*raro, lett.*) Fluttuazione.

fluttuànte part. pres. di *fluttuare*; anche agg. **1** Nei sign. del v. **2** Detto del debito pubblico a breve termine, perciò soggetto a variazione di ammontare: *debito f.* **3** (*anat.*) Detto di ogni costola libera, non connessa con lo sterno.

fluttuàre [vc. dotta, lat. *fluctuāre*, da *flūctus* 'flutto'] v. intr. (*io flùttuo*; aus. *avere*) **1** Essere mosso e agitato dai flutti | (*est.*) Ondeggiare (*anche fig.*): *un fluttuar di fanti e di cavalli* (LEOPARDI) **2** (*fig.*) Essere variabile, incerto, dubbioso: *opinioni che fluttuano*; *è un individuo che fluttua.* **3** (*banca*) Riferito a una moneta, raggiungere quotazioni di cambio con le altre in base alle sole leggi della domanda e dell'offerta, senza quotazioni di parità fissa: *la sterlina fluttua*; *la lira fluttua rispetto al dollaro*; *il franco fluttua verso l'alto.*

fluttuazióne [vc. dotta, lat. *fluctuatiōne(m)*, da *fluctuāre* 'fluttuare'] s. f. **1** Ondeggiamento (*spec. fig.*) | (*mil.*) *F. del fronte*, variazione del suo andamento secondo l'alterno prevalere delle forze contrapposte. **2** Fluitazione. **3** (*med.*) Movimento di un liquido raccolto in una cavità | Flutter. **4** (*fis.*) Deviazione casuale di una grandezza fisica dal suo valore medio | (*mat.*) Variazione d'una grandezza intorno a un valore medio. **5** (*econ.*) Movimento oscillatorio che si può riscontrare nell'attività economica. **6** (*banca*) Regime di libertà nei cambi monetari | (*est.*) Libera quotazione di una moneta rispetto ad altre.

fluttuóso [vc. dotta, lat. *fluctuōsu(m)*, da *flūctus* 'flutto'] agg. ● (*raro, lett.*) Tempestoso.

fluviàle [vc. dotta, lat. *fluviāle(m)*, da *flūvius* 'fiume'] agg. **1** Dei, relativo ai fiumi: *acqua, onda, arena f.*; *problemi fluviali* | Che ha luogo, si svolge nei fiumi o che si trova lungo i fiumi: *pesce, navigazione f.*; *i mulini fluviali, ... sciolti e mobili per struttura* (BACCHELLI). **2** (*fig.*) Abbondante, copioso: *lacrime fluviali.*

fluviàtile [vc. dotta, lat. *fluviātile(m)*, da *flūvius* 'fiume'] agg. ● Di fiume.

†**flùvido** [vc. dotta, lat. *flūvidu(m)*, da *flūere* 'scorrere'] agg. ● Fluido.

†**flùvio** [vc. dotta, lat. *flūviu(m)*, da *flūere* 'scorrere, fluire'] s. m. ● Fiume.

fluvioglaciàle [comp. di *fluvi(ale)* e *glaciale*] agg. (pl. m. *-oglaciali*) ● Detto del materiale morenico trasportato e depositato dalle acque di fusione dei ghiacciai | *Conoide f.*, dovuto al deposito di materiale fluvioglaciale.

fluviòmetro [comp. di †*fluvio* e *-metro*] s. m. (pl. *-ometri*) ● Apparecchio misuratore dei cambiamenti di livello dell'acqua di un fiume.

fly and drive /ingl. 'flai ən 'draiv/ [loc. ingl., propr. 'vola e guida'] loc. sost. m. inv. ● Nei viaggi, formula che comprende il biglietto aereo e il noleggio di un'autovettura.

flyby /ingl. 'flai bai/ [vc. ingl., comp. di *to fly* 'volare' e *by* 'vicino' (entrambi di orig. indeur.)] s. m. inv. ● Sorvolo di un corpo celeste a distanza ravvicinata da parte di una sonda spaziale.

flying dutchman /ingl. 'flaiiŋ 'dʌtʃmən/ [n. ingl. dell''Olandese (*Dutchman*, dall'agg. medio neerlandese *du(u)tsc(h)* 'olandese') volante (*flying*, part. pres. di *to fly* 'volare')', l'una e l'altra vc. di origine indeur. e area germ.] loc. sost. m. inv. ● Imbarcazione da regata leggerissima e veloce, monotipo a scafo tondo e deriva mobile per due persone attrezzata con randa, fiocco e fiocco pallone. SIN. Olandese volante.

flying jùnior /'flain 'junjor, *ingl.* 'flaiiŋ 'dʒu:njə*/ [comp. dell'ingl. *flying* 'volante', part. pres. di *to fly* 'volare', e del lat. *junior*, propr. 'più giovane', forma comparativa di *iūvenis* 'giovane'] loc. sost. m. inv. ● Imbarcazione da regata, a vela, per due persone, più semplice e più piccola del flying dutchman, da cui deriva.

Flysch /ted. fliʃ/ [vc. dialettale svizzera] s. m. inv. ● (*geol.*) Formazione soprattutto detritica composta da calcari, prevalentemente marnosi, rocce scistose, arenarie, ecc.

fobìa [fr. *phobie*, ricavato da *hydrophobie* 'idrofobia' e vc. simili] s. f. **1** (*psicol.*) Paura eccessiva, che appare irrazionale e immotivata, per qualche particolare tipo di oggetti o situazioni. **2** (*est.*) Forte avversione verso qc. o q.c. SIN. Antipatia.

-fobìa [dal gr. *-phobía*, da *phóbos* 'timore', di origine indeur.] secondo elemento ● In parole composte, significa 'paura', 'avversione', 'ripugnanza': *anglofobia, claustrofobia.*

fòbico [fr. *phobique*, da *phobie* 'fobia'] **A** agg. (pl. m. *-ci*) ● (*psicol.*) Di, relativo a, fobia: *manifestazioni fobiche.* **B** agg.; anche s. m. (f. *-a*; pl. m. *-ci*) ● (*psicol.*) Che, chi soffre di fobie: *soggetto f.*

-fobo [dal gr. *-phóbos* 'che teme' (V. *fobìa*)] secondo elemento ● In parole composte, significa 'che ha paura, timore', 'che prova avversione', 'che sente ripugnanza' nei confronti di persone o cose: *anglofobo, idrofobo.* CONTR. *-filo.*

†**fobórgo** [adatt. vc. fr. *faubourg*] s. m. (pl. *-ghi*) ● Sobborgo.

fòca [vc. dotta, lat. *phōca(m)*, nom. *phōca*, dal gr. *phṓkē*, da una radice indeur. che significa 'soffiare'] s. f. **1** Mammifero pinnipede dei Carnivori adattato alla vita acquatica con arti foggiati a pinna, testa tondeggiante, lunghi baffi attorno al muso e privo di padiglioni auricolari (*Phoca*) | *F. elefantina*, elefante marino | *F. monaca*, monaco. **2** (*fig., scherz.*) Persona grassa e lenta nei movimenti.

focàccia [lat. tardo *focācia(m)*, da *fōcus* 'focolare', perché cotta sul focolare] s. f. (pl. *-ce*) ● Pane schiacciato, condito con olio o altro, messo a cuocere in forno o sotto la brace | Dolce tondo e schiacciato di farina, uova e zucchero | *Rendere pan per f.*, (*fig.*) rendere male per male. || **focaccétta**, dim. | **focaccina**, dim.

focàia [lat. tardo *focāria(m)*, da *fōcus* 'fuoco'] agg. solo f. ● Detto di pietra silicea assai dura che, percossa da un oggetto spec. metallico, produce scintille: *pietra f.*

focàle [dal lat. *fōcus* 'fuoco'] **A** agg. **1** (*mat.*) Che si riferisce al o ai fuochi di una conica: *asse f.*; *distanza f.* **2** Che si riferisce al fuoco di un sistema ottico | *Distanza, lunghezza f.*, distanza del fuoco di uno specchio o di una lente, dallo specchio o lente, misurata lungo l'asse | *Linea f.*, uno dei due segmenti, perpendicolari tra loro, lungo i quali convergono i raggi di un fascio astigmatico | (*fig.*) *Punto f.*, centrale, della massima importanza: *il punto f. di un problema.* **3** (*med.*) Del focus: *infezione f.* **B** s. f. ● In una lente, distanza focale.

focalità [da *focale*] s. f. ● Focalizzazione, in ottica.

focalizzàre v. tr. (*io focalìzzo*) **1** In fotografia, mettere a fuoco: *f. l'immagine.* **2** (*fig.*) Precisare i termini di una questione, un problema e sim. per facilitarne l'esame o la discussione: *non riesco a f. bene la situazione.*

focalizzazióne s. f. ● Atto, effetto del focalizzare.

focàtico [lat. mediev. *focāticu(m)*, dal lat. *fōcus* 'focolare'] s. m. (pl. *-ci*) ● In età medievale, imposta che gravava su ciascun fuoco o focolare, cioè su ciascun gruppo familiare, in seguito sostituita dall'imposta di famiglia.

focàto o †**fuocàto** [da *f(u)oco*] agg. **1** †Infuocato. **2** (*tosc.*) †Scarlatto. **3** Detto di mantello equino o canino che presenta la focatura.

focatùra s. f. ● Macchia di color rosso vivo, al contorno degli occhi, alle estremità, ai fianchi, al petto dei mantelli bai o sauri.

†**fòcchia** [etim. incerta] s. f. ● (*bot.*) Infiorescenza del finocchio.

fóce [lat. *fāuce(m)*, di etim. incerta] s. f. **1** Sbocco o bocca di fiume nel mare o in altro fiume o in lago: *f. a delta, a estuario* | (*est.*) †Ingresso di un porto, golfo e sim. **2** †Apertura o passaggio angusto. **3** (*raro*) Gola di montagna. **4** (*spec. al pl.*) †Fauci.

focèna [vc. dotta, gr. *phṓkaina*, da *phṓkē* 'foca'] s. f. ● Genere di Mammiferi dei Cetacei simili al delfino, ma con muso arrotondato, di modeste dimensioni, con pinna dorsale triangolare (*Phocaena*). SIN. Marsovino.

focése [vc. dotta, lat. *Phocēnse(m)*, da *Phōcis*, dal gr. *Phōkís* 'Focide'] **A** agg. ● Della Focide, regione storica della Grecia. **B** s. m. e f. ● Abitante, nativo della Focide.

focheggiàre v. tr. (*io fochéggio*) ● Mettere a fuoco: *f. un apparecchio fotografico.*

focheggiatùra s. f. ● Atto, effetto del focheggiare.

fochìno s. m. ● In miniere e sim., operaio addetto al brillamento delle mine.

fochista o **fuochista** [da *f(u)oco*] s. m. (pl. *-i*) **1** Chi accudisce al fuoco di una caldaia a vapore. **2** (*pop., merid.*) Chi fabbrica o vende fuochi artificiali, o li fa esplodere durante le feste paesane.

†**focìle (1)** [dal lat. *fōcus* 'focolare'] s. m. **1** Acciarino. **2** V. *fucile*. **3** (*fig.*) Incitamento, attizzamento.

†**focìle (2)** [calco sull'ar. *zand*, coppia di bastoncini che, con lo strofinamento, producono fuoco e che ricordano per la forma le due ossa] s. m. ● Osso della gamba e dell'avambraccio.

fòco ● V. *fuoco*.

focolàio [V. *focolare*] s. m. **1** (*med.*) Punto di maggior intensità di un fenomeno biologico | *F. di infezione*, centro di iniziale localizzazione dei germi. **2** (*fig.*) Centro da cui si propaga q.c.: *un f. di vizio*; *il f. della rivolta.* **3** (*geol.*) Serbatoio magmatico.

focolàre [lat. tardo *foculāre*, da *fōculus*, dim. di *fōcus* 'focolare'] s. m. **1** Nelle case rustiche, piano di pietre o di mattoni per accendervi il fuoco da cucinare e da scaldarsi. **2** (*est., fig.*) Casa, famiglia: *sentire nostalgia del proprio f.*; *il f. domestico.* **3** (*tecnol.*) Parte di un impianto di combustione ove viene bruciato il combustibile: *il f. di una caldaia, di una locomotiva.* **4** (*pedag.*) Istituzione prevista dalla legge sui minori diretta a sostituire parzialmente il nucleo familiare senza però allontanarne completamente il giovane che viene ospitato. **5** Comunità di laici consacrati, coniugati e non, i quali costituiscono il nucleo fondamentale attorno a cui si sviluppa, nelle sue varie espressioni, il movimento dei focolarini, la cui norma principale è la mutua e continua carità.

focolarìno s. m. ● Laico consacrato che fa parte di un focolare.

focomelìa [comp. di *foca* e del gr. *mélos* 'membro', per l'aspetto che assumono gli esseri colpiti da questa malformazione] s. f. ● (*med.*) Anomalia o malformazione, in genere provocata da farmaci, che nel feto inibisce il normale sviluppo degli arti superiori o inferiori o di entrambi.

focomèlico agg.; anche s. m. (f. *-a*; pl. m. *-ci*) ● Che, chi è affetto da focomelia.

focometrìa [comp. di *foco* e *-metria*] s. f. ● (*ott.*) Misura della distanza focale di lenti e altri dispositivi ottici.

focòmetro [comp. del lat. *fōcus* e di *-metro*] s. m. ● Strumento che permette di misurare la distanza focale dei sistemi ottici.

focóne [da *f(u)oco*] s. m. **1** (*dial.*) Focolare domestico. **2** Nelle antiche armi da fuoco ad avancarica, forellino che consentiva di accendere la carica di lancio. ➡ ILL. p. 361 ARCHITETTURA. **3** (*mar.*) †Luogo dove si fa il fuoco e la cucina per l'equipaggio.

focosità s. f. ● Qualità di focoso.

focóso o †**fuocóso** [da *f(u)oco*] agg. **1** †Infuocato, acceso, anche con riferimento al colore: *ha la testa focosa per lo star chinato* (VASARI). **2** (*fig.*) Pieno di fuoco, facile ad accendersi: *carattere, temperamento f.* | *Cavallo f.*, che si impenna facilmente. SIN. Ardente, impetuoso, veemente. || **focosétto**, dim. | **focosino**, dim. || **focosaménte**, avv.

focus /lat. 'fɔkus/ [lat., propriamente 'focolare'. V. *fuoco*] s. m. ● (*med.*) Centro infetto da cui si staccano germi o tossine che vanno a localizzarsi in altri punti dell'organismo o determinano una reazione generale.

fòdera [da *fodero (1)*] s. f. ● Rivestimento interno o esterno di qualunque oggetto, in materiali svariati: *la f. di un libro, di una cassa, della valigia*; *f. di tela, carta, metallo* | (*per anton.*) Qualunque tessuto che sia usato sotto al tessuto che forma un indumento maschile o femminile. || **foderàccia**, pegg. | **foderétta**, dim. (V.) | **foderina**, dim.

foderàme s. m. ● Insieme delle stoffe per foderare gli abiti: *casa del f.*

foderàre [da *fodera*] v. tr. (*io fòdero*) **1** Munire di fodera, ricoprire con una fodera: *f. un abito, un baule, una valigia, una parete*; *f. di zinco, cuoio, lamiera, seta, carta* | (*raro, fig., scherz.*) *F. le parole*, ripetere nella frase alcune delle parole già dette. SIN. Rivestire. **2** In culinaria, rivestire un recipiente di pasta per racchiudervi una vivanda da cuocere al forno.

foderàto part. pass. di *foderare*; anche agg. **1** Nei sign. del v. **2** *Essere f. di soldi*, (*fig.*) molto ricco | *Essere f. di carne*, (*fig.*) molto grasso | (*fig.*)

Avere gli occhi foderati, ignorare più o meno volontariamente una realtà che si dovrebbe, ma non si vuole, affrontare | (*fig., pop.*) *Avere gli orecchi foderati di panno, di prosciutto*, sentirci poco, non voler sentire | (*fig., pop.*) *Avere il cuore f. di bronzo*, essere duro e insensibile. SIN. Ricoperto, rivestito.

foderatùra s. f. ● (*raro*) Atto, effetto del foderare | Tutta la fodera di un indumento o di un oggetto.

foderétta s. f. *1* Dim. di *fodera*. *2* (*tosc.*) Federa.

fòdero (1) [germ. *fôdr* 'custodia della spada'] s. m. *1* Guaina di cuoio, legno o metallo delle armi bianche, spec. di quelle lunghe | *Trarre la spada dal f.*, sguainarla; (*fig.*) disporsi a guerra aperta | *Rimettere la spada nel f.*, (*fig.*) cessare il combattimento, rappacificarsi col nemico. *2* †Fodera.

fòdero (2) [etim. incerta] s. m. ● Zattera, di più travi legate insieme, per trasportare legname lungo la corrente dei fiumi | (*est.*) Il legname così trasportato.

†fòdero (3) ● V. *fodro*.

†fodìna [lat. *fodīna(m)*, da *fŏdere* 'scavare', di origine indeur.] s. f. ● Cava, miniera.

†fodìre [vc. dotta, lat. *fŏdere, fodīre* 'scavare'] v. tr. ● Zappare, dissodare, coltivare.

fòdro o †**fòdero (3)** [francone *fodar* 'nutrimento'] s. m. ● (*st.*) In epoca medievale, contribuzione di foraggio dovuta al sovrano e al suo esercito quando transitavano per un territorio.

Foehn /*ted.* fø:n/ o **Föhn** [vc. ted., dal precedente ant. alto ted. *phōnno* di origine lat.: (*vĕntus*) *favōnius* 'favonio'] s. m. inv. (pl. ted. *Foehne*) ● Vento discendente caldo, secco, sul versante sottovento di una catena montuosa.

fóga [lat. *fūga(m)*. V. *fuga*] s. f. *1* Ardore, slancio, impeto: *la f. della passione, del discorso*; *correre, combattere con f.*; *scrittore ... tutto f. di senso e fantasia* (CROCE). SIN. Furia, veemenza. CONTR. Flemma. *2* (*lett.*) Salita o scoscendimento ripido.

fòggia [etim. incerta] s. f. (pl. *-ge*) *1* Modo, maniera: *f. di procedere, di parlare*. *2* Forma o aspetto esteriore di q.c.: *abito di f. strana, disusata, capricciosa*; *la f. diversa delle vesti può distinguere una nazione dall'altra* (MURATORI) | Moda, maniera di vestire. *3* Nel Medioevo, cappuccio che proteggeva una sola guancia ricadendo sulla spalla. *4* †Taglia o figura del corpo.

foggiàno A agg. ● Di Foggia. B s. m. (f. *-a*) ● Abitante, nativo di Foggia.

foggiàre [V. *foggia*] v. tr. (*io fòggio*) *1* Modellare secondo una determinata foggia: *foggiarono vari utensili agricoli, con mezzi primitivi*. *2* (*fig.*) Formare, plasmare: *le difficoltà hanno foggiato il suo carattere* | *F. l'ingegno, lo stile*, dargli un certo indirizzo secondo una norma, un modello e sim.

foggiatùra s. f. *1* Atto, effetto del foggiare. *2* Operazione di formatura di vari prodotti alimentari, quali formaggio, burro, cioccolata e sim.

fòglia [lat. tardo *fŏlia(m)*, dal pl. di *fŏlium* 'foglio, foglia', di origine indeur.] s. f. *1* (*bot.*) Organo delle piante cormofite in cui, in condizioni normali, si compie quasi esclusivamente la funzione clorofilliana e la traspirazione: consta di una lamina di color verde, sorretto da un peduncolo o picciolo | *Il cader delle foglie*, l'autunno; (*fig.*) l'inizio della vecchiaia | *F. morta*, secca; in aeronautica, figura acrobatica per cui un aereo discende con una serie di scivolate pendolari a destra e a sinistra, come fanno certe foglie cadendo | (*calcio*) *Punizione a f. morta*, calcio di punizione tirato a parabola per scavalcare la barriera difensiva avversaria | *Color di f. morta*, colore marrone bruciato | *Più che foglie di maggio*, (*fig.*) in grande quantità | *Tremare come una f.*, di freddo, paura e sim. | *A f. a f.*, a parte a parte | *Comprare, fumare la f.*, il tabacco non trinciato | *Materasso di f.*, riempito di foglie secche di granoturco | *Mangiare la f.*, (*fig.*) capire il senso del discorso o rendersi conto, da brevi indizi, della reale situazione | *Non muover f.*, non permettersi di far nulla, lasciare le cose come stanno. ➡ ILL. **botanica generale**. *2* Riproduzione scolpita o dipinta di foglie, spec. d'acanto, usata come motivo ornamentale. *3* Lamina sottilissima d'oro, d'argento o di rame | *Dorare a f.*, rivestire un oggetto di foglia sottilissima d'oro, quasi impalpabile, dopo aver passato sulla superficie da dorare una speciale preparazione. *4* (*mecc.*) Ognuna delle lamine di acciaio a forma rettangolare che costituiscono una molla a balestra. *5* Ferro del tornitore, ovale e tagliente ai bordi, con l'apice ripiegato in dentro || PROV. Non cade foglia che Dio non voglia. || **fogliàccia**, pegg. | **foglierèlla**, dim. | **fogliétta**, dim. (V.) | **foglìna**, dim. | **fogliolìna**, dim. (V.) | **fogliòna**, accr. | **fogliòne**, accr. m. | **fogliùccia**, **fogliùzza**, dim.

fogliàceo [vc. dotta, lat. *foliāceu(m)*, da *fŏlium* 'foglia'] agg. ● Che ha aspetto di foglia.

fogliàme s. m. *1* L'insieme delle foglie di una o più piante: *il f. folto della quercia*; *nascondersi tra il f.* *2* Quantità di foglie | Ornamento di foglie dipinte, scolpite e sim.: *il f. del capitello, della cornice* | *A f.*, detto di decorazione orafa sbalzata o incisa a corridietro, spec. di foglie d'acanto.

fogliànte [fr. *feuillant*, dall'ordine religioso che traeva il nome dall'abbazia di *Feuillants*, presso Tolosa] s. m. ● Ogni appartenente al club politico parigino, operante fino al 1791, costituito da elementi moderati, fautori di una monarchia costituzionale e che aveva la sua sede nell'ex-convento dei monaci omonimi.

fogliàre (1) [da *foglia*] agg. ● (*bot.*) Di foglia.

†fogliàre (2) [da *foglia*] v. intr. ● Produrre foglie.

fogliàto [lat. *foliātu(m)*, da *fŏlium* 'foglio'] agg. *1* †Fronzuto: *ramo f.* *2* Detto di metallo ridotto in lamine, in foglie: *argento, oro f.*

fogliazióne s. f. ● Lo sbocciare delle foglie dalle gemme.

fogliétta (1) s. f. *1* Dim. di *foglia*. *2* Tabacco da fiuto non conciato.

fogliétta (2) o (*rom.*) **fojétta** [provz. *folheta*, di etim. incerta] s. f. ● Misura per vino e olio, corrispondente a circa mezzo litro, usata un tempo a Roma.

†fogliettànte [da *foglio*] s. m. ● (*spreg.*) Chi scrive su giornali e sim.

fogliétto s. m. *1* Dim. di *foglio*. *2* In filatelia, foglio di dimensioni ridotte, contenente un numero limitato di francobolli uguali o facenti parte di una stessa serie, spec. commemorativi. *3* Foglio stampato, volante, per notizie, annunci e sim.: *i foglietti dell'agenzia d'informazione*. SIN. Biglietto. *4* †Giornale di piccolo formato. *5* (*anat.*) Membrana: *f. pleurico, peritoneale*. *6* Omaso. *7* (*biol.*) Ognuna delle tre primitive matrici embrionali dei Vertebrati (ectoderma, endoderma, mesoderma), definite in tal modo per la loro struttura di tipo epiteliale. || **fogliettàccio**, pegg. | **fogliettìno**, dim.

foglìfero [comp. di *foglia* e *-fero*] agg. ● Che porta foglie.

fòglio [lat. *fŏlium*. V. *foglia*] s. m. *1* Pezzo di carta di formato, spessore e dimensioni variabili, per usi diversi: *f. bianco, rigato, a quadretti, da disegno*; *un f. di quaderno*; *un f. protocollo, di carta bollata*; *un f. di carta pergamena* | (*est.*) Lastra sottilissima di metallo, legno e sim.: *alluminio, oro in fogli*; *un f. di stagnola*. *2* Pezzo di carta scritta, stampata, incisa e sim.: *condensate il racconto in pochi fogli*; *firmate il f. qui accluso* | *F. scritto di buon inchiostro*, (*fig.*) dove si parla chiaro, senza riguardi | *F. d'annunci, di pubblicità*, pubblicazione | *F. d'annunci legali*, per comunicare la data di aste pubbliche, provvedimenti e sim. | *F. d'ordini*, con cui un comando militare o altro organo direttivo dirama ordini, istruzioni, notizie, avvisi | *F. volante*, stampato o manoscritto non impaginato con altri, che si affigge, spedisce o distribuisce, recante annunci, notizie, scritti polemici, e sim. | *A fogli mobili*, detto di un sistema di rilegatura che permette la rapida sostituzione o l'inserimento di fogli | Documento: *un f. ufficiale* | *F. bianco*, non scritto, o con la firma in bianco | *Dar f. bianco*, dar carta bianca | *Porgere il f. bianco*, (*fig.*) rimettersi all'arbitrio del vincitore | *F. di via obbligatorio*, documento attestante l'applicata misura di prevenzione con cui il questore provvede ad allontanare da un Comune, rimandandole al luogo di residenza, le persone pericolose per la sicurezza e la moralità pubblica | *F. complementare*, documento che accompagna gli autoveicoli e sul quale sono riportate le eventuali ipoteche | *F. rosa*, autorizzazione temporanea alla guida degli autoveicoli, rilasciata dalla Prefettura a chi intende sostenere l'esame di guida, affinché si possa esercitare, non però su autostrada, avendo a fianco una persona munita di patente | Pagina: *i fogli di un libro* | *Voltar f.*, (*fig.*) passare ad altro argomento | Biglietto di banca: *un f. da mille, da diecimila lire*. *3* In filatelia, tavola di quaranta, cinquanta, sessanta o cento francobolli uguali, fornita dall'amministrazione postale per la vendita. *4* (*elab.*) *F. elettronico*, programma per la gestione dei dati in forma tabulare. SIN. Spreadsheet. *5* (*edil.*) Nelle loc. *mattoni in f.*, detto di mattoni messi di taglio | *Muro in f.*, fatto con mattoni disposti in tale modo. SIN. A coltello. *6* (*zoot.*) *F. cereo*, in apicoltura, sottile superficie di cera che reca su entrambe le facce le impronte delle celle da operaie e che viene collocato nell'arnia per risparmiare alle api una parte del lavoro di costruzione del favo. || **fogliàccio**, pegg. | **fogliétto**, dim. (V.) | **fogliolìno**, dim. | **fogliòne**, accr. | **fogliùccio**, **fogliùzzo**, dim. | **fogliùcolo**, dim.

fogliolìna s. f. *1* Dim. di *foglia*. *2* (*bot.*) Ognuno dei lobi che costituiscono la foglia composta.

foglióso [lat. *foliōsu(m)*, da *fŏlium* 'foglia'] agg. ● Pieno di foglie: *un ramo f.*

†fogliùto agg. ● Ricco di foglie.

fógna [da *fognare (2)*] s. f. *1* Fossa o conduttura di drenaggio o scolo, per acque bianche o nere. *2* (*fig.*) Luogo sudicio, ambiente corrotto. *3* (*fig.*) Persona immonda o smodatamente ingorda. || **fognàccia**, pegg. | **fognóne**, accr. m.

fognaiòlo o (*lett.*) **fognaiuòlo** s. m. *1* Operaio che lavora alle fogne. *2* (*pop.*) Osso del muso dei suini.

fognànte [da *fogna*] agg. ● Destinato a trasportare le acque di rifiuto, spec. nella loc. *rete f.*

fognàre (1) [da *fogno (1)*] v. intr. impers. (*fógna*; aus. *essere*, raro *avere*) ● (*tosc.*) Nevicare con burrasca di vento.

fognàre (2) [lat. parl. **fundiāre* 'scavare', da *fŭndus* 'fondo' (?)] v. tr. (*io fógno*) *1* Munire di fognatura. *2* (*fig.*) †*f. le misure, f. castagne, noci*, metterle in modo da lasciarvi molti vuoti, per ingannare chi compera | (*fig.*) †*f. una lettera, una parola*, considerarla come non esistente e quindi tralasciarla o eliderla.

fognàrio agg. ● Che riguarda le fogne.

fognatùra [da *fognare (2)*] s. f. *1* Insieme delle opere necessarie per l'allontanamento da un centro abitato delle acque piovane e delle acque di rifiuto | *F. dei terreni agrari*, drenaggio. *2* Coccio poggiato sul buco di scolo dei vasi da fiori. *3* (*ling.*) †Elisione.

fógno (1) [lat. *favōniu(m)* 'favonio'] s. m. ● (*tosc.*) Burrasca di vento con pioggia e nevischio.

†fógno (2) [da *fogna*] s. m. ● Fogna.

fognòlo [da *fogna*] s. m. ● Piccolo canale di una rete fognaria | Canalizzazione che convoglia le acque di rifiuto dall'interno di un edificio verso la rete fognaria urbana.

fogonatùra [da *focone*, attrav. il venez.] s. f. ● (*mar.*) Mastra.

Föhn /*ted.* fø:n/ s. m. inv. *1* V. *Foehn*. *2* Apparecchio elettrico che produce una corrente d'aria calda, usato per asciugare i capelli. SIN. Asciugacapelli.

fòia [lat. *fūria(m)* 'furia'] s. f. *1* Stato di intensa eccitazione sessuale, spec. degli animali. *2* (*est., fig.*) Desiderio smodato. SIN. Brama, frenesia.

fòiba [lat. *fŏvea(m)* 'fossa'] s. f. ● (*geogr.*) Tipo di dolina costituita da un avvallamento imbutiforme sul fondo del quale si trova comunemente un inghiottitoio.

foie gras /*fr.* fwa 'gra/ [loc. fr., propr. 'fegato grasso'; nel sign. 2, abbr. di *pâté de foie gras*] loc. sost. m. inv. *1* Fegato d'oca ingrassata con apposita alimentazione, usato in gastronomia. *2* Pasticcio di fegato d'oca.

foiòlo [lat. *fŏliu(m)* 'foglia', attrav. il milan. *fojö*] s. m. ● Trippa di manzo, ricavata dal terzo scompartimento dello stomaco.

foióso [lat. *furiōsu(m)* 'furioso'] agg. ● (*raro*) Che è in foia.

fojétta ● V. *foglietta (2)*.

fòla [lat. *fābula(m)*. V. *favola*] s. f. *1* Favola, fiaba: *raccontare le fole ai bambini*; *o tu che narri disutili fole* (SABA). *2* (*est.*) Cosa non vera, frottola | (*est.*) Cosa frivola, ciancia, inezia.

fòlade [gr. *phōlás*, genit. *phōládos* 'che sta in una buca', da *phōleá* 'tana', di origine indeur.] s. f. ● Mollusco marino dei Bivalvi, commestibile, con conchiglia priva di cerniera che perfora le rocce ed è luminescente al buio (*Pholas dactylus*).

fòlaga [lat. *fūlica(m)*, di origine indeur.] s. f. ● Uccello palustre dei Ralliformi, con zampe piuttosto brevi e carni poco pregiate (*Fulica atra*). SIN. Germano nero | *F. di canneto*, (*fig.*) persona che vive oscura e tranquilla. || **folaghétta**, dim.

folàta [etim. discussa: lat. parl. **fullāre* 'follare' (?)] s. f. *1* Soffio impetuoso ed improvviso: *una f. di vento*. SIN. Raffica. *2* (*raro, lett.*) Grande quantità di animali, persone o cose che si riversa o spande con impeto in un luogo | *Una f. di uccelli*, stormo. *3* Nel linguaggio degli ippodromi, la distanza coperta da un cavallo nel pieno della sua azione.

fólcere [lat. *fulcīre*, di etim. incerta] v. tr. (dif. usato solo nelle terze pers. sing. del pres. e imperf. indic. *fólce, folcéva*) ● (*lett.*) Puntellare, sostenere, appoggiare.

folcìre [V. *folcere*] v. tr. (dif. usato solo nella terza pers. sing. del pres. indic. e nella prima pers. sing. dell'imperf. congv. *fólce, folcisse*) ● (*lett.*) Folcere.

folclóre o **folclòre**, **folklóre** [dall'ingl., comp. di *folk* 'popolo' e *lore* 'dottrina'] s. m. *1* Disciplina che studia le tradizioni popolari. *2* Insieme delle tradizioni popolari e delle loro manifestazioni in quanto oggetto di studio o anche di semplice interesse | (*est., spreg.*) L'aspetto chiassoso, superficiale e colorito di una situazione, di un avvenimento e sim.

folclòrico o **folklòrico** agg. (pl. m. *-ci*) ● (*raro*) Folcloristico.

folclorismo o **folklorismo** s. m. ● Amore per il folclore | (*spreg.*) Tendenza all'eccesso e all'esibizione nel rappresentare gli aspetti più tipici delle tradizioni di un popolo.

folclorista o **folklorista** s. m. e f. (pl. m. *-i*) ● Studioso di folclore.

folcloristico o **folkloristico** agg. (pl. m. *-ci*) *1* Relativo al folclore: *spettacolo f.* | (*est., scherz.*) Singolare: *un tipo f.* *2* Proprio del folclore: *danza folcloristica*. || **folcloristicaménte**, avv.

fòlco [gr. *pholkós* 'storto, sbilenco', da una radice indeur. che significa 'deviare dalla via retta'] s. m. (pl. *-chi*) ● Ragno sedentario con zampe molto lunghe e sottili, che vive nelle grotte, nei tronchi cavi e anche nelle case (*Pholcus phalangioides*).

folgorànte part. pres. di *folgorare*; anche agg. *1* Nei sign. del v. *2* Che colpisce violentemente e all'improvviso (*spec. fig.*): *colpo f.*; *amore, passione f.*; *una risposta f.* *3* Particolarmente intenso e vivo: *sguardo f.*; *dolore f.*

folgoràre [lat. *fulgurāre*, da *fŭlgur*, genit. *fŭlguris* 'folgore'] **A** v. intr. (*io fólgoro*; aus. *avere*) *1* (*lett.*) Brillare di lampi o folgori | (*est., fig.*) Lampeggiare: *i colpi delle artiglierie folgoravano nella notte*. *2* (*fig.*) Risplendere di luce abbagliante: *ma quella folgorò nel mio sguardo / sì, che da prima il viso non sofferse* (DANTE *Par.* III, 128-129). SIN. Balenare. *3* (*fig., lett.*) Avventarsi come folgore, agire con prestezza e celerità: *Da indi scese folgorando a Iuba* (DANTE, VI, 70). *4* (*fig.*) †Scagliarsi contro qc. o q.c. con invettive violente. **B** v. tr. *1* Colpire con la folgore, col fulmine (*anche fig.*): *Giove folgorò Capaneo*; *f. qc. con lo sguardo*. *2* (*est.*) Colpire con una scarica di energia elettrica: *l'alta tensione folgorò due operai*.

folgoratóre [lat. *fulguratōre(m)*, da *fulgurāre* 'folgorare'] agg.; anche s. m. (f. *-trice*) *1* Che, chi folgora | *Il f.*, (*per anton.*) Giove. *2* Nell'antica Roma, augure che traeva auspici osservando le folgori.

folgorazióne [vc. dotta, lat. *fulguratiōne(m)*, da *fulgurāre* 'folgorare'] s. f. *1* Atto del folgorare. *2* (*med.*) Effetto generale prodotto sull'organismo dal passaggio della corrente elettrica meteorica o industriale.

fólgore (1) o †**fùlgure** [lat. *fŭlgure*, abl. di *fŭlgur*, di origine indeur.] **A** s. f. e †m. (pl. *†fólgora*, f.) *1* Fulmine, saetta: *il vecchio tronco fu spaccato dalla f.* *2* (*fig.*) Chi, ciò che agisce con estrema rapidità o potenza distruttrice: *Attila era una f. di guerra*. **B** s. m. ● (*lett.*) Splendore: *il f. degli occhi suoi* (D'ANNUNZIO).

†**folgóre (2)** ● V. *fulgore*.

folgoreggiànte part. pres. di *folgoreggiare*; anche agg. ● (*lett.*) Nei sign. del v.

folgoreggiàre v. intr. (*io folgoréggio*; aus. *avere*) *1* (*lett.*) Risplendere come folgore. *2* (*lett.*) †Cadere o muoversi con la velocità della folgore.

folgorìo s. m. ● Atto del folgorare continuo.

folgorìte [comp. di *folgore (1)* e *-ite (2)*] s. f. *1* Concrezione tubolare quarzosa, originata dal passaggio del fulmine attraverso sabbie silicee. *2* (*al pl.*) Tracce di vetrificazione in rupi granitiche silicee colpite dal fulmine.

foliazióne [ingl. *foliation*, da *folio* 'foglio'] s. f. ● Numero delle pagine di un giornale o di una rivista e loro distribuzuione, gener. fissa, fra i diversi argomenti.

fòlico [dal lat. *fŏlium* 'foglio, foglia'] agg. (pl. m. *-ci*) ● *Acido f.*, fattore vitaminico efficace nella cura di molte anemie.

Folidòti [comp. del gr. *pholís*, genit. *pholídos* 'scaglia' (di origine indeur.) e *ôus*, genit. *ōtós* 'orecchio'] s. m. pl. ● Nella tassonomia animale, ordine di Mammiferi con corpo coperto di squame cornee, comprendente i pangolini (*Pholidota*) | (al sing. *-o*) Ogni individuo di tale ordine.

folk /fɔlk, *ingl.* 'fouk/ [vc. ingl., propriamente 'popolo'] **A** agg. inv. ● Popolare, detto di genere musicale caratterizzato da contenuti spec. sociali o di protesta: *musica, canzone f.* **B** s. m. inv. ● Genere musicale folk: *un cantante di f.*

folklóre /fol'klore, fol'klɔre, *ingl.* 'fouk lɔ:/ e *deriv.* ● V. *folclore* e *deriv.*

folk music /fɔlk 'mju:zik, *ingl.* 'fouk 'mju:zik/ [loc. ingl., comp. di *folk* e *music* 'musica'] loc. sost. f. inv. ● La musica popolare, spec. quella degli Stati Uniti.

folk-rock /'fɔlk 'rɔk, *ingl.* 'fouk rɔk/ [vc. ingl., comp. di *folk* e *rock*] s. m. inv. ● Genere musicale nato negli anni Sessanta negli Stati Uniti e in Inghilterra dalla fusione del folk e del rock.

folk-singer /*ingl.* 'fouk-siŋə*/ [vc. ingl., propriamente 'cantante popolare', comp. di *folk* 'popolare' e *singer* 'cantante', da *to sing* 'cantare'] s. m. e f. inv. (pl. ingl. *folk-singers*) ● Cantante di folk-song.

folk-song /*ingl.* 'fouk sɔŋ/ [vc. ingl., propriamente 'canto popolare'] s. m. inv. (pl. ingl. *folk-songs*) ● Canto popolare caratterizzato da contenuti spec. sociali o di protesta.

fólla o **fòlla** [da *follare*] s. f. *1* Quantità di gente riunita insieme: *una f. festante si assiepava lungo la strada*; *una f. immensa e festosa traboccava di contrada in contrada* (NIEVO). *2* (*est.*) Gente, massa, (*spesso spreg.*): *aveva tentato d'uscire dal suo guscio e comunicare con la f.* (SVEVO); *non mi interessano gli applausi della f.* | (*fig.*) *Bagno di f.*, il trattenersi a lungo tra una folla entusiasta durante una manifestazione pubblica, detto spec. di personaggio famoso. *3* (*fig.*) Gran numero di cose: *una f. di pensieri disordinati*. SIN. Moltitudine. *4* Acqua da concia in cui si fa bollire una falda imbastita per ottenere feltro da cappelli.

follànte **A** part. pres. di *follare* ● Nei sign. del v. **B** s. m. ● Prodotto chimico usato per follare i tessuti di lana.

follàre [lat. parl. **fullāre* 'calcare', der. di *fŭllo* 'sgrassatore di panni', di etim. incerta] v. tr. (*io fóllo*) *1* Sottoporre a follatura i tessuti di lana. *2* Pigiare l'uva, coi piedi o coi follatoi | Sottoporre il mosto a follatura. *3* (*fig.*) †Incalzare, premere.

follàto **A** part. pass. di *follare*; anche agg. *1* Nei sign. del v. *2* †Affollato | †Folto: *era di frondi verdi il loco pieno, / e di quelle era ben f. e spesso* (BOCCACCIO). **B** s. m. ● Tessuto di lana che ha subìto la follatura.

follatóio s. m. ● Strumento per pigiare l'uva.

follatóre s. m. *1* Operaio addetto alle operazioni di follatura. *2* Follatoio | Bastone per follare il vino, munito all'estremità di pioli disposti in piani diversi. *3* Follatrice.

follatrice s. f. ● Macchina per follare.

follatùra [da *follare*] s. f. *1* Operazione con la quale si fanno restringere e rassodare i panni di lana sottoponendoli a pressione, a sfregamento e ad azioni chimiche in bagni alcalini o acidi. *2* Pigiatura dell'uva | *F. del vino, del mosto*, pratica enologica consistente nel risospingere al fondo delle botti le vinacce che, durante la fermentazione, vengono a galla, al fine di ottenere una migliore vinificazione del mosto, e quindi vini più limpidi e purgati.

†**fòlle (1)** [lat. *fŏlle(m)* 'mantice, sacco di cuoio, pallone', di origine onomat.] s. m. *1* Mantice, soffietto. *2* Sacchetto, borsa.

fòlle (2) [dal precedente, nel sign. di 'pallone', poi 'testa vuota'] **A** agg. *1* Di persona che agisce senza senno e raziocinio: *una ragazza f.* CONTR. Savio. *2* Di ciò che è fatto o concepito sconsideratamente: *un'azione f.*; *un'idea f.* *3* (*mecc.*) Detto di organo ruotante quando gira a vuoto, cioè senza trasmettere il movimento: *ingranaggio f.*; *ruota f.* *4* (*mecc.*) Nella loc. avv. *in f.*, indica la posizione degli ingranaggi di un cambio di velocità quando nessuna marcia è ingranata: *mettere in f. il motore*. || **follemente**, avv. Pazzamente; senza prudenza e moderazione: *desiderare follemente q.c.* **B** s. m. e f. ● Matto, pazzo: *occhi da f.*; *sguardo da f.* || **follétto**, dim. (V.).

folleggiaménto s. m. ● Modo e atto del folleggiare.

folleggiànte part. pres. di *folleggiare*; anche agg. ● Nei sign. del v.

folleggiàre [da *folle (2)*] v. intr. (*io folléggio*; aus. *avere*) ● Comportarsi da folle | (*est.*) Scatenarsi nei divertimenti.

folleggiatóre s. m.; anche agg. (f. *-trice*) ● (*raro*) Chi, che abitualmente folleggia.

follétto [dim. di *folle (2)*] **A** s. m. *1* Spirito creato dalla fantasia popolare, dotato di indole bizzarra e sorprendente ma non malvagia: *i folletti e gli gnomi*. *2* (*fig.*) Ragazzo molto vivace e inquieto. **B** in funzione di agg. ● Pazzerello: *spirito f.*

follìa [da *folle (2)*] s. f. *1* (*gener.*) Stato di alienazione mentale, pazzia, demenza: *ha ucciso in un accesso di f.*; *essere colto da improvvisa f.*; *essere in preda alla f.* | *F. collettiva*, esaltazione di massa portata al parossismo | (*est.*) Mancanza di raziocinio, sconsideratezza: *si è rovinato a causa della sua f.* | *Amare qc. alla f., fino alla f.*, perdutamente. *2* Atto sconsiderato, temerario, avventato: *quella spesa è stata una vera f.!*; *che f.!* | *Fare follie*, darsi alla pazza gioia, divertirsi in modo sfrenato | *Fare follie per qc. o q.c.*, desiderare oltre ogni ragionevole limite | *F.!, follie!*, si dice per commentare ciò che è illogico, stravagante. *3* (*mus.*) Antica danza di origine portoghese, piuttosto movimentata, diffusa in Spagna, anche come parte di spettacoli teatrali, e altrove | Nella musica barocca, melodia di carattere sostenuto e tempo ternario, derivata dalla danza e usata come basso di variazioni strumentali, spec. violinistiche: *la Follia di Corelli*.

follicolàre [vc. dotta, lat. tardo *folliculāre(m)*, da *follĭculus* 'follicolo'] agg. ● (*anat.*) Dei, relativo ai follicoli.

follicolìna [da *follicolo*] s. f. ● (*fisiol.*) Ormone prodotto dall'ovaio, ad azione estrogena.

follicolìte [comp. di *follicolo* e *-ite (1)*] s. f. ● (*med.*) Infiammazione dei follicoli piliferi.

follìcolo [vc. dotta, lat. *follĭculu(m)*, dim. di *fŏllis* 'folle (1)'] s. m. *1* (*bot.*) Frutto secco deiscente simile al legume, che si apre lungo una sola linea di sutura. *2* (*anat.*) Piccola cavità | *F. pilifero*, piccola cavità della cute in cui si impianta il pelo | *F. ooforo*, piccola formazione dell'ovaio contenente la cellula uovo. ➡ ILL. p. 366 ANATOMIA UMANA. *3* (*mar.*) Manichetta di cuoio intorno al ginocchio del remo nelle poliremi, che, infissa al bordo, impediva all'acqua di entrare nei portelli.

follicolóso [vc. dotta, lat. tardo *folliculōsu(m)*, da *follĭculus* 'follicolo'] agg. ● Provvisto di follicoli.

follóne o **fullóne** [lat. *fullōne(m)*, di etim. incerta] s. m. *1* Macchina dell'industria laniera usata per la follatura dei tessuti di lana | *F. a cilindri*, per follare vari tipi di tessuti | *F. a martelli*, usato raramente per tessuti molto pesanti, coperte ecc. *2* †L'operaio che un tempo follava le lane con i piedi.

follonière s. m. ● Operaio addetto ai folloni.

follow-up /'fɔllo 'ap, *ingl.* 'fɔlou ʌp/ [vc. ingl., comp. di *to follow* 'seguire' (vc. germ.) e *up* 'sopra'] s. m. inv. *1* (*org. az.*) Assistenza fornita ai nuovi assunti in un'azienda per aiutarli e indirizzarli opportunamente nel loro sforzo iniziale di apprendimento. *2* In medicina, visita o test di controllo, richiamo e sim. che si effettua periodicamente per valutare l'evoluzione di una malattia e la validità della terapia adottata.

†**fólta** [da *folto*] s. f. ● Calca, pressa, folla | (*est.*) Folto, spec. di una mischia.

foltézza [da *folto*] s. f. ● (*raro*) Qualità di folto: *la f. dei capelli, delle foglie* | Abbondanza: *f. di* *cose, di pensieri.*

fólto [lat. *fŭltu(m)*, part. pass. di *fulcīre* 'sostenere, rafforzare'. V. *folcere*] **A** agg. *1* Abbondante, numeroso e fitto: *erba folta*; *pelo, bosco f.*; *una folta schiera di armati*. CONTR. Rado. *2* Denso: *nebbia, caligine folta*. || **foltaménte**, avv. **B** s. m. ● La parte più densa e fitta di q.c.: *nel f. del bosco, della mischia, della folla*.

foménta [lat. *fomĕnta*, nt. pl. di *fomĕntum* 'fomento'] s. f. ● (*med., raro*) Fomento.

fomentàre [vc. dotta, lat. tardo *fomentāre*, da *fomĕntum* 'fomento'] v. tr. (*io foménto*) *1* †Curare con la fomenta. *2* Incitare, istigare: *f. l'odio, la discordia, la passione* | (*est.*) Promuovere. *3* †Favorire, confortare.

fomentatóre s. m.; anche agg. (f. *-trice*) ● Istigatore: *un f. di guerre, discordie, passioni* | (*est.*) Promotore: *f. di eroiche iniziative*.

fomentazióne [vc. dotta, lat. tardo *fomentatiōne(m)*, da *fomĕntum* 'fomento'] s. f. *1* Atto, effetto del fomentare: *la f. del vizio*. *2* (*med.*) Pratica del fomento.

foménto o **fuménto** [vc. dotta, lat. *fomĕntu(m)*, da *fovēre* 'riscaldare', di origine indeur.] s. m. *1* Medicamento caldo e umido che, applicato alla parte malata, ha la proprietà di mitigare il dolore. *2* (*lett.*) Ciò che serve ad alimentare il fuoco: *dar f. alle fiamme*. *3* (*fig., lett.*) Stimolo, istigazione: *da niuna cosa ha l'ambizione de' pontefici maggior f. che da se stessa* (GUICCIARDINI).

fòmite o †**fòmito** [vc. dotta, lat. *fōmite(m)*, da *fovēre* 'riscaldare', di origine indeur.] s. m. *1* †Materia secca atta a prender subito fuoco ed a comunicarlo. *2* (*fig.*) Istigazione, stimolo, incentivo: *il f. delle ribellioni* | Causa attiva: *essere f. di malattie*.

fon (*1*) /fɔn/ s. m. inv. ● Adattamento di *föhn* nel sign. 2 (V.).

fon (*2*) /fɔn/ ● V. *phon*.

fonàre [da *fon* (*1*)] v. tr. (*io fòno*) ● (*pop.*) Asciugare i capelli, o farne la messa in piega, col föhn.

fonatòrio agg. ● Che serve alla fonazione: *organo f.*

fonazióne [fr. *phonation*, dal gr. *phōnḗ* 'voce' (V. *fono-*)] s. f. ● Processo che forma la voce e il linguaggio articolato.

foncé /fr. fɔ̃'se/ [vc. fr., 'cupo, scuro', propriamente 'affondato, profondo', part. pass. di *foncer*, propriamente 'mettere il fondo (a una botte)', poi 'rendere un colore più scuro', da *fons*, forma ant. di *fond* 'fondo'] agg. inv. ● Detto di colore scuro, cupo.

fónda (*1*) [da *fondo*] s. f. *1* (*mar.*) Tratto di mare in una rada e sim. che offre alle navi la possibilità di ancorarsi agevolmente | *Nave alla f.*, ormeggiata alla propria ancora o a boa lontano dalla riva. *2* (*raro*) Fondo, profondità | Bassura. *3* (*fig.*) †Gran quantità.

fónda (*2*) [lat. tardo *fŭnda(m)* 'fionda', di etim. incerta] s. f. *1* Custodia di cuoio o di canovaccio appesa a lato dell'arcione della sella per riporvi la pistola o dietro la sella per la carabina. *2* †Borsa, tasca: *una f. di denari*. *3* Apparecchio formato da un sistema di carrucole e da una imbraga, con cui si tiene sospeso un cavallo in cura per una frattura agli arti o per il tetano. *4* Fionda.

fondàccio s. m. *1* (*raro*) Pegg. di *fondo*. *2* Feccia: *f. di botte, di bottiglia*. *3* Merce di poco valore rimasta invenduta: *i fondacci di bottega*.

fóndaco [ar. *funduq* 'magazzino', dal gr. *pandochêion* 'albergo', comp. di *pâs* 'tutto' e *déchesthai* 'accogliere'] s. m. (pl. *-chi*, raro *-ci*) *1* Bottega in cui si vendevano, un tempo, tessuti al minuto | Magazzino o deposito di merci varie. *2* Nel Medioevo, edificio adibito a magazzino, e spesso ad alloggio, tenuto dai mercanti in paesi stranieri.

fondàle [da *fondo*] **A** s. m. *1* Profondità delle acque del mare, di un fiume, di un lago in un punto determinato | (*est., impr.*) Fondo marino: *l'isola è nota per i suoi meravigliosi fondali*. *2* Grande telone che fa da sfondo alla scena. || **fondalino**, dim. **B** agg. ● †Attinente il fondo, che ha luogo sul fondo.

fondàme s. m. ● Residuo, fondo depositato da certi liquidi.

fondamentàle [lat. tardo *fundamentāle(m)*, da *fundamĕntum* 'fondamento'] **A** agg. *1* Che serve di fondamento: *norme, principi fondamentali* | (*est.*) Che riveste importanza basilare: *regole, formule fondamentali* | *Diritti fondamentali*, diritti soggettivi della personalità dell'individuo | *Sentimento f.*, in filosofia, l'anima senziente. SIN. Principale. *2* (*mus.*) Che è base a un accordo musicale. || **fondamentalménte**, avv. **B** s. m. *1* Ciò che serve di fondamento | (*spec. al pl.*) Tecnica di base di uno sport: *i fondamentali della pallacanestro*. *2* (*mus.*) Nota base di un accordo musicale.

fondamentalìsmo [ingl. *fundamentalism*, da *fundamental* 'fondamentale'] s. m. *1* Movimento religioso protestante che pone come fondamenti del cristianesimo l'accettazione dei dogmi, dei miracoli, dell'infallibilità della Bibbia e ammette soltanto l'interpretazione letterale di questa. *2* (*est.*) Movimento islamico che sostiene l'applicazione letterale e rigorosa della legge coranica anche nella società attuale. *3* (*est.*) Atteggiamento di chi persegue l'attuazione rigorosa dei principi di un movimento religioso, politico e sim.

fondamentalista [ingl. *fundamentalist*] **A** s. m. e f. (pl. m. *-i*) ● Seguace, sostenitore del fondamentalismo. **B** agg. ● Relativo al fondamentalismo.

fondamentàre v. tr. (*io fondaménto*) ● (*raro*) Mettere i fondamenti.

fondaménto [lat. *fundamĕntu(m)*, da *fundāre* 'porre le fondamenta'. V. *fondare*] s. m. (pl. *fondaménta*, f. nel sign. proprio, *fondaménti*, m. nei sign. fig.) *1* Ciascuna delle strutture sotterranee di un edificio | (*al pl.*) Parte sotterranea delle costruzioni, che sostiene il peso di tutto l'edificio: *gettare le fondamenta*. *2* (*fig.*) Il complesso di principi che servono di base e di sostegno ad una scienza, una disciplina e sim.: *scoprire i fondamenti di un sistema*; *il f. della storia, della religione, della filosofia*; *porre i fondamenti di una nuova organizzazione sociale* | *Parlare con f.*, facendo riferimento a dati certi | *Sono notizie senza f.*, false, senza corrispettivo nella realtà dei fatti | *Il vostro è un lavorare senza f.*, inutile e scriteriato | *Fare f. su, in qc. o q.c.*, farvi assegnamento; *più f. potete fare in uno che abbia bisogno di voi* (GUICCIARDINI) | *Quelli che vi mancano sono i fondamenti dell'istruzione*, le nozioni basilari | *I fondamenti*, (*fig., scherz.*) le scarpe.

fondant /fr. fɔ̃'dɑ̃/ [vc. fr., da *fondre* 'fondere'] s. m. inv. ● Dolcetto a base di zucchero e aromi vari che si fonde in bocca.

fondànte part. pres. di *fondare*; anche agg. *1* Nei sign. del v. *2* Fondamentale, basilare.

fondàre [lat. *fundāre*, da *fŭndus* 'fondo'] **A** v. tr. (*io fóndo*) *1* Gettare le fondamenta di una costruzione (*spec. ass.*): *f. una diga, un porto*; *f. sul tufo, sulla pietra* | *F. sulla sabbia, sulla rena*, (*fig.*) fare opera vana | (*est.*) *F. una città, una colonia*, erigerne gli edifici e dettarne gli ordinamenti. *2* (*fig.*) Porre le basi istituzionali di un ente, un organismo e sim.: *f. un regno, una società*; *f. un ordine religioso, un'opera pia, un collegio*. SIN. Creare, formare, istituire. *3* (*fig.*) Inventare, scoprire: *f. una scienza, una teoria* | Dar base, sostegno, fondamento: *f. la difesa, l'accusa su prove inconfutabili*; *f. l'affermazione con un documento*. *4* (*raro, fig.*) Istruire, ammaestrare: *f. qc. nel greco, nella matematica, nell'economia politica*. *5* †Affondare. **B** v. intr. pron. e rifl. *1* Avere, trovare le proprie basi, il proprio fondamento: *sono illazioni che si fondano su ipotesi errate*. *2* Fare assegnamento: *non dovete fondarvi su vaghe promesse* | *Fondarsi in una scienza*, acquistarne sicura conoscenza.

fondàta [da *fondo*] s. f. ● (*tosc.*) Deposito, fondo di un liquido.

fondatézza s. f. ● L'essere fondato: *la f. delle sue ragioni, dei suoi sospetti*. SIN. Consistenza, validità.

fondàto part. pass. di *fondare*; anche agg. *1* Nei sign. del v. *2* †Fondo, profondo (*anche fig.*) | *Inverno f.*, pieno inverno. || **fondataménte**, avv. Con fondatezza.

fondatóre [vc. dotta, lat. *fundatōre(m)*, da *fundāre* 'fondare'] s. m.; anche agg. (f. *-trice*) ● Chi, che istituisce, fonda, edifica: *f. di una città, di un impero*; *f. di un'opera pia, di un'accademia* | *Soci fondatori*, nelle società per azioni, i soci che hanno sottoscritto l'atto costitutivo.

fondazióne [vc. dotta, lat. tardo *fundatiōne(m)*, da *fundāre* 'fondare'] s. f. *1* Atto, effetto del fondare: *f. di un collegio, un istituto, un partito*. SIN. Istituzione. *2* (*al pl.*) Le parti delle costruzioni che penetrano nel terreno per raggiungere un piano stabile di appoggio, sul quale diffondere i carichi soprastanti. *3* (*dir.*) Tipo di persona giuridica caratterizzata dall'essenzialità di un patrimonio destinato a uno scopo: *pia f.*

fondèllo [da *fondo*] s. m. *1* Pezzo di fondo di oggetti vari: *il f. dei pantaloni* | (*fig., fam.*) *Prendere qc. per i fondelli*, prenderlo in giro, ingannarlo. *2* Estremità posteriore chiusa del bossolo delle cartucce delle armi da fuoco a retrocarica | Vitone per chiudere la culatta della canna delle armi da fuoco portatili ad avancarica. *3* (*raro*) Anima dei bottoni. *4* †Pezzo della canna da serviziale dove si mette il cannello.

fondènte **A** part. pres. di *fondere*; anche agg. ● Nei sign. del v. **B** s. m. *1* (*metall.*) Ogni sostanza che, unita ai minerali durante il processo di fusione, ha lo scopo di trasformare le impurità dei minerali in scoria fluida, che galleggia sul metallo liquido e può essere facilmente separata da esso. SIN. Scorificante. *2* Smalto a fuoco per orafi trasparente, cristallino. *3* Fondant.

fóndere o †**fùndere** [lat. *fŭndere* 'versare', di origine indeur.] **A** v. tr. (pass. rem. *io fùṣi*, †*fondètti*, *tu fondésti*; part. pass. *fùṣo*, †*fondùto*) *1* Rendere liquido un corpo solido: *f. l'oro, l'argento, il bronzo*; *il calore fonde il ghiaccio* | *F. in conchiglia*, colando la materia fusa in una forma metallica | *F. le bronzine*, nei motori degli autoveicoli, per surriscaldamento dovuto a mancanza di lubrificazione sufficiente. SIN. Sciogliere. *2* Foggiare un oggetto metallico mediante fusione: *f. una statua, un candelabro, una campana*. *3* (*fig.*) Unire due o più cose, amalgamandole: *f. i colori, due enti, due classi*; *la storia deve fondere fatti e filosofia insieme* (DE SANCTIS). *4* (*fig.*) †Versare, spargere. *5* †Divulgare, diffondere. *6* †Dissipare, profondere, disperdere: *f. le facoltà, i beni, le sostanze*. **B** v. intr. (aus. *avere*) ● Divenire liquido, spec. per azione del calore: *la cera fonde con estrema facilità*. **C** v. intr. pron. ● Diventare liquido: *la neve si fonde al sole*. **D** v. rifl. rec. ● (*fig.*) Unirsi formando un tutto unico: *quelle due associazioni si sono fuse per motivi finanziari*.

fonderìa [fr. *fonderie*, da *fondre* 'fondere'] s. f. *1* Installazione metallurgica per la fusione dei metalli e relativa colata in forme. *2* †Laboratorio ove si distillavano e preparavano in fusione erbe, succhi, liquori.

fondézza s. f. ● (*raro*) Qualità di ciò che è profondo.

fondiàrio [da *fondo* nel sign. 8] agg. ● Attinente a fondo, poderi, case | *Proprietà fondiaria*, di terreni, case e sim. | *Rendita fondiaria*, derivante da poderi, case e sim. | *Tassa fondiaria*, imposta su terreni e fabbricati | *Credito f.*, concesso per sopperire alle esigenze della proprietà immobiliare rustica; anche, banca che fornisce prestiti a lunga scadenza, garantendosi con ipoteche sugli immobili | *Cartella fondiaria*, titolo a reddito fisso emesso da istituti di credito fondiario.

fondìbile [da *fondere*] agg. ● Che si può fondere.

fondìglio [da *fondo*] s. m. ● Avanzo di liquido depositato nel fondo di un recipiente.

fondigliòlo o (*lett.*) **fondigliuòlo** s. m. *1* Fondiglio. *2* (*raro*) Merce rimasta invenduta, fondo di bottega.

fondìna [da *fonda* (*2*)] s. f. *1* Custodia di cuoio o di tela per la pistola da tasca o da cintura. *2* (*dial.*) Piatto fondo, per minestra o zuppa.

fondìno s. m. *1* Dim. di *fondo*. *2* Piccolo fondale posto dietro un'apertura, come porta, finestra e sim., della scena teatrale. *3* (*tip.*) Sfondo di retino posto a evidenziare una parte di testo.

fondìsta [da *fondo* nei sign. 10 e 11] s. m. e f. (pl. m. *-i*) *1* Atleta specializzato nelle gare di fondo. ➡ ILL. p. 1295 SPORT. *2* Scrittore o giornalista specializzato negli articoli di fondo di un giornale.

fonditóre [da *fondere*] s. m. *1* Operaio addetto alla fonderia | Operaio vetrario addetto alla conduzione dei forni di fusione. *2* †Dissipatore, prodigo.

fonditrìce s. f. ● (*edit.*) Macchina usata per produrre caratteri mobili uguali in grandi quantità.

fonditùra s. f. ● (*raro*) Fusione.

fóndo [lat. *fŭndu(m)*, di origine indeur.] **A** s. m.

1 Parte inferiore di q.c.: *il f. di un pozzo, di una botte, della valle; vuotare il bicchiere fino in f.; il f. del mare; precipitare nel f. di uno strapiombo* | *F. di bicchiere*, (*fig.*) brillante falso | *Valigia, baule a doppio f.*, con un'intercapedine nascosta tra il vero e il falso fondo | *Dar f.*, gettare l'ancora | *Dar f. a q.c.*, esaurirla | *Andare a f.*, affondare, naufragare | *Avere uno stomaco senza f.*, (*fig.*) essere insaziabile | (*est.*) Parte dei pantaloni e delle mutande che dal cavallo va al sedere | *Prendere qc. per il f. dei calzoni*, (*fig.*) prenderlo in giro. CONTR. Cima, sommità. *2* Quantità di liquido che resta in un recipiente che ne era pieno: *ha lasciato solo il f. della bottiglia* | (*est.*) Posatura, deposito: *il f. dell'aceto* | *F. del caffè*, polvere che è già servita per la decozione di caffè | *F. del vino*, deposito di tannino e precipitati vari nella parte inferiore di una bottiglia. *3* (*spec. al pl.*) Rimasugli, insieme di cose rimaste inutilizzate: *fondi di bottega* | *Fondi di magazzino*, merce rimasta invenduta | *Fondi di archivio*, complesso di documenti formatosi in relazione all'attività di una persona o di un ente. *4* Parte più interna e nascosta di q.c.: *languire nel f. di una prigione; liberati dal f. di qualche oscura torre* (BRUNO); *il f. dell'animo, della coscienza* | *Conoscere a f. una persona*, (*fig.*) conoscerne bene pregi e difetti | *Studiare a f.*, compiutamente | (*raro*) †Cosa profonda, intrigata. *5* Parte situata al capo estremo rispetto a chi osserva: *in f. alla strada, al campo; il f. della scena* | *Andare fino in f.*, (*fig.*) esaurire un argomento, appurare completamente q.c., sviscerare un problema e sim. | In un quadro, la parte che corrisponde ai piani più lontani, lo sfondo; anche, la parte della superficie non occupata da immagini | *F. d'oro*, usato in molti antichi dipinti su tavola, ottenuto mediante l'applicazione di un sottile strato di foglia d'oro | In araldica, campo: *il f. di uno stemma* | Nei tessuti, il colore di base, sul quale si fa il disegno: *tessuto a fiori bianchi su f. blu*. *6* Parte finale di q.c.: *il f. della pagina* | *Essere al f. di q.c.*, (*fig.*) averla ultimata | *Voler vedere il f. di q.c.*, (*fig.*) arrivare sino alla fine | *F. schiena*, V. *fondoschiena* | *Toccare il f. di una cosa*, giungere al punto estremo | *Raschiare il f. del barile*, (*fig.*) ricorrere alle ultime risorse per far fronte a una situazione molto negativa | *Da cima a f.*, dal principio alla fine | *Non avere né fine né f.*, essere immenso | *In f.*, in conclusione, alla fine | †*In quel f.*, finalmente | *Linea di f.*, nei campi da gioco di varie specialità, quella che delimita il fondo del campo: *la palla ha superato la linea di f.* *7* Strato | *F. tinta*, V. *fondotinta* | *F. stradale*, strato superficiale della strada: *f. stradale buono, dissestato, sconnesso* | *F. d'abito*, sottoveste particolarmente leggera, adatta per abiti vaporosi e di stoffa molto sottile. *8* Unità immobiliare: *f. rustico; f. urbano* | (*per anton.*) Appezzamento di terreno agrario | *F. chiuso*, recintato nei modi previsti dalla legge. *9* Insieme di denari o altri beni accantonati e destinati a un uso particolare prestabilito | *F. di cassa*, ciò che rimane dopo aver provveduto alle spese | *F. perduto*, somma messa in conto come perduta, senza diritto alla restituzione: *contributi a f. perduto* | *F. salari*, nel bilancio di un'azienda, somma accantonata per i salari dei dipendenti | *Fondi segreti*, somma stanziata nei bilanci dello Stato per servizi che non possono rendersi di pubblica ragione | *Fondi neri*, somme di denaro illegalmente destinate a fini diversi da quelli propri di un'azienda e quindi non figuranti nei bilanci | (*borsa*) *F. comune d'investimento*, società finanziaria che raccoglie il risparmio da un gran numero di persone per investirlo in forma comune, consentendo un frazionamento del rischio e una gestione professionale degli investimenti. SIN. Investment trust | *F. comune azionario*, fondo comune che investe esclusivamente in valori azionari | *F. comune obbligazionario*, fondo comune che investe esclusivamente in titoli a reddito fisso | *F. comune bilanciato*, fondo comune che investe in valori azionari e titoli a reddito fisso, secondo un rapporto di equilibrio | *F. monetario internazionale*, organizzazione cui partecipano quasi tutti gli Stati membri dell'O.N.U., avente il compito di controllare il buon funzionamento del sistema monetario mondiale | (*borsa*) Titolo | *F. pubblico*, titolo rappresentativo del debito dello Stato o di altro ente pubblico. *10* Nell'atletica leggera, nel nuoto e nell'equitazione, prova su lunga distanza | *Possedere f., essere dotato di f.*, detto di atleta resistente agli sforzi prolungati, che gareggia bene sulla massima distanza | *Sci di f.*, specialità sportiva consistente nel percorrere con gli sci itinerari innevati pianeggianti o di modesto dislivello e di varia lunghezza. ➡ ILL. p. 1295 SPORT. *11* (*giorn.*) Articolo di fondo. **B** agg. *1* Profondo: *fossa, valle, cassa fonda* | *Bicchiere f.*, alto | *Vaso f.*, più alto che largo | *Piatto f.*, scodella | †*Pestilenza fonda*, nella sua piena intensità. *2* (*est.*) Folto, fitto, denso: *bosco f.; siepe, foresta fonda* | *Notte fonda*, la parte centrale della notte, quella più fitta e buia: *era già notte fonda quando ci incamminammo*. **C** avv. ● (*raro*) Profondamente: *zappare f.* ‖ **fondàccio**, pegg. (V.) | **fondino**, dim. (V.).

fondoschièna [comp. di *fondo* e *schiena*] s. m. inv. ● (*fam., anche scherz.*) Deretano, sedere.

fondotinta [comp. di *fondo* e *tinta*] s. m. inv. ● Prodotto cosmetico, per lo più di consistenza cremosa o fluida, colorato secondo le sfumature della carnagione, usato per il trucco spec. del viso.

fondovàlle [comp. di *fondo* e *valle*] s. m. (pl. *fondivàlle*) ● Parte più bassa di una valle sul cui fondo si trova la linea di impluvio.

fondue /fr. fɔ̃'dy/ [vc. fr., f. di *fondu* 'fuso', part. pass. di *fondre* 'fondere'] s. f. inv. ● Vivanda preparata con formaggio fuso, in genere gruviera o emmental, vino bianco e spezie, tipica della Svizzera.

fondue bourguignonne /fr. fɔ̃'dy burgi'ɲɔn/ [comp. di *fondue* (V. prec.) e *bourguignonne*, f. di *bourguignon* 'borgognone'] loc. sost. f. inv. (pl. fr. *fondues bourguignonnes*) ● Piatto a base di cubetti di carne cruda, in genere filetto, tuffati nell'olio che bolle in uno speciale recipiente, e poi mangiati accompagnati da varie salse.

fondùta [piemontese *fondùa*, dal fr. *fondue*, f. di *fondu* 'fuso'] s. f. ● Crema di formaggio butirroso (fontina), latte e uova, solitamente arricchita con tartufi, tipica del Piemonte.

fonèma [fr. *phonème*, dal lat. *phonēma*, dal gr. *phṓnēma* 'voce', da *phōnḗ* 'voce, suono'] s. m. (pl. *-i*) ● (*ling.*) Unità minima distintiva di suono nell'ambito di una lingua particolare, che consente, da sola o in combinazione con altre, di formare dei significanti e di fare una distinzione tra di essi.

fonemàtica s. f. ● (*ling.*) Studio sistematico dei fonemi di una lingua. SIN. Fonologia.

fonemàtico agg. (pl. m. *-ci*) ● (*ling.*) Di, relativo a, fonema o fonematico. ‖ **fonematicaménte**, avv.

fonematizzazióne s. f. ● (*ling.*) Formazione di una differenza fonematica.

fonèmica [dall'ingl. *phonemics*] s. f. ● (*ling.*) Fonematica.

fonèmico [da *fonema*, sul modello dell'ingl. *phonemic*] agg. (pl. m. *-ci*) ● (*ling.*) Fonematico.

fonendoscòpio [comp. di *fono-*, del gr. *éndon* 'dentro' e *-scopio*] s. m. ● (*med.*) Strumento per auscultazione, formato da una piccola cassa di risonanza che amplifica i suoni. ➡ ILL. **medicina e chirurgia**.

fonèsi [vc. dotta, gr. *phṓnēsis* 'suono', da *phōnêin* 'suonare, parlare', da *phōnḗ* 'suono' (V. *fonema*)] s. f. ● (*med.*) Suono che si percepisce auscultando il polmone.

fonètica [V. *fonetico*] s. f. ● (*ling.*) Studio dei fenomeni fonici del linguaggio articolato: *f. storica, descrittiva, sperimentale* | *F. sintattica*, fonosintassi.

fonètico [fr. *phonétique*, dal gr. *phōnētikós*, da *phōnḗ* 'voce'] agg. (pl. m. *-ci*) ● (*ling.*) Attinente ai suoni di una lingua: *leggi fonetiche* | *Scrittura fonetica, alfabeto f.*, in cui ogni segno rappresenta un suono. ‖ **foneticaménte**, avv. Secondo la fonetica.

fonetìsmo [fr. *phonétisme*, da *phonétique* 'fonetica'] s. m. ● (*ling.*) Il complesso dei caratteri fonetici di una lingua.

fonetìsta [comp. di *foneti(ca)* e *-ista*] s. m. e f. (pl. m. *-i*) ● (*ling.*) Studioso, esperto di fonetica.

fonia [acrt. di (*tele*)*fonia*] s. f. ● (*tel.*) Nella loc. *collegamenti diretti per f.*, quelli realizzati utilizzando circuiti urbani o interurbani della rete telefonica che consentono di interconnettere due sedi distanti dell'utente, per scambiare in modo continuo e permanente comunicazioni telefoniche senza l'intervento degli organi di commutazione delle centrali pubbliche.

-fonia [dal gr. *-phōnía*, da *phōnḗ* 'suono', 'voce' (V. *fono-*)] secondo elemento ● In parole dotte composte, significa 'suono', 'voce': *cacofonia, diafonia, eufonia, sinfonia*.

foniàtra s. m. e f. (pl. m. *-i*) ● Medico specialista in foniatria.

foniatrìa [comp. di *fono-* e *-iatria*, sul modello del fr. *phoniatrie*] s. f. ● Branca della medicina che studia le malattie della voce e del linguaggio e la loro cura.

foniàtrico agg. (pl. m. *-ci*) ● Della, relativo alla foniatria.

fònico [fr. *phonique*, dal gr. *phōnḗ* 'voce'] **A** agg. (pl. m. *-ci*) ● Attinente alla voce e alla pronuncia delle parole | *Corrente fonica*, corrente elettrica ottenuta attraverso il microfono e dovuta alle vibrazioni sonore. ‖ **fonicaménte**, avv. Dal punto di vista fonico. **B** s. m. ● Tecnico addetto alla registrazione dei suoni nella ripresa cinematografica.

-fònico secondo elemento ● Forma aggettivi composti, generalmente derivati da sostantivi in *-fono* (*telefonico, microfonico*) o in *-fonia* (*cacofonico, sinfonico*).

fòno [dal gr. *phōnḗ* 'suono'] s. m. ● (*ling.*) Ogni suono del linguaggio considerato nel suo aspetto fisico, indipendentemente dalla funzione distintiva.

fòno-, -fono /'fɔno, fono/ [gr. *phōno-* e *-phōnos*, da *phōnḗ* 'suono', 'voce', di etim. incerta] primo e secondo elemento ● In parole composte, significano 'voce', 'suono': *fonogenico, fonografo, fonologia, microfono, telefono* | In alcuni casi, e solo come secondo elemento, significano 'che parla', 'parlante' (una data lingua): *francofono, italofono*.

fonoassorbènte [comp. di *fono-* e *assorbente*] agg. ● Che assorbe i suoni e i rumori.

fonobàr [comp. di *fono(grafo)* e *bar*] s. m. inv. ● Mobile bar in cui è inserito un grammofono o un giradischi.

fonocardiografìa [comp. di *fono-* e *cardiografia*] s. f. ● (*med.*) Registrazione grafica diretta dei rumori cardiaci.

fonocardiògrafo [comp. di *fono-* e *cardiografo*] s. m. ● (*med.*) Strumento impiegato per eseguire una fonocardiografia.

fonocardiogràmma [comp. di *fono-* e *cardiogramma*] s. m. (pl. *-i*) ● (*med.*) Tracciato dei rumori cardiaci visualizzato nella fonocardiografia.

fonocassétta [comp. di *fono-* e *cassetta*] s. f. ● Musicassetta.

fonodettatùra [comp. di (*tele*)*fono* e *dettatura*] s. f. ● Servizio a disposizione degli abbonati al telefono per l'inoltro di un telegramma a mezzo del telefono.

fonofilmògrafo [comp. di *fono-*, *film* e *-grafo*] s. m. ● Apparecchio per registrare i suoni su nastro o pellicola.

fonofobìa [comp. di *fono-* e *-fobia*] s. f. ● (*med.*) Paura morbosa dei suoni e dei rumori.

fonogenìa [comp. di *fono-* e *-genia*] s. f. ● Qualità delle voci o dei suoni fonogenici.

fonogènico [da *fono-*, sul modello di *fotogenico*] agg. (pl. m. *-ci*) ● Di suono o voce che si presta a essere registrata fonograficamente | Di persona dotata di tale voce.

fonògeno [comp. di *fono-* e *-geno*] s. m. ● Pick-up.

fonografìa [comp. di *fono-* e *-grafia*] s. f. ● Tecnica di registrazione dei suoni.

fonogràfico agg. (pl. m. *-ci*) *1* Che concerne la fonografia. *2* Relativo al fonografo, atto al fonografo. SIN. Grammofonico. *3* (*est., raro*) Di ripetizione esatta di discorso altrui | Di dizione meccanicamente esatta, ma scialba, incolore. ‖ **fonograficaménte**, avv. Mediante il fonografo.

fonògrafo [comp. di *fono-* e *-grafo*] s. m. *1* (*mus.*) Dispositivo destinato alla riproduzione del suono inciso su dischi fonografici | *F. meccanico*, costituito da un fonorivelatore a diaframma destinato a leggere il solco inciso sul disco, mantenuto in rotazione su un piatto metallico da un motore a molla, e da una tromba acustica che diffonde il suono all'esterno. SIN. Grammofono | *F. elettrico*, catena elettroacustica costituita da un giradischi provvisto di fonorivelatore ed eventualmente di cambiadischi, da un amplificatore elettronico e da uno o più altoparlanti | *F. stereofonico*, fonografo elettrico destinato alla riproduzione dei dischi fonografici stereofonici | *F. a fessura*, fonografo elettrico portatile in cui il disco viene inserito in un'apposita fessura laterale invece di essere appoggiato sul piatto del giradischi. **2** Dispositivo usato un tempo per la registrazione e la riproduzione del suono, costituito da un cilindro metallico rotante rivestito di stagnola e da un bulino metallico che vi incideva un solco a spirale e riproduceva poi il suono ripercorrendo il solco inciso.

fonogràmma [comp. di *fono-* e *-gramma*] s. m. (pl. *-i*) **1** Comunicazione scritta, documento inoltrato a mezzo telefono spec. usato da uffici pubblici. **2** (*ling.*) Elemento grafico di una scrittura alfabetica. **3** (*fis.*) Registrazione di oscillazioni acustiche su materiali speciali.

fonoincisióne [comp. di *fono-* e *incisione*] s. f. ● (*fis.*) Complesso delle operazioni per registrare meccanicamente il suono su un supporto adatto, costituito gener. da un disco fonografico.

fonoincisóre s. m. ● (*fis.*) Dispositivo elettromeccanico usato per l'incisione dell'originale dei dischi fonografici e comprendente un'unità per la rotazione del disco, un'unità per il movimento trasversale del dispositivo stesso, una testina di incisione e un amplificatore elettronico.

fonoisolànte [comp. di *fono-* e *isolante*] **A** agg. ● Che ha il potere di isolare acusticamente: *pannelli fonoisolanti*. **B** s. m. ● Isolante acustico.

fònokit o **fonokìt** [da *fono-*, sul modello di *identikit*] s. m. inv. ● Sistema di identificazione di una persona attraverso il suono della sua voce.

fonolìte [comp. di *fono-* e *-lite*] s. f. ● Roccia a struttura porfirica composta da sanidino e nefelina o leucite, di colore verdastro, divisibile in lastre dotate di una certa sonorità.

fonologìa [comp. di *fono-* e *-logia*] s. f. (pl. *-gie*) ● (*ling.*) Studio dei suoni del linguaggio dal punto di vista della loro funzione nel sistema di comunicazione linguistica. SIN. Fonematica.

fonològico agg. (pl. m. *-ci*) ● (*ling.*) Che concerne la fonologia | *Componente f.*, parte di una grammatica generativa che determina la forma fonetica delle frasi generate dalle regole sintattiche. || **fonologicaménte**, avv. Secondo la fonologia.

fonologista s. m. e f. (pl. m. *-i*) ● (*raro*) Fonologo.

fonologizzazióne [ingl. *phonologization*, da *phonology* 'fonologia'] s. f. ● (*ling.*) Processo attraverso il quale un elemento fonico irrilevante diventa pertinente.

fonòlogo [comp. di *fono-* e *-logo*] s. m. (pl. *-gi*) ● Studioso di fonologia.

fonometrìa [comp. di *fono-* e *-metria*] s. f. **1** (*fis.*) Parte della fisica che studia le fonti di suoni e rumori, ne misura l'intensità e ne indaga gli effetti e la tollerabilità. **2** (*ling.*) Studio statistico dei fonemi.

fonòmetro [comp. di *fono-* e *-metro*] s. m. ● (*fis.*) Apparecchio per la misurazione oggettiva del livello di sensazione sonora.

fonomimìa [dal gr. *phōnómimos* 'che imita la voce', comp. di *phōnḗ* 'voce' e *mîmos* 'imitatore'] s. f. ● Rappresentazione dei suoni della voce coi gesti nella comunicazione tra sordomuti.

fonomontàggio [comp. di *fono-* e *montaggio*] s. m. ● Programma radiofonico composito, costituito da brani di registrazioni sonore di varia natura e provenienza.

fonomorfològico [comp. di *fono*(*logico*) e *morfologico*] agg. (pl. m. *-ci*) ● Che riguarda contemporaneamente la fonologia e la morfologia.

fonóne [comp. di *fon*(*o*)- e *-one* (*3*)] s. m. ● (*fis.*) Vibrazione quantizzata in un cristallo.

fonoregistratóre [comp. di *fono-* e *registratore*] s. m. ● Apparecchio per la fonoregistrazione.

fonoregistrazióne [comp. di *fono-* e *registrazione*] s. f. ● Tecnica di registrazione di suoni e rumori.

fonoriproduttóre [comp. di *fono-* e *riproduttore*] s. m. ● (*gener.*) Qualsiasi apparecchio atto a riprodurre suoni | Altoparlante.

fonoriproduzióne [comp. di *fono-* e *riproduzione*] s. f. ● Riproduzione di suoni registrati su dischi, nastri e sim.

fonorivelatóre [comp. di *fono-* e *rivelatore*] s. m. ● Pick-up.

fonoscòpio [comp. di *fono-* e *-scopio*, sul modello dell'ingl. *phonoscope*] s. m. ● Apparecchio per l'osservazione e la misurazione delle proprietà sonore degli strumenti musicali.

fonosimbòlico [comp. di *fono-* e *simbolico*] s. m. (pl. *-ci*) ● (*ling.*) Di, relativo, caratterizzato da fonosimbolismo | Onomatopeico.

fonosimbolìsmo [comp. di *fono-* e *simbolismo* (*1*)] s. m. ● (*ling.*) Evocazione onomatopeica di oggetti o significati tramite suoni o sequenze di suoni di una lingua.

fonosìmbolo [comp. di *fono-* e *simbolo*] s. m. ● Voce, espressione fonosimbolica.

fonosintàssi [comp. di *fono-* e *sintassi*] s. f. ● (*ling.*) Parte della grammatica che si occupa di tutti i fenomeni fonetici che si producono nel contatto tra due parole susseguentisi nella catena parlata. SIN. Fonetica sintattica.

fonosintàttico [comp. di *fono-* e *sintattico*] agg. (pl. m. *-ci*) ● (*ling.*) Che riguarda insieme la fonetica e la sintassi: *l'elisione e il troncamento sono fenomeni fonosintattici* | *Raddoppiamento f.*, fenomeno per cui una consonante iniziale di parola, quando sia preceduta da determinate parole terminanti per vocale, si pronuncia come se fosse scritta doppia (per es. *a casa* /ak'kasa/).

fonostilìstica [comp. di *fono-* e *stilistica*] s. f. ● (*ling.*) Parte della fonologia che studia gli elementi fonici aventi nel linguaggio umano una funzione espressiva o emotiva, appellativa o conativa, ma non rappresentativa o referenziale: *la f. studia l'uso artificioso di alcuni suoni nella dizione oratoria*.

fonotèca [comp. di *fono-* e *-teca*] s. f. **1** Raccolta di dischi fonografici, di nastri magnetici e sim. di particolare interesse artistico, storico o culturale. **2** Edificio in cui si conserva questa raccolta | Istituzione che cura la raccolta e la sistemazione di tali registrazioni sonore. **3** (*cine*) Raccolta di musiche, voci e rumori registrati che vengono inseriti in un film durante il missaggio.

fonotelegrafìa [comp. di *fono-* e *telegrafia*] s. f. ● Sistema di trasmissione e inoltro dei telegrammi dettati al telefono.

fonotelemetrìa [comp. di *fono-* e *telemetria*] s. f. ● Telemetria che utilizza le onde sonore.

fònotron o **fonotròn** [comp. di *fono-* e *-tron* (ricavato da *elettrone*)] s. m. inv. ● Dispositivo acustico per grossi autoveicoli spec. autosnodati, atto a facilitare al conducente la ricezione dei segnali degli autoveicoli che si accingono al sorpasso.

fonovalìgia [comp. di *fono-* e *valigia*] s. f. (pl. *-gie*) ● Giradischi portatile munito di apparecchiatura amplificatrice e altoparlante, contenuto in apposita valigia.

†**fontàle** [vc. dotta, lat. tardo *fontāle*(*m*), da *fōns*, genit. *fŏntis* 'fonte'] agg. ● (*lett.*) Originario, originale. || †**fontalménte**, avv. Originariamente.

fontàna [lat. tardo *fontāna*(*m*) '(acqua) di fonte', da *fōns*, genit. *fŏntis* 'fonte'] s. f. **1** Costruzione, generalmente a carattere ornamentale, e spesso di grande pregio artistico, destinata a raccogliere e distribuire l'acqua di una sorgente o di una condotta: *le fontane di Roma* | (*scherz.*) *Mascherone di f.*, brutta faccia. **2** (*lett.*) Fonte, sorgente: *tra chiare fontane e verdi prati* (PETRARCA). **3** (*fig.*, *raro*) Origine di q.c.: *f. di vita*, *di beneficio*, *di scienza*. **4** (*geol.*) *F. ardente*, emissione di gas naturale che si infiamma spontaneamente | *F. di lava*, getto di lava incandescente. **5** Buco che si apre in un mucchio di farina, per versarvi gli ingredienti da impastare come latte, uova, e sim. || **fontanàccia**, pegg. | **fontanèlla**, dim. (V.) | **fontanétta**, dim. | **fontanìna**, dim. | **fontanóne**, accr. m.

fontanàzzo [da *fontana*] s. m. ● Sorgente che si forma per infiltrazione d'acqua sulla scarpa esterna di un argine.

fontanèlla s. f. **1** Dim. di *fontana*. **2** (*anat.*) Punto di riunione di più ossa della volta cranica, non ossificato nel neonato | *F. della gola*, piccolo incavo del collo, corrispondente all'estremità superiore dell'esofago.

fontanière [da *fontana*] s. m. **1** Chi custodisce e regola le fontane d'una città, la distribuzione delle acque degli acquedotti, l'innaffiamento stradale con le prese di acqua. **2** Operaio che lavora ai tubi delle fontane. **3** (*region.*) Idraulico.

fontanìle [da *fontana*] s. m. **1** (*geol.*) Risorgiva. **2** Vasca in muratura, caratteristica della campagna romana, impiegata spec. come abbeveratoio.

fónte [lat. *fŏnte*(*m*), di etim. incerta] **A** s. f. e poet. †m. **1** Sorgente: *f. limpida*, *ombrosa*, *cristallina*; *attingere acqua alla f.* | (*tosc.*) Fontana. **2** (*fig.*) Principio, origine, causa: *f. di gloria*, *di bellezza*, *di guadagno*, *di energia* | *Una preziosa f. di informazione*, chi dà notizie degne di credito | *Fonti energetiche alternative*, quelle il cui impiego è, o si ritiene, meno costoso, inquinante, rischioso e sottratto all'estinzione di quello delle fonti energetiche tradizionali. **3** Nella fotocomposizione, lo stile del carattere. **4** (*poet.*) †Corso d'acqua, fiume. **5** (*mar.*) Boccaporto maggiore del bastimento. **B** s. f. ● (*spec. al pl.*) Documenti originali che forniscono testimonianze ed elementi relativi a fatti storici, letterari e sim.: *le fonti della storia medievale*, *del diritto* | *Fonti scritte*, cronache, iscrizioni e sim. **C** s. m. ● *f. battesimale*, *sacro f.*, vasca contenente l'acqua lustrale per il battesimo. || **fonticèlla**, dim.

fontìna [piemontese *funtina*, di etim. incerta] s. f. ● Formaggio grasso, dolce, a pasta cotta e dura, di latte di vacca intero, della Valle d'Aosta.

football /'futbol, *ingl.* 'futbɔ:l/ [vc. ingl., comp. di *foot* 'piede' e *ball* 'pallone'] s. m. inv. ● Il gioco del calcio | *F. americano*, gioco a squadre con palla ovale, simile al rugby.

footing /'futin(g), *ingl.* 'futiŋ/ [vc. ingl., gerundio di *to foot* 'muovere i piedi', da *foot* 'piede' (V. *football*)] s. m. inv. ● Tipo di allenamento in cui si alternano corsa e marcia per rafforzare la resistenza delle gambe e respiratoria.

†**fòra** ● V. †*fuora*.

forabòsco [comp. di *fora*(*re*) e *bosco*] s. m. (pl. *-schi*) **1** (*zool.*) Scricciolo. **2** (*fig.*) †Intrigante, ficcanaso.

foracchiàre [ints. di *forare*] v. tr. (*io foràcchio*) ● Fare molti e piccoli fori.

foracchiàto part. pass. di *foracchiare*; anche agg. **1** Nel sign. del v. **2** Pieno di piccoli fori: *una maglia tutta foracchiata*.

foracchiatùra [da *foracchiare*] s. f. ● Atto, effetto del foracchiare.

foraggèro ● V. *foraggiero*.

foraggiaménto s. m. ● Atto, effetto del foraggiare.

foraggiàre [fr. *fourrager*, da *fourrage* 'foraggio'] v. tr. (*io foràggio*) **1** Provvedere di foraggio: *f. i cavalli*. **2** (*fig.*) Sovvenzionare qc. o q.c. per ottenere una collaborazione non sempre onesta: *f. qc. nella campagna elettorale*. **3** †Saccheggiare.

foraggiàta s. f. ● Distribuzione di foraggio al bestiame.

foraggière s. m. ● Negli antichi eserciti, soldato addetto al foraggiamento dei cavalli e dei muli.

foraggièro o **foraggèro**. agg. ● Detto di pianta coltivata per foraggio.

foràggio [fr. *fourrage*, dall'ant. fr. *feurre*, dal francone *fodar* 'nutrimento'] s. m. **1** Qualsiasi prodotto vegetale destinato all'alimentazione del bestiame. ➡ ILL. p. 353 AGRICOLTURA. **2** †Viveri, vettovaglie.

foramàcchie [comp. di *fora*(*re*) e il pl. di *macchia* (*2*)] s. m. inv. ● (*zool.*) Scricciolo.

foràme [vc. dotta, lat. *forāme*(*n*), da *forāre*, di origine indeur.] s. m. ● Buco, apertura | (*anat.*) *F. ovale*, apertura tra i due atrii nel cuore del feto, talvolta persistente anche nell'adulto | *F. vertebrale*, spazio delimitato ventralmente dal corpo vertebrale e dorsalmente dall'arco omonimo.

Foraminìferi [comp. del lat. *forāmen*, genit. *forāminis* 'forame' e *-fer* '-fero'] s. m. pl. ● Nella tassonomia animale, ordine di Protozoi marini provvisti di un guscio calcareo, di forma varia e con uno o più fori per l'uscita degli pseudopodi, che depositandosi sui fondi marini contribuisce a formare i fanghi abissali (*Foraminifera*) | (al sing. *-o*) Ogni individuo di tale ordine.

foràneo o (*lett.*) **foràno** [vc. dotta, lat. mediev. *forāneu*(*m*) 'che è fuori della città', da *fōris* 'fuori'] agg. **1** (*raro*, *lett.*) Che è fuori della città | *Vicario f.*, ecclesiastico nominato dal vescovo di una diocesi, con mansioni di vigilanza sugli ecclesiastici di una parte territoriale di essa, comprendente più parrocchie. *2* Detto di costruzione attinente a un porto, ma situata fuori di esso: *molo f.*; *diga foranea.*

foranéve [da *fora(re)* sul modello di *(buca)neve*] s. m. inv. ● (*bot.*) Bucaneve.

foranìa [da *foraneo*] s. f. ● Carica e ufficio del vicario foraneo.

foràno ● V. *foraneo.*

forapàglie o **forapàglia** [comp. di *fora(re)* e il pl. di *paglia*] s. m. inv. ● Piccolo passeriforme europeo con dorso verde rossiccio macchiettato di nero che nidifica nelle depressioni del terreno in zone palustri (*Acrocephalus schoenobaenus*). SIN. Forasiepe.

forapiètre [comp. di *fora(re)* e il pl. di *pietra*] s. m. inv. ● (*zool.*) Dattero di mare.

foràre [lat. *forāre*, di orig. indeur.] **A** v. tr. (*io fóro*) *1* Bucare, traforare (*anche fig.*): *f. un legno, una parete, una roccia* | *F. i biglietti*, fare il foro di controllo su biglietti ferroviari e sim. *2* *F. una gomma, uno pneumatico*, subire accidentalmente la foratura di uno pneumatico | (*fam., ass.*) *Ha forato sulla ghiaia.* *3* †Penetrare addentro. **B** v. intr. pron. ● Bucarsi: *si è forata la gomma, la teglia.*

forasàcco [comp. di *fora(re)* e *sacco*] s. m. (pl. *-chi*) ● Graminacea le cui spighette, fornite di peli rigidi, possono bucare le pareti di sacchi, vestiti e sim., oppure infiggersi sotto l'apparato buccale di alcuni animali.

forasièpe [comp. di *fora(re)* e *siepe*] s. m. inv. *1* (*zool.*) Forapaglie. *2* (*est., fig.*) †Omiciattolo intrigante.

foràstico [vc. dotta, lat. *forāsticu(m)*, dall'avv. *fŏras* 'fuori'] agg. (pl. m. *-ci*) ● (*ant. o region.*) Poco socievole, scontroso: *carattere f.* SIN. Rustico, selvatico.

†forastièro ● V. *forestiero.*

†foràta s. f. ● Foro, buco.

foratèrra [comp. di *fora(re)* e *terra*] s. m. inv. ● Utensile per far buchi nel terreno o per seminarvi e piantarvi. SIN. Cavicchio, piantatoio.

foràtico [da *foro (1)*] s. m. ● Apertura della tonnara, attraverso la quale i tonni penetrano nelle reti.

foratìno [da *forare*] s. m. *1* (*spec. al pl.*) Sorta di spaghetti bucati nel mezzo. SIN. Bucatini. *2* Specie di mattoni forati, piccoli.

foràto **A** part. pass. di *forare*; anche agg. *1* Nei sign. del v. *2* †*Mento f.*, con la fossetta | †*Avere il capo f.*, (*fig.*) essere smemorato. **B** s. m. *1* Tipo di laterizio, quale mattone o tavella, attraversato nel senso della lunghezza da fori atti a diminuirne il peso e renderlo isolante. *2* †Buco.

foratóio [da *forare*] s. m. ● Strumento per bucare, punteruolo.

foratóre s. m.; anche agg. *1* Chi, che fora. *2* Foratoio.

foratùra [da *forare*] s. f. ● Atto, effetto del forare o del forarsi: *la f. di uno pneumatico.*

†foravìa ● V. *†fuoravia.*

fòrbice o **†fòrbicia**, **†fòrfice**, **†fòrvice** [lat. parl. **fŏrbice(m)*, per il classico *fŏrfice(m)*, di origine indeur.] s. f. *1* (*spec. al pl.*) Strumento da taglio, composto di due coltelli o lame d'acciaio incrociate e imperniate nel mezzo, fornite a un'estremità di anelli in cui infilare le dita per adoperarle: *forbici del sarto, del parrucchiere, del valigiaio*; *forbici da potare, da ricamare* | *Forbici a ginocchio, ripiegate*, delle ricamatrici | *Le forbici della censura*, (*fig.*) opera di mutilazione esercitata su uno scritto dall'intervento della censura | *Giornale fatto con le forbici*, (*fig.*) messo insieme con materiale preso da altri giornali | *Una lingua tagliente come le forbici*, (*fig.*) di persona che abitualmente dice male degli altri | *Andamento a f.* o (*ell.*) *forbice*, quello di due fenomeni, spec. economici, che divergono vistosamente l'uno rispetto all'altro nel loro andamento quantitativo | †*Condurre qc. nelle forbici*, (*fig.*) farlo cadere in un inganno. *2* Strumento chirurgico per tagliare: *f. retta, curva.* *3* †Grande e pesante cesoia con cui si cimava il panno. *4* (*al pl., pop.*) Le chele dei granchi e degli scorpioni. *5* Nell'antica fortificazione, opera addizionale alta, posta innanzi alla cortina e costituita da due corpi angolati aperti verso la campagna, a guisa di punte di forbice | *A f.*, di cortina angolata, col vertice rientrante verso il corpo della fortezza | *Fortificazione a f.*, i cui lati angolati costituiscono salienti e rientranti. *6* (*mar.*) Caviglia con due legni incastrati sulla murata ad angolo acuto per dare volta alle scotte dei travi e ai bracci dei pennoni maggiori. *7* Nel linguaggio sportivo, azione rapida di passaggio in avanti di una gamba spec. nel nuoto e nel salto in alto. *8* (*fig., pop., raro*) Persona ostinata e caparbia. || **forbicétta**, dim. | **forbicìna**, dim. (V.) | **forbicióne**, accr. m.

forbiciàio s. m. *1* (*raro*) Artigiano che fa e vende forbici e coltelli. *2* Nell'industria siderurgica, operaio che taglia lastre metalliche e sim.

forbiciàta o **†forficiàta** s. f. *1* Taglio netto fatto con le forbici e il segno che rimane | *Una f. al patrimonio*, (*fig., scherz.*) una forte diminuzione. *2* Nello sport, sforbiciata.

forbicìna (1) s. f. *1* Dim. di *forbice*. *2* Piccola forbice spec. per manicure o ricamo.

forbicìna (2) [dalla forma del ventre, che termina a guisa di *forbice*] s. f. ● Insetto dermattero con corpo allungato e due robuste appendici addominali, rossiccio, comune sui fiori, sugli alberi e sotto le pietre (*Forficula auricularia*). SIN. Forfecchia, forficula.

forbìre [francone *forbian* 'pulire le armi'] **A** v. tr. (*io forbìsco, tu forbìsci*, poet. *fòrbi*) *1* Nettare, pulire (*anche fig.*): *forbirsi la bocca*; *questi forbe la forma, quegli lavora sul fondo* (DE SANCTIS). *2* Lustrare. *3* Asciugare, tergere. **B** v. rifl. ● Pulirsi | *Forbirsi da q.c.*, (*fig.*) tenersene lontano.

forbìta s. f. ● Atto del forbire, spec. rapido e frettoloso: *darsi una f. alla bocca.* || **forbitìna**, dim.

forbitézza s. f. ● Qualità di forbito (*spec. fig.*): *f. di lingua, di stile.*

forbìto part. pass. di *forbire*; anche agg. *1* Nei sign. del v. *2* (*fig.*) Elegante, curato: *discorso, modo di parlare f.* || **forbitaménte**, avv. In modo forbito (*spec. fig.*).

forbitùra s. f. ● (*raro*) Pulitura di metalli e sim.

fórca [lat. *fŭrca(m)*, di etim. incerta] s. f. *1* Attrezzo per rimuovere foraggi, paglia, letame, e sim. costituito da tre o quattro denti di ferro collegati ad un manico di legno | *F. meccanica*, per caricatori e voltafieno. *2* Patibolo per l'impiccagione formato da uno o due legni fissi in terra alla cui sommità è posto un altro legno trasversale da cui pende la corda con il cappio | *Mandare alla f.*, mandare al diavolo | *Va' alla, sulla f.!*, va' in malora! | *Degno di f.*, persona malvagia e trista | *Avanzo di f.*, avanzo di galera, persona niente affatto raccomandabile | *Far la f. a qc.*, (*fig.*) danneggiarlo operando nascostamente | *Fare le forche*, (*fig.*) fingere di ignorare ciò che si sa | *Forche caudine*, località in cui gli antichi Romani, vinti dai Sanniti, subirono l'onta di passare sotto una specie di giogo; (*fig.*) passo, momento o situazione in cui si deve sottostare a una grave umiliazione. *3* (*mar.*) Attrezzo a forma di forca, come le bighe che si adoperano per disalberare. *4* Bastone forcuto piantato in terra per tendere la corda su cui si stendono i panni lavati da asciugare. *5* Timone del carro dei buoi. *6* Valico tra due monti. *7* (*est.*) Qualunque cosa abbia la forma di una forca. *8* (*fam., tosc.*) Ragazzo impertinente. *9* †Punto in cui una strada si biforca. || **forcàccio**, pegg. m. (V.) | **forchétta**, dim. (V.) | **forchétto**, dim. m. | **forchìno**, dim. m. (V.) | **forcìna**, dim. (V.) | **forcìno**, dim. m. (V.) | **forcóne**, accr. m. (V.) | **forcùzza**, dim.

forcàccio s. m. *1* Pegg. di *forca*. *2* (*mar.*) Ciascuno dei pezzi di costruzione a Y che tanto più si restringono quanto più si avvicinano alle ruote di poppa e di prua, e servono a dare il garbo alle due estremità acute del bastimento.

forcaiòlo o (*lett.*) **forcaiuòlo** [da *forca* nel sign. 2, che i *forcaioli* adopererebbero contro i ribelli] s. m. *1* Chi, nella lotta politica, osteggia qualsiasi innovazione facendosi fautore di violenti sistemi repressivi | (*est.*) Conservatore, reazionario. *2* (*tosc., scherz.*) Chi marina la scuola.

forcàta [da *forca*] s. f. *1* Quantità di fieno, paglia e sim. sollevata con un solo colpo di forca. *2* Colpo dato con la forca. *3* †Angolo tra le cosce dove si attaccano al tronco. || **forcatèlla**, dim.

†fòrce o **†fòrci** [fr. *forces* 'forbici', dal lat. *fŏrfices* (V. *forbice*)] s. f. pl. ● Forbici.

force de frappe /fr. 'fɔrs də 'frap/ [loc. fr., propr. 'forza d'urto'] loc. sost. f. inv. (pl. fr. *forces de frappe*) *1* Dotazione di armi nucleari di cui una nazione dispone al fine di dissuadere un possibile avversario da ogni forma di aggressione | Potere deterrente esercitato dal possesso di armi nucleari. *2* (*est.*) Qualsiasi forza che costituisca un deterrente.

forcèlla [lat. *furcĭlla(m)*, dim. di *fŭrcula*, dim. di *fŭrca* 'forca'] s. f. *1* Organo di macchina di forma biforcuta, che può assumere funzioni svariatissime, generalmente di sostegno: *f. per carrucole* | *F. della bicicletta, della motocicletta*, parte del telaio in cui è inserito il mozzo della ruota. ➡ ILL. p. 1745, 1746 TRASPORTI. *2* Punto in cui il tronco o un ramo di un albero si biforca. *3* Lunga asta di ferro terminante a bidente, di cui si servono i forcellanti. *4* (*mar.*) Sorta di scalmo biforcuto che sostiene il remo senza necessità dello stroppo. *5* (*tosc.*) Forcina per capelli. *6* Stretta incisione in una linea di cresta montana. *7* Nel tiro di artiglieria, coppia di colpi in arrivo nel cui intervallo è compreso l'obiettivo. *8* (*pop.*) Osso del petto dei volatili | †Inforcatura. *9* (*mus.*) Segnatura indicante variazione di sonorità in crescendo o decrescendo. || **forcellétta**, dim. | **forcellìna**, dim.

forcellànte s. m. ● Operaio che, nelle fornaci di vetro soffiato, introduce con la forcella nel forno di raffreddamento gli oggetti di vetro appena lavorati.

forchétta s. f. *1* Dim. di *forca*. *2* Arnese metallico da tavola, formato da un manico e da più rebbi, col quale si infilzano le vivande: *f. d'argento, di stagno, ferro bianco, packfong* | *F. e cucchiaio*, posate | *Colazione alla f.*, di piatti freddi, che non richiedono l'impiego del cucchiaio | *Una buona f.*, (*fig.*) un buon mangiatore | *Parlare in punta di f.*, (*fig.*) con affettazione. *3* (*mar.*) Arnese di metallo o di legno come una mezza luna che nel mezzo alla murata di poppa sostiene l'estremità della randa, quando la vela è serrata. *4* L'osso del petto dei volatili. SIN. Forcella. *5* (*med.*) *F. dello sterno*, incisura al margine superiore dello sterno | *F. vulvare*, commessura posteriore delle piccole labbra. *6* (*veter.*) Fettone. || **forchettìna**, dim. | **forchettóne**, accr. m. (V.).

forchettàta s. f. *1* La quantità di cibo che si può prendere in una volta con la forchetta. *2* Colpo di forchetta. || **forchettatìna**, dim.

forchettièra s. f. ● Astuccio per forchette, o per posate in genere.

forchétto [da *forchetta*] s. m. *1* Asta terminante con due rebbi, di cui si servono bottegai e artigiani per appendere in alto o staccare oggetti. *2* Negli antichi sistemi di tessitura, fil di ferro, forcuto al capo tenuto immerso nella cera fusa, tra i cui rebbi veniva preso il lucignolo che andava poi nella filiera.

forchettóne s. m. *1* Accr. di *forchetta*. *2* Forchetta grande a due rebbi, per tener fissa la carne che si vuol trinciare. *3* (*fig., spreg.*) Chi trae un illecito profitto economico dalle cariche pubbliche.

forchìno s. m. *1* Dim. di *forca*. *2* Forca a tre rebbi disposti a triangolo, per paglia, fieno, fascine.

†fórci ● V. *†force.*

forcìna s. f. *1* Dim. di *forca*. *2* Filo di ferro o di tartaruga, osso e sim. ripiegato in due a molla, che si appunta nei capelli in alcuni tipi di acconciatura. *3* (*dial.*) Forchetta da tavolo. *4* Asta con ferro forcuto ad un estremo e puntale all'altro che il moschettiere piantava in terra a sostegno del pesante moschetto per puntarlo e fare fuoco.

fòrcing /'fɔrsin(g), *ingl.* 'fɔ:siŋ/ [vc. ingl., gerundio di *to force* 'forzare', dal fr. *forcer*, a sua volta dal lat. parl. **fortiāre*, da *fŏrtia*, nt. pl. di *fŏrtis* 'forte'] s. m. inv. ● Nel linguaggio sportivo, insistente azione d'attacco.

forcìno s. m. *1* Dim. di *forca*. *2* Lunga stanga, munita a un'estremità di un ferro a mo' di forca, usata per spingere i barchini di palude.

fòrcipe [vc. dotta, lat. *fŏrcipe(m)*, comp. di *fŏrmus* 'caldo' e un der. di *căpere* 'prendere'; letteralmente: 'ciò che prende le cose calde'] s. m. ● (*med.*) Strumento ostetrico a foggia di grossa pinza per estrarre rapidamente il feto vivo dal canale del parto. ➡ ILL. **medicina e chirurgia**.

fórcola [lat. *fŭrcula(m)*, dim. di *fŭrca* 'forca'] s. f. *1* Piccola forca usata per lavori agricoli. *2* (*mar.*) Scalmo forcato di legno o di ferro, che serve a sostenere il ginocchio del remo. ***3*** (*al pl.*) Ganci naturali di legno per sostenere reti verticali e gabbie, nelle tese da uccelli. ***4*** Valico angusto in una catena montuosa.

forconàta s. f. ***1*** La quantità di roba che si può sollevare in una sola volta col forcone. ***2*** Colpo di forcone. ***3*** Nella scherma, colpo di tecnica poco pregevole, che si vibra ritirando all'indietro il braccio armato.

forcóne s. m. ***1*** Accr. di *forca*. ***2*** Grossa forca con tre rebbi di ferro su un'asta di legno per ammucchiare e scaricare il letame | *Buttare le cose col f.*, (*fig.*) in gran quantità. ***3*** Spuntone con ghiera e uncini usato anticamente dalle milizie terrestri per scalare muraglie. ***4*** Arnese, ora disusato, che serviva ai tintori per tenere in movimento le fibre in fiocco nei bagni di tintura.

forcùto [da *forca*] agg. ● Che ha forma di forca: *coda forcuta*.

fordìsmo [dal n. dell'industriale H. *Ford* (1863-1947)] s. m. ● Metodo di divisione del lavoro, basato sul sistema della produzione a catena, introdotto nelle sue officine automobilistiche dall'industriale americano H. Ford.

†**fòre** ● V. *fuori*.

forènse [vc. dotta, lat. *forēnse(m)*, da *fŏrum* 'foro (2)'] agg. ● Che concerne l'attività giudiziaria: *linguaggio f.*; *eloquenza f.*; *pratica f.*

forése [lat. *forēnse(m)*, da *fŏrum* 'foro (2)', avvicinato a *fŏras* 'fuori', per etim. pop.] **A** s. m. e f. ***1*** †Chi abita, vive in campagna. ***2*** Nel meridione d'Italia, bracciante agricolo impiegato in aziende di modeste dimensioni. **B** agg. ● Di campagna.

forèsta [lat. tardo *forĕste(m)* (*sĭlvam*), dall'avv. *fŏris* 'fuori'] s. f. ● Grande estensione di terreno coperta da alberi | *F. vergine, equatoriale, pluviale*, associazione vegetale rigogliosissima costituita da più piani di vegetazione caratteristica delle regioni equatoriali | *F. a galleria*, associazione vegetale simile alla foresta equatoriale, estesa lungo le rive dei fiumi nelle regioni subequatoriali | *Il richiamo della f.*, (*fig.*) quello esercitato dall'ambiente di primitiva formazione, sia etnica che culturale o ideologica, su chi l'aveva un tempo abbandonato scegliendo nuovi modi o ispirazioni di vita, e ora sente la nostalgia o il dubbio di ritornare alle origini | *L'uomo della f., delle foreste*, (*fig.*) chi predilige o pratica una vita solitaria e appartata; chi ha modi rozzi e bruschi con le persone; chi abitualmente trascura molto l'igiene del corpo o la cura dell'abbigliamento | *Una f. di capelli*, (*fig.*) una massa molto folta. SIN. Selva.

forestàle [da *foresta*] **A** agg. ● Che concerne le foreste: *legge, amministrazione f.* | (*raro*) *Guardia forestale*, guardaboschi | *Corpo f. dello Stato*, ente organizzato con un sistema gerarchico di tipo militare, che provvede a proteggere e ampliare il patrimonio boschivo nazionale. **B** s. f. ● (*pop.*) L'insieme degli appartenenti al Corpo Forestale dello Stato.

forestazióne [da *foresta*] s. f. ● Complesso delle operazioni volte a tutelare e ad accrescere il patrimonio forestale come valore naturale, sociale ed economico.

foresterìa o †**forestarìa**, †**forestierìa** [da *forestiero*] s. f. ***1*** Insieme di locali situati spec. in conventi, palazzi signorili, collegi e sim., destinati all'alloggio dei forestieri. ***2*** †Qualità di forestiere | †Moltitudine di forestieri. ***3*** (*spec. al pl.*) †Cerimonie che si usano coi forestieri.

†**forestière** ● V. *forestiero*.

†**forestièri** ● V. *forestiero*.

†**forestierìa** ● V. *foresteria*.

forestierìsmo s. m. ● Forma linguistica presa da una lingua straniera.

forestièro o †**forastièro**, †**forestière**, †**forestièri** [ant. fr. *forestier* 'straniero', dall'avv. lat. *fŏris* 'fuori'] agg.; anche s. m. (f. *-a*) ***1*** Che, chi proviene da un paese diverso da quello in cui attualmente si trova: *usanze forestiere*; *d'estate la città si riempie di forestieri*; *quella città ... restava in discrezione di forestieri con pericolo di sedizioni* (SARPI). ***2*** (*fam.*) Invitato: *avevano dei forestieri a pranzo*.

forestierùme s. m. ● (*spreg.*) Complesso di persone, parole, usanze forestiere.

forèsto [V. *foresta*] agg. ***1*** (*dial.*) Forestiero, estraneo (*anche fig.*). ***2*** †Remoto, selvaggio, disabitato.

forfait (**1**) /*fr.* fɔr'fɛ/ [vc. fr., 'contratto a prezzo fisso', comp. di *fors* 'fuori' e *fait* 'fatto', perché *fatto fuori* della legge] s. m. inv. ● Contratto per cui uno dei contraenti si impegna a fornire una determinata prestazione o un dato bene a un prezzo prestabilito indipendentemente dal tempo e dalla fatica realmente richiesti nell'espletamento dell'operazione o delle successive variazioni di mercato.

forfait (**2**) /*fr.* for'fɛ/ [fr., dall'ingl. *forfeit*, a sua volta dall'ant. fr. *forfait* 'misfatto'. V. *forfait* (*1*)] s. m. inv. ● Mancata partecipazione o ritiro prima dell'inizio dello svolgimento della gara, di una squadra o di un concorrente da un incontro cui era iscritto: *vincere per f.* | *Dichiarare, dare f.*, abbandonare l'incontro; (*fig.*) rinunciare a un impegno, a un confronto, darsi per vinto.

forfaitàrio /forfe'tarjo/ ● V. *forfetario*.

forfaiting /*ingl.* 'fɔ:-feitiŋ/ [vc. ingl., da *forfait* (*1*)] s. m. inv. ● (*econ.*) Finanziamento pro soluto consistente nell'acquisto di crediti, vantati da un esportatore nei confronti dei suoi clienti esteri, a un prezzo risultante dalla somma dei valori nominali dei crediti dedotta una percentuale di sconto predeterminata, basata anche sulla valutazione del rischio globale.

forfè s. m. ● Adattamento di *forfait* (V.).

forfécchia [lat. *forfĭcula(m)*, dim. di *fŏrfex*, genit. *fŏrficis* 'forbice'. Cfr. *forbicina* (*2*)] s. f. ● (*zool.*) Forbicina.

forfetàrio o (*raro*) **forfaitàrio**, **forfettàrio** [fr. *forfaitaire*, da *forfait* (*1*) (V.)] agg. ● Che è stato fissato a forfait: *prezzo f.* || **forfetariaménte**, avv.

forfetizzàre [da *forfait* (*1*)] v. tr. (*io forfetìzzo*) ● Determinare un prezzo a forfait.

forfettàrio ● V. *forfetario*.

†**fòrfice** e *deriv.* ● V. *forbice* e *deriv.*

forfìcula [vc. dotta, lat. *forfĭcula(m)* 'forfecchia'] s. f. ● (*zool.*) Forbicina (2).

fórfora [lat. *fŭrfure(m)* 'crusca, forfora', di etim. incerta] s. f. ● Prodotto di desquamazione dello strato corneo del cuoio capelluto.

forforàceo o **furfuràceo** [vc. dotta, lat. tardo *furfurāceu(m)* 'come crusca', da *fŭrfur*, genit. *fŭrfuris* 'crusca, forfora'] agg. ● (*bot.*) Detto di pianta ricoperta di squamette.

forforóso [lat. *furfurōsu(m)*, da *fŭrfur*, genit. *fŭrfuris* 'crusca, forfora'] agg. ● Pieno di forfora.

fòrgia [fr. *forge*, dal lat. *fābrica(m)* 'fabbrica'] s. f. (pl. *-ge*) ***1*** Fucina del fabbro. ***2*** Piccola fucina da campo, un tempo al seguito dei reparti a cavallo o someggiati per la ferratura dei quadrupedi.

forgiàbile agg. ● Detto di metallo, che si può forgiare.

forgiabilità s. f. ● Proprietà di ciò che può essere forgiato.

forgiàre [fr. *forger*, dal lat. *fabricāre* 'fabbricare'] v. tr. (*io fòrgio*) ***1*** Lavorare alla forgia. SIN. Fucinare. ***2*** (*fig.*) Plasmare: *f. il carattere di un ragazzo*.

forgiatóre s. m. ***1*** Chi forgia metalli. ***2*** (*fig.*) Chi plasma, educa.

forgiatrìce s. f. ● Pressa per dare forma al ferro reso malleabile dal calore. SIN. Fucinatrice.

forgiatùra s. f. ● Atto ed effetto del forgiare, mediante pressioni dinamiche o continue. SIN. Fucinatura.

fòri ● V. *fuori*.

-forìa [gr. *-phoría*, dal v. *phérein* 'portare', di origine indeur.] secondo elemento ● In parole composte dotte, significa 'il portare' o 'il portarsi': *euforia, lampadeforia*.

-fòrico secondo elemento ● Forma aggettivi composti correlativi ai sostantivi in *-foria*: *euforico*.

forièro o †**forière** [ant. fr. *fourrier* 'foraggiatore' che precedeva le truppe. V. *foraggio*] **A** agg. ● (*lett.*) Che precede e annunzia: *nuvole foriere di tempesta*; *segni forieri di malattia*. **B** s. m. ● Chi precede, sopravanza un gruppo di persone: *compariscono i forieri della masnada* (MANZONI) | (*mil.*) *F. di alloggiamento*, chi precede le unità nei luoghi di sosta per predisporre gli alloggiamenti.

forint /*ungh.* 'forint/ [vc. ungh., dall'it. *fiorino*] s. m. inv. (pl. ungh. inv.) ● Unità monetaria circolante in Ungheria.

forivìa ● V. *fuorivia*.

forlivése A agg. ● Di Forlì. **B** s. m. e f. ● Abitante, nativo di Forlì.

fórma [lat. *fōrma(m)*, dal gr. *morphḗ*, con metatesi] **A** s. f. ***1*** (*filos.*) Principio intelligibile universale in cui si determinano e si unificano gli elementi particolari empirici dei fenomeni. CONTR. Materia. ***2*** Figura o aspetto esteriore di q.c., determinato dalle linee che ne segnano il contorno o dalla particolare disposizione degli elementi che la compongono: *un solido di f. cilindrica, sferica, poliedrica, piramidale*; *un corpo di f. slanciata, rozza, inelegante*; *la f. degli occhi, del naso, della bocca* | *F. morbosa*, aspetto particolare sotto cui si presenta una malattia | *F. linguistica*, elemento esteriore del segno linguistico, aspetto nel quale si presenta una parola o un enunciato | Foggia: *uno strano abito a f. di mantello* | *A, in f. di*, secondo una certa foggia, un certo aspetto | *Prender f.*, assumere un determinato aspetto e (*fig.*) concretarsi | *F. di danza*, figura | *In tutte le forme*, in ogni modo | †*Per f. che*, in modo tale che. ***3*** (*est.*) Apparenza: *presentarsi in f. di pellegrino*; *apparire in f. di satiro, di ninfa* | Apparizione: *i suoi incubi erano popolati di orribili forme*. ***4*** (*spec. al pl.*) Complessione del corpo umano: *forme delicate, slanciate, tozze* | (*est.*) Parti rilevanti e tondeggianti del corpo: *l'abito attillato faceva risaltare le sue forme*. ***5*** (*lett.*) Bellezza del corpo umano. ***6*** (*sport*) Stato opportuno delle condizioni di un atleta o di un cavallo da corsa: *essere in f., in ottima f.*; *essere giù di f., fuori f., in cattiva f.* | (*fig.*) Stato opportuno delle condizioni fisiche e psichiche di una persona, spec. con riferimento al suo lavoro, alla sua normale attività o comunque alle mansioni che le competono: *oggi non sono in f. e faccio errori su errori*; *non so cosa gli è successo, ma mi sembra un po' giù di f.* ***7*** Modo particolare di esprimersi con le parole, gli scritti o qualsiasi altra attività artistica: *parlare in f. chiara e concisa*; *scrivere in f. oratoria, dialogica*. SIN. Stile. ***8*** (*dir.*) Documentazione richiesta dalla legge o dalle parti per la validità o l'efficacia di un atto o negozio giuridico | *F. di un processo*, serie degli atti da cui esso è costituito. ***9*** Modo esteriore di essere, di vivere, di comportarsi e sim.: *si preoccupa solo della f.*; *nel trattare con gli altri anche la f. ha il suo peso* | *La debita f.*, la maniera conveniente | *Le dovute forme*, le maniere più adatte ad una particolare circostanza | *F. di mondo*, mondanità | *F. di Dio*, religiosità | *A f.*, a modo, secondo la norma. ***10*** (*spec. al pl.*) Convenzioni sociali: *rispettare le forme*. ***11*** (*mat.*) Polinomio omogeneo | *F. lineare, quadratica, cubica*, di 1°, 2°, 3° grado | *F. bilineare, multilineare*, in due o più variabili, lineare in ciascuna di esse separatamente | *F. binaria, ternaria*, in due, tre variabili | *F. geometrica fondamentale*, in geometria proiettiva, l'insieme degli elementi fondamentali, punto o retta o piano, appartenenti ad un elemento fondamentale di tipo diverso, oppure l'insieme delle rette appartenenti ad un punto o ad un piano che si appartengono, oppure l'insieme di tutti i punti o di tutti i piani dello spazio | Espressione, modo di rappresentare un ente | *F. canonica*, rappresentazione d'un ente in un sistema di coordinate che sia completamente individuato dall'ente stesso. ***12*** In varie tecnologie e lavorazioni artigianali, oggetto o struttura che consente di modellare, lavorare e sim. i prodotti propri di ognuna di esse: *f. per calzature* | *F. del sarto*, attrezzo di legno che serve a spianare il giro manica, il collo e i risvolti della giacca | *F. del cappellaio*, modello in legno della fascia e del cocuzzolo del cappello | *F. del muratore*, cassetta quadrilatera senza fondo, di larghezza pari allo spessore che si vuol dare al muro, che il muratore riempie via via col materiale da costruzione | *F. del fornaciaio*, per modellare l'argilla secondo le figure dei vari materiali da costruzione | *F. per dolci*, stampo spec. metallico, variamente sagomato, in cui si lascia solidificare un dolce | In metallurgia, complesso delle parti in sabbia, metallo, gesso o altro materiale, che costituisce una cavità per il getto del metallo fuso | In tipografia, cavità racchiusa da pareti regolabili e dalla matrice, in cui si immette la lega fusa per ottenere caratteri mobili, linee intere, stereotipie; anche, complesso di elementi stampanti disposti nel telaio della macchina da stampa | Nell'industria casearia, cerchio di legno rotondo e bucherellato in cui si versa il latte coagulato per fare il formaggio; anche, ogni formaggio così confezionato: *una f. di parmigiano*. **13** Struttura e ordinamento di uno Stato, di un ente o di un loro organo: *f. repubblicana, monarchica, oligarchica, democratica; adottare una particolare f. amministrativa* | *F. di governo*, tipo, secondo le caratteristiche strutturali. **14** (*mus.*) *F. sonata*, nello stile classico-romantico, struttura dei primi movimenti di sinfonie, concerti, quartetti, sonate ecc. che attraverso tre parti, dette esposizione, elaborazione e ripresa, espone due temi, li elabora e li riprende: *la f. sonata nei quartetti dei Beethoven*. **15** (*biol.*) Termine senza precise implicazioni tassonomiche che indica una categoria sistematica di ordine intermedio (genere, specie, sottospecie). **16** (*psicol.*) Gestalt | *Psicologia della f.*, gestaltismo. **B** in funzione di agg. inv. • (posposto al s.) Nella loc. *Peso f.*, quello che un atleta raggiunge quando è all'apice della forma e (*fig.*) il peso ideale, quello che più si confà a una persona sia dal punto di vista fisiologico cha estetico. || **formèlla**, dim. (V.) | **formétta**, dim. | **formina**, dim. (V.).

formàbile [vc. dotta, lat. tardo *formābile(m)*, da *fōrma* 'forma'] agg. • Che si può formare.

formaggèlla [dim. di *formaggio*] s. f. • (*region.*) Formaggio tenero preparato con latte di vacca o di capra in piccole forme tonde.

formaggèra • V. *formaggiera*.

formaggétta [dim. di *formaggio*, per la forma] s. f. • (*mar.*) Pomo tondo e appiattito, in cima agli alberi e alle aste da bandiera.

formaggiàio s. m. • Chi fa o vende il formaggio.

formaggièra o **formaggèra**. s. f. • Recipiente di vetro, metallo e sim. usato per servire formaggio grattugiato in tavola.

formaggìno s. m. **1** Dim. di *formaggio*. **2** Formaggio fuso pastorizzato, venduto soprattutto in piccole forme, avvolte in fogli di alluminio.

formàggio [fr. *fromage*, dal lat. parl. **formāticu(m)* '(cacio) messo in forma'] s. m. • Alimento che si ottiene facendo coagulare il latte con caglio: *f. dolce, molle, piccante* | *F. grasso*, di latte intero | *F. semigrasso*, di latte parzialmente scremato | *F. magro*, di latte totalmente scremato | *F. grattugiato*, per condimento. || **formaggino**, dim. (V.).

formaldèide [comp. di *form(ico)* e *aldeide*] s. f. • (*chim.*) Gas di odore irritante ottenuto industrialmente per ossidazione catalitica dell'alcol metilico, usato nella fabbricazione di materie plastiche, nella preparazione di sostanze coloranti e nella disinfezione di ambienti. SIN. Aldeide formica.

formàle [vc. dotta, lat. *formāle(m)*, da *fōrma* 'forma'] agg. **1** Di forma, attinente alla forma: *problema f.* CONTR. Sostanziale. **2** Espresso nella debita forma, compiuto con l'osservanza di essa: *intervento, processo f.* | (*est.*) Chiaro, esplicito, solenne: *dichiarazioni, parole formali*. **3** (*dir.*) *Negozio giuridico f.*, quello per la cui validità la legge o le parti richiedono una forma speciale. || **formalménte**, avv. In modo chiaro, esplicito, solenne: *promettere, dichiarare formalmente*.

formalìna [ingl. *formalin*, da *formaldehyde* 'formaldeide, aldeide formica'] s. f. • (*chim.*) Soluzione acquosa di aldeide formica, astringente e disinfettante, usata anche per la conservazione di pezzi anatomici. SIN. Formolo.

formalìsmo [fr. *formalisme*, da *formaliste* 'formalista'] s. m. **1** Qualsiasi dottrina, filosofica o no, che faccia esclusivo riferimento alla forma. **2** Dottrina estetica secondo la quale sono esclusivamente i valori formali, come il colore, lo stile, il suono e sim., a costituire l'essenza di un'opera d'arte | Prevalenza, anche eccessiva, dei valori formali in un'opera d'arte. **3** Cura esagerata della forma, a scapito della sostanza: *il f. dei burocrati è esasperante*.

formalìsta [fr. *formaliste*, dal lat. *formālis* 'formale'] s. m. e f. (pl. m. *-i*) **1** Chi, in estetica o in filosofia, segue o si ispira al formalismo. **2** Chi si preoccupa eccessivamente della forma esteriore, del tono ufficiale e sim.

formalìstico agg. (pl. m. *-ci*) • Che concerne o interessa il formalismo | Che presenta i caratteri del formalismo. || **formalisticaménte**, avv.

formalità [da *formale*] s. f. **1** Procedimento prescritto e consueto per compiere cerimonie e sim.: *sbrigare le f. del matrimonio; adempiere alle f. connesse con il proprio ufficio* | (*dir.*) Forma speciale richiesta dalla legge: *osservare le f. di legge* | *F. procedurali*, modi legali di procedere. SIN. Modalità. **2** Atto compiuto per convenzione sociale o per puro rispetto delle forme esteriori: *sottostare alle f. accademiche* | *Per mera f.*, esclusivamente per rispetto alla forma esteriore | *È una semplice f.*, un atto privo di ogni rilevanza sostanziale.

formalizzàre [da *formale*] v. tr. **1** Rendere formale | (*dir.*) Redigere nelle forme richieste dalla legge o dalle parti: *f. una transazione*. **2** (*filos.*) Ridurre a un sistema puramente sintattico di simboli un sistema di conoscenze, secondo i procedimenti della logistica moderna.

formalizzàrsi [fr. *se formaliser*, dal lat. *formālis* 'formale'] v. intr. pron. • Mostrarsi intransigente sull'osservanza di determinate forme o convenzioni sociali | Risentirsi per la mancata osservanza di determinate convenzioni: *non è il caso di f. per un leggero ritardo*.

formalizzazióne [da *formalizzare*] s. f. **1** Atto, effetto del formalizzare: *la f. di un'istruttoria*. **2** (*filos.*) Nella logica e nella filosofia della scienza contemporanea, procedimento del formalizzare.

forma mentis /lat. 'fɔrma 'mɛntis/ [loc. lat., propriamente 'forma, struttura della mente'] loc. sost. f. inv. • Abito o struttura mentale di una persona, costituita dal complesso degli elementi caratteriali individuali e dalle acquisizioni ideologiche proprie di ogni individuo e strettamente connessa col suo grado di cultura, l'educazione che ha ricevuto, il gruppo sociale cui appartiene e sim.

formànte part. pres. di *formare*; anche agg. **1** Nei sign. del v. **2** (*ling.*) *Lingue formanti*, lingue che danno una forma propria a ciascuna parola della frase.

formàre [lat. *formāre*, da *fōrma* 'forma'] **A** v. tr. (*io fórmo*) **1** Plasmare, sagomare, modellare q.c. per farle assumere la forma voluta: *f. il naso, gli occhi, la bocca; la natura forma gli animali e le piante; f. una statua in bronzo, in gesso* | (*est.*) Fare o figurare secondo un certo tipo o modello: *f. un triangolo; gli invitati formarono un circolo attorno al padrone di casa* | *F. la pianta di una città*, disegnarla. **2** (*fig.*) Educare con l'insegnamento, l'esempio e sim. per un fine prestabilito: *f. il cuore e la mente dei giovani; f. gli scolari alla virtù, al rispetto sociale, all'amore del bello* | (*est.*) Addestrare, esercitare: *f. agli usi di guerra*. **3** Dare origine: *f. un partito, una famiglia* | Costituire, comporre: *f. un ministero, un esercito; questi soli beni formano il mio patrimonio*. **4** Ordinare o stendere nella debita forma: *f. un periodo, una proposizione; f. un disegno di legge, un atto processuale; adunare materie per f. un componimento* (BARTOLI) | *F. la questione*, enunciarne i termini | *F. le parole*, formularle | *F. una legge*, compiere le attività necessarie perché entri in vigore una nuova legge. **5** Creare: *f. parole, idee nuove* | *F. il suono*, modularlo. **6** Riuscire ad essere: *f. il vanto, l'orgoglio, la consolazione della famiglia*. **B** v. intr. pron. **1** Prodursi: *nel muro si era formata una patina di muffa*. **2** Crescere, svilupparsi: *il bambino si forma nel seno materno; dal bocciolo si forma il fiore*.

formàrio [da *forma*] s. m. • (*letter.*) Volume che raccoglie tutte le varianti di forma contenute in un'opera o in un gruppo di opere letterarie.

formatìvo agg. • Atto a formare: *scuola formativa* | *Insegnamento f.*, che tende alla formazione più che all'apprendimento di informazioni e notizie.

formàto **A** part. pass. di *formare*; anche agg. **1** Nei sign. del v. **2** *Ben f.*, di belle forme, armonico. **3** †Testuale, preciso: *subito il savio re disse queste formate parole in sua lingua* (CELLINI). **B** s. m. **1** Forma e dimensione di un oggetto: *il f. di un foglio; un libro di f. tascabile, piccolo, comodo, maneggevole; fotografia f. cartolina*. **2** (*fot.*) Le dimensioni del fotogramma, nelle pellicole fotografiche: *f. 24 × 36 mm; f. 6 × 6 mm* | *F. tessera*, detto delle fotografie di formato standard che vanno applicate sui documenti di riconoscimento | (*cine*) La misura della larghezza delle pellicole cinematografiche: *f. 8 mm, f. 16 mm; f. ridotto*.

formatóre [vc. dotta, lat. *formatōre(m)*, da *formāre* 'formare'] **A** agg. (f. *-trice*) • Che forma. **B** s. m. **1** Chi forma, crea: *l'Alfieri fu arditissimo e frequentissimo f. di parole* (LEOPARDI) | (*fig.*) *F. d'ingegni*, educatore | *Il f. dell'Universo*, il Creatore. **2** Esperto che cura la formazione professionale di un gruppo di lavoratori. **3** Chi fa il calco in gesso di una scultura | In varie tecnologie, addetto alle formature.

formatrìce [vc. dotta, lat. tardo *formatrīce(m)*, da *formāre* 'formare'] s. f. • Macchina che può compiere una o più operazioni necessarie per costituire una forma o per dare a q.c. la forma voluta: *f. meccanica; f. per burro*.

formattàre [dall'ingl. *format*, propr. 'formato'] v. tr. (*io formàtto*) • (*elab.*) Predisporre un disco magnetico per la registrazione di dati e programmi.

formattazióne [da *formattare*] s. f. **1** (*elab.*) Organizzazione di un insieme di dati secondo un determinato formato per facilitarne il trattamento | Processo di organizzazione di un testo secondo un certo formato, al fine di ottenere una copia stampabile. **2** (*elab.*) Operazione con cui si predispone un supporto dati in modo da poter memorizzare su di esso dei dati e in seguito reperirli.

formatùra [vc. dotta, lat. *formatūra(m)*, da *formāre* 'formare'] s. f. **1** In ceramica, operazione del modellare la pasta argillosa. **2** In metallurgia, complesso di operazioni necessarie a preparare le forme e a colare in esse il metallo fuso | *F. delle lamiere*, complesso delle deformazioni plastiche che mutano la forma della lamiera senza asportare truciolo o effettuare taglio.

formazióne [vc. dotta, lat. *formatiōne(m)*, da *formāre* 'formare'] s. f. **1** Atto, effetto del formare o del formarsi: *la f. dei pianeti, della terra, dei giacimenti carboniferi, dell'embrione; un'idea, un progetto ancora in f.; la f. del nuovo governo appare molto difficile* | (*ling.*) *F. delle parole*, l'insieme di processi morfosintattici che permettono la creazione di nuove unità da morfemi lessicali. **2** (*fig.*) Maturazione delle facoltà psichiche e intellettuali dovuta allo studio e all'esperienza: *le carenze affettive incidono nella f. dell'individuo* | *F. professionale*, addestramento atto a formare professionalmente | *F. reticolare*, esteso nucleo nervoso associativo, localizzato nel mesencefalo e nel rombencefalo, costituito da fibre ampiamente interconnesse e da voluminosi neuroni. **3** Disposizione di più persone costituenti un'unità organizzata, spec. militare o sportiva: *avanzare in f. serrata; la nuova f. della nazionale di calcio* | (*est.*) Il complesso organizzato di tali persone: *sconfiggere una forte f.* **4** (*geol.*) Complesso di rocce distinto dalle adiacenti, sovrastanti e sottostanti per particolari caratteri | Unità litostratigrafica fondamentale che si riconosce nel rilevamento geologico di una regione. **5** Qualsiasi entità anatomica normale o patologica | *F. vegetale*, associazione naturale di piante dovuta al clima e alla natura del suolo.

-fórme [lat. *-fōrme(m)*, da *fōrma*, spesso per rendere equivalenti composti gr. in *-morphos*] secondo elemento • In aggettivi composti, significa 'di forma', 'che ha forma di' e sim.: *aeriforme, filiforme, fusiforme, multiforme*.

formèlla s. f. **1** Dim. di *forma*. **2** Riquadro di varia forma in legno, marmo, bronzo o terracotta, spesso decorato con pitture o rilievi, usato a scopo ornamentale, per cornicioni, porte, pareti e sim. | Mattonella di vario materiale, usata per pavimentazioni e sim. **3** Mattonella di tritume vario usata come combustibile. **4** (*zoot.*) Aggregato di foraggio essiccato e compresso in forma di mattonella. **5** Buca aperta nel terreno per piantarvi alberi. **6** (*zool.*) Formazione ossea situata sulle parti laterali e anteriori del pastorale o della corona nel piede del cavallo.

formellàto agg. • Suddiviso in formelle | Ornato di formelle.

formellatóre s. m. • (*zoot.*) Macchina atta a ridurre il foraggio in formelle.

†forménto • V. *frumento*.

formentóne • V. *frumentone*.

formeret /*fr.* fɔrmə'rɛ/ [vc. fr., da *forme* 'forma'] s. m. inv. ● (*arch.*) Nelle chiese romaniche e gotiche, ciascuno degli archi laterali, situati lungo le pareti delle navate per rinforzare le volte a crociera.

formiàto [dall'acido *form(ico)*] s. m. ● (*chim.*) Sale o estere dell'acido formico.

fòrmica (1)® [nome commerciale, prob. der. di *formico*, per la sua composizione chimica] s. f. ● Tipo di laminato plastico di grande durezza, usato come rivestimento e isolante elettrico, nella cui fabbricazione trovano impiego resine sintetiche ottenute da urea e fenolformaldeide.

formìca (2) [lat. *formīca(m)*, di origine indeur.] s. f. **1** Imenottero sociale dal corpo snello, con addome peduncolato, che vive in comunità costituite da varie categorie di individui: *f. maschio, femmina, feconda, alata* | *F. rossa*, dei boschi (*Formica rufa*) | *Essere la f. del sorbo*, (*fig.*) non curarsi di quello che dicono gli altri | (*fig.*) *Andare a passo di f.*, camminare lentamente | *Avere il cervello di una f.*, (*fig.*) mostrare una scarsa apertura mentale | *Essere parsimonioso e attivo come una f.*, non sprecare mai nulla e lavorare intensamente. **2** (*veter.*) Cancro del fettone. **3** (*fig.*, *spec. al pl.*) Gruppo di scogli numerosi, vicini e bassi, dove l'acqua del mare è spesso mossa e spumeggiante. || **formichétta**, dim. | **formichina**, dim. | **formicóna**, accr. | **formicóne**, accr. m. (V.) | **formicùccia**, **formicùzza**, dim.

formicàio [da *formica (2)*] s. m. **1** Nido di formiche | *Stuzzicare il f.*, (*fig.*) andare cercando noie o procurarsi pericoli, molestando chi se ne sta tranquillo | (*est.*) Moltitudine di formiche. **2** (*fig.*) Moltitudine di persone spec. in continuo movimento.

formicaleóne [vc. dotta, lat. tardo *formicoleōne(m)*, nom. *formicŏleon*, comp. di *formīca* 'formica (2)' e *lĕo*, genit. *leōnis* 'leone'] s. m. ● Insetto dei Neurotteri simile a una libellula, comune presso i boschi, le cui larve si annidano nella sabbia e catturano le formiche (*Myrmeleon europaeus*).

†**formicaménto** [da *formicare*] s. m. ● Formicolio.

formicàre [vc. dotta, lat. *formicāre* 'prudere'] v. intr. **1** Formicolare, brulicare | Abbondare. **2** Prudere.

formichière [detto così perché si ciba di *formiche*] s. m. ● Grosso mammifero sdentato sudamericano, dal muso lungo e sottile, che si nutre di formiche catturate introducendo la lunga lingua vischiosa nell'interno dei formicai (*Myrmecophaga tridactyla*). SIN. Mangiaformiche, mirmecofago.

fòrmico [fr. *formique*, detto così perché l'acido fu trovato nelle *formiche* rosse] agg. (pl. m. *-ci*) ● (*chim.*) Detto di composti derivati dal metano: *aldeide formica* | *Acido f.*, acido organico monobasico, diffuso nel regno vegetale, liquido, corrosivo, di odore pungente, vescicante, usato in tintoria, in conceria e come disinfettante e germicida.

formìcola s. f. ● (*pop.*) Formica, nel sign. di *formica (2)*. || **formicolétta**, dim. | **formicolina**, dim. | **formicolino**, dim. m.

formicolàio s. m. ● (*pop.*, *tosc.*) Formicaio (*anche fig.*) | *F. di notizie*, (*fig.*) quantità di notizie varie e sparse.

formicolaménto s. m. ● (*raro*) Formicolio.

formicolànte part. pres. di *formicolare*; anche agg. **1** Nei sign. del v. **2** (*med.*) *Polso f.*, molto frequente e debole.

formicolàre [da *formicola*] v. intr. (*io formìcolo*; aus. *avere* nei sign. 1 e 2, *essere* nel sign. 3) **1** Brulicare di persone o di insetti che si muovono come le formiche: *la strada formicolava di gente*. **2** (*fig.*) Essere fitto o pieno: *quel tuo lavoro formicola di errori, di spropositi*. **3** Essere intorpidito, dare una sensazione come di molte piccole punture: *il piede, la gamba formicola*. **4** †Rabbrividire.

formicolìo [da *formicola*] s. m. **1** Brulichio: *c'era per le strade un gran f. di gente*. **2** (*med.*) Sensazione cutanea simile al contatto di formiche, propria di diverse forme di affezioni nervose o vascolari | Correntemente, prurito: *sentirsi un forte f. alla pelle*.

formicolùme [da *formicola* col suff. *-ume*] s. m. ● Formicolio, brulichio.

formicóne s. m. **1** Accr. di *formica*. **2** Nel gergo teatrale e cinematografico, operaio addetto alle mutazioni e al trasporto degli elementi di scena.

formidàbile [vc. dotta, lat. *formidābile(m)*, da *formidāre* 'temere', da *formīdo* 'timore', di etim. incerta] agg. **1** Spaventoso, tremendo: *si scatenò improvvisamente una tempesta f.*; *col suon del formidabil corno / avea cacciato il populo infedele* (ARIOSTO). **2** Di forza, intensità o gravità eccezionali, tali da spaventare: *esercito, tempesta, accusa f.* | (*est.*) Che eccede la normalità, in senso positivo e negativo: *appetito, ingegno f.*; *un uomo di f. disonestà*. SIN. Straordinario. || **formidabilménte**, avv.

†**formidàto** [vc. dotta, lat. *formidātu(m)*, part. pass. di *formidāre* 'temere'. V. *formidabile*] agg. ● (*lett.*) Temuto: *sonar per l'aria il f. nome* (ARIOSTO).

formilazióne [comp. di *formil(e)* e *-zione*] s. f. ● (*chim.*) Reazione chimica mediante la quale si introduce in una molecola organica il radicale formile.

formìle [da (*acido*) *form(ico)*] s. m. ● (*chim.*) Residuo dell'acido formico, corrisponde all'acido formico a cui manca l'ossidrile.

formìna s. f. **1** Dim. di *forma*. **2** Piccolo calco che i bambini usano sulla spiaggia per creare forme di sabbia.

fòrmio [dal gr. *phormós* 'stuoia di giunco', di origine indeur.] s. m. ● Pianta tropicale delle Liliacee con foglie lunghe, coriacee e fiori gialli (*Phormium tenax*).

fòrmola e *deriv.* ● V. *formula* e *deriv.*

formòlo [da (*aldeide*) *form(ica)*] s. m. ● (*chim.*) Formalina.

formosità [vc. dotta, lat. *formositāte(m)*, da *formōsus* 'formoso'] s. f. **1** Qualità di ciò che è formoso. **2** (*spec. al pl.*) Parti formose del corpo spec. femminile.

formóso [lat. *formōsu(m)*, da *fōrma* 'bellezza'. V. *forma*] agg. ● Che ha forme piene, ben fatte e ben modellate: *braccia, gambe formose*; *era formosa e di piacevole aspetto molto* (BOCCACCIO) | *Donna formosa*, che accoppia la bellezza alla pienezza delle forme. || **formosétto**, dim.

fòrmula o (*raro*) **fòrmola** [vc. dotta, lat. *fōrmula(m)*, dim. di *fōrma* 'forma'] s. f. **1** Nel diritto romano, documento in cui il pretore riassumeva i termini della controversia da sottoporre al giudice privato. **2** (*dir.*) Espressione che deve ritualmente essere usata nel compimento di dati atti giudiziari, contratti e sim.: *f. di giuramento* | *F. esecutiva*, espressione che, apposta a dati atti giudiziali o stragiudiziali, conferisce agli stessi efficacia di titolo esecutivo. **3** (*est.*) Frase rituale o consuetudinaria, che si pronuncia in modo preciso e invariato in determinate circostanze: *f. di commiato, di augurio*; *rispettare rigorosamente le formule* | *Formule di etichetta*, forme dettate dall'educazione e dalle consuetudini sociali | *Formule vuote*, vane, prive di significato, non più valide | *Uomo tutto formule*, eccessivamente formalista. **4** Frase che sintetizza i principi e i motivi fondamentali di una dottrina, di un movimento politico, culturale e sim.: *la f. di Mazzini era: pensiero e azione*. SIN. Motto. **5** (*chim.*) Rappresentazione scritta mediante simboli degli elementi costituenti una data sostanza | *F. bruta, greggia*, rappresentazione scritta di una molecola mediante i simboli degli elementi che la costituiscono | *F. di struttura, di costituzione*, rappresentazione scritta del modo con cui gli atomi degli elementi costitutivi della molecola sono uniti da legami di valenza | (*est.*) Correntemente, insieme di ingredienti costituenti un dato composto: *la f. di un nuovo sapone*. **6** (*fig.*) L'insieme delle regole e dei principi seguiti nel costruire un organismo, nell'organizzare un'attività e sim.: *costituire un governo, un giornale secondo formule nuove*; *una nuova f. di propaganda*. SIN. Sistema. **7** (*mus.*) *F. della salmodia*, indicazione abbreviata delle corde essenziali su cui poggia la voce secondo i diversi toni del canto fermo. **8** (*mat.*) Espressione che permette di calcolare certe quantità, quando altre siano note | *F. risolutiva*, espressione che dà la soluzione o le soluzioni d'una equazione, d'un sistema d'equazioni o d'un problema. **9** Nell'automobilismo sportivo, suddivisione in categorie, secondo determinazioni di peso e cilindrata per piccole e grandi vetture: *vetture di f. 2*. || **formulàccia**, pegg. | **formulétta**, dim. | **formulina**, dim.

formulàbile agg. ● Che può essere formulato.

formulàre [da *formula*] v. tr. (*io fòrmulo*) ● Esprimere con i termini precisi e invariabili della formula: *f. una proposta di legge*; *f. un giudizio* | (*est.*) Dire, manifestare: *f. un desiderio, un augurio, un quesito, un voto*.

formulàrio o †**formolàrio** [vc. dotta, lat. tardo *formulāriu(m)* (agg. che significava 'concernente le formule'), da *fōrmula* 'formula'] s. m. **1** Raccolta di formule: *f. giuridico, chimico, farmaceutico*. **2** Schema preparato per la futura redazione di un atto, al fine di disciplinare in modo uniforme dati rapporti giuridici: *contratti conclusi mediante la sottoscrizione di formulari* | Modulo da compilare con dati e risposte varie: *la domanda deve essere corredata dal f. debitamente riempito*.

formulazióne s. f. ● Modo, atto ed effetto del formulare: *f. di una domanda*.

fornàce [lat. *fornāce(m)*, dalla stessa radice di *fūrnus* 'forno'] s. f. **1** Opera in muratura per la cottura di calcari, argille, gesso e sim., usati nella preparazione di materiali da costruzione: *f. da gesso, da mattoni* | (*est.*) Impianto industriale dotato di una o più fornaci. **2** (*fig.*) Luogo eccessivamente caldo: *la tua stanza è una f.* || **fornacèlla**, dim. | **fornacina**, dim. | **fornacino**, dim. m. | **fornacióne**, accr. m. | **fornaciòtto**, dim. m.

fornaciàia s. f. **1** Padrona della fornace. **2** Moglie del fornaciaio.

fornaciàio o †**fornaciàro** s. m. (f. *-a* (V.)) **1** Chi lavora in una fornace. **2** Proprietario o gestore di una fornace.

fornaciàta s. f. ● Quantità di calce, mattoni e sim. che si può mettere nella fornace in una volta sola.

fornàia s. f. **1** Donna che fa o vende il pane | Proprietaria di un forno. **2** Moglie del fornaio. || **fornaina**, dim. | **fornarétta**, dim. | **fornarina**, dim.

fornàio o (*region.*) **fornàro** [lat. tardo *furnāriu(m)*, da *fūrnus* 'forno'] s. m. (f. *-a* (V.)) **1** Chi fa il pane o lo vende | *Assicurarsi il f.*, (*fig.*) garantirsi da vivere | *Farsi rincorrere dal f.*, (*fig.*) avere molti debiti | Proprietario di una panetteria. SIN. Panettiere. **2** Uccello dei Passeriformi rosso bruno, più chiaro sul ventre, così detto perché il suo nido, formato di terra indurita, assomiglia a un forno (*Furnarius rufus*). || **fornaiàccio**, pegg. | **fornarino**, dim. | **fornarétto**, dim. | **fornaiùccio** dim.

fornàro ● V. *fornaio*.

fornàta [da *forno*] s. f. ● Infornata.

fornellàta s. f. ● Quantità di combustibile che può essere contenuta in un fornello.

fornèllo s. m. **1** Dim. di *forno*. **2** Oggetto o cavità atta a contenere il materiale combustibile, durante la combustione, necessario a numerose lavorazioni artigianali: *f. dell'argentiere, dello stovigliaio, dello stagnaro* | (*est.*) Parte della pipa ove si mette il tabacco | (*est.*) In ogni apparecchio di riscaldamento, parte in cui avviene la combustione: *il f. della caldaia*. **3** (*per anton.*) Apparecchio domestico, per cuocere cibi o per altri usi: *f. elettrico, a gas, a carbone, a petrolio*; *accendere, spegnere il f.*; *mettere la pentola sul f.* **4** Pozzo di piccola sezione che mette in comunicazione un livello della miniera con quello sottostante: *f. di ventilazione, di accesso* | *F. di gettito*, per scaricare al livello sottostante il minerale abbattuto. **5** Camera da mina completa della carica esplosiva. || **fornellétto**, dim. | **fornellino**, dim. | **fornellóne**, accr. | **fornellùccio**, dim.

fornìbile [da *fornire*] agg. ● Che può essere fornito.

fornicàre [vc. dotta, lat. tardo *fornicāre*, da *fōrnix*, genit. *fōrnicis* 'fornice', poiché, in Roma antica, nei fornici si trovavano i postriboli] v. intr. (*io fòrnico, tu fòrnichi*; aus. *avere*) **1** Intrattenere rapporti carnali con una persona dell'altro sesso alla quale non si sia regolarmente coniugati. **2** (*fig.*, *lett.*) Colludere.

fornicatóre s. m.; anche agg. (f. *-trice*) ● Chi, che compie l'atto della fornicazione.

fornicatòrio agg. ● Che concerne la fornicazione.

fornicazióne [vc. dotta, lat. tardo *fornicatiōne(m)*, da *fornicāre* 'fornicare'] s. f. **1** Illecita relazione carnale | Adulterio. **2** (*fig.*, *lett.*) Eresia |

Simonia.

fòrnice [vc. dotta, lat. *fŏrnice(m)*, di origine indeur.] s. m. **1** (*arch.*) Apertura per lo più praticabile e sormontata da arco: *l'arco di Tito è a un f., quello di Costantino a tre fornici.* **2** (*anat.*) Qualsiasi cavità sacciforme formata dal ripiegarsi di una membrana.

forniménto [da *fornire*] s. m. **1** Modo e atto del fornire | (*est.*) Ciò che serve a fornire | Equipaggiamento | (*raro*) *F. di camera*, addobbo | *F. di gioielli*, insieme di monili accompagnati | †Masserizie, suppellettili. **2** (*al pl.*) Parti dell'arma da fuoco portatile che collegano la canna alla cassa | Nelle armi bianche, tutti i pezzi metallici variamente conformati annessi all'impugnatura. **3** †Fine, compimento.

fornìre [fr. *fournir*, dal francone **frumjan* 'eseguire'] **A** v. tr. (*io fornìsco, tu fornìsci*) **1** Dare o somministrare a qc. le cose di cui abbisogna, provvedere qc. o q.c. del necessario: *f. pane, carne, vino, generi di prima necessità*; *f. qc. di denaro, di abiti*; *f. l'esercito di mezzi e materiali*; *imponendogli di f. ogni giorno quella data qualità di lavoro* (SVEVO). SIN. Corredare, dotare, munire. **2** (*lett.*) Coronare, guarnire: *f. qc. di oro, d'argento, di seta* | Arredare: *f. di mobili il salotto.* **3** †Eseguire, adempiere: *f. l'ufficio, la guerra, l'impresa.* **4** †Finire, compiere: *f. l'opera, il viaggio* | *F. i suoi giorni*, morire. **B** v. rifl. ● Effettuare il rifornimento di tutto quanto è necessario a un dato fine: *si fornirono di tutto l'occorrente per l'esperimento, per la difesa.* **C** v. intr. ● †Cessare.

fornito part. pass. di *fornire*; anche agg. **1** Nei sign. del v. **2** *Ben f.*, di chi, di ciò che è abbondantemente dotato di q.c. | *Fortezza ben fornita*, ben munita. **3** †Già formato, adulto.

fornitóre [da *fornire*] s. m.; anche agg. (f. *-trice*) ● Chi, che fornisce un'azienda, un negozio, un ufficio e sim. delle materie prime, o genericamente, di determinati prodotti: *sono i fornitori dell'esercito*; *dovremo cambiare la ditta fornitrice* | Negoziante da cui ci si serve: *per il caffè rivolgetevi al nostro f.*

fornitùra [fr. *fourniture*, da *fournir* 'fornire'] s. f. **1** Atto, effetto del fornire | Ciò che si fornisce: *una f. di benzina, di carbone* | (*dir.*) *Contratto di f.*, contratto di somministrazione. **2** Quantità di merci che si forniscono o che si prende l'impegno di fornire: *rinnovare, raddoppiare la f.*

fórno [lat. *fŭrnu(m)*, di origine indeur.] s. m. (pl. *fórni* m., †*fórnora* f.) **1** Costruzione in muratura a volta che si riscalda per cuocervi il pane o altri cibi, introdotti dalla bocca mediante la pala | (*est.*) Nelle cucine a gas, elettriche e sim., scomparto chiuso da uno sportello che si usa per la cottura di arrosti, dolci e altre pietanze: *spegnere il f.*; *levare il dolce dal f.*; *tacchino al f.* | *F. a microonde*, V. *microonda* | *F. allegro, alto*, troppo caldo | *F. basso*, poco caldo | *Scaldare il f.*, portarlo alla temperatura voluta | *Spazzare il f.*, ripulirne il piano prima di mettervi il pane | *Mettere q.c. a bocca di f.*, vicino alla bocca del forno | (*fig.*) *Avere una lingua che spazzerebbe un f.*, essere oltremodo maldicente | (*fig.*) †*Fare ai sassi per forni*, far cose da pazzi | (*est.*) Infornata: *ho fatto un solo f. di pane.* **2** Panetteria: *andare al f.* | *Aprire un f.*, una rivendita di pane. **3** Apparecchio nel quale si somministra calore per mantenere un ambiente a temperatura notevolmente elevata, al fine di ottenere trasformazioni chimiche o fisiche | *F. fusorio*, per la fusione dei metalli | *Alto f.*, V. *altoforno* | *F. a riverbero*, in cui le pareti e la volta riflettono potentemente il calore | *F. di ricottura, di raffreddamento*, nella lavorazione del vetro, quello dove gli oggetti lavorati vengono raffreddati gradualmente e fino alla temperatura ambiente | *F. a induzione*, forno elettrico per produrre acciaio partendo dalla ghisa | *F. crematorio*, V. *crematorio.* **4** (*med.*) Apparecchio per fisioterapia con il calore | *Fare i forni*, sottoporsi a una cura eseguita con tale apparecchio. **5** Nelle filande, edificio cilindrico con palchi interni circolari ove si collocano i panieri coi bozzoli e si fanno morire le crisalidi per impedirne la sfarfallatura. **6** (*fig.*) Luogo molto caldo: *la città d'estate è un f.* **7** (*fig., scherz.*) Bocca molto larga o molto aperta, spec. di chi sbadiglia: *chiudi quel f.!* **8** Nel gergo teatrale, sala vuota o semivuota. || **fornèllo**, dim. (V.) | **fornétto**, dim.

fòro (**1**) [da *forare*] s. m. (pl. *fóri*, m., †*fóra*, f.) **1** Cavità cilindrica o conica o prismatica, ricavata in un solido | *F. cieco*, se interessa solo una parte dello spessore | *F. passante*, se attraversa completamente il solido | *F. filettato*, se sulle sue pareti è stata ricavata una filettatura. **2** Correntemente, buco, apertura: *praticare un f. nel muro*; *il f. delle orecchie* | *F. apicale*, di sfiato dell'aria, nel centro della calotta del paracadute. SIN. Orifizio. **3** (*raro*) Traforo, galleria. || **forellino**, dim. | **forètto**, dim.

fòro (**2**) [vc. dotta, lat. *fŏru(m)*, originariamente 'recinto' e 'porta del recinto', dalla stessa radice indeur. da cui derivano anche *fŏres* 'porta' e *fŏris* 'fuori'] s. m. **1** Piazza monumentale dell'antica Roma, ricca di edifici pubblici e religiosi, in cui si svolgeva la vita civile della città: *f. romano*; *f. di Cesare, di Augusto, di Traiano* | *F. boario*, un tempo, area in cui aveva luogo il mercato del bestiame | *Foro Italico*, a Roma, complesso monumentale e modernamente attrezzato destinato a manifestazioni agonistiche. **2** (*dir.*) Sede ove l'autorità giudiziaria esplica normalmente la propria funzione: *recarsi nel f.* | *Un principe, un luminare del f.*, un avvocato di grande fama | *F. ecclesiastico*, ambito nel quale la Chiesa esplica il proprio potere giurisdizionale. **3** (*dir.*) L'autorità giudiziaria competente per territorio: *f. dell'esecuzione*; *declinare il f.* | *F. fiscale, della pubblica amministrazione*, autorità giudiziaria competente a giudicare nelle cause in cui è parte lo Stato.

-foro [gr. *-phóros*, da *phérein* 'portare', di origine indeur.] secondo elemento ● In parole dotte composte, significa 'che porta', 'che produce', 'che genera': *fosforo, semaforo, tedoforo, termoforo.*

Foronidèi [comp. del lat. *Phorŏnis*, soprannome del personaggio mitologico Io, figlia di *Foroneo*, e *-oidei*] s. m. pl. ● Nella tassonomia animale, piccolo gruppo di animali viventi entro un tubo chitinoso da essi stessi prodotto e con apertura boccale circondata da tentacoli (*Phoronidea*) | (al sing. *-o*) Ogni individuo di tale gruppo.

foronomìa [comp. di un der. del gr. *phorêin* 'portare' (d'orig. indeur.) e *-nomia*] s. f. ● Branca dell'idraulica che studia la fuoriuscita di liquidi da aperture praticate sul fondo o nelle pareti di recipienti.

forosétta [da *forese*] s. f. ● (*lett.*) Contadinella, villanella | (*scherz.*) Ragazza di campagna bella e gentile: *non si curava di lei per badare ad altre forosette* (NIEVO).

fórra [prob. dal got. *fauhrs* 'spazio fra i solchi', di origine indeur.] s. f. **1** Fossato ripido e scosceso prodotto dall'erosione delle acque. SIN. Burrone, orrido. **2** †Il luogo più angusto e folto di un bosco.

fórse [lat. *fŏrsit*, da *fŏrs sĭt* 'destino sia'] **A** avv. **1** Probabilmente (esprime dubbio, incertezza, esitazione o anche possibilità e speranza): *f. è stato più giusto così*; *f. ho fatto male a dirglielo*; *ti sembrerà f. strano ma le cose stanno così*; *f. sì, f. no*; *f. che sì, f. che no*; *all'ombra de' cipressi ... / ... è f. il sonno / della morte men duro?* (FOSCOLO); *un cantico / che f. non morrà* (MANZONI) | Si usa, per attenuare un'affermazione troppo recisa o un giudizio che può non essere condiviso da tutti, con i sign. di 'se non erro', 'se non è troppo' e sim.: *è f. il più grande poeta moderno* | Con valore iter. e raff.: *f. f. te la caverai*; *f. f. ce l'abbiamo fatta* | †*Se f.*, se mai, se per caso | †*Non f.*, temendo che. **2** Circa (seguito da un num.): *saranno f. le cinque*; *avrà f. nove anni*; *era il detto Gualtieri del corpo bellissimo e d'età f. di quaranta anni* (BOCCACCIO). **3** Con valore enf. e ints., si usa nelle interrogative retoriche, anche accompagnato dalla negazione 'non', con i sign. di 'per caso', 'per avventura' e sim.: *avresti f. paura?*; *non siamo f. amici?*; *non è f. vero?*; *erano f. queste le mie raccomandazioni?* | (*raff.*) *F. che*: *f. che ti meravigli?* **B** in funzione di s. m. inv. ● Dubbio, incertezza: *essere, stare, rimanere in f.*; *metteresti in f. la mia buona fede?*; *tenere, lasciare in f.*; *lasciare le cose in f.* | *Entrare in f.*, cominciare a dubitare | *Senza f.*, certamente: *arriverò giovedì senza f.* | *Mettere in f. la propria vita*, in pericolo | Esitazione: *deciditi senza tanti f.*; *non riesco a capire tutti i suoi f.*

forsennatézza s. f. ● (*raro*) Follia, frenesia: *meraviglie incredibili dell'umana f.* (BARTOLI).

forsennàto [part. pass. di un ant. *forsennare* 'uscire di senno', dal fr. ant. *forsener*, comp. di *fors* 'fuori' e *sen* 'senno'] agg.; anche s. m. (f. *-a*) ● Che, chi è fuori di senno, e si comporta quindi in modo violento e furioso: *sembrare, parere un f.*; *comportarsi, gridare come un f.*; *si morse le mani come un f.* (SVEVO). || **forsennataménte**, avv.

forsterìte [chiamata così in onore del naturalista J. R. *Forster* (1729-1798)] s. f. ● (*miner.*) Silicato di magnesio componente della olivina.

forsythia /for'saitja/ [dal n. del botanico scozzese W. *Forsyth* (1737-1804)] s. f. ● (*bot.*) Genere di piante delle Oleacee, cespugliose, con fiori di color giallo dorato, che comprende quattro specie originarie del Giappone, della Cina e dell'Albania, coltivate come piante ornamentali (*Forsythia*).

fòrte [lat. *fŏrte(m)*, di origine indeur.] **A** agg. **1** Dotato di gagliardia e resistenza, in senso fisico e morale: *un uomo f.*; *essere di costituzione sana e f.*; *animo, spirito, carattere f.*; *certi bravissimi giovani più volonterosi che forti* (CELLINI) | *Esercito f.*, battagliero e ben armato | *Governo f.*, energico e deciso | *Ministero f.*, appoggiato da una salda maggioranza | *Sesso f.*, maschile | *Piatto f.*, il migliore di un pranzo e (*fig.*) l'elemento più interessante di q.c. | *Pezzo f.*, (*fig.*) quello in cui un artista riesce meglio | *Eloquenza f.*, che avvince l'uditorio | *Vino, liquore f.*, molto alcolico | *Purgante f.*, drastico | *Punizione, rimprovero f.*, molto severo | *Essere un f. bevitore*, resistere molto bene all'alcol e bere molto | *Essere un f. mangiatore*, mangiare molto | *Essere un f. camminatore*, capace di lunghe camminate | *Essere f. in latino, in matematica, nella corsa, nel salto*, molto abile | *Essere f. a denari, a bastoni*, nel giuoco, avere molte buone carte di quel colore o seme | (*fig.*) *Dare man f. a qc.*, aiutarlo con ogni mezzo | *Farsi f.*, farsi coraggio | *Farsi f. di un argomento, di una prova e sim.*, trarne motivo di sicurezza. SIN. Robusto. CONTR. Debole. **2** Robusto, ben piantato, detto del corpo umano o di sue parti: *essere f. di petto, di fianchi*; *ha un seno piuttosto f.* | *Taglie forti*, quelle, in genere superiori alla 48 nel sistema italiano, riservate a persone robuste, spec. donne. **3** Resistente all'usura, ai colpi e sim.: *scudo, lama, tessuto, cartone f.* | (*est.*) Saldo, tenace (*anche fig.*): *legame, memoria f.* | *Colla f.*, che attacca molto bene | *Terra f.*, argillosa, che assorbe molta acqua | *Calce f.*, che fa presa robusta | *Colore f.*, che non schiarisce facilmente | *Grano f.*, duro | *Cassa f.*, V. *cassaforte.* SIN. Solido. **4** Grande, notevole: *f. spesa, somma, capitale*; *esser dotati di un f. appetito* | *Edizione f.*, di molte migliaia di esemplari | *Trovarsi in f. bisogno*, in stato di grande necessità. CONTR. Esiguo. **5** Intenso, veemente, potente (*anche fig.*): *vento, burrasca, terremoto f.*; *una f. passione* | Dato con forza: *una f. spinta l'ha fatto cadere.* **6** Di ciò che colpisce con violenza i sensi: *luce, colore, odore, sapore f.*; *forti grida provenivano dalla casa* | *Vino f.*, di alta gradazione alcolica; anche vino che sa di acido, infortito. **7** (*ling.*) Detto di consonante che si realizza con maggiore tensione articolatoria di una lene | Di categoria grammaticale che nella flessione non ricorre all'aggiunta di suffissi. **8** (*fig.*) Alto, fiero, nobile: *azioni, imprese, sentimenti forti* | *Forti studi*, severi ed elevati | *Lavoro f.*, opera pensata e scritta con originalità e profondità | (*est.*) Serio, efficace: *disporre di argomenti forti* | *A più f. ragione*, tanto più | Di qualità eccellente, nel suo genere. **9** †Aspro, disagevole (*anche fig.*) | *Passo f.*, pericoloso | *Nodo f.*, arduo da disfare | *Concetto f. a intendere, a dire*, difficile da capire, da esprimere | (*est.*) Grave, insopportabile, doloroso: *una f. malattia*; *è stata un'esperienza troppo f. per lui* | *Parole forti*, molto severe, quasi offensive. || **forteménte**, avv. Con forza; con tenacia: *sostenere fortemente q.c.*; con intensità: *si mostrò fortemente innamorato.* **B** avv. **1** Con forza, gagliardamente: *tienti f.*; *prova a bussare f.* | Con violenza: *piove f.*; *il vento soffia f.*; *f. spingava con ambo le piote* (DANTE *Inf.* XIX, 120). CONTR. Piano. **2** Grandemente, molto, assai: *sospetto f. di lui*; *temo f. che sia così*; *è* *uno che mangia, beve e fuma f.* | In unione con un agg.: *è intelligente f.*; *questa parola parve f. contraria alla donna* (BOCCACCIO) | *Dormire f.*, profondamente | *Raccomandare f.*, caldamente | *Giocare, puntare f.*, grosse somme di denaro. **3** Ad alta voce: *parla più f.*; *Rinaldo ed Ulivier piangevon f.* (PULCI) | *Parlare f., dire q.c. f.*, (*fig.*) con chiarezza, senza reticenze. CONTR. Piano. **4** Velocemente: *Ed ecco due da la sinistra costa, / nudi e graffiati, fuggendo sì f., / che de la selva rompieno ogni rosta* (DANTE *Inf.* XIII, 115-117) | *Andare, camminare f.*, (*fig., fam.*) agire decisamente e abilmente e (*est.*) avere successo. CONTR. Piano. **5** †In modo difficile e oscuro. **C** s. m. **1** Chi è dotato di forza fisica e spec. morale: *esercitare il diritto del più f.*; *a egregie cose il f. animo accendono / l'urne de' forti* (FOSCOLO). CONTR. Debole. **2** Ciò che costituisce la parte più dura, resistente e sim. di q.c. | *Il f. dell'esercito*, nerbo | *Il f. della mischia*, il punto ove essa è più intensa | *Il f. del bosco, della selva*, parte più interna e folta. **3** Opera fortificata di limitata estensione, a guardia di un passo o di una località, o costituente elemento di una piazza, di un campo trincerato o di una regione fortificata | Nelle colonie del Nord America, luogo fortificato dove si riunivano i coloni delle zone circostanti per difendersi dagli attacchi delle popolazioni indigene. ➡ ILL. p. 361 ARCHITETTURA. **4** Punto rinforzato delle calze. **5** Cosa in cui qc. è particolarmente abile, preparato e sim.: *le matematiche non sono il suo f.*; *la puntualità non è il suo f.* CONTR. Debole. **6** (*raro*) Punto difficile o pericoloso: *qui sta il f.* **7** Sapore acre di sostanze fermentate: *prendere sapore di f.* **8** (*mus.*) Esecuzione a piena voce e a suono gagliardo.

forte-piàno [comp. di *forte* e *piano* (V. *pianoforte*)] s. m. ● Antico strumento musicale, da cui deriva il pianoforte, con corde di budello animale e telaio in legno.

fortéto [da *forte*, nel sign. A 9] s. m. ● (*raro*) Terreno duro e sassoso occupato da una bassa e fitta boscaglia.

fortézza [da *forte*] s. f. **1** Fortificazione generalmente a semplice cinta continua, con opere addizionali aderenti o avanzate: *espugnare, prendere una f.* | *Arresti di f.*, massima punizione disciplinare per ufficiali | †*Mettere a f.*, fortificare | (*est., aer.*) *F. volante*, velivolo quadrimotore da bombardamento statunitense Boeing B17, con particolari caratteristiche tecniche e belliche, impiegato nella seconda guerra mondiale, spec. contro la Germania; (*gener.*) qualunque quadrimotore da combattimento con caratteristiche analoghe a quelle del Boeing B17. **2** Qualità di chi, di ciò che è forte, robusto, resistente: *la f. delle sue membra era sorprendente*; *la f. di un tessuto* | Fermezza, forza morale: *dimostrare f. nelle avversità.* CONTR. Debolezza. **3** Nella teologia cattolica, una delle quattro virtù cardinali e uno dei sette doni dello Spirito Santo. **4** Rinforzo, imbottitura | (*mar.*) Rinforzo cucito alla vela nel punto in cui è soggetta al maggiore sforzo. SIN. Gherone. **5** Qualità di sapore agro e piccante: *f. di aceto, senape, pepe* | (*fig., scherz.*) *Andare in f.*, inacidire. || **fortezzìna**, dim.

fortìccio [da *forte* nel sign. C7] **A** agg. (pl. f. *-ce*) ● Detto di cibo o bevanda che ha sapore agro e acido: *questa salsa è forticcia.* **B** s. m. ● Sapore agro e acido: *questa ricotta ha preso il f.*

†fortièra [da *forte*. Cfr. *forteto*] s. f. ● Fondo del mare di scoglio o di pietra e di ceppaie di alghe, nocivo alle gomene | Bassofondo o secca di pietra presso la riva.

fortificàbile agg. ● Che si può fortificare.

fortificànte part. pres. di *fortificare*; anche agg. ● Nei sign. del v.

fortificàre [vc. dotta, lat. tardo *fortificāre*, comp. di *fŏrtis* 'forte' e *făcere* 'fare'] **A** v. tr. (*io fortìfico, tu fortìfichi*) **1** (*mil.*) Munire di opere di fortificazione: *f. una città, una località, una regione.* **2** Render forte, mettere in forza: *è un cibo che fortifica lo stomaco*; *l'esercizio fortifica le membra* | Rendere più forte: *è necessario f. la fede nella democrazia.* SIN. Irrobustire, rinvigorire. CONTR. Indebolire. **B** v. rifl. e intr. pron. **1** (*mil.*) Ripararsi con opere di fortificazione o con lavori di difesa di qualunque genere. **2** Rafforzarsi, irrobustirsi, corroborarsi.

fortificatìvo agg. ● Atto a fortificare, a corroborare.

fortificatòrio agg. ● Attinente alle fortificazioni: *arte fortificatoria.*

fortificazióne [vc. dotta, lat. tardo *fortificatiō-ne(m)*, da *fortificāre* 'fortificare'] s. f. **1** Effetto del fortificare | (*raro*) *A f.*, a conferma: *a f. di questo non mi curerò di replicarvi alcuna cosa già detta* (MACHIAVELLI). **2** (*mil.*) Scienza militare che tratta dei lavori e delle costruzioni da realizzare per la difesa di una posizione o di una località, giovandosi della natura del terreno | Opera o complesso di opere fortificate | Luogo fortificato | *F. romana, medievale*, cinta di mura alternate a torri quadrate o rotonde | *F. moderna* o *bastionata*, costituita da cortine fiancheggiate da baluardi o bastioni pentagonali, in sostituzione delle antiche torri | *F. offensiva*, per l'assedio e l'attacco delle fortificazioni nemiche | *F. regolare*, a pianta poligonale con lati e angoli uguali | *F. irregolare*, a pianta poligonale con lati e angoli disuguali | *F. poligona*, a tracciato poligonale chiuso | *F. stabilè, murale, permanente*, costituita da opere fortificate permanenti costruite fin dal tempo di pace | *F. passeggera, campale*, costituita dal complesso di lavori campali effettuati dalle truppe operanti | (*al pl.*) Complesso di opere fortificate che recingono una città o una zona determinata: *le fortificazioni di Verona.* ➡ ILL. p. 360 ARCHITETTURA.

fortìgno [da *forte* nel sign. C7] agg.; anche s. m. ● (*raro*) Forticcio: *odore, sapore f.*; *prendere il f.*

fortilìzio [da *forte* nel sign. C3] s. m. ● Piccola fortezza.

fortìno [da *forte* nel sign. C3] s. m. ● Forte di piccole dimensioni, proprio della fortificazione coloniale in quanto resistente al fuoco di armi portatili ma non a quello di artiglieria.

fortìssimo [sup. di *forte*] s. m. ● (*mus.*) Nell'esecuzione di un suono o di una serie di suoni, indicazione dinamica che prescrive la massima intensità; abbreviata in ff, fff o ffff.

fortitùdine o **†fortitùdo** [vc. dotta, lat. *fortitūdi-ne(m)*, da *fŏrtis* 'forte'] s. f. ● (*lett.*) Fortezza, magnanimità.

fortóre [da *forte* nel sign. C7] s. m. **1** Odore o sapore acre e penetrante: *f. dell'aceto, del pepe.* **2** (*spec. al pl.*) Acidità di stomaco.

fortùito o **fortuìto** [vc. dotta, lat. *fortuītu(m)*, da *fŏrs* 'sorte'] agg. ● Che si verifica per caso, indipendentemente dalla volontà umana: *avvenimento, incontro, caso f.* | †*Di f.*, per caso. SIN. Accidentale. CONTR. Voluto. || **fortuitaménte**, avv. In modo fortuito, per caso.

fortùme [da *forte* nel sign. C7] s. m. ● (*raro*) Sapore forticcio o penetrante | Ciò che ha tale sapore.

fortùna [lat. *fortūna(m)*, da *fŏrs* 'caso'] s. f. **1** Destino o sorte alterna, slegata dalla volontà umana, identificata dagli antichi nell'omonima divinità distributrice di gioia e dolori a caso e senza distinzione: *cecità, pazzia, volubilità della f.*; *i resti del tempio della f.*; *a virtute e f. Amor pon legge* (POLIZIANO) | *La ruota della f.*, le mutabili vicende umane | (*fig.*) *Prendere, tenere la f. per il ciuffo*, afferrare il momento o l'occasione favorevole | *Correre la medesima f.*, avere la stessa sorte di qc. altro | *Affidarsi alla f., ai capricci della f.*, al caso | *È uno scherzo, un gioco della f.*, del caso | *Mettersi, rimettersi alla f.*, alla ventura | *Dar la f.*, dare i numeri del lotto o promettere i mezzi per riuscire o arricchire | *A f.*, a caso, a capriccio. **2** Sorte favorevole, destino propizio: *è solo questione di f.*; *quell'individuo ha tutte le fortune* | (*fig.*) *La f. gli corre dietro*, lo accompagna sempre | (*fig.*) *Figlio della f.*, persona molto fortunata | *Abbi f. e dormi!*, *La f. vien dormendo!*, (*fig.*) non ti preoccupare! la buona sorte giunge inaspettata | *Per f.*, per buona sorte | *F. che ....*, per fortuna | *Un colpo di f.*, un successo insperabile e improvviso | *Fare f.*, diventare ricco | *Fare la f. di qc.*, riuscirgli di grande aiuto e giovamento | *Un'invenzione, un libro, una commedia che ha fatto f.*, che ha incontrato il favore del pubblico | *Tentare la f.*, osare al gioco o in qualunque impresa aleatoria | *Aver f.*, essere fortunato, avere successo | *Non aver f.*, riuscire malamente in ciò che ci si prefigge | *Portar f.*, essere di buon augurio. CONTR. Disdetta, scalogna. **3** Averi, patrimonio, ricchezza: *sciupare, dissipare tutte le proprie fortune*; *ha ereditato una ingente f.* | *Beni di f.*, sostanze | (*est.*) Condizione economica: *cadere, trovarsi in bassa f.* **4** (*raro*) Sorte o destino avverso, vicenda disgraziata: *essere forte contro la f.* | *Fare il callo ad ogni f.*, abituarcisi | (*raro*) Pericolo. **5** Una delle figure nel gioco dei tarocchi. **6** (*mar.*) Tempesta | *Albero, pennone, timone di f.*, che si tiene di riserva per sostituire l'attrezzo perduto per fortunale o per avaria | (*est., fig.*) *Mezzi di f.*, quelli che il caso offre in situazioni di necessità. **7** †Rompicollo, avventuriero. **8** †Tumulto, turbolenza, miseria || PROV. Chi ha fortuna in amor non giochi a carte. || **fortunàccia**, pegg. | **fortunèlla**, dim. | **fortunóna**, accr.

fortunàle [da *fortuna*] **A** agg. **1** †Di fortuna. **2** †Burrascoso, tempestoso. || **†fortunalménte**, avv. Per caso, sorte. **B** s. m. ● Tempesta violentissima con vento tra i 105 ed i 115 km all'ora. SIN. Bufera.

fortunatìssimo agg. **1** Sup. di *fortunato.* **2** Formula di cortesia nelle presentazioni: *f. di conoscerla.*

fortunàto **A** agg. **1** Favorito dalla sorte: *viviamo in un'epoca fortunata* | *F. lui!*, beato lui! | *Mal f.*, sfortunato | *Stimarsi f. di*, aver caro. **2** Che riesce bene o che determina positivi sviluppi, conseguenze favorevoli e sim.: *spedizione, impresa fortunata*; *fu un colloquio f.* SIN. Fausto, felice. CONTR. Disgraziato. **3** Formula di cortesia usata nelle presentazioni: *f. di conoscerla!* **4** †Tempestoso. **5** (*raro*) †Che ha cattiva fortuna. **B** s. m. (f. *-a*) ● Persona fortunata. || **fortunatìssimo**, sup. (V.) || **fortunataménte**, avv. Per buona fortuna: *fortunatamente in quel momento dormivo.*

fortunèllo [dal n. di un personaggio del *Corriere dei Piccoli*] s. m. ● (*scherz.*) Chi è particolarmente favorito dalla fortuna.

fortunóso [da *fortuna*] agg. **1** Travagliato da una sorte mutevole e spesso avversa: *tempo f.*; *vita fortunosa* | (*lett.*) Doloroso, duro: *quasi presago / di f. evento* (TASSO) | *Casi fortunosi*, vicende numerose e non favorevoli. **2** †Tempestoso, burrascoso. **3** †Fortuito. || **fortunosaménte**, avv. **1** In modo fortunoso. **2** †Felicemente. **3** †Per caso.

†fortùra [da *forte* agg.] s. f. ● Qualità di forte.

forum /*lat.* 'fɔrum, *ingl.* 'fɔːrəm/ [vc. ingl., dal lat. *fŏrum* 'piazza'] s. m. inv. ● Pubblica riunione indetta per discutere argomenti d'interesse sociale, culturale, politico e sim. | Intervista collettiva a un importante personaggio della vita pubblica: *un f. elettorale.*

forùncolo [vc. dotta, lat. *furŭnculu(m)*, dim. di *fūr* 'ladro'; in origine si diceva del tralcio della vite che ruba il succo al pollone principale] s. m. ● (*med.*) Infezione suppurativa del follicolo pilifero con intensa infiammazione e necrosi dei tessuti. || **foruncolétto**, dim. | **foruncolìno**, dim. | **foruncolóne**, accr.

foruncolòṣi o **forunculòṣi** [comp. di *foruncolo* e *-osi*] s. f. ● (*med.*) Affezione caratterizzata dalla comparsa di numerosi foruncoli con tendenza alla disseminazione regionale.

foruncolóso **A** agg. ● Pieno di foruncoli. **B** s. m. (f. *-a*) ● Chi è affetto da foruncolosi.

forviànte ● V. *fuorviante*.

forviàre ● V. *fuorviare.*

†fòrvice ● V. *forbice.*

forward /*ingl.* 'fɔːwəd/ [acrt. della loc. ingl. *forward contract* 'contratto a termine'] s. m. inv. ● (*econ.*) Contratto di compravendita di valute, beni o strumenti finanziari a un prezzo stabilito all'atto della stipula, ma per consegna e liquidazione a certa data futura.

fórza [lat. tardo *fŏrtia*, nt. pl. di *fŏrtis* 'forte'] **A** s. f. **1** Qualità di forte, attitudine a reggere, resistere, durare e sim.: *f. fisica, muscolare, materiale*; *è un cibo sano che dà f.* | *F. bruta*, delle cose e degli esseri privi di intelligenza | *Camicia di f.*, indumento a foggia di camicia, di tela robusta, che porta all'estremità delle maniche lunghi legacci per l'immobilizzazione degli alienati furiosi | *F. vitale*, vigoria | *La f. di un tessuto*, la sua compattezza e resistenza | *F. della terra*, condizione di fertilità del terreno ricco di elementi nutritivi | *F. vecchia*, fertilità residua del terreno lasciata da colture miglioratrici | (*est.*) Atto compiuto con forza o con fatica: *le dodici forze di Ercole*; *tentare q.c. con ogni f.* | *Bella f.!*, di cosa che non è costata sforzo o fatica alcuna | *Far f.*, sforzarsi. SIN. Robustezza. CONTR. Debolezza. *2* (*spec. al pl.*) Vigoria naturale dell'uomo sano: *essere in forze*; *mancare, riprendere, esaurire le proprie forze* | *F. lavoro*, capacità dell'uomo di lavorare e produrre; (*est.*) forze di lavoro (V. sign. 13) | *F. contrattuale*, la capacità di far volgere a proprio vantaggio la conclusione di una trattativa o di una contrattazione, spec. sindacale, che ciascuno dei partecipanti alla discussione realmente possiede. SIN. Gagliardia, vigoria. *3* (*fis.*) Causa che perturba lo stato di quiete o di moto di un corpo, nella pratica misurata col dinamometro: *f. di 1 000 newton* | *F. magnetica*, campo magnetico | *F. magnetomotrice*, ciò che determina il flusso magnetico in un circuito magnetico | *F. coercitiva*, intensità del campo magnetico cui deve essere sottoposto un materiale ferromagnetico per la sua completa smagnetizzazione | *F. elettromotrice*, differenza di potenziale capace di mettere in moto le cariche elettriche | *F. motrice*, in una macchina, lo sforzo che serve a vincere la resistenza. *4* (*chim.*) Reagibilità, di acidi e di basi, determinata dal loro grado di dissociazione in soluzione. *5* Intensità, validità, potenza: *la f. di un odore, di un colore, di un sapore*; *la f. dei principi, delle argomentazioni* | *F. morale*, ascendente o autorità che si esercita su qc. | *Liquore pieno di f.*, di alta gradazione alcolica | (*fig.*) *Di prima f.*, di primo ordine | (*mar.*) *Mezza, tutta f.*, andature corrispondenti all'impiego di metà o di tutta la potenza disponibile dell'apparato motore | (*est.*) Virtù, facoltà, efficacia: *f. visiva, intellettuale, mentale*; *un farmaco dotato di grande f.* | *La f. della parola*, il suo potere, o la sua efficacia persuasiva o dimostrativa | *La f. della bellezza*, il suo fascino | Autorità, potestà: *la f. del Senato, del presidente della Repubblica*. *6* (*dir.*) Obbligatorietà: *la f. della legge* | *Decreto che ha f. di legge*, che vincola come una disposizione legislativa | *In f. di un decreto, un titolo e sim.*, dando esecuzione a un decreto, un titolo e sim. *7* Impeto, intensità, potenza: *f. del vento, del fiume*; *opporsi alla f. degli elementi scatenati*; *il mare è f. 8.* | *Le forze della natura*, gli agenti fisici. SIN. Furia, veemenza. *8* Una delle figure nel gioco dei tarocchi. *9* Violenza: *ricorrere all'uso della f.*; *sottostare, soggiacere, resistere, opporsi alla f.* | *A f., per f.*, a o per violenta costrizione | *Per amore o per f.*, con le buone o con le cattive | *Di f., a viva f.*, con violenza | *Per f.*, per mezzo della forza o subendola | †*Seguire la f.*, secondarla | †*A f., a marcia f.*, a dispetto, a marcio dispetto | *Far f. a qc.*, usargli violenza | *Far f. a, su di sé*, dominarsi | *Far f. cortese, usare dolce f.*, obbligare dolcemente | *Far f. a un testo, a una scrittura*, intenderli o interpretarli a modo proprio o secondo i propri fini, alterandone il reale significato | *A f. di*, indica l'insistente ripetizione di uno o più atti per ottenere un difficile scopo | *A f.*, con grande violenza, insistenza, intensità e sim. *10* Necessità: *è f. credere, dire, riconoscere* | †*Non fa f.*, non importa. *11* (*dir.*) *F. maggiore*, accadimento esterno e superiore al potere della volontà umana che determina necessariamente la persona a un'azione od omissione. *12* (*gener.*) Gruppo, schiera di uomini armati | (*spec. al pl.*) Il numero di soldati che sostengono un combattimento: *le forze del nemico*; *forze fresche* | *Forze Armate*, il complesso di uomini e mezzi, militarmente organizzato e diviso nelle tre armi dell'esercito, della marina, dell'aviazione, destinato a difendere lo Stato | *F. pubblica*, l'insieme di vari corpi armati, come la Polizia di Stato e l'arma dei Carabinieri, preposti al mantenimento dell'ordine pubblico | (*mil.*) Il numero di militari necessario perché un reparto sia completo nel suo organico: *prendere, assumere, essere in f.* | *La bassa f.*, i soldati e i graduati, in contrapposizione ai sottufficiali e agli ufficiali | (*est.*) Il numero dei soldati presenti realmente nel reparto o dei marinai a bordo | (*est.*) *F. navale*, qualunque gruppo particolare di navi, purché fornito di sua autonomia operativa | *F. aerea*, il complesso di tutti gli aerei e gener. mezzi tecnici di cui dispone l'aviazione militare. *13* (*est., al pl.*) Gruppo di persone, vasto e potente o influente, che ha in comune motivi ispiratori e azione pratica: *le forze politiche, le forze sociali, le forze sindacali*; *le forze dell'opposizione* | *Forze di lavoro, f. lavoro*, la popolazione attiva, l'insieme, cioè, degli occupati e degli individui in cerca di occupazione. *14* (*mar.*) *F. di vele*, l'insieme delle vele addizionali che le navi a vele quadre bordano con tempo bello per aumentare al massimo la loro velocità. *15* (*tip.*) *F. di corpo*, distanza fra la faccia anteriore e quella posteriore, longitudinale rispetto all'occhio, del fusto di un carattere o spazio. **B** in funzione di inter. ● Si usa come esortazione e incoraggiamento ad affrontare una prova che richiede impegno o sforzo fisico: *su, f.!*; *f. e coraggio!*; *f. Roma!*; *f. Lazio!* || PROV. Contro la forza la ragion non vale.

forzàglia [da *forza*] s. f. ● Pezzo di tela grezza con cui si confeziona la controfodera degli abiti, in sartoria.

forzaménto s. m. *1* (*raro*) Atto, effetto del forzare. *2* (*mecc.*) Esecuzione di un collegamento forzato.

forzanovìsta [da *Forze nuove*] s. m. e f. (pl. m. *-i*) ● Appartenente alla corrente Forze Nuove della Democrazia Cristiana.

forzànte part. pres. di *forzare*; anche agg. *1* Nei sign. del v. *2* Nel gioco del bridge, detto di dichiarazione sulla quale il compagno non può passare.

forzàre [lat. parl. **fortiāre*, da *fŏrtia* 'forza'] **A** v. tr. (*io fòrzo*) *1* Obbligare o costringere a forza: *f. a dire, a fare ciò che non vorrebbe*; *f. la natura* | (*fig.*) *F. il senso di un discorso*, interpretarlo in modo tendenzioso, arbitrario. *2* Assoggettare a uno sforzo: *f. la voce* | (*fig.*) *F. la mano*, esagerare in q.c. | *F. una pianta*, concimarla abbondantemente o scaldarla in serra, sì da anticiparne la fioritura | *F. le vele*, spiegarne quanto più è possibile per aumentare la velocità | *F. i remi*, arrancare | *F. l'andatura*, accelerare. *3* Aprire q.c. ricorrendo alla forza: *f. un uscio, una serratura* | *F. il blocco*, riuscire a superarlo, malgrado la resistenza degli avversari | (*fig.*) *F. la consegna*, non obbedire agli ordini ricevuti. *4* Premere con forza, energia, decisione: *f. il tappo sulla bottiglia*. **B** v. intr. (aus. *avere*) ● Essere troppo stretto, incastrarsi senza gioco: *la scarpa forza sul collo del piede*; *la trave forza sul palco* | *La porta forza*, è dura da aprire, non scorre come dovrebbe. **C** v. rifl. ● Obbligare sé stessi: *forzarsi a seguire una dieta*.

forzàto **A** part. pass. di *forzare*; anche agg. *1* Nei sign. del v. *2* *Marcia forzata*, più lunga e veloce del normale | *Condotta, galleria forzata*, tubazione o galleria percorsa da liquido sotto pressione | *Risparmio f.*, imposto dallo Stato ai cittadini in periodi di emergenza mediante prelevamenti sul reddito o reso necessario dal rialzo dei prezzi dei prodotti. *3* Indipendente dalla volontà di qc., dovuto a forza maggiore: *la nostra fu un'assenza forzata*. SIN. Involontario. *4* Eseguito o imposto con la forza secondo il disposto della legge: *espropriazione, esecuzione forzata* | *Lavori forzati*, un tempo o in ordinamenti giuridici stranieri, tipo di pena per cui il condannato durante lo stato di detenzione deve attendere a opere assai faticose. *5* Privo di naturalezza: *allegria forzata* | *Interpretazione forzata*, che eccede il vero significato di un testo o la sua natura. || **forzataménte**, avv. *1* Per forza: *forzatamente dovemmo separarci*. *2* A fatica, con sforzo: *era forzatamente cortese con noi*. **B** s. m. *1* Chi era condannato ai lavori forzati. *2* †Affettazione. *3* (*mus.*) Segno dinamico che prescrive la forte accentuazione di una nota o di un accordo.

forzatóre agg.; anche s. m. (f. *-trice*) *1* Che, chi forza o fa violenza. *2* Chi esegue esercizi di forza nelle armi. || †**forzatorèllo**, dim.

forzatùra s. f. *1* Atto, effetto del forzare: *f. di una cassaforte, della voce* | (*fig.*) Interpretazione o affermazione arbitraria, tendenziosa: *la sua versione dei fatti contiene numerose forzature*. *2* (*agr.*) Insieme di pratiche intese a ottenere produzioni vegetali fuori stagione | *F. delle talee innestate*, per favorire l'emissione dei germogli e la formazione degli abbozzi radicali.

forzière o †**forzièro** [fr. *forcier*, da *force* 'forza', perché deve essere chiuso a forza] s. m. ● Tipo di cassa di media dimensione spesso rinforzata da bandelle di feltro e munita di complesse serrature usata anticamente per conservare valori e documenti. || **forzierétto**, dim. | **forzierino**, dim. | **forzierùccio**, **forzierùzzo**, dim.

forzóso [da *forza*] agg. *1* Imposto con la forza o d'autorità: *prestito f.* | *Corso f.*, obbligo imposto dallo Stato di accettare in pagamento biglietti di banca non convertibili in oro. *2* (*raro*) Gagliardo, forte, robusto | *Vento f.*, impetuoso e violento. *3* †Valoroso. || **forzosaménte**, avv. *1* Per forza. *2* Gagliardamente.

forzùto agg. ● Che dispone di una forza fisica eccezionale.

fosburìsta [da *Fosbury*. V. seg.] s. m. e f. (pl. m. *-i*) ● Saltatore in alto specialista dello stile fosbury.

fosbury /ingl. 'fɔzbəri/ [dal n. dell'atleta americano D. *Fosbury*, che per primo lo adottò nel 1968] s. m. inv. ● Stile di salto in alto in cui l'asticella viene scavalcata dorsalmente.

†**foschézza** s. f. ● Qualità di ciò che è fosco.

foschìa [da *fosco*] s. f. *1* (*meteor.*) Sospensione nell'aria di goccioline d'acqua microscopiche, che riduce la visibilità e dona all'atmosfera un aspetto grigiastro. ➡ ILL. p. 823 SCIENZE DELLA TERRA ED ENERGIA. *2* Oscuramento atmosferico, temporaneo e leggero, dovuto a fumo o altro.

fósco o **fòsco**, †**fùsco** [lat. *fŭscu(m)*, di origine indeur.] agg. (pl. m. *-schi*) *1* Di colore scuro: *notte fosca* | Nebbioso, offuscato: *cielo, tempo f.* | *Luce fosca*, che non lascia distinguer le cose. *2* (*fig.*) Turbato, cupo, tetro: *aspetto, sguardo f.*; *f., angosciato, era uscito da Villa Borghese* (PIRANDELLO). *3* (*fig.*) Triste: *pensiero f.* | (*fig.*) *Avvenire f.*, incerto o temibile | *Dipingere a fosche tinte*, mettere in cattiva luce, accentuando gli aspetti negativi. *4* (*raro*) Ombroso. || **foscaménte**, avv. (*raro*) In modo fosco.

foscolìano agg. ● Del poeta U. Foscolo (1778-1827) | Ispirato alle idee e allo stile del Foscolo.

fosfatàsi [da *fosfato*] s. f. ● (*biol.*) Enzima capace di scindere i legami con l'acido fosforico negli acidi nucleici con liberazione di energia.

fosfatazióne [da *fosfato*] s. f. ● Operazione consistente nel ricoprire una superficie metallica con un sottile strato protettivo di fosfato.

fosfàtico [da *fosfato*] agg. (pl. m. *-ci*) ● Relativo al fosforo | Contenente fosforo o suoi composti: *concime fosfatico*.

fosfatide [da *fosfato*] s. m. ● (*chim.*) Fosfolipide.

fosfatizzazióne [da *fosfato*] s. f. ● Fosfatazione.

fosfàto [fr. *phosphate*, da *phosphore* 'fosforo (1)'] s. m. ● Sale dell'acido fosforico | *F. di calcio*, usato per la produzione di perfosfati e superfosfati nell'industria dei fertilizzanti | *Fosfati alcalini*, usati in terapia come ricostituenti del sistema nervoso.

fosfène [comp. del gr. *phôs* 'luce' (di etim. incerta), e un deriv. di *pháinesthai* 'apparire' (di origine indeur.)] s. m. ● (*med.*) Sensazione luminosa che insorge per compressione dei bulbi oculari, dovuta a stimolazione meccanica dei recettori retinici.

fosfina [da *fosforo* (*1*)] s. f. ● Gas velenoso di odore sgradevole che brucia facilmente, costituito da fosforo e idrogeno, ottenuto per decomposizione dei fosfuri. SIN. Idrogeno fosforato.

fosfito [fr. *phosphite*, da *phosphore* 'fosforo (1)'] s. m. ● (*chim.*) Sale dell'acido fosforoso.

fosfolipide [comp. di *fosfo(ro)* (*1*) e *lipide*] s. m. ● (*chim., gener.*) Sostanza grassa contenente fosforo sotto forma di acido fosforico (sono tali le lecitine, le cefaline e le sfingomieline).

fosfoprotide [comp. di *fosfo(ro)* (*1*) e *protide*] s. m. ● (*chim.*) Proteina coniugata avente come gruppo prostetico il radicale fosfato esterificato a residui di serina.

fosforàre v. tr. (*io fòsforo*) *1* Fornire di, arricchire con, fosforo. *2* (*raro*) Coprire di fosforo l'estremità di asticciole di legno, per farne fiammiferi.

fosforàto [da *fosforo* (*1*)] agg. ● Che contiene fosforo | *Idrogeno f.*, fosfina.

fosforeggiàre v. intr. (*io fosforéggio*; aus. *avere*) ● (*raro*) Essere fosforescente, luminoso come il fosforo.

fosforemìa [comp. di *fosfor(o)* (*1*) e *-emia*] s. f. ● (*med.*) Quantità di fosforo presente nel sangue.

fosfòreo agg. ● Di fosforo, fosforescente.

fosforescènte [fr. *phosphorescent*, da *phosphore* 'fosforo (1)'] agg. *1* Che presenta il fenomeno della fosforescenza. *2* (*est.*) Che emana una luce simile a quella delle sostanze fosforescenti: *gli occhi del gatto nel buio sono fosforescenti.*

fosforescènza [fr. *phosphorescence*, da *phosphore* 'fosforo (1)'] s. f. *1* Tipo di fotoluminescenza che si manifesta anche dopo che è cessata l'azione della luce sulla sostanza che presenta il fenomeno. *2* (*raro, spec. al pl.*) Bagliori, luci fittizie.

fosfòrico [fr. *phosphorique*, da *phosphore* 'fosforo (1)'] agg. (pl. m. *-ci*) ● (*chim.*) Detto di composto del fosforo pentavalente: *anidride fosforica* | *Acido f.*, tribasico, ottenuto per azione dell'acido solforico sui fosfati, usato per la produzione di concimi fosfatici e di additivi per mangimi sintetici | *Estere f.*, insetticida organico di sintesi.

fosforilàre [da *fosforile*, a sua volta comp. di *fosforo* (*1*) e *-ile*] v. tr. (*io fosfòrilo*) ● Introdurre in una molecola organica uno o più gruppi dell'acido fosforico.

fosforilàsi [comp. di *fosforil(are)* e *-asi*] s. f. ● (*chim.*) Enzima che catalizza una reazione di fosforilazione.

fosforilazióne s. f. *1* Atto, effetto del fosforilare. *2* Reazione intermedia della fermentazione alcolica.

fosforìle [comp. di *fosfori(co)* e *-ile* (*2*)] s. m. ● (*chim.*) Radicale trivalente dell'acido fosforico ottenibile da questo per sottrazione di tre gruppi ossidrilici.

fosforìsmo [da *fosforo* (*1*)] s. m. ● Avvelenamento cronico da fosforo o da sostanze contenenti fosforo.

fosforìte [fr. *phosphorite*, da *phosphore* 'fosforo (1)'] s. f. ● (*miner.*) Roccia sedimentaria costituita da resti fosfatici di origine organica o da loro concrezioni, impiegata direttamente come concime o usata per la fabbricazione dei perfosfati.

fòsforo (**1**) [fr. *phosphore*, dal gr. *phōsphóros* 'apportatore di luce', comp. di *phôs* 'luce' e *phérein* 'portare'] s. m. *1* Elemento chimico diffuso sotto forma di sali nel mondo minerale, vegetale e animale. SIMB. P. *2* (*fig., fam.*) Intelligenza, ingegno: *avere del f. nel cervello.*

fosfòro (**2**) [comp. del gr. *phôs* 'luce' (V. *fosforo*) e *-foro*] s. m. ● Sostanza luminescente che riveste interamente lo schermo dei tubi a raggi catodici.

fosforóso [fr. *phosphoreux*, da *phosphore* 'fosforo (1)'] agg. ● (*chim.*) Detto di composto del fosforo trivalente: *anidride fosforosa* | *Acido f.*, bibasico, ottenuto per lenta ossidazione del fosforo.

fosfùro [fr. *phosphure*, da *phosphore* 'fosforo (1)'] s. m. ● (*chim.*) Sale non ossigenato del fosforo con un metallo: *f. di calcio* | *F. di zinco*, usato come derattizzante.

fosgène [fr. *phosgène*, comp. del gr. *phôs* 'luce' e del fr. *-gène* '-geno'; letteralmente 'generato dalla luce', perché fu scoperto da H. Davy, esponendo ai raggi del sole un miscuglio di ossido di carbonio e cloro] s. m. ● Ossicloruro di carbonio, tossico, gassoso, ottenuto da cloro e ossido di carbonio, usato come aggressivo in guerra e come intermedio per la fabbricazione di coloranti, prodotti farmaceutici, solventi, materie plastiche.

fòssa [lat. *fŏssa(m)*, da *fŏdere* 'scavare', di origine indeur.] s. f. (pl. *fòsse* †*fòssora*) *1* Cavità praticata nel terreno, di forma e dimensioni varie a seconda dell'uso che se ne deve fare: *f. da letame*; *f. di scolo dell'acqua* | *F. biologica*, impianto che si costruisce per eliminare le sostanze luride nei centri abitati sprovvisti di fognature | *F. settica*, serbatoio in cui si raccolgono le acque luride di un fabbricato depurate con un processo biochimico artificiale, così da permetterne l'immissione in corsi d'acqua superficiali | *F. di lavaggio, ingrassatura, riparazione*, sopra la quale si pongono gli autoveicoli per compiervi comodamente queste operazioni, standovi sotto | *F. a fuoco*, nelle stazioni ferroviarie, zona in cui si raccolgono le ceneri dei focolari delle locomotive | *F. dell'orchestra*, in un teatro, lo spazio riservato all'orchestra | *F. dei serpenti*, (*fig.*) manicomio; (*est.*) luogo o situazione ostile o rischiosa dalla quale sia molto difficile uscire. SIN. Buca, scavo. *2* (*letter.*) Bolgia dell'Inferno dantesco. *3* Buca in cui si cala la bara nei cimiteri | (*est.*) Tomba, sepoltura: *essere messo, calato nella f.* | (*fig.*) *Andare alla f.*, morire | *Scavarsi la f. colle proprie mani*, (*fig.*) causare la propria rovina | *Avere un piede nella f.*, essere vicino a morire; (*fig.*) essere in grave pericolo. *4* (*geol.*) *F. tettonica*, depressione dovuta ad abbassamento di parte della crosta terrestre rispetto alle zone adiacenti | *Fosse oceaniche*, lunghe e strette depressioni sul fondo delle quali si registrano le massime profondità degli oceani. ➡ ILL. p. 821 SCIENZE DELLA TERRA ED ENERGIA. *5* (*anat.*) Cavità: *f. cranica, nasale, orbitaria.* ➡ ILL. p. 367 ANATOMIA UMANA. || **fossàccia**, pegg. | **fosserèlla**, dim. | **fossétta**, dim. (V.) | **fossicèlla**, dim. | **fossicìna**, dim. | **fossóna**, accr.

fossàto [lat. tardo *fossātu(m)*, part. pass. di *fossāre*, freq. di *fŏdere* 'scavare'. V. *fossa*] s. m. *1* Fosso di lunghezza e larghezza variabile, naturale o artificiale, spec. con acqua: *scavare un f.*; *un f. circondava il forte*; *attraversare il f. sul ponte levatoio.* ➡ ILL. p. 360 ARCHITETTURA. *2* Torrentello, ruscello. || **fossatèllo**, dim.

fossétta s. f. *1* Dim. di *fossa*. *2* Piccola infossatura che si produce nelle guance o nel mento spec. ridendo. *3* (*sport*) Ognuno dei piccoli avvallamenti della superficie della pallina da golf. || **fossettìna**, dim.

fòssile [vc. dotta, lat. *fŏssile(m)*, da *fŏssus*, part. pass. di *fŏdere* 'scavare'. V. *fossa*] **A** agg. *1* Che si ottiene o si trova scavando, detto spec. di organismi animali o vegetali appartenenti a epoche remote e conservati nella crosta terrestre grazie a lenti processi di mineralizzazione: *reperti fossili*; *pianta f.*; *insetto f.*; *farina f.* | Proprio di tali organismi: *impronta f.* *2* (*fig.*) Detto di chi, di ciò che, per arretratezza spirituale o di contenuti, contrasta con la sua epoca: *idee fossili.* **B** s. m. *1* Organismo fossile: *un f. del carbonifero, del quaternario* | *F. guida*, fossile a grande distribuzione geografica e con periodo di comparsa breve o appartenente a serie filetiche a evoluzione veloce | *F. vivente*, specie attuale appartenente a serie filetiche in via di estinzione. *2* (*fig.*) Persona arretrata spiritualmente, culturalmente e sim. *3* (*ling.*) Elemento che sopravvive nella lingua in forma cristallizzata.

fossìlifero [comp. di *fossile* e *-fero*] agg. ● Che racchiude fossili: *sedimento f.*

fossilizzàre [fr. *fossiliser*, da *fossile* 'fossile'] **A** v. tr. (*io fossilìzzo*) ● Ridurre allo stato fossile (*anche fig.*): *ha fossilizzato le sue idee.* **B** v. intr. pron. *1* Diventare fossile. *2* (*fig.*) Rimanere fermo a idee arretrate e antiquate: *fossilizzarsi nelle proprie opinioni.*

fossilizzazióne [fr. *fossilisation*, da *fossile* 'fossile'] s. f. ● Atto, effetto del fossilizzare o del fossilizzarsi (*anche fig.*): *f. di un vegetale*; *la f. lenta di un'idea.*

fòsso [da *fossa*] s. m. *1* Grande fossa naturale o artificiale per lo scolo dell'acqua: *f. d'irrigazione, di scolo* | *Saltare il f.*, (*fig.*) decidere all'improvviso e bruscamente di fare q.c. dopo aver esitato a lungo e (*raro*) eludere una difficoltà | (*raro*) *Stare a cavallo del f.*, (*fig.*) essere pronto a una scelta importante. *2* Scavo artificiale intorno alla cinta di un'opera fortificata, tra la scarpa e la controscarpa, per maggiore ostacolo all'attaccante. || **fossàccio**, pegg. | **fossarèllo**, **fosserèllo**, dim. | **fossettìno**, dim. | **fossétto**, dim. | **fossìno**, dim. | **fossóne**, accr.

fossóre [vc. dotta, lat. *fossōre(m)*, da *fŏssus*, part. pass. di *fŏdere* 'scavare'. V. *fossa*] s. m. ● (*lett.*) Becchino.

fòt o **phot** [dal gr. *phôs* 'luce' (V. *fosforo* (*1*))] s. m. inv. ● (*fis.*) Unità di illuminamento equivalente a 10^4 lux, ossia a 10^4 lumen per m^2.

fotiniàno s. m. ● Seguace di Fotino, eretico greco, che, nel IV sec., sostenne l'unicità della natura umana del Cristo.

fòto s. f. ● Acrt. di *fotografia*, nel sign. 2.

fòto- [dal gr. *phōto-*, da *phôs*, genit. *phōtós* 'luce' (V. *fosforo* (*1*))] primo elemento ● In parole composte della terminologia scientifica e tecnica, significa 'luce' o indica relazione con la luce: *fotoelettricità, fotofobia, fotografia, fotometria, fotosensibile, fotosintesi, fototerapia* | In alcuni casi è accorciamento di *fotografia* ed è usato con riferimento a immagine fotografica o a un procedimento fotografico: *fotogenico, fotogramma, fotolitografia, fotomontaggio, fotoromanzo, fototeca.*

fotoallergìa [comp. di *foto-* e *allergia*] s. f. ● (*med.*) Allergia alla luce del sole.

fotoamatóre [comp. di *foto-* e *amatore*] s. m. (f. *-trice*) ● Appassionato di fotografia, spec. se fornito di una reale competenza tecnica.

fotobatterìa [comp. di *foto-* e *batteria*] s. f. ● Batteria elettrica alimentata da cellule fotovoltaiche.

fotobiologìa [comp. di *foto-* e *biologia*] s. f. ● (*biol.*) Ramo della biologia che tratta gli effetti della luce e di altre forme di energia radiante sugli organismi.

fotocalcografìa [comp. di *foto-* e *calcografia*] s. f. ● Procedimento fotomeccanico di riproduzione calcografica e rotocalcografica che si basa su un cliché ricavato con la fotoincisione.

fotocalcògrafo s. m. ● Fototecnico specializzato in fotocalcografia.

fotocàmera [comp. di *foto-* e *camera* (*2*)] s. f. ● Macchina fotografica.

fotocatàlisi [comp. di *foto-* e *catalisi*] s. f. ● Catalisi che si produce sotto l'azione della luce.

fotocàtodo [comp. di *foto-* e *catodo*] s. m. ● Catodo sensibile alla luce, presente nei tubi da ripresa televisivi.

fotocèllula [da *cellula foto(elettrica)*] s. f. ● Cellula fotoelettrica.

fotoceràmica [comp. di *foto-* e *ceramica*] s. f. ● Tecnica per la riproduzione di immagini fotografiche su ceramica | Riproduzione ottenuta con tale tecnica.

fotocettóre ● V. *fotorecettore.*

fotochìmica [comp. da *foto-* e *chimica*] s. f. ● Sezione della chimica-fisica che si occupa delle reazioni chimiche influenzate dalla luce.

fotochìmico agg. (pl. m. *-ci*) ● Della, relativo alla, fotochimica: *studi, fenomeni fotochimici.*

fotocinematogràfico [comp. di *foto-* e *cinematografico*] agg. (pl. m. *-ci*) ● Che riguarda insieme la fotografia e la cinematografia.

fotocòlor o **fotocolór**, **fotocolóre** [comp. di *foto-* e *color(e)*] s. m. ● Fotografia a colori su carta o su diapositiva.

fotocompórre [comp. di *foto-* e *comporre*] v. tr. (coniug. come *porre*) ● Comporre mediante il procedimento automatico tipografico della fotocomposizione.

fotocompositóre [da *fotocomposizione*] s. m. (f. *-trice*) ● Chi è addetto alla fotocomposizione.

fotocompositrìce [comp. di *foto-* e *compositrice*] s. f. ● Macchina per fotocomposizione.

fotocomposizióne [comp. di *foto-* e *composizione*] s. f. ● Procedimento elettronico di composizione per la stampa direttamentesu materiale fotosensibile.

fotoconduttività [comp. di *foto-* e *conduttività*] s. f. ● (*fis.*) Fenomeno per cui alcune sostanze diminuiscono la loro resistenza elettrica quando sono illuminate.

fotoconduttìvo [comp. di *foto-* e *conduttivo*] agg. ● (*fis.*) Di, relativo a, fotoconduttività | Che presenta fotoconduttività: *corpo f.*

fotoconduttóre [comp. di *foto-* e *conduttore*] s. m. ● (*fis.*) Sostanza che aumenta la propria conducibilità per effetto di radiazioni elettromagnetiche.

fotocòpia [fr. *photocopie*, comp. di *photo* 'foto' e *copie* 'copia'] **A** s. f. *1* Ogni immagine ricavata da un negativo mediante la stampa per contatto o per ingrandimento | Riproduzione su carta sensibile di immagini o scritti mediante il procedimento fotografico | Correntemente, sinonimo improprio di xerocopia. *2* (*fig.*) Ciò che è pressoché identico a qualcos'altro: *un governo che è la f. del precedente.* **B** in funzione di agg. inv.: (*fig.*) *una giunta f.*

fotocopiàre [da *fotocopia*] v. tr. (*io fotocòpio*) ● Riprodurre per fotocopia: *f. documenti* | Xerocopiare.

fotocopiatóre s. m. ● Apparecchio per fotocopiare.

fotocopiatrìce s. f. ● Macchina per fotocopiare.

fotocopiatùra s. f. ● Atto, effetto del fotocopiare.

fotocromàtico [comp. di *foto-* e *cromatico*] agg. (pl. m. *-ci*) ● (*ott.*) Detto di materiale capace di variare la propria trasparenza in seguito a variazioni dell'intensità della luce incidente: *lenti fotocromatiche.*

fotocrònaca [comp. di *foto-* e *cronaca*] s. f. ● Resoconto giornalistico basato prevalentemente su immagini fotografiche.

fotocronista s. m. e f. (pl. m. *-i*) ● Chi allestisce fotocronache.

fotodegradàbile [comp. di *foto-* e *degradabile*] agg. ● Detto di sostanza che può essere attaccata e distrutta dalla luce del sole: *plastica f.*

fotodegradazióne [comp. di *foto-* e *degradazione*] s. f. ● Processo per cui un composto subisce un'alterazione della sua struttura per effetto di radiazioni luminose.

fotodermatite [comp. di *foto-* e *dermatite*] s. f. ● (*med.*) Dermatite indotta dalla luce.

fotodermatòsi [comp. di *foto-* e *dermatosi*] s. f. ● (*med.*) Qualsiasi affezione della cute provocata dalle radiazioni luminose.

fotodinàmico [comp. di *foto-* e *dinamico*] agg. (pl. m. *-ci*) ● Detto di stimolazione prodotta dalla luce sulle cellule: *effetto f.*

fotodìodo [comp. di *foto-* e *diodo*] s. m. ● (*elettron.*) Diodo a semiconduttore la cui resistività varia al variare della luce che lo colpisce.

fotodisintegrazióne [comp. di *foto-* e *disintegrazione*] s. f. ● (*fis.*) Divisione di un nucleo atomico in due o più frammenti come risultato di un bombardamento di raggi gamma.

fotoelasticità [comp. di *foto-* ed *elasticità*] s. f. ● (*fis.*) Fenomeno per il quale una sostanza elastica, sottoposta a sollecitazioni meccaniche, diviene temporaneamente birifrangente.

fotoelèttrica [da *fotoelettrico*] s. f. ● (*elettr.*) Potente faro alimentato da un gruppo elettrogeno, per lo più installato su automezzi, per illuminare piste di aeroporti o zone in cui si deve intervenire e operare in situazioni di emergenza: *le fotoelettriche dell'esercito illuminarono il luogo dell'incidente.*

fotoelettricità [comp. di *foto-* ed *elettricità*] s. f. ● Fenomeno di emissione di elettroni da parte di certe sostanze sottoposte all'azione della luce.

fotoelèttrico [fr. *photoélectrique*, comp. di *photo-* 'foto-' ed *électrique* 'elettrico'] agg. (pl. m. *-ci*) *1* Della, relativo alla, fotoelettricità | *Cellula fotoelettrica*, apparecchio che trasforma le variazioni di intensità luminose in variazioni di intensità di corrente elettrica | *Effetto f.*, perdita di elettroni da parte di una superficie colpita dalla luce. *2* Che produce luce mediante l'elettricità | *Stazione fotoelettrica*, V. *fotoelettrica*.

fotoelettróne [comp. di *foto-* ed *elettrone*] s. m. ● (*fis.*) Elettrone emesso da un metallo per effetto fotoelettrico.

fotoeliografìa [fr. *photohéliographie*, comp. di *photo-* 'foto-' ed *héliographie* 'eliografia'] s. f. ● Procedimento per ricavare copie su carta eliografica da un originale opaco o trasparente.

fotoeliògrafo [comp. di *foto-* ed *eliografo*] s. m. ● (*ott.*) Telescopio rifrattore adatto a fotografare il disco solare.

fotoemissióne [comp. di *foto-* ed *emissione*] s. f. ● (*fis.*) Emissione di un elettrone per effetto fotoelettrico.

fotofinish /foto'finiʃ/ s. m. ● Adattamento di *photo finish* (V.).

fotofissióne [comp. di *foto-* e *fissione*] s. f. ● (*fis.*) Fissione di un nucleo atomico provocata da un fotone di alta energia.

fotofit s. m. ● Adattamento di *photofit* (V.).

fotofobìa [fr. *photophobie*, comp. di *photo-* 'foto-' e *-phobie* '-fobia'] s. f. ● (*med.*) Sensazione dolorosa prodotta dagli stimoli luminosi | Avversione alla luce.

fotòfobo agg. ● (*med.*) Che soffre di fotofobia.

fotoforèsi [comp. di *foto-* e del gr. *phórēsis* 'trasporto', da *phorêin* 'portare qua e là'] s. f. ● (*fis.*) Creazione di un moto direzionale delle particelle di una soluzione colloidale per mezzo di fasci di luce.

fotòforo [comp. di *foto-* e *-foro*] s. m. *1* Organo produttore di luce, più o meno complesso, presente in certi animali. *2* Lampada elettrica posta su un casco metallico o applicata a una fascia metallica che gira attorno al capo, usata spec. da medici, minatori e sim.

fotogènesi [comp. di *foto-* e *genesi*] s. f. ● Produzione di luce in organismi animali e vegetali.

fotogenètico agg. (pl. m. *-ci*) ● Della, relativo alla, fotogenesi.

fotogenìa [fr. *photogénie*, da *photogène* 'fotogeno'] s. f. *1* Disegno ottenuto rendendo sensibile alla luce una speciale carta pigmentata. *2* Qualità di chi è fotogenico. SIN. Fotogenicità.

fotogenicità [da *fotogenico*] s. f. ● Fotogenia nel sign. 2.

fotogènico [fr. *photogénique*, da *photogénie* 'fotogenia'] agg. (pl. m. *-ci*) ● Detto di soggetto dotato di caratteristiche che danno una buona resa in fotografia: *persona fotogenica*; *viso f.*

fotògeno [comp. di *foto-* e *-geno*] agg. *1* Che è dovuto all'azione della luce. *2* Che genera luce: *animale f.*

fotogeologìa [comp. di *foto-* e *geologia*] s. f. (pl. *-gie*) ● (*geol.*) Geofotogrammetria.

fotogiornàle [comp. di *foto-* e *giornale*] s. m. ● Pubblicazione quotidiana o periodica basata prevalentemente su immagini fotografiche.

fotogiornalista [comp. di *foto-* e *giornalista*] s. m. e f. ● Chi esegue servizi giornalistici completi di fotografie e testo.

fotografàre [da *fotografo*] v. tr. (*io fotògrafo*) *1* Riprodurre mediante la fotografia. *2* (*est.*) Riprodurre, descrivere, rappresentare q.c. con precisione e ricchezza di particolari: *f. un episodio nella memoria.*

fotografìa [fr. *photographie*, comp. di *photo-* 'foto-' e *-graphie* '-grafia'] s. f. *1* Procedimento ottico, meccanico e chimico mediante il quale si ottengono immagini dovute alle variazioni prodotte dalla luce su determinate sostanze. *2* (*est.*) Ciascuna delle immagini ottenute secondo tale procedimento: *f. istantanea*; *una bella f.*; *fare una f. a qc.*; *album di fotografie* | *F. subacquea*, ripresa effettuata sott'acqua con speciali macchine fotografiche; l'immagine ottenuta con tale procedimento | *Arrivo, vittoria in f.*, in varie gare di corsa, ordine di classifica e assegnazione della vittoria ricorrendo alla fotografia, scattata sul traguardo, per l'incertezza dovuta all'arrivo ravvicinatissimo di due o più concorrenti.

fotogràfico [fr. *photographique*, da *photographie* 'fotografia'] agg. (pl. m. *-ci*) *1* Che concerne la fotografia: *copia, mostra fotografica* | *Macchina fotografica*, per la ripresa di fotografie | *Contrasto f.*, rapporto fra le parti chiare e scure di una immagine. *2* (*fig.*) Che è l'esatta riproduzione di un modello: *è la copia fotografica di suo fratello.* || **fotograficaménte**, avv. Per mezzo della fotografia.

fotògrafo [fr. *photographe*, comp. di *photo-* 'foto-' e *-graphe* '-grafo'] s. m. (f. *-a*) ● Chi esegue fotografie per scopo dilettantistico o professionale.

fotogràmma [fr. *photogramme*, comp. di *photo-* 'foto-' e *-gramme* '-gramma'] s. m. (pl. *-i*) ● Singola immagine, negativa o positiva, di una pellicola fotografica o cinematografica.

fotogrammetrìa [comp. di *fotogram(ma)* e *-metria*] s. f. ● Determinazione della dimensione di oggetti lontani mediante due diverse fotografie riprese con apparecchi posti agli estremi di una base la cui misura è nota: *f. aerea, terrestre.*

fotogrammètrico agg. (pl. m. *-ci*) ● Di, relativo a fotogrammetria.

fotogrammetrista s. m. (pl. *-i*) ● Tecnico addetto alla fotogrammetria.

fotoincisióne [comp. di *foto-* e *incisione*] s. f. *1* Procedimento di incisione basato sulla fotografia, con cui si ottengono i cliché per la stampa tipografica. *2* (*est.*) Ogni immagine ottenuta con tale procedimento.

fotoincisóre [comp. di *foto-* e *incisore*] s. m. ● Operaio addetto a una delle varie operazioni del ciclo di lavoro della fotoincisione.

fotoionizzazióne [comp. di *foto-* e *ionizzazione*] s. f. ● (*fis.*) Ionizzazione di un gas provocata da radiazioni elettromagnetiche.

fòtokit o **fotokit** [da *foto-* sul modello di *identikit*] s. m. inv. ● Sistema di identificazione di una persona che consiste nel ricostruirne i lineamenti del volto unendo i particolari delle fotografie di diverse persone.

fotolaboratòrio [comp. di *foto-* e *laboratorio*] s. m. ● Laboratorio fotografico.

fotolibro [comp. di *foto-* e *libro*] s. m. ● Libro, che generalmente tratta argomenti di attualità, inchieste e sim., in cui la funzione descrittiva è affidata non alle parole ma alle immagini fotografiche.

fotòlisi [comp. di *foto-* e *-lisi*] s. f. ● Decomposizione di un composto chimico per azione della luce.

fotolìtico agg. (pl. m. *-ci*) ● Di, relativo a, fotolisi.

fotòlito (1) s. m. ● Sostanza decomponibile per fotolisi.

fotolito (2) s. f. ● Acrt. di *fotolitografia*.

fotolitografìa [fr. *photolitographie*, comp. di *photo-* 'foto-' e *lithographie* 'litografia'] s. f. ● Moderno processo di stampa litografica, con trasposizione fotomeccanica dell'immagine da riprodurre su lastra di metallo, plastica o gomma.

fotolitogràfico agg. (pl. m. *-ci*) ● Di, relativo a, fotolitografia | Realizzato mediante fotolitografia: *riproduzione fotolitografica.*

fotolitògrafo s. m. ● Tecnico addetto alla fotolitografia.

fotoluminescènza [comp. di *foto-* e *luminescenza*] s. f. ● (*fis.*) Fenomeno presentato da certe sostanze che, sottoposte a illuminazione, emettono luce propria diversa da quella che le ha colpite.

fotomeccànica [comp. di *foto-* e *meccanica*] s. f. ● Complesso dei procedimenti che utilizzano la luce per ottenere una matrice da cui stampare un numero illimitato di copie.

fotomeccànico agg. (pl. m. *-ci*) ● Della, relativo alla, fotomeccanica.

fotometrìa [fr. *photométrie*, comp. di *photo-* 'foto-' e *-métrie* '-metria'] s. f. ● Parte dell'ottica che riguarda la misurazione delle grandezze fisiche relative a radiazioni luminose | *F. fotografica*, quella che si occupa della misurazione dell'intensità luminosa su superfici sensibili.

fotomètrico agg. (pl. m. *-ci*) ● (*fis.*) Della, relativo alla, fotometria.

fotòmetro [fr. *photomètre*, comp. di *photo-* 'foto-' e *-mètre* '-metro'] s. m. ● Strumento visuale o a cellula fotoelettrica, che serve a misurare l'intensità di una sorgente luminosa o l'illuminamento di una superficie.

fotomicrografìa [comp. di *foto-*, *micro-* e *-grafia*] s. f. ● (*fot.*) Immagine fotografica estremamente piccola di un oggetto grande, come per es. i microfilm | La tecnica impiegata per ottenerla.

fotomitragliatrice [comp. di *foto-* e *mitragliatrice*] s. f. ● Macchina cinematografica da installarsi a bordo di aerei per esercitazioni di tiro simulato.

fotomodèllo [comp. di *foto-* e *modello*] s. m. (f. *-a*) ● Chi posa per fotografie destinate a giornali di moda e sim.

fotomoltiplicatóre [comp. di *foto-* e *moltiplicatore*] s. m. ● (*elettron.*) Strumento in grado di trasformare deboli impulsi luminosi in corrente elettrica, amplificandoli.

fotomontàggio [fr. *photomontage*, comp. di *photo-* 'foto-' e *montage* 'montaggio'] s. m. ● Composizione ottenuta con varie fotografie o loro parti affiancate o parzialmente sovrapposte.

fotóne [dal gr. *phôs*, genit. *phōtós* 'luce', col suff. *-one*, ricavato da *elettrone*] s. m. ● (*fis.*) Particella elementare di energia luminosa.

fotonucleàre [comp. di *foto-* e *nucleare*] agg. ● (*fis.*) Relativo all'interazione di un fotone con un nucleo: *reazione f.*

fotoperiodìsmo [comp. di *fotoperiod(o)* e del suff. *-ismo*] s. m. ● (*biol.*) Complesso dei fenomeni manifestati da piante e animali in relazione al fotoperiodo.

fotoperìodo [comp. di *foto-* e *periodo*] s. m. ● (*biol.*) Lunghezza del periodo luminoso diurno, da cui dipendono vari processi fisiologici dei vegetali.

fotopolimerizzazióne s. f. ● (*chim.*) Polimerizzazione eseguita utilizzando radiazioni, gener. ultraviolette, per l'attivazione dei monomeri; usata in odontoiatria, nella verniciatura, e sim.

fotoràma [comp. di *fot(o)-* 'luce', sostituito a *pan(o)-* della prima parte di *panorama*] s. m. ● Apparecchio usato alla fine del XIX sec. per proiettare immagini panoramiche circolari.

fotoreazióne [comp. di *foto-* e *reazione*] s. f. ● (*chim.*) Reazione provocata o facilitata da radiazioni luminose.

fotorecettóre o **fotocettóre** [comp. di *foto-* e *recettore*] **A** agg. ● (*biol.*) Detto di organo o di gruppo di cellule atto alla fotorecezione. **B** anche s. m.: *fotorecettori si trovano nella retina.*

fotorecezióne [comp. di *foto-* e *recezione*] s. f. • (*biol.*) Processo di assorbimento dell'energia luminosa da parte di piante e animali e sua utilizzazione per le funzioni biologiche, come la fotosintesi e la visione.

fotoreportàge /fotorəpɔr'taʒ/ [comp. di *foto-* e *reportage*] s. m. inv. • Servizio fotografico eseguito da un fotoreporter.

fotorepòrter [comp. di *foto-* e *reporter*] s. m. e f. inv. • Chi fotografa avvenimenti di attualità per giornali o agenzie d'informazione.

fotoresistènza [comp. di *foto-* e *resistenza*] s. f. • (*elettron.*) Dispositivo la cui resistenza diminuisce all'aumentare dell'intensità della radiazione elettromagnetica incidente.

fotoriproduttóre [comp. di *foto-* e *riproduttore*] s. m. • Apparecchio per la riproduzione di documenti che impiega procedimenti di tipo fotografico.

fotoriproduzióne [comp. di *foto-* e *riproduzione*] s. f. **1** Processo fotografico per la riproduzione di scritti, disegni e sim. **2** Copia fotografica ottenuta con tale processo.

fotoromànzo [comp. di *foto-* e *romanzo*] s. m. • Romanzo narrato mediante sequenze di fotografie, corredate da fumetti o didascalie.

fotosafàri [comp. di *foto-* e *safari*] s. m. • Safari fotografico.

fotosensìbile [comp. di *foto-* e *sensibile*] agg. **1** Che è sensibile chimicamente alla luce: *lastra f.* **2** (*biol.*) Detto di organismo che reagisce agli stimoli luminosi.

fotosensibilità s. f. **1** Proprietà di ciò che è fotosensibile. **2** (*biol.*) Capacità di un organismo di reagire agli stimoli luminosi.

fotosensibilizzazióne [da *fotosensibile*] s. f. **1** Processo che rende un organismo o una sostanza sensibile alla luce. **2** (*med.*) Iperreattività cutanea o corneale alle radiazioni luminose.

fotoserigrafìa [comp. di *foto-* e *serigrafia*] s. f. • Il complesso dei mezzi e dei sistemi con cui si ottengono, mediante procedimenti fotografici, le matrici destinate alle stampe serigrafiche.

fotoservìzio [comp. di *foto-* e *servizio*] s. m. • Servizio giornalistico costituito prevalentemente da immagini fotografiche.

fotosfèra [fr. *photosphère*, comp. di *photo-* 'foto-' e *sphère* 'sfera'] s. f. • (*astron.*) Superficie grossolanamente sferica ove, andando dall'esterno verso l'interno, i gas che formano una stella da trasparenti divengono opachi: *f. solare.* ➡ ILL. p. 832 SISTEMA SOLARE.

fotosfèrico agg. (pl. m. *-ci*) • Della, relativo alla, fotosfera.

fotosìntesi [comp. di *foto-* e *sintesi*] s. f. **1** Reazione chimica di sintesi favorita dalla luce | *F. clorofilliana*, nelle piante verdi, il processo di formazione dei carboidrati da anidride carbonica e acqua con l'intervento della clorofilla e dell'energia luminosa. SIN. Funzione clorofilliana. **2** Visione riassuntiva di uno o più avvenimenti, costituita da una serie di fotografie opportunamente selezionate.

fotosintètico agg. (pl. m. *-ci*) • Relativo alla fotosintesi.

fotostàtico [comp. di *foto-* e *statico*] agg. (pl. m. *-ci*) • Detto di sistema di riproduzione, a contatto dell'originale, su carta fotosensibile, usato spec. per documenti. ‖ **fotostaticaménte**, avv. Mediante sistema di riproduzione fotostatica.

fotosùb [comp. di *foto-* e *sub*] s. f. e m. • Fotografo subacqueo.

fototàssi [comp. di *foto-* e del gr. *táxis* 'ordine, schiera'] s. f. • (*biol.*) Reazione del protoplasma cellulare alla luce | *F. positiva*, se vi è attrazione verso la fonte luminosa | *F. negativa*, se vi è allontanamento.

fototattìsmo [da *fototassi*] s. m. • Movimento di traslazione dovuto a stimolo luminoso.

fototèca [comp. di *foto-* e *teca*] s. f. • Ambiente, schedario o contenitore nel quale vengono custodite e catalogate le fotografie.

fototècnico [comp. di *foto-* e *tecnico*] s. m. (pl. *-ci*) • Tecnico esperto nella riproduzione per mezzo di procedimenti fotochimici.

fototelegrafìa [comp. di *foto-* e *telegrafia*] s. f. • Trasmissione a distanza di immagini fotografiche per mezzo della corrente elettrica e solitamente mediante ponte radio.

fototelegràfico [comp. di *foto-* e *telegrafico*] agg. (pl. m. *-ci*) • Relativo a fototelegrafia.

fototeodolite [comp. di *foto-* e *teodolite*] s. m. • Strumento topografico costituito da un teodolite accoppiato con una macchina fotografica.

fototerapìa [fr. *photothérapie*, comp. di *photo-* 'foto-' e *thérapie* 'terapia'] s. f. • Cura di alcune malattie mediante sorgenti di luce artificiale | *F. naturale*, elioterapia.

fototèssera [comp. di *foto-* e *tessera*] s. f. • Fotografia di formato standard per documenti di riconoscimento.

fototipìa [fr. *phototypie*, comp. di *photo-* 'foto-' e *-typie* '-tipia'] s. f. • Procedimento fotomeccanico nel quale, dalla negativa fotografica, si ricava la matrice su una lastra di cristallo sensibilizzata.

fototipìsta s. m. e f. (pl. m. *-i*) • Chi esegue le matrici nel procedimento della fototipia.

fototransistóre [comp. di *foto-* e *transistore*] s. m. • (*elettron.*) Transistore in cui la corrente di collettore aumenta con l'intensità della luce incidente.

fototraumatìsmo [comp. di *foto-* e *traumatismo*] s. m. • (*med.*) Qualsiasi lesione corporea causata dall'azione delle radiazioni luminose, come ad es. l'eritema solare.

fototropìsmo [comp. di *foto-* e *tropismo*] s. m. • (*biol.*) Movimento di un organismo vegetale o animale provocato da uno stimolo luminoso | *F. positivo*, movimento verso la luce | *F. negativo*, contro la luce. SIN. Eliotropismo.

fototùbo [comp. di *foto-* e *tubo*] s. m. • (*fis.*) Tubo elettronico in cui l'emissione di elettroni dal catodo è provocata dalla luce e da altre radiazioni elettromagnetiche.

fotovoltàico [comp. di *foto-* e *voltaico*] agg. • (*fis.*) Capace di generare una forza elettromotrice in seguito ad assorbimento di luce o altre radiazioni elettromagnetiche | *Effetto f.*, generazione di una forza elettromotrice in un semiconduttore non omogeneo, o nella giunzione fra due semiconduttori o fra un semiconduttore e un metallo, in seguito all'assorbimento di luce o altre radiazioni elettromagnetiche.

fotozincografìa o **fotozincografìa** [comp. di *foto-* e *zincografia*] s. f. • Procedimento di stampa che utilizza matrici in rilievo ottenute fotografando gli originali su lastre di zinco.

fotozincogràfico o **fotozincogràfico** agg. (pl. m. *-ci*) • Di, relativo a, fotozincografia.

fótta [prob. dev. di *fottere*] s. f. (*pop. region.*) **1** Collera, stizza. **2** Malefatta, danno, errore. **3** Pretesto, scusa.

fóttere [lat. parl. **fŭttere*, per il classico *futŭere*, di etim. incerta] **A** v. tr. **1** (*volg.*) Possedere sessualmente | (*est., ass.*) Avere rapporti sessuali, compiere il coito. **2** (*pop., fig.*) Ingannare, imbrogliare | *Fottersi di qc. o di q.c.*, infischiarsene. **B** v. intr. pron. • (*volg.*) Infischiarsi di qc. o q.c.: *me ne fotto delle sue critiche.*

fottìo [da *fottere*] s. m. • (*volg.*) Grande quantità: *un f. di gente, di soldi.*

fottùto part. pass. di *fottere*; anche agg. **1** Nei sign. del v. **2** (*spreg.*) Tristo, spregevole.

foulard /fr. fu'lar/ [vc. fr. *foulard*, dal provz. *foulat*, da *foular* 'follare'] s. m. inv. **1** Tessuto leggero di aspetto brillante e morbido al tatto, fabbricato con seta, cotone, fibre artificiali, usato per fazzoletti, fodere, abiti femminili, vestaglie, cravatte. **2** Fazzoletto di seta da portare in testa o al collo. ‖ **foularìno**, dim. (V.).

foularìno /fula'rino/ [dim. di *foulard*, formato sull'adattamento it.] s. m. • Piccolo foulard, da portarsi spec. al collo.

foulé /fr. fu'le/ [vc. fr., propriamente part. pass. di *fouler* 'premere, pigiare, follare' (stessa etim. dell'it. *follare*)] s. m. inv. • Stoffa di lana pettinata o cardata, a tinta unita o a disegni, che presenta sul dritto un aspetto un po' peloso ottenuto mediante follatura.

fou-rire /fr. fu'rir/ [vc. fr., propr. 'riso folle'] s. m. inv. (pl. fr. *fous-rires*) • Riso irrefrenabile, ridarella.

fourreau /fr. fu'ro/ [vc. fr., propriamente 'fodero, guaina', poi 'veste affusolata', di origine francone] s. m. inv. (pl. fr. *fourreaux*) • Abito femminile aderente e diritto | Sottoveste di seta che completa un abito trasparente.

fòvea [vc. dotta, lat. *fovea* 'cavità'] s. f. • (*anat.*) Piccola depressione, naturale o provocata artificialmente per compressione delle dita, sulla superficie di alcuni organi | (*per anton.*) Depressione della retina, al centro della macula lutea, dove la visione dell'occhio raggiunge la maggiore acutezza.

foxhound /ingl. 'fɔkshaund/ [vc. ingl., comp. di *fox* 'volpe' e *hound* 'cane' (vc. germ. d'orig. indeur.)] s. m. inv. • Cane muscoloso, veloce e resistente, a pelo fitto e liscio, spec. usato nella caccia alla volpe.

fox-terrier /ingl. 'fɔks 'teriə/ [vc. ingl., comp. di *fox* 'volpe' e *terrier* (V.)] s. m. inv. (pl. ingl. *fox-terriers*) • Cane di piccola taglia, assai forte, veloce e resistente, a pelo liscio o ruvido, con muso dal profilo rettangolare, spec. usato nella caccia alla volpe.

fox-trot /ingl. 'fɔks trɔt/ [vc. ingl., 'passo della volpe', comp. di *fox* 'volpe' e *trot* 'trotto'] s. m. inv. • Ballo del genere rag-time, diffuso nel secondo decennio del sec. XX.

foyer /fr. fwa'je/ [vc. fr., 'focolare', dal lat. tardo *focāriu(m)*, da *fŏcus* 'fuoco'] s. m. inv. • Vestibolo antistante la platea di una sala teatrale o cinematografica. SIN. Ridotto nel sign. 1.

foziàno s. m. • Seguace dell'eresia di Fozio e dello scisma che portò alla separazione della chiesa greca da quella romana nell'858.

fra' prep. • (*lett.*) Forma tronca di 'fra i'.

fra (1) o (*poet.*) †**infra** [lat. *īnfra* 'sotto', da *īnferus* (V. *inferiore*)] prep. propria semplice • Ha gli stessi sign. di 'tra': fra (o *tra*) *due settimane*; *fra* (o *tra*) *noi*; *fra* (o *tra*) *sé*; *l'amistà fra tiranni è malsicura* (MONTI); *la voce d'un cappon / fra tanti galli* (MACHIAVELLI) | Si preferisce l'una o l'altra forma soprattutto per evitare la cacofonia derivante spec. dall'incontro di gruppi di consonanti uguali: *fra Trapani e Agrigento*; *fra terra e cielo* | V. anche *tra* (V. nota d'uso ACCENTO).

fra (2) o (*raro*) **fra'**, (*raro*) **frà** [da *fra(te)*] s. m. • Frate (davanti a nomi propri comincianti per consonante): *fra Tommaso, fra Cristoforo* (V. nota d'uso ELISIONE e TRONCAMENTO).

frac [fr., dall'ingl. *frock*, a sua volta dal fr. *froc* 'abito', vc. d'orig. francone] s. m. inv. • Abito maschile da cerimonia nero e con giacca corta davanti fino alla vita e prolungata dietro in due falde lunghe e sottili. SIN. Marsina.

fracassaménto o (*pop.*) **sfracassaménto**. s. m. • (*raro*) Atto, effetto del fracassare.

fracassàre o (*pop.*) **sfracassàre** [sovrapposizione del lat. *quassāre* 'scuotere, squassare' a *frăngere*] **A** v. tr. (*io fracàsso*) • Fare a pezzi violentemente e con rumore: *f. il cristallo di una vetrina*; *piagar non puote Orlando, ... / ma fracassa ... e piastre e maglia* (BOIARDO) | *F. le ossa a qc.*, picchiarlo con forza | *Fracassarsi le gambe*, rompersi le gambe, spec. cadendo dall'alto. **B** v. intr. pron. • Rompersi, infrangersi, spezzarsi con violenza in modo irreparabile: *nell'urto, si sono fracassati tutti i vetri.* **C** v. intr. (aus. *avere*) • †Venire giù con fracasso.

fracassatóre s. m.; anche agg. (f. *-trice*) • (*raro*) Chi, che fracassa.

fracassatùra s. f. • (*raro*) Atto, effetto del fracassare: *f. di vetri, di stoviglie, di mobili.*

fracassìo s. m. **1** Fracasso continuato. **2** (*raro*) Il fracassare o il fracassarsi di q.c. con molto rumore.

fracàsso [da *fracassare*] s. m. **1** Gran rumore, spec. di roba che va in pezzi o si rompe: *l'albero si abbattè con f.*; *un f. di stoviglie rotte* | *Far f.*, (*fig.*) provocare molto interesse e commenti. SIN. Frastuono. **2** †Rovina, distruzione | †*Mandare a f.*, mandare in rovina. **3** (*fam.*) Grande quantità di q.c.: *un f. di gente.*

fracassóne s. m. (f. *-a*) **1** (*fam.*) Chi, per trascuratezza o sbadataggine, rompe spesso roba o provoca danni. **2** (*raro*) Chi fa molto rumore.

†**fracassóso** agg. • Rumoroso, strepitoso.

fràcco [dal lat. parl. **fragicāre*, ints. di *frăngere* 'frangere'] s. m. • (*dial.*) Grande quantità: *un f. di legnate, di botte, di bastonate.*

fràcido • V. *fradicio.*

fracidùme • V. *fradiciume.*

fracòsta [comp. di *fra (1)* e *costa*; calco sul fr. *entrecôte* 'braciola, pezzo di bue (tagliato fra due coste)'] s. f. ● (*dial.*) Bistecca, costata.

fràdicio o (*lett., dial.*) **fràcido** [lat. *frăcidu(m)*, di etim. incerta] **A** agg. (pl. f. *-cie* o *-ce*) *1* Andato a male: *uova fradice* | *Dente f.*, guasto | *Pesce f.*, putrefatto. SIN. Marcio, mezzo. CONTR. Sano. *2* (*fig.*) Corrotto, depravato: *società fradicia*. *3* Molto bagnato: *abito f.* | (*ints.*) *Sudato, bagnato f.*, tutto sudato, bagnato | *Essere ubriaco f.*, essere completamente ubriaco | (*iperb.*) *Innamorato f.*, molto innamorato. SIN. Inzuppato. CONTR. Asciutto. *4* (*fig.*) †Annoiato, infastidito | †*Essere f. di q.c.*, essere stufo, sazio. **B** s. m. *1* Parte guasta di q.c.: *il f. di un frutto*. *2* (*fig.*) Corruzione, disonestà: *trovare, nascondere il f.*; *scavare, rimestare nel f.* *3* Fangosità del terreno: *le piogge hanno procurato del f. nelle strade*.

fradiciùme o (*lett., dial.*) **fracidùme**. s. m. *1* Quantità di cose fradice: *questa verdura è un vero f.* SIN. Marciume, putridume. *2* Umidità: *luogo pieno di f.* *3* (*fig.*) Corruzione, depravazione, disonestà: *f. di un'amministrazione*.

†**fràga** [lat. *frāga*, nt. pl. di *frāgum*, di origine preindeur.] s. f. ● (*bot.*) Fragola.

fragàglia [da avvicinare al lat. *frăngere* 'spezzare'] s. f. ● (*merid.*) Pesci piccoli, di scarso pregio, per frittura.

†**fragellàre** e *deriv.* ● V. *flagellare* e *deriv.*

fràgile [vc. dotta, lat. *frăgile(m)*, da *frăngere* 'frangere'] agg. *1* Che si rompe, si spezza facilmente: *vetro, legno f.* | *Pacco f.*, che contiene oggetti facili a rompersi. *2* (*fig.*) Debole, gracile, delicato: *salute, costituzione fisica f.* CONTR. Forte, robusto. *3* (*fig.*) Facile a cedere ai vizi e alle tentazioni: *la carne umana è f.*; *è tanto f. la natura degli uomini* (GUICCIARDINI). CONTR. Saldo. *4* (*fig.*) Di scarsa consistenza o durata: *speranza, felicità f.* SIN. Caduco, tenue. ‖ **fragilménte**, avv. (*fig.*) Debolmente.

fragilità o †**fragilitàde**, †**fragilitàte** [vc. dotta, lat. *fragilitāte(m)*, da *frăgilis* 'fragile'] s. f. ● Qualità di chi, di ciò che è fragile (*anche fig.*): *la f. del vetro*; *la f. della memoria* | *La f. umana*, la debolezza umana. SIN. Delicatezza, gracilità.

fràglia o **fratàglia** [lat. parl. **fratālia*, da *frāter* 'fratello'] s. f. ● Nel Veneto, corporazione medievale di arti e mestieri.

†**fragménto** ● V. *frammento*.

fràgno [lat. *fārneu(m)*, da *fārnus* ('frassino'?): da avvicinare a *frāxinus* 'frassino' (?)] s. m. ● Quercia più piccola della rovere, con foglie simili a quelle del castagno ma più piccole (*Quercus macedonica*).

fràgola o (*pop., tosc.*) **fràvola** [lat. parl. **frāgula(m)*, dim. di *frāgum*. V. *fraga*] **A** s. f. ● Erba delle Rosacee con stoloni sdraiati, foglie composte seghettate con peli lucenti e frutti rossi commestibili (*Fragaria vesca*) | Il frutto di tale pianta | *Essere rosso come una f.*, avere un aspetto sano. **B** in funzione di agg. inv. (posposto al s.) *1* Nelle loc. *rosa f.*, *rosso f.*, detto della tonalità del rosa e del rosso caratteristiche del frutto omonimo. *2* (*bot.*) *Uva f.*, (*pop.*) uva americana. ‖ **fragolétta**, dim. | **fragolina**, dim. | **fragolóna**, accr. | **fragolóne**, accr. m. (V.)

fragolàccia s. f. (pl. *-ce*) ● Pianta del genere Potentilla simile alla fragola ma con frutto secco non mangereccio.

†**fragolàia** o (*pop., tosc.*) **fravolàia** s. f. ● Luogo piantato a fragole.

fragolàio o †**fragolàro** s. m. (f. *-a*) ● (*raro*) Venditore di fragole.

fragoléto s. m. ● Terreno coltivato a fragole.

fragolicoltùra [comp. di *fragola* e *coltura*] s. f. ● Coltivazione delle fragole.

fragolino [dal colore rosso, come quello di una *fragola*] s. m. *1* Pesce dei Teleostei dei fondi arenosi, rosso, con carni bianche e pregiate (*Pagellus erythrinus*). *2* Vino rosso vellutato con aroma di fragola, ottenuto da un vitigno imparentato con il Clinton, prodotto (in modo non ufficiale) spec. nel Friuli-Venezia Giulia.

fragolóne s. m. *1* Accr. di *fragola*. *2* Varietà di fragola, spec. coltivata, dai grossi frutti carnosi.

fragóre (1) [vc. dotta, lat. *fragōre(m)*, da *frăngere* 'spezzare'] s. m. ● Rumore forte e di particolare violenza: *f. del tuono, d'una cascata*; *il fragor cadenzato delle ruote* (PIRANDELLO). SIN. Fracasso, frastuono.

†**fragóre** (2) [dal lat. *fragrāre* 'mandare odore', di origine indeur.] s. m. ● Fragranza, odore, profumo.

fragoróso [lat. *fragōrōsu(m)*. V. †*fragoso*] agg. ● Che provoca forte rumore: *applausi fragorosi*; *urto f.* SIN. Strepitoso. ‖ **fragorosaménte**, avv. In modo fragoroso: *ridere fragorosamente*.

†**fragóso** [vc. dotta, lat. *fragōsu(m)*, da *frăgor*, genit. *fragōris* 'fragore'] agg. ● Strepitoso, rumoroso, rimbombante.

fragrànte [vc. dotta, lat. *fragrănte(m)*, part. pres. di *fragrāre* 'mandare odore', di origine indeur.] agg. ● Molto odoroso, profumato: *un amoroso nembo par che fiocchi / sopra lei fior fragranti* (L. DE' MEDICI). CONTR. Puzzolente.

fragrànza o †**fragrànzia** [vc. dotta, lat. *fragrăntia(m)*, da *frăgrans*, genit. *fragrăntis* 'fragrante'] s. f. ● Odore delicato, ma intenso: *f. di un'essenza, di una vivanda*. SIN. Aroma, profumo.

fragràre [vc. dotta, lat. *fragrāre*. V. *fragrante*] v. intr. (*io fràgro*) ● (*lett.*) Profumare delicatamente.

†**fràile** e *deriv.* ● V. *frale* e *deriv.*

fràina [lat. *farrāgine(m)*. V. *farragine*] s. f. ● (*dial.*) Grano saraceno | Farina di tale grano.

fraintèndere o (*tosc.*) **frantèndere** [comp. di *fra* (1) e *intendere*] v. tr. (coniug. come *intendere*) ● Intendere una cosa per un'altra o il contrario di ciò che è stato detto (*anche ass.*): *f. un ordine, un avvertimento*; *ti prego di non f.* SIN. Equivocare.

fraintendiménto s. m. ● (*raro*) Atto, effetto del fraintendere.

frainteso o (*tosc.*) **frantéso**. part. pass. di *fraintendere*; anche agg. ● Nei sign. del v.

fràle o †**fràile** [ant. fr. *fraile*, dal lat. *frăgile(m)* 'fragile'] **A** agg. ● (*lett.*) Fragile, debole. ‖ †**fraleménte**, †**fralménte**, avv. Debolmente, vilmente. **B** s. m. ● (*poet.*) Il corpo umano nella sua caducità in contrapposizione all'anima immortale.

fralézza o †**frailézza** s. f. ● (*lett.*) Qualità di ciò che è frale.

framboèṣia [fr. *framboise* 'lampone', perché provoca eruzione] s. f. ● (*med.*) Malattia tropicale contagiosa, caratterizzata da eruzioni nodulari color lampone.

frame /ingl. 'freim/ [vc. ingl., propr. 'telaio, cornice'] s. m. inv. *1* Singola immagine visualizzabile da un nastro videomagnetico, corrispondente al fotogramma cinematografico. *2* (*elab.*) Sequenza di informazioni che, in genere, raggruppa due o più item.

fràmea [lat. *frāmea(m)*, di origine germ.] s. f. ● Asta con ferro corto e acuto, usata dagli antichi Germani.

framescolàre ● V. *frammescolare*.

framéttere e *deriv.* ● V. *frammettere* e *deriv.*

framèẓẓo e *deriv.* ● V. *frammezzo* e *deriv.*

frammassóne [fr. *franc-maçon* 'libero muratore'] s. m. ● Massone.

frammassonerìa [fr. *franc-maçonnerie*, da *franc-maçon* 'frammassone'] s. f. ● Massoneria.

frammentàre [da *frammento*] **A** v. tr. (*io frامménto*) ● Suddividere in, ridurre a, frammenti. SIN. Spezzettare. **B** v. intr. pron. *1* Suddividersi in frammenti. *2* (*bot.*) Riprodursi per frammentazione.

frammentarietà s. f. ● Qualità di ciò che è frammentario (*spec. fig.*): *la f. di un discorso*; *f. di un libro*.

frammentàrio agg. *1* Che è in frammenti: *codice, manoscritto f.* | (*est.*) Incompleto: *testo f.* *2* (*miner.*) Detto di roccia costituita da materiali detritici: *roccia frammentaria*. *3* (*fig.*) Mancante di unità e coordinazione tra le varie parti: *commedia frammentaria*. ‖ **frammentariaménte**, avv.

frammentàto part. pass. di *frammentare*; anche agg. *1* Nel sign. del v. *2* (*fig.*) Che manca di unità, di continuità, di organicità: *un racconto f.*

frammentazióne s. f. *1* Atto, effetto del frammentare | *F. del lavoro*, suddivisione di un processo lavorativo unitario in una serie di operazioni elementari. *2* (*bot.*) Riproduzione asessuata di talune piante che avviene per decomposizione del tallo e accrescimento dei singoli pezzi.

frammentiṣmo [da *frammentario*] s. m. ● Indirizzo letterario sviluppatosi nei primi anni del XX sec., che si compiaceva di brevi o brevissimi frammenti di prosa quale mezzo di espressione dello scrittore.

framménto o †**fragménto** [vc. dotta, lat. *fragmĕntu(m)*, da *frăngere* 'frangere'] s. m. *1* Ogni pezzo di un oggetto rotto: *i frammenti di un piatto, di una scatola* | *Frammenti di un vaso*, cocci | (*est.*) Parte staccata: *un f. del fregio del Partenone* | (*fig.*) Piccola parte, quantità trascurabile: *frammenti di dignità*. *2* Brano più o meno ampio di un'opera letteraria antica non conservata per intero o incompiuta: *i frammenti dei lirici greci* | Brano non unito e fuso con l'opera in cui compare. *3* (*raro*) Parte di busta o lettera o cartolina su cui è ancora applicato un francobollo usato. ‖ **frammentino**, dim. | **frammentùccio**, dim.

frammescolàre o **framescolàre** [comp. di *fra* (1) e *mescolare*] v. tr. (*io framméscolo*) ● Mescolare tra loro più cose confondendole: *f. libri, monete*. SIN. Frammischiare.

framméssso o **framésso**. **A** part. pass. di *frammettere*; anche agg. ● Nei sign. dei v. **B** s. m. *1* †Cosa che si frappone. *2* Intermezzo di un'opera lirica.

framméttere o **framéttere** [comp. di *fra* (1) e *mettere*] **A** v. tr. (coniug. come *mettere*) *1* Mettere fra, in mezzo: *f. uno spazio fra due oggetti*. SIN. Frapporre. *2* (*raro*) Frammischiare. **B** v. rifl. ● Porsi in mezzo: *il mare si frammette tra le due sponde* | (*fig.*) Immischiarsi, intromettersi: *frammettersi nelle faccende altrui*.

frammeẓẓàre o **frameẓẓàre**. v. tr. (*io frammèẓẓo*) ● (*raro*) Mettere frammezzo: *f. il discorso con battute di spirito*.

frammèẓẓo o (*raro*) **framèẓẓo** [comp. di *fra* (1) e *mezzo* (2)] **A** avv. ● In mezzo: *mettersi, porsi f.*; *ebbe il vanto di cancellare dalla mia memoria tutti quegli anni vissuti f.* (NIEVO). **B** nella loc. prep. f. a ● In mezzo a: *è f. ai libri, alle carte*; *me lo trovo sempre f. ai piedi a dar fastidio*.

frammischiàre [comp. di *fra* (1) e *mischiare*] **A** v. tr. (*io frammìschio*) ● Mescolare insieme cose che non hanno la stessa natura: *f. ingiurie con lodi* | Confondere più cose o persone fra loro. **B** v. rifl. ● (*raro, fig.*) Immischiarsi, intromettersi.

frammisto [comp. di *fra* (1) e *misto*] agg. ● Mischiato, mescolato: *neve frammista ad acqua*.

fràna [lat. parl. **frāgina(m)*, da *frăngere* 'frangere'] s. f. *1* Scivolamento o distacco di terreno o di roccia lungo un pendio | (*est.*) Il materiale franato. *2* (*fig.*) Crollo, rovina, fallimento: *f. economica* | *F. elettorale*, grossa perdita di voti da parte di un partito | (*fam., scherz.*) Persona che combina sempre guai, disastri e sim.: *la nuova segretaria è proprio una f.!*

franàbile agg. ● Che può franare.

franaménto o (*raro*) **sfranaménto**. s. m. ● Atto, effetto del franare. SIN. Cedimento.

franàre o (*raro*) **sfranàre** [da *frana*] v. intr. (aus. *essere*) *1* Distaccarsi e scivolare lungo un pendio, detto di terreno. *2* (*est.*) Rovinare fragorosamente: *la pila dei libri è franata*. SIN. Crollare, precipitare. *3* (*fig.*) Venire meno, sfumare: *ogni speranza è franata*.

francaménto s. m. ● (*raro*) Liberazione.

francàre [da *franco* (2)] v. tr. (*io frànco, tu frànchi*) *1* (*lett.*) Liberare qc. da una soggezione morale o materiale: *f. qc. dalla schiavitù, da un tributo* | †Liberare da un impedimento o un pericolo | †*F. il proprio onore*, salvarsi dal disonore. *2* (*raro*) Rendere stabile: *f. una trave*. *3* (*raro*) Liberare il destinatario da tasse e oneri su ciò che riceve | Affrancare: *f. una lettera*.

francatùra s. f. ● (*raro*) Affrancatura.

francescanéṣimo s. m. ● Movimento religioso iniziato da S. Francesco d'Assisi: *gli ideali del f.* | (*est.*) Spirito francescano, insieme degli ideali francescani di povertà e amore verso ogni creatura.

francescàno **A** agg. *1* Proprio di S. Francesco d'Assisi (1181/1182-1226) e dei suoi seguaci: *povertà, umiltà francescana*; *spirito f.*; *ideali francescani*. *2* (*est.*) Che si fonda sull'amore per ogni essere del creato, sulla povertà e semplicità di vita o, più genericamente, sugli ideali propri del francescanesimo: *vita francescana*. *3* Appartenente alla regola di S. Francesco o a uno dei vari ordini che a essa si ispirano: *monaco f.*; *terziario f.* ‖ **francescanaménte**, avv. Secondo la regola di S. Francesco d'Assisi; (*est.*) con spirito francescano: *vivere francescanamente*. **B** s. m. ● Frate della regola di S. Francesco d'Assisi o appartenente a uno dei tanti ordini che si ispirano a essa: *convento di francescani.*

†francésco [vc. dotta, lat. tardo *Francīscu(m)* 'dei Franchi (*Frănci*)'] agg.; anche s. m. (pl. m. *-schi*) ● Francese | *La nazione francesca*, la Francia | *†Alla francesca*, (*ell.*) alla maniera francese.

francescóne [da *Francesco I* di Lorena (1708-1765) che la fece coniare] s. m. ● Antica moneta d'argento toscana di dieci paoli.

francése o †**franzése** [ant. fr. *franceis*, da *France* 'Francia'] **A** agg. ● Della Francia: *popolo f.*; *lingua, letteratura f.* | *Mal f.*, sifilide | *Alla f.*, (*ell.*) alla maniera dei francesi | *Scarpa alla f.*, con la linguetta frangiata | *Andarsene alla f.*, salutando solo la padrona di casa | *Nasino alla f.*, leggermente all'insù. || **franceseménte**, avv. Alla francese. **B** s. m. e f. ● Abitante, nativo della Francia. **C** s. m. solo sing. ● Lingua del gruppo romanzo parlata in Francia. || **francesino**, dim.

franceseggiàre o †**franzeseggiàre**. v. intr. (*io franceséggio*; aus. *avere*) ● Imitare i francesi e i loro modi tipici: *f. nel vestire* | *F. nello scrivere*, usare molti francesismi.

franceserìa s. f. ● (*spreg.*) Vezzo d'imitare le cose francesi.

francesìna [dim. f. di *francese*] s. f. *1* Panino tondo con taglio nel mezzo. *2* Modello di calzatura classico per uomo e donna che si distingue dagli altri per avere la mascherina anteriore cucita per intero sul quartiere.

francesìsmo s. m. ● (*ling.*) Parola o locuzione propria del francese entrata in un'altra lingua.

francesìsta s. m. e f. (pl. m. *-i*) ● Esperto di lingua, letteratura e cultura francese.

francesizzàre A v. tr. (*io francesìzzo*) ● Rendere francese: *f. le proprie abitudini.* **B** v. intr. pron. ● Assumere maniere, atteggiamenti o espressioni tipiche della Francia o della lingua francese.

francesizzazióne s. f. ● Atto, effetto del francesizzare.

francesùme s. m. *1* (*spreg.*) †Franceseria. *2* (*raro, spreg.*) Insieme di francesi.

†**francheggiàre** [da *franco* (2)] v. tr. *1* Rendere franco, sicuro, libero. *2* Affrancare la servitù.

franchézza [da *franco* (2)] s. f. *1* Modo franco di parlare e comportarsi: *f. di linguaggio* | *Rispondere con f.*, con schiettezza, con sincerità | Ardimento: *avere coraggio e f.* SIN. Lealtà. CONTR. Ipocrisia. *2* Disinvoltura e audacia nell'agire (*spec. pegg.*): *mentire con assoluta f.* *3* †Libertà. *4* †Franchigia.

franchìa [da *franco* (2)] s. f. ● (*mar.*) Condizione di sicurezza di una nave libera da ostacoli o impedimenti sottomarini o galleggianti a fior d'acqua.

franchìgia [ant. fr. *franchise* 'franchezza'] s. f. (pl. *-gie*, raro *-ge*) *1* †Libertà, spec. sociale e politica. *2* Esenzione da imposte o dazi: *f. doganale*; *f. postale.* *3* (*dir.*) Nel contratto di assicurazione, assunzione di una percentuale del danno da parte dell'assicurato. *4* Numero di scatti del contatore telefonico non soggetto a tassazione in quanto compreso nel canone di abbonamento. *5* (*mar.*) Libera uscita per il personale imbarcato.

franchisee /*ingl.* frænt∫ai'zi:/ s. m. e f. inv. ● (*dir.*) Chi usufruisce dei diritti concessigli in franchising.

franchising /fran't∫aizin(g), *ingl.* fræn't∫aiziŋ/ [vc. ingl., da *franchise* 'franchigia, privilegio'] s. m. inv. ● (*dir.*) Contratto mediante il quale un'azienda concede a una o più altre aziende, dietro il pagamento di un canone, il diritto di presentarsi sotto la sua ragione sociale, o usare il suo marchio per vendere prodotti e fornire servizi. SIN. Affiliazione commerciale.

franchìsmo s. m. ● Regime dittatoriale instaurato in Spagna, fra il 1939 e il 1975, dal generale Francisco Franco.

franchisor /*ingl.* 'frænt∫aizə*, frænt∫ai'zɔ:*/ s. m. e f. inv. ● (*dir.*) Titolare dei diritti concessi in franchising.

franchìsta A agg. (pl. m. *-i*) ● Di Franco e del franchismo: *regime f.*; *dittatura f.* **B** s. m. e f. ● Seguace, sostenitore di Franco e del franchismo.

fràncico [fr. *francique*, dal lat. tardo *frăncus* 'franco (1)'] agg. (pl. m. *-chi*) *1* (*lett.*) Degli antichi Franchi: *lingua francica.* *2* (*lett.*) Francone.

fràncio [da *Francia*, perché scoperto da una scienziata francese] s. m. ● Elemento chimico, metallo, alcalino, radioattivo, naturale. SIMB. Fr.

†**franciòso** o **franciόso** [ant. fr. *francois*. V. *francese*] **A** agg.; anche s. m. (f. *-a*) ● Francese, oggi spec. scherz. **B** s. m. ● Mal francese. || †**franciosétto**, dim.

frànco (1) [lat. tardo *frăncu(m)*, dal francone *frank* 'libero'] **A** s. m. (pl. *-chi*) *1* Ogni appartenente alle tribù germaniche stanziate nel Basso Reno che nel V sec. invasero il territorio dell'odierna Francia. *2* (*lett.*) Francese: *il re dei Franchi* (ARIOSTO). *3* †Europeo, cristiano, nelle regioni del Mediterraneo orientale, spec. dopo le crociate. **B** agg. *1* Degli antichi Franchi | *Scrittura franca*, carolina | *Lingua franca*, ramo di lingua germanica parlato dai Franchi nelle loro sedi germaniche e poi nella Gallia sino al sec. IX. *2* (*lett.*) Francese. *3* *Alla franca*, all'europea, negli antichi scali del Levante | *Lingua franca*, mista di italiano, spagnolo, arabo e grammaticalmente semplificata, usata per molti secoli da europei, arabi e turchi nei commerci del Mediterraneo orientale; (*est.*) ogni lingua creola di europei e indigeni in America e Australia; (*est.*) ogni lingua con lessico misto e grammatica semplificata formatasi per consentire la comunicazione pratica fra gruppi linguistici diversi che abbiano frequenti occasioni di reciproco contatto.

frànco (2) [fr. *franc* 'libero', deriv. dal precedente] **A** agg. (pl. m. *-chi*) *1* †Libero da soggezione politica, da signoria: *stato f.* | (*raro, est.*) Affrancato | *†Fare f. qc.*, liberarlo. *2* (*est.*) Detto di chi è o si ritiene libero da impegni, obblighi, servizi e sim. | *Corpo f.*, corpo di soldati irregolari che anticamente si reclutavano per fare scorrerie in paese nemico | *F. tiratore*, soldato irregolare che fa azioni di guerriglia nelle retrovie di eserciti che hanno invaso un territorio; (*est.*) il parlamentare che nel segreto dell'urna vota contro il governo sostenuto dal proprio partito | *Guardia franca*, quella parte dell'equipaggio che è libera da ogni servizio | *Fare f.*, mandare in libera uscita il personale che non è di servizio | *Marinaio f.*, a bordo delle navi militari e mercantili, il marinaio libero da ogni servizio, al quale spetta il riposo o la libera uscita. *3* Che è esente dal pagamento di imposte, di spese di trasporto, e sim.: *deposito f.*; *merce franca di dogana, di dazio* | *Porto f.*, in cui si possono introdurre merci senza pagare dogana; (*fig.*) luogo dove viene e va molta gente | *Punto f.*, deposito di merci libero da imposta doganale | (*fig.*) *Farla franca*, uscire impunito da un'impresa poco onesta | (*raro, est.*) Immune, incolume: *uscire f. da un pericolo.* *4* (*raro*) Sicuro di sé: *animo f.* | Libero da preoccupazioni e cure | Spigliato, svelto, spedito: *f. nell'ortografia, nel leggere, nella musica* | *Disegnatore, scrittore f.*, provetto e sicuro nella sua arte | *Andar f.*, star sicuro senza timore e vergogna | Ardito, animoso: *un piglio f. e battagliero*; *f. et esperto cavaliere in fatti d'armi* (COMPAGNI) | Baldanzoso, disinvolto, audace | *Avere maniere troppo franche*, non corrette, impertinenti. *5* Schietto e sincero nel carattere e nelle parole: *un ragazzo f.*; *voglio essere f. con te* | Che rivela franchezza, lealtà: *linguaggio, discorso, atteggiamento f.* SIN. Aperto, leale. CONTR. Falso, ipocrita. *6* (*arald.*) Detto del quarto o del cantone quando è posto alla destra del capo. || **francaménte**, avv. *1* Con franchezza e lealtà: *rispondere francamente.* *2* In realtà, in verità: *francamente non so cosa pensare di lui.* **B** avv. ● In modo schietto e disinvolto: *rispondere, parlare f.* || **francóne**, accr. | **francùccio**, dim.

frànco (3) [fr. *franc*, dalla iscrizione *Francorum rex* 're dei Franchi', che era incisa sui primi pezzi coniati] s. m. (pl. *-chi*) *1* Antica moneta francese, coniata per la prima volta in oro, nel XIV sec. *2* Unità monetaria circolante in vari paesi europei ed extraeuropei, in particolare in Francia, Belgio, Svizzera. *3* (*fam.*) Lira: *costa pochi franchi.* || **franchétto**, dim. | **franchino**, dim. | **francóne**, accr. | **francùccio**, pegg.

frànco- primo elemento ● In parole composte, fa riferimento alla Francia o ai Francesi: *francofilo*; *francofono.*

francobollàre [da *francobollo*] v. tr. (*io francobóllo*) *1* Nel calcio, marcare, controllare strettamente gli attaccanti avversari. *2* (*est.*) Seguire qc. passo passo, senza concedergli un attimo di respiro: *mi ha francobollato per tutta la mattina.*

francobóllo [comp. di *franco* (2), nel sign. 3 e *bollo*] **A** s. m. *1* Piccolo rettangolo di carta filigranata o no, recante su una faccia una vignetta con dicitura e sull'altra uno strato gommato, da applicare sulla corrispondenza da inviare per mezzo della posta: *f. commemorativo, celebrativo, pubblicitario* | *F. di posta ordinaria*, per affrancare la corrispondenza comune | *F. di posta aerea*, per corrispondenza che deve essere inoltrata con tale mezzo | *F. per giornali*, usato per l'affrancatura di giornali | *F. per pacchi postali*, diversi da quelli della corrispondenza e spesso divisi in due sezioni | *Francobolli a bobina*, quelli non in foglio, ma uniti tra loro in modo da costituire rotoli o bobine utilizzabili nelle macchinette distributrici. *2* Nel gergo cinematografico, fotogramma singolo o staccato di una pellicola cinematografica. **B** in funzione di agg. inv. ● (posposto al s.) Di dimensioni piccolissime o molto ridotte: *un libro f.*

francofilìa [comp. di *franco-* e *-filia*] s. f. ● Simpatia per i Francesi o per la Francia.

francòfilo [comp. di *franco-* e *-filo*] agg.; anche s. m. (f. *-a*) ● Che, chi ha simpatia per i Francesi o la Francia.

francofobìa [comp. di *franco-* e *-fobia*] s. f. ● Avversione, antipatia verso i Francesi o la Francia.

francòfobo [comp. di *franco-* e *-fobo*] agg.; anche s. m. (f. *-a*) ● Che, chi ha avversione per i Francesi o la Francia.

francòfono [comp. di *franco-* e *-fono*] **A** agg.; anche s. m. ● Che, chi parla francese. **B** s. m. (f. *-a*) ● Abitante di uno Stato in cui il francese è lingua d'uso.

francolìno [etim. incerta] s. m. ● Uccello dei Galliformi bruno scuro macchiettato di bianco, assai simile alla pernice (*Francolinus francolinus*) | *F. di monte*, uccello dei Galliformi di colore bruno variegato con gola nera o bianca (*Tetrastes bonasia*). SIN. Roncaso.

fràncone A agg. ● Della Franconia. **B** s. m. e f. ● Abitante della Franconia. **C** s. m. solo sing. ● Lingua appartenente al gruppo germanico occidentale, parlata in Franconia.

franconormànno o **frànco-normànno A** s. m. solo sing. ● Dialetto francese parlato nelle Isole Normanne. **B** anche agg.: *dialetto f.*

francoprovenzàle [comp. di *franco-* e *provenzale*] agg.; anche s. m. ● Proprio dei, relativo ai dialetti, intermedi tra il francese e il provenzale, parlati in alcune regioni francesi e svizzere del bacino mediano del Rodano, in Val d'Aosta e in alcune vallate del torinese.

francovèneto o **frànco-vèneto** agg. ● Detto della letteratura cavalleresca che fiorì nei sec. XIII e XIV nell'area compresa tra la fascia subalpina e il basso Po e che, ispirandosi ai poemi francesi, si esprimeva in una lingua mista di francese e di dialetto veneto.

frangènte A part. pres. di *frangere* ● (*raro*) Nei sign. del v. **B** s. m. *1* Onda schiumosa che si frange su scogli più o meno alti o imbarcazioni | Il punto stesso in cui l'onda è franta. ➡ ILL. p. 821 SCIENZE DELLA TERRA ED ENERGIA. *2* (*fig.*) Grave momento, caso doloroso e difficile: *trovarsi in brutti frangenti* | *In simili frangenti*, in circostanze o situazioni analoghe.

fràngere [lat. *frăngere*, di origine indeur.] **A** v. tr. (pres. *io fràngo, tu fràngi*; pass. rem. *io frànsi, tu frangésti*; part. pass. *frànto*) *1* (*lett.*) Rompere, spezzare (*spec. fig.*): *f. la resistenza, il proposito di qc.* | *F. le olive*, macinarle nel frantoio per farne uscire l'olio | (*fig.*) *F. il vigore, l'impeto*, fiaccarlo. *2* (*raro*) Ammaccare, percuotere. **B** v. intr. pron. *1* Infrangersi contro scogli, navi o altro, detto delle onde. *2* (*raro, est.*) Spezzarsi. **C** v. intr. (aus. *essere*) ● †Rompersi contro q.c.

frangétta s. f. *1* Dim. di *frangia*. *2* Nell'acconciatura, spec. femminile o infantile, fila di capelli tagliati corti e ricadenti sulla fronte.

fràngia [fr. *frange*, dal lat. *fīmbria(m)* 'fimbria', con metatesi] s. f. (pl. *-ge*) *1* Guarnizione formata da fili o cordoncini variamente intrecciati applicata in fondo ad una sciarpa, ad una gonna, o a coperta, divano, tenda e sim. *2* (*fig.*) Aggiunta per ornare un racconto o rendere più articolato un discorso: *riferire q.c. con molte frange*. *3* Ciuffo corto e liscio di capelli che ricade sulla fronte. *4* (*anat.*) Fimbria. *5* Fascia costiera che contorna isole, penisole e sim.: *f. sabbiosa, corallina*; *una f. di scogli*. *6* (*fig.*) Settore o gruppo periferico: *le frange dissidenti del partito*; *una f. estremista*. *7* (*fis.*) (*spec. al pl.*) Zone più o meno brillanti, che compaiono in molti fenomeni di ottica ondulatoria. || **frangétta**, dim. (V.) | **frangettina**, dim. | **frangiolina**, dim. | **frangióna**, accr. | **frangióne**, accr. m. | **frangiùccia**, dim.

frangiàre v. tr. (*io fràngio*) ● (*raro*) Ornare di frange.

frangiatùra s. f. ● Atto, effetto del frangiare | Insieme delle frange applicate a q.c.

frangibiàde [comp. di *frangere* e il pl. di *biada*] s. m. inv. ● Macchina per sminuzzare i semi di cereali e leguminose destinati al bestiame. SIN. Frantoio.

frangìbile agg. ● Che si può frangere, rompere, spezzare: *legno f.* CONTR. Infrangibile.

frangibilità o †**frangibilitàde**, †**frangibilitàte** s. f. ● (*raro*) Qualità di ciò che è frangibile.

frangiflùtti [comp. di *frangere* e il pl. di *flutto*] **A** s. m. ● Scogliera, diga o altro sbarramento naturale o artificiale che si oppone alla violenza dei flutti. **B** anche agg.: *diga f.*

frangilùce [comp. di *frangere* e *luce*] s. m. inv. ● Riparo naturale o artificiale per proteggere spec. alcuni tipi di colture da una luce solare troppo intensa.

frangimàre [comp. di *frangere* e *mare*] agg.; anche s. m. inv. ● Frangiflutti.

frangiónde [comp. di *frangere* e il pl. di *onda*] agg.; anche s. m. inv. ● Frangiflutti.

frangipàni [dal n. del nobile romano M. *Frangipane*] s. m. ● Albero ornamentale tropicale, con grandi fiori rosei o bianchi dal profumo simile a quello del gelsomino (*Plumiera alba*).

frangisóle [comp. di *frangere* e *sole*] s. m. inv. ● Insieme di liste parallele di legno, metallo o altro materiale, fisse o orientabili, che viene applicato alle aperture degli edifici per riparare gli ambienti interni dai raggi solari.

frangitóre [da *frangere*] s. m. ● Macchina che sottopone le olive ad una prima triturazione grossolana. SIN. Trituratrice.

frangitùra s. f. ● Lavoro del frangere le olive | Epoca in cui tale lavoro si svolge.

frangivalànghe [comp. di *frangere* e il pl. di *valanga*] s. m. inv. ● Ognuno degli ostacoli (cumuli di terra, tripodi di cemento armato, e sim.) posti lungo la traiettoria delle valanghe, allo scopo di dividerle e rallentarne la corsa.

frangivènto [comp. di *frangere* e *vento*] s. m. inv. ● Riparo naturale o artificiale per proteggere le colture dal vento.

frangizòlle o **frangizòlle** [comp. di *frangere* e il pl. di *zolla*] **A** s. m. inv. ● Attrezzo agricolo per sminuzzare e pareggiare il terreno prima della semina. **B** anche agg.: *erpice, rullo f.*

franglais /*fr.* frã'glɛ/ [vc. fr., comp. di *fran(çais)* 'francese' e *(an)glais* 'inglese'] s. m. inv. ● La lingua francese in quanto contaminata da un eccesso di vocaboli ed espressioni inglesi e angloamericani penetrati spec. dopo la seconda guerra mondiale.

franglése [comp. di *fran(cese)* e *(in)glese*] s. m. ● Adattamento di *franglais* (V.).

fràngola [da *frangere*, perché si spezza facilmente] s. f. ● Alberetto delle Ramnacee con foglie ellittiche, fiori piccoli giallo-verdastri e drupe nere a proprietà medicinali (*Rhamnus frangula*). SIN. Alno nero.

Frankfurter /*ted.* 'frankfurtər/ [vc. ted., propr. 'di Francoforte', agg. etnico di *Frankfurt* 'Francoforte'] s. m. inv. (pl. ted. inv.) ● Salsiccia affumicata, profumata con varie droghe, che si mangia bollita o arrostita e insaporita con senape.

franklin (**1**) /*ingl.* 'fræŋklin/ [da B. *Franklin* (1706-1790) che la inventò] agg. inv. ● Solo nella loc. *stufa f.*, sorta di caminetto in cotto, con cassa staccata dalla parete e aperta anteriormente.

franklin (**2**) /*ingl.* 'fræŋklin/ [chiamata così in onore di B. *Franklin*] s. m. inv. ● Unità di misura di carica elettrica nel sistema CGS, pari a 0,3336 10^{-9} coulomb. SIMB. Fr.

franóso [da *frana*] agg. ● Che frana facilmente.

frantèndere e *deriv.* ● V. *fraintendere* e *deriv.*

frànto part. pass. di *frangere*; anche agg. ● (*lett.*) Nei sign. del v.

frantoiàno **A** s. m. ● Operaio addetto a un frantoio per la macinazione delle olive. **B** agg. ● Del, relativo al frantoio.

frantóio [da *franto*] s. m. ● Macchina per la frantumazione o per la macinazione grossolana di vari materiali e prodotti: *f. d'olive*; *f. di pietre* | (*est.*) Locale adibito alla frangitura.

frantoìsta s. m. (pl. *-i*) ● Operaio addetto a un frantoio per pietre, minerali e sim.

frantumàre [da *franto*] **A** v. tr. (*io frantùmo*) *1* Ridurre q.c. in pezzi, in frammenti (*anche fig.*): *f. un vetro, una stoviglia*; *ha frantumato tutte le sue speranze*. *2* (*raro*) Fratturare. **B** v. intr. pron. ● Ridursi in frantumi: *cadendo, il vaso si frantumò*. SIN. Rompersi, spezzarsi.

frantumazióne s. f. ● Atto, effetto del frantumare o del frantumarsi.

frantùme [da *franto*] s. m. ● (*spec. al pl.*) Piccolo frammento di q.c. che si è rotta: *ridurre q.c. in frantumi* | *Andare in frantumi*, rompersi in piccoli pezzi, detto spec. di vaso, statua, stoviglie e sim. SIN. Pezzetto.

†**franzése** e *deriv.* ● V. *francese* e *deriv.*

fràppa [ant. fr. *frape*, di etim. incerta] s. f. *1* Stretta banda di stoffa increspata e smerlata usata per guarnire abiti, tendaggi, coperte e sim. | (*fig.*) †*Fare frappe*, tagliare i panni addosso a qc. *2* Minuta e precisa rappresentazione del fogliame, spec. in un dipinto. *3* (*spec. al pl.*) Dolce di pasta sfoglia a forma di nastro dentellato, fritto e cosparso di zucchero. *4* †Cosa di nessun valore | (*fig.*) †Ciancia, chiacchiera.

frappàre [da *frappa*] v. tr. (*io fràppo*) *1* Rifinire abiti, tende e sim. con frappe. *2* Riprodurre minutamente il fogliame, spec. in un dipinto. *3* †Tagliuzzare, tagliare | †Ferire. *4* (*fig.*) †Ingannare | Inventare frottole.

frappé /frap'pe*, frap'pɛ*, *fr.* fra'pe/ [vc. fr., part. pass. di *frapper* 'battere', dal francone *hrappan*] **A** agg. inv. ● Detto di bibita o bevanda frullata, con aggiunta di ghiaccio tritato: *latte f.* **B** s. m. inv. ● Bevanda, bibita frappé: *un f. al cioccolato*.

†**frapponiménto** [da *frapporre*] s. m. ● Interposizione.

frappórre [comp. di *fra* (*1*) e *porre*] **A** v. tr. (coniug. come *porre*) ● Porre in mezzo (*spec. fig.*): *f. ostacoli, difficoltà, indugi*. SIN. Frammettere. **B** v. rifl. e intr. pron. ● Mettersi in mezzo, anche importunamente: *si frappose per evitare un litigio*; *un evento nuovo si frappone alla tua decisione*. SIN. Intromettersi.

frapposizióne [da *frapporre*] s. f. *1* Atto, effetto del frapporre o del frapporsi | Stato di chi, di ciò che è frapposto. *2* (*ling.*) Interposizione di una consonante per evitare casi di iato.

frappósto part. pass. di *frapporre*; anche agg. ● Nei sign. del v.

frasàrio [da *frase*] s. m. *1* Insieme di frasi e locuzioni abitualmente usate da una persona o da una particolare categoria di persone: *f. politico, burocratico, dei tribunali, degli avvocati*; *quell'uomo ha un f. molto singolare*. SIN. Gergo. *2* Raccolta di frasi di uno scrittore: *f. dantesco, virgiliano* | *F. retorico*, frasi consuete di retori.

fràsca [vc. di origine preindeur.] s. f. *1* Ramoscello fronzuto: *lo stormire delle frasche*; *il destrier ch'avea lasciato / tra le più dense frasche alla fresca ombra* (ARIOSTO) | *Saltare di palo in f.*, (*fig.*) passare da un argomento a un altro completamente diverso, in modo illogico e improvviso | (*raro*) *Andare in f. nel fare q.c.*, (*fig.*) distrarsi, sbagliare | (*pop.*) Ramoscello collocato all'insegna di osterie e taverne, spec. di campagna. SIN. Fronda. *2* (*fig.*) Persona leggera e volubile, spec. donna. *3* (*spec. al pl., fig.*) Vanità, capricci: *essere pieno di frasche*. *4* (*spec. al pl., raro, fig.*) Ornamenti di cattivo gusto: *vestire con inutili frasche* || PROV. Meglio un fringuello in gabbia che un tordo in frasca. || **fraschétta**, dim. (V.) | **fràscola**, dim. | **frascóne**, accr. m. (V.).

frascàme s. m. ● Quantità, insieme di frasche: *il f. di un albero* | Frasche di varie specie.

frascàti [da *Frascati*, luogo di produzione] s. m. ● Vino bianco dei Castelli Romani, asciutto, armonico, di 12,5°.

frascàto [da *frasca*] s. m. *1* Riparo di frasche fatto a forma di tettoia | Portico coperto di frasche. *2* Macchie basse e folte | Luogo pieno di frasche. *3* †Quantità di rami frondosi legati insieme.

frascheggiàre [da *frasca*] v. intr. (*io fraschéggio*; aus. *avere*) *1* (*lett.*) Stormire delle frasche mosse dal vento: *Madonna Dianora ... senti f. sotto una vite* (MACHIAVELLI). *2* Comportarsi in modo leggero, e volubile, spec. riferito a donna. SIN. Civettare. *3* †Burlare | †Raccontare frottole sotto forma di verità.

fraschéggio s. m. ● (*raro*) Rumore continuo e insistente del vento o altro tra le frasche.

frascherìa [da *frasca*] s. f. ● Cosa vana, inezia | Fronzolo.

fraschétta s. f. *1* Dim. di *frasca*. *2* (*fig.*) Donna fatua e leggera. || **fraschettina**, dim. | **fraschettuòla**, dim.

frasconàia s. f. *1* Terreno folto di frasche | Nel linguaggio dei cacciatori, boschetto, uccelliera. *2* (*fig.*) Insieme di ornamenti senza ordine e gusto.

frascóne s. m. *1* Accr. di *frasca*. *2* (*spec. al pl.*) Frasche per sostegno di fagioli e sim. | (*pop.*) *Portare, seminare i frasconi*, trascinare le ali penzoloni come frasche, detto di polli, di animali da cortile e (*fig.*) strascicare per debolezza o malattia, detto di persone. *3* (*mar.*) Grosso paranco che si tiene normalmente fissato alle sartie, pronto per le eventuali necessità. SIN. Candeletta.

frascùme [da *frasca*] s. m. *1* Grande quantità di frasche. *2* (*fig., spreg.*) Ornamento: *prosa ornata di troppi frascumi*.

fràse [vc. dotta, lat. *phrăsi(m)*, nom. *phrăsis*, dal gr. *phrásis* 'espressione', da *phrázein* 'parlare', di etim. incerta] s. f. *1* (*ling.*) Unità linguistica indipendente e di senso compiuto: *una f. breve, poco chiara, gentile* | *F. incisiva*, efficace, arguta | *Compiere la f.*, aggiungere gli elementi mancanti, se è sospesa o imprecisa | *Sono solo frasi*, sono affermazioni enfatiche e vuote | Locuzione: *usare solo frasi scelte*. *2* Espressione: *non trovare la f. giusta per far comprendere q.c.* | *F. fatta*, vuota, convenzionale | *Frasi di cerimonia*, altisonanti e spesso poco sincere | *Frasi parlamentari*, (*fig.*) diplomatiche o di riguardo. *3* (*mus.*) Elemento espressivo del discorso musicale che costituisce un periodo compiuto. || **frasàccia**, pegg. | **frasétta**, dim. | **frasettìna**, dim. | **frasicciuòla**, dim. | **frasìna**, dim. | **frasùcola**, dim.

fraseggiaménto s. m. ● (*raro*) Modo di fraseggiare.

fraseggiàre [da *frase*] v. intr. (*io fraséggio*; aus. *avere*) *1* Comporre le frasi e farne uso: *f. con eleganza* | Usare frasi ricercate, ma vuote: *è un avvocato che fraseggia*. *2* (*mus.*) Nella composizione, dividere acconciamente il pezzo di musica in sezioni, periodi, frasi, membri, mediante le opportune cadenze, clausole e riposi | Nell'esecuzione, dare le proporzioni, variare le uscite di tono.

fraseggiatóre s. m. (f. *-trice*) ● Chi fraseggia.

fraséggio s. m. ● Modo e atto del fraseggiare.

fraseologìa o †**frasologìa** [fr. *phraséologie*, comp. del gr. *phrásis*, genit. *phráseōs* 'espressione' e del fr. *-logie* '-logia'] s. f. (pl. *-gìe*) *1* Insieme delle frasi proprie di un determinato sistema linguistico o di una sua parte: *f. italiana*; *f. militare* | Raccolta ragionata di tali frasi. *2* Costrutto della frase proprio di una lingua o di uno scrittore.

fraseològico agg. (pl. m. *-ci*) ● Relativo alla fraseologia.

†**frasologìa** ● V. *fraseologia*.

frassinèlla (**1**) [da *frassino*] s. f. ● (*bot.*) Dittamo. SIN. Frassinello, ornello.

frassinèlla (**2**) [etim. incerta] s. f. ● Pietra arenaria di grana sottile usata dagli orafi antichi per affilare arnesi e limare smalti.

frassinèllo s. m. ● (*bot.*) Frassinella.

frassinéto [da *frassino*] s. m. ● Bosco di frassini.

fràssino [lat. *frāxinu(m)*, di etim. incerta] s. m. *1* Albero delle Oleacee con foglie imparipennate, fiori poco appariscenti, frutto a samara (*Fraxinus excelsior*) | *F. da manna*, ornello. *2* Legno dell'albero omonimo.

frastagliàme s. m. ● Cose frastagliate, minutaglie.

frastagliaménto s. m. ● Atto, effetto del frastagliare | Il punto in cui una cosa è frastagliata.

frastagliàre [comp. di *fra* (*1*) e *stagliare*] v. tr. (*io frastàglio*) *1* Tagliare q.c. in varie direzioni e in vari punti, spec. lungo i bordi: *f. un foglio, un abito.* *2* †Dire cose inverosimili per ingannare. *3* †Imbrogliarsi nel parlare.

frastagliàto part. pass. di *frastagliare*; anche agg. *1* Nei sign. del v. *2* Ornato di frastagli: *abito f.* | *Cime frastagliate*, di montagna, come seghettate | *Costa frastagliata*, con molte rientranze e sporgenze | *Terreno f.*, interrotto da fossi, siepi, canali e sim. || **frastagliataménte**, avv. (*raro, fig.*) In modo disordinato e interrotto.

frastagliatùra s. f. ● Atto, effetto del frastagliare | Aspetto frastagliato | Insieme di frastagli.

frastàglio [da *frastagliare*] s. m. *1* Accurato e paziente lavoro di intaglio a linee sporgenti, rientranti e sim. *2* (*spec. al pl.*) Ornamenti eccessivi e artificiosi: *frastagli dello stile barocco.*

frastagliùme s. m. ● (*raro, spreg.*) Quantità di frastagli: *un f. di inutili ornamenti.*

fràstico [dal gr. *phrásis* 'frase, locuzione'] agg. (pl. m. *-ci*) ● (*ling.*) Che si riferisce alla frase.

frastòno ● V. *frastuono.*

frastornaménto s. m. ● Modo e atto del frastornare | (*raro*) Cosa che disturba o impedisce.

frastornànte part. pres. di *frastornare*; anche agg. *1* Nei sign. del v. *2* Che stordisce, che provoca confusione mentale: *un chiasso f.*

frastornàre [comp. di *fra* (*1*) e *stornare*] v. tr. (*io frastórno*) *1* (*raro*) Impedire, rendere nullo: *ed erasi il matrimonio per diversi accidenti più volte frastornato* (BOCCACCIO). *2* Disturbare, distrarre chi è immerso nelle proprie occupazioni: *il rumore incessante del traffico lo frastornava dal difficile lavoro.* *3* (*raro*) Dissuadere da un proposito.

frastornàto part. pass. di *frastornare*; anche agg. *1* Nei sign. del v. *2* Che è in uno stato di confusione e di stanchezza fisica e nervosa: *mi trovai completamente f.*

frastornatóre s. m.; anche agg. (f. *-trice*) ● (*raro*) Chi, che frastorna.

frastornìo s. m. ● (*tosc.*) Ciò che distrae o disturba ripetutamente.

frastórno s. m. ● (*raro*) Noia, disturbo.

frastuòno o (*pop.*) **frastòno** [comp. di *fra* (*1*) e *tuono*] s. m. *1* Rumore assordante in cui si mescolano suoni di diversa intensità e natura: *f. di automobili, di gente che grida.* SIN. Baccano, fracasso, strepito. *2* †Impaccio, incomodo.

fratacchióne s. m. *1* Accr. di *frate.* *2* Frate di grossa corporatura (*anche spreg.*).

fratàglia s. f. *1* V. *fraglia.* *2* (*raro, spreg.*) Moltitudine di frati.

fratàio [da *frate* (*1*)] agg.; anche s. m. ● (*spreg.*) Che, chi è amico dei frati.

†fra tànto ● V. *frattanto.*

fratàzzo ● V. *frattazzo.*

fràte (**1**) o **†fràtre**, spec. nel sign. 2 [lat. *frātre(m)*, di origine indeur.] s. m. (troncato in *fra*, raro *frà*, o *fra'*, davanti ai nomi propri) *1* Religioso di un ordine monastico cattolico: *f. di San Francesco, di San Domenico* | *F. predicatore*, domenicano | *F. laico*, quello che non ha ricevuto gli ordini religiosi ed è addetto ai servizi del convento | *Frati gaudenti*, appartenenti a un ordine cavalleresco e conventuale fondato nel XIII sec. a Bologna con scopi pacificatori e protettivi, i quali potevano aver famiglia e vivere a casa propria | *Va' a farti f.!*, (*euf.*) togliti di torno, va' al diavolo, va' in malora | *Star coi frati e zappar l'orto*, fare tutto quello che vogliono gli altri | (*fig., fam.*) *È morto un f.*, quando, in una conversazione, cala un silenzio lungo e imbarazzato. *2* (*merid.*) †Fratello | †Amico, persona cara. || **fratacchióne**, accr. (V.) | **fratacchiòtto**, accr. | **fratàccio**, pegg. | **fraticèllo**, dim. (V.) | **fraticìno**, dim. | **fratìcolo**, dim. | **fratìno**, dim. (V.) | **fratòccio**, accr. | **fratóne**, accr. | **frantónzolo**, spreg. | **fratòtto**, accr. | **fratùccio**, dim. (V. nota d'uso ELISIONE e TRONCAMENTO).

fràte (**2**) [dalla forma simile a quella del cappuccio di un *frate*] s. m. *1* (*edil.*) Embrice a forma di cappuccio per dar luce alle stanze a tetto. *2* Baco da seta non mandato al bosco, che fa sulla stuoia un bozzolo imperfetto. *3* (*bot.*) *Capo di f.*, dente di leone.

fràte (**3**) [dal colore chiaro come certe tonache di frati] s. m. *1* Zona di uno stampato mal inchiostrata o non inchiostrata affatto. *2* (*spec. al pl., tosc.*) Sorta di ciambelle fritte.

fratellàme s. m. *1* (*raro, spreg.*) Insieme di fratelli. *2* †Fratellanza.

fratellànza s. f. *1* La relazione naturale e civile che intercorre tra fratelli: *rapporti, doveri di f.* *2* (*est.*) Reciproco sentimento di amicizia e affetto quasi fraterno: *la f. dei buoni*; *prove di f.* | *F. universale*, pacifica comunanza di tutti gli uomini | *F. d'armi*, legame che si stabilisce fra chi combatte sotto una stessa bandiera o per la medesima causa | *F. del sangue*, operazione compiuta scambiando sangue da piccole ferite del petto e del braccio che dà luogo, presso alcuni popoli, a istituzioni di mutuo soccorso. *3* Società laica di mutuo soccorso.

fratellàstro s. m. ● Fratello che ha in comune con un altro o gli altri figli della stessa famiglia solo il padre o la madre.

†fratellévole agg. ● (*raro, lett.*) Che si conviene tra fratelli: *con puro e f. animo* (BOCCACCIO). || **†fratellevolménte**, avv. (*raro, lett.*) In modo fratellevole.

fratèllo [lat. parl. **fratĕllu(m)*, dim. di *frāter* 'fratello'. V. *frate* (*1*)] **A** s. m. (pl. *fratèlli* poet. *fratèi*, †*fratègli*, †*frate'*) *1* Ciascuna delle persone di sesso maschile nate dallo stesso padre e dalla stessa madre | (*dir.*) Parente di sesso maschile in linea collaterale di secondo grado | *F. germano*, nato dallo stesso padre e dalla stessa madre | *F. consanguineo*, nato dallo stesso padre ma da madre diversa | *F. uterino*, nato dalla stessa madre ma da padre diverso | *F. adottivo*, che trae il suo legame di fratellanza da un atto d'adozione | (*raro*) *F. cugino*, cugino di primo grado | *F. di latte*, allattato dalla stessa balia | *Sembrare fratelli, assomigliarsi come fratelli*, essere molto simili | *Amarsi come f. e sorella*, di amore casto | *Fratelli siamesi*, gemelli malformati uniti per parte del corpo. *2* (*al pl.*) I figli, maschi e femmine, di una stessa famiglia: *quanti fratelli sono in famiglia? Due, un maschio e una femmina.* *3* (*est.*) Chi ha in comune con altri un vincolo religioso, politico, sociale, ideale e sim.: *essere fratelli in Cristo*; *i figli di una stessa patria sono fratelli*; *il combattere per la stessa causa li ha resi fratelli* | *Fratelli separati*, nel linguaggio dei cattolici, spec. dopo il Concilio Vaticano II, i cristiani che non seguono la confessione cattolica | Compagno, amico stretto: *essere fratelli nella gioia, nella tristezza*; *f. di sventura, d'esilio* | *F. d'arme*, commilitone | Affiliato della stessa setta o società segreta: *i fratelli massoni* | (*fig.*) Ciò che è dotato della stessa natura: *l'orgoglio e la persecuzione sono fratelli.* *4* Frate laico, converso, spec. in alcuni ordini cattolici, che veste l'abito, senza aver pronunziato i voti o avendone pronunziato solo parte | Confratello, iscritto a una congregazione, confraternita o compagnia religiosa | *Fate bene fratelli*, ordine ospedaliero di S. Giovanni di Dio | *Fratelli della Misericordia*, congregazione istituita per assistere i malati e i poveri, confortare i moribondi e fare le esequie | *Fratelli Arvali*, in Roma antica, membri di un collegio sacerdotale istituito da Romolo per i riti relativi alla propiziazione della fertilità dei campi. **B** in funzione di agg. ● (posposto al s.) Che è della stessa opinione politica, che aderisce allo stesso movimento e sim.: *partiti fratelli.* || **fratellàccio**, pegg. | **fratellìno**, dim. | **fratellóne**, accr.

fraterìa [da *frate* (*1*)] s. f. ● Tutti i frati di un medesimo ordine o convento.

fratèrna [ell. di *fraterna compagnia*] s. f. ● (*dir.*) Istituto medievale per cui i componenti di una famiglia, dopo la morte del padre, continuavano sotto la direzione del fratello maggiore l'attività del defunto, lasciando il patrimonio indiviso e amministrandolo in comune.

†fratèrnita [lat. *fratĕrnitas*, nom. sing., da *fratĕrnus* 'fraterno'] s. f. ● Confraternita.

fraternità [lat. *fraternitāte(m)*, da *fratĕrnus* 'fraterno'] s. f. ● Affetto fraterno, accordo profondo tra persone non legate da vincoli di parentela: *tra loro esiste un'intima f. d'intenti*; *la f. dei popoli.* SIN. Amicizia.

fraternizzàre [fr. *fraterniser*, dal lat. *fratĕrnus* 'fraterno'] v. intr. (*io fraternìzzo*; aus. *avere*) *1* Stringere rapporti d'amicizia, spec. con chi prima era ostile o nemico: *gli invasori fraternizzarono con le popolazioni indigene* | (*est.*) Fare amicizia: *quel bambino fraternizza con tutti.* *2* Fare propri gli scopi, gli ideali di qc.: *i militari fraternizzarono con i ribelli civili.*

fratèrno [vc. dotta, lat. *fratĕrnu(m)*, da *frāter* 'fratello'] agg. *1* Di, da fratello: *amore, affetto f.* | *Guerra fraterna*, (*fig.*) tra cittadini dello stesso Stato. *2* (*est.*) Affettuoso, come di fratelli: *aiuto, vincolo, saluto f.* | *Amicizia, carità fraterna*, amore, solidarietà di persone legate da vincoli d'affetto. || **fraternaménte**, avv.

fratésco [da *frate* (*1*)] agg. (pl. m. *-schi*) ● Da, di frate (*anche fig.*): *saio f.*; *invidia, astuzia fratesca.* || **fratescaménte**, avv. Nel modo proprio dei frati.

fraticèllo s. m. *1* Dim. di *frate* (*1*). *2* Piccolo uccello, simile al gabbiano, bianco con cappuccio nero sul capo, buon nuotatore e tuffatore, che si nutre di pesci (*Sterna albifrons*).

†fratìle agg. ● Fratesco.

fratìna (**1**) [da *frate* (*1*)] s. f. *1* Tavolo lungo e stretto da refettorio di convento, retto da due sostegni squadrati o torniti su pattini oppure da due assi sagomate su piedi a mensola unite o no da una traversa | (*est., impr.*) Qualsiasi tavolo rustico di forma spiccatamente rettangolare. *2* Sedia toscana del primo Seicento retta da gambe squadrate, caratterizzata da cartelle riccamente intagliate nel dorsale e nella traversa anteriore. *3* Particolare taglio dei capelli che imita quello di certi frati.

fratìna (**2**) [dal colore, simile a quello della tonaca di un *frate*] s. f. ● (*zool.*) Cutrettola.

fratìno (**1**) **A** agg. ● (*raro, lett.*) Fratesco. **B** s. m. *1* Dim. di *frate* (*1*). *2* Frate giovane | Ragazzo che si avvia a diventare frate.

fratìno (**2**) [V. *fratina* (*2*)] s. m. ● Uccelletto dell'ordine dei Caradriformi, comune in Italia sulle spiagge marine, di laghi e fiumi, che si muove camminando e correndo a gran velocità (*Charadrius alexandrinus*).

fratìno (**3**) [dalla forma simile a quella del cappuccio di un *frate*] s. m. ● (*bot.*) Nasturzio indiano.

†fràtre ● V. *frate* (*1*).

fratrìa [vc. dotta, gr. *phratría*, da *phrátēr* 'fratello', di origine indeur.] s. f. *1* Nell'antica Grecia, ciascuna delle tre parti in cui si divideva una tribù. *2* Nei gruppi sociali soggetti a esogamia, classe o sezione che esclude il matrimonio fra i suoi stessi membri.

fratricìda [vc. dotta, lat. *fratricīda(m)*, comp. di *frāter*, genit. *frātris* 'fratello' e *-cida* '-cida'] **A** s. m. e f. (pl. m. *-i*) ● Uccisore del proprio fratello o della propria sorella | (*est.*) Chi uccide qc. cui è legato da vincoli di fratellanza, comunanza d'idee e sim. **B** agg. ● Che si riferisce a chi uccide un fratello o una sorella o una persona con cui ha legami di sangue, amicizia e sim.: *lotta f.* | *Guerra f.*, civile.

fratricìdio [vc. dotta, lat. tardo *fratricīdiu(m)*, da *fratricīda* 'fratricida'] s. m. ● Uccisione del proprio fratello o della propria sorella | (*est.*) Uccisione di persona cui si è legati da vincoli di sangue, amicizia e sim.

fràtta [etim. discussa: lat. *frācta* '(rami) rotti', part. pass. nt. pl. di *frāngere* (?)] s. f. *1* Luogo scosceso e impervio ricoperto da una macchia intricata di pruni e sterpi | *Andare, essere per le fratte*, (*fig., tosc.*) trovarsi in pessime condizioni economiche. *2* (*dial.*) Siepe, cespuglio: *sbuca il can dalla f., come il vento* (PASCOLI). *3* †Frattura, rottura.

frattàglia [da *fratto*] s. f. *1* (*spec. al pl.*) Interiora commestibili degli animali macellati | *F. di pollo*, rigaglie. *2* (*spec. al pl., raro*) Ciarpame, cosa inservibile o di poco valore.

frattagliàio s. m. ● (*raro*) Venditore di frattaglie.

frattàle [vc. coniata dal matematico fr. B. Mandelbrot nel 1975, dal lat. *frāctus* 'spezzato', part. pass. di *frāngere*] **A** s. m. ● (*geom.*) Figura geometrica, dotata di simmetrie interne a qualsiasi scala la si ingrandisca, ottenuta come configurazione limite di una successione di curve spezzate; da ognuna si ottiene la successiva in base a una regola assegnata, per es. sostituendo a ogni lato una linea spezzata prefissata detta generatore. **B** anche agg.: *oggetto f.*

frattànto o (*raro*) **†fra tànto** [comp. di *fra* (*1*) e *tanto*] avv. • In questo, in quel mentre, nel medesimo tempo: *f. erano successe molte cose*; *cosa hai fatto f.?*; *f. / andiam*; *vi sono ai vostri lari io scorta* (ALFIERI) | Con valore raff.: *E f.*, introduce un'amara constatazione: *e f. tutto va in rovina!*

frattazzàre v. tr. • (*edil.*) Spianare, lisciare col frattazzo: *f. l'intonaco.*

frattàzzo o **fratàzzo** [da *frettare*] s. m. • Tavoletta rettangolare di legno, con maniglia, usata dal muratore per spianare la malta con cui si intonaca un muro. SIN. Spianatoio. || **frattazzino**, dim.

frattèmpo [comp. di *fra* (*1*) e *tempo*] s. m. • Solo nelle loc. avv. *in questo, in quel f., nel f.*, in questo, in quel mentre, nel tempo intercorrente, frattanto, intanto: *in questo f. molte cose sono cambiate*; *nel f. approfitterò per visitare la città.*

fràtto part. pass. di *frangere*; anche agg. *1* Nei sign. del v. *2* (*mat.*) Frazionario: *equazione fratta* | Diviso: *sei f. due.* *3* (*mus.*) *Canto f.*, modulato.

frattografìa [comp. di *fratt*(*ura*) e *-grafia*] s. f. • (*metall.*) Tecnica per la determinazione delle cause di rottura di metalli mediante osservazione con strumenti ottici.

frattùra [vc. dotta, lat. *fractūra*(*m*), da *frāctus* 'fratto'] s. f. *1* Interruzione della continuità di un corpo a struttura solida | *F. ossea*, soluzione di continuo di un osso per sollecitazioni eccedenti il suo limite di resistenza | *F. semplice*, con formazione di due frammenti | *F. comminuta*, con più di due frammenti | *F. esposta*, il cui focolaio comunica con l'esterno. *2* (*geol.*) Spaccatura della crosta terrestre nella quale non si è avuto scorrimento reciproco tra le due parti. *3* (*fig.*) Interruzione nel corso del normale svolgimento di un avvenimento, un lavoro, un rapporto e sim.: *una f. economica, politica, diplomatica.* *4* (*mecc.*) *F. fragile*, rottura improvvisa di materiali, spec. metallici, che si verifica in seguito a brusche sollecitazioni, prolungate tensioni, variazioni di temperatura e sim. || **fratturìna**, dim.

fratturàre [da *frattura*] **A** v. tr. (*io frattùro*) • Produrre una frattura: *fratturarsi un braccio, una gamba.* **B** v. intr. pron. • Subire una frattura: *l'osso si è fratturato in tre punti.*

fràu ® [dal n. del suo costruttore, l'industriale sardo R. *Frau*] s. f. • Poltrona ampia e comoda, gener. rivestita di pelle.

fraudatòrio [vc. dotta, lat. tardo *fraudatōriu*(*m*), da *fraudātor*, genit. *fraudatōris* 'frodatore'] agg. • Che ha carattere di frode.

†**fràude** e *deriv.* • V. *frode* e *deriv.*

fraudolènto, †**fraudolènte**, (*raro*) **frodolènto** [lat. *fraudulĕntu*(*m*), da *frāus*, genit. *frāudis* 'frode'] agg. *1* Che opera con frode, che tende a commettere frode: *individuo f.* | *Consigliere f.*, consigliere di inganni. *2* Che è caratterizzato da frode: *bancarotta, insolvenza fraudolenta.* *3* Di ciò che è fatto con frode, a scopo d'inganno e raggiro: *azione fraudolenta*; *diede il consiglio frodolento* (DANTE). SIN. Doloso. || **fraudolentemènte**, avv. (*raro*) Con frode.

fraudolènza o †**fraudolènzia**, (*raro*) **frodolènza** [lat. *fraudulĕntia*(*m*), da *fraudulĕntus* 'fraudolento'] s. f. • Inganno, truffa | Carattere di ciò che è fraudolento.

†**fraudóso** agg. • Ingannevole | Fraudolento.

Fräulein /*ted.* 'frɔylain/ [vc. ted., propr. 'signorina', dim. di *Frau* 'signora'] s. f. inv. • Governante, istitutrice di lingua tedesca.

fràvola e *deriv.* • V. *fragola* e *deriv.*

fràzio [stessa etim. di *fracido*] s. m. • (*raro, dial.*) Fetore, puzzo, spec. di cibi guasti.

frazionàbile agg. • Che si può frazionare.

frazionàle [da *frazione*] agg. • Frazionario | *Moneta f.*, moneta divisionale.

frazionaménto s. m. • Atto, effetto del frazionare: *f. di un'eredità*; *f. di un immobile*; *f. dei rischi di un'impresa*; *f. di un miscuglio, di una soluzione* | *F. catastale*, divisione di particella catastale per passaggio di proprietà. SIN. Divisione.

frazionàre [da *frazione*] **A** v. tr. (*io frazióno*) • Dividere in varie parti: *tutti gli averi del defunto furono frazionati fra gli eredi*; *f. un miscuglio, una soluzione, il petrolio greggio.* **B** v. intr. pron. • Dividersi: *il partito si frazionò in due correnti.*

frazionàrio agg. • (*mat.*) Di frazione. SIN. Frazionale.

frazionàto part. pass. di *frazionare*; anche agg. *1* Nei sign. del v. *2* Detto di francobollo ottenuto tagliando in due o più parti un esemplare intero, da parte di un ufficio postale o di un utente della posta, per mancanza di francobolli di piccolo valore.

frazióne [lat. tardo *fractiōne*(*m*) 'spezzatura', da *frāctus*, part. pass. di *frāngere* 'spezzare'] s. f. *1* Porzione, parte staccata di un tutto: *un quarto d'ora è una f. di ora*; *solo una piccola f. di persone riuscì nell'intervento* | (*sport*) Nelle gare a staffetta, ciascuna delle parti uguali in cui è suddiviso il percorso, coperta in successione da un componente delle squadre | Nel ciclismo, semitappa | (*chim.*) Ciascuna parte che si ottiene frazionando soluzioni o miscugli liquidi. *2* (*mat.*) Espressione matematica composta da una coppia di numeri interi, numeratore e denominatore, con la convenzione che due coppie sono equivalenti se i prodotti del numeratore dell'una per il denominatore dell'altra sono uguali | Quoziente di due numeri, o di due quantità | Espressione composta di due numeri, che indicano rispettivamente quanti e quali parti dell'unità si considerano | *F. apparente*, il cui numeratore è multiplo del denominatore | *F. continua*, come espressione formale, è data da una frazione il cui denominatore è somma di un numero e d'una frazione costruita allo stesso modo, e così via; più precisamente, è l'algoritmo che associa a tale espressione la successione dei valori ottenuti trascurando le frazioni da un certo punto in poi, e, se esiste, il relativo limite | *F. decimale*, che ha per denominatore una potenza di 10 | *F. propria, impropria*, il cui numeratore è minore o maggiore del denominatore In testi di tipo discorsivo, le frazioni si possono scrivere in lettere: *ci vediamo tra un quarto d'ora*; *per tre quarti del film gli attori non parlano*; *solo un quinto dei partecipanti ha preso la parola*; *i due terzi dello stipendio se ne vanno per l'affitto*; *una mezza porzione di tagliatelle.* In usi di tipo matematico, tecnico o scientifico le frazioni si scrivono con i numeri arabi separati da una barretta diagonale: oppure separando i due numeri (detti *numeratore e denominatore*) con la linea di frazione. (V. nota d'uso NUMERO) | (*chim.*) *F. molare*, rapporto tra una determinata quantità di composto e la sua grammomolecola. *3* Borgata di comune priva di uffici comunali. *4* Nella Messa, il rito dello spezzare l'ostia consacrata lasciandone cadere un pezzetto nel vino del calice. || **frazioncèlla**, dim. | **frazioncìna**, dim.

frazionìşmo s. m. • Tendenza a creare correnti o scissioni nell'ambito dei partiti.

frazionìsta **A** s. m. e f. (pl. m. *-i*) *1* Chi, all'interno di un partito, favorisce il sorgere di correnti o scissioni. *2* (*sport*) Nelle gare a staffetta, ciascuno dei componenti delle squadre che gareggia compiendo una frazione: *primo, ultimo f.* **B** agg. • Di, relativo a, frazionismo.

frazionìstico agg. (pl. m. *-ci*) • Di, relativo a, frazionismo: *tentativo f.*

freak /*ingl.* fri:k/ [vc. ingl., all'origine 'capriccio, ghiribizzo' (da avvicinare all'ingl. ant. *frician* 'ballare'), poi divenuto verbo nel sign. di 'subire un'esperienza emotiva intensa, eccitarsi (soprattutto con riferimento ai tossicomani)', quindi 'spostato'] s. m. e f. inv. • Nei primi anni Settanta, chi, per mostrare la propria rivolta verso la società, seguiva norme di comportamento che, spec. mutuando alcuni elementi dalle filosofie orientali od orientaleggianti, teorizzavano l'uso regolare delle sostanze stupefacenti, la vita alla giornata, un modo di vestire insieme povero e stravagante.

freàtico [dal gr. *phréar*, genit. *phréatos* 'pozzo', di origine indeur.] agg. (pl. m. *-ci*) • Detto di falda acquifera che scorre attraverso terreni porosi permeabili, sopra strati di terreni impermeabili: *falda freatica* | Relativo a una falda freatica: *livello f.*

freatologìa [comp. del gr. *phréar*, genit. *phréatos* 'pozzo' e *-logia*] s. f. (pl. *-gie*) • Studio o trattato sulle acque dei pozzi o freatiche.

freccétta s. f. *1* Dim. di *freccia.* *2* Segno grafico a forma di piccola freccia. *3* Sorta di piccola freccia che si scaglia a mano per gioco contro un bersaglio.

fréccia [fr. *flèche*, di origine germ.] s. f. (pl. *-ce*) *1* Asticciola con punta acuta e cocca posteriore, da lanciare con arco o balestra, dotata talvolta di alette stabilizzatrici della traiettoria: *incoccare, scagliare la f.* | *Avere molte frecce al proprio arco*, (*fig.*) disporre di molti buoni argomenti, possibilità e sim. | *Correre come una f.*, (*fig.*) con grande velocità | *F. del Sud, f. Azzurra*, nome dato a treni rapidi o direttissimi. ➡ ILL. p. 1287 SPORT; armi. *2* (*fig.*) Allusione pungente o cattiva | *F. del Parto*, allusione maligna detta all'ultimo momento. *3* (*raro, fig., fam.*) Stoccata, richiesta importuna di denaro in prestito | *Dar la f.*, frecciare. *4* (*est.*) Elemento appuntito e allungato, più o meno simile a una freccia | *F. di direzione*, indicatore usato un tempo sugli autoveicoli, consistente in una barretta a luce rossa, fatta sporgere dal fianco della carrozzeria; oggi, correntemente, indicatore a luce intermittente | *F. del campanile, di una torre e sim.*, guglia, cuspide | *A f.*, che ha la forma di una freccia | *Ala a f.*, le cui semiali formano in pianta un angolo col vertice in avanti, adatto per velocità subsoniche e supersoniche. *5* Parte più sottile e appuntita di molti strumenti: *la f. dell'ago magnetico.* *6* Segno, pannello e sim. a forma di freccia usato per indicare la direzione: *f. indicatrice*; *secondo la f. bisogna voltare a destra.* *7* In carri e carrozze, stanga che collega gli alberi alle ruote. *8* (*arch.*) Distanza verticale fra la chiave di volta e la corda di un arco. *9* Baghetta. *10* (*mil.*) Piccola opera esterna composta di due corpi ad angolo acuto col vertice verso la campagna. *11* (*mar.*) Controranda. *12* (*aer.*) *Frecce Tricolori*, pattuglia acrobatica dell'Aeronautica Militare italiana. || **freccétta**, dim. (V.) | **freccìna**, dim. | **freccióne**, accr. m.

frecciàre [da *freccia*] **A** v. tr. (*io fréccio*) • (*raro*) Colpire con frecce | *F. qc.*, (*fig., fam.*) chiedere denaro in prestito e non restituirlo. **B** v. intr. (aus. *avere*) *1* Tirare frecce. *2* (*raro, fig., fam.*) Chiedere denaro in prestito con l'intenzione di non restituirlo.

frecciàta s. f. *1* Colpo di freccia: *una f. lo ridusse in fin di vita.* *2* (*fig.*) Motto pungente, allusione volutamente mordace e maligna: *la f. lanciatagli gli impedì qualsiasi replica.* *3* (*raro, fig., fam.*) Richiesta di denaro che poi non verrà restituito: *gli dette una f. di centomila lire.* || **frecciatèlla**, dim. | **frecciatìna**, dim.

freddàre [lat. tardo *frigidāre*, da *frīgidum* 'freddo'] **A** v. tr. (*io fréddo*) *1* Far diventar freddo, spec. bevande o cibi caldi: *f. la minestra, il caffè bollente* | (*fig.*) *F. l'entusiasmo*, affievolirlo, farlo sbollire | (*fig.*) *F. la conversazione*, provocare un improvviso e impacciato silenzio. *2* Ammazzare, uccidere, spec. all'improvviso e con un colpo solo: *freddò il leone a breve distanza.* **B** v. intr. pron. • Diventare freddo: *il riso impiega molto tempo a freddarsi* | (*fig.*) *Non lasciare che q.c. si freddi*, metterla subito in atto | (*fig.*) *Non lasciare che l'occasione si freddi*, coglierla, approfittando del momento opportuno.

freddézza [da *freddo*] s. f. *1* Stato, condizione di ciò che è freddo: *la f. dell'acqua.* *2* (*fig.*) Dichiarata indifferenza, priva di ogni slancio e cordialità: *f. di carattere*; *accogliere con f.*; *nei loro rapporti c'è una certa f.* | (*fig.*) *F. di stile*, mancanza di vivacità, colorito ed efficacia. CONTR. Calore, entusiasmo. *3* (*fig.*) Autocontrollo, capacità di dominare i propri nervi: *con esemplare f. l'uomo riuscì a salvare il bambino.*

freddìccio **A** agg. (pl. f. *-ce*) • Alquanto freddo: *brodo f.* **B** s. m. • Tempo ancora freddo o che comincia a essere tale: *ieri mattina si sentiva un certo f.*

fréddo [lat. *frīgidu*(*m*), da *frigēre* 'esser freddo', di origine indeur.] **A** agg. *1* Che comunica una sensazione contraria a quella del caldo, a causa della temperatura inferiore a quella normale o ambientale: *tempo, vento f.*; *giornata, città fredda*; *f. come la neve, il ghiaccio, il marmo*; *bevendo quel f. liquore, / cangiosse tutto l'amoroso core* (BOIARDO) | *Sudore f.*, provocato da malattia o spavento | *Vivanda fredda*, preparata per essere mangiata fredda | *Piatti freddi*, a base di vivande che non richiedono cottura, come salame, formaggio o vivande cotte e servite fredde | *Tavola fredda*, l'insieme dei piatti freddi, in un ristorante o a un ricevimento | *Guerra fredda*, (*fig.*) tensione politica tra Stati o blocchi di Stati, alimentata da azioni ostili, politiche, diplomatiche e di propaganda | *La fredda spoglia*, (*lett.*) il cadavere | *Terra fredda*, piuttosto umida e che non lascia penetrare il sole | *Doccia fredda*, fatta con acqua fredda e (*fig.*) improvviso e spiacevole disinganno | *Animali a sangue f.*, eterotermi | *Corpo f.*, astro che non emette luce propria: *la luna è un corpo f.* | Raffreddato: *la minestra è ormai fredda.* CONTR. Caldo. **2** (*fig.*) Che non si lascia trascinare dalle passioni: *animo, cuore, temperamento f.*; *natura fredda* | (*fig.*) Indifferente, distaccato, privo di entusiasmo e cordialità: *discorso, uditorio f.*; *accoglienza, risposta fredda*; *mostrarsi f. verso qc.* | *Sangue f.*, (*fig.*) controllo dei propri nervi | *Testa fredda*, (*fig.*) che non si lascia vincere dalle passioni | *A mente fredda*, (*fig.*) dopo che l'ira e lo sdegno sono sbolliti; consideratamente | *La fredda ragione*, (*fig.*) ponderazione, prudenza | *Stile f.*, (*fig.*) piuttosto artefatto e privo di vivacità | *Toni, colori freddi*, (*fig.*) quelli che tendono al grigio, al verde, all'azzurro | (*mus.*) Privo di colorito e d'espressione: *esecuzione impeccabile ma fredda.* CONTR. Appassionato, ardente. **3** (*fig.*, *raro*) Pigro, svogliato | (*raro*) *Andar f.*, senza darsi premura. **4** (*gerg.*) Congelato (nel sign. 2). **5** †Frigido, impotente. **6** (*raro*) †Difficile da digerire. || **freddaménte**, avv. **1** Con freddezza. **2** (*fig.*) Con indifferenza: *rispondere, accogliere freddamente.* **B** s. m. **1** Mancanza di calore | *A f.*, senza riscaldare | *Lavorare il ferro a f.*, senza usare il fuoco, mediante i soli attrezzi | *Malattia da f.*, affezione in cui il freddo ha funzione determinante | *Industria del f.*, comprendente la produzione di ghiaccio artificiale, di apparecchi e impianti frigoriferi, la conservazione di alimenti mediante il freddo, e sim. **2** Sensazione prodotta dalla perdita o dalla mancanza di calore: *avere, sentire, patire f.* | (*fig.*) *È un racconto che fa venir f.*, che fa paura, che sconcerta | *Non gli fa né caldo né f.*, (*fig.*) lo lascia del tutto indifferente | *Aver f.*, (*raro, fig.*) patire la povertà. CONTR. Caldo. **3** Clima rigido, bassa temperatura: *ieri faceva f.*; *i rigori del f.*; *f. asciutto, umido*; *ripararsi dal f.* | *I primi freddi*, quelli dell'inizio dell'inverno | *F. cane, birbone*, temperatura bassissima | *Messaggero del f.*, (*fig., scherz.*) chi per primo indossa abiti invernali | *Danni dal f.*, manifestazioni di diversa natura che colpiscono le piante per effetto delle basse temperature | Stagione fredda, spec. invernale: *appena arriva il f. accendiamo il termosifone* | *Nel cuore del f.*, nel mezzo dell'inverno. **4** †Indifferenza, freddezza | *Essere in f. con qc.*, avere rapporti privi di ogni cordialità. **5** (*fig.*) Nella loc. *A f.*, con pacatezza e lucidità, senza esser mosso da ira, sdegno o altra emozione di qualsiasi genere: *la sua decisione l'ha presa a f.* || **freddàccio**, pegg. | **freddarèllo**, **fredderèllo**, dim. | **freddìno**, dim. | **freddolìno**, dim.

freddolìna [da *freddo*, perché fiorisce in inverno] s. f. ● (*bot., pop.*) Colchico.

freddolóso agg. ● Che soffre molto il freddo: *i vecchi e i bambini sono freddolosi.* CONTR. Caloroso.|| **freddolosaménte**, avv.

freddùra [da *freddo*] s. f. **1** Spiritosaggine, consistente spec. in giochi di parole o doppi sensi. SIN. Facezia. **2** (*raro, lett.*) Rigidezza del tempo: *sospinto dalla f. trottando si drizzò verso Castel Guglielmo* (BOCCACCIO). **3** (*raro*) Cosa da nulla: *si perde in certe freddure insulse.* **4** †Trascurataggine, pigrizia. **5** †Infreddatura | Influenza. || **freddurétta**, dim. | **freddurìna**, dim.

freddurìsta s. m. e f. (pl. m. *-i*) ● Chi si compiace di usare spesso bisticci spiritosi, freddure e sim.

free climber /*ingl.* 'fri: 'klaimə*/ [loc. ingl., propr. 'arrampicatore (*climber*, da *to climb* 'scalare') libero (*free*)'] loc. sost. m. e f. inv. (pl. ingl. *free climbers*) ● Chi pratica il free climbing.

free climbing /*ingl.* 'fri: 'klaimiŋ/ [loc. ingl., propr. 'arrampicata, scalata (*climbing*, da *to climb* 'scalare') libera (*free*)'] loc. sost. m. inv. ● Tipo di arrampicata in cui lo scalatore, munito di una corda di sicurezza in vita, sale aggrappandosi con le mani agli appigli naturali offerti dalla parete rocciosa, senza l'aiuto di piccozza, chiodi e martello.

free jazz /*ingl.* 'fri: dʒæz/ [loc. ingl., comp. di *free* 'libero' e *jazz*] loc. sost. m. inv. ● Stile jazzistico nato alla fine degli anni Cinquanta e affermatosi negli anni Sessanta, caratterizzato da una completa libertà dai vincoli della successione armonica e dal ritorno all'improvvisazione collettiva propria dei primordi del jazz.

free-lance /*ingl.* 'fri: 'læns/ o **freelance**, **free lance** [loc. ingl., propr. 'soldato di ventura' (alla lettera 'lancia libera')] s. m. e f. inv.; anche agg. inv. ● Chi, spec. nel campo della pubblicità, dello spettacolo, dell'editoria o della moda, presta la propria opera professionale a varie aziende senza contratti esclusivi con nessuna di esse: *fotografo, modella free-lance.*

free rider /*ingl.* 'fri: 'raidə*/ [loc. ingl., propr. 'chi viaggia (*rider*) gratis (*free*)'] loc. sost. m. e f. inv. (pl. ingl. *free riders*) ● (*econ.*) Chi beneficia di un bene pubblico senza corrispondere allo Stato o all'ente somministratore il proprio contributo sotto forma di imposta o altro tipo di versamento.

free shop /*ingl.* 'fri: ʃɔp/ [vc. ingl., comp. di *free* 'libero' e *shop* 'bottega' (entrambe d'orig. germ.)] loc. sost. m. inv. (pl. ingl. *free shops*) ● Acrt. di *duty free shop* (V.).

freestyle /*ingl.* 'fri: stail/ o **free-style** [vc. ingl., comp. di *free* 'libero' (V. *free-shop*) e *style* 'stile'] s. m. e agg. inv. ● (*sport*) Ogni gara, in cui ciascun competitore può usare uno stile di sua libera scelta o invece di uno specifico e obbligato per tutti i concorrenti | Disciplina sciistica altamente spettacolare, basata su fantasiose e acrobatiche figure liberamente eseguite dai concorrenti.

freezer /'frizer, *ingl.* 'fri:zə*/ [vc. ingl., da *to freeze* 'congelare', vc. germ. di origine indeur.] s. m. inv. ● Scomparto del frigorifero domestico ove si produce la temperatura più bassa, gener. inferiore a –18° C, per la conservazione di alimenti surgelati e la produzione di ghiaccio | Congelatore.

fréga [da *fregare*] s. f. **1** (*raro*) Voglia, desiderio smanioso: *avere una gran f. di partire.* **2** (*pop.*) Desiderio sessuale | *Andare in f.*, di animali, andare in calore. SIN. Fregola. **3** (*raro*) Massaggio | (*raro, fig.*) *Far le freghe*, burlare o bastonare.

fregàccio s. m. **1** Pegg. di *frego*. **2** Frego di matita o penna tracciato in fretta e malamente: *compito pieno di fregacci.* SIN. Sgorbio. || **fregacciòlo**, dim.

fregacciolàre v. intr. e tr. (*io fregàcciolo*; aus. *avere*) ● (*raro*) Far degli sgorbi, dei fregacci.

fregagióne [lat. tardo *fricatiōne(m)*, da *fricāre* 'fregare'] s. f. **1** (*pop.*) Frizione, massaggio: *fare una f. di spirito canforato.* **2** (*spec. al pl.*) †Smancerie, moine, lezi.

fregaménto s. m. ● Modo e atto dello strofinare o massaggiare.

fregàre [lat. *fricāre*, di etim. incerta] **A** v. tr. (*io frégo, tu fréghi*) **1** Strofinare q.c. spec. energicamente: *f. un recipiente di rame per lucidarlo* | *F. un metallo*, saggiarlo con la pietra di paragone | (*est.*) Massaggiare: *f. le gambe, le spalle con pomate* | Stropicciare: *fregarsi le mani in segno di soddisfazione* | *Fregarsi gli occhi*, per sonno o (*fig.*) per essere ben certi di ciò che si vede | Strusciare: *fregarsi gli abiti contro il muro.* **2** (*raro*) Segnare o cancellare con un frego: *f. il muro.* **3** (*pop.*) Ingannare, truffare, imbrogliare: *s'è lasciato f. come un novellino* | Rubare: *mi hanno fregato l'orologio.* **B** v. rifl. ● Strofinarsi | (*fig.*) *Fregarsi intorno a qc.*, circuirlo per interesse. **C** v. intr. pron. ● (*pop.*) Non provare il minimo interesse: *fregarsene di qc., di q.c.*; *chi se ne frega?* SIN. Infischiarsene.

fregaròla [da *fregare*, nel senso ittiologico di 'depositare le uova'] s. f. ● (*zool.*) Sanguinerola.

fregaròlo s. m. ● Fregarola.

fregàta (1) [da *fregare*] s. f. **1** Rapida strofinata per pulire, lucidare e sim.: *dare una f. ai mobili.* **2** (*pop.*) Imbroglio, raggiro: *mi son preso una gran f.* || **fregatìna**, dim.

fregàta (2) [etim. incerta] s. f. ● Nave a tre alberi a vele quadre, con due batterie sovrapposte di cannoni, costituente l'unità intermedia tra il vascello e la corvetta, impiegata nel XVIII e XIX secolo | Nella marina moderna, nave militare, spec. con compiti di scorta, con dislocamento fra 1 650 e 7 800 tonnellate, dotata di armi antisommergibili e antiaeree | *Capitano di f.*, nella marina militare, grado corrispondente a quello di tenente colonnello; la persona rivestita di tale grado.

fregàta (3) [da *fregata* (*2*) con allusione alla velocità] s. f. ● Genere di uccelli marini dei Pelecaniformi, dei mari intertropicali, volatori robustissimi e veloci con piedi palmati (*Fregata*).

fregàto part. pass. di *fregare*; anche agg. **1** Nei sign. del v. **2** (*mus.*) *Corda fregata*, suonata con l'archetto, come nel violino.

fregatùra [lat. *fricatūra(m)*, da *fricāre* 'fregare'] s. f. **1** (*raro*) Atto, effetto del fregare | (*est.*) Il segno che resta sugli oggetti fregati: *un pavimento, un muro pieno di fregature.* **2** (*pop.*) Danno, inganno, imbroglio, raggiro: *credeva che fosse un buon affare, ma è stata una tremenda f.*; *dare, prendere una f.* **3** (*pop.*) Inciampo, intoppo, contrattempo.

freghétto s. m. **1** Dim. di *frego*. **2** Lineetta per cancellatura, per segno di divisione. **3** Taglio sottilissimo, di incisore.

fregiàre o (*raro*) †**freṣàre (2)** [da *fregio*] **A** v. tr. (*io frégio* o *frègio*) **1** Guarnire di fregi: *f. l'orlo di un abito.* **2** (*fig.*) Decorare, adornare, abbellire: *f. il petto di decorazioni, la bandiera di medaglie, il proprio nome di gloriose imprese.* **B** v. rifl. ● Adornarsi di q.c. (*anche fig.*): *si fregia di numerosi riconoscimenti ufficiali*; *fregiarsi di bellezza, di virtù.*

fregiatùra s. f. **1** (*raro*) Atto del fregiare | (*raro, est.*) Guarnizione, ornamento: *f. d'oro, d'argento* | †*F. di lumaca*, riga viscosa e iridescente ch'essa lascia dietro di sé. **2** (*raro*) †Lembo od orlo di veste.

frégio o **frègio** [lat. (*ŏpus*) *phrygiu(m)* 'lavoro frigio', perché originario della *Frigia*] s. m. **1** (*arch.*) Fascia ornamentale ad andamento orizzontale, spec. parte della trabeazione compresa fra l'architrave e la cornice, decorata a rilievo con figure o con motivi geometrici o più o meno stilizzati. ➡ ILL. p. 356, 357 ARCHITETTURA. **2** (*est.*) Ogni decorazione spec. in rilievo, con andamento orizzontale, a forma di fascia: *il f. sulla poppa del bastimento, sul copricapo dell'ufficiale.* **3** (*tip.*) Carattere speciale il cui occhio è costituito da disegni ornamentali. **4** (*raro, fig.*) Ornamento, pregio: *le superbe fortune / del vile anco son fregi* (PARINI). **5** (*bur.*) *In f. a*, lungo, di fianco a: *in f. a Via Nazionale.* **6** †Sfregio. || **fregétto**, dim.

frégna o †**frìgna** [etim. incerta] s. f. **1** (*volg., centr.*) Vulva. **2** (*volg.*) Stupidaggine, fandonia: *non raccontar fregne.* **3** (*spec. al pl., volg.*) Fastidi, seccature | *Aver le fregne*, essere preoccupato, di pessimo umore e sim. || **fregnàccia**, pegg. (V.) | **fregnétta**, dim.

fregnàccia [pegg. di *fregna*] s. f. ● (*centr., volg.*) Stupidaggine, sciocchezza | (*est.*) Ciò che costituisce una noia, una perdita di tempo e sim.: *per queste fregnacce ho perso tutta la giornata.*

fregnacciàro [da *fregnaccia*] s. m. (f. *-a*) ● (*volg., centr.*) Spacciatore di fandonie.

frégno [da *fregna*] s. m. ● (*pop., centr.*) Persona o cosa di poca importanza o dall'aspetto insueto e strano. || **fregnétto**, dim.

fregnóne [da *fregna*] s. m. (f. *-a*) ● (*volg., centr.*) Sciocco, minchione, babbeo.

frégo [da *fregare*] s. m. (pl. *-ghi*) **1** Segno o scarabocchio tracciato su q.c. con un oggetto che scrive o incide: *fare un f. sul muro, sul banco, sul quaderno* | *Tirare un f. sullo scritto*, cancellarlo | *Dar di f.*, (*fig.*) far segno di rifiuto o disapprovazione | *Dar di f. a una sentenza*, annullarla | *Dare un f. a una partita*, rinunziarvi | †*Far di f.*, rinunziare | (*fig.*) *Un f.*, (*volg.*) moltissimo. SIN. Sgorbio. **2** Sfregio che deturpa il volto. **3** †Disonore, macchia, vergogna. || **fregàccio**, pegg. (V.) | **freghétto**, dim. (V.).

frégola [da *fregare*, perché i pesci al tempo di deporre le uova si fregano sui sassi] s. f. **1** Stato di eccitazione che si verifica negli animali all'epoca della riproduzione. SIN. Calore, estro, frega. **2** (*fig.*) Desiderio smanioso, frenesia: *gli ha preso la f. di fare il giornalista* | Mania: *avere la f. della poesia, della politica.*

fregolatóio [da *fregola*] s. m. ● (*zool.*) Luogo ove i pesci vanno a deporre le uova: *f. naturale, artificiale.*

fregolìṣmo [dal n. di L. *Fregoli* (1867-1936), famoso attore di varietà del primo Novecento] s. m. ● Tendenza a improvvisi e opportunistici cambiamenti di idee, spec. in campo politico.

frégolo [V. *fregola*] s. m. ● L'insieme delle uova dei pesci.

frèiṣa o **frèṣia (2)** [dalla località di *Freis*, in provincia di Alessandria] s. m. e f. inv. ● Vino rosso granata, delicato e piacevole, con leggera vena amabile, prodotto dal vitigno omonimo nella zona di Chieri, di 10°-12°.

fremebóndo [vc. dotta, lat. *fremebŭndu(m)*, da *frĕmere* 'fremere'] agg. ● (*lett.*) Fremente per sentimenti violenti: *mi diedi tutto alla gioia barbara e fremebonda della disperazione* (LEOPARDI).

fremènte part. pres. di *fremere*; anche agg. ● Nei sign. del v.

frèmere [lat. *frĕmere*, di origine onomat.] **A** v. intr. (*io frèmo*; aus. *avere*) **1** Essere oltremodo agitato: *f. di sdegno, di desiderio*; *f. per l'impazienza* | *F. dentro di sé*, contenere e non mostrare la propria agitazione. SIN. Bollire. **2** (*lett.*) Rumoreggiare o stormire cupamente: *non freme così 'l mar quando s'adira* (PETRARCA). **B** v. tr. ● (*poet.*) Chiedere o manifestare a gran voce: *f. armi*.

†**fremire** [lat. *frĕmere*, attraverso il provz. *fremir*] v. intr. ● (*lett.*) Fremere.

frèmito [vc. dotta, lat. *frĕmitu(m)*, da *frĕmere* 'fremere'] s. m. **1** Agitazione o brivido improvviso dovuto a forti emozioni o sentimenti: *un f. d'ira, di pietà* | (*est., raro*) Suono sordo dovuto a tale agitazione: *nella sala corse un f. di ammirazione*; *fremiti di furor, mormorii d'ira* (TASSO) | *F. di applausi*, fragore. **2** (*med.*) Sensazione palpatoria prodotta da fenomeni vibratori interni | *F. cardiaco*, quando esiste un vizio valvolare | *F. vocale tattile*, prodotto delle vibrazioni sonore della parola nella massa del polmone. **3** Rumore sordo: *il f. del mare*.

frenàbile agg. ● Che si può frenare.

frenàggio s. m. **1** Insieme dei dispositivi e meccanismi di frenata. **2** Movimento o azione per fermare o rallentare q.c.: *f. a cristiania di uno sciatore* | (*mil.*) *Azione di f.*, effettuata in fase di ripiegamento per rallentare l'avanzata del nemico, ostacolandolo mediante combattimenti.

frenaménto s. m. ● (*raro*) Frenatura.

frenànte part. pres. di *frenare*; anche agg. **1** Nei sign. del v. **2** Detto di dispositivo che serve a ridurre la velocità di una macchina o di un veicolo, fino eventualmente ad arrestarne il moto: *congegno, organo, impianto f.*

frenàre [lat. *frenāre*, da *frēnum* 'freno'] **A** v. tr. (*io fréno* o *frèno*) **1** Sottoporre all'azione del freno ciò che è in movimento: *f. un cavallo in corsa, un motore, un veicolo*; *fatto f. il corridor superbo* (POLIZIANO) | (*ass.*) Mettere in funzione i freni di un veicolo: *ricorda di f. all'incrocio*. **2** (*fig.*) Contenere, moderare, arginare, vincere: *f. il pianto, le passioni, l'ira, l'orgoglio* | *F. la lingua*, non dire parole troppo grosse, non far pettegolezzi | Attenuare, diminuire: *f. le spinte inflazionistiche* | (*ass.*) Ridimensionare q.c., fare marcia indietro rispetto a q.c.: *il segretario frena sulle polemiche*; *il Governo frena sulle nuove tasse*. **B** v. rifl. **1** Diminuire la propria velocità. **2** (*fig.*) Dominarsi, contenersi, controllarsi: *non riuscire a frenarsi*; *cerca di frenarti quando parli con lui*.

frenastenìa [comp. di *fren(o)-* e *astenia*] s. f. ● (*med.*) Ogni insufficienza originaria di sviluppo mentale.

frenastènico agg.; anche s. m. (f. *-a*; pl. m. *-ci*) ● Che, chi è affetto da frenastenia.

frenastèrzo [comp. di *frena(re)* e *sterzo*] s. m. ● (*mecc.*) Dispositivo inserito nello sterzo di alcune motociclette per regolare la sterzata della ruota anteriore.

frenàta s. f. ● Atto, effetto del frenare: *bloccò l'auto con un'improvvisa f.* | (*fig.*) Brusco rallentamento. ‖ **frenatina**, dim.

frenàto part. pass. di *frenare*; anche agg. **1** Nei sign. del v. **2** Detto di veicolo tenuto fermo mediante il freno: *autobus f.* | *Detersivo a schiuma frenata*, detersivo per macchina lavatrice che produce schiuma in quantità inferiore alla norma.

frenatóre [lat. *frenatōre(m)*, da *frenāre* 'frenare'] **A** s. m.; anche agg. (f. *-trice*) ● (*lett.*) Chi, che frena. **B** s. m. **1** Ferroviere addetto alla manovra dei freni a mano o automatica dei carri ferroviari. **2** (*sport*) Nel bob, il componente dell'equipaggio che aziona il freno.

frenatùra s. f. **1** Atto, effetto del frenare. **2** In un veicolo, macchina e sim., disposizione e funzionamento dei freni.

†**frenellàre** v. tr. ● (*mar.*) Mettere il frenello al remo, al timone, all'argano.

frenèllo [dim. di *freno*] s. m. **1** (*anat.*) Frenulo. **2** (*mar.*) Cavetto metallico o catenella, che partendo dalla barra giunge alla ruota del timone, sul cui mozzo è avvolta in modo che, girando la ruota stessa, si sposta il timone della quantità voluta. **3** Nastro ricamato o ornato di gemme che cingeva la fronte delle donne.

frenesìa [lat. *phrenēsi(m)*, dal gr. *phrḗn*, genit. *phrenós* 'mente' (V. *freno-*)] s. f. **1** Pazzia, esaltazione | Grande furore. **2** Capriccio smanioso o irragionevole o desiderio smodato: *la f. del gioco e dei sistemi per vincere*; *una continua f. di divertimenti*. SIN. Brama. **3** (*poet., fig.*) Pensiero fantastico, vaneggiamento: *i' son entrato in simil f.* (PETRARCA).

†**freneticaménto** ● V. *farneticamento*.

freneticàre ● V. *farneticare*.

frenètico [vc. dotta, lat. *phrenēticu(m)*, nom. *phrenēticus*, dal gr. *phrḗn*, genit. *phrenós* 'mente' (V. *freno-*)] **A** agg. (pl. m. *-ci*) **1** Di chi è vittima della frenesia: *pazzo f.* | (*est.*) Di ciò che rivela frenesia: *urlo f.* | (*est.*) Appassionato, delirante: *applausi frenetici*; *un evviva f. alla libertà sancì ... questa sentenza* (NIEVO). **2** (*fig.*) Eccessivamente movimentato, che non conosce sosta: *danza frenetica*; *lavoro f.* SIN. Convulso, sfrenato. ‖ **freneticaménte**, avv. **B** s. m. ● †V. *farnetico*.

-frenia [secondo elemento di comp. dotti, tratto dal gr. *phrḗn*, genit. *phrenós* 'mente' (V. *freno-*)] secondo elemento ● In parole composte della terminologia medica, significa 'mente': *oligofrenia, schizofrenia*.

freniàtra [comp. di *freno-* e del gr. *iatrós* 'medico'] s. m. (pl. *-i*) ● Psichiatra.

freniatrìa s. f. ● Psichiatria.

freniàtrico agg. (pl. m. *-ci*) ● Relativo alla freniatria.

frènico [dal gr. *phrḗn*, genit. *phrenós* 'mente'] agg. (pl. m. *-ci*) ● (*anat.*) Che appartiene al diaframma: *nervo f.*

fréno o **frèno** [lat. *frēnu(m)*, da *frĕndere* 'stridere dei denti', di origine indeur.] s. m. **1** Finimento al quale si attaccano le redini per guidare gli animali | Morso | *Mordere, rodere il f.*, (*fig.*) essere insofferente alla disciplina | *Scuotere il f.*, svincolarsi da soggezioni o paure | *Allentare, stringere il f.*, (*fig.*) lasciare maggiore, minore libertà di prima | *Tenere in, a f.*, (*fig.*) guidare con energia, reprimendo impulsi e bizzarrie | *A f. abbandonato, sciolto*, (*fig.*) a briglia sciolta | *Senza f.*, sfrenatamente, senza ritegno. **2** (*mecc.*) Meccanismo che si oppone al moto di un organo di una macchina o di un veicolo, con trasformazione in calore dell'energia cinetica assorbita | *F. di sparo*, per frenare il rinculo della bocca da fuoco all'atto dello sparo | *F. a ceppi*, in cui l'azione frenante è prodotta da ceppi che strisciano sul cerchio di una ruota o contro la periferia interna di un tamburo rotante | *F. a disco*, il cui organo rotante è un disco sul quale si stringono blocchetti di materiale d'attrito | *F. a mano, f. di stazionamento*, comandato da una leva, per mantenere bloccati gli autoveicoli | *F. a ganasce, a tamburo*, a ceppi interni | *F. a nastro*, costituito da un nastro che avvolge un tamburo per la quasi totalità della sua circonferenza | *F. a pedale*, azionato da un pedale | *F. idraulico, pneumatico*, comandato mediante olio, aria compressa | *F. aerodinamico*, nei velivoli, parte mobile della superficie alare che, opportunamente inclinata, riduce la velocità. | *Dare un colpo di f.*, rallentare improvvisamente la velocità di guida frenando; (*fig.*) imporre un rallentamento improvviso, spec. a una attività economica. ➡ ILL. p. 1745, 1746, 1747, 1750 TRASPORTI. **3** (*anat.*) Frenulo, filetto. **4** (*fig., lett.*) Autorità, potere | (*fig.*) Controllo, misura, disciplina: *s'ancora a pietà s'allarga il f.* (ALBERTI). **5** (*fig.*) Tutto ciò che serve a reprimere arbìtri, eccessi, e sim.: *il f. della legge, della coscienza* | *Porre un f. alle passioni, alla corruzione*, frenarle, contenerle | *Il f. dell'arte*, vigile senso critico dell'artista verso la propria opera. SIN. Argine. ‖ **frenétto**, dim.

frèno- [dal gr. *phrḗn*, genit. *phrenós* 'mente', di origine incerta] primo elemento ● In parole composte della terminologia medica, significa 'mente': *freniatra, frenopatia* | In alcuni casi significa 'diaframma', o indica relazione col diaframma: *frenico*.

frenocòmio [comp. di *freno-* e *-comio*] s. m. ● Ospedale per malati di mente. SIN. Manicomio.

frenologìa [fr. *phrénologie*, comp. del gr. *phrḗn*, genit. *phrenós* 'mente' e *-logie* '-logia'] s. f. (pl. *-gie*) ● Dottrina secondo cui le funzioni psichiche avrebbero una particolare localizzazione cerebrale.

frenològico [fr. *phrénologique*, da *phrénologie* 'frenologia'] agg. (pl. m. *-ci*) ● Relativo alla frenologia.

frenòlogo [fr. *phrénologue*, da *phrénologie* 'frenologia'] s. m. (f. *-a*; pl. *-gi*) ● Studioso di frenologia.

frenopatìa [comp. di *freno-* e *-patia*] s. f. ● (*gener.*) Malattia mentale.

frenospàṣmo [comp. di *freno-* e *spasmo*] s. m. ● (*med.*) Contrazione spastica del diaframma.

frenotomìa [comp. di *fren(ul)o* e *-tomia*] s. f. ● (*chir.*) Taglio di un frenulo.

frènulo [dim. del lat. *frēnum* 'freno'] s. m. ● (*anat.*) Piccola membrana che trattiene un organo: *f. linguale, prepuziale*. SIN. Filetto.

frèon ® [nome commerciale] s. m. ● (*chim.*) Ognuno degli appartenenti a una serie di composti gassosi costituiti di carbonio, cloro o bromo e fluoro, non tossici e non infiammabili, usati come fluidi frigoriferi e come propellenti per bombolette.

frequentàbile agg. ● Che si può frequentare: *è una casa non f.*

frequentàre [vc. dotta, lat. *frequentāre*, da *frĕquens*, genit. *frequĕntis* 'frequente'] **A** v. tr. (*io frequènto*) **1** Visitare spesso un luogo restandovi a lungo per dovere, abitudine, lavoro e sim.: *f. la chiesa, il teatro, il caffè, il circolo* | *F. l'università, la scuola*, esservi iscritti ed andarvi regolarmente. **2** Vedere con assiduità determinate persone: *f. gli uomini politici, i letterati*; *frequentiamo poco quel tipo di gente*. **3** Fare o ripetere spesso | *F. i sacramenti*, comunicarsi e confessarsi spesso | †*F. parola*, usarla spesso | †*F. una medicina*, prenderla spesso | †*F. una pratica*, sollecitarla | †*f. una pianta*, dedicarle assidue cure | †*F. una miniera*, sfruttarla. **B** v. intr. (aus. *avere*) ● (*raro*) Andare spesso: *f. per i teatri, nelle bettole, con amici poco raccomandabili*. **C** v. rifl. rec. ● Vedersi con assiduità: *si sono conosciuti in viaggio e hanno continuato a frequentarsi*.

frequentativo [vc. dotta, lat. *frequentatīvu(m)*, da *frequentāre* 'frequentare'] agg. ● Che esprime ripetizione | *Verbo f.*, che enuncia un'azione ripetuta.

frequentàto part. pass. di *frequentare*; anche agg. **1** Nei sign. del v. **2** Affollato, popolato: *luogo molto f.*

frequentatóre [vc. dotta, lat. tardo *frequentatōre(m)*, da *frequentāre* 'frequentare'] s. m. (f. *-trice*, pop. *-tora*) **1** Chi frequenta spesso determinati luoghi o locali pubblici: *un f. di mostre d'arte, di teatri, di cinema, di caffè*. **2** (*raro*) Chi frequenta, si intrattiene spesso con, una data categoria di persone: *un f. di politici*.

frequentazióne [vc. dotta, lat. *frequentatiōne(m)*, da *frequentāre* 'frequentare'] s. f. **1** Atto, effetto del frequentare: *la f. di un ambiente*; *f. di cinema*. **2** (*ling.*) Figura retorica che consiste nell'accumulare in un solo punto più cose dette sparsamente: *Bene! Dunque riassumo, come uomo serio che sono. La poesia, per ciò stesso che è poesia, senz'essere poesia morale, civile, patriottica, sociale, giova alla moralità, alla civiltà, alla patria, alla società* (PASCOLI).

frequènte [vc. dotta, lat. *frequĕnte(m)*, part. pres. di *frĕquere*, di etim. incerta] agg. **1** Che si fa, si ripete o accade molte volte: *assenze, lettere, visite frequenti*; *esser bersaglio a sì frequenti mordacità* (GALILEI) | *Polso f.*, con numero di pulsazioni al minuto superiore alla norma | *Di f.*, spesso | (*est.*) Attivo, intenso: *traffico, commercio f.* CONTR. Raro. **2** (*lett.*) Affollato, frequentato | Copioso. ‖ **frequenteménte**, avv. Spesso; con assiduità.

frequènza [vc. dotta, lat. *frequĕntia(m)*, da *frĕquens*, genit. *frequĕntis* 'frequente'] s. f. **1** L'essere frequente, la condizione di ciò che accade o si ripete molte volte: *la f. delle visite, degli infortuni, dei suicidi*. CONTR. Rarità. **2** Assiduità di qc. in un luogo o a q.c.: *f. alle riunioni, ai Sacramenti*; *f. dei classici*; *f. degli studenti alle lezioni* | *F. obbligatoria*, quella richiesta per certi corsi di insegnamento, spec. universitari. CONTR. Assenza. ***3*** Affollamento, concorso di persone: *la f. dei turisti è diminuita*; *scarsa f.* ***4*** (*fis.*) Numero di volte in cui un fenomeno periodico si verifica nell'unità di tempo: *f. del polso*; *alta, media, bassa f.*; *la f. delle onde elettromagnetiche*; *modulazione di f.* ***5*** (*stat.*) Numero delle unità di classificazione in cui il carattere assume una determinata modalità e il cui valore cade in un certo intervallo.

frequenziàle agg. ● Relativo alla frequenza, spec. nel linguaggio statistico: *calcolo f.*

frequenzìmetro o **frequenziòmetro** [comp. di *frequenza* e *-metro*] s. m. (pl. *-imetri*) ● Strumento misuratore della frequenza di una corrente elettrica alternata.

frèṣa [fr. *fraise*, da *fraiser* 'pieghettare', dal francone *frisi* 'orlo'] s. f. ***1*** (*tecnol.*) In varie tecnologie, utensile con superficie di rotazione dotata di taglienti multipli, usato sulla fresatrice. ***2*** (*med.*) Utensile abrasivo da innestare sul trapano per modellare la corona dentaria e le ossa in genere.

freṣàre (**1**) [fr. *fraiser*. V. *fresa*] v. tr. (*io frèṣo*) ● Lavorare con la fresatrice.

†**freṣàre** (**2**) ● V. *fregiare*.

freṣatóre s. m. ● Operaio addetto a una fresatrice.

freṣatrìce [da *fresare* (*1*)] s. f. ● Macchina utensile che lavora con moto di taglio rotatorio dato all'utensile e moto di avanzamento dato al pezzo: *f. orizzontale, verticale, speciale* | *F. agricola*, dotata di utensili rotativi per la lavorazione superficiale del terreno.

freṣatùra s. f. ● (*tecnol.*) Lavorazione eseguita con fresatrice.

frescàccia [alterazione euf. di *fregnaccia*] s. f. (pl. *-ce*) ● (*pop.*) Fregnaccia.

frescànte [da †*fresco* (*2*)] s. m. ● (*lett.*) Pittore di affreschi, specializzato nella tecnica dell'affresco.

†**frescàre** [da *fresco* (*1*)] **A** v. tr. ● Rinvigorire, riconfortare. **B** v. rifl. ● Rinfrescarsi, riposarsi.

frescheggiàre [da *fresco* (*1*)] v. intr. (*io freschéggio*) ● (*tosc.*) Prendere il fresco.

freschézza [da *fresco* (*1*)] s. f. ● Qualità di chi, di ciò che è fresco (*anche fig.*): *f. del pesce, della frutta*; *carnagione, voce dotata di f.*; *f. dello stile, dei colori*.

freschìsta [da †*fresco* (*2*)] s. m. (pl. *-i*) ● Pittore di affreschi.

frésco (**1**) [francone *frisk*] **A** agg. (pl. m. *-schi*) ***1*** Di ciò che ha una temperatura gradevolmente intermedia fra il caldo e il freddo: *luogo, tempo f.*; *stanza, acqua fresca*; *un f. venticello* | (*mar.*) *Vento f.*, V. *vento* | *Mano, fronte fresca*, di chi non ha febbre | *Terreno f.*, che conserva un buon grado di umidità anche nella stagione siccitosa | *Star f.*, (*fig.*) aver la prospettiva di una punizione o di una situazione sgradevole. ***2*** Di ciò che è stato fatto, preparato, colto e sim. da poco tempo: *pane, uovo, caffè f.*; *frutta fresca* | *Muro, intonaco f.*, *vernice fresca*, ancora umidi | *Pagina fresca*, dove l'inchiostro non è ancora asciutto | *Rami freschi*, non ancora appassiti o secchi | *Fiori freschi*, appena colti o non artificiali | *Latte f.*, munto da poco | *Carne fresca*, macellata da poco, non conservata | *Pesce f.*, appena pescato, non conservato | *Letame f.*, non ancora marcito | (*est.*) Recente, nuovo: *notizia fresca*; *ricordo troppo f.* | *Di f.*, da poco tempo | *Essere f. di studi, di una malattia*, averli appena terminati, esserne appena uscito | *Sposi freschi*, novelli. CONTR. Stantio, vecchio. ***3*** (*fig.*) Giovane, rigoglioso, fiorente: *donna bella e fresca*; *corpo f. ed elastico* | *Esser f. come una rosa*, aver quasi la freschezza di un fiore | *Età fresca*, giovanile | *Carni fresche*, sode | *Colorito f.*, sano e vivo. ***4*** (*fig.*) Gaio, brioso, vivace: *risata fresca*. ***5*** (*fig.*) Riposato, ristorato: *cavallo f.*; *mente fresca*. **B** s. m. ***1*** Temperatura fresca: *è, fa f.*; *sentire, godere il f.* | *Sedere al f.*, in luogo ombroso | *Mettere il vino, la birra, la frutta al f.*, in luogo refrigerato | *Col, per il f.*, nelle ore fresche, del mattino o della sera | (*raro, dial., fig.*) *Tenere qc. in f.*, canzonarlo | *Mettere, dormire al f.*, (*fig.*) in prigione. CONTR. Caldo. ***2*** Tessuto di lana particolarmente leggero, costruito con filati molto ritorti, per confezionare abiti estivi. **C** avv. ● Con ingenua improntitudine (*spec. iter.*): *se ne è venuto f. f. a dire che ...* ‖ **freschétto**, dim. | **freschìno**, dim. | **frescòccio**, dim. | **frescolìno**, dim. | **frescòtto**, dim. | **frescòzzo**, dim. | **frescùccio**, dim.

†**frésco** (**2**) [detto così perché si dipinge su intonaco *fresco*] s. m. ● Affresco.

frescóne [alterazione euf. di *fregnone*] s. m. (f. *-a*) ● (*pop.*) Sciocco, stupido.

frescùra [da *fresco* (*1*)] s. f. ***1*** Aria o brezza fresca: *andare a prendere la f. della sera*; *venite alla f. / delli verdi arbuscelli* (POLIZIANO). ***2*** (*raro*) Infreddatura.

frèṣia (**1**) [chiamata così in onore del medico ted. F. H. Th. *Freese*] s. f. ● Genere di piante erbacee tuberose delle Iridacee con fiori campanulati di color rosso, giallo, arancione, lilla (*Freesia*).

frèṣia (**2**) ● V. *freisa*.

frétta [da *frettare*] s. f. ***1*** Premura, urgenza: *ho f. di partire*; *avere f. di risolvere q.c.* | *Far f. a qc.*, far sì che agisca sollecitamente | *Darsi f.*, mostrare di aver molta premura. ***2*** Rapidità di atti o movimenti: *lavorare con f.*; *camminare, leggere in f.* | *In f. e furia*, con agitata e affannosa premura | †*A, per f.*, in fretta. CONTR. Calma.

frettàre [lat. parl. **frictāre*, ints. di *fricāre* 'fregare'] v. tr. (*io frétto*) ● Pulire il fondo esterno del bastimento o il tavolato dei ponti da immondizie, concrezioni, erbe nocive e sim.

frettàzza s. f. ● Frettazzo.

frettàzzo [da *frettare*] s. m. ● Scopa o robusta spazzola di setole rigide, usata per pulire i ponti e altre parti delle navi.

frettolóso [da *fretta*] agg. ***1*** Che ha fretta, che opera in fretta: *sei troppo f. nel mangiare*. CONTR. Lento, tardo. ***2*** Che è fatto in fretta, con premura: *passo, cenno f.* | *Lavoro f.*, tirato via. SIN. Affrettato. ‖ **frettolosaménte**, avv. In o con fretta ‖ PROV. La gatta frettolosa fece i gattini ciechi.

†**frettóso** agg. ● Frettoloso: *con tal studio e sì frettosa pressa / che parea fosse dietro seguitato* (BOCCACCIO).

freudiàno /froi'djano/ [fr. *freudien*, da S. *Freud* (1856-1939)] **A** agg. ● Che si riferisce a S. Freud o alle sue teorie psicoanalitiche. **B** s. m. (f. *-a*) ● Seguace delle teorie psicoanalitiche di S. Freud. ‖ **freudianaménte**, avv.

freudìsmo /froi'dizmo/ [fr. *freudisme*, da S. *Freud*] s. m. ● Dottrina di S. Freud e della sua scuola.

friàbile [vc. dotta, lat. *friābile(m)*, da *friāre* 'sminuzzare'] agg. ● Di tutto ciò che, per scarsa coesione, può ridursi in briciole, farina, polvere e sim.: *neve, roccia, pasta f.* CONTR. Duro, solido.

friabilità [da *friabile*] s. f. ● Qualità o proprietà di friabile.

fricandò [fr. *fricandeau*, di etim. incerta] s. m. inv. ● Sorta di brasato di carne di vitello lardellata e cotta in casseruola con verdure ed erbe aromatiche.

fricassèa [fr. *fricassée*, part. pass. di *fricasser* 'cuocere in salsa', di etim. discussa: lat. parl. **frigicāre*, ints. di *frīgere* 'friggere' (?)] s. f. ***1*** Vivanda fatta di carne, verdura o altro, sminuzzata e cotta in stufato con salsa a base d'uovo e succo di limone: *f. di pollo*; *fegatini in f.* | *Fare in f.*, (*fig.*) conciare male, per le feste. ***2*** (*fig.*) Mucchio di cose confuse | Discorso o scritto disordinato.

fricatìva s. f. ● (*ling.*) Consonante costrittiva.

fricatìvo [fr. *fricatif*, dal lat. *fricāre* 'fregare'] agg. ***1*** Che produce frizione, attrito. ***2*** (*ling.*) Detto di consonante costrittiva.

†**fricazióne** [vc. dotta, lat. tardo *fricatiōne(m)*, da *fricāre* 'fregare'] s. f. ● Fregagione, attrito.

fricchettàro [comp dell'adattamento di *freak* (V.) e del suff. *-aro*, var. rom. di *-aio* (*2*)] s. m. ● (*rom.*) Fricchettone.

fricchettóne [comp. dell'adattamento di *freak* (V.) e del doppio suffisso *-etto*, dim. e *-one*, accr., sul modello di *capellone*] s. m. (f. *-a*) ● Giovane dagli atteggiamenti stravaganti e anticonformistici.

frigànea [dal gr. *phrýganon* 'legno secco, sarmento da bruciare', da *phrýgein* 'disseccare', per l'aspetto delle larve] s. f. ● Genere di insetti dei Tricotteri, simili a piccole farfalle, le cui larve acquatiche si costruiscono un astuccio cilindrico da cui sporgono capo, torace e zampe, e sono usate come esca per la pesca (*Phryganea*).

friggere [lat. *frīgere*, di origine onomat.] **A** v. tr. (pres. *io friggo, tu friggi*; pass. rem. *io frissi, tu friggésti*; part. pass. *fritto*) ● Cuocere in padella o tegame con olio o grasso bollente: *f. il pesce, le uova, il cervello* | (*fig.*) *Non avere quel che si frigge*, esser privi di cervello | (*fig.*) *F. con l'acqua*, far q.c. di impossibile | *Me la friggo*, (*fig.*) non so che farmene | (*fig.*) *Mandare qc. a farsi f.*, mandarlo a quel paese | *Andare a farsi f.*, andare in malora | (*fig.*) †*Farsi f. gli intestini in corpo*, tremare di paura | *Buone parole e friggi!*, di promesse vane, lusinghe e sim. | *Friggersi col proprio lardo*, (*fig.*) fare il proprio danno. **B** v. intr. (aus. *avere*) ***1*** Bollire stridendo: *i grassi friggono* | (*est.*) Stridere o sfrigolare, come di un metallo rovente a contatto con un liquido. ***2*** (*fig.*) Fremere, struggersi, rodersi: *f. di rabbia, d'impazienza*. ***3*** (*raro, fig.*) Frignare, lamentarsi.

friggìbile agg. ● Che si può friggere.

friggiménto s. m. ***1*** (*raro*) Modo e atto del friggere. ***2*** (*fig.*) †Tormento, struggimento.

friggìo s. m. ● (*tosc.*) Rumore prodotto da ciò che frigge | Stridio.

friggitóre s. m. (f. *-tora*, raro *-trice*) ***1*** Chi frigge. ***2*** Chi vende cibi fritti.

friggitorìa s. f. ● Negozio dove si preparano e vendono cibi fritti.

friggitrìce s. f. ● (*cuc.*) Apparecchio per friggere, costituito da un recipiente riscaldato a gas o elettricamente e contenente un secondo recipiente bucherellato che permette di estrarre dall'olio bollente gli alimenti fritti e scolarli.

frigidaire /fr. friʒi'dɛr/ [n. commerciale; vc. fr., stessa etim. dell'it. *frigidario*] s. m. ● (*per anton.*) Frigorifero.

frigidàrio [vc. dotta, lat. *frigidāriu(m)*, da *frīgidum* 'freddo'] s. m. ***1*** Sala delle terme romane nel cui pavimento era collocato il bacino di rame, o piscina, per il bagno freddo. ***2*** (*raro*) Ghiacciaia, frigorifero.

frigidézza s. f. ***1*** (*lett.*) Freddezza. ***2*** (*med.*) Frigidità.

frigidità o †**frigiditàde**, †**frigiditàte** [vc. dotta, lat. tardo *frigiditāte(m)*, da *frīgidum* 'freddo'] s. f. ***1*** (*lett.*) Qualità di freddo. ***2*** (*med.*) Mancanza di desiderio sessuale e di piacere durante il coito. ***3*** (*fig., lett.*) Apatia di carattere.

frìgido [vc. dotta, lat. *frīgidu(m)*, da *frigēre* 'aver freddo', V. *freddo*] agg. ***1*** (*lett.*) Freddo (*anche fig.*): *la dura stagion frigida e tarda* (L. DE' MEDICI). ***2*** (*med.*) Affetto da frigidità. ‖ **frigidaménte**, avv.

frìgio [vc. dotta, lat. *phrȳgiu(m)*, nom. *phrȳgius*, dal gr. *phrýgios* 'della Frigia'] **A** agg. (pl. f. *-gie*) ● Della Frigia, della Troade | *Il pastore f.*, Paride | *La madre frigia*, Cibele, che aveva il santuario in Frigia | *Feste frigie*, in onore di Cibele | *Berretto f.*, quello rosso, appuntito, che si portava con la punta piegata in avanti, tipico degli antichi Frigi e assunto come simbolo di libertà, in Francia, durante la rivoluzione | (*mus.*) *Modo f.*, modo dell'antica musica greca. **B** s. m. ● Abitante, nativo della Frigia.

†**frìgna** ● V. *fregna*.

frignàre [vc. onomat.] v. intr. (aus. *avere*) ● Piagnucolare in modo continuo e noioso.

frignìo s. m. ● Piagnucolio insistente e continuato.

frignóne s. m. (f. *-a*) ● Chi frigna spesso. SIN. Piagnucolone.

†**frìgo** (**1**) [vc. dotta, lat. *frīgus*, di origine indeur.] s. m. ● Freddo.

frìgo (**2**) s. m. inv. ● Acrt. di *frigorifero* (V.).

frigo- [dal lat. *frīgus*, genit. *frīgŏris* 'freddo'] primo elemento ● In parole composte della terminologia scientifica e tecnica fa riferimento al freddo, alla bassa temperatura: *frigoconservazione*, *frigoterapia*.

frigobàr [comp. di *frigo* (*2*) e *bar*] s. m. inv. ● Piccolo frigorifero usato per mantenere fresche le bevande, spec. nelle stanze d'albergo.

frigocongelatóre [comp. di *frigo*(*rifero*) e *congelatore*] s. m. ● Apparecchio o impianto costituito da un frigorifero e da un congelatore.

frigoconservazióne [comp. di *frigo-* e *conservazione*] s. f. ● Complesso dei procedimenti atti a conservare, mediante l'uso del freddo, derrate alimentari e vivande.

frigorìa [fr. *frigorie*, dal lat. *frīgus*, genit. *frigŏris* 'freddo'] s. f. ● Unità, usata nella tecnica degli impianti frigoriferi, per indicare la sottrazione di una quantità di calore equivalente alla kilocaloria.

frigorìfero [fr. *frigorifère*, comp. del lat. *frīgus*, genit. *frigŏris* 'freddo' e *-fère* 'che produce'] **A** agg. ● Atto a produrre un abbassamento di temperatura: *miscela frigorifera*; *impianto f.* | *Cella frigorifera*, in macellerie, mercati, porti, stazioni ferroviarie, locale o magazzino a bassa temperatura, per la conservazione di derrate deperibili | *Catena frigorifera*, il complesso degli impianti e dei mezzi di trasporto che permettono di far pervenire in buono stato di conservazione al consumatore i prodotti alimentari. **B** s. m. **1** Mobile o locale per la conservazione degli alimenti, dalle pareti isolate termicamente, nel cui interno, mediante una macchina frigorifera, si mantiene una temperatura inferiore a quella ambiente | (*fig.*) *Mettere, tenere q.c. in f.*, tenerla in sospeso per quando si presenterà l'occasione favorevole. **2** (*fig., gerg.*) Nella pratica giornalistica, archivio biografico e fotografico delle personalità di cui si può avere occasione di occuparsi.

frigorìfico [comp. del lat. *frīgus*, genit. *frigŏris* 'freddo' e di *-fico*] agg. (pl. m. *-ci*) ● Che riguarda o utilizza il freddo prodotto artificialmente.

frigorìgeno [comp. del lat. *frīgus*, genit. *frigŏris* 'freddo' e di *-geno*] agg. ● Che genera freddo, che produce freddo artificiale.

frigorìsta s. m. (pl. *-i*) ● Operaio addetto al montaggio, alla manutenzione e sim. di un impianto frigorifero.

frigoterapìa [comp. di *frigo-* e *terapia*] s. f. ● (*med.*) Crioterapia.

frimàio [fr. *frimaire*, da *frimas* 'nebbia'] s. m. ● Terzo mese del calendario rivoluzionario francese, il cui inizio corrispondeva al 21 novembre e il termine al 20 dicembre.

frìne [dal n. della famosa etèra greca] s. f. ● (*lett.*) Cortigiana, etèra.

fringe benefit /*ingl.* 'frindʒ 'benəfit/ [loc. ingl., comp. di *fringe* 'frangia' (quindi 'marginale') e *benefit* 'vantaggio, beneficio' (che risale, attrav. il fr. ant., al lat. *bĕne făctum*, propr. 'fatto bene')] loc. sost. m. inv. (pl. ingl. *fringe benefits*) ● Compenso corrisposto da un'azienda ai propri dipendenti in aggiunta alla normale retribuzione, spec. sotto forma di uso di automobili, assicurazioni, viaggi e sim. SIN. Beneficio accessorio.

Fringìllidi [vc. dotta, comp. del lat. *fringĭlla* 'fringuello', di etim. incerta, e *-idi*] s. m. pl. ● Nella tassonomia animale, famiglia dei Passeriformi, comprendente Uccelli piccoli e medi, robusti, con bella voce e spesso addomesticabili, fra cui il canarino, il fringuello, il cardellino (*Fringillidae*) | (al sing. *-e*) Ogni individuo di tale famiglia.

fringuèllo [lat. tardo *fringuĭllu(m)*, di etim. incerta] s. m. ● Uccello dei Passeriformi dalla voce melodiosa, con dorso bruno e petto rossiccio (*Fringilla coelebs*) | *Cantare come un f.*, (*fig.*) allegramente e con voce limpida. || **fringuellìno**, dim.

frinìre [lat. *fritinnīre*, di origine onomat.] v. intr. (*io frinìsco, tu frinìsci*; aus. *avere*) ● Detto della cicala, emettere il caratteristico verso.

frinzèllo [dall'ant. fr. *frenge* 'frangia'] s. m. ● Cucitura o rammendo fatto male | (*fig.*) Brutta cicatrice.

frinzellóso [da *frinzello*] agg. ● Pieno, cosparso di frinzelli.

frișàre [fr. *friser*, di etim. incerta] **A** v. tr. (*io frișo*) ● Strofinare, sfiorare | *F. una palla*, nel gioco del biliardo, sfiorarla lateralmente con la propria. **B** v. rifl. ● †Farsi la barba.

frișàta [dal ven. *friso* 'fregio'] s. f. ● (*mar.*) Capo di banda, orlo superiore dello scafo nelle imbarcazioni.

frisbee® /*ingl.* 'frisbi:/ [vc. ingl., dalla grafia distorta del nome dell'inventore, l'americano J. P. *Frisbie*] s. m. inv. ● Nome commerciale di un leggero disco di plastica che si lancia o ci si lancia in giochi singoli o a squadre | Il gioco stesso.

friscèllo [lat. parl. **froscĕllu(m)*, per il lat. tardo *floscĕllu(m)*, dim. di *flōs*, genit. *flōris* 'fiore'] s. m. ● Polvere di farina che s'alza durante la macinatura. SIN. Volanda, spolvero.

frisé /*fr.* fri'ze/ [vc. fr., part. pass. di *friser* 'arricciare'] agg. inv. ● Detto dei capelli che hanno subìto un particolare tipo di arricciatura tale da renderli quasi crespi.

frișo [dev. di *frisare*] s. m. ● Leggero colpo di striscio | *Colpire una palla di f.*, nel gioco del biliardo, sfiorarla lateralmente con la propria.

frișóna s. f. ● Vacca frisona.

frișóne (1) [dalla *Frisia* (Olanda)] **A** agg. ● Della Frisia | *Cavallo f.*, cavallo robusto, da tiro leggero o da lavoro | *Vacca frisona*, mucca di origine olandese, diffusa in tutto il mondo, con mantello pezzato nero. **B** s. m. (f. *-a* nel sign. 1) **1** Abitante, nativo della Frisia. **2** Specie di panno pesante, in uso un tempo a Venezia. **3** (*ell.*) Cavallo frisone. **C** s. m. solo sing. ● Lingua del gruppo germanico, parlata in Frisia.

†**frișóne** (2) ● V. *frosone*.

fritillàrìa [dal lat. *fritĭllus* 'bossolo da giocare ai dadi', per la forma dei fiori] s. f. ● Pianta erbacea bulbosa delle Liliacee con un ciuffo di fiori campanulati color arancio (*Fritillaria*).

frìtta [da *fritto*] s. f. ● Massa vetrosa, ottenuta dalla fusione dei due componenti principali del vetro, la sabbia e la soda.

frittàta [da *fritto*] s. f. **1** Pietanza a base di uova sbattute, spesso arricchita con verdure o altri ingredienti, cotta in padella con olio o burro, di forma tondeggiante | *Rivoltar la f.*, per farla cuocere da tutte le due parti; (*fig.*) rigirare il discorso per correggere quello che già si è detto | *F. alla certosina*, molto alta | *F. d'un foglio*, sottile, di un sol uovo | *F. con gli zoccoli*, con salume a tocchetti | *F. avvolta*, ripiegata più volte e poi condita con burro o salsa di pomodoro | *F. con spinaci, piselli, asparagi, carciofi, di riso, di maccheroni*, con le uova miste a questi ingredienti | *Fare la, una f.*, (*fig.*) rompere o schiacciare q.c. di fragile, combinare un guaio. **2** (*fig., scherz.*) Luna piena. || **frittatàccia**, pegg. | **frittatèlla**, dim. | **frittatìna**, dim. | **frittatóna**, accr. | **frittatóne**, accr. m. | **frittatùccia**, dim.

frittèlla [da *fritto*] s. f. **1** Preparazione che consiste in un impasto, dolce o salato, di un farinaceo e di un liquido, spec. acqua o latte, unito ad altri ingredienti e fritto in grasso. **2** (*fig.*) Macchia di unto sul vestito: *una camicia piena di frittelle*. **3** (*fig.*) †Uomo leggero e pasticcione. || **frittellétta**, dim. | **frittellìna**, dim. | **frittellóna**, accr. | **frittellùccia**, **frittellùzza**, dim.

frittellóne s. m. (f. *-a*) ● Chi è solito macchiarsi d'unto gli abiti.

frittellóso agg. ● Pieno di macchie d'unto: *un vestito f.*

frìtto **A** part. pass. di *friggere*; anche agg. **1** Nei sign. del v. **2** *f. e rifritto*, (*fig.*) ripetuto sino alla noia, vecchio e vieto | *Infarinata e fritta*, (*scherz.*) di donna molto incipriata. **3** (*fig.*) Conciato per le feste: *se ci scoprono siamo fritti*, o *bell'e fritti*. SIN. Rovinato. **B** s. m. **1** Odore o sapore tipico dei cibi fritti: *l'aria di questa stanza sa di f.* | *Sapere di f.*, (*fig.*) di stantio, di vecchio. **2** Piatto a base di cibi fritti: *f. misto*; *f. di pesce*.

frittùme s. m. ● (*spreg.*) Roba fritta o da friggere.

frittùra [da *fritto*] s. f. **1** Atto ed effetto del friggere. **2** Pietanza di cose fritte: *f. di pesce* | Pesce da friggere, spec. triglie piccole, alici e calamari | *F. bianca*, fritto di cervello o di animelle | (*fig.*) †*Dare in f.*, far scempiaggini. **3** (*fig., fam.*) Quantità di bambini riuniti assieme. || **frittura̧ccia**, pegg. | **frittur̀ina**, dim.

friulàno o †**furlàno**. **A** agg. ● Del Friuli. **B** s. m. (f. *-a*) ● Abitante del Friuli. **C** s. m. solo sing. ● Dialetto ladino parlato in Friuli.

frivoleggiàre [da *frivolo*] v. intr. (*io frivoléggio*; aus. *avere*) ● Dire o fare cose frivole.

frivolézza [da *frivolo*] s. f. ● Insulsa leggerezza: *la f. dei loro discorsi è intollerabile* | (*est.*) Atto, pensiero o comportamento frivolo: *perdersi in frivolezze*. SIN. Futilità, vacuità. CONTR. Gravità, serietà.

frìvolo [vc. dotta, lat. *frīvolu(m)*, dalla stessa radice di *friāre* 'sminuzzare'] agg. ● Futile, superficiale, vacuo: *discorsi, pretesti, divertimenti frivoli*; *letteratura ... ora satirica ora frivola, povera di sentimenti e di fantasia* (CROCE) | *Persona frivola*, che non ha pensieri o interessi seri. CONTR. Grave, serio. || **frivolaménte**, (*lett.*) **frivolménte** avv.

frizionàle [da *frizione*] agg. **1** (*fis.*) Che riguarda l'attrito marginale che certi moti possono incontrare. **2** Detto della disoccupazione derivante da scarsa mobilità dei lavoratori da un luogo ad un altro, o da un'occupazione a un'altra.

frizionàre **A** v. tr. (*io frizióno*) ● Eseguire un massaggio, una frizione. **B** v. intr. ● Usare, manovrare la frizione.

frizióne [vc. dotta, lat. *frictiōne(m)*, da *frīctus*, part. pass. di *fricāre* 'fregare'] s. f. **1** Massaggio con sostanze medicamentose semiliquide per facilitarne la penetrazione attraverso la cute. SIN. Fregagione. **2** Attrito tra due corpi, per il movimento di uno in relazione all'altro | *Innesto, cono a f.*, (*ass.*) *frizione*, negli autoveicoli, organo meccanico che permette di accoppiare e disaccoppiare dolcemente e progressivamente il motore dalle ruote, attraverso il cambio di velocità, sfruttando l'attrito per lo più fra dischi premuti insieme. ➡ ILL. p. 1746, 1747, 1750 TRASPORTI. **3** (*est.*) Negli autoveicoli, pedale con cui si manovra tale meccanismo. **4** (*fig.*) Contrasto, dissenso: *è sorta tra loro qualche f.*

frizzànte **A** part. pres. di *frizzare*; anche agg. **1** Nei sign. del v. **2** *Acqua f.*, gassata | *Vino f.*, che spumeggia per l'emissione di bollicine di anidride carbonica. CONTR. Fermo | *Vento f.*, pungente | *Concetto, ingegno f.*, arguto e vivace. **B** s. m. ● Sapore caratteristico delle bevande frizzanti: *questa gazzosa ha perso il f.* || **frizzantìno**, dim. (V.).

frizzantìno **A** agg. **1** Dim. di *frizzante*. **2** Leggermente frizzante: *un'aria frizzantina*. **B** s. m. **1** Sapore leggermente frizzante di un vino o altra bevanda. **2** Vino frizzante.

frizzàre [lat. parl. *frictiāre*, ints. di *frīgere* 'friggere'] v. intr. (aus. *avere*) **1** Bruciare o prudere vivamente a fior di pelle: *l'alcol frizza sulla ferita*. **2** Essere piacevolmente aspro e pungente: *un vino che frizza e spuma*. **3** (*fig.*) Essere caustico e acuto: *risposta, motto che frizza*. SIN. Pungere. **4** †Avere sale, giudizio. **5** †Friggere.

frìzzio s. m. ● (*tosc.*) Un continuo e prolungato frizzare.

frìzzo [da *frizzare*] s. m. ● Battuta pungente, motto arguto: *f. sguaiato, garbato, mordace*; *non sopportare i frizzi e le allusioni*. SIN. Spiritosaggine. || **frizzétto**, dim.

fröbeliàno /frebe'ljano, frøbe'ljano/ ● V. *froebeliano*.

fròcio [vc. rom. di etim. incerta] s. m. ● (*centr., gerg.*) Omosessuale maschile.

†**fròda** ● V. *frode*.

frodàbile agg. ● Che si può sottrarre con frode o truffa.

frodàre o †**fraudàre** [lat. *fraudāre*, da *fraus*, genit. *fraudis* 'frode'] v. tr. (*io fròdo*) **1** Sottrarre con frode: *f. una somma di denaro a qc.* | †*F. la verità*, nasconderla per ingannare | †*F. il male*, dissimularlo | (*fig.*) †*f. un suono, una lettera*, eliderli. **2** Privare con l'inganno qc. di q.c.: *f. il fisco, lo Stato, il dazio*; *frauda gli uomini di quello che debbe loro* (GUICCIARDINI). SIN. Imbrogliare, truffare.

frodatóre o †**fraudatóre** [lat. *fraudatōre(m)*, da *fraudāre* 'frodare'] s. m. (f. *-trice*, *-tora*) ● Chi froda: *fu condannato in lire mille, siccome f. delle cose del Comune* (VILLANI).

fròde o (*poet.*) †**fràude**, †**fròda** [lat. *frāude(m)*, di etim. incerta] s. f. ● Raggiro diretto a ingannare qc. sorprendendone la buona fede: *perpetrare una f. nel commercio, ai danni di qc.*; *ricchezza nè onore / con f. o con viltà / il secol venditore / mercar non mi vedrà* (PARINI) | *Bella f.*, fatta a fin di bene | *Far f. a se stesso*, nascondersi un male | †*Palliare la f.*, coprirla o mascherarla. SIN. Imbroglio, truffa.

fròdo [da *frodare*] s. m. solo sing. ● Artificio o inganno per eludere il pagamento di dazi, imposte, tasse e sim.: *denunciare un f.* | *Merce, sale, sigari di f.*, di contrabbando | *Cogliere, prendere qc. in f.*, mentre compie un frodo, un contrabbando e sim. | *Essere dichiarato in f.*, in contravvenzione | *Porre in f.*, sequestrare o sottoporre a multa per frodo | *Pagare le gabelle e il f.*, il dazio e le multe e (*fig.*) pagar il fio di un inganno | *Cacciatore, pescatore di f.*, privo della necessaria licenza o che, comunque, pesca o caccia in luogo proibito.

frodolènto ● V. *fraudolento*.

frodolènza ● V. *fraudolenza*.

froebeliàno /frebe'liano, frøbe'ljano/ o **fröbeliàno** agg. • Che si riferisce a F. Froebel (1782-1952) e al suo metodo pedagogico | *Scuola a indirizzo f.*, per bambini in età prescolastica, fondata sul rispetto assoluto della personalità del fanciullo e sulla razionale utilizzazione a fini educativi di alcune attività fisiche dell'infanzia, come il gioco.

frògia [lat. *fŏrfice(m)* (V. †*forfice*), passato dal sign. di 'nasiera' a quello di 'parte del muso dove la nasiera viene applicata' (?)] s. f. (pl. *-gie* o *-ge*) **1** Ciascuna delle ali laterali delle narici equine. **2** (*scherz.*) Narice umana, spec. se dilatata: *gonfiava le froge al pari di un mastino ringhioso* (VERGA).

frollaménto s. m. • Atto, effetto del frollare.

frollàre [da *frollo*] **A** v. tr. (*io fròllo*) • Sottoporre a frollatura **B** v. intr. (aus. *essere*) • Subire un processo di frollatura | (*fig.*) *Mettere qc. a f.*, lasciarlo in prigione per un certo tempo | (*fig.*) *Lasciare una pratica, un affare a f.*, non avere alcuna fretta di sbrigarlo. **C** v. intr. pron. **1** Diventare frollo: *certe carni si frollano più rapidamente di altre.* **2** (*raro, fig., lett.*) Ammorbidirsi.

frollatùra s. f. • Operazione che consiste nella stagionatura di carne, e in particolare di selvaggina, per un periodo più o meno lungo, in modo che i tessuti si inteneriscano e acquistino sapore | Tempo occorrente alla effettuazione di tale operazione.

frollìno [da *frollo*] s. m. • Pasticcino o biscotto di pasta frolla, talvolta guarnito con canditi.

fròllo [etim. incerta] agg. **1** Tenero, morbido | Di carne sottoposta a frollatura | *Pasta frolla*, pasta dolce che si sbriciola facilmente, fatta di fior di farina, burro, tuorli d'uova e zucchero | (*fig.*) *Uomo di pasta frolla*, senza nerbo. **2** (*fig.*) Privo di energia o resistenza sia fisica che morale. SIN. Fiacco, molle.

frómba [V. *frombola*] s. f. • Fionda, frombola.

frómbola [sovrapposizione di *rombola* a *fionda*] s. f. **1** (*lett.*) Fionda. **2** †Ciottolo, sasso: *frombole, cioè sassi di fiumi tondi* (VASARI). ‖ **frombolétta**, dim.

frombolàre [da *frombola*] **A** intr. (*io frómbolo*; aus. *avere*) • Tirare con la frombola. **B** v. tr. (*io frómbolo*) • Scagliare con la frombola | (*fig.*) Scagliare con forza.

frombolatóre [da *frombolare*] s. m. • (*raro, lett.*) Fromboliere.

frombolière [da *frombola*] s. m. **1** Chi è molto abile nel tirar di frombola. **2** Nel gergo calcistico, giocatore abile nei tiri a rete.

fromentìno [da *fromento*, var. di *frumento*] agg. • Che ha color biondo dorato, detto del mantello di alcuni bovini.

†**froménto** • V. *frumento*.

frónda (1) [lat. *frŏnde(m)*, di etim. incerta] s. f. **1** Ramoscello con foglie. SIN. Frasca. **2** (*spec. al pl.*) Tutte le foglie e i rami di un albero: *si udiva lo stormire delle fronde*; *le tenere fronde al sol si spiegano* (L. DE' MEDICI). **3** (*bot.*) Lo sporofillo delle felci | L'alga quando assume aspetto fogliaceo. **4** (*spec. al pl., fig.*) Ornamenti eccessivi di un discorso, di uno scritto e sim. ‖ **frondétta**, dim. | **frondicèlla**, dim.

frónda (2) [fr. *fronde* 'fionda'; il n. deriva dalla frase di L. P. Bachaumont: 'il Parlamento faceva come i ragazzi che, giocando alla fionda, lanciavano sassi alle guardie che cercavano di impedirli'] s. f. **1** Nella Francia del XVII sec., complesso d'agitazioni e ribellioni durante la minore età di Luigi XIV contro la reggente Anna d'Austria e il suo primo ministro il cardinale Mazzarino. **2** (*est.*) Corrente di opposizione all'interno di un partito politico e sim. | *Aria, vento di f.*, aria di rivolta, d'opposizione.

†**frondàre** [da *fronda (1)*] v. intr. • Coprirsi di fronde. SIN. Frondeggiare.

†**frondatóre** [vc. dotta, lat. *frondatōre(m)* 'potatore', da *frōns*, genit. *frŏndis* 'fronda (1)'] s. m.; anche agg. • Chi, che pota rami dagli alberi.

frondeggiànte part. pres. di *frondeggiare*; anche agg. **1** (*lett.*) Nei sign. del v. **2** (*lett.*) Ricco di foglie.

frondeggiàre [da *fronda (1)*] v. intr. (*io frondéggio*; aus. *avere*) • (*lett.*) Mettere fronde: *in primavera i boschi frondeggiano.*

frondìfero [vc. dotta, lat. *frondĭferu(m)*, comp. di *frōns*, genit. *frŏndis* 'fronda (1)' e *-fer* '-fero'] agg. • (*lett.*) Che porta o produce fronde.

frondìsta [da *fronda (2)*] s. m. e f. (pl. m. *-i*) • Ribelle, oppositore, avversario.

frondosità s. f. • Qualità di frondoso (*anche fig.*).

frondóso [vc. dotta, lat. *frondōsu(m)*, da *frōns*, genit. *frŏndis* 'fronda (1)'] agg. **1** Ricco di fronde: *albero, ramo f.* | (*poet.*) Di luogo circondato da piante fronzute: *il fonte, e la frondosa ara e i cipressi* (FOSCOLO). **2** (*bot.*) Detto del tallo dei licheni quando possiede espansioni frastagliate. **3** (*fig.*) Detto di scritto o discorso sovraccarico di ornamenti.

†**frondùto** agg. • Fronzuto.

front /front/ [da *front(e)* con riduzione a deciso monosillabo, come altri comandi militari] inter. • Si usa come comando di esecuzione, a militari e ginnasti, dopo un comando di avvertimento perché si volgano verso la parte indicata: *fronte a destr!, f.!*; *fronte a sinistr!, f.!*; *dietro f.!*

frontàle (1) [vc. dotta, lat. tardo *frontāle(m)* da *frōns*, genit. *frŏntis* 'fronte'] agg. **1** Che appartiene alla fronte | (*anat.*) *Osso f.*, osso che chiude la parte anteriore del cranio. ➡ ILL. p. 362 ANATOMIA UMANA. **2** (*anat.*) Detto di ogni piano ortogonale agli assi che vanno dal dorso al ventre. SIN. Coronale. **3** Che sta, avviene o si presenta di fronte: *posizione, scontro f.* | *Attacco f.*, condotto direttamente contro la fronte dello schieramento nemico | (*scol.*) *Lezione, insegnamento f.*, la lezione tradizionale, fatta dalla cattedra, con l'insegnante di fronte agli studenti; si contrappone al laboratorio, all'esercitazione e sim. **4** (*ling.*) Detto di vocale anteriore. ‖ **frontalménte**, avv. Di fronte.

frontàle (2) [vc. dotta, lat. *frontāle*, da *frōns*, genit. *frŏntis* 'fronte'] s. m. **1** Ornamento femminile d'oro arricchito con pietre preziose che si portava un tempo, fissato ad una catenina nascosta nei capelli, pendente sulla fronte. **2** Parte della testiera che passa sulla fronte sotto gli orecchi del cavallo. SIN. Frontino. ➡ ILL. p. 1288 SPORT. **3** Piastra di ferro integrante la barda che difendeva la fronte del cavallo coperto di armatura. ‖ **frontalìno**, dim. (V.).

frontalière [fr. *frontalier*, dal provz. *frountalié* 'limitrofo'. V. *frontale (1)*] s. m. • Abitante di una zona di frontiera che al mattino passa il confine per andare a lavorare in uno Stato vicino e rientra la sera.

frontalièro [da *frontaliere*] agg. • Che abita in una zona di frontiera e passa ogni giorno il confine per recarsi al lavoro: *lavoratori frontalieri* | (*est.*) Che abita nelle vicinanze di un confine di Stato: *popolazioni frontaliere.*

frontalìno s. m. **1** Dim. di *frontale (2)*. **2** Parte verticale di uno scalino. SIN. Alzata. **3** La parte anteriore di un'autoradio: *f. asportabile.*

frontalità [da *frontale*] s. f. **1** Condizione di ciò che si presenta in posizione frontale. **2** Tecnica del rilievo e della scultura a tutto tondo, propria dell'arte plastica antica, paleocristiana, medievale e bizantina, in base alla quale la figura umana viene rappresentata di pieno prospetto e in posa rigida.

frónte [lat. *frŏnte(m)*, di etim. incerta] **A** s. f. e †m. **1** Parte della testa tra le sopracciglia e l'attaccatura dei capelli: *f. ampia, bassa, liscia, rugosa, corrugata*; *baciare qc. in f.*; *lo inanellato crin dell'aurea testa / scende in la f. umilmente superba* (POLIZIANO) | (*fig.*) *Guadagnarsi la vita col sudore della f.*, col proprio lavoro | (*est.*) Testa, capo: *ornare la f. di lauro* | *F. a destra, f. a sinistra*, e sim., comandi di avvertimento a militari e ginnasti; V. anche *dest* e *sinist* | *Crollar la f.*, scuotere il capo per incredulità, disaccordo e sim. | (*fig.*) *Indurar la f.*, ostinarsi | *Gravar la f.*, (*fig.*) far chinare il capo | *Battersi la f.*, per ira o dolore | *Volger la f.*, fuggire. **2** Volto o aspetto, come sede dell'espressione di sentimenti, pensieri e sim.: *f. lieta, ardita, serena, turbata, vergognosa* | *Gli si legge tutto in f.*, (*fig.*) non sa dissimulare nulla | *Ridere in f.*, mostrare allegria | *A f. bassa*, per vergogna o sim. | *A f. alta*, (*fig.*) con franchezza, sicurezza o alterigia | *A prima f.*, a primo aspetto, a prima vista | *A f. a f.*, a faccia a faccia | *Mostrare la f.*, il viso, senza tema di nulla | *Alzar la f.*, con ardimento | (*fig.*) *Con buona f.*, con coraggio. SIN. Faccia. **3** Presenza, confronto: *mettere, porre a f. due testimoni, due avversari* | *Stare a f.*, a tu per tu | *A f.*, a confronto | *Stare, essere, trovarsi di f.*, dirimpetto | *Testo con traduzione a f.*, a lato, per consentire il confronto | *Nessuno può stargli a f.*, può essergli paragonato. **4** Parte, parete anteriore o limite più avanzato di costruzioni, strutture e sim.: *la f. di un libro, di un edificio* | *F. polare*, superficie di discontinuità fra masse d'aria con temperatura e umidità diverse, situata alle medie latitudini | *F. del ghiacciaio*, parte terminale della lingua di un ghiacciaio | (*geol.*) Limite più avanzato di una coltre di ricoprimento nella direzione del movimento | (*min.*) Parete sulla quale il minerale viene abbattuto, nelle miniere e cave: *f. a gradini*; *f. unica*; *lunga f.* **5** (*letter.*) Nella metrica italiana, prima parte della stanza di canzone, costituita da più versi e divisibile in due parti uguali, o piedi | (*ling.*) Principio delle parole. ‖ **fronticina**, dim. | **frontóna**, accr. **B** s. m. (raro f. nel sign. 1) **1** Linea lungo la quale le forze belligeranti contrapposte si fronteggiano o sono a contatto: *f. occidentale, orientale*; *andare al f.*; *cambiamento di f.*; *aprire un secondo f.* | *Cambiamento, spostamento di f.*, (*fig.*) nel linguaggio sportivo, cambiamento della direzione dell'azione di gioco, in vari giochi di squadre. **2** (*fig.*) Allineamento, coalizione ideale di più forze che si oppongono di comune accordo ad altre: *far f. comune contro gli invasori* | (*fig.*) *Far f. a qc., a q.c.*, tener testa o fronteggiare con maggiore o minore difficoltà. **3** Coalizione, alleanza di partiti o movimenti politici, spec. di sinistra, in vista del raggiungimento di un fine comune f.: *popolare*; *f. di liberazione nazionale* | (*est.*) Complesso di persone, omogeneo quanto a consuetudini, finalità e sim.: *f. mondano.* **4** (*meteor.*) *F. caldo*, aria calda che invade una zona della superficie terrestre in precedenza occupata da aria fredda, e scorrendo al di sopra dell'aria fredda dà origine a nubi stratificate e precipitazioni a carattere moderato e continuo | *F. freddo*, aria fredda che invade una zona della superficie terrestre, in precedenza occupata da aria calda e, avanzando al suolo, solleva vigorosamente l'aria calda dando origine a nubi cumuliformi e precipitazioni a carattere temporalesco.

fronteggiàre [da *fronte*] **A** v. tr. (*io frontéggio*) **1** Combattere, contrastare opponendo una valida resistenza (*anche fig.*): *f. il nemico, le avversità.* **2** Essere situato, stare di fronte a q.c.: *la mia casa fronteggia la piazza.* **B** v. rifl. rec. • Affrontarsi: *i due avversari si fronteggiavano studiandosi.*

frontespìzio o **frontispìzio** [vc. dotta, lat. tardo *frontispĭciu(m)*, comp. di *frōns*, genit. *frŏntis* 'fronte' e *spĕcere* 'guardare'] s. m. **1** Cornice o altro ornamento architettonico che decora la più alta parte di una facciata, loggia, finestra, nicchia e sim. **2** Pagina all'inizio di un libro nella quale sono indicati l'autore, il titolo, le note tipografiche | *Erudizione da f.*, di chi conosce solo il frontespizio dei libri e li cita senza averli letti. **3** (*fig., scherz.*) Aspetto e apparenza di una persona: *si presenta con un brutto f.*

frontièra [fr. *frontière*, da *front* 'fronte'] s. f. **1** Linea di confine che delimita il territorio di uno Stato: *passare, chiudere la f.* | *Rettificare la f.*, modificare il tracciato. **2** (*mat.*) *F. d'un insieme di punti d'uno spazio topologico*, intersezione della chiusura dell'insieme e di quella del suo complementare. **3** (*fig.*) Linea che delimita o circoscrive q.c.: *le frontiere della scienza avanzano continuamente* | *Nuova f.*, nuovo obiettivo a cui tendere, nuovo traguardo. SIN. Confine. **4** †Fronte. **5** †Prima schiera o fronte dell'esercito.

†**frontièro** [fr. provz. *frontier*, da *front* 'fronte'] agg. • Sfrontato, ardito: *lui seguitava f. e gagliardo* (BOCCACCIO).

frontìno [da *fronte*] s. m. **1** Tipo di parrucca usata per modificare l'attaccatura dei capelli. **2** (*sport*) Nel rugby, azione di difesa del giocatore che, placcato al corpo da un avversario o in un tentativo di placcaggio, lo respinge colpendolo alla fronte con il palmo della mano aperta. **3** Frontale (2).

frontìsmo [da *fronte* e *-ismo*] s. m. • Tendenza a creare schieramenti politici di sinistra imperniati sul Partito comunista.

frontispìzio ● V. *frontespizio*.

frontista [da *fronte*] s. m. e f. (pl. m. *-i*) **1** Sostenitore, seguace di un fronte politico. **2** (*dir.*) Chi possiede un immobile situato lungo una strada o un corso d'acqua: *diritto del f. di aprire nuove luci.*

frontóne [da *fronte*] s. m. **1** (*arch.*) Coronamento triangolare della facciata di un edificio, spec. del tempio greco, con tetto a due spioventi, usato anche per porte, finestre, nicchie e sim., che assunse, dall'età romana in poi, forme diverse: *f. curvilineo, spezzato.* ➡ ILL. p. 356, 357 ARCHITETTURA. **2** (*tip.*) Capopagina.

†**frónzo** s. m. ● Fronzolo.

frónzolo [lat. *frŏndeu(m)*, da *frŏns*, genit. *frŏndis* 'fronda'] s. m. ● (*spec. al pl.*) Ornamento inutile e spesso di cattivo gusto: *indossare un abito carico di fronzoli; scrivere con uno stile pieno di fronzoli* | *Senza fronzoli*, con semplicità. || **fronzolétto**, dim. | **fronzolino**, dim.

fronzùto [da *fronda*] agg. ● Carico o coperto di fronde: *albero f.*

frosóne o †**frisóne** (**2**), **frusóne** [lat. tardo *frisiōne(m)* 'della Frisia'] s. m. **1** Uccello passeriforme dei Fringillidi dal becco coriaceo e voluminoso e dal tronco tozzo, buon volatore, che predilige i boschi di montagna (*Coccothraustes coccothraustes*). **2** (*raro, fig.*) Chi ronza intorno alle donne importunandole.

fròtta [fr. *flotte*. V. *flotta*] s. f. ● Gruppo numeroso di persone o animali: *una f. di armati, di cavalli; le frotte delle vaghe api prorompono* (FOSCOLO) | *In f., a frotte*, in gruppo, a gruppi.

frottage /fr. frɔ'taʒ/ [vc. fr., propr. 'strofinamento', da *frotter* 'strofinare'] s. m. inv. ● Tecnica di disegno consistente nello sfregare una matita su un foglio di carta posto sopra una superficie ruvida o con lievi sporgenze.

fròttola [da *frotta*, perché indicava affastellamento di composizioni diverse] s. f. **1** Composizione poetica italiana di origine popolare e giullaresca in voga nel XIV e XV sec. di vario metro, spesso di senso oscuro per la presenza d'indovinelli o proverbi. **2** Composizione polifonica profana, di origine popolaresca, diffusasi in Italia spec. nel sec. XV. **3** Bugia, fandonia, panzana: *spacciare, raccontare frottole.* || **frottolina**, dim. | **frottolóna**, accr.

frottolóne [da *frottola*] s. m.; anche agg. (f. *-a*) ● (*raro*) Chi, che racconta frottole.

frou frou /fr. fru 'fru/ ● V. *fru fru*.

frucàndolo ● V. *fruciandolo*.

†**frucàre** e *deriv.* ● V. *frugare* e *deriv.*

fruciàndolo o **frucàndolo** [da †*frucare*] s. m. ● (*tosc.*) Attizzatoio per forno.

fruènte A part. pres. di *fruire*; anche agg. ● Nei sign. del v. **B** s. m. e f. ● (*bur.*) Chi fruisce di q.c. SIN. Fruitore.

fru fru /fru f'fru*, fru 'fru*/ o **frou frou**, **frufrù** [vc. onomat.] **A** inter. **1** Riproduce il leggero fruscio di vesti, stoffe, foglie, o lo scalpiccio o lo stropiccio di piedi e sim. **2** Riproduce il rumore di un frullo d'ali. **B** in funzione di s. m. **1** Il fruscio, lo scalpiccio, lo stropiccio, il frullio d'ali stessi: *il fru fru delle gonne.* **2** (*est.*) Confusione, agitazione, andirivieni: *il suo improvviso arrivo provocò un gran fru fru* | Entusiasmo, foga, calore destinati a sfumare presto: *in principio è sempre tutto un fru fru.* **3** Fronzolo, ninnolo: *sono di moda gli accessori con fru fru.* **C** in funzione di agg. ● Frivolo, civettuolo: *una ragazza fru fru; abito, acconciatura fru fru.*

frugacchiàre [ints. di *frugare*] v. intr. (*io frugàcchio*; aus. *avere*) ● Andar frugando qua e là, minutamente.

frugacchino s. m. (f. *-a*) ● (*raro*) Bambino che ha il vizio di frugare.

frugàle [vc. dotta, lat. *frugāle(m)*, da *frūgi* 'sobrio', da *frūx*, genit. *frūgis* 'frutto'] agg. ● Di chi è parco nel mangiare e nel bere: *uomo f.; gusti, abitudini frugali; sia frugal del ricco il pasto* (MANZONI) | *Vitto, pasto, mensa f.*, semplici | *Vita f.*, parsimoniosa | *Virtù frugali*, di temperanza. SIN. Sobrio. || **frugalménte**, avv. Con frugalità.

frugalità o †**frugalitade**, †**frugalitàte** [lat. *frugalitāte(m)*, da *frugālis* 'frugale'] s. f. ● Qualità di chi, di ciò che è frugale. SIN. Sobrietà, temperanza.

frugaménto s. m. ● (*raro*) Atto, effetto del frugare.

frugàre o (*tosc.*) †**frucàre** [lat. parl. **furicāre*, da *furāri* 'rubare', da *fūr*, genit. *fūris* 'ladro'] **A** v. intr. (*io frùgo, tu frùghi*; aus. *avere*) ● Cercare con attenzione, rovistando: *f. in un cassetto, nella valigia, tra le carte, dentro un cespuglio.* **B** v. tr. **1** Esaminare o perquisire con gran cura: *gli frugarono le tasche e tutti i bagagli; perché mi fruga il tuo sguardo?* (SABA). **2** (*raro, fig.*) Braccare. **3** †Stimolare, spingere, incitare. **4** †Urtare. **C** v. rifl. ● Esaminarsi con cura, cercando q.c. su di sé: *è mezz'ora che si fruga da ogni parte, e non trova niente.*

frugàta o (*tosc.*) †**frucata**. s. f. ● Atto, effetto del frugare, spec. in fretta e superficialmente. || **frugatina**, dim.

frugatóio s. m. **1** Pertica con un disco di cuoio in cima, che serve a frugare e battere l'acqua perché il pesce, spaventato, insacchi nel tramaglio. **2** (*med., raro, pop.*) Sonda.

frugìfero [vc. dotta, lat. *frugĭferu(m)*, comp. di *frūx*, genit. *frūgis* 'frutto, messi' e *-fer* '-fero'] agg. ● (*lett.*) Che produce messi, frutti.

frugìvoro [comp. del lat. *frūx*, genit *frūgis* 'frutto, messi' e *-voro*, ricavato da *carnivoro*] agg. ● Che mangia biada o frutti.

frugnolàre [da *frugnolo*] v. intr. (*io frugnòlo, frùgnolo*; aus. *avere*) **1** Andare a caccia col frugnolo. **2** (*tosc.*) Andare in cerca di q.c. o di qc. con la lanterna in mano | Mettere la lanterna vicino al viso di qc. per riconoscerlo.

frugnolatóre s. m. ● Chi va a caccia col frugnolo.

frugnòlo o (*lett.*) **frugnuòlo** [lat. parl. **furnĕolu(m)*, dim. di *fūrnus* 'forno'] s. m. **1** Fiaccola a riverbero per abbagliare, di notte, uccelli addormentati e ucciderli. **2** (*tosc.*) *Andare a f.*, andar attorno di notte in cerca di avventure | *Entrare nel f.*, (*fig.*) innamorarsi.

frugolàre [ints. di *frugare*] v. intr. (*io frùgolo*; aus. *avere*) **1** Frugacchiare, rovistare. **2** Grufolare per terra, come fa il maiale | (*est.*) Lavorare fiaccamente nella terra.

frùgolo [da *frugolare*] s. m. (f. *-a*) **1** Bambino molto vivace che non sta mai fermo. **2** (*raro*) Uomo destro e intraprendente. || **frugolétto**, dim. | **frugolino**, dim. | **frugolóne**, accr.

frugóne o (*tosc.*) †**frucóne** [da *frugare*] s. m. (f. *-a* nel sign. 1) **1** Chi ha l'abitudine di frugare. **2** †Bastone appuntito per frugare. **3** †Colpo, dato di punta.

†**frùi** [vc. dotta, lat. *frŭi*. V. *fruire*] s. m. solo sing. ● (*poet.*) Godimento: *la bella image che nel dolce f. / liete facevan l'anime conserte* (DANTE *Par.* XIX, 2-3).

fruìbile [da *fruire*] agg. ● Detto di ciò di cui si può fruire.

fruibilità s. f. ● Qualità di ciò che è fruibile.

fruìre [lat. parl. **fruīre*, per il classico *frŭi*, dalla stessa radice di *frūx* 'frutto, messi'] **A** v. intr. (*io fruìsco*, †*frùo, tu fruìsci*; aus. *avere*) ● Usare di q.c. traendone utilità e giovamento: *f. di una rendita, di un beneficio, della pensione.* **B** v. tr. ● (*raro*) Godere: *f. la pace; non potere f. il piacere* (LEONARDO).

fruitìvo [da *fruire*] agg. ● (*lett.*) Che concerne la fruizione: *atto f.*

fruitóre [da *fruire*] s. m. ● Chi fruisce di q.c., in genere traendone vantaggi: *i fruitori della cultura* | Consumatore | Utente.

fruizióne [vc. dotta, lat. tardo *fruitiōne(m)*, da *frŭi* 'fruire'] s. f. ● Atto, effetto del fruire | Godimento, uso.

frullàna [da *furlana* 'friulana', perché usata nel Friuli] s. f. ● Falce fienaia.

frullàre [vc. onomat.] **A** v. tr. (*io frùllo*) ● Agitare una sostanza semiliquida col frullino o col frullatore: *f. le uova.* **B** v. intr. (*aus. avere*) **1** Alzarsi in volo, facendo rumore con le ali: *le quaglie frullano* | (*est.*) Agitarsi con rumore: *le vele, le corde frullano per il, al vento.* **2** Girare o ruotare velocemente su se stesso: *la trottola, l'aspo, l'arcolaio frullano* | *Far f. qc.*, (*fig.*) far filare. **3** (*fig.*) Agitarsi o dibattersi nella mente: *cosa gli frulla per il capo?*

frullàto A part. pass. di *frullare*; anche agg. ● Nei sign. del v. **B** s. m. ● Bevanda ottenuta sbattendo nel frullatore frutta, verdura, e sim.

frullatóre s. m. ● Elettrodomestico atto a preparare cibi o bevande frullate, sbattute e sim.

frullìno [da *frullare*] s. m. **1** Arnese da cucina per sbattere a mano cioccolata, uova, latte, costituito da un'asticciola terminante in espansioni di forma varia. **2** (*fig.*) Persona che è sempre in movimento | Persona di idee mutevoli. **3** Uccello dei Caradriformi simile al beccaccino che vive nel più fitto della vegetazione palustre (*Limnocryptes minimus*). **4** †Cosa da nulla.

frullìo s. m. ● Un frullare continuato: *il f. della trottola; un f. d'ali.*

frùllo [V. *frullare*] s. m. **1** Battito e rumore delle ali di un uccello che si alza in volo: *frulli d'uccelli, stormire di cipressi* (PASCOLI) | *Prendere il f.*, il volo | *Tirare a f.*, sparare all'uccello che si alza in volo | (*fig.*) *Cogliere a f. una persona*, fermarla al momento opportuno | *Cogliere a f. una parola*, sentirla al volo. **2** †Schiocco delle dita | (*fig.*) *Non importa un f.*, nulla.

frullóne [da *frullare*] s. m. **1** Cassone di legno in cui si separa il fior di farina dalla crusca facendo girare con una manovella il burattello. SIN. Buratto. **2** Girella per la ruota dell'arrotino. **3** Calesse scoperto su quattro ruote, con due sedili.

frumentàceo [vc. dotta, lat. tardo *frumentāceu(m)*, da *frumĕntum* 'frumento'] agg. ● (*raro*) Che produce frumento.

†**frumentàre** [vc. dotta, lat. *frumentāri*, da *frumĕntum* 'frumento'] v. intr. ● Raccogliere viveri per l'esercito.

frumentàrio [vc. dotta, lat. *frumentāriu(m)*, da *frumĕntum* 'frumento'] **A** agg. **1** Di, relativo a, frumento: *commercio, mercato f.* | *Monte f.*, nell'Italia merid., sino alla caduta dei Borboni, istituto assistenziale che anticipava gratuitamente ai contadini il frumento necessario per la semina | *Foro f.*, mercato del frumento e gener. delle granaglie | *Nave frumentaria*, nell'antica marina romana, quella adibita al trasporto del frumento per il vettovagliamento dell'esercito. **2** (*raro*) Che produce frumento: *terra frumentaria.* **B** s. m. ● Nell'esercito romano, addetto ai servizi da vettovagliamento.

†**frumentazióne** [vc. dotta, lat. *frumentatiōne(m)*, da *frumentāri* 'frumentare'] s. m. **1** Raccolta di frumento. **2** Elargizione di frumento fatta dagli imperatori o da tribuni romani alla plebe.

fruménto o †**forménto**, †**froménto** [lat. *frumĕntu(m)*, da *frŭi* 'fruire, godere di'] s. m. ● (*bot.*) Grano | *F. bianco*, di scorza grossa | *F. grosso*, frumentone. || **frumentóne**, accr. (V.).

frumentóne o (*dial.*) **formentóne** nel sign. 2 s. m. **1** Accr. di *frumento*. **2** (*bot.*) Mais.

†**frùmmia** [germ. *frummjan*] s. f. ● Eccitazione, subbuglio, fermento.

frusciànte part. pres. di *frusciare*; anche agg. ● Nei sign. del v.

frusciàre [vc. onomat.] **A** v. intr. (*io frùscio*; aus. *avere*) ● Produrre fruscio: *un tessuto che fruscia; la serpe fruscia tra le foglie.* **B** v. tr. ● †Importunare, molestare.

†**fruscinìo** s. m. ● Fruscio continuato.

fruscio [da *frusciare*] s. m. ● Rumore sommesso e strisciante, prodotto da tessuti, foglie o carte che si muovono, da acqua che scorre e sim.: *si udiva solo il f. dei loro abiti* (PIRANDELLO). SIN. Stropiccio.

†**fruscolàre** [da *fruscolo*] v. tr. ● Cercare con cura minuta.

frùscolo [lat. tardo *frūstulu(m)* 'pezzetto', con sovrapposizione di *bruscolo*] s. m. ● (*raro*) Ramoscello secco.

frusinàte [vc. dotta, lat. *Frusināte(m)*, da *Frusĭno*, genit. *Frusinōnis* 'Frosinone'] **A** agg. ● Di Frosinone. **B** s. m. e f. ● Abitante, nativo di Frosinone.

frusóne ● V. *frosone*.

frùsta [da *frustare*] s. f. **1** Lunga striscia di cuoio o corda intrecciata, fissata all'estremità di un bastone, con cui si incitano gli animali da tiro o, spec. un tempo, si punivano gli uomini percuotendoli: *un cavallo bizzoso che ha bisogno di f.; s'era messo al trotto ... con gran strepito di f. e di sonagli* (VERGA) | *Non saper tenere in mano la f.*, non sapere fare il cocchiere e (*fig.*) non saper comandare | *Mettere alla f.*, (*fig.*) costringere al massimo sforzo | *Maneggiare, agitare la f.*, (*fig.*) flagellare con la critica. SIN. Sferza. **2** (*fig.*) Disciplina: *non sentire la f.* **3** Arnese da cucina costituito da fili di ottone ripiegati e fermati al manico, usato per far montare la panna, l'albume delle uova e sim. **4** (*med.*) *Colpo di f.*, dolore lancinante riferito al polpaccio, per violenta contrazione muscolare da movimento anomalo dell'arto, o alla colonna cervicale, per eccessiva estensione dei muscoli e dei legamenti in seguito a un contraccolpo. **5** †Frusto, pezzetto di q.c. || **frustina**, dim. | **frustino**, dim. (V.) | **frustóna**, accr. | **frustóne**, accr. m.

†frustàgno ● V. *fustagno*.

frustàio [da *frusta*] s. m. ● Chi fabbrica o vende fruste.

†frustapénne [comp. di *frustare* 'consumare', e il pl. di *penna*] s. m. e f. inv. ● Scrittore da poco.

†frustapennèlli [comp. di *frustare* 'consumare', e il pl. di *pennello*] s. m. e f. ● Pittore di poco valore.

frustàre [lat. tardo *fustāre* 'bastonare', da *fūstis* 'bastone', di etim. incerta] v. tr. (*io frùsto*) **1** Battere o percuotere con la frusta: *f. un animale riottoso* | Punire con la pena della frusta: *frustarono il condannato prima dell'esecuzione* | *F. a sangue*, fino a far uscire il sangue dalle carni | (*fig.*) †*Pagare il boia che ci frusta*, fare apposta il proprio danno. SIN. Sferzare. **2** (*fig.*) Censurare o criticare acerbamente: *farsi f. da tutti* | (*est.*) Castigare severamente: *f. un giovane ribelle*. **3** (*fig.*) Sciupare e logorare con l'uso prolungato e l'incuria: *f. i propri abiti* | (*fig.*) †*f. i teatri*, andarvi continuamente. SIN. Consumare.

frustàta s. f. **1** Colpo di frusta: *mise i cavalli al galoppo con molte frustate* | (*est.*) Stimolo violento o intenso: *queste vitamine danno una f. di energia*. **2** (*fig.*) Giudizio pungente, critica violenta.

frustatóre s. m.; anche agg. (f. *-trice*) ● (*raro*) Chi, che frusta (*anche fig.*).

frustatùra s. f. ● Atto, effetto del frustare.

frustino s. m. **1** Dim. di *frusta*. **2** Bacchetta flessibile ricoperta di sottili strisce di pelle usata per incitare il cavallo. SIN. Scudiscio | Spago che si attacca alla codetta della frusta. SIN. Sferzino. ➡ ILL. p. 1288, 1289 SPORT. **3** (*fig.*, *tosc.*) Zerbinotto, damerino. || **frustinèllo**, dim.

frùsto (1) [da *frust(at)o*, part. pass. di *frustare*] agg. **1** Consumato, logoro, liso: *portava un mantello tutto f.* | *Forze fruste*, esauste: *sono le forze vostre ora sì fruste* (ARIOSTO) | *Medaglie fruste*, prive ormai di rilievi | Malconcio: *aveva un aspetto tutto f.* **2** (*fig.*) Logorato dall'uso e ormai privo di originalità: *argomento f.* CONTR. Inedito, nuovo.

†frùsto (2) [vc. dotta, lat. *frūstu(m)*, di etim. incerta] s. m. ● Pezzetto | *F. di pane*, boccone, tozzo.

†frùsto (3) [da *frustare*] s. m. ● Frusta, sferza, staffile.

frùstolo o **frùstulo** [vc. dotta, lat. tardo *frūstulu(m)*, dim. di *frūstum* 'frusto (2)'] s. m. **1** Pezzetto, particella. **2** Frammento, dettaglio di un componimento letterario.

†frùstra [vc. dotta, lat. *frūstra*, da avvicinare a *frāus* 'frode'] avv. ● Invano, inutilmente.

†frustraneità [da *frustraneo*] s. f. ● Inutilità | Inefficacia di legge non rispettata.

frustràneo [da *frustra*] agg. ● (*raro*, *lett.*) Vano, inutile.

frustrànte part. pres. di *frustrare*; anche agg. **1** Nei sign. del v. **2** Che provoca frustrazione: *condizioni di vita frustranti*. || **frustranteménte**, avv. (*raro*) In modo frustrante.

frustràre [vc. dotta, lat. *frustrāre*, da *frūstra* 'invano'. V. *frustra*] v. tr. (*io frùstro*) **1** Rendere vano: *f. i disegni, i piani*; *f. gli impeti degli esserciti* (GUICCIARDINI) | Deludere, ingannare: *f. le speranze, i desideri*. **2** (*psicol.*) Determinare l'insorgere di una frustrazione.

frustràto A part. pass. di *frustrare*; anche agg. ● Nei sign. del v. **B** s. m. (f. *-a*) ● (*psicol.*) Chi è in uno stato di frustrazione.

frustratòrio [vc. dotta, lat. tardo *frustratōriu(m)*, da *frustrātus* 'frustrato'] agg. ● (*raro*) Atto a frustrare | Fallace.

frustrazióne [da *frustrare*] s. f. **1** Atto, effetto del frustrare. **2** (*psicoan.*, *psicol.*) Evento esterno o situazione interna che ostacola o impedisce il raggiungimento di una meta e induce, come reazione, aggressività o regressione | Correntemente, stato di depressione causato dalla mancata soddisfazione di un bisogno o desiderio.

frùstulo ● V. *frustolo*.

frùtice [vc. dotta, lat. *frŭtice(m)*, di etim. incerta] s. m. ● (*bot.*) Arbusto.

fruticéto [vc. dotta, lat. *fruticētu(m)*, da *frŭtex*, genit. *frŭticis* 'frutice'] s. m. ● (*bot.*) Macchia, boscaglia.

fruticóso [vc. dotta, lat. *fruticōsu(m)*, da *frŭtex*, genit. *frŭticis* 'frutice'] agg. **1** (*bot.*) Di vegetale con tronco breve e rami vicini al suolo. **2** (*raro*) Abbondante di frutici.

frùtta [lat. tardo *frūcta(m)*, per il classico *frūctu(m)*, da *frŭi* 'fruire, godere'] s. f. (pl. *frùtta* o *frùtte*, †*frùttora*) **1** L'insieme dei frutti commestibili di varie piante arboree o erbacee, di sapore gradevole, quasi sempre dolce, e di alto potere nutritivo: *f. acerba, matura*; *raccogliere la f.*; *f. secca, sciroppata*; *marmellata, conserva di f.*; *succhi di f.* | *F. rossa*, fragole, ciliegie, prugne, ecc. | *F. secca*, noci, nocciole, mandorle, ecc. | *F. non trattata*, senza anticrittogamici | *F. di stagione*, quella propria di una data epoca dell'anno; (*fig.*) comportamento, azione e sim. propri di una data età dell'uomo. ➡ ILL. **frutta**. **2** (*est.*) L'insieme dei frutti serviti o mangiati alla conclusione di un pasto: *formaggio e f.*; *f. cotta*; *macedonia di f.* | *Essere alla f.*, al termine del pranzo; (*fig.*) alla conclusione di q.c. | *Giungere alla f.*, (*fig.*) arrivare tardi. **3** (*spec. al pl.*) †Botte, percosse. || **frutterèlla**, dim.

fruttàio [lat. *fructuāriu(m)*, da *frūctus* 'frutto'] **A** agg. ● (*raro*) Che porta frutta: *giugno f.* **B** s. m. ● Locale per conservarvi la frutta.

fruttaiòlo o (*lett.*) **fruttaiuòlo** [da *frutta*] s. m. (f. *-a*) ● Chi vende frutta.

fruttàre [da *frutta*] **A** v. intr. (aus. *avere*) ● Fruttificare: *le piante per il freddo hanno fruttato poco* | (*raro*, *est.*) Figliare: *le pecore non fruttano molto*. **B** v. tr. **1** Produrre: *un campo che frutta molto grano*; *l'allevamento ci ha fruttato lana, latte e formaggio in quantità* | (*est.*) Dare come frutto, dal punto di vista economico: *il capitale così investito frutterà un dieci per cento*. **2** (*fig.*) Procurare, causare: *il suo comportamento gli ha fruttato la stima di tutti*. **3** †Mettere a frutto un capitale, una terra e sim.

fruttàto (1) A part. pass. di *fruttare* ● Nei sign. del v. **B** s. m. ● Complesso dei frutti prodotti da un albero, da un terreno e sim. | (*fig.*) Rendita, interesse, guadagno.

fruttàto (2) [da *frutto*] agg. ● (*raro*) Piantato ad alberi da frutto: *terreno f.*

fruttàto (3) [da *frutta*] agg. ● (*enol.*) Detto di sapore simile a quello della frutta in genere, o di alcune particolari frutta | Detto di vino che ha tale sapore.

frutterìa [da *frutta*] s. f. ● Negozio di frutta e verdura.

fruttescènza [der. del lat. tardo *fructēscens*, genit. *fructescĕntis*, part. pres. di *fructēscere* 'cominciare a mettere frutto', da *frūctus* 'frutto', col suff. *-sco* dei v. incoativi] s. f. ● (*bot.*) Infruttescenza.

frutteto [lat. tardo *fructētu(m)*, da *frūctus* 'frutto'] s. m. ● Appezzamento di terreno più o meno esteso, coltivato ad alberi da frutta: *f. specializzato*,

frutta

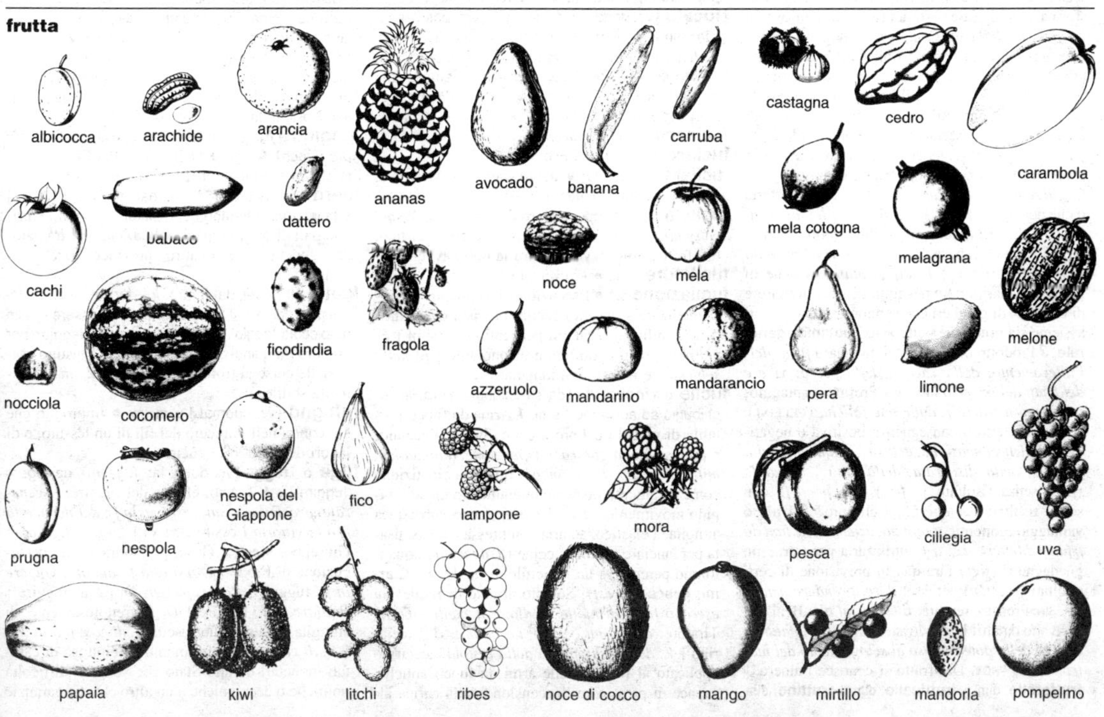

industriale, familiare. ➡ ILL. p. 353 AGRICOLTURA.

frutticolo agg. ● Che riguarda le piante da frutto o le frutta.

frutticoltóre o **frutticultóre** s. m. (f. *-trice*) ● Coltivatore di alberi da frutta.

frutticoltùra o **frutticultùra** [comp. di *frutto* e *coltura*] s. f. *1* Parte della scienza agraria che studia i metodi della coltivazione degli alberi da frutto. *2* Coltivazione degli alberi da frutto.

frutticultóre ● V. *frutticoltore.*

frutticultùra ● V. *frutticoltura.*.

fruttidòro [fr. *fructidor*, comp. del lat. *frūctus* 'frutto' e del gr. *dôron* 'dono'] s. m. ● Dodicesimo mese del calendario rivoluzionario francese, il cui inizio corrispondeva al 18 agosto e il termine al 16 settembre.

fruttièra [da *frutto*] s. f. ● Grande piatto o vassoio, a forma di ciotola o paniere, talvolta sostenuto da un piede, usato per portare la frutta in tavola: *f. di cristallo, di maiolica, d'argento.*

fruttìfero [vc. dotta, lat. *fructĭferu(m)*, comp. di *frūctus* 'frutto' e *-fer* '-fero'] agg. *1* Che fa frutto: *albero f.* | (*est.*) Fertile: *regione, paese f.*; *in un piano f. e abbondante* (ARIOSTO) | (*raro, est.*) Fecondo: *animali fruttiferi.* CONTR. Sterile. *2* (*fig.*) Che rende: *capitale, investimento f.* *3* (*raro, fig.*) Utile, edificante: *sermone, esempio f.*

fruttificàre [vc. dotta, lat. *fructificāre*, comp. di *frūctus* 'frutto' e *-ficāre* '-ficare'] v. intr. (*io fruttìfico, tu fruttìfichi*; aus. *avere*) ● Dare o produrre frutti (*anche fig.*): *una pianta che fruttifica molto, poco.*

fruttificazióne [vc. dotta, lat. tardo *fructificatiōne(m)*, da *fructificāre* 'fruttificare'] s. f. ● Atto, effetto del fruttificare.

fruttìfico [da *fruttificare*] agg. (pl. m. *-ci*) ● (*raro*) Fruttifero (*anche fig.*).

fruttìno [da *frutto*] s. m. *1* Porzione di marmellata di frutta, solida, confezionata in cubetto o piccolo panetto. *2* Porzione di succo di frutta confezionato in bottiglietta.

fruttivéndolo [comp. di *frutta* e *-vendolo*, ricavato da *vendere*] s. m. (f. *-a*) ● Venditore di frutta e ortaggi.

fruttìvoro [comp. di *frutto* e *-voro*, ricavato da *carnivoro*] agg. ● (*raro*) Detto di animale che si ciba di frutta.

frùtto [lat. *frūctu(m)*. V. *frutta*] s. m. *1* Prodotto della terra: *una regione ricca, povera di frutti.* *2* (*bot.*) Organo delle Angiosperme derivato dall'ovario e contenente gli ovuli trasformati in semi: *f. apireno, carnoso, composto, deiscente, indeiscente, secco* | *Falso f.*, che ha origine dalla trasformazione di altre parti del fiore oltre all'ovario | (*bot.*) *F. della passione*, granadiglia | Correntemente, prodotto commestibile di alcune piante arboree o erbacee: *la polpa, il nocciolo del f.*; *cogliere un f.* | *F. proibito*, il pomo che, secondo la narrazione biblica, Adamo non doveva mangiare e (*fig.*) ogni cosa vietata e perciò più desiderabile | *F. di stagione*, (*fig.*) cosa opportuna | *F. fuori stagione*, (*fig.*) cosa inopportuna o inaspettata | *Cogliere il f. non maturo*, (*fig.*) cosa non perfetta o che non giova | (*est.*) Figlio, prole: *il f. del ventre tuo* | *F. dell'amore*, figlio illegittimo | *Essere a f.*, di animale capace di riproduzione | *Vacca da f.*, da riproduzione | *Frutti di mare*, insieme di molluschi marini commestibili, di ricci di mare e di certi tipi di gamberi che vengono spesso serviti assieme sia crudi che cotti. ➡ ILL. **botanica generale**. *3* Prodotto di una attività umana: *i frutti dell'allevamento, della caccia, della pesca*; *vivere dei frutti del proprio lavoro* | Profitto, vantaggio: *cominciai a trarre f. dalle mie fatiche* (CELLINI). *4* (*fig.*) Effetto o conseguenza positiva o negativa: *il f. dell'educazione, dell'insegnamento, della pigrizia, della discordia, della viltà* | *Senza f.*, (*fig.*) senza risultato | (*fig.*) *Con poco f.*, con scarsi risultati | *A che f.?*, a che pro? *5* Utile o vantaggio economico: *attività, azienda che non dà frutti* | *Mettere q.c. a f.*, utilizzarla per trarne un guadagno e (*fig.*) fare q.c. in previsione di certi risultati | (*est.*) Interesse: *dare, prendere denari a f.* SIN. Profitto, rendita. *6* (*spec. al pl.*) Beni che derivano da altri beni: *divisione dei frutti naturali o civili della dote in caso di scioglimento del matrimonio* || PROV. Dal frutto si conosce l'albero. || **frutterèllo**, dim. | **frutticèllo**, dim. | **fruttino**, dim.

fruttòṣio [comp. di *frutt(a)* e *-osio*] s. m. ● (*chim.*) Zucchero levogiro contenuto in molti frutti e nel miele, usato come conservativo per gli alimenti e in terapia nell'acidosi diabetica; insieme al glucosio costituisce la molecola del disaccaride saccarosio. SIN. Levulosio.

fruttoṣùria [comp. di *fruttos(io)* e *-uria*] s. f. ● (*med.*) In molte forme diabetiche, eliminazione di fruttosio con le urine.

fruttụosità s. f. *1* Qualità di ciò che è fruttuoso. *2* Capacità di produrre benefici effetti.

fruttụóso [vc. dotta, lat. *fructuōsu(m)*, da *frūctus* 'frutto'] agg. *1* Che fornisce o produce frutti abbondanti: *annata fruttuosa.* CONTR. Sterile. *2* (*fig.*) Utile, profittevole, redditizio: *impresa, opera fruttuosa.* *3* Che dà guadagno economico: *lavoro, investimento f.* *4* Copioso, abbondante || PROV. Anno nevoso, anno fruttuoso. || **fruttuosaménte**, avv. Con frutto, profitto, utilità.

ftalàto s. m. ● (*chim.*) Sale o estere dell'acido ftalico.

ftaleìna [dall'(*anidride*) *ftal(ica)*] s. f. ● (*chim.*) Sostanza organica ottenuta per condensazione di anidride ftalica, o suoi derivati, con fenoli, spesso dotata di proprietà coloranti.

ftàlico [da (*na*)*ftalico*] agg. (pl. m. *-ci*) ● (*chim.*) Detto di composto formato da un gruppo benzenico e da due carbossili, o di composto da questi derivato | *Acido f.*, acido organico, bibasico, ottenuto per ossidazione della naftalina, impiegato per la preparazione di coloranti organici sintetici, di farmaceutici, di profumi.

ftàlo- [tratto dal n. dell'acido (*na*)*ftalico*] primo elemento (*ftal-* davanti a vocale) ● In chimica, indica relazione con l'acido ftalico: *ftalato, ftaleina.*

ftanìte [etim. incerta] s. f. ● (*geol.*) Varietà di diaspro contenente argilla.

ftirìaṣi [vc. dotta, lat. *phthirīasi(m)*, nom. *phthirīasis*, dal gr. *phtheiríasis*, da *phthéir*, genit. *phtheirós* 'pidocchio', da *phthéirein* 'distruggere', di origine indeur.] s. f. ● (*med.*) Infestione da pidocchio, contagiosa, localizzata ai peli del pube o ad altre zone pelose.

fu [terza pers. sing. del pass. rem. di *essere*] in funzione di agg. ● Defunto, morto (davanti ai nomi propri di pers.): *il fu Renato B.* | (*bur.*) *Rossi Mario fu Giuseppe*, figlio del defunto Giuseppe.

Fucàcee [comp. di *fuc(o)* (*1*) e *-acee*] s. f. pl. ● Nella tassonomia vegetale, famiglia di alghe brune il cui tallo presenta talvolta vesciche ripiene d'aria atte al galleggiamento (*Fucaceae*) | (al sing. *-a*) Ogni individuo di tale famiglia.

†**fucàto** [vc. dotta, lat. *fucātu(m)*, part. pass. di *fucāre* 'tingere di rosso', da *fūcus* 'fuco' (*2*)] agg. *1* (*lett.*) Imbellettato con fuco. *2* Falso, posticcio.

fuchsite /fuk'site/ [ted. *Fuchsit*, chiamata così in onore di J. N. *Fuchs*] s. f. ● (*miner.*) Varietà di muscovite di colore verde smeraldo.

fuciàcca ● V. *fusciacca.*

fuciàcco ● V. *fusciacco.*

fucilàre [da *fucile*] v. tr. (*io fucilo*) ● Mettere a morte mediante fucilazione.

fucilàta s. f. *1* Colpo o sparo di fucile: *colpire qc. con una f.*; *sentire una f.* *2* Nel gergo calcistico, tiro forte e improvviso contro la porta avversaria.

fucilatóre s. m. ● (*raro*) Chi fucila.

fucilazióne s. f. ● Esecuzione di condanna a morte mediante scarica di fucile, prevista dal codice penale militare di guerra per reati gravissimi | *F. nel petto*, se il reato non è disonorante | *F. nella schiena*, se il reato è infamante.

fucile o †**focile** (*1*) [da (*archibugio a*) *focile* 'archibugio ad acciarino'] s. m. *1* Arma da fuoco portatile di piccolo calibro a canna lunga d'acciaio: *f. da caccia, da guerra, a ripetizione, automatico, mitragliatore* | *F. a pompa*, quello a ripetizione con caricamento manuale ottenuto con un solo rapido movimento | *F. subacqueo*, arma subacquea a molla, a elastico, ad aria compressa o a gas, usata per lanciare piccole fiocine | *Un tiro di f.*, quanto può percorrere un proiettile di fucile. ➡ ILL. **armi**; **pesca**. *2* (*est.*) Soldato armato di fucile: *un esercito forte di molte migliaia di fucili* | (*est.*) Tiratore: *essere un cattivo, un buon f.* *3* †Acciarino | *F. dello schioppo* o *della pistola*, acciarino applicato al focone delle armi da fuoco antiche, capace di provocare l'accensione della carica all'istante voluto. || **fucilétto**, dim. | **fucilino**, dim. | **fucilóne**, accr.

fucilerìa s. f. ● Rumore di numerosi e continui colpi di fucile | *Fuoco di f.*, azione contemporanea e continuata di gran numero di fucili.

fucilièra s. f. *1* Rastrelliera per fucili. *2* †Feritoia da dove sparare con il fucile.

fucilière s. m. ● Soldato armato di fucile.

fucìna [lat. *officīna(m)* 'officina'] s. f. *1* Focolare su cui i fabbri arroventano il ferro per batterlo all'incudine | Fornello fusorio di metalli come ferro, argento e sim. | *F. infernale*, l'inferno | *F. di Vulcano*, quella in cui, secondo la mitologia greco-romana, il dio Efesto o Vulcano, sotto l'Etna, forgiava le armi degli dèi | *F. volante* o *di campagna*, nei parchi di artiglieria di un tempo era costituita da un carro a quattro ruote fornito delle attrezzature necessarie per la lavorazione del ferro. *2* Impianto o reparto di fucinatura. *3* (*fig.*) Luogo, epoca, ambiente in cui si ordisce, si prepara q.c. o si formano menti, caratteri, personalità: *quella compagnia è una f. di misfatti*; *il Quattrocento fu una f. d'ingegni e di opere d'arte.* || **fucinétta**, dim.

fucinàre [da *fucina*] v. tr. (*io fucìno*) *1* Lavorare il ferro, acciaio o altro materiale per battitura a caldo. SIN. Forgiare. *2* (*fig.*) Ordire, macchinare: *f. inganni* | Formare, plasmare: *f. caratteri.*

fucinatóre s. m. ● Operaio addetto alla fucinatura.

fucinatrìce s. f. ● Pressa per dare forma al ferro reso malleabile dal calore.

fucinatùra s. f. ● Lavorazione a caldo di metalli.

fùco (*1*) [lat. *fūcu(m)*, nom. *fūcus*, dal gr. *phŷkos* 'alga', di origine semitica] s. m. (pl. *-chi*) *1* Genere di alghe delle Fucacee con tallo laminare, appiattito e ramificato, che può presentare o no vesciche ripiene d'aria (*Fucus*). *2* †Belletto per guance che si ricavava un tempo dall'omonima alga di color rosso porpora.

fùco (*2*) [vc. dotta, lat. *fūcu(m)*, di origine indeur.] s. m. (pl. *-chi*) ● Maschio dell'ape, tozzo, con occhi più grandi, privo di aculeo e di spazzola. SIN. Pecchione.

fùcsia [chiamata così in onore del botanico bavarese L. *Fuchs*] **A** s. f. ● Genere di piante dicotiledoni cespugliose delle Enoteracee con bellissimi fiori penduli, gener. di colore rosa violaceo, bianco, viola variamente combinati fra loro (*Fuchsia*). **B** in funzione di agg. inv. ● (posposto al s.) Detto del colore rosa violaceo proprio del fiore omonimo.

fucsìna [dal ted. *Fuchs* 'volpe', trad. del fr. *Renard*, cognome di un industriale di Lione per il quale lavorava lo scopritore del prodotto] s. f. ● (*chim.*) Sostanza colorante rossa del gruppo del trifenilmetano, ottenuta per ossidazione di un miscuglio di anilina e toluidina, usata per tingere lana e seta. SIN. Rosanilina.

fueghìno o **fuegiàno** [da *Fuegia*, n. sp. della *Terra del Fuoco*] **A** agg. ● Della Terra del Fuoco. **B** s. m. (f. *-a*) ● Abitante della Terra del Fuoco.

fuero /sp. 'fwero/ [vc. sp., dal lat. *fŏru(m)* 'foro'] s. m. ● (*dir.*) Ognuno degli statuti autonomi e privilegiati di origine medievale di cui, per tradizione, godettero le quattro province basche in Spagna.

fụétto [fr. *fouet*, dal fr. ant. *fou* 'faggio' (dal lat. *fāgu(m)* 'faggio'): il sign. orig. doveva essere quello di 'piccolo faggio', poi di 'bacchetta di faggio (per frustare)' e quindi di 'frustino'] s. m. *1* Frustino usato nelle corse al trotto e al galoppo. *2* (*mar.*) Cimetta sottile.

fuffìgno [vc. onomat.] s. m. inv. ● Imbroglio che s'incontra nell'intreccio dei fili di un tessuto, o di lavori di paglia o di cucito.

fùga o †**fùgga** [vc. dotta, lat. *fūga(m)*, da *fūgere* 'fuggire'] s. f. *1* Atto, effetto del fuggire: *f. generale, precipitosa*; *salvarsi con la f.*; *del nemico la f. o la vittoria* (CAMPANELLA) | *La f. in Egitto*, di Giuseppe, Maria e Gesù, per sottrarsi alla persecuzione di Erode | *Darsi alla f., andare, volgere in f.*, fuggire | *Porre, mettere in f.*, far fuggire | *Pigliare la f.*, fuggire | *Di f.*, frettolosamente, di sfuggita. *2* (*est.*) Fuoriuscita: *f. di gas*; *f. d'acqua* | *F. di capitali*, trasferimento precipitoso di capitali monetari da uno Stato che versa in difficoltà politiche o economiche a un altro che dia garanzie di stabilità | *F. di notizie*, il trapelare di notizie riservate, segrete e sim. da determinati ambienti | (*fig.*) *F. dei cervelli*, fenomeno per cui scienziati e sim. lasciano sistematicamente i loro paesi e si trasferiscono in altri per le maggiori e migliori possibilità loro offerte | *F. in avanti*, (*fig.*) in una discussione, contrattazione e sim., comportamento di chi si sottrae alla realizzazione di certi risultati, obiettivi e sim. per lui dannosi o pericolosi proponendo, con astuzia, di realizzarne altri, apparentemente migliori ma in realtà di difficile o impossibile realizzazione. **3** (*est.*) Progressivo allontanamento di un oggetto da un determinato punto di riferimento: *velocità di f.* **4** Serie di elementi architettonici o di ambienti, uguali fra loro e disposti uno di seguito all'altro a distanza regolare, in modo da suggerire un effetto prospettico di movimento, di fuga: *una f. di colonne, di archi, di saloni* | *F. di specchi*, illusione ottica determinata da due specchi che si riflettono uno nell'altro. **5** Nel ciclismo su strada, azione di uno o più concorrenti per sopravanzare sensibilmente gli altri corridori: *tentare una f.*; *essere, andare in f.* **6** (*mus.*) Forma musicale contrappuntistica con un numero determinato di voci | *F. monotematica*, su un unico tema | *F. doppia, tripla* e sim., in due, tre temi | *F. rovesciata*, controfuga. || **fughétta**, dim.

fugàce [vc. dotta, lat. *fugāce(m)*, da *fŭgere* 'fuggire'] agg. **1** (*raro, lett.*) Che fugge | (*est.*) Che è fuggevole, transitorio, di breve durata: *la bellezza è un bene f.*; *i fugaci beni del mondo*; *avanzano / ore fugaci e meste* (PARINI). CONTR. Durevole. **2** (*bot.*) Caduco. || **fugaceménte**, avv. In modo fuggevole.

fugacità [vc. dotta, lat. tardo *fugacitāte(m)*, da *fŭgax*, genit. *fugācis* 'fugace'] s. f. ● Qualità di ciò che è fugace: *la f. della vita, dei beni mondani*.

fugàpi [comp. di *-fuga(re)* e il pl. di *ape*] s. m. ● (*zoot.*) Apiscampo.

fugàre [vc. dotta, lat. *fugāre*, da *fŭga* 'fuga'] **A** v. tr. (*io fùgo, tu fùghi*) **1** Mettere in fuga, far fuggire (*anche fig.*): *f. gli avversari, l'ozio, il sonno, la tentazione*; *il vento ha fugato le nubi*. SIN. Cacciare, dileguare. **2** †Trafugare. **B** v. intr. pron. ● †Fuggire: *vertù così per nimica si fuga / da tutti come biscia* (DANTE *Purg.* XIV, 37,38). **C** v. intr. (aus. *avere*) ● (*mus.*) Comporre una fuga.

fugàto A part. pass. di *fugare*; anche agg. ● Nei sign. del v. **B** s. m. ● (*mus.*) Parte, in forma di fuga, di una composizione.

fugatóre [vc. dotta, lat. tardo *fugatōre(m)*, da *fugāre* 'fugare'] s. m.; anche agg. (f. *-trice*) **1** (*lett.*) Chi, che scaccia o mette in fuga. **2** (*idraul.*) Canale, che convoglia le acque di rifiuto di un comprensorio irriguo, portandole a scaricare in un recipiente naturale.

†fùgga ● V. *fuga*.

fuggènte o †**fuggiènte**. **A** part. pres. di *fuggire*; anche agg. ● Nei sign. del v. **B** s. m. e f. ● Chi fugge.

fuggévole agg. ● Che passa veloce: *attimo, istante f.* | Rapido, breve, fugace: *sguardo f.* || **fuggevolménte**, avv.

fuggevolézza s. f. ● (*raro*) Fugacità: *la f. della vita*.

fuggiàsco [da *fuggire*] agg.; anche s. m. (f. *-a*; pl. m. *-schi*) ● Che, chi fugge per sottrarsi a pericoli, ricerche, persecuzioni e sim.: *militari fuggiaschi*; *un gruppo di fuggiaschi* | *Andar f.*, fuggire | (*est.*) Esule: *Dante f. sostò in molte corti italiane* | *Alla fuggiasca*, (*ell.*) a modo di fuggiasco. SIN. Profugo. || **fuggiascaménte**, avv. **1** (*raro*) Alla fuggiasca. **2** (*raro*) Di sfuggita.

†fuggiènte ● V. *fuggente*.

fuggifatica o (*raro*) **fuggifatiche** [comp. di *fuggi(re)* e *fatica*] s. m. e f. inv. ● Scansafatiche.

fuggifùggi [imperat. di *fuggire*, raddoppiato] s. m. ● Fuga disordinata e precipitosa di più persone, veicoli e sim.: *lo scoppio provocò un f. generale*.

†fuggiménto s. m. ● Atto, effetto del fuggire.

fuggìre [lat. tardo *fugīre*, per il classico *fŭgere*, di origine indeur.] **A** v. intr. (*io fùggo, tu fùggi*; aus. *essere*) **1** Allontanarsi da un luogo o da una situazione con la maggior rapidità possibile, per paura o per sottrarsi a un danno, un pericolo e sim.: *f. dalla città in fiamme*; *f. dalle mani dei nemici* | *F. dalla prigione, dal campo di concentramento*, evadere | *F. all'impazzata, come un fulmine*, con gran velocità | *F. dal fronte, dal reparto*, disertare | *F. dinnanzi alla tempesta*, nel linguaggio marinaro, correre nella stessa direzione del vento, con poche vele e basse | *Correr dietro a chi fugge*, (*fig.*) far del bene a chi non lo vuole | (*est.*) Tenersi lontano da qc. o da q.c.: *f. dalle tentazioni, dalle cattive amicizie*. SIN. Scappare. **2** Rifugiarsi: *f. sui monti, dentro il forte*; *non saper dove f.* | (*fig.*) *F. in se stesso*, rinchiudersi in sé. **3** Nel ciclismo su strada, realizzare o tentare una fuga. **4** Scorrere rapidamente (*anche fig.*): *gli anni fuggono*; *il paesaggio fugge dinnanzi agli occhi del viaggiatore*. **5** (*fig.*) Venir meno: *la forza, la vita, la gloria fugge*; *via fugge / con gli anni insieme la bellezza* (POLIZIANO) | Dileguarsi: *la nebbia, le tenebre fuggono*. **B** v. tr. **1** Schivare, evitare, eludere (*anche fig.*): *f. le tentazioni, gli affanni*; *f. la compagnia dei malvagi*; *una scuola che insegna a f. i pericoli, per non soccombere alle cadute* (GOLDONI) | *F. l'umano consorzio*, appartarsi da tutti | *F. un luogo*, allontanarsene in tutta fretta. **2** †Trafugare, occultare. **3** †Ricusare. **4** †Fugare.

†fuggìta s. f. ● Fuga, spec. di esercito.

fuggitìvo [lat. *fugitīvu(m)*, da *fŭgere* 'fuggire'] **A** agg. **1** Che si allontana fuggendo, che è fuggito: *lepre, nave fuggitiva*; *schiavo f.*; *seguir le fere fugitive in caccia* (POLIZIANO). **2** (*lett., fig.*) Che sfugge: *negli occhi tuoi ridenti e fuggitivi* (LEOPARDI). **3** (*raro, fig.*) Fugace, fuggevole: *attimo, pensiero f.* **4** †Da doversi fuggire, evitare. **B** s. m. (f. *-a*) **1** Fuggiasco: *inseguire i fuggitivi* | Disertore, transfuga, evaso: *riprendere i fuggitivi*. **2** Nel ciclismo su strada, corridore in fuga.

fuggìto A part. pass. di *fuggire*; anche agg. ● Nei sign. del v. **B** s. m. ● Chi si è dato alla fuga.

fuggitóre [lat. *fugitōre(m)*, da *fŭgere* 'fuggire'] s. m.; anche agg. (f. *-trice*) ● (*lett.*) Chi, che fugge.

-fugo [lat. *-fugu(m)*, ora col senso di *fugāre* 'mettere in fuga', ora di *fŭgere* 'fuggire'] secondo elemento **1** In alcune parole composte, significa 'che mette in fuga': *callifugo, febbrifugo, vermifugo*. **2** In alcune parole composte significa 'che fugge da': *centrifugo*. CONTR. *-peto*.

Führer /*ted.* 'fy:rər/ [ted., da *führen* 'guidare'; calco sull'it. *duce*] s. m. inv. (pl. ted. inv.) ● Titolo dato in Germania al dittatore A. Hitler (1885-1945).

†fùina [ant. fr. *fouine*, da *fou* 'faggio', sul quale è solita vivere] s. f. ● (*dial.*) Faina.

†fùio [lat. parl. **fūriu(m)*, da *fūr*, genit. *fūris* 'ladro'] s. m.; anche agg. (f. *-a*) ● Ladro: *non è ladron, né io anima fuia* (DANTE *Inf.* XII, 90).

fùlcro [vc. dotta, lat. *fŭlcru(m)*, da *fulcīre* 'sostenere'. V. *folcere*] s. m. **1** (*mecc.*) Punto di appoggio della leva. **2** (*fig.*) Punto centrale di una teoria, questione, discussione e sim. SIN. Perno. **3** (*bot.*) Organo con cui alcune piante si attaccano a un sostegno.

fulgènte part. pres. di *fulgere*; anche agg. ● (*lett.*) Nei sign. del v.

fùlgere [vc. dotta, lat. *fŭlgere* e *fulgēre*, dalla stessa radice di *fŭlgur* 'folgore'] v. intr. (*io fùlgo, tu fùlgi*; pass. rem. *io fùlsi, tu fulgésti*; dif. del part. pass. e dei tempi comp.) ● (*lett.*) Rifulgere, risplendere: *la luna in mezzo alle minori stelle / chiara fulgea nel ciel quieto e sereno* (L. DE' MEDICI).

fulgidézza s. f. ● (*raro*) Qualità di fulgido.

fulgidità o †**fulgiditàde**, †**fulgiditàte** s. f. ● (*lett.*) Fulgidezza.

fùlgido [lat. *fŭlgidu(m)*, da *fulgēre* 'fulgere'] agg. ● Che splende di viva e grande luce: *gemma, stella fulgida* | (*fig.*) *Ingegno f.*, acuto e penetrante. SIN. Brillante, luminoso. || **fulgidaménte** avv.

†fulgoràre [da *fulgore*] v. tr. ● Rendere fulgido.

fulgóre o †**folgóre** (2) [lat. *fulgōre(m)*, da *fulgēre* 'fulgere'] s. m. ● Splendore vivo e intenso.

Fulgòridi [vc. dotta, comp. di *fulgore*, perché erano ritenuti luminescenti, e *-idi*] s. m. pl. ● Nella tassonomia animale, famiglia di Insetti degli Omotteri dai colori appariscenti che vivono sui vegetali nutrendosi di linfa, frequenti spec. nei climi caldi e umidi (*Fulgoridae*) | (al sing. *-e*) Ogni individuo di tale famiglia.

fulguràle [vc. dotta, lat. *fulgurāle(m)*, da *fŭlgur*, genit. *fŭlguris* 'folgore'] agg. ● Attinente alle folgori | *Libri fulgurali*, presso gli Etruschi e i Romani, libri che trattavano la divinazione a mezzo delle folgori e i relativi riti di placazione.

fulguratòrio agg. ● *Arte fulguratoria*, tecnica aruspicale etrusca e romana per la divinazione a mezzo di folgori e per la purificazione dei luoghi da essi colpiti.

†fùlgure ● V. *folgore* (*1*).

fulìggine o (*tosc.*) **filìggine** [lat. *fulīgine(m)*, di origine indeur.] s. f. **1** Deposito nerastro che aderisce spec. ai camini e alle caldaie, costituito da particelle carboniose che si formano nella combustione incompleta delle sostanze bruciate | *Nero come la f.*, nerissimo. **2** (*bot.*) Golpe.

fuligginóso [lat. tardo *fuliginōsu(m)*, da *fulīgo*, genit. *fulīginis* 'fuliggine'] agg. ● Coperto di fuliggine: *parete fuligginosa*.

full /*ingl.* ful/ [vc. ingl., propr. 'completo', di origine indeur.] s. m. inv. ● Nel gioco del poker, combinazione di carte costituita da un tris più una coppia.

full employment /*ingl.* 'ful im'plɔimənt/ [loc. ingl., propr. 'occupazione piena'] loc. sost. m. inv. ● (*econ.*) Condizione in cui tutti coloro che desiderano lavorare sono impiegati in un'occupazione retribuita o comunque il numero dei disoccupati è ridotto al minimo.

full immersion /*ingl.* 'ful i'mə:ʃən/ [loc. ingl., propr. 'immersione completa'] loc. sost. f. inv. (pl. ingl. *full immersions*) **1** Metodo di apprendimento di una lingua straniera, basato su uno studio intenso e continuo per un periodo di tempo limitato. **2** (*est.*) Attività cui ci si dedica con tutte le proprie energie, accantonando ogni altra occupazione.

fullóne ● V. *follone*.

fullònia [vc. dotta, lat. (*ărtem*) *fullōnia(m)*, *fullōnica(m)* 'arte del fullone', da *fŭllo*, genit. *fullōnis* 'fullone'] s. f. ● Arte dei folloni.

full time /*ingl.* 'ful taim/ [ingl., propriamente 'tempo pieno', comp. di *full* 'pieno' (vc. germ. di origine indeur.) e *time* 'tempo' (vc. germ. di origine indeur.)] **A** loc. agg. inv. e avv. ● Detto di lavoro che occupa l'intera giornata lavorativa: *lavoro, occupazione full time*; *lavorare, occuparsi* (*a*) *full time*. **B** loc. sost. m. inv. ● Il lavoro stesso: *scegliere, accettare il full time*.

fulmicotóne [fr. *fulmicoton* 'cotone fulminante', comp. del lat. *fŭlmen*, genit. *fŭlminis* 'fulmine', e del fr. *coton* 'cotone'] s. m. ● Sostanza esplosiva ottenuta per nitrazione spinta del cotone. SIN. Cotone fulminante.

fulminànte A part. pres. di *fulminare*; anche agg. **1** Nei sign. del v. **2** (*fig.*) Di malattia che ha decorso rapido, letale: *meningite f.* **3** Che scoppia all'istante con violenza: *proiettile f.*; *polvere f.* **B** s. m. **1** (*dial.*) Fiammifero di legno. **2** Piccolo esplodente a cappelletto che si portava sui foconi dei fucili a bacchetta. SIN. Innesco.

fulminàre [vc. dotta, lat. *fulmināre*, da *fŭlmen*, genit. *fŭlminis* 'fulmine'] **A** v. tr. (*io fùlmino*) **1** Colpire, abbattere col fulmine: *f. una torre, un albero, una persona* | (*fig.*) *F. qc. con uno sguardo, con un'occhiata*, farlo tacere di colpo | *Iddio mi fulmini!*, mi punisca. SIN. Folgorare. **2** (*est.*) Abbattere con una scarica elettrica o un'arma, spec. da fuoco: *la corrente ad alta tensione lo fulminò sul colpo*; *f. l'avversario a rivoltellate*. **3** (*raro, fig.*) Scagliare con violenza: *f. una maledizione contro qc.* | (*ass.*) Nel linguaggio calcistico: *f. in rete*, realizzare un gol, con un tiro improvviso e violento. **B** v. intr. impers. (aus. *essere* o *avere*) ● Cader fulmini: *tuonò e fulminò tutta la notte*. **C** v. intr. (aus. *essere*) ● (*raro, fig.*) Muoversi con impeto e rapidità: *s'avean le lance fatte dar con fretta / e venian fulminando alla vendetta* (ARIOSTO). **D** v. intr. pron. ● (*fam.*) Fondersi, per eccesso di corrente elettrica: *la lampadina si è fulminata*.

fulminàto (1) part. pass. di *fulminare*; anche agg. ● Nei sign. del v.

fulminàto (2) [der. di *fulmin(ico)*, col suff. *-ato* (*2*)] s. m. ● (*chim.*) Sale dell'acido fulminico | *F. di mercurio*, sostanza esplosiva impiegata per inneschi.

fulminatóre [vc. dotta, lat. tardo *fulminatōre(m)*, da *fulmināre* 'fulminare'] s. m.; anche agg. (f. *-trice*) ● Chi, che fulmina (*anche fig.*): *Giove f.*; *f. degli eretici*.

fulminazióne [vc. dotta, lat. *fulminatiōne(m)*, da *fulmināre* 'fulminare'] s. f. **1** Atto, effetto del fulminare (*anche fig.*). **2** (*med.*) Folgorazione: *morte* *per f.*

fùlmine [vc. dotta, lat. *fŭlmine*, abl. di *fŭlmen*, da *fulgēre* 'fulgere'] s. m. *1* Violenta scarica elettrica tra una nube temporalesca e la terra o tra nube e nube, accompagnata da radiazioni visibili, sonore, elettromagnetiche | *F. a ciel sereno*, (*fig.*) avvenimento improvviso e spiacevole | *Colpo di f.*, innamoramento improvviso e violento | *Tuoni e fulmini! Fulmini e saette!*, escl. che esprimono stupore, meraviglia, disappunto e sim. SIN. Folgore. ➡ ILL. p. 823 SCIENZE DELLA TERRA ED ENERGIA. *2* (*fig.*) Persona o cosa molto rapida, impetuosa o minacciosa: *sei stato un f.!* | *Un f. di guerra*, generale rapido ed efficace nelle azioni | (*fig.*) *I fulmini dell'eloquenza*, veemenza e impeto oratorio | (*raro*) *I fulmini del Vaticano*, scomuniche o minacce papali.

fulmineità s. f. ● (*raro*) Qualità di chi, di ciò che è fulmineo.

fulmìneo [vc. dotta, lat. *fulmĭneu(m)*, da *fŭlmen*, genit. *fŭlminis* 'fulmine'] agg. *1* (*raro*) Di fulmine. *2* (*fig.*) Rapido, imprevisto: *ottenere un f. successo*; *una decisione fulminea*; *la fulminea spada in cerchio gira* (TASSO). *3* (*fig.*) Minaccioso: *sguardo f.* || **fulmineaménte** avv. In modo fulmineo, rapido.

fulmìnico [da *fulmine*] agg. (pl. m. *-ci*) ● (*chim.*) Detto di acido isomero dell'acido cianico molto instabile, in cui si ammette l'esistenza di carbonio bivalente.

fulminìo s. m. ● (*raro*) Frequente cadere di fulmini (*anche fig.*).

fulminóso agg. ● (*poet.*) Fulmineo: *fulminose spade* (CARDUCCI).

fùlvido [vc. dotta, lat. tardo *fŭlvidu(m)*, sovrapposizione di *fŭlgidus* 'fulgido' a *fŭlvus* 'fulvo'] agg. *1* †Fulgido. *2* (*poet.*) Fulvo.

fùlvo [vc. dotta, lat. *fŭlvu(m)*, di origine indeur.] agg. ● Giallo rossiccio: *la fulva criniera del leone*.

fumàbile agg. ● (*raro*) Che si può fumare: *tabacco f.*

fumàcchio [da *fumo*] s. m. *1* Pezzetto di legno non bene carbonizzato che bruciando manda fumo e puzzo. *2* Fumo di cose che bruciano con lentezza e senza fiamma: *qualche maceria e qualche f.* (PASCOLI). *3* (*tosc.*) Fumigazione. *4* (*geol.*) Soffione.

fumàggine [da *fumo*, perché forma delle macchie scure] s. f. ● (*bot.*) Malattia provocata sulle parti aeree di varie piante da funghi ascomiceti. SIN. Nero.

fumaiòlo o (*lett.*) **fumaiuòlo** [lat. tardo *fumarĭolu(m)*, da *fumārium* 'cella affumicata dove si asciugava la legna da ardere', poi 'tubo per cui esce il fumo dal tetto', da *fŭmus* 'fumo'] s. m. *1* Parte sporgente del camino, spec. di navi e locomotive a vapore, o di impianti industriali. *2* (*tosc.*) Fumacchio, fumarola. *3* Cavicchio di legno con cui si aprono gli sfiatatoi o buchi della carbonaia.

fumàna [da *fumo*] s. f. *1* Nebbia non fitta | (*est.*, *pop.*) Ogni caligine fastidiosa. *2* Esalazione di vapori da pantani, da cime di montagne e sim. *3* Eccessiva quantità di vapore acqueo accumulato in ambienti industriali in cui l'umidità è necessaria alla produzione, ma reca danno alla salute. *4* Fumata fatta per segnalazione.

fumànte part. pres. di *fumare*; anche agg. ● Nei sign. del v.

fumàre [lat. *fumāre*, da *fŭmus* 'fumo'] **A** v. intr. (aus. *avere*) ● Mandar fumo: *il camino, il tizzone, il vulcano, l'incenso fuma* | (*est.*) Esalare vapore: *la minestra, il caffè fumano.* **B** v. tr. *1* Aspirare il fumo del tabacco o di altre sostanze ed emetterlo dalla bocca e dal naso: *f. sigari, sigarette, oppio*; *f. la pipa* | (*ass.*) Avere il vizio di fumare tabacco; avere il vizio di fumare hascisc | (*fig.*) *F. come un turco*, abbondantemente | *Vietato f.*, divieto di fumare in certi locali pubblici o luoghi pericolosi | (*fig.*) †*Fumarsela*, andarsene non curandosi di q.c. *2* (*lett.*) Emettere fumo o vapore: *vedea ... / fumar le pire igneo vapor* (FOSCOLO).

fumària [da *fumo*, perché ha il sapore di fuliggine] s. f. ● Pianta erbacea delle Papaveracee, con piccoli fiori rosei o bianchi riuniti in grappoli e frutto a noce (*Fumaria officinalis*).

fumàrico [da *fumaria*] agg. (pl. m. *-ci*) ● (*chim.*) Detto di acido isomero dell'acido maleico, che in natura si trova in alcuni funghi, nella fumaria e in altre piante, usato in varie sintesi organiche.

fumàrio agg. ● Del, per il fumo: *canna fumaria.*

fumaròla [V. *fumaiolo*] s. f. ● (*geol.*) Emissione rapida e violenta di gas vulcanici e vapori surriscaldati da un condotto vulcanico o da una colata di lava. ➡ ILL. p. 819 SCIENZE DELLA TERRA ED ENERGIA.

fumaròlico agg. (pl. m. *-ci*) ● (*geol.*) Relativo a fumarola.

fumasigari [fr. *fume-cigar*, comp. di *fumer* 'fumare' e *cigare* 'sigaro'] s. m. ● (*raro*) Bocchino per fumare i sigari.

fumàta s. f. *1* Emissione di fumo, naturale o artificiale: *la f. di un vulcano*; *una f. di segnalazione* | *F. bianca, nera*, durante il conclave per l'elezione del Papa, per annunciare l'esito positivo o negativo delle votazioni | *Fare la f.*, accendere paglia o altro materiale, nei campi, per impedire i danni delle brinate alle colture. *2* Atto del fumare tabacco e sim.: *farsi una f.* || **fumatina**, dim.

fumàto part. pass. di *fumare*; anche agg. *1* Nei sign. del v. *2* †Affumicato.

fumatóre [da *fumare*] s. m. (f. *-trice*, pop. *-tora*) ● Chi fuma tabacco: *f. accanito, irriducibile*; *scompartimento per fumatori.*

fumé /fr. fy'me/ [vc. fr., propriamente part. pass. di *fumer* 'fumare'] agg. inv. ● Di color fumo, grigio sporco | Di color grigio brunastro, simile a quello del fumo: *tessuto f.*; *calze f.*

†**fumèa** [ant. fr. *fumée* 'fumata'] s. f. ● (*poet.*) Esalazione di fumo o vapori.

fumeggiàre [da *fumo*] v. intr. (*io fuméggio*; aus. *avere*) ● Mandare fumo: *la carne sul fuoco fumeggiava.*

fuménto ● V. *fomento.*

fumerìa [fr. *fumerie*, da *fumer* 'fumare'] s. f. ● Locale riservato a fumatori, spec. d'oppio.

fumettàro s. m. (f. *-a*) ● Fumettista (*anche spreg.*).

fumettista s. m. e f. (pl. m. *-i*) *1* Chi scrive storie a fumetti. *2* (*spreg.*) Scrittore da poco, banale, superficiale e sim.

fumettìstica [da *fumettistico*] s. f. ● Insieme della produzione di fumetti.

fumettìstico agg. (pl. m. *-ci*) *1* Dei, relativo ai, fumetti. *2* (*spreg.*) Che è banale, convenzionale, troppo sfruttato, che cerca facili effetti e sim.: *personaggio f.*; *vicenda fumettistica.*

fumétto (1) [detto così perché, versato nell'acqua, produce un *fumo* biancastro] s. m. ● Liquore di anice e finocchio | Fondo di cottura di carni, pesci o altro ridotto quasi ad essenza.

fumétto (2) [dim. di *fumo*, perché le parole che escono dalla bocca dei personaggi sono racchiuse in nuvolette di fumo] s. m. *1* Piccolo riquadro, gener. a forma di nuvoletta, che racchiude le battute dei personaggi di vignette o di racconti illustrati. *2* (*spec. al pl.*) Racconto o romanzo realizzato mediante una serie di disegni in cui le battute dei personaggi sono racchiuse nelle caratteristiche nuvolette | Giornale che contiene prevalentemente tali racconti o romanzi. *3* (*spreg.*) Opera narrativa, teatrale o cinematografica di contenuto per lo più banale e risaputo, trattato con superficialità, gusto per l'effetto e in modo da ottenere una facile presa sul pubblico. || **fumettóne**, accr.

fùmido [vc. dotta, lat. *fūmidu(m)*, da *fūmus* 'fumo'] agg. ● (*lett.*) Che emette fumo: *le stanze purgate dai morbi / con f. solfo* (D'ANNUNZIO) | Pieno di fumo.

fumigàre [vc. dotta, lat. *fumigāre*, da *fūmus* 'fumo'] **A** v. intr. (*io fùmigo, tu fùmighi*; aus. *avere*) *1* Mandare un po' di fumo o vapore: *la legna umida fumiga.* *2* †Fare fumigazioni. **B** v. tr. *1* †Affumicare. *2* (*lett.*) †Profumare.

fumigatóre s. m. ● Apparecchiatura per immettere nel terreno sostanze antiparassitarie volatili.

fumigatòrio [da *fumigare*] agg. ● Detto di ciò che è usato per fare fumigazioni: *sostanza fumigatoria.*

fumigazióne [vc. dotta, lat. tardo *fumigatiōne(m)*, da *fumigāre* 'fumigare'] s. f. *1* Esalazione di fumo o di vapore per disinfettare, sterilizzare, curare. *2* Operazione di conservazione degli alimenti mediante esposizione al fumo di certi tipi di legna. SIN. Affumicamento.

fumìsmo [da *fumista* nel sign. 2] s. m. ● Atto, comportamento da fumista | Fumisteria.

fumista [fr. *fumiste*, da *fumée* 'fumo'; nel sign. 2 con particolare riguardo a un operaio fumista, protagonista di un vaudeville in cui si distingueva per scherzi e facezie] s. m. e f. (pl. *-i*) *1* Operaio che cura la manutenzione e si occupa della riparazione di caloriferi, stufe, camini | (*est.*) Fabbricante di stufe, caminetti, ecc. *2* (*fig.*) Burlone, buontempone | Chi vuole o ama sbalordire o confondere con trovate, invenzioni, eccentricità e sim.

fumisterìa [fr. *fumisterie*, da *fumiste* 'fumista' nel sign. 2] s. f. *1* Gusto di giocare scherzi, di sbalordire e sim. *2* Scritto o discorso altisonante e pretenzioso ma in realtà fumoso, di scarso contenuto.

fumìstico [da *fumista* nel sign. 2] agg. (pl. m. *-ci*) ● Detto di stile, scritto, discorso e sim. che fa ricorso a trovate e invenzioni d'effetto per destare interesse o sbalordire.

fumìvoro [fr. *fumivore*, comp. del lat. *fūmus* 'fumo' e *-vore*, ricavato da *carnivore* 'carnivoro'] **A** agg. ● Detto di apparecchio per consumare le materie combustibili che restano sospese nel fumo. **B** s. m. ● Apparecchio, apparato fumivoro.

fùmo o (*pop.*) †**fùmmo** [lat. *fūmu(m)*, di origine indeur.] **A** s. m. *1* Complesso dei prodotti gassosi di una combustione che trascinano in sospensione particelle solide, quali ceneri, carbone incombusto o solo parzialmente combusto, e sim.: *f. denso, nero, soffocante*; *il f. dell'incendio avvolge tutto il quartiere*; *segnali di f.* | *Far f.*, emanarlo, detto di cosa che brucia | *Sapere di f.*, detto spec. di cibo, avere uno sgradevole sapore per cottura su un fornello fumoso | *F. negli occhi*, (*fig.*) ciò che appare e non è, e serve spec. per ingannare | (*fig.*) *Vedere qc. come il f. negli occhi*, detestarlo | *Andare, convertirsi in f.*, (*fig.*) svanire, fallire e sim.: *i suoi progetti sono andati in f.* | (*fig.*) *Mandare in f.*, mandare a vuoto. *2* (*raro*) Fumacchio, fumaiolo. *3* (*est.*) Vapore, esalazione, che ha apparenza di fumo: *il f. della pentola, del cibo bollente*; *densi fumi si levavano dalle paludi.* *4* (*fig.*) Vana apparenza: *c'è molto f. in quello che dice*; *le sue promesse? tutto f., credi a me* | *Vendere f.*, ingannare gli altri con apparenze o promesse vane | *Venditore di f.*, chi è solito ingannare con vani discorsi o proposte irrealizzabili | *Molto f. e poca brace, molto f. e poco arrosto*, e sim., di chi, di ciò che è di molta apparenza e di poca sostanza | *È un f.*, è una persona che sembra degna di stima, considerazione, e sim., ma in realtà è priva d'ogni pregio. *5* (*fig.*) Boria, vanità, superbia: *un uomo pieno di f.* *6* (*fig.*) †Sentore, indizio. *7* (*al pl.*) Esaltazione, offuscamento della mente causato da abuso di bevande alcoliche, da passioni intense e violente e sim.: *f. dell'ira, della gelosia*; *essere in preda ai fumi dell'alcol*; *i fumi della sbornia stanno passando.* **B** s. m. solo sing. ● (*per anton.*) Il fumo del tabacco acceso in sigarette, sigari e pipe: *aspirare il f. dal naso*; *fare gli anelli di f.*; *scusi, le da fastidio il f.?* | *F. passivo*, quello proveniente da sigarette fumate da altri e di cui si subiscono gli effetti nocivi | (*est.*) Il fumare tabacco: *i danni del f.*; *le malattie provocate dal f.*; *articoli per, da f.* | (*est.*) Hascisc, sigaretta di hascisc: *cercare, procurarsi del f.* **C** in funzione di agg. inv. (posposto al s.) ● Nelle loc. *grigio f.*, *nero f.*, particolari tonalità del grigio e del nero | (*Color*) *f. di Londra*, colore grigio molto scuro. || **fumàccio**, accr., pegg. | **fumétto**, dim. (V.).

fumògeno [comp. di *fumo* e *-geno*] **A** agg. ● Di sostanza o miscela chimica atta a produrre fumo o nebbia, spec. usata in guerra a scopo di mascheramento: *candelotto f.* | Che è formato da fumo: *cortina fumogena.* **B** s. m. ● Sostanza o apparecchiatura per produrre fumo a scopo di occultamento.

fumoir /fr. fy'mwar/ [vc. fr., 'luogo dove si fuma', da *fumer* 'fumare'] s. m. inv. ● Salotto ove è permesso fumare, sala per fumatori.

fumosità o †**fumositàde**, †**fumositàte** [da *fumoso*] s. f. *1* Qualità di ciò che è fumoso. *2* †Esalazione fumosa | Fumo rado.

fumóso [vc. dotta, lat. *fumōsu(m)*, da *fūmus* 'fumo'] agg. *1* Che fa fumo | (*est.*) Che è pieno di fumo: *stanza fumosa.* *2* Di vino che, appena stappata la bottiglia, esala come un tenue fumo e dà facilmente alla testa. *3* (*fig.*) Oscuro, arzigogolato, contorto: *enigma f.*; *stile f.* | (*fig.*) Incerto, impreciso, inconsistente: *proposte fumose*; *progetti fumosi.* *4* (*fig.*) Borioso, superbo: *carattere f.* |

fumosaménte, avv. In modo oscuro, contorto, poco comprensibile.

fumus boni iuris /*lat.* 'fumus 'bɔni 'juris/ [loc. lat., propr. 'fumo di buon diritto', comp. di *fūmus* 'fumo, sentore, indizio', *bŏni* e *iūris* (V. *giure*)] loc. sost. m. inv. ● (*dir.*) Espressione con cui si indica il probabile buon fondamento giuridico di una pretesa.

fumus persecutionis /*lat.* 'fumus persecut'tsjɔnis/ [loc. lat., propr. 'fumo di persecuzione', comp. di *fūmus* 'fumo, sentore, indizio' e *persecutiōnis* (V. *persecuzione*)] loc. sost. m. inv. ● (*dir.*) Espressione con cui si indica la possibile esistenza di una volontà persecutoria da parte di un organismo inquirente.

funàio [da *fune*] s. m. ● Funaiolo | (*fig.*) *Fare come i funai*, regredire, peggiorare.

funaiòlo o †**funaiuòlo** s. m. ● Chi fa o vende funi.

†**funàle** [vc. dotta, lat. *funāle*, da *fūnis* 'fune', perché è costituita da una fune incerata] s. m. ● Torcia a vento di corda intrisa di pece.

funambolésco agg. (pl. m. *-schi*) ● Proprio del funambolo (*anche fig.*): *equilibrio f.*; *abilità funambolesca*.

funambòlico agg. (pl. m. *-ci*) ● Funambolesco (*spec. fig.*): *capacità, doti funamboliche*. || **funambolicaménte**, avv.

funambolìsmo [da *funambolo*] s. m. *1* Arte dei funamboli. *2* (*fig.*) Abilità nel destreggiarsi fra opposte tendenze, opinioni e sim., senza mai compromettersi troppo, spec. relativamente all'attività politica.

funàmbolo o **funàmbulo** [vc. dotta, lat. tardo *funămbulu(m)* 'che cammina sulla corda', comp. di *fūnis* 'fune' e *ambulāre* 'camminare'] s. m. (f. *-a*) *1* Equilibrista che esercita il suo mestiere sulla corda o su un filo di metallo. *2* (*fig.*) Chi, nella vita sociale o politica, sa procedere accortamente e con abilità.

funàme [da *fune*] s. m. ● (*raro*) Assortimento di funi di varie specie.

funàta s. f. *1* Colpo dato con una fune. *2* (*raro*) Quantità di cose o persone riunite: *f. di ladri, di prigionieri*; *f. di panni ad asciugare*.

†**fùnda** [vc. dotta, lat. *fŭnda(m)*, vc. tecnica importata, ma di etim. incerta] s. f. ● Fionda.

†**fùndere** ● V. *fondere*.

fùne [lat. *fūne(m)*, di etim. incerta] s. f. *1* Organo flessibile, costituito da più fili vegetali o metallici attorcigliati, riuniti fra loro in modi diversi: *f. a trefoli*; *f. di canapa, d'acciaio*; *il capo della f.* | *F. portante*, quella ferma su cui si muovono vetture o vagoncini nelle funicolari aeree | *F. di guardia*, quella tesa come schermo fra le cime dei piloni delle linee elettriche, al fine di evitare che i fulmini si scarichino sui conduttori | *Tiro alla f.*, gara tra due squadre o gruppi di persone che cercano di prevalere una sull'altra tirando dalle estremità una lunga corda | (*fig.*) *Attaccarsi alle funi del cielo*, ricorrere a cose impossibili | *Dare della f.*, (*fig.*) concedere agio, libertà | *Allungare la f.*, (*fig.*) concedere una dilazione. SIN. Corda. *2* Attrezzo ginnico per gli esercizi di arrampicata, consistente in una grossa corda sospesa al palco di salita. *3* †Strumento di tortura negli antichi esami giudiziari | †Sferza per disciplina. *4* Cordicella del tamburo che, passando alternativamente nei fori di ciascun cerchio, tende ad accostare tra loro i cerchi stessi e a modificare la tensione delle due pelli regolabile con tiranti. || **funicèlla**, dim. | **funicèllo**, dim. m. | **funicìno**, dim. m.

fùnebre o (*poet.*) **funèbre** [vc. dotta, lat. *fūnebre(m)*, da *fūnus*, genit. *fūneris* 'funerale'. V. *funesto*] agg. *1* Relativo ai morti: *cerimonie, onoranze funebri*; *rito f.* | *Ufficio f.*, cerimonia religiosa in suffragio del morto | *Orazione, elogio f.*, pronunciato per ricordare e onorare un defunto | *Marcia f.*, accompagnamento musicale durante un funerale. *2* Triste, funereo, tetro: *aria f.*

funeràle [lat. tardo *funerāle(m)* 'funebre', agg. di *fūnus*, genit. *fūneris* 'funerale'. V. *funesto*] **A** s. m. ● Complesso di atti e cerimonie civili o religiose per rendere a un defunto gli estremi onori | *Faccia, viso da f.*, (*fig.*) tristissimo | *Essere un f.*, di chi, di ciò che è totalmente privo di allegria: *quell'individuo è proprio un f.*; *la festa fu un f.* **B** agg. ● (*lett.*) Funereo, funerario: *carme f.* || †**funeralménte**, avv.

†**funeràre** [vc. dotta, lat. *funerāre*, da *fūnus*, genit. *fūneris* 'funerale'. V. *funesto*] v. tr. ● Rendere gli onori funebri a un morto.

funeràrio [vc. dotta, lat. tardo *funerāriu(m)*, da *funerāre* 'funerare'] agg. ● Concernente la morte, le esequie: *iscrizione, decorazione funeraria* | Funebre: *cerimonia funeraria* | *Urna funeraria*, cineraria.

fùnere [vc. dotta, lat. *fūnere*, abl. di *fūnus*, genit. *fūneris* 'funerale, morte' (V. *funesto*)] s. m. ● (*lett.*) Uccisione, strage: *e dal f. nefando / egli solo ritornò* (CARDUCCI).

funèreo [vc. dotta, lat. *funĕreu(m)*, da *fūnus*, genit. *fūneris* 'funerale'. V. *funesto*] agg. ● Di morte: *letto f.* | *Drappo f.*, funebre | (*est.*) Mesto, triste, lugubre: *sguardo, aspetto f.* || **funereaménte** avv. (*raro*) In modo funereo.

funestàre [vc. dotta, lat. *funestāre*, da *funĕstus* 'funesto'] **A** v. tr. (*io funèsto*) ● Affliggere con lutto o grave dolore: *f. una famiglia con un triste annuncio*; *funestar di stragi / le contrade latine* (MONTI) | *F. gli altari*, profanarli. **B** v. intr. pron. ● (*raro*) Rattristarsi.

funèsto [vc. dotta, lat. *funĕstu(m)*, da *fūnus*, genit. *fūneris* 'funerale, morte, rovina' di etim. incerta] agg. *1* Che reca morte, lutto: *annunzio f.*; *discordia, passione funesta* | (*lett.*) Doloroso, triste, amaro: *più funeste assai / son le sventure mie* (METASTASIO). *2* (*est.*) Che produce danni gravi e irreparabili: *errore f.* SIN. Deleterio. *3* †Funebre. || **funestaménte**, avv.

fungàia [da *fungo*] s. f. *1* Luogo dove crescono o si coltivano funghi. *2* (*spreg.*, *fig.*) Quantità di cose o persone della stessa specie: *f. di retori, di poetastri, di politicanti*.

fungàio s. m. ● Fungaia.

fùngere [vc. dotta, lat. *fŭngi*, di origine indeur.] v. intr. (pres. *io fùngo, tu fùngi*; pass. rem. *io fùnsi, tu fungésti*; part. pass. *fùnto* raro; aus. *avere*) ● Agire come sostituto di qc., esercitarne le funzioni facendone le veci: *f. da presidente, da segretario*.

funghéto [da *fungo*] s. m. ● Fungaia.

funghétto s. m. *1* Dim. di *fungo*: *funghetti sott'aceto*. *2* Nella loc. avv. *al f.*, detto di pietanza cucinata a pezzetti, con olio, aglio, prezzemolo: *melanzane al f.* *3* Piccola torta simile a un cappello di fungo, con anaci, specialità marchigiana. || **funghettino**, dim.

Fùnghi s. m. pl. ● Nella tassonomia vegetale, divisione di tallofite prive di clorofilla, eterotrofe, la cui parte vegetativa è tipicamente costituita da miceli | (al sing. *-o*) Ogni individuo di tale divisione.

funghìcolo agg. ● Che si riferisce alla coltivazione dei funghi.

funghicoltóre o **funghicultóre**, **fungicoltóre** [comp. di *fungo* e *-coltore*] s. m. ● Chi si dedica alla coltivazione dei funghi commestibili.

funghicoltùra o **funghicultùra**, **fungicoltùra** [comp. di *fungo* e *coltura*] s. f. ● Coltivazione dei funghi commestibili e tecnica relativa.

funghicultóre ● V. *funghicoltore*.

funghicultùra ● V. *funghicoltura*.

funghìre [da *fungo*] v. intr. (*io funghìsco, tu funghìsci*; aus. *avere*) ● Ammuffire (*anche fig.*): *f. lì, stare lì ad aspettare, in quell'orrenda solitudine* (PIRANDELLO).

fungìbile [da *fungere*] agg. *1* (*dir.*) Detto di bene che si può sostituire con altro dello stesso genere (per es. il denaro o l'olio). *2* (*est.*) Intercambiabile, sostituibile.

fungibilità s. f. ● (*dir.*) Qualità di ciò che è fungibile.

fungicìda [comp. di *fungo* e *-cida*] **A** s. m. (pl. *-i*) ● Sostanza chimica capace di inibire o prevenire lo sviluppo dei funghi. **B** anche agg.: *sostanza f.*

fungicoltóre ● V. *funghicoltore*.

fungicoltùra ● V. *funghicoltura*.

fungifórme [comp. di *fungo* e *-forme*] agg. ● (*raro*) Che ha forma di fungo.

fungìno agg. ● Di fungo | Che ha le proprietà dei funghi.

fùngo [vc. dotta, lat. *fŭngu(m)*, di origine preindeur.] **A** s. m. (pl. *-ghi*) *1* (*bot.*) Organismo eterotrofo, privo di clorofilla, saprofita o parassita, di forma e dimensione varia, il cui corpo fruttifero è talvolta commestibile | *Funghi imperfetti*, deuteromiceti | (*per anton.*) Corpo fruttifero dei funghi di maggiore dimensione, dalla caratteristica forma a cappello: *f. edule, velenoso*; *il gambo, il cappello di un f.*; *risotto coi funghi*; *andare a, per, funghi* | *A f.*, a forma di fungo | (*fig.*) *Venire su come i funghi*, rapidamente | *Prendere il f.*, arrabbiarsi | *Fare le nozze coi funghi secchi*, (*fig.*) voler figurare con poca spesa | †*Far nascere un f.*, (*fig.*) cercare un pretesto. ➡ ILL. **fungo**. *2* (*est.*) Oggetto, struttura e sim. a forma di fungo | *F. della rotaia*, la parte superiore che sostiene e guida la ruota del veicolo ferroviario | *F. dell'annaffiatoio*, la capocchia bucherellata | *F. della candela*, rigonfiamento che si forma in cima al lucignolo | *F. atomico*, nube dalla caratteristica forma, che si produce a seguito di un'esplosione atomica | *F. del ghiacciaio*, massa di ghiaccio emergente in un ghiacciaio perché una roccia soprastante ne ha impedito la fusione. *3* (*med.*) Fungosità. **B** in funzione di agg. inv. ● (posposto a un s.) Che cresce o si sviluppa con grande rapidità, spec. nella loc. *città f.* || **fungàccio**, pegg. | **funghétto**, dim. (V.) | **funghìno**, dim. | **fungolìno**, dim. | **fungóne**, accr.

fungosità [da *fungoso*] s. f. ● (*med.*) Escrescen-

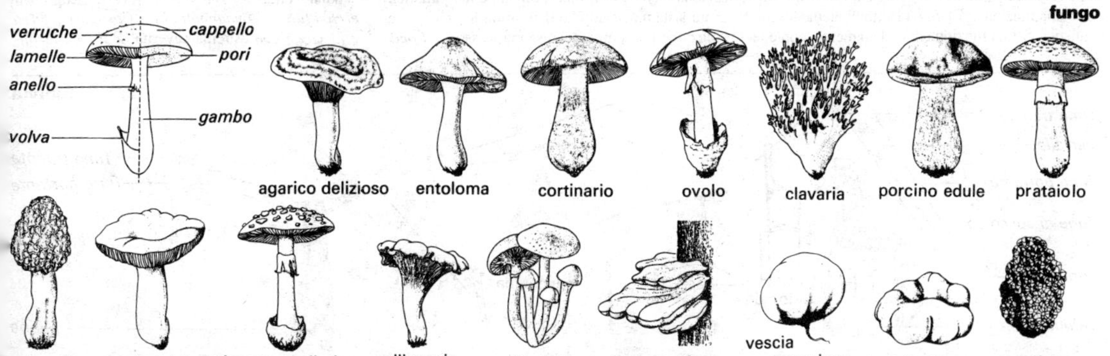

za d'aspetto carneo che si forma nei vari tessuti in determinate malattie.

fungóso [vc. dotta, lat. *fungōsu(m)*, da *fūngus* 'fungo'] agg. *1* Simile a fungo per la consistenza, l'odore e sim. | *Legname f.*, ammuffito per umidità | (*raro*) *Lucerna, candela fungosa*, con moccolaia al lucignolo. *2* (*med.*) Di, relativo a fungosità.

funicolàre (1) [da *funicolo*] agg. *1* Detto di ciò che è simile a una fune, o si compie mediante funi | *Poligono f.*, metodo grafico che permette di determinare la retta d'azione della risultante di un sistema di forze complanari, applicate a un corpo rigido | *Aratura f.*, sistema per cui l'aratro, di solito a bilanciere, si sposta con moto alterno tra le testate del campo, trainato con funi metalliche. *2* (*med., bot.*) Del funicolo.

funicolàre (2) [fr. *funiculaire*, abbr. di *chemin de fer funiculaire* 'ferrovia funicolare', dal lat. *funĭculus*, dim. di *fūnis* 'fune'] s. f. ● Impianto di trasporto costituito da vagoni, con sistema di trazione a fune, che corrono su un binario fisso al suolo | *F. aerea*, funivia, teleferica.

funicolìte [comp. di *funicolo* e *-ite* (*1*)] s. f. ● (*med.*) Infiammazione del funicolo.

funìcolo [vc. dotta, lat. *funĭculu(m)*, dim. di *fūnis* 'fune'] s. m. *1* Elemento di cui si compone una fune, cordicella, trefolo. *2* (*anat.*) Formazione cordonale, allungata | *F. ombelicale*, che congiunge il feto alla placenta | *F. spermatico*, cordone del canale inguinale contenente il dotto deferente e i vasi testicolari. *3* (*bot.*) Sottile cordone che collega l'ovulo alla placenta nel pistillo del fiore. *4* (*zool.*) Nelle antenne genicolate degli insetti, l'insieme degli articoli compresi fra lo scapo e l'apice.

funisciovi̯àrio [da *funi(via)* e *sciovia*, con suff. agg.] agg. ● Relativo alle funivie e alle sciovie considerate nel loro complesso: *impianti funisciovi̯ari*.

funivìa [comp. di *fune* e *via*, sul modello di *ferrovia*] s. f. ● Teleferica destinata al solo trasporto delle persone, in cui le cabine sono sospese a un carrello che corre su una fune portante ed è azionato da una fune traente. ➡ ILL. **funivia**.

funivi̯àrio agg. ● Relativo a funivia, proprio della funivia.

funk /*ingl.* fʌŋk/ [V. *funky*] s. m. inv. ● Musica funky.

funky /*ingl.* 'fʌŋki/ [vc. dello slang americano, propr. 'maleodorante', da *funk* nel senso di 'forte odore', anche 'fumo di tabacco'] **A** s. m. inv. ● Stile jazzistico sorto negli Stati Uniti negli anni Cinquanta, che, in contrapposizione alle raffinatezze formali del jazz bianco, si richiama alla tradizione del blues, puntando su sonorità e accentuazioni ritmiche marcate. **B** anche agg. inv.: *musica, stile f.*

fùnto part. pass. di *fungere* ● (*raro*) Nei sign. del v.

funzionàle [da *funzione*] **A** agg. *1* Relativo alle funzioni esercitate da una persona, da un organo, da un congegno e sim.: *la società ha grossi problemi funzionali* | *Linguistica f.*, studio delle funzioni esplicate dagli elementi di una data lingua. *2* Che adempie alle funzioni per cui è stato costruito: *mobili, vetture, elettrodomestici funzionali* | *Essere f. a*, servire a | (*est.*) Pratico, facile da usare: *un apriscatole molto f.* | *Architettura f.*, che segue il funzionalismo. *3* (*mat.*) Che si riferisce alle funzioni | *Equazione f.*, nella quale l'incognita è una funzione. *4* (*ling.*) Detto di elemento linguistico che ha funzione di collegamento, come le congiunzioni e le preposizioni. || **funzionalménte**, avv. **B** s. m. ● (*mat.*) Funzione che ha per argomento una funzione.

funzionali̯smo s. m. *1* Tendenza dell'architettura moderna, sviluppatasi nell'ambito del razionalismo architettonico, che vuol far coincidere i problemi formali con quelli di carattere tecnico e pratico, anzi, dalla soluzione di questi ultimi fa scaturire i valori estetici dell'edificio. *2* Tendenza a dare particolare risalto all'aspetto funzionale di un problema, un oggetto e sim. *3* (*psicol.*) Scuola psicologica americana che definisce i fenomeni mentali come processi o attività, cioè funzioni, e non come contenuti mentali accessibili all'introspezione. *4* (*antrop.*) Prospettiva teorica e metodologica che tende a considerare i sistemi sociali come composti da elementi o istituzioni correlati. *5* (*ling.*) Indirizzo della linguistica che ha per oggetto di studio le diverse funzioni della lingua.

funzionalista s. m. e f.; anche agg. (pl. m. *-i*) ● Seguace del funzionalismo.

funzionalìstico agg. (pl. m. *-ci*) ● Relativo al funzionalismo o ai funzionalisti.

funzionalità s. f. ● Qualità di ciò che è funzionale.

funzionaménto s. m. ● Modo e atto del funzionare.

funzionànte part. pres. di *funzionare*; anche agg. ● Nei sign. del v.

funzionàre [fr. *fonctionner*, da *fonction* 'funzione'] v. intr. (*io funzióno*; aus. *avere*) *1* Adempiere le funzioni connesse alla propria natura, struttura e sim.: *il cuore funziona bene, male*; *il personale funziona a dovere* | *È un metodo che comincia a f.*, a dare frutti | *Sono ancora troppe le cose che non funzionano*, che non vanno bene. *2* Fungere: *f. da sindaco, da prefetto, da assessore*.

funzionàrio [fr. *fonctionnaire*, da *fonction* 'funzione'] s. m. (f. *-a*) ● Dipendente di un ente pubblico o di un'azienda con mansioni direttive, organizzative o di rappresentanza: *f. pubblico*.

funzióne [vc. dotta, lat. *functiōne(m)*, da *fūnctus*, part. pass. di *fūngi* 'fungere'] s. f. *1* Attività determinata da mansioni specifiche connesse a una carica, a un ufficio e sim.: *nella vita sociale tutti hanno una propria f.* | *F. aziendale*, insieme di operazioni che si riferiscono alla gestione aziendale e hanno caratteristiche similari | (*est.*) La carica o l'ufficio stesso: *fu investito della f. di presidente, di primo segretario, di magistrato* | *Fare la f. di qc.*, farne le veci | *Il facente f.*, colui che fa le veci di qc., ne ricopre la carica, ne assolve le mansioni e sim. | (*dir.*) Potere oggetto di un dovere giuridico relativamente alla sua esplicazione: *f. legislativa, giurisdizionale, amministrativa*. *2* Attività esplicata da un organo o da un insieme di organi negli animali e nei vegetali: *f. del muscolo, del cervello, del rene, del cuore, dell'occhio*; *f. della digestione, della nutrizione, della respirazione*; *i giudizi e i concetti sono funzioni dell'intelletto* | *F. naturale*, per la conservazione della specie | *F. vitale*, indispensabile alla conservazione della vita | *F. clorofilliana*, fotosintesi | Attività e compito precipuo di congegni e sim.: *la f. di un motore, di un cuscinetto a sfera*; *mettere in f. una calcolatrice*. *3* (*mat.*) Espressione matematica che indica come varia una grandezza in relazione al variare di un'altra o di più altre | Applicazione | (*fis.*) *F. d'onda*, funzione dei parametri di un sistema fisico che determina lo stato e l'evoluzione nel tempo del sistema stesso: *f. d'onda di una particella*. *4* (*ling.*) Ruolo che un'unità linguistica svolge nella struttura grammaticale dell'enunciato: *le funzioni del soggetto, del predicato, dei complementi*; *verbo usato in f. di sostantivo*. *5* (*fig.*) Ruolo, valore, compito, finalità: *sono attività che hanno una precisa f. sociale, politica e culturale* | *In f. di*, per, allo scopo di: *misure adottate in f. dello sviluppo produttivo*; *analizzare i problemi in f. dell'elaborazione elettronica*; in relazione a, in dipendenza da: *l'aumento dei prezzi dei prodotti esteri è in f. della svalutazione della lira*; *studio dell'attività biologica in f. del tempo*; *vivere in f. di qc. o q.c.*, per qc. o q.c., o in stretta dipendenza da qc. o q.c. *6* Rito religioso: *le funzioni domenicali, pasquali, natalizie* | (*est.*) Cerimonia: *assistere a un'importante f.* *7* (*fam.*) Faccenda, operazione: *la solita f.*; *una f. incresciosa, noiosa*. *8* †Esecuzione capitale.

†fuocàto ● V. *focato*.

fuochìno [da *fuoco*] s. m. ● Artificiere | Addetto al brillamento delle mine.

fuochista ● V. *fochista*.

fuòco o (*pop.*) **fòco** [lat. *fŏcu(m)* 'focolare', di etim. incerta] **A** s. m. (pl. *fuòchi*, m., *†fòcora*, f.) *1* Complesso degli effetti calorici e luminosi prodotti dalla combustione: *f. di legna, di carbone, di segatura*; *un f. allegro, vivace, scoppiettante*; *accendere, attizzare, soffocare il f.* | *F. dolce*, lento, non troppo intenso: *cuocere la carne a f. lento* | *F. fresco*, rinnovato da poco | *F. vivo*, intenso: *arrostire q.c. a f. vivo* | *Allentare il f.*, diminuirlo | *Mettere, gettare q.c. nel f.*, perché bruci | *Fare f.*, accenderlo o ravvivarlo | *Legna da f.*, buona solo da ardere | *Prender f.*, accendersi; (*fig.*) lasciarsi prendere dallo sdegno, dall'ira e sim. | *Andare a f.*, bruciare | *Dar f. a q.c.*, incendiarla | *F. di paglia*, che dura poco; (*fig.*) sentimento, passione molto intensa ma non duratura | *A f.*, mediante il fuoco: *lavorare il metallo a f.*; *dorare a f.* | *Bollare a f. qc.*, (*fig.*) coprirlo d'infamia | *Prova del f.*, (*fig.*) rischiosa e decisiva | *Mettere la mano sul f. per qc., o q.c.*, garantirne in modo totale la qualità | *Buttarsi nel f. per qc.*, (*fig.*) essere disposto a qualsiasi sacrificio per lui | *Di f.*, (*fig.*) infiammato, acceso, ardente per qualche emozione o passione molto viva: *parole, occhi, sguardo di f.* | *Color di f.*, rosso acceso | *Parole di f.*, terribili e minacciose | *Fare f. e fiamme*, (*fig.*) strepitare | *Farsi, diventare di f.*, arrossire violentemente | *Essere come l'acqua e il f.*, nemici, opposti | *Scherzare col f.*, (*fig.*) con il pericolo | *Dare f. alle polveri*, (*fig.*) dare inizio alle ostilità | *Tra due fuochi*, detto di vivanda messa a cuocere con fuoco sopra e sotto | *†Francare di f.*, rendere sicuro da pericoli d'incendio | *Il f. cova sotto la cenere*, (*fig.*) di rivolta, sdegno, ira e sim. che può divampare all'improvviso | *F. fatuo*, fiammella che appare di notte spec. nei cimiteri, dovuta alla accensione spontanea, a contatto dell'aria, della fosfina prodotta dalla decomposizione di spoglie organiche | *F. di S. Elmo*, fenomeno connesso con l'elettricità atmosferica, per il quale, di notte, si scorgono bagliori alle estremità degli alberi, sulle navi in navigazione | *F. eterno*, le fiamme dell'inferno, l'inferno stesso | (*est.*) Incendio: *un f. immane devastò la città* | *Vigili del f.*, pompieri | *Al f.!*, escl. di soccorso in caso d'incendio | *Mettere a ferro e f.*, saccheggiare e incendiare città, regioni e sim. | (*est.*) Rogo: *gli eretici furono condannati al f.* | *Castigare a ferro e f.*, (*fig.*) con estrema severità. *2 Fuochi artifi-*

funivia

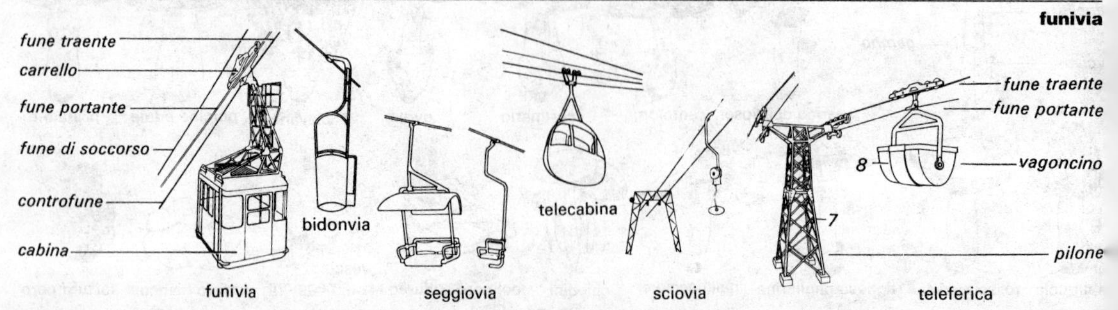

ciali, *d'artificio*, *del Bengala*, (*per anton.*) *fuochi*, i razzi e gli altri prodotti pirotecnici, fatti esplodere e lanciati in cielo con vari effetti di colore e rumore, spec. in occasione di feste popolari e sim. | (*fig.*) *Essere tutto un f. d'artificio*, *fare fuochi d'artificio*, far mostra ininterrotta di spirito brillante, di trovate ingegnose, di battute argute, in una conversazione spec. mondana, in un discorso, in un'opera letteraria, teatrale, cinematografica | (*est.*, *scherz.*, *pop.*) *Fare i fuochi d'artificio*, vomitare, dar di stomaco. ***3*** Sparo: *un nutrito f. di fucileria*; *f. continuo*, *incrociato*, *radente*; *sospendere*, *cessare*, *riaprire il f.* | *Arma da f.*, che utilizza la forza propellente di un esplosivo per il lancio di proiettili | *Bocca da f.*, pezzo d'artiglieria | *Fare f.*, sparare | *Aprire il f.*, cominciare a sparare, dare inizio al combattimento | *Battesimo del f.*, prima partecipazione a un combattimento | *Andare al f.*, in combattimento | *Linea del f.*, da dove si spara sul nemico | *Sotto il f.*, sotto il tiro del nemico | *Tenere sotto il f.*, impedire al nemico di muoversi | *Essere*, *trovarsi tra due fuochi*, (*fig.*) tra due avversari, tra due difficoltà | *F. greco*, antica miscela incendiaria a base di salnitro, capace di bruciare anche sull'acqua, lanciata contro le navi nemiche. ***4*** Qualsiasi impianto che, in una casa, accolga ciò che brucia per riscaldare, cucinare e sim. | (*per anton.*) Il focolare: *stare*, *raccogliersi intorno al f.* | *Catena del f.*, per appendere il paiolo nel focolare | *Ferri da f.*, molle, palette, attizzatoio, e sim. | *Mettere q.c. sul f.*, a cuocere | *Mettere troppa carne al f.*, (*fig.*) iniziare troppe cose contemporaneamente | *Non accendere il f.*, non far da cucina | (*est.*) Ciò che è acceso per scaldare e cucinare, come carbone, legna e sim.: *una palettata di f.* | (*est.*) Ogni singolo nucleo familiare, negli antichi censimenti. ***5*** (*mar.*, *spec. al pl.*) Forni delle caldaie: *accendere*, *alimentare*, *spegnere i fuochi*. ***6*** (*fig.*) Calore o fervore molto intenso: *essere bruciati dal f. della febbre*; *ardere del sacro f. della carità* | (*est.*) Sentimento o passione ardente: *un uomo tutto f.*; *avere il f. negli occhi* | *Far f.*, destare grande entusiasmo | *Stuzzicare il f.*, stimolare la passione | *Mettere l'esca accanto al f.*, dare occasione a una passione | *Dove c'è stato il f. ci sta sempre il bruciaticcio*, rimangono sempre le tracce o i residui della passione | *Soffiare sul f.*, accendere gli animi spec. all'ira, allo sdegno | *Mettere legna al f.*, *versare benzina sul f.*, (*fig.*) incrementare l'ira, lo sdegno | (*fig.*) *Andare a fiamme e f.*, esultare | *Versare acqua sul f.*, spegnere le ire, gli entusiasmi | (*est.*) Vivacità, impeto, estro: *avere il f. addosso*, *nel sangue*; *un quadro*, *una poesia piena di f.* | *Il sacro f.*, (*fig.*, *scherz.*) l'estro poetico. **SIN.** Ardore. ***7*** (*raro*) Sapore forte di aceto: *questo vino ha il f.* ***8*** (*fig.*) Male, malattia | *Avere il f. in seno*, portare il male dentro di sé | *Bruciare a f. lento*, (*fig.*) patire dolori continui e prolungati | *F. sacro*, *f. di Sant'Antonio*, (*pop.*) herpes zoster. ***9*** (*fig.*, *lett.*) Fulmine, folgore: *cade da le nubi aereo foco* (TASSO). ***10*** (*fig.*, *lett.*) Splendore | Astro risplendente. ***11*** (*fis.*) Punto sull'asse ottico di un sistema di superfici riflettenti o rifrangenti, nel quale si intersecano i raggi propagantisi parallelamente all'asse ottico principale | *A f. fisso*, detto di obiettivo o apparecchio fotografico per i quali non occorre regolare la distanza per avere a fuoco l'immagine | *Mettere a f.*, regolare l'obiettivo di un apparecchio da ripresa fotografica, e sim., in modo da ottenere un'immagine nitida; (*fig.*) precisare bene i termini di una questione, un problema e sim. per facilitarne l'esame: *mettere a f. un problema*, *una situazione*. ***12*** (*mat.*) *Fuochi di una ellisse*, coppia di punti tali che la somma delle loro distanze da un punto qualsiasi dell'ellisse risulta costante | *Fuochi di una iperbole*, coppia di punti tali che la differenza delle loro distanze da un punto qualsiasi dell'iperbole risulta costante. ***13*** (*astrol.*) *Elemento f.*, o (*ell.*) *fuoco*, trigono a cui appartengono i segni dell'Ariete, del Leone e del Sagittario, nella suddivisione dei pianeti secondo l'elemento che vi domina. ➡ **ILL. zodiaco**. **B** in funzione di **inter.** ***1*** Si usa come comando di sparare: *f.!*; *f. a volontà!* ***2*** In vari giochi si usa per indicare la vicinanza della persona che cerca all'oggetto nascosto e da ritrovare. ‖ **fuocherellino**, **dim.** | **fuocherèllo**, **dim.** | **fuochétto**, **dim.** | **fuochino**, **dim.** | **fuocolino**, **dim.** | **fuocóne**, **accr.**

†fuocóso ● V. *focoso*.

†fuòra o (*pop.*) **†fòra** [lat. *fŏras*, forma di acc. di un tema **fora*, di origine indeur.] **A** **prep.** ● (*poet.*) Fuori: *innamorata se ne va piangendo / fora di questa vita* (DANTE). **B** anche **avv**.

†fuoravìa o **†foravìa** [comp. di *fuori* e *via*] **avv.** ● (*raro*, *dial.*) Fuorivia.

fuorché o **fuor che**, (*raro*) **fuòri che** [comp. di *fuori* e *che* (*2*)] **A** **cong.** ● Tranne che, eccetto che (introduce una prop. eccettuativa implicita, con il v. all'inf., o più rar. esplicita, con il v. all'indic. o al congv.): *farò qualsiasi cosa*, *f. umiliarmi*; *chiedimi tutto f. di giurare il falso*. **B** **prep.** ● Eccetto, tranne (spec. correl. con 'tutto', 'tutti', 'ogni', 'nessuno' e sim.); *erano tutti presenti f. tuo fratello*; *nessuno ha fatto obiezioni f. lui*; *Licurgo, quale altra scienza coltivò mai né conobbe, f. quella del cuore dell'uomo, e del retto?* (ALFIERI).

fuordòpera [comp. di *fuor*(*i*) e *d'opera*, sul modello del fr. *hors-d'oeuvre* 'fuori dell'opera (muraria)', passato dall'edilizia alla letteratura] **s. m. inv.** ● Parte, elemento non integrante di un'opera letteraria o artistica.

fuòri o **†fòre**, (*pop.*) **fòri**, **†fuòre** [lat. *fŏris*, forma di abl. di un tema **fora*, di origine indeur.] **A** **avv.** (troncato in *fuor*, poet. *for*) ***1*** Nell'esterno, nella parte esterna (con v. di stato e di moto): *guardare f.*; *aspettare f.*; *spingere f.* | *O dentro o f.*, (*fig.*) invito a prendere una decisione, una risoluzione | *Andare*, *uscire f.*, traboccare, detto spec. di liquido | *Buttare*, *dare*, *mandare f.*, (*fam.*) rimettere, vomitare, espellere | *Lasciare f. q.c.*, *qc.*, (*fig.*) ometterlo, escluderlo | *Restare*, *rimanere f.*, (*fig.*) essere escluso da un gruppo, da un elenco e sim. | *Venire*, *saltare*, *scappare f.*, (*fig.*) venire alla luce, detto di oggetto smarrito o di notizia tenuta o rimasta nascosta per qualche tempo | (*gerg.*) *Mettere*, *buttare*, *sputare f. un'idea*, *una notizia* e sim., esporla, diffonderla | (*fam.*) *Mettere*, *cacciare f. del denaro*, sborsarlo | *Avere f. del denaro*, (*fig.*) averlo impegnato in un prestito, in un affare e sim. | *Dare*, *mandare f. uno scritto*, *un libro*, (*fig.*) pubblicarlo | (*ass.*) *Dare*, *buttare f.*, germogliare, sbocciare | (*gerg.*) *Fare f. qc.*, (*fig.*) eliminarlo, ucciderlo, spec. per vendetta o rappresaglia | *Fare f. q.c.*, (*fig.*) danneggiarla in modo da renderla inservibile | *Fare f. una bottiglia*, *un dolce e sim.*, (*fig.*) bersela, divorarselo | (*fig.*) *Essere tagliato f.*, non aver parte in q.c., essere escluso da un gruppo di persone, da un ambiente e sim. | (*fig.*) *Chiamarsi f.*, nel gioco, dichiararsi vincitore prima della fine di una partita per avere raggiunto i punti stabiliti per la vincita | *Essere f.* (*di testa*), sragionare | (*pleon.*, *fam.*) *Dare f. da matto*, dare manifestazioni di squilibrio | Anche nella loc. avv. *di f.*: *avere gli occhi di f.*, sbarrati per la meraviglia, per la paura, per l'ira e sim. **CONTR.** Dentro. ***2*** Rafforzato da altri avv. di luogo o accompagnato da prep.: *guarda là*, *lì f.*; *aspetto qua f.* | *Da*, *di f.*, dalla parte esterna: *passate da f.* | *In f.*, verso la parte esterna: *è piegata in f.*; *pende in f.* | *Avere gli occhi in f.*, sporgenti | *Fuor f.*, da una parte all'altra. ***3*** (*fam.*) Fuori di casa: *cenare*, *pranzare f.*; *stare f. tutto il giorno*; *uscì f. smaniando e parlando da sola come avesse la febbre* (VERGA) | *Essere f.*, (*gerg.*) essere uscito di prigione | (*est.*) In altra località, città, regione, Stato, diversi rispetto a quelli in cui ci si trova: *aspettiamo ospiti da f.*; *il direttore starà f. una settimana* | *Gente di f.*, forestieri | *A Milano e f.*, e provincia | *In Italia e f.*, e all'estero: *un prodotto che si smercia in Italia e f.* ***4*** (*fig.*) Esteriormente, all'apparenza: *dentro si rode per l'invidia*, *ma f. non trapela nulla*; *f. sembra una persona perbene* | Anche nella loc. avv. *di f.* **CONTR.** Dentro. ***5*** Si usa in espressioni imperative per intimare a qc. di andarsene da un luogo o di estrarre, consegnare, mostrare, esibire q.c.: *f.!*; *f. i soldi!*; *f. le prove!*; *f. le vostre ragioni!* | (*iter.*) *F.!*, *f.!*, invito rivolto dagli spettatori a un attore, a un artista perché si presenti sulla scena | *F. l'autore!*, esclamazione con cui il pubblico chiede alla ribalta l'autore del dramma | *F. i Barbari!*, (*scherz.*) via gli intrusi!, con riferimento al famoso motto di papa Giulio II per ricacciare nel 1512 i Francesi dall'Italia | *F. uno!*, *f. due!*, e sim., sui sommergibili, ordine di lanciare i siluri secondo la successione stabilita; (*est.*, *enf.*) numerando o elencando una serie di persone, cose, problemi che si vanno via via escludendo. **B** **prep.** ***1*** Lontano da, nella parte esterna di, spec. nelle loc. prep. *f. di*, (*raro*) *f. da* (indica distanza o esclusione da un luogo o da un punto determinato dello spazio): *abitare f. città*; *trattoria f. porta*; *essere f. di casa*; *recarsi f. sede*; *questo non è ammesso f. d'Italia*; *f. di qui!*; *vattene f. dai piedi!*; *uscito fuor del pelago al a riva* (DANTE *Inf.* I, 23) | (*fig.*) *Tenersi f. dai guai*; *tirarsi f. dai pasticci*; *essere*, *tenersi f. vista* | *Essere f. tiro*, (*est.*) non raggiungibile | *Essere f. del seminato*, (*fig.*) non essere in argomento | *F. strada*, V. *fuoristrada* | *Essere f. strada*, (*fig.*) su una falsa traccia | *Essere f. dai gangheri*, (*dial.*) *f. dei fogli*, arrabbiarsi, perdere la pazienza | *F. mano*, V. *fuorimano* | *F. campo*, *f. quadro*, V. *fuoricampo* | *F. terra*, detto di ogni piano di un edificio al di sopra del livello del suolo: *a tre piani f. terra*, al secondo piano. ***2*** (*fig.*) Indica esclusione rispetto a uno stato, a una situazione, a una circostanza, a un momento, a una convenienza, a una regola e sim.: *vivere*, *essere*, *mettersi f. della legge*; *un prodotto f. commercio*; *essere tagliato f. dall'ambiente*; *essere f. di minorità*; *essere f. età*; *essere*, *sentirsi f. posto*; *vivere f. dal proprio tempo* | Extra: *mangiare q.c. f. pasto*; *lavorare f. orario* | *Essere f. dall'inverno*, averlo già trascorso | *Essere f. pericolo*, avere superato la crisi | *Essere f. di sé*, *f. di mente*, sragionare, dare segni di squilibrio | *Essere f. fase*, (*fig.*) in uno stato di malessere fisico o psichico | *Essere*, *andare f. tempo*, nella musica e nella danza, non seguirlo | *Osservazione*, *discorso*, *comportamento f. luogo*, inadatto, inopportuno, non pertinente | *F. uso*, inservibile | *Frutto f. stagione*, non di stagione | *Prodotto f. serie*, non fabbricato in serie, ma particolarmente curato | *F. classe*, (*est.*) eccellente, straordinario | *F. concorso*, detto di opera (o persona) presentata nell'ambito di un concorso pur non partecipando alla competizione: *un film f. concorso alla Mostra del cinema* | *F. testo*, di tavole, disegni, illustrazioni e sim. che si stampano su fogli speciali non numerati di seguito con le pagine del testo | *F. corso*, di moneta metallica o cartacea che non ha più valore legale | *Essere f. corso*, di studente che resta iscritto a una facoltà universitaria anche dopo che sono trascorsi gli anni previsti per il suo corso, dovendo ancora superare esami | *F. ruolo*, non compreso nel novero di quanti hanno pieno titolo | *F. programma*, non previsto, non compreso in un programma: *proiettare un documentario f. programma*; *fare una spesa f. programma* | *Arrivare f. tempo massimo*, in vari sport, arrivare dopo il limite di tempo ritenuto sufficiente per condurre a termine la gara. ***3*** (*raro*) Nelle loc. prep. *f. di*, *f. che*, eccetto, tranne: *fuor di lei null'altro omai talenta* (POLIZIANO) | Anche nella loc. *†in f. che*: *maestro alcun non si truova, che Dio in f., che ogni cosa faccia bene e compiutamente* (BOCCACCIO). **C** in funzione di **s. m.** solo **sing.** ● La parte, il lato esterno di q.c. | Anche nella loc. *il di f.*; *il di f. di una cosa*; *guardare dal di f.*; *considerare solo il di f. di q.c.*

fuoribordismo [da *fuoribordo*] **s. m.** ● Sport che si pratica con i fuoribordo.

fuoribórdo [comp. di *fuori* e *bordo*; calco sul fr. *hors-borde*] **A** **s. m. inv.** ***1*** Imbarcazione da turismo o da competizione, il cui scafo è corredato di un motore a scoppio, di potenza variabile, collocato al di fuori dello scafo stesso: *gare per f.* | (*est.*) Motore di tale imbarcazione: *un f. di media potenza*. ***2*** Superficie esterna della parte emersa di uno scafo. **B** anche **agg.**: *motore f.*

fuoribórsa [comp. di *fuori* e *borsa* (*2*)] **s. m. inv.** ● Attività borsistica svolta sul mercato non ufficiale dai commissionari di borsa.

fuoribùsta [comp. di *fuori* e *busta*] **A** **s. m. inv.** ● Emolumento che non rientra nella busta paga, e di conseguenza è sottratto alle leggi contributive ed erariali. **B** anche **agg.**: *premio f.*

fuoricàmpo [comp. di *fuori* e *campo*] **s. m. inv.** ● In cinematografia, di voce o suono proveniente da una fonte che resta al di fuori della scena inquadrata.

fuòri che /'fwɔri 'ke*/ ● V. *fuorché*.

fuoriclàsse [comp. di *fuori* e *classe*] s. m. e f. inv.; anche agg. ● Chi, che possiede doti e abilità eccezionali, nettamente superiori rispetto a quelle di altri che praticano la sua stessa attività spec. sportiva: *un f. del ciclismo internazionale*; *corridore, cavallo f.* SIN. Asso.

fuòri combattiménto [comp. di *fuori* e *combattimento*] A loc. avv. ● Nel pugilato, del pugile che si trova atterrato dall'avversario per oltre dieci secondi | *Mettere qc. fuori combattimento*, (*fig.*) metterlo nell'impossibilità di nuocere, di reagire e sim. B in funzione di s. m. ● Nel pugilato, *fuori combattimento tecnico*, situazione dell'atleta che non è più in grado di difendersi validamente dai colpi dell'avversario, per ferita o altro.

fuoricórso o **fuòri córso** [comp. di *fuori* e *corso*] A agg. inv. *1* Detto di francobolli, monete o banconote che non hanno più corso legale. *2* Di studente universitario che non ha ultimato gli studi negli anni previsti dal piano di studi: *studente f.* B s. m. e f. inv. ● Studente fuoricorso.

fuorigiòco o **fuòri giòco** [comp. di *fuori* e *gioco*; calco sul fr. *hors-jeu*] A loc. avv. ● In vari giochi di palla a squadre, dell'atleta che si trova in una posizione irregolare: *essere* (*in*) *f.* B s. m. inv. ● La posizione stessa: *l'arbitro ha fischiato un f.*; *fallo di f.*

fuorilégge [comp. di *fuori* e *legge*; calco sul fr. *hors-la-loi*, a sua volta calco sull'ingl. *out-law*] A s. m. e f. inv. ● Chi agisce contro la legge | Bandito, brigante. B anche agg. inv.: *discarica f.*

fuorimàno o **fuòri màno** A avv. ● In un luogo lontano, isolato o comunque difficile da raggiungere: *abitare f.* B anche agg. inv.: *una casa f.*

fuoripàgina [comp. di *fuori* e *pagina*] s. m. inv. ● Pezzo pubblicato in una pagina del giornale diversa dalla consueta.

fuoripìsta [comp. di *fuori* e *pista*] s. m. inv. ● (*sport*) Sci praticato su percorsi liberi, al di fuori delle piste.

fuoriprogràmma o **fuòri progràmma** [comp. di *fuori* e *programma*] s. m. inv. ● Numero non previsto dal programma stabilito: *mandare in onda un f.*

fuorisàcco o **fuòri sàcco** [comp. di *fuori* e *sacco*] A s. m. inv. ● Plico che non viene messo nei normali sacchi della posta affinché il destinatario possa subito prelevarlo all'arrivo. B anche agg. inv.: *corrispondenza f.*

fuoriscàlmo o **fuòri scàlmo** [comp. di *fuori* e *scalmo*] s. m. ● Nel canottaggio, tipo di imbarcazione veloce da regata con scalmi sporgenti dal bordo.

fuorisède o **fuòri sède** agg. inv.; anche s. m. e f. inv. ● Che, chi studia o lavora in località diverse da quella di residenza.

fuorisèrie o **fuòri sèrie** [comp. di *fuori* e *serie*] A agg. inv. *1* Detto di prodotto industriale non fabbricato in serie e spec. di carrozzeria di automobile più lussuosa o comunque diversa da quelle di serie. *2* (*fig., fam.*) Eccezionale, straordinario: *uno studente f.*; *uno spettacolo f.* B s. f. inv. ● Automobile di carrozzeria diversa da quella di serie o comunque più lussuosa: *comprarsi la f.* C s. m. e f. inv. ● (*fig., fam.*) Chi è eccezionalmente noto o si impone per particolari doti: *un f. della musica leggera.*

fuoristràda [comp. di *fuori* e *strada*] A s. m. inv. *1* Autoveicolo o motoveicolo con speciali caratteristiche tecniche di robustezza, capacità di aderenza al suolo e facile maneggevolezza impiegato fuori delle normali carreggiate stradali. ➡ ILL. p. 1751 TRASPORTI; **vigili del fuoco**. *2* Sport automobilistico e motociclistico consistente nella marcia su percorsi che presentano varie difficoltà quali il superamento di notevoli pendenze e di ostacoli naturali, il guado di corsi d'acqua e sim. B anche agg. inv.: *moto f.*; *vetture f.*

fuoristradista s. m. e f. (pl. m. *-i*) ● Pilota di auto o moto fuoristrada.

fuoritùtto [comp. di *fuori* e *tutto*] loc. avv. e agg. inv. ● (*mar.*) Della, relativo alla massima lunghezza di una nave, misurata tra i punti estremi delle strutture della prua e della poppa.

fuoriuscire o **fuoruscire** [comp. di *fuori* e *uscire*] v. intr. (coniug. come *uscire*; aus. *essere*) ● Uscire fuori da q.c.: *il mosto fuoriesce dal tino.* SIN. Sgorgare, traboccare.

fuoriuscita o **fuoruscita**. s. f. ● Atto, effetto del fuoriuscire: *la f. di linfa dai rami spezzati.*

fuoriuscitismo s. m. ● Opposizione politica svolta all'estero dai fuoriusciti di un paese contro il governo o le istituzioni dello stesso.

fuoriuscito o **fuoruscito**. A part. pass. di *fuoriuscire*; anche agg. ● Nei sign. del v. B s. m. (f. *-a*) ● Chi è costretto a riparare all'estero per motivi politici: *i fuoriusciti napoletani del 1799*; *i fuoriusciti antifascisti.* SIN. Esule.

fuorivia o **forivia** [comp. di *fuori* e *via*] avv. ● (*raro, dial.*) Lontano, fuori mano: *abitare f.* | (*est.*) In altro paese.

fuormisura [comp. di *fuori* e *misura*] A avv. ● In modo eccessivo: *mangiare, bere, fumare f.* B in funzione di agg. inv. ● Smodato, eccessivo: *un amore f.*

fuoruscire e *deriv.* ● V. *fuoriuscire* e *deriv.*

fuorviànte o **forviànte** part. pres. di *fuorviare*; anche agg. ● Nei sign. del v.

fuorviàre o **forviàre** [da *fuor(i)via*] A v. intr. (*io fuorvìo*; aus. *avere*) ● Uscire dalla buona strada: *chi si trova in difficoltà economiche fuorvia facilmente.* B v. tr. *1* Condurre fuori strada: *false tracce fuorviarono gli inseguitori.* *2* (*fig.*) Allontanare dalla rettitudine, dall'onestà e sim.: *le cattive compagnie lo hanno fuorviato.* SIN. Traviare. *3* (*fig.*) Mettere su una falsa strada, consentire l'equivoco: *le tue parole mi hanno completamente fuorviata.*

†**furàce** [vc. dotta, lat. *furāce(m)*, da *furāri* 'rubare', da *fūr*, genit. *fūris* 'ladro'] agg. ● Dedito al furto.

†**furacuòri** [comp. di *fura(re)* e il pl. di *cuore*] agg. ● Rubacuori.

furàno [dal lat. *fŭrfur* 'crusca' (V. *forfora*) e *-ano* (*2*); poiché il composto un tempo si otteneva per azione dell'acido solforico sulla crusca] s. m. ● (*chim.*) Composto organico eterociclico, usato sotto forma di derivato idrogenato come solvente industriale e come materia prima di sintesi.

†**furàre** [vc. dotta, lat. *furāri*, da *fūr*, genit. *fūris* 'ladro'. V. *furo*] A v. tr. *1* Rubare, togliere, sottrarre (*anche fig.*): *morte fura / prima i migliori e lascia stare i rei* (PETRARCA) | *F. le mosse*, prevenire i movimenti del nemico. *2* Nascondere, celare. B v. rifl. ● Involarsi, sottrarsi | *Furarsi da un luogo*, partirsene di nascosto.

furbacchióne s. m. (f. *-a*) *1* Accr. di *furbo*. *2* Persona di astuzia fine, che la sa lunga. SIN. Volpone.

furbàccio s. m.; anche agg. *1* Pegg. di *furbo*. *2* (*scherz.*) Che, chi è di astuzia fine e molto abile.

furbàstro [da *furbo*] agg.; anche s. m. (f. *-a*) ● Che, chi tenta, spesso in modo incauto o maldestro, di operare da furbo, senza ottenere i vantaggi desiderati.

furberìa [fr. *fourberie*, da *fourbe*. V. *furbo*] s. f. *1* Qualità di furbo: *la sua f. è proverbiale.* SIN. Astuzia, scaltrezza. CONTR. Ingenuità. *2* Azione da furbo: *riuscì a cavarsela con una piccola f.* *3* †Burla.

furbésco agg. (pl. m. *-schi*) ● Di, da furbo: *tiro, sorriso f.* | *Lingua furbesca*, complesso di parole e frasi convenzionali nel gergo della malavita. || **furbescaménte**, avv.

furbìzia s. f. ● (*raro*) Furberia.

fùrbo [etim. discussa: fr. *fourbe*, gerg. 'ladro', da *fourbir* 'nettare (le tasche)' (?)] A agg. ● Di chi sa mettere in pratica accorgimenti sottili e abili, atti a procurargli vantaggi e utilità: *è un commerciante molto f.* | Astuto, sagace, accorto: *una furba trovata*; *finiva col fare quel sorriso f.* (VERGA). CONTR. Ingenuo. || **furbaménte**, avv. Da furbo. B s. m. (f. *-a*) *1* Persona furba | *F. matricolato, di tre cotte*, persona estremamente furba. SIN. Astuto, scaltro. CONTR. Ingenuo. *2* †Mariolo, furfante. || **furbacchióne**, accr. (V.) | **furbacchiòtto**, dim. | **furbacchiuòlo**, dim. | **furbàccio**, pegg. (V.) | **furbétto**, dim. | **furbino**, dim. | **furbóne**, accr.

†**furcìfero** [vc. dotta, lat. *furcĭferu(m)* 'che porta la forca', comp. di *fŭrca* 'forca' e *-fer* '-fero'] agg. ● Briccone, furfante.

†**fùre** ● V. †*furo*.

furènte [vc. dotta, lat. *furĕnte(m)*, part. pass. di *fŭrere* 'infuriare'] agg. *1* Furioso, furibondo, infuriato: *essere in preda a un'ira f.*; *siamo furenti contro i responsabili del guaio* | *Parole furenti*, colme di sdegno impetuoso | *Vate f.*, invasato da furore divino. *2* (*raro*) Forsennato per passione impetuosa: *f. d'amore, di sdegno.*

furerìa [da *furiere*] s. f. ● (*mil.*) Ufficio di contabilità e gener. amministrazione di un reparto, spec. di una compagnia.

furétto [da †*furo* 'ladro', perché ruba conigli] s. m. *1* Piccolo carnivoro mustelide, forma albina della comune puzzola, bianco con occhi rossi, addomesticato per la caccia ai conigli selvatici (*Mustela furo*). *2* Pelliccia dell'animale omonimo, bianco-giallognola, di scarso valore.

furfantàggine s. f. ● Furfanteria.

furfantàglia s. f. ● (*spreg.*) Insieme, accozzaglia di furfanti.

furfànte [part. pres. di *furfare*] A s. m. e f. (f. †*-a*) *1* Persona capace di azioni malvage e disoneste | (*raro*) *Gettarsi al f.*, divenir furfante. SIN. Canaglia, farabutto, malfattore. *2* †Straccione, pezzente. B agg. ● †Falso, tristo. || **furfantàccio**, pegg. | **furfantèllo**, dim.

furfanteggiàre v. intr. (*io furfantéggio*; aus. *avere*) ● (*raro*) Agire o comportarsi da furfante.

furfanterìa s. f. *1* Furberia furfantesca: *comportarsi con f.* *2* Azione da furfante: *fu condannato per tutte le sue furfanterie.*

furfantésco agg. (pl. m. *-schi*) ● Di, da furfante: *un discorso f.* || **furfantescaménte**, avv. In modo tipico da furfante.

furfantìna s. f. ● Beffa o scherno accompagnati da fischi o sim. | *Battere la f.*, (*fig.*) battere i denti per il freddo; essere in gran miseria.

furfantìno agg. ● Di furfante | *Lingua furfantina*, gergo dei malviventi.

furfàre [fr. *forfaire* 'fare fuori (della legge)', comp. di *fore* 'fuori' e *faire* 'fare'] v. tr. ● (*raro*) Rubare.

furfuràceo ● V. *forforaceo*.

furfurìlico [comp. di *furfuril(e)*, da *furfur(olo)* con sostituzione di suff., e *-ico*] agg. (pl. m. *-ci*) ● (*chim.*) Detto di sostanza derivata dal furfurolo.

furfuròlo [ingl. *furfurol*, comp. del lat. *fŭrfure(m)* 'crusca' e del suff. *-ol* '-olo (2)'] s. m. ● (*chim.*) Nome tradizionale dell'aldeide ottenuta dalla distillazione di diversi materiali vegetali, dotata di un caratteristico odore di erba secca.

furgonàto [da *furgone*] agg. ● Detto di automezzo costruito o adattato per essere usato come furgone.

furgoncìno s. m. *1* Dim. di *furgone*. *2* Piccolo veicolo a pedali, per il trasporto di merci.

furgóne [fr. *fourgon*, di etim. incerta] s. m. ● Autoveicolo coperto, per il trasporto di merci | *F. cellulare*, V. *cellulare* | (*est.*) Carro funebre. ➡ ILL. **autoveicoli**. || **furgoncino**, dim. (V.).

furgonista s. m. (pl. *-i*) ● Conducente di furgone.

fùria [vc. dotta, lat. *fŭria(m)*, da *fŭrere* 'infuriare', di origine indeur.] s. f. *1* Stato di agitazione collerica, per lo più di breve durata, che si manifesta con le parole o col comportamento: *lasciamogli sbollire la f.*; *essere in f.*; *andare su tutte le furie.* SIN. Furore. *2* Impeto violento: *la f. della guerra, della passione, della disperazione, della discordia*; *la f. del vento e della pioggia ha causato danni enormi* | *F. di popolo*, agitazione, tumulto, rivolta | *Cacciare qc. a f. di popolo*, con una minacciosa rivolta popolare | (*fig., merid.*) *F. francese e ritirata spagnola*, per indicare ciò che si intraprende con grande slancio e altrettanto rapidamente si abbandona | *A f. di*, con ripetizione continua di atti e sim. | *A f. di spintoni*, con spinte continue; (*fig.*) con raccomandazioni e aiuti ininterrotti | *A f. di visite, lettere, esperimenti, parole*, ecc., con visite, lettere ecc. ripetute spesso | *A f. di fare, di chiedere, di insistere*, facendo, chiedendo, insistendo senza stancarsi né interrompersi. *3* (*fig.*) Persona sconvolta dall'ira: *mi aggredì come una f.* | Chi aizza la discordia, il furore e sim.: *quella f. è riuscita a distruggere tre famiglie.* *4* (*al pl.*) Nella mitologia romana, divinità corrispondenti alle Erinni dei Greci. *5* (*fig.*) Grande fretta: *aveva f. di andarsene* | *In fretta e f.*, velocemente | *Essere per le furie*, non avere un momento di tempo | *Lavorare di f.*, abitualmente in fretta e senza ponderazione. SIN. Precipitazione. *6* †Idrofobia. || **furiàccia**, pegg. | **furiétta**, dim.

furiàno [lat. *foritānu(m)* 'vento che soffia di fuori (*fŏris*)', con sovrapposizione di *furia*, per il suo impeto] s. m. ● In Adriatico, il vento tra Mezzogiorno e Libeccio.

†**furiàre** [vc. dotta, lat. *furiāre*, da *fŭria* 'furia'] v. intr. ● (*lett.*) Infuriare: *mai non furiò sì tigre o orso* (PULCI).

furiàta s. f. ● (*raro*) Impeto violento: *f. di vento* | Sfuriata.

furibóndo [vc. dotta, lat. *furibŭndu(m)*, da *fŭrere* 'infuriare' (V. *furente*)] agg. ● Agitato da furia o collera: *era f. per l'accaduto* | Estremamente impetuoso: *assalto f.* | (*scherz.*) *Appetito f.*, molto forte. || **furibondaménte**, avv. (*raro*) In modo furibondo.

furière [fr. ant. *fourrier* 'foraggiatore'] s. m. ● (*mil.*) Sottufficiale addetto alla contabilità di un reparto: *sergente f.*, *maresciallo f.*

furióso [vc. dotta, lat. *furiōsu(m)*, da *fŭria* 'furia'] **A** agg. *1* Preso da furore, da ira o furia: *è f. contro di noi*; *la tua reazione l'ha reso f.* | Pieno di furore insano: *smania, gelosia, brama, libidine furiosa.* *2* Violentemente agitato, molto impetuoso: *mare, vento f.*; *battaglia furiosa* | *Opposizione furiosa*, accanita, veemente | *Cavallo f.*, ardito e pericoloso. *3* Concitato, frettoloso: *un lavoro f.* | Impaziente, precipitoso: *modi furiosi*; *non correte furiosi alle cose, non le precipitate* (GUICCIARDINI). *4* Terribile, atroce: *un morbo f.* || **furiosàccio**, pegg. | **furiosétto**, dim. || **furiosaménte**, avv. In modo furioso: *combattere furiosamente*; studiare furiosamente. **B** s. m. (f. *-a*) ● Alienato, agitato: *reparto furiosi.*

furlàna [f. sost. di *furlano*] s. f. ● Antica danza friulana, di carattere gaio e origine contadinesca | Musica che l'accompagna.

†**furlàno** ● V. *friulano.*

†**fùro** o †**fùre** [lat. *fūre(m)* 'ladro', da avvicinare al gr. *phṓr*] **A** s. m. ● Ladro che ruba di soppiatto con inganno e destrezza: *venite ..., ché vi farem trovare il fure* (BRUNO). **B** agg. ● Che ruba, che nasconde.

furóre [vc. dotta, lat. *furōre(m)*, da *fŭrere* 'infuriare'. V. *furia*] s. m. *1* Veemente agitazione o turbamento, dovuto per lo più a un'ira così violenta che quasi offusca la ragione: *accendere qc. di f.*; *un f. momentaneo, abituale*; *placare il f. di qc.* | (*fig.*) *Essere cieco di f.*, avere perduto totalmente il controllo delle proprie reazioni | *A f. di popolo*, a furia di popolo | (*raro*) Pazzia | *Venire in f.*, diventare matto. *2* Impeto, violenza, veemenza: *il f. delle acque distrusse il villaggio*; *amare, desiderare con f.*; *scaricarono essi Longobardi il loro f. sopra le città* (MURATORI) | *F. giovanile*, ardore della gioventù | (*est.*) Passione smodata e irrefrenabile, desiderio incontenibile: *conosciamo i suoi inconfessabili furori* | *F. bestiale*, libidine. *3* Stato di eccitamento mentale, per ispirazione profetica, estro creativo e sim.: *il f. della Sibilla*; *il sacro f. dei poeti* | *F. bacchico*, esaltazione orgiastica delle baccanti | *F. della declamazione*, enfasi. *4* (*fig.*) Delirio ammirativo, ammirazione totale | *Far f.*, si dice di ciò che desta grande e irrefrenabile entusiasmo.

furoreggiàre [da *furore*] v. intr. (*io furoréggio*; aus. *avere*) ● Far furore, destare grande ammirazione: *quella cantante furoreggia fra i giovanissimi.*

furtìvo [vc. dotta, lat. *furtīvu(m)*, da *fŭrtum* 'furto'] agg. *1* Proveniente da furto: *merce furtiva.* *2* Di ciò che si fa segretamente e con circospezione: *sguardo, cenno, sorriso f.*; *una lacrima furtiva*; *la mano con passi furtivi uscì dalla tasca* (CALVINO). CONTR. Palese. || **furtivaménte**, avv. *1* In modo furtivo e circospetto: *entrare furtivamente in un luogo.* *2* †A tradimento.

fùrto [lat. *fŭrtu(m)*, part. pass. di un v. **fūrere* 'rubare', da *fūr*, genit. *fūris* 'ladro'] s. m. *1* (*dir.*) Reato consistente nell'impossessarsi di cosa mobile altrui sottraendola a chi la detiene per trarne profitto per sé o altri: *f. con scasso*; *accusare qc. di f.* *2* Ciò che è stato rubato: *un f. di grande valore.* *3* †Insidia o frode occulta | †*Amoroso f.*, amore furtivo | †*F. di mente*, distrazione. || **furtarèllo**, **furterèllo**, dim.

fùsa o **fùṣa** [prob. da una forma f. pl. arcaica di *fuso* (*2*)] s. f. pl. ● Solo nella loc. *fare le f.*, detto del gatto che ronfa | (*raro*) *Fare le f. torte*, fare le corna per scongiuro.

fusàggine o **fuṣàggine** [lat. parl. **fusāgine(m)*, da *fūsus* 'fuso (1)', perché era la pianta col cui legno si facevano i fusi] s. f. ● (*bot.*) Berretta da prete.

fusàglia [etim. incerta] s. f. ● (*spec. al pl.*, *rom.*) Lupini bagnati e salati, spec. venduti da ambulanti.

fusàio o **fuṣàio** [da *fuso* (*2*)] s. m. ● Chi fabbrica e vende fusi per la filatura, e altri minuti arnesi dozzinali, come mestole, cucchiai, frullini, scodelle.

fusaiòla o **fusaiuòla**, **fusaròla**, **fuseruòla** [da *fuso* (*2*)] s. f. *1* Ornato architettonico classico, a motivi fusiformi o tondeggianti, usato anche in ebanisteria per modanature a profilo semicircolare. *2* Fusaiolo.

fusaiòlo o **fuṣaiòlo**, †**fusaiuòlo**, †**fuṣaiuòlo**, **fusaròlo**, **fuṣaròlo** [da *fuso* (*2*)] s. m. ● Piccolo disco pesante che si infila alla base del fuso per renderne regolare la rotazione.

fusaròla ● V. *fusaiola.*

fusàta o **fuṣàta** s. f. ● Quantità di filo avvolta attorno al fuso: *una f. di lana.*

fusàto o **fuṣàto** agg. *1* Fatto a forma di fuso: *colonna, balaustra fusata.* *2* (*arald.*) Detto di scudo coperto da fusi posti verticalmente e a smalti alternati.

fuscellino s. m. *1* Dim. di *fuscello* | *Cercare col f.*, (*fig.*) andare in cerca di noie e sim., non trascurando nessuna occasione | (*fig.*) *Pensieri infilati col f.*, slegati fra loro | †*Rompere il f.*, l'amicizia | *Cominciare dai fuscellini*, (*fig.*) dal principio, come gli uccelli che raccolgono pagliuzze per costruire il nido. *2* (*spec. al pl.*, *fam.*) Le aste tracciate dai bambini che imparano a scrivere | *Essere ai fuscellini*, (*fig.*) ai primi elementi, agli inizi di q.c.

fuscèllo [lat. parl. **fusticĕllu(m)*, dim. di *fūstis* 'bastone'. V. *fusto*] s. m. ● Sottile ramoscello di legno secco: *f. da ardere* | *Essere magro come un f.*, magrissimo | (*fig.*) *Fare d'ogni f. una trave*, esagerare | (*fig.*) *Notare il f. nell'occhio altrui e non vedere la trave nel proprio*, non comprendere i propri difetti | (*raro*) Ramoscello impaniato. || **fuscellétto**, dim. | **fuscellino**, dim. (V.) | **fuscellùzzo**, dim.

fuscìacca o (*pop.*) **fuciàcca** [da *fusciacco*] s. f. ● Lunga sciarpa generalmente di seta, annodata alla vita e con lembi frangiati e ricadenti.

fusciàcco o (*pop.*) **fuciàcco** [persiano *fišak* 'ombrellino'] s. m. (pl. *-chi*) ● Drappo ricamato in oro o argento che ricade dietro al crocifisso portato in processione.

fusciàrra [ar. *faššar* 'vantatore'] s. f. ● Giovane scapestrato e insolente.

fùscina [vc. dotta, lat. *fŭscina(m)*. V. *fiocina*] s. f. ● (*archeol.*) Tridente per la pesca o per la lotta dei gladiatori.

†**fùsco** ● V. *fosco.*

fuseaux /fr. fy'zo/ [vc. fr., propr. 'fusi'] s. m. pl. ● Pantaloni di linea affusolata, spesso in tessuto elastico, spesso provvisti di staffa che gira sotto la pianta del piede.

†**fusèlla** o **fuṣèlla** [da *fuso* (*2*)] s. f. ● Strumento a ruota per torcere funi, corde da liuto, e sim.

fusellàto o **fuṣellàto** [da *fusello*] agg. ● Affusato, affusolato.

fusellatùra o **fuṣellatùra** s. f. ● Il dar forma di fuso: *la f. di un candelabro.*

fusèllo o **fuṣèllo** s. m. *1* Dim. di *fuso* (*2*). *2* Ciascuno dei piccoli fusi usati dalle ricamatrici al tombolo. *3* (*tip.*) Filetto con un piccolo fregio centrale, usato per staccare due notizie diverse in un giornale. || **fusellino**, dim.

fuselòl [dal ted. *Fuselöl* 'olio (*Öl*) di un pessimo liquore (*Fusel*, di provenienza gergale e di origine sconosciuta)'] s. m. ● (*chim.*) Sottoprodotto di coda della distillazione dell'alcol etilico ottenuto dalla fermentazione di materiali vegetali, costituito da alcoli di più elevato peso molecolare.

fuseruòla o **fuṣeruòla** ● V. *fusaiola.*

fusétto o **fuṣétto** [da *fuso* (*2*), per la forma] s. m. ● Specie di stiletto usato dagli antichi bombardieri, recante incisa su una faccia della lama la scala graduata dei calibri delle artiglierie.

fuṣìbile [fr. *fusible*, da *fuser* 'fondere', dal lat. *fūsus*, part. pass. di *fŭndere* 'fondere'] **A** agg. ● Che fonde: *metallo f. solo ad alta temperatura* | Che si può fondere facilmente: *una lega f.* **B** s. m. ● (*elettr.*) Dispositivo di protezione contro le sovracorrenti in un circuito elettrico, formato da fili o piastrine metalliche, tesi su un supporto isolante o contenuti in tubi di porcellana, che fondono per il riscaldamento provocato da un aumento improvviso di corrente, interrompendo il circuito.

fuṣibilità [fr. *fusibilité*, da *fusible* 'fusibile'] s. f. ● Attitudine a fondere più o meno rapidamente.

fusièra o **fuṣièra** [da *fuso* (*2*)] s. f. *1* Serie di fusi montati sui filatoi. *2* Arnese delle tessitrici, per tenervi i fusi.

fusifórme o **fuṣifórme** [fr. *fusiforme*, comp. del lat. *fūsus* 'fuso (2)' e del fr. *-forme* '-forme'] agg. ● Che ha forma di fuso.

fusillo o **fuṣillo** [vc. merid., propriamente dim. di *fuso* (*2*), pEr la forma] s. m. ● (*spec. al pl.*) Pasta di media pezzatura, di forma elicoidale.

fusion /ingl. 'fju:ʒən/ [vc. ingl., propr. 'fusione'] **A** s. f. inv. ● Commistione di generi musicali, spec. di jazz e rock. **B** agg. inv. ● Caratterizzato dalla mescolanza di generi musicali: *musica f.*

fuṣióne [vc. dotta, lat. *fusiōne(m)*, da *fūsus*, part. pass. di *fŭndere* 'fondere'] s. f. *1* (*fis.*) Passaggio di un corpo dallo stato solido allo stato liquido per effetto del calore: *f. dei metalli*; *punto di f.*; *calore di f.* | (*fig.*) *Mettere, tenere in f.*, immergere una sostanza in un liquido, per un certo tempo, perché acquisti o perda determinate caratteristiche o proprietà. *2* (*est.*) Operazione intesa a ottenere opere d'arte, pezzi metallici e sim., versando i metalli fusi nelle apposite forme: *la f. di una statua*; *pezzi ottenuti per f.*; *la f. di una moneta* | *F. in conchiglia*, tecnica del gettare metallo fuso in forme apribili di metallo o altra materia per riproduzione in serie di oggetti. *3* *F. nucleare*, formazione di un nucleo atomico dall'unione di più nuclei di massa inferiore; in particolare, formazione di un nucleo di elio da nuclei di idrogeno o di suoi isotopi, con liberazione di una grande quantità di energia | *F. fredda*, fenomeno fisico ipotetico, oggetto di intense ricerche, consistente in una fusione nucleare che richiede energie e temperature molto minori di quelle normalmente necessarie. *4* (*dir.*) Concentrazione tra più organizzazioni che si esegue mediante la costituzione di un nuovo organismo sociale o l'incorporazione, in uno solo, degli organismi preesistenti | *F. di Stati*, unione di due o più Stati, che dà luogo alla formazione di uno Stato solo | *F. di partiti*, confluenza in un nuovo partito politico, di due o più partiti. *5* (*ling.*) Processo per il quale due elementi in contatto si combinano in modo tale da non poter essere direttamente analizzati. *6* (*fig.*) Assimilazione, affiatamento, unione: *la f. delle varie regioni d'Italia*; *la f. dei popoli europei.* CONTR. Separazione. *7* (*fig.*) Accordo, intesa, armonia: *f. di colori, di animi, di suoni.* *8* (*biol.*) Processo mediante il quale gli elementi di alcune linee cellulari possono unire i propri citoplasmi per formare sincizi.

fuṣionìsmo [fr. *fusionnisme*, da *fusion* 'fusione'] s. m. ● Tendenza favorevole alla fusione, spec. di partiti politici.

fuṣionìsta [fr. *fusionniste*, da *fusion* 'fusione'] **A** s. m. e f. (pl. m. *-i*) ● Aderente al fusionismo. **B** agg. ● Pertinente al fusionismo: *politica f.*

fuṣionìstico agg. (pl. m. *-ci*) ● Relativo al fusionismo o ai fusionisti: *tendenze fusionistiche.*

fusò s. m. ● Adattamento di *fuseaux* (V.).

fùṣo (**1**) **A** part. pass. di *fondere*; anche agg. *1* Nei sign. del v. *2* (*fam.*) Spossato, privo di ogni energia | Detto di chi è fuori di sè per aver assunto sostanze stupefacenti **B** s. m. ● †Ciò che si ottiene per fusione.

fùso (**2**) o **fùṣo** [lat. *fūsu(m)*, di etim. incerta] s. m. (pl. *fùsi*, m., lett. *fùsa*, f. nel sign. 1) *1* Nella filatura a mano, arnese di legno assottigliato alle estremità e panciuto nel mezzo che, fatto ruotare su se stesso, provoca la torsione del filo e compie l'avvolgimento della gugliata su se stesso | Nella filatura meccanica, organo cilindrico a forma di asta appuntita che, dotato di movimento rotatorio rapido, torce e avvolge il filo, analogamente a quanto accade nella filatura a mano | *Essere diritto come un f.*, ben eretto sulla persona | (*fig.*) *Andare diritto come un f.*, senza deviare | *A f.*, a forma di fuso | (*est.*) Fusata: *ha consumato un f. di filo.* *2* Opera o lavoro del filare, spec. a mano: *campare di f. e rocca.* *3* (*est.*) Organo, elemento o struttura simile per forma a un fuso | *F. del tornio*, ciascuna delle due parti coniche sulle quali gira il pezzo da tornire | *F. dell'ancora*, parte compresa fra il braccio e il ceppo | *F. del carro*, estremità affusolata dell'assale, ove si inserisce il mozzo della ruota | In ebanisteria, elemento di forma allungata e affusolata agli estremi, usato spec. in spalliere e ringhierine | *F. acromatico*, in biologia, differenziazione del citoplasma evidente durante la cariocinesi, formata da fibrille che partono dai due centrioli situati ai poli opposti della cellula | In aeronautica, uno dei settori o spicchi che costituiscono la calotta di un paracadute, l'involucro d'un aerostato e sim. | Nei veicoli ferroviari, perno dell'asse sul quale è applicato il carico trasmesso dalla boccola | Negli autoveicoli, organo su cui è montata la ruota e che si articola all'estremità dell'assale: *f. a snodo*. ***4*** (*mat.*) Porzione di superficie sferica, delimitata da due semicerchi massimi aventi gli stessi estremi. ***5*** (*geogr.*) *F. orario*, ciascuna delle 24 suddivisioni longitudinali del globo terrestre per ognuna delle quali è stabilita l'ora convenzionale che corrisponde all'ora locale del meridiano centrale del fuso. ***6*** (*arald.*) Figura romboide. ***7*** (*giorn.*) Filetto tipografico di separazione che segna la fine di un articolo e l'inizio del successivo in una stessa colonna di giornale. || **fusàccio**, **pegg.** | **fusèllo**, **dim.** (V.) | **fusétto**, **dim.**

fusolièra [dal venez. *fisolera* 'imbarcazione per la caccia del *fisolo* (colimbo)', con sovrapposizione di *fuso* (*2*)] **s. f.** ***1*** (*aer.*) Parte di un velivolo, per lo più allungata nel senso del moto, che sostiene la velatura principale e gli organi di stabilità e governo e in cui è situato tutto o parte del carico. ➡ **ILL.** p. 1293 SPORT; p. 1759 TRASPORTI. ***2*** †Imbarcazione stretta e veloce di poco pescaggio.

fùsolo o **fùsolo** [da *fuso* (*2*)] **s. m.** ***1*** Palo conficcato sul fondo del mare, usato per la mitilicoltura. ***2*** †Parte inferiore della gamba.

fusóre [vc. dotta, lat. tardo *fusōre(m)*, da *fūsus*, part. pass. di *fŭndere* 'fondere'] **s. m.** ● (*raro*) Fonditore.

fusòrio [vc. dotta, lat. tardo *fusōriu(m)*, da *fūsus*, part. pass. di *fŭndere* 'fondere'] **agg.** ● Di, relativo a, fusione di metalli: *forno f.*; *arte fusoria*.

fùsta (**1**) [sp. *fusta*, dal lat. *fūste(m)* 'bastone'] **s. f.** ● Piccola galea medievale veloce e sottile, con 18 o 20 remi per fianco, un solo albero e un polaccone a prua, armata con due o tre pezzi d'artiglieria.

†**fùsta** (**2**) [lat. *fūste(m)* 'bastone'] **s. f.** ***1*** Fiaccola, torcia. ***2*** Fune di giunchi.

fustàgno o †**frustàgno** [etim. incerta; dal lat. *fūstis* 'legno', perché è una stoffa legnosa (?)] **s. m.** ● Panno di poco pregio, per lo più di cotone, con una faccia vellutata e l'altra liscia o spigata.

fustàia [da *fusto* nel sign. 1] **s. f.** ● Bosco di alberi d'alto fusto.

fustàio [da *fusto* nel sign. 5] **s. m.** ● Fabbricante di fusti.

fustàme **s. m.** ● Insieme di botti, barili e sim.

fustanèlla [gr. moderno *phoustanélla*, dim. di *phoustáni* 'fustagno'] **s. f.** ● Sottana bianca pieghettata che scende fino al ginocchio, tipica di costumi e uniformi albanesi e greci.

fustanèllo **s. m.** ● Fustagno.

fustèlla [da *fusto*] **s. f.** ***1*** Forma di filetti d'acciaio riproducenti una determinata sagoma con cui si incide e taglia carta, cartoncino, e sim. | Tubo con bordo tagliente usato per prelevare campioni di terreno o di roccia tenera. ***2*** Talloncino staccabile dalle scatole di medicinali, su cui è stampato il prezzo, trattenuto dal farmacista per ottenere il rimborso dal servizio sanitario.

fustellàre [da *fustella*] **v. tr.** (*io fustèllo*) ● Sagomare mediante una fustella.

fustellàto **A** **part. pass.** di *fustellare*; anche **agg.** ● Nei sign. del v. **B** **s. m.** ● Oggetto tagliato o piegato con fustella.

fustellatrìce **s. f.** ● Macchina usata nell'industria cartotecnica per fustellare.

fustellatùra **s. f.** ● Atto, effetto del fustellare.

fustìbalo [vc. dotta, lat. tardo *fustĭbalu(m)*, comp. del lat. *fūstis* 'bastone' e del gr. *bállein* 'scagliare'] **s. m.** ● (*archeol.*) Specie di fionda, mazzafrusto.

fustigàre [vc. dotta, lat. tardo *fustigāre*, da *fūstis* 'bastone', sul modello di *castigāre*] **v. tr.** (*io fùstigo, tu fùstighi*) ***1*** Battere con verga o frusta o flagello: *f. a sangue un prigioniero*. ***2*** (*fig.*) Riprendere o criticare con estrema severità q.c. o qc.: *f. i costumi corrotti del proprio tempo*. **SIN.** Censurare.

fustigatóre [da *fustigare*] **s. m.**; anche **agg.** (f. *-trice*) ***1*** Esecutore materiale della fustigazione. ***2*** (*fig.*) Chi, che denuncia e critica senza riserve la corruzione, il vizio e sim.: *è un terribile f. della società in cui vive*. **SIN.** Censore.

fustigazióne [fr. *fustigation*, da *fustiger* 'fustigare'] **s. f.** ● Atto del fustigare | Pena della frusta.

fustìno **s. m.** ***1*** Dim. di *fusto*. ***2*** Recipiente cilindrico o a forma di parallelepipedo, di cartone contenente sostanze in polvere, spec. detersivi.

fùsto [lat. *fūste(m)* 'bastone', di etim. incerta] **s. m.** ***1*** (*bot.*) Organo assile delle piante cormofite che si sviluppa in direzione opposta alla radice e porta le foglie: *f. acquatico*, *aereo*, *strisciante*; *piante*, *alberi d'alto f.* | *F. sotterraneo*, bulbo, rizoma, tubero. ***2*** (*est.*) Busto umano: *un f. eretto e possente* | (*fam.*) Giovane di forme atletiche e armoniose: *è un bel f.*; *che f.!* ***3*** (*est.*) Parte allungata di q.c.: *il f. del candeliere* | *F. del camino*, parte che esce all'aperto | *F. della stadera*, braccio | *F. della chiave*, cannello | *F. del remo*, manico | *F. dell'argano*, manovella | (*arch.*) Parte essenziale della colonna compresa fra la base e il capitello. ➡ **ILL.** p. 357 ARCHITETTURA. ***4*** (*est.*) Parte che costituisce il sostegno o l'ossatura di q.c. | *F. della sella*, intelaiatura | *F. del tavolo*, piede | *F. del divano*, *della seggiola*, la loro struttura in legno | *F. di un carattere tipografico*, il parallelepipedo di lega tipografica, legno o plastica, che sostiene l'occhio di un carattere. ***5*** Recipiente cilindrico di grande capacità, realizzato in fibra, compensato, plastica, metallo, per spedizione e magazzinaggio di prodotti liquidi, granulari, pastosi e in polvere: *un f. di benzina*, *di olio*, *di olive* | *F. di rovere*, botte o tino in legno di rovere di vari tipi, entro cui si tengono i distillati per l'invecchiamento. ***6*** †Affusto. || **fustèllo**, **dim.** | **fusticèllo**, **dim.** | **fusticino**, **dim.** | **fustino**, **dim.** (V.) | **fustoncino**, **dim.** | **fustóne**, **accr.**

fùta [ar. *fūta* 'tovaglia, grembiule'] **s. f.** ● Larga veste sciolta con ampio scollo e larghe maniche, di cotone bianco o colorata indossata da alcuni popoli africani.

fùtile [fr. *futile*, dal lat. *fūtile(m)* 'che versa facilmente', poi 'vano', di origine indeur.] **agg.** ● Frivolo, inutile, vano, inconsistente: *argomento*, *ragione*, *motivo f.* **CONTR.** Importante. || **futilménte**, **avv.** In modo futile, con frivolezza.

futilità [fr. *futilité*, dal lat. *futilitāte(m)*, da *fūtilis* 'futile'] **s. f.** ● Caratteristica di ciò che è futile: *la f. di un discorso* | Cosa futile: *perdere tempo in f.* **SIN.** Inutilità, vanità.

futurazióne **s. f.** ● Esistenza futura | Attuazione nel futuro.

future /*ingl.* 'fju:tʃə*/ [acrt. della loc. ingl. *future contract* 'contratto per futura consegna'] **s. m. inv.** ● (*econ.*) Contratto standardizzato, negoziato in borsa, che prevede la consegna futura di determinate quantità di un bene o valore mobiliare a una data stabilita e al prezzo concordato all'atto della stipula | *Commodity f.*, quello su beni reali.

futurìbile [da *futuro*, col suff. proprio di altre voci dello stesso ambito terminologico] **A** **agg.** ● Che può essere, accadere in futuro: *idee futuribili*. **B** **s. m.** ***1*** Ciò che può essere, accadere in futuro. ***2*** Studioso di possibili eventi o fenomeni futuri.

futurìsmo [da *futuro*, perché i seguaci del movimento erano contro il passato; con questo significato, il termine fu creato nel 1909 da F.T. Marinetti, fondatore del movimento] **s. m.** ● Movimento artistico e letterario sorto e affermatosi in Italia agli inizi del XX sec., che sosteneva un'arte e una cultura non più legate tradizionalmente al passato, ma proiettate verso il futuro in adesione al dinamismo della vita moderna.

futurìsta **A** **s. m.** e **f.** (pl. m. *-i*) ● Seguace del futurismo. **B** anche **agg.**: *pittore*, *quadro f.*; *scultura f.*

futurìstico **agg.** (pl. m. *-ci*) ● (*raro*) Del, relativo al, futurismo e ai futuristi | Avveniristico.

futùro [vc. dotta, lat. *futūru(m)*, part. fut. del v. *ĕsse* 'essere', di origine indeur.] **A** **agg.** ***1*** Che deve ancora avvenire, verificarsi e sim.: *il tempo f.*; *le cose future*; *gli avvenimenti futuri*; *una speranza di beni futuri* | *Vita futura*, quella dell'anima dopo la morte del corpo. **CONTR.** Passato. ***2*** Di persona, che in un tempo avvenire ricoprirà un determinato ruolo: *la futura sposa*; *il f. marito*, *suocero*, *deputato*; *il f. papa fosse tenuto in termine d'un anno convocar il concilio* (SARPI). || **futuraménte**, **avv.** In futuro, per l'avvenire. **B** **s. m.** ***1*** Quello che deve o può accadere nel tempo avvenire: *prevedere il f.*; *ignorare tutto sul proprio f.* | (*fig.*) *Il f. è sulle ginocchia di Giove*, solo Dio può sapere ciò che accadrà. **CONTR.** Passato. ***2*** (*ling.*) Tempo della coniugazione verbale che colloca l'enunciato in un momento successivo all'istante presente | *F. semplice*, formato da una radice verbale e da affissi verbali esprimenti il tempo futuro (per es., *verrò*) | *F. anteriore*, formato dall'ausiliare avere, o essere, e da un participio passato (per es., *verrò appena avrò finito*). ***3*** (*spec. al pl.*) I posteri: *come ci giudicheranno i futuri?*

futurologìa [comp. di *futuro* e *-logia*] **s. f.** ● Disciplina che studia i possibili eventi del futuro, secondo una prospettiva spec. ecologica, biologica, sociologica.

futurològico **agg.** (pl. m. *-ci*) ● Di, relativo a, futurologia.

futuròlogo [comp. di *futuro* e *-logo*] **s. m.** (f. *-a*; pl. m. *-gi* o *-ghi*) ● Chi si occupa di futurologia.

g, G

I suoni rappresentati in italiano dalla lettera *G* sono principalmente due: duro o gutturale e dolce o palatale. La *G* dura, consonante esplosiva velare sonora /g/, è scritta semplicemente *g* davanti alle vocali *a*, *o*, *u* e davanti a consonante (es. *ragàzzo* /ra'gattso/, *bragòzzo* /bra'gɔttso/, *agùzzo* /a'guttso/, *glòssa* /'glɔssa/, *gròssa* /'grɔssa/); è scritta invece *gh* davanti alle vocali *e* e *i* (es. *ghétta* /'getta/, *ghìṣa* /'giza/). Quando è preceduta da una vocale e seguita da un'altra vocale, da una semiconsonante /j, w/ o da una liquida /l, r/, può essere, secondo i casi, di grado tenue (es. *ségo* /'sego/, *leghiàte* /le'gjate/, *agrìcolo* /a'grikolo/, *mi gàrba* /mi 'garba/) oppure di grado rafforzato (es. *lèggo* /'lɛggo/, *mùgghiano* /'muggjano/, *aggràvio* /ag'gravjo/, *perché gàrba* /per'ke g'garba/), mentre nelle altre posizioni è sempre di grado medio (es. *spìngo* /'spingo/, *gàrba* /'garba/, *non gàrba* /non 'garba/). La *G* dolce, consonante affricata palatoalveolare sonora /dʒ/, è scritta semplicemente *g* davanti alle vocali *e* e *i* (es. *gètto* /'dʒɛtto/, *gìtto* /'dʒitto/); è scritta invece *gi*, con *i* muta, davanti alle altre vocali (es. *giàllo* /'dʒallo/, *giórno* /'dʒorno/, *giùnto*) ed eccezionalmente anche davanti a *e* (es. *Filangièri* /filan'dʒɛri/, *igiène* /i'dʒɛne/); non è mai seguita da consonante. Quando è in mezzo a due vocali (o tra una vocale e una semiconsonante), può essere, secondo i casi, di grado tenue (es. *agèndo* /a'dʒɛndo/, *sànta Giovànna* /'santa dʒo'vanna/) oppure di grado rafforzato (es. *fuggèndo* /fud'dʒɛndo/, *macché Giovànna* /mak'ke ddʒo'vanna/), mentre nelle altre posizioni è sempre di grado medio (es. *scorgèndo* /skor'dʒɛndo/, *Giovànna* /dʒo'vanna/, *suòr Giovànna* /'swɔr dʒo'vanna/). La lettera *G* fa poi parte dei digrammi *gl* e *gn*, per i quali V. rispettivamente la lettera *L* e la lettera *N*.

g, G /nome per esteso: *gi*, † e (*dial.*) *ge*/ **s. f. o m.** ● Settima lettera dell'alfabeto italiano: *g minuscola*; *G maiuscolo* | *G come Genova*, nella compitazione, spec. telefonica, delle parole.

gabardina **s. f.** ● Adattamento di *gabardine* (V.).

gabardine /*fr.* gabar'din/ [vc. fr., dallo sp. *gabardina*, prob. deriv. da *gabán* 'gabbano' con sovrapposizione di *tabardina*, dim. di *tabardo* 'tabarro'] **s. f. inv.** (anche **m.** nel sign. 2) ***1*** Tessuto di lana o di cotone lavorato a sottile diagonale o a minuta spina di pesce. ***2*** (*est.*) Soprabito o impermeabile di gabardine.

gabàrra [fr. *gabare*, dal lat. *cārabus* 'granchio', poi 'piccola imbarcazione', dal gr. *kárabos*, di etim. incerta] **s. f.** ● Barca da carico a fondo piatto.

†gabbacompàgno [comp. di *gabba(re)* e *compagno*] **s. m. inv.** ● Chi inganna il proprio compagno | (*est.*) Uomo falso e ingannatore.

gabbacristiàni [comp. di *gabba(re)* e il pl. di *cristiano*] **s. m. e f.** ● (*raro*) Chi inganna il prossimo.

†gabbadèo [comp. di *gabba(re)* e *deo*] **s. m.** ● Gabbamondo | Uomo falso, ipocrita.

†gabbaménto **s. m.** ● (*raro*) Atto, effetto del gabbare: *non è questa una mancanza di fede, ma uno g. di Dio* (SACCHETTI).

gabbaminchióni [comp. di *gabba(re)* e il pl. di *minchione*] **s. m. e f.** ● Chi si fa gioco degli sciocchi.

gabbamóndo [comp. di *gabba(re)* e *mondo*] **s. m. e f. inv.** ● Imbroglione, truffatore.

gabbàna [ar. *qabâ* 'soprabito maschile', di origine persiana] **s. f.** ***1*** Specie di ampio mantello con maniche e, spesso, con cappuccio e fodera di pelliccia | Impermeabile di robusta tela cerata usato da marinai e pescatori | (*fig.*) *Voltare g.*, cambiare opinione con leggerezza e rapidità. ***2*** Veste da lavoro usata spec. da contadini e operai. || **gabbanèlla**, **dim.** (V.).

gabbanèlla **s. f.** ***1*** Dim. di *gabbana*. ***2*** Camice bianco senza collo usato da medici e infermieri. ***3*** Corta veste da camera senza pretese di eleganza.

gabbàno **s. m.** ● Gabbana | †*Posare il g.*, diventare una persona civile | †*Stare in g.*, condurre vita campestre. || **gabbanàccio**, **pegg.** | **gabbanino**, **dim.** | **gabbanóne**, **accr.** | **gabbanùccio**, **dim.**

gabbàre [ant. fr. *gaber*, da *gab* 'gabbo'] **A** **v. tr.** ● Ingannare | Deridere, beffare: *g. gli amici*, *gli avversari*, *il prossimo*. **B** **v. intr.** (aus. *avere*) ● (*raro*) †Agire per burla, per gioco. **C** **v. intr. pron.** ● Prendersi gioco, farsi beffe: *perché vi gabbate della sua timidezza?*; *né certo ancor de' suoi futuri pianti / solea gabbarsi degli afflitti amanti* (POLIZIANO) | (*est.*) Divertirsi, spassarsi.

gabbasànti [comp. di *gabba(re)* e il pl. di *santo*] **s. m. e f.** ● Chi si fa gioco dei santi.

gabbatóre **agg.**; anche **s. m.** (f. *-trice*) ● Che, chi gabba qc.

gabbèo [da *gabbia* con sovrapposizione d'altra parola in *-eo* (?)] **s. m.** ● Nelle saline, tavola per l'asciugatura del sale.

gàbbia o (*sett.*) **†càiba**, (*sett.*) **†gàiba** [lat. *cāvea(m)*, prob. prestito di origine incerta] **s. f.** ***1*** Contenitore formato da un telaio e da sottili come sbarre, usato per rinchiudervi animali, spec. uccelli: *g. di canarini* | *Uccello di g.*, adatto a viverci rinchiuso. ***2*** (*est.*) Luogo chiuso con sbarre, di varie dimensioni, per grossi animali: *la g. delle scimmie*, *dei leoni*; *belva in g.* | (*fig.*) *G. di matti*, gruppo di persone che vivono tra continui litigi e incontrollata allegria (*spec. scherz.*): *g. de' matti è il mondo* (CAMPANELLA). ***3*** Recinto nelle aule dei Tribunali e delle Corti d'Assise in cui sono chiusi gli imputati durante il processo | Recinto per la protezione degli spettatori, entro cui si effettuano le gare di lancio del martello. ***4*** (*fig.*) Prigione: *mettere in g.*; *chiudere in g.* | *È un tipo da g.*, da galera | *Entrare in g.*, vincolarsi, obbligarsi a fare q.c. **SIN.** Carcere, galera. ***5*** Vano delimitato da muro o rete metallica, entro il quale scorre un ascensore o un montacarichi | Specie di cabina a una o più piattaforme, utilizzata per il trasporto di operai, vagoncini e sim. negli impianti di estrazione. ***6*** Intelaiatura di forma simile a una gabbia usata come contenitore rigido, riparo e sim.: *g. da imballaggio* | In un cuscinetto a rotolamento, protezione delle sfere | (*edil.*) *G. metallica*, l'armatura d'acciaio di una trave o struttura di calcestruzzo: *g. della scala*, l'insieme delle strutture portanti esterne di questa, che individua il vano in cui essa si svolge con le rampe e i pianerottoli | (*anat.*) *G. toracica*, cavità formata dalle coste, dalla colonna vertebrale e dalle parti molli che rivestono tali ossa. ***7*** (*edit.*) Tracciato rettangolare o quadrangolare, predisposto su un foglio di carta bianca, tale da delimitare la stessa superficie utile che nella pagina stampata accoglierà testi e illustrazioni, su cui il grafico impaginatore realizza l'impaginazione. ***8*** †Specie di torretta, in legno o muratura, sporgente dall'alto delle mura delle antiche fortezze a scopo di osservazione o di difesa. ***9*** Nei concorsi ippici, ostacolo costituito da un doppio sbarramento distanziato. ➡ **ILL.** p. 1288 SPORT. ***10*** (*elettr.*) *G. elettrostatica*, *g. di Faraday*, cavità rivestita di lamiera o di rete metallica, all'interno della quale non si trasmettono le azioni elettriche prodotte da cariche o conduttori esterni. ***11*** (*mar.*) Ciascuna delle vele quadre bordate sopra le vele quadre maggiori di ciascun albero | (*per anton.*) La seconda vela quadra dell'albero di maestra | *Albero di g.*, nei velieri, il secondo tronco dell'albero di maestra. ➡ **ILL.** p. 1757 TRASPORTI. ***12*** †Sorta di lettiga || **PROV.** Meglio uccel di bosco che uccel di gabbia. || **gabbiàccia**, **pegg.** | **gabbiétta**, **dim.** (V.) | **gabbina**, **dim.** | **gabbiòla**, **dim.** (V.) | **gabbióna**, **accr.** | **gabbióne**, **accr. m.** (V.) | **gabbiòtto**, **dim. m.** (V.) | **gabbiùccia**, **gabbiùzza**, **dim.**

gabbiàio **s. m.** ● Chi costruisce gabbie.

gabbianèllo [dim. di *gabbiano*] **s. m.** ● Uccello acquatico dei Lariformi a becco compresso e lunghe ali, più piccolo del gabbiano (*Larus minutus*).

gabbiàno [dal lat. *gāvia(m)*, vc. espressiva] **s. m.** ● Uccello acquatico marino o lacustre, con grosso becco ricurvo, ali grandi, piedi palmati, piumaggio bianco col dorso e le ali grigi (*Larus ridibundus*). || **gabbianèllo**, **dim.** (V.).

gabbiàta **s. f.** ***1*** Quantità di animali contenuti in una gabbia. ***2*** Colpo dato con una gabbia.

gabbière [da *gabbia* nel sign. 10] **s. m.** ● Marinaio scelto ed esperto destinato alle manovre alte sugli alberi e sui pennoni.

gabbiétta **s. f.** ***1*** Dim. di *gabbia*. ***2*** Cassetta formata da assicelle di legno sfogliato, tranciato o segato, unite tra loro con chiodi o graffe metalliche. ***3*** Intreccio di filo di ferro che assicura i tappi alle bottiglie di spumante. || **gabbiettina**, **dim.**

gabbiòla **s. f.** ***1*** Dim. di *gabbia*. ***2*** (*mar.*) L'unica vela quadra dell'albero di trinchetto di alcune navi a vele latine, per la navigazione col vento nei quartieri poppieri. || **gabbiolina**, **dim.**

gabbionàta **s. f.** ● Opera di difesa idraulica o di fortificazione militare eseguita con gabbioni.

gabbióne **s. m.** ***1*** Accr. di *gabbia* | (*fig.*, *tosc.*) †*Mettere nel g.*, ingannare. ***2*** Grosso cesto di rete metallica, riempito di pietrame, per difesa di argini di corsi d'acqua. ***3*** (*mil.*) Specie di grossa cesta intessuta di rami intrecciati a paletti, cilindrica e senza fondo, che, riempita di terra, serve per costruire o rivestire parapetti, trinceramenti e sim.

gabbiòtto **s. m.** ***1*** Dim. di *gabbia*. ***2*** Guardiola del portiere.

gàbbo [ant. fr. *gab*, dall'ant. nordico *gabb*, di etim. incerta] **s. m.** ● (*raro*) Burla, beffa, scherzo | *Pigliare a g.*, prendere alla leggera | *Farsi g. di qc. o di q.c.*, burlarsene.

gàbbrico [da *gabbro*] **agg.** (pl. m. *-ci*) ● Di gabbro, relativo al gabbro.

gàbbro [lat. parl. *gābru(m)*, per *glābru(m)* 'liscio, pelato, privo di vegetazione'] **s. m.** ***1*** (*miner.*) Roccia eruttiva costituita da labradorite e diallagio, generalmente a grana grossa. ***2*** Terreno sterile, di color verde scuro, ricco di magnesio.

gabèlla [ar. *qabāla* 'tributo', originariamente pagato per aggiudicarsi un terreno, da una radice con sign. di 'ricevere'] **s. f.** ***1*** †Imposta, spec. dazio: *g. di fabbricazione*, *di consumo*; *riscuotere la g.* | *Fare lo sciocco per non pagare g.*, (*fig.*) fingersi

tonto per evitare noie e fastidi. *2* Moneta d'argento bolognese del XVI sec. *3* †Luogo ove si pagano le imposte, il dazio: *recarsi alla g.*; *ispettore di g.*
gabellàre [da *gabella*] v. tr. (*io gabèllo*) *1* †Sottoporre a gabella, a dazio. *2* Riconoscere per vero, approvare: *le tue fandonie non le gabello.* *3* Far passare per vero: *g. qc. per santo*; *g. per verità la frode.*
gabellière s. m. ● Chi anticamente era addetto alla riscossione delle gabelle | (*scherz.*) Doganiere, ufficiale daziario.
gabellino s. m. *1* (*raro*) Guardia daziaria. *2* †Luogo alle porte della città ove era situato l'ufficio della gabella.
gabellòtto [da *gabella*] s. m. *1* Moneta d'argento coniata da Giulio II a Bologna nel XVI sec. *2* (*spreg.*) Doganiere, gabelliere. *3* In Sicilia, affittuario di un latifondo del quale cura la conduzione, spec. mediante coloni.
gabina ● V. *cabina*.
gabinétto [fr. *gabinet, cabinet*, dim. di *cabine* 'cabina', di etim. incerta] s. m. *1* Stanza riservata ai ricevimenti e ai colloqui privati. *2* Locale in cui un professionista esplica il suo lavoro: *g. medico*; *g. oculistico*; *g. odontoiatrico*; *g. fotografico*. *3* Settore degli edifici scolastici adibito alla raccolta di apparecchi e materiali per le ricerche scientifiche: *g. di fisica, di chimica, di scienze naturali* | *G. di lettura*, sala di lettura di libri e riviste riservata ai membri di una determinata associazione | Stanza in cui si raccolgono e conservano cose di valore e di pregio: *g. delle gemme, delle medaglie, numismatico*. *4* Stanza di un edificio riservata a impianti igienici: *g. di decenza* | (*euf.*) *Andare al g.*, andare a defecare od orinare. SIN. Cesso, latrina, water-closet. *5* Apparecchio sanitario destinato all'eliminazione dei rifiuti organici umani mediante sistemi ad acqua | *G. all'inglese*, quello costituito da un vaso di ceramica su cui siede chi lo usa | *G. alla turca*, quello costituito da un vaso di ceramica situato entro il pavimento su cui si accoscia chi lo usa. *6* †Consiglio privato del sovrano: *politica di g.* | †*Ordine di g.*, che proviene direttamente dal sovrano. *7* Ufficio particolare di un ministro | Stanza dove esso risiede. *8* (*polit.*) Ministero | L'insieme dei ministri che rappresentano il potere esecutivo, amministrativo: *formare un nuovo g.* | *Il g. Cavour, Crispi*, dal nome del presidente dei ministri | *G. ombra, fantasma*, in alcuni Stati a democrazia parlamentare, il gruppo di esponenti del partito d'opposizione, ciascuno competente a studiare e trattare le principali questioni politiche e tecniche che formano oggetto dell'attività di un singolo ministro del governo in carica.
gabonése A agg. ● Del Gabon. B s. m. e f. ● Abitante, nativo del Gabon.
gaddésco agg. (pl. m. *-schi*) ● (*raro*) Gaddiano.
gaddiàno agg. ● Che si riferisce allo scrittore C. E. Gadda (1893-1973), al suo stile e alle sue opere: *la critica gaddiana*.
gàdget /'gaddʒet, *ingl.* 'gædʒit/ [vc. ingl., di etim. incerta] s. m. inv. ● Piccolo oggetto o accessorio curioso, originale, spiritoso, ma non necessariamente utile.
Gadifórmi [comp. del gr. *gádos* 'nasello' (di etim. incerta) e del pl. di *-forme*] s. m. pl. ● Nella tassonomia animale, ordine di Pesci ossei, prevalentemente marini, con pinne a raggi molli (*Gadiformes*) | (al sing. *-e*) Ogni individuo di tale ordine.
gaditàno [vc. dotta, lat. *Gaditānu(m)*, da *Gades*, genit. *Gadium* 'Cadice'] agg. ● (*lett.*) Di Cadice.
gadolinio [da *gadolinite*, il minerale nel quale è stato scoperto] s. m. ● Elemento chimico, metallo, del gruppo delle terre rare. SIMB. Gd.
gadolinite [vc. dotta, dal n. del suo scopritore, il chimico e fisico finlandese J. *Gadolin* (1760-1852), con *-ite* (*2*)] s. f. ● (*miner.*) Silicato di ittrio, ferro e berillio in cristalli di colore nero.
gaèlico [ingl. *Gaelic*, da *Gael* 'celta di Scozia o Irlanda', in gaelico *Gāidheal*] A agg. (pl. m. *-ci*) ● Relativo alle popolazioni della Scozia e dell'Irlanda. B s. m. solo sing. ● Lingua del gruppo celtico, parlata dalle popolazioni gaeliche.
†**gaétto** o †**gaiétto** (2) [lat. parl. *gălliu(m)* 'dal colore delle penne di un *gallo*'] agg. ● Variopinto, chiazzato.
gàffa (1) s. f. ● Adattamento di *gaffe* (V.).
gàffa (2) [ant. provz. *gaf*, di etim. incerta] s. f. ● (*mar.*) Alighiero.
gaffe /fr. gaf/ [fr., da *gaffe* 'gancio' (V. *gaffa* (*2*)), per passaggio considerato proprio del ling. volg.] s. f. inv. ● Atto, comportamento, frase e sim. incauti e maldestri, non adatti né al momento né alle circostanze: *fare una g.*; *una g. imperdonabile*.
gaffeur /fr. ga'fœr/ [fr., da *gaffe* (V.)] s. m. inv. (f. fr. *gaffeuse*) ● Chi fa spesso delle gaffe.
gag /ingl. gæg/ [vc. ingl., letteralmente 'chiudere la bocca a qualcuno (con la battuta inattesa)', dal v. medio ingl. *gaggen* 'soffocare', di origine imit.] s. f. inv. ● Trovata comica, spunto animatore di un numero di varietà o di una sequenza comica cinematografica.
gagà [fr. *gaga* 'sciocco', per riproduzione onomat. del borbottio di chi è caduto da piccolo] s. m. ● Bellimbusto fatuo e fanfarone che ama l'eleganza e la raffinatezza. || **gagarèlla**, dim. f. | **gagarèllo**, dim. | **gagaróne**, accr.
gagàte [vc. dotta, lat. *gagāte(m)*, dal gr. *gagátēs* (sott. *líthos*) '(pietra) proveniente dalla città licia di *Gágas*'] s. f. ● (*miner.*) Varietà di lignite adoperata per fare bottoni.
gaggìa [vc. dotta, presa dai riflessi pop. del gr. *akakía* 'acacia' (V.)] s. f. ● Albero delle Leguminose con chioma irregolare e fiori gialli profumati (*Robinia pseudoacacia*). SIN. Robinia | Erba delle Rubiacee comune nei prati con fiori dorati in pannocchie terminali (*Galium verum*). SIN. Caglio.
†**gàggio** [fr. *gage*, dal francone **waddi* 'pegno'] s. m. *1* Pegno, arra, caparra | *Prestare a g.*, a usura | (*est.*) Ostaggio, statico | *Penna a g.*, scrittore prezzolato. *2* Soldo, ai militari che volontariamente si arruolavano negli antichi eserciti | (*est.*) Stipendio: *dugento migliaia di fiorini d'oro, che davano al Duca per suo g.* (VILLANI) | (*fig.*) Ricompensa, rimunerazione.
gagliàrda [da *gagliardo*] s. f. ● Danza rinascimentale italiana e francese, saltata, in tempo ternario.
gagliardétto [da *gagliardo*, che ha avuto anche il sign. di 'bandiera principale del bastimento'] s. m. *1* Banderuola triangolare che le galee mettevano sulla testa degli alberi: *g. a doppia coda, con due punte*. *2* Piccola bandiera usata come insegna da associazioni politiche, sportive e sim.
gagliardézza s. f. ● (*raro*) Gagliardia: *gli artefici danno ... vivacità e g. alle figure loro* (VASARI).
gagliardìa s. f. *1* Forza, robustezza, vigoria del corpo e dell'animo: *g. dell'animo, d'ingegno, di stile* | Bravura, valore. *2* (*lett.*) Prodezza: *e poi fece tutte quelle sue gagliardie che egli dice* (BOCCACCIO).
gagliàrdo [ant. provz. *galhart*, di etim. incerta] A agg. *1* Robusto, vigoroso: *braccia gagliarde*; *un uomo di complessione gagliarda*; *cotal viveasi il giovene g.*; */ né pensando al suo fato* (POLIZIANO) | *Pianta gagliarda*, che cresce bene | *Fuoco g.*, vivo | *Vento g.*, impetuoso | *Vino g.*, generoso | *Rimedio g.*, drastico | (*fig.*) Forte e vivace: *immaginazione, ingegno, spirito g.* *2* Resistente: *ponte g.* | *Città gagliarda*, ben fortificata | *Colla gagliarda*, tenace | *Calamita gagliarda*, potente | *Alla gagliarda*, gagliardamente | *Terreno g.*, difficile da lavorare. *3* Che è valoroso, pieno di slancio e di bravura: *erano tutti soldati gagliardi*; *è un atleta g. e forte*; *l'esercito mostrò di essere g.* || **gagliardaménte**, avv. In modo gagliardo; valorosamente: *combattere gagliardamente*; in modo valido, efficace: *operare gagliardamente*; †*imparentato gagliardamente*, strettamente. B avv. ● (*raro*) †Gagliardamente.
gaglioffàggine s. f. *1* Azione o espressione da gaglioffo. *2* Scempiaggine, ribalderia.
gaglioffería s. f. *1* (*raro*) Gaglioffaggine. *2* (*raro*) Accolta di gaglioffi.
gagliòffo [da *gagliardo* incrociatosi con *goffo*] agg.; anche s. m. (f. *-a*) *1* †Pezzente, mendicante. *2* Cialtrone, buono a nulla: *io non voglio fare la vita del g.* (BACCHELLI) | Manigoldo, ribaldo.
†**gàgno** [lat. *gāneu(m)* 'taverna, bettola', di etim. incerta] s. m. *1* Covo, nascondiglio: *e però, bestia, ritorna nel g.* (PULCI). *2* Intrigo: *essere nel g.* *3* (*scherz.*) Ventre.
gagnolaménto s. m. ● (*raro*) Atto, effetto del gagnolare.
gagnolàre [vc. onomat.] v. intr. (*io gàgnolo*; aus. *avere*) ● Lamentarsi, mugolare, piangere del cane e della volpe | (*est.*) Dolersi, rammaricarsi.
gagnolìo s. m. ● Il gagnolare insistente e prolungato.
gàia [gr. *gâia* 'terra'] s. f. ● Insieme di tutto ciò che vive sulla Terra.
†**gàiba** ● V. *gabbia*.
†**gaiétto** (1) agg. *1* Dim. di *gaio*. *2* Grazioso, bello.
†**gaiétto** (2) ● V. †*gaetto*.
gaiézza [da *gaio*] s. f. ● Qualità di ciò che è gaio | Stato d'animo di chi è gaio e sereno: *la g. era una caratteristica saliente della sua indole*. SIN. Gioia, letizia.
gàio [etim. discussa: ant. provz. *gai* 'gazza' (dal lat. *gāius*, *gāia*), vale a dire 'vivace come una gazza' (?)] agg. *1* Allegro, che esprime o denota gaiezza: *è proprio una gaia compagnia*; *ha un aspetto g.*; *i miei pensieri reconditi e gai* (SABA) | *Colore g.*, chiaro e vivace | Di aspetto bello e ridente: *una donna gaia*; *portamento g.* SIN. Festoso, gioioso. *2* Leggiadro | *Scienza gaia*, studio amorevole del poetare, nella poesia provenzale del sec. XIV. *3* (*raro, fig.*) Abbondante, ricco: *casa gaia* | *Gente gaia a promesse*, che promette allegramente e non mantiene. || †**gaiétto**, dim. (V.) || **gaiaménte**, avv.
gal [dal n. di G. *Gal(ilei)*] s. m. ● (*fis.*) Unità di accelerazione nel sistema C.G.S., corrispondente a 1 cm/s^2. SIMB. Gal.
gàla (1) [sp. *gala*, dall'ant. fr. *gale*, da *galer* 'divertirsi', di etim. incerta] A s. f. ● Eleganza, sfarzo | *Pranzo di g.*, in cui si osserva un preciso cerimoniale | *Serata di g.*, per rappresentazioni teatrali o cinematografiche di particolare interesse mondano | *Corso di g.*, passeggio molto elegante che si usava un tempo, spec. per carnevale | (*raro*) *Parlare in g.*, con eleganza | *Far g.*, far festa, stare in allegria | *Stare, mettersi in g.*, indossare abiti sfarzosi. SIN. Fasto, pompa. B s. m. ● (*mar.*) *g. di bandiere*, ornamento di bandiere di ogni taglio e colore tra gli alberi e le cime dei pennoni, da poppa a prua. SIN. Pavesata | *Piccolo g.*, quando sono disposte le sole bandiere nazionali in cima d'albero e la gran bandiera a poppa | *Gran g.*, per l'aggiunta di tutte le bandiere di segnale.
gàla (2) [retroformazione da *galone*, di provenienza fr. (*galon*, dev. di *galonner* 'ornare la testa con una benda'), e di origine sconosciuta] s. f. *1* Volantino di tessuto increspato | Fiocco | (*est.*) Ornamento | (*fig.*) †*Fare g. di*, gloriarsi, vantarsi. *2* (*raro*) Cravatta a farfalla.
gàla (3) o **galà** [fr. *gala*, dall'ant. fr. *gale*. V. *gala* (*1*)] s. m. ● Ricevimento, festa solenne ed elegante, spesso di carattere ufficiale: *gran g. di corte*; *il galà di San Silvestro*.
galabìa [ar. *giallābīyya*, forma popolare di *gilbāh*] s. f. ● Tunica ampia portata dagli Arabi.
galagóne [da una lingua afric.] s. m. ● Proscimmia africana grande come uno scoiattolo, con grandi orecchie che tiene accartocciate nel sonno (*Galago galago*).
galalite ® [comp. del gr. *gála* 'latte' e *líthos* 'pietra' con sovrapposizione di *-ite* (*2*)] s. f. ● Nome commerciale di una sostanza di consistenza cornea, preparata dalla caseina, usata per la fabbricazione di bottoni, pettini, scatole e sim.
galàno [sp. *galán* nel senso di 'elegante', dal fr. *galant* 'galante'] s. m. *1* Vistoso fiocco fatto con più nastri annodati. *2* (*region., al pl.*) Dolci veneti di carnevale, fatti di nastri di pasta fritta.
galànte [ant. fr. *galant* 'vivace', da *galer* 'divertirsi', di etim. incerta] A agg. *1* Che ha modi gentili e cerimoniosi, spec. nei riguardi delle donne: *giovane, vecchio signore g.*; *assumere un tono g.* | *Donna g.*, dedita a facili amori. *2* Che ha rapporto con l'amore, con il corteggiamento: *versi, lettere galanti*; *maniere galanti*; *avventure, imprese galanti*. SIN. Amoroso. *3* (*raro*) Bello, grazioso, elegante: *tono, vestito g.* *4* †Probo, onesto. || **galantino**, dim. | **galantùccio**, dim. || **galanteménte**, avv. B avv. ● †Galantemente. C s. m. e raro f. *1* Persona galante: *gli piace fare il g. con le signore.* *2* (*dial.*) †Innamorato, amante.
galanterìa [fr. *galanterie*, da *galant* 'galante'] s. f. *1* Finezza di modi ostentata e manierosa: *ama comportarsi con estrema g.* | Civetteria | (*est.*)

Atto, discorso galante: *è pieno di galanterie per le signore.* **2** Ornamento, oggetto di gusto squisito: *un ricchissimo adornamento d'oro, pieno di fogliamenti e ... galanterie* (CELLINI) | Oggetto di lusso: *gli ha regalato una g.* | (*est.*) Cibo squisito e ben preparato: *questi dolciumi sono una vera g.*

galantìna [fr. *galantine*, dal lat. mediev. *galatina* 'salsa', attestato a Ragusa in Dalmazia] **s. f.** ● Preparazione di cucina a base di carne bianca, insaporita con droghe, tartufi, e sim., da servirsi fredda, ricoperta di gelatina.

†**galantominerìa** **s. f.** ● Qualità di galantuomo.

galantomìṣmo **s. m.** ● L'essere e il comportarsi da galantuomo.

galantuòmo o (*pop.*) **galantòmo** [comp. di *galante*, nel senso ant. di 'onesto', e *uomo*] **A** **s. m.** (**pl.** *galantuòmini*) ● Persona onesta e dabbene: *è un vero g.*; *si è comportato da g.*; *tra galantuomini ci s'intende*; *si diede a conoscere per quel g. che era* (GOLDONI) | *Parola di g.*, che impegna l'onore, la lealtà | *Vivere da g.*, godersela | (*est.*, *dial.*, *merid.*) Gentiluomo, signore | Escl. usata, spec. in passato, per rivolgersi a persona di cui non si conosce il nome: *ehi voi, g.!*; *scappa, scappa, g.!* (MANZONI). **B** **agg.** ● Che è onesto, probo | *Il tempo è g.*, fa giustizia | *Il re g.*, appellativo di V. Emanuele II.

†**galàppio** ● V. *calappio.*

galàssia [vc. dotta, lat. tardo *galăxia*(*m*), dal gr. *galaxías* (sott. *kýklos*) '(il ciclo, la Via) Lattea', da *gála*, genit. *gálaktos*, perché si credeva che la Via Lattea fosse stata originata dal latte di Giunone] **s. f.** **1** (*astron.*) Sistema costituito da centinaia di miliardi di stelle e da materia cosmica diffusa negli spazi interstellari, isolato da altri sistemi simili, di forme diverse: *g. ellittica*, *spirale*, *irregolare* | *G. locale*, quella cui appartiene il sistema solare, di una parte della quale la Via Lattea è la proiezione sulla sfera celeste | *Fuga delle galassie*, fondamento di teorie dell'universo in espansione. **2** (*fig.*) Gruppo di persone dotate di caratteristiche analoghe e peculiari | Insieme di persone famose.

galatèa [vc. dotta, lat. *Galatēa*(*m*), dal gr. *Galáteia* 'lattea (spuma dell'onda)' (da *gála* 'latte')] **s. f.** ● Genere di Crostacei marini con torace grande e addome ridotto e ripiegato (*Galathea*).

galatèo [dal titolo dell'omonimo trattato di Giovanni della Casa, calco sul nome latineggiante del dedicatario Galeazzo (*Galateus*) Florimonte] **s. m.** ● Buona creanza, buona educazione: *conoscere il g.*; *comportarsi secondo le norme del g.*

galattagògo [vc. dotta, comp. di *galatt*(*o*)- e del gr. *agōgós* 'conduttore'] **A** **s. m.** (**pl.** *-ghi*) ● Farmaco che provoca o accresce la secrezione lattea. **SIN.** Galattogeno. **B** anche **agg.**: *farmaco g.*

galàttico [vc. dotta, lat. tardo *galăcticu*(*m*), dal gr. *galaktikós* 'pertinente al latte (*gála*, genit. *gálaktos*)'] **agg.** (**pl. m.** *-ci*) ● (*astron.*) Attinente alla galassia cui appartiene il sistema solare: *piano g.* | (*fig.*, *scherz.*) Grandioso, eccezionale: *si è fatto un appartamento g.*

galatto- [dal gr. *gála*, genit. *gálaktos* 'latte'] primo elemento ● In parole composte della terminologia scientifica, significa 'latte' o fa riferimento a caratteri simili a quelli del latte: *galattogeno*, *galattosio.*

galattòfago [vc. dotta, gr. *galaktophágos* 'che si nutre (dal v. *phágein* 'mangiare') di latte (*gála*, genit. *gálaktos*)'] **agg.**; anche **s. m.** (**pl. m.** *-gi*) ● Che, chi si nutre di latte.

galattòforo [vc. dotta, gr. *galaktophóros* 'che produce (dal v. *phérein* 'portare') latte (*gála*, genit. *gálaktos*)'] **A** **agg.** ● (*anat.*) Detto di ogni organo escretore della ghiandola mammaria: *dotto*, *condotto g.* **B** **s. m.** ● (*med.*) Strumento che facilita l'estroflessione del capezzolo e la fuoruscita del latte dalla mammella. **SIN.** Tiralatte.

galattògeno [vc. dotta, comp. di *galatto-* e *-geno*] **s. m.**; anche **agg.** ● Galattagogo.

galattòmetro [vc. dotta, comp. di *galatto-* e *-metro*] **s. m.** ● Particolare densimetro per determinare il contenuto in grassi del latte.

galattopoièṣi [comp. di *galatto-* e *-poiesi*] **s. f.** ● (*biol.*) Produzione di latte da parte della ghiandola mammaria.

galattorrèa [comp. di *galatto-* e *-rea*] **s. f.** ● (*med.*) Abbondante secrezione lattea durante l'allattamento | Secrezione lattea persistente oltre il puerperio.

galattòṣio [vc. dotta, comp. di *galatt*(*o*)- e la seconda parte di (*latt*)*osio*] **s. m.** ● (*chim.*) Esosio che si ottiene dall'idrolisi del lattosio e che si riscontra anche, come polisaccaride, in certe specie di legno.

galavèrna o **calavèrna** [etim. incerta] **s. f.** ● Rivestimento di ghiaccio su oggetti esposti al freddo intenso, costituito da granuli provenienti da rapido congelamento di piccolissime goccioline d'acqua sopraffuse | Brinata molto intensa.

gàlbano [vc. dotta, lat. *gălbanu*(*m*), dal gr. *chalbánē*, di origine semitica] **s. m.** **1** Albero delle Ombrellifere di grandi dimensioni, dal cui fusto si estrae una gommoresina (*Ferula galbanifera*). **2** Sostanza che si ricava da tale pianta.

†**gàlbeo** [vc. dotta, lat. *gălbeu*(*m*), prob. prestito straniero] **s. m.** ● Benda.

gàlbula [vc. dotta, lat. *gălbula*(*m*), da *gălbus* 'verde pallido, giallo' (di etim. incerta), per il suo colore] **s. f.** ● Piccolo uccello dei Piciformi con coda lunga e appuntita e piume di lucentezza metallica (*Galbula ruficauda*).

gàlbulo [vc. dotta, lat. *gălbulu*(*m*) 'bacca, coccola' di etim. incerta] **s. m.** ● (*bot.*) Cono con squame concresciute e carnose, tipico del cipresso e di altre Conifere. **SIN.** Coccola.

gàlea (**1**) [vc. dotta, lat. *gălea*(*m*), dal gr. *galéē* 'donnola', perché originariamente ricoperta di una pelle di quell'animale, che trasmetteva al combattente il suo valore e il suo amore per il sangue] **s. f.** ● Elmo di pelle degli antichi Romani.

galèa (**2**) o **galèra** [etim. discussa: gr. tardo *galéa* dal n. di un animale (donnola, motella o pescecane) per somiglianza di fattezze (?)] **s. f.** ● Nave a remi e a vela, tipica del Mediterraneo, usata fino al sec. XVIII.

galeàto [vc. dotta, lat. *galeātu*(*m*), da *galeāre* 'armare d'elmo (*gălea*)'] **agg.** ● Che porta la gàlea.

galeàzza [da *galea* (*2*), con suff. di marchio venez.] **s. f.** ● Nave da guerra del XVI sec., di origine veneziana, più grande e robusta della galea, con tre alberi fissi e armati con vele quadre e latine, e 30 remi per lato.

†**galeffàre** ● V. †*caleffare.*

galèga [vc. dotta, comp. del gr. *gála* 'latte' e *âix*, genit. *aigós* 'capra'] **s. f.** ● Erba delle Leguminose con piccoli fiori azzurri a grappolo e foglie paripennate, da cui si ricava una sostanza galattagoga (*Galega officinalis*).

galèna [vc. dotta, lat. *galēna*(*m*), di origine straniera] **s. f.** **1** (*miner.*) Minerale costituito da solfuro di piombo in cristalli cubici o ottaedrici, o in masse metalliche compatte. **2** (*rad.*) Piccolo radioricevitore, senza alimentazione, che utilizzava cristalli di galena, diffuso prima dell'avvento dei moderni diodi a semiconduttore a giunzione.

galènico **A** **agg.** (**pl. m.** *-ci*) ● Del, relativo al, celebre medico greco Galeno (129-200 ca.) | *Arte galenica*, medicina | *Dottrina galenica*, secondo cui l'essenza della vita è il pneuma, distinto in animale, nel cervello, vitale, nel cuore e vegetativo, nel fegato e nelle vene | *Preparato*, *medicamento g.*, farmaco ottenuto dalla trasformazione di droghe naturali in preparati atti a essere somministrati all'ammalato; (*est.*) medicamento preparato direttamente dal farmacista. **B** **s. m.** ● Medicamento preparato direttamente dal farmacista.

galenìṣmo **s. m.** ● Dottrina medica di Galeno.

galenìsta **s. m.** (**pl.** *-i*) ● Seguace della dottrina di Galeno.

galèo [gr. *galeós* 'squalo', da *galéē* 'donnola' (per il suo aspetto e perché animale da preda), d'orig. incerta] **s. m.** ● (*zool.*) Canesca.

galeóne [da *galea* (*2*)] **s. m.** ● Nave da guerra e da trasporto del XVI e XVII sec., a due ponti con castello e cassero molto elevati, quattro alberi, con vele quadre e latine, armato con 30 o 40 cannoni.

galeopitèco [vc. dotta, lat. sc. *galeopithēcu*(*m*), comp. del gr. *galéē* 'donnola' e *píthēkos* 'scimmia'] **s. m.** (**pl.** *-chi* o *-ci*) ● Mammifero dermottero asiatico, delle dimensioni di un gatto, dotato di una membrana alare che unisce collo, arti e coda e che serve come paracadute nei balzi fra gli alberi (*Galeopithecus volans*).

†**galeòto** ● V. *galeotto* (*1*).

galeòtta [da *galea* (*2*), con suff. dim.] **s. f.** ● Galea sottile da guerra a vela e a remo, con un solo albero latino, usata nel Mediterraneo nei secc. XVII e XVIII | *G. da bombe*, grossa nave per lanciare bombe, con albero maestro a vele quadre. **SIN.** Bombarda, bombardiera.

galeòtto (**1**) o †**galeòto** [da *galea* (*2*)] **s. m.** **1** Rematore di galea | Forzato che remava nelle galee perché schiavo condannato | (*fig.*) *Da g. a marinaio*, detto di due che se la intendono fra loro. **2** (*est.*) Carcerato, spec. se condannato a lunghe pene detentive. **3** (*fig.*) Uomo da galera, briccone, furfante: *non lasciatevi raggirare da quel g.*; *l'amicizia con quel g. vi porterà sulla cattiva strada.* **4** (*lett.*) †Nocchiero.

galeòtto (**2**) [ant. fr. *Galehaut*, n. di un personaggio dei romanzi di cavalleria reso noto da Dante, i cui interpreti deformarono in senso pegg. l'intendimento del poeta] **agg.**; anche **s. m.** ● Che, chi favorisce i rapporti spec. amorosi tra due persone. **SIN.** Mezzano, ruffiano.

galèra [var. di *galea* (*2*) con oscuro inserimento di *-r-*] **s. f.** **1** V. *galea* (*2*). **2** Pena dei lavori forzati | Prigione, carcere: *andare in g.*; *scontare venti anni di g.* | *Avanzo di g.*, *pezzo da g.*, persona disonesta e capace di azioni infami | *Faccia da g.*, *ceffo da g.*, di persona dall'aspetto poco raccomandabile. **3** Luogo e situazione in cui si soffre, si vive male e nel quale si è obbligati a rimanere: *questa casa è diventata una g.*; *fare una vita da g.* **4** Sorta di pesante spazzolone con piastra metallica e manico snodabile, per la lucidatura a mano dei pavimenti.

galèro [vc. dotta, lat. *galēru*(*m*), da *gălea* 'galea (1)', secondo una oscura deriv.] **s. m.** **1** Cappello cardinalizio di panno rosso che indica la dignità del grado | *Imposizione del g.*, atto solenne con cui il Papa nomina i cardinali. **2** Copricapo a forma di cupola, generalmente di cuoio, usato dagli antichi Romani.

galeropìa [vc. dotta, tratta dal gr. *galerōpós* 'dallo sguardo (*ōpḗ*) sereno (*galerós*)'] **s. f.** ● (*med.*) Miglior visione a luce fioca che a luce brillante.

galerucèlla [vc. dotta, comp. del lat. *găle*(*a*) 'elmo' e (*e*)*rūca* 'bruco': per la forma (?)] **s. f.** ● Insetto coleottero crisomelide assai prolifico, le cui larve divorano le foglie dell'olmo (*Galerucella luteola*).

galèstro o **calèstro** [da una base medit. *gala* (*cala*) 'sasso'] **s. m.** ● Terreno argilloso non omogeneo, definito con nomi diversi a seconda che prevalga il calcare, l'arenaria o la silice | Vino bianco, a bassa gradazione alcolica, prodotto in Toscana in tale terreno.

galestróso **agg.** ● Detto di terreno costituito di galestro.

galileiàno [dal n. di G. *Galilei* (1564-1642)] **A** **agg.** ● Che concerne o interessa lo scienziato e filosofo Galileo Galilei o le sue dottrine. **B** **s. m.** ● Chi segue o si ispira alle teorie filosofiche o scientifiche di Galileo Galilei.

galilèo [vc. dotta, lat. *Galilāeu*(*m*), dal n. della regione *Galilāea*, gr. *Galiláia*, dall'ebr. *Haggālīl*, letteralmente 'distretto'] **A** **agg.** ● Della Galilea, regione della Palestina. **B** **s. m.** (**f.** *-a*) **1** Abitante, nativo della Galilea | *Il g.*, (*per anton.*) Gesù Cristo. **2** (*spec. al pl.*) Cristiano.

galiòtto [da *galia*, var. di *galea* (*2*), secondo il venez. *galioto*: per la forma sottile (?)] **s. m.** ● Pesce osseo molto esile, con coda allungata, privo di pinne ventrali, ospite abituale dell'intestino delle oloturie (*Fierasper acus*).

galiziàno **A** **agg.** ● Della Galizia. **B** **s. m.** (**f.** *-a*) ● Abitante, nativo della Galizia.

gàlla [lat. *gălla*(*m*), di origine sconosciuta] **s. f.** **1** (*bot.*) Cecidio | *Noci di g.*, galle da cui si ricavano sostanze usate per tintura e inchiostri | *G. moscata*, noce moscata. **2** †Ghianda | (*raro*) *Barattar g. a muschio*, (*fig.*) cosa vile e amara per cosa di pregio e gradevole. **3** (*fig.*) Persona, cosa leggerissima | *A g.*, sul pelo dell'acqua | *Stare a g.*, galleggiare | *Tenersi a g.*, (*fig.*) fare quanto basta per tener fronte agli impegni | *Venire a g.*, (*fig.*) scoprirsi, manifestarsi | *Tornare a g.*, (*fig.*) riapparire | *Rimanere a g.*, (*fig.*) riuscire a salvarsi da tutte le situazioni critiche. **4** †Pillola. **5** (*veter.*) Molletta.

†**gallàre** (**1**) [da *galla*] **v. intr.** **1** (*lett.*) Galleggia-

re. *2* (*fig.*, *lett.*) Insuperbire: *Di che l'animo vostro in alto galla ...?* (DANTE *Purg.* X, 127).

gallàre (*2*) [da *gallo* (*1*)] **A** v. tr. ● Fecondare le uova, detto del gallo. **B** v. intr. (aus. *avere*) *1* Essere fecondato, detto delle uova. *2* (*lett.*) †Saltellare come un gallo, far festa per la gioia: *torna a Morgante e d'allegrezza galla* (PULCI).

†gallàto (*1*) part. pass. di *gallare* (*1*); anche agg. ● Nei sign. del v.

gallàto (*2*) part. pass. di *gallare* (*2*); anche agg. ● Nei sign. del v.

gallàto (*3*) [da *gallico* (*2*)] s. m. ● (*chim.*) Sale dell'acido gallico.

gallatùra [da *gallare* (*2*)] s. f. ● Atto, effetto del gallare, del fecondare le uova.

galleggiabilità s. f. ● Capacità di un corpo di galleggiare in un liquido | (*mar.*) *Riserva di g.*, rapporto tra il volume dell'intero scafo e quello della parte emergente.

galleggiaménto s. m. *1* Atto, effetto del galleggiare | (*fig.*, *tosc.*) *G. di stomaco*, nausea. *2* (*mar.*) Stato del naviglio immerso con la carena nell'acqua e sollevato col resto | *Linea di g.*, termine ove il naviglio cessa di essere immerso.

galleggiànte **A** part. pres. di *galleggiare*; anche agg. ● Nei sign. del v. **B** s. m. *1* Ogni oggetto che ha la proprietà di galleggiare: *il mare era pieno di galleggianti* | Barcone senza propulsione generalmente usato per trasporto o deposito in porti, canali e sim. *2* (*mar.*, *spec. al pl.*) Gavitello, sughero, barile vuoto, boa e sim. posti per segnalare un'ancora sommersa, una rete, uno scoglio e sim. *3* Accessorio per la pesca in materiale leggero, di forma varia, che viene applicato alla lenza per diversi scopi: *g. segnalatore, sostenitore.* ➡ ILL. **pesca**. *4* In varie tecnologie, globo metallico vuoto che galleggia su un liquido contenuto in un recipiente e che mediante organi meccanici regola l'afflusso del liquido nel recipiente stesso. *5* Corpo stagno per sostenere e stabilizzare in galleggiamento idrovolanti o aerei ed elicotteri destinati a posarsi e partire in velocità sull'acqua. || **galleggiantino**, dim.

galleggiàre [da *galla*] v. intr. (*io galléggio*; aus. *avere*) *1* Essere parzialmente immerso in un fluido: *il sughero, l'olio, il ghiaccio galleggiano sull'acqua*; *quella cosa maggiormente galleggia sopra l'acqua, che è di minor peso dell'acqua* (LEONARDO). *2* (*est.*) Stare sospeso nell'aria senza salire né scendere: *l'aerostato galleggiava nell'aria.*

gallègo [port. *galego*, dal lat. *Gallaecus* 'della Galizia (*Gallaecia*)'] **A** agg. (pl. m. *-ghi*) ● Della Galizia, regione della penisola iberica. **B** s. m. solo sing. ● Varietà dialettale della lingua portoghese, usata anche nella letteratura del sec. XIII.

gallerìa [fr. *galerie*, dal lat. mediev. attestato anche in Italia, *galilaea* 'atrio della chiesa', d'uso conventuale, dal n. della regione palestinese con un passaggio semantico non chiaro] s. f. *1* Passaggio scavato attraverso una montagna o altri ostacoli difficilmente superabili da strade o ferrovie | *G. subalvea*, che passa sotto l'alveo di un fiume. SIN. Traforo | Passaggio sotterraneo nelle miniere. ➡ ILL. p. 824 SCIENZE DELLA TERRA ED ENERGIA. *2* (*mil.*) Nelle opere di fortificazione, passaggio coperto o sotterraneo, comunicante o meno con l'esterno, destinato a vari scopi e particolarmente usato nella guerra d'assedio | Scavo sotterraneo di largo impiego nella guerra di montagna per ricoveri, osservatori, postazioni di artiglieria, lavori di mina. *3* Ampio passaggio destinato al traffico pedonale, ricavato all'interno di vasti complessi edilizi o mediante opportuna copertura di un tratto di strada: *la g. di Milano.* *4* (*arch.*) Ambulacro, corridoio. *5* In varie tecnologie, condotto | *G. aerodinamica, del vento*, impianto per produrre correnti d'aria cui esporre velivoli o veicoli per sperimentarne la resistenza | (*mar.*) *G. dell'asse dell'elica*, condotto tubolare stagno munito di portelli per verifica e pulizia. *6* Stanza o complesso di ambienti, comunicanti dove sono esposti quadri o altre opere d'arte: *la g. del Louvre*; *g. d'arte moderna*; *direttore, custode, conservatore della g.* | (*est.*) Ambiente per l'esposizione e la vendita di quadri o altre opere d'arte. *7* Nelle sale teatrali di struttura tradizionale, ordine di posti al disopra dei palchi | Nelle sale cinematografiche, sorta di balconata sovrastante la platea. || **gallerietta**, dim. | **galleriùccia**, dim.

gallerìsta s. m. e f. (pl. m. *-i*) ● Chi gestisce una galleria d'arte.

gallésco [da *gallo* (*2*)] agg. (pl. m. *-schi*) ● (*spreg.*) Di uso, di maniera francese.

gallése **A** agg. ● Del Galles, regione della Gran Bretagna: *lingua g.* **B** s. m. e f. ● Abitante, nativo del Galles. **C** s. m. solo sing. ● Lingua del gruppo celtico, parlata nel Galles.

gallétta (*1*) [dim. di *galla*, per la forma] s. f. *1* (*sett.*) Bozzolo. *2* (*veter.*) Molletta.

gallétta (*2*) [fr. *galette*, da *galet* 'piccolo ciottolo (ant. fr. *gal*, di etim. incerta)'] s. f. *1* (*mar.*) Formaggetta. *2* Biscotto di pasta di pane a forma schiacciata, che si conserva molto a lungo, in dotazione principalmente in marina e alle forze armate. || **gallettina**, dim.

gallettàme [da *galletta* (*1*)] s. m. ● Cascame di seta costituito dalla fibra ricavata da bozzoli sfarfallati.

gallettificio [comp. di *galletta* (*2*) e *-ficio*] s. m. ● Stabilimento per la produzione delle gallette, solitamente di conduzione militare.

gallétto s. m. *1* Dim. di *gallo* (*1*) | Nella loc. avv. *a zoppo g.*, procedendo a piccoli salti su una gamba sola. *2* Giovane gallo | *G. di roccia*, passeriforme grande come un piccione che, se maschio, ha un gran ciuffo a ventaglio sul capo, tipico dell'America merid. (*Rupicola rupicola*) | *G. di bosco*, beccofrusone | *G. di marzo*, *marzaiolo*, *di maggio*, upupa. *3* (*fig.*) Ragazzo, giovane intemperante e vivace | Chi corteggia le donne con disinvolta ostentazione: *comportarsi, fare il g.* | *G. di primo canto*, alle prime imprese amorose | *Rivoltarsi come un g.*, di chi si impunta con stizza e impertinenza. *4* (*mecc.*) Dado munito di due alette per poterlo avvitare a mano sulla vite. *5* (*tosc.*, *spec. al pl.*) Dolci di pasta di pane lievitata e fritta. *6* (*region.*) Gallinaccio (2). || **gallettino**, dim.

galliàmbico [gr. *galliambikón* (*métron*) 'verso usato nel culto di Cibele' (V. *galliambo*)] agg. (pl. m. *-ci*) ● Nella loc. *verso g.*, galliambo.

galliàmbo [vc. dotta, lat. *galliămbu*(*m*), dal gr. *gallíambos*, comp. di *gáll*(*os*) 'galla, sacerdote di Cibele' e *íambos* 'giambo'] s. m. ● Verso greco e latino formato da quattro ionici a minore, l'ultimo dei quali è catalettico.

gallicanìsmo o **gallicanésimo** [da *gallicano*] s. m. ● Tendenza dottrinale e politica della Chiesa di Francia che, spec. nel XVIII sec., affermava la sua libertà e indipendenza organizzativa dalla sede romana.

gallicàno [vc. dotta, lat. *Gallicānu*(*m*) 'della provincia della *Gallia*'] **A** agg. *1* Relativo alla Chiesa di Francia e al gallicanismo: *Chiesa gallicana*; *rito g.* *2* (*geogr.*) Detto dell'ora un tempo usata in Francia, basata sulla divisione del giorno da una mezzanotte all'altra, corrispondente all'ora civile attuale. **B** s. m. ● Difensore della libertà della Chiesa di Francia.

gallicìnio [vc. dotta, lat. *gallicĭniu*(*m*), originariamente 'canto (da *cănere* 'cantare') del gallo (*găllus*)'] s. m. ● (*lett.*) Parte della notte in cui canta il gallo | *Primo g.*, dopo la mezzanotte.

gallicìsmo [fr. *gallicisme*, deriv. del lat. *găllicus* 'gallico' nel senso più recente di 'francese'] s. m. ● Parola o locuzione propria del celtico entrata in un'altra lingua | Francesismo.

gallicizzàre **A** v. intr. (aus. *avere*) *1* Imitare usanze, costumi e abitudini francesi. *2* Adoperare francesismi: *un autore che gallicizza spesso.* **B** v. tr. ● (*raro*) Francesizzare.

gàllico (*1*) [vc. dotta, lat. *Găllicu*(*m*), da *Găllus* 'gallo, celta'] **A** agg. (pl. m. *-ci*) ● Degli antichi Galli, della Gallia: *guerre galliche*; *civiltà gallica* | (*est.*) Della Francia. **B** s. m. solo sing. ● Lingua del gruppo celtico, parlata dagli antichi Galli.

gàllico (*2*) [da *galla*] agg. (pl. m. *-ci*) ● (*chim.*) Di composto, e di alcuni suoi derivati, estratto da noci di galla | *Acido g.*, ossiacido monobasico, usato in fotografia, in medicina e nella preparazione di sostanze coloranti.

†gallicùme [comp. di *gallico* (*1*) e *-ume*] s. m. ● (*spreg.*) Eccessiva imitazione di modi francesi.

Gallifórmi [vc. dotta, comp. di *gallo* (*1*) e il pl. di *-forme*] s. m. pl. ● Nella tassonomia animale, ordine di Uccelli di media grandezza con ali brevi e volo pesante, zampe forti, becco robusto e incurvato che vivono per lo più sul terreno e presentano frequente dimorfismo sessuale (*Galliformes*). SIN. Gallinacei | (al sing. *-e*) Ogni individuo di tale ordine.

gallìgeno [comp. di *galla* e *-geno*] **A** s. m. ● Organismo che produce galle. **B** anche agg.: *insetto g.*

galligiàmbo [adatt. del latinismo *galliambo*, secondo la corrispondenza tra *iambo* e *giambo*] s. m. ● Galliambo.

gallìna [lat. *gallīna*(*m*), f. sost. dell'agg. di *găllus* 'gallo (1)', come *regina* da *rēx* 're'] s. f. *1* Femmina adulta del gallo, più piccola del maschio, con livrea a colori meno vivaci e coda più breve: *g. da uova, da carne* | (*fig.*) *La g. dalle uova d'oro*, fonte sicura e facile di guadagno cospicuo e ripetuto | *Essere, credersi figlio di g. bianca*, ritenere d'aver diritto a molti privilegi. *2* Denominazione comune di alcune specie d'uccelli | *G. faraona*, *di Faraone*, *di Numidia*, uccello dei Galliformi, grande come un pollo con testa e parte del collo nudi, piumaggio a macchie bianche e grige, allevato per la carne (*Numida meleagris*) | *G. prataiola*, uccello dei Galliformi, grande come un pollo, che vive, anche in Italia, nelle pianure erbose un po' aride (*Otis tetrax*) | *G. della Madonna*, (*pop.*, *centr.*) rondine | *Latte di g.*, frullato d'uova, latte e zucchero; (*fig.*) cibo prelibato e difficile a trovarsi | *Cervello di g.*, di persona poco intelligente | (*fig.*) *Zampe di g.*, scrittura inintelligibile; piccole rughe attorno agli occhi | (*fig.*) *Andare a letto con le galline*, molto presto, di prima sera | *Sentirsi venire la pelle di g.*, rabbrividire | (*fig.*, *tosc.*) *Andare a g.*, andare in rovina, morire || PROV. Gallina vecchia fa buon brodo; meglio un uovo oggi che una gallina domani; gallina che canta ha fatto l'uovo. || **gallinàccia**, pegg. (V.) | **gallinèlla**, dim. (V.) | **gallinétta**, dim. | **gallinina**, dim. | **gallinóna**, accr. | **gallinùccia**, dim.

gallinàccia s. f. (pl. *-ce*) *1* Pegg. di *gallina*. *2* (*pop.*) Beccaccia.

gallinàccio (*1*) [lat. *gallinăceu*(*m*), da *gallīna* 'gallina'] **A** agg. (pl. f. *-ce*) ● †Di gallina. **B** s. m. ● (*pop.*) Tacchino.

gallinàccio (*2*) [da *gallinaccio* (*1*), per l'aspetto del cappello simile alla cresta di un 'tacchino'] s. m. ● Fungo commestibile delle Agaricacee di colore giallo aranciato, cappello pianeggiante o imbutiforme, lamelle intrecciate (*Cantharellus cibarius*). SIN. Cantarello, finferlo, galletto, gallinella. ➡ ILL. **fungo**.

Gallinàcei [vc. dotta, lat. *gallinăceu*(*m*), da *gallīna* 'gallina'] s. m. pl. ● (*zool.*) Galliformi.

gallinàio s. m. ● (*raro*) Pollaio.

gallinàme s. m. ● (*raro*) Quantità di galline.

gallinèlla s. f. *1* Dim. di *gallina*. *2* Pianta erbacea delle Scrofulariacee simile alla bocca di leone (*Antirrhinum orontium*). *3* Gallinaccio (2). *4* (*zool.*) *G. d'acqua*, uccello palustre di media taglia dei Ralliformi, con dita molto lunghe e una placca cornea rossa sulla fronte (*Gallinula chloropus*). SIN. Sciabica | *G. del Signore*, coccinella | *G. palustre*, schiribilla. *5* Pesce cappone.

gallinèlle [da *gallina* per il suo valore commestibile] s. f. pl. ● (*bot.*) Dolcetta.

gàllio [vc. dotta, tratta dall'ant. n. lat. della Francia (*Găllia*) non senza riferimento al n. dello scopritore P.-É. *Lecoq* (1838-1912), propr. 'il (*le*) gallo (*coq*)'] s. m. ● Elemento chimico, metallo bianco-azzurro, fusibile a temperatura ambiente, associato in minime quantità ai minerali di altri metalli, usato per transistor, e come liquido termometrico in termometri ad alta temperatura. SIMB. Ga.

gallìsmo [da *gallo* (*1*) in senso fig.] s. m. ● Atteggiamento molto disinvolto e quasi aggressivo di chi si crede un grande conquistatore di donne.

gàllo (*1*) [lat. *găllu*(*m*), prob. vc. espressiva] **A** s. m. ● Uccello domestico dei Galliformi di media taglia, con cresta rossa e carnosa, bargigli pure rossi, coda lunga e falcata e piumaggio spesso vivacemente colorato (*Gallus gallus*) | *G. cedrone*, grosso galliforme selvatico delle regioni montuose, dal piumaggio nerastro, commestibile (*Tetrao urogallus*). SIN. Urogallo | *G. delle praterie*, tetraone | *Al canto del g.*, prima di giorno | *Fare il g.*, insuperbirsi o fare il galante con le donne | *Essere il g. della Checca*, di uomo che ha molti successi galanti | *Vispo come un g.*, di persona vivace e intraprendente, spec. con le donne | *Camminare a g.*, alzando i piedi come il gallo | *Più bugiardo di un g.*, perché il gallo non canta mai alla stessa ora | (*raro*) *Il g. che canta a San Pietro*, vecchio e duro da mangiare | *G. dei campanili*, insegna mobile che indica la direzione del vento. **B** in funzione di agg. inv. ● (posposto al s.) Nella loc. *peso g.*, nel pugilato, nella lotta, nel sollevamento pesi, categoria di peso tra quelle che comprendono gli atleti più leggeri. **C** s. m. inv. ● (*sport*) Peso gallo. || **gallétto**, dim. (V.) | **gallonàccio**, pegg. | **gallóne**, accr.

gàllo (2) [vc. dotta, lat. *Găllu(m)*, di etim. incerta] **A** agg. *1* Della Gallia. *2* (*raro, lett.*) Francese. **B** s. m. *1* Abitante, nativo della Gallia: *Cesare sconfisse i Galli* | *G. bracato*, della Gallia narbonese | *G. chiomato*, della Gallia superiore | *G. togato*, della Gallia cisalpina. *2* Nell'antica Roma, sacerdote addetto al culto della dea Cibele. *3* (*raro, lett.*) Francese.

†**gàllo** (3) [da *gallare* (1)] s. m. ● (*raro*) Gioia, allegria, galloria.

gallòccia [adatt. del venez. *galozza*, di etim. incerta] s. f. (pl. *-ce*) ● (*mar.*) Robusta caviglia di legno, acciaio, ottone a forma di T schiacciato, fissata alle murate, agli alberi o sui ponti di una imbarcazione per dar volta ai cavi | *Gallocce da remo*, alle quali si attaccavano le mani dei rematori, tre o quattro per remo. ➡ ILL. p. 1291 SPORT.

gallofilìa [comp. di *gallo* (2) e *-filia*] s. f. ● Simpatia per i francesi e per tutto ciò che è francese. SIN. Francofilia.

gallòfilo [comp. di *gallo* (2) e *-filo*] agg.; anche s. m. (f. *-a*) ● Simpatizzante per i francesi, per la loro storia, i loro usi, le loro abitudini. SIN. Francofilo.

gallofobìa [comp. di *gallo* (2) e *-fobia*] s. f. ● Odio contro i francesi, per ogni loro caratteristica e per ciò che è francese.

gallòfobo [comp. di *gallo* (2) e *-fobo*] agg.; anche s. m. (f. *-a*) ● Che, chi odia i francesi.

gallo-itàlico [propr. 'proprio delle popolazioni celtiche (*Galli*) stanziate nell'*Italia* settentrionale'] agg. (pl. m. *gallo-itàlici*) ● Detto di alcuni dialetti italiani dell'area settentrionale.

gallòmane s. m. e f. ● Chi ammira esageratamente i francesi e tutto ciò che è francese.

gallomanìa [fr. *gallomanie*, comp. di *gallo-* 'gallo (2)' e *-manie* '-mania'] s. f. ● Smania eccessiva di imitare i francesi e ammirazione per tutto ciò che è francese.

gallonàio s. m. ● (*raro*) Chi fabbrica o vende galloni.

gallonàre v. tr. (*io gallóno*) ● Ornare, orlare con galloni.

gallonàto **A** part. pass. di *gallonare*; anche agg. *1* Nei sign. del v. *2* (*zool.*) *Farfalla gallonata*, neustria | (*fig.*) *Ignoranza gallonata*, di persona ignorante o volgare. **B** s. m. ● Chi porta i galloni. SIN. Graduato.

gallóne (1) [fr. *galon*, da *galonner* 'ornare di nastri', di etim. incerta] s. m. *1* Striscia di varia altezza e materiale, intessuta a motivi, usata per guarnizioni: *g. d'oro, di seta*. *2* Distintivo di grado, di tessuto vario, applicato sul copricapo e sull'uniforme militare | *Bagnare i galloni*, festeggiare una nuova promozione | *Togliere i galloni*, degradare. || **galloncino**, dim.

gallóne (2) [ingl. *gallon*, dall'ant. fr. *galon* 'sorta di misura', di etim. incerta] s. m. ● Unità di misura dei volumi dei liquidi, corrispondente a 4,546 litri in Inghilterra e a 3,785 litri negli Stati Uniti. SIMB. gal.

gallonèa ● V. *vallonea*.

gallòria [da *gallo* (3) sul tipo di *baldoria, sparatoria* e simili] s. f. ● (*raro*) Allegria rumorosa: *faceva g ... per una settimana* (NIEVO).

galloromànzo [comp. di *gallo* (2) e *romanzo* (1)] **A** s. m. solo sing. ● (*ling.*) Gruppo linguistico romanzo diffuso nel territorio dell'antica Gallia, costituito principalmente dal francese, dal franco-provenzale e dal provenzale. **B** agg. ● Che appartiene o si riferisce a tale gruppo linguistico: *dialetti galloromanzi*; *fenomeni fonetici galloromanzi*.

gallotànnico [comp. di *galla* e *tannico*] agg. (pl. m. *-ci*) ● (*chim.*) *Acido g.*, tannino.

gallòzza s. f. ● (*raro*) Gallozzola.

gallòzzola [da *galla*] s. f. *1* Piccola galla. *2* Bolla che si forma sulla pelle o sull'acqua | (*fig.*) †*Conoscere le gallozzole dai paternostri*, sapere il fatto suo. || **gallozzolétta**, dim. | **gallozzolìna**, dim.

†**gallùme** [da *gallo* (2) e *-ume*] s. m. ● Gallicume.

galoche /*fr.* ga'lɔʃ/ [vc. fr., di provenienza sett. e di origine gall. (**gallos*)] s. f. inv. ● Caloscia.

galop /*fr.* ga'lo/ [vc. fr., propr. 'galoppo', da *galoper* 'galoppare'] s. m. inv. ● Danza molto vivace di origine germanica, in voga in Francia nell'Ottocento.

galoppànte part. pres. di *galoppare*; anche agg. *1* Nei sign. del v. *2* Detto di malattia a decorso rapido e maligno: *tisi g.* | (*est.*) Detto di fenomeno, spec. negativo, che evolvendosi si aggrava, e al quale non si può porre rimedio: *inflazione g.* | *Polso g.*, molto rapido.

galoppàre [fr. *galoper*, dal francone **wala* ('bene') *hlaupan* ('saltare')] v. intr. (*io galòppo*; aus. *avere*) *1* Andare di galoppo: *il cavallo galoppa*; *un cavaliere galoppava velocemente* | *G. sul tappeto*, quando il cavallo alza pochissimo le gambe. *2* (*fig.*) Correre affannosamente, darsi da fare: *ho galoppato tutto il giorno fra casa e ufficio* | *Avere il cervello che galoppa*, *g. con la fantasia*, correre troppo con la fantasia.

galoppàta s. f. *1* Corsa o tratto di corsa di un cavallo al galoppo. *2* Rapida corsa, spec. in una competizione sportiva: *giunse al traguardo dopo una faticosa g.* *3* (*fig.*) Faticata, sfacchinata: *quel viaggio è stato una vera g.* || **galoppatìna**, dim.

galoppatóio s. m. ● Pista dove i cavalli si addestrano o si allenano andando di galoppo.

galoppatóre s. m. (f. *-trice*) *1* Cavallo addestrato per gareggiare nelle corse al galoppo. *2* Cavaliere abile e resistente nell'andare a cavallo di galoppo.

galoppìno [fr. *galopin*, da *galoper* 'galoppare', originariamente n. propr. di messi nelle canzoni di gesta] s. m. *1* Chi corre dappertutto per sbrigare commissioni o faccende altrui | *G. elettorale*, chi fa propaganda per un partito o un candidato e va a sollecitare gli elettori nelle elezioni, a portare notizie e sim. | (*raro, tosc.*) Prete che va a dire messa in molte chiese. *2* (*mecc.*) Rullo di guida per modificare la direzione di una cinghia di trasmissione e regolarne la tensione | Manicotto scorrevole su un albero fra due posizioni per accoppiarlo all'uno o all'altro ingranaggio di un cambio di velocità.

galòppo [fr. *galop*, da *galoper* 'galoppare'] s. m. ● Andatura naturale del cavallo, in cui le zampe anteriori si sollevano per prime a un'altezza superiore delle posteriori e nella quale la durata del periodo di sospensione è più lunga del periodo di appoggio | *Al, di g.*, velocemente, di gran fretta | *G. di allenamento*, nel linguaggio calcistico, attività di preparazione leggera volta soprattutto a sciogliere i muscoli. ➡ ILL. p. 1289 SPORT.

galòsa [etim. incerta] s. f. ● Berretto a calotta alta e floscia, con risvolto, caratteristico dei contadini romagnoli fino ai primi anni del Novecento.

galòscia ● V. *caloscia*.

†**galùppo** [da **galuppare*, var. di *galoppare* (?)] s. m. *1* Addetto ai lavori di fatica al seguito di truppe. *2* Ribaldo, canaglia.

galvànico agg. (pl. m. *-ci*) ● Relativo a Galvani e al galvanismo | *Bagno g.*, in cui si immergono i metalli per galvanizzarli.

galvanìsmo s. m. ● Parte dell'elettrologia che studia i fenomeni relativi all'elettricità di contatto e alle pile.

galvanìsta s. m. (pl. *-i*) ● Galvanotipista.

galvanizzaménto s. m. ● Galvanizzazione.

galvanizzàre [fr. *galvaniser*, dal n. di L. *Galvani*] v. tr. *1* Rivestire di un sottile strato di metallo mediante elettrolisi. *2* (*med.*) Stimolare mediante l'applicazione di corrente elettrica. *3* (*fig.*) Eccitare, comunicando un'energia transitoria: *le sue parole lo galvanizzarono*. SIN. Elettrizzare.

galvanizzazióne s. f. ● Atto, effetto del galvanizzare (*anche fig.*).

galvàno- [dal n. dello scienziato bolognese L. *Galvani* (1737-1798)] primo elemento ● In parole composte della terminologia scientifica e tecnica, indica relazione con la corrente elettrica (in origine con la corrente prodotta da pila voltaica): *galvanocromia, galvanometro, galvanoplastica, galvanotipia*.

galvanocàustica [comp. di *galvano-* e *caustica*] s. f. ● (*med.*) Cauterizzazione mediante corrente galvanica.

galvanocautèrio [comp. di *galvano-* e *cauterio*] s. m. ● (*med.*) Strumento per la galvanocaustica.

galvanocromìa [comp. di *galvano-* e *cromia*] s. f. ● Colorazione dei metalli con procedimento elettrochimico.

galvanomagnètico [comp. di *galvano-* e *magnetico*] agg. (pl. m. *-ci*) ● (*fis.*) Relativo agli effetti che avvengono all'interno di un conduttore percorso da corrente in presenza di un campo magnetico.

galvanomagnetìsmo [composto di *galvano-* e *magnetismo*] s. m. ● Termomagnetismo.

galvanomètrico [da *galvanometro*] agg. (pl. m. *-ci*) ● Che si riferisce al galvanometro: *sensibilità galvanometrica*.

galvanòmetro [comp. di *galvano-* e *-metro*] s. m. ● Strumento usato spec. per misurare correnti molto piccole fino a 10^{-12} ampere.

galvanoplàstica [comp. di *galvano-* e *plastica*] s. f. ● Operazione di rivestimento di un oggetto qualsiasi con un metallo mediante elettrolisi di un sale di quest'ultimo.

galvanoplàstico [comp. di *galvano-* e *plastico*] agg. (pl. m. *-ci*) ● Relativo alla galvanoplastica.

galvanoscòpio [comp. di *galvano-* e *-scopio*] s. m. ● Dispositivo che rivela il passaggio di una corrente elettrica, ma senza misurarne l'intensità.

galvanostegìa [comp. di *galvano-* e un deriv. del gr. *stégein* 'coprire'] s. f. ● Deposizione per elettrolisi su oggetti metallici di un sottile strato di altro metallo, a scopo di decorazione o di protezione.

galvanostegìsta s. m. e f. (pl. m. *-i*) ● Tecnico esperto in galvanostegia.

galvanotècnica [comp. di *galvano-* e *tecnica*] s. f. ● Tecnica delle applicazioni dei fenomeni galvanici.

galvanoterapìa [comp. di *galvano-* e *terapia*] s. f. ● Terapia medica con corrente galvanica.

galvanotipìa [comp. di *galvano-* e *-tipia*] s. f. ● Procedimento di copiatura d'una matrice rilievografica per immersione di un'impronta della stessa in bagno galvanico | (*est.*) La nuova matrice così ottenuta.

galvanotipìsta [da *galvanotipia*] s. m. e f. (pl. m. *-i*) ● Tecnico esperto in galvanotipia.

galvanotropìsmo [comp. di *galvano-* e *tropismo*] s. m. ● (*biol.*) Peculiare tropismo il cui fattore di orientamento è rappresentato da un campo elettrico. SIN. Elettrotropismo.

gàmba [lat. *gămba(m)* 'gamba di quadrupede', dal gr. *kampḗ* 'curva, articolazione' (di origine indeur.), secondo una tarda pronuncia] s. f. *1* (*anat.*) Parte dell'arto inferiore dal ginocchio al piede | Correntemente, l'arto inferiore: *a ogni guizzo di pupilla ne vedeva le gambe non ricche ma armoniose* (CALVINO) | *A mezza g.*, al polpaccio | *Gambe da fantino*, arcuate | *Gioco di gambe*, nel pugilato, abilità dell'atleta di spostarsi con misura e ritmo sul quadrato in modo da offrire un bersaglio mobile all'avversario, e da trovare meglio un varco per colpire | *Viola da g.*, antico strumento musicale che doveva essere appoggiato a una gamba per essere suonato | (*fig.*) *Sentire le gambe fare giacomo giacomo*, sentirsi mancare per stanchezza, debolezza o paura | *Fare una cosa sotto g.*, con facilità e sicurezza | *Prendere q.c. sotto g.*, prenderla alla leggera | *Prendere qc. sotto g.*, stimarlo meno di quanto meriti | *Fare il passo secondo la g.*, sapersi comportare in modo adeguato alle proprie possibilità e capacità | *Mettere i bastoni fra le gambe*, (*fig.*) impedire la realizzazione di q.c. | *Mettersi tra le gambe di qc.*, (*fig.*) importunarlo | *Essere in g.*, essere in buona forma fisica e (*fig.*) essere persona capace, avere iniziativa, svolgere bene il proprio lavoro e sim. | *Rimettersi in g.*, guarire da una malattia | *Sentirsi male in g.*, (*fig.*) in pericolo | (*raro*) *Avere g. a q.c.*, avere attitudine a q.c. | *Non avere più gambe*, (*fig.*) essere stanco | *Dare alle gambe a qc.*, tentare di nuocere a qc. | *Darsela a gambe*, fuggire precipitosamente | *Distendere, stirare le gambe*, morire | *Levare le gambe da q.c.*, uscire da una situazione spiacevole | *A gambe levate*, in gran fretta; (*est.*) in rovina | *Mettere le gambe in capo*, scappare velocemente | *Mettersi la via tra* *le gambe*, mettersi in cammino | *Camminare di buona g.*, lesto, in fretta | *Camminare con le gambe avvolte*, in modo impacciato | *Camminare con le proprie gambe*, essere autonomo, capace di decidere | *Andare dove le gambe portano*, camminare senza una meta fissa | *Andarsene con la coda fra le gambe*, mortificato, avvilito | *A quattro gambe*, carponi | *Correre con dieci gambe*, con molta fretta | †*Guardare le proprie gambe*, stare attento a sé | (*est.*) Parte dei calzoni che ricopre ciascuna gamba. *2* Ciascuno degli arti su cui l'animale si regge e cammina: *cani e cavalli hanno quattro gambe* | (*fig.*) *Raddrizzare le gambe ai cani*, pretendere cose impossibili. *3* (*est.*) Parte della calza e dei calzoni lunghi in cui si infila la gamba. *4* (*est.*) Oggetto, struttura o parte di essi, avente funzioni di sostegno, supporto e sim.: *le gambe del tavolo, della sedia* | (*aeron.*) Struttura che collega all'aereo ruote, pattini, galleggianti e sim. | *G. elastica*, con organi di sospensione, spec. di smorzamento. *5* (*est.*) Asta, linea verticale: *la g. di una nota musicale*; *la lettera n ha due gambe*. || **gambàccia**, pegg. | **gambétta**, dim. (V.) | **gambìna**, dim. | **gambóna**, accr. | **gambóne**, accr. m. (V.) | **gambòtta**, accr. | **gambùccia**, dim.

gambacórta [da interpretare (che ha la) *gamba corta*] s. m. e f. inv. ● (*scherz.*) Zoppo | (*scherz.*) *L'ultimo a comparire fu g.*, di chi arriva per ultimo.

gambàle [da *gamba*] s. m. *1* Parte dello stivale che fascia la gamba. *2* Nelle antiche armature, protezione metallica a difesa delle gambe. *3* Apparecchio di protesi per gli amputati della gamba. *4* Forma in legno per stivali, usata dai calzolai. *5* †Stelo, gambo. || **gambalétto**, dim. (V.).

gambalèsta o **gàmba lèsta** [da interpretare (che ha la) *gamba lesta*] s. m. e f. inv. ● (*scherz.*) Chi è lesto di gambe.

gambalétto s. m. *1* Dim. di *gambale*. *2* Parte rigida che protegge spec. le caviglie, nello scarpone da sci e gener. in calzature a collo alto. *3* (*med.*, *pop.*) Fasciatura gessata per gamba, in ortopedia. *4* (*est.*) Calza corta.

gambalùnga [(che ha la) *gamba lunga*] s. m. e f. inv. ● (*scherz.*) Persona alta e dinoccolata nel camminare.

†**gàmbaro** ● V. *gambero*.

gambàta s. f. ● Colpo dato con una gamba | (*tosc.*) Sgambetto | (*raro*, *tosc.*) *Dare la g.*, togliere a qc. la sposa promessa o la donna amata.

gambécchio [da *gamba*] s. m. ● Piccolo uccello dei Caradriformi, che vive sulle spiagge (*Erolia minuta*).

gamberàna [da *gambero*] s. f. ● Rete rettangolare della superficie di circa un metro quadrato, con cordicella ai lati più lunghi e bastoni agli altri che, movendo il fondo, fanno uscire e raccolgono i gamberi.

gamberétto s. m. *1* Dim. di *gambero*. *2* (*zool.*) Denominazione comune di vari generi di Crostacei Decapodi di piccole dimensioni, per lo più marini.

gàmbero o †**gàmbaro** [lat. *gămbaru(m)*, var. di *cămmaru(m)*, per sovrapposizione di *gămba*, dal gr. *kámmaros*, con simili vc. nordiche] s. m. (f. scherz. *-essa*) *1* Crostaceo decapode marino con corpo allungato, addome terminante a ventaglio e potenti chele all'estremità del primo paio di zampe (*Homarus vulgaris*) | *G. di fiume*, astaco | *Rosso come un g.*, di chi ha il viso rosso per un'emozione o vergogna | *Fare come i gamberi*, camminare all'indietro e (*fig.*) non fare alcun progresso. *2* (*fig.*) Abbaglio, errore madornale. || **gamberèllo**, dim. | **gamberétto**, dim. (V.) | **gamberóne**, accr. (V.).

gamberóne (1) s. m. ● Accr. di *gambero* | Grosso gambero di mare.

gamberóne (2) [da *gamba*] s. m. *1* (*scherz.*, *tosc.*) Persona che ha lunghe gambe. *2* (*raro*, *pop.*) Gamba grossa e gonfia.

gambétta [dim. di *gamba*] s. f. *1* (*zool.*) Combattente. *2* Pianta di olivo da mettere a dimora.

gambettàre [da *gambetta*] v. intr. (*io gambétto*; aus. *avere*) ● (*raro*) Sgambettare.

gambétto [da *gamba*] s. m. *1* Sgambetto | *Dare*, *fare il g.*, (*fig.*) togliere il posto a qc. *2* Mossa del gioco degli scacchi consistente nel sacrificio di un pedone, per ottenere una migliore possibilità di attacco. *3* (*mar.*) Ghirlanda. *4* Ognuna delle parti della tomaia che fasciano e proteggono il collo del piede.

gambièra [da *gamba* per adattamento del corrispondente ant. fr. *jambière*] s. f. *1* Armatura della gamba sotto il ginocchio, di piastra metallica o di cuoio. SIN. Schiniere. *2* Elemento dell'equipaggiamento del portiere di hockey, a protezione delle gambe. *3* Fascia di tessuto o di tela usata per avvolgere le gambe dei cavalli.

gambìno [adatt. di vc. bologn. (*al gambén*), che ha riscontri in Italia merid., di etim. incerta] s. m. *1* Parte posteriore della tomaia che ricopre il tarso e il metatarso. *2* Fosso regolatore dell'acqua della risaia.

gambìsta [da (*viola da*) *gamba*] s. m. e f. (pl. m. *-i*) ● (*mus.*) Suonatore di viola da gamba.

gambizzàre [da *gamba*] v. tr. ● Ferire alle gambe con colpi d'arma da fuoco, in attentati di terrorismo politico.

gambizzàto part. pass. di *gambizzare*; anche agg. ● Nei sign. del v.

gambizzazióne s. f. ● Atto, effetto del gambizzare.

gàmbo [da *gamba*] s. m. *1* Fusto sottile che, nelle piante erbacee, sostiene foglie, fiori e frutti | *G. del fiore*, stelo | *G. di un frutto*, picciolo | *G. di un fungo*, la parte del corpo fruttifero che sostiene il cappello. *2* (*fig.*) Parte, spec. lunga e sottile, di un oggetto, che serve a fermarlo o a reggerlo: *il g. del calice* | *G. dell'amo*, parte dell'amo da pesca alla quale viene legato il finale della lenza. *3* (*mecc.*) *G. di valvola*, stelo cilindrico della valvola nei motori a scoppio | *G. della punta elicoidale*, parte attiva, dotata di taglienti, della punta elicoidale per trapani. || **gambétto**, dim. | **gambìno**, dim. | **gambùccio**, dim. (V.).

gambóne s. m. *1* Accr. di *gamba*. *2* Grossa gamba, spec. gonfia o malata. *3* †Orgoglio, baldanza.

gambùccio s. m. *1* Dim. di *gambo*. *2* (*pop.*) Parte terminale del prosciutto, vicina all'osso, particolarmente dolce e saporita.

gambùsia [dallo sp. di Cuba *gambusino* 'pesciolino', di origine cariba] s. f. ● Genere di piccoli pesci dei Pecilidi introdotti negli stagni di molte parti del mondo come mezzo di lotta antimalarica (*Gambusia*).

gambùto [da *gamba*] agg. ● Che ha gambe lunghe.

game /ingl. 'geim/ [ingl., vc. di diffusione germ.] s. m. inv. ● Nel tennis, ciascuna delle giocate che costituiscono un set | *G. ball*, la palla che decide il risultato di un game.

gamèlio [gr. *gamḗlios*, da *gamêin* 'sposarsi', di etim. incerta] **A** agg. ● (*raro*, *lett.*) Nuziale. **B** s. m. ● Piatto di ceramica proprio dell'Italia centrale che il fidanzato regalava alla promessa sposa, decorato con simboli di amore e fedeltà.

gamèlla [sp. *gamella*, *camella*, dal lat. *camēlla*, deriv. da *camē(l)lus* 'cammello', prob. per la forma curva, che ricordava la gobba dell'animale] s. f. *1* Recipiente metallico per il rancio di soldati e marinai | *Mangiare alla g.*, (*fig.*) fare il soldato. SIN. Gavetta. *2* Insieme degli utensili da tavola per la mensa di bordo. || **gamellìna**, dim. | **gamellìno**, dim. m.

gametàngio [comp. di *gamet(e)* e *-angio*] s. m. ● (*bot.*) Organo dove vengono prodotti i gameti.

gametangiogamìa [comp. di *gametangio* e *-gamia*] s. f. ● (*bot.*) Fusione di due gametangi.

gamète [vc. dotta, gr. *gamétēs* 'coniuge', da *gamêin* 'unirsi in matrimonio (*gámos*)', di etim. incerta] s. m. ● (*biol.*) Ciascuna delle cellule sessuali maschili o femminili che, negli animali e nelle piante, si fondono durante il processo di riproduzione sessuata formando un'unica cellula che, moltiplicandosi, costituirà un nuovo individuo.

gametocìsti [comp. di *gamet(e)* e *cisti*] s. f. ● (*bot.*) Gametangio vescicolare di Funghi e Alghe, delimitato dalla parete della cellula che, dividendosi, ha originato i gameti.

gametòfito [comp. di *gamete* e del gr. *phytón* 'pianta'] s. m. ● Pianta, o parte di essa, che rappresenta il ciclo di sviluppo aploide e che porta i gameti.

gametogamìa [comp. di *gamete* e *-gamia*] s. f. ● (*biol.*) Gamia.

gametogènesi [comp. di *gamete* e *genesi*] s. f. ● (*biol.*) Formazione dei gameti nelle piante e negli animali.

gamìa [vc. dotta, dal gr. *gamêin* 'sposarsi', di origine sconosciuta] s. f. ● (*biol.*) Riproduzione per mezzo di gameti.

-gamìa [dal gr. *-gamía*, da *gamêin* 'sposarsi' (V. *gamia*)] secondo elemento *1* In parole composte dotte, significa 'nozze', 'matrimonio': *monogamia*, *poligamia*. *2* In parole composte della terminologia scientifica, spec. biologica, significa 'riproduzione sessuale': *gametogamia*.

gàmico [da *gamia*] agg. (pl. m. *-ci*) ● (*biol.*) Di, relativo a gamia.

gàmma (1) [lat. tardo *gămma(m)*, dal gr. *gámma*, da una vc. semitica indicante il 'cammello'] **A** s. m. o f. inv. *1* Nome della terza lettera dell'alfabeto greco. *2* Unità di misura della massa, pari a 10^{-9} kg. *3* *G. fotografico*, rapporto fra l'intensità di una radiazione luminosa che colpisce una superficie sensibile e la reazione fotochimica della superficie stessa. *4* (*est.*, *fig.*) Serie completa, insieme omogeneo di qc.: *in autunno uscirà la nostra nuova g. di prodotti*. **B** in funzione di agg. inv. ● (*fis.*) Nella loc. *raggi g.*, radiazioni elettromagnetiche ad alta frequenza che si generano nel nucleo atomico di elementi radioattivi.

gàmma (2) [da *gamma (1)*, equivalente nella notazione musicale gr. a 'sol'] s. f. *1* (*mus.*) Nell'antico sistema musicale, il sol sentito come nota fondamentale della scala. *2* (*mus.*) Scala | (*est.*) Ampiezza, estensione, insieme dei registri sonori della voce umana o di uno strumento. *3* (*est.*) Successione graduata di colori: *la g. dell'arcobaleno*; *tutta la g. dei rossi* | (*fig.*) Serie di passaggi graduali: *la g. dei sentimenti umani*; *l'intera g. delle possibili interpretazioni di un problema*.

gammacìsmo [da *gamma (1)*, sul modello di *lambdacismo*] s. m. ● Difficoltà di pronunciare rettamente la *g* e la *k*.

gammaglobulìna [comp. di *gamma (1)* e *globulina*] s. f. ● (*biol.*) Globulina strettamente legata alla produzione di anticorpi immunitari, e quindi usata per prevenire e curare malattie infettive.

gammagrafìa [comp. di *gamma (1)* e *-grafia*] s. f. ● Radiografia di un organo o di un oggetto effettuata con raggi gamma allo scopo di evidenziarne le caratteristiche strutturali; usata in medicina e nella tecnica del restauro.

gammaterapìa [comp. di *gamma (1)* e *terapia*] s. f. ● (*med.*) Impiego a scopo terapeutico delle radiazioni gamma.

gammàto [vc. dotta, lat. *gammătu(m)* 'a forma di *gămma*' 'gamma (1)'] agg. ● Uncinato, a forma di gamma maiuscolo | *Croce gammata*, croce uncinata, svastica.

gammaùt (1) [comp. di *gamma (2)*, equivalente nella notazione musicale gr. a 'sol', e *ut* 'do'] s. m. ● (*mus.*) Antico nome della prima nota della scala musicale detta gamma, cui Guido d'Arezzo aggiunse l'ut.

gammaùt (2) [dal precedente secondo un passaggio semantico non chiaro] s. m. ● (*chir.*) Bisturi ricurvo.

gammùrra ● V. *gamurra*.

gàmo-, **-gamo** [dal gr. *gámos* 'matrimonio'] primo e secondo elemento *1* In parole composte dotte significa 'nozze', 'matrimonio': *monogamo*, *poligamo*. *2* In parole composte della terminologia scientifica, spec. biologica, significa 'riproduttore sessuale': *gamopetalo*, *gamotepalo*.

gamopètalo [comp. di *gamo-* e *petalo*] agg. ● Detto di fiore con corolla a petali saldati. SIN. Monopetalo, simpetalo.

gamosèpalo [comp. di *gamo-* e *sepalo*] agg. ● Detto di fiore con calice a sepali congiunti. SIN. Sinsepalo, monofillo.

gamotèpalo [comp. di *gamo-* e *tepalo*] agg. ● Detto di fiore con tepali saldati.

gamùrra o **camòra**, **camórra (1)**, **camùrra**, **gammùrra** [ar. *humūr*, pl. di *himār* 'velo femminile', dalla radice *hamara* 'coprire'] s. f. ● Antica veste da donna | Tessuto con cui si confezionava tale veste.

ganaènse **A** agg. ● Del Ghana. **B** s. m. e f. ● Abitante, nativo del Ghana.

ganàscia [lat. tardo *ganăthu(m)*, dal gr. *gnáthos* 'mascella', di origine indeur.] s. f. (pl. *-sce*) *1* Nell'uomo, la guancia e la mascella considerate come un tutto unico | *Mangiare a due, a quattro ganasce*, con grande avidità e (*fig.*) fare grossi guadagni. ***2*** (*veter.*) Porzione molare del corpo della mandibola | *Carico di ganasce*, di equino che presenta ganasce troppo grosse con pelle spessa e peli lunghi. ***3*** (*mecc.*) Ciascuno degli elementi di morsa, tenaglia e sim. che servono a bloccare un organo in movimento o un pezzo da lavorare. ***4*** Nel freno, elemento mobile che sviluppa l'azione frenante sull'organo rotante. ***5*** Piastra di acciaio che serve per il collegamento delle testate di due rotaie. ***6*** (*tess.*) Organo del follone a cilindri che regola il rientro alla follatura in altezza. || **ganascina**, dim. | **ganascino**, dim. m. (V.) | **ganascione**, accr. m. (V.).

ganascino s. m. ● Dim. di *ganascia* | *Prendere per il g.*, stringere la guancia di qc. fra l'indice e il pollice.

ganascióne s. m. ***1*** Accr. di *ganascia*. ***2*** (*raro*) Sganascione, ceffone.

gàncio [sp. *gancho*, di etim. incerta; nel sign. 3, trad. dell'ingl. *hook*] s. m. ***1*** Uncino di metallo, più o meno grande, usato per afferrare, appendere, collegare vari oggetti: *mettere un g. al muro, alla porta; sospendere il prosciutto a un g.; i ganci di un abito* | *G. di trazione*, appendice terminale dell'asta di trazione a forma di uncino, inserita tra veicolo e veicolo ferroviario, atta a ricevere il tenditore | *G. di traino*, quando è interposto fra trattore, autocarro e sim. e rimorchio | *G. di sospensione*, al quale viene assicurato il carico da sollevare | *G. di sollevamento*, impiegato nella sonda di perforazione | (*fig.*) *Mettere un g. alla gola*, costringere con la forza | (*raro*) *Fare dei ganci scrivendo*, degli sgorbi. ***2*** Negli antichi procedimenti di follatura, uncino alla ripiegatura dell'asse su cui girava la stoffa nella gualchiera. ***3*** Nel pugilato, colpo portato a mezza distanza col braccio piegato ad angolo retto e gomito alzato. SIN. Crochet. ***4*** (*tel.*) Particolare dell'apparecchio telefonico che serve per interrompere una comunicazione, generalmente azionato automaticamente riponendo il microtelefono nella sua normale posizione. SIN. Forcella di commutazione. ***5*** (*raro, fig.*) Persona avida e disonesta. ***6*** †Preda, bottino. || **gancétto**, dim. | **gancettino**, dim. | **gancino**, dim.

gànda [vc. delle zone alpine di orig. preromana] s. f. ***1*** (*dial.*) Accumulo di pietre, massi, blocchi staccatisi da pareti rocciose. ***2*** Ciascuno dei solchi che si formano sulle superfici calcaree per l'azione dissolvente delle acque piovane.

gandhismo /gan'dizmo/ s. m. ● Insieme delle concezioni ideologiche dell'uomo politico indiano M. K. Gandhi (1869-1948), basate sul principio della non violenza e sulla pratica della resistenza passiva e della disobbedienza civile come forme di lotta politica | Movimento politico e sociale ispirato alle concezioni di Gandhi.

gandùra [ar. *qandūra* 'specie di camicia (di colore, per cui è esclusa la deriv. dal lat. *căndidus* 'bianco')'] s. f. ● Veste orientale ampia, senza maniche e di tessuto leggero.

ganeàno ● V. *ghaneano*.

ganellino [etim. incerta] s. m. ● Antico gioco a carte simile ai tarocchi.

gang /gɛng, gang, *ingl.* gæŋ/ [ingl. *gang*, dal v. ant. ingl. *gangan* 'andare (assieme)', di origine indeur.] s. f. inv. ***1*** Gruppo organizzato di malviventi. ***2*** (*scherz.*) Combriccola, conventicola: *una g. di amici, di mattacchioni*.

gànga (1) s. f. ● Adattamento di *gang* (V.).

gànga (2) [ted. *Gang* 'cammino' col passaggio dal senso di 'andamento, andatura' (da *gehen* 'andare') a quello di filone minerario] s. f. ***1*** L'insieme dei minerali associati ai minerali utili in un giacimento, generati dallo stesso processo genetico. ***2*** (*zool.*) Sostanza di aspetto gelatinoso, in grado di assorbire acqua, che riveste le uova di vari gruppi di animali, tra i quali gli Anfibi.

gàngama [forma f. di *gangamo*] s. f. ● Rete larga di bocca e stretta di fondo per le ostriche.

gàngamo o **gàngano** [gr. *gángamon*: collegato con *géntо* 'prende, coglie', di origine indeur. (?)] s. m. ● (*mar.*) Sacco a maglie fitte, con bocca munita di un cerchio di ferro, che si trova sul fondo di un battello a vela o all'ancora per la pesca o per studi talassografici.

gàngava [var. di *gangama*] s. f. ● Rete per la pesca delle spugne, a forma trapezoidale.

gangètico [vc. dotta, lat. tardo *gangēticu(m)*, dal gr. *gangētikós*, der. di *Gángēs* 'Gange'] agg. (pl. m. *-ci*) ● Relativo al fiume Gange.

gangheratùra s. f. ● Punto ove una cosa è munita di gangheri | Insieme dei gangheri di un oggetto.

gànghero [lat. parl. **cănchalu(m)*, dal gr. tardo **kánchalos* 'anello della porta': da *kanchalôn* 'ridere ad alta voce' e quindi 'spalancare (la bocca)' (?)] s. m. ***1*** Arpione di ferro che aggancia e rende girevole un'imposta di uscio o di finestra, uno sportello d'armadio, un coperchio di cassa e sim. | *Essere fuori dai gangheri, uscire dai gangheri*, (*fig.*) arrabbiarsi, perdere la pazienza | *Ritornare nei gangheri*, (*fig.*) riacquistare la calma. ***2*** (*raro*) Giravolta, voltafaccia | (*raro*) *Fare un g.*, scantonare. ***3*** Gancetto metallico per affibbiare vesti o parti di esse. || **gangherèlla**, dim. f. | **gangherétto**, dim. | **gangherino**, dim.

ganghista [da *ganga (1)*] s. m. e f. (pl. m. *-i*) ● (*raro, scherz.*) Membro di una ganga, di una combriccola.

gangliàre /gangli'are, gan'gljare/ agg. ● (*anat.*) Relativo ai gangli | *Catena g.*, successione di gangli connessi da nervi | *Cresta g.*, struttura embrionale di origine ectoblastica situata dorso-lateralmente al tubo neurale, da cui si originano i gangli crinali, la parte midollare della surrene e probabilmente i melanofori.

gangliforme [comp. di *gangli(o)* e *-forme*] agg. ● (*anat.*) Che ha forma di ganglio.

gànglio [vc. dotta, lat. tardo *gănglio(n)*, dal gr. *gánglion* 'tumore', propriamente 'qualcosa di ravvolto a palla, di conglobato', di etim. incerta] s. m. ***1*** (*anat.*) Nodo di vasi linfatici o di cellule nervose | *G. linfatico*, linfonodo | *G. nervoso*, ammasso di cellule nervose al di fuori del sistema nervoso centrale | (*med.*) *G. tendineo*, formazione cistica in prossimità di articolazioni, a contenuto gelatinoso, dovuta a estroflessione delle guaine tendinee. ➡ ILL. p. 364 ANATOMIA UMANA. ***2*** (*fig.*) Centro di importanza vitale: *quell'aeroporto è un g. del traffico internazionale*.

gangliolitico [comp. di *ganglio* e *-litico (2)*] agg. (pl. m. *-ci*) ***1*** (*farm.*) Detto di agente capace di distruggere selettivamente le cellule gangliari. ***2*** (*farm.*) Detto di agente capace di deprimere la trasmissione sinaptica gangliare: *farmaco g.* SIN. Ganglioplegico.

gangliòma /gangli'ɔma, gan'gljɔma/ [comp. di *ganglio* e *-oma*] s. m. (pl. *-i*) ● (*med.*) Tumore gangliare.

ganglioplègico [comp. di *ganglio* e *-plegico*] agg. (pl. m. *-ci*) ● (*farm.*) Gangliolitico.

gangliòside [comp. di *ganglio* e *(glico)side*] s. m. ● (*chim.*) Composto appartenente a una classe di glicolipidi complessi, abbondanti nelle membrane delle cellule nervose e impiegati nella terapia di malattie nervose degenerative.

ganglìte [da *gangl(io)* col suff. di malattia infiammatoria *-ite*] s. f. ● Infiammazione gangliare.

gàngola [alterazione pop. di *ghiandola*] s. f. ● (*pop., tosc.*) Ghiandola.

gangrèna o **cancrèna** nel sign. 1 [vc. dotta, lat. *gangr(a)ēna(m)*, dal gr. *gángraina*, form. espressiva con suff. f. a sfumatura pegg.] s. f. ***1*** (*med.*) Necrosi massiva di un organo o tessuto causata spec. da scarso o assente apporto ematico e associata a putrefazione. ***2*** (*bot.*) Alterazione di bulbi, tuberi, radici e sim., provocata da microrganismi. SIN. Marciume. ***3*** V. *cancrena*.

gangrenàre o **cancrenàre**. v. tr. (*io gangrèno*) ● (*med.*) Ridurre in gangrena.

gangrenóso o **cancrenóso**. agg. ● (*med.*) Affetto da gangrena.

gàngster /'gan(g)ster, 'gɛn(g)ster, *ingl.* 'gæŋstə/ [da *gang* col suff., spesso spreg., di occupazione *-ster* '-astro'] s. m. inv. ● Appartenente a una gang | (*est.*) Bandito, malfattore | (*est.*) Persona priva di scrupoli, che tende a realizzare i propri scopi impiegando qualunque mezzo.

gangsterismo /gan(g)ste'rizmo, gɛn(g)ste'rizmo/ s. m. ● Atto, comportamento proprio dei gangster.

gangsteristico /gan(g)ste'ristiko, gɛn(g)ste'ristiko/ agg. (pl. m. *-i*) ● Proprio di un gangster o del gangsterismo.

ganimède [vc. dotta, lat. *ganymēde(m)*, dal gr. *Ganymḗdēs*, comp. di incerta interpretazione, nome del giovinetto che, secondo la leggenda classica, fu rapito sull'Olimpo da Zeus a causa della sua bellezza e reso coppiere degli dei] s. m. ● Giovane galante bello e ricercato | *Fare il g.*, fare il galante. SIN. Bellimbusto, vagheggino.

†gannìre [vc. dotta, lat. *gannīre*, vc. espressiva] v. intr. ● Mugolare dei cani e delle volpi.

Ganòidi [vc. dotta, comp. del gr. *gános* 'splendore' e di un deriv. da *êidos* 'forma'] s. m. pl. ● Nella vecchia classificazione zoologica, ordine comprendente Pesci con caratteri primitivi e scheletro in parte osseo e in parte cartilagineo come, ad es., gli storioni (*Ganoidei*) | (al sing. *-e*) Ogni individuo di tale ordine.

ganzàre [da *ganzo*] **A** v. intr. (aus. *avere*) ● (*raro, pop.*) Amoreggiare. **B** v. tr. ● (*raro*) †Pagare per tutti.

ganzerino [da *ganz(o)* col suff. dim. vezz. *-ino* ampliato con l'inserzione di *-er-*] s. m. ● (*raro*) Damerino, cicisbeo.

gànzo [etim. incerta] s. m. (f. *-a*) ***1*** (*spreg.*) Amante | †*Fare il g.*, il galante. ***2*** (*gerg.*) Persona scaltra, astuta.

gap /*ingl.* gæp/ [vc. ingl., dall'ant. norv. *gap* 'crepaccio', 'abisso', dev. di *gapa*, da una base indeur. di sola area germ.] s. m. inv. ***1*** Scarto, divario: *gap tecnologico*. ***2*** (*elab.*) Interblocco.

gappista [da *G.A.P.*, sigla di *G(ruppo di) A(zione) P(atriottica)*] s. m. e f. (pl. m. *-i*) ● Durante la Resistenza, partigiano appartenente ai gruppi di azione patriottica, cui competeva l'esecuzione di attentati e sabotaggi spec. nelle città.

gàra [ar. *gāra* 'scorreria' (?)] s. f. ***1*** Competizione tra due o più concorrenti o squadre impegnati a superarsi vicendevolmente: *g. ciclistica, motociclistica, di corsa; iscriversi a una g.; g. accesa, entusiasmante* | *G. aperta*, quando non è possibile fare un pronostico circa il vincitore, essendo uguali le possibilità di affermazione dei contendenti o non valutabili le forze dell'avversario | *Fare a g.*, gareggiare per riuscire meglio degli altri contendenti | *Entrare, mettersi in g.*, parteciparvi | Contrasto, competizione: *g. politica; le gare, ch'esercitano gli ordini nelle città, d'uguagliarsi con giustizia, sono lo più potente mezzo d'ingrandir le repubbliche* (VICO). ***2*** Concorso mediante il quale chi fa l'offerta economicamente più conveniente ottiene in esclusiva l'incarico di compiere date opere, forniture e sim. ***3*** †Disputa, dissidio | †*Prendere in g. q.c.*, ostinarsi a contrastarla. || **garétta**, dim.

†garabàttola ● V. *carabattola*.

garage /*fr.* ga'raʒ/ [fr. *garage*, da *garer* 'porre al riparo', dal francone **warôn* 'aver cura di qualcosa'] s. m. inv. ● Rimessa per autoveicoli. SIN. Autorimessa.

garagista s. m. e f. (pl. m. *-i*) ● Chi gestisce un'autorimessa o vi lavora.

†garagollàre ● V. *caracollare*.

gàramond /'garamond, *fr.* gara'mɔ̃/ [dal n. dell'inventore, il fr. C. *Garamond* (XVI sec.)] s. m. ● Carattere tipografico antico stile disegnato da Claude Garamond, ancor oggi uno dei più usati.

garànte [fr. *g(u)arant*, dal got. **werjan*, **wajrian* 'difendere, proteggere'] **A** agg. ● Che garantisce | *Rendersi g., farsi g., di q.c., per qc.*, assicurare l'adempimento di un impegno. **B** s. m. e f. ***1*** Chi garantisce. ***2*** (*dir.*) Colui che è chiamato in giudizio da una parte per difenderla nello stesso o tenerla indenne in caso di soccombenza | Colui che garantisce la corretta applicazione di una legge o la corretta gestione di una testata giornalistica: *g. dell'editoria, del Corriere della Sera*.

†garantìa ● V. *garanzia*.

garantire o (*raro*) **garentire** [fr. *garantir*, da *g(u)arant* 'garante'] **A** v. tr. (*io garantisco, tu garantisci*) ***1*** (*dir.*) Assicurare l'esatto adempimento della prestazione da parte del debitore o il completo e indisturbato godimento di un bene venduto o ceduto: *g. un debito mediante fideiussione* | (*com.*) Assicurare al compratore il perfetto funzionamento di un oggetto venduto con l'impegno di sostituirlo o ripararlo gratuitamente entro un determinato periodo di tempo ***2*** (*est.*) Dare per certo, assicurare: *ti garantisco che la notizia è degna di fiducia.* **3** †Tutelare, proteggere. **B** v. intr. pron. ● Assicurarsi contro possibile danno.

garantismo [da *garantire*] s. m. ● Principio dello Stato di diritto consistente nell'esistenza di una serie di garanzie costituzionali in grado di tutelare determinati diritti, spec. civili e di libertà, dei cittadini, e di limitare, nello stesso tempo, eventuali possibili arbitrii da parte del potere pubblico nei confronti dei cittadini stessi.

garantista s. m. e f. (pl. m. *-i*) ● Seguace, sostenitore del garantismo.

garantistico agg. (pl. m. *-ci*) ● Relativo al, tipico del, garantismo: *istanze garantistiche.*

garantito A part. pass. di *garantire*; anche agg. **1** Nei sign. del v. | (*est.*) Sicuro, certo: *il successo dello spettacolo è g.*; (*fam., anche ell.*) *g. che anche stavolta arriverà in ritardo!* **2** Tutelato da una serie di misure di sicurezza sociale: *un settore di lavoratori tra i più garantiti*; (*anche ass.*) *contraddizioni fra garantiti ed emarginati* (o *non garantiti*). **B** s. m. ● (*dir.*) Chi è garantito: *il fideiussore può opporre contro il mediatore tutte le eccezioni che spettano al g.* | Colui che chiama in causa un terzo perché lo difenda nella stessa e lo tenga indenne in caso di soccombenza.

garanza [fr. *garance*, dal francone **wratja*, di prob. origine lat. (*bråttea*)] s. f. **1** Pianta delle Rubiacee dalle cui radici polverizzate si ricavano sostanze coloranti rosse, usate nell'industria tintoria (*Rubia tinctorum*). SIN. Robbia. **2** (*raro*) Colore rosso fornito da tale pianta.

garanzia o †**garantia**, †**garentia**, (*raro*) **garenzia** [fr. *garantie*, da *garant* 'garante'] s. f. **1** Atto, effetto del garantire: *prestare g.*; *esigere una g.* | *G. di buon funzionamento*, (*ell.*) *garanzia*, certificato con cui il venditore assicura al compratore le perfette condizioni di un oggetto e si impegna alla sua sostituzione o riparazione gratuita per un determinato periodo di tempo; durata del certificato stesso | *g. per evizione*, obbligo di chi trasferisce un diritto reale di garantire il ricevente dall'eventuale rivendica di terzi | *Lettera di g.*, nei contratti di trasporto o noleggio marittimo, clausola con cui i ricevitori del carico si obbligano a sopportare in parte i danni prodottisi in caso di avaria comune | *Garanzie costituzionali*, complesso degli istituti previsti dalla Costituzione a tutela di determinati diritti dei cittadini. **2** (*fig.*) Promessa certa di un esito positivo: *l'affare ha tutte le garanzie di riuscita.*

garanzina [comp. di *garanz(a)* e *-ina*] s. f. ● (*chim.*) Sostanza ottenuta trattando con acido solforico la robbia, della quale contiene una maggiore quantità di alizarina.

garbare [da *garbo* (*1*)] **A** v. intr. (aus. *essere*) **1** Riuscire gradito, andare a genio: *è un vino che mi garba molto* | *G. poco*, fare cattiva impressione, non contentare. SIN. Piacere. **2** (*raro*) Venire a proposito. **B** v. tr. **1** (*raro*) Dare il garbo a q.c. **2** (*mar.*) Disegnare il garbo di uno scafo.

garbatezza s. f. ● Qualità di chi è garbato: *fui ricevuta con molta g.* | (*raro*) Atto gentile, favore: *fammi la g. di andartene.* SIN. Cortesia, gentilezza, grazia.

garbato part. pass. di *garbare*; anche agg. **1** Nei sign. del v. **2** Che ha garbo, gentilezza, cortesia: *modo di fare g.* | Aggraziato, ben fatto, di bella forma: *lavoro g.*; *figura garbata.* || **garbatino**, dim. | **garbatone**, accr. | **garbatuccio**, dim. || **garbatamente**, avv. In modo garbato, gentile: *rispondere garbatamente.*

garbino [ar. *garbī* 'occidentale', da *garb* 'garbo, occidente'] s. m. ● Vento di sudovest nel mare Adriatico. SIN. Libeccio.

garbo (**1**) [etim. discussa: forse dall'ar. *qālib* 'forma, stampo, modello'. Cfr. *calibro*] s. m. **1** Modo educato e cortese di agire, parlare, trattare con gli altri e sim.: *suonare, cantare con g.*; *persona piena di g.*; *aveva confidato con g. alla sposa il perché di quelle risate* (PIRANDELLO) | *Persona senza g.*, sguaiata, sgraziata | *Uomo, donna di g.*, di modi signorili | *A g.*, a modo | (*raro*) *Uomo di g.*, galantuomo. **2** Atto, gesto: *fece un g. di diniego* | *Fare un brutto, un mal g.*, un'azione da villano. **3** Bella forma, linea aggraziata: *g. di un mobile, di un disegno*; *fare prendere il g. a un abito* | Linea curva, sinuosità di alcune opere d'arte: *non è possibile veder la varietà de' garbi di que' vasi* (VASARI). **4** (*mar.*) Curvatura dello scafo. **5** †Gusto piacevole e amabile di un vino. || **garbaccio**, pegg. | **garbettino**, dim. | **garbetto**, dim. | **garbino**, dim.

garbo (**2**) [ar. *garb* 'occidente', letteralmente 'luogo remoto', dalla radice *gàrab* 'andar via', con riferimento ai Paesi arabi occidentali da cui proviene] s. m. ● Tipo di tessuto di lana in uso nel medioevo.

garbo (**3**) [etim. incerta] s. m. ● Specie di antico bastimento mercantile del Levante, di mediocre grandezza.

†**garbugliare** [dall'ant. *bugliare* con la sovrapposizione di altro v. di valore espressivo, partente da *gar(g)-*] v. tr. ● Ingarbugliare.

garbuglio [dev. di *garbugliare*] s. m. **1** Intreccio complicato o disordinato (*anche fig.*): *un g. di nastri e di veli*; *un g. di idee, di pensieri* | (*raro, fig.*) *G. di venti*, tempesta. SIN. Groviglio. **2** (*fig.*) Intrigo, confusione, disordine: *suscitare, creare garbugli*; *mette in disputa et in g. di nuovo le cose d'Italia* (MACHIAVELLI) | (*est.*) †Agitazione, sedizione.

garbuglione s. m. (f. *-a*) ● (*raro*) Chi cerca o crea garbugli.

garcinia [dal n. del botanico fr. L. *Garcin*] s. f. ● Genere di piante delle Guttifere, alcune specie del quale contengono nella corteccia una sostanza lattiginosa che fornisce la gommagutta (*Garcinia*).

garçonne /*fr.* gar'sɔn/ [f. di *garçon* 'ragazzo', prob. dal francone **wrakkjo* 'vagabondo'] s. f. ● Ragazza che organizza la propria vita nel modo libero e indipendente considerato tipico degli scapoli | *Capelli alla g.*, alla maschietta, molto corti e a nuca rasata.

garçonnière /*fr.* garso'njɛr/ [da *garçon* nel senso di 'celibe' (V. *garçonne*)] s. f. inv. **1** Piccolo appartamento da scapolo. **2** Correntemente, appartamento per incontri amorosi.

gardenese A agg. ● Della Val Gardena. **B** s. m. e f. ● Abitante, nativo della Val Gardena.

gardenia o **cardenia** [dal n. del botanico scozzese A. *Garden* (1728-1791)] s. f. ● Arbusto delle Rubiacee con foglie sempreverdi e grandi fiori solitari, bianchi, profumati (*Gardenia*) | Fiore di tale arbusto.

garden-party /'gardem 'parti, *ingl.* 'ga:dn 'pa:ti/ [vc. ingl., letteralmente 'trattenimento (*party*, di origine fr.) in giardino (*garden*, di provenienza e diff. germ., anche se legato a una base indeur.)'] s. m. inv. (pl. ingl. *garden-parties*) ● Festa o trattenimento che si svolge all'aperto.

gardesano [da *Garda*, col suff. *-esano*, forma dial. di *-igiano*] agg. ● Del, relativo al, Lago di Garda.

gareggiamento s. m. ● Azione del competere, del gareggiare.

gareggiare [da *gara*] **A** v. intr. (*io garéggio*; aus. *avere*) ● Fare a gara, cercare di riuscire superiore a qc.: *g. in astuzia* | Competere: *nessuno può g. con lui in generosità* | (*ass.*) Prendere parte a una gara: *oggi gareggiano i migliori atleti.* **B** v. tr. ● (*raro*) †Emulare. **C** v. rifl. rec. ● (*raro*) †Contrastarsi, sopraffarsi.

gareggiatore agg.; anche s. m. (f. *-trice*) ● Che, chi gareggia.

garenna [fr. *garenne*, di etim. incerta] s. f. ● Recinto per l'allevamento allo stato semilibero dei conigli selvatici.

†**garentia** ● V. *garanzia.*

garentire ● V. *garantire.*

garenzia ● V. *garanzia.*

garetta ● V. *garitta.*

garetto ● V. *garretto.*

garfagnino A agg. ● Della Garfagnana. **B** s. m. (f. *-a*) ● Abitante, nativo della Garfagnana.

†**gargagliare** [di origine onomat.] v. intr. **1** Fare strepito di voci, grida. **2** Gorgogliare.

†**gargalozzo** ● V. *gargarozzo.*

gargame [etim. discussa: da un v. onomat. 'fare il rumore d'acqua che scorre in un tubo' (?)] s. m. ● (*idraul.*) Guida metallica in profilato di acciaio formante la superficie di appoggio e scorrimento di una paratoia.

garganella [vc. onomat.] vc. ● Solo nella loc. avv. *a g.*, detto di un particolare modo di bere che si attua tenendo in alto il recipiente, senza accostarlo alle labbra, e lasciando cadere il liquido direttamente in bocca | *Bere a g.*, (*est.*) bere molto, spec. vino e altre bevande alcoliche.

garganello [dalla base imitativa del verso *garg-*] s. m. **1** (*pop.*) Nome di vari uccelli acquatici degli Anseriformi come lo smergo maggiore e la marzaiola. **2** (*spec. al pl., region.*) Pasta alimentare all'uovo simile alle penne rigate, ottenuta avvolgendo dei piccoli quadrati di sfoglia su un bastoncino e passandoli su un apposito pettine a fili metallici.

garganico agg. (pl. m. *-ci*) ● Del Gargano: *penisola garganica.*

†**gargantiglia** [sp. *gargantilla*, deriv. da *garganta* 'gola'] s. f. ● Specie di collana di pietre preziose, perle, coralli.

gargantuesco [dal n. di un personaggio di Rabelais, alludente alla 'gola' o al 'gozzo' con la confluenza di due serie di voci in dipendenza del lat. tardo *gŭrga* ('gorga' e 'mangione') e della base onomat. *garg-*] agg. (pl. m. *-schi*) ● (*anton.*) Detto di ciò che ha proporzioni gigantesche: *fame gargantuesca.*

gargarismo o (*dial.*) †**gargherismo** [vc. dotta, lat. tardo *gargarīsmu(m)*, dal gr. *gargarismós*, da *gargarízein* 'gargarizzare'] s. m. **1** Soluzione medicamentosa per la cura delle affezioni del cavo orale. SIN. Collutorio. **2** Atto con cui tale medicamento viene fatto gorgogliare nel retrobocca e nella gola. **3** (*raro, spreg.*) Gorgheggio mal eseguito.

gargarizzare, (*pop.*) **sgargarizzare** [vc. dotta, lat. tardo *gargarizāre*, dal gr. *gargarízein*, con reduplicazione onomat.] v. intr. **1** Fare i gargarismi. **2** (*raro, spreg.*) Gorgheggiare malamente.

gargarozzo o †**gargalozzo** [dalla base onomat. *garg-*] s. m. ● (*pop.*) Gola, gozzo: *prendere per il g.*

†**gargherismo** ● V. *gargarismo.*

†**gargo** [da un agg. germ. in *-ig* tratto da **karō* 'cura, preoccupazione'] agg. (pl. m. *-ghi*) ● Malizioso, furbo, astuto.

gargoilismo [dall'ingl. *gargoylism*, da *gargoyle* 'mascherone', dall'ant. fr. *gargoule* 'gola'] s. m. ● (*med.*) Malformazione ereditaria caratterizzata da nanismo, testa grossa e volto con lineamenti grossolani e grotteschi.

gargolla s. f. ● Adattamento di *gargouille* (V.).

gargotta [fr. *gargote*, da *gargoter* 'mangiare rumorosamente', di origine onomat.] s. f. ● Osteria di campagna, taverna ove si mangia senza tovaglia.

gargouille /*fr.* gar'guj/ [vc. fr., ant. fr. *gargoule*, comp. di *goule* 'gola' con la radice onomat. *garg-* e sovrapposizione di *gargouiller* 'brontolare'] s. f. inv. ● Canale di evacuazione delle acque piovane che sporge fortemente dalle grondaie che circondano un tetto, per lo più organizzato anche come elemento architettonico e decorativo: *gotica, neogotica.*

garibaldiano [dal n. di G. *Garibald(i)* col suff. *-iano*] **A** agg. ● (*raro*) Proprio di, relativo a Garibaldi: *imprese garibaldiane*; *studi garibaldiani.* **B** s. m. ● (*raro*) Appartenente a ciascuno dei corpi militari volontari, organizzati e comandati in vari tempi e luoghi da Garibaldi.

garibaldino [dal n. di G. *Garibaldi* (1807-1882) col suff. *-ino*] **A** agg. **1** Proprio di, relativo a Garibaldi: *battaglie garibaldine* | Ispirato alla figura e all'opera di Garibaldi: *associazioni garibaldine.* **2** (*est., fig.*) Animoso, impetuoso: *spirito g.* | *Alla garibaldina*, (*ell.*) in maniera temeraria e audace. **B** s. m. **1** Appartenente a ciascuno dei corpi militari volontari, organizzati in vari tempi e luoghi da Garibaldi: *i garibaldini di Bezzecca, di Calatafimi* | (*est.*) Appartenente a corpi militari ispirati alla figura e all'idea di Garibaldi: *i garibaldini delle Argonne.* **2** (*est.*) Appartenente a corpi militari o raggruppamenti partigiani antifascisti, spesso di ispirazione e organizzazione comunista, recanti il nome di Garibaldi.

†**garibo** ● V. †*caribo* (*2*).

gariga o **garriga** [fr. *garrigue*, vc. di orig. preindeur.] s. f. ● Tipo di boscaglia mediterranea formata di arbusti e suffrutici sempreverdi molto bassi, e di abbondanti piante erbacee.

gariglio ● V. *gheriglio.*

garitta o **garetta** [fr. *guérite*, da *garir*, var. di *garer* 'mettere al riparo' forse attrav. lo sp. *garita*] s. f. **1** Torretta rotonda o poligonale, di legno o di mattoni, posta normalmente negli angoli salienti al sommo della cinta delle opere fortificate e adibita al servizio di sentinella | Casotto di legno o in muratura per riparo della sentinella all'ingresso delle caserme o di altri edifici o luoghi militari. ➡ ILL. p. 360 ARCHITETTURA. *2* (*ferr.*) Ricovero del guardabarriere, del manovratore ecc. | *G. del carro ferroviario*, cabina ove può prendere posto il frenatore per la sorveglianza dei carri e l'azionamento del freno a mano nei casi richiesti. *3* (*mar.*) Centina di faggio messa in alto per formare la volta della camera di poppa sul ponte delle galee, che poi si copriva di incerata.

garnett /*ingl.* 'ga:nit/ [vc. ingl., dal n. (*Garnett*) dell'inventore (?)] s. m. inv. ● Garnettatrice.

garnettàre [da *garnett*] v. tr. (*io garnétto*) ● Eseguire la garnettatura.

garnettatrìce [da *garnettare*] s. f. ● Macchina costituita da tamburi ruotanti, muniti di denti, per sfilacciare stracci o altri cascami di fibre tessili.

garnettatùra s. f. ● Operazione tessile che si fa con la garnettatrice.

garni /*fr.* gar'ni/ s. m. inv. ● Acrt. di *hôtel garni*.

garofanàia [da *garofano*] s. f. ● Pianta erbacea perenne delle Rosacee con foglie grandi, piccoli fiori gialli, rizoma che, se schiacciato, profuma di garofano (*Geum urbanum*).

garofanàto agg. ● Che profuma di garofano, che contiene essenza di garofano.

garòfano o **gheròfano** [lat. *caryŏphyllu(m)*, dal gr. *karyóphyllon*, di origine orient., interpretata come comp. di *káryon* '(frutto con) involucro' e *phýllon* 'foglia'] s. m. *1* Pianta erbacea delle Cariofillacee frequentemente coltivata, con fiori doppi, di vario colore, profumati e foglie sottili e allungate (*Dianthus caryophyllus*) | *G. di Maone*, violaciocca | *G. indiano* o *minore*, tagete | *G. selvatico*, cariofillacea erbacea comune nei prati e nei boschi (*Dianthus carthusianorum*) | *Chiodi, bottoni, teste di g.*, boccioli fiorali di una pianta delle Mirtacee (*Eugenia caryophyllata*) essiccati con il calice e usati come spezie | (*polit., fig., est.*) *Il partito del g.*, (*per anton.*) il partito socialista italiano che ha tale fiore come simbolo. ➡ ILL. **spezie**. *2* (*zool., pop.*) *G. di mare*, attinia. SIN. Anemone di mare, giglio di mare. || **garofanino**, dim.

†**garoṣèllo** ● V. *carosello*.

†**garóso** [da *gara*] agg. *1* Litigioso: *il loro contrapporsi agli altri non è per semplice comparazione, ma per garosa e inflessibile ripugnanza* (BARTOLI). *2* Di cosa piena di contrasti, fatta con animosità.

garrése [vc. di origine celt., da una base **garra* 'parte della gamba', come in *garretto* (V.)] s. m. ● (*veter.*) Regione compresa tra il collo e il dorso dei quadrupedi, che ha per base scheletrica le apofisi spinose delle vertebre dorsali comprese fra la seconda e la settima-ottava: *dal g. si misura l'altezza del cavallo* | *Mal del g.*, complesso di lesioni traumatiche che interessano i tessuti profondi della regione.

garrétto o **garétto** [vc. di origine celt., propr. dim. di **garra* (V. *garrese*)] s. m. *1* (*veter.*) Regione degli arti posteriori dei bovini e degli equini, che ha per base anatomica le ossa del tarso | *Corda del g.*, tendine d'Achille. *2* (*pop.*) Nell'uomo, parte posteriore della caviglia | (*fig.*) *Avere garretti d'acciaio*, di chi è valente e resistente nella corsa.

garriga ● V. *gariga*.

garriménto s. m. *1* (*raro*) Atto del garrire. *2* †Rimprovero.

garrìre [lat. *garrīre*, di origine onomat.] **A** v. intr. (*io garrìsco*, †*gàrro*, *tu garrìsci*, †*gàrri*; aus. *avere*) *1* Emettere un verso aspro e stridulo di alcuni animali, spec. di uccelli: *le rondini garriscono*. *2* (*lett.*) Sventolare, di bandiere, drappi e sim. *3* (*raro, lett.*) Ciarlare molestamente | Gridare con voce aspra | (*est.*) Litigare. **B** v. tr. ● (*lett.*) †Rimproverare: *pur che mia coscienza non mi garra* (DANTE *Inf.* XV, 92).

garrito [vc. dotta, lat. tardo *garrītu(m)* 'cicalamento', propriamente part. pass. di *garrīre* 'garrire'] s. m. ● Verso stridulo tipico di alcuni uccelli: *lo strider fu lieve qual g. di rondine* (D'ANNUNZIO).

garritóre agg.; anche s. m. (f. *-trice*) ● (*raro*) Che, chi garrisce.

garròccio [prob. var. dial. di *scaloccio*, da *scala* nel senso di 'guida'] s. m. ● (*mar.*) Ciascuno degli elementi scorrevoli sullo strallo ai quali viene collegato il fiocco lungo l'inferitura per mezzo di moschettoni.

garròtta [sp. *garrote*, di etim. sconosciuta] s. f. ● Strumento per eseguire una condanna a morte consistente in un anello di ferro, fermato a un palo o un asse verticale, che, progressivamente ristretto mediante viti, determina la morte per strangolamento.

garrottaménto [da *garrottare*] s. m. ● Strangolamento eseguito mediante la garrotta, come forma di esecuzione capitale.

garrottàre [da *garrotta*] v. tr. (*io garròtto*) ● Strangolare mediante la garrotta | (*est., gener.*) Strangolare premendo sul collo un qualunque strumento od oggetto rigido, come tubo, spranga, coltello e sim.

†**garrulànte** [vc. dotta, lat. tardo *garrulănte(m)*, part. pres. di *garrulāre*, da *gărrulus* 'garrulo'] agg. ● Loquace, garrulo.

garrulità o †**garrulitàde**, †**garrulitàte** [vc. dotta, lat. tardo *garrulitāte(m)*, da *garrulāre* (V. *garrulante*)] s. f. *1* (*lett.*) L'essere garrulo, loquace. *2* †Maldicenza abituale, petulanza.

gàrrulo (1) [vc. dotta, lat. *gărrulu(m)*, da *garrīre* 'garrire'] agg. *1* Che garrisce: *i garruli uccelli*; *la garrula bandiera*. *2* (*raro, lett.*) Loquace, petulante. *3* (*est., lett.*) Festoso, rumoroso: *ai garruli trastulli / erano intenti ... / ... i due fanciulli* (PASCOLI).

gàrrulo (2) [Cfr. vc. precedente] s. m. ● Uccello dei Passeriformi con ciuffo bianco sul capo, mediocre volatore, che popola le boscaglie dell'Asia merid. ed è allevato in voliera (*Garrulus leucolophus*).

gàrza (1) [etim. discussa: sp. *garza*, di prob. origine preromana (?)] s. f. ● (*zool., dial.*) Airone.

gàrza (2) [etim. discussa: da *garzare* (?)] s. f. ● Tessuto rado e leggero di cotone e più raramente di lino, con armatura tela, usato per fare bende o tendaggi.

garzàia [da *garza* (*1*)] s. f. *1* Luogo alberato ove gli aironi covano in colonie. *2* (*raro, fig.*) Situazione o faccenda confusa, imbrogliata.

garzàre [da *garzo*] v. tr. ● (*tess.*) Sottoporre i tessuti a garzatura.

garzàto **A** part. pass. di *garzare*; anche agg. ● Nel sign. del v. **B** s. m. ● Tessuto reso morbido e peloso mediante garzatura.

garzatóre s. m. (f. *-trice*) ● Operaio tessile che esegue l'operazione della garzatura.

garzatrìce s. f. ● (*tess.*) Macchina per garzare.

garzatùra s. f. ● (*tess.*) Operazione di finitura dei tessuti, effettuata con apposite macchine dotate di scardassi che ne sollevano la peluria per ottenere una maggiore morbidezza.

garzèlla [da *garzo*] s. f. ● Arnese di legno con più file di garzi, usato dai lanaioli per garzare i tessuti.

garzerìa s. f. ● Luogo ove si ripongono i garzi e le garzelle | Luogo ove si garzano i panni.

garzétta [da *garza* (*1*)] s. f. ● Piccolo airone bianco che si distingue per avere zampe e becco neri e due lunghe penne che pendono posteriormente al capo (*Egretta garzetta*).

gàrzo [lat. parl. **cărdeum* per il class. *cărduu(m)* 'cardo'] s. m. ● (*tess.*) Cima di cardo dei lanaioli con squame uncinate, impiegata un tempo per la garzatura della lana | *Dare il g.*, garzare | *Tratto di g.*, passata di garzi su tutta la lunghezza della pezza del panno.

garzonàto s. m. *1* Tirocinio del garzone | La durata di tale tirocinio. *2* (*est., fig.*) Periodo d'esperienza iniziale, più o meno faticosa, di una qualsiasi attività.

garzóne [fr. *garçon*, dal francone **wrakkjo* 'vagabondo'] s. m. (f. *-a* nel sign. 2) *1* Prestatore di lavoro subordinato che si esercita nelle più rudimentali forme dell'attività lavorativa: *il g. del fornaio, del lattaio*. *2* (*poet.*) Giovinetto di età inferiore ai quindici anni: *garzon bellissimo, a cui con gli anni / crescon le grazie* (PARINI). *3* †Giovane scapolo. *4* (*raro*) Scudiero che un tempo seguiva il cavaliere. || **garzonàccio**, pegg. | **garzoncèllo**, dim. | **garzoncino**, dim.

†**garzoneggiàre** v. intr. ● Essere adolescente.

†**garzonévole** agg. ● Fanciullesco.

†**garzonile** agg. ● Puerile.

garzuòlo [lat. parl. **cardiŏlu(m)*, dim. del gr. *kardía* 'cuore'] s. m. *1* Ognuno dei grumi in cui si condensa la cera nell'acqua della vasca dei ceraioli. *2* †Canapa lavorata, pronta per la filatura.

gas o (*tosc.*) **gàsse**, †**gaẓ** [vc. dotta, creata dal chim. ol. J. B. v. Helmont, dal lat. *chăos* 'caos', pronunciato quasi *ga(o)s*] s. m. *1* Stato nel quale la materia, le cui molecole possiedono un'energia potenziale trascurabile rispetto all'energia cinetica, tende ad occupare tutto il volume a sua disposizione. *2* Nel linguaggio scientifico, aeriforme al disopra della temperatura critica | Correntemente, aeriforme | *Gas naturali*, costituiti da metano, idrocarburi della serie paraffina, gas inerti, sorgenti dal sottosuolo in seguito a trivellazione | *Gas nobili, gas rari*, quelli, presenti nell'aria, che costituiscono il gruppo zero del sistema periodico degli elementi, usati nella preparazione delle lampade a incandescenza | *Gas tonante*, miscela d'idrogeno e ossigeno o aria che, se innescata, si combina con reazione esplosiva | *Gas illuminante*, gas combustibile prodotto dalla distillazione secca del litantrace, per uso prevalentemente domestico | *Gas esilarante*, usato come anestetico generale nella pratica chirurgica. SIN. Protossido di azoto | *Gas asfissiante*, composto chimico di varia natura, irritante o velenoso, impiegato in guerra | *Gas inerte*, che presenta difficoltà a reagire chimicamente | *Gas di sintesi*, miscela di ossido di carbonio e idrogeno usata nell'industria per la sintesi del metanolo, dell'ammoniaca | *Gas di città*, di uso domestico | *Gas delle paludi*, metano | *Gas delle miniere*, grisou | *Gas ammoniacato*, (*raro*) ammoniaca | *Camera a gas*, vano in cui introdurre gas venefici, usato per l'eliminazione nei campi di sterminio nazisti dei prigionieri e, in certi Stati americani, dei condannati a morte. *3* Correntemente, gas illuminante: *pagare la bolletta del gas*; *fuga di gas*. *4* Correntemente, la miscela d'aria e benzina finemente polverizzata che alimenta i motori a scoppio | *Dare gas*, accelerare il motore dell'aeroplano, dell'automobile, della motocicletta, e sim. | *Andare a tutto gas*, andare in automobile, in motocicletta, ecc. alla massima velocità | (*fig.*) *Studiare, lavorare a tutto gas*, con il massimo impegno.

gaṣàre o **gassàre** nel sign. A [da *gas*] **A** v. tr. *1* Rendere effervescente un liquido disciogliendovi un gas. *2* Sottoporre all'azione di gas tossici, asfissianti. *3* (*fig., fam.*) Eccitare, rendere euforico. **B** v. rifl. ● (*fig., fam.*) Esaltarsi, eccitarsi, montarsi la testa: *guardalo come si è gasato per così poco!*

gaṣàto o **gassàto** nel sign. A **A** part. pass. di *gasare*; anche agg. *1* Nei sign. del v. *2* *Acque, bibite gasate*, contenenti anidride carbonica che le rende frizzanti. **B** agg.; anche s. m. (f. *-a*) ● (*fig., fam.*) Che, chi si è esaltato o montato la testa.

gaṣbetòn [comp. di *gas* e *beton*] s. m. inv. ● (*edil.*) Materiale da costruzione leggero, con spiccate caratteristiche di isolamento termico e acustico, realizzato iniettando sostanze schiumogene nella malta di cemento prima della solidificazione.

gàsco [var. di *casco*] s. m. (pl. *-schi*) ● (*mar.*) Ornamento all'estremità del tagliamare.

gascromatografia [comp. di *gas*, del gr. *chrôma*, genit. *chrṓmatos* 'colore' e *-grafia*] s. f. ● Metodo fisico per la separazione selettiva dei componenti di una miscela, basato sulla ripartizione di sostanze fra una fase liquida fissa e una fase gassosa mobile.

gascromatògrafo [da *gascromatografia*] s. m. ● Apparecchio per la gascromatografia, dove un gas eluente trascina selettivamente le diverse sostanze di una miscela liquida.

gascromatogràmma [comp. di *gas*, del gr. *chrôma*, genit. *chrṓmatos* 'colore' e *-gamma*] s. m. (pl. *-i*) ● Registrazione dei risultati di una gascromatografia.

gaṣdinàmica [comp. di *gas* e *dinamica* sul modello di *aerodinamica*] s. f. ● Aerodinamica dei fluidi compressibili.

gaṣdótto [comp. di *gas* e della seconda parte, deriv. dal lat. *dŭctus* 'condotto, conduttura', di vc. simili, come (*acque*)*dotto*, (*oleo*)*dotto*, ecc.] s. m. ● Conduttura per il trasporto di gas naturali o artificiali.

gaṣièra s. f. ● Nave particolarmente attrezzata per il trasporto di gas liquefatto.

gaṣificàre e deriv. ● V. *gassificare* e deriv.

gaṣìndio o **gaṣìndo** [lat. mediev. *gasindium* 'seguito', di origine longob.] s. m. ● Nel mondo medievale, vassallo di re longobardo.

gaṣìsta ● V. *gassista*.

gaṣògeno o **gassògeno** [comp. di *gas* e *-geno*, sul tipo del fr. *gazogène*] s. m. ● Apparecchio atto a trasformare un combustibile solido in gassoso mediante ossidazione regolata e incompleta.

gaṣolìna o **gaẓolìna** [da *gasolio*] s. f. ● Prodotto ottenuto dalla distillazione frazionata degli oli leggeri ottenuti dal petrolio.

gaṣòlio [adatt. dell'ingl. *gasoil*, comp. di *gas* e *oil* 'petrolio'] s. m. ● Frazione intermedia tra il petrolio da illuminazione e gli oli pesanti, ottenuto per distillazione del petrolio greggio; è usato come carburante per motori Diesel e per riscaldamento domestico. SIN. Nafta.

gaṣometrìa ● V. *gassometria*.

gaṣòmetro ● V. *gassometro*.

gaṣósa ● V. *gassosa*.

gaṣóso ● V. *gassoso*.

gàssa o †**gàẓẓa** (2) [sp. *gaza*] s. f. ● (*mar.*) Cappio a forma anulare praticato all'estremità di un cavo | *G. impiombata*, permanente, fatta con un'impiombatura | *G. d'amante*, fatta con un nodo che non scorre, facilmente scioglibile. ➡ ILL. **nodo**.

gassàre ● V. *gasare*.

gassàto ● V. *gasato*.

gàsse ● V. *gas*.

gassificàre o **gaṣificàre**. v. tr. *1* Trasformare un solido o un liquido in un gas. *2* Gasare.

gassificazióne o **gaṣificazióne**. s. f. ● Operazione del gassificare.

gassista o **gaṣista**. s. m. (pl. *-i*) *1* Operaio installatore e riparatore degli impianti per la distribuzione del gas | L'addetto alla lettura dei contatori. *2* Nell'industria siderurgica, fonditore addetto al funzionamento e alla sorveglianza di un gasogeno.

gassògeno ● V. *gasogeno*.

gassometrìa o **gaṣometrìa** o **gaẓometrìa** [comp. di *gas* e *-metria*] s. f. ● Insieme dei sistemi usati per l'esame qualitativo e quantitativo delle miscele gassose.

gassòmetro o **gaṣòmetro**, **gaẓòmetro** [comp. di *gas* e *-metro*, come il fr. *gazomètre*] s. m. ● Recipiente chiuso, di grande capacità, con coperchio mobile, destinato a raccogliere, conservare e distribuire il gas combustibile nei tubi di conduttura.

gassósa o **gaṣósa**, **gaẓósa**, **gaẓẓósa** [f. sost. di *gassoso*] s. f. ● Bibita analcolica preparata con acqua, zucchero e anidride carbonica e aromatizzata spec. con essenza di limone.

gassóso o **gaṣóso**, **gaẓóso** [da *gas*] agg. *1* Detto di composto allo stato aeriforme. *2* Di gas: *miasmi gassosi*.

gastàldo ● V. *castaldo*.

gàstero- ● V. *gastro-*.

Gasteromicèti o **Gastromicèti** [comp. di *gastero-* e del gr. *mýkēs*, genit. *mýkētos* 'fungo'] s. m. pl. ● Nella tassonomia vegetale, ordine di funghi dei Basidiomiceti il cui corpo fruttifero è globoso nel giovane e formato da una parte interna contenente le spore e da un involucro esterno (*Gastromycetales*) | (al sing. *-e*) Ogni individuo di tale ordine.

Gasteròpodi o **Gastròpodi** [comp. di *gastero-* e del gr. *pôus*, genit. *podós* 'piede'] s. m. pl. ● Nella tassonomia animale, classe di Molluschi provvisti di conchiglia dorsale, capo distinto con occhi portati da tentacoli e uno sviluppato piede carnoso che serve per la locomozione (*Gastropoda*) | (al sing. *-e*) Ogni individuo di tale classe. ➡ ILL. **animali** /3-4.

Gasterosteifórmi [comp. di *gastero-*, del gr. *ostéon* 'osso' e del pl. di *-forme*] s. m. pl. ● Nella tassonomia animale, ordine di Pesci ossei con un raggio spinoso nelle pinne pettorali (*Gasterosteiformes*) | (al sing. *-e*) Ogni individuo di tale ordine.

gastigamàtti ● V. *castigamatti*.

gastigàre e *deriv.* ● V. *castigare* e *deriv.*

gastràle [da *gastro-*] agg. ● (*zool.*) Che si riferisce all'apparato digerente di animali inferiori | *Cavità g.*, nei Celenterati e nelle Spugne.

gastralgìa [comp. di *gastr(o)-* e *algia*] s. f. (pl. *-gie*) ● (*med.*) Dolore che proviene dallo stomaco.

gastrectaṣìa [comp. di *gastr(o)-* e *ectasia*] s. f. ● (*med.*) Dilatazione dello stomaco.

gastrectomìa [comp. di *gastr(o)-* e *ectomia*] s. f. ● (*chir.*) Asportazione dello stomaco: *g. parziale, totale*.

gàstrico [da *gastro-*] agg. (pl. m. *-ci*) ● Dello stomaco: *ulcera gastrica* | *Succo g.*, liquido secreto dalle ghiandole gastriche | *Lavanda gastrica*, lavaggio dello stomaco fatto mediante sonda.

gastrìna [fr. *gastrine*, dal gr. *gastḗr*, genit. *gastrós* 'stomaco' (V. *gastro-*)] s. f. ● (*biol.*) Ormone elaborato dalla mucosa del piloro, che stimola la secrezione gastrica di acido cloridrico.

gastrìte [comp. di *gastr(o)-* e *-ite* (*1*)] s. f. ● (*med.*) Infiammazione della parete gastrica: *g. acuta, cronica*.

gàstro [dal gr. *gastḗr*, genit. *gastrós* 'stomaco'] s. m. ● (*zool.*) Porzione terminale tondeggiante dell'addome peduncolato tipico di alcuni Insetti.

gàstro- o **gàstero-** [dal gr. *gastḗr*, genit. *gastrós* 'stomaco', prob. di origine indeur.] primo elemento ● In parole composte della terminologia scientifica, spec. medica, significa 'stomaco', 'ventre': *gastronomia, gastroenterite, gasteropodi*.

gastrocèle [comp. di *gastro-* e del gr. *kḗlē* 'tumore'] s. m. ● (*med.*) Ernia dello stomaco.

gastrocnèmio [vc. dotta, tratta dal gr. *gastroknḗmē*, comp. di *gastḗr*, genit. *gastrós* 'stomaco' e *knḗmē* 'gamba'] s. m. ● (*anat.*) Muscolo posteriore della gamba, a due ventri. ➡ ILL. p. 362 ANATOMIA UMANA.

gastrodigiunostomìa [comp. di *gastro-*, *digiuno* (*2*) e *-stomia*] s. f. ● (*chir.*) Creazione chirurgica di un abboccamento tra stomaco e digiuno.

gastroduodenàle [comp. di *gastro-* e *duodenale*] agg. ● (*med.*) Che si riferisce allo stomaco e al duodeno.

gastroduodenìte [comp. di *gastro-* e *duodenite*] s. f. ● (*med.*) Infiammazione acuta o cronica delle mucose gastrica e duodenale.

gastroentèrico [comp. di *gastro-* e *enterico*] agg. (pl. m. *-ci*) ● (*med.*) Che appartiene allo stomaco e all'intestino.

gastroenterìte [comp. di *gastro-* e *enterite*] s. f. ● (*med.*) Infiammazione dello stomaco e dell'intestino.

gastroenterocolìte [comp. di *gastro-*, *entero-* e *colite*] s. f. ● (*med.*) Infiammazione dello stomaco, dell'intestino tenue e del colon.

gastroenterologìa [comp. di *gastro-*, *entero-* e *-logia*] s. f. (pl. *-gie*) ● Parte della medicina che studia la struttura, la funzione, la patologia dello stomaco e dell'intestino.

gastroenteròlogo [comp. di *gastro-*, *entero-* e *-logo*] s. m. (f. *-a*; pl. m. *-gi*, pop. *-ghi*) ● Medico specialista di gastroenterologia.

gastroenterostomìa [comp. di *gastro-*, *entero-* e *-stomia*] s. f. ● (*chir.*) Creazione di una anastomosi fra stomaco e intestino tenue.

gastroepàtico [comp. di *gastro-* e *epatico*] agg. (pl. m. *-ci*) ● (*med.*) Che concerne lo stomaco e il fegato.

gastroepatìte [comp. di *gastro-* e *epatite*] s. f. ● (*med.*) Infiammazione dello stomaco e del fegato.

gastroeṣofagìte [comp. di *gastro-*, *esofag(o)* e del suff. *-ite* (*1*)] s. f. ● (*med.*) Infiammazione delle mucose dello stomaco e dell'esofago.

gastrointestinàle [comp. di *gastro-* e *intestinale*] agg. ● (*med.*) Relativo a stomaco e intestino.

gastrologìa [comp. di *gastro-* e *-logia*] s. f. (pl. *-gie*) ● Parte della medicina che studia la struttura, la funzione, la patologia dello stomaco.

Gastromicèti ● V. *Gasteromiceti*.

gastronomìa [vc. dotta, gr. *gastronomía*, comp. di *gastḗr*, genit. *gastrós* 'stomaco', e un deriv. di *nómo* 'legge, norma'] s. f. *1* Insieme delle regole, delle consuetudini e delle usanze che costituiscono l'arte della buona cucina. *2* Negozio dove si vendono specialità alimentari.

gastronòmico [da *gastronomia*] agg. (pl. m. *-ci*) ● Concernente la gastronomia: *trattato g.* | Proprio della gastronomia: *specialità gastronomiche*. || **gastronomicaménte**, avv. Per quanto concerne la gastronomia.

gastrònomo [da *gastronomia*] s. m. (f. *-a*) ● Esperto di gastronomia, intenditore della buona cucina | Buongustaio, amante della buona tavola.

gastropatìa [comp. di *gastro-* e *-patia*] s. f. ● (*med.*) Affezione gastrica in generale.

gastropàtico A agg. (pl. m. *-ci*) ● Di, relativo a gastropatia. **B** agg.; anche s. m. (f. *-a*) ● Che, chi soffre di affezioni gastriche.

gastroplàstica [comp. di *gastro-* e *plastica*] s. f. ● (*chir.*) Qualsiasi intervento di chirurgia plastica sullo stomaco.

Gastròpodi ● V. *Gasteropodi*.

gastroprotezióne [comp. di *gastro-* e *protezione*] s. f. ● (*med.*) Effetto protettivo esercitato da alcune sostanze sulla mucosa gastrica.

gastroptòṣi [comp. di *gastro-* e *ptosi*] s. f. ● (*med.*) Dislocazione dello stomaco più bassa rispetto alla posizione normale per cedimento dei legamenti.

gastroresezióne [comp. di *gastro-* e *resezione*] s. f. ● Asportazione chirurgica di una parte dello stomaco.

gastrorragìa [comp. di *gastro-* e *-ragia*] s. f. ● (*med.*) Emorragia gastrica.

gastrorrèa [comp. di *gastro-* e *-rea*] s. f. ● (*med.*) Eccessiva secrezione di succhi gastrici o di muco da parte della mucosa gastrica.

gastroscopìa [comp. di *gastro-* e *-scopia*] s. f. ● (*med.*) Esame ottico diretto della cavità gastrica mediante gastroscopio.

gastroscòpio [comp. di *gastro-* e *-scopio*] s. m. ● (*med.*) Strumento ottico tubulare, rigido o flessibile, per l'esame diretto della parete gastrica.

gastròṣi [comp. di *gastro-* e *-osi*] s. f. ● (*med.*) Affezione non infiammatoria dello stomaco.

gastrospàṣmo [comp. di *gastro-* e *spasmo*] s. m. ● (*med.*) Spasmo delle pareti dello stomaco.

gastrostenòṣi [comp. di *gastro-* e *stenosi*] s. f. ● (*med.*) Restringimento del lume gastrico.

gastrostomìa [comp. di *gastro-* e *-stomia*] s. f. ● (*chir.*) Procedura chirurgica con cui si crea una comunicazione diretta dello stomaco con l'esterno per eseguire un drenaggio o favorire, in casi particolari, l'alimentazione.

gastrotomìa [comp. di *gastro-* e *-tomia*] s. f. ● (*chir.*) Incisione dello stomaco.

gastroẓòide [comp. di *gastro-* e un deriv. di *-zoo*] s. m. ● (*zool.*) In alcune specie di polipi, individuo destinato alla funzione nutritizia al servizio di tutta la colonia.

gàstrula [vc. dotta, lat. sc. *găstrula(m)* 'piccola (-ŭla) coppa (*găstra*: dal gr. *gástra*)'] s. f. ● (*biol.*) Uno degli stadi iniziali di sviluppo dell'embrione, successivo alla blastula.

gastrulazióne s. f. ● (*biol.*) Processo di formazione della gastrula.

-gate /*ingl.* geit/ [tratto da *Watergate*, complesso residenziale di Washington da cui prese nome lo scandalo che costrinse R. Nixon alle dimissioni da presidente degli Stati Uniti (1974)] secondo elemento ● In parole composte del linguaggio giornalistico, indica uno scandalo in cui siano stati coinvolti personaggi importanti, spec. dell'ambiente politico: *Irangate, Irpiniagate*.

gâteau /*fr.* ga'to/ [vc. fr., francone **wastil* 'focaccia', da *wahs* 'cera' (?)] s. m. inv. (pl. fr. *gâteaux*) ● (*gener.*) Torta, dolce, spec. farcito.

gateway /*ingl.* 'geit wei/ [vc. ingl., propr. 'entrata, ingresso', 'passaggio (*way*) attraverso una porta (*gate*)'] s. m. inv. ● (*elab.*) Elaboratore elettronico impiegato come interfaccia e convertitore di protocolli tra due o più reti di trasmissione dati.

gatò s. m. ● Adattamento di *gâteau* (V.).

gàtta (**1**) [da *gatto*] s. f. ● Femmina del gatto | *G. ci cova!*, c'è un inganno sotto | *Prendere una g. a pelare*, intraprendere un'impresa difficile e noiosa da cui possono venire solo fastidi | *G. cieca*, gioco di fanciulli, detto anche mosca cieca | *Comprare la g. nel sacco*, comprare alla cieca | *Non portare la g. nel sacco*, non nascondere nulla | (*raro*) *Cadere in piedi come la g.*, uscire indenne da una disgrazia | *G. morta*, V. *gattamorta* || PROV. Quando non c'è la gatta i topi ballano; tanto va la gatta al lardo che ci lascia lo zampino. || **gattàccia**, pegg. | **gattìna**, dim. (V.) | **gattóna**, accr. | **gattùccia**, dim.

gàtta (**2**) [fr. *gatte*, dal provz. *gata*, di origine lat. (**găbita* per *găbata* 'scodella')] s. f. ● (*mar.*) Dispositivo di chiusura delle cubie per impedire all'acqua di mare, che può entrare da esse, di scorrere sul ponte della nave.

gattabùia [etim. discussa: da *gattaiola* con sovrapposizione di *buio* (?)] s. f. ● (*pop.*, *scherz.*) Prigione, galera: *andare, finire, stare in g.*

gattàia (1) [perché erba che attira i *gatti*] s. f. ● Erba delle Labiate abbastanza comune, con fiori azzurri in verticilli radi e proprietà medicamentose (*Nepeta cataria*). SIN. Nepeta.

gattàia (2) [perché luogo da *gatti*] s. f. ● (*raro*) Gattabuia | (*est.*) Luogo angusto e sporco.

gattàio s. m. ● (*raro, tosc.*) Venditore ambulante di rifiuti di carne per gatti.

gattaiòla o (*lett.*) **gattaiuòla** [da *gatto*] s. f. *1* Buco che si fa nella parte inferiore degli usci per farvi passare un gatto. *2* (*fig.*) †Ripiego, scappatoia.

gattamòrta [comp. di *gatta* e *morta*] s. f. (pl. *gattemòrte* o *gàtte mòrte*) ● Chi nasconde il suo vero carattere sotto un'apparenza fin troppo mansueta e tranquilla: *sembrare una g.* | *Fare la g.*, agire con intenzioni nascoste | (*raro*) *Uscire di g.*, smettere di fingere.

gatteggiaménto s. m. *1* Tipica luminosità degli occhi dei felini. *2* Luminosità oscillante di alcune gemme, simile agli occhi del gatto, provocata da fibre di amianto incluse nella pietra.

gatteggiàre [dalla luminosità degli occhi del *gatto*] v. intr. (*io gattéggio*; aus. *avere*) ● Presentare particolari effetti di luce con iridescenze simili a quelle degli occhi di un gatto, detto spec. di pietra preziosa.

gattèllo [etim. discussa: dal *gatto*, che raffigurava (?)] s. m. ● (*edil.*) Peduccio di legno che nelle capriate tiene fissi gli arcarecci.

gattésco [da *gatto*] **A** agg. (pl. m. -*schi*) ● Di gatto: *furberia gattesca* | (*est.*) Felino, sornione. **B** s. m. ● Nella loc. †*andare in g.*, fare l'amore, come i gatti in primavera.

gàttice [da *gatto*, perché gli amenti lunghi e pelosi somigliano a una coda di gatto] s. m. ● (*bot.*) Pioppo bianco.

gattìna s. f. *1* Dim. di *gatta*. *2* (*fig.*) Donna che fa moine, smancerie: *fare la g.*

gattinàra [dal n. del luogo di provenienza, *Gattinara*, di etim. incerta] s. m. ● Vino rosso granato, dal sapore vellutato e dal profumo intenso, della zona di Gattinara nel vercellese, prodotto con l'uva Nebbiolo.

gattìno [per la forma che ricorda una coda di *gatto*] s. m. ● (*bot., pop.*) Amento.

gàtto o †**càtto** (2) [lat. tardo *cāttu(m)*, di etim. incerta] **A** s. m. (f. -*a*) *1* Mammifero domestico dell'ordine dei Carnivori, con corpo flessuoso, capo tondeggiante, occhi fosforescenti e unghie retrattili, con un gran numero di razze (*Felis catus*): *La gatta ... annusava l'ora col suo nasino bruno* (MORANTE) | *G. delle selve*, gattopardo africano | *G. marmorato*, grosso felide di aspetto simile al gatto che vive nell'Asia meridionale e insulare e ha pelame bruno-grigio macchiettato e abitudini strettamente notturne (*Felis marmorata*) | *G. selvatico*, felide selvatico probabile progenitore del gatto domestico | *G. frustato*, (*fig.*) persona che se ne sta mogia in disparte | *Mal g.*, persona astuta e furba e (*est.*) ladro | *Essere come cani e gatti*, essere sempre pronti a litigare | *Essere in quattro gatti*, in pochissimi | *G. scorticato*, chi canta male | *Musica da gatti*, stonata e rumorosa | (*fig.*) *G. a nove code*, staffile con nove strisce di cuoio, usato un tempo per punizioni corporali. *2* Macchina da assedio in uso nel Medioevo simile all'ariete, ma sempre custodita da una tettoia e mossa con ruote verso le mura nemiche per batterle e rovinarle | Asta di legno con una stella a tre punte all'estremità, usata un tempo per controllare che non vi fossero scalfitture nelle bocche da fuoco. *3* Barcone che un tempo si teneva armato nei laghi e nei fiumi in caso di guerra. *4* (*mar.*) Coffa di galea | *Buco di g.*, foro praticato nelle coffe degli alberi dei velieri, per accedervi dalle sartie | *Ormeggio a barba di g.*, con due ancore ben divaricate affondate a prora. *5* Berta, battipalo. *6* *G. delle nevi*, veicolo munito di larghi cingoli per l'apertura di piste sui campi da sci e, gener., per la locomozione su terreni coperti di neve. *7* *G. selvatico*, piattaforma poggiata sul fondo marino, per trivellazioni petrolifere. *8* *G. selvaggio*, forma di sciopero che si propone soprattutto il boicottaggio diretto della produzione industriale mediante la sospensione dal lavoro alternativamente in uno o in altro settore della catena di montaggio, rendendo così impossibile una ordinata lavorazione. **B** in funzione di agg. inv. ● (posposto al s.) Nella loc. *pesce g.* (V.). || **gattàccio**, pegg. | **gattìna**, dim. (V.) | **gattìno**, dim. | **gattóne**, accr. (V.) | **gattùccio**, dim. (V.).

gattò [adattamento merid. del fr. *gâteau* (V.)] s. m. ● (*region.*) Piatto tipico della cucina meridionale costituito da patate, uova, mozzarella e carne suina, cotto al forno.

gattòfilo [comp. di *gatto* e -*filo*] agg.; anche s. m. (f. -*a*) ● (*scherz.*) Che o chi ama i gatti.

gattomammóne [letteralmente 'scimmia (ar. *maimūn*) - gatto (per le movenze)'] s. m. (pl. *gattimammóni*) ● Mostro immaginario delle fiabe spesso evocato per spaventare i bambini.

gattonàre [da *gatto* con influsso del modo *andar gattoni*] v. tr. e intr. (*io gattóno*; aus. *avere*) ● Avvicinare la selvaggina strisciando accovacciato al modo dei gatti.

gattóne (1) ● V. *gattoni* (*1*).

†**gattóne** (2) s. m. (f. -*a*) *1* Accr. di *gatto*. *2* (*est.*) Furbo.

gattóni (1) o (*raro*) **gattóne** (1) [da *gatto* col suff. iter. avv. -*oni*] avv. ● Nella posizione di chi procede quatto quatto, appoggiandosi sulle mani e sui piedi: *camminare, avanzare g.* | Con valore raff. nella loc: *gatton g.*

gattóni (2) [dall'ant. veneto *galtoni*, da *galta* 'gota', con sovrapposizione di *gatto*] s. m. pl. ● (*pop.*) Parotite: *avere i g.*

gattopardésco [dal romanzo *Il gattopardo*, di G. Tomasi di Lampedusa] agg. (pl. m. -*schi*) ● Che si ispira a, o proviene da, una politica di tipo conservatore, secondo la quale i rinnovamenti concessi non toccano la sostanza delle cose, ove tutto deve rimanere come è sempre stato.

gattopardìsmo [dal titolo del romanzo *Il Gattopardo* (1958) di G. Tomasi di Lampedusa] s. m. ● Concezione e prassi politica gattopardesca.

gattopàrdo [comp. di *gatto* e *pardo*, in quanto nell'uso pop. si riteneva nato dall'unione fra questi due animali] s. m. *1* Correntemente, felino dalle forme eleganti e simile al gatto domestico, ma di dimensioni molto maggiori | *G. africano*, servalo | *G. americano*, ozelot. *2* Gattuccio stellato.

gattùccio (1) [da *gatto* per la livrea chiazzata] s. m. ● Squalo di modeste dimensioni, comune lungo le coste dei mari italiani, caratteristico per la pelle macchiettata (*Schylliorhinus canicula*) | *G. stellato*, simile al precedente ma con pelle a macchie più grandi e più rade (*Schylliorhinus stellaris*). SIN. Gattopardo.

gattùccio (2) [dim. di *gatto*, attrav. un passaggio semantico poco chiaro] s. m. ● Sega con lama sottile a sciabola e manico tondo, per fare tagli curvi.

gauchesco /gau'tʃesko/ [vc. sp., da *gaucho*] agg. (pl. m. -*schi*) ● Che si riferisce ai gauchos: *letteratura, poesia gauchesca*.

gauchisme /fr. go'ʃism/ [vc. fr., der. di *gauche* 'sinistra', da *gauchir* 'deformarsi, deviare', vc. d'orig. francone] s. m. inv. ● (*polit.*) Il complesso dei movimenti extraparlamentari di sinistra, e delle loro ideologie.

gauchìsmo /goʃ'ʃizmo/ s. m. ● Adattamento di *gauchisme* (V.).

gauchìsta /goʃ'ʃista/ s. m. e f.; anche agg. (pl. m. -*i*) ● Adattamento di *gauchiste* (V.).

gauchiste /fr. go'ʃist/ [vc. fr., der. di *gauche* 'sinistra' (V. *gauchisme*)] s. m. e f. inv.; anche agg. ● Chi, che appartiene politicamente alla sinistra extraparlamentare: *movimento, organizzazione g.*

gaucho /sp. 'gautʃo/ [etim. discussa: dalla vc. quichua *wáča* 'povero, indigente' (?)] s. m. inv. (pl. sp. *gauchos*) ● Mandriano delle pampas argentine e uruguaiane, caratteristico per il cappello a larghe tese e per il poncho.

gaudènte [vc. dotta, lat. *gaudĕnte(m)*, part. pres. di *gaudēre* 'godere'] **A** agg. ● (*raro, lett.*) Che gode di q.c. | *Frate g.*, V. *frate*. || **gaudenteménte**, avv. Da gaudente. **B** s. m. e f. ● Chi ama vivere fra gli agi e i piaceri: *conduce una vita da g.* SIN. Festaiolo, godereccio. || **gaudentóne**, accr.

†**gaudére** ● V. *godere*.

†**gaudiménto** ● V. *godimento*.

gàudio [vc. dotta, lat. *gāudiu(m)*, da *gaudēre* 'godere'] s. m. *1* Gioia intensa, spec. in senso spirituale o religioso: *il g. della virtù, della coscienza*; *g. della vita religiosa* | (*lett., gener.*) Contentezza, piacere. *2* Ciò che è oggetto di gaudio | *Sommo g.*, Dio.

gaudióso [da *gaudio*] agg. ● (*lett.*) Pieno di gaudio | (*relig.*) *Misteri gaudiosi*, i primi cinque del Rosario, in cui si considerano le gioie della Madonna. || **gaudiosaménte**, avv. Con gaudio.

gaufre /fr. gofr/ [vc. fr., di etim. discussa: dal francone **wafel* 'favo (di miele)', per la forma (?)] s. f. inv. ● Sorta di cialda stampata a caldo con un ferro a tenaglia.

gaufré /fr. go'fre/ [vc. fr., propriamente part. pass. di *gaufrer* 'goffrare' (V.)] agg. inv. ● Goffrato.

gaullìsta /gol'lista/ [var. di *gollista* con diretto richiamo all'ortografia fr. (da *De Gaulle*)] s. m. e f. anche agg. (pl. m. -*i*) ● Gollista.

gaulthèria /gaul'tεrja/ [dal n. del botanico canadese cui è dedicata: J. F. *Gaulthier*] s. f. ● Frutice, con foglie dentate e coriacee, da cui si estrae un olio usato come antireumatico perché contenente salicilato di metile (*Gaultheria procumbens*).

gauss /ted. 'gaus/ [dal n. del fisico e mat. ted. K. F. *Gauss* (1777-1855)] s. m. ● Unità di induzione magnetica nel sistema C.G.S. elettromagnetico, pari a 10^{-4} weber/m^2. SIMB. Gs.

gaussiàno agg. ● Relativo a Gauss: *sistema g.* | (*mat.*) *Curva gaussiana*, curva piana esprimente la distribuzione delle misurazioni di una grandezza.

†**gavàgno** ● V. *cavagno*.

gavàina [lat. parl. **gabalīna(m)*, dim. di *găbalus* 'forca', di origine celt. (?)] s. f. ● Grossa tenaglia a bocche curve, con cui si afferrano i pezzi roventi di ferro, mentre si battono col maglio.

gavazzaménto s. m. ● (*lett.*) Modo e atto del gavazzare.

gavazzàre [originariamente 'ingrossare il gozzo (*gavazza*, di etim. incerta), ridendo e schiamazzando'] v. intr. (aus. *avere*) ● (*lett.*) Fare baldoria (*anche fig.*): *la superbia con lei salta e gavazza* (ARIOSTO).

gavazzatóre agg.; anche s. m. (f. -*trice*) ● (*lett.*) Che, chi gavazza, fa baldoria.

†**gavàzzo** s. m. ● Festa, strepito allegro.

gavétta (1) [lat. *găbata(m)* 'scodella' con mutazione, diversamente interpretata, di accento e suff.] s. f. ● Recipiente di alluminio con coperchio munito di manico e costituente altro recipiente, per il rancio del soldato in campagna | *Venire dalla g.*, di ufficiali che, iniziata la carriera come soldati semplici, ne hanno percorso tutti i gradi e (*est.*) di persona che ha raggiunto il successo partendo dal niente. || **gavettìno**, dim. m. (V.) | **gavettóne**, accr. m. (V.).

gavétta (2) [da un precedente **sgavetta*, dim. di *sgabello* nel senso di 'aspo (per fare la matassa)'] s. f. *1* Matassina di corde di minugia. *2* †Filo d'oro che si trae dalla prima filiera | Filo sottile di ferro usato dall'orafo per legare i pezzi nelle saldature.

gavettìno s. m. *1* Dim. di *gavetta* (*1*). *2* Piccolo recipiente con manico, in dotazione al soldato per bere la razione di vino e di caffè.

gavettóne s. m. *1* Accr. di *gavetta* (*1*). *2* Grosso recipiente per la distribuzione del vitto alla truppa. *3* Scherzo in uso fra i soldati, consistente in una doccia ottenuta mediante il lancio di un grosso recipiente o sacco pieno d'acqua addosso a un commilitone spec. durante il riposo in branda. *4* (*mar.*) Guardia che si fa in mare dalle 4 alle 8 di sera, ciascuna di due ore: *primo, secondo g.*

gaviàle [fr. *gavial*, dall'ingl. *gavial*, dall'indost. *ghariyāl*] s. m. ● Rettile dei Loricati simile al coccodrillo ma con muso stretto e lungo che vive nelle acque interne dell'India (*Gavialis gangeticus*).

gavigliàno [etim. incerta] s. m. ● Nel fioretto e nella spada italiana, sbarretta di ferro, che fa parte dell'impugnatura dell'arma, di lunghezza uguale al diametro della coccia e perpendicolare all'asse della lama.

†**gavignàre** [da †*gavigne*] v. tr. ● Afferrare sotto le ascelle.

†**gavigne** [etim. discussa: deriv. da *cāvus* 'cavo' (?)] s. f. pl. ● Cavo delle ascelle.

†**gavillàre** e *deriv.* ● V. *cavillare* e *deriv.*

gavìna [dim. del lat. *gāvia* 'gabbiano' (V.), come

il catalano *gavina*] s. f. ● Uccello acquatico dei Caradriformi simile al gabbiano reale ma più piccolo, che in Italia è solo di passo (*Larus canus*).

gavitèllo [etim. incerta] s. m. ● (*mar.*) Qualunque galleggiante sul mare in un punto fisso per avvertire i marinai di q.c., spec. quello che, legato a lungo coll'àncora, serve a indicare il luogo in cui essa è affondata | *G. annegato, orbo*, quando è sott'acqua | *G. di salvamento*, specie di salvagente per marinai.

gavòcciolo [da **gaba* 'gozzo', allargato con doppio suff.] s. m. ● (*tosc., raro*) Bubbone.

gavóne o **govóne** [etim. discussa: deriv. dal lat. *căvus* 'cavo' (?)] s. m. ● (*mar.*) Spazio vuoto nella parte interna dello scafo, sotto il galleggiamento, tra la paratia di collisione e l'estremità dello scafo: *g. di prora, di poppa*.

gavòtta (**1**) [etim. discussa: da **gaba* 'gozzo' (?)] s. f. ● Pesce osseo degli Scorpeniformi, simile al pesce cappone, che vive sui fondali vicino alle coste (*Trigla oscura*).

gavòtta (**2**) [fr. *gavotte*, dall'ant. provz. *gavoto* 'danza propria degli alpigiani', detti *gavots* a causa del loro gozzo (*gava*)] s. f. ● Danza francese lenta e aggraziata, in due tempi, in gran voga nei secc. XVII e XVIII.

gay /*ingl.* 'gei/ [ingl., propr. 'gaio'] s. m. e f. inv.; anche agg. ● Omosessuale che vive con consapevolezza la propria condizione, senza nasconderla e, spesso, adoperandosi per affermare una propria dignità sociale.

†**gaẓ** ● V. *gas*.

gaẓàre [da *gaz*, var. di *gas*] v. tr. ● Far passare rapidamente un filato su una fiamma a gas, sì da togliergli la peluria e renderlo più lucente.

gaẓatóre s. m. ● Operaio tessile addetto alla gazatura.

gaẓatrice s. f. ● Macchina tessile usata per gazare i filati.

gaẓatùra s. f. ● Operazione del gazare.

gaẓebo /gad'dzɛbo, *ingl.* gə'zi:bou/ [vc. ingl., dalla sovrapposizione del v. (*to*) *gaz*(*e*) 'guardare fissamente' col lat. (*vid*)*ebo* 'vedrò' (?)] s. m. (pl. ingl. *gazebos* o *gazeboes*) ● Chiosco da giardino.

†**gaẓèlla** ● V. *gazzella*.

gaẓofilàcio [vc. dotta, lat. tardo *gazophy̆lacĭu*(*m*), dal gr. *gazophylákion*, comp. di *gáza* 'tesoro' e *phylákion* 'custodia'] s. m. ● Nel Nuovo Testamento, il luogo in cui, nel Tempio di Gerusalemme, si conservavano il tesoro e le offerte fatte a Dio.

gaẓolìna ● V. *gasolina*.

gaẓometrìa ● V. *gassometria*.

gaẓòmetro ● V. *gassometro*.

gaẓósa ● V. *gassosa*.

gaẓóso ● V. *gassoso*.

gazpacho /*sp.* gaθ'patʃo/ [vc. sp. di etim. incerta] s. m. inv. ● Minestra fredda a base di peperoni, pomodori e cetrioli, tipica della cucina spagnola.

gàẓẓa (**1**) [lat. tardo *gāia*(*m*), di etim. incerta] s. f. **1** Uccello dei Passeriformi dal piumaggio bianco, grigio e nero a riflessi verdi o violetti, che usa impossessarsi degli oggetti luccicanti (*Pica pica*). **2** (*fig., pop.*) Persona ciarliera.

†**gàẓẓa** (**2**) ● V. *gassa*.

gaẓẓàrra [ar. parl. *gazāra* 'loquacità', dal v. *gāzzar* 'abbondare' e quindi 'parlare molto'] s. f. **1** Baccano di gente allegra | Chiasso, confusione: *g. elettorale*. **2** †Sparo di fuochi artificiali. **3** †Strepito guerriero di armi, voci, strumenti, accompagnato da manifestazioni di giubilo: *giunse l'ammiraglio ... menando gran g. e trionfo* (VILLANI).

gaẓẓèlla o †**gaẓèlla** [ar. *gazāla*, attraverso una lingua iberica] s. f. **1** Antilope africana dalle forme agili ed eleganti (*Gazella*): *essere veloce, agile come una g.* | *Occhi da g.*, grandi e malinconici. **2** (*fig., gerg.*) La vettura più veloce in dotazione ai carabinieri.

gàẓẓera [da *gazza* (*1*) con sovrapposizione di *passero*] s. f. ● (*raro, pop.*) Gazza.

†**gaẓẓerino** agg. ● Di colore simile all'occhio della gazza. SIN. Turchiniccio.

†**gaẓẓeròtto** [da *gazzera*] s. m. (f. *-a*) **1** Giovane gazza. **2** (*fig.*) Chiacchierone | Sciocco, merlotto.

gaẓẓétta (**1**) [etim. incerta] s. f. ● (*pop., sett.*) Moneta di mistura del valore di due soldi coniata a Venezia dal sec. XVI.

gaẓẓétta (**2**) [da *gazzetta* (*1*), ch'era il prezzo di una copia] s. f. ● Giornale: *g. dello Sport*; *g. dei Tribunali*; *g. medica, letteraria* | *Gazzetta Ufficiale*, giornale edito a cura dell'autorità governativa per la pubblicazione delle leggi, dei decreti o delle disposizioni emanate dai più alti organi costituzionali e amministrativi dello Stato | *Andare per, sulla g.*, (*fig.*) essere l'oggetto della curiosità e dei pettegolezzi altrui | (*fig.*) *Cose da g.*, che destano viva curiosità | (*fig.*) *Quella donna è la g. del quartiere*, è una pettegola a conoscenza dei fatti più curiosi e personali di ognuno. || **gaẓẓettàccia**, pegg. | **gaẓẓettìna**, dim. | **gaẓẓettìno**, dim. m. (V.) | **gaẓẓettùccia**, dim. | **gaẓẓettuòla**, dim.

gaẓẓettànte s. m. e f. **1** (*raro*) Chi legge e scrive su una gazzetta. **2** (*raro*) Chiacchierone.

gaẓẓettière s. m. (f. *-a*) ● Giornalista di poco valore.

gaẓẓettìno s. m. **1** Dim. di *gazzetta*. **2** Parte del giornale in cui si pubblicano notizie particolari: *g. regionale, teatrale, commerciale* | *G. rosa*, notiziario a sfondo mondano. **3** (*fig.*) Persona curiosa e pettegola | (*raro*) *Fare il g.*, fare la spia.

gaẓẓettìstico agg. (pl. m. *-ci*) ● Di, da gazzetta | (*spreg.*) *Critica gazzettistica*, poco seria.

†**gàẓẓo** (**1**) [da *gazza* (*1*)] agg. ● Di colore glauco.

gàẓẓo (**2**) [etim. incerta] s. m. ● Berretto del doge genovese.

gaẓẓósa ● V. *gassosa*.

gaẓẓuòlo [da *gazzo* (*1*) col suff. agg. *-*(*u*)*olo*] agg. ● (*zool.*) Di occhio la cui iride, difettando di pigmento, prende una colorazione azzurrognola chiara.

†**ge** /dʒe*/ ● V. *gi*.

geàstro [comp. del gr. *gê* 'terra' e *astḗr* 'stella' per la sua forma di 'stella (terrestre)'] s. m. ● Genere di funghi dei Gasteromiceti di forma globosa nell'individuo giovane, con involucro esterno aperto, in lamine petaliformi, a stella, nell'adulto (*Geaster*).

gèbel [ar. *ǧābal* 'montagna'] s. m. ● Elevazione rocciosa, montagna, altipiano.

†**gecchìre** [provz. *jequir* 'piegare, umiliare', dal francone **jahhian*] v. tr. ● Abbattere, umiliare.

gèco [ingl. *gecko*, dal malese *gēkoq*, vc. imit. del grido dell'animale] s. m. (pl. *-chi*) ● Piccolo e innocuo rettile degli Squamati simile alla lucertola ma con corpo tozzo, pelle a squame verrucose, dita a spatola munite inferiormente di lamelle adesive (*Tarentola mauritanica*).

gedanése [vc. dotta, da *Gedanum*, ant. n. di Danzica] agg. ● (*lett.*) Di Danzica.

geènna o **gehènna** [vc. dotta, lat. eccl. *ge*(*h*)*ĕnna*(*m*), dal gr. *géenna*, dall'ebr. *gē Hinnōm* 'la valle di Ennom'] s. f. **1** Valle presso Gerusalemme dove si adorava con riti cruenti e sacrifici umani il dio Moloch, poi luogo di raccolta di rifiuti. **2** Nella Bibbia, inferno e luogo di espiazione eterna a mezzo del fuoco.

Geiger /*ted.* 'gaigər/ [dal n. di H. *Geiger* che lo inventò insieme a W. Müller nel 1928] s. m. inv. ● (*ell.*) *Contatore di Geiger e Müller*, apparecchio che rivela le particelle emesse durante una reazione nucleare, e la presenza di raggi cosmici.

geisha /'gɛiʃʃa, *giapp.* 'ge:ja/ o **ghèiscia** [vc. giapp., propriamente 'danzatrice', comp. di *sha* 'persona' e *gei* 'd'arte, artistico'] s. f. **1** Giovane donna giapponese istruita nella danza, nella musica e nella rituale cerimonia del tè, che interviene a rallegrare conviti | *Maniche alla g.*, ampie e senza cucitura di spalla. **2** (*est.*) Donna di facili costumi.

geitonogamìa [comp. del gr. *géitōn*, genit. *géitōnos* 'vicino' e un deriv. di *gámos* 'matrimonio'] s. f. ● (*bot.*) Impollinazione incrociata fra fiori vicini di una medesima pianta.

gel /dʒɛl/ o **gèlo** (**2**) nel sign. 1 [dalle prime lettere dell'ingl. *gel*(*atin*)] s. m. **1** (*chim.*) Gelatina formatasi per coagulazione di un colloide mediante aggiunta di speciali sostanze oppure per raffreddamento | *Gel reversibile, irreversibile*, a seconda che la variazione prodotta per riscaldamento possa o no effettuarsi nel senso inverso per raffreddamento. **2** Sostanza gelatiniforme usata come prodotto medicamentoso o cosmetico | *gel per capelli*, usato per fissarli e renderli lucenti.

gelàda [da una lingua indig.] s. m. ● Grossa scimmia cinocefala di colore bruno che vive in branchi numerosi e ha una lunga coda con ciuffo di peli all'estremità (*Theropithecus gelada*).

gelaménto o †**gielaménto**. s. m. ● (*raro*) Modo e atto del gelare.

gelàre o †**gielàre** [lat. *gelāre*, da *gĕlu*(*s*) 'gelo (1)'] **A** v. tr. (*io gèlo*) ● Agghiacciare, congelare (*anche fig.*): *era un freddo che gelava le mani e i piedi*; *di dolor, di stupor, di meraviglia / tremò, gelò, quasi insensato, insano* (MARINO). **B** v. intr. e intr. pron. (aus. *essere*) **1** Divenire freddissimo, di ghiaccio (*anche fig.*): *tutti i torrenti gelano*; *mi si è gelato il sangue nelle vene*. **2** Del latte, quagliarsi, rapprendersi. **C** v. intr. impers. (aus. *essere* o *avere*) ● Far freddo fino a produrre il gelo: *qui gela tutto l'inverno*.

gelàsimo [gr. *gelásimos* 'ridicolo' (per l'aspetto), da *gelân* 'ridere', di ambito gr.-armeno] s. m. ● Granchio marino, che, se maschio, ha una chela vistosamente sviluppata e l'altra ridotta (*Uca pugilator*).

gelàta s. f. **1** Diminuzione della temperatura ad un valore uguale o inferiore a zero gradi: *d'inverno le gelate sono frequenti*; *le gelate danneggiano le campagne* | (*est.*) Gelo, ghiaccio. **2** (*lett.*) Regione coperta di ghiaccio.

gelatàio [da *gelato*] s. m. (f. *-a*) ● Chi fa o vende gelati.

gelaterìa s. f. ● Negozio in cui si fanno e si vendono gelati.

gelatièra s. f. ● Macchina per fare i gelati.

gelatière s. m. (f. *-a*) ● Gelataio.

gelatièro agg. ● Che concerne la produzione e la commercializzazione del gelato: *industria gelatiera*.

gelatìna [da *gelare*] s. f. **1** Brodo di carne o di pesce solidificato mediante raffreddamento o aggiunta di sostanze collose | *G. di frutta*, confettura che si ottiene facendo bollire la frutta con lo zucchero, filtrando il succo e lasciando che si rapprenda | *G. reale*, pappa reale. **2** Miscela di proteine solubili ad alto peso molecolare, che si estrae, mediante ebollizione prolungata, da ossa, pelle, cartilagini animali, usata nell'industria alimentare, cartaria, fotografica, tessile e farmaceutica | *G. esplosiva*, miscela gelatinosa di nitrocellulosa e nitroglicerina ad azione esplosiva. **3** (*bot.*) *G. di terra*, alga azzurra unicellulare che vive in colonie a forma di masse gelatinose verde-azzurre od olivacee sulla terra molto umida dei boschi e dei prati (*Nostor commune*). SIN. Spuma di primavera. **4** (*med.*) Terreno colturale per germi a base di proteine. **5** (*teat.*) Lastra colorata, sottile e trasparente usata per filtrare in varie tinte la luce dei riflettori. **6** (*lett.*) †Ghiaccio.

gelatinàre v. tr. **1** Ricoprire, cospargere di gelatina. **2** (*raro*) Gelatinizzare.

gelatinifórme [comp. di *gelatina* e *-forme*] agg. ● Che ha consistenza e forma gelatinose.

gelatiniẓẓànte **A** part. pres. di *gelatinizzare*; anche agg. ● Nei sign. del v. **B** s. m. ● Preparato in grado di ridurre allo stato di gel sostanze solide o liquide.

gelatiniẓẓàre [da *gelatina*] **A** v. tr. ● Ridurre allo stato di gelatina. **B** v. intr. pron. ● Diventare gelatinoso.

gelatiniẓẓazióne s. f. ● Atto, effetto del gelatinizzare o del gelatinizzarsi.

gelatinóso agg. **1** Che ha la consistenza o l'apparenza della gelatina: *un blocco di materia gelatinosa* | (*med.*) *Capsule gelatinose*, medicamenti somministrati sotto forma di involucri di gelatina. **2** (*est.*) Molliccio, flaccido (*anche fig.*).

gelàto o †**gielàto**. **A** part. pass. di *gelare*; anche agg. **1** Nei sign. del v. **2** *Freddo g.*, freddissimo | *Cono g.*, cialda conica riempita di gelato. **3** Detto di vivanda che si doveva servire calda e che si è lasciata troppo raffreddare: *caffè, brodo g.* **4** (*fig.*) Irrigidito per stupore, timore e sim.: *rimasi g. dallo spavento*. **B** s. m. ● Dolce a base di succhi di frutta, latte, zucchero e altri ingredienti, solidificato per congelamento: *g. di crema, di fragola*; *una coppa di g.* | *G. da passeggio*, quello retto da un bastoncino, che si può mangiare camminando. || **gelatìno**, dim.

gelazióne [da *gel*, sul modello dell'ingl. *gelation*] s. f. ● (*chim.*) Formazione di un gel mediante processi chimichi o fisici.

gèldra [stessa etim. di *gilda*] s. f. **1** (*lett.*) Insieme numeroso di persone | Accozzaglia, masnada. ***2*** (*lett.*, *est.*) Gruppo, insieme di animali.

gelicìdio [vc. dotta, lat. *gelĭcĭdiu(m)*, comp. di *gĕlu* 'gelo (1)' e *-cidium*, da *cădere*, come in *stillicidio*] **s. m. *1*** (*meteor.*) Fenomeno per cui uno strato di ghiaccio, sottile e vetroso, si forma su superfici a temperatura maggiore di zero gradi colpite da pioggia sopraffusa ovvero su superfici a temperatura inferiore a zero gradi colpite da pioggia. ***2*** (*mar.*) Acuto freddo invernale per cui talvolta si curvano e guastano le fibre dei legnami, spec. dei pennoni.

gelidézza **s. f.** ● (*raro*) Qualità di ciò che è gelido (*spec. fig.*): *g. di modi*.

gèlido o †**gièlido** [vc. dotta, lat. *gĕlidu(m)*, da *gĕlu(s)* 'gelo (1)'] **agg. *1*** Freddo come gelo: *aria, acqua gelida*; *aveva la fronte gelida*; *rimiro / l'ombra del padre squallida affacciarsi / a quei gelidi marmi* (ALFIERI). ***2*** (*fig.*) Totalmente privo di cordialità, affetto e sim.: *fare una gelida accoglienza*. **SIN.** Glaciale. || **gelidétto**, **dim.** || **gelidaménte**, **avv.** In modo gelido: *ci accolsero e ci trattarono gelidamente*.

gelificànte **A** **part. pres.** di *gelificare*; anche **agg.** ● Nei sign. del v. **B** **s. m.** ● Sostanza capace di trasformare un colloide in gel.

gelificàre [da *gel(atina)* e *-ficāre*, da *făcere* 'fare'] **A** **v. tr.** (*io gelìfico*, *tu gelìfichi*) ● Trasformare un colloide in gel. **B** **v. intr.** e **intr. pron.** (aus. *essere*) ● Precipitare o coagularsi in gel, detto di un colloide.

gelificazióne **s. f.** ● Atto, effetto del gelificare o del gelificarsi.

gelignìte [ingl. *gelignite*, di etim. incerta: forse da *gel(atine)* 'gelatina' e dal lat. *ĭgnis* 'fuoco', col suff. *-ite (2)*] **s. f.** ● Esplosivo a base di nitroglicerina.

gelìvo [da *gelo (1)*] **agg.** ● Soggetto a disgregarsi per l'azione del gelo e disgelo: *roccia geliva*.

gellàba [ar. *jallabah*, alterazione di *jallābīyah*] **s. f.** ● Ampia e lunga veste, tipica degli arabi dell'Algeria e del Marocco, con maniche e cappuccio, in lana o cotone.

gèlo (1) o †**gièlo** [lat. *gĕlu*, di origine indeur.] **s. m. *1*** Temperatura pari o inferiore a zero gradi: *il g. di gennaio*; *giorni di g.* | (*est.*) Inverno: *quando giungerà il g.* | (*est.*, *atten.*) Freddo pungente: *Quali i fioretti, dal notturno g. / chinati e chiusi* (DANTE *Inf.* II, 127-128). ***2*** Ghiaccio: *il campo era ricoperto di g.* | (*fig.*) *Farsi*, *mostrarsi di g.*, comportarsi in modo del tutto privo di cordialità | Brinata, gelata: *il g. di certe albe invernali*. ***3*** (*fig.*) Impressione di freddo provocata da dolore, sbigottimento, paura: *sentì il g. penetrargli nelle ossa*; *il g. della morte*. ***4*** Gelatina di frutta | Bevanda ghiacciata | (*ant.*) Glassa di zucchero con cui si ricoprivano i dolci.

gèlo (2) ● V. *gel* nel sign. 1.

gelóne (1) [da *gelo*, che lo cagiona] **s. m.** ● (*med.*) Processo infiammatorio delle parti scoperte, spec. delle dita e dei lobuli degli orecchi, per azione del freddo. **SIN.** Pernione.

gelóne (2) [da *gelone (1)*, per l'aspetto e per il colore (bianco livido) (?)] **s. m.** ● Fungo delle Agaricacee che cresce sui tronchi degli alberi, mangereccio da giovane (*Pleurotus ostreatus*). **SIN.** Orecchietta, orecchione.

gelosìa (1) [da *geloso*] **s. f. *1*** Stato d'animo proprio di chi, a torto o a ragione, dubita dell'amore, della fedeltà e sim. della persona amata, o sa di averne ormai perduto i favori a vantaggio di un più fortunato rivale: *era tormentato dalla g.*; *provava i furori della g.*; *la g. della madre aveva trovato una via e l'avrebbe percorsa per intero* (MORAVIA). ***2*** Invidia, rivalità generata da preferenze presunte o reali: *g. di mestiere*; *i suoi successi destano la g. di tutti*. ***3*** Zelo, cura scrupolosa: *mostravano g. della propria dignità e coscienza*; *ho tenuto quest'Opera presso di me con grandissima g.* (GOLDONI). ***4*** †Sospetto, apprensione.

gelosìa (2) [da *gelosia (1)*, per la quale si difesero, con le persiane, le donne dagli indiscreti sguardi altrui] **s. f.** ● Persiana o parte mobile di essa composta di stecche o gretole.

gelóso [lat. *zelōsu(m)*, da *zēlus* 'zelo'] **agg. *1*** Che sente e manifesta gelosia in amore: *marito g.*; *è g. di tutti*; *guardare con occhi gelosi*. ***2*** Che prova sentimenti di invidia e rivalità: *è sospettoso e g. di tutti i suoi colleghi*. ***3*** Zelante, pieno di cure amorose: *essere g. dell'onore, della salute, della dignità* | *Essere g. della propria arte*, non insegnarla volentieri agli altri. ***4*** Che dà apprensioni e timori: *segreto g.* ***5*** Sensibile ai mutamenti, facile a guastarsi: *bilancia gelosa*; *piante molto gelose*. || **gelosétto**, **dim.** | **gelosóne**, **accr.** || **gelosaménte**, **avv.**

gèlsa [da *gelso*] **s. f.** ● (*lett.*) Frutto del gelso.

gelsèmio [da *gelsomino* con adattamento ai modelli del lat. scient.] **s. m. *1*** Genere di piante rampicanti delle Loganiacee con fiori gialli e rizoma ricco di vari alcaloidi (*Gelsemium*). ***2*** Droga contenente alcaloidi tossici e allucinanti tratti dal rizoma della pianta omonima, usata in terapia come antinevralgico.

gelséto [da *gelso*] **s. m.** ● Terreno piantato a gelsi.

gelsibachicoltùra [comp. di *gelso*, *baco (1)* e *coltura*] **s. f.** ● Allevamento del baco da seta abbinato alla coltivazione del gelso.

gelsicoltóre o **gelsicultóre** [comp. di *gelso* e *coltore* 'coltivatore', var. di *cultore*] **s. m.** ● Chi pratica la gelsicoltura.

gelsicoltùra o **gelsicultùra** [comp. di *gelso* e *coltura*] **s. f.** ● Coltivazione dei gelsi.

gelsicultóre ● V. *gelsicoltore*.

gelsicultùra ● V. *gelsicoltura*.

gèlso [lat. *cĕlsa(m)* 'alta', sott. *mōru(m)* 'pianta del gelso', in contrapposizione alla più bassa mora di rovo] **s. m.** ● Pianta arborea delle Moracee, con foglie cuoriformi o lobate di cui si nutrono i bachi da seta, e frutti composti bianchi, simili a more (*Morus alba*). **SIN.** Moro bianco | *G. nero*, pianta arborea delle Moracee simile al gelso ma con sincarpi neri, grossi e commestibili (*Morus nigra*). **SIN.** Moro nero.

gelsomìno [persiano *yāsamīn*, di origine iran. con sovrapposizione di *gelso*] **s. m.** ● Arbusto sarmentoso delle Oleacee dai fiori stellati bianchi o gialli e molto profumati (*Jasminum*) | *G. di Spagna*, catalogno.

gemebóndo [vc. dotta, lat. *gemebŭndu(m)*, gerundivo raff. di *gĕmere* 'gemere'] **agg. *1*** Che geme e si lamenta | Che ha l'abitudine di lamentarsi. ***2*** †Che fa lamentare.

gemellàggio [da *gemello*, come il corrispondente fr. *jumelage*] **s. m.** ● Associazione fra due comuni di diversi Stati, volta a favorire le relazioni commerciali e culturali.

gemellànza **s. f.** ● Rapporto di consanguineità esistente tra gemelli.

gemellàre (1) [vc. dotta, lat. **gemellāre(m)*, da *gemĕllus* 'gemello'] **agg.** ● Di, relativo a, gemelli: *gravidanza g.*; *parto g.*

gemellàre (2) [da *gemello*] **A** **v. tr.** (*io gemèllo*) ● Unire mediante gemellaggio: *g. due città*; *g. una città con un'altra*. **B** **v. rifl.** ● Unirsi in gemellaggio.

gemellarità **s. f.** ● (*biol.*) Fenomeno del concepimento e della nascita di gemelli | *G. vera*, nascita di due fratelli da un solo oocita fecondato.

gemellàto **part. pass.** di *gemellare (2)*; anche **agg.** ● Nei sign. del v.

Gemèlli [pl. di *gemello*] **s. m. pl. *1*** (*astron.*) Costellazione dello zodiaco che si trova fra quella del Toro e quella del Cancro. ***2*** (*astrol.*) Terzo segno dello zodiaco, compreso fra sessanta e novanta gradi dell'anello zodiacale, che domina il periodo compreso fra il 22 maggio e il 21 giugno | (*est.*) Persona nata sotto il segno dei Gemelli. ➡ **ILL. zodiaco.**

gemellìpara [vc. dotta, lat. *gemellĭpara(m)*, comp. di *gemĕllus* e *-para*, da *pārere* 'partorire'] **A** **s. f.** ● Donna o femmina di animale che ha partorito gemelli. **B** anche **agg.** solo **f.**: *donna g.*

gemèllo [vc. dotta, lat. *gemĕllu(m)*, dim. di *gĕminus* 'gemino'] **A** **agg. *1*** Nato dallo stesso parto, spec. detto di persona: *fratelli gemelli*. ***2*** Simile, uguale: *sembianze gemelle* | Di persona o idee astratte o cose che sembrano costituire o costituiscono una coppia, per particolare somiglianza o affinità: *idee gemelle* | *Anime gemelle*, che sentono alla stessa maniera e sono attratte l'una verso l'altra | *Letti gemelli*, che possono accoppiarsi e formano un letto per due | (*anat.*) *Muscolo g.*, ciascuno dei due muscoli della gamba che formano la prominenza del polpaccio. **B** **s. m. *1*** (*biol.*) Ciascuno degli individui nati contemporaneamente nelle specie di mammiferi in cui di norma si ha un solo figlio per volta | *Gemelli monozigotici, monocoriali*, derivati da un solo uovo fecondato, dotati di patrimonio ereditario identico e forniti degli stessi annessi embrionali e fetali | *Gemelli dizigotici, bicoriali*, derivati da due uova diverse fecondate contemporaneamente, dotati di patrimonio ereditario diverso e forniti di annessi embrionali e fetali distinti | (*est.*) *Somigliarsi come gemelli*, moltissimo. ***2*** (*spec. al pl.*) Bottoni accoppiati per allacciare i polsini della camicia. || **gemellìno**, **dim.**

gemellologìa [comp. di *gemello* e *-logia*] **s. f.** ● Branca della biologia e della medicina che studia i problemi relativi alla gemellarità.

gèmere [vc. dotta, lat. *gĕmere*, di etim. incerta] **A** **v. intr.** (**pass. rem.** *io geméi* o *gemètti*, *tu geméstì*; aus. *avere* nei sign. 1, 2, 3 e 4, *essere* e *avere* nel sign. 5) ***1*** Piangere, lamentarsi o singhiozzare sommessamente: *si sentiva distintamente il ferito g.* | (*fig.*) Soffrire in silenzio: *l'universo tutto quanto insieme / ... or sotto il falso geme* (CAMPANELLA). ***2*** Produrre cigolii, scricchiolii: *il palco gemeva sotto il peso eccessivo* | *Fare g. i torchi*, stampare, (*scherz.*) stampare cose mal fatte. ***3*** Rumoreggiare con monotonia: *nella notte si udiva distintamente g. il mare*. ***4*** Gridare, del colombo e della tortora. ***5*** Gocciolare, stillare, trasudare: *la ferita ha gemuto a lungo*; *il vino è gemuto dalla botte* | (*fig.*) Filtrare: *la luce gemé da uno spiraglio*. **B** **v. tr.** ● Emettere: *la ferita gemeva sangue* | (*poet.*) Lamentare: *gemendo / il fior dei tuoi gentili anni caduto* (FOSCOLO).

gemicàre [lat. parl. **gemicāre*, da *gĕmere* 'gemere'] **v. intr.** (*io gèmico*, *tu gèmichi*; aus. *essere* o *avere*) ● Gocciolare, stillare.

geminàle [dal lat. *gĕminus* 'gemino'] **agg.** ● (*chim.*) Detto di isomero di posizione di un idrocarburo che contiene due sostituenti legati allo stesso atomo di carbonio.

geminàre [vc. dotta, lat. *gemināre*, da *gĕminus* 'gemino'] **v. tr.** (*io gèmino*) ● Far doppio, duplice.

geminàto **part. pass.** di *geminare*; anche **agg. *1*** Nei sign. del v. ***2*** (*ling.*) Detto di segno grafico che si ripeta immediatamente | Detto di consonante o vocale che ha maggiore intensità e durata della corrispondente semplice. **SIN.** Doppio, lungo. **CONTR.** Breve, semplice. ***3*** (*archeol.*) *Lettere geminate*, saldate in modo da formare un solo segno o segnate per indicare un'abbreviazione nelle iscrizioni. ***4*** (*bot.*) Detto di parte di un vegetale che nasce insieme a un altro su un sostegno comune. ***5*** (*miner.*) *Cristalli geminati*, gruppo di due o più cristalli che si formano uniti per contatto o per penetrazione.

geminatùra **s. f.** ● (*raro*) Geminazione.

geminazióne [vc. dotta, lat. *geminatiōne(m)*, da *geminātus* 'geminato'] **s. f. *1*** Atto, effetto del geminare. ***2*** (*ling.*) Ripetizione immediata di un suono | In retorica, epanalessi.

gèmino [vc. dotta, lat. *gĕminu(m)*, di non chiara origine indeur.] **agg.** ● (*lett.*) Duplice: *da le quali ambe posizioni seguita gemina confusione* (BRUNO).

gemitìo o **gemizìo** (spec. nel sign. 3) [da *gemito* con suff. iter.] **s. m. *1*** Il continuo e lento gocciolare di umidità da muri, grotte e sim.: *il g. d'una cannella* (D'ANNUNZIO). **SIN.** Stillicidio. ***2*** Il luogo in cui l'acqua, l'umidità e sim. gemono. ***3*** (*med.*) Trasudamento di umori, di liquidi organici.

gèmito [vc. dotta, lat. *gĕmitu(m)*, dal part. pass. di *gĕmere* 'gemere'] **s. m.** ● Lamento, grido sommesso o soffocato di dolore (*anche fig.*): *i gemiti degli agonizzanti*.

gemizìo ● V. *gemitio*.

gèmma [vc. dotta, lat. *gĕmma(m)*, di origine indeur.] **s. f. *1*** (*bot.*) Abbozzo di un germoglio, rivestito di squame, dal quale si svilupperà il fusto della pianta | *G. ascellare*, situata all'ascella della foglia | *G. apicale*, *terminale*, situata all'apice di un ramo. ***2*** (*biol.*) Nella gemmazione, abbozzo di un nuovo individuo. ***3*** Cristallo di gran pregio, per la compattezza, durezza, trasparenza, proprietà di riflettere e rifrangere i raggi della luce. ***4*** (*fig.*) Stella, astro: *le gemme del firmamento* | (*est.*) Tutto ciò che splende per bellezza, pregio artistico, preziosità, ecc.: *le gemme della nostra letteratura* | Persona colma di virtù, qualità e sim.:

una g. del nostro firmamento letterario. || **gemmétta**, dim. | **gemmina**, dim.

gemmànte agg. ● Che ha lucentezza di gemma | Adorno di gemme.

gemmàre [vc. dotta, lat. *gemmāre*, da *gĕmma* 'gemma'] **A** v. intr. (*io gèmmo*; aus. *avere*) ● Mettere le gemme: *gemmava il fico, biancheggiava il pruno* (PASCOLI). **B** v. tr. ● Ornare di gemme. **C** v. rifl. ● Adornarsi di gemme.

gemmàrio [vc. dotta, lat. tardo *gemmāriu(m)*, da *gĕmma* 'gemma'] **A** agg. ● Di, relativo alle pietre preziose | *Arte gemmaria*, oreficeria. **B** s. m. ● (*raro*) Gioielliere, venditore di gemme.

gemmàto part. pass. di *gemmare*; anche agg. ● Nei sign. del v.

gemmazióne s. f. *1* (*bot.*) Emissione, fuoruscita di gemme sulle piante. *2* (*biol.*) Processo di riproduzione asessuata proprio di organismi inferiori, durante il quale su un individuo si formano protuberanze che si accrescono e poi si staccano per formare nuovi individui.

gèmmeo [vc. dotta, lat. *gĕmmeu(m)*, agg. di *gĕmma* 'gemma'] agg. ● (*lett.*) Di gemma | Splendente come una gemma.

gemmìfero [vc. dotta, lat. *gemmĭferu(m)*, comp. di *gĕmma* e *-fer* '-fero'] agg. ● (*raro*) Che produce o porta gemme: *terreno g.*

gemmìparo [comp. di *gemma* e del lat. *-paro*, da *pārere* 'partorire'] agg. ● Che si riproduce per mezzo di gemme.

gemmoderivàto [comp. di *gemm(a)* e *derivato*] s. m. ● (*farm.*) Preparato in glicerina di gemme o altri tessuti vegetali in via di sviluppo, usato nella gemmoterapia.

gemmologìa [comp. di *gemma* e *-logia*] s. f. (pl. *-gie*) ● Scienza che si occupa delle pietre preziose.

gemmològico agg. (pl. m. *-ci*) ● Che riguarda la gemmologia: *analisi gemmologiche.*

gemmóso [vc. dotta, lat. tardo *gemmōsu(m)*, da *gĕmma* 'gemma'] agg. ● Ricco di gemme.

gemmoterapìa [comp. di *gemm(a)* e *terapia*] s. f. ● (*farm.*) Ramo della fitoterapia che impiega gemmoderivati.

gèmmula [vc. dotta, lat. *gĕmmula(m)*, dim. di *gĕmma* 'gemma'] s. f. ● (*biol.*, *raro*) Oosfera.

gemmulàrio [da *gemmula*] s. m. ● L'ovario delle piante.

gemònie [vc. dotta, lat. *Gemōniae* (*scālae*), da un n. gentilizio etrusco accostato per etim. pop. a *gĕmere* 'gemere'] s. f. pl. *1* Nell'antica Roma, scalinata sul pendio del Campidoglio dove venivano trascinati i cadaveri dei giustiziati per essere gettati nel Tevere. *2* (*fig.*) Luogo d'infamia | Pena infamante.

†**gemucchiàre** [da *gemere*] v. intr. (*io gemùcchio*; aus. *avere*) ● Gemere lentamente e continuamente.

†**gèna** [vc. dotta, lat. *gĕna(m)*, usata più spesso al pl., da una radice indeur. col sign. fondamentale di 'masticare'] s. f. ● (*lett.*) Guancia: *Diffuso era per li occhi e per le gene / di benigna letizia* (DANTE, XXXI, 61-62).

†**genàrca** [gr. *genárchēs*, comp. di *génos* 'razza, stirpe' e *archós* 'capo'] s. m. (pl. *-chi*) ● Capo di una schiatta, di una famiglia.

genàre [fr. *gêner*, da *gêne* 'fastidio', ant. 'tortura', a sua volta dall'ant. *gehir* 'confessare', vc. d'orig. francone] v. tr. (*io gèno*) ● (*raro*, *dial.*) Mettere in imbarazzo, mettere a disagio: *io lo gêno un po' più ... perch'io non gli parlo mai mai* (FOSCOLO).

gendàrme o (*pop.*) †**giandàrme** [fr. *gendarme*, da *gens d'arme* 'gente d'arma'] s. m. *1* Anticamente, soldato di cavalleria pesante | Soldato di gendarmeria addetto alla tutela dell'ordine pubblico | *Faccia da g.*, burbera. *2* (*fig.*) Donna alta e forte, fiera e virile. *3* Nel linguaggio alpinistico, torrione roccioso su una cresta.

gendarmerìa [fr. *gendarmerie*, da *gendarme*] s. f. ● Corpo di soldati con funzioni di polizia | (*est.*) Caserma dei gendarmi.

gendarmésco agg. (pl. m. *-schi*) ● (*spreg.*) Da gendarme: *tono dogmatico, inquisitorio, g.* (CARDUCCI).

gène [vc. dotta, tratta dal lat. *gĕnus*, gr. *génos* 'genere'] s. m. ● (*biol.*) Particella dei cromosomi portatrice dei caratteri ereditari | *Struttura fine del g.*, struttura caratterizzata da elevata regolarità, alla quale è legata l'informazione genetica.

genealogìa [vc. dotta, lat. tardo *genealŏgia(m)*, dal gr. *genealogía*, comp. di *geneá* 'nascita' e *-logía* '-logia'] s. f. (pl. *-gie*) *1* Scienza che studia la derivazione, la discendenza, la ramificazione e l'estinzione delle famiglie e delle stirpi. *2* (*est.*) Serie dei componenti di una famiglia, dal capostipite agli ultimi discendenti: *la g. dei Savoia, dei Borboni* | Origine di una popolazione: *la g. degli Etruschi* | Discendenza di animali di razza: *la g. di un purosangue.*

genealògico [vc. dotta, gr. *genealogikós*, da *genealogía* 'genealogia'] agg. (pl. m. *-ci*) ● Della, relativo alla genealogia, alla discendenza: *indagini genealogiche*; *albero g.* | *Tavole genealogiche*, prospetti grafici dell'intera discendenza da uno stesso ceppo. || **genealogicaménte**, avv. Secondo la genealogia.

genealogìsta s. m. e f. (pl. m. *-i*) ● Chi tratta di genealogia | Studioso di genealogia.

genepì [fr. *génépi* o *génipi*, di origine savoiarda e di etim. incerta] s. m. *1* Pianta erbacea delle Composite di alta montagna, con foglie frastagliate e fiorellini verdi (*Artemisia*). *2* Liquore ottenuto dalla distillazione della pianta omonima e di altre erbe aromatiche alpine.

generàbile [vc. dotta, lat. *generābile(m)*, da *gĕnus*, genit. *gĕneris* 'genere'] agg. ● (*raro*) Che si può generare | Che si genera facilmente.

generabilità s. f. ● (*raro*) Possibilità di essere generato.

generàla s. f. ● Generalessa.

generalàto [da *generale* (*2*)] s. m. ● Carica, ufficio e sede del generale spec. di un ordine o di una congregazione religiosa cattolica | Durata di tale carica.

generàle (**1**) [vc. dotta, lat. *generāle(m)* 'che si riferisce al genere (*gĕnus*, genit. *gĕneris*)', opposto poi, secondo il modello gr., a *speciāle(m)* 'speciale'] **A** agg. *1* Che concerne tutto un genere, una serie di individui, cose o fatti considerato nel suo insieme: *teoria g.*; *principi generali* | *Indice g.*, degli argomenti, degli autori, e sim., trattati o citati in un'opera | *Benessere, malessere g.*, che interessa tutto l'organismo | *Smentita g.*, senza specificazione della persona cui si dà e delle singole affermazioni | *Procura g.*, conferita per la rappresentanza in tutti i rapporti concernenti il rappresentato | *Procuratore g. della Repubblica*, Pubblico Ministero che esercita la propria funzione in corte d'appello o in corte di cassazione | *Norma g.*, che ha efficacia in tutto il territorio dello Stato | *Linguistica g.*, studio dei fatti e delle leggi comuni a lingue diverse. *2* Che è comune a tutti o alla maggioranza: *opinione, approvazione, consenso, soddisfazione, malcontento g.*; *questioni di interesse g.*; *direttore g.* | *A g. richiesta*, di spettacolo o parte di esso replicato per comune desiderio del pubblico | *Ufficiali generali*, di grado superiore a quello di colonnello | *Quartiere g.*, organismo che esplica mansioni logistiche e amministrative miranti al comando di una grande unità; sede dello stesso | *Affari generali*, in un'amministrazione, quelli relativi al suo funzionamento e al personale che vi presta servizio | *Capitolo g.*, cui intervengono tutti i frati di uno stesso ordine | *Ministro, superiore g.*, regolare che è capo di un ordine o di una congregazione religiosa cattolica. *3* Generico, vago: *parole generali*; *una proposta troppo g.* | Astratto: *teoria, tesi g.* | *In g.*, in astratto, senza nominare persone o fatti particolari; generalmente | *Stare, mantenersi sulle generali*, (*ell.*) affrontare un argomento genericamente e senza concretezza. || **generalménte**, †**generaleménte**, avv. *1* In modo generale, in genere: *generalmente non sono d'accordo con lui.* *2* D'ordinario, solitamente: *generalmente vado a scuola a piedi.* *3* Dai più: *generalmente si ritiene che questa sia una lettura educativa.* **B** s. m. *1* (*raro*) La totalità di q.c. o la maggioranza di essa: *il g. dei convenuti approvò la decisione.* *2* Punto di vista o aspetto generale di q.c.: *attenersi al g.* **C** s. f. ● Nelle loc. †*battere, suonare la g.*, apposito segnale di tromba o di tamburo per chiamare alle armi tutti i soldati di un reparto.

generàle (**2**) [sost. dell'agg. *generale* apposto a *capitano*] s. m. (f. *-essa*) *1* Grado della gerarchia militare successiva a quella degli ufficiali superiori, al quale corrisponde organicamente il comando titolare di una grande unità progressivamente superiore | La persona che ha tale grado: *g. di brigata, di divisione, di corpo d'armata* | *G. a quattro stelle*, generale di corpo d'armata. *2* (*mar.*) †Ammiraglio. *3* Ministro o superiore generale di un ordine o di una congregazione religiosa cattolica.

generalésco agg. (pl. m. *-schi*) ● (*iron.*) Da generale: *il suo atteggiamento g. appariva ridicolo.*

generalèssa s. f. *1* (*scherz.*) Moglie di un generale. *2* (*relig.*) Superiora di un ordine o di una congregazione di suore cattoliche. *3* (*fig.*) Donna di carattere imperativo e autoritario.

generalìssimo [da *generale* (*2*), col suff. *-issimo* dei sup.] s. m. ● Un tempo, comandante supremo di un esercito.

generalità [vc. dotta, lat. tardo *generalitāte(m)*, da *generālis* 'generale (1)'] s. f. *1* Qualità di ciò che è generale: *la g. di un principio, di una tesi, di una legge.* *2* Discorso e concetto generico, esposto in modo vago e superficiale: *è un'opera piena di g.* | *Tenersi alle, stare sulle g.*, non toccare i casi particolari. *3* La maggioranza, il maggior numero: *la g. dei bambini non crede più alle favole*; *nella g. dei casi l'uso del vocabolo è improprio* | †*In g.*, in generale. *4* †L'insieme dei generali di un esercito. *5* (*al pl.*) Complesso di notizie generiche quali nome, cognome, paternità, data di nascita, e sim. necessarie per determinare l'identità di una persona: *chiedere, dare, declinare le g.*

generalìzio agg. ● Attinente a generale di milizie o di ordine religioso cattolico: *casa generalizia.*

generalizzàbile agg. ● Che può essere generalizzato.

generalizzàre [fr. *généraliser*, da *général* 'generale (1)'] v. tr. *1* Rendere comune, diffondere: *g. un'usanza* | *G. una formula*, darle ampiezza e applicazione superiore. SIN. Estendere. *2* (*ass.*) Risalire dai casi particolari a un'affermazione generale: *avere, mostrare attitudine a g.*

generalizzàto part. pass. di *generalizzare*; anche agg. *1* Nei sign. del v. *2* Diffuso, esteso: *un uso, un giudizio ormai g.*

generalizzazióne [fr. *généralisation*, da *généraliser* 'generalizzare'] s. f. ● Atto, effetto del generalizzare.

general manager /'dʒeneral 'manadʒer, *ingl.* 'dʒenərəl 'mænidʒə*/ [loc. ingl., propr. 'direttore generale'] loc. sost. m. e f. inv. (pl. ingl. *general managers*) ● Dirigente che ha la responsabilità completa e diretta di un'impresa o di un suo settore.

generànte part. pres. di *generare*; anche agg. ● Nei sign. del v.

generàre [vc. dotta, lat. *generāre*, da *gĕnus*, genit. *gĕneris*, 'genere'] **A** v. tr. (*io gènero*) *1* Far nascere, dare la vita a un essere della medesima specie: *g. un figlio* | (*est.*) Produrre quasi come madre: *la terra, la natura genera ogni specie di piante*; *la nostra patria generò molti uomini illustri* | Produrre: *g. elettricità, energia.* *2* (*fig.*) Far sorgere, cagionare: *g. affetti, passioni, desideri, invidia*; *ibridismi inetti a g. verità* (CROCE). SIN. Causare. **B** v. intr. pron. ● Prodursi, formarsi: *la muffa si genera dalla prolungata umidità.*

generativìsmo [comp. di *generativ(o)* e *-ismo*] s. m. ● (*ling.*) Teoria della grammatica generativa.

generativìsta **A** s. m. e f. (pl. m. *-i*) ● Seguace o studioso del generativismo. **B** agg. ● Relativo al generativismo.

generatìvo [vc. dotta, lat. tardo *generatīvu(m)*, da *generātus* 'generato'] agg. *1* Atto a generare: *virtù, forza, potenza generativa* | Che serve a produrre: *cause generative* | *Nucleo g.*, nel granello di polline, la parte in rapporto con la riproduzione sessuale. *2* (*ling.*) *Grammatica generativa*, teoria che considera la grammatica come un insieme di regole esplicite atte a descrivere come grammaticali non solo le frasi di una lingua empiricamente accertate, ma anche tutte le frasi potenzialmente possibili della lingua stessa.

generatóre [vc. dotta, lat. *generatōre(m)*, da *generātus* 'generato'] **A** agg. (f. *-trice*) ● Che genera, produce: *organo, principio g.*; *mente generatrice di idee* | (*mat.*) *Frazione generatrice*, di un numero periodico, è quella che ha valore uguale a quello del numero. **B** s. m. *1* Chi genera, produce.

2 Apparecchio trasformatore di energia o dispositivo nel quale avviene una trasformazione fisica o chimica: *g. elettrico, idraulico* | *G. a corrente continua*, dinamo | *G. di vapore*, caldaia a vapore | *G. sincrono*, alternatore | *G. campione*, generatore di segnali a elevata precisione, usato nella tecnica delle misure elettroniche.

generatrìce s. f. *1* (*mat.*) Ciascuna delle rette d'una superficie rigata | Frazione generatrice. *2* (*raro*) Generatore elettrico.

generazionàle [da *generazione* nel sign. 3] agg. ● Proprio di, relativo a una generazione, talora contrapposta o contrapponentesi a un'altra: *comportamento g.*; *conflitti generazionali.*

generazióne [vc. dotta, lat. *generatiōne(m)*, da *generātus* 'generato'] s. f. *1* Atto, effetto del generare: *g. di figli*; *g. di energia* | Nella teologia cattolica e ortodossa, processione del Figlio dal Padre nella Trinità. *2* Discendenza da padre in figlio | Complesso degli appartenenti a una famiglia che si trovano a un medesimo grado di discendenza dal capostipite comune: *i miei fratelli e io apparteniamo a una stessa g.* | *Prima, seconda g.*, i figli, i nipoti | *Fino alla settima g.*, (*fig.*) fino ai più lontani discendenti. *3* Periodo di tempo, mediamente 25 anni, che separa due generazioni successive | L'insieme di quelli che hanno circa la stessa età: *il nonno, il padre, il figlio appartengono a tre diverse generazioni*; *la g. futura, lontana* | *La presente g.*, gli uomini del tempo presente | *La nuova g.*, i giovani rispetto a coloro che non sono più tali | Tutti coloro, anche di età diverse, che vivono nel periodo di tempo di cui si parla: *i suoi atteggiamenti furono imitati da un'intera g.* | (*est.*) Ciascuna delle fasi successive che segnano una fondamentale innovazione migliorativa nelle caratteristiche costruttive di macchine, dispositivi e sim.: *calcolatori della terza g.* *4* Razza: *g. di serpenti, di asini* | Complesso degli animali nati in uno stesso anno, che gli allevatori distinguono con varie denominazioni. *5* (*tosc.*) Specie, classe: *g. di metalli, di suoni* | Qualità: *g. di cittadini, di abitanti* | †Genere.

gènere [vc. dotta, lat. *gĕnus*, genit. *gĕneris*, dal v. *gīgnere* 'generare', di origine indeur.] s. m. *1* (*filos.*) In logica, idea generale o classe comprensiva di più specie | *G. prossimo*, nella logica aristotelica, quello che nella gerarchia dei termini risulta immediatamente superiore per estensione alla specie considerata | *G. sommo*, nella logica aristotelica, quello che comprende tutti gli altri generi. SIN. Categoria. *2* Gruppo sistematico usato nella classificazione degli organismi vegetali o animali e comprendente specie affini: *animali, piante dello stesso g., di generi diversi.* *3* (*est.*) Insieme di persone, o cose aventi caratteristiche fondamentali comuni: *ha tutti i mobili dello stesso g.* | *Il g. umano*, gli uomini | *In g.*, in generale | *Di nuovo g.*, inusitato, strano | (*dir.*) *Obbligazione di g.*, in cui l'oggetto è determinato soltanto nel genere e per il cui adempimento deve essere individuato o specificato. *4* Modo, stile: *questo g. di vita mi ha stancato* | Tipo: *un altro g. di offensioni fattegli con aver pubblicato leggi ... contro la libertà ecclesiastica* (SARPI) | *Non è il mio g.*, non è di mio gusto | (*letter., mus.*) Ciascuna delle forme di espressione, o categorie di opere, definite da un insieme determinato di caratteri di forma o di contenuto: *g. epico*; *g. drammatico*; *g. epistolare*; *g. vocale*; *g. strumentale*; *il romanzo è il g. in prosa derivato in parte dall'epica.* *5* Mercanzia, merce: *g. d'importazione, di lusso, di monopolio, andante, fine* | *Generi diversi*, merci di vario tipo | Qualità della merce: *un prodotto di ottimo g.* *6* (*ling.*) Categoria grammaticale fondata sulla distinzione tra maschile, femminile e, in alcune lingue, neutro: *g. maschile, femminile, neutro.* *7* (*mus.*) Maniera di dividere il tetracordo nella musica greca antica: *g. diatonico, cromatico.* || **generino**, dim.

genericìsmo s. m. ● Genericità.

genericità s. f. ● Qualità di generico | Indeterminatezza.

genèrico [da *genere*] **A** agg. (pl. m. *-ci*) *1* Che concerne il genere senza alcun riguardo alla specie: *caratteri generici* | *Obbligazione generica*, obbligazione di genere. *2* (*est.*) Generale, vago, impreciso: *accusa, risposta generica*; *parole generiche* | *Prova generica*, nel diritto processuale penale, prova pertinente all'accertamento della commissione di un reato. *3* Di persona che nell'ambito della propria professione non svolge attività specialistiche: *medico g.* || **genericaménte**, avv. **B** s. m. (f. *-a* nel sign. 2) *1* Ciò che è vago, impreciso, indeterminato: *questi discorsi cadono sempre nel g.* *2* Attore teatrale secondario, con parti non di carattere | Attore cinematografico di importanza appena superiore alla comparsa.

gènero [vc. dotta, lat. *gĕneru(m)*, legato alla famiglia indeur. di *gīgnere* 'nascere' con un sign. generico di 'parente'] s. m. ● Il marito della figlia considerato rispetto ai genitori di lei.

generóne [accr. scherz. di *genere* (?)] s. m. ● Negli ultimi decenni del XIX sec., a Roma, settore della borghesia di recente formazione che ostentava la propria ricchezza in gara con l'aristocrazia.

generosità [vc. dotta, lat. *generositāte(m)*, da *generōsus* 'nobile, generoso'] s. f. *1* Magnanimità, elevatezza e nobiltà di sentimenti: *atto di g.*; *comportarsi, agire con g.* *2* Liberalità, munificenza: *ricompensare qc. con g.* | Dono generoso: *la g. di un benefattore* | (*est.*) Feracità: *g. di una pianta, di un terreno* | *La g. del vino*, intensità di sapore, aroma e gradazione alcolica | *La g. di un atleta*, l'impegno totale e senza riserve di tutte le proprie capacità in una gara.

generóso [vc. dotta, lat. *generōsu(m)* 'di stirpe (*gĕnus*, genit. *gĕneris*)', sott. 'buona'] **A** agg. *1* Che mostra altruismo, grandezza d'animo, alti sentimenti: *animo, carattere g.*; *i suoi impulsi sono sempre generosi.* SIN. Magnanimo, nobile. *2* Di chi è splendido, liberale, largo nel dare: *è g. con chiunque si trovi in difficoltà* | Di ciò che è abbondante, ricco: *mancia, porzione, offerta generosa* | *Patti generosi*, vantaggiosi | *Sorgente generosa*, ricca di acqua | *Terra generosa*, fertile | *Vino g.*, gagliardo, ricco di sapore e di alcol. SIN. Munifico. *3* (*fig.*) Ampio, abbondante: *scollatura generosa*; *fianchi generosi.* *4* Di atleta che gareggia con tenace impegno, spec. se in condizioni di inferiorità rispetto all'avversario. *5* (*lett.*) Nobile per nascita e per sentimenti: *da antichissima e generosa prosapia disceso* (SANNAZARO) | Di buona razza: *armento, destriero g.* || **generosaménte**, avv. In modo generoso, con prodigalità. **B** s. m. (f. *-a*) ● Chi ha nobiltà e grandezza d'animo: *a' generosi / giusta di glorie dispensiera è morte* (FOSCOLO). SIN. Magnanimo.

gènesi [vc. dotta, lat. *gĕnesi(m)*, dal gr. *génesis* 'nascita', da *génos* 'stirpe, discendenza', di origine indeur.] s. f. (anche m. nel sign. 3) *1* Origine, nascita: *g. dell'uomo, della lingua, del diritto* | *G. del mondo, delle cose*, sistema cosmogonico. *2* Formazione e sviluppo di q.c.: *la g. di un'opera d'arte, del diritto, di una teoria scientifica.* *3* Nella Bibbia, primo libro del Pentateuco, in cui si narra la creazione del mondo e dell'uomo.

genètica [ingl. *genetics*, da *genetic* 'genetico'] s. f. ● Branca della biologia che studia la generazione degli organismi e la trasmissione dei caratteri ereditari.

genètico [gr. *genetikós* 'relativo alla nascita (*génesis*)'] agg. (pl. m. *-ci*) *1* Relativo alla genetica | *Ingegneria genetica*, insieme delle tecniche per la produzione di nuovi geni e la modificazione del corredo cromosomico di un organismo mediante sostituzione o aggiunta di nuovo materiale genetico. *2* Trasmesso ereditariamente, ereditario: *malattia genetica* | *Fonetica genetica*, studio della formazione dei suoni linguistici. *3* Relativo alla genesi. || **geneticaménte**, avv. Per quanto riguarda la genetica.

genetista [per *geneti(ci)sta*, da *genetico*] s. m. e f. (pl. m. *-i*) ● Studioso di genetica.

genetlìaco [vc. dotta, lat. *genethlĭacu(m)*, dal gr. *genethliakós*, da *genéthlios* 'della nascita'] **A** agg. (pl. m. *-ci*) ● (*lett.*) Attinente alla nascita di qc. | *Giorno g.*, compleanno | *Componimento g.*, scritto per festeggiare una nascita | *Arte, astrologia genetliaca*, divinazione dei pronostici ricavati dagli astri corrispondenti al giorno di nascita di una persona | †Di nascita, nativo. **B** s. m. ● Anniversario della nascita, giorno della nascita, detto spec. di personaggi illustri. SIN. Compleanno.

genétta [sp. *jineta*, collegato con l'ar. *ǧarnáit*, ma l'uno e l'altro di prob. origine africana] s. f. ● Genere di carnivori dei Viverridi, ottimi cacciatori, con corpo allungato e agilissimo (*Genetta*).

géngero ● V. *gengiovo.*

†**gengìa** ● V. *gengiva.*

gengìovo o **géngero** [var. di *zenzero*] s. m. ● Zenzero aromatico con sapore simile al pepe.

gengiskhànide /dʒendʒis'kanide, dʒengis'kanide/ agg. ● Relativo o appartenente a Gengis Khan (1155 o 1167-1227), fondatore dell'antico impero mongolo: *impero, dinastia g.*

gengìva o †**gengìa**, †**gingìva** [vc. dotta, lat. *gingīva(m)*, di etim. incerta] s. f. ● (*anat.*) Parte della mucosa buccale che riveste le arcate dentarie e circonda i colletti dei denti. ➡ ILL. p. 367 ANATOMIA UMANA.

gengivàle agg. ● Della gengiva.

gengivàrio s. m. ● Medicamento per la cura delle affezioni della gengiva.

gengivìte [comp. di *gengiva* e *-ite* (*1*)] s. f. ● Infiammazione delle gengive.

genìa [gr. *geneá* 'stirpe' allineata con i nomi in *-ia*] s. f. *1* (*spreg.*) Accolta di gente malvagia, trista: *una g. di bricconi, di politicanti.* *2* †Discendenza, razza: *trista, brutta g.* || **geniàccia**, pegg.

-genìa secondo elemento ● In parole composte corrispondenti generalmente ad aggettivi in *-geno*, ha lo stesso significato di 'genesi': *endogenia, patogenia.*

geniàccio s. m. *1* Pegg. di *genio* (*1*). *2* Brutta indole. *3* Ingegno forte ma indisciplinato | Persona dotata di tale ingegno.

geniàle [vc. dotta, lat. *geniāle(m)*, da *gĕnius* 'genio'] agg. *1* Di chi o di ciò che mostra una particolare felicità d'ingegno: *scrittore, artista, opera, trovata g.* *2* Che si accorda col proprio carattere: *occupazioni, studi geniali* | Piacevole, simpatico: *convito g.*; *erano molto svagati finché non capitasse a concentrarli in sé il visetto g. della Clara* (NIEVO) | Che desta simpatia: *persona dall'aspetto g.* *3* (*raro, lett.*) Che si riferisce al genio inteso come divinità che presiede alla generazione: *divinità geniali* | *Letto g.*, approntato per gli sposi. || **genialménte**, avv.

genialità [vc. dotta, lat. tardo *genialitāte(m)*, da *geniālis* 'geniale'] s. f. *1* Qualità di chi, di ciò che è geniale: *la g. di uno scrittore, di una trovata.* *2* (*raro, lett.*) Amabilità, piacevolezza, simpatia.

genialòide [comp. di *genial(e)* e *-oide*] s. m. e f. ● Persona dotata d'ingegno disorganico e bizzarro.

genicìdio ● V. *genocidio.*

gènico [dal gr. *genikós* 'che concerne il genere, la nascita (*génos*)'] agg. (pl. m. *-ci*) ● (*biol.*) Relativo a gene.

-gènico secondo elemento *1* In aggettivi composti, derivati o no da nomi in *-geno*, significa 'che dà origine', 'che produce' o 'che ha origine da', 'che è prodotto da': *patogenico.* *2* In aggettivi composti formati come *eugenico* significa 'che è adatto a essere riprodotto': *fonogenico, fotogenico, telegenico.*

genicolàto [vc. dotta, lat. *geniculātu(m)*, da *genĭculum* 'genicolo'] agg. *1* (*zool.*) Piegato a ginocchio o a gomito: *antenne genicolate.* *2* (*anat.*) Detto di ognuno dei due nuclei pari del talamo, l'uno mediale rispetto all'altro, che proiettano a specifiche aree della corteccia informazioni acustiche e, rispettivamente, ottiche. *3* (*bot.*) Detto di asse che presenta nodi distinti o che cambia bruscamente direzione.

genìcolo [vc. dotta, lat. *genĭculu(m)*, originariamente 'piccolo ginocchio (*gĕnu*)'] s. m. ● (*bot.*) Nodosità a ginocchio del fusto o delle radici di molte piante.

genièno [deriv. del lat. *gĕna(m)* 'guancia'] agg. ● (*anat.*) Mentoniero.

genière [da *genio* (*2*)] s. m. ● Soldato del genio.

geniétto s. m. *1* Dim. di *genio* (*1*). *2* (*raro*) Piccola figura di genio alato e ignudo, amorino. *3* (*est.*) Ragazzo di ingegno singolare.

gènio (**1**) [vc. dotta, lat. *gĕniu(m)*, dapprima n. di una divinità *generatrice* (dal v. *gīgnere* 'nascere', di origine indeur.), poi 'divinità tutelare di ogni persona', da cui i sign. di 'inclinazione naturale' e 'ingegno'] s. m. *1* Nella mitologia greco-romana e in molte religioni superiori e primitive, spirito o divinità tutelare della vita individuale, di luoghi, popoli e regioni. *2* Entità astratta cui si attribuisce la facoltà di presiedere agli eventi della vita umana o di ispirarne le decisioni: *g. buono, cattivo, del male, del bene* | *Essere il buono o il cattivo g. di qc.*, consigliarlo in bene o in male | *G. della guerra, della discordia, della distruzione, della carità, del ritorno*, personificazioni astratte create dalla fantasia umana | *G. della musica, della poesia*, spirito che si crede presiedere a queste arti | Personaggio fantastico che obbedisce a comandi magici: *il g. della lampada*. *3* Talento, tendenza naturale per q.c.: *g. speculativo, pratico; avere il g. dell'arte* | Il talento inventivo o creativo nelle sue manifestazioni più alte: *il g. di Virgilio, di Dante, di Galileo* | (*est.*) Persona che possiede questo talento: *Leonardo è un g. universale* | (*iron.*) *G. incompreso*, chi ha un'altissima stima di sé stesso, non condivisa da altri. *4* Peculiarità, caratteristica saliente: *g. della lingua, della nazione*. *5* Simpatia, piacere, gusto: *è una persona di nostro g.* | *Andare a g.*, garbare | *Di g.* con piacere, di buon grado. || **geniàccio**, pegg. (V.) | **geniétto**, dim. (V.).

gènio (**2**) [fr. *génie*, per influsso di *ingénieur*, come 'costruttore di ingegni (*engins*), di macchine belliche'] s. m. ● Organismo civile o militare costituito da tecnici cui è affidato il compito della progettazione, costruzione e riparazione di lavori di interesse pubblico o militare: *progetto approvato dal g. civile*; *g. militare, navale*.

gènio- [dal gr. *géneion* 'mento', da *génys* 'mascella', di origine indeur.] primo elemento ● In parole composte della terminologia scientifica, spec. medica, significa 'mento, mandibola': *genioglosso, geniospasmo*.

genioglòsso [comp. di *genio-* e del gr. *glôssa* 'lingua' (V. *glossa* (*2*))] agg. ● (*anat.*) *Muscolo g.*, il più grande dei muscoli della lingua.

genioioidèo [comp. di *genio-* e *ioideo*] agg. ● (*anat.*) Riferito al mento e all'osso ioide: *muscolo g.*

geniospàsmo [comp. di *genio-* e *spasmo*] s. m. ● (*med.*) Blocco serrato della mandibola per contrattura dei muscoli masticatori.

genipì ● V. *genepì*.

genitàle [vc. dotta, lat. *genitāle(m)*, da *gĕnitus*, part. pass. di *gīgnere* 'nascere', di origine indeur.] **A** agg. *1* Che ha rapporto con la generazione | *Divinità genitali*, nella mitologia romana, gli dèi che presiedevano alla nascita. *2* (*anat.*) Destinato alla riproduzione: *organo, apparato g.* *3* (*psicoan.*) *Fase g.*, fase conclusiva dello sviluppo psicosessuale, in cui gli organi di riproduzione assumono il primato sulle altre zone come fonte di piacere. **B** s. m. ● (*anat., spec. al pl.*) Organi maschili e femminili che partecipano al fenomeno della riproduzione. ➡ ILL. p. 364 ANATOMIA UMANA.

genitalità [da *genitale*] s. f. *1* Attitudine alla procreazione, capacità di generare. SIN. Fecondità. *2* (*psicoan.*) Fase terminale dello sviluppo psicosessuale, in cui le zone erogene genitali acquistano un definitivo primato.

genitivo [vc. dotta, lat. (*casum*) *genitīvu(m)*, che traduce il gr. *genikḗ* (*ptôsis*) '(caso) del genere-stirpe (*génos*)' inteso come '(caso) generante'] **A** s. m. ● (*ling.*) Caso della declinazione indoeuropea indicante l'appartenenza a una categoria | *G. sassone*, denominazione scolastica del genitivo possessivo | *G. possessivo*, costrutto tipico della lingua inglese, in cui il nome del possessore, seguito da una *s* (se singolare) preceduta da apostrofo, viene anteposto al nome della cosa posseduta. **B** anche agg.: *caso g.*

†**gènito** [vc. dotta, lat. *gĕnitu(m)*, part. pass. di *gīgnere* 'generare', di origine indeur.] **A** agg. ● (*lett.*) Generato, nato. **B** s. m. (f. *-a*, raro) ● (*lett.*) Figlio.

genitóre [vc. dotta, lat. *genitōre(m)*, da *gĕnitus* 'genito'] s. m. *1* Chi genera o ha generato | (*per anton., lett.*) Dio creatore: *da questa polve al trono / del Genitor salì* (MANZONI). *2* †Progenitore. *3* (*al pl.*) Il padre e la madre rispetto al figlio: *figlio di genitori illustri*.

genitoriàle agg. ● Di genitore, relativo ai genitori: *funzioni, responsabilità genitoriali*.

genitourinàrio [comp. di *genit(ale)* e *urinario*] agg. ● (*anat.*) Che si riferisce all'apparato genitale e a quello urinario.

genitrìce [vc. dotta, lat. *genitrīce(m)*, per il meno raro *genetrīce(m)*, f. di *gĕnitor*, genit. *genitōris* 'genitore'] **A** agg. ● (*lett.*) Che genera o ha generato: *la terra g.* | *Dee genitrici*, quelle che, nella mitologia greco-romana, presiedevano alla generazione e alla fecondità. **B** s. f. ● Madre (*spec. scherz.*).

genitùra [vc. dotta, lat. *genitūra(m)*, da *gĕnitus* 'genito'] s. f. *1* (*lett.*) Atto, effetto del generare. *2* †Nascita. *3* †Creatura.

genius loci /*lat.* ˈdʒɛnjus ˈlɔtʃi/ [loc. lat., propr. 'genio del luogo'] loc. sost. m. inv. (pl. lat. *genii loci*) ● Per gli antichi Romani, nume tutelare, protettore di un luogo | (*est.*) Chi ha una particolare affezione per un luogo, tanto da diventare promotore e animatore di iniziative che lo valorizzino.

gennàio [lat. *Januāriu(m)*, sott. *mēnse(m)*, '(il mese) di Giano (*Jānus*)'] s. m. *1* Primo mese dell'anno nel calendario gregoriano, di 31 giorni | *Avere i pulcini di g.*, (*fig.*) avere figli piccoli in età avanzata. *2* (*fig., fam.*) Persona freddolosa.

gennaker /*ingl.* ˈdʒɛnəkə*/ [vc. ingl., da *spinnaker* con sostituzione di *spin-* con *Gen(oa)*] s. m. inv. ● (*mar.*) Vela di forma e impiego intermedi tra lo spinnaker e il genoa per andature comprese tra il lasco e il traverso con molti cambi di mura.

-geno [secondo termine di comp. gr. (*-genḗs*, di origine indeur., col senso di 'nascere', 'generare', 'produrre') e, sull'es. di questi, lat. (*-gĕna(m)* con i deriv. agg. in *-gĕnu(m)*)] secondo elemento ● In parole composte dotte o della terminologia scientifica e tecnica, indica origine, nascita o significa 'che genera', 'che produce' oppure 'che è prodotto': *allogeno, elettrogeno, endogeno, indigeno, lacrimogeno, ossigeno, patogeno*.

gènoa /ˈdʒɛnoa, *ingl.* ˈdʒɛnouə/ [ingl., da *Genoa* 'Genova', quindi propr. 'vela di Genova'] s. m. ● (*mar.*) Tipo di fiocco usato sulle barche da regata.

genoàno agg.; anche s. m. (f. *-a*) *1* Che, chi gioca nella squadra di calcio del Genoa. *2* Che, chi è sostenitore o tifoso della squadra di calcio del Genoa.

genocìdio o **genicìdio** [ingl. *genocide*, comp. del gr. *génos* 'stirpe' e del lat. *-cīdium* di (*homi*)*cīdium* 'omicidio', da *cāedere* 'tagliare, colpire (a morte)'] s. m. ● Reato consistente in un complesso organico e preordinato di attività commesse con l'intento di distruggere in tutto o in parte un gruppo nazionale, etnico, razziale o religioso.

genòma [da *gene*, col suff. *-oma*] s. m. (pl. *-i*) ● (*biol.*) Corredo cromosomico base di un individuo, ossia l'insieme dei geni portati da un gamete.

genòmico agg. (pl. m. *-ci*) ● (*biol.*) Di, relativo a genoma | *Analisi genomica*, analisi del genoma allo scopo di rintracciare difetti, marcatori, ecc.

genotìpico agg. (pl. m. *-ci*) ● (*biol.*) Relativo a genotipo.

genotipo o **genòtipo** [ingl. *genotype*, comp. di *geno-* 'gene' e *type* 'tipo'] s. m. ● (*biol.*) Complesso dei caratteri genetici di un individuo, cioè di quelli che esso è capace di trasmettere ai suoi discendenti.

genovése A agg. ● Di Genova: *usi genovesi*; *porto g.* | *Alla g.*, (*ell.*) alla maniera dei genovesi. **B** s. m. e f. ● Abitante, nativo di Genova. **C** s. m. solo sing. ● Dialetto parlato a Genova.

genovina [dal n. della città di conio, *Genova*] s. f. ● Moneta d'oro coniata a Genova nel sec. XVIII.

gentàglia s. f. ● (*spreg.*) Gente spregevole e volgare. || **gentagliàccia**, pegg.

†**gentàme** s. m. ● Moltitudine di persone da poco: *questo g. ch'ora t'ha in dominio* (CARDUCCI).

gentamicina [vc. formata sul modello di *streptomicina*; non chiara la prima parte del composto] s. f. ● (*farm.*) Ciascuno degli antibiotici naturali aminoglicosidici prodotti da batteri del genere *Micromonospora* e che presenta attività battericida in particolare sugli stafilococchi e sui batteri gram-negativi.

gènte (**1**) [lat. *gĕnte(m)*, originariamente 'gruppo che si richiamava, in linea maschile, a un comune progenitore' (da *gĕnitus* 'genito'), poi 'famiglia, discendenza'] s. f. *1* Presso i greci e i romani antichi, gruppi di famiglie appartenenti allo stesso ceppo: *la g. Giulia, Fabia, Cornelia* | (*est.*) La famiglia stessa: *Popolo nata da g. patrizia, illustre, buona, povera*. *2* (*lett.*) Popolo, nazione: *la g. etrusca, le genti italiche*; *Enea venne in Italia e fondò la g. romana in Alba* (VICO) | *Le genti umane*, il genere umano, l'intera umanità | *Tutte le genti*, tutti gli uomini | *La g. futura*, i posteri | Popolazione: *g. di città, di campagna* | (*est.*) Paese abitato: *vivere lontano dalla g.* *3* Insieme di persone adunate: *chiesa, teatro, piazza piena di g.*; *c'è molta, troppa, poca g.* | *Far g.*, richiamare in qualche modo attorno a sé una moltitudine di persone | Genere, qualità di persone: *trattare con g. onesta, disonesta, sincera* | *G. di teatro*, attori e sim. | *G. di servizio*, la servitù | *G. di toga*, magistrati, avvocati e sim. | *G. di chiesa*, clero e devoti | *G. di tavolino*, scrittori, studiosi e sim. | *G. del mare, g. dell'aria*, insieme delle persone addette alla navigazione marittima o aerea, in quanto professionalmente caratterizzate e soggette a una specifica disciplina giuridica | (*gener.*) Persone: *oggi aspettiamo g.* | *Lasciar dire la g.*, tutti gli altri | *C'è g.*, c'è qualcuno | *Buona, brava g.*, appellativo cortese analogo a buon uomo, brav'uomo, e sim. *4* †Esercito, truppa | *G. d'arme*, soldati | †Truppa a cavallo | †*Far g.*, raccogliere milizie. *5* (*al pl.*) I gentili | *L'apostolo delle genti*, (*per anton.*) S. Paolo. || **gentàccia**, pegg. | **genterèlla**, dim. | **genticciuòla**, dim. | **gentina**, dim. | **gentùccia**, dim. | **gentùcola**, dim.

†**gènte** (**2**) o †**giènte** [ant. provz. *gent*, dal lat. *gĕn(i)tus* '(ben)nato'] agg. ● (*lett.*) Gentile, nobile, spec. riferito a donna amata.

gentildònna [comp. di *gentile* (*1*) e *donna*, fatto sull'es. di *gentiluomo*] s. f. ● Signora di alto rango | Donna di nobili sentimenti.

†**gentildonnàio** s. m. ● Corteggiatore di dame d'alto lignaggio.

gentile (**1**) [vc. dotta, lat. *gentīle(m)* 'della stessa (buona) schiatta (*gēns*, genit. *gĕntis* 'gente')'] agg. *1* Di chi ha maniere garbate e affabili nei rapporti con gli altri: *una persona g. con tutti* | *G. signore, signora, signorina*, consueta formalità di cortesia nella soprascritta delle lettere | Di tutto ciò che mostra garbo e cortesia: *accoglienza, risposta, offerta, invito, pensiero g.* SIN. Cortese, garbato. *2* Dotato di grazia fisica, di aspetto gradevole e delicato: *volto, figura g.*; *lineamenti gentili* | *Il gentil sesso*, (*per anton.*) le donne | Blando, tenero, delicato: *colore, aroma, tocco g.* | *Terreno g.*, di buon impasto | *Legno g.*, che si lavora, s'arde con facilità | *Fieno g.*, non grossolano | *Pianta g.*, non selvatica | *Lima g.*, che opera con delicatezza | (*est.*) Che ha grato sapore: *frutto, vino g.* *3* Di sentimenti elevati: *animo g.* *4* (*raro, lett.*) Di nobile origine: *latin sangue g. / sgombra da te queste dannose some* (PETRARCA). *5* (*est., lett.*) Colto, raffinato | *L'idioma, il parlar g.*, la lingua italiana: *idioma gentil sognante e puro* (ALFIERI). || **gentilino**, dim. | **gentilóne**, accr. | **gentilòtto**, accr. (V.) || **gentilissimo**, sup. (V.) || **gentilménte**, avv.

gentile (**2**) [vc. dotta, lat. *gentīle(m)*, da *gēns*, genit. *gĕntis* 'gente' nel senso di 'straniero' (opposto al *pŏpulus Romānus* 'popolo di Roma'), usato nel lat. crist. a tradurre il gr. *éthnos* 'stirpe, nazione' e anche 'pagano', come l'ebr. *gōy* 'il cristiano (opposto all'ebreo)'] s. m. ● Nella terminologia del Nuovo Testamento e della letteratura cristiana antica, chi non credeva nel vero Dio, non professando né la religione ebraica né quella cristiana.

gentilésco [da *gentile* (*2*)] agg. (pl. m. *-schi*) *1* (*lett.*) †Dei gentili, dei pagani: *tutto ciò ch'abbiamo delle antichità gentilesche* (VICO). *2* †Fine, signorile.

†**gentilésimo** s. m. ● Religione pagana, dei popoli non cristiani e non ebrei | Nella terminologia ecclesiastica, il complesso delle civiltà che precedono o ignorano Cristo.

gentilézza [da *gentile* (*1*)] s. f. *1* Qualità di chi, di ciò che è gentile: *g. d'animo, di parole, di pensieri*. SIN. Cortesia, garbo, grazia. *2* Atto, espressione, comportamento gentile: *usare, dire, fare gentilezze a qc.* | *Fare la g. di*, il favore di | *Per g.*, per favore. SIN. Cortesia. *3* (*raro*) Oggetto fine, ben lavorato e di lusso. *4* †Nobiltà.

gentiliàno A agg. ● Del filosofo italiano G. Gentile (1875-1944) e della sua filosofia. **B** s. m. ● Seguace di Gentile.

†**gentilire** v. tr. ● Ingentilire.

gentilissimo agg. *1* Sup. di *gentile* (*1*). *2* Formula introduttiva di cortesia, spec. nelle intestazioni epistolari: *g. signore.*

†**gentilità** [vc. dotta, lat. *gentilitāte(m)*, propriamente 'parentela d'una stessa *gente*'] s. f. ● Gentilezza, nobiltà.

gentilizio [vc. dotta, lat. *gentilĭciu(m)* 'di una stessa *gente*'] agg. **1** Di famiglia nobile: *stemma, motto g.* | *Cappella gentilizia*, di famiglia. **2** Della, relativo alla, stirpe.

gentilòmo ● V. *gentiluomo.*

gentilòtto A agg. ● Accr. di *gentile (1)*. **B** s. m. ● †Signorotto: *certi gentilotti che ci ha dattorno* (BOCCACCIO).

gentiluòmo o (*pop.*) **gentilòmo** [fr. *gentilhomme*, comp. di *gentil* 'gentile (1)' e *homme* 'uomo', ravvivato di recente dall'equivalente ingl. *gentleman*] s. m. (pl. *gentiluòmini*) **1** Uomo di nobile origine | (*est.*) Chi si comporta in modo cavalleresco e leale: *è un vero g.* | (*est.*) Chi ha modi eleganti e raffinati: *ladro g.* **2** †Nobile veneziano. **3** Titolo di nobili che esplicano certe funzioni a corte: *g. della regina, del re, di corte.*

gentiṣina [da *genziana*] s. f. ● Sostanza colorante gialla che si estrae dalle radici di genziana.

gentiṣinico [da *gentisina*] agg. (pl. m. *-ci*) ● (*chim.*) Detto di acido organico incolore, cristallino, dotato di proprietà medicinali.

gentleman /*ingl.* 'dʒentəlmən/ [comp. di *gentle* nel senso di 'bennato' (dall'ant. fr. *gentil*) e *man* 'uomo', di origine indeur.] s. m. inv. (pl. ingl. *gentlemen*) **1** Appartenente al ceto intermedio tra l'alta nobiltà e la borghesia inglesi | (*est.*) Chi ha modi e comportamento corretti e signorili. **2** Nell'equitazione o nell'automobilismo, cavaliere o guidatore non professionista.

gentleman driver /*ingl.* 'dʒentəlmən 'draivə*/ [ingl., comp. di *gentleman* e *driver*, da *drive* 'guidare', di area germ.] loc. sost. m. inv. (pl. ingl. *gentlemen drivers*) ● Corridore automobilistico non professionista.

gentleman rider /*ingl.* 'dʒentəlmən 'raidə*/ [ingl., comp. di *gentleman* e *rider* 'fantino', da *to ride* 'cavalcare', di area germ.] loc. sost. m. inv. (pl. ingl. *gentlemen riders*) ● Cavaliere non professionista.

gentlemen's agreement /*ingl.* 'dʒentəlmənz ə'gri:mənt/ [ingl., letteralmente 'accordo (*agreement*, dal v. *to agree* 'ricevere con favore', dal fr. *à gré*) di (*'s*, suff. genitivale possessivo) gentiluomini (*gentlemen*, comp. di *gentle* 'gentile' e *men*, pl. di *man* 'uomo')'] loc. sost. m. inv. (pl. ingl. *gentlemen's agreements*) ● Semplice accordo o condizione verbale che non dà luogo a veri e propri obblighi giuridici, ma crea soltanto un vincolo morale tra le parti | Accordo internazionale concluso in forma semplificata.

†**gènue** [vc. dotta, lat. eccl. *gĕnua*, sott. *flĕctere* '(piegare) i ginocchi' inteso come f. sing.] s. f. pl. ● Genuflessioni | (*fig.*) Complimenti cerimoniosi.

genuflessióne [da *genuflettersi*] s. f. ● Atto, effetto del genuflettersi. || **genuflessioncèlla**, dim.

genuflèsso part. pass. di *genuflettersi*; anche agg. ● Nei sign. del v.

genuflessòrio s. m. ● (*raro*) Inginocchiatoio.

genuflèttersi [vc. dotta, lat. eccl. *genuflĕctere*, comp. di *gĕnu* 'ginocchio' e *flĕctere* 'flettere, piegare'] v. rifl. (coniug. come *flettere*) ● Piegare il ginocchio in atto di devozione, sottomissione, riverenza. SIN. Inginocchiarsi.

genuinità s. f. ● Qualità di ciò che è genuino. SIN. Autenticità, naturalezza, schiettezza.

genuino [vc. dotta, lat. *genuīnu(m)*, da *gĕnu* 'ginocchio', perché il padre riconosceva come suo il neonato, sollevandolo da terra e posandolo sulle sue ginocchia] agg. **1** Non sofisticato, non contraffatto: *vino g.*; *merce genuina*; *prodotti genuini*. SIN. Naturale. **2** Schietto, puro: *una ragazza genuina*; *aveva un riso g.* | Vero, riuscito: *la chiara circoscrizione del D'Annunzio artisticamente g.* (CROCE). **3** Senza alterazioni | Autentico: *testo g.*; *testimonianza genuina*. || **genuinaménte**, avv.

genziàna [vc. dotta, lat. *gentiāna(m)*: secondo i Latini, dal n. del suo inventore, il re illirico *Gentius* (?)] s. f. **1** Genere di piante erbacee delle Genzianacee, comprendente varie specie con foglie opposte, semplici e fiori solitari o in infiorescenze con corolla a campana allargata (*Gentiana*) | *G. maggiore*, con fiori gialli disposti in verticilli sopra un paio di foglie (*Gentiana lutea*). **2** Radice di tale pianta, contenente numerosi glucosidi amari, usata in medicina come tonico, eccitante della funzione gastrica.

Genzianàcee [vc. dotta, comp. di *genziana* e *-acee*] s. f. pl. ● Nella tassonomia vegetale, famiglia di piante erbacce delle Dicotiledoni comprendente numerose specie impiegate nell'industria farmaceutica e in quella dei liquori per i principi amari che contengono (*Gentianaceae*) | (al sing. *-a*) Ogni individuo di tale famiglia. ➡ ILL. piante /8.

genzianèlla [da *genziana*] s. f. **1** Pianta erbacea delle Genzianacee, comune nei pascoli alpini, acaule, con fiore solitario azzurro (*Gentiana acaulis*). **2** Bottiglia da vino bassa e panciuta.

gèo [riduzione di (*bag*)*geo*] s. m. (f. *gea*) ● (*tosc.*, *fam.*) Amante, spasimante: *il geo e la gea* | Smorfioso: *fare il geo.*

gèo- [vc. dotta, dal gr. *geō-*, da *gê* 'terra', di etim. incerta] primo elemento ● In parole composte dotte o della terminologia scientifica, significa 'terra', 'globo terrestre', 'superficie terrestre': *geofisica, geografia, geologia* | In alcuni casi è accorciamento di *geografia* e vale 'considerato dal punto di vista geografico': *geolinguistica, geopolitica.*

-gèo [vc. dotta, dal gr. *-geios*, da *gê* 'terra', di etim. incerta] secondo elemento ● In parole composte della terminologia scientifica spec. indicanti posizione o movimento, significa 'terra', 'globo terrestre', 'superficie terrestre': *ipogeo, perigeo.*

geobiologìa [comp. di *geo-* e *biologia*] s. f. (pl. *-gie*) ● Biologia degli organismi che vivono sulle terre emerse.

geobotànica [comp. di *geo-* e *botanica*] s. f. ● (*bot.*) Studio della distribuzione e aggregazione delle piante negli ecosistemi.

geocarpìa [comp. di *geo-* e del gr. *karpós* 'frutto', di orig. indeur.] s. f. ● (*bot.*) Maturazione sotterranea dei frutti, come nell'arachide.

geocàrpo [comp. di *geo-* e *-carpo*] agg. ● (*bot.*) Detto di frutto che matura sottoterra.

geocèntrico [comp. di *geo-* e *centrico*] agg. (pl. m. *-ci*) ● Che ha il suo centro nella Terra: *orbita geocentrica* | Che considera la Terra al centro dell'universo: *sistema g.* (quello tolemaico). CFR. Eliocentrico.

geocentrìṣmo [comp. di *geo-* e *centrismo*] s. m. ● Il sistema tolemaico, in quanto supponeva la Terra al centro dell'universo.

geochìmica [comp. di *geo-* e *chimica*] s. f. ● Studio della composizione chimica della crosta terrestre e dei processi chimico-fisici che hanno prodotto l'attuale distribuzione e concentrazione degli elementi nelle rocce e nei minerali.

geocronologìa [comp. di *geo-* e *cronologia*] s. f. ● (*geol.*) Scienza che studia le suddivisioni temporali dell'evoluzione della Terra e i metodi di datazione dei reperti. SIN. Cronologia geologica.

geòde [vc. dotta, lat. *geōde(m)*, dal gr. *geṓdēs*, agg. di *gê* 'terra'] s. m. ● (*miner.*) Aggregato di cristalli che rivestono la superficie interna di una cavità rotondeggiante.

geodeṣìa [gr. *geōdaisía*, propriamente 'divisione (dal v. *dáiesthai*) dalla terra (*gê*)'] s. f. ● Scienza che studia la forma della Terra e le sue dimensioni.

geodèta [gr. *geōdáitēs* 'sovrintendente alla divisione (dal v. *dáiesthai*) della terra (*gê*)'] s. m. e f. (pl. m. *-i*) ● Studioso, esperto di geodesia.

geodètica [da *geodeta*] s. f. ● (*mat.*) Su una superficie, linea di lunghezza minima che ha per estremi due punti dati, e che, su una sfera, è rappresentata da un arco di cerchio massimo.

geodètico [agg. dal gr. *geōdáitēs* 'geodeta, studioso di geodesia'] agg. (pl. m. *-ci*) ● Della, relativo alla geodesia | (*geogr.*) Rete geodetica, insieme di punti, opportunamente scelti sulla superficie terrestre, collegati tra loro a due a due da un arco di geodetica, costituenti una rete di triangoli sferici, nella quale si possono determinare le coordinate geografiche dei vertici.

geodìmetro [ingl. *Geodimeter*, marchio di fabbrica comp. di *geo-* 'geo-' e *-meter* '-metro'] s. m. ● Apparecchio per la misurazione diretta delle distanze geodetiche.

geodinàmica [comp. di *geo-* e *dinamica*] s. f. ● Scienza che studia la natura e le funzioni degli agenti trasformatori della superficie terrestre.

geodinàmico [da *geodinamica*] agg. (pl. m. *-ci*) ● Relativo alla geodinamica.

geofagìa [comp. di *geo-* e *-fagia*] s. f. ● (*med.*) Perversione del senso della fame con stimolo a ingerire terra o argilla.

geofàuna [comp. di *geo-* e *fauna*] s. f. ● Fauna che popola le terre emerse.

geofìṣica [comp. di *geo-* e *fisica*] s. f. ● Scienza che studia la Terra dal punto di vista fisico.

geofìṣico A agg. (pl. m. *-ci*) ● Della, relativo alla, geofisica. **B** s. m. ● Studioso, esperto di geofisica.

geoflòra [comp. di *geo-* e *flora*] s. f. ● Flora che popola le terre emerse.

geòfono [comp. di *geo-* e *-fono*] s. m. **1** Apparecchio atto a segnalare un'onda sonora che si propaga nel sottosuolo. **2** Sismografo, gener. elettrico, usato per registrare le onde sismiche di prospezione.

geofotogrammetrìa [comp. di *geo-* e *fotogrammetria*] s. f. ● (*geol.*) Studio della geologia di una regione e raccolta di dati geologici per mezzo dell'osservazione stereoscopica di foto aeree.

geoglaciologìa [comp. di *geo-* e *glaciologia*] s. f. (pl. *-gie*) ● Scienza che studia i ghiacciai presenti sulla Terra.

geognoṣìa [comp. di *geo-* e di un deriv. del gr. *gnôsis* 'conoscenza'] s. f. ● Studio dei terreni e delle rocce.

geogonìa [comp. di *geo-* e di un deriv. del gr. *gonḗ* 'atto di generazione'] s. f. ● Teoria sull'origine e la formazione della Terra.

geografìa [vc. dotta, lat. *geogrăphia(m)*, dal gr. *geōgraphía*, comp. di *gê* 'terra' e di un deriv. del v. *gráphein* 'scrivere'] s. f. ● Scienza che studia e descrive il mondo in cui viviamo nelle sue caratteristiche di insieme e nella sua articolazione in regioni e paesaggi variamente differenziati | *G. astronomica*, scienza che studia la Terra nei suoi rapporti col sistema solare | *G. fisica*, scienza che studia la configurazione della superficie terrestre in rapporto con i fenomeni fisici dell'atmosfera, dell'idrosfera e della litosfera | *G. politica*, scienza che studia le unità politico-territoriali nei loro elementi e organi fisici e nella loro distribuzione sulla superficie terrestre | *G. economica*, scienza che studia i fenomeni economici in quanto si presentano distribuiti sulla superficie terrestre e in relazione con l'ambiente | *G. sociale*, scienza ausiliaria della sociologia che analizza le attività dei gruppi sociali in quanto si manifestano attraverso fenomeni legati a un determinato territorio | *G. linguistica*, studio della distribuzione spaziale dei fenomeni linguistici.

geogràfico [vc. dotta, lat. tardo *geogrăphicu(m)*, dal gr. *geōgraphikós* 'pertinente alla geografia (*geōgraphía*)'] agg. (pl. m. *-ci*) ● Della, relativo alla, geografia: *studi geografici* | *Carta geografica*, rappresentazione piana, ridotta, simbolica, e approssimata di una parte o di tutta la superficie terrestre. || **geograficaménte**, avv. Dal punto di vista della geografia.

geògrafo [vc. dotta, lat. tardo *geŏgraphu(m)*, dal gr. *geōgráphos*, comp. di *gê* 'terra' e di un deriv. da *gráphein* 'scrivere'] s. m. (f. *-a*) ● Studioso, esperto di geografia.

geòide [ted. *Geoid*, dal gr. *geoeidḗs* 'della forma (*êidos*) della terra (*gê*)'] s. m. ● Figura solida, rappresentante la Terra, la cui superficie è in ogni punto perpendicolare alla direzione della gravità.

geolinguìstica [comp. di *geo-* e *linguistica*] s. f. ● Geografia linguistica.

geologìa [comp. di *geo-* e *-logia*] s. f. (pl. *-gie*) ● Scienza che studia la storia della Terra, la composizione della crosta terrestre, i processi di formazione delle rocce, i movimenti e le deformazioni che le rocce e la crosta terrestre subiscono | *G. applicata*, ramo della geologia che studia i terreni e le rocce per le costruzioni che vi si fondano e lo sfruttamento idrico e minerario.

geològico agg. (pl. m. *-ci*) ● Della, relativo alla, geologia | *Carta geologica*, che rappresenta con tratteggi o colori le formazioni geologiche affioranti e con simboli altri caratteri geologici. || **geologicaménte**, avv. Dal punto di vista geologico.

geòlogo [comp. di *geo-* e *-logo*] s. m. (f. *-a*; pl. m. *-gi*, pop. *-ghi*) ● Studioso, esperto in geologia.

GEOLOGIA. Scala dei tempi geologici

Le date d'inizo dei periodi sono in milioni di anni da oggi

Data d'inizio	*Era*	*Periodo*	*Piano*	*Eventi nella storia della vita*	*Altri eventi importanti*
0,01	NEOZOICA O QUATERNARIA	OLOCENE		Flora e fauna moderne	
2		PLEISTOCENE	tirreniano siciliano calabriano	Sviluppo e diffusione dell'uomo Il cavallo si sviluppa in America Settentrionale e poi migra in Europa	Età glaciale
7	CENOZOICA O TERZIARIA NEOGENE	PLIOCENE	piacenziano tabianiano	Evoluzione degli ominidi	La penisola italiana in gran parte emersa
25		MIOCENE	messiniano tortoniano serravalliano langhiano burdigaliano aquitaniano	Sviluppo delle praterie e dei mammiferi erbivori pascolanti	Cominciano a sollevarsi gli Appennini
40	PALEOGENE	OLIGOCENE	cattiano rupeliano lattorfiano	Primi elefanti	Comincia il sollevamento dell'Himalaya Sollevamento delle Alpi
54		EOCENE	priaboniano luteziano cuisiano	Foreste di aspetto moderno Antenati del cavallo, del rinoceronte e del cammello Pesci di Bolca	
65		PALEOCENE	ilerdiano thanetiano montiano daniano	Comparsa delle nummuliti (foraminiferi)	Si apre l'Atlantico Settentrionale fra l'Europa e la Groenlandia
135	MESOZOICA O SECONDARIA	CRETACEO	SENONIANO: maastrichtiano campaniano santoniano coniaciano turoniano cenomaniano albiano aptiano barremiano NEOCOMIANO: hauteriviano valanginiano berriasiano	Evoluzione e diffusione delle piante a fiori (angiosperme) Alla fine del periodo: estinzione dei dinosauri, delle ammoniti e di molte altre specie	
190		GIURASSICO malm dogger lias	malm: titoniano kimmeridgiano oxfordiano dogger: calloviano batoniano baiociano aaleniano lias: toarciano pliensbachiano sinemuriano hettangiano	È al culmine l'evoluzione dei rettili (dinosauri) Primi uccelli	Comincia la frattura della Pangea e l'apertura dell'Oceano Atlantico

Data d'inizio	Era	Periodo	Piano	Eventi nella storia della vita	Altri eventi importanti
225	MESOZOICA O SECONDARIA	TRIASSICO	retico norico carnico ladinico anisico scitico (werfeniano)	Sviluppo di felci e conifere Primi mammiferi, piccoli e primitivi	
270	PALEOZOICA O PRIMARIA	PERMIANO	turingiano sassoniano autuniano	Prime conifere Sviluppo dei rettili, comparsa di rettili simili a mammiferi Prime ammoniti, ultime trilobiti	La parte meridionale della Pangea (Gondwana) è presso il Polo Sud, coperta da una calotta di ghiaccio
350		CARBONIFERO	stefaniano westfaliano namuriano viseano tournaisiano	Paludi e grandi foreste di piante estinte, affini alle felci e agli equiseti Primi rettili, grande sviluppo degli insetti. Primi anfibi	Orogenesi ercinica
400		DEVONIANO	struniano famenniano frasniano givetiano eifeliano emsiano siegeniano gedinniano	Diffusione delle piante terrestri Sviluppo dei pesci	
440		SILURIANO	ludlowiano wenlockiano llandoveriano	Primi vegetali terrestri Primi animali capaci di respirare aria (scorpioni)	Orogenesi caledoniana
500		ORDOVICIANO	ashgilliano caradociano llandeiliano llanvirniano arenigiano tremadociano	Alghe calcaree, costruttrici di scogliere Massimo sviluppo delle trilobiti Primi vertebrati (pesci)	
600		CAMBRIANO	postdamiano acadiano georgiano	Si diffondono gli invertebrati marini forniti di guscio Grande diffusione di trilobiti All'inizio del periodo: comparsa di fossili abbondanti di quasi tutti i tipi di invertebrati	
2500	PRECAMBRIANA O ARCHEOZOICA	PROTEROZOICO		Probabile diffusione di invertebrati marini senza guscio: alla fine del periodo esistono sicuramente meduse e vermi segmentati	
3750		ARCHEANO		Prime tracce di alghe azzurre e di batteri	

geolunàre [comp. di *geo-* e *lunare*] agg. *1* (*geofis.*) Detto di tutto ciò che si riferisce ai rapporti tra Terra e Luna. *2* Detto di fenomeno geologico terrestre presente anche sulla Luna.

geomagnetismo [comp. di *geo-* e *magnetismo*] s. m. ● Magnetismo terrestre.

geomànte [vc. dotta, lat. tardo *geomănte*(*m*), dal gr. *geṓmantis*, comp. di *gê* 'terra' e *mántis* 'indovino'] s. m. e f. ● Chi praticava la geomanzia.

geomàntico [da *geomanzia*] agg. (pl. m. *-ci*) ● Che si riferisce a geomanzia o a geomante.

geomanzìa [vc. dotta, lat. tardo *geomăntia*(*m*), dal gr. *geōmantéia*, comp. di *gê* 'terra' e *mantéia* 'divinazione'] s. f. ● Tecnica divinatoria di molte religioni antiche e primitive, consistente nel ricavare pronostici da segni tracciati sulla terra o da posizioni di luoghi rispetto agli astri e alle direzioni spaziali.

geomedicìna [comp. di *geo-* e *medicina*] s. f. ● Studio delle condizioni fisiche di una regione in rapporto alla salute dell'uomo.

geòmetra [vc. dotta, lat. *geŏmetra*(*m*), dal gr. *geōmétrēs*, comp. di *gê* 'terra' e un deriv. di *métrein* 'misurare'] s. m. e f. (pl. m. *-i*) *1* (*raro*) Studioso, esperto di geometria. *2* Professionista che effettua rilevazioni diverse ai fini della determinazione dei caratteri topografici di una zona e progetta e dirige lavori di costruzioni civili di modesta entità.

geometrìa [gr. *geōmetría*, comp. di *gê* 'terra' e un deriv. del v. *métrein* 'misurare'] s. f. ● Ramo della matematica che si occupa delle figure di uno spazio | *G. algebrica*, parte della geometria che studia gli enti rappresentabili con metodi algebrici | *G. analitica*, metodo di studio della geometria consistente nell'applicarle l'algebra e l'analisi | *G. affine*, *euclidea*, *proiettiva*, quella che studia le proprietà invarianti rispettivamente per affinità, movimenti, omografie | *G. non euclidea*, nella quale per un punto non passano rette parallele a una retta data, o ne passa più d'una | *G. descrittiva*, studio delle rappresentazioni di figure spaziali sul piano | (*fig.*) Struttura rigorosa: *la g. della Divina Commedia*.

geometricità s. f. ● Qualità di ciò che è geometrico.

geomètrico [vc. dotta, lat. tardo *geomĕtricu*(*m*), dal gr. *geōmetrikós* 'pertinente alla geometria (*geōmetría*)'] agg. (pl. m. *-ci*) *1* Proprio della geometria: *figure geometriche*; *proporzione geometrica* | *Disegni geometrici*, basati sulla riproduzione di figure piane e solide | *Stile g.*, basato su disegni geometrici. *2* (*fig.*) Ineccepibile quanto a esattezza, logicità e sim.: *ragionamento g.* | Stringato, schematico. || **geometricaménte**, avv. Mediante la geometria, in modo geometrico.

Geomètridi [da *geometra*, per i loro movimenti a compasso, e *-idi*] s. m. pl. ● Nella tassonomia animale, famiglia di farfalle notturne (*Geometridae*) | (al sing. *-e*) Ogni individuo di tale famiglia.

geometrizzàre **A** v. tr. ● Rendere geometrico: *g. un disegno*. **B** v. intr. (aus. *avere*) ● †Ragionare con esattezza geometrica.

geòmide [comp. di *geo-*, del gr. *mŷs*, genit. *myós* 'topo' e del suff. di famiglia zoologica *-idi*: 'topo di terra' per la sua attività escavatoria] s. m. ● Genere di piccoli Roditori americani con corpo tozzo, lunga coda, provvisti di tasche alle guance, che scavano nel terreno e rodono le radici di alberi (*Geomys*).

geomineràrio [comp. di *geo-* e *minerario*] agg. ● Relativo a studi geologici sui giacimenti minerari: *carte geominerarie*.

geomorfologìa [comp. di *geo-* e *morfologia*] s. f. (pl. *-gie*) ● Scienza che ha come oggetto lo studio della forma della superficie terrestre e delle forze che la modificano.

geomorfològico [comp. di *geo-* e *morfologico*] agg. (pl. m. *-ci*) ● Relativo alla geomorfologia.

geonemìa [comp. di *geo-* e di un deriv. del v. gr. *némein* 'abitare'] s. f. ● (*biol.*) Ramo della biogeografia che tratta specificamente gli areali dei gruppi animali e vegetali.

geopolìtica [comp. di *geo-* e *politica*] s. f. ● Scienza che studia le basi e le ragioni geografiche dei problemi politici ed economici.

geopolìtico agg. (pl. m. *-ci*) ● Della, relativo alla, geopolitica.

georgette /fr. ʒɔr'ʒɛt/ [vc. fr., riduzione di *crêpe Georgette*, dal n. della sarta *Georgette* de la Plante] s. f. inv. ● Acrt. di *crêpe georgette* (V.).

georgiàno (1) **A** agg. *1* Della Georgia o dell'omonimo Stato degli USA. *2* (*geol.*) Detto della prima delle tre epoche in cui si divide il Cambriano, e di tutto ciò che ad essa si riferisce. **B** s. m. (f. *-a* nel sign. 1) *1* Abitante, nativo, della Georgia. *2* (*geol.*) La prima delle tre epoche in cui si divide il Cambriano. **C** s. m. solo sing. ● Lingua della famiglia caucasica parlata in Georgia.

georgiàno (2) [ingl. *Georgian* 'relativo a Giorgio (*George*)'] agg. ● Proprio dell'epoca in cui regnarono, in Inghilterra, uno dopo l'altro, dal XVIII al XIX sec. Giorgio I, II, III e IV di Hannover | *Mobile g.*, genericamente, mobile inglese del '700 dai caratteri non spiccati.

geòrgico [vc. dotta, lat. *geōrgicu*(*m*), dal gr. *geōrgikós* 'dell'agricoltore (*geōrgós*, comp. di *gê* 'terra' e di un deriv. da *érgon* 'lavoro')'] agg. (pl. m. *-ci*) ● Che si riferisce alla vita e alla coltivazione dei campi | *Poema g.*, poema didascalico sulla coltivazione dei campi. SIN. Agreste.

georgòfilo [comp. di *georg*(*ic*)*o* e *-filo*] agg.; anche s. m. (f. *-a*) ● (*lett.*) Che, chi ama l'agricoltura e ne promuove lo studio e lo sviluppo.

geoscòpio [comp. di *geo-* e *-scopio*] s. m. ● Dispositivo ottico montato su aeroplani per consentire all'equipaggio la visione del terreno sottostante.

geosfèra [comp. di *geo-* e *sfera*] s. f. ● Sfera terrestre.

geosinclinàle [comp. di *geo-* e *sinclinale*] s. f. ● (*geol.*) Fascia mobile della crosta terrestre, bacino subsidente da cui si sviluppa, per corrugamento e deformazione delle rocce, una catena montuosa.

geosinònimo [comp. di *geo-* e *sinonimo*] s. m. ● (*ling.*) Vocabolo che ha lo stesso significato di un altro, ma è usato in un'area geografica diversa all'interno della stessa lingua (per es. *anguria* e *cocomero*).

geosolàre [vc. dotta, comp. di *geo-* e *solare* (*1*)] agg. ● (*geofis.*) Detto di tutto ciò che si riferisce ai rapporti tra Terra e Sole.

geostàtica [comp. di *geo-* e *statica*] s. f. ● Parte della fisica che tratta dell'equilibrio dei solidi.

geostazionàrio [comp. di *geo-* e *stazionario*] agg. ● Detto di satellite artificiale, usato spec. per ritrasmettere programmi televisivi, che ruota intorno alla Terra da ovest a est nello stesso senso di rotazione di questa, con velocità tale da rimanere fisso su un determinato punto dell'equatore a un'altitudine di circa 35 000 km, compiendo un giro in 24 ore in sincronismo con la rotazione della Terra.

geostereoplàstica [comp. di *geo-*, *stereo-* e *plastica*] s. f. ● Rappresentazione in rilievo di parti della superficie terrestre.

geotassìa o **geotàssi** [comp. di *geo-* e un deriv. del gr. *táxis* 'ordinamento', dal v. *tássein* (*táttein* in attico), di etim. incerta] s. f. ● (*biol.*) Sensibilità del protoplasma all'azione della gravità.

geotattismo [da *geotassia*] s. m. ● Geotassia.

geotècnica [comp. di *geo-* e *tecnica*] s. f. ● Insieme delle questioni tecniche riguardanti il suolo e il sottosuolo.

geotermàle [comp. di *geo-* e *termale*] agg. ● Detto di acqua sotterranea la cui temperatura, superiore alla media, sia dovuta al calore degli strati profondi del terreno.

geotermìa [comp. di *geo-* e *-termia*] s. f. ● Misura del calore terrestre | (*geofis.*) Scienza che studia il calore interno della Terra e le modalità di sfruttamento dei vapori e dei liquidi caldi che vengono prodotti interagendo con i fluidi meteorici penetrati in profondità.

geotèrmico [da *geotermica*] agg. (pl. m. *-ci*) ● Relativo alla temperatura del suolo e del sottosuolo | *Gradiente g.*, aumento di temperatura che si verifica con l'aumento di profondità nella crosta terrestre.

geotèssile [comp. di *geo-* e *tessile*] s. m. ● Qualsiasi materiale permeabile prodotto dall'industria tessile per applicazioni a contatto con il terreno allo scopo di migliorarne le caratteristiche.

geotettònica [comp. di *geo-* e *tettonica*] s. f. ● (*geol.*) Tettonica.

geotritóne [comp. di *geo-* e *tritone* (*2*)] s. m. ● Genere di piccole salamandre brunicce, spesso cavernicole, diffuse anche in Italia (*Hydromantes*).

geotròpico [da *geotropismo*] agg. (pl. m. *-ci*) ● Del, relativo al, geotropismo.

geotropismo [comp. di *geo-* e *tropismo*] s. m. ● Tropismo dovuto all'influenza della forza di gravità su foglie, radici e fusti | *G. positivo*, proprio delle radici | *G. negativo*, proprio del fusto.

geotrùpe [comp. di *geo-* e un deriv. del gr. *trypân* 'forare' per la loro abitudine di scavare gallerie nella terra] s. m. ● (*zool.*) Scarabeo stercorario.

Geraniàcee [vc. dotta, comp. di *geranio* e *-acee*] s. f. pl. ● Nella tassonomia vegetale, famiglia di piante erbacee o suffruticose con fusto nodoso, foglie palmate, fiori dai colori vivaci e frutti con lungo becco, coltivate a scopo ornamentale (*Geraniaceae*) | (al sing. *-a*) Ogni individuo di tale famiglia. ➡ ILL. **piante** /4.

gerànio o **girànio** [vc. dotta, lat. *gerănio*(*n*), dal gr. *geránion*, propriamente '(becco) di gru (*géranos*)', per la forma del fiore] s. m. ● Genere di piante erbacee o fruticose delle Geraniacee, cui appartengono varie specie con foglie palminervie e fiori variamente colorati (*Geranium*) | Denominazione comune di alcune specie di pelargonii | *Essenza di g.*, olio volatile impiegato in profumeria e nell'industria farmaceutica.

geraniòlo [comp. di *gerani*(*o*) e *-olo* (*1*)] s. m. ● (*chim.*) Alcol insaturo responsabile dell'odore caratteristico dell'olio essenziale di geranio, impiegato in profumeria.

geranomanzìa [comp. del gr. *géranos* 'gru' (d'orig. indeur.) e del suff. it. *-manzia*] s. f. ● Predizione del futuro basata sull'interpretazione del volo delle gru.

geràrca o †**ieràrca** [adatt. del gr. eccl. *hierárchēs* 'capo (*archós*) delle sacre funzioni (*hierá*)'] s. m. (pl. *-chi*) *1* Chi riveste un grado piuttosto elevato in una gerarchia | *Primo*, *sommo g.*, il Papa. *2* Durante il fascismo, chi occupava le massime cariche del partito. *3* (*fig.*, *spreg.*) Chi ostenta la propria autorità, vera o presunta.

gerarcàto s. m. ● Dignità e carica di gerarca, spec. ecclesiastico | Periodo di tempo durante il quale il gerarca resta in carica.

gerarchésco agg. (pl. m. *-schi*) ● Da gerarca: *cipiglio g.*

gerarchìa o †**ierarchìa** [adatt. del gr. eccl. *hierarchía*, da *hierárchēs* 'gerarca'] s. f. *1* Rapporto reciproco di supremazia e subordinazione: *g. tra dirigenti, impiegati e operai*; *g. tra organi militari*. *2* Complesso delle persone ordinate secondo la loro rispettiva prevalenza in organismi politici, militari o ecclesiastici. *3* Ciascuno dei tre gruppi di ordini in cui sono suddivisi gli angeli, secondo la teologia cattolica. *4* (*pop.*, *tosc.*) †Astruseria.

geràrchico o †**ieràrchico** [adatt. del gr. eccl. *hierarchikós* 'proprio del gerarca (*hierárchēs*)'] agg. (pl. m. *-ci*) ● Proprio di una gerarchia: *ordinamento g.* | *Inoltrare una pratica per via gerarchica*, farla passare da uffici di grado inferiore a uffici di grado superiore, fino a giungere a quello competente | *Ricorso g.*, reclamo contro un provvedimento amministrativo rivolto all'autorità superiore a quella che ha emanato l'atto stesso. || **gerarchicaménte**, avv. In modo gerarchico, secondo un ordine gerarchico.

gerarchizzàre v. tr. ● Organizzare secondo i principi propri di una gerarchia.

gerarchizzazióne s. f. ● Atto, effetto del gerarchizzare.

gèrba [etim. discussa: lat. *acĕrba*(*m*) nel senso di 'tagliente al tatto' (?)] s. f. ● (*bot.*, *pop.*) Giunco.

gerbèra [dal n. del naturalista ted. T. *Gerber* (sec. XVIII)] s. f. ● Pianta erbacea perenne delle Composite con foglie radicali inferiormente lanose, grandi fiori solitari con colore variabile dall'arancione al rosso scarlatto (*Gerbera jamesonii*).

gèrbido [ampliamento di *gerbo*] **A** agg. ● Incolto, brullo. **B** s. m. ● (*dial.*, *sett.*) Baraggia, magredo.

gerbillo [vc. latinizzata, dim. (*-illo*) di *gerbo*, *jerbo* da *yarbū'*, n. ar. del roditore] s. m. ● (*zool.*) Genere di Mammiferi dei Roditori ampiamente diffuso nelle regioni aride dell'Asia e dell'Africa (*Gerbillus gerbillus*).

†**gèrbo** [vc. sett. di etim. incerta] s. m. ● Moina, smorfia.

gerbòa [ingl. *jerboa*, a sua volta dall'ar. *yarbū'* o *giarbū'*] s. m. inv. ● Piccolo roditore dell'Africa settentrionale, con zampe posteriori molto lunghe che gli permettono di procedere a salti (*Jaculus orientalis*).

gèrbola [da *gerba* (?)] s. m. e f. • Persona volubile, incostante e di poco senno.

gerbóne [da *erbone* con sovrapposizione di *gerba*] s. m. • (*bot.*) Trifoglio.

geremìa [vc. dotta, lat. eccl. *Jeremīa*(*m*), dal gr. *Jerēmías*, in ebr. *Yermeyâh*(*û*), che nella seconda parte racchiude il n. di 'Dio' (ebr. *Jahveh*), ma oscuro nella prima, nome del profeta biblico autore delle *Lamentazioni*] s. m. inv. • Persona che è solita lamentarsi e prevedere danni e sciagure | *Fare il g.*, tenere discorsi lunghi e lamentosi.

geremìade [fr. *jérémiade*, da *Jérémie* 'Geremia', con allusione alle sue *Lamentazioni*] s. f. • Lunga e noiosa sequela di lamentele e piagnistei.

geremiàta s. f. • (*tosc.*) Geremiade.

gerènte [vc. dotta, lat. *gerĕnte*(*m*), part. pres. di *gĕrere* 'portare (su di sé)', di etim. incerta] s. m. e f. (pl. m. *-i*) • Chi amministra o gestisce affari o società per conto terzi | *G. di un giornale*, un tempo, chi rispondeva degli scritti in esso pubblicati.

gerènza [da *gerente*] s. f. • Gestione, amministrazione | Ufficio di gerente.

gergàle agg. • Che è proprio del gergo: *modo, linguaggio g.* || **gergalménte**, avv.

gergalìsmo [comp. di *gergal*(*e*) e *-ismo*] s. m. • (*raro*) Voce del gergo | Uso corrente di tali voci.

gergalìsta [da *gergale*] s. m. e f. (pl. m. *-i*) • Studioso di gerghi.

gergànte s. m. e f. • Chi fa parte della comunità che parla in gergo.

gèrgo [etim. discussa: fr. *jargon*, orig. 'cinguettio degli uccelli', quindi 'linguaggio incomprensibile' (?)] s. m. (pl. *-ghi*) **1** (*ling.*) Lingua criptica, spec. lessico, utilizzata da una comunità generalmente marginale che, in determinate condizioni, avverte il bisogno di non essere capita dai non iniziati o di distinguersi dagli altri: *g. della malavita*. **2** (*est.*) Particolare linguaggio comune a una determinata categoria di persone: *g. studentesco, militare*. **3** (*est.*) Linguaggio oscuro e allusivo: *capire, intendere il g.*; *parlare in g.*

†**gergolìna** s. f. • Donna leziosa e smorfiosa.

†**gèrgolo** [da *gerbo*] s. m. • Lezio, caricatura.

geriàtra [comp. di *ger*(*o*-) e *-iatra*] s. m. e f. (pl. m. *-i*) • Studioso di geriatria.

geriatrìa [comp. di *ger*(*o*-) e *-iatria*] s. f. • (*med.*) Branca della gerontologia che si occupa della diagnosi, della cura e della prevenzione delle alterazioni fisiche e mentali e delle malattie connesse con la senescenza.

geriàtrico agg. (pl. m. *-ci*) • Della, relativo alla, geriatria.

gerìre [retroformazione da *gerente*] v. tr. • (*bur.*) Gestire, amministrare.

gèrla o †**gèrna** [lat. parl. **gĕrula*(*m*), da *gĕrulu*(*m*) 'che serve per portare (*gĕrere*)'] s. f. • Cesta di forma troncoconica adattabile mediante cinghie o corde alle spalle del portatore, realizzata con fibre vegetali intrecciate, di uso tradizionale nei paesi di montagna. || **gerlìno**, dim. m.

gèrlo [V. *gherlino*] s. m. • (*mar.*) Ogni cordicella che serve per serrare le vele quando siano state imbrogliate, spec. il cavetto che serra le vele latine.

†**gèrma** [ar. *ǧarm* 'barca da carico'] s. f. • Nave mercantile, di forma allargata, a quattro vele, anticamente usata nel Mediterraneo.

germanésimo s. m. • Elemento culturale germanico | (*raro*) Germanismo.

germànico [vc. dotta, lat. *Germānicu*(*m*), da *Germānus* 'germano (1)'] agg. (pl. m. *-ci*) **1** Degli antichi Germani: *tradizione, leggende germaniche*. **2** Della Germania: *foresta germanica* | *Lingue germaniche*, gruppo di lingue della famiglia indoeuropea.

germànio [ted. *Germanium*, da *Germania*, n. lat. della patria dello scopritore] s. m. • Elemento chimico, metallo assai raro, bianco-grigiastro, fragile, impiegato in elettronica per le sue caratteristiche di semiconduttore. SIMB. Ge.

germanìsmo o **germanésimo**. s. m. **1** Parola o locuzione propria di una lingua germanica entrata in un'altra lingua. **2** Usanza o sim. tipica della Germania.

germanìsta s. m. e f. (pl. m. *-i*) • Studioso, esperto della lingua e della cultura germanica.

germanìstica s. f. • Studio delle lingue, della letteratura, della cultura e della civiltà dei popoli di lingua tedesca.

germanizzàre **A** v. tr. • Rendere germanico. **B** v. intr. (aus. *avere*) • Imitare gli usi, i modi germanici.

germanizzazióne s. f. • Atto, effetto del germanizzare.

germàno (**1**) [vc. dotta, lat. *germānu*(*m*), per **germinānu*(*m*) 'che è della (stessa) razza' (V. *germe*)] **A** agg. • Nato dagli stessi genitori: *fratello g.* **B** s. m. (f. *-a*) • (*lett.*) Chi è nato dagli stessi genitori: *la mia germana / vuol colà favellarti* (METASTASIO).

germàno (**2**) [vc. dotta, lat. *Germānu*(*m*), di prob. origine celt.] **A** s. m. • Ogni appartenente alle numerose popolazioni di origine indoeuropea stanziate fin da tempi antichissimi nella Scandinavia meridionale, nelle altre regioni poste intorno al Mar Baltico occidentale fino alla Vistola e sulle coste orientali del Mare del Nord, che progressivamente si estesero in tutti i territori dell'Europa con successive migrazioni. **B** agg. • (*raro*) Germanico.

germàno (**3**) [prob. dal n. di S. *Germano*, alla cui data (21 febbraio) l'uccello usa ripassare le Alpi] s. m. • (*zool.*) Denominazione comune di varie specie di uccelli, spec. fra gli Anseriformi | *G. reale*, anatra di grande statura, tipica spec. dei luoghi lagunari e paludosi, da cui derivano parecchie varietà di anatra domestica (*Anas boschas*) | *G. nero*, folaga.

germàno- primo elemento • In parole composte, fa riferimento alla Germania o ai suoi abitanti: *germanofilo, germanofobo*.

germanofilìa [comp. di *germano-* e *-filia*] s. f. • Ammirazione, simpatia per i tedeschi e per la Germania.

germanòfilo [comp. di *germano-* e *-filo*] agg.; anche s. m. (f. *-a*) • Ammiratore o seguace della Germania o della sua civiltà.

germanofobìa [comp. di *germano-* e *-fobia*] s. f. • Avversione, antipatia per i tedeschi e per la Germania.

germanòfobo [comp. di *germano-* e *-fobo*] agg.; anche s. m. (f. *-a*) • Che, chi è fortemente avverso ai tedeschi e alla Germania.

germanòfono [comp. di *germano-* e *-fono*] agg.; anche s. m. (f. *-a*) • Che, chi parla la lingua tedesca.

gèrme o (*lett.*) †**gèrmine** [vc. dotta, lat. *gĕrme*(*n*), da **gĕnmen*, della stessa radice di *gĭgnere* 'nascere, generare', di origine indeur.] s. m. **1** (*biol.*) Embrione nei primi stadi di sviluppo | *In g.*, (*fig.*) di ciò che è ancora agli inizi | *G. di malattia*, *g. patogeno*, batterio. **2** (*veter.*) *G. di fava*, macchia nerastra dovuta a depositi di tartaro nel fondo del cornetto dentario esterno. **3** (*lett.*) Germoglio: *siccome il sol che schiude / dal pigro g. il fior* (MANZONI). **4** (*fig.*) Prima cagione, origine, radice: *g. di civiltà*; *il g. del male*. **5** †Figlio, rampollo | *L'umano g.*, gli uomini. **6** (*biol.*) Nei Metazoi, insieme delle cellule germinali, cioè la linea degli elementi che si propagano nel tempo di generazione in generazione, in contrapposizione a quelli caduchi del soma.

germicìda [comp. di *germe* e *-cida*] **A** s. m. (pl. *-i*) • Sostanza capace di distruggere i germi e in particolare i batteri patogeni. **B** anche agg.: *liquido g.*

germìle [da *germi*(*nale*) (*2*) con la terminazione di (*apr*)*ile*] s. m. • Germinale (2).

germinàbile [vc. dotta, lat. tardo *germinābile*(*m*), da *germināre* 'germinare'] agg. • Che può germinare.

germinabilità s. f. • Facoltà, capacità del seme, di germinare.

germinàle (**1**) [dal lat. *gĕrmen*, genit. *gĕrminis* 'germe'] agg. • Di, relativo a, germe: *fase g.*; *cellule germinali*.

germinàle (**2**) [fr. *germinal* 'mese del germogliare (ant. fr. *germiner*)'] s. m. • Settimo mese del calendario rivoluzionario francese, il cui inizio corrispondeva al 21 marzo e il termine al 19 aprile. SIN. Germile.

†**germinaménto** s. m. • Modo e atto di germinare.

germinànte part. pres. di *germinare*; anche agg. • Nei sign. del v.

germinàre [vc. dotta, lat. *germināre*, da *gĕrmen*, genit. *gĕrminis* 'germe'] **A** v. intr. (*io gèrmino*; aus. *essere* o *avere*) **1** Germogliare: *il seme germina*. **2** (*fig.*) Trarre origine, motivo, spunto: *i motivi di dissenso sono germinati da incidenti insignificanti*. **B** v. tr. • (*raro, lett.*) Generare, produrre (*anche fig.*): *la terra lieta germinava fiori* (BOIARDO).

germinatìvo agg. • Atto a germinare o a far germinare: *potere g.*

germinatóio s. m. • Apparecchio di forma e materiali diversi per determinare la germinabilità dei semi e, in determinate condizioni ambientali, produrre la germinazione.

germinazióne [vc. dotta, lat. *germinatiōne*(*m*), da *germinātus* 'germinato'] s. f. • Atto, effetto del germinare.

†**gèrmine** • V. *germe*.

germogliàbile agg. • Che può germogliare.

germogliaménto s. m. • (*raro*) Germogliazione.

germogliàre [lat. parl. **germiniāre*, parallelo del class. *germināre* 'germinare'] **A** v. intr. (*io germóglio*; aus. *essere* o *avere*) **1** Svilupparsi in pianta, detto del seme: *il grano germoglia*. SIN. Germinare. **2** Emettere germogli, getti: *i rami, gli alberi germogliano* | Svilupparsi, detto di germogli. **3** (*raro, fig.*) Avere origine, svilupparsi: *nell'ozio l'amor sempre germoglia* (TASSO). **B** v. tr. • Produrre, far germogliare.

germogliazióne s. f. • Atto, effetto del germogliare.

germóglio [da *germogliare*] s. m. **1** La piantina all'inizio del suo sviluppo. **2** L'insieme delle parti vegetali che si sviluppano dalle gemme. SIN. Gettata, getto. **3** (*fig., lett.*) Origine, causa, principio di q.c.: *g. di vizi, di virtù*.

†**gèrna** • V. *gerla*.

géro- (**1**) [dal gr. *gérōn*, genit. *gérontos* 'vecchio', di origine indeur.] primo elemento (*ger-*, davanti a vocale) • In parole composte dotte o della terminologia scientifica, significa 'vecchio, vecchiaia': *geriatra*.

géro- (**2**) • V. *iero-*.

-gero [dal lat. *-gĕr*, *-gĕrus*, che serviva a formare agg. d'agente col sign. di base 'che porta', spec. su di sé, dal v. *gĕrere* 'portare, condurre'] secondo elemento • In parole composte, significa 'che porta': *armigero, crocigero, lanigero*.

gerocòmio [per *gero*(*nto*)*comio*, con sostituzione del nom. gr. *gérōn* alla forma obliqua *gérontos*] s. m. • Luogo di ricovero per pazienti anziani.

gerocrazìa e *deriv.* • V. *ierocrazia* e *deriv.*

gerofànte e *deriv.* • V. *ierofante* e *deriv.*

geroglìfico o †**ieroglìfico** [vc. dotta, adattamento del lat. tardo *hieroglyphicu*(*m*), dal gr. *hieroglyphikós* 'pertinente alle sacre (da *hierós*) incisioni (dal v. *glýphein* 'incidere, scolpire')'] **A** agg. (pl. m. *-ci*) • (*ling.*) Detto dei disegni convenzionali e stilizzati della antica scrittura egiziana e della scrittura stessa. || **geroglificaménte**, avv. (*raro*) In forma geroglifica. **B** s. m. **1** (*ling.*) L'unità fondamentale del sistema ideogrammatico degli antichi Egizi. **2** (*fig.*) Scrittura o testo difficile da decifrare: *non riesco a capire i tuoi geroglifici*. **3** (*fig.*) Ghirigoro.

†**geròglifo** o †**ieròglifo** [gr. *hieroglýphos*, della medesima composizione di *geroglifico* (V.)] s. m. • Geroglifico.

†**geroglìptico** [parallelo di *geroglifico*, comp. di *gero-* (*2*) e del gr. *glyptikós* 'proprio dell'incisore (*glýptēs*)'] agg. • Geroglifico.

gerogogìa [comp. di *gero-* (*1*) e (*peda*)*gogia*] s. f. • Insieme dei metodi per educare gli anziani ad accettare e superare i problemi connessi all'invecchiamento.

gerolamìno [dal n. del presunto fondatore, S. *Gerolamo* (347 ca.-420)] s. m. • Religioso dell'ordine monastico, sorto fra i secc. XIV e XV in Spagna e in Italia.

geronimiàno [dal n. lat. (*Hierōnymus*) di S. Girolamo, che si vuole abbia introdotto l'uso di quei caratteri in Dalmazia] agg. • Detto dei caratteri dell'antico alfabeto slavo.

gerónte [gr. *gérōn*, genit. *gérontos*, letteralmente 'vecchio, anziano', di origine indeur.] s. m. ● Ogni membro del senato dell'antica Sparta, nel quale si entrava a sessant'anni e si era eletti a vita.

gerónto- [dal gr. *gérōn*, genit. *gérontos* 'vecchio, anziano', di origine indeur.] primo elemento ● In parole composte dotte o della terminologia scientifica, significa 'vecchio' o indica relazione con anziani: *gerontologia*.

gerontocòmio [vc. dotta, lat. tardo *gerontocomīu(m)*, dal gr. *gerontokomêion*, comp. di *gérōn*, genit. *gérontos* 'vecchio' e un deriv. di *komêin* 'prender cura'] s. m. ● Gerocomio.

gerontòcrate [comp. di *geronto-* e *-crate*] s. m. e f. ● Persona anziana, o troppo anziana, che detiene un potere politico (*anche iron. o scherz.*).

gerontocràtico agg. (pl. m. *-ci*) ● Relativo alla gerontocrazia o ai gerontocrati: *governo g.*

gerontocrazìa [comp. di *geronto-* e *-crazia*] s. f. ● Governo degli anziani.

gerontofilìa [comp. di *geronto-* e *-filia*] s. f. ● Attrazione sessuale per le persone anziane.

gerontoiatrìa [comp. di *geronto-* e *-iatria*] s. f. ● (*med.*) Geriatria.

gerontologìa [comp. di *geronto-* e *-logia*] s. f. (pl. *-gie*) ● (*med.*) Studio dell'invecchiamento sotto il profilo biologico, sociologico e psicologico, oltre che patologico. CFR. Geriatria.

gerontològico agg. (pl. m. *-ci*) ● Relativo alla gerontologia.

gerontòlogo [comp. di *geronto-* e *-logo*] s. m. (pl. *-gi*) ● Studioso di, specialista in, gerontologia.

gerosolimitàno o **gerosolimitàno**, †**ierosolimitàno** [vc. dotta, adatt. del lat. eccl. *Hierosolymitānu(m)*, da *Hierosōlyma* 'Gerosolima'] **A** agg. *1* Di Gerusalemme. *2* Che si riferisce ai cavalieri di S. Giovanni di Gerusalemme, oggi di Malta. **B** s. m. (f. *-a*) *1* Abitante, nativo di Gerusalemme. *2* Cavaliere dell'ordine ospitaliero di S. Giovanni di Gerusalemme, oggi di Malta.

†**gèrsa** [var. dial. di *cerussa*] s. f. ● Sorta di antico belletto affine alla cipria.

gerùndio [vc. dotta, lat. tardo *gerŭndiu(m)*, da *gerŭndu(m)*, forma arc. parallela di *gerĕndu(m)*, da *gĕrere* 'portare (su di sé)', sul modello di *participium* 'participio' e col senso proprio di 'modo di portarsi'] s. m. ● (*ling.*) Modo infinitivo del verbo che presenta, in forma invariabile, l'idea verbale, in funzione di complemento di circostanza.

gerundìvo [vc. dotta, lat. tardo *gerundīvu(m) mŏdu(m)*, da *gerŭndus* (V. *gerundio*)] **A** s. m. ● (*ling.*) Forma aggettivale passiva del verbo latino, participio di necessità. **B** anche agg.: *modo g.*

gerusìa [vc. dotta, lat. *gerūsia(m)*, del gr. *gerousía*, forma attica di *gerontía* 'consiglio degli anziani (*gérontes*)'] s. f. ● Assemblea dei geronti, senato dell'antica Sparta.

gesolreùt [dal n. preguidoniano della nota *sol* indicata con la lettera alfabetica *G* (*ge*) o fatta seguire, secondo l'ant. sistema di aggiungere le sillabe dell'esacordo, dal n. delle tre note *sol*, *re* e *ut* (= *do*)] s. m. ● (*mus.*) Denominazione della nota sol, settima, nell'antica solmisazione.

gessàia s. f. ● Cava di gesso.

gessàio s. m. *1* Artigiano che plasma con gesso vasi, statuine e sim. *2* Venditore di gesso da presa.

gessaiòlo o (*lett.*) **gessaiuòlo** s. m. *1* Fabbricante o venditore di gesso da presa. *2* Operaio di una gessaia.

gessàre [lat. *gypsāre*, da *gўpsum* 'gesso'] v. tr. (*io gèsso*) *1* (*raro*) Ingessare. *2* Spargere gesso su terreni alcalini e salsi per correggerli. SIN. Ammendare. *3* Sottoporre il mosto in fermentazione a opportuni trattamenti col gesso, per chiarificarlo.

gessàto A agg. *1* Impregnato di gesso: *bende gessate*. *2* Detto di stoffa scura con sottilissime righe bianche, e di abito confezionato con tale stoffa: *un doppiopetto g.* **B** s. m. ● Abito confezionato con stoffa gessata: *molti uomini erano in g.*

gessatùra s. f. *1* (*raro*) Ingessatura. *2* Trattamento, con gesso, di un terreno o del mosto.

gessétto s. m. *1* Dim. di *gesso*. *2* Bastoncino di gesso, bianco o colorato, usato per scrivere o disegnare sulla lavagna o su altra superficie. *3* Piastrina di steatite usata dai sarti per segnare sulle stoffe linee di taglio, di cucitura e sim.

gessificàre A v. tr. (*io gessìfico, tu gessìfichi*) ● Sottoporre a gessificazione. **B** v. intr. pron. ● Subire la gessificazione.

gessificazióne s. f. ● Procedimento chimico o di sostituzione che trasforma una sostanza in gesso.

gèsso [lat. *gўpsu(m)*, dal gr. *gýpsos*, prob. di origine semitica] **A** s. m. *1* Minerale costituito da solfato di calcio idrato, che si presenta in cristalli prismatici o tabulari frequentemente geminati, generalmente incoloro o bianco, più spesso grigio o giallastro per impurità. *2* Polvere ottenuta per macinazione del minerale omonimo, variamente usata in varie lavorazioni | Impasto di tale polvere, per statue, stucchi e sim. | *Confetti di g.*, coriandoli che si usano a carnevale. *3* Statua, bassorilievo e sim. fatto in gesso. *4* Pezzo di gesso per scrivere spec. sulla lavagna | Pezzo di gesso usato che i giocatori di biliardo passano sulla punta della stecca, per evitare che scivoli sulla palla. *5* (*gerg.*) Vino. **B** in funzione di agg. inv. ● (posposto al s.) Nella loc. *bianco g.*, detto di una particolare tonalità di bianco, simile al colore della polvere di gesso. || **gessétto**, dim. (V.) | **gessino**, dim. | **gessóne**, accr.

gessóso agg. *1* Di gesso. *2* Ricco di gesso: *terreno g.* *3* Che è simile al gesso, per colore, consistenza e sim.

gèsta [vc. dotta, lat. *gĕsta*, pl. di *gĕstum* 'gesto (2)', come l'analogo *ăcta* lo è di *ăctum*] s. f. *1* †Schiatta, famiglia | (*est.*) Esercito, schiera: *Carlo Magno perdé la santa g.* (DANTE *Inf.* XXXI, 17). *2* (*lett.*) †Spedizione, impresa. *3* (*al pl.*, *-a* o *lett. -e*) Imprese insigni, memorabili: *le g. dei Romani, di Napoleone, degli antenati* | *Canzoni di g.*, poemi epico-cavallereschi medievali | (*iron.*) Azioni poco lodevoli: *mi hanno narrato le tue g.*

Gestalt /ges'talt, *ted.* gəʃ'talt/ [vc. tedesca, 'forma', da *Gestalt(theorie)* 'Teoria della forma'] s. f. inv. ● (*psicol.*) Forma individualmente determinata, totalità organizzata.

gestàltico /ges'taltiko/ [dal ted. *Gestalt* (V.) col suff. *-ico*] agg. (pl. m. *-ci*) ● (*psicol.*) Relativo alla Gestalt o al gestaltismo.

gestaltìsmo /gestal'tizmo/ [dal ted. *Gestalt* (V.) col suff. *-ismo*] s. m. ● (*psicol.*) Corrente di pensiero che rifiuta di isolare i fenomeni psichici gli uni dagli altri, per studiarli e spiegarli, ma li considera come totalità organizzate e indissociabili nel loro insieme.

gestaltìsta /gestal'tista/ s. m. e f. (pl. m. *-i*) ● Seguace del gestaltismo.

gestànte [vc. dotta, lat. *gestānte(m)*, part. pres. di *gestāre*, parallelo più intensivo di *gĕrere* 'portare'] s. f. ● Donna incinta.

gestatòrio [vc. dotta, lat. *gestatōriu(m)*, da *gestātus*, part. pass. di *gestāre* (V. *gestante*)] agg. ● Detto della sedia sulla quale è portato il Papa nelle funzioni solenni: *sedia gestatoria*.

gestazióne [vc. dotta, lat. *gestatiōne(m)*, da *gestātus*, part. pass. di *gestāre* (V. *gestante*)] s. f. *1* †Il portare o farsi portare a cavallo, in carrozza, in portantina. *2* Gravidanza. *3* (*fig.*) Preparazione di q.c. | *Essere in g.*, in preparazione, in lavorazione.

gestìbile [da *gestire*] agg. ● Che può essere gestito: *un'impresa facilmente g.*

gesticolaménto s. m. ● Modo e atto del gesticolare.

gesticolàre [vc. dotta, lat. *gesticulāri*, da *gestīre* 'gestire (1)', che aveva già assunto il diverso senso di 'ardere dal desiderio'] v. intr. (*io gestìcolo*; aus. *avere*) ● Fare gesti, spec. con eccitazione: *gesticola molto quando è arrabbiato*.

gesticolatóre [vc. dotta, lat. tardo *gesticulatōre(m)*, da *gesticulātus*, part. pass. di *gesticulāri* 'gesticolare'] agg.; anche s. m. (f. *-trice*) ● Che, chi gesticola per abitudine.

gesticolazióne [vc. dotta, lat. *gesticulatiōne(m)*, da *gesticulātus*, part. pass. di *gesticulāri* 'gesticolare'] s. f. ● Gesticolamento.

gesticolìo s. m. ● Un gesticolare senza interruzione.

gestionàle agg. ● Che si riferisce a, che è proprio di, una gestione aziendale: *controllo g.*

gestióne [fr. *gestion*, dal lat. *gestiōne(m)*, da *gĕrere* 'portare, amministrare'] s. f. *1* Complesso delle operazioni amministrative e produttive necessarie al funzionamento di un'azienda e al conseguimento dei risultati economici che le sono propri | *Consiglio di g.*, organo ausiliario della direzione dell'impresa, avente poteri consultivi e deliberativi, composto da rappresentanti dell'imprenditore e dei lavoratori. *2* Periodo durante il quale si gestisce q.c.: *consuntivo di g.* *3* (*dir.*) *G. d'affari*, spontaneo e consapevole compimento di attività giuridica o materiale per conto e nell'interesse di altri senza averne il potere.

gestìre (1) [vc. dotta, lat. *gestīre*, da *gĕstus* 'gesto (1)', propriamente 'fare dei *gesti* (violenti) per l'emozione'] v. intr. (*io gestìsco, tu gestìsci*; aus. *avere*) ● Accompagnare le parole con gesti, spec. enfatici: *non mi piacciono le persone che gestiscono troppo*.

gestìre (2) [da *gestione*] v. tr. (*io gestìsco, tu gestìsci*) *1* Curare, amministrare un'impresa, un'attività economica e sim., per conto d'altri. *2* Svolgere nel proprio interesse una attività economica, utilizzando beni di proprietà altrui, a determinate condizioni: *g. un ristorante, un cinema*. *3* (*est.*, *gener.*) Condurre, portare avanti un'iniziativa, un'attività e sim., spec. influendo in modo determinante sul suo svolgimento con funzioni di guida e di organizzazione: *g. una trattativa sindacale*; *g. un archivio*.

gèsto (1) [vc. dotta, lat. *gĕstu(m)*, part. pass. di *gĕrere* nel senso di '(com)portarsi'] s. m. *1* Movimento o atteggiamento del corpo, spec. delle braccia, delle mani, del capo, che accompagna, rendendola più espressiva, la parola o esprime un moto immediato, uno stato d'animo, un pensiero e sim.: *g. brusco, improvviso*; *g. di rabbia, di dolore, di comando*; *parlare, esprimersi a gesti*; *imitare i gesti di qc.* | *Fare gesti per liberarsi da una stretta*, tentare di liberarsene | *Non fare un g.*, non muoversi e (*fig.*) non fare nulla per aiutare qc. | *Bel g.*, azione o iniziativa ammirevole, ma spesso ostentata per ottenere il consenso e l'ammirazione altrui. *2* Posa, aspetto: *g. teatrale, declamatorio, oratorio* | Cenno: *g. di approvazione, di consenso*. || **gestàccio**, pegg.

gèsto (2) [vc. dotta, lat. *gĕstu(m)*, part. pass. di *gĕrere* nel senso di 'eseguire, compiere'] s. m. *1* (*lett.*) Atto, impresa ragguardevole: *per le virtudi e meriti de gli gesti eroici s'ha meritato il cielo* (BRUNO). *2* Fatto, azione. *3* (*raro*) Gestione, amministrazione.

gestóre [vc. dotta, lat. tardo *gestōre(m)*, originariamente 'portatore', da *gĕstus*, part. pass. di *gĕrere* 'portare'] s. m. (f. *-trice*, raro pop. *-tora*) ● Chi gestisce: *il g. di un'impresa* | Chi ha intrapreso una gestione d'affari.

gestòsi [da *gest(azione)* e *-osi*] s. f. ● (*med.*) Malattia che si manifesta nella donna a causa della gravidanza e che regredisce dopo il parto.

gèstro [da *gesto* (*1*) con sovrapposizione d'altra parola] s. m. (f. *-a* raro, nel sign. 2) *1* (*pop.*, *tosc.*) Atto lezioso, smorfioso. *2* (*pop.*, *tosc.*) Chi fa smorfie o smancerie.

gestuàle [da *gesto* (*1*)] agg. *1* Del, relativo al gesto | Che si basa sul gesto: *comunicazione g.*; *linguaggio g.* *2* Detto di pittura non figurativa, tipica degli anni '50, che si affida all'essenzialità e purezza del gesto, tradotta sulla tela in essenzialità e purezza del segno. || **gestualménte**, avv. Per mezzo di gesti.

gestualità s. f. ● Natura, carattere gestuale | Il complesso dei gesti di una persona intesi come mezzo espressivo e di comunicazione: *quell'attore è dotato di una g. eccezionale*.

Gesù [vc. dotta, lat. eccl. *Jēsu(m)*, dal gr. *Iēsûs*, in ebr. *Yēshūa'*, forma abbr. di *Yĕhōshŭa*, letteralmente 'Dio è salvezza', '(Dio) Salvatore'] **A** s. m. *1* Il Cristo, seconda persona della Trinità: *implorare q.c. nel nome di G.* | *Compagnia di G.*, ordine dei Gesuiti | *Andare da G.*, morire | *Uomo tutto G. e madonne*, bigotto | *Fare G.*, congiungere le mani per ringraziare | *Fare G. con cento mani*, ringraziare per una cosa insperata | *Sembrare un G. morto*, essere pallido e smagrito | *Piazza del G.*, (*per anton.*) gli organi direttivi nazionali del partito della Democrazia Cristiana che hanno sede in tale piazza a Roma. *2* Immagine di Gesù: *un G. dipinto, scolpito*; *un G. Bambino*, *un*

G. Crocifisso. **B** in funzione di **inter.** *1* Si usa come invocazione: *oh G.!*; *buon G.!*; *G. mio, aiutateci!*; *G. e Maria!* *2* Esprime impazienza, stupore, contrarietà, spavento, collera, gioia e, in generale, ogni forte emozione: *G.!, come ti trovo cambiata!*; *G. che spavento!*; *G., G., la roba non c'è più* | (*fam.*) *Buona notte G.!*, per esprimere rassegnazione.

gesuàto [(povero di) *Gesù*] **s. m.** ● Religioso dell'ordine di San Gerolamo, istituito dal beato Colombini.

gesuita [(della Compagnia) di *Gesù*] **s. m.** (anche **f.** nel sign. 2; **pl. m.** *-i*); anche **agg.** *1* Religioso dell'ordine istituito da S. Ignazio di Loyola (1491-1556), detto anche della Compagnia di Gesù. *2* (*spreg.*) Persona ipocrita e astuta: *parole, contegno, risposta da g.*; *s'io fossi più g. sarei più galantuomo e parrei dotto critico* (CARDUCCI). (V. nota d'uso STEREOTIPO).

gesuitésco **agg.** (**pl. m.** *-schi*) ● (*spreg.*) Gesuitico: *modi, atteggiamenti gesuiteschi.*

gesuitico **agg.** (**pl. m.** *-ci*) *1* Dei gesuiti: *compagnia gesuitica*; *ordine g.* | *Stile g.*, barocco, nelle arti figurative e in letteratura. *2* (*spreg.*) Di, da persona ipocrita e astuta: *maniere, massime gesuitiche.* **SIN.** Gesuitesco. || **gesuiticaménte**, **avv.** Al modo di un gesuita; ipocritamente.

gesuitismo **s. m.** *1* Sistema morale e norma di vita dei Gesuiti, spec. come esempio di governo. *2* Arte subdola di governare. *3* (*spreg.*) Astuta ipocrisia.

Gesù Marìa /dʒezumma'ria/ ● V. *Gesummaria.*

Gesù mìo /dʒezum'mio/ ● V. *Gesummio.*

Gesummarìa o **Gesù Marìa** [dai vocativi *Gesù* (e) *Maria*] **inter.** ● (*pop.*, *enf.*) Esprime grande meraviglia, stupore, impazienza, dolore, spavento, e sim.

Gesummìo o **Gesù mìo** [dal vocativo *Gesù mio!*] **inter.** ● (*pop.*) Esprime meraviglia, stupore, impazienza, dolore, spavento e sim.

gètico [vc. dotta, lat. *Gĕticu(m)*, da *Gētae*, a sua volta dal gr. *Gétai* 'Geti', antica popolazione tracia della bassa valle del Danubio] **agg.** (**pl. m.** *-ci*) ● Dell'antica popolazione dei Geti.

†gèto [ant. fr. *giet*, da *geter* 'gettare (il falco dietro la preda)', dal lat. *iactāre* (V. *gettare*)] **s. m.** ● Pastoia o legaccio di cuoio che si metteva un tempo alle zampe dei falconi, usato oggi per civette e falchetti da richiamo | *Beccarsi i geti*, (*fig.*) affaticarsi invano.

gettacàrte [comp. di *getta(re)* e il pl. di *carta*] **s. m. inv.** ● Cestino per la carta straccia.

gettaióne o **gittaióne** [dal lat. tardo *gĭttus* 'nigella' (di origine sconosciuta, forse punica), accostato paretimologicamente a *gettare*] **s. m.** ● (*bot.*) Agrostemma, mazzettone.

gettaménto o (*poet.*) **†gittaménto** [lat. *eiectamĕntu(m)*, da *eiectāre* 'gettare'] **s. m.** *1* (*raro*) Modo e atto del gettare. *2* †Rifiuto.

gettàre o (*poet.*) **†gittàre** [lat. parl. **iectāre* (freq. di *iăcere*), per il class. *iăctāre*, secondo la modificazione fonetica subita dai comp.] **A** **v. tr.** (*io gètto*) *1* Allontanare un oggetto da sé, imprimendogli una velocità più o meno controllata con gesti o movimenti energici: *g. sassi, pietre contro q.c.*; *g. q.c. dalla finestra, dall'alto*; *g. bombe* | *G. l'ancora*, affondare l'ancora perché faccia presa e (*fig.*) cessare dal fare q.c. | *G. la rete*, lasciarla a mare per la pesca | *G. le armi*, arrendersi | *G. a terra*, abbattere e (*fig.*) rovinare economicamente o moralmente | *G. lo scudo*, fuggire | *G. q.c. dietro le spalle*, buttarla via e (*fig.*) dimenticare, trascurare | *G. fiori, semi*, spargerli | *G. i dadi*, giocare a dadi e (*fig.*) tentare la sorte in q.c. | (*raro*) *G. il corpo su un letto*, sdraiarsi | *G. a mare*, disfarsi di q.c. lanciandola oltre il bordo di un natante e (*fig.*) privare qc. della benevolenza o del favore precedentemente accordatogli | *G. la spugna*, nel pugilato, lanciare sul quadrato un asciugamano di spugna in segno di resa, un tempo una vera spugna, facendo in tal modo cessare il combattimento; (*fig.*) riconoscere il proprio insuccesso | (*fig.*) *G. in faccia a qc. il suo passato, gli errori giovanili* e sim., rinfacciarglieli | *G. l'onta, la vergogna, la colpa addosso a qc.*, riversarla su di lui | *G. la polvere negli occhi a qc.*, ingannarlo in modo subdolo | (*fig.*) *G. il denaro*, spenderlo male e in modo eccessivo | *G. all'aria una stanza*, metterla sottosopra | (*fig.*) *G. un prodotto sul mercato*, disfarsene mettendolo in vendita a un prezzo bassissimo | (*fig.*) *G. qc. nella miseria, nella disperazione*, renderlo povero, disperato | *G. luce su q.c.*, renderla comprensibile | *G. una luce sinistra, sospetta su qc. o q.c.*, renderla sospetta o ambigua | *G. uno sguardo su q.c.*, guardarla di sfuggita | *Gettar via, lungi*, liberarsi di cosa inutile o nociva: *l'umanità non cammina se non gittando lungi da sé tutto ciò che è inutile* (DE SANCTIS) | *Usa e getta*, detto di ciò che si usa una sola volta e poi si butta via: *guanti, siringa usa e getta.* **SIN.** Buttare, lanciare. *2* Mandare fuori: *la fontana getta acqua*; *g. sangue dalla bocca* | *G. le radici*, farle penetrare nella terra, mettere radici; (*fig.*) restare fisso in un posto | (*fig.*) *G. grida, urli*, emetterli con forza. *3* Versare nello stampo metallo liquefatto, gesso o cera, perché assumano la forma voluta. *4* Riempire casseforme o scavi con calcestruzzo: *g. le fondamenta di un edificio* | Costruire, detto di opera che supera una distanza senza toccare il suolo: *g. un ponte.* *5* (*fig.*) Porre i principi, le basi di q.c.: *g. le fondamenta, le basi di un'arte, di una scienza.* *6* (*fig.*) Rendere, fruttare: *le imposte gettano molti miliardi allo Stato.* **B** **v. rifl.** *1* Scagliarsi con forza, avventarsi, precipitarsi: *gettarsi contro qc. con impeto, con rabbia*; *l'avvoltoio si gettò sulla preda*; *gettarsi nel fiume, dalla finestra* | (*raro*) *Gettarsi alla strada*, diventare un bandito | *Gettarsi nella mischia*, (*fig.*) partecipare a q.c. attivamente | *Gettarsi dalla parte di qc.*, sostenerne le idee. *2* Buttarsi, lasciarsi cadere | *Gettarsi ai piedi, alle ginocchia di qc.*, inginocchiarsi e (*fig.*) umiliarsi | *Gettarsi al collo di qc.*, abbracciarlo con trasporto, impeto | *Gettarsi a letto, a dormire*, coricarsi | *Gettarsi dal letto*, alzarsi in fretta, saltar giù dal letto. *3* Sboccare: *il Po si getta nel Mare Adriatico.* **C** **v. intr.** (aus. *avere*) *1* Versare, sgorgare. *2* Germogliare.

gettàta o **†gittàta** [adatt. del fr. *jetée* 'azione di gettare (*jeter*)'] **s. f.** *1* Atto ed effetto del gettare: *g. di bronzo, di cemento.* *2* Diga, spec. di riparo ai porti. *3* Germoglio. *4* V. *gittata.*

gettàto o (*poet.*) **†gittàto**. **part. pass.** di *gettare*; anche **agg.** *1* Nei sign. del v. *2* (*fig.*) Sprecato: *fatica gettata*; *fiato g.* | (*fig.*) *G. lì*, di ciò che è detto o fatto alla buona: *discorso g. lì con noncuranza* | *Maglia gettata*, filo che, nei lavori a maglia, viene passato sul ferro e lavorato come nuova maglia nel ferro successivo.

gettatóre o (*poet.*) **†gittatóre**. **s. m.** (f. *-trice*) *1* Chi getta: *quanto un buon gittator trarria con mano* (DANTE *Purg.* III, 69). *2* Chi versa nelle forme metallo liquefatto, cera, gesso per lavori di getto: *per istruzione degli scultori e gettatori di statue* (CELLINI). *3* †Prodigo scialacquatore.

getter /ingl. 'getə*/ [vc. ingl., da *to get* 'ottenere'] **s. m. inv.** ● Sostanza che viene introdotta in un tubo elettronico per assorbire i gas residui e aumentare così il grado di vuoto.

gèttito [da *gettare* sul tipo di *battito*, *tremito*, e sim.] **s. m.** *1* (*raro*) Atto del gettare continuato. *2* (*mar.*) Ciò che si getta a mare, per alleggerire il natante. *3* Resa, introito: *g. delle tasse, delle lotterie nazionali.* *4* †Vomito, spurgo.

gètto (1) o (*poet.*) **†gitto** [da *gettare*] **s. m.** *1* Atto, effetto del gettare: *il g. dei coriandoli, dei confetti* | *Armi da g.*, da lancio | *G. del peso*, specialità sportiva in cui l'atleta lancia un peso di forma tondeggiante. **SIN.** Lancio | *Far g. di q.c.*, buttarla via, sprecarla | †Buco per gettare le immondizie di casa. *2* Fuoruscita di un liquido, di un gas: *g. di sangue, di idrogeno* | *G. d'acqua di una fontana*, zampillo | *A g. continuo*, senza interruzione. *3* Il versare nello stampo metallo liquefatto | *G. in conchiglia*, in forme di ferro che producono un forte raffreddamento della superficie fusa | *G. in staffa*, in cui l'impronta è ottenuta nell'argilla umida, calcata in due telaietti di bronzo o legno | *Di g.*, (*fig.*) senza interruzione | Pezzo ottenuto con tale operazione | (*fig.*) *Primo g.*, prima forma di un componimento. *4* (*edil.*) Gettata di calcestruzzo formante un elemento strutturale continuo in vista. *5* Germoglio di una pianta: *il g. del pesco, del pero.* *6* (*mecc.*) Vite attraversata da un piccolo foro calibrato, che serve a immettere in quantità dosata la benzina nell'aria che attraversa il carburatore. **SIN.** Gicleur, polverizzatore, spruzzatore. *7* †Gettito, nel sign. 3.

gètto (2) [adatt. dell'ingl. *jet* '(avio)getto'] **s. m.** *1* (*aer.*) Flusso molto veloce, artificiale o anche naturale: *corrente a g.* *2* Acrt. di *aviogetto.*

gettonàre **v. tr.** (*io gettóno*) *1* (*fam.*) Telefonare a qc., spec. da un apparecchio a gettone. *2* (*fam.*) Far suonare una canzone in un juke-box.

gettonàto **part. pass.** di *gettonare*; anche **agg.** *1* Nei sign. del v. *2* (*fam.*) Detto di canzone o di cantante che è molto ascoltato nei juke-box. *3* (*fam.*) Che è molto richiesto, che ha molti estimatori o ammiratori: *un libro molto g.*; *la ragazza più gettonata della festa.*

gettóne [fr. *jeton*, dal v. *jeter*, propr. 'gettare', nel senso di 'calcolare': perciò, 'pezzo di metallo, avorio, ecc. usato prima per calcolare, poi per puntare al gioco'] **s. m.** *1* Disco di metallo o altro materiale, liscio o coniato, usato come contrassegno o per il funzionamento di macchine automatiche: *apparecchio a g.*; *g. telefonico* | *G. di presenza*, retribuzione pagata ai membri di una commissione in base alla loro partecipazione alle sedute di questa. *2* Disco di metallo, osso o plastica, di valore convenzionale, che nel gioco si usa al posto della moneta. *3* †Caramella incartata gettata dai balconi in occasione del carnevale.

gettonièra **s. f.** ● Cassetta per gettoni.

gettopropulsióne [comp. di *getto (2)* e *propulsione*] **s. f.** ● (*aer.*) Propulsione a getto.

gettosostentazióne [comp. di *getto (2)* e *sostentazione*] **s. f.** ● (*aer.*) Sostentazione dovuta principalmente alla reazione di getti.

GeV /dʒɛv/ **s. m.** ● Unità di misura di energia pari a 10^9 elettronvolt.

geyser /ingl. 'gaizə*/ [isl. *Geysir*, in origine n. proprio di una regione termale, col sign. letterale di 'eruttore', da *geysa* 'zampillare, scaturire', di area nord.] **s. m. inv.** ● Manifestazione di vulcanismo rappresentata da emissione violenta e intermittente di getti più o meno imponenti d'acqua calda mineralizzata. ➡ **ILL.** p. 819 SCIENZE DELLA TERRA ED ENERGIA.

geyserite /gaize'rite/ [dai *geyser*, dove si forma, con *-ite (2)*] **s. f.** ● (*miner.*) Varietà impura di opale che si deposita in prossimità dei geyser.

ghaneàno o **ganeàno** **A** **agg.** ● Del Ghana. **B** **s. m.** (f. *-a*) ● Abitante, nativo del Ghana.

ghébbio [da *(in)ghebbiare*] **s. m.** ● (*tosc.*) Gozzo degli uccelli.

ghebì [dall'amarico *gĕbbi*] **s. m.** ● Tipo di abitazione dei ceti benestanti etiopici circondata da palizzata | Residenza dell'imperatore etiopico.

ghèga [var. di *ghenga*] **s. f.** ● (*scherz.*) Combriccola, compagnia.

ghègo [albanese *gégë* 'albanese del nord'] **A** **agg.** (**pl. m.** *-ghi*) ● Detto di gruppo linguistico costituito dai dialetti albanesi settentrionali | *Popolazioni gheghe*, quelle che parlano tali dialetti. **B** **s. m.** solo **sing.** ● Gruppo dei dialetti gheghi.

ghèiscia ● V. *geisha.*

ghènga [adattamento di *gang* (V.)] **s. f.** ● (*scherz.*) Combriccola, compagnia: *una g. di amici.*

ghepàrdo [fr. *guépard*, precedentemente *gapard*, dall'it. *gattopardo*] **s. m.** ● Mammifero dei Felidi con pelame raso, chiaro con macchie nere, diffuso in Africa e in Asia, ottimo cacciatore e corridore velocissimo, facilmente addomesticabile (*Acinonyx jubatus*).

ghéppio [lat. parl. *(ae)gȳpiu(m)*, dal gr. *aigypíos* 'avvoltoio', di origine incerta] **s. m.** ● Uccello dei Falconiformi di colore fulvo o cenerino a macchie, che si nutre di insetti e di piccoli Vertebrati come topi, lucertole e rane (*Falco tinnunculus*). **SIN.** Falchetto, falcone.

gherìglio o **garìglio** [lat. parl. **carīliu(m)*, da *căryon* (neutro), che è il gr. *káryon* 'noce', privo di etim.] **s. m.** ● Parte della noce morbida e commestibile.

gherlìno [fr. *guerlin*, *grélin*, di etim. discussa: da *grêle* 'sottile', dal lat. *grăcilis* 'snello' (?)] **s. m.** ● (*mar.*) Cavo spec. di acciaio, usato per forti carichi, costituito da più funi metalliche avvolte a spirale.

ghermìnella [etim. incerta; forse da *ghermire*] **s. f.** *1* Gioco di destrezza consistente nel far apparire e scomparire una cordicella entro una bacchetta cava che si tiene tra le due mani. *2* (*fig.*) Astuzia per ingannare abilmente: *le gherminelle dei bambini.*

ghermire [longob. *krimmjan* 'afferrare'] **A** v. tr. (*io ghermisco, tu ghermisci*) **1** Afferrare con gli artigli: *l'aquila ghermì la sua preda.* **2** (*fig.*) Prendere all'improvviso e violentemente: *la morte lo ha ghermito ai suoi cari.* **B** v. rifl. rec. ● †Azzuffarsi.

gheròfano ● V. *garofano.*

gheronàto s. m. ● (*arald.*) Scudo diviso in otto gheroni uguali.

gheróne [longob. *gairo 'punta (del giavellotto)'] s. m. **1** (*arald.*) Parte triangolare limitata da due linee che si intersecano al centro dello scudo. **2** Sezione triangolare di tessuto inserito in un capo di abbigliamento con la punta in alto per allargarlo. **3** Rinforzo che i marinai cuciono alle vele, ai ferzi e alle punte, spec. alle batticoffe e alle bugne. **4** †Lembo, pezzo.

†**ghétta (1)** [etim. discussa: da *ghettare*, parallelo del veneto *ghèto* 'getto, fusione' (?)] s. f. ● Materia scorrevole che bagna il piombo sciogliendosi, nell'affinare l'argento e l'oro col ceneraccio. || **ghettina**, dim.

ghétta (2) [fr. *guêtre*: dal francone *wrist 'collo del piede'(?)] s. f. **1** (*spec. al pl.*) Gambaletto di tessuto che, nell'abbigliamento maschile dell'Ottocento, si calzava sulla scarpa e veniva fissata con un laccio che passava nell'incavo fra la suola e il tacco. **2** Gambaletto di tessuto impermeabile fissato alla scarpa con un passante sotto la suola, usato da sciatori o alpinisti per impedire che neve o pioggia entrino negli scarponi. ➡ ILL. p. 1296 SPORT. **3** (*al pl.*) Pantaloncini lunghi e aderenti di maglia o spugna che coprono anche i piedi, usati per bambini non ancora in grado di camminare.

†**ghettàre** [etim. discussa: dalla forma veneta *ghetàr* 'gettare, fondere i metalli' (?)] v. tr. ● Raffinare oro e argento mediante la ghetta.

ghettizzànte part. pres. di *ghettizzare*; anche agg. **1** Nei sign. del v. **2** Che pone in una condizione di emarginazione: *provvedimenti ghettizzanti.*

ghettizzàre [da *ghetto*] v. tr. ● Chiudere in un ghetto | (*est.*) Costringere all'isolamento sociale, politico, culturale e sim.

ghettizzazióne s. f. ● Atto del ghettizzare: *la g. dei palestinesi; la g. delle minoranze linguistiche.*

ghétto [dal n. dell'isoletta venez., dove, nel Cinquecento, vennero relegati gli ebrei, così chiamata perché ivi era una fonderia (dial. *ghèto* 'getto')] s. m. **1** Rione dove, in alcune città, erano costretti ad abitare gli ebrei | (*est.*) Quartiere cittadino di vecchie e misere case, angusto e malfamato | (*est.*) Quartiere in cui si raggruppano, più o meno coattivamente, le minoranze, socialmente escluse, di una comunità: *ghetti negri.* **2** (*est.*) Casa misera, sordida: *vivere in un g.* **3** (*fig.*) Forma di isolamento sociale, politico, ideologico e sim., a cui soggiace una minoranza di persone. **4** (*raro, fig.*) Confusione, baccano.

ghettùme [da *ghetto* e *-ume*] s. m. ● (*raro*) Confusione, frastuono.

ghézzo [gr. *aigýptios* 'egizi(an)o'] agg. ● (*raro*) Nericcio, detto anticamente dei Mori di Barberia, dei corvi, dell'uva matura e di alcuni funghi.

ghia [sp. *guia* 'guida', da *guiar* 'guidare'] s. f. ● (*mar.*) Canapo infilato a una girella in cima a un albero, con cui si tirano in alto le manovre, un peso, un uomo, per un lavoro.

ghiaccésco agg. (pl. m. *-schi*) ● (*raro*) Di qualità del ghiaccio.

ghiàccia [V. *ghiaccio* (*1*)] s. f. **1** †Ghiaccio: *da mezzo 'l petto uscia fuor de la g.* (DANTE *Inf.* XXXIV, 29). **2** In pasticceria, glassa.

ghiacciàia o (*tosc.*) **diacciàia**. s. f. **1** Luogo ove si conserva il ghiaccio | Serbatoio di ghiaccio. **2** Frigorifero. **3** (*est.*) Luogo chiuso particolarmente freddo: *questo salotto è una g.*

ghiacciàio s. m. ● Grande massa di ghiaccio delle regioni montane e polari, adunata negli avvallamenti, formata dalle nevi sotto l'azione continua del gelo | *Fronte del g.*, parte terminale della lingua di ablazione nella quale si apre la porta del ghiacciaio | *Porta, bocca del g.*, apertura nella fronte del ghiacciaio dalla quale esce il torrente glaciale formato dalle acque di fusione | *G. continentale*, grande estensione di ghiaccio che ricopre vaste zone continentali nelle regioni polari. ➡ ILL. p. 820 SCIENZE DELLA TERRA ED ENERGIA.

ghiacciaménto s. m. ● Deposito di ghiaccio, per sublimazione o solidificazione, su un oggetto esposto al vento.

ghiacciàre o (*tosc.*) **diacciàre** [lat. *glaciāre*, da *glăcies* (V. *ghiaccio* (*1*))] **A** v. intr. e intr. pron. (*io ghiàccio*; aus. *essere*) ● Divenire ghiaccio: *il fiume ghiacciò durante la notte* | *L'acqua si è ghiacciata*, si è congelata. **B** v. intr. impers. (aus. *essere* o *avere*) ● (*raro*) Gelare. **C** v. tr. ● Far divenire ghiaccio: *la bassa temperatura ha ghiacciato il canale.*

ghiaccìàta s. f. ● Bibita a base di sciroppo e ghiaccio tritato.

ghiacciàto o (*tosc.*) **diacciàto**. part. pass. di *ghiacciare*; anche agg. **1** Nei sign. del v. **2** Coperto di ghiaccio: *strada ghiacciata* | (*est.*) Estremamente freddo: *vento g.* **3** (*fig.*) Privo totalmente di calore, di affetto e sim.: *cuore g.*

ghiacciatùra o (*tosc.*) **diacciatùra**. s. f. **1** (*raro*) Atto, effetto del ghiacciare | Gelo. **2** Difetto di pietra preziosa, in particolare del brillante, costituito da segni bianchi nell'interno della pietra simili a incrinature.

ghiàccio (1) o (*tosc.*) **diàccio (1)** [lat. parl. *glăci(am) per il class. *glăcie(m)*, di form. poco chiara, ma certamente imparentata con la famiglia di *gelo*] s. m. **1** Forma solida cristallina dell'acqua | *Campo di g.*, grande estensione di ghiaccio nei mari polari | *Banco di g.*, grande massa di ghiaccio poco rilevata sulla superficie dell'acqua | *G. di baia*, ghiaccio che, spec. in autunno, si forma in una baia riparata dal vento in seguito al congelamento delle acque | (*fig.*) *Rompere il g.*, superare un periodo di freddezza o di silenzio, iniziare una conversazione dopo un imbarazzo iniziale, e sim. | (*fig.*) *Rimanere di g.*, rimanere insensibile | (*fig.*) *Cuore di g.*, che non si lascia commuovere | (*fig.*) *Mani di g.*, molto fredde. **2** *G. secco*, anidride carbonica solida, usata per la refrigerazione a temperature molto basse. SIN. Neve carbonica.

ghiàccio (2) [da *ghiacci(at)o*] agg. (pl. f. *-ce*) ● Freddo come il ghiaccio, gelido: *avere le mani ghiacce.*

ghiacciòlo o (*tosc.*) **diacciòlo**, (*tosc.*) **diacciuòlo**, (*lett.*) **ghiacciuòlo** [da *ghiaccio* (*1*)] **A** s. m. **1** Verghetta di ghiaccio che si forma negli stillicidi di fontane, grondaie e sim. **2** Tipo di sorbetto solido da passeggio ottenuto facendo congelare in piccole forme acqua aromatizzata con sciroppi alla menta, alla frutta e sim. **3** Difetto di pietre preziose, in particolare dei brillanti, rappresentato da un segno bianco simile a una incrinatura. **4** †Piccola bigoncia per levare il ghiaccio dalle ghiacciaie. **B** agg. **1** Che si rompe con facilità come il ghiaccio, detto spec. di rami, alberi, frutta | *Pera, patata ghiacciola*, con polpa friabile e insapora, come congelata. **2** (*tosc., pop.*) Nella loc. *dente g.*, che non tollera il freddo.

†**ghiàdo (1)** [lat. parl. *glădu(m)* per *glădiu(m)* 'spada', di prob. origine celt.] s. m. ● Arma bianca da punta, spec. nella loc. *morto a g.*, ucciso con un colpo d'arma bianca: *preghiamo Iddio che vi dea tanti malanni che voi siate morto a g.* (BOCCACCIO).

†**ghiàdo (2)** [da *ghiado* (*1*) nello stesso impiego metaforico della loc. *freddo pungente*] s. m. ● (*tosc.*) Ghiaccio.

ghiàia o (*dial.*) †**ghiàra**, (*dial.*) †**giàra (2)** [lat. *glārea(m)*, di etim. incerta] s. f. **1** Materiale costituito da detriti di rocce trasportate dai fiumi e formato di ciottoli di piccole dimensioni. **2** Sassi spezzati e tritati per le massicciate delle strade, di viali, di giardini. || **ghiaiétta**, dim. | **ghiaiétto**, dim. m. (V.) | **ghiaìna**, dim. | **ghiaìno**, dim. m. (V.) | **ghiaiùzza**, dim.

ghiaiàta s. f. ● Ghiaia sparsa per assodare un terreno fangoso.

ghiaiàto agg. ● Pavimentato con, cosparso di, ghiaia: *spiazzo g.* | Mescolato con ghiaia: *asfalto g.*

ghiaiéto o (*region.*) **ghiaréto** s. m. ● Terreno pieno di ghiaia, deposito di ghiaia | Greto di fiume o torrente.

ghiaiétto s. m. **1** Dim. di *ghiaia.* **2** Insieme di frammenti di sassi, di dimensioni che vanno dai 10 ai 25 mm, di impiego analogo alla ghiaia.

ghiaìno s. m. **1** Dim. di *ghiaia.* **2** Insieme di frammenti di sassi di dimensioni che vanno da 1 a 10 mm, di impiego analogo alla ghiaia.

ghiaióne [da *ghiai(a)* e *-one* (*1*)] s. m. ● Ammasso di frammenti rocciosi accumulatisi nel tempo alla base di pareti rocciose e canaloni.

ghiaióso [da *ghiaia*, come il corrisp. lat. *glareōsus*, da *glārea*] agg. ● Abbondante di ghiaia: *terreno, greto g.*

ghiànda [lat. *glănde(m)*, di origine indeur., con terminazione it.] s. f. **1** Frutto secco indeiscente rivestito alla base di un involucro a forma di scodella detto cupola | *Caffè di g.*, bevanda preparata coi semi tostati della ghianda della quercia. **2** (*est.*) Oggetto che per la forma è simile a una ghianda | Vasetto per conservare sostanze profumate | Pallina di legno rivestita di passamaneria per guarnizione di frange da abbigliamento o da arredamento. **3** †Proiettile di piombo. **4** †Glande. || **ghiandellina**, dim. | **ghiandina**, dim. | **ghiandóne**, accr. m. | **ghiandùccia**, **ghiandùzza**, dim.

ghiandàia [lat. *glandāria(m)* 'da, di ghiande (*glăndes*)', nutrimento di questo uccello] s. f. ● Uccelletto passeriforme dei Corvidi assai comune e grazioso con ciuffo erettile sul capo e remiganti striate di nero e azzurro (*Garrulus glandarius*).

ghiandàtico [da *ghianda*] s. m. (pl. *-ci*) ● (*st.*) Escatico.

ghiandìfero [comp. di *ghianda* e *-fero*, come il lat. *glăndifer*] agg. ● (*lett.*) Che produce, porta ghiande: *terreno g.*; *albero g.*

ghiàndola o (*raro*) **glàndola**, **glàndula** [vc. dotta, parziale adatt. del lat. *glăndula(m)*, un der. (dim.) di *glănde(m)* 'ghianda' per la sua forma] s. f. ● (*anat.*) Organo che elabora determinate sostanze a varia attività prelevando gli elementi del sangue | *G. a secrezione esterna*, *g. esocrina*, che riversa i suoi secreti attraverso condotti in cavità preformate del corpo | *G. a secrezione interna*, *g. endocrina*, che riversa i secreti direttamente nel circolo sanguigno. ➡ ILL. p. 365, 366 ANATOMIA UMANA. || **ghiandolina**, dim.

ghiandolàre o (*raro*) **glandolàre**, **glandulàre**. agg. ● (*anat.*) Di, riferito a ghiandola.

ghiandóne [da *ghianda*, per l'aspetto ovoidale dei suoi cristalli] s. m. ● (*miner.*) Roccia eruttiva intrusiva, considerata una varietà di granito con grossi cristalli di ortoclasio.

†**ghiàra** ● V. *ghiaia.*

†**ghiarabaldàna** [etim. incerta] s. f. ● (*raro*) Cosa di nessun valore.

ghiaréto ● V. *ghiaieto.*

†**ghiàvolo** ● V. *diavolo.*

†**ghiazzerìno** [ar. *ǧazā'irī* 'proprio di Algeri (*ǧazā'ir*)'] s. m. ● Cotta di maglia di ferro, indossata sotto l'armatura.

ghibellinìsmo s. m. **1** Ideologia ghibellina. **2** (*est.*) Ogni corrente spirituale e politica che difenda una concezione laica dello Stato.

ghibellìno [ted. mediev. *Wibelingen*, dal n. del castello di *Wibeling* (oggi *Waibling*), in Franconia] **A** s. m. **1** Nel Medioevo, in Germania, sostenitore della casa degli Hohenstaufen contro quella di Baviera, all'epoca della lotta per il titolo imperiale. **2** Sostenitore degli interessi imperiali contro le vedute teocratiche papali nell'Italia dei sec. XIII e XIV. **B** agg. ● Dei, relativo ai, ghibellini | *Merlo g.*, a coda di rondine.

ghìbli [ar. libico *gébli* '(vento) del sud (da *géblä* 'sud')'] s. m. ● Vento caldo e secco, spesso impetuoso, che soffia, provenendo dal deserto, sull'Africa settentrionale, spec. in Libia e giunge in Italia umidificato dal Mediterraneo come vento caldo e afoso.

ghièra (1) o †**vièra** [lat. *vĭria(m)* 'braccialetto', dall'usuale pl. *vĭria(s)*, nom. *vĭriae*, di origine celtico-iberica] s. f. **1** Anello spec. metallico applicato per rinforzo all'estremità di alcuni oggetti: *g. d'argento, oro, avorio*; *g. del bastone, dell'ombrello* | Nella sciabola, elemento in metallo situato nella parte terminale del manico vicino alla coccia | Nel fucile, cerchio metallico che unisce la canna alla cassa. **2** (*mecc.*) Anello metallico con filettatura interna che si avvita su altri o altro per bloccare organi su questi calettati: *g. filettata.* **3** (*arch.*) Arco con estradosso a risalto di spessore uniforme in tutto il suo giro | Archivolto.

ghièra (2) [lat. *vĕru* (nt.) 'spiedo', 'giavellotto', di origine indeur., con sovrapposizione di *ghiera* (*1*)]

s. f. ● Arma in asta, col ferro affusolato e gli uncini alle costole.

ghieràto [da *ghiera* (*1*)] agg. ● Provvisto di ghiera.

†**ghièu** [etim. incerta] **A** inter. ● (*raro*) Esprime scherno (*spec. iter.*). **B** s. m. ● (*raro*) Cosa da nulla.

†**ghièva** ● V. *gleba*.

ghìglia [fr. *aiguille* 'ago', dal lat. *acŭcula*(*m*), dim. di *ăcu*(*m*) 'ago'] s. f. *1* (*spec. al pl.*) Cordoni di vario tessuto, con puntale all'estremità, a ornamento di antiche uniformi. *2* (*spec. al pl.*) Lungo cordone con nappa per chiudere il colletto di mantelli maschili e femminili.

ghigliottìna o †**guigliottìna** [fr. *guillotine*, dal n. del medico J.-I. *Guillotin*, che nel 1789 ne propose l'uso all'Assemblea Nazionale Francese] s. f. ● Macchina per decapitare, in uso in alcuni paesi per eseguire le condanne a morte | (*est.*) *Sportello, finestrino a g.*, che si chiudono tirandoli giù dall'alto.

ghigliottinàre [fr. *guillotiner*, da *guillotine* 'ghigliottina'] v. tr. ● Giustiziare, decapitare con la ghigliottina.

ghigna (**1**) [da *ghignare*] s. f. ● (*fam.*) Volto arcigno, sinistro | *Dire q.c. nella g. a qc.*, parlargli in modo brutale | *Aver la g.*, avere faccia tosta. || **ghignàccia**, pegg.

ghigna (**2**) s. f. ● Adattamento di *guigne* (V).

ghignàre o **ṣghignàre** [etim. discussa: ant. fr. *guignier* 'far cenno con l'occhio', dal francone **wingjan* 'accennare' (?)] v. intr. (aus. *avere*) ● Ridere con malizia o cattiveria.

ghignàta s. f. ● Atto, effetto del ghignare | Risata beffarda.

ghignazzàre [da *ghignare*, con un suff. iter. ints.] v. intr. (aus. *avere*) ● Sghignazzare.

ghigno [da *ghignare*] s. m. *1* Riso beffardo e maligno. *2* Cenno o sorriso pieno di maliziose allusioni. || **ghignàccio**, pegg. | **ghignétto**, dim.

ghignóso [da *ghigna* (*1*)] agg. ● (*pop.*, *sett.*) Noioso, antipatico: *bambino g.*

ghimbàrda [fr. *guimbarde* (anche n. di una 'danza'), con l'idea di 'muoversi, saltellare' che ha il v. di provenienza, l'ant. provz. *guimar*, prob. dal francone **wiman*] s. f. ● Arnese con cui il falegname uguaglia gli incavi fatti nel legno.

ghimbèrga [ant. alto ted. *wintberga* 'parte di costruzione adatta per proteggere (*bërgan*) dal vento (*wint*)'] s. f. ● (*arch.*) Tipo di frontone molto allungato, di forma triangolare, spesso fiancheggiato da due pinnacoli, sovrastante porte e finestre negli edifici gotici.

ghinda [sp. *guinda*, da *guindar* 'ghindare'] s. f. *1* (*mar.*) Canapo per ghindare. *2* (*mar.*, *al pl.*) Parapetti volanti o travetti verticali a un ponte.

ghindàre [sp. *guindar*, dal fr. *guinder*, dall'ant. nordico *vinda* 'svolgere' e 'alzare'] v. tr. ● (*mar.*) Tirar su, con un canapo, gli alberi di gabbia e di velaccio lungo la faccia prodiera degli alberi maggiori per metterli dritti a posto | Drizzare, issare: *g. la bandiera*.

ghinèa (**1**) [ingl. *guinea*, perché coniata la prima volta (1663) con l'oro proveniente dalla regione africana della *Guinea*] s. f. ● Moneta inglese del valore di 21 scellini, coniata fino agli inizi del XIX sec. ➡ ILL. **moneta**.

ghinèa (**2**) [fr. *guinée*, perché destinata agli scambi con la Guinea (*Guinée*)] s. f. ● Tessuto di cotone grossolano per lenzuola, camicie, e sim.

ghingheri [prob. da *agghindare*] vc. ● (*fam.*, *scherz.*) Solo nella loc. avv. *in g.*, vestito e acconciato in modo ricercato: *mettersi, andare in g.*; *è vecchia ma è tutta in g.*

†**ghiòmo** [lat. *glŏmu*(*m*), di etim. incerta] s. m. ● (*raro*) Gomitolo.

ghiòtta [scherz. da *ghiotto*] s. f. ● Tegame bislungo che si mette sotto lo spiedo mentre gira l'arrosto per raccogliere il grasso che cola. SIN. Leccarda.

†**ghiotterìa** s. f. ● Ghiottonería.

†**ghiottézza** s. f. ● Qualità di ghiotto.

ghiòtto [lat. *glŭttu*(*m*), da *guttur* 'gola'] agg. *1* Che ama in modo particolare determinati cibi o bevande: *essere g. di dolci, di funghi*; *i bambini sono ghiotti di aranciata*. SIN. Goloso. *2* (*fig.*) Avido, bramoso, desideroso: *g. di denaro, di vendetta* | (*fig.*) Appassionato, curioso: *g. di novità, di libri rari*. *3* Di cibo che solletica l'appetito: *un contorno g.*; *pietanze ghiotte*. SIN. Appetitoso, gustoso. *4* (*fig.*) Che suscita curiosità, interesse: *un libro g.*; *una notizia ghiotta*. SIN. Eccitante. *5* †Vizioso, briccone. || **ghiottaménte**, avv. *1* Con ghiottonería. *2* (*fig.*) Avidamente.

ghiottóne [lat. *gluttōne*(*m*), da *guttur* 'gola'; nel sign. 2, calco sul fr. *glouton*] s. m. (f. *-a* nel sign. 1) *1* Persona molto ghiotta e ingorda. SIN. Goloso. *2* Mammifero carnivoro dei Mustelidi dal corpo massiccio, voracissimo, cacciato per la pelliccia, che vive nelle fredde foreste settentrionali (*Gulo gulo*). *3* †Briccone, mariolo || PROV. Nella chiesa coi santi e in taverna coi ghiottoni. || **ghiottonàccio**, pegg. | **ghiottoncèllo**, dim. | **ghiottonìno**, dim.

ghiottonerìa s. f. *1* Ingordigia di chi è ghiotto: *la sua g. è proverbiale*. SIN. Golosità. *2* Cibo ghiotto, appetitoso: *amare le ghiottonerie*. SIN. Golosità. *3* (*fig.*) Cosa ricercata, che suscita molto interesse: *una g. per gli appassionati di cinema*.

ghiottùme s. m. ● (*raro*) Quantità di cibi da ghiotti.

†**ghiòva** o (*dial.*) †**chiòva** [lat. *glēba*(*m*), con sovrapposizione di altra vc. (*glŏbus*) 'mucchio' (?)] s. f. ● Gleba, zolla, piota.

ghiòẓẓo (**1**) o †**chiòẓẓo** [etim. incerta] s. m. *1* Pesce dei Perciformi di modeste dimensioni, comunissimo sia nelle acque marine che in quelle salmastre o dolci (*Gobius*). *2* (*fig.*) Uomo stupido.

†**ghiózzo** (**2**) [da *ghiozza*, a sua volta dal lat. parl. **glŭttia* per *gŭttia* 'goccia' (?)] s. m. *1* Goccia, goccio. *2* (*fig.*) Un nulla, una cosa minima.

ghiràia [lat. *glirāria*, nt. pl. di *glirārius*(*m*), da *glīs*, gen. *glīris* 'ghiro'] s. f. ● (*raro*) Luogo in cui si allevano ghiri per mangiarli.

ghìrba [ar. *ǧirāb* 'otre', nella var. libica *gerba*] s. f. *1* Sacco impermeabile per trasportare acqua, usato in Africa settentrionale e in Arabia | Contenitore per acqua in plastica usato dai campeggiatori. *2* (*gerg.*) La vita, la pelle: *lasciarci la ghirba* | *Portare a casa la g.*, tornare sano e salvo dalla guerra.

ghiribiẓẓàre o **ghiribizzàre** [da *ghiribizzo*] v. tr. e intr. (aus. *avere*) ● (*raro*) Fantasticare, arzigogolare: *andava ghiribizzando intorno alle cose della natura* (VASARI).

ghiribìẓẓo o **ghiribìzzo** [etim. incerta] s. m. ● Idea bizzarra, capriccio improvviso | *Saltare il g.*, venire il capriccio.

ghiribiẓẓóso o **ghiribizzóso** agg. ● (*raro*) Bizzarro, capriccioso, stravagante. || **ghiribizzosaménte**, avv. (*raro*) In modo ghiribizzoso.

ghirigògolo s. m. ● Ghirigoro.

ghirigòro [etim. discussa: formazione allitterativa (?)] s. m. *1* Intreccio bizzarro di linee, di segni: *tracciare un g. su un foglio bianco* | (*est.*) Giravolta, andirivieni | *Camminare a g.*, a zig-zag. *2* Decorazione artistica a linee intrecciate capricciosamente.

ghirlànda o (*pop.*) **grillànda** [etim. incerta] s. f. *1* Corona di fiori, fronde, erbe o altra materia che si pone in capo per ornamento: *tessere, intrecciare una g.*; *una g. di rose, di gigli*; *le tien sospesa / sopra l'umide trezze una g. / d'oro e di gemme orïentali accesa* (POLIZIANO) | *G. nuziale*, di fiori d'arancio | *Fare g. di ogni fiore*, non saper scegliere. SIN. Serto. *2* (*fig.*, *lett.*) Insieme di cose o persone disposte in circolo, che fanno corona: *una g. di villette attorno al lago*; *una g. di ascoltatori* | (*est.*) Scelta di poesie: *una g. di sonetti*. *3* †Fasciatura di cencio, corda, e sim. per difendere un oggetto da urti, attriti. SIN. Gambetto | †*G. dell'ancora*, cicala con fasciatura di canapetti | Ciascuno dei pezzi grossi di legno curvi e continuati disposti a squadra sulla ruota di prua, sopra e sotto la cubia, per legare insieme le parti davanti delle navi e connettere i madieri e i forcacci. || **ghirlandèlla**, dim. | **ghirlandétta**, dim. | **ghirlandìna**, dim. | **ghirlandùccia**, **ghirlandùzza**, dim.

ghirlandàio s. m. ● (*raro*) Chi fa o vende ghirlande.

ghirlandàre v. tr. ● (*poet.*) Inghirlandare (*anche fig.*): *le azzurre Oceanine ... d'inni e di compianti / mi ghirlandarono il crine* (CARDUCCI).

ghiro [lat. parl. **glīru*(*m*), per il class. *glīre*(*m*), di etim. incerta] s. m. ● Piccolo mammifero, dei Roditori, con folta pelliccia grigia e lunga coda che, d'inverno, cade in letargo (*Glis glis*) | *Dormire come un g.*, profondamente e a lungo.

ghirónda o **girónda** [etim. discussa: dal *girare* (della sua ruota) con intrusione di vc. onomat. (?)] s. f. ● (*mus.*) Strumento a corde, oggi in disuso, il cui suono è prodotto con un disco azionato da una manovella. SIN. Viola da orbi. ➡ ILL. **musica**.

ghiṣa (**1**) [ant. fr. *guise*, *gueuse*, dal basso ted. *Göse*, pl. di *Gaus*, letteralmente 'oca', ma nella metallurgia 'massa di ferro fuso'] s. f. ● Prodotto siderurgico consistente in una lega di ferro contenente buone dosi di carbonio insieme ad altri elementi aggiunti per particolari scopi o entrati in lega come impurezze | *G. bianca*, ottenuta per rapido raffreddamento, dura e fragile, non lavorabile | *G. grigia*, ottenuta per lento raffreddamento, impiegata nella fabbricazione di svariati oggetti.

ghiṣa (**2**) [detto così dal color ghisa del cappello della prima uniforme] s. m. inv. ● (*pop.*, *sett.*) Vigile urbano.

ghost writer /*ingl.* 'goust 'raitə*/ [loc. ingl., comp. di *ghost* 'fantasma' (di origine germ.) e *writer* 'scrittore' (da *to write* 'scrivere', di origine germ.)] loc. sost. m. inv. (pl. ingl. *ghost writers*) ● Chi scrive libri, articoli e sim. per conto di un'altra persona, che poi li firma assumendosene così la paternità e il merito.

gi o † (*dial.*) **ge**. s. m. o f. inv. ● Nome della lettera *g*.

già [lat. *iăm*, della serie degli avv. in *-am*, tipica del lat.] avv. *1* Indica che un'azione o un fatto si sta compiendo, o si è ormai compiuto in un passato più o meno prossimo, sottolineandone e spesso rafforzandone il valore temporale: *quando arriverai troverai tutto già preparato*; *è già tutto stabilito*; *è accaduto già da molto tempo*; *se ne sono già andati*; *il tuo amico è già qui che ti aspetta*; *sono già pronto*; *Era già l'ora che volge il disio / ai navicanti* (DANTE *Purg.* VIII, 1-2) | Anche riferito a un avvenimento che si prevede nel futuro: *fra qualche anno sarà già un uomo arrivato*; *fra poco sarò già di ritorno per il pranzo* | Con valore ints. in espressioni ellittiche: *già fatto*; *già partito*; *già finito*; *già chiuso*; *già detto*. *2* In prop. interr. e escl. esprime meraviglia, gioia o rimpianto per q.c. che stia per accadere o sia accaduto: *sei già di ritorno?*; *peccato sia già finito!*; *già qui! hai fatto prestissimo!* | Anche nella loc. avv., con valore raff. *di già*: *hai di già finito?* *3* Ormai: *è già troppo tardi per incominciare*; *è già quasi un'ora che sono qui*; *è passato già tanto tempo che non posso ricordarmene* | (*iter.*) Con valore raff. per indicare l'imminenza di q.c.: *e già già tremano / mitre e corone* (CARDUCCI). *4* Fin da ora: *già me lo sento che capiterà qualcosa*; *posso già immaginare la fine* | Fin da quel tempo, fin dai tempi passati: *già da bambino aveva passione per la musica*; *questi problemi c'erano già ai tempi dell'antica Roma*. *5* Prima d'ora: *mi sembra di averlo già sentito dire*; *ma noi non ci siamo già incontrati?*; *credo di averla già vista da qualche parte* | Precedentemente: *il già nominato promotore*; *il già citato autore* | Per l'addietro, in passato (con valore indet.): *in Siena, siccome io intesi, già furon due giovani* (BOCCACCIO). *6* Ex (davanti a un s. o con ellissi di un v. per indicare una denominazione, una carica, una funzione superata): *via Roma già via Toledo*; *il ministro degli Esteri, già ministro delle Finanze* | (*raro*) Fu (premesso al nome proprio di persona morta): *questo è il figlio del già signor Rossi*. *7* (*ass.*) Esprime assicurazione (*anche iter.*): *'allora sei d'accordo?' 'già!'*; *già già, è vero!*; *già! è proprio come dici tu*. *8* (*ass.*) Esprime ironia, dubbio, irritazione e sim.: *già, tu sei il solito sapiente!*; *già, e chi dice questo?*; *già, dovevo aspettarmelo*; *già! dovevo averlo capito da molto tempo!* *9* (*pleon.*) Con valore raff. (preceduto dalla negazione 'non'): *non è già questo che intendo!*; *m'odia e fugge, / per invidia non già* (LEOPARDI) | (*pleon.*) In espressioni correl.: *ti vorrei qui non già come aiutante, ma come amico*; *non già che ti creda un bugiardo, ma desidero una spiegazione*. *10* Ricorre nella formazione di avv. e cong.: *giacché*; †*giafosseché*; †*giafossecosaché*; *giammai*; †*giassiacioché*; †*giassiacosaché* e sim.

giàcca [fr. ant. *jaque*, già fatto derivare da *Jac-*

ques, propr. 'Giacomo', ma anche il 'contadino' che portava questo tipo di indumento] s. f. ● Indumento che copre la parte sueriore del corpo e costituisce un capo essenziale dell'abbigliamento maschile, o del tailleur femminile | *G. a vento*, in tessuto impermeabile spesso trapuntato, con o senza cappuccio, usata spec. da alpinisti e sciatori | *Giacche nere*, gli arbitri delle partite di calcio, in quanto vestono una divisa nera. || **giacchettino**, dim. m. | **giacchétto**, dim. m. (V.) | **giacchina**, dim. | **giacchino**, dim. m. | **giaccóna**, accr. | **giaccóne**, accr. m. (V.).

giacché o (*raro*) **già che** [comp. di *già* e *che* (*2*)] cong. ● Poiché, dal momento che (introduce una prop. caus. con il v. all'indic.): *g. lo sai, perché me lo chiedi?*

giacchétta [fr. *jaquette*, dim. di *jaque* 'giacca'] s. f. *1* Giacca corta e leggera | (*sport*) *G. nera*, (*est.*) arbitro di una partita di calcio. *2* †(*mar.*) Antica giubba di gala, di colore azzurro scuro coi bottoni di metallo e distintivi rossi, per marinai. || **giacchettina**, dim.

giacchétto s. m. *1* Dim. di *giacca*. *2* Giacca corta e attillata, spec. da donna.

giacchiàre [da *giacchio*] v. tr. e intr. (*io giàcchio*; aus. *avere*) ● Pescare col giacchio.

giacchiàta s. f. ● Gettata di giacchio | Retata: *fare una g.*

giàcchio [lat. *iăculu(m)*, propriamente 'oggetto da gettare' (*iăcere*, di origine indeur.)] s. m. ● Rete da pesca rotonda, di varie misure, piombata al perimetro e inguainata con una cordicella, che viene lanciata in acqua in modo che ricada aperta a ombrello e, giunta sul fondo, si chiuda tirando la corda e rinserrando i pesci | *Gettare il g. tondo*, (*fig.*) non avere riguardo per nessuno | (*fig.*) *Gettare il g. sulla siepe*, darsi da fare senza ottenere risultati. ➡ ILL. **pesca**.

giaccóne s. m. *1* Accr. di *giacca*. *2* Giacca pesante, lunga e ampia: *un g. di pelle*.

giacènte o †**iacènte**. part. pres. di *giacere*; anche agg. *1* Nei sign. del v. *2 Processo g.*, sospeso | *Eredità g.*, provvisoriamente amministrata da un curatore quando l'erede non si trova nel possesso dei beni ereditari e non ha accettato.

giacènza s. f. *1* Condizione di ciò che giace, resta inattivo: *g. di un capitale*. *2* (*spec. al pl.*) Complesso di materiali, beni o denaro che si trovano, in un dato momento, nei depositi o nelle casse di un'azienda. *3* (*raro*) Rimanenza. *4* Tempo, periodo in cui una cosa resta giacente: *una lunga g.*

giacére o (*dial.*) **diacére**, †**iacére** [lat. *iacēre* 'essere steso, abbattuto' (opposto a *stāre*), da *iăcere* 'buttare (giù)', di origine indeur.] v. intr. (pres. *io giàccio, tu giàci, egli giàce, noi giacciàmo* o evit. *giaciàmo, voi giacéte, essi giàcciono*; pass. rem. *io giàcqui*, †*giacétti, tu giacésti*; congv. pres. *io giàccia*, ecc., *noi giacciàmo* o evit. *giaciàmo, voi giacciàte* o evit. *giaciàte, essi giàcciano*; part. pass. *giaciùto*; aus. *essere*, raro *avere*) *1* Stare disteso: *g. a letto, a terra, sul fianco, supino, bocconi; mettersi, buttarsi a g.* | *G. infermo*, essere a letto ammalato | *Qui giace*, qui è sepolto, nelle iscrizioni funerarie | †*Morire senza g.*, all'improvviso. *2* Essere situato, posto: *il paese giace in una valle* | †*Come giace nel testo*, come è scritto nel testo. *3* (*mat.*) Appartenere a: *la retta giace in un piano*. *4* Stare inerte, inattivo: *il capitale giace inutilizzato*; *g. nell'ozio, nel vizio*; *mi pare da credere sia l'uomo nato, certo non per marcire giacendo, ma per stare faccendo* (ALBERTI) | *La domanda, la pratica giace negli uffici*, non ha corso. *5* (*fig.*, *lett.*) Rimanere abbattuto senza capacità di riprendersi: *con vece assidua / cadde risorse e giacque* (MANZONI) | Essere depresso, avvilito. *6* †Essere meno ripido, pianeggiante. *7* †Dormire. *8* †Avere rapporti carnali con qc.

già che /dʒa k'ke*, 'dʒa kke*/ ● V. *giacché*.

giaciglio [lat. parl. **iacīliu(m)*, da **iacīle*, deriv. di *iacēre* 'giacere'] s. m. ● Misero lettuccio o mucchio di cenci o paglia sul quale stanno coricate persone o animali: *il g. del cane*.

giaciménto s. m. *1* Concentrazione di minerali utili nella crosta terrestre, tale da essere sfruttata economicamente: *g. aurifero*. *2* (*raro*) Modo e atto del giacere. *3* (*fig.*) †Oblio.

giacintino [vc. dotta, lat. *hyacinthinu(m)*, dal gr. *hyakínthinos* 'di giacinto (*hyákinthos*)'] agg. ● Detto di colore rossastro tipico del giacinto selvatico.

giacinto [vc. dotta, lat. *hyăcinthu(m)*, dal gr. *hyákinthos*, di origine straniera non chiarita] s. m. *1* Pianta erbacea delle Liliacee con fiori a grappolo odorosi, di vario colore, coltivata con molte varietà e ornamentale (*Hyacinthus orientalis*). *2* (*miner.*) Varietà di zircone usata come gemma, in cristalli di un bel colore rosso. *3* (*raro*) Lana tinta in violetto.

giacitùra [da *giacere*] s. f. *1* Modo di giacere, di stare coricati: *la g. dell'ammalato*; *una g. scomoda*. *2* (*mat.*) Insieme delle direzioni delle rette parallele a un piano: *g. d'un piano*. *3* Disposizione spaziale di un corpo geologico | *G. di uno strato*, orientamento dello strato rispetto ai punti cardinali e al piano orizzontale. *4* (*raro*) Posizione, positura. *5* Collocazione delle parole. *6* (*mar.*) †Positura degli oggetti e loro riscontro con la bussola secondo i rilievi.

giaciùto part. pass. di *giacere* ● Nei sign. del v.

giàco [fr. *jaque*, di etim. discussa (V. *giacca*)] s. m. (pl. *-chi*) ● Cotta di maglia d'acciaio, usata in passato per difendere il torace.

giacobinismo [fr. *jacobinisme*, da *jacobin* 'giacobino'] s. m. *1* Ideologia dei Giacobini. *2* (*est.*) Atteggiamento politico estremista.

giacobino [fr. *jacobin* 'appartenente al Club des *Jacobins*', fondato nel Convento dei domenicani (*Jacobins*) di S. Giacomo (lat. *Iacōbus*)] **A** s. m. *1* Appartenente al Club politico dei Giacobini che ebbe vita a Parigi durante la Rivoluzione Francese fra il 1789 e il 1794 | Sostenitore del movimento politico ispirato all'ideologia giacobina. *2* Chi, in Europa, sosteneva le idee e la politica dei giacobini francesi. *3* (*est.*) Persona radicale in politica. **B** agg. ● Dei, relativo ai, giacobini.

giàcomo giàcomo [prob. d'origine onomat. (*ciac, ciac*)] loc. sost. ● (*scherz.*) Solo nella loc. *fare giacomo giacomo*, tremare, mancare, per stanchezza, debolezza o paura, detto delle gambe o delle ginocchia.

giaconétta [ingl. *jaconet*, dall'urdu *jagannāthī* 'di Cuttack', la città di provenienza] s. f. ● Tessuto leggerissimo di cotone, quasi trasparente, molto apprettato e rigido.

giaculatòria o †**iaculatòria** [adatt. del lat. crist. *prĕces iaculatōriae* 'preghiere che si lanciano (V. *giaculatorio*)', sottinteso verso Dio] s. f. *1* Orazione breve che si ripete spesso più volte ed è fornita di indulgenze | Formula breve, tratta da salmi o da altri testi sacri, che, nella liturgia cattolica, serve a concludere una preghiera. *2* (*scherz.*) Monotona ripetizione di parole o discorsi uguali. *3* (*fig.*) Breve discorso enfatico per commuovere. *4* (*antifr.*) Imprecazione, bestemmia.

giaculatòrio o †**iaculatòrio** [adatt. del lat. *iaculatōriu(m)*, da *iaculātus*, part. pass. di *iaculāri*, ints. di *iăcere* 'lanciare', di origine indeur.] agg. ● (*raro*, *fig.*) Vibrante, ardente: *parole, orazioni giaculatorie*.

giàda [fr. *jade*, per *ejade*, dallo sp. *piedra de la ijada*, letteralmente 'pietra del fianco', perché ritenuta efficace contro i dolori dovuti ai calcoli renali (mal di pietra)] **A** s. f. ● (*miner.*) Roccia composta in prevalenza di giadeite in aggregati compatti, usata fin dalla preistoria come pietra dura per intagliarvi armi, utensili e ornamenti | *G. imperiale*, varietà chiazzata verde brillante, usata nell'oreficeria cinese tradizionale per i regnanti come gemma intagliata. **B** in funzione di agg. inv. ● (posposto al s.) Nella loc. *verde g.*, detto di colore verde mela pallido.

giadeite [da *giada*] s. f. ● (*miner.*) Pirosseno di alluminio e sodio, tipico di ambiente metamorfico di altissima pressione, costituente principale della giada.

giafètico ● V. *iafetico*.

giafètide ● V. *iafetide*.

†**giafossechè** /dʒafosse'ke*, dʒaffosse'ke*/ o †**già fosse che** [comp. di *già, fosse* e *che* (*2*)] cong. ● (*raro, lett.*) Giafossecosaché.

†**giafossecosaché** /dʒafossekosa'ke*, dʒaffossekosa'ke*/ o †**già fosse cosa che** [comp. di *già, fosse, cosa* e *che* (*2*)] cong. *1* (*raro, lett.*) Poiché (introduce una prop. caus. con il v. all'indic. o al congv.). *2* (*raro, lett.*) Benché (con valore concess.).

giaggiòlo o **giaggiuòlo** [lat. *gladiŏlu(m)* 'piccola (*-ŏlu(m)*) spada (*glădiu(m)*)', perché le sue foglie somigliano a una spada] s. m. ● Pianta erbacea delle Iridacee con foglie a sciabola e grandi fiori blu-violacei, coltivata in molte varietà ornamentali (*Iris germanica*).

giaguàro o †**iaguàro** [fr. *jaguar*, dal tupí-guaraní *yaguará*] s. m. ● Mammifero dei Felidi dell'America tropicale con pelame fulvo a macchie ocellate, ferocissimo (*Pantera onca*). SIN. †Onza | (*fig.*) *Amico del g.*, chi, di fatto e spesso senza vedere una contraddizione nel suo atteggiamento, appoggia i potenziali avversari del proprio amico più che l'amico stesso.

giaiétto [fr. *jaiet*, dal lat. *gagātes* 'gagate' (V.)] s. m. *1* Varietà di lignite bituminosa, solida, di colore nero lucente, adoperata per bottoni e ornamenti. SIN. Giavazzo. *2* Perla di vetro nera e lucente prodotta dalla omonima varietà di lignite, ma normalmente imitata con vetro nero.

giàina o **jàina**. s. m. e f. (pl. m. *-i*) ● Seguace del giainismo.

giainismo o **jainismo** [ingl. *jainism*, da *jain* 'aderente alla setta', in indost. *jaina*, dall'ant. ind. *jainah* 'di Budda (*jinah* 'eroe, santo')'] s. m. ● Religione indiana sorta nel VI sec. a.C. nell'ambito dei movimenti ascetici contro il Brahmanesimo, che predica la reincarnazione dell'anima, la redenzione del mondo in epoche successive e la non-violenza nei riguardi di tutte le creature.

gialàppa o (*pop.*) **scialàppa**, (*pop.*) †**sciaràppa** [sp. *jalapa* (*xalapa*), riduzione di (*raíz de*) *Jalapa* 'radice raccolta per la prima volta presso la città messicana di Jalapa'] s. f. ● Pianta erbacea messicana delle Convolvulacee, con lunghi fusti sottili e fiori carnicini, le cui radici sono usate per dare una resina impiegata come purgante (*Ipomea purga*). SIN. Ipomea.

giàlda [ant. fr. dial. *jaude*, var. di *gelde* 'gilda', dal francone **gilda* 'riunione di festa'] s. f. ● Lancia con asta molto lunga usata nel Medioevo.

†**gialdonière** [da *gialda*] s. m. ● Balestriere a cavallo dell'antica milizia italiana armato di gialda.

giallàstro agg. ● Tendente al giallo, ma sporco e senza luce | *Viso g.*, dall'aspetto malsano.

gialleggiàre v. intr. (*io gialléggio*; aus. *avere*) ● (*raro*) Tendere al giallo.

giallétto s. m. *1* Dim. di *giallo*. *2* Schiacciata di farina di grano turco con uvetta.

giallézza s. f. ● (*raro*) Qualità di chi o di ciò che è giallo.

gialliccio agg. (pl. f. *-ce*) ● Di colore chiaro tendente al giallo.

giallìgno agg. ● Di colore giallo chiaro, sbiadito.

giallista s. m. e f. (pl. m. *-i*) ● Chi scrive romanzi gialli.

giallistica [da *giallo*, sul modello di *saggistica*] s. f. ● Genere letterario che comprende i romanzi gialli.

giàllo [ant. fr. *jalne*, dal lat. *gălbinus*, deriv. dal suo sin. *gălbus* 'verdiccio, verde pallido', di etim. incerta] **A** agg. *1* Di colore fra l'aranciato e il verde: *fiore, frutto g.*; *g. in qualche pozzanghera si specchia / qualche fanale* (SABA) | *Farina gialla*, di granturco | *Cera gialla*, cera vergine | *Terra gialla*, ocra | *Bandiera gialla*, sulle navi, segnale della presenza di malattie infettive a bordo | *Pagine gialle*, elenco degli utenti telefonici ripartiti per categorie di attività lavorativa | (*fig.*) *Sindacati gialli*, quelli costituiti nel XIX sec. in Francia e in Germania in opposizione a quelli rossi socialisti e contrari allo sciopero; (*est.*) quelli promossi o finanziati dai datori di lavoro per difendere i loro interessi anziché quelli delle classi lavoratrici | (*fig.*) *Avere i piedi gialli*, si dice del vino rosso che va a male. *2* (*est.*) Pallido, cereo, per malattia, paura o sim.: *essere g. dalla rabbia*; *essere g. come un limone*; *diventare g. di paura*; *il viso g. di un malato*. *3* (*med.*) *Febbre gialla*, infezione virale trasmessa da zanzare caratterizzata soprattutto da ittero. *4* Detto di romanzo, dramma o film poliziesco | *Stampa gialla*, scandalistica. *5* Proveniente da, relativo all'Est Asiatico e spec. al Giappone: *auto gialla* | *Razza gialla*, mongolide | *Pericolo g.*, per i popoli di razza bianca, quello rappresentato, all'inizio del XX sec., dalla potenza soverchiante della Cina e del Giappone. **B** s. m. *1* Colore giallo: *il g. si accorda bene con il verde* | *G. paglierino*, chiaro, simile al colore della paglia | *G. canarino*, chiaro | *G. dorato*, *g. oro*, caldo, vivo | *G. ambrato*, sfumato nel bruno, come il colore dell'ambra | Il colore giallo come segnale luminoso di avvertimento, spec. nei semafori: *fermarsi al g.*; *passare col g.* **2** Parte gialla di q.c. | *Il g. dell'uovo*, il tuorlo | *Il g. della rosa*, la gialluria. **3** (*chim.*) Sostanza gialla | *G. di cadmio*, solfuro di cadmio usato come colorante | *G. cromo*, cromato di piombo usato come colorante | *G. di Siena*, *g. orientale*, specie di marmo a fondo giallo. **4** Romanzo, dramma o film poliziesco: *abbiamo visto al cinema un interessante g.* | (*est.*) Caso poliziesco, particolarmente complesso e di difficile soluzione | (*est.*) Vicenda, situazione misteriosa: *il g. delle bobine scomparse*. **5** Persona di razza mongolide: *i gialli, i bianchi, i neri*. || **giallàccio**, pegg. | **giallettino**, dim. | **giallétto**, dim. (V.) | **giallino**, dim. | **giallolino**, dim. | **giallóne**, accr. | **giallùccio**, dim.

gialloblù [comp. di *giallo* e *blu*, i colori della squadra] **A** agg.; anche s. m. ● Che, chi gioca nella squadra di calcio del Verona. **B** agg. ● Che è sostenitore o tifoso di tale squadra.

giallógnolo o **giallògnolo** agg. ● Di color giallo sbiadito.

giallóna s. f. ● Pesca giallona (V. *giallone*).

giallóne **A** s. m. **1** Accr. di *giallo*. **2** Colore giallo molto intenso. **3** Baco da seta nell'ultimo stadio dell'età larvale, colpito da giallume. **4** (*zool.*) Rigogolo. **B** agg. ● Nella loc. *pesca giallona*, qualità di pesca duracina con polpa di colore giallo intenso.

giallóre s. m. **1** (*raro*) Colorito giallo: *simile al g. del croco* (D'ANNUNZIO) | Materia gialla. **2** Itterizia.

gialloròṣa [comp. di *giallo* e *rosa*] agg. inv. ● Di commedia, film e sim. di argomento poliziesco, con un intreccio amoroso a lieto fine.

gialloróssso [comp. di *giallo* e *rosso*, i colori della squadra] **A** agg.; anche s. m. (pl. *-i*) ● Che, chi gioca nella squadra di calcio della Roma o del Catanzaro. **B** agg. ● Che è sostenitore o tifoso di tali squadre.

giallùme s. m. **1** Giallo brutto o sfacciato | Materia gialla. **2** Macchia gialla, spec. della pelle. **3** Malattia delle piante, provocata da virus, caratterizzata da clorosi della lamina fogliare: *g. della barbabietola* | Malattia del baco da seta che diventa grosso, lucido e giallo. SIN. Invacchimento.

giallùria s. f. ● (*raro*) Polline delle rose.

†**già mài** /dʒa m'mai/ ● V. *giammai*.

giamaicàno **A** agg. ● Della Giamaica. **B** s. m. (f. *-a*) ● Abitante, nativo della Giamaica.

†**giambeggiàre** [da *giambo*] v. tr. **1** Comporre giambi, satire. **2** (*fig.*) †Canzonare.

giambèlego [adatt. del lat. tardo *iambĕlegu(m)*, comp. di *ĭambus* 'giambo' e *elegēum* '(metro) elegiaco', perché inverso (giambico e dattilico) dell'elegiambo (dattilico e giambico)] s. m. (pl. *-ghi*) ● Verso latino formato da un dimetro giambico e da un comma di pentametro.

giambèrga [sp. (*casaca*) *chamberga*, usata dalle truppe fr. del generale *Schomberg*] s. f. ● Finanziera, redingote.

giàmbico o †**iàmbico** [adatt. del lat. tardo *iămbicu(m)*, dal gr. *iambikós* 'relativo al giambo (*íambos*)'] agg. (pl. m. *-ci*) **1** Costituito di giambi: *metro, verso g.* | *Strofa giambica*, nella poesia italiana, strofa formata, in genere, da quattro o cinque endecasillabi sdruccioli. **2** Di tono satirico e canzonatorio.

giàmbo (1) o †**iàmbo** [adatt. del lat. *ĭambu(m)*, dal gr. *íambos*, di origine pregr.] s. m. **1** (*ling.*) Piede metrico della poesia greca e latina formato da una sillaba breve e da una lunga | Componimento poetico di carattere satirico in metro giambico. **2** (*fig.*) †Scherno, beffa | *Volere il g. di qc.*, beffarlo. **3** (*bot.*) Melarosa.

giàmbo (2) [dal n. hindi *jambū*] s. m. ● (*bot.*) Melarosa.

giamburràsca [comp. di *Gian(ni)* e *burrasca*, n. del protagonista di un libro per ragazzi, *Il giornalino di Giamburrasca* (1920), dello scrittore L. Bertelli, noto con lo pseudonimo di Vamba] s. m. inv. ● Ragazzo vivacissimo e monello. SIN. Discolo.

giammài o †**già mài** [da *mai* raff. con *già*] avv. **1** (*ints.*) Mai, in nessun tempo: *sta come torre ferma, che non crolla / già mai la cima per soffiar di venti* (DANTE *Purg.* V, 14-15); *fatto ghiotto del suo dolce aspetto / g. gli occhi da li occhi levar puolle* (POLIZIANO) | (*enf.*, *scherz.*) In risposte o affermazioni: *g. mi lascerò convincere!*; *non sarà g. possibile!*; *g.!*; *non fia g.!* **2** (*lett.*) †Talvolta: *quanto per Amor già mai soffersi* (PETRARCA). **3** (*raro*) †Ormai.

gianchétto ● V. *bianchetto*.

†**giandàrme** ● V. *gendarme*.

gianduia [comp. del piem. *Gi(o)an* 'Giovanni' (con la) *duja* 'boccale', la cui figura appariva anche sull'involto dei cioccolatini] s. m. inv. **1** Maschera del teatro popolare piemontese | (*fig.*) *I figli di Gianduia*, i piemontesi. **2** Tipo particolare di cioccolata di pasta molle alla nocciola, specialità torinese.

gianduiòtto [perché simile al cappello della maschera piemontese *Gianduia*] s. m. ● Cioccolatino di gianduia.

gianèllo [per il suo colore giallastro (genov. *giano*, in provz. *jaune*, dal lat. *gălbinus* '(color) verde pallido')] s. m. ● (*pop.*, *sett.*) Rana pescatrice.

giannétta (1) [sp. (*lanza*) *jineta*, in uso presso la tribù berbera degli *Zeneti*] s. f. **1** Corta lancia, usata nei secc. XIV e XV dalla cavalleria leggera e più tardi anche dagli ufficiali della fanteria spagnola. **2** Bastone da passeggio di canna d'India, oggi non più di moda.

giannétta (2) ['vento': vc. d'orig. gergale, di etim. incerta: o dal n. proprio *Gianni* o più prob. deform. di *gennaio*, in quanto mese freddo] s. f. ● (*merid.*) Vento gelido, tramontana.

giannétta (3) ['filatoio': dal n. personale f. ingl. *Jenny*, usato in ingl. per indicare diverse macchine] s. f. ● Tipo di filatoio per il cotone.

†**giannétto** ● V. *ginnetto*.

giannìzzero o †**iannìzzero** [vc. turca, *yeniçeri*, comp. di *yeni* 'nuovo, giovane' e *çeri* 'soldato, truppa'] s. m. **1** Soldato turco appiedato appartenente a una milizia che accoglieva nell'impero ottomano i giovani cristiani fatti musulmani ed educati come guardie del corpo dei sultani | Soldato mercenario ma scelto. **2** (*fig.*) Sostenitore o difensore fanatico di una personalità spec. politica: *è sempre circondato dai suoi giannizzeri* | Attivista fanatico: *i giannizzeri del partito*.

giàno o †**iàno** [adatt. del lat. *Iānu(m)*, di etim. incerta, nome di una divinità latina raffigurata bifronte che presiedeva alle porte, alle vie, della terra e del cielo e all'agricoltura] s. m. **1** Nella loc. *g. bifronte*, (*fig.*) persona falsa, doppia. **2** (*arch.*) Arco quadrifronte romano | Passaggio fra portici.

†**giansenìano** [da *Giansenio*, adatt. di (Cornelis) *Jansen* (1585-1638)] agg. ● (*raro*) Giansenistico.

giansenìṣmo [fr. *jansenisme*, dal n. del teologo C. *Jansen*] s. m. ● Dottrina morale e teologica risalente al vescovo C. Giansenio d'Ypres, professata dai religiosi di Port-Royal in Francia nel XVII sec., estesa, poi, in molti paesi di Europa e condannata dalla Chiesa cattolica per la sua eccessiva rigidezza e per la sua opposizione alla morale ufficiale dei Gesuiti.

giansenìsta [fr. *janseniste*, da *jansenisme* 'giansenismo'] **A** s. m. e f. (pl. m. *-i*) ● Seguace del giansenismo. **B** agg. ● Giansenistico.

giansenìstico agg. (pl. m. *-ci*) ● Che si riferisce al giansenismo | Che si distingue per la sua austerità | *Spirito g.*, ispirazione tragica e austera dell'esperienza religiosa cristiana.

†**gianuàrio** o †**ianuàrio** [adatt. del lat. *Ianuāriu(m)* 'pertinente a Giano (*Iānus*)'] agg. ● Di gennaio: *calende gianuarie*.

giapètico ● V. *iafetico*.

giapètide ● V. *iafetide*.

†**giapponésco** agg. (pl. m. *-schi*) ● (*raro*) Giapponese.

giapponése **A** agg. ● Del Giappone: *un vaso, un ventaglio g.* | *Lotta g.*, judo. **B** s. m. e f. ● Abitante, nativo del Giappone. **C** s. m. solo sing. ● Lingua parlata in Giappone. || **giapponesino**, dim.

giapponeserìa s. f. ● (*spec. al pl.*) Ninnoli di origine o imitazione giapponese.

giapponesìṣmo s. m. ● (*ling.*) Parola o locuzione propria del giapponese entrata in un'altra lingua.

giàra (1) o **giàrra** [sp. *jarra*, dall'ar. *ǧarra* 'brocca'] s. f. **1** Grosso recipiente, generalmente di terracotta, per conservare acqua, vino, olio o anche granaglie secche, talvolta usato anche come grande vaso da giardino | Vaso di cristallo o maiolica con due anse e senza piede. **2** Antica misura da olio, ottava parte del cantaro. **3** (*mar.*) †Vaso di bandone a bordo per custodire la polvere asciutta.

†**giàra (2)** ● V. *ghiaia*.

giàrda [ar. *ǧarad*, trasmesso attraverso la terminologia veterinaria degli arabi di Sicilia] s. f. **1** (*veter.*) Neoformazione ossea prodotta da traumi ripetuti e localizzata sulla faccia laterale del garretto di equini e bovini. **2** †Burla, beffa: *e duolsi assai che gli ha fatto la g.* (PULCI). **3** †Bugia.

giàrdia [dal n. del biologo fr. A. *Giard* (1846-1908)] s. f. ● (*biol.*) Genere di Protozoi flagellati parassiti nell'intestino di molti Vertebrati fra cui l'uomo | *G. lamblia*, è causa della giardiasi.

giardìaṣi [da *giardia* col suff. *-iasi*] s. f. ● (*med.*) Malattia parassitaria del tratto superiore dell'intestino tenue dell'uomo causata dal protozoo flagellato *Giardia lamblia* e caratterizzata da diarrea, steatorrea, lesioni intestinali.

giardinàggio [fr. *jardinage*, da *jardin* 'giardino'] s. m. ● Arte e tecnica relative all'impianto e alla coltivazione dei giardini.

giardinétta ® [nome commerciale] s. f. ● Tipo di automobile per il trasporto di persone e merci, munita di grande sportello posteriore e talvolta con parte della carrozzeria di legno | Giardiniera, nel sign. 4.

giardinétto s. m. **1** Dim. di *giardino*. **2** (*mar.*) Ciascuno dei fianchi della estremità poppiera dello scafo | *Vento al g.*, quello che soffia in direzione del giardinetto del veliero. **3** Frutta assortita alla fine del pasto in trattoria | Pietanza di salumi assortiti | Gelato di sapori e colori vari. **4** (*econ.*) Suddivisione delle proprietà azionarie in piccole quantità di diverse società in modo da frazionare i rischi. **5** Gioco di biliardo. **6** (*raro*, *tosc.*) Feretro per bambini.

giardinièra [fr. *jardinière*, da *jardin* 'giardino'] **A** s. f. **1** Donna che coltiva un giardino | Moglie del giardiniere. **2** Mobile atto a contenere piante ornamentali da appartamento. **3** Contorno o antipasto di varie verdure tagliuzzate e conservate sotto aceto. **4** Grande carrozza con sedili laterali, in voga ai primi del Novecento | Carro da trasporto, cinto da una specie di graticolato | Giardinetta. **5** Cestello di vimini per la raccolta delle olive. **6** †Collana di diamanti e perle. **B** in funzione di agg. f. ● (posposto al s.) Nella loc. *maestra g.*, insegnante nei giardini d'infanzia.

giardinière [fr. *jardinier*, da *jardin* 'giardino'] s. m. ● Addetto alla coltivazione e cura dei giardini.

giardino [fr. *jardin*, dim. dell'ant. fr. *jart*, dal francone **gardo* 'luogo chiuso'] **A** s. m. **1** Terreno con colture erbacee e arboree di tipo ornamentale | *G. classico*, *all'italiana*, con aiuole geometriche | *G. all'inglese*, con boschetti, prati, specchi d'acqua, piccole alture | *G. alpino*, formato con piante di montagna | *G. pensile*, costruito su una terrazza | *G. galleggiante*, che si coltiva sulle navi | *G. giapponese*, composizione di piante nane, spec. esotiche, in vasi, con ghiaia, vialetti e sim., che riproduce un giardino in miniatura | *G. botanico*, orto botanico | *G. d'inverno*, salone con piante e pareti a vetro, in alberghi e ville di lusso | *G. pubblico*, con grandi alberi, piante ornamentali, viali, fontane, statue, costruito in un centro abitato e a cui i cittadini accedono liberamente | *G. zoologico*, parco con animali esotici o rari in cattività | *Il g. delle delizie*, il Paradiso terrestre. **2** *G. d'infanzia*, scuola materna per la prima istruzione ed educazione dei bambini. **3** (*est.*, *fig.*) Paese fertile, ridente. **4** (*euf.*) †Latrina. **B** in funzione di agg. inv. ● (posposto al s.). Nella loc. *città g.*, quartiere residenziale di villette sparse tra il verde. || **giardinétto**, dim. (V.) | **giardinóne**, accr. | **giardinùccio**, dim.

giàrra ● V. *giara (1)*.

giarrettièra [fr. *jarretière*, da *jarret* 'garretto' (V.)] s. f. ● Elastico che ferma la calza da donna alla coscia e quella da uomo al polpaccio | Elastico con allacciatura di metallo e gomma fissato a busti e reggicalze femminili | *Ordine della g.*, supremo ordine cavalleresco inglese, istituito, secondo una leggenda, da Edoardo III nel XIV sec., così detto dalla sua insegna, che è una giarrettiera di velluto azzurro.

giàspide • V. †*iaspide*.

giaùrro [turco *gâvur* 'infedele, chi non è mussulmano', di origine ar.] s. m. • (*spreg.*) Infedele, non musulmano, rispetto ai Turchi ottomani.

giàva (1) [etim. incerta] s. f. • (*mar.*) Magazzino nelle galee del XVII sec. | Cameretta di prua | Dispensa | Piccola stanza oscura della stiva | Serbatoio dell'acqua potabile | Passerella di nave.

giàva (2) [dal n. dell'isola di *Giava* (di origine indiana)] s. f. • Ballo in gran voga dopo la prima guerra mondiale.

giavanése A agg. • Dell'isola di Giava: *danze giavanesi*. **B** s. m. e f. • Abitante, nativo, di Giava. **C** s. m. solo sing. • Lingua parlata nell'isola di Giava.

giavàzzo [sp. *azabache*, dall'ar. *sabağ*, vc. di origine persiana] **A** s. m. • Giaietto. **B** agg. • Detto di mantello equino morello che presenta riflessi brillanti.

giavellottista s. m. e f. (pl. m. *-i*) • Atleta che pratica lo sport del lancio del giavellotto.

giavellòtto [fr. *javelot*, prob. dal celt. *gabalos* 'forca, tridente'] s. m. *1* Arma da lancio, costituita da un'asta alla cui estremità è inserita una punta in metallo. ➡ ILL. **armi**. *2* Attrezzo sportivo simile all'arma omonima | *Lancio del g.*, gara di atletica leggera. ➡ ILL. p. 1283 SPORT.

giavóne [accr. di *giava*, forma sett., dal lat. *clāva(m)* 'mazza', che aveva anche, specie al dim. (*clāvula*), il sign. di 'piantone, pollone'] s. m. *1* Erba delle Graminacee affine al panico (*Setaria viridis*). SIN. Panicastrella. *2* Seme della pianta omonima, comunemente presente nel riso.

giàzz /dʒaz, dʒats/ o **giazz** s. m. • Adattamento di *jazz* (V.).

giazzista s. m. e f. (pl. m. *-i*) • Adattamento di *jazzista* (V.).

giazzistico agg. (pl. m. *-ci*) • Adattamento di *jazzistico* (V.).

†gibba [vc. dotta, lat. *gĭbba(m)*, dalla forma f. dell'agg. *gĭbbus* 'gibbo'] s. f. • Gibbo.

gibberellina [ingl. *gibberellin*, dal n. del fungo *Gibberella fujikuroi* (da cui si ricava), a sua volta dal lat. *gĭbber* 'gobba' (d'etim. incerta)] s. f. • (*bot.*) Ormone appartenente a una classe di regolatori della crescita che stimolano l'allungamento del fusto senza inibire la crescita delle radici.

gibbo [vc. dotta, lat. *gĭbbu(m)*, di origine espressiva] s. m. *1* (*med.*) Deformazione della colonna vertebrale con accentuata curvatura posteriore. *2* (*est.*) Collina, altura.

gibbóne [fr. *gibbon*, da una l. indig. non determinata] s. m. • Scimmia antropomorfa di medie dimensioni, arboricola e agilissima, con lunghissime braccia (*Hylobates*).

gibbosità o **†gibbositàde**, **†gibbositàte** s. f. *1* (*raro*) Qualità di chi, di ciò che è gibboso | *Le g. della terra*, le protuberanze. *2* (*med.*) Gibbo.

gibbóso [vc. dotta, lat. tardo *gibbōsu(m)*, da *gĭbbus* 'gibbo'] agg. • Gobbo, curvo: *dorso g.*; *naso g.* | Ondulato, irregolare, detto di terreno: *mi si scoperse il picciolo spazio della gibbosa terra* (BOCCACCIO).

gibbùto agg. • (*raro, lett.*) Gibboso.

gibèrna [fr. *giberne*, dal lat. tardo *zabĕrna(m)* 'sacca, tasca'] s. f. • Astuccio a tasca di cuoio o tela, portato alla cintura o alla bandoliera per custodirvi cartucce o caricatori del fucile.

†gibètto • V. †*giubbetto* (*2*).

gibigiàna o **gibigiànna** [vc. lomb., forse n. comp., nella seconda parte del quale si può riconoscere un *gianna* 'strega'] s. f. • (*sett.*) Balenio di luce riflesso da un corpo lucido e trasparente.

gibollàre [etim. incerta] v. tr. (*io gibóllo*) • (*dial.*) Ammaccare: *nel parcheggiare ho gibollato la macchina*.

gibus [dal n. dell'inventore] s. m. inv. • Cappello cilindrico di seta, dotato di un sistema di molle per cui si può appiattire, che accompagnava un tempo l'abito da sera maschile.

gìcaro • V. *gigaro*.

gìchero • V. *gigaro*.

gicleur /fr. ʒi'klœr/ [vc. fr., da *gicler* 'far zampillare', appartenente a una serie di vc. molto diffuse, ma di etim. incerta] s. m. inv. • Tubo con orifizio calibrato che fa zampillare il carburante nel carburatore | Spruzzatore.

giddap [vc. ingl., alterazione dell'imperativo *get up*, letteralmente 'va su, avanti'] inter. • Si usa come incitamento, da parte del conduttore o del fantino, a un cavallo da corsa.

†gièlo e *deriv.* • V. *gelo* (*1*) e *deriv.*

†giènte • V. †*gente* (*2*).

†gièṣia e *deriv.* • V. *chiesa* e *deriv.*

giga (1) [ant. provz. *giga*, dall'ant. alto ted. *giga*, di origine onomat.] s. f. • Antico strumento a corde, primo tipo del violino e della viola. ➡ ILL. **musica**.

giga (2) [dall'ingl. *jig*, deriv. dal fr. *giguer* 'suonare con la *giga* (*gigue*)'] s. f. • Antica danza dal ritmo vivace diffusa nei secc. XVII e XVIII che costituiva il tempo finale della suite strumentale.

giga- [dal gr. *gígas* 'gigante', di etim. incerta] primo elemento *1* Anteposto a un'unità di misura, ne moltiplica il valore per un miliardo (cioè per 10^9): *gigawatt*, *gigahertz*. *2* (*elab.*) Anteposto a un'unità di misura, ne moltiplica il valore per 1073741824 (cioè per 2^{30}): *gigabyte*. SIMB. G.

gigabyte /dʒiga'bait, *ingl.* 'gaigə bait/ [comp. di *giga-* e *byte*] s. m. inv. • (*elab.*) Unità di misura della quantità di informazione corrispondente a 1073741824 (cioè a 2^{30}) byte.

gigaelettronvòlt [comp. di *giga-* e *elettronvolt*] s. m. • Unità di energia equivalente a 10^9 elettronvolt. SIMB. GeV.

gigànte [vc. dotta, lat. *gigănte(m)*, a sua volta prestito dotto dal n. pr. gr. *Gígas* (genit. *Gígantos*) di etim. incerta] **A** s. m. (f. *-essa*, scherz. spreg.) *1* Nella mitologia greco-romana, ciascuno dei figli della Terra, di smisurata statura, che lottarono contro Giove | Nella Bibbia, uomo di antiche generazioni vissuto prima del diluvio. *2* (*est.*) Persona di statura notevolmente al di sopra della media | *Procedere a passi di g.*, camminare a passi molto lunghi e (*fig.*) progredire rapidamente. SIN. Colosso. *3* (*fig.*) Persona che eccelle per capacità, forza, virtù, ingegno e sim.: *Dante è un g. della poesia* | *Giganti della strada*, i corridori ciclisti dei primi decenni del secolo XX che correvano su strade non agevoli e perciò compivano fatiche gigantesche | (*fig.*) *G. nel deserto*, costruzione, impianto e sim. di grande imponenza, ma inutile o inutilizzato in un determinato contesto | *Guerra di giganti*, (*fig.*) in cui si compiono atti di coraggio prodigiosi e sforzi sovrumani; in cui gli avversari sono rilevanti per potenza bellica. **B** agg. *1* Di grandi dimensioni: *una pianta g.* | *Stella g.*, la cui dimensione è una decina di volte maggiore di quella del Sole | *Stella g. rossa*, tipo di stella gigante caratterizzata da un'emissione con massimo nella regione spettrale del rosso. *2* (*sport*) *Slalom g.*, nello sci, gara che si disputa su una distanza molto maggiore di quella dello slalom speciale, con un minor numero di porte più distanziate fra loro (V. anche *supergigante*). || **gigantàccio**, pegg. | **gigantonàccio**, pegg. | **gigantóne**, accr.

giganteggiàre v. intr. (*io gigantéggio*; aus. *avere*) • Innalzarsi come gigante tra persone o cose di levatura o altezza comune (*anche fig.*): *un edificio che giganteggia su, fra tutti gli altri*; *è uno scrittore che giganteggia fra i contemporanei*.

†gigantèo [vc. dotta, lat. *Gigantēu(m)*, dal gr. *Gigánteios*, agg. di *Gígas* 'gigante'] agg. *1* Dei giganti. *2* Gigantesco: *il corpo suo di gigantea statura* (ARIOSTO).

gigantésco agg. (pl. m. *-schi*) • Da gigante (*anche fig.*): *proporzioni fisiche gigantesche*; *ambizione gigantesca*. SIN. Enorme, smisurato. || **gigantescaménte**, avv.

gigantiṣmo s. m. *1* (*med.*) Anomalia dell'accrescimento scheletrico con sviluppo di una statura superiore alla norma ma proporzionata. *2* (*fig.*) Tendenza all'ideazione e alla realizzazione di progetti straordinari o colossali.

gigantista [da *gigante* nel sign. 4] s. m. e f. (pl. m. *-i*) • Nello sci, chi è specialista dello slalom gigante.

gigànto- [gr. *giganto-*, da *gígas*, genit. *gígantos* 'gigante'] primo elemento • In parole composte dotte o della terminologia scientifica, significa 'gigante' (*gigantomachia*) o indica dimensioni molto grandi (*gigantografia*).

gigantografia [comp. di *giganto-* e della seconda parte di (*foto*)*grafia*] s. f. • Insieme delle operazioni per ottenere ingrandimenti fotografici di notevoli dimensioni | Fotografia riprodotta a fortissimo ingrandimento spec. su cartone o legno opportunamente trattati.

gigantogràfico agg. (pl. m. *-ci*) • Di, relativo a, gigantografia: *ingrandimento g.*

gigantomachia [comp. di *giganto-* e del gr. *máchē* 'battaglia'] s. f. • Nella mitologia greca, battaglia dei giganti contro gli dèi.

gìgaro o **gìcaro**, **gìchero** [lat. tardo *gīgaru(m)*, di origine gallica (?)] s. m. • Pianta erbacea velenosa delle Aracee con foglie saettiformi e infiorescenza a clava violetta avvolta da una spata (*Arum maculatum*). SIN. Aro | *G. italico*, specie più grande dello stesso genere e come questo velenoso con clava giallicccia (*Arum italicum*). SIN. Pan di serpe.

gigia [vc. d'orig. incerta, forse espressiva] agg. f. • (*dial., fam.*) Nella loc. *avere la gamba g.*, zoppicare, essere claudicante.

gigionàta s. f. • Atteggiamento, comportamento, discorso da gigione.

gigióne [dal n. di un personaggio dell'attore E. Ferravilla (1846-1915), accr. di *Gigi* (*Luigi*)] s. m. (f. *-a*) *1* Attore che per smania di primeggiare carica enfaticamente la recitazione. *2* (*est.*) Chi, per soddisfare la propria vanità, è solito porre in grande rilievo ogni sua azione o parola volendo imporsi all'attenzione e destare l'ammirazione degli altri.

gigioneggiàre v. intr. (*io gigionéggio*; aus. *avere*) • Comportarsi da gigione.

gigionésco agg. (pl. m. *-schi*) • Di, da gigione: *recitazione, enfasi gigionesca*.

gigioniṣmo s. m. • Contegno e modi da gigione: *condannare il g. di molti attori*.

gigliàcee s. f. pl. • (*bot.*) Liliacee.

gigliàceo [adatt. del lat. tardo *liliăceu(m)* 'di giglio (*līlium*)'] agg. • Di, relativo a, giglio | Detto di colore, odore e sim., che ricorda quello del giglio: *candore g.*; *aroma g.*

gigliàto [da *giglio*] **A** agg. *1* Ornato di gigli | Che porta l'impronta del giglio: *fiorino g.* *2* (*arald.*) Detto di un campo o di una pezza cosparsi di gigli, come pure di una pezza o di una figura con le estremità a forma di giglio | *Croce gigliata*, con i bracci terminanti a forma di giglio. *3* Detto di giocatore o sostenitore della squadra di calcio della Fiorentina. **B** s. m. *1* Moneta d'argento, coniata a Napoli da Carlo II d'Angiò con il tipo della croce ornata di gigli sul rovescio, imitata da molte zecche del Mediterraneo orientale. *2* Chi gioca nella squadra di calcio della Fiorentina.

giglio [lat. *līliu(m)*, di origine mediterr.] s. m. *1* Pianta erbacea delle Liliacee con bei fiori bianchi odorosi a grappolo e foglie lanceolate (*Lilium candidum*) | *G. gentile*, con fiori rosa punteggiati di porpora, comune nei boschi (*Lilium martagon*). SIN. Martagone | *G. giallo*, acoro | *G. rosso*, con fiori di colore rosso aranciato, cresce nei boschi montani (*Lilium bulbiferum*) | *G. d'acqua*, ninfea bianca | *G. caprino*, pan di cuculo | *G. delle convalli*, mughetto | *G. fiorentino*, pianta erbacea delle Iridacee, simile al giaggiolo ma con fiori bianchi (*Iris florentina*) | *G. persiano*, erba delle Liliacee originaria dell'Asia sud-occidentale e coltivata a scopo ornamentale (*Fritillaria imperialis*) | *G. selvatico*, giglio gentile. *2* (*zool.*) *G. di mare*, garofano di mare. *3* (*fig.*) Chi, ciò che eccelle per purezza e candore. *4* (*arald.*) Fiore frequente nelle figurazioni araldiche | *G. naturale*, riprodotto dal vero | *G. di Francia*, più o meno simile a una punta di alabarda. SIN. Fiordaliso | *G. di Firenze*, appena dischiuso e ornato di bottoni o boccioli | *La città del g.*, (*per anton.*) Firenze. *5* Riproduzione stilizzata del giglio, impressa su monete o altro | (*raro*) *Giocare a gigli e santi*, a testa e croce. || **gigliétto**, dim. | **gigliòzzo**, dim. | **gigliùccio**, dim. (V.).

giglióne [da *girone* (*1*), con raccostamento a *giglio*] s. m. • (*mar.*) Impugnatura del remo.

gigliùccio s. m. *1* Dim. di *giglio*. *2* Lavoro ornamentale ad ago per cui, sfilati alcuni fili paralleli di un tessuto, si uniscono i fili perpendicolari in gruppetti a forma di X.

gigolette /fr. ʒigɔ'lɛt/ [vc. fr., f. di *gigolo*] s. f. inv.

• (*gerg.*) Ragazza della malavita | Ragazza da strada.

gigolo /*fr.* ʒigɔ'lo/ [vc. fr., da *gigue* 'gamba' (il senso primo è quello di 'ballerino'), uso metaforico dell'ant. fr. *gigue* 'giga (1)'] **s. m. inv.** (**pl.** fr. *gigolos*) • Giovane mantenuto da una donna più anziana di lui | Giovane elegante di bell'aspetto, ma di dubbia onestà.

gigòtto [fr. *gigot*: dall'ant. fr. *gigue* 'giga (1)' per la forma (?)] **s. m.** • Cosciotto di agnello o capretto.

gihad /*ar.* dʒi'ha:d/ o **jihad** [vc. ar., propr. 'lotta, combattimento'] **s. m.** o **f. inv.** ***1*** Guerra santa condotta dai seguaci dell'islamismo contro gli infedeli. ***2*** Denominazione di gruppi di integralisti musulmani, che negli anni Ottanta hanno compiuto attentati e azioni terroristiche in Paesi del Medio Oriente.

gilbert /*ingl.* 'gilbət/ [dal n. dello scienziato ingl. W. *Gilbert* (1544-1603), studioso dei fenomeni magnetici] **s. m. inv.** • Unità di misura della forza magnetomotrice nel sistema C.G.S.e.m., pari a (10/4 π) amperspire. SIMB. Gb.

gilda [prov. *gelda*, dal francone **gilda* 'assemblea festosa' con sovrapposizione di *squadra*] **s. f.** • Nell'Europa settentrionale, in epoca medievale, caratteristica associazione di mercanti o artigiani, prima con finalità di mutua difesa, assistenza religiosa e sim., poi con funzioni analoghe a quelle delle corporazioni.

gilè **s. m.** • Adattamento di *gilet* (V.).

gilerìno **s. m.** ***1*** Dim. di *gilè*. ***2*** Piccolo gilè, spec. da donna: *un g. di velluto, di pelle.*

gilet /*fr.* ʒi'lɛ/ [vc. fr., dallo sp. *chaleco*, di origine ar. (*ǧalīka* 'casacca dei galeotti' dal tc. *yelék*)] **s. m. inv.** • Corpetto aderente, senza maniche e abbottonato davanti, da portarsi sotto la giacca, tipico dell'abbigliamento maschile. **SIN.** Panciotto.

gill /*ingl.* dʒil/ [vc. ingl., dall'ant. fr. *gelle* 'vaso per liquidi', dal lat. tardo *gillo*, di etim. incerta] **s. m. inv.** • Misura di capacità inglese e nord-americana, pari a un quarto di pinta.

Gillette® /*ingl.* dʒi'let/ [nome commerciale, dal n. di K. C. *Gillette*, industriale statunitense che ne fu l'inventore] **A** **s. m. inv.** • Rasoio di sicurezza, tale cioè da rendere improbabile il tagliarsi. **B** **s. f. inv.** • Lametta a due tagli per l'omonimo rasoio. **C** anche **agg. inv.**: *lama G.*; *rasoio G.*

gimcàna • V. *gincana.*

gimcanìsta • V. *gincanista.*

gimkàna • V. *gincana.*

gimkanìsta • V. *gincanista.*

†**gimnàstico** e *deriv.* • V. *ginnastico* e *deriv.*

gimno- o **ginno-** [dal gr. *gymnós* 'nudo', di origine indeur.] **primo elemento** • In parole composte dotte e della terminologia scientifica, significa 'nudo': *gimnocarpo.*

gimnocàrpo o **ginnocàrpo** [comp. di *gimno-* e del gr. *karpós* 'frutto'] **agg.** • (*bot.*) Detto del corpo fruttifero di Funghi degli Ascomiceti e dei Basidiomiceti con l'imenio non protetto da ife sterili fin dalla sua formazione.

gimnosofìsta o **ginnosofìsta** [vc. dotta, lat. *gymnosophīsta(s)*, dal gr. *gymnosophistái*, lett. 'filosofi (*sophistái*) nudi (*gymnói*)'] **s. m.** (**pl.** *-i*) • Secondo gli antichi filosofi greci, sapiente indiano che viveva nudo nelle selve praticando l'ascesi | Fachiro.

Gimnospèrme o **Ginnospèrme** [dal gr. *gymnóspermos* 'che ha il seme (*spérma*) nudo (*gymnós*)'] **s. f. pl.** • Nella tassonomia vegetale, divisione di piante fanerogame con semi nudi, cioè non racchiusi nell'ovario (*Gymnospermae*). ➡ **ILL. piante** /1.

gimnòto o **ginnòto** [vc. dotta, lat. sc. *gymnōtu(m)*, forma aplologica di **gymnonōtu(m)*, comp. delle due voci gr. *gymnós* 'nudo' (V. *gimno-*), e *nôtos* 'dorso': questo pesce è infatti privo di pinna dorsale] **s. m.** ***1*** Pesce osseo dei Cipriniformi dal corpo anguilliforme e dalla pelle nuda fornito di un organo capace di lanciare scariche elettriche molto intense (*Electrophorus electricus*). **SIN.** Anguilla elettrica. ***2*** (*mar.*) Mina subacquea usata un tempo, la cui esplosione avveniva elettricamente.

gin [abbr. di *geneva*, dall'ol. *genever*, di origine lat. (da *iunĭperus* 'ginepro')] **s. m.** • Acquavite di grano, avena, orzo, aromatizzata con bacche di ginepro.

ginàndro [gr. *gýnandros*, comp. di *gynḗ* 'donna' e *anḗr*, genit. *andrós* 'uomo', entrambi di origine indeur.] **agg.** • (*biol.*) Che riguarda i caratteri sessuali maschili e femminili insieme.

ginandromorfìṣmo [comp. di *gino-*, *andro-* e *-morfismo*] **s. m.** • (*biol.*) Condizione per cui un organismo presenta un mosaico di caratteri sessuali maschili e femminili.

ginandromòrfo **s. m.**; anche **agg.** • (*biol.*) Chi, che presenta ginandromorfismo.

gincàna o **gimcàna**, **gimkàna**, **gymkhàna** [dall'anglo-indiano *gymkhana*, comp. dell'ingl. gerg. *gym* (abbr. di *gymnastics* 'ginnastica') e dell'indù *khana* 'campo da gioco' (dal persiano *khāneh* 'casa')] **s. f.** • Gara automobilistica o motociclistica che impegna i partecipanti a superare abilmente ostacoli artificiosi o ad affrontare prove inconsuete, bizzarre o grottesche.

gincanìsta o **gimcanìsta**, **gimkanìsta**, **gymkhanìsta**. **s. m. e f.** (**pl. m.** *-i*) • Chi partecipa a gare di gincana.

ginecèo [lat. *gynaecēu(m)*, dal gr. *gynaikêion*, propriamente 'appartenente alla donna (*gynḗ*, genit. *gynaikós*)'] **s. m.** ***1*** Parte interna della casa greca riservata alle donne. ***2*** (*scherz.*) Luogo dove si trovino assieme molte donne: *Il fragore conviviale dell'autorevole g.* (CALVINO). ***3*** (*bot.*) Insieme dei pistilli di un fiore.

gineco- [dal gr. *gynḗ*, genit. *gynaikós* 'donna', di origine indeur.] **primo elemento** • In parole composte della terminologia scientifica, significa 'donna': *ginecofobia*, *ginecologia*.

ginecocrazìa [gr. *gynaikokratía*, composto di *gynḗ*, genit. *gynaikós* 'donna' e *-kratía* '-crazia'] **s. f.** • Presunto stadio della società primitiva caratterizzato dal predominio sociale e politico della donna.

ginecofobìa [comp. di *gineco-* e *-fobia*] **s. f.** • (*psicol.*) Paura ossessiva delle donne.

ginecologìa [comp. di *gineco-* e *-logia*] **s. f.** (**pl.** *-gie*) • Parte della medicina che studia e cura le malattie dell'apparato genitale femminile.

ginecològico **agg.** (**pl. m.** *-ci*) • Della, relativo alla ginecologia. || **ginecologicaménte**, **avv.** Dal punto di vista ginecologico.

ginecòlogo [comp. di *gineco-* e *-logo*] **s. m.** (**f.** *-a*; **pl. m.** *-gi*) • Medico specializzato in ginecologia.

ginecomanìa [gr. *gynaikomanía*, comp. di *gynḗ*, genit. *gynaikós* 'donna' e *manía* 'mania'] **s. f.** • (*psicol.*) Attrazione patologica verso la donna.

ginecomastìa [dal gr. *gynaikómastos* 'che ha il petto (*mastós*), come di donna (*gynḗ*, genit. *gynaikós*)'] **s. f.** • (*med.*) Sviluppo esagerato della mammella nell'uomo.

ginepràio **s. m.** ***1*** Luogo folto di ginepri. ***2*** (*fig.*) Situazione imbrogliata e complicata: *cacciarsi in un g.* **SIN.** Imbroglio, intrico.

gineprèto **s. m.** • (*raro*) Ginepraio.

ginèpro [lat. parl. **ienīperu(m)*, per *iunīperu(m)*, di etim. incerta] **s. m.** • Arbusto delle Conifere con foglie appuntite e frutti simili a bacche nero-blu usati in culinaria, farmacia e liquoreria (*Juniperus communis*) | *G. rosso*, con frutti rossi e due nette strie bianche sotto le foglie, vive nella regione mediterranea e si usa per estrarne un olio usato in farmacia (*Juniperus oxycedrus*) | *G. coccolone*, tipico delle regioni costiere, con frutti grandi come ciliegie, bruno-rossicci (*Juniperus macrocarpa*). ➡ **ILL. spezie.**

ginèstra [lat. tardo *genĕsta(m)*, class. *genĭsta(m)*, di origine sconosciuta, con l'immissione della term. *-stra*] **s. f.** ***1*** Arbusto delle Leguminose con fiori gialli odorosi a grappoli e foglie ridotte (*Spartium junceum*) | *G. dei carbonai, da scope*, arbusto delle Leguminose molto comune nei terreni silicei con fiori giallo-oro isolati o a coppie e dai cui semi si estrae la sparteina (*Cytisus scoparius*) | *G. spinosa*, ginestrone. ***2*** Fibra tessile estratta per macerazione della pianta omonima, usata per cordami, sacchi, tessuti grossolani.

ginestrèlla **s. f.** • Arbusto delle Leguminose di altezza variabile, privo di spine (*Genista tinctoria*).

ginestréto **s. m.** ***1*** Luogo in cui crescono molte ginestre. ***2*** (*fig.*) Intrigo.

ginestrìno **s. m.** ***1*** Leguminosa da prato adatta per terreni collinari e siccitosi (*Lotus corniculatus*). ***2*** Tessuto di fibra di ginestra.

ginestróne **s. m.** • Arbusto delle Leguminose con rami molto spinosi e foglie pungenti. **SIN.** Ginestra spinosa (*Ulex europaeus*).

ginétto • V. *ginnetto.*

ginevrìno **A** **agg.** • Relativo a Ginevra, città della Svizzera. **B** **s. m.** (**f.** *-a*) • Abitante, nativo di Ginevra.

gin-fizz /*ingl.* 'dʒin fiz/ [comp. ingl., formato di *gin* e della base imitativa *fizz*, che vuol notare l'effervescenza (propriamente 'fischiare')] **s. m. inv.** • Bibita composta di gin, succo di limone, bianco d'uovo e sciroppo di zucchero, agitata nello shaker con ghiaccio, servita e completata con seltz.

ginger /'dʒindʒer, *ingl.* 'dʒindʒə*/ [ingl. *ginger* 'zenzero'] **s. m. inv.** • Bibita analcolica preparata con acqua, zucchero, acido citrico, anidride carbonica e aromatizzata con estratti vegetali. || **gingerìno**, **dim.**

†**gìnghia** • V. *cinghia.*

gingillàre [da *gingillo*] **A** **v. tr.** • Prendere in giro, raggirare. **B** **v. intr.** (**aus.** *avere*) • (*raro, tosc.*) Indugiare in occupazioni inutili: *g. tutto il giorno.* **C** **v. intr. pron.** ***1*** Trastullarsi con gingilli, ninnoli di poco conto. ***2*** (*fig.*) Perdere il tempo in cose inutili: *invece di studiare sta sempre a gingillarsi.* **SIN.** Baloccarsi, oziare. ***3*** †Dissimilare.

gingillìno **s. m.** (**f.** *-a*, raro) ***1*** Dim. di *gingillo.* ***2*** (*fig.*) Donna minuta e graziosa. ***3*** (*fig.*) Persona che si gingilla e tralascia il proprio dovere.

gingìllo [di origine imitativa, come altre affini reduplicazioni] **s. m.** ***1*** Qualsiasi oggetto o cosa d'aspetto grazioso ma di valore irrisorio e di scarsa o nulla utilità: *una mensoletta, dove luccicano certi gingilli di porcellana* (PIRANDELLO) | Ninnolo, ciondolo. ***2*** (*fig.*) Occupazione che fa perdere il tempo: *perdersi in gingilli.* ***3*** †Grimaldello per serrature semplici. || **gingillìno**, **dim.** (V.) | **gingillóne**, **accr.** (V.).

gingillóne **s. m.** (**f.** *-a*) ***1*** Accr. di *gingillo.* ***2*** (*fig.*) Chi perde il proprio tempo gingillandosi in sciocchezze. **SIN.** Bighellone.

†**gingìva** • V. *gengiva.*

gìnglimo [gr. *gínglymos* 'cardine, giuntura' (d'origine sconosciuta)] **s. m.** • (*anat.*) Tipo di articolazione mobile avente funzione di cardine fra due ossa.

ginkgo [giapp. *gin-icho*, comp. di *gin* 'argenteo' e *ichṓ* 'albero di ginkgo': quindi, letteralmente 'albero di ginkgo del colore dell'argento'] **s. m.** • Pianta di alto fusto delle Ginkgoacee con foglie a ventaglio e frutto a drupa, coltivata come pianta ornamentale (*Ginkgo biloba*).

Ginkgoàcee /dʒingo'atʃee/ [comp. di *ginkgo* e *-acee*] **s. f. pl.** • Nella tassonomia vegetale, famiglia di piante delle Gimnosperme comprendente molte specie estinte e un'unica specie vivente, il ginkgo (*Ginkgoaceae*) | (al sing. *-a*) Ogni individuo di tale famiglia.

ginnàre [adattamento dell'ingl. *to gin*, da (*cotton-*) *gin* 'macchina (*gin*, per *engin*, dall'ant. fr. *engin*, dal lat. *ingĕnium* 'congegno') per il cotone (*cotton*)'] **v. tr.** (*io gìnno*) • (*tess.*) Sgranare, detto del cotone, separandone i semi dalle fibre.

ginnaṣiàle **A** **agg.** • Del ginnasio: *esame*, *licenza g.* **B** **s. m. e f.** • Allievo di un ginnasio.

ginnaṣiàrca [vc. dotta, lat. tardo *gymnasiărcha(m)*, var. di *gymnasiărchu(m)* 'ginnasiarco'] **s. m.** (**pl.** *-chi*) • Nel mondo greco e romano, chi amministrava un ginnasio.

ginnàṣio [vc. dotta, lat. *gymnăsiu(m)*, dal gr. *gymnásion*, originariamente 'scuola di ginnastica, dove si svolgevano esercizi da nudi (*gymnói*)'] **s. m.** ***1*** Luogo in cui la gioventù greca si esercitava nella ginnastica, ed era istruita nella musica, nella filosofia e nelle lettere. ***2*** Scuola media superiore della durata di due anni che collega la media inferiore col liceo classico. ***3*** Edificio in cui ha sede tale scuola: *Liceo-ginnasio 'Dante Alighieri'*.

ginnàsta [gr. *gymnastḗs*, da *gymnázein* 'far ginnastica da nudo (*gymnós*)'] **s. m. e f.** (**pl. m.** *-i*) ***1*** Atleta che pratica la ginnastica agonistica. ***2*** Nel mondo greco e romano, maestro del ginnasio.

ginnastèrio [gr. *gymnastḗrion*, sin. di *gymnásion* 'ginnasio'] **s. m.** • (*archeol.*) Luogo per le esercitazioni ginniche.

ginnàstica o †**gimnàstica** [da *ginnastico*] **s. f.**

1 Disciplina che si occupa del rinvigorimento del corpo umano mediante la pratica di particolari esercizi | Insieme di esercizi fisici che si compiono per sviluppare in modo armonico il proprio corpo, e la loro esecuzione: *g. agonistica, artistica, collettiva, da camera, respiratoria, ritmica* | *G. correttiva, medica, terapeutica*, che corregge imperfezioni fisiche o serve a far riprendere a un arto o a un organo la sua normale funzione | *G. dolce*, antiginnastica. *2* (*fig.*) Esercitazione di tipo intellettuale: *g. della mente, mentale*.

ginnàstico o †**gimnàstico** [vc. dotta, lat. *gymnăsticu(m)*, dal gr. *gymnastikós* 'pertinente agli esercizi ginnici', dal v. *gymnazein* 'esercitarsi nudi (*gymnói*)'] agg. (pl. m. *-ci*) ● Ginnico.

ginnatrice s. f. ● Macchina tessile per la ginnatura del cotone.

ginnatùra [da *ginnare*] s. f. ● Operazione tessile consistente nella sgranatura o sgranellatura del cotone.

ginnétto o †**giannétto**, **ginétto** [sp. (*caballo*) *jinete*, originario della tribù dei berberi *Zeneti*] s. m. ● Cavallo di razza spagnola, agile e snello | (*est.*, *lett.*) Cavallo da corsa.

ginnico [vc. dotta, lat. *gy̆mnicu(m)*, dal gr. *gymnikós*, da *gymnázein* 'esercitarsi a corpo nudo (*gymnós*)'] agg. (pl. m. *-ci*) ● Che riguarda la ginnastica: *attrezzo, saggio g.; gara ginnica*.

ginno- ● V. *gimno-*.

ginnocàrpo ● V. *gimnocarpo*.

ginnosofista ● V. *gimnosofista*.

Ginnospèrme ● V. *Gimnosperme*.

ginnòto ● V. *gimnoto*.

gino-, -gino [dal gr. *gynḗ* 'donna'] primo e secondo elemento ● In parole composte dotte o della terminologia scientifica, significa 'donna', 'femminile': *ginoide, androgino, misogino* | In parole composte della terminologia botanica, fa riferimento all'ovario delle piante: *epigino, ipogino*.

ginocchiàta s. f. ● Colpo dato con un ginocchio | Contusione per colpo preso battendo il ginocchio.

ginocchiàto [lat. *geniculātu(m)*, da *genĭculum*, dim. di *gĕnu* 'ginocchio'] agg. *1* †Inginocchiato. *2* (*bot.*) Detto di fusto che di tratto in tratto si piega ad angolo.

ginocchièllo s. m. *1* Fascia di cuoio o di altro materiale atta a proteggere il ginocchio del cavallo nelle cadute. ➡ ILL. p. 1289 SPORT. *2* (*mil.*) Altezza dell'asse di una bocca da fuoco, o di un'arma incavalcata su treppiede, rispetto al suolo. *3* Nelle armature antiche, ginocchietto. *4* Parte della gamba del maiale macellato che va dal ginocchio allo stinco. *5* Impronta del ginocchio sui pantaloni nella parte corrispondente | (*raro*) Ferita, cicatrice al ginocchio. *6* †Ginocchio | †Ornamento di velluto e sim. al ginocchio. *7* Pezzo di legno o metallo con snodatura ad angolo.

ginocchièra s. f. *1* Fascia elastica o altro manufatto che si applica al ginocchio di uomini o animali per protezione, cura, difesa e sim. *2* Rinforzo interno al ginocchio dei calzoni. *3* Nelle armature antiche, ginocchietto.

ginocchiétto s. m. *1* Dim. di *ginocchio*. *2* Armatura difensiva del ginocchio di piastra di ferro convessa, unita a snodo con le altre parti del gambale. *3* (*bot.*) Dittamo.

ginòcchio [lat. *genŭculu(m)*, per *genĭculu(m)*, per sovrapposizione di *genū* 'ginocchio', di cui è dim.] s. m. (pl. *ginòcchi*, m., *ginòcchia* o lett. *ginòcchie*, f., spec. con valore collettivo) *1* (*anat.*) Regione dell'arto inferiore in cui la gamba si articola con la coscia | *G. varo*, affetto da varismo | *G. valgo*, affetto da valgismo | *Piegare il g.*, accennare a inginocchiarsi; (*fig.*) umiliarsi davanti a q.c. | *Sentirsi piegare le ginocchia*, sentirsi mancare per debolezza, paura e sim. | *Mettersi in g.*, (*fig.*) prostrarsi davanti a qc. per ottenere q.c. | *Insudiciarsi le ginocchia*, (*fig.*) fare atto di servilità | *Mettere in g. qc.*, vincerlo | *Far venire il latte alle ginocchia*, (*fig.*) annoiare, infastidire. *2* Parte dei pantaloni che copre il ginocchio. *3* Parte centrale del remo. *4* Pezzo di legno o metallo snodato, pieghevole come un ginocchio | *A g.*, snodato. ‖ **ginocchiétto**, dim. (V.) | **ginocchino**, dim.

ginocchióni o (*raro*) **ginocchióne** avv. ● In ginocchio, con le ginocchia a terra: *pregare, stare, mettersi, cadere g.; levarsi di g.* | Anche nella loc. avv. *in g.*

ginogèneṣi [comp. di un primo elemento *gino-*, tratto dal gr. *gynḗ* 'donna', e di *genesi*] s. f. ● (*biol.*) Particolare partenogenesi in cui la cellula uovo si segmenta in seguito alla penetrazione di uno spermatozoo della stessa specie o di specie diversa, senza che si verifichi la fusione tra i nuclei.

ginòide [comp. di *gino-* e *-oide*] agg. ● (*med.*) Che presenta caratteri di tipo femminile | *Obesità g.*, quella nella quale l'accumulo di tessuto adiposo prevale nella parte inferiore del corpo.

ginolatrìa [comp. del gr. *gynḗ*, genit. *gynaikós* 'donna' (di origine indeur.), e *-latria*] s. f. ● (*raro*) Culto della donna e (*est.*) di tutto ciò che è femminile.

ginseng [cin. *gên-scên* '(pianta) con la radice (*scên*) a forma d'uomo (*gên*)'] s. m. ● Pianta delle Araliacee con fiori gialli e radice tuberosa alla quale si attribuiscono molte virtù terapeutiche (*Panax ginseng*).

ginserìa s. f. ● Adattamento di *jeanseria* (V.).

gin tonic /*ingl.* 'dʒin 'tɔnik/ [loc. ingl., comp. di *gin* e *tonic* 'tonico'] loc. sost. m. inv. ● Bibita a base di gin e acqua tonica.

†**gio'** /dʒɔ/ s. f. ● (*raro, poet.*) Troncamento di 'gioia'.

gioacchiniṣmo s. m. ● Gioachimismo.

gioachimiṣmo s. m. ● Movimento cristiano spiritualista e profetico del sec. XII che derivò dalla predicazione e dalle opere di Gioacchino da Fiore.

gioachimita [dal n. dell'abate Gioacchino (in lat. *Ioachīm*, gr. *Iōakím*, dall'ebr. *Yôhâqîm*, n. teoforico da *Yahveh* 'Dio (d'Israele)') da Fiore (1145-1202)] **A** agg. (pl. m. *-i*) ● Di Gioacchino da Fiore. **B** s. m. ● Religioso del convento fondato da Gioacchino da Fiore | Seguace del movimento millenarista e profetico del gioachimismo.

giòbbe [dal n. di *Giobbe*, patriarca biblico, dal lat. *Iōb*, in gr. *Iṓb*, dall'ebr. *Iyyôbh*, di etim. discussa: dalla radice *'ayab* 'osteggiare' (?)] s. m. ● (*raro*) Uomo paziente nelle sofferenze, provato da improvvise sventure e disposto ad accettare ogni male come segno della divina volontà.

giobertiàno **A** agg. ● Proprio del filosofo V. Gioberti (1801-1852). **B** s. m. ● Seguace del Gioberti.

giocàbile agg. ● Nel calcio, detto del pallone che può essere proficuamente manovrato e rilanciato: *palla g.; pallone g.*

giocacchiàre o (*lett.*) **giuocacchiàre** [da *gioco* con suff. iter.] **A** v. intr. (*io giocàcchio*; aus. *avere*) ● Giocare poco e saltuariamente. **B** v. tr. ● Scommettere, darsi al gioco con moderazione.

giocàre o **giuocàre**, (*raro*) †**giucàre** [lat. parl. **iocāre*, per *iocāri*, da *iŏcus* 'gioco'] **A** v. intr. (*io giuòco* o *giòco*, *tu giuòchi* o *giòchi*; in tutta la coniug. la *o* può dittongare in *uo* se tonica; aus. *avere*) *1* Applicarsi ad attività piacevoli per divertimento, per trarne guadagni, per sviluppare determinate qualità fisiche e intellettuali: *g. a palla, a bocce, a rimpiattino, a mosca cieca, ai ladri, alle carte*; *il nuovo sole ci trova al tavolino giocando* (GOLDONI); *g. con il pongo, con la creta, alle braccia, ai pugni* | *G. alla neve*, a tirarsi le palle di neve | *G. con le parole*, fare allusioni | *A che gioco giochiamo?*, escl. di risentimento, impazienza e sim. | *G. a carte scoperte*, (*fig.*) procedere senza misteri | *G. al sicuro, sul sicuro, sul velluto*, mettersi a fare q.c. con la certezza di ben riuscire | (*est.*) Spassarsi, divertirsi: *gioca con quel poveraccio come il gatto con il topo* | †Parlare per scherzo. *2* Scommettere, puntare denaro su eventi indipendenti dalla propria volontà: *g. ai cavalli, al lotto, al totocalcio*; *smetti di g. o ti rovinerai* | *G. forte*, con forti somme | *G. stretto*, con avarizia. *3* (*fig.*) Esercitare le proprie qualità fisiche e intellettuali: *g. di scherma, di sciabola* | *G. di mano*, rubare | *G. di gambe*, fuggire | *G. d'astuzia*, mettere in opera la furberia per affrontare e risolvere le difficoltà | †*G. di schiena*, strisciare | *G. di gomito*, farsi largo tra la folla. *4* Praticare un gioco sportivo, spec. come professionista: *g. al pallone, a tennis*; *ha giocato otto anni nel Bologna*; *il terzino oggi gioca male*; *g. ala sinistra, da ala sinistra, come ala sinistra* | Disputare un incontro sportivo: *g. in Nazionale*; *domenica il Milan giocherà a Torino* | *G. in casa*, sul proprio campo; (*fig.*) fare q.c. con la sicurezza che avrà buon esito, a causa della particolare benevolenza dell'ambiente circostante | *G. fuori casa*, su un campo diverso dal proprio; (*fig.*) essere costretto a usare particolare prudenza nell'agire, a causa dell'ostilità più o meno manifesta dell'ambiente circostante. *5* (*fig.*) Muoversi liberamente, detto di parte o elemento meccanico inserito in un altro, di snodo, articolazione e sim. | *Far g. q.c.*, (*fig.*) mettere q.c. in opera, in atto | (*fig.*) *Far g. qc.*, manovrarlo secondo la propria volontà o convenienza. *6* (*fig.*) Aver gioco, agire: *in situazioni del genere gioca la fortuna*. *7* (*fig.*) Riflettersi, scorrere, risaltare in modo particolare: *il sole gioca sull'acqua*; *la luce gioca coi colori*. **B** v. tr. *1* Immettere o impegnare in un gioco: *g. l'asso di briscola, una buona carta*; *g. il 15 sulla ruota di Napoli* | *G. una carta*, (*fig.*) usare un espediente tenuto in serbo | *G. tutte le carte*, (*fig.*) mettere in opera tutti i mezzi di cui si dispone | (*fig.*) *G. un brutto tiro a qc.*, fare un brutto scherzo. *2* Sostenere, affrontare una competizione di gioco o sport contendendone ad altri la vittoria: *g. una partita a carte*; *il Catanzaro ha giocato un buon incontro*. SIN. Disputare nel sign. B3. *3* Scommettere al gioco: *g.*, *giocarsi una bottiglia, la colazione, 100 000 lire* | (*fig.*) *Giocarsi l'osso del collo, l'anima*, rischiare tutto, di chi gioca con accanimento | (*fig.*) *Ci giocherei la camicia*, sono pronto a scommettere qualunque cosa | (*est.*) Perdere al gioco: *giocarsi una proprietà, tutte le proprie sostanze*. *4* (*fig.*) Mettere a repentaglio: *si sta giocando il posto con le sue pazzie* | Perdere per colpa propria, per errore: *e così, si è giocato una fortuna*. SIN. Rischiare. *5* Muovere: *g. il braccio, il ginocchio*. *6* (*fig.*) Burlare, ingannare, truffare: *ci ha giocato come ha voluto*. *7* †Suonare, recitare, declamare.

giocàta o **giuocàta**. s. f. *1* Durata e modo del giocare | Partita di gioco: *fare una lunga g. a carte*. *2* Posta o scommessa del gioco: *una bella g.*; *una g. forte*. *3* Combinazione di numeri o di risultati su cui si punta una determinata somma spec. al lotto, al totocalcio e sim. | Polizza del gioco del lotto. ‖ **giocatàccia**, pegg. | **giocatina**, dim. | **giocatóna**, accr.

giocatóre o **giuocatóre** s. m. (f. *-trice*, pop. *-tora*) *1* Chi pratica un gioco per divertimento: *è un abile g. ma troppo accanito*; *sono buoni giocatori di scacchi, di briscola* | *G. di bussolotti*, illusionista, (*fig.*, *spreg.*) buono a nulla | (*est.*) Chi ha il vizio del gioco: *attento a non diventare un g.* | Chi è molto abile nel gioco delle carte: *non posso vincere con te, perché sei un g.* *2* Chi, agendo con astuzia e abilità, illude e raggira gli altri. *3* Chi pratica giochi atletici e sportivi, per diletto o come professione: *g. di basket, di calcio, di pallavolo*. ‖ **giocatoróne**, accr. | **giocatorùccio**, dim.

giocattolàio s. m. (f. *-a*) ● Chi fa o vende giocattoli.

giocàttolo [da *gioco* con suffissazione prob. dial.] s. m. *1* Oggetto idoneo a divertire i fanciulli: *avere molti giocattoli*. SIN. Balocco. *2* (*fig.*) Chi si lascia ingenuamente dirigere e manovrare da altri: *non è altro che un g. nelle loro mani*. ‖ **giocattolino**, dim.

giocherellàre [iter. di *giocare*] v. intr. (*io giocherèllo*; aus. *avere*) *1* Trastullarsi, anche distrattamente: *studiava giocherellando con la matita* | Distrarsi con cose di poco conto. *2* Nel calcio, indugiare nell'azione con la palla al piede, o trattenere troppo il pallone. *3* Divertirsi di tanto in tanto a giocare: *g. a carte, a pallone*.

giocherellóne s. m. (f. *-a*) ● Chi ama giocherellare: *quel gatto è proprio un g.* | (*est.*) Persona di carattere allegro che ama il divertimento.

giochétto o **giuochétto**. s. m. *1* Dim. di *gioco*. *2* Gioco di poco impegno e di breve durata | (*est.*) Cosa fatta per gioco | Lavoro semplice e facile: *per noi questo è un g.* *3* Scherzo | *G. di parole*, doppio senso | Inganno, tiro: *è un g. che non ci aspettavamo*. ‖ **giochettino**, dim.

†**giochévole** o †**giuochévole**, (*raro*) †**giuchévole**. agg. ● Faceto | *Poesia g.*, giocosa. ‖ †**giochevolménte**, avv. Per gioco; in modo giochevole.

giochicchiàre v. intr. e tr. (*io giochìcchio*; aus. *avere*) ● Giocacchiare.

giòco o **giuòco**, (*raro*) †**ioco** [lat. *iŏcu(m)*, di etim. incerta] s. m. (pl. *-chi*) **1** Ogni esercizio compiuto da fanciulli o adulti per ricreazione, divertimento o sviluppo di qualità fisiche e intellettuali: *giochi al chiuso, all'aperto, di società, da adulti, da bambini*; *g. educativo, dannoso, pericoloso*; *giochi di destrezza, di abilità*; *pensa più al g. che allo studio*; *deh non ti tornano in mente i dolci giochi de la nostra puerizia?* (SANNAZARO) | *Giochi d'equilibrio*, di funambolo o di altro giocoliere, che tiene sé o altri oggetti in difficile equilibrio; (*fig.*) acrobazia compiuta nel tentativo di ottenere ciò che si desidera, accontentando amici e avversari, evitando di compromettersi, spec. con correnti o partiti politici | *G. da ragazzi*, (*fig.*) cosa molto facile | *G. marziale, di Marte, delle armi*, (*fig.*) combattimento | (*est.*) Oggetto idoneo a divertire, giocattolo: *un bellissimo g.*; *stanza piena di giochi* | *G. al massacro*, spec. in politica, atteggiamento puramente negativo rivolto a screditare e demolire gli avversari (sul modello del fr. *jen de massacre*, nei luna park, gioco consistente nell'abbattere dei pupazzi con delle palle). **2** Attività agonistica, competizione sportiva: *g. del calcio, della pallacanestro, del tennis*; *campo da g.* | Modo, tecnica particolare impiegata nello svolgimento di una competizione: *g. individuale, di squadra*; *g. di testa* | *G. di copertura*, difensivo | *G. ficcante*, penetrante, incisivo | *G. chiuso*, impostato sulla difesa | Giro, partita e gener. fase temporale in una competizione: *a metà g.* | Unità di misura del punteggio, in alcuni sport. **3** (*al pl.*) Manifestazione sportiva comprendente una serie di gare: *giochi olimpici*; *giochi del Mediterraneo*. **4** Gara tra più persone o gruppi di persone, che si svolge secondo regole prestabilite, e il cui esito è connesso con l'abilità dei partecipanti o con la loro fortuna o con entrambe: *il g. del poker, della briscola*; *giochi di carte*; *g. del lotto*; *casa da g.*; *perdere, vincere al g.*; *essere fortunato, sfortunato al g.*; *essere divorato dalla passione del g.* | *G. d'azzardo*, quello posto in essere a fine di lucro e in cui la vincita o la perdita è interamente aleatoria | *G. delle tre carte*, gioco d'azzardo che si fa con tre carte; (*fig.*) imbroglio, raggiro | (*mat.*) *Teoria dei giochi*, teoria e metodo matematici che, partendo dall'analisi del comportamento seguito in certi giochi, detti di strategia, come il bridge e gli scacchi, si applicano nella soluzione di problemi economici di scelte aziendali e di mercato | *G. di borsa*, insieme delle operazioni relative all'acquisto e alla vendita dei titoli quotati in borsa, in quanto caratterizzato dall'incertezza e dal rischio | *Mettere in g.*, rischiare | *Levarsi dal, abbandonare il g.*, (*fig.*) abbandonare l'impresa | *Fare il g. di qc.*, (*fig.*) servire le sue finalità | *Fare il doppio g.*, (*fig.*) servire ipocritamente due parti contendenti | (*est.*) Il complesso delle regole di un gioco: *il g. lo conosco bene* | *Conoscere il g.*, (*fig.*) essere esperto, sapere come vanno le cose in un determinato ambiente. **5** Giocata, puntata, posta: *raddoppiare il g.* **6** Passione smodata per il gioco spec. d'azzardo, vizio di giocare: *perdere tutto col g.*; *è il g. che lo ha rovinato*. **7** Serie di carte di cui dispone un giocatore impegnato in una partita: *avere in mano un ottimo g.* | *Non avere g.*, avere carte pessime | *Avere buon g.*, (*fig.*) buona possibilità di riuscire in q.c. | *Fare buon viso a cattivo g.*, (*fig.*) accettare con rassegnazione la mala sorte | *Scoprire il proprio g.*, (*fig.*) rivelare le proprie intenzioni | *Capire, scoprire il g. di qc.*, rendersi conto delle, o mostrare le, sue intenzioni recondite. **8** (*est.*) Insieme di carte, pezzi o altro necessari per un gioco: *giochi da tavolo*; *il mio g. degli scacchi è in avorio* | (*est.*) Corredo completo di oggetti della stessa specie: *g. di vele, di tende, di bandiere per segnali*; *un g. di matite per disegno*; *un g. di bicchieri*. **9** (*fig.*) Finzione: *g. scenico* | Operazione, attività simulata | *G. aziendale*, addestramento personale consistente nel simulare la gestione di un'azienda. **10** Attività o faccenda intricata e rischiosa: *il vostro è un g. pericoloso* | *A chi riesce il g.?*, a quali risultati tende? | *Un brutto g.*, un grave rischio o danno | *Alla fine del g.*, da ultimo, in ultimo | *Entrare nel g., in g.*, intervenire in q.c. | (*est.*) Inganno, insidia. **11** (*fig.*) Scherzo, beffa | *Per g.*, scherzosamente | *Farsi, prendersi g. di qc.*, burlarsene | *Mettere qc. in g.*, schernirlo | *Dar g. di sé*, provocare il riso | *A g.*, a piacere, per scherzo | Zimbello: *essere il g. di qc.* **12** (*mecc.*) In un accoppiamento meccanico mobile, spazio residuo tra le due superfici di accoppiamento | (*est.*) Anormale allargamento della sede di un organo fisso | (*est.*) Movimento consentito da tale spazio o allargamento: *il g. di un ingranaggio, di una vite*. **13** (*fig.*) Azione: *il g. delle forze della natura* | *Il g. della fortuna*, vicende, mutamenti che paiono derivare da capricci della sorte | *Il g. delle parti*, il ruolo che ognuno sostiene in una situazione | Combinazione di effetti, in fenomeni fisici: *giochi di luce, d'acqua* | *G. di parole*, bisticcio, freddura, doppio senso | *Il g. di una commedia*, l'intreccio || PROV. Chi sa il gioco non l'insegni; ogni bel gioco dura poco. || **giocàccio**, pegg. | **giocherèllo**, dim. | **giochétto**, dim. (V.) | **giochino**, dim. | **giocolino**, dim. | **giocùccio**, dim.

giocofòrza o (*lett.*) **giuocofòrza** [comp. di *gioco* e *forza*, nel senso che il gioco ha forzato, costretto a fare in un determinato modo] s. m. ● Solo nella loc. *essere g.*, essere necessario, inevitabile: *fu g. rassegnarsi*.

giocolàre (1) o **giuocolàre** [lat. parl. **ioculāre*, da *iŏculus*, dim. di *iŏcus* 'gioco'] v. intr. (*io giòcolo*; aus. *avere*) **1** Fare giochi di prestigio o di equilibrio. **2** Giocherellare, trastullarsi: *g. come il gatto con il topo* | Fare giochetti. **3** Darsi alle leziosaggini.

†**giocolàre (2)** o †**giocolàro**, †**giocolàro** [lat. *ioculāre(m)* 'che fa volentieri degli scherzi (*iŏcula*, dim. pl. di *iŏcus* 'gioco')'] s. m. ● Giullare, buffone: *egli era buffone e giocularo* (BOIARDO).

giocolatóre o †**giuocolatóre** [lat. *ioculatōre(m)* 'buffone', da *ioculāri* 'far scherzi (*iŏcula*, dim. pl. di *iŏcus* 'gioco')'] s. m. (f. *-trice*) ● (*raro*) Chi fa giochi di equilibrio o di abilità. SIN. Giocoliere.

†**giocoleria** [da *giocoliere*] s. f. ● Arte del giullare, del giocoliere | Buffoneria.

giocolière [ant. fr. *joculer*, dal lat. *ioculāris* 'giocolare (2)'] s. m. (f. *-a*) **1** Chi esegue giochi di destrezza e di abilità nei pubblici spettacoli. **2** Chi esplica la propria attività facendo mostra di virtuosismo | Giocatore di calcio che mostra particolare destrezza nel controllare il pallone.

†**giòcolo** o †**giuòcolo** [adatt. del lat. *iŏculu(m)* 'piccolo scherzo (*iŏcus*)'] s. m. **1** Congegno di molle che produce effetti scherzosi. **2** (*fig.*) Scherzo, giochetto. || **giocolino**, dim.

giocondàre [lat. tardo *iucundāre*, da *iucŭndus* 'giocondo'] **A** v. tr. (*io giocóndo*) ● (*raro*) Rallegrare, dilettare. **B** v. intr. ● †Stare in giocondità. **C** v. intr. pron. ● (*lett.*) Allietarsi, rallegrarsi.

giocondità o †**giocondiàde**, †**giocondiàte** [lat. *iucunditāte(m)*, da *iucŭndus* 'giocondo'] s. f. **1** Gioia serena e spensierata: *conserva ancora intatta la sua g.* SIN. Allegria, gioiosità. **2** Diletto, piacevolezza: *la g. della vita campestre, del canto, della musica*.

giocóndo [lat. *iocŭndu(m)* per *iucŭndu(m)*, che è der. del v. *iuvāre*, attratto poi nella fam. di *iŏcu(m)* 'gioco'] agg. **1** Lieto, gioioso: *una gioconda compagnia*; *g. tumulto il cor m'assale* (PARINI) | Che mostra gioia, allegrezza: *animo, aspetto g.* **2** (*lett.*) Che rallegra o rende felici: *Angelica in quel mezzo ad una fonte / giunta era, ombrosa e di g. sito* (ARIOSTO). **3** (*pop., tosc.*) Balordo, sciocco. || **giocondaménte**, avv. Con giocondità; scherzosamente.

giocosità [da *giocoso*] s. f. ● (*lett.*) Qualità di giocoso.

giocóso [lat. *iocōsu(m)*, da *iŏcus* 'gioco'] agg. **1** Che è o si mostra faceto, scherzoso: *carattere, temperamento g.* **2** Che diverte o vuole divertire: *versi giocosi* | *Poesia giocosa*, burlesca, scherzosa | *Bugia giocosa*, detta solo per gioco, senza cattive intenzioni. || **giocosaménte**, avv.

giocotèca [comp. di *gioco* e *-teca*] s. f. ● In un complesso scolastico o di abitazione, area riservata ai giochi dei bambini e a questo scopo adeguatamente attrezzata.

giocucchiàre v. intr. e tr. (*io giocùcchio*; aus. *avere*) ● Giocacchiare, giochicchiare.

†**gioculàro** ● V. †*giocolare (2)*.

giogàia (1) [lat. *iugāria(m)*, f. di *iugāriu(m)* 'che attiene al giogo (*iŭgum*)'] s. f. ● (*geogr.*) Serie di gioghi montuosi | Passo o sella poco depressa.

giogàia (2) [lat. parl. **iug(ul)āria(m)* 'relativa alla gola (*iŭgulum*)' (?)] s. f. **1** (*zool.*) Piega della pelle che, nei ruminanti, si estende dalla gola fino al petto. SIN. Bargia, pagliolaia, soggiogo. **2** (*zool., est.*) Piega della pelle, nel collo di vari altri animali. **3** (*est., scherz.*) †Pappagorgia.

giogàtico [da (*bestie al*) *giogo*] s. m. (pl. *-ci*) ● Locazione di bovini | Corrispettivo dovuto per la stessa.

giogatùra s. f. ● Giogatico.

giógo o †**iùgo** [lat. *iŭgu(m)*, di origine indeur.] s. m. (pl. *-ghi*) **1** Attrezzo di legno sagomato, costituito da uno o più pezzi, applicato al collo dei bovini per sottoporli in coppia al lavoro: *avvezzare al g.* | (*lett.*) Coppia di buoi aggiogati. **2** (*fig.*) Rapporto o condizione di dipendenza, soggezione, servitù: *imporre, scuotere il g.*; *gemere sotto il g.*; *negli anni teneri il g. dell'autorità è salutevole* (MURATORI) | *G. maritale*, matrimonio, vincolo coniugale. **3** Anticamente, specie di forca costituita da due pietre poste verticalmente e una terza collocata trasversalmente alla sommità, sotto la quale venivano fatti passare i nemici vinti, per umiliazione | *Passare sotto il g.*, (*fig.*) subire una grave umiliazione. **4** (*mar.*) Ciascuno dei due travi maestri posti l'uno a prua, l'altro a poppa di una galea, che formavano i due lati minori del telaio rettangolare per sostegno di tutto il posticcio | †Secondo ordine di remaggio nelle poliremi. **5** Asta da cui pendono i piatti della bilancia. **6** (*mus.*) *G. della lira*, pezzo di legno che congiunge i due bracci e in cui sono confitti i bischeri per le corde. **7** (*geogr.*) Sommità lunga e tondeggiante di un monte | Valico.

giòia (1) [fr. *joie*, da *gaudia*, nt. pl. di *gaudium* 'gaudio', considerato f.] s. f. (raro troncato in †*gio'*) **1** Stato d'animo di intensa allegria e contentezza: *esultare per la g.*; *non stare in sé dalla g.*; *piangere lacrime di g.*; *g. di vivere* | *Essere pazzo di g.*, essere oltremodo felice | *Darsi alla pazza g.*, a grandi divertimenti | *Fuochi di g.*, fuochi artificiali | †*Menare g.*, mostrarsi lieto | (*est.*) Soddisfazione: *questa è l'unica g. che ho avuto nella vita* | (*antifr.*) Amarezza, dolore: *bella g. mi dai!*; *che g.!* SIN. Felicità, letizia. CONTR. Dolore. **2** Persona o cosa che procura piacere e felicità: *tu sei la nostra unica g.*

giòia (2) [fr. *joie*, estratto da *joel* 'gioiello'] s. f. **1** Pietra preziosa, gioiello: *astuccio, scrigno delle gioie*; *né ad altra g. che al diamante si permetta ciò fare* (CELLINI) | *G. artificiale*, che imita quelle vere. **2** (*raro, iron., fig.*) Cosa o persona molesta. **3** Rinforzo anulare della canna delle antiche bocche da fuoco a foggia di cornice o capitello. || **gioiétta**, dim. | **gioiùccia**, **gioiùzza**, dim.

†**giòia (3)** [dal n. del presunto inventore, Flavio *Gioia*] s. f. ● (*raro*) Bussola ordinaria.

†**gioiàre** [da *gioia (1)*] **A** v. intr. ● (*lett.*) Gioire. **B** v. intr. pron. ● Prendere diletto di qc. o q.c.

gioiellàre [da *gioiello*] v. tr. (*io gioièllo*) ● Ornare di gioielli | (*fig.*) *G. il discorso*, abbellirlo, ornarlo.

gioielleria s. f. **1** Arte del lavorare pietre e metalli preziosi per farne oggetti d'ornamento. **2** Negozio di gioielli | Laboratorio del gioielliere. **3** Insieme di oggetti preziosi.

gioiellière s. m. (f. *-a*) ● Artigiano o artista che confeziona gioielli | Chi commercia in gioielli.

gioièllo [fr. ant. *jo(i)el*, poi *joyau*, dal lat. parl. **iocāle* 'proprio del gioco (*iŏcum*)', accostato a *joie* 'gioia (1)'] s. m. **1** Ornamento di metallo lavorato e ornato di pietre dure o preziose | Oggetto di valore, anche senza pietre preziose. **2** (*fig.*) Persona cara, di grandi doti, da tenere in gran pregio: *hai un figlio che è un g.* | Oggetto di lavorazione perfetta, opere d'arte di particolare finezza e bellezza: *un g. di poesia*; *il suo televisore è un vero g.* | (*fig.*) *G. di famiglia*, bene, proprietà o sim. di particolare pregio. || **gioiellétto**, dim. | **gioiellino**, dim.

gioiosità s. f. ● Qualità di chi, di ciò che è gioioso | (*est.*) Allegria, giocondità.

gioióso [ant. fr. *joieus*, dal lat. *gaudiōsus*, da *gaudium* 'gaudio'] agg. ● Pieno di gioia: *animo, accoglienza, parole gioiose*; *quando già nel ciel parean le stelle, / tutto g. a sua magion tornava* (POLIZIANO) | Che procura gaudio, felicità: *evento, notizia gioiosa*. SIN. Lieto, festoso. || **gioiosétto**, dim. || **gioiosaménte**, avv. Con gioia.

gioìre [ant. fr. *joïr*, dal lat. parl. **gaudīre*, forma parallela di *gaudēre* 'godere'] **A** v. intr. (*io gioìsco, tu gioìsci*; dif. del part. pres.; aus. *avere*) ● Essere pieno di gioia per q.c.: *g. della vittoria, per la riconquistata libertà* | Esultare: *g. per la sconfitta dell'avversario*. **B** v. tr. ● †Godere, possedere q.c.

†**giòlito** [dall'espressione mar. catalana *en jòlit*: dal fr. *joli* 'allegro, contento', attrav. il provz. *jòli* (?)] s. m. ● Riposo gradevole dopo la fatica | *Stare in g.*, ondeggiare dolcemente con mare calmo e poco vento, detto di veliero; (*est.*) starsene in pace, in riposo | *Andare in g.*, (*fig.*) in brodo di giuggiole.

giolittiàno **A** agg. ● Dello statista G. Giolitti (1842-1928), relativo alla sua politica e ai suoi metodi di governo. **B** s. m. (f. *-a*) ● Fautore, sostenitore della politica di Giolitti.

giolittìşmo s. m. ● Metodo politico dello statista G. Giolitti (1842-1928) | (*spreg.*) Politica fondata sul trasformismo e sul clientelismo.

giordàno **A** agg. ● Della Giordania. **B** s. m. (f. *-a*) ● Abitante, nativo della Giordania.

giordanóne o **jordanóne** [dal n. del botanico fr. A. *Jordan* (1814-1897)] s. m. ● (*biol.*) Unità secondaria di suddivisione delle specie zoologiche o botaniche secondo il criterio del zoologo Jordan. SIN. Specie elementare.

giorgìna [dal n. del botanico russo I. I. *Georgi* (1729-1802)] s. f. ● (*bot.*) Varietà coltivata di dalia.

giorgionésco agg. (pl. m. *-schi*) ● Proprio del pittore Giorgione (1477 ca.-1510) | Della scuola del Giorgione.

giornalàio s. m. (f. *-a*) ● Chi vende giornali in edicola o per la strada.

giornàle [da *giorno*, come il corrispondente agg. lat. *diŭrnus* da *dīes*] **A** agg. ● (*raro, lett.*) Giornaliero, diurno, quotidiano | *Libro g.*, registro o serie di schede su cui sono indicate giorno per giorno le operazioni relative all'esercizio di una impresa. || **giornalménte**, avv. Quotidianamente. **B** s. m. **1** Foglio stampato che si pubblica quotidianamente per la diffusione di notizie varie, politiche, economiche, di attualità e sim.: *g. della sera, del mattino, del pomeriggio*; *g. indipendente, della maggioranza, dell'opposizione*; *direzione, redazione, amministrazione del g.* | *Scrivere nel g.*, dare i propri scritti a un giornale | *Fare un g.*, fondarlo, dirigerlo | *Fare il g.*, redigere l'edizione della giornata | *Stile, lingua da g.*, privi di eccessive preoccupazioni stilistiche o letterarie. **2** (*est.*) Pubblicazione periodica, settimanale, quindicinale e sim.: *g. illustrato, di moda, umoristico* | Rassegna, rivista: *g. storico, letterario, di filosofia, di diritto* | Titolo di pubblicazioni specifiche: *il g. degli economisti*. **3** Luogo in cui ha sede la redazione e l'amministrazione di un quotidiano: *se hai bisogno di me cercami al g.* **4** Diario o registro in cui si annotano in ordine cronologico i fatti salienti di un viaggio, una spedizione e sim., o una serie di operazioni e avvenimenti di interesse pubblico o privato: *scrivere le memorie sul proprio g.*; *tenere il g. di viaggio* | *G. nautico, di navigazione, di bordo*, nel quale si annota l'andamento della navigazione | *G. di chiesuola*, nella marina militare, quello regolamentare su cui l'ufficiale in comando di guardia annota quanto è avvenuto durante il suo turno | *G. mastro*, V. anche *giornalmastro*. **5** *G. radio*, notiziario trasmesso nel corso della giornata, da stazioni radio, a ore fisse: *le ultime notizie del g. radio*. || **giornalàccio**, pegg. | **giornalétto**, dim. (V.) | **giornalìno**, dim. (V.) | **giornalóne**, accr. | **giornalùccio**, dim. | **giornalùcolo**, dim.

giornalése [da *giornale*, col suff. *-ese* (*2*), sul modello dell'angloamer. *journalese*] s. m. ● (*iron. o spreg.*) Stile e linguaggio tipici della comunicazione giornalistica che, per esigenze di presa sui destinatari e di rapidità dell'informazione, ricorre a espressioni enfatiche o ad acrobazie linguistiche, ma anche a eufemismi e gerghi specialistici che possono creare ambiguità e difficoltà di comprensione.

giornalétto s. m. **1** Dim. di *giornale*. **2** (*fam.*) Fumetto, spec. avventuroso per ragazzi. || **giornalettàccio**, pegg. | **giornalettìno**, dim. | **giornalettùccio**, dim.

giornalièro **A** agg. **1** Di ogni giorno: *rapporto, spesa giornaliera*. SIN. Quotidiano. **2** Che varia o muta ogni giorno: *umore g.*; *esperienza giornaliera*. **B** s. m. (f. *-a*) ● Lavoratore retribuito a giornata | Bracciante.

giornalìno s. m. **1** Dim. di *giornale*. **2** (*fam.*) Giornaletto illustrato o fumetto, spec. avventuroso, per ragazzi.

giornalìşmo s. m. **1** Insieme delle attività connesse con l'elaborazione, il commento e la pubblicazione di notizie attraverso la stampa | Professione di giornalista. **2** Insieme dei giornalisti e dei giornali, spec. di un determinato paese o zona: *il g. locale*; *un esponente del g. internazionale*.

giornalìsta s. m. e f. (pl. m. *-i*) ● Chi scrive per i giornali o ne cura la redazione e impaginazione o è redattore di un'agenzia giornalistica d'informazione | *G. professionista*, chi è iscritto all'Albo dei giornalisti e non esercita altra attività retribuita | *G. pubblicista*, chi collabora saltuariamente a un giornale.

giornalìstico agg. (pl. m. *-ci*) **1** Proprio dei giornalisti: *linguaggio, stile g.* **2** Che si riferisce ai giornali e al giornalismo. || **giornalisticaménte**, avv.

giornalmàstro o **giornàle màstro** [da *giornal(e)* e *mastro*] s. m. ● Libro che riunisce in un tutto i due caratteristici strumenti della contabilità, il giornale e il mastro.

giornalùme s. m. ● Il giornalismo e i giornali nel loro aspetto peggiore: *questi sono i pettegolezzi e gli scandali montati dal g.*

giornànte [da *giorno*] **A** s. m. e f. ● Chi lavora a giornata nelle case altrui. **B** s. m. ● Confratello della Compagnia della Misericordia, in Firenze che provvede, per turno giornaliero, alle opere di assistenza e di carità.

giornàta (**1**) [da *giorno*] s. f. **1** Periodo di tempo compreso tra l'alba e il tramonto, considerato rispetto alle condizioni in cui trascorre, al modo di trascorrerlo e agli avvenimenti che in esso si verificano: *g. umida, sciroccosa, fredda, afosa*; *g. triste, allegra, festiva, lavorativa*; *le giornate si allungano, si accorciano*; *consumai il resto della g. passeggiando* (GOLDONI) | *G. lavorativa*, il complesso delle ore di lavoro di una persona in un giorno; anche unità di misura equivalente al lavoro compiuto da un uomo in un giorno | *Di g.*, detto del militare incaricato, per turno giornaliero, di svolgere determinati servizi di caserma per il proprio reparto: *caporale, sergente di g.* | *Alla g.*, giorno per giorno | *Vivere, lavorare alla g.*, senza fare affidamento sul domani, senza pensare al futuro | *Lavorare a g.*, con un rapporto di lavoro non stabile e continuativo, ma occasionale e momentaneo | *Andare a giornate*, essere incostante nell'umore, nel rendimento e sim. | *In, nella g.*, entro oggi | *A g. certa*, a giorno determinato | *Fare g. in un luogo*, trascorrervi l'intero giorno | (*est.*) Tempo, vita: *compire la propria g.*; *la breve g. dell'uomo*. **2** Guadagno, paga di un giorno di lavoro: *riscuotere, guadagnarsi, perdere la g.* **3** Cammino che si può percorrere nello spazio di un giorno: *trovarsi a una g. da Roma* | *Marciare a grandi giornate*, velocemente | (*raro*) Viaggio. **4** Giorno dedicato alla celebrazione di un evento storico, alla diffusione di un'iniziativa di interesse nazionale e sim.: *la g. dei lebbrosi*; *la g. della madre e del fanciullo*. **5** Giorno caratterizzato da fatti o avvenimenti di grande rilievo, spec. storico: *le cinque giornate di Milano*; *le quattro giornate di Napoli*. **6** Ciascuno dei giorni e le relative serie di accoppiamenti fissati per lo svolgimento degli incontri dei campionati di calcio e sim.: *prima g. del girone di andata*; *quarta g. del girone di ritorno*; *ultima g. del campionato*. **7** Antica unità di misura di superficie piemontese, in generale pari a 3810 m^2. || **giornatàccia**, pegg. | **giornatèlla**, dim. | **giornatìna**, dim. | **giornatóna**, accr.

†**giornàta** (**2**) [da *giorno*, secondo l'impiego fatto dai Francesi di *journée* 'ciò che di notevole avviene in una *giornata*'] s. f. ● Battaglia, fatto d'arme: *venire a g.*; *fare g.*; *g. campale*.

giornèa [ant. fr. *journée* 'viaggio (di un giorno)', dal lat. *diŭrnu(m)* 'giorno'; poi, casacca (da viaggio)] s. f. **1** Antica sopravveste militare successivamente adottata dai civili di ogni ceto. **2** Toga del giudice | *Indossare, mettersi, allacciarsi la g.*, (*fig.*) prendere tono autorevole, atteggiarsi a giudici. **3** †Sopravveste, camiciotto da lavoro dei marinai. **4** †Giornata.

giornèllo [etim. incerta] s. m. ● Vassoio a tre sponde per la calce, usato dal muratore.

giornìno [propr. dim. di *giorno*] s. m. ● (*centr.*) Punto a giorno | Orlo a giorno.

giórno o †**iórno** [lat. parl. *diŭrnu(m)*, dall'agg. *diŭrnus* 'relativo al giorno', da *dīes* 'giorno' sul tipo di *noctŭrnus* da *nŏx* 'notte'] s. m. **1** Spazio di tempo di ventiquattro ore che intercorre tra una mezzanotte e quella successiva: *che g. è oggi?*; *una settimana consiste di sette giorni, un anno di trecentosessantacinque*; *g. feriale, festivo, triste, lieto*; *g. della partenza, degli esami*; *lavorare tutto il g.*; *festeggiare il g. onomastico* | *G. utile*, valido per il compimento di un determinato atto processuale o extraprocessuale | *Giorni banca*, due o più giorni, aggiunti al tempo effettivo di anticipato pagamento, nello sconto di effetti | *Al g., il g., ogni g.*, per ogni giorno, quotidianamente | *Di g. in g.*, ogni giorno che si succede | *G. per g.*, alla giornata, senza programmi per il domani | *Un g.*, una volta, un tempo imprecisato | *L'altro g.*, poco tempo fa | *Un g. o l'altro*, in un tempo indeterminato | *Da un g. all'altro*, improvvisamente | *Mettersi, tenersi al g. di q.c.*, tenersi al corrente | *Uomo del g.*, di cui improvvisamente si parla molto | *Fatti del g.*, avvenimenti recentissimi | *A giorni*, tra pochi giorni | *Giorni or sono*, poco tempo fa | *Di tutti i giorni*, ordinario, usuale | *Dare gli otto giorni*, licenziare, o licenziarsi, con otto giorni di preavviso | (*est.*) Periodo indeterminato della durata di ventiquattro ore: *l'escursione dura due giorni*; *bisogna lasciarlo in frigorifero almeno tre giorni* | *Sei giorni*, V. anche *seigiorni* | Tempo della giornata relativamente alla situazione atmosferica: *g. piovoso, assolato*; *si preparano giorni di tempesta*. **2** Periodo durante il quale il sole resta sopra l'orizzonte: *sul far del g.*; *il g. e la notte si alternano*; *i giorni si allungano*; *a g. pieno, fatto* | *Fare di notte g.*, trascorrere la notte in lavori o in divertimenti | *G. e notte*, continuamente, senza sosta: *studiare, lavorare g. e notte* | *Illuminare a g.*, con particolare intensità | *Chiaro come la luce del g.*, (*fig.*) evidente | *Alla luce del g.*, (*fig.*) in modo palese | *Ci corre quanto dal g. alla notte*, (*fig.*) di persone o cose molto diverse fra di loro | (*poet.*) La luce che il Sole diffonde sulla Terra: *dagli occhi de' mortali un negro velo / rapisce il g. e il sole* (TASSO). **3** Periodo indeterminato di tempo | *Il suo successo è durato un g.*, è stato breve | *Oggi g.*, in questi tempi | *Ai miei, ai nostri giorni*, nella mia, nella nostra giovinezza | *Finire i propri giorni*, morire | *Il g. estremo*, quello della morte | (*fig.*) *Non avere tutti i suoi giorni*, essere un po' matto | *Il g. finale*, quello del Giudizio | *Il g. più lungo*, (*fig.*) quello di eccezionale gravità, denso di avvenimenti pericolosi, rischiosi e sim., che esigono da qc. decisioni di estrema importanza. **4** Festa, solennità, ricorrenza: *il g. della mamma, di S. Valentino* | *G. dell'espiazione*, solennità ebraica nella quale i fedeli, dopo aver osservato le astensioni, fanno la confessione generale dei loro peccati. **5** Nella loc. *a g.*, detto gener. di ogni struttura o parte di struttura realizzata, spec. quando sia connessa ad altre, in maniera tale da rimanere pressoché visibile per intero in ogni sua parte: *scala a g.* | *Legare, montare a g.*, in oreficeria, detto di pietra preziosa incastonata su leggeri fili d'oro o di platino | *Montatura a g.*, negli occhiali, quella in cui le lenti sono sostenute soltanto da una piccola staffa metallica, mediante una vite | *Punto a g.*, quello ottenuto spec. per rifinire sfilando alcuni fili della trama del tessuto e riunendo a mazzetti quelli ottenuti dalla sfilatura, così da creare vuoti alterni nell'orlo | *Orlo a g.*, quello eseguito col punto a giorno, spec. nella biancheria | (*min.*) *Escavazione a g.*, a cielo aperto || PROV. Roma non fu fatta in un giorno; dalla mattina si vede il buon giorno.

giòstra [ant. fr. *joste*, da *joster* 'giostrare', con sovrapposizione dei n. in *-stra*] s. f. **1** Gara spettacolare di abilità fra cavalieri in epoca medievale e rinascimentale | Oggi, rievocazione storica in costume di antiche e famose giostre medievali o rinascimentali: *g. del saracino, della quintana*. **2** †Scontro di poca importanza. **3** Componimento in ottonari cantato nelle antiche giostre. **4** Gioco popolare consistente nel cercare di colpire un bersaglio passandovi sotto di corsa: *g. del gallo, dell'anello, del buratto.* ***5*** Piattaforma con animali di legno, barche o vetture, che gira in senso circolare a suon di musica, per divertimento dei bambini che vi stanno sopra | *Fare la g.*, (*fig.*) girare continuamente attorno. ***6*** (*fig.*) Il susseguirsi vertiginoso di fatti, eventi e sim.: *una g. di notizie, di idee.* ***7*** †Palestra per esercizi militari. ***8*** (*fig.*) †Inganno, beffa. || **giostrina**, **dim.**

giostràio **s. m.** ● Addetto al funzionamento di una giostra per bambini.

giostrànte **A** **part. pres.** di *giostrare* ● Nei sign. del v. **B** **s. m.** ● Giostratore.

giostràre [ant. fr. *joster*, originariamente 'riunir(-si)', dal lat. parl. **iuxtāre* 'essere appresso (*iūxta*)'] **A** **v. intr.** (*io giòstro*; aus. *avere*) ***1*** Prender parte a una giostra: *acciò che egli l'amor di lei acquistar potesse, giostrava, armeggiava, faceva feste* (BOCCACCIO). ***2*** Andare girando qua e là, a zonzo: *non ho più voglia di g. tutto il giorno per voi.* ***3*** (*lett.*) Contrastare: *ma con questo pensier un altro giostra* (PETRARCA) | †*G. col diavolo in agonia*, (*fig.*) morire disperato. ***4*** (*fig.*) Ingegnarsi con abilità in situazioni difficili o preoccupanti: *g. tra le richieste dei creditori.* **B** **v. tr.** ***1*** †Ingannare, raggirare. ***2*** †Combattere, perseguitare.

giostratóre **s. m.** ● Cavaliere che partecipava a una giostra: *era stato ... ne' suoi dì e g. e schermitore* (SACCHETTI) | (*raro, tosc.*) Chi partecipa ad una giostra popolare.

giottésco **agg.** (**pl. m.** *-schi*) ● Proprio del pittore Giotto (1267 ca.-1337) e della sua scuola: *stile g.*; *viso, colore g.*; *figura giottesca.*

giovaménto [lat. tardo *iuvamĕntu(m)*, da *iuvāre* 'giovare'] **s. m.** ● Utilità, vantaggio: *sentire, recare, dare, trarre g.*; *essere di g. a qc.* | (*raro*) Comodo.

†**giovanàglia** **s. f.** ● (*spreg.*) Moltitudine di giovani: *solevi attutare l'acerba volontà della g. romana* (BOCCACCIO).

gióvane o (*lett.*) **gióvine** [lat. parl. **iōvene(m)* per *iŭvene(m)*, di origine indeur.] **A** **agg.** ***1*** Di persona che è tra l'adolescenza e la maturità o, più gener., che non è vecchia: *un gruppo di giovani donne*; *una coppia di giovani sposi* | (*est.*) Che ha o conserva i caratteri della giovinezza: *animo, aspetto, cuore g.* | *Essere g. di mente, di spirito*, avere sentimenti freschi, giovanili | *È g. da molto tempo*, di chi non è più giovane ma si conserva bene | (*fig.*) *La stagione, il tempo g.*, la primavera. **CONTR.** Vecchio. ***2*** Più giovane, quando si vogliano distinguere due personaggi dello stesso nome e di diversa età: *Plinio il g.*; *Michelangelo Buonarroti il g.* ***3*** Di ciò che è nato o sorto da poco: *cavallo, pecora g.*; *vite, vigna g.*; *ulivi giovani* | *Stato g.*, di recente costituzione | (*est.*) Immaturo, non stagionato: *vino g.* | *Legname g.*, di pianta giovane. ***4*** Spec. nel linguaggio pubblicitario, detto di ciò che è caratteristico dei giovani o diretto ai giovani o di ciò a cui si vuole dare una connotazione allegra, disinvolta, pratica e sim.: *musica, moda g.* | Anche con funzione avverbiale: *bere, vestire g.* ***5*** (*fig.*) Incauto, imprudente: *proposta g.* | Inesperto: *sei ancora troppo g. per decidere*; *è g. del mestiere.* ***6*** (*fam.*) Nubile, scapolo. || †**giovaneménte**, **avv.** Giovanilmente. **B** **s. m. e f.** ***1*** Persona di giovane età: *è un g. molto promettente* | *Da g.*, in gioventù. ***2*** Chi aiuta un negoziante, un artigiano o un professionista nello svolgimento del suo lavoro: *g. di bottega, di studio.* ***3*** Allievo, scolaro: *è un g. che mi ha dato grandi soddisfazioni*; *un liceo di duecento giovani.* || **giovanàccio**, **pegg.** | **giovanétto**, **dim.** (V.) | **giovanino**, **dim.** | **giovanóne**, **accr.** | **giovanùccio**, **dim.** | **giovincèllo**, **dim.** (V.).

giovanétto o **giovinétto** **A** **agg.**; anche **s. m.** (**f.** *-a*) ***1*** Dim. di *giovane.* ***2*** Che, chi è nella prima gioventù: *sposa giovanetta*; *letteratura, romanzi per giovanette.* **B** **agg.** ● (*lett.*) Appena sorto, iniziato, sbocciato e sim.: *tempo g.*; *età giovanetta*; *il g. anno*; *i rami santi / fiorian d'un lauro giovenetto e schietto* (PETRARCA). || **giovanettàccio**, **pegg.** | **giovanettino**, **dim.** | **giovanettùccio**, **dim.**

†**giovanézza** ● V. *giovinezza.*

giovanile o (*lett.*) **giovenile** [lat. *iuvenīle(m)*, da *iŭvenis* 'giovane', sul tipo di *puerīle(m)*, da *pŭer* 'fanciullo'] **agg.** ***1*** Tipico della giovinezza, dei giovani: *bollori, entusiasmi, errori giovanili*; *e intanto vola / il caro tempo giovanil* (LEOPARDI). ***2*** Di chi o di ciò che appare giovane d'aspetto o di spirito: *la sua pelle conserva una freschezza g.*; *è un tipo dal carattere g.* | Che è adatto ai giovani, che ringiovanisce chi giovane non è più: *abito g.* || **giovanilménte**, †**giovanileménte**, **avv.** Da giovane.

giovanilìsmo **s. m.** ● Comportamento di chi, non più giovane, vuole a ogni costo continuare a sembrar tale, spec. adottando tutti quei segni esteriori che sono ritenuti caratteristici dei giovani.

giovanilista **A** **s. m. e f.** (**pl. m.** *-i*) ● Chi nei modi, nell'abbigliamento o nel linguaggio dimostra giovanilismo. **B** **agg.** ● Giovanilistico.

giovanilìstico **agg.** (**pl. m.** *-ci*) ● Ispirato a, dettato da, giovanilismo.

giovannèo **agg.** ***1*** Che si riferisce alle dottrine del Vangelo di San Giovanni. ***2*** Che si riferisce al papato di Giovanni XXIII (1881-1963) e alla riforma in questo iniziata | *Spirito g.*, il nuovo spirito di carità e di tolleranza universale che ha distinto il pontificato di Giovanni XXIII.

giovannìsmo **s. m.** ● Teologia e dottrina derivata dall'interpretazione del Vangelo di San Giovanni | Tendenza a dar prevalenza, nell'esperienza religiosa cristiana, alle dottrine derivate dal Vangelo di San Giovanni.

giovannita **s. m.** (**pl.** *-i*) ● Seguace di una setta cristiana dell'Asia Minore, che pratica il battesimo in nome di San Giovanni Battista.

giovanottàta **s. f.** ● Atto di bravura sconsiderata, da giovanotto.

giovanòtto o (*lett.*) **giovinòtto** [da *giovane* col suff. accr. espressivo *-otto*] **s. m.** ***1*** Uomo giovane, nel pieno delle sue forze. ***2*** (*fam.*) Scapolo. ***3*** Nella marina mercantile, marinaio minore di 18 anni, con meno di 24 mesi di navigazione | Mozzo. || **giovanottàccio**, **pegg.** | **giovanottèllo**, **dim.** | **giovanottino**, **dim.** | **giovanottóne**, **accr.**

giovàre [lat. *iuvāre*, di etim. incerta] **A** **v. intr.** (*io gióvo*; aus. *avere* o *essere*) ***1*** Essere utile, vantaggioso: *g. alla famiglia, alla società, alla causa comune*; *molti sono che, vedendo le blandizie non giovargli, si voltano alle minacce* (CASTIGLIONE) | *Fare a giova giova*, aiutarsi scambievolmente. ***2*** Dilettare, piacere. **B** **v. intr. impers.** (aus. *essere* o *avere*) ● Essere utile, vantaggioso, opportuno: *nei problemi storici ... giova abbandonare il metodo causalistico e deterministico* (CROCE). **C** **v. tr.** ● (*raro*) Aiutare, favorire: *g. la società, la famiglia, gli amici.* **D** **v. intr. pron.** ● Servirsi, valersi di qc. o di q.c.: *giovarsi delle fatiche altrui*; *giovarsi di un argomento, di un esempio* | (*raro*) *Se te ne giovi*, se non ti fa schifo.

Giòve [lat. *Iŏve(m)*, acc. di *Iūp(piter)*, comp. di origine indeur. di *Iov-* 'cielo luminoso, dio' e *-piter* 'capo (di famiglia), padre'] **pers. m.** (*giòve* nel sign. 4) ***1*** Nella mitologia greco-romana, la suprema divinità: *il sommo, il massimo, l'eterno G.*; *i fulmini di G.* | *G. pluvio*, in quanto mandava la pioggia; (*fig., scherz.*) tempo piovoso. ***2*** (*fam., euf.*) Nella loc. inter. *per Giove*, esprime meraviglia, stupore, contrarietà, ira o anche entusiasmo o energica asseverazione. ***3*** (*astron.*) Quinto pianeta del sistema solare, in ordine di distanza dal Sole, dal quale dista in media 779 milioni di kilometri, la cui massa è circa 318 volte quella della Terra e al quale si conoscono 14 satelliti | (*astrol.*) Pianeta che domina i segni zodiacali del Sagittario e dei Pesci. ➡ ILL. p. 831 SISTEMA SOLARE; **zodiaco**. ***4*** (*pop.*) Giovedì.

giovedì [lat. *Iŏvis dīes*, letteralmente 'il giorno (*dīes*) di Giove (*Iŏvis*)'] **s. m.** ● Quarto giorno della settimana civile, quinto della liturgica | *G. santo*, della settimana santa, dedicato alla commemorazione della cena degli apostoli | *G. grasso*, l'ultimo giovedì di Carnevale | *G. nero*, (*per anton.*) giovedì 24 ottobre 1929, in cui si ebbe, alla Borsa di New York, il tracollo delle quotazioni azionarie che segnò l'inizio della crisi economica degli anni '30 | (*fig.*) *Mancare un g., non avere tutti i g.*, essere un po' tocchi | *Settimana di tre g., di quattro g.*, periodo di tempo fortunato o lieto ma ipotetico o irrealizzabile.

giovenalésco **agg.** (**pl. m.** *-schi*) ● (*letter.*) Proprio del poeta satirico latino D. G. Giovenale (60 ca.-140 ca.).

giovènca [lat. *iuvĕnca(m)*, propriamente 'animale giovane', della stessa famiglia di *iŭvenis* 'giovane'] **s. f.** ● Vacca giovane.

giovènco [lat. *iuvĕncu(m)*. V. precedente] **s. m.** (**f.** *-a*; **pl. m.** *-chi*) ● Bue giovane che ha appena passato l'anno.

giovenile ● V. *giovanile.*

gioventù o †**gioventùde**, †**gioventùte** [lat. *iuventūte(m)*, da *iŭvenis* 'giovane'] **s. f.** ***1*** Età della vita umana che si estende dalla fine dell'adolescenza alle soglie della maturità: *talvolta la g. del corpo non corrisponde a quella dell'anima*; *erano nel fiore della g.*; *la bella g. giamai non torna, / né il tempo perso giamai riede indietro* (L. DE' MEDICI) | *Colpe, errori di g.*, intemperanze proprie dei giovani. ***2*** I giovani considerati complessivamente: *g. studiosa, indisciplinata, rammollita*; *libri, spettacoli, divertimenti per la g.*

giovereccio [da *giovare* col suff. agg. *-eccio*] **agg.** (**pl. f.** *-ce*) ● (*tosc.*) Di aspetto fresco e piacente: *donna gioverecchia* | (*est.*) *Avere un viso, un aspetto g.* **SIN.** Piacevole, gradevole.

giovésco [da *Giove*] **agg.** (**pl. m.** *-schi*) ● Che affetta disprezzo e noncuranza.

giovévole **agg.** ● Che reca giovamento: *cura, medicina g.* || **giovevolménte**, **avv.** Con giovamento.

†**giovevolézza** **s. f.** ● Utilità.

gioviale [lat. tardo *ioviāle(m)* 'di, da Giove (*Iŏvis*)', il pianeta che, secondo le antiche credenze astrologiche, porta benefici influssi] **agg.** ***1*** Di temperamento che conosce il prevalere dell'influsso di Giove. ***2*** (*est.*) Abitualmente gaio e sereno: *temperamento g., maniere, accoglienze gioviali.* ***3*** †Del dio Giove | †Del pianeta Giove: *Io vidi in quella gioviаl facella* (DANTE *Par.* XVIII, 70). || **giovialòccio**, **dim.** | **giovialóne**, **accr.** (V.) || **giovialménte**, **avv.** Con giovialità.

giovialità **s. f.** ● Abituale gaiezza e serenità di carattere | Comportamento gioviale: *ci accolsero con g.*

giovialóne **s. m.** (**f.** *-a*) ***1*** Accr. di *gioviale.* ***2*** Persona allegra e amabile.

gioviàno [da *Giove* (V.)] **A** **agg.** ● Del, relativo al pianeta Giove. **B** **s. m.** ● Ipotetico abitante del pianeta Giove, in opere letterarie e cinematografiche di fantascienza.

giovinàstro [comp. di *giovine* e *-astro*] **s. m.** ● Giovane scapestrato, turbolento, dal comportamento riprovevole.

giovincèllo [lat. par. **iuvencĕllu(m)*, dim. di *iŭvenis* 'giovine'] **s. m.** ***1*** Dim. di *giovane.* ***2*** Giovanotto futile e leggero.

gióvine ● V. *giovane.*

giovinétto ● V. *giovanetto.*

giovinézza o (*poet.*) †**giovanézza**. **s. f.** ● Età di chi è giovane: *il vigore, gli entusiasmi della g.*; *essere nel fiore della g.* | *Perdere la g.*, trascorrerla senza frutti | Condizione, stato di ciò che è giovane: *la g. di un popolo, dell'anima, della pianta, del vino* | (*est.*) Tutto ciò che è tipico della gioventù: *godersi la g.*; *agli anni miei / anche negaro i fati / la g.* (LEOPARDI).

giovinòtto ● V. *giovanotto.*

gip (1) **s. f. inv.** ● Adattamento di *jeep* (V.). || **gippóne**, **accr.** (V.).

gip (2) [sigla di *g(iudice per le) i(ndagini) p(reliminari)*] **s. m. e f. inv.** ● (*dir.*) Giudice per le indagini preliminari.

gipèto o **gipaèto** [comp. del gr. *gýps*, genit. *gypós* 'avvoltoio' e *aetós* 'aquila'] **s. m.** ● (*zool.*) Avvoltoio degli agnelli.

gippóne o **jeppóne** [accr. di *gip*] **s. m.** ● Grosso autoveicolo, originariamente di dotazione militare, adatto spec. ai terreni accidentati.

gipsìcolo [comp. di *gipso-* e *-colo*] **agg.** ● (*bot.*) Detto di pianta che predilige i terreni gessosi.

gipso- [dal gr. *gýpsos* 'gesso'] **primo elemento** ● In parole dotte o della terminologia scientifica, significa 'gesso': *gipsicolo, gipsoteca.*

gipsòfilo [comp. di *gipso-* e *-filo*] **agg.** ● (*bot.*) Gipsicolo.

gipsotèca [comp. di *gipso-* e *-teca*] **s. f.** ● Raccolta di gessi, raccolta di statue e bassorilievi in gesso, ricavati con calchi su originali in bronzo, marmo, terracotta e sim. | (*est.*) Il luogo dove viene conservata tale raccolta.

gira [da *girare*] **s. f.** ● Rete a semicerchio della tonnara, che si chiude appena entrati i tonni.

girabacchino o **girabecchino** [fr. *vilebrequin*, di origine medio-neerlandese (*wimmelkijn*, dim. di *wimmel* 'sorta di trivella'), con sovrapposizione di *girare* e *becco*] s. m. *1* Tipo di trapano a mano. *2* Attrezzo usato per stringere o allentare bulloni.

giràbile agg. ● Che si può girare: *è una cambiale g.*

giracàpo [comp. di *gira(re)* il *capo*] s. m. inv. *1* Vertigine, capogiro | (*fig.*) Molestia, fastidio. *2* (*bot.*) Narciso.

giradischi [comp. di *gira(re)* e il pl. di *disco*] s. m. ● Il complesso meccanico munito di braccio portante la testina fonografica.

giradito [comp. di *gira(re)* (intorno al) *dito*] s. m. ● (*med.*) Patereccio.

giràffa [ar. *zarāfa*, ar. parl. *zerâfa*, di prob. origine afric.] s. f. *1* Mammifero ruminante africano di colore giallastro con macchie irregolari bruno-rosse, con collo lunghissimo, estremità anteriori più lunghe delle posteriori, tronco breve e inclinato indietro, due o tre protuberanze ossee semplici e corte sulla fronte, lingua lunghissima e protrattile che serve come organo di presa (*Giraffa camelopardalis*) | *Collo da g.*, (*fig.*) molto lungo | *Camminare a passi da g.*, (*fig.*) lunghi e irregolari. SIN. Camelopardo. *2* Carrello mobile munito di un lungo braccio regolabile che sostiene il microfono, usato per registrazioni sonore radiofoniche, televisive e cinematografiche. *3* (*fig.*) Persona molto alta con collo e gambe molto lunghe.

giraffista [da *giraffa* nel sign. 2] s. m. (pl. *-i*) ● Operaio addetto alla manovra di una giraffa.

girafilière [comp. di *gira(re)* e il pl. di *filiera*] s. m. inv. ● Attrezzo da officina per far ruotare manualmente una filiera e filettare esternamente tubi, bulloni e sim.

giràle [da *giro*] s. m. ● Motivo ornamentale composto da una foglia d'acanto, di vite o altro in forma di voluta e con al centro, di solito, un fiore.

giramàschio [comp. di *gira(re)* e *maschio* (3)] s. m. inv. ● Attrezzo da officina per fare ruotare manualmente un maschio e filettare fori, tubi e sim.

giraménto s. m. ● Atto, effetto del girare | *G. di testa*, vertigine, capogiro | (*fig.*) *Il g. della fortuna*, la volubilità | (*fam.*, *euf.*) *G. di scatole*, irritazione, noia, seccatura | (*raro*, *fig.*) Idea stramba, cosa da far girare la testa.

giramóndo [comp. di *gira(re)* il *mondo*] s. m. e f. inv. ● Chi gira per il mondo senza fini determinati vivendo di guadagni occasionali.

giranàstri [comp. di *girare* e il pl. di *nastro*] s. m. ● Apparecchio portatile che riproduce musica mediante inserzione di musicassette. SIN. Mangianastri.

giràndola [da *girandolare*] s. f. *1* Ruota di legno su cui sono applicati razzi e castagnole, che gira quando questi vengono accesi | *Dar fuoco alla g.*, (*fig.*) mettere in atto l'insidia preparata; dire tutto quello che si sa | *La g. ha preso fuoco*, (*fig.*) di persona in preda alla collera. *2* Banderuola metallica alla sommità di edifici per indicare la direzione del vento. *3* Giocattolo di carta o celluloide, solitamente a forma di rosetta, che gira per effetto del vento. *4* Giochi d'acqua in parchi di grandi ville, che per il moto e la forma assomigliano a spettacoli pirotecnici. *5* Candelabro circolare a più luci in legno o metallo e cristalli apparso nella seconda metà del XVII sec. *6* (*fig.*) Persona volubile che cambia continuamente parere. SIN. Banderuola. *7* †Intrigo, arzigogolo. *8* Giravolta: *fare una g.* *9* (*fig.*) Il susseguirsi vertiginoso di fatti, eventi e sim.: *una g. di idee, notizie.* || **girandolétta**, dim. | **girandolina**, dim. | **girandolino**, dim. m. (V.) | **girandolóne**, accr. m. (V.).

girandolàre o **girondolàre** [da *girare* con sovrapposizione del suff. iter. di *andare*] v. intr. (*io giràndolo*; aus. *avere*) *1* Andare in giro qua e là senza una meta o una ragione precisa. SIN. Bighellonare, girellare. *2* (*fig.*) †Fantasticare.

girandolino s. m. (f. *-a*) *1* Dim. di *girandola*. *2* (*raro*) Ragazzo cui piace girandolare. *3* (*raro*, *fig.*) Uomo volubile.

girandolóne s. m. (f. *-a*) *1* Accr. di *girandola*. *2* Chi ama girandolare. SIN. Bighellone, girellone.

girandolóni [comp. di *girandol(are)* e il suff. iter. avv. *-oni*] avv. ● Gironzolando qua e là senza meta: *andare g.*; *lo incontro sempre g. per le strade* | Anche nella loc. avv. *a g.*

girànio ● V. *geranio*.

girànte **A** part. pres. di *girare*; anche agg. ● Nei sign. del v. **B** s. m. e f. ● (*dir.*) Chi effettua o ha effettuato la girata di un titolo di credito: *la girata deve essere sottoscritta dal g.* **C** s. f. ● (*mecc.*) Nelle turbine, nelle pompe e compressori a palette, il rotore munito di palette che viene messo in rotazione dal fluido o che, azionato da un motore, mette in moto il fluido.

giràre [vc. dotta, lat. *gyrāre*, da *gȳrus* 'giro'] **A** v. tr. *1* Muovere in giro un oggetto facendolo rotare su se stesso: *g. la ruota, la manovella, la chiave nella toppa* | *G. l'arrosto*, allo spiedo, far ruotare lo spiedo sul suo asse, in modo da presentare in successione e ripetutamente la vivanda da cuocere alla fonte di calore | *G. la spada*, menar colpi da tutte le parti | *G. la palla*, al biliardo, colpirla in modo che toccando l'altra palla giri su se stessa | (*est.*) Volgere da una parte o tutt'intorno: *g. gli occhi, lo sguardo, il capo* | (*poet.*) Condurre: *ove tu vuoi mi gira* (TASSO). *2* Percorrere in giro: *g. l'isola, una sporgenza* | *G. lo scoglio*, (*fig.*) scansare il pericolo | (*est.*) Visitare un luogo percorrendolo in ogni sua parte: *g. il paese, la casa, il mondo* | (*fig.*) Evitare: *g. la difficoltà* | (*fig.*) *G. la situazione*, non descriverla. *3* Far passare q.c. a qc. (*anche fig.*): *ti giro la domanda* | *G. il pallone in porta*, nel calcio, tirare al volo in rete, su traversone | *Fare g. i denari*, investirli in beni mobili o immobili | *G. un conto*, stornarlo, passare una partita o un saldo da un conto a un altro | (*dir.*) Trasferire mediante girata: *g. un titolo di credito*. *4* Nel gergo cinematografico, azionare la manovella della macchina da presa | (*est.*) Riprendere: *g. una scena in esterni* | *Si gira!*, avvertimento o comando di dare inizio alla ripresa cinematografica di una scena, una sequenza e sim. *5* (*tip.*) Spostarsi, proseguire alla colonna successiva, detto del testo di un articolo giornalistico o di un libro | (*fig.*) Presentare sotto un altro aspetto, un'altra forma (*anche ass.*): *g. la frase* | *Gira, gira*, (*fig.*) a furia di girare | *Gira e rigira*, (*fig.*) per quanto si faccia e si dica | *G. il discorso*, (*fig.*) portarlo su un altro argomento | (*fig.*) *G. il periodo*, dargli una certa rotondità con l'opportuna collocazione delle parole. *6* (*mil.*) †Aggirare. **B** v. intr. (aus. *avere* o *essere*) *1* Compiere un movimento di rotazione su se stesso o attorno a un punto determinato: *la Terra gira attorno al Sole*; *la trottola, l'arcolaio, il frullino girano*; *compare Meno si diede a g. intorno alla bestia* (VERGA) | *G. in tondo*, descrivere un cerchio col proprio movimento | *G. sull'ancora*, detto del bastimento quando è trattenuto da un solo ferro e si muove intorno a esso secondo il vento, le maree e sim. | (*fig.*) *La testa mi gira*, ho le vertigini, il capogiro | (*fig.*) *G. intorno a una frase*, trattenervisi | (*fig.*) *G. nel manico*, ciurlare | *G. al largo*, non accostarsi, (*fig.*) andar cauto | (*fam.*) *G. l'anima, le scatole*, essere oltremodo seccati. SIN. Ruotare. *2* (*est.*) Muoversi, camminare, passeggiare: *è da questa mattina che giro* | Circolare: *su questa strada si gira malissimo*; *il sangue gira nelle arterie e nelle vene*. *3* Voltare: *gira a destra per non uscire di strada*; *il viottolo gira a sinistra*. *4* Correre in giro, cingendo o circondando q.c.: *il fiume gira per pochi kilometri*; *la balaustra gira attorno alla sala* | Essere di forma rotonda. *5* (*fig.*) Passare di mano in mano: *il denaro gira* | (*fig.*) Diffondersi: *le notizie, le ciarle girano*. *6* (*fig.*) Mulinare, turbinare: *mille idee mi girano per la testa* | (*fig.*) *Secondo come gira*, secondo l'umore, il capriccio del momento | (*fam.*) *Cosa ti gira?*, cosa ti salta in mente? | (*raro*) Dar di volta il cervello. *7* (*tosc.*) Guastarsi, alterarsi: *quel vino incomincia a g.* **C** v. rifl. ● Volgersi: *mi girai d'improvviso e lo vidi* | Muoversi, agitarsi cambiando posizione: *si girava e rigirava nel letto senza riuscire a prendere sonno.* SIN. Voltarsi.

girarròsto [comp. di *gira(re)* *(l'a)rrosto*] s. m. ● Arnese da cucina che fa girare sul fuoco la carne infilata allo spiedo per arrostirla uniformemente da tutte le parti.

girasóle [comp. di *gira(re)*, verso il, *sole*, come il sin. dotto *eliotropio*] s. m. ● Pianta annua delle Composite caratterizzata da grandi capolini a fiori periferici gialli dai cui semi si estrae un olio commestibile (*Helianthus annuus*). SIN. Elianto, mirasole.

giràta s. f. *1* Atto, effetto del girare: *dare una g. di chiave, di fune*. *2* Giro, passeggiata: *fare una g. in bicicletta*. *3* (*dir.*) Trasferimento di un titolo di credito all'ordine scritto sul documento stesso e sottoscritto dal girante | *G. in bianco*, quella che non contiene l'indicazione del giratario | *G. in garanzia, in pegno*, quella che trasferisce l'esercizio dei diritti incorporati nel titolo, ma non la disponibilità dello stesso mediante successiva girata | *G. in pieno, g. piena*, quella in cui è indicata la persona del giratario | *G. per incasso, per procura*, per cui il giratario è solo legittimato a esigere il credito del girante in rappresentanza dello stesso. *4* Distribuzione delle carte ai giocatori, in giro. *5* Proseguimento di un articolo o servizio di giornale da una pagina in un'altra. || **giratina**, dim.

giratàrio [da *girata* in applicazione commerciale] s. m. (f. *-a*) ● (*dir.*) Soggetto nei cui confronti è o è stata effettuata la girata di un titolo di credito.

giràto **A** part. pass. di *girare*; anche agg. ● Nei sign. del v. **B** s. m. ● (*enol.*) Malattia di vini poco alcolici, causata da batteri, che li rendono torbidi e di sgradevole sapore. SIN. Sobbollimento.

giratóre s. m. *1* (*fis.*) Dispositivo usato nella tecnica delle microonde che causa il rovesciamento della polarità di un segnale che viene trasmesso in una direzione. *2* †Ragazzo che gira la ruota con la quale si torce in filo la canapa.

giratòrio agg. ● Detto di moto attorno a un punto | *Senso g.*, percorso obbligatorio seguito dai veicoli ad es. attorno all'aiuola centrale di una piazza | *Coppa giratoria*, calotta nel centro di un incrocio, sovente luminosa, che i veicoli debbono aggirare.

giratùbi [comp. imper. di *girare* e il pl. di *tubo*] s. m. ● Attrezzo di varia forma per avvitare o svitare un tubo in una giunzione.

girautensili [comp. di *gira(re)* e il pl. di *utensile*] s. m. ● Attrezzo costituito da un mozzo centrale e da due braccia uguali, per far ruotare gli utensili.

giravite [comp. di *gira(re)* e *vite*] s. m. inv. ● Cacciavite.

giravòlta [comp. di *gira(re)* e *volta(ta)*] s. f. *1* Movimento repentino ottenuto ruotando il corpo intorno al proprio asse: *i bambini amano fare le giravolte* | (*est.*) Giro fatto camminando | *Dare una g.*, andare un po' attorno | †Viaggio. *2* Tortuosità di strade, fiumi e sim.: *strade piene di giravolte*; *dopo quella casa il torrente fa una serie di giravolte*. *3* (*fig.*) Improvviso mutamento di opinione dovuto a volubilità di carattere.

giravòltola s. f. ● (*pop.*) Giravolta.

†**girazióne** s. f. ● Giramento, giro.

†**gìre** [lat. *īre* 'andare', di origine indeur., con la *g-* di *giamo*, da *eāmus* 'andiamo'] v. intr. (oggi dif. usato solo nella prima e seconda pers. pl. del pres. indic. *noi giàmo, voi gìte*; nella prima e seconda pers. sing. e nella terza sing. e pl. dell'imperf. indic. *io gìvo, tu gìvi, egli gìva* o *gìa, essi gìvano*; nella seconda pers. sing. e pl., nella prima pl. e nella terza sing. e pl. del pass. rem. *tu gìsti, egli gì, noi gìmmo, voi gìste, essi gìrono*; in tutte le pers. del fut. *io girò*; in tutte le pers. dell'imperf. congv. *io gìssi*; in tutte le pers. del condiz. pres. *io girèi*; nel part. pass. *gìto* e in tutti i tempi composti; aus. *essere*) ● (*lett.*) Andare | *Girsene*, andarsene: *girsen vid'io, senza curar tempesta, | una nave superba in mezzo al mare* (PARINI).

girèlla [da *girare* 'andare tutt'attorno'] **A** s. f. *1* Carrucola. *2* Rotella di legno scanalata intorno alla quale si avvolge uno spago che, sfilato con forza, la fa girare sul terreno, per divertimento dei bambini. SIN. Ruzzola. *3* (*al pl.*) Insieme di due pezzi di legno torniti come una mela schiacciata, con intaccature o canali entro cui sono incastrati i capi delle stecche dell'arcolaio, sopra e sotto. *4* (*est.*, *raro*) Qualsiasi cosa che abbia la forma di un disco: *una g. di cacio* | (*fig.*) Stranezza, stravaganza | (*tosc.*, *fig.*) *Dare nelle girelle*, non avere la testa a posto. **B** s. m. inv. ● (*fig.*) Persona volubile che cambia spesso di opinione. || **girellétta**, dim. | **girellina**, dim. | **girellòtto**, accr. m. (V.).

girellàre [da *girare* 'andare in *giro*'] v. intr. (*io girèllo*; aus. *avere*) ● Girare oziosamente e senza meta in qua e là: *è un fannullone e non fa altro* *che g.* | (*fig.*) *G. per il capo*, mulinare, frullare. SIN. Bighellonare, gironzolare.

girellìo s. m. ● Il girellare frequente e continuato.

girellismo [deriv. di *Girella*, personaggio di una famosa poesia di G. Giusti] s. m. ● Incoerenza, volubilità, incostanza.

girèllo [da *girare* intorno] s. m. *1* Oggetto a forma di piccolo cerchio. *2* Sostegno di forma circolare, più largo in basso montato su rotelle entro il quale si mette il bambino che sta imparando a camminare. *3* Taglio di carne costituito dalla parte posteriore della coscia del bue o del vitello macellati, particolarmente indicato per cotolette e vitello tonnato. *4* La parte carnosa del carciofo su cui sono inserite le brattee | Asse a forma di disco del bulbo della cipolla. *5* Semicerchio di cuoio, smussato, che va inserito tra il tacco e la base della tomaia per livellare la parte concava del calcagno. *6* Dischetto di cuoio all'apice della stecca da biliardo. *7* †Armilla, braccialetto. || **girellino**, dim. | **girellòtto**, accr. (V.).

girellonàre v. intr. (*io girellóno*; aus. *avere*) ● Fare il girellone.

girellóne s. m. (f. *-a*) *1* Girandolone, bighellone. *2* (*fig.*) †Persona volubile.

girellòtto (1) [accr. di *girella*] s. m. ● Ruzzola più grande dell'ordinario.

girellòtto (2) [accr. di *girello*] s. m. ● Anello, giuntura, diaframma di legno, carta e sim.

girétto s. m. *1* Dim. di *giro*. *2* Passeggiatina: *fare un g.* *3* (*raro*) Ricciolo posticcio alla tempia. || **girettino**, dim.

girévole agg. *1* Che può girare: *poltrona, piattaforma g.* *2* (*fig.*) Volubile, irritante: g ... *e arrogante nel congedare* (NIEVO).

girifàlco o **girfàlco** [fr. ant. *gerfalc*, dall'ant. alto ted. *gîr* 'avvoltoio, falco'] s. m. (pl. *-chi*) ● Grosso falco dal piumaggio elegante con penne del dorso grigio-brune fasciate in bianco, che vive nell'Europa settentrionale (*Falco rusticolus islandus*).

girigogolàre [da *girigogolo*] v. intr. (*io girigògolo*; aus. *avere*) ● Fare girigogoli.

girigògolo [da *giro* con sovrapposizione di *ghirigoro*] s. m. ● Tratto di penna pieno di capricciose volute: *una scrittura, un disegno pieno di girigogoli* | (*fig.*) *Discorso fatto di girigogoli*, involuto e incomprensibile.

girino (1) [vc. dotta, lat. *gyrīnu(m)*, dal gr. *gyrînos*, per l'abitudine di *girare* rapidamente] s. m. ● (*zool.*) Forma larvale degli Anfibi anuri che respira per branchie e ha corpo globoso con lunga coda laminare | *G. striato, nuotatore*, piccolo insetto dei coleotteri dal corpo ovale con elitre scure che nuota alla superficie dell'acqua (*Gyrinus substriatus*).

girino (2) [da *giro* nel sign. 6] s. m. ● (*pop.*) Corridore ciclista partecipante al giro d'Italia.

girìo [da *girare*] s. m. ● Un girare frequente e prolungato.

girl /*ingl.* gə:l/ [ingl., propriamente 'ragazza' di origine germ., ma di etim. incerta] s. f. inv. ● Ragazza del corpo scenico di ballo, in spettacoli di rivista e varietà.

girlfriend /*ingl.* 'gə:lfrend/ [vc. ingl., comp. di *girl* 'ragazza' e *friend* 'amico, amica'] s. f. inv. ● Amica che un ragazzo frequenta con affettuosa assiduità.

gìrlo [prob. lat. **gȳrulu(m)*, dim. di *gȳrus* 'giro'] s. m. ● Dado con perno, a quattro facce, che si fa ruotare come una trottola e che reca impresse sulle facce le lettere T, P, N, A, iniziali delle parole latine *totum* ('tutto'), *pone* ('metti giù'), *nihil* ('nulla'), *accipe* ('incassa').

gìro [lat. *gȳru(m)*, dal gr. *gŷros* 'cerchio', di origine indeur.] **A** s. m. *1* Cerchia, circùito, circolo: *il g. delle mura*; *le fortificazioni hanno un g. di dieci miglia* | *Prendere in g.*, (*fig.*) canzonare | *G. di parole*, (*fig.*) perifrasi | *G. del periodo*, (*fig.*) disposizione delle parole o frasi che lo compongono | *G. di stanza*, serie, disposizione dei vani di una casa | *Di g. in g.*, di mano in mano: *di g. in g. scoprendo più vere le sue posizioni e vera la sua dottrina* (GALILEI) | In vari sport, lunghezza del percorso di un velodromo, di un circuito e sim.: *distaccare, battere di un g. l'avversario*; *g. di pista* | *G. d'onore*, quello che il vincitore di una gara spec. ciclistica compie attorno alla pista o al circuito d'arrivo. *2* Apertura degli abiti per infilarvi le braccia, o attaccarvi le maniche: *una camicia larga, stretta di g.* | *G. del cappello*, la sua circonferenza interna | (*raro*) Orlo: *il g. del bicchiere*. *3* Rotazione o movimento che una cosa o una persona compiono sul proprio asse o attorno a q.c.: *i giri della terra, dei pianeti*; *un g. di manovella*; *il g. degli occhi, dello sguardo*; *i giri del motore*; *dare un doppio g. di chiave*; *un g. di pista*; *fare un g. di valzer*; *g. di vite*, (*fig.*) intervento restrittivo, inasprimento di una sanzione, spec. in politica, diritto e sim. | *Essere su, giù di giri*, (*fig.*) essere eccitato o demoralizzato | *G. d'orizzonte*, in topografia, misurazione, con teodolite o con tacheometro, da un punto di stazione, degli azimut relativi ai vari segnali; (*fig.*) visione rapida e generale di una situazione, di un problema, e sim. | *G. di boa*, (*fig.*) svolta decisiva | In ginnastica, movimento di rotazione che consente di cambiare posizione: *mezzo g.*; *un quarto, un ottavo di g.* | *G. della morte*, cerchio della morte | *G. tondo*, V. *girotondo*. *4* Cammino, viaggio per scopi determinati: *il g. del medico per le visite*; *un g. d'ispezione tra le filiali*; *il g. del mondo in 80 giorni*; *il g. di un commesso viaggiatore*; *fare un g. turistico sui laghi, per la Sicilia* | *G. artistico*, corso di rappresentazioni di una compagnia teatrale in vari paesi. *5* (*est.*) Il camminare, il muoversi senza precise ragioni: *andare in g.*; *fare un g. in città*. SIN. Camminata, passeggiata. *6* Gara ciclistica, automobilistica, aviatoria e sim., in una sola prova o a tappe, in genere con ritorno al luogo di partenza: *g. d'Italia*; *g. podistico della città*. *7* Circolazione di chiacchiere, di notizie, anche stampate: *vi sono molte voci tendenziose in g. sul tuo conto* | *Mettere in g.*, divulgare, diffondere | Circolazione di merci, di denaro | *G. di affari*, la quantità di prodotto venduto espresso in moneta | *Partita di g.*, registrazione all'attivo e al passivo di una stessa contabilità | *G. di cassa*, registrazione di cassa. *8* (*fig.*) Periodo di tempo: *il lavoro sarà pronto nel g. di un anno*; *nel g. di tre mesi si ammalò e morì* | Turno, vicenda | *È il vostro g.*, tocca a voi | *Donna di g.*, (*fig.*) prostituta | Nel gioco delle carte, un certo numero di partite disputate a seconda del numero dei giocatori o di altro vario criterio: *un ultimo g., e poi ce ne andiamo a dormire*. *9* (*fig.*) Insieme di iniziative, attività, operazioni, manovre e sim., spesso lucrose e illegali, di norma svolte in segreto: *il g. delle amicizie*; *il g. dello spionaggio industriale, internazionale*; *entrare, essere nel g. degli stupefacenti, del contrabbando, delle bische clandestine* | (*est.*) Complesso organizzato di persone che si dedicano a tali attività | (*est.*) Insieme di persone che manovrano nascostamente per procurare a sé o ad altri vantaggi, favori, cariche e sim.: *un g. losco, equivoco* | *Essere nel g.*, essere al corrente, conoscere bene, disporre di ottime fonti di informazione, di appoggi e sim., nell'ambito di un'attività, di un ambiente, di un gruppo e sim. *10* (*est., gerg.*) Relazione amorosa, spec. se ha qualcosa di illecito e segreto come la tresca. **B** in funzione di agg. inv. ● (posposto al s.) Nella loc. *angolo g.*, angolo di 360°. || **girétto**, dim. (V.) | **giróne**, accr. (V.).

giro- [da *giro*] primo elemento ● In parole composte dotte e della terminologia scientifica e tecnica significa 'rotazione', 'circolarità' e sim.: *girobussola, giroscopio, girocollo, giroconto*.

-giro [da *giro*] secondo elemento ● In parole composte burocratiche della terminologia di banca e di ragioneria significa 'trasferimento', 'passaggio' meramente contabile: *postagiro*.

girobùssola [comp. di *giro(scopio)* e *bussola*] s. f. ● Bussola giroscopica.

girocòllo [da intendersi *giro (di) collo*] **A** s. m. *1* Maglione con scollatura rotonda, aderente alla base del collo. *2* Collana aderente alla base del collo. **B** agg. ● Detto di indumento o collana a girocollo.

girocónto [da interpretarsi *giro (di) conto*] s. m. ● Spostamento, a opera di una banca, di una somma di denaro da un conto a un altro, in esecuzione dell'ordine ricevuto dal primo correntista.

girodirezionàle [comp. di *giro(scopio)* e *direzionale*] s. f. ● (*aer.*) Direzionale giroscopico.

girolètto [etim. incerta] s. m. ● Mobile costituito dal letto con i comodini e la testiera incorporati.

giromànica [da intendersi *giro (di) manica*] s. m. ● Parte di un indumento che circonda l'ascella, e a cui può essere o meno attaccata la manica.

†**girométta** [dalla canzone pop. 'La bella *Girometta*' (acrt. di Girolametta)] s. f. ● Donna che veste e parla con affettazione.

girónda ● V. *ghironda*.

girondino [fr. *girondin*, dal n. del dipartimento fr. della *Gironda*, così detta per l'omon. fiume che la bagna, parallelo di *Garonne*, di etim. incerta] s. m. ● Membro o sostenitore del movimento politico di tendenza moderata, costituitosi durante la Rivoluzione Francese, così chiamato perché i suoi capi erano in gran parte deputati del dipartimento della Gironda.

girondolàre ● V. *girandolare*.

giróne (1) s. m. *1* †Accr. di *giro*. *2* Cerchio, giro, nell'*Inferno* e nel *Purgatorio* della *Divina Commedia*. *3* (*sport*) Raggruppamento di squadre o di atleti per la disputa di un campionato o di un torneo | *G. di andata*, nel calcio e sim., il primo dei due gruppi di partite di campionato, in cui le squadre si incontrano tutte fra loro una prima volta | *G. di ritorno*, il secondo gruppo di partite di campionato in cui le squadre s'incontrano tutte una seconda volta invertendo la sede | *G. all'italiana*, in cui ogni squadra incontra l'altra una sola volta | *G. ascendente*, quello di andata. *4* (*mar.*) Impugnatura del remo. *5* †Cinta di una fortezza, di una città fortificata.

giróne (2) ● V. *gironi*.

giróni o (*raro*) **giróne** (2) [comp. di *girare* e il suff. iter. avv. *-oni*] avv. ● (*tosc.*) In giro, a zonzo: *andare g. tutto il giorno* | Anche nella loc. avv. *a g.*

gironzàre [da *girare*] v. intr. (*io girónzo*; aus. *avere*) ● Gironzolare.

gironzolàre o **gironzolàre** [da *girare*] v. intr. (*io girónzolo* o *girónzolo*; aus. *avere*) ● Girellare: *non fa altro che g. dalla mattina alla sera* | Girare frequentemente intorno a una persona o una cosa con aria sospettosa: *è parecchio che quel tipo gironzola qui intorno*.

giropilòta [comp. di *giro(scopio)* e *pilota*] s. m. (pl. *-i*) ● Dispositivo elettromeccanico collegato con la girobussola che consente di mantenere invariata la rotta. SIN. Pilota automatico.

giroscòpico [da *giroscopio*] agg. (pl. m. *-ci*) ● Che si riferisce al giroscopio.

giroscòpio [comp. di *giro* e *-scopio*, sul mod. del fr. *gyroscope*] s. m. ● Solido che gira rapidamente attorno a un asse principale che rimane stabile durante la rotazione.

girostabilizzatóre [comp. di *giro(scopio)* e *stabilizzatore*] s. m. ● Dispositivo giroscopico adottato a bordo dei grandi piroscafi per passeggeri o delle navi da guerra di maggior mole, allo scopo di eliminare o quanto meno attenuare i movimenti di rollio provocati dal moto ondoso.

giròstato [comp. di *giro-* e *-stato*] s. m. ● (*mecc.*) Solido posto in rapida rotazione rispetto al proprio asse, rispetto al quale tutta la sua massa è perfettamente equilibrata, in modo che l'asse conservi invariata la sua direzione nello spazio.

girotóndo [da interpretarsi *giro (in) tondo*] s. m. ● Gioco infantile nel quale i bambini si prendono per mano formando un circolo e girano al ritmo di una filastrocca.

giròtta [adatt. del fr. *girouette*, dall'ant. normanno *wirewite*, in ant. nordico *vedhrviti*, comp. di *vedhr* 'vento' e *viti* 'segnale', con sovrapposizione di *girer* 'girare'] s. f. *1* Striscia metallica girevole posta su campanili, comignoli e sim. per indicare la direzione del vento. *2* (*mar.*) †Banderuola o pannello sulla cima di un albero per segnalare la direzione del vento.

girovagàre [da *girovago*] v. intr. (*io giròvago, tu giròvaghi*; aus. *avere*) ● Andare a zonzo | Bighellonare.

giròvago [lat. tardo *gyrŏvagu(m)* 'uso a vagare (*vagāre*) in giro (*gȳrus*)', secondo un modello di composizione imitato dal gr.] agg.; anche s. m. (f. *-a*; pl. m. *-ghi*) ● Che, chi va in giro sostando in qualche luogo solo temporaneamente: *la città è piena di girovaghi* | *Mercante g.*, che va vendendo la sua mercanzia per i paesi | *Suonatore g.*, che va di paese in paese sostando sulle piazze a dare spettacolo. SIN. Ambulante.

girovita [da *giro* (*di*) *vita*] s. m. inv. ● Circonferenza della vita di una persona o di un indumento.

gita [f. sost. di *gito*, part. pass. di *gire*] s. f. *1* Escursione, breve viaggio di svago: *g. al mare*; *g. turistica*; *g. scolastica*. *2* (*tosc.*) Giro di garzone o fornitore presso i clienti. *3* †Nel gioco degli scacchi, mossa. || **gitàccia**, pegg. | **gitarèlla**, **giterèlla**, dim. | **gitarellina**, dim.

gitàna [sp. *gitana* 'danza dei Gitani'] s. f. ● (*mus.*) Aria di una danza spagnuola a tre tempi, di movimento moderato.

gitàno [sp. *gitano*, dal lat. parl. *(*Ae*)*gyptānu*(*m*) 'proveniente dall'Egitto (*Āegyptus*)'] **A** s. m. (f. *-a*) ● Zingaro spagnolo o di origine nordafricana. **B** agg. ● Che è proprio degli zingari: *danze gitane*.

gitànte [da *gita*] s. m. e f. ● Partecipare a una gita: *i gitanti visitarono il centro storico della città*.

gittaióne ● V. *gettaione*.

†gittàre e *deriv.* ● V. *gettare* e *deriv.*

gittàta s. f. *1* Distanza che può essere raggiunta dal proiettile di un'arma da fuoco. *2* †V. *gettata*.

giù o (*pop.*, *tosc.*) **†giùe**, **†giùso** [da un precedente *giu*(*so*), dal lat. tardo *iūsum*, per il class. *deōrsum* 'giù', con sovrapposizione di *sūsum* 'su'] **A** avv. *1* A basso, in basso, verso il basso (con v. di stato e di moto): *scendi subito giù*; *venite giù*; *non guardare giù*; *viene giù ora*; *l'un si levò e l'altro cadde giuso* (DANTE *Inf.* XXV, 121) | Con valore pleon. e raff. seguito da un compl. di luogo: *è andato adesso giù in giardino*; *venite a giocare giù in cortile* | *Andare su e giù*, salire e scendere o andare avanti e indietro | *Andare giù*, (*fig.*) deperire | *Giù di moda*, in disuso | *Non mi va giù, non mi va né su né giù*, non riesco a inghiottire e (*fig.*) non riesco a tollerare | *Buttare giù*, demolire, abbattere: *hanno buttato giù il governo già due volte* | (*fam.*) *Buttare giù la pasta*, metterla a cuocere | *Buttare giù un boccone*, (*fig.*) mangiare q.c. in fretta | (*fig.*) *Buttare giù un'idea, due righe, un ritratto*, abbozzare alla buona e in fretta uno scritto, un ritratto | *Buttarsi giù*, sdraiarsi, coricarsi e (*fig.*) sminuirsi, avvilirsi | *Essere giù*, (*fig.*) essere in cattive condizioni di salute o di spirito | (*fig.*) *Giù di corda*, stanco, debilitato, depresso, nel fisico, nella volontà, nell'umore | *Mandare giù*, inghiottire e (*fig.*) credere, sopportare | *Mandare giù il rospo*, (*fig.*) tollerare un sopruso | *Mettere giù*, posare, deporre: *metti giù il cappello e il soprabito* | *Tirare giù q.c.*, (*fig.*) fare q.c. in fretta e malamente | *Tirare giù, tirare giù i santi del cielo*, (*fig.*) imprecare, dire parolacce: *ne tira giù di quelle!* | *Venire giù*, (*est.*) crollare: *non mi muovo nemmeno se viene giù il mondo* | *Viene giù un'acqua!*, piove a dirotto | *Dare giù*, (*raro*, *fig.*) picchiare. CONTR. Su. *2* (*iter.*) Indica un movimento continuato o prolungato, spec. lento, di discesa: *si calava giù giù lungo la facciata della casa con una fune* | (*anche fig.*) *prenderò in esame l'argomento dalle trattazioni più antiche giù giù fino alle più recenti*. *3* (*ass.*) Con ellissi del v. in escl. di esortazione, comando, sdegno, e sim.: *giù da quella sedia!*; *giù il cappello!*; *giù le mani!*; *giù le mani, screanzato!*; *giù le mani dal banco!* | *Giù la maschera!*, (*fig.*) basta con le finzioni! | Con valore raff.: *e giù acqua!*; *e giù bastonate!*; *e giù botte da orbi!*; *e giù una serie di improperi*. *4* Nella loc. avv. *in giù*, verso il basso: *prova a guardare in giù*; *dalla testa in giù è tutto sporco*; *è caduto a testa in giù* | (*fig.*) *Dal numero 20 in giù, dai settant'anni in giù*, e sim., decrescendo dal numero venti, dai settant'anni, e sim. *5* Nelle loc. avv. *da, di giù*, dal basso: *l'ho sentito fin da giù*; *il rumore viene di giù* | *Da, di giù in su*, dal basso all'alto | *Di qua, di là, di su, di giù*, da ogni parte. *6* Nelle loc. avv. *su per giù, giù di lì*, pressapoco: *ha su per giù quarant'anni*; *saremo in venti o giù di lì*; *viene da Alessandria o giù di lì*. **B** nella loc. prep. *giù per* ● Lungo: *porta i capelli giù per le spalle*; *se ne veniva giù per il sentiero* | *Andare, camminare su e giù per la strada, per la piazza, per la stanza* e sim., avanti e indietro.

giùba e *deriv.* ● V. *giubba* (*2*) e *deriv.*

giùbba (**1**) o (*dial.*) **†giùppa** [ar. *ğubba* 'sottoveste'] s. f. *1* (*tosc.*) Giacca da uomo: *mettersi, levarsi la g.* | Giacca militare: *la g. di un'uniforme* | *Farsi tirar la g.*, (*fig.*) essere inseguito dai creditori | *Rivoltare la g.*, (*fig.*) cambiare partito, opinione | *Tagliare la g. addosso*, (*fig.*) dire male di una persona in sua assenza. *2* (*tosc.*) Abito da cerimonia, marsina. *3* Casacca dei fantini, coi colori della scuderia | Casacca dei pagliacci. *4* Lunga sottoveste con maniche, maschile e femminile, nell'abbigliamento medievale: *vestito d'una ricca g. di zendado* (BOCCACCIO) | Nell'armatura antica, cotta di cuoio cordovano, di piastra di ferro e imbottita | Sopravveste maschile in tessuto prezioso, lunga sino alla vita, fornita di maniche rigonfie e arricchita di ricami e arricciature, tipica delle classi ricche sino al XVIII sec. || **giubbàccia**, pegg. | **giubbétta**, dim. | **giubbettàccia**, pegg. | **giubbettina**, dim. | **giubbétto**, dim. m. (V.) | **giubbina**, dim. | **giubbino**, dim. m. | **giubbóne**, accr. m. (V.) | **giubbòtto**, dim. m. (V.) | **giubbùccia**, pegg.

giùbba (**2**) o (*lett.*) **giùba**, **†iùba** [adatt. del lat. *iŭba*(*m*), di etim. incerta] s. f. ● Criniera, spec. del leone e del cavallo.

giubbàto o (*lett.*) **giubàto**, **†iubàto** [adatt. del lat. *iubātu*(*m*), da *iŭba* 'giubba (2)'] agg. ● (*lett.*) Fornito di criniera.

giubbétto (**1**) s. m. *1* Dim. di *giubba* (*1*). *2* Nell'abbigliamento antico, farsetto | Giacca corta e attillata, spesso senza maniche, usata spec. nell'abbigliamento femminile o infantile e in costumi regionali. *3* (*sport*) Nella divisa dello schermidore, giacchetto imbottito, corto e abbottonato su un fianco | *G. elettrico*, quello indossato dallo schermidore di fioretto sopra il normale giubbetto, limitatamente al bersaglio valido, che segnala automaticamente i colpi finiti a segno. *4* *G. antiproiettile*, *corazzato*; *g. di salvataggio*, V. *giubbotto*. || **giubbettino**, dim.

†giubbétto (**2**) o **†gibétto** [fr. *gibet*, di etim. incerta] s. m. ● Patibolo dei condannati all'impiccagione.

†giubbilàre e *deriv.* ● V. *giubilare* (*1*) e *deriv.*

†giubbonàio o **†giubbonàro** s. m. ● Chi fa giubboni.

giubbóne o (*dial.*) **†giuppóne**. s. m. *1* Accr. di *giubba* (*1*). *2* Giubba pesante, spec. quella in pelle usata dai motociclisti | *Piegare il g.*, (*fig.*) lavorare sodo, sgobbare | *Spolverare il g. a qc.*, (*fig.*) bastonarlo | *†Correre in g.*, (*fig.*) in fretta. || **giubboncèllo**, dim.

giubbòtto s. m. *1* Dim. di *giubba* (*1*). *2* Corta giacca sportiva, in pelle o tessuto, chiusa da bottoni o cerniera lampo. *3* *G. di salvataggio*, *g. salvagente*, corpetto in tela o plastica, ripieno di sughero o materiale espanso, destinato a tenere a galla chi cade in acqua. *4* *G. antiproiettile*, *corazzato*, corpetto che protegge il busto da colpi d'arma da fuoco, costituito da lamine di titanio racchiuse in un tessuto di nylon o di teflon, usato spec. dagli appartenenti alle forze di polizia.

†giubilaménto o (*pop.*) **†giubbilaménto**. s. m. ● Modo e atto del giubilare.

giubilànte part. pres. di *giubilare* (*1*); anche agg. *1* Nei sign. del v. *2* Pieno di giubilo, di gioia: *una folla g.* SIN. Esultante.

giubilàre (**1**) o (*pop.*) **†giubbilàre**, **†iubilàre** [lat. *iubilāre* 'gettar grida', poi 'gridare di gioia', di origine imitativa (= fare *iù, iù*)] **A** v. intr. (*io giùbilo*; aus. *avere*) ● Provare, manifestare giubilo: *g. d'allegrezza*; *cantare e g.*; *l'udì Armonia / e giubilando l'etere commosse* (FOSCOLO). SIN. Esultare. **B** v. tr. *1* Collocare un impiegato a riposo o in pensione, dopo lungo servizio. *2* (*est.*) In un ambiente di lavoro, togliere influenza a qc., magari assegnandogli incarichi meglio retribuiti o di maggiore prestigio.

giubilàre (**2**) [da *giubileo*] agg. ● Che si riferisce al giubileo: *anno*, *indulgenza g.*

giubilàto part. pass. di *giubilare* (*1*); anche agg. *1* Nei sign. del v. *2* Detto di impiegato collocato a riposo. *3* (*est.*) Detto di persona dispensata da una carica, esonerata da un ufficio o che comunque è stata costretta a lasciare la sua attività (*anche scherz. o iron.*).

giubilazióne o (*pop.*) **†giubbilazióne**, **†iubilazióne** [lat. tardo *iubilatiōne*(*m*), da *iubilātus* 'giubilato'] s. f. *1* (*raro*, *lett.*) Il provare e manifestare giubilo. *2* Collocazione a riposo di un impiegato con pensione. *3* Attestazione ufficiale, ma non valida ai fini della carriera, dei meriti di qc.

giubilèo o (*pop.*) **†giubbilèo**, **†iubilèo** [adatt. del lat. crist. *iubilǣu*(*m*), sott. *ănnu*(*m*) 'anno', dal gr. *iōbēlâios* (con sovrapposizione di *iubilāre*), agg. di *iṓbēlos* 'giubileo', dall'ebr. *yōbhēl* 'il (corno di) capro', col quale si annunciava la solennità religiosa celebrata ogni cinquantesimo anno] s. m. *1* Presso gli antichi Ebrei, epoca in cui, a conclusione di un periodo di 50 anni, si rimettevano i debiti, si liberavano le persone da servitù e si restituivano i beni agli antichi proprietari. *2* Nella chiesa cattolica, periodo, che generalmente ricorre ogni 25 anni e ha durata annuale, in cui il Pontefice concede l'indulgenza plenaria ai fedeli che si rechino pellegrini a Roma o che compiano opere meritorie equivalenti: *l'anno del g.* | *G. straordinario*, indetto in circostanze straordinarie per la Chiesa o le nazioni o all'inizio di un pontificato. *3* (*est.*) Cinquantenario: *g. di matrimonio* | Festa commemorativa al compimento del cinquantesimo anno di un'attività.

giùbilo o (*pop.*) **†giùbbilo** [lat. *iūbilu*(*m*), da *iubilāre*, come *sībilu*(*m*) 'sibilo' da *sibilāre* 'sibilare'] s. m. ● Sentimento di gioia intensa manifestato con parole, atti festosi: *grido*, *canti di g.*

†giucàre e *deriv.* ● V. *giocare* e *deriv.*

†giuccàggine [da *giucco*] s. f. ● (*tosc.*) Giuccheria.

giuccàta s. f. ● (*tosc.*) Azione, discorso da giucco.

giuccherìa s. f. ● (*tosc.*) Atto, comportamento, discorso da giucco.

giùcco [ar. *ğuḥā*, fig. pop. di 'sciocco'] agg.; anche s. m. (f. *-a*; pl. m. *-chi*) *1* (*tosc.*) Sciocco, balordo. *2* (*merid.*) Ubriaco. || **giuccàccio**, pegg. | **giuccherellino**, dim. | **giuccherèllo**, dim. | **giuccherellóne**, accr. | **giucchino**, dim. | **giuccóne**, accr.

giùda [lat. eccl. *Iūda*(*m*), in gr. *Iúda*, dall'ebr. *Yĕhūdhāh*, letteralmente 'lodato', nome di Giuda Iscariota traditore di Gesù Cristo] s. m. inv. *1* Traditore: *è un vero g.*; *ci sono dei g. tra noi* | *Bacio, parole di g.*, ipocrita manifestazione di affetto e di amicizia prima di un tradimento o dopo aver tradito. *2* (*bot.*) *Albero di g.*, siliquastro.

giudaèṣimo ● V. *giudaismo*.

giudàico o **†iudàico** [lat. eccl. *Iudāicu*(*m*), dal gr. *Ioudaikós*, da *Ioudâios* 'Giudeo'] agg. (pl. m. *-ci*) ● Che si riferisce al giudaismo o ai giudei | *Legge, fede giudaica*, religione degli Ebrei dopo l'esilio | *Stirpe giudaica*, gli Israeliti, gli Ebrei.

giudaìṣmo o **giudaèṣimo** [lat. eccl. *Iudaīsmu*(*m*), dal gr. *Ioudaïsmós*, da *Ioudâios* 'Giudeo'] s. m. ● Religione degli Ebrei spec. con riferimento a quella posteriore alla distruzione del tempio e dei tempi attuali, e, come tale, distinta dall'Ebraismo.

giudaizzàre [adatt. del lat. crist. *iudaizāre*, dal gr. *Ioudaïzein* 'vivere od operare alla maniera dei Giudei (*Ioudâioi*)'] v. tr. ● Seguire o accettare i riti giudaici.

giudècca [lat. *Iudāica*(*m*) 'quartiere riservato ai Giudei (*Iudāei*)' con sovrapposizione del suff. *-ecca*] s. f. ● Quartiere o ghetto in cui abitavano gli Ebrei in alcune città.

giudèo o **giudìo**, **†iudèo** [lat. *Iudǣu*(*m*), dal gr. *Ioudâios*, dall'aramaico *Yĕhūdhāy*(*ā*) 'della tribù di Giuda'] **A** s. m. (f. *-a*) *1* Del regno di Giudea | (*est.*) Israelita, ebreo | (*fig.*) *Confondere Giudei e Samaritani*, confondere persone diverse fra loro. *2* (*spreg.*) Usuraio | Traditore (V. nota d'uso STEREOTIPO). **B** agg. ● Dei Giudei | *Gergo giudio*, quello parlato, a Roma, nel ghetto ebraico | *Alla giudia*, (*ell.*) alla maniera degli ebrei: *carciofi alla giudia*.

giudeocristiàno [comp. di *giudeo* e *cristiano*] **A** agg. ● Che si riferisce ad alcune comunità cristiane primitive, i cui componenti sostenevano la necessità di osservare le norme del giudaismo. **B** s. m. (f. *-a*) ● Nel cristianesimo primitivo, cristiano che continuava a osservare la legge mosaica.

giudicàbile [lat. tardo *iudicābile*(*m*), da *iudicāre* 'giudicare'] **A** agg. *1* Che si può giudicare. *2* (*dir.*) Che potrà o dovrà essere oggetto di pronuncia giurisdizionale: *controversia g.*; *reo g. dal Tribunale*. **B** s. m. e f. ● (*dir.*) Imputato.

giudicànte part. pres. di *giudicare*; anche agg. ● Nei sign. del v.

giudicàre o **†iudicàre** [lat. *iudicāre*, da *iūdex*, genit. *iūdicis* 'giudice'] **A** v. tr. (*io giùdico*, *tu giù-*

dichi) *1* Valutare q.c. o qc. a seconda delle qualità, dei meriti e sim.: *solo i ... critici giudicano l'artista* (DE SANCTIS); *g. la capacità di un tecnico, di un dirigente*; *g. qc. idoneo, inadatto, abile, inabile*. *2* (*dir.*) Decidere con sentenza i fatti o imputazioni di cui si tratta in giudizio: *g. la lite, la causa*; *la Corte d'assise lo ha giudicato colpevole*. *3* Stimare, ritenere: *erano concordi nel giudicarlo maturo per quell'incarico*; *vidi una, che tra le belle bellissima giudicai* (SANNAZARO). SIN. Reputare. *4* †Sovrastare, dominare, spec. di cosa più alta rispetto a quelle circostanti. *5* †Aggiudicare, attribuire per sentenza q.c. a qc. *6* †Assegnare con disposizione testamentaria. **B** v. intr. (aus. *avere*) *1* Esprimere giudizi intorno a qc. o a q.c.: *saremo noi a g. delle nostre forze, delle vostre capacità, del suo operato*. *2* Esercitare la facoltà del giudizio: *essere in età di g.*; *g. obbiettivamente, bene, male, secondo i propri pregiudizi, liberamente*; *discernere g. consigliare sono atti umani* (LEONARDO).

giudicatìvo [lat. tardo *iudicatīvu(m)*, da *iudicātus* 'giudicato'] agg. *1* (*raro*) Relativo all'amministrazione della giustizia, alla competenza del giudice, al processo giudiziario. *2* Atto, utile a giudicare, a discernere. *3* †Deliberativo: *voto g.*

giudicàto (**1**) o †**iudicàto**. **A** part. pass. di *giudicare*; anche agg. ● Nei sign. del v. **B** s. m. ● (*dir.*) Cosa giudicata: *l'autorità del g.* | *Decisione passata in g.*, contro cui non sono più esperibili o sono già stati esperiti i mezzi ordinari di impugnazione | *Tenore del g.*, contenuto del provvedimento giurisdizionale.

giudicàto (**2**) [da *giudice*, nome dell'ufficiale munito di autorità sovrana] s. m. ● Ciascuna delle quattro suddivisioni antiche della Sardegna medievale: *il g. di Gallura*.

giudicatóre o †**iudicatóre**. agg.; anche s. m. (f. *-trice*, pop. †*-tora*) ● (*raro*) Che, chi giudica: *commissione giudicatrice* | *G. dei vivi e dei morti*, Dio.

giudicatòrio [lat. tardo *iudicatōriu(m)*, da *iudicātus* 'giudicato'] agg. ● Che riguarda il giudicare | *Facoltà giudicatoria*, facoltà propria dell'uomo di operare scelte o decisioni.

giudicatùra [vc. dotta, lat. mediev. *iudicatūra(m)*, da *iudicāre* 'giudicare'] s. f. *1* †Ufficio, funzione di giudice | Luogo in cui si amministra la giustizia. *2* (*st.*) Nel Medioevo, divisione amministrativa e giudiziaria della Sardegna.

giùdice o †**iùdice** [lat. *iūdice(m)*, originariamente 'colui che pronuncia (*dīcit*) la formula religiosa di giustizia, detta *iūs*, genit. *iūris*'] s. m. (f. *giùdice* e raro *giudicéssa* (V.); V. anche nota d'uso FEMMINILE) *1* Chi giudica persone e cose: *farsi g. di q.c.*; *erigersi a g. di qc.* | *Essere buono, cattivo g.*, giudicare bene, male | *Lasciar g. qc.*, addossargli l'onere del giudizio | Chi è incaricato di esprimere un giudizio: *la commissione è composta di sette giudici* | *G. d'arrivo*, nelle corse sportive, chi controlla e stabilisce ufficialmente l'ordine d'arrivo dei concorrenti sulla linea del traguardo | *G. di gara*, tecnico sportivo incaricato di vigilare sul regolare svolgimento di una competizione | (*mil.*) *G. di campo*, ufficiale che, nelle esercitazioni militari a partiti contrapposti, svolge attività arbitrale nei confronti degli atti operativi effettuati dalle unità contendenti. *2* (*dir.*) Pubblico ufficiale investito della funzione di giudicare in un giudizio attuando nel caso concreto la norma generale del diritto | *G. togato*, detto di magistrato appartenente all'ordine giudiziario, in un processo penale di competenza della Corte d'Assise | *G. laico*, *popolare*, cittadino, estratto a sorte, che fa parte della giuria, in un processo penale di competenza della Corte d'Assise. SIN. Giurato | *G. conciliatore*, V. *conciliatore* | *G. istruttore*, V. *istruttore* | *G. per indagini preliminari*, cui è affidata la fase antecedente al dibattimento | *G. costituzionale*, membro della Corte Costituzionale | *Giudice dell'esecuzione*, che dirige o coordina il processo di esecuzione della sentenza civile o penale e risolve gli incidenti sorti nel corso dello stesso. *3* (*dir.*) Organo giudiziario di un dato grado della giurisdizione: *g. unico*; *g. collegiale* | *G. di primo, di secondo grado*, competente a statuire in un giudizio di primo o di secondo grado | *G. di terzo grado*, la Corte di Cassazione | *G. costituzionale*, la Corte Costituzionale | *G. di merito*, qualifica riservata nel processo civile e penale agli organi giudiziari di primo e di secondo grado in quanto competenti a conoscere di questioni sia di fatto sia di diritto, o agli organi di giustizia amministrativa competenti a valutare l'opportunità di date valutazioni discrezionali dell'amministrazione | *G. di pace*, magistrato onorario con particolari limiti di competenza individuati per materia e per valore. *4* (*al pl.*) Presso gli Ebrei antichi, i magistrati che governarono il popolo ebraico dalla morte di Giosuè a quella di Sansone | *Libro dei giudici*, libro storico dell'Antico Testamento. *5* Nella Sardegna medievale, chi governava un giudicato. *6* †Dottore in legge.

giudicéssa s. f. *1* †Donna che esercita la funzione di giudice. *2* Moglie del giudice.

†**giudìcio** e *deriv.* ● V. *giudizio* e *deriv.*

giudìo ● V. *giudeo*.

giudiziàle o †**giudiciàle**, †**iudiciàle** [lat. *iudiciāle(m)* 'relativo al *giudizio* (*iudīcium*)'] agg. ● (*dir.*) Che concerne i giudici, i giudizi: *ordine*, *potere g.*; *atti giudiziali* | *Errore g.*, in cui è incorsa l'autorità giudiziaria nello svolgimento della propria funzione | *Esperimento g.*, riproduzione di un fatto disposta nel processo penale, per accertare se esso sia o possa essere avvenuto in un dato modo | *Eloquenza g.*, quella usata nella pratica forense | †*Il dì g.*, del giudizio finale. SIN. Giudiziario. || **giudizialménte**, avv. Per via di giudizio: *comporre giudizialmente una sentenza*.

giudiziàrio [lat. *iudiciāriu(m)* 'relativo al *giudizio* (*iudīcium*)'] **A** agg. *1* (*dir.*) Che concerne i giudizi, i giudici: *ufficiale g.*; *sfere giudiziarie*; *atti giudiziari*; *potere g.* | *Ordine g.*, complesso degli organi disciplinati da apposito ordinamento, esplicanti normalmente funzioni giurisdizionali | *Ordinamento g.*, legge disciplinante l'organizzazione e il funzionamento dell'ordine giudiziario | *Giorni giudiziari*, quelli destinati alla trattazione delle cause | *Termine g.*, la cui fissazione o modificazione spetta al giudice | *Sequestro g.*, misura cautelare ordinata dall'autorità giudiziaria nel corso di una controversia al fine di provvedere alla custodia di beni di cui è discussa la proprietà o il possesso o da cui potranno desumersi elementi di prova. *2* (*letter.*) *Genere g.*, tipo di eloquenza forense in uso spec. nella Roma antica, basato su studiate strutture retoriche. || **giudiziariaménte**, avv. **B** s. m. ● (*raro*) Giudice.

giudìzio o †**giudìcio**, †**iudìcio** [lat. *iudīciu(m)* 'deliberazione del *giudice* (*iūdex*, genit. *iūdicis*)'] s. m. *1* Facoltà propria della mente umana di confrontare, paragonare, distinguere persone o cose: *è una persona di g. finissimo*; *raggiungere l'età del g.*; *l'ingegno ... e il g. non sanno ben oprare senza l'aiuto della memoria* (MURATORI) | Senno, prudenza, discernimento: *siete proprio senza g.*; *ci vuol g.!* | *Mettere g.*, ravvedersi | *Denti del g.*, i molari più interni, che sono gli ultimi a spuntare. *2* (*filos.*) Operazione mentale mediante la quale si afferma o si nega la convenienza di un soggetto con un predicato posti tra di loro in rapporto da una copula | *G. determinante*, nella filosofia kantiana, il giudizio propriamente intellettuale, cioè conoscitivo | *G. teleologico*, finalistico. *3* Opinione, parere: *il g. concorde di tutti*; *a g. dei competenti il nostro progetto è il migliore*; *g. buono*, *cattivo*, *favorevole*, *sfavorevole*, *sano*, *retto*, *imparziale* | *G. comune*, senso comune | *A suo, mio g.*, secondo il parere suo, mio | *Stare*, *rimettersi al g. di qc.*, all'avviso di qc. | *Farsi un g.*, formarsi un'opinione, un'idea | *G. temerario*, senza indizi sicuri | *G. preconcetto*, in base a pregiudizi | *Falsare il g.*, traviarlo | *Torcere il g.*, corromperlo | †Risoluzione | †Testamento. *4* (*dir.*) Processo: *g. civile*, *penale* | *G. di primo*, *di secondo grado*, fase del processo in cui un organo giudiziario statuisce per la prima volta o in base ad appello su una controversia o un'imputazione | *G. di terzo grado*, fase processuale che si svolge dinnanzi alla Corte di Cassazione | *G. direttissimo*, procedimento penale speciale, esperibile nei confronti di chi è stato sorpreso in flagranza o in quasi flagranza di un reato | *G. immediato*, tipo di giudizio con rito semplificato esperibile quando la prova a carico dell'imputato appare evidente | *G. abbreviato*, tipo di giudizio che, su richiesta dell'imputato, comporta la definizione del processo all'udienza preliminare | *G. di equità*, procedimento nel quale il giudice deve decidere secondo il suo personale apprezzamento di giustizia. *5* (*est.*) Decisione, sentenza: *ci rimettiamo al vostro g.*; *per g. unanime fu riconosciuto il migliore* | *G. di Dio*, ordalia | *G. finale*, in varie religioni e credenze, sentenza della divinità sulla sorte dell'uomo dopo la morte | *G. universale* o *g. finale*, nel credo cristiano, momento in cui, alla fine del mondo, avvenuta la resurrezione dei morti, Cristo pronuncerà solennemente la sentenza per tutti gli uomini, che saranno eletti in Paradiso o dannati all'Inferno | (*dir.*) *G. di valore*, quello che ha per oggetto questioni di fatto | †Condanna, castigo: *giusto giudicio da le stelle caggia / sovra 'l tuo sangue* (DANTE *Par.* VI, 100-101). *6* (*per anton.*) Giudizio universale: *il giorno del g.*; *le trombe del g.* | *Andare al giorno del g.*, (*fig.*) non finire mai. *7* †Consesso dei giudici | †Giustizia. || **giudiziàccio**, pegg.

giudizióso o †**giudicióso**. agg. ● Che mostra accortezza, prudenza, riflessività: *è una persona giudiziosa*; *è stata una risposta giudiziosa*. SIN. Assennato, prudente, riflessivo. || **giudiziosaménte**, avv. In modo giudizioso; con prudenza.

giudò s. m. ● Adattamento di *judo* (V.).

giudoìsta e *deriv.* ● V. *judoista* e *deriv.*

giudòka s. m. e f. inv. ● Adattamento di *judoka* (V.).

†**giùe** ● V. *giù*.

†**giuggiàre** [ant. provz. *jutjar*, dal lat. *iudicāre* 'giudicare'] v. tr. ● Giudicare: *cheggio a lui che tutto giuggia* (DANTE *Purg.* XX, 48).

giùggiola [dal lat. *zīziphu(m)*, dal gr. *zízyphon*, di etim. incerta, attraverso le forme parl. *zīzupu(m)* e *zūzipu(m)* e sovrapposizione del suff. *-ūla(m)* '-ola'] s. f. *1* Frutto del giuggiolo | (*fig.*) *Andare in brodo di giuggiole*, gongolare di gioia. *2* Pasticca fatta di giuggiole, zucchero e gomma arabica, efficace contro la tosse. *3* (*fig.*) Cosa da nulla. || **giuggiolétta**, dim. | **giuggiolìna**, dim. | **giuggiolóna**, accr. | **giuggiolóne**, accr. m. (V.).

giuggiolàio s. m. ● Venditore di giuggiole.

giuggiolèna [dall'ar. *giulgiulān*] s. f. ● (*bot.*, *dial.*) Sesamo.

giuggiolìno [sp. *ajonjolí*, dall'ar. granadino *ǧulǧulín* 'giuggiolena'] agg. ● (*raro*) Del colore della giuggiola, tra il giallo e il rosso | Fatto di giuggiole: *sciroppo g.*

giùggiolo [dal lat. *zīzyphu(m)*, dal gr. *zízyphon*, di etim. incerta, con sovrapposizione di *giuggiola*] s. m. ● Alberetto delle Ramnacee spesso coltivato e pregiato per il legno duro e per i frutti a drupa eduli (*Zizyphus vulgaris*).

giuggiolóne s. m. (f. *-a*) *1* Accr. di *giuggiola*. *2* (*fig.*) Persona dappoco.

†**giùgnere** ● V. *giungere*.

giùgno [lat. *Iūniu(m)*, sott. *mēnse(m)*, '(mese) di Giunone (*Iūno*, genit. *Iunōnis*, di etim. incerta)', la dea alla quale era dedicato] s. m. ● Sesto mese dell'anno nel calendario gregoriano, di 30 giorni.

giùgnolo [da *giugno*] agg. ● (*raro*) Di frutti che giungono a maturazione nel mese di giugno.

giùgolo ● V. *giugulo*.

giugulàre (**1**) o **iugulàre** (**1**) [lat. *iugulāre(m)*, sott. *vēna(m)*, da *iugulum* 'gola', cfr. *iugum* 'giogo'] agg. ● (*anat.*) Che appartiene al giugulo | *Vena g.*, che si dirige verso il giugulo, raccogliendo il sangue che viene dalla testa. ➡ ILL. p. 363 ANATOMIA UMANA.

giugulàre (**2**) e *deriv.* ● V. *iugulare* (*2*) e *deriv.*

giùgulo o **giùgolo** [vc. dotta, lat. *iūgulu(m)*, dim. di *iūgum* 'clavicola, collo'] s. m. *1* (*anat.*) Fossetta compresa tra l'estremità superiore dello sterno e i tendini di inserzione dei muscoli sternocleidomastoidei. *2* Nei bovini e negli equini, ciascuna delle fossette laterali alla base della testa.

†**giulèb** ● V. *giulebbe*.

giulebbàre [da *giulebbe*] v. tr. (*io giulèbbo*) *1* Cuocere in sciroppo di zucchero. *2* (*est.*) Indolcire troppo. *3* (*fam.*, *iron.*) Essere costretto a sopportare cosa o persona molesta | (*fig.*) *G. qc.* o *q.c.*, conservarlo con cura e amore. *4* (*raro*, *scherz.*) Ridurre qc. in cattivo stato.

giulebbàto part. pass. di *giulebbare*; anche agg. *1* Nei sign. del v. *2* Detto di frutta cotta nello sciroppo. SIN. Sciroppato. *3* (*fig.*) Svenevole, sdolcinato, lezioso.

giulèbbe o †**giulèb**, †**giulèbbo** [ar. *gulāb*, volg. *ǧulēb*, dal persiano *gulāb* 'acqua (*ab*) di rosa (*gul*)'] s. m. *1* Sciroppo denso di zucchero condito con aromi, sughi di frutta, infusione di fiori. *2* (*est.*, *fig.*) Cosa troppo dolce | Persona sdolcinata. *3* (*raro*, *fig.*) Stato di illusoria contentezza: *essere nel g.*

giulécca [ar. algerino *ǧalīka*, dal turco *yelék* 'corpetto, panciotto'] s. f. ● Farsetto di panno un tempo portato da schiavi e galeotti.

giuliàna s. f. ● Adattamento di *Julienne* (V.).

giuliàno (1) A agg. ● Della Venezia Giulia. B s. m. (f. *-a*) ● Abitante della Venezia Giulia.

giuliàno (2) [lat. *Iuliānu(m)* 'proprio di Giulio (*Iūlius*)'] agg. ● Di C. Giulio Cesare (100 (102/101)-44 a.C.) | *Calendario g.*, riformato da Giulio Cesare, che stabiliva la durata dell'anno in 365 giorni, con un anno bisestile ogni quattro anni. CFR. Gregoriano.

giùlio [dal n. del papa *Giulio II* (1443-1513)] s. m. ● (*numism.*) Moneta d'argento fatta coniare da Giulio II nel XVI secolo.

giulìvo [ant. fr. *jolif* 'lieto', di etim. discussa: dall'ant. nordico *jōl* 'festa d'estate' (?)] agg. *1* Che si mostra lieto e contento: *avere un aspetto g.* | *Oca giuliva*, persona, spec. donna, dall'aria sciocca e soddisfatta. SIN. Festoso, gaio. *2* (*raro*) Tranquillo. || **giulivaménte**, avv.

giullàre o †**giullàro** [ant. provz. *joglar* 'buffone', dal lat. *ioculāris* 'giocolare'] A s. m. *1* Nel tardo Medioevo, giocoliere e cantastorie che si esibiva per il pubblico delle corti e delle piazze | *I giullari di Dio*, autori di laudi religiose. SIN. Menestrello. *2* (*spreg.*) Buffone, saltimbanco | Persona priva di dignità. B agg. ● †Buffonesco. || **giullarino**, dim.

giullarésco agg. (pl. m. *-schi*) ● Dei giullari, da giullare (*anche spreg.*): *arte giullaresca*.

†**giullàro** ● V. *giullare*.

giullerìa s. f. *1* Mestiere del giullare. *2* Corporazione dei giullari. *3* (*fig.*) †Buffoneria.

giumèlla [lat. mediev. *iumĕlla(m)*, corrispondente al class. *gemĕlla(m)*, sott. *mănu(m)*, 'mano gemella', con intrusione di *giu(nta)*] s. f. ● Quanto è contenuto nel cavo delle due mani tenute insieme: *una g. di farina, di sale* | *Fare g. delle palme, delle mani*, riunirle fino a formare una cavità: *bevono facendo g. delle palme* (CARDUCCI) | *Quattrini a giumelle*, in quantità.

giuménta s. f. ● Cavalla da sella | *Attaccar la g.*, (*fig.*) prender sonno profondamente.

giuménto [lat. *iumĕntu(m)*, prima 'attacco (di cavalli, muli)', della stessa radice indeur. di *iŭngere* 'giungere' e *iŭgum* 'giogo', poi lo stesso 'animale da tiro'] s. m. (f. *-a* (V.); pl. *giuménti*, m., lett. *giuménta*, f. spec. con sign. collettivo) ● Bestia da soma.

giumèrri [ant. provz. *jumerle*, dal lat. *chimǣera(m)*, dal gr. *chímaira*, propriamente 'giovane capra', letteralmente 'di un inverno (*cheimérios*, agg. di *chêime*, di origine indeur.)'] s. m. pl. ● Nei bestiari medievali, favolosi animali che si dicevano nati dall'incrocio di un toro con una giumenta.

giùnca [mal. *djong*, noto ai viaggiatori portoghesi che ne trasmisero la var. m. *junco*] s. f. ● Imbarcazione di origine cinese spesso a fondo piatto, a due o più alberi, con vele formate da stuoie di canne parallele.

Giuncàcee [comp. di *giunco* e *-acee*] s. f. pl. ● Nella tassonomia vegetale, famiglia di piante monocotiledoni a cui appartiene il giunco (*Iuncaceae*) | (al sing. *-a*) Ogni individuo di tale famiglia. ➡ ILL. **piante** /11.

giuncàceo agg. ● Di giunco | Fatto di giunchi.

giuncàia s. f. ● Luogo folto di giunchi.

†**giuncàre** v. tr. *1* Coprire, spargere di fiori o fronde, di giunchi o di altre piante: *giuncava le vie fior di ginestra* (PASCOLI). *2* Battere con giunchi.

giuncàta [dai *giunchi*, fra i quali si pone il latte rappreso] s. f. ● Latte coagulato senza sale, che si usa lasciare scolare tra giunchi o foglie di felci.

giunchéto s. m. ● Giuncaia.

giunchìglia [sp. *junquillo*, dim. di *junco* 'giunco' per lo stelo nudo e flessibile] s. f. ● Pianta erbacea delle Amarillidacee con grandi fiori gialli simili a narcisi e foglie basali lanceolate (*Narcissus jonquilla*).

giùnco [lat. *iŭncu(m)*, di etim. incerta] s. m. (pl. *-chi*) *1* Pianta erbacea delle Giuncacee che cresce nei luoghi acquitrinosi con foglie cilindriche e infiorescenza verdastra (*Juncus*) | *G. del Nilo*, papiro | *G. fiorito*, con foglie lineari e fiori rosa in ombrella (*Butomus umbellatus*) | *G. marino*, sparto. *2* (*est.*) Il fusto di tale pianta, essiccato e gener. opportunamente trattato, che si impiega nella fabbricazione di vari oggetti, mobili e sim. intrecciati. *3* (*sport*) Attrezzo di giunco usato in alcuni esercizi di ginnastica femminile. *4* (*mar.*) Corda minore per drizzare verghe e vele minori. || **giunchétto**, dim.

giùngere o †**giùgnere** [lat. *iŭngere*, della stessa fam. di *iŭgum* 'giogo', passato più tardi anche al sign. di 'arrivare (a unire)'] A v. intr. (pres. *io giùngo, tu giùngi*; pass. rem. *io giùnsi, tu giungésti*; part. pass. *giùnto*; aus. *essere*) *1* Toccare il punto d'arrivo, arrivare nel luogo voluto: *g. al traguardo, alla meta* | *G. in porto*, (*fig.*) ottenere l'intento, venire a fine di un'impresa | *G. nuovo*, di cosa mai saputa prima | *G. all'orecchio*, apprendere per vie indirette. *2* Seguito dalla prep. *a* e da un v. all'inf., osare, spingersi sino a: *g. a dire, a fare*. *3* (*fig.*) †Avvenire, accadere. B v. tr. *1* Congiungere, unire: *g. le mani in preghiera* | †*G. i buoi*, aggiogarli. *2* †Aggiungere: *giunge al vecchio timor nuovi sospetti* (TASSO) | †Soggiungere. *3* (*tosc.*) Acchiappare, cogliere | †Raggiungere. *4* †Sorprendere, ingannare. C v. intr. pron. ● Congiungersi.

giùngla, (*raro*) **iùngla** o **jùngla** [ingl. *jungle*, dall'indost. *jaṅgal* 'luogo deserto, foresta', in sanscrito *jāṅgalaḥ*, di etim. incerta] s. f. *1* Formazione vegetale costituita da un fitto intrico di alberi, arbusti, liane e alte erbe, caratteristica di alcune regioni monsoniche. *2* (*fig.*) Luogo o ambiente infido e insidioso in cui è necessario lottare duramente contro ostacoli di ogni genere: *la grande metropoli è una g.* | *G. retributiva, g. dei redditi*, la disparità, talvolta assai vistosa, che, a parità di posizione e qualifica professionale, si riscontra nel trattamento economico dei lavoratori dipendenti dello Stato, degli enti locali, delle industrie.

giunóne [lat. *Iunōne(m)*, di etim. incerta, nome della moglie di Giove, nella mitologia greco-romana] s. f. ● Donna alta e formosa | Donna gelosa e superba.

giunònico [da *Giunone* per le opulente raffigurazioni classiche della dea] agg. (pl. m. *-ci*) ● Di Giunone: *attributi giunonici* | (*est.*) Di donna che ha forme prosperose e armoniche quali si attribuivano alla dea Giunone: *bellezza giunonica*.

giunònio [lat. *Iunōniu(m)* 'di Giunone (*Iūno*, genit. *Iunōnis*)'] agg. ● (*lett.*) Di, relativo a Giunone.

giùnta (1) [f. sost. di *giunto*, part. pass. di *giungere*] s. f. *1* Aggiunta: *fare una g. alla tovaglia, alla tavola, all'abito* | *Fare la g. a un discorso*, (*fig.*) metterci le frange | (*est.*) Il punto in cui le due parti si uniscono: *rinforzare la g.* *2* (*letter.*) Nota aggiunta, nuovo contributo di osservazioni e note. *3* Piccola quantità di merce aggiunta a quella acquistata come sovrappiù: *ho chiesto al macellaio un osso per il brodo come g.* | *Dare di g.*, in più | (*fig.*) *Per g.*, per soprammercato, per di più. *4* †Arrivo, il giungere | †*A, nella prima g.*, di primo acchito, subito: *m'assisi ne la prima g.* (DANTE *Inf.* XXIV, 45). *5* †Giuntura. || **giuntarèlla**, **giunterèlla**, dim. | **giuntìna**, dim.

giùnta (2) [sp. *junta*, da *juntar* 'giungere assieme, riunire'] s. f. *1* (*dir.*) Organo collegiale eletto dal consiglio comunale o provinciale o regionale, preposto, sotto la direzione del sindaco o di un presidente, a funzioni esecutive nell'ambito dell'amministrazione rispettivamente di un comune, di una provincia, di una regione: *g. comunale, g. provinciale, g. regionale*. *2* (*dir.*) Nel Parlamento italiano, commissione di parlamentari addetta a compiti particolari di accertamento, convalida e sim. ma non legislativi: *g. delle elezioni*. *3* Nell'ordinamento scolastico italiano, organo collegiale ristretto, composto di rappresentanti delle varie componenti dei consigli di circolo e d'istituto, che svolge funzioni esecutive e gestionali nell'ambito di ogni scuola: *g. di circolo, g. di istituto*. *4* (*gener.*) Commissione: *g. consultiva*. *5* (*polit.*) Organo collettivo, di governo dittatoriale che si instaura solitamente dopo un golpe militare, spec. nei paesi dell'America Latina.

giuntàre (1) [da *giunto*, part. pass. di *giungere*, nel sign. B1] A v. tr. ● Attaccare cucendo: *fece g. due tasche alla giacca* | Aggiuntare. B v. rifl. ● (*raro*) Unirsi.

†**giuntàre** (2) [da *giunto*, part. pass. di *giungere*, nel sign. B3] v. tr. ● Ingannare, truffare.

giuntatóre (1) [da *giuntare* (*1*)] s. m. (f. *-trice*, pop. *-tora*) ● Chi ha il compito di effettuare le giunte, in diversi mestieri.

†**giuntatóre** (2) [da *giuntare* (*2*)] s. m. (f. *-trice*, pop. *-tora*) ● Imbroglione, truffatore: *cerco un ghiottone, un perfido, / un baro, un giuntator, un ladro* (ARIOSTO).

giuntatrìce [da *giuntare* (*1*)] s. f. *1* (*cine*) Macchina con la quale si fissano l'uno all'altro i pezzi della pellicola durante il montaggio. *2* Macchina impiegata nell'industria del legno per unire pezzi in lavorazione.

giuntatùra s. f. ● Atto dell'unire l'uno all'altro i vari pezzi di una struttura.

giunterìa s. f. ● (*lett.*) Inganno, imbroglio: *una g. solenne di menarvi a zonzo per un intero capitolo della mia vita* (NIEVO).

giuntìno [dal n. del tipografo fior. F. *Giunti* o *Giunta* (1450-1517)] agg. ● Detto di edizione a stampa composta da una dinastia di tipografi-editori operanti tra il XV e il XVII sec.

giuntìsta s. m. (pl. *-i*) ● Operaio che collega strutture d'acciaio, saldandole e imbullonandole | Operaio che esegue la giunzione di cavi elettrici e cura la manutenzione di impianti di telecomunicazione.

giùnto A part. pass. di *giungere*; anche agg. ● Nei sign. del v. || †**giuntaménte**, avv. Congiuntamente, insieme. B s. m. *1* (*mecc.*) Organo di accoppiamento permanente di due elementi di una costruzione o di una macchina adatto alla trasmissione di sforzi: *g. elastico, cardanico* | *G. di dilatazione*, intervallo lasciato tra due parti di una costruzione per compensare gli spostamenti dovuti a effetti tecnici, di ritiro, assestamenti di fondazioni. *2* (*geol.*) *G. di stratificazione*, superficie di separazione fra due strati rocciosi.

giuntóia s. f. ● Fune attaccata alla parte interna del giogo per tenerlo fermo sul collo dei buoi.

giuntùra [lat. *iunctūra(m)*, da *iŭnctus* 'giunto'] s. f. *1* Punto ove un pezzo è attaccato a un altro. SIN. Commessura, commettitura. *2* (*ling.*) Punto di contatto fra unità disposte sintatticamente. *3* (*anat.*) Articolazione.

giunzionàle agg. ● Di giunzione, che serve di collegamento: *linea, cavo g.*

giunzióne [lat. *iunctiōne(m)*, da *iŭnctus* 'giunto'] s. f. *1* (*raro*) Congiunzione. *2* Giunto | *G. a bicchiere*, usata nei tubi, nella quale il diametro di uno dei due tubi viene allargato all'estremità per accogliere l'inizio dell'altro. *3* (*elettr.*) Nei semiconduttori, regione di transizione fra regioni di proprietà elettriche differenti.

giuòco e *deriv.* ● V. *gioco* e *deriv.*

†**giùppa** e *deriv.* ● V. *giubba* (*1*) e *deriv.*

giurabbàcco [comp. di *giuro a Bacco*] inter. ● (*euf.*, *scherz.*) Esprime meraviglia, stupore, irritazione, impazienza, risentimento o energica asseverazione: *g.!, mi vendicherò!* SIN. (*euf.*) Giuraddiana, (*euf.*) giuraddina, (*euf.*) giuraddinci, giuraddio.

giuràbile agg. ● (*raro*) Che si può o si deve giurare.

†**giuracchiàre** [da *giur(are)* con suff. attenuativo] v. tr. e intr. ● Giurare spesso e con leggerezza | Giurare con poca convinzione.

giuraddiàna [comp. di *giuro a Diana* (da *Dio* per deviazione euf.)] inter. ● (*euf.*) Esprime meraviglia, stupore, stizza, irritazione, impazienza, risentimento o energica asseverazione. SIN. (*euf.*) Giurabbacco, (*euf.*) giuraddina, (*euf.*) giuraddinci, giuraddio.

giuraddina inter. ● (*euf.*) Giuraddio.

giuraddinci [comp. di *giuro a dinci* (deviazione euf. del n. di *Dio*)] inter. ● (*euf.*) Giuraddio.

giuraddio [comp. di *giuro a Dio*] A inter. ● Esprime meraviglia, stupore, stizza, irritazione, impazienza, risentimento o energica asseverazione: *g.! mi vendicherò!* SIN. (*euf.*) Giurabbacco, (*euf.*) giuraddiana, (*euf.*) giuraddina, (*euf.*) giuraddinci.

B in funzione di s. m. *1* L'esclamazione stessa: *si sfogava con molti giuraddii.* *2* (*raro*) Nella loc. *fare alla g.*, (*ell.*) fare il bravaccio.

giuraménto o †**iuraménto** [lat. tardo *iuramĕntu(m)*, da *iurāre* 'giurare', sul tipo di *sacramĕntum* 'sacramento'] s. m. *1* Atto, effetto del giurare: *osservare, violare, sciogliere il g.*; *mancare al g.*; *io non chiedo / giuramenti da te* (METASTASIO) | *Far g.*, giurare | *G. militare*, espresso da una precisa formula, prestato solennemente da chiunque entri a far parte delle Forze Armate | *Agire sotto g.*, vincolati da un giuramento | *Dare il g.*, *prestare g.*, promettere o impegnarsi solennemente secondo formula prestabilita | *Ricevere il g.*, dell'autorità innanzi alla quale si presta | †*Rendere il g.*, fare ciò che si è giurato | *G. di marinaio*, (*fig.*) che ha scarso valore, che dura poco. *2* (*dir.*) Mezzo di prova consistente nella dichiarazione che una parte rende in giudizio della verità di determinati fatti su cui si discute: *g. decisorio, suppletorio.*

giuràre o †**iuràre** [lat. *iurāre*, originariamente 'pronunciare la formula rituale, detta *iūs*, genit. *iūris*', di cui è il den.] **A** v. tr. *1* Affermare o promettere q.c. solennemente, invocando a testimone e garante la divinità o ciò che più si venera o si ha caro: *g. q.c. a Dio, al cielo, agli angeli*; *g. q.c. sulla croce, sul sepolcro di qc., sul proprio onore*; *g. q.c. per Dio, per il Vangelo, per Giove*; *g. q.c. nel nome di Cristo, in fede propria*; *g. il falso, il vero*; *g. odio, amore, vendetta, amicizia, fedeltà*; *nell'antiche repubbliche i nobili giuravano d'esser eterni nemici della plebe* (VICO) | *G. sulla parola altrui*, affermare q.c. basandosi con piena fiducia sulla parola di qc. | *G. qc. re, sovrano*, riconoscerlo tale con giuramento | *G. le leggi, lo statuto, i comandi*, impegnarsi solennemente a osservarli | †*G. l'ufficio*, di pubblici ufficiali, entrando in carica | *Giurarla a uno*, fare proposito di nuocergli. *2* (*est.*) Dare, sostenere per certo: *ti giuro che le cose sono andate così.* *3* †Promettere in matrimonio. **B** v. intr. (aus. *avere*) *1* Prestare giuramento: *g. innanzi al Parlamento, all'Assemblea Costituente* | *G. nelle mani di qc.*, dinanzi a chi è autorizzato a ricevere il giuramento. *2* (*raro*) †Congiurare. **C** v. rifl. ● (*raro*) Promettersi con giuramento: *giurarsi difensore dei poveri.*

giuràssico [fr. *jurassique* 'delle montagne del *Giura* (*Jura*)', sul tipo di *triassico*] **A** s. m. (pl. *-ci*) ● (*geol.*) Secondo periodo dell'era mesozoica. **B** anche agg.: *periodo g.*

giuràto o †**iuràto**. **A** part. pass. di *giurare*; anche agg. *1* Nei sign. del v. *2* *Nemico g.*, fierissimo, implacabile | *Testimonianza, dichiarazione giurata*, rafforzata da giuramento. || **giurataménte**, avv. (*raro*) Con giuramento. **B** s. m. (f. *-a*) *1* (*dir.*) Membro di una giuria nel sign. 1. SIN. Giudice popolare. *2* Membro di una giuria nel sign. 2. *3* †Congiurato.

†**giuratóre** [lat. *iuratōre(m)*, da *iurātus* 'giurato'] s. m. (f. *-trice*) *1* Chi pronuncia giuramento. *2* Chi giura con leggerezza e per abitudine.

giuratòrio [lat. tardo *iuratōriu(m)*, da *iurātus* 'giurato'] agg. ● (*raro*) Fatto con giuramento: *cauzione giuratoria.*

giùre o **iùre** [lat. *iūs*, genit. *iūris* 'il diritto', ma originariamente 'la formula religiosa che ha forza di legge', di origine indeur.] s. m. ● (*raro*) Diritto: *scienza del g.*

giureconsùlto o **iureconsùlto** [lat. *iureconsŭltu(m)*, comp. di *iūs*, genit. *iūris* 'giure' e *consŭltus* 'perito'] s. m. ● Cultore di diritto. SIN. Giurista.

giurése [parallelo di *giurassico*, dal n. delle montagne del *Giura*] s. m.; anche agg. ● (*geol.*) Giurassico.

giurì [fr. *jury*, dall'ingl. *jury*, a sua volta dall'ant. fr. *juree*, f. del part. pass. di *jurer* 'giurare'] s. m. *1* Nella loc. *g. d'onore*, collegio di cittadini chiamati a giudicare su questioni cavalleresche o comunque in materia di onore. *2* (*dir.*) *G. di autodisciplina pubblicitaria*, organo giudicante di natura privatistica con competenza in materia di regolamentazione della pubblicità dal punto di vista della correttezza etica e professionale.

giurìa [fr. *jury*, adattato ai sost. in *-ia*] s. f. *1* (*dir.*) Nel processo penale anglosassone, e un tempo nelle corti d'assise italiane, organo giudicante costituito dai giurati | (*impr.*) L'insieme dei giudici popolari e dei magistrati che costituiscono la Corte d'Assise. *2* Gruppo di persone che valutano e premiano i partecipanti a gare, concorsi e sim.: *la g. ha assegnato la coppa a quel fantino.*

giuridicità s. f. ● Qualità di ciò che è giuridico.

giurìdico [lat. *iurĭdicu(m)*, comp. di *iūs*, genit. *iūris* 'diritto' e di *dīcere* 'dire'] agg. (pl. m *-ci*) ● Relativo al diritto: *argomentazione giuridica*; *persona, personalità giuridica*; *oggetto g. del reato* | *Questione giuridica*, relativa all'applicazione del diritto | *Norma giuridica*, legge | *Effetto g.*, conseguenza derivante per legge dall'esistenza di un dato fatto giuridico. || **giuridicaménte**, avv. Secondo il diritto.

†**giuridizióne** ● V. *giurisdizione.*

giurisdizionàle agg. ● Della, relativo alla, giurisdizione: *tutela g.*; *provvedimento g.* | *Funzione g.*, quella esercitata dallo Stato al fine di garantire il vigore pratico del diritto.

giurisdizionalìsmo [da *giurisdizionale* e *-ismo*] s. m. ● Dottrina politica fiorita nel XVIII secolo tendente a subordinare la vita istituzionale della Chiesa allo Stato.

giurisdizionalìsta s. m. e f. (pl. m. *-i*) ● Fautore del giurisdizionalismo.

giurisdizionalìstico agg. (pl. m. *-ci*) ● Relativo al, fondato sul, giurisdizionalismo.

giurisdizióne o †**giuridizióne** [lat. *iurisdictiōne(m)* 'manifestazione (*dĭctio*, genit. *dictiōnis*) del diritto (*iūs*, genit. *iūris*)'] s. f. *1* (*dir.*) Funzione di amministrare la giustizia assicurando l'attuazione della legge nei casi concreti: *g. civile, penale, amministrativa* | *Gradi di g.*, prima istanza, appello, ultima istanza | *Conflitto di g.*, contrasto di attribuzioni tra giurisdizione ordinaria e giurisdizione amministrativa. *2* Competenza, pertinenza, sfera d'azione: *ciò è al di fuori della mia g.*; *materia di propria g.*; *trascendere, oltrepassare la g.*

giurisperìto [lat. *iūris perītu(m)*, parallelo di *iureperītu(m)*, comp. di *iūs*, genit. *iūris* 'diritto, giure' e *perītus* 'esperto'] s. m. ● Esperto in diritto e nelle leggi. SIN. Giureconsulto.

giurisprudènte s. m. e f. ● (*raro*) Giurisperito.

giurisprudènza [lat. tardo *iurisprudĕntia(m)*, comp. di *prudĕntia* nel senso di 'scienza, conoscenza' e *iūris*, genit. di *iūs* 'diritto'] s. f. *1* Scienza del diritto: *dottore, laureato in g.* *2* Complesso delle decisioni emesse dagli organi giurisdizionali: *la g. completa della Corte di Cassazione.* *3* (*est.*) Complesso degli organi giurisdizionali: *la g. italiana.*

giurisprudenziàle agg. ● Proprio della giurisprudenza: *un precedente g.* | *Decisione g.*, provvedimento con cui un organo giudiziario attua la propria funzione giurisdizionale.

giurìsta [vc. dotta, da *giure*] **A** s. m. e f. (pl. m. *-i*) ● Cultore di diritto, esperto in materia giuridica. **B** agg. ● (*raro*) †Giuridico.

†**giurìstico** agg. ● Di giurista.

†**giurizióne** s. f. ● Giurisdizione.

†**giùrma** ● V. *ciurma* (*1*).

giùro [da *giurare*] s. m. ● (*lett.*) Giuramento: *l'obbrobrio d'un g. tradito* (MANZONI) | (*est.*) Serio proposito: *far g.*

giuscibernètica [comp. di *gius-* (dal lat. *iūs* 'diritto') e *cibernetica*] s. f. ● Scienza che studia il razionale ordinamento enciclopedico dei vocaboli attinenti al diritto.

giusdicènte [vc. dotta, comp. del lat. *iūs* 'diritto' e *dīcens*, genit. *dicĕntis*, part. pres. di *dīcere* 'dire'] s. m. ● (*raro, lett.*) Giudice.

giuseppinìsmo o **giuseppìsmo** s. m. ● Giurisdizionalismo attuato da Giuseppe II d'Asburgo nel XVIII sec.

giuslavorìsta [comp. del lat. *iūs* 'diritto (2)' e *lavoro*, sul modello di *civilista*, *penalista* e sim.] s. m. e f. (pl. m. *-i*) ● Avvocato esperto in diritto del lavoro.

giusnaturalìsmo [adattamento della loc. giur. lat. *iūs naturāle* 'diritto naturale' con *-ismo*] s. m. ● Dottrina filosofico-giuridica che distingue un diritto valido per natura, intrinseco alla ragione umana, anteriore a un diritto positivo voluto dagli uomini.

†**giùso** ● V. *giù.*

giuspatronàto [lat. mediev. *iūs patronātus* 'diritto (*iūs*, nt.) di patronato'] s. m. ● Istituto giuridico di diritto canonico, consistente in una somma di privilegi e di oneri che, per concessione della Chiesa, competono ai fondatori di chiese, di cappelle e di benefici, e ai loro eredi.

giusquìamo [lat. *iusquiămu(m)*, per *hyoscyămu(m)*, dal gr. *kyoskýamos*, comp. di *kŷs*, gen. *kyós* 'maiale (di origine indeur.)' e *kýamos* 'fava (di prob. origine straniera)' perché i porci la possono mangiare senza danno] s. m. ● Pianta erbacea annuale o biennale delle Solanacee con fusto peloso, vischioso, fiori gialli venati di viola, dai cui semi si estraggono alcaloidi (*Hyoscyamus niger*) | *G. bianco*, con fiori gialli a fondo verde (*Hyoscyamus albus*).

giùsta o (*dial.*) †**giùsto** (**2**) [lat. *iŭxta*, che, per il senso primitivo di 'tanto vicino da poter essere toccato', si allaccia alla famiglia di *iŭngere* 'giungere'] prep. *1* (*bur.*) Conforme, secondo: *g. il decreto*; *g. la sentenza*; *g. gli accordi stabiliti* | Anche nella loc. prep. *g. a*: *facendo a lui, giusto al potere, onore* (BOCCACCIO). *2* †Presso, vicino.

giustacuòre [fr. *justaucorps*, letteralmente 'giusta (*just*) al (*au*) corpo (*corps*)' per la sua attillatezza, ma intesa l'ultima parte come *-cuore*] s. m. ● Corpetto del costume maschile, molto aderente, con o senza maniche, abbottonato davanti, lungo sino al ginocchio, usato spec. nel XVII e XVIII secolo.

giustappórre [fr. *juxtaposer*, comp. di *juxta-* 'giusta (nel sign. 2)' e *poser* 'porre'] v. tr. (coniug. come *porre*) ● Porre accanto senza connettere o fondere insieme (*anche fig.*): *g. due tinte, due concetti.*

giustapposizióne [fr. *juxtaposition*, comp. di *juxta-* 'giusta (nel sign. 2)' e *position* 'posizione'] s. f. *1* Atto, effetto del giustapporre. *2* (*ling.*) Accostamento di due o più termini da cui risulta un composto improprio.

giustappósto part. pass. di *giustapporre*; anche agg. ● Nei sign. del v.

giustappùnto o **giust'appùnto** avv. ● Proprio, per l'appunto: *stavo pensando g. a te* | Come risposta energicamente affermativa (*anche iron.*): *'Era questo che volevi?' 'Giustappunto!'.*

giustézza [da *giusto* (*1*)] s. f. *1* Qualità o carattere di ciò che è esatto, preciso, appropriato: *la g. del peso, della mira, delle idee* | *G. di immagine*, proprietà | *G. di vedute*, criterio molto assennato | *G. di tiro*, calcolo di giusta traiettoria. *2* (*tip.*) Lunghezza d'una linea di composizione espressa in righe tipografiche.

giustificàbile agg. ● Che si può giustificare: *assenza g.* || **giustificabilménte**, avv. (*raro*) In modo giustificabile.

giustificànte part. pres. di *giustificare*; anche agg. *1* Nei sign. del v. *2* *Grazia g.*, quella che, per i soli meriti del Cristo, cancella il peccato.

giustificàre [lat. tardo *iustificāre*, letteralmente 'rendere (da *făcere* 'fare') giusto (*iūstus*)'] **A** v. tr. (*io giustìfico, tu giustìfichi*) *1* Rendere giusto o legittimo: *un avvenimento così eccezionale giustifica questo provvedimento.* SIN. Legittimare. *2* Dimostrare giusto contrariamente all'apparenza: *g. un'assenza, un ritardo*; *g. un giudizio, una reazione* | *G. una spesa*, dimostrarne la necessità | (*est.*) Far sembrare giusto ciò che non è tale: *g. un'improvvisa ricchezza*; *g. una colpa.* *3* Ritenere qc. non colpevole: *il direttore ha giustificato il suo dipendente* | Ritenere q.c. valido, regolare; *il tribunale ha giustificato il nostro operato.* SIN. Scagionare, discolpare. *4* (*relig.*) Perdonare, restituire alla grazia per i meriti del Cristo. *5* (*tip.*) Portare alla giustezza desiderata una o più linee di testo mediante un opportuno aumento o diminuzione dello spazio tra le parole o i caratteri. **B** v. rifl. ● Dare ragione del proprio operato: *mi son giustificato agli occhi di tutti* | Scusarsi: *non importa che ti giustifichi per il ritardo.*

giustificatìvo **A** agg. ● Che serve a giustificare: *documento g.* **B** s. m. ● Documento giustificativo | *G. di pubblicità*, copia di pubblicazione inviata all'inserzionista, per consentirgli il controllo dell'avvenuta iscrizione.

giustificàto part. pass. di *giustificare*; anche agg. ● Nei sign. del v. || **giustificataménte**, avv. Con fondati motivi.

giustificatóre [lat. tardo *iustificatōre(m)*, da *iustificātus* 'giustificato'] s. m.; anche agg. (f. *-trice*) ● (*raro*) Chi, che giustifica.

giustificatòrio agg. ● Di giustificazione | Che

fornisce una giustificazione.

giustificazióne [lat. tardo *iustificatiōne(m)*, da *iustificātus* 'giustificato'] s. f. *1* Atto, effetto del giustificare o del giustificarsi | Argomentazione a favore di una data opinione o di un dato fatto: *gli darei uno schiaffo, senz'addurre alcuna g.* (SVEVO). *2* Prova addotta a discolpa | Documento che contiene tale prova: *presentare la g.* *3* (*tip.*) L'operazione del giustificare.

giustificazionìsmo [da *giustificazione*] s. m. • Tendenza a cercare, e spesso voler trovare, sempre una o più giustificazioni a eventi, comportamenti e sim. che presentano aspetti negativi.

giustificazionìsta s. m. e f.; anche agg. (pl. m. *-i*) • Chi, che si ispira a, o è caratterizzato da, giustificazionismo.

giustiniàna [dal n. del letterato veneziano L. *Giustinian* (1388-1446), considerato l'iniziatore del genere] s. f. • Componimento poetico del XV sec. in forma di canzonetta d'argomento amoroso, scritto in veneziano italianizzato, destinato a essere accompagnato dalla musica.

giustinianèo agg. • Di, relativo a Giustiniano I, imperatore d'Oriente (482-565): *codice g.*

giustìzia o †**iustìzia** [lat. *iustĭtia(m)*, da *iūstus* 'giusto'] s. f. *1* Virtù per la quale si giudica rettamente e si riconosce e si dà a ciascuno ciò che gli è dovuto: *operare secondo g.*; *richieste fondate sulla g.*; *in tutti i tempi alberga la g.* (CAMPANELLA) | *Combattere per la g.*, contro chi la opprime | *Uomo di g.*, che l'ama e l'applica | *G. distributiva*, quella che distribuisce le ricompense proporzionalmente ai meriti di ciascuno | *G. riparatrice*, che risarcisce il danno | *G. sociale*, quella che attua l'uguaglianza sostanziale dei diritti e dei doveri di tutti i membri di una determinata società, spec. con l'equa distribuzione dei beni economici | (*est.*) Conformità a tale virtù: *la g. di questa decisione è esemplare.* SIN. Equità, imparzialità. *2* Nella teologia cattolica, una delle quattro virtù cardinali e uno degli attributi di Dio. *3* Retto funzionamento dei rapporti sociali, nel quale le leggi, puntualmente osservate, regolano ogni aspetto nella vita collettiva: *amministrare la g.*; *la g. segue il suo corso*; *intralciare il corso della g.* | *Rendere g.*, statuire da parte dell'autorità giudiziaria sul caso concreto dedotto in giudizio | *Governare con g.*, secondo diritto. *4* Autorità giudiziaria, magistratura: *corte di g.*; *consegnare, assicurare qc. alla g.*; *g. civile, penale* | *Palazzo di g.*, l'edificio sede degli uffici giudiziari | *Ministero di grazia e g.*, ministero che cura la pubblicazione e l'archiviazione delle leggi, l'organizzazione e il funzionamento dei servizi relativi alla giustizia, ed esplica altre funzioni | (*est.*) Gli organi della polizia che eseguono le decisioni della magistratura: *arriva la g.*; *essere ricercato dalla g.* *5* Atto col quale la giustizia si realizza: *chiedere, ottenere, negare g.* | *Far g. da sé, farsi g.*, punire direttamente qc. senza attendere che lo faccia l'autorità competente | (*fig.*) *Far g. di un libro, di un'opera*, valutarli senza troppi scrupoli | *Far g. al merito*, riconoscerlo | *G. divina*, la potenza suprema di Dio, imperscrutabile e immancabile, che giudica, premia e punisce | (*est.*) Pena o punizione inflitta, e relativa esecuzione: *g. è fatta* | *Luogo della g.*, patibolo | *Esecutore della g.*, boia. *6* Una delle figure nel gioco dei tarocchi.

giustiziàle agg. • Relativo alle norme, al potere e all'organizzazione della giustizia.

giustizialìsmo [sp. *justicialismo*, da *justicia* 'giustizia'] s. m. • Dottrina e prassi politica fondata negli anni Cinquanta dallo statista argentino J. D. Perón, caratterizzata da un forte nazionalismo e populismo.

giustizialìsta **A** agg. • Relativo al giustizialismo. **B** s. m. e f. (pl. m. *-i*) • Fautore, sostenitore del giustizialismo.

giustiziàre o †**iustiziàre** [da *giustizia*] **A** v. tr. (*io giustìzio*) *1* Punire eseguendo una condanna a morte: *fu giustiziato all'alba.* *2* (*iperb.*) † Ridurre qc. o q.c. in pessimo stato. **B** v. rifl. • (*raro*) Castigarsi da sé.

giustiziàto **A** part. pass. di *giustiziare*; anche agg. *1* Nei sign. del v. *2* †Condannato a morte. **B** s. m. (f. *-a*) • Chi ha subito l'esecuzione capitale.

giustizière o †**giustizièro** [ant. fr. *justicier* 'ufficiale esecutore delle sentenze della giustizia (*justice*)'] **A** s. m. (f. *-a*, raro) *1* Esecutore di condanne capitali. SIN. Boia, carnefice. *2* Chi pretende di farsi giustizia da sé, di vendicare torti fatti a sé o ad altri. *3* †Giudice. **B** agg. • †Che ha la potestà di emettere o di eseguire giudizi e condanne.

giùsto (**1**) o †**iùsto** [lat. *iūstu(m)* 'conforme al diritto (*iūs*: V. *giure*)'] **A** agg. *1* Che è conforme a giustizia e legittimo: *pena, sentenza, critica giusta*; *g. premio*; *fare parti giuste*; *g. desiderio*; *via giusta* | Che giudica e agisce con giustizia: *giudice, esaminatore, tribunale, uomo g.*; *umano sei, non g.* (PARINI) | *Siamo giusti!*, esortazione a giudicare senza passione. SIN. Equo, imparziale. *2* Vero: *osservazione giusta*; *quello che hai detto è g.* | *Dirle giuste, a dirla giusta*, parlare con sincerità | *Ridurre una storia alle giuste proporzioni*, riportarla nei limiti del vero. *3* Adeguato, appropriato, conveniente: *interpretazione giusta*; *età giusta per fare q.c.*; *g. rilievo*; *arrivi al momento g.*; *un g. pentimento* | *Statura, corporatura giusta*, normale. *4* Esatto, preciso: *misura, bilancia giusta*; *peso, prezzo g.*; *conto, calcolo g.*; *ora giusta* | *Colpo g.*, che prende nel segno | Che non eccede né è in difetto: *giusta cottura*; *pietanza giusta di sale.* || **giustaménte**, avv. *1* Con giustizia, in modo equo: *decidere giustamente.* *2* A buon diritto, a ragione: *giustamente, s'è risentito.* *3* Esattamente: *rispondere giustamente.* **B** avv. *1* Esattamente, con precisione: *rispondere g.* | *Mirare, colpire g.*, (*fig.*) nel segno | *Stare g.*, calzare bene, andare perfettamente, detto di abiti o altri oggetti d'abbigliamento. *2* Proprio, per l'appunto: *ho g. bisogno di te*; *g. te cercavo*; *ho fatto g. g. in tempo*; *è arrivato g. adesso*; *volevo g. dirti una cosa* | Come risposta energicamente affermativa (*anche iron.*): *'Non è ora di pulire qui?' 'g.!'*; *'Lo chiedo a Giovanni?' 'Sì, g. a lui!'* | *Giust'appunto*, V. *giustappunto*. *3* Circa, quasi: *saranno g. le otto*; *penso che abbia g. vent'anni.* **C** s. m. (f. *-a* nel sign. 1) *1* Chi pensa e vive in modo retto | (*fig.*) *Dormire il sonno del g.*, placidamente e profondamente | (*relig., fig.*) *Dormire il sonno dei giusti, del g.*, godere del riposo eterno nella pace del Signore, detto di chi è morto dopo avere rettamente vissuto. SIN. Onesto, probo. *2* Ciò che è dovuto secondo giustizia: *chiedere, esigere, dare il g.*

†**giùsto** (**2**) • V. *giusta*.

glàbro [vc. dotta, lat. *glābru(m)*, con corrispondenza germ.] agg. • Liscio, senza peluria: *foglia glabra* | Imberbe: *gota glabra* | Rasato: *viso g.*

glacé /fr. gla'se/ [vc. fr., part. pass. di *glacer* 'ghiacciare', da *glace* 'ghiaccio'] agg. inv. *1* Detto di ciò che è molto lucido, brillante, di aspetto simile al ghiaccio: *guanti, borsetta di capretto g.* *2* Candito, glassato: *marron glacé.*

glaciàle [vc. dotta, lat. *glaciāle(m)*, agg. di *glăcies* (V. *ghiaccio* (*1*)), tendente a sostituire *gĕlidus* 'gelido', che andava affievolendo il sign. originario] agg. *1* Di ghiaccio, gelato: *clima g.* | (*geol.*) *Periodo g.*, intervallo di tempo della storia della Terra in cui avvenne una forte espansione dei ghiacciai. *2* (*est.*) Molto freddo: *vento g.*; *temperatura g.* *3* Simile al ghiaccio | (*chim.*) *Acido acetico g.*, acido acetico allo stato anidro, poiché cristallizza facilmente in una massa vetrosa simile a ghiaccio. *4* (*fig.*) Insensibile e indifferente al massimo grado: *uomo g.* | Che dimostra ostilità: *accoglienza, silenzio g.* || **glacialménte**, avv. (*fig.*) Con molta freddezza.

glacialìsmo [da *glaciale*] s. m. • (*geol.*) Teoria dello sviluppo e ritiro dei ghiacciai e studio delle loro azioni | Complesso di fenomeni riguardanti la formazione e le azioni dei ghiacciai.

glacialità s. f. • Qualità di chi, di ciò che è glaciale (*spec. fig.*).

glaciazióne [dal lat. *glaciātu(m)*, part. pass. di *glaciāre* 'ghiacciare'] s. f. • (*geol.*) Espansione delle calotte glaciali terrestri | Periodo glaciale.

glaciologìa [comp. del lat. *glăcies* 'ghiaccio (1)' e *-logia*] s. f. (pl. *-gie*) • Scienza che si occupa dei fenomeni della glaciazione e spec. dei ghiacciai.

gladiatóre [vc. dotta, lat. *gladiatōre(m)*, da *glădius* 'gladio', come *vindemiātor* 'vendemmiatore' da *vindēmia* 'vendemmia'] s. m. • Nella Roma antica, schiavo o volontario, mantenuto a spese dello Stato o di privati, che combatteva in duelli nel circo, per pubblico spettacolo | *Gesto da g.*, (*fig.*) posa fiera | (*est.*) †Uomo violento, di sangue.

gladiatòrio [vc. dotta, lat. *gladiatōriu(m)*, da *gladiātor* 'gladiatore'] agg. *1* Di, da gladiatore. *2* (*est.*) Fiero, burbanzoso: *atteggiamento g.*

glàdio [vc. dotta, lat. *glădiu(m)*, di prob. origine celt.] s. m. • Spada corta a doppio taglio con lama larga, robusta e appuntita tipica dei legionari romani.

gladìolo o (*raro*) **gladiòlo** [vc. dotta, lat. *gladĭolu(m)*, propriamente 'piccola spada (*glădius* 'gladio')', per allusione alle sue foglie taglienti] s. m. • Pianta delle Iridacee con fiori disposti a spiga, coltivata in varietà ornamentali di diversi colori (*Gladiolus segetum*).

glagolìtico [dall'ant. slavo *glagolŭ* 'parola', di origine indeur.] agg. (pl. m. *-ci*) • (*ling.*) Geronimiano.

glamour /ingl. 'glæmə*/ [vc. ingl., propr. 'magia', dall'ingl. ant. *gramarye* 'dottrina, dottrina occulta', dal lat. *grammătica(m)* 'grammatica'] s. m. inv. • Fascino intenso, irresistibile, spec. femminile.

glànde [vc. dotta, lat. *glānde(m)* 'ghianda', di origine indeur.] s. m. • (*anat.*) Parte terminale del pene. ➡ ILL. p. 364 ANATOMIA UMANA.

glàndola e *deriv.* • V. *ghiandola* e *deriv.*

glàndula e *deriv.* • V. *ghiandola* e *deriv.*

glàsnost [vc. russa, propr. 'comunicazione, informazione', da *glas* 'voce'; il termine è tradotto comunemente con 'trasparenza', forse per l'assonanza con l'ingl. *glass*, il fr. *glace*, il ted. *Glas* 'vetro'] s. f. inv. • Libertà di espressione e di informazione, come presupposto indispensabile per rendere trasparenti i rapporti politico-sociali; costituisce uno dei punti fondamentali della riforma avviata dallo statista sovietico M. S. Gorbaciov nella seconda metà degli anni Ottanta.

glàssa [adatt. del fr. *glace*, letteralmente 'ghiaccio', della stessa origine dell'it. *ghiaccia*] s. f. • Sciroppo di zucchero con chiara d'uovo o altro, usato dai pasticcieri per decorare torte, rivestire pasticcini e sim. SIN. Ghiaccia.

glassàre [fr. *glacer* 'ghiacciare' da *glace* 'ghiaccio'] v. tr. (*io glàsso*) • Ricoprire dolci con glassa o cioccolato fuso | Cospargere la carne di gelatina.

glassàto part. pass. di *glassare*; anche agg. *1* Nei sign. del v. *2* Ricoperto di uno strato lucido: *guanti glassati.* SIN. Glacé.

glassatùra s. f. • Atto, effetto del glassare.

glauberìte [dal n. del medico e chimico ted. J. R. *Glauber* (1604-1668) e *-ite* (*2*)] s. f. • (*miner.*) Solfato sodico calcico in cristalli tabulari o prismatici, comune nei depositi salini.

glàuco [vc. dotta, lat. *glăucu(m)*, dal gr. *glaukós*: per fraintendimento della prima parte dell'epiteto di Atena, *glaukôpis*, propriamente 'dagli occhi di civetta (*glâux*, genit. *glaukós*)' (?)] agg. (pl. m. *-chi*) • (*lett.*) Di colore azzurro chiaro tra il verde e il celeste: *glauche selve d'olivi* (CARDUCCI).

glaucòma [vc. dotta, lat. *glaucōma* (nom. nt.), dal gr. *gláukōma*, da *glaukós* 'l'azzurro (assunto dall'occhio irrigidito)'] s. m. (pl. *-i*) • (*med.*) Malattia caratterizzata da incremento della pressione intraoculare, che può portare al danneggiamento della struttura e della funzione dell'occhio.

glaucòmio [comp. del gr. *glaukós* 'cilestrino' e *mŷs*, genit. *myós* 'topo'] s. m. • Mammifero roditore americano frugivoro, notturno, fornito di patagio con cui plana (*Glaucomys*).

glauconìte [da *glauco*] s. f. • Minerale monoclino, silicato idrato di ferro, alluminio e potassio, in varie tonalità di verde.

glaucòpide [gr. *glaukôpis*, genit. *glaukôpidos* 'con l'occhio (*ôps*, genit. *opós*) di civetta (*glâux*, genit. *glaukós*)'] agg. • (*lett.*) Che ha gli occhi cerulei | *La g.*, epiteto omerico di Pallade Atena: *la g. Minerva* (MONTI).

glèba o †**ghièva** [vc. dotta, lat. *glēba(m)*, di origine indeur.] s. f. *1* (*lett.*) Zolla di terra: *giovenchi invitti / a franger glebe* (CARDUCCI) | *Servitù della g.*, nel diritto feudale, istituto per cui i contadini, privi di diritti politici e civili, erano legati di padre in figlio a un terreno senza poterlo abbandonare. *2* (*bot.*) Parte interna dei funghi Gasteromiceti, contenente le spore.

glebóso [vc. dotta, lat. *glebōsu(m)*, da *glēba* 'gleba'] agg. • (*raro, lett.*) Pieno, ricco di zolle: *dalla glebosa Tarne era venuto / Festo* (MONTI).

gledìssia o **gledìccia** [dal lat. sc. *Gleditschia tria-*

canthos, dal n. del botanico ted. J. G. *Gleditsch* (1714-1786)] s. f. ● (*bot.*) Spino di Giuda, triacanto.

glène o **glèna** [vc. dotta, gr. *glḗnē* 'pupilla', poi 'incavo delle ossa', di etim. incerta] s. f. ● (*anat.*) Cavità articolare ovoidale.

glenoidàle [da *glene*] agg. ● (*anat.*) Che ha forma di glene; è detto in generale della cavità che accoglie un condilo. SIN. Glenoideo.

glenoidèo o **glenòide** [da *glene*] agg. ● (*anat.*) Glenoidale.

gleucòmetro [comp. del gr. *glêukos* 'mosto' e *-metro*] s. m. ● Strumento per misurare in modo approssimativo il grado zuccherino dei mosti d'uva. SIN. Mostimetro.

gli (**1**) /*ʎi/ o †**li** (**1**) [lat. (*īl*)*li* 'quelli', nom. pl. di *ĭlle* 'quello, egli', comp. di una partcl. iniziale e di un antico dimostr., l'uno e l'altro di etim. incerta] art. det. m. pl. Si usa davanti a parole m. pl. che cominciano per vocale, *gn*, *pn*, *ps*, *s impura*, *x* e *z*. Si può apostrofare solo davanti a parole che cominciano per *i*: *gli automobilisti*; *gli errori*; *gli orsi*; *gli uomini*; *gli gnomi*; *gli psicologi*; *gli scoiattoli*; *gli xenofobi*; *gli zaini*; *gl'individui* | Fondendosi con le prep. proprie semplici dà origine alle prep. art. m. pl. *agli*, *cogli*, *dagli*, *degli*, *negli*, poet. *pegli*, *sugli* ● Forma pl. di 'lo' (V. nota d'uso ELISIONE e TRONCAMENTO).

gli (**2**) /*ʎi/ o (*poet.*) †**i** (**2**), †**li** (**2**) [lat. (*īl*)*li* 'a quello', dat. sing. di *ĭlle* 'quello, egli' (V. *gli* (*1*))] **A** pron. pers. atono di terza pers. m. sing. (formando gruppo con altri pron. atoni si premette a *si* e a *se ne*: *gli si dice la verità?*; *gli se n'è formato un altro*. Seguito dai pron. atoni *la*, *le*, *li*, *lo* e dalla particella *ne*, assume le forme *gliela*, *gliele*, *glieli*, *glielo*, *gliene*) ● A lui, a esso (come compl. di termine, encl. e procl.): *gli ho detto di fare in fretta*; *devo parlargli subito*; *mi sdebiterò mandandogli in dono un libro*; *vagli incontro e fagli festa*. **B** pron. pers. atono di terza pers. f. sing. ● (*fam.*, *dial.*) A lei, a essa (come compl. di termine, encl. e procl.): *gli parlerò con fermezza non appena la vedrò*; *quando vedi tua sorella, non dirgli niente*. **C** pron. pers. atono di terza pers. m. e f. pl. ● (*fam.*, *tosc.*) A essi, a esse, a loro (come compl. di termine, encl. e procl.): *chi si cura di costoro a Milano? Chi gli darebbe retta* (MANZONI) L'uso di *gli* come pronome personale di terza persona plurale è sempre più comune e accettato, soprattutto nella lingua parlata. Meno comune è il termine *loro*: *ho incontrato Mario e Anna e ho consegnato loro i biglietti* suona certamente più formale che *gli ho consegnato*. Si usi quindi *loro* solo in determinati contesti specialmente nella lingua scritta. Si deve invece mantenere la distinzione, al sing., fra *gli*, maschile, e *le*, femminile: *gli* (= a lui) *ho promesso di venire*; *le* (= a lei) *ho affidato un incarico*. (V. nota d'uso ELISIONE e TRONCAMENTO).

gli (**3**) /*ʎi/ ● V. *egli*.

†**gli** (**4**) /*ʎi/ ● V. *li* (*1*).

glia [gr. *glía* 'colla', di origine espressiva] s. f. ● (*anat.*) Nevroglia.

gliadina [da *glia*] s. f. ● Sostanza gelatinosa che, con la glutenina, costituisce il principale componente del glutine di frumento.

gliàle o **gliàro** agg. ● (*anat.*) Di, relativo a, glia.

glicemia [comp. del gr. *glykýs* 'dolce' e un der. di *hâima* 'sangue' col suff. di astratti *-ía*] s. f. ● (*med.*) Quantità di glucosio presente nel sangue.

glicèmico agg. (pl. m. *-ci*) ● Di glicemia: *tasso g.*

gliceràto [comp. di *glicer*(*ina*) e *-ato* (*2*)] s. m. ● Alcolato ottenuto per sostituzione con metalli, degli atomi di idrogeno degli ossidrili della glicerina | Ogni etere della glicerina con alcoli.

glicèrico agg. (pl. m. *-ci*) ● Di ossiacido monobasico ottenuto per ossidazione della glicerina.

glicèride [da *glicer*(*ina*), con sostituzione del suff.] s. m. ● Estere della glicerina con acidi grassi | *G. semplice*, quando i gruppi alcolici vengono esterificati da un solo tipo di acido grasso | *G. misto*, quando i gruppi alcolici vengono esterificati da differenti acidi grassi.

glicerina [fr. *glycérine*, tratto dal gr. *glykerós* 'dolce', col suff. *-ine* '-ina'] s. f. ● Alcol alifatico trivalente ottenuto dalla saponificazione dei grassi, prodotto anche per sintesi dal propilene, usato nell'industria chimica, in preparati farmaceutici e cosmetici come emolliente e diluente.

glicero- [dal gr. *glykerós* 'dolce', var. di *glykýs* 'dolce' (d'origine sconosciuta)] primo elemento ● In parole composte della terminologia chimica indica relazione con la glicerina: *glicerofosfato*.

glicerofosfàto [comp. di *glicero-* e *fosfato*] s. m. ● Sale dell'acido glicerofosforico, usato in terapia come ricostituente: *g. di calcio*.

glicerofosfòrico [comp. di *glicero-* e *fosforico*] agg. (pl. m. *-ci*) ● Detto di acido bibasico ottenuto per condensazione di una molecola di glicerina con una di acido fosforico.

glicerolàto [da *glicerolo*] s. m. ● (*chim.*, *farm.*) Farmaco per uso esterno a base di glicerina.

gliceròlo [comp. di *glicero-* e di *-olo* (*1*)] s. m. ● (*chim.*) Glicerina.

glicide o **glucide** [vc. dotta, da *glic*(*erina*) col suff. *-ide*] s. m. ● (*chim.*) Ogni composto a funzione mista, alcolica-aldeidica o alcolica-chetonica, formato da carbonio, idrogeno e ossigeno: *gli zuccheri, la cellulosa, l'amido sono glicidi*.

glicìdico o **glucìdico** agg. (pl. m. *-ci*) ● (*chim.*) Di, relativo a glicide.

glicìmetro [comp. del gr. *glykýs* 'dolce' e *-metro*] s. m. ● Strumento per misurare la quantità di zucchero contenuto in un liquido.

glicìna [comp. del gr. *glykýs* 'dolce' e *-ina*] s. f. ● (*chim.*) Glicocolla.

glìcine [dal gr. *glykýs* 'dolce' (V. *glico-*), per il sapore del tubero di questa pianta] s. m. ● Arbusto rampicante delle Leguminose con fiori azzurro-violacei in grappoli penduli molto profumati (*Wistaria sinensis*).

glicirrìza [vc. dotta, lat. *glycyrrīza*(*m*), dal gr. *glykýrriza* 'radice (*ríza*) dolce (*glykýs*)'] s. f. ● (*lett.*) Liquirizia.

glìco- [dal gr. *glykýs* 'dolce', di etim. incerta] primo elemento ● In parole composte della terminologia scientifica, significa 'dolce': *glicocolla*, *glicogenesi*.

glicocòlla [comp. di *glico-* e *colla* (*2*)] s. f. ● (*chim.*) Capostipite degli amminoacidi, costituente della fibroina e di altre sostanze proteiche da cui è ottenuta per idrolisi, efficace nella cura di atrofie muscolari, nei casi di fragilità capillare e per ottenere un migliore rendimento cardiaco. SIN. Glicina.

glicogènesi [comp. di *glico-* e *genesi*] s. f. ● (*med.*) Produzione di glucosio nell'organismo, spec. nel fegato.

glicògeno [comp. di *glico-* e *-geno*] s. m. ● (*biol.*) Polisaccaride ramificato di riserva degli organismi animali, formato dall'unione di molte molecole di glucosio | *G. vegetale*, reperibile nel mondo vegetale, spec. nelle alghe e nei funghi.

glicogenòsi [comp. di *glicogen*(*o*) e del suff. *-osi*] s. f. ● (*med.*) Malattia da accumulo del glicogeno che provoca disordini metabolici a carico di fegato, miocardio, reni, muscolo scheletrico ecc.

glicol o **glicole** [ingl. *glycol*, comp. di *glyc*(*erine*) 'glicerina' e (*alcoh*)*ol* 'alcol'] s. m. ● (*chim.*) Alcol alifatico bivalente | *G. etilenico*, usato come antigelo per radiatori d'auto.

glicòlico o **glucòlico** [da *glicol*] agg. (pl. m. *-ci*) ● Detto di ossiacido monobasico, ottenuto per blanda ossidazione del glicol etilenico o per riduzione elettrolitica dell'acido ossalico, impiegato nella stampa dei tessuti.

glicolìpide [comp. di *glico-* e *lipide*] s. m. ● (*biol.*) Composto organico la cui molecola è costituita da una porzione glicidica (idrofila) e da una porzione lipidica (idrofoba).

glicòlisi [comp. di *glico-* e del gr. *lýsis* 'soluzione'] s. f. ● (*biol.*) Processo metabolico consistente nella demolizione del glucosio con liberazione di modeste quantità di energia; in assenza di ossigeno è nota anche come fermentazione.

glicometrìa [comp. di *glico-* e *-metria*] s. f. ● Misura degli zuccheri nei liquidi organici.

gliconèo o **glicònio** [gr. *glykṓneios*, dal n. del poeta gr. cui è attribuita l'invenzione, *Glýkōn*, genit. *Glýkōnos*, da *glykýs* 'dolce'] s. m. ● Verso greco e latino di otto sillabe, di cui comunemente le prime tre variabili, le ultime fisse.

glicoprotèico agg. (pl. m. *-ci*) ● (*biol.*) Relativo a glicoproteina.

glicoprotèide o **glucoprotèide** [comp. di *glico-* e *proteide*] s. m. ● (*biol.*) Glicoproteina.

glicoproteìna [comp. di *glico-* e *proteina*] s. f. ● (*biol.*) Proteina coniugata con glicidi. SIN. Glicoproteide.

glicorrachìa [comp. di *glico-*, *rachi-* e del suff. *-ia*] s. f. ● (*med.*) Presenza di glucosio nel liquido cerebrospinale.

glicosamminoglicàno [comp. di *glicos*(*io*), *ammin*(*a*) e *glicano* (a sua volta dal gr. *glykýs* 'dolce')] s. m. ● (*chim.*) Mucopolisaccaride.

glicoside ● V. *glucoside*.

glicòsio ● V. *glucosio*.

glicòso ● V. *glucosio*.

glicosùria o **glicosurìa** [comp. di *glicosio* e di un der. del gr. *ôuron* 'urina'] s. f. ● (*med.*) Presenza di glucosio nelle urine.

gliela /*'ʎela/ o (*raro*) **glie la**, forma pronominale ● È composta dal pron. pers. *gli* (come compl. di termine con i sign. di *a lui*, *a lei*, (*fam.*) *a loro*) e dal pron. pers. f. sing. *la* (come compl. ogg.): *vuole giocare un po' con la palla*: *dagliela*; *g. comperi la bicicletta?*.

gliele /*'ʎele/ o (*raro*) **glie le**, forma pronominale ● È composta dal pron. pers. *gli* (come compl. di termine con i sign. di *a lui*, (*fam.*) a lei, (*fam.*) *a loro*) e dal pron. pers. f. pl. *le* (come compl. ogg.): *le hai prese in prestito, ma ora devi restituirgliele*; *g. hai promesse!*.

glieli /*'ʎeli/ o (*raro*) **glie li**, forma pronominale ● È composta dal pron. pers. *gli* (come compl. di termine con i sign. di *a lui*, (*fam.*) a lei, (*fam.*) *a loro*) e dal pron. pers. m. pl. *li* (come compl. ogg.): *g. manderò appena possibile*; *restituiscigli subito*.

glielo /*'ʎelo/ o (*raro*) **glie lo** forma pronominale ● È composta dal pron. pers. *gli* (come compl. di termine con i sign. di *a lui*, (*fam.*) *a lei*, (*fam.*) *a loro*) e dal pron. pers. m. sing. *lo* (come compl. ogg.): *devo andarci poiché gliel'ho promesso*; *ricordaglielo se vuoi*.

gliene /*'ʎene/ o (*raro*) **glie ne**, forma pronominale ● È composta dal pron. pers. *gli* (come compl. di termine con i sign. di *a lui*, (*fam.*) a lei, (*fam.*) *a loro*) e dalla particella pronominale *ne* (come compl. di specificazione o come compl. partitivo con i sign. di *di lui*, *di esso*, *di lei*, *di essa*, *di loro*, *di essi*, *di esse*, *di ciò*): *g. ho dette di tutti i colori*; *prova a parlargliene tu*.

glifo [fr. *glyphe*, dal gr. *glyphḗ* '(in)taglio', da *glýphein* '(in)tagliare', di origine indeur.] s. m. *1* (*arch.*) Scanalatura verticale ornamentale del triglifo. *2* (*ferr.*) Guida per corsoio mobile | *Distribuzione a g.*, nelle motrici a vapore alternative, quella caratterizzata dalla possibilità, per comando diretto del macchinista, di variare durante la marcia il grado di introduzione del vapore e ottenere inoltre l'inversione del moto.

glioblastòma [comp. di *gli*(*a*) e *blastoma*] s. m. (pl. *-i*) ● (*med.*) Tumore di origine gliale; è il più frequente fra i tumori intracranici.

gliòma [comp. di *gli*(*a*) e *-oma*] s. m. (pl. *-i*) ● (*med.*) Qualsiasi tumore che si sviluppa a carico delle cellule della glia.

gliòmmero /*'ʎommero/ [lat. *glŏmus*, genit. *glŏmeris* 'gomitolo', di etim. incerta] s. m. *1* Componimento poetico giocoso in dialetto napoletano, destinato alla recitazione, di argomento diverso, in uso nei secc. XV e XVI. *2* †Gomitolo. *3* (*fig.*) †Intrigo, imbroglio.

gliossàle [comp. di *gli*(*col*), *oss*(*idato*) e del suff. *-ale* (*2*)] s. f. ● (*chim.*) Aldeide alifatica in forma di cristalli finissimi di colore giallo; impiegata a livello industriale spec. come colorante o, in soluzione acquosa, come agente conservante.

glìptica ● V. *glittica*.

glìptico ● V. *glittico*.

glipto- ● V. *glitto-*.

gliptodònte [comp. del gr. *glyptós* 'inciso' (V. *glitto-*) e *odṓn*, genit. *odóntos* 'dente'] s. m. ● Mammifero appartenente all'ordine degli Sdentati, erbivoro, provvisto di corazza esterna rigida, corpo tozzo e arti corti, tipico dei primi tempi dell'era quaternaria (*Glyptodon clavipes*).

gliptogènesi [comp. di *glipto-* e *genesi*] s. f. ● (*geol.*) Insieme dei fenomeni chimico-fisici di degradazione delle rocce.

gliptografìa ● V. *glittografia*.

gliptògrafo ● V. *glittografo*.

gliptotèca ● V. *glittoteca*.

glissàndo [dal fr. *glisser* 'scivolare', dall'ant. fr. *glier*, di origine germ. (**glîdan*), con sovrapposizione di *glacer*, dal lat. *glaciāre*, l'uno e l'altro con l'ant. sign. di 'scivolare'] **s. m. inv.** ● (*mus.*) Effetto che consiste in una sorta di veloce scivolio sui suoni di una scala, previsto in molti strumenti quali il pianoforte, l'organo, l'arpa, la tromba | Nella tecnica degli strumenti ad arco, effetto speciale provocato dal dito che scivola sulla corda.

glissàre [fr. *glisser* (V. *glissando*)] **v. intr.** (aus. *avere*) ● Sorvolare su un argomento parlando, evitare di approfondirlo: *ha glissato sull'accaduto; invece di rispondermi, glissò.*

glìttica o **glìptica** [da (*arte*) *glittica*] **s. f.** ● Arte di intagliare e incidere le pietre dure e preziose.

glìttico o **glìptico** [vc. dotta, gr. tardo *glyptikós*, da *glyptós* 'inciso' (V. *glitto-*)] **A agg.** (pl. m. *-ci*) ● Della, relativo alla glittica. **B s. m.** ● Intagliatore di pietre dure e preziose.

glitto- o *glipto-* [dal gr. *glyptós* 'inciso', agg. del v. *glýphein* '(in)tagliare', di origine indeur.] **primo elemento** ● In parole composte dotte e della terminologia scientifica, significa 'intaglio, incisione': *glittografia, glittoteca.*

glittografìa o **gliptografìa** [comp. di *glitto-* e *-grafia*] **s. f.** ● Studio, descrizione delle pietre dure incise.

glittògrafo o **gliptògrafo** [comp. di *glitto-* e *-grafo*] **s. m.** ● Studioso, esperto di glittografia.

glittotèca o **gliptotèca** [comp. di *glitto-* e del gr. *thḗkē* 'custodia'] **s. f.** ● Collezione di pietre dure incise | Luogo in cui tali pietre sono raccolte.

globàle [fr. *global*, da *globe* 'globo'] **agg.** *1* Complessivo, totale: *spesa, imposta g.* | *Metodo g.*, in pedagogia, metodo didattico, usato specialmente per l'apprendimento della lettura e della scrittura, secondo cui l'adolescente percepisce in maniera unitaria senza avere distinte capacità di analisi e sintesi | (*econ.*) *Mercato g.*, mercato non limitato da confini nazionali o regionali. *2* (*mat.*) Che si riferisce all'intero spazio. || **globalménte**, avv.

globalìsmo **s. m.** ● (*psicol.*) Globalizzazione, metodo globale.

globalità **s. f.** ● Complesso degli elementi che costituiscono un tutto | *Nella sua g.*, nella sua interezza. **SIN.** Totalità.

globalizzazióne [fr. *globalisation* per l'acquisto 'globale' (*global*) della realtà da parte del fanciullo] **s. f.** *1* Nella psicologia dell'età evolutiva, processo conoscitivo proprio dell'età infantile tendente a cogliere l'insieme di un oggetto per poi differenziarne gli elementi che lo compongono. *2* (*econ.*) Tendenza di mercati o imprese ad assumere una dimensione mondiale, superando i confini nazionali o regionali.

globe-trotter /ingl. 'gloub 'trɔtə*/ [vc. ingl., propriamente 'colui che gira (*trotter*, dal v. (*to*) *trot*, deriv. dall'ant. fr. *troter*, propriamente 'andare al trotto') il mondo (*globe* 'globo')'] **s. m. e f. inv.** (pl. ingl. *globe-trotters*) ● Chi viaggia per il mondo, spec. con mezzi di fortuna, e anche a piedi.

globicèfalo [comp. di *globo* e *cefalo*, per la forma tondeggiante della testa] **s. m.** ● Cetaceo dei Delfinidi dal capo molto grande, nero con una macchia bianca cuoriforme sulla parte inferiore del collo, che vive in branchi nei mari boreali (*Globicephala melaena*).

globifórme [comp. di *globo* e *-forme*] **agg.** ● (*raro*) Che ha forma di globo.

globigerìna [comp. del lat. *glŏbus* 'corpo rotondo' e un deriv. di *gĕrere* 'portare', con il suff. *-ina*] **s. f.** ● Genere di Protozoi foraminiferi i cui gusci calcarei formano spessi sedimenti sui fondi oceanici (*Globigerina*).

globìna [vc. dotta, tratta da (*emo*)*globina*] **s. f.** ● (*biol.*) Costituente proteico dell'emoglobina.

glòbo [vc. dotta, lat. *glŏbu(m)*, di etim. incerta] **s. m.** *1* Qualunque corpo a forma di sfera: *le biglie sono piccoli globi* | *G. del lume*, palla di vetro o cristallo per difendere la fiamma dal vento o, se opaco, per attenuare e distribuire la luce | *G. oculare*, bulbo oculare | *G. celeste*, sfera sulla cui superficie è rappresentato il cielo stellato | *G. terrestre, terracqueo*, la Terra: *tutto il g. terrestre* (BRUNO) | *In g.*, in massa, in blocco. *2* (*per anton.*) La Terra: *fare un giro attorno al g.* | *Il g. e lo scettro*, simboli del potere imperiale o papale | Sfera in legno o altro materiale sulla quale è rappresentata, in proporzioni ridottissime, l'intera superficie terrestre. || **globétto**, dim. | **globettìno**, dim. | **globicìno**, dim.

globòide [comp. di *globo* e un deriv. del gr. *êidos* 'forma'] **s. m.** ● Corpo che ha forma simile a un globo.

globosità o †**globositàde**, †**globositàte** [vc. dotta, lat. *globositāte(m)*, da *globōsus* 'globoso'] **s. f.** ● Caratteristica di ciò che ha forma di globo.

globóso [vc. dotta, lat. *globōsu(m)*, da *glŏbus* 'globo'] **agg.** ● Di globo: *forma, figura globosa.*

globulàre [da *globulo*] **agg.** *1* Che ha forma di globo: *struttura g.* | *Ammasso g.*, ammasso stellare a forma globosa; cluster. *2* (*med.*) Che si riferisce ai globuli rossi del sangue | *Valore g.*, quantità media di emoglobina contenuta in un globulo rosso.

globulària [dal lat. *glŏbulus* 'globulo', per la forma dei suoi capolini] **s. f.** ● Pianta erbacea delle Globulariacee comune sulle rocce con fiori a corolla azzurra in infiorescenza (*Globularia vulgaris*).

Globulariàcee [vc. dotta, comp. di *globularia* e *-acee*] **s. f. pl.** ● Nella tassonomia vegetale, famiglia di piante erbacee simili alle Labiate con frutto ad achenio (*Globulariaceae*) | (al sing. *-a*) Ogni individuo di tale famiglia.

globulìna [comp. del lat. *glŏbulus* 'pallina, globulo' e *-ina*] **s. f.** ● (*biol.*) Proteina presente nel latte, nell'albume d'uovo e, in grande quantità, nel plasma sanguigno dove è associata a processi difensivi e immunitari.

glòbulo [vc. dotta, lat. *glŏbulu(m)* 'piccola sfera (*glŏbus* 'globo')'] **s. m.** *1* Piccolo globo, sferetta. *2* (*biol.*) Elemento corpuscolato del sangue | *G. rosso*, contenente emoglobina, destinato al trasporto dell'ossigeno e dell'anidride carbonica. **SIN.** Emazia, eritrocita | *G. bianco*, avente funzione fagocitaria e di difesa dell'organismo. **SIN.** Leucocita. || **globulétto**, dim.

globulóso **agg.** ● Che ha forma di globulo.

glo glo /glo g'glɔ*, glo 'glɔ*, glo g'glo*, glo 'glo*/ ● V. *glu glu.*

gloglottàre o (*raro*) †**glugluttàre** [onomat. da *glo glo*] **v. intr.** (*io gloglòtto*; aus. *avere*) ● Fare glu glu: *il tacchino e la faraona gloglottano* | (*est.*) Gorgogliare: *l'acqua gloglottava scorrendo.*

gloglottìo **s. m.** ● Verso dell'animale che gloglotta | Gorgoglio: *il g. del ruscello.*

glòmere o **glomèride** [vc. dotta, lat. *glŏmeris*, genit. di *glŏmus* 'gomitolo', di etim. incerta] **s. m.** ● Piccolo artropode dei Miriapodi, dal corpo tozzo, che vive nei luoghi umidi e si appallottola se stimolato (*Glomeris marginata*).

glomerulàre [da *glomerulo*] **agg.** *1* (*anat.*) Detto di struttura o di organo conformato come un minuto gomitolo o contenente minuti gomitoli: *strato g. della corteccia surrenale.* *2* (*anat.*) Riferito al glomerulo del nefrone.

glomèrulo [dim. del lat. *glŏmus*, genit. *glŏmeris* 'gomitolo', per la forma] **s. m.** *1* (*bot.*) Infiorescenza globulare costituita da numerosi fiori inseriti l'uno accanto all'altro e quasi privi di peduncolo. *2* (*anat.*) Nel rene, ognuno dei minuti gomitoli costituiti da capillari arteriosi, localizzati nei corpuscoli del Malpighi.

glomerulonefrìte [comp. di *glomerulo* e *nefrite*] **s. f.** ● (*med.*) Affezione renale di natura infiammatoria che colpisce i glomeruli alterandone le capacità di filtrazione.

glòmo [vc. dotta, lat. *glŏmus* (nt.) 'gomitolo', equivalente a *glŏbus* e, come questo, di etim. incerta] **s. m.** *1* (*anat.*) Voluminoso gomitolo di capillari sanguigni, per lo più arteriosi | *G. carotideo*, piccolo corpicciolo posto alla biforcazione delle arterie carotidi, che regola la pressione sanguigna. *2* (*veter.*) Ciascuna delle due espansioni globose dei rami del fettone.

glòria (**1**) [vc. dotta, lat. *glōria(m)*, di etim. incerta] **s. f.** *1* Grandissima fama, rinomanza e onore che si ottiene per capacità, opere o meriti eccezionali: *vera, falsa, effimera, eterna g.; essere avido di g.; aspirare, pervenire alla g.; ciascun segnor gentil e valoroso / la g. cerca* (BOIARDO) | *G. mondana*, terrena, contrapposta a quella celeste | *G. vana*, vanagloria | *Coprirsi di g.*, acquistarne molta | (*scherz.*) *Lavorare per la g.*, senza retribuzione | *Oscurare la g. di qc.*, conseguirne di più, per azioni analoghe | Onore militare: *la g. della bandiera, del reggimento.* **SIN.** Celebrità. *2* Vanto, orgoglio | *Vecchia g.*, personaggio, spec. del mondo sportivo o dello spettacolo, un tempo famoso | (*est.*) Persona o cosa che è fonte di gloria e di vanto: *Virgilio è una g. dei latini* | Impresa o fatto glorioso: *chi trattiene le mie glorie è mio nemico* (METASTASIO). *3* Condizione dei beati nel paradiso, secondo la teologia cattolica: *g. di Dio, dei santi, del paradiso* | *Salire alla g.*, al paradiso | *Aureola di g.*, raggiera di luce che circonda il capo dei beati, (*fig.*) splendore della fama | *Che Dio l'abbia in g.*, escl. di riverenza (*anche iron. o scherz.*) | *A g. di Dio*, a celebrazione della sua grandezza | (*fig.*) *Andare in g.*, tripudiare | (*scherz., fig.*) *Essere in g.*, essere ubriaco | *Aspettare a g.*, con desiderio e impazienza. *4* Tessuto di seta e cotone per ombrelli e soprabiti. || **gloriètta**, dim. | **gloriòla**, dim. spreg. (V.) | **gloriùccia**, **gloriùzza**, dim.

glòria (**2**) [vc. dotta, lat. *glōria* (nom.), che ricorre in salmi (prima parola del versetto finale), preghiere e inni liturgici (dell'annuncio della nascita di Gesù nel Vangelo)] **s. m. inv.** *1* Canto o preghiera di glorificazione di Dio e dei Santi. *2* Parte della Messa in cui si recita il Gloria || **PROV.** Tutti i salmi finiscono in gloria.

gloriàre [vc. dotta, lat. *gloriāri*, da *glōria* 'gloria (1)'] **A v. tr.** (*io glòrio*) ● (*lett.*) Esaltare, magnificare. **B v. intr. pron.** e †**intr.** *1* Menare vanto e gioire di un merito, di una conquista e sim.: *gloriarsi della propria scaltrezza, di un premio; gloriarsi nella sofferenza.* **SIN.** Lodarsi, vantarsi. *2* Godere della beatitudine del paradiso.

gloriette /fr. glɔ'rjɛt/ [vc. fr., *gloriette*, dim. di *gloire* 'gloria (1)', originariamente 'cabina di un battello', prob. perché arricchita d'un qualche ornamento] **s. f. inv.** ● Padiglione ornato di piante rampicanti.

glorificàre [vc. dotta, lat. tardo *glorificāre*, comp. di *glōri(a)* 'gloria (1)' e *-ficāre* '-ficare'] **A v. tr.** (*io glorìfico, tu glorìfichi*) *1* Esaltare con lode, rendere glorioso: *g. un'impresa eroica, un martire* | *G. la nazione*, renderla illustre, coprirla di onore | *G. Dio*, celebrare la gloria di Dio. **SIN.** Celebrare, onorare. *2* Innalzare alla gloria del paradiso: *Dio glorifica i buoni.* **B v. rifl. e intr. pron.** ● Vantarsi.

glorificatìvo **agg.** ● Atto a glorificare.

glorificatóre **s. m.**; anche **agg.** (f. *-trice*) ● Chi, che glorifica.

glorificazióne [vc. dotta, lat. tardo *glorificatiōne(m)*, da *glorificātus* 'glorificato'] **s. f.** *1* Atto, effetto del glorificare: *assistere alla g. di qc.; la g. di un poeta.* *2* L'essere glorificati in cielo: *la g. dei beati.* || **glorificazioncèlla**, dim.

gloriòla o **glorìola** [vc. dotta, lat. *glorĭola(m)*, dim. di *glōria* 'gloria'] **s. f.** *1* Dim. spreg. di *gloria.* *2* Fama modesta.

glorióso [vc. dotta, lat. *gloriōsu(m)*, da *glōria* 'gloria (1)'] **agg.** *1* Illustre per gloria: *un antenato g.; imprese, gesta gloriose; la gloriosa bandiera; gli anni gloriosi del Risorgimento* | *Un'epopea di gloriosa memoria*, di cui si venera il ricordo. *2* Che dà gloria: *un atto inutile ma g.* | *Essere g. di qc. o q.c.*, esserne molto fiero | (*iron.*) *G. e trionfante*, di chi ostenta soddisfazione per azione meschina | *Matto g.*, megalomane | *Testa gloriosa*, persona stravagante | (*raro*) Potente. *3* Che ha gloria in cielo: *le anime gloriose dei beati* | *Misteri gloriosi*, gli ultimi cinque del Rosario dedicati alle glorie della Vergine. *4* (*raro, lett.*) Fanfarone, millantatore. || **gloriosétto**, dim. || **gloriosaménte**, avv.

†**glòsa** o **glòsa** e *deriv.* ● V. *glossa* (*1*) e *deriv.*

glòssa (**1**) o (*raro*) †**glòsa** [vc. dotta, lat. tardo *glōssa(m)*, dal gr. *glôssa*, 'lingua' propriamente 'puntuta' (da *glōchís* 'punta', di etim. incerta) e anche 'espressione linguistica (rara)'] **s. f.** *1* Presso gli antichi Greci, espressione oscura o difficile di un testo da esplicare | (*est.*) Parola o locuzione non usuale. *2* Annotazione marginale o interlineare a testi biblici, letterari, o giuridici, tipica dell'esegesi medievale: *glosse a margine* | (*per anton.*) Nota esplicativa apposta ai testi giuridici della compilazione giustinianea dai giuristi della scuola di Bologna | (*est.*) Raccolta delle annotazioni di un glossatore. *3* (*est.*) Nota esplicativa in genere, commento | *Far la g.*, (*fig.*) criticare con maldicenza.

†**glòssa** (2) o (*raro*) **glòtta** [Cfr. *glossa* (1)] s. f. • Lingua.

glossàre o (*raro*) †**glosàre** [da *glossa* (1)] v. tr. (*io glòsso*) **1** Fornire di glosse. **2** Annotare.

glossàrio [vc. dotta, lat. tardo *glossāriu(m)*, da *glōssa* 'glossa (1)'] s. m. • Raccolta di voci non usuali o appartenenti a specifici settori scientifici, tecnici e sim., completa di spiegazione e in ordine alfabetico.

glossatóre [vc. dotta, lat. mediev. *glossatōre(m)*, da *glōssa* 'glossa (1)'] s. m. • Autore di glosse, nel Medioevo, spec. su testi giuridici.

glossèma [vc. dotta, lat. *glossēma*, dal gr. *glôssēma*, da *glôssa* 'glossa (2)'] s. m. (pl. *-i*) **1** Voce o espressione oscura o non usuale | Nota esplicativa di tale voce. **2** Nella glossematica, la più piccola unità linguistica.

glossemàtica [ingl. *glossematics*, da *glosseme* 'glossema'] s. f. • Teoria linguistica secondo cui la lingua dovrebbe essere considerata come fine a se stessa, e non come mezzo.

glossemàtico agg. (pl. m. *-ci*) • (*ling.*) Che si riferisce ai glossemi.

glòssico [da *glossa* (2)] agg. (pl. m. *-ci*) • Linguale.

glossìna [da *glossa* (2) per il rostro simigliante a una 'lingua'] s. f. • Insetto dell'ordine dei Ditteri molto diffuso nell'Africa equatoriale, al cui genere appartiene la mosca tse-tse trasmettitrice di tripanosomi (*Glossina*).

glossìte [comp. di *glossa* (2) e *-ite* (1)] s. f. • (*med.*) Infiammazione della lingua.

glòsso-, -glòsso [dal gr. *glôssa* 'lingua', in composizione *glôsso-*] primo e secondo elemento • In parole composte della terminologia scientifica, significa 'lingua' o 'linguaggio': *glossolalia, ipoglosso.*

glossodinìa [comp. di *gloss(a)* (2) e *-odinia*] s. f. • (*med.*) Affezione cronica dolorosa della lingua senza alterazioni anatomiche.

glossofaringèo o (*raro*) **glossofaringeo** [comp. di *glossa* (2) e *faringeo*] agg. • (*anat.*) Relativo alla lingua e alla faringe.

glossografìa [da *glossografo*] s. f. • Studio delle glosse.

glossogràfico agg. (pl. m. *-ci*) • Della, relativo alla, glossografia.

glossògrafo [gr. *glōssográphos*, comp. di *glôssa* 'glossa (2)' e *-gráphos* '-grafo'] s. m. • Nel mondo classico e medievale, compilatore di glosse.

glossolalìa [comp. di *glossa* (2) e *-lalia*] s. f. **1** Articolazione di parole senza senso composte da sillabe spesso eufoniche, tipica del linguaggio infantile, che si può inoltre riscontrare in alcuni casi di schizofrenia nell'adulto. **2** (*rel.*) Facoltà di esprimere la devozione religiosa con un linguaggio incomprensibile tipica del cristianesimo primitivo, (dove era definita *dono delle lingue*), e di alcune denominazioni cristiane attuali.

glossomanìa [comp. di *glossa* (2) e *-mania*] s. f. • Delirio verbale di alcuni malati maniaci, caratterizzato da giochi verbali privi di sistematicità.

glossoplegìa [comp. di *glossa* (2) e un deriv. del gr. *plēgḗ* 'colpo, percossa'] s. f. (pl. *-gie*) • (*med.*) Paralisi dei muscoli linguali, associata a disturbi della fonazione e della deglutizione.

glòtta [dal gr. *glôtta*, var. attica di *glôssa* (V. *glossa* (2))] s. f. **1** V. *glossa* (2). **2** (*anat.*) Glottide.

glottàle agg. • (*ling.*) Linguale.

glottidàle agg. • (*ling.*) Laringeo.

glòttide [gr. *glôttis*, genit. *glōttídos*, da *glôtta*, var. attica di *glôssa* 'lingua'] s. f. • (*anat.*) Spazio compreso tra le corde vocali. ➡ ILL. p. 367 ANATOMIA UMANA.

glòtto-, -glòtto [dal gr. *glôtta* (attico per *glôssa*) 'lingua'] primo o secondo elemento • In parole composte della terminologia scientifica, significa 'lingua, linguaggio': *glottologia, glottologo; alloglotto.*

glottocronologìa [comp. di *glotto-* e *cronologia*] s. f. • (*ling.*) Metodo di indagine usato per stabilire l'epoca in cui due o più lingue imparentate si sono separate da una lingua originaria comune.

glottodidàttica [comp. di *glotto-* e *didattica*] s. f. • Insegnamento scientifico delle lingue straniere, che utilizza i contributi della moderna ricerca linguistica e dell'antropologia sociale.

glottologìa [comp. di *glotto-* e *-logia*] s. f. (pl. *-gie*) • Studio scientifico, prevalentemente storico, dei sistemi linguistici: *g. indoeuropea.* SIN. Linguistica.

glottològico agg. (pl. m. *-ci*) • Della, relativo alla glottologia.

glottòlogo s. m. (f. *-a*; pl. m. *-gi*) • Studioso, esperto di glottologia.

glottotècnica [comp. di *glotto-* e *tecnica*] s. f. • Scienza che studia la formazione dei neologismi secondo determinati principi linguistici.

gloxìnia [dal n. del botanico ted. B. P. *Gloxin* (sec. XVIII)] s. f. • Pianta erbacea delle Tubiflorali con fusto e foglie pubescenti e bellissimi fiori a corolla imbutiforme di colore variabile dal bianco al rosso scarlatto (*Gloxinia speciosa*).

glucìde • V. *glicide.*

glucìdico • V. *glicidico.*

glucìna [comp. del gr. *glykýs* 'dolce', e *-ina*] s. f. • Sostanza organica di color bruno pallido, surrogato della saccarina.

glucòlico • V. *glicolico.*

glucòmetro [comp. del gr. *gleûkos* 'mosto', e *-metro*] s. m. **1** Apparecchio che serve a misurare il tenore zuccherino di un mosto o di un vino. **2** Apparecchio per la misura del tasso di glucosio nel sangue, impiegato in particolare per controllare la terapia dietetica o insulinica nei pazienti diabetici.

glucoprotèide • V. *glicoproteide.*

glucòside o **glicòside** [da *glucosio*, col suff. *-ide*] s. m. • Sostanza organica complessa di origine vegetale o artificiale nella cui struttura è contenuto uno zucchero, per lo più glucosio, separabile per idrolisi.

glucòsio o **glicòsio**, **glicòso**, **glucòso** [fr. *glucose*, dal gr. *gleûkos* 'mosto' con sovrapposizione di *glykýs* 'dolce' e il suff. *-ose* '-osio'] s. m. • Zucchero semplice presente in molti frutti, ottenuto industrialmente per idrolisi di amidi e sim., usato nell'industria dolciaria, in farmacia e in medicina.

glucurònico [da *glucosio*] agg. (pl. m. *-ci*) • (*chim.*) Detto di un acido organico derivato dall'ossidazione del glucosio, prodotto nel fegato dove viene utilizzato nei processi di inattivazione della tossicità di sostanze di origine sia endogena che esogena.

glu glu /glu g'glu*, glu glu*/ o **glo glo** [vc. onomat.] **A** inter. **1** Riproduce il rumore di un liquido che esce a intermittenza dal collo di una bottiglia o di un recipiente con stretta imboccatura. **2** Riproduce il rumore che si genera in gola bevendo a garganella. **3** Riproduce il verso del tacchino e della gallina faraona. **B** in funzione di s. m. • Gloglottio: *il glu glu di una vasca da bagno che si vuota.*

†**gluglutàre** • V. *gloglottare.*

glùma [vc. dotta, lat. *glūma(m)*, da *glūbere* 'togliere la scorza'] s. f. • (*bot.*) Ciascuna delle brattee che racchiudono la spighetta delle Graminacee.

glumétta o **glumèlla** [da *gluma*] s. f. • (*bot.*) Ciascuna delle brattee interne alle glume, che alla loro ascella portano un fiore e sovente sono munite di reste.

Glumiflòre [comp. di *gluma* e del lat. *flōs*, genit. *flōris* 'fiore'] s. f. pl. • Nella tassonomia vegetale, ordine di piante erbacee monocotiledoni con culmi nodosi con internodi cavi, foglie lineari guainanti, fiori in spighette protette da glume (*Glumiflorae*) | (al sing. *-a*) Ogni individuo di tale ordine.

glùone [ingl. *gluon*, da *glue* 'colla', dal fr. *glu* 'colla, vischio', che è il lat. tardo *glūte(m)* (stessa etim. di *glūten* 'glutine')] s. m. • (*fis.*) Ipotetica particella subnucleare che si ritiene responsabile delle interazioni forti fra quark.

glutammàto s. m. • Sale dell'acido glutammico | *G. di sodio*, usato per accentuare gli aromi di prodotti alimentari.

glutàmmico [ingl. *glutamic* 'glutine (lat. *glūten*) amidico (*amic*)'] agg. (pl. m. *-ci*) • (*chim.*) Detto di composto derivabile dal glutine | *Acido g.*, acido bicarbossilico omologo superiore dell'acido aspartico, presente in tutte le proteine, utilizzato come ricostituente e tonificante del sistema nervoso.

glutammìna [da (acido) *glutamm(ico)* e *-ina*] s. f. • (*chim.*) Amminoacido presente nelle proteine; è l'ammide dell'acido glutammico.

glutenìna [comp. del lat. *glūten*, genit. *glūtinis* 'glutine' e *-ina*] s. f. • Proteina contenuta nel mais e nel frumento, che, insieme con la gliadina, costituisce il principale componente del glutine di frumento.

glùteo [originariamente agg. del gr. *gloutós* 'natica', di origine indeur.] **A** s. m. • (*anat.*) Muscolo della natica: *grande, piccolo, medio g.* | *I glutei*, le natiche. **B** anche agg.: *regione glutea.* ➡ ILL. p. 362 ANATOMIA UMANA.

glutinàre [vc. dotta, lat. *glutināre*, da *glūten* 'glutine'] v. tr. (*io glùtino*) • Arricchire di glutine, spec. una pasta alimentare.

glutinàto part. pass. di *glutinare*; anche agg. • Nei sign. del v.

glùtine [vc. dotta, lat. *glūtinis*, genit. di *glūten*, di origine indeur.] s. m. **1** Miscuglio di sostanze proteiche contenute nelle cariossidi dei cereali e nei semi di alcune leguminose, impiegato nella preparazione di paste glutinate, nell'industria per l'apprettatura della carta e dei tessuti. **2** (*raro*) Sostanza vischiosa, collosa.

glutinosità [da *glutinoso*] s. f. • Qualità, aspetto di ciò che è glutinoso.

glutinóso [vc. dotta, lat. tardo *glutinōsu(m)*, da *glūten* 'glutine'] agg. **1** Che ha l'aspetto di glutine, che contiene glutine. **2** (*est.*) Colloso, appiccicoso.

†**gnàcchera** • V. *nacchera.*

†**gnàffe** [etim. incerta] inter. • (*pop.*) In fede mia (rafforza o dà enfasi a una risposta): *g., disse ser Ciappelletto, messer sì* (BOCCACCIO).

†**gnàgnera** [etim. discussa: dal verso del gatto (*gnao*), secondo il presunto sign. originario di 'lamento noioso (per malessere o capriccio)' (?)] s. f. • Voglia, capriccio.

gnàis /'gnais, *'ɲais/ • V. *gneiss.*

gnam [vc. onomat.] inter. • Riproduce, spec. nella forma ripetuta *g. g.*, il rumore di chi mangia con golosità.

gnào o **gnàu** [vc. imit.] inter. • Riproduce il miagolio del gatto.

gnato-, -gnàto [dal gr. *gnáthos* 'mascella'] primo o secondo elemento • In parole composte della terminologia scientifica, significa 'mascella, mandibola, guancia': *gnatodinia, gnatostomi; agnati, chetognati.*

gnatodinìa [comp. di *gnato-* e *-(o)dinia*] s. f. • (*med.*) Dolore alla mandibola o alla mascella.

gnatoplàstica [comp. di *gnato-* e *plastica*] s. f. • (*chir.*) Intervento di chirurgia plastica sulla mascella o sulla mandibola.

gnatopòdio [comp. di *gnato-* e del gr. *poús*, genit. *podós* 'piede'] s. m. • (*zool.*) Nei Crostacei e nei Chilopodi, ognuna delle appendici anteriori del tronco, di supporto funzionale all'apparato boccale.

Gnatòstomi [comp. di *gnato-* e *-stoma*] s. m. pl. • Nella tassonomia animale, tutti i Vertebrati provvisti di mascelle articolate e organi olfattori pari, che si contrappongono agli Agnati (*Gnathostoma*) | (al sing. *-o*) Ognuno di questi Vertebrati.

gnaulàre [vc. onomat. (= fare *gnao*)] v. intr. (*io gnàulo*; aus. *avere*) • Miagolare | (*est.*) Lamentarsi fastidiosamente.

gnaulàta s. f. • Miagolata | (*est.*) Lungo lamento.

gnaulìo s. m. • Miagolio.

gnàulo s. m. • Verso del gatto | Modo di miagolare.

gnaulóne s. m. (f. *-a*) • (*raro, fig.*) Chi si lamenta spesso.

gne /*ɲɛ/ o **gnee** /*'ɲɛe/ [vc. onomat.] inter. **1** Riproduce il cigolio che fanno i cardini non ingrassati di porte e di finestre quando si aprono o chiudono. **2** Riproduce il rumore di una motocicletta o di un'automobile da competizione in piena corsa.

gnèiss /'gnɛis, *'ɲɛis, 'gnais/ o **gnàis**, **gnèis** /'gnɛis, 'gnais/ [fr. *gneiss*, dal ted. *Gneis* 'scintilla', di origine indeur., per la sua lucentezza (?)] s. m. • (*miner.*) Sorta di roccia metamorfica costituita essenzialmente da quarzo, feldspati e miche.

Gnetàli [dal lat. *gnētum*, n. d'una pianta, che è forse un errore di lettura per *cnēcum*, dal gr. *knêkos* (forse d'origine indeur.)] s. f. pl. ● Nella tassonomia vegetale, ordine delle Gimnosperme comprendente pochi generi, ma importante dal punto di vista della filogenesi perché punto di passaggio fra Gimnosperme e Angiosperme (*Gnetales*) | (al sing. -*e*) Ogni individuo di tale ordine.

gnòcca [da *gnocco*] s. f. *1* (*gerg.*) Vulva. *2* (*fig.*) Ragazza, donna molto vistosa e attraente.

gnòcco o (*tosc.*) †**ignòcco** [parallelo veneto di *nocca*, di origine longob.] s. m. (pl. -*chi*) *1* (*spec. al pl.*) Ognuno dei pezzetti tondeggianti di un'impasto di farina e patate, lessati e conditi spec. con burro o sugo di pomodoro | *Gnocchi alla romana*, di semolino e latte, conditi con burro e gratinati al forno. *2* (*pop.*) Prominenza, bernoccolo: *cadendo si è fatto uno g. in fronte* | Grumo: *farina piena di gnocchi*. *3* (*fig.*) Uomo grossolano, goffo. || **gnoccàccio**, pegg. | **gnocchétto**, dim. | **gnoccóne**, accr.

gnòme [vc. dotta, lat. tardo *gnōme(m)*, dal gr. *gnṓmē*, da *gignṓskein* 'conoscere', di origine indeur.] s. f. ● (*letter.*) Sentenza, motto, proverbio.

gnòmico [vc. dotta, lat. tardo *gnōmicu(m)*, dal gr. *gnōmikós* 'pertinente alla *gnome* (*gnṓmē*)'] **A** agg. (pl. m. -*ci*) *1* Detto di forma verbale usata in sentenze e motti. *2* Contenente precetti morali: *poesia gnomica*. **B** s. m. (pl. -*ci*) ● Autore di poesie gnomiche, spec. nell'antica letteratura greca.

gnòmo [vc. dotta, lat. umanistico *gnōmum*, tratto prob. dal gr. *gnṓmē* 'intelligenza' (V. *gnome*)] s. m. ● Nelle mitologie nordiche e nelle tradizioni popolari, spiritello benevolo e sapiente, in aspetto di nano barbuto, che conosce il futuro, opera miracoli e custodisce i tesori delle miniere e del mondo sotterraneo | (*fig.*) *Gli gnomi di Zurigo*, nel linguaggio giornalistico-economico, i banchieri svizzeri che manovrano la grande speculazione internazionale sulle quotazioni delle valute e dell'oro nel mercato finanziario.

gnomologìa [gr. *gnōmología*, comp. di *gnṓmē* 'gnome' e -*logía* '-logia'] s. f. (pl. -*gie*) ● Genere di eloquenza sentenziosa | (*raro*) Raccolta di sentenze.

gnomóne [vc. dotta, lat. tardo *gnomōne(m)*, nom. *gnōmon*, dal gr. *gnṓmōn* 'giudice, indicatore', propr. 'che ha conoscenza (*gnṓmē*)'] s. m. ● Asta o stilo la cui ombra indica l'ora nelle meridiane.

gnomònica [vc. dotta, lat. tardo *gnomōnica(m)*, sott. *ărte(m)*, dal gr. *gnōmonikḗ* (*téchnē*) '(arte di costruire) degli gnomoni'] s. f. ● Tecnica di fabbricazione degli orologi solari.

gnor no /*ɲor 'nɔ*/ ● V. *signornò*.

gnornò ● V. *signornò*.

†**gnòro** [per (*i*)*gnoro*, da *ignorare*, con riferimento al sin. *ignorante*] agg. ● Ignorante: *quella benigna / stella, che alzato m'ha dal vulgo g.* (CELLINI).

gnòrri [var. espressiva di (*i*)*gnoro* con la -*i* propria dei cognomi] s. m. e f. ● (*fam.*) Solo nella loc. *fare lo, la g.*, fingere di non capire o di ignorare q.c.: *non fare lo g.*

gnor sì ● V. *signorsì*.

gnorsì ● V. *signorsì*.

gnoseologìa [comp. del gr. *gnôsis*, genit. *gnóseōs* 'conoscenza, gnosi' e -*logia*] s. f. (pl. -*gie*) ● Parte della filosofia che si occupa del problema della conoscenza | Teoria della conoscenza.

gnoseològico agg. (pl. m. -*ci*) ● Che concerne o interessa la gnoseologia.

gnòsi [gr. *gnôsis* 'conoscenza', da *gignṓskein* 'conoscere', di origine indeur.] s. f. *1* Conoscenza perfetta, superiore e salvifica del divino, propria degli gnostici. *2* Gnosticismo.

-gnosìa [dal gr. *gnôsis* 'ricerca, conoscenza', dal v. di origine indeur. *gignṓskein* 'conoscere'] secondo elemento ● In parole composte di origine dotta, significa 'conoscenza': *farmacognosia*.

gnòstica [vc. dotta, lat. tardo *gnōstice(m)*, dal gr. *gnōstikḗ* (sott. *epistḗmē*) '(la scienza) conoscitiva', da *gnōstikós* 'gnostico'] s. f. ● Parte della medicina che mira a conoscere la natura delle malattie.

gnosticìsmo [da *gnostico*] s. m. ● Indirizzo filosofico religioso, diffusosi nel II secolo d.C., secondo il quale è possibile attingere per via di ragione i motivi più profondi del Cristianesimo.

gnòstico [vc. dotta, lat. tardo *gnōsticu(m)*, dal gr. *gnōstikós*, da *gnōstós* 'conosciuto' (V. *gnome*)] **A** agg. (pl. m. -*ci*) ● Che concerne o interessa lo gnosticismo. **B** s. m. (f. -*a*) ● Chi segue o si ispira all'indirizzo filosofico religioso dello gnosticismo.

gnu /*ɲu*/ [fr. *gnou*, da una vc. ottentotta, oppure dal grido caratteristico dell'animale] s. m. ● Grande antilope africana dal corpo simile a quello di un cavallo e dalle robuste corna arcuate verso l'alto (*Connochaetes gnu*).

†**gnùcca** [da *nuca* con sovrapposizione di *zucca*] s. f. *1* (*fam.*) Nuca, zucca. *2* (*est.*) Cervello, ingegno.

gnùdo [da *ignudo*, per aferesi di *i*-] agg. ● (*ant. o dial.*) Nudo.

go /gɔ*/ [vc. cinese] s. m. inv. ● Gioco di antichissima origine cinese che si fa muovendo le pedine su una scacchiera.

goal /gɔl, *ingl.* 'goul/ [dal medio ingl. *gol* 'limite, confine', di etim. incerta] s. m. inv. ● Punto conseguito da una squadra di calcio quando uno dei suoi componenti invia il pallone dentro la porta avversaria | *G. della bandiera*, l'unico realizzato da squadra che perde con un pesante punteggio. SIN. Rete. || **gollétto**, dim.

gòbba [f. di *gobbo* (*1*)] s. f. *1* (*pop.*) Gibbo | *Spianare la g. a qc.*, bastonarlo | *Fare la g.*, sgobbare lavorando. *2* (*est.*) Prominenza, rigonfiamento, curvatura: *la g. del naso*; *la g. della lima*. || **gobbàccia**, pegg. | **gobbétta**, dim. | **gobbettina**, dim. | **gobbìna**, dim. | **gobbóne**, accr. m.

†**góbbia** [lat. tardo *gūbia(m)*, di orig. celtica] s. f. ● Sgorbia.

gobbìsta [da *gobbo* (*2*)] s. m. e f. (pl. m. -*i*) ● (*cine*, *tv*) Operatore tecnico che, in uno studio cinematografico o televisivo, è addetto alla manovra di un gobbo.

gòbbo (**1**) [lat. parl. **gŭbbu(m)*, parallelo di *gĭbbu(m)*, che voleva rendere il gr. *kyphós* 'curvato in avanti'] **A** agg. *1* Che ha la gobba, detto spec. di persona: *un vecchio g.* | (*est.*) Che ha o sta con le spalle curve: *andare*, *stare g.*; *diventare g. a tavolino*. *2* Curvo, convesso: *schiena gobba*; *naso g.* | (*scherz.*) *Colpo g.*, mossa astuta e traditrice o mano fortunata al gioco d'azzardo. **B** s. m. (f. -*a* nel sign. 1) *1* Persona che ha la gobba | (*scherz.*) *Fare come il g. di Peretola*, di chi, sporgendosi col petto, cerca di nascondere la gobba che ha dietro, come il protagonista di un'antica novella. *2* Protuberanza, gobba, rigonfiamento: *un g. al piede*; *il vestito qui fa un g.* | (*raro*) *Spezzare il g. a qc.*, bastonarlo forte | (*fig.*, *pop.*) *Avere qc.*, *q.c. sul g.*, non digerirlo, non sopportarlo e sim. | *Togliersi qc.*, *q.c.dal g.*, (*fig.*, *pop.*) liberarsene. *3* (*raro*, *tosc.*) Pegno al Monte di Pietà: *tenere*, *mettere in g.* *4* (*spec. al pl.*) Germogli delle piante di carciofo e delle foglie di cardo coperti con terra o paglia perché imbianchino. || **gobbàccio**, pegg. | **gobbettàccio**, pegg. | **gobbettino**, dim. | **gobbétto**, dim. | †**gobbìccio**, dim. | **gobbino**, dim. | **gobbùccio**, **gobbùzzo**, dim.

gòbbo (**2**) [adattam. dell'ingl. d'America *gobo*, di origine sconosciuta] s. m. *1* (*cine*) Telaio di legno nero che ripara lateralmente dalla luce dei proiettori durante le riprese di un film. *2* (*cine*, *tv*) Lavagna, cartellone e sim., su cui sono scritte le battute da dire durante le riprese di un film o una trasmissione televisiva, collocato in modo da non essere inquadrato dalla macchina da presa o dalla telecamera.

gobbóni o (*raro*) **gobbóne** [da *gobbo* (*1*)] avv. ● (*raro*) Con le spalle incurvate come chi è gobbo: *camminare*, *stare g.*

gobelin /*fr.* go'blɛ̃/ [vc. fr., dal n. della famiglia dei *Gobelins*, celebri tintori] **A** s. m. inv. *1* Tessuto ad arazzo intrecciato a mano, di alto pregio. *2* (*raro*) Arazzo. **B** in funzione di agg. inv. (posposto al s.) ● Nella loc. *punto g.*, punto di ricamo eseguito con fili di lana, seta o cotone su canovaccio e usato come fondo nella tappezzeria.

gobióne [vc. dotta, lat. *gobiōne(m)*, nom. *gōbio*, dal gr. *kōbiós*, di prob. origine mediterr.] s. m. ● Pesce osseo dei Cipriniformi con due barbigli sul labbro superiore, frequente in piccoli branchi nelle acque interne (*Gobio gobio*). SIN. Ghiozzo di fiume.

góccia [da *gocciare*] s. f. (pl. -*ce*) *1* Particella di liquido in forma tondeggiante che si separa da una massa per deporsi altrove: *una g. d'acqua*, *di pioggia*; *dalla ferita escono gocce di sangue* | *Somigliarsi come due gocce d'acqua*, essere perfettamente simili | *La g. che fa traboccare il vaso*, di fatto o avvenimento che sia la causa ultima del prodursi di un effetto contrario | *La g. scava la pietra*, (*fig.*) la costanza e la perseveranza in un'azione producono grandi risultati | *A g. a g.*, a poco a poco | *Una g. dopo l'altra*, lentamente, con costanza | *Fino all'ultima g.*, fino in fondo | *Fichi con la g.*, il cui umore zuccherino si raccoglie sul fondo e ne trapela sotto forma di goccia semisolida. *2* Goccia di pioggia: *già cadono le prime gocce*; *non è un temporale*, *sono solo due gocce*. *3* Piccola quantità di un liquido: *dagli una g. di vino*; *"Vuoi del liquore?" "Appena una g."*. *4* Pietra preziosa e non preziosa, cristallo e sim. tagliato e lavorato a forma di goccia: *lampadario a g.*; *orecchini a g.* *5* (*arch.*) Nell'ordine dorico, ciascuno degli elementi decorativi di forma conica, cilindrica o piramidale, applicati sotto l'epistilio in corrispondenza dei triglifi o sotto i mutuli. ➡ ILL. p. 357 ARCHITETTURA. *6* (*miner.*) *G. d'acqua*, varietà di topazio limpido e incolore usata come gemma. *7* *G. d'oro*, varietà coltivata di susino con frutto grosso e polpa gialla, dolce, succosa. || **goccétta**, dim. | **goccettina**, dim. | **goccettino**, dim. m. | **goccina**, dim. | **gócciola**, dim. (V.).

†**gocciaménto** s. m. ● Stillicidio.

gocciàre [lat. parl. **guttiāre*, parallelo di *guttāre*, da *gŭtta* 'goccia', di origine espressiva] v. tr. e intr. (*io góccio*; aus. *avere* riferito al recipiente, *essere* riferito al liquido) ● (*raro*) Gocciolare.

góccio s. m. ● Gocciolo: *g. d'acqua*, *di vino*. || **goccétto**, dim. | **goccino**, dim.

gócciola s. f. *1* Dim. di *goccia*. *2* Ornamento che pende a forma di goccia in gioielli, lampadari di cristallo e sim. *3* †Fessura di tetto o di muro da cui entra l'acqua a gocce. || **gocciolétta**, dim. | **gocciolina**, dim.

gocciolaménto s. m. ● Modo, atto, effetto del gocciolare.

gocciolàre [da *gocciola*] **A** v. tr. (*io gócciolo*) ● Fare cadere a gocciole: *la tettoia gocciola acqua piovana*. **B** v. intr. (aus. *essere* nel sign. 1, *avere* nel sign. 2) *1* Uscire a gocciole: *il vino gocciolava dalle botti*. SIN. Stillare. *2* Versare a gocciole: *il bricco gocciolava*.

gocciolatóio s. m. *1* (*arch.*) Parte della cornice dei fabbricati consistente in una larga fascia con molto aggetto, con incavatura nella parte inferiore, avente lo scopo di impedire che l'acqua scorra sulla parete inferiore. *2* (*raro*) Arnese sul quale si mette a gocciolare q.c. *3* (*mar.*) Cassettina di bandone fissa, presso la murata del naviglio sotto ogni portellino o finestrino, nella quale si raccoglie l'acqua che trapela dalle fessure, per pioggia o marosi, scorrendo fuori attraverso un tubo.

gocciolatùra s. f. ● Atto, effetto del gocciolare | Segno o macchia lasciata da gocciole cadute.

gocciolìo s. m. ● Gocciolamento continuo.

gócciolo [da *gocciola*] s. m. ● Esigua quantità di un liquido: *un g. di acqua*, *di latte*, *di vino* | Sorsetto: *bere un g.* || **gocciolino**, dim. | **gocciolóne**, accr. (V.).

gocciolóne s. m. (f. -*a* nei sign. 3 e 4) *1* Accr. di *gocciolo*. *2* (*pop.*) Grossa goccia di pioggia, spec. temporalesca. *3* (*fam.*) Persona a cui gocciola spesso il naso. *4* (*fig.*) Ingenuo, sciocco.

godè s. m. ● Adattamento di *godet* (V.).

godènte part. pres. di *godere*; anche agg. *1* Nei sign. del v. *2* (*raro*) Gaudente: *Frati godenti fummo, e bolognesi* (DANTE, *Inf.* XXIII, 103).

godére o †**gaudére** [lat. *gaudēre*, di origine indeur.] **A** v. intr. (pres. *io gòdo*; pass. rem. *io godéi*, o *godètti*, *tu godésti*; fut. *io godrò*, raro *goderò*; condiz. pres. *io godrèi*, raro *goderèi*; aus. *avere*) *1* Essere profondamente felice: *g. nell'anima*, *in sé*; *godo nel sentirvi vicini*, *di vedervi in buona salute*, *a vedere tanta generosità*; *g. nella ricchezza*, *per la buona parola di qc.* | *Mi gode l'animo*, sono molto contento | (*est.*) Gioire, compiacersi, rallegrarsi: *g. del bene*, *dell'affetto*, *dell'amicizia*, *della compagnia di qc.*; *g. del male altrui*, *della discordia* | *G. della visione di Dio in eterno*, essere beati in paradiso | (*raro*) *Prendere*, *pigliare* *a g. qc.*, prendersene gioco, burlarsene. *2* Essere avvantaggiato, beneficiato: *sento che la mia salute gode dell'aria marina*; *certe piante godono dell'esposizione a mezzogiorno, altre dell'umidità*; *è una città che gode di un magnifico panorama*. *3* Provare piacere coi sensi: *g. a stare a letto, a mangiar bene* | *G. a ufo*, alle spalle altrui | (*est.*) Gozzovigliare: *non pensa che a g.* **B** v. tr. *1* Adoperare a proprio piacere e vantaggio, possedere per il proprio utile o godimento: *g. un bene, le ricchezze*; *g. i frutti del proprio lavoro, una cospicua rendita*; *g. una buona salute, una bella vista, la popolarità, le gioie della famiglia* | *G. una buona reputazione, un buon nome*, essere stimato | *G. poco credito*, (*fig.*) avere cattiva fama | *G. una casa, un podere*, averne l'uso e la rendita | *Dare a g.*, un bene proprio ad altri | *G. i diritti civili*, esserne titolare | *G. una donna, un uomo*, spec. in senso carnale | *Godersela*, spassarsi, divertirsi, senza riserve | *Godersi q.c.*, trarne grande piacere e soddisfazione. *2* Gustare, assaporare: *g. un po' di tranquillità, di pace, il fresco, il sole*; *g. un solo / minuto di vita* (UNGARETTI) || PROV. Tra i due litiganti il terzo gode.

goderéccio agg. (pl. f. *-ce*) ● Che dà piacere, che fa godere | Che è dedito ai piaceri, spec. dei sensi.

godet /*fr.* gɔ'dɛ/ [vc. fr., propriamente 'sorta di veste femminile svasata', che ricordava il vaso chiamato *godet*, dal medio neerlandese *kodde* 'ceppo, cilindro di legno', di origine indeur.] s. m. inv. ● Taglio sgheronato che crea un allargamento ondulato della gonna: *abito a g.*

†**godévole** [da *godere*] agg. ● Che si può godere | Che può dar godimento: *vita g.*; *g. fatica* (BARTOLI).

godèzia [dal n. del botanico svizzero Ch.-H. *Godet* (sec. XIX)] s. f. ● Genere di piante erbacee ornamentali delle Enoteracee con fiori dai vivaci colori raccolti in infiorescenze (*Godetia*).

godìbile agg. ● Che si può godere: *spettacolo, frutto g.* | (*dial.*) *Persona g.*, gaia, allegra.

godibilità s. f. ● Qualità di ciò che è godibile.

godiménto o †**gaudiménto** [da *godere*] s. m. *1* Felicità profonda e completa: *g. dello spirito*; *provo un vivo g. nell'ascoltare quella musica*. SIN. Diletto, gioia, piacere. *2* Ciò che è fonte di piacere, diletto: *procurarsi a tutti i costi ogni g. materiale*. *3* (*dir.*) Facoltà, del titolare di un diritto, di esercitare lo stesso traendone tutte le possibili lecite utilità | *Diritto reale di g.*, diritto reale su cosa altrui che limita il potere del proprietario di godere della stessa.

†**godìo** s. m. ● Godimento, piacere continuo.

goditóre agg.; anche s. m. (f. *-trice*) ● (*raro*) Che, chi gode.

godronàre [da *godrone*] v. tr. (*io godróno*) ● (*tecnol. mecc.*) Zigrinare mediante il godrone, con riferimento a pezzi metallici cilindrici.

godronatùra s. f. ● (*tecnol. mecc.*) Atto, effetto del godronare.

godróne [fr. *godron*, all'origine 'ornamento in forma ovale, allungata', propr. dim. di *godet* 'ornamento dei bordi del vasellame d'argento', d'origine olandese] s. m. ● (*tecnol. mecc.*) Utensile costituito da uno o più rulli girevoli recanti una serie di rilievi per zigrinare al tornio.

godùria [da *godere*, secondo il modello di *belluria, incuria, lussuria, penuria* e simili] s. f. ● (*scherz.*) Godimento.

godùto part. pass. di *godere*; anche agg. ● Nei sign. del v.

goethiàno /ge'tjano/ agg. ● Dello scrittore tedesco J. W. Goethe (1749-1832), relativo alle sue opere e alla sua poetica.

goffàggine [da *goffo* con suff. spreg.] s. f. *1* Qualità di chi, di ciò che è goffo: *lo guardò con voglia di ridere per tanta g. sguaiata* (BACCHELLI). SIN. Grossolanità, impaccio. *2* Azione o discorso goffo.

gofferìa s. f. ● (*raro*) Goffaggine.

goffétto s. m. *1* Dim. di *goffo*. *2* Gioco a carte simile alla primiera.

gòffo [etim. incerta] **A** agg. *1* Detto di chi si muove o si comporta in modo impacciato, privo di sicurezza e sim.: *ragazzo timido e g.* | †*Rimanere g.*, attonito e beffato | Sciocco, inetto: *insomma, tu sei g. insieme e tristo* (TASSO). *2* Sgraziato, inelegante: *maniere goffe*; *andatura goffa*; *abito g.* || **goffaménte**, avv. **B** avv. ● (*raro*) Goffamente: *vestire g.* **C** s. m. ● (*tosc.*) Primiera | †Combinazione delle quattro carte dello stesso seme al gioco di primiera. || †**gofferèllo**, dim. | **goffétto**, dim. (V.) | **goffóne**, accr.

goffràggio [fr. *gaufrage*, da *gaufrer* 'goffrare'] s. m. ● Goffratura.

goffràre [fr. *gaufrer*, den. di *gaufre* 'dolce preparato su piastre divise in cellule', in origine 'favo di miele' (dal francone **Wāfla*)] v. tr. (*io gòffro*) ● Realizzare in rilievo mediante pressione l'impronta di un disegno su carta, alluminio, tessuto, gomma, cuoio, materia plastica.

goffràto **A** part. pass. di *goffrare*; anche agg. ● Nei sign. del v. **B** s. m. ● Tessuto con superficie simile al picchè, ma ottenuta mediante compressione a caldo anziché per effetto di tensione diversa dei fili.

goffratrìce s. f. ● Macchina per goffrare.

goffratùra [fr. *gaufrure*, da *gaufrer* 'goffrare'] s. f. ● Atto, effetto del goffrare.

goffrè agg. inv. ● Adattamento di *gaufré* (V.).

gógna [da un precedente *gonghia* (dal lat. parl. **coniŭngula* 'cinghia del giogo'), con sovrapposizione di *vergogna*] s. f. *1* Collare di ferro che si stringeva attorno alla gola dei condannati alla berlina. *2* (*est.*) Berlina | *Mettere qc. alla g.*, (*fig.*) esporlo alla derisione e allo scherno pubblico. *3* (*fig.*) †Vergogna, miseria. *4* (*poet., fig.*) Vincolo: *preso nelle amorose crudel gogne* (POLIZIANO).

gogo /*fr.* go'go/ **A** vc. ● V. *à gogo*. **B** s. m. ● Locale notturno dove si bevono whisky e altri liquori.

go-kart /go'kart, *ingl.* 'gou ka:t/ [vc. ingl., propriamente 'veicolo (*cart*, di area germ.) per andare (*go*)'] s. m. inv. (pl. ingl. *go-karts*) ● Piccolo autoveicolo monoposto, munito soltanto del telaio e degli organi essenziali alla marcia, usato per svago e in gare sportive.

gol /gɔl/ s. m. inv. ● Adattamento di *goal* (V.).

góla [lat. *gŭla(m)*, di origine indeur.] s. f. *1* (*anat.*) Apertura posteriore della cavità orale che mette in comunicazione questa con la laringe e la faringe, attraverso la quale passa il cibo e dove hanno sede le corde vocali: *infiammazione, mal di g.* | *Avere un nodo alla g.*, (*fig.*) essere sul punto di piangere per commozione o altro | *Rimanere in g.*, (*fig.*) detto di cose invano desiderate. *2* Con riferimento alle funzioni nutritive, dà origine a varie locc. | *Mangiare a piena g.*, avidamente | *Col boccone in g.*, appena mangiato | *Essere, restare a g. asciutta*, non aver mangiato né bevuto e (*fig.*) essere privo di q.c. che si desidera molto | *Avere un osso in g.*, dover superare un grave ostacolo | *Avere il cibo in g.*, non averlo digerito | *Mettersi tutto in g.*, spendere tutto per mangiare | *Mentire per la g.*, sfacciatamente. *3* Con riferimento alla funzione vocale, dà origine a varie locc. | *Gridare a piena g.*, con forza | *Ricacciare in g. le parole, le offese a qc.*, ribatterle con forza per ottenere una smentita | (*raro*) *Rimettersi le parole in g.*, smentirsi | *Parlare in g.*, senza esprimersi bene | *Cantare in, di g.*, con voce ingolata. *4* (*est.*) Parte anteriore del collo | *Prendere per la g.*, costringere qc. a fare q.c. controvoglia, approfittando della sua debolezza | *Avere l'acqua alla g.*, (*fig.*) essere in una grave difficoltà | (*fig.*) *Essere in un pasticcio fino alla g.*, esservi completamente immischiato | (*fig.*) *Avere lavoro fino alla g.*, avere moltissimo lavoro | *Mettere il coltello alla g. di qc.*, (*fig.*) costringerlo a fare q.c. con la forza | *Segare la g.*, scannare. *5* Nella teologia cattolica, uno dei sette vizi capitali, consistente nello smodato desiderio di alimenti: *la g., il sonno e l'oziose piume / hanno del mondo ogni virtù sbandita* (PETRARCA) | (*est.*) Golosità | (*fig.*) *Prendere per la g.*, indurre qc. a q.c. approfittando della sua golosità | (*est.*) Brama, avidità: *avere, sentire g. di q.c.* | *Fare g.*, stimolare vivo desiderio di possesso: *una carica che gli fa g.* *6* (*fig.*) Stretta apertura, passaggio angusto: *la g. del camino, della fornace*; *l'acqua di scarico esce dalla g. dell'acquaio* | *La g. di un burrone, di un fossato e sim.*, la parte più stretta e profonda | *La g. di un vaso, di un recipiente*, la parte più stretta, subito sotto la bocca | (*mil.*) Apertura per la quale si accede a un bastione, a un ridotto, e simili opere dell'antica fortificazione | *G. del bastione*, linea immaginaria che congiunge fra loro i punti d'incontro dei fianchi del bastione con le cortine | *Fronte di g.*, nella moderna organizzazione difensiva del terreno, parte del caposaldo opposta a quella che sbarra la direzione d'attacco del nemico. *7* (*geogr.*) Stretto passaggio tra due monti. ➡ ILL. p. 818, 820 SCIENZE DELLA TERRA ED ENERGIA. *8* In varie tecnologie, scanalatura, incavo: *la g. di una carrucola, della puleggia* | (*mar.*) Incavo a semicerchio del boma e del picco, che consente la rotazione orizzontale della vela per prendere il vento, e i movimenti di scorrimento verticale sull'albero per issare e ammainare la randa. *9* (*arch.*) Modanatura classica la cui sezione ha profilo formato da due archi di cerchio raccordati in modo da formare una S || PROV. Ne ammazza più la gola che la spada. || **golàccia**, pegg. | **golétta**, dim. (V.) | **golétto**, dim. m. | **golìno**, dim. m.

gòlden delicious /'gɔlden de'litʃus, *ingl.* 'gouldən di'liʃəs/ [ingl., da *delicious* (V.) con l'agg. *golden*, lett. 'aureo' (da *gold* 'oro', di origine indeur.), frequentemente attribuito a qualità superiore di mele] **A** loc. sost. m. inv. ● Varietà coltivata di melo dal frutto di color giallo e dal sapore delicato. **B** loc. sost. f. inv. ● Il frutto di tale albero.

goldonìano agg. ● Che si riferisce al commediografo C. Goldoni (1707-1793) e al suo stile | Dell'epoca e della società rappresentata nelle commedie di Goldoni.

goleada /gole'ada, *sp.* gole'aða/ [vc. sp., da *golear* 'segnare reti', da *gol* 'goal'] s. f. (pl. *goleade* o sp. *goleadas*) ● (*sport*) Grande numero di goal realizzati in una partita di calcio, spec. da una sola delle due squadre: *fare una g.* | *Vincere, perdere di g.*, segnando o subendo molte reti.

goleador /*sp.* golea'dor/ [vc. sp., da *goal*, sul modello di *toreador* (V.)] s. m. inv. ● Nel calcio, giocatore, spec. attaccante, che segna molti goal, che è specializzato nel tirare a rete. SIN. Cannoniere nel sign. 2.

goleàta s. f. ● Adattamento di *goleada* (V.).

gòlem [dal nome attribuito, nella leggenda giudaica, all'essere creato magicamente dai Cabalisti] s. m. ● Creatura senza spirito, automa.

golèna [etim. discussa: da *gola* (dell'argine) (?)] s. f. ● Terreno compreso entro gli argini dei fiumi, invaso dalle acque in periodi di piena.

golenàle agg. ● Di golena: *argine g.*

golerìa s. f. ● (*raro*) Ghiottoneria.

golétta (1) s. f. *1* Dim. di *gola*. *2* (*tosc.*) Striscia di tessuto bianco o piccolo colletto fissato al giro del collo | Striscia di tela finissima smerlata e ricamata, che le donne portavano al collo | †Collare dei preti. *3* Nelle antiche armature, gorgiera. *4* †Collana, monile. *5* Taglio di carne bovina, tratto dalla parte anteriore del collo. || **golettàccia**, pegg. | **golettìna**, dim. | **golettóna**, accr.

golétta (2) [fr. *goélette*, da *goéland*, con mutato suff., propriamente 'gabbiano', di origine bret.] s. f. ● Bastimento a due alberi a vele auriche | *G. a palo*, con tre alberi a vele auriche | *G. a gabbiola*, con una vela quadra al trinchetto.

golf (1) /gɔlf/ [ingl. *golf*, dal neerl. *kolf* 'bastone'] s. m. ● Gioco su campo aperto, consistente nell'inviare in apposite buche, sistemate lungo un percorso accidentato, una palla di gomma bianca, mediante una successione di colpi dati con appositi bastoni. ➡ ILL. p. 1290 SPORT.

golf (2) /gɔlf/ [ingl. *golf(-coat)* '(giacca da) golf'] s. m. ● Giacca di maglia di lana o altro filato, con maniche lunghe. || **golfétto**, dim. | **golfettìno**, dim. | **golfìno**, dim. || **golfóne**, accr.

golfàre o †**golfàro** [gr. *gomphárion*, dim. di *gómphos* 'cavicchio', di origine indeur.] s. m. ● (*mar.*) Anello metallico solidamente fissato sul ponte di una nave. SIN. Spina.

golfìsta s. m. e f. (pl. m. *-i*) ● Chi pratica il gioco del golf.

golfìstico agg. (pl. m. *-ci*) ● Relativo al gioco del golf: *club g.* || **golfisticaménte**, avv. (*raro*) Dal punto di vista del gioco del golf: *una nazione golfisticamente progredita*.

gólfo (1) [gr. tardo *kólphos* per il class. *kólpos*, con mutamento di difficile spiegazione] s. m. *1* (*geogr.*) Seno di mare con larga apertura e seni minori, baie, anse, cale: *g. di Genova, di Napoli* | *Corrente del Golfo*, (*per anton.*) ampia e potente corrente marina che parte dal golfo del Messico e attraverso l'oceano Atlantico sett. arriva alle coste nord-europee portandovi acque calde d'origine equatoriale | (*mar.*) *A g. lanciato*, per linea retta, da un capo all'altro di un golfo, da una punta all'altra della costa; (*fig.*) speditamente, senza soste, per la via più breve. *2* (*mus.*) *G. mistico*, nella sala di un teatro, spazio riservato ai suonatori dell'orchestra, situato a un livello inferiore a quello della platea.

†gólfo (2) [da *gonfio* con sovrapposizione di *bolso* (?)] agg. • (*raro*) Comodo, fornito di agi.

golia [vc. dotta, lat. eccl. *Gŏliath*, in gr. *Goliáth*, dall'ebr. *Golyáth*, di etim. incerta, nome del gigante biblico che fu vinto dal giovane Davide] s. m. inv. *1* (*fig.*) Persona grande e robusta. *2* (*fig.*) Chi ostenta grande coraggio | Smargiasso.

goliardìa s. f. *1* Insieme dei goliardi. *2* Tradizione goliardica | Spensieratezza e spirito da goliardi.

goliàrdico agg. (pl. m. *-ci*) • Di, da goliardo: *canto g.* | *Berretto g.*, cappello degli studenti universitari, con la tesa anteriore appuntita e variamente colorato a seconda della facoltà che rappresenta. || **goliardicaménte**, avv. In modo tipico da goliardo.

goliàrdo [ant. fr. *gouliard*, da *Golia*, il personaggio biblico che nel Medioevo rappresentava il diavolo protettore dei dissoluti clerici vaganti, i quali chiamavano se stessi della famiglia di Golia (*familia Goliae*), con sovrapposizione di *goule* 'gola' nel senso di 'ingordigia'] s. m. (f. *-a* nel sign. 1) *1* Studente universitario. *2* (*est.*) Cappello goliardico.

gollismo [dal n. del generale Ch. De *Gaulle* (1890-1970), con adattam. dovuto all'acquisizione orale] s. m. • Tendenza politica che si ispira alle idee del generale francese Charles De Gaulle, improntata cioè al nazionalismo e a un forte accentramento di poteri nelle mani del capo dello Stato.

gollista **A** agg. (pl. m. *-i*) • Proprio di De Gaulle e dei suoi sostenitori: *politica g.*; *partito g.* **B** s. m. e f. (pl. m. *-i*) • Fautore del gollismo.

goloserìa s. f. • Golosità.

golosità o **†golositàde**, **†golositàte** [da *goloso*] s. f. *1* Qualità di chi è goloso: *una g. proverbiale*. SIN. Ghiottoneria. *2* Cosa ghiotta: *piatto pieno di g.* | (*fig.*) Ciò che suscita vivo desiderio e curiosità: *questa notizia è una vera g.* SIN. Ghiottoneria.

golóso [lat. *gulōsu(m)*, da *gūla* 'gola'] **A** agg. *1* Che ha il vizio della gola: *g. di dolciumi*, *di cibi piccanti*. SIN. Ghiotto. *2* (*fig.*) Avido, voglioso: *g. di pettegolezzi*. *3* (*raro*) Appetitoso: *cibo g.* || **golosaménte**, avv. Con golosità. **B** s. m. (f. *-a*) • Persona golosa. || **golosàccio**, pegg. | **golosétto**, dim. | **golosino**, dim. | **golosóne**, accr.

†gólpe (1) • V. *volpe* (*1*).

gólpe (2) o **vólpe (2)** [da *golpe* (*1*): per l'aspetto della spiga, simile a una coda di volpe (?)] s. f. • (*bot.*) Carbone, nel sign. A4.

golpe (3) /sp. 'golpe/ [vc. sp., letteralmente 'colpo', sottinteso *de Estado* 'di Stato'] s. m. inv. • Colpo di Stato, spec. quando sia attuato dagli alti ufficiali delle Forze Armate in un paese dell'America Latina.

†golpeggiàre • V. *volpeggiare*.

golpismo [da *golpe* (*3*)] s. m. • Tendenza ad attuare o favorire un golpe.

golpista [da *golpe* (*3*)] s. m. (pl. *-i*) • Autore o fautore di un golpe.

golpìstico agg. (pl. m. *-ci*) • Relativo a un golpe: *tentativi golpistici*.

†golpóne • V. *volpone*.

†gómbito e *deriv.* • V. *gomito* e *deriv.*

gómena o (*evit.*) **gomèna** o (*raro*) **gómona** [etim. incerta] s. f. • (*mar.*) Cavo torticcio di canapa formato da tre corde intrecciate, con circonferenza da 30 a 60 centimetri, lungo circa 200 metri, usato per la fonda delle ancore prima dell'adozione delle catene.

†gomicciolo [da *gomitolo* con sovrapposizione di *gomicello*] s. m. • (*tosc.*) Piccolo gomitolo.

†gomicèllo [lat. parl. **glomiscĕllu(m)*, dim. di *glŏmu(m)* 'ghiomo, gomitolo'] s. m. • Gomitolo.

†gomìre • V. *vomire*.

gomitàre [da *gomito*] v. tr. (*io gòmito*) • (*raro*) Colpire col gomito, spingere a gomitate: *nella calca uno degli spettatori lo gomitò nella schiena*.

gomitàta o (*tosc.*) **†gombitàta** [da *gomito*] s. f. • Colpo di gomito: *dare, ricevere una g.* | *Fare a gomitate*, farsi largo a fatica tra la folla e (*fig.*) cercare di superare gli altri con ogni mezzo, di andare avanti ad ogni costo.

gomitièra s. f. • Nella scherma di sciabola, e nell'hockey su ghiaccio, parte dell'equipaggiamento in cuoio o tela imbottita, fissato al gomito per proteggerlo da eventuali colpi.

gómito o (*tosc.*) **†gómbito**, (*raro*) **†góvito** [lat. *cŭbitu(m)*, di etim. incerta] s. m. (pl. *-i*, m., *†gomita*, f.) *1* (*anat.*) Regione dell'arto superiore in cui il braccio si articola con l'avambraccio: *stare con i gomiti sulla tavola*; *dolore di g.* | *G. del tennista*, processo infiammatorio che colpisce l'articolazione del gomito, frequente nei giocatori di tennis | *Farsi avanti coi gomiti*, in modo brusco e faticoso e (*fig.*) cercare di ottenere q.c. a tutti i costi | *Alzare troppo il g.*, bere in modo eccessivo | (*fig.*) *Olio di g.*, energico impegno in un lavoro manuale | *Lavoro fatto con i gomiti*, in modo approssimativo | (*raro*) *Comprare q.c. con i gomiti*, con molto vantaggio. *2* (*est.*) Parte della manica che copre il gomito: *il vestito ha i gomiti molto sciupati*. *3* (*est.*) Elemento, dispositivo, raccordo e sim., di struttura angolata, simile a un gomito: *il g. di un tubo* | *Fare un g.*, piegarsi ad angolo | *A g.*, fortemente angolato: *curva a g.*; *albero a g.* | *G. di mare*, canale marino, braccio di mare. || **†gomitèllo**, dim.

gomitolo [dim. di *†ghiomo* (con sovrapposizione di *gomito* (?))] s. m. *1* Palla formata da filo, avvolto ordinatamente su se stesso: *g. di lana*, *di cotone*; *fare, disfare un g.* | *Capo del g.*, estremità del filo | (*est.*) Viluppo approssimativamente rotondo di q.c.: *fare un g. con i propri abiti* | *Far g.*, raggomitolarsi. *2* †Raggiro. || **gomitolétto**, dim. | **gomitolino**, dim. | **gomitolóne**, accr.

gómma [lat. **gŭmma(m)*, per *gŭmmi* o *cŭmmi*, dal gr. *kómmi*, di origine egiz.] s. f. *1* Liquido denso e vischioso, generato dalla metamorfosi di alcuni tessuti di certe piante, che fuoriesce da incisioni, e indurisce a contatto con l'aria: *g. arabica*, *adragante* | *G. della seta*, sericina | *G. lacca*, V. anche *gommalacca* | *G. gutta*, V. anche *gommagutta* | *G. americana*, chewing-gum | *G. naturale*, *elastica*, caucciù | *G. sintetica*, ottenuta per polimerizzazioni di monomeri, di diversa composizione chimica ma di caratteristiche fisiche simili a quelle della gomma naturale. *2* Pezzetto di gomma per cancellare: *g. da inchiostro*, *da matita*, *per macchina da scrivere*. *3* Pneumatico di un veicolo: *le gomme dell'automobile*, *della bicicletta* | *G. a terra*, pneumatico sgonfio | *G. rigenerata*, rifusa e riplasmata | *Vincere di una g.*, nel linguaggio ciclistico, imporsi di pochissimo in una volata. *4* (*med.*) Formazione patologica nodosa, a evoluzione erosiva, di origine infettiva: *g. luetica*, *tubercolare*, *lebbrosa*. || **gommina**, dim. (V.) | **gommino**, dim. (V.).

gommagùtta o **gómma gùtta** [fr. *gommegutte*, letteralmente 'goccia (dal lat. *gŭtta*) di gomma (*gomme*)'] s. f. • Gommoresina di alcune garcinie, usata come colorante e, scarsamente, in medicina.

gommàio s. m. • (*tosc.*) Gommista.

gommalàcca o **gómma làcca** [per *gomma lacca*, perché *'lacca* estratta per incisione al modo stesso della *gomma'*] s. f. • Resina ottenuta su certi alberi asiatici dalla secrezione di alcuni insetti, usata per vernici, ceralacca, mastici, come isolante elettrico, nella concia del cuoio, nella preparazione di tessuti chimicamente resistenti.

gommapiùma ® [nome commerciale, da intendersi *gomma* (leggera come una) *piuma*] s. f. • Prodotto di sintesi spugnoso, a pori finissimi, leggero, elastico e resistente, usato per materassi, cuscini, rivestimenti protettivi e sim.

gommàre [da *gomma*] v. tr. (*io gómmo*) *1* Spalmare di gomma: *g. la carta*, *un tessuto*. *2* Munire di pneumatici: *g. un'auto*.

gommarèṣina o **gommaréṣina** • V. *gommoresina*.

gommaspùgna [comp. di *gomma* e *spugna*] s. f. • Gommapiuma.

gommàto part. pass. di *gommare*; anche agg. *1* Nei sign. del v. *2 Tessuto g.*, indurito, irrigidito o impermeabilizzato con appretti a base di gomma o resina.

gommatùra s. f. *1* Atto, effetto del gommare: *g. di un tessuto*, *della carta*. *2* Complesso di gomme di cui è fornito un autoveicolo: *g. nuova*, *vecchia*.

gommìfero [comp. di *gomma* e *-fero*] agg. • Che produce gomma.

gommificio s. m. • Stabilimento in cui si lavora la gomma.

gommìna ® s. f. *1* Dim. di *gomma*. *2* Piccola gomma per cancellare. *3* Sostanza gelatinosa che si mette sui capelli per irrigidirli e fissarne la pettinatura.

gommìno [dim. di *gomma*] s. m. • Oggetto di gomma di piccole dimensioni, spec. per la chiusura ermetica di bottiglie contenenti medicinali, profumi, e sim.

gommista s. m. (pl. *-i*) • Chi vende, ripara o monta pneumatici.

gommonàuta [comp. di *gommo(ne)* e *-nauta*] s. m. e f. (pl. m. *-i*) • Chi possiede o guida un gommone.

gommóne s. m. • Grosso battello pneumatico, di solito fornito di motore fuoribordo. || **gommoncino**, dim.

gommorèṣina o **gommoréṣina**, **gommarèṣina** [comp. di *gomma* e *resina*] s. f. • Miscuglio di gomma, resine e talvolta oli essenziali, prodotto dall'essudazione di diverse piante, impiegato spec. nelle preparazioni farmaceutiche e in profumeria.

gommòṣi [comp. di *gomm(a)* e *-osi*] s. f. • (*bot.*) Disgregazione dei tessuti vegetali con formazione di sostanze mucillaginose dovuta all'azione di funghi o di batteri: *g. della barbabietola*, *dell'ulivo*.

gommosità s. f. • Qualità di ciò che è gommoso.

gommóso agg. *1* Che ha, produce gomma. *2* (*est.*) Simile alla gomma: *sostanza gommosa*.

†gómona • V. *gomena*.

gònade [vc. dotta, formata mod. col suff. *-ade* aggiunto al gr. *gónos* 'generazione, riproduzione', dal v. *gignésthai* 'generare', di origine indeur.] s. f. • (*anat.*) Ghiandola della riproduzione sessuale, che produce gli elementi germinali maschili o femminili.

gonadectomìa [comp. di *gonad(e)* e un deriv. del gr. *ektomḗ* 'taglio', da *ektémnein* 'tagliar (*témnein*) via (*ek-*)'] s. f. • (*med.*) Castrazione.

gonadectomizzàre v. tr. • (*med.*) Castrare.

gonadotropìna [comp. di *gonad(e)*, *tropo-* e *-ina*] s. f. • (*med.*) Ormone che promuove lo sviluppo delle ghiandole sessuali.

gonadòtropo [comp. di *gonad(e)* e *-tropo*] agg. • Detto di ormone prodotto spec. dal lobo anteriore dell'ipofisi, che presiede alle funzioni delle gonadi.

gonalgìa [comp. del gr. *góny* 'ginocchio', di origine indeur., e *-algia*] s. f. • (*med.*) Dolore al ginocchio.

gonartrìte [comp. del gr. *góny* 'ginocchio', di origine indeur., e *artrite*] s. f. • (*med.*) Artrite del ginocchio.

góndola [etim. discussa: gr. *kondoûra* '(nave dalla) coda (*ourá*) corta (*kontḗ*)' con sovrapposizione di *dondola(re)* (?)] s. f. *1* Barca lunga, piatta, sottile, tipica della laguna veneta, da trasporto e spec. da diporto per la circolazione nei canali, ornata di un pettine a prora e talvolta di felze al centro. *2* (*aer.*) Membratura di un aereo ben carenata per alloggiare un qualche dispositivo. || **gondolétta**, dim. | **gondolina**, dim.

gondolièra s. f. • (*mus.*) Composizione molto simile alla barcarola, ispirata all'ambiente veneziano.

gondolière o (*raro*) **gondolièro** s. m. • Rematore della gondola.

gonfalóne o **†confalóne** [fr. ant. *gonfalon*, per dissimilazione da *gonfanon*, in francone **gundfano* 'bandiera (*fano*) di guerra (*gund*)'] s. m. *1* Bandiera delle antiche milizie | *Tenere*, *portare il g.*, essere alla guida, a capo di q.c. *2* (*est.*) Insegna degli antichi comuni, o di determinate magistrature o corporazioni cittadine | Vessillo di associazioni, enti, società, confraternite | Stendardo degli attuali comuni, province e regioni italiane.

gonfalonieràto s. m. • Titolo, ufficio e dignità di gonfaloniere | Durata di tale carica.

gonfalonière o **†confalonière**, (*raro*) **†gonfalonièri**, **†gonfalonièro** [ant. fr. *gonfalonier*, da *gonfanon* 'gonfalone'] s. m. *1* Chi porta il gonfalone. SIN. Alfiere, vessillifero. *2* Magistrato dei comuni medievali, dapprima con specifiche funzioni e, in seguito, capo del governo civile: *g. di giustizia*; *gran g.* *3* (*est.*) †Guida, capo.

gonfiàbile agg. ● Che si può gonfiare: *canotto g.*

gonfiàggine s. f. *1* Boria ridicola. *2* †Gonfiore.

gonfiagòte [comp. di *gonfia(re)* e il pl. di *gota*] s. m. e f. inv. ● Persona boriosa.

gonfiaménto s. m. *1* (*raro*) Atto, effetto del gonfiare o del gonfiarsi. *2* (*fig.*) Esagerazione dei meriti di qc. o della realtà di q.c. *3* (*raro*) Gonfiezza, gonfiore.

gonfianùvoli o (*raro*, *tosc.*) **gonfianùgoli** [comp. di *gonfia(re)* e il pl. di *nuvolo*] s. m. e f. ● (*raro*) Persona boriosa e vanagloriosa | Chi è facile a promesse che poi non mantiene.

gonfiàre [lat. *conflāre* 'riunire assieme (*cŭm*) col soffiare (*flāre*, di prob. origine espressiva)', poi sin. di *inflāre* 'soffiare (*flāre*) dentro (*ĭn*)'] **A** v. tr. (*io gónfio*) *1* Dilatare con fiato, gas, o aria una cavità dalle pareti elastiche: *g. un pallone*, *le gomme di una bicicletta* | *G. il vetro*, soffiarlo | *G. le gote*, con l'aria dei polmoni, chiudendo la bocca | *G. le vele*, detto del vento che, soffiandovi sopra, le distende e rende convesse | †*G. le trombe*, soffiarvi dentro col fiato. *2* (*est.*) Aumentare il volume di q.c.: *il cibo eccessivo gonfia lo stomaco.* *3* (*fig.*) Far apparire qc. o q.c. più importante di quello che è | *G. una persona*, accrescerne i meriti | *G. una notizia*, esagerarne la portata | (*pop.*) Annoiare con discorsi oziosi e sciocchi. **B** v. intr. e intr. pron. (aus. *essere*) *1* Diventare gonfio aumentando di volume: *i fiumi gonfiano con le piogge troppo abbondanti*; *con l'umidità il legno si gonfia*; *mi si è gonfiata una mano.* *2* (*fig.*) Insuperbire, inorgoglire: *si gonfia quando gli fanno complimenti.* **C** v. intr. (aus. *essere*) ● (*raro*, *fig.*) Provare rabbia o stizza.

gonfiàto part. pass. di *gonfiare*; anche agg. *1* Nei sign. del v. *2 Pallone g.*, (*fig.*) persona che si vanta e gode di considerazione sproporzionata al suo valore.

gonfiatóio s. m. ● Strumento per gonfiare gomme, palloni e sim.

gonfiatóre agg.; anche s. m. (f. *-trice*) ● (*raro*) Che, chi gonfia.

gonfiatùra s. f. *1* Atto, effetto del gonfiare. *2* (*fig.*) Esagerazione, montatura: *la g. di un fatto di cronaca.* *3* (*fig.*) Adulazione.

gonfiavesciche [comp. di *gonfia(re)* e il pl. di *vescica*] s. m. e f. inv. ● Ciarlone | Adulatore.

gonfiétto s. m. *1* Dim. di *gonfio*. *2* (*tosc.*) Gonfiatoio.

gonfiézza s. f. ● Condizione o stato di ciò che è gonfio | *G. di un torrente*, ingrossamento | (*fig.*) *G. di stile*, ampollosità.

gónfio [per *gonfi(at)o*] **A** agg. *1* Gonfiato: *occhi gonfi di sonno*, *di pianto* | *Fiume*, *torrente g.*, ingrossato dalla piena: *il fiume g. e feroce tra le rive gelate* (BACCHELLI) | *Stomaco g.*, appesantito dal cibo | *Vena gonfia*, dilatata | *Andare a gonfie vele*, (*fig.*) procedere nel migliore dei modi. *2* (*fig.*) Pieno, traboccante: *individuo g. di superbia*; *animo g. di orgoglio*; *parole gonfie d'ira.* *3* (*fig.*) Ampolloso, ridondante: *stile g.*; *frasi gonfie.* *4* (*fig.*) Borioso, vanitoso, tronfio. *5* (*pop.*) Gravido: *ventre g.*; *donna gonfia.* **B** s. m. *1* Gonfiezza, rigonfiamento: *l'abito gli faceva un g. sulla spalla.* *2* (*raro*) Enfiagione, tumore: *avere un g. nella nuca.* || **gonfiétto**, dim. (V.) | **gonfióne**, accr. (V.) | **gonfiùccio**, dim.

gonfióne s. m. (f. *-a*) *1* Accr. di *gonfio*. *2* (*spreg.*) Persona grassa ma flaccida. *3* (*fig.*) Persona boriosa o irascibile. || **gonfionàccio**, pegg.

gonfióre s. m. *1* Tumefazione. *2* Malattia di alcuni formaggi a pasta dura dovuta a fermentazioni anomale.

gonfrèna [vc. dotta, lat. *gromphāena(m)*, dal gr. *grómphaina*, letteralmente 'pianta da maiali' (*gromphás* 'scrofa', di origine espressiva)] s. f. ● Pianta erbacea ornamentale delle Amarantacee con infiorescenze a capolino rosso-violacee (*Gomphrena*).

gong /gɔng/ [mal. *gugg*: di origine imit. (?)] s. m. ● Strumento a percussione originario dell'Asia orientale, formato da una piastra metallica rotonda, leggermente concava, che viene messa in vibrazione battendovi con un mazzuolo. ➡ ILL. **musica**.

gongolaménto s. m. ● Modo e atto del gongolare.

gongolànte part. pres. di *gongolare*; anche agg. ● Nei sign. del v.

gongolàre [vc. onomat.] v. intr. (*io góngolo*; aus. *avere*) ● Manifestare visibilmente un sentimento intimo di soddisfazione, di contentezza: *g. di gioia*; *Santo ... gongolava, guardando i capelli rossi della sposa* (VERGA).

gongorismo [sp. *gongorismo*, dal n. del poeta L. de Argote y *Góngora* (1561-1627)] s. m. ● Stile letterario barocco e prezioso, proprio del poeta spagnolo L. de Argote y Góngora.

gongorista s. m. e f.; anche agg. (pl. m. *-i*) ● Seguace del gongorismo.

góngro ● V. *grongo*.

-gonia [gr. *-gonía*, in astratti corrispondenti ai s. in *-gónos*, dalla radice indeur. *g'n* 'generare'] secondo elemento ● In parole composte dotte della terminologia scientifica, significa 'generazione', 'origine': *cosmogonia*, *sporogonia*, *teogonia.*

gonìdio [dal gr. *gonḗ* 'nato, generato', da *gignésthai* 'generare', di origine indeur.] s. m. ● (*bot.*) Cellula verde che si trova isolata nel tallo dei licheni, costituita da un'alga unicellulare che, in simbiosi con un fungo, costituisce appunto il lichene ed esplica la funzione clorofilliana.

gònio- [gr. *gōnía* 'angolo' (in rapporto con *góny* 'ginocchio', di origine e diffusione indeur.)] primo elemento ● In parole composte della terminologia scientifica e tecnica, significa 'angolo': *goniografo*, *goniometro.*

-gònio [gr. *gónos* 'generazione'] secondo elemento *1* In parole composte della terminologia biologica, indica cellule germinali maschili o femminili: *oogonio.* *2* In parole composte della terminologia botanica, indica un organo che dà origine a cellule riproduttive: *archegonio*, *sporogonio.*

goniògrafo [comp. di *gonio-* e *-grafo*] s. m. ● Strumento destinato a tracciare direttamente gli angoli.

goniometrìa [comp. di *gonio-* e *-metria*] s. f. ● Misurazione degli angoli.

goniomètrico [da *goniometria*] agg. (pl. m. *-ci*) ● Relativo alla goniometria.

goniòmetro [comp. di *gonio-* e *-metro*] s. m. ● Strumento per misurare gli angoli.

gónna o **gònna** [lat. tardo *gŭnna(m)* 'pelle, pelliccia', di origine straniera (gallico)] s. f. *1* Indumento femminile che copre la parte inferiore del corpo dalla vita in giù, di foggia e lunghezza variabili a seconda della moda: *g. a pieghe*, *svasata*, *diritta*; *g. a pantaloni.* *2* †Pelle d'animale. *3* †Tunica dell'occhio. *4* †Spoglio. *5* (*autom.*, *spec. al pl.*) Protezione montata lateralmente e posteriormente alle ruote di un camion per evitare, in caso di pioggia, la formazione di una scia d'acqua. || **gonnèlla**, dim. (V.).

gonnèlla s. f. *1* Dim. di *gonna*. *2* Gonna, sottana | *Stare attaccato alla g. della mamma*, (*fig.*) starle sempre vicino e obbedirle senza protestare | (*scherz.*) Tonaca di preti o frati | (*fig.*, *iron.*) *In g.*, per attribuire genere grammaticale femminile a professioni prevalentemente maschili: *è una donna molto energica, un vero sergente in g.* *3* (*est.*) Donna: *stare sempre fra le gonnelle*; *qui comandano le gonnelle* | *Rincorrere le gonnelle*, essere piuttosto donnaiolo. || **gonnellàccia**, pegg. | **gonnellétta**, dim. | **gonnellìna**, dim. | **gonnellino**, dim. m. (V.) | **gonnellóna**, accr.

gonnellino s. m. *1* Dim. di *gonnella*. *2* Vestito lungo dei bambini molto piccoli. *3* Gonna corta maschile tipica del costume tradizionale scozzese. SIN. Kilt. *4* †Gonna elegante, di raso o sim., corta, stretta, per giovani.

gòno- [gr. *gónos* 'seme' (V. *-gonia*)] primo elemento ● In parole composte della terminologia scientifica, spec. biologica, significa 'seme', o indica relazione con l'atto generativo: *gonocito.*

-gono [gr. *-gōnos*, corrispondente nei comp. a *gōnía* (V. *gonio-*)] secondo elemento ● In parole composte della terminologia matematica, significa 'angolo': *pentagono*, *poligono.*

gonocìto o **gonocìta** [comp. di *gono-* e *-cito*] s. m. ● (*biol.*) Cellula germinativa, da cui trae origine la cellula sessuale.

gonocòccico agg. (pl. m. *-ci*) ● (*biol.*) Riferito a gonococco.

gonocòcco [comp. di *gono(rrea)* e *cocco*] s. m. (pl. *-chi*) ● (*med.*) Batterio di forma ovale, agente specifico della gonorrea.

gonocorismo [comp. di *gono-* e del gr. *chōrismós* 'separazione'] s. m. ● (*biol.*) Condizione che definisce una categoria sistematica nella quale i sessi sono separati.

gonorrèa [vc. dotta, lat. tardo *gonorr(h)oea(m)*, dal gr. *gonórroia*, comp. di *gónos* 'seme' e *róia* 'flusso'] s. f. ● (*med.*) Blenorragia.

gonorròico [vc. dotta, lat. tardo *gonorr(h)ŏicu(m)*, dal gr. *gonorroïkós* 'relativo alla gonorrea (*gonórroia*)'] **A** agg. (pl. m. *-ci*) ● Della, relativo alla, gonorrea. **B** agg.; anche s. m. ● Che, chi è affetto da gonorrea.

gonzaghésco agg. (pl. m. *-schi*) ● Relativo alla famiglia dei marchesi Gonzaga di Mantova: *signoria gonzaghesca.*

gónzo [etim. discussa: lat. *verecŭndiu(m)* 'verecondo, vergognoso' con caduta della prima parte *vere-* (?)] agg.; anche s. m. (f. *-a*) ● Che, chi è credulone e facile da ingannare: *quel ragazzo è un g.*; *gabbare i gonzi è facile.* SIN. Sciocco, sempliciotto.

good-bye /ingl. 'gud 'bai/ [vc. ingl., dalla loc. *God be with you* 'Dio sia con voi'] inter.; anche s. m. inv. ● Addio, arrivederci.

gòra [etim. discussa: da una radice mediterr. **gaura* (?)] s. f. *1* Fossato o canale che serve a scopi diversi, spec. a portare l'acqua da un fiume a un mulino | Canale murato in cui si conserva l'acqua. SIN. Bottaccio. *2* (*lett.*) Stagno, palude (*anche fig.*): *Mentre noi corravam la morta g.* (DANTE *Purg.* VIII, 31); *questa morta g. / ch'ha nome vita* (ARIOSTO) | (*gener.*) Pozzanghera di liquido versato: *il latte ha formato una g. sul pavimento.* *3* Traccia che resta su una stoffa male smacchiata | (*est.*) Traccia di sudicio sul viso lasciata da sudore o lacrime | Macchia. || **gorèlla**, dim. | **gorèllo**, dim. m. | **goricìna**, dim.

górbia [lat. tardo *gŭlbia(m)* per *gŭbia(m)* 'sgorbia', di origine celt.] s. f. *1* Ghiera che si applica all'estremità inferiore di bastoni, lance o aste di bandiera per conficcarle in terra. *2* Scalpello a taglio semicircolare per intagliare e tornire. SIN. Sgorbia.

gordiàno [dal mitico re frigio *Gordio*, in lat. *Gŏrdiu(m)*, dal gr. *Górdios*] agg. ● Nella loc. *nodo g.*, quello inestricabile che, secondo la leggenda, Alessandro Magno tagliò con un colpo di spada; (*fig.*) questione, problema e sim., estremamente difficile e complesso.

gòrdio [dal nodo di *Gordio* (V. *gordiano*), per il suo inviluppo] s. m. ● Verme acquatico dei Nematomorfi, sottile e filamentoso, di colore bruno (*Gordium aquaticum*).

Góre-Tex® [nome commerciale] s. m. inv. ● (*chim.*) Nome commerciale di tessuto in politetrafluoroetilene e nylon ottenuto con una particolare tecnologia che lo rende impermeabile all'acqua, ma non all'aria; usato spec. per indumenti sportivi.

†**górga** [lat. tardo *gŭrga(m)*, forma pop. di *gŭrges* 'gorgo'] s. f. ● Canna della gola. SIN. Strozza.

gorgàta [da *gorga*] s. f. ● (*raro*) Quantità di liquido che si può ingerire a gola aperta. SIN. Sorsata.

gorgheggiaménto s. m. ● Atto, effetto del gorgheggiare.

gorgheggiàre [comp. di *gorga* e *-eggiare*] **A** v. intr. (*io gorghéggio*; aus. *avere*) ● Modulare il canto con agili e frequenti passaggi vocali: *l'usignolo, il canarino, gorgheggia*; *la cantante gorgheggiava.* **B** v. tr. ● Cantare gorgheggiando: *g. una canzone.*

gorgheggiatóre agg.; anche s. m. (f. *-trice*) ● Che, chi gorgheggia.

gorghéggio (1) s. m. ● Modulazione della voce con rapidi e agili passaggi.

gorghéggio (2) s. m. ● Gorgheggiare continuo, spesso noioso.

gòrgia [fr. *gorge*, della stessa origine di *gorga* (V.)] s. f. (pl. *-ge*) *1* (*lett.*) Gola. *2* Il parlare in gola | *G. toscana*, l'aspirazione del *c* duro e d'altre consonanti caratteristica di gran parte delle parlate toscane. **3** †Gorgheggio, trillo.

gorgièra [ant. fr. *gorgière*, da *gorge* 'gorgia, gola'] s. f. **1** Nelle antiche armature, parte posta a protezione della gola | Parte inferiore della maschera che serve a proteggere il collo dello schermidore. **2** Collare di tela finissima adorna di pizzi e di ricami in uso nel XVII sec. | Striscia di tela con cui le donne, nel Medioevo, fasciavano la gola. **3** (*mar.*) †Specie d'imbroglio doppio della vela di randa, delle vele auriche e degli stragli maggiori | *G. del tagliamare*, parte della ruota di prua tra il calcagno e la linea di galleggiamento. **4** (*zool.*) †Gola, collo. || **gorgierina**, dim.

górgo [lat. parl. **gŭrgu(m)* per *gŭrges* (V. *gorga*), di origine onomat.] s. m. (pl. *-ghi*) **1** Punto in cui il letto di un corso d'acqua, abbassandosi, forma cavità di piccole dimensioni | (*est.*) Vortice, mulinello d'acqua: *cadere in un g.* | *†I gorghi del cuore*, i ventricoli. **2** (*fig.*) Abisso morale che travolge: *non buttiamo già in un g. senza fondo / le nostre vite randagie* (MONTALE) | (*fig.*) *Gettarsi nel g. dei vizi*, abbandonarsi a una vita dissoluta. **3** (*lett.*) Fiume. || **gorghétto**, dim.

gorgogliaménto s. m. ● (*raro*) Atto, effetto del gorgogliare.

gorgogliàre [lat. parl. **gurguliāre*, den. di *gurgŭlio* 'esofago', vc. espressiva a raddoppiamento ints.] v. intr. (*io gorgóglio*; aus. *avere*) **1** Rumoreggiare, come fa un liquido che esce da un recipiente o da una stretta apertura come l'acqua che passa fra i sassi: *la fontana gorgogliava*; *il rivo strozzato che gorgoglia* (MONTALE) | (*est.*) Fare uscire la voce tenendo un liquido in gola. **2** Brontolare degli intestini. **3** (*raro*) Fremere di rabbia, di sdegno. **4** (*chim.*) Di gas quando viene fatto passare in un liquido e lo attraversa in forma di bollicine.

gorgóglio (1) [da *gorgogliare*] s. m. ● Rumore che produce un liquido gorgogliando.

gorgoglio (2) s. m. ● Il gorgogliare continuato.

gorgoglióne [lat. *gurguliōne(m)*, var. di *curculiōne(m)*, vc. espressiva con raddoppiamento ints.] s. m. ● (*zool.*) Afide | Curculionide.

gorgóne o **gorgòne**, †**gorgóna** [vc. dotta, lat. *Gŏrgona*, dal gr. *Gorgóna*, accr. tratto da *Gorgónes*, pl. di *Gorgṓ* '(mostro dallo) sguardo terribile (*gorgós*, di etim. incerta)'] s. f. **1** Nella mitologia greco-romana, ciascuna delle tre mostruose figlie di Forco, dalla testa orrenda, monocole e con potere di pietrificare chi le guardava. **2** (*fig.*) Donna orrenda o dall'aspetto estremamente sciatto e malcurato.

†**gorgòneo** o **gorgonèo** [vc. dotta, lat. *Gorgŏneu(m)*, dal gr. *Gorgónios*, 'della Medusa (*Gŏrgo*, genit. *Gŏrgonis*)'] agg. **1** Delle Gorgoni. **2** (*fig.*) Spaventoso, orrendo.

gorgònia [vc. dotta, lat. *Gorgŏnia(m)*, dal gr. *Gorgóneion* '(nato dal sangue) della *Gorgona*'] s. f. ● Celenterato degli Antozoi che forma colonie cespugliose, vivacemente colorate, con scheletro assiale calcareo o corneo, sui fondi dei mari caldi (*Gorgonia media*).

gorgonzòla [dal n. della città lombarda di maggior produzione, *Gorgonzola*, dal lat. **Corcondiōla(m)*, deriv. dal n. della dea *Concŏrdia* o dal personale *Concŏrdius*] s. m. inv. ● Formaggio lombardo, preparato con latte intero, di pasta molle e burrosa, profumo intenso, gusto molto forte e piccante, con venature verdastre dovute alle muffe di stagionatura | *G. bianco*, pannarone.

†**gorgózza** [lat. parl. **gurgŭtia(m)*, di origine onomat.] s. f. ● Gorgozzule.

gorgozzùle [da †*gorgozza*] s. m. ● Canna della gola: *era lunghissimo e magro, con uno smisurato g.* (SACCHETTI) | (*est.*) Gola.

gorìlla [dal gr. *Gorillai* (nom. pl.) 'esseri selvaggi femminili', dalla radice senegalese *gor*, *kor*, *gur* 'uomo' (?); nel sign. 3, calco sul fr. *gorille*] s. m. inv. **1** Scimmia antropomorfa africana, alta più di un uomo e con pelo bruno-nerastro (*Gorilla gorilla*). **2** (*fig.*) Uomo grande e grosso, di modi rozzi e volgari. **3** (*fig.*) Uomo grosso e robusto, addetto alla protezione di un personaggio, spec. politico.

goriziàno **A** agg. ● Di Gorizia. **B** s. m. (f. *-a*) ● Abitante, nativo di Gorizia.

goscìșmo s. m. ● Adattamento di *gauchisme* (V.).

goscìsta agg.; anche s. m. e f. ● Adattamento di *gauchiste* (V.).

gospel /ingl. 'gɔspəl/ [abbr. dell'ingl. *gospel song*, propr. 'canto biblico', comp. di *gospel* 'vangelo' (alla lettera 'buon annunzio', comp. di *good* 'buono' e *spell* 'formula') e *song* 'canto' (vc. germ. d'orig. indeur.)] s. m. inv. ● Canto corale popolare di ispirazione biblica, sviluppatosi tra i neri americani delle grandi città a partire dal sec. XVIII, parallelamente al genere spiritual; è basato su una formula di 'chiamata e risposta' ed è considerato una forma preparatoria del jazz. CFR. Spiritual.

gossip /'gɔssip, *ingl.* 'gɔsip/ [vc. ingl., propr. 'chiacchiera'] s. m. inv. ● Pettegolezzo, chiacchiera.

gòta [lat. parl. **gāuta(m)*, di origine gall.] s. f. **1** (*lett.*) Guancia: *le gote bianche paion di cristallo* (L. DE' MEDICI) | †*Stare, sedere in gote*, pieno di contegno. **2** (*lett.*, *fig.*) †Lato. || **gotàccia**, pegg. | **gotellìna**, dim. | **gotìna**, dim. | **gotìno**, dim. m. | **gotóne**, accr. m. | **gotùzza**, dim.

gotàta s. f. **1** (*raro*) Il battere la gota contro q.c. **2** †Colpo dato con la mano sulla gota: *Orlando gli menava una g. / che in sul viso la man riman segnata* (PULCI).

gotàzza ● V. *gottazza*.

Gotha /'gɔta, *ted.* go:ta/ [dal n. della città ted. di *Gotha*, dove si pubblicò dal 1763 al 1944 un celebre annuario genealogico di case regnanti e famiglie aristocratiche] s. m. ● Cerchia ristretta di persone che, in un determinato settore di attività, si distinguono per qualità superiori: *il G. del ciclismo europeo*.

gòtico [vc. dotta, lat. *Gŏthicu(m)* 'proprio dei Goti (*Gŏthi*)'] **A** agg. (pl. m. *-ci*) **1** Dei Goti: *lingua gotica* | *Scrittura gotica*, in uso in tutta l'Europa occidentale dal sec. XII al XV e in Germania fino alla Seconda Guerra Mondiale, caratterizzata dalla spezzatura delle curve, dall'angolosità del tratteggio, dalla riduzione al minimo delle aste ascendenti e discendenti, dalla fusione dei tratti complementari | *Linea gotica*, linea difensiva predisposta dalle truppe tedesche in Italia nel 1944-45 lungo la dorsale appenninica, tra la Versilia e Rimini. **2** (*est.*) Astruso, barbarico: *io solo ... mi serbavo alieno da tali gotiche credenze* (NIEVO). **3** Detto di ogni prodotto riconducibile nelle sue linee generali alle correnti artistiche sviluppatesi in Europa dal XII agli inizi del XVI sec., e di ogni artista che ad esse si adeguò: *architettura*, *pittura*, *scultura gotica*; *architetto*, *pittore g.* | *Romanzo g.*, quello nato in Inghilterra nella seconda metà del XVIII sec. che racconta vicende orride, macabre e violente, ambientate in un fantastico, cupo e torbido Medioevo. ➡ ILL. p. 358, 359 ARCHITETTURA. **B** s. m. solo sing. **1** Lingua antica del gruppo germanico, parlata dai Goti. **2** Nella storia dell'arte, periodo che si svolge in Europa dal XII al XVI sec. e che presenta caratteri di estrema varietà nella scultura, nella pittura e nelle arti minori, e soprattutto nell'architettura, che si distingue per la tendenza all'elevazione verticale, con colonne sottili, archi a sesto acuto e volte a crociera: *g. fiammeggiante*, *fiorito*, *ornato*, *internazionale*. ➡ ILL. p. 358, 359 ARCHITETTURA. **3** Forma particolare, ora abbandonata, assunta dai caratteri dell'alfabeto latino nell'Europa centro-settentrionale.

goticùme [comp. di *gotico* e *-ume*] s. m. ● (*spreg.*) Maniera gotica.

gòto [vc. dotta, lat. *Gŏthu(m)*, di etim. discussa: dalla rad. *geut-* 'spandere, diffondere' (in got. *giutan*)?] s. m. ● Ogni appartenente a un'antica popolazione germanica originariamente stanziata nel territorio corrispondente all'odierna Svezia meridionale | *Goti orientali*, quelli che migrando dalle sedi originarie si fissarono nella Russia meridionale, nella regione compresa fra il Don e il Dnjester, e successivamente invasero varie regioni dell'Europa, stanziandosi definitivamente nell'odierna Spagna. SIN. Visigoti | *Goti occidentali*, quelli che, distaccandosi dai Visigoti, si stanziarono dapprima nella Pannonia e nel Norico, invadendo successivamente l'Italia ove stabilirono la loro sede definitiva. SIN. Ostrogoti.

gótta o **gòtta** [lat. *gŭtta(m)* 'goccia' (di origine espressiva), perché nella medicina mediev. si credeva causata da una 'goccia' umorale] s. f. **1** Malattia dovuta ad abnorme deposito di acido urico nei tessuti, particolarmente in quelli articolari | *Avere la g. alle mani*, (*raro*, *fig.*) essere lento nel pagare. **2** †Goccia.

†**gottàre** [da *gotto*] v. tr. ● Aggottare.

gottàzza o **gotàzza** [da *gotto*, per la forma] s. f. ● (*mar.*) Cucchiaia per aggottare. SIN. Sassola | *G. alla navalesca*, con manico, per irrorare esternamente le tavole dei navigli. || **gottazzina**, dim.

gòtto [lat. *gŭttu(m)*, di origine incerta, con sovrapposizione d'altra vc. con *o*] s. m. ● Tazza o bicchiere, con o senza manico, e senza piede | (*est.*) Il contenuto di un gotto: *bere un g. di vino*, *di birra*.

gottóso [da *gotta*] **A** agg. ● Della gotta. **B** agg.; anche s. m. (f. *-a*) **1** Che, chi è affetto da gotta. **2** (*fig.*) Che, chi si muove con lentezza.

gouache /fr. 'gwaʃ/ [vc. fr., dall'it. *guazzo*] s. f. inv. **1** Pittura a guazzo. **2** Tipo di colore diluibile in acqua, di composizione simile all'acquerello.

gourde /fr. gurd/ [vc. fr., orig. *piastre gourde* 'moneta d'argento sp.', di etim. discussa: sp. *gorda* 'grossa' (dal lat. *gŭrdus* 'ottuso')?] s. f. inv. ● Unità monetaria circolante in Haiti.

gourmet /fr. gur'mɛ/ [vc. fr., 'ghiottone', dall'ingl. ant. *grom* 'ragazzo, valletto'] s. m. inv. ● Degustatore di vini | (*est.*) Raffinato buongustaio.

governàbile [adatt. del lat. *gubernābile(m)*, da *gubernāre* 'governare'] agg. ● Che si può governare | Che si lascia governare con facilità.

governabilità s. f. ● L'essere governabile | Possibilità di governare.

†**governadóre** ● V. *governatore*.

governàle [ant. provz. *governal*, dal lat. *gubernācŭlu(m)* 'che serve a governare (*gubernāre*) la nave'] s. m. **1** †Timone. **2** †Governatore, guida, educatore. **3** (*aer.*) Impennaggio di bomba aerea, missile e sim. SIN. Stabilizzatore. **4** (*al pl.*) Complesso dei piani mobili o fissi per il governo di un aereo, missile, siluro e sim.

†**governaménto** s. m. **1** Modo e atto del governare o del governarsi. SIN. Governo. **2** Educazione.

governànte (1) **A** part. pres. di *governare*; anche agg. ● Nei sign. del v. **B** s. m. ● Chi ricopre cariche governative.

governànte (2) [fr. *gouvernante*, da *gouverner* 'governare'] s. f. ● Donna stipendiata che si occupa dei bambini o provvede al buon andamento della casa: *scegliere una g. tedesca*, *francese*, *inglese*; *una vecchia signora con la sua g.*

governàre o (*raro*) †**gubernàre** [lat. *gubernāre*, propriamente 'reggere il timone (*gubernāculum*)', dal gr. *kybernêin*, vc. isolata di etim. incerta] **A** v. tr. (*io govèrno*) **1** Guidare, condurre qc. o q.c.: *g. il cocchio*, *la macchina*; *molti credono che la provvidenza governi le azioni degli uomini*; *lasciarsi g. dai vizi*, *dalle passioni*, *dai cattivi consiglieri* | *G. la famiglia*, provvedere al suo mantenimento | *G. le robe*, custodirle, usarle con saggezza | *G. il corpo*, mantenerne regolari le funzioni | (*mar.*) Dirigere una nave o un'imbarcazione usando il timone | (*aer.*) Pilotare, manovrare, mantenere in equilibrio un aereo. **2** Amministrare esercitando il potere esecutivo: *g. uno Stato*, *una nazione*; *g. bene*, *male*, *con giustizia*, *dispoticamente*; *il Pontefice governa la Chiesa* | (*ass.*) *Il re regna ma non governa*, di monarchia costituzionale in cui il sovrano si limita a prendere atto delle decisioni dei ministri | (*est.*) Amministrare con i massimi poteri: *g. una banca*, *una società* | *G. un esercito*, comandarlo | (*lett.*) Regolare: *né da te, dolce amico, udrò più il verso / e la mesta armonia che lo governa* (FOSCOLO). SIN. Reggere. **3** Provvedere con cura al sostentamento di qc. o al mantenimento di q.c.: *g. un bambino*; *g. i polli*, *i cavalli*, *i buoi* | *G. il grano*, liberarlo dalle erbacce | *G. una malattia*, curarla | *G. le uova*, covarle | *G. il fuoco*, alimentarlo | *G. la casa*, *l'azienda*, curarne il buon funzionamento | †Conciare, condire. **4** †Preparare una vivanda | Correntemente, accudire alle varie fasi della vinificazione: *g. il vino*. **B** v. rifl. ● Dominarsi, regolarsi: *è ... securissima cosa, nel modo del vivere e nel conversare, governarsi sempre con una certa onesta mediocrità* (CASTIGLIONE) | *Governarsi bene*, vivere con tutte le comodità.

governativo o (*raro*) †**gubernativo** [lat. *gubernatīvu(m)*, da *gubernātus* 'governato'] agg. **1** Del governo: *decreto g.* | Dello Stato: *istituto*, *impiegato g.* **2** †Atto a governare.

governatóra s. f. **1** Donna che governa (*anche*

spreg. o *iron.*). **2** Moglie del governatore.

governatoràto s. m. **1** Titolo, ufficio e dignità di governatore | Durata di tale ufficio: *dieci anni di g.* **2** Circondario sottoposto alla giurisdizione di governatore.

governatóre o †**governadóre** [lat. *gubernatōre(m)*, da *gubernātus* 'governato'] s. m. (f. *-trice*, pop. scherz. *-tora*) **1** (*raro*) Chi governa: *essere un buono, un cattivo g.* **2** Alto funzionario di Stato che rappresenta il governo centrale in dipartimenti, regioni e sim.: *g. civile, militare.* **3** Sovraintendente generale di un istituto finanziario o un'amministrazione di stato e sim.: *g. della Banca d'Italia.* **4** Chi guida l'educazione e l'istruzione di un personaggio importante: *era il g. del principe ereditario.*

governatoriàle agg. ● Di, relativo a, governatore o governatorato.

governatùra s. f. ● Atto, effetto del governare gli animali, i terreni o il vino.

governìcchio s. m. **1** Dim. di *governo.* **2** (*spreg.*) Governo debole, non in grado di svolgere le proprie funzioni in modo efficiente, destinato a durare breve tempo.

governìme [da *governare*, nel senso di 'accudire al bestiame'] s. m. ● Cibo che si dà agli animali domestici.

govèrno [lat. *gubĕrnu(m)*, prob. da *gubernāre* 'governare'] s. m. **1** Atto, effetto del governare | Direzione, guida, comando: *responsabilità di g.*; *avere, prendere il g. della nave, di un aereo*; *assumere il g. di un paese* | †Timone | (*aer.*) *Superfici di g.*, parti dell'aeroplano, come timoni e alettoni, che, azionate dal pilota, impartiscono al velivolo un movimento di rotazione intorno a uno dei suoi assi variandone l'assetto e la traiettoria. **2** (spesso scritto con iniziale maiuscola) Organo statale complesso che determina l'indirizzo politico dello Stato nei rapporti interni e internazionali | *G. misto*, composto da rappresentanti di vari partiti politici | *G. provvisorio*, che detiene temporaneamente il potere | *G. balneare, d'affari, ponte, tecnico*, privo di un progetto politico a lungo termine, costituito solitamente per il disbrigo delle questioni correnti in attesa di nuove elezioni o per consentire la maturazione di una nuova situazione politica | *G. fantoccio*, V. *fantoccio* | *G. fantasma*, V. *fantasma* | *G. ombra*, V. *ombra* | *G. di coalizione*, basato sull'alleanza di due o più partiti. **3** Forma di reggimento politico: *g. monarchico, assoluto, repubblicano, democratico, oligarchico, costituzionale.* **4** Cura diligente, assidua attenzione con cui si amministra, si dirige o si alleva qc. o q.c.: *il g. di una casa*; *il g. del gregge, dei polli* | *Attendere al g. dei figli*, alla loro educazione e sostentamento | (*est.*) Assistenza, servizio | *Donna di g.*, che dietro compenso cura l'andamento della casa | †Trattamento | †*Fare aspro g.*, scempio, strazio. **5** (*raro*) Regola, norma: *abbiamo fatto questo esclusivamente per vostro g.* **6** (*elab.*) Capacità di interpretare istruzioni e di operare sulla base di esse, o di eseguire le operazioni necessarie quando intervengono determinate condizioni | *Unità di g.*, parte dell'hardware di un elaboratore che, al ricevere un'istruzione complta, la interpreta e avvia le operazioni richieste. || **governàccio**, pegg. | **governétto**, dim. | **governìcchio**, dim. (V.) | **governùccio**, dim., spreg. | **governùcolo**, dim.

govóne ● V. *gavone.*

gozzaniàno agg. ● Che si riferisce al poeta G. Gozzano (1883-1916), al suo stile, alle sue opere.

gózzo (1) [etim. discussa: m. di (*gor*)*gozza* (?)] s. m. **1** (*pop.*) Ingluvie. **2** (*est.*) Stomaco dell'uomo: *è felice solo quando ha il g. pieno* | *Empirsi il g.*, mangiare troppo e avidamente | *Forare il g.*, (*fig.*) procurare danno, far andare di traverso | *Avere q.c. sul g.*, non mandar giù un'offesa o, in genere, una cosa sgradevole. **3** (*med.*) Aumento di volume della ghiandola tiroide | *G. endemico, g. diffuso*, malattia tipica degli abitanti di certe regioni montagnose.

gózzo (2) [etim. incerta] s. m. ● Barca da pesca o da trasporto di piccole dimensioni a remi e con piccola vela. ➡ ILL. pesca.

gozzovìglia o **gozzovìglia** [da *gozzovigliare*] s. f. ● Baldoria di persone che bevono e mangiano smodatamente e chiassosamente: *ha dissipato in gozzoviglie un ingente patrimonio*; *si rappattumò con lui, e più volte insieme fecer poi g.* (BOCCACCIO).

gozzovigliàre o **gozzovigliàre** [etim. discussa: da *gozzo* (*1*), con *-iv-* immesso in **gozzigliare* (?)] v. intr. (*io gozzovìglio* o *gozzovìglio*; aus. *avere*) ● Far baldoria, stravizi. SIN. Bagordare, bisbocciare.

gozzovigliàta o **gozzovigliàta** s. f. ● Gozzoviglia.

gozzovigliatóre s. m. (f. *-trice*) ● Chi gozzoviglia, chi ama gozzovigliare.

gozzùto [da *gozzo* (*1*)] agg. ● Che ha il gozzo: *ebbe veduto per la sala e in terreno certi contadini gozzuti* (SACCHETTI).

gràcchia [lat. *grăcula(m)*, di origine onomat. (dal *gr* della sua voce)] s. f. **1** Femmina del gracchio | (*dial.*) Cornacchia. **2** (*raro, fig.*) Chiacchierone, ciarlone.

gracchiaménto s. m. ● Atto, effetto del gracchiare.

gracchiàre [da *gracchio* (*2*)] v. intr. (*io gràcchio*; aus. *avere*) **1** Cantare emettendo un verso roco, caratteristico di alcuni uccelli: *le si era levato davanti uno stormo di corvi, gracchiando* (PIRANDELLO) | Gracidare: *le ranocchie gracchiano* | (*raro*) Frinire: *la cicala gracchia.* **2** (*fig.*) Ciarlare o brontolare fastidiosamente: *smettila di g.!* | *G. al vento*, a vanvera.

gracchiàta s. f. ● Atto, effetto del gracchiare.

gracchiatóre s. m.; anche agg. (f. *-trice*) ● (*lett.*) Chi, che gracchia (*anche fig.*).

gràcchio (1) [da *gracchiare*] s. m. ● Verso emesso da corvi, cornacchie e sim.

gràcchio (2) [lat. *grăculu(m)*, di origine onomat. (da *gr-*, che riproduce il suo verso abituale)] s. m. ● Grosso uccello montano dei Passeracei, nero con riflessi verdi, becco giallo arancio e zampe rosse (*Pyrrhocorax graculus*) | *G. corallino*, simile al gracchio comune ma con il becco rosso (*Pyrrhocorax pyrrhocorax*) | *G. bronzato*, dell'America settentrionale, nero con occhio chiaro (*Quisqualus quiscula*).

gracchìo (3) s. m. ● Il gracchiare frequente e prolungato.

gracidaménto s. m. ● Atto, effetto del gracidare.

gracidàre [lat. tardo *gracitāre*, onomat. del gridare dell'oca] v. intr. (*io gràcido*; aus. *avere*) **1** Emettere il verso caratteristico delle rane | (*raro*) Chiocciare | (*raro*) Gracchiare. **2** (*fig.*) Parlare in modo noioso, con voce lamentosa e stridula.

gracidatóre s. m.; anche agg. (f. *-trice*) ● Chi, che gracida (*anche fig.*).

gracidìo s. m. ● Il gracidare prolungato e continuo.

gracilària [dal lat. *grăcilis* 'gracile, sottile'] s. f. **1** Genere di alghe rosse dalle cui pareti cellulari si ricava l'agar-agar (*Gracilaria*). **2** Genere di Lepidotteri una cui specie, allo stato larvale, è parassita del fogliame di salici e pioppi (*Gracilaria*).

gràcile [vc. dotta, lat. *grăcile(m)*, prob. da un v. **gracēre*, di etim. incerta] agg. **1** Di sottile e delicata struttura fisica: *un ragazzo g.* | Debole: *salute, fibra, organismo g.* | *Fiori gracili*, non resistenti, che periscono subito. SIN. Esile, fragile. **2** (*fig.*) Privo di forza e di vigore: *ingegno, volontà g.* SIN. Debole, fragile. || **gracilétto**, dim. | **gracilino**, dim.

gracilità o †**gracilitàde**, †**gracilitàte** [vc. dotta, lat. *gracilitāte(m)*, da *grăcilis* 'gracile', sul modello dell'equivalente gr. *ischnótēs*, da *ischnós*] s. f. ● Qualità di chi, di ciò che è gracile: *un fisico di sorprendente g.*; *g. dell'ingegno.* SIN. Debolezza, fragilità.

gracimolàre v. tr. (*io gracìmolo*) ● (*tosc.*) Racimolare.

gracìmolo s. m. ● (*tosc.*) Racimolo.

gràcola o **gràcula** [adatt. del lat. *grăcula* 'gracchia'] s. f. ● Uccello dei Passeracei dell'Asia orientale di colore nero a riflessi viola-verdi con caruncole gialle sotto gli occhi, capace, se addomesticato, di ripetere parole e frasi (*Gracula religiosa*).

†**gràda (1)** ● V. *grata.*

†**gràda (2)** [Cfr. *grado* (*2*)] s. f. ● Gradino | Grado.

†**gradàle (1)** [vc. dotta, lat. tardo *gradāle(m)*, da *grădus* 'passo' (V. *grado* (*2*))] agg. ● Che va a grado a grado.

gradàle (2) [etim. discussa: da *gradāle(m)* 'vaso', secondo un passaggio semantico poco chiaro (?)] s. m. ● Coppa, vaso, recipiente, spec. quello che Gesù usò nell'Ultima Cena o quello in cui, secondo la leggenda, ne venne conservato il sangue da Giuseppe d'Arimatea, conosciuto spec. come *Santo Gral.*

†**gradàre** [vc. dotta, lat. *grădi* 'muovere il passo (*grădus* 'grado (2)')', collocato nella coniug. in *-are*] **A** v. tr. ● Graduare: *gradar la longitudine* (GALILEI). **B** v. intr. (aus. *essere* e *avere*) ● (*lett.*) Essere disposto a gradi. SIN. Digradare.

gradassàta s. f. ● Millanteria da gradasso.

gradàsso [dal n. di *Gradasso*, rinomato guerriero saraceno nei poemi cavallereschi] s. m. ● Fanfarone, millantatore, smargiasso | *Fare il g.*, minacciare qc. ostentando un coraggio che non si ha.

gradàto part. pass. di †*gradare*; anche agg. ● Nei sign. del v. || **gradataménte**, avv. Per gradi, poco alla volta: *l'economia migliora gradatamente*; *diminuire, crescere gradatamente.*

gradazióne [vc. dotta, lat. *gradatiōne(m)*, propriamente 'gradino' (da *grădus* 'grado (2)') poi usata in retorica a tradurre il corrisp. gr. *klîmax*] s. f. **1** Serie a gradi: *porre vari oggetti in g. dal più grande al più piccolo* | Passaggio graduale: *passare dagli esercizi più facili ai più difficili con g. della difficoltà* | *G. dei colori*, differenza cromatica graduale | *G. vocalica*, apofonia | (*mus.*) Disposizione graduata delle parti di una composizione: *g. di una sinfonia* | (*geol.*) Successione regolare di granuli a diametro crescente o decrescente dalla base al tetto di uno strato di roccia sedimentaria. **2** (*ling.*) Figura retorica per la quale si esprime un'idea con più frasi o parole aventi un'intensità gradatamente crescente o decrescente. CFR. Climax, anticlimax. **3** *G. alcolica*, percentuale in volume di alcol contenuta nei vini e nei liquori. **4** (*fot.*) Attitudine di un'emulsione a rendere più o meno i contrasti.

grader /*semi-ingl.* greider *ingl.* 'greidə*/ [vc. ingl., 'macchina livellatrice'] s. m. inv. ● Macchina per il movimento terra, fornita di lama orientabile, adibita al livellamento dei terreni spec. nei lavori stradali. SIN. Livellatrice stradale.

graderista /greide'rista, grade'rista/ s. m. e f. (pl. m. *-i*) ● Manovratore di grader.

gradévole [lat. parl. **gratībile(m)*, da *grātu(m)* 'grado (1)'] agg. ● Che possiede tutti i requisiti per riuscire gradito: *soggiorno, compagnia g.*; *effetto g.*; *far cosa g.* SIN. Piacevole. || **gradevolménte**, avv. In modo gradevole; piacevolmente: *rimase gradevolmente sorpreso.*

gradevolézza s. f. ● Qualità di chi o ciò che è gradevole.

gradiènte [fr. *gradient*, dal lat. *gradiĕnte(m)*, part. pres. di *grădi* '†gradare'] s. m. ● (*mat.*) Variazione di una grandezza rispetto a una direzione | Vettore che ha per componenti le derivate di una grandezza scalare rispetto alle coordinate | *G. termico*, rapporto fra la differenza di temperatura in due punti dell'atmosfera posti sulla stessa verticale e la loro distanza | *G. barometrico* o *barico*, rapporto fra la differenza di pressione di due isobare e la loro distanza | *G. geotermico*, rapporto fra la differenza di temperatura e la distanza di due punti posti sulla stessa verticale all'interno della crosta terrestre | *G. di potenziale*, differenza di potenziale per unità di lunghezza, calcolata nella direzione in cui tale differenza risulta massima.

gradiménto [da *gradire*] s. m. ● Senso di intimo compiacimento provocato da persone o cose di nostro gusto: *mostrare il proprio g.* | (*est.*) Accoglimento favorevole: *la tua proposta incontrerà il loro g.* | *G. di un diplomatico*, la sua accettazione da parte dello Stato ospite | *Vendita con g.*, quando il compratore si riserva di approvare la qualità della merce | *Indice di g.*, valutazione statistica percentuale del favore del pubblico per uno spettacolo radiofonico o televisivo.

gradina [da *grado* (*2*)] s. f. ● Scalpello con cui le sculture di marmo già dirozzate vengono rifinite | Segno lasciato dalla gradina e che si leva via con la lima storta.

gradinaménto s. m. ● Nell'alpinismo, atto, effetto del gradinare. SIN. Scalinatura.

gradinàre (1) [da *gradina*] v. tr. ● Lavorare, rifinire con la gradina.

gradinàre (2) [da *gradino*] v. tr. ● Nell'alpinismo, tagliare gradini nel ghiaccio usando la piccozza. SIN. Scalinare.

gradinàta [da *gradino* col suff. coll. di *scalinata*] s. f. **1** Ordine di gradini spec. molto ampi. SIN. Scalinata. **2** Negli anfiteatri e negli stadi, ordine di posti, costituiti da alti gradini spec. in pietra su cui siedono gli spettatori | (*est.*) Il pubblico che assiste a uno spettacolo, a una partita e sim. da tali posti: *tutta la g. era in piedi e applaudiva*.

gradinatùra s. f. ● Atto, effetto del gradinare, nel sign. di *gradinare* (*1*) | Segno lasciato dalla gradina.

gradino [dim. di *grado* (*2*)] s. m. **1** Ciascuno dei ripiani scavati o costruiti per superare un dislivello: *un g. di pietra, di roccia*; *un viottolo a gradini*; *i gradini dell'autobus* | (*fig.*) *Salire, scendere di un g.*, (*fig.*) aumentare, diminuire nella stima di qc., nella posizione sociale e sim. | *Essere al primo g.*, (*fig.*) agli inizi di q.c. | *Essere, arrivare all'infimo g.*, (*fig.*) nella più bassa delle condizioni. SIN. Scalino. **2** Nell'alpinismo, intaccatura praticata con la piccozza su neve dura o ghiaccio, per procedere su pendii ripidi: *tagliare gradini*. **3** (*mar.*) Dislivello nel fondo della carena di uno scafo veloce o di un idroplano per facilitare, in corsa, lo slittamento o l'emersione.

gradire [da *grado* (*1*)] **A** v. tr. (*io gradisco, tu gradisci*) **1** Accogliere di buon grado, ricevere con piacere: *g. un dono, una visita, una proposta*; *g. un dolce, una bevanda, un invito a pranzo* | *Gradite, vogliate g.* e sim., espressione di cortesia usata per fare accettare cibi, bevande e sim. | *Accettiamo tanto per g.*, per mostrare di apprezzare l'offerta | (*est.*) Trovare piacevole, favorevole, desiderare: *gradirei un po' di vino*; *gradirei sapere chi vi autorizza a parlare*; *molte piante gradiscono il terreno umido*. **2** †Ricompensare, contraccambiare. **B** v. intr. (aus. *essere*) ● (*lett.*) Essere, riuscire, gradito | Andare a genio: *il tuo comportamento non mi gradisce*. SIN. Garbare, piacere.

gradito part. pass. di *gradire*; anche agg. ● Nei sign. del v.

gràdo (1) o †**gràto** (2) [parallelo sett. di *grato*] s. m. **1** Piacere, compiacenza, benevolenza | *Di buon g.*, volentieri | *A suo mal g.*, mal volentieri | *A suo, a mio g.*, a suo, a mio piacimento | *Contro suo g.*, contro il suo piacere | *Ci è a g.*, gradito | †*Di proprio g.*, di sua volontà | †*Per mio g.*, per mio piacere | †*Venire in g.*, riuscire gradito. **2** †Gratitudine, riconoscenza: *a lui rimaneva il g. della liberazione e a loro la ingiuria della cattura* (MACHIAVELLI) | (*lett.*) *Saper, aver g.*, serbare riconoscenza | (*lett.*) *Render g.*, ringraziare | †*Sapere il buon g.*, conservare la gratitudine | †*Avere in g.*, ritenere caro | †*A g.*, a gratis.

gràdo (2) [lat. *grădu(m)* 'scalino', di origine indeur.] s. m. **1** †Scalino, gradino: *vidi una porta, e tre gradi di sotto / per gire ad essa* (DANTE *Purg.* IX, 76-77) | *I gradi del teatro*, gradinate usate anche come sedili | †Predella dell'altare. **2** Qualsiasi punto intermedio attraverso cui si passa per procedere da uno stato a un altro, da una posizione a un'altra e sim.: *crescere, aumentare di g.*; *diminuire di g.*; *andare per gradi* | *A g. a g.*, poco per volta, lentamente e sim. | *Al massimo, al più alto g., in sommo g.*, (*fig.*) moltissimo: *essere dotto in sommo g.* | (*dir.*) *Gradi del giudizio*, i successivi giudizi, da parte di diverse autorità giudiziarie, di una stessa causa | (*raro*) Gradazione, sfumatura: *i vari gradi di una tinta*. **3** (*ling.*) Variazione che assume un aggettivo o un avverbio per connotare particolari funzioni all'interno di un contesto: *g. comparativo*; *g. superlativo* | *Di g. superlativo*, (*fig.*) eccellente. **4** In una graduatoria di valori, il posto che ognuno di essi occupa rispetto agli altri: *scuola di primo, di secondo g.*; *stabilire il g. di parentela, di nobiltà*; *subire un interrogatorio di terzo g.* | (*ling.*) *G. apofonico*, ognuno dei differenti aspetti di una data serie apofonica | Nell'alpinismo e nel canoismo, ciascuna delle sei o più misure di difficoltà stabilite nella relativa scala, con una valutazione globale della difficoltà tecnica dei passaggi, della loro continuità, della esposizione e sim. | (*mus.*) Nome che si dà in genere ai singoli suoni della scala diatonica. **5** (*fig.*) Posizione di una persona in seno a una gerarchia, un'amministrazione, e sim.: *i gradi militari*; *essere promosso di g.*; *essere al g. più alto della carriera* | *Distintivo di g.*, (*ell.*) *grado*, gallone, ricamo, stelletta e sim., applicato sul berretto, sulla spallina o sulla manica dell'uniforme, specifico per ogni livello della gerarchia militare. **6** (*mat.*) *G. di un monomio*, somma degli esponenti con cui compaiono le variabili | *G. di un polinomio*, massimo dei gradi dei vari monomi | *G. d'una equazione algebrica*, grado del polinomio che, uguagliato a zero, dà l'equazione. **7** Unità di misura degli angoli | Correntemente, grado sessagesimale. SIMB. ° | *G. centesimale*, quattrocentesima parte dell'angolo giro. SIMB. gon oppure ^{g} | *G. sessagesimale*, trecentosessantesima parte dell'angolo giro | (*geogr.*) *G. di latitudine*, 1/360 di meridiano | (*geogr.*) *G. di longitudine*, 1/360 della circonferenza equatoriale. **8** Unità di misura enologica | *G. alcolico*, unità di misura del contenuto di alcol delle soluzioni alcoliche corrispondente a 1 cm^3 di alcol puro contenuto in 100 cm^3 di soluzione alla temperatura di riferimento di 15 °C. **9** Misura in diottrie della potenza di una lente da occhiali. **10** Unità di misura della temperatura | *G. centigrado, g. Celsius*, (*ell.*) *grado*, proprio della scala centigrada del termometro Celsius. SIMB. °C. **11** Unità di misura della durezza dell'acqua | *G. di durezza idrotimetrico*, tenore di sali di calcio e magnesio, in genere espresso in grammi di carbonato di calcio, per cento litri d'acqua. **12** Valore o rapporto, indicativo o di riferimento di grandezze o enti | *G. igrometrico*, valore percentuale del vapor dell'acqua contenuto nell'aria riferito al valore di saturazione | *G. di dissociazione*, rapporto fra il numero di molecole dissociate e il numero di quelle presenti prima della dissociazione in una soluzione o in un gas. **13** Condizione, stato, situazione: *passaggio di g.*; *salire, scendere di g.*; *conservare gelosamente i privilegi del proprio g.* | *Essere in g.*, idoneo, capace | (*est.*) Ceto sociale: *g. di nobiltà* | *Tenere il g.*, serbare il decoro del proprio ceto | †*Tenere g.*, stare contegnoso. **14** (*raro*) †Passo: *deh ferma un poco il g.* (BOCCACCIO). || **gradino**, dim. (V.) || **gradóne**, accr. (V.).

-grado [dall'uso agg. del lat. *grădu(m)*, da *grădi* 'camminare'] secondo elemento ● In parole composte, per lo più scientifiche, significa 'che cammina' (in un dato modo, specificato dal primo elemento compositivo): *plantigrado, tardigrado*.

gradonaménto s. m. ● Sistemazione di terreni declivi con creazione di ripiani o gradoni. SIN. Banchinamento, terrazzamento.

gradonàta [da *gradone*] s. f. ● Scalinata costituita da ampi gradini in pendenza.

gradóne [accr. di *grado* (*2*) nel senso di '(striscia di) terreno piano (come un *gradino*)'] s. m. **1** Striscia di terreno orizzontale tipica del gradonamento. SIN. Ripiano, terrazzo. **2** Ciascuno dei ripiani di una tribuna di uno stadio, di un anfiteatro o di un circo, più grandi dei gradini normali, che servono come posti a sedere per il pubblico | (*arch.*) Ciascuno dei tre ripiani che costituiscono lo stilobate del tempio greco, nei quali venivano intagliati i gradini di accesso al tempio.

graduàbile agg. ● Che si può graduare.

graduabilità s. f. ● Possibilità di graduazione.

graduàle [ampliamento agg., poi sost., in *-ale* del lat. *grădu(m)* 'grado (2)'] **A** agg. **1** Che si fa o si verifica per gradi: *insegnamento g.* | *Estinzione g. di un debito*, un tanto per volta. **2** (*ling.*) *Opposizione g.*, i cui fonemi sono caratterizzati da diversi gradi della stessa particolarità. || **gradualménte**, avv. Di grado in grado; in modo graduale: *procedere gradualmente*. **B** s. m. **1** Nella Messa, il gruppo di versetti che si cantano o recitano dopo l'Epistola. **2** Il libro che raccoglie i graduali dell'anno liturgico.

gradualìsmo s. m. **1** Propensione ad avanzare, ad agire per gradi: *il g. di certe riforme*. **2** Politica basata su riforme graduali, scaglionate nel tempo.

gradualista s. m. e f.; anche agg. (pl. m. *-i*) ● Chi, che è proclive al gradualismo o lo applica.

gradualìstico agg. (pl. m. *-ci*) ● Di, da gradualista | Inerente al gradualismo.

gradualità s. f. ● Qualità di ciò che è graduale: *g. dell'insegnamento, della riforma*.

graduàre [dal lat. *grădu(m)* 'grado (2), gradino'] v. tr. (*io gràduo*) **1** Dividere in gradi: *g. un termometro, un barometro*. **2** Ordinare per gradi: *g. le difficoltà* | *G. l'insegnamento*, in rapporto alle capacità dell'allievo | *G. i premi*, secondo i meriti | (*est.*) Stabilire una graduatoria fra più persone seguendo particolari criteri: *g. gli aspiranti a un incarico, i partecipanti a una prova*. **3** Conferire gradi, dignità. **4** (*mat.*) Eseguire una graduazione.

graduàto **A** part. pass. di *graduare*; anche agg. ● Nei sign. del v. **B** s. m. ● Militare di truppa con grado da appuntato a caporal maggiore.

graduatòria [f. sost. di *graduatorio*] s. f. ● Elenco di persone, ordinato secondo il merito, l'anzianità, ecc. | (*est.*) Ordine di successione dei concorrenti a una gara, un concorso e sim. secondo i punti di merito ottenuti da ciascuno di essi: *essere primo, secondo in g.*

graduatòrio [da *graduare*] agg. ● Atto a graduare.

graduazióne s. f. **1** Atto, effetto del graduare. **2** (*mat.*) Applicazione d'una curva o sim. in un insieme di numeri | Operazione consistente nel segnare dei numeri in corrispondenza di alcuni punti d'una curva.

grafèma [dal gr. *gráphein* 'scrivere' col suff. produttivo nella terminologia linguistica contemporanea, sul modello di (*fon*)*ema, -ema*] s. m. (pl. *-i*) ● (*ling.*) La più piccola unità distintiva di un sistema grafico.

grafemàtica s. f. ● (*ling.*) Studio dei grafemi.

grafemàtico agg. (pl. m. *-ci*) ● (*ling.*) Relativo a grafema.

gràffa o (*raro*) **gràppa** (1) nei sign. 1 e 3 [longob. **krapfo* 'uncino', corrispondente al got. *krappa* (V. *grappa* (*1*))] s. f. **1** Piccola lamina metallica, curvata a forma di U, usata per l'unione stabile di due parti di un imballaggio o altro. **2** Segno grafico che unisce più righe o racchiude un'espressione letterale o numerica. **3** †Artiglio. || **graffétta**, dim. (V.).

graffàre v. tr. ● Riunire o chiudere con una graffa.

graffatrìce [da *graffare*] s. f. **1** Aggraffatrice. **2** Cucitrice.

graffatùra s. f. ● Cucitura delle cinghie piatte di trasmissione mediante graffe | Riunione dei bordi delle lamiere con ripetute piegature.

graffétta s. f. **1** Dim. di *graffa*. **2** Piastrina metallica a forma di semicerchio usata per fissare piccoli cavi a un muro. **3** Punto metallico. **4** Piccolo fermaglio di metallo per tenere uniti fogli di carta.

graffiaménto s. m. ● (*raro*) Atto, effetto del graffiare.

graffiànte part. pres. di *graffiare*; anche agg. **1** Nei sign. del v. **2** Che colpisce, che lascia il segno: *satira g.*; *una g. presa in giro dell'accaduto*.

graffiàre [lat. parl. **graphiāre*, den. di *grăphiu(m)*, attest. col senso di 'stilo per incidere la cera delle tavolette da scrivere' (dal gr. *graphíon*), forse con influsso di *graffa*] **A** v. tr. (*io gràffio*) **1** Lacerare la pelle con le unghie o strumenti appuntiti: *g. il viso, una mano* | (*est.*) Scrostare o intaccare superficialmente un oggetto: *g. il muro con un coltello*. **2** (*fig.*) Offendere, ferire con parole: *quella frase graffia il suo orgoglio*. **3** (*fam.*) Rubare: *riuscì a g. dal cassetto una forte somma*. **B** v. rifl. ● Ferirsi con graffi: *si graffiò il volto, in un impeto di rabbia* | (*est.*) Grattarsi troppo forte. **C** v. rifl. rec. ● Lacerarsi l'un l'altro con graffi (*anche fig.*): *durante il litigio si graffiarono con violenza*; *si graffiavano con insulti e offese*.

graffiàta s. f. ● Atto, effetto del graffiare. || **graffiatìna**, dim.

graffiatóre agg.; anche s. m. (f. *-trice*) **1** Chi, che graffia | Cattivo incisore. **2** (*fig.*) Critico maldicente e mordace.

graffiatùra s. f. **1** Segno sulla pelle lasciato da un graffio: *avere il corpo pieno di graffiature* | Ferita leggera e superficiale: *la caduta si risolse con qualche g.* **2** Incisione fatta su una superficie: *sul tavolo erano rimaste molte graffiature*.

graffiétto s. m. **1** Dim. di *graffio*. **2** Strumento di acciaio tagliente usato da falegnami e argentieri per far solchi e incisioni di lieve profondità sui materiali di loro lavorazione | (*mecc., raro*) Truschino.

graffignàre ● V. *sgraffignare*.

gràffio (1) [da *graffiare*] s. m. ● Lacerazione lieve della pelle prodotta dalle unghie o strumenti appuntiti. || **graffiétto**, dim. (V.).

gràffio (2) [longob. **krapfo* 'uncino' con sovrapposizione di *raffio*] s. m. *1* Penna fessa del martello per afferrare e strappare i chiodi. *2* Asta uncinata usata un tempo nella difesa delle mura. *3* †Strumento di ferro a più branche per uncinare: *corse lo spirto all'acque, onde tirollo / Caron nel legno suo col g. adunco* (ARIOSTO).

graffìre [estratto da *graffito*, inteso in funzione di part. pass.] v. tr. (*io graffisco, tu graffisci*) ● Eseguire un graffito.

graffitìṣmo s. m. *1* Arte di realizzare graffiti. *2* Movimento artistico nato in America negli anni Ottanta, con il nome *Graffiti-art*, i cui aderenti si esprimevano con pitture murali realizzate con bombolette spray, ispirandosi ai graffiti spontanei apparsi sui muri delle grandi città.

graffitista s. m. e f. (pl. m. *-i*) *1* Autore di graffiti. *2* Appartenente al movimento artistico del graffitismo. *3* Operaio edile specializzato nelle decorazioni a graffito.

graffito [da *grafio* col raddoppiamento presente in *graffio, graffiare*; nel sign. 2 per calco sull'ingl. *graffito* 'graffito', dal titolo del film "American Graffiti"] **A** s. m. *1* Disegno o scrittura incisi con una punta dura su laterizio, intonaco, pietra, cera, metallo e sim. *2* (*spec. al pl.*) Rievocazione nostalgica di modi di vita, atteggiamenti di costume e sim. di un recente passato: *i graffiti degli anni sessanta*. **B** agg. ● Inciso, scolpito: *ceramica graffita*.

grafia [fr. *graphie*, da un deriv. del gr. *graphḗ* 'scrittura'] s. f. ● Modo di rappresentare le parole nella scrittura: *g. erronea, antiquata, equivoca, illeggibile* | La scrittura stessa.

-grafia [dal gr. *-graphía*, da *gráphein* 'scrivere, tracciare dei segni', di origine indeur.] secondo elemento ● In parole composte, significa 'scrittura', 'disegno', 'descrizione', 'studio', 'scritto': *crittografia, fotografia, radiografia, geografia, monografia, tipografia*.

gràfica [f. sost. di *grafico*, sul modello del ted. *Graphik*] s. f. *1* Tecnica dell'impostazione tipografica, spec. di libri. *2* Insieme delle arti grafiche e della loro produzione.

gràfico [vc. dotta, lat. *grăphicu(m)*, dal gr. *graphikós* 'relativo alla scrittura (*graphḗ*)'] **A** agg. (pl. m. *-ci*) *1* Relativo alla grafia, alla scrittura: *la forma grafica di una parola* | *Varianti grafiche*, differenti modi di scrivere una stessa parola. *2* Che si esprime mediante un disegno: *rappresentazione grafica* | *Arti grafiche*, della stampa, incisione, litografia, fototipia e sim. | *Segni grafici*, disegni o linee particolari che in un testo servono di contrassegno per certe parole, o gruppi, o categorie di parole. *3* (*mat.*) Di rappresentazioni e metodi basati sul tracciamento di figure | *Calcolo g.*, eseguito prevalentemente con mezzi grafici. *4* (*raro*) Simile a un disegno. || **graficaménte**, avv. *1* Per quanto concerne la grafia: *le due parole hanno suono identico ma sono graficamente diverse*. *2* Per mezzo di accorgimenti grafici: *rappresentare graficamente il decorso di una malattia*. **B** s. m. *1* Rappresentazione grafica di un fenomeno: *il g. della produzione industriale* | (*stat.*) *G. a torta*, areogramma. *2* (*mat.*) Rappresentazione geometrica d'un ente, d'un sistema, d'un fenomeno | *G. d'una funzione d'una variabile*, curva luogo dei punti la cui ordinata è il valore preso dalla funzione allorché la variabile assume il valore dell'ascissa. *3* Chi, nel settore dell'editoria, si occupa dell'impaginazione di testi e illustrazioni. *4* (*spec. al pl.*) Chi lavora nell'industria grafica: *il contratto di lavoro dei grafici*.

-gràfico secondo elemento ● Forma aggettivi derivati dai sostantivi in *-grafia* e *-grafo*: *biografico, monografico*.

gràfio [vc. dotta, lat. *grăphiu(m)*, dal gr. *graphéion* 'stilo per scrivere (*gráphein*)'] s. m. ● Stilo di ferro o bronzo per scrivere su tavolette cerate.

grafìṣmo [da *graf(ico)*] s. m. ● (*raro*) In un'opera d'arte, tendenza a far prevalere sugli altri gli elementi grafici.

grafitàggio s. m. ● Atto, effetto del grafitare, nel sign. 1.

grafitàre [da *grafite*] v. tr. *1* Trattare con grafite, spec. gli organi di trasmissione di un autoveicolo per renderne più sciolto il movimento. *2* (*elettr.*) Stendere un sottile strato di grafite su un oggetto per renderne conduttrice di elettricità la superficie.

grafitazióne s. f. ● (*elettr.*) Atto, effetto di grafitare, nel sign. 2.

grafìte [ted. *Graphit*, dal gr. *gráphein* 'scrivere', perché minerale usato per matite da scrivere, col suff. *-ite* (2)] s. f. ● Carbonio quasi puro in cristalli tabulari o più spesso in masserelle lamellari untuose al tatto, di colore grigio scuro, usate nella fabbricazione delle matite e in numerose lavorazioni industriali.

grafitiẓẓàre [da *grafite*] v. tr. ● Trasformare materiali carboniosi in grafite.

gràfo [da (diagramma) *graf(ic)o* (?)] s. m. ● (*mat.*) Ente matematico costituito da un insieme discreto di punti (vertici) e dai segmenti che li connettono tutti o in parte (lati o spigoli); si usa per risolvere problemi logici, topologici e di calcolo combinatorio.

gràfo- [dal gr. *gráphein* 'scrivere', propriamente 'scalfire', di origine indeur.] primo elemento ● In parole composte, significa 'scrivere', 'scrittura': *grafologia, grafomania*.

-grafo [gr. *-graphos* in un grande numero di comp. di senso attivo ('che scrive') o passivo ('che è scritto'), da *graphḗ* 'scrittura', di origine indeur.] secondo elemento ● In parole composte in correlazione coi termini in *-grafia*, indica persona che scrive, narra, disegna e sim.: *biografo, commediografo, scenografo*; o strumento, apparecchiatura di registrazione, scrittura, o analoghe funzioni: *cronografo, sismografo* | In alcuni aggettivi spesso sostantivati, ha valore passivo e significa 'che è scritto': *autografo, olografo*.

grafòfono [ingl. *graphophone*, comp. di *grapho-* 'grafo' e *-phone* '-fono'] s. m. ● (*raro*) Fonografo.

grafologìa [fr. *graphologie*, comp. di *grapho-* 'grafo-' e *-logie* '-logia'] s. f. (pl. *-gie*) ● Studio che, tramite l'esame della grafia di una persona, cerca d'individuarne determinate caratteristiche psicologiche e morali.

grafològico agg. (pl. m. *-ci*) ● Della, relativo alla, grafologia: *esame g.* || **grafologicaménte**, avv. Per quanto riguarda la grafologia.

grafòlogo s. m. (f. *-a*; pl. m. *-gi*) ● Studioso di grafologia.

grafòmane [da *grafo-* e *mania*] s. m. e f. (pl. m. *-i*) ● Affetto da grafomania | (*est., anche scherz.*) Chi scrive molto e con scarsi risultati.

grafomanìa [comp. di *grafo-* e *mania*] s. f. ● (*psicol.*) Desiderio ossessivo di scrivere | (*est., anche scherz.*) Mania di scrivere.

grafomanzìa [comp. di *grafo-* e del gr. *mantéia* 'arte di indovinare'] s. f. ● Tecnica divinatoria che presume di ricavare la conoscenza del futuro o del carattere di una persona attraverso l'esame della sua scrittura.

grafòmetro [fr. *graphomètre*, comp. di *grapho-* 'grafo-' e '*-mètre*' '-metro'] s. m. ● Strumento topografico formato di due regoli da traguardare gli oggetti e di un circolo graduato per misurare gli angoli.

graforrèa [comp. di *grafo-* e *-(r)rea*] s. f. ● (*psicol.*) Disegno irresistibile di scrivere in ogni occasione e su qualsiasi argomento.

grafospàṣmo [comp. di *grafo-* e *spasmo*] s. m. ● (*med.*) Crampo dei muscoli dell'avambraccio e della mano che insorge appena si tenta di scrivere. SIN. Crampo degli scrivani.

gragnòla o (*lett.*) **gragnuòla** [lat. parl. **grandeŏla(m)*, dim. di *grăndine(m)* 'grandine'] s. f. *1* (*meteor.*) Precipitazione di grani sferoidali di neve granulosa rivestita da un involucro di ghiaccio semitrasparente con diametro da due a cinque millimetri. *2* (*fig.*) Serie ininterrotta e rapida di percosse e sim.: *non sapeva più come difendersi da quella g. di colpi*. *3* Pastina simile a piccoli chicchi di grandine, per minestre || PROV. Suocera e nuora tempesta e gragnola.

gragnolàre A v. intr. impers. (*gragnòla*; aus. *essere* o *avere*) ● (*raro*) Grandinare. **B** v. tr. ● (*raro*) Colpire q.c. o qc. come fa la grandine.

gragnuòla ● V. *gragnola*.

gramàglia [sp. *gramalla* 'lunga veste dei magistrati', dal cat. *gramalla*, di etim. incerta, con sovrapposizione di *gramo* nel sign. it.] s. f. *1* (*spec. al pl.*) Drappi da lutto usati in funerali per addobbare catafalchi e chiese (*anche fig.*): *le stelle e i pianeti non mancano di nascere e di tramontare, e non hanno preso le gramaglie* (LEOPARDI). *2* Abito da lutto | *Essere in gramaglie*, in lutto | (*fig.*) *Il cielo vestito di gramaglie*, oscurato da nuvole.

†**gramàre** [da *gramo*] v. tr. ● Addolorare, attristare: *una umil donna grama un dolce amico* (PETRARCA).

†**gramàtica** e *deriv.* ● V. *grammatica* e *deriv.*

†**graméẓẓa** [ant. fr. *gramece*, da *graim* 'gramo', dal francone *gram* 'triste, afflitto'] s. f. ● Stato di infelicità, di afflizione.

gramìgna [lat. *gramĭnea(m)* '(piena) d'erba (*grāmen*, genit. *grāminis*, di origine indeur.)'] s. f. *1* Erba perenne delle Graminacee che produce gravi danni alle colture (*Cynodon dactylon*). SIN. Malerba | *G. dei prati*, erba perenne delle Graminacee comunissima nei prati naturali, che costituisce un ottimo foraggio (*Poa pratensis*) | *G. dei medici*, erba infestante delle Graminacee il cui rizoma contiene sostanze mucillaginose ed è usato per decotti emollienti (*Agropyrum repens*) | *G. bianca*, erba delle Graminacee assai diffusa nei prati (*Trisetum subspicatum*) | *Attaccarsi come la g.*, essere molesto, fastidioso | *Crescere come la g.*, diffondersi con rapidità. *2* Sorta di pasta per minestre, generalmente fresca, simile a corti spaghetti arricciati.

Graminàcee [vc. dotta, comp. del lat. *grāmen*, genit. *grāminis* 'erba', di origine indeur., e *-acee*] s. f. pl. ● Nella tassonomia vegetale, famiglia di piante erbacee delle Monocotiledoni con fusti quasi sempre cavi, fiori raccolti in spighe e frutti per lo più a cariosside (*Graminaceae*) | (al sing. *-a*) Ogni individuo di tale famiglia. ➡ ILL. **piante** /10-11.

graminàceo agg. ● Di, relativo a Graminacee.

gràmma ● V. *grammo*.

-gràmma [dal gr. *-gramma*, da *gráphein* 'scrivere'] secondo elemento ● In parole composte, ha il significato di 'dispaccio', 'comunicazione' (*fonogramma, telegramma*) o di 'grafico' (*cardiogramma*).

grammaèstro ● V. *gran maestro*.

grammàtica o †**gramàtica** [vc. dotta, lat. *grammătica(m)*, sott. *ărte(m)*, trascrizione del gr. *grammatikḗ* (*téchnē*) '(arte) delle lettere (*grámmata*, da *gráphein* 'scrivere')'] s. f. *1* (*ling.*) L'insieme e la descrizione sistematica delle regole riguardanti gli elementi costitutivi di una lingua, e cioè suoni, forme, parole, sintagmi | *G. descrittiva*, quella che descrive le strutture grammaticali di una lingua | *G. storica*, quella che ne descrive gli sviluppi nel tempo | *G. normativa*, quella che formula le regole da rispettare nel parlare e nello scrivere | *G. generativa*, teoria linguistica che considera la grammatica come un insieme finito di regole che generano un'infinità di frasi ben formate e le loro relative descrizioni strutturali. *2* Il libro che tratta di questa disciplina: *g. italiana, greca, francese*; *g. per le scuole*. *3* Correttezza nell'uso della propria lingua: *la sua g. è molto approssimativa*. *4* (*est.*) L'insieme delle regole di una scienza, di un'arte e sim. *5* †Il latino in quanto contrapposto ai volgari | †Studio della lingua latina, per scriverla, parlarla, ecc. | †*G. greca*, la lingua greca. *6* (*raro, dial.*) Cosa difficile e astrusa. || **grammaticàccia**, pegg. | **grammatichétta**, dim. | **grammatichìna**, dim. | **grammaticóna**, accr. | **grammaticùccia**, **grammaticùzza**, dim.

grammaticàle [vc. dotta, lat. tardo *grammaticāle(m)* 'relativo alla *grammatica*'] agg. ● Che riguarda la grammatica | *Analisi g.*, quella che definisce le parti del discorso. || **grammaticalménte**, avv. Dal punto di vista grammaticale.

grammaticalità s. f. ● (*ling.*) Il fatto che una frase di una data lingua sia ben formata rispetto alle regole grammaticali della lingua stessa | *Giudizio di g.*, emesso dal parlante e basato su un sistema di regole generali interiorizzate durante l'apprendimento della lingua.

grammaticaliẓẓàre [da *grammaticale*] **A** v. tr. ● (*ling.*) Attribuire a un elemento lessicale funzione di elemento grammaticale. **B** v. intr. pron. ● (*ling.*) Assumere funzione grammaticale.

grammaticaliẓẓazióne [da *grammaticalizza-*

re] s. f. ● (*ling.*) Processo attraverso il quale un elemento lessicale assume funzione di elemento grammaticale.

grammaticheria s. f. ● (*spreg.*) Esagerata minuzia grammaticale: *le sue grammaticherie annoierebbero chiunque.*

grammàtico o †**gramàtico** [vc. dotta, lat. *grammăticu(m)*, dal gr. *grammatikós* 'appartenente alle lettere (*grámmata*, da *gráphein* 'scrivere')'] **A** s. m. (f. *-a*; pl. m. *-ci*) **1** Studioso di grammatica. **2** (*est.*, *spreg.*) Letterato o critico pedante che attribuisce una eccessiva importanza alle regole grammaticali e alle costruzioni sintattiche. **3** †Letterato erudito. **B** agg. **1** Grammaticale. **2** (*tosc.*) †Ben vestito, elegante. || **grammaticaménte**, avv. **1** Da grammatico. **2** Secondo la grammatica. || **grammaticàstro**, pegg.

†**grammatișia** o †**gramatișia**. s. f. ● Pedantesca istruzione letteraria.

grammatìsta [vc. dotta, lat. *grammatĭsta(m)*, dal gr. *grammatistḗs*, propriamente 'maestro che insegna le lettere dell'alfabeto (*grámmata*)'] s. m. e f. (pl. m. *-i*) **1** Studioso di grammatica, spec. elementare. **2** Scrivano.

grammatìstica s. f. ● Insegnamento della grammatica elementare.

grammatologìa [comp. del gr. *grámmata* 'lettere (dell'alfabeto)' e *-logia*] s. f. (pl. *-gie*) ● Studio della rappresentazione grafica dei fatti linguistici.

grammatològico agg. (pl. m. *-ci*) ● Che riguarda la grammatologia.

grammatùra s. f. ● Il peso in grammi di una carta, stoffa e sim., calcolato per m^2: *la g. della normale carta per giornali è di grammi 60.*

grammelot /gram'lo/ [etim. incerta] s. m. inv. ● (*teat.*) Emissione di suoni simili, nel ritmo e nell'intonazione, a espressioni di discorsi di una lingua, senza la pronuncia di parole reali, che caratterizza la recitazione comica o farsesca di alcuni attori.

gràmmo o (*raro*) **gràmma** [fr. *gramme*, dal lat. *grămma* 'piccolo peso', dal gr. *grámma*, letteralmente 'lettera alfabetica', da *gráphein* 'scrivere', passato nella terminologia medica a indicare una 'piccolissima quantità'] s. m. **1** (*fis.*) Unità di massa nel sistema CGS definita come 1/1 000 della massa del kilogrammo campione. SIMB. g | *G. massa*, in passato usato per grammo | *G. forza*, unità di forza pari a 1/1 000 del kilogrammo forza | *G. atomo*, V. *grammo-atomo* | *G. molecola*, V. *grammo-molecola*. **2** (*fig.*) Quantità minima: *vi fu nelle sue parole un g. di sincerità* (FOGAZZARO).

gràmmo- [da *grammo* in uso agg.] primo elemento ● In parole della terminologia scientifica, indica, espresso in grammi, il peso del secondo elemento della parola composta: *grammomolecola.*

-gràmmo secondo elemento ● In metrologia, indica multipli o sottomultipli del grammo: *decagrammo, centigrammo.*

gràmmo-àtomo [comp. di *grammo-* e *atomo*] s. m. (pl. *gràmmi-àtomo*) ● (*chim.*, *fis.*) Quantità in grammi di un elemento che corrisponde al peso atomico dell'elemento stesso.

gràmmo-equivalènte [sul modello dell'ingl. *gram equivalent*] s. m. (pl. *gràmmi-equivalènte*) ● (*chim.*) Quantità in grammi di un composto o di un elemento pari all'equivalente chimico del composto o dell'elemento.

grammofònico agg. (pl. m. *-ci*) ● Relativo, atto al grammofono: *disco g.* SIN. Fonografico nel sign. 2: *disco g.*

grammòfono [ted. *Grammophon*, comp. di *Grammo* (dal gr. *grámma* 'segno') e *-phon* '-fono', propriamente 'scrittura del suono'] s. m. ● Apparecchio usato spec. un tempo per la riproduzione dei suoni incisi su dischi fonografici. SIN. Fonografo meccanico.

gràmmo-molècola [comp. di *grammo-* e *molecola*] s. f. (pl. *gràmmi-molècola*) ● (*chim.*, *fis.*) Quantità in grammi di una sostanza che corrisponde al peso molecolare della sostanza stessa.

gràm-negativo [dal n. del medico danese H. Ch. J. *Gram*, con *negativo*] agg. ● (*biol.*) Detto di un tipo di batterio che, sottoposto a una particolare tecnica batteriologica basata sul trattamento con un colorante basico, reagisce non trattenendo il colorante stesso.

gràmo [prob. di origine germ.: **gram* 'affanno, cordoglio'] agg. **1** Povero e doloroso: *vita grama* | Misero, meschino: *ingegno g.* **2** (*lett.*) Infelice, dolente: *molte genti fé già viver grame* (DANTE *Inf.* I, 51).

gràmola [etim. discussa: di origine imit. (?)] s. f. **1** Arnese dei pastai per rendere soda la pasta: *g. a stanga, a molazza, a coltelli.* **2** Macchina per separare le fibre tessili della canapa e del lino dalle legnose. SIN. Maciulla.

gramolàre [etim. discussa: da *gramola* (?)] v. tr. (*io gràmolo*) **1** Lavorare la pasta con la gramola o con la gramolatrice. **2** Dirompere il lino o la canapa con la gramola.

gramolàta [da *gramolare*, nel senso di 'rompere (il ghiaccio)' (?)] s. f. ● Granita.

gramolàto [da *gramolare*] s. m. ● Neve granulare, formata da fiocchi addensati, che costituisce i nevai.

gramolatóre s. m. (f. *-trice*) ● Operaio addetto alla gramolatura del lino e della canapa.

gramolatrice [da *gramolare*] s. f. ● Gramola.

gramolatùra s. f. ● Operazione del gramolare.

gramolìsta s. m. (pl. *-i*) ● Operaio addetto alla gramolatura della pasta.

gràm-positivo [dal n. del medico danese H. Ch. J. *Gram*, con *positivo*] agg. ● (*biol.*) Detto di un tipo di batterio che, sottoposto a una particolare tecnica batteriologica basata sul trattamento con un colorante basico, reagisce trattenendo stabilmente il colorante stesso.

gramsciàno agg. ● Che si riferisce al pensatore e politico A. Gramsci (1891-1937).

gràna (1) [lat. *grāna* (nt.), pl. di *grānu(m)* 'grano'] s. f. **1** Particella separata, granello di una determinata sostanza. **2** (*fot.*) Granulosità. **3** Struttura, costituzione interna di un corpo come appare se rotto o tagliato: *g. minuta, grossa, ruvida* | (*est.*) Scabrosità della superficie di un corpo, naturale o provocata. **4** Piccola quantità di oro fuso rimasto nel crogiuolo | *Incastonatura a g.*, tecnica del fermare le pietre preziose per mezzo di palline addossate al bordo della pietra. **5** (*conciar.*) In una pelle conciata, il disegno tipico che compare sul fiore, dovuto alla forma e alla disposizione delle papille dei peli eliminati con le operazioni di concia. **6** (*fig.*, *fam.*) Seccatura, fastidio: *per quel fatto ha avuto delle grane* | *Essere pieno di grane*, essere nei guai | *Piantare grane*, provocarle.

gràna (2) [da *grana* (*1*) secondo un passaggio semantico incerto] s. f. ● Colore carminio: *un abito tinto in g.* | Chermes, cocciniglia.

gràna (3) [etim. incerta] s. f. ● (*gerg.*) Denaro | *Essere pieni di g.*, molto ricchi | *Scucire la g.*, sborsare una certa somma.

gràna (4) [sta per l'espressivo, di origine dial. lombarda, (*formaggio di*) *grana*, per la granulosità] s. m. inv. ● Formaggio semigrasso a pasta dura, cotto, delle zone tipiche dell'Emilia e della Lombardia, così chiamato per i minutissimi grumi del coagulo: *g. padano.*

granadìglia [sp. *granadilla*, dim. di *granada* 'melograno'] s. f. ● (*bot.*) Arbusto rampicante delle Passifloracee, originario del Brasile, coltivato per ornamento e per i frutti eduli (*Passiflora edulis*). SIN. Maracuja | Il frutto di tale pianta, simile per aspetto e sapore alla melagrana. SIN. Frutto della passione, maracuja.

granagliàre v. tr. (*io granàglio*) ● Ridurre l'oro e l'argento in granaglie.

granàglie [da *grano* col suff. coll. *-aglia*] s. f. pl. **1** Semi di cereali per alimentazione umana e animale. **2** Piccolissime palline d'oro e d'argento usate per lavori di oreficeria.

granàio o †**granàro** [lat. *granāriu(m)*, da *grānum* 'grano'] s. m. **1** Luogo destinato al deposito di grano | (*est.*) Solaio della casa, dove si conserva il grano e molti altri oggetti. ➡ ILL. p. 353 AGRICOLTURA. **2** (*fig.*) Regione o paese di forte produzione granaria: *l'Egitto fu il g. dell'Impero Romano.*

granaiòlo o †**granaiuòlo** **A** agg. ● Di alcuni uccelli che si nutrono di solo grano. SIN. Granivoro. **B** s. m. ● †Negoziante di grano al minuto.

†**granàre** [da *grano*] v. tr. e intr. ● Granire.

granàrio agg. ● Relativo al grano: *commercio g.*

†**granàro** ● V. *granaio.*

granàta (1) [per la pannocchia *granata* della pianta (la saggina), dalla quale si ricava] s. f. ● Scopa formata da mazzetti di saggina essiccati e legati attorno a un bastone | (*fig.*) *Dipingere con la g.*, grossolanamente | *Pigliare la g.*, (*fig.*) sbarazzarsi della servitù, mandare via tutti | *Puntellare l'uscio con la g.*, (*fig.*) assicurare male la propria casa | *Benedire col manico della g.*, (*fig.*) bastonare | *Mettere la g. alla finestra*, contro le streghe. || **granatàccia**, pegg. | **granatèllo**, dim. m. | **granatétta**, dim. | **granatina**, dim. (V.) | **granatìno**, dim. m. | **granatóne**, accr. m. | **granatùccia**, **granatùzza**, dim.

granàta (2) [da (*mela*)*granata*, alla quale originariamente assomigliava] s. f. ● Originariamente, palla di ferro vuota all'interno e che, riempita di polvere e munita di un accenditore cui si dava fuoco all'atto dell'impiego, veniva lanciata a mano e scoppiava giungendo al segno | Proietto d'artiglieria cilindrico-ogivale, contenente una carica di scoppio e munito di una spoletta che ne determina l'esplosione urtando contro il terreno: *g. a percussione, a doppio effetto, perforante.*

granàta (3) [da (*mela*)*granata*, in lat. tardo (*mālum*) *granātum* 'mela (*mālum*) con molti gran(ell)i (*grāni*)'] **A** s. f. **1** Frutto del melograno. **2** Pietra preziosa di colore rosso cupo. SIN. Granato. **B** s. m. inv. ● Chi gioca nella squadra di calcio del Torino. **C** in funzione di agg. inv. ● (posposto al s.) Detto di un colore rosso scuro simile a quello dei semi del melograno: *un tappeto g.* | Detto di giocatore o sostenitore della squadra di calcio del Torino.

granatière [adatt. del fr. *grenadier*, da *grenade* 'granata (2)'] s. m. **1** Soldato scelto che nei reggimenti di fanteria del XVII e XVIII sec. aveva il compito di portare e lanciare granate contro il nemico, precedendo i reparti avanzati | Negli eserciti moderni, soldato di un corpo scelto di fanteria, di statura superiore alla media. **2** (*fig.*, *scherz.*) Persona alta e robusta.

granatìglio [sp. *granadillo*: perché legno di color rosso granato (*granado*) (?)] s. m. ● Legno durissimo di color rosso granato, per impiallacciature, intarsi, strumenti musicali.

granatìna (1) s. f. **1** Dim. di *granata* (*1*). **2** Sorta di piccola scopa senza bastone: *la g. degli spazzacamini.*

granatìna (2) [propriamente bibita con sciroppo di (*mela*)*granata*] s. f. ● Sciroppo di melagrane | Bibita di granatina o altro sciroppo con ghiaccio tritato.

granatìno (1) [da *granato* 'relativo al grano'] s. m. ● (*raro*) Mercante di grano.

granatìno (2) [adatt. dello sp. *granadillo* 'granatiglio'] s. m. ● Granatiglio.

granàto (1) [lat. *granātu(m)* 'che ha molti grani', da *grānum* 'grano' (specie sottintendendo *mālum* 'mela')] **A** agg. **1** Che ha molti grani: *melo g.* | Ridotto in granelli. **2** Che ha granelli rossi come grana: *mela granata* | (*est.*) Di colore rosso scuro | *Vino g.*, rosso rubino. **B** s. m. **1** (*bot.*) Melograno. **2** Pietra semi-preziosa di colore variabile, gener. rosso cupo, usata per anelli e collane | (*miner.*) *I granati*, famiglia di silicati dalla formula variabile, in bei cristalli di colore rosso, verde, giallo, nero, usati talora come pietre semi-preziose.

†**granàto** (2) [da *grano*] agg. ● (*raro*) Maturo, forte.

†**granbéstia** o **gran béstia** [comp. di *gran*(*de*) e *bestia*] s. f. ● (*zool.*) Alce.

grancancellière [comp. di *gran*(*de*) e *cancelliere*] s. m. ● Titolo di antico magistrato o dignitario di corte.

grancàssa [comp. di *gran*(*de*) e *cassa* col sign. dello sp. ('tamburo')] s. f. ● Il tamburo di dimensioni maggiori nell'orchestra | *Battere la g.*, (*fig.*) fare propaganda chiassosamente per sé o per altri. ➡ ILL. **musica**.

grancèvola o **granceòla**, **grancévola**, **gransèola** [venez. *granséola*, di etim. discussa: comp. di *granso* 'granc(h)io' e *séola* 'cipolla', per la forma (?)] s. f. ● Crostaceo decapode marino con dorso spinoso e chele piccole, ricercato per le sue carni (*Maja squinado*).

granché pron. indef. ● Ciò che possiede caratteristiche eccezionali, spec. in frasi negative: *il film non è stato g.*; V. anche *grande.*

granchiésco agg. (pl. m. *-schi*) • (*raro*) Di, da granchio (*anche fig.*): *faceva ridere tutti il suo g. modo di camminare*. || **granchiescaménte**, avv. (*raro*) In modo granchiesco.

grànchio [lat. *căncru(m)*, di origine ed estensione indeur., attrav. tarde modificazioni formali (*crancus, crancrus*)] s. m. **1** (*zool.*) Ogni crostaceo appartenente ai Decapodi Brachiuri | *G. comune*, con corazza trapezoidale, liscia, olivastra, chele ben sviluppate e zampe con apici a punta (*Carcinides maenas*) | *G. di fiume*, vivente nelle acque dolci di alcune regioni d'Italia (*Potamon fluviatile*). ➡ ILL. **zoologia generale**. **2** (*fig.*) Errore, sbaglio: *prendere un g.* | *Prendersi un g. a secco*, stringersi un dito, una mano e sim. tra due cose come in una morsa; (*fig.*) ingannarsi | *Avere un g. alle mani, al borsellino*, (*fig., pop.*) essere avaro | †*Essere più scemo dei granchi fuor di luna*, molto scimunito. **3** Attrezzo da falegname, che serve da morsa, con testa corta e munito di denti che si conficcano nel pezzo da lavorare | Penna del martello da falegname. **4** (*med.*) †Cancro. || **granchiétto**, dim. | **granchiolino**, dim. | **granchióne**, accr.

grància e *deriv.* • V. *grangia* e *deriv.*

granciporro [venez. *gransipòro*, comp. di *granso* 'granc(h)io' e del gr. *págouros* 'granchio dall'estremità (*ourá*) rigida, dura (*págos*)'] s. m. **1** (*zool.*) Granchio paguro. **2** (*fig.*) Errore, svista.

grancollàre [comp. di *gran(de)* e *collare*] s. m. • Altissimo grado di alcuni ordini cavallereschi | Chi è investito di tale grado.

grancordóne [comp. di *gran(de)* e *cordone*] s. m. • Grancollare.

grancróce [comp. di *gran(de)* e *croce*] s. f. • Il più alto grado della maggior parte degli ordini cavallereschi | Chi è rivestito di questo grado.

grandangolàre [comp. di *grande* e *angolo*, con suff. agg.] **A** s. m. • Obiettivo fotografico o cinematografico di focale più corta di quella dell'obiettivo normale e perciò con un più ampio angolo di campo. **B** anche agg.: *obiettivo g.*

grandàngolo [comp. di *grand(e)* e *angolo*] s. m. • Grandangolare.

grand commis /*fr.* grã kɔ'mi/ [loc. fr., propr. 'grande commesso'] s. m. inv. (pl. fr. *grands commis*) • Altissimo funzionario di un'amministrazione pubblica.

grànde [lat. *grănde(m)*, di etim. incerta] **A** agg.

Si può troncare in *gran* davanti a parole sia maschili che femminili che cominciano per consonante: *gran giocatore, gran capo, gran cantante, gran donna*. Davanti a *s impura, z, x, gn, ps* e *pn* di regola non c'è troncamento: *grande spavento, grande psichiatra*; tuttavia nell'uso è frequente anche la forma tronca: *gran scalatore, gran stima*. La forma tronca è normale anche al plurale: *gran sospiri*. Davanti a nomi sia maschili che femminili che cominciano per vocale, *grande* si può elidere in *grand'*: *grand'uomo, grand'attrice*; prevale oggi nell'uso la forma senza elisione: *grande artista, grande avvocato*. Il comparativo di maggioranza è *più grànde* o *maggióre*; il superlativo è *grandìssimo* o *màssimo*.

(V. nota d'uso ELISIONE e TRONCAMENTO) **1** Superiore alla misura ordinaria per dimensioni, durata, quantità, intensità, forza, difficoltà e sim.: *sala, strada, teatro g.*; *costruire un g. palazzo*; *fare grandi viaggi*; *passavano grandi periodi dell'anno in montagna*; *al popol tutto / favola fui gran tempo* (PETRARCA); *ci fu un gran concorso di gente*; *avere un g. giro d'affari*; *fare grandi guadagni*; *si fece un gran parlare su cose di poco conto*; *avere una g. superbia*; *disporre di un g. coraggio*; *avere una g. sete, fame, febbre*; *sono ostacoli molto grandi per noi*; *le grandi difficoltà ci scoraggiano* | *Lettera g.*, maiuscola | *Andare di gran passo*, (*fig.*) senza risparmio di energie e speditamente | *Famiglia g.*, numerosa. CONTR. Piccolo. **2** Di persona che eccelle sugli altri per scienza, per dignità, per virtù, per potenza e sim.: *onorare un g. poeta, filosofo, scrittore*; *è stato il pittore più g. del suo tempo* | Preposto a un nome proprio: *il g. Galilei*; *il g. Bach*; *il g. Augusto* | Posposto al nome di sovrani particolarmente illustri e potenti: *Alessandro il Grande*; *Pietro il Grande* | Di persona superiore al livello medio per ricchezze, condizioni sociali e sim.: *sono i grandi personaggi della vecchia società*; *è una gran dama* | Preposto a titoli di dignità: *gran ciambellano*; *gran cancelliere*; *gran maestro*; *g. ammiraglio*. **3** Alto, grosso, robusto: *è un uomo g.*; *è un albero dal fusto g.* | *G. età*, avanzata. **4** Solenne, importante, rilevante: *oggi è festa g.*; *congresso, adunanza g.*; *le grandi invenzioni e scoperte dell'era moderna* | *Il g. giorno*, quello di un avvenimento rilevante e (*fig.*) quello del giudizio | *Consiglio g.*, generale | *G. Oriente*, supremo consiglio della massoneria in ciascuno Stato | *Gran che, gran cosa*, ciò che possiede eccezionali caratteristiche, spec. in frasi negative: *il film non è stato un gran che*; *questo gioiello non è poi gran cosa*; *si crede un gran che* | *Noi non ne sappiamo un gran che*, non molto. **5** Con funzione rafforzativa seguito da un sostantivo o da un aggettivo sostantivato: *un grand'uomo*; *un gran bugiardo* | (*med.*) *G. male*, accesso convulsivo generalizzato nell'epilessia. **6** Anteposto a un aggettivo, gli conferisce valore superlativo: *un gran bel quadro*. || **grandeménte**, avv. Molto, assai: *apprezzare grandemente gli sforzi di qc.* **B** s. m.; anche f. nei sign. 1 e 2. **1** Persona adulta: *la camerata dei grandi*; *si comportano come i grandi*; *l'ingresso è consentito solo ai grandi* | *Da g.*, in età adulta: *cosa farai da g.?* **2** Chi eccelle per scienza, dignità, potenza, ricchezza e sim.: *i grandi della terra*; *attenersi all'esempio dei grandi*; *un g. disprezza sempre onori e glorie* | *Farsi g.*, presumere, vantarsi. **3** Titolo spettante ai maggiori vassalli della Corona spagnola: *g. di Spagna*. **4** Grandezza, magnificenza: *ammirare il g. nell'arte* | *Riprodurre in g.*, ingrandire | *Fare le cose in g.*, senza economia | *Alla g.*, con grande ricchezza di mezzi; (*est.*) in modo straordinario, brillante: *vincere alla g.* || **grandàccio**, pegg. | **grandétto**, dim. | **grandicèllo**, dim. | **grandicino**, dim. | **grandino**, dim. | **grandóne**, accr. | **grandòtto**, accr.

grandeggiàre v. intr. (*io grandéggio*; aus. *avere*) **1** Essere, apparire grande | Eccellere per grandezza: *l'edificio grandeggiava al centro della piazza*; *è un uomo che grandeggia ovunque*. **2** Ostentare boria | Darsi arie di gran signore: *sono persone cui piace g.*

grandeur /*fr.* grã'dœr/ [vc. fr., propr. 'grandezza'] s. f. inv. **1** Grandiosità, grandezza della Francia, spec. con riferimento alla politica di esaltazione del ruolo della Francia nel mondo propugnata dal generale Ch. De Gaulle negli anni Cinquanta e Sessanta. **2** (*est.*) Senso di superiorità, esagerata considerazione delle proprie qualità e capacità, che si manifesta spec. con ostentazione di lusso e di sfarzo.

grandézza [da *grande*] s. f. **1** Complesso delle dimensioni di un corpo | Insieme delle sue misure: *la g. di un edificio, di un fiume, di un albero*; *la g. di una statua* | *Riproduzione in g. naturale*, nelle dimensioni che l'oggetto ha in realtà. **2** (*mat., fis.*) Quantità che si può confrontare e sommare con altre della stessa specie | *Grandezze omogenee*, della stessa specie | *Classe di grandezze omogenee*, insieme di enti sui quali si stabiliscono un'operazione d'addizione e un ordinamento totale, con opportune condizioni di suddivisibilità e di continuità | *G. stellare*, magnitudine | *G. di un'eclisse*, il rapporto tra la superficie occultata e l'area totale del disco dell'astro ecclissato. **3** Qualità di ciò che è grande: *la g. della piazza era impressionante*; *essere spaventati dalla g. dell'impresa*; *essere sopraffatti dalla g. degli avvenimenti*. **4** Altezza, nobiltà, eccellenza connesse con la condizione sociale, intellettuale e sim.: *l'antica g. di Roma* | *La g. di Dio*, la sua infinita potenza e misericordia: *le virtù, gli arcani e le grandezze / di Dio* (CAMPANELLA) | *Vostra g.*, titolo d'onore | *G. d'animo*, magnanimità. **5** Fasto, pompa, onori: *manie di g.*; *tutte le sue grandezze non gli impediscono di aver bisogno di noi*.

grandezzàta s. f. • Atto o cosa di ostentata grandezza.

grand-guignol /*fr.* 'grã gi'ɲɔl/ [vc. fr., comp. di *grand* 'grande' e *Guignol*, n. di una marionetta lionese (un setaiolo?)] s. m. inv. • Rappresentazione teatrale in cui predominano scene terrificanti.

grandguignolésco /grangiɲɲo'lesko/ o **granghignolésco**, **granguignolésco** agg. (pl. m. *-schi*) • Orribile, terrificante, truculento.

grandiflòra [comp. del lat. *grăndis* 'grande' e di un deriv. di *flōs*, genit. *flōris* 'fiore'] agg. • Detto di pianta a fiori grandi.

grandìgia [da *grande*] s. f. (pl. *-gie* o *-ge*) **1** Superbia, alterigia. **2** †Potenza.

grandìglia [sp. *grandilla*, da *grande* 'grande'] s. f. • Collare alto e pieghettato usato in passato dalle signore.

grandiglióne s. m. (f. *-a*) • (*fam., tosc.*) Ragazzo grande e grosso ma ancora bambino di mente. || **grandiglionàccio**, pegg.

grandiloquènte [da *grandiloquo*, sul tipo di *magniloquente*] agg. • Che ha grandiloquenza.

grandiloquènza [da *grandiloquente*, sul tipo di *magniloquenza*] s. f. • Eloquenza alta e pomposa.

grandìloquo [vc. dotta, lat. *grandĭloquu(m)*, comp. di *grăndis* 'grande' e *-loquus* (V. *ventriloquo*)] agg. • (*raro, lett.*) Grandiloquente.

grandinàre [lat. *grandināre*, da *grăndo*, genit. *grăndinis* 'grandine'] **A** v. intr. impers. (*gràndina*; aus. *essere* o *avere*) • Cadere la grandine: *ha grandinato tutto il giorno*; *era grandinato su tutta la regione* | *Non ci grandina sopra*, (*fig.*) detto del reddito sicuro. **B** v. intr. (aus. *essere*) • (*fig.*) Cadere violentemente e in abbondanza come la grandine: *bombe e proiettili grandinavano tutt'intorno*; *dopo tanti incidenti le multe grandineranno*. **C** v. tr. • Scagliare con forza e in abbondanza come la grandine: *i difensori a grandinar le pietre / da l'alte mura ... incominciaro* (TASSO).

grandinàta [f. sost. di *grandinato*, part. pass. di *grandinare*] s. f. **1** Il grandinare | Scroscio di grandine: *la g. di ieri è stata breve ma violenta*. **2** La grandine caduta.

gràndine [lat. *grăndine(m)*, nom. *grăndo*, di etim. incerta] s. f. **1** (*meteor.*) Precipitazione violenta di chicchi sferoidali di ghiaccio, con diametro superiore ai cinque millimetri, o di pezzi irregolari di ghiaccio durante forti temporali | (*est.*) L'insieme dei chicchi o dei pezzi irregolari di ghiaccio caduti durante tale precipitazione | *G. secca*, senza pioggia. **2** (*fig.*) Ciò che cade con violenza e in abbondanza: *una g. di ingiurie, di improperi, di pugni, di calci, di sassi, di frecce* | *C'è passata la g.*, di luogo devastato e (*fig., scherz.*) di vivande consumate in brevissimo tempo | *Batterci la g.*, (*fig.*) di patrimonio in breve dilapidato. **3** Pastina da minestra simile ai chicchi di grandine.

grandinìfugo [comp. di *grandine* e *-fugo*] agg. (pl. m. *-ghi*) • Di mezzo o protezione contro la grandine.

grandinìgeno [comp. di *grandin(e)* e *-geno*] agg. • Che produce la caduta della grandine: *nubi grandinigene*.

grandinìo s. m. • Un grandinare violento e insistente.

grandinóso [vc. dotta, lat. *grandinōsu(m)* 'carico di grandine, soggetto a grandine', da *grăndo*, genit. *grăndinis* 'grandine'] agg. • Misto a grandine: *pioggia grandinosa*.

grandiosità o †**grandiositàde**, †**grandiositàte** s. f. **1** Qualità di grandioso: *g. di uno spettacolo*; *g. di stile, di progetti*. **2** Manifestazione di ostentata grandezza: *le sue g. mi infastidiscono*.

grandióso [da *grande*, come *glorioso* da *gloria*, e sim.] agg. **1** Di cosa che desta impressione per le sue proporzioni, la sua ricchezza e sim.: *un monumento, un edificio, uno spettacolo g.*; *progetti, preparativi grandiosi*. **2** Di persona che fa le cose alla grande, che ostenta fasto e magnificenza: *sono grandiosi nelle loro finzioni*. || **grandiosaménte**, avv.

grandisonànte [da †*grandisono*] agg. • (*raro, lett.*) Di molto effetto | Altisonante: *eloquenza, discorso g.*

†**grandìsono** [vc. dotta, lat. tardo *grandĭsonu(m)*, comp. di *grăndis* 'grande' e *sŏnus* 'suono'] agg. • Grandisonante.

grand prix /*fr.* grã 'pri/ [loc. fr., propr. 'gran premio'] loc. sost. m. inv. (pl. fr. *grands prix*) • (*sport*) Gran premio.

granduca [comp. di *gran(de)* e *duca*] s. m. (pl. *-chi*) **1** Sovrano di un granducato: *il g. di Toscana*; *il g. di Lussemburgo*. **2** Persona insignita del grado di nobiltà inferiore a quello di re e superiore a quello di duca: *g. di Cracovia*. **3** Principe della casa imperiale russa. || **granduchino**, dim. (V.).

granducàle agg. • Del granduca, del granducato.

granducàto [da *granduca*] s. m. • Titolo e dignità del granduca | Durata del governo di un granduca | Stato retto da un granduca.

granduchéssa [comp. di *gran(de)* e *duchessa*] s. f. *1* Sovrana di un granducato: *la g. di Toscana*; *la g. di Cracovia*. *2* Moglie o figlia di granduca.

granduchino s. m. *1* Dim. di *granduca*. *2* Figlio, spec. giovane, di un granduca.

granduffiçiale o **grand'ufficiale** [comp. di *grand(e)* e *ufficiale (2)*] s. m. ● In vari ordini cavallereschi, grado inferiore a quello di commendatore | La persona insignita di tale grado.

gràndula [etim. incerta] s. f. ● Genere di uccelli dei Columbiformi di media grandezza, con ali molto lunghe e zampe piumate (*Pterocles*).

granèlla s. f. *1* Insieme dei chicchi di grano o di altri cereali, separati dalla paglia dopo la trebbiatura. *2* Pezzetti di cioccolato, amaretti, meringa o frammenti di mandorle, nocciole e sim. usati in pasticceria.

granellàre [da *granello*] v. tr. (*io granèllo*) *1* Ridurre in granelli. *2* Spolverare torte e sim. con mandorle tritate. *3* †Raggranellare le olive rimaste dopo il raccolto.

granèllo [dim. di *grano*] s. m. *1* Chicco di grano o di altri cereali | Seme di alcuni frutti: *i granelli delle pere* | *G. d'uva*, (*fam.*) acino. *2* (*est.*) Qualsiasi oggetto tondeggiante di piccole dimensioni: *g. di sabbia*, *d'incenso*. *3* (*al pl.*) Testicoli di pollo, vitello, agnello: *una frittura di granelli*. *4* (*fig.*) Quantità minima, briciolo, particella di q.c.: *c'è un g. di pazzia anche nei più savi*. || **granellétto**, dim. | **granellino**, dim. | **granellùccio**, **granellùzzo**, dim.

granellosità s. f. ● Qualità di granelloso.

granellóso agg. ● Pieno di granelli | Ruvido, scabro: *superficie granellosa*.

†grànfa ● V. *granfia*.

†granfàtto o **†gran fatto** [da dividere *gran(de) fatto*] avv. *1* (*raro*) Certamente (in espressioni negative) | *G. fia?*, possibile? *2* (*raro*) Molto.

grànfia o **†grànfa** [longob. *krampf* 'uncino', da un agg. germ. **krampa-* 'curvo, storto', di origine indeur.] s. f. *1* Zampa armata di unghioni e di artigli: *le granfie del gatto*, *dell'aquila*, *del leone* | *Cadere nelle granfie di qc.*, (*fig.*) in suo potere. *2* †Arpione, uncino. || **granfiàccia**, pegg.

granfiàre [da *granfia*] v. tr. (*io grànfio*) ● (*raro*) Prendere con le granfie.

granfiàta s. f. *1* Colpo inferto con le granfie, e segno che ne resta: *il leone colpì con una g. la sua preda*. *2* (*raro*, *fig.*) Quantità di cose che si possono afferrare con le mani: *una g. di dolci*.

granghignolésco ● V. *grandguignolesco*.

grància o **grància** [ant. fr. *granche* 'luogo di deposito del grano' e poi 'fattoria (specie di monastero)', dal lat. parl. **grānica* 'granaio', da *grānum* 'grano'] s. f. (pl. *-ge*) *1* Convento con podere annesso. *2* Tipo di costruzione rurale di struttura simile a un capannone | (*sett.*) Pascolo per l'alpeggio del bestiame, e relative costruzioni rurali.

grangière o **grancière**. s. m. ● Fattore di una grangia.

granguàrdia [comp. di *gran(de)* e *guardia*] s. f. ● Anticamente, distaccamento di truppe con compiti di vedetta e di prima difesa dal nemico del grosso dell'esercito.

granguignolésco ● V. *grandguignolesco*.

granìcolo [da *grano* col suff. di origine dotta di *(agr)icolo*] agg. ● Attinente alla coltivazione e produzione del grano.

granicoltùra s. f. ● Coltivazione del grano.

granìfero [comp. di *grano* e *-fero*] agg. *1* Che trasporta o porta grano. *2* Che produce grano: *zona granifera*.

granigióne s. f. ● (*tosc.*) Atto e tempo del granire dei cereali: *le spighe sono arrivate alla g.*

granìglia [da *grano* col suff. coll. *-iglia*] s. f. ● Tritume di pietra che, impastato con cemento, dà una pietra artificiale, di basso costo, usata spec. per piastrelle.

granìre (1) [da *grano*] **A** v. intr. (*io granisco*, *tu granisci*; aus. *essere*) *1* Fare i chicchi, i granelli, detto del grano o di altri cereali: *a maggio la biada è già granita*. *2* Formarsi: *gli sono già graniti i dentini*. **B** v. tr. *1* Ridurre in grani. *2* Rendere scabro e ruvido, detto di superficie metallica. *3* (*mus.*) Nell'esecuzione di un passaggio musicale, fare udire le note ben distinte le une dalle altre.

granìre (2) [da *grana (2)*] v. tr. (*io granìsco*, *tu granìsci*) ● In tintoria, dare la grana.

granìsta [comp. di *gran(a) (1)* e *-ista*] s. m. e f. (pl. m. *-i*) ● (*pop.*) Piantagrane.

granìta [da *granire (1)*, per il ghiaccio ridotto in *grani*] s. f. *1* Gelato granuloso ottenuto per congelamento di succhi di arancia o limone e sim. o di caffè. *2* Correntemente, bibita di sciroppo e ghiaccio finemente tritato. SIN. Ghiacciata.

granìtico [da *granito (2)*] agg. (pl. m. *-ci*) *1* Che ha la natura o la composizione del granito. *2* (*fig.*) Saldo, incrollabile: *carattere g.*; *compattezza granitica*.

granìto (1) part. pass. di *granire (1)*; anche agg. *1* Nei sign. del v. *2* (*fig.*) Sodo, robusto | *Donna granita*, ben formata.

granìto (2) [dal part. pass. di *granire (1)*, per la sua struttura granulare] s. m. ● Roccia eruttiva costituita prevalentemente da quarzo, ortoclasio e biotite e talvolta anche da muscovite, plagioclasi e orneblenda, di colore variabile a seconda della composizione.

granitóio [da *granire (1)*] s. m. ● Tipo di cesello con la cima piana coperta di tanti puntini vicinissimi per fare graniture.

granitóre s. m. (f. *-trice*, raro) ● Incisore addetto ai lavori di granitura.

granitùra [da *granire (1)*] s. f. *1* Atto, effetto del ridurre in grani. *2* Atto, effetto del granire una lastra metallica o di vetro, con polvere di pomice o di smeriglio. *3* (*tip.*) Trattamento della superficie della pietra litografica e della lastra offset volto ad aumentarne la ricettività all'acqua. *4* (*bot.*) Il granire dei cereali.

granìvoro [comp. di *gran(o)* e *-voro*] agg. ● Che si nutre di grano o di altri cereali.

gran maèstro o **grammaèstro** loc. sost. m. (pl. *gran maèstri* o *grammaèstri*) *1* Alto dignitario di corte: *gran maestro di Francia*; *gran maestro delle cerimonie*. *2* Massimo grado gerarchico nella massoneria, in alcuni ordini cavallereschi e nell'artiglieria del XVI e del XVII sec. *3* (*lett.*) Personaggio molto autorevole e influente.

†granmercé o **†gran mercé** [comp. di *gran(de)* e *mercé*, sul modello del fr. *grand merci*] inter. ● Molte grazie: *il proposto tutto lieto disse: Madonna, gran mercé* (BOCCACCIO).

gràno [lat. *grānu(m)*, di origine indeur.] s. m. (pl. *-i*, m., †*granora*, f.) *1* Pianta annua delle Graminacee, presente in varie specie coltivate, alta fino a 1 m, con caule molto rigido perché ricco di sostanze minerali, foglie poco numerose e spiga a forma quadrangolare con cariossidi molto fitte (*Triticum*) | (*est.*) La cariosside di tale pianta, dalla quale, per macinazione, si ricava la farina usata nell'alimentazione | *G. duro*, destinato alla preparazione di paste alimentari | *G. tenero*, destinato alla panificazione. *2* Denominazione di altre piante delle Graminacee | *G. saraceno*, pianta annua erbacea delle Poligonacee, con fusto eretto e rossastro, frutto ad achenio, dai cui semi si ricava una farina (*Fagopyrum esculentum*) | *G. turco*, V. *granturco*. *3* Chicco, granello: *g. di pepe*, *d'incenso*, *di miglio*, *di pera*. *4* Ciascuna delle pallottoline che compongono una corona del rosario, una collana, e sim. *5* (*fig.*) Minima parte di q.c.: *non hanno un g. di buon senso*; *con un g. di saggezza*. *6* Misura di peso per farmaci da usare in dosi minime | Unità di peso usata per pietre preziose equivalente a un quarto di carato o a un ventesimo di grammo. SIMB. gr. *7* Strumento a tre facce di punte ottuse per trapanare. *8* Nelle armi da fuoco ad avancarica, piastrella di rame che s'incastrava sul luogo del focone logorato dall'uso. *9* Moneta di rame napoletana coniata per la prima volta da Ferdinando II d'Aragona | Nel sistema monetario del sovrano ordine di Malta, moneta divisionale il cui valore era pari alla ventesima parte di un tarì. ➡ ILL. **moneta**. *10* (*mecc.*) Bullone filettato di piccole dimensioni, senza testa e terminante a punta, usato per bloccare. || **granàccio**, pegg. | **granèllo**, dim. (V.) | **granóne**, accr. (V.).

granóne s. m. *1* Accr. di *grano*. *2* (*dial.*) Granoturco, mais.

granóso (1) [da *grana (3)*] agg. ● (*fam.*, *scherz.*) Ricco.

granóso (2) [vc. dotta, lat. *granōsu(m)*, da *grānu(m)* 'grano'] agg. *1* (*raro*) Granuloso: *aspetto g.*; *superficie granosa*. *2* Abbondante, fecondo di grano: *campo g.*; *granosi paschi* (FOSCOLO).

gran prèmio loc. sost. m. (pl. *gran prèmi*) ● (*sport*) Gara, corsa molto importante, spec. nell'automobilismo.

granseòla ● V. *grancevola*.

grantùrco o **gran tùrco**, **granotùrco**, **grano tùrco** [comp. di *gran(o)* e di *turco* nel senso di 'esotico, forestiero'] s. m. (pl. *-chi*) *1* Graminacea con fusto robusto, infiorescenze maschili in pannocchia terminale e femminili in spighe all'ascella delle foglie avviluppate da brattee, i cui frutti gialli sono commestibili e utili come foraggio (*Zea mays*). SIN. Frumentone, granone, mais. *2* La cariosside di tale pianta, dalla quale, per macinazione, si ottiene una farina usata nell'alimentazione: *farina di g.*; *pane di g.*

granturismo o **gran turismo** [comp. di *gran(de)* e *turismo*] **A** s. f. inv. ● Automobile, spec. a due posti, con caratteristiche sportive. **B** anche agg. inv.: *automobile g.*

granulàre (1) [da *granulo*] v. tr. (*io grànulo*) ● Ridurre in granuli.

granulàre (2) [da *granulo*] agg. ● Costituito da grani o granelli | (*miner.*) *Struttura g.*, quella di una roccia i cui minerali essenziali sono caratterizzati da cristalli di dimensioni quasi uguali.

granularità s. f. ● (*fot.*) Nelle emulsioni fotografiche, grandezza dei granuli dell'argento metallico annerito | Misura di tale grandezza.

granulàto part. pass. di *granulare (1)*; anche agg. *1* Nei sign. del v. *2* Ruvido, scabroso.

granulatóre s. m. *1* Frantoista. *2* In varie tecnologie, chi è addetto alla granulazione. *3* Macchina per la triturazione della roccia con cui si ottiene una ghiaia di pezzatura uniforme, per costruzioni, strade e sim. *4* Macchina che agglomera in granelli sostanze pulverulente prima inumidite.

granulazióne s. f. *1* Operazione mediante la quale si riduce in grani o in granelli q.c. *2* (*biol.*) Peculiare condizione di una cellula (es. granulocita) o di un tessuto caratterizzati dalla presenza di numerosi granuli | *Tessuto di g.*, tessuto di riparazione in una ferita o attorno a un corpo estraneo, ricco di capillari che gli danno un aspetto granulare. *3* *G. solare*, aspetto della fotosfera del Sole, simile a una moltitudine di piccoli granelli. ➡ ILL. p. 832 SISTEMA SOLARE.

grànulo [vc. dotta, lat. *grānulu(m)*, dim. di *grānum* 'grano'] s. m. *1* Granello. *2* Preparazione farmaceutica, in forma di piccola pillola, contenente dosi minime di medicamenti.

granulocita o **granulocito** [comp. di *granulo* e *-cita*] s. m. (pl. *-i*) ● (*biol.*) Qualsiasi cellula che possiede granulazioni citoplasmatiche; in particolare cellula ematica di tipo leucocitario, ameboide, ad attività fagocitaria, con nucleo lobato colorabile: *g. neutrofilo*, *g. basofilo*, *g. eosinofilo*.

granulòma [da *granulo* e *-oma*] s. m. (pl. *-i*) ● (*med.*) Formazione nodulare, di natura infiammatoria, costituita da tessuto di granulazione.

granulomatòsi [comp. di *granuloma* e del suff. *-osi*] s. f. ● (*med.*) Condizione caratterizzata dalla presenza di molteplici granulomi.

granulomatóso [da *granuloma*] agg. ● Relativo a granuloma | Che ha le caratteristiche del granuloma: *tessuto g.*

granulometrìa s. f. *1* Misurazione delle dimensioni e determinazione della forma dei granuli che formano una miscela incoerente. *2* Distribuzione delle dimensioni dei granuli che formano una miscela incoerente, espressa mediante le percentuali di granuli di determinate dimensioni.

granulomètrico agg. (pl. m. *-ci*) ● Relativo alla granulometria | *Esame g.*, operazione di analisi della distribuzione delle dimensioni in un insieme di granuli, e risultato di tale operazione.

granulosità s. f. *1* Qualità di granuloso. *2* (*fot.*) Caratteristico aspetto dell'immagine fotografica, spec. della stampa, prodotto dalla percezione visiva dei granuli d'argento annerito dovuti alla granularità dell'emulsione. SIN. Grana (1).

granulóso agg. ● Che presenta, contiene granuli.

graphic design /ingl. 'græfik di'zain/ [loc. ingl., comp. di *graphic* 'grafico' e *design* 'disegno, progetto'] s. m. inv. ● Attività di progettazione e realizzazione grafica, spec. nella pubblicità e nell'editoria.

gràppa (1) [got. **krappa* 'uncino'] s. f. *1* Pezzo di ferro, di svariate forme, per collegare fra loro conci in lavori di muratura, parti di costruzione, legnami, e sim. SIN. Zanca. *2* V. *graffa* nei sign. 1 e 3. || **grappétta**, dim. (V.) | **grappino**, dim. m. (V.).

gràppa (2) [lombardo *grapa* (dal francone *raspôn* (V. *raspo*), con sovrapposizione di *grappolo*) 'raspo d'uva', dal quale è ricavata] s. f. ● Acquavite ad alta gradazione alcolica, ottenuta per distillazione delle vinacce. || **grappino**, dim. m. (V.).

†**grappàre** [da *grappa* (*1*)] v. tr. ● Aggrappare.

grappétta s. f. *1* Dim. di *grappa* (*1*). *2* (*spec. al pl.*) Ferri a più punte che gli alpinisti fissano al tacco degli scarponi per poter camminare sul terreno gelato.

grappino (1) [dim. di *grappa* (*1*)] s. m. *1* Ferro per aggrappare | (*mar.*) *G. di arrembaggio*, per afferrare il sartiame del bastimento nemico | *G. da cima*, da gettare dall'alto con catene | Strumento con dentiera di ferro per raspare sul fondo del mare | Ancoretta a 4 marre e senza ceppo, da battelli. *2* Amo per la pesca a due o più punte.

grappino (2) [dim. di *grappa* (*2*)] s. m. ● Bicchierino di grappa.

†**gràppo** [da *grappare*] s. m. ● Grappolo.

gràppolo [dim. di *grappo*] s. m. *1* Infiorescenza o infruttescenza formata da fiori o frutti peduncolati sopra un asse centrale allungato. SIN. Racemo. *2* (*fig.*) Insieme di persone, animali, cose che si raggruppano insieme a mo' di grappolo: *un g. di api*; *un g. umano* | †*Nuovo g.*, sciocco. || **grappolétto**, dim. | **grappolino**, dim. | **grappolóne**, accr. | **grappolùccio**, dim.

graptòliti [comp. del gr. *graptós* 'inciso, scolpito' (dal v. *gráphein*) e *líthos* 'pietra'] s. m. pl. ● Invertebrati coloniali fossili che popolavano i mari dell'era paleozoica. ➡ ILL. **paleontologia**.

grascèlla ● V. *grassella*.

grascéta [da *grascia*] s. f. ● Terreno grasso e ricco di erba.

gràscia [lat. parl. **crăssia* (agg. sost. nt. pl.), da **crăssium* per il class. *crăssu(m)* 'grasso'] s. f. (pl. *-sce*) *1* †Grasso, sugna, spec. di maiale o bue | *Andare alla g.*, dileguarsi come i grassi sul fuoco. *2* (*spec. al pl.*) In epoca medievale, tutte le cose necessarie al vitto, spec. biade, vino, olio | Le relative gabelle che si pagavano per introdurle in città e commerciarle. *3* In epoca medievale, magistratura preposta agli approvvigionamenti di viveri, nelle città, che sovrintendeva anche ai prezzi, ai pesi e alle misure. *4* †Regalia di uova e di polli che i contadini dovevano ai padroni oltre alla parte del raccolto. *5* †Abbondanza, utile.

grasciòla ● V. *grassella*.

gràser [sigla tratta dalle iniziali di *g(amma) ra(y) (la)ser* 'laser a raggi gamma'] s. m. inv. ● Particolare tipo di laser che emette un flusso di raggi gamma così intenso da folgorare a distanza un essere vivente, oppure da innescare una bomba a neutroni.

gràspo [germ. **raspōn* 'raccogliere alla rinfusa, mettere insieme', con prob. influsso di *gra(ppolo)*] s. m. *1* (*tosc.*) Raspo. *2* (*sett.*) Grappolo | *Spirito di g.*, grappa.

grassàggio [da *(in)grassaggio*] s. m. ● (*mecc.*) Lubrificazione mediante grasso di varie parti di un veicolo, spec. di quelle articolate o snodate.

grassatóre [vc. dotta, lat. *grassatōre(m)*, da *grassātus*, part. pass. di *grassāri*, ints. durativo di *grădi* 'avanzare, procedere' con una sfumatura pegg.] s. m. ● Chi effettua rapine a mano armata | Brigante da strada.

grassazióne [vc. dotta, lat. *grassatiōne(m)*, da *grassātus* (V. *grassatore*)] s. f. ● Rapina a mano armata.

grassèlla o **grascèlla**, **grasciòla** [etim. incerta] s. f. ● (*zool.*) Regione dell'arto posteriore di bovini ed equini, corrispondente alla parte anteriore dell'articolazione femorotibia-rotulea.

grassèllo (1) [dim. di *grasso*] s. m. ● Pezzetto di grasso contenuto nella carne, cruda o cotta, detto spec. per il salame.

grassèllo (2) [dim. di *grasso*, per la somiglianza con i pezzettini di *grasso*] s. m. ● Calce spenta trattata con acqua, usata in mescolanza con rena per preparare una malta impiegata per diversi usi nelle costruzioni.

grassétto [dim. di *grasso*] agg.; anche s. m. ● (*tip.*) Neretto.

grassézza s. f. *1* Qualità di chi, di ciò che è grasso: *la g. gli impedisce i movimenti*. SIN. Adiposità, pinguedine. CONTR. Magrezza. *2* Fertilità del terreno, feracità, vigoria. *3* (*raro*) Abbondanza, opulenza, ricchezza: *vivere, nuotare nella g.*; *rifidatosi nella fortezza del sito e nella g. della terra, si provvedeva alla difesa* (MACHIAVELLI). *4* Parte untuosa e viscosa di un corpo liquido: *la g. dell'olio*.

gràsso [lat. *grăssu(m)*, var. tarda di *crăssu(m)*, di etim. incerta, per sovrapposizione di *grŏssu(m)* 'grosso'] **A** agg. *1* Che presenta abbondante sviluppo del tessuto adiposo: *è una donna molto grassa*; *avere il viso, il collo g.*; *in mezzo a due donne camminava un uomo g. e tarchiato* (SVEVO) | *Piante grasse*, con foglie e fusti carnosi, ingrossati per la presenza di tessuti acquiferi, adatte a climi aridi | SIN. Pingue. CONTR. Magro. *2* Che contiene grassi: *carne grassa*; *pesci grassi*; *cibi grassi* | *Cucina grassa*, in cui si fa molto uso di grassi, eccedendo nei condimenti | *Brodo g.*, con bollicine oleose alla superficie | *Formaggio g.*, butirroso. CONTR. Magro. *3* (*chim.*) Detto di sostanza simile per aspetto o proprietà ai grassi | *Olio g.*, non volatile | *Serie grassa*, alifatica | *Acido g.*, acido monocarbossilico saturo. *4* Ricco di sostanze: *terreno g.*; *calce grassa* | *Calcestruzzo g.*, con alta dose di cemento | *Carbone g.*, particolarmente ricco di sostanze volatili | *Argilla grassa*, ricca di minerali argillosi e colloidi, molto plastica | In enologia, di vino untuoso e di corpo, che riempie bene la bocca. *5* Opulento, ricco, abbondante: *fare grassi guadagni*; *avere rendite grasse* | *Popolo g.*, nell'antico comune di Firenze, i ricchi borghesi | *Annata grassa*, per l'abbondante raccolto | *Fare i conti grassi*, largheggiare | *A farla grassa*, a dir molto | *Settimana grassa*, l'ultima settimana di carnevale | *Martedì grasso*, l'ultimo martedì di carnevale, che precede il mercoledì delle ceneri. *6* Utile, vantaggioso: *sottoscrivere patti grassi*, *ricevere grasse proposte*. *7* Untuoso, oleoso, viscoso: *olio g.*, *pelle grassa*, *capelli grassi* | Denso: *aria grassa* | *Tempo g.*, con grosse nuvole, nebbioso. *8* (*fig.*) Lubrico, licenzioso, grossolano: *discorsi grassi*; *risata grassa*; *dov'è, in questa novella, la grassa sensualità e lascivia ...?* (CROCE). || **grassaménte**, avv. *1* Con abbondanza: *guadagnare grassamente*. *2* Grossolanamente. **B** s. m. *1* Tessuto adiposo dell'uomo o dell'animale: *g. di montone*, *di maiale*, *di oca*; *il g. e il magro del prosciutto* | *Mangiare di g.*, nutrirsi a base di carni e grassi animali. *2* Sostanza untuosa, oleosa, viscosa: *togliere le macchie di g. dalla giacca, dai pantaloni*. *3* (*chim.*) Estere di un acido grasso con la glicerina, sostanza solida a temperatura ambientale ove predominano i gliceridi derivati da acidi a più di dieci atomi di carbonio | *G. animale*, quello, caratterizzato dalla presenza di colesterolo, accumulato in varie parti del corpo degli animali che, separato dalla carcassa e purificato, viene posto in commercio | *G. vegetale*, quello, caratterizzato dalla presenza di fitosterolo, che si riscontra spec. nelle foglie, nelle cortecce, nei semi, nelle radici e nei frutti, separato per pressione o per estrazione con solventi | *G. idrogenato*, sostanza solida ottenuta per idrogenazione di grassi liquidi non saturi, di largo impiego come grasso alimentare. *4* *G. di montone*, qualità rara e pregiata di giada. || **grassàccio**, pegg. | **grassèllo**, dim. (V.) | **grassétto**, dim. (V.) | **grassòccio**, accr. (V.) | **grassóne**, accr. (V.) | **grassottèllo**, dim. | **grassòtto**, accr.

grassòccio agg. (pl. f. *-ce*) *1* Accr. di *grasso*. *2* (*fig.*) Grossolano, volgare, licenzioso: *discorsi grassocci*.

grassòlo s. m. ● (*spec. al pl.*) Ciccioli.

grassóne agg.; anche s. m. (f. *-a*) *1* Accr. di *grasso*. *2* Che, chi è esageratamente grasso.

grassóso agg. ● Adiposo.

grassùme [da *grasso* e *-ume*] s. m. *1* Eccesso di materia grassa e densa. *2* Oleosità del vino alterato. *3* (*raro*) Concime animale.

gràsta [lat. tardo *găstra(m)* 'vaso panciuto', dal gr. *gástra*, da *gastḗr* 'ventre' per la forma] s. f. ● (*merid.*) Vaso di terracotta in cui si coltivano fiori e piante.

gràta o †**gràda** (1) [lat. *crāte(m)* 'graticcio', di etim. incerta] s. f. ● Chiusura di finestre o altri vani costituita da elementi di metallo o di legno incrociati, che lascia passare aria e luce: *la g. della prigione, del confessionale, del coretto, del focolare*. || **gratèlla**, dim. (V.) | **gratina**, dim.

gratèlla s. f. *1* Dim. di *grata*. *2* Graticola da cucina: *cuocere la carne, il pesce sulla g.* | *Fare una g.*, (*fig.*) cancellare uno scritto con righe che si intersechino. || **gratellétta**, dim. | **gratellina**, dim. | **gratellùccia**, dim.

graticcia [V. *graticcio*] s. f. (pl. *-ce*) *1* †Nassa. *2* Sorta di travatura a grata che costituisce il soffitto del palcoscenico.

graticciàre [da *graticcio*] v. tr. (*io graticcio*) ● Ingraticciare.

graticciàta s. f. ● Insieme di graticci posti uno di seguito all'altro per chiudere, proteggere, riparare q.c.

graticciàto **A** part. pass. di *graticciare*; anche agg. ● Nei sign. del v. **B** s. m. ● Superficie costituita da più graticci per seccare o conservare la frutta.

graticcio o †**craticcio** [lat. *cratīciu(m)*, in origine agg. di *crāte(m)* 'graticcio' (V. *grata*)] s. m. *1* Elemento di vimini o di canne variamente intrecciati o incrociati usato per proteggere, chiudere, sostenere q.c. *2* Stuoia intessuta di vimini o di canne per seccare frutta o allevare bachi da seta. || **graticcino**, dim. | **graticciuòla**, dim. f.

graticola o †**craticola** [lat. *cratīcula(m)*, dim. di *crātis* 'graticcio' (V. *grata*)] s. f. *1* Arnese di cucina costituito da spranghette di ferro, talvolta concave, su un telaietto e sim., o da una lastra metallica scanalata, per arrostire vivande. SIN. Gratella, griglia. *2* Piccola grata o inferriata. *3* Strumento per il supplizio del rogo a fuoco lento. *4* Reticolato di fili tesi su un telaio che si sovrappone a un quadro, a un disegno e sim. per riprodurlo nelle dimensioni desiderate. || **graticolétta**, dim. | **graticolina**, dim.

graticolàre [da *graticola*] v. tr. (*io graticolo*) *1* Riprodurre un quadro, un disegno e sim. con la graticola. *2* (*raro*) Chiudere con una graticola.

graticolàto **A** part. pass. di *graticolare*; anche agg. *1* Nei sign. del v. *2* Fatto a graticola: *chiusura graticolata*. **B** s. m. *1* Chiusura fatta con sbarre di metallo, legno e sim. variamente incrociate. *2* Struttura costituita di legname opportunamente sistemato per sostenere piante, pergolati e sim. *3* (*mar.*) Struttura formata da elementi lunghi e traversi messi come piattaforma dello scalo in un cantiere.

gratifica [da *gratificare*] s. f. ● Compenso straordinario che il datore di lavoro corrisponde al lavoratore dipendente in aggiunta alla retribuzione ordinaria, per riconoscimento di meriti, per incentivo o in particolari occasioni: *dare*, *riscuotere la g.*

gratificànte part. pres. di *gratificare*; anche agg. *1* Nei sign. del v. *2* Che procura intima soddisfazione, appagamento: *un lavoro*, *un'attività g.*

gratificàre [vc. dotta, lat. *gratificāri*, comp. di *grātus* 'grato (1)' e *-ficāri* '-ficare'] **A** v. tr. (*io gratìfico, tu gratìfichi*) *1* Concedere un compenso straordinario oltre il normale stipendio: *sono gratificati spesso e senza risparmio* | *G. qc. con titoli, qualifiche* e sim., (*iron.*, *fig.*) affibbiarglieli gratuitamente e senza ragione | *Gratificarsi qc.*, rendersele amico, ingraziarselo: *avevano presa occasione di volerlo spogliare per gratificarsi i guelfi di Italia* (MACHIAVELLI). *2* Dare intima soddisfazione, compiacimento, appagamento e sim.: *il successo del suo primo film l'ha molto gratificato* | *Sentirsi gratificato*, sentirsi compiaciuto, soddisfatto e contento di sé: *si sente gratificato dal possedere quel quadro*. *3* †Avere a grado. **B** v. intr. (aus. *avere*) ● (*lett.*) †Piacere, fare cosa grata. **C** v. rifl. ● (*lett.*) †Rendersi gradito, ingraziarsi: *gratificarsi a qc.*

gratificazióne [vc. dotta, lat. *gratificatiōne(m)*, dal part. pass. di *gratificāri* 'gratificare'] s. f. *1* Gratifica. *2* Il sentirsi gratificato. || **gratificazioncèlla**, dim.

gratile [etim. incerta] s. m. ● (*mar.*) Fune che si mette all'orlo inferiore della vela, per rinforzo.

gratin /fr. gra'tɛ̃/ [vc. fr., da *gratter* 'grattare', perché la crosta deve essere *grattata* via] s. m. inv. ●

Crosta | *Al g.*, modo di cuocere al forno carni, pesce, verdure, pasta, sì che facciano una bella crosta sopra e sotto; di solito la crosta è ottenuta con un composto di besciamella, parmigiano e pane grattugiato: *pomodori al g.*

gratinàre [da *gratin*] v. tr. ● Cuocere al gratin.

gratinàto part. pass. di *gratinare*; anche agg. ● Nei sign. del v.

gràtis /*lat.* 'gratis/ [contraz. di *grātiis*, abl. pl. di *grātia* 'grazia', con valore avv. ('graziosamente')] avv. ● Gratuitamente: *lavorano g.*; *lo hanno curato g.*; *vado al cinema g.* | (*scherz.*) Con valore raff. nella loc.: *g. et amore Dei*, *g. et amore*, gratuitamente e per amore di Dio.

gratitùdine [vc. dotta, lat. tardo *gratitūdine(m)*, da *grātus* 'grato (1)'] s. f. *1* Sentimento di affetto e di riconoscenza per un bene ricevuto: *serbare*, *nutrire g.*; *debito*, *dovere*, *vincolo di g.*; *non mancai alla g. ch'io doveva alla mia compagna* (GOLDONI). *2* †L'essere gradito.

gràto (1) [lat. *grātu(m)*, di origine indeur. con prob. valore religioso] agg. *1* Conforme ai propri gusti | Accetto, gradito, piacevole: *odore*, *sapore g.*; *vista*, *impressione grata*; *ospite*, *dono*, *soggiorno g.* *2* Che è memore dei benefici ricevuti | Riconoscente: *essere g. ai propri maestri*; *gli uomini comunemente non sono grati* (GUICCIARDINI). SIN. Obbligato. || **grataménte**, avv. Con animo grato.

†gràto (2) ● V. *grado (1)*.

grattacàcio [comp. di *gratta(re)* e *cacio*] s. m. ● (*dial.*) Grattugia.

grattacàpo [comp. di *gratta(re)* e *capo*] s. m. (pl. *grattacàpi*) ● Fastidio, preoccupazione: *avere molti grattacapi*; *dare continui grattacapi a qc.* SIN. Cruccio, noia.

grattachécca [da *grattare* (*il ghiaccio*); non chiaro il secondo elemento] s. f. ● (*region.*) Granita, ghiacciata.

grattacièlo [comp. di *gratta(re)* e *cielo*, come trad. dell'ingl. *skyscraper*, da (*to*) *scrape* 'grattare, raschiare', e *sky* 'cielo'] s. m. (pl. *grattacièli*) ● Edificio altissimo a molti piani.

grattaménto s. m. ● (*raro*) Modo e atto del grattare.

grattanùvole [comp. di *gratta(re)* e il pl. di *nuvola*, inteso come 'cielo'] s. m. inv. ● (*raro*) Grattacielo.

grattapùgia [ant. provz. *grataboyssa* 'gratta (da *gratar*) e pulisci (da *bouissar*)', da *bois* 'strumento di legno'] s. f. (pl. *-gie*) *1* Mazzetto di sottili fili di vetro o di ottone legati insieme usato per pulire la superficie degli oggetti prima della doratura, argentatura o smaltatura. *2* In tipografia, analogo strumento per la pulitura dei punzoni.

grattàre [germ. **krattōn*, forse attrav. il provz. *gratar*] **A** v. tr. *1* Stropicciare la pelle con le unghie per far cessare il prurito: *grattarsi il naso*, *il collo*, *le braccia*, *le mani* | *Grattarsi il capo*, in segno di imbarazzo, preoccupazione e sim. | *Grattarsi la pancia*, (*pop.*) starsene in ozio | *G. la rogna*, *la scabbia*, (*fig.*) toccare sul vivo | *G. dove prude*, (*fig.*) dire cose che interessano chi ascolta | *G. il corpo alla cicala*, (*fig.*) stuzzicare qc. per farlo parlare | *G. gli orecchi a qc.*, (*fig.*) adularlo. *2* (*est.*) Sfregare, raschiare, grattugiare: *g. un mobile con la carta vetrata*; *g. la vernice con un raschietto* | *G. il pane*, *il formaggio*, ridurlo in briciole passando su e giù per la grattugia | *G. uno strumento*, (*scherz.*) suonarlo male. *3* (*fig.*, *pop.*) Rubare: *grattavano tutto ciò che era a portata di mano*. **B** v. rifl. ● Stropicciarsi la pelle per fare cessare il prurito: *smetti di grattarti*. **C** v. intr. (aus. *avere*) *1* Stridere sfregando su q.c. in modo anormale. *2* (*pop.*) Ingranare male la marcia di un autoveicolo, provocando anormali e rumorosi sfregamenti degli ingranaggi del cambio.

grattàta s. f. *1* Atto del grattare o del grattarsi. *2* Nel linguaggio degli automobilisti e sim., rumore secco e raschiante, provocato da un uso improprio del cambio di velocità. || **grattatina**, dim.

grattatìccio s. m. ● (*raro*) Grattatura.

grattàto part. pass. di *grattare*; anche agg. *1* Nei sign. del v. *2 Pan g.*, usato per impanare cotolette, per cotture al gratin o per minestrine.

grattatóre s. m. (f. *-trice*) ● Chi gratta | *G. d'orecchi*, (*fig.*) adulatore.

grattatùra s. f. *1* Atto, effetto del grattare. *2* Segno che resta sulla superficie grattata.

grattino [da *gratta(re)*, per l'uso] s. m. *1* Arnese per levare il riccio che il bulino lascia allo staccarsi del truciolo. *2* Raschietto a piccola lama comunemente ovale per cancellare uno scritto.

grattùgia [ant. provz. *gratusa*, da *gratar* 'grattare'] s. f. (pl. *-gie*) *1* Utensile da cucina, in lamiera bucata e lievemente curva, scabra dal lato superiore per gli orli alzati dei buchi, su cui si grattano formaggio, pan secco e sim. | Analogo arnese di vetro per sminuzzare la frutta | (*fig.*) *Viso di g.*, rovinato dal vaiolo | (*fig.*) *Vedere per un buco di g.*, alla lontana, di sfuggita | (*fig.*) *Essere un cacio tra due grattugie*, stare tra due fuochi. *2* (*est.*, *scherz.*) Oggetto ruvido, scabro, spec. rasoio male arrotato. *3* (*fig.*, *scherz.*) Grata del confessionale. || **grattugiétta**, dim. | **grattugina**, dim.

grattugiaformàggio [comp. dell'imperat. di *grattugiare* e di *formaggio*] s. m. ● Apparecchio elettrodomestico per grattugiare il formaggio, spec. parmigiano-reggiano e grana.

grattugiàre [da *grattugia*] v. tr. (*io grattùgio*) ● Sminuzzare q.c. passandola su e giù per la grattugia: *g. il pane secco*, *il formaggio*, *la noce moscata*.

†gratuire [inf. tratto da *gratuito*, con richiamo, però, al sign. originario] v. tr. ● Gratificarsi, ingraziarsi qc.

gratuità [da *gratuito*] s. f. ● Qualità di ciò che è gratuito: *g. di un'ipotesi*, *di un'osservazione*; *la g. dell'insegnamento*, *dei servizi pubblici*.

gratùito o **gratuito** [vc. dotta, lat. *gratuītu(m)*, da *grātus* 'grato (1)'] **A** agg. *1* Che si fa, si dà o si riceve senza alcun compenso: *posto*, *ingresso g.*; *le scuole sono gratuite*; *assistenza gratuita* | (*dir.*) *G. patrocinio*, istituto giuridico che consente ai non abbienti di usufruire dell'assistenza legale | *Prestito g.*, senza la richiesta dell'interesse. *2* Nella teologia cattolica, detto di bene o aiuto che è dato da Dio per grazia e senza meriti della creatura: *dono g.* *3* (*fig.*) Che è privo di fondamento, arbitrario, ingiustificato, discutibile: *asserzioni*, *affermazioni*, *critiche gratuite*; *offesa*, *ingiuria del tutto gratuita*. || **gratuitaménte**, avv. Senza compenso: *lavorare gratuitamente*; (*fig.*) senza scopo, ragione, prove: *provocare*, *affermare*, *accusare gratuitamente*. **B** in funzione di avv. ● (*raro*) †Gratuitamente.

gratulàre [vc. dotta, lat. *gratulāri* 'render grazie (*grātiae*)', prob. attrav. un agg. **grātulus*] v. intr. ● (*lett.*) Congratularsi: *da indi abbraccia il servo, gratulando / per la novella, tosto ch'el si tace* (DANTE *Par.* XXIV, 149-150).

gratulatòrio [vc. dotta, lat. tardo *gratulatōriu(m)*, dal part. pass. di *gratulāri* 'gratulare'] agg. ● Di congratulazione: *lettere gratulatorie*.

†gratulazióne [vc. dotta, lat. *gratulatiōne(m)*, dal part. pass. di *gratulāri* 'gratulare'] s. f. ● Congratulazione.

gràva [prob. vc. di origine preindeur.] s. f. ● Nel Veneto, vasta pianura ghiaiosa su cui non cresce vegetazione.

gravàbile [vc. dotta, lat. tardo *gravābile(m)*, da *gravāre* 'gravare'] agg. *1* (*raro*) Che può essere gravato di imposta o di ipoteca: *beni*, *redditi gravabili*. *2* †Gravoso.

gravàme [vc. dotta, lat. tardo *gravāme(n)*, da *gravāre* 'gravare'] s. m. *1* Peso, carico (*spec. fig.*). *2* Imposta che grava su beni, rendite e sim. *3* (*dir.*) Impugnazione | Contenuto di un atto di impugnazione.

†gravaménto s. m. *1* Atto, effetto del gravare | Peso, gravezza. *2* (*fig.*) Angheria, soperchieria.

gravàre [vc. dotta, lat. *gravāre*, da *grăvis* 'grave'] **A** v. tr. *1* Caricare con un peso, appesantire (*spec. fig.*): *g. qc. di lavoro*, *di responsabilità*; *g. il bilancio di spese eccessive*; *un rimorso ancora grava la mia coscienza* | *G. la mano su qc.*, punirlo, rimproverarlo e sim. con eccessiva durezza. *2* Caricare di tributi, tasse e sim.: *g. il popolo di imposte*, *di gabelle*. *3* (*raro*) Colpire con sequestro, pignoramento, ipoteca: *g. un bene del debitore*. *4* †Aggravare. **B** v. intr. (aus. *essere*) *1* Premere fortemente: *il peso della volta gravava per intero su di un muro*. *2* (*fig.*, *lett.*) Rincrescere, recare dispiacere: *men grava e morde / il mal che n'addolora / del tedio che n'affoga* (LEOPARDI). **C** v. rifl. ● Sottoporsi a un peso. **D** v. intr. pron. ● †Lagnarsi | †Affliggersi.

gravàto part. pass. di *gravare*; anche agg. *1* Nei sign. del v. *2* Detto di ciò su cui esiste una tassa, un'imposta e sim.: *edificio g. da ipoteca*.

gràve [vc. dotta, lat. *grăve(m)*, di origine indeur.] **A** agg. *1* Che subisce gli effetti della forza di gravità: *corpo g.* *2* (*est.*) Pesante, faticoso: *carico*, *fardello g.*; *una g. soma* | *Armatura g.*, costituita dalle armi più grosse, lunghe e pesanti | Greve: *sentirsi la testa g. per il raffreddore*; *avere le palpebre gravi di sonno* | (*raro*, *fig.*) *Cibo*, *vino g.*, che non si digerisce facilmente. CONTR. Leggero. *3* (*lett.*) Carico, onusto: *essere g. d'armi*, *di responsabilità*, *di doveri* | *Essere g. d'anni*, *d'età*, essere vecchio. *4* †Gravido, pieno. *5* Detto di suono, di piccola altezza, cioè di bassa frequenza: *nota g.* | *Corda g.*, che produce suoni gravi | *Accento g.*, segno costituito da una lineetta inclinata da sinistra a destra. CONTR. Acuto (V. nota d'uso ACCENTO). *6* (*fig.*) Che dà peso all'animo, che è duro o difficile da sopportare: *responsabilità gravi*; *gravi rimpianti*; *sacrificio*, *disturbo*, *disagio g.*; *una g. fatica*; *ma la tua festa / ch'anco tardi a venir non ti sia g.* (LEOPARDI) | (*lett.*) *Non vi sia g.*, non vi dispiaccia | (*raro*) Spiacevole, sgradevole: *odore*, *sapore g.* | *Persona g.*, noiosa, uggiosa, molesta. *7* (*fig.*) Intenso, fiero, forte: *morbo*, *furore*, *sdegno g.*; *discordia*, *inimicizia g.*; *è stato un danno molto g.*; *abbiamo subito gravi perdite*. CONTR. Lieve. *8* (*fig.*) Che è caratterizzato da cause, elementi, significato, svolgimento o conseguenze sfavorevoli, dannose, pericolose e sim.: *malattia*, *colpo*, *accusa*, *mancanza g.*; *indizi*, *sintomi gravi*; *essere in g. pericolo*; *commettere un peccato g.*; *macchiarsi di un g. delitto* | *Malato g.*, la cui guarigione è dubbia, le cui condizioni sono preoccupanti e sim. | *La situazione è g.*, è seria, preoccupante | *Caso g.*, particolarmente complesso e difficile | *Parole gravi*, che esprimono senza mezzi termini le difficoltà della situazione, o che creano tensioni, discordie e sim., o che rimproverano con severità | *G. decisione*, ardua, difficile e gravida di conseguenze non tutte prevedibili. *9* (*fig.*) Autorevole, serio, ponderato: *atteggiamento*, *contegno*, *atto*, *pensiero g.* | Contegnoso, sostenuto: *portamento g.*; *voce g.* | *Stile g.*, dignitoso e solenne. CONTR. Frivolo. *10* (*raro*, *fig.*) Arduo, difficile da capire. *11* (*lett.*, *fig.*) Importante, rilevante: *gravi studi*. *12* (*fig.*) Lento, tardo: *movimenti gravi*; *membra gravi* | (*lett.*) Pigro, neghittoso: *anima g.* || **graveménte**, avv. Con gravità; in modo serio, solenne; †difficilmente. **B** s. m. *1* Corpo soggetto alla forza di gravità: *i gravi discendenti è dubbio se si muovono di moto retto* (GALILEI). *2* Contegno grave | *Stare sul g.*, darsi importanza. || **graváccio**, pegg. | **gravaccióne**, accr. | **gravòccio**, dim. | **gravùccio**, dim.

graveolènte [vc. dotta, lat. *graveolĕnte(m)*, comp. di *grăvis* 'grave' e del part. pres. di *olēre* 'odorare'] agg. ● (*lett.*) Che emana uno sgradevole odore.

graveolènza s. f. ● (*lett.*) Qualità di ciò che è graveolente.

gravézza s. f. *1* Peso, pesantezza (*anche fig.*): *la g. di un cibo*; *pensieri di indicibile g.* *2* (*fig.*) Travaglio, afflizione, noia | †Lentezza, pigrizia, indolenza. *3* †Rigidità, austerità. *4* †Imposizione, tributo. *5* †Difficoltà.

gràvi- [da *gravitazione*] primo elemento ● In parole composte della terminologia scientifica, significa 'gravitazionale', 'relativo alla gravità' e sim.: *gravimetria*, *gravimetro*.

†gravicémbalo [var. di *clavicembalo* per sovrapposizione di *grave*, richiamato dalla 'gravità' del suono] s. m. ● Clavicembalo.

gravidànza [da *gravido*] s. f. ● (*med.*) Periodo necessario allo sviluppo completo del feto, dal concepimento al parto. SIN. Gestazione.

†gravidàre [vc. dotta, lat. *gravidāre*, da *grăvidus* 'gravido'] **A** v. tr. ● Rendere gravida. **B** v. intr. ● Ingravidare.

†gravidézza s. f. ● Gravidanza.

gravìdico agg. (pl. m. *-ci*) ● Di, relativo a, gravidanza.

gravidismo s. m. ● (*med.*) Insieme dei sintomi che accompagnano la gravidanza.

gràvido [vc. dotta, lat. *grăvidu(m)*, der. di *grăvis*

'grave, pesante', attrav. un v. *gravēre 'essere grave, pesante'] agg. *1* Detto della femmina dei mammiferi, e spec. della donna, che è in stato di gravidanza: *è gravida di cinque mesi.* *2* (*est.*) Pieno, abbondante (*anche fig.*): *nubi gravide di tempesta; certi uomini tronfi, gravidi di boria* (PIRANDELLO); *l'avvenimento è g. di significati.*

gravimetrìa [comp. di *gravi-* e *-metria*] s. f. *1* Parte della geofisica che misura le forze di gravità. *2* (*chim.*) Complesso dei metodi dell'analisi gravimetrica.

gravimètrico agg. (pl. m. *-ci*) ● (*chim.*) Della, relativo alla, gravimetria | *Analisi gravimetrica*, determinazione per via chimica della quantità di un elemento contenuto in una sostanza, mediante pesata del prodotto finale del procedimento.

gravìmetro [comp. di *gravi-* e *-metro*] s. m. *1* Strumento per misurare lievi variazioni dell'accelerazione di gravità. *2* Areometro.

gravìna (1) [etim. discussa: var. di *caravina* per *cavarina, da (*s*)*cavare* (?)] s. f. ● Attrezzo per terreni pietrosi con lama a forma di zappa da una parte e con grosso dente o piccone dall'altra.

gravìna (2) [da *grava*, di origine mediterr.] s. f. ● Lungo e tortuoso crepaccio frequente in terreni calcarei.

gravióne ● V. *gravitone*.

gravisonànte [comp. di *grave*, nel sign. 5 e *sonante*] agg. ● (*poet.*) Che rumoreggia in modo notevole: *il g. oceano.*

gravità o †**gravitàde**, †**gravitàte** [vc. dotta, lat. *gravitāte*(*m*), da *grăvis* 'grave'] s. f. *1* (*fis.*) Forza che attira i corpi verso il centro della Terra: *legge, forza di g.* *2* Qualità di ciò che è grave: *g. di un'accusa, di una malattia; erano notizie di estrema g.* *3* (*mus.*) Qualità del suono basso, in rapporto alla grossezza delle corde o delle canne, alla lunghezza del diametro, alla massa del corpo sonoro. *4* Importanza: *g. di una situazione; certi discorsi ci convincono per la loro g.* | Sussiego: *g. dottorale, accademica, burocratica.* *5* Fierezza, austerità: *g. dei costumi, del portamento; di solito si comportava con molta g.* | (*raro*) Prudenza, assennatezza: *dove è la insolenza, la cecità ... non è cognizione di virtù ... non g. di misurare quello che convenga* (GUICCIARDINI). CONTR. Leggerezza.

gravitàre [trad. dell'ingl. (*to*) *gravitate*, dal part. pass. del v. deriv. dal lat. *grăvitas* 'gravità'] v. intr. (*io gràvito*; aus. *essere* o *avere*) *1* Muoversi verso un punto o girare attorno a esso secondo la legge di gravitazione universale. *2* Orbitare. *3* (*fig.*) Muoversi nell'ambito delle influenze di un'idea, una organizzazione politica, culturale e sim. *4* Premere col proprio peso: *il portico gravita su esili colonne.*

†**gravitàte** ● V. *gravità*.

gravitazionàle agg. ● (*fis.*) Proprio della, relativo alla, gravitazione.

gravitazióne [ingl. *gravitation*, da (*to*) *gravitate* 'gravitare'] s. f. ● (*fis.*) Attrazione fra due o più corpi | *Legge di g. universale*, per la quale due corpi si attraggono con forza direttamente proporzionale al prodotto delle loro masse e inversamente proporzionale al quadrato della loro distanza.

gravitóne o **gravióne** [comp. di *gravit*(*à*) e *-one* (*3*)] s. m. ● (*fis.*) Quanto del campo gravitazionale.

gravosità s. f. ● Qualità di ciò che è gravoso.

gravóso agg. *1* Che grava col proprio peso | (*fig.*) Faticoso, oneroso, pesante: *lavoro, incarico, ufficio g.; vuol portare fino all'ultimo quella sua croce, che gli è stata sempre tanto gravosa!* (PIRANDELLO). *2* (*raro*) Detto di persona molesta, insopportabile: *compagnia gravosa; è un individuo molto g.* ‖ **gravosaménte**, avv.

gray /grei/ [dal n. del fisico inglese L. H. *Gray* (1905-1965)] s. m. inv. ● (*fis.*) Unità di misura della dose assorbita nel Sistema Internazionale, definita come la dose assorbita di qualsiasi radiazione ionizzante che cede 1 joule di energia al kilogrammo di materia attraversata. SIMB. Gy.

gràzia [lat. *grātia*(*m*), da *grātus* 'grato (1)'] s. f. *1* Sensazione di piacere che destano le cose per la loro naturalezza, semplicità, delicatezza, armonia | Leggiadria: *ha una g. che innamora; la g. del volto, della parola, del movimento* | (*fig.*) Gradevolezza di profumi, di odori, di sapori e sim.: *è un profumo di rara g.; apprezzare la g. di un vino, di una vivanda.* *2* Amabilità, gentilezza nei rapporti con gli altri: *salutare, accogliere con g.; offrire, ricevere con g.* | *Con vostra buona g.*, con il vostro permesso | *Di g.*, per piacere | *In g. di*, per riguardo di | *Per g. d'esempio*, per portare un esempio | *Bella g.*, misurata gentilezza negli atti esteriori | *Senza garbo né g.*, grossolano. *3* *Le tre Grazie*, nella mitologia greca e romana, le tre dee che presiedevano all'amabilità, alla giocondità e alla bellezza muliebre. *4* Titolo dato dagli Inglesi ai loro regnanti | *Cavaliere di g.*, persona ammessa a titolo onorifico in certi ordini cavallereschi, benché sprovvista della prescritta appartenenza alla nobiltà. *5* (*lett.*) Amicizia, benevolenza | *Acquistare, godere la g. di qc.*, goderne i favori | *Essere nelle grazie di qc.*, essere benvoluto | *Avere grazie presso qc.*, essere favorito | *Avere nelle grazie qc.*, amarlo | *Mettersi nelle grazie di qc.*, farselo amico | *Tornare nelle grazie di qc.*, riconciliarsi | (*raro, lett.*) Popolarità: *quegli che per ricchezze o per parentado hanno più g.* (MACHIAVELLI). *6* Nella teologia cattolica, aiuto soprannaturale e gratuito che Dio concede alla creatura per guidarla nella salvezza, che si consegue anche attraverso i meriti delle opere | Nella teologia protestante, complesso dei doni gratuiti che, derivando dalla sola incarnazione e morte di Gesù e non necessitando della cooperazione delle opere, portano alla salvezza individuale | Redenzione dal peccato originale | *Anni di g.*, gli anni che si calcolano dall'incarnazione o dalla nascita di Gesù Cristo. *7* Concessione straordinaria fatta con disinteressata e magnanime generosità; nel cattolicesimo, ciò che è concesso per meriti, per preghiera, per puro dono di Dio: *concedere una g. speciale, particolare; accordare una g.; implorare, ottenere una g.; dare, fare g. della vita; fatemi questa g.* | *G. di Dio*, (*pop.*) cibo, nutrimento e sim.: *quanta g. di Dio!* | *Per g. ricevuta*, formula con la quale si accompagnano gli ex-voto | *A titolo di g.*, senza obbligo | *Fare g. a qc. di q.c.*, dispensarlo da un obbligo, sollevarlo da una responsabilità | *Dare il colpo di g.*, (*fig.*) agire in modo da accelerare la fine, il tracollo | *Troppa g.*, di cosa concessa con troppa abbondanza | (*dir.*) Provvedimento mediante il quale il Capo dello Stato condona, in tutto o in parte, o commuta la pena principale inflitta a una persona con sentenza irrevocabile | (*dir.*) *Termine di g., periodo di g.*, proroga. *8* Gratitudine, riconoscenza | *Rendere g., rendere grazie, a qc.*, ringraziarlo, manifestargli la propria riconoscenza. *9* (*tip., spec. al pl.*) Sottili tratti terminali delle lettere, nei caratteri tipografici di certi stili. *10* (*al pl.*) †Merito. ‖ **graziàccia**, pegg. | **graziétta**, dim. | **grazìna**, dim. | **graziùccia**, dim.

graziàbile agg. ● (*raro*) Che si può graziare.

graziàre [da *grazia*] v. tr. (*io gràzio*) *1* Liberare qc. dalla conseguenza di una condanna col provvedimento di grazia: *furono graziati tutti i condannati politici; era stato graziato per buona condotta.* *2* Regalare, concedere: *g. di un saluto, di un sorriso qc.* *3* †Esaudire per grazia.

graziàto A part. pass. di *graziare*; anche agg. *1* Nei sign. del v. *2* †Aggraziato. **B** s. m. (f. *-a*) ● Chi ha ottenuto una grazia.

gràzie [pl. di *grazia*] **A** inter. *1* Esprime ringraziamento, gratitudine, riconoscenza: *tante g.!; mille g.; g. infinite; g. di cuore; g. di tutto; g. per la vostra cortesia; g., presenterò!* | Si usa come risposta di cortese assenso o rifiuto per q.c. che viene offerto: *'posso offrirle un caffè?' 'g.'; 'g. sì o g. no?'; 'Una sigaretta?' 'g., ma non fumo'.* *2* (*iron.*) Si usa come risposta a una domanda o a un'osservazione ovvia: *'quello di Carlo è il regalo più bello' ' g.!, lui è ricchissimo!'* | Con valore raff.: *g. tante!* | Con valore raff. (*pop.*): *g. al cavolo!* *3* Nella loc. prep. *g. a*, per merito di, con l'aiuto di: *sono riuscito g. al vostro appoggio; tutto è andato bene g. a te* | *G. a Dio, g. al Cielo*, espressioni di soddisfazione e di compiacimento per ciò che si ha o per l'esito positivo di q.c.: *g. al Cielo sei arrivato!* **B** s. m. inv. ● Ringraziamento: *un g. di tutto cuore; per ora, un semplice g.*

graziòla [da *grazia*, per le sue qualità terapeutiche] s. f. ● Erba delle Scrofulariacee delle zone acquitrinose euroasiatiche con azione drastica molto violenta (*Gratiola officinalis*). SIN. Tossicaria.

graziosìssimo agg. *1* Sup. di *grazioso*. *2* Appellativo dato ai sovrani inglesi.

graziosità o †**graziositàde**, †**graziositàte** [vc. dotta, lat. *gratiositāte*(*m*), da *gratiōsus* 'grazioso'] s. f. ● Qualità di chi, di ciò che è grazioso.

grazióso [vc. dotta, lat. *gratiōsu*(*m*), da *grātia* 'grazia'] **A** agg. *1* Che risulta gradito per la grazia, la delicatezza, e sim. che lo caratterizzano: *aspetto, viso, sorriso g.; quadro g.; immagine graziosa* | (*raro*) *Mal g.*, sgraziato | †Amato, ben visto. SIN. Piacevole. *2* Che è fatto con grazia, gentilezza e sim.: *accoglienza, risposta graziosa* | Garbato: *ci salutò con un g. richiamo.* SIN. Amabile. *3* (*lett.*) Che fa, concede grazie: *fate graziose; la vostra graziosa sovrana.* *4* Spontaneo, generoso, benigno: *dono g. di sua maestà* | *Prestito g.*, gratuito. ‖ **graziosissimo**, sup. (V.). ‖ **graziosaménte**, avv. *1* Con grazia. *2* Con cortesia, con benevolenza. *3* (*lett.*) Con generosità. **B** s. m. (f. *-a*) ● Spiritoso, buffo, spec. nella loc. *fare il g.* ‖ **graziosétto**, dim. | **graziosìno**, dim.

grèca [f. sost. di *greco*] s. f. *1* Linea ininterrotta che, piegandosi ad angolo retto, forma un motivo geometrico ornamentale. *2* Sopravveste femminile aperta sul davanti, usata spec. in passato, con maniche larghe e corte, comunemente orlata di ricami geometrici. *3* Distintivo di grado dei generali in uso fino al secondo conflitto mondiale, ora rimasto solo sulle maniche della giubba nell'uniforme da sera.

grecàggio [da *grecare*] s. m. ● Operazione del grecare. SIN. Tracciatura.

grecalàta s. f. ● Lo spirare del grecale | (*est.*) Mareggiata provocata dal grecale.

grecàle [vc. dotta, lat. tardo *Graecāle*(*m*) 'relativo alla Grecia (*Grāecia*)', la regione di provenienza] **A** s. m. ● Forte vento da nord-est, che nella stagione fredda spira sul Mediterraneo centrale o orientale | La direzione stessa in cui spira. **B** anche agg.: *vento g.*

grecànico [vc. dotta, lat. *Graecānicu*(*m*), da *Grāecus*, sul tipo di *Tuscānicus* 'Etrusco'] agg. (pl. m. *-ci*) *1* Connesso all'antica Grecia, in un rapporto di origine, imitazione, ispirazione, spec. con riferimento ai Greci immigrati o abitanti nella Magna Grecia e in Sicilia: *arte grecanica; toga grecanica* | (*est.*) Non schiettamente greco. *2* (*ling.*) Detto di ogni dialetto greco parlato fuori della Grecia, e della popolazione che lo parla: *canzoniere g. salentino.*

grecàre [fr. *grecquer*, da *grecque* 'greca', in specifico senso tecnico] v. tr. (*io grèco, tu grèchi*) ● In legatoria, praticare nel dorso di un volume i solchi per gli spaghi.

grecàstro agg.; anche s. m. (f. *-a*) ● Giudeo nato in Grecia.

grecàto [da *greca*] agg. ● Di elemento per costruzioni che ha la forma di una greca: *lamiera grecata.*

grécchia ● V. *crecchia*.

†**grecésco** ● V. †*grechesco*.

grecheggiàre v. intr. (*io grechéggio*; aus. *avere*) *1* Imitare i Greci, nella lingua, nelle arti, nel costume. *2* †Piegare a greco invece che fermarsi a tramontana, detto della lancetta della bussola.

†**grecherìa** s. f. ● (*spreg.*) Grecismo.

†**grechésco** o †**grecésco**. agg. ● (*raro*) Greco | Grecanico | *Alla grechesca*, all'uso greco.

grechétto [dim. di *greco*, come 'vino (orig.) di Grecia'] s. m. ● Vino bianco dolce, ottenuto dall'uva prodotta dal vitigno omonimo.

†**grechizzàre** ● V. *grecizzare*.

greciènse [vc. dotta, lat. *Graeciēnse*(*m*) 'della Grecia (*Grāecia*)'] agg. ● Grecanico.

grecile o **gricile** [vc. rom. d'etim. incerta] s. m. ● (*centr.*) Ventriglio di pollo.

grecìsmo s. m. ● Parola o locuzione propria del greco, entrata in un'altra lingua.

grecìsta s. m. e f. (pl. m. *-i*) ● Studioso della lingua e della letteratura greca antica.

grecità [vc. dotta, lat. tardo *graecitāte*(*m*), da *Grāecus* 'greco'] s. f. *1* L'essere tipicamente greco: *la g. di una locuzione.* *2* La civiltà greca nel suo complesso letterario, artistico e storico | Tutta la nazione greca.

grecizzànte part. pres. di *grecizzare*; anche agg. *1* Nei sign. del v. *2* Che imita i Greci, che si ispira alla cultura greca.

grecizzàre o †**grechizzàre** [vc. dotta, lat. tardo *graecizāre*, parallelo del più ant. e freq. *graecissāre*, da *Grāecus* 'greco'] **A** v. tr. ● Ridurre in forma greca: *il Forteguerri grecizzò il suo nome in Carteromaco* | Formare sul modello greco, per quanto attiene la lingua, i costumi, ecc.: *g. l'Oriente*. **B** v. intr. (aus. *avere*) ● Imitare i greci nella lingua, nell'arte, nei costumi.

grecizzazióne s. f. ● Atto, effetto del grecizzare o dell'essere grecizzato.

grèco [lat. *Grāecu(m)*, dal gr. *Graikós*, designazione pop., proveniente forse dall'Illiria, degli antichi *Héllēnes*] **A** agg. (pl. m. *-ci*, †*-chi*) ● Della Grecia, antica e moderna: *civiltà, arte greca; città greche* | *Grazia, bellezza greca*, degna dell'arte greca | *Naso g.*, diritto, che forma una linea continua con quella della fronte | *Profilo g.*, di proporzioni classicamente perfette | *Cosa greca*, perfetta | *È una statua greca*, persona di grande e fiorente bellezza | *Croce greca*, semplice, con i bracci uguali | *Rito g.*, quello dei cattolici greci rimasti fedeli alla chiesa di Roma malgrado lo scisma d'Oriente | *Alla greca*, (*ell.*) secondo l'uso greco | *Vivere alla greca*, all'uso molle e fastoso della corte bizantina. || **grecaménte**, avv. *1* In modo greco; (*est.*) elegantemente. *2* In lingua greca. **B** s. m. (f. *-a* nel sign. 1) *1* Abitante, nativo della Grecia. *2* Grecale. *3* Varietà di vitigno a uva nera e bianca, da vino: *g. di Velletri, di tufo* | Il vino che se ne ricava. **C** s. m. solo sing. ● Lingua della famiglia indoeuropea, parlata in Grecia: *g. antico; g. moderno* | *Parlare g.*, *in g.*, (*fig.*) in modo incomprensibile. || **grechétto**, dim. | **grechino**, dim. | **grecùccio**, dim.

grèco- primo elemento ● In parole composte, fa riferimento alla Grecia o ai Greci: *greco-ortodosso, greco-romano*.

grecòfono [comp. di *greco* e *-fono*] s. m. ● Chi parla la lingua greca.

†**grècolo** ● V. *greculo*.

grèco-ortodòsso A agg. ● Detto della chiesa cristiana greca, in quanto ritenuta dai suoi fedeli depositaria dell'autentica fede dei primi grandi concili ecumenici. **B** s. m. ● Appartenente alla chiesa cristiana greca, in quanto ritenuta dai suoi fedeli depositaria dell'autentica fede dei primi grandi concili ecumenici.

grecoromanista [der. di (*lotta*) *greco-romana*] s. m. (pl. *-i*) ● Atleta specialista nella lotta greco-romana.

grèco-romàno agg. ● Relativo ai Greci e ai Romani | *Lotta greco-romana*, combattimento sportivo che si disputa metà in piedi e metà con i ginocchi a terra.

grèculo o †**grècolo** [vc. dotta, lat. *Grāeculu(m)*, dim., a senso spreg. e ironico di *Grāecus* 'greco'] agg.; anche s. m. ● (*lett.*, *spreg.*) Nell'antica Roma, detto di ciascuno di quei filosofi e letterati depositari di una troppo pedante forma di sapere.

green /*ingl.* gri:n/ [vc. ingl., propriamente 'verde', poi 'prato' (in particolare *golf green* 'campo da golf')] s. m. inv. ● (*sport*) Campo da golf. ➡ ILL. p. 1290 SPORT.

green-keeper /*ingl.* 'gri:n-ki:pa/ [vc. ingl. comp. di *green* (V.) e di *keeper* 'custode' (da (*to*) *keep* 'tenere', d'origine sconosciuta)] s. m. inv. (pl. ingl. *green-keepers*) ● (*sport*) Addetto alla manutenzione di un campo da golf.

gregàle [vc. dotta, lat. *gregāle(m)*, propriamente 'che appartiene al gregge (*grĕx*, genit. *grĕgis*)', quindi 'comune, volgare'] agg. ● (*raro*) Di, del gregge | Che sta, si riunisce in un gregge: *cervi gregali* | *Istinto g.*, che induce alcune specie animali a raggrupparsi in greggi.

gregàrio [vc. dotta, lat. *gregāriu(m)* 'che appartiene, relativo al gregge (*grĕx*, genit. *grĕgis*)'] **A** s. m. *1* Soldato semplice | (*est.*) Membro di un partito o di altra organizzazione, dipendente in tutto dal capo e quindi privo di iniziativa autonoma. *2* Corridore ciclista accasato che ha il compito di aiutare il caposquadra. **B** agg. *1* Di, da gregario: *imitazione gregaria*. *2* Detto di animali che vivono in branchi, stormi e simili aggregazioni.

gregarismo s. m. *1* Tendenza ad accettare un ruolo passivo e di completa dipendenza da altri. *2* Tendenza di taluni animali a vivere in branchi, stormi e sim.

grégge [vc. dotta, lat. *grĕge(m)*, di origine indeur.] s. m. o lett. †f. (pl. f., raro m. *gréggi*; pl. f. lett. *grégge*) *1* Gruppo di pecore o capre adunate sotto la custodia di un pastore: *guidare, pascere il g.* | (*lett.*) *G. lanuto*, pecore | (*lett.*) *G. barbato*, capre | (*lett.*) *Il g. marino*, l'insieme degli animali marini | †Branco di animali in genere: *g. di cavalli, porci, polli* | (*est.*) †Ovile. *2* (*fig.*) Moltitudine di persone: *un g. di schiavi; fui servo e fui tra g. / d'ancelle* (TASSO) | *Il g. cristiano, del Signore*, i fedeli | *G. dei fedeli, di Cristo*, popolo dei cristiani retti da Cristo buon pastore; insieme dei fedeli in rapporto al loro capo ecclesiastico. *3* (*fig.*, *spreg.*) Moltitudine di gente servile e passiva | *G. degli imitatori*, coloro che seguono pedissequamente una persona originale | *Uscire di, dal g.*, distinguersi dalla massa. || **greggiuòlo**, dim.

†**gréggia** s. f. ● (*lett.*) Gregge.

gréggio o (*sett.*) **grézzo** [etim. discussa: lat. parl. **grĕgiu(m)* 'che è proprio del gregge (*grĕx*, genit. *grĕgis*), comune' (?)] **A** agg. (pl. f. *-ge*) ● Di ciò che è allo stato naturale, che non ha subìto puliture o lavorazioni: *diamante, metallo g.; pietra greggia* | *Cuoio g.*, non conciato | *Petrolio g.*, non raffinato | *Tela greggia*, non imbiancata né ammorbidita | *Riso g.*, non mondato | *Lavoro g.*, non ancora perfezionato | *Materia greggia*, non elaborata | *Seta greggia*, come esce dalle filande, col suo colore naturale. **B** s. m. ● Petrolio greggio.

grégna [lat. *grĕmia*, nt. pl. di *grĕmium* 'ciò che si prende in una bracciata', di origine indeur.] s. f. ● Bica di covoni di cereali.

gregoriàno [vc. dotta, lat. tardo *Gregoriānu(m)* 'pertinente a Gregorio (*Gregŏriu(m)*, dal gr. *Grēgórios*, da *grḗgoros* 'sveglio', deriv. dal v. di origine indeur. *egéirein* 'vegliare')'] agg. ● Proprio di personalità storiche, spec. pontefici, di nome Gregorio | *Canto g.*, repertorio dei canti liturgici, latini, monodici e anonimi della chiesa cristiana, messo per iscritto in età carolingia ed erroneamente attribuito a Gregorio Magno | *Riforma gregoriana*, innovazioni volute, e in parte attuate, da Gregorio VII (1020 ca.-1085) per il risanamento della Chiesa e del clero | *Calendario g.*, quello attualmente in uso, entrato in vigore il 4 ottobre 1582 con la riforma di Gregorio XIII; rispetto al calendario giuliano, eliminò dal novero degli anni bisestili quelli divisibili per 100, tranne quelli divisibili per 400 | *Codice g.*, compilazione delle costituzioni, dall'imperatore Adriano in poi, fatta dal giureconsulto Gregorio, e che servì alla successiva compilazione di Giustiniano.

gre grè /grɛ g'grɛ*, grɛ 'grɛ*/ [vc. onomat.] **A** inter. ● Riproduce il gracidare delle rane e delle raganelle. **B** in funzione di s. m. inv. ● Il gracidare: *nei campi / c'è un breve gre grè di ranelle* (PASCOLI).

grembialàta ● V. *grembiulata*.

grembiàle ● V. *grembiule*.

grembiàta s. f. ● (*raro*) Quanta roba può essere tenuta in grembo. || **grembiatèlla**, dim.

grèmbio s. m. *1* V. *grembo*. *2* (*tosc.*) Grembiule.

grembiulàta o **grembialàta**. s. f. ● Quanto può essere contenuto in un grembiule.

grembiùle o **grembiàle** [da *grembio*] s. m. *1* Indumento, con o senza pettorina, che si indossa sopra agli abiti per proteggerli. *2* Sopravveste indossata dai bambini, da addetti a certi lavori, da commesse e sim. *3* Protezione, copertura in plexiglas e sim. di macchine utensili. *4* (*sport*) Nel kayak, pezzo di plastica o sim. stretto intorno ai fianchi del rematore e al pozzetto, che impedisce l'entrata dell'acqua nell'imbarcazione. || **grembiulino**, dim. | **grembiulóne**, accr.

grèmbo o **grémbo**, (*tosc.*) **grèmbio** [lat. *grĕmiu(m)* 'bracciata (di legna, erbe, o altro)', di origine indeur., con sovrapposizione d'altra vc. con *-mb-* (*lembo*)] s. m. *1* L'incavo che si forma nell'abito fra le ginocchia e il seno, quando una persona, spec. una donna, è seduta: *il bambino dorme col capo in g. alla madre* | (*fig.*) †*A g. aperto*, spontaneamente e generosamente | (*est.*) †Grembiulata: *levossi in piè con di fior pieno un g.* (POLIZIANO). *2* Ventre materno: *portare un figlio in g.* *3* (*mar.*) Parte più piena e marcata della vela gonfia dal vento. *4* (*fig.*) La parte più intima e nascosta di q.c.: *la terra accoglie le sementi nel suo g.* | *In g. a q.c.*, *nel g. di q.c.*, dentro | (*fig.*) *Morire nel g. della S. Chiesa*, in grazia di Dio | *In g. a Dio*, nella Chiesa | (*fig.*) *Buttarsi, mettersi in g. a qc.*, affidarglisi completamente. *5* (*fig.*, *lett.*) Insenatura, avvallamento | *Il fiume fa g.*, si allarga | *Il monte fa g.*, si avvalla | (*raro*, *lett.*) Letto di lago.

†**grèmio** s. m. ● (*lett.*) Grembo.

gremìre [etim. discussa: longob. **krammian* 'riempire' (?)] **A** v. tr. (*io gremisco, tu gremisci*) *1* Riempire, spec. di cose piccole e fitte: *i vermi gremivano la terra*. *2* Affollare un luogo: *una moltitudine di giovani gremiva la piazza*. **B** v. intr. pron. ● Diventare pieno, affollato: *l'aula si gremì di studenti*.

gremito part. pass. di *gremire*; anche agg. ● Nei sign. del v.

gréppia [francone **krippja*, che ha un parallelo longob. **kruppja*, egualmente attestati nei dial. dell'Italia sett. e centr.] s. f. *1* Rastrelliera soprastante la mangiatoia, nelle stalle, ove si mette il fieno | *Alla g.!*, per dare dell'asino a qc. | *Alzare la g.*, nelle stalle, per evitare che l'animale mangi troppo; (*fig.*) dare uno stipendio scarso. *2* (*raro*) Nutrimento. *3* (*est.*, *fig.*) Impiego, spec. pubblico, e relativo stipendio | *La g. dello Stato*, impiego statale; l'insieme delle sovvenzioni, spesso inutili, elargite dallo Stato | *Essere devoto alla g.*, lavorare soltanto per lo stipendio.

gréppo [da una radice **krepp-*, **grepp-* 'luogo scosceso', di ampia diff.] s. m. *1* (*lett.*) Fianco dirupato e ripido di un'altura: *io me n'andai ... / il traditor cercando per quei greppi* (ARIOSTO). *2* (*fig.*, *lett.*) Bolgia infernale: *Qui li trovai ... / ... quando piovvi in questo g.* (DANTE *Inf.* XXX, 94-95). *3* †Umile tugurio.

gres /grɛs/ [fr. *grès*, dal francone **griot* 'ghiaia, sabbia'] s. m. ● Tipo di ceramica colorata e a pasta compatta che cuoce ad alta temperatura, costituita da un impasto di argilla, caratterizzata da grande durezza e resistenza agli agenti corrosivi, suscettibile di svariati impieghi spec. nell'industria chimica e nell'edilizia.

gréto [riduzione di *ghiareto* 'terreno coperto di ghiaia (*ghiara*)', con infl. di *grava*] s. m. *1* Parte del letto del fiume che rimane scoperta dall'acqua: *sul g. pascolano svogliatamente i buoi, rari, infangati sino al petto* (VERGA) | †Alveo del fiume. *2* (*mar.*) Fondo ghiaioso al lido, che resta scoperto.

grétola [dim. del lat. *clētru(m)*, per *clātru(m)*, pl. *clātra*, 'graticciato', dal gr. dial. *kláithron*, da *kléis* 'strumento per chiudere', di origine indeur. (?)] s. f. *1* Ciascuno dei bastoncini o fili di ferro che formano una gabbia | (*tosc.*) Stecca di persiana. *2* (*spec. al pl.*) Stecche nelle quali è divisa la rocca da filare. *3* †Scheggia. *4* (*fig.*, *tosc.*) Cavillo, sotterfugio, pretesto | *Trovar la g.*, trovare la scappatoia per togliersi da una situazione difficile.

gretóso [da *greto*] agg. ● (*raro*) Che ha greto: *fiume g.*

gretteria s. f. ● Qualità, comportamento, da persona gretta. SIN. Meschinità, tirchieria.

grettézza s. f. ● Meschinità, piccolezza nell'agire e nel pensare: *la sua g. è proverbiale*.

grétto [dall'it. merid. *crettu* (V. *cretto*) che, oltre al sign. principale di 'crepato' detto del terreno 'arido, sterile', ha anche quello der. di 'magro, gracile'] **A** agg. *1* Di chi è eccessivamente tirato nello spendere. SIN. Tirchio. *2* (*fig.*) Meschino, ristretto, spiritualmente limitato: *idee grette; educazione gretta; animo g.* || **grettaménte**, avv. **B** s. m. ● Grettezza, tirchieria | *Dare nel g.*, comportarsi da persona gretta.

grève o †**griève** [lat. parl. **grĕve(m)*, var. di *grăve(m)* 'pesante' per sovrapposizione oppos. di *lĕve(m)* 'lieve'] agg. *1* Grave, pesante: *g. come piombo* | *Aria g.*, afosa, opprimente | *Colpo g.*, molto forte e rimbombante. *2* (*lett.*) Doloroso, penoso: *non ti paia grieve fare quello di che tu sarai lodata* (ALBERTI). || **greveménte**, avv.

greyhound /*ingl.* 'greihaund/ [vc. ingl., 'levriere', propr. 'cane (*hound*) grigio (*grey*)'] s. m. inv. *1* Cane levriere inglese a pelo raso. *2* Negli Stati Uniti, autobus che collega le città principali.

grézzo agg. *1* V. *greggio*. *2* (*fig.*) Non ancora formato, non ancora educato: *ingegno g.; mente grezza* | *Persona grezza*, grossolana, rozza.

gribàna [fr. *gribane*, dal medio neerlandese *kribben* 'raschiare', con passaggio semantico incerto] s. f. ● Piccolo bastimento a fondo piatto, senza chiglia, con due alberi, usato da piccardi e fiamminghi spec. per la navigazione lungo le coste e i fiumi.

grìccio (1) [da *riccio* per sovrapposizione di altra vc. con *gr-*] **A** agg. (pl. f. *-ce*) *1* †Arricciato, increspato, accartocciato. *2* (*pop.*) Tirchio. **B** s. m. (f. *-a*) ● (*pop.*) Persona tirchia.

†**grìccio** (2) [vc. espressiva] s. m. ● Capriccio, ghiribizzo.

gricile ● V. *grecile*.

grìco [otrantino *grico* 'greco' da una ricostruita vc. gr. **grêkos, grîkos*] **A** agg. (pl. m. *-ci*) ● Detto di lingua neogreca che si parla in Terra d'Otranto e in altre località dell'Italia meridionale | Che è detto o scritto in tale lingua: *canzone grica*. **B** s. m. solo sing. ● Lingua grica.

grìda [da *gridare*, col genere dei n. coll.] s. f. *1* Bando, editto, decreto che era annunziato dal banditore: *le gride delle autorità*. *2* †Voce pubblica, fama. *3* †Sgridata, grido.

gridacchiàre v. intr. (*io gridàcchio*; aus. *avere*) ● Gridare poco e spesso, spec. per brontolare.

gridàre [lat. parl. **critāre* per il tardo *quir(r)itāre* 'grugnire', di origine onomat.] **A** v. intr. (aus. *avere*) *1* Strepitare con la voce per ira e sim. o per richiamare l'attenzione degli altri: *g. a gran voce, a squarciagola, a più non posso, con quanto fiato si ha in gola* | *G. contro, verso qc.*, inveire | *G. coi tuoni*, senza essere ascoltato da nessuno | (*est.*) Parlare a voce troppo alta: *non c'è bisogno di g. così!* | Protestare, lamentarsi: *gridino quanto vogliono, io ormai ho deciso*. SIN. Sbraitare, urlare. *2* Fare il proprio verso caratteristico: *tutti gli animali gridano*. *3* (*raro*) Litigare | (*raro, lett.*) Schiamazzare, tumultuare. *4* Risuonare, gorgogliare: *l'acqua grida nelle cavità della roccia*. **B** v. tr. *1* Dire, domandare con alte grida: *scappando mi gridò q. c. che non capii*; *g. evviva, abbasso, al fuoco, aiuto* | †*g. accorriuomo*, chiamare qc. a soccorso | (*fig.*) Invocare: *un delitto che grida vendetta* | *G. pietà*, (*fig.*) essere in uno stato pietoso. *2* Annunziare q.c. ad alta voce: *g. un bando* | *G. q.c. ai quattro venti*, farlo sapere a tutti | †Bandire: *g. un torneo* | *G. il nome di qc.*, dichiararsene fautore | (*est., poet.*) Render famoso, celebrare il valore: *La fama che la vostra casa onora, / grida i segnori e grida la contrada* (DANTE *Purg.* VIII, 124-125). *3* (*raro, lett.*) Acclamare: *g. qc. imperatore, capo*. *4* (*poet.*) Declamare, predicare. *5* (*fam.*) Riprendere, sgridare: *il padre ha gridato il bambino*.

gridàrio s. m. ● Raccolta di gride.

gridàta s. f. *1* (*raro*) Grido. *2* Rimprovero, sgridata. || **gridatàccia**, pegg. | **gridatina**, dim.

gridàto part. pass. di *gridare*; anche agg. ● Nei sign. del v.

gridatóre **A** agg.; anche s. m. (f. *-trice*) *1* (*raro*) Che, chi grida. *2* †Che, chi celebra, esalta. **B** s. m. ● †Banditore.

gridellìno o **grisellìno** [fr. *gris-de-lin*, letteralmente '(del colore) grigio (*gris*) del (*de*) lino (*lin*)'] **A** s. m. ● Delicato colore viola pallido, d'una tonalità intermedia fra il grigio e il rosa. **B** agg. ● Di ciò che è di tale colore: *fiore travidi g.* (D'ANNUNZIO).

gridìo s. m. ● Un gridare frequente e di molte voci insieme: *successe un g., un fuggi fuggi per tutta la stradicciuola* (VERGA).

grìdo [da *gridare*] s. m. (pl. *grìda*, f. quelle dell'uomo, *grìdi*, m. quelli degli animali e quelli dell'uomo intesi come emissione di voce puramente materiale) *1* Suono alto di voce emesso con forza: *le grida dei bambini che giocano*; *il g. del venditore ambulante, del banditore*; *un g. di dolore, di morte* | *A grida di popolo*, per pubblica acclamazione | *G. di guerra*, con cui i soldati accompagnano ed esaltano lo slancio nell'assalto e nella carica | (*fig.*) *L'ultimo g. della moda*, l'ultima novità | (*poet.*) *Il g. dei flutti*, il fragore del mare | (*est.*) Strepito, tumulto | †*Mettere a g.*, a rumore. SIN. Urlo. *2* (*al pl.*) Modo di effettuare le contrattazioni, tipico delle borse valori, per cui gli agenti di cambio gridano i prezzi ai quali intendono vendere o acquistare i titoli | *Recinto delle grida*, luogo in cui si svolgono le contrattazioni di borsa. *3* (*fig.*) Invocazione: *il g. dei popoli oppressi*. *4* Fama, voce pubblica | *Di g.*, famoso: *i matematici di maggior g. di diversi paesi* (GALILEI) | *Alzare, levar g.*, venire in grande reputazione | †*Di g. in g.*, di bocca in bocca | †*Andar presso alle grida*, seguire la voce pubblica. SIN. Rinomanza. *5* Verso di animale: *il g. degli uccelli notturni, degli sciacalli*. *6* (*al pl.*) Violenti rimproveri: *tacque e ascoltò le grida paterne*. || **gridétto**, dim. | **gridolìno**, dim.

gridóne s. m. (f. *-a*) ● (*raro*) Chi grida molto e spesso. SIN. Urlone.

†**griève** ● V. *greve*.

grifàgno [ant. provz. *grifanh*, dal ted. *grīfan* 'afferrare'] agg. *1* (*lett.*) Detto di uccello da rapina, con becco adunco e occhi rossi e lucidi. *2* (*fig.*) Fiero e minaccioso: *facendo lampeggiare ora il bianco, ora il nero di due occhi grifagni* (MANZONI).

†**grifàre** [longob. *grīfan* 'prendere, ghermire'] v. tr. *1* Immergere il grifo nel truogolo. *2* (*fig.*) Mangiare con avidità animalesca.

grìffa [dal longob. *grīfan* 'acchiappare'] s. f. *1* Organo meccanico uncinato per trattenere o trascinare q.c. | Nelle macchine da presa e nei proiettori cinematografici, dente che trascina la pellicola, agganciandola dai fori laterali. *2* Organo che aggancia il pattino a rotelle alla scarpa. *3* Chiodo uncinato che si applica alla suola delle scarpe da montagna, per aumentarne l'aderenza al terreno.

griffàre [da *griffe* (*1*)] v. tr. (*io griffo*) ● Dare, apporre la propria griffe a un prodotto.

griffàto part. pass. di *griffare*; anche agg. *1* Nel sign. del v. *2* Detto di capo d'abbigliamento o di altro oggetto firmato da uno stilista. *3* (*est.*) Detto di chi abitualmente indossa abiti e usa accessori d'abbigliamento firmati da uno stilista: *una donna tutta griffata*.

griffe (1) /fr. grif/ [vc. fr., propr. 'artiglio'] s. f. inv. ● Firma, marchio, etichetta con cui uno stilista o un fabbricante contraddistingue un prodotto | (*est.*) Chi firma il prodotto: *una g. della moda maschile*.

griffe (2) /fr. grif/ [vc. fr., V. *griffa*] s. f. inv. ● Corona di punte metalliche atte a tenere legata una pietra preziosa.

griffóne [fr. *griffon*, letteralmente 'grifone'] s. m. ● Denominazione corrente che accomuna tre varietà di cani da caccia simili allo spinone, indipendentemente dalle loro diverse caratteristiche morfologiche.

grìfo (1) [lat. tardo *grȳpu(m)* 'nasone' (dal gr. *grypós* 'che ha il naso ricurvo') incrociato con *grifare* (V. *grifo* (*3*))] s. m. *1* Parte allungata mobile del muso del porco. *2* (*spreg.*) Viso umano | *Ungersi il g.*, mangiare lautamente a spese altrui | *Rompere il g.*, rompere il muso | *Torcere il g.*, in segno di disprezzo o di disapprovazione. || **grifàccio**, pegg.

†**grìfo** (2) o **grìpo** [gr. *grîphos*, originariamente 'nassa', poi 'barca da pesca con le nasse', di etim. incerta] s. m. ● Rete da pesca a sacco, usata specialmente dai pescatori chioggiotti.

grìfo (3) [vc. dotta, lat. *grīphu(m)*, tarda e volg. latinizzazione del gr. *grýps*, genit. *grypós*, n. di un 'uccello (dal becco adunco)', di etim. incerta] s. m. ● (*zool.*) Grifone.

grifòide [comp. di *grifo* (*1*) e di un deriv. dal gr. *êidos* 'forma'] agg. ● (*raro*) Che ha forma di grifo, nel sign. di grifo (1).

grifóne [accr. di *grifo* (*3*)] s. m. *1* Grande rapace diurno dei Falconiformi, con piumaggio cinerino e capo coperto di piumino bianco (*Gyps fulvus*). *2* Correntemente, cane da caccia da ferma simile allo spinone, ma di solito più piccolo e con mantello più scuro. *3* Mostro alato mitologico usato talvolta come elemento decorativo di mobili rinascimentali, barocchi e neoclassici. *4* †Ceffone.

grifòsi [vc. dotta, tratta dal gr. *grypós* 'adunco'] s. f. ● (*med.*) Alterato accrescimento dell'unghia per cui questa si incurva a uncino sul polpastrello.

grigerógnolo o **grigerògnolo** agg. ● Di colore che tende al grigio.

grìgia [f. sost. di *grigio*] s. f. ● (*fam.*) Brutta figura: *fare una g.*; *che g. all'esame!*

grigiàstro [fr. *grisâtre*, da *gris* 'grigio' col suff. di attenuazione di colore *-âtre* '-astro'] agg. ● Di un grigio non bello.

grigiazzùrro **A** agg. ● Che è di colore grigio tendente all'azzurro: *occhi grigiazzurri*. **B** s. m. ● Colore grigiazzurro.

grìgio [ant. provz. *gris*, dal francone **grîs*, di area germ.] **A** agg. (pl. f. *-gie* o *-ge*) *1* Di colore formato da una mescolanza di bianco e nero: *l'aria è grigia di pioggia* (SABA) | *G. azzurro, perla, ferro, piombo*, varie sfumature di grigio | *G. verde*, V. anche *grigioverde* | *Capelli grigi*, di chi comincia a incanutire | (*anat.*) *Materia, sostanza grigia*, parte del tessuto nervoso di aspetto grigiastro, formata dai pirenofori delle cellule nervose, che costituisce la corteccia cerebrale e cerebellare e la parte interna del midollo spinale; (*fig.*) senno, giudizio: *non avere materia grigia*. *2* (*fig.*) Uniforme, scialbo, monotono: *una vita grigia* | *Ora grigia*, triste, scoraggiante | *Anima grigia*, priva di slanci e di entusiasmo | *G. in volto*, accigliato. **B** s. m. *1* Il colore grigio: *un abito di un brutto g.*; *vestire in, di g.* *2* Tipo di mantello equino, costituito da un insieme di peli neri e bianchi, con diverse gradazioni a seconda della prevalenza degli uni o degli altri.

grigióne [dal colore della livrea] s. m. ● Piccolo mammifero dei Mustelidi con pelame bruno rado, assai feroce e aggressivo (*Grison vittatus*).

grigióre [da *grigio* col suff. di qualità] s. m. ● Qualità e aspetto di ciò che è grigio (*anche fig.*): *il g. del cielo autunnale*; *il g. di una giornata solitaria*.

grigiovérde o **grigio-vérde** [comp. di *grigio* e *verde*] **A** agg. (pl. *grigiovérdi* o *grigiovérde*) ● Che ha colore grigio sfumato di verde. **B** s. m. ● Colore dell'uniforme dell'esercito italiano, usato fino all'ultima guerra mondiale | (*est.*) La divisa stessa: *vestire il g.*

grìglia [fr. *grille*, dal lat. *cratīcula(m)* 'graticola'] s. f. *1* Graticola: *carne, pesce alla g.* | In vari apparati termici, parte del focolare che sostiene il combustibile solido e permette il passaggio dell'aria per la combustione e lo scarico delle ceneri. *2* Inferriata, grata | Persiana. *3* Telaio a barre trasversali o longitudinali o di lamiera perforata. *4* (*fis.*) Elettrodo componente, col catodo e la placca, il triodo ove ha funzione di controllo | *G. schermo*, uno degli elettrodi di un pentodo. *5* Foglio opportunamente traforato o reticolato per la lettura o la scrittura di testi cifrati | In tecniche di controllo, spec. statistico, tabella opportunamente predisposta, gener. a doppia entrata, che consente di comparare le variazioni di un fenomeno sia rispetto a fenomeni analoghi, sia rispetto a un certo modello ottimale di realizzazione, sia in un dato intervallo di tempo: *la g. dei risultati* | (*est.*) Schema di interpretazione di un testo letterario. *6* (*est., autom.*) Ordine secondo il quale sono schierate le vetture alla partenza di una corsa automobilistica stabilito in base ai tempi ottenuti durante le prove.

grigliàre [da *griglia*, sul modello del fr. *griller*] v. tr. (*io grìglio*) ● Cuocere, arrostire sulla griglia.

grigliàta [da *griglia*] s. f. ● Piatto di carne, pesce o verdure di qualità diverse cotti sulla griglia: *una g. mista*.

grigliàto s. m. *1* Pannello, riparo e sim. fatti a griglia. *2* (*mar.*) Portello dei boccaporti, fatto a griglia allo scopo di permettere il passaggio dell'aria.

grigliatùra [da *grigliare* in senso tecn.] s. f. ● (*min.*) Operazione consistente nel separare con griglie i pezzi più grossi di un minerale da quelli più piccoli.

grignolìno [vc. piem., *grignulìn*, dim. di *grignola* 'vinacciolo' (dal lat. parl. **graniŏla(m)* 'granello'), per l'abbondanza dei vinaccioli negli acini] s. m. ● Vino da pasto, rosso, secco, leggermente amarognolo, prodotto nell'Astigiano, di 11°-12°, dal vitigno omonimo.

grill /gril, *ingl.* gril/ [forma ridotta di *grill-room*] s. m. inv. *1* Graticola, griglia: *arrostire la carne sul g.* *2* (*est.*) Cibo, spec. carne, arrostito sul grill: *un g. misto con patate*. *3* Acrt. di *grill-room*: *cenare in un g.*; *il g. di un albergo*.

grillàia [luogo da *grilli*] s. f. ● Luogo in cui si trovano solo grilli | (*fig.*) Podere piccolo, sterile.

grillànda ● V. *ghirlanda*.

grillàre [lat. tardo *grillāre* 'stridere del grillo (da *grĭllus*)'] v. intr. (aus. *avere*) *1* †Riferito al grillo, emettere il suo tipico cri-cri. *2* Gorgogliare bollendo o fermentando: *l'olio grilla nella padella*; *un vino molto giovine, che grilla e gorgoglia e ribolle* (MANZONI). *3* (*fig.*) Avere grilli, ghiribizzi. *4* †Guizzare: *il pesce grilla.* *5* (*fig.*) †Esultare.

grillàstro [da *grillo*] s. m. ● (*zool.*) Genere di Insetti degli Ortotteri diffuso in Europa, in Etiopia e in Asia (*Decticus*).

grillettàre [ampliamento con infisso iter. di *grillare*] **A** v. intr. (*io grillétto*; aus. *avere*) ● Stridere, strepitare, sfrigolare: *la salciccia messa sul fuoco grilletta.* **B** v. tr. ● Friggere nell'olio.

grillétto s. m. *1* Dim. di *grillo.* *2* Levetta che nelle armi da fuoco portatili trasmette la pressione del dito allo scatto provocando lo sparo. *3* (*mus.*) Punta della linguella dello scacciapensieri, con in cima una piccola ripiegatura che si percuote col dito per cavarne il suono. || **grillettino**, dim.

grillo [lat. *grĭllu(m)*, di origine onomat.] s. m. *1* Piccolo insetto degli Ortotteri di color nero, con zampe posteriori atte al salto, il cui maschio sfregando le elitre produce un caratteristico suono (*Gryllus campestris*) | *G. canterino*, grillo | *Mangiare come un g.*, poco e niente | *Cuore di g.*, (*fig.*) pauroso | *Cervello di g.*, dotato di scarsa intelligenza | *Andare a sentir cantare i grilli*, (*fig.*) morire | *Non cavar un g. da un buco*, (*fig.*) non concludere nulla | *Andare a caccia di grilli*, (*fig.*) cercar cose da niente | *Indovinala g.!*, quando non si riesce a spiegare q.c. e non si sa cosa accadrà | (*fig.*) *G. parlante*, chi ama fare il saccente, il moralizzatore. *2* (*fig.*) Capriccio, ghiribizzo | *Avere dei grilli per il capo*, essere pieno di fantasie e di idee strane | *Saltare il g.*, venire il capriccio | (*raro*) *Pigliare il g.*, mettere il broncio. *3* (*tosc.*) Nel linguaggio del gioco delle bocce, il pallino. *4* Ponte pensile di legno usato dai muratori per ripulire e riparare cupole. *5* Elemento metallico di collegamento a forma di U con due fori alle estremità attraverso cui passa un perno a vite. || **grillétto**, dim. (V.) | **grillino**, dim. | **grillolino**, dim. | **grillóne**, accr. | **grillùccio**, dim.

Grilloblattoidèi [comp. di *grillo* e *blattoidei*] s. m. pl. ● Nella tassonomia animale, ordine di Insetti atteri con lunghe antenne filiformi e apparato masticatore (*Grylloblattoidea*) | (al sing. *-o*) Ogni individuo di tale ordine.

grillotàlpa [comp. di *grillo*, per l'aspetto, e *talpa*, per l'abilità escavatoria] s. m. o f. (pl. f. *grillotàlpe*; raro *grillitàlpa*, m.) ● Insetto degli Ortotteri di colore bruno con forti zampe scavatrici, voracissimo e molto dannoso alle coltivazioni (*Gryllotalpa gryllotalpa*). SIN. Rufola, zuccaiola.

grillòtti [fr. *grillots*, originariamente 'sonagli' (dal medio alto ted. *grillen* 'gridare'), poi 'pendenti (come sonagli)'] s. m. pl. ● Fili intrecciati, d'oro, argento o seta, per spalline di ufficiali o frange di parati.

grill-room /ingl. 'gril rum/ [vc. ingl., letteralmente 'stanza (*room*, di ampia area germ.) da griglia (*grill*, m. tratto da *grille* 'graticola', di origine fr.)'] s. m. inv. (pl. ingl. *grill-rooms*) ● Luogo ove si cucinano cibi alla griglia | Rosticceria.

grimaldèllo [da *Grimaldo*, n. di un inventore o perfezionatore dell'arnese] s. m. ● Arnese di ferro variamente uncinato che serve per aprire serrature senza la chiave.

grimo [germ. **grim* 'impetuoso, iracondo', di area germ.] **A** s. m. (f. *-a*) ● †Padre | Vecchio. **B** agg. *1* Grinzoso: *vecchio g.* *2* (*raro*) Misero, povero.

grimpeur /fr. grɛ̃'pœr/ [vc. fr., letteralmente 'arrampicatore', da *grimper*, di etim. incerta] s. m. inv. ● Nel ciclismo, scalatore.

grinder /ingl. 'graində*/ [vc. ingl., propr. 'macinatore', dal v. *to grind* 'macinare'] s. m. inv. ● (*mar.*) Uomo addetto alla manovra del coffee grinder sulle grandi barche a vela da regata.

grinfia o (*pop.*) **sgrinfia** [longob. *grīfan* 'afferrare ghermire'] s. f. *1* (*pop.*) Artiglio, granfia: *il gatto aveva un topo tra le grinfie.* *2* (*fig.*) Mano rapace: *cadere, cascare nelle grinfie di un usuraio.*

gringo /sp. 'gringo/ [var. ant. di *griego*, propriamente 'greco', usato come 'straniero', oltre che come 'lingua incomprensibile'] s. m. (pl. *gringos*) ● (*spreg.*) Per gli abitanti dell'America latina, forestiero di madrelingua non spagnola, spec. inglese o nordamericano.

grinta [got. **grimmitha*, che si fa deriv. da un agg. **grimus* 'irato, tremendo' (V. *grimo*)] s. f. *1* Faccia truce e arcigna: *ha una g. che spaventa* | *A g. dura*, con severità. *2* (*est.*) Forza e volontà combattiva, comportamento risoluto e accanito: *ha avuto molta g. nell'affrontare quel problema*; *un atleta di g.*; *agire con g.* *3* (*raro*) Faccia tosta: *tutti i miei rimproveri non scuotono la sua g.* || **grintàccia**, pegg.

grintóso agg. ● Combattivo, aggressivo: *attaccante g.*; *un manager g.* || **grintosaménte**, avv. Con grinta.

grinza [da **grinzare*, dal longob. **grimmizōn* 'corrugare la fronte (perché adirato: V. *grimo*)'] s. f. ● Piega, ruga della pelle: *un viso pieno di grinze* | *Far le grinze*, diventare grinzosi per vecchiaia | (*fig.*, *tosc.*) *Levarsi le grinze dal corpo*, riempirsi tanto di cibo da far tendere la pelle | (*est.*) Increspatura di tessuti e sim.: *un abito macchiato e pieno di grinze* | *Non fa una g.*, di abito che calza a pennello, (*fig.*) di ragionamento, discorso e sim. che non ha difetti o lacune. || **grinzèllo**, dim. m. (V.) | **grinzétta**, dim. | **grinzolino**, dim. m.

grinzàto [dal part. pass. di **grinzare* (V. *grinza*)] agg. ● Pieno di grinze.

grinzèllo s. m. *1* Dim. di *grinza.* *2* Cosa che è diventata floscia e piena di grinze.

grinzo agg. ● Grinzoso: *pelle grinza*; *vecchio, abito g.*

grinzosità s. f. ● Qualità di ciò che è grinzoso | (*est.*) Insieme di grinze: *togliere le g. da un abito.*

grinzóso agg. ● Che ha o fa grinze: *un vecchio dalla pelle grinzosa* | *Vestito g.*, pieno di pieghe. SIN. Rugoso. || **grinzosétto**, dim. | **grinzosino**, dim.

grinzùme s. m. ● (*raro*, *spreg.*) Insieme di grinze o di cose grinzose.

†grinzùto agg. ● Grinzoso.

griòtta ● V. *agriotta.*

gripo ● V. *†grifo (2).*

grippàggio [fr. *grippage*, da *gripper* 'grippare'] s. m. ● Atto, effetto del grippare.

grippàre [fr. *gripper*, dal francone **grīpan* 'afferrare'] **A** v. tr. ● Provocare il blocco del motore per mancanza di lubrificazione e quindi surriscaldamento: *g. il motore*; (anche ass.) *Luigi ha grippato.* **B** v. intr. e intr. pron. (aus. intr. *avere*) ● Di un organo meccanico, bloccarsi contro un altro a contatto del quale scorre o ruota, per dilatazione dovuta a surriscaldamento.

grippe /fr. grip/ [vc. fr., forse da *gripper* 'afferrare', perché malattia che prende all'improvviso] s. f. inv. ● Influenza.

grippia [etim. incerta] s. f. ● (*mar.*) Fune attaccata per uno dei capi al diamante dell'ancora, per l'altro al gavitello, che indica il punto in cui l'ancora è sommersa e aiuta la gomena nel salpare.

grippiàle [ampliamento di *grippia*] s. m. ● (*mar.*) Galleggiante della grippia | Gavitello dell'ancora.

grisàglia s. f. ● Adattamento di *grisaille* (V.).

grisaille /fr. gri'zaj/ [vc. fr., da *gris* '(di colore) grigio'] s. f. inv. *1* Correntemente, qualsiasi tessuto, spec. di lana di filati grigi, o bianchi e neri con effetto di grigio. *2* Tecnica decorativa pittorica a svariate tonalità di grigio usata in ceramica, negli smalti e nella mobilia, spec. di stile neoclassico | Dipinto eseguito con tale tecnica.

grisantèmo ● V. *crisantemo.*

grisatóio [adatt. del fr. *grésoir*, da *gréser*, dall'ol. *gruizen* 'macinare'] s. m. ● Arnese di ferro con cui i vetrai rodono il margine della lastra di vetro già incisa dal diamante.

grisbi /fr. griz'bi/ [vc. fr., comp. di una prima parte che risale a *gris(et)* 'nome di una moneta di colore scuro (*gris* 'grigio')' e di una seconda parte di orig. ignota] s. m. inv. *1* (*fam.*) Denaro, grana. *2* (*gerg.*) Refurtiva, malloppo.

grisèlla [genov. *grixelle* 'graticole', dal lat. **craticĭllae*, dim. di *crātis* (V. *grata*), per la forma reticolata] s. f. ● (*mar.*, *spec. al pl.*) Ciascuna delle traversine costituite da cavetti di canapa e anche da sbarre di ferro legate alle sartie con funzione di scale per salire sugli alberi.

grisellino ● V. *gridellino.*

†grisétta [fr. *grisette*, dapprima 'vestito di stoffa grigia (*gris*)', poi 'giovane vestita di grisette'] s. f. *1* Stoffa leggera di tutta lana, o mista con seta. *2* Sartina di facili costumi.

†grisòstomo ● V. *crisostomo.*

grisou /fr. gri'zu/ [vc. fr., *grisou*, dal dial. (vallone) (*feu*) *grisou* '(fuoco) greco'] s. m. inv. ● Miscuglio esplosivo di gas metano e aria, che si sviluppa nelle miniere di carbone, zolfo, salgemma, ecc.

grissineria s. f. ● Grissinificio.

grissinificio s. m. ● Fabbrica di grissini.

grissino [piemontese *grissín*, var. di *ghersín* 'filo di pane', dim. di *ghersa* 'fila (di oggetti)', di etim. incerta] s. m. ● Bastoncello friabile di pane croccante.

grisù s. m. ● Adattamento di *grisou* (V.)

grisùmetro [comp. di *grisù* e *-metro*] s. m. ● Apparecchio, per lo più portatile, con cui i minatori controllano l'eventuale presenza di grisù nei cantieri di miniera.

grisutóso agg. ● Di miniera in cui si riscontra sviluppo di grisù.

grizzly /ingl. 'grizli/ [vc. ingl., letteralmente 'grigi(astr)o', da *grizzle* 'grigio', deriv. dal fr. *grisel*, dim. di *gris* 'grigio', con richiamo a *grisly* 'orribile, spaventoso'] s. m. inv. (pl. ingl. *grizzlies*) ● Grande orso americano dei Carnivori Ursidi, la più grossa fra tutte le specie dell'ordine, molto feroce, attualmente esistente solo nei parchi nazionali (*Ursus horribilis*).

grò s. m. ● Adattamento di *gros* (V.).

groenlandése **A** agg. ● Della Groenlandia. **B** s. m. e f. ● Abitante, nativo della Groenlandia.

grog /ingl. grɔg/ [dal soprannome dell'ammiraglio ingl. E. Vernon (*Old Grog* 'Vecchio Grog', perché vestito di *grog(ram)* 'grò'), che aveva ordinato la distribuzione ai marinai di rum annacquato] s. m. inv. ● Sorta di ponce a base di rum o cognac in acqua bollente zuccherata, con scorza di limone.

groggy /ingl. 'grɔgi/ [propr. 'ubriaco, ebbro', agg. di *grog*] agg. inv. ● Detto del pugile che stordito dai colpi dell'avversario non è più in grado di reagire | (*est.*) Persona molto provata, molto stanca.

grogiolàre ● V. *crogiolare.*

grogrè s. m. ● Adattamento di *gros-grain* (V.).

gròla [lat. *grăulu(m)*, var. di *grăculu(m)* (attestato anche al f.; V. *gracchia*)] s. f. ● (*sett.*) Denominazione di vari uccelli della famiglia dei Corvidi, come il corvo, la cornacchia, il gracco.

gròlla [vc. valdostana (*gròla*), di etim. incerta] s. f. ● Caratteristica coppa in legno della Valle d'Aosta.

†grollàre ● V. *crollare.*

gròma [vc. dotta, lat. *grōma(m)*, prestito pop. dissimilato dal gr. *gnṓma*, per *gnṓmōn* 'gnomone'] s. f. ● Strumento simile a un goniometro a traguardo, usato anticamente dai Romani per misurare e scompartire superfici agrarie e accampamenti militari.

gromàtico [da *groma*] agg. ● Relativo all'agrimensura.

grómma [etim. discussa: lat. parl. **grūmma(m)* per **grūma(m)*, coll. di *grūmu(m)* 'grumo', cioè 'complesso di grumi' (?)] s. f. *1* Incrostazione prodotta dal vino nelle botti. SIN. Gruma. *2* (*est.*) Incrostazione che si forma per il lungo uso nel caminetto delle pipe | Incrostazione nelle tubazioni dell'acqua.

grommàre [da *gromma*] **A** v. intr. e intr. pron. (*io grômmo*; aus. *essere*) ● Incrostarsi di gromma. **B** v. tr. ● Ingrommare.

grómmo s. m. ● Grumo, coagulo.

grommóso agg. ● Pieno di gromma.

grónchio [etim. discussa: da *granchio* con sovrapposizione di altra vc. (?)] agg. ● (*lett.*) Rattrappito, detto spec. delle mani intirizzite dal freddo.

grónda [lat. parl. *grūnda(m)*, di etim. incerta] s. f. *1* Orlo del tetto che sporge in fuori, perché da esso coli la pioggia senza toccare il muro. *2* Ognuno degli embrici collocati a copertura della gronda. *3* (*est.*) Tutto ciò che per forma o inclinazione sia simile a una gronda | *Cappello a g.*, con tesa larga e inclinata | †Rami estremi degli alberi che si protendono sui campi altrui. *4* (*spec. al pl.*) Covoni esterni della bica inclinati per facilitare lo scolo dell'acqua piovana. *5* †(*mar.*) Gocciolatoio sotto i finestrini dei bastimenti. *6* Margine di un lago o palude. *7* (*fig.*) †Cipiglio.

grondàia [da *gronda*] s. f. *1* Canale, a sezione semicircolare o sagomato, sospeso con ferri a collo d'oca ai correntini del tetto, per raccoglier l'acqua piovana e portarla ai pluviali | Gronda. *2* Lo spazio nel quale scorre l'acqua, tra due filari di embrici.

grondànte part. pres. di *grondare*; anche agg. ● Nei sign. del v.

grondàre [da *gronda*] **A** v. intr. (*io gróndo*; aus. *essere* nel sign. 1, *avere* nel sign. 2) *1* Cadere dell'acqua dalla grondaia | (*est.*) Colare abbondantemente: *la pioggia grondava dai rami*. *2* Essere intrisi e colare, di sudore, sangue e sim.: *g. di lacrime, di sangue, di pioggia*; *ecco l'acciaro, / che gronda ancor del suo sangue fumante* (ALFIERI). **B** v. tr. ● Lasciar colare in notevole quantità: *il viso dell'uomo grondava sudore*.

grondatùra s. f. *1* Atto del grondare. *2* Il liquido che gronda.

grondóne s. m. ● Doccione di terracotta o lamiera che si applica alla gronda.

grondongrondóni o **grondón grondóni** [da *grondare* 'cadere giù', col suff. avv. *-oni*] avv. ● (*raro, tosc.*) Con la persona curva, lentamente e in modo fiacco: *camminare, andare, avanzare g.*

gróngo o **cóngro**, **góngro** [lat. *grŏngu(m)*, dal gr. *góngros*, che gli antichi accostavano al v. *grân* 'divorare', forse per etim. pop.] s. m. (pl. *-ghi*) ● Pesce osseo degli Anguilliformi con corpo subcilindrico a pelle nuda, molto aggressivo (*Conger conger*).

groom /ingl. gru:m/ [vc. ingl., di etim. incerta] s. m. inv. *1* Garzone di stalla, stalliere. *2* Giovane servitore in livrea, in case signorili o in alberghi.

gròppa [germ. **kruppa* 'massa rotonda', forse attrav. il provz. *cropa*] s. f. *1* Regione dei quadrupedi compresa tra i lombi, i fianchi, le cosce, la coda e le natiche. *2* (*fam., scherz.*) Dorso dell'uomo | *Avere molti anni sulla g.*, essere di età avanzata | †*Non portare in g. q.c.*, (*fig.*) non tollerarla | (*fig.*) *Avere q.c. in g.*, per soprammercato, in più | *Rimanere sulla g.*, (*fig.*) riferito a q.c. di cui non ci si riesce a disfare. *3* Nella ginnastica, ciascuna delle due parti, a destra e a sinistra delle maniglie, nel cavallo con maniglie. *4* (*raro*) Vetta montana di forma arrotondata. || **groppóne**, accr. m. (V.).

groppàta s. f. ● Sgroppata.

groppièra s. f. ● Striscia di cuoio lungo la groppa, attaccata con una fibbia alla sella e che gira intorno alla coda | Gualdrappa, coperta per la groppa del cavallo.

gróppo o **gròppo** [germ. **kruppa* (V. *groppa*)] s. m. *1* Viluppo intricato, nodo ingarbugliato | *Far g.*, di filo e sim. che si ingarbuglia | (*fig.*) *Avere, sentire un g. alla gola*, avere la gola chiusa per intensa commozione o altro | †*Aver fatto il g.*, non crescere più | (*raro*) Batuffolo | (*est.*) Nodo del legname, del metallo e sim. *2* (*fig., lett.*) Difficoltà. *3* Perturbazione meteorologica con improvvisa variazione e intenso aumento del vento, accompagnato da precipitazioni | *Vento di g.*, vento forte turbinoso che cambia improvvisamente, ma per pochi minuti, direzione e intensità ed è accompagnato da pioggia, grandine e temporale. *4* †V. *gruppo*.

gropponàta s. f. ● (*raro*) Colpo dato con la groppa.

groppóne s. m. *1* Accr. di *groppa*. *2* (*fam., scherz.*) Schiena dell'uomo: *avere tanti anni sul g.*, essere in età avanzata | *Piegare il g.*, sgobbare, adattarsi a un lavoro penoso e umiliante.

gros /fr. gro/ s. m. inv. ● Acrt. di *gros-grain*.

Groschen /ted. 'grɔʃən/ [vc. ted., di provenienza dial., dal ceco *groš*, in lat. mediev. (*denārĭu(m)*) *grŏssum* 'grosso' moneta] s. m. inv. (pl. ted. inv.) ● (*numism.*) Antica moneta d'argento tedesca del XV sec. | Attualmente, moneta corrispondente a un centesimo dello scellino austriaco.

gros-grain /fr. gro'grɛ̃/ [loc. fr., propr. 'a grana (*grain*) grossa (*gros*)'] s. m. inv. *1* Tessuto pesante di seta e lana lavorato a sottilissime coste. *2* Nastro rigido, a coste verticali, adatto a sostenere dall'interno cinture e sim.

gròssa (1) [sott. *dormita*, perché è la più lunga] s. f. ● Terza dormita dei bachi da seta | (*fig.*) *Dormire della g.*, profondamente.

gròssa (2) [fr. *la grosse*, sott. *douzaine*, 'la (dozzina) grossa'] s. f. ● Unità di misura corrispondente a dodici dozzine, usata spec. nel commercio delle ferramenta e delle uova.

gròssa (3) [da *grosso* nel sign. 9] s. f. ● Maniere rozze, grossolane e sim., spec. nella loc. *vivere alla g.*

grossàggine s. f. ● Goffaggine | Ignoranza.

grossagràna [trad. del fr. *gros-grain*, letteralmente 'a grossa (*gros*) grana (*grain*)'] s. m. ● Gros-grain.

grosserìa [fr. *grosserie*, da *gros* 'grosso, grossolano, non minuto'] s. f. *1* †Balordaggine, scempiaggine: *bella g. udi' dir io da un Bresciano* (CASTIGLIONE). *2* Lavorazione in oro e argento di oggetti di grossa mole come vasellame, figure e sim. | (*est.*) Gli oggetti stessi.

grossetàno A agg. ● Di Grosseto. **B** s. m. (f. *-a*) ● Abitante, nativo di Grosseto.

grossézza s. f. *1* Dimensione di q.c. percepibile coi sensi: *valutare la g. di un oggetto*; *una vipera di notevole g.* *2* L'essere più grosso del normale per massa, volume, densità, spessore e sim.: *g. del fegato, della milza*; *g. del sangue* | (*fig.*) *G. d'animo*, rancore. *3* †Pregnezza, gravidanza. *4* (*fig.*) Rozzezza, ignoranza.

grossier /fr. gro'sje/ [vc. fr., da *gros* 'grosso'] agg. inv. (f. fr. *grossière*; pl. m. *grossiers*; pl. f. *grossières*) ● Grossolano, rozzo, villano.

†**grossière** [fr. (*marchand*) *grossier*, da (vendre en) *gros* '(vendere) all'ingrosso'] **A** agg. ● Grossolano, ignorante. **B** s. m. ● Venditore all'ingrosso.

grossìsta s. m. e f. (pl. m. *-i*) ● Chi esercita il commercio all'ingrosso.

gròsso [lat. *grŏssu(m)*, vc. pop. con var. prob. espr. e paralleli in altre lingue indeur.] **A** agg. *1* Che oltrepassa la misura ordinaria per massa, per volume: *stabile, fabbricato g.*; *è più g. di un ippopotamo*; *era la nave più grossa della flotta*; *è un cocomero molto g.* | *Fiume, lago, mare g.*, gonfio per la piena, per la tempesta, per la marea. *2* (*est.*) Di notevole entità, capacità e sim.: *dirige un g. complesso industriale*; *possedere un g. appezzamento di terreno*; *mettere insieme una grossa fortuna*; *viviamo in un g. paese*; *abitare in una grossa città* | *Artiglieria grossa*, di grande calibro | *Caccia grossa*, quella data a bestie selvagge di grossa dimensione. SIN. Grande. CONTR. Piccolo. *3* Di notevole spessore, diametro, e sim.: *filo, spago g.*; *libro, cartone g.*; *panno g.*; *tela grossa*; *colonna grossa* | *Sale g.*, di grana non fine | (*anat.*) *Intestino g.*, crasso | *Dito g.*, pollice, alluce | *Pasta grossa*, maccheroni, lasagne, cannelloni e sim. | *Vista grossa, udito g.*, (*fig.*) non fini, non chiari. *4* Denso: *vino g.* | *Aria grossa*, pesante | *Acqua grossa*, torbida, melmosa | *Tempo g.*, che si prepara al brutto | *Sangue g.*, non molto fluido | *Fiato g.*, affannoso, maleodorante. *5* Robusto: *un uomo grande e g.*; *un cane, un cavallo g.*; *è un g. omaccione*; *essere, diventare g.* | *Donna grossa*, incinta. *6* Numeroso, fitto: *famiglia, schiera grossa*; *le genti di Nicolò ... trovavano i nemici grossi* (MACHIAVELLI) | Ricco: *attendere una grossa eredità*. *7* Di grande rilievo, importanza, abilità e sim.: *si tratta di un g. esponente della cultura*; *è un g. affare*; *è uno dei più grossi successi cinematografici* | *Pezzo g.*, persona importante, autorevole. *8* Grave, difficile da sopportarsi: *fare una grossa fatica*; *incontrare grosse difficoltà*; *correre grossi rischi*; *commettere un g. errore*; *è un guaio troppo g.* | *Attraversare tempi grossi*, burrascosi e incerti | *Dire, pronunciare parole grosse*, offensive, minacciose | *Dirle grosse*, dire bugie, panzane: *questa poi è grossa!* | *Farla grossa*, commettere uno sproposito. *9* (*fig.*) Privo di finezza, raffinatezza e sim.: *gente grossa*; *contadino, villano g.* | *Tempo g.*, periodo di scarsa validità culturale | *Uomo di pasta grossa*, tardo di intelligenza e di comprendonio | *G. di mente, d'ingegno*, ottuso | *G. di scienza e di parola*, idiota | *G. modo*, all'incirca, in modo approssimativo | *Ti sbagli di g.*, di molto, grossolanamente | *A un di g.*, press'a poco. || **grossaménte**, avv. (*raro*) In modo sommario e approssimativo; in modo grossolano. **B** in funzione di avv. ● (*raro*) †In modo grosso | (*fig.*) †*Ber g.*, non guardar tanto per il sottile. **C** s. m. *1* Parte più grossa: *il g. della gamba, della coscia* | *Il g. del vino, dell'olio*, la parte densa | *Il g. del corpo*, il torace. *2* Parte più numerosa: *il g. del pubblico non è ancora entrato* | (*mil.*) Aliquota principale delle forze di una unità che ne abbia distaccato una parte per compiti sussidiari: *il g. della fanteria* | Nel ciclismo, tutto il gruppo: *segue il g. a tre minuti*. *3* Persona importante, spec. nella loc. *fare il grande e il g.*, darsi delle arie. *4* Moneta d'argento di valore diverso secondo i luoghi, coniata per la prima volta a Venezia nel XIII sec., poi in tutti gli altri Stati italiani ed europei. ➡ ILL. **moneta**. *5* Peso di 10 grammi, usato un tempo in Milano dai tabaccai per il tabacco da fiuto || PROV. Il pesce grosso mangia il minuto. || **grossàccio**, pegg. | **grosserèllo**, dim. | **grossettino**, dim. | **grossétto**, dim. | **grossicìno**, dim. | **grossìno**, dim. | **grossòccio**, accr. | **grossóne**, accr. | **grossòtto**, accr. | **grossùccio**, dim.

grossolanità s. f. *1* Qualità di chi, di ciò che è grossolano. SIN. Rozzezza. *2* Atto, gesto, parola da persona grossolana.

grossolàno [da *grosso* nel sign. A9 con doppio suff. (*-olo-* e *-ano*)] agg. *1* Detto di cosa rozza e senza garbo: *lavoro g.*; *opera grossolana*; *le idee più grossolane e più trite dell'antico empirismo* (DE SANCTIS) | *Alla grossolana*, grossolanamente | *Parole grossolane*, volgari, plebee | *Maniere grossolane*, senza garbo né grazia. SIN. Ordinario. *2* Detto di persona priva di finezza, volgare: *uomo dai modi grossolani*; *lineamenti grossolani*. || **grossolanaménte**, avv.

grossomòdo o **gròsso mòdo** [loc. lat. mediev., letteralmente 'in maniera (*mŏdo*, abl. di *mŏdus* 'modo, maniera') grossa, generica (*grŏsso*, abl. di *grŏssus*)'] loc. avv. ● A un di presso, più o meno, pressappoco, a grandi linee.

grossulàrìa [dal fr. ant. *groselle*, fr. mod. *groseille* 'ribes', per la forma tonda dei granuli] s. f. ● Granato di calcio e alluminio, bianco se puro, ma spesso rosso chiaro, giallo o verde.

grossùme [da *grosso* col suff. *-ume*] s. m. *1* Parte più densa o pesante di q.c., spec. di un liquido che si deposita sul fondo dei recipienti. *2* †Cosa alquanto grossa | Insieme di cose grosse.

†**grossùra** s. f. ● Grossezza, ignoranza.

gròtta [lat. parl. *crŭpta(m)*, per *crȳpta(m)*, dal gr. *krýptē* (sott. *kamára*) '(stanza a) volta, coperta, sotterranea', da *krýptein* 'nascondere'] s. f. *1* Cavità naturale di solito in rocce calcaree dovuta prevalentemente all'azione chimica delle acque: *esplorare le grotte dei trogloditi*; *una g. sotterranea*; *Platone ... dice dopo i ... diluvi ... aver gli uomini abitato nelle grotte sui monti* (VICO). SIN. Caverna. ➡ ILL. p. 818 SCIENZE DELLA TERRA ED ENERGIA. *2* (*dial.*) Stanza sotterranea usata come deposito di cibi e adibita in alcune regioni a osteria | †Abitazione sotterranea. *3* (*raro*) Nel gioco del biliardo e delle bocce, sponda. *4* (*lett.*) †Dirupo, burrone | (*est.*) Argine alto di terra. || **grottàccia**, pegg. | **grotterèlla**, dim. | **grotticèlla**, dim. | **grotticina**, dim. | **grottino**, dim. m. (V.) | **grottóne**, dim. m.

grottaióne [etim. incerta] s. m. ● (*zool.*) Gruccione.

grotteggiàre [da *grotta* nel sign. 3] v. intr. (*io grottéggio*; aus. *avere*) ● Nel gioco del biliardo, colpire la palla in modo che rasenti più o meno la sponda.

grottésca [dalle curiose figurazioni (scoperte alla fine del Quattrocento) delle *grotte*, com'erano pop. chiamati i resti della *Domus Aurea*, in Roma] s. f. ● Decorazione fantastica con mascheroni, meduse, pesci alati, foglie, armi e sim.

grottésco [da *grottesca*, in quanto pittura bizzarra] **A** agg. (pl. m. *-schi*) ● Di ciò che è ridicolo per stranezza, bizzarria, deformità o goffaggine: *abbigliamento g.*; *figura grottesca* | *Alla grottesca*, (*ell.*) in forma grottesca | †*A grottesca*, (*ell.*) a capriccio. || **grottescaménte**, avv. **B** s. m. *1* Ciò che è grottesco: *recitazione con toni di g.*; *situazione che ha del g.* *2* Genere teatrale composto da un intreccio in cui sono contemporaneamente presenti paradosso, cinismo, dramma e ironia. *3* (*tip.*, *spec. al pl.*) Tipo di ornato capriccioso con foglie, fiori, frutti e sim.

grottìno s. m. *1* Dim. di *grotta*. *2* (*dial.*) Ambiente sotterraneo usato per conservare il vino in fresco | (*est.*) Osteria.

gròtto [da *grotta*] s. m. *1* †Balzo, dirupo. *2* (*dial.*) Grotta per conservare il vino.

†**grottóso** agg. ● Fatto a grotte | Pieno di grotte.

groupage /fr. gru'paʒ/ [vc. fr., da *grouper* 'raggruppare', da *groupe* 'gruppo', a sua volta dall'it. *groppo*] s. m. inv. ● Pratica degli spedizionieri di raggruppare vari piccoli colli, in relazione ai quali viene emessa una polizza di carico collettiva.

grover /ingl. 'grouvə*/ [dal n. del suo inventore inglese (?)] s. f. inv. ● (*mecc.*) Acrt. di *rondella* *grover.*

grovièra • V. *gruviera.*

groviglio [da *roviglia*, n. di pianta, dal lat. *ervīlia(m)* 'cicerchia', pianta che s'aggroviglia, con infl. dell'iniziale e, nel genere, di *groppo*] **s. m.** • Garbuglio di fili | (*est.*) Intrico disordinato e confuso di cose varie (*anche fig.*): *un g. di rottami, di idee*; *giravano al largo i grovigli dell'alighe / e tronchi d'alberi alla deriva* (MONTALE).

growl /*ingl.* graul/ [vc. ingl., da *to growl* 'ringhiare, brontolare'] **s. m. inv.** • (*mus.*) Nel jazz, effetto provocato da colpi di lingua o sordina contro il padiglione di trombe e tromboni.

grrr /gr/ [vc. onomat.] **inter.** *1* Riproduce il ringhio di una belva o di un animale domestico. *2* Esprime collera repressa.

gru o †**grua**, †**grue** [vc. dotta, lat. *grūe(m)*, di origine espressiva e di ambito indeur.] **s. f.** o †**m.** *1* Grosso uccello dei Ralliformi con lunghe zampe e collo e becco lunghi, che vive nelle zone ricche d'acqua (*Grus grus*) | (*fig.*) *Avere un collo da gru*, molto sottile e allungato. *2* Macchina per sollevare pesi, provvista di un braccio girevole lungo che ricorda il collo dell'uccello omonimo, con una carrucola munita di cavo o catene cui si aggancia il peso. ➡ **ILL.** p. 826 SCIENZE DELLA TERRA ED ENERGIA; p. 1755 TRASPORTI. *3* Carrello mobile da ripresa cinematografica, talvolta di proporzioni gigantesche, con un grosso braccio mobile all'estremità del quale è collocata la cinepresa con sedili per il regista e l'operatore. *4* Antica macchina da guerra che, collocata sulle mura di una città assediata, calava delle grosse tenaglie sulle macchine d'assedio nemiche per danneggiarle o distruggerle. || **gruétta**, **dim.**

grùccia o (*lett.*) †**crùccia** [etim. discussa: longob. **krukkja* 'bastone a punta uncinata' (?)] **s. f.** (**pl.** *-ce*) *1* Lungo bastone terminante all'estremità superiore con un appoggio opportunamente modellato per sostenere all'ascella chi non può reggersi da sé sulle gambe: *camminare colle grucce* | *Essere sulle grucce*, (*fig.*) trovarsi in una brutta situazione | (*fig.*) *Argomenti che si reggono sulle grucce*, molto deboli. **SIN.** Stampella. *2* Oggetto o strumento a forma di gruccia per usi diversi, spec. per appendere abiti | (*tosc.*) Maniglia per aprire usci, finestre e sim. | Parte della campana da cui pende il battaglio | Arnese su cui si posa la civetta per uccellare | (*fig.*) †*Tenere qc. sulla g.*, tenerlo nell'incertezza riguardo a q.c. *3* †Sostegno per gambe amputate. *4* (*agr.*) Strumento che serviva per piantare barbatelle o talee di viti. || **gruccétta**, **dim.** | **gruccettina**, **dim.**

grucciàta **s. f.** • (*raro*) Colpo di gruccia.

gruccióne [etim. discussa: dalle *grucce*, cui assomigliano le penne caudali (?)] **s. m.** • Uccello dei Coraciformi con lungo becco curvo e piumaggio a vivaci colori, ghiotto di api (*Merops apiaster*). **SIN.** Grottaione.

†**grùe** • V. *gru.*

†**grufàre** [etim. discussa: dal lat. parl. **grūphu(m)*, parallelo di *grȳphu(m)* 'grifo (del maiale)' (?)] **A** **v. tr.** • Togliere, sottrarre. **B** **v. intr.** • Grufolare.

grufolàre o †**ruffolàre**, †**rufolàre** [iter. di †*grufare*] **A** **v. intr.** (*io grùfolo*; aus. *avere*) *1* Frugare con il grifo emettendo grugniti: *il maiale grufola nel truogolo.* *2* (*fig.*) Mangiare con grande avidità e in modo rumoroso | (*fig.*) Frugare: *g. nei cassetti di qc.* **B** **v. rifl.** • Avvoltolarsi nel sudiciume (*anche fig.*): *grufolarsi nel letamaio, negli scandali.*

grugàre [dall'onomat. *gru* (*gru*)] **v. intr.** (*io grùgo, tu grùghi*; aus. *avere*) • Tubare: *i piccioni grugano.*

grugnàre **v. intr.** (aus. *avere*) • Grugnire.

grugnire [lat. *grunnīre*, con sovrapposizione del parallelo parl. **grunniāre*, l'uno e l'altro di origine onomat.] **A** **v. intr.** (*io grugnisco, tu grugnisci*; aus. *avere*) *1* Emettere grugniti: *il maiale grugnisce.* *2* (*fig.*) Parlare in modo sgradevole o sconveniente. **B** **v. tr.** • Borbottare, dire q.c. in modo poco chiaro: *grugnì un saluto e si allontanò.*

grugnito [dal part. pass. di *grugnire*] **s. m.** *1* Verso caratteristico del porco. *2* (*fig.*) Incomprensibile borbottio: *li trattava ... con brevi parole o grugniti di approvazione* (MORAVIA).

grùgno [lat. tardo *grūniu(m)*, prob. da **grunīre* per *grunnīre* 'grugnire', di origine onomat.] **s. m.** *1* Muso del porco | (*raro*) Muso di altri animali. *2* (*spreg.*) Faccia dell'uomo | *Rompere il g. a qc.*, picchiarlo | *Dirgliela, contargliela sul g.*, sulla faccia. *3* (*fig.*, *fam.*) Broncio, espressione corrucciata | *Tenere il g.*, essere arrabbiato con qc. | *Fare il g.*, mostrare stizza, ira e sim. || **grugnàccio**, **pegg.** | **grugnétto**, **dim.** | **grugnino**, **dim.**

grugnóne **s. m.** (**f.** *-a* nel sign. 1) *1* Chi sta sempre imbronciato. *2* †Colpo nel grugno. *3* †Riccio vuoto della castagna.

Gruifórmi [comp. del lat. *grūs*, genit. *grŭis* 'gru' e dell'it. *-forme*] **s. m. pl.** • (*zool.*) Ralliformi.

gruìsta [da *gru*] **s. m.** (**pl.** *-i*) • Addetto alla manovra e alla manutenzione di una gru meccanica.

grullàggine **s. f.** *1* Qualità di chi, di ciò che è grullo. **SIN.** Balordaggine, stupidità. *2* Cosa da grullo. **SIN.** Balordaggine, stupidità.

grullerìa **s. f.** *1* Qualità di chi, di ciò che è grullo. **SIN.** Balordaggine, stupidità. *2* Parola, azione da grullo: *non dire, non fare grullerie.* **SIN.** Balordaggine, stupidità.

grùllo [etim. incerta] **agg.**; anche **s. m.** (**f.** *-a*) *1* Che, chi è stupido, ingenuo e credulone. **SIN.** Balordo, sciocco. *2* Lento e torpido nel movimento, nei pensieri e sim.: *quanto sei g. oggi!* || **grullàccio**, **pegg.** | **grullerèllo**, **dim.** | **grullerellóne**, **accr.** | **grullino**, **dim.** | **grullóne**, **accr.**

grùma [lat. parl. **grūma(m)*, forma collettiva di *grūmu(m)* 'grumo' (V. *gromma*)] **s. f.** • Gromma, tartaro | Incrostazione del fornello della pipa in seguito all'uso.

grumèllo [dal n. della località di produzione, *Grumello*, dim. del lat. *grūmus* 'grumo' nel senso di 'altura'] **s. m.** • Vino rosso, dal profumo di fragole, asciutto, morbido, prodotto in Valtellina, di circa 13°.

grumeréccio [etim. incerta] **A** **s. m.** • Fieno serotino più corto e più tenero del maggese. **B** anche **agg.** (**pl. f.** *-ce*): *fieno g.*

grùmo [vc. dotta, lat. *grūmu(m)*, propriamente 'monticello di terra', di etim. incerta] **s. m.** *1* Piccola quantità di liquido rappreso, spec. sangue. **SIN.** Coagulo. *2* (*est.*) Pallottola che si forma negli impasti male amalgamati, in minestre cremose, in passati di verdura e sim.: *i grumi della polenta.* *3* †Bocciolo del fiore. || **grumettino**, **dim.** | **grumétto**, **dim.**

grùmolo [vc. dotta, lat. *grūmulu(m)*, dim. di *grūmu(m)*, passato dal sign. di 'zolla' a quello di 'garzuolo'] **s. m.** • Gruppo delle foglie centrali del cespo di una pianta, più tenere delle altre | *G. del cocomero*, parte più interna, cuore.

grumolóso [da *grumolo*] **agg.** • Di pianta che forma grumolo | Di cosa solida a forma di grumolo.

grumóso (1) [da *gruma*] **agg.** • Grommoso | *Pipa grumosa*, incrostata.

grumóso (2) [da *grumo*] **agg.** • Pieno di grumi: *polenta grumosa.*

grunge /*ingl.* grʌndʒ/ [vc. dell'ingl. d'America, di arbitraria formazione, propr. 'sghangherato, stropicciato', con riferimento al modo di vestire che in origine identificava gli appartenenti al movimento] **A** **s. m.** e **f. inv.** • Chi appartiene a un movimento alternativo, di origine americana, favorevole alla non violenza e all'ecologismo | Chi si veste in modo trascurato, con accostamenti insoliti di colori e di capi d'abbigliamento. **B** anche **agg. inv.**: *movimento g.*; *moda g.*

grunt /*ingl.* grʌnt/ **inter.** • Esprime forte disappunto, ira repressa e sim.

grup • V. *crup.*

grùppe • V. *crup.*

gruppettàro [da *gruppetto*, qui nel sign. di 'gruppuscolo', col suff. *-aro* di *benzinaro* e sim.] **s. m.** (**f.** *-a*) • (*gerg.*) Chi fa parte di un gruppuscolo | Aderente a un movimento della sinistra extraparlamentare.

gruppétto **s. m.** *1* Dim. di *gruppo.* *2* (*mus.*) Segno esprimente un complesso di note secondarie che servono di ornamento a una nota principale, come un S ritto o coricato. || **gruppettino**, **dim.**

gruppista [da *gruppo*] **s. m.** e **f.** (**pl. m.** *-i*) • (*gerg.*) Chi fa da intermediario fra imprenditore e lavoratore a domicilio.

grùppo o †**gróppo** nel sign. 1 [lat. tardo *crŭppa(m)* 'grosso cavo', che riproduce un germ. *kruppa*] **s. m.** *1* Insieme di cose o di persone riunite, accostate una all'altra: *un g. di case, di alberi, di oggetti da esporre*; *un g. di amici in festa, di turisti, di ballerini che danzano* | *G. di avvenimenti*, pluralità di fatti connessi tra loro da una relazione di spazio, di tempo e sim. | *G. fotografico*, ritratto di più persone riunite | *G. fonetico*, complesso di due o più suoni | (*mil.*) *G. tattico*, complesso di forze di una o più armi, corrispondente a un battaglione: *g. tattico di fanteria*; *g. tattico corazzato* | (*aer.*) Unità organica comprendente più squadriglie | (*elettr.*) *G. motore generatore*, insieme di un motore elettrico e di un generatore accoppiato direttamente | (*elettr.*) *G. di continuità*, generatore, collegato a un impianto elettrico, che si inserisce automaticamente al momento di un'interruzione dell'erogazione della corrente di rete. *2* Nel ciclismo, la maggior parte dei corridori o un buon numero d'essi che procedono insieme: *staccare il g.*; *riprendere il g.*; *g. di testa*; *arrivo in g.* *3* Insieme di persone unite fra loro da vincoli naturali, da rapporti di interesse, da scopi o idee comuni e sim.: *g. famigliare*; *l'associazione si è divisa in vari gruppi*; *costituire un g. letterario d'avanguardia* | *Gruppo di pressione, di interesse*, che esercita una pressione politica sul governo e sul Parlamento in difesa sia di interessi economici che di valori ideali | *G. di potere*, legato dal comune interesse di mantenere ed esercitare l'autorità di cui è investito | *G. parlamentare*, insieme di membri del Parlamento, uniti da più stretti legami di idee che perseguono un particolare programma politico | *G. primario*, in sociologia, quello che ha grande importanza nella formazione della personalità, come la famiglia, gli amici, il vicinato e sim. | *G. secondario*, in sociologia, quello che svolge un ruolo secondario nella formazione della personalità. *4* Insieme di società collegate fra loro da partecipazioni azionarie comuni o facenti parte delle partecipazioni della stessa società capogruppo: *g. economico, finanziario.* *5* Ogni suddivisione di ordinamenti o classificazioni fondata su criteri scientifici, amministrativi, gerarchici e sim. | *G. chimico*, insieme di elementi o di composti con analoghe proprietà e caratteristiche comuni | *G. sanguigno*, che riunisce tipi di sangue in base alla reazione di agglutinazione dei globuli rossi | *G. di simmetria*, in mineralogia, quello che comprende sistemi di cristallizzazione che hanno in comune una stessa proprietà. *6* (*mat.*) Struttura algebrica individuata da una legge di composizione ovunque definita, associativa, tale che esista un elemento neutro valido per tutti gli elementi, ed ogni elemento ammetta un inverso | Insieme dotato della struttura di gruppo. *7* (*geol.*) Unità stratigrafica più generale, che comprende i terreni formati durante un'era. *8* (*mus.*) Complesso di più appoggiature legate tra loro. || **gruppétto**, **dim.** (V.) | **gruppóne**, **accr.**

gruppuscolarìsmo **s. m.** • Tendenza a formare gruppuscoli.

gruppùscolo [fr. *groupuscule* 'gruppetto', propriamente dim. di *group* 'gruppo', con la term. di vc. come (*corp*)*uscule*, (*min*)*uscule* e sim.] **s. m.** • Formazione politica di ridotta consistenza numerica, ispirantesi a ideologie marxiste o anarchiche.

gruvièra o **grovièra** [adatt. del fr. *gruyère*, dal n. della regione svizzera di produzione *Gruyère*, letteralmente 'luogo frequentato da *gru*'] **s. m.** o **f. inv.** • Formaggio a pasta dura cotta, simile all'emmental ma con buchi più piccoli e preparato con latte parzialmente scremato, usato anche per la preparazione della fondue | Impropriamente emmental.

gruyère /*fr.* gry'jɛr/ [vc. fr., V. *gruviera*] **s. m. inv.** • Gruviera.

†**grùzzo** [dal longob. **gruzzi* 'cruschello, cosa tritata' o 'mucchio di roba inservibile'] **s. m.** • Mucchio.

grùzzolo [dim. di †*gruzzo*] **s. m.** *1* Quantità di denaro spec. accumulato poco alla volta: *avere messo da parte un bel g.* | *Manomettere il g.*, cominciare a spendere i risparmi. *2* †Gruppo. || **gruzzolétto**, **dim.**

gua' /gwa, gwa*/ [per *gua(ta)*, imperativo di *guatare* 'guardare'] **inter.** • (*tosc.*) Esprime meraviglia, sorpresa, impazienza, noncuranza, rassegnazione e sim.: *gua' chi si rivede!*; *gua', ci sei anche tu?!*

guàcco [vc. onomat.] s. m. (pl. m. -*chi*) ● (*zool.*) Tarabusino.

guàco [sp. *guaco*, presa prob. da una l. indigena dell'America Centr.] s. m. (pl. -*chi*) ● Pianta erbacea tropicale delle Composite dotata di proprietà medicamentose.

guàda (1) [longob. **wada*, propriamente 'intrecciata', dalla radice germ. **vedh* 'tessere'] s. f. ● Rete da pesca quadrata, con lato di due metri, a maglie larghe, con due bastoni per maneggiarla ai lati | †Ponza. || **guadino**, dim. m. (V.).

guàda (2) [germ. **walda* (rappresentato nella var. *gualda* e in altre analoghe forme dial. e romanze) con influsso di *guado* (2), altra, ma diversa, pianta tintoria] **A** s. f. ● (*bot.*) Luteola, guaderella. **B** anche agg. solo f.: *erba g.*

guadàbile [da *guadare*] agg. ● Che si può guadare.

guadagnàbile agg. *1* (*raro*) Che si può guadagnare. *2* †Idoneo a produrre guadagni.

guadagnàre [francone **waidhanjan* 'portare al pascolo (**waidha*)', traendone profitto] **A** v. tr. *1* Trarre da un impiego, professione, arte, industria e sim. un compenso o un profitto: *g. uno stipendio scarso, buono, notevole*; *g. una percentuale su ogni vendita* | *Guadagnarsi il pane col sudore della fronte*, ottenere di che vivere con molta fatica | *Guadagnarsi la vita*, industriarsi per campare | *Va a guadagnarti il pane!*, va a lavorare | (*est.*) Procurarsi utilità, vantaggi (*anche fig.*): *c'è tutto da g. e nulla da perdere* | (*iron.*) Prendersi, buscarsi: *guadagnarsi un potente raffreddore, un bel danno*. *2* Riuscire a ottenere, a conquistare (*anche fig.*): *g. una promozione, il favore del popolo, l'amicizia di qc.*; *cose acerbissime e piene di malinconie, che ... sarebbe meglio perdere che ... g.* (ALBERTI) | *G. qc. alla propria causa*, farselo amico e alleato | *G., guadagnarsi l'animo di qc.*, ottenerne la completa fiducia | *G. terreno nei confronti di qc.*, procedere più in fretta (*anche fig.*) | *G. tempo*, ottenere una dilazione | Nel linguaggio sportivo, conquistare un certo vantaggio sugli avversari: *g. due punti, tre minuti* | *G. la testa*, in una gara di corsa, passare in prima posizione. *3* (*fig.*) Raggiungere, spec. con difficoltà: *g. il mare aperto, il porto, la soglia di casa* | *G. il sopravvento*, nel linguaggio dei marinai, riuscire a portare il proprio bastimento sopravvento all'avversario. *4* (*est.*) Meritare: *g., guadagnarsi una medaglia*; *g. un premio*. SIN. Conquistare, ottenere. *5* Vincere: *g. un premio, una scommessa*; *g. una bella somma al gioco*. **B** v. intr. (aus. *avere*) ● Fare migliore figura, apparire meglio: *g. molto con un vestito chiaro scuro, con la barba*; *un quadro che guadagnerebbe in una luce migliore*.

guadagnàta s. f. *1* †Guadagno. *2* In alcuni giochi a palla, il limite toccando il quale si ha partita vinta | *Passar la g.*, (*fig.*) eccedere i limiti, passare sopra la convenienza.

guadagnàto **A** part. pass. di *guadagnare*; anche agg. ● Nei sign. del v. **B** s. m. ● Guadagno: *conservare il g.*; *quel poco che ricaveremo, è tutto di g.*

guadagnatóre s. m. (f. -*trice*) ● (*raro*) Chi guadagna parecchio.

guadàgno [da *guadagnare*] s. m. *1* Ciò che si trae in denaro o altro da un'attività, a titolo di compenso o di lucro: *g. lecito, turpe, lauto, pingue*; *misero g.* | *G. lordo*, dal quale devono detrarsi le spese | Vincita al gioco. *2* (*fig.*) Vantaggio, utilità: *è questo il tuo g.?*; *sperare g. de' disordini d'altri* (GUICCIARDINI) | *È più lo scapito che il g.*, son più gli svantaggi che i vantaggi | *Bel g.!*, (*iron.*) bel vantaggio! SIN. Tornaconto. *3* (*elettron.*) Fattore di amplificazione in un circuito o sistema elettronico. *4* †Preda. *5* †Larga buca dove si raccoglie l'acqua. || **guadagnerèllo**, dim. | **guadagnétto**, dim. | **guadagnùccio**, **guadagnùzzo**, dim.

guadagnucchiàre v. tr. (*io guadagnùcchio*) ● Guadagnare poco e a fatica.

guadàre [lat. tardo *vadāre*, da *vădum* 'guado (1)', col *gua-* di *guado*] v. tr. ● Passare a guado: *g. un fiume a piedi, a cavallo*.

guaderèlla [dim. di *guada* (2)] s. f. ● Pianta erbacea delle Resedacee con fusto cavo, fiori gialli in racemi e frutto a capsula, usata in tintoria (*Reseda luteola*). SIN. Gualda, luteola, reseda dei tintori.

guadìno [dim. di *guada* (1)] s. m. ● Retino a maglie larghe, munito di manico fisso o telescopico, che serve al recupero del pesce preso con l'amo. ➡ ILL. **pesca**.

guàdo (1) [lat. *vădu(m)* 'guado', collegato con *vādere* 'andare', di origine indeur., con sovrapposizione del francone **wadh* 'luogo poco profondo'] s. m. *1* In un corso d'acqua, zona poco profonda che può essere attraversata a piedi, a cavallo o con veicoli vari: *i buoi che passavano il g. lentamente, col muso nell'acqua scura* (VERGA) | *Passare a g.*, guadare | *Far g.*, alzare con ciottoli e terra il letto del fiume per renderlo attraversabile | *Entrare nel g.*, cominciare a traversarlo e (*fig.*) iniziare un'impresa | *Tastare il g.*, tentare il passaggio, tastare il terreno (*anche fig.*) | *Rompere il g.*, mettersi innanzi a tutti nel traversarlo. *2* (*fig., lett.*) Passaggio. *3* †Fondo.

guàdo (2) [longob. **waid(a)* 'erba tintoria', di origine indeur.] s. m. *1* Pianta erbacea delle Crocifere con piccoli fiori gialli e foglie che, macerate, si usavano in tintoria (*Isatis tinctoria*). *2* Colorante turchino estratto dall'omonima pianta | *Dare il g.*, tingere col guado, in turchino.

guadóso [lat. *vadōsu(m)*, da *vădum* 'guado (1)'] agg. ● Guadabile.

guaglióne [etim. discussa: lat. *ganeōne(m)* 'frequentatore di taverne (*gāneae*, vc. pop. di etim. incerta)' (?)] s. m. (f. -*a*) *1* (*dial., merid.*) Ragazzo. *2* (*tosc.*) †Briccone, ingannatore.

†**guagnèle** [dal lat. (*E*)*vangēlia* 'i Vangeli' con sostituzione d'influsso germ. di *gua-* a *va-*] s. f. pl. *1* (*raro*) Vangeli | *Giurare alle sante Dio g.*, per i santi Vangeli di Dio. *2* Nella loc. inter. *alle g.!*, per i Vangeli: *alle g ... dico il vero* (BOCCACCIO).

guài [francone **wai*, di origine onomat.] inter. ● Si usa in escl. per esprimere minaccia: *g. a te se continui ancora!*; *g. a voi!*; *g. ai vinti! stai zitto, se no, g.!*; *g.! non toccarlo!*; *g. quando manca il rispetto per i vecchi!* | Seguito dalla prep. 'a' e da un v. all'inf., con sign. più attenuato, esprime il pericolo del compiere una data azione: *g. a lasciarlo fare!*; *g. a lasciarlo solo! ne fa di tutti i colori!* | *G. a me*, ahimè.

guaiàco [sp. *guayaco*, *guayacán*, da una l. indigena] s. m. (pl. -*chi*) ● Genere di alberi tropicali delle Zigofillacee con foglie coriacee, fiori di vario colore e legno durissimo e resinoso (*Guajacum*).

guaiacòlo [da *guaiaco*, col suff. chim. -*olo*] s. m. ● Sostanza organica, principale componente del creosoto dal quale è ricavabile per distillazione, prodotto anche per sintesi, usato, sotto forma di sali, come prosciugante e disinfettante delle vie respiratorie.

guaiàva [dallo sp. *guayaba*, vc. caraibica] s. f. ● (*bot.*) Alberello delle Mirtacee, originario dell'America tropicale e coltivato nelle regioni calde (*Psidium guayava*) | Il frutto di tale pianta. SIN. Guava.

guàime [fr. ant. *gaïm*, di orig. germ.] s. m. ● Erba tenera che rinasce nei prati dopo la prima o l'ultima falciatura.

guaìna o (*evit.*) **guàina** [ant. provz. (*gu*)*aïna*, dal lat. *vagīna* con costituzione d'influsso germ. di *g(u)a-* a *va-*] s. f. *1* Fodero in materiali vari, destinato a contenere spade, pugnali o altri arnesi da taglio | *Rimettere la spada nella g.*, (*fig.*) cessare dal compiere atti ostili | (*est.*) Astuccio custodia di vari oggetti: *la g. della vela, della bandiera*. *2* (*anat.*) Qualsiasi sottile membrana di rivestimento. *3* Indumento intimo femminile di tessuto elastico per modellare il corpo. *4* Orlatura in cui si passa un nastro o un cordoncino per raccogliere in dimensione più ridotta un tessuto. *5* (*bot.*) *G. fogliare*, parte inferiore delle foglie che abbraccia il fusto inserendosi al nodo. || **guainétta**, dim.

guainànte agg. ● (*bot.*) Detto di foglia che abbraccia il fusto a mo' di guaina.

guàio [sostantivazione del presunto pl. *guai* (V.)] s. m. *1* Malanno, disgrazia: *passare un g.*; *trovarsi in un brutto g.* | *Andare in cerca di guai*, (*fig.*) procurarseli da sé. *2* Impiccio, fastidio: *Che g.!*; *Ho avuto un sacco di guai*. *3* (*spec. al pl.*) †Lamenti alti e acuti: *Quivi sospiri, pianti e alti guai / risonavan per l'aere sanza stelle* (DANTE *Inf.* III, 22-23).

guaiolàre [da *guaire*, sul tipo iter. di *miagolare*, *gnaulare*, e sim.] v. intr. (*io guàiolo*; aus. *avere*) ● Emettere guaiti leggeri e sommessi | (*fig.*) Lamentarsi.

guaìre [da *guai*, come escl. di dolore] v. intr. (*io guaìsco, tu guaìsci*; aus. *avere*) *1* Mandare guaiti, abbaiare lamentosamente: *il cane guaiva per il dolore*. *2* (*fig., spreg.*) Lamentarsi | (*est.*) Parlare o cantare con toni lamentosi e striduli. *3* †Vagire.

†**guàita** [ant. fr. *guaite*, dal francone **wahta* 'guardia, sentinella'] s. f. *1* Guardia: *vegliate, o guaite, intorno al re prigioniero* (PASCOLI). *2* (*est.*) Luogo di guardia.

guaìto [dal part. pass. di *guaire*] s. m. ● Abbaìo lamentoso, di dolore | (*est.*) Lamento | (*spreg.*) Canto sgraziato.

guàlca s. f. ● Operazione del gualcare.

gualcàre [francone **walkan* 'rotolare, muovere di qua e di là', di origine indeur.] v. tr. (*io guàlco, tu guàlchi*) ● (*raro*) Sodare panni con la gualchiera.

gualcatóre s. m. ● (*raro*) Operaio addetto alla gualchiera.

†**gualchièra** [da *gualcare*] s. f. ● Follone tessile ad acqua, i cui magli battevano la stoffa, trattata con acqua, sapone, argilla, per conferirle la consistenza del feltro.

†**gualchieràio** s. m. *1* Follatore. *2* Proprietario di una gualchiera.

gualcìbile [da *gualcire*] agg. ● Che può gualcirsi.

gualcibilità [da *gualcire*] s. f. ● Qualità di ciò che è gualcibile.

gualcìre [longob. **walkjan*, parallelo del francone **walk(j)an* 'gualcare'] v. tr. e intr. pron. (*io gualcìsco, tu gualcìsci*) ● (*raro*) Sgualcire.

guàlda [var. di *guada* (2)] s. f. ● (*bot.*) Guaderella.

†**gualdàna** [etim. discussa: da †*gualdo* 'bosco', vale a dire 'imboscata' (?)] s. f. ● Scorreria e razzia compiuta a cavallo in territorio nemico.

†**guàldo** [longob. **wald*, di area germ.] s. m. ● Bosco.

gualdràppa [da *guardanappa*, con infl. di *drappo* e dissimilazione di -*ardr-* in -*aldr-*] s. f. ● Drappo attaccato alla sella che copre la groppa del cavallo per riparo e spec. per ornamento: *una g. di velluto, ricamata*. ➡ ILL. p. 1289 SPORT.

gualdrappàto agg. ● (*raro*) Che porta la gualdrappa.

†**guàle** ● V. *uguale*.

†**gualèrcio** /gwa'lɛrtʃo?/ o †**gualèrchio** /gwa'lɛrkjo?/ [comp. di *gua(tare)* e *lercio*] agg. *1* Guercio | Losco. *2* Lercio, sporco.

†**gualìvo** [da (*e*)*guale*] agg. ● Eguale, piano.

guanàco [sp. *guanaco*, dal n. indigeno *wanáku*] s. m. (pl. -*chi*) *1* Lama non addomesticabile delle Ande dal mantello giallo rossiccio (*Lama guanicoe*). *2* Fibra tessile ricavata dalla pelliccia dell'animale omonimo.

guància [longob. **wankja*, con il sign. primitivo di '(parte) curva', di origine indeur.] s. f. (pl. -*ce*) *1* Parte laterale della faccia, tra lo zigomo e il mento: *avere le guance rosse, rosee, lacrimose* | †*Mentire il rossore della g.*, col belletto | *Tingersi le guance*, imbellettarsi | *Battersi la g.*, per pentimento | *Porgere l'altra g.*, (*fig.*) sopportare le offese senza reagire, in conformità all'insegnamento evangelico | (*est., lett.*) Faccia, volto. *2* Parte carnosa della testa di bestia macellata, che si vende con le frattaglie. *3* (*raro*) Faccia o lato di un oggetto, costruzione e sim.: *la g. dell'argine* | *G. del fucile*, la parte larga del calcio del fucile, su cui si appoggia la guancia. *4* (*mar.*) †Ciascuno dei quartieri di prua. || **guancina**, dim. | **guancióna**, accr. | **guancióne**, accr. m. (V.).

guancialàio s. m. ● Nelle stazioni ferroviarie, chi dà a nolo i guanciali per i viaggi notturni.

guancialàta s. f. ● (*raro*) Colpo di guanciale dato per gioco.

guanciàle [dalla *guancia*, che vi si appoggia] s. m. *1* Cuscino rettangolare imbottito di lana, piuma o altri materiali, su cui si appoggia la testa quando ci si corica: *cambiare la federa al g.*; *Fillide secura dorme / stesa su candidi molli guanciali* (PARINI) | *Dormire fra due guanciali*, (*fig.*) non avere preoccupazioni. *2* Parte dell'elmo che difende la guancia. *3* (*centr.*) Lardo della guancia del maiale. || **guancialétto**, dim. (V.) | **guancialino**, dim. (V.) | **guancialóne**, accr. (V.).

guancialétto s. m. *1* Dim. di *guanciale*. *2* Imbottitura del vestito per correggere qualche difetto di chi lo indossa. *3* Cuscinetto imbevuto d'inchiostro per timbri e sim.

guancialino s. m. *1* Dim. di *guanciale*. *2* Cuscinetto | *G. da cucire, da spilli*, imbottito, per appuntarvi aghi o spilli. *3 Fare a g.*, quando due persone tendono le braccia e intrecciano le mani stringendo uno i polsi dell'altro per formare quasi un seggiolino.

guancialóne s. m. *1* Accr. di *guanciale*. *2* (*tosc.*) Copertina a guanciale dove si mettono i lattanti quando non si fasciano.

guanciàta s. f. ● (*tosc.*) Schiaffo. ‖ **guanciatina**, dim.

guàncio [sp. *guanche*, prob. di orig. berbera: *u aexex* 'figlio giovane'] **A** s. m. (f. *-a*; pl. f. *-ce*) ● Ogni appartenente a un'antica popolazione autoctona delle Canarie, estintasi in seguito alla conquista spagnola (sec. XV). **B** agg. ● Dei Guanci. **C** s. m. solo sing. ● Lingua degli antichi guanci.

guancióne s. m. *1* Accr. di *guancia*. *2* †Schiaffo, ceffone.

guanidina [da *guanina*, dalla quale si forma] s. f. ● Composto organico azotato, di cui si usano alcuni derivati in terapia come disinfettanti intestinali, antimalarici e protettivi contro la fragilità vasale.

guanièra s. f. ● Deposito di guano.

guanina [da *guano*, dal quale si estrae] s. f. ● (*chim.*) Base azotata purinica presente negli acidi nucleici; nel DNA si appaia specificamente con la citosina.

guàno [sp. *guano*, da una vc. indigena *wánu* 'sterco'] s. m. ● Deposito di escrementi di uccelli acquatici lungo le coste e in alcune isole del Perù e del Cile, contenente azoto, fosforo e potassio e utilizzato come concime.

guantàio s. m. (f. *-a*) ● Chi fabbrica o vende guanti.

guanterìa s. f. ● Fabbrica di guanti | (*raro*) Negozio di guanti.

guantièra [dai *guanti*, che vi si riponevano o posavano] s. f. *1* Scatola elegante per tenere i guanti. *2* Vassoio per dolci, sorbetti, e sim. ‖ **guantierina**, dim.

guànto [ant. fr. *guant*, dal francone **want*] s. m. *1* Accessorio dell'abbigliamento maschile e femminile che riveste e protegge la mano: *guanti di pelle, di filo, di seta, di lana*; *guanti imbottiti*; *guanti a rete*; *infilare, mettersi, calzarsi, togliersi i guanti* | *Guanti lunghi*, che coprono in parte o interamente il braccio | *Mezzi guanti*, che lasciano scoperte le dita | *Guanti di gomma*, impermeabili, usati dai medici o da chi maneggia sostanze nocive a protezione della mano | *Guanti di ferro*, parte delle antiche armature che copriva la mano | *Calzare come un g.*, adattarsi perfettamente | *Avere il pugno di ferro nel g. di velluto*, (*fig.*) agire con fermezza e decisione ma con apparente dolcezza | *In guanti gialli*, (*fig.*) in abito da cerimonia | *Ladro in guanti gialli*, ladro in abito e con tratti da gentiluomo | *Mandare, gettare il g.*, (*fig.*) sfidare a duello | *Raccogliere il g.*, (*fig.*) accettare la sfida | *Trattare coi guanti*, (*fig.*) con molti riguardi | *Pigliare q.c. coi guanti*, per non sporcarsi | †*Dare nel g.*, capitare in mano altrui | †*Mangiarsi i guanti*, struggersi di passione amorosa. *2* Nel gioco del bracciale, bracciale | *Balzar la palla sul g.*, (*fig.*) presentarsi una buona occasione. *3* (*est., pop.*) Preservativo. ‖ **guantino**, dim. | **guantóne**, accr. (V.).

guantóne s. m. *1* Accr. di *guanto*. *2* Guanto di cuoio imbottito, usato dai pugili | *Incrociare i guantoni*, disputare un incontro di pugilato | *Appendere i guantoni al chiodo*, (*fig.*) abbandonare lo sport attivo, ritirarsi dall'attività pugilistica.

guapperìa s. f. ● Insieme di guappi | Azione da guappo.

guàppo [lat. *văppa(m)* 'uomo corrotto', da cui alcune forme dial.; la var. con *gua-* (per infl. del got. *hwapjan*) è propria del fr. ant.] **A** s. m. ● (*dial., merid.*) Camorrista | (*est.*) Persona violenta, prevaricatrice e priva di scrupoli: *comportarsi, agire da g.* **B** agg. *1* Sfrontato, ardito: *maniere guappe*. *2* Di eleganza pacchiana, volgare.

guàr [vc. ingl. di orig. indiana] s. m. ● Polvere inodora bianco-giallastra ottenuta dai semi di una pianta delle Leguminose, usata come additivo alimentare.

guaracha /*sp.* gwa'ratʃa/ [vc. indig. (?)] s. f. inv. ● Ballo d'origine cubana simile alla rumba ma di ritmo più lento.

guaràna [sp. *guaraná*, dal n. tupì dell'arbusto (*waraná, guaraná*)] s. f. ● Liana brasiliana delle Sapindacee da cui si ricava la droga omonima, ricca di caffeina (*Paullinia cupana*).

guaranì [sp. *guaraní*, dal n. del popolo (*Guaranís*); così chiamato perché discendente di *Guaraní*, letteralmente 'il guerriero' (?)] **A** agg. ● Appartenente o relativo a una popolazione indigena del Paraguay. **B** s. m. (anche f. nel sign. 1) *1* Chi appartiene alla popolazione guaranì. *2* Unità monetaria circolante in Paraguay. **C** s. m. solo sing. ● Lingua indigena dell'America meridionale.

†**guarantìre** ● V. *guarentire*.

†**guàrda** ● V. *guardia*.

guarda- [tratto da *guardare*] primo elemento ● In parole composte, indica persone addette alla custodia, alla sorveglianza di q.c. o qc., oppure oggetti con funzione protettiva: *guardamacchine, guardapetto* | In alcuni composti presenta la variante *guardia-*, per influenza del s. f. *guardia*: *guardalinee* o *guardialinee*.

guardabarrière [comp. di *guarda(re)* e il pl. di *barriera*] s. m. inv. ● Agente addetto alla protezione dei passaggi a livello.

guardabòschi [comp. di *guarda(re)* e il pl. di *bosco*, sul tipo dell'equivalente fr. *garde-bois*] s. m. ● Addetto alla sorveglianza dei boschi per proteggerli da furti di legname e danneggiamenti d'ogni genere | (*raro*) Guardacaccia.

guardabuòi [comp. di *guarda(re)*, nel senso del fr. *garder* ('custodire') e il pl. di *bue*, che libera dai parassiti, come il fr. *gardeboeufs*] s. m. ● Uccello dei Ciconiformi molto simile alla garzetta (*Bubalculus ibis*).

guardacàccia o **guardiacàccia** [comp. di *guarda(re)* e *caccia*, come il fr. *garde-chasse*] s. m. inv. ● Guardia giurata incaricata di far rispettare leggi e regolamenti sulla caccia | Guardia di una riserva di caccia privata.

guardacànapo [comp. di *guarda(re)* e *canapo*] s. m. ● (*mar.*) Anello di metallo per difendere dall'attrito un canapo e renderne facile lo scorrere | *G. dello straglio*, a ferro di cavallo o ad anello, al quale s'impiomba il piede dello straglio per poterlo tesare.

guardacaténa [comp. di *guarda(re)* e *catena*] s. m. ● Fermacorda dell'orologio.

guardacàvo [comp. di *guarda(re)* e *cavo*] s. m. (pl. *-i*) ● (*mar., raro*) Guardacanapo.

guardacénere [comp. di *guarda(re)* e *cenere*] s. m. inv. ● Riparo di rame o ferro che impedisce alla cenere o al carbone di uscir fuori dal focolare. SIN. Parafuoco.

guardaciùrma [comp. di *guarda(re)* e *ciurma*, come il fr. *gardechiourme*] s. m. inv. ● Guardaforzati.

guardacòrpo [comp. di *guarda(re)* e *corpo*, come il corrisp. fr. *garde-corps*] s. m. inv. ● (*mar.*) Corda tesa tra due sostegni in coperta, per tenervisi quando la nave è instabile per moto ondoso.

guardacòste o **guardiacòste** [comp. di *guarda(re)* e il pl. di *costa*, sul modello del fr. *garde-côte*, sott. *vaisseau* 'vascello'] s. m. inv. *1* (*mar.*) Nave in servizio di vigilanza costiera. *2* Milizia che sorveglia la costa | Soldato di questa milizia.

guardadìghe [comp. di *guarda(re)* e il pl. di *diga*] s. m. inv. ● Persona incaricata di sorvegliare una diga e tutte le sue installazioni.

guardafili o **guardiafili** [comp. di *guarda(re)* e il pl. di *filo*] s. m. ● Operaio che ha l'incarico di individuare a vista, percorrendo il tracciato di una palificazione, guasti ai circuiti aerei causati da rotture e sim.

†**guardaforzàti** [comp. di *guarda(re)* e il pl. di *forzato*] s. m. ● Milite che, un tempo, stava a guardia dei condannati nei bagni, nelle darsene, negli arsenali.

†**guardafuòco** [comp. di *guarda(re)* e *fuoco*] s. m. ● (*mar.*) Riparo di tavole intorno al corpo del bastimento quando si eseguono operazioni di calafataggio perché la fiamma non attacchi il cordame.

guardainfànte ● V. *guardinfante*.

guardalàto [comp. di *guarda(re)* e *lato*, nel senso di 'fianco (dell'imbarcazione)'] s. m. ● (*mar.*) Parabordo.

guardalìnee o **guardialìnee** nel sign. 2 [comp. di *guarda(re)* e il pl. di *linea*] s. m. inv. *1* Cantoniere ferroviario con compito di vigilanza di un tratto di linea per accertare l'idoneità del binario ai fini della circolazione dei treni. *2* Nel calcio, ciascuno dei collaboratori dell'arbitro che controllano lo svolgimento del gioco dalle linee laterali. SIN. Segnalinee.

guardamàcchine o **guardiamàcchine** [comp. di *guarda(re)* e il pl. di *macchina*] s. m. inv. ● Addetto alla sorveglianza di un parcheggio per autovetture.

guardamàno [comp. di *guarda(re)* e *mano*] s. m. inv. *1* Parte del fornimento di arma manesca, bianca o da fuoco, a protezione della mano che la impugna: nell'arma da fuoco sotto l'impugnatura a difesa del grilletto, nelle armi bianche fra la crociera e il pomo. *2* Manopola da lavoro, a protezione della mano. *3* Cordone delle scale, per appoggio. *4* (*mar.*) Tirella di tempesta.

†**guardaménto** s. m. *1* Modo e atto del guardare | Sguardo: *amore si nutrica co' dolci guardamenti* (BOCCACCIO). *2* Riguardo. *3* Ripostiglio.

†**guardamèrci** [comp. di *guarda(re)* e il pl. di *merce*] s. m. ● Personale addetto alla vigilanza sui magazzini merci nonché all'assistenza alle operazioni di carico e scarico dai treni.

guardanìdio o **guardanìdo** [comp. di *guarda-* e *nidio*, variante di *nido*] s. m. ● Endice, nidiandolo.

guardapàlma [comp. di *guarda(re)* e *palma*] s. m. ● (*mar.*) Manopola di cuoio, con palma metallica, usata dai velai per spingere l'ago da vele.

guardapàrco [comp. di *guarda(re)* e *parco*] s. m. inv. ● Guardia di un parco nazionale: *i g. del Gran Paradiso*.

guardapésca o **guardiapésca** [comp. di *guarda(re)* e *pesca*, come il fr. *garde-pêche*] s. m. inv. ● Guardia giurata incaricata di far rispettare leggi e regolamenti sulla pesca spec. fluviale | Guardia di una riserva di pesca privata.

guardapètto [comp. di *guarda(re)* e *petto*] s. m. ● Pezzo di legno talvolta armato di ferro che si mette a protezione del petto quando si adopera il trapano.

guardapièdi [comp. di *guarda(re)* e il pl. di *piede*] s. m. ● Cassetta di legno o borsa di pelo per tenere in caldo i piedi.

guardapìnna [comp. di *guarda(re)* e *pinna*] s. m. inv. ● Granchiolino dei Pinnoteridi che vive entro la conchiglia di molluschi bivalvi ma specialmente nella pinna (*Pinnotheres pinnotheres*). SIN. Pinnotero.

guardapòrta [comp. di *guarda(re)* e *porta*, sul modello del fr. *garde-porte*] s. m. e f. inv. ● (*merid.*) Portiere, portinaio.

guardapòrto [comp. di *guarda(re)* e *porto*] s. m. *1* Chi soprintende alla custodia di un porto. *2* Bastimento che si tiene armato e fermo in ogni porto per guardia, e per sorvegliare arrivi, partenze, ormeggi e sim.

guardaportóne [comp. di *guarda(re)* e *portone*] s. m. ● Portiere in livrea di palazzi signorili, di grandi teatri e di pubblici edifici in genere.

guardàre [francone **wardōn* 'stare in guardia (*warda*)'] **A** v. tr. *1* Rivolgere lo sguardo per vedere: *g. attentamente, distrattamente, fisso*; *g. di traverso, storto, in cagnesco*; *guardo / il passaggio quieto / delle nuvole sulla luna* (UNGARETTI) | *G. di buono, di mal occhio*, con benevolenza, con malevolenza | *G. con la coda dell'occhio*, sbirciare | *G. qc. in viso*, affrontarlo senza timore | Considerare con interesse: *g. una donna*; *nessuno lo guarda* | *Non lo guardo neppure*, non mi curo di lui | *Non g. qc.* o *q.c. per non sciuparlo*, esserne geloso | *Non g. in faccia qc.*, fingere di non conoscerlo | *Non g. in faccia a nessuno*, agire con imparzialità | *Guarda! guarda! guarda!*, escl. di meraviglia | *Guarda caso!*, escl. che esprime ironia o sorpresa | *Guarda che roba!*, escl. di sorpresa o disappunto | *Guarda e passa*, senza mostrare interesse | *Stare a g.*, assistere passivamente agli avvenimenti | *Che state a g.?*, con riferimento a chi sta perdendo tempo. *2* Esaminare, osservare attentamente: *g. una mostra, un quadro, una sta-*

tua | *G. un ammalato*, considerare con attenzione il decorso della malattia | *G. per il minuto, per il sottile*, prendere in considerazione ogni minimo particolare. *3* Custodire, difendere: *g. qc. come un figlio*; *g. la casa, il podere* | *G. alle spalle di qc.*, difenderlo da insidie e agguati | †*G. la salute del corpo*, curare | †*G. la fede*, mantenersi fedele | †*G. in casa*, tenere presso di sé | Preservare, tener lontano dai pericoli: *g. qc. dalla vergogna, dalla menzogna* | *Dio me ne guardi!*, detto di qc. o di q.c. che si vuole evitare | Fare la guardia: *g. il ponte, la porta d'accesso, la vigna* | *G. un pregiudicato*, sorvegliarlo | *G. a vista qc.*, non perderlo d'occhio | Proteggere: *non aspettò di entrare in quella città con lo esercito suo che lo guardasse* (MACHIAVELLI). *4* (*raro*) Osservare: *g. i comandamenti di Dio*; *g. le feste* | Seguire: *g. le orme di qc.* *5* (*raro*) Assistere, vegliare: *g. il morto, l'ammalato* | †*G. il letto, la camera*, stare a letto per indisposizione. **B** v. intr. (aus. *avere*) *1* Badare, fare attenzione: *g. ai fatti propri*; *non g. a disagi, a spese*; *guarda a quello che fai!*; *guarda di non farlo più.* *2* Procurare, fare in modo di: *guarda di studiare, di farti amare dagli altri.* *3* †Aver riguardo, far riferimento a q.c. o qc.: *è una considerazione che guarda al futuro.* *4* Riferito a edifici, stanze, finestre e sim., essere rivolto, avere la vista verso una data direzione: *la casa guarda a levante*; *le finestre guardano sulla piazza*; *il terrazzo guarda verso la valle.* **C** v. rifl. *1* Osservare il proprio corpo: *guardarsi allo specchio.* *2* Astenersi: *guardati dal ripetere simili calunnie* | Preservarsi, difendersi: *guardarsi dalla corruzione, dal vizio*; *guardati dalle lusinghe degli adulatori* | *Guardarsi ai fianchi*, (*fig.*) dalle insidie nascoste. **D** v. rifl. rec. ● Scambiarsi gli sguardi, osservarsi l'un l'altro: *si guardano teneramente negli occhi* | *Stare a guardarsi*, stare in ozio | *Non guardarsi più*, (*fig.*) aver rotto ogni rapporto di amicizia.

guardareggitóri [comp. di *guarda(re)* e il pl. di *reggitore*] s. m. pl. ● (*mar.*) Cuscinetti imbottiti di stoffa che cingono i pennoni al fine d'impedire l'attrito delle scotte sulle guide delle vele.

guardaréni o **guardarèni** [comp. di *guarda(re)* e (*le*) *reni*] s. m. ● Nelle antiche armature, parte della falda posteriore fatta di lamiere snodate a protezione delle reni.

guardaròba [fr. *garde-robe*, comp. di *garde* 'guarda' e *robe* 'veste', poi i 'vestiti' stessi, ivi custoditi] s. m. o raro f. (pl. *guardaròba* m., *guardaròbe* f.) *1* Armadio per la biancheria e il vestiario | Stanza ove si tengono riposti i vestiti e le robe che servono all'uso di casa | Anticamera di teatri e locali pubblici in genere ove si depositano cappotti, borse, ombrelli, e sim. *2* Complesso di abiti e altri generi d'abbigliamento di cui una persona dispone: *ha un g. molto elegante.* *3* (*raro*) Chi si occupa del guardaroba.

guardarobière [da *guardaroba*] s. m. (f. *-a*) *1* Persona di servizio, spec. donna, che ha cura degli abiti e della biancheria. *2* Chi, in un pubblico locale, è assegnato al guardaroba.

guardasàla [comp. di *guarda(re)* e *sala* (*1*), adatt. del fr. *garde-salle*] s. m. inv. ● Sorvegliante di una sala, ad es. di un museo | Ferroviere addetto al controllo saltuario dei biglietti dei viaggiatori nelle sale d'aspetto, alla sistemazione dei viaggiatori che hanno provveduto alla prenotazione del posto sul treno.

guardascàmbi [comp. di *guarda(re)* e il pl. di *scambio*] s. m. ● Chi, nelle ferrovie, è addetto al controllo degli scambi.

guardasigilli [comp. di *guarda(re)* e il pl. di *sigillo*] **A** s. m. ● In passato, alto funzionario di corte che aveva il compito di custodire e apporre i sigilli del sovrano; attualmente, il ministro di grazia e giustizia in quanto controfirma i decreti muniti del sigillo dello Stato. **B** anche agg.: *Ministro g.*

guardaspàlle [comp. di *guarda(re)* e il pl. di *spalla*] s. m. inv. *1* Chi è addetto alla protezione di una persona importante. *2* (*mar.*) Cavo tesato tra gli amantigli a protezione dei marinai che lavorano alle vele.

guardastìva [comp. di *guarda(re)* e *stiva*] s. m. inv. ● Nelle navi, chi ha cura della stiva e delle cose in essa contenute, come gomene, ormeggi, bagagli e sim.

guardàta s. f. ● Sguardo, spec. rapido e superficiale: *non ha studiato la lezione, le ha dato solo una g.* || **guardatàccia**, pegg. | **guardatìna**, dim.

guardatèsta [comp. di *guarda(re)*, nel senso fr. di 'salvare', e *testa*] s. m. inv. ● Rete di grosse corde che si tendeva sul cassero delle navi al fine di preservare il personale di bordo dalla caduta di oggetti gravi dalle coffe.

guardatóre s. m. (f. *-trice*) *1* (*raro*) Chi guarda | †*G. di stelle*, astrologo. *2* †Custode, guardiano: *Elpino di capre, Logisto di ... pecore g.* (SANNAZARO).

guardatràma [comp. di *guarda(re)* 'salvaguardare' e *trama*] s. m. inv. ● (*tess.*) Dispositivo che blocca il telaio automatico allorché si rompe un filo della trama.

guardatùra s. f. *1* Modo e atto del guardare: *g. losca, accigliata, buona* | (*raro*) Sguardo: *con una cotal g. amorevole* (LEOPARDI). *2* †Custodia, guardia.

guardavìa [comp. di *guarda(re)* e *via*] s. m. inv. ● Guardrail.

guardavivànde [comp. di *guarda(re)* e il pl. di *vivanda*] s. m. inv. ● Coprivivande.

guàrdia o †**guàrda** [got. *wardja*, dal v. germ. *warōn* 'prestare attenzione'] **A** s. f. *1* Atto del guardare a scopo di custodia, difesa, vigilanza e sim.: *fare la g.*; *montare la g.*, *montare di g.*; *fare buona, cattiva g.*; *cane da g.*; *rimanere a g. di q.c.* | *Rimanere alla g. di qc.*, affidato alla sua vigilanza | *Lasciare a g.*, in custodia | *Fare la g. a un morto*, vegliarlo | †*Rendere g.*, aver cura | *G. medica, ostetrica*, servizio medico od ostetrico continuativo per prestazioni d'urgenza | *Medico di g.*, medico che effettua turni di sorveglianza in un ospedale. *2* Nucleo di soldati per il servizio di vigilanza armata a edifici, impianti, stabilimenti militari o civili, a seconda che si tratti di esigenze di ordine militare o di ordine pubblico: *la g. di una caserma* | *Corpo di g.*, insieme di soldati che partecipano allo stesso turno di vigilanza | *Posto, corpo di g.*, edificio o locale dove alloggiano i soldati del corpo di guardia | *Cambiamento, cambio della g.*, rotazione di personale nel servizio di vigilanza e, (*fig.*), mutamento, avvicendamento di persone spec. al sommo di una gerarchia | *G. d'onore*, reparto militare che rende omaggio a grandi personalità e presidia monumenti ed edifici pubblici insigni. ➡ ILL. p. 360 ARCHITETTURA. *3* Soldato in servizio di guardia, sentinella: *la g. di una polveriera.* *4* Corpo armato, militare o paramilitare, costituito e organizzato a protezione od onore di persone, vigilanza di cose e, gener., a tutela dell'ordine pubblico | *G. di finanza*, corpo militare dello Stato addetto al servizio di vigilanza doganale e, gener., alla prevenzione, ricerca, denuncia delle evasioni e violazioni finanziarie | *G. nazionale, civica*, nell'Ottocento, corpo armato di cittadini che difendeva le pubbliche libertà e l'indipendenza nazionale | *G. campestre*, corpo speciale di agenti istituito in numerosi comuni cui è affidata la protezione delle proprietà di campagna | *G. forestale*, antica denominazione dell'attuale Corpo Forestale dello Stato con compiti di difesa del patrimonio boschivo nazionale | *G. svizzera*, corpo di soldati pontifici scelti tra i cantoni svizzeri, eccetto il Ticino, ai quali fin dal XVI sec. è affidata la protezione del Pontefice | *G. del corpo*, (*ell.*) *guardia*, nucleo di truppe speciali aventi la funzione di proteggere l'incolumità di capi di Stato o di alte personalità: *g. imperiale*; *g. a cavallo*; *reggimenti della g.* | (*fig.*) *La vecchia g.*, i primi, più fedeli e convinti seguaci di un partito, un movimento letterario e sim. | *Guardie rosse*, in Russia, soldati dell'esercito rivoluzionario comunista durante la rivoluzione del 1917 e negli anni immediatamente successivi; in Italia, membri dei sindacati e delle leghe operaie durante il periodo dell'occupazione delle fabbriche e degli scioperi fra il 1919 e il 1921; in Cina, giovani, spec. studenti, raggruppati in movimento per sostenere e diffondere le idee e la prassi della rivoluzione culturale del 1964. *5* Ciascuno degli appartenenti a tali corpi: *g. svizzera* | *G. di finanza*, finanziere. *6* (*gener.*) Chi svolge azione di vigilanza | *G. di pubblica sicurezza*, nel soppresso ordinamento di polizia, grado sostituito dalla nuova qualifica di agente | *G. notturna*, chi è addetto alla sorveglianza della proprietà privata nelle ore notturne | *G. di città*, antica denominazione del vigile urbano | (*fam.*, *per anton.*) Agente di polizia, vigile urbano | *G. del corpo*, chi scorta un personaggio importante per proteggerne l'incolumità. SIN. (*fam.*) Gorilla | *G. giurata*, che non fa parte dei corpi di polizia ed è alle dipendenze di privati. SIN. (*fam.*) Sceriffo, vigilante | *Guardie e ladri*, gioco infantile in cui i partecipanti scelti per sorteggio come guardie devono inseguire e catturare quelli scelti come ladri, secondo le regole del gioco stesso | †*G. del sepolcro*, guardia da nulla, inutile come quelle che erano al sepolcro di Cristo | †*G. morta*, spaventapasseri. *7* (*mar.*) Il complesso dei servizi tecnici e dei compiti di sorveglianza disimpegnati a bordo di una nave per governarla durante la navigazione e in porto: *marinai di g.*, *ufficiale di g.*; *turni di g.* | Ciascuna delle due parti in cui si divide alternativamente l'equipaggio nell'eseguire i servizi a bordo della nave. *8* Nella scherma e nel pugilato, posizione assunta per la difesa: *g. alta, g. bassa* | *G. stretta, chiusa*, tale da non offrire punti vulnerabili | *Mettersi, stare in g.*, assumere una posizione difensiva (*anche fig.*) | *Mettere qc. in g. contro q.c.*, avvertirlo di un pericolo imminente, metterlo sull'avviso | *Abbassare la g.*, abbandonare la posizione di difesa e, (*fig.*) mostrarsi vulnerabile | *In g.!*, comando dato ai duellanti o ai pugili perché assumano posizione difensiva, usato anche come avvertimento. *9* Parte della spada che va dalla coccia al pomo, esclusa la lama. ➡ ILL. p. 1286 SPORT. *10* (*tess.*) Nel telaio automatico, dispositivo che mantiene la spola nella giusta posizione. *11* Parte inferiore del morso che porta la campanella. *12* (*idraul.*) *Livello, segnale di g.*, (*ell.*) *guardia*, limite graduato posto sull'argine di un fiume indicante il livello cui l'acqua può giungere senza pericoli di tracimazione, e che richiede perciò particolare vigilanza: *il fiume ha raggiunto, ha superato la g.*, *il livello di g.*; (*est.*, *fig.*) l'estremo limite raggiungibile nella realizzazione di un'azione o di un comportamento, che impone a chi gli si avvicina cautela e attenzione perché al di là di esso sono probabili conseguenze dannose e gener. negative. *13* Foglio bianco tra la copertina e il frontespizio di un libro. *14* (*sport*) Nella pallacanestro, giocatore che in attacco gioca all'esterno o indietro. *15* †Custodia, prigione. *16* †Riparo, difesa, propugnacolo. **B** s. m. ● (*tosc.*) Acrt. di *guardiacaccia* e *guardiaboschi*. || **guardiàccia**, pegg.

guardiacàccia ● V. *guardacaccia.*

guardiacòste ● V. *guardacoste.*

guardiafili ● V. *guardafili.*

guardialìnee ● V. *guardalinee.*

guardiamàcchine ● V. *guardamacchine.*

guardiamarina [sp. *guardia marina*, comp. di *guardia* e il f. dell'agg. *marino*, come il fr. *garde-marine*] s. m. inv. ● Primo grado degli ufficiali di vascello della marina militare italiana.

guardianàggio [da *guardiano*] s. m. ● (*raro*) Servizio, prestazione di un guardiano.

guardianàto s. m. *1* Nei conventi, ufficio e carica del padre guardiano. *2* †Ufficio di guardiano.

guardianìa s. f. *1* (*raro*) Ufficio di guardiano | Ufficio e giurisdizione del padre guardiano. SIN. Guardianato. *2* Servizio di custodia e sorveglianza in impianti, cantieri e sim.

guardiàno [got. *wardjan*, acc. di *wardja* 'guardia'] s. m. (f. *-a*) *1* Chi ha l'incarico di custodire, vigilare, curare q.c. o qc.: *g. dei campi, della villa, di bestie, di porci* | *G. notturno*, che vigila durante la notte | *Rimanere a fare il g. in casa*, (*scherz.*, *fig.*) rimanere solo in casa. SIN. Custode, sentinella. *2* Priore o padre superiore di convento di monaci, soprattutto di francescani | †Sagrestano. *3* (*raro*) Secondino. *4* *G. dei coccodrilli*, uccelletto africano dei Caradriformi, con elegante piumaggio nero, grigio e bianco (*Pluvianus aegyptius*). || **guardianèllo**, dim.

guardiapésca ● V. *guardapesca.*

guardìna [dim. di (*posto di*) *guardia*] s. f. ● Camera di sicurezza dove vengono trattenute, temporaneamente, persone fermate dalla polizia.

guardinfànte o **guardainfànte** [sp. *guardainfante*, comp. di *guard(ar)* 'guardare' e *infante*] s. m. ● Cerchio di ferro o vimini che si portava un tempo per tenere scostata dal corpo la gonna.

guardingo [da *guardare* col suff. di origine germ. *-ingo* (da *-inc*)] agg. (pl. m. *-ghi*) ● Di chi procede cauto e circospetto preoccupandosi di non essere sorpreso o colto in fallo: *andare, avanzare g.*; *agire in modo g.* | †Diligente nella custodia. || **guardingaménte**, avv. (*raro*) In modo guardingo.

guardiòla [da *guardia*] s. f. *1* Piccolo locale riservato al portiere situato all'ingresso di edifici pubblici e privati. *2* Nelle antiche fortificazioni, piccola opera a torretta sporgente dall'alto delle mura, specie nei salienti, per postarvi le sentinelle destinate a vigilare sull'esterno.

guàrdo [da *guardare*] s. m. *1* (*poet.*) Sguardo: *pur se tace la bocca il g. prega* (MARINO). *2* †Guardia, vigilanza | †*Essere ai guardi*, vigilare.

guardolificio [comp. di *guardolo* e *-ficio*] s. m. ● (*raro*) Fabbrica per la produzione di guardoli.

guàrdolo [da *guardare* col sign. di 'salva(guarda)re (la scarpa)' (?)] s. m. ● Striscia di pelle o cuoio che viene cucita intorno allo spigolo esterno e interno della calzatura su cui viene cucita la suola di una scarpa.

guardóne [da *guard(are)* e *-one* (*1*) nel sign. 2] s. m. ● (*pop., spreg.*) Chi per morbosa curiosità spia le nudità o gli atti sessuali altrui. SIN. Voyeur.

guardrail /gard'reil, *ingl.* 'ga:d reil/ [vc. ingl., letteralmente 'sbarra (*rail*) dall'ant. fr. *reille*, dal lat. *rēgula* ('regola') per proteggere (*to guard*, dall'ant. fr. *guarder* 'guardare' in senso specifico)'] s. m. inv. ● Robusta ringhiera di lamiera o di elementi in cemento posta ai margini delle strade per impedirne l'uscita dei veicoli in caso di sbandamento. SIN. Guardavia.

guarentigia [da *guarentire*] s. f. (pl. *-gie* o *-ge*) ● Garanzia assicurata dalla legge | *Guarentigie costituzionali*, garanzie statuite dalla Costituzione a favore della libertà dei cittadini | *Legge delle guarentigie*, quella con cui lo Stato italiano intese garantire l'immunità personale, l'indipendenza politica e altre prerogative al Papa, dopo la presa di Roma.

guarentire o †**guarantire** [ant. fr. *guarantir*, da *guarant* 'garante'] **A** v. tr. (*io guarentìsco, tu guarentìsci*) ● (*lett.*) Garantire. **B** v. intr. pron. ● (*lett.*) Garantirsi.

†**guàri** [ant. fr. *guaires*, dal francone **waigaro* 'molto'] **A** avv. ● (*lett.*) Molto (spec. in espressioni negative): *non stette là con essi g.* (DANTE *Inf.* VIII, 113) | *Or non è g.*, non è molto tempo | *Non andò g.*, non passò molto tempo | *Non g.*, non lontano. **B** agg. indef. ● Molto, assai: *dopo non g. spazio passò della presente vita* (BOCCACCIO).

guaribile agg. ● Che può guarire: *con le opportune cure, quella malattia è g. in pochi giorni.*

guarigióne o †**guerigióne** [ant. fr. *guarisun*, da *guarir*, della stessa origine di 'guarire'] s. f. *1* Il ristabilirsi in salute: *g. perfetta, miracolosa*; *tutto quell'affanno e quel dolore preludiarono alla g.* (SVEVO) | *Essere in via di g.*, essere quasi completamente guarito. *2* Il restituire la salute: *è un medico che opera molte guarigioni.*

†**guariménto** o †**gueriménto**. s. m. ● Guarigione.

guarire o †**guerire** [germ. **warjan* 'mettere riparo, tenere lontano' e anche 'difendere'] **A** v. tr. (*io guarìsco, tu guarìsci*) *1* Risanare, riportare in salute: *g. qc. dalla scarlattina, dal tifo* | †*G. un'acqua*, purificarla dall'inquinamento | *G. il vino*, toglierli eventuali difetti. *2* (*fig.*) Rendere qc. libero da un vizio e sim.: *g. qc. dalla pigrizia, dalla caparbietà.* **B** v. intr. (aus. *essere*) *1* Rimettersi in salute: *è guarito per le cure.* *2* (*fig.*) Liberarsi da un vizio e sim.: *è guarito dal vizio del gioco, del fumo.* *3* Esaurirsi, passare: *l'infiammazione guarirà in un mese* || PROV. Il tempo guarisce i mali.

guaritóre s. m. (f. *-trice*) *1* (*raro*) Chi opera una guarigione. *2* Chi pretende di avere la capacità di guarire varie malattie valendosi di mezzi empirici, o non scientificamente riconosciuti.

guarnàcca o **guarnàccia** [ant. provz. *guarnacha*, dal lat. *gaunăca(m)*, dal gr. *kaunákēs* 'sorta di pelliccia persiana', di origine assira] s. f. *1* Sopravveste medievale maschile e femminile, rassomigliante a un mantello, più o meno lunga secondo la moda, con fodera di pelle gentile a vaio o zendado secondo le stagioni, con lunghe maniche, talora aperta di fianco. *2* Grossa e lunga veste da fatica per contadini.

†**guarnèllo** [da *guarnacca* con sovrapposizione di *gonnello* (?)] s. m. *1* Panno tessuto di filo greggio e cotone, usato per fodera. *2* Sottana o sottoveste senza maniche e molto scollata, in uso presso le contadine di alcune regioni italiane.

guarnigióne o †**guernigióne** [ant. fr. *garnison*, da *garnir* 'guarnire'] s. f. *1* Corpo di truppa a guardia di una fortezza, di una piazzaforte, di una città, in pace o in guerra. *2* Il luogo ove ha sede la guarnigione | †Fortificazione. *3* Complesso degli archibugieri o moschettieri che fiancheggiavano il battaglione di picche nei secc. XVI e XVII. *4* †Guarnimento, corredo, finimento.

guarniménto o †**guerniménto**. s. m. *1* (*raro*) Atto del guarnire. *2* (*raro*) Guarnizione: *adorno è il ricco g. / di pietre e perle* (BOIARDO). *3* Tutto ciò che serve di corredo al naviglio, e ciò che si adopera per assicurare gli alberi, sostenere e manovrare i pennoni, spiegare e serrare le vele. *4* †Complesso delle opere, degli armamenti, delle truppe che servono a munire un luogo per difenderlo o presidiarlo. *5* †Squadra di armati.

guarnire o †**guernire** [germ. **warnjan* 'avvertire (un pericolo o una minaccia)', quindi 'provvedere (alla difesa)'] v. tr. (*io guarnìsco, tu guarnìsci*) *1* Munire, corredare di tutto quanto serve per ornamento, difesa e sim.: *g. un cappello di piume.* SIN. Ornare. *2* Corredare, munire di armi, di gente, di difese una città o un luogo fortificato. *3* Provvedere un vascello dei suoi attrezzi. *4* Accompagnare una pietanza con un contorno, mettendoli nello stesso piatto: *g. il brasato con carote al burro.* *5* (*ass.*) Essere di ornamento: *sono accessori che guarniscono molto.*

guarnìto o †**guernìto**. part. pass. di *guarnire*; anche agg. *1* Nei sign. del v. *2* *Cavallo g.*, fornito di tutti i finimenti | *Essere ben g.*, ben provvisto di denaro.

guarnitóre agg.; anche s. m. (f. *-trice*) ● Che, chi guarnisce.

guarnitùra o †**guernitùra**. s. f. *1* (*raro*) Atto del guarnire. *2* (*lett.*) Guarnigione, ornamento. *3* (*raro*) Fattura e spesa della guarnizione. *4* Rivestimento di tavole o fascine disposto sulle pareti delle gallerie di miniera, tra l'armatura e la roccia. *5* (*mar.*) Tutto il cordame che si adopera nei velieri per assicurare gli alberi e per il giuoco dei pennoni e delle vele.

guarnizióne o †**guernizióne**. s. f. *1* Tutto ciò che serve a guarnire: *un abito con una g. di trine*; *una tenda con una g. di fregi d'oro.* *2* Il contorno di una pietanza: *un arrosto con g. di patate.* *3* Elemento di varia forma, per lo più sottile, di gomma, cuoio, fibra, amianto, piombo, rame o altro, per assicurare la tenuta di un recipiente, di un condotto e sim. | (*mecc.*) *G. della testata*, interposta fra la testata e il blocco cilindri dei motori a combustione interna.

guasconàta [fr. *gasconnade*, da *gascon* 'guascone', etnico popolarmente preso per 'spaccone'] s. f. ● Gesto da guascone | Millanteria.

guascóne [fr. *gascon*, dal lat. *Vascōne(m)*, nom. *Văsco*, attrav. un adattam. germ. **Wasco*] **A** agg. ● Della Guascogna. **B** s. m. (f. *-a*) *1* Abitante della Guascogna. *2* (*fig.*) Fanfarone, smargiasso.

†**guastàda** [lat. parl. **gastrāta(m)*, da *gastra(m)* per *grasta(m)* 'grasta', con sovrapposizione d'altra vc.] s. f. ● Caraffa: *gli venne nella finestra veduta questa g. d'acqua* (BOCCACCIO).

guastafèste [comp. di *guasta(re)* e il pl. di *festa*] s. m. e f. inv. *1* Chi guasta l'atmosfera allegra di un ambiente in festa parlando a sproposito o tenendo comunque un comportamento fuori luogo | (*est.*) Persona di carattere scontroso e poco socievole che turba il buonumore generale. *2* (*fig.*) Chi o ciò che intervenendo o sopravvenendo d'improvviso e a sproposito sconvolge l'attuazione di un piano prestabilito: *sei il solito g.*

†**guastalàrte** [comp. di *guasta(re)* e *l'arte*] s. m. e f. ● Guastamestieri.

guastaménto s. m. *1* (*raro*) Atto, effetto del guastare. *2* (*raro, lett.*) Devastazione. *3* (*raro, fig.*) Corruzione.

guastamestièri [comp. di *guasta(re)* e il pl. di *mestiere*] s. m. e f. *1* Chi esercita male una qualsiasi attività | Chi intralcia l'operato altrui. *2* Chi in commercio inganna il pubblico a danno dei concorrenti onesti. SIN. Imbroglione.

guastàre [lat. *vastāre*, da *văstu(m)* nel senso di 'spopolato, devastato', di origine indeur., con sovrapposizione della sillaba iniziale del germ. **wōstjan*'] **A** v. tr. (part. pass. *guastàto*) *1* Ridurre in cattivo stato, mandare in rovina: *la pioggia guasta la strada*; *la grandine ha guastato il raccolto* | (*fig.*) †*g. la coda al fagiano*, tralasciare il più bello di un racconto | †*G. l'arte, il mestiere*, esercitarli molto male | Rendere inservibile: *g. il meccanismo di un orologio, una serratura, un arnese, una bicicletta* | Ridurre flaccido, mandare a male: *il caldo eccessivo guasta la carne*; *l'eccessiva maturazione ha guastato la frutta* | (*est.*) Privare un cibo del proprio sapore caratteristico: *aggiungendo pepe hanno guastato la salsa* | *G. la grazia del vino*, alterarne il gusto con l'aggiunta di sostanze estranee | Alterare, danneggiare: *g. la salute, lo stomaco, l'appetito* | *G. il sangue*, intossicarlo | *Guastarsi il sangue*, (*fig.*) andare in collera | *Guastarsi la testa*, perdere il buon senso, il giudizio | †*G. la creatura*, abortire | Rendere brutto: *le cicatrici guastano il suo viso* | *G. il verso*, rovinarlo con accenti o parole inadatte. SIN. Rovinare, sciupare. *2* (*fig.*) Turbare: *g. il discorso, la conversazione con interventi inopportuni*; *la mia passione ... andò al segno di guastarmi la quiete* (ALFIERI) | *G. l'amicizia, l'accordo*, porvi termine | *G. le nozze*, rompere le trattative | *G. l'incantesimo*, togliere le illusioni | *G. i sogni a qc.*, turbare la felicità di qc. | (*est.*) Rendere confuso, disordinato. *3* (*fig.*) Corrompere, pervertire: *g. l'animo, il cuore di qc.*; *la mitologia guasta il sentimento della natura* (DE SANCTIS). *4* Disfare q.c. per rifarla o per utilizzarne in qualche modo il materiale: *g. un vecchio abito, una casa.* *5* (*raro, lett.*) Devastare, saccheggiare: *g. una città, un territorio* | Demolire, distruggere: *g. un castello col ferro e col fuoco* | (*est.*) †*g. un patrimonio*, dissiparlo. *6* †Mutilare, offendere nella persona | †*G. la razza*, farla degenerare. *7* (*ass.*) Riuscire sgradito e dannoso: *in simili casi una parola gentile non guasta mai.* **B** v. intr. (aus. *avere*) ● Essere, riuscire sgradito, dannoso: *questo colore non guasta.* **C** v. intr. pron. *1* Rompersi, non funzionare più: *l'orologio si è guastato* | Andare a male, diventare fracido: *con questo caldo la frutta si guasta.* *2* (*fig.*) Cambiare in peggio, corrompersi: *era una buona ragazza ma ora si è guastata.* *3* (*fig.*) Volgere al brutto, detto spec. del tempo: *temo che il tempo si guasti.* **D** v. rifl. rec. ● Rompere l'amicizia, l'accordo: *da grandi amici che erano, ora si sono guastati* | †*Guastarsi l'un l'altro*, uccidersi || PROV. Troppi cuochi guastano la cucina.

guastastòmaco [comp. di *guasta(re)* e *stomaco*] s. m. (pl. *-chi* o *-ci*) ● (*fam.*) Bevanda o cibo che danneggia lo stomaco.

guastatóre agg.; anche s. m. (f. *-trice*, pop. *tora*) *1* (*raro*) Che, chi guasta. *2* Fante o geniere specializzato nell'attaccare, danneggiare o distruggere opere fortificate, in azioni di sabotaggio e sim. *3* (*raro, lett.*) Devastatore: *guastatori e predon, tutti tormenta / lo giron primo* (DANTE *Inf.* XI, 38-39). *4* †Dissipatore, prodigo.

guastatùra s. f. ● (*raro*) Atto, effetto del guastare.

guàsto (**1**) [per *guast(at)o*] agg. *1* Che è o si è alterato, danneggiato: *orologio, frigorifero g.* | *Testo g.*, alterato | *Terra guasta*, lavorata ancor molla | Di cibo andato a male: *pere, uova guaste* | Di parti del corpo umano, malato, rovinato: *stomaco g.* | *Dente g.*, cariato | *Cane g.*, arrabbiato. *2* (*fig.*) Corrotto, depravato: *mente, cuore, cervello g.* | *Gusto g.*, che non sa più discernere il bello e il buono | (*fig.*) *Avere il sangue g. con qc.*, essere arrabbiato. *3* (*raro, lett.*) Devastato. *4* †Innamorato cotto.

guàsto (**2**) [da *guastare*] s. m. *1* Rottura, danno: *mancò la luce per un g. all'impianto elettrico.* SIN. Avaria. *2* (*fig.*) Corruzione: *in questa società c'è del g.* SIN. Depravazione, vizio. *3* (*fig.*) Contrasti, dissapori: *c'è del g. tra noi.* *4* †Devastazione, saccheggio | †*Menare a g. e a morte*, mettere a ferro e a fuoco.

guatàre [dall'ant. *gua(i)tare*, da *guaita* 'guardia, sentinella', dal francone **wahta*] **A** v. tr. *1* (*lett.*) Guardare a lungo e insistentemente in modo minaccioso o mostrando stupore, interesse, disprezzo o paura: *come quei che con lena affannata / ... / si volge a l'acqua perigliosa e guata* (DANTE *Inf.* I, 22-24). *2* †Badare, considerare. *3* (*poet.*) Vedere: *e cavalcando poi meglio la guata / molto esser bella* (ARIOSTO). **B** v. rifl. rec. ● (*lett.*) Guardarsi fisso con meraviglia o timore.

†guatatùra s. f. ● Guardatura, sguardo: *una g. strana e torta* (PULCI).

guatemaltèco [sp. *guatemalteco*, comp. del n. del paese (*Guatemala*) col suff. etnico *-eco*, di prov. azteca] **A** agg. (pl. m. *-chi*) ● Del Guatemala. **B** s. m. (f. *-a*) ● Abitante, nativo del Guatemala.

†guàto, **†guàtio** [da *guatare*] s. m. *1* Appostamento, agguato, insidia | *Stare a g.*, in agguato | (*est.*) Gente appostata | (*est.*) Luogo dell'agguato. *2* (*raro*) Guatatura, sguardo.

guàttero ● V. *sguattero*.

guattìre [sovrapp. di *squittire* a *guaire*] v. intr. (*io guattìsco, tu guattìsci*; aus. *avere*) ● Abbaiare, detto dei cani da caccia che inseguono la selvaggina.

guàtto ● V. *quatto*.

guàva s. f. ● (*bot.*) Guaiava.

guàzza [lat. parl. **aquācea*(*m*) o **aquātia*(*m*), agg. sost. di *ăqua*, che sottintende '(luogo) acquoso'] s. f. *1* Rugiada che bagna come pioggia il terreno e le piante: *bagnarsi nella g.*; *campi di stoppie biancastre e luccicanti dalla g.* (MANZONI). *2* (*tosc.*) †Denaro | (*raro*) †*Venir la g.*, guadagnare.

guazzabùglio [comp. di deriv. dei v. *guazzare* e (*gar*)*bugliare*] s. m. *1* Miscuglio confuso di cose diverse (*anche fig.*): *g. di ingredienti, di colori, di idee*; *questo g. del cuore umano* (MANZONI) | *G. di parole*, discorso sconclusionato | *Riempirsi lo stomaco di guazzabugli*, di cibi eterogenei e strani. *2* (*raro*) Acqua mescolata a neve che si liquefà appena.

guazzabuglióne s. m. (f. *-a*) ● (*raro*) Chi fa guazzabugli.

†guazzaménto s. m. ● Diguazzamento.

guazzàre [da *guazzo*] **A** v. intr. (aus. *avere*) *1* Muoversi in un liquido agitandolo: *g. nell'acqua* | *G. nell'oro, nel denaro*, (*fig.*) averne in abbondanza, essere ricchi. *2* Scuotersi in un recipiente non pieno, detto di liquidi: *il vino guazza nelle botti*. **B** v. tr. *1* (*raro*) Sbattere un liquido in un recipiente non pieno. *2* (*tosc.*) Passare a guado: *g. l'acqua, un fiume* | †*G. un cavallo*, farlo entrare in un corso d'acqua perché si rinfreschi le gambe. *3* (*fig.*) †Scialacquare, sperperare.

guazzàta s. f. ● (*raro*) Caduta della guazza | La guazza caduta.

guazzatóio s. m. *1* Luogo sulla riva dell'acqua, dove si conducono ad abbeverare gli animali. *2* Luogo dove si lavano le lane, sulle pecore vive.

guazzétto s. m. *1* Dim. di *guazzo*. *2* Manicaretto in umido, con abbondante sugo: *rane in g.*; *cuocere in g.* | (*fig.*) †*Andare in g.*, andare in solluchero. ‖ **guazzettino**, dim.

guàzzo [dal senso originale di *guazza*] **A** s. m. *1* Notevole quantità di liquido, spec. acqua, sparso nel terreno: *la strada è piena di g. e fango*; *ha rovesciato il catino e ha fatto un gran g. per terra* | *Un g. di sangue*, una pozza | *Essere in un g. di sudore*, grondare. *2* †Straripamento di fiume causato dalla pioggia. *3* (*tosc.*) Guado: *passare un fiume a g.* | (*fig.*) †*Passare q.c. a g.*, tralasciare di parlarne | (*fig.*) †*Passarla a g.*, fare q.c. in modo sconsiderato. *4* (*tosc.*) Liquore in cui si conservano ciliegie, pesche, e sim. in vaso | *Ciliegie, pesche in g.*, sotto spirito. *5* Tecnica di pittura, usata spec. in scenografie, per cartelloni e sim., in cui i colori vengono impastati con gomma arabica e acqua | Opera dipinta con tale tecnica. **B** agg. ● †Guasto, andato a male: *uova guazze*. ‖ **guazzétto**, dim. (V.) | **guazzìno**, dim.

guazzóso agg. *1* Bagnato di guazza. *2* (*raro*) Umido, molle, pieno di guazza: *terreno g.*

gùbbia [lat. *cōpula*(*m*) 'coppia' (V.)] s. f. ● (*dial.*) Insieme di tre cavalli o muli attaccati a un barroccio.

†gubernàre ● V. *governare*.

†gùcchia ● V. *agucchia*.

†gucchiùme ● V. *cocchiume*.

†guèffa (*1*) [da **gueffo* 'altana', prob. dal longob. **waifa*] s. f. *1* Gabbia | (*fig.*) Prigione: *mille gueffe / ho meritato già per questo* (PULCI). *2* Muro, bastione.

†guèffa (*2*) o **guéffa** [longob. **wiffa* 'piccolo involto, matassa', di origine indeur.] s. f. ● Matassa.

guelfìsmo s. m. ● Ideologia guelfa.

guèlfo [dal capostipite della casa di Baviera *Welf* (letteralmente 'piccolo del cane o di un animale selvatico') di origine indeur., come il n. com. della stessa rad. *Wolf* 'lupo'] **A** s. m. *1* Nel Medioevo, partigiano della casa di Baviera contro gli Hohenstaufen, all'epoca della lotta per il titolo imperiale. *2* Sostenitore delle vedute teocratiche del papa contro gli interessi del partito favorevole all'imperatore nell'Italia dei sec. XIII e XIV. *3* Neoguelfo. *4* Moneta d'argento coniata in Firenze nel XIV secolo. **B** agg. ● Dei guelfi: *partito g.*; *parte guelfa* | *Merlo g.*, a forma di parallelepipedo.

guêpière /fr. gɛ'pjɛr/ [vc. fr., da *guêpe* 'vespa' (dal lat. *vēspa* con sovrapposizione di altre vc. germ. con *gue-* da *we-*) attraverso il paragone *taille de guêpe* 'vita, vitino da vespa'] s. f. inv. ● Bustino femminile munito di stecche e di stringhe, per assottigliare la vita.

guercézza s. f. ● (*raro*) Caratteristica di chi è guercio.

guèrcio [etim. discussa: got. *thwairhs* 'storto', 'collerico' (?)] **A** agg. (pl. f. *-ce*) *1* Strabico: *occhi, sguardo g.* | (*est.*) Privo di un occhio. *2* (*fig.*) †Che non sa discernere, distinguere. **B** s. m. (f. *-a*) ● Chi, per difetto fisico, ha lo sguardo storto. ‖ **guercìno**, dim.

guerèza [amarico *gu*(*i*)*rēza* 'scimmia dalla coda bianca'] s. f. ● Scimmia dei Cercopitecidi, africana, dalla pelliccia nera molto ricercata, con maschera bianca e lunghi peli bianchi sul dorso (*Colobus polykomos*). SIN. Colobo abissino.

guéridon /fr. geri'dɔ̃/ [vc. fr., dal n. proprio del personaggio isolato e immobile in un balletto, vagamente raffigurato in questo tipo di mobile, che aveva anche una posizione isolata nell'arredamento] s. m. inv. *1* Tavolino da salotto di solito rotondo, retto da un treppiede o da una figura scolpita. *2* (*cuc.*) Apparecchio usato per preparare piatti alla fiamma.

†guerìre e *deriv.* ● V. *guarire* e *deriv.*

†guernìre e *deriv.* ● V. *guarnire* e *deriv.*

guèrra [germ. *werra* 'mischia', da collegarsi con l'ant. alto-ted. (*fir-*)*wërran* 'avviluppare'] s. f. *1* Situazione giuridica esistente tra Stati in cui ciascuno di essi può esercitare violenza contro il territorio, le persone e i beni dell'altro o degli altri Stati con l'osservanza delle norme di diritto internazionale: *g. aerea, navale, terrestre*; *g. atomica, batteriologica, chimica, nucleare*; *g. lunga, breve, aspra, feroce*; *g. offensiva, difensiva*; *governi che la g. aveva trascinato nel suo vortice* (CROCE); *vincere, perdere la g.*; *danni di g.*; *invalidi, mutilati, prigionieri di g.*; *tempo di g.*; *stato di g.* | *G. partigiana*, condotta da formazioni partigiane | *G. intestina*, di classi sociali o partiti entro una stessa nazione | *G. civile*, combattuta tra opposte fazioni di cittadini | *Fare la g.*, guerreggiare | *Dichiarare, intimare*, †*indire, bandire la g.*, darne avviso al nemico, dichiarandone ufficialmente i motivi | †*Pubblicare, scoprire la g.*, dichiararla | *Muovere g. a, contro qc.*, essere i primi a farla | *Entrare in g. contro qc.*, intraprenderla | *G. totale*, condotta con tutti i mezzi e senza risparmiare le popolazioni civili | *G. lampo*, condotta con irruente violenza e con la massima concentrazione di potenza per raggiungere un fulmineo e risolutivo successo | *G. di logoramento*, che tende a esaurire il nemico | *G. di posizione, di trincea*, in cui gli eserciti sono attestati su due linee fortificate che si fronteggiano | *Leggi di g.*, promulgate durante la guerra per cause da essa determinate | *Teatro di g.*, zona geografica nella quale si svolge la guerra | *Criminale di g.*, militare autore di efferatezze, spec. contro i civili, durante un conflitto | *Zona di g.*, dove si svolgono le operazioni belliche | *Bandiera di g.*, quella dei reggimenti e delle navi della Marina militare | *Tribunale di g.*, per giudicare dei reati militari in tempo di guerra | †*Stare in su la g.*, combatterla | *Caso di g.*, circostanza che dà appiglio alla guerra | *Essere in assetto, sul piede di g.*, essere pronti a dare inizio alle ostilità | *Uomo di g.*, soldato | *Canti di g.*, che celebrano imprese militari | *Grido di g.*, che incita al combattimento | *Partito della g.*, che la favorisce | *G. coloniale*, per la conquista di colonie | *G. di indipendenza, di liberazione*, contro l'oppressore | *G. mondiale*, cui partecipano le maggiori potenze del mondo | *G. santa*, per la riconquista dei luoghi sacri o per il trionfo della religione | *G. di successione*, per una successione al trono | (*est.*) Assalto, combattimento | *Guerre stellari*, nel linguaggio giornalistico, denominazione di un progetto statunitense relativo a un sistema di difesa e controllo spaziale antimissile, chiamato anche *scudo stellare*. *2* Contrasto fra Stati, condotto non con le armi ma con altri mezzi di pressione, economici, politici e sim. | *G. doganale, di tariffe*, attuata in campo economico per danneggiare un Paese elevando i dazi o instaurando divieti | *G. economica*, per ridurre o neutralizzare il potenziale economico di un Paese nemico e mantenendo o accrescendo il proprio | *G. psicologica*, impiego coordinato e pianificato di informazioni per influenzare l'animo di comunità nemiche a favore della nazione | *G. fredda*, stato di acuta tensione fra due Stati senza ostilità militari | *G. dei nervi*, combattuta con la diffusione di notizie allarmistiche. *3* (*fig.*) Stato di discordia esistente fra due o più persone: *mettersi in g. con qc.*; *aizzare la g.* | *G. domestica*, fra parenti | *G. a coltello, ad armi corte*, aspra, feroce | *G. a colpi di spillo*, caratterizzata da continui dispetti e malignità. SIN. Dissidio, lotta. *4* (*poet.*) Travaglio, fatica: *e io sol uno / m'apparecchiava a sostener la g. / sì del cammino e sì de la pietate* (DANTE *Inf.* II, 3-5). ‖ **guerricciòla**, **guerricciuòla**, dim. | **guerrùcola**, pegg.

guerrafondàio [dalla loc. *guerra* (*a*) *fondo*] agg.; anche s. m. (f. *-a*; pl. m. *guerrafondài*) ● (*spreg.*) Che, chi è sostenitore a oltranza della guerra. CONTR. Pacifista.

guerraiòlo o **†guerraiuòlo** s. m.; anche agg. (f. *-a*) ● (*spreg.*) Chi, che sostiene fanaticamente la guerra.

guerreggiànte **A** part. pres. di *guerreggiare* ● Nei sign. del v. **B** s. m. e f. ● Chi fa la guerra.

guerreggiàre **A** v. intr. (*io guerréggio*; aus. *avere*) ● Fare la guerra: *g. con, contro qc.* o *q.c.* **B** v. tr. ● (*raro*) Combattere: *g. il nemico* | (*fig.*) Trattare ostilmente. **C** v. rifl. rec. ● Combattersi, farsi guerra.

guerreggiatóre s. m.; anche agg. (f. *-trice*) ● (*raro*) Chi, che fa la guerra | Chi, che ama guerreggiare.

†guerrèro ● V. *guerriero*.

guerrésco agg. (pl. m. *-schi*) ● Di, relativo alla, guerra: *armi guerresche*; *apparecchi guerreschi* | Atto, propenso alla guerra: *era un uomo dall'animo g.* ‖ **guerrescaménte**, avv.

guerrièro o **†guerrèro**, **†guerrière** [ant. fr. *guerrier*, da *guerre* 'guerra'] **A** s. m. (f. *-a*) ● Uomo d'arme, spec. dell'antichità o della leggenda: *guerrieri del Medioevo*. **B** agg. *1* Bellicoso: *animo, principe g.* | Uso alla guerra, valente nella guerra: *popolo, gioventù guerriera*. *2* (*est.*) Combattivo, fiero: *quella modestia un po' guerriera delle contadine* (MANZONI). *3* †Avversario, nemico.

guerrìglia [sp. *guerrilla*, propriamente dim. di *guerra*] s. f. ● Forma di lotta condotta da formazioni irregolari di armati che combattono un esercito regolare, spec. con l'appoggio tacito della popolazione | *G. urbana*, attuata in una città da piccoli gruppi mediante azioni di violenza o di vandalismo.

guerriglièro [sp. *guerrillero*, da *guerrilla* 'guerriglia'] s. m. (f. *-a*) ● Combattente civile o militare che svolge la guerriglia inquadrato in apposite formazioni.

guest star /'gɛst 'star, *ingl.* 'ges(t) sta:*/ [loc. ingl., comp. di *guest* 'ospite' e *star* (V.)] loc. sost. m. e f. inv. (pl. ingl. *guest stars*) ● Attore famoso che partecipa a un film senza interpretare una parte di primo piano o interviene in una trasmissione televisiva in qualità di ospite d'onore | Attore molto noto che compare soltanto in un episodio o in pochissimi episodi di una serie di telefilm o di sceneggiati.

guevarìsmo /geva'rizmo/ s. m. ● Insieme delle concezioni politiche e dei metodi di lotta armata del guerrigliero rivoluzionario sudamericano E. Guevara (1928-1967), detto el Che.

gufàggine [da *gufo*, nel sign. 2] s. f. ● Tendenza di una persona a vivere isolata. SIN. Misantropia.

gufàre [da *gufo*] **A** v. intr. (aus. *avere*) **1** Emettere il proprio grido caratteristico, detto del gufo. **2** Imitare il verso del gufo | (*est.*) Soffiare mangiando troppo avidamente. **B** v. tr. ● †Beffare qc. soffiando nel pugno della mano | Beffeggiare: *a te per toccare il cielo, / quando un po' mi gufi o gabbi* (L. DE' MEDICI). **C** v. rifl. ● (*dial.*) †Starsene coperto, nascosto, spec. nel letto.

guffino [da *GUF*, sigla dei *G*(*ruppi*) *U*(*niversitari*) *F*(*ascisti*)] agg.; anche s. m. (f. *-a*) ● Durante il fascismo, che o chi aderiva a un GUF.

gùfo [lat. *būfo* (nom.), di fondamento onomat., con sostituzione della cons. iniziale per diversa imitazione del grido dell'uccello] s. m. **1** Correntemente, rapace notturno degli Strigiformi con capo grande, occhi frontali, becco breve e adunco, piume morbide e due ciuffi di penne erettili sul capo (*Bubo*) | *G. reale*, di aspetto imponente con occhi molto grandi (*Bubo bubo*) | *G. comune*, piccolo, comune in Europa e in Asia (*Asio otus*) | *G. selvatico*, allocco. **2** (*fig.*) Persona poco socievole. **3** (*fig.*, *raro*) Persona avida nel mangiare. || **gufàccio**, pegg.

gùglia [per (*a*)*guglia* (*2*), che ant. aveva il senso di *ago*] s. f. **1** Elemento terminale di una costruzione a forma conica o piramidale con angolo al vertice molto acuto posta spec. a scopo ornamentale in coperture di chiese, in campanili, torri e cupole. ➡ ILL. p. 358, 359 ARCHITETTURA. **2** Snella formazione rocciosa dalla punta aguzza e i fianchi dirupati.

gugliàta [der. dell'ant. *aguglia* 'ago', dal provz. ant. *agulha*, che rappresenta il lat. parl. **acūcula*(*m*) 'piccolo (*-ŭla*) ago (*ăcus*)'] s. f. ● Pezzo di filo che si passa nell'ago per cucire | Quantità di lana che la filatrice a mano trae dalla rocca prima di raccoglierla sul fuso. || **gugliatina**, dim.

guglielmino agg. ● Che riguarda Gugliemo II, imperatore di Germania e re di Prussia dal 1888 al 1918, e la sua epoca.

guìda [da *guidare*] **A** s. f. **1** Azione del guidare (*anche fig.*): *conoscere perfettamente la g. di un veicolo*; *studiare sotto la g. di eccellenti maestri* | *Prendere lezioni di g.*, imparare a condurre un automezzo | *Posto di g.*, il posto occupato dal guidatore di un autoveicolo e davanti al cui sedile si trovano gli strumenti di controllo del funzionamento e i comandi per la manovra | *Cabina di g.*, in cui prende posto il macchinista di treni e autotreni. **2** Ciò che guida o ha funzione di guidare (*anche fig.*): *le stelle e la bussola sono la g. dei naviganti*; *il nostro esempio sia la vostra g.* **3** Insieme di strumenti, apparecchiature e sim. che permettono di guidare un autoveicolo: *g. a destra*; *g. a sinistra*; *g. interna, esterna* | (*raro*, *est.*) Guidatore, conducente. **4** Libro che si propone di insegnare i primi elementi di un'arte o di una tecnica: *g. alla pittura, allo studio delle scienze, al disegno industriale* | Opera a stampa per il turista o per il viaggiatore contenente la descrizione sistematica delle strade e delle caratteristiche di regioni, città e sim.: *g. della Francia, dell'Italia, della Toscana, di Roma, di Parigi* | *G. del Touring Club, Baedeker, Murray*, così chiamate dal nome degli editori | *G. telefonica*, elenco telefonico. **5** Chi, precedendo o accompagnando altri, mostra o insegna loro la via da seguire: *fare da g. a qc.*; *prendere qc. per g.*; *avere una g. esperta, abile, coraggiosa* | (*est.*) Chi per mestiere illustra ai turisti le caratteristiche di una città, di un museo e sim.: *g. autorizzata*. SIN. Cicerone | *G. alpina*, che accompagna gli escursionisti in scalate di una certa difficoltà | *G. naturalistica*, che accompagna in ambienti naturali chi è interessato alle caratteristiche geologiche, faunistiche e botaniche di un territorio. **6** (*fig.*) Chi con il proprio esempio o il proprio ascendente mostra ad altri la strada da percorrere: *è stato per molti anni la g. del suo popolo*; *il popolo riconosceva in lui la sua g.* SIN. Maestro. **7** Ragazza appartenente a un'associazione femminile analoga a quella maschile dei boy-scout. **8** In varie tecnologie, oggetto o struttura atti a mantenere q.c. nella sua sede, a facilitarne lo scorrimento o il funzionamento, e sim. | *G. di una vetrina, di un'imposta*, verga di ferro scanalato su cui si fanno scorrere vetrine, imposte | *G. del cassetto*, striscia di legno che aggancia il cassetto nell'apposita scanalatura, permettendone lo scorrimento | (*mar.*) *G. d'inferitura*, sottile e robusto ferro a sezione circolare, fissato sulla faccia anteriore del pennone per inserirvi la vela | *G. per l'innesto*, in agricoltura, strumento per ottenere tagli della stessa inclinazione. **9** (*elettr.*) *G. d'onda*, tubo metallico, gener. di sezione circolare o rettangolare, che convoglia la propagazione di onde elettromagnetiche lungo un percorso ben definito. **10** Tappeto, lungo e stretto, disteso temporaneamente o permanentemente su scale, in corridoi, stanze e sim., per motivi estetici o in segno di omaggio nei confronti di chi deve attraversare un determinato luogo: *camminare sulla g.*; *distendere una g. di velluto rosso*. **11** (*al pl.*) Briglie, redini. **12** (*spec. al pl.*, *mil.*) Sergenti a capo di un drappello o di un battaglione nelle antiche milizie italiane | Corpi armati un tempo gener. di scorta a comandanti in capo. **B** in funzione di agg. inv. (posposto al s.) **1** Che costituisce una sicura indicazione per il ricercatore, lo studioso e sim.: *fossile g.* | *Livello g., orizzonte g.*, strato o livello di roccia con caratteri litologici e paleontologici facilmente distinguibili, che perciò indica con precisione la posizione stratigrafica dei sedimenti in cui si trova. **2** Che indica la via da seguire, che detta o impone norme o principi ideologici cui altri devono uniformarsi: *Stato g.*; *partito g.*

guidàbile agg. ● Che si può guidare.

guidacaràtteri [comp. di *guidare* e il pl. di *carattere*] s. m. ● Nella macchina per scrivere a martelletti, piastrina provvista di feritoia che guida il martelletto nel momento in cui sta per colpire il rullo, assicurando l'esatto posizionamento del segno sul foglio.

guidafilo o **guidafili** [comp. di *guida*(*re*) e *filo* sul tipo del corrisp. fr. *guide-fil*] s. m. inv. ● Dispositivo dei telai meccanici per avviare i fili sugli aspi.

guidàggio s. m. ● (*min.*) Insieme dei dispositivi che impediscono alle gabbie di estrazione di oscillare lateralmente nei pozzi di miniera.

guidaiòlo o (*lett.*) **guidaiuòlo** **A** s. m. (f. *-a*) ● Bestia del branco che guida le altre precedendole | (*scherz.*) Chi fa la guida. **B** agg. ● Che fa da guida: *pecora, vacca guidaiola*.

guidalésco [longob. **widarrist* 'garrese' col suff. sovrapposto *-esco*] s. m. (pl. *-schi*) **1** Escoriazione o piaga prodotta spec. dall'attrito dei finimenti o del basto sul garrese di animali da tiro. **2** (*scherz.*) Sbucciatura della pelle umana. **3** (*fig.*, *scherz.*) Incomodo, male fisico o morale: *è tutto un g.*; *hanno la coscienza piena di guidaleschi* | *Toccare o cogliere nel g.*, mettere il dito sulla piaga. **4** †Garrese.

guidàna [da *guida*] s. f. ● (*tess.*) Prova di saggio del titolo della seta | Portata di 80 fili di seta.

†guidapòpolo [comp. di *guida*(*re*) e *popolo*] s. m. ● Demagogo.

guidàre [germ. **wītan* 'indirizzare', prob. attrav. la risposta gotica *widan*] **A** v. tr. **1** Precedere o accompagnare qc. fungendo da guida: *g. un gruppo di turisti, un cieco, il bestiame*; *le stelle e la bussola guidano i marinai* | Nel linguaggio sportivo, essere in testa: *g. il gruppo, la classifica*. **2** Condurre qc. o q.c. regolandone i movimenti o agendo sui comandi: *g. i cavalli, i muri, l'automobile, l'aeroplano* | *G. la schiera, la truppa*, comandarle | *G. la battaglia*, regolarla | (*ass.*) Condurre un automezzo: *ho imparato a g.* **3** (*fig.*) Dirigere, educare con l'esempio o fungendo da consigliere e maestro: *g. i giovani sulla via dell'onestà*; *g. al bene la mente e il cuore dei fanciulli* | Indirizzare verso una meta precisa: *g. un popolo verso il benessere, verso la maturità civile e politica*. **4** (*mus.*) *G. il tempo*, determinarlo, fissarlo. **5** (*raro*) Amministrare: *g. una città, una provincia, uno Stato, un'azienda* | *G. un trattato, un negoziato*, portarlo a termine secondo i desideri | *G. un affare*, dirigerlo con avvedutezza | †*G. la vita*, tirare avanti. **B** v. rifl. ● Regolarsi, dirigersi, condursi.

guidasilùri [comp. di *guida*(*re*) e il pl. di *siluro*] s. m. ● (*mar.*) Apparato direzionale automatico di un siluro.

guidàto part. pass. di *guidare*; anche agg. **1** Nei sign. del v. **2** Che si svolge sotto la guida di qc. o secondo uno schema prestabilito: *visita guidata*; *esercizi didattici guidati*.

guidatóre **A** agg. (f. *-trice*) ● Che guida: *mano, stella, bussola guidatrice*. **B** s. m. **1** Conducente di un veicolo: *g. di un carro, dell'automobile*; *un g. abile e sicuro* | Nel bob, componente dell'equipaggio che siede davanti e controlla la corsa del mezzo | Nella corsa al trotto, chi guida il sulky. **2** (*fig.*) Chi indirizza o consiglia gli altri, le loro scelte, e sim. **3** †Amministratore.

guiderdonàre [da *guiderdone*] v. tr. (*io guiderdóno*) ● (*lett.*) Ricompensare, rimunerare.

guiderdóne [francone **widharlōn* 'ricompensa, dono' (comp. di *widhar* 'contro' e *lōn* 'mercede')] s. m. **1** (*lett.*) Ricompensa, rimunerazione: *preceda a i servigi il g.* (TASSO) | (*iron.*) Cattiva ricompensa: *per tutta ricompensa ricevette un g. di improperi*. **2** †Interesse, frutto del capitale.

guidóne (1) [ant. provz. *guidon*, da *guide* '(che) guida'] s. m. **1** †Guida, guidatore, duce. **2** *G. del mare*, raccolta di leggi e disposizioni marittime in uso in Francia nel XVI sec. **3** (*mar.*) Bandiera triangolare da segnali o insegna di comando per ufficiali superiori. **4** Piccolo stendardo colorato che i sergenti d'ala dell'antico esercito italiano portavano per indicare l'allineamento ai soldati inquadrati | †Gonfalone, bandiera. **5** (*al pl.*) Soldati raccolti sotto un guidone.

†guidóne (2) [etim. discussa: della stessa origine di *guitto* con sovrapposizione di un n. abbastanza frequente, come *Guido*(*ne*) (?)] s. m. ● Furfante | Vagabondo.

guidoslitta [comp. di *guida*(*re*) e *slitta*, sul mod. dell'ingl. *bob-sleigh*] s. f. ● (*raro*) Bob.

guidrigildo [vc. germ., longob. **widregild* 'ricompensa' (comp. di *widre* 'contro' e *gild* 'mercede, denaro')] s. m. ● Nell'antico diritto germanico, somma che l'uccisore doveva pagare, a titolo di risarcimento, alla famiglia dell'ucciso.

guìggia [ant. fr. *guige*, dal francone **withthja* 'nastro per legare lo scudo al collo del cavaliere'] s. f. (pl. *-ge*) **1** Imbracciatura in cuoio dello scudo. **2** (*spec. al pl.*) Strisce di cuoio per allacciare i sandali.

†guigliottìna ● V. *ghigliottina*.

guigne /*fr.* giɲ/ [vc. fr., da *guigner*, propriamente 'far segno con l'occhio', poi 'guardare di traverso', dal francone **wingjan* '(ac)cennare'] s. f. inv. ● Sfortuna al gioco.

guinàre [port. *guiñar* 'straorzare'] v. intr. (aus. *avere*) ● (*mar.*) Guizzare.

guinàta s. f. ● (*mar.*) Guizzata.

guindolo [medio alto ted. *winde*, da *winden* 'avvolgere', di origine indeur.] s. m. ● Arcolaio, specie quello orizzontale del setaiolo, per avvolgervi il filo che si trae dai bozzoli.

guineàno **A** agg. ● Della Guinea. **B** s. m. (f. *-a*) ● Abitante, nativo della Guinea.

guinness /'ginnes, *ingl.* 'ginis/ [vc. ingl., da *The Guinness book of records*, opera edita dalla Guinness publishing limited e contenente i primati conseguiti nei più svariati campi di attività] s. m. inv. **1** Raccolta di primati ottenuti in gare sportive o in prove particolari e bizzarre. **2** (*est.*) Repertorio di primati.

guinzagliàre [da *guinzaglio*] v. tr. (*io guinzàglio*) ● (*raro*) Legare al, con il, guinzaglio.

guinzàglio o †**guinzàle**, †**vinzàglio** [medio alto ted. *wintseil* 'fune per legare un levriero'] s. m. ● Laccio di cuoio o catenella di metallo che si usa per tenere legati cani o altri animali: *per le vie della città i cani devono essere tenuti al g.* | *Tenere al g. qc.*, (*fig.*) frenarlo | *Lasciarsi portare al g.*, (*fig.*) sottomettersi passivamente | †*Stare in g.*, (*fig.*) avere pazienza | *Stare bene in un g.*, (*fig.*) di persone che stanno bene insieme | (*est.*) Cintura di cuoio, spesso anche con bretelle, corredata di un lungo laccio, che consente di sostenere il bambino nei primi passi. || **guinzagliétto**, dim.

guipure /*fr.* gi'pyr/ [vc. fr., da *guiper* 'rivestire di seta', dal francone **wīpan* 'cingere, avvolgere intorno'] s. f. inv. ● Antico merletto a fuselli o ad ago eseguito con pergamena e filo ritorto di seta, d'oro o d'argento.

guìsa [germ. **wīsa* 'modo, maniera'] s. f. **1** Modo, maniera: *in questa o quella g.*; *in molte, poche, tante guise*; *in g. niuna / ei non m'abbia, che morta* (ALFIERI) | *In, di g. che*, in modo che | *In tal g.*, in tal modo | *Di questa g.*, in questo modo |

A g. di, a modo di | †*A sua g.*, a suo capriccio. ***2*** †Uso, foggia, moda: *alla g. francese*.

†**guittería** s. f. ● Azione, vita, comportamento da guitto | Spilorceria.

guitto [etim. discussa: ant. fr. *guiton*, caso obliquo di *guit*, dal francone **wiht* 'essere, creatura' (?)] **A** agg. ● Che vive in modo misero e sudicio | Gretto, meschino: *animo g.* **B** s. m. (f. *-a*) ***1*** Persona meschina, che vive sordidamente: *sei un g.*; *vivere da g.* ***2*** Attore scarsamente preparato e di bassa categoria, generalmente nomade | (*spreg.*) Attore da strapazzo.

guizzànte part. pres. di *guizzare*; anche agg. ● Nei sign. del v.

guizzàre o (*pop.*) **ṣguizzàre** [etim. discussa: vc. onomat. (?)] **A** v. intr. (aus. *avere* nei sign. 1 e 3, *essere* nel sign. 2) ***1*** Muoversi rapidamente, torcendosi o scivolando con agilità: *i pesci, i serpenti, le fiamme guizzano* | *Far g. le dita sulle corde*, suonare con agilità ed eleganza. ***2*** (*fig.*) Fuggire, liberarsi abilmente: *g. dalle mani dei nemici* | Balzare di scatto: *è guizzato dal letto*. ***3*** (*mar.*) Oscillare orizzontalmente a destra e a sinistra con la prua, per il vento, le correnti e sim., detto di nave. **B** v. tr. ***1*** (*raro*) Vibrare con forza: *g. la spada, il dardo*. ***2*** (*mar.*) Brattare.

guizzàta s. f. ***1*** Guizzo. ***2*** (*mar.*) Oscillazione orizzontale di una nave a destra e a sinistra con la prua.

guizzo (**1**) [da *guizzare*] s. m. ***1*** Atto, effetto del guizzare: *g. argenteo della trota / controcorrente* (MONTALE) | *Dare un g.*, guizzare. ***2*** †Oscillazione, vibrazione.

†**guizzo** (**2**) ● V. *vizzo*.

gùlag /'gulag, *russo* gu'lak/ [dal russo *GULag*, abbr. di *G*(*lavnoe*) *U*(*pravlenie ispravitel'notrudovych*) *Lag*(*erei*) 'amministrazione generale dei campi di lavoro correzionale'] s. m. inv. ***1*** Campo di lavoro forzato nell'Unione Sovietica. ***2*** (*est.*) Sistema od organizzazione politica, statuale e sim. chiusa, coatta, repressiva.

Gulasch /*ted.* 'gulaʃ, 'gu:laʃ/ [ungh. *gulyás* (sottinteso *hus*) '(carne) del mandriano (da *gulya* 'mandria di bovini')' attraverso il ted.] s. m. inv. ● Spezzatino di manzo, cotto in stufato con lardo, cipolle e paprica, tipico della cucina ungherese.

gùlo [dal lat. tardo *gŭlo*, nom., 'ghiottone', da avvicinare a *gŭla* 'gola'] s. m. ● (*zool.*) Ghiottone.

gulp /gulp, *ingl.* gʌlp/ [vc. ingl., onomat.] inter. ● Riproduce il rumore che si fa deglutendo a vuoto per sorpresa, paura e sim.

gunite® [nome commerciale] s. f. ● Intonaco formato da un impasto di cemento e sabbia, che viene applicato sulla superficie da ricoprire mediante apposita spruzzatrice ad aria compressa.

†**gùrge** o (*poet.*) †**gùrgite** [vc. dotta, lat. *gŭrgite*(*m*), nom. *gŭrges*, vc. espressiva col sign. originario di 'inghiottire'] s. m. ● Gorgo, vortice: *riprofondavan sé nel miro gurge* (DANTE *Par.* XXX, 68).

gùrkha o **gùrka** s. m. e f. (pl. inv. o *gùrkhas*) ***1*** Appartenente a una popolazione asiatica di stirpe indoaria, insediatasi nel sec. XVIII nel Nepal, dove ancora oggi costituisce il gruppo etnico e linguistico principale. ***2*** Mercenario nepalese che presta servizio nell'esercito britannico.

gùru [indostano *gurū* 'maestro, prete', dall'ant. ind. *gurúh*, letteralmente 'grave', di orig. indeur.; per recente allargamento semantico nella moda occ. anche il tipo di 'veste' indossato] s. m. inv. ***1*** In India, maestro spirituale o capo religioso | (*est.*) Capo carismatico di un movimento o di un gruppo di persone. ***2*** Abito a casacca, lungo fin quasi alle ginocchia, con maniche lunghe e accollato.

guscétto s. m. ***1*** Dim. di *guscio*. ***2*** Seta che rimane dopo la dipanatura dei bozzoli, usata per confezionare nastri e cordoncini. || **guscettìno**, dim.

gùscio [etim. discussa: gr. *kýstion*, dim. di *kýstis* 'vescica' di origine indeur. (?)] s. m. (pl. *gusci*, m., †*guscia*, f.) ***1*** Rivestimento esterno di certi frutti e delle uova di certi uccelli e rettili: *il g. delle noci, delle mandorle, delle castagne* | *G. dell'uva, dei piselli, dei limoni*, buccia | *G. dei chicchi di grano*, pula | †*G. dell'anima*, il corpo | *G. di noce, d'uovo*, (*fig.*) casa minuscola o barchetta fragile e leggera | *A g. d'uovo*, detto di porcellane sottilissime, d'origine cinese | *Al g.*, à la coque: *uova al g.* | Conchiglia dei molluschi | *Tenersi, stare nel proprio g.*, (*fig.*) vivere ritirati | *Uscire dal g.*, (*fig.*) viaggiare, cambiare le proprie abitudini. ***2*** (*est., tosc.*) Sacco di traliccio, contenente lana o crine per materassi o guanciali. ***3*** (*est.*) In varie tecnologie, tipo di struttura, in cui gli sforzi sono sopportati dal materiale di rivestimento: *g. resistente*; *struttura a g.* ***4*** Carcassa, ossatura: *il g. di una carrozza, di una nave*. ***5*** (*arch.*) Cavetto | *Modanatura a g.*, a profilo concavo. ***6*** †Piatto della bilancia. || **guscétto**, dim. (V.) | **gusciolìno**, dim. | **guscióne**, accr.

gùṣla ● V. *guzla*.

gustàbile [vc. dotta, lat. tardo *gustābile*(*m*), da *gŭstus* 'gusto'] agg. ● Che si può gustare.

gustàre [lat. *gustāre*, da *gŭstus* 'gusto'] **A** v. tr. ***1*** Distinguere il sapore di q.c. mediante il senso del gusto: *il raffreddore impedisce di g. qualsiasi cosa* | Mangiare o bere cibi o bevande in piccola quantità per sentirne il sapore: *gustate questo vino e questo dolce, sono ottimi*; *né raro vidi chi né pur g. / puote alcun cibo* (ALBERTI). ***2*** Assaporare con piacere cibi o bevande gradite al palato: *g. un gelato, un bel pranzo, un bel piatto*; *per g. meglio i cibi è necessario assaporarli lentamente*. ***3*** (*fig.*) Godere spiritualmente: *g. la dolcezza, il piacere della pace*; *g. gli scritti dei buoni autori* | *Gustarsi un brano di musica*, goderne grandemente. ***4*** †Intendere bene: *g. le parole, il consiglio*. **B** v. intr. (aus. *essere*, raro *avere*) ● Piacere, garbare, riuscir gradito: *il loro comportamento non mi gusta*; *vi gusterebbe un bibita ghiacciata?* **C** v. intr. pron. ● †Prendere piacere di q.c.

gustatìvo agg. ● Concernente il senso del gusto: *facoltà gustativa* | Atto a far gustare: *organi gustativi* | *Papille gustative*, particolari formazioni anatomiche della lingua atte a percepire i sapori.

gustatóre [vc. dotta, lat. tardo *gustatōre*(*m*), da *gustātus* 'gustato'] s. m. (f. *-trice*) ● Chi gusta da intenditore.

gustatòrio [vc. dotta, lat. *gustatōriu*(*m*), da *gustātus* 'gustato'] agg. ● Relativo alla funzione del gusto.

gustévole agg. ***1*** (*raro*) Gradito al gusto: *cibo g.* | (*fig.*) Piacevole: *compagnia, discorso, libro g.* ***2*** (*raro*) Di persona che mangia di gusto e con buon appetito. || **gustevolménte**, avv. Con gusto.

gùsto [lat. *gŭstu*(*m*), di origine indeur.] s. m. ***1*** Funzione sensoriale specifica per avvertire il sapore dei cibi, localizzata nelle papille gustative. ➡ ILL. p. 367 ANATOMIA UMANA. ***2*** Sensazione dovuta al sapore di cibi, bevande e sim.: *g. fine, delicato, grossolano*; *medicina di gradevole g.* | *Fare il g. a q.c.*, abituarcisi | (*est.*) Sapore: *questo gelato è al g. di fragola*; *è un cibo privo di g.*; *è un vino dal g. inconfondibile* | (*est.*) Sensazione piacevole che si prova nell'assaporare cibi o bevande gradite: *mangiare di g.*; *è di mio g.* ***3*** Piacere, soddisfazione: *ridere di g.*; *ci siamo tolti il g. di esprimere liberamente il nostro parere*; *ci ho g. a sapere che non sono il solo a sopportarli*; *avrei un g. matto se la vostra impresa fallisse*; *non c'è g. a parlare con te* | *Prendere g. a q.c.*, incominciare a provarci piacere. ***4*** Inclinazione, voglia: *mi è venuto il g. del gioco*; *hanno il g. della pesca, della caccia* | Modo soggettivo di sentire, apprezzare, giudicare le cose: *sui gusti non si discute*; *è questione di gusti*; *sanno fare solo scherzi di pessimo g.* ***5*** Attitudine a discernere pregi e difetti di un'opera d'arte | Sensibilità a ciò che è bello: *formarsi, educare il g.*; *avere il g. della musica, della pittura, della poesia*; *avere un g. fine, grossolano*; *scrivere, esprimersi con g.* | *Essere di buon g.*, apprezzare le cose belle e goderne | Eleganza, distinzione: *vestiva con semplicità, ma con g.*; *il loro appartamento era arredato con g. fine e signorile*. ***6*** Complesso delle tendenze estetiche che caratterizzano il modo di giudicare e di esprimersi di un'epoca, di una scuola, di un autore: *è un'opera di g. barocco, neoclassico, romantico*; *gli impressionisti hanno il g. del colore*; *ha il g. della prosa d'arte, del frammento lirico* | Stile: *è il g. di Parigi, di Vienna*. || **gustàccio**, pegg. | **gustìno**, dim.

gustosità s. f. ● Qualità di ciò che è gustoso.

gustóso agg. ***1*** Grato al gusto: *liquore, cibo g.* SIN. Saporito. ***2*** Che diletta, che desta il buon umore: *lettura gustosa*; *compagnia gustosa*; *libro, racconto g.* SIN. Ameno, piacevole. || **gustosaménte**, avv. In modo gustoso; con gusto; saporitamente.

guttapèrca [comp. delle due voci mal. *jĕtah* 'gomma' e *pĕrcáh* 'nome dell'albero', attrav. l'ingl. *gutta-percha*] s. f. ● Sostanza flessibile e plastica contenuta nel latice di alcune Sapotacee, usata spec. come isolante elettrico, in odontotecnica, in galvanoplastica e in chirurgia.

guttazióne [vc. dotta, ted. *Guttation*, dal lat. *gŭtta* 'goccia', *guttāre* 'gocciolare'] s. f. ● (*bot.*) Uscita di acqua dagli stomi dei vegetali. SIN. Traspirazione.

Guttìfere [comp. del lat. *gŭtta* 'goccia' e *-fer* '-fero'] s. f. pl. ● Nella tassonomia vegetale, famiglia di piante delle Dicotiledoni per lo più legnose, che forniscono latici gommosi e pregevole legno da costruzione (*Guttiferae*). SIN. Ipericacee | (al sing. *-a*) Ogni individuo di tale famiglia.

gùtto [vc. dotta, lat. *gŭttu*(*m*) 'gotto', d'incerta etim.] s. m. ● (*archeol.*) Piccolo vaso di argilla o altri materiali, con collo lungo e stretto, usato nell'antichità per distribuire profumi e oli ai convitati.

gutturàle [vc. dotta, der. del lat. *gŭttur*, genit. *gŭtturis* 'gola', vc. espressiva] agg. ***1*** (*ling.*) Velare. ***2*** Correntemente, di gola, articolato nella gola: *voce g.*; *grida gutturali*. || **gutturalménte**, avv.

gutturaliṣmo s. m. ● Difetto per cui si pronunciano i suoni in gola.

gutturalizzazióne s. f. ● (*ling.*) Trasformazione per la quale un suono diventa gutturale.

gùzla /'guzla/ o **gùṣla** [serbocroato *gusla*, vc. di origine e area slava (slavo *gudu*, *gusti* 'suonare la cetra')] s. f. ● Specie di violino a una sola corda, tipico dei popoli serbi e croati.

gymkhana /*ingl.* dʒim'ka:nə/ ● V. *gincana*.

gymkhanista /dʒimka'nista/ ● V. *gincanista*.

h, H

La lettera *H* non ha in italiano un valore fonetico proprio. I suoi usi principali sono i tre seguenti: come segno distintivo della pronunzia dura della *C* o della *G* nei gruppi *che*, *chi*, *ghe*, *ghi* (comprese le forme raddoppiate *cche*, *cchi*, *gghe*, *gghi*); come lettera muta, per residuo etimologico, in quattro voci del verbo *avere* (*ho* /ɔ*/, *hài* /'ai/, *ha* /a*/, *hànno* /'anno/) e anche in alcuni nomi di luogo e cognomi (es. *Thiène* /'tjɛne/, *Dehò* /de'ɔ*/); e come elemento caratteristico di parecchie esclamazioni, dove pure è di solito muta (es. *bah* /ba/, *ohibò* /oi'bɔ*/). In forestierismi non adattati, spec. voci inglesi, la lettera *H* può avere valore consonantico, rappresentando la fricativa laringale /h/, e può pure far parte di svariati digrammi e trigrammi (es. *ch* /*fr.* ʃ, *ingl.* tʃ/, *sh* /*ingl.* ʃ/, *sch* /*ted.* ʃ/).

h, H /nome per esteso: *acca*/ s. f. o m. ● Ottava lettera dell'alfabeto italiano: *h minuscola*, *h maiuscolo* | *H come hôtel*, nella compitazione, spec. telefonica, delle parole | *Vitamina H*, V. *vitamina*.

ha /ha/ [vc. espressiva] inter. ● Esprime sarcasmo e risentimento: *ha! credevi di farmela?*

habanera /*sp.* aba'nera/ [vc. sp., '(ballo) dell'Avana (*Habana*)'] s. f. (pl. sp. *habaneras*) ● Danza spagnola di origine cubana.

habeas corpus /*lat.* 'abeas 'kɔrpus/ [lat., letteralmente 'che tu abbia (*hābeas*) la tua persona (*cŏrpus*)', sottinteso 'libera'] loc. sost. m. inv. ● (*dir.*) In Inghilterra e nell'America del Nord, mandato di comparizione dell'arrestato di fronte al magistrato che decide della legalità dell'arresto | (*est.*) L'insieme delle libertà personali garantite al cittadino dalle leggi costituzionali.

habillé /*fr.* abi'je/ [vc. fr., part. pass. di *habiller* 'abbigliare, vestire'] agg. inv. (f. fr. *habillée*; pl. m. *habillés*; pl. f. *habillées*) ● Elegante, raffinato.

habitat /*lat.* 'abitat/ [vc. lat., letteralmente 'egli abita', dal v. *habitāre* 'abitare'] s. m. inv. **1** (*biol.*) Complesso dei fattori fisici e chimici che caratterizzano l'area e il tipo di ambiente in cui vive una data specie di animale o di pianta. **2** (*fig.*) Ambiente particolarmente congeniale ai propri gusti, alle proprie aspirazioni e sim. **3** (*urban.*) Spazio attrezzato in cui l'uomo abita.

habitué /*fr.* abi'tɥe/ [vc. fr., letteralmente 'abituato', dal v. *habituer* 'abituare'] s. m. inv. ● Assiduo cliente di un locale pubblico.

habitus /*lat.* 'abitus/ [vc. lat., letteralmente 'abito'] s. m. inv. **1** (*biol.*) Insieme dei caratteri che determinano l'aspetto caratteristico di un vegetale o di un animale. **2** (*med.*) Costituzione esterna del corpo espressiva di determinati stati morbosi. **3** (*est.*) Comportamento, carattere, abituale.

hac /ak/ [vc. onomat.] inter. ● Riproduce il suono di un colpo di tosse.

hacienda /*sp.* a'θjenda/ [vc. sp., lat. *faciĕnda*, letteralmente 'faccende', nt. pl. del gerundivo (*faciĕndus*) di *făcere* 'fare, operare' (in sp. *hacer*)] s. f. (pl. sp. *haciendas*) ● Grande fattoria tipica dell'America meridionale.

hacker /*ingl.* 'hækə*/ [vc. ingl., da *to hack* 'fare a pezzi, rompere'] s. m. e f. inv. ● Chi, mediante il proprio computer, s'inserisce abusivamente nella memoria o nei programmi di un altro computer.

hadróne /a'drone/ ● V. *adrone*.

hàfnio /'afnjo/ ● V. *afnio*.

hàhnio /'anjo/ [così detto in onore del fis. ted. O. *Hahn* (1879-1968)] s. m. ● Elemento artificiale transuranico, ottenuto da un isotopo del californio, mediante bombardamento con proiettili subnucleari.

†**hài** /'ai/ [vc. espressiva] inter. ● Esprime dolore, meraviglia, gioia, commozione.

hàik /'aik/ [ar. *hā'ik*, da *hāka* '(in)tessuto'] s. m. inv. ● Veste bianca dei berberi.

haikai /*giapp.* 'haikai/ ● V. *haiku*.

haiku /*giapp.* 'haiku/ o **haikai** [vc. giapp. giunta attrav. l'ingl.] s. m. inv. ● Breve poesia giapponese, composta di 17 sillabe ripartite in tre gruppi di 5, 7 e 5, avente per argomento spec. la contemplazione individuale della natura.

hair stylist /*ingl.* 'hɛə 'stailist/ [loc. ingl., propr. 'stilista (*stylist*) di capelli (*hair*)'] loc. sost. m. e f. inv. (pl. ingl. *hair stylists*) ● Barbiere, parrucchiere che crea acconciature secondo i dettami dell'ultima moda.

haitiàno /ai'tjano/ **A** agg. ● Di Haiti. **B** s. m. (f. *-a*) ● Abitante, nativo di Haiti.

haléř /*ceco* 'halɛ:rʃ/ [vc. ceca; V. *heller*] s. m. inv. ● (*econ.*) Heller.

half-duplex /alf'dupleks, *ingl.* 'ha:f-du:pleks/ [vc. ingl., propr. '*duplex* usato a metà (*half*)'] s. m. inv. ● (*elettron.*) In una trasmissione seriale, collegamento effettuato con un solo canale e che permette, alternativamente, l'invio di informazioni nei due sensi.

halibut /'alibut, *ingl.* 'hælibət, 'hælibʌt/ [vc. ingl., in ingl. *halybutte* 'pesce piatto (*butte*), che si mangia in giorno festivo (*haly*, oggi *holy*)', comp. di due elementi di area germ.] s. m. inv. ● (*zool.*) Ippoglosso.

halite /a'lite/ [comp. del gr. *háls*, genit. *halós* 'sale' e *-ite* (*2*)] s. f. ● (*miner.*) Salgemma.

hall /ɔl, ol, *ingl.* hɔ:l/ [vc. ingl., di origine indeur.] s. f. inv. ● Ampia sala d'ingresso e soggiorno in alberghi, ritrovi, case signorili.

hallalì /alla'li*/ o **allalì** [da una base onomat. *hall-*] inter. ● Nelle antiche battute di caccia, grido d'incitamento.

hallo /el'lo, al'lo, *ingl.* hə'lou/ o **hello** [vc. ingl., da un precedente *hollo*, dall'inter. *holla*, di origine discussa: dal fr. *holà* (?)] inter. ● Si usa per richiamare l'attenzione di qc., o, nelle comunicazioni telefoniche, in luogo del più usato 'pronto'.

†**hàlo** /'alo/ ● V. *alone* (*1*).

hamàda /a'mada/ o **hammàda** [ar. *hamāda*, giuntoci attrav. il fr. o l'ingl.] s. m. inv. ● Tipo di deserto roccioso, consistente di un basamento di roccia nuda e corrosa dal vento, e reso accidentato da relitti d'erosione.

hambùrger /am'burger, *ingl.* 'hæmbə:gə*/ [vc. ingl., abbr. di *hamburger steak*, propriamente 'bistecca (*steak*, di origine nordica) di Amburgo (*hamburger*, agg. etnico di *Hamburg*)'] s. m. inv. ● Specie di medaglione, di carne bovina o suina, tritata e variamente speziata, cotta gener. in padella o ai ferri, servita spec. entro un panino tondo di pasta soffice.

hamburgherìa /amburge'ria/ s. f. ● Locale dove si vendono e si consumano hamburger.

hammàda /am'mada/ ● V. *hamada*.

hammerless /*ingl.* 'hæmәlis/ [vc. ingl., propriamente 'senza (*-less*, in origine agg. col senso di 'libero da') cane (*hammer*, letteralmente 'martello', di origine indeur.)', perché nascosto] s. m. inv. ● Fucile da caccia a cani interni.

hamster /*ingl.* 'hæmstə*/ [vc. di area germ. e origine slava (slavo ecclesiastico *chomĕstorŭ*, dall'ir. *hamaēstar-* 'che si getta (*maēth-*) a derubare (*ham-*)')] s. m. inv. ● (*zool.*) Criceto | Pelliccia di tale animale.

han /an/ [vc. espressiva] inter. ● Esprime in forma interr. dubbio o richiesta di conferma: *non è vero, han?*

handball /*ingl.* 'hændbɔ:l/ [vc. ingl., comp. di *hand* 'mano' e *ball* 'palla'] s. m. solo sing. ● (*sport*) Pallamano.

handicap /'ɛndikap, 'andikap, *ingl.* 'hændikæp/ [vc. ingl., originariamente 'gioco, nel quale la posta era tenuta con la mano (*hand*) in (*in*) un berretto (*cap*)'] **A** s. m. inv. **1** (*sport*) Competizione in cui, per equiparare le possibilità di vittoria, si assegna uno svantaggio al concorrente ritenuto superiore o un vantaggio a quello ritenuto inferiore mediante aumenti di punteggio, di peso, di colpi, abbuoni di distanza e sim. **2** Il vantaggio o lo svantaggio assegnato in tale competizione. **3** (*est.*, *fig.*) Condizione di svantaggio, d'inferiorità nei confronti degli altri: *la mancanza di un diploma è per lui un grave h.* **4** (*med.*) Incapacità di provvedere da sé, interamente o parzialmente, alle normali necessità della vita individuale e sociale, determinata da una deficienza, congenita o acquisita, fisica o psichica, e da una conseguente incapacità a livello della persona, e avente conseguenze individuali, familiari e sociali | *Portatore di h.*, handicappato. SIN. Invalidità, minorazione. **B** in funzione di agg. inv. nel sign. 1: *corsa h.*

handicappàre /endikap'pare, andikap'pare/ o **andicappàre** v. tr. **1** (*sport*) Assegnare gli handicap. **2** (*fig.*) Mettere in una situazione d'inferiorità, di svantaggio, rispetto agli altri: *il suo carattere incostante lo handicappa.*

handicappàto /endikap'pato, andikap'pato/ o **andicappàto** **A** part. pass. di *handicappare*; anche agg. ● Nei sign. del v. **B** s. m. (f. *-a*) ● (*med.*) Persona affetta da handicap | *Inserimento degli handicappati*, integrazione di questi nelle istituzioni ordinarie, soprattutto scolastiche, previa definizione delle condizioni organizzative, tecniche, di aggiornamento del personale e sim., indispensabili perché abbia esito positivo.

handicapper /*ingl.* 'hændikæpə*/ [vc. ingl., da *handicap* col suff. di agente *-er* (da *hand* 'mano', d'area germ. e origine incerta)] s. m. inv. ● (*sport*) Periziatore.

handling /*ingl.* 'hændliŋ/ [vc. ingl., letteralmente 'trattamento', dal v. *to handle* 'maneggiare' nel senso specifico di 'trattare, occuparsi'] s. m. inv. **1** Complesso di servizi atti a soddisfare le esigenze dell'assistenza a terra, agli aerei e ai passeggeri, durante la sosta negli aeroporti. **2** (*org. az.*) In un magazzino, l'insieme delle operazioni manuali di prelievo e predisposizione all'imballo delle merci in vista della spedizione.

hangar /'angar, *fr.* ɑ̃'gar/ [etim. discussa: francone **haimgard* 'recinto (*gard*) intorno alla casa (*haim*)' (?)] s. m. inv. ● Aviorimessa.

hanseniàno /anse'njano/ [dal n. del medico norv. G. H. *Hansen* (1841-1912), che scoprì il vaccino della lebbra] **A** agg. ● (*med.*) Relativo alla lebbra. **B** s. m. (f. *-a*) ● (*med.*) Malato di lebbra.

hapax /*lat.* 'apaks, *gr.* 'hapaks/ s. m. inv. ● Acrt. di *hapax legomenon*.

PROFILO DELL'ATMOSFERA TERRESTRE

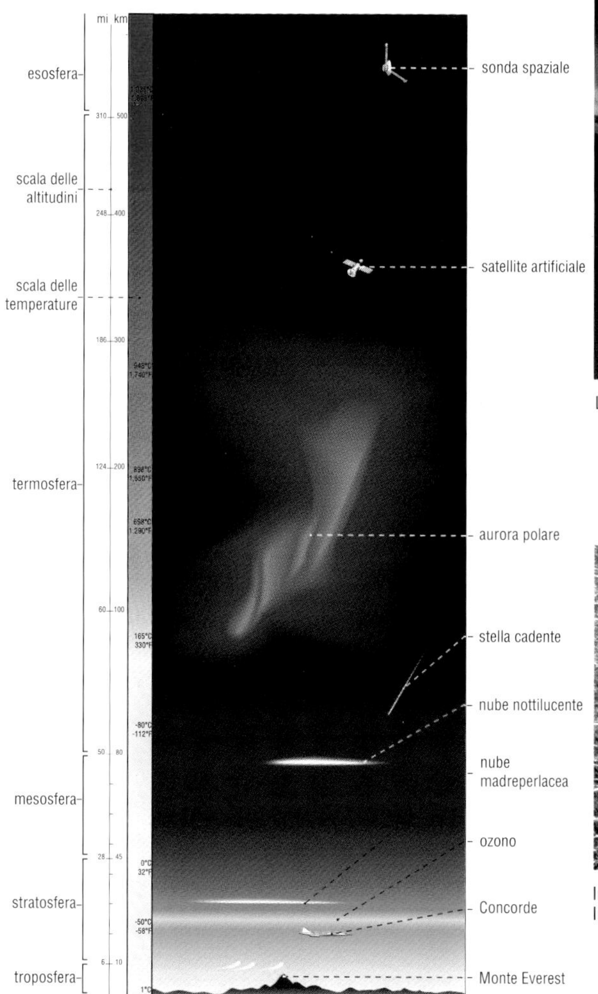

L'atmosfera terrestre.

Immagine del lago di Ginevra ripreso dal satellite Seasat-1. In alto e a destra le montagne del Giura.

STRUTTURA DELLA BIOSFERA

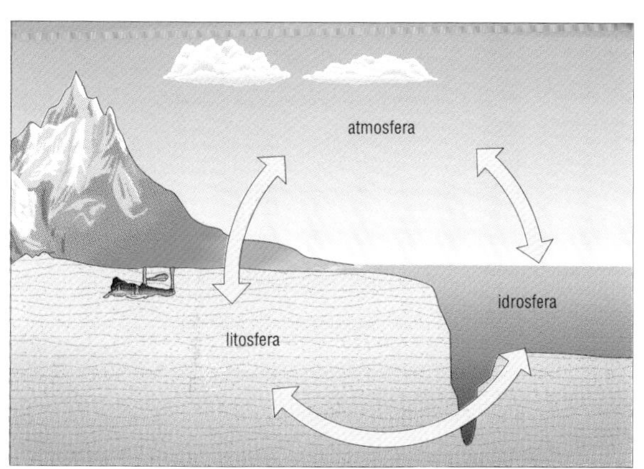

L'arcipelago delle Hawaii dalla navetta spaziale Discovery.

STRUTTURA DELLA TERRA

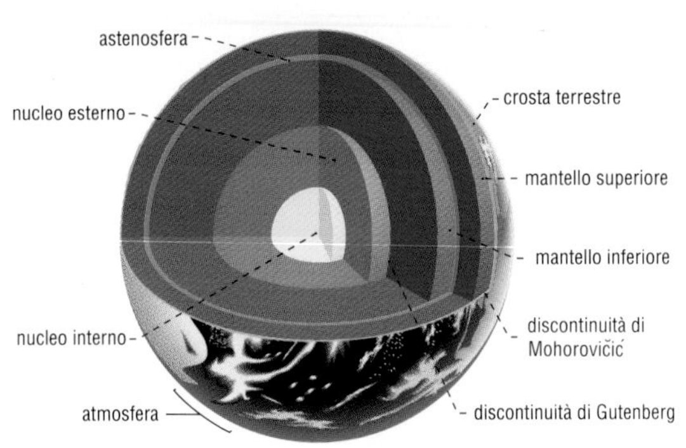

TERREMOTO

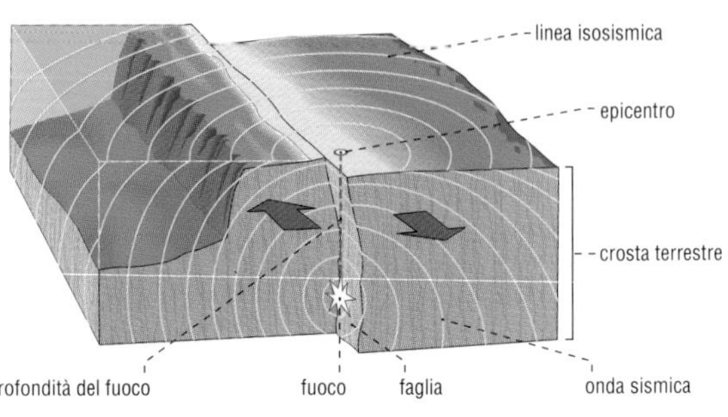

SEZIONE DELLA CROSTA TERRESTRE

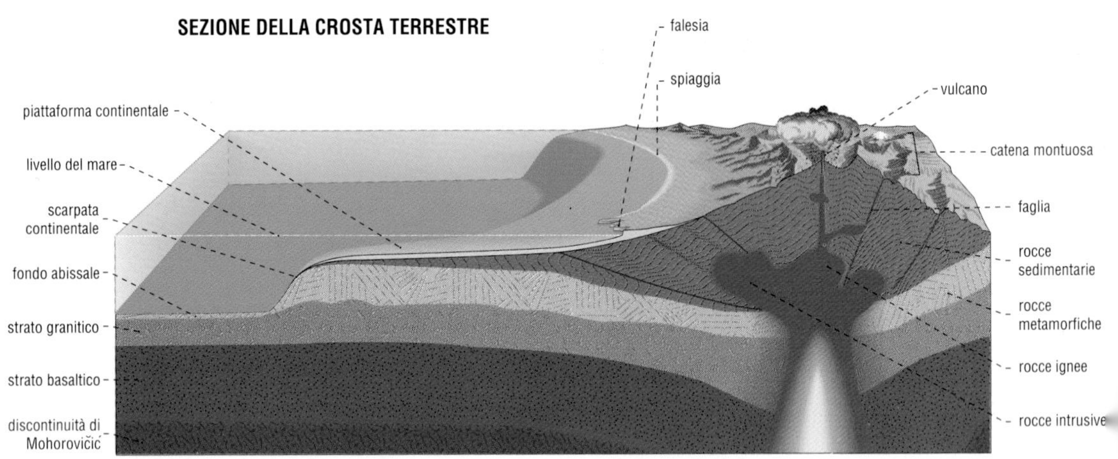

GROTTA

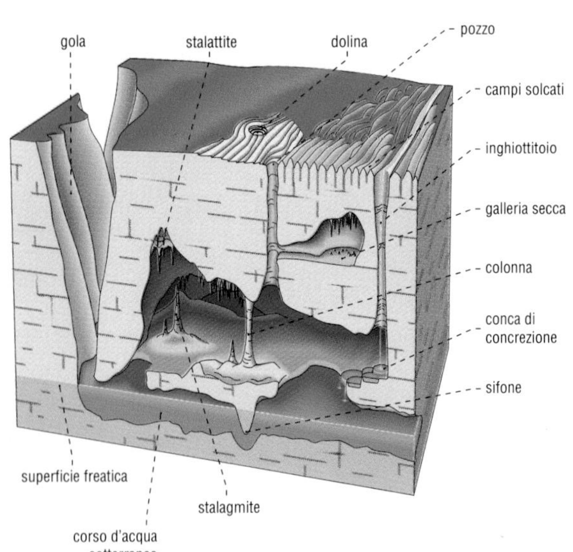

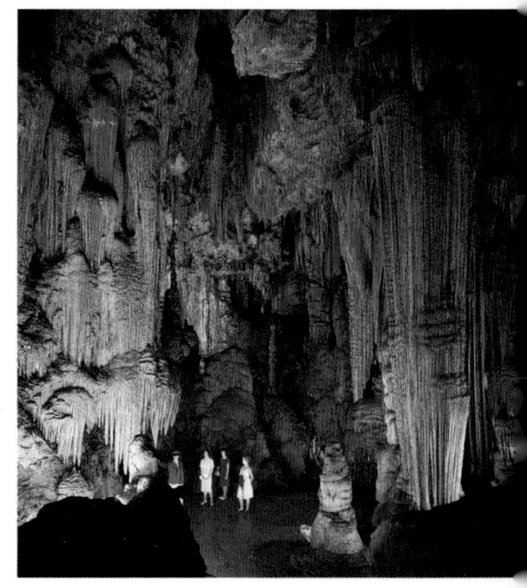

La Giant's Hall delle Luray Caverns, in Virginia (U.S.A.).

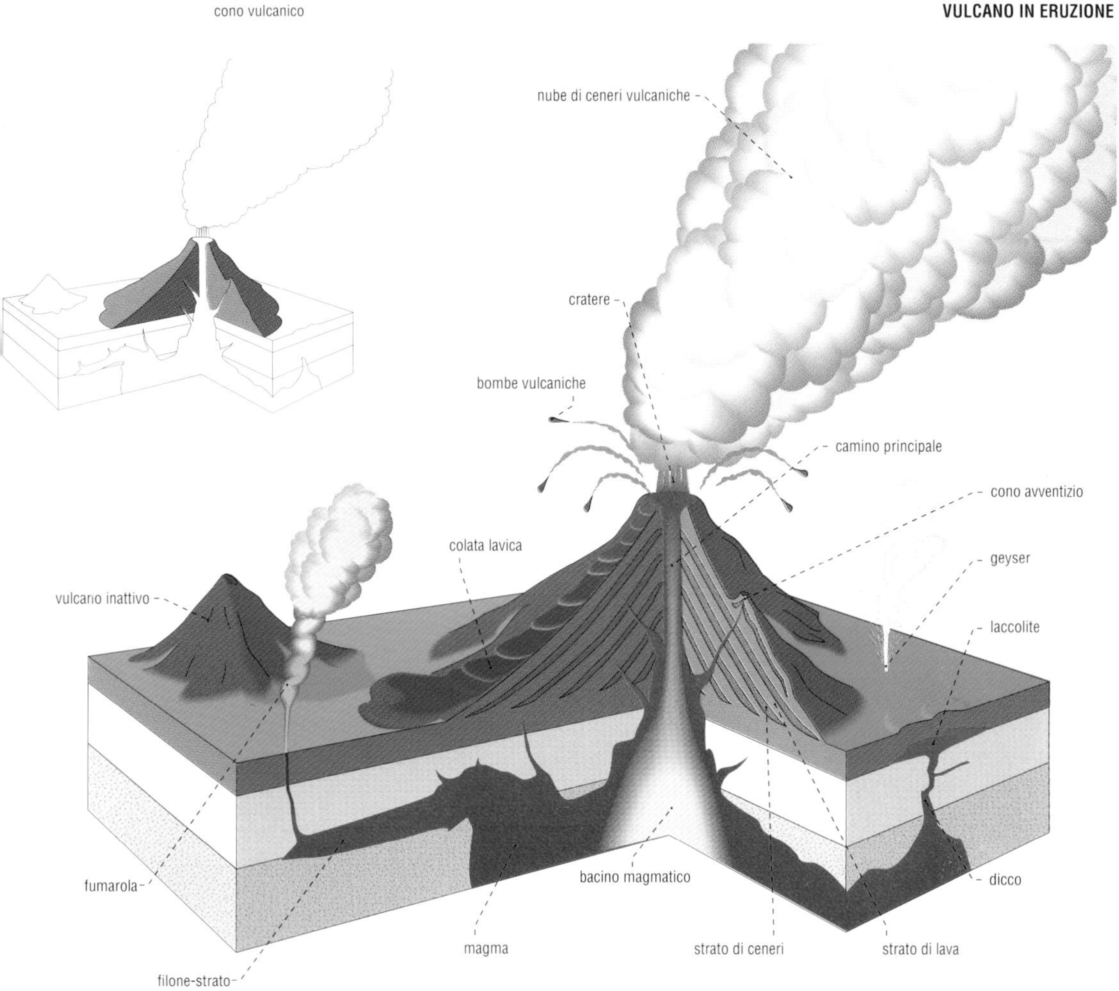

VULCANO IN ERUZIONE

cono vulcanico

nube di ceneri vulcaniche
cratere
bombe vulcaniche
camino principale
cono avventizio
colata lavica
geyser
vulcano inattivo
laccolite
fumarola
bacino magmatico
dicco
magma
strato di ceneri
strato di lava
filone-strato

In alto: Cratere del vulcano Saint Helens, nello stato di Washington (U.S.A.).
A sinistra: Lago di lava nel vulcano Kilauea, nelle Hawaii.

Il ghiacciaio del Monte Rosa visto dallo Stockhorn.

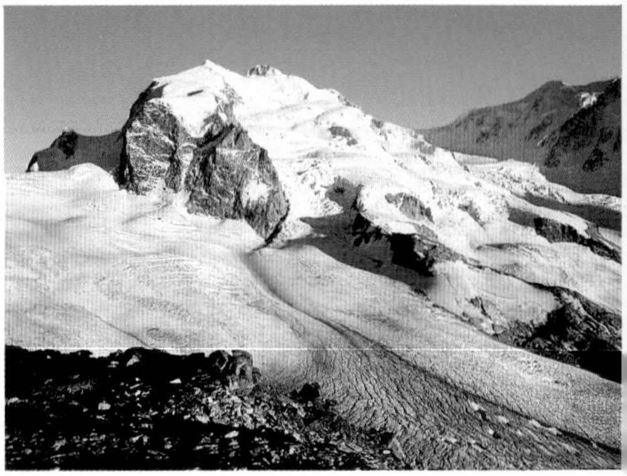

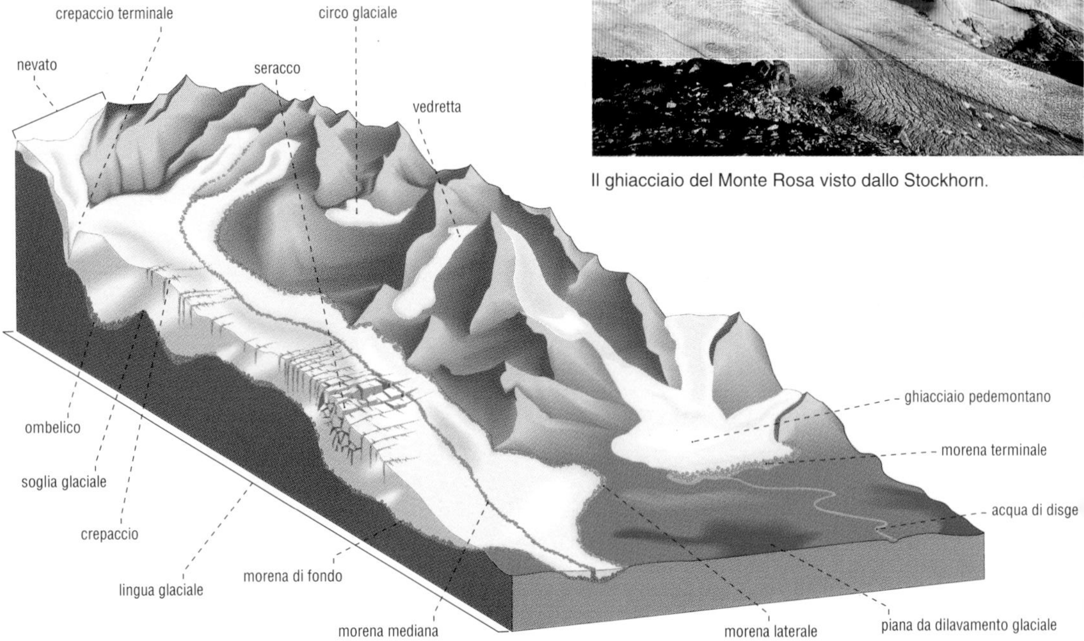

GHIACCIAIO

crepaccio terminale
circo glaciale
nevato
seracco
vedretta
ghiacciaio pedemontano
morena terminale
acqua di disge
ombelico
soglia glaciale
crepaccio
lingua glaciale
morena di fondo
morena mediana
morena laterale
piana da dilavamento glaciale

MONTAGNA

cima
passo
picco
nevi perenni
crinale
sperone
cresta
versante
rupe
altopiano
torrente montano
foresta
cascata
valle
lago
collina

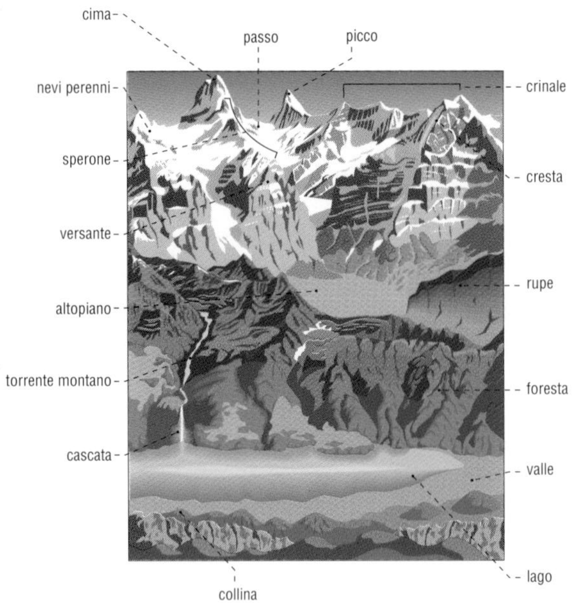

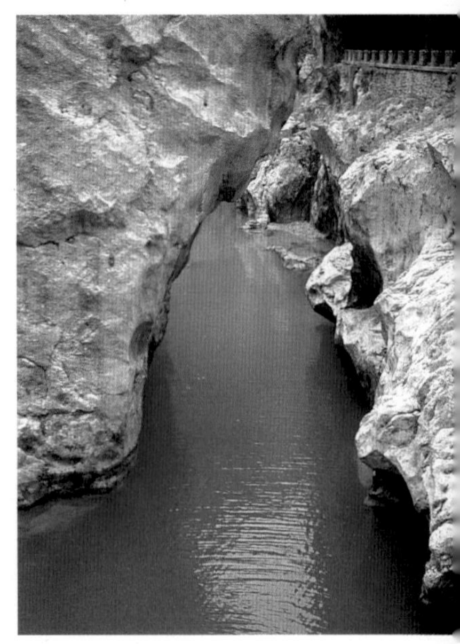

Gola del fiume Cellina, nelle Prealpi Carniche.

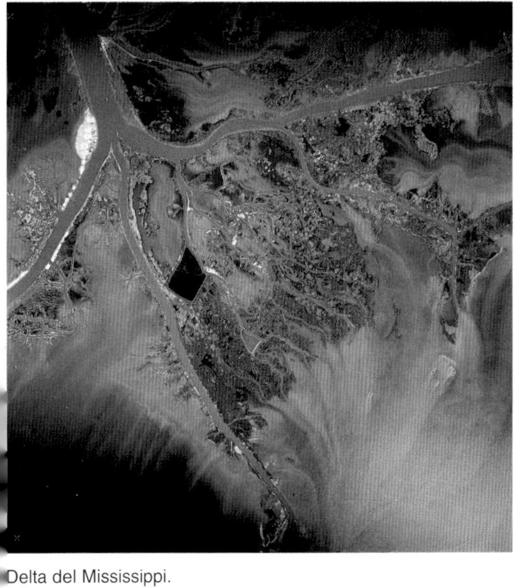

Delta del Mississippi.

CARATTERISTICHE DELLA COSTA

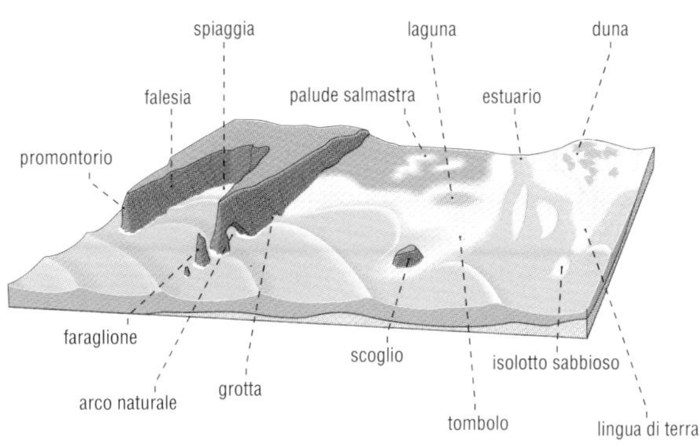

ONDA

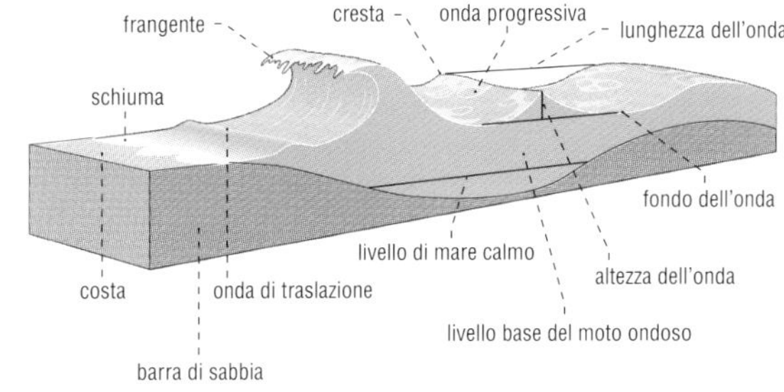

FONDO OCEANICO

ORSALE MEDIO-OCEANICA

faglia trasforme
rift
magma

PIANURA ABISSALE

canyon sottomarino
montagna sottomarina
pianura abissale
collina abissale

ARATTERISTICHE TOPOGRAFICHE

livello del mare
isola vulcanica
fossa
atollo
guyot

MARGINE CONTINENTALE

scarpata continentale
piattaforma continentale
continente
rialzo continentale

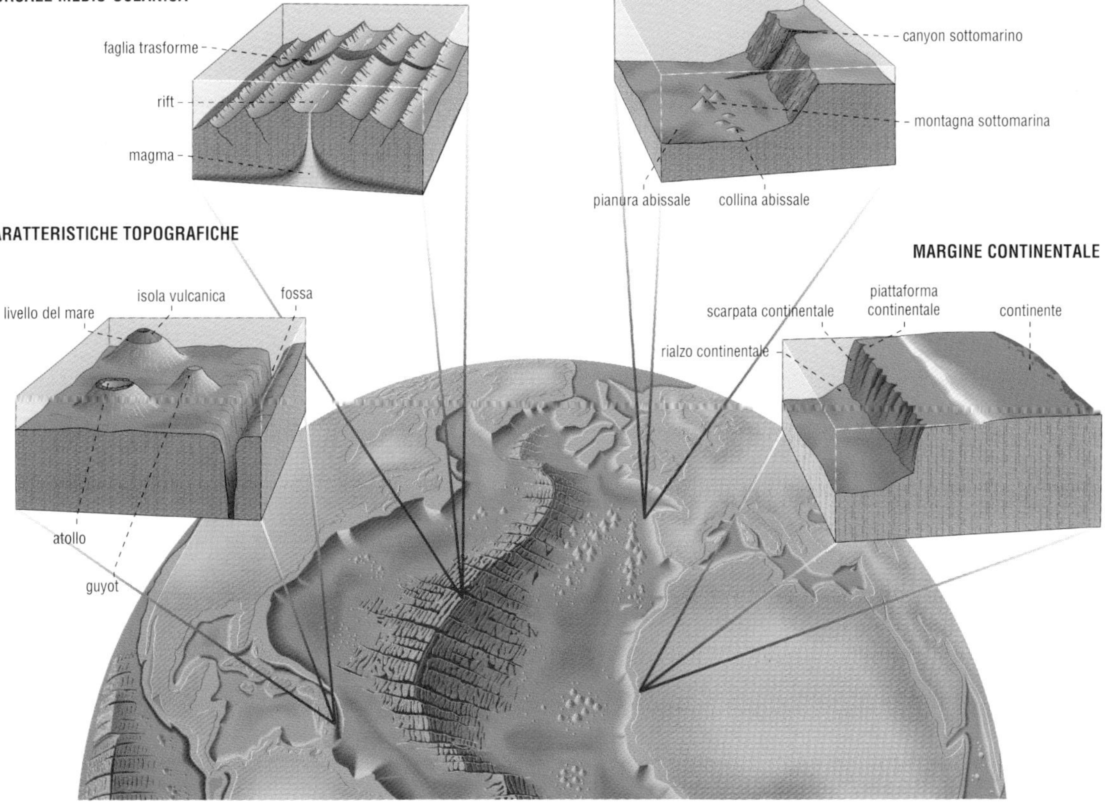

NUBI E SIMBOLI METEOROLOGICI

PRECIPITAZIONI

TEMPORALE

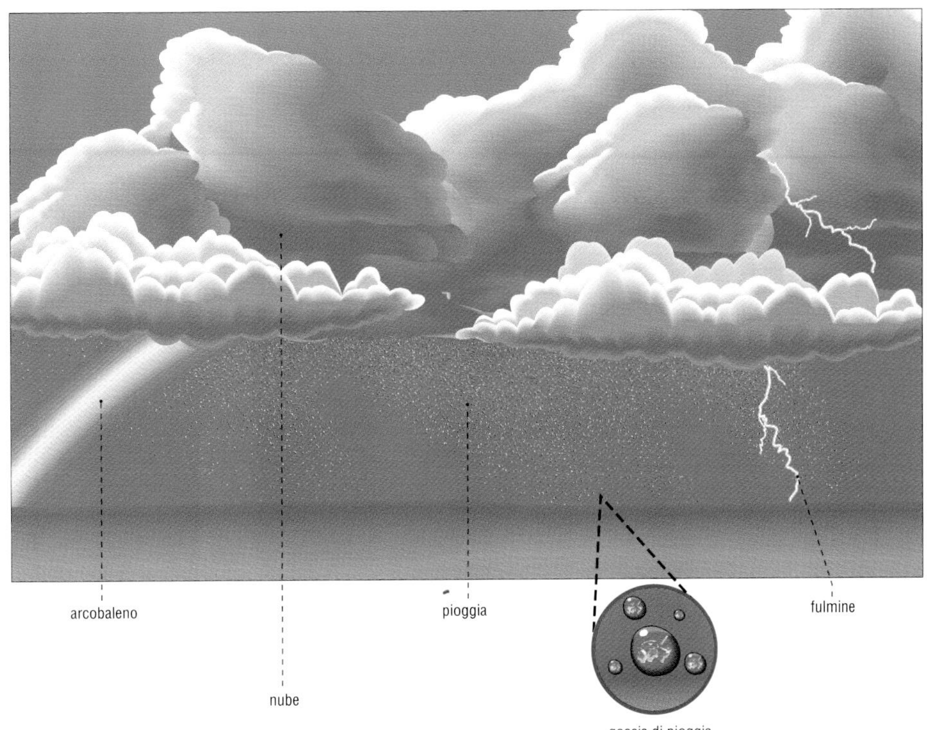

foschia

nebbia

rugiada

vetrone

MINIERA DI CARBONE

MINIERA A CIELO APERTO

MINIERA COLTIVATA CON SBANCAMENTO

MINIERA SOTTERRANEA

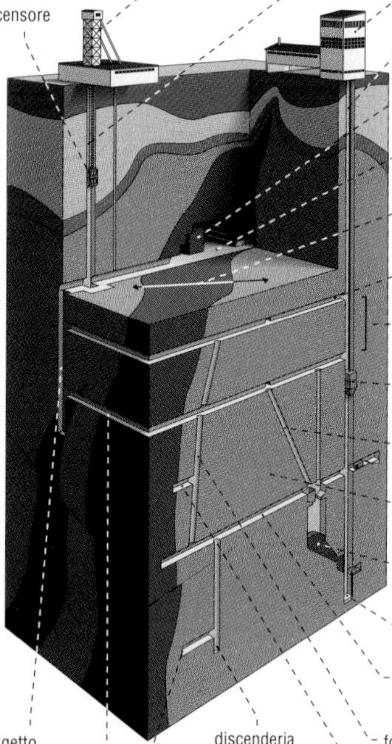

PETROLIO

IMPIANTO DI TRIVELLAZIONE

SISTEMA A ROTAZIONE

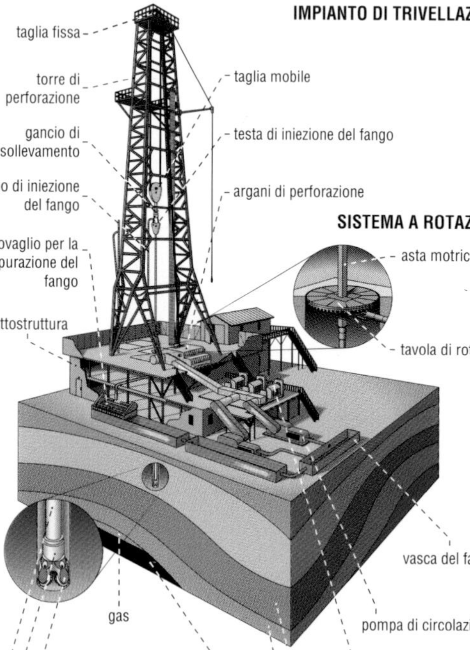

PIATTAFORMA DI PRODUZIONE

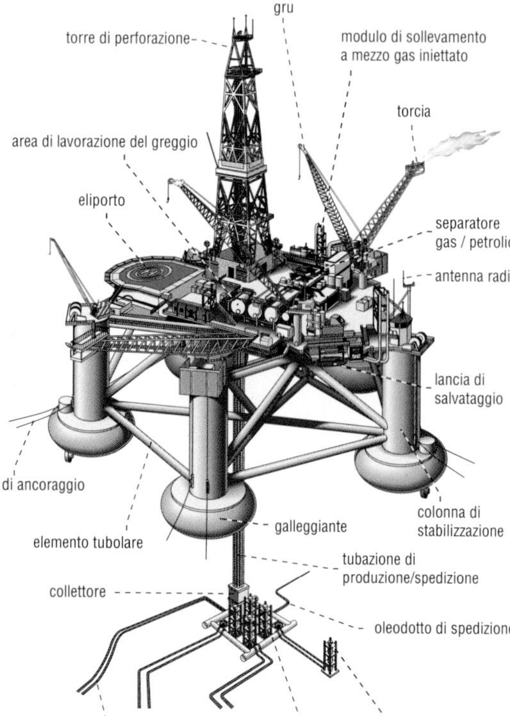

ENERGIA NUCLEARE

CENTRALE ELETTRONUCLEARE

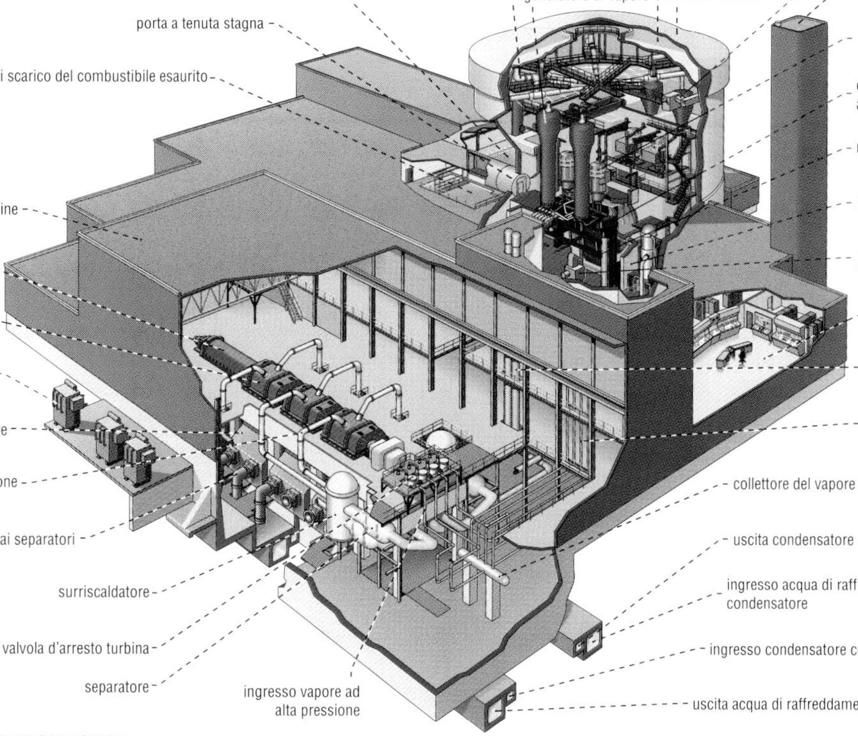

valvola impianto di allagamento
serbatoio impianto di allagamento
refrigeratore sala generatore di vapore
vasca di deposito del combustibile esaurito
generatore di vapore
edificio reattore
riconcentrazione dell'acqua pesante
porta a tenuta stagna
vasca di scarico del combustibile esaurito
collettore acqua di alimentazione
reattore
edificio delle turbine
recipiente del reattore
macchina di carico-scarico
generatore
turbina
sala di controllo
trasformatore
tubazioni di scarico del vapore
condensatore
tubazioni del vapore primario
vapore a bassa pressione
collettore del vapore primario
scarico del vapore dai separatori
uscita condensatore controcorrente
surriscaldatore
ingresso acqua di raffreddamento condensatore
valvola d'arresto turbina
ingresso condensatore controcorrente
separatore
ingresso vapore ad alta pressione
uscita acqua di raffreddamento condensatore

EATTORE AD ANIDRIDE CARBONICA

acchina di carico-scarico
schermatura in calcestruzzo
barra di controllo
dride carbonica di raffreddamento
cciolo del reattore
nbiatore di calore
soffiante
uscita vapore
acqua di alimentazione

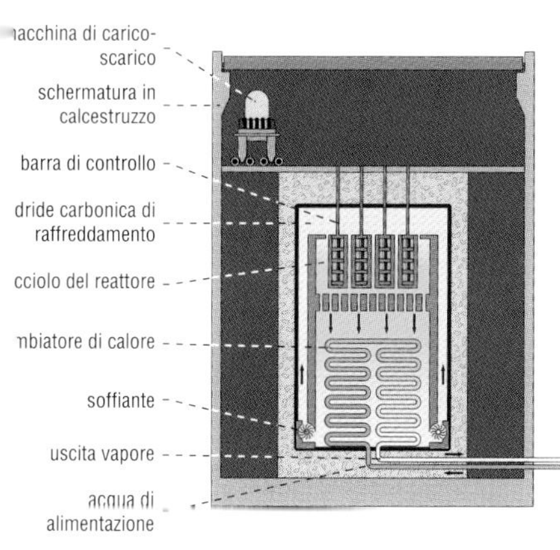

REATTORE AD ACQUA PESANTE

schermatura in calcestruzzo
generatore di vapore
pressurizzatore
uscita del vapore
acqua di alimentazione
barra di controllo
pompa
acqua pesante pressurizzata
combustibile
recipiente del moderatore
acqua pesante fredda
serbatoio di sicurezza
macchina di carico scarico

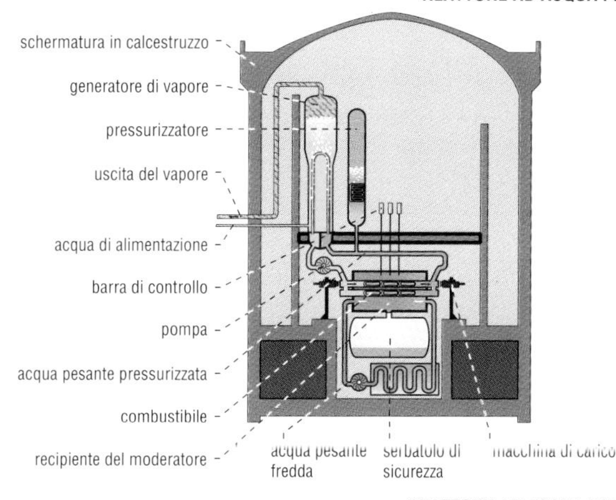

ATTORE AD ACQUA PRESSURIZZATA

schermatura in calcestruzzo
pressurizzatore
generatore di vapore
barra di controllo
uscita del vapore
acqua di alimentazione
nocciolo del reattore
pompa

REATTORE AD ACQUA BOLLENTE

schermatura in calcestruzzo
recipiente del reattore
nocciolo del reattore
uscita del vapore
pompa di circolazione
barra di controllo
camera a secco
acqua di alimentazione
camera a umido
vasca di abbattimento della pressione

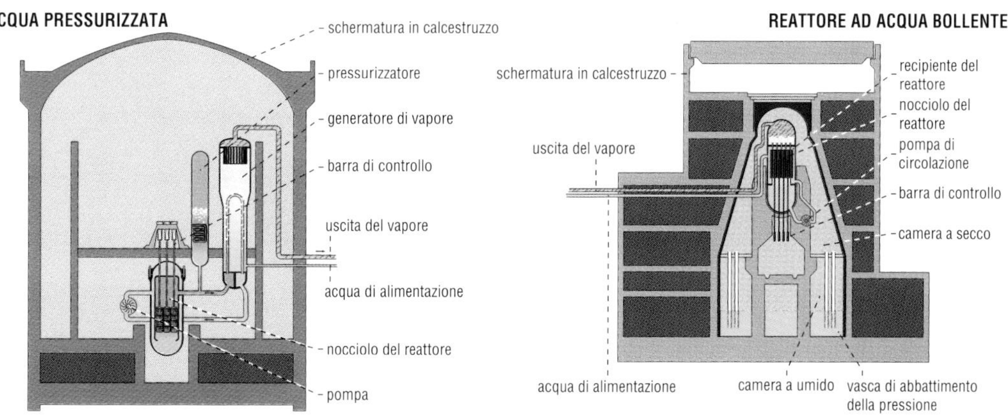

ELETTRICITÀ

IMPIANTO IDROELETTRICO

paratoia dello sfioratore
condotta forzata
soglia dello sfioratore
coronamento
bacino a monte
sfioratore
bacino
gru a portale
scivolo di tronchi d'albero
sala di controllo
canale di derivazione
diga
bacino a valle
scivolo di sfioratore
stazione di trasformazione
muro di sponda
centrale idroelettrica
sala macchine

SEZIONE TRASVERSALE DI UNA CENTRALE IDROELETTRIC

paratoia
interruttore automatico
gru a portale
stazione di trasformazione
trasformatore
parafulmine
gru a ponte
sala macchine
galleria di ispezione
gru a portale
camera a spir
paratoia
bacino a valle
canale di scarico
gruppo generatore
presa d'acqua
tubo aspiratore
griglia
barra collettrice
bacino
condotta forzata

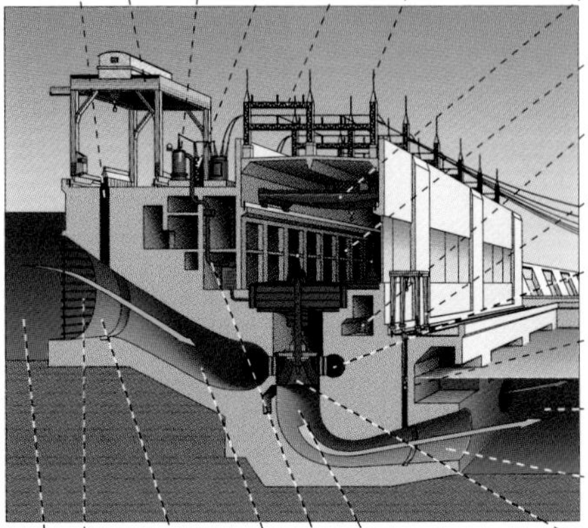

CENTRALE ELETTRICA MAREOMOTRICE

diga mobile
riva
mare aperto
centrale elettrica
chiusa
edificio dei servizi
stazione di trasformazione
bacino
diga fissa
para

SEZIONE TRASVERSALE

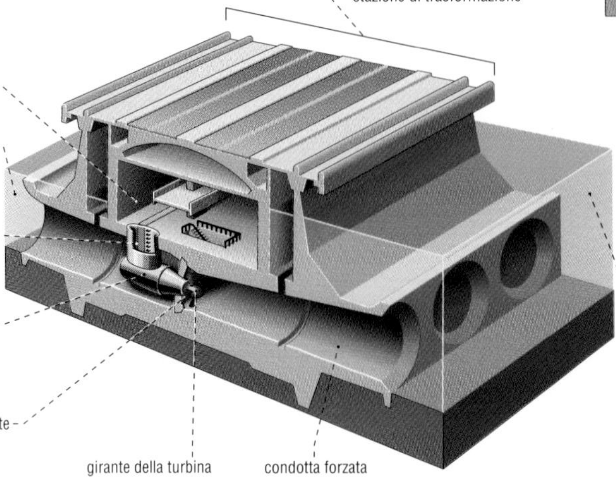

coronamento
piano di servizio
lato mare
pozzo d'accesso
bulbo
pala della girante
girante della turbina
condotta forzata
lato bacino

DIGA IN TERRA

SEZIONE TRASVERSALE

coronamento
nucleo centrale di argilla
rivestimento
frangiflutti
sabbia
bacino
berma
strato drenante
piede a valle
piede a monte
spalla a monte
spalla a valle
strato di sabbia drenante
strato di sabbia a monte
taglione
platea di fondazione

DIGA A GRAVITÀ

SEZIONE TRASVERSALE

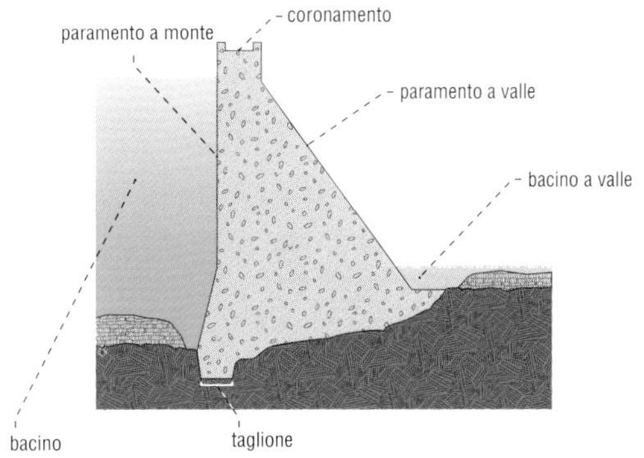

DIGA A VOLTA

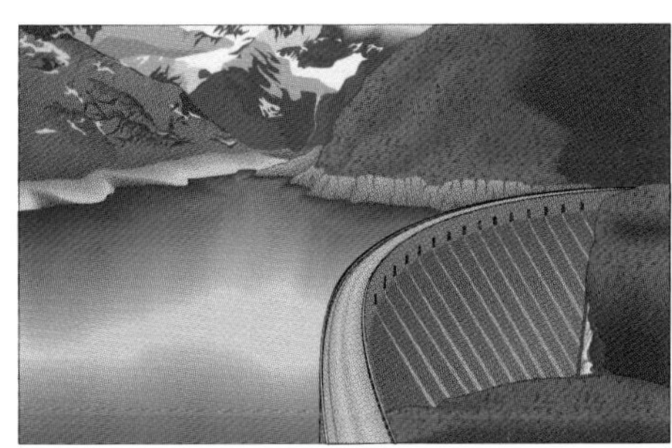

SEZIONE TRASVERSALE

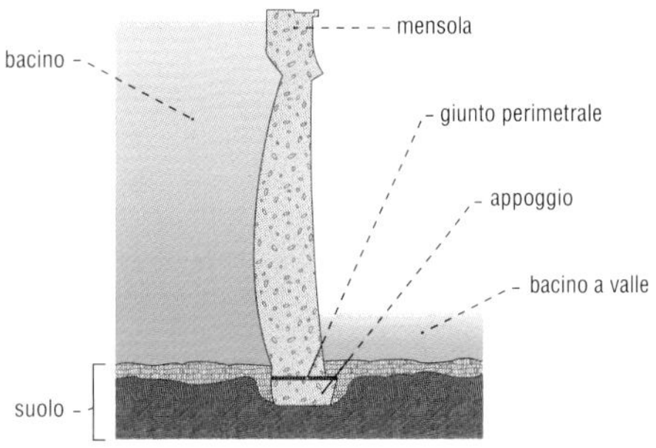

DIGA A CONTRAFFORTI

SEZIONE TRASVERSALE

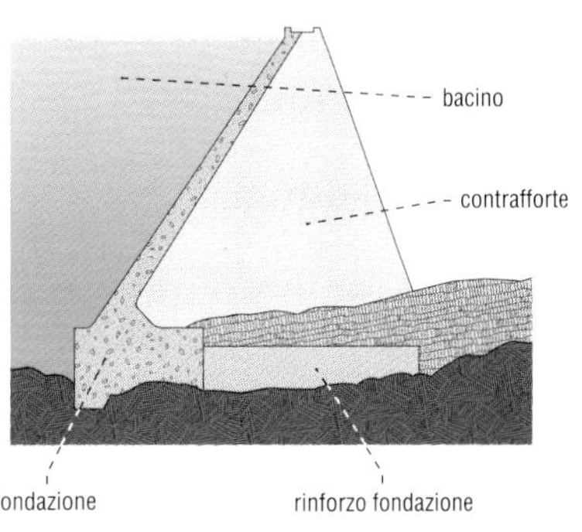

ENERGIA SOLARE

FORNO SOLARE

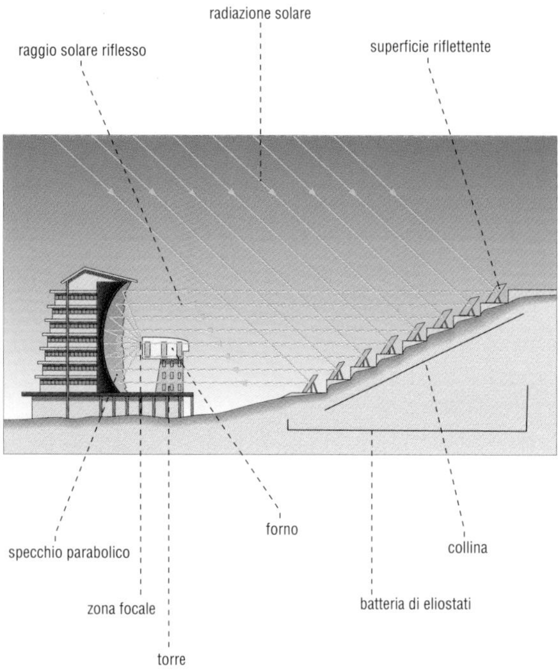

radiazione solare
raggio solare riflesso
superficie riflettente
specchio parabolico
forno
collina
zona focale
batteria di eliostati
torre

PRODUZIONE DI ELETTRICITÀ DA ENERGIA SOLARE

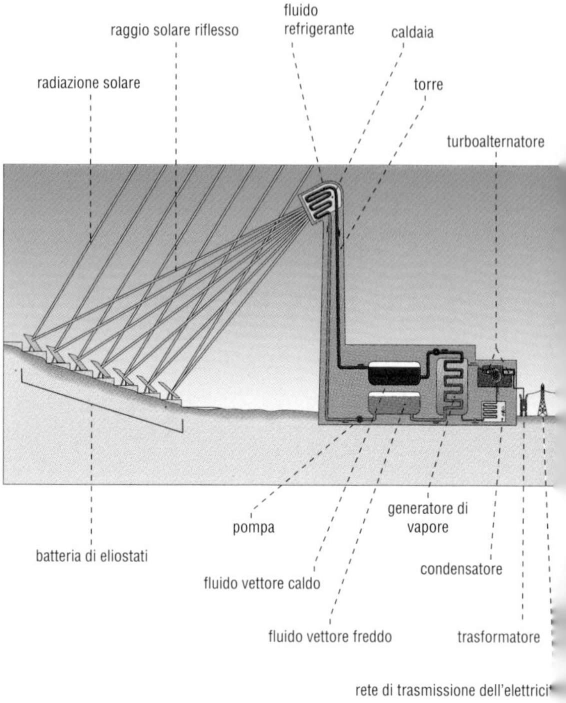

raggio solare riflesso
fluido refrigerante
caldaia
radiazione solare
torre
turboalternatore
pompa
generatore di vapore
batteria di eliostati
condensatore
fluido vettore caldo
fluido vettore freddo
trasformatore
rete di trasmissione dell'elettricità

CELLA SOLARE

radiazione solare
rivestimento antiriflettente
griglia di contatto metallica
zona positiva
contatto negativo
giunzione positivo-negativa
contatto positivo
zona negativa

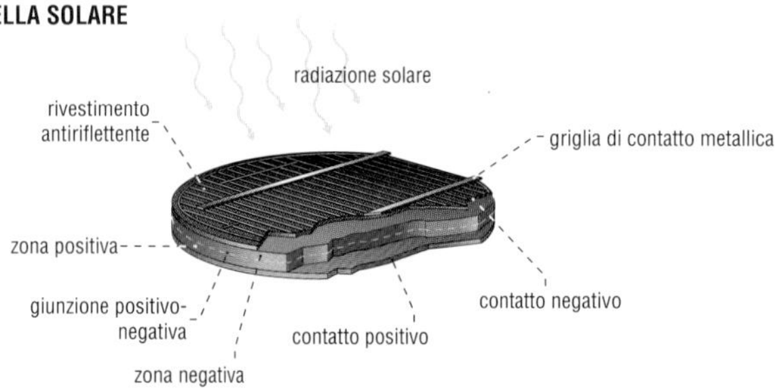

COLLETTORE SOLARE PIATTO

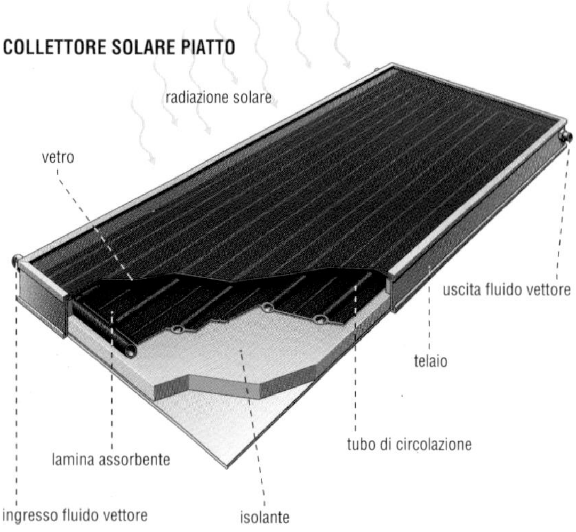

radiazione solare
vetro
uscita fluido vettore
telaio
tubo di circolazione
lamina assorbente
ingresso fluido vettore
isolante

SISTEMA A CELLE SOLARI

pannello di celle solari
radiazione solare
lampadina a incandescenza
vetro
cella solare
fusibile
telaio
diodo
contatto negativo
batteria
morsettiera
contatto positivo

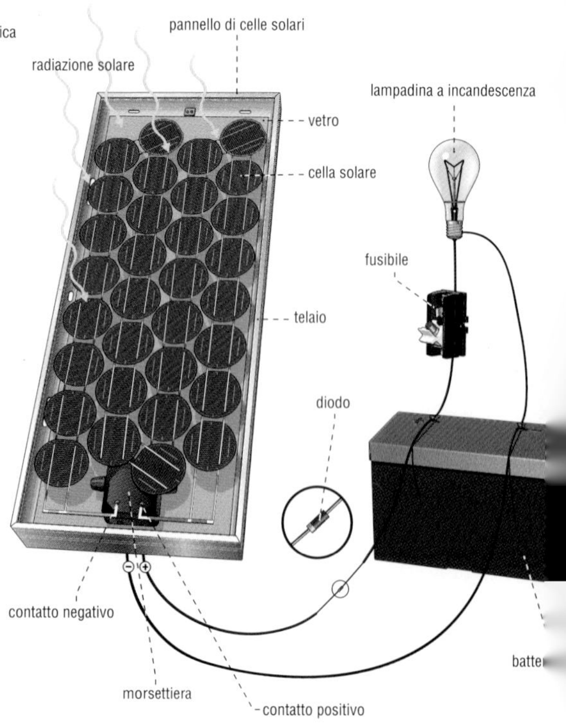

ENERGIA EOLICA

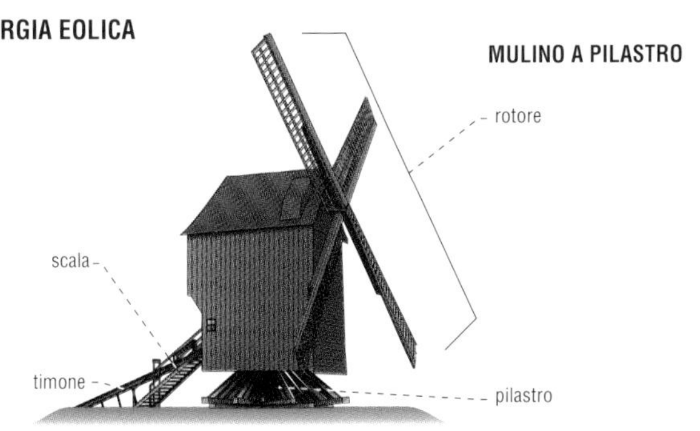

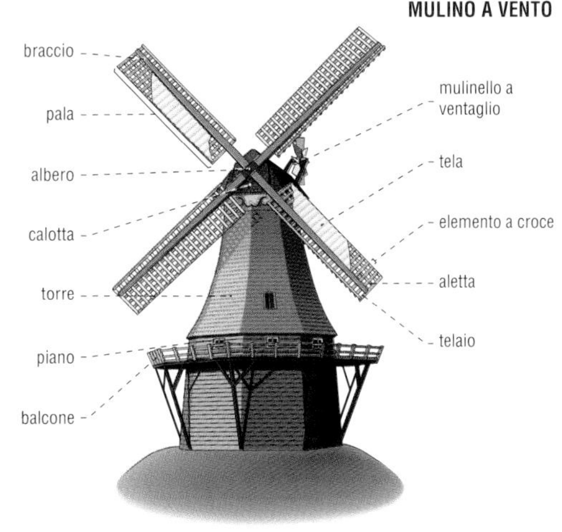

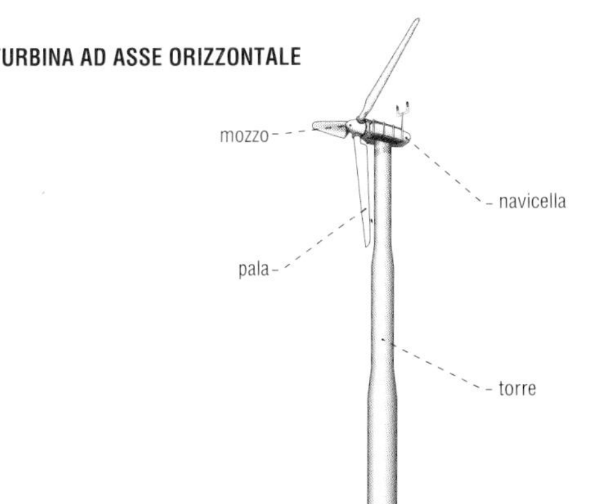

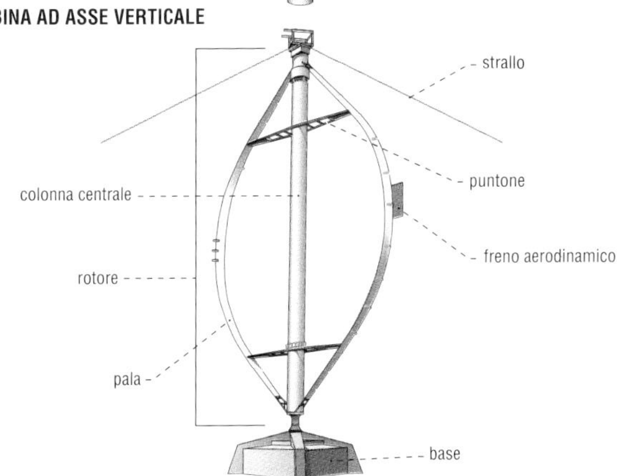

La centrale eolica sperimentale di Stintino (SS).

Campo geotermico nella regione del lago Myvatn, nell'Islanda settentrionale.

Lo stabilimento geotermico di Wairakei, in Nuova Zelanda.

PIANETI E SATELLITI

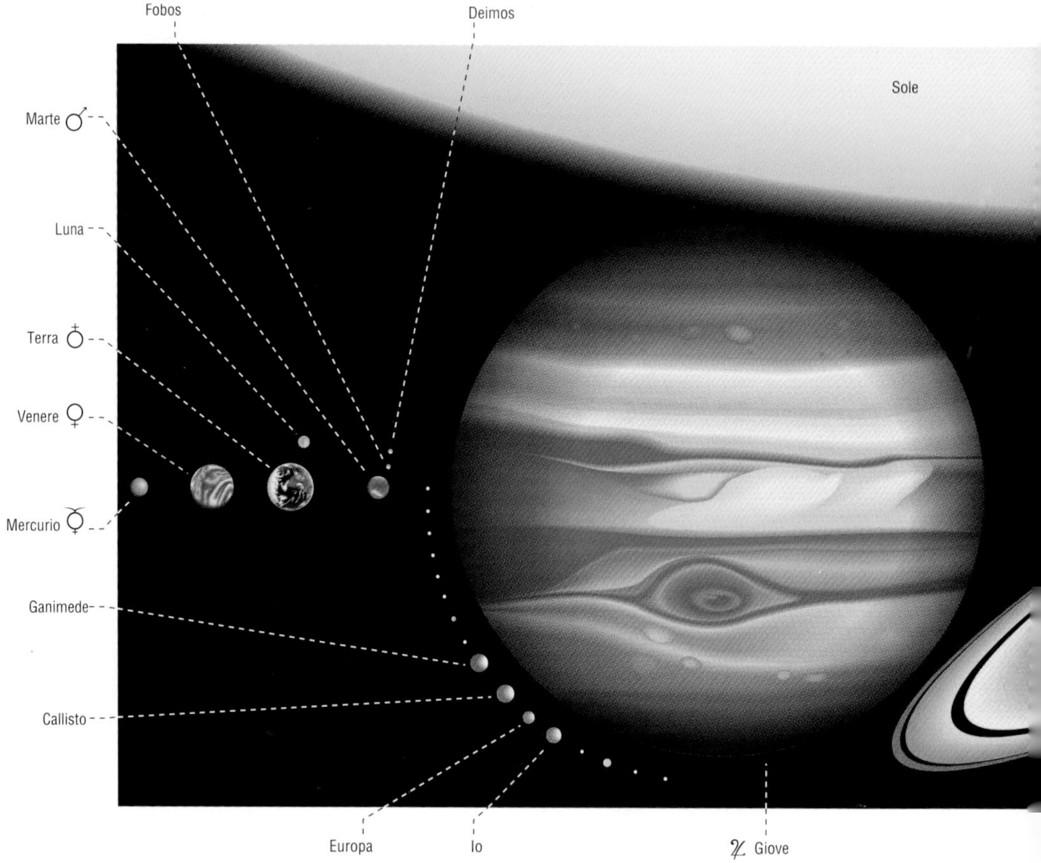

Fobos
Deimos
Sole
Marte ♂
Luna
Terra ♁
Venere ♀
Mercurio ☿
Ganimede
Callisto
Europa
Io
♃ Giove

ORBITE DEI PIANETI

fascia degli asteroidi

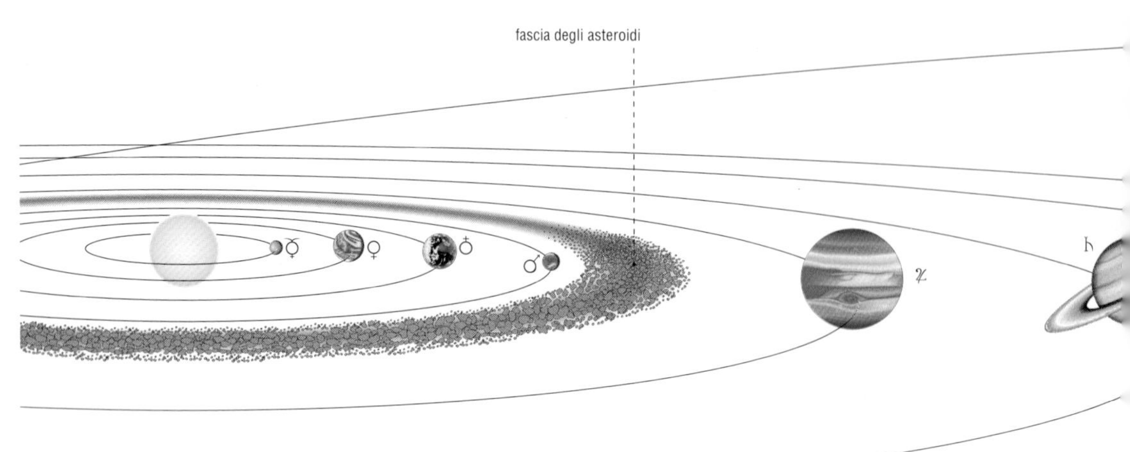

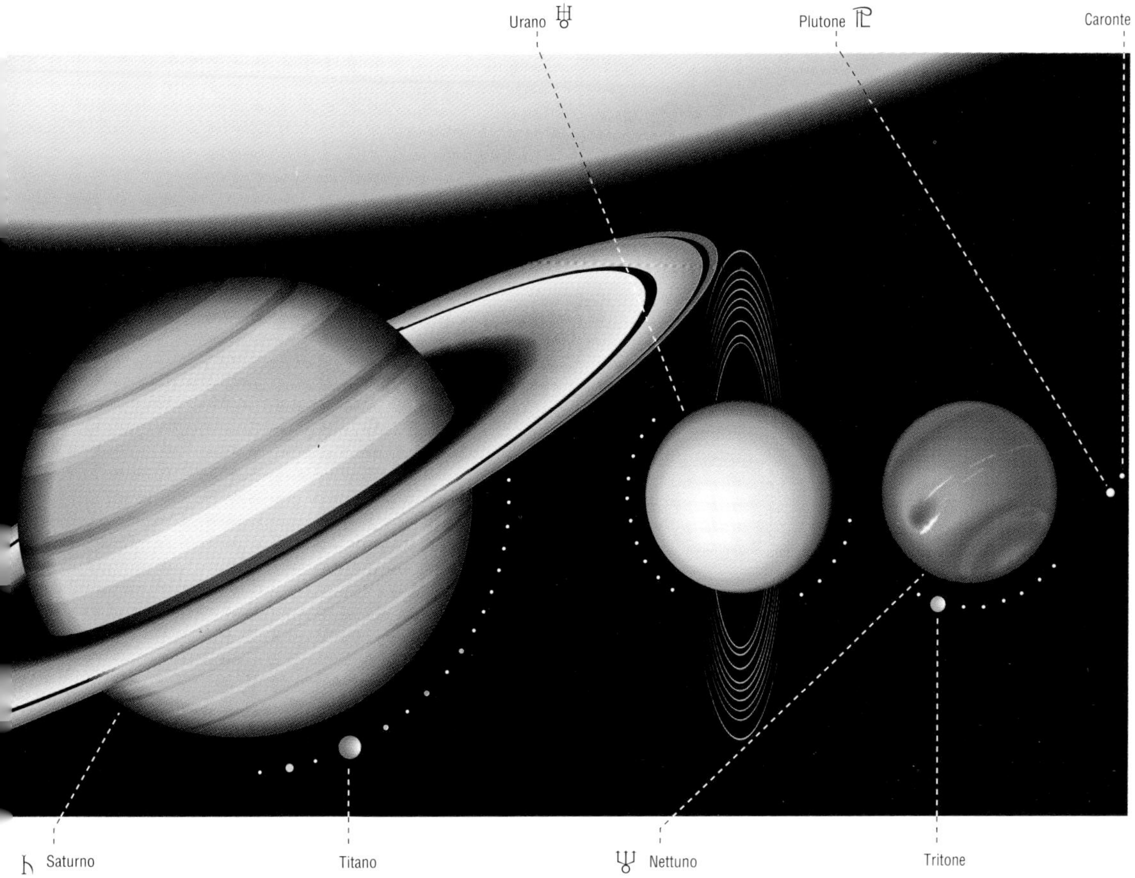

Urano ♅ Plutone ♇ Caronte

♄ Saturno Titano ♆ Nettuno Tritone

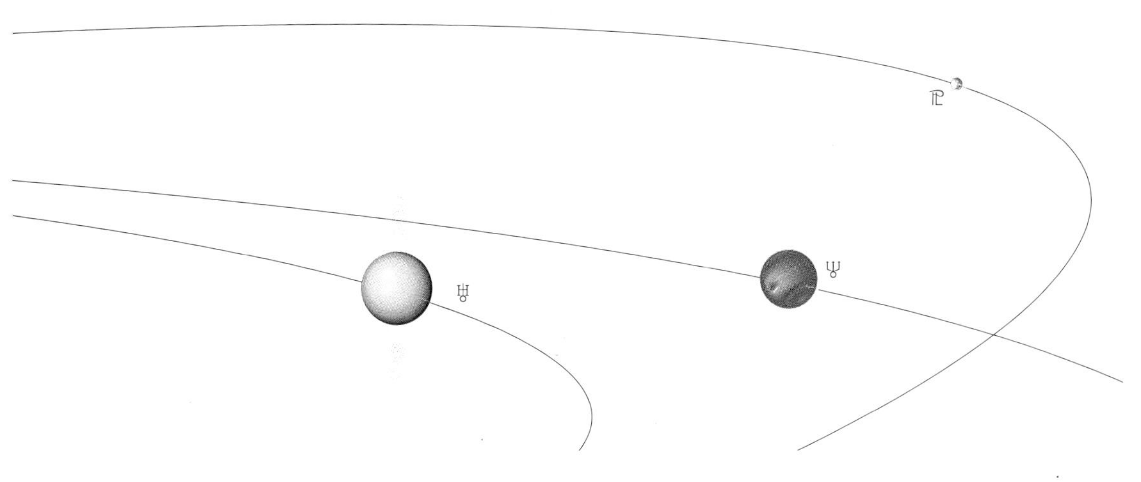

SOLE

STRUTTURA DEL SOLE

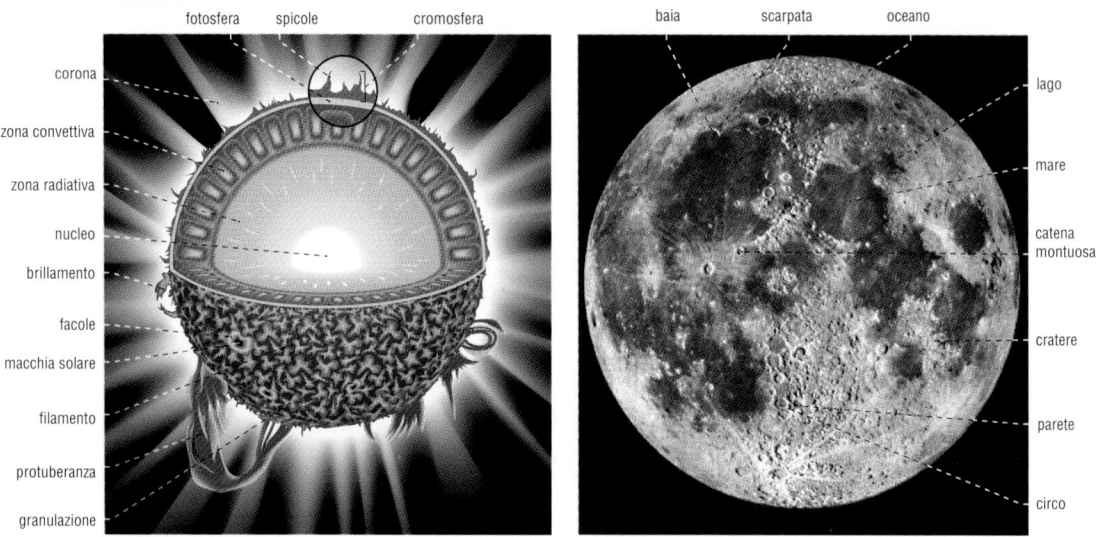

fotosfera
spicole
cromosfera
corona
zona convettiva
zona radiativa
nucleo
brillamento
facole
macchia solare
filamento
protuberanza
granulazione

LUNA

CARATTERISTICHE DELLA LUNA

baia
scarpata
oceano
lago
mare
catena montuosa
cratere
parete
circo

FASI DELLA LUNA

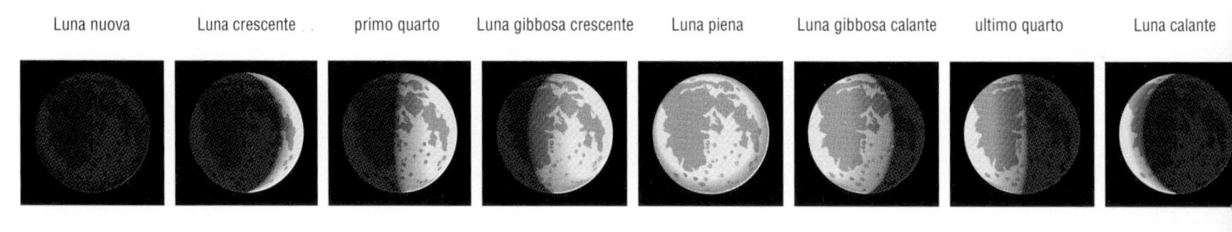

ECLISSI DI SOLE

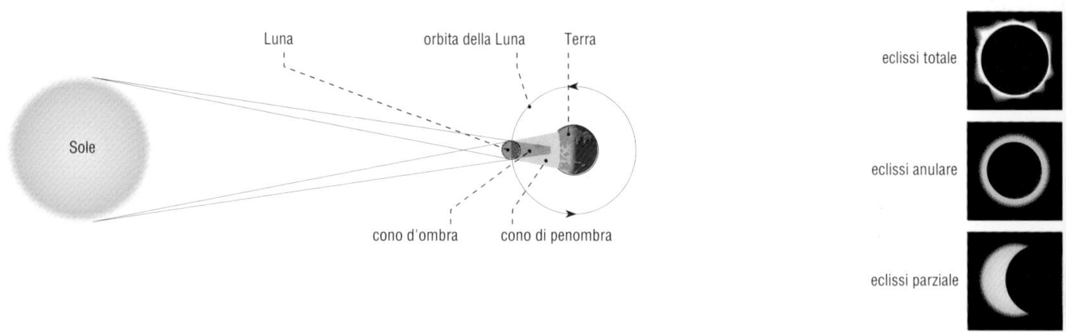

ECLISSI DI LUNA

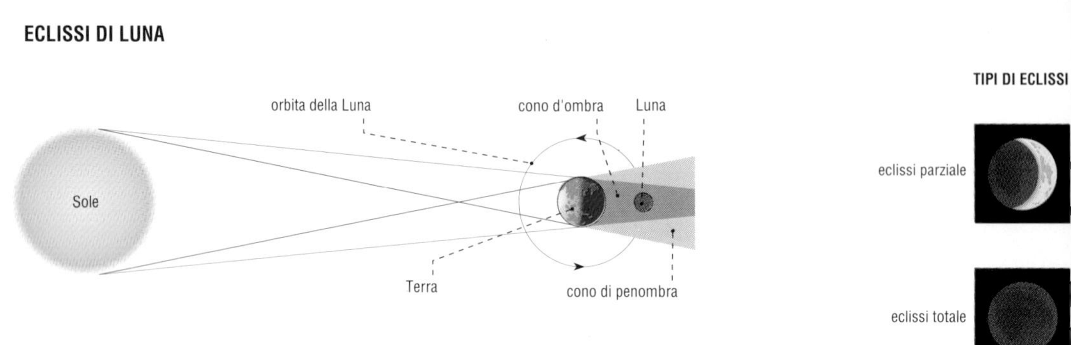

hapax legomenon /*lat.* 'apaks le'gɔmenon, *gr.* 'hapaks le'gɔmenon/ o (*evit.*) **àpax legòmenon** [loc. gr., letteralmente 'detto (*legómenon*, part. pass. nt. di *légein* 'dire') una sola volta (*hápax*, comp. di *ha-* 'uno' e della stessa radice del v. *pēgnýnai* 'fissare')'] **loc. sost. m.** ● (*ling.*) Parola o forma di cui è attestato un solo esempio all'interno del sistema di una lingua o di un'opera letteraria.

happening /'ɛppenin(g), *ingl.* 'hæpəniŋ/ [vc. ingl., letteralmente 'avvenimento', dal v. *to happen* 'accadere, avvenire', da *hap* 'sorte, fortuna' con qualche riscontro anche al di fuori dell'area germ.] **s. m. inv.** ● Genere artistico fondato sull'estemporaneità dell'azione, spesso caratterizzato da gestualità o da interventi sulle cose, e accompagnato da azioni di tipo teatrale, mimico, pittorico, musicale a cui il pubblico è chiamato a partecipare | (*est.*) Festa, ritrovo e sim. aperti all'improvvisazione e all'iniziativa dei partecipanti.

happy end /*ingl.* 'hæpi end/ [loc. ingl., propr. 'lieto fine'] **loc. sost. m. inv.** (**pl.** ingl. *happy ends*) ● Felice conclusione di un film, di un romanzo, di una vicenda e sim.

harakiri /kara'kiri, *giapp.* hara'kiri/ o (*evit.*) **karakìri** [vc. giapp., letteralmente 'tagliare (*kiri*) il ventre (*hara*)'] **s. m. inv.** ● Suicidio compiuto squarciandosi il ventre con una spada, tipico dei samurai giapponesi.

hard /ard, *ingl.* 'ha:d/ [vc. ingl., propr. 'duro, rigido', di origine indeur.] **agg. inv.** ● Detto di ciò che ha toni forti, decisi, duri; che è aspro e crudo, spec. in contrapposizione a *soft*: *atteggiamento, musica h.*

hard-boiled /*ingl.* 'ha:d bɔild/ [vc. ingl., propr. 'bollito (*boiled*, part. pass. di *to boil*) (fino a diventare) sodo, duro (*hard*)', e fig. 'indurito dall'esperienza, realistico'] **s. m. inv.** ● Genere narrativo statunitense, che tratta temi polizieschi con toni crudamente realistici e violenti.

hard bop /*ingl.* 'ha:d bɔp/ [loc. ingl., da *be-bop*, con sostituzione di *hard* 'duro' a *be*] **loc. sost. m. inv.** ● Stile jazzistico statunitense nato negli anni Cinquanta all'interno del recupero del be-bop, rispetto al quale presenta accentuazioni ritmiche più marcate e sonorità più accese.

hard copy /*ingl.* 'ha:dkɔpi/ o **hardcopy** [loc. ingl., comp. di *hard* 'duro, rigido' e *copy* 'copia'] **s. f. inv.** ● (*elab.*) Rappresentazione permanente di un'immagine visualizzata sullo schermo di un computer, che viene generata da un dispositivo di stampa ed è direttamente prelevabile dall'utente.

hard-core /ard'kɔr, *ingl.* 'ha:d kɔ:*/ [vc. ingl., comp. di *hard* (V.) e *core* 'centro, nucleo' (vc. di origine incerta): la vc. significò dapprima 'il militante più attivo, fedele fino alla morte, di un gruppo, un'organizzazione, un movimento'] **agg. inv.** ● Detto di un genere cinematografico pornografico molto spinto, in cui le situazioni sullo schermo vengono rappresentate con assoluto realismo.

hard-cover /*ingl.* 'ha:dkʌvə*/ [vc. ingl., comp. di *hard* 'duro, rigido' e *cover* 'copertina'] **s. m. inv.** ● Libro con copertina rigida.

hard disk /ar'disk, *ingl.* 'ha:d disk/ [loc. ingl., comp. di *hard* 'duro, rigido' e *disk* 'disco'] **loc. sost. m. inv.** (**pl.** ingl. *hard disks*) ● (*elab.*) Disco rigido.

hard rock /*ingl.* 'ha:d rɔk/ [loc. ingl., comp. di *hard* 'duro' e *rock* (V.)] **loc. sost. m. inv.** ● Genere di musica rock affermatosi tra gli anni Sessanta e Settanta, caratterizzato da una sonorità molto aggressiva, esasperata mediante accorgimenti elettronici.

hard top /ard'tɔp, *ingl.* 'ha:d tɔp/ [vc. ingl., propriamente 'tetto, parte superiore (*top*, di vasta area, ma di origine incerta) rigido (*hard* (V.))'] **loc. sost. m. inv.** (**pl.** ingl. *hard tops*) ● (*autom.*) Tetto di metallo o di plastica di cui è munito un autoveicolo o che può essere applicato su un autoveicolo, spec. fuoristrada, in sostituzione della capote di tela.

hardware /'ardwer, *ingl.* 'ha:dwɛə*/ [vc. ingl., propriamente 'oggetti (*ware*, di area germ.) di metallo (*hard* (V.))', nella speciale applicazione di 'componenti fisici di un apparato'] **s. m. inv.** **1** (*elab.*) L'insieme delle unità fisiche che compongono un sistema di elaborazione dati, cioè le apparecchiature considerate in antitesi ai programmi, e quindi al software. **2** (*est.*) L'insieme delle macchine e degli strumenti necessari per una determinata attività.

Hàre Krìshna /'hare 'kriʃna/ [adattamento, sul modello della grafia ingl., della vc. sans. *Hare*, evocante la potenza devozionale di Dio, e della vc. sans. *Krishna* 'l'Infinitamente Affascinante', ambedue ricorrenti in un mantra vedico che significa quindi 'O Dio infinitamente affascinante, o potenza di Dio, Ti prego di impegnarmi a servirTi con devozione'] **loc. sost. m. e f. inv.** ● (*relig.*) Aderente all'Associazione Internazionale per la Coscienza di Krishna, comunità spirituale, di origine indiana e di cultura vedica, che raggruppa i devoti di Krishna, una delle incarnazioni del dio Visnù da essi considerato come il sommo e unico Dio.

harèm /a'rɛm, 'arem/ o **arèm**, (*raro*) **arèmme** [dal turco *harem*, a sua volta dall'ar. *harīm* 'luogo inviolabile, sacro'] **s. m. inv.** **1** Parte dell'abitazione musulmana riservata esclusivamente alle donne e ai bambini | (*est.*) L'insieme delle donne dell'harem. **2** (*est., scherz.*) L'insieme di più donne con cui un uomo ha contemporaneamente relazioni amorose.

harmònium /ar'mɔnjum, *fr.* armo'njɔm/ ● V. *armonium*.

Harris tweed® /*ingl.* 'hæris twi:d/ [loc. ingl., comp. di *Harris*, n. d'un'isola (*Lewis-Harris*) delle Ebridi, e *tweed* (V.)] **loc. sost. m. inv.** ● Nome commerciale di un tweed di lana scozzese filato, tinto e tessuto a mano nelle isole Ebridi.

hascemìta /aʃʃe'mita/ ● V. *hashimita*.

hascimìta /aʃʃi'mita/ ● V. *hashimita*.

hascisc /aʃ'ʃiʃ/ o **ascisc**, **haschisch** /*ted.* 'haʃiʃ, ha'ʃi:ʃ/, **hashish** /*ingl.* 'hæʃiʃ/ [ar. *ḥašīš* (coll.) 'erbe', dalla radice di *hašša* 'tagliare'] **s. m. inv.** ● Stupefacente ottenuto estraendo le resine contenute nei germogli della *Cannabis indica* dopo averli opportunemente essiccati.

hashimìta /aʃʃi'mita/ o **hascemìta** o **hascimìta** [da *Hāshim* ibn 'Abd Manāf', bisnonno di Maometto] **A** **agg.** (**pl. m.** *-i*) ● Detto di un'antica dinastia di sceriffi arabi della Mecca, oggi regnante in Giordania. **B** **s. m. e f.** ● Membro di tale dinastia.

hasìdico /a'sidiko/ e *deriv.* ● V. *cassidico* e *deriv.*

hastellòy® /astel'lɔi/ **s. m. inv.** ● Nome commerciale di un gruppo di leghe a base principalmente di nichel e molibdeno, particolarmente resistenti alle alte temperature e agli agenti corrosivi.

hatha-yoga /'ata 'jɔga, *sans.* 'ha:tha 'jo:ga/ [vc. sans., propr. 'yoga (V.) basato sull'esercizio fisico (*hata*)'] **s. m. inv.** ● Forma di yoga che tende a raggiungere lo stato mistico attraverso il superamento delle sensazioni corporee, realizzato con la pratica di opportuni esercizi fisici e respiratori.

haute /*fr.* ot/ [vc. fr., letteralmente 'alta', sottinteso 'società', sul modello del fr. *haute société*] **s. f. inv.** ● Il complesso delle persone ricche e influenti o prestigiose, appartenenti ai ceti socialmente più elevati | Alta società.

haute-couture /*fr.* 'ot ku'tyr/ [vc. fr., letteralmente 'alta (*haute*, f. di *haut*, dal lat. *ăltus* con *h-* dall'agg. germ. dello stesso sign.) moda (*couture*, propriamente 'cucitura', dal lat. parl. *co(n)sutūra* 'costura')'] **loc. sost. f.** ● Alta moda | Lavoro e ambiente delle sartorie di lusso.

haute cuisine /*fr.* 'ot kɥi'zin/ [loc. fr., propr. 'alta cucina'] **loc. sost. f. inv.** ● Arte del cucinare pietanze raffinate, di difficile preparazione.

hawaiàno /ava'jano/ **A** **agg.** ● Delle isole Hawaii | *Chitarra hawaiana*, ukulele. **B** **s. m.** (**f.** *-a*) ● Abitante, nativo delle isole Hawaii.

he /ɛ, e/ [vc. espressiva] **inter.** ● Esprime rassegnazione o dubbio in un sign. analogo a *perché no, non dico di no*: *he! sarà così!*

headline /*ingl.* 'hedlain/ [vc. ingl., propr. 'linea (*line*) di testa (*head*)'] **s. m. inv.** **1** Titolo, intestazione di un annuncio pubblicitario, che sintetizza il tema della campagna pubblicitaria ed è scritto in modo da attirare l'attenzione del pubblico. **2** Testata o titolo di giornale.

hearing /*ingl.* 'hiəriŋ/ [vc. ingl., da *to hear* 'udire, sentire, ricevere notizie' (vc. di origine germ.)] **s. m. inv.** ● Indagine conoscitiva.

heavy metal /*ingl.* 'hevi 'metl/ [loc. ingl., propr. 'metallo (*metal*) pesante (*heavy*)'] **loc. sost. m. inv.** ● Genere di musica rock affermatosi tra gli anni Settanta e Ottanta, derivato dall'hard rock, caratterizzato da sonorità violente e da ritmi veloci e ossessivi.

hegelianìsmo /egelja'nizmo, hegelja'nizmo/ o **eghelianìsmo**, **hegelianésimo** /egelja'nezimo, hegelja'nezimo/ **s. m.** ● (*filos.*) Hegelismo.

hegeliàno /ege'ljano, hege'ljano/ o **egheliàno** **A** **agg.** ● Che concerne o interessa il sistema filosofico di G. W. F. Hegel (1770-1831). **B** **s. m.** (**f.** *-a*) ● Chi segue o si ispira alla filosofia di G. W. F. Hegel.

hegelìsmo /ege'lizmo, hege'ljzmo/ **s. m.** **1** Complesso delle dottrine che costituiscono il sistema filosofico di G. W. F. Hegel. **2** Tendenza a richiamarsi ai capisaldi del sistema filosofico di G. W. F. Hegel.

hei /'ei/ [vc. espressiva] **inter.** ● Si usa per attirare l'attenzione o per esprimere meraviglia o stupore (*anche iron.*): *hei! tu!, hei! ce l'ho fatta!*

helànca® /e'lanka/ **s. m. inv.** ● Nome commerciale di fili di nylon elasticizzati.

hèlion® /'ɛljon/ **s. m. inv.** ● Altro nome commerciale del nylon.

helisky /*fr.* eli'ski/ [vc. coniata prob. in fr. con *héli(coptère)* 'elicottero' e *ski*] **s. m. inv.** ● Forma di sci praticata servendosi dell'elicottero come mezzo di risalita per godere di itinerari sempre nuovi e su neve fresca.

Heller /*ted.* 'hɛlər/ [vc. ted., da un precedente medio alto ted. *Haller* (sottinteso *pfennig*) '(moneta) di *Hall*' (località sveva di coniazione)] **s. m. inv.** (**pl.** ted. **inv.**) ● Moneta d'argento medioevale tedesca | Moneta austriaca del valore di 1/100 di corona.

hello /*ingl.* he'lou/ ● V. *hallo*.

hem /m/ [vc. espressiva] **inter.** ● Serve per richiamare l'attenzione, per interrompere un discorso, per esprimere titubanza, incertezza, avvertimento, velata minaccia, ecc.: *hem, penso di doverti una spiegazione*; (spesso ripetuta) *hem, hem, scusa se ti interrompo.*

hènna /'ɛnna/ o **ènna** [ar. *hinnā'*, n. di una pianta usata per tingere di rosso le stoffe] **s. f.** ● Alberetto spinoso delle Borraginacee dalle cui foglie si ricava una materia di color rosso usata come tintura per capelli, tessuti, legni (*Lawsonia alba*) | (*est.*) Tintura di henna.

henné /*fr.* e'ne/ **s. m. inv.** ● Henna.

hénry /'enri, *ingl.* 'henri/ [dal n. del fis. amer. J. *Henry* (1797-1878)] **s. m. inv.** ● (*elettr.*) Unità di induttanza elettrica, corrispondente a quella di un circuito nel quale si produce l'impulso di tensione di un voltsecondo quando la corrente in esso varia di un ampere. SIMB. H.

herpes /*lat.* 'ɛrpes/ [vc. dotta, lat. *hĕrpete(m)*, nom. *hĕrpes*, dal gr. *hérpēs*, dal v. *hérpein* 'strisciare', perché malattia che striscia e si diffonde sulla pelle] **s. m. inv.** ● (*med.*) Una delle numerose affezioni cutanee, di origine virale, caratterizzata dalla formazione di grappoli di vescicole acquose su una base infiammatoria. SIN. Erpete | *H. semplice*, uno dei più comuni tipi di herpes, localizzato spec. ai bordi delle labbra, delle narici, nei genitali | *H. zoster*, tipo di herpes caratterizzato da vescicole che danno una dolorosa sensazione di bruciore cutaneo, lungo il decorso dei nervi. SIN. Fuoco di Sant'Antonio | *H. virus*, virus responsabile di tutte le malattie erpetiche.

hertz /ɛrts, *ted.* hɛrts/ [dal n. del fis. ted. H. R. *Hertz* (1857-1894)] **s. m. inv.** ● (*fis.*) Unità di frequenza, corrispondente a un ciclo al secondo. SIMB. Hz.

hertziàno /er'tsjano/ o **erziàno**. **agg.** ● Del fisico H. R. Hertz | *Onde hertziane*, onde elettromagnetiche di lunghezza superiore a 300 micron.

hesitation /*ingl.* hezi'teiʃən/ [vc. ingl., letteralmente 'esitazione', da *to hesitate* 'esitare', di origine lat.] **s. f. inv.** ● Valzer all'inglese.

hevèa /e'vɛa/ [da una l. degli indig. di Esmeraldas (Ecuador): *hyévé*] **s. f.** ● Genere di piante sudamericane delle Euforbiacee coltivate nei paesi intertropicali (*Hevea*) | *H. brasiliensis*, i cui tronchi incisi lasciano sgorgare il lattice da cui si ottiene il caucciù.

hi /i/ [vc. espressiva nel sign. 1; onomat. nel sign. 2] **inter.** **1** Esprime sorpresa, noncuranza, incredulità, apprezzamento ironico: ... *hi, meccere*: *ecco onesto uomo* (BOCCACCIO). **2** Riproduce, ripetuta due o più volte, il suono di un riso o di un pianto molto acuto.

hickory /'ikori, *ingl.* 'hikəri/ [vc. ingl., abbr. di *poka-hickory*, dall'algonchino della Virginia *pawcohiccora* 'preparato di noci tritate'] s. m. inv. (pl. ingl. *hickories*) ● Genere di alberi delle Iuglandacee originari del Canada, che dà un legno duro e compatto | (*est.*) Il legno di tale albero, un tempo molto usato per fabbricare sci.

hidalgo /*sp.* i'dalgo/ [sp., letteralmente 'figlio (*hijo*) di (*d'*) qualcuno (*algo*, che può anche essere inteso come 'ricchezza, beni di fortuna')'] s. m. (pl. sp. *hidalgos*) ● Membro della piccola nobiltà spagnola.

hi-fi /'hai fai/ loc. sost. f. inv. ● Acrt. di *high-fidelity* (V.).

highball /*ingl.* 'hai bɔ:l/ [vc. dell'ingl. d'America, che all'orig. indicava una specie di poker, comp. di *high* 'alto' (V. *high*) e *ball* 'palla' (perché giocato con delle palle)] s. m. inv. *1* Long drink allungato con bibite gasate. *2* (*est.*) Caratteristico bicchiere molto capiente in cui si servono bevande di questo tipo.

high fidelity /*ingl.* 'hai fi'deliti/ [ingl., letteralmente 'alta (*high*) fedeltà (*fidelity*)'] loc. sost. f. inv.; anche loc. agg. inv. ● Alta fedeltà.

high life /*ingl.* 'hai laif/ [ingl., letteralmente 'alta (*high*) vita (*life*)'] loc. sost. f. inv. ● Alta società, gran mondo.

high school /*ingl.* 'hai sku:l/ [loc. ingl., propr. 'scuola alta'] s. f. inv. (pl. ingl. *high schools*) ● Nei Paesi di lingua inglese, scuola secondaria superiore.

high society /*ingl.* 'hai sə'saiəti/ [ingl., letteralmente 'alta (*high*) società (*society*)'] loc. sost. f. inv. ● Il complesso delle persone ricche e influenti o prestigiose, appartenenti ai ceti socialmente più elevati | Alta società.

high-tech /*ingl.* 'hai tek/ **A** s. f. o m. inv. *1* Acrt. di *high technology* (V.). *2* Stile di architettura che attribuisce grande importanza alla componente tecnologica. **B** agg. inv. ● Altamente tecnologico o realizzato con una tecnologia avanzata: *industria, mobile high-tech*.

high technology /*ingl.* 'hai tek'nɔlədʒi/ [loc. ingl., propr. 'alta tecnologia'] loc. sost. f. inv. ● Tecnologia avanzata, che utilizza procedimenti e attrezzature altamente sofisticati.

hi ho /i 'ɔ̃/ [vc. onomat.] inter. ● Riproduce il raglio dell'asino.

hijacking /*ingl.* 'haidʒækiŋ/ [vc. ingl., da *to hijack* 'depredare', proveniente dallo slang statunitense e di origine sconosciuta] s. m. inv. *1* Illecito sequestro di un aereo. *2* (*est.*) Sequestro illegale di un mezzo di trasporto.

himalayàno /imala'jano/ o **imalaiàno** agg. ● Relativo, appartenente, all'Himalaya: *massiccio h.* | *Alpinismo h.*, *alpinismo in stile h.*, quello che, per particolari condizioni come accesso lungo e difficile, enormi dislivelli, quote assai elevate, utilizza tecniche collaudate in Himalaya, come portatori, campi intermedi, attrezzatura con corde fisse di lunghi tratti di parete.

hìndi /'indi/ [persiano *hindī*, letteralmente 'indiano', da *Hind* 'India' col suff. agg. *-ī*] **A** agg. inv. ● Detto di una grande famiglia di dialetti parlati dagli Indù nell'Unione Indiana. **B** s. m. solo sing. ● Varietà di dialetto hindi, lingua nazionale dell'Unione Indiana.

hindustàni /indu'stani/ [urdu e persiano *hindūstānī*, da *Hindūstān* 'Indostan'] **A** s. m. solo sing. ● Varietà linguistica del gruppo neo-indiano. **B** anche agg.: *lingua h.*

Hinterland /'interland, *ted.* 'hintərlant/ [vc. ted. comp. di *hinter* 'dietro', di area germ., e *Land* 'paese, terra', di origine indeur.] s. m. inv. (pl. ted. *Hinterländer*) *1* Nel diritto internazionale dell'800, il territorio interno di una regione costiera, spec. africana, occupato da una potenza coloniale europea, sul quale questa poteva avanzare pretese di sovranità ad esclusione di ogni altra. *2* (*geogr.*) Area circostante un grande porto marittimo, fluviale o lacuale a cui fornisce merci di esportazione e da cui riceve quelle di importazione. *3* (*urban.*) Fascia di territorio circostante a un grande centro urbano, di cui subisce l'influenza sociale ed economica e alla quale fornisce il prodotto della propria attività.

hip /*ingl.* hip/ [di origine onomat.] inter. ● Solo nella loc. inter. hip hip *hip, urrà*, si usa come escl. di plauso e di esultanza collettiva (qc., specificando a chi deve andare l'applauso, lancia il triplice grido a cui tutti rispondono 'urrà'): *'per il vincitore: hip hip hip urrà!'*

hip-hop /*angloamer.* 'hip hɔp/ [probabile reduplicazione di *to hop* 'saltare' con alternazione vocalica] s. m. inv. ● Movimento nato negli Stati Uniti alla fine degli anni Settanta spec. da giovani neri, che perseguono una politica di non violenza attraverso la pratica di nuove forme d'arte, come i graffiti, la musica rap e la break dance.

hìppy /'ippi, *ingl.* 'hipi/ o **hippie** /*ingl.* 'hipi/ [etim. incerta] **A** s. m. e f. inv. (pl. ingl. *hippies*) ● Appartenente a un movimento, sorto negli anni '60, di contestazione non violenta verso la società dei consumi, che proponeva modelli di vita alternativi, ideali di pace e di libertà e che si manifestava anche attraverso esteriori, come i capelli lunghi negli uomini e i vestiti variopinti. **B** anche agg. inv.: *giovane h.*; *movimento h.*

hit /*ingl.* hit/ [vc. ingl., propr. 'colpo', poi 'colpo messo a segno', 'cosa azzeccata, indovinata' (d'orig. germ.)] s. m. inv. ● Nell'industria discografica, canzone di successo di cui si vendono molti esemplari riprodotti su dischi o cassette.

hitleriàno /itle'rjano, hitle'rjano/ **A** agg. ● Che si riferisce al dittatore tedesco A. Hitler (1889-1945) e ai suoi seguaci. **B** s. m. (f. *-a*) ● Seguace di A. Hitler | Nazista.

hitlerìsmo /itle'rizmo, hitle'rizmo/ s. m. ● Sistema politico di A. Hitler e dei suoi seguaci | Nazionalsocialismo, nazismo.

hit-parade /*ingl.* 'hit pə'reid/ [loc. ingl., propr. 'sfilata, parata di cose di successo', comp. di *hit* (V.) e *parade* 'parata, sfilata'] loc. sost. f. inv. (pl. ingl. *hit-parades*) ● Classifica delle canzoni di maggior successo, stabilita sulla base del grado di ascolto o esecuzione da ciascuna raggiunto in un determinato periodo di tempo.

hittìta /hit'tita/ ● V. *ittita*.

HIV /akkaiv'vu*/ [sigla dell'ingl. *Human Immuno-deficiency Virus* 'virus dell'immunodeficienza umana'] s. m. inv. ● (*biol.*) Virus dell'immunodeficienza umana, il retrovirus agente causale dell'AIDS.

hm /m/ [vc. espressiva] inter. *1* Esprime assenso: *hm, andiamo pure*; *hm, facciamo pure come vuoi tu*. *2* Esprime perplessità dubbio: *hm, il tuo discorso non mi convince*.

hmm /m/ ● V. *mm*.

hobbesiàno /obbe'zjano, hobbe'zjano/ agg. ● Che riguarda il filosofo inglese T. Hobbes (1588-1679) e il suo pensiero.

hobbìsta /ob'bista/ [da *hobby*] s. m. e f. (pl. m. *-i*) ● Chi si dedica con continuità a un hobby, spec. di tipo manuale.

hobbìstica /ob'bistika/ s. f. ● Settore produttivo specializzato in articoli da hobby.

hobbìstico /ob'bistiko/ agg. ● Relativo a hobby.

hòbby /'ɔbbi, *ingl.* 'hɔbi/ [vc. ingl., abbr. di *hobbyhorse* 'cavallo (*horse*, di origine e area germ.), cavalluccio (*hobby*, di etim. incerta)', in origine 'cavallo della giostra' o usato come giocattolo] s. m. inv. (pl. ingl. *hobbies*) ● Svago, passatempo preferito | Occupazione a cui ci si dedica nel tempo libero, come dilettanti: *avere un h.*; *fare q.c. per h.*; *ha l'h. del giardinaggio, della falegnameria*.

hockeìsta /okke'ista/ s. m. ● Giocatore di hockey.

hockeìstico /okke'istiko/ agg. (pl. m. *-ci*) ● Che si riferisce al gioco dell'hockey.

hòckey /'ɔkei, *ingl.* 'hɔki/ [etim. incerta] s. m. inv. ● Gioco a squadre, con regole simili a quelle del calcio, che si svolge su un terreno erboso, su piste di ghiaccio o di cemento, e in cui i giocatori sono provvisti di uno speciale bastone ricurvo per colpire il disco o la palla e inviarla nella porta avversaria: *h. su prato, su ghiaccio, su pista*.

hoi /'ɔi/ [vc. espressiva] inter. ● Esprime dolore, tristezza, disappunto: *hoi, che pasticcio!*

hòlding /'ɔldin(g), *ingl.* 'houldiŋ/ [vc. ingl. (più estesamente *holding company*), propriamente part. pres. di *to hold* 'stringere, tenere' (di area germ., influenzato, nei sign., dal corrisp. lat. *tenēre* e fr. *tenir*) e, quindi 'controllare'] s. f. inv. ● Società finanziaria che detiene la maggioranza azionaria di un gruppo di imprese, controllandone le attività.

hollywoodiàno /ollivu'djano/ agg. ● Di Hollywood, centro dell'industria cinematografica americana | (*est.*) Sfarzoso, spettacoloso, esente da sobrietà e misura, secondo il gusto considerato tipico degli ambienti di Hollywood.

hòlmio /'ɔlmjo/ ● V. *olmio*.

holter /'olter, *ingl.* 'houltə*/ [dal n. di N. J. *Holter* che la ideò nel 1961] s. m. o f. inv. ● (*med.*) Tecnica di registrazione elettrocardiografica continua mediante apparecchio portatile.

home banking /*ingl.* 'houm 'bæŋkiŋ/ [loc. ingl., propr. 'attività bancaria in casa'] loc. sost. m. inv. ● Insieme di operazioni bancarie che si possono eseguire da casa mediante un terminale.

home base /*ingl.* 'houm 'beis/ [loc. ingl., propr. 'casa (*home*) base (*base*)'] loc. sost. f. inv. (pl. ingl. *home bases*) ● (*sport*) Nel baseball, casa base.

home computer /*ingl.* 'houm kəm'pju:tə*/ [loc. ingl., propr. 'computer da casa'] loc. sost. m. inv. (pl. ingl. *home computers*) ● Personal computer per uso domestico.

home video /'om 'video, *ingl.* 'houm 'vidiou/ [loc. ingl., propr. 'video da casa'] loc. sost. m. inv. *1* Film o programma registrato su videocassetta e destinato a essere visto in casa. *2* Settore che si occupa della produzione e del commercio di videocassette.

homing /*ingl.* 'houmiŋ/ [vc. ingl., da *home* 'casa' (d'orig. germ.)] s. m. inv. *1* (*aer., mil.*) Guida automatica di un missile, un siluro e sim. verso un bersaglio fisso o mobile, mediante informazioni ricevute direttamente dal bersaglio stesso. *2* (*zool.*) Capacità posseduta da talune specie di animali, gener. uccelli o pesci, di ritornare o di tendere a ritornare in un luogo noto, da cui si siano o siano state allontanate, orientandosi verso di esso da qualsiasi direzione.

homo /*lat.* 'ɔmo/ [vc. lat., di origine indeur. (V. *uomo*)] s. m. inv. (pl. lat. *homines*) ● Uomo, in varie loc.: *h. faber*; *h. oeconomicus*; *h. sapiens*.

homo faber /*lat.* 'ɔmo 'faber/ [loc. lat., comp. di *hŏmo* (V.) e *făber* 'artefice' (V. *fabbro*)] loc. sost. m. ● L'uomo in quanto artefice, ideatore, trasformatore della realtà circostante per adeguarla alle sue necessità.

homo habilis /*lat.* 'ɔmo 'abilis/ [loc. lat., comp. di *homo* (V.) e *habilis* 'abile'] loc. sost. m. (pl. lat. *homines habiles*) ● Specie di Ominidi vissuti da due milioni a un milione di anni fa circa, capaci di fabbricare utensili.

homo novus /*lat.* 'ɔmo 'nɔvus/ [loc. lat., comp. di *homo* (V.) e *novus* 'nuovo'] loc. sost. m. (pl. lat. *homines novi*) *1* Nell'antica Roma, chi per primo nella propria famiglia giungeva ad alte cariche pubbliche. *2* (*est.*) Chi arriva a un'alta carica senza percorrere i gradini intermedi | Chi raggiunge una posizione di prestigio pur avendo origini sociali modeste.

homo oeconomicus /*lat.* 'ɔmo eko'nɔmikus/ [loc. lat., comp. di *hŏmo* (V.) e *oecοnŏmicus* 'economo (V.)'] loc. sost. m. ● Per gli economisti, l'uomo concepito astrattamente come avulso dall'ambiente sociale e mosso solo dallo stimolo di soddisfare i suoi bisogni materiali.

homo sapiens /*lat.* 'ɔmo 'sapjens/ [loc. lat., comp. di *hŏmo* (V.) e *săpiens* 'sapiente' (V. *sapere*)] loc. sost. m. ● Secondo la classificazione di Linneo, specie dei Primati comprendente tutte le razze umane.

homunculus /*lat.* o'munkulus/ [lat. *homŭnculu(m)*, dim. di *hŏmo*, genit. *hŏminis* 'uomo'] s. m. inv. *1* Secondo gli antichi alchimisti, essere dotato di poteri straordinari o soprannaturali, che si presumeva di ottenere per alchimia. *2* (*fisiol.*) Rappresentazione schematica proporzionale delle funzioni motorie o sensitive relative a varie regioni della corteccia cerebrale umana.

honduregno /ondu'reɲɲo, ondu'rɛɲɲo/ o **ondurègno** **A** agg. ● Dell'Honduras. **B** agg. e s. m. (f. *-a*) ● Abitante, nativo dell'Honduras.

honing /*ingl.* 'houniŋ/ [vc. ingl., da *hone* 'cote, lapidello'] s. m. inv. ● (*tecnol.*) Finitura superficiale di un pezzo ottenuta mediante il moto rotativo e alternativo di pietre abrasive spinte da molle contro il pezzo e migliore di quella ottenibile usualmente con la rettificatura. SIN. Lisciatura.

hònky-tònky /'ɔnki 'tɔnki, *ingl.* 'hɔŋki 'tɔŋki/ [vc. ingl., di origine incerta] s. m. inv. ● Genere di esecuzione di musica da ballo, al pianoforte, vivace e virtuosistica, in auge spec. intorno al 1920.

honoris causa /*lat.* o'nɔris 'kauza/ [loc. lat., propriamente 'per causa (*cāusa*) di onore (*honōris*)'] **loc. agg.** ● Detto di laurea conferita per meriti eccezionali.

hook /*ingl.* huk/ [vc. ingl., propriamente 'uncino', di estesa area germ.] **s. m. inv.** ● (*sport*) Nel pugilato, gancio, crochet.

hooligan /*ingl.* 'hu:ligən/ [vc. ingl. di etim. non accertata, anche se si dice dal n. di una turbolenta famiglia irlandese, vissuta a Londra verso la fine dell'Ottocento] **s. m.** e **f. inv.** *1* Chi fa parte di una banda di teppisti. *2* (*est.*) Tifoso facinoroso e violento.

hoplà /op 'la*, ɔp 'la*, 'op la*, 'ɔp la*/ ● V. *oplà*.

horror /*ingl.* 'hɔrə*/ [vc. ingl., letteralmente 'orrore'] **s. m. inv.** ● Genere letterario o cinematografico il cui contenuto è prevalentemente costituito da immagini, scene e situazioni che provochino violente sensazioni di paura, raccapriccio, ripugnanza.

hors-d'oeuvre /*fr.* ɔr 'd œvr/ [vc. fr., letteralmente 'fuori (*hors*) di (*d'*, per *de*) opera (*oeuvre*)', tre parole di origine lat., dapprima riferite a costruzioni erette fuori dalla costruzione principale, quindi 'parte accessoria'] **loc. sost. m. inv.** (**pl.** fr. **inv.**) ● Antipasto.

horsepower /*ingl.* 'hɔ:s 'pauə*/ [vc. ingl., 'cavallo vapore', propr. 'potenza, forza (*power*) di un cavallo (*horse*)'] **s. m. inv.** (**pl.** ingl. **inv.**) ● (*ing.*) Unità di misura della potenza nei sistemi anglosassoni, pari a 745,7 watt. SIMB. hp.

hors ligne /*fr.* ɔr 'liɲ/ [fr., letteralmente 'fuori (*hors*, dal lat. *fŏras*, con mutamento di *f-* in *h-* prob. in posizione intervoc., come in *defŏras* 'di fuori') linea (dal lat. *līnea*)'] **loc. agg.** ● Fuori dell'ordinario, eccezionale: *avvenimento hors ligne*.

hostarìa /osta'ria/ [var. antica di *osteria* (V.), ripresa per ricercatezza nel linguaggio pubblicitario e commerciale odierno] **s. f.** ● Trattoria con una certa pretesa di eleganza.

hòstess /'ɔstes, *ingl.* 'houstis/ [ant. fr. *hostesse*, da *hoste* 'ospite' (V.)] **s. f. inv.** (**pl.** ingl. *hostesses*) *1* Assistente di volo a bordo degli aerei di linea. *2* (*est.*) Accompagnatrice, guida turistica | Addetta al ricevimento e all'assistenza di chi partecipa a congressi e sim.

hot dog /ɔt'dɔg, *ingl.* 'hɔt dɔg/ [vc. ingl. (slang amer.), letteralmente 'cane (*dog*, d'incerta origine) caldo (*hot*, di origine indeur.)', ironica allusione pop.] **loc. sost. m. inv.** (**pl.** ingl. *hot dogs*) *1* Panino di forma allungata con würstel caldo e mostarda di senape. *2* (*sport*) Genere di sci acrobatico consistente nell'esecuzione di figure fantasiose e spettacolari, come discese a fortissima velocità su piste ripide e accidentate, danze a suon di musica con complicati intrecci di gambe e di sci, salti da appositi trampolini.

hôtel /*fr.* o'tɛl/ [ant. fr. *hostel*, dal lat. tardo *hospitāle*(*m*) 'ospitale', nel senso vicino all'etim. (da *hŏspes*, genit. *hŏspitis* 'ospite')] **s. m. inv.** ● Albergo.

hôtol garni /*fr.* o'tɛl gar'ni/ [vc. fr., letteralmente 'albergo (V. *hotel*) guarnito (nel senso di 'ammobiliato')'] **loc. sost. m. inv.** (**pl.** fr. *hôtels garnis*) ● Albergo privo di ristorante, che fornisce soltanto l'alloggio.

hot jazz /'hɔt 'dʒɛts, *ingl.* 'hɔt dʒæz/ [comp. ingl., letteralmente 'jazz (V.) caldo (*hot*, di origine indeur.)'] **loc. sost. m. inv.** ● Stile di jazz caratterizzato da un particolare calore degli strumenti, tutti animati da una forza intensamente espressiva e accentuati da tensione ritmica.

hot money /'hɔt 'mʌni, *ingl.* 'hɔt 'mʌni/ [loc. ingl., propr. 'moneta calda', 'denaro scottante'] **s. m. inv.** *1* (*econ.*) Capitali a breve termine che vengono spostati da un Paese all'altro alla ricerca dei tassi d'interesse più proficui o di una maggiore stabilità monetaria | Capitali di investitori che vengono spostati da un investimento all'altro al variare dei tassi di rendimento. *2* Moneta che va rapidamente svalutandosi a causa dell'alto tasso di inflazione e che si cerca di sostituire al più presto con altra valuta o con beni che danno maggiore garanzia di stabilità.

hot pants /ɔt'pɛnts, *ingl.* 'hɔt pænts/ [vc. dell'ingl. d'America, comp. di *hot* 'caldo' (d'orig. germ.), prob. con riferimento al desiderio sessuale che suscitano, e *pants* 'calzoni' (da *pantaloons* 'calzoni lunghi, pantaloni')] **s. m. pl.** ● Pantaloncini femminili molto corti e aderenti.

hot rodding /*ingl.* 'hɔt 'rɔdiŋ/ [loc. dell'ingl. d'America, da *hot rod* 'automobile con motore maggiorato'] **loc. sost. m. inv.** ● (*sport*) Competizione motoristica diffusa spec. negli Stati Uniti, basata su prove di pura accelerazione tra dragster o motociclette appositamente elaborate.

house boat /haus'bɔt, *ingl.* 'haus bout/ [comp. ingl. di *house* 'casa' (di origine indeur.) e *boat* 'imbarcazione' (di origine nordica)] **loc. sost. f. inv.** (**pl.** ingl. *house boats*) ● Imbarcazione, spec. per fiumi e laghi, costituita da un pontone galleggiante su cui appoggia una struttura attrezzata per abitazione anche abituale o prolungata.

hovercraft /'hɔverkraft, *ingl.* 'hɔvəkra:ft/ [vc. ingl., letteralmente 'natante (*craft*, propriamente 'potenza', di area germ., usata nell'espr. *a vessel of small craft* 'natante di piccola potenza') che si libra (dal v. *to hover*, di etim. incerta)'] **s. m. inv.** ● Veicolo che, leggermente sollevato dalla superficie del terreno o dell'acqua da potenti getti d'aria, viene mosso da eliche e timoni aerei o getti d'aria direzionali.

huc /uk/ [vc. onomat.] **inter.** ● Riproduce il suono di un colpo di tosse.

hùco /'uko/ [etim. incerta] **s. m.** ● Pesce simile alla trota, originario del Danubio e introdotto nel Reno (*Salvelinus huco*). SIN. Salmone del Danubio.

hùi /'ui/ [vc. espressiva] **inter.** ● Esprime rammarico, dolore, meraviglia.

hula /'ula/ o **hula hula** [vc. hawaiana (raro nella reduplic. *hulahula*, che vuol dire piuttosto 'sala da ballo')] **s. f. inv.** ● Danza polinesiana in cui uomini e donne ballano ornati di fiori.

huligàno ● V. *uligano*.

hully-gully /*ingl.* 'hʌli 'gʌli/ [vc. ingl. di origine caribica (?)] **loc. sost. m. inv.** ● Ballo originario del sud degli Stati Uniti d'America, caratterizzato da figure svolte contemporaneamente dai ballerini.

hum /m/ [vc. espressiva nel sign. 1; onomat. nel sign. 2] **inter.** *1* Esprime perplessità, dubbio, sospetto: *hum, non ci vedo chiaro in questa faccenda*. *2* Riproduce, ripetuta due o più volte, il suono di un colpo di tosse o di raschiamento di gola.

humage /*fr.* y'maʒ/ [vc. fr., propr. 'aspirazione', dal v. onomat. *humer* 'sorbire un liquido, aspirandolo'] **s. m. inv.** ● (*med.*) Tecnica per curare le disfunzioni dell'apparato respiratorio, consistente nel far inalare al paziente soltanto gas sulfureo.

human relations /*ingl.* 'hju:mən ri'leiʃənz/ [loc. ingl., letteralmente 'relazione (*relation*) umana (*human*)', comp. di due latinismi, passati attraverso il fr.] **loc. sost. f. pl.** ● Teoria e tecnica di organizzazione aziendale che rivaluta l'elemento umano nel lavoro come fattore produttivo e tende a migliorare i rapporti tra imprenditore e lavoratore.

hùmico /'umiko/ ● V. *umico*.

humour /'jumor, *ingl.* 'hju:mə*/ [ant. fr. (*h*)*umor*, dal lat. (*h*)*umōre*(*m*) (V. *umore*)] **s. m. inv.** ● Senso dell'umorismo: *avere h.*; *mancare di h.*

humus /*lat.* 'umus/ o (*raro*) **ùmus** [lat., letteralmente 'suolo, terra', di origine indeur.] **s. m. inv.** *1* Insieme di sostanze organiche del terreno, decomposte o in via di decomposizione. *2* (*fig.*) Complesso di elementi spirituali, culturali, sociali e sim. da cui q.c. trae origine e sviluppo.

hunter /*ingl.* 'hʌntə*/ [vc. ingl., letteralmente 'cacciatore', dal v. *to hunt*, di origine germ.] **s. m. inv.** ● Razza equina irlandese di tipo mesomorfo particolarmente usata per la caccia al galoppo.

hurling /*ingl.* 'hə:liŋ/ [vc. ingl., da *to hurl* 'scagliare, lanciare violentemente'] **s. m. inv.** ● (*sport*) Gioco tradizionale irlandese, simile all'hockey su prato.

huroniàno o **uroniàno** [ingl. *huronian*, dal n. del Lago *Huron*, nel Nord-America] **agg.** ● (*geol.*) Detto di un periodo dell'era arcaica.

hurrà ● V. *urrà*.

hurràh ● V. *urrà*.

husky /'aski, *ingl.* 'hʌski/ [vc. ingl., propr. '(cane) eschimese', prob. da *Esky*, abbr. di *Eskimo*] **s. m. inv.** (**pl.** ingl. *huskies*) ● Cane da slitta grande e robusto, tipico dei paesi nordici.

hussìta ● V. *ussita*.

hussitìṣmo ● V. *ussitismo*.

hydrobob /idro'bɔb, *ingl.* 'haidrou bɔb/ [vc. ingl., propr. 'bob d'acqua'] **s. m. inv.** ● (*raro*) Hydrospeed.

hydrofining /*ingl.* 'haidrəfainiŋ/ [vc. ingl., comp. di *hydro*(*genation*) 'idrogenazione' e *fining* 'raffinazione', dal v. *to fine* 'raffinare', da *fine* 'puro, bello', di origine romanza] **s. m. inv.** ● (*chim.*) Idrogenazione di benzina per aumentarne il numero d'ottano.

hydroforming /*ingl.* 'haidrəfɔ:miŋ/ [vc. ingl., comp. di *hydro*(*genation*) 'idrogenazione' e (*re*)*forming* 'rif(orm)are, trasformare'] **s. m. inv.** ● (*chim.*) Raffinazione delle benzine, con incremento del contenuto in idrocarburi aromatici e conseguente aumento del numero d'ottano.

hydrospeed /*ingl.* 'haidrou spid/ o **hidrospeed** [vc. ingl., propr. 'velocità (*speed*) sull'acqua (*hydro-*)'] **s. m. inv.** ● (*sport*) Attrezzo in materiale plastico, simile a un bob, usato per discendere impetuosi torrenti | Lo sport praticato con tale mezzo. SIN. Hydrobob.

hysteron proteron /*lat.* 'isteron 'prɔteron, *gr.* 'hysteron 'prɔteron/ [vc. dotta, tardo lat., che trascrive il gr. *hýsteron próteron*, letteralmente 'l'ultimo (è posto per) primo', due elementi di origine indeur.] **loc. sost. m. inv.** ● (*ling.*) Figura retorica che consiste nell'invertire la sequenza logico temporale di due o più azioni, ponendo prima quella che dovrebbe stare dopo: *tu non avresti in tanto tratto e messo / nel foco il dito* (DANTE *Par.* XXII, 109-110).

i, I

La lettera *I* ha in italiano tre valori fondamentali: quello di vocale, quello di semiconsonante e quello di segno diacritico. La vocale rappresentata dalla lettera *I* è la più chiusa delle vocali anteriori o palatali /i/, che può essere tonica (es. *vino* /'vino/, *vìtto* /'vitto/) oppure atona (es. *tòri* /'tɔri/, *tirò* /ti'rɔ*/). Quando la vocale è tonica, la lettera può portare un accento scritto, che è obbligatorio per le vocali toniche finali di determinati monosillabi e di tutte le parole polisillabe (es. *sì* /si*/ affermazione, *capì* /ka'pi*/), raro e facoltativo negli altri casi (es. *balìa* /ba'lia/, volendo distinguere da *bàlia* /'balja/). Di norma l'accento scritto è grave; alcuni però preferiscono farlo acuto (sull'*i* e sull'*u*, oltre che sull'*e* e sull'*o* di timbro chiuso). La lettera *I* può anche portare un accento circonflesso, quando si trovi in fine di parola dopo consonante e abbia valore di vocale atona, derivata da vera o supposta contrazione di due *i* (es. *prèmi* o *prèmî* /'premi/ o anche *prèmii* /'premii/). L'uso di *-î* e di *-ii* è in decadenza di fronte al generalizzarsi delle forme con *-i* semplice. Il secondo suono rappresentato dalla lettera *I* è quello della semiconsonante anteriore o palatale /j/, che si può avere solo davanti a vocale diversa da *i* (es. *ièri* /'jɛri/, *fiàcco* /'fjakko/, *bùio* /'bujo/, *càrie* /'karje/), giacché una *i* seguita da una consonante o da un'altra *i* non può essere se non vocale. Nelle stesse posizioni in cui prevale il valore semiconsonantico, si possono avere casi di *i* vocale in determinate parole (es. *biènne* /bi'ɛnne/, *carriòla* /karri'ɔla/, di contro a *bièco* /'bjɛko/, *corriàmo* /kor'rjamo/) oppure in varianti poetiche latineggianti di parole di formazione dotta (es. *occasióne* /okka'zjone/, *plenilùnio* /pleni'lunjo/, alterati per ragioni metriche in /okkazi'one/, /pleni'lunio/). Il terzo valore della lettera *I* è quello di segno distintivo della pronunzia dolce di *C*, *G*, *GL*, *SC*, nei gruppi *cia*, *cio*, *ciu*, *gia*, *gio*, *giu* (comprese le forme raddoppiate *ccia*, *ccio*, *cciu*, *ggia*, *ggio*, *ggiu*), *glia*, *glie*, *glio*, *gliu*, *scia*, *scio*, *sciu* (es. *lància* /'lantʃa/, *fràngia* /'frandʒa/, *pàglia* /'paʎʎa/, *Péscia* /'peʃʃa/). Come lettera muta, inserita per ragioni etimologiche o analogiche, ma senza valore distintivo, la *I* compare eccezionalmente anche nei gruppi *cie*, *gie* (comprese le forme raddoppiate *ccie*, *ggie*), *scie*, *gnia* (es. *sòcie*, *Ruggièri* /rud'dʒɛri/, *sciènza* /*'ʃɛntsa/, *disegniàmo*). Anche qui, si possono avere casi di *i* vocale in determinate parole (es. *sciatóre* /*ʃia'tore/, *bugiùccia* /budʒi'uttʃa/, di contro a *sciacquàre* /*ʃak'kware/, *bugiàrdo* /bu'dʒardo/) oppure in varianti poetiche latineggianti di parole di formazione dotta (es. *règio* /'rɛdʒo/, *religióne* /reli'dʒone/, alterati per ragioni metriche in /'rɛdʒio/, /relidʒi'one/). In tutti i modi, nella pronunzia tipo, una *i* preceduta da *c*, *g*, *gl*, *gn*, *sc* non ha mai pronunzia semiconsonantica.

i, I s. f. o m. • Nona lettera dell'alfabeto italiano: *i minuscola*, *I maiuscolo* | *I come Imola*, nella compitazione, spec. telefonica, delle parole.

i (**1**) o (*tosc.*) †**e'** (**2**) [lat. (*ill*)*i*. V. *il*] **art. det. m. pl.** (si usa davanti a parole **m. pl.** che cominciano per consonante che non sia *gn*, *pn*, *ps*, *x*, *s impura*, *z*: *i bambini*; *i cavalli*; *i dadi*; *i fiori*; *i genitori*; *i santi*. Fondendosi con le **prep.** proprie semplici, dà origine alle **prep. art. m. pl.** *ai*, *coi*, *dai*, *dei*, *nei*, *pei*, *sui*) • Forma pl. di 'il'.

i (**2**) • V. *gli* (*2*).

†**i** (**3**) • V. *li* (*1*) nel sign. B.

†**i** (**4**) **avv.** • (*poet.*) Forma tronca di 'ivi'.

†**i'** **pron. pers. m. e f.** di prima pers. sing. • (*poet.* o *pop. tosc.*) Forma tronca di 'io'.

-ia (**1**) [Cfr. seguente] **suff.** • Forma sostantivi astratti indicanti qualità, per lo più di origine latina o tratti da aggettivi: *audacia*, *astuzia*.

-ìa (**2**) [allargamento d'uso dell'originario suff. gr., adottato anche in lat., *-ía*, solitamente impiegato per la formazione di astratti di gen. f.] **suff.** **1** Forma sostantivi in maggioranza astratti, indicanti per lo più qualità o stato, di origine greca o latina o tratti generalmente da aggettivi (*allegria*, *astrologia*, *baronia*, *borghesia*, *cortesia*, *filosofia*, *follia*, *gelosia*, *geometria*, *leggiadria*, *magia*, *malattia*, *pazzia*, *signoria*, *tirannia*). **2** Forma nomi di locali tratti da sostantivi in *-tore* (*esattoria*, *ricevitoria*, *trattoria*) e di grandi regioni geografiche (*Albania*, *Bulgaria*).

iaboràndi • V. *jaborandi*.

iacèa [vc. di orig. sconosciuta] **s. f.** • Pianta erbacea perenne delle Composite, con foglie alterne, fiori bianchi o porpora in capolini solitari e frutto ad achenio (*Centaurea iacea*). **SIN.** Stoppione.

†**iacére** e *deriv.* • V. *giacere* e *deriv.*

iacobsite [dal n. della località di *Jacobsberg* in Svezia, ove si trova] **s. f.** • Minerale monometrico di color nero, che si presenta in cristalli costituiti di ossido di ferro e manganese.

†**ìacolo** • V. †*iaculo*.

iaculatóre [vc. dotta, lat. *iaculatōre*(*m*), da *iaculātus*, part. pass. di *iaculāri*, da *iăculu*(*m*) 'iacolo'] **s. m.** • Negli antichi eserciti, lanciatore di dardi o giavellotto.

†**iaculatòria** • V. *giaculatoria*.

†**iaculatòrio** • V. *giaculatorio*.

†**ìaculo** o †**ìacolo** [vc. dotta, lat. *iăculu*(*m*), da *iăcere* 'lanciare, gettare', di origine indeur.] **s. m.** **1** (*zool.*) Aconzia. **2** Dardo, freccia, giavellotto.

iafètico o **giafètico**, **giapètico** **agg.** (**pl. m.** *-ci*) **1** Che si riferisce a Iafet, patriarca biblico la cui discendenza, secondo la Bibbia, popolò l'Europa e l'Asia | *Razza iafetica*, antica denominazione della razza caucasica ed europea. **2** (*ling.*, *raro*) Secondo la teoria del linguista russo Marr, detto di ciascuna delle lingue caucasiche.

iafètide o **giafètide**, **giapètide** **s. m. e f.** • Discendente del patriarca biblico Iafet.

†**iaguàro** • V. *giaguaro*.

-iàle • V. *-ale* (*1*).

ialinizzazióne [da *ialino*] **s. f.** • (*anat.*, *med.*) Processo che porta una struttura anatomica a conseguire un aspetto ialino.

ialino [vc. dotta, lat. tardo *hyălinu*(*m*), dal gr. *hyálinos*, agg. di *hýalos* 'vetro' (V. *ialo-*)] **agg.** **1** (*lett.*) Che ha l'aspetto e la trasparenza del vetro: *pietra ialina*. **2** (*miner.*) Detto di minerale limpido, trasparente e incolore | *Quarzo i.*, cristallo di rocca. **3** In petrografia, vetroso | *Vulcanite ialina*, contenente un'alta percentuale di vetro. **4** (*biol.*, *med.*) Trasparente, caratterizzato da aspetto e consistenza vitrei; detto di strutture e di organi che presentano tale carattere o di processi che lo determinano | *Degenerazione ialina*, trasformazione patologica dei tessuti, che acquistano aspetto vetroso.

ialinòsi [comp. di *ialin*(*o*) e del suff. *-osi*] **s. f.** • (*med.*) Degenerazione ialina.

ialite [ted. *Hyalit*, comp. di *ial*(*o*)- e *-ite* (*2*)] **s. f.** **1** (*miner.*) Varietà incolore di opale. **2** Varietà di vetro a imitazione del marmo.

ìalo- [dal gr. *hýalos* 'vetro, cristallo', di etim. incerta] primo elemento • In parole composte della terminologia scientifica, significa 'vetro' o indica relazione con il vetro: *ialografia*, *ialoplasma*.

ialografìa [vc. dotta, comp. di *ialo-* e *-grafia*] **s. f.** **1** Arte di incidere il vetro, usando acido fluoridrico. **2** Tecnica di stampa che utilizza tali incisioni su vetro | (*est.*) La stampa così ottenuta.

ialòide [comp. di *ial*(*o*)- e *-oide*] **agg.** • (*biol.*) Detto di struttura o di tessuto relativamente trasparente e con consistenza simile a quella del vetro.

ialòmero [comp. di *ialo-* e *-mero*] **s. m.** • (*biol.*) Regione trasparente e scarsamente colorabile di una piastrina.

ialòmma [comp. del gr. *hýalos* 'vetro' (V. *ialo-*), e *ómma* 'occhio' (da una radice indeur. che significa 'vedere')] **s. f.** • Genere di zecche parassite di dromedari e di animali domestici cui possono trasmettere varie malattie (*Hyalomma*).

ialoplàsma [vc. dotta, comp. di *ialo-* e *plasma*] **s. m.** (**pl.** *-i*) • (*biol.*) Parte del citoplasma che al microscopio ottico appare indifferenziata.

ialosòma [comp. di *ialo-* e *-soma*] **s. m.** (**pl.** *-i*) • (*biol.*) Formazione cellulare di aspetto amorfo e omogeneo.

ialotipìa [comp. di *ialo-* e *-tipia*] **s. f.** • Tecnica di stampa che utilizza lastre di zinco sulle quali sono riportate incisioni fatte su lastre di vetro col sistema della ialografia.

ialurgìa [vc. dotta, comp. di *ial*(*o*)- e *-urgia*] **s. f.** • Arte di fabbricare e lavorare il vetro.

ialurònico [comp. di *ial*(*o*)- e (*acido*) (*gluc*)*uronico*] **agg.** (**pl. m.** *-ci*) • (*chim.*) Detto di acido organico a elevato peso molecolare costituente la sostanza fondamentale del tessuto connettivo, presente anche nell'umor vitreo dell'occhio, nel liquido sinoviale e nella cute. **CFR.** Ialuronidasi.

ialuronidàsi [comp. di *ialuroni*(*co*) e *-asi*] **s. f.** • (*chim.*) Enzima idrolitico prodotto da numerose specie batteriche, in grado di scindere le molecole di acido ialuronico, presente anche negli spermatozoi, di cui facilita la penetrazione nella cellula uovo.

iamatologìa o **yamatologìa** [comp. di *Yamato* 'Giappone', letteralmente 'il paese della montagna (*yama*)', provincia di residenza dell'imperatore, uno degli antichi nomi del 'Giappone', e *-logia*] **s. f.** (**pl.** *-gie*) • Studio della lingua, della cultura e della civiltà giapponesi.

iamatòlogo o **yamatòlogo** **s. m.** (**f.** *-a*; **pl. m.** *-gi*) • Studioso, esperto di iamatologia.

†**ìambo** e *deriv.* • V. *giambo* e *deriv.*

†**iannìzzero** • V. *giannizzero*.

†**ìano** • V. *giano*.

-iàno [ampliamento del suff. *-ano* (*1*) sulla scia degli agg. derivati da s. in *-io*, *-ia*] **suff.** derivativo • Forma aggettivi, talora sostantivati, tratti generalmente da nomi propri: *cristiano*, *danubiano*, *foscoliano*, *pirandelliano*, *vesuviano*.

iàrda **s. f.** • Adattamento di *yard* (V.).

iarovizzàre [da *iarovizzazione*] **v. tr.** • (*raro*) Vernalizzare.

iarovizzazióne o **jarovizzazióne** [comp. del russo *jarovizacija* (deriv. da *jarovoj* 'primavera', vc. di origine rurale) e *-zione*] s. f. ● (*biol.*) Vernalizzazione.

-ìaṣi [gr. *-íasis*, tratto da v. in *-iáō*, che esprimono spesso infermità fisiche o mentali] suff. ● Nella terminologia medica, indica malattia dovuta a parassita: *amebiasi*, *ossiuriasi*.

†**iàspide** o †**giàspide**, (*raro*) †**iàspe** [vc. dotta, lat. *iăspide*(*m*), nom. *īaspis*, dal gr. *íaspis* 'diaspro'] s. m. ● (*miner.*) Diaspro.

iatagàn ● V. *yatagan*.

iàto /i'ato, 'jato/ [vc. dotta, lat. *hiātu*(*m*), da *hiāre* 'aprirsi, avere aperture', di origine indeur.] s. m. *1* (*anat.*) Apertura | *I. esofageo*, apertura del diaframma attraverso cui l'esofago passa dal torace nell'addome. *2* (*fig.*) Interruzione nell'ambito di una continuità temporale o spaziale: *uno i. tra due periodi storici*. *3* (*ling.*) Incontro di due vocali pronunciate separatamente (V. nota d'uso SILLABA).

-ìatra [dal gr. *iatrós* 'medico', dal v. *iásthai* 'guarire', di etim. incerta] secondo elemento ● In parole composte della terminologia medica, significa 'medico', 'che cura': *odontoiatra*, *pediatra*.

-iatrìa [dal n. gr. del trattamento medico *iatréia*, da *iatrós* 'medico' (V. *-iatra*)] secondo elemento ● In parole composte della terminologia medica, significa 'cura': *odontoiatria*, *pediatria*, *psichiatria*.

-iàtrico secondo elemento ● Forma aggettivi corrispondenti ai sostantivi in *-iatra*, *-iatria*: *odontoiatrico*, *pediatrico*, *psichiatrico*.

iàtro- [dal gr. *iatrós* 'medico' (V. *-iatra*)] primo elemento ● In parole composte della terminologia medica, indica relazione con la medicina: *iatrogeno*.

iatrògeno [comp. di *iatro-* e *-geno*] agg. ● (*med.*) Che è in relazione con una terapia medicamentosa | *Malattia iatrogena*, provocata dall'effetto secondario, nocivo di un farmaco.

iattànza [vc. dotta, lat. tardo *iactāntia*(*m*), da *iactāre* 'vantarsi'] s. f. ● Ostentato vanto di sé, dei propri meriti, capacità e sim. SIN. Arroganza, millanteria, tracotanza.

iattazióne [vc. dotta, lat. *iactatiōne*(*m*), da *iactātus*, part. pass. di *iactāre* 'vantarsi'] s. f. *1* †Vanteria, iattanza. *2* (*psicol.*) Disturbo tipico degli stati ansiosi, consistente nel gesticolare disordinatamente e senza scopo.

iattùra [vc. dotta, lat. *iactūra*(*m*), da *iāctu*(*m*) 'getto' (spec. di merci dalla nave in pericolo), da *iăcere*, di origine indeur.] s. f. ● (*raro*) Danno, disgrazia, rovina.

ibèrico [vc. dotta, lat. *Hibēricu*(*m*), dal gr. *Ibērikós* 'relativo all'*Iberia*'] agg. (pl. m. *-ci*) *1* Che si riferisce a un'antica popolazione preindoeuropea, stanziatasi in parte nei territori dell'attuale Spagna e Portogallo: *città iberiche* | *Penisola iberica*, comprendente Spagna e Portogallo. *2* (*est.*) Spagnolo: *lingua iberica*; *usi iberici*.

iberiṣmo [da *iberico*] s. m. ● Parola o locuzione propria delle lingue iberiche entrata in un'altra lingua.

iberìsta s. m. e f. (pl. m. *-i*) ● Studioso delle lingue, della letteratura, della civiltà dei popoli iberici.

ibernaménto s. m. ● Ibernazione.

ibernànte part. pres. di *ibernare*; anche agg. *1* Nei sign. del v. *2* (*bot.*) Detto di gemma che si forma in primavera e si sviluppa solo nella primavera successiva | Detto di organo qualsiasi, quale una spora, che persiste durante l'inverno grazie alle protezioni di cui è provvisto.

ibernàre [vc. dotta, lat. *hibernāre* 'svernare', da *hibērnus* 'inverno', di origine indeur.] **A** v. intr. (*io ibèrno*; aus. *avere*) ● (*zool.*) Svernare in uno stato di vita latente, al riparo dalle condizioni ambientali sfavorevoli. **B** v. tr. *1* (*med.*) Sottoporre a ibernazione. *2* (*fig.*) Bloccare una situazione spec. politica o impedire l'attuazione di un programma: *l'indagine è stata ibernata*.

ibernazióne [vc. dotta, lat. tardo *hibernatiōne*(*m*), da *hibernātus*, part. pass. di *hibernāre*, da *hibērnus* 'inverno', di origine indeur.] s. f. *1* (*biol.*) Fenomeno per cui certi animali, quando la temperatura scende sotto il limite compatibile con le attività vitali, cadono in uno stato di torpore o di sonno. *2* (*med.*) Abbassamento artificiale della temperatura corporea durante particolari interventi chirurgici per diminuire le attività organiche. *3* (*tecnol.*) Esposizione dell'argilla estratta agli agenti atmosferici per migliorarne le caratteristiche, spec. quando è destinata alla produzione di laterizi e ceramiche.

ibèrnia [dal n. lat. dell'Irlanda, *Hibĕrnia*(*m*) (?)] s. f. ● Lepidottero con femmine attere che in autunno depongono le uova sui rami degli alberi, così che le larve in primavera rodono foglie e fiori (*Hibernia defoliaria*).

ibèro- primo elemento ● In parole composte, fa riferimento alla penisola iberica e ai suoi abitanti: *ibero-americano*.

iberoromànẓo [comp. di *ibero-* e *romanzo* (*1*)] **A** s. m. solo sing. ● (*ling.*) Gruppo linguistico romanzo diffuso nella penisola iberica, costituito principalmente dallo spagnolo, dal portoghese e dal catalano. **B** agg. ● Che appartiene o si riferisce a tale gruppo linguistico: *dialetti iberoromanzi*; *fenomeni fonetici iberoromanzi*.

ìbi ● V. *ibis*.

ìbice [vc. dotta, lat. *ībice*(*m*), vc. alpina di etim. incerta] s. m. ● (*zool.*, *raro*) Stambecco.

ibidem /*lat.* i'bidem/ [vc. dotta, lat. *ibīdem* 'nello stesso luogo', comp. di *ībi* 'qui' e *-dem* raff.] avv. ● Nell'identica opera o nell'identico passo di un'opera, detto con riferimento a un'antecedente citazione bibliografica che si ha occasione di ripetere nel corso di un testo o scritto, spec. di ricerca scientifica.

-ìbile [lat. *ībile*(*m*) con funzione agg.] suff. ● Forma aggettivi, sia di senso attivo che passivo, di origine latina tratti da verbi in *-ere* e *-ire*: *deperibile*, *estinguibile*, *fattibile*, *indicibile*, *punibile*, *sensibile*.

ìbis o **ìbi** [vc. dotta, lat. *ībi*(*m*), dal gr. *îbis*, di origine egiz. (*hīb*)] s. m. ● Uccello dei Ciconiformi con lungo becco sottile e ricurvo | *I. sacro*, africano, con testa e collo nudi e neri e piumaggio bianchissimo con penne remiganti sfrangiate e nerastre (*Threskiornis aethiopicus*) | *I. rosso*, americano, con piumaggio rosso vivo (*Guara guara*).

ibìsco [vc. dotta, lat. *hibīscu*(*m*), di origine celtica (?)] s. m. (pl. *-schi*) *1* Genere di Malvacee tropicali, coltivate come piante ornamentali o per estrarne fibre tessili (*Hibiscus*). *2* Fibra tessile ricavata da tali piante.

iblèo [vc. dotta, lat. *hyblāeu*(*m*), dal gr. *Hyblâios* 'proprio (della città) di *Ibla*'] agg. ● Di Ibla, antica città siciliana famosa per l'abbondanza dei fiori e delle api che se ne nutrivano: *api iblee*; *miele i.*

†**ibòrnio** [var. di *eburneo*, dal lat. *ebărneu*(*m*) per *ebūrneu*(*m*) 'di avorio'] agg. ● (*poet.*) Bianco, pallido, eburneo.

ibridàre [da *ibrido*] v. tr. (*io ìbrido*) ● Fecondare pianta o animale con altra di razza o varietà diversa.

ibridatóre s. m. ● Chi compie ibridazioni su animali o piante.

ibridazióne [da *ibridare*] s. f. ● Atto, effetto dell'ibridare.

ibridìṣmo s. m. *1* Qualità di ciò che è ibrido. *2* L'insieme dei fenomeni che si riferiscono alla produzione degli ibridi. *3* (*fig.*) Commistione non omogenea di elementi differenti: *l'i. di una corrente filosofica*.

ibridiẓẓazióne [da *ibrido*] s. f. ● (*chim.*) Trasformazione delle proprietà geometriche ed energetiche di un insieme di orbitali atomici all'atto della combinazione con altri atomi.

ìbrido [vc. dotta, lat. *hĭbrida*(*m*), di etim. incerta] **A** agg. *1* Dovuto a ibridazione: *pianta ibrida*; *fiore*, *animale i.* *2* (*fig.*) Che deriva dall'unione di elementi eterogenei, spesso molto diversi tra loro: *linguaggio i.*; *ibrida alleanza politica*. *3* (*elab.*) *Calcolatore i.*, qualsiasi sistema misto di elaborazione dati, in cui organi di calcolo analogici e organi di calcolo digitali sono combinati tra loro. **B** s. m. *1* Animale o vegetale generato dall'incrocio di individui di specie diversa o della stessa specie ma di razza o varietà differente | *I. d'innesto*, ramo sviluppatosi sul callo cicatriziale dell'innesto, che presenta caratteri diversi sia dall'innesto sia dalla marza. SIN. Chimera. *2* (*fig.*) Commistione, mescolanza, incrocio: *uno strano i. di superficialità e di ingegno*. *3* (*ling.*) Parola composta di elementi di diverse lingue.

ibridologìa [comp. di *ibrido* e *-logia*] s. f. ● (*biol.*) Ramo della biologia che studia gli ibridi.

ibridòma [comp. di *ibrid*(*o*) e *-oma*] s. m. (pl. *-i*) ● (*biol.*) Elemento cellulare risultante dalla fusione in laboratorio di cellule appartenenti a linee diverse.

ibseniàno agg. ● Di, relativo al, drammaturgo norvegese H. Ibsen (1828-1906) e alla sua opera.

-icàre [adozione dall'uso lat. (di oscura partenza) di trarre da nomi nuovi verbi o di dare ad altri già esistenti una sfumatura intensiva] suff. ● Forma verbi tratti per lo più da aggettivi e sostantivi o di origine latina, di senso frequentativo o diminutivo, o indicanti manifestazione, attività: *biascicare*, *incespicare*, *morsicare*, *nevicare*, *pizzicare*, *rampicare*, *spilluzzicare*, *stuzzicare*, *zoppicare*.

icàrio [vc. dotta, lat. *Icăriu*(*m*), dal gr. *Ikários* 'di Icaro', personaggio della mitologia greca, figlio di Dedalo, che fuggì dal labirinto di Creta, volando con ali di cera, ma, avvicinatosi troppo al sole, la cera si sciolse ed egli cadde in mare] agg. ● (*lett.*) Di, relativo a Icaro: *mare i.*

icàstica [vc. dotta, gr. *eikastikḗ* (sottinteso *téchnē*) '(arte) rappresentativa', da *eikázein* 'rappresentare', di origine indeur.] s. f. ● Arte che rappresenta il reale con immagini.

icasticità [da *icastico*] s. f. ● Qualità di ciò che è icastico.

icàstico [V. *icastica*] agg. (pl. m. *-ci*) ● (*lett.*) Che ritrae la realtà per mezzo di immagini con evidenza rappresentativa | (*est.*) Molto evidente, efficace, incisivo: *stile*, *discorso i.* || **icasticaménte**, avv.

-icchiàre suff. ● Ha valore attenuativo e serve per formare verbi derivati da altri verbi: *canticchiare*, *mordicchiare*.

-ìccio [lat. *-īciu*(*m*), orig. applicato ai part. per trarne i corrispondenti agg., ma poi esteso anche a radici nominali] suff. derivativo o alterativo ● Forma aggettivi, talora sostantivati, e alcuni sostantivi, che esprimono approssimazione, somiglianza più o meno perfetta, stato di impurità, diminuzione, degenerazione (di colori in particolare): *avanzaticcio*, *bruciaticcio*, *imparaticcio*, *malaticcio*, *massiccio*, *molliccio*, *terriccio*, *umidiccio*, *bianchiccio*, *gialliccio*, *nericcio*, *rossiccio*.

-icciòlo [doppio suffisso, *-iccio*, che già in parecchi agg. aveva assunto un valore attenuativo, e *-olo* dim.] suff. (f. *-icciola*) ● Ha valore alterativo in sostantivi diminutivi, vezzeggiativi o spregiativi: *letticciolo*, *libricciolo*, *muricciolo*, *omicciolo*, *donnicciola*, *guerricciola*, *stradicciola*, *testicciola*, *vesticciola*.

iceberg /*ingl.* 'aisbəːg/ [vc. ol. *ijsberg*, letteralmente 'monte (*berg*, da una base indeur. col senso di 'alto') di ghiaccio (*ijs*, di area germ.)'] s. m. inv. ● Grande massa di ghiaccio galleggiante | *La punta dell'i.*, la parte emergente, pari a 1/9 dell'intera massa glaciale; (*fig.*) la parte conosciuta di fenomeni, avvenimenti e sim., spec. di segno negativo, che ne lascia intuire una ben maggiore portata.

ice-field /*ingl.* 'ais fiːld/ [vc. ingl., letteralmente 'campo (*field*, da una base indeur. col senso di 'piano, piatto') di ghiaccio (*ice*, di area germ.)'] s. m. inv. ● Campo di ghiaccio.

-icèllo [accumulo di due suff. lat., *-ic*(*o*)- e *-ĕllu*(*m*) '-ello'] suff. alterativo ● Conferisce ad aggettivi e sostantivi valore diminutivo: *campicello*, *fiumicello*, *praticello*, *grandicello*, *monticello*, *venticello*.

ice-yachting /*ingl.* 'ais 'jɔtiŋ/ [vc. ingl., comp. di *ice* 'ghiaccio', di origine indeur. e di ampia distribuzione germ., e *yachting* 'il navigare su panfilo (*yacht*, di origine germ.)'] s. m. inv. ● Gara di corsa su ghiaccio per imbarcazioni a vela montate su tre pattini.

-iciàttolo [coagulazione di diversi suff.: *-ici*(*no*), *-atto* e *-olo*, tutti con valore dim., e piuttosto neg.] suff. alterativo ● Conferisce a sostantivi valore peggiorativo o spregiativo: *fiumiciattolo, libriciattolo, mostriciattolo, omiciattolo.*

-icìno [da *-icello* per la corrispondenza nel valore dimin. di *-ello* e *-ino*] suff. (f. *-icina*) *1* Ha valore alterativo in sostantivi diminutivi o vezzeggiativi: *cuoricino, festicina, fiumicino, lumicino, lupicino.* *2* Ha valore derivativo in aggettivi: *carnicino.*

icnèumone o (*evit.*) **icneumóne** [vc. dotta, lat. *ichnēumone(m)*, nom. *ichnēumon*, dal gr. *ichnéumōn* 'icneumone', da *ichnéuein* 'seguire la traccia' (*íchnos*, di etim. incerta), sottinteso dei coccodrilli, di cui cerca le uova] s. m. ● Piccolo carnivoro africano, affine alla mangosta, astuto, prudente, che aggredisce piccoli animali e spec. i serpenti (*Herpestes ichneumon*) | *I. indiano*, mungo.

Icneumònidi [comp. di *icneumone* e *-idi*] s. m. pl. ● Nella tassonomia animale, famiglia di Imenotteri con lunghe antenne sottili, zampe slanciate che depongono le uova nel corpo di larve o pupe di altri insetti (*Ichneumonidae*) | (al sing. *-e*) Ogni individuo di tale famiglia.

icnografìa [vc. dotta, lat. tardo *ichnogrăphia(m)*, dal gr. *ichnographía*, comp. di *íchnos* 'traccia, pianta' e *-graphía* '-grafia'] s. f. ● Proiezione orizzontale | Pianta di un edificio.

icnogràfico agg. (pl. m. *-ci*) ● Di, relativo a, icnografia.

icnologìa [comp. del gr. *íchnos* 'traccia' e *-logia*, secondo l'ingl. *ichnology*] s. f. ● Scienza che studia le impronte dei fossili.

-ico [lat. *-ĭcu(m)*, di origine indeur., inizialmente usato nella terminologia politico-amministrativa] suff. *1* Ha valore derivativo in numerosi aggettivi, talora sostantivati di origine latina o tratti da sostantivi, indicanti maniera, appartenenza: *accademico, autentico, bellico, chimerico, civico, comico, sferico, simpatico, storico, balcanico.* *2* In chimica organica, indica numerosi composti di varia natura: *acido acetico, etere etilico, aldeide formica, alcol benzilico* | In chimica inorganica, indica quei composti di un elemento in cui questo compare con la, o le, valenze superiori: *ferrico, clorico, perclorico.*

icòna o **icóna** [vc. dotta, lat. tardo *icōna(m)*, dal gr. *eikṓn*, acc. *eikóna* 'immagine', dall'inf. perf. *eikénai* 'essere simile, apparire', di etim. incerta] s. f. *1* Effigie di santo dipinta spec. su tavola, tipica dell'arte religiosa russa e bizantina. *2* Segno visivo che ha un rapporto di somiglianza con la realtà esterna, in quanto presenta le stesse caratteristiche dell'oggetto denotato.

iconicità s. f. ● Il complesso dei segni esteriori espressivi di una data realtà.

icònico [vc. dotta, lat. *icōnicu(m)*, dal gr. *eikonikós*, da *eikṓn* 'immagine'] agg. (pl. m. *-ci*) ● Che si riferisce all'immagine, che si fonda sull'immagine: *linguaggio i.* | (*ling.*) Detto di un segno linguistico che ha un rapporto di somiglianza con la realtà denotata.

icòno- [dal gr. *eikṓn* 'immagine' (V. *icona*)] primo elemento ● In parole composte dotte o della terminologia scientifica e tecnica, significa 'immagine', 'immagine sacra', 'ritratto': *iconologia, iconoscopio, iconoteca.*

iconoclàsta o (*raro*) **iconoclàste** [gr. *eikonoklástēs*, comp. di *eikṓn* 'immagine' e di un deriv. dal v. gr. *kláein* 'rompere'] **A** s. m. e f. (pl. m. *-i*) *1* (*st.*) Nell'VIII sec. d.C., seguace dell'iconoclastia. *2* (*est., fig.*) Chi mira alla distruzione di immagini, simboli o comunque di ogni realizzazione tangibile propria di una dottrina, di un'ideologia, di uno Stato e sim. | (*fig.*) Chi è contrario a convenzioni, opinioni e istituzioni acquisite e proprie di una società. **B** agg. ● Proprio degli iconoclasti | Che è caratterizzato o animato da un violento istinto di distruzione: *furia i.*; *furore i.*

iconoclastìa [da *iconoclasta*] s. f. *1* Dottrina e movimento contro il culto delle immagini sorti nella Chiesa orientale nel sec. VIII. *2* (*fig.*) Moto di reazione e violento contrasto nei confronti di credenze e istituzioni di una determinata società.

iconoclàstico agg. (pl. m. *-ci*) ● Di, da iconoclasta (*anche fig.*): *eresia iconoclastica* | *Furia iconoclastica*, atteggiamento dominato da una violenza cieca e indiscriminata.

iconodulìa [comp. di *icono-* e del gr. *doulía* 'servitù'] s. f. ● (*relig.*) Culto esagerato o superstizioso delle immagini sacre.

iconografìa [vc. dotta, lat. tardo *iconogrăphia(m)*, dal gr. *eikonographía*, comp. di *eikṓn* 'immagine' e *-graphía* '-grafia'] s. f. *1* Parte dell'iconologia che si occupa dell'elencazione sistematica delle raffigurazioni relative ad un soggetto. *2* Complesso delle immagini visive attinenti a discipline, argomenti o personaggi particolari: *i. dantesca*; *l'i. garibaldina, risorgimentale*; *l'i. ufficiale del regime.* *3* Il complesso delle illustrazioni di un libro.

iconogràfico agg. (pl. m. *-ci*) ● Della, relativo alla, iconografia. || **iconograficaménte**, avv. Dal punto di vista dell'iconografia.

iconògrafo [gr. *eikonográphos*, comp. di *eikṓn* 'immagine' e *-gráphos* '-grafo'] s. m. (f. *-a*) *1* Studioso di iconografia. *2* Autore di opere iconografiche. *3* Tecnico editoriale addetto alla scelta delle illustrazioni di un libro e, gener., di una pubblicazione.

iconolàtra [comp. di *icono-* e di un deriv. del gr. *latréus* 'servo, schiavo'] **A** s. m. e f. (pl. m. *-i*) ● Adoratore di icone o immagini sacre. **B** agg. ● Proprio dell'iconolatria e degli iconolatri.

iconolatrìa [comp. di *icono-* e del gr. *latréia* 'schiavitù, servitù'] s. f. ● Adorazione superstiziosa delle immagini sacre.

iconologìa [gr. *eikonología* 'linguaggio figurato', comp. di *eikṓn* 'immagine' e *-logía* '-logia'] s. f. (pl. *-gie*) *1* Scienza che ha come oggetto l'interpretazione di simboli, figure allegoriche, emblemi e sim. *2* Nella moderna critica d'arte, metodo interpretativo dell'opera figurativa che ricerca, attraverso l'analisi degli elementi formali, il significato culturale del sistema di simboli proposto dall'artista.

iconològico agg. (pl. m. *-ci*) ● Della, relativo alla iconologia.

iconologìsta s. m. e f. (pl. m. *-i*) ● Studioso di iconologia.

iconoscòpio [comp. di *icono-* e *-scopio*] s. m. ● Tubo elettronico posto dietro l'obiettivo della telecamera, che trasforma l'immagine luminosa ricevuta attraverso l'obiettivo stesso in una serie di segnali elettrici.

iconostàși o **iconòstași** [neogr. *eikonóstasis*, comp. di *eikṓn* 'icona' e *stásis* 'azione di porre', da *histánai* 'collocare'] s. f. ● Nelle chiese bizantine e russe, tramezzo di divisione fra celebranti e fedeli, variamente ornato con icone e statue.

iconotèca [comp. di *icono-* e *-teca*] s. f. ● Raccolta di icone | Luogo in cui tale raccolta è collocata.

icóre [gr. *ichṓr* 'sangue degli dei, siero', di etim. discussa: di origine straniera (?)] s. m. *1* (*mitol.*) Sangue degli dei. *2* (*med., raro*) Pus.

icoșaèdrico agg. (pl. m. *-ci*) ● (*mat.*) Di, relativo a icosaedro | Che ha forma di icosaedro.

icoșaèdro [vc. dotta, lat. tardo *icosăhedru(m)*, dal gr. *eikosáedros*, comp. di *éikosi* 'venti' e un deriv. di *hédra* 'sedile'] s. m. ● (*mat.*) Poliedro con venti facce | *I. regolare*, le cui facce sono triangoli regolari uguali.

icoșàgono [vc. dotta, gr. *eikoságōnos*, comp. di *éixosi* 'venti' e di *-gōnos* 'angolo'] s. m. ● (*geom.*) Poligono dotato di 20 lati.

icoșidodecaèdro [comp. del gr. *éikosi* 'venti' (d'orig. indeur.) e *dodecaedro*] s. m. ● (*mat.*) Poliedro costituito da dodici pentagoni regolari e venti triangoli equilateri.

icoșitetraèdro [comp. del gr. *éikosi* 'venti' (V. *icosidodecaedro*) e *tetraedro*] s. m. ● (*mat.*) Poliedro a ventiquattro facce, che possono essere o tutte quadrilateri non parallelogrammi o tutte pentagoni non regolari.

ics s. f. o m. ● Nome della lettera *x* | (*raro*) *Dall'ics al fio*, sino alla fine | *Gambe ad ics*, storte | (*fig.*) *Cervello ad ics*, strambo.

ictiosàuro ● V. *ittiosauro.*

ictiòși ● V. *ittiosi.*

ictus /*lat.* 'iktus/ [vc. dotta, lat. *ĭctu(m)* 'colpo', deriv. del v. *ĭcere* 'colpire, percuotere', di etim. incerta] s. m. inv. *1* Percussione del piede o della mano per segnare il tempo forte del piede o del metro | Accento metrico. *2* (*mus.*) Tempo forte di una battuta. *3* (*med.*) Qualsiasi manifestazione morbosa insorta in modo improvviso | Emorragia cerebrale: *i. apoplettico.*

Id /*lat.* id/ [vc. dotta, lat. *ĭd*, letteralmente 'esso, questo', di origine indeur.] s. m. ● (*psicol.*) Nella psicoanalisi, Es.

idàlgo s. m. (pl. *-ghi*) ● Adattamento di *hidalgo* (V.).

idàlio [vc. dotta, lat. *Idăliu(m)*, dal gr. *Idálion* 'Idalio, promontorio e città di Cipro': di origine pregreca (?)] agg. ● Di Idalio, monte e antica città di Cipro, sacri a Venere: *Venere idalia.*

idàtide [gr. *hydatís*, genit. *hydatídos*, da *hýdōr* 'acqua'] s. f. *1* (*med.*) Stadio moltiplicativo dell'echinococco, nell'ospite intermedio. *2* (*anat.*) Qualsiasi formazione cistica.

idatidèo agg. ● (*med.*) Relativo all'idatide | *Cisti idatidea*, cisti di echinococco.

idàtodo [comp. del gr. *hýdōr*, genit. *hýdatos* 'acqua' (di origine indeur.) e *hodós* 'strada' (V. *odeporico*)] s. m. ● (*bot.*) Apparato escretore esistente in talune foglie e destinato all'eliminazione di acqua sotto forma di goccioline.

†iddèa ● V. *dea.*

†iddeità ● V. *deità.*

†iddèo ● V. *dio* (*1*).

†iddìa ● V. *dea.*

Iddìo ● V. *Dio* (*1*).

-ide [fr. *-ide*, dalla seconda parte di (*ox*)*ide*, ritenuta suff.] suff. ● In chimica, indica numerosi composti di diversa natura: *ammide, glucoside.*

idèa [lat. *ĭdea(m)*, dal gr. *idéa*, da *idêin* 'vedere', di origine indeur.] s. f. *1* (*filos.*) Essenza intelligibile, archetipo immutabile ed eterno delle cose sensibili. *2* (*filos.*) Rappresentazione intellettuale che riassume in sé una serie di conoscenze possibili. *3* (*psicol.*) Contenuto mentale | *I. fissa, coatta*, idea, generalmente infondata, che viene mantenuta nonostante l'evidenza contraria. *4* Correntemente, qualunque rappresentazione della mente, ogni entità mentale: *avere l'i. di pianta, di tempo, di spazio*; *avere le idee sconnesse, ordinate*; *avere un'i. chiara e distinta di q.c.*; *avere l'i. e non saperla esprimere*; *i. espressa in immagine, tradotta in parole.* *5* Pensiero astratto, spec. in quanto contrapposto ai dati della realtà: *solo l'i. di quella crudeltà ci faceva rabbrividire*; *le idee non ci interessano poiché sono i fatti che contano*; *le buone idee non accontentano più nessuno*; *con le idee si arriva dappertutto*; *sono idee che vi fanno perdere di vista la realtà*; *incominciavo ad avere la terribile i. che morisse* (FOGAZZARO) | *Neanche per i.*, a proposito di cosa a cui non si deve neppure pensare tanto è irreale. *6* Motivo di fondo, contenuto razionale, culturale o fantastico, che caratterizza un'opera, uno scritto e sim.: *l'i. guida di un film*; *non sono riuscito ad afferrare l'i. centrale del suo discorso*; *libro, opera povera di idee.* *7* Ideologia, ideale, credo, dottrina, spec. in quanto animatori di movimenti politici, religiosi, culturali e sim.: *l'i. della non-violenza*; *l'i. cristiana, marxista*; *un'i. rivoluzionaria, utopistica*; *l'i. che è in me non muore*; *molti si sacrificarono per l'i.*; *dare la propria vita per un'i.* *8* Conoscenza elementare, prima nozione, per lo più sommaria, generica e approssimativa, ma comunque atta a determinare un giudizio, un'opinione e sim.: *avere di q.c. un'i. vaga, generale, imprecisa* | *Farsi un'i. di q.c., di qc.*, cercare di conoscere, di sapere | *Non averne i., la più pallida i.*, non saperne assolutamente nulla. SIN. Impressione. *9* Valutazione soggettiva, convincimento, opinione, giudizio: *ho solo qualche i. sull'argomento*; *sei libero di esprimere le tue idee*; *questa è un'i. del tutto personale*; *evidentemente è un uomo d'idee conservatrici*; *condivido le vostre idee*; *è una persona completamente priva di idee* | *Avere idee larghe, ristrette*, essere di vedute larghe, ristrette. *10* Intenzione, inclinazione, proposito, progetto: *vagheggiare un'i.*; *accarezzare un'i.*; *avere l'i. di scrivere un libro, di fondare un partito.* *11* Trovata, invenzione, iniziativa: *avere un'i. luminosa, balorda, sciocca, inutile*; *bella i., la vostra*; *che i.!* | Ispirazione: *captare, concretizzare un'i.*; *non è un'i. molto originale*; *artista povero d'idee.* *12* Capriccio, ghiribizzo: *è stata un'i. vostra*; *non è possibile dare retta a tutte le tue strane idee.* *13* Apparenza, impressione esteriore: *dare l'i. del bian-*

co, del nero; non mi dà l'i. di una persona seria | *Un'i. di*, un poco: *è tutta verde con un'i. di rosso* | (*raro*) Tratti generali del volto, lineamenti, fattezze: *ha qualche i. del padre.* **14** (*raro*) Abbozzo, schema. || **ideàccia**, pegg. | **ideìna**, dim. | **ideóna**, accr. | **ideùccia**, **ideùzza**, dim.

ideàbile agg. ● Che si può ideare, pensare, immaginare.

ideàle [vc. dotta, lat. tardo *ideāle(m)*, da *ĭdea* 'idea'] **A** agg. **1** Che concerne l'idea | Che non ha esistenza se non nella fantasia o nell'immaginazione: *mondo i.*; *luoghi, personaggi ideali.* CONTR. Reale. **2** Che riunisce tutte le perfezioni che la mente umana può concepire indipendentemente dalla realtà: *governo, stato i.*; *società i.*; *forma, bellezza i.* | *Perfezione i.*, assoluta | (*est., fis.*) *Gas i.*, gas perfetto. **3** (*fam.*) Che appaga ogni sogno, esigenza, aspirazione e sim.: *lavoro i.*; *marito i.*; *clima i.*; *situazione i.*; *vivere in una famiglia, in un ambiente i.* SIN. Perfetto. || **idealménte**, avv. **B** s. m. **1** Ciò che esiste solo nel pensiero. CONTR. Reale. **2** Modello di assoluta perfezione che la mente propone o raffigura, in cui l'uomo crede e al quale tende per realizzarlo, conquistarlo e sim.: *avere un i. di vita*; *cercare di realizzare un i.*; *i. politico, religioso, sociale*; *i. di bellezza, di virtù*; *lottare, combattere, morire per un i. di giustizia, di libertà.* **3** Ogni aspirazione o desiderio di natura estetica, morale o intellettuale, spec. in contrapposizione agli interessi propri della vita materiale: *i. nobile, alto*; *uomo privo di ideali*; *società senza ideali* | Finalità o scopo pratico, spec. quando assumono importanza esclusiva e determinante per chi li persegue: *un meschino i. di ricchezza, di potenza.* **4** Ciò che può dare piena soddisfazione alle esigenze materiali o spirituali di uno o più individui: *l'i. sarebbe che tutti fossero presenti*; *una scuola così organizzata sarebbe l'i.* SIN. Perfezione.

idealeggiàre A v. intr. (*io idealéggio*; aus. *avere*) ● Seguire un ideale | Mostrare, con una certa ostentazione, di seguire un ideale. **B** v. tr. ● (*raro*) Idealizzare.

idealìsmo [da *ideale*] s. m. **1** Ogni teoria filosofica secondo cui l'oggetto della conoscenza si riduce a rappresentazione o a idea. **2** Corrente filosofica tedesca della prima metà del XIX secolo secondo la quale tutta la realtà si risolve nel processo di uno spirito infinito inteso come autocoscienza assoluta. **3** Modo di pensare, di vivere, di agire proprio di chi crede in un ideale e tende a realizzarlo, conquistarlo e sim. CONTR. Materialismo. **4** Mancanza di concretezza, di senso della realtà e sim.: *peccare di eccessivo i.* CONTR. Realismo.

idealista s. m. e f. (pl. m. *-i*) **1** (*filos.*) Chi segue o si ispira all'idealismo. **2** Chi crede in un ideale e tende alla sua realizzazione, conquista e sim. **3** Chi pensa e agisce secondo schemi astratti ed è privo di concretezza, di senso della realtà e sim. SIN. Sognatore. CONTR. Realista.

idealìstico agg. (pl. m. *-ci*) **1** Che concerne o interessa l'idealismo. CONTR. Realistico. **2** Proprio degli idealisti. || **idealisticaménte**, avv.

idealità s. f. **1** Qualità di ciò che è ideale. **2** Sentimento nobile ed elevato: *esagerata, vacua i.*

idealizzàbile agg. ● Che si può idealizzare.

idealizzàre v. tr. ● Trasfigurare col pensiero la realtà rivestendola coi caratteri propri dell'ideale: *i. una donna, l'amore.*

idealizzàto part. pass. di *idealizzare*; anche agg. ● Nel sign. del v.

idealizzazióne s. f. ● Atto, effetto dell'idealizzare.

ideàre [da *idea*] v. tr. (*io idèo*) **1** Concepire con la mente q.c. da mettere in esecuzione: *i. un poema, un'opera, una poesia*; *i. uno scherzo, un congegno, uno stratagemma.* SIN. Immaginare, inventare. **2** Proporsi q.c., stabilire, progettare: *i. un viaggio.* **3** (*raro, fam.*) Figurare nella mente: *prova a idearti quello che ho pensato.*

ideatìvo agg. ● Che concerne l'ideazione. SIN. Ideatorio.

ideatóre s. m. (f. *-trice*) ● Chi ha ideato o inventato q.c.

ideatòrio agg. ● (*raro*) Ideativo.

ideazióne s. f. **1** Atto dell'ideare: *i. di un congegno, di un progetto, di un'impresa.* **2** (*psicol.*) Funzione del pensiero che ne esprime la capacità di concatenazione e coordinazione.

idem /*lat.* 'idem/ [lat., propriamente 'la stessa cosa (di prima)', di incerta composizione] **A** pron. dimostr. inv. ● Stesso, medesimo, spesso abbreviato in *id.*, usato per evitare le ripetizioni di nomi, indicazioni, citazioni e sim. in tavole, tabelle, bibliografie o altro. **B** in funzione di avv. ● (*fam., scherz.*) Ugualmente, parimenti, allo stesso modo: *i. come sopra.*

identicità s. f. ● Qualità di ciò che è identico.

idèntico [vc. dotta, lat. mediev. *idĕnticu(m)*, da *ĭdem*; sull'es. di *identità* (V.)] agg. (pl. m. *-ci*) **1** Completamente uguale: *è i. all'originale*; *situazioni identiche* | *È i.*, non c'è differenza. CONTR. Differente, diverso. **2** Con valore raff. (*est.*) simile, quasi uguale: *sono le stesse identiche raccomandazioni che ho sentito poco fa.* || **identicaménte**, avv. In modo completamente uguale.

identificàbile agg. ● Che si può identificare.

identificàre [comp. di *identic(o)* e *-ficare*] **A** v. tr. (*io identìfico, tu identìfichi*) **1** Considerare identico: *i. due concetti, due teorie.* CONTR. Differenziare, diversificare. **2** Riconoscere, scoprire, accertare l'identità di qc. o di q.c.: *i. un ladro, un assassino, un cadavere*; *i. i motivi di un avvenimento.* **B** v. rifl. ● Sentirsi identico ad un'altra persona | Immedesimarsi: *riesce a identificarsi perfettamente con il personaggio che interpreta.* **C** v. intr. pron. ● Essere identico: *le due posizioni si identificano nella sostanza.* SIN. Coincidere. CONTR. Differenziarsi.

identificatóre A agg. (f. *-trice*) ● Che identifica. **B** s. m. (f. *-trice* nel sign. 1) **1** Chi identifica. **2** Ciò che serve per identificare. **3** (*elab.*) Carattere o gruppo di caratteri usati per identificare o designare un dato elementare ed eventualmente per indicare certe sue proprietà | In un linguaggio di programmazione, qualsiasi unità lessicale che denomini un oggetto del linguaggio.

identificazióne s. f. ● Atto, effetto dell'identificarsi: *l'i. di due concetti*; *procedere all'i. dell'imputato.*

identikit /identi'kit, *ingl.* ai'dentikit/ [vc. ingl. 'apparecchiatura (*kit*, di provenienza ol. e etim. incerta) per l'identificazione (*identification*, abbr. *identi-*)'] s. m. inv. **1** Sistema di identificazione criminale che consente di ricostruire il volto di un presunto delinquente, sovrapponendo diapositive rispondenti ai dati somatici dello stesso forniti dai testimoni o dalla vittima | L'immagine così ricostruita. **2** (*fig.*) Il complesso dei requisiti necessari a delineare l'immagine ideale dell'esponente tipico di una data categoria di persone: *tracciare l'i. del perfetto cittadino.*

identità [vc. dotta, lat. tardo *identitāte(m)*, da *ĭdem* '(proprio quello) stesso'] s. f. **1** Uguaglianza completa e assoluta: *rilevare l'i. di due posizioni* | (*filos.*) *Principio di i.*, principio logico in base al quale ogni concetto risulta essere identico a se stesso. SIN. Coincidenza. CONTR. Differenza, diversità. **2** Qualificazione di una persona, di un luogo, di una cosa per cui essa è tale e non altra: *riconoscere, provare l'i. di qc.*; *tessera d'i.* | *Carta d'i.*, documento di riconoscimento rilasciato dal municipio. **3** (*psicol.*) Consapevolezza di sé in quanto individuo stabile nel tempo e differenziato dagli altri: *formazione dell'e.* | *Crisi d'i.*, conflitto tipico dell'adolescenza e di fasi critiche della vita in cui prevalgono confusione e incertezza. **4** (*mat.*) Uguaglianza contenente delle variabili, verificata per ogni valore attribuibile a queste | Biiezione che fa corrispondere ad ogni elemento del dominio se stesso | Applicazione identica.

idèo [vc. dotta, lat. *Idāeu(m)*, dal gr. *Idâios* 'del monte *Ida*'] agg. ● (*lett.*) Del monte Ida: *campi idei.*

idèo- [da *idea*] primo elemento ● In parole composte della terminologia scientifica e filosofica, significa 'idea', 'che si riferisce all'idea': *ideocrazia, ideografia, ideogramma.*

ideocrazìa [comp. di *ideo-* e *-crazia*] s. f. ● Forma di governo fondata sull'imposizione di una determinata ideologia.

ideografìa [comp. di *ideo-* e *-grafia*] s. f. ● Sistema di scrittura mediante ideogrammi.

ideogràfico agg. (pl. m. *-ci*) ● Detto di scrittura i cui segni rappresentano direttamente il significato. || **ideograficaménte**, avv. Mediante la scrittura ideografica.

ideogràmma [comp. di *ideo-* e *-gramma*] s. m. (pl. *-i*) **1** (*ling.*) Carattere grafico che corrisponde a un'idea: *gli ideogrammi della scrittura cinese, dei geroglifici egiziani.* **2** Rappresentazione grafica di dati statistici mediante figure di grandezza diversa. ➡ ILL. **diagramma**.

ideogrammàtico agg. (pl. m. *-ci*) ● (*ling.*) Detto di sistema linguistico nel quale i grafemi fanno riferimento ai morfemi, rappresentando idee, nozioni e sim.

ideologìa [comp. di *ideo-* e *-logia*, sul modello del fr. *idéologie*] s. f. (pl. *-gie*) **1** Corrente filosofica francese della prima metà del XIX secolo che proseguendo sulla via del sensismo illuministico si proponeva lo studio delle idee, intese come stati di coscienza e delle loro origini. **2** (*est.*) Giustificazione teorica dei rapporti sociali esistenti in una determinata società: *i. borghese.* **3** (*est.*) L'insieme dei principi e delle idee che stanno alla base di un partito, di un movimento politico, religioso e sim.: *i. marxista*; *i. cattolica.*

ideològico agg. (pl. m. *-ci*) **1** Che concerne o interessa la corrente filosofica dell'ideologia. **2** Proprio di, fondato su, una o più ideologie: *posizione ideologica*; *lotta ideologica*; *contrasti ideologici.* **3** (*est.*) Detto della tendenza a fornire spiegazioni o giustificazioni etiche o ideali, spesso a posteriori, di fatti prodotti da ragioni concrete. || **ideologicaménte**, avv. Per quanto riguarda l'ideologia.

ideologìsmo s. m. **1** Sistema filosofico dell'ideologia. **2** Tendenza di chi vede e cerca di risolvere i problemi spec. politici in chiave ideologica.

ideologìsta s. m. e f. (pl. m. *-i*) ● (*raro*) Ideologo.

ideologizzàre v. tr. ● Nel linguaggio politico, sindacale e sim., impostare, porre, risolvere i problemi in chiave ideologica | Nel linguaggio politico, sindacale e sim., ispirare o ricondurre a principi o criteri ideologici precostituiti atteggiamenti, problemi, situazioni.

ideologizzàto part. pass. di *ideologizzare*; anche agg. ● Nei sign. del v.

ideologizzazióne s. f. ● Atto, effetto dell'ideologizzare.

ideòlogo s. m. (f. *-a*; pl. *-gi*, pop. *-ghi*) **1** Chi segue o si ispira alla corrente filosofica dell'ideologia. **2** Chi analizza, svolge o elabora un'ideologia: *l'i. del partito.* **3** (*spreg.*) Chi si dedica ad astrazioni inconcludenti in campo politico, culturale, religioso e sim.

id est /*lat.* i'd ɛst/ o **idest** [loc. lat., propr. 'ciò è'] loc. avv. ● (*lett.*) Cioè (anche abbr. *i.e.*).

ìdi [vc. dotta, lat. *ĭdus* (nom. pl.), di etim. incerta, con adattamento alla più comune desinenza pl. it.] s. f. o m. pl. ● Nel calendario romano, quindicesimo giorno dei mesi di marzo, maggio, luglio, ottobre e tredicesimo degli altri.

-idi [gr. *-ís*, genit. *-ídos*, suff. propriamente patronimico] suff. m. pl. (sing. *-ide*) ● Nella sistematica zoologica, indica una famiglia: *Bovidi, Canidi.*

idillìaco agg. (pl. m. *-ci*) **1** Che si riferisce all'idillio: *componimento i.* **2** Che si ispira alla serenità vagheggiata negli idilli: *visione idilliaca*; *concezione idilliaca dell'esistenza.* SIN. Calmo, quieto. || **idilliacaménte**, avv. (*raro*) In modo idilliaco.

idìllico agg. (pl. m. *-ci*) ● Idilliaco. || **idillicaménte**, avv.

idìllio [vc. dotta, lat. *idўlliu(m)*, dal gr. *eidýllion* 'poemetto', dim. di *éidos* 'ampio componimento', da *idéin* 'vedere', di origine indeur.] s. m. **1** Componimento poetico solitamente di carattere pastorale e campestre. **2** (*est., fig.*) Vita tranquilla e felice, esente da preoccupazioni e dolori. **3** (*fig.*) Amore delicato, avvolto in un'atmosfera sognante e intrisa di sentimentalismo | *Tessere, filare l'i.*, (*iron.*) amoreggiare.

idio- [dal gr. *ídios* 'proprio, particolare', di etim. incerta] primo elemento ● In parole composte della terminologia scientifica, significa 'proprio, particolare': *idioblasto, idiocultura, idioelettrico.*

-ìdio [gr. *-ídion*, ampliamento del suff. dim. *-ion*, tratto da vc. che avevano *-id-* come proprio elemento costitutivo] suff. ● Nella biologia animale e vegetale e nella sistematica zoologica e botanica, ha valore diminutivo: *anteridio.*

idioblàsto [comp. di *idio-* e del gr. *blastós* 'germoglio'] s. m. *1* (*bot.*) Cellula vegetale che si trasforma per esercitare funzioni meccaniche nei canali aeriferi. *2* (*miner.*) Cristallo dotato di forma più o meno perfetta e distinta.

idiocultùra [comp. di *idio-* e *cultura*] s. f. • Cultura propria di una minoranza di persone: *l'i. degli zingari*.

idioelèttrico [comp. di *idio-* e *elettrico*] agg. (pl. m. *-ci*) • (*elettr.*) Detto di corpo che ha elettricità propria o è elettrizzabile per strofinio.

idiòfono [comp. di *idio-* e *-fono*] **A** agg. • Detto di strumento musicale, quale la campana, nel quale il corpo vibrante è lo stesso corpo dello strumento. **B** anche s. m.

idioglossìa [comp. di *idio-* e un deriv. del gr. *glôssa* 'lingua' (V. *glossa* (*1*))] s. f. • (*med.*) Emissione di suoni inarticolati e privi di senso.

idiogràfico [comp. di *idio-* e *-grafico*] agg. (pl. m. *-ci*) • Detto di studio o ricerca aventi per oggetto casi particolari o singoli, in contrapposizione allo studio o alla ricerca di leggi e teorie generali che regolino una intera classe di casi.

idiolètto [ingl. *idiolect*, da *idio-* sul modello di *dialect* 'dialetto'] s. m. • (*ling.*) L'insieme degli usi di una lingua caratteristico di un dato individuo, in un determinato momento.

idiòma [vc. dotta, lat. tardo *idiōma* (nt.), dal gr. *idíōma* 'peculiarità', 'carattere particolare' (*ídios*)] s. m. (pl. *-i*) *1* Lingua propria di una comunità: *l'i. italiano, inglese* | Dialetto: *gli idiomi della vallata alpina*. *2* (*poet.*) Linguaggio: *sì dolce i. / le diedi, e un cantar tanto soave* (PETRARCA).

idiomàtico [gr. *idiōmatikós* 'relativo all'*idioma* (*idíōma*)'] agg. (pl. m. *-ci*) • Che è proprio di un idioma | *Frasi idiomatiche*, modi di dire e peculiarità sintattiche di una data lingua. || **idiomaticaménte**, avv.

idiomatiṣmo s. m. • Particolarità linguistica propria di un determinato idioma.

idiomòrfo [gr. *idiómorphos*, comp. di *ídios* 'proprio' e di un deriv. da *morphḗ* 'forma'] agg. • (*miner.*) Di cristallo che ha forma sua propria. CONTR. Allotriomorfo.

idiopatìa [comp. di *idio-* e *-patia*] s. f. • Malattia primitiva, che non dipende da altri processi morbosi.

idiopàtico agg. (pl. m. *-ci*) • Che non deriva da altre malattie: *cefalea idiopatica*.

idiosincraṣìa [gr. *idiosynkrasía* 'speciale mescolanza di umori e temperamento risultante da essa', comp. di *ídios* 'proprio' e *sýnkrasis* 'mescolanza', a sua volta connesso con *kerannýnai* 'mescolare', di origine indeur.] s. f. *1* (*med.*) Particolare sensibilità di alcuni individui a determinate sostanze medicamentose o alimentari. *2* (*est., fig.*) Forte avversione per q.c. o per qc.: *ha una vera i. per la matematica*. SIN. Incompatibilità, ripugnanza.

idiosincràtico agg. (pl. m. *-ci*) • Di idiosincrasia | Caratterizzato da idiosincrasia.

idiòta [vc. dotta, lat. tardo *idiōta(m)* 'ignorante', dal gr. *idiṓtēs*, passato dal sign. primitivo di 'particolare, privato (da *ídios* 'proprio, personale')' a quello di 'popolare, plebeo' e poi 'ignorante'] **A** s. m. e f. (pl. m. *-i*) *1* (*med.*) Chi è affetto da idiozia. *2* (*est.*) Persona stupida e insensata: *comportamento da i.*; *parlare, agire come un i.* SIN. Beota, ebete | *I. del villaggio, del paese*, persona beffeggiata, fatta oggetto di scherno collettivo per il suo comportamento ritenuto strano o ridicolo. *3* †Persona rozza e incolta. **B** agg. *1* (*med.*) Che è affetto da idiozia. *2* (*est.*) Stupido, insensato, balordo: *espressione i.*; *discorso i.* || **idiotaménte**, avv. (*raro*) In modo idiota.

idiotàggine s. f. • (*raro*) Idiozia.

idiotiṣmo (**1**) [da *idiota*] s. m. • (*med.*) Idiozia.

idiotiṣmo (**2**) [vc. dotta, lat. *idiotīsmu(m)*, dal gr. *idiōtismós*, da *idiōtízein* 'pronunciare in modo particolare', da *ídios* 'proprio'] s. m. • (*ling.*) Costruzione linguistica propria di una data lingua o dialetto, che non possiede alcun corrispondente in un'altra lingua o dialetto: *i. francese, inglese*; *idiotismi romaneschi, milanesi*.

idiozìa [fr. *idiotie*, da *idiot* 'idiota', sul modello del gr. *idiōtéia* 'vita privata', 'stoltezza', da *idiṓtēs* 'individuo, ignorante' (V. *idiota*)] s. f. *1* (*med.*) Grave ritardo dello sviluppo mentale. *2* (*est.*) Stupidità, imbecillità. *3* Azione o discorso da idiota.

Idnàcee [comp. del gr. *hýdnon* 'tubero', di etim. incerta, e del suff. di famiglia botanica *-acee*] s. f. pl. • Nella tassonomia vegetale, famiglia di Funghi a lamina o con cappello, che portano aculei o verruche rivestiti dall'imenio (*Hidnaceae*) | (al sing. *-a*) Ogni individuo di tale famiglia.

ìdo [vc. della lingua ido, propr. 'discendente (dall'esperanto)'] **A** s. m. solo sing. • (*ling.*) Lingua artificiale derivata dall'esperanto e costruita come mezzo di comunicazione nei rapporti internazionali. **B** anche agg. inv.: *lingua ido*.

idolàtra [vc. dotta, lat. tardo *ido(lŏ)latra(m)*, dal gr. *eidōlátrēs*, comp. di *éidōlon* 'figura, idolo' e di un deriv. da *latréuein* 'servire, rendere omaggio'] **A** s. m. e f. (pl. m. *-i*) *1* Adoratore di idoli. *2* Chi dimostra un'ammirazione eccessiva o un amore esaltato per qc. o q.c.: *i. della donna amata, della ricchezza*. SIN. Fanatico. **B** agg. *1* Che adora gli idoli: *popolo i.* *2* (*fig.*) Che ammira e si dedica a qc. o q.c. con fanatismo: *studioso i. della sua disciplina*. *3* Di, da idolatra: *culto, ammirazione i.*

idolatràre [da *idolatra*] **A** v. tr. *1* Adorare idoli. *2* (*fig.*) Amare incondizionatamente: *i. la propria madre* | Ammirare con fanatismo: *i. i potenti*; *i. un campione, una diva*. **B** v. intr. (aus. *avere*) • (*raro*) Peccare di idolatria.

idolatrìa [vc. dotta, lat. tardo *ido(lo)latrīa(m)*, dal gr. *eidōlolatría* (V. *idolatra*)] s. f. *1* In varie religioni, culto fondato sull'adorazione degli idoli | (*est.*) Paganesimo: *cadere, vivere in i.* *2* (*fig.*) Ammirazione spinta all'eccesso: *i. del pubblico per un famoso attore* | Adorazione amorosa: *fu preso da una vera i. per quella donna*.

idolàtrico [vc. dotta, lat. tardo *ido(lo)lātricu(m)*, da *ido(lo)latrīa* 'idolatria'] agg. (pl. m. *-ci*) *1* Di, da idolatra: *venerazione, ammirazione idolatrica*. *2* Che riguarda l'idolatria.

idoleggiaménto s. m. • (*raro*) Atto dell'idoleggiare.

idoleggiàre **A** v. tr. (*io idoléggio*) *1* Esaltare nella propria immaginazione qc. o q.c., adorandolo quasi come un idolo. *2* (*lett.*) Rappresentare le astrazioni in figure sensibili. **B** v. intr. (aus. *avere*) • †Adorare gli idoli.

ìdolo [vc. dotta, lat. *idōlu(m)* (tardo *īdolu(m)* col senso attuale), dal gr. *éidōlon* 'figura, simulacro', da *êidos* 'forma, aspetto'] s. m. *1* Simulacro, immagine o statua di divinità adorati o venerati come sede reale della divinità medesima: *il culto degli idoli*; *abbattere, rovesciare, spezzare gli idoli*. *2* (*fig.*) Persona o cosa molto amata per la quale si professa una specie di culto: *è l'i. della folla*; *il denaro è l'i. degli avari*. *3* (*filos.*) Falsa nozione, pregiudizio. *4* (*raro, lett.*) Rappresentazione, immagine di un oggetto o di un'idea. || **idolétto**, dim.

idoneatìvo [da *idoneo*] agg. • (*bur.*) Di idoneità: *giudizio i.* | Che riconosce l'idoneità a una professione o a una carriera: *concorso i.*

idoneità o †**idoneitàde**, †**idoneitàte** [vc. dotta, lat. tardo *idoneitāte(m)*, da *idōneus* 'idoneo'] s. f. • Qualità di chi, di ciò che è idoneo a o per q.c. | *Esami di i.*, per accertarla. SIN. Attitudine, capacità.

idòneo o (*raro*) †**idònio** [vc. dotta, lat. *idōneu(m)*, di etim. incerta] agg. *1* Che ha le qualità o i requisiti necessari per q.c.: *essere i. all'insegnamento, al servizio militare* | *Scolaro i.*, che può essere promosso. SIN. Atto. *2* Adatto, conveniente, adeguato: *è il luogo i. per una vacanza*. || **idoneaménte**, avv.

ìdra [vc. dotta, lat. *hȳdra(m)*, dal gr. *hýdra* 'serpente d'acqua' (*hýdōr*)', di origine indeur.] s. f. *1* Nell'antica mitologia greco-romana, mostruoso serpente con molte teste, che, tagliate, rinascevano: *l'i. di Lerna*. *2* (*raro, fig.*) Calamità o cosa estremamente nociva: *l'i. della guerra*. *3* Piccolo celenterato di acqua dolce con lunghi tentacoli, che si riproduce normalmente per gemmazione e ha un grandissimo potere di rigenerazione (*Hydra vulgaris*). *4* Moneta d'argento di Ercole I, coniata nel XV sec. dalla zecca di Ferrara con la raffigurazione dell'idra sul rovescio. *5* (*bot.*) Varietà di cipero.

idràcido [comp. di *idr(o)-* e *acido*] s. m. • Acido inorganico, che non contiene ossigeno, quali l'acido cloridrico, cianidrico e sim.

idragògo [comp. di *idr(o)-* e del gr. *agōgós* 'conduttore'] agg. • (*farm.*) Detto di farmaco che favorisce l'eliminazione dell'acqua.

idralcòlico [comp. di *idr(o)-* e *alcolico*] agg. (pl. m. *-ci*) • Composto di acqua e alcol: *soluzione idralcolica*.

idràmnio [comp. di *idr(o)-* e (acido) *amnio(tico)*] s. m. • (*med.*) Aumento anormale del liquido amniotico.

idrangèa [comp. di *idro-* e del gr. *angêion* 'vaso' (di orig. sconosciuta)] s. f. • Genere di piante delle Sassifragacee, tipiche delle zone temperate, cui appartiene l'ortensia (*Hydrangea*).

idrànte [ingl. *hydrant*, comp. del gr. *hýdōr* 'acqua' e del suff. di origine lat. *-ant* '-ante'] s. m. *1* Apparecchio installato su una tubazione d'acqua, che permette l'attacco di una lancia per l'estinzione d'incendi, annaffiamento di strade e sim. | Tubo usato per lanciare getti d'acqua. ➡ ILL. **vigili del fuoco**. *2* Autobotte con impianto autonomo di presa, deposito o getto d'acqua.

†**idrargìrio** [vc. dotta, lat. *hydrărgyru(m)*, dal gr. *hydrárgyros* 'argento (*árgyros*) acqueo (da *hýdōr* 'acqua')'] s. m. • Mercurio.

idrargiriṣmo [comp. di *idrargir(io)* e *-ismo*] s. m. • (*med.*) Intossicazione cronica da mercurio, caratterizzata principalmente da nevriti e fenomeni psichici. SIN. Mercurialismo, idrargirosi.

idrargiròṣi s. f. • (*med.*) Idrargirismo.

idràrtro [comp. di *idr(o)-* e del gr. *árthron* 'articolazione'] s. m. • (*med.*) Raccolta sierosa nella cavità articolare. SIN. Idrartrosi.

idrartròṣi s. f. • (*med.*) Idrartro.

idràste [dal gr. *hydrástina* 'canapa silvestre', prob. prestito da una lingua straniera] s. f. • Piccola pianta erbacea delle Berberidacee, dal cui rizoma si estrae l'idrastina (*Hydrastis canadensis*).

idrastìna [comp. di *idrast(e)* e *-ina*] s. f. • Alcaloide estratto dai rizomi dell'idraste, che si presenta in cristalli incolori dotati di azione vasocostrittrice.

idratàbile agg. • (*chim.*) Che può essere idratato.

idratànte **A** part. pres. di *idratare*; anche agg. *1* Nei sign. del v. *2* Detto di prodotto cosmetico avente lo scopo di ristabilire il giusto grado di umidità della cute o di un tessuto cutaneo: *crema i.*; *cura i.* **B** s. m. • (*cosm.*) Liquido, crema e sim. aventi lo scopo di ristabilire il giusto grado di umidità della cute o di un tessuto cutaneo.

idratàre [da *idrato*] v. tr. *1* (*chim.*) Fare adsorbire o assorbire acqua, fare imbevere d'acqua | Addizionare molecole d'acqua a una sostanza | Trasformare un composto anidro nel corrispondente composto idrato. *2* (*cosm.*) Riportare al giusto grado di umidità: *i. la pelle*.

idratàto part. pass. di *idratare*; anche agg. *1* Nei sign. del v. *2* (*chim.*) Detto di corpo o composto che ha adsorbito o assorbito fisicamente acqua, che si è imbevuto d'acqua | Detto di sostanza che si è legata chimicamente a molecole d'acqua | Detto di composto passato dalla forma anidra alla forma idrata | Detto di ossido trasformato in idrossido | Detto di ione associato a una o più molecole d'acqua. *3* (*cosm.*) Che ha riacquistato il normale grado di umidità mediante prodotti idratanti, detto della cute o di un tessuto cutaneo.

idratazióne s. f. • Atto, effetto dell'idratare | (*chim., tecnol.*) *I. del cemento*, l'insieme delle reazioni che avvengono nel cemento dopo l'impasto fra i composti che lo costituiscono e l'acqua.

idràto [fr. *hydrate*, dal gr. *hýdōr* 'acqua' col suff. *-ate* '-ato (2)'] **A** agg. (*chim.*) *1* Detto di sostanza contenente una o più molecole d'acqua. CONTR. Anidro. *2* Detto di ossido che si è idratato trasformandosi in idrossido: *calce idrata*. **B** s. m. (*chim.*) *1* Idrossido. *2* Il solvato quando il solvente è l'acqua. *3* *I. di carbonio*, glucide.

idràulica [da *idraulico*] s. f. • Scienza e tecnica che si occupa dei liquidi, spec. dell'acqua, in quiete o in moto.

idraulicità [dall'agg. *idraulico*] s. f. • (*edil.*) Proprietà di alcuni leganti di fare presa a contatto con l'acqua.

idràulico [vc. dotta, lat. *hydrāulicu(m)*, dal gr. *hydraulikós*, da *hýdraulos*, comp. di *hýdōr* 'acqua' e *aulós* 'tubo, canna'] **A** agg. (pl. m. *-ci*) *1* Della, relativo all'idraulica: *fenomeno i.* | Che si occupa di idraulica: *tecnico, ingegnere i.* *2* Che consente lo scorrimento, la distribuzione e sim. delle acque: *impianto i.* | *Colonna idraulica*, per rifornire d'acqua il tender delle locomotive. *3* *Calce idraulica*, materiale da costruzione capace di indurirsi e far presa sott'acqua. *4* Che utilizza l'acqua o altri liquidi per muoversi, agire, funzionare e sim.: *torchio i.*; *freno i.* || **idraulicaménte**, avv. Per mezzo dell'acqua. **B** s. m. ● Tecnico addetto alla messa in opera, manutenzione e riparazione delle condutture d'acqua per gli impianti igienici e di approvvigionamento degli edifici.

idraẓìde [comp. di *idrazi(na)* e *(amm)ide*] s. f. ● (*chim.*) Derivato ammidico dell'idrazina con acidi carbossilici e loro cloruri, anidridi ed esteri; di interesse medico e industriale.

idraẓìna [comp. di *idr(ogeno)*, *az(oto)* e *-ina*] s. f. ● Composto organico costituito da due atomi di azoto e quattro d'idrogeno, usato nell'industria organica e per propellenti in missilistica.

idremìa o **idroemìa** [comp. di *idr(o)-* ed *-emia*] s. f. ● (*med.*) Aumento del contenuto idrico del sangue con diluizione dei suoi componenti.

ìdria [vc. dotta, lat. *hўdria(m)*, dal gr. *hydría* 'brocca, boccale d'acqua (*hýdōr*)'] s. f. ● (*archeol.*) Vaso per acqua di produzione greca a due anse orizzontali ed una verticale.

ìdrico [dal gr. *hýdōr* 'acqua'] agg. (pl. m. *-ci*) ● Di acqua: *riserva idrica* | *Dieta idrica*, senza vino o liquori.

-ìdrico [comp. di *-idr-* (da *idrogeno*) e del suff. *-ico*] suff. ● In chimica, indica gli idracidi: *bromidrico*, *fluoridrico*.

ìdro-, **-ìdro** [dal gr. *hýdōr* 'acqua', di origine indeur.] primo o secondo elemento (davanti a vocale, *idr-*) *1* In parole composte dotte o scientifiche, significa 'acqua': *idrografia*, *idrostatico*; *anidro*. *2* Nella terminologia chimica, primo elemento che indica presenza di idrogeno: *idrocarburo*.

idroaerogìro [comp. di *idro-* e *aerogiro*] s. m. ● (*aer.*) Aerogiro che può decollare dall'acqua o scendervi.

idroaeropòrto [comp. di *idro(volante)* e *aeroporto*] s. m. ● Idroscalo.

idroalcòlico o **idroalcoòlico** [comp. di *idro-* e *alcolico*] agg. (pl. m. *-ci*) ● Che è composto di acqua e alcol.

idròbio [comp. di *idro-* e *-bio*] s. m. *1* (*biol.*) Insieme di organismi animali e vegetali che popolano le acque. *2* (*zool.*) Genere di Insetti dei Coleotteri abitatori della vegetazione immersa in acque stagnanti (*Hydrobius*).

idrobiologìa [comp. di *idro-* e *biologia*] s. f. (pl. *-gie*) ● Studio degli esseri viventi nell'ambiente acquatico.

idrobiològico agg. (pl. m. *-ci*) ● Della, relativo all'idrobiologia.

idrobiòlogo [comp. di *idro-* e *biologo*] s. m. (f. *-a*) ● Studioso di idrobiologia.

idrobròmico [comp. di *idro(geno)* e dell'agg. di *bromo*, secondo il tipo fr. *hydrobromique*] agg. (pl. m. *-ci*) ● (*chim.*, *raro*) Bromidrico.

idrocarbùrico agg. (pl. m. *-ci*) ● (*chim.*) Relativo agli idrocarburi: *catena idrocarburica* | *Gruppo i.*, ciò che resta di un idrocarburo a cui è stato sottratto un atomo d'idrogeno | *Resine idrocarburiche*, resine ottenute per polimerizzazione di idrocarburi aromatici e usate per la preparazione di vernici, adesivi e mescole di gomma. SIN. Resine idrocarboniche.

idrocarbùro [comp. di *idro(geno)* e *carburo*] s. m. ● Composto organico formato esclusivamente di carbonio e idrogeno i cui atomi di carbonio possono essere uniti fra loro da legami semplici o multipli, in catena aperta o formando cicli.

Idrocaritàcee [dal gr. *hydrocharḗs* 'che gioisce (dal v. *cháirein*, di origine indeur.) nell'acqua (*hýdōr*)' e *-acee*] s. f. pl. ● Nella tassonomia vegetale, famiglia di Monocotiledoni acquatiche sommerse o natanti con fiori maschili e femminili separati (*Hydrocharitaceae*) | (al sing. *-a*) Ogni individuo di tale famiglia.

idrocefalìa [da *idrocefalo*] s. f. ● (*med.*) Alterazione morbosa caratterizzata da idrocefalo.

idrocefàlico **A** agg. (pl. m. *-ci*) ● (*med.*) Di, pertinente a idrocefalo. **B** s. m. (f. *-a*); anche agg. ● (*med.*) Chi, che è affetto da idrocefalo.

idrocèfalo [gr. *hydroképhalos*, comp. di *hýdōr* 'acqua' e *kephalḗ* 'cervello, testa'] s. m. ● (*med.*) Aumento del liquido cefalorachidiano nei ventricoli cerebrali e negli spazi subaracnoidei.

idrocèle [comp. di *idro-* e *-cele*] s. m. ● (*med.*) Accumulo di liquido nella tunica vaginale del testicolo.

idroceràmica [comp. di *idro-* e *ceramica*] s. f. ● Ceramica a pasta porosa, non vetrinata, usata spec. per produrre vasi atti a mantenere fresca l'acqua contenuta in essi grazie all'evaporazione attraverso la loro superficie.

idrochinóne [comp. di *idro-* e *chinone*] s. m. ● (*chim.*) Fenolo bivalente ottenuto industrialmente per riduzione del relativo chinone, usato spec. in fotografia come sviluppatore.

idrocoltùra [comp. di *idro-* e *coltura* nel senso di 'coltivazione'] s. f. ● (*bot.*) Coltivazione di piante mediante immersione delle radici in acqua. SIN. Enidrocoltura.

Idrocoràlli [comp. di *idro-* e il pl. di *corallo*] s. m. pl. ● Nella tassonomia animale, classe di Idrozoi marini coloniali, polimorfi, con scheletro calcareo (*Hydrocorallinae*) | (al sing. *-o*) Ogni individuo di tale classe.

idrocorìa [comp. di *idro-* e di un deriv. da *chōrêin* 'allontanarsi da un luogo (*chóros*)', 'separarsi'] s. f. ● (*bot.*) Dispersione dei semi operata dall'acqua.

idrocòro [comp. di *idro-* e di un deriv. di *chōrêin* 'allontanarsi da un luogo (*chóros*)', 'separarsi'] agg. ● Detto di pianta che affida all'acqua i semi o i frutti per la disseminazione.

idrocortiṣóne [comp. di *idro-* e *cortisone*] s. m. ● (*chim.*) Derivato del cortisone dotato di azione antinfiammatoria. SIN. Cortisolo.

idrodegradazióne [comp. di *idro-* e *degradazione*] s. f. ● Processo di degradazione chimica che ha luogo a opera dell'acqua.

idrodinàmica [comp. di *idro-* e *dinamica*] s. f. ● Parte dell'idraulica che studia il moto dei liquidi.

idrodinàmico agg. (pl. m. *-ci*) *1* Della, relativo all'idrodinamica. *2* Detto di ciò che ha forma tale da incontrare scarsa resistenza al moto nell'acqua.

idroelèttrico [comp. di *idro-* e *elettrico*] agg. (pl. m. *-ci*) ● Relativo alla trasformazione dell'energia cinetica dell'acqua in energia elettrica: *bacino*, *impianto i.*; *centrale idroelettrica*.

idroemìa ● V. *idremia*.

idroestrattóre [comp. di *idro-* e un deriv. di *estrarre* 'portar via, asportare'] s. m. ● (*tecnol.*) Dispositivo, funzionante per centrifugazione, compressione o aspirazione, destinato a eliminare l'acqua da tessuti e sim.

Idròfidi [comp. di *idro-* e del gr. *óphis* 'serpente'] s. m. pl. ● Nella tassonomia animale, famiglia di Rettili acquatici marini molto velenosi che nuotano grazie alla coda alta e compressa (*Hydrophiidae*) | (al sing. *-e*) Ogni individuo di tale famiglia.

idrofilìa [comp. di *idro-* e *-filia*] s. f. *1* (*bot.*) Impollinazione di piante acquatiche per mezzo dell'acqua. SIN. Idrogamia. *2* (*chim.*) Affinità di una sostanza o di un gruppo atomico per l'acqua.

idròfilo [comp. di *idro-* e *-filo*] **A** agg. *1* (*chim.*) Detto di sostanza o corpo che tende ad adsorbire o assorbire acqua, a imbibirsi d'acqua: *cotone i.* *2* (*chim.*) Detto di colloide liofilo nel caso in cui il solvente sia l'acqua. *3* (*chim.*) Detto di gruppo atomico che costituisce un dipolo elettrico e che tende quindi a legarsi ai dipoli elettrici dell'acqua. *4* (*bot.*) Detto di pianta amante dei luoghi umidi o che affida il polline all'acqua | *Impollinazione idrofila*, idrofilia. CONTR. Idrofobo. **B** s. m. ● (*zool.*) *i. piceo*, coleottero a corpo ovale, appuntito, nero, che vive fra la vegetazione di acque stagnanti trattenendo l'aria fra i peli (*Hydrophilus piceus*).

idrofinitùra [comp. di *idro-* e *finitura*] s. f. ● (*metall.*) Trattamento per rendere satinata una superficie metallica, proiettandovi sotto pressione un liquido carico di polveri abrasive.

idròfita [comp. di *idro-* e *-fita*] s. f. ● Pianta che vive nell'acqua.

idrofobìa [vc. dotta, lat. *hydrophŏbia(m)*, dal gr. *hydrophobía*, comp. del gr. *hýdōr* 'acqua' e di un deriv. da *phóbos* 'paura'] s. f. *1* (*chim.*) Idrorepellenza. *2* (*med.*) Rabbia | Manifestazione clinica di tale malattia, caratterizzata da spasmo della glottide e paralisi dei muscoli della deglutizione; è scatenata dalla vista o dal rumore dell'acqua | Avversione patologica e immotivata per l'acqua. *3* (*fig.*) Furiosa avversione per qc. o q. c.

idrofòbico agg. (pl. m. *-ci*) ● Della, relativo all'idrofobia | *Spasmo i.*, spasmo faringeo doloroso nel malato di rabbia, che insorge nel tentativo o al pensiero di bere.

idròfobo [vc. dotta, lat. tardo *hydrŏphobu(m)*, dal gr. *hydrophóbos* 'che ha paura (*phóbos*) dell'acqua (*hýdōr*)'] agg. *1* (*chim.*) Detto di sostanza o corpo che presenta idrorepellenza, e cioè su cui l'acqua non aderisce ma si raccoglie in gocce. *2* (*chim.*) Detto di colloide liofobo quando il mezzo disperdente sia l'acqua. *3* (*chim.*) Detto di gruppo atomico o di molecola che, essendo privi di polarità elettrica, non tendono a legarsi ai dipoli elettrici dell'acqua. SIN. Idrorepellente. *4* Che è affetto da idrofobia. *5* (*fig.*, *fam.*) Furioso, rabbioso: *sembrare*, *diventare i.*

idrofònico agg. (pl. m. *-ci*) ● (*mar.*) Relativo all'idrofono: *boa idrofonica*.

idrofonìsta s. m. (pl. *-i*) ● (*mar.*) Addetto all'impiego dell'idrofono.

idròfono [comp. di *idro-* e (*tele*)*fono*] s. m. ● Apparecchio per la ricezione di suoni, rumori e segnali subacquei, che serve a scoprire a distanza la presenza e la direzione di navi e sommergibili.

idròforo [gr. *hydrophóros* 'che porta (dal v. *phérein*) acqua (*hýdōr*)'] agg. ● Che porta acqua | *Macchina idrofora*, usata per il trasporto di acqua in zone paludose.

idroftàlmo [comp. di *idro-* e del gr. *ophthalmós* 'occhio'] s. m. ● (*med.*) Aumento dell'umor acqueo nel globo oculare.

idròfugo [comp. di *idro-* e *-fugo*] **A** agg. (pl. m. *-ghi*) ● Impermeabile: *tessuto i.* | Detto di materiale che costituisce un mezzo isolante rispetto all'umidità. **B** anche s. m.

idrògama [comp. di *idro-* e del f. di *-gamo*] agg. f. ● (*bot.*) Detto di impollinazione in cui il trasporto del polline è opera dell'acqua.

idrogamìa [comp. di *idro-* e *-gamia*] s. f. ● (*bot.*) Idrofilia.

idrogenàre [da *idrogeno*] v. tr. (*io idrògeno*) ● Introdurre in una molecola organica atomi di idrogeno.

idrogenazióne s. f. ● Operazione dell'idrogenare.

idrogenióne s. m. ● Ione idrogeno.

idrògeno o **idrògene** [comp. del gr. *hýdōr* 'acqua' e *-geno*] s. m. ● Elemento chimico noto anche nei suoi isotopi deuterio e trizio, incoloro, inodoro, infiammabile, riducente per eccellenza, ottenuto industrialmente per elettrolisi dell'acqua, materia prima di molti processi industriali, è il più leggero dei gas. SIMB. H | *I. arsenicale*, arsina | *Perossido di i.*, acqua ossigenata | *I. solforato*, acido solfidrico | *I. fosforato*, fosfina | *I. pesante*, deuterio.

idrogeologìa [comp. di *idro-* e *geologia*] s. f. ● (*geol.*) Studio delle acque superficiali e sotterranee, in quanto costituenti dei terreni e agenti esogeni di fenomeni geologici.

idrogeològico agg. (pl. m. *-ci*) *1* Relativo alla idrogeologia: *studi idrogeologici*. *2* Che concerne il rapporto tra le acque e le condizioni del terreno: *dissesto*, *equilibrio i.*

idrogeotèrmico [comp. di *idro-* e *geotermico*] agg. (pl. m. *-ci*) ● Che proviene dallo sfruttamento del calore e delle acque della Terra: *energia idrogeotermica*.

idrogètto [comp. di *idro-* che sostituisce *avio-* in *aviogetto*] s. m. ● (*mar.*) Propulsore per navi veloci in cui la spinta è ottenuta mediante un getto d'acqua aspirata attraverso una bocca di presa e una condotta di adduzione, accelerata mediante una pompa ed espulsa a poppa attraverso un ugello.

idrografìa [comp. di *idro-* e *-grafia*] s. f. *1* Scienza che studia mari, fiumi, laghi e sim. della terra | *I. di una regione*, descrizione di tutte le sue acque. *2* (*est.*) Trattato di idrografia.

idrogràfico agg. (pl. m. *-ci*) ● Concernente l'idrografia: *studi idrografici*. || **idrograficaménte**, avv. Dal punto di vista dell'idrografia.

idrògrafo [comp. di *idro-* e *-grafo*] s. m. ● Studioso di idrografia.

idroguìda [comp. di *idro-* e *guida*] s. f. ● (*autom.*, *tecnol.*) Servosterzo in cui il martinetto idraulico fa parte della scatola di guida, insieme alla valvola di comando.

idrolàbile agg. ● (*med.*) Tendente a subire variazioni quantitative dei liquidi organici.

idrolabilità [comp. di *idro-* e *labilità*] s. f. ● (*med.*) Tendenza di un organismo a subire notevoli perdite di acqua.

idrolàṣi [comp. di *idrol(isi)* e *-asi*] s. f. ● (*chim.*) Qualsiasi enzima che catalizza le reazioni idrolitiche.

idrolàto [comp. di *idro-* e (*distil*)*lato*] s. m. ● (*chim.*) Soluzione contenente i principi attivi di alcune piante, ottenuta distillando in acqua le parti della pianta (radici, rizoma, corteccia) contenenti il principio stesso.

idròliṣi [comp. di *idro-* e del gr. *lýsis* 'soluzione'] s. f. ● (*chim.*) Scissione di una sostanza per effetto dell'acqua | *I. acida*, effettuata con l'aiuto di un acido | *I. alcalina*, effettuata con l'aiuto di un alcali | *I. enzimatica*, effettuata con l'aiuto di enzimi.

idrolìtico agg. (pl. m. *-ci*) ● Relativo all'idrolisi. || **idroliticaménte**, avv. Mediante idrolisi.

idròlito [comp. di *idro-* e del gr. *lytós* 'solubile'] s. m. ● Soluzione acquosa di sostanze medicamentose.

idroliẓẓàre v. tr. ● (*chim.*) Operare un'idrolisi.

idròlo [da *idro-*] s. m. ● (*chim.*) Molecola d'acqua, spec. del vapore acqueo, di formula H^2O.

idrologìa [comp. di *idro-* e *-logia*] s. f. (pl. *-gie*) ● Studio della natura e delle proprietà chimiche e fisiche delle acque continentali, sia di superficie che sotterranee | *I. medica*, scienza che studia le malattie che si curano mediante le acque minerali | *I. agraria*, studio del comportamento dell'acqua nel terreno | *I. vegetale*, studio dei fenomeni che regolano i rapporti tra acqua e piante.

idrològico agg. (pl. m. *-ci*) ● Che riguarda l'idrologia.

idròlogo s. m. (f. *-a*; pl. *-gi*, pop. *-ghi*) ● Studioso di idrologia.

idromànte [vc. dotta, lat. tardo *hydromănte(m)*, dal gr. *hydrómantis* 'indovino (*mántis*) per mezzo dell'acqua (*hýdōr*)'] s. m. e f. ● Cultore di idromanzia.

idromanzìa [vc. dotta, lat. *hydromantīā(m)*, comp. del gr. *hýdōr* 'acqua' e *mantéia* 'arte divinatoria'] s. f. ● Antica tecnica divinatoria consistente nel trarre presagi dai movimenti dell'acqua versata in calici o in bacini o lasciata scorrere sul suolo.

idromassàggio [comp. di *idro-* e *massaggio*] s. m. ● (*med.*) Massaggio eseguito con getti di acqua calda e aerata, allo scopo di rilassare i muscoli e stimolare la circolazione.

idromeccànica [comp. di *idro-* e *meccanica*] s. f. ● (*fis.*, *idr.*) Meccanica dei liquidi.

idromedùṣa [gr. *hydromédousa*, comp. di *hýdōr* 'acqua' e *médousa* 'medusa'] s. f. ● Ogni medusa appartenente alla classe degli Idrozoi. SIN. Medusa craspedota.

idromèle [vc. dotta, lat. *hydrŏmeli* (nt.), dal gr. tardo *hydrómeli* 'bevanda di acqua (*hýdōr*) e miele (*méli*)'] s. m. ● Bevanda alcolica tratta dal miele, diluito con acqua, e fermentato con lungo e lento calore.

idrometallurgìa [comp. di *idro-* e *metallurgia*] s. f. ● (*metall.*) Estrazione per via elettrolitica di metalli previa solubilizzazione dei loro minerali.

idrometèora [comp. di *idro-* e *meteora* nel senso generico di 'fenomeno atmosferico'] s. f. ● Meteora costituita da particelle di acqua liquida o solida che cadono o sono in sospensione o vengono sollevate dal vento, come nebbia, foschia, pioggia, grandine, nevischio e sim.

idròmetra [comp. di *idro-* e dello stesso deriv. da *metrêin* 'misurare', che si trova in *geometra*] s. f., raro m. (pl. m. *-i*) ● Emittero abilissimo nel camminare sulla superficie dell'acqua grazie al corpo sottile ed alle lunghissime zampe (*Hydrometra stagnorum*).

idrometrìa [comp. di *idro-* e *-metria*] s. f. ● Parte dell'idraulica che si occupa degli apparecchi e dei procedimenti per misurazioni di livello o di pressione o di velocità o di portata.

idromètrico agg. (pl. m. *-ci*) ● Concernente l'idrometria.

idròmetro [comp. di *idro-* e *-metro*] s. m. ● Scala metrica che segna il livello delle acque nei porti, nei canali, nei fiumi.

idròmide [comp. di *idro-* e di un deriv. dal gr. *mŷs* 'topo'] s. m. ● Roditore australiano simile al ratto delle chiaviche ma con zampe posteriori palmate, caratteristico delle zone d'acqua, carnivoro predatore notturno (*Hydromys chrysogaster*).

idromodèllo [comp. di *idro-* e *modello*] s. m. ● (*idraul.*) Modello in scala di bacini naturali, impianti, opere o dispositivi idraulici.

idronefròṣi [comp. di *idro-* e *nefrosi*] s. f. ● (*med.*) Dilatazione della pelvi e dei calici renali come risultato di ostruzione dell'uretere.

idronimìa [da *idronimo*] s. f. ● (*ling.*) Studio dei nomi di corsi d'acqua o di laghi.

idrònimo [comp. di *idr(o)-* e *-onimo*, sul modello dell'ingl. *idronomy*] s. m. ● (*ling.*) Nome di corso d'acqua o di lago.

idronomìa [comp. di *idro-* e *-nomia*] s. f. ● Disciplina che studia i vari sistemi di rimboschimento e di difesa delle acque montane.

idròpe o **idrópe** [vc. dotta, lat. *hydrōpe(m)*, dal gr. *hýdrōps* 'che ha l'aspetto (*ṓps*) di umore (*hýdōr*)'] s. m. ● (*med.*) Raccolta di liquido trasudatizio nei tessuti interstiziali, nelle cavità sierose o in organi cavi.

idropericàrdio [comp. di *idro-* e *pericardio*] s. m. ● (*med.*) Raccolta di liquido trasudatizio nella cavità pericardica.

idroperòssido [comp. di *idro-* e *perossido*] s. m. ● (*chim.*) Composto molto reattivo contenente un legame tra ossigeno e ossigeno e uno tra ossigeno e idrogeno.

idropessìa [comp. di *idro-*, del gr. *pêx(is)*, propr. 'fissazione' e *-ia*] s. f. ● (*med.*) Incameramento di acqua da parte dei tessuti organici.

idròpico [vc. dotta, lat. *hydrōpicu(m)*, dal gr. *hydropikós*, da *hýdrōps* 'idrope'] **A** agg. (pl. m. *-ci*) **1** Relativo a idropisia. **2** Affetto da idropisia. **B** s. m. (f. *-a*) ● Malato di idropisia.

idropìnico [comp. di *idro-* e di un deriv. dai gr. *pínein* 'bere'] agg. (pl. m. *-ci*) ● (*med.*) Relativo ad acque minerali da bersi per cura: *cure termali e idropiniche*.

idropinoterapìa [comp. di *idro-*, di un deriv. dal v. gr. *pínein* 'bere' e di *terapia*] s. f. ● (*med.*) Cura con acque minerali.

idropiṣìa [dal gr. *hýdrōps* 'idrope' (V.)] s. f. **1** (*med.*) Raccolta patologica di liquido nella cute, nelle cavità sierose o in organi cavi. **2** (*bot.*, *est.*) Malattia delle piante caratterizzata da eccessiva presenza di umori. **3** (*fig.*) Avidità, cupidigia.

idropittùra [comp. di *idro-* e *pittura*] s. f. ● Tipo di pittura che si diluisce con acqua, usata per tinteggiare intonaci, infissi, mobili e sim.

idroplàno [comp. di *idro-*, che sostituisce *aero-* di (*aero*)*plano*] **A** s. m. ● Scafo la cui carena, opportunamente sagomata, tende nel moto a ridurre l'immersione e il dislocamento e può così raggiungere elevate velocità. **B** anche agg.: *farmaco i.*

idropneumàtico [comp. di *idro-* e *pneumatico*] agg. **1** (*mecc.*) Detto di meccanismi, dispositivi e sim. mossi dall'interazione di mezzi liquidi e gassosi. **2** (*chim.*) *Bagno i.*, dispositivo che è usato per raccogliere un gas prodotto da una reazione chimica e in cui la tenuta del gas è assicurata da un liquido non reagente con il gas da raccogliere. **3** (*mil.*) *Freno i.*, sistema di frenatura delle artiglierie, spec. navali, il quale assorbe l'energia di rinculo facendo fluire dell'olio attraverso orifizi e riporta il cannone in posizione di sparo mediante gas compressi.

idropneumotoràce [comp. di *idro-* e *pneumotorace*] s. m. ● (*med.*) Raccolta di trasudato e aria nella cavità pleurica.

idropònica [comp. di *idro-* e del gr. (*geo*)*ponikós* 'relativo alla coltivazione della terra'] s. f. ● Procedimento per la coltivazione delle piante che consiste nel tenere immerse le radici in soluzioni acquose di sali nutritizi.

idropònico agg. (pl. m. *-ci*) ● Che concerne l'idroponica.

idropòrto [comp. di *idro(volante)* e (*aero*)*porto*] s. m. ● Idroaeroporto.

idropulsóre [comp. di *idro-* e dell'ingl. *pulser*, da *to pulse* 'pulsare'] s. m. ● Apparecchio per l'igiene dentale che spruzza una serie di piccoli getti d'acqua.

idroreattóre [comp. di *idro(volante)* e *reattore*] s. m. ● (*mar.*) Idrogetto.

idrorepellènte [comp. di *idro-* e del part. pres. di *repellere* nel senso etim. di 'respingere'] **A** agg. **1** Detto di tessuti o materiali vari trattati in modo da diventare impermeabili all'acqua. **2** (*chim.*) Detto di gruppo atomico, di natura idrocarburica, che è privo di affinità verso l'acqua e che è presente in numerosi composti di impiego pratico quali i tensioattivi e gli impermeabilizzanti. **B** anche s. m.

idrorepellènza [comp. di *idro-* e *repellenza*] s. f. ● (*chim.*, *fis.*) Proprietà dei corpi e delle sostanze che presentano scarsa affinità con l'acqua.

idroricognitóre [comp. di *idro(volante)* e *ricognitore*] s. m. ● Idrovolante da ricognizione.

idroṣadenìte [da *idro-* e *adenite*] s. f. ● (*med.*) Infiammazione delle ghiandole sudoripare apocrine, spec. di quelle ascellari.

idrosalìno [comp. di *idro-* e *salino*] agg. ● Che riguarda l'acqua presente nell'organismo umano e i sali minerali in essa contenuti: *ricambio, equilibrio i.*

idrosanitàrio [comp. di *idro-* e *sanitario*] agg. ● (*edil.*) Detto di impianto destinato alla pulizia personale e allo smaltimento di ogni tipo di materie di rifiuto organico, comprendente lavabi, lavandini, latrine, bidè, docce e sim.

idroscàfo [comp. di *idro-* e *scafo*] s. m. ● Nave con propulsione a reazione d'acqua.

idroscàla [comp. di *idro-* e *scala*] s. f. ● (*agr.*) Piattaforma mobile, a comando idraulico, usata per operazioni di potatura, raccolta della frutta e sim.

idroscàlo [comp. di *idro(volante)* e (*aero*)*scalo*] s. m. ● Aeroscalo per idrovolanti.

idroscì [comp. di *idro-* e *sci*] s. m. ● Sci acquatico.

idrosciatóre [comp. di *idro-* e *sciatore*] s. m. (f. *idrosciatrice*) ● Chi pratica lo sci acquatico.

idrosciìstico agg. (pl. m. *-ci*) ● Relativo all'idroscì: *gara idrosciistica*.

idroscivolànte [comp. di *idro-* e *scivolante*] s. m. ● Imbarcazione generalmente propulsa con elica aerea, il cui scafo ha carena pianeggiante con uno o più gradini trasversali.

idroscòpio [comp. di *idro-* e *-scopio*] s. m. ● Specie di cannocchiale per esplorare il fondo del mare.

idroservostèrzo [comp. di *idro-* e *servosterzo*] s. m. ● (*autom.*, *tecnol.*) Servosterzo in cui il martinetto idraulico è distinto dalla scatola di guida ma la valvola di comando fa parte di esso.

idrosfèra [comp. di *idro-* e della seconda parte di comp., come (*atmo*)*sfera*, (*strato*)*sfera*] s. f. ● (*geogr.*) Complesso delle acque giacenti e in movimento sulla superficie terrestre. ➡ ILL. p. 817 SCIENZE DELLA TERRA ED ENERGIA.

idrosilurànte [comp. di *idro(volante)* e *silurante* (da *silurare* 'lanciare siluri')] s. m. ● Idrovolante silurante.

idrosoccórso [comp. di *idro(volante)* e *soccorso*] s. m. **1** Soccorso, aiuto prestato da idrovolanti. **2** Idrovolante appositamente attrezzato per azioni di soccorso.

idrosòl [comp. di *idro-* e *sol* (*2*)] s. m. ● (*chim.*) Colloide preparato per dispersione di una sostanza in acqua.

idrosolfàto [comp. di *idro(geno)* e *solfato*] s. m. ● Composto chimico risultante dall'unione di una base organica con l'acido solforico.

idrosolfìto [comp. di *idro(geno)* e di un deriv. da *solfo*, nell'uso chim. var. di *zolfo*] s. m. ● Sale dell'acido idrosolforoso, preparabile per elettrolisi del corrispondente solfito, con proprietà riducenti. SIN. Iposolfito.

idrosolfòrico [comp. di *idro(geno)* e *solforico*] agg. (pl. m. *-ci*) ● (*chim.*) *Acido i.*, acido solfidrico.

idrosolforóso [comp. di *idro(geno)* e *solforoso*] agg. ● Detto di ossiacido dello zolfo, la cui molecola contiene 2 atomi di idrogeno, 2 di zolfo, 4 di ossigeno.

idrosolùbile [comp. di *idro-* e *solubile*] agg. ● Detto di sostanza solubile in acqua.

idròssido [comp. di *idro(geno)* e *ossido*] s. m. ● Composto inorganico contenente uno o più gruppi ossidrilici | *I. di magnesio*, ottenuto per precipitazione con alcali caustici dalle soluzioni di sali di magnesio, usato spec. in medicina come antiacido e lassativo | *I. di potassio*, potassa caustica | *I. di sodio*, soda caustica | *I. di ammonio*, base debole che si forma quando l'ammoniaca gassosa si scioglie nell'acqua e che esiste solo in soluzione.

idrossile s. m. • (*chim.*, *raro*) Ossidrile.

idrostàtica [comp. di *idro-* e *statica*] s. f. • (*idraul.*) Parte dell'idromeccanica che studia l'equilibrio dei liquidi in genere.

idrostàtico [dal gr. *hydrostátēs*, comp. di *hýdōr* 'acqua' e *statikós*, dal v. *histánai* 'rendere fermo, stabile'] agg. (pl. m. *-ci*) • Che si riferisce all'idrostatica e ai fenomeni che le sono propri | (*autom.*, *tecnol.*) *Guida idrostatica*, guida servoassistita in cui gli organi di comando e le ruote sterzanti non sono collegate da organi meccanici | (*fis.*) *Bilancia idrostatica*, bilancia di Archimede.

idroterapèutico agg. (pl. m. *-ci*) • (*med.*) Idroterapico.

idroterapìa [comp. di *idro-* e *terapia*] s. f. • (*med.*) Impiego dell'acqua naturale, medicata o termale a fini terapeutici per applicazione esterna o immersione.

idroteràpico agg. (pl. m. *-ci*) • (*med.*) Relativo all'idroterapia.

idrotermàle [comp. di *idro-* e *termale*] agg. *1* Che si riferisce alle acque termali: *sorgente i.* *2* (*geol.*) Detto dell'ultima fase del consolidamento magmatico, in cui cristallizzano i minerali abbandonati da acque termali provenienti dal plutone, entro filoni e fratture delle rocce.

idrotimetrìa [comp. del gr. *hydrótēs* 'umidità, umore (*hýdōr*)' e *-metria*] s. f. • (*chim.*) Determinazione della durezza delle acque mediante precipitazione dei sali di calcio e magnesio con soluzione saponosa titolata.

idrotimètrico agg. (pl. m. *-ci*) • (*chim.*) Relativo all'idrotimetria.

idrotìmetro [comp. del gr. *hydrótēs* 'umidità' e *-metro*] s. m. • (*chim.*) Strumento per misure idrotimetriche, consistente in una provetta graduata nella quale si versa l'acqua in esame e poi, a goccia a goccia, la soluzione saponosa titolata.

idrotoràce [comp. di *idro-* e *torace*] s. m. • (*med.*) Accumulo di liquido trasudatizio nella cavità pleurica.

idrotropìsmo [comp. di *idro-* e *tropismo*] s. m. • (*biol.*) Reazione degli organismi allo stimolo scatenato dalla presenza dell'acqua.

idrovìa [comp. di *idro-* e *via*, sul modello di *ferrovia*] s. f. • Via di comunicazione costituita da corsi d'acqua navigabili.

idrovolànte [comp. di *idro-* e *volante* (da *volare*)] s. m. • Velivolo a motore capace di partire e posarsi in velocità su idonee superfici d'acqua, mediante scafi, galleggianti, e sim. | *I. d'altomare*, grande, atto a partire e a posarsi in mare aperto e relativamente agitato.

idròvora [f. sost. di *idrovoro*] s. f. • Qualunque pompa atta a sollevare acque, spec. in opere di bonifica, casi di alluvione e sim.

idròvoro [comp. di *idro-* e *-voro*, seconda parte di vari comp. dal lat. *vorāre* 'divorare, inghiottire'] agg. • Atto a sollevare acqua, a scopo di prosciugamento, spec. in opere di bonifica: *impianto i.*

idrozincite [da *idro-* e *zinco*] s. f. • (*miner.*) Carbonato basico di zinco, comune nella zona d'alterazione dei giacimenti di solfuri.

Idrozòi [comp. di *idro-* e del pl. di *zôion* 'animale'] s. m. pl. • Nella tassonomia animale, classe di Celenterati molto semplici con forme di medusa o di polipo, spesso raggruppati in colonia (*Hydrozoa*) | (al sing. *-zoo*) Ogni individuo di tale classe.

idrùro [comp. di *idro*(*geno*) e *-uro*] s. m. • Composto dell'idrogeno con metalli alcalini, alcalino-terrosi e delle terre rare, ora preparato per sintesi sotto pressione dagli elementi, usato nell'industria come riducente.

ièlla [vc. dial., di etim. incerta] s. f. • (*pop.*) Disdetta, sfortuna: *avere, portare i.*

iellàto agg. • (*pop.*) Sfortunato.

iemàle [vc. dotta, lat. *hiemāle*(*m*), da *hīems* 'inverno', di origine indeur.] agg. *1* (*lett.*) Invernale: *immune / dal sole e dai venti iemali* (D'ANNUNZIO) | *Sito i.*, posto a tramontana. *2* Detto di pianta sempreverde.

iemalizzàre [da *iemale*] v. tr. • (*agr.*) Vernalizzare.

iemalizzazióne [da *iemalizzare*] s. f. • (*agr.*) Vernalizzazione.

ièna [vc. dotta, lat. *hyǣena*(*m*), dal gr. *hýaina*, letteralmente 'scrofa' (f. di *hýs* 'porco', di origine indeur.), per la somiglianza delle setole] s. f. *1* Mammifero dei Carnivori con testa massiccia, tronco più sviluppato anteriormente, odore sgradevolissimo (*Hyaena hyaena*). *2* (*fig.*) Persona efferatamente crudele e vile.

-ièra [corrispondente f. del suff. *-iere* (V.)] suff. derivativo • Forma sostantivi indicanti attività professionali e sim., tratti in genere da altri nomi (*cameriera, carriera, giardiniera, infermiera*) e anche sostantivi indicanti oggetti, analogamente formati (*fruttiera, pattumiera, zuppiera*).

†ieràrca e *deriv.* • V. *gerarca* e *deriv.*

ieraticità s. f. • (*raro*) Qualità di ciò che è ieratico | Apparenza ieratica.

ieràtico [vc. dotta, lat. *hierāticu*(*m*), dal gr. *hieratikós* 'sacerdotale', da *hierós* 'sacro', di origine indeur.] **A** agg. (pl. m. *-ci*) *1* Sacerdotale, sacro | *Scrittura ieratica*, quella usata dai sacerdoti nell'antico Egitto. *2* (*fig.*) Grave e solenne: *atteggiamento, gesto i.* || **ieraticaménte**, avv. **B** s. m. • Scrittura ieratica.

-ière [fr. *-ier* (dal lat. *-ārius* '-a(r)io')] suff. derivativo • Forma sostantivi indicanti attività professionali e sim., tratti in genere da altri nomi (*barbiere, banchiere, bersagliere, cameriere, cannoniere, corriere, doganiere, giardiniere, gioielliere, infermiere, pasticciere, portiere, usciere*) e anche sostantivi indicanti oggetti, analogamente formati (*braciere, candeliere*).

ièri [lat. *hĕri*, di origine indeur.] **A** avv. • Nel giorno che precede immediatamente l'oggi: *i. ero in casa*; *da i. non l'ho più vista*; *prima di i. non li conoscevo*; *fino a i. lavoravo qui*; *i. mattina ero in ufficio*; *i. notte è piovuto* | *L'altro i.*, ierlaltro | *I. a otto*, una settimana fa, partendo da ieri | *Da i. a oggi*, nello spazio di tempo delle ultime ventiquattro ore e (*fig.*) in un tempo brevissimo | *Nato i.*, (*fig.*) di persona senza esperienza, ingenua e poco maliziosa. **B** in funzione di s. m. *1* Il giorno precedente a quello del quale si parla: *c'è la stessa minestra di i.* *2* (*est.*) Un'epoca indeterminata del passato, più o meno vicina nel tempo: *il mondo di i.*; *le generazioni di i.*

ièri l'àltro • V. *ierlaltro*.

ièri mattìna • V. *iermattina*.

ièri nòtte • V. *iernotte*.

ièri séra • V. *iersera*.

ierlàltro o **ièri l'àltro**, **ier l'àltro** [comp. di *ier*(*i*) e *l'altro*] avv. • Nel giorno precedente a ieri: *ci siamo visti i.*

iermattìna o **ièri mattìna** [comp. di *ier*(*i*) e *mattina*] avv. • Nella mattinata di ieri: *doveva venire i.*

iernòtte o **ièri nòtte**, **ier nòtte** [comp. di *ier*(*i*) e *notte*] avv. • Nella nottata di ieri: *dove sei stato i.?*

ièro- o **gèro-** (2) [dal gr. *hierós* 'sacro, sacerdotale', di etim. incerta] primo elemento • In parole composte dotte, significa 'sacro', 'sacerdotale': *ierocrazia, ierofante*.

-ièro [forma parallela di *-iere*, accostata alla serie più frequente dei m. in *-o*] suff. derivativo • Forma aggettivi tratti da sostantivi: *battagliero, costiero, mattiniero, manifatturiero, veritiero*.

ierocràtico o **gerocràtico** agg. (pl. m. *-ci*) • Relativo a ierocrazia.

ierocrazìa o **gerocrazìa** [comp. di *iero-* e *-crazia*] s. f. • Dominio politico della classe sacerdotale.

ierodulìa [gr. *hierodoul*(*e*)*ía*, da *hieródoulos* 'ierodulo'] s. f. • Schiavitù sacra in uso presso le antiche religioni semitiche e diffusasi anche in Grecia, consistente nella consacrazione alla divinità di uomini e donne addetti ai servizi del culto e all'esercizio della prostituzione sacra.

ieròdulo [gr. *hieródoulos*, comp. di *hierós* 'sacro' e *dôulos* 'schiavo'] s. m. (f. *-a*) • Schiavo addetto a pratiche di ierodulia.

ierofanìa [dal gr. *hierós* 'sacro' (prob. d'orig. indeur.), sul modello di *teofania*] s. f. • Manifestazione del sacro in una realtà profana.

ierofànte o **gerofànte** [vc. dotta, lat. tardo *hierophănthe*(*m*), dal gr. *hierophántēs* 'colui che mostra (dal v. *pháinein* 'far vedere') le cose sacre (*hierá*)'] s. m. • Nella liturgia degli antichi Greci, sommo sacerdote, spec. nei misteri di Eleusi.

ierofàntico o **gerofàntico** [gr. *hierophantikós* 'proprio dello ierofante (*hierophántēs*)'] agg. (pl. m. *-ci*) • (*lett.*) Di, da ierofante.

†ierofàntide o **†gerofàntide** [gr. *hierophántis*, gen. *hierophántidos*, f. di *hierophántēs* 'ierofante'] s. f. • Sacerdotessa greca o egizia.

ierogamìa [comp. di *iero-* e *-gamia*] s. f. • Rito religioso che evoca le nozze tra due divinità o tra una divinità e un essere umano.

†ieroglìfico • V. *geroglifico*.

†ieròglifo • V. *†geroglifo*.

ierologìa [dal gr. *hierología*, comp. di *hierós* 'sacro' e *-logía*] s. f. (pl. *-gìe*) • (*relig.*) Scienza del sacro.

ieromànte [gr. *hierómantis*, comp. di *hierós* 'sacro' e *mántis* 'indovino'] s. m. • Nell'antica Grecia, chi praticava la ieromanzia.

ieromanzìa [da *ieromante*] s. f. • Forma di divinazione che consiste nel trarre presagi dall'osservazione delle viscere dell'animale sacrificato.

†ieromìrto [gr. *hierómyrtos*, letteralmente 'mirto (*mýrtos*) sacro (*hierós*)'] s. m. • Mirto sacro.

ieroscopìa [comp. del gr. *hierós* 'sacro' e di un deriv. da *skopêin* 'osservare'] s. f. • (*raro*, *lett.*) Extispicio.

†ierosolimitàno o **ierosolimitàno** • V. *gerosolimitano*.

iersèra o **†ersèra**, **ièri séra**, **ièr séra** [comp. di *ier*(*i*) e *sera*] avv. • Nella serata di ieri: *è partito proprio i.*

ietògrafo [comp. del gr. *hyetós* 'pioggia' e *-grafo*, sul modello dell'ingl. *hyetograph*] s. m. • Pluviografo.

iettàre [risoluzione nap. del lat. *eiectāre* 'gettare' (V.)] v. tr. (*io iètto*) • (*dial.*) Gettare l'influsso malefico su qc.

iettàto part. pass. di *iettare*; anche agg. *1* Nei sign. del v. *2* Che è colpito da una iettatura. *3* (*fig.*) Che è perseguitato dalla sorte maligna e da continue disgrazie. SIN. Scalognato, sfortunato.

iettatóre [letteralmente 'gettatore (V. *iettare*)', sottinteso 'del malocchio'] s. m. (f. *-trice*) • Persona cui viene attribuita la facoltà di esercitare influssi malefici.

iettatòrio agg. • Da iettatore: *sguardo i.*

iettatùra [letteralmente 'gettatura (V. *iettare*)', sottinteso 'di malocchio'] s. f. *1* Influsso malefico che alcuni ritengono possa venire esercitato anche involontariamente, da talune persone o cose. SIN. Malocchio. *2* (*est.*) Sfortuna, disdetta: *quel poveretto sembra avere la i. addosso*.

ìfa [gr. *hyphḗ* 'tessuto', di origine indeur.] s. f. • (*bot.*) Ciascuno dei filamenti, costituiti da una o più cellule cilindriche disposte una in capo all'altra, che formano il corpo vegetativo dei funghi o parte del tallo dei licheni.

-ìfico [dal lat. *-fĭcere*, parallelo atono di *făcere*, con la voc. tematica unitiva *-i-*] suff. • Forma aggettivi che indicano modo di essere o capacità di fare, creare, produrre: *magnifico, pacifico, prolifico*.

ifomicèti [comp. del gr. *hýphos* 'tessuto', di origine indeur., e *mýkētes*, pl. di *mýkēs* 'fungo', di origine indeur.] s. m. pl. • (*bot.*) Moniliali.

-igiàno [accumulo di colorito sett. di due suff. lat.: *-ēnsis* '-ese' e *-ānus* '-ano', entrambi usati nella formazione di etnici, funzione orig. e tuttora più frequente di questo doppio suff.] suff. • In aggettivi e sostantivi indica appartenenza a una entità geografica, cittadinanza (*lodigiano, marchigiano, parmigiano*), oppure stato, condizione, categoria professionale (*artigiano, cortigiano, partigiano*).

igiène [gr. *hygieinḗ*, sottinteso *téchnē* '(arte) salutare', da *hygíeia* 'salute'] s. f. *1* Branca della medicina che mira a mantenere lo stato di salute dell'individuo e della collettività spec. prevenendo l'insorgere e il diffondersi delle malattie | *I. mentale*, relativa a tutti quegli aspetti della vita individuale e sociale che concorrono a mantenere, sviluppare la salute psichica, a prevenire le malattie mentali e ad attenuarne i danni | *I. zootecnica*, scienza che studia l'ambiente in cui gli animali vivono nei riflessi delle loro produzioni e del loro stato di salute. *2* (*est.*) Il complesso delle norme riguardanti la pulizia e la cura della persona, degli ambienti e sim.: *curare, trascurare l'i.*; *l'i. del corpo*; *prodotti per l'i. della bocca.*

igienicità s. f. ● Qualità di ciò che è igienico.

igiènico agg. (pl. m. *-ci*) *1* Che si riferisce all'igiene: *condizioni, precauzioni igieniche*; *assorbente i.* *2* Che è conforme a quanto l'igiene prescrive: *cibo i.*; *abitazione igienica* | (*edil.*) *Impianti igienici*, destinati alla pulizia personale e allo smaltimento di ogni tipo di materie di rifiuto organico, comprendenti lavabi, lavandini, latrine, bidè, docce e sim. | (*est.*) Salubre, salutare: *clima i.* *3* (*fig., fam.*) Opportuno, conveniente, consigliabile: *è i. evitare di parlargli.* || **igienicaménte**, avv. In modo igienico; dal punto di vista dell'igiene.

igiènico-sanitàrio agg. ● Che riguarda l'igiene e la sanità | *Impianti igienico-sanitari*, impianti igienici (V. *igienico*).

igienista s. m. e f. (pl. m. *-i*) *1* (*med.*) Chi si dedica allo studio sistematico dell'igiene e delle norme ad essa relative, promuovendone la divulgazione. *2* Chi osserva le norme igieniche con eccessiva scrupolosità. *3* (*med.*) Collaboratore tecnico dello studio dentistico che si occupa dell'igiene orale.

iglò s. m. ● Adattamento di *igloo* (V.).

igloo /i'glu*, *ingl.* 'iglu:/ [vc. ingl., dall'eschimese *iglu* 'casa'] s. m. inv. (pl. ingl. *igloos*) ● Abitazione eschimese: *i. di pelle, di legno, di pietre* | Abitazione invernale eschimese, costruita a cupola con blocchi di neve pressata.

iglù s. m. ● Adattamento di *igloo* (V.).

ignàme [sp. (*i*)*ñame*, da una l. ant. francone: di origine onomat. (?)] s. m. ● Pianta erbacea tropicale a fusto volubile con radici a tubero contenenti amido (*Dioscorea batatas*).

ignàro [vc. dotta, lat. *ignāru*(*m*), comp. di *in-* priv. e *gnārus* 'che sa', della fam. di (*g*)*nōscere* 'conoscere', di origine indeur.] agg. *1* Che non conosce: *essere i. degli avvenimenti.* SIN. Inconsapevole. *2* (*raro, lett.*) Ignorante: *i. delle lettere, dell'arte*; *io mi son presupposto di parlare con artefici non in tutto ignari* (CELLINI).

ignàvia [vc. dotta, lat. *ignāvia*(*m*), da *ignāvus* 'ignavo'] s. f. ● (*lett.*) Pigrizia, lentezza nell'agire, infingardaggine.

ignàvo [vc. dotta, lat. *ignāvu*(*m*), da *in-* neg. e (*g*)*nāvus* 'diligente, attivo'] agg.; anche s. m. (f. *-a*) ● (*lett.*) Pigro, indolente, infingardo (*anche fig.*): *te l'i. tepor lusinga e molce* (PARINI).

ignaziàno agg. ● Che si riferisce a S. Ignazio di Loyola (1491-1556) e alla Compagnia di Gesù da lui fondata.

†**ìgne** [vc. dotta, lat. *īgne*(*m*), di origine indeur.] s. m. ● (*lett.*) Fuoco: *come li vide ... / venir con vento e con nube e con i.* (DANTE *Purg.* XIX, 101-102).

ìgneo [vc. dotta, lat. *īgneu*(*m*), da *īgnis* 'igne, fuoco'] agg. *1* (*lett.*) Di fuoco. *2* (*fig., lett.*) Acceso, impetuoso, infiammato.

ignìfero [vc. dotta, lat. *ignĭferu*(*m*), comp. di *īgni*(*s*) 'igne, fuoco' e *-fer* '-fero', secondo un modello gr.] agg. *1* (*raro*) Che porta fuoco. *2* †Acceso, infuocato.

ignifugàre [da *ignifugo*] v. tr. (*io ignìfugo, tu ignìfughi*) ● Sottoporre a ignifugazione: *i. il legno, un tessuto.*

ignifugazióne s. f. ● Procedimento cui si sottopone un materiale, spec. il legno e i suoi derivati, allo scopo di renderlo resistente al fuoco, consistente in trattamenti superficiali mediante verniciatura con sostanze incombustibili, o nell'imbibizione con speciali sostanze chimiche in soluzione.

ignìfugo [vc. dotta, comp. del lat. *īgnis* 'igne, fuoco' e *-fugo*] agg. (pl. m. *-ghi*) ● Detto di sostanza non infiammabile usata per impedire o limitare la combustione di materiali facilmente combustibili | (*est.*) Fabbricato con sostanze ignifughe: *tuta ignifuga.*

ignimbrite /iɲɲim'brite/ [vc. dotta, comp. del lat. *īgnis* 'fuoco' e *ĭmber*, genit. *ĭmbris* 'pioggia dirotta'] s. f. ● (*miner.*) Roccia vulcanica di aspetto tufaceo prodotta dal consolidamento di una nube ardente.

ignipuntùra [vc. dotta, comp. del lat. *īgnis* 'fuoco' e *puntura*] s. f. ● (*med.*) Moxibustione.

ignìto [vc. dotta, lat. *ignītu*(*m*), da *īgnis* 'igne, fuoco'] agg. ● (*lett.*) Acceso, infiammato: *d'igniti strali / ferreo turcasso agli omeri sospeso* (MONTI).

ignitróne o **ignitron** [comp. del lat. *īgnis* 'fuoco' e della seconda parte di (*elet*)*trone*, d'uso freq. nel la terminologia elettrica e chimica] s. m. ● Tubo elettronico di potenza, formato da un catodo di mercurio, da un anodo e da un particolare dispositivo per l'innesco, impiegato come raddrizzatore, convertitore di frequenza, e sim.

ignìvomo [vc. dotta, lat. tardo *ignĭvomu*(*m*), comp. di *īgnis* 'fuoco' e del tema di *vŏmere* 'vomitare'] agg. ● (*lett.*) Che vomita fuoco, detto spec. di vulcani.

ignizióne [ingl. *ignition*, dal lat. tardo *ignīre* (*ignītus* al part. pass.), da *īgnis* 'igne, fuoco'] s. f. *1* (*etn.*) Combustione totale o parziale della salma. *2* (*chim.*) Accensione | *Temperatura di i.*, temperatura di accensione.

-igno [lat. *-īneu*(*m*) e *-ĭgnu*(*m*), dalla radice *gen-*, che in *gĭgnere* 'nascere, procedere' dimostra il suo proprio sign. 'che genera, produce'] suff. derivativo o alterativo ● Forma aggettivi che esprimono approssimazione, somiglianza più o meno perfetta, degenerazione: *asprigno, dolcigno, ferrigno, rossigno, sanguigno, olivigno.*

ignòbile [vc. dotta, lat. *ignōbile*(*m*), comp. di *in-* neg. e (*g*)*nobile*(*m*) 'nobile', ma letteralmente 'sconosciuto (senza *nōmen* 'nome')'] A agg. ● Che denota meschinità d'animo o volgarità: *gente, figura, linguaggio i.*; *una brutale e ignobil fede* (BRUNO). || **ignobilménte**, avv. B s. m. e f. ● (*raro, lett.*) Chi non è di nobile origine: *molti ignobili ... hanno con la virtù loro illustrato la posterità* (CASTIGLIONE).

ignobiltà [vc. dotta, lat. *ignobilitāte*(*m*), da *ignōbilis* 'ignobile'] s. f. *1* Volgarità d'animo e di sentimenti. SIN. Meschinità. *2* (*raro, lett.*) L'essere di bassa condizione sociale.

†**ignòcco** ● V. *gnocco.*

ignomìnia [vc. dotta, lat. *ignomĭnia*(*m*), comp. di *in-* priv. e (*g*)*nōmen* 'nome'] s. f. *1* Disonore e disprezzo generale in cui cade chi ha commesso un'azione vergognosa: *coprirsi d'i.*; *cadere nell'i.*; *la fama d'un gentilom ... se una volta ... si denigra per codardia ... sempre resta vituperosa al mondo e piena d'i.* (CASTIGLIONE). SIN. Infamia, obbrobrio. *2* Persona o cosa che è causa di disonore. *3* (*fig., scherz.*) Cosa contraria all'estetica e al buon gusto: *quella statua è una vera i.*

ignominióso [vc. dotta, lat. tardo *ignominiōsu*(*m*), da *ignomĭnia* 'ignominia'] agg. *1* Che causa disonore e vergogna: *atto, comportamento i.*; *ignominiosa e perpetua servitù* (GUICCIARDINI). SIN. Infamante, obbrobrioso. *2* (*raro*) Disonorato, svergognato. || **ignominiosaménte**, avv. (*raro*) In modo ignominioso.

ignoràbile [vc. dotta, lat. *ignorābile*(*m*), da *ignorāre* 'ignorare'] agg. ● Che si può ignorare.

ignorantàggine s. f. *1* Condizione di ignoranza abituale: *la sua i. lo distingue sempre.* *2* Azione o discorso da ignorante.

ignorànte A part. pres. di *ignorare*; anche agg. *1* Nei sign. del v. *2* Che ignora o conosce male quello che per la sua arte o la sua professione dovrebbe sapere: *è un medico i.* SIN. Incompetente. *3* Privo di istruzione: *il volgo i.*; *è uno studente molto i.* SIN. Illetterato, incolto. CONTR. Sapiente. *4* Chi manca di educazione | Zotico, maleducato: *sei proprio il più i. di tutti!* || **ignoranteménte**, avv. Da ignorante. B s. m. e f. *1* Chi è privo di istruzione. CONTR. Sapiente. *2* Chi manca dei principi della buona educazione. || **ignorantàccio**, pegg. | **ignorantèllo**, dim. | **ignorantóne**, accr. | **ignorantùccio**, **ignorantùzzo**, dim.

ignorànza o †**ignorànzia** [vc. dotta, lat. *ignorăntia*(*m*), da *ignorāre* 'ignorare'] s. f. *1* Condizione di chi non sa, non conosce, non ha avuto notizia di determinati fatti, avvenimenti e sim.: *la legge non ammette i.*; *cullarsi, bearsi nell'i.*; *i. del diritto, delle belle arti*; *la maraviglia è figliuola dell'i.* (VICO). *2* Mancanza di istruzione: *i. crassa, supina*; *vivere nell'i.* | *I. colpevole*, l'ignorare cose che si dovrebbero sapere. CONTR. Sapienza. *3* Maleducazione: *comportarsi con grande i.* | Rozzezza, zoticaggine || PROV. La superbia è figlia dell'ignoranza.

ignoràre [vc. dotta, lat. *ignorāre*, da *ignārus* 'ignaro'] A v. tr. (*io ignòro*) *1* Non conoscere, non sapere, non avere notizie: *i. la storia, la geografia*; *i. le cause, gli effetti di un avvenimento* | *I. le gioie, i dolori*, non averli mai provati. *2* Fingere di non conoscere, di non sapere: *i. una persona*; *i. i problemi di qc.* | Non dare importanza, sottovalutare, trascurare: *ignora le sue malattie*; *ignorano le nostre rivendicazioni.* B v. rifl. rec. ● Fingere di non conoscersi.

ignoràto part. pass. di *ignorare*; anche agg. *1* Nei sign. del v. *2* Sconosciuto: *le ragioni del suo gesto sono tuttora ignorate* | Che non ha, o non ha avuto, la considerazione e l'apprezzamento che avrebbe meritato: *artista i.*

†**ignòscere** [vc. dotta, lat. *ignōscere*, di incerta composizione] v. tr. ● Perdonare, indulgere, condonare.

ignòto [vc. dotta, lat. *ignōtu*(*m*), comp. di *in-* neg. e (*g*)*nōtu*(*m*) 'noto', part. pass. di (*g*)*nōscere* 'conoscere', di origine indeur.] A agg. ● Non conosciuto: *paese i.*; *regione ignota*; *è una persona ignota* | (*poet.*) Mai conosciuto o visto in tal grado: *ignoti vezzi sfuggono / dai manti e dal negletto / velo* (FOSCOLO). SIN. Ignorato, oscuro. CONTR. Noto. || **ignotaménte**, avv. (*raro*) In modo ignoto. B s. m. (f. *-a* nel sign. 2) *1* Tutto ciò di cui non si sa nulla: *andare verso l'i.*; *temere l'i.* CONTR. Conosciuto, noto. *2* Persona ignota: *i soliti ignoti.*

ignudàre A v. tr. ● (*lett.*) Rendere ignudo (*anche fig.*): *i. qc.*; *l'inverno ignuda gli alberi.* B v. rifl. ● (*lett.*) Spogliarsi.

ignùdo [da *nudo* raff. con pref. d'altra vc.] A agg. *1* Parzialmente o totalmente privo di abiti | *I. nato*, senza alcun indumento: *fece spogliare ignuda nata comar Gemmata* (BOCCACCIO) | *Mezzo i.*, seminudo | *Coi piedi, le piante ignude*, scalzo | *Ferro, spada ignuda*, sguainata | (*fig.*) *Terra ignuda*, priva di vegetazione | †*I. della mitra, del manto*, privo di essi | (*est.*) Di animale privo di piume o peli. *2* (*fig.*) Privo: *i. di virtù, di cognizioni* | †*Capitello i.*, senza foglie | †*Muraglia ignuda*, senza decorazioni | †*Lettera ignuda*, senza busta. *3* (*lett.*) Indifeso, scoperto. *4* †Palese, manifesto. || **ignudaménte**, avv. Nudamente, sinceramente. B s. m. (f. *-a*) ● (*lett.*) Persona nuda.

†**ignùno** ● V. *niuno.*

igrina [comp. di *igr*(*o*)- e *-ina*] s. f. ● Alcaloide che si isola dalle foglie della coca.

igro- [dal gr. *hygrós* 'umido'] primo elemento ● In parole composte della terminologia scientifica, significa 'acquosità', 'umidità': *igrofita, igrometro, igroscopio.*

igròfilo [comp. di *igro-* e *-filo*] A agg. ● Detto di organismo animale o vegetale che predilige climi umidi. B s. m. (f. *-a*) ● Organismo animale o vegetale igrofilo.

igròfito [comp. di *igro-* e *-fito*] A agg. ● Detto di organismo vegetale che vive in ambienti umidi. B s. m. (f. *-a*) ● Organismo vegetale igrofito.

igrògrafo [comp. di *igro-* e *-grafo*] s. m. ● Strumento registratore dell'umidità atmosferica.

igrogràmma [comp. di *igro*(*grafo*) e (*dia*)*gramma*] s. m. (pl. *-i*) ● (*meteor.*) Diagramma tracciato da un igrografo.

igròma [comp. di *igr*(*o*)- e *-oma*] s. m. (pl. *-i*) ● (*med.*) Infiammazione cronica di una borsa sierosa.

igrometrìa [comp. di *igro-* e *-metria*] s. f. ● Ramo della meteorologia che effettua la misurazione dell'umidità assoluta o relativa dell'aria.

igromètrico agg. (pl. m. *-ci*) ● Della, relativo all'igrometria.

igròmetro [comp. di *igro-* e *-metro*] s. m. ● Apparecchio atto a determinare con vari sistemi il grado igrometrico.

igroscopìa [comp. di *igro-* e *-scopia*] s. f. ● Osservazione dell'umidità atmosferica.

igroscopicità s. f. ● Proprietà di essere igroscopico.

igroscòpico [da *igroscopia*] agg. (pl. m. *-ci*) ● Detto di sostanza o corpo capace di assorbire l'umidità dell'aria | *Movimenti igroscopici*, movimenti di curvatura di organi vegetali provocati dal rigonfiamento di materiali igroscopici cellulari.

igroscòpio [comp. di *igro-* e *-scopio*] s. m. ● Strumento che, basandosi sulla variazione di colore di alcune sostanze al variare dell'umidità, indica approssimativamente l'umidità ambientale.

igròstato [comp. di *igro-* e *-stato*] s. m. • Strumento che regola automaticamente l'umidità dell'aria di un ambiente.

†iguàle e *deriv.* • V. *uguale* e *deriv.*

iguàna [sp. *iguana*, dalla vc. indigena delle Antille *iwana*] s. f. • Grosso rettile dei Sauri arboricolo, che vive nell'America centro-meridionale, verdastro, con lunga coda e cresta sul dorso (*Iguana iguana*).

iguanodónte [comp. di *iguana* e della seconda parte di (*masto*)*donte*] s. m. • Dinosauro erbivoro presente nei periodi cretaceo e giurassico, eretto sulle zampe posteriori (*Iguanodon*). ➡ ILL. **paleontologia**.

iguvìno [vc. dotta, lat. *Iguvīnu(m)* 'di Gubbio (*Igūvium*, n. umbro dell'antica città)'] agg. • Di Gubbio. SIN. Eugubino.

ih (1) /i/ inter. **1** Esprime stupore, raccapriccio, disgusto, stizza e sim.: *ih quante storie!*; *ih che schifo!* **2** Esprime canzonatura scherzosa, disprezzo ironico, ostentazione di noncuranza e sim. (*spec. iter.*): *ih, ci sei cascato!* | Riproduce il suono stridulo di una risata ironica o di un frignare insistente.

ih (2) /i/ inter. • Si usa come voce d'incitamento alle bestie da soma, spec. al cavallo: *ih! va!*

ikebàna /ike'bana, *giapp.* i'kebana/ [giapp., letteralmente 'fiore (*hana*) che prende vita (*ike*) posto in acqua'] s. m. inv. • Arte giapponese di disporre elementi vegetali su vari supporti con finalità a un tempo estetiche e simboliche | Composizione ottenuta disponendo tali elementi vegetali.

il [lat. *īl(lum)* 'quello', comp. di due elementi di etim. incerta] **A** art. det. m. sing. (si usa davanti a parole m. sing. che cominciano per consonante che non sia *gn*, *pn*, *ps*, *x*, *s impura*, *z* e anche davanti a parole che cominciano per *i*, *y*, *j* (se quest'ultima ha suono di consonante), seguite da vocali: *il bue*, *il plettro*, *il fiore*, *il whisky* | (*poet.*) Con aferesi dopo parole che finiscono per vocale: *Galeotto fu 'l libro e chi lo scrisse* (DANTE *Inf.* V, 137) | Fondendosi con le prep. proprie semplici, dà origine alle prep. art. m. sing. *al*, *col*, *dal*, *del*, *nel*, *pel*, *sul* (V. anche *lo*)). **1** Indica e determina una cosa o una persona distinta da ogni altra della stessa specie: *prendi il treno delle quindici e trenta*; *passami il piatto*; *hai fatto il bagno?*; *finalmente ho incontrato il maestro* | (*dial.* o *bur.*) Davanti a nome proprio di persona o a cognome: *alla festa c'erano anche il Carlo, il Giuseppe*; *il Ferri Antonio ha già deposto*; *mi chiami il Rossi* | Si può premettere al cognome di personaggi celebri: *il Mazzini*; *il Manzoni*; *il Foscolo*; *il Petrarca* | Si premette sempre a un nome proprio o cognome preceduto da un titolo, che non sia però 'san', 'don', 'mastro', 'fra', 'ser': *il dottor Bianchi*; *il conte Rossi* | Si premette a 'più' nel superlativo relativo: *è il più bravo ragazzo che conosca*. **2** Indica e determina una specie, una categoria, un tipo: *il bambino va educato*; *il vecchio deve essere aiutato e protetto*; *il carbone è un minerale* | Indica l'astratto o il generico: *quel ragazzo non distingue il bene dal male*; *odio il ballo*; *ha una grande passione per il teatro*. **3** Questo, quello (con valore dimostr.): *Napoleone il grande*; *Plinio il giovane*; *sentitelo il coraggioso!*; *fra tutti i libri che ho visto, spero di averti preso il giusto*. **4** Ogni, ciascuno (con valore distributivo): *riceve il giovedì*; *gli costa quasi mezzo milione il mese*; *costa tremila lire il kilo*. **5** Nel, durante il (con valore temp.): *vengo il pomeriggio*; *l'ho visto il giorno seguente*; *partirò il mese prossimo*; *gli ho scritto il due maggio*. **B** pron. dimostr. e pers. di terza pers. m. sing. • (*poet.*) †Lo, ciò (come compl. ogg., riferito a persona o a cosa): *natura il fece, e poi roppe la stampa* (ARIOSTO); *Io sentia d'ogne parte trarre guai, / e non vedea persona che 'l facesse* (DANTE *Inf.* XIII, 22-23).

ìla [vc. dotta, gr. *hýlē* 'selva' (dove solitamente vive), di etim. incerta] s. f. • (*zool.*) Raganella.

ìlare (1) [vc. dotta, lat. *hĭlare(m)*, dal gr. *hilarós*, da *iláskesthai* 'placare, allietare', di origine indeur., con allineamento alla desinenza dell'opposto *trīste(m)*] agg. • Che è di buon umore, che mostra contentezza: *volto i.*; *la notizia lo rese i.* SIN. Allegro, lieto. CONTR. Mesto.

ìlare (2) [da *ilo*] agg. **1** (*anat.*) Riferito all'ilo di un organo | *Vaso i.*, arteria o vena che penetra in un organo o esce da questo transitando attraverso il suo ilo. **2** (*bot.*) Relativo all'ilo del seme.

ilarità o †**ilaritàde**, †**ilaritàte** [vc. dotta, lat. *hilaritāte(m)*, dal gr. *hilarótēs* 'ilarità, letizia', da *hilarós* (V. *ilare*)] s. f. • Propensione alla gaiezza, al riso: *la sua i. non mi parve sincera* | (*est.*) Risata, spec. di più persone: *la chiassosa i. del pubblico* | *Destare l'i. generale*, far ridere tutti i presenti. SIN. Allegria. CONTR. Mestizia.

ilarodìa [gr. *hilarōidía*, comp. di *hilarós* 'giocondo' e di un deriv. da *ōidḗ* 'canto'] s. f. • Presso gli antichi Greci, azione scenica popolare di carattere contenuto e dignitoso.

ìlatro [etim. discussa: di origine mediterr. (?)] s. m. • (*bot.*) Fillirea.

†ìle (1) [gr. *ílē*, da *eilêin* 'stringere assieme', di origine indeur.] s. f. • Presso gli antichi Greci, squadrone di cavalleria.

ìle (2) [vc. dotta, lat. tardo *hȳle(m)*, dal gr. *hýlē*, originariamente 'selva, bosco' (di etim. incerta), poi 'materia'] s. f. • (*filos.*) Caos.

-ile (1) [lat. *-īle(m)*, originariamente impiegato per formazione di agg. verb. con l'idea di 'capacità, qualità, attitudine', poi talvolta, come in it., sost.] suff. • Forma aggettivi, talora sostantivati, di origine latina o tratti da sostantivi o verbi: *civile*, *febbrile*, *gentile*, *giovanile*, *sedile*.

-ile (2) [fr. *-yle*, dal gr. *hýlē* 'materia, sostanza', di origine incerta, usato la prima volta nel comp. *benzoyle* 'benzoile'] suff. • In chimica organica, indica i radicali idrocarburici monovalenti (*metile*, *benzile*) o i radicali acidi (*acetile*).

ileàle [da *ileo*] agg. • (*anat.*) Nel sistema digerente, riferito all'ileo.

ileìte [comp. di *ile(o)* e *-ite* (*1*)] s. f. • (*med.*) Infiammazione dell'intestino ileo | *I. terminale*, particolare forma di infiammazione dell'ultimo tratto dell'ileo.

ìleo [vc. dotta, lat. *īleu(m)*, dal gr. *ileós* 'volvolo', da *eilêin* 'torcere'] s. m. **1** (*anat.*) Porzione di intestino tenue compresa tra il digiuno ed il cieco. ➡ ILL. p. 365 ANATOMIA UMANA. **2** (*anat.*) Una delle tre ossa che formano il bacino. SIN. Ilio. ➡ ILL. p. 362 ANATOMIA UMANA. **3** (*med.*) Stato patologico caratterizzato dall'arresto della progressione del contenuto intestinale.

ileocecàle [comp. di *ileo* e di un deriv. da *c(i)eco*] agg. • Pertinente all'ileo ed all'intestino cieco | *Valvola i.*, che regola il passaggio del contenuto intestinale dall'ileo nel cieco.

ileostomìa [comp. di *ileo* e *-stomia*] s. f. • (*chir.*) Intervento chirurgico con cui si ottiene un ano artificiale mediante abboccamento dell'ultima ansa dell'ileo alla cute della parete addominale.

ilìaco (1) [vc. dotta, lat. *Ilĭacu(m)*, dal gr. *Iliakós* 'proprio di *Ilio*'] agg. (pl. m. *-ci*) • (*lett.*) Dell'antica Troia o Ilio.

ilìaco (2) [vc. dotta, lat. tardo *ilĭacu(m)*, agg. di *īlia* (pl.) 'ilio'] agg. (pl. m. *-ci*) • (*anat.*) Dell'ileo: *ala*, *arteria*, *iliaca*.

ilìade [vc. dotta, lat. *Ilĭade(m)*, dal gr. *Iliás* genit. *Iliádos*, sottinteso *póiēsis* '(poema che tratta) di Ilio'] s. f. • (*raro*) Lunga serie di guai, vicissitudini e sim.: *in questa sola parola sa leggere un'intera i. di mali* (BARTOLI).

ìlice [vc. dotta, lat. *īlice(m)*, di etim. incerta] s. f. • (*bot.*) Leccio.

ìlio [vc. dotta, lat. *īliu(m)*, tratto dal più freq. pl. *īlia*, di etim. incerta] s. m. • (*anat.*) Una delle tre ossa che formano il bacino. SIN. Ileo nel sign. 2.

†illacciàre [comp. di *in-* (*1*) e *laccio*] v. tr. **1** Avvolgere in un laccio o come in un laccio. **2** (*fig.*) Irretire, raggirare.

illacrimàbile [vc. dotta, lat. *illacrimābile(m)*, comp. di *in-* neg. e *lacrimābile(m)* 'lagrimevole'] agg. • (*lett.*) Che non è degno di essere pianto.

illacrimàto [vc. dotta, lat. *illacrimātu(m)*, comp. di *in-* neg. e *lacrimātus* '(com)pianto'] agg. • (*lett.*) Privo di compianto, di lacrime.

illaidìre [comp. di *in-* (*1*) e *laido*] v. tr. (*io illaidìsco, tu illaidìsci*) • (*raro, lett.*) Rendere laido.

illanguidiménto s. m. • L'illanguidire, l'illanguidirsi: *l'i. di qc., dello stomaco, della mente.* SIN. Languore.

illanguidìre [comp. di *in-* (*1*) e *languido*] **A** v. tr. (*io illanguidìsco, tu illanguidìsci*) • Rendere languido, debole, fiacco: *il lungo digiuno lo illanguidì*; *i. la mente, l'attenzione.* **B** v. intr. e intr. pron. (aus. *essere*) • Divenire languido, debole, fiacco: *illanguidirsi per gli stenti.*

illaqueàre [vc. dotta, lat. *illaqueāre*, comp. di *in-* concl. e *laqueāre*, da *lăqueus* 'laccio', di etim. incerta] v. tr. (oggi dif. usato solo all'inf. pr. e al part. pass.) • (*lett.*) Avvolgere in un laccio | (*fig.*) Irretire, raggirare.

†illascivìre [comp. di *in-* (*1*) e *lascivire*] v. intr. • Divenir lascivo.

illatìvo [vc. dotta, lat. *illatīvu(m)*, da *illātus* 'illato'] agg. • Che riferisce, conclude | *Congiunzione illativa*, conclusiva.

†illàto [vc. dotta, lat. *illātu(m)* 'portato', part. pass. di *inférre*, comp. di *in-* 'dentro' e *férre* 'portare', di origine indeur.] agg. • Inferto | Argomentato.

†illatóre [vc. dotta, lat. tardo *illatōre(m)*, da *illātus* 'portato' (V. †*illato*)] s. m. • Chi riferisce, reca: *i. d'ingiurie, d'offese.*

illaudàbile [vc. dotta, lat. *illaudābile(m)*, da *illaudātus* 'illaudato'] agg. • (*lett.*) Indegno di lode.

illaudàto [vc. dotta, lat. *illaudātu(m)*, comp. di *in-* neg. e *laudātu(m)* 'lodato', come l'equivalente gr. *atímētos*] agg. • (*lett.*) Senza lode, non lodato.

illazióne [vc. dotta, lat. *illatiōne(m)*, da *illātus* 'portato (dentro, in fine)' (V. †*illato*)] s. f. • Azione di inferire, dedurre: *ricorrere alle illazioni* | Conclusione logicamente inferita da una o più premesse: *trattare un'i.*; *la sua i. resta nulla* (GALILEI).

†illècebra [vc. dotta, lat. *illĕcebra(m)*, da *inlĭcium* 'esca, seduzione', dal v. *inlĭcere* 'attirare (*-lĭcere*, da *lăcere*) in (*in-*) trappola'] s. f. • (*spec. al pl.*) Allettamento, lusinga: *in compagnia di queste illecebre qualche costume virtuoso* (CASTIGLIONE).

illeceità • V. *illiceità.*

illécito o †**illìcito** [comp. di *in-* (*3*) e *lecito*, come il lat. *illĭcitus*] **A** agg. • Contrario a norme imperative, all'ordine pubblico o al buon costume: *commercio i.*; *amori, mezzi illeciti.* || **illecitaménte**, avv. **B** s. m. • (*dir.*) Atto compiuto in violazione di una norma giuridica: *i. civile*; *i. internazionale* | *I. penale*, reato.

illegàle [comp. di *in-* (*3*) e *legale*] agg. • Che è contrario alla legge: *procedimento*, *arresto*, *deliberazione i.* | *Processo i.*, che non era legislativamente esperibile nel caso concreto o che si è svolto con formalità non ammesse dalla legge. || **illegalménte**, avv.

illegalìșmo [comp. di *in-* (*3*) e *legalismo*] s. m. • Comportamento politico non conforme alle leggi e alla Costituzione di uno Stato.

illegalità s. f. • Qualità d'illegale: *l'i. di un atto* | Atto illegale: *commettere delle i.*

illeggiadrìre [comp. di *in-* (*1*) e *leggiadro*] **A** v. tr. (*io illeggiadrìsco, tu illeggiadrìsci*) • Rendere bello e aggraziato. SIN. Ornare. **B** v. intr. e intr. pron. (aus. *essere*) • Divenire leggiadro.

illeggìbile [comp. di *in-* (*3*) e *leggibile*] agg. • Impossibile o difficile a leggersi: *firma i.* | (*est.*) Che non si riesce a leggere perché tortuoso, mediocre e sim.: *un testo pieno di illeggibili banalità.* SIN. Incomprensibile, indecifrabile.

illeggibilità s. f. • Qualità di ciò che è illeggibile.

illegittimità s. f. • Qualità di illegittimo: *l'i. di un atto, di un figlio* | *I. costituzionale*, non conformità alla Costituzione delle leggi ordinarie o degli atti aventi forza di legge: *la i. costituzionale è dichiarata dalla Corte Costituzionale.*

illegìttimo [vc. dotta, lat. tardo *illegĭtimu(m)*, comp. di *in-* neg. e *legĭtimus* 'legittimo'] **A** agg. **1** Di ciò che per forma o contenuto non concorda con la legge e la giustizia: *pretesa*, *aspirazione*, *potere i.* | *Figlio i.*, un tempo, quello non riconosciuto legalmente da uno o da entrambi i genitori. **2** Contrario o difforme rispetto all'esattezza delle conclusioni o alla coerenza dei principi e dei criteri di un ragionamento, di un'argomentazione e sim. || **illegittimaménte**, avv. In modo non legittimo. **B** s. m. (f. *-a*) • Figlio illegittimo.

illeonìto [comp. di *in-* (*1*) e un deriv. agg. di *leone*] agg. • (*arald.*) Detto del leopardo rampante, che è positura propria del leone.

illeopardìto [comp. di *in-* (*1*) e un deriv. agg. di *leopardo*] agg. • (*arald.*) Detto del leone passante con la testa in maestà, che è positura propria del leopardo.

illèpido [vc. dotta, lat. *illĕpidu(m)*, comp. di *in-*

neg. e *lĕpidus* 'lepido'] agg. ● (*raro, lett.*) Sgraziato, goffo.

†**illeṣìbile** [vc. dotta, lat. tardo *illaesībile(m)* 'invulnerabile', comp. di *in-* neg. e **laesībilis*, da *lāesus* (V. *illeso*)] agg. ● Che non può essere leso.

illèṣo [vc. dotta, lat. *illāesu(m)*, comp. di *in-* neg. e del part. pass. di *lāedere*, di etim. incerta] agg. ● Di chi o di ciò che non subisce danni, offese o lesioni: *uscire i. da, rimanere i. in un grave incidente.* SIN. Indenne, incolume, intatto.

illetteràto o †**illitteràto** [vc. dotta, lat. *illitterātu(m)*, comp. di *in-* neg. e *litterātus* 'letterato'] agg.; anche s. m. (f. *-a*) **1** Analfabeta | (*est.*) Che, chi ha ricevuto un'istruzione molto scarsa. **2** †Che, chi non intendeva e non usava il latino.

illibatézza s. f. ● Qualità di illibato: *l'i. della sua vita, dei suoi costumi non ammette dubbi.* SIN. Integrità, purezza.

illibàto [vc. dotta, lat. *illibātu(m)*, comp. di *in-* neg. e del part. pass. di *libāre* 'toccare, sfiorare, assaggiare'] agg. ● Integro e puro, senza macchia: *cuore, onore i.*; *ragazza illibata*; *costumi illibati.* || **illibataménte**, avv. (*raro*) In modo illibato.

illiberàle [vc. dotta, lat. *illiberāle(m)*, comp. di *in-* neg. e *liberālis* 'liberale'] agg. **1** Che è contrario ai principi liberali: *legge, atteggiamento i.* **2** Privo di generosità: *comportamento meschino e i.* **3** †Rozzo, rustico, plebeo | *Arti illiberali*, meccaniche. || †**illiberalménte**, avv. Senza liberalità.

illiberalità [vc. dotta, lat. *illiberalitāte(m)*, comp. di *in-* neg. e *liberālitas*, genit. *liberalitātis* 'liberalità'] s. f. ● Mancanza di liberalità, qualità di illiberale: *l'i. di una disposizione, di un atto.*

illiceità o (*raro*) **illeceità** [comp. di *in-* (*3*) e *liceità*] s. f. ● Qualità di ciò che è illecito | *I. penale*, contrasto di un fatto, che perciò si qualifica reato, con un precetto del diritto penale.

illicenziabilità [comp. di *in-* (*3*) e *licenziabilità*] s. f. ● Condizione di chi non può essere licenziato da un impiego o da un servizio.

†**illìcito** ● V. *illecito*.

illimitatézza s. f. ● Mancanza di limiti: *l'i. di un territorio, di un potere.*

illimitàto [vc. dotta, lat. tardo *illimitātu(m)*, comp. di *in-* neg. e *limitātus* 'limitato'] agg. **1** Privo di limiti, infinito: *l'universo è i.*; *un continente che si credeva i.*; *contemplo / l'i. silenzio* (UNGARETTI) | *Congedo i.*, ai militari che hanno compiuto il servizio di leva e possono essere richiamati. **2** Senza riserve: *fiducia, autorità illimitata.* SIN. Assoluto, immenso. || **illimitataménte**, avv. Senza limitazioni o riserve.

illimpidìre [comp. di *in-* (*1*) e *limpido*] **A** v. tr. (*io illimpidìsco, tu illimpidìsci*) ● (*raro*) Rendere limpido (*anche fig.*). **B** v. intr. e intr. pron. (aus. *essere*) ● Diventare limpido, chiaro, nitido (*anche fig.*).

illiquidìre [comp. di *in-* (*1*) e *liquido*] v. intr. (*io illiquidisco, tu illiquidisci*; aus. *essere*) **1** (*raro*) Diventare liquido: *con l'aumento della temperatura il ghiaccio illiquidì.* **2** (*fig.*) †Venire meno.

illiquidità [comp. di *in-* (*3*) e *liquidità*] s. f. ● (*econ.*) Mancanza o carenza di denaro liquido e impossibilità di procurarselo mediante la vendita di beni mobili o immobili.

illìrico agg. (pl. m. *-ci*) ● Dell'Illiria, antica regione balcanica compresa fra i confini d'Italia e la Macedonia.

†**illitteràto** ● V. *illetterato*.

illividiménto s. m. ● Modo e atto dell'illividire.

illividìre [comp. di *in-* (*1*) e *livido*] **A** v. tr. (*io illividìsco, tu illividìsci*) **1** Far livido: *il gelo gli illividiva le mani.* **2** Coprire di lividure: *gli illividirono il volto con percosse.* **B** v. intr. e intr. pron. (aus. *essere*) ● Diventare livido: *i. per il freddo*; *gli si è illividito un occhio.*

illocutìvo [ingl. *illocutive*, der. di *illocution*, comp. di *in-* 'in- (1)' e *locution* 'locuzione'] agg. ● (*ling.*) Detto di ogni enunciato che realizza o tende a realizzare l'azione in esso citata. SIN. Illocutorio.

illocutòrio [ingl. *illocutionary*, da *illocution*, comp. di *in-* 'in- (1)' e *locution* 'locuzione'] agg. ● (*ling.*) Illocutivo.

illodàbile [comp. di *in-* (*3*) e *lodabile*, come il lat. *illaudābilis*] agg. ● (*raro, lett.*) Che è indegno di lode.

illogicità s. f. **1** Condizione e qualità di illogico: *l'i. delle sue affermazioni era palese.* **2** Atto o detto illogico: *le tue continue i. mi stupiscono.* SIN. Assurdità.

illògico [comp. di *in-* (*3*) e *logico*] agg. (pl. m. *-ci*) ● Che è contrario alla logica, alla ragione: *insistere su argomentazioni illogiche.* || **illogicaménte**, avv.

illùdere [vc. dotta, lat. *illūdere*, comp. di *in-* raff. e *lūdere* 'scherzare', da *lūdus* 'giuoco, scherzo', di origine etrusca (?)] **A** v. tr. (pass. rem. *io illùṣi, tu illudésti*; part. pass. *illùṣo*) ● Ingannare qc. facendo credere ciò che non è o promettendo invano: *la illuse dicendo che sarebbe ritornato.* SIN. Lusingare. **B** v. rifl. ● Ingannarsi con vane speranze e sim.: *si illusero di poter ritentare l'impresa* | *Non c'è da illudersi, non è il caso di illudersi*, non si deve credere a ciò che appare perché la realtà è un'altra.

illuminàbile [vc. dotta, lat. tardo *illuminābile(m)*, da *illumināre*] agg. ● (*raro*) Che si può illuminare.

illuminaménto s. m. **1** Atto, effetto dell'illuminare | (*raro*) Lume, luce. **2** (*fis.*) Rapporto fra il flusso luminoso, o il flusso di una radiazione elettromagnetica non luminosa, ricevuto da una superficie e l'area della superficie stessa.

illuminànte part. pres. di *illuminare*; anche agg. ● Nei sign. del v.

illuminàre [vc. dotta, lat. *illumināre*, comp. di *in-* raff. e *lūmen*, genit. *lūminis* 'lume, luce'] **A** v. tr. (*io illùmino*) **1** Rendere chiaro o luminoso diffondendo luce: *il sole illumina la terra*; *il lampadario illuminava l'atrio*; *un fuoco che la illumina con molti riverberi* (VASARI) | *I. a giorno*, con una luce così intensa e forte da eguagliare quella del sole | (*raro*) Accendere i lumi per rischiarare un ambiente: *i. un sotterraneo, il corridoio, la piazza.* CONTR. Oscurare. **2** (*fig.*) Donare un'espressione radiosa, ravvivando: *il sorriso illumina lo sguardo*; *un presagio di felicità le illuminò il volto.* **3** (*fig.*) Liberare la mente dall'ignoranza svelando il vero: *quanto disse bastò a illuminarmi la mente* | (*fig., est.*) Far convincere, informare, istruire: *i. i popoli sulla necessità della pace* | (*fig.*) *I. la giustizia*, mettere i giudici sulle tracce che portano alla verità. CONTR. Ottenebrare. **B** v. intr. pron. **1** Diventare luminoso: *la stanza s'illuminò di colpo.* CONTR. Oscurarsi. **2** (*fig.*) Acquistare un'espressione più viva, raggiante: *illuminarsi di contentezza.* **3** (*raro*) Acquistare conoscenza di q.c.

illuminatìvo agg. ● (*raro*) Che ha il potere di illuminare.

illuminàto **A** part. pass. di *illuminare*; anche agg. **1** Nei sign. del v. **2** (*fig.*) Rischiarato dalla luce, dall'intelligenza o dalla sapienza: *menti illuminate* | *Secolo i.*, (*per anton.*) il Settecento, secolo di grande progresso filosofico | *Sovrano i.*, promotore di un programma di riforme sociali, spec. nel sec. XVIII. CONTR. Ottenebrato. **B** s. m. ● Seguace di una setta mistica sorta in Spagna nel XVI sec. | Seguace di una delle sette illuministiche e massoniche sorte in Baviera e in Olanda nel XVIII sec.

illuminatóre [vc. dotta, lat. tardo *illuminatōre(m)*, da *illuminātus*, part. pass. di *illumināre* 'illuminare'] **A** agg. (f. *-trice*) ● Che illumina. **B** s. m. **1** (*raro*) Chi provvede all'illuminazione pubblica. **2** †Miniatore, illustratore. **3** (*elettr.*) Dispositivo del microscopio ottico che serve per illuminare il campo di osservazione | *I. per teatro*, proiettore per luci sceniche e speciali effetti luminosi.

illuminazióne [vc. dotta, lat. tardo *illuminatiōne(m)*, da *illuminātu(m)*, part. pass. di *illumināre* 'illuminare'] s. f. **1** Atto, effetto dell'illuminare: *i. di una piazza, di una città, del porto.* CONTR. Oscuramento. **2** Il complesso degli apparecchi e dei mezzi usati per illuminare artificialmente: *i. a gas, a petrolio, elettrica, diretta, indiretta* | Apparato di molti lumi per una festa pubblica: *l'i. in onore del santo protettore del paese.* **3** (*relig.*) Improvvisa apertura dell'intelletto alla conoscenza del vero per opera della grazia. **4** (*fig.*) Lo schiudersi improvviso della mente alla verità o alla concezione di un'idea: *l'ultima sua poesia è nata da un'i. improvvisa.* **5** (*tess.*) Processo di stampa dei tessuti di cotone, con cui si fanno corrosioni, applicando contemporaneamente dei coloranti nelle zone corrose. **6** (*fis.*) Illuminamento.

illuminèllo [da *illuminare*] s. m. ● (*raro*) Luminello, nel sign. di *luminello* (*1*).

illuminìṣmo [fr. *illuminisme*, da *lume* 'lume (della ragione)'] s. m. ● Movimento filosofico-culturale, di dimensione europea, del XVIII secolo, che si proponeva di combattere l'ignoranza, il pregiudizio, la superstizione, applicando l'analisi razionale a tutti i possibili campi dell'esperienza umana.

illuminìsta [fr. *illuministe*, da *lume* 'lume (della ragione)'] **A** s. m. e f. (pl. m. *-i*) ● Chi segue o si ispira alle dottrine dell'illuminismo. **B** agg. ● Illuministico.

illuminìstico agg. (pl. m. *-ci*) ● Che si riferisce all'illuminismo: *pensiero, movimento i.* || **illuministicaménte**, avv. Secondo le teorie dell'illuminismo.

illuminòmetro [comp. di *illuminare* e *-metro*] s. m. ● Dispositivo per la misurazione diretta dell'illuminamento di una superficie.

illuminotècnica [comp. di *illuminare* e *tecnica*] s. f. ● Tecnica degli impianti di illuminazione | Tecnica dell'illuminazione della scena nelle forme di spettacolo contemporaneo, spec. per ottenere effetti suggestivi o estetici.

illuminotècnico **A** agg. (pl. m. *-ci*) ● Che riguarda l'illuminotecnica. **B** s. m. (f. raro *-a*) ● Esperto di illuminotecnica.

illùne [vc. dotta, lat. *illūne(m)*, comp. di *in-* (*3*) e *lūna*, sul modello del corrisp. gr. *asélēnos*] agg. ● (*lett.*) Non rischiarato dalla luna: *navigando nell'alta notte i.* / *noi vedremo rilucere la riva* (D'ANNUNZIO).

illuṣióne [vc. dotta, lat. *illusiōne(m)*, da *illūdere* 'illudere'] s. f. **1** Errore, inganno dei sensi per cui una falsa impressione viene creduta realtà: *la rappresentazione plastica di quell'affresco crea l'i. del movimento* | *Illusioni ottiche*, errori di interpretazione delle sensazioni visive, che intervengono nel giudicare grandezze e forme in determinate condizioni. **2** Falsa configurazione del reale secondo cui si attribuisce consistenza ai propri sogni e alle proprie speranze: *distruggere, dissipare, perdere le illusioni*; *del decreto della riforma si diceva esser una pura e mera i.* (SARPI) | *Farsi illusioni*, sperare invano. CONTR. Delusione, disinganno. **3** †Derisione, dileggio.

illuṣionìṣmo [fr. *illusionisme*, da *illusion* 'illusione'] s. m. ● Arte ed esercizio di abilità, consistenti nel far apparire come reali illusioni ottiche e sensorie in genere | Percezione di realtà apparente realizzata attraverso l'arte dell'illusionismo.

illuṣionìsta [fr. *illusioniste*, da *illusion* 'illusione'] s. m. e f. (pl. m. *-i*) ● Chi dà spettacolo di illusioni ottiche. SIN. Prestigiatore.

illuṣionìstico agg. (pl. m. *-ci*) ● Dell'illusionismo.

illuṣìvo [da *illuso*] agg. ● (*lett.*) Che illude, che mira o tende a illudere. SIN. Illusorio.

illùṣo **A** part. pass. di *illudere*; anche agg. ● Nei sign. del v. **B** s. m. (f. *-a*) ● Chi coltiva delle illusioni: *non è altro che un povero i.*

illuṣóre [vc. dotta, lat. tardo *illusōre(m)*, da *illūsus*, part. pass. di *illūdere* 'illudere'] s. m. (come f. *illuditrìce*) ● (*raro, lett.*) Chi illude e inganna gli altri.

illuṣorietà [da *illusorio*] s. f. ● Qualità di ciò che è illusorio.

illuṣòrio [vc. dotta, lat. tardo *illusōriu(m)*, da *illūsus*, part. pass. di *illūdere* 'illudere'] agg. **1** Che serve a illudere: *speranze, promesse illusorie.* SIN. Ingannevole. **2** Che è frutto di un'illusione: *felicità illusoria.* SIN. Fallace, falso. || **illusoriaménte**, avv.

illustràre [vc. dotta, lat. *illustrāre*, comp. di *in-* raff. e *lustrāre*, da **lūstrum* nel senso e della stessa origine di *lūmen* 'luce'] **A** v. tr. **1** Corredare un testo di figure, disegni, fotografie e sim. **2** (*fig., est.*) Rendere chiaro, fornendo di commento: *i. una poesia* | *I. un'opera d'arte*, con notizie relative all'autore, al soggetto, alla storia, ecc. SIN. Spiegare. **3** (*raro*) Rendere illustre e famoso | *I. il proprio nome*, con grandi opere e imprese. **4** †Far diventar lucido e splendente: *i. un brillante* | †Illuminare: *un non so che di luminoso appare, / che ... / la notte illustra* (TASSO). **B** v. intr. pron. ● (*raro*) Diventare illustre e famoso.

illustratìvo agg. ● Che serve a illustrare e a chiarire: *disegni illustrativi*; *tavole, note illustrative.*

illustràto part. pass. di *illustrare*; anche agg. ● Nei sign. del v.

illustratóre [vc. dotta, lat. tardo *illustratōre(m)*, da *illustrātus*, part. pass. di *illustrāre* 'illustrare'] s.

m. (f. *-trice*) **1** Chi illustra un testo. **2** Chi commenta un'opera letteraria o artistica.

illustraziόne [vc. dotta, lat. *illustratiōne(m)*, da *illustrātus*, part. pass. di *illustrāre* 'illustrare'] s. f. **1** Atto, effetto dell'illustrare: *curare le illustrazioni di un trattato; l'i. di quell'oscuro passo è dovuta a un eminente filologo.* **2** Figura, disegno, stampa, fotografia che viene inserita in un testo o in un periodico, a scopo ornamentale o esplicativo: *un libro ricco di illustrazioni.* **3** (*raro, scherz.*) Persona che dà lustro e vanto: *quel professore è l'i. dell'università.*

illùstre o (*pop.*) **lùstre** [vc. dotta, lat. *illūstre(m)* 'luminoso', da **lūstrum* (V. *illustrare*)] agg. **1** Che gode grande e meritata fama per qualità o per opere notevoli: *medico, scienziato, cittadino i.; tutti ... eran ... nemici e collegati per rovina di quell'i. città* (MURATORI) | *Stirpe, lignaggio i.*, nobile | *I. ignoto*, (*scherz.*) persona oscura che tenta di farsi avanti, e talvolta riesce ad acquistare un'improvvisa notorietà | *I. signore*, intestazione complimentosa di indirizzi o lettere. SIN. Celebre, chiaro, insigne. CONTR. Oscuro. **2** †Luminoso. ‖ **illustrìssimo**, sup. **1** Che è più illustre di tutti. **2** Chiarissimo, eccellentissimo, spec. come titolo onorifico o formula di cortesia: *Vostra Signoria Illustrissima; i. presidente.* ‖ †**illustreménte**, avv.

†**illutaziόne** [dal v. lat. *illutāre*, comp. di *in-* concl. e *lutāre* 'sporcare di fango (*lŭtu(m)*, di origine indeur.)'] s. f. ● Applicazione di fanghi a scopo curativo.

illuviàle [da *illuvio*] agg. ● (*geol.*) Di, relativo a illuvio.

illuviàre [da *illuvie*] v. tr. ● (*lett.*) Inondare, allagare.

illuviaziόne [da *illuvio*] s. f. ● (*geol.*) L'insieme dei processi che determinano la precipitazione o la flocculazione delle sostanze nell'orizzonte illuviale.

illùvie [vc. dotta, lat. *illŭvie(m)*, da *illŭere* (?), comp. di *in-* 'dentro' e *lăvere* 'bagnare', parallelo di *lavāre*] s. f. inv. **1** Sporcizia, sudiciume. **2** Inondazione, allagamento. **3** (*est.*) Grande afflusso di persone.

illùvio [vc. dotta, lat. scient. *illuvium*. V. *illuvie*] s. m. ● (*geol.*) Orizzonte del suolo in cui tendono a precipitare o flocculare le sostanze provenienti dal soprastante orizzonte eluviale.

illuviόne [vc. dotta, lat. tardo *illuviōne(m)*, da *illŭvies* 'illuvie'] s. f. ● Inondazione, alluvione.

ilmenìte [dal n. dei Monti *Il'men'* negli Urali] s. f. ● (*miner.*) Ossido di ferro e titanio in cristalli tabulari di color nero ferro.

ìlo [vc. dotta, lat. *hīlu(m)*, vc. espressiva di etim. incerta] s. m. **1** (*bot.*) Area che circonda la cicatrice indicante il punto di attacco del seme al funicolo. **2** (*anat.*) Orificio attraverso cui vasi, nervi ed altre formazioni penetrano in un organo: *ilo epatico, polmonare.*

Ilobàtidi [vc. dotta, da *ilobate*, dal gr. *hylobátēs* 'che frequenta (dal v. *baínein*) i boschi (*hýlē*)', con la terminazione propria delle famiglie zoologiche] s. m. pl. ● Nella tassonomia animale, famiglia di Mammiferi dei Primati alla quale appartengono i gibboni | (al sing. *-e*) Ogni individuo di tale famiglia.

ILOR /'ilor/ [sigla di *I(mposta) LO(cale sui) R(edditi)*] s. f. inv. ● Imposta diretta incassata dallo Stato, ma trasferita agli enti locali, istituita nel 1974 e ridefinita nel 1986, a carattere reale, destinata a colpire tutti i redditi fondiari, di impresa e di capitale.

ilòta [gr. *héilōs*, genit. *héilōtos* 'ilota, schiavo spartano', di etim. incerta] s. m. e f. (pl. m. *-i*) **1** Schiavo spartano. **2** (*fig.*) Persona soggetta a dura servitù morale o materiale.

†**ilòto** s. m. ● Ilota.

ilozoìsmo [comp. del gr. *hýlē*, genericamente 'materia', e un deriv. da *zōḗ* 'vita'] s. m. ● Concezione filosofica secondo la quale la materia è vivente e animata.

ilozoìsta s. m. e f. (pl. m. *-i*) ● Chi segue o si ispira all'ilozoismo.

ilozoìstico agg. (pl. m. *-ci*) ● Che concerne o interessa l'ilozoismo.

†**imàge** [fr. *image*, dall'ant. fr. *imagene* 'immagine'] s. f. ● (*poet.*) Immagine.

image maker /*ingl.* 'imidʒ 'meikə*/ [loc. ingl., comp. di *image* 'immagine' e *maker* 'creatore, artefice' (di origine germ.)] loc. sost. m. e f. inv. (pl. ingl. *image makers*) ● Chi crea o cura l'immagine di un personaggio, di un'azienda o di un prodotto.

imàgine e *deriv.* ● V. *immagine* e *deriv.*

imaginìfico ● V. *immaginifico.*

imagìsmo [ingl. *imagism*, da *imagist* 'imagista'] s. m. ● Movimento poetico inglese e americano dei primi anni del '900, che si basava sulla concezione per cui l'immagine non è un ornamento, bensì la sostanza stessa della poesia.

imagìsta [ingl. *imagist*, der. di *image* 'immagine'] s. m. e f. (pl. m. *-i*) ● Seguace dell'imagismo.

imàgo ● V. *immagine.*

imalaiàno ● V. *himalayano.*

imàm ● V. *imano.*

imamìta [da *imam*] s. m. e f.; anche agg. (pl. m. *-i*) ● Appartenente a un ramo dei musulmani sciiti che riconosce la serie dei dodici imani.

imàn ● V. *imano.*

imanàto s. m. ● Titolo, ufficio e dignità di imano, nel sign. 1 | Durata di tale carica.

imàno o **imàm**, **imàn** [ar. *'imān* 'capo', da *amma* 'egli precede, marcia in testa'] s. m. **1** Presso i musulmani sciiti, ciascuno dei discendenti diretti di Alì, genero di Maometto, riconosciuti come legittimi sovrani e capi spirituali per diritto divino, in numero di 7 o 12 a seconda delle sette. **2** Fedele musulmano che dirige la preghiera nella moschea. **3** Nel mondo islamico, chi eccelle per particolare erudizione e cultura in qualche campo delle lettere o delle scienze.

imàtio o **imàtion** [fr. *himátion* 'sopravveste, mantello' (dim. fam. di *hêima*, dal v. *hennýnai* 'vestir(-si)', di origine indeur.)] s. m. ● Veste in lana maschile e femminile, nell'antica Grecia.

imbacàre [comp. di *in-* (*1*) e *bacare*] **A** v. tr. (*io imbàco, tu imbàchi*) ● (*raro*) Riempire di bachi. **B** v. intr. (aus. *essere*) ● (*raro*) Bacarsi.

imbacatùra s. f. ● (*raro*) Bacatura.

imbachìre [comp. di *in-* (*1*) e del den. di *baco*] v. intr. (*io imbachìsco, tu imbachìsci*; aus. *essere*) ● (*raro*) Bacarsi.

imbacuccàre [comp. di *in-* (*1*) e *bacucco* (*2*)] **A** v. tr. (*io imbacùcco, tu imbacùcchi*) ● Coprire la testa e il corpo avvolgendoli in abiti pesanti o voluminosi: *i. qc. in una pelliccia, in un mantello.* SIN. Infagottare. **B** v. rifl. ● Coprirsi bene con abiti pesanti: *imbacuccarsi in uno scialle; s'imbacuccava ben bene nel ferraiuolo* (NIEVO).

imbacuccàto part. pass. di *imbacuccare*; anche agg. ● Nel sign. del v.

†**imbagasciàre** [comp. di *in-* (*1*) e *bagascia*] v. tr. ● Ridurre alla condizione di bagascia | (*fig.*) Corrompere.

imbalconàto [comp. di *in-* (*1*) e di un deriv. da *balco* 'violacciocca', di etim. incerta, con sovrapposizione dell'omon. *balco(ne)*] agg. ● (*raro*) Di un rosa vivace, tra il rosso e il bianco.

imbaldanzìre [comp. di *in-* (*1*) e *baldanza*] **A** v. tr. (*io imbaldanzìsco, tu imbaldanzìsci*) ● Rendere baldanzoso: *il successo lo ha imbaldanzito.* **B** v. intr. e intr. pron. (aus. *essere*) ● Prendere baldanza, diventare baldanzoso: *i. per le lodi ricevute; i. per il favore popolare.* CONTR. Avvilirsi.

†**imbalìre** [comp. di *in-* (*1*) e *balia* (*2*)] v. tr. ● Dare, consegnare in balia.

imballàggio [fr. *emballage*, da *emballer* 'imballare'] s. m. **1** Atto, effetto dell'imballare, nel sign. di *imballare* (*1*): *l'i. di una merce, del cotone, della lana; occuparsi dell'i.* **2** Tecnica di disporre le merci entro contenitori per la spedizione, il magazzinaggio e la vendita. **3** La spesa dell'imballaggio: *merce esente da tasse di trasporto e i.* **4** Cassa o pacco o altro materiale con cui viene confezionato il prodotto finito per la spedizione | *I. di presentazione*, destinato a conferire un aspetto esteticamente gradevole a merci di largo consumo esposte al pubblico | *I. di conservazione*, destinato a conservare inalterate nel tempo le caratteristiche di un prodotto, gener. alimentare o farmaceutico | *I. a perdere*, che non viene restituito al produttore della merce e generalmente non è riutilizzabile | *I. a rendere*, che viene restituito al produttore della merce per essere riutilizzato, dopo avere assolto al suo compito.

imballàre (**1**) [fr. *emballer*, comp. di *en-* 'dentro' e *balle* 'balla'] v. tr. **1** Confezionare in balle: *i. la lana, il cotone.* **2** Sistemare le merci entro contenitori adatti per il trasporto, l'immagazzinaggio e la vendita: *i. libri, vetri, porcellane.*

imballàre (**2**) [fr. *emballer*, dal sign. di 'portar via (rapidamente)', derivato dal senso mercantile di *balle* 'balla, collo (di mercanzia)'] v. tr. ● (*autom.*) Nella loc. *i. il motore*, portarlo a un numero di giri superiore a quello corrispondente alla sua potenza massima.

imballàto (**1**) part. pass. di *imballare* (*1*); anche agg. ● Nel sign. del v.

imballàto (**2**) part. pass. di *imballare* (*2*); anche agg. **1** Nel sign. del v. **2** Detto di atleta che non è più agile e sciolto nei movimenti.

imballatóre [da *imballare* (*1*)] s. m. ● Addetto all'imballaggio delle merci.

imballatrìce [da *imballare* (*1*)] s. f. **1** Macchina che esegue l'imballaggio delle merci. **2** Macchina per comprimere e legare in balle di forma regolare fieno o paglia. SIN. Pressaforaggi. ➡ ILL. p. 355 AGRICOLTURA.

imballatùra (**1**) [da *imballare* (*1*)] s. f. ● (*raro*) Imballaggio.

imballatùra (**2**) [da *imballare* (*2*)] s. f. ● Atto, effetto dell'imballare un motore.

imbàllo [da *imballare* (*1*)] s. m. **1** Imballaggio. **2** Tessuto per imballare: *i. di iuta.*

imbalordìre [comp. di *in-* (*1*) e *balordo*] **A** v. tr. (*io imbalordìsco, tu imbalordìsci*) ● (*raro*) Stordire, confondere. **B** v. intr. (aus. *essere*) ● Divenire balordo.

imbalsamàre [comp. di *in-* (*1*) e *balsamo*] v. tr. (*io imbàlsamo*) **1** Preparare con sostanze speciali cadaveri d'uomo o di animali per sottrarli ai naturali processi di decomposizione. **2** (*est.*) Impagliare un animale morto per conservarlo. **3** (*fig.*) Rendere duraturo, conservare indenne nel tempo: *sbarazzarsi dell'eroismo vivente ... imbalsamandolo in frasi storiche* (D'ANNUNZIO). **4** (*fig.*) Immobilizzare qc. o q.c. in un ruolo ormai privato di vitalità o funzionalità, mantenendone intatta la fama ormai consacrata e le prestigiose apparenze esteriori: *il rischio è che, morto lui, il suo pensiero venga imbalsamato.* **5** †Profumare con odori balsamici. **6** (*lett., fig.*) Allietare: *ogni sorso del vino ... m'imbalsamava ... di voluttà* (FOSCOLO) | Confortare. **7** (*letter.*) Pervadere di aromi, di profumi: *il profumo delle rose imbalsamava l'aria.*

imbalsamàto part. pass. di *imbalsamare*; anche agg. ● Nei sign. del v.

imbalsamatóre s. m. (f. *-trice*) ● Chi è addetto all'imbalsamazione.

imbalsamatùra s. f. ● (*raro*) Imbalsamazione.

imbalsamaziόne s. f. **1** Operazione dell'imbalsamare: *l'i. dei cadaveri.* **2** Tassidermia.

imbambagiàre [comp. di *in-* (*1*) e *bambagia*] v. tr. (*io imbambàgio*) ● (*raro*) Avvolgere nella bambagia | (*raro*) Foderare con bambagia.

imbambinìre [comp. di *in-* (*1*) e *bambino*] v. intr. (*io imbambinìsco, tu imbambinìsci*; aus. *essere*) ● (*raro*) Rimbambinire.

imbambolàre [comp. di *in-* (*1*) e *bambola*] **A** v. intr. (*io imbàmbolo*; aus. *essere*) ● (*raro, lett.*) Assumere un'espressione smarrita. **B** v. intr. pron. ● †Intenerirsi.

imbambolàto part. pass. di *imbambolare*; anche agg. **1** Nei sign. del v. **2** Che mostra un'espressione fissa e attonita: *sguardo i.*

†**imbancàre** [comp. di *in-* (*1*) e *banco*] v. tr. e intr. pron. ● (*mar.*) Arenare, arenarsi su un banco di sabbia.

imbandieraménto s. m. ● Atto, effetto dell'imbandierare | (*raro*) Ornamento di bandiere.

imbandieràre [comp. di *in-* (*1*) e *bandiera*] **A** v. tr. (*io imbandièro*) ● Ornare di bandiere: *i. la città a festa, in segno di lutto* | *I. la nave*, pavesarla. **B** v. intr. pron. ● Ornarsi di bandiere: *la città si era imbandierata a festa.*

imbandieràto part. pass. di *imbandierare*; anche agg. ● Nei sign. del v.

imbandigiόne o †**bandigiόne** [sett., da *bandire*] s. f. ● (*lett., raro*) Atto dell'imbandire | (*est.*) Il complesso delle vivande imbandite: *una squisita i.*

imbandìre [da *bandire* 'convocare con *bando* (a banchetto)' con *in-* (*1*)] v. tr. (*io imbandisco, tu imbandisci*) ● Preparare e disporre i cibi sulla mensa con una certa sontuosità: *i. un pranzo succulento.*

imbandito part. pass. di *imbandire*; anche agg. • Nel sign. del v.

imbanditóre s. m.; anche agg. (f. *-trice*) • Chi, che imbandisce.

imbàndo [dalla loc. (mollare) *in bando* 'in (ab)-bando(no)'] s. m. • (*mar.*) Parte di un cavo o di cima che durante una manovra viene allentata e resta libera | *Mollare l'i.*, allentare, lasciar libero un cavo | *Recuperare l'i.*, tesare la parte allentata di un cavo.

imbarazzaménto s. m. • (*raro*) Imbarazzo.

imbarazzànte part. pres. di *imbarazzare*; anche agg. • Nei sign. del v.

imbarazzàre [sp. *embarazar* 'impedire', dal port. *embaraçar*, da *baraça* 'laccio', di etim. incerta] A v. tr. *1* Rendere difficile impacciando: *i. i movimenti* | Ingombrare: *troppi mobili imbarazzano la stanza* | *I. lo stomaco*, appesantirlo mangiando cose indigeste. SIN. Intralciare. *2* (*fig.*) Mettere qc. in una situazione di disagio, confusione e sim.: *le sue domande lo hanno imbarazzato.* B v. intr. pron. *1* Essere preso da imbarazzo: *è tanto timido che s'imbarazza con niente.* SIN. Confondersi. *2* (*tosc.*) Impicciarsi: *non desidero che tu t'imbarazzi con certa gentaglia; non imbarazzarti di codeste cose.*

imbarazzàto part. pass. di *imbarazzare*; anche agg. • Nei sign. del v.

imbaràzzo [da *imbarazzare*] s. m. *1* Senso di impaccio e ingombro nei movimenti o nell'agire: *tanti bagagli mi sono di i.* | *I. di stomaco*, pesantezza causata da cibo non digerito. SIN. Difficoltà, impedimento. *2* Stato di disagio, confusione, turbamento e sim., dovuto a varie cause: *essere, trovarsi, mettere in i.*; *sosteneva che fosse una fissazione in lei ... l'i. che diceva di provare davanti a tutti gli uomini* (PIRANDELLO). SIN. Impaccio. *3* Perplessità, incertezza: *provare l'i. della scelta fra cose ugualmente desiderabili.* || **imbarazzùccio**, dim.

†**imbarbarescàre** [comp. di *in-* (*1*) e *barbaresco*] v. tr. • Imbarbarire.

imbarbariménto s. m. • Atto, effetto dell'imbarbarire e dell'imbarbarirsi: *i. dei costumi, della lingua.* CONTR. Incivilimento, progresso.

imbarbarìre [da *barbaro* con *in-* (*1*)] A v. tr. (*io imbarbarìsco, tu imbarbarìsci*) • Ridurre a uno stato di barbarie, rozzezza, ignoranza e sim.: *i. una nazione* | *I. una lingua*, introdurvi barbarismi, forestierismi. CONTR. Incivilire. B v. intr. e intr. pron. (aus. *essere*) *1* Diventare barbaro: *nel Medioevo i Romani imbarbarirono.* *2* (*fig.*) Decadere dal punto di vista civile, sociale, intellettuale. SIN. Guastarsi, regredire.

imbarbogìre [da *barbogio* con *in-* (*1*)] v. intr. (*io imbarbogìsco, tu imbarbogìsci*; aus. *essere*) • (*raro*) Divenire barbogio, rimbambito per l'età.

imbarcadèro [fr. *embarcadère*, dallo sp. *embarcadero*, da *embarcar* 'imbarcare'] s. m. • Molo per imbarcare e sbarcare passeggeri e merci.

imbarcaménto s. m. *1* Deformazione di tavole di legno fresco durante l'essiccamento. SIN. Arcuatura. *2* Flessione laterale di una trave snella dovuta a fenomeni di instabilità. *3* Imbarco.

imbarcàre [da *barca* (*2*) con *in-* (*1*)] A v. tr. (*io imbàrco, tu imbàrchi*) *1* (*mar.*) Caricare o prendere a bordo di una nave e gener. di un'imbarcazione cose, persone o animali: *i. le merci, i rifornimenti*; *i. truppe, passeggeri.* *2* (*est.*) Caricare o far salire animali, persone o cose su un qualunque mezzo di trasporto diverso da una nave: *i. i soldati sui camion, su un aereo*; *hanno imbarcato tutto su un autotreno.* *3* (*mar.*) *I. acqua*, (*anche ass.*) ricevere in coperta, o lasciar penetrare sotto coperta, le onde e gener. l'acqua del mare, per la tempesta o da una falla, detto di nave e gener. di imbarcazione. *4* (*fig.*) Mettere qc. in una situazione difficile, pericolosa o troppo impegnativa per i suoi mezzi o capacità. *5* †Fare innamorare. B v. rifl. *1* Salire a bordo di una nave come passeggero o componente l'equipaggio: *imbarcarsi su una motonave*; *imbarcarsi per l'Africa*; *imbarcarsi come mozzo* | *Imbarcarsi senza biscotto*, (*raro, fig.*) intraprendere q.c. senza la necessaria preparazione. *2* (*est., scherz.*) Salire su un veicolo: *imbarcarsi su una vecchia automobile.* *3* (*fig.*) Intraprendere un'attività rischiosa, difficile e sim.: *s'è imbarcato in una strana faccenda*; *ti stai imbarcando in una brutta avventura.* SIN. Impegnarsi. *4* (*aer.*) Impegnarsi in una picchiata talmente veloce e accentuata da rendere difficile o impossibile la ripresa dell'aereo. C v. intr. pron. *1* (*fam.*) Innamorarsi. *2* †Entrare in collera. *3* Incurvarsi, arcuarsi, detto di assi di legno e sim.

imbarcàta s. f. *1* (*aer.*) Atto, effetto dell'imbarcarsi. *2* (*fam.*) Cotta, innamoramento: *prendersi un'i. per qc.*

imbarcatóio [adatt. dello sp. *embarcador*, da *embarcar* 'imbarcare'] s. m. • Imbarcadero, spec. a moli mobili o ponti allungati.

imbarcatóre s. m. • Chi imbarca (*anche fig.*).

imbarcatùra [da *imbarcare*, nel sign. C3] s. f. • (*raro*) Incurvamento: *i. del legno.*

imbarcazióne [sp. *embarcación*, da *embarcar* 'imbarcare'] s. f. *1* Qualsiasi natante di piccole dimensioni azionato a remi, a vela o a motore: *i. monotipo*; *i. di coppia, di punta.* *2* (*raro*) Imbarco.

imbàrco [sp. *embarco*, da *embarcar* 'imbarcare'] s. m. (pl. *-chi*) *1* Atto dell'imbarcare e dell'imbarcarsi: *assistere, accompagnare all'i.*; *l'i. delle truppe.* *2* Il salire a bordo come membro dell'equipaggio | Durata dell'imbarco: *un i. di un anno* | Contratto di imbarco: *ottenere l'i. per New York.* *3* Luogo da cui ci si imbarca: *l'i. è a Napoli.* *4* †Imbarcazione per passeggeri o merci. *5* †Impresa, faccenda. *6* †Innamoramento.

imbardàre (*1*) [comp. di *in-* (*1*) e *bardare*] A v. tr. *1* Bardare. *2* †Caricare, mettere sulla barda. B v. intr. e intr. pron. (aus. intr. *essere*) • Innamorarsi.

imbardàre (*2*) [fr. *embarder*, dal provz. *embardar* 'coprire di fango (*bart*)'] v. tr., intr. e intr. pron. (aus. intr. *avere*) • (*aer.*) Eseguire un'imbardata.

imbardàta [da *imbardare* (*2*)] s. f. • (*aer.*) Rotazione dell'aereo intorno al suo asse: *i. a dritta, a sinistra.*

imbarilàre [comp. di *in-* (*1*) e *barile*] v. tr. • Mettere in barile: *i. le aringhe.*

imbaṣaménto s. m. *1* Base, zoccolo di un edificio o altro: *i. di pietra, di bronzo.* *2* (*geol.*) Strato roccioso su cui poggiano le rocce superficiali. *3* (*ing.*) Strato di pietrame che viene gettato sul fondale marino e successivamente spianato per costituire il piano di posa di elementi prefabbricati di opere marittime.

imbaṣàre [comp. di *in-* (*1*) e *basare*, da *base*] A v. tr. • (*raro*) Mettere sopra una base. B v. intr. e intr. pron. (aus. *essere*) • (*raro*) Stare appoggiato su una base.

imbaṣatùra s. f. • (*raro*) Base di una costruzione.

imbasciàta e *deriv.* • V. *ambasciata* e *deriv.*

imbastardiménto s. m. • Atto, effetto dell'imbastardire o dell'imbastardirsi (*anche fig.*). SIN. Corruzione, degenerazione.

imbastardìre [comp. di *in-* (*1*) e *bastardo*] A v. tr. (*io imbastardìsco, tu imbastardìsci*) *1* Rendere bastardo: *i. una stirpe.* *2* (*fig.*) Alterare, guastare, corrompere | *I. una lingua*, introdurvi parole e costrutti stranieri. B v. intr. e intr. pron. (aus. *essere*) *1* Perdere la natura e i caratteri della propria razza, divenire bastardo. *2* (*fig.*) Corrompersi, tralignare, degenerare: *col tempo molte tradizioni si imbastardiscono.*

imbastardìto part. pass. di *imbastardire*; anche agg. • Nei sign. del v.

imbastàre [comp. di *in-* (*1*) e *basto*] v. tr. • (*raro*) Mettere il basto a una bestia da soma: *i. un asino.*

†**imbastiménto** s. m. • Modo, atto d'imbastire.

imbastìre [comp. di *in-* (*1*) e *bastire*] v. tr. (*io imbastìsco, tu imbastìsci*) *1* Unire a punti lunghi due lembi di tessuto, prima della cucitura definitiva a mano o a macchina. *2* (*fig.*) Tracciare, delineare per sommi capi, abbozzare: *i. un dramma, lo schema di un'opera, un piano d'azione* | Porre in essere in breve tempo e senza piani prestabiliti: *i. una burla, uno scherzo ai danni di qc.* | *I. q.c. lì per lì, su due piedi* e sim., in tutta fretta, senza alcun indugio. *3* (*tess.*) Ridurre in falde il pelo per feltro da cappelli, avvolgendolo intorno al tamburo di una macchina imbastitrice. *4* (*tecnol.*) Eseguire l'imbastitura di una costruzione metallica. *5* †Imbandire vivande.

imbastìto part. pass. di *imbastire*; anche agg. *1* Nei sign. del v. *2* Nel linguaggio sportivo, detto di atleta colpito da una imbastitura o cotta.

imbastitóre s. m. (f. *-trice*) • (*tecnol.*) Addetto all'imbastitura.

imbastitrìce s. f. • (*tess.*) Nell'industria della confezione, macchina cucitrice attrezzata per eseguire l'imbastitura | Nella fabbricazione dei cappelli, macchina destinata ad eseguire l'imbastitura.

imbastitùra s. f. *1* Atto, effetto dell'imbastire. *2* (*raro, fig.*) Schema, traccia, abbozzo: *i. di un romanzo.* *3* (*raro*) Stato di prostrazione fisica e psichica in cui cade un atleta nel corso di una gara, per abuso di eccitanti o per eccessivo sforzo. *4* (*tecnol.*) Montaggio provvisorio di una costruzione metallica, allo scopo di determinare i riferimenti o eseguire i fori o le saldature destinati al collegamento definitivo.

imbàttersi [comp. di *in-* (*1*) e *battere*] v. intr. pron. *1* Incontrare per caso (*anche fig.*): *i. in un vecchio amico*; *i. in un ostacolo insuperabile.* *2* Ottenere in sorte: *i. in un figlio disubbidiente* | (*ass.*) *I. bene, male*, capitare bene, male.

imbattìbile [adatt. del fr. *imbattable*, comp. di *in-* neg. e di un deriv. da *battre* 'battere, vincere'] agg. • Detto di chi, di ciò che non si riesce a battere: *concorrente i.*; *campione i.*; *squadra i.* SIN. Insuperabile, invincibile.

imbattibilità s. f. • Qualità di chi è imbattibile | (*est.*) Condizione di una squadra, un atleta e sim. che, in assoluto o relativamente a un dato periodo di tempo, non hanno subìto sconfitte.

imbàtto [da *imbattersi*] s. m. *1* †Incontro casuale | Impedimento. *2* (*mil. aer.*) Impatto. *3* (*mar.*) *Vento d'i.*, che spira dal mare verso le spiagge.

imbattùto [comp. di *in-* (*3*) e *battuto*] agg. • Che non è mai stato battuto, vinto, sconfitto: *pugile i.*; *la squadra ha terminato il campionato imbattuta* | *Terreno, campo i.*, quello di una squadra che non è mai stata sconfitta in casa nel corso di un campionato.

imbaulàre [comp. di *in-* (*1*) e *baule*] v. tr. (*io imbaùlo*) • (*raro*) Mettere in un baule o più bauli: *i. i libri.*

imbavaglìare [comp. di *in-* (*1*) e *bavaglio*] v. tr. (*io imbavàglio*) *1* Mettere il bavaglio: *i ladri imbavagliarono la vittima.* *2* (*fig.*) Impedire a qc. di parlare, pensare o scrivere liberamente: *i. gli intellettuali*; *i. la stampa.*

imbavagliàto part. pass. di *imbavagliare*; anche agg. • Nei sign. del v.

imbavàre [comp. di *in-* (*1*) e *bava*] v. tr. *1* (*raro*) Imbrattare di bava. *2* (*tip.*) In legatoria, incollare una segnatura o una tavola in un libro.

imbeccàre [comp. di *in-* (*1*) e *becco*] v. tr. (*io imbécco, tu imbécchi*) *1* Nutrire volatili che non sono in grado di farlo da soli, introducendo il cibo nel loro becco: *i. i pulcini.* *2* (*fig.*) Dare l'imbeccata: *i. un attore*; *i. i testimoni* | (*est.*) Istruire qc. perché ripeta macchinalmente q.c.: *la madre imbeccava il figlioletto.* SIN. Suggerire.

imbeccàta [da *imbeccare*] s. f. *1* Quantità di cibo messo in bocca a un uccello in una volta: *i. grossa, piccola* | *Prendere l'i.*, (*raro, fig.*) Lasciarsi corrompere. *2* (*fig.*) Nel gergo teatrale, suggerimento di una battuta: *l'attore aspetta l'i.* | (*est.*) Complesso di insegnamenti e consigli forniti a qc. perché parli o si comporti nel modo voluto: *i testimoni parleranno dopo aver ricevuto l'i.*; *il piccolo aspetta l'i. dalla madre.* *3* (*tosc.*) †Raffreddore.

imbeccatóio [da *imbeccare*] s. m. • Recipiente in cui si mette il becchime in gabbie, pollai e sim.

imbecheràre [etim. discussa: comp. di *in-* (*1*) e una variante (per sovrapposizione di *bicchiere*) di *pecchero* (?)] v. tr. (*io imbéchero*) • (*pop., tosc.*) Subornare, sopraffare qc. con lusinghe.

imbecillàggine s. f. • Imbecillità.

imbecìlle [vc. dotta, lat. *imbecĭlle(m)*, propriamente 'debole, senza forza': da *in-* neg. e *băculum* 'bastone' (?)] A agg. *1* (*psicol.*) Affetto da imbecillità. *2* (*fig., spreg.*) Detto di persona che si rivela poco intelligente negli atti o nelle parole. SIN. Scemo, stupido. || **imbecilleménte**, avv. (*raro*) Da imbecille. B s. m. e f. *1* (*psicol.*) Chi è affetto da imbecillità. *2* (*fig., spreg.*) Persona che si comporta scioccamente o commette stupidaggini: *passare da i., per un i.*; *fare la figura dell'i.* || **imbecillóne**, accr. | **imbecillòtto**, dim.

imbecillìre [da *imbecille*] v. tr. e intr. (*io imbecillìsco, tu imbecillìsci*; aus. intr. *essere*) ● Rimbecillire.

imbecillità [vc. dotta, lat. *imbecillitāte(m)*, da *imbecĭllis* 'imbecille'] s. f. *1* (*psicol.*) Insufficienza congenita dello sviluppo psichico, meno grave dell'idiozia. *2* (*fig., spreg.*) Carattere di chi, di ciò che è imbecille: *l'i. delle cose umane* (SARPI) | Azione, discorso da imbecille: *fare, dire una grossa i.* SIN. Scemenza, stupidità.

imbèlle [vc. dotta, lat. *imbĕlle(m)* 'inetto (*in-* neg.) alla guerra (*bĕllum*)'] agg. *1* (*lett.*) Disadatto alla guerra: *nazione, popolo i.* *2* (*est.*) Timido, vile, fiacco: *animo, vita i.*

imbellettaménto s. m. ● (*raro*) Imbellettatura.

imbellettàre [comp. di *in-* (*1*) e *belletto*] **A** v. tr. (*io imbellétto*) *1* Coprire, ornare di belletto: *i. il viso, le guance.* *2* (*fig.*) Ornare esternamente e in modo da nascondere l'aspetto reale: *i. un'opera letteraria.* **B** v. rifl. *1* Mettersi il belletto. *2* (*raro, fig.*) Adornarsi esteriormente e artificiosamente.

imbellettàto part. pass. di *imbellettare*; anche agg. ● Nei sign. del v.

imbellettatùra s. f. *1* (*raro*) Atto, effetto dell'imbellettare e dell'imbellettarsi. *2* (*fig., spreg.*) Orpello.

imbellìre [comp. di *in-* (*1*) e *bello*] **A** v. tr. (*io imbellìsco, tu imbellìsci*) ● Far bello o più bello, abbellire: *i. il viso; è un'acconciatura che ti imbellisce.* CONTR. Imbruttire. **B** v. intr. e intr. pron. (aus. *essere*) ● Diventare più bello: *i. di giorno in giorno; con l'adolescenza si è imbellita.* **C** v. rifl. ● †Abbellirsi.

†**imbelvàre** [comp. di *in-* (*1*) e *belva*] **A** v. tr. ● Rendere simile a belva. **B** v. intr. pron. ● (*raro*) Arrabbiarsi, imbestialirsi.

†**imbendàre** [comp. di *in-* (*1*) e *bendare*] v. tr. ● Cingere con benda.

imbèrbe [vc. dotta, lat. *imbĕrbe(m)*, comp. di *in-* neg. e *bărba* 'barba (1)'] agg. *1* Che non ha ancora la barba: *viso i.; giovinetto i.* | (*fig., scherz.*) Inesperto, ingenuo, immaturo. *2* †Sbarbato, raso | (*raro, fig.*) *Campo i.*, privo di vegetazione. *3* (*bot.*) Detto di pianta o di sua parte priva di peli.

imberciàre [comp. di *in-* (*1*) e di **berciare, berzare*, dall'ant. fr. *berser* 'bersagliare' (dal francone **birson* 'cacciare, andare a caccia')] v. tr. (*io imbèrcio*) ● (*raro, pop., tosc.*) Colpire nel segno | (*fig.*) Indovinare: *non imberciarne una.*

imberrettaménto s. m. ● Nel gergo goliardico, l'indossare per la prima volta il berretto universitario.

imberrettàre [comp. di *in-* (*1*) e *berretta*] **A** v. tr. (*io imberrétto*) ● Mettere il berretto. **B** v. rifl. ● Mettersi il berretto.

imberrettàto part. pass. di *imberrettare*; anche agg. ● Nei sign. del v.

†**imbertescàre** [comp. di *in-* (*1*) e *bertesca*] v. tr. *1* Fortificare con bertesche. *2* (*fig.*) Aggirare, ingannare.

imbertonìre [comp. di *in-* (*1*) e *bertone* nel sign. 2] v. intr. e intr. pron. (*io imbertonìsco, tu imbertonìsci*; aus. *essere*) ● (*raro*) Innamorarsi | Rimminchionire.

imbestialìre [comp. di *in-* (*1*) e *bestiale*] **A** v. tr. (*io imbestialìsco, tu imbestialìsci*) ● (*raro*) Fare arrabbiare come una bestia: *le sue parole lo imbestialirono.* **B** v. intr. e intr. pron. (aus. *essere*) ● Diventare come una bestia furiosa, arrabbiandosi all'eccesso. SIN. Infuriarsi.

imbestialìto part. pass. di *imbestialire*; anche agg. ● Nei sign. del v.

imbestiàre [comp. di *in-* (*1*) e *bestia*] **A** v. intr. e intr. pron. (*io imbéstio*; aus. *essere*) *1* (*lett.*) Trasformarsi in bestia. *2* (*fig.*) Abbrutirsi, degradarsi: *il popolo ... s'imbestia nella più stupida, nella più corrotta ignoranza* (CARDUCCI). *3* (*raro, fig.*) Inferocirsi, adirarsi. **B** v. tr. ● Ridurre come una bestia.

imbestiàto [da *imbestiare*] part. pass. di *imbestiare*; anche agg. ● Nei sign. del v.

imbeṣùito [vc. milan. d'orig. sconosciuta] agg. ● (*region.*) Istupidito.

†**imbeveràre** [comp. di *in-* (*1*) e (*ab*)*beverare*] **A** v. tr. ● Imbevere, inzuppare, abbeverare. **B** v. intr. pron. ● Imbeversi, inzupparsi.

imbévere o †**imbìbere** [comp. di *in-* (*1*) e †*bevere*] **A** v. tr. (coniug. come *bere*) *1* Bagnare, inzuppare, impregnare: *i. un biscotto nel latte.* *2* (*raro*) Assorbire: *i muri porosi imbevono l'umidità.* **B** v. intr. pron. *1* Lasciarsi penetrare da un liquido: *imbeversi di acqua, di umidità.* SIN. Impregnarsi, inzupparsi. *2* (*fig.*) Assimilare q.c. in profondità: *imbeversi di idee, dottrine, concetti.*

imbevìbile [comp. di *in-* (*3*) e *bevibile*] agg. ● Che non si può bere, che è di sapore talmente sgradevole da non potersi bere: *questo vino è i.*

imbeviménto s. m. ● (*raro*) Atto, effetto dell'imbevere e dell'imbeversi.

imbiaccàre [comp. di *in-* (*1*) e *biacca*] **A** v. tr. (*io imbiàcco, tu imbiàcchi*) *1* Coprire, tingere di biacca. *2* (*fig.*) Imbellettare. **B** v. rifl. *1* Tingersi di biacca. *2* (*fig.*) Truccarsi il viso in modo troppo vistoso: *imbiaccarsi come una maschera.*

†**imbiadàre** [comp. di *in-* (*1*) e *biada*] v. tr. ● Seminare di biada.

imbiancaménto s. m. ● Atto, effetto dell'imbiancare e dell'imbiancarsi.

imbiancàre [comp. di *in-* (*1*) e *bianco*] **A** v. tr. (*io imbiànco, tu imbiànchi*) *1* Far divenire bianco: *una crema che imbianca la pelle* | *I. le pareti*, darvi il bianco di calce | (*fig.*) †*i. due muri al medesimo alberello*, cogliere due risultati in una sola volta | (*est.*) Rischiarare, illuminare: *l'alba imbiancava l'orizzonte.* *2* Mettere in bucato: *i. i panni sudici* | Candeggiare: *i. un tessuto, un filato.* *3* (*raro, fig., tosc.*) Respingere, rifiutare, bocciare q.c.: *i. una legge, un voto.* *4* (*pop.*) †Subornare, ingannare. **B** v. intr. e intr. pron. (aus. *essere*) *1* Diventare bianco: *gli alberi si erano imbiancati per la neve* | *Senza sole l'erba imbianca*, perde il verde, isterilisce | Incanutire: *cominciò a i.* *2* (*fig.*) Impallidire: *i. improvvisamente in volto* | (*est.*) Diventare chiaro o più chiaro: *il cielo imbiancò a poco a poco; l'orizzonte si imbiancava.* SIN. Scolorire.

imbiancàto part. pass. di *imbiancare*; anche agg. *1* Nei sign. del v. *2* *Sepolcro i.*, ipocrita, secondo quanto Gesù nel Vangelo dice agli Scribi e ai Farisei, paragonandoli a sepolcri imbiancati che, belli all'aspetto esteriore, internamente sono pieni di ogni marciume.

imbiancatóra [da *imbiancare* nel sign. A 2] s. f. ● (*raro, tosc.*) Donna che lava la biancheria fine | (*est.*) Lavandaia.

imbiancatóre [da *imbiancare*] s. m. (f. *-trice*, pop. *-tora*) *1* Operaio addetto al candeggio dei tessuti. *2* (*raro*) Imbianchino. *3* (*raro*) Lavandaio.

imbiancatrìce s. f. ● Macchina per imbiancare il riso, liberandolo dalla pula.

imbiancatùra s. f. *1* Atto, effetto dell'imbiancare, spec. la biancheria. *2* Tinteggiatura di una parete, solitamente in bianco di calce | (*est.*) Coloritura dei muri esterni o interni di un edificio.

imbianchiménto s. m. *1* Atto, effetto dell'imbianchire. *2* Processo di decolorazione di un prodotto industriale. *3* Pratica agricola eseguita per rendere bianche le parti eduli di certi ortaggi, rincalzandoli o ricoprendoli con terra, carta, paglia o altro materiale: *i. di cardi, sedani, finocchi.*

imbianchìno [da *imbiancare* (i muri)] s. m. *1* Chi per mestiere imbianca o tinteggia i muri, eseguendovi anche fregi con appositi stampi. *2* (*spreg.*) Cattivo pittore.

imbianchìre [comp. di *in-* (*1*) e *bianco*] **A** v. tr. (*io imbianchìsco, tu imbianchìsci*) *1* Rendere bianco: *appresta / ad imbianchir le guance* (PARINI). *2* Scolorire, decolorare: *i. una tela* | Schiarire carne o verdura, scottandola in acqua bollente e raffreddandola poi di colpo. **B** v. intr. (aus. *essere*) ● Diventare bianco | Incanutire.

imbibènte **A** part. pres. di *imbibire*; anche agg. ● Nei sign. del v. **B** s. m. ● Soluzione usata in tintoria e in fotografia per favorire l'imbibizione.

†**imbìbere** ● V. *imbevere*.

imbibìre [vc. dotta, lat. *imbibĕre* 'imbevere', con cambio di coniugazione] **A** v. tr. (*io imbibìsco, tu imbibìsci*) *1* Impregnare, inzuppare. *2* Rendere possibile l'assorbimento di un liquido da parte di un corpo solido. **B** v. intr. pron. ● (*anche lett.*) Impregnarsi, inzupparsi, imbeversi.

imbibìto part. pass. di *imbibire*; anche agg. ● Nei sign. del v.

imbibizióne s. f. *1* Atto, effetto dell'imbibire o dell'imbibirsi. *2* Assorbimento di un liquido da parte di un solido senza conseguente reazione chimica.

imbiellàggio [fr. *embiellage*, da *bielle* 'biella'] s. m. *1* Montaggio e messa a punto delle bielle. *2* Nei motori stellari o a più file di cilindri, accoppiamento di più bielle al bottone di manovella della biella madre.

imbietolìre [comp. di *in-* (*1*) e *bietola*, nel senso fig. di 'dappoco, senza vigore'] v. intr. (*io imbietolìsco, tu imbietolìsci*; aus. *essere*) ● (*raro*) Diventare uno sciocco.

imbiettàre [comp. di *in-* (*1*) e *bietta*] v. tr. (*io imbiétto*) ● Fermare con biette.

†**imbigiàre** [comp. di *in-* (*1*) e *bigio*] v. intr. e intr. pron. ● Diventare bigio.

imbiondàre [comp. di *in-* (*1*) e *biondo*] **A** v. tr. (*io imbióndo*) *1* (*lett.*) Fare diventare biondo: *il sole imbionda sì la viva lana / che quasi dalla sabbia non divaria* (D'ANNUNZIO). *2* (*lett.*) †Fare biondeggiare le messi. **B** v. intr. e intr. pron. (aus. *essere*) ● (*raro, lett.*) Imbiondire.

imbiondìre [comp. di *in-* (*1*) e *biondo*] **A** v. tr. (*io imbiondìsco, tu imbiondìsci*) ● Rendere biondo: *l'acqua ossigenata imbiondisce i capelli.* **B** v. intr. e intr. pron. (aus. *essere*) ● Diventare biondo: *con la salsedine i capelli imbiondiscono; il grano si imbiondisce al sole.*

imbirbonìre [comp. di *in-* (*1*) e *birbone*] **A** v. intr. (*io imbirbonìsco, tu imbirbonìsci*; aus. *essere*) ● Diventare birbone. **B** v. tr. ● Fare diventare birbone.

†**imbiṣacciàre** [comp. di *in-* (*1*) e *bisaccia*] v. tr. ● Mettere roba in una bisaccia.

imbitumàre [comp. di *in-* (*1*) e *bitume*] v. tr. (coniug. come *bitumare*) ● (*raro*) Bitumare: *i. un viale, un marciapiedi.*

imbiutàre [comp. di *in-* (*1*) e *biuta*] v. tr. (*io imbiùto*) ● Spalmare o riempire di biuta o gener. di altro materiale untuoso.

imbiẓẓarriménto s. m. ● (*raro*) Atto, effetto dell'imbizzarrire.

imbiẓẓarrìre [comp. di *in-* (*1*) e *bizzarro*] **A** v. intr. e intr. pron. (*io imbiẓẓarrìsco, tu imbiẓẓarrìsci*; aus. *essere*) *1* Diventare bizzarro, detto spec. di cavalli. *2* (*fig.*) Incollerire o diventare all'improvviso irrequieto, detto di persona | (*raro*) Spumeggiare, detto di vino o altra bevanda. **B** v. tr. *1* (*raro*) Rendere irrequieto, irritabile. *2* †Rendere frizzante.

imbiẓẓarrìto part. pass. di *imbizzarrire*; anche agg. ● Nei sign. del v.

imbiẓẓìre [comp. di *in-* (*1*) e *bizza*] v. intr. (*io imbiẓẓìsco, tu imbiẓẓìsci*; aus. *essere*) *1* (*raro, tosc.*) Montare in bizza: *i rimproveri lo fanno i.* *2* Diventare irrequieto, detto spec. di cavalli. SIN. Imbizzarrire.

imboccaménto s. m. ● (*raro*) Atto dell'imboccare: *i. di un bambino.*

imboccàre [lat. parl. **imbuccāre* 'porre in (*in-*) bocca (*bŭcca*)'] **A** v. tr. (*io imbócco, tu imbócchi*) *1* Nutrire qc. che non è in grado di farlo da solo, mettendogli il cibo in bocca: *i. un bambino, un ammalato.* *2* (*fig.*) Imbeccare, istruire, suggerire: *i. i testimoni* | (*raro, fig.*) *I. col cucchiaio vuoto*, non essere di nessuna utilità con il proprio insegnamento. *3* Adattare alla bocca uno strumento a fiato per suonarlo: *i. il sassofono.* *4* Penetrare nell'entrata di q.c. o in un luogo da percorrere: *i. il porto, la valle; i. una strada, un sentiero* | *I. una strada pericolosa*, (*fig.*) mettersi in una situazione difficile | *I. una feritoia, una cannoniera*, centrarla con un proiettile. *5* †Tenere in bocca: *i. cibo* | (*fig.*) Apprendere, imparare. *6* †Intraprendere. **B** v. intr. e †intr. pron. (raro nei tempi composti; aus. *essere*) *1* Immettere, sfociare, terminare: *la strada imbocca in una piazza; il Mincio imbocca nel Po.* *2* Entrare, adattarsi bene: *il turacciolo imbocca nella bottiglia* | Incastrarsi, ingranare perfettamente, detto di organi meccanici.

imboccàto part. pass. di *imboccare*; anche agg. *1* Nei sign. del v. *2* (*mar.*) Detto del cavo di una carrucola bloccato nel movimento dall'accidentale incunearsi nella carrucola stessa di un altro cavo.

imboccatùra s. f. *1* Apertura da cui si entra, si passa in qualche luogo: *l'i. di un canale, di una strada, del porto, di una valle.* *2* Apertura, orifizio di un oggetto, o di un meccanismo in cui si inserisce, si incastra q.c.: *l'i. della damigiana.* ***3*** Parte di uno strumento a fiato a cui il suonatore adatta la bocca per suonare: *l'i. del sassofono* | (*est.*) Maniera di adattare le labbra a uno strumento a fiato: *buona, cattiva i.; ha perso l'i. per poco esercizio* | (*raro, fig.*) *Non avere l'i. a q.c.*, non avere l'attitudine a q.c. ***4*** Nei finimenti del cavallo, l'insieme del filetto o del morso e delle cinghie che li collegano alla testiera, che consente di controllare il cavallo stesso agendo su uno o più punti della bocca | La parte che entra in bocca al cavallo. ➡ ILL. p. 1288 SPORT.

imbócco [da *imboccare*] s. m. (pl. *-chi*) ● Bocca, entrata: *l'i. di una galleria.*

imboiaccàre [comp. di *in-* (*1*) e *boiacca*] v. tr. (*io imboiàcco, tu imboiàcchi*) ● (*edil.*) Cospargere di boiacca.

†**imbolàre** ● V. *involare* (*1*).

imbollicàre [comp. di *in-* (*1*) e *bollicare*] v. intr. ● (*raro*) Coprirsi di bolle.

imbolsiménto s. m. ● (*raro*) Atto, effetto dell'imbolsire.

imbolsìre [comp. di *in-* (*1*) e *bolso*] v. intr. e intr. pron. (*io imbolsìsco, tu imbolsìsci*; aus. *essere*) ***1*** Diventare bolso. ***2*** (*fig.*) Ingrassare a scapito della salute. ***3*** (*fig.*) Diventare pigro, fiacco.

imbonàre [comp. di *in-* (*1*) e *b(u)ono*] v. tr. ● (*mar.*) Portare a misura esatta qualunque elemento dello scafo, durante la costruzione, togliendone il superfluo.

imboniménto [da *imbonire*] s. m. ***1*** Discorso dell'imbonitore, per convincere il pubblico ad acquistare, sulle buone qualità della merce. ***2*** (*est.*) Ogni discorso elogiativo su cose di pregio spesso inesistente.

imbonìre [comp. di *in-* (*1*) e *b(u)ono*] v. tr. (*io imbonìsco, tu imbonìsci*) ***1*** Esaltare i pregi di una merce, di uno spettacolo, cercando di convincere gli eventuali acquirenti o il pubblico con discorsi appropriati. ***2*** (*est.*) Cercare di persuadere qc. della buona qualità di q.c. ***3*** †Quietare, abbonire | †Sedurre.

imbonitóre s. m. (f. *-trice*) ● Chi imbonisce.

imbonitòrio agg. ● Da imbonitore: *discorso i.* | (*est.*) Enfatico, altisonante.

imbòno [da *imbonare*] s. m. ● (*mar.*) Quanto eccede, e va tolto, quanto manca, e va aggiunto, per rendere a misura un pezzo di costruzione nelle navi in legno.

†**imborgàrsi** [comp. di *in-* (*1*) e *borgo*] v. intr. pron. (*io m'imbórgo tu t'imbórghi*) ● Riempirsi di città: *quel corno d'Ausonia che s'imborga / di Bari e di Gaeta e di Catona* (DANTE *Par.* VIII, 61-62).

imborghesiménto o **imborghesiménto** s. m. ● Atto, effetto dell'imborghesire e dell'imborghesirsi.

imborghesìre o **imborghesìre** [comp. di *in-* (*1*) e *borghese*] **A** v. tr. (*io imborghesìsco* o *imborghesìsco, tu imborghesìsci* o *imborghesìsci*) ● Rendere borghese: *i. i propri gusti, le proprie abitudini.* **B** v. intr. e intr. pron. (aus. *essere*) ● Acquistare modi, gusti e consuetudini di vita borghese (*spesso spreg.*): *i. intellettualmente.*

imborghesìto o **imborghesìto** part. pass. di *imborghesire*; anche agg. ***1*** Nei sign. del v. (*spec. spreg.*). ***2*** (*est.*) Che ha perduto gli interessi, gli stimoli, le motivazioni ideali che determinavano un precedente comportamento: *un intellettuale i.*

imborsàre [comp. di *in-* (*1*) e *borsa*] v. tr. (*io imbórso*) ***1*** (*raro*) Mettere nella borsa: *i. il denaro* | *I. le schede delle votazioni*, metterle nell'urna. ***2*** (*lett.*) Accogliere in sé | Serbare. ***3*** †Comprendere, ritenere.

imborsatùra s. f. ● (*raro*) Modo e atto dell'imborsare.

imboscaménto s. m. ***1*** Atto, effetto dell'imboscare e dell'imboscarsi. ***2*** Periodo della quinta muta del baco da seta allorché si porta sulle ramaglie per tesservi il bozzolo.

imboscàre [comp. di- *in-* (*1*) e *bosco*; nel rifl. adatt. del fr. *s'embusquer* 'inoltrarsi in mezzo (*en-*) al bosco (ant. fr. *busche*)'] **A** v. tr. (*io imbòsco, tu imbòschi*) ***1*** Nascondere animali o persone in un bosco | (*est.*) Nascondere qc. per sottrarlo al servizio militare, occultare q.c. per salvarla da una requisizione. ***2*** Imboschire. ***3*** Costruire lo scheletro d'una nave in legno sullo scalo. **B** v. rifl. ***1*** Inoltrarsi in un bosco, nascondendosi: *le fiere s'imboscano* | (*est.*) Appartarsi, nascondersi spec. per tendere un agguato a qc. ***2*** (*est.*) Sottrarsi all'obbligo militare o a un servizio pericoloso | Sottrarsi a compiti, impegni, responsabilità particolarmente gravosi o pericolosi: *a cinquant'anni si imboscò in un ufficio più tranquillo.* ***3*** Andare al bosco, detto dei bachi da seta. **C** v. intr. pron. ***1*** Diventare folto come un bosco | Detto di un albero, produrre in modo disordinato rami e foglie. ***2*** †Imbrogliarsi.

imboscàta [da *imboscare*] s. f. ***1*** Agguato teso al nemico dove e quando meno se lo aspetta: *fare, tendere una i.; cadere in una i.* ***2*** (*raro, fig.*) Insidia.

imboscàto **A** part. pass. di *imboscare*; anche agg. ● Nei sign. del v. **B** s. m. ***1*** Chi, spec. in tempo di guerra, si nasconde per sottrarsi al servizio militare o fa in modo da tenersi lontano dal fronte. ***2*** †Bosco.

imboscatóre s. m. ● (*raro*) Chi aiuta i soldati a imboscarsi.

imboschiménto s. m. ● Atto, effetto dell'imboschire.

imboschìre [comp. di *in-* (*1*) e *bosco*] **A** v. tr. (*io imboschìsco, tu imboschìsci*) ● Trasformare un terreno a bosco. **B** v. intr. e intr. pron. (aus. *essere*) ***1*** Coprirsi di bosco | Infoltirsi come un bosco. ***2*** (*fig.*) †Diventare rozzo e ignorante.

†**imbossolàre** e *deriv.* ● V. *imbussolare* e *deriv.*

imbottaménto [comp. parasintetico di *botte*, col pref. *in-* (*1*)] s. m. ● (*ing. civ., raro*) Sifonamento.

imbottàre [comp. di *in-* (*1*) e *botte*] **A** v. tr. (*io imbótto*) ● Mettere in una botte: *i. il vino, il tabacco* | (*fig.*) *I. nebbia*, stare senza fare nulla | (*fig.*) *I. buio*, accumulare errori | (*fig.*) †*Essere da i.*, non avere più dubbi su q.c. **B** v. intr. (aus. *avere*) ● †Bere eccessivamente.

imbottàto **A** part. pass. di *imbottare*; anche agg. ● Nei sign. del v. **B** s. m. ***1*** Vino in botte. ***2*** Antica imposta di fabbricazione sul vino.

imbottatóio s. m. ● Grosso imbuto di latta per imbottare vino.

imbottatóre s. m. (f. *-trice*) ● Chi imbotta vino o altri liquidi | Addetto all'imbottatura delle foglie di tabacco da trasportare alla manifattura.

imbottatùra s. f. ● (*raro*) Atto, effetto dell'imbottare | (*raro*) Tempo in cui di solito si imbotta il vino.

imbottavìno [comp. di *imbotta(re)* e *vino*] s. m. ● Sorta di grosso imbuto per imbottare il vino. SIN. Pevera.

imbótte [da *botte* d'impiego architettonico] s. f. ● (*arch.*) Superficie concava di un arco o di una volta. SIN. Intradosso.

imbottigliaménto s. m. ● Atto, effetto dell'imbottigliare o dell'imbottigliarsi: *l'i. del vino; l'i. del traffico cittadino nelle ore di punta.*

imbottigliàre [adatt. del fr. *embouteiller*, comp. di *en-* 'in, dentro' e da *bouteille* 'bottiglia'] **A** v. tr. (*io imbottìglio*) ***1*** Mettere in bottiglia: *i. il vino, un liquore, l'acqua minerale.* ***2*** (*est.*) Costringere qc. o q.c. in un luogo chiuso o con uscite obbligate, mediante il controllo di queste o un completo accerchiamento: *i. la flotta in un porto, l'esercito in una sacca* | (*est.*) Privare qc. o q.c. di ogni possibilità di movimento, manovra, reazione e sim.: *i. l'avversario; le auto erano imbottigliate al casello d'uscita.* **B** v. intr. pron. ● Rimanere bloccato in un luogo stretto senza potersi muovere, detto spec. di veicoli.

imbottigliàto part. pass. di *imbottigliare*; anche agg. ● Nei sign. del v.

imbottigliatóre s. m. (f. *-trice*) ***1*** Chi imbottiglia vino o liquori per mestiere. ***2*** Apparecchio per riempire le bottiglie.

imbottigliatrice s. f. ● Macchina per imbottigliare liquidi. ➡ ILL. vino.

imbottinàre [comp. di *in-* (*1*) e *bottino*, nel senso del 'contenuto del pozzo nero (*bottino*)'] v. tr. ● Concimare col bottino.

imbottìre [sp. *embutir*, ant. *embotir* 'riempire come un otre (*boto*)'] **A** v. tr. (*io imbottìsco, tu imbottìsci*) ***1*** Riempire di lana, crine, stoppa, ovatta o altro materiale adatto, vari oggetti o indumenti o parte di essi, per renderli più soffici o più caldi, per ottenere particolari effetti estetici o altro: *i. un divano, una poltrona, un materasso; i. una giacca a vento, una coperta; i. la spalla del cappotto* | (*est.*) *I. un panino*, tagliarlo a metà e mettervi carne, salume, formaggio e sim. | †*I. il giubberello*, (*fig.*) bastonare. ***2*** (*fig.*) Riempire, colmare, rimpinzare: *i. il cervello, la mente di qc. di chiacchiere; imbottirsi la testa di idee.* **B** v. rifl. ***1*** Indossare molti indumenti o indumenti molto caldi. ***2*** (*fig.*) Riempirsi in modo eccessivo: *i. di dolci, di medicine.*

imbottìta [da *imbottito*] s. f. ● Coperta da letto riempita di lana, piume e sim.

imbottìto **A** part. pass. di *imbottire*; anche agg. ● Nei sign. del v. **B** s. m. ● (*raro*) Imbottitura | Parte imbottita di mobili o altro.

imbottitùra s. f. ***1*** Atto, effetto dell'imbottire (*anche fig.*): *finire l'i. di un divano; un'i. di idee false.* ***2*** Materiale soffice o elastico, di varia natura, impiegato per imbottire. ***3*** Nell'industria tessile, trama inserita nei tessuti doppi.

imbozzacchìre [comp. di *in-* (*1*) e *bozzacchio*] v. intr. (*io imbozzacchìsco, tu imbozzacchìsci*; aus. *essere*) ● Intristire, crescere stentato, detto di piante e animali | Guastarsi sull'albero ad opera di un fungo, detto della susina.

imbozzàre [comp. di *in-* (*1*) e *bozza*] v. tr. (*io imbòzzo*) ● Ormeggiare solidamente una nave di prora o di poppa, in modo da mantenerne costante l'orientamento.

imbozzatùra s. f. ● Qualsiasi ormeggio usato per imbozzare.

imbozzimàre [comp. di *in-* (*1*) e *bozzima*] **A** v. tr. (*io imbòzzimo*) ***1*** Trattare i filati con la bozzima. ***2*** (*est.*) Spalmare o insudiciare q.c. con una sostanza appiccicosa. **B** v. rifl. ● Imbrattarsi | (*scherz.*) Imbellettarsi.

imbozzimatóre s. m. (f. *-trice*) ● Operaio tessile addetto all'imbozzimatura.

imbozzimatrice s. f. ● Macchina che compie l'imbozzimatura.

imbozzimatùra s. f. ● Atto, effetto dell'imbozzimare.

imbozzolàre [comp. di *in-* (*1*) e *bozzolo*] v. tr. e rifl. (*io imbòzzolo*) ● Tessere il bozzolo, detto dei bachi.

imbràca o **imbràga** [dal modo freq. (*mettere*) *in braca*] s. f. ***1*** Parte del finimento dei cavalli da tiro costituita da una lunga striscia di cuoio che pende sotto la groppiera intorno alle cosce, e serve per trattenere il carro in discesa | *Buttarsi sull'i.*, del cavallo che per stanchezza vi si appoggia rinculando e rifiutando il tiro; (*fig.*) interrompere un lavoro per paura della fatica o essere reticente in q.c. ***2*** Catena metallica o sostegno di corde per sollevare e spostare oggetti pesanti. ***3*** Braca per bambini in fasce. ***4*** Cintura di sicurezza del muratore che si cala lungo i muri della fabbrica, in un pozzo e sim.

imbracàre o **imbragàre** [da *imbraca*] v. tr. (*io imbràco, tu imbràchi*) ***1*** Cingere con corde o catene un oggetto pesante che deve essere sollevato e trasportato: *i. un sacco, una botte* | *I. un cannone*, fermarlo perché non rinculi. ***2*** (*raro*) Mettere l'imbraca a un neonato in fasce.

imbracatóre o **imbragatóre** s. m. ***1*** Manovale addetto all'imbracatura. ***2*** Nell'industria siderurgica, operaio laminatore che aggancia e sgancia i profilati caldi dalle gru nelle varie fasi di lavorazione.

imbracatùra o **imbragatùra** s. f. ● Operazione dell'imbracare | Sistema di funi con le quali si imbraca q.c. | Cintura spesso munita di bretelle e cosciali a cui gli alpinisti fissano la corda che li lega in cordata e gli attrezzi per l'arrampicata. ➡ ILL. p. 1296 SPORT.

imbracciàre [comp. di *in-* (*1*) e *braccia*] v. tr. (*io imbràccio*) ● Mettere, infilare q.c. al braccio: *i. lo scudo* | *I. il fucile*, appoggiarlo alla spalla, metterlo in posizione di tiro.

imbracciatùra s. f. ***1*** Modo e atto dell'imbracciare. ***2*** Parte, congegno, oggetto e sim. che serve per imbracciare q.c.: *l'i. dello scudo.*

imbrachettàre o **imbraghettàre** [comp. di *in-* (*1*) e *brachetta*] v. tr. (*io imbrachétto*) ● (*edit.*) In legatoria, unire un inserto, spec. tavola fuori testo, a una segnatura, mediante una striscia di carta incollata metà sull'inserto e metà a cavallo della segnatura.

imbrachettatùra s. f. ● (*edit.*) L'operazione dell'imbrachettare.

imbragàre e *deriv.* • V. *imbracare* e *deriv.*

imbraghettàre e *deriv.* • V. *imbrachettare* e *deriv.*

imbràgo [etim. incerta] s. m. (pl. *-ghi*) • (*dir.*) Locazione di una nave: *concludere un contratto di i.*

imbranàto [dial. sett. *imbranà 'imbrigliato', 'preso dalla briglia (*brana*, dal lat. parl. *rĕtina con sovrapposizione di *briglia*)' (?)] agg.; anche s. m. (f. *-a*) • (*centr.*) Che, chi appare goffo, tonto, balordo nell'agire o nell'esprimersi, spec. per un impaccio momentaneo.

imbrancàre [comp. di *in-* (*1*) e *branco*] **A** v. tr. (*io imbrànco, tu imbrànchi*) **1** Mettere nel branco, riunire in branco: *i. le pecore.* **2** (*est.*) Mettere insieme, in gruppo cose o persone. **B** v. rifl. • Mettersi in branco, in gruppo: *imbrancarsi in cattive compagnie.* SIN. Intrupparsi.

imbrandìre [comp. di *in-* (*1*) e *brandire*] v. tr. (*io imbrandìsco, tu imbrandìsci*) • (*raro*) Brandire.

imbrascatùra [vc. dial. lombarda (*imbrascadura*): da *brasca* 'bragia spenta' per l'aspetto dei grumi bruciati nell'interno della forma (?)] s. f. • Alterazione del formaggio grana che si manifesta con macchie o annerimento della pasta.

imbrattacàrte [comp. di *imbratta(re)* e il pl. di *carta*] s. m. e f. inv. • (*spreg.*) Scrittore di poco valore.

imbrattafògli [comp. di *imbratta(re)* e il pl. di *foglio*] s. m. e f. • (*spreg.*) Imbrattacarte.

imbrattaménto s. m. • (*raro*) Atto, effetto dell'imbrattare: *quel poco d'i. che fa il bronzo all'oro* (CELLINI).

imbrattamùri [comp. di *imbratta(re)* e il pl. di *muro*] s. m. e f. • (*spreg.*) Decoratore o pittore di affreschi senza nessuna abilità.

imbrattàre [etim. discussa: genov. *bratta* 'fango', di origine mediterr., con *in-* (*1*) (?)] **A** v. tr. • Insudiciare con liquidi o materie appiccicose: *il fango, la vernice, l'inchiostro imbrattano le mani, gli abiti* | *I. tele, muri*, dipingere male | *I. fogli, carte*, scrivere cose sciocche | (*est.*) Sporcare (*anche ass.*): *i. una stanza*; *questo sangue, ch'io spargo, / non imbratta, anzi lava* (L. DE' MEDICI) | *Imbrattarsi le mani*, (*fig.*) rimanere coinvolto in un affare disonesto. **B** v. rifl. • Insudiciarsi, sporcarsi: *imbrattarsi camminando nel fango* | *Imbrattarsi di sangue*, (*fig.*) macchiarsi di un delitto ‖ PROV. Chi imbratta, spazzi.

†**imbrattarèllo** [da *imbrattare*] s. m. • Frode, inganno.

†**imbrattascène** [comp. di *imbratta(re)* e il pl. di *scena*] s. m. e f. inv. • (*spreg.*) Cattivo attore.

imbrattatèle [comp. di *imbratta(re)* e il pl. di *tela*] s. m. e f. inv. • (*spreg.*) Pittore di scarsa abilità.

imbrattatóre s. m. (f. *-trice*) • Chi imbratta.

imbrattatùra s. f. • (*raro*) Atto, effetto dell'imbrattare.

imbràtto [da *imbrattare*] s. m. **1** (*raro*) Imbrattamento. **2** (*spreg.*) Abbozzo di scritto o dipinto di nessun pregio: *che i. è questo che tu m'hai dipinto?* (SACCHETTI). **3** Cibo che si dà al maiale nel truogolo | (*est., fig.*) Vivanda mal preparata e poco appetitosa. **4** (*raro, fig.*) Cosa o persona fastidiosa. **5** †Debito. **6** †Inganno.

imbrecciàre [comp. di *in-* (*1*) e *breccia* (*1*)] v. tr. (*io imbréccio*) • Cospargere una strada di breccia.

imbrecciàta s. f. • Strato di breccia che si stende su di una strada sterrata.

imbrecciatùra s. f. • Atto, effetto dell'imbrecciare.

imbrèntano o **imbréntano** [etim. incerta] s. m. • Arbusto delle Cistacee che abbonda in molte zone della macchia mediterranea (*Cistus monspeliensis*).

imbreviàre [comp. di *in-* (*1*) e *breve*] v. tr. (*io imbrèvio*) **1** †Abbreviare, detto spec. di scrittura. **2** (*est.*) Protocollare.

imbreviatùra [da *imbreviare*, secondo l'uso notarile ant.] s. f. • Minuta notarile trascritta nel protocollo e contenente soltanto gli elementi essenziali di un negozio giuridico.

imbriacàre [da *imbriaco*] v. tr. e rifl. (*io imbrìaco, tu imbrìachi*) • (*pop.*) Ubriacare (*anche fig.*).

imbriacatùra s. f. **1** (*pop.*) Ubriacatura (*anche fig.*). **2** †Eccessivo inzuppamento in un liquido.

imbriachézza s. f. • (*raro, pop.*) Ubriachezza, ebbrezza.

imbrìaco [var. di (*u*)*briaco* con accostamento alla più ricca serie di n. in *imb-*] agg.; anche s. m. (f. *-a*; pl. m. *-chi*) • (*pop.*) Ubriaco.

imbricàre • V. *embricare.*

imbricàto • V. *embricato.*

imbricconìre [comp. di *in-* (*1*) e *briccone*] **A** v. tr. (*io imbricconìsco, tu imbricconìsci*) • Rendere briccone. **B** v. intr. (aus. *essere*) • Diventare briccone.

†**ìmbrice** e *deriv.* • V. *embrice* e *deriv.*

imbrìfero [vc. dotta, lat. *imbrĭferu(m)*, comp. di *ĭmber* 'pioggia' e *-ferum* '-fero'] agg. • (*geogr.*) Che apporta pioggia, che raccoglie pioggia | *Bacino i.*, zona che raccoglie le acque piovane che alimentano un fiume o un torrente.

†**imbrigàre** [comp. di *in-* (*1*) e *brigare*] **A** v. tr. (*io imbrìgo, tu imbrìghi*) **1** Intrigare, imbrogliare. **2** Mettere in ansia. **B** v. intr. pron. • Occuparsi senza diritto di faccende altrui.

imbrigliaménto s. m. • Modo, atto, effetto dell'imbrigliare (*anche fig.*).

imbrigliàre [comp. di *in-* (*1*) e *briglia*] **A** v. tr. (*io imbrìglio*) **1** Mettere le briglie: *i. un cavallo* | (*fig.*) *I. l'asino per la coda*, fare le cose alla rovescia. **2** (*est.*) Tenere a freno (*anche fig.*): *i. il nemico*; *i. la fantasia, le passioni* | *I. un corso d'acqua*, costruire briglie, opere destinate a trattenere terreni franosi e a regolare il deflusso delle acque torrenziali. **3** Rinforzare, sostenere o comprimere con briglie: *i. il bompresso, le sartie*; *i. un edificio pericolante, un terreno franoso.* **B** v. intr. pron. • Avvolgersi nelle redini, detto delle gambe del cavallo.

imbrigliatùra s. f. **1** (*raro*) Imbrigliamento. **2** (*mar.*) Manovra di paranchi stesi da lato a lato sulle sartie verso la cima di albero maggiore, per avvicinarle e dar maggior tensione.

imbrillantinàre [comp. di *in-* (*1*) e *brillantina*] v. tr. e rifl. • Cospargere i capelli di brillantina.

imbroccàre (**1**) [comp. di *in-* (*1*) e *brocca*, nel senso di 'segno'] **A** v. tr. (*io imbròcco, tu imbròcchi*) **1** Colpire nel segno | (*est.*) Indovinare, azzeccare: *l'ha imbroccata giusta* | (*raro*) Incontrare chi si cercava: *i. una persona importante.* **2** †Contrariare, avversare. **B** v. intr. pron. • †Affissarsi con lo sguardo su q.c.

imbroccàre (**2**) [comp. di *in-* (*1*) e *brocco* 'chiodo'] v. tr. (*io imbròcco, tu imbròcchi*) • Inchiodare con brocchi | *I. il tomaio*, appuntarlo coi brocchi sulla forma per poi lavorarlo.

imbrodàre [comp. di *in-* (*1*) e *brodo*] v. tr. e rifl. (*io imbròdo*) • (*raro*) Imbrodolare ‖ PROV. Chi si loda s'imbroda.

imbrodicchiàre [da *imbrodare* con suff. iter.] v. tr. e rifl. (*io imbrodìcchio*) **1** Spruzzare qua e là di broda. **2** (*raro*) Imbrodolare.

imbrodolaménto s. m. • (*raro*) Imbrodolatura.

imbrodolàre [comp. di *in-* (*1*) e *brodo*] **A** v. tr. (*io imbròdolo*) • Sporcare di brodo: *i. la camicia* | (*est.*) Insudiciare con un liquido o altra sostanza qualsiasi. **B** v. rifl. **1** Imbrattarsi di brodo | (*est.*) Macchiarsi, sporcarsi: *imbrodolarsi di minestra al sugo.* **2** (*raro, fig.*) Invischiarsi in q.c. di disonorevole.

imbrodolatùra s. f. **1** Atto, effetto dell'imbrodolare e dell'imbrodolarsi. **2** Sostanza di cui una cosa è imbrodolata. **3** (*raro, fig.*) Dipinto e sim. privo d'ogni pregio: *questo quadro è un'i.*

imbrodolìo s. m. • (*raro*) Il continuo imbrodolarsi.

†**imbròdolo** [da *imbrodolare*] s. m. • (*spreg.*) Vivanda brodosa.

imbrodolóne s. m. (f. *-a*) • (*raro*) Chi mangiando o bevendo s'imbrodola spesso.

imbrogliàre [comp. di *in-* (*1*) e *brogliare*] **A** v. tr. (*io imbròglio*) **1** Mescolare disordinatamente più cose modificandone la primitiva regolare disposizione: *i. le carte, i fili* | *I. la matassa*, (*fig.*) creare volutamente disordine e confusione in una faccenda. SIN. Ingarbugliare. **2** (*mar.*) Chiudere le vele, a mezzo degli imbrogli, per sottrarle all'azione del vento. **3** (*fig.*) Creare ostacoli o difficoltà in q.c.: *i. un affare, una faccenda* | (*raro*) Ingombrare: *tanti mobili imbrogliano l'ingresso.* SIN. Intralciare. **4** (*fig.*) Confondere le idee, i discorsi di qc.: *i. qc. mentre discute con interruzioni continue* | *I. il cervello, la testa a qc.*, complicargli intenzionalmente i ragionamenti. **5** (*fig.*) Dare a intendere cose non vere a qc. | (*est.*) Ingannare qc. per il proprio interesse o vantaggio: *i. un concorrente in affari*; *i. i clienti nel peso, nella qualità della merce* | (*raro*) *I. uno scritto*, alterarlo. SIN. Frodare, raggirare, truffare. **6** Rimediare alla meglio: *non sapere come i. una faccenda.* **B** v. intr. pron. **1** Mescolarsi, sovrapporsi, intrecciarsi disordinatamente: *i fili della matassa si sono imbrogliati.* SIN. Ingarbugliarsi. **2** Sbagliarsi, smarrirsi, fare confusione e sim.: *imbrogliarsi nelle moltiplicazioni, nelle questioni burocratiche*; *imbrogliarsi nel parlare, nel raccontare q.c.* **3** (*fig.*) Complicarsi: *la faccenda si è molto imbrogliata.* **4** (*raro*) Intromettersi in una faccenda, in un discorso.

imbrogliàta s. f. • Atto da imbroglione | Grave inganno.

imbrogliàto part. pass. di *imbrogliare*; anche agg. • Nei sign. del v. ‖ **imbrogliataménte**, avv. (*raro*) In modo imbrogliato, confuso.

imbròglio [da *imbrogliare*] s. m. **1** Viluppo, groviglio: *i. di fili metallici* | (*fig.*) Complicazione, intralcio: *superate l'i., se volete risolvere la questione.* **2** (*fig.*) Questione confusa o difficile: *essere, cadere, cacciarsi in un i.* | †*A pazzo i.*, alla peggio. SIN. Pasticcio. **3** (*fig.*) Truffa, frode, raggiro, inganno: *tutta la faccenda è un i.* **4** (*mar.*) Ciascuno dei cavi che, manovrato dalla coperta, serve a chiudere rapidamente le vele per sottrarle all'azione del vento. ‖ **imbrogliàccio**, pegg. | **imbrogliùccio**, dim.

imbroglióne s. m.; anche agg. (f. *-a*) • Chi, che abitualmente imbroglia gli altri, o alterando la verità dei fatti o cercando di trarre da cosa o persona un utile personale con mezzi disonesti: *vivere, agire da i.*; *commerciante, negoziante i.* SIN. Impostore, truffatore. CONTR. Galantuomo. ‖ **imbroglionàccio**, pegg. | **imbroglioncèllo**, dim.

imbroncàre [etim. incerta] v. tr. (*io imbrónco, tu imbrónchi*) • (*mar.*) Inclinare trasversalmente i pennoni dei velieri, in modo che formino un angolo acuto con l'albero.

imbronciàre [comp. di *in-* (*1*) e *broncio*] v. intr. e intr. pron. (*io imbróncio*; aus. *essere*) • Assumere l'espressione infastidita e contrariata di chi fa il broncio: *imbronciarsi per ogni piccola contrarietà*; *è un ragazzo che si imbroncia di rado.* SIN. Corrucciarsi.

imbronciàto part. pass. di *imbronciare*; anche agg. **1** Nel sign. del v. **2** *Tempo, cielo i.*, nuvoloso.

imbroncìre v. intr. e intr. pron. (*io imbroncìsco, tu imbroncìsci*; aus. *essere*) • (*raro, tosc.*) Imbronciare.

imbrunàre [comp. di *in-* (*1*) e *bruno*] **A** v. intr. e intr. pron. (aus. *essere*) • (*lett.*) Divenire bruno: *come l'aria intorno a noi se imbruna, / così dentro se anera il pensier mio* (BOIARDO) | (*est., poet.*) Annerire, detto dell'uva che matura. **B** v. tr. • (*raro*) Far diventare bruno.

imbruniménto [da *imbrunire*] s. m. • (*bot.*) Alterazione di parti aeree delle piante che assumono un colore bruno, spesso per effetto di parassiti.

imbrunìre [comp. di *in-* (*1*) e *bruno*] **A** v. intr. e intr. pron. (*io imbrunìsco, tu imbrunìsci*; aus. *essere*) • Diventare bruno: *il cielo imbrunisce*; *la pelle comincia a imbrunirsi per il sole.* **B** v. intr. impers. (aus. *essere*) • Farsi sera: *comincia appena a i.* SIN. Annottare. **C** v. tr. **1** (*raro*) Rendere bruno. **2** †Brunire un metallo. **D** in funzione di s. m. • L'ora del giorno che segue immediatamente il tramonto | *Sull'i.*; verso sera.

†**imbruschìre** [comp. di *in-* (*1*) e *brusco*] v. intr. **1** Diventare brusco. **2** (*fig.*) Stizzirsi.

imbrutiménto s. m. • (*raro*) Abbrutimento.

imbrutìre [comp. di *in-* (*1*) e *bruto*] v. intr. e intr. pron. (*io imbrutìsco, tu imbrutìsci*; aus. *essere*) • (*raro*) Diventare simile a un bruto.

†**imbruttàre** [comp. di *in-* (*1*) e *brutto*] v. tr. e rifl. • Bruttare.

imbruttiménto s. m. • Atto, effetto dell'imbruttire.

imbruttìre [comp. di *in-* (*1*) e *brutto*] **A** v. tr. (*io imbruttìsco, tu imbruttìsci*) **1** Rendere brutto: *decorazioni che imbruttiscono una stanza*; *cappello che imbruttisce chi lo porta.* CONTR. Imbellire. **2** Deformare, alterare, deturpare: *i. una bella pagina con una cattiva lettura.* **B** v. intr. e intr. pron.

(aus. *essere*) • Diventare brutto: *ultimamente è assai imbruttita; con l'adolescenza si è imbruttita.*

imbubbolàre [comp. di *in-* (*1*) e *bubbola*] **A** v. tr. (*io imbùbbolo*) • (*raro*) Ingannare con bubbole. **B** v. intr. pron. • (*raro, tosc.*) Infischiarsi: *imbubbolarsi di qc., di q.c.*

imbucàre [comp. di *in-* (*1*) e *buca*] **A** v. tr. (*io imbùco, tu imbùchi*) **1** Mettere nella buca della posta (*anche ass.*): *i. una lettera, un plico; ho dimenticato di i.* SIN. Impostare. **2** Infilare q.c. in un buco per nasconderla | (*est.*) Riporre q.c. in un luogo in cui sia difficilmente ritrovabile: *i. gli occhiali nei posti più impensati.* **B** v. rifl. • Infilarsi in una buca | (*est.*) Nascondersi, rintanarsi: *vorrei sapere dove si sono imbucati i tuoi amici* | Intrupparsi.

imbucatàre [comp. di *in-* (*1*) e *bucato*] v. tr. • (*raro*) Mettere in bucato.

imbucàto part. pass. di *imbucare*; anche agg. **1** Nei sign. del v. **2** Detto di pratica che, per essere cumulata o dispersa fra molte altre, resta a lungo accantonata o inevasa | (*gerg.*) Persona che si reca ad una festa, ricevimento, non invitata.

imbudellàre [comp. di *in-* (*1*) e *budella*] **A** v. tr. (*io imbudèllo*) • Insaccare carne tritata per farne salumi. **B** v. intr. pron. • (*raro*) Infischiarsi di qc. o di q.c.

imbufalìre [comp. di *in-* (*1*) e *bufalo*] v. intr. e intr. pron. (*io imbufalisco, tu imbufalìsci*; aus. *essere*) • (*fam.*) Arrabbiarsi, adirarsi violentemente. SIN. Imbestialire.

imbufalìto part. pass. di *imbufalire*; anche agg. • Nel sign. del v.

imbuggeràrsi [comp. di *in-* (*1*) e *buggerare*] v. intr. pron. (*io m'imbùggero*) • (*pop.*) Non curarsi di qc.

imbuìre (**1**) [comp. di *in-* (*1*) e *bue*, in senso fig.] v. intr. (*io imbuisco, tu imbuisci*; aus. *essere*) • (*raro*) Diventare ignorante e stolido come un bue.

†**imbuìre** (**2**) [vc. dotta, lat. *imbŭere* 'impregnare', di etim. incerta, con passaggio ad altra coniug.] v. tr. • (*raro, lett.*) Imbevere (*anche fig.*).

imbullettàre [comp. di *in-* (*1*) e *bulletta*] v. tr. (*io imbullétto*) • Fissare o guarnire con bullette.

imbullettatùra s. f. • Atto, effetto dell'imbullettare.

imbullonàre [comp. di *in-* (*1*) e *bullone*] v. tr. (*io imbullóno*) • Fissare, collegare mediante bulloni.

†**imburchiàre** [comp. di *in-* (*1*) e *burchio*] v. tr. **1** Aiutare qc. con suggerimenti a dire o a fare q.c. **2** Copiare, riprendere scritti, composizioni e sim. di altri.

imburràre [comp. di *in-* (*1*) e *burro*] v. tr. **1** Spalmare di burro: *i. il pane; i. una teglia* | Condire con burro: *i. le fettuccine.* **2** (*fig., fam., tosc.*) Adulare.

imburràto part. pass. di *imburrare*; anche agg. • Nei sign. del v.

imburreggiàre [comp. di *in-* (*1*), *burro* ed *-eggiare*] v. tr. (*io imburréggio*) • (*fam., tosc.*) Lodare in modo falso e spropositato.

imbuscheràrsi [comp. di *in-* (*1*) e *buscherare*] v. intr. pron. (*io m'imbùschero*) • (*raro, fam.*) Infischiarsi, ridersi di qc. | *Aver l'aria da me ne imbuschero*, ostentare indifferenza per q.c.

imbusecchiàre [comp. di *in-* (*1*) e *busecchia*] v. tr. (*io imbusécchio*) • (*tosc.*) Mettere in budelli carne tritata per farne salumi | (*raro, est.*) Rimpinzare di cibo.

imbussolaménto s. m. • (*raro*) Imbussolazione.

imbussolàre o †**imbossolàre** [comp. di *in-* (*1*) e *bussolo*, nel senso di 'urna'] v. tr. (*io imbùssolo*) • Introdurre in un bossolo, in un'urna e sim. biglietti, numeri, schede o altro: *i. i nominativi da estrarre a sorte; i. le schede elettorali.*

imbussolazióne o †**imbossolazióne** s. f. • Atto, effetto dell'imbussolare.

imbustàre [comp. di *in-* (*1*) e *busta*] v. tr. • Mettere in una busta.

imbustàto [comp. di *in-* (*1*) e *busto*] agg. • Che è stretto in o da un busto particolarmente rigido: *corpo i.; donna imbustata.*

imbustatrìce [da *imbustare*] s. f. • Macchina per imbustare la corrispondenza o per confezionare oggetti di piccole dimensioni in buste spec. di cellofan.

imbustinatrìce s. f. • (*tecnol.*) Macchina automatica destinata al dosaggio e alla successiva chiusura di polveri o granulati, per es. dello zucchero, in bustine di carta e sim.

†**imbùsto** [da *busto*] s. m. • Busto.

imbutifórme [comp. di *imbuto* e *-forme*] agg. • Che ha forma conica, simile a quella dell'imbuto.

imbutìre [fr. *emboutir* 'tirare a capo (*bout*)'] v. tr. (*io imbutisco, tu imbutisci*) • Lavorare, foggiare mediante imbutitura.

imbutitóre s. m. • (*tecnol.*) Operaio addetto all'imbutitura delle lamiere.

imbutitrìce s. f. • Pressa che esegue l'imbutitura.

imbutitùra [da *imbutire*] s. f. • (*tecnol.*) Lavorazione di deformazione plastica a freddo con la quale si passa dalla lamiera piana al corpo cavo di forma, schiacciando la lamiera contro una matrice mediante un punzone | La deformazione così ottenuta.

imbùto o †**embùto** [vc. dotta, lat. **imbūtu(m)*, dal part. pass. di *imbŭere* 'imbevere (ri)empire', di etim. incerta] s. m. • Arnese a forma di cono rovesciato e terminante in un cannello cavo, per travasare un liquido in bottiglia, fiasco, e sim. | *I. a chiave*, con chiavetta di arresto nel collo o cannello | (*fig.*) *Mangiare con l'i.*, con grande rapidità. || **imbutìno**, dim. | **imbutóne**, accr.

imbuzzàre [comp. di *in-* (*1*) e *buzzo* (*1*)] v. tr. e intr. pron. • (*fam., tosc.*) Rimpinzarsi.

imbuzzìrsi [comp. di *in-* (*1*) e *buzzo* (*3*)] v. intr. pron. (*io mi imbuzzisco, tu ti imbuzzisci*; aus. *essere*) • (*pop., tosc.*) Mettere il broncio.

imenàico [vc. dotta, lat. tardo *Hymenăicu(m)* 'pertinente al canto *imeneo* (*Hymeneius*)'] agg. (pl. m. *-ci*) • (*lett.*) Che si riferisce alle nozze | *Dimetro i.*, nella metrica greca e latina, verso usato nei carmi nuziali.

imène (**1**) [vc. dotta, lat. tardo *hўmene(m)*, dal gr. *hymḗn* 'membrana, pellicola', di origine indeur.] s. m. • (*anat.*) Membrana che nella donna vergine chiude parzialmente l'imbocco della vagina.

imène (**2**) [vc. dotta, lat. *hўmene(m)*, dal n. del dio dei matrimoni, *Imene*] s. m. • (*fig., lett.*) Nozze.

imenèo [vc. dotta, lat. *Hymenāeu(m)* 'Imene, dio delle nozze', dal gr. *hyménaios* 'concernente le nozze, o Imene (*Hymḗn*)'] **A** s. m. **1** (*spec. al pl., fig.*) Nozze, matrimonio: *simulando esserne acceso, spera / celebrarne i legittimi imenei* (ARIOSTO). **2** Canto nuziale. **B** agg. • (*raro*) Nuziale, matrimoniale: *canto i.*

imènio [gr. *hyménion*, dim. di *hymḗn* 'imene'] s. m. • Nei funghi, insieme delle cellule che portano e contengono le spore.

Imenomicèti [comp. di *imenio* e del gr. *mýkēs*, genit. *mýkētos* 'fungo'] s. m. pl. • Nella tassonomia vegetale, ordine di Funghi dei Basidiomiceti caratterizzati dall'imenio esposto all'esterno (*Hymenomycetes*) | (al sing. *-e*) Ogni individuo di tale ordine.

imenoplàstica [comp. di *imen(e)* (*1*) e *plastica*] s. f. • (*chir.*) Intervento di chirurgia plastica sull'imene.

Imenòtteri [gr. *hymenópteros* 'con l'ala (*pterós*) a membrana (*hymḗn*)'] s. m. pl. • Nella tassonomia animale, ordine di Insetti olometaboli, che comprende numerose specie sociali con accentuato polimorfismo, con apparato boccale atto a mordere o a lambire, quattro ali e ovopositore a volte trasformato in pungiglione (*Hymenoptera*) | (al sing. *-o*) Ogni individuo di tale ordine.

imitàbile [vc. dotta, lat. *imitābile(m)*, da *imitāre* 'imitare'] agg. • Che si può o si deve imitare: *esempio i.* | Che si imita con facilità: *stile i.* SIN. Ripetibile, riproducibile.

imitàre [vc. dotta, lat. *imitāri* (†*-e*) 'imitare', freq. di un v. **imāre* (donde anche *imāgo*, genit. *imāginis* 'immagine'), di etim. incerta] v. tr. (*io ìmito*, raro *imìto*) **1** Adeguare la propria personalità o il proprio comportamento a un determinato modello: *i. il proprio padre; i. l'esempio, le azioni di qc.* SIN. Seguire. **2** Riprodurre con la maggiore approssimazione possibile: *i. un modello letterario, artistico; io credo ... esser la poesia l'arte di imitare o di dipingere in versi le cose* (PARINI) | *I. l'antico*, fabbricare mobili, stoffe, gioielli di stile antico | *I. fiori*, fabbricarli simili ai veri. SIN. Copiare. **3** Contraffare, simulare: *il pappagallo imita la voce dell'uomo.* **4** Possedere l'apparenza di q.c.: *questo vetro lavorato imita l'alabastro.*

imitatìvo [vc. dotta, lat. tardo *imitatīvu(m)*, da *imitātus* 'imitato'] agg. **1** Che imita | *Armonia imitativa*, nel verso e nel periodo, effetto di suoni che risvegliano la sensazione delle cose stesse | *Copia imitativa*, riproduzione del testo di uno scritto, eseguita in modo da assomigliare in tutte o nelle principali caratteristiche formali all'originale. **2** Di imitazione: *capacità, doti imitative.*

imitatóre [vc. dotta, lat. *imitatōre(m)*, da *imitātus* 'imitato'] **A** s. m. (f. *-trice*) **1** Chi imita: *gli imitatori del Boccaccio* | Attore che riproduce molto fedelmente voci o rumori. **2** (*raro*) Seguace. **B** agg. • (*raro*) Che imita qc. o q.c.: *ingegno i.; animale i.*

imitatòrio [vc. dotta, lat. tardo *imitatōriu(m)*, da *imitātus* 'imitato'] agg. • (*raro*) Imitativo.

imitazióne [vc. dotta, lat. *imitatiōne(m)*, da *imitātus* 'imitato'] s. f. **1** Atto dell'imitare: *istinto di i.* | *Gioiello d'i.*, che imita più o meno fedelmente un gioiello autentico | (*raro*) Facoltà di imitare qc. o q.c. **2** Ciò che si ottiene imitando: *una cattiva i. del velluto* | Pietra falsa ottenuta con vetro colorato da ossidi metallici | (*lett.*) Rifacimento di un'opera con varianti: *un'i. dell'Orlando Innamorato.* **3** (*mus.*) Procedimento compositivo nel quale una parte o voce di un pezzo polifonico riproduce più o meno esattamente un motivo o un frammento di un'altra parte o voce | *I. all'ottava*, con l'intervallo di ottava fra le due parti | *I. per modo retrogrado*, ripetendo il motivo proposto dall'ultima alla prima nota | *I. all'unisono*, nello stesso grado. || **imitazioncèlla**, dim.

immacchiàrsi [comp. di *in-* (*1*) e *macchia* (*2*)] v. intr. pron. (*io m'immàcchio*) • (*raro*) Entrare in una folta macchia | (*est., lett.*) Nascondersi.

immacolàto o †**immaculàto** [vc. dotta, lat. *immaculātu(m)*, comp. di *in-* neg. e *maculātus* 'macchiato'] agg. **1** Chi non è macchiato di colpa | *Vita immacolata*, assolutamente onesta. SIN. Incontaminato, puro. **2** (*relig.*) *Immacolata Concezione*, dogma cattolico secondo il quale la Madonna fu concepita esente dal peccato originale | (*per anton.*) *L'Immacolata*, titolo di Maria Vergine concepita senza peccato originale; titolo di chiesa a lei dedicata; il giorno dell'8 dicembre in cui ne ricorre la festa. **3** Che ha colore bianco abbagliante: *biancheria immacolata.* || **immacolataménte**, avv. (*raro*) In modo immacolato.

immagazzinàbile agg. • Che può essere immagazzinato.

immagazzinàggio [da *immagazzinare*] s. m. • Immagazzinamento.

immagazzinaménto s. m. • Atto, effetto dell'immagazzinare.

immagazzinàre [comp. di *in-* (*1*) e *magazzino*] v. tr. **1** Mettere in magazzino: *i. il grano.* **2** (*fig.*) Accumulare, accogliere in modo disordinato: *i. energia, idee.* **3** (*elab.*) Introdurre o conservare informazioni in un apposito dispositivo.

immaginàbile o (*lett.*) **imaginàbile** [vc. dotta, lat. tardo *imaginābile(m)*, da *imaginārе* 'immaginare'] **A** agg. **1** Che si può immaginare: *gli hanno praticato tutte le cure possibili e immaginabili; fare tutti gli sforzi immaginabili.* SIN. Concepibile, pensabile. **2** (*est.*) Che si può credere, ammettere: *non è i. che abbia reagito così violentemente.* || **immaginabilménte**, avv. In modo immaginabile. **B** s. m. • (*raro*) Tutto ciò che si può immaginare.

immaginaménto o (*lett.*) **imaginaménto** s. m. • (*raro*) Modo e atto dell'immaginare.

immaginànte o (*lett.*) **imaginànte** part. pres. di *immaginare*; anche agg. **1** Nei sign. del v. **2** (*lett.*) Incline a immaginare.

immaginàre o (*lett.*) **imaginàre** [vc. dotta, lat. *imaginări*, e più tardo *imaginăre*, da *imāgo*, di etim. incerta] **A** v. tr. (*io immàgino*) **1** Rappresentarsi con la mente un oggetto del pensiero: *i. un cerchio perfetto, un albero enorme* | Vedere, concepire con la mente, la fantasia, supponendo, ricordando, prevedendo: *immaginate per un momento di essere in vacanza; è il più grande dolore che si possa i.* | (*fam.*) Si usa per dare vivacità ad una narrazione: *provate ad i. la nostra gioia; immaginatevi se potevo tacere* | Si usa ass. come risposta o come vigorosa affermazione: *posso entrare?, s'immagini!* **2** Ideare, inventare, escogitare con la mente: *i. una macchina, un dramma, un poema;*

i. nuovi sistemi di lavoro. **3** Credere, pensare, supporre, presumere: *immagino che tu non abbia agito così; non mi immaginavo che fossero così cattivi* | Illudersi: *s'immagina di poter riuscire in tutto* | Intuire: *appena lo vidi, immaginai subito cosa pensava.* **B** in funzione di **s. m.** ● Immaginazione, pensiero, idea.

immaginàrio o (*lett.*) **imaginàrio** [vc. dotta, lat. *imaginārĭu(m)*, da *imāgo*, genit. *imāginis* 'immagine'] **A agg.** **1** Dell'immaginazione, che è effetto dell'immaginazione: *essere i.; persona, figura immaginaria; vivere in un mondo i.; timori immaginari; malattia immaginaria; lo riscuotevano lampi o campanelli immaginarii nel pieno della notte* (MORANTE) | Fittizio: *bisogni immaginari.* **SIN.** Apparente, illusorio. **2** (*mat.*) Detto di numero complesso privo della parte reale, e quindi radice quadrata d'un numero negativo. || **immaginariaménte**, avv. **B s. m.** solo **sing.** ● (*antropol., psicol.*) Insieme delle rappresentazioni del mondo, delle fantasie e dei modelli di comportamento tipici di un individuo, di un gruppo o della collettività: *i. femminile, collettivo* | (*psicoan.*) Nella teoria di J. Lacan (1901-1981), una delle tre dimensioni del campo psicoanalitico, insieme con il reale e il simbolico.

immaginativa o (*lett.*) **imaginativa** [da *immaginativo*] **s. f.** ● Potenza o facoltà dell'immaginare: *avere molta, poca i.* **SIN.** Fantasia, inventiva.

immaginativo o (*lett.*) **imaginativo** [da *immaginare*] **agg.** **1** Che concerne l'immaginazione: *facoltà, virtù, potenza immaginativa.* **2** Che è provvisto di immaginazione: *è uno scrittore troppo i.; ha una mente immaginativa.* **SIN.** Fantastico. || **immaginativaménte**, avv. In fantasia.

immaginàto o (*lett.*) **imaginàto** part. pass. di *immaginare*; anche **agg.** ● Nei sign. del v. || **immaginataménte**, avv. (*raro*) Per immaginazione.

immaginatóre o (*lett.*) **imaginatóre** agg.; anche **s. m.** (f. *-trice*) ● (*raro*) Che, chi immagina.

immaginazióne o (*lett.*) **imaginazióne** [vc. dotta, lat. *imaginatiōne(m)*, da *imaginātus*, part. pass. di *imagināre* 'immaginare'] **s. f.** **1** Facoltà di pensare senza regole fisse e di associare liberamente i dati dell'esperienza sensibile: *avere un'i. ricca, feconda, calda, inesauribile; eccitare l'i.; la freschezza, la vivacità dell'i.; il fondamento dell'i. è la conoscenza che abbiamo di molte cose* (DE SANCTIS) | La mente in quanto ha la facoltà di immaginare: *tutte queste idee sono effetto della sua i.; quest'idea stramba esiste solo nella tua i.* | *Neanche per i.*, neanche per sogno. **2** Atto dell'immaginare: *essere occupato nell'i.; l'i. è il suo forte.* **3** La cosa immaginata: *è una semplice i.; si tratta di una vostra i.* **SIN.** Invenzione.

immàgine o (*lett.*) **imàgine**, (*poet.*) **imàgo**, (*poet.*) **immàgo** [vc. dotta, lat. *imāgine(m)*, di etim. incerta] **s. f.** **I** In senso concreto. **1** Forma esteriore di un corpo percepita coi sensi, spec. con la vista: *i. ingrandita, rimpicciolita; il cieco riconosce le immagini al tatto; riflettere, rispecchiare, riprodurre un'i.; l'immagin d'una cervia altera e bella* (POLIZIANO) | *L'i. della voce*, l'eco. **2** (*fis.*) In un sistema ottico, riproduzione reale o apparente di un oggetto secondo le leggi dell'ottica geometrica | *I. reale*, formata dalla convergenza dei raggi | *I. virtuale*, formata dalla convergenza dei prolungamenti dei raggi | *I. elettronica*, immagine di un oggetto ottenuta con i mezzi dell'ottica elettronica | *I. latente*, immagine invisibile di un soggetto che si forma in uno strato di emulsione fotografica e che è resa visibile dal processo di sviluppo. **3** Rappresentazione grafica o plastica di un oggetto reale: *dal suo pennello escono immagini perfette; i. votiva; le sacre immagini; il culto delle immagini* | *Immagini degli antenati*, maschere funebri degli antenati, in cera o materia preziosa, che i Romani custodivano gelosamente e veneravano. **SIN.** Figura. **4** (*est.*) Riproduzione esatta o estremamente simile di un essere o di una cosa: *quel bambino è l'i. vivente di suo nonno; l'uomo fu creato a i. e somiglianza di Dio* | (*est., fig.*) Manifestazione percepibile di un complesso di elementi o di un elemento di per sé astratto o indefinibile: *l'i. della società contemporanea; un'i. di vita, di potenza; immagini gioiose; immagini di giovinezza* | (*est., fig.*) Aspetto esteriore, visione che un soggetto animato o inanimato i. persona, ente, prodotto i. dà agli altri o gli altri si fanno di esso: *l'i. di un'azienda.* **5** Figura che evoca una specifica realtà: *è l'i. della salute, del dolore, della disperazione* | Rappresentazione simbolica: *il sonno è l'i. della morte; quella sozza imagine di froda* (DANTE *Inf.* XVII, 7) | Figura retorica che rappresenta un oggetto con espressioni vive ed efficaci. **SIN.** Ipotiposi. **6** (*mat.*) Rappresentazione | *I. d'un elemento del dominio, in una applicazione*, l'elemento che l'applicazione associa all'elemento dato | *I. d'un sottoinsieme del dominio, in un'applicazione*, insieme i cui elementi sono le immagini del suddetto sottoinsieme. **7** (*zool.*) Ultimo stadio nella metamorfosi di alcuni insetti che corrisponde all'insetto perfetto. **II** In senso astratto. **1** Rappresentazione mentale o visione interiore di cose, persone, situazioni o percezioni reali, ma non più esistenti o non più percepibili nel momento attuale: *serbare viva l'i. dei propri genitori; le scolorite immagini di un lontano passato; evocare, cancellare, scacciare un'i.* **2** Prodotto della fantasia, dell'immaginazione: *immagini illusorie; le incoerenti immagini del sogno; mille immagini popolavano la sua mente.* **SIN.** Visione. **3** (*poet.*) †Potenza e forza immaginativa. || **immaginétta**, dim. (V.) | **immaginina**, dim.

immaginétta s. f. **1** Dim. di *immagine.* **2** Piccola immagine di carattere sacro. **SIN.** Santino.

immaginìfero [vc. dotta, lat. *imaginĭferu(m)*, comp. di *imāgo*, genit. *imāginis*, e *-ferum* '-fero': 'portatore d'immagini'] **s. m.** ● Portainsegne dell'esercito romano.

immaginìfico o **imaginìfico** [comp. del lat. *imāgine(m)* 'immagine' e *-fico*] **agg.** (pl. m. *-ci*) ● (*lett.*) Detto di poeta o scrittore dotato d'immaginazione feconda, inesauribile: *L'Immaginifico*, (*per anton.*) Gabriele D'Annunzio.

immaginismo s. m. ● Tendenza a usare molte, o troppe, metafore nello scrivere.

immaginóso o (*lett.*) **imaginóso** [vc. dotta, lat. *imaginōsu(m)*, da *imāgo*, genit. *imāginis* 'immagine'] **agg.** **1** Che è dotato di fervida immaginazione: *scrittore i.; è un ingegno i.* **SIN.** Fantasioso. **2** Che abbonda di immagini: *stile, linguaggio i.; poesia, narrazione immaginosa; una trattazione immaginosa di concetti e di contrasti concettuali* (CROCE). || **immaginosaménte**, avv.

immàgo ● V. *immagine.*

immalinconire o **immelanconire** [comp. di *in-* (*1*) e *malinconia*] **A v. tr.** (*io immalinconìsco, tu immalinconìsci*) ● Fare diventare malinconico: *alcuni ricordi m'immalinconiscono.* **B v. intr.** e **intr. pron.** (aus. *essere*) ● Diventare malinconico: *è un ragazzo che s'immalinconisce facilmente.*

immalizzire [comp. di *in-* (*1*) e *malizia*] **A v. tr.** (*io immalizzisco, tu immalizzisci*) ● (*raro*) Rendere malizioso. **B v. intr.** (aus. *essere*) ● Diventare malizioso.

immancàbile [comp. di *in-* (*3*) e *mancabile*, come il corrisp. fr. *immanquable*] **agg.** **1** Che non può mancare: *in ogni riunione la sua presenza è i.* **2** Che accadrà in modo certo, sicuro: *il loro arrivo è i.* **SIN.** Indubbio, inevitabile. || **immancabilménte**, avv. Sicuramente, infallibilmente.

†**immanchévole** [comp. di *in-* (*3*) e *manchevole*] **agg.** ● Immancabile.

immàne [vc. dotta, lat. *immāne(m)*, comp. di *in-* neg. e dell'arc. *mānus* 'buono', di etim. incerta] **agg.** **1** (*lett.*) Di smisurate proporzioni. **2** Terribile, spaventoso, enormemente grave: *disastro i.*

immaneggiàbile [comp. di *in-* (*3*) e *maneggiabile*] **agg.** ● (*raro*) Che non si può maneggiare.

immanènte [vc. dotta, lat. tardo *immanĕnte(m)*, part. pres. di *immanēre* 'rimanere', comp. di *in-* 'dentro' e *manēre* 'restare'] **agg.** **1** (*filos.*) Di ciò che fa parte della sostanza di una cosa e che non sussiste fuori di essa. **2** Che rimane o è inerente a q.c.: *principio, proprietà i.* | Che è e resta nella natura e nell'uomo. **CONTR.** Trascendente.

immanentismo [da *immanente*] **s. m.** **1** Dottrina filosofica che risolve tutta la realtà nella coscienza e rifiuta pertanto ogni principio di trascendenza. **2** Indirizzo cattolico modernistico che fonda la verità religiosa sulle aspirazioni ed esigenze dell'anima umana e dell'esperienza individuale.

immanentista **s. m. e f.** (pl. m. *-i*) ● Chi segue o si ispira all'immanentismo.

immanentìstico **agg.** (pl. m. *-ci*) ● Che concerne o interessa l'immanentismo.

immanènza **s. f.** ● Qualità di ciò che è immanente. **CONTR.** Trascendenza.

immanére [vc. dotta, lat. *immanēre*, comp. di *in-* raff. e *manēre* 'restare', 'rimanere' (V.)] **v. intr.** (oggi dif. usato solo all'**inf. pres.** e nelle terze pers. sing. e **pl.** del **pres.** e **imperf. indic.** *immàne, immàngono, immanéva, immanévano*) ● Essere, restare immanente a q.c.

immangiàbile [comp. di *in-* (*3*) e *mangiabile*] **agg.** ● Che non si può mangiare, perché non commestibile o disgustoso.

immanicàto [comp. di *in-* (*1*) e *manico*] **agg.** ● Che è fornito di manico, o comunque di impugnatura: *coltello i.* | (*est., fig.*) Che dispone di protezioni infallibili, che si vale di raccomandazioni.

†**immanifèsto** [vc. dotta, lat. tardo *immanifēstu(m)*, comp. di *in-* neg. e *manifēstus* 'manifesto (1)'] **agg.** ● Non manifesto | Oscuro, dubbioso.

immanità [vc. dotta, lat. tardo *immanitāte(m)*, da *immānis* 'immane'] **s. f.** **1** Enormità mostruosa o spaventosa: *l'i. del disastro.* **2** (*raro, lett.*) Crudeltà, ferocia: *l'i. dei tormenti; la fiera i. di Federigo Barbarossa* (GUICCIARDINI).

immantinènte o †**immantenènte** [vc. dotta, lat. *in mănu tenĕnte*, letteralmente 'in mano (*in mănu*) tenendo (*tenĕnte*)', attraverso il fr. *maintenant*] **avv.** ● (*lett.*) Subito, senza indugio, nel momento stesso: *confessare, obbedire i.; eseguire i. un ordine; se n'avvide i.*

immarcescìbile [vc. dotta, lat. eccl. *immarcescĭbile(m)*, comp. di *in-* neg. e *marcescĭbilis*, da *marcēre* 'essere avvizzito', di origine indeur.] **agg.** **1** (*lett.*) Che non può marcire. **2** (*lett., fig.*) Incorruttibile: *gloria i.; verde i. della canfora* (MONTALE). || **immarcescibilménte**, avv. (*raro*) Durevolmente.

†**immarcire** [comp. di *in-* (*2*) e *marcire*] **v. intr.** ● Marcire, imputridire.

†**immascheraménto** **s. m.** ● Mascheramento.

immascheràre [comp. di *in-* (*1*) e *maschera*] **v. tr.** e **rifl.** (*io immàschero*) ● (*raro, lett.*) Mascherare.

immascheratùra **s. f.** ● (*raro*) Il mascherare e il mascherarsi.

immateriàle [vc. dotta, lat. tardo *immateriāle(m)*, comp. di *in-* neg. e *materiālis* 'materiale'] **agg.** **1** Non materiale | (*dir.*) *Bene i.*, bene incorporale. **2** (*est.*) Incorporeo, spirituale, delicato. || **immaterialménte**, avv. **1** In modo immateriale. **2** (*est.*) Spiritualmente.

immaterialismo [da *immateriale*] **s. m.** ● Nella filosofia di G. Berkeley, dottrina secondo la quale ogni realtà corporea si riduce a idea e pertanto esiste solo in quanto può essere percepita.

immaterialista **s. m. e f.** (pl. m. *-i*) ● Chi segue o si ispira all'immaterialismo.

immaterialìstico **agg.** (pl. m. *-ci*) ● Che concerne o interessa l'immaterialismo.

immaterialità **s. f.** **1** Qualità di ciò che è immateriale: *la luce ... potente per la sua non so se io debbo dire sottilità, rarità, i.* (GALILEI). **2** (*est.*) Incorporeità, spiritualità.

immatricolàre [comp. di *in-* (*1*) e *matricola*] **A v. tr.** (*io immatricolo*) ● Iscrivere in un registro pubblico per la prima volta, assegnando alle persone e agli oggetti elencati un numero di matricola: *i. un'auto, uno studente.* **B v. rifl.** ● Farsi registrare nella matricola, detto spec. di studenti che vengono iscritti al primo anno di Università.

immatricolazióne **s. f.** ● Atto, effetto dell'immatricolare, dell'immatricolarsi | L'accogliere e il registrare per la prima volta uno studente all'Università: *tassa, tessera d'i.*

†**immatrimoniàre** [comp. di *in-* (*1*) e *matrimonio*] **A v. tr.** ● Congiungere in matrimonio. **B v. rifl.** e **rifl. rec.** ● Unirsi in matrimonio.

immaturità [vc. dotta, lat. *immaturitāte(m)*, comp. di *in-* neg. e *matūritas* 'maturità'] **s. f.** **1** Qualità di chi o di ciò che è immaturo | (*fig.*) Insufficiente grado di sviluppo della cultura e delle doti intellettuali di un popolo o un individuo: *i. politica.* **2** (*med.*) Stato di debolezza congenita del bambino che non raggiunge i 2,500 kg di peso alla nascita. **3** (*fig.*) Prematurità, precocità.

immatùro [vc. dotta, lat. *immatūru(m)*, comp. di *in-* neg. e *matūrus* 'maturo'] **agg.**; anche **s. m.** nei sign.

2 e 3 *1* Non arrivato ancora a maturazione: *frutto i.* | (*fig.*) *Evento i.*, di cui non è ancora possibile l'attuazione | (*fig.*) *Età immatura*, l'adolescenza o la prima giovinezza. SIN. Acerbo. *2* (*med.*) Di neonato che presenta immaturità. *3* (*fig.*) Di persona che non ha raggiunto un completo sviluppo fisico o mentale: *ragazza immatura*; *scolaro, studente i.* *4* Precoce, prematuro: *nascita, morte immatura*. || **immaturaménte**, avv. *1* Prima del tempo giusto o stabilito. *2* Con precocità.

†immeccànico [comp. di *in-* (*3*) e *meccanico*] agg. ● Non dipendente da forze meccaniche.

immedeṣimàre [comp. di *in-* (*1*) e *medesimo*] **A** v. tr. (*io immedéṣimo*) ● Fare una medesima cosa di due o più cose distinte: *i. due idee in un solo concetto*. SIN. Fondere, unire. **B** v. rifl. ● Farsi una sola cosa o persona con un'altra: *recitare immedesimandosi nella propria parte* | *Immedesimarsi nel dolore di qc.*, sentirlo profondamente come proprio. SIN. Identificarsi.

immedeṣimazióne s. f. ● Atto, effetto dell'immedesimare e dell'immedesimarsi. SIN. Identificazione.

immediatézza s. f. ● Qualità di ciò che è immediato.

immediàto [vc. dotta, lat. tardo *immediātu(m)*, comp. di *in-* neg. e *mediātus* 'mediato'] **A** agg. *1* Che è in relazione con qc. o q.c. senza interposizione: *contatto i.*; *si propose anch'egli di ... restituire alla poesia l'immediata verità e semplicità di natura* (DE SANCTIS) | *Relazione immediata*, strettissima e diretta | *Superiore i.*, quello che, in una scala gerarchica, viene subito al di sopra | (*raro*) *Testimone i.*, testimone oculare. CONTR. Indiretto. *2* Che avviene subito dopo, senza intervalli temporali: *intervento, pagamento i.* | *Conoscenza immediata*, quella che coglie intuitivamente un'idea o una rappresentazione. SIN. Pronto. *3* (*fig.*) Non meditato, impulsivo, incontrollato: *la sua è stata una reazione immediata ed eccessiva*. *4* (*bot.*) Detto dell'inserzione di un organo vegetale direttamente sull'asse. || **immediataménte**, avv. *1* Senza nessuna frapposizione o interruzione: *nella lista vieni immediatamente dopo di me*. *2* Senza ritardo o indugio: *vieni immediatamente qui!* **B** avv. ● Nella loc. *nell'i.*, nel futuro più prossimo, per il momento: *nell'i. non ho intenzione di trasferirmi* | †Immediatamente.

immedicàbile [vc. dotta, lat. *immedicābile(m)*, comp. di *in-* neg. e *medicābilis* 'medicabile'] agg. ● (*lett.*) Che non si può medicare: *ferita i.* | (*fig.*) *Peccato i.*, tanto grave che non può essere perdonato: *quando i peccati sono immedicabili, ... son puniti con eterni tormenti* (TASSO). || **immedicabilménte**, avv. (*raro*) Senza rimedio.

immeditàto [vc. dotta, lat. tardo *immeditātu(m)*, comp. di *in-* neg. e *meditātus* 'meditato'] agg. ● (*raro*) Non ponderato abbastanza: *discorso i.*; *azione immeditata*. || **immeditataménte**, avv. (*raro*) Senza considerazione.

†immegliàre [comp. di *in-* (*1*) e *meglio*, nel senso di 'migliore'] **A** v. tr. ● Rendere migliore. **B** v. intr. pron. ● Divenire migliore: *chinandomi a l'onda / che si deriva perché vi s'immegli* (DANTE *Par.* XXX, 86-87).

immelanconire ● V. *immalinconire*.

†immelàre [comp. di *in-* (*1*) e *m(i)ele*] v. tr. ● Spargere di miele.

immelensire [comp. di *in-* (*1*) e *melenso*] **A** v. tr. (*io immelensìsco, tu immelensìsci*) ● (*raro*) Fare diventare melenso. **B** v. intr. (aus. *essere*) ● Diventare melenso.

immellettàre [comp. di *in-* (*1*) e *melletta*] **A** v. tr. (*io immellétto*) ● (*raro*) Imbrattare di melletta. **B** v. rifl. ● (*raro*) Insudiciarsi di melletta.

immelmàre [comp. di *in-* (*1*) e *melma*] **A** v. tr. (*io immélmo*) ● Coprire di melma. **B** v. rifl. ● Sporcarsi di fango (*anche fig.*): *immelmarsi in una pozzanghera*; *immelmarsi nei vizi*.

immemoràbile [vc. dotta, lat. *immemorābile(m)*, comp. di *in-* neg. e *memorābilis* 'memorabile'] agg. ● Che non si può ricordare o precisare di più, tanto è antico e lontano nel tempo: *avvenimento i.* | *Epoca i.*, remota | *Da tempo i.*, da tempo remotissimo. || †**immemorabilménte**, avv. In epoca molto remota.

immèmore [vc. dotta, lat. *immĕmore(m)*, comp. di *in-* neg. e *mĕmor* 'mèmore'] agg. *1* Che ha perduto o mostra di non aver memoria di q.c.: *i. dell'antica amicizia, dei benefici ricevuti* | (*raro*) Ingrato, irriconoscente: *dimostrarsi i. verso qc.* SIN. Dimentico. *2* (*poet.*) Privo di ogni moto di coscienza: *stette la spoglia i., / orba di tanto spiro* (MANZONI).

immemoriàle [fr. *immémorial*, da un lat. mediev. *immemoriālis*, da *ĭmmemor*, genit. *immĕmoris* 'immemore'] agg. ● (*raro*) Di cosa che è impossibile ricordare tanto è antica.

immensità [vc. dotta, lat. *immensitāte(m)*, da *immēnsus* 'immenso'] s. f. *1* Qualità di ciò che è immenso: *l'i. dello spazio, dell'Oceano*. *2* Grande moltitudine: *un'i. di gente, di affari*.

immènso [vc. dotta, lat. *immēnsu(m)*, comp. di *in-* neg. e *mēnsus*, part. pass. di *metīri* 'misurare', di origine indeur.] **A** agg. *1* Che si estende senza limiti nello spazio o nel tempo, tanto da non potersi misurare: *le immense distanze interstellari*; *tutte le nazioni ... per immensi spazi di luoghi e tempi tra loro lontane* (VICO). SIN. Illimitato, sconfinato, sterminato. *2* Assai esteso, ma non iperbolicamente smisurato: *folla, sala, ricchezza immense* | (*fig.*) Molto intenso: *odio, dolore i.*; *un i. / desiderio di festa / traeva gli uomini* (D'ANNUNZIO) | †*In i.*, immensamente. SIN. Enorme, profondo. || **immensaménte**, avv. *1* Smisuratamente, infinitamente. *2* Enormemente, assai: *distanza immensamente maggiore*. **B** s. m. ● (*raro*) Immensità degli spazi.

immensuràbile [vc. dotta, lat. tardo *immensurābile(m)*, comp. di *in-* neg. e di un deriv. di *mensurāre* 'misurare'] agg. *1* (*raro*) Che non si può misurare (*anche fig.*): *profondità i.*; *amore i.* *2* †Impercettibile. || **immensurabilménte**, avv. (*raro*) In modo immensurabile: *immensurabilmente piccolo, grande*.

immensurabilità s. f. ● (*raro*) Qualità di ciò che è immensurabile.

†immensuràto [vc. dotta, lat. tardo *immensurātu(m)*, comp. di *in-* neg. e *mensurātus*, part. pass. di *mensurāre* 'misurare'] agg. ● Immenso, infinito.

immèrgere [vc. dotta, lat. *immĕrgere*, comp. di *in-* 'dentro' e *mĕrgere* 'immergere', di origine indeur.] **A** v. tr. (pres. *io immèrgo, tu immèrgi*; pass. rem. *io immèrsi, tu immergésti*; part. pass. *immèrso*) *1* Mettere q.c. in un liquido: *i. un solido nell'acqua*. SIN. Tuffare. *2* Fare penetrare, cacciare dentro (*anche fig.*): *i. la spada, il pugnale nel corpo*; *i. qc. nei vizi*. SIN. Affondare, ficcare. **B** v. rifl. *1* Tuffarsi in un liquido: *si immerse nelle acque del torrente* | (*est.*) Penetrare in un luogo: *immergersi in una foresta* | *Immergersi tra la folla*, sottrarsi alla vista addentrandosi tra la folla | *Immergersi nelle tenebre*, sottrarsi alla vista procedendo nel buio | *Immergersi nel sonno, nel riposo*, abbandonarsi completamente al sonno, al riposo. *2* Discendere sotto la superficie marina, detto spec. di sommergibili. *3* (*fig.*) Dedicarsi totalmente a q.c., senza permettersi svaghi, distrazioni e sim.: *immergersi nello studio, nella meditazione, nel lavoro*.

immergìbile agg. *1* (*raro*) Che si può immergere. *2* †Che non si può affondare.

immeritàto [comp. di *in-* (*3*) e *meritato*] agg. ● Non meritato: *premio i.* | Ingiusto: *biasimo, castigo i.* || **immeritataménte**, avv. *1* Senza merito: *essere lodati immeritatamente*. *2* Senza colpa.

immeritévole [comp. di *in-* (*3*) e *meritevole*] agg. ● Non meritevole: *i. di indulgenza*. SIN. Indegno. || **immeritevolménte**, avv. *1* Senza nessun merito. *2* Senza colpa.

†immèrito (1) [vc. dotta, lat. *immĕritu(m)*, comp. di *in-* neg. e *mĕritus*, part. pass. di *merēre* 'meritare', di origine indeur.] agg. ● Indegno. || **immeritaménte**, avv. (*lett.*) In modo ingiusto: *fu immeritamente castigato*; in modo non degno: *essere immeritamente premiato*.

immerito (2) /lat. im'merito/ [vc. lat. *immĕrito*] avv. ● Senza ragione, a caso.

immersióne [vc. dotta, lat. tardo *immersiōne(m)*, comp. di *in-* 'dentro' e *mĕrsio*, genit. *mersiōnis*, da *mĕrgere* 'immergere'] s. f. *1* Atto, effetto dell'immergere e dell'immergersi: *studiare l'i. di un sommergibile*; *l'i. di un pescatore subacqueo* | *Battesimo per i.*, quello in cui il capo del battezzando viene immerso direttamente nell'acqua | *Linea d'i.*, segnata dal livello dell'acqua sulla carena della nave | *Navigare in i.*, detto spec. di sommergibile che si muove sotto il livello dell'acqua. *2* Direzione verso la quale pende uno strato di roccia. *3* (*astron.*) La sparizione di un astro all'inizio di una eclissi o occultazione. *4* (*raro*) Bagno | *Gara di i.*, prova di resistenza sott'acqua, sia di durata che di profondità.

immèrso part. pass. di *immergere*; anche agg. ● Nei sign. del v.

immeschinire [comp. di *in-* (*1*) e *meschino*] **A** v. tr. (*io immeschinìsco, tu immeschinìsci*) ● Rendere meschino. SIN. Immiserire, svilire. **B** v. intr. e intr. pron. (aus. *essere*) ● Diventare meschino. SIN. Immiserirsi, svilirsi.

imméssо part. pass. di *immettere*; anche agg. ● Nei sign. del v.

imméttere [adatt. del lat. *immĭttere*, comp. di *in-* 'dentro' e *mĭttere* 'mettere'] **A** v. tr. (coniug. come *mettere*) ● Mandare dentro, fare entrare: *i. gente nella sala delle riunioni* | *I. aria, ossigeno nei polmoni*, inspirare aria, ossigeno. SIN. Introdurre. **B** v. intr. pron. ● Introdursi, confluire. **C** v. rifl. ● Entrare: *a quel punto ti immetti nell'autostrada*.

immezzire [comp. di *in-* (*1*) e *mezzo* (*1*)] v. intr. e intr. pron. (*io immezzìsco, tu immezzìsci*; aus. *essere*) ● Diventare mézzo, tra il maturo e il fradicio: *è frutto che immezzisce rapidamente*.

†immiarsi o **†inmiarsi** [da *in me*] v. intr. pron. ● Immedesimarsi in me con l'intelletto: *Già non attendere' io tua dimanda, / s'io m'intuassi, come tu t'inmii* (DANTE *Par.* XIX, 80-81).

immigrànte **A** part. pres. di *immigrare*; anche agg. ● Nei sign. del v. **B** s. m. e f. ● Chi immigra, spec. per trovare lavoro.

immigràre [vc. dotta, lat. *immigrāre*, comp. di *in-* 'verso l'interno' e *migrāre* 'trasferirsi', di origine indeur.] v. intr. (aus. *essere*) ● Entrare in un paese straniero o in un'altra zona della propria nazione per stabilirvisi: *i. temporaneamente, definitivamente*; *i. per lavoro*.

immigràto **A** part. pass. di *immigrare*; anche agg. ● Nei sign. del v. **B** s. m. (f. *-a*) ● Chi si è stabilito in un paese straniero o in un'altra zona della propria nazione.

immigratòrio [da *immigrare* sul modello di *emigratorio*] agg. ● Relativo all'immigrazione o agli immigrati: *movimento i.*

immigrazióne [fr. *immigration*, da *immigrer* 'immigrare'] s. f. ● Atto, effetto dell'immigrare: *la loro i. fu causata da motivi economici* | *I. interna*, quella che avviene, spec. a scopo di lavoro, all'interno di una stessa nazione | Il complesso degli individui immigrati: *l'i. è diminuita*.

immillàre o **†inmillàre** [comp. di *in-* (*1*) e *mille*] **A** v. tr. ● (*lett.*) Moltiplicare a migliaia (*anche fig.*). **B** v. intr. pron. ● †Moltiplicarsi a migliaia: *eran tante, che 'l numero loro / più che 'l doppiar de li scacchi s'inmilla* (DANTE *Par.* XXVIII, 92-93).

imminchionire [comp. di *in-* (*1*) e *minchione*] v. intr. e intr. pron. (*io imminchionìsco, tu imminchionìsci*; aus. *essere*) ● (*raro*) Rimminchionire.

imminènte [vc. dotta, lat. *imminĕnte(m)*, part. pres. di *imminēre* 'essere sospeso al di sopra', comp. di *in-* 'sopra' e di *minēre*, da *mĭnae* (pl.) 'creste sporgenti dei muri, merli', di etim. incerta] agg. *1* (*lett.*) Che sporge, sovrasta: *la roccia i.* *2* (*fig.*) Che accadrà in un prossimo futuro: *pericolo, guerra, pubblicazione i.* CONTR. Remoto.

imminènza [vc. dotta, lat. tardo *imminĕntia(m)*, da *ĭmminens*, genit. *imminĕntis*, 'imminente'] s. f. ● Vicinanza, prossimità di un avvenimento: *l'i. di un conflitto*.

immischiàre [comp. di *in-* (*1*) e *mischiare*] **A** v. tr. (*io immìschio*) ● Favorire, in modo indebito o inopportuno, la partecipazione di qc. a una attività: *lo immischiarono in una losca faccenda*. **B** v. intr. pron. ● Intromettersi in modo inopportuno in faccende estranee: *era necessario che non si immischiassero*; *di solito gli uomini non s'immischiano in ... liti di donne* (VERGA) | *Immischiarsi con qc.*, avere a che fare con qc. SIN. Impicciarsi.

immiscìbile [comp. di *in-* (*3*) e *miscibile*] agg. ● (*chim., fis.*) Detto di due o più sostanze liquide incapaci di formare miscele omogenee.

immiscibilità s. f. ● (*chim., fis.*) Proprietà di due o più sostanze immiscibili.

immiṣericordióso [comp. di *in-* (*3*) e *misericordioso*] agg. ● (*raro, lett.*) Che non ha misericordia.

immiserimento s. m. ● Atto, effetto dell'immiserire e dell'immiserirsi.

immiserire [comp. di *in-* (*1*) e *misero*] **A** v. tr. (*io immiserisco, tu immiserisci*) ● Fare diventare misero: *la crisi economica immiserì il popolo* | (*est., fig.*) Privare di vigore e utilità: *il gelo immiserisce le piante*. SIN. Impoverire. **B** v. intr. e intr. pron. (aus. *essere*) ● Divenire misero (*anche fig.*): *i. nella vecchiaia; immiserirsi spiritualmente*.

immissàrio [vc. dotta, lat. *immissāriu(m)*, comp. di *in-* 'dentro' e un deriv. di *mĭttere* 'mettere'] s. m. ● Corso d'acqua che alimenta, sfociandovi, un lago o un bacino.

immissióne [vc. dotta, lat. *immissiōne(m)*, comp. di *in-* 'dentro' e *mĭssio*, genit. *missiōnis*, dal part. pass. (*mĭssus*) di *mĭttere* 'mettere'] s. f. *1* Atto, effetto dell'immettere e dell'immettersi. SIN. Introduzione. *2* (*dir.*) *I. sul fondo altrui*, qualunque propagazione di fumo, rumore, scuotimento e sim. proveniente da un fondo vicino. *3* (*mecc.*) Nei motori a combustione interna, aspirazione della miscela.

immistióne [comp. di *in-* (*1*) e *mistione*] s. f. *1* Atto, effetto del mescolare e del mescolarsi. *2* (*fig.*) Arbitraria ingerenza in q.c.: *la sua i. fu più dannosa che altro*.

immisto (**1**) [vc. dotta, lat. tardo *immĭxtu(m)*, comp. di *in-* neg. e *mĭxtus* 'misto'] agg. ● (*lett.*) Non mescolato con altre materie. SIN. Puro.

immisto (**2**) [vc. dotta, lat. *immĭxtu(m)*, part. pass. di *immiscēre* 'frammischiare', comp. di *in-* raff. e *miscēre* 'mescolare'] agg. ● (*lett.*) Mescolato con altre materie | Confuso con altre persone.

immisuràbile [comp. di *in-* (*3*) e *misurabile*, come il lat. tardo *immensurābilis* 'immensurabile'] agg. ● (*raro, lett.*) Che non si può misurare: *un'area i.* || †**immisurabilménte**, avv.

immisurabilità s. f. ● (*raro*) Qualità di ciò che è immisurabile.

immite [vc. dotta, lat. *immīte(m)*, comp. di *in-* neg. e *mītis* 'dolce, mite'] agg. ● (*lett.*) Feroce, crudele.

immitigàbile [vc. dotta, lat. tardo *immitigābile(m)*, comp. di *in-* neg. e di un deriv. da *mitigāre*] agg. ● (*raro, lett.*) Che non si può mitigare.

immòbile [vc. dotta, lat. *immōbile(m)*, comp. di *in-* neg. e *mōbilis* 'mobile'] **A** agg. ● Che non si muove o non si può muovere: *la terra per i tolemaici rimaneva i. al centro dell'universo; la realtà ... non è i. ma vivente* (CROCE) | *Bene i.*, il suolo e tutto ciò che naturalmente o artificialmente a esso è incorporato. SIN. Fermo, fisso. || **immobilménte**, †**immobileménte**, avv. *1* Senza che si possa muovere o possa essere mosso. *2* †Immutabilmente. **B** s. m. ● Bene immobile.

immobiliàre [fr. *immobilier*, comp. di *in-* neg. e *mobilier* '(bene) mobile'] **A** agg. ● Che riguarda beni immobili: *pignoramento i.* | *Unità i. urbana*, nel catasto edilizio, ciascuna parte di immobile atta a produrre una propria rendita catastale e appartenente a una determinata categoria e classe, secondo il comune di appartenenza | *Società i.*, avente come oggetto sociale l'investimento di capitale nella costruzione di beni immobili e la loro gestione | *Patrimonio i.*, costituito da beni immobili | (*banca*) *Credito i.*, credito relativo a investimenti immobiliari. **B** s. f. ● Società immobiliare.

immobiliarista s. m. e f. (pl. m. *-i*) ● Operatore economico nel settore immobiliare.

immobilismo [da *immobile*] s. m. *1* Politica che evita i problemi lasciandoli insoluti. *2* (*est.*) Tendenza a conservare le cose come stanno, opponendosi alle novità e alle trasformazioni. SIN. Misoneismo.

immobilista s. m. e f. (pl. m. *-i*) ● Fautore, sostenitore dell'immobilismo.

immobilìstico agg. (pl. m. *-ci*) ● Che concerne l'immobilismo. || **immobilisticaménte**, avv.

immobilità o †**immobilitàde**, †**immobilitàte** [vc. dotta, lat. *immobilitāte(m)*, da *immōbilis* 'immobile'] s. f. *1* Condizione, qualità di ciò che è immobile: *i medici lo costringono all'i.* SIN. Fissità. *2* (*fig.*) Situazione priva di sviluppi: *i. politica*.

immobilitàre [da *immobilità*] **A** v. tr. (*io immobilito*) ● (*raro*) Immobilizzare. **B** v. intr. pron. ● (*raro*) Diventare immobile.

†**immobilitàte** ● V. *immobilità*.

immobilizzàre [fr. *immobiliser*, da *immobile*] **A** v. tr. *1* Rendere immobile: *quella caduta lo immobilizzò a letto per molto tempo*. *2* Investire in beni immobili: *i. i propri capitali*. **B** v. intr. pron. ● Bloccarsi, arrestarsi.

immobilizzàto part. pass. di *immobilizzare*; anche agg. ● Nei sign. del v.

immobilizzazióne [fr. *immobilisation*, da *immobiliser* 'immobilizzare'] s. f. *1* Atto, effetto dell'immobilizzare. *2* (*econ.*) Componente del capitale destinato a restare durevolmente nell'azienda come strumento di produzione.

immobilìzzo [da *immobilizzare*] s. m. ● Immobilizzazione, spec. nel sign. 2.

†**immoderànza** [vc. dotta, lat. *immoderāntia(m)*, comp. di *in-* neg. e un deriv. di *moderāri* 'moderare'] s. f. ● Incontinenza.

immoderatézza [comp. di *in-* (*3*) e *moderatezza*] s. f. *1* Mancanza di moderazione. *2* (*raro*) Eccesso.

immoderàto [vc. dotta, lat. *immoderātu(m)*, comp. di *in-* neg. e *moderātus* 'moderato'] agg. *1* Di persona che non ha moderazione, misura: *i. nel mangiare, nel parlare*. *2* Che oltrepassa la misura: *desiderio, affetto i.*; *arse / d'ira e di rabbia immoderata, immensa* (TASSO). SIN. Eccessivo. || **immoderataménte**, avv. Senza moderazione.

immodèstia [vc. dotta, lat. *immodĕstia(m)*, comp. di *in-* neg. e *modĕstia* 'modestia'] s. f. *1* Mancanza di modestia. SIN. Presunzione, vanità. CONTR. Umiltà. *2* Mancanza di pudore. SIN. Sfacciataggine.

immodèsto [vc. dotta, lat. *immodĕstu(m)*, comp. di *in-* neg. e *modĕstus* 'modesto'] agg. *1* Privo di modestia: *un individuo i.* | Che rivela una esagerata stima di sé: *discorso, comportamento i.* CONTR. Umile. *2* Che non ha pudore: *ragazza immodesta*. || **immodestaménte**, avv.

immodificàbile [comp. di *in-* (*3*) e *modificabile*] agg. ● Che non si può modificare, che non può essere cambiato: *una situazione i.*

immodificàto [comp. di *in-* (*3*) e *modificato*] agg. ● Non modificato, invariato.

immolàre [vc. dotta, lat. *immolāre*, comp. di *in-* 'sopra' e *mŏla*, la 'farina di farro con sale', che si spargeva sopra la vittima] **A** v. tr. (*io immòlo*) *1* Nel rito degli antichi Greci e Romani, spargere sulla vittima sacrificale il farro molito e il sale. *2* Sacrificare (*anche fig.*): *i. una giovenca*; *i. la propria esistenza contro il nemico*. **B** v. rifl. ● Darsi in olocausto: *immolarsi per la redenzione degli uomini; immolarsi alla patria combattendo*.

immolatóre [vc. dotta, lat. *immolatōre(m)*, da *immolātus*, part. pass. di *immolāre*] s. m.; anche agg. (f. *-trice*) ● Chi, che immola.

immolazióne [vc. dotta, lat. *immolatiōne(m)*, da *immolātus*, part. pass. di *immolāre* 'immolare'] s. f. *1* Atto, effetto dell'immolare o dell'immolarsi. *2* Sacrificio dell'ostia nella Messa.

immollàre [comp. di *in-* (*1*) e *molle*] **A** v. tr. (*io immòllo*) *1* Bagnare, immergendo in acqua o in un altro liquido | (*raro*) Mettere in mollo: *i. il cuoio*. *2* †Ammollire. **B** v. intr. pron. ● Infradiciarsi.

immondézza s. f. *1* Qualità di ciò che è immondo (*spec. fig.*): *l'i. di un vizio, della coscienza*. *2* Spazzatura, sudiciume, pattume: *le immondezze di tutto il quartiere*.

immondezzàio s. m. *1* Luogo di raccolta delle immondezze. *2* (*raro, fig.*) Ambiente turpe, vizioso.

immondìzia [vc. dotta, lat. *immundĭtia(m)*, comp. di *in-* neg. e *mundĭtia*, da *mŭndus* 'mondo (1)'] s. f. *1* Sporcizia, spazzatura, rifiuti: *il deposito delle immondizie*. *2* Nel linguaggio biblico, condizione di impurità della puerpera. *3* (*raro*) L'essere immondo | (*fig.*) Disonestà. *4* (*fig.*) †Turpiloquio.

immóndo [vc. dotta, lat. *immŭndu(m)*, comp. di *in-* neg. e *mŭndus* 'mondo (1)'] agg. *1* Tanto sporco che non è possibile accostarvisi: *luogo, individuo i.* SIN. Lordo, sozzo. *2* In molte religioni, impuro, contaminato, escluso dal contatto con il sacro | *Animali immondi*, quelli che, in base alla legge levitica, gli Ebrei non possono consumare | *Spiriti immondi*, i demoni. *3* (*fig.*) Impuro, sconcio: *vizio i.* | Depravato, perverso, corrotto: *animo i.* || **immondaménte**, avv. (*raro*) In modo immondo.

immoràle [fr. *immoral*, comp. di *in-* neg. e *moral* 'morale'] agg. *1* Che offende la morale: *discorso, libro, spettacolo i.* SIN. Licenzioso. *2* Che è contrario alle norme morali e si comporta adeguatamente: *individuo i.* SIN. Corrotto, depravato, turpe. || **immoralménte**, avv.

immoralismo [fr. *immoralisme*, da *immoral* 'immorale'] s. m. *1* Nella filosofia di F. Nietzsche, dottrina etica che, fondandosi su presupposti contrari a quelli della morale corrente, tenta un radicale rovesciamento dei valori. *2* (*raro*) Immoralità.

immoralista [fr. *immoraliste*, da *immoral* 'immorale'] s. m. e f. (pl. m. *-i*) ● Chi professa l'immoralismo.

immoralità [fr. *immoralité*, da *immoral* 'immorale'] s. f. *1* Qualità di ciò che è immorale: *l'i. di una persona, di una dottrina*. *2* Azione immorale: *condannare le i.*

immorbidìre [comp. di *in-* illativo e del den. di *morbido*] **A** v. tr. (*io immorbidisco, tu immorbidisci*) ● (*raro*) Rendere morbido. **B** v. intr. e intr. pron. (aus. *essere*) ● (*raro*) Farsi morbido.

immorsàre (**1**) [comp. di *in-* (*1*) e *morsa*] v. tr. (*io immòrso*) ● Incastrare, calettare | Collegare due murature mediante immorsature.

immorsàre (**2**) [comp. di *in-* (*1*) e *morso*] v. tr. ● (*lett.*) Mettere il morso al cavallo.

immorsatùra [da *immorsare* (*1*)] s. f. *1* Calettatura, incastro. *2* Insieme delle sporgenze e rientranze di un muro, lasciate per un futuro collegamento con altra struttura muraria.

immortalàre [da *immortale*] **A** v. tr. ● Rendere eterna la memoria di qc. o di q.c.: *immortalò il suo genio nel grande poema*. SIN. Perpetuare. **B** v. intr. pron. ● Diventare immortale per fama: *immortalarsi con le proprie opere*.

immortàle [vc. dotta, lat. *immortāle(m)*, comp. di *in-* neg. e *mortālis* 'mortale'] **A** agg. *1* Non soggetto a morte: *essere i.*; *l'anima i.* | *Mondo i.*, (*euf.*) l'oltretomba | *Bene i.*, (*euf.*) il paradiso. SIN. Eterno. *2* Perenne: *riconoscenza, odio i.*; *ciò che in poesia vive d'una vita i., è la forma, qualunque si sia l'idea* (DE SANCTIS) | Di fama imperitura: *artista i.* CONTR. Caduco, effimero. || **immortalménte**, avv. (*raro*) Perpetuamente. **B** s. m. e f. ● (*raro*) Divinità pagana: *gli immortali dell'Olimpo*.

immortalità [vc. dotta, lat. *immortalitāte(m)*, der. di *immortālis*] s. f. *1* Qualità, condizione di ciò che è immortale: *l'i. dell'anima*. SIN. Eternità. *2* Fama imperitura: *un'opera degna dell'i.*

immotàre [comp. di *in-* (*1*) e *mota*] v. tr. (*io immòto*) ● (*raro*) Insudiciare, sporcare di mota: *i. le scarpe, i calzoni*.

immotivàto [comp. di *in-* (*3*) e *motivato*] agg. ● Senza motivo: *il tuo rifiuto è i.* || **immotivataménte**, avv.

immotivazióne s. f. ● (*raro*) Qualità di immotivato: *l'imperfezione o l'i. dell'enunciato* (CROCE).

immòto [vc. dotta, lat. *immōtu(m)*, comp. di *in-* neg. e *mōtus*, part. pass. di *movēre* 'muovere'] agg. ● (*lett.*) Che non ha nessun movimento: *rimanere i.*; *immote, asciutte, le pupille figge / nel duro suol* (ALFIERI).

immucidìre [comp. di *in-* illativo e *mucido*] v. intr. (*io immucidisco, tu immucidisci*; aus. *essere*) ● Diventare mucido.

immùne [vc. dotta, lat. *immūne(m)* 'non soggetto (*in-*) a obbligo (*mūnus*)', da una radice indeur. col senso di '(s)cambio'] agg. *1* Che non è soggetto a un obbligo: *i. dalle imposte, da un pagamento*. *2* (*est.*) Esente, libero: *città i. dall'epidemia* | *Rimanere i. da q.c.*, scampare a q.c., restare incolume, illeso. *3* (*med.*) Caratterizzato da immunità.

immunità [fr. *immunité*, dal lat. *immunitāte(m)*, da *immūnis* 'immune'] s. f. *1* Condizione libera da obbligo: *i. da imposte, dal servizio militare*. SIN. Esenzione. *2* (*dir.*) Speciale condizione di favore relativamente a eventuali procedimenti penali, assicurata a persone che adempiono funzioni e ricoprono uffici di particolare importanza: *i. parlamentare, diplomatica, ecclesiastica*. *3* Stato di resistenza specifica di un organismo nei confronti di un determinato antigene, acquisito attraverso una risposta umorale (anticorpi) o cellulare | *I. attiva*, se acquisita con l'infezione o con la vaccinazione | *I. passiva*, se ottenuta per somministrazione di sieri o per la presenza di anticorpi materni.

immunitàrio agg. ● (*med., biol.*) Relativo all'immunità | *Reazione immunitaria*, reazione antigene-anticorpo | *Risposta immunitaria*, risposta difensiva dell'organismo nei confronti di antigeni tendente a bloccarne l'effetto nocivo mediante la produzione di anticorpi | *Sistema i.*, l'insieme dei meccanismi difensivi che proteggono il corpo dagli invasori esogeni (antigeni) o da proprie componenti alterate o anormali.

immunizzànte part. pres. di *immunizzare*; anche agg. ● Nei sign. del v.

immunizzàre [fr. *immuniser* 'dar l'immunità (*immunité*)'] **A** v. tr. **1** (*med.*) Provocare immunità a un organismo. **2** (*est.*) Rendere immune, insensibile spec. rispetto a ogni evento esterno ritenuto lesivo. **B** v. rifl. ● Rendersi immune da malattie e sostanze tossiche | (*fig.*) Preservarsi, salvaguardarsi.

immunizzazióne [fr. *immunisation*, da *immuniser* 'immunizzare'] s. f. ● Atto, effetto dell'immunizzare.

immùno- [da *immun(ità)*] primo elemento ● In parole composte della terminologia medica, fa riferimento allo stato di immunità dell'organismo: *immunologia, immunoterapia*.

immunocitochìmica [comp. di *immuno-* e *citochimica*] s. f. ● (*biol., med.*) Tecnica della microscopia che consente di individuare nelle cellule particolari sostanze, utilizzando la specificità del legame tra antigene e anticorpo.

immunocompetènte agg. ● (*biol.*) Di, relativo a immunocompetenza: *cellula i.*

immunocompetènza [comp. di *immuno-* e *competenza*] s. f. ● (*biol.*) Specializzazione funzionale caratteristica delle cellule e degli organi deputati alla produzione di anticorpi.

immunodeficiènza [comp. di *immuno-* e *deficienza*] s. f. ● (*med.*) Insufficienza immunitaria caratterizzata da un minor stato di difesa dell'organismo verso le infezioni: *sindrome da i. acquisita*.

immunodepressióne [comp. di *immuno-* e *depressione*] s. f. ● (*med.*) Immunosoppressione.

immunodeprèsso [comp. di *immuno-* e *depresso*] agg.; anche s. m. (f. *-a*) ● (*med.*) Che, chi manifesta riduzione o abolizione delle difese immunitarie. SIN. Immunosoppresso.

immunoelettroforèṣi [comp. di *immuno-* ed *elettroforesi*] s. f. ● (*chim.*) Tecnica di analisi che sfrutta la reazione di precipitazione antigene-anticorpo per il riconoscimento delle componenti proteiche di un campione (per esempio del siero) separate mediante elettroforesi.

immunoematologìa [comp. di *immuno-* ed *ematologia*] s. f. ● (*med.*) Ramo della medicina che studia i meccanismi immunitari, sia umorali che cellulari, connessi alla patogenesi, alla diagnosi e al trattamento di malattie del sangue e dei tessuti immunopoietici.

immunoenzimàtico [comp. di *immuno-* ed *enzimatico*] agg. (pl. m. *-ci*) ● (*chim.*) Inerente alle tecniche analitiche basate sulla reazione antigene--anticorpo e sull'impiego di enzimi per la rivelazione della reazione.

immunofluorescènza [comp. di *immuno-* e *fluorescenza*] s. f. ● (*med.*) Tecnica di indagine immunologica che utilizza sostanze fluorescenti, impiegata nella diagnosi di alcune malattie infettive.

immunoglobulìna [comp. di *immuno-* e *globulina*] s. f. ● (*biol.*) Proteina prodotta dall'organismo, in grado di reagire in modo specifico con una sostanza estranea all'organismo stesso.

immunoistochìmica [comp. di *immuno-* e *istochimica*] s. f. ● (*biol., med.*) Tecnica della microscopia ottica, mediante la quale è possibile riconoscere nei tessuti particolari sostanze, grazie alla specificità del legame tra antigene e anticorpo.

immunologìa [comp. di *immune* e *-logia*] s. f. (pl. *-gie*) ● (*med., biol.*) Studio dei fenomeni inerenti all'immunità.

immunològico agg. (pl. m. *-ci*) ● Concernente l'immunologia. || **immunologicaménte**, avv.

immunòlogo s. m. (f. *-a*; pl. m. *-gi*) ● Studioso di immunologia.

immunopatologìa [comp. di *immuno-* e *patologia*] s. f. ● (*med.*) Ramo dell'immunologia che studia le patologie del sistema immunitario o a esso connesse, quali le allergie, le malattie autoimmunitarie e le immunodeficienze.

immunopoièṣi [comp. di *immuno-* e *-poiesi*] s. f. ● (*biol.*) Processo di produzione degli anticorpi da parte delle cellule immunocompetenti.

immunopoiètico agg. (pl. m. *-ci*) ● (*biol.*) Di, relativo a immunopoiesi: *organo i., tessuto i.*

immunoprofilàssi [comp. di *immuno-* e *profilassi*] s. f. ● (*med.*) Prevenzione di una malattia infettiva mediante immunizzazione passiva (siero) o attiva (vaccino).

immunoreazióne s. f. ● (*biol.*) Reazione antigene-anticorpo.

immunosièro o **immunsièro** [comp. di *immun(o)* e *siero*] s. m. ● (*med.*) Siero immunizzato.

immunosoppressióne [comp. di *immuno-* e *soppressione*] s. f. ● (*med.*) Riduzione o abolizione delle risposte immunitarie di un individuo che può essere indotta da farmaci, infezioni, radiazioni. SIN. Immunodepressione.

immunosoppressìvo agg. ● (*med.*) Relativo ad agente che causa o contribuisce alla immunosoppressione.

immunosopprèsso agg.; anche s. m. (f. *-a*) ● (*med.*) Immunodepresso.

immunosoppressóre [comp. di *immuno-* e *soppressore*] s. m. ● (*med.*) Agente chimico o fisico in grado di interferire con una normale risposta immunitaria o di sopprimerla (es. in un trapianto).

immunoterapìa [comp. di *immuno* e *terapia*] s. f. ● (*med.*) Cura delle malattie infettive mediante anticorpi specifici.

immunsièro ● V. *immunosiero*.

immuraménto s. m. ● (*raro*) Immurazione.

immuràre [comp. di *in-* (*1*) e *muro*] v. tr. ● Sottoporre al supplizio dell'immurazione.

immurazióne [da *immurare*] s. f. ● Pena di condannati, o penitenza volontaria di religiosi, consistente nella reclusione perpetua in una cella, con la porta murata e soltanto una piccola apertura per il rifornimento dei viveri.

immuṣìre [comp. di *in-* (*1*) e *muso*] v. intr. (*io immuṣìsco, tu immuṣìsci*; aus. *essere*) ● (*raro*) Imbronciarsi, mettere, fare il muso.

immuṣonìrsi [comp. di *in-* illativo e *musone*] v. intr. pron. (*io m'immuṣonìsco, tu t'immuṣonìsci*) ● (*fam.*) Imbronciarsi, mettere, fare il muso.

immuṣonìto part. pass. di *immusonirsi*; anche agg. ● Nel sign. del v.

immutàbile [vc. dotta, lat. *immutābile(m)*, comp. di *in-* neg. e *mutābilis* 'mutabile'] agg. **1** Che non muta: *propizio et immutabil vento* (ARIOSTO) | Che non si può mutare: *proposito, decreto i.* SIN. Costante, fisso, stabile. **2** (*raro*) Perpetuo, eterno: *Dio i.* || **immutabilménte**, †**immutabileménte**, avv.

immutabilità [vc. dotta, lat. *immutabilitāte(m)*, comp. di *in-* neg. e *mutabĭlitas* 'mutabilità'] s. f. ● Qualità di ciò che è immutabile: *l'i. di una decisione*. SIN. Costanza, stabilità.

immutàre [vc. dotta, lat. tardo *immutāre*, comp. di *in-* neg. e *mutāre* 'mutare'] v. tr. ● (*raro, lett.*) Mutare, modificare.

immutàto [vc. dotta, lat. *immutātu(m)*, part. pass. di *immutāre* 'immutare'] agg. ● Che non ha subito cambiamenti o alterazioni: *l'orario dei treni è i.*; *fisionomia immutata*.

immutazióne [vc. dotta, lat. *immutatiōne(m)*, da *immutātus*, part. pass. di *immutāre* 'immutare'] s. f. ● (*raro*) Cambiamento, modificazione.

ìmo [vc. dotta, lat. *īmu(m)*, di etim. incerta] **A** agg. **1** (*lett.*) Che si trova nel punto, nella posizione e sim. più bassa, più interna o più profonda: *un tremor gelido / per l'ossa ime gli corse* (CARDUCCI) | (*raro*) *La valle ima*, il fondo della valle. **2** (*fig.*) Di infima condizione. **B** s. m. **1** Il punto più basso, più interno o più profondo di q.c. | *Ad imo*, in fondo. CONTR. Sommità. **2** (*raro*) Infima condizione sociale.

imoscàpo [comp. del lat. *īmus* 'imo, inferiore' e *scāpus* 'scapo, tallo'] s. m. ● (*arch.*) Diametro inferiore di una colonna.

impaccàggio s. m. ● Operazione dell'impaccare.

impaccaménto [da *impaccare* col sign. del corrispondente ingl. *packing*, da *to pack* 'premere, stipare', in vari sensi tecnici] s. m. ● (*elab.*) Densità di registrazione dei dati su un nastro magnetico.

impaccàre [comp. di *in-* (*1*) e *pacco*] v. tr. (*io impàcco, tu impàcchi*) ● Involtare q.c. facendo un pacco: *i. i libri* | Mettere in un pacco: *i. la merce*.

impaccatóre s. m. (f. *-trice*) ● Operaio che confeziona pacchi.

impaccatrìce [da *impacca(re)* col suff. *-trice*] s. f. ● (*tecnol.*) Macchina automatica o semiautomatica che confeziona pacchi di determinati prodotti.

impaccatùra s. f. ● Atto, effetto dell'impaccare.

impacchettaménto s. m. ● Atto, effetto dell'impacchettare. SIN. Impacchettatura.

impacchettàre [comp. di *in-* (*1*) e *pacchetto*] v. tr. (*io impacchétto*) **1** Involtare q.c. formando un pacchetto: *i. della frutta* | Mettere in un pacchetto. **2** (*est., fig.*) Ammanettare, imprigionare.

impacchettàto part. pass. di *impacchettare*; anche agg. ● Nei sign. del v.

impacchettatóre s. m. (f. *-trice*) ● Chi impacchetta merci o materiali vari.

impacchettatrìce s. f. ● (*tecnol.*) Macchina automatica o semiautomatica che confeziona pacchetti di determinati prodotti.

impacchettatùra s. f. ● Impacchettamento.

†**impacciaménto** s. m. ● Impaccio.

impacciàre [ant. provz. *empachar*, dall'ant. fr. *empeechier*, dal lat. tardo *impedicāre* 'intralciare', da *pĕdica* 'laccio, trappola (tesa al *piede*: *pēs*, genit. *pĕdis*)'] **A** v. tr. (*io impàccio*) **1** Impedire, intralciare, ostacolare l'azione o il movimento: *quelle valigie lo impacciano* | Dare noia, fastidio: *le sue osservazioni lo impacciavano* | (*raro*) Ingombrare: *i. il tavolo di libri*. **2** †Sequestrare, trattenere. **B** v. intr. pron. ● Intromettersi, ingerirsi, immischiarsi in q.c. | *Impacciarsi con qc.*, essere in rapporto con lui: *chi s'impaccia con voi, corre pericolo di pentirsi d'averlo fatto* (GOLDONI) | †Occuparsi, preoccuparsi di q.c.

impacciàto part. pass. di *impacciare*; anche agg. **1** Nei sign. del v. **2** (*fig.*) Imbarazzato, confuso, esitante: *atteggiamento, discorso i.* | (*est., fig.*) Goffo: *un'andatura impacciata*. || **impacciataménte**, avv.

impacciatóre s. m.; anche agg. (f. *-trice*) ● (*raro*) Chi, che impaccia.

impàccio [da *impacciare*] s. m. **1** Condizione di chi è impacciato: *non sapeva nascondere il proprio i.* SIN. Imbarazzo. CONTR. Disinvoltura. **2** Ostacolo, impedimento, intralcio: *quegli impacci ci impedirono di partire*. **3** (*est.*) Situazione che procura noia, fastidio o imbarazzo: *trovarsi in, uscire da un, i.*

impaccióne s. m. (f. *-a*) ● (*raro*) Persona che s'impaccia fastidiosamente di tutto.

impaccióso agg. **1** (*raro*) Di cosa che dà impaccio. **2** (*raro, tosc.*) Di persona che si prende brighe e s'impiccia di tutto: *individuo i.*

†**impacciucàre** [comp. di *in-* (*1*) e del dial. *pacciucco* 'intruglio', di origine espressiva] v. tr. ● Imbrattare, impiastrare.

impàcco [da *impaccare*] s. m. (pl. *-chi*) ● Applicazione di panni intrisi di acqua calda o fredda o di sostanze medicamentose su parti del corpo.

impaciàre [comp. di *in-* (*1*) e *pace*] v. tr. e intr. (*io impàcio*; aus. intr. *essere*) ● (*raro, tosc.*) Terminare alla pari una o più partite, spec. nei giochi di carte.

impadellàre [comp. di *in-* (*1*) e *padella*] **A** v. tr. (*io impadèllo*) **1** (*raro*) Mettere in padella, cuocere in padella. **2** (*region.*) Sporcare di macchie d'unto. **B** v. intr. pron. **1** (*raro*) Finire in padella, cuocersi in padella. **2** (*region.*) Sporcarsi di macchie di unto.

impadronìre [comp. di *in-* (*1*) e *padrone*] **A** v. tr. (*io impadronìsco, tu impadronìsci*) ● †Fare qc. padrone di q.c. **B** v. intr. pron. **1** Impossessarsi, appropriarsi di q.c., spesso con la violenza o l'inganno: *i nemici s'impadronirono di tutte le città vicine* | (*fig.*) Disporre completamente di qc. sottomesso alla propria volontà. **2** (*fig.*) Arrivare a conoscere a fondo un argomento, una disciplina: *s'impadronì in pochi mesi della lingua francese* | (*raro, fig.*) Entrare in qc. o q.c.: *una grande tenerezza s'impadronì di lui* (PIRANDELLO).

†**impaeṣàrsi** [comp. di *in-* (*1*) e *paese*] v. intr. pron. ● (*raro*) Entrare in un paese per stabilirvisi.

impagàbile [comp. di *in-* (*3*) e *pagabile*, sul tipo

del corrisp. fr. *impàyable*] agg. • Che vale molto più di quanto possa pagarsi: *un collaboratore i.* | (*est.*) Straordinario, eccezionale, eccellente: *uno spettacolo i.* SIN. Impareggiabile. || **impagabilménte**, avv.

impaginàre [comp. di *in-* (*1*) e *pagina*] v. tr. (*io impàgino*) **1** (*edit.*) Progettare sul menabò l'aspetto e la struttura di una pagina di una pubblicazione. **2** (*edit.*) In tipografia, disporre, montare in forma regolare di pagina distribuendo opportunamente le colonne di testo già composte e intercalandole di spazi, margini, illustrazioni, didascalie e sim. **3** (*edit.*) In legatoria, raccogliere ordinatamente le varie pagine o segnature necessarie a costituire il volume per renderle atte alla legatura.

impaginàto A part. pass. di *impaginare*; anche agg. • Nei sign. del v. **B** s. m. • (*edit.*) Bozza tipografica disposta in forma di pagina.

impaginatóre s. m. (f. *-trice*); anche agg. • (*edit.*) Chi, che impagina.

impaginatrice [da *impagina(re)* col suff. *-trice*] s. f. • (*edit.*) Macchina per raccogliere i fogli stampati.

impaginatùra s. f. • Impaginazione.

impaginazióne s. f. • (*edit.*) Operazione dell'impaginare | Il risultato di questa.

impagliàre [comp. di *in-* (*1*) e *paglia*] v. tr. (*io impàglio*) **1** Coprire, rivestire o imbottire di paglia o sim. q.c.: *i. i fiaschi, le seggiole* | Imballare con paglia oggetti fragili per renderne agevole e sicuro il trasporto: *i. cristalli, piatti, specchi.* **2** Riempire di paglia pelli conciate di animali morti per conservarle nelle loro forme e sembianze: *i. un uccello esotico.* SIN. Imbalsamare.

impagliàta (**1**) [da *paglia*] s. f. • Rivestimento di paglia a tronchi e branche per riparo dal freddo.

impagliàta (**2**) [dalla *paglia* con cui si coprivano superstiziosamente le fessure della stanza, dove giaceva la puerpera, perché i venti non le apportassero danno] s. f. **1** †Puerpera. **2** (*merid.*) Servizio di ceramica che veniva offerto alla puerpera, generalmente composto da una tazza, da un piatto, da una scodella e da una saliera. **3** (*merid.*) Piccolo rinfresco alla buona, in occasione di un parto.

impagliatino s. m. **1** (*tosc.*) Piano impagliato delle seggiole. **2** Colore giallo delicato.

impagliàto part. pass. di *impagliare*; anche agg. **1** Nei sign. del v. **2** †Mescolato con paglia. **3** †Biondiccio.

impagliatóre s. m. (f. *-trice*) **1** Chi ricopre o riveste oggetti con paglia: *i. di fiaschi, di seggiole.* **2** Imbalsamatore di animali.

impagliatùra s. f. • Atto, effetto del rivestire o imbottire qc. di paglia | Il rivestimento stesso | (*est.*) La trama secondo cui si impagliano le seggiole: *i. a scacchi.*

impàla [vc. indig. (*-mpala*), dal protobantu *mpala*] s. m. • Agile ed elegante antilope africana con zampe sottilissime, i cui maschi portano grandi corna a lira (*Aepyceros melampos*). SIN. Melampo.

impalaménto [da *impalare*] s. m. • (*raro*) Modo e atto di impalare.

impalancàto [comp. di *in-* (*1*) e *palanca*] s. m. • Chiusura fatta con pali, armi e sim.

impalàre [comp. di *in-* (*1*) e *palo*] **A** v. tr. **1** Uccidere qc. infilandolo in un palo, secondo una forma di antico supplizio. **2** Mettere pali e fili a sostegno di piante arboree o erbacee: *i. le viti, i pomodori.* **B** v. intr. pron. • Stare fermo e dritto come un palo: *impalarsi sull'attenti, in attesa di ordini.*

impalàto part. pass. di *impalare*; anche agg. • Nei sign. del v.

impalatùra s. f. • Atto dell'impalare.

impalcaménto s. m. • Modo e atto dell'impalcare (*anche fig.*).

impalcàre [comp. di *in-* (*1*) e *palco*] v. tr. (*io impàlco, tu impàlchi*) • Costruire con assi e travi il palco di una stanza.

impalcàto [dal part. pass. di *impalcare*] s. m. • (*edil.*) Insieme dei legnami che formano l'ossatura di un pavimento | Insieme delle travi principali, disposte secondo la direzione della luce da superare, e delle travi secondarie disposte trasversalmente alle prime, che costituiscono il sostegno orizzontale del piano stradale di un ponte.

impalcatùra [da *impalcare*] s. f. **1** Struttura provvisoria di cantiere in pali o tubi, per sostenere gli operai e i materiali. SIN. Ponteggio | Struttura stabile a sostegno di un'altra non resistente. **2** Appostamento elevato per sparare a uccelli o a grossa selvaggina da pelo: *i. per colombacci.* **3** Punto dove i rami si inseriscono sul tronco e disposizione degli stessi secondo i diversi sistemi di allevamento. SIN. Inforcatura. **4** (*fig.*) Struttura fondamentale su cui reggono organismi, istituzioni e sim.: *l'i. della nostra società, di uno Stato monarchico.* SIN. Base.

impallàre [comp. di *in-* concl. e *palla*] **A** v. tr. • (*sport*) Nel biliardo, far terminare le biglie in posizione tale che tra di esse risultino frapposti i birilli o il pallino, così da costringere l'avversario a eseguire un tiro di sponda. **B** v. rifl. • (*fig.*) Trovarsi in difficoltà.

impallatùra s. f. • (*sport*) Atto, effetto dell'impallare. SIN. Copertura.

impallidìre [comp. di *in-* (*1*) e *pallido*] **A** v. intr. (*io impallidisco, tu impallidisci*; aus. *essere*) **1** Divenire pallido: *i. per l'emozione, la paura, un malore.* SIN. Sbiancare. **2** (*fig.*) Turbarsi profondamente, sbigottire: *tutti impallidirono al resoconto di tante atrocità* | *Cosa da far i. le stelle*, strana, straordinaria. **3** Divenire, parzialmente o totalmente, meno luminoso, splendido, lucido e sim.: *all'alba le stelle impallidiscono.* SIN. Sbiadire, scolorare. **4** (*fig.*) Essere superato per importanza, gravità, fama e sim.: *tutti gli orrori delle guerre impallidiscono innanzi a quelli dell'ultima*; *i. al confronto, al paragone.* SIN. Attenuarsi. **B** v. tr. • (*raro*) Rendere pallido, smorto.

impallinaménto s. m. **1** Atto, effetto dell'impallinare. **2** (*bot.*) Acinellatura.

impallinàre [comp. di *in-* (*1*) e *pallino*] v. tr. (*io impallìno*) **1** Colpire qc. o q.c., anche per errore, sparando cartucce a pallini. **2** (*fig., fam.*) Colpire all'improvviso qc. con una serie di critiche serrate per metterlo in difficoltà.

impallinàta [da *impallinare*] s. f. • Atto dell'impallinare | Scarica di pallini da cui si viene colpiti | *Prendersi un'i.*, (*fig.*) provare una grossa delusione, un'amara sorpresa che può produrre effetti irrimediabili. SIN. Impallinatura.

impallinatùra s. f. • Impallinata.

impalmàre (**1**) [comp. di *in-* (*1*) e *palma* (*1*), stretta in atto di accordo] **A** v. tr. **1** (*lett.*) Impegnare una fanciulla con promessa di matrimonio | (*est.*) Sposare una donna. **2** †Promettere in sposa | *†I. la morte*, (*fig.*) votarsi alla morte. **3** †Impugnare, prendere, stringere. **B** v. rifl. rec. • †Stringersi l'un l'altro la mano, come segno di solenne promessa: *tutti s'accordarono, e alla mensa s'impalmarono, e giurarono insieme* (SACCHETTI). **C** v. intr. pron. • (*raro*) Andare sposa, detto della donna: *s'è impalmata di recente.*

impalmàre (**2**) [sp. *empal(o)mar* 'unire con la fune chiamata *paloma* (di etim. incerta)'] v. tr. **1** Legare con giri di spago la cima di una fune o di un cavo, perché non si sfilacci. **2** Congiungere cavi metallici di funivie o teleferiche mediante intreccio dei trefoli.

impalmatùra [da *impalmare* (*2*)] s. f. • (*mecc.*) Fissaggio delle estremità di due cavi metallici tra di loro eseguito intrecciandone i trefoli.

impalpàbile [comp. di *in-* (*3*) e *palpabile*] agg. • Che sfugge alla percezione del tatto (*anche fig.*): *l'aria è i.*; *in poesia il generale sta come anima ... invisibile e i.* (DE SANCTIS) | *Polvere, velo i.*, estremamente fine e sottile. || **impalpabilménte**, avv.

impalpabilità s. f. • Qualità di ciò che è impalpabile.

impalpàre [var. di *impalmare* (*2*) (?)] v. tr. (*io impàlpo*) • Riunire e torcere più fili per farne un legnolo, o più legnoli per farne un cavo.

impaludaménto s. m. • Modo, atto d'impaludare o dell'impaludarsi.

impaludàre [comp. di *in-* (*1*) e *palude*] **A** v. tr. • Ridurre a palude: *i. una pianura.* **B** v. intr. e intr. pron. (aus. *essere*) • Divenire palude, trasformarsi in palude.

impaludàto (**1**) part. pass. di *impaludare*; anche agg. • Nei sign. del v.

impaludàto (**2**) [comp. di *in-* (*1*) e *paludato*] agg. • Vestito con abiti sontuosi: *era tutta impaludata di broccato*; *essere i. in un ricco vestito.*

†**impaludìre** v. intr. e intr. pron. • Impaludare.

impanàre (**1**) [comp. di *in-* (*1*) e *pane* (*1*)] v. tr. • Passare nel pangrattato: *i. le cotolette.*

impanàre (**2**) [comp. di *in-* (*1*) e *pane* (*2*)] v. tr. • Fare i pani al maschio della vite, filettarla.

impanàto part. pass. di *impanare* (*1*); anche agg. • Nel sign. del v.: *braciola, crocchetta impanata.*

impanatùra (**1**) [da *impanare* (*1*)] s. f. • Atto, effetto dell'impanare.

impanatùra (**2**) [da *impanare* (*2*)] s. f. • Disposizione delle spirali di una vite.

impancàre [comp. di *in-* (*1*) e *panca*] **A** v. tr. (*io impànco, tu impànchi*) • (*raro*) †Porre qc. o q.c. su una panca. **B** v. intr. pron. e †intr. **1** †Mettersi a giacere, a sedere su una panca | (*est.*) Porsi a sedere a tavola. **2** (*fig.*) Assumere presuntuosi atteggiamenti da giudice, critico e sim.: *impancarsi a maestro di vita e di morale.*

impaniàre [comp. di *in-* (*1*) e *pania*] **A** v. tr. (*io impànio*) **1** Rivestire di pania o vischio verghette di legno, per catturare uccelli. **2** (*fig.*) Ingannare, circuire con lusinghe. **B** v. intr. pron. **1** (*raro*) Imbrattarsi di pania o di altra materia attaccaticcia. **2** (*fig.*) Mettersi in condizioni difficili e senza via d'uscita, compromettersi gravemente con qc.: *impaniarsi in una lite, in un affare sballato*; *si è impaniato con una donna di dubbia fama.* SIN. Invischiarsi.

impaniàto part. pass. di *impaniare*; anche agg. **1** Nei sign. del v. **2** (*est.*) Detto di lingua ricoperta superiormente da una patina biancastra. **3** (*fig.*) Detto di persona che si trova in una situazione da cui non riesce più a uscire: *restare i. in un brutto affare.*

impaniatóre s. m.; anche agg. (f. *-trice*) • Chi, che impania.

impaniatùra s. f. • Atto, effetto dell'impaniare e dell'impaniarsi.

impanicciàre [comp. di *in-* (*1*) e *paniccia*] v. tr. (*io impanìccio*) **1** (*raro*) Impiastricciare di paniccia e sim. **2** (*fig., raro*) Confondere, complicare.

impannàre [comp. di *in-* (*1*) e *panno*] v. tr. **1** Tessere panni, mettere la trama all'ordito. **2** Mettere l'impannata a una finestra.

impannàrsi [der. dal fr. *panne* (V.) col pref. *in-* assimilato in *im-*] v. intr. pron. • (*raro*) Arrestarsi per guasto improvviso, detto di autoveicolo e motoveicolo.

impannàta [da *impannare*] s. f. • Riparo di tela, panno o carta posto alla finestra per difesa dal freddo | (*est.*) Infisso con vetri.

impannatùra s. f. • Atto, effetto dell'impannare.

impannellàre [comp. di *in-* (*1*) e *pannello*] v. tr. • Coprire il pane crudo con un panno di tela, perché lieviti.

impantanàre [comp. di *in-* (*1*) e *pantano*] **A** v. tr. • Rendere pantanoso, ridurre come pantano: *i. una stanza, un campo.* **B** v. intr. pron. **1** Entrare, sprofondare in un pantano, nel fango: *ci siamo impantanati con la macchina alle porte della città.* **2** (*fig.*) Invischiarsi in q.c., in modo da non sapere come uscirne: *si è impantanato in un mare di debiti.* SIN. Impegolarsi, ingolfarsi. **3** (*raro*) Tramutarsi in pantano.

impantanàto part. pass. di *impantanare*; anche agg. • Nei sign. del v.

impaperàrsi [comp. di *in-* (*1*) e *papera*, in senso fig.] v. intr. pron. (*io m'impàpero*) • Prendere delle papere, incagliarsi nel parlare e spec. nel recitare: *durante la rappresentazione si è impaperato due volte.*

impapocchiàre [nap. '*mpapucchià*, da *papocchia* 'pappa molle', poi 'imbroglio, pasticcio' (cfr. *pappa*), con passaggio semantico analogo a quello di *pastetta*] v. tr. (*io impapòcchio, tu impapòcchi*) • (*merid.*) Abbindolare, gabbare, darla a bere | Eseguire in modo maldestro o pasticciato.

impappinàre [comp. di *in-* (*1*) e *pappina*, in senso fig.] **A** v. tr. • (*raro*) Far confondere qc. nel parlare, nel rispondere: *lo impappinò con una domanda a tranello.* **B** v. intr. pron. • Imbrogliarsi, confondersi nel parlare, recitare, rispondere: *era tanta la paura che ci siamo impappinati entrambi.*

impappolàre [comp. di *in-* (*1*) e *pappola*, forma dim. di *pappa*] v. tr. (*io impàppolo*) **1** (*raro*) Impiastrare, imbrattare di pappa o altra sostanza simile. **2** (*fig., tosc.*) Ingannare mentendo.

imparàbile [comp. di *in-* (*3*) e *parabile*] agg. •

Detto di tiro di pallone e sim. impossibile a pararsi. || **imparabilménte**, avv.

imparacchiàre [da *imparare*] v. tr. (*io imparàcchio*) ● Imparare poco e male.

imparadiṣàre [comp. di *in-* (*1*) e *paradiso*] **A** v. tr. ● (*raro, lett.*) Colmare di sublime felicità, rendere beato come in paradiso. **B** v. intr. pron. ● (*raro*) Sentirsi beato, andare in estasi.

imparagonàbile [comp. di *in-* (*3*) e *paragonabile*] agg. ● Che non ammette paragoni. SIN. Impareggiabile, incomparabile.

imparàre [lat. parl. **imparāre* 'prendere (*parāre*) in (*in-*) possesso, acquistare'] v. tr. *1* Acquisire una serie di conoscenze mediante lo studio, l'esercizio, l'osservazione: *i. la storia, la grammatica*; *i. l'educazione, le buone maniere*; *i. a leggere, a scrivere*; *i. come si fa q.c.*; *è necessario i. a difendersi da soli* | *I. la lezione a memoria*, in modo da poterla ripetere con esattezza | (*est.*) Di animali, apprendere q.c. mediante l'educazione o la ripetizione abitudinaria degli atti: *il cavallo ha imparato la strada di casa*; *il pappagallo può imparare qualche parola*. *2* Apprendere q.c. per mezzo dell'esperienza: *i. a vivere, a comportarsi bene*; *i. a rispettare le regole*; *i. q.c. a proprie spese*; *da lei impara il dolce andar soave* (POLIZIANO). *3* (*region.*) Venire a sapere: *ho imparato per caso che domani partirete*. *4* (*region.*) Insegnare || PROV. Errando s'impara; chi molto pratica molto impara; impara l'arte e mettila da parte.

imparaticcio [comp. di *imparato*, part. pass. di *imparare*, e *-iccio*] s. m. *1* Lavoro portato a termine da un principiante in fase di addestramento. *2* Complesso di nozioni apprese in modo frettoloso e superficiale.

imparchettatùra [dall'ant. fr. *emparquier*, da *parquet* 'intelaiatura'] s. f. ● Sistema di rinforzi, spec. lignei, applicati sul retro dei dipinti su tavola per preservarli da deformazioni meccaniche o climatiche.

impareggiàbile [comp. di *in-* (*3*) e *pareggiabile*] agg. ● Che non ha pari: *simpatia, bellezza i.* | (*est.*) Unico, prezioso, insostituibile: *amico i.*; *consiglio i.* SIN. Incomparabile, ineguagliabile. || **impareggiabilménte**, avv.

imparentàre [comp. di *in-* (*1*) e *parente*] **A** v. tr. (*io imparènto*) ● Fare, diventare parente, spec. con matrimonio: *vogliono farmi i. con loro ... per l'appoggio del parentado* (VERGA). **B** v. intr. pron. ● Diventare parente, spec. per mezzo del matrimonio: *si è imparentata con una buona e ricca famiglia*.

ìmpari †**impàri** [vc. dotta, lat. *ĭmpare(m)*, comp. di *in-* neg. e *păr*, genit. *păris*, di etim. incerta] agg. *1* Non pari, non uguale. *2* (*mat.*) Dispari: *numeri i.* *3* (*anat.*) Detto di formazione o di organo che è presente in una sola metà laterale del corpo, quale il fegato, o in posizione mediana, quale il naso. *4* (*est.*) Inferiore per forza, valore, qualità e sim.: *l'esercito nemico attaccò con forze i.* || †**imparimènte**, avv. Disugualmente.

imparidigitàto [comp. di *impari* 'dispari' e *digitato*] agg. ● Detto di animale in cui le dita sono in numero dispari.

imparipennàto [comp. di *impari* 'dispari' e *pennato*] agg. ● Detto di foglia pennata con foglioline in numero dispari.

imparisillabo [comp. di *impari* 'dispari' e *sillaba*] **A** agg. ● Che è costituito da sillabe in numero dispari: *verso i.* | Nella grammatica latina, detto di aggettivo e sostantivo in cui il numero delle sillabe varia dal nominativo agli altri casi. **B** anche s. m.: *la declinazione degli imparisillabi*.

imparità [vc. dotta, lat. tardo *imparitāte(m)*, da *ĭmpar* 'impari'] s. f. ● (*raro, lett.*) Disuguaglianza | Inferiorità.

†**imparnassire** [comp. di *in-* (*1*) e *Parnasso*] **A** v. intr. ● Entrare in Parnaso. **B** v. intr. pron. ● Farsi poeta.

imparruccàre [comp. di *in-* (*1*) e *parrucca*] **A** v. tr. (*io imparrùcco, tu imparrùcchi*) *1* Mettere la parrucca. *2* (*fig.*) Coprire di bianco: *la neve imparruccava i colli circostanti*. **B** v. rifl. ● (*scherz.*) Mettersi la parrucca.

imparruccàto part. pass. di *imparruccare*; anche agg. *1* Nei sign. del v. *2* (*fig.*) Di tono solenne e retorico: *le stroncature di certi critici imparruccati*.

†**impartìbile** [vc. dotta, lat. tardo *impartībile(m)*, comp. di *in-* neg. e *partībilis* (da *pārs*, genit. *pārtis* 'parte') 'divisibile'] agg. ● Che non si può dividere: *questo insieme ... immobile, i.* (BRUNO).

impartìre [vc. dotta, lat. tardo *impartīre*, per *impertīre* 'fare parte di, dare una parte di', comp. di *in-* raff. e *partīre*, da *pārs*, genit. *pārtis* 'parte'] v. tr. (*io impartisco* o raro *impàrto, tu impartìsci* o raro *impàrti*) ● Dare, distribuire, assegnare: *i. l'insegnamento, gli ordini, la benedizione* | Concedere: *i. grazie, dispense*.

imparucchiàre [da *imparare*] v. tr. (*io imparùcchio*) ● Imparare poco o male, apprendere alla meno peggio.

imparziàle [comp. di *in-* (*3*) e *parziale*] agg. *1* Detto di chi opera o giudica in modo obiettivo ed equanime, senza favorire nessuna delle parti: *giudice, critico, storico i.* SIN. Giusto, equo, spassionato. *2* (*est.*) Che mostra equità di giudizio: *considerazioni imparziali*. || **imparzialménte**, avv.

imparzialità [comp. di *in-* (*3*) e *parzialità*] s. f. ● Qualità di chi, di ciò che è imparziale: *giudicare con i.* SIN. Equità, giustizia.

impasse /fr. ɛ̃'pas/ [vc. fr., comp. di *in-* neg. e di un deriv. da *passer* 'passare'] s. f. inv. *1* Via cieca, senza uscita. *2* (*fig.*) Intoppo, grave difficoltà: *trovarsi in un'i.*; *superare un'i.* *3* Mossa particolare del gioco del bridge.

impassìbile [vc. dotta, lat. tardo *impassībile(m)*, comp. di *in-* neg. e di un deriv. da *pāssus*, part. pass. di *pāti* 'soffrire (di origine indeur.?)'] agg. *1* (*raro, lett.*) Che è insensibile al dolore fisico. *2* (*est.*) Che non si lascia vincere da nessuna emozione, che non mostra alcun turbamento: *rimase i. di fronte alla tragedia*; *viso i.*; *occhiata i.*; *eccovi un'anima / deserta / uno specchio i. / del mondo* (UNGARETTI). SIN. Imperturbabile, inalterabile. || **impassibilménte**, avv.

impassibilità [vc. dotta, lat. tardo *impassibilitāte(m)*, da *impassĭbilis* 'impassibile'] s. f. ● Qualità di chi, di ciò che è impassibile. SIN. Imperturbabilità, inalterabilità.

impassìre [comp. di *in-* (*1*) e *passo* (*2*)] v. intr. (*io impassisco, tu impassìsci*; aus. *essere*) ● (*lett.*) Appassire, seccarsi: *sente impassir la scorza* (PASCOLI).

impastàbile agg. ● (*raro*) Che si può impastare.

impastaménto s. m. *1* Nel pastificio, formazione della pasta mediante le impastatrici. *2* (*tip.*) Difetto di stampa consistente in una mancanza di nitidezza e dovuto a cattiva regolazione della pressione di stampa o a qualità scadente dell'inchiostro o della carta. *3* (*elettr.*) Guasto che ha luogo in un microfono a carbone quando i granuli, per assorbimento di umidità, aderiscono fra loro perdendo ogni mobilità. *4* (*med.*) Nella massoterapia, manovra eseguita sui tessuti con movimenti simili a quelli compiuti nell'impastare il pane e destinata a stimolare l'attività muscolare e ad attivare la circolazione.

impastàre [comp. di *in-* (*1*) e *pasta*] **A** v. tr. *1* Amalgamare a mano o a macchina una o più sostanze fino a formare una pasta omogenea: *i. il pane, la creta, la terra* | *I. i colori*, mescolarli e diluirli sulla tavolozza. *2* (*raro*) Coprire di colla: *i. un'asse per tendervi una tela* | (*est.*) Incollare: *i. un manifesto al muro*. *3* †Legare fra loro in modo piacevole voci e suoni. **B** v. intr. pron. *1* Mescolarsi in un impasto. *2* (*fig.*) Risultare poco nitico, spec. per eccesso d'inchiostro, detto di testo a stampa o di riproduzione di immagini.

impastàto part. pass. di *impastare*; anche agg. *1* Nei sign. del v. *2* Pieno di pasta: *mani impastate* | (*est.*) Ricoperto, imbrattato di un materiale pastoso: *abiti impastati di fango, di terra* | *Sentirsi la lingua impastata*, sentirla patinosa. *3* (*tip.*) *Stampa impastata*, quella che presenta il difetto dell'impastamento. *4* (*fig.*) Fatto, costituito, formato: *uomo i. di egoismo*; *animo i. di pregiudizi, di malignità* | *Occhi impastati di sonno*, che si chiudono per il sonno.

impastatóre s. m. (f. *-trice*) ● Chi impasta il pane o altre sostanze.

impastatrice s. f. ● In varie lavorazioni industriali, macchina per impastare: *i. per farina*; *i. per malta e calcestruzzo*.

impastatùra s. f. ● Atto, effetto dell'impastare.

impasticcàrsi [comp. parasintetico di *pasticca*, col pref. *in-* (*1*)] v. rifl. (*io m'impasticco*) ● (*fam.*) Fare uso di sostanze stupefacenti | (*est.*) Fare largo uso di farmaci in pastiglie.

impasticcàto **A** part. pass. di *impasticcarsi*; anche agg. ● Nel sign. del v. **B** s. m. (f. *-a*) ● (*fam.*) Chi fa uso di sostanze stupefacenti. SIN. Drogato.

impasticchiàre v. tr. (*io impasticchio*) ● Riunire in modo disordinato.

impasticciàre [comp. di *in-* (*1*) e *pasticcio*] **A** v. tr. (*io impastìccio*) *1* Manipolare varie sostanze per farne un pasticcio. *2* (*fig.*) Lavorare male, in modo frettoloso e disordinato: *i. un dramma, un discorso* | Imbrogliare, scombinare: *i. una faccenda*. *3* (*raro*) Insudiciare, impiastrare. **B** v. rifl. ● Insudiciarsi, imbrattarsi.

impasticcióne agg.; anche s. m. (f. *-a*) ● (*raro*) Che, chi impasticcia.

impàsto (*1*) [da *impastare*] s. m. *1* Atto, effetto dell'impastare. *2* Amalgama di una o più sostanze, variamente manipolate, per usi diversi: *un i. di calce e sabbia*. *3* (*fig.*) Miscuglio, mescolanza, combinazione: *quel romanzo è un brutto i. di stili diversi*. *4* Insieme dei colori di un quadro. *5* (*raro, fig.*) Fusione di suoni, di voci.

†**impàsto** (*2*) [vc. dotta, lat. *impāstu(m)* 'non sazio, non pasciuto', comp. di *in-* neg. e *pāstus*, part. pass. di *pāscere* 'nutrire', di origine indeur.] agg. ● (*lett.*) Digiuno: *i. leone in stalla piena, / che lunga fame abbia smagrito e asciutto / uccide, scanna, mangia* (ARIOSTO).

impastocchiàre [comp. di *in-* (*1*) e *pastocchia*] v. tr. (*io impastòcchio*) ● Cercare pretesti, raccontare bugie allo scopo di ingannare gli altri e di togliere se stessi da una situazione fastidiosa | *I. qc.*, raggirarlo.

impastoiàre [comp. di *in-* (*1*) e *pastoia*] v. tr. (*io impastóio*) *1* Legare con le pastoie: *i. un cavallo*. *2* Impedire i movimenti di qc. (*spec. fig.*): *i pregiudizi gli impastoiano la mente* | (*fig.*) Impedire la libera manifestazione di q.c. SIN. Impacciare, inceppare, intralciare.

impastranàre [comp. di *in-* (*1*) e *pastrano*] v. tr. e rifl. ● (*raro*) Avvolgere o avvolgersi strettamente nel pastrano.

impataccàre [comp. di *in-* (*1*) e *patacca*] **A** v. tr. (*io impatàcco, tu impatàcchi*) ● (*fam.*) Insudiciare con grosse macchie: *i. il vestito, la cravatta, la tovaglia*. **B** v. rifl. ● Insudiciarsi, macchiarsi: *s'è tutto impataccato mangiando*. **C** v. rifl. rec. ● (*tosc.*) †Rappacificarsi.

impattàre (*1*) [comp. di *in-* (*1*) e *patta*] v. tr. e intr. (aus. *avere*) ● Terminare alla pari, senza vincere né perdere: *i. una partita* | *Impattarla con qc.*, (*fig., fam.*) riuscire a uguagliarlo in q.c.

†**impattàre** (*2*) [comp. di *in-* (*1*) e *patto*, nel senso di 'pattume'] v. intr. ● Stendere paglia o altro per fare il letto alle bestie.

impàtto (*1*) [adatt. dell'ingl. *impact*, dal lat. *impāctus*, part. pass. di *impīngere* 'spingere (*pāngere*) contro (*in-*)'] s. m. *1* (*fis.*) Urto. *2* (*aer. mil.*) Atto e modo col quale un corpo in movimento, come bomba, missile, proiettile, aeromobile e sim., urta contro q.c. trasformando gran parte della sua energia cinetica in lavoro di deformazione della propria struttura e di quella o di quelle dell'altro | Punto in cui tale urto si verifica, spec. quello in cui un proiettile incontra il bersaglio | *Angolo di i.*, formato dalla traiettoria con la superficie del bersaglio nel punto di impatto. *3* (*est.*) Urto, cozzo, percussione. *4* (*fig.*) Influsso, influenza: *l'i. di una civiltà su un'altra*.

†**impàtto** (*2*) [da *impattare* (*2*)] s. m. ● Giaciglio per il bestiame.

†**impauràre** v. tr. e intr. ● (*lett.*) Impaurire.

impaurire [comp. di *in-* (*1*) e *paura*] **A** v. tr. (*io impaurìsco, tu impaurìsci*) ● Riempire di paura: *i. qc. con grida, minacce*; *il buio lo impaurisce*. SIN. Allarmare, spaventare. **B** v. intr. e intr. pron. (aus. *essere*) ● Spaventarsi.

impaveṣàre [comp. di *in-* (*1*) e *pavese*] v. tr. (*io impavéṣo*) *1* (*mar.*) Munire una nave dell'impavesata. *2* Innalzare il pavese su un nave.

impaveṣàta [f. sost. del part. pass. di *impavesare*] s. f. ● (*mar.*) Alto parapetto del ponte di coperta, per il riparo delle persone | Cassone entro il quale si riponevano le brande dell'equipaggio, nelle antiche navi da guerra. SIN. Bastingaggio.

impàvido [vc. dotta, lat. *impăvidu(m)*, comp. di

in- neg. e *păvidus* 'pavido'] **agg.** ● Che non ha paura, che mostra grande coraggio: *cuore i.*; *soldato, lottatore i.*; *affrontò i. il nemico.* **SIN.** Ardito, coraggioso. ‖ **impavidaménte**, **avv.** Senza paura.

impazientàre [da *impaziente* (*1*)] **v. tr.** e **intr. pron.** (*io impazièntο*) ● (*raro*) Impazientire.

impazïènte (**1**) [vc. dotta, lat. *impatiĕnte(m)*, nom. *impătiens*, comp. di *in-* neg. e *pătiens* 'paziente'] **agg.** *1* (*lett.*) Insofferente, intollerante: *essere i. di fatica, di freno.* *2* Che manca di pazienza e s'incollerisce facilmente: *essere i. coi figli* | Che denota impazienza: *gesto, sguardo i.* **SIN.** Nervoso. *3* Che desidera fortemente fare q.c. e non riesce a sopportare l'attesa: *i ragazzi erano impazienti di rivedere i genitori.* **SIN.** Ansioso. ‖ **impazienteménte**, **avv.** In modo impaziente; senza pazienza.

impazïènte (**2**) [da *impaziente* (*1*), perché i suoi frutti si aprono di scatto non appena toccati] **s. f.** ● (*bot.*) Noli-me-tangere.

impazientìre [da *impaziente* (*1*)] **A v. tr.** (*io impazientìsco, tu impazientìsci*) ● (*raro*) Rendere impaziente: *l'attesa l'ha impazientito.* **B v. intr.** e **intr. pron.** (aus. *essere*) ● Diventare impaziente. **SIN.** Innervosirsi, inquietarsi.

impazïènza [vc. dotta, lat. *impatiĕntia(m)*, comp. di *in-* neg. e *patiĕntia* 'pazienza'] **s. f.** ● Qualità di chi, di ciò che è impaziente: *mostrare, dare segni di i.*; *frenare l'i.*; *nei versi di costui sentite ... la tristezza dell'esilio, l'i. del riscatto* (DE SANCTIS). **SIN.** Insofferenza, intolleranza.

impazzàre [comp. di *in-* (*1*) e *pazzo*] **A v. intr.** (aus. *essere* nei sign. 1 e 3, *essere* e *avere* nel sign. 2) *1* (*raro*) Impazzire: *la donna sentiva sì fatto dolore, che quasi n'era per i.* (BOCCACCIO). *2* Fare allegramente chiasso, confusione e sim.: *la folla impazza nelle strade.* *3* (*cuc.*) Raggrumarsi, durante la preparazione, detto di salse e creme. **B v. tr.** ● †Rendere pazzo.

impazzàta [da *impazzare*] **s. f.** *1* (*lett.*) Pazzia, colpo di testa. *2* Solo nella loc. avv. *all'i.*, precipitosamente, in maniera pazza, senza riflettere: *correre, fuggire all'i.*; *menare colpi all'i.*

impazziménto **s. m.** *1* (*raro*) Il diventare pazzo. *2* Ciò che costituisce motivo di affanno, preoccupazione e sim.: *che i. questo lavoro!*

impazzìre [comp. di *in-* (*1*) e *pazzo*] **A v. intr.** (*io impazzìsco, tu impazzìsci*; aus. *essere* nel sign. 1, 3 e 4; *essere* e raro *avere* nei sign. 2) *1* Diventare pazzo, uscir di senno: *per il dolore impazzì.* **SIN.** Ammattire. **CONTR.** Rinsavire. *2* (*est.*) Essere travolto da una passione: *i. d'amore*; *i. per q.c.*; *i. di desiderio* | *I. per q.c., dietro a q.c.*, desiderarla moltissimo. *3* (*fig.*) Perdere la testa in attività particolarmente difficili o noiose: *questa traduzione mi fa i.*; *sono impazzito per risolvere il problema.* *4* Perdere le normali capacità di funzionamento, detto di strumenti o apparecchiature spec. di informazione e controllo, quando forniscono dati e indicazioni errate | *La bussola è impazzita*, non segna più il Nord | (*est.*) Divenire caotico e inestricabile, detto del traffico stradale. *5* (*cuc.*) Impazzare. **B v. tr.** ● †Rendere pazzo.

impeachment /*ingl.* im'pi:tʃmənt/ [vc. ingl., da *to impeach* 'mettere sotto accusa', dal fr. ant. *empechier*, che continua il lat. tardo *impedicāre* 'impastoiare', comp. parasintetico di *pĕdica* 'pastoia, laccìuolo', der. di *pēs*, genit. *pĕdis* 'piede'] **s. m. inv.** ● Negli Stati Uniti d'America, incriminazione di un ufficiale civile, compreso il presidente, che si sia reso colpevole di tradimento, corruzione o crimini.

impeccàbile [vc. dotta, lat. tardo *impeccābile(m)*, comp. di *in-* neg. e un deriv. da *peccāre* 'inciampare, fare un passo falso', di etim. incerta] **agg.** *1* (*raro*) Che non può peccare, non soggetto a peccare. *2* (*fig.*) Irreprensibile, perfetto: *comportamento i.* | *Vestito i.*, sobrio ed elegante | *Forma i.*, corretta, raffinata | *Eleganza i.*, di perfetto buon gusto e qualità. ‖ **impeccabilménte**, **avv.** In maniera impeccabile.

impeccabilità **s. f.** *1* Qualità di chi, di ciò che è impeccabile. *2* (*raro*) Impossibilità di peccare.

impecettàre [comp. di *in-* (*1*) e *pecetta*] **v. tr.** (*io impecétto*) *1* (*pop.*) Applicare pecette, cerotti. *2* (*est.*) Insudiciare con materia attaccaticcia.

impeciaménto **s. m.** ● (*raro*) Impeciatura.

impeciàre [comp. di *in-* (*1*) e *pece*] **A v. tr.** (*io impécio*) ● Spalmare di pece o altra sostanza simile | Imbrattare di pece | *Impeciarsi le orecchie*, (*fig.*) fingere di non sentire. **B v. intr. pron.** ● (*raro, fig.*) Restare invischiato in q.c. di spiacevole: *impeciarsi in un imbroglio.*

impeciatùra **s. f.** ● Atto, effetto dell'impeciare.

impecorìre [comp. di *in-* (*1*) e *pecora*, in senso fig.] **A v. intr.** (*io impecorìsco, tu impecorìsci*; aus. *essere*) ● (*raro*) Diventare docile come una pecora: *le prime difficoltà lo fecero presto i.* **B v. tr.** ● (*raro*) Rendere docile e vile.

impedantìre [comp. di *in-* (*1*) e *pedante*] **A v. tr.** (*io impedantìsco, tu impedantìsci*) ● Rendere pedante. **B v. intr.** (aus. *essere*) ● Diventare pedante.

impedènza [ingl. *impedance*, dato *impede* 'impedire, ostruire', di origine lat. (*impedīre*)] **s. f.** *1* (*elettr.*) In un circuito a corrente alternata, rapporto, espresso in un numero complesso, fra il valore della tensione e l'intensità di corrente. *2* (*fis.*) *I. generalizzata*, o (*ell.*) *impedenza*, rapporto fra una grandezza fisica e un'altra proporzionale alla prima: *i. acustica*, *i. idraulica.*

impedenzometrìa [comp. di *impedenz(a)* e *-metria*] **s. f.** *1* (*fis.*) Insieme delle tecniche impiegate per la misura dell'impedenza elettrica. *2* (*med.*) Tecnica diagnostica, usata in audiometria, che permette di misurare la resistenza alla trasmissione delle vibrazioni sonore.

impedìbile **agg.** ● (*raro*) Che si può impedire.

†**impedicàre** [vc. dotta, lat. tardo *impedicāre* 'afferrare', comp. di *in-* 'dentro' e di un deriv. da *pĕdica* 'trabocchetto', da *pēs*, genit. *pĕdis*, di origine indeur.] **v. tr.** *1* Impastoiare, avviluppare, allacciare | *I. le lettere*, intercettarle. *2* Distrarre, distogliere.

impedïènte **part. pres.** di *impedire*; anche **agg.** *1* Nei sign. del v. *2* (*dir.*) *Impedimento i.*, V. *impedimento.*

†**impedimentàre** **v. tr.** ● Impedire, arrestare.

impediménto [vc. dotta, lat. *impedimĕntu(m)*, da *impedīre* 'impedire'] **s. m.** *1* Atto, effetto dell'impedire. **SIN.** Opposizione. *2* Ostacolo, difficoltà, contrarietà: *un i. imprevedibile*; *frapporre, rimuovere, superare ogni i.* *3* (*med.*) Minorazione fisica che riduce o annulla le funzioni di un organo, di un arto e sim. | (*raro*) *I. d'orina*, ritenzione d'orina. *4* (*dir.*) Ogni condizione o circostanza che, nel diritto canonico, rende secondo i casi nullo, imperfetto, irregolare un atto, come il matrimonio, l'ordinazione sacerdotale, l'entrata in un ordine religioso | *I. impediente*, impedimento al matrimonio che ne rende illecita la celebrazione ma non ne comporta la nullità | *I. dirimente*, impedimento al matrimonio che ne comporta illiceità e nullità. *5* (*al pl.*) Carriaggi, bagagli, salmerie al seguito di un esercito in marcia.

impedìre [vc. dotta, lat. *impedīre*, comp. di *in-* 'fra' e di un deriv. da *pēs*, genit. *pĕdis*, di origine indeur.] **v. tr.** (*io impedìsco, tu impedìsci*) *1* Rendere impossibile q.c. a qc.: *gli impedirono di parlare liberamente*; *voi mi vorreste i. che io amassi Mirandolina?* (GOLDONI). **SIN.** Vietare. *2* Frapporre ostacoli: *una frana impedì il traffico per alcuni giorni* | *I. la bocca di un porto*, chiuderla. *3* Rendere difficoltoso: *quel busto gli impedisce i movimenti.* **SIN.** Impacciare, intralciare. *4* (*raro*) Debilitare, inabilitare: *la malattia gli ha impedito le braccia.*

impeditìvo **agg.** ● (*raro*) Che serve a impedire.

impedìto **part. pass.** di *impedire*; anche **agg.** *1* Nei sign. del v. *2* (*fam.*) Impacciato | Minorato, invalido. ‖ **impeditaménte**, **avv.** (*raro*) In modo impedito.

†**impeditóre** [vc. dotta, lat. tardo *impeditōre(m)*, da *impedītus* 'impedito'] **s. m.**; anche **agg.** (f. *-trice*) ● Chi, che impedisce.

impegnàre [comp. di *in-* (*1*) e *pegno*] **A v. tr.** (*io impégno*) *1* Dare in pegno q.c. (*anche fig.*): *i. i gioielli, una somma di denaro, un immobile*; *i. il proprio onore.* *2* Riservare q.c. per sé o per altri: *i. una camera d'albergo, un tassì* | Vincolare qc. con promesse, incarichi, occupazioni e sim.: *i. una ragazza promettendole il matrimonio*; *mi sono impegnato con la ditta fino al prossimo autunno* | *I. un ballo*, scambiare con qc. la promessa di ballarlo. *3* (*mil.*) Obbligare il nemico a combattere, attaccandolo | Fare entrare in combattimento proprie unità | *I. il combattimento*, iniziarlo | Nel linguaggio sportivo, costringere l'avversario con la propria efficace condotta di gara a una intensa attività difensiva o a impiegare tutta la sua abilità e forza per reagire: *i. la difesa avversaria, il portiere, i compagni di fuga.* *4* (*mar.*) Impigliare, intrigare. **B v. rifl.** *1* Assumere l'impegno di portare q.c. a buon fine: *si impegnò a terminare gli studi entro l'anno.* *2* Mettersi in un'impresa, sforzandosi con coscienza e volontà di riuscire negli intenti prestabiliti: *si impegnarono a sconfiggere il nemico.* | *Impegnarsi nella lotta*, combattere con accanimento | *Impegnarsi a fondo*, gettarsi con tutte le forze in un'impresa, dedicarsi completamente a q.c. *3* Indebitarsi. *4* †Caricarsi di pegni. **C v. intr.** (aus. *essere*) ● †Scommettere.

impegnatìva [f. sost. di *impegnativo*] **s. f.** ● Nel sistema sanitario pubblico, autorizzazione a un ricovero ospedaliero o a prestazioni varie, rilasciata da un ente mutualistico: *chiedere, ottenere, rilasciare l'i.*

impegnatìvo **agg.** ● Che richiede un serio impegno: *una promessa impegnativa.*

impegnàto **part. pass.** di *impegnare*; anche **agg.** *1* Nei sign. del v. *2* Detto di intellettuale o movimento culturale che prende netta posizione sui problemi politici e sociali del momento | Detto di opera in cui vengono dibattuti tali problemi: *un romanzo i.* *3* *Paesi non impegnati*, quelli che non aderiscono né al blocco occidentale, né a quello orientale.

impégno [da *impegnare*; nel sign. 4, sul modello del fr. *engagement*] **s. m.** *1* Obbligo, obbligazione, promessa: *assumere, contrarre un i.* | *Senza i.*, senza un obbligo preciso | (*per anton.*) Obbligazione cambiaria: *soddisfare gli impegni.* *2* Briga, incombenza: *avere molti impegni*; *liberarsi da un i.* | (*raro*) Appuntamento: *mancare a un i.* *3* Impiego diligente e volonteroso delle proprie forze e qualità nel fare q.c.: *lavorare, studiare con i.* **SIN.** Diligenza, fervore, zelo. *4* Attivo interessamento ai problemi sociali e politici da parte dell'uomo di cultura: *l'i. degli scrittori nel dopoguerra.* *5* (*fisiol.*) Fase del parto in cui il feto scende dall'utero alla vagina e alla vulva dilatate per venire alla luce. ‖ **impegnàccio**, **pegg.** | **impegnùccio**, **dim.**

impegolàre [comp. di *in-* (*1*) e *pegola* 'pece'] **A v. tr.** (*io impégolo*) ● Spalmare, impiastrare di pece. **B v. rifl.** ● Mettersi, cacciarsi, spec. in situazioni spiacevoli o imprese rischiose: *impegolarsi nei guai, in una brutta faccenda.* **SIN.** Impantanarsi, ingolfarsi, invischiarsi.

impelagàrsi [comp. di *in* (*1*) e *pelago*] **v. rifl.** (*io m'impèlago, tu t'impèlaghi*) ● Impegolarsi: *si è impelagato nei debiti.*

impelàre [comp. di *in-* (*1*) e *pelo*] **v. tr.** (*io impélo*) *1* (*raro*) Coprire di peli | Spargere peli qua e là, detto di animali: *il cane ha impelato tutta la casa.* *2* †Mettere la barba.

impellènte **part. pres.** di †*impellere*; anche **agg.** *1* Nei sign. del v. *2* (*fig.*) Che spinge e stimola ad agire: *ragione, motivo i.* | *Necessità i.*, urgente, imperiosa.

impellènza **s. f.** ● Necessità impellente. **SIN.** Urgenza.

†**impèllere** [vc. dotta, lat. *impĕllere* 'spingere', comp. di *in-* raff. e *pĕllere*, di origine indeur.] **v. tr.** (dif. usato solo al **pass. rem.** *io impùlsi, tu impellésti*, al **part. pres.** *impellènte* e al **part. pass.** *impùlso*) ● (*lett.*) Spingere con forza: *nel ciel velocissimo m'impulse* (DANTE *Par.* XVII, 29).

impellicciàre (**1**) [comp. di *in-* (*1*) e *pelliccia*] **v. tr.** (*io impellìccio*) ● Coprire, rivestire di pelliccia | (*raro*) Foderare di pelliccia.

impellicciàre (**2**) [comp. di *in-* (*1*) e *piallaccio* con sovrapposizione di *pelliccia*] **v. tr.** (*io impellìccio*) ● Impiallacciare.

impellicciàto (**1**) **part. pass.** di *impellicciare* (*1*); anche **agg.** *1* Nei sign. del v. *2* Vestito, abbigliato con una pelliccia: *una donna tutta impellicciata.*

impellicciàto (**2**) **part. pass.** di *impellicciare* (*2*); anche **agg.** ● Nel sign. del v.

impellicciatùra (**1**) **s. f.** ● Atto ed effetto dell'impellicciare (*1*).

impellicciatùra (**2**) **s. f.** ● Impiallacciatura.

†**impendènte** [dal part. pres. di †*impendere*] **agg.** ● Imminente: *un male i.* | Dubbioso, sorpreso.

†**impèndere** [vc. dotta, lat. *impĕndere* 'pendere in', comp. di *in-* 'sopra' e *pĕndere*] **A v. tr.** *1* (*lett.*) Impiccare, appendere: *con le mie mani impender*

per la gola (ARIOSTO). *2* Spendere. **B** v. rifl. ● Impiccarsi.

impenetràbile [vc. dotta, lat. tardo *impenetrābile(m)*, comp. di *in-* neg. e *penetrābilis* 'penetrabile'] agg. *1* (*fis.*) Dotato di impenetrabilità. *2* Che non può essere penetrato (*anche fig.*): *quel terreno è i. dall'acqua*; *i. alla pietà*; *sono del tutto inabile e i. all'odio* (LEOPARDI) | Di luogo attraverso il quale non si può passare: *muraglia, bosco i.* *3* (*fig.*) Detto di chi, di ciò che non si può intendere o spiegare: *discorso, segreto i.* | *Persona i.*, che non lascia indovinare i suoi pensieri | *Viso i.*, *espressione i.*, che non lascia capire i sentimenti. SIN. Incomprensibile, indecifrabile, oscuro. *4* (*est.*) †Invulnerabile: *corpo, eroe i.* || **impenetrabilménte**, avv.

impenetrabilità s. f. *1* (*fis.*) Proprietà generale dei corpi per cui lo spazio occupato da un solido non può essere nello stesso tempo occupato da un altro. *2* Qualità di ciò che o di chi è impenetrabile.

impenetràto [comp. di *in-* (3) e *penetrato*] agg. ● (*raro*) Non penetrato.

impenitènte [vc. dotta, lat. eccl. *impaenitĕnte(m)*, nom. *impāenitens*, comp. di *in-* neg. e *pāenitens* 'penitente'] agg. *1* Che non è disposto a pentirsi: *peccatore i.* *2* (*est.*) Che persiste nelle sue idee e nei suoi propositi: *scapolo i.* | (*scherz.*) Incorreggibile, ostinato, incallito: *bevitore i.*

impenitènza [vc. dotta, lat. eccl. *impaenitĕntia(m)*, comp. di *in-* neg. e *paenitĕntia* 'penitenza'] s. f. ● (*raro*) Qualità di chi è impenitente.

†**impenitùdine** [comp. di *in-* (3) e del lat. *paenitūdo*, genit. *paenitūdinis* 'pentimento', da *paenitēre* 'pentir(si)'] s. f. ● Impenitenza.

impennacchiàre [comp. di *in-* (1) e *pennacchio*] **A** v. tr. (*io impennàcchio*) ● Guarnire, ornare di pennacchi: *i. il cappello.* **B** v. rifl. ● Ornarsi il capo di penne, frange e sim. | (*est., scherz.*) Vestirsi in modo ridicolo, carico di ornamenti: *ogni volta che esce si impennacchia.*

impennàggio [da *impennare* (1)] s. m. ● (*aer.*) Complesso dei piani fissi e mobili, generalmente disposti in coda a un aeromobile a scopo di stabilità e governo: *i. orizzontale, verticale* | *I. della freccia*, l'insieme delle alette poste al fondo per stabilizzarne la traiettoria. ➡ ILL. p. 1759 TRASPORTI.

impennàre (1) [comp. di *in-* (1) e *penna*] **A** v. tr. (*io impénno*) *1* Dotare, guarnire di penne | †*I. le ali*, renderle idonee al volo | (*fig.*) †*i. il piede*, mettere le ali ai piedi, correre velocemente | (*fig., poet.*) *I. le ali a qc.*, renderlo capace di innalzarsi anche spiritualmente. *2* Spargere di penne: *le galline hanno impennato tutto il giardino.* *3* †Prendere la penna per scrivere | (*est.*) Scrivere, descrivere. *4* (*raro*) Dotare di impennaggio: *i. una freccia, un missile, una bomba.* **B** v. intr. pron. ● (*raro*) Coprirsi di penne.

impennàre (2) [adattamento per sovrapposizione di *penna*, dello sp. *empinar*, da *pino* 'alzato, puntato verso l'alto', prob. dal n. dell'albero, come *inalberare*] **A** v. tr. ● (*aer.*) Cabrare un aereo bruscamente oppure fino ad alti angoli di assetto e di traiettorie: *il pilota impenna l'aereo.* **B** v. intr. pron. *1* Eseguire un'impennata: *il cavallo si impenna*; *l'aereo si impennò all'improvviso.* *2* (*fig.*) Inalberarsi, risentirsi: *impennarsi per futili motivi.* *3* (*fig.*) Salire bruscamente e in modo considerevole: *data la scarsità del raccolto, i prezzi si impennarono.*

impennàta (1) [da *penna*] s. f. ● (*raro*) Quantità di inchiostro che può contenere una penna.

impennàta (2) [da *impennare* (2)] s. f. *1* Movimento con cui l'animale, spec. il cavallo, si solleva sugli arti posteriori. *2* (*aer.*) Cabrata brusca per cui la posizione dell'aereo si inclina da orizzontale a pressoché verticale colla fusoliera rivolta in alto. *3* (*est., mar.*) Brusco movimento della nave e gener. di un'imbarcazione, che si inclina fortemente con la prua rivolta verso l'alto | (*est.*) Manovra consistente nell'alzare la ruota anteriore di una bicicletta o motocicletta, continuando a procedere solo su quella posteriore. *4* (*fig.*) Collera improvvisa, scatto d'ira e sim.: *carattere facile alle impennate.* *5* (*est., fig.*) Brusco e notevole rialzo di un valore economico: *l'i. dei prezzi, l'i. del dollaro.*

impennatùra [da *impennare* (1)] s. f. *1* (*raro*) L'insieme delle penne di un volatile. *2* Penne poste all'estremità posteriore della freccia per equilibrarla nella traiettoria.

Impènni o **Impénni** [dal lat. *pĕnna* con *in-* neg., sul modello di *implūmis* 'implume'] s. m. pl. ● Nella tassonomia animale, ordine di Uccelli marini inetti al volo, aventi stazione eretta, zampe palmate, ali simili a palette atte al nuoto, cui appartengono i pinguini (*Impennes*). SIN. Sfenisciformi | (al sing. *-e*) Ogni individuo di tale ordine.

impensàbile [comp. di *in-* (3) e *pensabile*] agg. *1* Che non si può pensare perché supera le capacità della ragione umana. SIN. Incomprensibile, inconcepibile. *2* Che non può corrispondere alla realtà: *una supposiziome del tutto i.* SIN. Assurdo. *3* Che non si poteva prevedere: *un contrattempo i.* || **impensabilménte**, avv.

impensàta [da *impensato*, sott. *alla* (*maniera*)] s. f. ● Nella loc. avv. †*all'i.*, improvvisamente, inaspettatamente.

impensàto [comp. di *in-* (3) e *pensato*] agg. ● Imprevisto, inaspettato: *una fortuna impensata* | (*est.*) Improvviso. || **impensataménte**, avv. *1* Senza averci pensato. *2* Inaspettatamente.

impensierire [comp. di *in-* (1) e *pensiero*] **A** v. tr. (*io impensierisco, tu impensierisci*) ● Mettere in pensiero, in condizione di preoccupazione: *la situazione attuale impensierisce molti cittadini*; *il vostro lungo silenzio ci impensierisce.* SIN. Inquietare. **B** v. intr. pron. ● Turbarsi, preoccuparsi, inquietarsi.

impensierito part. pass. di *impensierire*; anche agg. ● Nei sign. del v.

†**impensióne** [dal lat. tardo *impēnsu(m)*, part. pass. di *impĕndere* 'impendere'] s. f. ● Impiccagione.

impepàre [comp. di *in-* (1) e *pepe*] v. tr. (*io impépo*) ● Condire con pepe | Rendere piccante (*anche fig.*): *i. un cibo*; *i. un discorso con arguzie.*

impepàta [da *impepare*] s. f. ● Piatto della cucina napoletana, preparato con cozze cucinate in tegame con un po' di acqua di mare e condite con molto pepe o peperoncino.

†**impeperàre** [comp. di *in-* (1) e *pepe(re)*] v. tr. ● Impepare.

†**imperadóre** ● V. *imperatore.*

†**imperadrice** ● V. *imperatrice.*

imperànte **A** part. pres. di *imperare*; anche agg. ● Nei sign. del v. **B** s. m. e f. ● (*raro*) Chi impera.

imperàre [vc. dotta, lat. *imperāre*, comp. di *in-* 'verso (uno scopo)' e *parāre* 'fare i preparativi', secondo il senso originario del v.] v. intr. (*io impèro*; aus. *avere*) *1* (*raro*) Essere investito dell'autorità imperiale ed esercitarla: *Augusto imperò a lungo.* *2* Essere più forte ed esercitare la propria supremazia: *Roma imperò sui popoli del Mediterraneo*; *i. sui mari.* SIN. Dominare. *3* Dare un ordine, un assetto, imporre una direttiva, una linea di condotta e sim.: *i. al mare, ai venti*; *un paese in cui impera l'anarchia*; *una moda che impera da tempo.*

imperativàle agg. ● Detto di elemento linguistico che contiene un imperativo: *composto i.*

imperatività [da *imperativo*, da *imperare*, nel senso originario lat. di 'imporre un comando'] s. f. ● (*dir.*) Inderogabilità del diritto positivo | Contenuto impositivo di un obbligo di date disposizioni legislative.

imperativo [vc. dotta, lat. tardo *imperatīvu(m)*, da *imperātus* 'imperato'] **A** agg. *1* Che contiene o esprime un comando: *un discorso i.*; *modo i. del verbo* | (*dir.*) *Norme imperative*, che impongono un preciso inderogabile obbligo positivo o negativo. *2* (*est.*) Rigido, aspro, severo: *tono i.* *3* †Obbligatorio. || **imperativaménte**, avv. **B** s. m. *1* (*ling.*) Modo finito del verbo che esprime un comando o un'esortazione. *2* In filosofia morale, formula che esprime un comando, una norma che la ragione impone a se stessa | *I. ipotetico*, nella filosofia di Kant, comando condizionato al raggiungimento di un determinato fine | *I. categorico*, nella filosofia di Kant, comando assoluto e incondizionato che la ragion pratica dà a se stessa. *3* (*dir.*) Imperatività.

imperatóre o †**emperadóre**, (*poet.*) †**imperadóre** [vc. dotta, lat. *imperatōre(m)*, da *imperātus* 'imperato'] **A** s. m. (f. *-trice*, V.) *1* Nell'antica Roma, titolo di chi era investito di una suprema autorità di comando | Appellativo con cui venivano acclamati sul campo i generali vittoriosi | Capo dell'impero romano. *2* Sovrano di un impero: *l'i. della Cina, del Giappone.* *3* Una delle figure nel gioco dei tarocchi. **B** in funzione di agg. inv. ● (posposto al s.) Nella loc. *pesce* (V.) *i.*

imperatòrio [vc. dotta, lat. *imperatōriu(m)*, da *imperātus* 'imperato'] agg. ● Relativo, proprio di un imperatore.

imperatrìce [lat. *imperatrīce(m)*, parallelo f. di *imperatōre(m)* 'imperatore'] s. f. *1* Sovrana di un impero. *2* Moglie di un imperatore. *3* Una delle figure dei tarocchi.

impercepìbile [comp. di *in-* (3) e *percepibile*] agg. ● (*raro*) Impercettibile.

impercettìbile [comp. di *in-* (3) e *percettibile*] agg. *1* Che non può essere percepito dai sensi: *differenza i.*; *alzò le spalle con un movimento quasi i.* (SVEVO). SIN. Inafferrabile. *2* (*est.*) Così piccolo, lieve o sfuggente che si percepisce o si avverte con difficoltà: *segno, rumore i.* || **impercettibilménte**, avv.

impercettibilità s. f. ● (*raro*) Qualità di ciò che è impercettibile.

†**imperché** [comp. di *in-* (2) e *perché*] **A** cong. ● (*raro*) Perché. **B** in funzione di s. m. ● Ragione, motivo, causa: *lo 'mperché non sanno* (DANTE *Purg.* III, 84).

†**impercìò** [comp. di *in-* (2) e *perciò*] cong. ● Perciò.

†**imperciocché** [comp. di *imperciò* e *che* (2)] cong. *1* (*lett.*) Per il fatto che, in quanto (introduce una prop. causale o dichiarativa con il v. all'indic.). *2* (*raro, lett.*) Affinché (introduce una prop. finale con il v. al congv.).

impercorrìbile [comp. di *in-* (3) e *percorribile*] agg. ● Che non si può percorrere.

imperdìbile [comp. di *in-* (3) e *perdibile*] agg. ● Che non si può perdere.

imperdonàbile [comp. di *in-* (3) e *perdonabile*] agg. ● Che non si può perdonare, che non merita perdono: *errore, colpa i.*; *distrazione, leggerezza i.* SIN. Ingiustificabile. CONTR. Scusabile. || **imperdonabilménte**, avv. Senza possibilità di perdono.

imperdonabilità s. f. ● Qualità di ciò che è imperdonabile.

imperfettìbile [comp. di *in-* (3) e *perfettibile*] agg. ● (*raro*) Non perfettibile.

imperfettibilità s. f. ● (*raro*) Qualità di ciò che è imperfettibile.

imperfettìvo [da *imperfetto*] agg. ● (*ling.*) Detto dell'aspetto verbale di un'azione vista nel suo svolgimento.

imperfètto [vc. dotta, lat. *imperfĕctu(m)*, comp. di *in-* neg. e *perfĕctus* 'perfetto', part. pass. di *perfĭcere* 'portare a termine'] **A** agg. *1* Non ancora finito, completato: *un'opera imperfetta* | (*ling.*) *Tempo* i., tempo della coniugazione del verbo che esprime un'azione continuata o contemporanea a un'altra, avvenuta nel passato. *2* Difettoso in qualche parte: *meccanismo i.*; *imperfetta esecuzione musicale*; *conati imperfetti della verità filosofica* (CROCE). || **imperfettaménte**, avv. In maniera imperfetta. **B** s. m. ● Tempo imperfetto del verbo: *i. indicativo, congiuntivo.*

imperfezióne [vc. dotta, lat. tardo *imperfectiōne(m)*, da *imperfĕctus* 'imperfetto'] s. f. *1* Qualità di ciò che è imperfetto: *lavoro di assoluta i.* *2* Difetto, manchevolezza, deficienza: *una i. della vista*; *gemma con qualche i.*; *astraendo tutte le imperfezioni della materia* (GALILEI).

imperforàbile [comp. di *in-* (3) e *perforabile*] agg. ● Detto di ciò che non può essere perforato.

imperforabilità s. f. ● Qualità di ciò che è imperforabile.

imperforàto [comp. di *in-* (3) e *perforato*] **A** agg. ● Non perforato. **B** s. m. ● (*zool.*) Protozoo foraminifero il cui guscio calcareo presenta una sola apertura.

imperforazióne [da *imperforato*] s. f. ● (*anat.*) Occlusione congenita di qualche canale o apertura: *i. anale, esofagea.*

impergolàre [comp. di *in-* (1) e *pergola*] v. tr. (*io impèrgolo*) ● Tendere i tralci sull'intelaiatura del pergolato.

†**impergolàta** s. f. ● Pergolato.

imperiàle (1) [vc. dotta, lat. tardo *imperiāle(m)*, da *imperāre* 'comandare'] **A** agg. *1* Relativo, appartenente all'imperatore, all'impero: *dignità, residenza i.*; *il dominio i.* *2* (*est., raro*) Maestoso, grandioso. *3* (*zool.*) *Luccio i.*, sfirena | *Pesce i.*, luvaro. || **imperialménte**, avv. (*raro*) In modo imperiale. **B** s. m. *1* Denaro d'argento coniato da Federico Barbarossa a Milano e poi da molte zecche dell'Italia settentrionale. *2* (*spec. al pl.*) Partigiani dell'imperatore, del Sacro Romano Impero | Milizia dell'imperatore.

imperiàle (2) [fr. *impériale*, perché posto in alto] s. m. *1* Specie di cassa per i bagagli, con coperte di cuoio, posta sopra il tetto delle carrozze da viaggio: *l'i. della diligenza* | Parte superiore di varie vetture, spec. autobus, con posti per i viaggiatori. *2* Parte della cassa di un veicolo ferroviario e sim. destinata alla copertura del medesimo. || †**imperialino**, dim. (V.).

imperialésco agg. (pl. m. *-schi*) ● (*raro, spreg.*) Imperiale.

†**imperialino** s. m. *1* Dim. di *imperiale* (2). *2* Specie di cappelliera che si sovrapponeva all'imperiale delle carrozze da viaggio.

imperialismo [ingl. *imperialism*, da *imperial* 'pertinente all'impero (*empire*, ma anche, latinamente, *imperius*)'] s. m. ● Tendenza di uno Stato ad espandere i propri domini e a esercitare la propria egemonia su altre nazioni spec. per assicurare sbocchi commerciali alla propria produzione.

imperialista [ingl. *imperialist*, da *imperial* 'pertinente all'impero (*empire*, ma anche, latinamente, *imperius*)'] **A** s. m. e f. (pl. m. *-i*) *1* Sostenitore dell'impero. *2* Fautore della politica e delle idee dell'imperialismo. **B** agg. ● Imperialistico.

imperialistico agg. (pl. m. *-ci*) ● Proprio dell'imperialismo: *politica imperialistica*.

imperialrègio o **imperial-règio** [da dividere *imperial(e)* (*e*) *regio*, secondo il modulo ted. *kaiserlich-königlich*] agg. (pl. f. *-gie*) ● Nell'impero austroungarico e nelle province a esso soggette, detto degli organi del governo e dell'amministrazione civile e militare.

†**impericolosire** [da *pericol(os)o*] **A** v. tr. ● (*raro*) Porre in pericolo. **B** v. intr. ● Correre pericolo.

imperiése **A** agg. ● Di Imperia. **B** s. m. e f. ● Abitante, nativo di Imperia.

†**impèrio** ● V. *impero* spec. nel sign. A3.

imperiosità s. f. ● Qualità di chi, di ciò che è imperioso | Atto imperioso.

imperióso [vc. dotta, lat. *imperiōsu(m)*, da *impĕrium* 'imperio'] agg. *1* Superbo e deciso nel comandare: *un capo i.* *2* Che ha l'autorità d'imporsi: *tono, atteggiamento i.* *3* (*fig.*) Che costringe irresistibilmente a fare q.c.: *bisogni imperiosi*. SIN. Impellente. || **imperiosaménte**, avv.

imperito [vc. dotta, lat. *imperītu(m)*, comp. di *in-* neg. e *perītus* 'perito'] agg. ● (*lett.*) Che non ha pratica, abilità ed esperienza nel suo lavoro o nelle pratiche della vita: *avendo ... condotti pochi fanti utili, ma molta turba imbelle ed imperita* (GUICCIARDINI). || **imperitaménte**, avv. (*raro*) Senza perizia.

imperitùro [vc. dotta, comp. di *in-* (*3*) e *peritūrus*, part. fut. di *perīre* 'morire'] agg. ● (*lett.*) Che non potrà perire: *gloria imperitura*.

imperizia [vc. dotta, lat. *imperītia(m)*, comp. di *in-* neg. e *perītia* 'perizia'] s. f. *1* Mancanza di abilità, esperienza, pratica e sim. in ciò che si dovrebbe conoscere. *2* (*dir.*) Insufficiente preparazione o inettitudine che può generare responsabilità a titolo di colpa.

imperlàre [comp. di *in-* (*1*) e *perla*] **A** v. tr. (*io impèrlo*) *1* Adornare con perle: *i. un abito da sera.* *2* (*fig.*) Cospargere di gocce simili a perle: *la rugiada imperla le foglie*; *il sudore imperla la fronte*. **B** v. intr. pron. ● Coprirsi di goccioline simili a perle: *imperlarsi di rugiada, di sudore*.

impermaliménto s. m. ● (*raro*) Modo e atto dell'impermalire e dell'impermalirsi.

impermalire [comp. di *in-* (*1*) e dell'espressione (*avere*) *per male*] **A** v. tr. (*io impermalìsco, tu impermalìsci*) ● Far risentire, offendere, crucciare: *la tua risposta l'ha impermalito*. **B** v. intr. pron. ● Aversela a male, indispettirsi, adontarsi, risentirsi: *impermalirsi per ogni critica*.

impermeàbile [fr. *imperméable*, dal lat. tardo *impermeābile(m)* 'che non può essere attraversato', comp. di *in-* neg. e *permeābilis*, da *permeāre*] **A** agg. ● Che non lascia passare sostanze fluide: *terreno, tessuto i.*; *i. all'acqua, ai gas* | *Orologio i.*, la cui cassa, munita di accorgimenti particolari, protegge il movimento da ogni infiltrazione d'acqua. || **impermeabilménte**, avv. **B** s. m. ● Indumento in tessuto di fibra vegetale, animale o artificiale, reso impenetrabile all'acqua, che si indossa sull'abito per difendersi dalla pioggia.

impermeabilità [comp. di *in-* (*3*) e *permeabilità*] s. f. ● Proprietà dei corpi solidi a non lasciarsi penetrare da liquidi o gas.

impermeabilizzànte **A** part. pres. di *impermeabilizzare*; anche agg. ● Nel sign. del v. **B** s. m. ● Preparato, materiale usato per impermeabilizzare.

impermeabilizzàre v. tr. ● Rendere impermeabile.

impermeabilizzàto part. pass. di *impermeabilizzare*; anche agg. ● Nel sign. del v.: *tessuto, soffitto i.*

impermeabilizzazióne s. f. ● Atto, effetto dell'impermeabilizzare.

impermutàbile [vc. dotta, lat. tardo *impermutābile(m)*, comp. di *in-* neg. e *permutābilis* 'permutabile'] agg. ● Che non è permutabile. || **impermutabilménte**, avv. (*raro*) Senza permutazione.

impermutabilità s. f. ● Qualità di ciò che è impermutabile.

impermutàto [vc. dotta, lat. tardo *impermutātu(m)*, comp. di *in-* neg. e *permutātus* 'permutato'] agg. ● (*raro*) Non permutato.

imperniàre o (*raro*) **impernàre** [comp. di *in-* (*1*) e *perno*] **A** v. tr. (*io impèrnio*) *1* Fissare, fermare o collegare q.c. mediante uno o più perni | Adattare q.c. su un perno. *2* (*fig.*) Basare: *tutto il racconto è imperniato su questo concetto*. **B** v. intr. pron. ● (*fig.*) Basarsi, fondarsi: *una tesi che si impernia su pochi concetti*.

imperniatùra s. f. ● Atto, effetto dell'imperniare | Insieme dei pezzi che imperniano q.c.

impèro o (*lett.*) †**impèrio** spec. nel sign. 5 [lat. *impĕriu(m)*, da *imperāre* 'comandare'] **A** s. m. *1* Forma di governo monarchico avente a capo un imperatore: *le lotte tra il papato e l'i.* | (*per anton.*) *Primo i., secondo i.*, quello rispettivamente di Napoleone I e Napoleone III. *2* Stato, Paese che ha per sovrano un imperatore: *l'i. d'Austria*; *l'i. del Giappone* | *Imperi centrali*, quelli di Germania e d'Austria, al centro dell'Europa, sino al 1918. *3* L'insieme dei paesi sottoposti ad un'unica autorità: *conquistare, fondare un i.*; *la caduta dell'i. romano d'occidente*; *il Sacro Romano i.*; *l'i. napoleonico*; *l'i. austro-ungarico*; *l'i. britannico*; *il crollo degli imperi coloniali*. *4* Nazione, società politica che esercita la sua autorità ed egemonia su popoli conquistati: *l'i. hitleriano è stato effimero*. *5* Potere, autorità, dominio assoluto (*anche fig.*): *l'i. di quei genitori sui figli è eccessivo*; *l'i. della ragione, della volontà sugli istinti*; *tre lustri già della tua casta vita / servito hai di Diana il duro i.* (L. DE' MEDICI) | (*econ.*) *Prezzi d'imperio*, stabiliti dall'autorità statale in contrapposizione a quelli formatisi per libera legge di mercato. *6* Sfera, ambito di espansione o supremazia estesa e profonda, spec. nel settore economico: *l'i. industriale della FIAT*. **B** in funzione di agg. inv. ● (posposto al s.) Detto di stile ornamentale neoclassico fiorito nel XIX sec., ispirato a suppellettili, ornati e linee greche, romane, etrusche ed egiziane: *stile i.*; *mobili i.* | *Abito i.*, a vita alta, e di linea morbida e drappeggiata.

†**imperò** [comp. di *in-* (*2*) e *però*] cong. *1* Perciò (con valore concl.). *2* Però (con valore avversativo).

†**imperocché** o †**imperò che** /imperok'ke*/ [comp. di *imperò e che* (*2*)] cong. ● (*lett.*) Imperciocché.

imperscrutàbile [vc. dotta, lat. tardo *imperscrutābile(m)*, comp. di *in-* neg. e di un deriv. da *perscrutāri* 'perscrutare'] agg. ● Che non si può indagare, scrutare: *ragioni imperscrutabili*; *un effetto soprannaturale, e perciò miracoloso e i. dagl'intelletti umani* (GALILEI). SIN. Impenetrabile, oscuro. || **imperscrutabilménte**, avv. Senza possibilità di indagine.

imperscrutabilità s. f. ● Qualità di ciò che è imperscrutabile.

impersonàle [vc. dotta, lat. tardo *impersonāle(m)*, comp. di *in-* neg. e *personālis* 'personale'] **A** agg. *1* (*ling.*) Che è privo di un soggetto determinato: *verbo i.*; *costruzione i. di un verbo*; *la forma i. è caratterizzata dall'uso della terza persona singolare* | *Modi impersonali*, modi del verbo che non comportano una flessione indicante la persona, e cioè l'infinito, il participio e il gerundio. *2* Che non si riferisce a nessuna persona determinata: *una critica i.* | *Mantenersi i. nei giudizi*, astenersi dai riferimenti personali cercando di essere obiettivo. *3* Privo di originalità, di carattere: *uno stile i.* SIN. Comune, piatto. || **impersonalménte**, avv. *1* Senza riferimento a una determinata persona: *parlare, criticare impersonalmente*. *2* In modo poco originale: *scrivere impersonalmente*. **B** s. m. ● Verbo impersonale.

impersonalismo [da *impersonale*] s. m. ● Concezione filosofica che nega qualsiasi pretesa di autonomia della persona umana. CONTR. Personalismo.

impersonalità s. f. ● Qualità di chi, di ciò che è impersonale: *i. di una critica, di un giudizio, dello stile*.

impersonàre [comp. di *in-* (*1*) e *persona*] **A** v. tr. (*io impersóno*) *1* Dare concreta personalità a una qualità o a un concetto astratto: *la Sapìa di Dante impersona l'invidia*. *2* Interpretare una parte, detto di attori: *i. Otello*. **B** v. rifl. ● Immedesimarsi di un attore nella propria parte. **C** v. intr. pron. ● Incarnarsi: *in lei si impersona l'avarizia*.

impersuadìbile [comp. di *in-* (*3*) e di un deriv. da *persuadere*, da *impersuaso*] agg. ● (*raro*) Che non si lascia persuadere.

impersuasìbile agg. ● Impersuadibile.

impersuasìvo [comp. di *in-* (*3*) e *persuasivo*] agg. ● (*raro, lett.*) Non persuasivo: *i tentativi ... riuscivano impersuasivi e miserabili, tanto che si finì col tacerne* (CROCE).

impersuàso [comp. di *in-* (*3*) e *persuaso*] agg. ● (*raro*) Non persuaso.

impertèrrito [vc. dotta, lat. *impertĕrritu(m)*, comp. di *in-* neg. e *pertĕrritus*, part. pass. di *perterrēre*, ints. di *terrēre* 'atterrire'] agg. ● Che non si spaventa o non si lascia turbare: *continuò i. nell'azione*. SIN. Impassibile, imperturbabile.

impertinènte [vc. dotta, lat. *impertinĕnte(m)*, nom. *impĕrtinens*, comp. di *in-* neg. e *pĕrtinens*, part. pres. di *pertinēre*, 'pertinente'] **A** agg. *1* Di persona poco riguardosa, sfacciata e sim.: *un giovane i.* | Di atto o discorso insolente e irrispettoso: *comportamento, frase i.* *2* †Che non è pertinente | Che è fuori di proposito, sconveniente, inopportuno: *domanda i.* || **impertinenteménte**, avv. *1* In modo insolente e sfacciato: *rispondere impertinentemente*. *2* †Importunamente. **B** s. m. e f. ● Persona sfacciata e insolente. || **impertinentèllo**, dim. | **impertinentùccio**, †**impertinentùzzo**, dim.

impertinènza s. f. *1* Qualità di chi, di ciò che è impertinente: *la sua i. gli procurerà qualche guaio*. SIN. Sfacciataggine. *2* Atto, discorso sconveniente e importuno: *fare, dire impertinenze*. SIN. Insolenza.

imperturbàbile [vc. dotta, lat. tardo *imperturbābile(m)*, comp. di *in-* neg. e di un deriv. da *perturbāre*] agg. *1* Di persona che non si turba o non perde la calma: *un carattere i.* SIN. Impassibile, imperterrito. *2* Che non può essere turbato, detto di cosa: *calma, serenità i.* || **imperturbabilménte**, avv.

imperturbabilità s. f. ● Qualità di chi, di ciò che è imperturbabile. SIN. Impassibilità.

imperturbàto [vc. dotta, lat. *imperturbātu(m)*, comp. di *in-* neg. e *perturbātus*, part. pass. di *perturbāre* 'perturbare'] agg. ● Non perturbato. SIN. Calmo, sereno, tranquillo.

†**imperturbazióne** [vc. dotta, lat. tardo *imperturbatiōne(m)*, da *imperturbātus* 'imperturbato'] s. f. ● Tranquillità, serenità.

imperversaménto s. m. ● (*raro*) Modo e atto dell'imperversare.

imperversàre [comp. di *in-* (*1*) e *perverso*] v. intr. (*io impervèrso*; aus. *avere*) *1* Agire, infierire con violenza: *i. contro una persona*. *2* Infuriare, incrudelire, sfrenarsi, detto di elementi naturali, malattie, catastrofi e sim.: *la tempesta imperversò distruggendo il raccolto*; *imperversava nella regione una epidemia di colera*. *3* (*scherz.*) Diffondersi senza freno e misura, detto di mode, costumi e sim.: *imperversano le gonne corte*.

impervietà s. f. ● Qualità di ciò che è impervio.

impèrvio [vc. dotta, lat. *impĕrviu(m)*, comp. di *in-*

neg. e *pĕrvius* 'accessibile, praticabile', da *pĕr* 'attraverso' e *vīa* 'strada'] **agg.** *1* Di luogo difficilmente raggiungibile o transitabile: *una strada impervia.* **SIN.** Impraticabile, malagevole | (*mar.*) *Reti impervie*, quelle usate per ostruire i porti e proteggere dai siluri le navi alla fonda, durante le operazioni belliche. *2* (*med.*) Detto di organo cavo parzialmente o totalmente occluso. *3* (*ott.*) Opaco.

impestàre [comp. di *in-* (*1*) e *peste*] **v. tr.** (*io impèsto*) ● (*pop.*) Appestare.

impetecchito [comp. di *in-* (*1*) e un deriv. di *petecchia*] **agg.** *1* (*raro*) Coperto di petecchie. *2* (*raro, fig.*) Spilorcio.

impetigine o **empetigine**, **impetiggine** [vc. dotta, lat. *impetīgine(m)*, nom. *impetīgo*, comp. di *in-* (raff.?) e *petīgo* 'specie di erpete o di eruzione cutanea', di etim. incerta] **s. f.** ● (*med.*) Infezione contagiosa della pelle caratterizzata da pustole giallastre che si disseccano in croste.

impetiginóso [vc. dotta, lat. tardo *impetiginōsu(m)*, comp. di *in-* (raff.?) e *petiginōsus* 'pieno di eruzioni', da *petīgo* (V. *impetigine*)] **agg.** ● Relativo all'impetigine | Affetto da impetigine.

ìmpeto [vc. dotta, lat. *ĭmpetu(m)*, di formazione incerta] **s. m.** *1* Pressione o moto violento: *l'i. della corrente*; *la nave lotta contro l'i. delle onde* | *Fare i. contro q.c.*, premere | Assalto rapido e veemente: *l'i. degli attaccanti travolse ogni difesa*; *resistere all'i. del nemico* | *Fare i. contro qc.*, attaccarlo, assalirlo con veemenza. *2* (*fig.*) Impulso violento e incontrollato, dovuto a sentimenti di particolare intensità: *un i. d'odio, d'amore*; *in un i. d'ira si gettò su di lui* | *I. oratorio*, foga del discorso | (*raro*) *Essere di primo i.*, essere impulsivo | †*A i.*, con impeto | *Agire d'i.*, d'impulso. **SIN.** Foga, slancio.

impetràbile [vc. dotta, lat. *impetrābile(m)*, comp. di *in-* illativo e *patrābilis*, da *patrāre* (V. *impetrare* (*1*))] **agg.** ● (*raro*) Che si può impetrare.

impetràre (1) [vc. dotta, lat. *impetrāre*, comp. di *in-* illativo e *patrāre*, originariamente 'compiere un atto in qualità di padre (*pāter*)', poi gener. 'condurre a termine' e 'ottenere'] **v. tr.** (*io impètro*) *1* Ottenere con preghiere: *i. una grazia, un favore*; *se di vecchiezza / la detestata soglia / evitar non impetro* (LEOPARDI). *2* Domandare supplicando: *impetriamo la loro considerazione.*

impetràre (2) ● V. *impietrare.*

impetratóre [vc. dotta, lat. tardo *impetratōre(m)*, da *impetrātus*, part. pass. di *impetrāre* 'impetrare (1)'] **s. m.**; anche **agg.** (f. *-trice*) ● (*raro, lett.*) Chi, che impetra, supplica.

impetratòrio agg. ● (*raro, lett.*) Che tende, serve a impetrare.

impetrazióne [vc. dotta, lat. *impetratiōne(m)*, comp. di *in-* raff. e *patrātio* 'conclusione', da *patrātus*, part. pass. di *patrāre* (V. *impetrare* (*1*))] **s. f.** ● (*lett.*) Atto, effetto dell'impetrare | Supplica, preghiera.

†**impetrire** ● V. *impietrire.*

†**impètro** [da *impetrare* (*1*)] **s. m.** ● Preghiera.

impettìrsi [comp. di *in-* (*1*) e *petto*] **v. intr. pron.** (*io m'impettisco, tu t'impettisci*) ● Sporgere il petto in fuori, tenendo il busto rigido, per lo più in segno di boria, tracotanza e sim.

impettito [comp. di *in-* (*1*) e *petto*] **agg.** ● Detto di persona che sta eretta e col petto in fuori, spec. in segno di orgoglio o di superbia: *un vecchio signore dignitoso e i.*; *camminava tutta impettita.*

impetuosità s. f. ● Qualità di chi, di ciò che è impetuoso. **SIN.** Focosità, irruenza, violenza.

impetuóso [vc. dotta, lat. tardo *impetuōsu(m)*, da *ĭmpetus* 'impeto'] **agg.** *1* Che agisce con impeto, violenza e aggressività: *vento, corrente impetuosi*; *la gente ... impetuosa e ratta / allor quanto più puote affretta i passi* (TASSO) | Furioso, veemente: *assalto i.* *2* Detto di persona che si lascia trasportare istintivamente da sentimenti improvvisi: *un ragazzo i.*; *carattere, temperamento i.* **SIN.** Ardente, focoso, irruente. **CONTR.** Flemmatico. *3* Detto di azione, discorso e sim., pieni di foga, di impeto: *gesto i.*; *requisitoria impetuosa.* || **impetuosaménte**, **avv.** Con impeto.

†**impiacevolire** [comp. di *in-* (*1*) e *piacevole*] **A v. tr.** ● Rendere piacevole | (*fig.*) Blandire. **B v. intr.** e **intr. pron.** ● Mostrarsi compiacente | (*est.*) Arrendersi.

impiagaménto s. m. ● (*raro*) Atto, effetto dell'impiagare e dell'impiagarsi.

impiagàre [comp. di *in-* (*1*) e *piaga*] **A v. tr.** (*io impiàgo, tu impiàghi*) *1* Coprire di piaghe: *la ferita gli ha impiagato una gamba.* *2* (*lett.*) Ferire. **B v. intr. pron.** ● Coprirsi di piaghe | Diventare, fare piaga.

impiagatùra s. f. *1* (*raro*) Atto, effetto dell'impiagare e dell'impiagarsi. *2* (*raro*) Piaga.

impiallacciàre [comp. di *in-* (*1*) e *piallaccio*] **v. tr.** (*io impiallàccio*) *1* Rivestire con fogli sottili di legno pregiato: *i. q.c. in mogano.* *2* (*est.*) Rivestire con piccole lastre di marmo pilastri di pietra o di cotto, facciate di edifici e sim.

impiallacciàto part. pass. di *impiallacciare*; anche **agg.** ● Nei sign. del v.

impiallacciatóre s. m. ● Operaio addetto all'impiallacciatura.

impiallacciatùra s. f. *1* Tecnica decorativa usata dagli ebanisti per arricchire un mobile con sottili fogli di legno pregiato e talvolta con squame di tartaruga applicate sulla superficie di legno comune. **SIN.** Impellicciatura. *2* Materiale usato in tale tecnica decorativa.

impianellàre [comp. di *in-* (*1*) e *pianella* nel sign. 2] **v. tr.** (*io impianèllo*) ● Coprire di pianelle un pavimento o un tetto.

impianellàto A part. pass. di *impianellare*; anche **agg.** ● Nei sign. del v. **B s. m.** ● Lavoro fatto di pianelle, per rivestimento di pavimenti o tetti.

impiantaménto s. m. ● (*raro*) Impianto.

impiantàre [comp. di *in-* (*1*) e *piantare*, come il lat. tardo *implantāre*] **v. tr.** *1* Sistemare opportunamente i pezzi e i congegni di una macchina o altra struttura allo scopo di costruirla: *i. un motore elettrico.* *2* (*est.*) Avviare, fondare, istituire: *i. un'azienda commerciale, una scuola* | *I. una casa*, arredarla e fornirla di tutto ciò che occorre per abitarvi | *I. una discussione, un dibattito*, fissare le linee principali di un discorso o un ragionamento. *3* Mettere a dimora piante arboree, fare una piantagione. *4* (*chir.*) Inserire nell'organismo strutture gener. artificiali ben tollerate, allo scopo di mantenere o ripristinare la funzione di tessuti, organi o parti di essi alterati.

impiantìre [comp. di *in-* (*1*) e *pianta*] **v. tr.** (*io impiantìsco, tu impiantìsci*) ● (*raro*) Dotare di impiantito.

impiantista [da *impianto*] **A s. m.** (pl. *-i*) ● Tecnico specializzato in impiantistica. **B** anche **agg.**: *disegnatore, ingegnere, tecnico i.*

impiantìstica s. f. ● (*tecnol.*) Progettazione, costruzione ed esercizio degli impianti industriali, con particolare riguardo, oltre che agli aspetti funzionali, anche a quelli economici.

impiantìstico agg. (pl. m. *-ci*) ● Relativo agli impianti o all'impiantistica.

impiantito [dal part. pass. di *impiantire*] **s. m.** ● Pavimento di legno, mattoni, marmo e sim. su un letto di malta.

impiànto [da *impiantare*] **s. m.** *1* Operazione dell'impiantare, fase iniziale dell'organizzazione di un'attività: *l'i. di una fabbrica* | *Spese di i.*, quelle che si sostengono per iniziare un'attività industriale, commerciale o per arredare una casa. *2* Complesso di attrezzature necessarie per q.c.: *i. di riscaldamento*; *i. frigorifero, telefonico* | (*edil.*) *Impianti igienici, impianti sanitari, impianti idrosanitari*, destinati alla pulizia personale e allo smaltimento di ogni tipo di materie di rifiuto organico, comprendenti lavabi, lavandini, latrine, bidè, docce e sim. | *I. elettrico*, complesso di opere atte alla generazione, al trasporto e all'utilizzazione dell'energia elettrica | *I. a spina*, costituito da un apparecchio telefonico che si può inserire alternativamente in due o più attacchi a spina | *I. sportivo*, stadio o complesso di campi di gioco e sim. con le opportune attrezzature per la pratica di attività agonistiche. *3* (*org. az.*) Complesso costruttivo fisso installato nella fabbrica, che costituisce il mezzo tecnico per le lavorazioni industriali secondo il processo produttivo: *i. produttivo*; *spese per macchinari e impianti.* *4* (*biol.*) Annidamento dell'uovo fecondato | Trapianto, spec. per scopi sperimentali. *5* (*med.*) Sostituzione di un organo o di una sua parte con una struttura artificiale. *6* (*mar.*) Installazione di cannoni di grosso calibro. *7* †Pretesto, cavillo.

impiantologìa ● V. *implantologia.*

impiastracàrte [comp. di *impiastra(re)* e del pl. di *carta*] **s. m. e f. inv.** ● (*raro*) Imbrattacarte.

impiastrafògli [comp. di *impiastra(re)* e del pl. di *foglio*] **s. m. e f.** ● Imbrattacarte.

impiastraménto s. m. ● (*raro*) Modo e atto dell'impiastrare e dell'impiastrarsi | (*raro*) Ciò che impiastra.

impiastràre o (*raro*) **empiastràre** [lat. tardo *emplastrāre*, da *emplăstrum* 'impiastro'] **A v. tr.** *1* Spalmare di materia untuosa o attaccaticcia, simile a un impiastro: *i. una carta di catrame.* *2* (*est.*) Insudiciare, imbrattare: *i. il soprabito di fango* | (*scherz.*) Dipingere male: *i. tele* | (*spreg.*) *Impiastrarsi il viso*, imbellettarsi. **B v. rifl.** ● Ungersi con sostanze oleose o attaccaticce. **C v. rifl. rec.** ● (*fig.*) †Legarsi, mettersi d'accordo: *io credo che la ragione perché Inghilterra si impiastrasse con Francia, fosse per vendicarsi contro a Spagna* (MACHIAVELLI).

impiastratóre s. m. (f. *-trice*) ● Chi impiastra | (*spreg.*) Cattivo pittore.

impiastricciaménto s. m. ● (*raro*) Atto, effetto dell'impiastricciare.

impiastricciàre [da *impiastrare*] **v. tr.** (*io impiastrìccio*) ● (*spreg.*) Impiastrare, imbrattare qua e là.

impiastriccicàre v. tr. (*io impiastrìccico, tu impiastrìccichi*) ● (*tosc.*) Impiastricciare.

impiàstro o **empiàstro** [lat. *emplăstru(m)*, dal gr. *émplastron*, da *emplássein*, comp. di *en-* 'dentro' e *plássein* 'modellare'] **s. m.** *1* (*med.*) Mistura medicamentosa simile a una pasta che viene distribuita sulla parte malata e si ammorbidisce al calore corporeo aderendo alla cute sottostante. *2* (*raro, fig.*) Rimedio | *I. su una gamba di legno*, (*fig.*) rimedio inutile. *3* (*fig., fam.*) Persona seccante e noiosa | Persona di salute cagionevole. *4* (*raro, fig.*) Lavoro fatto male. *5* †Opera di fattucchiera. || **impiastràccio**, pegg. | **impiastrino**, dim.

impiccàbile agg. ● (*raro*) Che può essere impiccato.

impiccagióne s. f. ● Esecuzione capitale in cui il condannato viene impiccato.

impiccaménto s. m. ● Atto, effetto dell'impiccare e dell'impiccarsi.

impiccàre [comp. di *in-* (*1*) e *picca*] **A v. tr.** (*io impìcco, tu impìcchi*) *1* Sospendere qc. con un laccio intorno alla gola, dandogli così la morte: *i. qc. a un albero, a una trave* | †*I. sulla croce*, crocifiggere | *I. qc. per i piedi*, sospenderlo a testa in giù | (*fam.*) *Neanche se mi impiccano*, (*iperb.*) per nessuna ragione al mondo: *non lo farò, neanche se mi impiccano.* *2* (*raro, est.*) Appendere, collocare q.c. troppo in alto: *i. un quadro.* **B v. rifl.** ● Sospendersi con un laccio intorno al collo, dandosi così la morte: *impiccarsi alle sbarre della finestra* | *Impiccati!, che s'impicchi!*, va, che vada, al diavolo | †*A impiccarla bene*, a dir molto.

impiccàto A part. pass. di *impiccare*; anche **agg.** *1* Nei sign. del v. *2* (*fig.*) Rigido come un impiccato: *sentirsi i. in un abito troppo stretto* | (*fig.*) Assillato, pressato, messo in difficoltà: *sentirsi i. dai tempi, dalle scadenze.* **B s. m.** (f. *-a*) *1* Chi ha ricevuto la morte con l'impiccagione: *l'i. penzolava dalla forca* | (*fig.*) *Voce da i.*, esile, soffocata. *2* †Individuo degno della forca.

†**impiccatóio agg.** ● Meritevole di impiccagione.

impiccatóre s. m.; anche **agg.** (f. *-trice*, raro) ● (*raro*) Chi, che impicca | Chi, che condanna o manda molte persone all'impiccagione.

impiccatùra s. f. ● (*raro*) Impiccagione.

impicciàre [ant. fr. *empeechier*, dal lat. *impedicāre* 'impedire, perché preso coi piedi in trappola' (*pĕdica*, da *pes*, genit. *pĕdis* 'piede')] **A v. tr.** (*io impìccio*) ● Impacciare, intralciare, ostacolare (*anche ass.*): *i vestiti stretti impicciano chi li porta*; *potrebbe anche dare una mano, ... in vece di venir tra' piedi a piangere e a i.* (MANZONI) | Ingombrare: *i. la strada, il passaggio.* **B v. intr. pron.** ● Immischiarsi, intromettersi: *impicciarsi negli affari degli altri* | *Impicciarsi con qc.*, legarsi a qc. per affari poco onesti.

impicciativo agg. ● (*raro*) Che procura impiccio.

impicciàto part. pass. di *impicciare*; anche **agg.**

1 Nei sign. del v. *2* (*fam.*) Detto di persona che si trova negli impicci, nei guai o è imbarazzato e confuso | Occupato in varie faccende, oberato da diversi impegni: *oggi sono molto i.* *3* (*fam.*) Intricato, difficile da sbrogliare: *è un affare alquanto i.*

impiccinìre [comp. di *in-* (*1*) e *piccino*] **A** v. tr. (*io impiccinìsco, tu impiccinìsci*) ● Far diventare piccino | (*fig.*) Rendere misero, meschino: *i. un ideale.* **B** v. intr. e intr. pron. (aus. *essere*) ● Farsi piccolo o più piccolo.

impìccio [da *impicciare*] s. m. *1* Ingombro, intralcio, ostacolo: *essere d'i.* | (*est.*) Briga, seccatura, fastidio: *procurare impicci* | Imbarazzo: *cavarsi d'i.* *2* Affare imbrogliato: *essere negli impicci; cavare, togliere qc. dagli impicci.* SIN. Guaio. *3* (*raro*) Debito, ipoteca. || **impicciarèllo**, (*raro*) **impiccerèllo**, dim.

impicciolìre [comp. di *in-* (*1*) e *picciolo* (*1*)] v. tr., intr. e intr. pron. (*io impicciolìsco, tu impicciolìsci*; aus. intr. *essere*) ● (*raro*) Impiccolire.

impiccióne [da *impicciare*] s. m. (f. *-a*) *1* Chi s'impiccia abitualmente delle faccende altrui. SIN. Ficcanaso. *2* (*raro*) Chi procura impicci. || **impiccionàccio**, pegg.

impiccolimènto s. m. ● Atto, effetto dell'impiccolire e dell'impiccolirsi.

impiccolìre [comp. di *in-* (*1*) e *piccolo*] **A** v. tr. (*io impiccolìsco, tu impiccolìsci*) ● Far diventare o sembrare più piccolo: *i. l'immagine.* CONTR. Ingrandire. **B** v. intr. e intr. pron. (aus. *essere*) ● Diventare, apparire piccolo o più piccolo: *le cose si impiccoliscono allontanandosi.* CONTR. Ingrandirsi.

impidocchiàre [comp. di *in-* (*1*) e *pidocchio*] **A** v. tr. (*io impidòcchio, tu impidòcchi*) ● Riempire di pidocchi | Attaccare i pidocchi a qc. **B** v. intr. pron. ● Riempirsi di pidocchi.

impidocchìre [comp. di *in-* (*1*) e *pidocchio*] v. intr. e intr. pron. (*io impidocchìsco, tu impidocchìsci*; aus. *essere*) *1* Diventare pieno di pidocchi: *impidocchirsi per la sporcizia; queste piante si impidocchiscono facilmente.* *2* (*fig.*) Vivere nella miseria e nello squallore morale.

impiegàbile agg. ● Che si può impiegare: *somma, denaro i.*

impiegàre [lat. *implicāre* 'avvolgere, vincolare', comp. di *in-* 'dentro' e *plicāre* 'piegare, ripiegare', ints. di *plĕctere*, di origine indeur.] **A** v. tr. (*io impiègo, tu impièghi*) *1* Adoperare, usare, utilizzare q.c. per uno scopo: *i. ogni diligenza nell'eseguire i propri compiti; i. il tempo libero a leggere* | *I. un quarto d'ora*, metterci un quarto d'ora | Spendere, investire: *i. il denaro in cose futili; i. i risparmi in titoli di Stato.* *2* Assumere qc. per un lavoro temporaneo o fisso: *i. due giardinieri per potare gli alberi; l'hanno impiegato in banca.* **B** v. rifl. *1* Ottenere un impiego: *mi sono impiegato alle poste.* *2* (*raro*) Applicarsi: *impiegarsi in un lavoro accurato* | (*raro*) Prestarsi a fare q.c.: *impiegarsi per qc.*

impiegatìzio agg. ● Che riguarda gli impiegati: *rapporto i.; classe impiegatizia.*

impiegatizzazióne [da *impiegato*] s. f. ● Trasformazione di una libera professione in un lavoro impiegatizio.

impiegàto A part. pass. di *impiegare*; anche agg. ● Nei sign. del v. **B** s. m. (f. *-a*) ● Dipendente addetto a lavori non manuali in uffici pubblici o privati | *I. di concetto*, con mansioni di collaborazione intellettuale amministrativa o tecnica | *I. d'ordine*, con mansioni di collaborazione, eccettuata ogni prestazione semplicemente manuale | *I. pubblico*, impiegato dello Stato o di altro ente pubblico. || **impiegatàccio**, pegg. | **impiegatino**, dim. | **impiegatùccio**, **impiegatùzzo**, dim. | **impiegatùcolo**, dim., spreg.

impiegatùme [da *impiegato* col suff. spreg. *-ume*] s. m. ● (*spreg.*) Complesso di impiegati.

impiègo [da *impiegare*] s. m. (pl. *-ghi*) *1* Atto, effetto dell'impiegare q.c.: *fare un i. razionale del tempo; un i. redditizio del denaro.* SIN. Uso, utilizzazione. *2* Occupazione, posto di lavoro stabile in un ufficio: *i. fisso, incerto; i. pubblico, privato; aveva perduto un i. discreto procuratogli con somma fatica* (SVEVO) | *Pieno i.*, situazione di mercato in cui l'offerta di lavoro è pari o inferiore alla richiesta di lavoro con conseguente eliminazione della disoccupazione. *3* (*dir.*) Rapporto di dipendenza di un impiegato dal datore di lavoro: *legislazione sull'i. privato, pubblico.* || **impiegùccio**, dim.

impietosìre [comp. di *in-* (*1*) e *pietoso*] **A** v. tr. (*io impietosìsco, tu impietosìsci*) ● Muovere a pietà: *i. il cuore di qc.; disgrazie che impietosirebbero chiunque.* SIN. Commuovere. **B** v. intr. pron. ● Sentire pietà: *impietosirsi al racconto di casi tristi.* SIN. Commuoversi.

impietóso [comp. di *in-* (*3*) e *pietoso*] agg. ● Crudele, disumano. || **impietosamènte**, avv. Senza pietà.

†**impietramènto** s. m. ● Impietrimento.

impietràre o (*lett.*) **impetràre** (*2*) v. tr. e intr. (*io impiètro*; aus. intr. *essere*) ● Impietrire: *Io non piangea, sì dentro impetrai* (DANTE *Inf.* XXXIII, 49).

impietrimènto s. m. ● Pietrificazione | (*fig.*) Indurimento.

impietrìre o †**impetrìre** [comp. di *in-* (*1*) e *pietra*] **A** v. tr. (*io impietrìsco, tu impietrìsci*) *1* Trasformare in pietra: *la Gorgone impietriva chi la guardava.* *2* (*fig.*) Far diventare duro e insensibile: *la disgrazia improvvisa l'ha impietrito.* **B** v. intr. e intr. pron. (aus. *essere*) *1* Diventare pietra. *2* (*fig.*) Diventare duro e insensibile, come di pietra: *impietrì per il forte spavento; il cuore gli si impietrì.*

impigliàre [letteralmente *'pigliare* dentro (*in-*)'] **A** v. tr. (*io impìglio*) *1* Afferrare, trattenere impedendo i movimenti: *i rovi le impigliarono le vesti; i. un pesce nella rete* | (*fig.*) Circuire, avviluppando: *i. qc. nelle lusinghe e nelle adulazioni.* *2* †Ingombrare, occupare. *3* †Imprendere, iniziare. **B** v. intr. pron. ● Rimanere preso, avviluppato: *impigliarsi negli ingranaggi di una macchina* | (*fig.*) Rimanere coinvolto in q.c.: *impigliarsi nelle difficoltà.*

impignoràbile [comp. di *in-* (*3*) e *pignorabile*] agg. ● (*dir.*) Che non può essere sottoposto a pignoramento: *bene i.*

impignorabilità s. f. ● Condizione di ciò che è impignorabile.

impigrìre [comp. di *in-* (*1*) e *pigro*] **A** v. tr. (*io impigrìsco, tu impigrìsci*) ● Rendere pigro e torpido: *l'ozio impigrisce la mente ed il corpo.* SIN. Impoltronire. **B** v. intr. e intr. pron. (aus. *essere*) ● Diventare pigro: *i cani da caccia impigriscono senza esercizio; si è impigrito per la noia.* SIN. Impoltronirsi.

†**impìgro** [vc. dotta, lat. *ĭmpigru(m)*, nom. *ĭmpiger*, comp. di *in-* neg. e *pĭger* 'pigro'] agg. ● Sollecito, diligente, operoso.

impilàbile [da *impilare*] agg. ● Che si può impilare: *sedie impilabili.*

impilàggio [da *impilare*, sul modello del corrispondente fr. *empilage* (da *empiler*)] s. m. *1* Atto, effetto dell'impilare. *2* Pila di oggetti.

impilàre [comp. di *in-* (*1*) e *pila* (*1*)] v. tr. ● Porre ordinatamente vari oggetti uno sopra l'altro: *i. imballaggi, pellami.*

impillaccheràre [comp. di *in-* (*1*) e *pillacchera*] **A** v. tr. (*io impillàcchero*) ● (*tosc.*) Imbrattare con schizzi di fango: *mi sono impillaccherato il vestito.* **B** v. rifl. ● Infangarsi.

†**impìngere** [vc. dotta, lat. *impĭngere*, comp. di *in-* 'dentro' e *pàngere* 'piantare', da cui 'stabilire solidamente, concludere', di origine indeur.] **A** v. tr. ● Spingere avanti, contro | (*est.*) Caricare, assalire. **B** v. intr. pron. ● Spingersi contro | Opporsi.

impinguamènto s. m. ● Atto, effetto dell'impinguare e dell'impinguarsi.

impinguàre [vc. dotta, lat. tardo *impinguāre*, comp. di *in-* illativo e *pĭnguis* 'grasso, pingue'] **A** v. tr. (*io impìnguo*) *1* Rendere pingue, grasso: *i. il ventre, un maiale.* *2* (*fig.*) Arricchire: *i. le tasche di qc.; i. le casse di una ditta* | (*fig.*) *I. un racconto, una descrizione*, abbondare nelle spiegazioni e nei richiami. **B** v. intr. e intr. pron. (aus. *essere*) *1* (*raro*) Ingrassare: *invecchiando è molto impinguato; così impinguava mangiando eccessivamente.* *2* (*fig., lett.*) Arricchirsi spiritualmente: *u' ben s'impingua se non si vaneggia* (DANTE *Par.* X, 96).

impinguatóre s. m.; anche agg. (f. *-trice*) ● (*raro*) Che impingua.

†**impinguazióne** [vc. dotta, lat. tardo *impinguatiōne(m)*, da *impinguātus* 'impinguato'] s. f. ● Ingrassamento.

impinguimènto s. m. ● Impinguamento.

impinguìre [comp. di *in-* (*1*) e *pingue*] v. intr. e intr. pron. (*io impinguìsco, tu impinguìsci*; aus. *essere*) ● Diventare pingue.

impinzàre [lat. parl. **impinctiāre* per *impĭngere* 'spingere (*păngere*) dentro (*in-*)'] **A** v. tr. ● Riempire di cibo: *alla cena l'hanno impinzato di leccornie* | (*fig.*) Rendere pieno, saturo: *i. un ragazzo di nozioni inutili; i. un compito di errori.* **B** v. rifl. ● Rimpinzarsi.

†**impìo** e *deriv.* ● V. *empio* (*1*) e *deriv.*

impiombàre [dal lat. tardo *implumbāre* 'saldare con piombo', comp. di *in-* illativo e *plumbāre*, da *plŭmbum* 'piombo'] **A** v. tr. (*io impiómbo*) *1* Fermare o saldare con piombo: *i. un anello nel muro; i. un tubo* | Rivestire di piombo: *i. un tetto.* *2* Munire di sigillo di piombo o di piombini la chiusura di pacchi, casse e simili: *i. un baule, un carro ferroviario.* *3* (*mar.*) Congiungere senza nodo, per semplice intreccio dei trefoli o dei legnoli, i capi di due funi. *4* In odontoiatria, piombare. SIN. Incordonare. **B** v. intr. pron. ● †Diventare pesante come il piombo.

impiombàto part. pass. di *impiombare*; anche agg. ● Nei sign. del v.

impiombatùra s. f. *1* Atto, effetto dell'impiombare: *l'i. di un pacco; l'i. di un dente* | Il piombo per impiombare. *2* (*agr.*) Virosi della vite.

impiotamènto s. m. ● Atto, effetto dell'impiotare.

impiotàre [comp. di *in-* (*1*) e *piota*] v. tr. (*io impiòto*) ● Ricoprire un terreno, spec. giardini e aiuole, con piote erbose.

impipàrsi [comp. di *in-* (*1*) e *pipare* 'fumare la *pipa*', in senso fig.] v. intr. pron. ● (*pop.*) Non curarsi di qc. o di q.c.: *me ne impipo di quello che possono dire.*

impippiàre [comp. di *in-* (*1*) e *pippio*, nel senso di 'becco', come *imbeccare*] **A** v. tr. (*io impìppio*) ● (*raro, tosc.*) Imbeccare uccelli, polli e sim. | (*est.*) Suggerire. **B** v. intr. pron. ● (*raro, tosc.*) Rimpinzarsi.

†**impìreo** ● V. *empireo.*

†**impìrio** ● V. *empireo.*

impiumàre [comp. di *in-* (*1*) e *piuma*] **A** v. tr. *1* Fornire o coprire di piume: *i. il nido; i. le ali* | Ornare di piume: *i. l'elmo, il cimiero.* *2* (*tess.*) *I. lana, seta, pelli*, secondo un antico procedimento, immergerle in un primo bagno colorante leggerissimo. **B** v. intr. pron. ● Mettere le penne: *gli uccellini cominciano a impiumarsi.*

impiumatùra s. f. ● (*tess.*) Operazione, modo e spesa dell'impiumare.

impiùmo [da *impiumare*, nel sign. A 2] s. m. ● Primo fondo di colore un tempo dato a tessuti da tingere.

implacàbile [vc. dotta, lat. *implacābile(m)*, comp. di *in-* neg. e *placābilis*, da *placāre*] agg. *1* Che non si può o non si vuole placare: *nemico, odio i.* | Che non dà tregua: *sole, tempesta i.* SIN. Inesorabile, ostinato. *2* (*est.*) Duro, crudele, terribile: *sentenza i.* || **implacabilménte**, avv. In modo implacabile; inesorabilmente.

implacabilità [vc. dotta, lat. tardo *implacabilitāte(m)*, da *implacābilis* 'implacabile'] s. f. ● L'essere implacabile: *l'i. di un nemico; l'i. del clima torrido dell'estate.* SIN. Inesorabilità.

implacàto [vc. dotta, lat. *implacātu(m)*, comp. di *in-* neg. e *placātus*, part. pass. di *placāre* 'placare'] agg. ● (*raro*) Che persiste nell'ira e nel risentimento | (*lett.*) Implacabile.

implantazióne [ingl. *implantation*, da *to implant* 'piantare, fissare, impiantare'] s. f. ● *i. di ioni*, introduzione di impurezze nelle regioni prossime alla superficie di un cristallo per mezzo di un fascio di atomi.

implantologìa o **impiantologìa** [dal lat. tardo *implantāre* 'impiantare', col suff. *-logia*] s. f. *1* (*chir.*) Innesto di ciocche di capelli sulla cute, come rimedio contro la calvizie. *2* (*chir.*) *I. orale, i. endossea*, in odontoiatria, tecnica che permette di sostituire i denti mancanti con una protesi fissa, mediante l'inserimento di supporti metallici nelle ossa mascellari e mandibolari.

implantòlogo s. m. (f. *-a*; pl. m. *-gi*) ● Odontoiatra specializzato in implantologia.

implementàre [ingl. *to implement*, dal lat. *implēre* 'riempire, adempiere'] v. tr. (*io impleménto*) ● (*elab.*) Rendere operante un sistema di elaborazione o un programma, a partire dal progetto, attraverso la formalizzazione dell'algoritmo risolutivo, la codifica in un linguaggio di programmazione, l'esecuzione e la verifica.

implementazióne s. f. ● Atto, effetto dell'implementare.

implicànza [da *implicare*] s. f. *1* †Contraddizione. *2* Implicazione, riferimento: *ciò non ha i. coi nostri problemi.*

implicàre [vc. dotta, lat. *implicāre* 'avvolgere', comp. di *in-* 'dentro' e *plicāre* 'piegare'] **A** v. tr. (*io ìmplico*, poet. *implìco*, *tu ìmplichi*, poet. *implìchi*) *1* Comprendere, racchiudere o contenere in sé: *l'amicizia implica stima e fiducia reciproche* | Sottintendere: *l'adesione ad una fede politica implica il rifiuto di altre.* *2* Coinvolgere, rendere qc. partecipe o corresponsabile in una qualsiasi situazione psicologica, anche suo malgrado: *mi hanno implicato in una lite.* *3* (*raro, lett.*) Avvolgere, inviluppare: *il mare implica le terre.* **B** v. intr. pron. ● Coinvolgersi in q.c. | Mettersi in una situazione spesso spiacevole o complicata: *implicarsi in uno scandalo.*

implicàto part. pass. di *implicare*; anche agg. *1* Nei sign. del v. *2* (*ling.*) Detto di vocale in sillaba chiusa.

implicatóre s. m.; anche agg. (f. *-trice*) ● (*raro*) Chi, che implica.

implicazióne [vc. dotta, lat. *implicatiōne(m)*, da *implicātus* 'implicato'] s. f. *1* Atto, effetto dell'implicare | (*est.*) Rapporto, connessione, spec. di un'opera letteraria col mondo e la cultura che la producono: *le implicazioni storiche, filosofiche, politiche di un romanzo.* *2* In logica, relazione formale intercorrente tra l'antecedente e il conseguente di una proposizione in base alla quale è possibile stabilire che se è vero l'antecedente allora è vero anche il conseguente. *3* †Intrico, viluppo | Difficoltà, impiccio.

†**implicitézza** s. f. ● Qualità di ciò che è implicito.

implìcito [vc. dotta, lat. *implĭcitu(m)*, altro part. pass. di *implicāre* 'implicare'] agg. *1* Di ciò che non è stato espresso, ma è sottinteso e contenuto nei fatti: *biasimo, rifiuto i.* *2* (*ling.*) *Proposizioni implicite*, quelle che hanno per predicato una forma indefinita del verbo. *3* (*mat.*) Rappresentato non direttamente, ma attraverso relazioni opportune. *4* †Nascosto, occulto. || **implicitaménte**, avv.

implòdere [da *esplodere*, con cambio di pref.] v. intr. (coniug. come *esplodere*) *1* Rompersi in seguito a implosione: *l'apparecchio è imploso.* *2* (*psicol.*) Operare un'implosione.

imploràbile [vc. dotta, lat. *implorābile(m)*, da *implorāre* 'implorare'] agg. ● (*raro*) Che si può implorare.

imploránte part. pres. di *implorare*; anche agg. *1* Nei sign. del v. *2* Che rivela, esprime implorazione: *occhi imploranti*; *voce i.*

imploràre [vc. dotta, lat. *implorāre*, comp. di *in-* illativo e *plorāre* 'lamentarsi', di etim. incerta] v. tr. (*io implòro*) ● Domandare, chiedere con preghiera: *i. la grazia, clemenza* | Invocare piangendo: *i. Dio per avere una grazia.* SIN. Supplicare.

imploratóre s. m.; anche agg. (f. *-trice*) ● (*raro*) Chi, che implora: *un i. di grazie*; *sguardo i.*

implorazióne [vc. dotta, lat. *imploratiōne(m)*, da *implorātus* 'implorato'] s. f. ● Atto dell'implorare | La preghiera o la supplica con cui si implora qc.

implosióne [comp. sul modello di *esplosione* con sostituzione di pref. a sign. opposto] s. f. *1* (*fis.*) Rottura subitanea di un recipiente sotto vuoto che cede alla pressione esterna, con proiezione dei frammenti verso l'interno. *2* (*ling.*) Movimento di chiusura del canale vocale nell'articolazione delle occlusive | Prima fase della pronuncia di una consonante occlusiva. *3* (*psicol.*) Atteggiamento di chi si chiude in se stesso, senza badare agli altri, trascurandoli e non comunicando con essi.

implosìva [f. sost. di *implosivo*] s. f. ● (*ling.*) Consonante implosiva.

implosìvo [comp. sul modello di *esplosivo*, con sostituzione di pref. a sign. opposto] agg. ● (*ling.*) Articolato con implosione: *suono i.* | *Consonante implosiva*, quella che si trova dopo la vocale o il nucleo sillabico, e che corrisponde quindi alla fase di tensione decrescente della sillaba; anche, quella la cui articolazione è limitata alla prima fase di pronuncia.

implùme [vc. dotta, lat. *implūme(m)*, comp. di *in-* neg. e di un deriv. da *plūma* 'piuma'] agg. ● Che non ha le piume o le penne | *Uccelli implumi*, che non hanno messo ancora le piume.

implùvio [vc. dotta, lat. *implŭviu(m)*, da *implŭere* 'piovere (*plŭere*) dentro (*in-*)'] s. m. *1* (*archeol.*) Nell'atrio della casa signorile romana, bacino rettangolare nel quale si raccoglieva l'acqua piovana defluita dal compluvio. *2* (*geogr.*) *Linea di i.*, in una valle, quella che riunisce i punti più bassi di ogni profilo trasversale di essa.

impoètico [comp. di *in-* (*3*) e *poetico*] agg. (pl. m. *-ci*) ● (*lett.*) Che non è poetico: *componimento i.* | Che non rispetta i canoni della versificazione: *rima impoetica.*

†**impolàrsi** [comp. di *in-* '(fermo) nel' e *polo*] v. intr. pron. ● Essere fornito di poli: *non è in loco e non s'impola* (DANTE *Par.* XXII, 67).

impoliticità s. f. ● Qualità di ciò che è impolitico.

impolìtico [comp. di *in-* (*3*) e *politico*] agg. (pl. m. *-ci*) *1* Contrario a una politica abile e opportuna: *discorso, provvedimento i.* *2* Imprudente, inopportuno, incauto, malaccorto: *mossa impolitica.* || **impoliticaménte**, avv. In modo non politico; con scarsa accortezza.

†**impolìto** [vc. dotta, lat. *impolītu(m)*, comp. di *in-* neg. e *polītus*, part. pass. di *polīre* 'pulire, levigare', di etim. incerta] agg. ● Rozzo, imperfetto. || †**impolitaménte**, avv. Rozzamente, imperfettamente.

impollinàre [comp. di *in-* (*1*) e *polline*] v. tr. (*io impòllino*) ● (*bot.*) Fecondare il fiore con il polline.

impollinatóre agg.; anche s. m. (f. *-trice*) ● (*zool.*) Detto di insetto o sim. che provoca l'impollinazione.

impollinazióne s. f. ● (*bot.*) Trasporto del polline sullo stigma o sull'ovulo nudo di un fiore | *I. diretta*, se il polline giunge sullo stesso stigma del fiore in cui si è formato. SIN. Autogamia | *I. indiretta, incrociata*, se il polline è trasportato da un fiore a un altro. SIN. Eterogamia.

†**impollùto** [vc. dotta, lat. *impollūtu(m)*, part. pass. di *impollŭere*, comp. di *in-* neg. e *pollŭere* 'sporcare', connesso con *lŭtum* 'fango', di origine indeur.] agg. ● Non macchiato | (*est.*) Illibato.

impolpàre [comp. di *in-* (*1*) e *polpa*] **A** v. tr. (*io impólpo*) ● Rendere più grasso o più muscoloso: *i. le gambe* | (*fig.*) Rendere più ricco: *i. un patrimonio esausto*; *i. un discorso di citazioni.* **B** v. intr. pron. ● Ingrassare.

impoltronìre [comp. di *in-* (*1*) e *poltrone*] **A** v. tr. (*io impoltronìsco, tu impoltronìsci*) ● Rendere poltrone o pigro: *l'inattività impoltronisce l'uomo.* SIN. Impigrire. **B** v. intr. e intr. pron. (aus. *essere*) ● Divenire poltrone: *impoltronire col passare degli anni*; *con la vita sedentaria s'impoltronisce.* SIN. Impigrirsi.

impolveràre [comp. di *in-* (*1*) e *polvere*] **A** v. tr. (*io impólvero*) *1* Coprire, imbrattare di polvere: *questa strada mi ha impolverato le scarpe* | †*I. uno scritto*, cospargerlo di polverino. *2* (*agr.*) Trattare le viti con polvere di zolfo per difenderle dall'oidio. **B** v. intr. pron. ● Coprirsi, sporcarsi di polvere: *quel vestito si è tutto impolverato.* **C** v. rifl. ● (*scherz.*) Incipriarsi.

impolveràto part. pass. di *impolverare*; anche agg. ● Nei sign. del v.

impolveratrìce [da *impolverare*] s. f. ● (*agr.*) Macchina per distribuire prodotti antiparassitari in polvere: *i. a soffietto, a zaino, a trazione.* SIN. Solforatrice.

impomatàre [comp. di *in-* (*1*) e *pomata*] **A** v. tr. ● Ungere con pomata: *i. la pelle.* **B** v. rifl. ● (*scherz.*) Cospargersi i capelli di brillantina: *si è tutto impomatato.*

impomatàto part. pass. di *impomatare*; anche agg. *1* Nei sign. del v. *2* Di persona eccessivamente curata: *uscire tutto lisciato e i.*

impomiciàre [comp. di *in-* (*1*) e *pomice*] v. tr. (*io impómicio*) ● Strofinare, pulire con pomice.

imponderàbile [comp. di *in-* (*3*) e *ponderabile*] **A** agg. *1* Che ha peso tanto piccolo da non poter essere registrato dalle comuni bilance: *fluidi imponderabili.* *2* (*fig.*) Che sfugge alla critica e non è percepibile dalla ragione: *causa, motivo i.*; *esito i.* **B** s. m. ● Ciò che non si può determinare o prevedere: *temere l'i.*

imponderabilità s. f. *1* Carattere di ciò che è imponderabile. *2* (*fis.*) Assenza di peso dovuta all'assenza di forza di gravità.

imponderàto [comp. di *in-* (*3*) e *ponderato*] agg. ● (*raro*) Che non è stato pesato | (*fig.*) Che non è stato bene meditato.

imponènte part. pres. di *imporre*; anche agg. *1* (*raro*) Nei sign. del v. *2* Che incute rispetto e riverenza: *personaggio i.* *3* (*est.*) Enorme, grandioso, solenne: *teatro i.*; *corteo i.*

imponènza [da *imponente*] s. f. *1* Gravità, austerità, detto di persona: *un vecchio di grande i.* *2* Enormità, solennità grandiosa: *l'i. di un edificio*; *l'i. di una manifestazione.*

†**impónere** [vc. dotta, lat. *impōnere*, comp. di *in-* 'dentro' e *pōnere* 'porre'] v. tr., rifl. e intr. pron. ● Imporre.

imponìbile [da *imponere*] **A** agg. *1* Che può essere imposto. *2* Che può essere gravato d'imposta: *reddito i.* **B** s. m. ● Ciò che è soggetto a imposta: *accertare il valore dell'i.* | *I. di mano d'opera*, obbligo imposto dalla legge o dai contratti collettivi ai datori di lavoro di assumere un dato numero di lavoratori proporzionale alle dimensioni dell'impresa.

imponibilità s. f. ● L'essere imponibile.

impopolàre [comp. di *in-* (*3*) e *popolare* (*2*)] agg. ● Che non gode della simpatia e della fiducia del popolo: *tassa, legge i.* | (*est.*) Non conosciuto o diffuso: *opera i.* || **impopolarménte**, avv.

impopolarità s. f. ● Carattere di ciò che non gode il favore del popolo: *l'i. di un provvedimento, di una legge.*

impoppàre [comp. di *in-* (*1*) e *poppa* (*2*)] **A** v. tr. e intr. (*io impóppo*) ● Appoppare. **B** v. intr. pron. ● Pendere dalla parte di poppa.

impoppàta [comp. di *in-* (*1*) e *poppa* (*2*)] s. f. *1* (*mar.*) Impulso dato a un'imbarcazione a vela da un improvviso vento di poppa. *2* (*fig.*) Evento impensato, imprevisto che favorisce la realizzazione di un progetto, di un'impresa e sim.

imporcàre [comp. di *in-* (*1*) e *porca*] v. tr. (*io impòrco*) ● (*agr.*) Lavorare il terreno a porche.

imporporàre [comp. di *in-* (*1*) e *porpora*] **A** v. tr. (*io impórporo*) ● Tingere di porpora o del colore della porpora: *i. una stoffa*; *il tramonto imporpora il cielo.* SIN. Arrossare. **B** v. intr. pron. ● Diventare rosso come la porpora: *vedi come al sapore della lode / le s'imporpora il viso* (SABA). SIN. Arrossarsi.

imporporàto part. pass. di *imporporare*; anche agg. *1* Nei sign. del v. *2* (*raro, fig.*) Imbellettato.

imporràre [ant. fr. *empourrir*, comp. di *en-* illativo e *pourrir*, dal lat. *putrē(sce)re* 'putrefare'] v. intr. (*io impòrro*; aus. *essere*) ● Cominciare a marcire, ad ammuffire, detto spec. di alberi o legnami: *il legno all'aperto imporra.*

impórre [var. assimilata di *impon(e)re*] **A** v. tr. (coniug. come *porre*) *1* Porre sopra: *i. una corona in testa* | *I. un nome, un soprannome a qc.*, dargli, mettergli un nome, un soprannome | †*I. la tela*, ordirla per tesserla. *2* Fare osservare, rispettare qc. o q.c.: *i. condizioni, patti*; *i. una legge, una tassa*; *i. la propria volontà* | *I. il silenzio*, far tacere per forza. *3* Comandare, ingiungere, intimare: *i. a qc. di ubbidire, di giurare*; *pur nuova legge impone oggi i sepolcri / fuor de' guardi pietosi* (FOSCOLO). *4* (*relig.*) *I. la mano, le mani, sul capo*, per benedire, per consacrare | *I. il galero*, investire i cardinali della loro dignità. *5* †Attribuire, imputare.: *i. una colpa, un merito.* **B** v. rifl. ● Farsi valere con la propria autorità sugli altri: *è una persona che sa imporsi* | (*est.*) Affermarsi, avere successo: *una moda che si è imposta da poco* | *Imporsi all'attenzione generale*, non passare inosservato. **C** v. intr. pron. ● Diventare necessario: *questioni, problemi che s'impongono per la loro urgenza.*

imporrìre [V. *imporrare*] v. intr. (*io imporrìsco, tu imporrìsci*; aus. *essere*) ● Imporrare.

import /ingl. 'impɔ:t/ [vc. ingl., da *to import* 'importare'] s. m. inv. ● (*econ., comm.*) Importazione.

importàbile (*1*) [vc. dotta, lat. tardo *importābile(m)*, da *importāre* 'importare'] agg. *1* Che si può importare: *merce i.* *2* †Intollerabile, insopportabile: *fierissima e i. passion d'amore* (BOCCACCIO).

importàbile (2) [comp. di *in-* (*3*) e *portabile*] agg. ● Che non si può portare, che non si può indossare: *questo vestito è veramente i.*

importànte [part. pres. di *importare*] **A** agg. *1* Che ha grande interesse e rilevanza: *questione, affare i.; è l'avvenimento più i. dell'anno; sono fatti poco importanti.* *2* Caratterizzato da un certo prestigio e da una certa eleganza: *serata, occasione, pranzo i.; è un abito troppo i. per stasera.* *3* Che si nota, fa spicco: *naso i.* *4* Detto di persona, che possiede autorevolezza e potenza: *un funzionario, un uomo d'affari i.* || †**importanteménte**, avv. In modo importante. **B** s. m. ● Fatto, punto importante, essenziale: *l'i. è aver buona salute.*

importànza s. f. *1* Carattere di ciò che è importante: *notizie della massima i.* SIN. Interesse, rilievo. *2* Valore, credito, peso, considerazione: *dare i. a qc. o q.c.* | *Darsi i.*, ostentare una falsa autorevolezza e gravità | †*Essere l'i.*, la parte essenziale o di maggior valore: *l'i. del detto calice eran le tre figure d'oro* (CELLINI). *3* †Importo di una somma.

importàre [vc. dotta, lat. *importāre*, comp. di *in-* 'dentro' e *portāre*, anche con trapasso analogo ad *apportare* (sottinteso interesse)] **A** v. tr. (*io impòrto*) *1* Far entrare nel proprio Paese merci provenienti da un Paese straniero: *l'Italia importa carbone, petrolio, caffè* | (*fig.*) *I. nuove idee, mode*, introdurle in un ambiente, in una cultura. *2* (*raro*) Arrecare, cagionare: *i. un danno notevole a qc. o q.c.* | Implicare: *la vera onestà importa sacrifici e rinunce* | Comportare: *lavoro che importa forti spese.* *3* (*raro*) Ammontare, ascendere, detto di una somma, una quantità: *i. un milione, poche lire.* *4* (*raro, lett.*) Significare. **B** v. intr. (aus. *essere*) *1* Premere, interessare, stare a cuore: *la tua salute importa a tutti.* *2* (*raro*) Valere (*anche fig.*): *è una merce che non importa; ragioni che non importano.* **C** v. intr., spec. impers. (aus. *essere*) *1* Interessare: *non me ne importa; chi se ne importa* | *Non me ne importa nulla, un accidente, un fico secco*, sono completamente indifferente. *2* Essere necessario, occorrere: *devo venire anch'io o non importa?*

importatóre agg.; anche s. m. (f. *-trice*) ● Che, chi introduce merci d'importazione in un paese: *società importatrice; gli importatori di materie prime.*

importazióne s. f. ● L'introduzione di merci da Paesi stranieri: *il traffico dell'i.* | Il complesso dei prodotti importati: *l'i. è in regresso.*

import-export /'import 'ɛksport, *ingl.* 'impɔ:t 'ekspɔ:t/ [vc. ingl., comp. di *import* 'importazione' ed *export* 'esportazione'] **A** s. m. inv. ● (*econ., comm.*) Attività di importazione e di esportazione di prodotti. **B** agg. inv. ● Che si occupa di importazioni ed esportazioni: *ditta import-export.*

impòrto [da *importare*] s. m. *1* Ammontare complessivo: *l'i. di una spesa, della parcella* | Costo, prezzo: *non conoscere l'i. di q.c.* *2* (*est.*) Somma di denaro: *investire un grosso i.*

importunàre [da *importuno*] v. tr. ● Arrecare fastidio o molestia in modo petulante: *i. qc. con domande noiose; i. una donna per strada.* SIN. Disturbare, infastidire, seccare.

importunità [vc. dotta, lat. *importunitāte(m)*, in oppos. a *opportunitāte(m)*, da *importūnus* 'importuno'] s. f. ● L'essere importuno. SIN. Insistenza, molestia.

importùno [vc. dotta, lat. *importūnu(m)*, 'che non (*in-*) è opportuno (*op*)*portūnu(m)*'] **A** agg. *1* Che reca molestia per il comportamento insistente e indiscreto: *essere, riuscire i.* | Fastidioso, seccante, detto di cosa: *pioggia, nebbia importuna.* *2* Intempestivo, inopportuno: *visitatore i.* | †*Morte importuna*, immatura. || **importunaménte**, avv. In modo importuno, fastidioso. **B** s. m. (f. *-a*) ● Chi importuna, infastidisce gli altri. SIN. Disturbatore.

importuóso [vc. dotta, lat. *importuōsu(m)*, comp. di *in-* neg. e *portuōsus*, da *pōrtus*, di origine indeur.] agg. ● (*raro*) Privo di porti: *riviera importuosa* | Non adatto ad avere porti: *litorale i.*

impositìvo [da *impŏsitus*, part. pass. di *impōnere* 'imporre'] agg. ● (*raro*) Che contiene un'imposizione.

†**impositóre** [vc. dotta, lat. *impositōre(m)*, da *impŏsitus*, part. pass. di *impōnere* 'imponere'] s. m. ● Chi impone.

imposizióne [vc. dotta, lat. *impositiōne(m)*, da *impŏsitus*, part. pass. di *impōnere* 'imponere'] s. f. *1* Atto dell'imporre (*anche fig.*): *procedere all'i. di nuove tasse; l'i. di un nome; l'i. della propria volontà su qc.* | *I. delle mani*, consacrazione che fa il vescovo ponendo le mani sulla testa del fedele, per benedire o per conferire gli ordini | *I. del nome*, rito con il quale, in molte religioni, si attribuisce il nome al neonato. *2* Comando, ordine, ingiunzione: *non tollerare imposizioni.* *3* (*gener.*) Tassa, imposta, tributo: *elevare nuove imposizioni a carico dei cittadini.* *4* (*raro*) Soperchieria, prepotenza: *ottenere q.c. con una i.*

impossessaménto s. m. ● Atto dell'impossessarsi: *l'i. illecito dei beni di qc.*

impossessàrsi [comp. di *in-* (*1*) e *possesso*] v. intr. pron. (*io m'impossèsso*) ● Appropriarsi e prendere possesso di q.c. o di qc.: *i. di un terreno abbandonato; i. di una posizione nemica; i. degli ostaggi* | (*est.*) Acquistare piena conoscenza di q.c.: *i. di una lingua.*

impossìbile [vc. dotta, lat. tardo *impossĭbile(m)*, comp. di *in-* neg. e *possĭbilis*, da *pŏsse* 'potere'] **A** agg. *1* Che non è o non sembra possibile: *cosa i. a dirsi, a farsi; non è i., benché sii difficile, questa impresa* (BRUNO) | Assurdo, inammissibile: *non fare ipotesi impossibili* | *Non è i.*, non è da escludere. SIN. Inattuabile, irrealizzabile. *2* (*est.*) Così sgradevole, strambo o cattivo da sembrare insopportabile: *cibo i.; carattere, traffico i.* *3* Che non ha la forza e la capacità di fare q.c.: *età i. per certi sport.* *4* (*dir.*) *Reato i.*, quando per l'inidoneità dell'azione o per la inesistenza dell'oggetto di essa è impossibile l'evento dannoso o pericoloso | *Condizione i.*, quando è certo che l'evento dedotto non si avvererà. *5* (*mat.*) *Equazione i.*, priva di soluzioni. || **impossibilménte**, avv. (*raro*) In modo impossibile. **B** s. m. ● Ciò che non è realizzabile | *Tentare, fare l'i.*, impegnarsi a fondo senza lasciare niente di intentato.

impossibilità [vc. dotta, lat. tardo *impossibilitāte(m)*, comp. di *in-* neg. e *possibĭlitas* (V. *impossibile*)] s. f. ● Condizione di ciò che è impossibile: *riconoscere l'i. di un'azione* | (*est.*) Incapacità di fare q.c.: *i. materiale di alzarsi; trovarsi nell'i. di fare fronte ai debiti.*

impossibilitàre [da *impossibilità*] v. tr. (*io impossibìlito*) *1* Rendere impossibile q.c.: *la ferita gli impossibilitava il movimento.* SIN. Impedire. *2* Mettere qc. nell'impossibilità di fare q.c.: *i. qc. a parlare.*

impossibilitàto part. pass. di *impossibilitare*; anche agg. *1* Nei sign. del v. *2* Che non ha la possibilità di fare q.c.: *sono i. a uscire; (ass.) i. a venire, vi prego di scusarmi.*

impòsta [vc. dotta, lat. *impŏsita(m)*, originariamente agg. f., dal part. pass. di *impōnere* 'imporre'] s. f. *1* Ciascuno di due sportelli girevoli su cardini che servono a chiudere usci o finestre: *i. di legno; i. scolpita; aprire, chiudere le imposte* | *I. di finestra*, scuro, scuretto. *2* (*dir.*) Parte di ricchezza che ciascuno deve allo Stato o ad altro ente pubblico in ragione della propria capacità contributiva e il cui gettito contrariamente a quello della tassa è destinato a soddisfare esigenze proprie della collettività nel suo insieme: *i. diretta, indiretta; i. reale, personale; i. proporzionale, progressiva; i. sul valore aggiunto* | *Tasso d'i.*, misura unitaria di imposta fissata dalla legge. *3* (*arch., costr.*) Elemento sporgente dallo stipite o dal pilastro dal quale si inizia l'arco | *Piano di i.*, superficie di contatto tra una struttura spingente, arco o volta, e il relativo piedritto. *4* †Ingiunzione, comando. || **imposticìna**, dim. | **impostìna**, dim.

impostàme [comp. di *imposta* nel sign. 1 e *-(a)me*] s. m. ● (*raro*) Insieme di imposte in una casa o in un locale.

impostàre (1) [comp. di *in-* (*1*) e *posto*] **A** v. tr. (*io impòsto*) *1* Sistemare le basi, le fondamenta, le strutture di una qualunque costruzione: *i. una volta, delle arcate, le mura di un edificio* | *I. una nave*, dare inizio alla sua costruzione montando le parti dello scafo. *2* Porre le basi o le premesse per avviare o svolgere una certa attività o realizzare un determinato lavoro: *i. una organizzazione di vendita a domicilio; i. un servizio di assistenza automobilistica* | *I. la voce*, intonarla e sostenerla | *I. un'operazione matematica*, disporre cifre e segni per eseguirla | *I. un giornale*, stabilirne a grandi linee come dovrà essere fatto dal punto di vista tecnico e da quello della presentazione delle notizie | (*fig.*) *I. un problema, una questione*, stabilire premesse e dati per risolverli. *3* (*elab.*) Formare, battendo i relativi tasti, sulla tastiera numerica di una macchina da calcolo il numero che dovrà essere operato dalla macchina stessa. **B** v. intr. pron. *1* Atteggiare il proprio corpo nel modo più funzionale per svolgere un lavoro o compiere uno sforzo: *impostarsi per saltare, per sollevare un peso.* *2* †Appostarsi. *3* †Porsi in atto di sparare.

impostàre (2) [comp. di *in-* (*1*) e *posta*] v. tr. (*io impòsto*) ● Introdurre nella buca delle lettere la corrispondenza perché venga recapitata. SIN. Imbucare.

impostatùra [da *impostare* (*1*)] s. f. *1* (*raro*) Modo, atto, effetto dell'impostare: *l'i. di un arco.* *2* (*raro*) Positura della persona.

impostazióne (1) [da *impostare* (*1*)] s. f. *1* Modo, atto dell'impostare: *la corretta i. del problema è stata difficile.* *2* (*ling.*) Catastasi.

impostazióne (2) [da *impostare* (*2*)] s. f. ● Atto dell'imbucare lettere: *cassetta per l'i.; l'ora dell'i.*

impósto part. pass. di *imporre*; anche agg. ● Nei sign. del v.

impostóre [vc. dotta, lat. tardo *impostōre(m)*, da *impŏsitus*, part. pass. di *impōnere*, nel senso di 'gabbare, ingannare'] s. m. (f. *-tora*) ● Chi, per mala fede o interesse, abitualmente racconta menzogne o falsifica la verità dei fatti: *chi ha messo in giro certe calunnie è un i.* | (*est.*) Chi sostiene o difende teorie o dottrine false, approfittando della buona fede altrui: *è un i. che sostiene di saper curare certe malattie.* SIN. Bugiardo, ciarlatano, imbroglione. || **impostoràccio**, pegg.

impostùra [vc. dotta, lat. tardo *impostūra(m)*, da *impŏsitus*, part. pass. di *impōnere* col senso di 'dar da intendere, gabbare'] s. f. *1* Consuetudine o abitudine alla menzogna e all'inganno: *vivere nell'i.* *2* Menzogna, frode: *raccontare imposture; Le due grandi imposture del nostro tempo: l'architettura e la sociologia* (SCIASCIA).

imposturàre [da *impostura*] v. tr. ● (*raro*) Ingannare servendosi d'imposture (*anche ass.*).

impotènte [vc. dotta, lat. *impotĕnte(m)*, comp. di *in-* neg. e *potĕnte(m)*, nom. *pŏtens*, part. pres. di *pŏsse* 'potere'] **A** agg. ● Che non ha la capacità, la forza, i mezzi per fare q.c.: *i. a resistere agli attacchi del nemico; i. a dominare la folla; i. a risolvere un problema* | Debole, inetto: *i. per carattere, per vecchiaia* | *Odio, ira i.*, che non ha possibilità di sfogarsi. || **impotenteménte**, avv. Senza potenza. **B** agg.; anche s. m. ● (*med.*) Che, chi è affetto da impotenza sessuale.

impotènza [vc. dotta, lat. *impotĕntia(m)*, comp. di *in-* neg. e *potĕntia*, da *pŏsse* 'potere'] s. f. *1* L'essere impotente | Stato in cui si trova chi è impotente: *l'i. dell'uomo davanti alla morte* | *Ridurre qc. all'i.*, metterlo nell'impossibilità di fare q.c., di nuocere, di intervenire e sim. SIN. Debolezza. *2* (*med.*) *I. sessuale*, (*per anton.*) *impotenza*, incapacità, nell'individuo adulto, a compiere il coito, per mancata erezione, o a fecondare l'oocita, per difetti degli spermatozoi.

impoveriménto s. m. ● Atto, effetto dell'impoverire o dell'impoverirsi (*anche fig.*): *l'i. di un terreno, di un fiume; l'i. del patrimonio artistico di una nazione.*

impoverìre [comp. di *in-* (*1*) e *povero*] **A** v. tr. (*io impoverìsco, tu impoverìsci*) ● Rendere povero: *i. un patrimonio con investimenti sbagliati* | (*fig.*) *I. un terreno*, sfruttarlo con coltivazioni irrazionali | *I. un corso d'acqua*, fare derivare canali o altro diminuendone la portata | (*fig.*) *I. il sangue*, con salassi o altro. CONTR. Arricchire. **B** v. intr. pron. ● Diventare povero (*anche fig.*): *chi vive al disopra dei propri mezzi impoverisce; si è impoverito con speculazioni sbagliate; impoverirsi intellettualmente.* CONTR. Arricchirsi.

impoverìto part. pass. di *impoverire*; anche agg. ● Nei sign. del v.

impraticàbile [comp. di *in-* (*3*) e *praticabile*] agg. ● Che non si può praticare: *il mare Oceano ... fino ab antico si credé essere i. a navigare* (BARTOLI)

| *Luogo, strada i.*, che non si può percorrere | (*fig.*) *Persona i.*, che ha carattere o fama pessimi | (*raro, fig.*) *Rimedio, cura i.*, che non è conveniente o possibile usare.

impraticabilità s. f. • Condizione di chi o di ciò che non è praticabile.

impratichìre [comp. di *in-* (*1*) e *pratico*] **A** v. tr. (*io impratichìsco, tu impratichìsci*) • Rendere pratico o abile in un'attività: *i. qc. nell'uso delle armi*. **B** v. intr. pron. • Diventare pratico: *impratichirsi a scrivere a macchina, a tradurre, a cavalcare*.

imprecàre [vc. dotta, lat. *imprecāri*, comp. di *in-* 'contro' e *precāri* 'pregare'] **A** v. intr. (*io imprèco, tu imprèchi*; aus. *avere*) • Inveire, lanciare insulti: *i. contro i calunniatori*; *i. contro le malattie*. **B** v. tr. • (*raro, lett.*) Augurare q.c. di male a qc.: *i. morte e disgrazie a un nemico*.

imprecatìvo agg. • Che costituisce o contiene una imprecazione: *discorso, tono i.*

imprecatóre agg.; anche s. m. (f. *-trice*) • (*raro*) Che, chi impreca | Che, chi lancia imprecazioni per abitudine.

imprecatòrio agg. • (*raro*) Imprecativo.

imprecazióne [vc. dotta, lat. *imprecatiōne(m)*, da *imprecātus* 'imprecato'] s. f. • L'imprecare: *astenersi dall'i.* | Parola, frase in cui si esprime il desiderio che avvenga del male a qc.: *lanciare imprecazioni contro tutti*. SIN. Maledizione.

imprecișàbile [comp. di *in-* (*3*) e *precisabile*] agg. • Che non si può precisare: *causa i.*

imprecișàto [comp. di *in-* (*3*) e *precisato*] agg. • Non precisato: *particolare i.* | Che non si può conoscere o determinare con esattezza e precisione: *a un'ora imprecisata della notte*; *una circostanza imprecisata*.

imprecișióne [comp. di *in-* (*3*) e *precisione*] s. f. *1* Mancanza o scarsezza di precisione: *lavoro, disegno eseguito con i.* CONTR. Accuratezza, fedeltà. *2* Inesattezza, indeterminatezza, approssimazione: *i. di linguaggio*; *riferire q.c. con i.*

imprecișo [comp. di *in-* (*3*) e *preciso*] agg. *1* Che manca di precisione, di accuratezza: *essere i. nell'eseguire gli ordini*. *2* Indeterminato, inesatto, non appropriato: *definizione imprecisa* | Approssimato: *calcolo i.* || **imprecisaménte**, avv.

†**impregiudicàbile** [comp. di *in-* (*3*) e *pregiudicabile*] agg. • Che non si può, si deve pregiudicare.

impregiudicàto [comp. di *in-* (*3*) e *pregiudicato*] agg. *1* (*dir.*) Detto di questione giuridica relativamente alla quale non è stata ancora emessa alcuna pronuncia giurisdizionale | (*raro*) Detto di persona a carico della quale mai si sono avute in passato accuse o condanne penali. *2* (*est.*) Che è ancora aperto a discussioni, dibattiti e sim.: *malgrado le numerose polemiche, la questione resta impregiudicata*.

impregnaménto s. m. • (*raro*) Atto dell'impregnare.

impregnàre [vc. dotta, lat. tardo *impraegnāre*, comp. di *in-* concl. e *praegnāre*, da *praēgnis* 'pregno'] **A** v. tr. (*io imprégno*) *1* Imbevere, intridere: *i. il cotone di alcol, la spugna d'acqua*. *2* (*est.*) Riempire (*anche fig.*): *i. l'aria di esalazioni*; *i. la mente di pregiudizi*. *3* Fecondare o ingravidare la femmina, detto spec. di animali. **B** v. intr. pron. *1* Imbeversi, intridersi: *la terra si è impregnata di acqua piovana*. *2* Diventare gravida, detto spec. di femmina di animali: *la mucca si è impregnata*.

impregnazióne s. f. • Atto, effetto dell'impregnare.

impremeditàto [vc. dotta, lat. tardo *impraemeditātu(m)*, comp. di *in-* neg. e *praemeditātus*, part. pass. di *praemeditāri* 'premeditare'] agg. *1* Non premeditato: *delitto i.* *2* (*raro*) Improvviso, impensato. || †**impremeditataménte**, avv.

impremeditazióne [comp. di *in-* (*3*) e *premeditazione*] s. f. • (*raro*) Mancanza di premeditazione.

†**imprendènza** [da *imprendere*] s. f. • Intraprendenza.

imprèndere [lat. parl. **imprehĕndere*, comp. di *in-* concl. e *prehĕndere* 'prendere'] v. tr. (coniug. come *prendere*) *1* (*lett.*) Intraprendere, incominciare: *i. una spedizione, una ricerca*; *i. a costruire una casa*. *2* †Apprendere, imparare (*anche ass.*): *ad imprender filosofia il mandò ad Atene* (BOCCACCIO). *3* †Riprendere, rimproverare.

imprendìbile [comp. di *in-* (*3*) e *prendibile*] agg. • Che non si può prendere | *Posizione i.*, inespugnabile.

imprendibilità [da *imprendibile*] s. f. • Qualità di chi, di ciò che è imprendibile.

imprendiménto [da *imprendere*] s. m. *1* (*raro*) L'iniziare un'opera, un'attività. *2* †Apprendimento.

imprenditóre [da *imprendere*] s. m. (f. *-trice*; V. nota d'uso FEMMINILE) *1* (*raro*) Chi imprende. *2* Chi esercita professionalmente un'attività economica organizzata al fine della produzione e dello scambio di beni o di servizi: *piccolo i.*; *i. agricolo, commerciale, industriale*.

imprenditorìa s. f. *1* Categoria degli imprenditori, classe imprenditoriale: *i. torinese*; *i. privata, locale*. *2* Attività degli imprenditori.

imprenditoriàle agg. • Di, relativo a, imprenditore | *Classe i.*, il complesso degli imprenditori di un determinato Paese o d'una data zona. || **imprenditorialménte**, avv.

imprenditorialità s. f. • Il complesso delle qualità e delle caratteristiche proprie degli imprenditori | (*est.*) L'insieme degli imprenditori di una determinata zona: *l'i. italiana*.

†**imprènta** [ant. fr. *empreinte*, dal part. pass. di *empreindre* 'imprimere'] s. f. • (*lett.*) Impressione, impronta, figura.

†**imprentàre** [da *imprenta*] **A** v. tr. (*io imprènto*) • (*lett.*) Improntare, suggellare (*anche fig.*): *la divina bontà, che 'l mondo imprenta* (DANTE *Par.* VII, 109). **B** v. intr. pron. • (*lett.*) Improntarsi, imprimersi.

impreparàto [vc. dotta, lat. tardo *impraeparātu(m)*, comp. di *in-* neg. e *praeparātus*, part. pass. di *praeparāre* 'preparare'] agg. • Che non è preparato a q.c.: *andare i. agli esami*; *nazione impreparata alla guerra*.

impreparazióne [da *impreparato*] s. f. • Mancanza di preparazione.

imprésa (**1**) [f. sost. del part. pass. di *imprendere*] s. f. *1* Opera, azione che si comincia e si ha intenzione di condurre a termine: *valutare l'importanza dell'i.* *2* Azione, attività, iniziativa di una certa difficoltà ed importanza, ma che si presenta spesso di esito dubbio: *accingersi, mettersi in un'i.*; *abbandonare l'i.*; *i. eroica, rischiosa* | *I. militare*, spedizione di guerra | *Le grandi imprese*, le gesta eroiche | *È un'i.!*, è molto difficile, troppo rischioso!; *è un'i. senza speranza rivestire un uomo di parole* (LEVI). *3* Organismo che coordina prestazioni di lavoro e strumenti adeguati, per il conseguimento di finalità economiche | *I. commerciale*, per la vendita di uno o più beni | *I. industriale*, per la produzione di beni in un certo settore | *I. marginale*, che lavora con margini d'utile assai ristretti. *4* †Commissione, incarico, cura. *5* †Iniziativa, audacia || PROV. È più la spesa che l'impresa. || **impresàccia**, pegg. | **impresùccia**, dim.

imprésa (**2**) [sp. *empresa*, da *emprender* 'imprendere (un proposito, cui allude la figura o il motto)'] s. f. *1* Segno che una dama dell'età medievale donava al cavaliere perché si impegnasse a difenderne l'onore e a comportarsi con valore, come una sciarpa, una catena e sim. | (*est.*) †Monile, ornamento. *2* (*arald.*) Figura o frase esplicita o cifrata, che esprime allegoricamente e sinteticamente una massima o una sentenza.

impresàrio [da *impresa* (*1*)] s. m. (f. *-a*) *1* Chi dirige o gestisce un'impresa | Imprenditore | *i. di pompe funebri*, chi gestisce una ditta di onoranze funebri. *2* (*est.*) Chi si occupa dell'organizzazione spec. di uno spettacolo, concerto e sim.: *i. teatrale*.

impresciènza /impreʃ'ʃɛntsa, impreʃʃi'ɛntsa/ [vc. dotta, lat. tardo *impraesciĕntia(m)*, comp. di *in-* neg. e *praesciĕntia* 'prescienza'] s. f. • (*raro*) Mancanza di prescienza.

imprescindìbile [comp. di *in-* (*3*) e *prescindibile*] agg. • Da cui non si può prescindere e che va tenuto perciò in considerazione: *il mangiare è una necessità i.* || **imprescindibilménte**, avv. In maniera imprescindibile.

imprescìuttire • V. *improsciuttire*.

imprescrittìbile [comp. di *in-* (*3*) e *prescrittibile*] agg. • Non soggetto a prescrizione: *diritto i.* || **imprescrittibilménte**, avv. Senza prescrizione.

imprescrittibilità s. f. • Qualità di ciò che è imprescrittibile.

imprescrìtto [comp. di *in-* (*3*) e *prescritto*] agg. • (*raro*) Non prescritto.

impreșentàbile [comp. di *in-* (*3*) e *presentabile*] agg. • Che non si può presentare: *ricorso i.* | (*est.*) Che si trova in una situazione tale da non poter apparire in pubblico: *con questi capelli oggi sono i.* || **impresentabilménte**, avv.

impréso part. pass. di *imprendere*; anche agg. • Nei sign. del v.

impressionàbile agg. • Che s'impressiona facilmente: *temperamento, fantasia i.* SIN. Emotivo.

impressionabilità [da *impressionabile*] s. f. • Disposizione a subire facilmente emozioni e impressioni. SIN. Emotività.

impressionànte part. pres. di *impressionare*; anche agg. • Nei sign. del v.

impressionàre [da *impressione*] **A** v. tr. (*io impressióno*) *1* Provocare impressione su qc., colpendo la sua fantasia o turbando profondamente il suo spirito: *l'annuncio ha impressionato l'opinione pubblica*; *i. qc. col racconto delle proprie disgrazie*. SIN. Scuotere, toccare. *2* (*fot.*) Far agire la luce sulle sostanze che costituiscono l'emulsione sensibile. **B** v. intr. pron. *1* Turbarsi, spaventarsi: *si impressiona facilmente durante i temporali*. *2* Subire l'azione della luce, detto di pellicola fotografica.

impressionàto part. pass. di *impressionare*; anche agg. *1* Nei sign. del v. *2* *Bene, male, favorevolmente, sfavorevolmente i.*, che ha subìto impressione positiva o negativa da qc. o q.c.

impressióne [vc. dotta, lat. *impressiōne(m)*, comp. di *in-* 'sopra' e *prĕssio*, genit. *pressiōnis*, da *prĕssus*, part. pass. di *prĕmere*] s. f. *1* Atto, effetto dell'imprimere | (*est.*) Impronta, segno: *i. del sigillo*; *i. del dito sulla creta, sulla cera*. *2* (*raro*) Stampa, edizione, ristampa: *quinta i.*; *i. nitida, difettosa* | Indicazione del nome del tipografo, del luogo e dell'anno di stampa. *3* (*fig.*) Sensazione fisica provocata da agenti esterni: *i. di freddo, di caldo*. *4* (*fig.*) Effetto o turbamento che si verifica nello spirito o nei sentimenti in seguito a eventi, emozioni, esperienze e sim.: *i. di meraviglia, di terrore*; *i. violenta, debole*; *l'incidente ha provocato grande i. negli astanti*; *l'i. fu terribile* (FOGAZZARO) | *Fare buona, cattiva i.*, suscitare opinione positiva, negativa | (*ass.*) *Fare i.*, meravigliare o sbigottire. *5* Giudizio dato d'istinto, opinione soggettiva: *ho l'i. che avremo delle brutte sorprese*; *non sempre conta la prima i.* | (*raro*) *Uomo di prima i.*, istintivo nel giudicare. *6* (*raro, biol.*) Imprinting. *7* †Influsso contagioso. *8* (*mil.*) †Effetto che risulta dall'urto di una schiera contro un'altra. || **impressioncèlla**, dim.

impressionișmo [fr. *impressionisme*, da *impressioniste* 'impressionista'] s. m. • Movimento affermatosi nelle arti figurative della seconda metà del XIX sec., come ricerca del vero mediante la trascrizione sintetica delle impressioni, ottenuta con varie tecniche | (*est.*) Tendenza alla rappresentazione coloristica ed evocativa dell'immediata suggestione della realtà, anche in musica e in letteratura.

impressionista [fr. *impressioniste*, dal titolo di uno scritto (*Exposition des impressionistes*) del critico L. Leroy, illustrativo di una mostra, dove il Monet aveva esposto il suo quadro *Impression, Soleil levant*] **A** s. m. e f. (pl. m. *-i*) • Seguace dell'impressionismo. **B** agg. • Impressionistico.

impressionìstico agg. (pl. m. *-ci*) • Che concerne l'impressionismo e gli impressionisti.

impressìvo [dal lat. *imprĕssum* (V. *impresso*), nel sign. 2, calco sul fr. *impressif* e sull'ingl. *impressive* 'che impressiona'] agg. *1* (*raro*) Capace di trasmettere impressioni o imprimere un movimento. *2* Capace di impressionare, di commuovere | Che è dotato di notevole ascendente, che esercita un influsso efficace.

imprèsso part. pass. di *imprimere*; anche agg. • Nei sign. del v.

impressóre [dal part. pass. di *imprimere*] s. m. • (*raro*) Stampatore, tipografo.

imprestàre [da *imprestito*] v. tr. (*io imprèsto*) • (*pop.*) Dare in prestito.

imprèstito [comp. di *in* e *prestito*] s. m. • (*pop.*) Prestito.

impreteribile [da *preterire*, col pref. *in-* (*3*)] agg. • (*raro*) Che non si può omettere o tralasciare: *obbligo i.* || **impreteribilménte**, avv. Senza possibilità di omissione.

imprevedìbile [comp. di *in-* (*3*) e *prevedibile*] agg. • Che non si può prevedere: *caso, evento i.* || **imprevedibilménte**, avv.

imprevedibilità s. f. • Qualità di chi, di ciò che è imprevedibile.

impreveduto [comp. di *in-* (*3*) e *preveduto*, coesistente con *previsto*] agg. • Non preveduto | Inatteso, improvviso. || **imprevedutaménte**, avv. (*raro*) Improvvisamente.

imprevidènte [comp. di *in-* (*3*) e *previdente*, sul modello del fr. *imprévoyant*] agg. • Che manca di previdenza e si lascia cogliere di sorpresa dagli avvenimenti. || **imprevidentemènte**, avv. Senza previdenza.

imprevidènza [comp. di *in-* (*3*) e *previdenza*, sul modello del fr. *imprévoyance*] s. f. • Mancanza di previdenza e di riflessione | Sconsideratezza, avventatezza.

†**imprevisìbile** [fr. *imprévisible*, comp. di *in-* neg. e *prévisible*, da *prévoir*, da *prévision* 'previsione'] agg. • Imprevedibile.

imprevisto [comp. di *in-* (*3*) e *previsto*] **A** agg. *1* Non previsto, pensato, immaginato: *una conclusione imprevista.* SIN. Inaspettato, inatteso. *2* Improvviso, subitaneo: *un i. scatto d'ira.* **B** s. m. • Evento non prevedibile: *arriverò domani salvo imprevisti.*

impreziosìre [comp. di *in-* (*1*) e *prezioso*] **A** v. tr. (*io impreziosisco, tu impreziosisci*) • Rendere prezioso: *i. un diadema di gemme* | (*fig.*) Ornare, arricchire: *i. una tovaglia di ricami*; *i. una prosa con metafore.* **B** v. intr. pron. • (*scherz.*) Fare il prezioso | Diventare prezioso.

imprigionaménto s. m. • Atto, effetto dell'imprigionare. SIN. Carcerazione.

imprigionàre [comp. di *in-* (*1*) e *prigione*] v. tr. (*io imprigióno*) *1* Mettere o far mettere in prigione: *i. una banda di rapinatori* | Fare prigioniero | (*est.*) Rinchiudere: *i. un uccellino in gabbia.* SIN. Incarcerare. *2* (*fig.*) Obbligare a stare in un luogo da cui è difficile uscire: *il ghiaccio imprigionò gli scalatori sulla montagna.*

†**imprigionatóre** agg.; anche s. m. (f. *-trice*) • Che, chi imprigiona.

†**imprìma** [comp. di *in-* (*1*) e *prima*] avv. • Prima di tutto, dapprima, prima: *tu le dirai i. i. che le voglio le mille moggia di quel buon bene* (BOCCACCIO) | Anche nella loc. avv. *all'i.*

imprimatur /lat. impri'matur/ [vc. lat., letteralmente 'si stampi, venga impresso', congv. pres. pass. di *imprĭmere* 'imprimere, stampare'] s. m. inv. • Formula della licenza di stampare o pubblicare un libro sottoposto all'autorità del censore ecclesiastico | (*est.*) Approvazione di uno scritto: *l'articolo ha ottenuto l'i. della redazione.*

imprimé /fr. ɛ̃pri'me/ [vc. fr., letteralmente 'stampato', part. pass. di *imprimer* 'imprimere, stampare'] **A** s. m. inv. • Stoffa di seta o cotone stampata a colori. **B** anche agg. inv.: *stoffa i.*

imprìmere [vc. dotta, lat. *imprĭmere*, comp. di *in-* 'sopra, dentro' e *prĕmere*] **A** v. tr. (pass. rem. *io imprèssi, tu imprimésti*; part. pass. *imprèsso*) *1* Premere in modo da lasciare un segno, una traccia, un marchio (*anche fig.*): *i. il marchio, il suggello*; *i. orme nella terra bagnata*; *i. la propria personalità in un'opera.* *2* Fissare in modo indelebile: *i. un ricordo nella mente.* *3* (*raro*) Riprodurre per mezzo della stampa: *i. una bella xilografia sulla copertina del libro.* *4* Trasmettere, comunicare, detto di movimento: *i. moto a un corpo*; *motore che imprime una velocità di 80 km all'ora.* **B** v. intr. pron. • Fissarsi in modo indelebile: *le parole di lui si impressero nella sua memoria.*

imprimìbile agg. • (*raro*) Che si può imprimere.

imprimitùra [da *imprimere*] s. f. • Apposita preparazione stesa dai pittori su tavole, tele e sim. per renderle idonee a ricevere i colori facilitandone la scorrevolezza e l'inalterabilità: *i. a gesso e colla*; *i. a olio.*

imprinting /ingl. 'imprintiŋ/ [ingl., propr. 'impressione, stampa', da *to imprint* 'stampare, imprimere' (dal fr. ant. *empreinte* 'impronta'). La vc. è stata coniata dall'etologo K. Lorenz, come calco del ted. *Prägung* 'azione dell'imprimere (*prägen*)'] s. m. inv. • (*biol.*) Forma rapida e limitata di apprendimento, che si verifica durante un periodo precoce della vita, mediante cui i giovani di certe specie apprendono, venendo a contatto con i genitori o con altri individui della specie, le proprie caratteristiche specifiche.

improbàbile [vc. dotta, lat. *improbābile(m)* 'degno di essere disapprovato o rigettato', comp. di *in-* neg. e *probābilis*, da *probāre* 'approvare'] agg. • Che potrà accadere molto difficilmente: *la sua venuta è i.* | *Non è i.*, può accadere. SIN. Dubbio, incerto. CONTR. Probabile. || **improbabilménte**, avv. (*raro*) Senza probabilità.

improbabilità s. f. • L'essere improbabile | Cosa improbabile: *lasciando mill'altre i. che vi sono, due sole esperienze vi arreco in contrario* (GALILEI). SIN. Incertezza.

†**improbàre** [vc. dotta, lat. *improbāre*, comp. di *in-* neg. e *probāre* 'approvare, trovare buono', da *prŏbus* 'probo, buono'] v. tr. • Disapprovare.

improbativo [da *improbare*] agg. • Nella retorica, detto di discorso che serve a disapprovare.

improbità [vc. dotta, lat. *improbitāte(m)*, comp. di *in-* neg. e *prŏbitas*, da *prŏbus* 'probo'] s. f. • (*lett.*) Malvagità, disonestà: *i. di vita.*

ìmprobo [vc. dotta, lat. *ĭmprobu(m)*, comp. di *in-* neg. e *prŏbus* 'probo'] agg. *1* Malvagio, tristo, disonesto: *costumi, uomini improbi.* *2* Eccessivo, duro o mal ricompensato: *lavoro, fatica improba.*

improcedìbile [comp. di *in-* (*3*) e di un deriv. di *procedere* nel sign. giuridico] agg. • (*dir.*) Di giudizio ammissibile ed efficacemente proposto, che per un accidente processuale sopravvenuto non può più avere corso ulteriore.

improcedibilità s. f. • (*dir.*) Condizione di improcedibile.

improcrastinàbile [comp. di *in-* (*3*) e *procrastinabile*] agg. • (*lett.*) Che è impossibile da procrastinare, da rimandare ad altra data.

improcrastinabilità s. f. • (*lett.*) Qualità di ciò che è improcrastinabile.

improducìbile [comp. di *in-* (*3*) e *producibile*] agg. • Che non si può produrre.

improduttività s. f. • Carattere di ciò che non è produttivo: *l'i. di un'impresa commerciale.* || **improduttivaménte**, avv.

improduttìvo [comp. di *in-* (*3*) e *produttivo*, sul modello del fr. *improductif*] agg. • Che non produce o dà un utile (*anche fig.*): *investimento, capitale i.*; *terreno i.*; *ingegno i.* SIN. Infruttifero, sterile.

improferìbile [comp. di *in-* (*3*) e *proferibile*] agg. • (*raro*) Che non si può proferire, dire, pronunciare, spec. in quanto sconveniente, volgare, offensivo: *parole, frasi improferibili.*

†**impromèssa** [comp. di *in-* (*1*) e *promessa*] s. f. • Promessa: *tanti lacciuol, tante impromesse false* (PETRARCA).

†**impromèsso** part. pass. di †*impromettere* • Nel sign. del v.

†**improméttere** [comp. di *in-* (*1*) e *promettere*] v. tr. • Promettere.

impromptu /fr. ɛ̃prɔ̃p'ty/ [vc. fr., propr. 'improvviso, improvvisazione', dalla loc. lat. *in prōmptu* 'sottomano'] s. m. inv. (pl. fr. *impromptus*) • (*mus.*) Breve pezzo strumentale, specie pianistico e ottocentesco, che spesso conserva tracce dell'antica prassi improvvisatoria ed è alquanto libero nella forma e nel carattere: *gli impromptus di Schubert.*

imprónta (**1**) [da *improntare* (*1*)] s. f. *1* Segno, traccia che rimane su un corpo su cui si sia esercitata una pressione: *lasciare un'i.*; *cancellare un'i.*; *l'i. della testa sul cuscino* | *I. digitale*, disegno lasciato dalle creste epidermiche del polpastrello delle dita | (*est.*) *L'i. del vaiolo*, l'insieme delle cicatrici lasciate dalla malattia sulla pelle. *2* (*numism.*) Immagine impressa nel conio dal maschio | Prova di conio delle medaglie e delle monete | Stemma in ceralacca ottenuto da un anello a sigillo. *3* (*fig.*) Marchio, segno caratteristico: *la Gioconda reca l'i. del genio di Leonardo*; *l'i. della miseria, del vizio.* SIN. Orma. *4* (*raro, biol.*) Imprinting.

imprónta (**2**) [da *impronto* (*2*)] s. f. • Solo nella loc. avv. *all'i.*, a prima vista.

†**improntaménto** [da *improntare* (*1*)] s. m. *1* Azione dell'improntare. *2* Richiesta importuna.

improntàre (**1**) [var. di *imprentare* per sovrapposizione di *pronto*] **A** v. tr. (*io imprónto*) *1* Segnare con impronta: *i. il sigillo nella cera.* SIN. Imprimere. *2* (*numism.*) Imprimere nel conio, col maschio di acciaio temperato, la femmina | Fare la prova di conio delle medaglie e delle monete. *3* (*fig.*) Dare un tono o un'espressione peculiare: *i. il volto a dolore*; *i. il discorso a una certa severità.* *4* Leggere ed eseguire, senza preparazione, la musica. **B** v. intr. pron. • (*fig.*) Assumere un tono o un atteggiamento: *il volto le s'improntò a commozione.*

†**improntàre** (**2**) [comp. di *in-* (*1*) e *pronto*] v. tr. • Preparare, approntare.

†**improntàre** (**3**) [fr. *emprunter*, dal lat. tardo *promutuāri*, comp. di *prō* 'in cambio' e *mutuāri* 'prendere a prestito' (V. *mutuare*)] v. tr. • Prestare | Prendere a prestito.

improntàto part. pass. di *improntare* (*1*); anche agg. • Nei significati del v. | Inoltre: (*fig.*) Ispirato, modellato, caratterizzato: *modo di comportarsi i. a distinzione*; *parole improntate di timore*; *rapporti improntati a una certa cordialità.*

improntatóre [da *improntare* (*1*)] s. m. *1* (*raro*) Incisore, coniatore. *2* Chi legge ed esegue musica senza preparazione.

improntitùdine [da *impronto* (*1*) sul modello di *beatitudine* (da *beato*), di *ingratitudine* (da *grato*), *rettitudine* (da *retto*) e sim.] s. f. • Insistenza indiscreta | Sfacciataggine: *è di un'i. incredibile.*

imprónto (**1**) [per *impront(at)o*] agg. • (*lett.*) Insistente e indiscreto nel chiedere | Importuno, sfacciato, impertinente. || **improntàccio**, pegg. || **improntaménte**, avv. Con improntitudine.

imprónto (**2**) [vc. dotta, lat. *ĭn* 'in' *prōmptu* 'pronto', sottinteso *ĕsse* 'essere' o *habēre* 'avere'] s. m. • Solo nella loc. avv. *all'i.*, a prima vista, in modo estemporaneo: *tradurre all'i.*

impronunciàbile • V. *impronunziabile.*

impronunziàbile o **impronunciàbile** [comp. di *in-* (*3*) e *pronunziabile*] agg. • Che non si può o non si deve pronunciare: *per gli ebrei il nome di Dio era i.* | Che è molto difficile da pronunziare: *ha un nome i.*

†**improperàre** [vc. dotta, lat. *improperāre* 'rimproverare', termine pop., di etim. incerta] v. tr. *1* (*raro*) Rimproverare. *2* (*raro*) Insultare.

improperiàre [da *improperio*] v. tr. (*io impropèrio*) • (*raro*) Lanciare improperi.

impropèrio [vc. dotta, lat. *impropĕriu(m)* 'rimprovero', da *improperāre* 'improperare'] s. m. *1* Ingiuria grave, villania: *caricare d'improperi*; *avevano dimenticato tutti gli improperi che si erano detti* (VERGA). *2* (*al pl.*) Antifone e responsori che, prima della riforma liturgica del Concilio Ecumenico Vaticano Secondo, si cantavano il venerdì santo e contenevano i presunti rimproveri di Gesù agli Ebrei.

†**impròpio** • V. *improprio.*

improponìbile [comp. di *in-* (*3*) e di un deriv. di *proporre* nel sign. giuridico] agg. *1* (*dir.*) Detto di giudizio che non può essere instaurato, o atto processuale che non può essere ammesso a produrre effetti perché privo dei requisiti legislativamente richiesti: *appello i.*; *azione i.* *2* Che non è possibile, opportuno proporre: *soluzione i.*

improponibilità s. f. • (*dir.*) Condizione di improponibile: *i. di un atto processuale.*

improprietà [vc. dotta, lat. tardo *improprietāte(m)*, comp. di *in-* neg. e *proprĭetas* 'proprietà, particolarità, qualità di una cosa', da *prŏprius* 'proprio'] s. f. *1* Mancanza di proprietà e precisione nell'esprimersi: *parlare, scrivere con i.* *2* Locuzione, vocabolo improprio: *discorso pieno di i.*

impròprio o (*pop.*) †**impròpio** [vc. dotta, lat. *imprŏpriu(m)*, comp. di *in-* neg. e *prŏprius* 'proprio, particolare'] **A** agg. *1* Non proprio o non appropriato | *Parole, locuzioni improprie*, non usate a proposito o nel giusto significato | *Armi improprie*, qualsiasi strumento od oggetto non considerato abitualmente come arma da punta o da taglio ma chiaramente utilizzabile, in certe circostanze di tempo e di luogo, per l'offesa alla persona | (*est.*) Sconveniente, non adatto: *linguaggio, tono i.*; *abbigliamento i.* *2* (*mat.*) *Frazione impropria*, in cui il numeratore è maggiore del denominatore. || **impropriaménte**, avv. In modo improprio; senza proprietà di lingua: *parlare impropriamente.* **B** in funzione di avv. • (*raro*) In modo improprio.

improrogàbile [comp. di *in-* (*3*) e *prorogabile*]

agg. ● Che non si può differire: *termine i. per presentare le domande.* CONTR. Dilazionabile. || **improrogabilménte**, avv. In modo improrogabile: *arriverò improrogabilmente domani*; senza proroga: *la consegna è fra dieci giorni improrogabilmente.*

improrogabilità s. f. ● Qualità di ciò che è improrogabile.

improsciuttire o (*pop., tosc.*) **impresciuttire** [comp. di *in-* (*1*) e *prosciutto*, in senso fig.] v. intr. (*io improsciuttìsco, tu improsciuttìsci*; aus. *essere*) ● (*pop.*) Diventare asciutto e magro come un prosciutto, detto di persona.

improtestàto [comp. di *in-* (*3*) e *protestato*] agg.; anche s. m. (f. *-a*) ● Che, chi non ha subìto un protesto cambiario.

†**improvedènza** ● V. *improvvidenza.*

†**impròvido** ● V. *improvvido.*

†**improvvedùto** [comp. di *in-* (*3*) e *provveduto*] agg. ● Sprovveduto. || †**improvvedutaménte**, avv. *1* Senza avvedutezza. *2* Alla sprovvista.

improvvidènza o †**improvedènza** [vc. dotta, lat. *improvidĕntia*(*m*), comp. di *in-* neg. e *providĕntia* 'previdenza', da *providēre* (V. *provvedere*)] s. f. ● (*raro, lett.*) Imprevidenza, inconsideratezza.

impròvvido o †**impròvido** [vc. dotta, lat. *imprōvidu*(*m*), comp. di *in-* neg., e *prōvidus* 'previdente', da *providēre* (V. *provvido*)] agg. ● (*lett.*) Imprevidente: *essere i. del futuro* | (*est.*) Incauto, inconsiderato: *consiglio i.* || **improvvidaménte**, avv.

†**improvviṣaménto** s. m. ● Improvvisazione.

improvviṣàre [da *improvviso*] **A** v. tr. *1* Tenere un discorso, comporre versi, musica per immediata ispirazione senza studio o preparazione: *i. stornelli, canzoni* | Anche ass.: *quel compositore preferisce i.* *2* Allestire, combinare, preparare in fretta, spesso senza pratica specifica e con facloneria: *i. una cena, una festa*; *i. una dimostrazione* | (*raro*) *I. un cavallo*, addestrarlo in poco tempo. **B** v. rifl. ● Impegnarsi, assumersi un ruolo, una funzione insolita senza preparazione specifica: *improvvisarsi presentatore, cameriere, cuoco.*

improvviṣàta [f. sost. di *improvvisato*] s. f. ● (*fam.*) Avvenimento piacevole che giunge inatteso: *fare una bella i. a qc.* | *Brutta i.*, sorpresa sgradita.

improvviṣàto part. pass. di *improvvisare*; anche agg. ● Nei sign. del v.

improvviṣatóre s. m. (f. *-trice*) *1* Chi è abile nell'improvvisare | Poeta estemporaneo. *2* Chi fa q.c. in fretta, senza pratica specifica e con faciloneria.

improvviṣazióne s. f. ● Atto, effetto dell'improvvisare | Ciò che si improvvisa | Nella musica colta e popolare, invenzione ed esecuzione estemporanea di un pezzo, libera esecuzione di un pezzo non scritto, esecuzione e variazione di un pezzo scritto.

improvviṣo [vc. dotta, lat. *improvīsu*(*m*), comp. di *in-* neg. e *provīsus* 'previsto', da *providēre* (V. *provvedere*)] **A** agg. *1* Che avviene o viene d'un tratto, del tutto inatteso: *ritorno i.*; *fuga, disgrazia, notizia improvvisa*; *un'idea improvvisa / mi strinse il cuore* (SABA). SIN. Impensato, imprevisto, inaspettato. *2* (*est.*) Subitaneo, repentino, brusco: *ira, simpatia improvvisa*; *i. cambiamento d'umore* | *All'i., d'i.*, improvvisamente, d'un tratto, in modo inaspettato: *partire all'i.*; *è accaduto all'i.* *3* (*raro*) Improvvisato, estemporaneo: *canto i.*; *musica improvvisa.* || **improvvisaménte**, avv. In modo imprevedibile e inaspettato: *assalire qc. improvvisamente*; *arrivare improvvisamente.* **B** s. m. ● (*mus.*) Pezzo a soggetto originale, di qualunque forma, creato senza preventiva preparazione e studio. **C** avv. ● (*lett.*) †Improvvisamente | †Immediatamente.

†**improvvìsto** [comp. di *in-* (*3*) e *provvisto*, nel duplice senso di 'fornito' e 'preparato'] agg. ● Sprovveduto, impreparato: *assaltare lo inimico i.* (MACHIAVELLI). || †**improvvistaménte**, avv. Disavvedutamente.

†**impruàre** [comp. di *in-* (*1*) e *prua*] **A** v. tr. ● Fare che il bastimento immerga maggiormente la prua. **B** v. intr. pron. ● Andare giù con la prua.

imprudènte [vc. dotta, lat. *imprudĕnte*(*m*), comp. di *in-* neg. e *prudĕnte*(*m*), nom. *prūdens* 'prudente, che prevede', per *provĭdens* (V. *provvedere*)] **A** agg. *1* Detto di persona che manca di prudenza perché non considera i rischi e i pericoli connessi alle sue azioni: *ragazzo, corridore i.* SIN. Sventato, temerario. CONTR. Cauto, riflessivo. *2* Detto di cosa che dimostra mancanza di prudenza: *parola, consiglio i.* SIN. Avventato, azzardato, incauto. || **imprudentèllo**, dim. | †**imprudentùccio**, dim. || **imprudenteménte**, avv. Con imprudenza: *agire imprudentemente*; senza cautela: *parlare imprudentemente.* **B** s. m. e f. ● Persona imprudente.

imprudènza [vc. dotta, lat. *imprudĕntia*(*m*), comp. di *in-* neg. e *prudĕntia*, per *providĕntia* (V. *provvidenza*)] s. f. *1* Mancanza di prudenza: *è un'i. guidare l'automobile avendo sonno.* SIN. Leggerezza, sconsideratezza. *2* Atto inconsiderato e rischioso: *commettere un'i.* || **imprudenzùccia**, dim. | **imprudenzuòla**, dim.

imprunàre [comp. di *in-* illativo e *pruno*] v. tr. *1* Chiudere, cingere di pruni. *2* (*est., fig.*) †Porre ostacoli.

impubblicàbile [comp. di *in-* (*3*) e *pubblicabile*] agg. ● Che non si può pubblicare, che non ha i requisiti per la pubblicazione: *un articolo, un saggio i.*

impùbere o (*lett.*) **impùbe** [vc. dotta, lat. *impūbere*(*m*), comp. di *in-* neg. e dell'agg. *pūbes*, genit. *pūberis* 'adulto' (V. *pube*)] agg.; anche s. m. e f. ● (*lett.*) Che, chi non è ancora nella pubertà: *giovane i.*; *l'età degli impuberi.*

impudènte [vc. dotta, lat. *impudĕnte*(*m*), comp. di *in-* neg. e *pudĕnte*(*m*), nom. *pŭdens*, part. pres. del lat. *pudēre* 'vergognarsi', di etim. incerta] agg.; anche s. m. e f. ● Che, chi non sente pudore o ritegno: *domanda, menzogna i.*; *sei un i.!* SIN. Sfacciato, sfrontato. || **impudenteménte**, avv.

impudènza [vc. dotta, lat. *impudĕntia*(*m*), comp. di *in-* neg. e del lat. tardo *pudĕntia*, da *pudēre* 'vergognarsi', di etim. incerta] s. f. ● Mancanza di pudore | Sfacciataggine, sfrontatezza: *ha l'i. di un vero ciarlatano.*

impudicìzia [vc. dotta, lat. *impudicĭtia*(*m*), comp. di *in-* neg. e *pudicĭtia*, connesso con *pudēre*, di etim. incerta] s. f. *1* Mancanza di pudore: *l'i. del loro comportamento era insopportabile.* *2* (*spec. al pl.*) Parola, gesto, atto impudichi e lascivi.

impudìco [vc. dotta, lat. *impudīcu*(*m*), comp. di *in-* neg. e *pudīcus* 'pudico', da *pudēre* 'vergognarsi', di etim. incerta] agg. (pl. m. *-chi*, †*-ci*) ● Che manca del senso del pudore o denota tale mancanza: *uomo i.*; *donna impudica*; *sguardo, discorso i.* SIN. Inverecondo, lascivo. || **impudicaménte**, avv.

impugnàbile [da *impugnare* (*2*)] agg. *1* Che si può contestare, combattere. *2* †Irremovibile.

impugnabilità s. f. ● L'essere impugnabile, contestabile: *l'i. di una sentenza, di una dichiarazione.*

impugnaménto s. m. ● (*raro*) Atto, effetto dell'impugnare.

impugnàre (**1**) [lat. parl. **impugnāre*, comp. di *in-* 'dentro' e *pŭgnus* 'pugno'] **A** v. tr. ● Stringere in pugno: *i. la spada, il pugnale* | *I. le armi*, prepararsi a combattere | (*scherz.*) *I. la padella*, prepararsi a mangiare con appetito. SIN. Afferrare. **B** v. intr. ● (*raro*) †Formare il pugno.

impugnàre (**2**) [vc. dotta, lat. *impugnāre*, comp. di *in-* illativo e *pugnāre* 'combattere'] v. tr. *1* Contestare con valide ragioni un'accusa, un parere: *i. un'opinione, una teoria.* *2* (*dir.*) Chiedere al giudice designato dalla legge il riesame totale o parziale di un processo, o la riforma totale o parziale di un provvedimento giurisdizionale: *i. una sentenza* | (*est.*) Addurre in giudizio l'invalidità o un motivo di rescissione o di risoluzione di un atto: *i. un contratto*; *i. un testamento.* *3* †Combattere, assalire: *forse a lui vien che dispiaccia / ch'altri impugni la fé de' suoi parenti* (TASSO). *4* †Tentare.

impugnativa s. f. ● Istanza con cui si propone un mezzo di impugnazione: *redigere una i.*

impugnativo [da *impugnare* (*2*)] agg. ● Che si riferisce all'impugnazione, che è diretto a impugnare: *azione impugnativa.*

impugnàto part. pass. di *impugnare* (*1*); anche agg. ● Nei sign. del v.

impugnatóre [vc. dotta, lat. *impugnatōre*(*m*), da *impugnātus* 'impugnato'] s. m. (f. *-trice*) ● Chi impugna o contesta e contraddice.

impugnatùra [da *impugnare* (*1*)] s. f. *1* Il modo di stringere in pugno: *ha una i. salda* | L'atto dell'impugnare: *esercitarsi nell'i. d'un attrezzo ginnico.* *2* Parte di un oggetto che deve essere stretta nella mano: *l'i. della frusta*; *i. del coltello.*

impugnazióne [vc. dotta, lat. *impugnatiōne*(*m*), da *impugnātus* 'impugnato'] s. f. ● Atto, effetto dell'impugnare (2).

impulciàre [comp. di *in-* (*1*) e *pulce*] **A** v. tr. (*io impùlcio*) ● Riempire di pulci. **B** v. intr. pron. ● Riempirsi di pulci.

impulito [comp. di *in-* (*3*) e *pulito*, come il lat. *impolītus* e il fr. *impoli*] agg. *1* (*raro*) Non sgrassato. *2* (*fig.*) Rozzo, scortese.

impulsàre [vc. dotta, lat. tardo *impulsāre*, freq. di *impĕllere* 'spingere (*pĕllere*) dentro (*in-*)'; calco sull'ingl. *to pulse* nel sign. 2] v. tr. *1* †Sospingere | Percuotere | (*fig.*) Incitare, sollecitare. *2* (*elettron., tecnol.*) Far funzionare a impulsi un apparecchio o un dispositivo.

impulsatóre s. m. ● (*elettron.*) Apparecchio o circuito generatore di impulsi elettrici.

impulsióne [vc. dotta, lat. *impulsiōne*(*m*), comp. di *in-* 'contro' e *pulsiōne*(*m*), nom. *pŭlsio* 'colpo', da *pŭlsus*, part. pass. di *pĕllere*, di origine indeur.] s. f. *1* (*mecc.*) Azione di una forza che spinge, urtandolo, un corpo. *2* (*raro, fig.*) Impulso: *i. al furto, alla disonestà.*

impulsività s. f. ● Qualità di ciò che è impulsivo | Tendenza a compiere atti impulsivi: *frenare, dominare l'i.*

impulsivo [da *impulso* (*1*)] **A** agg. *1* Che imprime una spinta o un impulso: *forza impulsiva.* *2* Detto di chi agisce o parla seguendo i propri impulsi, senza riflettere su ciò che fa, senza misurare o controllare i propri atti, e sim.: *persona impulsiva* | Proprio di una persona impulsiva: *carattere, temperamento i.* | *Atti impulsivi*, compiuti senza dilazione, riflessione o controllo volontario e determinati da desideri istintivi. CONTR. Riflessivo. || **impulsivaménte**, avv. Con impulsività. **B** s. m. (f. *-a*) ● Chi è dotato di carattere impulsivo.

impùlso (**1**) [vc. dotta, lat. *impŭlsu*(*m*), comp. di *in-* 'contro' e *pŭlsus* 'colpo', da *pŭlsus*, part. pass. di *pĕllere*, di origine indeur.] s. m. *1* Spinta, forza esercitata per comunicare il moto di un corpo su di un altro: *la locomotiva ha dato un i. violento ai vagoni.* *2* (*fis.*) *I. elementare di una forza*, grandezza fisica espressa dal prodotto della forza agente su un corpo per il tempo durante il quale la forza ha agito | *I. elettrico*, tensione o corrente che esiste in un circuito durante un intervallo di tempo di durata finita ma brevissima o infinitesima | (*est., tel.*) Scatto telefonico. *3* (*fig.*) Stimolo, spinta, incremento: *dare i. all'industria, ai commerci* | (*dir.*) *I. processuale*, compimento delle attività necessarie perché sorga o abbia svolgimento un processo. *4* (*fig.*) Moto istintivo dell'uomo che lo spinge ad atti anche irriflessivi e violenti: *sentì l'i. di picchiare*; *abbandonarsi ai propri impulsi* | (*est.*) Tendenza, disposizione naturale: *è mosso da un costante i. a fare il bene* | (*est.*) Istigazione: *è stato l'i. dei cattivi compagni a spingerlo al male.* *5* (*fisiol.*) *I. nervoso*, insieme di fenomeni chimici e fisici che interessano tratti successivi di un cilindrasse o di un dendrite nel corso della trasmissione nervosa.

†**impùlso** (**2**) part. pass. di †*impellere*; anche agg. ● (*raro*) Nei sign. del v.

impùne [vc. dotta, lat. *impūne*(*m*), comp. di *in-* neg. e un deriv. di *pœna* 'pena'] **A** agg. ● (*lett.*) Non punito: *malfattori impuni si aggirano tra noi.* || **impuneménte**, avv. Senza pena; senza danno: *attraversare impunemente il fuoco.* **B** avv. ● (*raro*) †Impunemente: *sbagliare i.*

impunìbile [comp. di *in-* (*3*) e *punibile*] agg. ● Detto di persona a carico della quale, in presenza di date circostanze, non può essere emessa una condanna penale | *Reato i.*, commesso da persona non assoggettabile a condanna penale.

impunibilità s. f. ● Condizione di chi, di ciò che è impunibile: *i. di una persona, di un reato.*

impunità [vc. dotta, lat. *impunitāte*(*m*), da *impūnis* 'impune'] s. f. ● Condizione di chi è esente da pena: *godere l'i.*; *garantire l'i.*

impunìto [vc. dotta, lat. *impunītu*(*m*), comp. di *in-* neg. e *punītus*, part. pass. di *punīre* 'punire'] **A** agg. ● Immune da pene, sfuggito alla giusta pena: *de-*

litto, malfattore i. || †**impunitaménte**, avv. Impunemente. **B** s. m. (f. *-a*); *anche* agg. ● (*centr.*) Sfacciato, sfrontato, birbante: *atteggiamento da i.*

impuntaménto [da *impuntar(si)*, in senso tecnico] s. m. ● (*mecc.*) Nel taglio dei metalli alle macchine utensili, difetto che consiste nello strisciamento del dorso dell'utensile sulla superficie lavorata, con conseguente surriscaldamento e danneggiamento dell'utensile stesso. SIN. Tallonamento.

impuntàre [comp. di *in-* (*1*) e *punta*] **A** v. intr. (aus. *avere*) **1** Inciampare: *i. ad ogni passo.* **2** (*fig.*) Incespicare nel parlare: *i. per balzuzie, emozione, imbarazzo* | (*fig.*) *I. con la memoria*, faticare a ricordare q.c. **B** v. intr. pron. **1** Rifiutarsi di andare avanti puntando i piedi a terra per non essere trascinato, detto di bambini o animali. **2** (*fig.*) Ostinarsi con puntiglio: *si è impuntato a dire di no.*

impuntatùra s. f. ● Atto, effetto dell'impuntare e dell'impuntarsi.

impuntigliàrsi [comp. di *in-* (*1*) e *puntiglio*] v. intr. pron. (*io m'impuntìglio*) ● (*raro*) Ostinarsi in un puntiglio | Ingegnarsi in q.c. con puntiglio.

impuntìre [comp. di *in-* (*1*) e *punto*] v. tr. (*io impuntìsco, tu impuntìsci*) **1** Fermare con punti fitti un tessuto o altro materiale, mettendolo doppio o applicandolo su altro tessuto o materiale di sostegno: *i. il bavero, i risvolti*; *i. la doppia suola.* **2** Trapungere: *i. un materasso, un'imbottita.*

impuntitùra s. f. ● Operazione dell'impuntire.

impuntùra [per *impunt(it)ura*, da *impuntire* (come *impuntatura*, da *impuntare*), per sovrapposizione di *puntura*] s. f. **1** Cucitura a punti vistosi e uguali sia sul diritto che sul rovescio del tessuto, usata per guarnire, rifinire o impuntire. **2** Ciascuno degli angoli per cui una vela è fissata a un pennone o un'antenna.

impunturàre v. tr. ● Cucire mediante impunture.

impunturàto part. pass. di *impunturare*; anche agg. ● Nel sign. del v.

impupàrsi [da *pupa*] v. rifl. ● (*zool.*) Rinchiudersi nel pupario, detto di larva di Insetti che resta all'interno del suo ultimo involucro trasformandosi in pupa.

impurézza [vc. dotta, lat. *impurĭtia(m)*, comp. di *in-* neg. e un deriv. di *pūrus* 'puro'] s. f. ● Impurità.

impurità [vc. dotta, lat. *impuritāte(m)*, comp. di *in-* neg. e *pūritas* 'purezza', da *pūrus* 'puro'] s. f. **1** Condizione di ciò che non è puro: *l'i. dell'aria, dell'acqua*; *l'i. di una lingua.* **2** Ciò che rende impuro q.c.: *liberare un liquido dalle impurità* | Difetto della pietra preziosa costituito da inclusioni, ghiacciature e sim., che ne diminuiscono il valore. **3** (*fig.*) Mancanza di purezza morale, spirituale: *i. di costumi.*

impùro [vc. dotta, lat. *impūru(m)*, comp. di *in-* neg. e *pūrus* 'puro'] **A** agg. **1** Che non è puro in quanto contiene elementi eterogenei o è mescolato ad altra sostanza: *pietra preziosa impura*; *acqua impura*; *rame, ferro i.* | *Lingua impura*, ricca di parole, locuzioni e sim. provenienti da una lingua diversa, o anche, lingua piena di errori | *Vocabolo i., locuzione impura*, che provengono da altre lingue | *Razza impura*, mista. **2** Detto della lettera *s*, quando è seguita da una consonante: *esse impura.* **3** Che offende la purezza, la castità: *costumi, pensieri, desideri impuri.* SIN. Immondo, immorale. || **impuraménte**, avv. **B** s. m. ● (*raro*) Stato di ciò che non è puro: *corpi semplicissimi per natura ... esenti dal corruttibile e dall'i.* (BARTOLI).

imputàbile [da *imputare*] **A** s. m. e f.; anche agg. ● (*dir.*) Chi, che ha la capacità d'intendere e di volere e pertanto può essere punito per un fatto previsto dalla legge come reato o può rispondere delle conseguenze prodotte dall'illecito civile commesso. **B** agg. **1** Che è o si può ritenere responsabile di q.c.: *siamo senz'altro imputabili per la nostra leggerezza*; *siete imputabili del guasto.* **2** Che si può imputare a qc. o a q.c.: *errore i. a distrazione*; *la svista è i. a noi.* SIN. Attribuibile.

imputabilità s. f. **1** Qualità di ciò che è imputabile. **2** (*dir.*) Condizione personale di chi è imputabile.

imputàre [vc. dotta, lat. *imputāre*, comp. di *in-* illativo e *putāre*, dal senso primitivo di 'ripulire (da *pūtus*, parallelo arc. di *pūrus*) gli alberi', a quello di 'ripulire, assestare i conti' ed infine a 'mettere in conto, attribuire, giudicare'] v. tr. (*io imputo*, raro *impùto*) **1** (*dir.*) Promuovere l'azione penale contro qc. | (*est.*) Contestare un'imputazione: *i. qc. di omicidio.* **2** (*est.*) Considerare responsabile, accusare, incolpare: *i. il capo del fallimento di un'impresa.* **3** Ascrivere, attribuire a titolo di colpa: *i. la disgrazia al guidatore*; *i. l'incidente a colpa, a leggerezza.* SIN. Addebitare. **4** Assegnare a un determinato conto | *I. un costo a un esercizio*, considerare quel costo come componente di reddito di quell'esercizio. **5** †Ascrivere a merito.

imputàto A part. pass. di *imputare* ● Nei sign. del v. **B** s. m. (f. *-a*) ● (*dir.*) Persona nei cui confronti è esercitata l'azione penale e pertanto è instaurato e svolto il processo penale: *colloqui del difensore con l'i. detenuto.* SIN. Accusato.

imputazióne [vc. dotta, lat. tardo *imputatiōne(m)*, da *imputātus* 'imputato'] s. f. **1** Atto, effetto dell'imputare | *I. della spesa*, in contabilità, assegnazione e ripartizione della spesa fra i diversi conti. **2** (*dir.*) Attribuzione a una persona della qualità di autore di un reato al fine di ottenerne la condanna: *rispondere dell'i. di omicidio*; *capo d'i.* **3** Attribuzione di somme di denaro o del valore di dati beni a un dato patrimonio al fine di estinguere un debito.

imputrefàtto [comp. di *in-* (*3*) e *putrefatto*] agg. ● (*raro*) Che non si è putrefatto.

imputrescìbile [comp. di *in-* (*3*) e *putrescibile*] agg. ● (*raro, lett.*) Che non imputridisce.

†**imputrìbile** [vc. dotta, lat. eccl. *imputrĭbile(m)*, comp. di *in-* neg. e *putrĭbilis*, da *putrēre* (V. *putrido*)] agg. ● Imputrescibile.

imputridiménto s. m. ● Atto, effetto dell'imputridire | Decomposizione chimica e biologica delle materie organiche, con sviluppo di gas dall'odore nauseabondo e di sostanze tossiche.

imputridìre [comp. di *in-* (*1*) e *putrido*] **A** v. intr. (*io imputridìsco, tu imputridìsci*; aus. *essere*) ● Diventare putrido: *il pesce imputridisce facilmente.* SIN. Corrompersi, guastarsi, marcire. **B** v. tr. ● Rendere putrido.

imputridìto part. pass. di *imputridire*; anche agg. ● Nei sign. del v.

impuzzìre [comp. di *in-* (*1*) e *puzzo*] **A** v. intr. (*io impuzzìsco, tu impuzzìsci*; aus. *essere*) ● Diventare puzzolente. **B** v. tr. **1** Rendere puzzolente. **2** (*raro*) Appuzzare.

impuzzolentìre [comp. di *in-* (*1*) e *puzzolente*] v. tr. (*io impuzzolentìsco, tu impuzzolentìsci*) ● Far diventare puzzolente | Riempire di puzzo, di fetore: *il tiglio imputridì nei maceri che impuzzolentiscono il paese* (BACCHELLI).

impuzzolìre [comp. di *in-* (*1*) e *puzzo*] **A** v. intr. (*io impuzzolìsco, tu impuzzolìsci*; aus. *essere*) ● Prendere un cattivo odore. **B** v. tr. ● (*raro*) Comunicare un cattivo odore.

in (**1**) o (*raro*) †**en** (**1**) [lat. *ĭn*, pref. e prep., di origine indeur.] prep. propria semplice. (Fondendosi con gli art. det. dà origine alle prep. art. m. sing. *nel, nello*; m. pl. *nei, negli*; f. sing. *nella*; f. pl. *nelle*). **I** Stabilisce diverse relazioni dando luogo a molti complementi. **1** Compl. di stato in luogo (*anche fig.*): *oggi resto in casa*; *troviamoci in piazza, in centro*; *ha dei conoscenti in Francia, comprerò una casa in montagna*; *il gatto dorme in grembo al padrone*; *sei pallido in volto*; *abbiamo fiducia in quel ragazzo*; *sta in voi decidere*; *se fossi in te, accetterei* | Entro: *non tenere le mani in tasca*; *ha sempre qualche idea in testa*; *lo porto nel cuore*; *l'amore diventò in lui rabbia, odio, furore* (NIEVO). **2** Compl. di moto a luogo (*anche fig.*): *l'hanno mandato in esilio*; *vanno in America*; *la nave sta entrando in porto*; *vai subito in casa*; *scendo in giardino*; *saliamo in auto*; *l'hanno gettato in mare*; *mettilo nel ripostiglio*; *versami un po' di vino nel bicchiere*; *porta in tavola il secondo*; *si è buttato in un'impresa disperata*; *l'ho mandato in malora*; *non metterti in testa certe idee* | Contro: *ha dato nel muro*; *ho inciampato in una radice*; *ho sbattuto in un ostacolo*; *ha urtato in uno spigolo* | Indica anche il luogo, il punto, la condizione verso cui si compie un movimento, un passaggio, uno spostamento (spec. in correl. con la prep. 'di'): *vado di strada in strada, di città in città*; *andiamo di male in peggio!*; *gli affari vanno di bene in meglio.* **3** Compl. di moto attraverso luogo (*anche fig.*): *lo inseguirono nella pianura*; *il corteo passa nella via principale*; *l'ho visto passeggiare in piazza*; *tanti ricordi mi passano nella mente.* **4** Compl. di tempo determinato: *questo avvenne nel primo secolo a. C.*; *sono nato nel 1941*; *verrò in autunno*; *aspettami nella giornata di lunedì* | †Nelle date: *in dì quindici di settembre.* **5** Compl. di tempo continuato (esprime durata e limite di tempo): *in gioventù è stata una grande ballerina*; *in un mese ho fatto grandi progressi*; *te lo restituisco in giornata*; *mi spiccio in un attimo*; *faccio in quattro e quattr'otto*; *se l'è mangiato in un baleno* | In correl. con la prep. 'di': *lo aspettiamo di giorno in giorno*; *sostituisco i pezzi di volta in volta.* **6** Compl. di modo o maniera: *vivono in letizia*; *si trova nell'abbandono più completo*; *camminate in punta di piedi*; *lavora in silenzio*; *disponetevi in cerchio*; *scrivi in corsivo*; *non guardarmi in cagnesco*; *non cullatevi nella speranza*; *parlate in dialetto*; *è una commedia in tre atti*; *lasciami in pace*; *sono in forse*; *è un'anima in pena*; *resta pure in pantofole e in maniche di camicia*; *verrò in abito da sera*; *era vestito in grigio*; *è ancora in fasce*; *carne in umido*; *riso in bianco*; *acciughe in salamoia*; *tagliare in due*; *dividere in quattro*; *farsi in quattro* | Si prepone al cognome del marito per indicare lo stato coniugale di una donna: *Maria Bianchi in Rossi.* **7** Compl. di mezzo o strumento: *viaggerò in aeroplano*; *vado in autobus*; *pago in contanti*; *te lo dico in poche parole*; *lo ha vinto in otto riprese*; *sa abbozzare un ritratto in pochi tratti.* **8** Compl. di limitazione: *sei bravo in matematica?*; *è un esperto in storia orientale*; *si può peccare in parole, in opere e in pensiero*; *conosco un negoziante in tessuti*; *è commerciante in vini*; *sono studenti in legge*; *ho un fratello laureato in medicina*; *suo padre è dottore in lettere.* **9** Compl. di materia: *vendono calchi in gesso e sculture in bronzo*; *all'ingresso c'è un cancello in ferro battuto*; *è un'edizione rilegata in cuoio con fregi in oro.* **10** Compl. di scopo o fine: *ti mando un libro in dono*; *spendono molto in pranzi e feste*; *vorrei avere questo volume in visione*; *danno una festa in onore della figlia*; *parleremo in tuo favore*; *una grande folla accorse in suo aiuto.* **11** Compl. di causa: *si tormenta nel dubbio e nel rimorso*; *gioisco nel ricordo di quel momento.* **12** Compl. di stima: *tenere qc. in grande, poco conto*; *lo ha in grande considerazione.* **13** Compl. distributivo: *di dieci in dieci.* **II** Ricorre con diverso valore e funzione in molte espressioni. **1** Con valore determinativo, indica una quantità: *si presentarono in venti*; *erano in quattro*; *accorsero in folla, in gran numero.* **2** Con valore asseverativo: *in fede mia*; *in verità*; *in coscienza* | Esprimendo supplica, preghiera e sim.: *in nome del cielo*; *in nome di Dio.* **3** Con valore temporale, seguito da un v. al modo infinito, equivale ad un gerundio: *nel dire così*; *in così dire*; *nel fare ciò*; *nell'udire la notizia* | (*pleon.*) †Premesso ad un gerundio: *però pur va, e in andando ascolta* (DANTE *Purg.* V, 45). **4** (*lett., pleon.*) Con valore raff. davanti a 'su': *in sulla fine del secolo*; *in sul principio del discorso*; *in sul far del giorno*; *Vero è che 'n su la proda mi trovai* (DANTE *Inf.* IV, 7). **5** Con valore pleon.: *partita di calcio in notturna*; *scalata in artificiale, in invernale.* **6** (*lett.*) †Con valore di 'fra' indica relazione, reciprocità e sim.: *in noi è perfetta armonia.* **III** Ricorre nella formazione di molte loc. **1** Loc. prep. e prep. composte: *in compagnia di*; *in cima a*; *in seguito a*; *in quanto a*; *in fondo a*; *in relazione a*; *in virtù di* e sim. **2** Loc. avv.: *in qua*; *in là*; *in su*; *in giù*; *in sopra*; *in sotto*; *in dentro*; *in fuori*; *in alto*; *in basso*; *in avanti*; *in fondo*; *in apparenza*; *in concreto*; *in astratto*; *in breve*; *in fretta e furia*; *di quando in quando*; *di volta in volta* e sim. **3** Loc. cong.: *nel tempo che*; *nell'istante che*; *in quanto che*; *nel caso che*; *nella maniera che* e sim.

in (**2**) /*ingl.* in/ [ingl. *in* 'dentro'] **A** prep. ● Spec. nella loc. *essere in*, fare parte dell'ambiente che conta e che decide le mode, spec. nell'ambito culturale e mondano. CONTR. Out. **B** anche agg. inv.: *la gente in*; *frequenta un giro molto in.* CONTR. Out.

in- (**1**) [dalla prep. lat. *ĭn*, di origine indeur., che già in lat. indicava, premessa ai v., un movimento verso un luogo o stato] pref. (si ha assimilazione quando la composizione avviene con parole che iniziano con *l-*, *m-*, *r-*; la *-n-* diventa *-m-* davanti a *b-* e *p-*; subisce talvolta il raddoppiamento (*-nn-*) davanti a parole che iniziano con vocale; tende a ridursi a *-i-* davanti a *s* seguita da consonante) ● È usato nella derivazione di verbi, di origine latina o di formazione posteriore, da aggettivi (*tenero - intenerire*), da sostantivi (*fiamma - infiammare, lume - illuminare, raggio - irraggiare, buca - imbucare, pacco - impaccare, amore - innamorare*), o da altri verbi: *indurre, infondere, immettere, istruire* (in quest'ultimo caso la derivazione generalmente è già avvenuta in latino e il pref. mantiene per lo più il significato di 'dentro' della prep. lat. *in*; valore che si ritrova in taluni derivati da sostantivi: *incarcerare, insaccare*).

in- (**2**) [ampliamento del lat. parl. del valore di *in-* (*1*)] **pref.** ● Con valore rafforzativo spec. nella formazione di congiunzioni antiche: *incontrario, imperò, imperciò, impertanto* (con passaggio di *-n-* a *-m-*).

in- (**3**) [lat. *in-* (dalla stessa radice indeur. presente nella neg. *nĕ*), talvolta usato per rendere l'alfa neg. dei Greci] **pref.** (si ha assimilazione quando la composizione avviene con parole che iniziano con *l-*, *m-*, *r-*; la *-n-* diventa *-m-* davanti a *b-* e *p-*) ● Presente in numerose parole di origine latina o di formazione posteriore, ha valore negativo ed è per lo più premesso ad aggettivi o sostantivi: *inabile, inabilità; infedele, infedeltà; illegittimo, illogico, immorale, irregolare, imbelle, impotente*.

-ina [lat. *-īna(m)* con valore di appartenenza, f. inizialmente applicato agli agg. in *-īnu(m)*, poi sostantivato; quando ha sign. coll. è ripreso dal corrispondente fr. *-aine*] **suff.** ***1*** Forma nomi di ambienti e locali in genere: *cucina, officina, vetrina*. ***2*** Forma sostantivi femminili tratti da temi maschili: *gallina, regina*. ***3*** Forma nomi numerali con valore collettivo: *diecina, quindicina, ventina, quarantina, sessantina, cinquina, dozzina*. ***4*** Ha valore derivativo in nomi tratti da sostantivi: *abetina, collina*. ***5*** Ha valore alterativo in nomi femminili diminutivi o vezzeggiativi: *bruciatina, camerina, cosina, donnina, fermatina, occhiatina, parolina, signorina, stiratina, vecchina, vocina*. ***6*** In chimica, indica spec. ammine e sostanze di natura basica: *adrenalina, morfina, cocaina*.

inabbordàbile [comp. di *in-* (*3*) e *abbordabile*, secondo il modello del fr. *inabordable*] **agg.** ● Di persona troppo altera e scontrosa, che non è facile né piacevole da avvicinare.

inàbile [vc. dotta, lat. *inhăbile(m)*, comp. di *in-* neg. e *hăbilis* 'che sa tenere (*habēre*) bene'] **agg.** ***1*** Che non ha le qualità richieste per eseguire un dato compito: *i. al lavoro, alle fatiche* | *È stato dichiarato i. al servizio militare*, riformato per malattia o difetto fisico. **SIN.** Inadatto, incapace. ***2*** (*raro*) Maldestro, poco accorto: *la sua è una mossa i.*

inabilità **s. f.** ● Condizione di chi non ha le capacità o i requisiti richiesti per l'esecuzione di un dato compito: *i. temporanea, permanente*. **SIN.** Incapacità.

inabilitàndo **s. m.** (f. *-a*) ● (*dir.*) Colui nei cui confronti è in corso un procedimento per inabilitazione.

inabilitànte **part. pres.** di *inabilitare*; anche **agg.** ● Nei sign. del v.

inabilitàre [comp. di *in-* (*3*) e *abilitare*] **A v. tr.** (*io inabìlito*) ***1*** Rendere inabile: *i gravi difetti fisici lo inabilitano al lavoro*. ***2*** (*dir.*) Limitare, a opera dell'autorità giudiziaria, la capacità di agire di qc. **B v. rifl.** ● (*raro*) Rendersi volontariamente inabile: *inabilitarsi al servizio militare*.

inabilitàto **A part. pass.** di *inabilitare*; anche **agg.** ● Nei sign. del v. **B s. m.** (f. *-a*) ● (*dir.*) Colui che per legge o per provvedimento del giudice è stato dichiarato limitatamente capace d'agire così da non potere compiere atti eccedenti l'ordinaria amministrazione del proprio patrimonio.

inabilitazióne **s. f.** ● (*dir.*) Atto, effetto dell'inabilitare | Condizione di chi è inabilitato.

inabissaménto **s. m.** ● Atto, effetto dell'inabissare e dell'inabissarsi. **SIN.** Sprofondamento.

inabissàre [comp. di *in-* (*1*) e *abisso*] **A v. tr.** ● Sprofondare in un abisso, sommergere (*anche fig.*): *la tempesta stava per i. la nave*. **B v. intr. pron.** ● Andare a fondo, cadere in un abisso (*anche fig.*): *il natante colpito si inabissò in poche ore; continuando così la ditta inabisserà nei debiti*.

inabitàbile [vc. dotta, lat. *inhabitābile(m)*, comp. di *in-* neg. e *habitābilis*, da *habitāre* 'abitare'] **agg.** ● Di luogo o ambiente in cui l'uomo non può vivere: *gran parte delle terre emerse sono inabitabili* | (*est.*) Estremamente scomodo, pericoloso o antigienico da abitare: *casa i.*

inabitabilità **s. f.** ● Qualità di ciò che è inabitabile.

inabitàto [comp. di *in-* (*3*) e *abitato*] **agg.** ● (*lett.*) Senza abitanti.

inabrogàbile [comp. di *in-* (*3*) e *abrogabile*] **agg.** ● Che non può essere abrogato.

inaccessìbile [vc. dotta, lat. *inaccessĭbile(m)*, (comp. di *in-* neg. e *accessĭbilis*, da *accēdere* 'avvicinarsi')] **agg.** ***1*** Che è molto difficile o impossibile da raggiungere o da percorrere: *il rifugio era situato a un'altezza quasi i.; montagna, deserto i.* | (*fig.*) *Spesa i.*, impossibile per le disponibilità finanziarie di qc. ***2*** (*fig.*) Di persona difficile da avvicinare: *quel ministro è i.* | *Essere i. alle lusinghe, alle preghiere*, e sim., non lasciarsi commuovere o impietosire da niente | Di cosa difficile o impossibile da capire: *un mistero i.; le nozioni matematiche per me sono inaccessibili*. || **inaccessibilménte**, **avv.**

inaccessibilità [vc. dotta, lat. tardo *inaccessibilitāte(m)*, da *inaccessĭbilis* 'inaccessibile'] **s. f.** ● Qualità di chi, di ciò che è inaccessibile.

inaccèsso [vc. dotta, lat. *inaccēssu(m)*, comp. di *in-* neg. e *accēssus*, part. pass. di *accēdere* 'avvicinarsi'] **agg.** ● (*lett.*) Di luogo a cui nessuno ha mai potuto avvicinarsi | Inaccessibile.

inaccettàbile [comp. di *in-* (*3*) e *accettabile*] **agg.** ● Che non si può o non si deve accettare, tollerare: *proposta i.; comportamento i.* | (*est.*) Incredibile, inverosimile: *resoconto i.* || **inaccettabilménte**, **avv.**

inaccettabilità **s. f.** ● Qualità di ciò che è inaccettabile.

inaccordàbile [comp. di *in-* (*3*) e *accordabile*] **agg.** ***1*** Che non si può concedere: *un favore i.* ***2*** Di strumento che non può essere accordato.

inaccòrto [comp. di *in-* (*3*) e *accorto*] **agg.** ● (*lett.*) Che è privo di avvedutezze e di esperienze.

inaccostàbile [comp. di *in-* (*3*) e *accostabile*] **agg.** ● Che non può essere avvicinato (*anche fig.*): *il prezzo di quella automobile è i.*

inaccuràto [comp. di *in-* (*3*) e *accurato*] **agg.** ● Non accurato, poco accurato: *un lavoro i.*

inaccusàbile [vc. dotta, lat. *inaccusābile(m)*, comp. di *in-* neg. e *accusābilis* 'accusabile', da *accusāre* 'accusare'] **agg.** ● (*raro*) Che non si può accusare.

†**inacerbàre** **v. tr. e intr. pron.** ● Inacerbire.

inacerbire [vc. dotta, lat. tardo *inacerbāre*, comp. di *in-* raff. e *acerbāre*, da *acĕrbus* 'aspro, acerbo'] **A v. tr.** (*io inacerbìsco, tu inacerbìsci*) ● Rendere più acerbo, più doloroso: *i. una piaga, un dispiacere* | Portare all'esasperazione: *i. gli animi, gli uomini, una lite*. **SIN.** Esacerbare, inasprire. **B v. intr. e intr. pron.** (aus. *essere*) ● Inasprirsi, esacerbarsi: *alimentato dai continui ricordi, il suo dolore s'inacerbì*.

†**inacetàre** **v. tr. e intr.** ● Inacetire.

inacetire [comp. di *in-* (*1*) e *aceto*] **A v. intr.** (*io inacetìsco, tu inacetìsci*; aus. *essere*) ● Diventare aceto, farsi aspro come l'aceto: *col caldo il vino inacetisce*. **B v. tr.** ● Rendere il vino acido, con sapore d'aceto: *l'aria inacetisce il vino*.

inacidiménto **s. m.** ● Atto, effetto dell'inacidire e dell'inacidirsi.

inacidire [comp. di *in-* (*1*) e *acido*] **A v. tr.** (*io inacidìsco, tu inacidìsci*) ***1*** (*chim., raro*) Acidificare. ***2*** Rendere acido (*anche fig.*): *le continue delusioni hanno inacidito il suo animo* | *I. il sangue*, guastarlo con rancori, offese e sim. **SIN.** Inasprire. **B v. intr. e intr. pron.** (aus. *essere*) ***1*** Diventare acido, prendere un sapore acido: *d'estate i cibi inacidiscono facilmente*. ***2*** (*fig.*) Diventare aspro e scostante: *il suo carattere si è molto inacidito*.

inacidìto **part. pass.** di *inacidire*; anche **agg.** ● Nei sign. del v.

†**inacquàre** ● V. *annacquare*.

inacutire [comp. di *in-* (*1*) e *acuto*] **A v. tr.** (*io inacutìsco, tu inacutìsci*) ● Rendere più acuto (*anche fig.*) | *I. il tono*, passare da una nota bassa a una acuta. **B v. intr. pron.** ● Diventare più acuto (*spec. fig.*): *il dolore si è inacutito*.

inadattàbile [comp. di *in-* (*3*) e *adattabile*] **agg.** ● Che non si può adattare: *è una costruzione i. a usi scolastici* | Di chi è incapace di adattarsi: *sono i. al vostro ambiente*.

inadattabilità **s. f.** ***1*** Qualità di chi, di ciò che è inadattabile. ***2*** †Incapacità, insufficienza.

inadàtto [comp. di *in-* (*3*) e *adatto*] **agg.** ***1*** Che non è adatto a q.c.: *mezzi inadatti allo scopo; abito i. a una cerimonia*. ***2*** Che non ha disposizione, inclinazione a q.c.: *essere i. allo studio*. ***3*** Inopportuno, fuor di luogo, sconveniente: *rivolgersi a qc. con parole inadatte*.

inadeguatézza **s. f.** ● Qualità di chi, di ciò che è inadeguato.

inadeguàto [comp. di *in-* (*3*) e *adeguato*] **agg.** ● Di ciò che è inidoneo, insufficiente o sproporzionato rispetto a q.c.: *mezzi inadeguati; capacità, preparazione inadeguata* | Detto di persona, inadatta, che non è all'altezza: *essere i. a un lavoro*. || **inadeguataménte**, **avv.**

inadempìbile [comp. di *in-* (*3*) e *adempibile*] **agg.** ● (*raro*) Che è difficile o impossibile da adempiere: *incarico i.*

inadempiènte [comp. di *in-* (*3*) e *adempiente*, part. pres. di *adempiere*] **agg.**; anche **s. m. e f.** ● (*dir.*) Che, chi non adempie a un dovere, a un impegno o non esegue una prestazione a cui era obbligato.

inadempiènza [da *inadempiente*] **s. f.** ● Mancata attuazione di q.c. da parte di chi vi si era impegnato. **SIN.** Inosservanza.

inadempiménto [comp. di *in-* (*3*) e *adempimento*] **s. m.** ● Atto, effetto del non adempiere: *i. di un obbligo, di una promessa* | (*dir.*) Mancata esecuzione della prestazione da parte del debitore: *risolvere un contratto per i.*

inadempito **agg.** ● Inadempiuto.

inadempiùto [comp. di *in-* (*3*) e *adempiuto*] **agg.** ● Che non ha avuto adempimento: *fatto, obbligo i.*

inadopràbile [comp. di *in-* (*3*) e *adoprabile*] **agg.** ● (*raro*) Che non si può adoperare.

inafferràbile [comp. di *in-* (*3*) e *afferrabile*] **agg.** ***1*** Di persona che non si riesce a catturare, a prendere: *la leggenda della i. Primula Rossa*. ***2*** (*fig.*) Che si capisce con molta difficoltà o non si capisce affatto: *disegno, significato i.* **SIN.** Incomprensibile, oscuro.

inafferrabilità **s. f.** ● Qualità di chi, di ciò che è inafferrabile.

inaffiàre e *deriv.* ● V. *annaffiare* e *deriv.*

inaffidàbile [comp. di *in-* (*3*) e *affidabile*] **agg.** ● Detto di persona di cui non ci si può fidare o di cosa che non dà garanzie di sicurezza.

inaffidabilità **s. f.** ● Qualità di chi o di ciò che è inaffidabile.

inaffondàbile [comp. di *in-* (*3*) e *affondabile*] **agg.** ***1*** Che non può essere affondato: *una nave i.* ***2*** (*fig., scherz.*) Detto di personaggio politico, di alto funzionario e sim. che, nonostante traversie e vicissitudini, riesce a conservare nel tempo il suo incarico.

inaggregàbile [comp. di *in-* (*3*) e *aggregabile*] **agg.** ● (*raro*) Che non si può aggregare.

inagguagliàbile [comp. di *in-* (*3*) e *agguagliabile*] **agg.** ● Ineguagliabile.

inagìbile [comp. di *in-* (*3*) e *agibile*] **agg.** ***1*** Detto di luogo pubblico, attrezzatura sportiva e sim. che manca temporaneamente dei requisiti richiesti dalla legge per poter ospitare la manifestazione a cui è destinato: *a causa dell'incendio il teatro è i.* ***2*** (*est.*) Impraticabile | Inservibile, inutilizzabile.

inagibilità **s. f.** ● Qualità di ciò che è inagibile.

inagrestire [comp. di *in-* (*1*) e *agresto* (*2*)] **v. intr.** (*io inagrestìsco, tu inagrestìsci*; aus. *essere*) ***1*** Non giungere a maturazione, detto dell'uva. ***2*** Divenire agro come l'uva acerba.

inagrire [comp. di *in-* concl. e *agro* (*1*)] **A v. tr.** (*io inagrìsco, tu inagrìsci*) ● Rendere agro. **B v. intr.** (aus. *essere*) ● (*raro*) Diventare agro.

inalàre [vc. dotta, lat. *inhalāre*, comp. di *in-* 'dentro' e *halāre* 'soffiare', di etim. incerta (V. *alito*)] v. tr. • Assorbire un medicamento per inalazione.

inalatóre s. m. • Apparecchio per inalazioni | (*aer.*) *I. di ossigeno*, impianto che fornisce al pilota di un aeromobile, in volo ad alta quota, ossigeno a pressione opportuna.

inalatòrio **A** agg. • Di inalazione. **B** s. m. • Gabinetto per inalazioni.

inalazióne [vc. dotta, lat. tardo *inhalatiōne(m)*, da *inhalāre* 'inalare'] s. f. • (*med.*) Tecnica con cui si introducono a scopo di cura nelle vie respiratorie sostanze gassose, volatili o liquide vaporizzate o soluzioni di sostanze solide.

inalbàre [vc. dotta, lat. *inalbāre*, comp. di *in-* illativo e *albāre*, da *ălbus* 'bianco', di origine indeur.] **A** v. tr. • (*lett.*) Imbiancare: *vien poi l'aurora e l'aura fresca inalba* (PETRARCA). **B** v. intr. e intr. pron. (aus. *essere*) **1** (*raro*) Diventare bianco. **2** (*raro, lett.*) Diventare torbido e di colore bianchiccio.

inalberaménto s. m. • Atto, effetto dell'inalberare e dell'inalberarsi.

inalberàre [comp. di *in-* (*1*) e *albero*] **A** v. tr. (*io inàlbero*) **1** Alzare una bandiera, elevare un'insegna sull'albero di una nave, su un'antenna, un'asta, un'altura e sim.: *la nave inalberò la bandiera in segno di resa*; *sull'edificio più alto della città fu inalberato il vessillo tricolore* | *I. la bandiera della sommossa*, (*fig.*) farsene promotore, capo | †*I. i remi*, levarli ritti sul banco in segno di saluto o per accingersi a vogare | †*I. le vele*, collocarle sull'albero di una nave | †*I. una nave*, dotarla dell'alberatura necessaria. **2** (*raro*) Brandire un'arma: *inalberando le baionette i soldati si lanciarono all'assalto.* **3** †Far adirare qc. **B** v. intr. pron. **1** Impennarsi: *è un cavallo che s'inalbera facilmente.* **2** (*fig.*) Adirarsi, inquietarsi improvvisamente e per futili motivi: *non gli si può parlare che subito s'inalbera.* **3** (*raro*) Insuperbirsi. **4** †Salire su un albero. **5** †Gettarsi tra gli alberi. **6** †Riempirsi di alberi.

inalberàta [da *inalberare*] s. f. • Impennata.

in albis /*lat.* in 'albis/ [loc. lat., letteralmente 'in (*īn*) bianchi (dall'agg. *ălbus*, di origine indeur.)', sottinteso vestiti (*vĕstibus*, abl. pl. di *vĕstis* 'veste')] loc. agg. • Detto della prima domenica dopo la Pasqua | Detto della settimana che precede tale domenica.

inalidiménto s. m. • (*raro*) Atto, effetto dell'inalidire o dell'inalidirsi.

inalidìre [comp. di *in-* (*1*) e *alido*] **A** v. tr. (*io inalidìsco, tu inalidìsci*) • (*tosc.*) Rendere asciutto: *i. un terreno, una pianta, il legname, i panni fradici.* **B** v. intr. e intr. pron. (aus. *essere*) • (*tosc.*) Diventare asciutto.

inalienàbile [comp. di *in-* (*3*) e *alienabile*] agg. **1** (*dir.*) Che non può essere trasferito ad altri: *bene i.*; *diritto i.* **2** †Inseparabile.

inalienabilità s. f. • (*dir.*) Condizione di ciò che è inalienabile: *i. dei beni demaniali, dei beni dotali.*

inalteràbile [comp. di *in-* (*3*) e *alterabile*] agg. • Che non è soggetto ad alterazioni o mutamenti: *colore, tinta, forma i.*; *affetto, amicizia i.*; *si soffrono tormentosissime pene con i. pazienza* (VICO) | (*raro*) Detto di persona che si mantiene sempre calma, che non si adira. || **inalterabilménte**, avv. In modo inalterabile, senza cambiamenti.

inalterabilità s. f. • Qualità di chi, di ciò che è inalterabile: *la necessità dell'i. del cielo* (GALILEI). SIN. Immutabilità.

inalteràto [comp. di *in-* (*3*) e *alterato*] agg. • Che non ha subìto alcuna alterazione: *situazione inalterata* | (*est.*) Costante: *seguire qc. con interesse i.* SIN. Immutato.

inalveaménto s. m. • Inalveazione.

inalveàre [comp. di *in-* (*1*) e *alveo*] **A** v. tr. (*io inàlveo*) • Immettere in un alveo: *i. un fiume, le acque di un lago.* SIN. Incanalare. **B** v. intr. pron. • (*raro*) Entrare o scorrere in un alveo.

inalveazióne s. f. • Atto di inalveare un corso d'acqua. SIN. Inalveamento.

inalveolàre [comp. di *in-* (*1*) e di *alveolo*] v. intr. e intr. pron. • (*anat.*) Impiantarsi, crescere negli alveoli, detto dei denti.

inalzàre e *deriv.* • V. *innalzare* e *deriv.*

inamàbile [vc. dotta, lat. *inamābile(m)*, comp. di *in-* neg. e *amābilis* 'amabile', da *amāre* 'amare'] agg. • (*lett.*) Che risulta spiacevole, sgradevole.

inamabilità s. f. • (*raro, lett.*) Qualità di chi, di ciò che è inamabile.

inamarìre [comp. di *in-* (*1*) e *amaro*] **A** v. tr. (*io inamarìsco, tu inamarìsci*) **1** (*lett.*) Amareggiare (*spec. fig.*): *tu le sue liete / dolcezze inamaristi* (TASSO). **2** (*raro*) Affliggere. **B** v. intr. pron. **1** (*lett.*) Diventare amaro (*spec. fig.*). **2** (*raro*) Affliggersi.

inàmbu [dal tupì *inambú* 'pernice'] s. m. • Uccello sudamericano, gregario, simile a una grossa faraona, dalle carni pregiate (*Rhynchotus rufescens*).

inamèno [vc. dotta, lat. *inamoenu(m)*, comp. di *in-* neg. e *amoenus* 'ameno', di etim. incerta] agg. • (*lett.*) Triste e desolato: *paese, luogo i.*

inamidàre [comp. di *in-* (*1*) e *amido*] v. tr. (*io inàmido*) **1** Immergere un tessuto in una salda d'amido affinché acquisti una speciale durezza alla stiratura: *i. una camicia, un colletto, un paio di polsi.* **2** (*chim.*) Imbevere con soluzione bollita di amido la carta da filtro da usare come indicatore per lo iodio.

inamidàto part. pass. di *inamidare*; anche agg. **1** Nei sign. del v. **2** (*fig., scherz.*) Che è rigido e pieno di sussiego: *camminava tanto impettito da sembrare i.*

inamidatùra s. f. • Atto, effetto dell'inamidare.

inammaccàbile [comp. di *in-* (*3*) e *ammaccabile*] agg. • Che non conserva le tracce di ammaccature e sim.: *tessuto, velluto i.*

inammissìbile [vc. dotta, lat. *inamissībile(m)*, comp. di *in-* neg. e *admissĭbilis* 'ammissibile', da *admĭttere* (V. *ammettere*)] agg. • Che non si può accogliere, ammettere: *progetto, condizioni inammissibili* | Improponibile: *appello i.*; *domanda giudiziale i.* | *Prova i.*, che non può essere raccolta o utilizzata nel processo.

inammissibilità s. f. • Qualità o condizione di ciò che è inammissibile.

inamovìbile [comp. di *in-* (*3*) e *amovibile*] agg. • (*dir.*) Che non può essere rimosso o trasferito arbitrariamente dall'ufficio o carica che ricopre: *i magistrati sono inamovibili.*

inamovibilità s. f. • (*dir.*) Condizione di inamovibile: *i. dei magistrati.*

inàne [vc. dotta, lat. *ināne(m)*, comp. di *in-* neg. e un secondo termine di etim. incerta] agg. • (*lett.*) Che è vano e inutile: *i. fu il tuo vanto, o folle* (MONTI).

inanellaménto s. m. • (*zoot.*) Applicazione di un anello alla zampa degli uccelli per controllarne gli spostamenti migratori.

inanellàre o †**innanellàre** [comp. di *in-* (*1*) e *anello*] **A** v. tr. (*io inanèllo*) **1** Arricciare a forma di anello: *i. la chioma.* **2** †Infilare q.c. in un anello: *i. il chiavistello.* **3** †Mettere l'anello nuziale: *Siena mi fé, disfecemi Maremma / salsi colui che 'nnanellata pria / disposando m'avea con la sua gemma* (DANTE *Purg.* V, 134-136). **4** Munire gli uccelli migratori di un anello di alluminio alla zampa, per studiarne gli spostamenti. **B** v. intr. pron. • (*raro*) Prendere la forma di un anello.

inanellàto part. pass. di *inanellare*; anche agg. **1** Nei sign. del v. **2** Adorno di anelli: *tese verso di lui la mano inanellata.*

inanimàre [comp. di *in-* (*1*) e *anima*] **A** v. tr. (*io inànimo*) • (*lett.*) Animare, incoraggiare: *collo sguardo ella m'inanimava a ricordarmi di quanto le aveva promesso* (NIEVO). **B** v. intr. pron. **1** (*lett., fig.*) Rincuorarsi. **2** (*raro*) †Sdegnarsi.

†**inanimàto** (**1**) part. pass. di *inanimare*; anche agg. • Nei sign. del v.

inanimàto (**2**) [vc. dotta, lat. tardo *inanimātu(m)*, comp. di *in-* neg. e *animātus* 'animato'] agg. **1** Che non ha vita: *i minerali sono cose inanimate* | *Forze inanimate*, le acque, il vento, il vapore. **2** Privo di sensi, che non dà segno di vita: *cadde a terra i.* SIN. Esanime.

†**inànime** [vc. dotta, lat. *inănime(m)*, comp. di *in-* neg. e un deriv. di *ănima* 'anima'] agg. • Senz'anima.

inanimìre [comp. di *in-* illativo e *animo*] **A** v. tr. (*io inanimìsco, tu inanimìsci*) **1** (*raro, lett.*) Confortare, incoraggiare. **2** †Eccitare, spronare. **B** v. intr. e intr. pron. (aus. *essere*) **1** (*raro*) Prendere coraggio, ardire. **2** (*raro*) Riempirsi: *d'estate le castagne inanimiscono.*

inanità [vc. dotta, lat. *inanitāte(m)*, da *inānis* 'inane'] s. f. • (*lett.*) Qualità di ciò che è inane.

inanizióne [vc. dotta, lat. tardo *inanitiōne(m)*, da *inanītus*, part. pass. di *inanīre* 'rendere vuoto'] s. f. **1** (*med.*) Esaurimento, indebolimento fisico causato da insufficienza o mancanza di alimentazione. **2** †Inutilità, inanità.

inanònimo [comp. di *in-* (*3*) e *anonimo*] **A** agg. • (*bur.*) Non anonimo. **B** s. m. • (*spec. al pl.*) Negli avvisi pubblicitari, chi rende note le proprie generalità: *rispondesi solo inanonimi.*

†**inànte** • V. †*innante.*

†**inànti** • V. †*innante.*

in antis /*lat.* i'n antis/ [loc. lat. da completarsi *in antis esse*, detto di templi che avevano sul (*in*) davanti dei pilastri (*antae*, abl. pl. *antis*, di orig. indeur.)] loc. agg. • Detto di tempio greco con portico limitato anteriormente da due colonne e da due pilastri posti al termine dei muri laterali.

†**inànzi** • V. *innanzi.*

inappagàbile [comp. di *in-* (*3*) e *appagabile*] agg. • Difficile o impossibile da appagare, soddisfare: *brama, desiderio i.* SIN. Insaziabile.

inappagaménto [comp. di *in-* (*3*) e *appagamento*] s. m. • Stato d'animo di chi non è appagato, soddisfatto: *sentiva in sé un profondo i.* SIN. Insoddisfazione.

inappagàto [comp. di *in-* (*3*) e *appagato*] agg. • Che è insoddisfatto e deluso: *rimase i. in tutte le sue speranze.*

inappannàbile [comp. di *in-* (*3*) e *appannabile*] agg. **1** Che non si appanna: *vetro, specchio i.* **2** (*raro, fig.*) Che non si può offuscare: *merito, nome i.*

inappellàbile [comp. di *in-* (*3*) e *appellabile*] agg. **1** (*dir.*) Che non può essere impugnato in sede di appello: *sentenza i.*; *giudizio i.* **2** (*est., fig.*) Che non si può rivedere, rimettere in discussione e sim.: *decisione i.* || **inappellabilménte**, avv.

inappellabilità s. f. • Condizione di ciò che è inappellabile.

inappetènte [comp. di *in-* (*3*) e *appetente*] agg. • Che soffre d'inappetenza, che è privo di appetito. SIN. Disappetente.

inappetènza [comp. di *in-* neg. e *appetenza*] s. f. • Mancanza o perdita dell'appetito o del desiderio di alimentarsi.

inapplicàbile [comp. di *in-* (*3*) e *applicabile*] agg. • Che non si può mettere in atto, in pratica: *pena, decisione, rimedio i.* || **inapplicabilménte**, avv.

inapplicabilità s. f. • L'essere inapplicabile.

inapplicàto [comp. di *in-* (*3*) e *applicato*] agg. • Che non è stato applicato, che non ha trovato applicazione: *metodi, sistemi inapplicati*; *norme rimaste inapplicate.*

inapprendìbile [comp. di *in-* (*3*) e *apprendibile*] agg. • (*raro*) Che è molto difficile, o impossibile, da apprendere: *lingua i.*

inapprensìbile [vc. dotta, lat. tardo *inapprehensībile(m)*, comp. di *in-* neg. e *apprehensībilis* 'apprendibile', da *apprehĕndere* 'apprendere'] agg. • Di impossibile o difficilissima comprensione: *nozioni inapprensibili.* || †**inapprensibilménte**, avv. (*raro*) In modo inapprensibile.

inapprensibilità s. f. • (*raro*) Qualità di ciò che è inapprensibile.

inapprezzàbile [comp. di *in-* (*3*) e *apprezzabile*] agg. **1** Che ha un valore così grande che non può essere apprezzato giustamente: *amico, dono i.* SIN. Impagabile, inestimabile. **2** Di nessun valore: *danno i.*

inapprezzàto [comp. di *in-* (*3*) e *apprezzato*] agg. • Che non è apprezzato: *virtù, doti inapprezzate.*

inapprodàbile [comp. di *in-* (*3*) e *approdabile*] agg. • (*mar.*) Di luogo che non si presta all'approdo.

inappuntàbile [comp. di *in-* (*3*) e *appuntabile*] agg. **1** Incensurabile, irreprensibile, detto di persona: *impiegato i.* **2** Privo di difetti, tale da non offrire appiglio a critiche o censure, detto di cosa: *lavoro, servizio i.*; *è un ragionamento i.* | (*est.*) Perfettamente adatto al momento, all'occasione: *vestito i.* || **inappuntabilménte**, avv.

inappuntabilità s. f. • Qualità di chi o di ciò che è inappuntabile.

inappuràbile [comp. di *in-* (*3*) e *appurabile*] agg. • Che non si può controllare, chiarire, accertare quanto ad esattezza, veridicità e sim.: *chiacchiere* *inappurabili*. CONTR. Verificabile.

inaràbile [comp. di *in-* (*3*) e *arabile*] agg. ● (*raro*) Che non si può arare: *terreno, campo i.*

inaràto [v. dotta, lat. *inarātu(m)*, comp. di *in-* neg. e *arātus*, part. pass. di *arāre* 'arare'] agg. ● (*lett.*) Che non è arato.

inarcaménto s. m. ● Atto, effetto dell'inarcare e dell'inarcarsi | (*mar.*) *I. di chiglia*, curvatura difettosa per costruzione, per varo, per eccesso di peso o altre cause.

inarcàre [comp. di *in-* (*1*) e *arco*] **A** v. tr. (*io inàrco, tu inàrchi*) ● Curvare a forma d'arco | *I. le ciglia*, alzarle in atto di meraviglia | *I. la schiena*, piegarla per sostenere sforzi, pesi e sim. **B** v. intr. pron. ● Divenire curvo come un arco: *le assi del pavimento si sono inarcate per l'umidità.*

inarcatùra [da *inarcare*] s. f. ● (*ling.*) In metrica, enjambement.

inardìre [comp. di *in-* (*1*) e *ardire*, come l'ant. fr. *enhardir*] **A** v. tr. (*io inardìsco, tu inardìsci*) ● (*raro*) Rendere ardito, animoso. **B** v. intr. pron. ● (*raro*) Prendere ardire.

inargentàre o †**inarientàre** [vc. dotta, lat. *inargentāre*, comp. di *in-* raff. e *argentāre*, da *argĕntum* 'argento'] **A** v. tr. (*io inargènto*) **1** Argentare. **2** (*fig.*) Rendere argenteo, illuminare di splendore argenteo: *la luna inargenta il mare.* **B** v. intr. pron. ● Acquistare riflessi d'argento: *i suoi capelli già si inargentano.*

inargentàto o †**inarientàto** part. pass. di *inargentare*; anche agg. ● Nei sign. del v.

inargentatóre s. m. (f. *-trice*) ● Argentatore.

inargentatùra s. f. ● Argentatura.

inaridiménto s. m. ● Atto, effetto dell'inaridire e dell'inaridirsi (*anche fig.*).

inaridìre [comp. di *in-* (*1*) e *arido*] **A** v. tr. (*io inaridìsco, tu inaridìsci*) **1** Rendere secco e sterile: *il gelo inaridisce i raccolti.* **2** (*fig.*) Impoverire o svuotare di sentimenti, energia, vigore e sim.: *il dolore l'ha inaridito*; *i. la mente, il cuore di qc.* **B** v. intr. e intr. pron. (aus. *essere*) ● Diventare arido, perdere ogni freschezza (*anche fig.*): *la sorgente è inaridita*; *in poco tempo il suo ingegno s'inaridì.* SIN. Seccarsi.

inaridìto part. pass. di *inaridire*; anche agg. ● Nei sign. del v.

†**inarientàre** e *deriv.* ● V. *inargentare* e *deriv.*

inarmònico [comp. di *in-* (*3*) e *armonico*] agg. (pl. m. *-ci*) ● (*lett.*) Che esclude l'armonia. || **inarmonicaménte**, avv. (*raro*) In modo inarmonico.

inarniaménto [comp. parasintetico di *arnia*, col pref. *in-* (*1*)] s. m. ● (*zoot.*) Introduzione di uno sciame di api naturale o artificiale in un'arnia, allo scopo di popolarla.

†**inarràre** o †**innarràre** [comp. di *in-* (*1*) e *arra*] v. tr. ● Accaparrare, assicurare con patto, pegno e sim. | (*fig., poet.*) Impegnare una lotta e sim.: *col cielo e co le stelle e co la luna / un'angosciosa e dura notte innarro* (PETRARCA).

inarrendévole [comp. di *in-* (*3*) e *arrendevole*] agg. ● (*raro*) Che non si arrende facilmente.

inarrendevolézza s. f. ● Qualità di chi, di ciò che è inarrendevole.

inarrestàbile [comp. di *in-* (*3*) e *arrestabile*] agg. ● Che è impossibile da arrestare: *il corso i. degli eventi umani.* || **inarrestabilménte**, avv.

inarrestabilità s. f. ● Qualità, condizione di ciò che è inarrestabile.

inarrivàbile [comp. di *in-* (*3*) e *arrivabile*] agg. **1** Che non si può raggiungere: *altezza, montagna i.* **2** (*fig.*) Impareggiabile, inimitabile, ineguagliabile: *persona di talento e ingegno inarrivabili.* || **inarrivabilménte**, avv.

inarsicciàre [comp. di *in-* (*1*) e *arsicciare*] v. tr. (*io inarsìccio*) ● (*lett.*) Abbruciacchiare, arsicciare.

inarsicciàto A part. pass. di *inarsicciare*; anche agg. ● Nei sign. del v. **B** s. m. ● Segno di bruciatura.

inarticolàto [vc. dotta, lat. tardo *inarticulātu(m)*, comp. di *in-* neg. e *articulātus*, part. pass. di *articulāre* 'articolare'] agg. ● Privo di articolazioni, connessioni: *non parla, emette solo suoni inarticolati.* || **inarticolataménte**, avv.

in articulo mortis /lat. in ar'tikulo 'mortis/ [loc. lat., propr. 'in punto di morte', dove *artĭculu(m)* ha il sign. di 'momento decisivo'] loc. avv. **1** Nel momento della morte: *assolvere, assoluzione in articulo mortis.* **2** (*est.*) All'ultimo momento utile.

inascoltàbile [da *ascoltare*, col pref. *in-* (*3*)] agg. ● Che non si può ascoltare.

inascoltàto [comp. di *in-* (*3*) e *ascoltato*] agg. ● Non ascoltato, non esaudito: *avvertimento, consiglio i.*; *desiderio rimasto i.*

inasinìre [comp. di *in-* (*1*) e *asino*] **A** v. tr. (*io inasinìsco, tu inasinìsci*) ● (*raro*) Far diventare asino. **B** v. intr. e intr. pron. (aus. *essere*) ● Diventare asino, ignorante: *invece di progredire nello studio il ragazzo si inasiniva sempre più.*

inaspàre ● V. *innaspare*.

†**inasperàre** ● V. †*inasprare*.

inaspettàto [comp. di *in-* (*3*) e *aspettato*, part. pass. di *aspettare*] agg. ● Che giunge o si verifica al di fuori delle attese o previsioni di qc.: *arrivo, guadagno, premio i.*; *giunsero inaspettati a farci visita* | *All'inaspettata*, (*ell.*) inaspettatamente. SIN. Imprevisto, inatteso. || **inaspettataménte**, avv. In modo inaspettato, all'improvviso.

†**inaspràre** o †**inasperàre A** v. tr. ● Inasprire. **B** v. intr. e intr. pron. ● Inasprirsi.

inaspriménto s. m. ● Atto, effetto dell'inasprire e dell'inasprirsi.

inasprìre o †**inasperire**, †**innasprìre** [comp. di *in-* (*1*) e *aspro*] **A** v. tr. (*io inasprìsco, tu inasprìsci*) **1** †Rendere ruvido al tatto. **2** Rendere più aspro, più doloroso o crudele: *i. la disciplina, la prigionia, il dolore, lo sdegno, l'ira* | Esasperare, esacerbare: *la gelosia ha inasprito il suo carattere* | Irritare: *trattandolo così male lo inaspriscono inutilmente* | *I. le tasse*, aumentarle. **B** v. intr. e intr. pron. (aus. *essere*) ● Diventare più aspro (*anche fig.*): *il sapore dell'aceto si è inasprito*; *il suo animo si inasprisce a causa dei molti dolori* | Aumentare d'intensità: *quell'inverno il freddo si inasprì*; *il vento si è inasprito.*

inasprìto part. pass. di *inasprire*; anche agg. ● Nei sign. del v.

inassimilàbile [comp. di *in-* (*3*) e *assimilabile*] agg. ● Che non si può assimilare.

inastàre o **innastàre** [comp. di *in-* (*1*) e *asta*] v. tr. ● Collocare q.c. all'estremità di un'asta: *i. una bandiera* | *I. la baionetta*, sulla canna del fucile.

inastàto o **innastàto** part. pass. di *inastare*; anche agg. **1** Nel sign. del v. **2** (*fig., lett.*) Dritto, eretto, rigido.

inattaccàbile [comp. di *in-* (*3*) e *attaccabile*] agg. **1** Che non si può attaccare: *porto, fortezza i.*; *sostanza i. dagli acidi.* **2** (*fig.*) Che non si può mettere in pericolo o sminuire: *gode di una posizione i. in seno al congresso*; *la sua fame è i.* | *Persona i.*, integra, incensurabile, irreprensibile.

inattaccabilità s. f. ● Qualità o condizione di chi, di ciò che è inattaccabile.

inattendìbile [comp. di *in-* (*3*) e *attendibile*] agg. ● Che non si può credere o prendere seriamente in considerazione: *voce, notizia, proposta i.* SIN. Incredibile, inverosimile.

inattendibilità s. f. ● Qualità di ciò che è inattendibile.

inattènto [comp. di *in-* (*3*) e *attento*] agg. ● (*raro*) Che non è attento.

inattenzióne [comp. di *in-* (*3*) e *attenzione*] s. f. ● (*raro*) Mancanza di attenzione.

inattéso [comp. di *in-* (*3*) e *atteso*] agg. ● Inaspettato, impensato, imprevisto: *arrivo i.*; *la notizia giunse inattesa.*

inattingìbile [comp. di *in-* (*3*) e *attingibile*] agg. ● (*raro*) Che non si può attingere: *acque inattingibili* | (*lett.*) Irraggiungibile: *l'anelito del Machiavelli va verso un'i. società di uomini buoni e puri* (CROCE).

inattìnico [comp. di *in-* (*3*) e *attinico*] agg. (pl. m. *-ci*) ● (*fis.*) Che è incapace di agire sulle sostanze che costituiscono una emulsione sensibile: *colore i.*; *luce inattinica.*

inattitùdine [comp. di *in-* (*3*) e *attitudine*] s. f. ● Mancanza di attitudine, disposizione, capacità: *mostrare i. al lavoro manuale.*

inattivàre [comp. di *in-* (*3*) e *attivare*] v. tr. ● Rendere inattivo: *i. un catalizzatore, un esplosivo.*

inattivazióne s. f. **1** Atto, effetto dell'inattivare. **2** (*biol.*) Distruzione dell'attività di una sostanza o della capacità infettante di un virus.

inattività [comp. di *in-* (*3*) e *attività*] s. f. ● Condizione o qualità di chi è inattivo: *l'incidente lo costrinse a un lungo periodo di i.* SIN. Inerzia, inoperosità.

inattìvo [comp. di *in-* (*3*) e *attivo*] agg. **1** Che non agisce: *persona inattiva* | *Starsene i.*, inoperoso. SIN. Inerte. **2** (*chim.*) Che non reagisce più, che è privo di attività: *catalizzatore i.*

inàtto [comp. di *in-* (*3*) e dell'agg. *atto* 'adatto'] agg. **1** (*raro*) Che manca di attitudine a far q.c. **2** †Disadatto.

inattuàbile [comp. di *in-* (*3*) e *attuabile*] agg. ● Che non si può mettere in atto, di impossibile esecuzione: *proposta, progetto i.* SIN. Irrealizzabile.

inattuabilità s. f. ● Qualità di ciò che è inattuabile.

inattuàle [comp. di *in-* (*3*) e *attuale*] agg. ● Privo di conformità, di adeguatezza rispetto al tempo presente: *situazione, decisione i.*

inattualità [comp. di *in-* (*3*) e *attualità*] s. f. ● Qualità di chi, di ciò che è inattuale.

inaudìbile agg. ● Che non si può udire.

inaudìto o (*raro*) **inudìto** [vc. dotta, lat. *inaudītu(m)*, comp. di *in-* neg. e *audītus*, part. pass. di *audīre* 'udire, ascoltare', di etim. incerta] agg. ● Che non si è mai udito e quindi risulta straordinario e quasi incredibile: *lo trattò con crudeltà inaudita*; *esempio unico e fino allora i.* (LEOPARDI) | *È i.!*, escl. che denota grande meraviglia e stupore.

inauguràle agg. ● Di, relativo a, inaugurazione: *discorso, festa, seduta i.* | *Dissertazione i.*, prolusione.

inauguràre [vc. dotta, lat. *inaugurāre*, comp. di *in-* illativo e *augurāre* 'prendere gli auspici dal volo degli uccelli', da *āugur*, da *augēre* 'far crescere', di origine indeur.] v. tr. (*io inàuguro*) **1** Compiere il rito dell'inaugurazione. **2** Iniziare, rinnovare o mettere in esercizio con solennità: *i. l'anno accademico, un teatro, una nuova autostrada* | *I. una mostra, un'esposizione*, aprirla al pubblico | *I. un tempio, una chiesa*, consacrarla | *I. una statua, un monumento*, scoprirli con cerimonia solenne | (*fig., scherz.*) *I. un cappello, un ombrello*, usarli per la prima volta | *I. il regno, il governo*, fare i primi atti ad esso relativi. **3** (*fig.*) Avviare, cominciare q.c.: *ha inaugurato un nuovo sistema di vita.*

inaugurativo agg. ● (*raro*) Inaugurale.

inauguràto (1) part. pass. di *inaugurare*; anche agg. ● Nei sign. del v.

inauguràto (2) [comp. di *in-* (*3*) e *augurato* (in senso favorevole)] agg. ● (*raro, lett.*) Malaugurato.

inauguratóre agg.; anche s. m. (f. *-trice*) ● Che, chi inaugura (*anche fig.*).

inaugurazióne [vc. dotta, lat. tardo *inauguratiōne(m)*, da *inaugurātus* 'inaugurato'] s. f. **1** Nell'antica Roma, rito che consisteva nel consacrare agli dei una persona, una cosa, un luogo o un tempio, dopo aver tratto l'augurio secondo le tecniche divinatorie. **2** Atto, effetto e cerimonia dell'inaugurare: *i. solenne di un tempio, di una linea ferroviaria, del monumento ai caduti.*

inauràre [vc. dotta, lat. *inaurāre*, comp. di *in-* illativo e *āurum* 'oro'] **A** v. tr. (*io inàuro*) ● (*poet.*) Dorare. **B** v. intr. pron. ● (*poet.*) Prendere il colore e la lucentezza dell'oro.

inauràto part. pass. di *inaurare*; anche agg. ● (*poet.*) Nei sign. del v.

†**inauratóre** agg.; anche s. m. (f. *-trice*) ● (*raro*) Che, chi indora.

inauspicàto [vc. dotta, lat. *inauspicātu(m)* 'senza auspici', comp. di *in-* neg. e *auspicātus*, part. pass. di *auspicāri* (V. *auspicare*)] agg. ● (*lett.*) Che comincia sotto cattivi auspici. || **inauspicataménte**, avv. (*raro, lett.*) In modo inauspicato.

inautenticità s. f. ● Qualità, condizione di ciò che è inautentico.

inautèntico [comp. di *in-* (*3*) e *autentico*] agg. (pl. m. *-ci*) ● Che non è autentico, che è privo di autenticità.

inavvedutézza [comp. di *in-* (*3*) e *avvedutezza*] s. f. ● Mancanza di sagacia, d'accortezza | Azione inavveduta, malaccorta. SIN. Sbadataggine.

inavvedùto [comp. di *in-* (*3*) e *avveduto*] agg. ● Che manca di accortezza: *lettore, gesto i.*; *decisione inavveduta.* SIN. Sbadato. || **inavvedutaménte**, avv. Senza accortezza; sbadatamente.

inavvertènza [comp. di *in-* (*3*) e *avvertenza*, nel senso di 'avvedimento, cautela'] s. f. ● Mancanza di avvedutezza e di attenzione: *l'incendio avvenne* *per i. del padrone di casa* | Azione incauta, sbadata: *commettere un'i.* SIN. Distrazione, sbadataggine.

inavvertìto [comp. di *in-* (*3*) e *avvertito*] agg. *1* Che non è o non è stato visto, considerato: *un pericolo i. li sovrastava* | *Passare i.*, sfuggire all'attenzione. *2* †Sconsiderato. || **inavvertitaménte**, avv. Senza volere, per mancanza di attenzione: *lo urtarono inavvertitamente.*

inavvicinàbile [comp. di *in-* (*3*) e *avvicinabile*] agg. • Di persona con cui è difficile o impossibile prendere contatto: *oggi il direttore è i.* | Di ciò che, per varie ragioni, non è alla portata di tutti: *il caviale è un cibo i.*

inaziòne [comp. di *in-* (*3*) e *azione*] s. f. *1* Mancanza di azione, di attività: *il nostro esercito fu costretto a un lungo periodo di i.* SIN. Inerzia, ozio. *2* (*med.*) Riduzione delle forze vitali in genere.

inazzurràre [comp. di *in-* (*1*) e *azzurro*] **A** v. tr. • Tingere d'azzurro: *l'erbe novelle / che inazzurravano l'ombre / de' ... colonnati* (D'ANNUNZIO). **B** v. intr. pron. • Colorarsi lievemente d'azzurro: *le cime dei monti s'inazzurravano all'orizzonte.*

ìnca o **ìnka** [vc. sp., dal quechua *inka* 're, principe, maschio di sangue reale'] **A** s. m. e f. inv. (pl. sp. *ìncas*) *1* Nel Perù precolombiano, il sovrano dell'impero omonimo. *2* (*spec. al pl.*) Suddito del detto impero; anche la casta dominante da cui proveniva il sovrano. **B** agg. inv. • Incaico.

†**incacàre** [comp. di *in-* (*1*) e *ca(c)ca*] v. tr. • (*volg.*) Imbrattare di sterco.

incacchiàrsi [comp. di *in-* (*1*) e *cacchio* (*1*)] v. intr. pron. (*io m'incàcchio*) • (*euf.*) Adirarsi, arrabbiarsi. SIN. Incavolarsi. CFR. Incazzarsi.

incaciàre [comp. di *in-* (*1*) e *cacio*] v. tr. (*io incàcio*) • (*raro*) Cospargere di cacio grattugiato: *i. la minestra.*

incaciàta s. f. • (*raro*) Incaciatura.

incaciatùra [da *incaciare*] s. f. • (*raro*) Condimento di cacio.

incadaveriménto s. m. • Atto, effetto dell'incadaverire.

incadaverìre [comp. di *in-* (*1*) e *cadavere*] v. intr. (*io incadaverìsco, tu incadaverìsci*; aus. *essere*) *1* Divenire di aspetto cadaverico. *2* Diventare cadavere (*anche fig.*): *una società che incadaverisce a poco a poco.* *3* (*raro*) †Andare in putrefazione.

incagliaménto s. m. • Atto dell'incagliare e dell'incagliarsi (*anche fig.*).

incagliàre [sp. *encallar*, dal catalano *encallar* 'porsi in (*en-*) un passo stretto (*call*, dal lat. *căllis* 'calle, sentiero')'] **A** v. tr. (*io incàglio*) • Ostacolare o arrestare con difficoltà, impedimenti e sim.: *i. il commercio, il raccolto, lo svolgimento dei lavori.* **B** v. intr. e intr. pron. (aus. *essere*) *1* (*mar.*) Dare in secco, fermarsi per impedimento. *2* Fermarsi per ostacoli o difficoltà improvvise (*anche fig.*): *il traffico si è incagliato; le trattative per quell'affare si incagliarono* | *Incagliarsi nel parlare*, incepparsi, balbettare.

incàglio [da *incagliare*] s. m. *1* Atto dell'incagliarsi (*anche fig.*). *2* Ostacolo, intoppo, complicazione, difficoltà: *i. in un commercio, in un pagamento, nello svolgimento di una trattativa.*

incagnàrsi [comp. di *in-* (*1*) e *cagna*] v. intr. pron. • (*pop.*) Arrabbiarsi, stizzirsi come un cane.

incagnìre v. intr. e intr. pron. (*io incagnìsco, tu incagnìsci*; aus. *essere*) • (*raro*) Incagnarsi.

incàico [da *Inca*, vc. di origine quechua col sign. letterale di 'nobile, principe'] agg. (pl. m. *-ci*) • Degli Incas: *impero i.*

incalappiàre [comp. di *in-* (*1*) e *calappio*] **A** v. tr. (*io incalàppio*) • (*raro*) Accalappiare. **B** v. intr. pron. • (*fig.*) Rimanere accalappiato in un imbroglio e sim.

incalciatùra [da *calcio* (*2*)] s. f. • Forma del calcio del fucile.

incalcinàre [comp. di *in-* (*1*) e *calcina*] **A** v. tr. • Ricoprire q.c. di calcina: *i. un muro* | *I. le viti, i tronchi degli alberi*, pennellarli con latte di calce per distruggere muschi e licheni. **B** v. intr. pron. • Sporcarsi con la calcina.

incalcinatùra s. f. • Atto, effetto dell'incalcinare.

incalcolàbile [comp. di *in-* (*3*) e *calcolabile*] agg. • Difficile o impossibile da calcolare: *spesa, valore i.* | (*est.*) Enorme, immenso, inestimabile: *vantaggio i.* || **incalcolabilménte**, avv.

†**incaliginàre** **A** v. tr. • Coprire ed offuscare di caligine. **B** v. intr. • Incaliginire.

†**incaliginìre** [comp. di *in-* (*1*) e *caligine*] v. intr. • Coprirsi o riempirsi di caligine.

incalliménto s. m. • Modo e atto dell'incallire e dell'incallirsi (*anche fig.*).

incallìre [comp. di *in-* (*1*) e *callo*] **A** v. tr. (*io incallìsco, tu incallìsci*) *1* Rendere calloso: *i. le mani.* *2* (*fig.*) Rendere duro, insensibile, inesorabile: *il dolore gli ha incallito il cuore.* **B** v. intr. e intr. pron. (aus. *essere*) *1* Diventare calloso, fare il callo: *le zampe di alcuni animali incalliscono facilmente; incallisce al vomere la mano* (PARINI). *2* (*fig.*) Indurire, assuefarsi: *incallirsi nel vizio, negli ozi.*

incallìto part. pass. di *incallire*; anche agg. *1* Nei sign. del v. *2* (*fig.*) Accanito e impenitente: *peccatore i.; fumatore, bevitore i.; criminale i.*

incaloriménto [da *incalorire*] s. m. • Riscaldo.

incalorìre [comp. di *in-* (*1*) e *calore*] **A** v. tr. (*io incalorìsco, tu incalorìsci*) *1* (*raro*) Riscaldare, infiammare. *2* (*fig.*) Accalorare: *il suo intervento servì ad i. la discussione.* **B** v. intr. pron. • Infervorarsi eccessivamente: *nel corso della partita si erano alquanto incaloriti.* SIN. Infiammarsi.

incalvìre [comp. di *in-* (*1*) e *calvo*] v. intr. (*io incalvìsco, tu incalvìsci*; aus. *essere*) *1* (*raro*) Diventare calvo. *2* (*trasl.*) †Imbiancarsi di neve.

incalzaménto s. m. • (*raro*) Atto dell'incalzare | Caccia, inseguimento.

incalzàndo s. m. inv. • (*mus.*) Accelerando.

incalzànte part. pres. di *incalzare*; anche agg. • Nei sign. del v.

incalzàre [lat. parl. **incalciāre* 'stare alle (*in-*) calcagna (*călces*, f. pl., di prob. origine etrusca)'] **A** v. tr. *1* Inseguire senza dare tregua e riposo: *l'esercito vittorioso incalzava il nemico in fuga* | (*raro, fig.*) *I. l'argomento*, rafforzarlo adducendo maggiori prove. *2* (*fig.*) Premere da vicino, farsi urgente, sollecitare (*anche ass.*): *il tempo ci incalza; la necessità, il pericolo incalza.* *3* (*mus.*) Accelerare. *4* †Incitare, stimolare. *5* †Calcare, stivare. **B** v. rifl. rec. • Succedersi l'un l'altro, con rapidità: *le notizie e gli avvenimenti s'incalzano.*

†**incàlzo** [da *incalzare*] s. m. • Incalzamento.

incameràbile [da *incamerare*] agg. • Che si può incamerare.

in camera caritatis /lat. in 'kamera kari'tatis/ [loc. lat., propriamente 'nella camera della carità', cioè con procedura segreta e ispirata a comprensione] loc. avv. • Detto di rimproveri, ammonizioni e sim. dati amichevolmente e con riservatezza, o di giudizi, notizie e sim. comunicati confidenzialmente: *leggi a lui ... questa lettera, benché scritta in fretta ed in camera caritatis* (FOSCOLO).

incameraménto s. m. • Atto, effetto dell'incamerare.

incameràre [comp. di *in-* (*1*) e *camera* (spec. quella *del tesoro*)] v. tr. (*io incàmero*) *1* Assumere definitivamente nel proprio patrimonio, con provvedimento unilaterale, detto spec. dello Stato e dei suoi organi finanziari: *lo Stato ha incamerato i vostri beni.* *2* Nelle antiche armi da fuoco, restringere la camera o modellarla in modo da darle un diametro inferiore a quello dell'anima, per esercitare una più forte pressione sulla palla. *3* †Mettere in camera di sicurezza.

†**incamerellàto** [comp. di *in-* (*1*) e *camerella*, dim. di *camera*] agg. • Fatto a camerelle | *Pareti incamerellate*, fatte a nicchia, nei cimiteri.

incamiciàre [comp. di *in-* (*1*) e *camicia*] v. tr. (*io incamìcio*) *1* In varie tecnologie, rivestire con una camicia: *i. i cilindri di un motore a scoppio; i. una caldaia.* *2* Rivestire q.c., come con una camicia, di calce, intonaco o altro materiale: *i. un muro, le pareti inferiori del pozzo* | *I. le vele*, mettere la fodera. *3* (*mil.*) Rivestire di muraglia un terrapieno per contenerlo e rafforzarlo.

†**incamiciàta** [dalla *camicia* di riconoscimento, indossata dai soldati scelti per l'azione] s. f. • Camiciata, nel sign. di *camiciata* (*1*).

incamiciatùra s. f. *1* Atto, effetto dell'incamiciare | Strato di materiale o fodera che riveste l'oggetto incamiciato: *la porta ha un'i. di vernice.* *2* (*mil.*) Rivestimento in metallo speciale dei proiettili delle armi portatili moderne | †Rivestimento in muratura di un terrapieno.

†**incamminaménto** s. m. • L'incamminare, l'incamminarsi.

incamminàre [comp. di *in-* 'verso' e *cammino*] **A** v. tr. *1* Mettere q.c. in cammino, in movimento: *spero di aver incamminato bene l'affare.* SIN. Avviare. *2* (*fig.*) Indirizzare, instradare, guidare: *i. una persona in un'arte, in una professione; i. sulla retta via.* **B** v. intr. pron. *1* Mettersi in cammino: *si incamminarono lentamente sulla strada polverosa.* *2* (*fig.*) Avviarsi: *si sta incamminando alla, verso la rovina; un gran borgo al giorno d'oggi, e che s'incammina a diventar città* (MANZONI).

†**incampanàre** [comp. di *in-* (*1*) e *campana*] v. tr. • Dare forma conica, svasata, alla camera di una bocca da fuoco.

incamuffàre [comp. di *in-* (*1*) e *camuffare*] v. tr. • (*raro*) Camuffare.

incanagliàrsi [comp. di *in-* (*1*) e *canaglia*] v. intr. pron. (*io m'incanàglio*) • Diventare canaglia, mescolarsi o confondersi con la canaglia.

incanaglìre [comp. di *in-* (*1*) e *canaglia*] **A** v. intr. e intr. pron. (*io incanaglìsco, tu incanaglìsci*; aus. *essere*) • Divenire canaglia, confondersi con la canaglia. **B** v. tr. • †Far diventare canaglia.

incanalaménto s. m. • Atto dell'incanalare.

incanalàre [comp. di *in-* (*1*) e *canale*] **A** v. tr. *1* Raccogliere acqua in un canale: *da tempo si parla di i. le acque piovane* | (*est.*) Obbligare q.c. a scorrere su un tracciato fisso, come in un canale: *i. le imposte* | (*fig.*) *I. un affare*, metterlo in corso. *2* Convogliare, dirigere: *i. una colonna di prigionieri, la folla dei dimostranti verso q.c.* **B** v. intr. pron. *1* Raccogliersi in un canale. *2* (*est.*) Dirigersi, orientarsi in una certa direzione: *la folla si incanalò verso l'uscita di sicurezza.*

incanalàto part. pass. di *incanalare*; anche agg. *1* Nei sign. del v. *2* (*geol.*) *Acque incanalate*, le acque superficiali che scorrono in un alveo.

incanalatùra s. f. *1* Atto, effetto dell'incanalare. *2* Canale in cui le acque scorrono.

incancellàbile [comp. di *in-* (*3*) e *cancellabile*] agg. • Che non si può cancellare: *un segno i.* | (*fig.*) Che non si può fugare, dissipare: *un ricordo i.* SIN. Indelebile. || **incancellabilménte**, avv.

incancellàto agg. • (*raro*) Che non è stato cancellato, eliminato (*spec. fig.*).

incancherìre [comp. di *in-* (*1*) e *canchero*] **A** v. intr. e intr. pron. (*io incancherìsco, tu incancherìsci*; aus. *essere*) • Divenire cancheroso, inguaribile: *la piaga incancherisce.* **B** v. tr. *1* Rendere cancherosa, inguaribile, una malattia e sim. *2* (*fig.*) Rendere costante, persistente un sentimento o un vizio | †Irritare.

incancrenìre [comp. di *in-* (*1*) e *cancrena*] v. intr. e intr. pron. (*io incancrenìsco, tu incancrenìsci*; aus. *essere*) *1* (*med.*) Gangrenare. *2* (*fig.*) Divenire sempre più grave, radicato, irrimediabile: *i vizi incancreniscono.*

incandescènte [vc. dotta, lat. *incandescĕnte(m)*, part. pres. di *incandēscere* 'diventar bianco, incandescente', comp. di *in-* raff. e *candēscere*, incoat. di *candēre* 'bruciare', di origine indeur.] agg. *1* Detto di corpo o sostanza riscaldata fino all'incandescenza: *metallo i.* *2* (*fig.*) Ardente, molto accalorato: *polemiche incandescenti.*

incandescènza [da *incandescente*] s. f. • Emissione di luce da una sostanza, causata dalla sua alta temperatura.

†**incandìre** [lat. parl. **incandēre*, comp. di *in-* ints. e *candēre* 'bruciare, ardere', di origine indeur., con mutamento di coniug.] v. tr. (*io incandìsco, tu incandìsci*) • Fare risplendere di luce candida: *il sole incandisce la luna.*

incannàggio s. m. • Incannatura.

incannàre [comp. di *in-* (*1*) e *canna*] v. tr. *1* Svolgere filo da una matassa o da una spola e avvolgerlo su un rocchetto o su una rocca o su bobina | *I. la botte*, mettervi la cannella. *2* †Allacciare, avvolgere. *3* †Ingollare, trangugiare. *4* (*volg.*) Ingannare, trombare.

incannàta s. f. *1* La quantità di filato che può stare sulla bobina o sul rocchetto. *2* Complesso di due reti da pesca, una verticale che serve a circondare uno specchio d'acqua, l'altra fatta a tramaglio con canne intrecciate, che rimane distesa orizzontalmente all'esterno. *3* Parete di canne per delimitare colture, campi, pollai, aie.

incannatòio s. m. • Macchina che compie l'operazione di incannatura.

incannatóre s. m. (f. *-trice*, pop. *-tora*) ● Operaio che incanna il filato.

incannatùra s. f. ● Atto, effetto dell'incannare.

incannellàre [comp. di *in-* (*1*) e *cannello*] v. tr. (*io incannèllo*) ● Far entrare nel cannello o nella cannella.

incannicciàta [da *canniccio* 'tessuto di cannucce'] s. f. *1* Lavoro di canne intrecciate. *2* Chiusa di fiumi o canali, fatta con cannicci, per prendere pesci.

incannicciatùra [da *incannicciata*] s. f. ● Stuoia di canne intonacata, posta sotto un soffitto per nasconderne le travi.

incannucciàre [comp. di *in-* (*1*) e *cannuccia*] v. tr. (*io incannùccio*) *1* Chiudere o coprire con cannucce. *2* Sostenere con cannucce una pianta perché cresca diritta. *3* (*med.*) †Fasciare con l'incannucciata.

incannucciàta s. f. *1* Struttura di canne intrecciate, usata per sostegno, riparo e sim.: *il convolvolo s'arrampica sull'i.* *2* (*med.*) Fasciatura con assicelle e stecche agli arti fratturati. *3* Incannata nel sign. 2.

incannucciatùra s. f. *1* Operazione o effetto dell'incannucciare. *2* Sistema di fabbricazione con canne intrecciate del sedile o della spalliera di un mobile.

†**incantadiàvoli** [comp. di *incanta(re)* (*1*) e il pl. di *diavolo*] s. m. e f. ● Stregone, mago.

†**incantadóre** ● V. *incantatore*.

incantagióne o **incantazióne** [vc. dotta, lat. tardo *incantatiōne(m)*, da *incantātus* 'incantato'] s. f. ● (*raro, lett.*) Fattura, incantesimo: *io farò stanotte insieme con Buffalmacco la 'ncantagione sopra le galle* (BOCCACCIO).

incantaménto [vc. dotta, lat. tardo *incantamĕntu(m)*, comp. di *in-* 'dentro' e *cantamĕntu(m)*, da *cantāre* (V. *incantare* (*1*))] s. m. *1* †Incanto, magia. *2* (*fig.*) L'essere, il restare incantato.

incantàre (**1**) [vc. dotta, lat. *incantāre*, comp. di *in-* 'dentro, sopra' e *cantāre* nel senso originario di 'recitare formule magiche', freq. di *cănere* 'cantare', di origine indeur.] **A** v. tr. *1* Recitare parole, formule o compiere atti che producano effetti soprannaturali su persone o cose. *2* (*fig.*) Affascinare, ammaliare: *la fatica degli accademici si riduce ... ad incantar per un'ora le pazienti orecchie degli ascoltatori* (MURATORI) | (*fig.*) *I. il dolore*, mitigarlo momentaneamente con qualche rimedio | (*fig.*) *I. la fame*, attutirne gli stimoli in qualche modo | (*fig.*) *I. la nebbia*, avere molta fortuna | *I. i serpenti*, affascinarli con la musica. *3* (*fig.*) Soggiogare, rapire, estasiare per meraviglia, diletto e sim.: *musica, poesia, grazia, maniere che incantano* | Avvincere, sedurre con le lusinghe, i vezzi, l'amore: *ormai l'ha incantato.* **B** v. intr. pron. *1* Restare trasognato, estatico: *incantarsi per lo stupore, la meraviglia*; *incantarsi a guardare qc. o q.c.* | Rimanere immobile, come intontito: *spesso s'incanta mentre studia.* *2* Arrestarsi, fermarsi: *il meccanismo è difettoso perché spesso s'incanta.*

†**incantàre** (**2**) [da *incanto* (*2*)] v. tr. ● Mettere all'asta, all'incanto.

incantàto part. pass. di *incantare* (*1*); anche agg. *1* Nei sign. del v. *2* *Anello i.*, fatato, magico | *Armi incantate*, dotate di innaturale potenza difensiva e offensiva | *Castello i.*, sorto per forza di magia e pieno di stupefacenti e false immagini. *3* Intontito, trasognato.

incantatóre o †**incantadóre**. [vc. dotta, lat. tardo *incantatōre(m)*, da *incantātus* 'incantato'] **A** agg. (f. *-trice*) ● Affascinante, incantevole, seducente: *sorriso, modo, sguardo i.* **B** s. m. *1* Chi opera incantesimi | *I. di serpenti*, chi li addomestica con la musica. *2* (*fig.*) Chi affascina, conquista, ammalia: *i. di fanciulle.*

incantazióne ● V. *incantagione*.

incanteṣimàto [da *incantesimo*] agg. ● (*raro, region.*) Che ha subìto un incantesimo.

incantéṣimo o (*poet.*) **incantéṣmo** [da *incantare* (*1*)] s. m. *1* Atto, effetto dell'incantare (*anche fig.*): *credere agli incantesimi*; *l'i. di una notte stellata*; *quell'armonia seduttrice ch'è il fisico i. della poesia* (METASTASIO) | *Rompere l'i.*, interrompere un momento o uno stato d'animo piacevole. SIN. Incanto, sortilegio. *2* Forza, mezzi per ammaliare, incantare, sedurre (*anche fig.*): *il potente i. della musica*; *gli incantesimi di un dongiovanni da strapazzo.*

incantévole agg. ● Che incanta, rapisce di piacere, ammirazione: *luogo, soggiorno, grazia i.*; *una ragazza i.* ‖ **incantevolménte**, avv. (*raro*) In modo incantevole.

incànto (**1**) [da *incantare* (*1*); per calco sull'ingl. *charm*, nel sign. 3] s. m. *1* Incantesimo, magia: *compiere, fare un i.* | *Rompere l'i.*, annullarne gli effetti | *Come per i.*, tutto a un tratto, quasi per opera magica | *Sorto per i.*, (*fig.*) in modo rapido e imprevedibile | *D'i.*, a meraviglia, a perfezione. *2* (*fig.*) Sommo piacere: *l'i. della musica* | Cosa o persona deliziosa: *quella fanciulla è un i.*; *la sua casa è un i.* | Situazione, atmosfera incantata, fascino: *l'i. di una notte primaverile* | *Rompere l'i.*, interrompere un momento o uno stato d'animo piacevole. *3* (*fis.*) Numero quantico corrispondente al quarto tipo (o sapore) di quark, introdotto per evitare un'asimmetria tra le proprietà dei leptoni e quelle dei quark.

incànto (**2**) [ant. provz. *encant*, dal lat. mediev. *inquăntum*, comp. di *ĭn* 'in' e *quăntum* 'quanto', nella domanda: *ĭn quăntum?* 'a quanto (si vende)?'] s. m. ● (*dir.*) Procedura prevista per la stipulazione dei contratti dello Stato, costituita da una gara tra più concorrenti in cui risulterà aggiudicatario chi offre condizioni più favorevoli per lo Stato | *Vendita all'i.*, vendita al migliore offerente, fatta secondo formalità legislativamente disciplinate, costituente una fase del processo di esecuzione.

†**incantonàrsi** [comp. di *in-* (*1*) e *cantone*] v. intr. pron. ● Incantucciarsi.

incantucciàre [comp. di *in-* (*1*) e *cantuccio*] **A** v. tr. (*io incantùccio*) ● Riporre in un cantuccio. **B** v. intr. pron. ● Porsi in un cantuccio.

incanutiménto s. m. ● Modo, atto dell'incanutire.

incanutìre [comp. di *in-* (*1*) e *canuto*] **A** v. intr. (*io incanutìsco, tu incanutìsci*; aus. *essere*) ● Divenire canuto: *i. per gli anni* | (*poet., fig.*) Imbiancare: *incanutisce la nevosa bruma* (MARINO). **B** v. tr. ● Rendere, far diventare canuto: *quello spavento lo ha incanutito.*

incapàce [vc. dotta, lat. tardo *incapāce(m)*, comp. di *in-* neg. e *căpax*, genit. *capācis*, da *căpere* 'prendere', di origine indeur] **A** agg. *1* Privo di attitudine, disposizione o idoneità per q.c.: *un giovane i. di mentire*; *è un tecnico assolutamente i.*; *i. a intendere* | SIN. Disadatto, inabile. *2* (*dir.*) Che non è in grado di attendere alla cura dei propri interessi. **B** s. m. e f. *1* Individuo inetto, inabile. *2* (*dir.*) Chi non è in grado di attendere alla cura dei propri interessi: *circonvenzione di incapace.*

incapacità [vc. dotta, lat. tardo *incapacitāte(m)*, da *ĭncapax*, genit. *incapācis* 'incapace'] s. f. *1* Mancanza di attitudine, capacità o idoneità: *confessare la propria i.*; *errare per i.* SIN. Inabilità. *2* (*dir.*) Mancanza di capacità: *i. d'agire*; *i. giuridica*; *i. processuale* | *I. naturale*, mancanza della capacità d'intendere e di volere. *3* (*med.*) In un individuo, disturbo conseguente a una deficienza che consiste in una diminuzione del rendimento funzionale e dell'attività e che può determinare un handicap. *4* (*mar.*) Angustia di spazio: *i. della stiva.*

†**incapacitàbile** [comp. di *in-* neg. e *capacitabile*] agg. ● Incomprensibile.

†**incapaménto** [da *incapare* 'mettersi (ostinatamente) in *capo*'] s. m. ● Ostinazione.

incapannàre [comp. di *in-* (*1*) e *capanna*] v. tr. ● Mettere in capanna | *I. il fieno*, per custodirlo.

incapannatùra s. f. ● Lavoro dell'incapannare.

incaparbìre [comp. di *in-* (*1*) e *caparbio*] v. intr. e intr. pron. (*io incaparbìsco, tu incaparbìsci*; aus. *essere*) ● Diventare caparbio, ostinarsi.

†**incapàre** [comp. di *in-* (*1*) e *capo*] **A** v. tr. ● Mettere in capo | (*est.*) Deliberare. **B** v. intr. pron. ● (*tosc.*) Ostinarsi, incaponirsi.

incapatùra [comp. parasintetico di *capo*] s. f. ● Misura della circonferenza interna di cappelli, berretti e sim.

incapestràre [vc. dotta, lat. tardo *incapistrāre* 'incapestrare, irretire', comp. di *in-* 'dentro' e *capistrāre*, da *capĭstrum* 'capestro', di etim. incerta] **A** v. tr. (*io incapèstro* o *incapéstro*) ● Legare con la cavezza, al capestro, un animale. **B** v. intr. pron. ● (*raro*) Intrigarsi, spec. con le zampe nel capestro.

incapestratùra [da *incapestrare*] s. f. ● (*zoot.*) Lesione lacero-contusa che si produce sulla faccia posteriore delle regioni inferiori degli arti quando l'animale rimane impigliato in una corda, nella cavezza o in una redine.

incapiènte [comp. di *in-* (*3*) e *capiente*] agg. *1* (*dir.*) Incapace di coprire determinate passività, detto di una somma. *2* (*raro, bur.*) Non capiente.

incapiènza [comp. di *in-* (*3*) e *capienza*] s. f. ● (*dir., bur.*) Qualità di ciò che è incapiente.

incapocchiàre [comp. di *in-* (*1*) e *capocchia*] **A** v. tr. (*io incapòcchio*) ● Munire di capocchia: *i. spilli, fiammiferi.* **B** v. intr. pron. ● (*fam.*) Intestardirsi, incaponirsi.

incapocchiatrìce [comp. di *in-* (*1*) e di un deriv. di *capocchia*] **A** agg. ● Nella fabbricazione dei fiammiferi, detto di macchina che prepara la capocchia applicando la miscela infiammabile all'estremità dei fuscelli di legno. **B** anche s. f.

†**incapocchìre** [comp. di *in-* (*1*) e *capocchia*] **A** v. intr. ● Fare la capocchia. **B** v. intr. pron. ● Ostinarsi, intestardirsi.

incaponiménto [da *incaponirsi*] s. m. ● Fissazione, ostinazione.

incaponìrsi [comp. di *in-* e *capone* (*1*)] v. intr. pron. (*io m'incaponìsco, tu t'incaponìsci*) ● Ostinarsi, incaparbirsi: *i. in una cosa*; *i. a dire, a volere q.c.*

incaponìto part. pass. di *incaponirsi*; anche agg. ● Nei sign. del v.

incappàre [comp. di *in-* (*1*) e *cappa* (*1*)] **A** v. tr. *1* Coprire, vestire con la cappa. *2* †Acchiappare, impigliare, prendere. **B** v. intr. (aus. *essere*) ● Capitare involontariamente in q.c. o qc. pericoloso, insidioso e sim.: *i viaggiatori incapparono nei briganti*; *i. in una difficoltà, in un agguato*; *credendosi la morte fuggire, in essa incapparono* (BOCCACCIO) | *I. col piede in un ostacolo*, inciampare. SIN. Imbattersi, incorrere. **C** v. rifl. rec. ● Urtarsi o ferirsi l'un l'altro.

incappellàggio [da *incappellare*] s. m. ● (*mar.*) Collare metallico o di corda che cinge l'estremità dell'albero, o dei tronchi che lo compongono a cui si fissano le manovre dormienti.

incappellàre [comp. di *in-* (*1*) e *cappello*] **A** v. tr. (*io incappèllo*) *1* †Coprire il capo di qc. con un cappello | †Fare qc. cardinale. *2* (*mar.*) Sistemare un anello, un collare metallico o di corda all'estremità di un albero, asta o antenna. **B** v. rifl. e intr. pron. ● †Coprirsi con un cappello | †Inghirlandarsi: *questa di verde gemma s'incappella* (POLIZIANO). **C** v. intr. e intr. pron. (aus. *essere*) *1* †Divenire cardinale. *2* (*fig., fam.*) Impermalirsi, stizzirsi, offendersi.

incappellàta [da *cappello* in senso fig.] s. f. ● (*mar.*) Violento colpo di mare sulla prua di un natante, che passa la murata e si infrange in coperta.

incappellatùra s. f. ● (*mar.*) Incappellaggio.

incappiàre [comp. di *in-* (*1*) e *cappio*] v. tr. (*io incàppio*) ● Serrare, stringere con un cappio.

incappottàre [comp. di *in-* (*1*) e *cappotto*] **A** v. tr. (*io incappòtto*) ● Avvolgere bene in un cappotto. **B** v. rifl. ● Intabarrarsi, imbacuccarsi.

incappucciaménto s. m. *1* (*raro*) Atto, effetto dell'incappucciare. *2* (*agr.*) Isolamento con sacchetti di carta delle infiorescenze di piante per impedirne la fecondazione con polline estraneo. *3* (*agr.*) Batteriosi del trifoglio pratense, raramente di altre piante, che si manifesta in modo più evidente sulle foglie.

incappucciàre [comp. di *in-* (*1*) e *cappuccio*] **A** v. tr. (*io incappùccio*) ● Coprire col cappuccio | (*fig.*) Ammantare di neve la sommità di un monte e sim.: *l'inverno ha incappucciato di neve le colline.* **B** v. rifl. *1* Coprirsi con un cappuccio: *mi sono incappucciato perché ho freddo* | (*fig.*) Ammantarsi. *2* Detto di un cavallo, portare l'apice della testa verso la base del collo e non sentire più il morso. *3* †Farsi frate.

incappucciàto **A** part. pass. di *incappucciare*; anche agg. ● Nei sign. del v. **B** s. m. ● Chi indossa un'uniforme o un abito dotati di cappuccio | *Gli incappucciati*, (*per anton.*) gli affiliati al Ku-Klux-Klan.

incaprettaménto [da *incaprettare*] s. m. ● Modo di uccisione praticato dalla mafia per punire chi non ha rispettato le sue leggi, consistente nel legargli mani e piedi dietro la schiena facendo passare la corda anche intorno al collo, in modo che la vittima, quando i muscoli delle gambe o delle braccia cedono, si strangola da sola.

incaprettàre [comp. di *in-* (*1*) e *capretto*, con riferimento al modo in cui vengono legati i capretti quando sono portati al macello] **v. tr.** (*io incaprétto*) ● Sottoporre a incaprettamento.

incaprettàto **A** **part. pass.** di *incaprettare*; anche **agg.** ● Nel sign. del v. **B** **s. m.** (f. *-a*) ● Chi ha subìto l'incaprettamento.

incapricciàrsi [comp. di *in-* (*1*) e *capriccio*] **v. intr. pron.** (*io m'incapriccio*) ● Invaghirsi di q.c. o qc.: *i. di un gioiello, di una donna.*

incapriccìrsi **v. intr. pron.** (*io m'incapriccìsco, tu t'incapriccìsci*) ● (*raro*) Incapricciarsi.

incapsulaménto **s. m.** ● Operazione dell'incapsulare.

incapsulàre [comp. di *in-* (*1*) e *capsula*] **v. tr.** (*io incàpsulo*) **1** Rivestire con una capsula: *i. una medicina*; *i. un dente.* **2** Chiudere un recipiente con una capsula: *i. una bottiglia.*

incapsulatóre **s. m.** (f. *-trice*) ● (*tecnol.*) Addetto alla chiusura a mano o a macchina mediante capsule di bottiglie, barattoli e sim.

†**incaràre** [comp. di *in-* (*1*) e *caro*] **A** **v. tr.** e **intr.** (aus. intr. *essere*) ● Rincarare. **B** **v. intr. pron.** ● (*poet.*) Divenire caro.

incarbonchìre [comp. di *in-* (*1*) e *carbonchio*] **v. intr.** e **intr. pron.** (*io incarbonchìsco, tu incarbonchìsci*; aus. intr. *essere*) ● (*agr.*) Detto del grano, ammalarsi di carbonchio.

incarboniménto **s. m.** ● Modo, atto dell'incarbonire.

incarbonìre [comp. di *in-* (*1*) e *carbone*] **A** **v. tr.** (*io incarbonìsco, tu incarbonìsci*) ● (*raro*) Carbonizzare. **B** **v. intr.** e **intr. pron.** (aus. *essere*) ● (*raro*) Diventare carbone.

†**incarcàre** e *deriv.* ● V. *incaricare* e *deriv.*

incarceraménto **s. m.** ● Modo e atto dell'incarcerare | (*med.*) *I. dell'ernia*, stato di irriducibilità per aderenza del viscere al sacco erniario, senza strozzamento | *I. della placenta*, ritenzione di essa nella cavità dell'utero.

incarceràre [vc. dotta, lat. tardo *incarcerāre* 'porre in (*in-*) carcere (*cărcer*, genit. *cărceris*)'] **v. tr.** (*io incàrcero*) **1** Rinchiudere in carcere: *lo incarcerarono subito dopo il processo.* **SIN.** Imprigionare. **2** (*fig.*) Rinchiudere in luogo angusto o sgradevole.

incarceràto **part. pass.** di *incarcerare*; anche **agg.** ● Nei sign. del v.

incarcerazióne **s. f.** ● (*raro*) Atto, effetto dell'incarcerare.

incardinàre [comp. di *in-* (*1*) e *cardine*] **A** **v. tr.** (*io incàrdino*) **1** Porre sui cardini: *i. una porta.* **2** (*fig.*) Fondare, basare sopra un principio che faccia da cardine: *i. una teoria su dati scientifici.* **3** Ascrivere un ecclesiastico a una diocesi. **B** **v. intr. pron.** ● Imperniarsi e reggersi su un certo ordine di principi teorici: *la sua cultura si incardina sulla filosofia classica tedesca.*

incardinazióne **s. f.** **1** (*raro*) Atto, effetto dell'incardinare | Il punto in cui q.c. si incardina. **2** Nel diritto canonico, obbligatoria ascrizione e appartenenza di ogni ecclesiastico secolare a una determinata diocesi.

incaricàre o (*poet.*) †**incarcàre** [comp. di *in-* (*1*) e *caricare*] **A** **v. tr.** (*io incàrico, tu incàrichi*) **1** Gravare qc. di un incarico, di una incombenza, missione e sim.: *l'hanno incaricato di seguire tutte le pratiche d'ufficio*; *spero che mi incarichino di insegnare in questa scuola.* **SIN.** Deputare, delegare. **2** †Aggravare con grave carico (*anche fig.*). **3** †Incolpare. **4** †Offendere, svillaneggiare. **B** **v. intr. pron.** ● Assumersi l'incarico, addossarsi la cura: *si incaricarono di finire i lavori prima dell'autunno* | (*dial.*) *Non incaricarsene*, non darsene pensiero.

incaricàto o (*poet.*) †**incarcàto** **A** **part. pass.** di *incaricare*; anche **agg.** **1** Nei sign. del v. **2** *Professore i.*, figura, non più prevista dall'attuale ordinamento universitario, di studioso cui è stato attribuito un incarico temporaneo di insegnamento per una disciplina non ricoperta da docenti di ruolo | *I. stabilizzato*, quando l'incarico diviene permanente. **B** **s. m.** (f. *-a*) **1** Persona cui è affidato un incarico: *un i. del municipio, della banca.* **2** Professore incaricato | Docente universitario incaricato. **3** *I. d'affari*, agente diplomatico di rango inferiore a cui è affidato l'incarico, temporaneo o stabile, di dirigere una rappresentanza diplomatica il cui titolare legittimo, ambasciatore o ministro plenipotenziario, è assente o non è stato nominato.

incàrico o (*lett., poet.*) **incàrco** [da *incaricare*] **s. m.** (pl. *-chi*) **1** Commissione importante, ufficio temporaneo e speciale, compito, missione: *prendere, assumere, ricevere, eseguire un i.*; *i. grave, grato, onorevole, sgradito* | *Cattedra data per i.*, senza concorso e senza nomina di titolare | Incombenza: *ho ricevuto l'i. di portarvi i suoi saluti* | (*per anton., polit.*) Compito di formare il nuovo governo (o, nel caso di *incarico esplorativo*, di accertare se ne esistono le condizioni): *il presidente della Repubblica ha affidato l'i. all'on. Giuliano Amato.* **2** Posto di professore o docente non di ruolo: *ottenere un i. annuale.* **3** †Carico, peso | (*fig.*) †Danno, offesa grave | (*fig.*) †Affanno d'amore.

†**incaritatévole** [comp. di *in-* (*3*) e *caritatevole*] **agg.** ● Impietoso, ingeneroso.

incarnaménto **s. m.** ● Atto, effetto dell'incarnare.

incarnàre [vc. dotta, lat. tardo *incarnāre*, comp. di *in-* illativo e di un deriv. da *căro*, genit. *cărnis* 'carne', di origine indeur.] **A** **v. tr.** **1** Dare corpo e figura come viva carne, rappresentare vivacemente e con efficacia: *i. un concetto, un'idea, un'immagine, un tipo*; *uno scrittore che incarna nelle sue opere gli ideali di libertà.* **2** †Ferire penetrando nella carne. **3** †Dipingere l'aspetto della carne umana. **B** **v. intr. pron.** **1** Prendere carne e figura umana | (*est.*) Concretarsi: *l'idea s'incarna nell'interpretazione dell'artista.* **2** Detto del figlio di Dio, Gesù, che assume carne umana in Maria Vergine. **3** †Attaccarsi, unirsi fortemente | (*fig.*) †Entrare e vivere intensamente nell'animo. **4** Crescere dentro la carne: *un'unghia che si incarna.*

incarnatìvo **A** **agg.** ● Che ha colore roseo come l'incarnato della persona in salute. **B** **s. m.** ● Colore roseo.

incarnàto (1) **A** **part. pass.** di *incarnare*; anche **agg.** ● Nei sign. del v. **B** **s. m.** (f. *-a*) ● †Consanguineo.

incarnàto (2) [dal colore della *carne*] **A** **agg.** ● Di colore rosa carne: *una rosa incarnata* | *Sangue i.*, rosso vivo. **B** **s. m.** ● Colore roseo: *l'i. delle guance.*

incarnazióne [vc. dotta, lat. tardo *incarnatiōne(m)*, da *incarnātus* 'incarnato'] **s. f.** **1** In molte religioni, forma umana che assumono le divinità, a scopo salvifico | Mistero fondamentale del Cristianesimo, per cui la seconda persona della Trinità, Gesù Cristo, assume natura umana per operare il riscatto del genere umano dal peccato originale | *Anni dell'i.*, contati dall'Annunciazione fatta a Maria Vergine, a cominciare dal 25 marzo. **2** (*fig.*) Espressione concreta, personificazione di concetti, idee, qualità astratte e sim.: *quell'uomo è l'i. della malvagità.*

†**incarnieràre** [comp. di *in-* (*1*) e *carniere*] **v. tr.** (*io incarnièro*) ● Mettere, porre nel carniere, detto spec. di selvaggina.

incarnìre [comp. di *in-* (*1*) e *carne*] **A** **v. tr.** (*io incarnìsco, tu incarnìsci*) ● †Conficcare nella carne, spec. gli artigli. **B** **v. intr.** e **intr. pron.** (aus. *essere*) **1** Crescere dentro la carne: *le unghie spesso incarniscono, si incarniscono.* **2** (*fig.*) Penetrare profondamente: *in lui il vizio si è ormai incarnito.*

incarnìto **part. pass.** di *incarnire*; anche **agg.** ● Nei sign. del v.

incarognìre [comp. di *in-* (*1*) e *carogna*] **v. intr.** e **intr. pron.** (*io incarognìsco, tu incarognìsci*; aus. *essere*) **1** Diventare una carogna, un essere inutile, vile, corrotto: *quel vecchio cavallo ormai si è incarognito*; *incarognirsi nel vizio* | Divenire fiacco, ozioso, incapace: *s'è incarognito nella miseria.* **2** (*fig.*) Diventare cronico: *una malattia che si incarognisce con gli anni.*

incarognìto **part. pass.** di *incarognire*; anche **agg.** **1** Nei sign. del v. **2** Caparbiamente determinato, intestardito.

incarrozzàre [comp. di *in-* (*1*) e *carrozza*] **A** **v. tr.** (*io incarròzzo*) ● Far salire in carrozza. **B** **v. intr. pron.** ● †Adagiarsi in carrozza.

incarrucolàre [comp. di *in-* (*1*) e *carrucola*] **A** **v. tr.** (*io incarrùcolo*) ● Mettere la fune nella scanalatura della carrucola. **B** **v. intr. pron.** ● Imbrogliarsi della fune nella cassa della carrucola.

incartaménto [da *incartare*, con valore coll.] **s. m.** **1** Insieme di carte e documenti relativi a una pratica d'ufficio: *gli incartamenti per il rilascio del passaporto.* **2** Prima fase di essiccazione delle paste alimentari, in cui si elimina l'acqua esterna.

incartapecorìre [comp. di *in-* (*1*) e *cartapecora*] **v. intr.** e **intr. pron.** (*io incartapecorìsco, tu incartapecorìsci*; aus. *essere*) **1** Divenire secco e giallo come cartapecora: *il suo viso si è incartapecorito* | (*est., fig.*) Invecchiare. **2** (*fig.*) Inaridirsi in un'arte, scienza o altra attività.

incartapecorìto **part. pass.** di *incartapecorire*; anche **agg.** ● Nei sign. del v.

incartàre [comp. di *in-* (*1*) e *carta*] **A** **v. tr.** **1** Avvolgere q.c. nella carta: *i. un pacco.* **2** (*raro*) †Distendere come carta. **3** (*lett., fig.*) †Azzeccare, cogliere sul segno. **B** **v. intr. pron.** **1** Nel gioco del bridge, rimanere, a un certo punto della partita, con delle carte che non possono più essere utilizzate per andare in mano al compagno. **2** (*fig.*) Confondersi, smarrirsi nel fare q.c.

incartàta **s. f.** **1** Atto, effetto dell'incartare alla meglio. **2** †Impannata di carta alla finestra. ‖ **incartatìna**, **dim.**

incartàto **part. pass.** di *incartare*; anche **agg.** ● Nei sign. del v.

incartatóre **s. m.** (f. *-trice*) ● Operaio o commesso che incarta gli oggetti prodotti o venduti.

incartatrìce **s. f.** ● Macchina che esegue l'incarto.

incàrto [da *incartare*] **s. m.** **1** Incartamento. **2** Involucro di carta che avvolge un qualsiasi prodotto: *l'i. dei biscotti, della cioccolata.* **3** (*tess.*) Indurimento dei tessuti per eccesso di salda. **4** (*zoot.*) Consistenza come di carta ben collosa che hanno i bozzoli dei bachi da seta.

incartocciàre [comp. di *in-* (*1*) e *cartoccio*] **A** **v. tr.** (*io incartòccio*) **1** Porre, chiudere in un cartoccio: *i. la frutta, il riso, i bottoni.* **2** (*raro*) Ravvolgere a cartoccio, accartocciare. **B** **v. intr. pron.** ● (*raro*) Accartocciarsi.

incartonàre [comp. di *in-* (*1*) e *cartone*] **v. tr.** (*io incartóno*) **1** Imballare in cartoni. **2** (*tess.*) Interporre cartoni lisci per ogni ripiegatura del panno da sottoporre allo strettoio. **3** In legatoria, eseguire l'incartonatura.

incartonatrìce **s. f.** ● (*tess.*) Macchina destinata all'incartonatura dei tessuti.

incartonatùra **s. f.** **1** (*tess.*) Operazione dell'incartonare un tessuto. **2** In legatoria, applicazione dei cartoni della coperta al libro da legare, assicurandoli con le cordicelle usate per la cucitura.

incascolìto [comp. parasintetico di *cascolo*] **agg.** ● (*agr.*) Che non è maturato bene, stentato, detto dell'uva.

incasellaménto **s. m.** ● Atto, effetto dell'incasellare.

incasellàre [comp. di *in-* (*1*) e *casella*] **v. tr.** (*io incasèllo*) **1** Mettere nella casella, disporre in casellario: *i. i numeri, la posta.* **2** (*fig.*) Riunire ordinatamente: *i. con metodo le proprie cognizioni.*

incasellatóre [da *incasellare*] **s. m.** (f. *-trice*) ● Impiegato postale addetto a smistare la corrispondenza nel casellario.

incasermàre o **incaṣermàre** [comp. di *in-* (*1*) e *caserma*] **v. tr.** (*io incasèrmo* o *incaṣèrmo*) **1** Sistemare, alloggiare in caserma. **SIN.** Accasermare. **2** (*est.*) Disporre, accogliere come in una caserma: *incasermò gli ospiti alla meglio.*

incasinaménto **s. m.** ● (*pop.*) Atto, effetto dell'incasinare.

incasinàre [comp. di *in-* (*1*) e *casino* nel sign. 6] **v. tr.** (*io incasìno*) ● (*pop.*) Creare confusione, disordine, situazioni intricate e sim.: *hai incasinato la mia scrivania*; *questo fatto m'incasina tutta la giornata.*

incasinàto **part. pass.** di *incasinare*; anche **agg.** **1** Nei sign. del v. **2** (*pop.*) Riferito a persona, che si trova in una situazione intricata, in mezzo a una serie di impegni che si accavallano, e sim.: *oggi sono molto incasinata.*

incassaménto **s. m.** ● Modo, atto di porre nelle casse.

incassànte **agg.** ● (*geol.*) Detto di roccia in cui viene iniettato un magma o che circonda un plutone.

incassàre [comp. di *in-* (*1*) e *cassa*, anche in senso fig.] **A** v. tr. *1* Collocare in casse: *i. abiti, libri, munizioni, vettovagliamenti* | *I. il morto*, metterlo nella bara | (*est.*) Montare q.c. in una incassatura o in un castone: *i. la tubatura, un meccanismo, una gemma, le pietre del mosaico* | *I. un pezzo d'artiglieria*, metterlo sull'affusto | *I. un fiume*, costringerlo fra le sponde | (*est., ling.*) Inserire: *i. una frase*, inserire una frase in un'altra. *2* Riscuotere, ricevere, introitare: *i. una somma, un acconto*. CONTR. Sborsare. *3* Nel pugilato, subire colpi dell'avversario senza diminuzione della capacità di lottare | *I. tre reti*, nel calcio, subirle. *4* (*fig.*) Sopportare senza turbarsi attacchi, accuse, offese e sim.: *è stato costretto a i. un'offesa gravissima*. **B** v. intr. (aus. *avere*) ● Adattarsi perfettamente nell'incassatura. **C** v. intr. pron. ● Restringersi in basso tra due ripide alture: *il fiume, la strada, la valle si incassavano profondamente tra le rocce*.

incassàto part. pass. di *incassare*; anche agg. ● Nei sign. del v.

incassatóre s. m. (f. *-trice*) *1* Chi, in certe industrie, ha l'incarico di imballare in casse il prodotto finito. *2* Artigiano un tempo specializzato nell'arte di incassare le armi da fuoco portatili. *3* Pugile dotato di grande resistenza ai colpi dell'avversario. *4* (*fig.*) Chi sa sopportare serenamente offese, ingiustizie, ecc.: *è senza dubbio un ottimo i.*

incassatrìce s. f. ● (*tip.*) In legatoria, macchina utilizzata nell'incassatura per l'applicazione automatica o semiautomatica della coperta preventivamente preparata al libro già cucito e rifilato su tre lati.

incassatùra s. f. *1* Operazione del collocare q.c. in casse o dell'inserirla in apposite cavità: *l'i. di una partita di merce, di un diamante* | (*est., ling.*) Inserimento di una frase in un'altra. *2* Cavità dove una cosa s'incassa: *hanno fatto nel muro un'i. per la libreria* | (*edil.*) Solco o cavità eseguito in una muratura per inserirvi conduttori o apparecchi, quali interruttori e prese di un impianto elettrico. *3* In legatoria, operazione, eseguita a mano o a macchina, mediante la quale un libro cucito viene unito alla coperta.

incassettatrìce s. f. ● (*tecnol.*) Macchina destinata a disporre bottiglie e sim. in cassette o in cestelli.

incàsso [da *incassare*] s. m. *1* Atto, effetto del riscuotere una somma: *presentare un assegno per l'i.* | *I. di effetti*, riscossione di effetti di proprietà di terzi per loro conto | (*est.*) La somma che si riscuote: *oggi abbiamo avuto un forte i.* *2* (*edil.*) Incassatura | *Da i.*, detto di elemento atto a essere inserito in un'apposita cavità di una muratura o di una struttura preesistenti: *elettrodomestici da i.; lavello da i.*

incastellaménto [da *incastellare*] s. m. ● Un tempo, complesso di torri e altre costruzioni poste a difesa di un territorio.

†**incastellàre** [comp. di *in-* (*1*) e *castello*] **A** v. tr. *1* Munire di castelli, fortificazioni e sim. *2* Nell'antica marineria, fortificare la prua e la poppa con castelli. **B** intr. pron. *1* Fortificarsi con castelli | Accamparsi. *2* (*raro*) Farsi signore di un castello.

incastellàto part. pass. di *incastellare*; anche agg. *1* Nei sign. del v. *2* †Rinchiuso, rifugiato in un castello. *3* (*veter.*) Detto di piede affetto da eccessivo restringimento dei quarti e dei talloni con atrofia del fettone e costrizione dolorosa del vivo entrostante.

incastellatùra [da *incastellare*] s. f. *1* Aggregato di travi unite fra loro in una ossatura di sostegno. *2* (*veter.*) Difetto di piede incastellato.

incastigàto [comp. di *in-* (*3*) e *castigato*] agg. ● (*lett.*) Non punito, non castigato.

incastonàre [comp. di *in-* (*1*) e *castone*] v. tr. (*io incastóno*) *1* Fermare nel castone, nelle griffe, le pietre preziose. *2* (*fig.*) Inserire, collocare in q.c.: *ha incastonato nel suo racconto molte raffinatezze linguistiche*.

incastonatóre s. m. ● Artigiano che incastona pietre preziose.

incastonatùra s. f. ● Atto ed effetto dell'incastonare.

incastraménto s. m. ● (*raro*) Modo e atto dell'incastrare.

incastràre [lat. parl. **incastrāre*, propriamente 'porre in (*in-*) un intaglio (da *castrāre* 'tagliare')'] **A** v. tr. *1* Connettere due o più pezzi, introducendoli a forza uno dentro l'altro in modo da farli combaciare perfettamente: *se non incastri bene il supporto, il ripiano non resisterà al peso* | *I. una gemma*, incastonarla | (*fig.*) *I. frasi, allusioni nel discorso*, ficcarcele per forza. *2* (*fig., fam.*) Mettere qc. nei pasticci | Mettere qc. in una situazione senza via d'uscita: *si è lasciato i. come un novellino*. **B** v. intr. pron. ● Inserirsi, ficcarsi in q.c. in modo da non poterne uscire: *la vite si è incastrata e non riesco a toglierla*. **C** v. intr. (aus. *avere*) ● Adattarsi, ingranare perfettamente: *un ingranaggio che incastra bene*.

incastràto part. pass. di *incastrare*; anche agg. ● Nei sign. del v.

incastratrìce [da *incastrare*, dal tipo di operazione impiegato] s. f. ● (*min.*) Macchina usata per eseguire intagli verticali in rocce tenere così da facilitarne l'abbattimento.

incastratùra s. f. ● Atto, effetto dell'incastrare | La cavità, l'intaglio in cui q.c. s'incastra.

incàstro [da *incastrare*] s. m. *1* Apertura, cavità o intaglio per cui un pezzo può inserirsi perfettamente in un altro e rimanervi aderente. *2* Punto in cui due o più elementi si incastrano. *3* Inserzione di un brano o di righe in un pezzo di giornale già composto. *4* Gioco enigmistico consistente nell'incastrare una parola in un'altra, in modo da formarne una terza. *5* *Arrampicata a i.*, nell'alpinismo, moderna tecnica di arrampicata libera che utilizza l'incastro degli arti in fessure di varia larghezza. *6* (*veter.*) Strumento usato dal maniscalco per ultimare e raffinare il pareggio della suola del piede. *7* *Celata da i.*, nelle armature antiche, quella provvista alla base di scanalatura anulare che, incastrata e scorrevole sull'orlo superiore della goletta, consentiva all'uomo d'arme i movimenti laterali del capo.

incatarràre [comp. di *in-* (*1*) e *catarro*] v. intr. e intr. pron. (aus. *essere*) ● Diventare catarroso.

incatenacciàre [comp. di *in-* (*1*) e *catenaccio*] v. tr. (*io incatenàccio*) ● (*raro*) Chiudere con tanto di catenaccio.

incatenaménto s. m. ● Modo e atto dell'incatenare | (*raro*) Concatenazione.

incatenàre [comp. di *in-* (*1*) e *catena*] **A** v. tr. (*io incaténo*) *1* Legare una persona con catene, mettere un animale alle catene: *i. i prigionieri, i galeotti; i. il cane* | Sbarrare q.c. per mezzo di catene: *i. l'entrata del porto, la foce del fiume, lo stretto*. *2* Annodare due o più fili e sim. insieme, come in una catena | *I. le maglie*, sovrapporle l'una all'altra. *3* (*fig.*) Soggiogare, vincolare: *i. i cuori, il sentimento di qc.* | Impedire, inceppare: *i. la libertà, il progresso*. **B** v. rifl. e rifl. rec. *1* Collegarsi, unirsi o congiungersi strettamente. *2* (*raro, fig.*) Concatenarsi.

†**incatenàta** s. f. ● Atto o effetto dell'incatenare.

incatenàto part. pass. di *incatenare*; anche agg. *1* Nei sign. del v. *2* *Rima incatenata*, quando il primo verso rima col terzo, il secondo col quarto e col sesto, il quinto col settimo e il nono e così via.

incatenatùra [da *incatenare*] s. f. ● Allacciamento o legamento fatto con catene, con fili metallici e sim. | †Insieme delle catene, spec. di un edificio.

incatorzolìre [comp. di *in-* (*1*) e *catorzolo*] v. intr. e intr. pron. (*io incatorzolìsco, tu incatorzolìsci*; aus. *essere*) *1* Detto di frutti, che non giungono a maturità e induriscono come catorzoli. SIN. Imbozzacchire. *2* (*lett., fig.*) Ingalluzzirsi: *Alessandro s'incatorzoliva tutto per la contentezza* (NIEVO).

incatramàre [comp. di *in-* (*1*) e *catrame*] v. tr. *1* Ricoprire e spalmare q.c. di catrame: *i. la barca, il canapo, una strada*. *2* Lavorare di catrame, nell'arte del calafato, del cordaio, e sim.

incatramàto part. pass. di *incatramare*; anche agg. ● Nei sign. del v.

incatricchiàre [comp. parasintetico di *catricola*, var. tosc. di 'graticola'] v. tr. (*io incatrìcchio, tu incatrìcchi*) *1* (*pop., tosc.*) Arruffare, spec. capelli | (*est., fig.*) Intrecciare, tramare, detto di intrighi. *2* (*est.*) Cuocere sulla graticola.

†**incattivàre** v. tr. ● Incattivire.

incattivìre [comp. di *in-* (*1*) e *cattivo*] **A** v. tr. (*io incattivìsco, tu incattivìsci*) ● Rendere cattivo: *maltrattandolo lo incattiviscono sempre più*. **B** v. intr. e intr. pron. (aus. *essere*) ● Diventare cattivo: *è un frutto che incattivisce subito; il nostro cane, se lo stuzzicano, s'incattivisce subito*.

incattivìto part. pass. di *incattivire*; anche agg. ● Nei sign. del v.

in cauda venenum /lat. in 'kauda ve'nenum/ [loc. lat., propr. 'nella coda (sta) il veleno', con riferimento allo scorpione il cui pungiglione velenoso è all'estremità della coda] loc. avv. *1* Detto per indicare che il momento finale di un lavoro, di un'impresa e sim. è quello più difficile. *2* Detto di un discorso che, dopo un inizio apparentemente benevolo, rivela nella parte conclusiva il proprio carattere polemico e ostile.

incàuto [vc. dotta, lat. *incăutu(m)*, comp. di *in-* neg. e *căutus* 'cauto', da *cavēre* 'guardarsi', di origine indeur.] agg. ● Privo di cautela, avvedutezza, prudenza: *persona, azione incauta; atteggiamento i.* | *I. acquisto*, acquisto di cose sospettabili di provenire da reato, senza averne accertata la legittima provenienza. SIN. Malaccorto, sconsiderato. ‖ **incautaménte**, avv.

incavalcàre [comp. di *in-* (*1*) e *cavalcare*] v. tr. e rifl. (*io incavàlco, tu incavàlchi*) *1* (*raro*) Accavallare. *2* Disporre una bocca da fuoco sul proprio affusto.

incavalcatùra s. f. ● (*raro*) Atto, effetto dell'incavalcare.

incavallàre [comp. di *in-* (*1*) e *cavallo*] **A** v. tr. ● (*raro*) Porre una cosa sull'altra, come a cavalcioni: *i. le gambe*. **B** v. intr. pron. ● †Mettersi a cavallo | †Fornirsi di cavalli.

incavallatùra [da *incavallare*] s. f. ● (*edil.*) Capriata.

incavàre [vc. dotta, lat. *incavāre*, comp. di *in-* 'dentro' e *cavāre*, da *cāvus* 'cavo', di origine indeur.] v. tr. ● Rendere parzialmente o totalmente cavo: *i. un tronco, una pietra durissima*.

incavàto part. pass. di *incavare*; anche agg. *1* Nei sign. del v. *2* *Occhi incavati*, infossati | *Guance incavate*, smunte.

incavatùra s. f. ● Azione ed effetto dell'incavare | (*est.*) La cavità che ne risulta | *I. di vita*, l'assottigliarsi del corpo nel punto di vita, rispetto ai fianchi e alle spalle.

incavernàre [comp. di *in-* (*1*) e *caverna*] **A** v. tr. (*io incavèrno*) *1* (*raro*) Scavare a caverne: *l'acqua incaverna le rocce*. *2* Sistemare in caverne: *i. artiglierie*. **B** v. intr. pron. *1* Entrare in una caverna. SIN. Rintanarsi. *2* Gettarsi e scorrere in luoghi sotterranei: *le acque si incavernano*.

incavernàto part. pass. di *incavernare*; anche agg. *1* Nei sign. del v. *2* (*raro*) *Occhi incavernati*, profondamente infossati.

incavezzàre [comp. di *in-* (*1*) e *cavezza*] **A** v. tr. (*io incavézzo*) ● Munire di cavezza, legare con la cavezza: *i. un cavallo*. **B** v. rifl. ● (*fig.*) †Stringersi come con la cavezza.

incavicchiàre [comp. di *in-* (*1*) e *cavicchio*] v. tr. (*io incavìcchio*) ● Assicurare con un cavicchio o come con un cavicchio: *i. due travi*.

incavigliàre [comp. di *in-* (*1*) e *caviglia*] **A** v. tr. (*io incavìglio*) ● Attaccare a una caviglia o mediante una caviglia. **B** v. intr. pron. ● †Collegarsi.

incavigliatrìce s. f. ● (*ferr.*) Macchina usata per avvitare le caviglie destinate a fissare le rotaie alle traversine.

incavigliatùra s. f. ● Collegamento mediante una caviglia.

incàvo o (*evit.*) **ìncavo** [da *incavare*] s. m. *1* Cavità, incavatura: *fare un i.; l'i. di una pietra* | Solco, scanalatura. *2* Vuoto nell'oro preparato per l'incastonatura della gemma | *Lavoro d'i.*, incisione in vuoto nelle pietre come figurazioni, suggelli e scritture.

incavogràfico [comp. di *incavo* e *-grafico*] agg. (pl. m. *-ci*) ● Detto di procedimento di stampa in cui le parti incavate del cilindro, in cui si raccoglie l'inchiostro, costituiscono l'elemento stampante.

incavolàrsi [comp. di *in-* (*1*) e *cavolo* nel sign. euf. di *cazzo*] v. intr. pron. (*io m'incàvolo*) ● (*euf.*) Adirarsi, arrabbiarsi. SIN. Incacchiarsi.

incavolàto part. pass. di *incavolare*; anche agg. ● Nel sign. del v.

incavolatùra s. f. ● (*euf.*) Arrabbiatura.

incazzàre [comp. di *in-* (*1*) e *cazzo*, nel senso fig. di 'furia, ira'] **A** v. tr. ● (*raro*) Esaltare, eccitare. **B** v. intr. pron. ● (*volg.*) Adirarsi, arrabbiarsi.

incazzàto part. pass. di *incazzarsi*; anche agg. ● Nei sign. del v.

incazzatùra [da *incazzarsi*] s. f. ● (*volg.*) Forte arrabbiatura.

incazzìrsi [comp. di *in-* (*1*) e *cazzo*, in senso fig. di 'furia'] v. intr. pron. (*io m'incazzìsco, tu t'incazzìsci*) ● (*volg.*) Ostinarsi.

incazzóso [da *incazzarsi*] agg. ● (*volg.*) Che si arrabbia con facilità, che ha inclinazione naturale ad adirarsi: *un uomo, un tipo i.*

incazzottàre [comp. di *in-* (*1*) e (piegatura a) *cazzotto*] **A** v. tr. (*io incazzòtto*) ● Piegare e arrotondare a cazzotto una bandiera. **B** v. rifl. rec. ● (*raro*) Scambiarsi cazzotti.

incèdere [vc. dotta, lat. *incēdere*, comp. di *in-* 'verso' e *cēdere* 'camminare', di etim. incerta] **A** v. intr. (coniug. come *cedere*; aus. *avere*) ● Camminare con solennità e gravità. **B** in funzione di s. m. ● Portamento maestoso e solenne: *camminava con l'i. di una dea.*

incedìbile [comp. di *in-* (*3*) e *cedibile*] agg. ● Che non può essere ceduto.

incedibilità s. f. ● Condizione di ciò che è incedibile.

incelàre ● V. *incielare*.

†**incelebràto** [vc. dotta, lat. tardo *incelebrātu(m)*, comp. di *in-* neg. e *celebrātus*, part. pass. di *celebrāre*, da *cĕleber*, genit. *cĕlebris* 'celebre'] agg. ● Oscuro, ignoto.

†**incèlebre** [vc. dotta, lat. tardo *incĕlebre(m)*, comp. di *in-* neg. e *cĕleber*, genit. *cĕlebris* 'celebre', di etim. incerta] agg. ● Oscuro, ignoto: *questo mio dir non i.* (SANNAZARO).

incellofanàre [comp. di *in-* (*1*) e *cellofan*] v. tr. (*io incellòfano*) ● Avvolgere nel cellofan, rivestire con un foglio di cellofan: *i. libri, riviste, prodotti alimentari.*

incèndere [vc. dotta, lat. *incĕndere*, comp. di *in-* 'dentro' e *căndere* 'far bruciare', di origine indeur.] **A** v. tr. (pass. rem. *io incési, tu incendésti*; part. pass. †*incéso*, †*incènso*) ● (*lett.*) Incendiare, ardere, bruciare (*anche fig.*): *il sol ... / ... di tal luce in facia colorato, / che ne incendeva tutta la marina* (BOIARDO). **B** v. intr. (aus. *essere*) **1** (*lett.*) Ardere, bruciare. **2** (*lett.*) †Dispiacere forte. **C** v. intr. pron. ● (*lett.*) Incendiarsi, accendersi, infiammarsi (*anche fig.*).

†**incendiaménto** s. m. **1** Incendio. **2** (*fig.*) Stimolo, attizzamento.

incendiàre [da *incendio*] **A** v. tr. (*io incèndio*) **1** Dare alle fiamme, distruggere col fuoco: *i. una nave, un deposito di carburante, una casa.* SIN. Bruciare. **2** (*fig.*) Eccitare, entusiasmare, infiammare: *i. gli animi con parole veementi.* **B** v. intr. pron. ● Prender fuoco: *la paglia si incendiò per autocombustione.*

incendiàrio [vc. dotta, lat. *incendiāriu(m)*, da *incĕndere* 'incendere'] **A** agg. **1** Che suscita o può suscitare un incendio (*anche fig.*): *armi incendiarie; scritti, discorsi, proclami incendiari.* **2** (*fig.*) Che accende passioni ardenti: *occhi incendiari; bellezza incendiaria; sguardo i.* **B** s. m. (f. *-a*) ● Chi volontariamente dà inizio a un incendio: *gli incendiari sono attivamente ricercati.*

incendiatóre agg.; anche s. m. (f. *-trice*) ● (*raro*) Che, chi incendia.

incèndio [vc. dotta, lat. *incĕndiu(m)*, da *incĕndere* 'incendere'] s. m. **1** Fuoco di grandi proporzioni, che brucia e distrugge ogni cosa: *l'i. di un bosco, di un quartiere, di una casa; morire in un i.; domare, isolare, circoscrivere, spegnere l'i.* | *L'i. di un vulcano*, eruzione. **2** (*fig.*) Rovina, disastro, conflagrazione: *l'i. della guerra distrusse intere nazioni.* **3** (*fig.*) Commozione, entusiasmo o sentimento infuocato, travolgente: *è difficile spegnere gli incendi dell'odio e dell'amore.*

†**incenditìvo** agg. ● Atto ad accendere.

†**incenditóre** s. m.; anche agg. (f. *-trice*) ● Chi, che incendia | (*raro*) Chi, che brucia col cauterio.

incendìvo s. m. **1** Elemento, quale una miccia, usato per accendere un artificio pirotecnico. **2** Innesco.

incéneràre [comp. di *in-* (*1*) e *cenere*] **A** v. tr. (*io incénero*) **1** (*raro*) Coprire, spargere, imbrattare di cenere: *incenerarsi il capo in segno di lutto.* **2** †Incenerire. **B** v. intr. pron. ● Ridursi in cenere.

†**incenerazióne** s. f. ● Effetto dell'incenerare.

inceneriménto s. m. ● Modo e atto d'incenerire | Cremazione.

incenerìre [comp. di *in-* (*1*) e *cenere*] **A** v. tr. (*io incenerìsco, tu incenerìsci*) **1** Ridurre in cenere: *il fulmine incenerì la quercia* | Cremare: *i. un cadavere.* **2** (*fig.*) Annientare, distruggere: *lo incenerì con uno sguardo.* **3** (*chim.*) Bruciare una sostanza organica e quindi calcinarla finché rimanga solo l'eventuale residuo inorganico. **B** v. intr. pron. ● Ridursi in cenere, diventare cenere.

incenerìto part. pass. di *incenerire*; anche agg. ● Nei sign. del v.

inceneritóre s. m. ● Impianto che distrugge per combustione rifiuti e immondizie spec. nei grandi centri urbani.

incensaménto s. m. **1** Atto, effetto dell'incensare. **2** (*fig.*) Adulazione, lode esagerata.

incensàre [da *incenso*] **A** v. tr. (*io incènso*) **1** Nelle religioni, fumigare con incenso persone, immagini, idoli e luoghi: *i. l'altare, l'ara, il SS. Sacramento.* **2** (*fig.*) Adulare, lodare sovrchiamente: *i. qc. per interesse.* **B** v. rifl. e rifl. rec. ● Adularsi, lodarsi esageratamente: *smettila di incensarti!; sono due ipocriti che si incensano continuamente.*

incensària [da *incenso* per l'acutezza del suo odore] s. f. ● (*bot.*) Mentastro.

incensàta s. f. **1** Atto, effetto dell'incensare. **2** (*fig.*) Lode eccessiva e adulatrice: *è una delle sue solite incensate.* || **incensatina**, dim.

incensatóre s. m. (f. *-trice*) ● Chi incensa (*anche fig.*).

incensatùra [da *incensare*] s. f. ● Lode adulatrice.

incensazióne s. f. ● Atto liturgico dell'incensare.

incensière s. m. ● Recipiente con coperchio traforato, in metallo e più raramente in ceramica, spesso artisticamente lavorato, nel quale si brucia l'incenso | *Dare l'i. sul naso*, (*fig.*) lodare grossolanamente. SIN. Turibolo.

incènso (**1**) [vc. dotta, lat. *incēnsu(m)*, sost. del part. pass. di *incĕndere* 'incendere'] s. m. **1** Gommoresina raccolta da incisioni praticate su alberi delle Terebintali spontanei in Asia ed Africa, che si brucia nelle cerimonie di molte religioni, fin dai tempi antichi | *Bruciare l'i. ai morti, ai grilli*, (*fig.*) fare uno sforzo inutile. **2** (*lett.*) Aroma, profumo. **3** (*fig.*) Adulazione | *Bruciare l'i.*, (*fig.*) lodare per adulare.

†**incènso** (**2**) part. pass. di *incendere*; anche agg. ● Nei sign. del v.

†**incensomànna** [comp. di *incenso* e *manna*, secondo il modello del corrisp. gr. *libanománna*] s. m. ● Incenso prezioso.

incensuràbile [comp. di *in-* (*3*) e *censurabile*] agg. ● Immeritevole di critica o censura: *condotta, persona i.* SIN. Irreprensibile.

incensurabilità s. f. ● Qualità di chi è incensurabile.

incensuràto [comp. di *in-* (*3*) e *censurato*] agg. **1** Che non è mai stato sottoposto a critiche o censure. **2** (*dir.*) Che non ha mai subìto condanne penali.

incentivànte part. pres. di *incentivare*; anche agg. **1** Nel sign. del v. **2** Detto di provvedimenti economici o legislativi che tendono a migliorare il rendimento di un dipendente pubblico o privato: *premio, fondo i.*

incentivàre [da *incentivo*] v. tr. ● Stimolare, promuovere, favorire mediante incentivi: *i. la produzione dell'acciaio; i. le vendite con premi.*

incentivazióne s. f. ● Atto, effetto dell'incentivare.

incentive /ingl. in'sentiv/ [vc. ingl., propr. 'incentivo'] s. m. ● Premio consistente in un viaggio, in un oggetto di valore e sim., promesso e offerto da un'azienda ai propri dipendenti con lo scopo di incrementare la produttività.

incentìvo [vc. dotta, lat. *incentīvu(m)* 'incitamento', da *incĭnere* 'risuonare, echeggiare', comp. di *in-* raff. e *cănere* 'cantare'] **A** s. m. **1** Stimolo, spinta, incitamento: *essere d'i. al peccato, alla passione; molti ... motivi ognun de' quali può essere agli animi nostri bastevole i. per le belle imprese* (MURATORI) | Occasione, pretesto: *quel dolore gli ha dato l'i. per cominciare a bere.* **2** Misura o provvedimento tali da indirizzare l'attività o l'iniziativa di qc. in una direzione desiderata: *i. all'acquisto, agli investimenti.* **B** agg. ● †Stimolante.

incentràre [comp. di *in-* (*1*) e *centro*] **A** v. tr. (*io incèntro*) ● (*raro*) Porre o collocare nel centro. **B** v. intr. pron. ● (*raro*) Accentrarsi | †Entrare nel centro | (*fig.*) Imperniarsi: *sull'idillio dei protagonisti s'incentra tutta la commedia.*

incèntro [comp. di *in-* di *in(scritto)* e *centro*] s. m. ● (*mat.*) Punto d'incontro delle tre bisettrici d'un triangolo, dov'è il centro del cerchio inscritto al triangolo.

inceppaménto s. m. **1** Modo e atto dell'inceppare o dell'incepparsi. **2** (*est.*) Impedimento, ostacolo.

inceppàre [comp. di *in-* (*1*) e *ceppo*] **A** v. tr. (*io incéppo*) **1** (*raro*) Mettere in ceppi | (*est.*) Costringere q.c. o qc. a non potersi muovere, agire, sviluppare e sim.: *i. il commercio con dazi assurdi* | Impacciare, ostacolare: *questo vestito mi inceppa i movimenti.* **2** (*mar.*) Mettere il ceppo all'ancora. **B** v. intr. pron. **1** Bloccarsi, non funzionare: *la mitragliatrice si è inceppata.* **2** †Congiungersi in un sol blocco, come in un ceppo.

inceppàto part. pass. di *inceppare*; anche agg. **1** Nei sign. del v. **2** *Stile i.*, (*fig.*) non scorrevole | (*tosc.*) *Essere i.*, avere pesantezza di testa.

inceppatùra s. f. **1** Atto, effetto dell'inceppare. **2** (*tosc.*) Pesantezza di testa.

incéppo [da *inceppare*] s. m. ● (*raro*) Impedimento, intralcio, ostacolo: *speriamo che tutto proceda senza inceppi.*

inceralaccàre [comp. di *in-* (*1*) e *ceralacca*] v. tr. (*io inceralàcco, tu inceralàcchi*) ● Chiudere, sigillare con ceralacca: *i. un pacco.*

inceràre [vc. dotta, lat. tardo *incerāre*, comp. di *in-* raff. e *cerāre*, da *cēra* 'cera (1)', di etim. incerta] v. tr. (*io incéro*) **1** Spalmare, impregnare di cera: *i. lo spago, la stoffa* | *I. il pavimento, un mobile*, lucidarlo con la cera. **2** Macchiare di cera.

inceràta [vc. dotta, lat. *incerāta(m)* 'spalmata di cera', part. pass. di *incerāre* 'incerare'] s. f. **1** Tela o panno spalmato di cera, catrame, pece o paraffina, impermeabile all'acqua: *tovaglia d'i.* **2** Giaccone o lunga casacca, talora con pantaloni, in tessuto impermeabile, usata spec. da marinai e naviganti.

inceratìno s. m. ● Striscia di tessuto o cuoio incerato.

inceràto **A** part. pass. di *incerare*; anche agg. **1** Nei sign. del v. **2** †Forte, resistente. **B** s. m. ● Incerata | *Essere vestito d'i.*, (*fig.*) essere insensibile, indifferente alle maldicenze e sim.

inceratóio s. m. ● (*tess.*) Bastone incerato per dar la cera all'ordito e abbassare la peluria.

inceratùra s. f. **1** Atto, effetto dell'incerare. **2** Apprettatura di tessuti con sostanze cerose.

incerchiàre [comp. di *in-* (*1*) e *cerchio*] **A** v. tr. (*io incérchio*) **1** Cingere con cerchi: *i. un tubo per renderlo più resistente.* **2** †Accerchiare, circondare. **B** v. intr. pron. ● †Prendere forma di cerchio.

incercinàre [comp. di *in-* (*1*) e *cercine*] v. tr. (*io incércino*) ● (*raro*) Appesantire od ornare il capo con un cercine.

incerconiménto [da *incerconire*] s. m. ● Malattia del vino, prodotta da un bacillo che ne guasta il colore e il sapore.

incerconìre [comp. di *in-* (*1*) e *cercone*] v. intr. (*io incerconìsco, tu incerconìsci*; aus. *essere*) ● Guastarsi del vino, divenir cercone.

incernieràre [comp. parasintetico di *cerniera*] v. tr. (*io incerniéro*) ● (*tecnol.*) Collegare, unire mediante cerniere.

incernieràto [da *incernierare*] agg. ● Nei sign. del v.

inceronàre [comp. di *in-* illativo e del den. di *cerone*] **A** v. tr. (*io inceróno*) ● (*teat.*) Applicare il cerone, spec. al viso. **B** v. rifl. ● Applicarsi il cerone.

incerottàre [comp. di *in-* (*1*) e *cerotto*] **A** v. tr. (*io incerótto*) ● Coprire con uno o più cerotti: *i. una ferita.* **B** v. rifl. ● Medicarsi con uno o più cerotti.

incerottàto part. pass. di *incerottare*; anche agg. **1** Nei sign. del v. **2** (*raro*) Impomatato.

incerottatùra s. f. **1** Atto, effetto dell'incerottare o dell'incerottarsi. *2* Insieme dei cerotti con cui si medica una ferita, una parte lesa.

incertézza s. f. *1* Mancanza di certezza intorno a q.c. o ai suoi risultati: *l'i. della notizia*; *avere qualche i. riguardo agli effetti di un provvedimento, di una legge*. *2* Esitazione, dubbio, perplessità: *avere delle incertezze sulla validità di un'azione*; *vivere, stare nell'i.*; *tenere qc. nell'i.*; *togliere qc. dall'i.* | *I. di stile, di lingua*, parola o espressione che mancano di precisione e sicurezza | Irresolutezza, indecisione: *avere un'i. sul da farsi*.

†**incertitùdine** s. f. • Incertezza.

incèrto [vc. dotta, lat. *incĕrtu(m)*, comp. di *in-* neg. e *cĕrtus* 'certo', di origine indeur.] **A** agg. *1* Privo di certezza, sicurezza e sim.: *indizio, cammino i.*; *data incerta* | *Fondamento i.*, non saldo (*anche fig.*) | (*fig.*) *Tempo i.*, variabile, instabile | (*est.*) Non ben conosciuto, noto: *autore, periodo i.* | *Esito, avvenire i.*, che lascia in apprensione perché non prevedibile o sicuro. *2* Di chi, di ciò che manca di risolutezza e decisione: *uomo, consiglio i.* | *Avanzare con passo i.*, esitante. SIN. Dubbioso, titubante. *3* Dubbio, dubbioso: *rimanere, essere i. del proprio avvenire, sul da farsi* | *Mete incerte*, piene di dubbi | *Giudizio i., causa, lite incerta*, che non si sa quale risultato o esito potranno avere | (*est.*) Dubitabile: *animale di sesso i.* | Ambiguo: *comportamento i.* | *Sguardo i.*, privo di franchezza | †*All'incerta*, (*ell.*) in maniera dubbia. *4* Di ciò che è privo di un'esatta delimitazione, definizione o determinazione: *forma, immagine incerta*; *suono i.* | *Confini incerti*, non ben tracciati | *Luce incerta*, debole, fiacca, che non rischiara abbastanza | *Colori incerti*, sfumati. SIN. Impreciso, vago. || **incertaménte**, avv. In modo incerto, con incertezza. **B** s. m. *1* L'essere incerto: *l'i. della fortuna* | (*est.*) Cosa eventuale, possibile ma non prevedibile con sicurezza: *fondarsi sull'i.*; *lasciare il certo per l'i.* | *Gli incerti della vita, del mestiere*, danni e pericoli eventuali. *2* (*spec. al pl.*) Guadagni possibili e probabili, oltre la retribuzione fissa: *a noi gli incerti rendono più della paga*. || **incertarèllo**, **incerterèllo**, dim. | **incertùccio**, dim. | **incertuòlo**, pegg.

†**incéso** part. pass. di *incendere*; anche agg. • Nei sign. del v.

incespicàre [comp. di *in-* (*1*) e *cespicare*] v. intr. (*io incéspico, tu incéspichi*; aus. *avere*) *1* Dar col piede contro un ostacolo, impigliarsi senza volere con un piede in q.c.: *i. in uno scalino, in una radice*; *attento a non i.* SIN. Inciampare. *2* (*fig.*) Mancare di speditezza e sicurezza, spec. nel parlare: *i. nel leggere*.

incessàbile [vc. dotta, lat. tardo *incessābile(m)*, comp. di *in-* neg. e un deriv. di *cessāre*, freq. di *cēdere*, di etim. incerta] agg. *1* Che non ha o non può avere fine: *l'i. fluire del tempo*; *curiosità i. e smisurata* (LEOPARDI). SIN. Ininterrotto, perpetuo. *2* †Inevitabile. || **incessabilménte**, avv.

incessànte [vc. dotta, lat. tardo *incessănte(m)*, comp. di *in-* neg. e *cessāre* (V. *incessabile*)] agg. • Che non cessa: *pioggia i.* | Che non dà requie: *cure, pensieri incessanti*. || **incessanteménte**, avv.

incèsso [vc. dotta, lat. *incĕssu(m)*, da *incēdere*, comp. di *in-* raff. e *cēdere* 'camminare', di etim. incerta] s. m. • (*lett.*) Modo di camminare, passo maestoso e solenne.

incestàre [comp. di *in-* (*1*) e *cesta*] v. tr. (*io incésto*) • Mettere in cesti: *i. l'uva*.

incèsto [vc. dotta, lat. *incĕstu(m)*, dall'agg. *incĕstu(m)*, comp. di *in-* neg. e *căstus* 'casto'] s. m. *1* (*dir.*) Reato commesso da chi ha rapporti sessuali con un discendente o un ascendente, o con un affine in linea retta, ovvero con una sorella o un fratello, in modo che ne derivi pubblico scandalo. *2* Correntemente, rapporto sessuale tra persone di sesso diverso tra le quali esiste uno stretto legame di sangue.

incestuóso [vc. dotta, lat. tardo *incestuōsu(m)*, da *incĕstus* 'incesto'] agg. *1* Costituente incesto: *relazione incestuosa*; *legame i.* *2* Colpevole di incesto: *padre i.* *3* Derivante da incesto: *figlio i.* || **incestuosaménte**, avv. Mediante incesto.

incètta [da *incettare*] s. f. • Atto dell'incettare: *fare i. di metalli preziosi* | †Guadagno | †*Per i.*, di proposito.

incettàre [vc. dotta, lat. *inceptāre*, non col senso del suo doppione fam. *incĭpere* 'imprendere', comp. di *in-* raff. e *căpere* 'prendere', di origine indeur., ma di *acceptāre* 'accettare, ricevere', con sostituzione del pref.] v. tr. (*io incètto*) *1* Acquistare o procurarsi la maggior quantità possibile di una merce, spec. per venderla a prezzo di speculazione in condizione di monopolio o quasi: *i. il grano, l'oro*. SIN. Accaparrare. *2* (*fig.*) Procacciarsi, raccogliere: *i. voti, applausi*.

incettatóre agg.; anche s. m. (f. *-trice*) • Che, chi fa incetta. SIN. Accaparratore.

incheccaménto [da un **checch(e)* imit.] s. m. • (*raro, tosc.*) Difetto di chi parla tartagliando.

†**inchèsta** • V. *inchiesta*.

inchiappettàre [comp. di *in-* (*1*) e *chiappa* (*1*)] v. tr. (*io inchiappétto*) *1* (*volg.*) Sodomizzare. *2* (*fig., scherz.*) Tamponare con l'automobile. *3* (*fig., pop.*) Imbrogliare, raggirare.

inchiavacciàre [comp. di *in-* (*1*) e *chiavaccio*] v. tr. (*io inchiavàccio*) • (*tosc.*) Serrare o chiudere con il chiavaccio.

inchiavardàre [comp. di *in-* (*1*) e *chiavarda*] v. tr. • (*raro*) Chiudere con chiavarde.

†**inchiavàre** [comp. di *in-* illativo e del den. di *chiave*] v. tr. • Chiudere con una chiave (*anche fig.*): *parmi ogni alegrezza un stral pungente / che in triste angoscia il cor dolente inchiave* (BOIARDO).

†**inchiavellàre** [comp. di *in-* (*1*) e *chiavello*] v. tr. • Inchiodare.

inchiavistellàre [comp. di *in-* (*1*) e *chiavistello*] v. tr. (*io inchiavistèllo*) • Chiudere con il chiavistello.

†**inchièdere** [lat. **inquăerere*, per *inquīrere*, per ritorno etim. a *quăerere* 'cercare', di etim. incerta] v. tr. • Chiedere, richiedere, domandare | (*est.*) Investigare.

inchièsta o †**inchèsta** [f. sost. del part. pass. di *inchiedere*] s. f. *1* (*dir.*) Indagine disposta d'autorità e condotta dagli organi competenti onde accertare un dato fatto o situazione o l'opinione pubblica sugli stessi: *commissione d'i.*; *ordinare un'i.* | *I. giudiziaria*, istruzione nel processo penale. *2* Investigazione o ricerca giornalistica che si propone di appurare lo svolgimento di certi avvenimenti o lo stato di determinate situazioni: *svolgere, chiudere un'i.* *3* In sociologia, ricerca di informazioni relative a un certo fatto o comportamento. *4* †Richiesta.

inchiestàre v. intr. (*io inchièsto*) • Fare un'inchiesta.

†**inchièsto** part. pass. di †*inchiedere* • (*raro*) Nei sign. del v.

inchinaménto o †**inclinaménto** s. m. *1* (*raro*) L'inchinare o l'inchinarsi. *2* †V. *inclinamento*.

inchinàre o †**inclinàre** nel sign. B [lat. *inclināre*, comp. di *in-* 'su' e *clināre* 'piegare', di origine indeur.] **A** v. tr. *1* Chinare, volgere in basso | *I. la fronte, la testa*, in segno di riverenza, pentimento, sottomissione: *ratto inchinai la fronte vergognosa* (PETRARCA) | *I. l'animo a qc.*, mostrare condiscendenza. *2* (*lett.*) Riverire, ossequiare. *3* †Umiliare, sottomettere. *4* †V. *inclinare*. **B** v. intr. pron. e †intr. *1* Chinarsi, piegarsi (*anche fig.*): *quella altiera / a preghi né a pietate mai se inchina* (BOIARDO) | Far l'inchino a qc. o q.c. per riverenza: *inchinarsi davanti alla tomba di un martire, verso l'altare, ad una signora* | (*fig.*) Rendere omaggio, riverire. *2* Rassegnarsi, accondiscendere, cedere: *inchinarsi ai voleri divini*. *3* V. *inclinare*. *4* (*raro, lett.*) Cedere nel combattimento, nella lotta.

inchinévole o **inclinévole** [da *inchinare*] agg. *1* (*lett.*) Propenso, incline | †*Cuore i.*, volonteroso. *2* †Che è in declivio. || †**inchinevolménte**, avv. Pieghevolmente.

inchìno (**1**) [da *inchinare*] s. m. *1* Segno di riverenza che si compie piegando la persona o solo il capo: *un piccolo, grande i.*; *fare un i.*; *salutare con un i.* SIN. Riverenza. *2* (*raro*) Abbassamento della testa per sonno.

†**inchìno** (**2**) [da *inchinare*] agg. • Chino, piegato.

inchiodaménto s. m. • (*raro*) Modo e atto dell'inchiodare.

inchiodàre o †**inchiovàre** [comp. di *in-* (*1*) e *chiodo*] **A** v. tr. (*io inchiòdo*) *1* Fermare, unire mediante chiodi: *i. una cassa* | *I. a cieca*, in modo che la capocchia del chiodo sprofondi nel legno o nel metallo | *I. alla croce*, crocifiggere | *I. la nave*, arenarla nelle secche o tra i ghiacci | *I. i pezzi di artiglieria*, renderli inservibili per il nemico, nelle antiche artiglierie piantando un chiodo nel focone, oggi asportando una parte essenziale dell'otturatore. *2* (*veter.*) Configgere i chiodi nel vivo del piede durante la ferratura. *3* (*fig.*) Tener fermo, immobile, come inchiodato: *è un lavoro che mi inchioda tutto il giorno a tavolino*; *la malattia l'ha inchiodato a letto* | *I. l'automobile*, frenare di colpo. *4* (*fig.*) Lasciare con crediti insoddisfatti: *hanno inchiodato parecchi negozianti, e sono scomparsi*. **B** v. rifl. • (*fig.*) Indebitarsi: *s'è inchiodato per la malattia del figlio*. **C** v. intr. pron. • Bloccarsi: *mi si è inchiodata la frizione*.

inchiodàta [da *inchiodare*] s. f. • (*fam.*) Frenata brusca, decisa.

inchiodàto part. pass. di *inchiodare*; anche agg. *1* Nei sign. del v. *2* Nel gioco degli scacchi, detto di pedone o altro pezzo che non viene mosso per proteggere il re.

inchiodatóre s. m. (f. *-trice*) • Chi inchioda.

inchiodatrice [da *inchiodare*] s. f. • Macchina per inchiodare automaticamente tra loro pezzi in legno, casse e sim.

inchiodatùra o †**inchiovatùra**. s. f. *1* Operazione dell'inchiodare | Punto in cui si conficcano i chiodi | *Trovare l'i.*, (*fig.*) il punto giusto, il modo migliore per fare q.c. *2* Complesso di chiodi che tengono insieme, fermano o chiudono q.c.: *l'i. mi sembra insufficiente*.

inchiostràre [da *inchiostro*] **A** v. tr. (*io inchiòstro*) *1* Macchiare, impregnare d'inchiostro | *I. fogli*, scrivere. *2* (*tip.*) Deporre un velo d'inchiostro sulla matrice. **B** v. intr. pron. • Sporcarsi d'inchiostro.

inchiostratóre s. m. *1* (*tip.*) Operaio addetto all'inchiostrazione. *2* (*tip.*) Rullo che stende l'inchiostro sulla composizione da stampa.

inchiostrazióne s. f. • (*tip.*) Deposizione di un velo d'inchiostro sulla matrice | *Complesso d'i.*, l'insieme dei meccanismi e dei rulli che trasferiscono l'inchiostro dal calamaio alla matrice.

inchiòstro o †**incòstro** [lat. *encăustu(m)*, dal gr. *énkauston* 'encausto' (V.), sovrapposizione di una vc. con *-cl-* '-ch-' e della serie di parole in *-stro*] s. m. *1* Sostanza di composizione varia, nera o colorata, usata per scrivere e per stampare: *i. nero, rosso, verde, blu*; *i. lavabile, copiativo, indelebile* | *I. di china*, impasto di nero fumo con gomma o gelatina profumato con muschio, essiccato in cilindretti e stemperato con acqua | *I. da stampa*, in generale composto di oli o resine, cui si aggiunge nero fumo | *I. simpatico*, di varia composizione, per tracciare segni che si rendono visibili solo con opportuni trattamenti | *Nero come l'i.*, molto nero; (*fig.*) di pessimo umore | *Opera d'i.*, scritto | *Sprecar l'i.*, scrivere inutilmente | (*fig.*) *Versare fiumi d'i. su q.c.*, scrivere moltissimo su un dato argomento | (*fig.*) *Puzzare, saper d'i.*, di cose prese a credito | (*fig.*) *Di buon i.*, apertamente, francamente. *2* (*zool.*) Liquido nerastro che seppie e calamari spruzzano verso i loro inseguitori per intorbidare l'acqua e nascondersi. *3* (*bot.*) *Mal dell'i.*, malattia fungina del castagno caratterizzata dalla presenza di macchie nere sotto la corteccia.

†**inchiovàre** e *deriv.* • V. *inchiodare* e *deriv.*

inchiùdere [lat. *inclūdere* 'chiuder (*clāudere*) dentro (*in-*), rinchiudere'] **A** v. tr. (coniug. come *chiudere*) • (*lett.*) Includere. **B** v. intr. pron. • (*raro*) †Essere compreso.

†**inchiùso** part. pass. di *inchiudere*; anche agg. • Nei sign. del v.

†**inciampaménto** s. m. • Atto d'inciampare | (*est.*) Ostacolo.

inciampàre [comp. di *in-* (*1*) e *ciampa*, var. di *zampa*] v. intr. (aus. *essere* e *avere*) *1* Urtare col piede in un ostacolo mentre si cammina: *i. in un sasso* | (*fam.*) *O ci dà o c'inciampa*, (*fig.*) di chi non ne indovina una. SIN. Incespicare. *2* (*fig.*) Imbattersi all'improvviso in qc. che si sarebbe preferito non incontrare o in q.c. di spiacevole o di difficile risoluzione: *i. in un attaccabrighe*, *i. nell'ostilità generale* | *I. nella legge, nel codice penale*, (*fig.*) commettere un reato, spec. inavvertitamente | †*I. nelle cialde, nelle ragnatele*, (*fig.*) trovare ostacoli dove non vi sono. SIN. Intoppare.

3 (*fig.*) Intopparsi nel parlare o nello scrivere.

inciampàta s. f. • Atto dell'inciampare: *dare un'i. e cadere.* || **inciampatèlla**, dim.

inciampicàre [iter. di *inciampare*] v. intr. (*io inciàmpico, tu inciàmpichi*; aus. *avere*) • Camminare inciampando spesso: *inciampicava per l'ubriachezza.*

inciampicóne s. m. (f. *-a* nel sign. 2) *1* Urto, scossa molto violenta presa inciampando. *2* Persona che cammina in modo goffo e traballante.

inciàmpo [da *inciampare*] s. m. *1* Ostacolo su cui è facile inciampare: *erbe, sassi che fanno i.* *2* (*fig.*) Intoppo, difficoltà: *mettere inciampi alla realizzazione di un progetto* | Impedimento, contrarietà, contrattempo: *essere d'i. a qc.*; *la pratica procede senza inciampi*; *superare tutti gli inciampi.* || **inciampóne**, accr.

incicciàre [comp. di *in-* (*1*) e *ciccia*] **A** v. tr. (*io inciccio*) *1* (*dial.*) Ferire nel vivo, superficialmente: *i. qc. col rasoio, col temperino.* *2* (*fig.*) Trarre qc. in un malanno, coinvolgere in una accusa e sim.: *l'hanno incicciato bene!* **B** v. intr. pron. *1* Ferirsi, tagliarsi: *incicciarsi nel farsi la barba.* *2* (*fig.*) Cacciarsi in un guaio.

incidentàle [da *incidente* (*1*)] agg. *1* Che avviene per caso: *fatto i.*; *disgrazia i.* *2* Accessorio, secondario: *questa è una questione i. rispetto al problema in discussione* | (*dir.*) *Questione i.*, che sorge nel corso di un processo e deve essere risolta dal giudice con apposito provvedimento | (*ling.*) *Proposizione i.*, proposizione inserita in un'altra, ma indipendente da essa. || **incidentalménte**, avv. *1* Per caso. *2* Per inciso, come digressione.

incidentalità s. f. • Qualità di ciò che è incidentale.

incidentàto [da *incidente* (*1*)] agg. • (*bur.*) Che ha subìto un incidente | Che è stato coinvolto in un incidente, spec. stradale: *automobile incidentata.*

incidènte (**1**) **A** part. pres. di *incidere* (*1*); anche agg. *1* Nei sign. del v. *2* (*mat.*) Detto di ognuna delle rette o curve aventi un punto comune. *3* (*ling.*) *Proposizione i.*, incidentale. || **incidenteménte**, avv. Incidentalmente. **B** s. m. *1* Digressione non pertinente o disputa marginale che si verifica nel corso di una discussione: *provocare un i. su questioni personali*; *chiudere l'i.* | *I. processuale*, questione incidentale. *2* (*dir.*) *I. probatorio*, attività istruttoria compiuta, nel corso di un procedimento penale, prima dell'apertura del dibattimento per motivi previsti dalla legge. *3* Evento negativo, disgrazia, infortunio: *è rimasto vittima di un i. d'auto*; *nell'i. aereo vi sono stati molti morti* | (*est., fig.*) *I. di percorso*, casuale, fortuito, tale da non pregiudicare la riuscita o il compimento di un'azione.

incidènte (**2**) part. pres. di *incidere* (*2*); anche agg. *1* Nei sign. del v. *2* (*dir.*) *Dolo i.*, quello che, nella conclusione di un negozio giuridico, induce ad accettare condizioni meno favorevoli.

incidènza [vc. dotta, lat. tardo *incidĕntia(m)*, dal part. pres. di *incīdere* (V. *incidente* (*1*))] s. f. *1* (*mat.*) Influenza quantitativa d'un fenomeno su un altro | *Angolo d'i.*, angolo formato dal raggio incidente con la normale alla superficie nel punto di incidenza. *2* (*fig.*) Effetto che una cosa, a causa del suo valore e della sua importanza, provoca su un'altra: *la denutrizione ha una forte i. sulla mortalità infantile.* *3* (*raro*) Digressione: *fare un'i. in un discorso* | *Per i.*, in modo accessorio.

incìdere (**1**) [vc. dotta, lat. *incĭdere* 'cadere (*cădere*) dentro o sopra (*in-*)'] v. intr. (pass. rem. *io incìṣi, tu incidésti*; part. pass. *incìṣo*; aus. *avere*) *1* Gravare, pesare, influire: *i. sulle spese*; *un'esperienza che ha dolorosamente inciso sul suo animo.* *2* (*fis.*) Giungere, pervenire: *il fascio di luce incide su uno specchio.* *3* (*mat.*) Passare per un medesimo punto.

incìdere (**2**) [vc. dotta, lat. *incīdere* 'tagliare in, incidere, intagliare', comp. di *in-* 'dentro' e *cǣdere*, termine pop., prob. causativo di *cădere*, di etim. incerta] v. tr. (pass. rem. *io incìṣi, tu incidésti*; part. pass. *incìṣo*) *1* Aprire con un taglio netto: *i. la corteccia di un albero* | †Recidere. *2* (*med.*) Provocare chirurgicamente una dieresi dei tessuti: *i. un ascesso, la cute.* *3* Tagliare in incavo: *i. la pietra, il rame, il legno*; *i. su una lapide un'iscrizione* | *I. in, su marmo*, scolpire | *I. in, su legno*, intagliare | *I. in, su una parete, sulla roccia*, graffire | (*fig.*) Imprimere in modo indelebile: *i. q.c. nella memoria.* *4* Registrare, su appositi materiali e con particolari tecniche, suoni, voci e sim. in modo da poterli poi riprodurre: *i. una canzone, un disco* | (*est.*) Eseguire brani musicali perché vengano riprodotti mediante dischi: *quel violinista ha inciso un ricco repertorio concertistico.* *5* (*fig.*) Intaccare, cominciare a consumare: *i. i risparmi, le provviste di riserva.*

incielàre o **incelàre** [comp. di *in-* (*1*) e *cielo*] **A** v. tr. (*io incièlo*) • (*lett.*) Collocare in cielo, in Paradiso. **B** v. intr. pron. • †Salire in cielo.

incignàre [lat. tardo *encaeniāre* 'inaugurare', da *encǣnia*, dal gr. *enkáinia* 'feste dell'inaugurazione', da *kainós* 'nuovo'] v. tr. • (*raro*) Cominciare a usare q.c. di nuovo: *i. un vestito* | *I. la botte, il fiasco*, cominciare a spillarne vino | *I. una pagnotta, un prosciutto*, cominciare a tagliarlo.

†incìgnere • V. *†incingere.*

incìle [vc. dotta, lat. *incīle(m)* 'fossa da condurre acqua, rigagnolo', prob. deriv. di *incīdere* 'incidere (2)'] s. m. • (*idraul.*) Derivazione di un canale da altra corrente.

incimicìre [comp. di *in-* (*1*) e *cimice*] v. intr. e intr. pron. (*io incimicìsco, tu incimicìsci*; aus. *essere*) • (*raro*) Riempirsi di cimici.

incimurrìre [comp. di *in-* (*1*) e *cimurro*] v. intr. (*io incimurrìsco, tu incimurrìsci*; aus. *essere*) • Ammalarsi di cimurro | (*est.*) Raffreddarsi.

incincignàre [da *incignare* con sovrapposizione di *cencio*] v. tr. • (*tosc.*) Sgualcire malamente, ridurre come un cencio.

incineràre [comp. di *in-* (*1*) e *cenere*] v. tr. (*io incìnero*) *1* (*chim.*) Ridurre in cenere sostanze organiche mediante combustione. *2* Cremare: *i. un cadavere.*

incinerazióne s. f. *1* (*chim.*) Operazione dell'incinerare. *2* Pratica funeraria che consiste nel bruciare le spoglie dei defunti e, generalmente, nel conservarne le ceneri in urne dette cinerarie.

†incìngere o **†incìgnere** [vc. dotta, lat. *incĭngere* 'cingere (*cĭngere*) intorno (*in-*)'] **A** v. tr. • Cingere, recingere. **B** v. intr. e intr. pron. • (*lett.*) Diventare gravida: *Alma sdegnosa, / benedetta colei che 'n te s'incinse!* (DANTE *Inf.* VIII, 44-45).

†incinghiàre v. tr. • Cinghiare.

†incinquàrsi [comp. di *in-* (*1*) e *cinque*] v. intr. pron. • Ripetersi cinque volte.

incìnta [vc. dotta, lat. *incĭncta(m)* 'cinta intorno', part. pass. di *incĭngere*, nel senso di 'gravida', adatt. paretimologico di *inciĕnte(m)*, di prob. origine gr.] agg. solo f. • Di donna nel periodo della gravidanza: *essere i. di tre mesi* | *Rimanere i.*, essere fecondata.

†incìnto part. pass. di *†incingere* • (*raro*) Nei sign. del v.

incipiènte [vc. dotta, lat. *incipiĕnte(m)*, part. pres. di *incĭpere* 'cominciare, imprendere', comp. di *in-* raff. e *căpere* 'prendere', di origine indeur.] agg. • Che sta iniziando, che comincia a manifestarsi: *paralisi, calvizie i.* | *Civiltà i.*, non ancora evoluta e sviluppata.

incipit /lat. 'intʃipit/ [vc. lat., propr. 'incomincia (qui)', da *incĭpere*, formato come 'imprendere'] s. m. inv. *1* Voce verbale latina premessa al titolo di un'opera negli antichi manoscritti e stampati. *2* Primi versi di poesia, inizio di brano prosastico o sim.

incipollìre [comp. di *in-* (*1*) e *cipolla*, per l'aspetto] v. intr. (*io incipollìsco, tu incipollìsci*; aus. *essere*) • Rammollirsi e sfaldarsi come una cipolla per l'umidità, detto spec. di legname.

incipriàre [comp. di *in-* (*1*) e *cipria*] **A** v. tr. (*io incìprio*) • Spargere di cipria: *i. il viso, il collo, la parrucca.* **B** v. rifl. • Darsi la cipria.

incipriàto part. pass. di *incipriare*; anche agg. • Nei sign. del v.

inciprignìre [vc. d'origine sconosciuta] **A** v. tr. (*io inciprignìsco, tu inciprignìsci*) • (*raro*) Imitare, esasperare (*anche fig.*): *i. una piaga*; *i. l'umore di qc.* **B** v. intr. e intr. pron. (aus. *essere*) • Inasprirsi (*anche fig.*): *bisogna curare la piaga altrimenti inciprignisce*; *il suo carattere s'è inciprignito.*

incìrca o **in cìrca** [comp. di *in-* e *circa*] avv. • (*raro*) Circa, pressappoco: *ci vorranno due ore i.* | *All'i.*, a un dipresso: *sarà all'i. mezzogiorno.*

incirconcìṣo [vc. dotta, lat. tardo *incircumcīsu(m)*, comp. di *in-* neg. e *circumcīsus* 'circonciso', part. pass. di *circumcīdere* 'circoncidere'] agg. • Non sottoposto al rito religioso della circoncisione, detto, spec. nel linguaggio neotestamentario, dei non Ebrei e (*est.*) dei non Cristiani.

incircoscrittìbile [comp. di *in-* (*3*) e *circoscrittibile*] agg. • Nella teologia scolastica, che non può essere circoscritto in limiti di spazio.

incircoscrìtto [vc. dotta, lat. tardo *incircumscrīptu(m)*, comp. di *in-* neg. e *circumscrīptus* 'circoscritto'] agg. • (*raro*) Che non è circoscritto, che non ha limiti. SIN. Illimitato, infinito.

†incischiàre • V. *cincischiare.*

inciṣióne [vc. dotta, lat. *incisiōne(m)*, da *incīsus* 'inciso'] s. f. *1* Taglio netto praticato su una superficie: *gli alberi presentavano profonde incisioni sulla corteccia.* *2* Arte di disegnare in incavo in una lastra di rame o altro materiale per ricavarne delle riproduzioni a stampa: *i. a bulino, all'acquaforte, all'acquatinta* | (*est.*) Riproduzione così ottenuta. *3* Decorazione di gioielli e scavi per smalti ottenuta con ciappole e bulino. *4* Registrazione del suono su supporti di varia natura, come un disco fonografico, un filo magnetico, un nastro magnetico, una pellicola cinematografica. *5* †Sincope.

inciṣività s. f. • Qualità di ciò che è incisivo (*spec. fig.*). SIN. Efficacia.

inciṣìvo [dal part. pass. di *incidere* (*2*)] **A** agg. *1* Che ha forza e capacità d'incidere, di tagliare | *Dente i.*, a forma di scalpello, che ha prevalente azione di taglio dei cibi, posto a coppie anteriormente in ogni emiarcata dentaria. *2* Nel linguaggio fotografico, nitido: *immagine incisiva.* *3* (*fig.*) Di grande vivezza, precisione, energia: *stile i.*; *parole incisive.* SIN. Efficace, icastico. || **incisivaménte**, avv. In modo incisivo, efficace. **B** s. m. • Dente incisivo. ➡ ILL. p. 367 ANATOMIA UMANA.

incìṣo (**1**) part. pass. di *incidere* (*1*); anche agg. *1* Nei sign. del v. *2* *Contribuente i.*, che sopporta definitivamente l'onere dell'imposta.

incìṣo (**2**) **A** part. pass. di *incidere* (*2*); anche agg. • Nei sign. del v. **B** s. m. *1* Frase o membro di frase che si inserisce in un contesto restandone indipendente | *Per i.*, incidentalmente: *per i. vi faccio notare che non ci rimane molto tempo.* *2* (*mus.*) Piccolo insieme di note costituente il germe di un periodo musicale.

inciṣóre [vc. dotta, lat. tardo *incisōre(m)*, da *incīsus* '(in)tagliato, inciso'] **A** agg. • (*raro*) Che incide e taglia: *denti incisori.* **B** s. m. • Artista o artefice che disegna in incavo lastre metalliche, decora gioielli, fa scavi per smalti con ciappole e bulino, intaglia o scava pietre dure.

inciṣorìa s. f. • Laboratorio dell'incisore.

inciṣòrio agg. • Che riguarda l'incisione, che serve a incidere | *Sala incisoria*, per dissezioni anatomiche.

incistaménto s. m. • (*biol.*) Atto e modo dell'incistarsi.

incistàrsi [comp. di *in-* (*1*) e *cisti*] v. rifl. *1* (*biol.*) Avvolgersi in una cisti, detto di alcuni organismi animali e vegetali in certe fasi del ciclo vitale o per resistere a condizioni ambientali avverse. *2* (*med.*) Formarsi nei tessuti ed avvolgere un corpo estraneo o un processo infiammatorio, detto di un involucro fibroso.

inciṣùra [vc. dotta, lat. tardo *incisūra(m)* 'incisione, taglio', da *incīdere* 'incidere (2)'] s. f. *1* †Incisione. *2* (*anat.*) Incavatura nelle linee di contorno di un organo.

incitàbile [vc. dotta, lat. *incitābile(m)*, da *incitāre* 'incitare'] agg. • Che si può incitare.

incitaménto [vc. dotta, lat. *incitamĕntu(m)*, da *incitāre* 'incitare'] s. m. • Esortazione o stimolo a fare q.c.: *essere d'i. per i giovani.*

incitàre [vc. dotta, lat. *incitāre*, comp. di *in-* 'in, avanti' e *citāre*, freq. ints. di *cīere* 'chiamare', di origine indeur.] v. tr. (*io ìncito* o *incìto*) • Indurre qc. con esortazioni e sim. a fare q.c.: *i. il popolo alla rivolta, i giovani allo studio.* SIN. Esortare, spingere, stimolare.

†incitatìvo agg. • Atto a incitare.

incitatóre [vc. dotta, lat. tardo *incitatōre(m)*, da *incitātus* 'incitato'] agg.; anche s. m. (f. *-trice*) • Che, chi incita: *discorsi incitatori*; *l'i. della sommossa* *è stato arrestato.* SIN. Stimolatore.

†**incitazióne** [vc. dotta, lat. *incitatiōne(m)*, da *incitātus* 'incitato'] s. f. ● Incitamento.

incitrullire [comp. di *in-* (*1*) e *citrullo*] **A** v. tr. (*io incitrullìsco, tu incitrullìsci*) ● Ridurre come un citrullo: *quei continui rumori lo hanno incitrullito.* SIN. Rimbecillire. **B** v. intr. e intr. pron. (aus. *essere*) ● Diventare citrullo: *con gli anni si è incitrullito.*

incittadinàrsi [comp. di *in-* (*1*) e *cittadino*] v. intr. pron. ● Trasferirsi dalla campagna alla città | (*scherz.*) Farsi cittadino, per abitudini e sim.

inciuccàre [comp. di *in-* (*1*) e *ciucca*, nel senso di 'sbornia'] **A** v. tr. (*io inciùcco, tu inciùcchi*) ● (*pop.*) Ubriacare. **B** v. intr. pron. ● Prendere la sbornia.

inciucchìre ● V. *ingiucchire.*

inciuchìre [comp. di *in-* (*1*) e *ciuco*] v. intr. (*io inciuchìsco, tu inciuchìsci*; aus. *essere*) ● Essere o diventare ignorante come un ciuco.

incivettìre [comp. di *in-* (*1*) e *civetta* in senso fig.] v. intr. (*io incivettìsco, tu incivettìsci*; aus. *essere*) *1* Diventare civetta: *è una ragazza che incivettisce ogni giorno di più.* *2* †Imbaldanzirsi.

incivìle [vc. dotta, lat. *incivīle(m)*, comp. di *in-* neg. e *civīlis* 'civile', da *cīvis* 'cittadino', di origine indeur.] **A** agg. *1* Che ha un basso livello di civiltà: *popolazioni incivili* | Che non è conforme alla civiltà e alla giustizia: *leggi, costumi incivili.* SIN. Barbaro, selvaggio. *2* Contrario alle consuetudini sociali: *atto, comportamento i.* | (*est.*) Grossolano, villano, rozzo, screanzato: *gesto e parole incivili.* || **incivilménte**, avv. **B** s. m. e f. ● Chi ignora le più elementari norme dell'educazione e della buona creanza: *comportarsi da i.*; *questi sono modi da i.*

incivilimènto s. m. ● Modo e atto dell'incivilire e dell'incivilirsi.

incivilìre [comp. di *in-* (*1*) e *civile*] **A** v. tr. (*io incivilìsco, tu incivilìsci*) ● Rendere civile: *i. una tribù di barbari* | (*est.*) Rendere più gentile, meno rozzo: *le nuove amicizie lo hanno incivilito*; *i. i costumi.* **B** v. intr. pron. ● Diventare civile: *è un popolo che si è rapidamente incivilito* | (*est.*) Divenire più gentile, meno rozzo: *i suoi modi si inciviliscono di giorno in giorno.*

incivilìto part. pass. di *incivilire*; anche agg. ● Nei sign. del v.

inciviltà [vc. dotta, lat. *incivilitāte(m)*, comp. di *in-* neg. e *civīlitas*, genit. *civilitātis*, da *civīlis* 'civile'] s. f. ● Qualità e condizione di chi, di ciò che è incivile: *l'i. di un popolo, di una legge, di un atto* | (*est.*) Azione incivile: *deturpare i monumenti è un'i.*; *commettere un'i.*

inclassificàbile [comp. di *in-* (*3*) e *classificabile*] agg. *1* Che non si può, non si riesce a classificare: *lavoro, spesa i.* *2* (*fig.*) Pessimo, estremamente scorretto, scadente, tanto da non meritare nemmeno una classificazione: *comportamento, azione i.*; *compito in classe i.*

inclemènte [vc. dotta, lat. *inclemĕnte(m)*, comp. di *in-* neg. e *clēmens*, genit. *clemĕntis* 'clemente'] agg. *1* Che è privo di clemenza e quindi inflessibile, inesorabile: *giudice, sentenza i.* | Aspro, duro: *destino i.* *2* (*fig.*) Di clima troppo freddo e rigido o troppo caldo: *un inverno i.*; *è stato un agosto i.* | Caratterizzato da condizioni meteorologiche non favorevoli: *stagione i.*

inclemènza [vc. dotta, lat. *inclemĕntia(m)*, comp. di *in-* neg. e *clemĕntia* 'clemenza'] s. f. *1* Crudeltà, durezza: *l'i. di un giudice, dei vincitori verso gli sconfitti.* CONTR. Mitezza. *2* (*fig.*) Asprezza, avversità: *l'opera di salvataggio fu ritardata a causa dell'i. del tempo.*

inclinàbile [vc. dotta, lat. *inclinābile(m)*, comp. di *in-* 'su' e un deriv. di *clināre* 'piegare'] agg. ● Che si può inclinare | (*raro, fig.*) Propenso.

inclinaménto o †**inchinaménto** [vc. dotta, lat. *inclinamĕntu(m)*, comp. di *in-* 'su' e un deriv. di *clināre* 'piegare', di origine indeur.] s. m. *1* Atto dell'inclinare o dell'inclinarsi. *2* (*fig.*) †Propensione.

inclinàre o †**inchinàre** [vc. dotta, lat. *inclināre*, comp. di *in-* 'su' e *clināre* 'piegare', di origine indeur.] **A** v. tr. *1* Piegare q.c. obliquamente, dall'alto verso il basso: *i. un recipiente per versarne il contenuto* | †*I. il capo, le orecchie*, (*fig.*) fare attenzione. CONTR. Raddrizzare. *2* (*fig.*) Rendere qc. disposto, propenso a q.c.: *i. un giovane al vizio, agli studi.* **B** v. intr. (aus. *avere*) *1* Pendere, piegare: *il quadro inclina a destra*; *la nave inclina a sinistra.* *2* (*fig.*) Aver abitudine, inclinazione, propensione a q.c.: *inclino a credere alla gente*; *i. agli studi.* **C** v. intr. pron. e †intr. ● V. *inchinare* nel sign. B.

†**inclinatìvo** [vc. dotta, lat. *inclinatīvu(m)*, da *inclināre*] agg. ● Atto a inclinare | *Particella inclinativa*, enclitica.

inclinàto part. pass. di *inclinare*; anche agg. *1* Nei sign. del v. *2* Obliquo, sbieco | *Piano i.*, superficie piana che forma con il piano dell'orizzonte un angolo minore di 90°. *3* (*fig.*) Incline, disposto, propenso: *animo i. al bene.*

inclinazióne [vc. dotta, lat. *inclinatiōne(m)*, da *inclinātus* 'inclinato'] s. f. *1* Pendenza: *i. della strada, di una superficie piana.* *2* (*mat.*) *I. d'una retta, d'un piano*, angolo formato con il piano orizzontale | *I. d'una curva o d'una superficie in un punto*, inclinazione della retta o del piano tangente nel punto | (*fis.*) *I. magnetica*, angolo che l'asse dell'ago calamitato fa con il piano dell'orizzonte di un punto sulla superficie terrestre | (*astron.*) *I. dell'asse di rotazione*, angolo tra l'asse di rotazione di un pianeta ed il piano della sua orbita | *I. dell'orbita*, angolo tra il piano dell'orbita e uno di riferimento | Nel tiro di artiglieria, l'angolo che la bocca da fuoco, puntata, forma con l'orizzonte del pezzo. *3* (*fig.*) Attitudine, disposizione, propensione: *i. al commercio, per il disegno* | *I. alla vita monastica*, vocazione | Tendenza spontanea e naturale: *i. al gioco, allo studio, alla vita solitaria*; *giovommi ... un simile studio a ... assoggettare l'i. al dovere* (GOLDONI) | (*est.*) Moto di affetto, desiderio, interesse, verso qc.: *sentire, avere una profonda i. per qc.* *4* †Declinazione, decadenza.

inclìne [vc. dotta, lat. tardo *inclīne(m)*, comp. di *in-* 'su' e di un deriv. da **clīnus* 'china', da una radice indeur. col senso fondamentale di 'piegare, chinare'] agg. ● Che ha una temporanea o duratura inclinazione per q.c.: *i. alla generosità, alla magnanimità*; *oggi mi sento i. allo studio*; *genti sempre state inclini alle burle e ai detti mordaci* (BACCHELLI). SIN. Disposto, favorevole, propenso.

inclinévole ● V. *inchinevole.*

inclinòmetro [comp. di *inclin(azione)* e *-metro*] s. m. ● Strumento per misurare l'inclinazione di un natante o di un aereo, cioè l'angolo fra l'asse normale e la verticale.

ìnclito [vc. dotta, lat. *ĭnclitu(m)*, arc. *ĭnclutu(m)*, comp. di *in-* raff. e di un deriv. da *clŭere* 'aver fama', di origine indeur.] agg. ● (*lett.*) Illustre, famoso, glorioso: *ove dorme il furor d'inclite gesta* (FOSCOLO). || **inclitaménte**, avv.

inclùdere [vc. dotta, lat. *inclūdere*, comp. di *in-* 'dentro' e *clāudere* 'chiudere'] v. tr. (pass. rem. *io inclùsi, tu includésti*; part. pass. *inclùso*) *1* Chiudere dentro q.c.: *i. una lettera, un foglio in un plico.* SIN. Inserire, introdurre. *2* Comprendere o far entrare in un gruppo, in una totalità e sim.: *i. nella lista, nel novero degli eroi*; *l'hanno incluso fra i membri della giuria.* *3* Implicare, racchiudere: *un fatto che include chiare conseguenze.*

inclusióne [vc. dotta, lat. *inclusiōne(m)*, da *inclūsus* 'incluso'] s. f. *1* Atto, effetto dell'includere. *2* (*miner.*) Corpo estraneo incluso per natura nella pietra preziosa come carbone, mica o altra materia che le toglie la purezza e ne diminuisce il valore. *3* (*mat.*) Relazione intercorrente fra due insiemi, allorché tutti gli elementi del primo fanno parte del secondo | Relazione soddisfacente le proprietà formali dell'inclusione.

†**inclusìva** s. f. ● Atto dell'includere.

†**inclusìve** avv. ● (*raro*) Inclusivamente, con inclusione nel numero: *fino al decimo giorno i.*

inclusive tour /ingl. in'klu:siv tuə*/ [loc. ingl., comp. di *inclusive* 'compreso, incluso' e *tour* 'giro'] loc. sost. m. inv. (pl. ingl. *inclusive tours*) ● Viaggio turistico organizzato da una compagnia di viaggi nel cui prezzo, oltre al trasferimento, sono inclusi alberghi, ristoranti, escursioni e sim.

inclusìvo agg. ● Che comprende, include: *prezzo i. delle spese di trasporto.* || **inclusivaménte**, avv. In modo inclusivo, con inclusione nel numero.

inclùso **A** part. pass. di *includere*; anche agg. ● Nei sign. del v. **B** s. m. ● (*biol.*) *I. citoplasmatico*, ognuno dei microscopici depositi di materiale, di riserva o di rifiuto, presenti nel citoplasma.

incoagulàbile [comp. di *in-* (*3*) e *coagulabile*] agg. ● (*raro*) Che non si coagula: *liquido i.*

incoagulabilità s. f. ● (*raro*) Qualità di ciò che non si coagula.

incoàre [vc. dotta, lat. *incohāre* 'incominciare', di etim. incerta] v. tr. (dif. usato solo all'inf. pres., al part. pass. *incoato* e, raro, nei tempi composti) ● (*dir.*) Incominciare: *i. un processo, un lavoro.*

incoatìvo [vc. dotta, lat. *incohatīvu(m)*, da *incohāre* 'incoare'] agg. ● Che esprime inizio | (*ling.*) *Verbo i.*, che indica l'inizio di un'azione.

incoccàre [comp. di *in-* (*1*) e *cocca* (*3*)] **A** v. tr. (*io incòcco* o *incócco, tu incòcchi* o *incócchi*) *1* Mettere la freccia con la cocca contro la corda dell'arco, per tenderlo. *2* Fermare il filo alla cocca del fuso. *3* (*mar.*) Mettere l'anello del canapo alla cima del pennone, albero o antenna. **B** v. intr. pron. ● (*raro, lett.*) Incepparsi nel parlare.

incoccatùra [da *incoccare*] s. f. ● (*mar.*) Estremità che riceve l'anello o nodo o sim.

incocciàre [comp. di *in-* (*1*) e un deriv. del dial. *coccia* 'testa'] **A** v. tr. (*io incòccio*) *1* (*mar.*) Infilare l'estremità di un cavo e sim. in un anello o sim. *2* (*dial.*) Incontrare qc. o urtare q.c.: *i. un conoscente*; *i. uno spigolo.* **B** v. intr. pron. ● (*fam.*) Ostinarsi, incaponirsi. **C** v. intr. (aus. *essere*) *1* (*centr.*) Incontrare, capitare: *è incocciato male.* *2* (*fam., tosc.*) Impermalirsi, stizzirsi.

incocciatùra [da *incocciare*] s. f. *1* (*fam.*) Ostinazione caparbia, cocciutaggine, testardaggine. *2* (*fam., centr.*) Risentimento, arrabbiatura.

incodardìre [comp. di *in-* (*1*) e *codardo*] v. intr. (*io incodardìsco, tu incodardìsci*; aus. *essere*) ● (*raro*) Diventare codardo.

incoercìbile [comp. di *in-* (*3*) e *coercibile*] agg. *1* (*fis.*) Non comprimibile. *2* Che non si può costringere, coartare: *pensiero, coscienza i.* *3* Che non si può impedire o reprimere: *vitalità, slancio i.* | *Vomito i.*, inarrestabile, tipico della gravidanza. || **incoercibilménte**, avv. In modo incoercibile, inarrestabile.

incoercibilità s. f. ● Carattere o qualità di ciò che è incoercibile.

incoerènte [vc. dotta, lat. *incohaerĕnte(m)*, da *in-* neg. e *cohāerens*, genit. *cohaerĕntis*, part. pres. di *cohaerēre*, comp. di *cŭm* 'assieme' e *haerēre* 'aderire', di etim. incerta] agg. *1* Privo di compattezza e coesione, sciolto, non cementato: *terreno, materiali incoerenti.* *2* (*fis.*) Non coerente. *3* (*fig.*) Privo di nessi logici, contraddittorio e incostante: *discorso, condotta, individuo i.* SIN. Illogico, incongruente. || **incoerenteménte**, avv. Senza coerenza, in modo incoerente.

incoerènza s. f. *1* Mancanza di coesione e compattezza: *l'i. dei terreni sabbiosi.* *2* (*fis.*) Mancanza di coerenza. *3* (*fig.*) Mancanza di continuità logica, di armonia o costanza: *l'i. delle sue affermazioni è incredibile* | *I. mentale*, sconnessione, disordine del pensiero. *4* Affermazione, atto e sim. incoerente: *le incoerenze della sua tesi.* SIN. Contraddizione, incongruenza.

incògliere o (*poet.*) †**incòrre** [comp. di *in-* (*1*) e *cogliere*] **A** v. tr. (coniug. come *cogliere*) ● (*raro*) Cogliere di sorpresa: *qui lo incolse disgrazia* | (*raro, lett.*) Afferrare, raggiungere. **B** v. intr. (aus. *essere*) ● Accadere, capitare o sopravvenire impensatamente: *male gliene incolse.*

incògnita [f. sost. di *incognito*] s. f. *1* (*mat.*) Quantità o elemento non noto, che compare in un'equazione o in un problema: *equazione a una, a più incognite.* *2* Evento, fatto o situazione che può avere esito e svolgimento diversi, non sempre prevedibili: *la vita è piena d'incognite* | *È un'i.*, si dice di persona che non si sa come pensi e come possa reagire di fronte a determinate situazioni.

incògnito [vc. dotta, lat. *incŏgnitu(m)*, comp. di *in-* neg. e *cŏgnitus* 'noto', part. pass. di *cognōscere* 'conoscere'] **A** agg. *1* Che è del tutto sconosciuto: *cause incognite*; *per l'incognite contrade / fe' loro scorta e agevolò le strade* (ARIOSTO) | *Autore i.*, ignoto, anonimo. *2* †Ignorante, ignaro. **B** s. m. *1* Condizione o stato di chi tace e vuole mantenere nascosta la propria reale identità: *viaggiare in i.*; *conservare l'i.* *2* Ignoto: *temere l'i.*

incoiàre o †**incroiàre**, **incuoiàre** [comp. di *in-* (*1*) e *c(u)oio*] **A** v. tr. (*io incuòio*) ● (*raro*) Foderare di cuoio. **B** v. intr. e intr. pron. (aus. *essere*) ● (*raro*) Diventare duro come il cuoio.

incola [vc. dotta, lat. *īncola(m)*, comp. di *īn-* 'dentro' e *-cola(m)*, usato solo nei comp., da *cŏlere* 'abitare, coltivare', di origine indeur.] s. m. *1* Nel diritto romano, chi ha domicilio presso una comunità di cui non è originario. *2* †Abitante.

incolàto [vc. dotta, lat. tardo *incolātu(m)*, da *īncola* 'incola'] s. m. *1* Nel diritto romano, situazione giuridica di chi ha eletto il proprio domicilio presso una comunità diversa da quella di origine. *2* †Abitazione.

incollàggio [da *incollare (1)*] s. m. ● In numerose lavorazioni industriali, operazione dell'incollare e relativa tecnica.

incollaménto s. m. ● Atto, effetto dell'incollare e dell'incollarsi.

†**incollanàre** [comp. di *in-* (*1*) e *collana*] v. tr. ● Ornare di collana.

incollàre (**1**) [comp. di *in-* (*1*) e *colla* (*2*)] **A** v. tr. (*io incòllo*) *1* Far aderire mediante colla o materiali simili: *i. tavole, manifesti*; *i. q.c. al muro, sulla carta*. *2* Ricoprire q.c. con uno strato di colla | *I. la carta da stampa*, per impedire che si imbeva d'inchiostro | *I. il feltro*, per fare i cappelli. **B** v. intr. pron. ● Appiccicarsi, attaccarsi per mezzo della colla o in modo simile: *i francobolli si erano incollati al libro*; *le vesti bagnate le si incollavano al corpo*. **C** v. rifl. ● (*fig.*) Tenersi vicinissimo a qc. o q.c., spec. per paura, per cercare protezione e sim.: *il bambino si era incollato alla madre*; *incollarsi al muro durante il temporale*.

incollàre (**2**) [comp. di *in-* (*1*) e *collo* (*1*)] v. tr. (*io incòllo*) ● (*raro*) Mettersi sulle spalle, appoggiarsi sul collo q.c. o qc.

incollàto part. pass. di *incollare*; anche agg. *1* Nei sign. del v. *2* Attaccato, appiccicato | *Spaghetti incollati*, passati di cottura. *3* (*fig.*) Che sta molto vicino a qc. o a q.c. come se non riuscisse a staccarsene: *sta sempre i. davanti al televisore*.

incollatóre [da *incollare* (*1*)] s. m. ● Operaio che incolla.

incollatrice s. f. ● In varie tecnologie, macchina per incollare.

incollatùra (**1**) [da *incollare* (*1*)] s. f. *1* Operazione ed effetto dell'incollare | Punto o superficie incollata. *2* Operazione dell'industria tessile consistente nell'applicare all'ordito una colla, facilmente eliminabile col lavaggio, per aumentare la resistenza dei fili e diminuirne l'attrito durante la tessitura.

incollatùra (**2**) [da *incollare* (*2*)] s. f. *1* Nei cavalli, punto d'attacco del collo alle spalle | Nell'ippica, misura che comprende la lunghezza della testa e del collo di un cavallo, usata per indicare il distacco fra due animali all'arrivo di una gara: *vincere di una, di mezza i.* *2* (*mar.*) Grossezza dei madieri nel mezzo e dove posano sulla chiglia.

incollerìre [comp. di *in-* (*1*) e *collera*] v. intr. e intr. pron. (*io incollerisco, tu incollerisci*; aus. *essere*) ● Montare in collera: *incollerirsi senza un grave motivo*. SIN. Adirarsi, arrabbiarsi.

incollerito part. pass. di *incollerire*; anche agg. ● Nei sign. del v.

incollocàto [comp. di *in-* (*3*) e *collocato*] **A** agg. ● (*bur.*) Detto di lavoratore che l'Ufficio di collocamento non ha avviato al lavoro. **B** s. m. (f. *-a*) ● Lavoratore incollocato.

incolmàbile [comp. di *in-* (*3*) e *colmabile*] agg. ● Che non si può colmare, riempire e sim. (*spec. fig.*): *svantaggio i.*; *lasciare un vuoto i.* | *Distacco i.*, irrecuperabile.

incolonnaménto s. m. ● Atto, effetto dell'incolonnare e dell'incolonnarsi.

incolonnàre [comp. di *in-* (*1*) e *colonna*] **A** v. tr. (*io incolónno*) ● Mettere in colonna: *i. le cifre, una composizione tipografica* | Disporre e far procedere in colonna, spec. i soldati di un reparto o più reparti inquadrati: *i. i prigionieri, le reclute*. **B** v. intr. pron. ● Disporsi in colonna.

incolonnatóre s. m. ● Dispositivo che, sulle macchine per scrivere, facilita l'incolonnamento a sinistra quando si debbano battere liste di nomi o di parole in genere.

incoloràre [comp. di *in-* (*1*) e *colore*] v. intr. e intr. pron. (*io incolóro*; aus. *essere*) ● (*raro, lett.*) Diventare colorito, prender colore.

incolóre o **incolóro**, **incolòro** [fr. *incolore*, dal lat. *incolōre(m)*, comp. di *in-* neg. e *cŏlor*, genit. *colōris*, di origine indeur.] agg. *1* Privo di colore: *sostanza i.*; *l'acqua è i.* *2* (*fig.*) Privo di interesse, vivacità, cambiamenti e sim.: *vita i.*; *giornate incolori* | *Viso i.*, insignificante. SIN. Monotono, scialbo.

incolpàbile (**1**) [da *incolpare*] agg. ● Che si può incolpare: *testimone i. di falso*.

incolpàbile (**2**) [vc. dotta, lat. tardo *inculpābile(m)*, comp. di *in-* neg. e *culpābilis* 'colpevole'] agg. ● (*lett.*) Che è privo di colpa. || **incolpabilménte**, avv. Senza colpa.

incolpabilità s. f. ● (*raro*) Qualità di chi è incolpabile.

incolpaménto s. m. ● (*raro*) Modo e atto d'incolpare.

incolpàre [vc. dotta, lat. tardo *inculpāre*, comp. di *in-* raff. e *culpāre*, da *cŭlpa* 'colpa'] **A** v. tr. (*io incólpo*) ● Considerare, ritenere qc. colpevole di q.c. e addossargliene le responsabilità: *i. qc. di un delitto, degli errori altrui, della rovina di una famiglia*; *i. a ragione, a torto*; *non altrui incolpando che me stesso* (PETRARCA). SIN. Accusare. **B** v. rifl. ● Accusare se stesso: *ci incolpammo della disgrazia*. **C** v. rifl. rec. ● Gettare uno addosso all'altro la colpa di q.c.: *da che li hanno presi, si incolpano a vicenda*. **D** v. intr. (aus. *essere*) ● †Aver colpa.

incolpazióne [vc. dotta, lat. tardo *inculpatiōne(m)*, da *inculpātus* 'incolpato'] s. f. ● (*raro*) Imputazione di colpa.

incolpévole [comp. di *in-* (*3*) e *colpevole*, come il corrisp. lat. tardo *inculpābilis* 'incolpabile (2)'] agg. ● Che è senza colpa. SIN. Innocente. || **incolpevolménte**, avv. (*raro*) In modo incolpevole.

incolpevolézza s. f. ● Mancanza di colpa.

incoltézza [da *incolto* (*1*)] s. f. *1* Condizione di ciò che non è coltivato: *i. del terreno, del paese*. *2* (*fig., lett.*) Rozzezza, ignoranza.

incoltivàbile [comp. di *in-* (*3*) e *coltivabile*] agg. ● Che non è coltivabile, che non può essere coltivato: *un terreno i.*

incólto (**1**) o (*lett.*) **incùlto** [vc. dotta, lat. *incŭltu(m)*, comp. di *in-* neg. e *cŭltus*, part. pass. di *cŏlere* 'abitare, coltivare', di origine indeur.] **A** agg. *1* Che non è coltivato: *terreno, paese i.* *2* (*fig.*) Sciatto, non curato: *barba incolta*; *capelli incolti*. SIN. Trascurato. *3* (*fig.*) Privo di istruzione o di cultura: *uomo i.* | *Ingegno i.*, vivace ma non disciplinato. SIN. Ignorante. || **incoltaménte**, avv. In modo incolto, senza cultura. **B** s. m. ● Terreno che è lasciato brullo, non soggetto a coltivazione.

†**incòlto** (**2**) part. pass. di *incogliere*; anche agg. ● (*raro*) Nei sign. del v.

incòlume [vc. dotta, lat. *incŏlume(m)*, comp. di *in-* ints. e **cŏlumis* col prob. senso di 'salvo'] agg. ● Illeso: *è uscito i. dall'incidente*; *solo due passeggeri sono rimasti incolumi* | Intatto, indenne (*anche fig.*): *la casa uscì i. dal terremoto*; *mantenere i. il proprio onore*.

incolumità [vc. dotta, lat. *incolumitātem*, da *incŏlumis* 'incolume'] s. f. ● Condizione di chi, di ciò che è incolume: *attentare all'i. di qc.*

incombènte **A** part. pres. di *incombere*; anche agg. ● Nei sign. del v. **B** s. m. ● (*raro*) Obbligo o dovere d'ufficio.

incombènza [da *incombere*] s. f. ● Incarico affidato a qc. o ricevuto da qc. per faccende d'una certa importanza: *sbrigare un'i.*; *difficile, triste i.*; *non avevo alcun diritto di lamentarmi per questa i. che m'era affidata* (NIEVO) | *Piccole incombenze*, commissioni di scarso rilievo.

incombenzàre [da *incombenza*] v. tr. (*io incombènzo*) ● (*raro*) Incaricare di un'incombenza.

incómbere [vc. dotta, lat. *incŭmbere*, comp. di *in-* 'sopra' e **cŭmbere* 'giacere', di etim. incerta] v. intr. (*io incómbo*; dif. del part. pass. e dei tempi composti) *1* Essere soprastante, imminente: *l'uragano incombeva sulla regione*. *2* Spettare come ufficio, dovere e sim.: *i compiti che ci incombono* | †*I. in q.c.*, attendervi.

incombriccolàrsi [comp. di *in-* (*1*) e *combriccola*] v. intr. pron. (*io m'incombriccolo*) ● (*raro*) Mettersi in una combriccola: *i. con persone poco raccomandabili*.

incombustìbile [comp. di *in-* (*3*) e *combustibile*] agg. ● Che non è soggetto a combustione: *sostanza i.*

incombustibilità s. f. ● Qualità di ciò che è incombustibile.

incombùsto [comp. di *in-* (*3*) e *combusto*] agg. ● Non combusto.

incominciaménto s. m. ● (*lett.*) Inizio, principio.

incominciàre [comp. di *in* (*1*) e *cominciare*] **A** v. tr. (*io incomìncio*) ● Dare inizio a fare, dire, pensare e sim., q.c.: *i. un viaggio, un discorso, una lezione*. CONTR. Finire, terminare. **B** v. intr. e †intr. pron. (aus. *essere*) ● Avere inizio: *lo spettacolo incomincia tardi*. CONTR. Finire, terminare.

incominciàto **A** part. pass. di *incominciare*; anche agg. ● Nei sign. del v. **B** s. m. ● †Principio, impresa.

incominciatóre agg.; anche s. m. (f. *-trice*) ● Che, chi incomincia q.c. SIN. Iniziatore.

†**incomìncio** [da *incominciare*] s. m. ● Cominciamento.

incommensuràbile [vc. dotta, lat. tardo *incommensurābile(m)*, comp. di *in-* neg. e *commensurābilis* 'commensurabile'] agg. *1* Privo di un adeguato termine di paragone | (*est.*) Che non è possibile misurare, calcolare e sim., perché così grande da eccedere i normali mezzi di valutazione: *una i. quantità di stelle*; *statua di i. bellezza e perfezione*. *2* (*mat.*) Non commensurabile: *grandezze incommensurabili*. || **incommensurabilménte**, avv. In modo incommensurabile; smisuratamente: *incommensurabilmente grande*.

incommensurabilità s. f. *1* Qualità di ciò che è incommensurabile. *2* (*mat.*) Impossibilità di trovare una grandezza che sia sottomultipla di entrambe le grandezze considerate.

incommerciàbile [comp. di *in-* (*3*) e *commerciabile*] agg. ● (*dir.*) Detto di bene che non può essere oggetto di operazioni commerciali: *bene demaniale i.*

incommerciabilità s. f. ● Condizione di ciò che è incommerciabile.

incommestìbile [comp. di *in-* (*3*) e *commestibile*] agg. ● Che non è commestibile, che non si può mangiare: *funghi incommestibili*.

incommutàbile [vc. dotta, lat. *incommutābile(m)*, comp. di *in-* neg. e *commutābilis* 'commutabile'] agg. *1* (*lett.*) Che non muta e non può mutare. *2* Che non si può commutare: *pena, voto i.* || **incommutabilménte**, avv. Senza mutamenti; in modo incommutabile.

incommutabilità [vc. dotta, lat. *incommutabilitāte(m)*, da *incommutābilis* 'incommutabile'] s. f. ● (*raro*) Impossibilità di essere commutato o mutato: *l'i. di una pena, di un bene*.

incomodàre [vc. dotta, lat. *incommodāre*, comp. di *in-* neg. e *commodāre*, da *cŏmmodum* 'comodo'] **A** v. tr. (*io incòmodo*) ● Disturbare, importunare, infastidire: *i. qc. telefonandogli a ore insolite* | *Scusi se l'incomodo*, formula di scusa | *Incomodo?*, disturbo? **B** v. rifl. ● Prendersi incomodo, disturbo, spec. per usare una cortesia, fare un regalo e sim.: *perché vi siete incomodati?* | *Non s'incomodi!*, formula di cortesia con cui si prega l'ospite di restar seduto, di non offrire nulla e sim.

incomodàto part. pass. di *incomodare*; anche agg. *1* Nei sign. del v. *2* Indisposto.

incomodità [vc. dotta, lat. *incommoditāte(m)*, comp. di *in-* neg. e *commŏditas* (V. *comodità*)] s. f. *1* (*raro*) Condizione o stato di ciò che è incomodo; *l'i. di una stanza d'albergo, di una poltrona* | Cosa incomoda. *2* (*raro*) Indisposizione di salute.

incòmodo (**1**) [vc. dotta, lat. *incŏmmodu(m)*, comp. di *in-* neg. e *cŏmmodus* 'comodo'] agg. ● Che è causa di disagio, danno o molestia: *viaggio, letto i.*; *né sia chi stimi le ricchezze se non faticose e incommode a chi non sa bene usarle* (ALBERTI) | *Insetti incomodi*, noiosi | *Ora incomoda*, inopportuna. SIN. Fastidioso, molesto. || **incomodaménte**, avv. In modo scomodo.

incòmodo (**2**) [vc. dotta, lat. *incŏmmodu(m)*, comp. di *in-* neg. e di *cŏmmodum* 'comodo'] s. m. *1* Disagio, disturbo: *recare i. a qc.* | Fastidio, imbarazzo, seccatura: *essere d'i. per qc.* | *Togliere, levare l'i.*, andarsene, dopo aver visitato qc. forse importunamente | *Scusi l'i.*, scusi il disturbo | *Il terzo i.*, chi sopravviene quando e dove due persone vorrebbero star sole. *2* Corrispettivo di servizio prestato: *quant'è il vostro i.?* *3* Disturbo o indisposizione molesta ma non grave: *gli incomodi della vecchiaia*. SIN. Acciacco. || **incomodùccio**, dim.

incomparàbile [vc. dotta, lat. *imcomparābile(m)*, comp. di *in-* neg. e *comparābilis* 'comparabile'] agg. ● Che non si può comparare con niente o nessuno: *bontà, amico i.; di somma e i. continenza* (ARIOSTO). SIN. Impareggiabile, unico. || **incomparabilménte**, †**incomparabileménte**, avv.

incomparabilità s. f. ● Qualità di ciò che è incomparabile.

incompatìbile [comp. di *in-* (3) e *compatibile*] agg. **1** Che non si concilia o non può conciliarsi con q.c.: *violenza e bontà sono i due lati incompatibili del suo carattere* | *Cariche incompatibili*, che non possono essere contemporaneamente ricoperte da una stessa persona. **2** Di ciò che non si può sopportare o tollerare: *si è reso colpevole di una i. negligenza; è un difetto i. in un uomo della sua età*. || **incompatibilménte**, avv.

incompatibilità s. f. **1** Qualità di ciò che è incompatibile: *i. delle premesse con le conseguenze; i. di due colori, di due caratteri* | *I. farmacologica*, antagonismo farmacologico che impedisce la somministrazione contemporanea di certi farmaci | *I. di gruppo sanguigno*, impossibilità di mescolanza tra determinati gruppi sanguigni per agglutinazione dei globuli rossi | *I. materno-fetale*, tra madre con fattore Rh-negativo e feto Rh-positivo. **2** (*dir.*) Condizione per cui due situazioni giuridiche sono tra loro incompatibili.

incompàtto [comp. di *in-* (3) e *compatto*] agg. ● (*raro*) Privo di compattezza (*anche fig.*). || †**incompattaménte**, avv. Senza fermezza e consistenza.

incompenetràbile [comp. di *in-* (3) e *compenetrabile*] agg. ● Impenetrabile.

incompenetrabilità s. f. ● Impenetrabilità.

incompensàbile [comp. di *in-* (3) e *compensabile*] agg. ● (*raro*) Che non è possibile compensare in modo appropriato: *eroismo i.*

incompetènte [comp. di *in-* (3) e *competente*] **A** agg. **1** Che è privo di competenza e di preparazione rispetto a un'arte, scienza e sim. e quindi non può trattarne, parlarne e sim.: *essere i. in materia di pittura* | *Dichiararsi i. in materia*, in quel settore di cui si tratta | (*est.*) Che manca di capacità nel proprio lavoro: *è un tecnico i.* **2** (*dir.*) Che non ha competenza: *organo giudiziario i.; il giudice si è dichiarato i.* **3** (*med.*) Di organo o apparato incapace di svolgere la propria funzione | *Collo uterino i.*, cervice uterina che non è in grado di mantenere il feto all'interno dell'utero e provoca aborto o parto prematuro. || **incompetenteménte**, avv. In modo incompetente, senza competenza. **B** s. m. e f. ● Chi manca di preparazione in una determinata disciplina, argomento e sim.: *sono un i. in medicina; essere un i. in materia di calcio.*

incompetènza s. f. **1** Mancanza di autorità, capacità, cultura e sim. in un determinato settore, l'essere incompetente: *è nota la nostra i. in fatto di musica, di poesia, di sport.* **2** (*dir.*) Inidoneità di un organo giurisdizionale a statuire su una data lite o di un organo amministrativo a emanare un dato atto, per mancanza di competenza.

incompiànto [comp. di *in-* (3) e *compianto*] agg. ● (*lett.*) Di chi muore senza essere compianto.

incompiutézza s. f. ● Caratteristica di ciò che è o resta incompiuto.

incompiùto [comp. di *in-* (3) e *compiuto*] agg. ● Non compiuto, non terminato, non completato: *poesia, sinfonia incompiuta.* || **incompiutaménte**, avv.

incompletézza s. f. ● Caratteristica di ciò che non è completo.

incomplèto [vc. dotta, lat. tardo *inplētu(m)*, comp. di *in-* neg. e *complētus*, part. pass. di *complēre*, comp. di *cŭm* 'con' e *plēre* 'riempire', di origine indeur.] agg. ● Che non è completo in tutte le sue parti: *testo i.; ponte i.; spesa incompleta* | (*zool.*) *Dentatura incompleta*, che manca di uno dei tre tipi di denti | *Metamorfosi incompleta*, tipica di alcuni insetti in cui manca lo stadio di pupa | (*bot.*) *Fiore i.*, che manca di calice o di corolla o di stami o di pistillo | *Stame i.*, che manca di filamento. || **incompletaménte**, avv.

incomportàbile [comp. di *in-* (3) e *comportabile*, nel senso di 'tollerabile'] agg. ● (*raro*) Che non si può sopportare, tollerare: *noia, insolenza i.; parole odiose ed incomportabili* (ALBERTI). || **incomportabilménte**, avv. In modo intollerabile, sconveniente.

†**incomportabilità** s. f. ● L'essere incomportabile.

incompostézza s. f. ● Caratteristica di chi, di ciò che è incomposto.

incompòsto o †**incompòsito** [vc. dotta, lat. *incompŏsitu(m)*, comp. di *in-* neg. e *compŏsitus* 'composto'] agg. **1** Di ciò che è confuso, disordinato, arruffato: *una massa incomposta di oggetti; capelli incomposti* | *Abito i.*, non decoroso né elegante. **2** (*fig.*) Privo di garbo e decoro: *risa incomposte; movimenti incomposti* | *Stile i.*, senza ordine o correttezza | Indecente: *atti incomposti.* **3** †Non composto. || **incompostaménte**, avv.

†**incomprendìbile** [comp. di *in-* (3) e *comprendibile*, come il corrisp. lat. tardo *incomprehensĭbilis* 'incomprensibile'] agg. ● Che non può essere compreso, incluso in q.c.: *attività i. in una categoria particolare.*

incomprensìbile [vc. dotta, lat. tardo *incomprehensĭbile(m)*, comp. di *in-* neg. e *comprehensĭbilis* 'comprensibile'] agg. ● Difficile o impossibile da intendere, capire: *discorsi incomprensibili; mistero i.* | *Uomo i.*, chiuso in sé o le cui azioni sono strane, inesplicabili | (*raro*) Che non si riesce a sentire, distinguere: *suoni incomprensibili.* SIN. Impenetrabile, oscuro. || **incomprensibilménte**, avv.

incomprensibilità s. f. ● Carattere di ciò che è incomprensibile: *i. di un discorso* | *L'i. di Dio*, impossibilità di comprendere Dio nella sua infinita grandezza.

incomprensióne [comp. di *in-* (3) e *comprensione*] s. f. ● Mancanza di comprensione: *i. familiare; soffrire per l'i. dei propri coetanei.*

†**incomprensivaménte** avv. ● Incomprensibilmente.

incompréso [vc. dotta, lat. tardo *incomprehēnsu(m)*, comp. di *in-* neg. e *comprehēnsus* 'compreso'] agg. ● Di chi, di ciò che non è compreso, inteso: *giovane, sacrificio, amore i.* | *Genio i.*, (*iron.*) chi presume altamente di sé, e ritiene che gli altri non lo stimino abbastanza.

incompressìbile [comp. di *in-* (3) e *compressibile*] agg. ● (*fis.*) Che è caratterizzato da incompressibilità.

incompressibilità [comp. di *in-* (3) e *compressibilità*] s. f. ● (*fis.*) Proprietà dei corpi a volume costante che non variano il loro volume qualunque sia l'azione sollecitatrice.

incomprimìbile [comp. di *in-* (3) e *comprimibile*] agg. **1** (*raro*) Incompressibile. **2** (*fig.*) Impossibile o difficile da reprimere o frenare: *l'i. violenza di un sentimento.*

incomprimibilità s. f. ● (*raro*) Caratteristica di ciò che è incomprimibile.

incomputàbile [comp. di *in-* (3) e *computabile*] agg. ● Impossibile a computarsi: *differenze incomputabili* | Che non merita d'essere calcolato: *diminuzione i. di profitti.* || **incomputabilménte**, avv.

incomunicàbile [vc. dotta, lat. tardo *incommunicābile(m)*, comp. di *in-* neg. e *communicābilis* 'comunicabile'] agg. **1** Difficile o impossibile a comunicarsi: *titolo, notizia, sentimento i.* **2** (*raro*) †Che non si può esportare per la sua fragilità. || **incomunicabilménte**, avv.

incomunicabilità s. f. **1** Caratteristica di ciò che è incomunicabile. **2** Impossibilità di stabilire un contatto o una corrispondenza spirituale o ideologica con chi vive accanto a noi.

inconcàre [comp. di *in-* (1) e *conca*] v. tr. (*io incónco, tu incónchi*) ● (*raro*) Mettere nella conca da bucato: *i. i panni.*

inconcepìbile [comp. di *in-* (3) e *concepibile*] agg. ● Di ciò che la mente umana non può concepire, immaginare, pensare e sim., perché contrario al buon senso e alla ragione: *una soluzione del genere è assolutamente i.; stravolto allo spettacolo di quella cosa i.* (PIRANDELLO) | Incredibile, assurdo, inverosimile: *le sue obiezioni sono inconcepibili.* || **inconcepibilménte**, avv.

inconcepibilità s. f. ● Caratteristica di ciò che è inconcepibile.

inconciliàbile [comp. di *in-* (3) e *conciliabile*] agg. ● Impossibile da conciliare: *avversario i.; punti di vista tra loro inconciliabili.* || **inconciliabilménte**, avv.

inconciliabilità s. f. ● Caratteristica di chi, di ciò che è inconciliabile.

inconciliàto [comp. di *in-* (3) e *conciliato*] agg. ● (*lett.*) Che non è conciliato.

†**inconcìnno** [vc. dotta, lat. *inconcĭnnu(m)* 'non in armonia, sconveniente, maldestro', comp. di *in-* neg. e *concĭnnus* 'concinno'] agg. ● (*lett.*) Scomposto, rozzo, disadorno.

inconcludènte [comp. di *in-* (3) e *concludente*] **A** agg. ● Che non conclude o non porta a nessuna conclusione: *discorsi, sforzi inconcludenti* | *Uomo i.*, che non fa niente di buono, di utile. SIN. Irresoluto. || **inconcludenteménte**, avv. **B** s. m. e f. ● Persona incapace o inutile, buono a nulla.

inconcludènza s. f. ● Caratteristica di chi, di ciò che è inconcludente.

inconclùso [comp. di *in-* (3) e *concluso*] agg. ● (*raro*) Privo di conclusione, compiutezza.

inconcùsso [vc. dotta, lat. tardo *inconcŭssu(m)* 'non scosso, fermo', comp. di *in-* neg. e *concŭssus* 'concusso'] agg. ● Che non si può muovere, scuotere o abbattere (*anche fig.*): *fede, onestà inconcussa; principi inconcussi.*

incòndito [vc. dotta, lat. tardo *incŏnditu(m)* 'non riposto, disordinato, rozzo', comp. di *in-* neg. e *cŏnditus* 'còndito'] agg. ● (*lett.*) Disordinato, privo di grazia: *stile i.; que' santi piè ... fermaronsi / al suon della mia voce aspra e incondita* (SANNAZARO).

incondizionàto [comp. di *in-* (3) e *condizionato*] agg. ● Che è privo di limitazioni restrittive e quindi pieno ed assoluto: *approvazione, adesione incondizionata; rifiuto i.* | *Resa incondizionata*, assoluta, senza patti preventivi, a discrezione del nemico. || **incondizionataménte**, avv.

inconfessàbile [comp. di *in-* (3) e *confessabile*] agg. ● Che non si può confessare o rivelare senza provare vergogna: *pensiero i.* | (*est.*) Turpe, vergognoso: *peccato i.* || **inconfessabilménte**, avv.

inconfessàto [comp. di *in-* (3) e *confessato*] agg. ● Detto di ciò che non si è confessato a nessuno e che si è cercato di relegare nel fondo della propria coscienza, per timore, vergogna o altro: *proposito i.; desideri inconfessati.*

inconfèsso [vc. dotta, lat. *inconfĕssu(m)*, comp. di *in-* neg. e *confĕssus* 'confess(at)o'] agg. ● (*raro*) Che non ha confessato: *reo i.*

inconfondìbile [comp. di *in-* (3) e *confondibile*] agg. ● Che non si può confondere o scambiare con altro per le sue stesse caratteristiche: *andatura, stile, voce i.* || **inconfondibilménte**, avv.

inconfortàbile (1) [comp. di *in-* (3) e *confortabile*] agg. ● (*raro*) Che non può ricevere conforto, consolazione: *angoscia, dolore i.*

inconfortàbile (2) [adatt. dell'ingl. *uncomfortable*, comp. di *un-* neg. e *comfortable* 'confortevole, comodo', secondo il senso particolare di *comfort*, dal quale deriva] agg. ● (*raro*) Scomodo.

inconfortévole [comp. di *in-* (3) e *confortevole*] agg. ● Privo di comodità.

inconfutàbile [comp. di *in-* (3) e *confutabile*] agg. ● Che non è possibile dimostrare falso o erroneo: *ragioni, argomenti, accuse inconfutabili.* SIN. Inoppugnabile. || **inconfutabilménte**, avv.

inconfutabilità s. f. ● Caratteristica di ciò che è inconfutabile.

inconfutàto [comp. di *in-* (3) e *confutato*] agg. ● (*raro*) Indiscusso.

incongelàbile [vc. dotta, lat. tardo *incongelābile(m)*, comp. di *in-* neg. e un deriv. di *congelāre* 'congelare'] agg. ● Che non si congela: *sostanza i.*

incongruènte [vc. dotta, lat. *incongruĕnte(m)*, comp. di *in-* neg. e *cŏngruens*, genit. *congruĕntis* 'congruente'] agg. ● Che manca di congruenza o di coerenza logica: *parole incongruenti; risposta i.* SIN. Contraddittorio. || **incongruenteménte**, avv.

incongruènza [vc. dotta, lat. tardo *incongruĕntia(m)*, comp. di *in-* neg. e *congruĕntia* 'congruenza'] s. f. ● Caratteristica di chi, di ciò che è incongruente: *l'i. di un'obiezione, di una persona; questo ... è il principio delle incongruenze ch'io stimo essere tra la Luna e la Terra* (GALILEI) | (*est.*) Ciò che manca di congruenza, di collegamenti logici: *ha esposto una tesi piena di incongruenze.*

incongruità [vc. dotta, lat. tardo *incongruitāte(m)*, della stessa origine e sign. di *incongruĕntia(m)* 'incongruenza'] s. f. ● Caratteristica di ciò che è incongruo.

incòngruo [vc. dotta, lat. tardo *incŏngruu(m)*, comp. di *in-* neg. e *cŏngruus* 'congruo'] **agg.** ● Che non è proporzionato né conveniente: *ricompensa incongrua* | (*raro*) Incoerente: *discorso i.* || **incongruaménte**, **avv.**

inconocchiàre [comp. di *in-* (*1*) e *conocchia*] **v. tr.** (*io inconòcchio, tu inconòcchi*) ● Mettere sulla rocca una conocchia di lino, canapa o cotone da filare.

inconoscìbile [vc. dotta, lat. *incognoscĭbile(m)*, comp. di *in-* neg. e *cognoscĭbilis* 'conoscibile', da *cognōscere* 'conoscere'] **A agg.** *1* Che non si può, non si riesce a conoscere. *2* Nel linguaggio filosofico, detto di tutto ciò che è inaccessibile alle possibilità della conoscenza umana e che pertanto può solo essere oggetto di fede. || **inconoscibilménte**, **avv.** **B** anche **s. m.** nel sign. 2.

inconoscibilità **s. f.** ● Qualità o carattere di ciò che è inconoscibile.

†**inconosciùto** [comp. di *in-* (*3*) e *conosciuto*] **agg.** ● Incognito, sconosciuto: *lasciami omai por ne la terra il piede / e veder questi inconosciuti lidi* (TASSO).

inconsapévole [comp. di *in-* (*3*) e *consapevole*] **agg.** ● Che non è al corrente o non si rende conto di q.c.: *i. del pericolo, del rischio* | *I. di se stesso*, che non ha coscienza di sé. **SIN.** Ignaro. || **inconsapevolménte**, **avv.** In modo inconsapevole, senza sapere q.c.

inconsapevolézza [comp. di *in-* (*3*) e *consapevolezza*] **s. f.** ● Condizione di chi è inconsapevole: *i. delle proprie condizioni fisiche*; *il Nilo / che mi ha visto / nascere e crescere / e ardere d'i.* (UNGARETTI).

incònscio [vc. dotta, lat. tardo *incōnsciu(m)*, comp. di *in-* neg. e *cōnscius* 'conscio'] **A agg.** (**pl. f.** *-sce* o *-scie*) ● Che non è cosciente: *atto, comportamento i.* | †Ignaro. || **inconsciaménte**, **avv.** **B s. m.** solo **sing.** ● (*psicoan.*) Insieme dei processi psichici che non hanno accesso alla coscienza | *I. personale*, nella teoria di C. G. Jung, i contenuti dell'attività mentale un tempo consci, poi dimenticati o rimossi | *I. collettivo*, nella teoria di C. G. Jung, i contenuti dell'attività mentale non derivanti dall'esperienza, ma ereditati dall'individuo.

inconseguènte [vc. dotta, lat. tardo *inconsequĕnte(m)*, comp. di *in-* neg. e *cōnsequens*, genit. *consequĕntis*, part. pres. di *cōnsequi* 'conseguire'] **agg.** ● Di ciò che è privo di legami o nessi logici con quanto precede: *deduzioni inconseguenti* | Di chi è privo di coerenza: *persona i.* || **inconseguenteménte**, **avv.**

inconseguènza [vc. dotta, lat. *inconsequĕntia(m)*, comp. di *in-* neg. e *consequĕntia* 'conseguenza'] **s. f.** ● Mancanza di conseguenza o coerenza: *l'i. di un ragionamento, di un individuo* | (*est.*) Ciò che manca di corrispondenza con quanto precede: *una vita, una teoria piena di inconseguenze.*

inconsideràbile [comp. di *in-* (*3*) e *considerabile*] **agg.** *1* Che non merita considerazione: *obiezione, importanza, cifra i.* **SIN.** Trascurabile. *2* †Che non si può pensare e intendere.

inconsideratézza **s. f.** ● Qualità di chi, di ciò che è inconsiderato: *l'i. giovanile* | Atto inconsiderato: *commettere delle inconsideratezze.* **SIN.** Inavvertenza.

inconsideràto [vc. dotta, lat. *inconsiderātu(m)*, comp. di *in-* neg. e *considerātus*, part. pass. di *considerāre* 'considerare'] **agg.** *1* Di chi non considera o non riflette abbastanza sulle conseguenze dei propri atti e quindi agisce in modo imprudente e temerario: *giovane i.* **SIN.** Inavveduto. *2* Di ciò che è avventato e imprudente: *risposte, parole inconsiderate.* **SIN.** Azzardato, incauto. || **inconsiderataménte**, **avv.** In modo inconsiderato, imprudente; a caso e senza riflettere.

inconsiderazióne [vc. dotta, lat. tardo *inconsiderătiōne(m)*, da *inconsiderātus* 'inconsiderato'] **s. f.** ● (*raro*) Mancanza di riflessione, prudenza e sim.

inconsistènte [comp. di *in-* (*3*) e *consistente*, sul modello del fr. *inconsistant*] **agg.** ● Privo di consistenza e valore, solidità (*anche fig.*): *patrimonio, materiale i.*; *materiali di prova inconsistenti.*

inconsistènza [comp. di *in-* (*3*) e *consistenza*, sul modello del fr. *inconsistance*] **s. f.** ● Caratteristica di ciò che è inconsistente (*anche fig.*).

inconsolàbile [vc. dotta, lat. *inconsolābile(m)*, comp. di *in-* neg. e *consolābilis*, da *consolāri* 'consolare'] **agg.** ● Che non si riesce a consolare, alleviare: *persona, dolore i.* **SIN.** Disperato. || **inconsolabilménte**, **avv.**

inconsolàto [comp. di *in-* (*3*) e *consolato*] **agg.** ● (*raro*) Sconsolato.

inconsonànte [vc. dotta, lat. tardo *inconsonănte(m)*, comp. di *in-* neg. e *cŏnsonans*, genit. *consonăntis*] **agg.** ● (*mus.*) Discordante: *suono i.*

†**inconstànzia** ● V. *incostanza.*

inconsuèto [vc. dotta, lat. tardo *inconsuētu(m)*, comp. di *in-* neg. e *consuētus* 'consueto'] **agg.** *1* Che è fuori delle consuetudini comuni: *fatto i.*; *cerimonia inconsueta.* **SIN.** Insolito, inusitato, strano. *2* (*lett.*) Di persona o cosa non conosciuta o sperimentata. || **inconsuetaménte**, **avv.**

inconsùlto [vc. dotta, lat. *inconsŭltu(m)*, comp. di *in-* neg. e *consŭltus* 'consulto', part. pass. di *consŭlere*] **agg.** ● Che manca di prudenza e riflessione: *atto, moto, gesto i.* | (*est.*) Temerario: *impresa inconsulta.* || **inconsultaménte**, **avv.** In modo sconsiderato o temerario.

inconsumàbile [comp. di *in-* (*3*) e *consumabile*] **agg.** *1* Che non si può consumare: *abito, sacrificio i.* *2* (*dir.*) Di bene suscettibile di un godimento successivo e continuato. *3* †Interminabile.

inconsumàto [vc. dotta, lat. tardo *inconsummătu(m)*, comp. di *in-* neg. e *consummātus*, part. pass. di *consummāre* 'consumare'] **agg.** *1* (*raro, lett.*) Che non si è consumato. *2* (*raro*) Che non si è compiuto.

inconsùnto [vc. dotta, lat. *inconsūmptu(m)*, comp. di *in-* neg. e *consūmptus*, part. pass. di *consūmere* (V. *consunto*)] **agg.** ● (*lett.*) Intatto.

inconsùtile [vc. dotta, lat. eccl. *inconsūtile(m)*, comp. di *in-* neg. e *consūtilis*, da *consūere*, comp. di *cūm* 'insieme' e *sūere* 'cucire', di origine indeur.] **agg.** ● (*lett.*) Privo di cuciture | *Tunica i.*, la veste del Cristo, non cucita, simbolo dell'unità dei Cristiani e dell'umanità redenta.

incontadinàrsi [comp. di *in-* (*1*) e *contadino*] **v. intr. pron.** ● Andare a vivere in campagna abbandonando la città | Divenire contadino nei modi e nelle consuetudini.

incontaminàbile [vc. dotta, lat. crist. *incontaminābile(m)*, comp. di *in-* neg. e *contaminābilis*, da *contamināre* 'contaminare'] **agg.** ● (*lett.*) Che non si può o non si deve contaminare.

incontaminatézza **s. f.** ● (*raro*) Stato di chi o di ciò che è incontaminato.

incontaminàto [vc. dotta, lat. *incontaminātu(m)*, comp. di *in-* neg. e *contaminātus*, part. pass. di *contamināre* 'contaminare'] **agg.** ● Intatto, puro: *nome i.*; *virtù, fama incontaminata.* || **incontaminataménte**, **avv.**

†**incontanènte** o (*raro*) †**contenènte** (**3**), †**incontinènte** (**2**) [vc. dotta, lat. *incontinĕnti* (sottinteso *tĕmpore* 'tempo'), abl. dell'agg. *incŏntinens*, genit. *incontinĕntis* 'che non trattiene, incontinente', comp. di *in-* neg. e *cŏntinens*, part. pres. di *continēre* 'contenere'] **A avv.** ● Senza por tempo in mezzo, subito: *i. intesi e certo fui / che questa era la setta d'i cattivi* (DANTE *Inf.* III, 61-62). **B** nella **loc. cong.** *i. che* ● Appena che (introduce una prop. temp. con il v. all'indic.).

incontemplàbile [vc. dotta, lat. eccl. *incontemplābile(m)*, comp. di *in-* neg. e *contemplābilis* 'contemplabile', da *contemplāre* 'contemplare'] **agg.** ● (*lett.*) Detto di ciò che lo sguardo non può contemplare a lungo.

incontenìbile [comp. di *in-* (*3*) e *contenibile*] **agg.** ● Che non si può limitare, frenare o trattenere: *dolore, felicità i.*

incontentàbile [comp. di *in-* (*3*) e un deriv. del v. *contentare*] **A agg.** ● Difficile o impossibile da accontentare: *ragazza, avidità, desiderio i.* | Molto esigente con gli altri e con se stesso: *professore, artista i.* || **incontentabilménte**, **avv.** **B s. m. e f.** ● Persona incontentabile.

incontentabilità **s. f.** ● Sentimento di chi non si contenta mai: *l'i. di una donna, di un cliente* | Desiderio persistente della perfezione: *l'i. di quel pittore è proverbiale.*

incontestàbile [comp. di *in-* (*3*) e un deriv. del v. *contestare*] **agg.** ● Che non si può contestare: *verità i.*; *prove incontestabili* | (*est.*) Evidente, sicuro: *tuttociò che egli diceva, pareva avesse lo stesso valore i. della sua bellezza* (PIRANDELLO). || **incontestabilménte**, **avv.**

incontestabilità **s. f.** ● Qualità di ciò che è incontestabile.

incontestàto **agg.** ● Che non è stato oggetto di contesa, discussione e sim.: *è un suo i. diritto.*

incontinènte (**1**) [vc. dotta, lat. *incontinĕnte(m)*, comp. di *in-* neg. e *cŏntinens*, genit. *continĕntis*, part. pres. di *continēre* 'contenere'] **A agg.** *1* Incapace di contenersi, frenarsi o imporsi un limite: *persona, lingua i.* **SIN.** Intemperante. *2* (*med.*) Che è affetto da incontinenza || **incontinenteménte**, **avv.** Senza misura. **B s. m. e f.** *1* Persona smodata, intemperante. *2* (*med.*) Chi è affetto da incontinenza.

†**incontinènte** (**2**) ● V. †*incontanente.*

incontinènza [vc. dotta, lat. *incontinĕntia(m)*, comp. di *in-* neg. e *continĕntia*, da *continēre* 'contenere'] **s. f.** *1* Intemperanza, smodatezza: *i. dei desideri, delle passioni* | *Peccati di i.*, peccati che si originano dal disordinato uso degli istinti e dall'immoderata soddisfazione degli appetiti come gola, lussuria, avarizia, prodigalità, ira e accidia. *2* (*med.*) Condizione morbosa in cui viene meno la funzione di chiusura di uno sfintere: *i. fecale* | *I. d'urina*, enuresi.

†**incónto** o **incònto** [vc. dotta, lat. *incŏmptu(m)*, comp. di *in-* neg. e *cŏmptus*, part. pass. di *cŏmere* '(ad)ornare'] **agg.** ● (*lett.*) Disadorno, inelegante.

†**incóntra** ● V. *incontro* (*2*).

incontràre [dal lat. tardo *incŏntra*, comp. di *ĭn* e *cŏntra* 'contro'] **A v. tr.** (*io incóntro*) *1* Trovare davanti a sé, per caso o deliberatamente: *i. un amico per strada, per le scale, alla stazione*; *dobbiamo incontrarlo domani, per affari.* *2* Avere di fronte q.c., a un certo momento e nostro malgrado: *i. pericoli, disagi, morte* | *I. una spesa*, trovarsi nella imprevista necessità di sostenerla | (*est.*) Urtare q.c. scontrandosi (*anche scherz.*): *ha incontrato un pugno, e si è fatto un bel livido!* *3* (*fig.*) Trovare a proprio favore e beneficio: *i. una buona moglie, la lode, la fortuna, il favore di qc.* | *I. il genio, il gusto altrui*, corrispondervi | (*ass.*) Ottenere approvazione, successo, piacere: *libro, musica, tessuto, moda che incontra molto.* *4* †Mettere contro, vicino. *5* (*sport*) Disputare una partita, misurarsi con un avversario, detto di un atleta o di una squadra. *6* (*mar.,raro*) Frenare il movimento di orzata o di poggiata cambiando vivamente la barra del timone, affinché la prua non cambi la direzione voluta. **B v. intr.** (**aus.** *essere*; anche **impers.**, nel sign. 2) *1* Corrispondere, stare sulla medesima direzione: *porte, finestre che incontrano.* *2* (*raro*) Capitare, accadere. **C v. intr. pron.** *1* Imbattersi, incappare in qc.: *incontrarsi in una persona onesta.* *2* (*fig.*) Essere d'accordo con qc. riguardo a idee, gusti e sim.: *incontrarsi nella scelta di q.c., nelle idee politiche.* **SIN.** Coincidere. **D v. rifl. rec.** *1* Vedersi con qc.: *incontriamoci domani al caffè* | (*est.*) Fare conoscenza: *si incontrarono in vacanza.* *2* Azzuffarsi, scontrarsi: *si incontrarono nella piazza del paese.* *3* Confluire, unirsi: *due strade che si incontrano.*

incontràrio [comp. di *in-* (*2*) e *contrario*] **avv.** ● (*fam.*) Solo nella loc. avv. *all'i.*, al contrario, all'opposto, a rovescio, in modo diverso: *fa tutto all'i.*; *ogni cosa mi va all'i.*

incontrastàbile [comp. di *in-* (*3*) e un deriv. di *contrastare*] **agg.** ● Che non si può contrastare o impedire: *avanzata, passo i.* | *Legge, comando i.*, inoppugnabile | *Verità, ragione i.*, indiscutibile | *Destino i.*, ineluttabile. || **incontrastabilménte**, **avv.** Senza possibili contrasti ed opposizioni.

incontrastàto [comp. di *in-* (*3*) e *contrasto*] **agg.** ● Privo di contrasti, opposizioni, difficoltà e sim.: *elezioni incontrastate*; *verità incontrastata* | *Successo i., vittoria incontrastata*, riportata da un atleta o da una squadra senza difficoltà.

incontrista [da *incontro* (*1*)] **s. m. e f.** (**pl. m.** *-i*) *1* (*sport*) Nel pugilato, atleta abile nel portare colpi d'incontro. *2* (*sport*) Nel calcio, mediano avente il compito di contrastare l'azione di qualunque avversario che sia in possesso della palla.

incóntro (**1**) [da *incontrare*] **s. m.** *1* Atto, effetto dell'incontrare o dell'incontrarsi con qc.: *i. piacevole, sgradito, casuale, voluto, inopportuno, imprevisto* | *Fare un brutto i.*, trovare dei malviventi sulla propria strada o una persona che non si desidera incontrare | Riunione, convegno: *i. di ministri, di capi di Stato* | (*raro*) Appuntamento: *mancare all'i.* **2** (*raro, est.*) Ciò che si incontra | Punto in cui due cose si incontrano. **3** Favore, gradimento: *moda di grande, poco i.* **4** (*raro*) Urto | (*raro*) Scontro, spec. armato: *l'i. dei due eserciti fu terribile* | *Colpo d'i.*, nel pugilato, quello portato mentre l'avversario conduce un attacco | (*calcio*) *Mediano d'i.*, mediano d'interdizione. **5** Gara, competizione sportiva: *i. di calcio, di pugilato, di scherma*; *i. internazionale*; *i. triangolare*; *disputare un i.* **6** (*raro, fig.*) Occasione, caso: *i. fortunato, felice* | †Accidente.

incóntro (**2**) o (*poet.*) †**incónta**, †**in cóntro** [dal lat. parl. **incŏntra*, comp. di *in-* raff. e *cŏntra* 'contro'] **A** nella **loc. prep.** *i. a.* **1** Verso, in direzione di (con v. di moto): *andare, farsi, correre i. a qc. per accoglierlo, riceverlo, dargli il benvenuto*; *andare i. alla brutta stagione*; *andare i. a brutte sorprese, a grossi guai, a forti spese*; *andare i. alla morte sorridendo* | *Andare, venire i. a qc.*, (*fig.*) concedergli un aiuto, materiale o morale, cercare di agevolarlo | *Andare, venire i. ai desideri di qc.*, (*fig.*) soddisfarli almeno in parte | (*lett.*) †Con un pron. pers. encl.: *essa incontrogli da tre gradi discese* (BOCCACCIO). **2** Contro (in senso ostile): *mi si fece i. minaccioso* | *Essere i. a qc.*, essergli contrario, avverso | †Nei confronti di: *perché quel popolo è sì empio / incontr'a' miei in ciascuna sua legge?* (DANTE *Inf.* X, 83-84). **3** †Dirimpetto a. **B** avv. **1** (*raro*) Di fronte, dirimpetto: *sono venuti ad abitare proprio qua i.* **2** (*raro, lett.*) Al contrario, invece | (*fam.*) Anche nella loc. avv. *all'i.*, al contrario e †in cambio. **3** †Contro | †Davanti a sé.

incontrollàbile [comp. di *in-* (*3*) e *controllabile*] **agg.** ● Impossibile da controllarsi o verificarsi: *grido i.*; *dicerie incontrollabili.* ‖ **incontrollabilménte**, avv.

incontrollabilità s. f. ● Condizione di ciò che è incontrollabile.

incontrollàto [comp. di *in-* (*3*) e *controllato*] **agg.** ● Privo di controllo: *ira incontrollata* | Non accertato: *voci incontrollate sparsero il panico.* ‖ **incontrollataménte**, avv.

incontrovèrso [vc. dotta, lat. *incontrovĕrsu(m)*, errata lettura di *īn controvĕrsiis* o *sine controvĕrsiis* 'senza controversie'] **agg.** ● Che non si discute, che non è oggetto di obiezioni o critiche: *principi, diritti incontroversi.*

incontrovertìbile [comp. di *in-* (*3*) e *controvertibile*] **agg.** ● Che è impossibile discutere o negare: *sentenza, principio i.* ‖ **incontrovertibilménte**, avv. Senza possibilità di controversia.

incontrovertibilità s. f. ● Qualità di ciò che è incontrovertibile.

inconveniènte [vc. dotta, lat. *inconveniĕnte(m)*, comp. di *in-* neg. e *convĕniens*, genit. *conveniĕntis*, part. pres. di *convenīre* 'convenire'] **A** agg. ● (*raro*) Che manca di convenienza od opportunità, che è contrario ad esse: *risposta i. all'oggetto, alla persona* | (*raro*) Che non è vantaggioso: *prezzo i.* ‖ **inconvenienteménte**, avv. In modo inconveniente; senza convenienza. **B** s. m. ● Avvenimento o circostanza spiacevole, che ostacola, arreca danno, disturbo e sim.: *i. grave, serio, leggero*; *schivare, far nascere un i.* | (*est.*) Svantaggio, elemento negativo: *la tua soluzione presenta un solo i.*

inconveniènza [vc. dotta, lat. tardo *inconveniĕntia(m)*, comp. di *in-* neg. e *conveniĕntia*, da *convĕniens*, genit. *conveniĕntis* 'conveniente'] s. f. ● Carattere di ciò che è inconveniente | Atto che si oppone alla convenienza, all'onestà, alla ragione.

inconvertìbile [vc. dotta, lat. tardo *inconvertĭbile(m)*, comp. di *in-* neg. e *convertĭbilis*, da *convĕrtere* 'convertire'] **agg.** **1** (*raro*) Di persona che non si può convertire al bene. **2** (*econ.*) Detto di una valuta che non può essere convertita in metallo prezioso né in altra valuta | Detto di valori mobiliari che non possono essere convertiti in altri valori mobiliari.

inconvertibilità [vc. dotta, lat. tardo *inconvertibilitāte(m)*, comp. di *in-* neg. e un deriv. di *convertĭbilis*, da *convĕrtere* 'convertire'] s. f. **1** (*raro*) Caratteristica di chi è inconvertibile. **2** (*econ.*) Caratteristica di titoli o valute inconvertibili.

inconvincìbile [vc. dotta, lat. tardo *inconvincĭbile(m)*, comp. di *in-* neg. e un deriv. di *convīncere* 'convincere'] **agg.** **1** Che è impossibile o difficile convincere con ragionamenti. **2** †Invincibile.

incoordinazióne [comp. di *in-* (*3*) e *coordinazione*] s. f. ● Mancanza di coordinazione nei movimenti, nelle azioni e sim. | *I. motoria*, mancanza di armonia nell'esecuzione dei movimenti muscolari.

incoppìre [comp. di *in-* (*1*) e un deriv. di *coppa* (*1*)] v. tr. ● Dare a una lastra metallica per mezzo di stampo o altro arnese una rigonfiatura più o meno regolare.

incoppitùra s. f. ● Atto, effetto dell'incoppire.

incoraggiaménto s. m. ● Modo e atto d'incoraggiare: *parole d'i.* | *Premio d'i.*, in una competizione o gara di qualsiasi tipo, quello assegnato ai non vincitori meritevoli di menzione per indurli a persistere nella loro attività.

incoraggiànte part. pres. di *incoraggiare*; anche agg. ● Nei sign. del v.

incoraggiàre [comp. di *in-* (*1*) e *coraggio*] **A** v. tr. (*io incoràggio*) **1** Incitare qc. infondendogli coraggio e dandogli conforto: *i. un timoroso, le truppe all'assalto* | (*est.*) Indurre a q.c. di negativo: *le cattive letture incoraggiano al male i giovani.* **2** Promuovere, secondare, favorire: *i. nuovi tentativi diplomatici.* **B** v. intr. pron. e †intr. ● Prendere coraggio: *incoraggiarsi al proseguimento di un'impresa.*

incoraggiatóre s. m.; anche agg. (f. *-trice*) ● (*raro*) Chi, che incoraggia.

incoràre o **incuoràre** [comp. di *in-* (*1*) e *c(u)ore*, nel senso di 'animo, coraggio'] **A** v. tr. (*io incuòro*, o *incòro*; in tutta la coniug. la *o* dittonga preferibilmente in *uo* se tonica) ● (*lett.*) Incoraggiare, confortare. **B** v. rifl. ● Incoraggiarsi.

incordaménto s. m. ● (*raro*) Incordatura.

incordàre [comp. di *in-* (*1*) e *corda*] **A** v. tr. (*io incòrdo*) ● Fornire della o delle corde: *i. l'arco, il mandolino* | †Legare con una o più corde. **B** v. intr. pron. ● Divenire rigido come una corda: *mi si è incordato un muscolo.*

incordatùra s. f. **1** Atto, effetto dell'incordare e dell'incordarsi. **2** (*mus.*) Insieme delle corde di uno strumento musicale. **3** (*est.*) Insieme delle corde di una racchetta da tennis. **4** (*med.*) Difficoltà di flessione muscolare.

incordazióne s. f. ● (*raro*) Incordatura.

incordonàre [comp. di *in-* (*1*) e *cordone*] v. tr. (*io incordóno*) ● (*mar.*) Impiombare.

incordonàto part. pass. di *incordonare*; anche agg. ● Nel sign. del v.

incornàre [comp. di *in-* (*1*) e *corna*] **A** v. tr. (*io incòrno*) **1** Colpire con le corna: *il toro incornò il torero.* **2** (*raro*) Afferrare e tenere per le corna un bovino. **3** (*fig., pop.*) Tradire il proprio coniuge. **4** (*scherz.*) †Dileggiare. **B** v. intr. pron. ● (*fig., fam.*) Ostinarsi.

incornàta s. f. ● Atto, effetto dell'incornare, detto spec. del toro.

incornatùra [da *incornare* nel sign. B] s. f. **1** Ostinazione. **2** (*fig.*) Indole.

incorniciàre [comp. di *in-* (*1*) e *cornice*] v. tr. (*io incornìcio*) **1** Mettere in cornice: *i. un quadro, una stampa* | In tipografia, racchiudere con uno speciale filetto detto cornice. **2** (*fig.*) Ornare qc. come una cornice: *i lunghi capelli le incorniciavano il viso.*

incorniciàto part. pass. di *incorniciare*; anche agg. ● Nei sign. del v.

incorniciatùra s. f. **1** Atto, effetto dell'incorniciare: *provvedere all'i. di un dipinto.* **2** Cornice (*anche fig.*): *i. elegante.*

incoronaménto s. m. ● Modo e atto di incoronare.

incoronàre [comp. di *in-* (*1*) e *corona*] v. tr. (*io incoróno*) **1** Cingere qc. solennemente di corona, investendolo della dignità regale o imperiale: *incoronarono il principe con gran fasto* | (*est.*) Inghirlandare: *gli antichi usavano i. le vittime prima di sacrificarle*; *i. un poeta d'alloro.* **2** (*fig.*) Attribuire un merito, una dignità: *questa lirica basterebbe da sola a incoronarlo poeta.* **3** (*fig.*) Cingere come una corona: *le torri e le mura incoronano la città* | (*fig.*) *I. il marito, la moglie*, tradirli. **4** (*mus.*) Mettere il punto coronato.

incoronàta s. f. ● (*mus.*) Punto coronato sopra una nota.

incoronàto part. pass. di *incoronare*; anche agg. ● Nei sign. del v.

incoronazióne s. f. ● Cerimonia solenne nella quale un sovrano o un pontefice è investito della sua dignità mediante l'imposizione della corona o della tiara, simboli del potere.

incorporàbile [vc. dotta, lat. tardo *incorporābile(m)*, comp. di *in-* (*1*) e un deriv. di *cŏrpus* 'corpo', di etim. incerta] **agg.** **1** Che si può incorporare a o in q.c. **2** †Incorporeo.

incorporàle [vc. dotta, lat. tardo *incorporāle(m)*, comp. di *in-* neg. e *corporālis* 'corporale'] **agg.** **1** (*raro*) Incorporeo. **2** (*dir.*) Detto di ogni creazione dello spirito umano, che appartiene a titolo originario a chi l'ha prodotta: *beni incorporali*; *cosa i.* ‖ †**incorporalménte**, avv. Incorporeamente.

incorporaménto s. m. ● Modo e atto dell'incorporare e dell'incorporarsi.

incorporànte part. pres. di *incorporare*; anche agg. **1** Nei sign. del v. **2** (*ling.*) *Lingue incorporanti*, che uniscono strettamente gli elementi della frase in una espressione unica.

incorporàre [vc. dotta, lat. tardo *incorporāre*, comp. di *in-* 'dentro' e *corporāre* 'dare un corpo', da *cŏrpus*, di etim. incerta] **A** v. tr. (*io incòrporo*) **1** Mescolare due o più elementi in modo da formare una sola massa, con caratteristiche proprie: *incorporando l'acqua col sale e la farina si ottiene una pasta*; *i. le uova e il burro nello zucchero.* **2** (*fig.*) Immettere in un corpo, organismo, raggruppamento e sim., più vasto: *i. una provincia in un regno, un piccolo comune in una grande città, le leggi vecchie nel nuovo codice, le reclute in un reggimento.* SIN. Includere. **3** Assorbire, assimilare, ritenere (*anche fig.*): *i. una società*; *la calce incorpora acqua*; *i. un profumo* | (*scherz.*) Ingollare: *ha incorporato una quantità di vino.* **4** (*mil.*) Assumere a ruolo in un corpo o reparto le reclute assegnate. **B** v. rifl. rec. ● Unirsi in modo da formare un tutto omogeneo (*anche fig.*): *sostanze che si sono incorporate*; *i due Stati si incorporarono mediante plebiscito.* **C** v. intr. pron. ● †Incarnarsi.

incorporatóre agg.; anche s. m. (f. *-trice*) ● Che, chi incorpora.

incorporazióne [vc. dotta, lat. *incorporatiōne(m)*, da *incorporātus* 'incorporato'] s. f. **1** Atto, effetto dell'incorporare o dell'incorporarsi (*anche fig.*): *i. di una provincia* | *I. di società*, fusione attuata mediante assorbimento di una società da parte di un'altra | *I. tra Stati*, estinzione di uno Stato il cui popolo e il cui territorio, già sottoposti alla sua sovranità, passano sotto il dominio di uno o più Stati preesistenti. **2** †Incameramento, confisca.

incorporeità s. f. ● Qualità di incorporeo: *l'i. di Dio, dello spirito.*

incorpòreo [vc. dotta, lat. tardo *incorpŏreu(m)*, comp. di *in-* neg. e *corpŏreus* 'corporeo', da *cŏrpus*, di etim. incerta] **agg.** ● Che non ha corpo, che è privo di consistenza materiale. ‖ **incorporeaménte**, avv. Senza corpo.

incòrporo [da *incorporare*] s. m. ● Incameramento di beni, rendite e sim.

†**incòrre** ● V. *incogliere.*

incorreggìbile [vc. dotta, lat. tardo *incorrigĭbile(m)*, comp. di *in-* neg. e un deriv. di *corrĭgere* 'correggere'] **agg.** **1** Difficile o impossibile da correggere: *un compito i. per i troppi errori*; *difetto fisico i.* | Che non si riesce a migliorare o emendare: *carattere i.* **2** Incallito, irriducibile: *un giocatore i.* ‖ **incorreggibilménte**, avv.

incorreggibilità s. f. ● Carattere di chi, di ciò che è incorreggibile.

incórrere [vc. dotta, lat. *incŭrrere*, comp. di *in-* 'dentro' e *cŭrrere* 'correre'] **A** v. intr. (coniug. come *correre*; aus. *essere*) **1** Andare a finire, venirsi a trovare in q.c. di spiacevole e spesso di improvviso: *i. in un pericolo, nella censura, nella scomunica.* SIN. Incappare. **2** (*raro*) Procedere rapidamente verso un determinato fine: *una certa passion languidetta, che promette poter facilmente i. e convertirsi in amore* (CASTIGLIONE). **3** (*raro*) Assaltare. **4** †Accadere, capitare, avvenire. **B** v. tr. ● (*raro*) Commettere: *i. un errore* | Subire: *i.*

il biasimo.

incorrettézza [comp. di *in-* (*3*) e *correttezza*] s. f. ● Mancanza di correttezza, spec. nel procedere, nel comportarsi.

incorrètto [vc. dotta, lat. *incorrēctu(m)*, comp. di *in-* neg. e *corrēctus* 'corretto', part. pass. di *corrīgere* 'correggere'] agg. ● Che non ha ricevuto o subìto necessarie correzioni: *bozze, pagine incorrette; stampa incorretta* | *Peccatore i.*, che non si è emendato. || **incorrettaménte**, avv.

incorrezióne s. f. ● Caratteristica di ciò che è incorretto: *l'i. di una lettura.*

†**incorrottìbile** ● V. *incorruttibile.*

†**incorrottibilità** ● V. *incorruttibilità.*

incorrótto [vc. dotta, lat. *incorrŭptu(m)*, comp. di *in-* neg. e *corrŭptus*, part. pass. di *corrŭmpere* 'corrompere'] agg. *1* Che non ha subìto putrefazione, corruzione: *corpo i.*; *salma incorrotta.* SIN. Intatto. *2* (*fig.*) Privo di contaminazioni, depravazioni e sim.: *gioventù, fede incorrotta.* SIN. Puro. *3* (*fig.*) Che non ha subìto subornazioni: *giudice, magistrato i.* || **incorrottaménte**, avv. Con purezza e integrità.

incorruttìbile o †**incorrottìbile** [vc. dotta, lat. eccl. *incorruptĭbile(m)*, comp. di *in-* neg. e *corruptĭbilis* 'corruttibile'] agg. *1* Che non si corrompe o non si sciupa: *legno odoroso e i.*; *bellezza i.* SIN. Inalterabile. *2* (*fig.*) Che non soggiace alla corruzione: *giudice i.*; *soltanto una terrazza ... ci era vietata dall'i. custodia di Gregorio* (NIEVO) | *Fede i.*, inalterabile. || **incorruttibilménte**, avv.

incorruttibilità o †**incorrottibilità** [vc. dotta, lat. eccl. *incorruptibilitāte(m)*, comp. di *in-* neg. e *corruptibĭlitas*, da *corruptĭbilis* 'corruttibile'] s. f. ● Qualità di chi, di ciò che è incorruttibile.

incorsàre [vc. dotta, lat. *incursāre*, comp. di *in-* 'contro' e *cursāre*, freq. di *cŭrrere* 'correre'] v. tr. (*io incórso*) ● (*tess.*) Far passare i fili di ordito nelle maglie dei licci.

incorsatóio [da *incorsare* nel senso di '(s)correre dentro'] s. m. ● Pialla munita di due ferri, usata per il taglio degli incastri a tenone e a mortasa.

incorsatóre s. m. (f. *-trice*) ● Operaio tessile addetto all'incorsatura.

incorsatùra s. f. ● (*tess.*) Operazione dell'incorsare.

incórso (*1*) part. pass. di *incorrere*; anche agg. ● Nei sign. del v.

†**incórso** (*2*) [vc. dotta, lat. *incŭrsu(m)*, propriamente part. pass. di *incŭrrere* 'correre (*cŭrrere*) sopra (*in-*)' il territorio nemico] s. m. ● Incursione.

incortinàre [comp. di *in-* (*1*) e *cortina*] v. tr. ● (*raro*) Circondare con, di cortine: *i. le finestre, il letto.*

incosciènte [comp. di *in-* (*3*) e *cosciente*] **A** agg. *1* Privo di coscienza: *rimanere i. per uno svenimento.* *2* Di fenomeno non avvertito dalla coscienza: *impulso i.* SIN. Inconscio. *3* Di chi agisce senza consapevolezza delle proprie azioni e delle loro conseguenze: *automobilista, ragazzo i.* SIN. Irresponsabile. || **incoscientementé**, avv. **B** s. m. e f. ● Persona che agisce senza pensare a ciò che fa o alle conseguenze dei propri atti: *comportarsi, agire da i.* SIN. Irresponsabile.

incosciènza [vc. dotta, lat. tardo *inconsciĕntia(m)*, comp. di *in-* neg. e *consciĕntia* 'coscienza'] s. f. *1* Stato di chi, per qualche ragione, perde i sensi: *uscire dall'i.* *2* Mancanza di coscienza circa le proprie azioni, insensibilità morale: *la tua i. supera i limiti del sopportabile* | (*est.*) Atto, comportamento da incosciente.

†**incospìcuo** [vc. dotta, lat. tardo *inconspĭcuu(m)*, comp. di *in-* neg. e *conspĭcuus* 'cospicuo'] agg. ● Poco appariscente: *astro i.*

incostànte [vc. dotta, lat. *inconstănte(m)*, comp. di *in-* neg. e *cōnstans*, genit. *constăntis* 'costante'] **A** agg. ● Variabile, disuguale: *durata i.* | Mutevole, instabile: *stagione, indole i.* | Volubile: *un giovane i.* || **incostanteménte**, avv. In modo incostante, mutevole. **B** s. m. e f. ● Persona volubile e leggera: *io, lascio un i.*; / *tu, perdi un cor sincero* (METASTASIO).

incostànza o †**inconstànzia** [vc. dotta, lat. *inconstăntia(m)*, comp. di *in-* neg. e *constăntia* 'costanza'] s. f. ● Instabilità, volubilità, leggerezza, variabilità: *l'i. della stagione, dei propositi di qc., della fortuna; o incostanzia de le umane cose* (PETRARCA).

incostituzionàle [comp. di *in-* (*3*) e *costituzionale*, sul tipo del corrispondente fr. *inconstitutionnel*] agg. ● Detto di norma contraria a una specifica disposizione o a un principio della Costituzione. || **incostituzionalménte**, avv.

incostituzionalità s. f. ● Condizione di ciò che è incostituzionale: *i. di una norma.*

†**incòstro** ● V. *inchiostro.*

incòtto part. pass. di *incuocere*; anche agg. ● (*raro*) Nei sign. del v.

incravattàre [comp. di *in-* (*1*) e *cravatta*] v. tr. ● Fornire qc. di cravatta.

incravattàto part. pass. di *incravattare*; anche agg. *1* Nel sign. del v. *2* (*scherz.*) Di uomo vestito impeccabilmente, elegante in modo eccessivo: *apparve lustro e i. sulla soglia.*

increànza [comp. di *in-* (*3*) e *creanza*] s. f. ● Mancanza di creanza, di educazione: *trattare qc. con i.*

increàto [vc. dotta, lat. tardo *increātu(m)*, comp. di *in-* neg. e *creātus* 'creato (1)'] agg. ● (*lett.*) Non creato, detto della natura divina.

incredìbile [vc. dotta, lat. *incredĭbile(m)*, comp. di *in-* neg. e *credĭbilis*, da *crēdere* 'credere'] agg. ● Difficile o impossibile a credersi: *storia i. ma vera; ricchezza, impresa, crudeltà i.* SIN. Assurdo, inconcepibile. || **incredibilménte**, avv.

incredibilità [vc. dotta, lat. tardo *incredibilitāte(m)*, comp. di *in-* neg. e un deriv. di *credĭbilis* 'credibile'] s. f. ● Qualità di ciò che è incredibile: *i. di un racconto.* SIN. Inverosimiglianza.

increditaménto [da *accreditamento*, con cambio di pref.] s. m. ● Accreditamento.

increditàre [da *accreditare*, con cambio di pref.] v. tr. (*io incrédito*) ● (*raro*) Accreditare.

incredulità [vc. dotta, lat. tardo *incredulitāte(m)*, comp. di *in-* neg. e *credŭlitas* 'credulità'] s. f. *1* Mancanza di propensione a credere: *ascoltava il racconto con grande i.* | Scetticismo: *sorriso d'i.* *2* Mancanza di fede religiosa. SIN. Miscredenza.

incrèdulo [vc. dotta, lat. *incrēdulu(m)*, comp. di *in-* neg. e *crēdulus* 'credulo'] **A** agg. *1* Che non crede o crede difficilmente: *spirito i. in, di tutto* | Scettico, sospettoso: *sguardo, sorriso i.* *2* Di chi non ha fede religiosa: *gioventù incredula.* **B** s. m. (f. *-a*) *1* Chi non ha religione o fede. SIN. Miscredente. *2* Chi non ha la fede cristiana, nei riguardi dei credenti di altre religioni.

incrementàle [da *incremento*] agg. ● Relativo a un incremento | (*mat.*) *Rapporto i.*, rapporto fra l'incremento di una funzione e il corrispondente incremento della variabile.

incrementàre [vc. dotta, lat. tardo *incrementāre*, da *incremĕntu(m)* 'incremento'] v. tr. (*io increménto*) ● Sviluppare, rendere prospero o più prospero: *i. l'attività industriale, la ricerca scientifica.*

incrementìvo agg. ● (*raro*) Atto a incrementare.

increménto [vc. dotta, lat. *incremĕntu(m)*, comp. di *in-* 'dentro' e *cremĕntu(m)*, da *crēscere*, di origine indeur.] s. m. *1* Accrescimento, aumento: *i. delle esportazioni, del mercato automobilistico; promuovere l'i. della produzione nazionale* | *I. della popolazione*, in statistica, variazione in più della consistenza di un gruppo demografico. *2* (*ling.*) Accrescimento di una parola per mezzo di suffissi e desinenze. *3* (*mat.*) Differenza fra un valore generico e un valore fissato di una quantità variabile.

†**increpàre** [vc. dotta, lat. *increpāre*, comp. di *in-* 'contro' e *crepāre* 'brontolare'] v. tr. ● Sgridare, rimbrottare.

†**increpóre** [da *increpare*] s. m. ● Stizza, dispetto.

incréscere [vc. dotta, lat. *incrēscere*, comp. di *in-* 'sopra, oltre' e *crēscere* 'aumentare'] v. intr. (coniug. come *crescere*; aus. *essere*) ● (*lett.*) Rincrescere, dispiacere.

increscévole agg. ● (*raro*) Increscioso. || **increscevolménte**, avv.

incresciόso [da *increscere*] agg. ● Che causa noia o spiacevoli inconvenienti: *argomento, lavoro i.*; *situazione, faccenda incresciosa.* || **incresciosaménte**, avv.

increspaménto s. m. ● Modo e atto dell'increspare e dell'incresparsi.

increspàre [vc. dotta, lat. *incrispāre*, comp. di *in-* 'dentro' e *crispāre*, da *crīspus* 'crespo'] **A** v. tr. (*io incréspo*) ● Fare o rendere crespo, ridurre in crespe: *i. i capelli, un tessuto; il vento increspa il mare* | *I. la fronte*, corrugarla | *I. la pelle*, renderla grinzosa | *I. la bocca*, storcerla per disgusto. **B** v. intr. pron. ● Diventare crespo, ridursi a crespe: *quando le frutta avvizziscono la loro buccia s'increspa; il lago s'increspava per la brezza.* SIN. Raggrinzare, corrugarsi.

increspàto part. pass. di *increspare*; anche agg. ● Nei sign. del v.

increspatóre s. m. (f. *-trice* nel sign. 1) *1* Operaio addetto alla fabbricazione della carta increspata. *2* Congegno accessorio della macchina da cucire per fare crespe.

increspatùra s. f. *1* Atto, effetto dell'increspare o dell'incresparsi. *2* Crespa, o insieme di crespe, spec. nei lavori di cucito: *una camicetta ornata d'increspature.*

incretiniménto s. m. ● Modo e atto dell'incretinire e dell'incretinirsi.

incretinìre [comp. di *in-* (*1*) e *cretino*] **A** v. tr. (*io incretinìsco, tu incretinìsci*) ● Rendere cretino, incapace di connettere: *caldo, fatica, chiacchierio che incretinisce.* SIN. Rimbecillire, rincitrullire. **B** v. intr. e intr. pron. (aus. *essere*) ● Rimbecillirsi, rincitrullirsi: *col troppo lavoro ci siamo incretiniti.*

incretinìto part. pass. di *incretinire*; anche agg. ● Nei sign. del v.

incrèto [vc. dotta, lat. *incrētu(m)*, part. pass. di *incĕrnere*, da *cĕrnere* 'passare al setaccio', con *in-* raff.] s. m. ● (*fisiol.*) Prodotto elaborato dalle ghiandole a secrezione interna.

incriminàbile agg. ● Che si può incriminare.

incriminàre [comp. di *in-* (*1*) e †*criminare*] v. tr. (*io incrìmino*) ● (*dir.*) Accusare qc., in giudizio, di un reato.

incriminàto part. pass. di *incriminare*; anche agg. *1* Nei sign. del v. *2* Che è servito per commettere un reato: *arma incriminata; frase incriminata.*

incriminazióne [vc. dotta, lat. tardo *incriminatiōne(m)* 'mancanza di materia d'accusa', comp. di *in-* illativo e *criminātio*, da *criminātus*, part. pass. di *crimināre*, da *crīmen*, genit. *crīminis* 'delitto, crimine'] s. f. ● Atto, effetto dell'incriminare: *i. di un teste.*

incrinàre [comp. di *in-* (*1*) e *crena* 'spaccatura, fessura', con sovrapposizione di *inclinare*] **A** v. tr. *1* Fendere un oggetto fragile con una crepa sottile ma profonda, tale da provocarne la rottura: *i. un vetro, uno specchio, una terracotta.* *2* (*fig.*) Danneggiare, compromettere, guastare: *il loro comportamento sta incrinando i nostri rapporti.* **B** v. intr. pron. *1* Fendersi, aprirsi in fessure: *il muro si incrina per il gelo; odo schianti fievoli come di legno che si risenta, di vetro che s'incrini* (D'ANNUNZIO). *2* (*fig.*) Guastarsi, spec. per difficoltà apparentemente superficiali: *la loro amicizia s'è irrimediabilmente incrinata.*

incrinàto part. pass. di *incrinare*; anche agg. ● Nei sign. del v.

incrinatùra [da *incrinare*] s. f. *1* Crepa sottile ma profonda in un oggetto, tale da provocarne la rottura. *2* (*fig.*) Guasto nella continuità di un rapporto personale o nella stabilità di istituzioni e sim., apparentemente lieve e superficiale ma in realtà capace di ulteriore e irrimediabile aggravamento: *l'i. nella compagine governativa.*

†**incristallàre** [comp. di *in-* (*1*) e *cristallo*] v. tr. *1* Congelare l'acqua a guisa di cristallo | (*poet.*) Rendere vitreo: *l'acqua corrente e querula incristalla / il ghiaccio* (L. DE' MEDICI). *2* (*raro*) Lavorare cristalli.

incriticàbile [comp. di *in-* (*3*) e *criticabile*] agg. ● (*raro*) Che non si può o non si deve criticare.

incrociaménto s. m. *1* Atto, effetto dell'incrociare e dell'incrociarsi. *2* (*tess.*) Specie di graticolato che formano tra loro i fili della seta innaspata per le varie obliquità dei giri.

incrociàre [comp. di *in-* (*1*) e *croce*] **A** v. tr. (*io incrócio*) *1* Mettere una cosa di traverso a un'altra, quasi come i bracci di una croce: *i. le mani, le gambe* | *I. le braccia*, (*fig.*) astenersi dal lavoro per sciopero | *I. le armi*, (*fig.*) combattere | *I. il ferro, la spada con qc.*, battersi in duello | *I. il fuoco*, disporre i pezzi o le armi in modo che le loro traiettorie si incrocino, aumentando l'efficacia del tiro. *2* Attraversare traversalmente: *la ferrovia incrocia la carrozzabile.* *3* Incontrare un veicolo diretto in senso opposto: *abbiamo incrociato numerosi autotreni.* ***4*** (*biol.*) Accoppiare animali o vegetali appartenenti a specie diverse: *i. due razze di cani, due varietà di rose.* **B** v. intr. (aus. *avere*) • (*mar., aer.*) Navigare o volare in su e in giù nelle diverse direzioni mantenendosi in uno stesso tratto di mare o d'aria: *i. al largo; i. sull'obbiettivo.* **C** v. rifl. rec. ***1*** Attraversarsi o intersecarsi a croce: *in quel punto le strade si incrociano; due rette che si incrociano; i loro sguardi si incrociano* | *I frizzi, le battute si incrociano*, sono rapidamente scambiati tra diverse persone riunite in uno stesso luogo. ***2*** Passare nello stesso tempo in un dato luogo, andando in direzioni opposte: *ci siamo incrociati esattamente davanti alla galleria; i due treni si incroceranno dopo il tunnel.* ***3*** (*biol.*) Accoppiarsi con un individuo di razza diversa: *piante, animali che si sono incrociati.*

incrociàto part. pass. di *incrociare*; anche agg. ***1*** Nei sign. del v. ***2*** *Fuoco i.*, prodotto da armi che sparino in direzione reciproca obliqua | *Parole incrociate*, cruciverba.

incrociatóre [da *incrociare*, in senso mar., secondo il modello del corrispondente fr. *croiseur* (da *croix* 'croce')] s. m. • Nave da guerra molto veloce, molto armata e con protezione minore della corazzata | *I. leggero*, con dislocamento inferiore alle 7 000 tonnellate | *I. da battaglia*, con dislocamento superiore alle 20 000 tonnellate | *I. ausiliario*, nave mercantile armata con cannoni, con equipaggio militare.

incrociatùra s. f. • Atto, effetto dell'incrociare o dell'incrociarsi | Punto in cui avviene l'incrocio.

incrocicchiaménto s. m. • (*raro*) Atto, effetto dell'incrocicchiare e dell'incrocicchiarsi | Crocicchio.

incrocicchiàre [var. di *incrociare* per sovrapposizione di *crocicchio*] **A** v. tr. (*io incrocicchio*) • Incrociare, spec. in modo complicato, cose sottili: *i. corde, fili di ferro* | *I. le dita*, intrecciarle. **B** v. rifl. rec. • Incrociarsi più volte, intrecciarsi.

incrocicchiatùra s. f. • Incrocicchiamento | Punto d'incrocio.

incrócio [da *incrociare*] s. m. ***1*** Atto, effetto dell'incrociare e dell'incrociarsi: *i. di pali, viottoli, travi, treni* | Punto di intersezione, spec. di strade: *hanno messo un semaforo all'i.* ***2*** (*biol.*) Accoppiamento di due animali o di due vegetali appartenenti a specie affini o a sottospecie della stessa specie. SIN. Inbreeding. ***3*** (*ling.*) Nascita di una forma nuova dalla contaminazione di due elementi.

incrodàrsi [comp. di *in* (*1*) e *croda*] v. intr. pron. (*io mi incròdo*) • Nell'alpinismo, venirsi a trovare in parete in una posizione tale da non poter più né salire né scendere. SIN. Arrocciarsi.

†**incroiàre** • V. *incoiare.*

incrollàbile [comp. di *in-* (*3*) e un deriv. del v. *crollare*] agg. ***1*** Che non può rovinare, cadere: *torre, muro, edifcio i.* ***2*** (*fig.*) Che non può essere scosso, smosso: *fede i.* SIN. Fermo, saldo. || **incrollabilménte**, avv.

incrollabilità s. f. • Qualità di ciò che è incrollabile (*anche fig.*).

incrostaménto s. m. • Modo e atto dell'incrostare e dell'incrostarsi | (*est.*) Concrezione.

incrostàre [vc. dotta, lat. *incrustāre*, comp. di *in-* 'in- (1)' e *crūsta* 'crosta'] **A** v. tr. (*io incròsto*) ***1*** Ricoprire come con una crosta: *la salsedine ha incrostato la chiglia del battello* | (*est.*) Otturare o intasare condotti, tubature e sim. con incrostazioni: *il calcare e la ruggine hanno incrostato tutto l'impianto.* ***2*** Fissare per ornamento o rivestimento sulla superficie di un oggetto metalli preziosi, avorio, gemme, pietre dure o altro. **B** v. intr. pron. e intr. (aus. *essere*) • Rivestirsi come di una crosta: *il ferro si incrosta di ruggine; incrostarsi di fango, di sudiciume.*

incrostàto part. pass. di *incrostare*; anche agg. • Nei sign. del v.

incrostatùra s. f. • Incrostazione.

incrostazióne [vc. dotta, lat. tardo *incrustatiōne(m)*, da *incrustātus* 'incrostato'] s. f. ***1*** Formazione di strato o depositi simili a crosta: *bisogna evitare l'i. delle condutture; i. calcarea, salina; i. di tartaro sui denti* | Lo strato stesso: *eliminare le incrostazioni con un acido.* ***2*** Tecnica decorativa per incrostare monili, mobili e sim. | Rivestimento ed ornamento d'oro, argento, avorio, gemme o altro fissato sulla superficie di un oggetto. ***3*** Applicazione di pizzi o altro su abiti e sim.

incrudeliménto s. m. • (*raro*) Modo e atto dell'incrudelire contro qc.

incrudelìre [comp. di *in-* (*1*) e *crudele*] **A** v. tr. (*io incrudelìsco, tu incrudelìsci*) ***1*** (*raro*) Rendere crudele o più crudele. ***2*** †Rendere crudo, non duttile o lavorabile: *i. un metallo, la pietra.* **B** v. intr. (aus. *avere* nel sign. 1, *essere* nel sign. 2) ***1*** Infierire con grande crudeltà: *i. contro i prigionieri, sugli innocenti* | (*fig.*) *La tempesta incrudelisce*, infuria. ***2*** Irritarsi, inasprirsi: *la piaga incrudelisce sempre più; la ferocia dei vincitori incrudelisce; la sete incrudelisce.* **C** v. intr. pron. • (*raro*) Esasperarsi.

incrudiménto [da *incrudire*] s. m. • Proprietà dei metalli di assumere un comportamento quasi perfettamente elastico, quando siano stati precedentemente sollecitati sino al limite di elasticità.

incrudìre [comp. di *in-* (*1*) e *crudo*] **A** v. tr. (*io incrudìsco, tu incrudìsci*) ***1*** Rendere crudo: *l'eccesso di calcare incrudisce l'acqua* | (*fig.*) Rendere aspro: *i. le violenze di parte, la pronuncia; una di quelle offese che il tempo invece di cancellare incrudisce* (SCIASCIA). ***2*** Sottoporre a processo di incrudimento: *i. un metallo.* **B** v. intr. e intr. pron. (aus. *essere*) ***1*** Diventare crudo o più crudo, aspro, doloroso: *il clima, la ferita, l'ansia incrudisce* | (*tosc.*) Rimanere duro, non giungere a cottura, riferito a legumi di cui è stata interrotta l'ebollizione dell'acqua di cottura. ***2*** Nella tecnologia dei materiali metallici, perdere di malleabilità e duttilità.

incruènto [vc. dotta, lat. *incruĕntu(m)*, comp. di *in-* neg. e *cruēntus* 'cruento'] agg. • Che non comporta spargimento di sangue: *vittoria incruenta* | *Battaglia incruenta*, (*scherz.*) polemica, discussione letteraria e sim. || **incruenteménte**, avv.

incrunàre [comp. di *in-* (*1*) e *cruna*] v. tr. • Mettere il filo nella cruna dell'ago.

incrunatùra s. f. • Traccia che la cruna dell'ago lascia nei tessuti perforandoli.

incruscàre [comp. di *in-* (*1*) e *crusca*] **A** v. tr. (*io incrùsco, tu incrùschi*) • Cospargere o riempire di crusca | (*fig., lett.*) *I. uno scritto*, usare parole e costrutti approvati dalla Crusca. **B** v. intr. pron. ***1*** Diventare membro dell'Accademia della Crusca | Seguire nello stile i dettami della Crusca. ***2*** †Perdersi in cose di poco conto.

incubàre [vc. dotta, lat. *incubāre*, comp. di *in-* 'sopra' e *cubāre* 'giacere'] v. tr. (*io incùbo* o *ìncubo*) • Mantenere in incubazione.

incubatóio o **incubatòrio** [da *incubare*] s. m. • Locale, edificio che ospita impianti d'incubazione.

incubatrìce [vc. dotta, lat. tardo *incubatrīce(m)*, da *incubātus*, part. pass. di *incubāre* 'incubare'] s. f. ***1*** Apparecchio che effettua l'incubazione artificiale di uova. ***2*** Piccolo ambiente chiuso, ricoperto di vetro o plastica, a temperatura e umidità costante, in cui i nati prematuri vengono curati durante i primi giorni di vita. ➡ ILL. **medicina e chirurgia**.

incubazióne [vc. dotta, lat. *incubatiōne(m)*, da *incubātus*, part. pass. di *incubāre* 'incubare'] s. f. ***1*** Negli animali ovipari, tempo necessario perché dall'uovo si sviluppi in particolari condizioni il nuovo individuo | Negli uccelli, cova. ***2*** (*med.*) Periodo che intercorre tra il contatto con un agente infettivo e la comparsa dei sintomi della malattia. ***3*** (*fig.*) Periodo in cui un avvenimento importante si va preparando senza ancora manifestarsi: *la crisi costituzionale è da tempo in i.*

ìncube [da *incubo*, sul modello di *succubo - succube*] agg.; anche s. m. e f. • Che, chi esercita su altri un forte potere di suggestione. CONTR. Succube.

ìncubo [vc. dotta, lat. *ĭncubu(m)*, comp. di *in-* 'sopra' e un deriv. da *cubāre* 'giacere', riferito allo spirito maligno che si credeva posarsi sul dormiente] s. m. ***1*** Senso di affanno e di apprensione provocato da sogni che spaventano e angosciano: *incubi notturni* | Il sogno stesso. ***2*** (*fig.*) Pensiero angoscioso che inquieta: *vivere sotto l'i. degli esami* | Persona fastidiosa, quasi opprimente: *da quando è malato è diventato un i.*

incùdine [vc. dotta, lat. tardo *incūdine(m)*, comp. di *in-* 'sopra' e un deriv. da *cūdere* 'battere, pestare', di origine indeur.] s. f. ***1*** Attrezzo del fucinatore formato da un blocco in acciaio con due appendici laterali dette corni, avente lo scopo di resistere agli urti impressi dalla mazza usata per i lavori di fucinatura | (*fig.*) *Essere, trovarsi fra l'i. e il martello*, avere di fronte due alternative ugualmente scomode o pericolose. ***2*** (*anat.*) Uno dei tre ossicini dell'orecchio medio. ➡ ILL. p. 366 ANATOMIA UMANA. || **incudinétta**, dim. || PROV. Dura più l'incudine che il martello.

inculàre [comp. di *in-* (*1*) e *culo*] v. tr. ***1*** (*volg.*) Sodomizzare. ***2*** (*fig.*) Raggirare, imbrogliare.

inculàta s. f. • (*volg.*) Atto, effetto dell'inculare (*anche fig.*).

inculcàre [vc. dotta, lat. *inculcāre*, comp. di *in-* 'dentro' e *calcāre* 'calcare (1)'] v. tr. (*io incùlco, tu incùlchi*) • Imprimere q.c. nella mente o nell'animo di qc. o altro con la persuasione e l'insistenza: *i. il sentimento del dovere, del rispetto altrui* | †*I. istanza*, replicarla.

inculcatóre [vc. dotta, lat. *inculcatōre(m)*, da *inculcātus* 'inculcato'] agg.; anche s. m. (f. *-trice*) • (*raro*) Che, chi inculca.

†**inculcazióne** [vc. dotta, lat. tardo *inculcatiōne(m)*, da *inculcātus*, part. pass. di *inculcāre* 'inculcare'] s. f. • Ripetizione di parole, frasi, lettere: *la moltitudine e inculcazion delle lettere* (TASSO).

incùlto • V. *incolto* (*1*).

incultùra [comp. di *in-* (*3*) e *cultura*] s. f. • Mancanza di cultura.

inculturazióne [da *acculturazione*, con cambio di pref. (*in-* (*1*))] s. f. • (*sociol.*) Processo sociologico e psicologico mediante il quale l'individuo diventa membro della cultura o della società che lo circonda.

incunabolìsta s. m. e f. (pl. m. *-i*) • Studioso, esperto di incunaboli.

incunàbolo o **incunàbulo** [vc. dotta, lat. *incunābula* (nt. pl.), letteralmente 'fasce', comp. di *in-* 'dentro' e *cunābula*, dim. di *cūnae* 'culla'] s. m. ***1*** Libro stampato nel XV sec., quando l'arte della stampa era appena nata. ***2*** (*fig., lett.*; *al pl.*) Le prime testimonianze, le prime origini: *gli incunaboli della letteratura italiana.*

incuneàre [comp. di *in-* (*1*) e *cuneo*] **A** v. tr. (*io incùneo*) • Conficcare e far penetrare q.c. saldamente e profondamente, come un cuneo (*anche fig.*): *i. il braccio della leva sotto il masso.* **B** v. intr. pron. • Penetrare o inserirsi profondamente in q.c. (*anche fig.*): *la lunga trave s'incunea nella parete; il dominio austriaco s'incuneava col Trentino nel Veneto.*

incuòcere [vc. dotta, lat. *incŏquere*, comp. di *in-* 'dentro' e *cŏquere* 'cuocere'] v. tr. (coniug. come *cuocere*) ***1*** (*raro*) Cuocere in modo leggero e superficiale (*anche fig.*). ***2*** Scottare, bruciare, detto dell'azione del gelo sulle piante.

incuoiàre • V. *incoiare.*

incuoràre • V. *incorare.*

incupiménto s. m. • Atto, effetto dell'incupire o dell'incupirsi.

incupìre [comp. di *in-* (*1*) e *cupo*] **A** v. tr. (*io incupìsco, tu incupìsci*) • Rendere cupo, scuro: *è meglio i. leggermente l'azzurro delle pareti* | (*fig.*) Rendere triste, pensieroso: *quella notizia lo ha incupito.* **B** v. intr. e intr. pron. (aus. *essere*) • Divenire cupo o più cupo (*anche fig.*): *il tempo si è incupito; il viso gli si incupì di sdegno.*

incupìto part. pass. di *incupire*; anche agg. • Nei sign. del v.

incuràbile [vc. dotta, lat. tardo *incurābile(m)*, comp. di *in-* neg. e *curābilis* 'curabile', da *cūra*, di etim. incerta] **A** agg. ***1*** Impossibile da curare: *malattia, morbo i.* SIN. Insanabile. ***2*** (*fig.*) Incorreggibile: *vizio, difetto i.* || **incurabilménte**, avv. **B** s. m. e f. • Chi è affetto da malattia incurabile: *ospedale degli incurabili.*

incurabilità s. f. • Condizione di chi, di ciò che è incurabile (*anche fig.*): *i. di un male, di un vizio.*

incurànte [comp. di *in-* (*3*) e del part. pres. di *curare*] agg. • Di chi, per leggerezza o incuria, non si preoccupa di ciò che lo interessa e lo riguarda personalmente: *persona i. della propria salute, del pericolo, delle critiche, del proprio onore.* SIN. Dimentico, disinteressato.

incurànza [da *incurante*] s. f. • Disinteresse,

noncuranza, negligenza.

†**incuràto** [vc. dotta, lat. *incurātu(m)*, comp. di *in-* neg. e *curātus*, part. pass. di *curāre* 'curare'] **agg.** ● Privo di cure, non medicato.

incùria [vc. dotta, lat. *incūria(m)*, comp. di *in-* neg. e un deriv. di *cūra* 'cura'] **s. f.** ● Negligente trascuratezza: *i. nell'adempimento di un dovere* | Sciatteria: *abiti che rivelano una grande i.*

incuriosìre [comp. di *in-* (*1*) e *curioso*] **A v. tr.** (*io incuriosisco, tu incuriosisci*) ● Far diventare curioso: *la vicenda incuriosì il vicinato.* **B v. intr. pron.** ● Diventare curioso, desideroso di sapere: *ci incuriosimmo per quell'accenno misterioso ai fatti accaduti.*

incuriosità (**1**) [comp. di *in-* (*3*) e *curiosità*] **s. f.** ● Mancanza di curiosità, di desiderio di sapere, indagare, conoscere.

incuriosità (**2**) [vc. dotta, lat. *incūriōsĭtās* 'mancanza di cura'] **s. f.** ● Incuria, trascuratezza, negligenza | Apatia.

incuriosìto **part. pass.** di *incuriosire*; anche **agg.** ● Nei sign. del v.

incursióne [vc. dotta, lat. *incursiōne(m)*, comp. di *in-* 'dentro' e un deriv. di *cŭrrere* 'correre'] **s. f.** ***1*** Scorreria o attacco di uomini e mezzi armati, a scopo di guerra, in territorio nemico: *respinsero due incursioni notturne della cavalleria*; *le incursioni aeree erano precedute dal suono della sirena* | (*est.*) Irruzione di ladri, e sim.: *i rapinatori hanno fatto un'i. in banca* | Nel linguaggio sportivo, discesa, attacco degli avanti di una squadra sotto la porta avversaria: *pericolose incursioni.* ***2*** (*fig., fam.*) Inaspettato sopraggiungere di molti ospiti: *abbiamo subito l'i. dei nostri parenti.* ***3*** †Inondazione.

incursóre [da *incursione*, con sovrapposizione di *cursore*] **A agg.** ● Che compie un'incursione. **B s. m.** ● Membro di speciali corpi delle Forze Armate regolari che viene sbarcato da mezzi navali od aerei in territorio nemico od occupato dal nemico, per compiervi atti di guerra non tradizionale.

incurvàbile (**1**) [vc. dotta, lat. tardo *incurvābile(m)*, comp. di *in-* neg. e *curvābilis*, da *curvāre* 'curvare'] **agg.** ● (*raro*) Che non si può curvare.

incurvàbile (**2**) [da *incurvare*] **agg.** ● Che si può incurvare.

incurvaménto **s. m.** ● Atto, effetto dell'incurvare e dell'incurvarsi.

incurvàre [vc. dotta, lat. *incurvāre*, comp. di *in-* raff. e *curvāre*, da *cŭrvus*, di origine indeur.] **A v. tr.** ***1*** Piegare formando una curva: *i. un'asta metallica*; *i. le spalle* | *I. la schiena*, (*fig.*) sottomettersi servilmente. ***2*** (*lett.*) Piegare: *ond'io levai li occhi a' monti / che li 'ncurvaron pria col troppo pondo* (DANTE *Par.* XXV, 38-39). **B v. intr. pron.** ● Farsi, diventare curvo: *il legno si incurva con l'umidità*; *incurvarsi per l'età avanzata.*

incurvàto **part. pass.** di *incurvare*; anche **agg.** ● Nei sign. del v.

incurvatùra **s. f.** ● Atto, effetto dell'incurvare o dell'incurvarsi.

†**incurvazióne** [vc. dotta, lat. tardo *incurvatiōne(m)*, da *incurvātus* 'incurvato'] **s. f.** ● Incurvatura.

incurvìre [comp. di *in-* (*1*) e *curvo*] **A v. tr.** (*io incurvisco, tu incurvisci*) ● (*raro*) Far diventare curva la persona: *gli anni e le fatiche lo hanno incurvito.* **B v. intr.** e **intr. pron.** (aus. *essere*) ● Diventare curvo nella persona.

†**incùrvo** [vc. dotta, lat. *incŭrvu(m)*, comp. di *in-* raff. e *cŭrvus* 'curvo'] **agg.** ● (*lett.*) Curvo: *le man rapaci, e l'ugne incurve e torte* (ARIOSTO).

incùsso **part. pass.** di *incutere* ● Nei sign. del v.

incustodìto [vc. dotta, lat. *incustodītu(m)*, comp. di *in-* neg. e *custodītus*, part. pass. di *custodīre* 'custodire'] **agg.** ● Privo di custodia: *lasciare q.c. incustodita* | *Passaggio a livello i.*, privo di sbarre. **SIN.** Abbandonato, indifeso.

incùtere [vc. dotta, lat. *incŭtere* 'picchiare, scagliare, incutere', comp. di *in-* 'sopra' e un deriv. di *quătere* 'scuotere', di etim. incerta] **v. tr.** (**pass. rem.** *io incùssi, tu incutésti*; **part. pass.** *incùsso*) ● Infondere con forza, quasi scuotendo: *i. timore, spavento, soggezione, rispetto a qc.*

ìndaco o †**ìndico** [lat. *Ĭndicu(m)* 'proprio dell'*India*'] **A s. m.** (**pl.** *-chi*) ***1*** Uno dei sette colori dell'iride tra l'azzurro e il violetto. ***2*** Materia colorante azzurra ottenuta per macerazione delle foglie di alcune indigofere o per sintesi chimica | *Pare che pesi l'i.!*, (*fig.*) di chi pesa q.c. con estrema minuzia, come se si trattasse di materiale prezioso. **B** in funzione di **agg. inv.** ● (posposto al s.) Che ha il colore azzurro cupo proprio dell'indaco: *cielo azzurro i.*; *vestito i.*

indaffaràto [dalla loc. (aver) *da fare* con *in-* (*1*)] **agg.** ● Che ha e si dà molto da fare. **SIN.** Affaccendato.

indagàbile [vc. dotta, lat. *indagābile(m)*, da *indagāre* 'indagare'] **agg.** ● Che si può indagare: *mistero i.*

indagàre [vc. dotta, lat. *indagāre*, da *indāgo*, genit. *indāginis*, comp. del prev. *ind-*, raff. di *in-* illativo, e della radice indeur. *ăg-* 'spingere', perché il sign. originario, proprio della l. dei cacciatori, era 'spingere la selvaggina nei recinti di caccia'] **A v. tr.** (*io indàgo, tu indàghi*) ***1*** Ricercare con attenzione e diligenza: *i. il mistero, le cause, le origini remote, i motivi di q.c.* | Sottoporre a indagine, a inchiesta. ***2*** †Cercare, scoprire, spec. a fiuto, la selvaggina. **B v. intr.** (aus. *avere*) ● Compiere ricerche: *la commissione d'inchiesta indaga sulle cause del sinistro*; *i. intorno ai misteri della natura*; *la polizia indaga.* **SIN.** Investigare.

indagatóre [vc. dotta, lat. *indagatōre(m)*, da *indagātus* 'indagato'] **agg.**; anche **s. m.** (**f.** *-trice*) ● Che, chi indaga, ricerca, scruta: *un attento i. dei fenomeni naturali*; *mi guardava con occhi indagatori.*

†**indagazióne** [vc. dotta, lat. *indagatiōne(m)*, da *indagātus* 'indagato'] **s. f.** ● Indagine: *questa i. ha servito e serve più a essercitare gli ingegni che a trovare la verità* (GUICCIARDINI).

indàgine [vc. dotta, lat. *indāgine(m)*, da *indagāre* 'indagare'] **s. f.** ***1*** Ricerca diligente, sistematica e approfondita: *compiere un'i. per scoprire le cause di un fenomeno* | Studio, analisi: *i. storica, filosofica* | Inchiesta: *l'i. poliziesca è fallita.* ***2*** Investigazione: *le indagini della polizia proseguono.*

indaginóso [da *indagine*] **agg.** ● (*lett., scient.*) Che richiede un'indagine approfondita | Difficile, complicato.

indantrène® [comp. di *ind(aco)* per il suo colore più tipico e *antr(ac)ene*] **s. m.** ● (*chim.*) Nome commerciale di una classe di coloranti artificiali al tino, derivati dall'antrachinone, e caratterizzati da ottima stabilità alla luce, agli agenti atmosferici e ai detergenti.

indantrènico **agg.** (**pl. m.** *-ci*) ● Del, relativo all'indantrene.

indantróne [ingl. *indanthrone*, comp. di *ind(aco)* e *-anthrene* '-antrene', sul modello di *indantrene*, con sostituzione del suff. *-ene* col suff. *-one* (*2*)] **s. m.** ● (*chim.*) Sostanza organica di colore azzurro, molto usata come colorante di grande stabilità.

indàrno [etim. incerta] **A avv.** ● (*lett.*) Invano, inutilmente: *tentare i.*; *lottare i.* **B** in funzione di **agg. inv.** ● Inutile, vano: *essere i.*; *Italia mia, benché 'l parlar sia i.* (PETRARCA).

†**ìnde** ● V. *indi.*

†**indebilìre** ● V. *indebolire.*

indebitaménto **s. m.** ● (*raro*) Atto, effetto dell'indebitarsi | Debito.

indebitàre [comp. di *in-* (*1*) e *debito*] **A v. tr.** (*io indébito*) ● Caricare di debiti: *le spese eccessive lo hanno indebitato.* **B v. rifl.** ● Coprirsi di debiti: *indebitarsi con amici, banche, usurai* | (*fig.*) *Indebitarsi fino ai capelli, fino al collo*, in modo inverosimile.

indebitàto **part. pass.** di *indebitare*; anche **agg.** ● Nei sign. del v.

indébito [vc. dotta, lat. *indēbitu(m)*, comp. di *in-* neg. e *dēbitus* 'dovuto', part. pass. di *debēre* 'dovere'] **A agg.** ● Che non è dovuto in quanto non si fonda su un obbligo regolarmente assunto: *pagamento, esazione indebita* | (*est.*) Immeritato, ingiusto: *onori indebiti*; *accusa, condanna indebita* | Illecito, abusivo: *appropriazione indebita.* || **indebitaménte**, **avv.** Senza che sia dovuto: *esigere indebitamente un tasso*; in modo ingiusto, immeritato, illegittimo: *aggravare indebitamente un'accusa*; *appropriarsi indebitamente di q.c.* **B s. m.** ● Prestazione eseguita nell'erronea convinzione di doverla: *pagamento dell'i.*

indeboliménto **s. m.** ***1*** Atto, effetto dell'indebolire e dell'indebolirsi: *i. della vista, dei muscoli*; *i. organico, psichico.* **CONTR.** Rafforzamento. ***2*** (*ling.*) Passaggio di un suono a un'articolazione meno distinta così da perdere alcuni suoi caratteri. ***3*** (*fot.*) Procedimento con cui viene ridotta la densità di una superficie sensibile sviluppata.

indebolìre o (*poet.*) †**indebilìre** [comp. di *in-* (*1*) e *debole*] **A v. tr.** (*io indebolisco, tu indebolisci*) ● Privare in tutto o in parte della forza, rendere debole o fiacco: *i. i nervi, la vista, i muscoli*; *i. la disciplina, l'autorità, l'esercito, il governo*; *i. una colonna, i pilastri di un portico* | *I. la resistenza del nemico*, fiaccarla. **SIN.** Debilitare, svigorire. **CONTR.** Rafforzare. **B v. intr.** e **intr. pron.** (aus. *essere*) ● Diventare debole: *indebolirsi per una malattia, per il digiuno*; *una famiglia che indebolisce per la discordia.* **SIN.** Deperire, infiacchirsi. **CONTR.** Rafforzarsi.

indebolìto **part. pass.** di *indebolire*; anche **agg.** ● Nei sign. del v.

indecènte [vc. dotta, lat. *indecĕnte(m)*, comp. di *in-* neg. e *dĕcens*, genit. *decĕntis* 'decente'] **agg.** ● Che è contrario, che non si confà alla decenza e al decoro: *discorso, abito i.* | *Prezzo i.*, eccessivo. **SIN.** Sconveniente. || **indecenteménte**, **avv.**

indecènza [vc. dotta, lat. *indecĕntia(m)*, comp. di *in-* neg. e *decĕntia* 'decenza'] **s. f.** ● Mancanza di decenza o di decoro: *non s'era mai vista una simile i.!* (PIRANDELLO) | Comportamento, discorso indecente: *commettere, dire delle indecenze* | Cosa vergognosa o sconveniente: *questo film è un'i.*; *ma che i.!*; *è una vera i.!*

indecidìbile [comp. di *in-* (*3*) e di un deriv. di *decidere*] **agg.** ***1*** Che non può essere deciso. ***2*** (*mat.*) Di proposizione in un sistema logico di cui non è possibile dimostrare né la verità né la falsità.

indecifràbile [comp. di *in-* (*3*) e *decifrabile*] **agg.** ● Difficile o impossibile da decifrare: *scrittura, messaggio i.* | (*fig.*) Che non si riesce a capire, a intendere: *uomo i.* **SIN.** Oscuro.

indecifrabilità **s. f.** ● Qualità di ciò che è indecifrabile.

indecifràto [comp. di *in-* (*3*) e *decifrato*] **agg.** ● (*raro*) Che non è stato decifrato.

indecisióne [comp. di *in-* (*3*) e *decisione*] **s. f.** ● Condizione di chi è indeciso, irresoluto, mancanza di decisione: *perenne, pericolosa i.*; *è stato vittima della propria i.* **SIN.** Dubbio, incertezza, titubanza.

indecìso [comp. di *in-* (*3*) e *deciso*] **agg.** ***1*** Di persona che non sa decidersi, per incertezza o altro: *un uomo i. in tutte le sue azioni.* **SIN.** Irresoluto, perplesso, titubante. ***2*** Che mostra incertezza, titubanza, dubbio: *atteggiamento i.* ***3*** (*fig.*) Incerto, impreciso, sfumato: *tempo i.*; *colori tenui e indecisi*; *situazione indecisa.* ***4*** Di ciò che non ha ricevuto soluzione: *la questione è ancora indecisa.*

indeclinàbile [vc. dotta, lat. *indeclinābile(m)*, comp. di *in-* neg. e *declinābilis* 'declinabile'] **agg.** ***1*** (*ling.*) Detto di parola che non è soggetta a declinazione. ***2*** (*raro*) Che non si può evitare o eludere: *dovere, necessità, obbligo i.* ***3*** †Che non si piega. || **indeclinabilménte**, **avv.**

indeclinabilità **s. f.** ● (*ling.*) Condizione di indeclinabile.

indecomponìbile [comp. di *in-* (*3*) e un deriv. di *decomporre*] **agg.** ***1*** (*mat.*) Che non si può scomporre. ***2*** (*chim.*) Che non si può decomporre.

indecompósto [comp. di *in-* (*3*) e del part. pass. di *decomporre*] **agg.** ● (*chim.*) Che non ha subìto la decomposizione ed è rimasto inalterato.

†**indecòro** [vc. dotta, lat. *indecōru(m)*, comp. di *in-* neg. e *decōrus* 'decoro'] **A agg.** ● Disonorevole, indecente, sconveniente. **B s. m.** ● (*fig.*) Indecenza.

indecoróso [vc. dotta, lat. tardo *indecorōsu(m)*, comp. di *in-* neg. e *decorōsus* 'decoroso'] **agg.** ● Che è privo o contrario al decoro: *azione, lavoro, condotta indecorosa.* **SIN.** Indegno, sconveniente. || **indecorosaménte**, **avv.**

indefèsso [vc. dotta, lat. *indefĕssu(m)*, comp. di *in-* neg. e *defĕssus* 'defesso, stanco'] **agg.** ● Assiduo, instancabile: *lavoro, zelo, studio i.*; *un lavoratore i.* || **indefessaménte**, **avv.** In modo assiduo e infaticabile: *lavorare indefessamente.*

indefettìbile [comp. di *in-* (*3*) e *defettibile*] **agg.** ***1*** Che non è soggetto a venir meno: *le indefettibili necessità della vita.* ***2*** (*lett.*) Che non può patire difetto: *vita, perfezione i.* || **indefettibilménte**, **avv.** (*raro*) In modo indefettibile.

indefettibilità s. f. ● (*lett.*) Qualità di ciò che è indefettibile.

indeficiènte [vc. dotta, lat. eccl. *indeficiĕnte(m)*, comp. di *in-* neg. e *deficiens*, genit. *deficiĕntis* 'deficiente'] agg. ● (*lett.*) Che non viene mai meno, che è costante, continuo e sempre uguale: *ricchezza, amicizia, lealtà, carità i.* || †**indeficienteménte**, avv. In modo costante e inesausto.

indeficiènza [vc. dotta, lat. eccl. *indeficiĕntia(m)*, comp. di *in-* neg. e *deficiĕntia* 'deficienza'] s. f. ● (*raro*) Qualità di ciò che è indeficiente.

indefinìbile [comp. di *in-* (3) e *definibile*] agg. ● Che è difficile o impossibile definire o interpretare con esattezza: *questione i.*; *uomo, carattere i.*; *sentimento, espressione, sorriso i.* || **indefinibilménte**, avv.

indefinibilità s. f. ● Caratteristica di chi, di ciò che è indefinibile.

indefinitézza s. f. ● Carattere di ciò che è indefinito.

indefinìto [vc. dotta, lat. tardo *indefinītu(m)*, comp. di *in-* neg. e *definītus* 'definito'] **A** agg. *1* Indeterminato: *tempo, spazio i.*; *problema i.*; *grandezza indefinita*; *correre per la via, spinto da un'agitazione vaga, indefinita* (SVEVO) | (*ling.*) *Modo i.*, che non ha determinazione di numero e persona | *Aggettivo, pronome i.*, che dà un'indicazione indeterminata o approssimativa. *2* Non risolto: *controversia, questione indefinita.* || **indefinitaménte**, avv. Senza determinazione, limite o limitazioni di sorta. **B** s. m. *1* Ciò che è vago, impreciso, indeterminato: *temere q.c. d'i.* *2* Ciò che, pur essendo finito, è suscettibile di continuo accrescimento.

indeformàbile [comp. di *in-* (3) e *deformabile*] agg. ● Che non si deforma: *tessuto ingualcibile e i.*

indeformabilità s. f. ● Qualità di ciò che è indeformabile.

†**indegnàre** e *deriv.* ● V. *indignare* e *deriv.*

indegnità o †**indignità** [vc. dotta, adatt. del lat. *indignitāte(m)*, comp. di *in-* neg. e *dīgnitas*, genit. *dignitātis* 'dignità'] s. f. *1* Condizione o stato di chi, di ciò che è indegno: *essere destituito, deposto per i.* *2* Azione iniqua, turpe, odiosa e sim.: *è stata un'i. trattarlo in quel modo.*

indégno o (*poet.*) †**indigno** [vc. dotta, adatt. del lat. *indīgnu(m)*, comp. di *in-* neg. e *dīgnus* 'degno'] **A** agg. *1* Che non è degno di q.c. o qc., che non merita q.c. o qc.: *essere i. della considerazione, della stima, dell'affetto degli altri*; *quell'uomo è i. di lei* | Degenere: *figlio i.*; *è i. della famiglia da cui proviene* | (*ass.*) Spregevole, turpe, abietto: *un i. individuo*; *è una persona veramente indegna.* *2* Detto di cosa, che rappresenta un avvilimento morale per la persona, o le persone, da cui proviene: *queste parole sono indegne di te*; *sono atti indegni di un popolo civile* | Iniquo, vergognoso, che merita biasimo: *frasi, calunnie indegne*; *è un'accusa indegna!* | (*pleon.*) *Lavoro i.*, fatto molto male. *3* †Sprezzante, sdegnoso. || **indegnaménte**, avv. Senza merito o colpa: *essere indegnamente accusati*; in modo indegno, biasimevole: *governare indegnamente un paese.* **B** agg.; anche s. m. (f. *-a*) ● (*dir.*) Chi è escluso per legge da una successione o donazione, quando abbia commesso gravi atti contro la persona del defunto o del donante.

indeiscènte [comp. di *in-* (3) e *deiscente*] agg. ● (*bot.*) Detto di frutto che non si apre a maturità per lasciar uscire i semi. CONTR. Deiscente.

indeiscènza s. f. ● (*bot.*) Caratteristica dei frutti indeiscenti.

indelèbile [vc. dotta, lat. *indelēbile(m)*, comp. di *in-* neg. e *delēbilis* 'delebile'] agg. *1* Che non si può cancellare: *macchia, inchiostro i.* *2* (*fig.*) Indimenticabile, perpetuo, perenne: *ricordo i.* || **indelebilménte**, avv.

indeliberàto [vc. dotta, lat. tardo *indeliberātu(m)*, comp. di *in-* neg. e *deliberātus* 'deliberato'] agg. ● (*raro*) Mancante di previa deliberazione: *vi prego di non far nulla d'i.* | *Atto i.*, impulsivo, subitaneo | *Danno i.*, causato senza una precisa volontà. || **indeliberataménte**, avv. Senza deliberazione, intenzione o proposito: *danneggiare qc. indeliberatamente.*

indeliberazióne [comp. di *in-* (3) e *deliberazione*] s. f. ● (*raro*) Mancanza di proposito determinato.

indelicatézza [comp. di *in-* (3) e *delicatezza*, attraverso il corrispondente fr. *indélicatesse*] s. f. *1* Caratteristica di chi, di ciò che è indelicato: *agire con i.* *2* (*est.*) Atto indelicato: *guardare nelle carte altrui è un'i.* SIN. Indiscrezione.

indelicàto [comp. di *in-* (3) e *delicato*, attraverso il fr. *indélicat*] agg. ● Privo di discrezione, sensibilità e tatto: *comportamento, domanda indelicata* | Grossolano: *cameriere i.* || **indelicataménte**, avv. Senza delicatezza.

indemagliàbile [fr. *indémaillable*, comp. di *in-* (3) e *démailler* 'smagliare'] agg. ● Che non deve o non dovrebbe smagliarsi: *tessuto, calza i.*

indemaniaménto s. m. ● (*raro*) Indemaniazione.

indemaniàre [comp. di *in-* (1) e *demanio*] v. tr. (*io indemànio*) ● (*dir.*) Immettere un bene nella categoria dei beni demaniali con la conseguente sottoposizione alla relativa disciplina.

indemaniazióne [da *indemaniare*] s. f. ● (*dir., raro*) Atto, effetto dell'indemaniare.

indemoniàre [comp. di *in-* (1) e *demonio*] v. intr. e intr. pron. (*io indemònio*; aus. *essere*) *1* (*raro*) Essere ossesso. *2* (*fig.*) Diventare furibondo, cattivo come un demonio.

indemoniàto **A** part. pass. di *indemoniare*; anche agg. *1* Nei sign. del v. *2* (*scherz.*) Vivacissimo: *è un ragazzino i.* **B** s. m. (f. *-a*) *1* Chi è in preda a forze demoniache. *2* (*fig.*) Chi dimostra furore o estrema vivacità.

indènne [vc. dotta, lat. tardo *indĕmne(m)*, comp. di *in-* neg. e un deriv. di *dămnum* 'danno'] agg. *1* Che non ha subìto alcun danno: *sono uscito i. da quell'incidente.* SIN. Illeso, incolume | (*med.*) Che non ha subito lesioni, alterazioni. *2* Privo di agenti nocivi: *latte i.* *3* †Che non fa danno.

indennità [vc. dotta, lat. tardo *indemnitāte(m)*, comp. di *in-* neg. e un deriv. di *dămnum* 'danno'] s. f. *1* (*raro*) Salvezza, scampo. *2* (*dir.*) Attribuzione patrimoniale dovuta al prestatore di lavoro dal datore o da un Ente previdenziale, con funzione retributiva, di rimborso spese, assistenziale e sim.: *i. di trasferta, di contingenza, di licenziamento, di caropane, di carovita* | *I. parlamentare*, somma fissa di denaro spettante ai deputati e ai senatori per l'esplicazione delle loro funzioni. *3* (*dir.*) Compenso dovuto per il sacrificio dell'altrui diritto disposto dall'autorità competente per ragioni di pubblico interesse: *i. di guerra* | Prestazione in denaro dovuta a titolo di risarcimento per la lesione di un interesse o diritto altrui.

indennizzàbile agg. ● Che si può o si deve indennizzare. SIN. Risarcibile.

indennizzàre [fr. *indemniser*, da *indenne* 'indenne'] v. tr. ● Risarcire danni sofferti mediante indennizzo.

indennìzzo [da *indennizzare*] s. m. ● Somma pagata a titolo di risarcimento di danni.

indentàre [comp. di *in-* (1) e *dente*] v. intr. (*io indènto*; aus. *avere*) *1* (*raro*) Mettere i primi denti. *2* Entrare in presa, detto di ruote dentate, ingranaggi e sim.

indentazióne [comp. di *in-* (1) e *dente*] s. f. ● (*geol.*) Leggera rientranza in una costa, simile all'effetto prodotto dal morso dei denti in un oggetto: *le indentazioni della Bretagna.*

indentràrsi [da *indentro*] v. intr. pron. (*io m'indéntro*) ● (*raro*) Addentrarsi.

indéntro o **in déntro**, (*pop.*) †**indrénto**, †**indrèto** [comp. di *in-* e *dentro*] **A** avv. ● All'interno: *spingilo i.*; *è troppo i.* | *All'i.*, verso l'interno. CONTR. Infuori. **B** in funzione di agg. inv. ● Infossato, incavato: *ha occhi i.*

indeprecàbile [vc. dotta, lat. *indeprecābile(m)*, comp. di *in-* neg. e *deprecābilis* 'deprecabile'] agg. ● (*raro*) Che non si può deprecare, scongiurare con preghiere e sim.: *i. malanno.*

inderogàbile [comp. di *in-* (3) e *derogabile*] agg. ● Detto di ciò a cui non si può derogare: *termine, scadenza, impegno i.*; *norma, disposizione i.* || **inderogabilménte**, avv. Senza possibilità di deroga.

inderogabilità s. f. ● Qualità di ciò che è inderogabile.

indescrivìbile [comp. di *in-* (3) e *descrivibile*] agg. ● Difficile o impossibile a descriversi: *entusiasmo, confusione, disordine i.* SIN. Indicibile, inenarrabile. || **indescrivibilménte**, avv.

indesideràbile [comp. di *in-* (3) e *desiderabile*] agg. ● Non desiderabile: *relazioni, amicizie indesiderabili* | *Persona i.*, non gradita per motivi politici, penali e sim.

indesiderabilità s. f. ● Qualità di chi o di ciò che è indesiderabile.

indesideràto [comp. di *in-* (3) e *desiderato*] agg. ● Che è contrario o non confacente ai desideri o alla necessità di qc.: *visita indesiderata.*

†**indestinàre** [comp. parasintetico di *destino*, col pref. *in-* (1)] v. tr. ● Destinare, fissare in modo ineluttabile.

indeterminàbile [vc. dotta, lat. tardo *indeterminābile(m)*, comp. di *in-* neg. e *determinābilis* 'determinabile'] agg. ● Che è impossibile determinare o precisare: *periodo i. di tempo.* || **indeterminabilménte**, avv.

indeterminabilità s. f. ● Qualità di ciò che è indeterminabile.

indeterminatézza s. f. *1* Caratteristica di ciò che è indeterminato: *l'i. delle idee, delle espressioni.* SIN. Imprecisione. *2* (*fig.*) Mancanza di determinazione, di decisione, e sim.: *l'i. dei propositi di qc.* SIN. Incertezza, irresolutezza.

indeterminatìvo agg. ● Che non determina | *Articolo i.*, che dà al nome un'indicazione indefinita.

indeterminàto [vc. dotta, lat. tardo *indeterminātu(m)*, comp. di *in-* neg. e *determinātus* 'determinato'] agg. *1* Privo di determinazione o definizione: *spazio i.* | *A tempo i.*, senza limiti precisi | Astratto, vago, impreciso: *idee indeterminate* | Irresoluto: *assumere una posizione indeterminata.* *2* (*mat.*) Detto di equazione con infinite soluzioni. || **indeterminataménte**, avv.

indeterminazióne [vc. dotta, lat. tardo *indeterminatiōne(m)*, da *indeterminātus* 'indeterminato'] s. f. *1* Imprecisione | (*fis.*) *Principio di i.*, principio fondamentale della meccanica quantistica, secondo il quale non è possibile misurare con precisione una grandezza osservabile senza rendere imprecisa la misura di altre grandezze osservabili. *2* Indecisione, irresolutezza: *i. di propositi.*

indeterminìsmo [comp. di *in-* (3) e *determinismo*] s. m. ● Dottrina filosofica secondo la quale la volontà umana non è determinata né da fenomeni di ordine fisico né da quelli di ordine psichico.

indeterminìstico agg. (pl. m. *-ci*) ● Che concerne o interessa l'indeterminismo.

indetonànte [comp. di *in-* (3) e del part. pres. di *detonare*] agg. ● Di carburante che, per aggiunta di antidetonante, sopporta alti valori del rapporto di compressione senza detonare.

indetraìbile [comp. di *in-* (3) e *detraibile*] agg. ● Che non è detraibile, che non può essere detratto: *spese indetraibili dalle imposte.*

indettàre [lat. parl. **indictāre* 'indicare', comp. di *in-* ints. e *dictāre* 'dettare'] **A** v. tr. (*io indétto*) ● (*raro*) Istruire qc. su quello che deve dire o fare: *i. i testimoni*; *era sua madre Maruzza che la indettava, e la mandava apposta da quelle parti* (VERGA). **B** v. rifl. rec. ● Accordarsi in precedenza su come rispondere o regolarsi intorno a q.c.: *ci siamo indettati sul da fare.*

indétto o †**inditto** part. pass. di *indire*; anche agg. ● Nei sign. del v.

indeuropèo e *deriv.* ● V. *indoeuropeo* e *deriv.*

indevòto [vc. dotta, lat. tardo *indevōtu(m)*, comp. di *in-* neg. e *devōtus* 'devoto'] agg. ● (*raro*) Che è privo di devozione religiosa. || †**indevotaménte**, avv. Senza devozione.

indevozióne [vc. dotta, lat. *indevotiōne(m)*, comp. di *in-* neg. e *devōtio*, genit. *devotiōnis* 'devozione'] s. f. ● (*raro*) Mancanza di devozione.

ìndi o †**ìnde** [lat. *ĭnde*, di etim. incerta] avv. *1* (*lett.*) Dopo, di poi, quindi, in seguito (con valore temporale): *gli dissi ciò che dovevo, i. me ne andai*; *i. s'ascose* (DANTE *Inf.* X, 121) | *i. a poco*, dopo poco | *I. a un anno*, di lì a un anno | *Da i. in qua*, da allora in poi: *Da i. in qua mi fuor le serpi amiche* (DANTE *Inf.* XXV, 4). *2* (*poet.*) Da quel luogo: *poder di partirs'i. a tutti tolle* (DANTE *Inf.* XXIII, 57) | *Da i. in qua, in là, in su, in giù*, da quel luogo in qua, in là, in su, in giù | †*Per i.*, per quel luogo.

indiàna [sottinteso *tela*, originariamente proveniente *dall'India*] s. f. ● Stoffa di cotone stampata a vivaci colori per abiti e tappezzerie.

indianìsmo s. m. ● Elemento linguistico, culturale e sim. proprio dell'India e della sua civiltà.

indianista s. m. e f. (pl. m. *-i*) ● Studioso della cultura e della civiltà indiana.

indianistica s. f. ● Disciplina che studia la lingua, la letteratura, le religioni, la filosofia e la storia dell'India nel periodo precedente alla penetrazione europea.

indianistico agg. (pl. m. *-ci*) ● Della, relativo alla, indianistica.

indiàno [vc. dotta, lat. tardo *indiānu(m)*, da *Ĭndia* 'India'] **A** agg. *1* Della, relativo all'India: *lingue indiane*; *elefante i.*; *oceano i.* *2* Che concerne gli indigeni dell'America, spec. dell'America del Nord: *tribù indiane* | (*fig.*) *Camminare, avanzare in fila indiana*, disposti uno dietro l'altro. **B** s. m. (f. *-a*) *1* Abitante dell'India | (*fig.*) *Fare l'i.*, far finta di non sapere nulla. *2* Indigeno dell'America | *Indiani delle praterie*, vasto raggruppamento di Pellirosse che vivevano in una vastissima zona del centro del Canada e degli Stati Uniti. || **indianèllo**, dim. | **indianino**, dim.

indiàre [comp. di *in-* (*1*) e *Dio*] **A** v. tr. (*io indìo*) ● (*lett.*) Innalzare a livello divino. **B** v. intr. pron. ● (*lett.*) Avvicinarsi a Dio immedesimandosi nella sua contemplazione: *D'i Serafin colui che più s'india* (DANTE *Par.* IV, 28).

indiavolaménto s. m. ● Atto, effetto dell'indiavolare e dell'indiavolarsi | †Diavoleria.

indiavolàre [comp. di *in-* (*1*) e *diavolo*] **A** v. tr. (*io indiàvolo*) ● (*raro*) Mettere qc. in agitazione, q.c. a soqquadro. **B** v. intr. (aus. *avere*) ● Avere il diavolo in corpo, essere in grande agitazione | *Far i. qc.*, farlo arrabbiare. **C** v. intr. pron. ● Arrabbiarsi, infuriarsi: *s'indiavola per un nonnulla.*

indiavolàto part. pass. di *indiavolare*; anche agg. *1* Nei sign. del v. *2* Violento, eccessivo: *vento, caldo, rumore i.*; *baraonda indiavolata* | Che provoca tormento e fatica: *lavoro i.*

indiavolìre [comp. di *in-* (*1*) e *diavolo*] v. intr. e intr. pron. (*io indiavolisco, tu indiavolisci*; aus. *essere*) ● Diventare furioso, furibondo.

indicàbile [vc. dotta, lat. tardo *indicābile(m)*, da *indicāre* 'indicare'] agg. ● Che si può indicare perché utile, opportuno e sim.: *rimedio i.*

indicàre [vc. dotta, lat. *indicāre*, da *ĭndex*, genit. *ĭndicis* 'che mostra, che indica', da una radice indeur. col sign. di 'mostrare'] v. tr. (*io ìndico, tu ìndichi*) *1* Mostrare q.c. a qc. puntando l'indice: *i. una vetrina, la direzione da seguire, un passante* | (*est.*) Mostrare q.c. con cenni o altri indizi: *la bussola indica il Nord*; *il faro indica il porto.* SIN. Additare. *2* Dire, suggerire, consigliare: *i. il prezzo di un oggetto, le proprie necessità, un utile rimedio.* *3* Denotare, rivelare, manifestare: *i. cattivo cuore, buona volontà, imbarazzo*; *l'espressione del volto indica lo stato d'animo*; *è un sintomo che indica un grave morbo.*

indicatìvo [vc. dotta, lat. tardo *indicatīvu(m)*, da *indicāre* 'indicare'] **A** agg. *1* Che serve a indicare: *gesto i.* | (*ling.*) *Aggettivo i.*, che esprime una determinazione specifica | *Modo i.*, modo finito del verbo che presenta obiettivamente l'idea verbale. *2* Che costituisce un chiaro segno di q.c.: *sintomo oltremodo i.* SIN. Significativo. || **indicativaménte**, avv. **B** s. m. *1* (*ling.*) Modo indicativo: *coniugare un verbo all'i.*; *presente i., imperfetto i., futuro i.* *2* Nei sistemi di trattamento automatico delle informazioni, elemento dell'informazione che permette di individuarla e classificarla. *3* (*tel.*) Cifra o combinazione di cifre che seguono il prefisso zero o doppio zero e precedono il numero dell'utente nelle chiamate in teleselezione: *l'i. di Milano è 2*; *i. interurbano.*

indicàto part. pass. di *indicare*; anche agg. *1* Nei sign. del v. *2* (*est.*) Appropriato, efficace: *rimedio i.* | *È la persona più indicata per questo compito*, più adatta a svolgerlo.

indicatóre (1) [vc. dotta, lat. tardo *indicatōre(m)*, da *indicātus* 'indicato'] **A** agg. (f. *-trice*) ● Che indica, rivela q.c.: *strumento i.*; *freccia indicatrice* | *Cartello i.*, posto al margine della strada, recante indicazioni, prescrizioni, avvertimenti o divieti relativi alla circolazione. **B** s. m. *1* In varie tecnologie, indice, lancetta, barra, sagoma, filo e sim. per dare, generalmente a distanza, l'indicazione o la misura di q.c.: *i. di livello del carburante* | *I. di direzione*, lampeggiatore azionato da automobilisti o motociclisti per segnalare spostamenti o cambiamenti di direzione | Cavalierino, targhetta | *I. di conteggio*, teletaxe. ➡ ILL. p. 1748, 1749, 1750 TRASPORTI. *2* (*econ.*) Indice rappresentativo dell'andamento di un particolare settore dell'economia, o della situazione economica in generale. *3* Titolo di prontuari, guide, pubblicazioni periodiche e sim.: *l'i. economico.* *4* (*chim.*) Sostanza che, col cambiamento di colore, indica lo stato acido o alcalino di una soluzione, identifica determinate sostanze o segna la fine di una reazione. *5* (*chim., nucl.*) *I. radioattivo*, tracciante radioattivo. *6* (*ling.*) *I. sintagmatico*, rappresentazione della struttura sintattica di una frase, data in forma di albero o di successione di parentesi.

indicatóre (2) [da *indicare*] s. m. ● Uccello apivoro tropicale africano dei Piciformi, bruno, con coda lunga e corpo slanciato (*Indicator indicator*).

indicazióne [vc. dotta, lat. *indicatiōne(m)*, da *indicātus* 'indicato'] s. f. *1* Atto dell'indicare | Designazione. *2* Cenno, informazione, notizia: *chiedere un'i.*; *seguire un'i. falsa, precisa, inesatta*; *l'i. della strada, della pagina, della ditta.* *3* (*med.*) Prescrizione di rimedio appropriato.

ìndice [vc. dotta, lat. *ĭndice(m)*, comp. di *in-* 'verso' e una radice *-dex*, di origine indeur., col senso di 'mostrare'] **A** s. m. *1* Secondo dito della mano tra il pollice e il medio: *stringere q.c. tra il pollice e l'i.* | *Mettere l'i. sulla bocca*, far segno di tacere | *Mettere l'i. su q.c.*, (*fig.*) richiamarvi l'attenzione | *Alzare l'i.*, degli scolari, per farsi notare dal maestro e chiedere q.c. *2* Negli strumenti di misurazione, lancetta o altro dispositivo che indica sul quadrante i valori della grandezza misurata: *i. di temperatura, velocità, sbandamento*; *l'i. è al massimo, al minimo.* *3* (*fig.*) Indizio, segno, espressione: *quel pallore è un i. di malattia*; *simile risposta è i. di ignoranza.* *4* Elenco ordinato dei capitoli, o comunque delle varie parti, di un libro, recante il titolo di ciascuno e l'indicazione del corrispondente numero di pagina: *consultare, scorrere l'i.*; *cercare un brano nell'i.*; *i. generale*; *i. delle illustrazioni* | *I. analitico*, elenco alfabetico degli argomenti trattati in un libro, spec. di carattere scientifico o didattico, ciascuno col numero della pagina ove viene sviluppato | Catalogo: *i. dei libri proibiti*, elenco che, fino al Concilio Vaticano II, conteneva i titoli delle opere e i nomi degli autori condannati dalla Chiesa Cattolica perché contrari alla fede o alla morale e la cui lettura era proibita ai fedeli se non per giustificati motivi | *Mettere all'i.*, (*fig.*) considerare riprovevole e quindi proibire, vietare. *5* (*mat.*) Simbolo di cui viene munita una lettera per distinguere fra più valori che ad essa si possono assegnare | (*mus.*) *I. acustico*, numero che veniva collocato sotto i nomi delle note per indicare l'esatta posizione di ciascuna nella scala generale dei suoni. *6* Numero, rapporto, che esprime una proprietà in modo qualitativo o quantitativo: *i. di rifrazione* | *I. climatico*, numero convenzionale per caratterizzare un clima in funzione di determinati elementi climatici. *7* (*stat.*) Rapporto tra due entità quantitative, che possono riferirsi anche allo stesso fenomeno considerato in due tempi diversi, espresse l'una nei termini dell'altra: *i. di produzione* | (*borsa*) *I. di borsa*, numero indice, basato sui prezzi dei titoli quotati in una borsa valori, con il quale si evidenziano le variazioni percentuali dell'andamento del mercato | *I. d'ascolto*, misura della quantità di pubblico che segue una trasmissione radiotelevisiva | *I. di gradimento*, misura del grado di popolarità raggiunto da una trasmissione radiofonica o televisiva | (*farm.*) *I. terapeutico*, rapporto fra l'efficacia terapeutica di un farmaco e la sua attività tossica | (*med.*) Misura di una funzione organica: *i. di sedimentazione* | *I. di Katz*, valore medio della velocità di sedimentazione dei globuli rossi. **B** agg. *1* Che indica: *segno i.*; *dito i.* *2* *Numeri indici*, rapporti statistici che vengono istituiti tra le intensità o le frequenze di un fenomeno in tempi o luoghi diversi e un'intensità o frequenza che il fenomeno ha presentato ad una certa data o in un determinato luogo e che viene assunto come base di riferimento.

indicìbile [comp. di *in-* (*3*) e *dicibile*] agg. ● Che non si può dire o descrivere in modo adeguato: *tormento, gioia i.* SIN. Inenarrabile. || **indicibilménte**, avv. In maniera indicibile.

†**indìcio** ● V. *indizio.*

indicizzàbile agg. ● Che si può indicizzare.

indicizzàre [da *indice* nel sign. 7] v. tr. ● (*econ.*) Collegare il valore di un bene o di una prestazione alle variazioni di un indice di riferimento, quale, per es., il tasso d'inflazione, il livello dei prezzi e sim.: *i. le obbligazioni, il prezzo del petrolio*; *i. i salari al costo della vita.*

indicizzàto part. pass. di *indicizzare*; anche agg. ● Nel sign. del v.

indicizzazióne s. f. ● Operazione dell'indicizzare.

ìndico [vc. dotta, lat. *ĭndicu(m)*, da *Ĭndia* 'India'] **A** agg. (pl. m. *-ci*) ● (*raro, lett.*) Indiano. **B** s. m. ● † V. *indaco.*

indietreggiàre [iter. di *indietro*] v. intr. (*io indietréggio*; aus. *essere* o *avere*) ● Tirarsi indietro: *i. davanti al nemico, al pericolo.* SIN. Arretrare, retrocedere.

indiètro o †**indrèto**, †**indrièto** [comp. di *in-* e *dietro*] **A** avv. *1* A tergo, nella direzione di ciò che è alle spalle: *il capoclasse faccia due passi i.*; *tenetevi i.*; *resta sempre i.*; *non voltarti i.*; *prova a guardare i.* | *Avanti e i.*, da un punto a un altro dello stesso luogo | *Questo orologio è, rimane i.*, ritarda | *Mettere i. l'orologio*, spostarne le lancette in senso antiorario | *Dare i. q.c.*, restituirla | *Domandare, volere i. q.c.*, chiederne, pretenderne la restituzione | *Rimandare i. un dono*, respingerlo, rifiutarlo | *Tirarsi i.*, (*fig.*) sottrarsi a impegni presi o a responsabilità assunte | *Lasciare i. q.c.*, ometterla | *Tornare un passo i.*, (*fig.*) riprendere un racconto, un'esposizione di un dato punto per inserirvi un particolare dimenticato | *Fare un passo avanti e uno i.*, (*fig.*) non progredire | *Essere, rimanere i. col lavoro, nello studio* e sim., essere lontani dal punto a cui si dovrebbe essere giunti | (*fam.*) *Essere i.*, (*fig.*) capire poco | *Punto i.*, punto di cucito realizzato facendo rientrare l'ago nel foro da cui era uscito nel punto precedente | (*mar.*) *Dare i.*, invertire il moto delle macchine per fermare la nave abbrivata o farla procedere con la poppa | *Fare macchina, marcia i.*, (*fig.*) rimangiarsi la parola, ritirarsi da un'impresa e sim. CONTR. Avanti, innanzi. *2* Nella loc. avv. *all'i.*, a ritroso: *camminare all'i.* | *Cadere all'i.*, sulla schiena | *Andare all'i.*, (*fig.*) regredire. **B** in funzione di inter. ● Si usa come comando o esortazione a una o più persone perché retrocedano: *i.! fate largo!* | (*mar.*) *I. adagio, i. mezza, i. tutta*, ordini per l'andatura durante la manovra del dare indietro.

indifendìbile [comp. di *in-* (*3*) e *difendibile*] agg. ● Che non si può difendere: *un caposaldo i.* | (*fig.*) Insostenibile: *ragioni indifendibili.* || †**indifendibilménte**, avv.

indiféso [vc. dotta, adatt. del lat. *indefēnsu(m)*, comp. di *in-* neg. e *defēnsus* 'difeso'] agg. *1* Privo di difesa: *lasciare i. un punto del confine.* SIN. Incustodito, scoperto. *2* (*fig.*) Incapace di difendersi e quindi bisognoso di protezione: *un fanciullo, un vecchio i.* SIN. Inerme. *3* Disarmato: *soldato i.*

indifferènte [vc. dotta, lat. *indifferĕnte(m)*, comp. di *in-* neg. e *dĭfferens*, genit. *differĕntis* 'differente', come il corrispondente gr. *adiáphoros*] **A** agg. *1* Imparziale, neutrale: *giudizio, parere i.* *2* Che non prova, non sente e non esprime particolari interessi o emozioni per qc. o q.c.: *un uomo i. a tutto ciò che accade*; *essere i. alla bellezza.* SIN. Apatico, freddo, insensibile. *3* Di ciò che non presenta interesse, non ha importanza, significato, valore e sim.: *problemi, questioni, domande indifferenti* | *Riuscire i.*, di persona che non desta simpatia | *Partire o restare per me è i.*, è uguale, non ha importanza, non ho preferenza in merito. SIN. Irrilevante. *4* (*ling.*) *Sillaba i.*, ancipite. *5* †Non differente. || **indifferenteménte**, avv. **B** s. m. e f. ● Persona apatica ed insensibile | *Fare l'i.*, ostentare un falso disinteresse.

indifferentìsmo [da *indifferente*] s. m. *1* Indeterminismo. *2* Qualunquismo.

indifferènza [vc. dotta, lat. tardo *indifferĕntia(m)*, comp. di *in-* neg. e *differĕntia* 'differenza'] s. f. *1* Condizione o stato di chi, di ciò che è indifferente: *guardare q.c. o qc. con i.*; *bene non seppi, fuori del prodigio / che schiude la divina Indiffe-*

renza (MONTALE). **2** †Eguaglianza, somiglianza.

indifferenziàbile [comp. di *in-* (*3*) e *differenziabile*] agg. • (*raro*) Che non può essere differenziato.

indifferenziàto [comp. di *in-* (*3*) e *differenziato*] agg. • Che non si distingue da altri, che non presenta elementi caratteristici di distinzione. || **indifferenziatamente**, avv.

indifferìbile [comp. di *in-* (*3*) e *differibile*] agg. • Che non si può differire, che non ammette dilazione: *impegno i.* SIN. Improrogabile. || **indifferibilmente**, avv.

indifferibilità s. f. • Qualità di ciò che è indifferibile.

indigenàto s. m. • (*raro*) Stato o condizione di indigeno.

indìgeno [vc. dotta, lat. *indĭgenu(m)*, per *indĭgena(m)*, da **endo-gena*, comp. di *endo-* 'dentro' e *-gena*, dal v. *gĭgnere* 'produrre, generare'] **A** agg. • Che è originario del paese in cui vive, si trova, circola e sim.: *flora, fauna, popolazione indigena*; *prodotti indigeni* | *Cavallo i.*, nell'ippica, cavallo nato nel paese in cui corre e appartenente a una scuderia dello stesso. **B** s. m. (f. *-a*) **1** Aborigeno, nativo: *gli indigeni del Borneo* | (*est.*) Selvaggio: *vivere fra gli indigeni*. **2** Cavallo indigeno: *gara riservata agli indigeni*.

indigènte [vc. dotta, lat. *indigĕnte(m)*, part. pres. di *indigēre* '†indigere'] agg.; anche s. m. e f. • Che, chi si trova in stato di assoluta povertà. SIN. Bisognoso.

indigènza [vc. dotta, lat. *indigĕntia(m)*, da *indigēre* '†indigere'] s. f. • Povertà assoluta, mancanza dei mezzi per vivere: *vivere nell'i.*; *essere ridotto all'i.* | (*lett.*) Mancanza, penuria.

†**indìgere** [vc. dotta, lat. *indigēre*, comp. del prev. *ind-*, raff. di *in-* illativo, e di *egēre* 'aver bisogno', di etim. incerta] v. intr. • Aver bisogno di q.c.

indigerìbile [comp. di *in-* (*3*) e *digeribile*] agg. **1** Che non si può digerire: *cibo i.* **2** (*fig.*) Insopportabile, noioso: *una persona i.*; *un discorso i.*

indigeribilità s. f. • Carattere di ciò che è indigeribile.

indigestióne [vc. dotta, lat. tardo *indigestiōne(m)*, comp. di *in-* neg. e *digĕstio*, genit. *digestiōnis* 'digestione'] s. f. • Gastrite acuta da soverchia ingestione di cibi | *Fare un'i.*, (*pop.*) mangiare troppo | (*fig.*) *Fare un'i. di film, di concerti, di romanzi*, averne visti, ascoltati, letti in eccesso.

indigèsto [vc. dotta, lat. *indigĕstu(m)* 'disordinato, non digerito', comp. di *in-* neg. e *digĕstus*, part. pass. di *digĕrere* 'digerire'] agg. **1** Difficile a digerire: *cibo i.* **2** (*fig.*) Difficile da sopportare, tollerare e sim.: *persona, musica, lettura indigesta*; *offesa indigesta*. SIN. Molesto, pesante. **3** (*fig.*, *lett.*) Confuso, disordinato: *massa indigesta*.

indìgete [vc. dotta, lat. *indĭgete(m)*, di etim. incerta] **A** s. m. • (*lett.*) Nel culto degli antichi Romani, ciascuno degli dei o degli eroi divinizzati venerati come protettori di determinati luoghi. **B** anche agg.: *nume i.*

indignàre o †**indegnàre** [vc. dotta, lat. *indignāri*, comp. di *in-* neg. e *dignāri*, da *dĭgnus* 'degno'] **A** v. tr. (*io indìgno*) • Muovere a sdegno: *questo articolo ha indignato i lettori*. **B** v. intr. pron. e †intr. • Sdegnarsi, adirarsi, risentirsi: *indignarsi per l'ingiustizia* | (*fig.*, *lett.*) *Il vento s'indigna*, infuria.

indignàto o †**indegnàto**. part. pass. di *indignare*; anche agg. • Nei sign. del v.

indignazióne o †**indegnazióne** [vc. dotta, lat. *indignatiōne(m)*, da *indignātus* 'indignato'] s. f. • Vivo risentimento e sdegno: *muovere, suscitare la pubblica i.*; *sentiva un'indignazione santa, per la turpe persecuzione della quale era divenuta l'oggetto* (MANZONI).

†**indìgno** e *deriv.* • V. *indegno* e *deriv.*

indigòfera [comp. di *indigo*, var. di *indaco*, e *-fero*, perché fornitrice della sostanza colorante] s. f. • Pianta delle Leguminose di origine africana, con foglie pennate, fiori rosei o rossi, coltivata per l'estrazione dell'indaco (*Indigofera tinctoria*).

indigotìna [comp. di *indigo* (V. prec.) e *-ina* col *-t-* eufonico intermesso] s. f. • Principio colorante dell'indaco naturale | Indaco di sintesi.

†**indigròsso** o †**in di gròsso** [comp. di *in*, *di* e *grosso*] avv. **1** (*raro*) All'ingrosso | Senza precisione. **2** Molto, grandemente.

indilatàbile [comp. di *in-* (*3*) e *dilatabile*] agg. • Che non si dilata.

indilatàto [comp. di *in-* (*3*) e *dilatato*] agg. • (*raro*) Che non si è dilatato.

indilazionàbile [comp. di *in-* (*3*) e *dilazionabile*] agg. • Che non si può dilazionare o differire: *impegno, termine i.* SIN. Improrogabile.

indiligènte [vc. dotta, lat. *indiligĕnte(m)*, comp. di *in-* neg. e *dīligens*, genit. *diligĕntis* 'diligente'] agg. • (*raro*) Negligente.

†**indiligènza** [vc. dotta, lat. *indiligĕntia(m)*, comp. di *in-* neg. e *diligĕntia* 'diligenza'] s. f. • Negligenza.

indimenticàbile [comp. di *in-* (*3*) e *dimenticabile*] agg. • Che è impossibile dimenticare: *offesa, favore, episodio i.* | Che ha lasciato un ricordo vivo, estremamente piacevole: *incontro, colloquio i.* SIN. Incancellabile. || **indimenticabilménte**, avv. In maniera indimenticabile.

indimostràbile [vc. dotta, adatt. del lat. tardo *indemonstrābile(m)*, comp. di *in-* neg. e *demonstrābilis* 'dimostrabile'] agg. • Che non si può dimostrare: *verità i.*

indimostrabilità s. f. • (*raro*) Qualità di ciò che è indimostrabile.

indimostràto [comp. di *in-* (*3*) e *dimostrato*] agg. • Che non si fonda su precise dimostrazioni: *ipotesi indimostrate*.

ìndio (**1**) [sp. *indio* 'abitante delle *Indie* occidentali'] **A** s. m. (f. *india*, pl. m. *indi* o *sp. indios*) • Nativo delle Americhe, dal Messico alla Terra del Fuoco: *un i. dell'Amazzonia*. **B** anche agg.: *cultura, civiltà india*.

ìndio (**2**) [dal colore *indaco* della sua linea nello spettro] s. m. • Elemento chimico, metallo di color argenteo, molle, accompagnato in natura a minerali sulfurei, usato spec. per elettrodeposizioni su materiali antifrizione e per leghe dentarie. SIMB. In.

indipendènte [comp. di *in-* (*3*) e *dipendente*, sul modello del corrisp. fr. *indépendant*] **A** agg. **1** Che è libero, che non è soggetto a vincoli di alcun genere: *uomo i.*; *rendersi economicamente i.*; *essere i. dai genitori*; *carattere, spirito i.* | Detto di Stato, nazione e sim. non soggetti al dominio di altri Stati o nazioni: *repubblica i.* | (*est.*) Non legato a partiti politici: *giornale, stampa i.* **2** Che non deriva da altre cose, che non è determinato da altre cause: *i due fatti sono indipendenti tra loro*; *la malattia è i. dal trauma subito*. **3** (*ling.*) *Proposizione i.*, che non dipende da nessun'altra, e dalla quale non dipende nessun'altra proposizione. || **indipendentemente**, avv. In modo indipendente, senza rapporto di dipendenza: *pensare, vivere indipendentemente*; all'infuori, a prescindere da: *abbiamo vinto indipendentemente da ogni accordo*. **B** s. m. e f. • (*polit.*) Chi, pur condividendo l'orientamento dei partiti di una determinata area, non è tuttavia iscritto a nessun partito: *presentarsi come i. nelle liste di un partito*; *i. di sinistra*.

indipendentìsmo s. m. • Atteggiamento politico volto all'indipendenza di uno Stato o di una regione.

indipendentìsta **A** s. m. e f. (pl. m. *-i*) • Sostenitore dell'indipendentismo. **B** agg. • Indipendentistico.

indipendentìstico agg. (pl. m. *-ci*) • Dell'indipendentismo, degli indipendentisti.

indipendènza [comp. di *in-* (*3*) e *dipendenza*, sul modello del fr. *indépendance*] s. f. • Condizione di chi, di ciò che, è indipendente: *i. politica, economica, ideologica*; *essere gelosi, orgogliosi della propria i.* | *Guerre d'i.*, quelle combattute nel Risorgimento dal Regno di Sardegna, e poi dal Regno d'Italia, contro l'Austria, per il raggiungimento dell'indipendenza nazionale.

indìre [vc. dotta, lat. *indīcere*, comp. di *in-* ints. e *dīcere* 'dire'] v. tr. (coniug. come *dire*) • Stabilire pubblicamente e d'autorità: *i. un referendum, le elezioni, un concorso* | *I. la guerra*, dichiararla.

indirètto [vc. dotta, lat. *indirĕctu(m)*, comp. di *in-* neg. e *dirĕctus* 'diretto'] agg. **1** Che non procede in modo diretto, che giunge mediatamente e spesso tortuosamente al proprio fine: *è preferibile agire per via indiretta*; *causa indiretta*; *utile i.* | *Offesa indiretta, rimprovero i.*, che colpisce di riflesso l'interessato | (*dir.*) *Elezioni indirette*, quelle a più gradi, in cui l'elettore non designa direttamente il proprio rappresentante ma un gruppo di persone che a loro volta, successivamente, eleggerano il rappresentante | (*mil.*) *Tiro i.*, nelle artiglierie terrestri, quello effettuato contro un obiettivo non visibile, puntando il pezzo su un falso bersaglio e basandosi su calcoli goniometrici per dargli elevazione e direzione necessarie a colpire quello reale | (*sport*) *Tiro i.*, *punizione indiretta*, nel calcio, tiro o punizione di seconda con cui non si può segnare, se la palla non sia stata toccata almeno da un altro giocatore, oltre a chi effettua la punizione. **2** (*ling.*) *Complementi indiretti*, quelli diversi dal complemento oggetto, che in italiano si uniscono al sostantivo o al verbo reggenti mediante una proposizione | (*ling.*) *Discorso i.*, quello altrui che si riferisce facendolo dipendere da un verbo avente il significato di 'dire'. **3** Che non incide direttamente su q.c. | (*econ.*) *Costo i.*, che deve essere imputato al complesso della gestione aziendale | (*econ.*) *Imposta indiretta*, che colpisce i trasferimenti di beni e i consumi. || **indirettaménte**, avv. In maniera indiretta.

indirizzaménto s. m. • (*raro*) Atto dell'indirizzare | Avviamento.

indirizzàre o †**indrizzàre** [lat. parl. **indirectiāre*, comp. di *in-* 'verso' e *dirēctus* 'diritto'] **A** v. tr. **1** Dirigere o avviare in una direzione: *i. il cammino, i passi verso il caffè* | (*fig.*) *I. le mire*, appuntare il proprio desiderio su q.c. o qc. | (*est.*) Mandare qc. o q.c. in un luogo o presso una persona determinata: *ho indirizzato un amico dal mio dentista*; *vi prego di i. il baule a mio fratello*. **2** (*fig.*) Instradare, spingere, guidare: *i. la gioventù agli studi, verso il bene*; *i. bene, male i propri affari, la propria attività*. **3** Rivolgere: *i. il pensiero, la parola a qc.* **4** Corredare dell'indirizzo: *i. un pacco, una lettera*. **B** v. rifl. **1** Dirigersi, incamminarsi: *indirizzarsi verso casa*. **2** (*fig.*) Rivolgersi a qc. per consiglio, assistenza, aiuto: *mi sono indirizzato a te nella speranza che tu possa aiutarmi*.

indirizzàrio s. m. • Ordinato elenco di indirizzi | Apposita rubrica per indirizzi.

indirizzatóre agg.; anche s. m. (f. *-trice* (V.)) • (*raro*) Che, chi indirizza.

indirizzatrìce [da *indirizzare*] s. f. • Macchina elettromeccanica che, mediante una testina inchiostrata, stampa gli indirizzi sulla corrispondenza.

indirìzzo o (*lett.*) †**indrizzo** [da *indirizzare*] s. m. **1** L'insieme delle indicazioni relative al nome e al domicilio di una persona, necessarie per poterlo trovare e per inviargli la corrispondenza: *chiedere, dare l'i.*; *i. chiaro, illeggibile*; *lettera senza i.*; *i. del mittente, del destinatario* | *Macchine per indirizzi*, utilizzate negli uffici per la stampa di indirizzi su etichette, buste, fascette e sim. destinate alla spedizione di giornali, riviste, cataloghi o altre pubblicazioni ricorrenti | *All'i. di qc.*, (*fig.*) contro o verso qc. | (*elab.*) Indicazione per individuare la posizione in memoria di un dato. **2** (*fig.*) Criterio informatore e direttivo, condotta: *seguire un buon i. di studi*; *l'attuale i. politico* | Tendenza, orientamento: *i. filosofico, letterario*; *gittare critica e poesia in un falso i.* (DE SANCTIS). **3** Discorso o messaggio a carattere ufficiale rivolto a personalità politiche, civili o religiose per esprimere omaggio, felicitazioni, adesioni e sim.: *un i. di saluto*.

indiscernìbile [comp. di *in-* (*3*) e *discernibile*] agg. • Che non si può discernere, notare: *differenza i. all'occhio, al tatto*. || †**indiscernibilménte**, avv.

†**indiscernibilità** s. f. • Qualità di ciò che è indiscernibile.

indisciplìna [vc. dotta, lat. tardo *indisciplīna(m)* 'mancanza di educazione, d'istruzione', comp. di *in-* neg. e *disciplīna* 'disciplina'] s. f. • Mancanza o difetto di disciplina.

indisciplinàbile [comp. di *in-* (*3*) e un deriv. di *disciplinare*] agg. • Difficile o impossibile a disciplinarsi: *traffico caotico e i.* | Indocile, riottoso: *carattere, soldato i.* || **indisciplinabilménte**, avv. (*raro*) In modo indisciplinabile.

indisciplinabilità s. f. • Qualità di chi, di ciò che è indisciplinabile.

indisciplinatézza s. f. • Carattere o condizione di chi è indisciplinato, insubordinato | (*est.*) Atto indisciplinato.

indisciplinàto [vc. dotta, lat. tardo *indisciplinātu(m)*, comp. di *in-* neg. e *disciplinātus* 'disciplinato'] agg. **1** Che non obbedisce a una disciplina: *sol-*

dato i. SIN. Insubordinato. *2* Che non sa o non vuole imporsi una disciplina (*anche fig.*): *ragazzo i.*; *ingegno i.* SIN. Indocile, ribelle. *3* Disordinato, confuso, caotico: *nelle ore di punta il traffico diventa i.* || **indisciplinataménte**, avv.

indiscretézza s. f. • (*raro*) Indiscrezione.

indiscréto [vc. dotta, lat. tardo *indiscrētu(m)* 'inseparato, indistinto, indifferenziato', comp. di *in-* neg. e *discrētus* 'discreto'] agg. *1* Che è insistentemente e sfacciatamente curioso, ficcanaso: *persona indiscreta* | Che è privo di discrezione e non usa con altri tatto e riguardo: *sei stato i. a chiedere tanti particolari* | Di atto o detto sconveniente e importuno: *sguardo i.*; *curiosità, domanda indiscreta.* SIN. Indelicato. *2* †Irragionevole, stolto: *giudizio i.* || **indiscretùccio** dim. || **indiscretaménte**, avv. Senza discrezione.

indiscrezióne [vc. dotta, lat. tardo *indiscretiōne(m)*, da *indiscrētus* 'indiscreto'] s. f. *1* Qualità di chi, di ciò che è indiscreto: *peccare di i.*; *la sua i. non ha limite.* SIN. Indelicatezza. *2* (*est.*) Curiosità sfacciata e insistente. *3* Atto, comportamento indiscreto: *commettere una grave, un'imperdonabile i.* | Rivelazione di notizia riservata: *la cosa si è saputa per l'i. di un giornale.*

indiscriminàto [comp. di *in-* (*3*) e *discriminato*] agg. • Che è privo di oculatezza, che è posto in essere senza distinzioni di sorta: *violenza, repressione indiscriminata*; *aiuto i.*; *agire in modo i.* || **indiscriminataménte**, avv.

indiscùsso [vc. dotta, lat. tardo *indiscŭssu(m)*, comp. di *in-* neg. e *discŭssus* 'discusso'] agg. *1* Che non è stato dibattuto: *questione ancora indiscussa.* *2* Che non dà adito a discussioni: *autorità indiscussa* | Certo, evidente: *è i. che avete torto.*

indiscutìbile [comp. di *in-* (*3*) e un deriv. di *discutere*] agg. • Che non ha bisogno di discussioni, dibattiti e sim., perché è chiaro, sicuro ed evidente: *verità, teoria i.*; *ha una competenza i. in questo campo.* || **indiscutibilménte**, avv.

indiscutibilità s. f. • Qualità di ciò che è indiscutibile.

†**indisiàre** [comp. parasintetico di *disio*, col pref. *in-* (*1*)] v. tr. • Rendere desideroso, stimolare il desiderio.

indispensàbile [comp. di *in-* (*3*) e un deriv. di *dispensare*] **A** agg. • Di chi, di ciò che è assolutamente necessario: *consenso, presenza, intervento i.*; *è un collaboratore veramente i.* | *Tempo i.*, quello che occorre per fare q.c. | (*iron.*) Di chi si trova dappertutto o che è sempre presente, quasi credendosi insostituibile: *il nostro i. ospite.* || **indispensabilménte**, avv. Necessariamente. **B** s. m. • Ciò che è assolutamente necessario: *vi chiedo solo l'i. per vivere.*

indispensabilità s. f. • (*raro*) Qualità di chi, di ciò che è indispensabile.

indispettìre [comp. di *in-* (*1*) e *dispetto*] **A** v. tr. (*io indispettìsco, tu indispettìsci*) • Mettere in dispetto, rendere stizzoso: *il tuo modo di fare lo ha indispettito.* SIN. Irritare. **B** v. intr. pron. e intr. (aus. *essere*) • Adirarsi, stizzirsi, irritarsi.

indispettìto part. pass. di *indispettire*; anche agg. • Nei sign. del v.

indisponènte part. pres. di *indisporre*; anche agg. • Nei sign. del v.

indisponìbile [comp. di *in-* (*3*) e *disponibile*] **A** agg. *1* Che non è libero, che non può essere utilizzato, usato, occupato e sim.: *materiale, veicolo i.*; *la stanza per il momento è i.* | (*dir.*) *Bene, diritto, credito i.*, di cui il titolare non può disporre mediante atti giuridici | (*dir.*) *Quota i.*, parte dell'asse ereditario riservata dalla legge ai legittimari e di cui il testatore non può liberamente disporre. *2* Che non è disposto a dire o fare q.c.: *il nostro partito è i. per questo esperimento politico.* **B** s. f. • (*dir.*) Quota indisponibile. SIN. Legittima.

indisponibilità s. f. • Condizione, stato o qualità di ciò che è indisponibile.

indispórre [comp. di *in-* (*3*) e *disporre* col senso del fr. *indisposer*] v. tr. (coniug. come *porre*) • Irritare, indispettire (*anche ass.*): *metodi, sistemi che mi indispongono*; *ha un modo di fare che indispone.*

indisposizióne [da *indisposto* (*2*)] s. f. *1* Lieve infermità: *essere impedito da una leggera i.* SIN. Malore. *2* Stato d'animo sfavorevole verso qc. *3* †Disordine | †Inopportunità. || **indisposizioncèlla**, dim. | **indisposizionùccia**, dim.

indispósto (1) [vc. dotta, lat. tardo *indispŏsitu(m)* 'disordinato, impreparato', comp. di *in-* neg. e *dispŏsitus* 'disposto'] agg. *1* (*raro*) Mal disposto, ostile: *non lo guardò neppure tanto era i. verso di lui.* *2* †Inetto, disadatto.

indispósto (2) part. pass. di *indisporre*; anche agg. *1* Nei sign. del v. *2* Colpito da indisposizione, leggermente malato: *essere, sentirsi i.*; *non può venire alla riunione perché è i.*

indisputàbile [vc. dotta, lat. tardo *indisputābile(m)*, comp. di *in-* neg. e *disputābilis* 'disputabile'] agg. • Che non è soggetto a disputa: *punto, principio i.* SIN. Indiscutibile. || **indisputabilménte**, avv. Senza disputa.

indisputàto [comp. di *in-* (*3*) e *disputato*] agg. • (*lett.*) Indiscusso.

indissociàbile [comp. di *in-* (*3*) e *dissociabile*] agg. • Che non si può scindere, separare: *immagini, concetti indissociabili.*

indissolùbile [vc. dotta, lat. *indissolūbile(m)*, comp. di *in-* neg. e *dissolūbilis* 'dissolubile'] agg. • Di ciò che non può sciogliersi (*anche fig.*): *nodo, catena, amicizia i.*; *la fè che una bell'alma cinga / del suo tenace indissolubil nodo* (ARIOSTO). || **indissolubilménte**, avv.

indissolubilità s. f. • Carattere di ciò che è indissolubile: *l'i. del matrimonio.*

indistinguìbile [comp. di *in-* (*3*) e *distinguibile*] agg. • (*raro*) Che non si può distinguere, discernere, percepire: *differenza i. di colori* | Indistinto. || **indistinguibilménte**, avv.

indistinguibilità s. f. • (*raro*) Qualità di ciò che è indistinguibile.

indistìnto [vc. dotta, lat. *indistīnctu(m)*, comp. di *in-* neg. e *distīnctus* 'distinto'] agg. *1* Di ciò che è o appare privo di elementi differenziatori: *una massa indistinta si profilava all'orizzonte*; *quella bellezza indistinta della somma bontà* (CASTIGLIONE). *2* (*ling.*) Detto di vocale la cui natura non è facilmente determinabile. *3* (*est.*) Vago, confuso, indeterminato: *suoni, colori indistinti.* || **indistintaménte**, avv. Senza fare distinzioni: *trattare tutti indistintamente*; in modo confuso: *vedere indistintamente.*

†**indistinzióne** [comp. di *in-* (*3*) e *distinzione*] s. f. *1* Mancanza di netta distinzione | Confusione, mescolanza. *2* Mancanza di discernimento.

indistruttìbile [comp. di *in-* (*3*) e *distruttibile*] agg. • Impossibile a distruggersi (*anche fig.*): *un nuovo materiale i.*; *fede, speranza i.* | (*est.*) Molto resistente, solidissimo: *tegame, tessuto i.* || **indistruttibilménte**, avv.

indistruttibilità s. f. • Qualità di ciò che è indistruttibile: *l'i. della materia.*

indisturbàto [comp. di *in-* (*3*) e *disturbato*] agg. • Senza disagi, incomodi, fastidi e sim.: *lasciatemi i. mentre lavoro.*

†**indìtto** • V. *indetto.*

indìvia o **endìvia** [etim. discussa: gr. *entýbi(on)*, di origine incerta, secondo la prn. mediev. *endivi* (*?*)] s. f. • Pianta erbacea delle Composite, glabra, di cui si mangiano le foglie giovani, a rosetta, che possono essere molto frastagliate o a lamina espansa (*Cichorium endivia*): *i. riccia*; *i. scarola.*

individuàbile agg. • Che si può individuare: *un errore facilmente, difficilmente i.*

individuàle A agg. *1* Del, relativo all'individuo, alla persona singola: *qualità, libertà, interesse i.* | *Gioco i.*, nel calcio, gioco personale | *Gara i.*, non a squadre, ma condotta da singoli atleti | *Marchio i.*, che contraddistingue i prodotti di una sola impresa. *2* Personale, particolare, singolare, originale: *commento, interpretazione molto i.* || **individualménte**, avv. In modo individuale, singolarmente, individuo per individuo. **B** s. m. • (*ciclismo*) Chi partecipa a una gara senza far parte di una squadra organizzata

individualìsmo s. m. *1* (*filos.*) Dottrina che riconosce all'individualità un valore autonomo irriducibile all'ordine naturale, politico e morale di cui fa parte. *2* Tendenza a considerare prevalenti i diritti, i fini, le iniziative e le azioni dell'individuo su quelli collettivi e dello Stato. *3* Egoismo, eccessiva o esclusiva considerazione di sé: *peccare di i. nei rapporti sociali.*

individualìsta s. m. e f. (pl. m. *-i*) *1* Chi segue o si ispira alle teorie politiche e morali dell'individualismo. *2* Persona che tende a dare assoluta prevalenza alle proprie esigenze rispetto a quelle della società: *è sempre stato un i.*

individualìstico agg. (pl. m. *-ci*) • Che concerne o interessa l'individualismo o gli individualisti. || **individualisticaménte**, avv.

individualità s. f. *1* Carattere o condizione di ciò che è singolo. *2* Complesso di caratteristiche e condizioni proprie di un singolo individuo, che lo rendono diverso dagli altri: *avere una spiccata i.* | Personalità, originalità: *riesce a imporre a tutti la sua eccezionale i.* *3* Personaggio che si distingue tra gli altri per importanza, autorità, capacità e sim.: *una delle più brillanti i. nel campo della fisica atomica.* *4* †Individuazione.

individualizzàre [fr. *individualiser*, da *individual* 'proprio di un individuo'] v. tr. *1* Individuare, specificare. *2* Conformare all'individuo, alle sue necessità, esigenze e sim.: *è del tutto impossibile i. le discipline.*

individualizzazióne s. f. *1* Individuazione. *2* Adattamento di q.c. alle esigenze e necessità individuali.

individuàre [da *individuo*] **A** v. tr. (*io individùo*) *1* Rendere chiaro e determinato q.c. o qc., attribuendogli forme, caratteristiche ed elementi suoi propri: *in questa tela l'artista individua perfettamente il paesaggio.* *2* Determinare con precisione e sicurezza: *hanno individuato la posizione del relitto, l'epicentro del terremoto.* SIN. Distinguere, scoprire. **B** v. intr. pron. • Prendere o acquisire un carattere determinato e distinto: *lo stile di uno scrittore spesso s'individua col passare del tempo.*

individuazióne s. f. • L'operazione dell'individuare e i suoi effetti: *i. di idee, di una persona* | (*filos.*) *Principio di i.*, ciò che conferisce a un essere un'esistenza concreta e individuale.

indivìduo [vc. dotta, lat. *indivīduu(m)*, comp. di *in-* neg. e *divīduus* 'divisibile', da *divĭdere* 'dividere'] **A** agg. • (*lett.*) Indiviso o indivisibile | Individuabile, singolo. || †**individuaménte**, avv. Individualmente; in modo indiviso. **B** s. m. *1* (*biol.*) Organismo animale o vegetale, unicellulare o pluricellulare, che non può essere suddiviso senza che vadano perduti i suoi caratteri strutturali e funzionali: *ogni specie animale comprende un numero enorme di individui* | (*miner.*) *I. cristallino*, porzione di sostanza cristallina chimicamente e fisicamente omogenea ma priva di forma definita | (*chim.*) *I. chimico*, un elemento o un composto, e cioè una specie chimica omogenea e avente composizione definita e costante. *2* Persona singola, spec. considerata rispetto alla società umana: *non guardare agli individui, ma agli interessi della collettività* | (*est., spreg.*) Persona sconosciuta, figuro: *c'è fuori un i. che vuole parlarti.* *3* (*stat.*) Unità statistica. *4* (*raro, scherz.*) Corpo: *l'i. soffre se non mangia.* *5* †Particolare di una cosa | †*In i.*, singolarmente, particolarmente.

†**indivinàre** e *deriv.* • V. *indovinare* e *deriv.*

indivisìbile [vc. dotta, lat. tardo *indivisĭbile(m)*, comp. di *in-* neg. e *divisĭbilis* 'divisibile'] agg. *1* Che non si può dividere, scindere in parti più piccole: *l'atomo era considerato i.* | (*dir.*) *Cosa i.*, che non può essere divisa in più parti senza alterarne la destinazione economica, o senza ledere gli interessi della produzione nazionale | *Obbligazione i.*, la cui prestazione ha per oggetto cosa o fatto non suscettibile di divisione per sua natura o volontà delle parti. *2* (*mat.*) Che non si può dividere esattamente, cioè che non ha resto nullo. *3* Che non può essere separato da qc. o q.c.: *amici indivisibili*; *effetto i. dalla causa.* || **indivisibilménte**, avv.

indivisibilità s. f. • Qualità, proprietà o condizione di ciò che è indivisibile.

indivisióne s. f. • (*raro*) L'essere indiviso.

indivìso [vc. dotta, lat. *indivīsu(m)*, comp. di *in-* neg. e *divīsus* 'diviso'] agg. *1* Che non è o non è stato diviso: *capitale, patrimonio i.* *2* (*bot.*) Di foglia intera, senza incisioni. *3* †Indivisibile. || †**indivisaménte**, avv.

indiziàre [da *indizio*] v. tr. (*io indìzio*) • Dichiarare qc. sospetto o colpevole in base a indizi sfavorevoli: *la sua reazione inspiegabile lo ha indiziato.*

indiziàrio agg. • Che può valere come indizio, basato su indizi: *testimonianza indiziaria.*

indiziàto A part. pass. di *indiziare*; anche agg. ● Nel sign. del v. B s. m. (f. *-a*) ● (*dir.*) Chi, nella fase processuale della preistruzione, è sospettato della commissione di un reato: *ricercare prove contro l'i.*

indìzio o †**indìcio** [vc. dotta, lat. *indĭciu(m)*, da *ĭndex*, genit. *ĭndicis* 'indice'] s. m. *1* Segno, traccia per mezzo dei quali è possibile ricostruire un fatto già accaduto o prevederne uno con fondatezza: *l'irrequietezza degli animali è un i. di cattivo tempo*. SIN. Sintomo. *2* (*dir.*) Fatto certo da cui il giudice del processo penale può argomentare la prova della sussistenza o meno di altro fatto rilevante per l'accertamento della verità: *valutare gli indizi*; *esistono gravi indizi contro di lui*. *3* †Segnale, segno.

indizionàle agg. ● Relativo a un'indizione | *Cifra i.*, numero ordinale indicante ognuno dei quindici anni compresi in una indizione.

indizióne [vc. dotta, lat. *indictiōne(m)* 'dichiarazione', da *indĭctus*, part. pass. di *indīcere*, comp. di *in-* 'a' e *dīcere* 'dire'] s. f. *1* Atto, effetto dell'indire: *i. di un comizio, di un pubblico dibattito*. *2* Ciclo di quindici anni il cui riferimento è parte essenziale della datazione di gran parte dei documenti medievali. *3* †Intimazione.

†**ìndo** [vc. dotta, lat. *Ĭndu(m)*, dal gr. *Indós* 'indiano'] agg.; anche s. m. ● Indiano.

indo- primo elemento ● In parole composte, significa 'indiano' o 'relativo all'India': *indocinese*; *indoeuropeo*.

indoàrio [comp. di *indo-* e *ario*] A agg. ● (*ling.*) Detto delle lingue indoeuropee parlate nell'India. B s. m. (f. *-a*); anche agg. ● Appartenente alle popolazioni dell'India che parlano lingue indoeuropee.

indòcile [vc. dotta, lat. *indŏcile(m)*, comp. di *in-* neg. e *dŏcilis* 'docile'] agg. ● Che non è docile: *ingegno i.* | Che si rifiuta di applicarsi allo studio e non sopporta le discipline: *scolaro i.* SIN. Ribelle. || **indocilménte**, avv. (*raro*) Senza docilità.

indocilìre [comp. di *in-* (*1*) e *docile*] A v. tr. (*io indocilisco, tu indocilisci*) ● Rendere docile | (*raro*) *I. la terra*, renderla coltivabile. B v. intr. e intr. pron. (aus. *essere*) ● Diventare docile.

indocilità [vc. dotta, lat. tardo *indocilitāte(m)*, comp. di *in-* neg. e *docĭlitas*, genit. *docilitātis* 'docilità'] s. f. ● Qualità di chi, di ciò che è indocile.

indocinése [comp. di *indo-* e *cinese*, secondo il tipo formativo di *indoeuropeo*] A agg. ● Dell'Indocina: *lingua i.* B s. m. e f. ● Abitante, nativo dell'Indocina. C s. m. solo sing. ● Gruppo linguistico cui appartiene la maggior parte delle lingue dell'Asia sud-orientale.

indoeuropeìsta o **indeuropeìsta** s. m. e f. (pl. m. *-i*) ● Chi studia la linguistica indoeuropea.

indoeuropeìstica o **indeuropeìstica**. s. f. ● Scienza glottologica relativa alle lingue indoeuropee.

indoeuropèo o **indeuropèo** [comp. di *indo-* e *europeo*] A agg. *1* Detto di una famiglia di lingue europee e asiatiche che presentano caratteri di stretta somiglianza fonetica, morfologica e lessicale, e di ognuna di esse: *lingue indoeuropee*. *2* Detto di ogni individuo o popolazione parlante una di tali lingue: *popoli indoeuropei*. B s. m. solo sing. ● Famiglia di lingue europee e asiatiche geneticamente affini | La supposta lingua archetipa di tale famiglia linguistica. C s. m. (f. *-a*) ● Ogni individuo di lingua indoeuropea.

indogangètico [comp. di *indo-* e *gangetico*] agg. (pl. m. *-ci*) ● Detto della, relativo alla pianura indiana attraversata dai fiumi Indo e Gange.

indoirànico [comp. di *indo-* e *iranico*] agg. (pl. m. *-ci*) ● Proprio delle, relativo alle antiche popolazioni arie dell'India e dell'Iran: *lingue indoiraniche*; *cultura indoiranica*.

indolciménto s. m. ● Atto, effetto dell'indolcire.

†**indolcinìre** v. tr. ● Indolcire.

indolcìre [comp. di *in-* illativo e *dolce*] A v. tr. (*io indolcisco, tu indolcisci*) *1* Far diventare dolce: *i. il caffè*. *2* Nella tecnica alimentare, privare le olive o i lupini destinati al consumo delle sostanze astringenti con opportuno trattamento chimico. *3* (*raro, fig.*) Mitigare, attenuare | (*fig.*) †Rendere benevolo: *i. qc. con promesse*. *4* (*fig.*) †Rendere pieghevole e malleabile un metallo: *i. l'acciaio col fuoco*. B v. intr. e intr. pron. (aus. *essere*) ● Diventare dolce: *col sole la frutta indolcisce*.

ìndole [vc. dotta, lat. *ĭndole(m)*, propriamente 'accrescimento', comp. di *in-* 'dentro' e un deriv. di *ălere* 'nutrire', di origine indeur.] s. f. *1* Temperamento di un individuo costituito dall'insieme delle inclinazioni naturali che lo caratterizzano: *i. mite, violenta*; *comportarsi secondo la propria i.*; *con maravigliosa i. cominciò a promettere tanto di sé quanto non parea che fusse licito sperare da un uomo mortale* (CASTIGLIONE) | *Per i.*, per natura. SIN. Carattere, inclinazione. *2* (*est.*) Qualità propria, natura di q.c.: *delitto di i. politica*; *l'i. della nostra lingua*.

indolènte [vc. dotta, lat. *indolĕnte(m)* 'insensibile al dolore', comp. di *in-* neg. e *dŏlens*, genit. *dolĕntis* 'dolente'] A agg. *1* Incurante, trascurato nell'agire o apatico verso il mondo esterno: *carattere i.* SIN. Molle, pigro, neghittoso. *2* (*raro*) Che non procura dolore: *tumore i.* | (*raro*) Che non sente dolore. || **indolenteménte**, avv. In modo indolente; con indolenza. B s. m. e f. ● Chi agisce di malavoglia o si abbandona alla pigrizia. || **indolentóne**, accr.

indolènza o †**indolènzia** [vc. dotta, lat. *indolĕntia(m)* 'assenza di ogni dolore, insensibilità', comp. di *in-* neg. e *dolĕntia* 'dolore, doglienza'] s. f. *1* Qualità di chi, di ciò che è indolente: *alzarsi con i. da una poltrona*; *i. di carattere*. SIN. Apatia, neghittosità, pigrizia. CONTR. Operosità, solerzia. *2* (*med., raro*) Mancanza di dolore.

indolenziménto s. m. ● Atto, effetto dell'indolenzirsi.

indolenzìre [comp. di *in-* (*1*) e un deriv. di *dolente* (**dolenza*)] A v. tr. (*io indolenzisco, tu indolenzisci*) ● Produrre una dolorosa pesantezza ai muscoli in modo da impedire i movimenti: *pedalare a lungo mi ha indolenzito le gambe*. B v. intr. e intr. pron. (aus. *essere*) ● Avvertire una sensazione di intorpidimento e pesantezza muscolare: *il braccio è indolenzito dopo la ginnastica*; *in quella poltrona mi sono indolenzito*.

indolenzìto part. pass. di *indolenzire*; anche agg. *1* Nei sign. del v. *2* Dolente, dolorante: *braccio i. per la stanchezza*.

indoliménto s. m. ● Leggera sensazione di dolore diffuso | Indolenzimento.

indolìre [comp. di *in-* (*1*) e *dolere*, con la var. d'altra coniug. *dolire*] A v. tr. (*io indolisco, tu indolisci*) ● (*raro*) Produrre un dolore lento e continuo. B v. intr. e intr. pron. (aus. *essere*) ● (*raro*) Diventare dolente.

indòlo [da *indaco*, nel sign. 2, a cui è chimicamente correlato] s. m. ● (*chim.*) Molecola eterociclica aromatica azotata dotata di una debole basicità; presente negli oli di gelsomino e di arancio.

indolóre o **indolóro** [vc. dotta, lat. *indolōre(m)*, comp. di *in-* neg. e un deriv. di *dŏlor*, genit. *dolōris* 'dolore'] agg. ● Che non dà dolore: *puntura i.* | *Parto i.*, che avviene con la partecipazione attiva della partoriente mediante il controllo della respirazione e dei muscoli volontari, con conseguente riduzione del dolore.

indomàbile [vc. dotta, lat. *indomābile(m)*, comp. di *in-* neg. e *domābilis* 'domabile'] agg. *1* Che non si può domare: *tigre i.* *2* (*fig.*) Che non si può vincere, piegare: *volontà, fierezza, animo i.* | (*fig.*) *Morbo i.*, incurabile | (*fig.*) *Pietra i.*, così dura che non si può lavorare. || **indomabilménte**, avv.

indomàni [comp. di *in* e *domani*] s. m. ● Il giorno seguente a quello cui ci si riferisce (sempre preceduto dall'art. det.): *rimandare un affare all'i.*; *l'i. dell'avvenimento le cose apparvero molto diverse*; *disse che lo avrebbe fatto l'i.*

indomàto [comp. di *in-* (*3*) e *domato*] agg. ● (*lett.*) Fiero, indomito: *segno ... / d'inestinguibil odio / e d'i. amor* (MANZONI).

indomenicàto [comp. parasintetico di *domenica*] agg. *1* (*raro, lett.*) Vestito dell'abito della domenica | Lustro, agghindato. *2* (*fig.*) Innaturale, inutilmente o ingenuamente pomposo.

indòmito [vc. dotta, lat. *indŏmitu(m)*, comp. di *in-* neg. e *dŏmitus* 'domato'] agg. ● (*lett.*) Che non è stato possibile domare (*anche fig.*): *coraggio i.* || **indomitaménte**, avv. (*raro*) In modo indomito.

indómo o **indòmo** agg. ● (*raro, poet.*) Indomito.

indonesiàno A agg. ● Dell'Indonesia. B s. m. (f. *-a*) ● Abitante, nativo dell'Indonesia. C s. m. solo sing. ● Gruppo di lingue della famiglia maleo-polinesiaca, parlate in Indonesia.

†**indonnàrsi** o (*raro*) †**endonnàrsi** [comp. di *in-* (*1*) e *donno*] v. intr. pron. ● Insignorirsi.

indoor /ingl. 'indɔ:*/ [vc. ingl., letteralmente '(giuoco eseguito) in casa (*door*, propriamente 'porta')'] agg. inv. ● Detto di riunione sportiva, spec. di atletica leggera, che si svolge in stadi coperti | *Record i.*, conseguito in uno stadio coperto.

indoraménto s. m. ● Atto, effetto dell'indorare (*anche fig.*).

indoràre [comp. di *in-* (*1*) e *dorare*] A v. tr. (*io indòro*) *1* Stendere su q.c. uno strato d'oro: *i. la copertura di un libro* | *I. la pillola*, (*fig.*) attenuare un dispiacere con parole opportune | (*cuc.*) *I. la frittura*, intriderla nell'uovo sbattuto e metterla al fuoco. *2* (*fig.*) Fare risplendere o diventare del colore dell'oro: *il sole indora le cime dei monti*, *le messi* | (*fig.*) *I. i capelli*, tingerli di biondo. B v. intr. pron. ● Prendere un colore dorato.

indoràto part. pass. di *indorare*; anche agg. ● Nei sign. del v.

indoratóre s. m.; anche agg. (f. *-trice*) ● Chi, che indora.

indoratùra s. f. ● Doratura.

indormentìre [comp. di *in-* (*1*) e *dormente*] A v. tr. (*io indormentisco, tu indormentisci*) ● (*fam.*) Rendere torpido, insensibile. SIN. Intorpidire, intormentire. B v. intr. e intr. pron. ● (*fam.*) Perdere sensibilità nelle membra per freddo, posizione scomoda e sim. SIN. Intorpidirsi, intormentirsi.

indorsàre [comp. di *in-* (*1*) e *dorso*] v. tr. (*io indòrso* o *io indórso*) ● Arrotondare il dorso di un libro da rilegare.

indorsatùra s. f. *1* Atto, effetto dell'indorsare. *2* Dorso arrotondato di un libro.

indossàre [da *indosso*] v. tr. (*io indòsso*) ● Avere o mettersi addosso: *i. un abito elegante*; *i. l'uniforme, la tonaca*. SIN. Vestire.

indossàta [da *indossare*] s. f. ● (*raro*) Prova di un abito durante la sua lavorazione.

indossatóre [da *indossare*] s. m. (f. *-trice* nel sign. 1) *1* Che indossa e presenta al pubblico, spec. in una sfilata, i nuovi modelli di una casa di moda | *I. fisso*, che lavora esclusivamente per una casa di moda | *I. volante*, non legato da un contratto ad una sola casa di moda. *2* Piccolo mobile appositamente foggiato sul quale, svestendosi, si appoggiano gli indumenti, spec. da uomo.

indòsso o **in dòsso** [comp. di *in* e *dosso*, letteralmente 'sul dorso'] avv. ● Addosso, sulla persona (spec. con riferimento a indumenti e ornamenti): *portare i. un pesante cappotto*; *aveva i. moltissimi gioielli*.

indostàno [dal n. indig. *Hindūstānī*, tratto, col suff. etn. *-ī*, dal persiano *Hindūstān* 'il paese (*stān*) del fiume Indo (*Hindū*)'] A agg. ● Dell'Indostan, regione posta a oriente dell'Indo e a occidente del Gange | (*est.*) Dell'India. B s. m. (f. *-a*) ● Abitante, nativo dell'Indostan | (*est.*) Indiano.

indòtto (1) [vc. dotta, lat. *indŏctu(m)*, comp. di *in-* neg. e *dŏctus* 'dotto'] agg. *1* (*lett.*) Che non è dotto | (*est.*) Ignorante. *2* †Ignaro. || **indottaménte**, avv. (*raro*) Da persona indotta.

indótto (2) o †**indùtto** [vc. dotta, adatt. del lat. *indŭctu(m)*, part. pass. di *indūcere* 'condurre dentro, spingere', comp. di *in-* 'dentro, verso' e *dūcere* 'condurre', di origine indeur.] A part. pass. di *indurre*; anche agg. *1* Nei sign. del v. *2* (*elettr.*) *Elettricità indotta*, che si manifesta sotto forma di separazione delle cariche elettriche di segno contrario, su di un conduttore al quale si avvicini un corpo elettrizzato | *Corrente indotta*, la corrente prodotta in un circuito immerso in un campo magnetico, dalla variazione del flusso di induzione magnetica concatenato col circuito stesso | *Magnetismo i.*, induzione magnetica. *3* (*econ.*) Detto di ogni attività produttiva, di piccola o media dimensione, generata dalla lavorazione di un grande complesso industriale, allo scopo di fornirgli beni e servizi. B s. m. *1* Parte di una macchina elettrica comprendente l'insieme degli avvolgimenti che diventano sede di forze elettromotrici indotte. *2* (*ling.*) Elemento su cui si esercita una influenza linguistica. *3* (*econ.*) Complesso di attività e lavorazioni indotte: *il calo dell'occupazione nell'i. FIAT*. *4* †Istigazione.

†indottrinàbile [comp. di *in-* (*3*) e *dottrinabile*] **agg.** ● Impossibile o difficile ad addottrinare.

indottrinaménto **s. m.** ● Atto, effetto dell'indottrinare.

indottrinàre [comp. di *in-* (*1*) e *dottrina*] **v. tr.** ● Addottrinare, istruire, spec. ai fini della propaganda politica.

†indovàrsi [comp. di *in-* (*1*) e *dove*] **v. intr. pron.** (*io m'indóvo, tu t'indóvi*) ● Mettersi in un luogo: *veder voleva come si convenne / l'imago al cerchio e come vi s'indova* (DANTE *Par.* XXXIII, 137-138).

indóve [comp. di *in-* (*2*) e *dove*] **avv.** ● (*raro, dial.*) Dove.

indovinàbile **agg.** ● Che si riesce a indovinare con facilità: *mistero i.*

indovinaménto o **†indivinaménto**. **s. m.** *1* (*raro*) L'indovinare. *2* †Sortilegio, divinazione astrologica.

indovinàre o **†indivinàre** [lat. parl. **indivināre*, comp. di *in-* raff. e *divināre* 'predire il futuro'] **v. tr.** *1* Conoscere e dichiarare il futuro o l'ignoto per ispirazione, attraverso la divinazione, grazie all'intuizione personale, basandosi su indizi e sim.: *i. il futuro, le cose a venire*; *i. il nome, il desiderio di qc.*; *hai proprio indovinato ciò che volevo* | *I. il pensiero di qc.*, intuirlo | *I. l'esito di q.c.*, prevederlo | (*ass.*) *Tirare a i.*, impostare il discorso su un argomento che non si conosce, cercando di arrivare per caso alla verità | *Chi l'indovina è bravo*, di cosa oscura o difficile che non tutti sono in grado di spiegare | (*ass.*) *Ci vuole poco a i.*, quando si vede con chiarezza quello che può succedere. **SIN.** Presentire, prevedere, pronosticare. *2* Azzeccare, colpire nel segno: *i. l'abito adatto per ogni occasione*; *a parlare bene di lui ci si indovina sempre* | *Non ne indovina una*, di persona a cui niente riesce bene. **SIN.** Imbroccare. *3* †Predire. *4* †Dare indizio, segno di q.c.

indovinàto **part. pass.** di *indovinare*; anche **agg.** *1* Nei sign. del v. *2* Ben riuscito, ben fatto, che ha avuto successo: *uno spettacolo, un film i.*

indovinatóre o **†indivinatóre**. **s. m.** (f. *-trice*) ● (*raro*) Chi indovina | †Indovino.

†indovinazióne o **†indivinazióne**. **s. f.** ● L'indovinare | Divinazione. || **†indovinazioncèlla**, **dim.**

indovinèllo [da *indovinare*] **s. m.** *1* Quesito enigmistico, talvolta in forma di breve componimento in versi, presentato con parole equivoche o ambigue o con una perifrasi riguardante la cosa da indovinare | Gioco enigmistico in genere. *2* (*est.*) Discorso di cui non si capisce bene il senso e il fine: *le tue parole sono un i. per me.* **SIN.** Enigma.

indovìno o **†indivìno** [da *indovinare*] **A** **s. m.** (f. *-a*) ● Chi pretende di riuscire a svelare il futuro in virtù di un rapporto speciale con il mondo soprannaturale | *Gioco dell'i.*, gioco infantile consistente nel riconoscere con occhi bendati il compagno toccato tra quelli che stanno intorno | (*est.*) Chi coglie nel segno nel prevedere q.c.: *essere i. a scoprire la causa, la natura di q.c.* **SIN.** Astrologo, divinatore. **B** **agg.** *1* Che indovina: *la mente, indovina de' lor danni* (TASSO). *2* (*lett.*) Divinatorio.

indovùto [comp. di *in-* (*3*) e *dovuto*, come il corrispondente *indebito*] **agg.** ● (*raro*) Che non è dovuto.

indragàre o **†indracàre** [comp. di *in-* (*1*) e *drago*] **A** **v. tr.** (*io indràgo, tu indràghi*) ● (*raro, lett.*) Mutare in drago | (*fig.*) Rendere feroce. **B** **v. intr. pron.** ● (*raro*) Trasformarsi in drago | (*fig.*) Diventare feroce come un drago.

indrappellàre [comp. di *in-* (*1*) e *drappello*] **v. tr.** (*io indrappèllo*) ● (*raro*) Schierare, mettere in drappello: *i. i soldati.*

†indrénto ● V. *indentro.*

†indrèto ● V. *indietro.*

indri [malgascio *indri*, escl. ('guarda!'), fraintesa come n. dell'animale] **s. m.** ● Scimmia arboricola dei Lemuridi che vive nel Madagascar, con muso aguzzo, arti lunghi e pelame abbondante (*Indri brevicaudata*).

†indrièto ● V. *indietro.*

†indrizzàre e *deriv.* ● V. *indirizzare* e *deriv.*

indù [fr. *hindou*, dal persiano *hindū*, dal n. indiano del fiume *Indo* (*Sínduh*)] **A** **s. m. e f.** ● Abitante dell'India, di religione non islamica. **B** **agg.** ● Relativo agli indù, alla loro religione e civiltà: *templi i.*

†indubbiàre [comp. di *in-* (*1*) e *dubbiare*] **v. intr.** ● Dubitare.

indùbbio [vc. dotta, lat. tardo *indŭbiu(m)*, comp. di *in-* neg. e *dŭbius* 'dubbio'] **agg.** ● Che non provoca dubbi: *uomo di indubbia fede* | *In modo i.*, in modo certo, evidente. || **indubbiaménte**, **avv.** Senza dubbio; certamente.

indubitàbile [vc. dotta, lat. tardo *indubitābile(m)*, comp. di *in-* neg. e *dubitābilis* 'dubitabile'] **agg.** ● Di cui non si può o non si deve dubitare: *buonafede i.*; *risultato i.* **SIN.** Certo. || **indubitabilménte**, **avv.** Senza possibilità di dubbio; certamente.

indubitabilità **s. f.** ● Qualità di ciò che è indubitabile.

indubitàto [comp. di *in-* (*3*) e *dubitato*, part. pass. di *dubitare*] **agg.** ● Che non è posto in dubbio: *circostanza indubitata* | *Verità indubitata*, innegabile. **SIN.** Certo, sicuro. || **indubitataménte**, **avv.** In modo certo, sicuro.

inducènte **part. pres.** di *indurre*; anche **agg.** *1* (*raro*) Nei sign. del v. *2* (*elettr.*) Di corpo o altra entità, la cui presenza determina modificazioni di stato in un altro: *campo, circuito i.*

†indùcere ● V. *indurre.*

inducìbile **agg.** ● Che può subire induzione | (*biol.*) *Gene i.*, gene la cui trascrizione è attivata dalla presenza di particolari sostanze dette induttori | (*biol.*) *Enzima i.*, enzima la cui sintesi può essere stimolata dalla presenza di un induttore.

†inducimento **s. m.** ● L'indurre qc. a fare q.c.: *per suo i.* (VILLANI).

indugiànte **part. pres.** di *indugiare*; anche **agg.** ● Nei sign. del v.

indugiàre [lat. parl. **indutiāre*, da *indūtiae* (nom. pl.) 'tregua', di etim. incerta] **A** **v. tr.** (*io indùgio*) *1* (*raro*) Differire, ritardare: *i. la data della partenza.* *2* †Fare aspettare. **B** **v. intr.** (aus. *avere*, †*essere*) ● Tardare, aspettare a fare o dire q.c.: *i. a servire, a rispondere*; *perché indugi?* | (*raro, fig.*) Trattenersi: *il crepuscolo indugiava sulle vette dei gran pioppi* (BACCHELLI). **C** **v. intr. pron.** ● Trattenersi, soffermarsi: *si indugiava a guardare le vetrine.*

indùgio [da *indugiare*] **s. m.** ● Atto, effetto dell'indugiare: *frapporre indugi*; *perdersi in indugi*; *troncare gli indugi* | *Senza i.*, subito: *senza altro i. si pone a camino* (BOIARDO). **SIN.** Arresto, ritardo.

induìsmo [da *indù*] **s. m.** ● Movimento religioso e filosofico sorto, in India, dopo il Brahmanesimo.

induìsta **A** **s. m. e f.** (**pl. m.** *-i*) ● Seguace dell'induismo. **B** anche **agg.**: *religione i.*

induìstico **agg.** (**pl. m.** *-ci*) ● Che si riferisce all'induismo o agli induisti.

indulgènte **part. pres.** di *indulgere*; anche **agg.** *1* Nei sign. del v. *2* Che rivela indulgenza: *risposta, sorriso i.* || **indulgenteménte**, **avv.** Con indulgenza.

indulgènza [vc. dotta, lat. *indulgĕntia(m)*, da *indulgēre* 'indulgere'] **s. f.** *1* Qualità di chi, di ciò che è indulgente: *sperare nell'i. di qc.*; *la sua giustizia non mi negherà l'i. che merita la difficoltà della commissione* (METASTASIO) | Inclinazione a perdonare o a compatire: *l'i. materna, paterna, di un giudice.* **SIN.** Clemenza, condiscendenza, mitezza. **CONTR.** Severità. *2* (*est.*) Disposizione benevola: *con l'i. della fortuna.* **SIN.** Favore. *3* Nella teologia cattolica, remissione della pena temporale dei peccati, accordata dalla Chiesa ai vivi a titolo di assoluzione e ai morti a titolo di suffragio | *I. plenaria*, totale remissione dei peccati.

indùlgere [vc. dotta, lat. *indulgēre*, di etim. incerta, con trapasso di coniug.] **A** **v. intr.** (**pres.** *io indùlgo, tu indùlgi*; **pass. rem.** *io indùlsi, tu indulgésti*; **part. pass.** *indùlto*; aus. *avere*) ● Essere, mostrarsi accondiscendente: *i. alle richieste di qc.* | (*est.*) Lasciarsi prendere da un'inclinazione, spec. negativa: *i. al vizio del bere.* **B** **v. tr.** *1* (*lett.*) †Permettere, accordare. *2* (*lett.*) †Perdonare.

indùlto (1) [vc. dotta, lat. tardo *indŭltu(m)*, s. del part. pass. di *indulgēre* 'indulgere'] **s. m.** *1* (*dir.*) Provvedimento con cui, a tutti coloro che si trovano nelle condizioni stabilite, viene condonata in tutto o in parte, o commutata, la pena principale inflitta | Anticamente, perdono generale che si concedeva ai soldati ammutinati o fuggitivi per indurli a tornare alla bandiera. *2* Nell'antico diritto della Chiesa, privilegio concesso a persone fisiche o a enti morali dalla sede apostolica o da un'autorità religiosa fuori o in contrasto della legge. *3* (*fig.*) Dilazione, sospensione.

indùlto (2) **part. pass.** di *indulgere*; anche **agg.** ● Nei sign. del v.

induménto [vc. dotta, lat. tardo *indumĕntu(m)*, da *indŭere* 'vestire', di origine indeur.] **s. m.** ● Oggetto di abbigliamento che si indossa: *i. leggero, pesante*; *distribuire gli indumenti ai profughi* | *Indumenti intimi*, quelli che si portano a diretto contatto con la pelle.

induràbile **agg.** ● (*raro*) Che può diventare duro.

induraménto **s. m.** ● (*raro*) Indurimento.

†induràre [vc. dotta, lat. *indurāre*, comp. di *in-* illativo e *durāre*, da *dūrus* 'duro'] **A** **v. tr.** ● Indurire (*anche fig.*): *essendo propria natura delle miserie i. e corrompere gli animi* (LEOPARDI). **B** **v. intr.** e **intr. pron.** *1* Indurirsi | (*fig.*) Diventare resistente alle fatiche, ai disagi. *2* Ostinarsi, impuntarsi.

indurènte **A** **part. pres.** di *indurire*; anche **agg.** ● Nei sign. del v. **B** **s. m.** ● Additivo che serve per indurire una sostanza.

induriménto **s. m.** *1* Atto, effetto dell'indurire e dell'indurirsi | Nei leganti idraulici, fenomeno prolungato nel tempo che segue la presa e per cui l'impasto acquista resistenza meccanica. *2* (*med.*) Aumento di consistenza di un organo o di un tessuto principalmente per processi di sclerosi. *3* (*chim.*) Trasformazione mediante idrogenazione di sostanze, spec. di grassi, tale che il prodotto ottenuto passi da uno stato più o meno liquido allo stato solido e sia utilizzabile economicamente.

indurìre [comp. di *in-* (*1*) e *duro*] **A** **v. tr.** (*io indurìsco, tu indurìsci*) *1* Rendere duro, sodo: *i. la creta, il cemento*; *i. i muscoli con l'esercizio* | (*est.*) Assuefare, abituare: *i. il corpo alle fatiche.* **CONTR.** Ammorbidire. *2* (*fig.*) Rendere insensibile: *le delusioni lo hanno indurito.* **B** **v. intr.** e **intr. pron.** (aus. *essere*) ● Diventare duro (*anche fig.*): *la creta senz'acqua indurisce*; *dopo le ingiustizie subite si è indurito*; *indurirsi in un rifiuto.*

indùrre o **†indùcere** [vc. dotta, lat. *indūcere* 'condurre dentro, spingere', comp. di *in-* 'dentro, verso' e *dūcere* 'condurre', di origine indeur.] **A** **v. tr.** (**pres.** *io indùco, tu indùci*; **fut.** *io indurrò*; **pass. rem.** *io indùssi, tu inducésti*; **condiz. pres.** *io indurrèi, tu indurrésti*; **part. pass.** *indótto*, †*indùtto*) *1* Persuadere, muovere, spingere, trascinare qc. a fare q.c.: *i. qc. alla compassione, al male, in errore*; *i. qc. a partire, a parlare*; *io sol te indussi la promessa a fare* (BOIARDO) | *I. in tentazione qc.*, procurargli l'occasione per commettere il male | Costringere, piegare: *i. qc. alla sottomissione, a una dolorosa decisione.* *2* (*raro*) Ispirare, destare un sentimento o una sensazione: *i. una speranza, una convinzione, un moto di repulsione in qc.* | *I. un sospetto*, insinuarlo. *3* (*filos.*) Inferire da determinate osservazioni o esperienze particolari il principio generale in esse implicito. *4* †Portare, condurre | †Mettere in scena o introdurre in una narrazione. *5* †Addurre. *6* (*fis.*) Determinare in un corpo uno stato senza trasmetterlo direttamente: *i. elettricità, magnetismo.* **B** **v. intr. pron.** *1* Risolversi, decidersi a fare q.c.: *indursi a lasciare una città.* *2* (*raro*) Ridursi.

indùsio [vc. dotta, lat. *indŭsiu(m)* 'veste femminile', dal gr. *éndysis*, da *endýein* 'indossare', comp. di *en* 'in' e *dýein*, di etim. incerta] **s. m.** *1* Nell'antica Roma, tunica aderente al corpo, propria dell'abbigliamento femminile. *2* (*bot.*) Velo che nelle felci ricopre i sori.

indùstre [vc. dotta, lat. *indŭstriu(m)* (V. *industria*), con mutato suff.] **agg.** ● (*lett.*) Industrioso: *le api, le formiche industri*; *l'i. artier sta fiso / allo scarpello* (PARINI). || **†industreménte**, **avv.** Industriosamente.

indùstria [vc. dotta, lat. *indŭstria(m)*, da *endo-* 'dentro' e *strŭere* 'costruire', da *stĕrnere*, di origine indeur.] **s. f.** *1* Moderno modo di produrre merci su larga scala, mediante macchinari mossi da energia non umana o animale, manovrati da lavoratori e richiedenti cospicui investimenti di capitale finanziario. *2* Organizzazione di uomini e mezzi avente per finalità la produzione in un certo settore: *industrie belliche, tessili, metalmeccaniche*; *industria estrattiva, manifatturiera* | *I. pe-*

sante, complesso delle industrie meccaniche, metallurgiche e siderurgiche | *I. leggera*, complesso delle industrie che producono beni di piccola mole e largo consumo | *Grande i.*, insieme dei più importanti complessi industriali | *Piccola i.*, quella con pochi dipendenti e limitato capitale | *I. culturale*, la cultura di massa considerata sia dal punto di vista delle sue strutture organizzative che da quello dei suoi contenuti concettuali. *3* Operosità ingegnosa abituale o volta al raggiungimento di uno scopo specifico: *l'i. umana*; *l'i. delle api*; *m'avidi in nostra i. e diligenza ... stare il potersi acquistare ogni laude* (ALBERTI) | (*raro*) *Campare d'i.*, di espedienti | (*raro, scherz.*) *Cavaliere d'i.*, chi maschera dietro un'apparenza di perbenismo una natura di avventuriero | (*raro*) *Con ogni i.*, con ogni accorgimento. || **industriòla**, †**industriuòla**, **dim.**

industrial design /*ingl.* in'dʌstriəl di'zain/ [ingl., letteralmente 'disegno (ma *design* ha applicazione più ampia: 'progetto, modello, tipo' e sim.) industriale (*industrial*, latinismo passato attraverso il fr.)'] **loc. sost. m. inv.** ● Progettazione di manufatti, apparecchi, strumenti e sim., da prodursi industrialmente in serie che, ai requisiti tecnici funzionali, uniscono pregi estetici.

industrial designer /*ingl.* in'dʌstriəl di'zainə*/ [loc. ingl., propr. 'disegnatore industriale'] **loc. sost. m. inv.** (**pl.** ingl. *industrial designers*) ● Chi si occupa professionalmente di industrial design.

industriàle **A** **agg.** ● Dell'industria, pertinente all'industria: *progresso i.* | *Credito i.*, quello concesso a imprese industriali | *Corrente i.*, a uso delle industrie | *Chimica i.*, applicata all'industria | *Zona i.*, zona in cui vi sono agevolazioni per le industrie che vi si impiantano | *Costo i.*, riferito al solo ciclo produttivo, escludendo le spese generali amministrative e di distribuzione | *Ciclo i.*, sequenza completa di operazioni elementari necessaria a svolgere una specifica attività o un compito particolare o a produrre un pezzo | *Piante industriali*, quelle che producono materie prime per l'industria | *Rivoluzione i.*, la radicale trasformazione tecnologica ed economica dovuta all'introduzione delle macchine nell'industria, nel periodo compreso tra la fine del sec. XVIII e la prima metà del XIX e (*est.*) ogni trasformazione profonda del sistema di produzione industriale dovuta principalmente allo sviluppo tecnico. || **industrialòtto**, **dim.**, **spreg.** || **industrialménte**, **avv.** Nei modi relativi alle attività dell'industria. **B** **s. m.** e **f.** ● Imprenditore o proprietario di un'impresa industriale.

industrialismo [fr. *industrialisme*, da *industrial* 'industriale'] **s. m.** ● Predominio dell'industria sulle altre attività economiche.

industrializzàre [fr. *industrialiser*, da *industrial* 'industriale'] **A** **v. tr.** *1* Sostituire, applicare criteri dell'industria a un'attività economica: *i. l'allevamento dei polli*. *2* Trasformare l'assetto economico di un Paese o di una regione impiantandovi nuove industrie o potenziando quelle già esistenti. **B** **v. intr. pron.** ● Trasformarsi economicamente dotandosi di strutture o tecniche industriali.

industrializzàto **part. pass.** di *industrializzare*; anche **agg.** ● Nei sign. del v.

industrializzazióne **s. f.** ● Atto, effetto dell'industrializzare: *l'i. delle aree depresse*.

industriàrsi [da *industria*] **v. intr. pron.** (*io m'indùstrio*) ● Adoperarsi con i mezzi del proprio ingegno o con l'abilità per ottenere q.c.: *i. con l'astuzia e con la frode*; *i. in ogni modo per campare*. **SIN.** Ingegnarsi.

industrióso [vc. dotta, lat. tardo *industriōsu(m)*, da *indūstria* 'industria'] **agg.** *1* Di chi è laborioso, capace, ingegnoso: *artigiano i.*; *usava questo i. artefice di far primieramente un modelletto di cera* (CELLINI) | Abile: *trucco i.* *2* †Manieroso, garbato. || **industriosaménte**, **avv.** *1* In modo industrioso. *2* (*raro*) A bella posta.

induttànza [fr. *inductance*, dal lat. *indūctu(m)* 'indotto'] **s. f.** *1* (*elettr.*) Coefficiente di autoinduzione espresso dal rapporto tra il flusso concatenato di induzione, prodotto dalla corrente che percorre un circuito, e l'intensità della corrente stessa. *2* (*elettr.*) Componente elettrico costituito da un avvolgimento di filo isolato eseguito su un nucleo di ferro o anche di materiale non magnetico, usato per creare l'induttanza in un circuito.

induttìvo [vc. dotta, lat. tardo *inductīvu(m)* 'ipotetico', da *indūcere* 'indurre'] **agg.** *1* (*filos.*) Che è fondato sul procedimento dell'induzione. **CONTR.** Deduttivo. *2* (*dir.*) *Accertamento i.*, valutazione, compiuta dal fisco, del reddito di un contribuente, fondandosi su presunzioni di fatto e non su documenti. *3* (*elettr.*) Che concerne l'induzione elettrica o magnetica. *4* †Persuasivo, suggestivo. || **induttivaménte**, **avv.**

†**indùtto** ● V. *indotto* (*2*).

induttòmetro [comp. di *indutt(anza)* e *-metro*] **s. m.** ● Strumento per la misurazione di induttanze.

induttóre [vc. dotta, lat. *inductōre(m)* 'chi applica, iniziatore', da *indūctus*, part. pass. di *indūcere* 'indurre'] **A** **agg.** (f. *-trice*) ● Che induce: *circuito i.* **B** **s. m.** *1* (*elettr.*) Circuito di eccitazione di una macchina elettrica in cui circola corrente che genera il flusso magnetico utilizzato dall'indotto. *2* Componente elettrico che presenta prevalentemente induttanza. *3* (*ling.*) Elemento da cui parte una influenza linguistica. *4* †Chi induce. *5* (*biol.*) Sostanza in grado di stimolare l'espressione di un gene e di conseguenza la biosintesi di una proteina, gener. un enzima.

induzióne [vc. dotta, lat. *inductiōne(m)*, da *indūctus* 'indotto'] **s. f.** *1* (*filos.*) Procedimento logico che consiste nel ricavare da osservazioni ed esperienze particolari i principi generali in esse impliciti | (*raro, est.*) Congettura, supposizione: *la sua è una semplice i.* *2* (*fis.*) Fenomeno per cui un corpo o unb particolare agente induttore, per la vicinanza con un altro, crea o modifica determinate proprietà di questo | *i. elettromagnetica*, comparsa di una forza elettromotrice in un circuito, generato dal variare del flusso magnetico che l'attraversa | *I. elettrostatica*, ridistribuzione delle cariche di un corpo sotto l'azione di un campo elettrostatico | *I. magnetica*, magnetizzazione di un pezzo di ferro, acciaio, nichel, posto nel campo magnetico creato da una corrente elettrica o da una calamita | *I. residua*, misura della magnetizzazione restante nei materiali ferromagnetici dopo la scomparsa del campo magnetico esterno.

inebbriàre /inebbri'are, ineb'brjare/ e *deriv.* ● V. *inebriare* e *deriv.*

inebetìre [comp. di *in-* (*1*) e *ebete*] **A** **v. tr.** (*io inebetìsco, tu inebetìsci*) ● Rendere ebete o simile a un ebete: *il dolore l'ha inebetito*. **B** **v. intr.** e **intr. pron.** (aus. *essere*) ● Diventare ebete.

inebetìto **part. pass.** di *inebetire*; anche **agg.** ● Nei sign. del v.

inebriaménto /inebria'mento, inebrja'mento/ o **inebbriaménto**, †**innebbriaménto**, †**innebriaménto**. **s. m.** ● Atto, effetto dell'inebriare e dell'inebriarsi.

inebriànte /inebri'ante, ine'brjante/ o **inebbriànte**, †**innebbriante**, †**innebriànte**. **part. pres.** di *inebriare*; anche **agg.** ● Nei sign. del v.

inebriàre /inebri'are, ine'brjare/ o **inebbriàre**, †**innebbriàre**, †**innebriàre** [vc. dotta, lat. *inebriāre*, comp. di *in-* raff. e *ebriāre* 'rendere ebbro'] **A** **v. tr.** (*io inèbrio*) *1* Procurare uno stato di ebbrezza: *questo vino mi inebria*. *2* (*fig.*) Eccitare, esaltare: *gli applausi del pubblico lo inebriano*. *3* (*fig.*) Produrre grande dolcezza e diletto: *la lettura di quel libro lo aveva inebriato*. *4* (*lett.*) †Bagnare, imbevere, di lagrime: *La molta gente e le diverse piaghe / avean le luci mie sì inebriate* (DANTE *Inf.* XXIX, 1-2). **B** **v. intr. pron.** e †**intr.** ● Ubriacarsi | (*fig.*) Sentire un piacere intenso per q.c.: *inebriarsi alla vista di un quadro*.

inebriàto /inebri'ato, ine'brjato/ o **inebbriàto**, †**innebbriàto**, †**innebriàto**. **part. pass.** di *inebriare*; anche **agg.** ● Nei sign. del v.

ineccepìbile [comp. di *in-* (*3*) e un deriv. di *eccepire*] **agg.** ● Che non può essere soggetto a critiche o commenti sfavorevoli: *vita i.*; *persona i.* | Corretto, esatto, adatto alla situazione: *gli addendi sono a posto, ineccepibili, / ma la somma?* (MONTALE). **SIN.** Irreprensibile. || **ineccepibilménte**, **avv.**

ineccepibilità **s. f.** *1* Qualità di chi o di ciò che è ineccepibile. *2* (*dir.*) Impossibilità di proporre nel processo una determinata eccezione.

ineccitàbile [lat. *inexcitābile(m)*, comp. di *in-* neg. e *excitābilis* 'eccitabile, eccitante'] **agg.** ● (*raro*) Che non è eccitabile.

inèdia [vc. dotta, lat. *inēdia(m)*, comp. di *in-* neg. e un deriv. di *ēdere* 'mangiare', da una radice **ed-*, di origine indeur.] **s. f.** ● Lungo digiuno con conseguente deperimento: *essere esaurito per l'i.* | *Morire d'i.*, (*fig.*) trovarsi in uno stato di grande noia e apatia.

inedificàbile [comp. di *in-* (*3*) e *edificabile*] **agg.** ● Detto di terreno, area e sim. sui quali vige il divieto di costruire edifici.

inedificabilità **s. f.** ● Divieto di costruire edifici: *area soggetta a i.*

ineditànte [da *inedito* (cfr. *editare*)] **s. m.** e **f.** (**pl.** **m.** *-i*) ● Scrittore dilettante che tenta, sempre senza esito, di far pubblicare i suoi lavori.

inèdito [vc. dotta, lat. *inēditu(m)*, comp. di *in-* neg. e *ēditus* 'edito'] **A** **agg.** *1* Che non è stato ancora pubblicato: *scritto, romanzo i.* | *Autore i.*, le cui opere non sono ancora state stampate | (*raro*) Pubblicato non per volontà e iniziativa dell'autore: *gli scritti inediti del Tasso, del Leopardi* | (*raro*) Di materiale scientifico non ancora raccolto e descritto in pubblicazioni particolari: *monete, piante esotiche inedite*. *2* Ancora sconosciuto: *pettegolezzo i.* **B** **s. m.** ● Scritto non pubblicato: *un raro i. del Carducci*.

ineducàbile [comp. di *in-* (*3*) e *educabile*] **agg.** ● Che non si può educare | (*raro*) Che è difficile educare.

ineducàto [comp. di *in-* (*3*) e *educato*] **agg.** ● Che non è educato: *ragazzo i.* | (*est., spreg.*) Che manca di esercizio e disciplina: *ingegno, intelletto i.* || **ineducataménte**, **avv.**

ineducazióne [comp. di *in-* (*3*) e *educazione*] **s. f.** ● Mancanza di educazione.

ineffàbile [vc. dotta, lat. *ineffābile(m)*, comp. di *in-* neg. e *effābilis* 'effabile'] **agg.** *1* Che non si può esprimere per mezzo di parole, spec. in riferimento a sensazioni o sentimenti piacevoli: *bontà, dolcezza i.* **SIN.** Indicibile, inesprimibile. *2* (*est.*) Eccezionale, straordinario | (*iron., spreg.*) Incomparabile, impareggiabile, spec. per qualità negative. || **ineffabilménte**, **avv.**

ineffabilità [vc. dotta, lat. tardo *ineffabilitāte(m)*, comp. di *in-* neg. e un deriv. di *effābilis* 'effabile'] **s. f.** ● Qualità di ciò che è ineffabile.

ineffettuàbile [comp. di *in-* (*3*) e un deriv. di *effettuare*] **agg.** ● Che non si può effettuare: *progetto i.* **SIN.** Inattuabile.

ineffettuabilità **s. f.** ● (*raro*) Qualità di ciò che è ineffettuabile.

ineffettuàto [comp. di *in-* (*3*) e *effettuato*] **agg.** ● (*raro*) Che non è stato effettuato.

†**ineffettuazióne** [comp. di *in-* oppos. e *effettuazione*] **s. f.** ● (*raro*) Mancata effettuazione di q.c.

inefficàce [vc. dotta, lat. *inefficāce(m)*, comp. di *in-* neg. e *ĕfficax*, genit. *efficācis* 'efficace'] **agg.** ● Che non è efficace: *rimedio i.* | Che è senza effetto in vista di un determinato scopo: *riuscire i.*; *preghiera, esortazione i.* **SIN.** Inutile, vano. || **inefficaceménte**, **avv.**

inefficàcia [vc. dotta, lat. tardo *inefficācia(m)*, comp. di *in-* neg. e del lat. tardo *efficācia* 'efficacia'] **s. f.** (**pl.** *-cie*) ● Mancanza di efficacia.

inefficiènte [comp. di *in-* (*3*) e *efficiente*] **agg.** ● Che non è efficiente: *impiegato i.* | *Organizzazione i.*, di scarso o nessun rendimento.

inefficiènza [comp. di *in-* oppos. e *efficienza*] **s. f.** ● Mancanza di efficienza.

ineguagliàbile o **inuguagliàbile** [comp. di *in-* (*3*) e *eguagliabile*] **agg.** ● Che non è possibile uguagliare. **SIN.** Impareggiabile.

ineguagliànza o **inuguagliànza** [comp. di *in-* (*3*) e *eguaglianza*] **s. f.** ● Mancanza di uguaglianza: *i. dei diritti degli uomini* | Irregolarità: *i. di un livello, di una superficie* | (*raro, est.*) Variabilità, incoerenza: *i. di umore*.

ineguagliàto [comp. di *in-* (*3*) ed *eguagliato*] **agg.** ● Che non è stato uguagliato: *un primato ancora oggi i.*

ineguàle o †**inequàle**, **inuguàle** [lat. *inaequāle(m)*, comp. di *in-* neg. e *aequālis* 'eguale'] **agg.** ● Non uguale: *lati ineguali* | Non uniforme: *durata i.* | (*est.*) Variabile, incostante, discontinuo: *temperamento i.* | (*est.*) Irregolare: *moto i.*; *passi ineguali* | *Polso i.*, aritmico. || **inegualménte**, **avv.**

inegualità o †**inequalità**, **inugualità** [lat. *inaequalitāte(m)*, comp. di *in-* neg. e *aequālitas*, genit. *aequalitātis* 'egualità'] **s. f.** ● (*raro*) Ineguaglianza:

in quella città dove è grande i. di cittadini non si può ordinare repubblica (MACHIAVELLI).

inelasticità [comp. di *in-* (*3*) ed *elasticità*] s. f. ● (*econ.*) Anelasticità.

inelàstico [comp. di *in-* (*3*) ed *elastico*] agg. ● Rigido, fisso. SIN. Anelastico nel sign. 2.

inelegànte [vc. dotta, lat. *inelegānte(m)*, comp. di *in-* neg. e *ēlegans*, genit. *elegāntis* 'elegante'] agg. ● Che non è elegante: *vestito i.* | (*est.*) Rozzo: *stile, disegno i.* || **inelegantemènte**, avv.

ineleganza [lat. tardo *inelegāntia(m)*, comp. di *in-* neg. e *elegāntia* 'eleganza'] s. f. ● Mancanza di eleganza.

ineleggìbile o (*lett.*) **ineligìbile** [comp. di *in-* (*3*) e *eleggibile*] agg. ● Che non può venire eletto: *i. a deputato, a consigliere* | (*raro, est.*) Che non può essere scelto, preferito, accettato: *sistema, soluzione i.*

ineleggibilità o (*lett.*) **ineligibilità** [comp. di *in-* (*3*) e *eleggibilità*] s. f. ● Condizione di chi manca dei requisiti necessari per essere eletto.

ineligìbile e *deriv.* ● V. *ineleggibile* e *deriv.*

ineliminàbile [comp. di *in-* (*3*) ed *eliminabile*] agg. ● Che non è eliminabile, che non può essere eliminato: *ostacoli, difetti ineliminabili.*

ineloquènte [vc. dotta, lat. tardo *ineloquēnte(m)*, comp. di *in-* neg. e *elōquens*, genit. *eloquēntis* 'eloquente'] agg. ● (*raro*) Che non è eloquente: *oratore, narratore i.* || **ineloquentemènte**, avv. (*raro*) Senza eloquenza.

ineludìbile [comp. di *in-* (*3*) e dell'agg. verbale di *eludere*] agg. ● (*lett.*) Che non si può eludere.

ineluttàbile [vc. dotta, lat. *ineluctābile(m)*, comp. di *in-* neg. e *eluctābilis* 'superabile', da *eluctāri*, comp. di *e-* 'da' e *luctāri* 'lottare'] agg. ● Di ciò contro cui non si può lottare: *destino, necessità i.* SIN. Inevitabile. || **ineluttabilmènte**, avv.

ineluttabilità s. f. ● Qualità di ciò che è ineluttabile: *l'i. della morte.* SIN. Inevitabilità.

inemendàbile [vc. dotta, lat. *inemendābile(m)*, comp. di *in-* neg. e *emendābilis* 'emendabile'] agg. ● Che è impossibile emendare | *Vizio i.*, che non si può sradicare. SIN. Incorreggibile. || **inemendabilmènte**, avv. (*raro*) Senza possibilità di correzione.

inemendàto [vc. dotta, lat. *inemendātu(m)*, comp. di *in-* neg. e *emendātus* 'emendato'] agg. ● (*raro*) Che non è stato emendato, corretto: *edizione inemendata; vizio i.*

inenarràbile [vc. dotta, lat. *inenarrābile(m)*, comp. di *in-* neg. e *enarrābilis* 'enarrabile'] agg. ● Che non si può narrare: *strazio, dolore, angoscia i.*; *o primo entrar di giovinezza, o giorni / vezzosi, inenarrabili* (LEOPARDI) | (*est., enf.*) Meraviglioso: *una donna di i. bellezza.* SIN. Indescrivibile, indicibile, inesprimibile. || **inenarrabilmènte**, avv.

†**inequàle** e *deriv.* ● V. *ineguale* e *deriv.*

inequivocàbile [comp. di *in-* (*3*) e *equivocabile*] agg. ● Che non consente equivoci: *risposta i.* | Chiaro, netto: *atteggiamento i.* || **inequivocabilmènte**, avv.

inerbiménto s. m. ● Operazione dell'inerbire.

inerbìre [comp. di *in-* (*1*) e *erba*] v. tr. (*io inerbìsco, tu inerbìsci*) ● Coprire d'erba: *i. un terreno.*

inerènte [vc. dotta, lat. *inhaerĕnte(m)*, part. pres. di *inhaerēre* 'inerire'] agg. ● Che riguarda, è connesso o riferibile a q.c.: *indagini inerenti al delitto.* || **inerentemènte**, avv. (*raro*) Conformemente.

inerènza s. f. ● Qualità di ciò che è inerente.

inerìre [vc. dotta, lat. *inhaerēre*, comp. di *in-* 'a' e *haerēre* 'aderire', di etim. incerta, con passaggio ad altra coniug.] v. intr. (*io inerisco, tu inerìsci*; dif. del part. pass. e dei tempi composti) **1** (*raro*) Essere unito, connesso con q.c.: *i doveri che inneriscono al nostro ufficio.* **2** †Aderire, acconsentire: *i. ai desideri, al volere di qc.*

inèrme [vc. dotta, lat. *inĕrme(m)*, comp. di *in-* neg. e un deriv. di *ărma* 'arma'] agg. ● Che è senza armi e senza difesa (*anche fig.*): *nemico, nazione i.*; *è i. di fronte alla cattiveria altrui.* SIN. Disarmato, indifeso.

inerpicàre [comp. di *in-* (*1*) e *erpice* ('fare come l'erpice', che avanza aggrappando la terra coi denti) (?)] v. intr. pron. e †intr. (*io m'inérpico, tu t'inérpichi*) ● Arrampicarsi con sforzo aiutandosi con le mani e i piedi: *inerpicarsi su un albero, su una scogliera.*

inerpicàto part. pass. di *inerpicare*; anche agg. **1** Nei sign. del v. **2** Che sta in un luogo alto e scosceso: *un paesetto i. sulla montagna.*

†**inerrànte** [vc. dotta, lat. *inerrānte(m)*, comp. di *in-* neg. e *ĕrrans*, genit. *errāntis* 'errante'] agg. **1** Immobile, fisso. **2** (*fig.*) Infallibile.

inerrànza [dal lat. *inerrānte(m)*, comp. di *in-* neg. e *ĕrrans*, genit. *errāntis*, part. pres. di *errāre* 'errare'] s. f. ● Nella teologia cattolica, infallibilità ed esenzione da ogni errore che competono alle Sacre Scritture come ispirate da Dio.

inèrte [vc. dotta, lat. *inĕrte(m)*, comp. di *in-* neg. e un deriv. di *ărs*, genit. *ărtis* 'arte': propriamente, dunque, 'senza arte'] agg. **1** Di chi manca di attività, di energia, per necessità o pigrizia di carattere: *dopo il licenziamento è restato parecchi giorni i.*; *temperamento i.* SIN. Inoperoso, ozioso. CONTR. Attivo. **2** (*est.*) Immobile: *la caduta lo obbligò a starsene i. a letto* | *Acqua i.*, stagnante. **3** Che si trova nello stato di inerzia: *materia i.* | (*est.*) Privo di movimento: *braccio, organo i.* | (*fig.*) *Cuore i.*, privo di affetti | *Peso i.*, (*fig.*) di chi sta inoperoso e non si presta per gli altri. **4** (*chim.*) Di elemento o composto che nel corso di un processo chimico non reagisce. **5** Di materiale costituente il calcestruzzo, privo di funzione legante. **6** (*med.*) Colpito da inerzia.

inertizzàre [comp. di *inert(e)* e *-izzare*] v. tr. ● Trattare scorie industriali tossiche con procedimento atto a renderle inerti.

inerudìto [vc. dotta, lat. *inerudītu(m)*, comp. di *in-* neg. e *erudītus* 'erudito'] agg. ● (*lett.*) Che non è erudito in generale o in qualche particolare settore. || **ineruditamènte**, avv. (*raro*) Da inerudito.

inerudizióne [vc. dotta, lat. tardo *ineruditiōne(m)*, comp. di *in-* neg. e *erudītio*, genit. *eruditiōnis* 'erudizione'] s. f. ● (*raro*) L'essere inerudito.

inèrzia [vc. dotta, lat. *inĕrtia(m)*, da *inĕrte(m)* 'inerte'] s. f. **1** L'essere inerte per pigrizia, torpore spirituale e sim.: *i. abituale, forzata*; *giacere nell'i.* SIN. Inoperosità, oziosità. CONTR. Attività. **2** (*med.*) Diminuita capacità contrattile di un organo muscolare: *i. uterina, vescicale.* **3** (*fis.*) Tendenza dei corpi a perseverare nello stato di quiete o di moto rettilineo uniforme finché non subentri una forza esterna | *Momento d'i.*, V. *momento* | *Forza di i.*, quella delle forze apparenti che si manifestano in sistemi di riferimento ruotanti, come la forza centrifuga | *Fare q.c. per i.*, *per forza di i.*, (*fig.*) per abitudine e senza potere o volere smettere.

inerziàle agg. ● Relativo all'inerzia | Che possiede inerzia.

inesattézza s. f. **1** Qualità di ciò che è inesatto: *i. di una citazione.* **2** (*est.*) Errore, sbaglio: *compito pieno di inesattezze.*

inesàtto (1) [comp. di *in-* (*3*) e *esatto* (*1*)] agg. ● Che manca di precisione, di adesione alla verità in modo parziale: *citazione, notizia inesatta* | Erroneo: *risposta inesatta.* || **inesattamènte**, avv.

inesàtto (2) [comp. di *in-* (*3*) e *esatto* (*2*)] agg. ● Che non è stato riscosso: *quota inesatta; tributo i.*

inesaudìbile [comp. di *in-* (*3*) e *esaudibile*] agg. ● (*raro*) Che non può essere esaudito: *volontà, richiesta i.*

inesaudìto [comp. di *in-* (*3*) e del part. pass. di *esaudire*] agg. ● (*raro*) Che non è stato esaudito: *invocazione inesaudita.* SIN. Inascoltato.

inesauribile [comp. di *in-* (*3*) e un deriv. di *esaurire*] agg. ● Che non può essere esaurito (*anche fig.*): *fonte, miniera i.*; *bontà, misericordia i.* | (*est.*) Abbondantissimo: *ricchezza i.* || **inesauribilménte**, avv.

inesauribilità s. f. ● Qualità di ciò che è inesauribile (*anche fig.*): *l'i. di una sorgente*; *l'i. della vostra energia.*

inesàusto [vc. dotta, lat. *inexhăustu(m)*, comp. di *in-* neg. e *exhăustus* 'esausto'] agg. ● Che non è mai esausto | *Sorgente inesausta*, perenne | *Terreno i.*, sempre fertile.

†**inescàre** e *deriv.* ● V. *innescare* e *deriv.*

inescogitàbile [vc. dotta, lat. tardo *inexcogitābile(m)*, comp. di *in-* neg. e un deriv. di *excogitāre* 'escogitare'] agg. ● (*raro*) Che non può essere concepito o pensato | Che eccede la mente umana.

inescusàbile [vc. dotta, lat. *inexcusābile(m)*, comp. di *in-* neg. e *excusābilis* 'escusabile'] agg. ● (*lett.*) Che non può essere scusato: *negligenza, colpa, ignoranza i.* || **inescusabilménte**, avv. (*raro*) In modo inescusabile.

inescusabilità s. f. ● (*raro*) L'essere inescusabile.

inescusàto [da *inescusabile*] agg. ● (*raro*) Che non è scusato: *mancanza inescusata* | Non degno di scusa: *villania inescusata.*

ineseguìbile [comp. di *in-* (*3*) e *eseguibile*] agg. ● Non eseguibile: *compito, dovere i.*

ineseguìto [comp. di *in-* neg. e *eseguito*] agg. ● Che non è o non è stato eseguito.

inesercitàbile [vc. dotta, lat. tardo *inexercitābile(m)*, comp. di *in-* neg. e *exercitāre* 'esercitare'] agg. **1** (*raro*) Che non può essere esercitato: *arte, professione, mestiere i.* **2** †Non praticabile.

inesercitàto [vc. dotta, lat. *inexercitātu(m)*, comp. di *in-* neg. e *exercitātus* 'esercitato'] agg. ● (*raro*) Che manca di esercizio in q.c.: *corpo i. alla ginnastica*; *ingegno i.* | (*raro, est.*) Ozioso, inerte: *restare a lungo i.*

inesigìbile [comp. di *in-* (*3*) e un deriv. del v. *esigere*] agg. ● Che non si può esigere, riscuotere: *credito i.*

inesigibilità s. f. ● Impossibilità a riscuotersi: *l'i. dei crediti.*

inesistènte [comp. di *in-* (*3*) e *esistente*] agg. ● Che non esiste: *ricchezza i.*; *patrimonio i.* | Insussistente, infondato: *colpa i.*; *accusa i.* | (*est.*) Immaginario: *il malato accusa sintomi inesistenti.*

inesistènza s. f. **1** Condizione di ciò che non esiste: *i. di un reato.* SIN. Insussistenza. **2** (*dir.*) Mancanza dei requisiti che rendono un atto giuridico riconoscibile come tale: *i. di un negozio giuridico.*

inesoràbile [vc. dotta, lat. *inexorābile(m)*, comp. di *in-* neg. e *exorābilis* 'esorabile', da *exorāre* 'pregare'] agg. **1** Di chi non si lascia piegare e muovere dalle preghiere o dalla pietà: *giudice i.* | *Critico i.*, che non risparmia critiche negative. SIN. Crudele, implacabile. **2** Di ciò che è impossibile evitare o a cui non ci si può sottrarre: *destino, flagello, decreto i.*; *il sistema è i., come il fato* (DE SANCTIS). || **inesorabilménte**, avv. In modo inesorabile; senza misericordia: *colpire inesorabilmente.*

inesorabilità [vc. dotta, lat. tardo *inexorabilitāte(m)*, comp. di *in-* neg. e di un deriv. da *exorābilis* 'esorabile'] s. f. ● Qualità di chi o di ciò che è inesorabile.

inesoràto [vc. dotta, lat. tardo *inexorātu(m)*, comp. di *in-* neg. e *exorātus*, part. pass. di *exorāre* 'esorare, pregare'] agg. ● (*raro, lett.*) Che non è stato piegato da preghiere.

inesperiènza [vc. dotta, lat. tardo *inexperiēntia(m)*, comp. di *in-* neg. e *experiēntia* 'esperienza'] s. f. ● Mancanza di esperienza, di pratica in qualche particolare settore: *i. giovanile*; *sbagliare per i.*; *verrete a certificarvi che non per ignoranza o i. sono indutti a seguir tale opinione* (GALILEI).

†**insperimentàto** [comp. di *in-* (*3*) e (*e*)*sperimentato*] agg. ● (*raro*) Che non è stato sperimentato.

inespèrto [vc. dotta, lat. *inexpĕrtu(m)*, comp. di *in-* neg. e *expĕrtus* 'esperto'] agg. **1** Privo di esperienza in q.c.: *i. della politica, del mare* | (*est.*) Che non conosce ancora gli uomini e le difficoltà del mondo: *giovane, ragazzo i.* **2** Che non ha pratica in q.c.: *medico, avvocato i.*; *ai pittori inesperti sono li orli della superficie non conosciuti* (ALBERTI) | *Mano inesperta*, poco abile. || **inespertaménte**, avv.

inespiàbile [vc. dotta, lat. *inexpiābile(m)*, comp. di *in-* neg. e *expiābilis* 'espiabile'] agg. ● Che non è possibile espiare a causa della sua estrema gravità: *colpa, delitto i.* || **inespiabilménte**, avv. (*raro*) In modo inespiabile.

inespiàto [vc. dotta, lat. tardo *inexpiātu(m)*, comp. di *in-* neg. e del lat. tardo *expiātus* 'espiato'] agg. ● Non espiato: *crimine i.* | Che non viene espiato secondo la sua gravità: *errore i.*

inesplicàbile [vc. dotta, lat. *inexplicābile(m)*, comp. di *in-* neg. e *explicābilis* 'esplicabile'] agg. ● Che non si riesce a spiegare, a capire: *enigma, mistero, fenomeno i.*; *la voce dell'uomo gl'inesplicabili pensieri della nostra mente espone come interprete* (MARINO). SIN. Impenetrabile, incomprensibile, inspiegabile. || **inesplicabilménte**, avv.

inesplicabilità s. f. ● Qualità di ciò che è inesplicabile: *l'i. della sua condotta sorprende tutti.*

inesplicàto [vc. dotta, lat. tardo *inexplicātu(m)*, comp. di *in-* neg. e *explicātus*, part. pass. di *explicāre* 'esplicare'] agg. ● Che non è stato spiegato: *mistero i.* | *Rimanere, restare i.*, privo di una logica spiegazione | Incomprensibile: *fatto i.*

inesploràbile [comp. di *in-* (3) e *esplorabile*] agg. **1** Che non può essere esplorato o lo è con difficoltà: *territorio selvaggio e i.* **2** (*fig.*) Che non si può conoscere a fondo: *intenzioni, progetti inesplorabili.* || **inesplorabilménte**, avv. (*raro*) In modo inesplorabile.

inesploràto [vc. dotta, lat. *inexplorātu(m)*, comp. di *in-* neg. e *explorātus* 'esplorato'] agg. ● Che non è stato ancora esplorato: *caverna inesplorata* | (*fig.*) Sconosciuto: *testo i.* | *Archivio i.*, non ancora esaminato.

inesplòso [comp. di *in-* (3) e *esploso*] agg. ● Che non è esploso al momento previsto: *proiettile, ordigno i.*

inespressìvo [comp. di *in-* (3) e *espressivo*, sul modello del fr. *inexpressif*] agg. ● Che è privo di espressione: *viso, sguardo i.* | Scialbo, inefficace: *stile i.* || **inespressivaménte**, avv.

inesprèsso [comp. di *in-* (3) e *espresso*, part. pass. di *esprimere*] agg. ● Che non viene espresso: *odio i.*

inesprimìbile [comp. di *in-* (3) e *esprimibile*] agg. **1** Che è difficile o impossibile esprimere con parole adeguate: *dolore, gioia i.* SIN. Indicibile. **2** (*est.*) Vago, indefinito: *un senso i. di scontentezza.* || **inesprimibilménte**, avv.

inespugnàbile [vc. dotta, lat. *inexpugnābile(m)*, comp. di *in-* neg. e *expugnābilis* 'espugnabile'] agg. ● Che non è possibile espugnare: *fortezza, città i.* | (*est.*) *Difesa i.*, invincibile | (*fig.*) Incorruttibile, inflessibile: *fermezza i.* || **inespugnabilménte**, avv. (*raro*) Invincibilmente.

inespugnabilità s. f. ● L'essere inespugnabile (*anche fig.*): *l'i. di una fortezza*; *l'i. delle convinzioni morali.*

inespugnàto [vc. dotta, lat. tardo *inexpugnātu(m)*, comp. di *in-* neg. e *expugnātus*, part. pass. di *expugnāre* 'espugnare'] agg. ● Che non è stato espugnato (*anche fig.*): *postazione nemica inespugnata*; *volontà inespugnata.*

inessiccàbile [comp. di *in-* (3) e un deriv. di *essiccare*] agg. ● (*lett.*) Che non può essiccarsi (*anche fig.*): *fonte i.*; *fantasia i.*

inestensìbile [comp. di *in-* (3) e *estensibile*] agg. ● Che non può estendersi (*anche fig.*): *materia i.*; *prerogativa i.*

inestensibilità s. f. ● Qualità di ciò che è inestensibile.

inestensióne [comp. di *in-* (3) e *estensione*] s. f. ● (*raro*) L'essere inesteso.

inestéso [comp. di *in-* (3) e *esteso*] agg. ● (*raro*) Che non è esteso.

inestètico [comp. di *in-* (3) e *estetico*] agg. (pl. m. *-ci*) ● (*raro*) Antiestetico.

inestetìsmo [da *inestetico*] s. m. ● Difetto o disturbo fisico lieve e, in genere, temporaneo: *la forfora, il rossore, sono inestetismi.*

inestimàbile [vc. dotta, lat. *inaestimābile(m)*, comp. di *in-* neg. e *aestimābilis* 'estimabile'] agg. ● Che non si può stimare, valutare pienamente per il suo grandissimo valore: *ricchezza, valore, bene i.* | (*est., lett.*) Incalcolabile, grandissimo: *difficoltà i.* || **inestimabilménte**, avv.

inestimàto [vc. dotta, lat. giuridico *inaestimātu(m)*, comp. di *in-* neg. e *aestimātus* 'estimato'] agg. **1** Che non è o non è stato stimato nel suo giusto valore. **2** †Impensato, improvviso.

inestinguìbile [vc. dotta, lat. tardo *inextinguĭbile(m)*, comp. di *in-* neg. e *extinguĭbilis* 'che può essere estinto'] agg. ● Che non si può estinguere: *incendio, fuoco i.* | (*fig.*) Perenne, perpetuo: *rancore i.*; *inestinguibili odi che si lasciarono lunga età in retaggio a' vegnenti* (VICO). || **inestinguibilménte**, avv.

inestìnto [vc. dotta, lat. *inexstīnctu(m)*, comp. di *in-* neg. e *exstīnctus*, part. pass. di *exstĭnguere* 'estinguere'] agg. ● (*raro, lett.*) Non estinto.

inestirpàbile [vc. dotta, lat. *inexstirpābile(m)*, comp. di *in-* neg. e un deriv. di *exstirpāre* 'estirpare'] agg. ● Che non può essere estirpato (*spec. fig.*): *male, cancro i.*

inestricàbile [vc. dotta, lat. *inextricābile(m)*, comp. di *in-* neg. e un deriv. di *extricāre* 'estricare'] agg. ● Che non si può districare, sbrogliare (*anche fig.*): *nodo i.*; *questione, dubbio i.* || **inestricabilménte**, avv.

inestricàto [vc. dotta, lat. tardo *inextricātu(m)*, comp. di *in-* neg. e *extricātus*, part. pass. di *extricāre* 'estricare'] agg. ● (*raro*) Che non è stato districato.

inettézza s. f. ● (*raro*) Inettitudine: *escusare la propria codardia ed i. alle speculazioni* (GALILEI).

inettitùdine [vc. dotta, lat. *ineptitūdine(m)*, da *inĕptus* 'inetto'] s. f. **1** Mancanza di attitudine per un determinato lavoro o attività: *avere, rivelare i. per la carriera artistica.* SIN. Incapacità. **2** (*est.*) Dappocaggine.

inètto [vc. dotta, lat. *inĕptu(m)*, comp. di *in-* neg. e un deriv. di *ăptus* 'atto', part. pass. di *ăpere* 'attaccare', di origine indeur.] **A** agg. **1** Di chi non ha attitudine per una certa attività: *essere i. alle armi, al comando* | (*est.*) Incapace a svolgere adeguatamente il proprio lavoro, o professione: *operaio, medico i.* | (*spreg.*) Che vale poco, manca assolutamente di capacità e di energia: *uomo i.* **2** †Sconveniente, sgarbato. || **inettaménte**, avv. **B** s. m. (f. *-a*) ● Chi è incapace di svolgere un determinato compito | (*est.*) Persona di poco o nessun valore.

ineùnte [vc. dotta, lat. *ineŭnte(m)*, part. pres. di *inīre* 'cominciare, entrare (*ire*) dentro (*in-*)'] agg. ● (*lett.*) Che ha principio, che comincia: *classicismo i.*

inevàso [comp. di *in-* (3) e *evaso*] agg. ● Detto di documento, pratica burocratica e sim. non sbrigati.

inevidènte [comp. di *in-* (3) e *evidente*] agg. ● (*raro*) Che è privo di evidenza o di chiarezza: *dimostrazione i.*

inevidènza s. f. ● (*raro*) Qualità di ciò che è inevidente.

inevitàbile [vc. dotta, lat. *inevitābile(m)*, comp. di *in-* neg. e *evitābilis* 'evitabile'] **A** agg. ● Detto di ciò che non è possibile evitare: *male, pericolo i.*; *la morte è i.* SIN. Ineluttabile. || **inevitabilménte**, avv. Immancabilmente, necessariamente; con certezza. **B** s. m. ● Ciò che non si può evitare: *andare incontro all'i.*

inevitabilità s. f. ● L'essere inevitabile. SIN. Ineluttabilità.

in extremis /lat. in eks'tremis/ [letteralmente 'negli (*ĭn*) ultimi (*extrēmis*, abl. pl. di *extrēmus* 'estremo'), sott. momenti della vita'] loc. avv. **1** Negli estremi momenti, in fin di vita, sul punto di morte: *confessione in extremis*; *assoluzione in extremis* | *Matrimonio in extremis*, cui si provvede liturgicamente nell'incombenza di morte e in condizione di rischio estremo. **2** Negli ultimi attimi di una data situazione: *sfuggire in extremis all'esecuzione.*

inèzia [vc. dotta, lat. *inĕptia(m)*, da *inĕptus* 'inetto'] s. f. **1** Cosa priva di ogni importanza o valore: *litigare per un'i.*; *questa traduzione per me è un'i.*; *gioielli a cui la moda / di viver concedette un giorno intero / tra le folte d'inezie illustri tasche* (PARINI). SIN. Bazzecola, minuzia, sciocchezza. **2** †Inettezza.

†**infacèto** [vc. dotta, lat. *infacētu(m)*, comp. di *in-* neg. e *facētus* 'faceto'] agg. ● Insulso, privo di arguzia, di spirito: *acciocché il mio parlar di facezie non sia i. e fastidioso, forse buon sarà differirlo insino a domani* (CASTIGLIONE). || **infacetaménte**, avv. Insulsamente.

infacóndia [vc. dotta, lat. tardo *infacŭndia(m)*, comp. di *in-* neg. e *facŭndia* 'facondia'] s. f. ● (*raro, lett.*) Scarsa abilità e perizia nell'esprimersi, spec. pubblicamente.

infacóndo [vc. dotta, lat. *infacŭndu(m)*, comp. di *in-* neg. e *facŭndus* 'facondo'] agg. ● (*lett.*) Che manca di facondia: *conferenziere noioso e i.* || †**infacondaménte**, avv. Senza facondia.

infagottàre [comp. di *in-* (1) e *fagotto*] **A** v. tr. (*io infagòtto*) ● (*raro*) Avvolgere q.c. formando un fagotto | (*fig.*) Mettere addosso a qc. indumenti pesanti e voluminosi per proteggerlo dal freddo: *i. un bambino in scialli e coperte* | (*fig.*) Vestire in modo inelegante e disadatto: *quell'abito lo infagottava.* **B** v. rifl. ● Avvolgersi in abiti pesanti o in coperte | (*fig.*) Vestirsi in modo sgraziato e con abiti inadatti al proprio corpo.

infagottàto part. pass. di *infagottare*; anche agg. ● Nei sign. del v.

infaldàre [comp. di *in-* (1) e *falda*] v. tr. ● Eseguire l'infaldatura.

infaldatóre s. m. ● Dispositivo meccanico delle macchine tessili atto a eseguire l'infaldatura.

infaldatùra s. f. ● Operazione consistente nel disporre le pezze di tessuto in falde sovrapposte.

infallanteménte [dal lat. *in-*, in senso neg., con un deriv. da *fāllere* 'sbagliare, commettere un *fallo*'] avv. ● (*raro*) Infallibilmente, immancabilmente, sicuramente.

infallìbile [comp. di *in-* (3) e *fallibile*] agg. **1** Che non è soggetto a sbagliare: *Dio è i.*; *l'uomo non è i.*; *dottrina, verità i.* | *Tiratore i.*, che non manca mai il bersaglio. **2** (*est.*) Sicuro, certo: *rimedio i.*; *segno i. di burrasca* | (*raro*) Immancabile: *promessa, successo i.* || **infallibilménte**, avv. Senza possibilità di sbagliare; in modo certo; (*raro*) immancabilmente.

infallibilità [comp. di *in-* (3) e *fallibilità*] s. f. ● Qualità di chi, di ciò che è infallibile: *l'i. di Dio, di una regola* | Impossibilità di sbagliare: *l'i. di un tiratore* | *Dogma dell'i.*, proclamato nel Concilio Vaticano I, a sostenere che la Chiesa e il Papa, in virtù della speciale assistenza di Dio, non possono ingannarsi in materia di fede e di morale.

infalsificàbile [comp. di *in-* (3) e *falsificabile*] agg. ● (*raro*) Che non si può falsificare: *documento i.*

infamànte part. pres. di *infamare*; anche agg. **1** Nei sign. del v. **2** *Pena i.*, quella che, nel Medioevo, rendeva il colpevole infame di fronte a tutti.

infamàre [vc. dotta, lat. *infamāre*, comp. di *in-* neg. e un deriv. di *fāma* 'fama'] **A** v. tr. **1** (*raro*) Rendere infame, disonorevole: *la sua condotta e i suoi delitti lo hanno infamato.* **2** Compromettere gravemente il buon nome di qc. con accuse o calunnie: *i. qc. con chiacchiere subdole*; *i nemici de' Cerchi cominciarono ad infamarli a' Guelfi* (COMPAGNI). SIN. Disonorare, screditare. **3** †Dare fama pubblica. **B** v. intr. pron. ● Coprirsi d'infamia: *infamarsi con una vita viziosa.*

infamàto part. pass. di *infamare*; anche agg. ● Nei sign. del v.

infamatóre [vc. dotta, lat. tardo *infamatōre(m)*, da *infamātus* 'infamato'] agg.; anche s. m. (f. *-trice*) ● (*raro*) Che, chi diffonde infamie su qc.

infamatòrio [da *infamatore*] agg. ● Che reca infamia: *scritto i.*

infàme [vc. dotta, lat. *infāme(m)*, comp. di *in-* neg. e un deriv. di *fāma* '(buona) fama'] **A** agg. **1** Che gode di cattiva fama: *gente i.*; *casa i.*; *nome i.* | Che sparge cattiva fama: *calunnia i.*; *terror di tradimento i.* (ALFIERI). SIN. Ignobile, scellerato, turpe. **2** (*scherz.*) Pessimo: *cena, villaggio, tempo i.* | *Fatica i.*, intollerabile | *Componimento, scritto i.*, malfatto. || **infamóne**, accr. || **infameménte**, avv. **B** s. m. e f. ● Persona ignobile, scellerata | (*gerg.*) Traditore, spia.

infàmia [vc. dotta, lat. *infāmia(m)*, da *infāmis* 'infame'] s. f. **1** Pubblico biasimo per q.c. che rende spregevoli o disonorevoli: *macchiarsi d'i.*; *dar i. a qc.*; *nulla si truova onde tanto facile surga disonore e i. quanto dall'ozio* (ALBERTI) | *Marchio d'i.*, (*fig.*) segno di pubblico disprezzo | *Senza i. e senza lode*, detto di qc. o q.c. privi di originalità, caratterizzati da mediocrità. SIN. Disonore, ignominia. **2** Azione o cosa infame o che rende infame: *il tuo atto è un'i.*; *non dire infamie.* SIN. Nefandezza, scelleratezza. **3** (*scherz.*) Lavoro mal fatto: *questo compito è un'i.* | Cosa bruttissima, pessima e sim.: *il vitto di questo ristorante è un'i.* **4** †Sdegno.

infamità s. f. **1** Qualità di chi o di ciò che è infame. **2** Azione, parola, discorso infame: *commettere un'i.*

infanatichìre [comp. di *in-* (1) e *fanatico*] **A** v. intr. e intr. pron. (*io infanatichisco, tu infanatichisci*; aus. *essere*) ● Diventare fanatico per q.c. o qc.: *i. per le partite di calcio*; *si è infanatichito per il jazz* | (*est.*) Invaghirsi, incapricciarsi: *infanatichirsi per qc.* **B** v. tr. ● (*raro*) Rendere fanatico.

infangaménto s. m. ● (*raro*) L'infangare.

infangàre [comp. di *in-* (1) e *fango*] **A** v. tr. (*io infàngo, tu infànghi*) **1** Sporcare di fango: *i. gli abiti cadendo.* **2** (*fig.*) Coprire di disonore: *i. il proprio nome.* SIN. Infamare. **B** v. rifl. ● Coprirsi di fango (*anche fig.*): *infangarsi nelle pozzanghere*; *infangarsi con azioni disoneste*.

infangàto part. pass. di *infangare*; anche agg. ● Nei sign. del v.

infànta [sp. *infanta*: V. *infante* (*2*)] s. f. ● Nelle monarchie spagnola e portoghese, titolo delle figlie del re, a eccezione della primogenita, e della moglie dell'infante.

†infantàre [vc. dotta, lat. tardo *infantāre* 'nutrire come un bambino', da *īnfans*, genit. *infāntis* 'infante', col senso del corrispondente fr. *enfanter*] v. tr. ● Partorire | (*est.*) Generare, produrre, creare.

infantastichìre [comp. di *in-* (*1*) e *fantastico*] **A** v. intr. (*io infantastichìsco, tu infantastichìsci*; aus. *essere*) ● (*raro*) Cedere in modo esagerato alle fantasticherie. **B** v. tr. ● (*raro*) Riempire a qc. il capo di fantasticherie.

infànte (**1**) [vc. dotta, lat. *infānte*(*m*), comp. di *in-* neg. e *fāns*, genit. *fāntis*, part. pres. di *fāri* 'parlare', di origine indeur.] **A** agg. ● (*lett.*) Che si trova nell'infanzia | Detto di cosa che è ai suoi inizi: *la gente prima, che già visse / nel mondo ancora semplice ed i.* (TASSO). **B** s. m. e f. **1** Bambino piccolissimo | *Il Divino i.*, Gesù Bambino. SIN. Pargolo. **2** †Servo, paggio. **3** †Fante, soldato. || **†infantìno**, dim.

infànte (**2**) [sp. *infante*, della stessa origine di *infante* (*1*)] s. m. (f. *-a*) ● Nelle monarchie spagnola e portoghese, titolo dei principi reali a eccezione del primogenito.

infanticìda [vc. dotta, lat. tardo *infanticīda*(*m*), comp. di un deriv. di *īnfans*, genit. *infāntis* 'infante (1)', e *-cida*] s. m. e f. (pl. m. *-i*) ● Reo d'infanticidio.

infanticìdio [vc. dotta, lat. tardo *infanticīdiu*(*m*), comp. di un deriv. da *īnfans*, genit. *infāntis* 'infante (1)', e *-cidio*] s. m. ● Uccisione di un neonato.

infantigliòle [da *infantile*] s. f. pl. ● (*fam.*) Convulsioni dei bambini, eclampsia infantile.

infantìle [vc. dotta, lat. tardo *infantīle*(*m*), da *īnfans*, genit. *infāntis* 'infante (1)'] agg. **1** Relativo ai bimbi piccoli e all'infanzia: *scuola, asilo i.*; *ingenuità, grazia i.* | *Letteratura i.*, dedicata e rivolta ai bambini. **2** Che manifesta puerilità, immaturità in una persona adulta: *discorso, azione i.* SIN. Bambinesco. || **infantilménte**, **†infantileménte**, avv.

infantilìsmo [da *infantile*] s. m. **1** (*med.*) Condizione patologica per cui, nel soggetto che abbia già superato la pubertà, persistono gli attributi morfologici e i caratteri sessuali e intellettuali propri dell'infanzia | *I. sessuale*, insufficiente sviluppo degli organi genitali esterni. **2** (*fig.*) Il persistere in un adulto di ingenuità, immaturità infantile: *i. di un atteggiamento*. **3** (*fig.*) Credulità, ingenuità.

infantilità s. f. **1** Qualità di chi o di ciò che è infantile: *la sua i. è preoccupante*. **2** Comportamento, discorso da bambino: *fare, dire i.* SIN. Puerilità. **3** †Infanzia.

infànzia [vc. dotta, lat. *infāntia*(*m*), da *īnfans*, genit. *infāntis* 'infante (1)'] s. f. **1** Periodo della vita che va dalla nascita ai dodici anni | *Prima i.*, dalla nascita ai due anni | *Seconda i.*, dai due anni ai sei | *Terza i.*, dai sei ai dodici. **2** (*gener.*) L'insieme dei bambini: *educare l'i.*; *l'i. abbandonata*. **3** (*fig.*) Periodo iniziale di una civiltà, di un'epoca storica e sim.: *l'i. del Medioevo* | (*fig.*) *L'i. della lingua*, le origini della lingua letteraria e (*est.*) della letteratura.

infarciménto s. m. ● Atto, effetto dell'infarcire (*anche fig.*) | Ciò con cui si infarcisce.

infarcìre [vc. dotta, lat. *infarcīre*, comp. di *in-* 'dentro' e *farcīre* 'farcire'] **A** v. tr. (*io infarcìsco, tu infarcìsci*) ● Riempire di condimento o insaccare carni: *i. un pollo* | (*fig.*) Riempire confusamente: *i. un discorso di citazioni*; *i. la mente di qc. con nozioni inutili*. **B** v. intr. pron. ● (*med.*) Infiltrarsi stagnando in un organo, detto di sangue.

infarcitùra s. f. ● Composto culinario con cui si farcisce. SIN. Farcia, ripieno.

infarinacchiàto [iter. di *infarinare*] agg. ● (*raro*) Che è leggermente infarinato (*spec. fig.*).

infarinàre [comp. di *in-* (*1*) e *farina*] **A** v. tr. **1** Cospargere di farina: *i. un tegame per cuocervi un dolce* | *I. il pesce*, involtarlo nella farina prima di friggerlo | (*est.*) Cospargere con un'altra polvere: *i. un dolce di zucchero* | (*fig.*) Imbiancare: *il tempo gli ha infarinato la barba, i capelli* | (*scherz.*) *Infarinarsi il viso*, incipriarsi. **2** (*fig.*) Dare a qc. una conoscenza superficiale di una disciplina: *i. qc. di letteratura*. **B** v. intr. pron. e rifl. **1** Sporcarsi di farina o sim. **2** (*scherz.*) Incipriarsi.

infarinàto part. pass. di *infarinare*; anche agg. ● Nei sign. del v.

infarinatùra s. f. **1** Atto, effetto dell'infarinare. **2** (*fig.*) Informazione, conoscenza superficiale di una disciplina: *i. di politica, di scienze naturali*.

infartectomìa [comp. di *infarto* e del gr. *ektomḗ* 'recisione', da *témnō* 'io taglio'] s. f. ● Asportazione chirurgica della zona del miocardio irrimediabilmente lesa dall'infarto e sostituzione di questa con particolari sostanze sintetiche.

infàrto [vc. dotta, lat. *infārtu*(*m*), part. pass. di *infarcīre* 'insaccare', comp. di *in-* 'dentro' e *farcīre*, con allusione alla mancata circolazione nei tessuti gonfi] s. m. ● (*med.*) Regione di necrosi di un tessuto in un organo per arresto del flusso sanguigno arterioso: *i. cerebrale, intestinale, polmonare* | *I. cardiaco*, necrosi e degenerazione di una parte del muscolo cardiaco in seguito all'arresto della circolazione arteriosa in un ramo delle coronarie | (*per anton.*) Infarto cardiaco: *morire di i.* | *Da i.*, (*fig.*) esorbitante, sbalorditivo: *prezzi da i.*

infartuàle agg. ● (*med.*) Di, relativo a, infarto: *sindrome i.*

infartuàto agg.; anche s. m. (f. *-a*) ● (*med.*) Che, chi è stato colpito da infarto cardiaco.

infastidiménto s. m. ● L'infastidire | (*raro*) Fastidio, noia.

infastidìre [comp. di *in-* (*1*) e del lat. *fastidīre* 'dare fastidio'] **A** v. tr. (*io infastidìsco, tu infastidìsci*) **1** Recare fastidio, noia, disturbo, molestia a qc.: *i. qc. con le proprie insistenti richieste*; *la ragazza piangeva ancora, cheta cheta per non infastidirlo* (VERGA) | Incomodare: *ho un mal di testa che mi infastidisce molto*. **2** (*raro*) Produrre un senso di dolore o pesantezza: *cibi che infastidiscono lo stomaco*. **3** †Sentire ripugnanza per q.c.: *i. il cibo*. **B** v. intr. pron. ● Provare fastidio o irritazione per q.c.: *infastidirsi per ogni cosa*. SIN. Irritarsi, seccarsi.

infastidìto part. pass. di *infastidire*; anche agg. ● Nei sign. del v.

infaticàbile o **†infatigàbile** [lat. *infatigābile*(*m*), comp. di *in-* neg. e *fatigābilis* 'faticabile', con sovrapposizione di *fatica*] agg. ● Che non soffre, non sente la stanchezza: *lavoratore i.* | Di chi persegue senza esitazioni o debolezze un fine: *è i. nella lotta contro la fame*. SIN. Instancabile. || **infaticabilménte**, avv. Senza mai stancarsi; continuamente: *lavorare infaticabilmente*.

infaticabilità [da *infaticabile*] s. f. ● L'essere infaticabile | Tenacia, costanza.

infaticàto [lat. tardo *infatigātu*(*m*), part. pass. di *infatigāre*, comp. di *in-* neg. e *fatigāre* 'faticare', con sovrapposizione di *fatica*] agg. ● (*lett.*) Infaticabile | (*est.*) Costante e tenace nel perseguire o fare q.c.: *ma tu sei veglio i. e strano* (MONTI).

†infatigàbile ● V. *infaticabile*.

infàtti [letteralmente 'nei (*in*) fatti', cioè 'in realtà'] cong. ● In realtà, invero (introduce una prop. dichiarativa con il v. all'indic., al congv. o al condiz.): *non so come siano andate le cose, i. non ero presente*; *è chiaro che non è colpevole, i., se lo fosse, non si comporterebbe così* | (*iron.*, *anche ass.*) Con valore antifr.: *ha detto che sarebbe venuto, i. non ho visto nessuno!*; *certo che è vero, i. io non ci credo!*; *mi aveva assicurato che avrebbe mantenuto la promessa, i.!*

infattìbile [comp. di *in-* (*3*) e *fattibile*] agg. ● (*raro*) Che non si può fare, realizzare.

infatuàre [vc. dotta, lat. *infatuāre*, comp. di *in-* (*1*) e *fătuus* 'van(itos)o', di etim. incerta] **A** v. tr. (*io infàtuo*) **1** Produrre in qc. un'ammirazione esagerata o un entusiasmo e una credulità irragionevole per q.c.: *i. qc. per un'impresa, per una teoria*. SIN. Esaltare. **2** †Rendere fatuo, balordo. **B** v. intr. pron. ● Lasciarsi trascinare da un'infatuazione per qc. o q.c.: *infatuarsi dei propri amici, per un'idea* | *Infatuarsi di una donna*, innamorarsene in modo quasi ossessivo | *Infatuarsi in un discorso, in una discussione*, accalorarsi fino quasi a non volere sentire ragione.

infatuàto part. pass. di *infatuare*; anche agg. **1** Nei sign. del v. **2** *i. di sé*, pieno di sé, nella convinzione che le proprie qualità siano superiori a quelle degli altri.

infatuazióne [vc. dotta, lat. tardo *infatuatiōne*(*m*), da *infatuātus* 'infatuato'] s. f. ● Entusiasmo, esaltazione momentanea e irragionevole per qc. o q.c.: *avere un'i. per un attore, per la musica leggera*; *un'i. amorosa di comuni sintomi e di vulgati rituali* (SCIASCIA).

infàusto [vc. dotta, lat. *infāustu*(*m*), comp. di *in-* neg. e *fāustus* 'fausto'] agg. **1** Che presenta dolore, tristezza, sventura: *giorno i.*; *previsione infausta*; *i passi / volgi da questo i. loco* (ALFIERI) | Che si riferisce a fatti tristi, dolorosi: *ricordo i.* SIN. Nefasto, sfortunato. **2** (*euf.*) Mortale: *prognosi infausta*; *solitamente la malattia ha esito i.* || **infaustaménte**, avv.

infavàto [da *fava* per il colore assunto dagli acini, simile a quello dei semi di fava] agg. ● (*enol.*) Detto di uva che ha iniziato un processo di fermentazione prima della vendemmia, da cui si ricava un vino dal gusto caratteristico.

infecondità [vc. dotta, lat. tardo *infecunditāte*(*m*), comp. di *in-* neg. e *fecūnditas* 'fecondità'] s. f. ● L'essere infecondo (*anche fig.*): *l'i. di un terreno, di un ingegno*. SIN. Sterilità.

infecóndo [vc. dotta, lat. *infecūndu*(*m*), comp. di *in-* neg. e *fecūndus* 'fecondo'] agg. ● Che non è fecondo: *donna infeconda* | *Terreno, campo i.*, sterile | *Matrimonio i.*, dal quale non sono nati figli | (*est.*, *fig.*) Che non produce o non è utile a niente: *fantasia, polemica infeconda* | *Studio i.*, privo di risultati pratici. || **infecondaménte**, avv. (*raro*) Sterilmente; infruttuosamente.

infedéle o **†infidèle** [vc. dotta, lat. *infidēle*(*m*), comp. di *in-* neg. e *fidēlis* 'fedele'] **A** agg. **1** Che non serba fede alle promesse, ai fatti o abusa della fiducia di qc.: *amico, alleato i.*; *moglie, marito i.*; *impiegato i.* SIN. Sleale. **2** Che non è conforme all'originale o non segue la verità intenzionalmente o no: *copia, ritratto i.*; *storico, interprete, traduttore i.* | (*fig.*) *Memoria i.*, che viene meno facilmente. || **infedelménte**, avv. **B** s. m. e f. **1** Chi è di fede contraria alla propria, spec. i musulmani per i cristiani e questi ultimi per i primi: *predicare agli infedeli*; *le Crociate contro gli infedeli*. **2** †Eretico.

infedeltà o **†infidelità** [vc. dotta, lat. *infidelitāte*(*m*), comp. di *in-* neg. e *fidēlitas* 'fedeltà'] s. f. **1** L'essere infedele (*anche fig.*): *i. coniugale*; *i. nell'amicizia, nell'amore*; *i. della versione di un fatto*. **2** Atto sleale con cui si rompe un impegno di fedeltà: *commettere un'i.* SIN. Tradimento. **3** †Incredulità religiosa: *ostinarsi nell'i.*

infederàre [comp. di *in-* (*1*) e *federa*] v. tr. (*io infèdero*) ● (*raro*) Infilare i guanciali dentro la federa.

infelìce [vc. dotta, lat. *infelīce*(*m*), comp. di *in-* neg. e *fēlix*, genit. *felīcis* 'felice'] **A** agg. **1** Che non è felice, perché non è in grado o non riesce ad appagare e realizzare i propri desideri e progetti: *padre, donna i.* | Che procura infelicità: *ricordo i.*; *giovinezza, esistenza i.*; *destino i.* | Disgraziato: *l'i. stato romano oppresso da' potenti* (VICO) | *Amore i.*, sfortunato o non corrisposto. SIN. Misero, sventurato. **2** Che è mal riuscito: *lavoro, romanzo, quadro i.*, *impresa i.* | *Casa, stanza i.*, angusta, scomoda e mal disposta | *Discorso i.*, inconcludente o male impostato. **3** Negativo, contrario, sfavorevole: *esito i.*; *stagione, tempo i.* | *Epoca i.*, di decadenza, di lotte | *Raccolto i.*, scarso. **4** Che non è opportuno, propizio, tempestivo: *cogliere, arrivare in un momento i.*; *domanda i.* | *Argomento i.*, che è meglio non affrontare. || **infeliceménte**, avv. **1** In modo infelice: *vivere infelicemente*. **2** Senza fortuna: *tentativo infelicemente conclusosi*. **B** s. m. e f. ● Chi non è felice | Chi è affetto da un'infermità mentale permanente o da un'imperfezione fisica: *soccorrere gli infelici*.

infelicità [vc. dotta, lat. *infelicitāte*(*m*), comp. di *in-* neg. e *felīcitas*, genit. *felicitātis* 'felicità'] s. f. **1** L'essere infelice: *reagire all'i.*; *i. grande è essere in grado di non potere aver il bene* (GUICCIARDINI) | Condizione, stato di chi non è felice: *l'i. umana*. SIN. Disgrazia, miseria, sventura. **2** L'essere inopportuno, sfavorevole: *l'i. di una domanda, di una richiesta*; *l'i. delle condizioni storiche, economiche di un'epoca*.

infellonìre [comp. di *in-* (*1*) e *fellone*] v. intr. (*io *infellonìsco, tu infellonìsci*; aus. *essere*) ● (*lett.*) Diventare crudele, cattivo.

†**infeltràre** [comp. di *in-* (*1*) e *feltro*] v. tr. ● Avvolgere nel feltro.

infeltriménto s. m. ● Atto, effetto dell'infeltrire o dell'infeltrirsi.

infeltrìre [comp. di *in-* (*1*) e *feltro*] **A** v. tr. (*io infeltrìsco, tu infeltrìsci*) ● Ridurre compatto come il feltro. **B** v. intr. e intr. pron. (aus. *essere*) ● Diventare compatto come il feltro: *la lana infeltrisce con l'acqua troppo calda*; *quel golf si è tutto infeltrito*.

infeltrìto part. pass. di *infeltrire*; anche agg. *1* Nei sign. del v. *2* (*fig.*) †Invecchiato, indurito: *vizio i.*

infemminìre [comp. di *in-* (*1*) e *femmina*] **A** v. tr. (*io infemminìsco, tu infemminìsci*) ● (*lett.*) Rendere femmineo. **B** v. intr. e intr. pron. (aus. *essere*) ● Divenire effeminato.

inferènza [da *inferire*] s. f. *1* (*filos.*) Processo logico per il quale, data una o più premesse, è possibile trarre una conclusione | *I. immediata*, quella in cui la conclusione è tratta da una sola premessa | *I. mediata*, quella in cui la conclusione viene tratta dalla prima premessa attraverso la mediazione della seconda. *2* (*stat.*) Procedimento di generalizzazione dei risultati ottenuti mediante una rilevazione parziale per campioni.

infèrie [vc. dotta, lat. *infĕriae* (nom.), comp. di *in-* 'a' e un deriv. di *fĕrre* 'portare', di origine indeur.] s. f. pl. (lett. anche sing.) *1* Presso gli antichi Romani, sacrificio offerto ai Mani familiari e agli dèi inferi. *2* (*poet.*, *fig.*) Vittima espiatoria: *a la grand'alma di Guatimozino / ... / ti mando inferia, o puro, o forte, o bello / Massimiliano* (CARDUCCI).

inferìgno [comp. di *in-* (*1*) e *ferigno*] agg. ● Detto di pane nero, bigio, fatto di cruschello.

inferiménto [da *inferire*] s. m. ● (*raro*) Atto, effetto dell'inferire.

inferióre [vc. dotta, lat. *inferiōre*(*m*), da *īnferus* 'infero'] **A** agg. *1* Che sta più in basso: *la parte i. di un edificio, di una pagina* | *Gli arti inferiori*, le gambe | *Corso i. di un fiume*, quello più vicino al mare | (*raro*) *L'Italia i.*, l'Italia meridionale. CONTR. Superiore. *2* Presso gli antichi Romani, detto della parte più lontana da Roma di una provincia: *Gallia, Pannonia i.* *3* Che si trova in una posizione meno elevata in un rapporto quantitativo o qualitativo o di proporzioni fisiche: *statura i.*; *grado i.*; *valore, prezzo i.*; *essere i. a qc. per intelligenza, abilità, successo* | *Scuola media i.*, il triennio di scuola secondaria, a cui si accede dalla scuola elementare e che dà accesso alla scuola media superiore | *Restare, riuscire, risultare, essere i. all'aspettativa, alla propria fama, ai propri compiti*, essere da meno, al di sotto, rispetto a questi, nel compimento di un'azione e, perciò, deludere | *Ufficiali inferiori*, il sottotenente, il tenente e il capitano | *Animali inferiori*, quelli di struttura meno complessa e che sono classificati all'inizio della scala zoologica. || **inferiorménte**, avv. Nella parte inferiore; di sotto. **B** s. m. e f. ● Chi è di grado gerarchicamente più basso rispetto ad altri: *mostrarsi comprensivo verso i propri inferiori*. CONTR. Superiore.

inferiorità s. f. ● L'essere inferiore: *i. manifesta, palese* | Condizione di chi o di ciò che è inferiore: *conoscere, negare la propria i.* | *Complesso d'i.*, necessità viva e continua di rivalutare se stesso, stimolata dal bisogno di rifarsi su una condizione, reale o supposta, di inferiorità di fronte agli altri. CONTR. Superiorità.

inferire [lat. *infĕrre*, comp. di *in-* 'dentro' e *fĕrre* 'portare', di origine indeur.] v. tr. (pres. *io inferìsco, tu inferìsci*; pass. rem. *io infèrsi, tu inferìsti* nel sign. 1, *io inferìi, tu inferìsti* nei sign. 2 e 3; part. pass. *infèrto* nel sign. 1, *inferìto* nei sign. 2 e 3) *1* Infliggere, arrecare colpi, danni, ferite, fisiche o morali: *i. una pugnalata nella schiena a qc.*; *i. un colpo alla stabilità monetaria*. *2* Dedurre, argomentare, desumere: *i. la colpa di qc. da un indizio*; *dal vostro fondamento s'inferisce il contrario di quel che pensate* (BRUNO). *3* (*mar.*) Legare le vele con gli inferitori ai pennoni, alle antenne e sim. | Passare i cavi correnti dentro i loro bozzelli.

inferitóio s. m. ● (*mar.*) Inferitore.

inferitóre [da *inferire*] s. m. *1* (*raro*) Chi inferisce. *2* (*mar.*) Pezzo di cavo piano che serve a legare le bugne superiori delle vele quadre o auriche alla punta del pennone e sim.

inferitùra [da *inferire* nel sign. 3] s. f. ● (*mar.*) Atto, effetto dell'inferire | Estensione della vela nella testata sul pennone.

infermàre o †**infirmàre** [vc. dotta, lat. *infirmāre*, da *infīrmus* 'infermo'] **A** v. tr. (*io inférmo*) *1* (*lett.*) Rendere infermo (*anche fig.*): *era il disio che l'alma dentro inferma* (ARIOSTO). *2* †V. *infirmare*. **B** v. intr. (aus. *essere*) ● (*lett.*) Ammalare | Restare infermo. **C** v. intr. pron. *1* (*lett.*) Diventare infermo. *2* †Infiacchirsi.

infermentescìbile [comp. di *in-* (*3*) e *fermentescibile*] agg. ● Non fermentabile.

infermerìa [da *infermo*] s. f. *1* In ospedali, collegi, caserme, conventi, prigioni, ambiente o insieme di locali adibiti alla cura o al soggiorno di persone ammalate che non richiedono cure specializzate o interventi chirurgici importanti. *2* †Epidemia, contagio, infermità.

infermìccio [da *infermo*] agg. (pl. f. *-ce*) ● (*raro*) Che è malato in modo non grave ma piuttosto durevole.

infermière [da *infermo*] **A** s. m. (f. *-a*) ● Persona che coadiuva il medico nella cura dei malati con mansioni specifiche di igiene e terapia: *i. generico*; *i. professionale* | *Fare da i. a qc.*, assisterlo continuamente. **B** agg. ● Che presta assistenza agli infermi: *suora infermiera*; *corpo di volontari infermieri*.

infermierìstica [f. sost. di *infermieristico*] s. f. ● Insieme delle cognizioni sanitarie necessarie per svolgere l'attività di infermiere.

infermierìstico agg. (pl. m. *-ci*) ● Concernente gli infermieri e la loro categoria.

infermità o †**enfertà**, †**infermitàde**, †**infermitàte**, †**infertà**, †**infirmità** [lat. *infirmitāte*(*m*), comp. di *in-* neg. e *fīrmitas*, genit. *firmitātis* 'fermèzza'] s. f. *1* Condizione o stato di chi è infermo: *i. temporanea, permanente, lieve, grave* | Malattia, malanno: *lieve i. alle gambe*; *essere afflitto, guarire da un'i.*; *i. mentale*. *2* (*fig.*) Disgrazia, guaio: *ho sempre creduto che sia la donna per l'uomo una i. insopportabile* (GOLDONI). *3* (*fig.*) Debolezza e fiacchezza spirituale: *l'i. dell'animo, della volontà*.

infèrmo o †**enférmo**, †**infirmo** [lat. *infīrmu*(*m*), comp. di *in-* neg. e *fīrmus* 'fermo'] **A** agg.; anche s. m. (f. *-a*) ● Che, chi è affetto da una malattia grave o lunga, tale comunque da costringerlo all'immobilità: *cadere, essere i.*; *i. agli arti*; *i. di mente*; *visitare, assistere gli infermi* | *Sacramento degli infermi*, estrema unzione. **B** agg. *1* (*lett.*) Debole, fiacco, malfermo. *2* †Malsano, insalubre, detto di luogo. || †**infermaménte**, avv. In modo fiacco, debole.

infernàle [vc. dotta, lat. tardo *infernāle*(*m*), da *infĕrnus* nel tardo uso di sost.: 'inferno'] agg. *1* Del, relativo all'inferno: *spiriro, mostro, voragine i.* | *Arte i.*, delle streghe. *2* (*fig.*) Degno dell'inferno per bruttezza, malvagità, e sim.: *malizia, astuzia i.*; *proposito i.* | *Furia i.*, (*fig.*) donna rabbiosa e bruttissima | *Macchina i.*, nome dato un tempo alle armi da fuoco | *Pietra i.*, nitrato d'argento. SIN. Diabolico. *3* (*fig.*, *fam.*) Grande, straordinario: *oggi fa un caldo i.*; *abbiamo una paura i.* || **infernalménte**, avv. In modo infernale, diabolico.

†**infernalità** s. f. ● Cosa infernale.

infèrno (**1**) [Cfr. seguente] agg. ● (*lett.*) †Posto sotto terra | Infernale: *valle, divinità inferna*.

infèrno (**2**) o †**ninfèrno** [vc. dotta, lat. *infĕrnu*(*m*), propriamente 'inferiore', doppione di *īnferus* 'infero'] s. m. *1* In molte religioni antiche, luogo sotterraneo nel quale sono relegati gli spiriti dei morti e dimorano gli dèi infernali. *2* Nel cristianesimo, luogo di eterno dolore cui le anime dei peccatori non pentiti sono condannate, con privazione della visione beatifica di Dio | *Diavolo dell'i.*, (*fig.*) persona cattiva | *Vita d'i.*, (*fig.*) terribilmente faticosa, dolorosa, e sim. | *Lingua d'i.*, (*fig.*) persona oltremodo pettegola e maligna | (*fig.*) *Tempo d'i.*, freddo e tempestoso | (*fig.*) *Caldo d'i.*, insopportabile | *Soffrire le pene dell'i.*, (*fig.*) di persona che soffre molto, spec. durante una malattia | *Tizzone d'i.*, (*fig.*) persona malvagia che suscita discordie | *Va all'i.!*, alla malora | *Mandare qc. all'i.*, all'altro mondo e (*fig.*) mandarlo alla malora | *Non avere paura dell'i.*, (*fig.*) non avere scrupoli. *3* (*fig.*) Tutto ciò che procura dolori, che rende impossibile o insopportabile la vita: *casa che è un i.*; *vivere con loro è proprio un i.* SIN. Tormento. *4* Locale dell'oleificio dove si raccolgono le acque di vegetazione delle olive. *5* (*bot.*) *Fico d'i.*, ricino. || **infernàccio**, pegg.

infernòtto [piemontese *infernot*, da *infern* 'inferno (2)'] s. m. ● (*dial.*) Il piano più basso di una cantina a più piani.

ìnfero [vc. dotta, lat. *īnferu*(*m*), forse termine dial.] **A** agg. *1* (*lett.*) Inferiore | (*bot.*) *Ovario i.*, sprofondato nel ricettacolo per cui tutte le altre parti del fiore sono inserite alla sua sommità | †*Mare i.*, Mar Tirreno. *2* (*raro*) Infernale. **B** s. m. pl. ● Nella mitologia greco-romana, morti e dèi infernali o sotterranei | Regno dei morti: *discendere agli inferi*.

inferocire [comp. di *in-* (*1*) e *feroce*] **A** v. tr. (*io inferocìsco, tu inferocìsci*) ● Rendere feroce (*anche fig.*): *il lungo digiuno aveva inferocito le belve*. **B** v. intr. (aus. *essere* nel sign. 1, *avere* nel sign. 2) *1* Divenire feroce | Adirarsi moltissimo. *2* Infierire, incrudelire: *i. inutilmente contro i vinti*. **C** v. intr. pron. ● Giungere al parossismo della ferocia, dell'ira e sim.: *la popolazione si inferocì per le continue rappresaglie*.

inferocìto part. pass. di *inferocire*; anche agg. ● Nei sign. del v.

inferraiolàrsi [comp. di *in-* (*1*) e *ferraiolo*] v. rifl. (*io m'inferraiòlo* o lett. *m'inferraiuòlo*; in tutta la coniug. la *o* può dittongare in *uo* se tonica) ● (*raro*) Avvolgersi nel ferraiolo | (*est.*) Imbacuccarsi.

†**inferràre** o †**inferriàre** [comp. di *in-* (*1*) e *ferro*] v. tr. ● Mettere ai ferri, legare con catene.

†**inferriàre** **A** v. tr. ● V. †*inferrare*. **B** v. intr. pron. ● Ferirsi in duello sull'arma dell'avversario.

inferriàta [f. sost. del part. pass. di *inferriare*] s. f. ● Chiusura con sbarre di ferro, più o meno grosse, disposte a grata per finestre, cancelli e sim.: *l'i. delle prigioni, delle cantine* | *I. inginocchiata*, curvata e sporgente nella parte inferiore | (*raro*) *Stare all'inferriata*, in carcere. SIN. Grata. || **inferriatàccia**, pegg. | **inferriatina**, dim.

†**infertà** ● V. *infermità*.

†**infèrtile** [vc. dotta, lat. tardo *infĕrtile*(*m*), comp. di *in-* neg. e *fĕrtilis* 'fertile'] agg. ● (*raro*) Che non è fertile, che non dà frutti.

infertilire [comp. di *in-* (*1*) e *fertile*] v. tr. (*io infertilìsco, tu infertilìsci*) ● (*raro*) Rendere fertile.

infertilità [vc. dotta, lat. tardo *infertilitāte*(*m*), comp. di *in-* neg. e *fertīlitas*, genit. *fertilitātis* 'fertilità'] s. f. ● (*med.*) Incapacità della femmina di portare a termine il prodotto del concepimento (zigote), che viene espulso spontaneamente in quanto l'utero non ne permette l'annidamento.

infèrto part. pass. di *inferire*; anche agg. ● Nel sign. 1 del v.

infervoraménto s. m. ● Modo e atto dell'infervorare e dell'infervorarsi.

infervoràre [comp. di *in-* (*1*) e *fervore*] **A** v. tr. (*io infèrvoro* o *infervóro*) ● Infiammare di passione, volontà, zelo e sim.: *i. i giovani allo studio, il popolo alla lotta*; *i. qc. di carità e amore per gli altri*. SIN. Entusiasmare, eccitare. **B** v. intr. pron. ● Accendersi di fervore per q.c.: *infervorarsi nella disputa, alla preghiera*; *s'infervorava nelle lodi* (PIRANDELLO). SIN. Accalorarsi, entusiasmarsi, infiammarsi.

infervoràto part. pass. di *infervorare*; anche agg. ● Nei sign. del v. || **infervorataménte**, avv. Con animo pieno di fervore.

infervorire v. tr. e intr. pron. (*io infervorìsco, tu infervorìsci*) ● (*raro*) Infervorare.

inferzàre [comp. di *in-* (*1*) e *ferza*] v. tr. (*io inférzo*) ● (*mar.*) Cucire insieme i ferzi per formare una vela o una tenda.

infestaménto s. m. ● Modo e atto dell'infestare.

infestànte part. pres. di *infestare*; anche agg. *1* Nei sign. del v. *2* *Pianta i.*, vegetale non utilizzabile, che cresce spontaneamente in grande quantità e con gran vitalità nelle coltivazioni a scapito delle specie utili.

infestàre [vc. dotta, lat. *infestāre* 'attaccare, infestare', da *infĕstus* 'infesto'] v. tr. (*io infèsto*) *1* Danneggiare e rovinare un luogo, razziandolo periodicamente, distruggendone le colture e rendendolo comunque inabitabile o estremamente pericoloso: *i pirati infestarono a lungo il Mediterraneo*; *il loglio, la gramigna, la fillossera infestano i campi*;

le vipere, le volpi infestano l'intera regione; i parassiti, un morbo contagioso, infestano l'abitato. **2** (*med.*) Colpire con infestione. **3** †Molestare con insistenti richieste | †*I. il nemico*, vessarlo con attacchi improvvisi e continui.

infestàto part. pass. di *infestare*; anche agg. **1** Nei sign. del v. **2** Che è ormai preda di germi corruttori (*anche fig.*): *una carogna infestata di vermi; una società infestata dai vizi.* **3** †Travagliato (*anche fig.*): *i. da disgrazie, contrarietà.*

infestatóre [vc. dotta, lat. *infestatōre(m)*, da *infestātus* 'infestato'] agg.; anche s. m. (f. *-trice*) • Che, chi infesta.

infestazióne [vc. dotta, lat. tardo *infestatiōne(m)*, da *infestātus* 'infestato'] s. f. **1** (*raro*) Atto, effetto dell'infestare | †Molestia grave. **2** (*med.*) Infestione.

infestióne [da *infesto* con richiamo a *infezione*] s. f. • (*med.*) Associazione tra un organismo ospite e un parassita pluricellulare. SIN. Infestazione.

infèsto [vc. dotta, lat. *infĕstu(m)*, comp. di etim. incerta] agg. • Dannoso, ostile, nemico: *insetti, sentimenti infesti; cibo i. allo stomaco* | *Acqua infesta*, impura, non bevibile | Molesto, fastidioso: *sete infesta* | †Terribile: *ma sovra ogn'altro feritore i. / sovragiunge Tancredi e lui percote* (TASSO). || **infestaménte**, avv. In modo ostile; fastidiosamente.

infetidìre [comp. di *in-* (*1*) e *fetido*] **A** v. tr. (*io infetidisco, tu infetidisci*) • (*raro*) Rendere fetido. **B** v. intr. (aus. *essere*) • Divenire fetido.

infettàre [vc. dotta, lat. *infectāre* 'avvelenare', da *infĭcere*, propriamente 'mettere dentro (un bagno di tintura)', comp. di *in-* 'dentro' e *făcere* 'fare', ma in origine 'mettere, posare'] **A** v. tr. (*io infètto*) **1** Rendere infetto: *i. una ferita, le acque.* **2** (*fig.*) Rendere corrotto, impuro: *i vizi peggiori infettano le società decadenti.* SIN. Contagiare, contaminare. **B** v. intr. pron. • Essere preso da infezione.

infettàto part. pass. di *infettare*; anche agg. • Nei sign. del v.

infettatóre agg.; anche s. m. (f. *-trice*) • Che, chi infetta.

infettìvo [vc. dotta, lat. *infectīvu(m)* 'tintorio', da *infĭcere* 'tingere, colorare' (V. *infettare*)] agg. • (*med.*) Che concerne l'infezione | *Germe i.*, parassita unicellulare patogeno.

infettivologìa [comp. di *infettivo* e *-logia*] s. f. • Parte della medicina che studia e cura le malattie infettive.

infettivòlogo [comp. di *infettivo* e *-logo*] s. m. (f. *-a*; pl. m. *-gi*) • Medico specializzato in infettivologia.

infètto [vc. dotta, lat. *infĕctus* 'tinto', part. pass. di *infĭcere* (V. *infettare*)] agg. **1** (*med.*) Colpito da infezione: *piaga infetta.* **2** Che costituisce un veicolo d'infezione: *acque infette.* **3** (*fig.*) Guasto, corrotto, vizioso: *ambiente i.*

infeudaménto s. m. • Atto, effetto dell'infeudare o dell'infeudarsi.

infeudàre [comp. di *in-* (*1*) e *feudo*] **A** v. tr. (*io infèudo*) **1** Obbligare qc. con vincolo feudale, investirlo di un feudo. **2** Dare a titolo di feudo: *i. un castello, un possedimento* | (*iron.*) *I. un ufficio, una carica*, investirne quasi perpetuamente una persona o una famiglia. **3** (*fig.*) Sottomettere o asservire ai potenti, a un'autorità e sim.: *i. la coscienza, la penna.* **B** v. rifl. **1** Rendersi vassallo. **2** (*fig.*) Asservirsi: *si infeudò per arrivismo.*

infeudazióne s. f. • Infeudamento.

infezióne [vc. dotta, lat. tardo *infectiōne(m)*, da *infĕctus* 'infetto'] s. f. **1** (*med.*) Stato morboso causato da germi infettivi. **2** Contaminazione, contagio (*anche fig.*).

infiacchiménto s. m. • Atto, effetto dell'infiacchire o dell'infiacchirsi: *l'i. delle membra, dell'ingegno.*

infiacchìre [comp. di *in-* (*1*) e *fiacco*] **A** v. tr. (*io infiacchìsco, tu infiacchìsci*) • Rendere fiacco, privo di energia (*anche fig.*): *una malattia che infiacchisce l'organismo; l'ozio infiacchisce gli animi.* SIN. Indebolire. **B** v. intr. e intr. pron. (aus. *essere*) • Diventare fiacco (*anche fig.*). SIN. Indebolirsi.

†**infiagióne** • V. *enfiagione.*

infialàre [comp. di *in-* (*1*) e *fiala*] v. tr. • Mettere in fiale.

infialatrìce s. f. • Macchina per infialare prodotti liquidi, spec. farmaceutici.

infialettàre [comp. di *in-* (*1*) e *fialetta*] v. tr. (*io infialétto*) • Infialare.

infialettatóre s. m. (f. *-trice*) • Chi infiala prodotti medicinali.

infiammàbile [da *infiammare*] **A** agg. **1** Che si infiamma e brucia facilmente: *liquido, sostanza i.* **2** (*fig.*) Facile ad adirarsi, entusiasmarsi per qc. o q.c.: *carattere, temperamento i.* **B** s. m. • (*spec. al pl.*) Materiale infiammabile: *un automezzo per il trasporto degli infiammabili.*

infiammabilità s. f. • Proprietà di ciò che è infiammabile: *l'i. della benzina.*

infiammànte part. pres. di *infiammare*; anche agg. • Nei sign. del v.

infiammàre [lat. *inflammāre*, comp. di *in-* illativo e *flammāre*, da *flămma* 'fiamma'] **A** v. tr. **1** Far ardere con fiamme: *i. il fieno, un liquido, un deposito di merci.* SIN. Bruciare, incendiare. **2** (*fig.*) Riempire di fervore, di entusiasmo: *i. il cuore, l'animo d'amore, d'odio, di zelo* | Eccitare: *i. gli uomini alla guerra.* **3** Tingere di rosso, colorare di rosso: *i. le guance, il viso di vergogna; il sole tramontando infiammava l'orizzonte.* **4** (*med.*) Cagionare infiammazione. **B** v. intr. pron. **1** Accendersi con fiamma: *la paglia si infiammò per autocombustione.* SIN. Incendiarsi. **2** (*fig.*) Essere o divenire preda di un sentimento molto intenso: *infiammarsi d'amore* | Adirarsi: *è un tipo che s'infiamma per poco.* **3** (*fig.*) Farsi rosso come la fiamma: *infiammarsi in viso; il mare all'alba s'infiamma.* **4** (*med.*) Subire un processo infiammatorio.

infiammàto part. pass. di *infiammare*; anche agg. • Nei sign. del v.

infiammatóre agg.; anche s. m. (f. *-trice*) • Che, chi infiamma.

infiammatòrio o **inflammatòrio** agg. • (*med.*) Di infiammazione.

infiammazióne o †**enfiammagióne**, **inflammazióne** [lat. *inflammatiōne(m)*, da *inflammātus* 'infiammato'] s. f. **1** (*raro*) L'infiammare o l'infiammarsi (*anche fig.*): *l'i. di un liquido, degli animi* | (*raro*) Irritazione, sdegno. **2** (*med.*) Processo reattivo dei tessuti ad agenti patogeni di qualsiasi natura, caratterizzato da dolore, calore, arrossamento, gonfiore della parte lesa e riduzione delle sue funzioni. SIN. Flogosi.

†**infiàre** e *deriv.* • V. *enfiare* e *deriv.*

infiascàre [comp. di *in-* (*1*) e *fiasco*] v. tr. (*io infiàsco, tu infiàschi*) • Mettere in fiaschi vino o altri liquidi: *i. l'olio d'oliva* | *I. una botte*, travasarne il vino nei fiaschi | (*fig.*) †*Infiascarsela*, credere ciecamente a q.c.

infiascatrìce s. f. • Macchina per infiascare.

infiascatùra s. f. • Atto, effetto dell'infiascare, e spesa relativa.

infibulaménto [da *infibulo*] s. m. • (*chir.*) Tecnica chirurgica di riduzione di una frattura a livello della diafisi di un osso lungo, mediante l'uso di infibulo.

infibulàre [vc. dotta, lat. *infibulāre* 'infibbiare', da *fĭbula(m)* 'fibbia'] v. tr. (*io infìbulo*) • (*etn.*) Compiere l'infibulazione.

infibulazióne [da *infibulare*] s. f. • (*etn.*) Operazione compiuta tanto sulle donne che sugli uomini destinata a impedire i rapporti sessuali; negli uomini mediante la chiusura del prepuzio con una fibula (come presso gli antichi Romani) e nelle donne mediante la cucitura parziale delle labbra vulvari (come tra i Somali).

infìbulo [dal lat. *infibulāre*, a sua volta da *fĭbula(m)* 'fibbia'] s. m. • (*chir.*) Barretta di forma e lunghezza opportune che, introdotta nel canale midollare di un osso lungo, ne riduce una frattura a livello della diafisi.

inficiàre [vc. dotta, adatt. del lat. *infitiāri*, da *infĭtiae* 'negazione', comp. di *in-* neg. e un deriv. di *fatēri* 'confessare'] v. tr. (*io infìcio*) • Contestare la validità o l'efficacia di un atto legale, di una asserzione, di una firma e sim.: *i. un atto giurisdizionale, un atto normativo; i. le dichiarazioni di qc.* SIN. Infirmare.

†**infidèle** o **infidéle** e *deriv.* • V. *infedele* e *deriv.*

infìdo [vc. dotta, lat. *infīdu(m)*, comp. di *in-* neg. e *fīdus* 'fido'] agg. **1** Che non è degno di fiducia, che non ispira fiducia: *uomo, amico i.; i condottieri infidi / della nave* (FOSCOLO) | Che è mal sicuro e fallace: *mare i.; speranza infida.* **2** (*lett.*) Infedele. || **infidaménte**, avv.

in fieri /lat. in 'fieri/ [lat., letteralmente 'nel (*in*) nascere o divenire (*fĭeri*, dalla radice di *fŭi*, perf. di *ĕsse* 'essere')'] loc. agg. inv. **1** (*filos.*) In potenza, non in atto. **2** (*est.*) Di cosa ancora non delineata, ma che si sta elaborando, che va prendendo forma e sim.: *progetto in fieri.*

infierìre [comp. di *in-* (*1*) e *fiero* nel senso ant. di 'feroce'] **A** v. intr. (*io infierìsco, tu infierìsci*; aus. *avere*) **1** Operare con particolare asprezza e crudeltà: *i. sulla popolazione inerme, contro i deboli e gli indifesi.* SIN. Incrudelire, inferocire. **2** Imperversare con violenza: *la peste, la guerra, la carestia infierivano sul paese.* SIN. Infuriare. **B** v. tr. • †Rendere feroce, simile a una fiera.

infievoliménto s. m. • (*raro*) Affievolimento.

infievolìre [comp. di *in-* (*1*) e *fievole*] v. tr. (*io infievolìsco, tu infievolìsci*) • (*raro*) Affievolire.

infìggere [vc. dotta, lat. *infĭgere*, comp. di *in-* 'dentro' e *fīgere* 'figgere'] **A** v. tr. (coniug. come *figgere*) • Conficcare, piantare: *i. un coltello nel legno* | (*fig.*) Far penetrare profondamente: *i. q.c. nella mente, nella memoria di qc.* **B** v. intr. pron. • Conficcarsi (*anche fig.*): *la freccia si infisse nel tronco; un dubbio gli si infisse nel pensiero, in capo.*

infilacàpi [comp. di *infila(re)* e il pl. di *capo*] s. m. • Infilanastri.

infilacciàta [dal part. pass. di un deriv. di *infilare*] s. f. • (*centr.*) Spiedo di uccelletti infilati.

infilaguaìne o (*evit.*) **infilaguàine** [comp. di *infila(re)* e il pl. di *guaina*] s. m. inv. • Infilanastri.

infilanàstri [comp. di *infila(re)* e il pl. di *nastro*] s. m. • Ago largo e piatto a cruna molto aperta in cui si infila il nastro da passare in una guaina, o nei buchi di un ricamo. SIN. Passanastro.

infilapèrle [comp. di *infila(re)* e il pl. di *perla*] s. m. inv. • Filo di materiale rigido e resistente, adatto a infilare perle e sim.

infilàre [comp. di *in-* (*1*) e *filo*] **A** v. tr. **1** Corredare un ago di filo, introducendone una gugliata nella cruna | *I. gli aghi al buio*, (*fig.*) parlare di ciò che non si conosce | (*est.*) Ordinare su di un filo che le attraversa, perle ed altri oggetti forati: *i. coralli per fare una collana* | (*est.*) Introdurre q.c. in un apposito foro o cavità: *i. la chiave nella toppa, il dito nell'anello* | *I. il braccio sotto quello di un altro*, prendere qc. o mettersi a braccetto di qc. | (*fig.*) *I. una strada*, entrarvi risolutamente | (*fig.*) *I. l'uscio*, entrare o uscire, spec. rapidamente, di casa. **2** Indossare: *i. il cappotto; depose la penna e s'infilò il soprabito corto corto, alla moda* (SVEVO) | Calzare: *i. le scarpe, i guanti.* **3** Passare da parte a parte, con un oggetto appuntito: *i. il nemico con la lancia, con la baionetta; i. i tordi, le allodole nello spiedo.* SIN. Infilzare, trafiggere. **4** (*fig.*) Imbroccare: *ha infilato la risposta per un vero miracolo* | *Non infilarne una*, non azzeccare mai la frase, l'azione giusta e sim. | *I. un errore dopo l'altro, una serie di sciocchezze*, fare continui errori, dire continue sciocchezze | (*raro*) *I. q.c. male, bene*, avviarla, iniziarla male o bene. **5** (*mil.*) Battere col tiro di armi da fuoco o di artiglierie, sul senso del fronte, una linea difensiva o uno schieramento. **B** v. rifl. **1** Mettersi dentro q.c.: *si nascose infilandosi in una botte vuota* | *Infilarsi nel letto*, coricarsi sotto le lenzuola | Introdursi abilmente o furtivamente: *infilarsi tra la folla; è riuscito a infilarsi nella banda sotto falso nome.* **2** (*aer.*) Tuffarsi violentemente con l'estremità prodiera dello scafo e dei galleggianti durante le manovre di ammaraggio.

infilàta s. f. • Insieme di oggetti ordinati su, in, un filo: *un'i. di perle, di panni stesi* | Complesso di cose disposte in fila o sistemate una dopo l'altra nel senso della lunghezza: *un'i. di casse vuote; un'i. di stanze* | *Battere d'i.*, sul senso della fronte, uno schieramento, una linea difensiva, un ostacolo | *D'i.*, per tutta la lunghezza: *tiro d'i.* | *Prendere d'i.*, nel linguaggio dei cacciatori, uccidere vari capi di selvaggina con un'unica scarica.

infilatrìce s. f. • Operaia che infila perle o altro, per collane.

infilatùra s. f. • Atto, effetto dell'infilare | (*raro*) Serie di oggetti infilati.

infiltraménto s. m. • Modo e atto dell'infiltrarsi.

infiltràre [comp. di *in-* (*1*) e *filtro*] **A** v. tr. • Far entrare nascostamente in organizzazioni varie per spiare, controllare e sim.: *i. un gruppo mafioso* *con propri agenti*. **B** v. intr. pron. *1* Penetrare sottilmente, poco a poco, in q.c., attraverso fori, crepe, fessure e sim.: *il gas, l'acqua, l'umidità si infiltrano*. *2* (*fig.*) Insinuarsi: *i. nella rete degli informatori*.

infiltratìvo agg. ● (*med.*) Di, relativo a, infiltrazione.

infiltràto A part. pass. di *infiltrare*; anche agg. *1* Nei sign. del v. *2* (*med.*) Di tessuto o organo che è sede di infiltrazione. **B** s. m. (f. *-a* nel sign. 2) *1* (*med.*) Focolaio infiammatorio a carico di un qualsiasi organo. *2* Persona che, per denaro o per altri motivi, accetta di inserirsi in un gruppo di malviventi o, più spesso, in formazioni politiche irregolari o clandestine, allo scopo di carpirne informazioni: *gli infiltrati della polizia nella sinistra extraparlamentare*.

infiltrazióne s. f. *1* L'infiltrarsi di un gas o di un liquido attraverso gli interstizi di un corpo: *acqua assorbita dal suolo per i.* *2* (*fig.*) Atto, effetto dell'insinuarsi furtivamente: *un'i. di spie nemiche*. *3* (*med.*) Presenza in un tessuto di sostanze estranee allo stesso.

infilzaménto s. m. ● Modo e atto dell'infilzare.

infilzàre [comp. di *in-* (*1*) e *filza*] **A** v. tr. *1* Riunire più cose insieme formando una filza, una serie (*anche fig.*): *i. le castagne, i fichi, i bottoni*; *i. citazioni, esempi, parolacce*. *2* Infilare q.c. o qc. trafiggendolo con un'arma o altro oggetto appuntito: *i. polli e uccellini nello spiedo*; *i. il nemico con la spada*. *3* Cucire con punto a filza, imbastire. **B** v. intr. pron., rifl. e rifl. rec. ● Ferirsi, trafiggersi | *I. da sé*, (*fig.*) essere causa del proprio danno.

infilzàta s. f. *1* Insieme di cose infilzate: *un'i. di perle, di bottoni*. *2* (*fig.*) Serie: *un'i. di spropositi, di proverbi, di bugie*.

infilzàto part. pass. di *infilzare*; anche agg. *1* Nei sign. del v. *2* (*iron., fig.*) *Madonnina infilzata*, donna pudica e composta solo in apparenza.

infilzatùra s. f. ● Atto, effetto dell'infilzare | (*est.*) Filza.

†**infimità** [vc. dotta, lat. tardo *infimitāte(m)*, da *īnfimus* 'infimo'] s. f. ● Bassezza, inferiorità.

ìnfimo [vc. dotta, lat. *īnfimu(m)*, da *īnfra*, da *īnferus* 'infero'] **A** agg. ● (*lett.*) Che sta più in basso di ogni altra cosa circostante: *luogo i.*; *valle infima* | Che manca di qualsiasi pregio dal punto di vista materiale, qualitativo e sim.: *uomo d'infima condizione*; *tessuto d'infima qualità*. CONTR. Sommo, supremo. || **infimaménte**, avv. (*raro*) In infimo luogo. **B** s. m. *1* Persona del più basso grado: *i grandi e gli infimi*. *2* Ciò che è più in basso di tutto.

infinattànto [comp. di *in*, *fino*, *a* e *tanto*] cong. ● (*lett.*) Fintanto | Anche nella loc. cong. *i. che*; V. *infinattantoché*.

infinattantoché o **infinattànto che**, **infino a tànto che** [comp. di *in*, *fino a*, *tanto* e *che* (*2*)] cong. ● (*lett.*) Fintantoché.

infine o (*raro*) **in fine** [comp. di *in* e *fine*] avv. *1* Alla fine, finalmente: *ho telefonato molte volte, e i. sono riuscito a parlargli*; *prova e riprova, i. il risultato è venuto*. *2* Insomma, in conclusione: *i. decidi quello che vuoi fare!*; *i., la vuoi smettere?*; *si può sapere i. che cosa vogliono?*; *i., che cosa si poteva fare di più?*

infinestràre [comp. di *in-* (*1*) e *finestra* in senso fig.] v. tr. (*io infinèstro*) ● Contornare con un'infinestratura.

infinestratùra [da *infinestrato*, part. pass. di *infinestrare*] s. f. ● Foglio di carta tagliato come una cornice per incollarlo sui margini di un foglio stampato lacero o guasto.

infingardàggine s. f. *1* L'essere infingardo. SIN. Neghittosità, poltroneria. *2* (*est.*) Atto da infingardo.

infingardézza s. f. ● (*raro*) Infingardaggine.

infingardìre [da *infingardo*] **A** v. tr. (*io infingardìsco, tu infingardìsci*) ● Rendere infingardo (*anche ass.*): *un'educazione che infingardisce*. **B** v. intr. pron. e intr. (aus. *essere*) ● Diventare infingardo: *oziando si infingardisce sempre più*. SIN. Impoltronirsi.

infingàrdo [da *infingere* e *-ardo*] **A** agg. *1* Di persona che fugge ogni fatica per pigrizia, svogliatezza e sim.: *ragazzo i.* SIN. Neghittoso, poltrone. *2* †Finto, simulato | †Inerte, lento. || **infingardaménte**, avv. Da infingardo. **B** s. m. (f. *-a*) ● Persona pigra e svogliata: *il mondo non è degli infingardi*. SIN. Poltrone. || **infingardàccio**, pegg. | †**infingardòccio**, dim. | **infingardóne**, accr. | **infingardùccio**, dim.

infìngere [vc. dotta, lat. tardo *infĭngere* 'inventare', comp. di *in-* raff. e *fĭngere* 'fingere'] **A** v. tr. (coniug. come *fingere*) ● †Simulare, immaginare, figurare. **B** v. intr. pron. *1* (*lett.*) Simulare: *costui, infingendosi e mostrandosi ben sonnacchioso, al fine si levò* (BOCCACCIO) | *Non infingersi*, essere franco. *2* (*raro, lett.*) Fingersi: *devoto a Libertà s'infinge* (ALFIERI).

infingiménto s. m. ● Simulazione, menzogna, falsità.

infinità [vc. dotta, lat. *infinitāte(m)*, da *infīnītus* 'infinito'] s. f. *1* Qualità di infinito: *l'i. degli spazi, dell'universo*; *l'i. di Dio*. SIN. Illimitatezza, immensità, vastità. *2* Quantità massima, grande abbondanza, moltitudine: *un'i. di gente, di noia, di dispiaceri*. *3* (*mat.*) *I. di un insieme*, potenza di un insieme. *4* †Indeterminatezza.

infinitàrsi [da *infinito*] v. intr. pron. ● (*lett.*) Trascendere il finito, passare dal finito all'infinito: *forse solo chi vuole s'infinita, / e questo tu potrai, chissà, non io* (MONTALE).

infinitesimàle [da *infinitesimo*] agg. *1* Minimo: *parte i. di q.c.* *2* (*mat.*) Pertinente agli infinitesimi | *Calcolo i.*, complesso del calcolo differenziale e integrale.

infinitèsimo [da *infinito* e *-esimo* (*1*)] **A** s. m. *1* Parte o quantità infinitamente piccola: *gli diedi un i. di quella somma*. *2* (*mat.*) Variabile reale o complessa che, in determinate circostanze, generalmente quando un'altra tende ad un valore dato, tende a zero. **B** agg. ● Di quantità molto piccola: *una differenza infinitesima*; *io ho ricordata una sola infinitesima parte de' vostri meriti* (PARINI). || **infinitesimaménte**, avv.

infinitézza s. f. ● (*raro*) Condizione di infinito.

infinitivàle [da *infinitivo*] agg. ● (*ling.*) Detto di elemento che concerne l'infinito.

infinitìvo [vc. dotta, lat. tardo *infinitīvu(m)*, comp. di *in-* neg. e *finitīvus* 'finitivo'] agg. ● (*ling.*) Che non ha determinazione di numero e persona: *modo i.* | *Proposizioni infinitive*, nella sintassi greca e latina, quelle che hanno come soggetto o predicato un verbo all'infinito.

infinìto [vc. dotta, lat. *infinītu(m)*, comp. di *in-* neg. e *fīnītus* 'finito', sul modello dei corrispondenti gr. *ápeiron* (in senso filos.) e *aparémphatos* (in senso gramm.)] **A** agg. *1* Che è assolutamente privo di limiti e determinazioni spaziali o temporali: *l'eternità è infinita* | (*est.*) Di ciò che appare illimitato: *l'i. universo*; *il tempo i.* *2* Nelle religioni superiori, attributo di Dio che non ha principio né fine. *3* Di ciò che è estremamente grande, lungo, intenso, e sim.: *l'i. oceano si stendeva dinnanzi a lui*; *amore, affetto i.*; *noia, grazia, bellezza infinita*; *non credo io dal pittore si richiegga infinita fatica* (ALBERTI). SIN. Enorme, immenso, sterminato. *4* Innumerevole: *lamenti, ringraziamenti infiniti*; *un'infinita varietà di animali popola la terra*. || **infinitaménte**, avv. In modo infinito; immensamente: *ne siamo infinitamente felici*; *infinitamente grande, piccolo, migliore, peggiore*. **B** avv. ● (*raro*) †Infinitamente. **C** s. m. *1* Ciò che non ha fine nel tempo e nello spazio: *la tendenza nostra verso un i. che non comprendiamo* (LEOPARDI) | *All'i.*, in modo infinito, senza fine | *Andare all'i.*, non finire e non concludersi mai | *In i.*, all'infinito | †*Nell'i.*, all'infinito. *2* (*ling.*) Modo infinitivo che esprime l'idea verbale senza determinazione di numero e persona. *3* (*mat.*) Variabile reale o complessa che, in determinate circostanze, spec. quando un'altra tende ad un certo valore, può assumere valori maggiori in modulo di qualunque numero assegnato: *tendere all'i.*

infìno [comp. di *in* e *fino* (*1*)] **A** avv. ● (*lett.*) Anche, persino: *hai parlato infin troppo*. **B** prep. ● (*lett.*) Fino: *i. dove la sorte vorrà*; *L'un lito e l'altro vidi infin la Spagna* (DANTE *Inf.* XXVI, 103) | Anche nella loc. prep. *i. a*, fino a: *i. al fiume del parlar mi trassi* (DANTE *Inf.* III, 81) | Anche nelle loc. cong. *i. a che*, *i. a tanto che*; V. *infinattantoché*.

infino a tànto che /in'fino a t'tanto ke*, in'fino a t'tanto 'ke*/ ● V. *infinattantoché*.

infinocchiàre [comp. di *in-* (*1*) e *finocchio* (*1*), con un passaggio semantico in senso fig. non chiarito] v. tr. (*io infinòcchio*) ● (*fam.*) Ingannare qc. con imbrogli, raggiri e sim.: *si è lasciato i. dal primo venuto*. SIN. Imbrogliare, raggirare.

infinocchiatùra s. f. ● Azione dell'infinocchiare.

†**infinta** [f. sost. del part. pass. di *infingere*] s. f. ● Finzione | †*All'i.*, per finzione.

infinto part. pass. di *infingere*; anche agg. ● (*raro, lett.*) Nei sign. del v. || **infintaménte**, avv. Con inganno, finzione.

infioccàre [comp. di *in-* (*1*) e *fiocco*] v. tr. (*io infiòcco, tu infiòcchi*) ● Ornare con fiocchi e sim.

infiocchettàre [comp. di *in-* (*1*) e *fiocchetto*] **A** v. tr. (*io infiocchétto*) *1* Addobbare con fiocchi e fiocchetti. *2* (*fig.*) Ornare il discorso con eccessive ricercatezze ed eleganze. **B** v. rifl. ● Adornarsi, agghindarsi con fiocchi e sim.

infiochìre [comp. di *in-* (*1*) e *fioco*] **A** v. tr. (*io infiochisco, tu infiochisci*) *1* Affiochire. *2* (*fig.*) Indebolire. **B** v. intr. (aus. *essere*) ● Farsi fioco.

infioraménto s. m. ● Modo e atto dell'infiorare o dell'infiorarsi.

infioràre [comp. di *in-* (*1*) e *fiore*] **A** v. tr. (*io infióro*) *1* Adornare, spargere o coprire di fiori: *i. la bara, l'altare, la casa*; *tesse Flora tra l'erbe / vïole, acanti e gigli, / di cui la gonna a primavera infiora* (MARINO). *2* (*fig.*) Rendere facile e lieto: *i. il cammino della vita* | Adornare di arguzia ed eleganza: *i. il discorso, lo stile* | (*antifr.*) *I. di bestemmie, di insolenze il proprio eloquio*, riempirlo di frasi blasfeme o sconvenienti. **B** v. rifl. ● Adornarsi con molti fiori: *le fanciulle si infiorarono per il ballo*. **C** v. intr. pron. *1* Coprirsi, riempirsi di fiori: *a primavera i prati s'infiorano*. *2* (*fig.*) Diventare bello, piacevole: *quando c'è salute e gioventù, la vita s'infiora* | Divenire ricercato, elegante: *qui il suo linguaggio si infiora*. *3* †Mettersi tra i fiori: *schiera d'ape, che s' infiora* (DANTE *Par.* XXXI, 7).

infioràta [f. sost. di *infiorato*, part. pass. di *infiorare*] s. f. ● Atto, effetto dell'infiorare un luogo, spec. per particolari solennità: *l'i. della chiesa* | Tutti i fiori usati a tale scopo.

infiorazióne [da *infiorare* in senso rifl.] s. f. ● (*raro*) Fioritura.

infiorentinàre v. tr. e intr. pron. ● Infiorentinire.

infiorentinìre [comp. di *in-* (*1*) e *fiorentino*] **A** v. tr. (*io infiorentinisco, tu infiorentinìsci*) ● Rendere conforme al modello fiorentino: *i. la lingua, la pronuncia*. **B** v. intr. e intr. pron. (aus. *essere*) ● Diventare fiorentino: *uno straniero che si è infiorentinito rapidamente* | Adeguarsi al modello fiorentino: *la sua pronuncia infiorentinisce sempre più*.

infiorescènza o **inflorescènza** [dal lat. *inflōrēscere* 'fiorire', con sovrapposizione di *fiore* e collocazione nella serie dei s. in *-enza*] s. f. ● (*bot.*) Particolare disposizione dei fiori quando sono raggruppati su ramificazioni della pianta | *I. a cima bipara*, dicasio. ➡ ILL. **botanica generale**.

infiorettàre v. tr. (*io infiorétto*) ● Fiorettare.

infiorettatùra s. f. ● Fiorettatura.

infirmàre o †**infermàre** [vc. dotta, lat. *infirmāre*, comp. di *in-* neg. e *firmāre* 'fermare, rafforzare'] v. tr. *1* Inficiare, invalidare, annullare: *i. un atto* | (*est.*) Confutare, indebolire: *i. l'assunto, l'argomento dell'avversario*. *2* †V. *infermare*.

†**infirmità** ● V. *infermità*.

†**infirmo** ● V. *infermo*.

infiscalìre [comp. di *in-* (*1*) e *fiscale*] **A** v. intr. (*io infiscalisco, tu infiscalisci*; aus. *avere*) ● Usare fiscalità: *i. contro qc.* **B** v. intr. pron. ● †Diventare fiscale.

infischiàrsi [fr. *s'enficher* (da *ficher* 'ficcare', ma anche, euf. e con passaggio analogo all'it., 'fregarsene') con sovrapposizione di *fischiare*] v. intr. pron. (*io m'infischio*) ● Non curarsi, non fare alcun conto, ridersi di q.c. o qc.: *i. delle opinioni altrui* | *Infischiarsene*, non preoccuparsi di q.c. o qc.

infissióne s. f. ● Atto, effetto dell'infiggere o dell'infiggersi.

infisso A part. pass. di *infiggere*; anche agg. ● Nei sign. del v. **B** s. m. *1* (*edil.*) Tutto ciò che in un edificio è stabilmente vincolato alle strutture murarie rispetto alle quali ha funzione secondaria di finimento o protezione. *2* Serramento di vario materiale che nelle costruzioni serve come chiusura di vani. *3* (*ling.*) Affisso che s'inserisce all'interno di una parola per modificarne il senso.

infistolire [comp. di *in-* (*1*) e *fistola*] **A** v. intr. e intr. pron. (*io infistolisco, tu infistolisci*; aus. *essere*) *1* Diventare fistoloso. *2* (*raro, fig.*) Divenire incorreggibile, inguaribile: *vizi che infistoliscono* | (*fig.*) Andar male: *affari che si infistoliscono.* **B** v. tr. ● †Rendere fistoloso.

infittire [comp. di *in-* (*1*) e *fitto*] **A** v. tr. (*io infittìsco, tu infittìsci*) ● Rendere denso, spesso o fitto. CONTR. Diradare, rarefare. **B** v. intr. e intr. pron. (aus. *essere*) ● Divenire sempre più denso, folto, fitto: *l'intingolo, l'erba, la nebbia, le tenebre infittiscono.* CONTR. Diradarsi, rarefarsi.

†inflagióne ● V. *enfiagione.*

inflammatòrio ● V. *infiammatorio.*

inflammazióne ● V. *infiammazione.*

inflativo o (*evit.*) **inflattivo** [ingl. *inflative*, dal lat. *inflātus* (V. *inflazione*)] agg. ● Relativo all'inflazione economica: *processo i.*

inflazionàre v. tr. (*io inflazióno*) *1* Portare allo stato di inflazione. *2* (*fig.*) Aumentare rapidamente ed eccessivamente.

inflazionàto part. pass. di *inflazionare*; agg. *1* Nei sign. del v. *2* (*fig.*) Eccessivamente diffuso: *una laurea inflazionata* | Ripetuto troppo spesso, abusato: *una battuta inflazionata.*

inflazióne [ingl. *inflation*, dapprima termine mediev. (dal lat. *inflatiōne(m)* 'gonfiamento', da *inflātus*, part. pass. di *inflāre* 'enfiare'), passatoci dal fr.] s. f. *1* (*econ.*) Processo di costante aumento dei prezzi che determina un persistente declino del potere d'acquisto di una unità monetaria | *I. strisciante*, minima e poco appariscente, ma continua | *I. galoppante*, rapidissima | *I. a due cifre*, superiore, nel tasso di crescita, al nove per cento. *2* (*fig.*) Rapido ed eccessivo accrescersi o propagarsi di q.c.

inflazionismo s. m. ● (*econ.*) Tendenza a promuovere o favorire l'inflazione.

inflazionista s. m. e f. (pl. m. *-i*) ● Chi, che sostiene, provoca, promuove l'inflazione economica.

inflazionìstico agg. (pl. m. *-ci*) ● Di inflazione, che determina inflazione.

inflessìbile [vc. dotta, lat. *inflexībile(m)*, comp. di *in-* neg. e *flexĭbilis* 'flessibile'] agg. ● Che non si piega (*spec. fig.*): *animo, volontà, carattere i.* SIN. Rigido. || **inflessibilménte**, avv.

inflessibilità s. f. ● Qualità di chi, di ciò che è inflessibile. SIN. Rigidezza.

inflessióne [vc. dotta, lat. *inflexiōne(m)*, da *inflĕxus* 'inflesso'] s. f. *1* (*lett.*) Flessione, piegamento. *2* (*fis.*) Deformazione dovuta alla flessione. *3* Cadenza: *parlare con i. toscana* | (*ling.*) *I. vocalica*, metafonia. *4* (*mus.*) Modulazione.

inflèsso part. pass. di *inflettere* ● Nei sign. del v.

inflèttere [vc. dotta, lat. *inflĕctere*, comp. di *in-* 'verso' e *flĕctere* 'flettere, piegare'] **A** v. tr. (pass. rem. *io inflèssi, tu inflettésti*; part. pass. *inflèsso*) ● (*raro*) Flettere, piegare: *i. una linea* | (*fig.*) *I. la voce*, modularla. **B** v. intr. pron. ● (*raro*) Piegarsi.

infliggere [vc. dotta, lat. *inflīgere*, comp. di *in-* 'contro' e *flīgere* 'urtare', di origine indeur.] v. tr. (pres. *io inflìggo, tu inflìggi*; pass. rem. *io inflìssi, tu infliggésti*; part. pass. *inflitto*) ● Far subire pene, punizioni e sim.: *i. una sospensione, una nota di biasimo, due anni di reclusione.*

infliggiménto s. m. ● (*raro*) Modo, atto di infliggere q.c.

inflitto part. pass. di *infliggere* ● Nel sign. del v.

inflizióne [vc. dotta, lat. tardo *inflictiōne(m)*, part. pass. di *inflīgere* 'infliggere'] s. f. ● Atto, effetto dell'infliggere.

inflorescènza ● V. *infiorescenza.*

influènte part. pres. di *influire*; anche agg. ● Nei sign. del v.

influènza [dal senso di 'diffusione di cosa *fluida*', quindi 'epidemia'] s. f. *1* In astrologia, azione dei corpi celesti a disporre e a modificare gli esseri animati e inanimati. *2* Azione esercitata da q.c. su luoghi, fenomeni o persone: *l'i. della luna sulle maree, della macchina sulla civiltà moderna*; *sentire la benefica i. del clima marino* | *Zona, sfera d'i.*, in cui uno Stato esplica o aspira a esplicare una predominante azione di guida, tutela, controllo e sim. *3* (*fis.*) Facoltà per la quale certi corpi agiscono a distanza su altri | *I. elettrica*, induzione elettrica. *4* Autorità, ascendente, peso, prestigio: *avere molta i. su qc.*; *esercitare la propria i. presso qc.* | (*est.*) Potere o capacità di determinare o modificare tendenze culturali, indirizzi letterari, opinioni e sim.: *la letteratura degli ultimi cinquant'anni ha subito l'i. di quell'autore.* *5* (*med.*) Malattia infettiva acuta, contagiosa, delle vie aeree superiori, di origine virale. *6* †Flusso, scorrimento.

influenzàbile agg. ● Di persona che si lascia facilmente influenzare: *ragazzo i.* SIN. Suggestionabile.

influenzàle agg. ● (*med.*) Relativo all'influenza: *febbre i.*

influenzaménto s. m. ● Atto dell'influenzare, dell'esercitare influenza su qc.

influenzàre [da *influenza*] **A** v. tr. (*io influènzo*) ● Determinare o modificare q.c. esercitando la propria influenza: *i. le idee, le decisioni, la scelta di qc.* | *Lasciarsi i.*, subire l'influenza altrui. **B** v. rifl. rec. ● Avere influenza l'uno sull'altro.

influenzàto [da *influenza* nel sign. 5] agg. ● Ammalato di influenza: *essere, sentirsi i.*

influìre [vc. dotta, lat. *influĕre*, comp. di *in-* 'dentro' e *fluĕre* 'fluire'] **A** v. intr. (*io influìsco, tu influìsci*; aus. *avere* nei sign. 1 e 2, *essere* nel sign. 3) *1* Agire direttamente o indirettamente su q.c. o qc., in modo da determinare particolari effetti o conseguenze: *il clima influisce sulle abitudini*; *l'esempio influisce sul comportamento umano*; *il suo intervento ha influito sul Tribunale, presso il Ministero* | †*Non influisce niente*, non ha importanza, non c'entra. *2* Agire su q.c. o qc., in modo diretto o indiretto, esercitando poteri, capacità, prestigio e sim. e determinando così modifiche e mutamenti. *3* (*raro*) Affluire, sboccare, mettere foce: *il Po influisce nell'Adriatico.* **B** v. tr. ● (*raro*) †Infondere, cagionare.

inflùsso [vc. dotta, lat. tardo *inflŭxu(m)* 'influsso', da *influĕre* 'influire', dapprima riferito agli astri che operano sul destino degli uomini] s. m. *1* In astrologia, influenza degli astri su esseri animati o inanimati. *2* Azione o potere che si esercita con efficacia su q.c. o qc.: *il suo i. è stato determinante*; *sentire il benefico, il malefico i. di qc.* *3* †Contagio, influenza. *4* †Scorrimento di un liquido.

infocaménto o **infuocaménto**. s. m. ● (*raro*) Modo e atto d'infocare | Fervore.

infocàre o **infuocàre** [comp. di *in-* (*1*) e *f(u)oco*] **A** v. tr. (*io infuòco* o *infòco, tu infuòchi* o *infòchi*; in tutta la coniug. la *o* dittonga preferibilmente in *uo* se tonica) *1* Riscaldare q.c. fino a renderla rovente: *i. il metallo, una piastra.* *2* †Incendiare. *3* (*fig.*) †Rendere bruciante di passione e sim.: *i. l'animo di qc.* | (*fig.*) Rendere simile al fuoco per calore o rossore: *i. gli occhi, il viso.* SIN. Infiammare. **B** v. intr. pron. *1* Arroventarsi. *2* (*fig.*) Infiammarsi: *infocarsi di sdegno, amore* | (*fig.*) Eccitarsi, accalorarsi, adirarsi.

infocàto o **infuocàto**. part. pass. di *infocare*; anche agg. *1* Nei sign. del v. *2* (*fig.*) Caldissimo, torrido: *l'aria infocata d'agosto.* *3* Acceso di rossore: *viso i.*; *guance infocate.* || **infocataménte**, avv. Con ardore.

infoderàre [comp. di *in-* (*1*) e *fodero*] **A** v. tr. (*io infòdero*) ● (*raro*) Rimettere nel fodero: *i. la spada, la sciabola.* **B** v. rifl. ● (*fig.*) Mettersi come in un fodero: *infoderarsi nel mantello, tra le lenzuola.*

in fòglio loc. agg. ● (*raro*) Adattamento di *in folio* (V.).

infognàrsi [comp. di *in-* (*1*) e *fogna*] v. intr. pron. (*io m'infógno*) ● (*fam.*) Cacciarsi in faccende da cui non è facile uscire, in questioni insolubili e sim.: *i. nei debiti, con persone disoneste.* SIN. Impantanarsi.

infoiàre [comp. di *in-* (*1*) e *foia*] **A** v. tr. (*io infòio*) ● (*pop.*) Eccitare sessualmente. **B** v. intr. pron. ● (*pop.*) Eccitarsi sessualmente | (*fig., pop.*) Farsi prendere da grande entusiasmo, smania per qc. o q.c.

infoiàto [comp. parasintetico di *foia*] part. pass. di *infoiare*; anche agg. ● (*pop.*) Che si trova in uno stato di forte eccitazione sessuale.

infoibàre [comp. di *in-* (*1*) e *foiba*] v. tr. (*io infòibo*) ● Gettare o seppellire in una foiba.

infoibatóre agg.; anche s. m. (f. *-trice*) ● Che, chi infoiba.

infoibazióne s. f. ● Atto, effetto dell'infoibare.

in folio /lat. in 'fɔljo/ [lat., letteralmente 'in (*īn*: sottinteso un solo) foglio (*fŏlio*, abl. di *fŏlium*)'] **A** loc. agg. ● Di edizione in cui il foglio è stato piegato una volta e alla quale corrispondono determinati e convenzionali limiti di formato. **B** anche s. m. inv.: *l'in folio di Shakespeare.*

infoltiménto s. m. ● Atto, effetto dell'infoltire o dell'infoltirsi: *cura per l'i. dei capelli.*

infoltire [comp. di *in-* (*1*) e *folto*] **A** v. tr. (*io infoltìsco, tu infoltìsci*) ● Rendere folto o più folto: *la potatura infoltisce la vegetazione.* CONTR. Diradare. **B** v. intr. (aus. *essere*) ● Diventare folto: *l'erba, i capelli infoltiscono.* CONTR. Diradarsi.

infondatézza [comp. di *in-* (*3*) e *fondatezza*] s. f. ● Mancanza di basi sicure, di fondamento: *l'i. di una notizia.*

infondàto [comp. di *in-* (*3*) e *fondato*] agg. ● Privo di fondatezza: *giudizio i.*; *notizia, affermazione infondata*; *accusa infondata.* SIN. Falso. || **infondataménte**, avv.

infóndere [vc. dotta, lat. *infŭndere*, comp. di *in-* 'dentro' e *fŭndere* 'fondere, versare'] v. tr. (coniug. come *fondere*) *1* †Mettere in infusione, tenere a bagno. *2* †Allagare, irrigare, bagnare. *3* (*fig.*) Far nascere o suscitare in qc. o in q.c.: *i. amore, fiducia, coraggio, idee nuove, volontà.* SIN. Destare, ispirare.

inforcàre [comp. di *in-* (*1*) e *forca*] **A** v. tr. (*io infórco, tu infórchi*) *1* Prendere con la forca o come con una forca: *i. la paglia* | (*est.*) Infilare, infilzare: *i. in uno stecco.* *2* Montare, mettendosi a cavalcioni: *i. il cavallo, la bicicletta, la moto* | *I. gli occhiali*, metterli sul naso, davanti agli occhi | *I. una porta, un paletto*, o (*ass.*) *inforcare*, nelle gare di slalom, passare con uno sci tra i due paletti che delimitano una porta. **B** v. intr. (aus. *avere* nel sign. 1, *essere* nel sign. 2) *1* (*raro*) Marinare la scuola. *2* (*raro*) Biforcarsi.

inforcàta s. f. *1* Atto, effetto dell'inforcare. *2* Quantità di materiale raccolto, con la forca, in una sola volta: *un'i. di fieno, di paglia.*

inforcatùra s. f. *1* Atto, effetto dell'inforcare. *2* Parte del corpo dove termina il tronco e cominciano le cosce. *3* Punto dell'albero da dove partono i rami per formare la chioma. SIN. Impalcatura. *4* Nel gioco degli scacchi, scacco doppio.

inforestieràre v. tr., intr. e intr. pron. (*io inforestièro*; aus. intr. *essere*) ● (*raro*) Inforestierire.

inforestierire [comp. di *in-* (*1*) e *forestiere*] **A** v. tr. (*io inforestierisco, tu inforestierìsci*) ● Modificare su modelli forestieri: *i. i costumi, la lingua, le abitudini.* **B** v. intr. e intr. pron. (aus. *essere*) ● Diventare forestiero.

†informàbile [vc. dotta, lat. tardo *informābile(m)*, da *informāre* 'informare'] agg. ● Che si può informare.

informàle [comp. di *in-* (*3*) e *formale*] **A** agg. *1* Privo di formalità, di ufficialità: *pranzo, riunione, colloquio i.* *2* Detto di corrente artistica che, escludendo ogni forma tradizionale e l'astrattismo di ordine geometrico, cerca di esprimere le forze e le suggestioni della materia presentandole in libere associazioni | (*est.*) Detto di tutto ciò che a essa si riferisce: *quadro i.*; *artisti informali.* || **informalménte**, avv. **B** s. m. e f. ● Seguace della corrente artistica informale.

informànte [ingl. *informant*, da *to inform* 'informare'] s. m. e f. ● (*ling.*) Parlante che fornisce informazioni sulla propria madre lingua, rispondendo a questionari di carattere linguistico.

informàre [vc. dotta, lat. *informāre*, comp. di *in-* illativo e *formāre* 'formare, dare forma'] **A** v. tr. (*io infórmo*) *1* (*lett.*) Modellare secondo una forma. *2* (*fig.*) Indirizzare, secondo una certa impronta, certe direttive e sim.: *i. la propria vita a principi di giustizia, alla morale, alla conoscenza.* SIN. Conformare. *3* Ragguagliare qc. procurandogli notizie, dati e sim.: *li informammo dell'accaduto, sullo svolgimento dei fatti* | *Informi!*, dica | *I. in un'arte*, erudire. *4* †Mettere nelle forme: *i. il cacio.* **B** v. intr. pron. *1* (*raro*) Prender forma: *la pelle s'informa dalle ossa.* *2* Procurarsi notizie: *informarsi da, presso il direttore*; *ci informammo all'agenzia*; *informarsi sulla condotta di qc., del corso della malattia*; *informatevi se è vero.* *3* Agire in conformità con q.c.: *informarsi alle nuove direttive ministeriali.* SIN. Adeguarsi.

informàtica [dal fr. *informatique*, comp. di *infor-*

m(ation electronique ou autom)atique] s. f. ● Scienza e tecnica dell'elaborazione dei dati e, gener., del trattamento automatico delle informazioni.

informàtico **A** agg. (pl. m. *-ci*) ● Relativo all'informatica. **B** s. m. ● Studioso di informatica, specialista di informatica.

informativa [f. sost. di *informativo*] s. f. ● (*bur.*) Complesso di informazioni relative a un determinato argomento: *un'i. sulla situazione dell'ordine pubblico*.

informativo [da *informare*] agg. **1** (*lett.*) Che serve a dare la forma o l'impronta morale. **2** Che serve a ragguagliare, a dare notizie: *un articolo i.*

informatizzàre [fr. *informatiser*, da *informatique* 'informatica'] v. tr. ● Introdurre, applicare sistemi informatici: *i. l'anagrafe*; *i. un archivio*.

informatizzazióne [fr. *informatisation*, da *informatiser* 'informatizzare'] s. f. ● Atto, effetto dell'informatizzare.

informàto part. pass. di *informare*; anche agg. **1** Nei sign. del v. **2** Messo a conoscenza, tenuto al corrente: *non so come possa essere sempre i. di tutto* | *Essere bene, male i.*, in possesso di informazioni più o meno esatte.

informatóre [vc. dotta, lat. tardo *informatōre(m)*, da *informātus*, part. pass. di *informāre* 'informare'] **A** agg. (f. *-trice*) ● Che informa: *spirito i. della materia*; *principio, criterio i.* SIN. Ispiratore. **B** s. m. **1** Chi procura, fornisce notizie, informazioni e sim.: *è un ottimo i.*; *un i. della polizia* | *I. medico scientifico, i. scientifico del farmaco*, chi svolge azione di propaganda informativa presso medici e sim. nel settore farmaceutico. **2** Redattore o collaboratore di un giornale che raccoglie informazioni e sovente si limita a comunicarle verbalmente. **3** Militare del servizio informazioni operativo.

informazióne s. f. **1** Atto, effetto dell'informare o dell'informarsi | Ragguaglio, notizia: *rivolgersi all'ufficio informazioni*; *chiedere informazioni su qc., su q.c.*; *ottenere informazioni buone, pessime, riservate* | *Servizio informazioni operativo*, insieme degli organi specializzati di un esercito che svolgono attività operative in fase bellica | (*dir.*) *I. di garanzia*, avviso che il pubblico ministero è tenuto a inviare a chi sia sottoposto a indagini per un reato e alla persona offesa, fin da quando compie un atto al quale ha diritto di assistere il difensore dell'indagato. **2** (*elab.*) Notizia atta a essere formalizzata in dati e destinata a essere trattata da un sistema di trattamento automatico delle informazioni | *Teoria dell'i.*, studio, su basi matematiche, dei fenomeni relativi alla trasmissione dell'informazione. **3** (*biol.*) *I. genetica*, quella contenuta in una sequenza di nucleotidi entro una molecola di DNA. **4** †Formazione | †Istruzione. ‖ **informazioncèlla**, dim.

infórme [vc. dotta, lat. *infōrme(m)*, comp. di *in-* neg. e un deriv. di *fōrma* 'forma'] agg. **1** Privo di una forma precisa e caratteristica (*anche fig.*): *massa i.*; *un progetto i.* | *Copia i.*, riproduzione di uno scritto, priva di caratteri formali che consentano di accertarne la fedeltà all'originale. **2** (*raro*) Deforme. ‖ **informeménte**, avv.

informicolaménto s. m. ● Formicolio.

informicolàrsi v. intr. pron. (*io m'informicolo*) ● Informicolirsi.

informicoliménto s. m. ● Informicolamento.

informicolìrsi [comp. di *in-* (*1*) e *formicola*] v. intr. pron. (*io m'informicolisco, tu t'informicolisci*) ● Essere preso da una sensazione di formicolio: *mi si informicoliscono le mani*.

informità [lat. tardo *informitāte(m)*, comp. di *in-* neg. e *fōrmitas*, genit. *formitātis*, da *fōrma* 'forma'] s. f. ● (*raro*) Mancanza di forma.

infornaciàre [comp. di *in-* (*1*) e *fornace*] v. tr. (*io infornàcio*) ● Mettere a cuocere nella fornace.

infornaciàta s. f. ● Fornaciata.

infornapàne [comp. di *inforna(re)* e *pane* (*1*)] s. m. inv. ● Pala per infornare il pane.

infornàre [comp. di *in-* (*1*) e *forno*] **A** v. tr. (*io infórno*) **1** Mettere nel forno per la cottura: *i. i biscotti* | (*ass.*) Cuocere il pane: *oggi non infornano*. **2** (*scherz.*) Mangiare con avidità. **B** v. intr. pron. ● †Introdursi in un luogo simile a un forno.

infornàta s. f. **1** Atto, effetto dell'infornare | Quantità di pane o altro che si mette nel forno in una volta sola. **2** (*fig., scherz.*) Grande quantità: *un'i. di giudici è entrata in Tribunale*; *ce n'è una bella i.!* **3** Nel gergo teatrale, sala gremita di pubblico.

infornatóre s. m. ● Lavorante che inforna il pane.

†**inforsàre** [dalla loc. *in forse*] **A** v. tr. ● (*lett.*) Mettere in forse. **B** v. intr. pron. ● (*lett.*) Apparire incerto, indeciso, dubbioso: *nulla mi s'inforsa* (DANTE *Par.* XXIV, 87).

infortiménto [da *infortire*] s. m. **1** Inacidimento. **2** †Rinforzamento.

infortìre [comp. di *in-* (*1*) e *forte*] **A** v. tr. (*io infortìsco, tu infortìsci*) ● (*raro*) Rinforzare. **B** v. intr. e intr. pron. (aus. *essere*) ● Prendere sapore acido: *questo vino infortirà presto*. SIN. Inacetire, inasprire.

infortunàrsi [da *infortunato*] v. intr. pron. ● Subire un infortunio: *i. sul lavoro, in un incidente stradale*.

infortunàto [vc. dotta, lat. *infortunātu(m)*, comp. di *in-* neg. e *fortunātus* 'fortunato'] agg.; anche s. m. (f. *-a*) **1** †Sfortunato, infelice. **2** Che, chi ha sofferto un infortunio, spec. sul lavoro: *lavoratore i.*; *si contano numerosi infortunati*. ‖ †**infortunataménte**, avv. Sfortunatamente.

infortùnio [vc. dotta, lat. *infortūniu(m)*, comp. di *in-* neg. e un deriv. di *fortūna* 'fortuna'] s. m. **1** Evento dannoso, violento, imprevisto e imprevedibile: *subire un grave i.*; *i. durante la navigazione* | *I. sul lavoro*, lesione originata in occasione di lavoro da causa violenta che determina la morte del lavoratore o ne abolisce o menoma la capacità lavorativa: *assicurazione contro gli infortuni sul lavoro*. SIN. Disgrazia. **2** Caso disgraziato, sfortunato: *un i. finanziario, economico*; *confortovi ... a fermare l'animo contro ogni i.* (MACHIAVELLI). SIN. Disastro.

infortunista [da *infortunistica*] s. m. e f. (pl. m. *-i*) ● Esperto di infortunistica.

infortunistica [f. sost. di *infortunistico*] s. f. ● Scienza che studia, sotto l'aspetto giuridico ed economico, la causa e le conseguenze degli infortuni e i mezzi per prevenirli o ridurne le conseguenze.

infortunìstico [da *infortunio*] agg. (pl. m. *-ci*) ● Che concerne gli infortuni sul lavoro: *legislazione infortunistica* | *Medicina i.*, parte della medicina delle assicurazioni che tratta degli infortuni.

inforzàre [comp. di *in-* (*1*) e *forza*] **A** v. intr. (*io infòrzo*; aus. *essere*) **1** Infortire. **2** †Crescere in forza, intensità e sim. **B** v. tr. ● †Rendere più forte, gagliardo, intenso.

†**infoscaménto** s. m. ● Atto, effetto dell'infoscare.

infoscàre [vc. dotta, lat. *infuscāre*, comp. di *in-* illativo e *fŭscus* 'fosco, scuro'] **A** v. tr. (*io infósco* o *infòsco, tu infóschi* o *infòschi*) ● Rendere fosco: *il fumo infoscava l'aria*. **B** v. intr. e intr. pron. (aus. *essere*) ● Divenire fosco (*anche fig.*): *l'atmosfera andava infoscando*; *par che s'infoschi / quello sguardo* (SABA). SIN. Oscurarsi.

infoschìrsi [da *fosco* con prefisso *in-* (*1*)] v. intr. pron. (*io mi infoschisco, tu ti infoschisci*) ● (*lett.*) Diventare fosco.

infossaménto s. m. ● (*raro*) Atto, effetto dell'infossare o dell'infossarsi.

infossàre [comp. di *in-* (*1*) e *fossa*] **A** v. tr. (*io infòsso*) **1** Mettere in una fossa, in una buca: *i. il grano*. **2** †Seppellire. **B** v. intr. pron. **1** Incavarsi: *le guance gli si andavano infossando per i patimenti*. **2** Avvallarsi, sprofondare: *il campo si infossava lentamente*.

infossàto part. pass. di *infossare*; anche agg. ● Nei sign. del v.

infossatùra s. f. ● Atto, effetto dell'infossare o dell'infossarsi | (*est.*) Punto in cui q.c. si infossa.

infra [vc. dotta, lat. *īnfra* per *īnfera*, abl. f. di *īnferus* 'infero'] **A** avv. ● Sotto, in basso | *Vedi i.*, vedi sotto, vedi oltre (in un libro, in un articolo e sim., per rimandare a un passo o a una nota che segue). **B** prep. ● †V. *fra* (*1*).

infra- [dalla prep. lat. *īnfra*. V. vc. precedente] pref. ● In parole composte della terminologia scientifica e tecnica, ha il significato di 'inferiore' o 'situato al disotto', 'posto più internamente' di altra cosa (*infrarosso, infrastruttura, infrasuono*) ovvero indica posizione intermedia fra due cose (*infradito, inframmettere*) | V. anche *intra-*.

infracidàre e *deriv.* ● V. *infradiciare* e *deriv.*

infracidìre [comp. di *in-* (*1*) e *fracido*] v. intr. (*io infracidìsco, tu infracidìsci*; aus. *essere*) **1** (*raro*) Diventare marcio: *frutta che infracidisce facilmente*. **2** (*raro*) Inzupparsi d'acqua.

infradiciaménto o (*raro*) **infracidaménto**. s. m. ● L'infradiciare, l'infradiciarsi.

infradiciàre o (*raro*) **infracidàre** [comp. di *in-* (*1*) e *fradicio*] **A** v. tr. (*io infràdicio, tu infràdici*) **1** Inzuppare d'acqua: *la pioggia ha infradiciato il fieno raccolto*. **2** Rendere marcio, fradicio: *il caldo infradicia la frutta*. **3** (*fig.*) †Importunare moltissimo. **B** v. intr. pron. **1** Inzupparsi d'acqua: *mi sono infradiciato sotto la pioggia* | (*raro*) Disfarsi per l'azione delle acque: *pietre che si infradiciano*. **2** Diventare marcio, spec. per eccessiva maturazione: *frutto delicato che si infradicia subito* | (*raro*) Guastarsi per carie.

infradiciàta s. f. ● Eccessiva bagnatura: *prendersi una solenne i.*

infradiciàto o (*raro*) **infracidàto**. part. pass. di *infradiciare*; anche agg. ● Nei sign. del v.

infradiciatùra o (*raro*) **infracidatùra**. s. f. ● Effetto dell'infradiciare o dell'infradiciarsi | Stato di chi, di ciò che è fradicio.

infradito [comp. di *infra-* e *dito*] s. m. o f. inv. ● Tipo di calzatura estiva, di cuoio, plastica o gomma, in cui il piede è trattenuto da una striscia passante tra l'alluce e il secondo dito.

infraliménto s. m. ● (*lett.*) Modo e atto dell'infralire.

infralìre [comp. di *in-* (*1*) e *frale*] **A** v. tr. (*io infralìsco, tu infralìsci*) ● (*raro*) Rendere frale, privare del vigore. **B** v. intr. (aus. *essere*) ● (*raro*) Diventare debole.

inframéttere e *deriv.* ● V. *inframmettere* e *deriv.*

inframezzàre ● V. *inframmezzare*.

inframicròbio [comp. di *infra-* e *microbio*] s. m. ● (*biol., med.*) Virus, nel sign. 1.

inframmésso o **inframésso**. part. pass. di *inframmettere*; anche agg. ● Nei sign. del v.

inframmettènte o **inframettènte**. part. pres. di *inframmettere*; anche agg. ● Nei sign. del v. ‖ †**inframmettenteménte**, avv. Da inframmettente.

inframmettènza o **inframettènza** [da *inframmettere*] s. f. **1** Ingerenza importuna, intromissione in faccende non di propria competenza: *la sua i. è veramente insopportabile*. **2** Azione di chi s'intromette inopportunamente: *tutto ciò è dovuto alle loro inframmettenze*.

inframméttere o **inframéttere** [comp. di *infra-*, inteso come parallelo di *intra* 'fra, in mezzo' e *mettere*] **A** v. tr. (coniug. come *mettere*) ● Frammettere, frapporre, interporre: *inframmisero ostacoli al nostro progetto*. **B** v. intr. pron. ● Mettersi in mezzo, intromettersi: *persone disoneste riuscirono a inframmettersi nella vicenda* | (*est.*) Inserirsi inopportunamente in faccende, questioni e sim. non di propria competenza: *non voglio che tu t'inframmetta nei miei affari!*

inframmezzàre o **inframezzàre** [comp. di *in-* (*1*) e *frammezzare*] v. tr. (*io inframmèzzo*) ● Frammezzare.

inframmischiàre [comp. di *in-* (*1*) e *frammischiare*] v. tr. (*io inframmischio*) ● Frammischiare.

infrancesàre [comp. di *in-* (*1*) e *francese*] **A** v. tr. (*io infrancéso*) **1** Contaminare con usanze, modi, vocaboli francesi. **2** (*iron.*) Contagiare di mal francese. **B** v. intr. pron. ● Assumere usanze, modi, parlata francesi.

infranchìre [comp. di *in-* (*1*) e *franco* (*2*)] **A** v. tr. (*io infranchìsco, tu infranchìsci*) ● (*raro*) Rendere franco. **B** v. intr. pron. ● Prendere coraggio.

†**infranciosàre** [comp. di *in-* (*1*) e *francioso*, ant. var. di *francese*] v. tr. e intr. pron. ● (*lett.*) Infrancesare.

infràngere [lat. parl. **infrăngere*, ricostruzione del comp. di *in-* ints. e *frăngere*, deviata nel classico *infrĭngere*] **A** v. tr. (coniug. come *frangere*) **1** Spezzare q.c. in molte parti, mediante schiacciamento, urto o altro (*anche fig.*): *i. le olive, un oggetto fragile, la difesa avversaria, l'ostilità nemica*. SIN. Frantumare. **2** Trasgredire, violare: *i. un divieto, un patto, una consuetudine, la tradizione*. **B** v. intr. pron. **1** Frantumarsi contro q.c.: *i marosi si infrangevano sugli scogli*. **2** (*fig.*) Fiaccarsi: *le sue speranze si infransero contro ostacoli insormontabili*.

infrangìbile [comp. di *in-* (*3*) e *frangibile*] agg. • Che non si frange, difficile a rompersi (*anche fig.*): *oggetto i.*; *volontà, proposito i.* | *Vetro i.*, che, avendo subìto un processo di tempera, è assai meno fragile del vetro comune, e in caso di rottura si scompone in una massa di piccoli granuli tondeggianti. || †**infrangibilménte**, avv.

infrangiménto s. m. • (*raro*) Modo e atto dell'infrangere o dell'infrangersi.

infrangitóre s. m. (f. *-trice*) • (*raro*) Chi infrange.

infrànto part. pass. di *infrangere*; anche agg. *1* Nei sign. del v. *2* (*fig.*) *Cuore i.*, deluso in amore | (*fig.*) *Idolo i.*, personaggio decaduto dall'estimazione dei più.

infrantoiàta s. f. • Quantità di olive messe in una sola volta nel frantoio.

infrantóio [comp. di *in-* (*1*) e *frantoio*] s. m. • (*raro*) Frantoio, torchio.

†**infrappolàto** [da un dial. *infrappolare*, comp. di *in-* (*1*) e *frappola*, var. dial. di *frappa*] agg. • Che ha molte frappe.

infrappórre [comp. di *in-* (*1*) e *frapporre*] v. tr. e intr. pron. • Frapporre.

infrappósto part. pass. di *infrapporre* • (*raro*) Nei sign. del v.

infrarósso [comp. di *infra-* e del *rosso* dello spettro] **A** s. m. • (*fis.*) Radiazione elettromagnetica posta, nello spettro, oltre l'estremo rosso, invisibile all'occhio e dotata di altissimo potere calorifico. **B** anche agg.: *raggi infrarossi*.

infrascàre [comp. di *in-* (*1*) e *frasca*] **A** v. tr. (*io infràsco, tu infràschi*) *1* Disporre le frasche a sostegno di piante rampicanti: *i. i piselli* | *I. i bachi*, fornire le frasche per la salita al bosco. *2* (*fig.*) Caricare di ornamenti, rendere frondoso: *i. la casa di soprammobili*; *i. il discorso, lo stile*. *3* †Imbrogliare, avvolgere. **B** v. rifl. *1* Calarsi fra le frasche: *il cinghiale s'infrascò e non si riuscì a stanarlo*. *2* (*raro, fig.*) Impacciarsi, avvilupparsi.

infrascàto A part. pass. di *infrascare*; anche agg. • Nei sign. dei v. **B** s. m. • Capanna, riparo di frasche.

infrascatùra s. f. *1* Operazione dell'infrascare. *2* Insieme di frasche usate come riparo o sostegno.

infràsco [da *infrascare*] s. m. (pl. *-schi*) • Ramo posto a sostegno di piante rampicanti.

infrascrìtto [comp. di *infra-* e *scritto*] agg. • Scritto di sotto, di seguito: *le infrascritte persone dovranno presentarsi fra una settimana* | (*raro*) *Io i.*, io sottoscritto | †Scritto dentro.

infrasettimanàle [comp. del lat. *īnfra* nel senso deviato di 'fra' e *settimana* col suff. agg. *-ale*] agg. • Che ricorre, si verifica durante la settimana: *vacanza, festa i.*

infrasonòro [comp. di *infra-* e *sonoro*] agg. • (*fis.*) Relativo a infrasuono: *onde infrasonore*.

infrastruttùra [comp. di *infra-* e *struttura*] s. f. *1* Insieme di impianti che condizionano un'attività, spec. economica | *I. aerea*, complesso degli impianti terrestri necessari per la navigazione aerea. *2* Complesso dei servizi pubblici, quali vie di comunicazione, acquedotti, ospedali, scuole e sim., che costituiscono premessa indispensabile a ogni sviluppo economico di un Paese o di una regione.

infrastrutturàle agg. • Relativo all'infrastruttura.

infrasuòno [comp. di *infra-* e *suono*] s. m. • (*fis.*) Oscillazione acustica di frequenza troppo bassa per poter essere udita dall'orecchio umano.

infratire [comp. di *in-* (*1*) e *frate* (*2*)] v. intr. (*io infratìsco, tu infratìsci*; aus. *essere*) *1* Non andare al bosco e non fare il bozzolo, detto dei bachi da seta. SIN. Invacchire. *2* (*raro, fig.*) Non concludere più nulla, spec. dopo un inizio promettente: *scrittori che infratiscono*.

infrattànto [comp. di *in-* (*1*) e *frattanto*] avv. • (*raro, lett.*) Frattanto.

infrattàre [comp. di *in-* (*1*) e *fratta*] **A** v. tr. • (*centr.*) Nascondere, occultare, imboscare (*anche fig.*). **B** v. rifl. • (*centr.*) Nascondersi, imboscarsi | Appartarsi in luoghi campestri e isolati per amoreggiare.

infravìrus [comp. di *infra-* e *virus*] s. m. • (*biol., med.*) Virus, nel sign. 1.

infravișìbile [comp. di *infra-* e *visibile*] agg. • Che non è visibile con i microscopi ordinari.

infraziòne [vc. dotta, lat. *infractiōne*(*m*) 'il rompere', da *infrāctus*, part. pass. di *infrĭngere* 'infrangere'] s. f. *1* Trasgressione, violazione: *l'i. di una norma*; *commettere un'i. al codice della strada*. *2* (*med.*) *I. ossea*, frattura incompleta di un osso.

infreddaménto s. m. • Infreddatura.

infreddàre [comp. di *in-* (*1*) e *freddo*] **A** v. tr. (*io infréddo*) • (*raro*) Raffreddare. **B** v. intr. pron. • Prendere il raffreddore, un'infreddatura. **C** v. intr. (aus. *essere*) • Perdere il calore naturale.

infreddàto part. pass. di *infreddare*; anche agg. • Nei sign. del v.

infreddatùra s. f. • Leggero raffreddore: *prendersi un'i.*

infreddoliménto s. m. • Atto, effetto dell'infreddolire o dell'infreddolirsi.

infreddolire [comp. di *in-* (*1*) e *freddo*] v. intr. e intr. pron. (*io infreddolìsco, tu infreddolìsci*; aus. *essere*) • Essere in preda al freddo, sentire brividi di freddo: *infreddolirsi dormendo all'aperto*.

infreddolito part. pass. di *infreddolire*; anche agg. • Nei sign. del v.

infredducchiàto agg. • (*raro*) Alquanto infreddato.

infrenàbile [comp. di *in-* (*3*) e *frenabile*] agg. • Che non si può frenare (*anche fig.*): *una passione i.*

infrenàre [vc. dotta, lat. *infrenāre*, comp. di *in-* illativo e *frenāre* 'frenare'] v. tr. (*io infréno* o *infrèno*) • (*raro*) Frenare.

infrenellàre [comp. di *in-* (*1*) e *frenello*] v. tr. (*io infrenèllo*) • (*mar.*) Legare il remo, il timone e sim. col frenello.

infreneșire [comp. di *in-* (*1*) e *frenesia*] **A** v. tr. (*io infreneșìsco, tu infreneșìsci*) • (*raro*) Suscitare in qc. un desiderio frenetico per q.c. **B** v. intr. e intr. pron. (aus. *essere*) • (*raro*) Diventare frenetico.

infrequentàbile [comp. di *in-* (*1*) e *frequentabile*] agg. • Che non può o non deve essere frequentato: *un locale i.*; *una compagnia, una persona i.*

infrequènte [vc. dotta, lat. *infrequĕnte*(*m*), comp. di *in-* neg. e *frĕquens*, genit. *frequĕntis* 'frequente'] agg. *1* Che non è frequente: *eventualità i.* SIN. Raro, scarso. *2* (*raro, lett.*) Che non è frequentato. || **infrequenteménte**, avv.

infrequènza o †**infrequènzia** [vc. dotta, lat. *infrequĕntia*(*m*), comp. di *in-* neg. e *frequĕntia* 'frequenza'] s. f. • Mancanza di frequenza | Frequenza molto ridotta. SIN. Rarità, scarsità.

†**infrescàre** [comp. di *in-* (*1*) e *fresco*] **A** v. tr. • Rinfrescare. **B** v. rifl. • Rinfrescarsi.

†**infrigidàre** [vc. dotta, lat. tardo *infrigidāre* 'infreddare', comp. di *in-* illativo e *frigidāre*, da *frīgidus* 'freddo'] **A** v. tr. • Rendere freddo: *fan gli occhi e 'l naso un fonte, e 'l gel lo infrigida* (L. DE' MEDICI). **B** v. intr. pron. • Divenire frigido, freddo.

infrigidativo agg. *1* †Atto a rinfrescare. *2* (*med.*) Che dà frigidità.

infrigidiménto s. m. • Atto, effetto dell'infrigidire o dell'infrigidirsi.

infrigidire [da *infrigidare* con mutata coniug.] v. tr., intr. e intr. pron. (*io infrigidìsco, tu infrigidìsci*; aus. *essere*) • Rendere o diventare frigido o freddo.

infrigidito part. pass. di *infrigidire*; anche agg. *1* Nei sign. del v. *2 Terreno i.*, freddo per eccesso di umidità.

infrolliménto s. m. • Atto, effetto dell'infrollire o dell'infrollirsi.

infrollire [comp. di *in-* (*1*) e *frollo*] **A** v. intr. e intr. pron. (*io infrollìsco, tu infrollìsci*; aus. *essere*) *1* Diventare frollo: *la selvaggina deve i. per essere commestibile*. *2* (*fig.*) Divenire fiacco per l'età o i malanni: *i. nell'ozio*. SIN. Indebolire, svigorire. **B** v. tr. • (*raro*) Fare diventare frollo.

infrollito part. pass. di *infrollire*; anche agg. • Nei sign. del v.

infrondàre [comp. di *in-* (*1*) e *fronda*] **A** v. tr. (*io infróndo*) • (*dial.*) †Rivestire di fronde. **B** v. intr. e intr. pron. (aus. *essere*) • Diventare frondoso.

infrondire [comp. di *in-* (*1*) e *fronda*] v. intr. (*io infrondìsco, tu infrondìsci*; aus. *essere*) • (*lett.*) Diventare fronzuto.

infronzolàre [comp. di *in-* (*1*) e *fronzolo*] **A** v. tr. (*io infrónzolo*) • (*raro*) Ornare di fronzoli. **B** v. rifl. • (*raro*) Agghindarsi.

infruscàre [comp. di *in-* (*1*) e *fosco*, cui si è sovrapposto *brusco*] **A** v. tr. (*io infrùsco, tu infrùschi*) • (*raro, tosc.*) Fare confusione. **B** v. intr. pron. • (*raro, tosc.*) Confondersi.

infruttescènza [da *infiorescenza* con sostituzione di *frutto* a *fiore*] s. f. • (*bot.*) Insieme dei frutti e dell'asse che li sostiene, derivato dalla corrispondente infiorescenza | *I. del banano*, casco. SIN. Fruttescenza.

infruttìfero [vc. dotta, lat. tardo *infructĭferu*(*m*), comp. di *in-* neg. e *frūctifer* 'fruttifero'] agg. *1* Sterile, infecondo: *albero i.* *2* (*raro, fig.*) Inutile: *discorsi infruttiferi*. *3* (*est.*) Che non dà guadagno o interesse: *capitale i.*

infruttuosità [vc. dotta, lat. tardo *infructuositāte*(*m*), comp. di *in-* neg. e un deriv. di *fructuōsus* 'fruttuoso'] s. f. • Carattere di ciò che è infruttuoso, sterile: *l'i. di un campo, di una ricerca*.

infruttuóso [vc. dotta, lat. *infructuōsu*(*m*), comp. di *in-* neg. e *fructuōsus* 'fruttuoso'] agg. *1* Che non è fruttuoso. *2* (*fig.*) Che non raggiunge lo scopo ed è quindi inutile, vano: *ricerca, fatica infruttuosa*; *studio i.* SIN. Sterile. || **infruttuosaménte**, avv. Senza utilità o frutto.

ìnfula [vc. dotta, lat. *īnfula*(*m*), di origine dial. e di etim. incerta] s. f. *1* Presso gli antichi Greci e Romani, fascia bianca o scarlatta, con nastri, portata intorno al capo dai sacerdoti o posta intorno alla testa delle vittime sacrificali. *2* Ciascuna delle due strisce pendenti dalla mitra vescovile | (*est.*) La mitra stessa.

infumàbile [comp. di *in-* (*3*) e *fumabile*] agg. • (*raro*) Che non si può fumare: *sigaretta, tabacco i.*

infunàre [comp. di *in-* (*1*) e *fune*] v. tr. *1* (*raro*) Munire di fune un meccanismo per farlo funzionare. *2* †Legare con una fune.

infunatùra [da *infunare*] s. f. • (*raro*) Legatura fatta con funi.

infundìbolo • V. *infundibulo*.

infundibulifórme [comp. di *infundibulo* e *-forme*] agg. • (*bot.*) Detto di corolla gamopetala che ha la forma di un imbuto.

infundìbulo o **infundìbolo** [vc. dotta, lat. *infundībulu*(*m*), da *infŭndere* 'infondere'] s. m. *1* (*archeol.*) Imbuto, vaso a imbuto. *2* Ventre tondo o ellittico della lucerna, contenente l'olio. *3* (*anat.*) Formazione nervosa a cono della base dell'encefalo cui è congiunta l'ipofisi. *4* (*bot.*) Fiore o parte di esso a forma di imbuto.

infunghire [comp. di *in-* (*1*) e *fungo*] v. intr. e intr. pron. (*io infunghìsco, tu infunghìsci*; aus. *essere*) *1* (*tosc.*) Coprirsi di muffa | (*raro, fig.*) Diventare pigro, intristire in un luogo chiuso. *2* †Stizzirsi, arrabbiarsi.

infungìbile [comp. di *in-* (*3*) e *fungibile*] agg. • (*dir.*) Detto di cosa dotata di una propria individualità economico-sociale così da non potere essere sostituita con un'altra.

infungibilità s. f. • Proprietà di ciò che è infungibile.

infuocàre e *deriv.* • V. *infocare* e *deriv.*

infuòri [comp. di *in* e *fuori*] **A** avv. • In fuori, verso l'esterno, spec. nella loc. *all'i.*: *un trave sporgente all'i.* CONTR. Indentro. **B** nella loc. prep. *all'i. di* • Eccetto, tranne: *non so altro all'i. di questo*; *all'i. di te non è venuto nessuno*.

infurbire [comp. di *in-* (*1*) e *furbo*] v. intr. e intr. pron. (*io infurbìsco, tu infurbìsci*; aus. *essere*) • Diventare furbo. SIN. Scaltrirsi, smaliziarsi.

infurfantire [comp. di *in-* (*1*) e *furfante*] v. intr. (*io infurfantìsco, tu infurfantìsci*; aus. *essere*) • (*raro*) Diventare furfante.

infuriaménto s. m. • (*raro*) Modo e atto dell'infuriare o dell'infuriarsi.

infuriàre [comp. di *in-* (*1*) e *furia*] **A** v. tr. (*io infùrio*) *1* Rendere furioso: *i discorsi sciocchi lo infuriano*. *2* †Suscitare in qc. l'ispirazione poetica. *3* †Aizzare. **B** v. intr. (aus. *essere* nel sign. 1, *avere* nel sign. 2) *1* Montare in collera: *è capace di i. per la più piccola contrarietà*. SIN. Adirarsi. *2* Infierire, imperversare: *la pestilenza infuria da molti mesi*; *il vento infuria sui monti*. **C** v. intr. pron. • Diventare furibondo: *si infuria quando non gli si ubbidisce*.

infuriàto part. pass. di *infuriare*; anche agg. • Nei sign. del v.

infușìbile [comp. di *in-* (*3*) e *fusibile*] agg. • Che non è fusibile.

infuṣibilità [comp. di *in-* (*3*) e *fusibilità*] s. f. ● Proprietà di certe sostanze solide di non fondere se sottoposte all'azione del calore.

infuṣióne [vc. dotta, lat. *infusiōne(m)*, da *infūsus*, part. pass. di *infūndere* 'infondere'] s. f. **1** (*raro*) Atto, effetto dell'infondere | *I. della grazia, dello Spirito Santo*, nel cattolicesimo, discesa illuminante e trasformante dei doni della grazia, dello Spirito Santo | *Battesimo per i.*, proprio del rito romano-cattolico, consistente nell'aspergere l'acqua santa e nel farla defluire sulla testa del battezzando. **2** Macerazione in acqua bollente di erbe medicinali. **3** (*est.*) Infuso: *i. di tiglio, di malva.* **4** †Fusione. **5** (*med.*) Somministrazione nel circolo sanguigno di un liquido diverso dal sangue, a scopo terapeutico: *i. di farmaci per endovena.*

infusito o **infuṣito** [da *fuso* (*2*)] agg. ● (*raro*) Di chi cammina tutto impettito.

infùṣo A part. pass. di *infondere*; anche agg. **1** Nei sign. del v. **2** *Virtù infusa*, nella teologia cattolica, fede, speranza e carità, come comunicate dalla grazia all'anima attraverso il battesimo | *Scienza infusa*, posseduta per dono soprannaturale o per grazia e non acquisita | (*scherz.*) *Avere la scienza infusa*, sapere tutto senza bisogno di studio. **B** s. m. ● Bevanda o soluzione ottenuta per infusione.

infuṣóre [da *infondere*] s. m. ● (*med.*) Dispositivo che permette l'immissione lenta di liquidi in una vena o nel parenchima.

Infuṣòri [vc. dotta, lat. *infusōriu(m)* non nel tardo senso ant. ('colatoio', da *infūndere* 'infondere'), ma perché conservati in *infusioni*] s. m. pl. ● (*zool.*) Ciliati.

infustire [comp. di *in-* (*1*) e *fusto*] v. intr. ● (*raro*) Diventare rigido e duro come un fusto di albero.

infustito [comp. di *in-* (*1*) e *fusto*] agg. ● Detto di indumento, o parte di esso, dotato di una particolare consistenza, per la presenza nel suo interno di un tessuto piuttosto rigido.

†infuturàre [comp. di *in-* (*1*) e *futuro*] **A** v. tr. ● (*poet.*) Estendere nel futuro. **B** v. intr. pron. ● (*poet.*) Prolungarsi, sopravvivere nel futuro: *s'infutura la tua vita / vie più là che 'l punir di lor perfidie* (DANTE *Par.* XVII, 98-99).

ìnga [tupí *engá, ingá*] s. f. ● Pianta tropicale delle Mimosacee con foglie pennato-composte, frutti dolci commestibili, usata anche in medicina (*Inga edulis*).

ingabbanàre [comp. di *in-* (*1*) e *gabbano*] v. tr. e rifl. ● Avvolgere, avvolgersi nel gabbano.

ingabbiaménto s. m. ● Atto, effetto dell'ingabbiare.

ingabbiàre [comp. di *in-* (*1*) e *gabbia*] v. tr. (*io ingàbbio*) **1** Mettere in una gabbia: *i. un uccello* | Introdurre i vagonetti di miniera nella gabbia di estrazione. **2** Imballare prodotti in gabbie: *i. gli ortaggi.* **3** (*fig.*) Rinserrare in luogo chiuso o stretto da cui sia difficile uscire: *i. in collegio un ragazzo indisciplinato* | (*fig., scherz.*) Mettere in prigione. **4** (*edil.*) Dotare di ingabbiatura. **5** (*mar.*) Formare l'ossatura, il corbame, le costole e tutte le parti curve di un bastimento: *i. uno scafo.*

ingabbiàta s. f. ● (*raro*) L'insieme degli animali che stanno in una gabbia.

ingabbiatóre s. m. ● (*min.*) Operaio che effettua e sorveglia le operazioni di carico e scarico di materiali e uomini nelle o dalle gabbie, nelle varie stazioni della miniera, ed eventualmente esegue la manutenzione delle apparecchiature relative. SIN. Ricevitore.

ingabbiatùra [da *ingabbiare* nel sign. 4] s. f. ● Struttura portante di un edificio, in cemento armato o in acciaio.

ingaggiaménto [da *ingaggiare* sul modello del fr. *engagement*] s. m. ● (*raro*) Ingaggio.

ingaggiàre [ant. fr. *engag(i)er*, da *gage* 'gaggio, pegno'] **A** v. tr. (*io ingàggio*) **1** (*raro*) Obbligare con pegno. **2** Arruolare, assoldare, assumere qc. con un contratto: *i. soldati mercenari*; *i. l'equipaggio di una nave* | (*sport*) Acquisire un atleta alla propria società e sim., per una o più stagioni, per farlo gareggiare per i propri colori: *i. un calciatore, un corridore.* **3** Dare inizio a q.c., spec. a una lotta: *i. battaglia, combattimento.* SIN. Impegnare, incominciare. **4** †Dare in pegno. **B** v. intr. pron. **1** (*raro*) Impegnarsi in q.c. | (*raro*) Arruolarsi. **2** Avvilupparsi, agganciarsi, attorcigliarsi, detto di corde, catene e sim.

ingaggiatóre s. m. ● Chi assolda mercenari | Chi svolge l'attività di ricerca e di ingaggio di soldati, operai, atleti, e sim.

ingàggio [da *ingaggiare*] s. m. **1** Atto, effetto dell'ingaggiare o dell'ingaggiarsi: *cercare un i.*; *premio di i.* **2** (*est.*) Somma spettante a chi viene ingaggiato, spec. atleti tesserati da società sportive. **3** (*sport*) Nell'hockey, azione con cui l'arbitro mette in giro il disco all'inizio della partita o nel caso di interruzione per fallo, lanciandolo tra i bastoni di due giocatori posti uno di fronte all'altro, con le spalle rivolte ciascuno alla propria porta.

ingagliardiménto s. m. ● Atto, effetto dell'ingagliardire.

ingagliardire [comp. di *in-* (*1*) e *gagliardo*] **A** v. tr. (*io ingagliardisco, tu ingagliardìsci*) ● Rendere più gagliardo, forte e robusto: *i. il corpo con una vita sana e sportiva.* SIN. Irrobustire. **B** v. intr. e intr. pron. (aus. *essere*) ● Diventare gagliardo, rinforzarsi (*anche fig.*): *il corpo ingagliardisce con la ginnastica*; *i ragazzi si sono ingagliarditi durante le vacanze*; *ingagliardirsi per le espressioni lusinghiere di qc.* SIN. Irrobustirsi.

ingaglioffàre [comp. di *in-* (*1*) e *gaglioffo*] **A** v. tr. (*io ingagliòffo*) ● (*raro*) Rendere gaglioffo, miserabile. **B** v. intr. pron. ● (*raro*) Diventare gaglioffo.

ingaglioffire [comp. di *in-* (*1*) e *gaglioffo*] **A** v. intr. e intr. pron. (*io ingaglioffisco, tu ingaglioffisci*; aus. *essere*) ● (*raro*) Ingaglioffare. **B** v. tr. ● (*raro*) Rendere gaglioffo.

ingalluzzire [comp. parasintetico di *gallo*] v. intr. e intr. pron. (*io ingalluzzisco, tu ingalluzzisci*; aus. *essere*) ● Ringalluzzirsi, imbaldanzirsi.

†ingambàre [da *gamba*] v. intr. **1** Inciampare, pericolare | (*est.*) Aver difetto. **2** Darsela a gambe.

†ingambatùra [da *ingambare*] s. f. ● (*raro*) Impedimento, inciampo: *si comincia a dubitare di qualche i.* (MACHIAVELLI).

†ingàmbo [da *ingambare* nel sign. 1] s. m. ● Pericolo, contrarietà.

ingangheràre [comp. di *in-* (*1*) e *ganghero*] v. tr. (*io ingànghero*) ● (*raro*) Agganghérare.

ingannàbile agg. **1** Che può essere ingannato | Che si può ingannare con facilità. **2** †Ingannevole.

ingannaménto s. m. ● (*raro*) Atto, effetto dell'ingannare.

ingannàre o **†engannàre** [lat. parl. **ingannāre*, dal v. onomat. *gannīre* '(de)ridere' con mutamento di coniug.] **A** v. tr. **1** Indurre in errore (*anche ass.*): *l'apparenza inganna*; *guardate quanto gli uomini ingannano loro medesimi* (GUICCIARDINI) | Trarre in errore con malizie abusando dell'altrui buona fede: *quel negoziante inganna i clienti* | Frodare, truffare: *i. il fisco con false dichiarazioni*; *ha ingannato molte persone con assegni a vuoto* | Tradire, mancare alla fede data: *i. il marito, la moglie.* SIN. Imbrogliare. **2** Deludere: *i. le speranze, l'aspettazione, la fiducia di qc.* | Eludere: *i. la vigilanza.* **3** (*fig.*) Cercare di non sentire sensazioni sgradevoli o di non rendersi conto di attività noiose: *i. l'attesa, il tempo leggendo il giornale*; *i. il cammino parlando con i compagni.* **B** v. intr. pron. ● Sbagliarsi, prendere un abbaglio, giudicare falsamente: *ingannarsi nel giudizio su q.c.*; *se non m'inganno, abbiamo sbagliato strada* | (*raro, tosc.*) *Ingannarsi a partito, a grosso*, fortemente || PROV. L'apparenza inganna.

ingannàto part. pass. di *ingannare*; anche agg. ● Nei sign. del v.

ingannatóre agg.; anche s. m. (f. *-trice*) ● Che, chi inganna: *un i. disonesto*; *speranza ingannatrice.*

ingannévole agg. ● Che inganna | *Consiglio i.*, falso | Illusorio, fallace, insidioso: *speranza, apparenza i.* || **ingannevolménte**, **†ingannevoleménte**, avv. Con inganno.

ingànno o **†engànno** [da *ingannare*] s. m. **1** Insidia, astuzia fraudolenta che serve a ingannare: *usare l'i. nei confronti di qc.*; *riuscire in q.c. con l'i.*; *cadere nell'i.*; *cela inganni nel fallace seno* (POLIZIANO) | *Pietoso i.*, versione alterata della verità fornita a fin di bene. SIN. Frode, imbroglio, raggiro. **2** Illusione, errore di chi si inganna: *il miraggio è un i. dei sensi*; *rendersi conto del proprio i.*; *deliberò di palesarsi, e trarla dello 'nganno nel quale era* (BOCCACCIO) | *I. ottico*, illusione ottica. SIN. Abbaglio. **3** (*mus.*) Effetto che risulta dal risolvere una nota o un accordo inaspettatamente. **4** (*caccia*) Ogni richiamo per la selvaggina || PROV. Con arte e con inganno si vive mezzo l'anno; con inganno e con arte si vive l'altra parte. || **ingannerèllo**, dim. | **ingannùzzo**, dim.

ingannóso agg. **1** (*raro, lett.*) Ingannevole, mendace: *illusione, speranza ingannosa.* **2** (*raro*) Pieno di inganni.

ingarbugliaménto s. m. ● (*raro*) Atto, effetto dell'ingarbugliare o dell'ingarbugliarsi.

ingarbugliàre [comp. di *in-* (*1*) e *garbuglio*] **A** v. tr. (*io ingarbùglio*) **1** Confondere, imbrogliare più cose: *i. i fili di un gomitolo di lana*; *i. i conti.* **2** (*fig.*) Cercare di confondere qc. per trarlo in inganno: *i. qc. con lunghi discorsi.* **B** v. intr. pron. **1** Confondersi, diventando intricato e confuso (*anche fig.*): *la catena dell'ancora si è ingarbugliata attorno a un pilone*; *la situazione, il problema s'ingarbuglia.* **2** (*fig., fam.*) Impappinarsi: *ingarbugliarsi in un discorso difficile, all'esame.*

ingarbugliàto part. pass. di *ingarbugliare*; anche agg. ● Nei sign. del v.

ingarbugliatóre agg.; anche s. m. (f. *-trice*) ● Che, chi ingarbuglia.

ingarbuglióne s. m. (f. *-a*) ● Chi fa confusione o garbugli | (*est.*) Imbroglione.

ingarẓullire [etim. discussa: da *ingalluzzire* con sovrapposizione d'altra voce (?)] v. intr. e intr. pron. (*io ingarẓullìsco, tu ingarẓullìsci*; aus. *essere*) ● (*raro, tosc.*) Assumere allegria e baldanza giovanili.

†ingastàda ● V. *†anguistara.*

†ingastàra ● V. *†anguistara.*

ingavonàrsi [comp. di *in-* (*1*) e *gavone*] v. intr. pron. (*io m'ingavóno*) ● Inclinarsi da un lato per effetto del mare e non riprendere la posizione primitiva, a causa dello spostamento del carico o per l'acqua che si abbatte in coperta, detto di nave.

ingegnàccio s. m. **1** Pegg. di *ingegno.* **2** (*fig.*) Persona dotata di ingegno bizzarro, incolto, ma ricco e versatile.

ingegnaménto s. m. **1** (*raro*) Modo in cui si raggiunge un fine, sforzando l'ingegno. **2** †Astuzia.

ingegnàre [da *ingegno*] **A** v. tr. ● †Congegnare. **B** v. intr. pron. (*io m'ingégno*) **1** Sforzarsi con l'ingegno per realizzare determinati intenti: *ingegnarsi a raggiungere un'elevata posizione*; *ingegnarsi d'imitare i migliori pittori*; *ingegnarsi di far del male a qc.* SIN. Adoperarsi, studiarsi. **2** Ricorrere a ripieghi o ad espedienti più o meno onesti (*anche ass.*): *s'ingegna di far bella figura*; *'Come vive?' 'S'ingegna!'.* SIN. Arrabattarsi, arrangiarsi, industriarsi.

ingegnère [da *ingegno* nel sign. 8] s. m. (f. *-a*, raro; V. nota d'uso FEMMINILE) ● Chi, conseguita la laurea e l'abilitazione professionale, si occupa della progettazione e dirige la realizzazione di opere edilizie, stradali, meccaniche, navali, aeronautiche, industriali e sim. | *I. militare*, colui che esercitava la scienza di fortificare, attaccare e difendere una piazza | *I. del suono*, esperto che progetta e cura le caratteristiche acustiche ottimali di un ambiente destinato a spettacoli spec. musicali; esperto che predispone le attrezzature, gli impianti e, gener., le condizioni tecniche per una corretta registrazione sonora, spec. di una esecuzione musicale.

ingegnerìa s. f. **1** Scienza dell'ingegnere: *laurearsi in i.* | *I. civile*, relativa a edifici, strade, ponti, acquedotti, fognature | *I. industriale*, comprendente meccanica, elettrotecnica, elettronica | *I. chimica*, relativa agli impianti chimici | *I. dei trasporti*, relativa alle ferrovie e metropolitane | *I. aeronautica, i. navale*, relativa rispettivamente agli aerei e alle navi. **2** (*est.*) Studio e realizzazione delle tecniche con cui si applicano le enunciazioni teoriche e le norme di funzionamento di una disciplina, scienza o fenomeno sociale allo scopo di evitarne uno sviluppo casuale e frammentario: *i. costituzionale* | (*biol.*) *I. genetica*, insieme delle tecniche per la produzione di nuovi geni e la modificazione del corredo cromosomico di un organismo mediante sostituzione o aggiunta di nuovo materiale genetico | Professione dell'ingegnere.

ingegnerìstico agg. (pl. m. *-ci*) ● Relativo agli ingegneri o all'ingegneria.

ingegnerizzàre [comp. di *ingegner(e)* e *-izzare*] v. tr. • (*econ.*) Programmare la produzione, stabilendo i metodi e i processi attraverso i quali le materie prime vengono trasformate in prodotti finiti.

ingegnerizzàto part. pass. di *ingegnerizzare*; anche agg. *1* Nel sign. del v. *2* (*biol.*) Che è stato prodotto mediante tecniche di ingegneria genetica: *batterio i.*

ingegnerizzazióne [da *ingegneria*] s. f. • Processo di trasposizione di invenzioni, scoperte e metodi dall'ambito della ricerca di laboratorio al mondo della produzione industriale.

†**ingegnévole** agg. • Ingegnoso.

ingégno o †**ingènio** [lat. *ingĕniu(m)*, comp. di *in-* 'dentro' e *gĕnius*, da *gĭgnere* 'generare', di origine indeur.] s. m. *1* Facoltà dell'intelletto di intuire, escogitare, realizzare, apprendere: *forza, prontezza di i.*; *prodigio, miracolo dell'i.* | Vivacità di mente, acume, capacità creativa: *avere dell'i.*; *abusare dell'i.*; *aguzzare, acuire l'i.* | *Uomo d'i.*, individuo geniale che ha notevoli capacità intellettive | *Opere dell'i.*, quelle in cui l'elemento intellettuale ha la prevalenza | *Vivere dell'i.*, dei proventi dell'attività di scrittore, artista, e sim. | *Alzata di i.*, trovata geniale o (*scherz.*) idea poco felice. *2* Capacità e potere intellettivo: *i. mediocre, tardo, brillante, versatile, felice*; *coltivare, educare l'i.*; *i. senza istruzione, senza disciplina*; *lo i. più che mediocre è dato agli uomini per loro infelicità* (GUICCIARDINI) | Inclinazione, disposizione per una attività o una disciplina: *i. politico, oratorio, matematico*. SIN. Cervello, intelligenza. *3* (*lett.*) Indole naturale: *i. facile, pieghevole*; *il parlar ch'ogni aspro i. e fero / facevi umile* (PETRARCA) | (*lett.*) †Istinto, natura: *i. dell'aquila*. *4* (*est.*) Persona che si distingue nel campo filosofico, letterario, artistico: *onorare i più grandi e luminosi ingegni della nazione* | *Un bell'i.*, persona dotata di intelligenza vivace, ricca, brillante. *5* (*lett.*) Espediente, astuzia, artificio: *cavarsela con l'i.* | †*A i.*, con astuzia | (*raro, lett.*) Sottigliezza di mente, finezza del pensiero: *i. di sofista* | †Inganno. *6* Attrezzo per la pesca del corallo formato da due pezzi di legno incrociati e fatti affondare con una zavorra, ai quali sono attaccate delle reticelle che raccolgono il corallo rotto strisciando sul fondo. *7* Parte della chiave che viene introdotta nella toppa della serratura. *8* †Congegno, ordigno, macchina. || **ingegnàccio**, pegg. (V.) | **ingegnétto**, dim. | **ingegnino**, dim. | **ingegnóne**, accr. (V.) | **ingegnùccio**, **ingegnùzzo**, pegg. | †**ingegnuòlo**, dim.

ingegnóne s. m. *1* Accr. di *ingegno*. *2* (*fam., fig.*) Chi ha notevole ingegno e intelligenza.

ingegnosità s. f. • Qualità di chi o di ciò che è ingegnoso: *un poeta pieno di i.*; *l'i. di un espediente*.

ingegnóso o †**ingenióso** [lat. *ingeniōsu(m)*, da *ingĕnium* 'ingegno'] agg. *1* Che ha ingegno agile e adatto a superare difficoltà, trovare nuove soluzioni e sim.: *operaio, artigiano i.* *2* Che denota ingegno sottile e acuto: *soluzione, invenzione, trovata ingegnosa*; *paragone i.*; *etimologia ingegnosa* | Che rivela astuzia o una preparazione meticolosa: *azione ingegnosa*. *3* Di opera letteraria, di stile ricco di artifici o sottigliezze: *una commedia ingegnosa*. SIN. Concettoso. || **ingegnosaménte**, avv. Con ingegno e abilità.

ingelosìre [comp. di *in-* (*1*) e *geloso*] **A** v. tr. (*io ingelosìsco, tu ingelosìsci*) • Rendere geloso: *il suo comportamento lo ingelosiva* | Insospettire, adombrare: *i nostri successi lo hanno ingelosito*. **B** v. intr. e intr. pron. (aus. *essere*) • Diventar geloso: *ingelosirsi per la fortuna di un amico*; *s'ingelosisce per nulla*.

ingemmaménto s. m. *1* (*raro*) Atto, effetto dell'ingemmare. *2* (*miner.*) Aderenza di piccoli cristalli alle pietre mescolate con i metalli nei filoni delle miniere.

ingemmàre [comp. di *in-* (*1*) e *gemma*] v. tr. (*io ingèmmo*) *1* Adornare con gemme (*anche fig.*): *i. l'elsa della spada*; *il cielo era ingemmato di stelle*. *2* (*fig.*) Abbellire, ornare (*anche scherz.*): *alcuni quadri ingemmano quel museo*; *i. un compito d'errori*. *3* (*bot.*) Gemmare.

ingeneràbile (*1*) [da *ingenerare*] agg. • (*raro*) Che si può ingenerare.

†**ingeneràbile** (*2*) [comp. di *in-* (*3*) e *generabile*] agg. • Non generabile.

ingenerabilità [comp. di *in-* (*3*) e *generabilità*] s. f. • Qualità di ciò che è ingenerabile.

ingeneraménto [comp. di *in-* (*1*) e *generamento*] s. m. • (*raro*) Modo e atto dell'ingenerare o dell'ingenerarsi.

ingeneràre [vc. dotta, lat. *ingenerāre*, comp. di *in-* (*1*) e *generāre* 'generare'] **A** v. tr. (*io ingènero*) *1* (*lett.*) Generare, far nascere. *2* (*est.*) Produrre, provocare, cagionare: *tutti questi comandi ingenerano confusione* | (*raro*) Indurre nell'animo: *i. odio, amore, sospetto*. **B** v. intr. pron. • Avere origine, prodursi: *l'odio si è ingenerato su un sospetto infondato*.

ingeneràto part. pass. di *ingenerare*; anche agg. *1* Nei sign. del v. *2* Congenito, innato, connaturato.

ingenerosità [comp. di *in-* (*3*) e *generosità*] s. f. • Mancanza di generosità. SIN. Grettezza, meschinità.

ingeneróso [comp. di *in-* (*3*) e *generoso*] agg. • Che non è generoso | (*est.*) Che rivela mancanza di comprensione: *azione, parola ingenerosa*. || **ingenerosaménte**, avv. Senza generosità o comprensione.

†**ingènio** e *deriv.* • V. *ingegno* e *deriv.*

ingènito (*1*) [vc. dotta, lat. *ingĕnitu(m)*, comp. di *in-* 'dentro' e *gĕnitus* 'genito, nato', part. pass. di *gĭgnere* 'generare'] agg. • Innato e insito fin dall'origine: *vizio i. nell'uomo* | (*est.*) Congenito: *difetto i.*; *malattia ingenita* | †*Per i.*, per natura. SIN. Connaturato. CONTR. Acquisito.

†**ingènito** (*2*) [vc. dotta, lat. *ingĕnitu(m)* (agg.), comp. di *in-* neg. e *gĕnitus* 'genito'] agg. • Non creato, detto di Dio. || **ingenitaménte**, avv. (*raro*) In modo ingenito.

ingènte [vc. dotta, lat. *ingĕnte(m)*, di etim. incerta] agg. • Molto grande, rilevante, consistente: *fatiche, spese, somme ingenti*; *ha subìto un'i. perdita in borsa*. || **ingenteménte**, avv.

ingentiliménto s. m. • Atto, effetto dell'ingentilire o dell'ingentilirsi. SIN. Dirozzamento.

ingentilìre [comp. di *in-* (*1*) e *gentile* (*1*)] **A** v. tr. (*io ingentilìsco, tu ingentilìsci*) • Rendere gentile eliminando selvatichezza o rozzezza: *la civiltà ingentilisce i costumi degli uomini*. SIN. Affinare. **B** v. intr. pron. • Divenire più gentile o meno rozzo: *si è ingentilito frequentando gente educata*. SIN. Affinarsi. **C** v. intr. (aus. *essere*) • †Diventare nobile.

ingènua [dalla parte affidatagli di '(giovane) *ingenua*, innocente'] s. f. • Ruolo di ragazza senza esperienza e non maliziosa nel teatro italiano classico.

ingenuità [vc. dotta, lat. *ingenuitāte(m)*, da *ingĕnuus* 'ingenuo'] s. f. *1* Candore d'animo, sincerità, schiettezza, spontaneità: *dice le cose con una i. che disarma* | Semplicità, innocenza, inesperienza: *tutti approfittano della sua i.* | (*spreg.*) Dabbenaggine, semplicioneria: *ha avuto l'i. di credere a quell'imbroglione*. CONTR. Furbizia, scaltrezza. *2* Atto, parola, comportamento da persona ingenua: *è un'i. credere alle sue parole*; *ha detto delle i. incredibili*. *3* Nell'antica Roma, condizione dell'ingenuo.

ingènuo [vc. dotta, lat. *ingĕnuu(m)* 'indigeno, innato, degno di un uomo', propriamente 'nato dentro (a stirpe)', comp. di *in-* 'dentro' e di un deriv. di *gĭgnere* 'generare', di origine indeur.] **A** agg. *1* Innocente, candido, inesperto, privo di moine: *ragazzo i.* | Semplicione: *un uomo i. e credulone*. CONTR. Furbo, scaltro. *2* Che rivela grande semplicità e schiettezza: *sorriso i.*; *domanda ingenua*; *animo i.* | (*raro*) Naturale: *colore i.* *3* †*Arti ingenue*, arti liberali. || **ingenuaménte**, avv. **B** s. m. (f. *-a* (V.)) *1* Chi è pronto a credere e accettare tutto: *è un inguaribile i. e tutti ne approfittano* | *Fare l'i.*, fingere di non capire. *2* Nell'antica Roma, libero che non è mai stato schiavo.

ingènza [da *ingente*] s. f. • (*lett.*) Qualità di ciò che è ingente.

ingerènza [dal part. pres. di *ingerire*] s. f. *1* Intromissione o partecipazione spec. non richiesta e non gradita a cose che non dovrebbero riguardare: *non ammetto ingerenze d'altri riguardo le mie decisioni*; *i. legittima, indebita*; *i. diretta, indiretta*. *2* (*spec. al pl., raro*) Attribuzione, incombenza: *si prende troppe ingerenze*.

ingeriménto s. m. *1* Atto dell'ingerire: *l'i. di alimenti*. *2* (*raro*) Ingerenza.

ingerìre [vc. dotta, lat. *ingĕrere* 'portare dentro', comp. di *in-* 'dentro' e *gĕrere* 'portare', di etim. incerta, con passaggio a diversa coniug.] **A** v. tr. (*io ingerìsco, tu ingerìsci*; part. pass. *ingerito*, †*ingèsto*) *1* Mandare giù dalla bocca allo stomaco. SIN. Deglutire. *2* †Introtrodurre. *3* (*raro, fig.*) Insinuare, suscitare: *i. un dubbio, un sospetto*. **B** v. intr. pron. • Intromettersi, immischiarsi, interessarsi in modo inopportuno e fastidioso di cose che non riguardano: *ingerirsi nei segreti, nei fatti altrui*; *ingerirsi nella politica interna di uno Stato*.

ingessàre [comp. di *in-* (*1*) e *gesso*] v. tr. (*io ingèsso*) *1* (*raro*) Impiastrare di gesso | Murare, fermare, turare col gesso: *i. i cardini della finestra* | (*raro, est.*) Sporcare di gesso. *2* (*med.*) Rendere immobile mediante ingessatura: *i. un braccio, una gamba*. *3* (*fig.*) Fossilizzare, bloccare, irrigidire.

ingessàto part. pass. di *ingessare*; anche agg. • Nei sign. del v.

ingessatùra s. f. *1* Atto, effetto dell'ingessare. *2* (*med.*) Fasciatura rigida intrisa di acqua e gesso per mantenere immobile un arto o parte del corpo fratturato o lussato.

ingessìre [comp. di *in-* (*1*) e *gesso*] v. intr. (*io ingessìsco, tu ingessìsci*; aus. *essere*) • Diventar bianco come gesso, detto dei bachi da seta ammalati di calcino.

ingestióne [dal lat. *ingĕstus*, part. pass. di *ingĕrere* 'ingerire'] s. f. • Atto dell'ingerire: *una lenta i.*; *i. di alcol, di farmaci*.

†**ingèsto** part. pass. di *ingerire*; anche agg. • Nel sign. A 1 del v.

†**inghestàda** • V. †*anguistara*.

inghiaiàre [comp. di *in-* (*1*) e *ghiaia*] v. tr. (*io inghiàio*) • Coprire, cospargere di ghiaia: *i. una strada*.

inghiaiàto **A** part. pass. di *inghiaiare*; anche agg. • Nel sign. del v. **B** s. m. • (*raro, tosc.*) Ghiaiata, massicciata.

inghiaiatùra s. f. • Atto, effetto dell'inghiaiare | (*est.*) La ghiaia così utilizzata.

inghìbbio • V. *inghippo*.

†**inghilése** • V. *inglese*.

inghiottiménto s. m. *1* Atto dell'inghiottire. *2* †Voragine, precipizio.

inghiottìre [lat. tardo *ingluttīre*, comp. di *in-* 'dentro' e *gluttīre*, di origine espressiva] v. tr. (*io inghiottìsco o inghiótto* spec. nei sign. fig., *tu inghiottìsci* o *inghiótti*) *1* Mandar giù nell'esofago cibo o bevande: *i. un boccone di minestra*; *non riuscire a i. l'acqua* | *I. il pianto*, reprimerlo | *I. le lacrime*, frenarle, trattenerle. *2* (*fig.*) Assorbire, fare sprofondare: *il silenzio inghiottì le nostre voci*; *un gorgo aveva inghiottito la barca* | (*fig.*) Consumare: *un investimento sbagliato ha inghiottito il suo patrimonio*. *3* (*fig.*) Sopportare, tollerare: *i. ingiurie, offese, amarezze*.

inghiottitóio [adatt. del dial. sett. *ingiotidór*, letteralmente 'inghiottitore'] s. m. *1* (*geogr.*) Orifizio naturale in cui defluiscono le acque sul fondo di una conca, dolina e sim. ➡ ILL. p. 818 SCIENZE DELLA TERRA ED ENERGIA. *2* †Esofago.

inghiottitóre agg., anche s. m. (f. *-trice*) • (*raro*) Che, chi inghiottisce.

inghiottonìre [comp. di *in-* (*1*) e *ghiottone*] **A** v. tr. (*io inghiottonìsco, tu inghiottonìsci*) *1* (*raro*) Rendere ghiotto. *2* †Innamorare. **B** v. intr. e intr. pron. (aus. *essere*) • Diventare ghiotto.

inghìppo o (*raro*) **inghìbbio** [prob. nap. *nchippo* 'frinzello, punti mal dati', dal lat. parl. **implicāre*, forma metatetica per *implicāre* 'implicare'] s. m. • (*centr.*) Espediente truffaldino, imbroglio, trucco: *qui c'è un i.*; *fare un i.*; *la faccenda si svolse senza inghippi*.

inghirlandàre o (*pop.*) †**ingrillandàre** [comp. di *in-* (*1*) e *ghirlanda*] **A** v. tr. *1* Ornare con ghirlanda: *i. il capo d'alloro*. *2* Cingere come una ghirlanda: *città inghirlandata di mura*. *3* (*raro*) Lodare eccessivamente. **B** v. rifl. • Ornarsi, cingersi di ghirlande.

ingialliménto s. m. • Atto, effetto dell'ingiallire.

ingiallìre [comp. di *in-* (*1*) e *giallo*] **A** v. tr. (*io ingiallìsco, tu ingiallìsci*) • Rendere giallo: *i. i capelli*. **B** v. intr. (aus. *essere*) *1* Diventare giallo: *le biade ingialliscono*. *2* (*fig.*) Appassire, svanire:

una bellezza che ingiallisce lentamente. **C** v. intr. e intr. pron. (aus. *essere*) ● (*raro, fig.*) Spegnersi, affievolirsi: *i suoi piaceri si sono ingialliti.*

ingiallito part. pass. di *ingiallire*; anche agg. *1* Nei sign. del v. *2* (*fig.*) Invecchiato: *ricordi ormai ingialliti.*

ingigantìre [comp. di *in-* (*1*) e *gigante*] **A** v. tr. (*io ingigantìsco, tu ingigantìsci*) *1* Portare a, rendere di, forme o proporzioni gigantesche: *i. una riproduzione.* *2* (*fig.*) Ingrandire, esagerare: *i. una questione*; *i. i pericoli con l'immaginazione.* **B** v. intr. (aus. *essere*) ● Prendere forme, proporzioni gigantesche (*anche fig.*). **C** v. intr. pron. ● Ingrandirsi, crescere fino ad assumere dimensioni gigantesche (*anche fig.*).

ingigliàre [comp. di *in-* (*1*) e *giglio*] **A** v. tr. (*io ingìglio*) ● Ornare di gigli. **B** v. intr. pron. *1* †Assumere figura di giglio. *2* †Prendere il giglio come stemma. **C** v. rifl. ● †Ornarsi di gigli.

inginocchiaménto s. m. ● Atto dell'inginocchiarsi.

inginocchiàrsi [vc. dotta, lat. tardo *ingeniculāre*, da *ingenĭculum*, agg., comp. della prep. *in* e *genĭculum* '(piccolo) ginocchio'] v. intr. pron. (*io m'inginòcchio*) *1* Porsi in ginocchio o genuflettersi per devozione, sottomissione e sim.: *i. davanti ad una immagine sacra*; *i. ai piedi del vincitore.* *2* (*est., fig.*) Sottomettersi, umiliarsi (*anche ass.*). *3* Abbassarsi piegandosi sui ginocchi, detto di animali: *il cammello si inginocchia per fare salire il cammelliere.* *4* (*raro*) Piegarsi a gomito: *alcune scale si inginocchiano.*

inginocchiàta s. f. *1* †Genuflessione. *2* Inferriata di finestra, incurvata e sporgente nella parte inferiore | La finestra munita di tale inferriata.

inginocchiatóio s. m. ● Mobiletto di forma varia, munito in basso di un gradino per stare in ginocchio a pregare.

inginocchiatùra s. f. ● (*raro*) Piegatura a forma di ginocchio flesso.

inginocchióni o **in ginocchióni** avv. ● (*fam.*) Ginocchioni.

ingiocóndo [vc. dotta, lat. *iniucŭndu(m)*, comp. di *in-* neg. e *iucŭndus* 'giocondo'] agg. ● (*raro*) Noioso, triste. || **ingiocondaménte**, avv. (*raro*) Noiosamente.

ingioiàre [comp. di *in-* (*1*) e *gioia*] **A** v. tr. (*io ingiòio*) *1* Ingemmare. *2* †Riempire di gioia. **B** v. rifl. ● (*raro*) Ornarsi di gemme e gioielli.

ingioiellàre [comp. di *in-* (*1*) e *gioiello*] **A** v. tr. (*io ingioièllo*) *1* Ornare di gioielli. *2* (*fig.*) Ornare di eleganze e preziosità: *i. uno scritto, un sonetto.* **B** v. rifl. ● Ornarsi di gioielli.

ingiovanìre o †**ingiovenìre** [comp. di *in-* (*1*) e *giovane*] v. tr., intr. e intr. pron. (*io ingiovanìsco, tu ingiovanìsci*; aus. intr. *essere*) ● (*raro*) Ringiovanire.

ingiù [comp. di *in* e *giù*] avv. ● In giù, in basso, spec. nelle loc. avv. *all'i., per i., dall'i.*, verso il basso, dal basso: *andare, correre, cadere all'i.*; *tirare dall'i. in su*; *lo teneva malamente rivolto per i.* CONTR. Insù.

ingiucchiménto s. m. ● (*raro, tosc.*) Atto, effetto dell'ingiucchire.

ingiucchìre o **inciucchìre** [comp. di *in-* (*1*) e *giucco*] **A** v. tr. (*io ingiucchìsco, tu ingiucchìsci*) ● (*raro, tosc.*) Rendere giucco, sciocco. **B** v. intr. (aus. *essere*) ● (*raro, tosc.*) Diventare giucco, balordo.

ingiudicàto [vc. dotta, lat. *iniudicātu(m)*, comp. di *in-* neg. e *iudicātus* 'giudicato'] agg. ● (*raro*) Di questione su cui non è stata ancora emessa dall'autorità competente una pronuncia definitiva | Di persona non giudicata: *uomo i.*

†**ingiùgnere** ● V. *ingiungere.*

ingiuncàre [comp. di *in-* (*1*) e *giunco*] **A** v. tr. (*io ingiùnco, tu ingiùnchi*) *1* (*raro*) Coprire di giunchi. *2* (*mar.*) †Legare con giunchi, in legature volanti, spec. alle vele latine. **B** v. intr. pron. ● (*raro*) Coprirsi di giunchi o di piante fitte come giunchi | (*est.*) Riempirsi di foglie.

ingiùngere o †**ingiùgnere** [vc. dotta, lat. *iniŭngere* 'unire inserendo, imporre', comp. di *in-* 'dentro' e *iŭngere* 'giungere'] **A** v. tr. (coniug. come *giungere*) *1* Intimare, imporre d'autorità: *i. l'immediato pagamento di una somma*; *i. ai testimoni di comparire in giudizio*; *i. a qc. di uscire, di tacere.* SIN. Comandare, ordinare. *2* †Includere, aggiungere, allegare. *3* †Sospendere. **B** v. rifl. ● †Congiungersi, attaccarsi.

ingiuntivo [da *ingiungere*] agg. ● Che implica, o si riferisce a, un ordine, un comando | (*dir.*) *Decreto i.*, provvedimento giudiziario, avente valore di titolo esecutivo se non viene fatta opposizione, con cui il giudice ordina al debitore di adempiere l'obbligazione entro un dato termine.

ingiùnto part. pass. di *ingiungere*; anche agg. ● Nei sign. del v.

ingiunzióne [vc. dotta, lat. tardo *iniunctiōne(m)*, da *iniŭnctus* 'ingiunto'] s. f. *1* Ordine emesso da un privato o da un'autorità: *i. di comparire in giudizio*; *gli fu comunicata l'i. di arrendersi.* SIN. Comando, imposizione. *2* (*dir.*) *Procedimento di i.*, o (*ell.*) *ingiunzione*, particolare procedura destinata a soddisfare le richieste di un creditore, mediante speciali forme abbreviate.

ingiùria o †**iniùria** [lat. *iniūria(m)*, comp. di *in-* neg. e un deriv. di *iūs*, genit. *iūris* 'diritto'] s. f. *1* Offesa rivolta al nome e all'onore altrui: *i. atroce, villana, sanguinosa*; *riparare, cancellare, perdonare le ingiurie* | Parola ingiuriosa, contumelia: *lanciare, respingere un'i.*; *vomitare un sacco di ingiurie.* SIN. Affronto, insulto, oltraggio. *2* (*dir.*) Reato di chi offende l'onore o il decoro di una persona presente mediante parole o atti ovvero di una persona lontana mediante comunicazione telegrafica o telefonica, scritti o disegni diretti alla stessa. *3* Danno contro l'integrità o i beni altrui: *hanno fatto i. a quanto aveva di più caro*; *i nobili e grandi cittadini insuperbiti faceano molte ingiurie a' popolari con batterli e con altre villanie* (COMPAGNI) | *Fare i. a una donna*, tentare di farle violenza | Torto, ingiustizia: *mi si fa i. credendo a queste voci.* *4* (*est.*) Guasto, danno: *quel palazzo mostra evidenti le ingiurie del tempo.*

ingiuriàre [vc. dotta, lat. *iniurāre*, da *iniūria* 'ingiuria'] **A** v. tr. (*io ingiùrio*) *1* Offendere con ingiurie. SIN. Insultare, oltraggiare. *2* Fare torto, danno. **B** v. rifl. rec. ● Scambiarsi ingiurie, offendersi, oltraggiarsi.

ingiuriatóre agg.; anche s. m. (f. *-trice*) ● (*raro*) Che, chi ingiuria.

ingiurióso [vc. dotta, lat. *iniuriōsu(m)*, da *iniūria* 'ingiuria'] agg. *1* Che reca ingiuria, offesa: *parole ingiuriose*; *scritto i.* | Che fa torto: *sospetto i.* SIN. Oltraggioso. *2* †Nocivo, dannoso, pericoloso. || **ingiuriosaménte**, avv.

ingiustificàbile [comp. di *in-* (*3*) e *giustificabile*] agg. ● Che non è possibile giustificare: *azione i.* || **ingiustificabilménte**, avv.

ingiustificàto [comp. di *in-* (*3*) e *giustificato*] agg. ● Privo di una qualsiasi giustificazione: *diniego, rifiuto i.*; *assenza ingiustificata*; *critiche ingiustificate.* SIN. Immotivato, infondato. || **ingiustificataménte**, avv.

ingiustìzia [vc. dotta, lat. *iniustĭtia(m)*, comp. di *in-* neg. e *iustĭtia* 'giustizia'] s. f. *1* Qualità, caratteristica di chi o di ciò che è ingiusto: *l'i. di quella sentenza è palese*; *il re di Francia fu molto ripreso d'i.* (VILLANI). SIN. Iniquità. *2* Atto ingiusto: *commettere, subire, soffrire un'i.*; *vendicare un'i.*; *è un'i.!* SIN. Offesa, torto.

ingiùsto o †**iniùsto** [vc. dotta, lat. *iniūstu(m)*, comp. di *in-* neg. e *iūstus* 'giusto'] **A** agg. *1* Che agisce o giudica in modo contrario o non conforme a giustizia: *padre, esaminatore, giudice i.* SIN. Iniquo. *2* Che è contrario o non conforme alla giustizia: *condanna, sentenza, legge ingiusta*; *erra chi crede che la vittoria delle imprese consista nello essere giuste o ingiuste* (GUICCIARDINI). SIN. Illegittimo. *3* Ingiustificato, immotivato, irragionevole: *pretese ingiuste*; *l'ira ingiusta e l'asprezza non erano per noi* (PIRANDELLO) | Infondato: *sospetto i.*; *critica ingiusta* | Immeritato: *lode, punizione ingiusta.* || **ingiustaménte**, avv. **B** s. m. *1* Chi non è giusto: *spesso patisce il giusto per l'i.* *2* Ingiustizia.

inglése o (*pop.*) †**inghilése** [ant. fr. *angleis* 'proprio degli Angli (*Angles*)'] **A** agg. *1* Dell'Inghilterra | Che è tipico dell'Inghilterra, del suo popolo e dei suoi costumi: *flemma, eleganza i.*; *lingua i.*; *letteratura i.* | *All'i.*, (*ell.*) secondo l'uso degli inglesi | *Prato all'i.*, quello con erba molto fitta e rasata che gli conferisce il caratteristico aspetto vellutato | *Giardino all'i.*, che imita un paesaggio naturale, con dossi erbosi, ciuffi d'alberi e laghetti | *Gabinetto, latrina all'i.*, quello costituito da un vaso di ceramica su cui si siede chi lo usa e in cui l'eliminazione dei rifiuti organici umani avviene mediante sistemi ad acqua | *Riso all'i.*, cucinato in bianco | *Sella all'i.*, senza arcione | (*fam.*) *Andarsene, filarsela all'i.*, in silenzio e senza salutare nessuno. *2* (*est.*) Detto di ciò cui si attribuisce tradizionalmente origine inglese | *Carattere i.*, carattere tipografico che imita una scrittura corsiva slanciata e ariosa, tuttora usato per partecipazioni, biglietti da visita e sim. | *Chiave i.*, attrezzo usato per stringere viti e dadi di vari diametri | *Punto i.*, tipo di punto traforato in cui ogni traforo è limitato a punto e cordoncino | *Sale i.*, solfato di magnesio, usato spec. come purgante drastico | *Zuppa i.*, dolce a base di pan di Spagna intriso di liquore e farcito con crema o cioccolato | (*zoot.*) *Purosangue i.*, razza equina di tipo dolicomorfo allevata in tutto il mondo per le sue doti di galoppatrice e trottatrice. **B** s. m. e f. ● Abitante, nativo dell'Inghilterra | (*fam.*) *Fare l'i.*, fingere di non capire. **C** s. m. solo sing. ● Lingua del gruppo germanico parlata in Inghilterra, negli Stati Uniti e in altri paesi. || **inglesino**, dim.

inglesìsmo [comp. di *inglese* e *-ismo*] s. m. ● (*raro*) Anglicismo.

inglesizzàre [comp. di *ingles(e)* e *-izzare*] **A** v. tr. ● Anglicizzare. **B** v. intr. pron. *1* Assumere costumi, gusti inglesi. *2* Assumere forma inglese, detto di un vocabolo.

inglesùme [comp. di *inglese* e del suff. spreg. *-ume*] s. m. ● (*spreg.*) Complesso di modi e usanze inglesi.

inglobaménto s. m. ● Atto, effetto dell'inglobare.

inglobàre [comp. di *in-* (*1*) e *globo*] v. tr. (*io inglòbo*) *1* Attrarre a sé ciò che si trova all'esterno fino a incorporarlo: *l'America ha inglobato uomini di tutte le razze e civiltà*; *L'orrore, il sacro e il mistero vengono inglobati dal turismo* (CALVINO). *2* (*raro*) Conglobare.

inglorióso [vc. dotta, lat. *ingloriōsu(m)*, comp. di *in-* neg. e *gloriōsus* 'glorioso'] agg. *1* Privo di gloria: *morte ingloriosa.* SIN. Oscuro. *2* Ignominioso, vergognoso, indegno: *guerra ingloriosa.* || **ingloriosaménte**, avv. *1* Senza gloria. *2* In modo vergognoso.

inglùvie [vc. dotta, lat. *inglŭvie(m)* 'gola, voracità', da **inglūere*, collegato con *inghiottire* 'inghiottire', di origine espressiva] s. f. *1* (*zool.*) Dilatazione a sacca dell'esofago di molti Uccelli e degli Artropodi. *2* †Gola, voracità.

-ingo o **-éngo** [suff. d'orig. germ. *-ing*] suff. ● Presente in parole come: *casalingo, guardingo, ramingo, solingo, camerlengo.*

ingobbiàre o **ingubbiàre** [comp. di *in-* (*1*) e *gobbio*] v. tr. (*io ingòbbio*) ● Rivestire una ceramica con l'ingobbio.

ingòbbio [dal fr. *engobe*, da *engober* 'rivestire di uno strato di terra (*gobe*, vc. dial. di origine gall.)'] s. m. ● Intonacatura di un impasto ceramico con un velo di terra liquida che copre il colore naturale dell'argilla.

ingobbìre [comp. di *in-* (*1*) e *gobbo*] v. intr. e intr. pron. (*io ingobbìsco, tu ingobbìsci*; aus. *essere*) ● Diventare gobbo: *ingobbisce a forza di camminare a testa bassa*; *si è ingobbito per una malattia.*

ingobbìto part. pass. di *ingobbire*; anche agg. *1* Nei sign. del v. *2* (*est.*) Curvo, ricurvo: *un vecchio i.*; *un ramo i.*

†**ingoffàre** (**1**) [da *ingoffo*] v. tr. ● Dare ingoffi, picchiare (*anche ass.*): *Mino corre addosso alla donna, e comincia a i.* (SACCHETTI).

ingoffàre (**2**) [comp. di *in-* (*1*) e *goffo*] v. tr. (*io ingòffo*) ● Rendere goffo, far apparire goffo: *questa giacca ti ingoffa.*

ingoffìre [comp. di *in-* (*1*) e *goffo*] **A** v. tr. (*io ingoffìsco, tu ingoffìsci*) ● Rendere goffo: *quell'abito la ingoffisce.* **B** v. intr. e intr. pron. (aus. *essere*) ● Diventare goffo.

†**ingòffo** [vc. espressiva] s. m. *1* Botta, colpo, batosta: *dando e togliendo di maturi ingoffi* (PULCI). *2* Boccone, offa.

ingoiaménto s. m. ● (*raro*) Atto, effetto dell'ingoiare.

ingoiàre [comp. di *in-* (*1*) e *goio* nel senso, come il suo parallelo *gogio*, di 'gozzo'] v. tr. (*io ingóio*)

1 Mandare giù o inghiottire con avidità: *ha ingoiato un piatto di minestra senza prendere fiato* | *I. un libro*, (*fig.*) leggerlo avidamente | (*fig.*) Sopportare, tollerare: *i. amarezze, soprusi; cosa da non potersi i.; i. due ore di una conferenza noiosa* | *I. un rospo*, essere costretto a subire una cosa particolarmente sgradita senza poter reagire. SIN. Ingollare, ingozzare, trangugiare. *2* (*est., fig.*) Appropriarsi di q.c., prendersi q.c.: *le acque dell'alluvione ingoiarono centinaia di ettari* | (*fig.*) Trascinare giù, fare sprofondare: *il mare ha ingoiato migliaia di navi.*

ingolfaménto s. m. *1* Afflusso eccessivo di benzina nel carburatore, che impedisce l'avviamento del motore per miscela troppo ricca. *2* (*raro*) L'ingolfarsi in q.c.

ingolfàre [comp. di *in-* (*1*) e *golfo*] **A** v. tr. (*io ingólfo*) *1* (*autom.*) Provocare un ingolfamento. *2* (*fig.*) Impelagare: *ha ingolfato nei debiti persino i fratelli.* **B** v. intr. pron. *1* Formare un golfo, detto del mare che si insinua tra terra e terra: *rombando s'ingolfava / dentro l'arcuata ripa / un mare pulsante* (MONTALE) | (*raro*) Penetrare in acque pericolose. *2* (*fig.*) Impegnarsi, dedicarsi a q.c.: *ingolfarsi nella politica, negli affari* | (*fig.*) Mettersi in situazioni pericolose o scomode: *ingolfarsi nei debiti, nei guai.* *3* (*autom.*) Subire un ingolfamento, detto di carburatori. *4* †(*mar.*) Spingersi al largo.

ingolfàto part. pass. di *ingolfare*; anche agg. • Nei sign. del v.

ingólla [da *ingollare*] s. f. • Piccolo canestro con rebbi in cima a una pertica per staccare la frutta dai rami.

ingollàre [comp. di *in-* (*1*) e *gola* con *-ll-* di *collo* sovrappostosi] v. tr. (*io ingóllo*) *1* Inghiottire ingordamente o quasi senza masticare o gustare: *ho ingollato la cena in due bocconi* | Mandare giù in fretta: *i. una medicina.* SIN. Ingoiare, ingozzare, trangugiare. *2* (*raro*) Consumare: *i. un patrimonio, un'eredità.*

ingolosìre [comp di *in-* (*1*) e *goloso*] **A** v. tr. (*io ingolosìsco, tu ingolosìsci*) • Rendere goloso: *è una torta che ci ingolosisce* | (*fig.*) Allettare, attirare (*anche ass.*): *notizie che ingolosiscono il grosso pubblico; la confezione ingolosisce più del prodotto.* **B** v. intr. e intr. pron. (aus. *essere*) • Diventare goloso, ghiotto o voglioso di q.c.

ingombraménto s. m. *1* (*raro*) Atto, effetto dell'ingombrare. *2* (*med., raro*) Stasi fecale.

ingombrànte part. pres. di *ingombrare*; anche agg. • Nei sign. del v. | Che prende molto spazio o è di volume sproporzionato al peso: *pacco i.* SIN. Voluminoso.

ingombràre [ant. fr. *encombrer*, da *combre* 'sbarramento di un fiume', dal celt. **comboros* 'confluenza'] v. tr. (*io ingómbro*) *1* Occupare spazio con cose in disordine che siano d'ostacolo o di impaccio: *i rottami dell'incidente ingombrano la strada; i. il tavolo di libri e carte; gli omer setosi a Polifemo ingombrano / l'orribil chiome* (POLIZIANO). *2* (*fig.*) Occupare, prendere totalmente: *tristi pensieri mi ingombrano la mente; d'amorosi pensieri il cor ne 'ngombra* (PETRARCA). *3* †Confiscare.

†**ingombrìme** s. m. • Ingombramento: *questo i. di misere dovizie* (CARDUCCI).

†**ingombrìo** s. m. • Continuo ingombrare: *davano impedimento per lo i. faceano, che impedivano i fanti e andatori* (COMPAGNI).

ingómbro (1) [per *ingombr(at)o*] agg. • Ingombrato, ostruito, impedito: *strada, linea ferroviaria ingombra di frane, di neve* | (*fig.*) *Mente ingombra di gravi pensieri*, occupata e oppressa.

ingómbro (2) [da *ingombrare*] s. m. *1* Atto, effetto dell'ingombrare: *dare, mettere i.; essere d'i.* | Cosa che ingombra, che toglie spazio: *togliere un i. dal pavimento.* SIN. Impaccio, impedimento, ostacolo. *2* Spazio, volume occupato dalla cosa che ingombra: *un i. di un metro.*

ingommàre [comp. di *in-* (*1*) e *gomma*] **A** v. tr. (*io ingómmo*) • Attaccare con gomma adesiva: *i. un cartellino con l'indirizzo sul pacco* | Spalmare di gomma: *i. i francobolli, le buste.* SIN. Incollare. **B** v. rifl. • (*raro*) Sporcarsi di gomma.

ingommatùra s. f. • Atto, effetto dell'ingommare | Strato di gomma applicato su q.c.

ingorbiàre [comp. di *in-* (*1*) e *gorbia*] v. tr. (*io ingórbio*) • (*artig.*) Metter la gorbia | Fare scanalature.

ingorbiatùra [dal part. pass. di *ingorbiare*] s. f. • (*artig.*) Scanalatura | Buco quadro in cui s'innesta la saettuzza al fusto del trapano.

†**ingordàggine** s. f. • Ingordigia.

ingordìgia [da *ingordo*] s. f. (pl. *-gie*) *1* Caratteristica di chi è ingordo: *peccare d'i.* | Golosità, avidità: *i. di cibi, di bevande.* SIN. Voracità. *2* (*fig.*) Cupidigia, bramosia: *i. di denaro e onori; i. di piaceri.*

ingordìna [da *ingordo* per la sua voracità, in senso fig.] **A** s. f. • (*raro*) Raspa o lima che rode molto legno o metallo. **B** anche agg.: *raspa i.*

ingórdo [lat. *gŭrdu(m)* 'pesante, goffo', di etim. incerta] **A** agg. *1* Ghiotto, vorace, insaziabile: *essere i. di dolci* | (*fig.*) Bramoso, cupido: *i. di guadagni, di divertimenti.* SIN. Avido. *2* Che rivela ingordigia (*anche fig.*): *sete ingorda; desiderio i.* | (*est.*) Smodato, eccessivo: *interesse, prezzo i.* || **ingordaménte**, avv. **B** s. m. (f. *-a*) • Persona ingorda.

ingorgaménto s. m. • Ingorgo.

ingorgàre [comp. di *in-* (*1*) e *gorgo*] **A** v. tr. (*io ingórgo, tu ingórghi*) • Intasare, ostruire provocando ingorgo: *il tappo della bottiglia ha ingorgato il lavandino.* **B** v. intr. pron. e †intr. *1* Fare un gorgo, detto di liquidi o acqua corrente | Accumularsi senza avere sfogo (*anche fig.*): *l'acqua s'ingorgherà nella largura* (LEONARDO); *il traffico si è ingorgato al semaforo.* *2* Ostruirsi, intasarsi: *la caldaia si è ingorgata per i depositi dell'acqua; il tubo si è ingorgato per la fuliggine.*

ingórgo [da *ingorgare*] s. m. (pl. *-ghi*) *1* Atto, effetto dell'ingorgare o dell'ingorgarsi: *l'i. del tubo di scarico* | *I. di traffico*, eccessiva affluenza di veicoli in un crocicchio o su strada aperta che, ostacolandosi, arrestano la circolazione. SIN. Intasamento, ostruzione. *2* (*med.*) Ristagno o aumentato afflusso di sangue o di altri liquidi organici.

ingovernàbile [comp. di *in-* (*3*) e *governabile*] agg. • Che non si può governare: *stato, paese i.*

ingovernabilità s. f. • L'essere ingovernabile.

ingozzaménto [da *ingozzare*] s. m. • Nutrizione forzata del pollame.

ingozzàre [comp. di *in-* (*1*) e *gozzo*] **A** v. tr. (*io ingózzo*) *1* Mettere nel gozzo: *i polli ingozzano il mangime* | Inghiottire con ingordigia (*anche fig.*): *i. un piatto di minestra; i. terre, beni altrui.* SIN. Ingollare, ingurgitare, trangugiare. *2* (*raro*) Ingoiare con disgusto: *i. una medicina amara* | (*fig.*) Tollerare, sopportare: *i. umiliazioni, amarezze; questo non lo posso i.* *3* Far ingrassare animali nutrendoli a forza e con abbondanza: *i. galline, anitre, oche* | (*est.*) Obbligare qc. a mangiare, a nutrirsi: *dopo la malattia lo stanno ingozzando.* **B** v. rifl. • Rimpinzarsi di cibo, anche mangiando in fretta o con ingordigia.

ingozzàta [da *ingozzare* con allargamento di sign.] s. f. • (*raro, tosc.*) Manata sul cappello per farlo calare sugli occhi.

ingozzatrìce s. f. • Apparecchio per alimentare intensamente il pollame, spec. le oche, sottoposto all'ingrasso.

ingozzatùra s. f. *1* Atto, effetto dell'ingozzare. *2* (*raro, tosc.*) Ingozzata.

ingracilìre [comp. di *in-* (*1*) e *gracile*] **A** v. tr. (*io ingracilìsco, tu ingracilìsci*) • Rendere gracile. CONTR. Irrobustire. **B** v. intr. e intr. pron. (aus. *essere*) • Diventare gracile.

ingraduàbile [comp. di *in-* (*3*) e *graduabile*] agg. • (*raro*) Che non è graduabile.

ingranàggio [fr. *engrenage*, da *engrener* 'ingranare'] s. m. *1* Meccanismo che trasmette il movimento per mezzo di ruote dentate: *i. cilindrico, conico.* *2* (*fig.*) Serie di attività, operazioni, affari interdipendenti, che vincolano l'individuo, gruppi di individui, o altre attività, al loro svolgimento: *essere preso nell'i. della vita moderna; gli ingranaggi della burocrazia.*

ingranaménto [fr. *engrènement*, da *engrener* 'ingranare'] s. m. *1* Atto, effetto dell'ingranare (*anche fig.*): *l'i. di un motore; l'i. di una attività.* *2* (*mecc.*) Impegno reciproco fra i denti di un ingranaggio | Grippaggio.

ingranàre [fr. *engrener*, col sign. derivato da quello originario di 'riempire di grano (*grain*) la tramoggia'] **A** v. intr. (aus. *avere*) *1* (*mecc.*) Essere accoppiati o in presa fra loro, detto di ingranaggi. *2* (*fam., fig.*) Prendere l'avvio, funzionare o rendere nel modo dovuto: *è una collaborazione che ingrana; un ragazzo che non ingrana nel lavoro.* **B** v. tr. *1* Porre le ruote dentate di un ingranaggio in posizione tale che i denti facciano presa tra di loro e trasmettano il moto | (*autom.*) *I. la marcia*, innestarla. *2* Grippare.

ingranchìre [comp. di *in-* (*1*) e *granchio*] v. tr., intr. e intr. pron. (*io ingranchìsco, tu ingranchìsci*; aus. intr. *essere*) • Aggranchire.

ingrandiménto s. m. *1* Modo e atto dell'ingrandire o dell'ingrandirsi: *l'i. di un quartiere, di una città, di una industria; l'i. della casa mi obbliga ad aumentare i mobili e la servitù* (GOLDONI). SIN. Aumento, accrescimento, ampliamento. *2* (*fig.*) Esagerazione. *3* (*fis.*) Rapporto tra una dimensione dell'immagine di un oggetto data da uno strumento ottico e la corrispondente dimensione dell'oggetto | *Lente d'i.*, che fornisce un'immagine ingrandita. *4* Sistema di stampa fotografica mediante il quale viene aumentata la grandezza dell'immagine | (*est.*) La stampa fotografica così ottenuta.

ingrandìre [comp. di *in-* (*1*) e *grande*] **A** v. tr. (*io ingrandìsco, tu ingrandìsci*) *1* Rendere più grande quanto a dimensioni, numero, sfera d'azione, e sim.: *i. una casa, un regno, un podere; i. il nucleo familiare; i. l'azienda, il giro degli affari.* SIN. Accrescere, ampliare, aumentare. *2* (*fig.*) Esagerare: *ingrandivano troppo le loro imprese.* *3* Aumentare la grandezza di un'immagine mediante l'uso di particolari strumenti ottici: *i. q.c. con il microscopio.* *4* Sottoporre a ingrandimento fotografico. *5* (*mus.*) Accrescere gradualmente in forza il suono, l'armonia. **B** v. intr. (aus. *essere*) • Diventare grande o più grande: *i loro poteri ingrandivano rapidamente; come sono ingranditi i tuoi figli!* SIN. Accrescersi. **C** v. intr. pron. *1* Crescere: *gli alberi si sono ingranditi negli ultimi tempi; il timore s'ingrandisce col passare dei giorni; il paese s'ingrandisce sempre più.* *2* (*fig.*) Aumentare il tenore di vita, la produttività, o l'estensione della propria azienda, e sim.: *mi sono ingrandito per far fronte alle continue richieste dei clienti.* SIN. Espandersi.

ingranditóre agg.; anche s. m. (f. *-trice* nel sign. 1) *1* Che, chi ingrandisce. *2* Apparecchio per eseguire ingrandimenti fotografici.

ingrappàre [comp. di *in-* (*1*) e *grappa* (*1*)] v. tr. • Collegare, rinforzare mediante grappe.

ingrassabùe [comp. di *ingrassa(re)* e *bue* per questa proprietà] s. m. inv. • Pianta erbacea delle Composite, annua, con fiori di colore dal giallo al crema, e foglie divise (*Chrysantemum segetum*).

ingrassàggio [da *ingrassare* nel sign. A 3] s. m. • (*mecc.*) Grassaggio.

ingrassaménto s. m. • Atto, effetto dell'ingrassare o dell'ingrassarsi.

ingrassàre [lat. tardo *incrassāre*, comp. di *in-* illativo e *crassāre*, da *crāssus* 'grasso'] **A** v. tr. *1* Rendere grasso: *i. tacchini, oche, maiali; il cibo e la tranquillità lo hanno ingrassato.* *2* Concimare un terreno, spec. con sostanze organiche: *i. i campi col letame* | (*scherz.*) *Andare a i. i cavoli*, morire. *3* Ungere o spalmare di grasso alberi, cuscinetti, perni, e sim., al fine di ridurre l'attrito tra superfici che strisciano e rendere così più dolce e silenzioso il moto: *i. il motore.* **B** v. intr. e intr. pron. (aus. *essere*) *1* Diventare grasso o più grasso: *dopo la malattia ingrassa a vista d'occhio; in questi anni si è molto ingrassato.* CONTR. Dimagrire. *2* (*fig.*) Diventare ricco: *ingrassarsi alle spalle altrui.*

ingrassàto part. pass. di *ingrassare*; anche agg. • Nei sign. del v. || **ingrassatìno**, dim.

ingrassatóre **A** agg. (f. *-trice*) • Che ingrassa. **B** s. m. *1* Chi ingrassa | Operaio addetto alla lubrificazione di macchine e motori. *2* Dispositivo che serve per iniettare il grasso sui punti richiesti dal meccanismo.

ingrassicchiàre [freq. di *ingrassare*] v. intr. (*io ingrassìcchio*; aus. *essere*) • (*raro*) Diventare un po' grasso o ingrassare lentamente.

ingràsso [da *ingrassare*] s. m. *1* Atto, effetto dell'ingrassare, spec. animali: *tenere, mettere all'i.* | *Buoi da i.*, da ingrassare per poi macellarli. *2* (*agr.*) Sostanza usata per migliorare la fertilità del terreno. **SIN.** Concime, letame.

ingraticciàre [comp. di *in-* (*1*) e *graticcio*] **v. tr.** (*io ingraticcio*) ● Chiudere con graticcio | Coprire con graticcio.

ingraticciàta [dal part. pass. di *ingraticciare*] **s. f.** ● Sostegno di piante o recinzione a forma di graticcio.

ingraticciatùra **s. f.** ● Atto, effetto dell'ingraticciare | Ingraticciata.

ingraticolaménto **s. m.** ● Atto, effetto dell'ingraticolare.

ingraticolàre [comp. di *in-* (*1*) e *graticola*] **v. tr.** (*io ingraticolo*) ● Chiudere con una graticola: *i. una finestra.*

ingraticolàta [da *ingraticolare*] **s. f.** ● (*raro*) Inferriata.

ingraticolàto **A** **part. pass.** di *ingraticolare*; anche **agg.** ● Nei sign. del v. **B** **s. m.** ● (*raro*) Graticolato.

ingraticolatùra **s. f.** ● Ingraticolamento.

ingratitùdine [vc. dotta, lat. tardo *ingratitūdine(m)*, comp. di *in-* neg. e un deriv. di *grātus* 'grato'] **s. f.** *1* Mancanza di gratitudine: *dimostrare i. per un benefattore* | Tendenza a dimenticare o a non ricambiare gli aiuti ricevuti: *l'i. dei figli verso i genitori*; *non vi spaventi dal beneficare gli uomini la i.* (GUICCIARDINI). **CONTR.** Riconoscenza. *2* Atto di chi è ingrato: *ripagare con un'i. il bene ricevuto* | (*lett.*) *Pagare, ricambiare d'i.*, essere ingrato.

ingràto [vc. dotta, lat. *ingrātu(m)*, comp. di *in-* neg. e *grātus* 'grato' sul modello del corrisp. gr. *ácharis*] **A** **agg.** *1* Che non sente o dimostra gratitudine o riconoscenza: *avere un animo i.*; *essere i. verso un benefattore*; *da un figlio i. a me la pace è tolta* (ALFIERI) | *Non sarò i.!*, escl. di chi assicura di ricambiare un favore. *2* Di cosa difficile, faticosa, che si fa malvolentieri e non dà soddisfazione: *lavoro, studio i.* | Sgradevole, spiacevole: *aspetto, fisico i.*; *ricordo i.*; *verità ingrata.* **B** **s. m.** (f. *-a*) ● Chi non ricambia il bene ricevuto: *cercare di non essere un i.* ‖ **ingratàccio**, **pegg.** | †**ingratonàccio**, **pegg.** | **ingratóne**, **accr.**

ingravescènte [lat. *ingravescĕnte(m)*, comp. di *in-* d'azione incoativa e *gravēscens*, genit. *gravescĕntis*, part. pres. di *gravēscere*, da *grăvis* 'grave'] **agg.** ● Che diviene più grave.

ingravidaménto **s. m.** ● Atto, effetto dell'ingravidare o dell'ingravidarsi.

ingravidàre [vc. dotta, lat. tardo *ingravidāre*, comp. di *in-* illativo e *grăvidus* 'gravido'] **A** **v. tr.** (*io ingràvido*) ● Rendere gravida. **B** **v. intr.** e **intr. pron.** (aus. *essere*) ● Diventare gravida.

ingravidatóre **s. m.** ● (*raro*) Chi ingravida.

ingraziàre [comp. di *in-* (*1*) e *grazia*] **v. tr.** (*io ingràzio #*) **A** **v. tr.** ● Rendere bene accetto, gradito | Rendere favorevole a se stesso, cattivandosi l'altrui benevolenza: *ingraziarsi i potenti*; *faceva giocare la bambina soltanto per ingraziarsi i genitori.* **B** **v. rifl.** ● Rendersi bene accetto | Procurarsi il favore, la benevolenza altrui: *ci teneva a ingraziarmisi.* **SIN.** Accattivare, propiziare.

ingrazionìre [da *grazia* con allargamento poco chiaro] **v. tr.** (*io ingrazionìsco, tu ingrazionìsci*) ● (*raro, tosc.*) Ingraziare.

ingrediènte [vc. dotta, lat. *ingrediĕnte(m)*, part. pres. di *ĭngredi*, comp. di *in-* 'verso' e *grădi* 'avanzare', da *grădus* 'passo', di etim. incerta] **s. m.** *1* Sostanza singola che entra nella composizione di medicamenti, vivande o altro: *gli ingredienti di una torta, di un cocktail, di una tisana*; *ingredienti chimici.* *2* (*est.*) Motivo, elemento che entra nella composizione di q.c.: *gli ingredienti di un romanzo, di un film.*

ingrèssa [da *ingresso* (*1*)] **s. f.** ● (*sett.*) Parte della liturgia della Messa in cui il sacerdote, recitando i primi versetti di un salmo, fa ingresso all'altare. **SIN.** Introito.

ingressàre [da *ingresso*] **v. tr.** (*io ingrèsso*) ● In biblioteconomia, registrare un libro in entrata.

ingressióne [vc. dotta, lat. *ingressiōne(m)* 'entrata', da *ingrĕssu(m)* 'ingresso'] **s. f.** ● (*geol.*) Fenomeno di sommersione di terre emerse per innalzamento del livello del mare o abbassamento delle terre.

ingressìvo [dal lat. *ingrĕssus* nel senso di 'entrata' e 'inizio'] **agg.** *1* (*ling.*) Detto di suono la cui articolazione provoca ingresso d'aria nell'apparato di fonazione. *2* (*ling.*) Detto di aspetto del verbo in cui l'azione è presentata nel suo inizio.

ingrèsso (**1**) [vc. dotta, lat. *ingrĕssu(m)*, da *ĭngredi* (V. *ingrediente*)] **s. m.** *1* Entrata, apertura, accesso, varco per cui si penetra in un altro luogo: *i. della casa, del teatro*; *chiudere, aprire l'i.* | (*arch.*) Vestibolo, anticamera. *2* Atto dell'entrare | Prima entrata o entrata solenne: *i. del vescovo nella diocesi*; *i. trionfale delle truppe nella città*; *i. del protagonista in scena* | *I. degli studenti all'università*, inizio degli studi | *Orazione d'i.*, prolusione | Prima apparizione, inizio: *l'inverno ha fatto il suo i.* | (*lett.*) †*i. di un trattato*, introduzione, principio | (*astrol.*) *I. planetario*, entrata di un pianeta in un segno zodiacale. *3* Facoltà di accedere in un luogo: *i. libero, vietato*; *i. gratuito, a pagamento* | *Biglietto d'i.*, quello che, previa esibizione, permette di accedere a locali, spettacoli, musei.

†**ingrèsso** (**2**) [ant. fr. *engrés*, dal lat. *ingrĕssus*, part. pass. di *ĭngredi* 'incedere' con la sott. sfumatura primit. 'arditamente'] **agg.** ● Violento, ostile, fiero.

ingrigìre [comp. di *in-* (*1*) e *grigio*] **v. intr.** (*io ingrigisco, tu ingrigisci*; aus. *essere*) ● Farsi grigio, oscurarsi: *il cielo sta ingrigendo* | Diventare grigio di capelli: *nonostante abbia solo trent'anni, già comincia a i.*

†**ingrillandàre** ● V. *inghirlandare.*

ingrinzìre [comp. di *in-* (*1*) e *grinza*] **v. tr.**, **intr.** e **intr. pron.** (*io ingrinzìsco, tu ingrinzìsci*; aus. intr. *essere*) ● (*raro*) Aggrinzire.

ingrippàre [comp. di *in-* (*1*) e *grippare*] **v. tr.**, **intr.** e **intr. pron.** (aus. *avere*) ● Grippare.

ingrommàre [comp. di *in-* (*1*) e *gromma*] **A** **v. tr.** (*io ingrómmo*) ● Coprire, rivestire di gromma. **B** **v. intr.** e **intr. pron.** (aus. *essere*) ● Coprirsi di gromma.

ingroppàre (**1**) [comp. di *in-* (*1*) e *groppo*] **v. tr.** (*io ingróppo* o *ingròppo*) *1* (*raro*) Fare groppo. *2* †Attaccare | (*est.*) †Soggiungere, aggiungere.

†**ingroppàre** (**2**) [comp. di *in-* (*1*) e *groppa*] **v. tr.** *1* Portare in groppa. *2* (*raro*) Costringere il cavallo a mettere la groppa a terra.

ingrossaménto **s. m.** *1* Atto, effetto dell'ingrossare o dell'ingrossarsi. *2* (*med.*) Aumento di volume di un organo: *i. del fegato.*

ingrossàre [comp. di *in-* (*1*) e *grosso*] **A** **v. tr.** (*io ingròsso*) *1* Rendere grosso o più grosso: *i. lo spessore di un muro* | *I. la voce*, fare la voce grossa | (*fig.*) *I. la coscienza*, abituarsi a non avere troppi scrupoli | (*fig.*) *I. l'ingegno*, renderlo ottuso | Far sembrare più grasso, più robusto: *questo vestito ti ingrossa*; *è un colore che ingrossa* | Accrescere, aumentare: *i. le file di un partito, di un esercito*; *i. il debito, il patrimonio, i propri risparmi.* *2* Gonfiare: *il vento ingrossava il mare*; *lo scioglimento delle nevi ingrossa i torrenti.* **B** **v. intr.** e **intr. pron.** (aus. *essere*) *1* Diventare grosso o più grosso: *i picciol frutti ... / che a poco a poco talor tanto ingrossano, / che pel gran peso i forti rami piegano* (L. DE' MEDICI) | *Ci si è ingrossato il fiato*, ci è venuto l'affanno | *A una certa età l'udito s'ingrossa*, si diventa quasi sordi | *L'acqua ingrossa con il freddo*, diventa ghiaccio. *2* (*fig.*) †Ostinarsi, incaponirsi. **C** **v. intr.** (aus. *essere*) ● Detto spec. delle femmine degli animali, diventare gravida.

ingrossatóre **A** **agg.**; anche **s. m.** (f. *-trice*) ● Che, chi ingrossa. **B** **s. m.** ● Magistrato medievale che effettuava le ingrossazioni.

ingrossatùra **s. f.** ● Ingrossamento, rigonfiamento, grossezza.

ingrossazióne [da *ingrossare* nel sign. giuridico mediev. di 'ingrandire (un possesso)'] **s. f.** ● Nel diritto medievale, modifica per miglioria dei confini di un fondo, mediante esproprio a carico dei terreni limitrofi.

ingròsso [comp. di *in* e *grosso*] **avv.** *1* (*raro*) †Grossolanamente, circa | †In grande quantità. *2* Nella loc. avv. *all'i.*, detto dell'acquisto o vendita di merci in grandi partite: *comprare, vendere all'i.* | *Commercio all'i.*, quello che si effettua tra produttori e negozianti o tra grossisti e negozianti | (*est.*) Pressappoco, all'incirca, senza cura, a colpo d'occhio e sim.: *fa le cose all'i.*; *tira giù i lavori all'i.*; *così, all'i., saranno cinque kili.*

ingrugnàre [comp. di *in-* (*1*) e *grugno*] **v. intr.** e **intr. pron.** (aus. *essere*) ● Mettere, fare il broncio | Crucciarsi, impermalirsi.

ingrugnatùra **s. f.** ● (*raro*) Broncio, grugno | Atto dell'avere il broncio.

ingrugnìre **v. intr.** e **intr. pron.** (*io ingrugnìsco, tu ingrugnìsci*; aus. *essere*) ● Ingrugnare.

ingrugnitùra **s. f.** ● Ingrugnatura.

ingrullìre [comp. di *in-* (*1*) e *grullo*] **A** **v. tr.** (*io ingrullìsco, tu ingrullìsci*) ● (*tosc.*) Rendere grullo, fare ammattire: *quel bambino mi ha ingrullito.* **B** **v. intr.** (aus. *essere* nel sign. 1, *essere* e raro *avere* nel sign. 2) *1* (*tosc.*) Diventare grullo, scemo: *ingrullisce sempre di più.* *2* (*scherz., fam.*) Ammattire, penare: *c'è da i. per avere quel documento.*

ingrumìrsi [comp. di *in-* (*1*) e *grumo*] **v. intr. pron.** (*io m'ingrumìsco, tu t'ingrumìsci*) ● (*raro*) Raggrumarsi.

ingruppàre [comp. di *in-* (*1*) e *gruppo*] **v. tr.** e **rifl.** ● (*raro*) Aggruppare.

inguadàbile [comp. di *in-* (*3*) e *guadabile*] **agg.** ● Che non si può guadare.

inguaiàre [comp. di *in-* (*1*) e *guaio*] **A** **v. tr.** (*io inguàio*) ● (*pop.*) Mettere nei guai: *quell'affare sbagliato lo ha inguaiato.* **B** **v. rifl.** ● Mettersi nei guai: *si è inguaiato in un mare di debiti.*

inguainaménto **s. m.** *1* Atto, effetto dell'inguainare. *2* (*med.*) Invaginazione.

inguainàre [comp. di *in-* (*1*) e *guaina*] **v. tr.** (*io inguaìno*, raro pop. *inguàino*) *1* Porre nella guaina | *I. la spada*, rinfilarla nel fodero | (*raro*) Mettere in un astuccio. **CONTR.** Sfoderare. *2* Infilare e far scorrere un nastro, un cordone e sim. in una guaina.

†**inguàla** [sp. *iguala!*, imperat. di *igualar*, da *igual* per il precedente *egual* 'eguale'] **inter.** ● (*mar.*) Voce di comando ai remi per uguagliare la posizione dei remi o la battuta, nella voga.

ingualcìbile [comp. di *in-* (*3*) e *gualcibile*] **agg.** ● Detto di stoffa che non si gualcisce.

ingualcibilità **s. f.** ● Qualità di ciò che è ingualcibile.

ingualdrappàre [comp. di *in-* (*1*) e *gualdrappa*] **v. tr.** ● Coprire con gualdrappa: *i. un cavallo.*

inguantàre [comp. di *in-* (*1*) e *guanto*] **v. tr.** e **rifl.** ● Mettere o mettersi i guanti.

inguantàto **part. pass.** di *inguantare*; anche **agg.** ● Nei sign. del v.

inguardàbile [comp. di *in-* (*3*) e un deriv. di *guardare*] **agg.** ● Che non si può guardare, che è talmente brutto o sgradevole da non potersi guardare: *uno spettacolo, un film i.*

inguarìbile [comp. di *in-* (*3*) e *guaribile*] **agg.** ● Che non si può curare e guarire: *male, malattia i.* | (*est.*) Incorreggibile: *vizio i.* **SIN.** Insanabile. ‖ **inguaribilménte**, **avv.**

ingubbiàre ● V. *ingobbiare.*

inguinàle [vc. dotta, lat. *inguināle(m)*, da *ĭnguen* 'inguine'] **agg.** ● (*anat.*) Dell'inguine: *canale i.*

inguine [vc. dotta, lat. *ĭnguen*, genit. *ĭnguinis* (nt.), originariamente 'ghiandola, gonfiore', di origine indeur.] **s. m.** ● (*anat.*) Regione compresa tra la parte inferiore dell'addome e l'attaccatura della coscia.

†**inguistàra** ● V. †*anguistara.*

ingurgitaménto **s. m.** ● (*raro*) Atto dell'ingurgitare.

ingurgitàre [vc. dotta, lat. *ingurgitāre* 'gettare in un gorgo, immergere, riempirsi', comp. di *in-* 'dentro' e *gurgitāre*, da *gŭrges*, genit. *gŭrgitis* 'gurge'] **v. tr.** (*io ingùrgito*) ● Mandare giù cibi in fretta e con ingordigia: *ha ingurgitato dieci gelati* | Trangugiare per non sentire il gusto: *i. una dose di purgante.* **SIN.** Ingollare, ingozzare.

ingurgitatóre **agg.**; anche **s. m.** (f. *-trice*) ● (*raro*) Che, chi ingurgita.

ingustàbile [comp. di *in-* (*3*) e *gustabile*] **agg.** ● (*raro*) Che non si può gustare.

-ini [pl. del suff. agg. lat. *-īnus* '-ino'] **suff.** ● Nella sistematica zoologica, indica una sottofamiglia: *Bovini, Suini.*

inia [da una vc. indig. (?)] **s. f.** ● Cetaceo caratteristico dell'alto corso del Rio delle Amazzoni, lungo più di due metri, blu nerastro sul dorso, rosato sul ventre (*Inia geoffroyensis*).

inibìre [vc. dotta, lat. *inhibēre* 'mantenere dentro, arrestare, impedire', comp. di *in-* neg. e di un deriv. di *habēre* 'avere', con mutata coniug.] **A** **v. tr.** (*io inibìsco, tu inibìsci*) *1* Impedire con atto d'autorità: *il medico gli ha inibito l'uso di eccitanti* | Proibire, vietare: *i cartelli inibivano l'accesso agli estranei.* **2** (*med.*) Rallentare od abolire la normale attività di un organo, lo sviluppo di un processo morboso e sim. **B** v. rifl. e intr. pron. ● Frenare i propri impulsi o le proprie reazioni | Bloccarsi per timidezza o imbarazzo.

inibito **A** part. pass. di *inibire*; anche agg. ● Nei sign. del v. **B** s. m. (f. *-a*) ● (*psicol.*) Chi è affetto da inibizioni.

inibitóre **A** agg. (f. *-trice*) ● Che inibisce. **B** s. m. ● (*chim.*) Sostanza che impedisce lo svolgersi di una reazione.

inibitòrio agg. **1** Che ha potere di inibire o vietare: *provvedimento i.*; *azione inibitoria.* **2** (*psicol.*) Che produce inibizione o che a essa si riferisce.

inibizióne [vc. dotta, lat. *inhibitiōne(m)*, da *inhĭbitus*, part. pass. di *inhibēre* 'inibire'] s. f. **1** Atto dell'inibire. **2** (*dir.*) Attività con cui l'autorità giudiziaria, provocata da un interessato, fa cessare la violazione di un obbligo o impedisce la ripetizione della stessa. **3** (*psicol.*) Processo che impedisce, sospende o ritarda la normale attività nervosa e/o psichica: *soffrire di inibizioni*; *avere delle inibizioni* | (*psicoan.*) Repressione delle pulsioni operata dal Super-Io o dall'Io.

inidoneità [comp. di *in-* (*3*) e *idoneità*] s. f. ● Mancanza di idoneità a q.c.: *i. a giudicare.*

inidòneo [comp. di *in-* (*3*) e *idoneo*] agg. ● Che non è idoneo a un determinato compito o ufficio. SIN. Incapace.

iniettàbile agg. ● Che si può iniettare.

iniettàre [lat. *iniectāre*, comp. di *in-* 'dentro' e dell'iter. di *iăcere* 'gettare'] **A** v. tr. (*io inièttò*) **1** (*med.*) Introdurre nelle cavità o nei tessuti, attraverso la cute o per gli orifizi naturali, varie specie di liquidi a scopo curativo o diagnostico. **2** In varie tecnologie, immettere liquidi mediante pressione in spazi chiusi: *i. il combustibile*, *il vapore*, *il cemento.* **3** (*est.*) Inoculare, fare entrare: *la vipera inietta il veleno nel sangue.* **B** v. intr. pron. ● Diventare rosso, detto spec. degli occhi che si arrossano per affluenza di sangue nei capillari: *gli si erano iniettati gli occhi di sangue.*

iniettivo agg. **1** (*ling.*) Detto di suono la cui articolazione è ingressiva. **2** (*mat.*) Che soddisfa alla definizione di iniezione.

iniettóre [per *iniett(at)ore* per adatt. del corrisp. fr. *injecteur*] s. m. ● In varie tecnologie, apparecchio o dispositivo che inietta liquidi in cavità | *I. del combustibile*, che spruzza combustibile sotto pressione nelle camere di scoppio, nei motori a combustione interna | *I. d'acqua*, a vapore per alimentare d'acqua le caldaie delle locomotive a vapore.

iniezióne [lat. *iniectiōne(m)*, da *iniĕctus*, part. pass. di *inĭcere*, comp. di *in-* 'dentro' e *iăcere* 'gettare', di origine indeur.] s. f. **1** (*med.*) Tecnica terapeutica consistente nell'immissione diretta dei farmaci nei tessuti o nel sangue: *i. endovenosa*, *sottocutanea* | (*est.*) Il farmaco stesso da iniettare. **2** In varie tecnologie, immissione di una sostanza liquida, sotto pressione, in una cavità: *i. di cemento per consolidare le fondamenta di un edificio* | *Stampaggio a i.*, V. *pressoiniezione.* **3** (*mecc.*) *Motori a i.*, motori a scoppio, spec. Diesel, nei quali il combustibile viene iniettato nei cilindri, mediante l'iniettore, anziché aspirato | *I. diretta*, quando avviene direttamente nelle camere di combustione | *I. indiretta*, quando avviene nel condotto d'aspirazione. **4** (*geol.*) Penetrazione di un magma entro certe regioni e certi spazi dell'interno della crosta terrestre | Penetrazione di soluzione mineralizzante lungo superfici di strati o di scistosità. **5** (*mat.*) Applicazione d'un insieme in un altro tale che ogni elemento del secondo non sia mai immagine di più d'un elemento del primo. **6** *I. in orbita*, in astronautica, atto dell'immissione di una massa nell'orbita desiderata. **7** (*fig.*) Ogni azione di aiuto o conforto materiale o morale in una situazione critica: *un'i. di svariati miliardi all'edilizia pubblica*; *le sue parole furono per tutti un'i. di ottimismo.* || **iniezioncìna**, dim.

in illo tempore /*lat.* i'n illo 'tɛmpore/ [lat., letteralmente 'in (*ĭn*) quel (*ĭllo*, abl. di *ĭlle*) tempo (*tĕmpore*, abl. di *tĕmpus*)'] loc. avv. ● In quel tempo, espressione con la quale sono introdotte alcune narrazioni degli Evangeli latini, passata nell'uso scherz. per indicare un tempo lontano, del quale quasi non si ha memoria.

inimicàre [vc. dotta, lat. *inimicāre*, da *inimīcus* 'non (*in-*) amico (*amīcus*)', 'nemico'] **A** v. tr. (*io inimìco, tu inimìchi*) **1** Rendere nemico: *l'invidia li ha inimicati per sempre*; *inimicarsi gli amici di un tempo.* **2** †Trattare qc. come un nemico. **B** v. intr. pron. ● Diventare nemico di qc. provocandone il risentimento e l'odio: *inimicarsi con qc. per ragioni finanziarie.* SIN. Guastarsi.

inimicìzia [vc. dotta, lat. *inimicĭtia(m)*, comp. di *in-* neg. e *amicĭtia* 'amicizia'] s. f. **1** Sentimento di avversione, di ostilità malevola verso qc.: *sopire le inimicizie*; *acquistarsi, procurarsi inimicizie*; *quest'i. avrebbe potuto restare latente per molto tempo* (SVEVO). **2** †Atto di ostilità contro qc.

inimìco ● V. *nemico.*

inimitàbile [vc. dotta, lat. *inimitābile(m)*, comp. di *in-* neg. e *imitābilis* 'imitabile'] agg. **1** Che è impossibile o molto difficile imitare a causa della sua perfezione o singolarità: *grazia i.*; *attore di bravura i.* SIN. Impareggiabile, ineguagliabile. **2** Che non può essere riprodotto, spec. in riferimento a fenomeni naturali: *i fulmini, i tuoni sono inimitabili.* **3** (*raro*) Che non dev'essere imitato, con riferimento a ciò che è moralmente condannabile: *esempio i.* || **inimitabilménte**, avv.

inimitàto [comp. di *in-* (*3*) e *imitato*] agg. ● (*raro*) Che non è stato mai imitato da altri: *esempio splendido e i.*

inimmaginàbile [comp. di *in-* (*3*) e *immaginabile*] agg. ● Che non si riesce a immaginare, pensare, concepire: *fasto, lusso i.*; *è da sperare che col progresso del tempo si sia per arrivare a veder cose a noi per ora inimmaginabili* (GALILEI). || †**inimmaginabilménte**, avv.

inimmaginabilità [comp. di *in-* (*3*) e *immaginabilità*] s. f. ● (*raro*) Qualità di ciò che è inimmaginabile.

†**inimmaginàto** [comp. di *in-* (*3*) e *immaginato*] agg. ● Che non è stato mai immaginato.

ininfiammàbile [comp. di *in-* (*3*) e *infiammabile*] agg. ● (*raro*) Che non è infiammabile: *prodotto i.*

ininfluènte [comp. di *in-* (*3*) e *influente*] agg. ● Che non ha influenza.

ininfluènza s. f. ● Qualità di chi o di ciò che è ininfluente.

inintelligènte [comp. di *in-* (*3*) e *intelligente*] agg. ● Che non è intelligente. || **inintelligenteménte**, avv. (*raro*) In modo inintelligente.

inintellìgibile [vc. dotta, lat. tardo *inintelliğibile(m)*, comp. di *in-* neg. e *intelligĭbilis* 'intelligibile'] agg. **1** Che non è possibile comprendere perché superiore all'intelligenza umana o perché espresso in modo poco chiaro: *mistero i. di Dio*; *il senso di questa frase è i.* SIN. Oscuro. **2** Che non si riesce a intendere con l'udito: *sussurro i.* **3** Illeggibile, difficilmente leggibile, con riferimento a scrittura spec. manoscritta: *scrivere in modo i.* SIN. Indecifrabile. || **inintelligibilménte**, avv.

inintelligibilità [comp. di *in-* (*3*) e *intelligibilità*] s. f. ● (*raro*) Qualità di ciò che è inintelligibile, indecifrabile alla mente o ai sensi.

inintermediàri [comp. di *in-* (*3*) e il pl. di *intermediario*] loc. avv. ● Nel linguaggio degli annunci economici, senza l'intervento di intermediari o mediatori, con riferimento a trattative, negoziazioni, contrattazioni e sim.

ininterrótto [comp. di *in-* (*3*) e *interrotto*] agg. ● Che non viene interrotto: *andirivieni i.* | *Rumore i.*, continuo. || **ininterrottaménte**, avv. Senza interruzione; (*est.*) incessantemente, continuamente.

ininvestigàbile [vc. dotta, lat. tardo *ininvestigābile(m)*, comp. di *in-* neg. e *investigābilis* 'investigabile'] agg. ● (*raro*) Che non può essere investigato.

iniquità [vc. dotta, lat. *iniquitāte(m)*, comp. di *in-* neg. e *āequitas* 'equità'] s. f. **1** Qualità di chi, di ciò che è iniquo: *i. di una legge.* SIN. Ingiustizia. **2** Parola, atto iniquo: *dire i.*; *commettere un'i.* **3** (*lett.*) Avversità, spec. in senso materiale: *l'i. della stagione.* **4** (*raro*) Lavoro pessimo, mal fatto: *quella commedia è un'i.* **5** (*relig.*) Peccato, colpa, scelleratezza.

inìquo [vc. dotta, lat. *inīquu(m)*, comp. di *in-* neg. e *āequus* 'equo'] **A** agg. **1** Che non è giusto, equo: *sentenza iniqua*; *condizioni inique*; *iniqua e ingiusta legge* (VILLANI) | *Compenso i.*, inferiore al lavoro fatto | *Lotta iniqua*, ineguale. **2** (*est.*) Malvagio, tristo, perverso: *pensiero, desiderio i.*; *in me quai basse mire inique / supporre ardisci?* (ALFIERI). **3** (*raro, lett.*) Avverso, calamitoso: *tempo i.*; *stagione iniqua*; *sorte iniqua.* **4** (*scherz.*) Pessimo: *cena iniqua*; *romanzo i.* **5** (*lett.*) Dedito, rivolto al male: *Benigna volontade in che si liqua / sempre l'amor che drittamente spira, / come cupidità fa ne la iniqua* (DANTE *Par.* XV, 1-3). || **iniquaménte**, avv. **B** s. m. (f. *-a*) ● Persona ingiusta e malvagia | (*raro*) Peccatore.

insperàto ● V. *insperato.*

initeràbile [comp. di *in-* (*3*) e *iterabile*] agg. ● (*raro*) Che non si può ripetere: *il battesimo è un sacramento i.*

in itinere /*lat.* in i'tinere/ [loc. lat., propr. 'in viaggio' (*ĭter*, genit. *itĭneris*)] **A** loc. avv. ● Durante lo svolgimento di un'attività, di un'indagine, di una ricerca e sim.: *la commissione valuterà in itinere le decisioni da prendere.* **B** loc. agg. inv. **1** Detto di q.c. che è in corso di svolgimento, che sta seguendo il proprio iter: *una pratica in itinere.* **2** Nel linguaggio assicurativo, detto di infortunio che un lavoratore ha subìto durante il percorso per andare o tornare dal lavoro.

†**inïùria** ● V. *ingiuria.*

†**inïùsto** ● V. *ingiusto.*

iniziàbile agg. ● Che può o deve essere iniziato: *lavoro i. entro breve tempo.*

iniziàle [vc. dotta, lat. tardo *initiāle(m)*, da *inĭtium* 'inizio'] **A** agg. ● Dell'inizio, relativo all'inizio: *stato, condizione i.* | *Scena i.*, con cui inizia un'opera letteraria o teatrale | *Stipendio i.*, quello con cui è inizialmente retribuito un impiegato | *Lettera, sillaba i.*, con cui inizia una parola | (*biol.*) *Cellule iniziali*, quelle che, nei vegetali, si trovano all'apice della radice e sono responsabili dell'accrescimento in lunghezza e in spessore. CONTR. Finale. || **inizialménte**, avv. In principio. **B** s. f. **1** Prima lettera di una parola: *i. maiuscola, minuscola*; *codice con iniziali miniate.* **2** (*spec. al pl.*) Le lettere con cui cominciano il nome e il cognome, spec. come sigla: *ricamare le proprie iniziali sulla biancheria.*

inizializzàre [da *iniziale*] v. tr. ● (*elab.*) Predisporre al funzionamento un dispositivo o un programma.

inizializzazióne [da *inizializzare*] s. f. ● (*elab.*) Predisposizione al funzionamento di un dispositivo o di un programma.

iniziaménto [vc. dotta, lat. (nt. pl.) *initiamĕnta* 'iniziamenti (ai sacri misteri)', da *initiāre*] s. m. **1** (*raro*) Inizio. **2** (*raro*) Iniziazione.

inizïàndo [da *iniziare*, sul modello del gerundio lat.] s. m. (f. *-a*) ● Chi sta per essere iniziato a un rito, un culto e sim.

iniziàre [vc. dotta, lat. *initiāre*, da *inĭtium* 'inizio'] **A** v. tr. (*io inìzio*) **1** Incominciare, intraprendere: *i. un lavoro, un'attività*; *i. a parlare, a scrivere.* CONTR. Finire. **2** Avviare alle pratiche di un culto, introdurre alle norme di una società, spec. segreta e sim.: *i. qc. alla religione cristiana*; *i. qc. ai riti massonici* | (*est.*) Dare a qc. i primi insegnamenti ed elementi di un'arte o una disciplina: *i. qc. alla pittura, allo studio della matematica.* SIN. Avviare. **B** v. intr. pron. e intr. (aus. *essere*) ● Avere inizio: *il processo s'inizierà domani*; *il libro inizia con una descrizione del paesaggio.* SIN. Cominciare. CONTR. Finire.

iniziàtico [da *iniziare*] agg. (pl. m. *-ci*) **1** Che riguarda l'iniziazione a un rito, un mistero, una setta o una dottrina: *cerimoniale i.* **2** (*est.*) Oscuro, incomprensibile ai non iniziati: *regolamento, discorso, linguaggio i.*

iniziatìva [fr. *initiative*, tratta dal lat. *initiāre* 'iniziare' col suff. agg. f. *-ative* e applicata alla fine del XVIII sec. al potere del re di mettere in moto il potere legislativo] s. f. **1** Azione decisa e volontaria volta alla realizzazione di q.c.: *prendere, promuovere un'i. commerciale, artistica, culturale* | *Assumersi l'i. di un'impresa*, esserne il promotore e impegnarsi a realizzarla | *I. privata*, libertà per l'operatore economico di agire individualmente per il conseguimento del proprio massimo tornaconto e a proprio rischio con il minimo vincolo o intervento statale. *2* Attitudine e capacità di intraprendere cose nuove: *persona piena di i.*; *spirito d'i.* *3* (*dir.*) Compimento delle attività necessarie perché sorga un procedimento giudiziario, legislativo, amministrativo: *i. processuale, legislativa* | *Diritto d'i.*, *i. legislativa*, dei senatori e deputati a proporre leggi, istituzioni e sim.

iniziàto **A** part. pass. di *iniziare*; anche agg. ● Nei sign. del v. **B** s. m. (f. *-a*) *1* Chi ha ricevuto i primi insegnamenti di una dottrina religiosa o è ammesso a far parte di un'associazione, dopo aver superato i riti e le prove dell'iniziazione: *gli iniziati ai misteri orfici*; *gli iniziati alla Carboneria*. *2* Chi possiede una conoscenza piuttosto ampia e approfondita di una disciplina: *linguaggio per iniziati*. CONTR. Profano.

iniziatóre [vc. dotta, lat. tardo *initiatōre(m)*, da *initiātus* 'iniziato'] agg.; anche s. m. (f. *-trice*) ● (*lett.*) Che, chi inizia: *discorso i.*; *essere l'i. di una sottoscrizione*.

iniziazióne [vc. dotta, lat. *initiatiōne(m)*, da *initiātus* 'iniziato'] s. f. *1* (*raro*) Atto, effetto dell'iniziare. *2* In etnologia religiosa, complesso di cerimonie, prove e rivelazioni di ordine mitologico e morale, attraverso le quali un uomo o una donna, generalmente in età puberale, vengono a far parte, con pieno diritto, del gruppo degli adulti, o sono riconosciuti adatti alla guerra o al matrimonio | In molte religioni primitive e superiori, insieme dei riti e delle prove attraverso le quali un uomo o una donna sono ammessi in una società segreta o in un'associazione culturale o misterica.

inìzio [vc. dotta, lat. *inĭtiu(m)*, da *inīre* 'entrar (*īre*) dentro (*in-*)'] s. m. *1* Modo e atto con cui comincia q.c.: *avere, dare i. a q.c.*; *l'i. è stato sfavorevole* | *All'i.*, dapprincipio. SIN. Principio. CONTR. Fine. *2* Fase iniziale, primo periodo di q.c.: *l'i. di un capitolo*; *l'i. di uno studio*; *gli inizi sono spesso difficili*. SIN. Attacco, avviamento.

inka ● V. *inca*.

inlandsis /*sved.* 'inlands is/ [vc. sved., comp. di *inland* 'interno del paese' (cfr. ted. *Land* 'paese') e *is* 'ghiaccio' (vc. di origine germ.)] s. m. inv. ● (*geogr.*) Grande massa di ghiacci che, nelle regioni polari, copre vaste estensioni territoriali.

†**inleiàrsi** [comp. di *in-* (*1*) e *lei*] v. intr. pron. ● Penetrare in lei: *prima che tu più t'inlei, / rimira in giù* (DANTE *Par.* XXII, 127-128).

†**inlibràre** [comp. di *in-* (*1*) e *libra* nell'originario senso lat. di 'bilancia'] v. tr. ● Mettere in bilancia, in equilibrio.

in loco /*lat.* in 'lɔko/ [lat., letteralmente 'nel (*ĭn*) luogo (*lŏco*, abl. di *lŏcus*)'] loc. avv. ● Nello stesso luogo in cui si è verificato q.c., in cui ci si trova e sim.

†**inlùcere** [vc. dotta, lat. *inlucēre*, comp. di *in-* raff. e *lucēre*, con scambio di coniug.] v. intr. ● Rilucere, risplendere.

†**inluiàrsi** [comp. di *in-* (*1*) e *lui*] v. intr. pron. ● Internarsi in lui: *Dio vede tutto, e tuo veder s'inluia* (DANTE *Par.* IX, 73).

†**inmiàrsi** ● V. †*immiarsi*.

†**inmillàre** ● V. *immillare*.

innacquàre ● V. *annacquare*.

innaffiàre e *deriv.* ● V. *annaffiare* e *deriv.*

innalzaménto o (*lett.*) **inalzaménto**. s. m. ● Atto, effetto dell'innalzare o dell'innalzarsi (*spec. fig.*): *l'i. di una basilica*; *l'i. al pontificato*.

innalzàre o (*lett.*) **inalzàre** [comp. di *in-* (*1*), con radd. richiamato dalla serie di v. paralleli con *a(d)-*, e *alzare*] **A** v. tr. *1* Levare verso l'alto (*anche fig.*): *i. il vessillo, l'insegna*; *i. una preghiera, il pensiero a Dio*. *2* Portare a un grado, a un livello più alto: *il caldo ha innalzato la temperatura*; *la massa dei detriti ha innalzato il livello del fiume* | *I. la voce*, elevare il grado di intensità. CONTR. Abbassare. *3* Elevare verticalmente dal suolo: *i. una statua, un obelisco* | (*est.*) Costruire edifici eminenti per mole o importanza: *i. un monumento, una basilica*. *4* (*fig.*) Accrescere la dignità, l'importanza di qc. attribuendogli un titolo onorifico o un'alta carica: *i. qc. al trono, al pontificato* | *I. qc. agli onori dell'altare*, santificarlo | Nobilitare, elevare: *i. lo stile, il tono di un'opera letteraria* | (*ass.*) †Insuperbire: *onde i loro avversarii ne presoro ardire, e innalzarono* (COMPAGNI). **B** v. intr. pron. *1* Aumentare di altezza: *le acque del fiume si sono innalzate di due metri*. SIN. Salire. *2* Levarsi in alto: *monti che s'innalzano al cielo*. SIN. Elevarsi, ergersi. **C** v. rifl. *1* Alzarsi, spostarsi verso l'alto (*anche fig.*): *gli aquilotti si innalzano ormai da soli*; *con la buona volontà si è innalzato su tutti i colleghi di lavoro*. CONTR. Abbassarsi. *2* (*fig.*) Insuperbirsi e imporsi agli altri con la forza: *siam stretti ad un patto*: / *maledetto colui che l'infrange*, / *che s'innalza sul fiacco che piange* (MANZONI).

innalzatóre o (*lett.*) **inalzatóre**. agg.; anche s. m. (f. *-trice*) ● (*raro*) Che, chi innalza.

innamoracchiaménto s. m. ● (*raro*) L'innamoracchiarsi.

innamoracchiàrsi [comp. di *in-* (*1*) e *amore* col suff. verb. attenuativo *-acchiare*] v. intr. pron. (*io m'innamoràcchio*) ● (*raro, spreg.*) Innamorarsi in modo passeggero.

innamoraménto s. m. ● Atto, effetto dell'innamorarsi: *un forte i.* || **innamoramentùzzo**, dim.

innamoràre [comp. di *in-* (*1*) e *amore*] **A** v. tr. (*io innamóro*) *1* Accendere di amore, suscitare amore in qc.: *i. qc. con la bellezza, le lusinghe*; *soave saggia e di dolcezza piena*, / *da innamorar non ch'altri una sirena* (POLIZIANO). *2* (*est.*) Conquistare, affascinare, sedurre: *bellezza, sorriso che innamorano* | (*est.*) Destare grande piacere, incanto, diletto: *musica, versi che fanno i.* | (*fig.*) Attrarre, appassionare: *quell'attività lo sta innamorando sempre più*. **B** v. intr. pron. e †intr. *1* Provare un sentimento d'amore per una persona: *innamorarsi spesso*; *innamorarsi di un uomo, di una donna* | †*Innamorarsi in qc.*, di qc. SIN. Invaghirsi. *2* (*est.*) Provare desiderio, entusiasmo per q.c. che desta grande interesse o piacere: *innamorarsi di una casa, di un libro, di un quadro*. **C** v. rifl. rec. ● Sentire amore l'uno per l'altro: *si sono innamorati al primo sguardo*.

innamoràto **A** part. pass. di *innamorare*; anche agg. *1* Nei sign. del v. *2 i. cotto, fradicio, pazzo*, molto innamorato | *Le anime innamorate*, gli amanti | *Essere i. di sé*, essere pieno di sé. || **innamorataménte**, avv. (*raro*) Con amore. **B** s. m. (f. *-a*) ● Chi prova un sentimento di amore per un'altra persona: *un i. timido* | *Fare l'i.*, fingere di provare amore per qc. | (*est.*) La persona amata: *incontrarsi con l'i.* || **innamoratèllo**, dim. | **innamoratino**, dim. | **innamoratùccio**, **innamoratùzzo**, dim.

†**innanellàre** ● V. *inanellare*.

†**innànte** o †**enànte**, †**inànte**, †**inànti**, †**innànti** [lat. *in ănte*, comp. di *ĭn-* raff. e *ănte* 'davanti'] avv.; anche prep. ● Innanzi.

†**innanzàre** [ant. provz. *enansar*, da *enans* 'innanzi'] v. tr. ● Aumentare | (*est.*) Innalzare.

innànzi o †**inànzi** [dal lat. *ăntea* 'prima, per l'addietro', raff. da *in-*] **A** avv. *1* Avanti: *fatevi i.* | *Tirare i.*, (*fig.*) continuare q.c. alla meno peggio e (*est.*) campicchiare | *Essere i. negli anni*, essere anziano | *Essere i. negli studi, in un'impresa* e sim., essere a buon punto | *Mettere i. dei pretesti, delle scuse*, addurli. CONTR. Indietro. *2* Poi, oltre, in seguito (indica posteriorità): *come vedremo i.*; *di qui i.*; *d'ora i.*; *Da quel giorno i.* *3* Prima, nel passato (indica anteriorità): *questo l'abbiamo già detto i.* **B** Nelle loc. cong. *i. di*, *i. che*. *1* (*raro*) Prima di, prima che (introducono una prop. temp. con il v. all'indic., nella forma implicita, e al congv., nella forma esplicita): *i. di andare via, passa nel mio studio*; *i. che tu parta devo parlarti*. *2* (*lett.*) Piuttosto che (introduce una prop. compar.): *i. che lasciarti, preferisco morire*. **C** prep. *1* Davanti a, al cospetto, in presenza di: *ti aspetto i. casa* | Spec. nella loc. prep. *i. a*: *l'ho sempre i. agli occhi*; *si presentò i. al popolo*; *lo giuro i. a Dio* | (*lett.*) †A paragone di: *i. a lui io sono un debole*. *2* Prima di: *mi svegliai i. l'alba* | *I. tutto*, V. *innanzitutto* | *I. tempo*, prima del tempo. **D** in funzione di agg. ● (posposto a un s.) Precedente, anteriore: *la mattina, il giorno i.* **E** in funzione di s. m. ● Il tempo precedente: *non l'avevo mai sentito ricordare per l'i.*

innanzitùtto o **innànzi tutto** avv. ● Prima di tutto, prima di ogni altra cosa: *i. fai i compiti, poi vai a giocare*.

innàrio [da *inno* col suff. di (*brevi*)*ario* e sim.] s. m. ● Nel cattolicesimo e nelle chiese orientali, libro liturgico contenente gli inni e le loro melodie.

†**innarràre** ● V. †*inarrare*.

innaspàre o **inaspàre** [comp. di *in-* (*1*) e (*n*)*aspo*] v. tr. e intr. (aus. *avere*) ● (*raro*) Annaspare.

†**innasprìre** ● V. *inasprire*.

innastàre e *deriv.* ● V. *inastare* e *deriv.*

innatìsmo [comp. di *innato* e *-ismo*] s. m. *1* Dottrina filosofica che considera presenti nell'uomo idee o principi innati, tali cioè che non derivano dall'esperienza. *2* (*psicol.*) Teoria secondo cui i comportamenti dell'individuo sono determinati dal patrimonio genetico. CONTR. Ambientalismo.

innatista **A** s. m. e f. (pl. m. *-i*) ● Sostenitore dell'innatismo. **B** agg. ● Innatistico.

innatìstico agg. (pl. m. *-ci*) ● Relativo all'innatismo.

innàto [vc. dotta, lat. *innātu(m)*, comp. di *in-* 'dentro' e *nātus* 'nato'] agg. ● Che si possiede per natura e non viene acquisito con l'educazione o l'esperienza: *facoltà, bontà innata*; *difetto i.* | (*filos.*) *Idee innate*, quelle che non derivano dall'esperienza ma che anzi la precedono e la rendono possibile | (*est.*) Spontaneo, naturale, istintivo: *allegria innata*.

innaturàle [vc. dotta, lat. tardo *innaturāle(m)*, comp. di *in-* neg. e *naturālis* 'naturale'] agg. ● Che non è naturale: *posa, atteggiamento i.* | *Andatura i.*, priva di naturalezza. || **innaturalménte**, avv.

†**innaturàrsi** [comp. di *in-* (*1*) e *natura*] v. intr. pron. ● Connaturarsi.

innavigàbile [vc. dotta, lat. *innavigābile(m)*, comp. di *in-* neg. e *navigābilis* 'navigabile'] agg. *1* Che non si può navigare: *canale, fiume i.* *2* (*raro, lett.*) Che non è adatto alla navigazione: *nave i.*

innavigabilità s. f. ● Qualità di ciò che è innavigabile.

†**innebbrìare** /innebbri'are, inneb'brjare/ e *deriv.* ● V. *inebriare* e *deriv.*

†**innebrìare** /innebri'are, inne'brjare/ e *deriv.* ● V. *inebriare* e *deriv.*

innegàbile [comp. di *in-* (*3*) e *negabile*] agg. ● Che non si può, non si deve negare: *verità, miracolo i.*; *truffa i.* | (*est.*) Chiaro, evidente: *è i. che avete torto*. || **innegabilménte**, avv.

inneggiaménto s. m. ● (*raro*) Modo e atto dell'inneggiare | Lode, esaltazione.

inneggiànte part. pres. di *inneggiare*; anche agg. ● Nei sign. del v.

inneggiàre [adatt. del lat. tardo *hymnizāre* 'cantar inni (*hĭmni*)'] **A** v. intr. (*io innéggio*; aus. *avere*) *1* Cantare un inno: *i. al Creatore* | (*raro*) Comporre un inno. *2* (*fig.*) Celebrare con lodi esaltando o adulando: *i. alla vittoria, alla pace*; *i. al dittatore*. **B** v. tr. ● †Esaltare, adulare.

inneggiatóre agg.; anche s. m. (f. *-trice*) ● (*raro*) Che, chi inneggia.

inneità [fr. *innéité*, da (*idées*) *inné(es)* 'idee innate'] s. f. ● (*filos.*) Qualità delle idee innate.

†**inneràre** [comp. di *in-* (*1*) e *nero*] v. intr. ● Divenir nero.

innervàre [comp. di *in-* (*1*) e *nervo*] **A** v. tr. (*io innèrvo*) ● (*anat.*) Dare connessione nervosa a un organo o tessuto. **B** v. intr. (aus. *essere*) ● †Diventare robusto, vigoroso.

innervazióne s. f. ● (*anat.*) Disposizione dei nervi nel corpo e nei singoli organi.

innervosìre [comp. di *in-* (*1*) e *nervoso*] **A** v. tr. (*io innervosìsco, tu innervosìsci*) ● Rendere nervoso, inquieto: *questa pioggia continua mi innervosisce*. **B** v. intr. pron. ● Diventare nervoso.

innervosìto part. pass. di *innervosire*; anche agg. ● Nei sign. del v.

innescaménto o †**inescaménto**. s. m. ● Modo e atto dell'innescare.

innescànte part. pres. di *innescare*; anche agg. *1* Nei sign. del v. *2 Esplosivo i.*, esplosivo dirompente molto sensibile all'urto, usato per detonatori.

innescàre o †**inescàre** [comp. di *in-* (*1*) e *esca* nel senso di 'materia infiammabile'] **A** v. tr. (*io innésco, tu innéschi*) *1* Fornire di un'esca: *i. l'amo*. *2* Applicare l'esca o altro mezzo di accensione alla carica di lancio di un'arma da fuoco o alla carica di scoppio di un proietto o di un ordigno esplosivo: *i. una bomba*. *3* (*fig.*) Provocare, istigare: *i. una rivolta* | Adescare: *i. gli animi*. **B** v. intr. pron. ● (*fig.*) Avviarsi a causa di condizioni propizie, detto di un fenomeno, di un processo e sim.

innésco [da *innescare*] s. m. (pl. *-schi*) **1** Congegno che serve per provocare l'accensione di una carica di lancio di un'arma da fuoco, lo scoppio della carica di un proiettto, di un ordigno esplosivo e sim. SIN. Incendivo. **2** In varie discipline, meccanismo, azione che provoca l'inizio di un fenomeno il quale prosegue poi anche in assenza della causa iniziale.

innestàbile agg. ● (*raro*) Che si può innestare.

innestaménto o †**annestaménto**. s. m. ● (*raro*) Innesto.

innestàre o (*tosc.*) †**annestàre** [lat. parl. **insitāre*, comp. di *insitāre*, ints. di *inserĭre* 'piantare', con *in-* raff.] **A** v. tr. (*io innèsto*) **1** (*agr.*) Trasportare una parte gemmifera, staccata da una pianta più pregiata, su di un'altra pianta radicata al suolo, allo scopo che si saldino insieme e quella possa svilupparsi su questa: *i. le viti nostrane sulle americane* | (*ass.*) Sottoporre a innesto: *pianta da i.* **2** (*mecc.*) Stabilire l'accoppiamento fra un organo motore ed un organo destinato a essere mosso da questo | *I. la marcia*, compiere questa manovra col cambio di velocità | (*est.*) Inserire l'una nell'altra le due parti di un congegno: *i. la presa di corrente, la spina del telefono.* **3** (*med.*) Praticare un innesto. **4** (*fig.*) Inserire: *i. un racconto in un altro* | (*fig.*) Congiungere, unire: *i. il nuovo sul vecchio.* **5** (*raro*) Attaccare capelli posticci, penne, e sim. **B** v. intr. pron. ● Inserirsi su q.c. di preesistente: *le nuove tradizioni si innestano sulle vecchie.*

innestatóio s. m. ● (*agr.*) Coltello per innestare.

innestatóre s. m. (f. *-trice*) ● (*agr.*) Chi fa innesti.

innestatùra o †**annestatùra**. s. f. **1** (*agr.*) Atto, effetto dell'innestare | Punto in cui si pratica l'innesto. **2** (*raro, fig.*) Congiunzione: *l'i. di due epoche diverse.*

innèsto o †**annèsto** [da *innestare*] s. m. **1** (*agr.*) Operazione dell'innestare | *Soggetto dell'i.*, pianta su cui si esegue tale operazione | *I. per approccio, per approssimazione*, unione delle marze con un soggetto della stessa forza, eseguito troncandoli entrambi con un taglio netto, obliquo, facendo combaciare le due superfici di sezione e fasciando bene il punto di unione per sottrarlo all'entrata di acqua o altro | *I. a marza*, ottenuto inserendo numerose marze nel fusto troncato di un soggetto più sviluppato, avendo cura che le cortecce combacino | *I. a occhio, a gemma*, incastrando, sotto la corteccia del soggetto, invece della marza, una sola gemma unita a un pezzo di corteccia, fatto a scudo | *I. ad anello*, togliendo al soggetto un anello di corteccia che si sostituisce con eguale anello della varietà prescelta, provvisto di gemma | (*est.*) Parte gemmifera da innestare: *un i. di ciliegio, di albicocco* | (*est.*) Risultato di tale pratica agraria: *un ottimo i.*; *un i. molto fruttifero.* **2** (*mecc.*) Meccanismo che permette di stabilire o sciogliere a piacere, ripetutamente e con facilità, il collegamento fra due organi meccanici: *i. a denti, a frizione, idraulico.* **3** (*med.*) Trasporto di un frammento o di una porzione più o meno ampia di un tessuto o di un organo da una parte all'altra dell'organismo senza che vengano conservate connessioni vascolari immediate | (*raro*) Vaccinazione: *i. del vaiolo.* **4** (*elettr.*) Presa di corrente. **5** (*fig.*) Inserimento, congiunzione.

innevaménto s. m. ● Presenza di neve in una determinata zona | *i. artificiale delle piste da sci*, ottenuto con neve di riporto o con cannoni sparaneve.

innevàrsi [comp. di *in-* (*1*) e *neve*] v. intr. pron. ● (*raro*) Coprirsi di neve: *le montagne si sono tutte innevate.*

innevàto part. pass. di *innevarsi*; anche agg. ● Nei sign. del v.

inning /*ingl.* 'iniŋ/ [vc. ingl., letteralmente 'raccolto (sistemato in luogo chiuso)', dall'ant. ingl. *innian* 'porre dentro', da *inn* 'in, dentro'] s. m. inv. ● (*sport*) Nel baseball, ciascuna delle nove parti di una partita nelle quali le squadre si alternano all'attacco e in difesa.

ìnno [vc. dotta, lat. *hȳmnu(m)*, dal gr. *hýmnos*, di etim. discussa: da *Hymḗn* 'Imene, dio del matrimonio', in onore del quale si cantava (?)] s. m. **1** Nella liturgia romana, canto, con o senza accompagnamento di organo, inserito nell'ufficio canonico e dedicato alla celebrazione di Dio, della Vergine e dei Santi | In molte religioni, composizione metrica in onore di dèi o di eroi, usata in cerimonie: *inni del Rigveda*; *inni orfici.* **2** (*letter.*) Composizione strofica in vario metro di elevato argomento, patriottico, mitologico, religioso e sim.: *gli Inni Sacri del Manzoni.* **3** (*mus.*) Composizione patriottica per canto e strumenti, di carattere concitato e solenne: *i. nazionale*; *i. di guerra, di trionfo.* **4** (*fig.*) Discorso elogiativo o celebrativo: *la sua requisitoria è un i. alla libertà.*

innocènte [vc. dotta, lat. *innocĕnte(m)*, comp. di *in-* neg. e *nŏcens*, genit. *nocĕntis* 'nocente'] **A** agg. **1** Che non è colpevole: *l'imputato è i.*; *proclamarsi i.* | *Sangue i.*, quello di chi è senza colpa: *io non bagnai mie mani / nell'i. sangue* (ALFIERI). **2** Che non conosce il male perché non ha esperienza o è privo di malizia: *bambino, fanciulla i.*; *affetto, piacere i.* | (*est.*) Ingenuo, candido | Che rivela mancanza di malizia: *discorso, libro, domanda i.* **3** †Che non nuoce, non fa alcun male: *pèra colui che primo osò la mano / armata alzar sull'i. agnella* (PARINI). || **innocenteménte**, avv. **1** Con innocenza. **2** †Senza colpa. **B** s. m. e f. **1** Chi non è colpevole. **2** (*est.*) Bambino | *Strage degli innocenti*, l'uccisione, ordinata da Erode, dei bambini al di sotto dei due anni. **3** (*spec. al pl.*) Orfanelli, trovatelli allevati da un ospizio. || **innocentìno**, dim. (V.) | **innocentóne**, accr.

innocentìno s. m. (f. *-a*) **1** Dim. di *innocente.* **2** (*iron.*) Chi vuole apparire ingenuo, innocente, senza esserlo: *non fare l'i.!* **3** (*tosc.*) Bambino affidato a un brefotrofio.

innocentìsmo s. m. ● Atteggiamento di chi è innocentista.

innocentista s. m. e f. (pl. m. *-i*) ● Chi, riguardo a un processo, si schiera con i sostenitori dell'innocenza dell'imputato; è usato spec. in contrapposizione a *colpevolista.*

innocènza [vc. dotta, lat. *innocĕntia(m)*, da *ĭnnocens*, genit. *innocĕntis* 'innocente'] s. f. **1** Qualità di chi o di ciò che è innocente, per incapacità di commettere il male o per ignoranza del male stesso: *conservare, perdere l'i.* | *L'età dell'i.*, l'infanzia | (*est.*) Ingenuità, semplicità, candore: *domanda fatta con i.* | *Beata i.!*, con riferimento a parole sconvenienti pronunciate senza malizia | (*est., fig.*) L'infanzia: *rispettare l'i.* **2** L'essere innocente, con riferimento a ciò di cui si è incolpati: *proclamare l'i. di qc.*; *dimostrare la piena i. dell'imputato.* CONTR. Colpevolezza.

innocuità s. f. ● Qualità di chi o di ciò che è innocuo.

innòcuo [vc. dotta, lat. *innŏcuu(m)*, comp. di *in-* neg. e *nŏcuus* 'nocuo, nocivo'] agg. **1** Che non nuoce: *cibo, medicinale i.*; *non riguardando all'età né al sesso i., crudelmente l'uccise* (BOCCACCIO) | *Animale i.*, inoffensivo | (*spreg.*) *Individuo i.*, inetto | *Malvagità innocua*, che non ha l'effetto sperato. CONTR. Nocivo. **2** †Innocente. || **innocuaménte**, avv.

innodìa [gr. *hymnoidía*, comp. di *hýmnos* 'inno' e *ōidḗ* 'canto'] s. f. **1** Canto di inni religiosi. **2** Insieme degli inni di una religione, di una nazione e sim.

innografìa [da *innografo*] s. f. **1** Arte di comporre inni. **2** Raccolta di inni.

innogràfico agg. (pl. m. *-ci*) ● Che concerne l'innografia.

innògrafo [gr. tardo *hymnográphos*, comp. di *hýmnos* 'inno' e *-gráphos* '-grafo'] s. m. ● Scrittore di inni.

innologìa [gr. *hymnología*, comp. di *hýmnos* 'inno' e *-logía* '-logia'] s. f. (pl. *-gie*) ● Studio degli inni spec. religiosi | Arte di comporre inni.

innòlogo [vc. dotta, lat. tardo *hymnŏlogu(m)*, dal gr. *hymnológos*, comp. di *hýmnos* 'inno' e *-lógos* '-logo'] s. m. (f. *-a*; pl. m. *-gi*) ● Studioso, esperto di innologia.

†**innoltràre** ● V. *inoltrare.*

†**innomàbile** agg. ● Innominabile.

†**innomàre** [comp. di *in-* (*1*) e del den. di *nome*] v. tr. ● Nominare.

innominàbile [vc. dotta, lat. tardo *innominābile(m)*, comp. di *in-* neg. e un deriv. di *nōmen*, genit. *nōminis* 'nome'] agg. **1** Che non può essere nominato per rispetto alla morale e alla decenza: *vizio, colpa, azione i.* SIN. Turpe, vergognoso. **2** †Che non può definirsi con un nome, spec. in riferimento a Dio. **3** †Inenarrabile.

†**innominàre** [comp. di *in-* (*1*) e *nominare*] v. tr. ● Nominare.

innominàto [vc. dotta, lat. tardo *innominātu(m)*, comp. di *in-* neg. e *nominātus* 'nominato'] **A** agg. **1** Di persona di cui si tace per ignoranza o con intenzione il nome | Di cosa che non possiede ancora un nome: *quantità incommensurabili, da noi inesplicabili ed innominate* (GALILEI). **2** (*anat.*) *Osso i.*, osso iliaco | *Vene innominate*, particolari vene del cuore | †*Cartilagine innominata*, cricoide | †*Ghiandole innominate*, lacrimali | †*Nervo innominato*, nervo trigemino | †*Tonaca innominata*, sclerotica. **3** (*dir.*) Atipico: *contratto i.* **4** †Anonimo. || **innominataménte**, avv. (*raro*) Senza determinazione del nome della persona. **B** s. m. ● (*raro*) Persona di cui si ignora il nome | *L'Innominato*, (*per anton.*) personaggio dei Promessi Sposi nel quale il Manzoni adombrò Bernardino Visconti.

†**innondàre** ● V. *inondare.*

innovaménto s. m. ● Innovazione.

innovàre [vc. dotta, lat. *innovāre*, comp. di *in-* illativo e *novāre*, da *nŏvus* 'nuovo'] **A** v. tr. (*io innòvo*) **1** Mutare q.c. aggiungendovi elementi nuovi: *i. l'istruzione superiore, le leggi sull'agricoltura.* SIN. Riformare. **2** (*lett.*) Rinnovare, ripristinare: *una legge la quale innovava gli ordini della giustizia* (MACHIAVELLI). **B** v. intr. pron. ● (*raro*) Rinnovarsi, prendendo un altro aspetto.

innovatività s. f. ● Qualità di ciò che è innovativo.

innovatìvo agg. ● (*raro*) Che mira ad innovare: *piano i.*

innovàto part. pass. di *innovare*; anche agg. ● Nei sign. del v.

innovatóre [vc. dotta, lat. tardo *innovatōre(m)*, da *innovātus* 'innovato'] **A** agg. (f. *-trice*) ● Che innova: *provvedimento i.* **B** s. m. ● Chi innova o sostiene la necessità di introdurre delle innovazioni in qualche campo specifico: *un i. molto audace*; *un i. nel settore dell'edilizia industriale*; *molte delle opinioni de' moderni innovatori s'averebbero potuto tollerare, se le avessero asserite con modestia* (SARPI). SIN. Riformatore.

innovazióne [vc. dotta, lat. tardo *innovatiōne(m)*, da *innovātus* 'innovato'] s. f. **1** Atto, effetto dell'innovare: *i. della costituzione*; *fare innovazioni in un porto, in un impianto.* SIN. Riforma. **2** Elemento nuovo, novità: *il testo contiene alcune innovazioni.*

in nuce /*lat.* in 'nutʃe/ [loc. lat., propriamente 'in una noce', con allusione a un passo di Plinio il Vecchio in cui si riferisce di un esemplare dell'*Iliade* le cui dimensioni microscopiche ne avrebbero permessa la collocazione *in una noce*] loc. agg. e avv. **1** Detto di ciò che è esposto, enunciato e sim. in modo particolarmente succinto e compendioso. **2** Detto di fenomeni, fatti, avvenimenti appena sorti, abbozzati e sim., dei quali si possono solo intuire o ipotizzare gli sviluppi futuri.

innumeràbile [vc. dotta, lat. *innumerābile(m)*, comp. di *in-* neg. e *numerābilis* 'numerabile'] agg. ● (*raro*) Che non si può definire numericamente | (*lett.*) Innumerevole: *le controversie sopra innumerabili dogmi* (SARPI). || **innumerabilménte**, avv. Senza definizione del numero.

innumerabilità [vc. dotta, lat. *innumerabilitāte(m)*, comp. di *in-* neg. e di un deriv. di *numerābilis* 'numerabile'] s. f. ● (*raro, lett.*) Qualità di ciò che è innumerabile: *l'i. degli oggetti visibili* (GALILEI).

innùmere o (*raro, lett.*) **innùmero** [vc. dotta, lat. *innūmeru(m)*, comp. di *in-* neg. e *nūmerus* 'numero'] agg. ● (*lett.*) Che è senza numero: *i tuoi innumeri meriti.*

innumerévole [adatt. del lat. *innumerābilis* 'innumerabile'] agg. ● Che è in numero così grande che non si riesce a contare: *moltitudine i. di persone*; *ricevere innumerevoli benefici.*

innùmero ● V. *innumere.*

ino [dal suff. alterativo *-ino* con valore di ripresa o ripetizione espressiva] agg. ● (*tosc., fam.*) Detto di cosa o persona, già espressa in forma diminutiva o vezzeggiativa, di cui si vuole sottolineare ancor più la piccolezza, la graziosità, o comunque la caratteristica: *un ragazzino proprio ino*; *un pezzettino, ma ino ino*.

-ino [lat. *-īnu(m)*, usato con funzione agg. e, nei s., col senso di 'proprio di, appartenente a, della stessa natura di'] **suff.** *1* Ha valore derivativo in aggettivi, per lo più sostantivati, tratti da nomi geografici: *alessandrino, alpino, cadorino, perugino, sorrentino, spezzino, trentino, triestino*. *2* Ha valore derivativo in nomi indicanti oggetti, strumenti, apparecchiature, tratti da sostantivi o da verbi: *accendino, cerino, frullino, lavandino, macinino*. *3* Ha valore derivativo in aggettivi, talora sostantivati, indicanti materia, somiglianza o comunque caratteristiche di origine o partecipazione, tratti da sostantivi: *argentino, cenerino, cristallino, caprino, marino, salino, settembrino, garibaldino* (sostantivato). *4* Ha valore derivativo in nomi di attività, tratti da sostantivi o da verbi: *ciabattino, contadino, fattorino, imbianchino, postino, spazzino, scaccino, tamburino, vetturino*. *5* Ha valore alterativo in sostantivi e aggettivi diminutivi o vezzeggiativi, talora con particolari sfumature ironiche: *altino, bellino, biondino, bruttino, carino, discretino, elegantino, gattino, malatino, pensierino, poverino*.

inobbediènte [vc. dotta, lat. tardo *inoboediĕnte(m)*, comp. di *in-* neg. e *obœdiens*, genit. *oboediĕntis* 'obbediente'] **agg.** ● Disubbidiente.

inobbediènza [vc. dotta, lat. tardo *inoboediĕntia(m)*, comp. di *in-* neg. e *oboediĕntia* 'obbedienza'] **s. f.** ● (*raro*) Disubbidienza.

inobliàbile [comp. di *in-* (*3*) e *obliabile*] **agg.** ● (*lett.*) Che non si riesce a obliare.

inobliàto [comp. di *in-* (*3*) e *obliato*, part. pass. di *obliare*] **agg.** ● (*lett.*) Non dimenticato, che è rimasto nella memoria.

inocchiàre [lat. tardo *inoculāre*, comp. di *in-* illativo e *oculāre*, da *ŏculus* 'occhio'] **v. tr.** (*io inòcchio*) ● (*agr., raro*) Innestare ad occhio.

inoccultàbile [comp. di *in-* (*3*) e *occultabile*] **agg.** ● Che non si può nascondere: *vizio i.*

inoccupàto [comp. di *in-* (*3*) e *occupato*] **A agg.** ● (*raro*) Che non è occupato: *posto, luogo i.* **B agg.**; anche **s. m.** (f. *-a*) ● Che, chi ricerca la prima occupazione.

inoccupazióne [comp. di *in-* (*3*) e *occupazione*] **s. f.** ● Stato o condizione di chi è inoccupato.

inoculàre [vc. dotta, lat. tardo *inoculāre* 'innestare', comp. di *in-* illativo e *ŏculus* 'occhio'] **v. tr.** (*io inòculo*) *1* (*med.*) Introdurre liquidi contenenti germi o le loro tossine, nell'uomo a scopo profilattico o terapeutico, negli animali da laboratorio a scopo sperimentale: *i. il vaiolo, la tubercolosi, un veleno*. *2* (*fig.*) Insinuare un sentimento cattivo o riprovevole: *i. l'odio, il male nell'animo di qc.*

inoculàto **part. pass.** di *inoculare*; anche **agg.** ● Nei sign. del v.

inoculazióne [vc. dotta, lat. tardo *inoculatiōne(m)*, da *inoculātus* 'inoculato'] **s. f.** *1* (*med.*) Atto, effetto dell'inoculare. *2* (*fig.*) Insinuazione di principi, idee, sentimenti, spec. negativi: *l'i. di un sospetto nell'animo di qc.*

inodóre ● V. *inodoro*.

†inodorìfero [comp. di *in-* (*3*) e *odorifero*] **agg.** ● (*letter.*) Che non emana odore o profumo.

inodóro o **inodóre**, **inodòro** [vc. dotta, lat. *inodōru(m)*, comp. di *in-* neg. e *odōrus* 'che emette odore (*ŏdor*)'] **agg.** ● Che è privo di ogni odore: *fiore i.*; *sostanza inodora*.

inoffensìbile [comp. di *in-* (*3*) e *offensibile*] **agg.** ● Che non può ricevere offese | (*est.*) Invulnerabile.

inoffensìvo [comp. di *in-* (*3*) e *offensivo*] **agg.** ● Che non offende o non è capace di offendere: *parole inoffensive*; *rendere i. qc.* | (*est.*) Mite: *persona inoffensiva*. **SIN.** Innocuo. || **inoffensivaménte**, **avv.**

inofféso [vc. dotta, lat. *inoffēnsu(m)*, comp. di *in-* neg. e *offēnsus* 'offeso'] **agg.** ● (*raro*) Illeso.

inofficiosità [vc. dotta, lat. tardo *inofficiositāte(m)*, comp. di *in-* neg. e *officiōsitas*, genit. *officiositātis* 'officiosità'] **s. f.** ● (*raro*) Qualità di chi, di ciò che è inofficioso.

inofficióso [vc. dotta, lat. *inofficiōsu(m)*, comp. di *in-* neg. e *officiōsus* 'officioso'] **agg.** ● (*raro*) Scortese e trascurato nell'adempiere un dovere. || **†inofficiosaménte**, **avv.**

inoliàre [comp. di *in-* (*1*) e *olio*] **v. tr.** (*io inòlio*) ● Ungere con olio | (*raro*) Condire con olio.

inoliazióne **s. f.** ● Progressivo arricchimento in olio dell'oliva in fase di maturazione.

inoltraménto [da *inoltrare*] **s. m.** ● (*raro*) Inoltro.

inoltràre o **†innoltràre** [comp. di *in-* (*1*) e *oltre*] **A v. tr.** (*io inóltro*) ● (*bur.*) Trasmettere una pratica alla persona o all'ufficio incaricato e competente: *i. un reclamo, una domanda* | (*est.*) Avviare q.c. alla destinazione: *i. una lettera al destinatario*. **B v. intr. pron.** *1* Procedere addentrandosi (*anche fig.*): *inoltrarsi in un sentiero, in una valle*; *inoltrarsi negli studi giuridici*. *2* Avanzare, progredire: *l'estate si è inoltrata lentamente*.

inoltràto **part. pass.** di *inoltrare*; anche **agg.** *1* Nei sign. del v. *2* Avanzato, trascorso in gran parte: *a notte inoltrata*; *inverno i.*

inóltre [comp. di *in-* e *oltre*] **avv.** ● Oltre a ciò, per di più: *i. bisogna provvedere al necessario per il nuovo esperimento*; *i. è molto presuntuoso*; *ti comunico i. l'arrivo di tuo fratello*.

inóltro [da *inoltrare*] **s. m.** ● L'inoltrare: *l'i. di una pratica*; *i. della corrispondenza*.

inombràre [vc. dotta, lat. *inumbrāre*, comp. di *in-* illativo e *umbrāre*, da *ŭmbra* 'ombra'] **A v. tr.** (*io inómbro*) ● (*lett.*) Coprire di ombra. **B v. intr. pron.** ● Oscurarsi.

inomogeneità [comp. di *in-* (*3*) e *omogeneità*] **s. f.** ● (*raro*) Mancanza di omogeneità.

inondaménto **s. m.** ● (*raro*) Inondazione.

inondàre o **†innondàre** [lat. *inundāre*, comp. di *in-* illativo e *undāre*, da *ŭnda* 'onda'] **A v. tr.** (*io inóndo*) *1* Allagare, detto di acque che straripano: *il fiume ha inondato i campi circostanti*. *2* Provocare lo straripamento di acque allagando territori: *i. una zona per impedire l'avanzata nemica*. *3* (*fig.*) Bagnare abbondantemente: *le lacrime gli inondavano il viso* | (*lett.*) Coprire completamente, come un'onda: *la voluttà di sentirsi i. dal riverbero della fiamma* (VERGA). *4* (*fig.*) Riversare in grande quantità: *l'Oriente ha inondato l'Italia dei suoi prodotti artigianali*. *5* †Bagnare, irrigare. **B v. intr.** (aus. *essere*) ● †Crescere dilagando (*anche fig.*).

inondàto **part. pass.** di *inondare*; anche **agg.** ● Nei sign. del v.

inondatóre **agg.** (f. *-trice*) ● (*lett.*) Che inonda: *morean le schiere ... eguali / a un mar di foco inondator* (MONTI).

inondazióne [lat. tardo *inundatiōne(m)*, da *inundātus* 'inondato'] **s. f.** *1* Atto, effetto dell'inondare: *le inondazioni periodiche del Nilo*; *l'i. di un territorio a scopo di difesa*. **SIN.** Allagamento. *2* (*fig.*) Grande abbondanza: *c'è una vera i. di film western*.

†inonestà [vc. dotta, lat. tardo *inhonestāte(m)*, comp. di *in-* neg. e *honĕstas*, genit. *honestātis* 'onestà'] **s. f.** ● (*raro*) Mancanza di onestà.

†inonèsto [vc. dotta, lat. *inhonĕstu(m)*, comp. di *in-* neg. e *honĕstus* 'onesto'] **agg.** ● (*raro*) Non onesto, contrario all'onestà: *le voglie inoneste a me sempre parsero più tosto furore di mente e vizio d'animo corrotto che vera volontà* (ALBERTI). || **†inonestaménte**, **avv.** In modo disonesto.

inonoràto [vc. dotta, lat. *inhonorātu(m)*, comp. di *in-* neg. e *honorātus* 'onorato'] **agg.** ● (*lett.*) Che non ha avuto onore, lode: *vita inonorata*.

inope o (*poet.*) **inòpe** [vc. dotta, lat. *ĭnope(m)*, comp. di *in-* neg. e *ŏps*, genit. *ŏpis* 'ricchezza', da una radice di origine indeur.] **agg.** ● (*lett.*) Povero, bisognoso: *l'uno in etterno ricco e l'altro i.* (DANTE *Par.* XIX, 111).

inoperàbile [comp. di *in-* (*3*) e *operabile*] **agg.** ● (*med.*) Detto di affezione che non può essere trattata chirurgicamente | Detto di paziente che non può essere sottoposto a intervento operatorio.

inoperànte [comp. di *in-* (*3*) e *operante*] **agg.** ● Che non è operante, efficiente: *un provvedimento i.*

inoperosità [comp. di *in-* (*3*) e *operosità*] **s. f.** ● Caratteristica di chi è inoperoso. **SIN.** Inattività, inerzia.

inoperóso [comp. di *in-* (*3*) e *operoso*] **agg.** ● Che non è operoso, che non agisce, perché costrettovi o per pigrizia: *starsene i. tutto il giorno*; *è rimasto a lungo i. a causa della malattia* | Ozioso: *giornata inoperosa* | *Macchina inoperosa*, che non lavora | *Capitale i.*, non impiegato, infruttifero. **SIN.** Inerte. || **inoperosaménte**, **avv.** Senza lavorare: *trascorrere la giornata inoperosamente*.

inòpia [vc. dotta, lat. *inŏpia(m)*, da *ĭnops* 'inope'] **s. f.** ● (*lett.*) Povertà assoluta.

inopinàbile [vc. dotta, lat. *inopinābile(m)*, comp. di *in-* neg. e *opinābilis* 'opinabile'] **agg.** ● (*lett.*) Che non può essere pensato, immaginato, previsto: *cose inopinabili* | (*est.*) Strano, incredibile: *un avvenimento i.* **SIN.** Impensabile, imprevedibile, inimmaginabile. || **inopinabilménte**, **avv.** In modo inopinabile o imprevisto.

inopinàto [vc. dotta, lat. *inopinātu(m)*, comp. di *in-* neg. e *opinātus* 'opinato'] **agg.** ● Che avviene in modo improvviso e inatteso: *accidente, caso i.* || **inopinataménte**, **avv.** Improvvisamente, impensatamente.

inopportunità [comp. di *in-* (*3*) e *opportunità*] **s. f.** ● Mancanza di opportunità: *l'i. di una visita, di una proposta*.

inopportùno [vc. dotta, lat. tardo *inopportūnu(m)*, comp. di *in-* neg. e *opportūnus* 'opportuno'] **agg.** ● Che non è opportuno, adatto a una situazione o a un momento particolare: *domanda inopportuna*; *sei stato i. ad arrivare così presto*. **SIN.** Intempestivo. || **inopportunaménte**, **avv.**

inoppugnàbile [comp. di *in-* (*3*) e *oppugnabile*] **agg.** *1* Che non è oppugnabile o soggetto a critiche, a contestazioni: *testimonianza, argomento, verità i.* **SIN.** Certo, evidente. *2* †Inespugnabile. || **inoppugnabilménte**, **avv.**

inoppugnabilità [comp. di *in-* oppos. e *oppugnabilità*] **s. f.** ● Qualità di ciò che è inoppugnabile.

inoptàto [comp. di *in-* (*3*) e *optato*] **agg.** ● (*borsa*) Detto di quota non sottoscritta di emissioni di titoli mobiliari.

†inordinàto [vc. dotta, lat. *inordinātu(m)*, comp. di *in-* neg. e *ordinātus* 'ordinato'] **agg.** ● Privo di ordine.

inorecchìto [comp. di *in-* (*1*) e *orecchi(o)*] **agg.** ● (*lett.*) Attento, che sta in orecchi: *e riguardava intorno, i.* (PASCOLI).

inorganicità [comp. di *in-* (*3*) e *organicità*] **s. f.** ● Qualità di ciò che è inorganico: *l'i. di una sostanza, di un libro*.

inorgànico [comp. di *in-* (*3*) e *organico*] **agg.** (pl. m. *-ci*) *1* Detto di corpo non dotato di capacità vitali, di sostanza che appartiene al regno minerale | *Chimica inorganica*, riguardante lo studio degli elementi e dei loro composti a eccezione della maggior parte di quelli del carbonio. *2* (*est.*) Che non ha un ordine e una struttura coerente: *discorso, libro i.* || **inorganicaménte**, **avv.** In modo non organico e sistematico.

inorgoglìre [comp. di *in-* (*1*) e *orgoglio*] **A v. tr.** (*io inorgoglìsco, tu inorgoglìsci*) ● Rendere orgoglioso, soddisfatto: *i buoni risultati lo hanno inorgoglito*. **SIN.** Insuperbire. **B v. intr.** e **intr. pron.** (aus. *essere*) ● Acquistare orgoglio o superbia: *inorgoglirsi per un'impresa ben riuscita*.

inorgoglìto **part. pass.** di *inorgoglire*; anche **agg.** ● Nei sign. del v.

inornàto [vc. dotta, lat. *inornātu(m)*, comp. di *in-* neg. e *ornātus* 'ornato'] **agg.** ● (*raro, lett.*) Che non è ornato | (*est.*) Semplice: *scrivere con uno stile i.* || **†inornataménte**, **avv.** In maniera non ornata.

inorpellaménto **s. m.** ● Modo, atto ed effetto dell'inorpellare.

inorpellàre [comp. di *in-* (*1*) e *orpello*] **v. tr.** (*io inorpèllo*) *1* (*raro*) Coprire, ornare con orpello o con orpelli. *2* (*fig.*) Abbellire esteriormente q.c. per nascondere un difetto.

inorpellatóre **s. m.** (f. *-trice*) ● (*raro*) Chi inorpella.

inorpellatùra **s. f.** ● (*raro*) Effetto dell'inorpellare | (*raro*) Orpello usato per inorpellare.

inorridìre [comp. di *in-* (*1*) e *orrido*] **A v. tr.** (*io inorridisco, tu inorridìsci*) ● Suscitare orrore, spavento: *è uno spettacolo che ha inorridito tutti*. **SIN.** Raccapricciare, spaventare. **B v. intr.** (aus. *essere*) *1* Provare orrore: *solo al racconto inorridisco*. *2* (*lett.*) Rizzarsi dei capelli, per spavento od orrore.

inorridìto **part. pass.** di *inorridire*; anche **agg.** ● Nei sign. del v.

inosàbile [comp. di *in-* (*3*) e *osabile*] **agg.** ● (*lett.*) Che non deve o non può essere osato: *im-*

presa i.

inòṣico [comp. del gr. *ís*, genit. *inós* 'fibra' e *-oso* (*1*)] agg. (pl. m. *-ci*) • (*chim.*) Detto di ossiacido ottenuto per ossidazione dell'inosite.

inoṣina [comp. del gr. *ís*, genit. *inós* 'fibra' e *-ina*] s. f. • (*chim.*) Alcol esavalente ciclico che si trova in vari tessuti animali e in molte piante, usato in farmacologia.

inoṣite [comp. del gr. *ís*, genit. *inós* 'fibra' e *-ite* (*2*)] s. f. • (*chim.*) Inosina.

inoṣitico agg. (pl. m. *-ci*) • Di inosite | (*med.*) *Diabete i.*, con eliminazione di inosite.

inoṣitòlo [comp. di *inosi*(*te*) e *-olo* (*1*)] s. m. • (*chim.*) Inosina.

inoṣitùria [comp. di *inosite* e di un deriv. del gr. *ôuron* 'urina'] s. f. • (*med.*) Eliminazione di inosite con le urine.

inospitàle [vc. dotta, lat. *inhospitāle*(*m*), comp. di *in-* neg. e *hospitālis* 'ospitale'] agg. *1* Che non è ospitale e cortese con gli ospiti: *popolazione, gente i.* *2* Di ciò che è privo di comodità per vivervi: *casa i.* | (*est.*) Inabitabile, selvaggio: *zona, regione i.* || **inospitalménte**, avv.

inospitalità [vc. dotta, lat. *inhospitalitāte*(*m*), comp. di *in-* neg. e *hospitālitas*, genit. *hospitalitātis* 'ospitalità', sul tipo del gr. *axenía*] s. f. • Qualità di chi, di ciò che è inospitale.

inòṣpite o †**inòspito** [vc. dotta, lat. *inhŏspite*(*m*), comp. di *in-* neg. e *hŏspes*, genit. *hŏspitis* 'ospite', sul modello del corrisp. gr. *áxenos*] agg. • (*lett.*) Inospitale, spec. riferito a luoghi: *per boschi inculti e i. campagna* (BOIARDO).

inossàre [comp. di *in-* (*1*) e *osso*] **A** v. tr. (*io inòsso*) • †Preparare, con osso ben macinato e ridotto in cenere, tavole da disegnarvi con lo stilo d'argento. **B** v. intr. e intr. pron. (aus. *essere*) • Formarsi, detto delle parti ossee del corpo | (*est.*) Assumere la durezza, la consistenza e sim. proprie del tessuto osseo.

inosservàbile [vc. dotta, lat. *inobservābile*(*m*), comp. di *in-* neg. e *observābilis* 'osservabile'] agg. *1* Detto di ciò cui è impossibile obbedire: *precetto, regola i.* *2* (*raro*) Che è impossibile o molto difficile osservare: *microbo i. senza microscopio.* || **inosservabilménte**, avv. (*lett.*) In modo inosservabile.

inosservànte [vc. dotta, lat. tardo *inobservănte*(*m*), comp. di *in-* neg. e *obsĕrvans*, genit. *observăntis* 'osservante'] agg. • Che trasgredisce una legge, una norma o non rispetta precetti morali o religiosi: *essere i. del codice stradale, delle regole del vivere sociale.*

inosservànza [vc. dotta, lat. *inobservăntia*(*m*), comp. di *in-* neg. e *observăntia* 'osservanza'] s. f. • Il venir meno all'osservanza di leggi, regolamenti, norme morali: *i. grave, leggera, pericolosa*; *i. di un patto.* SIN. Inadempienza, trasgressione.

inosservàto [vc. dotta, lat. *inobservātu*(*m*), comp. di *in-* neg. e *observātus* 'osservato'] agg. *1* Che non attira l'attenzione altrui o la sfugge: *passare, riuscire, allontanarsi i.*; *trarre, dalle guardie i., / fuor del dorico vallo il re troiano* (MONTI). *2* Che non è stato rispettato, adempiuto: *norma rimasta inosservata.*

inossidàbile [comp. di *in-* (*3*) e *ossidabile*] agg. *1* Di sostanza che non subisce il fenomeno dell'ossidazione | *Acciaio i.*, acciaio speciale contenente notevoli quantità di cromo e nichel, usato spec. nelle apparecchiature domestiche e nell'industria automobilistica. *2* (*fig., scherz.*) Temprato, agguerrito, resistente a ogni avversità.

inossidabilità [comp. di *in-* (*3*) e *ossidabilità*] s. f. • Qualità di ciò che è inossidabile.

inostràre [comp. di *in-* (*1*) e *ostro* (*1*)] **A** v. tr. (*io inòstro*) • (*lett.*) Adornare con ostro | (*raro*) Prendere la porpora cardinalizia. **B** v. intr. pron. • (*lett.*) Diventare vermiglio, del colore dell'ostro: *mentre che l'Apuana Alpe s'inostra* (D'ANNUNZIO).

inotropiṣmo [comp. del gr. *ís*, genit. *inós* 'fibra' e *tropismo*] s. m. • (*med.*) Modificazione o interferenza sulla contrattilità di un muscolo, in particolare del miocardio.

inottemperànza [comp. di *in-* (*3*) e *ottemperanza*] s. f. • (*lett.*) Mancanza di obbedienza: *i. a una richiesta, a una legge.*

inottuṣire [comp. di *in-* (*1*) e *ottuso*] **A** v. tr. (*io inottuṣisco, tu inottuṣisci*) • Rendere ottuso. **B** v. intr. (aus. *essere*) • (*raro*) Diventare ottuso.

inòx [dal fr. *inoxydable* 'inossidabile'] agg. inv. • Costruito in acciaio inossidabile: *cucina i.*; *pentole i.*

in partibus /*lat.* im 'partibus/ [lat., letteralmente 'nelle (*ĭn*) parti o regioni (*pǎrtibus*, abl. pl. di *pārs*)', sottinteso 'degli infedeli (*infidēlium*, genit. pl. di *infidēlis*)'] loc. agg. • (*relig.*) Detto, un tempo, di vescovo titolare di una sede dove non poteva risiedere perché sotto il dominio degli Infedeli.

in pectore /*lat.* im 'pɛktore/ [lat., letteralmente 'nel (*ĭn*) petto (*pĕctore*, abl. di *pĕctus*)'] loc. agg. *1* (*relig.*) Detto di cardinale della chiesa cattolica che il Papa, in Concistoro, annuncia di avere creato riservandosi, tuttavia, di tacerne il nome finché lo riterrà opportuno. *2* (*est.*) Detto di persona che si prevede sia candidata a una carica, spec. pubblica o politica ma non ancora nominata o eletta ufficialmente | (*raro*) Detto di ciò che si pensa ma non si dice, si mantiene riservato, non si rivela.

in perpetuum /*lat.* im per'pɛtuum/ [lat., letteralmente 'in (*ĭn*) perpetuo (*perpĕtuum*)', sottinteso 'tempo (*tĕmpus*)'] loc. agg. e avv. • Formula propria dei documenti pubblici medioevali, passata poi anche in documenti privati, attestante la validità per sempre della concessione o del negozio giuridico.

in primis /*lat.* im 'primis/ [loc. lat., propr. 'tra le prime (cose)'] loc. avv. • Anzitutto, prima di tutto, in primo luogo.

in progress /*ingl.* in 'prougres/ [loc. ingl., propr. 'in progresso'] loc. agg. inv. • In corso, in formazione, in via di esecuzione o di elaborazione: *un progetto in progress.*

input /*ingl.* 'input/ [vc. ingl., letteralmente 'ciò che è messo (*put*) dentro (*in*)'] s. m. inv. *1* (*elab.*) Inserimento di dati in un elaboratore elettronico attraverso un apposito dispositivo, come tastiera, mouse, scanner, memoria di massa | I dati stessi così inseriti. *2* (*est.*) Il complesso degli elementi iniziali necessari alla realizzazione di un certo procedimento, quali fattori produttivi, dati, informazioni e sim. | (*gener.*) Dato, informazione, istruzione | (*fig.*) Avvio, spinta.

inquadraménto s. m. *1* Inquadratura. *2* (*mil.*) Atto, effetto dell'inquadrare, assegnando ad un reparto gli ufficiali e sottufficiali che abbisognano. *3* Inserimento di impiegati dipendenti in un ruolo, in un organico di una organizzazione aziendale o in una amministrazione pubblica: *i. di insegnanti nella scuola.*

inquadràre [comp. di *in-* (*1*) e *quadro*] **A** v. tr. *1* Adattare un quadro, una stampa e sim. in una cornice: *i. una fotografia.* *2* (*est.*) Dare il giusto rilievo a una persona, a un avvenimento, a un fenomeno collocandoli nella posizione adatta: *quella descrizione lo inquadra benissimo*; *i. un'opera, un autore nella letteratura del suo tempo.* *3* Riprendere un soggetto entro i limiti del formato di un apparecchio fotografico o cinematografico: *i. un gruppo.* *4* (*mil.*) Disporre, ordinare truppe in reparti organici dotandole dei quadri, cioè degli ufficiali e sottufficiali necessari per renderle atte ad operare. *5* Organizzare i dipendenti in ruoli e organici di aziende e di amministrazioni pubbliche. *6* †Dividere in quadri. **B** v. intr. pron. • Collocarsi in modo da fare risaltare le proprie caratteristiche: *il paese s'inquadrava nell'ampia vallata* | (*est.*) Disporsi in modo corrispondente e organico a una data situazione o realtà: *il provvedimento s'inquadra nel piano.*

inquadràto part. pass. di *inquadrare*; anche agg. *1* Nei sign. del v. *2* Che accetta totalmente una disciplina o un ruolo assegnato | (*est.*) Ligio alle direttive di un partito, un'organizzazione, un gruppo sociale e sim.

inquadratùra s. f. *1* Atto, effetto dell'inquadrare. *2* Spazio, campo visivo ripreso da un obiettivo | Serie di fotogrammi ottenuta con una singola ripresa cinematografica.

inqualificàbile [comp. di *in-* (*3*) e *qualificabile*, sul modello del fr. *inqualifiable*] agg. • (*raro*) Che non è possibile determinare | Che non si può qualificare per il suo contenuto riprovevole e biasimevole: *contegno, persona i.*

in quànto o (*raro*) **inquànto** [comp. di *in* e *quanto*] **A** loc avv. • Come, in qualità di: *tu, in quanto minorenne, sei soggetto alla patria potestà.* **B** loc. cong. *1* Perché, per il fatto che (introduce una prop. caus. con il v. all'indic. o al condiz.): *non ho potuto parlargli in quanto non l'ho più rivisto* | V. anche *in quanto che.* *2* Quanto (in correl. con 'in tanto', nelle prop. compar.): *in tanto il suo gesto è più ammirevole, in quanto si trova in disagiata situazione economica.* *3* (*raro*) †Se, nel caso che (introduce una prop. condiz. con il v. al congv.). **C** nella loc. prep. *in quanto a* • Rispetto a, per quel che concerne: *in quanto a me, tacerò*; *in quanto a questo non ci sono problemi.*

in quànto che /in 'kwanto ke*, in 'kwanto 'ke*/ o (*raro*) **inquantoché** [comp. di *in*, *quanto* e *che* (*2*)] loc. cong. • Perché, per il fatto che (introduce una prop. caus. con il v. all'indic.): *è una persona estremamente intelligente e gentile, in quanto che non rifiuta mai di discutere con i dipendenti.* SIN. In quanto.

inquartàre [comp. di *in-* (*1*) e *quarto*] **A** v. tr. *1* Proporzionare con lega l'oro da affinare riducendo il titolo a un quarto di puro circa, per facilitare l'azione dissolvente dell'acido nitrico sulla lega. *2* (*agr.*) Compiere la quarta aratura del maggese prima della semina. *3* †(*mar.*) Ancorare il bastimento con quattro gomene. *4* (*arald.*) Dividere lo scudo in quarti per mezzo di due linee intersecantisi al centro che possono essere una verticale e una orizzontale o entrambe diagonali | Introdurre, fra gli altri quarti, quello di una concessione, di un'alleanza, di un feudo, e sim. **B** v. intr. pron. • Aumentare di peso, spec. assumendo un aspetto massiccio.

inquartàta [da *in quarta* (guardia), una delle quattro guardie della scherma] s. f. • Nella scherma, uscita in tempo che si effettua quando l'azione avversaria è diretta al bersaglio interno, tirando un colpo al petto interno dell'avversario con uno spostamento laterale del corpo, così da sottrarre il proprio bersaglio all'offesa avversaria.

inquartàto (*1*) [da *inquartare* nel sign. 4] agg. • (*arald.*) Detto di scudo con il campo diviso in quattro parti uguali.

inquartàto (*2*) [da *quarto* nell'uso dei macellai ('quarta parte di animale macellato')] agg. • Che è fisicamente robusto: *individuo ben i.*

inquartazióne [da *inquartare*] s. f. • Atto, effetto dell'inquartare: *l'i. dell'oro, del maggese.*

inquèto • V. *inquieto.*

inquietànte part. pres. di *inquietare*; anche agg. • Nei sign. del v.

inquietàre [vc. dotta, lat. *inquietāre*, comp. di *in-* neg. e *quietāre* 'rendere quieto'] **A** v. tr. (*io inquièto*) • Togliere la quiete, rendere inquieto: *il suo ritardo mi inquieta.* SIN. Impensierire, preoccupare, turbare. **B** v. intr. pron. • Provare preoccupazione per q.c. | Impazientirsi, stizzirsi: *non inquietarti per così poco.*

inquietézza s. f. • (*raro*) L'essere inquieto per natura o per circostanze particolari | (*raro, dial.*) Cruccio.

inquièto o (*raro*) **inquèto** [vc. dotta, lat. *inquiētu*(*m*), comp. di *in-* neg. e *quiētus* 'quieto'] agg. *1* Che non ha quiete: *il malato è i.*; *animo i.* | *Notte inquieta*, agitata | *Ragazzo i.*, irrequieto | *Tempi inquieti*, caratterizzati da squilibri, agitazioni, sommosse, guerre e sim. *2* (*lett., fig.*) Tempestoso. *3* Preoccupato, ansioso: *tenere i. qc.*; *essere i. per i risultati di un affare.* SIN. Impensierito, turbato. *4* Crucciato, stizzito: *sono i. con te oggi.* || **inquietùccio**, dim. || **inquietaménte**, avv. Con inquietudine.

inquietùdine [vc. dotta, lat. tardo *inquietūdine*(*m*), da *inquiētus* 'inquieto'] s. f. *1* Condizione di chi, di ciò che è inquieto: *destare i.*; *tenere nell'i.*; *dei sudori freddi, delle inquietudini che lo facevano rizzare all'improvviso sul letto coi capelli irti* (VERGA). SIN. Agitazione, ansia. *2* Ciò che causa inquietudine: *quell'affare è la sua i.* SIN. Preoccupazione.

inquilinàto [vc. dotta, lat. *inquilinātu*(*m*) 'inquilinato, soggiorno in una casa come inquilino (*inquilīnus*)'] s. m. • Stato, condizione di chi è inquilino.

inquiliniṣmo [da *inquilino* e *-ismo*] s. m. • (*biol.*) Forma di simbiosi caratterizzata dal fatto che individui di specie diversa occupano spazio in comune.

inquilìno [vc. dotta, lat. *inquilīnu*(*m*), da *ĭncola* (V.), da *cŏlere* 'abitare', di origine indeur.] s. m. (f.

-*a*) *1* Chi abita in casa d'altri pagando l'affitto al proprietario. *2* †Affittuario. *3* †Abitatore avventizio. *4* (*zool.*) Animale che condivide un certo spazio con un altro, spec. animale acquatico che si insedia sul corpo di un altro.

inquinaménto [vc. dotta, lat. tardo *inquinamĕntu(m)*, da *inquināre* 'inquinare'] s. m. *1* Atto, effetto dell'inquinare (*anche fig.*). *2* (*biol.*) Introduzione nell'ambiente naturale di sostanze chimiche o biologiche, o di fattori fisici, in grado di provocare disturbi o danni all'ambiente stesso: *i. dell'aria, dell'acqua, del suolo*; *i. atmosferico*; *i. acustico*; *i. marino*; *lotta contro l'i.* *3* (*dir.*) *I. delle prove*, l'intervenire fraudolentemente sui mezzi di prova giudiziaria allo scopo di alterarli a proprio vantaggio.

inquinànte part. pres. di *inquinare*; anche agg. ● Nei sign. del v.

inquinàre [vc. dotta, lat. *inquināre*, comp. di *in-* e di un secondo elemento di etim. incerta] v. tr. *1* Infettare con germi o sostanze nocive: *il veleno ha inquinato l'acqua della sorgente.* *2* Introdurre nell'ambiente naturale sostanze chimiche o biologiche, o fattori fisici, in grado di procurare alterazioni o danni all'ambiente stesso: *i gas di scarico inquinano l'aria delle città*; *gli scarichi urbani hanno inquinato il mare.* *3* (*fig.*) Corrompere, guastare: *i. l'animo di qc. con cattivi esempi.*

inquinàto part. pass. di *inquinare*; anche agg. ● Nei sign. del v.

inquinatóre agg.; anche s. m. (f. *-trice*) ● Che, chi inquina.

inquirènte [vc. dotta, lat. *inquirĕnte(m)*, part. pres. di *inquīrere* †'inquirere'] agg. ● (*dir.*) Di organo giudiziario o amministrativo munito di poteri ufficiali per la diretta ricerca della verità: *magistratura penale i.*; *commissione i.* SIN. Requirente.

†**inquìrere** [vc. dotta, lat. *inquīrere*, comp. di *in-* illativo e *quaērere* 'domandare, cercare', di etim. incerta] v. tr. ● (*raro*) Fare una ricerca attorno a q.c.

inquiṣìbile agg. ● (*raro*) Che può essere oggetto d'inquisizione | (*raro*) *Materia i.*, investigabile.

inquiṣìre [da *inquisītus*, part. pass. di *inquīrere* †'inquirere'] **A** v. tr. (*io inquiṣìsco, tu inquiṣìsci*) *1* Fare oggetto di accurate e minuziose indagini: *i. una persona, un luogo, un problema.* *2* (*dir.*, *raro*) Sottoporre a un'inchiesta. *3* †Spiare | †Perquisire. **B** v. intr. (aus. *avere*) ● Indagare in modo accurato e maligno: *i. sulla vita di qc.*

inquiṣitìvo [vc. dotta, lat. tardo *inquisitīvu(m)*, da *inquisītus* 'inquisito' (V. *inquisire*)] agg. ● Volto a inquisire: *sistema i.*

inquiṣitóre [vc. dotta, lat. *inquisitōre(m)*, da *inquisītus* 'inquisito' (V. *inquisire*)] **A** agg. (f. *-trice*) *1* Che inquisisce e indaga, spec. con intenzione ostile: *occhio, sguardo i.* | *Frate i.*, nominato a indagare e a provvedere contro gli eretici dall'autorità ecclesiastica cattolica. *2* (*raro*) Inquisitorio: *attività inquisitrice* | *Azione inquisitrice*, processo inquisitorio. **B** s. m. *1* Chi inquisisce: *solerte i.* *2* Membro del tribunale del Sant'Uffizio, istituito in Spagna nel XV sec. | *Grande i.*, capo del tribunale dell'Inquisizione.

inquiṣitòrio agg. *1* Di, da inquisitore | Dell'inquisizione: *processo i.* *2* (*est.*, *fig.*) Ostile, severo: *cipiglio i.* *3* (*dir.*) *Processo i.*, nel quale la ricerca dei fatti e delle prove è affidata a organi giudiziali.

inquiṣizióne [vc. dotta, lat. *inquisitiōne(m)*, da *inquisītus* 'inquisito' (V. *inquisire*)] s. f. *1* Nel linguaggio giuridico cattolico, ricerca del delitto di eresia da parte dell'autorità ecclesiastica | *Santa i.*, tribunale ecclesiastico che fu delegato alla ricerca e alla punizione del delitto di eresia | *I. di Spagna*, Tribunale del Sant'Uffizio costituito in Spagna nel XV sec. *2* (*est.*) Indagine fatta con metodi e procedimenti arbitrari o crudeli. *3* †Indagine, ricerca scientifica. ‖ **inquisizioncèlla**, dim.

inquotàto [comp. di *in-* (*3*) e *quotato*] agg. ● (*borsa*) Non quotato sul mercato: *titolo i.*

in quovis /*lat.* in 'kwɔvis/ [letteralmente 'in (*īn*) quel (natante) che (*quō*) vuoi (*vīs*, da *vĕlle* 'volere')'] loc. avv. ● (*raro*) Clausola di contratto d'assicurazione marittima senza specificazione della nave, ma con precisazione dei limiti di tempo.

†**inretìre** ● V. *irretire.*

insabbiaménto s. m. *1* Atto, effetto dell'insabbiare o dell'insabbiarsi (*anche fig.*): *i. di un porto*; *l'i. di una riforma.* *2* (*agr.*) Stratificazione di talee di viti e di altre piante in sabbia per favorirne il radicamento.

insabbiàre [comp. di *in-* (*1*) e *sabbia*, sul modello del corrispondente fr. *ensabler*] **A** v. tr. (*io insàbbio*) *1* Coprire di sabbia. *2* (*fig.*) Arrestare, fermare lo sviluppo normale di un progetto, un'operazione, un procedimento e sim. allo scopo spesso di favorire il proprio interesse e pregiudicare quello altrui: *i. un disegno di legge, un'inchiesta* | (*est.*) Celare, occultare: *i. uno scandalo.* **B** v. intr. pron. *1* Coprirsi, colmarsi di sabbia: *la foce del fiume si è insabbiata.* *2* Arenarsi, detto di natante: *insabbiarsi in una secca.* *3* (*fig.*) Non procedere, detto di pratica, proposta e sim.: *la richiesta ufficiale si è insabbiata.* *4* (*fig.*) Andare a vivere in un luogo appartato conducendovi una vita misera.

insabbiatóre agg.; anche s. m. (f. *-trice*) ● Che, chi insabbia una pratica, un'inchiesta e sim.

insabbiatùra s. f. *1* (*raro*) Effetto dell'insabbiare e dell'insabbiarsi. *2* (*med.*) Sabbiatura.

insaccaménto s. m. *1* Atto, effetto dell'insaccare o dell'insaccarsi (*anche fig.*): *l'i. della carne suina*; *l'i. dei passeggeri in un autobus.* *2* (*agr.*) Metodo per anticipare la maturazione dei frutti sulla pianta chiudendoli in sacchetti.

insaccàre [comp. di *in-* (*1*) e *sacco*] **A** v. tr. (*io insàcco, tu insàcchi*) *1* Mettere in un sacco: *i. la farina, il grano* | *I. il pallone*, nel calcio, mandarlo in rete. *2* Mettere la carne di maiale tritata nei budelli per fare salsicce, salami e sim. *3* (*fig.*) Ammucchiare, entro uno spazio ristretto e insufficiente, una grande quantità di cose o persone. SIN. Stipare. *4* (*fig.*) Vestire qc. con abiti inadatti alla sua figura e che lo rendono goffo: *lo avevano insaccato in un lungo cappotto.* SIN. Infagottare. *5* (*mar.*) Mettere le vele sopravvento all'albero e gonfie di rovescio. *6* (*fam.*) Mangiare e bere avidamente. *7* †Imborsare. **B** v. rifl. ● (*fig.*) Vestirsi, fasciarsi in abiti goffi o troppo stretti. SIN. Infagottarsi. **C** v. intr. pron. *1* Rientrare in se stesso nel cadere: *si insaccò cadendo da un'altezza considerevole.* *2* (*fig.*) Pigiarsi in uno spazio ristretto: *i soldati si erano insaccati in una ripida gola.* *3* (*fig.*, *lett.*) Tramontare nascondendosi in una striscia di nebbia densa, detto del sole: *il sole s'insaccò, né tornò fuori* (PASCOLI).

insaccàta [da *insaccare*] s. f. *1* Scossa che si dà al sacco per pigiarne il contenuto. *2* Urto che si riceve saltando a terra maldestramente | Contraccolpo che si subisce cavalcando senza assecondare il trotto del cavallo. *3* (*fam.*) Il pigiarsi o l'ammassarsi confuso dei passeggeri in un mezzo pubblico, per una brusca fermata del veicolo. *4* (*mar.*) Scossa che danno agli alberi le vele rovesciate indietro dal vento.

insaccàto **A** part. pass. di *insaccare*; anche agg. ● Nei sign. del v. **B** s. m. *1* (*spec. al pl.*) Ogni tipo di salume insaccato. *2* Chi prende parte a una corsa nei sacchi.

insaccatóre s. m. (f. *-trice*) *1* Chi per mestiere insacca merci. *2* Chi è adibito alla preparazione di carni insaccate.

insaccatrìce **A** s. f. ● Macchina per riempire sacchi secondo un peso prestabilito. **B** anche agg.: *macchina i.*

insaccatùra s. f. ● Operazione dell'insaccare.

insacchettaménto s. m. ● Operazione dell'insacchettare.

insacchettàre [comp. di *in-* (*1*) e *sacchetto*] v. tr. (*io insacchétto*) ● Preparare prodotti per la vendita mettendoli in sacchetti appositi.

insacchettatrìce s. f. ● Macchina che esegue l'insacchettamento.

insalamàre [comp. di *in-* (*1*) e *salame*] v. tr. (*io insalàmo*) ● (*raro*, *scherz.*) Ridurre qc. come un salame, avvolgendolo strettamente in abiti o coperte.

insalàre [comp. di *in-* (*1*) e *sale*] **A** v. tr. *1* (*raro*) Condire con sale un cibo per insaporirlo: *i. la carne, la minestra.* *2* (*lett.*) Fare diventare salsa l'acqua dolce. *3* †Fare q.c. con senno e accorgimento: *Rinaldo, ... savio uomo ed astuto / che le parole e l'opere sue insala* (PULCI). **B** v. intr. pron. ● †Diventare salso, detto di fiume che sbocca nel mare.

insalàta [f. sost. del part. pass. di *insalare*] s. f. *1* Cibo di erbe condite con sale, olio, aceto o limone | *I. cruda*, di lattuga, indivia, radicchio, cappuccina e sim. | *I. cotta*, di barbabietole, patate, fagiolini e sim. | *I. di campo*, *campagnola*, *contadina*, di erbe spontanee, non coltivate | *I. mista*, composta di più verdure | *I. verde*, quella di cicoria o indivia o lattuga le cui foglie sono verdi | *I. tricolore*, *costituzionale*, di peperoni verdi, cipolle bianche e pomodori rossi. *2* (*est.*) L'insieme delle varietà coltivate di cicoria, indivia, lattuga che di solito si mangiano in insalata: *seminare, raccogliere l'i.*; *l'i. era nell'orto*; *pulire l'i.* *3* (*est.*) Ogni pietanza a base di ingredienti vari, crudi o cotti, che si condiscono con sale, olio, aceto o limone: *i. di riso, di pollo, di pesce* | *I. di mare*, di frutti di mare | (*raro*) *Essere all'i.*, alla fine del pasto | (*fig.*) *Mangiarsi qc. in i.*, vincerlo, superarlo facilmente | *I. russa*, antipasto di verdure cotte, sottaceti e uova sode a quadretti legati con salsa maionese | *I. capricciosa*, antipasto a base principalmente di verdure crude tagliate a filettini e salsa maionese | *In i.*, detto di cibo condito con olio, sale, aceto o limone, con eventuali altre aggiunte: *funghi in i.* | (*raro*) *I. di frutta*, macedonia. *4* (*fig.*) Confusione, mescolanza di cose: *fare un'i.*; *il tuo tema è un'i. di errori.* ‖ **insalatìna**, dim. | **insalatóna**, accr. | **insalatùccia**, **insalatùzza**, dim.

insalatàio [da *insalata*] s. m. (f. *-a*) ● (*raro*) Ortolano, erbivendolo.

insalatièra s. f. ● Recipiente concavo, a forma di catino, per condire e servire in tavola l'insalata | (*sport*, *per anton.*) *I. d'argento*, nel tennis, il trofeo d'argento che premia i vincitori del torneo 'Coppa Davis'.

insalatùra s. f. ● Operazione dell'insalare | †Salatura.

insaldàbile [comp. di *in-* (*3*) e *saldabile*] agg. ● (*raro*) Che non si può saldare (*anche fig.*): *crepa i.*; *piaga, inimicizia i.*

insaldàre [comp. di *in-* illativo e *saldo* (*1*)] v. tr. *1* Dar la salda, l'amido: *i. una camicia.* *2* †Saldare.

insaldatóra [da *insaldare*] s. f. ● (*raro*, *tosc.*) Stiratrice.

insalivàre [comp. di *in-* (*1*) e *saliva*] v. tr. ● Umettare con saliva.

insalivazióne [da *insalivare*] s. f. ● Azione di impasto della saliva con i cibi introdotti nella bocca durante la masticazione.

insalùbre [vc. dotta, lat. *insalūbre(m)*, comp. di *in-* neg. e *salūbris* 'salubre'] agg. ● Che è nocivo alla salute: *zona paludosa e i.* SIN. Malsano.

insalubrità [comp. di *in-* (*3*) e *salubrità*] s. f. ● Qualità di ciò che è insalubre | Mancanza di salubrità.

insalutàto [vc. dotta, lat. *insalutātu(m)*, comp. di *in-* neg. e *salutātus* 'salutato'] agg. ● (*lett.*) Che non è stato salutato | (*scherz.*) *Partire i. ospite*, andarsene via all'improvviso, senza salutare.

insalvàbile [comp. di *in-* (*3*) e *salvabile*] agg. ● Che non si può salvare.

insalvatichìre ● V. *inselvatichire.*

insanàbile [vc. dotta, lat. *insanābile(m)*, comp. di *in-* neg. e *sanābilis* 'sanabile'] agg. *1* Che non può sanare: *piaga i.* SIN. Incurabile, inguaribile. *2* (*fig.*) Irriducibile, implacabile: *dolore, odio i.* ‖ **insanabilménte**, avv.

insanabilità [comp. di *in-* (*3*) e *sanabilità*] s. f. ● (*raro*) Qualità di ciò che è insanabile.

insanguinaménto s. m. ● (*raro*) Atto, effetto dell'insanguinare o dell'insanguinarsi.

insanguinàre [comp. di *in-* (*1*) e *sanguinare*] **A** v. tr. (*io insànguino*) ● Bagnare e sporcare di sangue (*anche fig.*): *insanguinarsi le mani*; *i. la spada*; *le guerre insanguinano il mondo*; *forse l'ossa / col mozzo capo gl'insanguina il ladro* (FOSCOLO). **B** v. rifl. ● Macchiarsi di sangue. **C** v. intr. ● †Sanguinare.

insània [vc. dotta, lat. *insānia(m)*, da *insānus* 'insano'] s. f. *1* (*lett.*) Stato di chi è mentalmente malato: *non è, insomma, amor, se non i.* (ARIOSTO). SIN. Demenza, pazzia. *2* Atto insano, folle o da folle: *commettere un'i.* SIN. Pazzia.

†**insanïènte** part. pres. di *insanire*; anche agg. ● Nei sign. del v.

insanìre [vc. dotta, lat. *insanīre*, da *insānus* 'insano'] **A** v. intr. (*io insanìsco, tu insanìsci*; aus. *essere*) ● (*lett.*) Diventare insano, folle: *i. per il ter-*

ribile spavento. **B** v. tr. • †Rendere folle.

insàno [vc. dotta, lat. *insānu(m)*, comp. di *in-* neg. e *sānus* 'sano'] agg. **1** (*lett.*) Di chi è demente, pazzo: *uom per doglia i.* (PETRARCA). **2** Di ciò che rivela pazzia, furia, follia: *azione insana; gesto i.; a rei delitti aggiugne / l'i. ardir* (ALFIERI). **3** (*fig., lett.*) Tempestoso, agitato. **4** †Malsano, malato. || **insanaménte**, avv.

insaponaménto s. m. • (*raro*) Modo, atto dell'insaponare.

insaponàre [comp. di *in-* (*1*) e *sapone*] **A** v. tr. (*io insapóno*) **1** Coprire, impregnare q.c. di sapone: *i. i panni del bucato* | Cospargere con schiuma di sapone: *insaponarsi il viso* | *I. una corda*, spalmarla di sapone perché scorra meglio. **2** (*fig.*) Adulare qc. per ottenere q.c. **B** v. rifl. • Passarsi il sapone sul corpo o sul viso.

insaponàta s. f. • Rapida insaponatura: *dare un'i. alla biancheria.* || **insaponatina**, dim.

insaponatùra s. f. • Atto, effetto dell'insaponare.

insaporàre v. tr. e intr. pron. • Insaporire.

insapóre • V. *insaporo.*

insaporìre [vc. dotta, lat. tardo *insaporāre*, comp. di *in-* illativo e *săpor*, genit. *sapōris* 'gusto, sapore'] **A** v. tr. (*io insaporìsco, tu insaporìsci*) • Dare sapore a una vivanda aggiungendovi un condimento: *i. il brodo con sedano e carota.* **B** v. intr. pron. • Diventare saporito.

insapóro o **insapóre**, **insapòro** [da *in-* *sapor(ato)*, sul tipo di *incoloro* e *inodoro*] agg. • Che è senza sapore, privo di qualsiasi gusto.

insapùta [comp. di *in-* (*3*) e *saputa*] s. f. • Solo nella loc. avv. *all'i., a i. di*, senza che si sappia, di nascosto, senza informare o mettere al corrente: *ha fatto tutto a mia i.; è venuto qui all'i. dei genitori.*

insatanassàre [comp. di *in-* (*1*) e *satanasso*] v. tr. • (*raro, scherz.*) Fare diventare qc. un satanasso, una furia.

insatanassìre v. tr. (*io insatanassìsco, tu insatanassìsci*) • Insatanassare.

insatirìto [comp. di *in-* (*1*) e *satiro* (*1*)] agg. • (*raro*) Che è diventato lascivo come un satiro.

insaturàbile [vc. dotta, lat. *insaturābile(m)*, comp. di *in-* neg. e *saturābilis* 'saturabile'] agg. **1** (*chim.*) Di soluzione o composto che non può essere saturato. **2** (*raro, fig.*) Insaziabile.

insaturazióne s. f. • (*chim.*) Proprietà di insaturo.

insàturo [comp. di *in-* (*3*) e *saturo*] agg. • (*chim.*) Che non ha raggiunto la saturazione | *Soluzione insatura*, in cui è possibile disciogliere altro soluto | *Idrocarburo i.*, contenente legami olefinici o acetilenici.

insaziàbile [vc. dotta, lat. *insatiābile(m)*, comp. di *in-* neg. e di un deriv. di *satiāre* 'saziare'] agg. • Che non si sazia mai: *fame, avidità i.* | (*fig.*) Che non si può appagare: *voglia, desiderio i.* SIN. Inappagabile. || **insaziabilménte**, avv. Senza possibilità di saziarsi.

insaziabilità [vc. dotta, lat. *insatiabilitāte(m)*, da *insatiābilis* 'insaziabile'] s. f. • Qualità di ciò che è insaziabile (*anche fig.*): *l'i. della gola; l'i. dell'avaro.*

insaziàto [vc. dotta, lat. *insatiātu(m)*, comp. di *in-* neg. e *satiātus*, part. pass. di *satiāre* 'saziare'] agg. • Che non si è saziato: *appetito i.*

insazietà [vc. dotta, lat. *insatietāte(m)*, comp. di *in-* neg. e *satietas*, genit. *satietātis* 'sazietà'] s. f. • (*lett.*) Condizione di chi non è mai sazio o appagato.

inscatolaménto s. m. • Atto, effetto dell'inscatolare.

inscatolàre [comp. di *in-* (*1*) e *scatola*] v. tr. (*io inscàtolo*) • Rinchiudere in scatola, spec. cibi: *i. carne, verdura.*

inscatolatóre s. m. (f. *-trice*) • Chi è addetto all'inscatolamento di merci e prodotti, spec. alimentari.

inscatolatrìce s. f. • Macchina che esegue l'inscatolamento.

inscenaménto s. m. • Atto, effetto dell'inscenare.

inscenàre [comp. di *in-* (*1*) e *scena*] v. tr. (*io inscèno*) **1** Mettere in scena, preparare uno spettacolo: *i. una commedia.* **2** (*fig.*) Preparare, dare corso con ostentazione a un'azione simulatrice, allo scopo di attirare l'attenzione altrui: *i. una lite, una dimostrazione di piazza.*

†**inschidionàre** [comp. di *in-* (*1*) e *schidione*] v. tr. • Infilare nello schidione.

insciènte [vc. dotta, lat. *insciĕnte(m)*, comp. di *in-* neg. e *sciens*, genit. *sciĕntis* 'sciente'] agg. • (*lett.*) Che non sa, non conosce q.c. | (*raro*) *Me i.*, senza che io lo sapessi. || **inscienteménte**, avv. Senza saperlo: *trasgredire un ordine inscientemente.*

insciènza [lat. *insciĕntia(m)*, comp. di *in-* neg. e *sciĕntia* 'scienza'] s. f. • (*lett.*) Ignoranza su un fatto particolare, una legge, una disposizione.

inscindìbile [comp. di *in-* (*3*) e *scindibile*] agg. • Che non si può scindere, separare: *legame i.; effetto i. dalla causa.* || **inscindibilménte**, avv.

inscindibilità s. f. • (*raro*) Qualità di ciò che è inscindibile.

†**ìnscio** [vc. dotta, lat. *īnsciu(m)*, comp. di *in-* neg. e *scĭus* 'che sa', da *scīre* 'sapere', di etim. incerta] agg. • (*lett.*) Ignaro, inconsapevole: *i. Achille, non fia che doni io prenda* (MONTI).

inscrittìbile [da *inscritto*] agg. • (*mar.*) Che può inscriversi, che può essere inscritto.

inscrìtto part. pass. di *inscrivere*; anche agg. **1** Nei sign. del v. **2** V. *iscritto* (*1*).

inscrìvere [vc. dotta, lat. *inscrībere*, comp. di *in-* 'sopra' e *scrībere* 'scrivere'] **A** v. tr. (coniug. come *scrivere*) **1** (*mat.*) Tracciare una figura in un'altra, in modo che i suoi vertici siano sul contorno della prima. **2** V. *iscrivere.* **B** v. rifl. • V. *iscrivere.*

inscrivìbile agg. • (*mat.*) Che si può inscrivere.

inscrizióne [vc. dotta, lat. *inscriptiōne(m)*, comp. di *in-* 'sopra' e *scrīptio*, genit. *scriptiōnis* 'scrizione'] s. f. **1** (*mat.*) Operazione, azione dell'inscrivere. **2** V. *iscrizione.*

inscrutàbile [vc. dotta, lat. eccl. *inscrutābile(m)*, comp. di *in-* neg. e di un deriv. di *scrutāri* 'scrutare'] agg. • (*raro*) Che non si può scrutare: *mistero i.* || **inscrutabilménte**, avv. (*raro*) Imperscrutabilmente.

inscrutabilità s. f. • (*raro*) Caratteristica di ciò che è inscrutabile.

inscurìre o **iscurìre** [comp. di *in-* (*1*) e *scuro*] **A** v. tr. (*io inscurìsco, tu inscurìsci*) • Rendere più scuro. **B** v. intr. e intr. pron. (aus. *essere*) • Diventare più scuro.

inscuṣàbile [comp. di *in-* (*3*) e *scusabile*, sul modello del latinismo *inescusabile*] agg. • (*raro*) Inescusabile.

insecàbile [vc. dotta, lat. tardo *insecābile(m)*, comp. di *in-* neg. e *secābilis*, da *secāre* 'tagliare, dividere'] agg. • (*raro*) Che non si può dividere o tagliare.

insecchìre [comp. di *in-* (*1*) e *secco*] **A** v. tr. (*io insecchìsco, tu insecchìsci*) • Rendere secco (*anche fig.*): *la siccità insecchisce le piante; gli anni lo hanno insecchito.* **B** v. intr. (aus. *essere*) • Diventare secco: *d'autunno le foglie insecchiscono* | Diventare magro: *con l'età è molto insecchito.*

insediaménto s. m. **1** Atto, effetto dell'insediare o dell'insediarsi: *i. in una carica; cerimonia d'i.; l'i. del nuovo consiglio comunale.* **2** Presa di possesso stabile di una zona o di un territorio da parte di popoli o gruppi umani organizzati: *studiare gli insediamenti dell'uomo primitivo* | (*est.*) La zona stessa dell'insediamento: *gli insediamenti etruschi dell'alto Lazio.* **3** In antropogeografia, l'insieme dei fenomeni connessi alla distribuzione della popolazione sulla terra: *i. temporaneo, permanente, urbano, rurale.*

insediàre [comp. di *in-* (*1*) e *sedia* nel senso di 'seggio, sede'] **A** v. tr. (*io insèdio*) **1** Mettere qc. in possesso di un ufficio, di una carica importante, spec. con una cerimonia solenne: *i. i nuovi assessori, il sindaco, il vescovo.* **2** (*raro*) Installare qc. in una sede fissa, in una località determinata. **B** v. intr. pron. **1** Prendere possesso di una carica. **2** Installarsi: *le ultime resistenze nemiche si sono insediate nei capisaldi* | (*est.*) Stabilirsi in modo fisso: *gruppi di profughi si sono insediati in baracche.*

inseducìbile [vc. dotta, lat. eccl. *inseducībile(m)*, comp. di *in-* neg. e di un deriv. di *sedūcere* 'sedurre'] agg. • (*raro*) Che non si può sedurre.

inségna [lat. *insĭgnia* (nt. pl. di *insĭgne*), da *insĭgnis* 'che porta (*in-*) il segno (*sĭgnum*)'] s. f. **1** Segno o simbolo distintivo del grado e della dignità della persona a cui si riferisce: *l'i. imperiale* | (*spec. al pl.*) Gli abiti o i paramenti che rappresentano un grado o una carica onorifica: *le insegne sacerdotali, reali* | *Le insegne dei magistrati*, la toga e il berretto | *Deporre, restituire le insegne*, rinunciare a una carica | (*spec. al pl.*) Le decorazioni simbolo di una onorificenza o di un ordine cavalleresco: *fregiarsi delle insegne della Legion d'onore.* **2** Stemma: *l'i. di Roma è la lupa; l'i. dei Medici sono sei palle su uno scudo.* **3** Impresa simboleggiata da figura o motto: *l'i. di quella famiglia è 'vincere combattendo'* | (*fig.*) Principio a cui si ispira il comportamento di qc.: *la sua i. è 'non fare nulla'.* **4** Vessillo che serviva da riferimento e guida a reparti armati: *l'i. di un manipolo, di una legione* | (*est., spec. al pl.*) Bandiera, distintivo di un reparto militare: *le insegne del quarto battaglione degli Alpini* | *Abbandonare le insegne*, (*fig.*) disertare | *Levare, alzare le insegne*, (*fig.*) iniziare un'impresa, un combattimento | *Ripiegare, rinsaccare le insegne*, (*fig.*) rinunciare a un'impresa. **5** Stendardo, gonfalone: *il carroccio portava l'i. del Comune* | (*est.*) Distintivo, immagine che simboleggia un'associazione, un partito politico e sim.: *l'i. della Croce Rossa, del partito repubblicano* | (*fig.*) *Servire da i.*, permettere a qc. di servirsi del nostro nome per fini spesso non onesti | *Militare sotto le insegne di un partito*, (*fig.*) esservi iscritto e partecipare attivamente alle sue iniziative. **6** Targa con scritti e figure posta all'esterno di negozi o imprese per distinguersi e richiamare l'attenzione: *osteria all'i. del Gambero Rosso.* **7** Cartello con l'indicazione del nome di vie, piazze, ecc.: *mettere, cambiare l'i. di un viale.* **8** †Corpo di soldati raccolti sotto una medesima bandiera | Alfiere. **9** †Segno, segnale, cenno: *coi dossi de le man faccendo i.* (DANTE *Purg.* III, 102). **10** (*fig.*) †Guida, insegnamento.

insegnàbile agg. • Che si può insegnare.

insegnaménto s. m. **1** Atto dell'insegnare: *i. proficuo, valido; affaticarsi, logorarsi nell'i.* | Materia su cui verte tale attività: *i. dell'italiano, della matematica* | Modo o sistema d'insegnare: *i. teorico, pratico, dimostrativo.* **2** (*est.*) Professione dell'insegnante: *darsi all'i.; conseguire l'abilitazione all'i.; i. statale, libero, religioso, laico.* **3** Precetto, consiglio, ammaestramento: *trarre i. dall'esperienza.*

insegnànte **A** part. pres. di *insegnare*; anche agg. **1** Nei sign. del v. **2** *Corpo i.*, l'insieme dei docenti, degli insegnanti di una scuola. **B** s. m. e f. **1** Chi insegna q.c. **2** Chi, disponendo del necessario titolo di studio, insegna una determinata disciplina sia privatamente sia nei vari ordini di scuole: *i. di matematica, di storia, di chimica, di latino e greco; i. elementare, medio; i. di liceo, dell'università* | *I. d'appoggio, di sostegno*, quello assegnato a una classe con alunni handicappati e che ha il compito di favorirne l'inserimento mediante una didattica integrata. SIN. Docente.

insegnàre [lat. tardo *insignāre* col senso originario di 'imprimere', comp. di *in-* illativo e *signāre* 'segnare'] **A** v. tr. (*io inségno*) **1** Esporre e spiegare in modo progressivo una disciplina, un'arte, un mestiere e sim. a qc. perché li apprenda: *i. a scrivere, a leggere; i. filosofia, matematica; i. ginnastica, scherma; i. a fare il muratore, il falegname; stimava ... officio de' padri i. a' figliuoli tutte le virtù* (ALBERTI) | *I. a volare agli uccelli*, (*scherz., fig.*) insegnare a qc. q.c. che sa già fare | Far imparare a memoria: *i. i versi di una poesia, una preghiera.* **2** Cercare di plasmare o modificare il comportamento di qc., spec. basandosi su regole morali e fungendo da esempio: *i. a vivere; i. la buona educazione* | *Vi insegno io a rigare diritti*, espressione di minaccia rivolta a chi non si comporta bene | *Come lei ben m'insegna ...*, (*iron.*) inciso che indica cose ovvie alle quali l'interlocutore ha fatto riferimento | *Chi ti ha insegnato questo?*, interrogazione che sottintende un rimprovero per cose malfatte. **3** Indicare, mostrare: *i. il cammino* | Rivelare: *i. la verità, un segreto.* **4** †Rendere esperto, dotto. **B** v. intr. (aus. *avere*) • Esercitare la professione d'insegnante: *i. al liceo da molti anni.*

insegnatìvo agg. • (*raro*) Che serve a insegnare: *metodo i.; poesia insegnativa.* SIN. Didattico, didascalico.

†**insegnatóre** s. m. (f. *-trice*) ● Chi insegna e istruisce: *Cristo di libertade i.* (CARDUCCI). SIN. Insegnante.

insegnucchiàre v. tr. (*io insegnùcchio*) ● (*raro*) Insegnare q.c. alla meglio: *i. un po' d'aritmetica.*

inseguiménto s. m. *1* Atto dell'inseguire: *cominciare l'i.; gettarsi all'i.* *2* (*sport*) Gara ciclistica su pista, individuale o a squadre, in cui i concorrenti cercano di guadagnare vicendevolmente terreno. *3* In varie tecnologie, l'azione di tenere puntato un dispositivo (un'arma, un'antenna) a un oggetto (un aereo, un satellite) in movimento.

inseguire [lat. *īnsequi*, comp. di *in-* 'verso' e *sĕqui* 'seguire', adattato al semplice *seguire*] **A** v. tr. (*io inséguo*) *1* Correre dietro a qc. per raggiungerlo o fermarlo: *i. i nemici in fuga; i. un ladro* | Incalzare (*anche fig.*): *i. la selvaggina con i cani; gli incubi lo inseguivano dovunque.* *2* (*fig.*) Sforzarsi di raggiungere cose irreali o astratte: *i. sogni di gloria; i. ricordi, speranze.* SIN. Vagheggiare. **B** v. rifl. rec. *1* (*fig.*) Corrersi dietro l'un l'altro. *2* (*fig.*) Verificarsi, susseguirsi con molta frequenza: *e certi larghi schiamazzi di risa che s'inseguivano* (D'ANNUNZIO).

inseguitóre s. m.; anche agg. (f. *-trice*) ● Chi, che insegue: *gli inseguitori gli erano alle calcagna; il gruppo i. ha raggiunto il fuggitivo.*

insellaménto [da *insellare*] s. m. ● (*mar.*) Curvatura che si dà ai ponti del naviglio, col pendio verso il mezzo, per lo scolo delle acque.

insellàre [comp. di *in-* (*1*) e *sella*] **A** v. tr. (*io insèllo*) *1* Mettere la sella: *i. un cavallo.* SIN. Sellare. *2* Curvare q.c. dandogli forma di sella. **B** v. intr. pron. *1* Montare in sella. *2* Incurvarsi.

insellatùra [da *insellare*] s. f. *1* Curvatura del dorso, spec. di animali. *2* (*veter.*) Diretto del dorso che si presenta abnormemente incurvato. *3* Depressione in una catena di monti. SIN. Sella.

inselvàrsi [comp. di *in-* (*1*) e *selva*] v. intr. pron. (*io m'insélvo*) *1* (*lett.*) Nascondersi, rifugiarsi in una selva. *2* (*lett.*) Diventare folto come una selva | Coprirsi di alberi.

inselvatichire o (*raro*) **insalvatichire** [comp. di *in-* (*1*) e *selvatico*] **A** v. tr. (*io inselvatichìsco, tu inselvatichìsci*) ● Rendere selvatico: *le piante, se abbandonate, inselvatichiscono* | (*fig.*) Inasprire, irritare: *i dolori lo hanno inselvatichito.* **B** v. intr. e intr. pron. (aus. *essere*) *1* Ritornare allo stato selvatico: *gli animali domestici si erano inselvatichiti* | (*est.*) Perdere lo stato di coltura: *i campi abbandonati sono inselvatichiti.* *2* Divenire rozzo, intrattabile: *a forza di vivere da solo quell'uomo è inselvatichito.*

†**insèmbre** [ant. fr. *ensemble*, formato come *ins(i)eme*] avv. ● Insieme: *e van gli augelli a strette schiere i.* (ARIOSTO).

†**insème** ● V. *insieme.*

insemenzaménto [parallelo semantico e formale di *inseminazione*, ma da *semenza*] s. m. ● (*med.*) Deposizione di germi in opportuno terreno di coltura per favorirne l'accrescimento.

inseminàre [vc. dotta, lat. *insemināre* 'seminare dentro, fecondare', comp. di *in* 'in (1)' e *semināre* 'seminare'] v. tr. (*io insémino*) ● (*med.*) Deporre il seme maschile nella vagina, spec. con riferimento alla fecondazione artificiale.

inseminàto [comp. di *in-* (*3*) e *seminato*] agg. ● (*raro, lett.*) Non seminato | (*est., lett.*) Incolto, deserto: *nella Troade inseminata / eterno splende a' peregrini un loco* (FOSCOLO).

inseminazióne [da *inseminato* nel senso del part. pass. del lat. *insemināre*, comp. di *semināre* con *in-* illativo] s. f. ● (*med.*) Atto, effetto dell'inseminare | *I. artificiale*, fecondazione artificiale.

†**insemitàrsi** [comp. di *in-* (*1*) e *semita* 'sentiero'] v. intr. pron. ● (*raro*) Mettersi in via: *morta sospìrola / e per quell'orme ancor m'indirizzo e insemito* (SANNAZARO).

†**insempràrsi** [comp. di *in-* (*1*) e *sempre*] v. intr. pron. ● (*poet.*) Durare eternamente: *colà dove gioir s'insempra* (DANTE *Par.* X, 148).

insenatùra [comp. parasintetico di *seno*] s. f. ● Braccio di mare, lago o fiume che rientra verso terra.

insensatàggine s. f. ● (*raro*) Insensatezza.

insensatézza [comp. di *in-* (*3*) e *sensatezza*] s. f. ● Condizione di chi è insensato: *la sua i. lo ha portato alla rovina* | (*est.*) Atto, parola da insensato: *le sue insensatezze sono famose.* SIN. Stoltezza.

insensàto [vc. dotta, lat. eccl. *insensātu(m)*, comp. di *in-* neg. e *sensātus* 'sensato'] **A** agg. *1* Che manca di buon senso: *un giovane i.* SIN. Scriteriato, stolto, sventato. *2* Che rivela irragionevolezza o mancanza di giudizio: *passione, cupidigia insensata; discorso i.; il più sublime lavoro della poesia è alle cose insensate dar senso e passione* (VICO). *3* †Reso insensibile: *i. dallo spavento.* *4* †Che è privo della ragione: *animale i.* | †Stupido, demente, detto di persona. || **insensataménte**, avv. Da insensato; scioccamente. **B** s. m. (f. *-a*) ● Chi rivela mancanza di buon senso: *agitarsi, correre, agire da i.* SIN. Scriteriato, stolido, sventato.

insensìbile [vc. dotta, lat. tardo *insensībile(m)*, comp. di *in-* neg. e *sensībilis* 'sensibile'] agg. *1* Che non è percepito dai sensi tanto è esiguo: *rumore, movimento i.* | (*est.*) Che si nota appena: *aumento, ribasso i. dei prezzi; il malato ha avuto un i. miglioramento* | *Pendio i.*, che ha pendenza minima | *Differenza, errore, peso i.*, che si possono misurare solo con strumenti adatti o con esperimenti scientifici. SIN. Impercettibile. *2* Che non sente o non reagisce a stimoli fisici: *corpo, nervo i. per l'anestesia* | Che non si commuove, che rimane impassibile: *i. alla pietà, ai rimproveri, all'adulazione, all'affetto* | (*est.*) Indifferente, freddo: *avere un carattere i.* *3* †Inerte. || **insensibilménte**, avv.

insensibilità [vc. dotta, lat. tardo *insensibilitāte(m)*, da *insensībilis* 'insensibile'] s. f. ● Qualità di chi o di ciò che è insensibile: *l'i. di un movimento; i. al dolore fisico; i. di fronte alle disgrazie altrui.* SIN. Indifferenza.

insensitività [comp. di *in-* (*3*) e *sensitività*] s. f. ● (*raro*) Mancanza di sensitività.

insensitìvo [comp. di *in-* (*3*) e *sensitivo*] agg. ● (*raro*) Non sensitivo.

insensualità [vc. dotta, lat. eccl. *insensualitāte(m)* 'insensibilità', comp. di *in-* neg. e *sensuālitas*, genit. *sensualitātis* 'sensualità'] s. f. ● (*raro*) Mancanza di sensualità.

inseparàbile [vc. dotta, lat. tardo *inseparābile(m)*, comp. di *in-* neg. e *separābilis* 'separabile'] **A** agg. *1* Che non si può separare o disgiungere | Che sta sempre insieme a qc. o q.c.: *amici inseparabili.* SIN. Indivisibile. *2* (*est.*) Inerente, inscindibile: *dalla vita è i. l'idea della morte.* || **inseparabilménte**, †**inseparabileménte**, avv. **B** s. m. pl. ● Specie di piccoli pappagalli del genere *Melopsittacus*, così detti per l'abitudine a stare in coppia | Specie di pappagalli del genere *Agapornis.*

inseparabilità [vc. dotta, lat. eccl. *inseparabilitāte(m)*, da *inseparābilis* 'inseparabile'] s. f. ● Condizione di chi o di ciò che è inseparabile, inscindibile: *l'i. di due amici; l'i. di un vincolo.* SIN. Indivisibilità.

inseparàto [vc. dotta, lat. eccl. *inseparātu(m)*, comp. di *in-* neg. e *separātus* 'separato'] agg. ● (*raro*) Che non è separato | (*est.*) Che è strettamente congiunto.

insepólto o †**insepùlto** [vc. dotta, lat. *insepŭltu(m)*, comp. di *in-* neg. e *sepŭltus* 'sepolto'] agg. ● Che non ha ancora avuto sepoltura: *cadaveri insepolti; ossame i.*

insequestràbile [comp. di *in-* (*3*) e *sequestrabile*] agg. ● Che non si può sequestrare: *somma i.; oggetto i.*

insequestrabilità [comp. di *in-* (*3*) e *sequestrabilità*] s. f. ● Qualità di ciò che è insequestrabile.

inserìbile agg. ● Che può essere inserito.

inseriménto s. m. ● Atto, effetto dell'inserire o dell'inserirsi. SIN. Introduzione.

inserire [vc. dotta, lat. *insĕrere*, comp. di *in-* 'dentro' e *sĕrere* 'intrecciare', di origine indeur., con mutamento di coniug.] **A** v. tr. (*io inserisco, tu inserisci*; part. pass. *inserito*, raro *insèrto*) *1* Introdurre o infilare q.c. in un'altra o tra altre: *i. un tubo nell'altro; i. una vite nel foro; i. un segnalibro tra le pagine; un apparecchio in un circuito elettrico.* *2* (*fig.*) Includere in un insieme già completo q.c. di accessorio o secondario: *i. un episodio in un racconto; i. una clausola in un contratto* | *I. un avviso, un annuncio sul giornale*, farlo pubblicare. *3* †Innestare. **B** v. intr. pron. *1* Essere congiunto, attaccato: *la gamba si inserisce nell'anca.* *2* (*fig.*) Entrare a fare parte di un ambiente, di un gruppo o una comunità, cercando di farsi accettare e accettandone le regole: *inserirsi in società, in un ufficio, in un partito politico.* SIN. Integrarsi.

inserito part. pass. di *inserire*; anche agg. ● Nei sign. del v.

inseritóre s. m. ● Apparecchio che permette, tramite una manovella, d'inserire o togliere collegamenti in un circuito elettrico.

inseritrìce s. f. ● (*elab.*) Macchina a schede perforate che permette la fusione, in base a un certo indicativo, di due flussi di schede ordinati in base a quell'indicativo, controllandone inoltre l'esatta sequenza.

insèrto [vc. dotta, lat. *insĕrtu(m)*, part. pass. di *insĕrere* 'inserire'] s. m. *1* Fascicolo o cartella di documenti relativi a una stessa pratica. SIN. Incartamento. *2* Fascicolo o foglio che viene inserito in un volume, in un giornale, una rivista e sim.: *un settimanale con un voluminoso i. illustrato.* *3* Brano di film inserito in un altro di diverso carattere | *I. filmato*, brano cinematografico in un programma televisivo. *4* †Innesto.

inservìbile [comp. di *in-* (*3*) e *servibile*] agg. ● Che non serve più o non è più utilizzabile: *automezzo i.*

inservibilità s. f. ● Condizione di ciò che è inservibile.

inserviènte [vc. dotta, lat. *inserviĕnte(m)*, part. pres. di *inservīre*, comp. di *in-* 'a' e *servīre* 'servire'] s. m. e f. *1* Chi è addetto ai servizi pesanti in ospedali, istituti e sim. *2* (*relig.*) Chi serve il sacerdote officiante.

inserzióne [vc. dotta, lat. tardo *insertiōne(m)*, da *insĕrtus*, part. pass. di *insĕrere* 'inserire'] s. f. *1* Atto, effetto dell'inserire o dell'inserirsi. *2* Annuncio pubblicitario o economico pubblicato su un giornale o su una rivista. *3* (*med.*) Punto di attacco di muscoli, tendini, legamenti, alle ossa o ad altri organi. *4* (*tel.*) Inclusione su una linea telefonica | *Apparecchio derivato con i. diretta*, che può connettersi direttamente sulla linea urbana. *5* (*ling.*) Epentesi.

inserzionìsta [da *inserzione* nel sign. 2] agg.; anche s. m. e f. (pl. m. *-i*) ● Che, chi fa pubblicare annunci economici o pubblicitari su giornali e riviste: *la ditta i.; avviso agli inserzionisti.*

inserzionìstico agg. (pl. m. *-ci*) ● Che concerne le inserzioni sui giornali.

insessóre [lat. *insessōre(m)* 'che sta seduto sopra', deriv. di *insidēre* 'occupare un luogo', comp. di *in-* e *sidēre* 'sedere' (V.)] agg. ● (*zool.*) Detto del piede di ogni uccello che può appollaiarsi sui rami, caratterizzato da un lungo pollice e da dita libere alla base.

insettàrio s. m. ● Luogo in cui si allevano gli insetti a scopo scientifico o per esposizione.

Insètti s. m. pl. ● Nella tassonomia animale, classe di Artropodi con corpo diviso in capo, torace, addome, tre paia di zampe e riproduzione ovipara con o senza metamorfosi. ➡ ILL. **animali** /2.

insetticìda [comp. di *insetto* e *-cida*] **A** s. m. (pl. *-i*) ● Sostanza o miscuglio di sostanze impiegate per combattere gli insetti dannosi: *i. in polvere, liquido, gassoso.* **B** anche agg.: *sostanza i.*

insettìfugo [comp. di *insetto* e *-fugo*] **A** s. m. (pl. *-ghi*) ● Sostanza impiegata per allontanare i parassiti dalla cute dell'uomo o degli animali. **B** anche agg.: *sostanze insettifughe.*

Insettìvori s. m. pl. ● Nella tassonomia animale, ordine di Mammiferi plantigradi, di piccole dimensioni, con dentatura completa e muso aguzzo, che si nutrono prevalentemente di insetti (*Insectivora*). ➡ ILL. **animali** /11.

insettìvoro [comp. di *insetto* e *-voro*, dal lat. *vorāre* '(di)vorare'] **A** agg. ● Detto di animale o pianta che si nutre di insetti. **B** s. m. ● Correntemente, ogni animale dell'ordine degli Insettivori.

insètto [lat. *insĕctu(m)*, part. pass. di *insecāre*, comp. di *in-* raff. e *secāre* 'tagliare', creato per tradurre il corrispondente comp. gr. *éntomon*, che si riferiva ai 'tagli' frequenti sul corpo di questi animaletti] s. m. *1* Ogni animale appartenente alla classe degli Insetti | *I. foglia*, fillio | *I. della Madonna*, coccinella | *I. stecco*, bacillo di Rossi. *2* (*fig.*) Persona meschina e spregevole | *Schiacciare qc.*

come un i., umiliarlo profondamente. ‖ **insettàccio**, **pegg.** | **insettìno**, **dim.** | **insettùccio**, **dim.** | **insettùcolo**, **dim.**

insettologìa [comp. di *insetto* e *-logia*] **s. f.** (**pl.** *-gie*) ● (*raro*) Entomologia.

insettològico **agg.** (**pl. m.** *-ci*) ● (*raro*) Della insettologia.

insettòlogo [comp. di *insetto* e *-logo*] **s. m.** (**f.** *-a*; **pl. m.** *-gi*) ● (*raro*) Entomologo.

inseverìre [comp. di *in-* (*1*) e *severo*] **A** **v. tr.** (*io inseverisco, tu inseverìsci*) ● (*raro*) Rendere più severo: *i. il proprio comportamento.* **B** **v. intr.** e **intr. pron.** (aus. *essere*) ● Diventare più severo.

insicurézza [comp. di *in-* (*3*) e *sicurezza*] **s. f.** ● Mancanza di sicurezza in q.c. o di padronanza di sé: *l'i. di una risposta; non riuscire a nascondere la propria i.* **SIN.** Incertezza.

insicùro [comp. di *in-* (*3*) e *sicuro*] **A** **agg.** ● Che manca di sicurezza o di padronanza di sé: *uomo, ragazzo i.* | Che dimostra insicurezza: *carattere i.; situazione insicura.* **B** **s. m.** (**f.** *-a*) ● Persona insicura.

insider /*ingl.* in'saidə*/ [vc. ingl., propr. 'chi sta dentro', da *inside* 'interno, parte interna'] **s. m.** e **f.** **inv.** ● Chi ha accesso a informazioni riservate prima che esse vengano diffuse pubblicamente.

insider trading /*ingl.* in'saidə* 'treidiŋ/ [loc. ingl., comp. di *insider* (V.) e *trading* 'commercio, compravendita'] **loc. sost. m. inv.** ● Compravendita di titoli di una società da parte di un membro della stessa società o di istituzioni di intermediazione finanziaria, condotta a proprio vantaggio usando informazioni riservate.

insìdia [vc. dotta, lat. *insĭdia(s)*, da *insidēre*, originariamente 'appostarsi', comp. di *in-* 'sopra' e *sedēre*] **s. f.** **1** Inganno, agguato preparato di nascosto contro qc.: *porre, tendere un'i.; sospettare, temere un'i.; schivare, eludere un'i.* **SIN.** Tranello, trappola. **2** (*est.*) Pericolo non facilmente individuabile: *il mare è pieno d'insidie; il sonno è un'i. per i guidatori* | (*fig.*) Lusinga, allettamento a cui è facile cedere: *le insidie della società dei consumi.*

insidiàre [vc. dotta, lat. *insidiāre*, da *insidēre* (V. *insidia*)] **v. tr.** e **intr.** (*io insìdio*; aus. *avere*) ● Tendere insidie, inganni: *guerriglieri isolati insidiavano i reparti in marcia; i. alla vita, all'onore di qc.; gli adulator, che tanti / te insidian* (ALFIERI).

insidiatóre [vc. dotta, lat. *insidiatōre(m)*, da *insidiātus* 'insidiato', part. pass. di *insidiare*] **A** **s. m.** (**f.** *-trice*) ● Chi insidia. **B** **agg.** ● (*raro*) Insidioso, ingannevole.

insidióso [vc. dotta, lat. *insidiōsu(m)*, da *insidēre* (V. *insidia*)] **agg.** ● Che tende insidie: *uomo i.* | Che è pieno d'insidie: *morbo i.* ‖ **insidiosaménte**, **avv.**

insième o †**insème** [lat. tardo *īnsimul*, comp. di *in-* raff. e *sĭmul*, da *sĭmilis* 'simile', con sovrapposizione di *sĕmel* 'una volta'] **A** **avv.** **1** In reciproca compagnia e unione: *ceniamo i.; abbiamo fatto il viaggio i.; si vedono spesso i.; sono sempre i.* | *Abitare i.*, nello stesso edificio o appartamento | *Dormire i.*, nella stessa stanza o nello stesso letto | *Mettersi i.*, (*gener.*) unirsi, associarsi; avere una relazione amorosa, spec. con rapporto di convivenza | *Persone, colori, oggetti che stanno bene i.*, che vanno d'accordo, che sono in armonia fra loro. **SIN.** Assieme. **2** Indica associazione, coesione di più persone o elementi: *cerchiamo di agire i.; non riesco a tenere i. questi ragazzi; questo libro non sta più i.* | *Mettere i. una certa somma*, raggranellarla | *Mettere i. un patrimonio, una fortuna*, accumularli | *Mettere i. i propri sforzi*, coordinarli | *Mettere i. due idee, una lettera*, e sim., concepire, scrivere | *Mettere i. una bella famiglia*, formare una famiglia numerosa | *Mettere i. uno spettacolo*, organizzarlo, allestirlo | *Mettere i. un esercito*, costituirlo | (*dial.*) *Il latte è andato i.*, è andato a male, si è coagulato | Indica la totalità di persone o cose: *ci riuniamo tutti quanti i.; li vendo solo tutti i.* | *Comprare tutto i.*, in blocco | *Considerare tutto i.*, complessivamente. **SIN.** Assieme. **3** Nello stesso tempo, nello stesso momento, contemporaneamente: *abbiamo finito i.; sono arrivati i. al traguardo; vuole fare troppe cose i.; non si può fare tutto i.; è un libro divertente e i. istruttivo; lo spero e lo temo i.* **4** Vicendevolmente, l'un l'altro: *sono fattori che si annullano i.; li unisce i. una grande stima.* ‖ †**insiememénte**, **avv.** Insieme: *due o tre ne portò insiememente* (BOCCACCIO). **B** nelle **loc. prep.** *i. con, i. a* **1** In unione, in compagnia di: *vive i. con una zia; è uscito i. con un amico; devi mangiare la carne i. al pane.* **SIN.** Assieme. **2** Contemporaneamente a: *il treno da Torino è arrivato i. a quello da Milano; i due orologi non battono mai le ore uno i. all'altro.* **C** in funzione di **s. m.** **1** Totalità, complesso, unità organica di più parti o elementi: *l'i. dei cittadini, degli elettori; l'i. degli edifici di un quartiere; l'i. degli attori di una compagnia; bisogna considerare le cose nell'i.; tutto l'i. non convince molto.* **2** (*mat.*) Collezione, classe, aggregato di elementi che solitamente si individuano o elencandoli o assegnando una proprietà che li caratterizza | *I. subordinato a un altro*, insieme i cui elementi sono tutti contenuti nell'altro | *I. vuoto*, insieme senza elementi, insieme al quale s'impone una qualità contraddittoria | *I. di definizione di una funzione*, l'insieme dei valori in cui essa è definita. **3** (*raro*) Accordo, affiatamento, armonia: *suonano con un perfetto i.; la squadra manca d'i.* **4** Vestito le cui parti sono della stessa stoffa o colore.

insiemìstica [da *insieme* nel sign. C2] **s. f.** ● Studio della matematica condotto secondo i concetti e il simbolismo della teoria degli insiemi.

insiemìstico **agg.** (**pl. m.** *-ci*) ● (*mat.*) Di studio condotto con i concetti e il simbolismo della teoria degli insiemi.

insiepàrsi [comp. di *in-* (*1*) e *siepe*] **v. intr. pron.** (*io m'insièpo*) ● (*raro*) Nascondersi in una siepe.

insight /in'sait, *ingl.* 'insait/ [vc. ingl., propr. 'discernimento, intuito'] **s. m. inv.** **1** (*psicol.*) Capacità di comprendere i processi mentali propri o di altre persone **2** Percezione immediata del significato di un evento o di un'azione.

insìgne [vc. dotta, lat. *insĭgne(m)*, da *sĭgnum*, il 'segno' che distingue una persona] **agg.** **1** Che si distingue per meriti eccezionali: *scrittore, scienziato, giurista i.; la venerata voce dell'i. filosofo* (METASTASIO) | (*scherz.*) *Ladro, truffatore i.*, particolarmente abile. **SIN.** Famoso, illustre, ragguardevole. **2** Di grande pregio e valore: *monumento i.* | *Museo i.*, che racchiude opere e cimeli di grande pregio | *Città i.*, che vanta un ricco patrimonio storico ed artistico | *Chiesa, basilica i.*, rinomata, ricca di reliquie. **3** (*raro, fig.*) Considerevole, elevato: *una i. quantità.* ‖ †**insigneménte**, **avv.**

insignificàbile [comp. di *in-* (*3*) e *significabile*] **agg.** ● (*raro*) Che non si può esprimere in modo adeguato.

insignificànte [comp. di *in-* (*3*) e *significante*] **agg.** **1** Che significa poco o nulla: *frase i.; occhiata i.* **2** Privo di interesse, di pregi e qualità particolari: *persona i.; libro i.* | Senza personalità: *fisionomia, aspetto i.* **SIN.** Banale. **3** Di nessun valore: *differenza i.* **SIN.** Trascurabile.

insignìre [vc. dotta, lat. *insignīre*, comp. di *in-* illativo e *sĭgnum* 'segno'] **v. tr.** (*io insignisco, tu insignìsci*) **1** Attribuire e conferire una distinzione a qc. con un titolo, un'onorificenza: *i. qc. della croce di cavaliere.* **SIN.** Fregiare. **2** (*raro, est.*) Conferire a qc. una posizione di privilegio: *i. una città, una chiesa di capolavori artistici.*

insignorìre [comp. di *in-* (*1*) e *signore*] **A** **v. tr.** (*io insignorìsco, tu insignorìsci*) ● (*raro*) Rendere qc. padrone, sovrano di un territorio: *i. qc. di un feudo.* **B** **v. intr. pron.** ● Impadronirsi, impossessarsi: *i. del regno.* **C** **v. intr.** e **intr. pron.** (aus. *essere*) ● (*raro*) Diventare ricco.

insilàggio [da *insilare*] **s. m.** ● Insilamento.

insilaménto **s. m.** ● Operazione dell'insilare.

insilàre [comp. di *in-* (*1*) e *silo*] **v. tr.** ● Immagazzinare cereali o foraggi nel silo.

insilàto **A** **part. pass.** di *insilare*; anche **agg.** ● Nei sign. del v. **B** **s. m.** ● Foraggio immagazzinato in un silo.

insilatrice **s. f.** ● Macchina per riempire il silo di foraggi trinciati | Macchina che immagazzina e pressa il foraggio trinciato in sili tubolari di plastica. ➡ **ILL.** p. 355 AGRICOLTURA.

insincerità [comp. di *in-* (*3*) e *sincerità*] **s. f.** ● Mancanza di sincerità | Doppiezza di carattere o di condotta. **SIN.** Falsità, finzione.

insincèro [vc. dotta, lat. *insincēru(m)*, comp. di *in-* neg. e *sincērus* 'sincero'] **agg.** ● Privo di schiettezza e sincerità: *atteggiamento i.* **SIN.** Bugiardo, falso.

insindacàbile [comp. di *in-* (*3*) e *sindacabile*] **agg.** ● Che non può essere sindacato, sottoposto a controllo o giudizio: *decisione, parere i.; potere i.* **CONTR.** Sindacabile. ‖ **insindacabilménte**, **avv.**

insindacabilità **s. f.** ● Qualità di ciò che è insindacabile.

insìno [comp. di *in* (*1*) e *sino*] **A** **avv.** ● (*lett.*) Anche, persino. **B** **prep.** ● (*lett.*) Fino, infino | Anche nella loc. prep. *i. a*, fino a | Anche nelle loc. cong. *i. a che, i. a tanto*, fintanto, finché.

insinuàbile **agg.** ● Che si può insinuare.

insinuabilità **s. f.** ● (*raro*) Proprietà di ciò che si può insinuare.

insinuànte **part. pres.** di *insinuare*; anche **agg.** **1** Nei sign. del v. **2** Suadente, carezzevole: *maniere insinuanti; voce i.*

insinuàre [vc. dotta, lat. *insinuāre*, comp. di *in-* 'dentro' e *sĭnus* 'sinuosità', di etim. incerta] **A** **v. tr.** (*io insìnuo*) **1** Introdurre a poco a poco: *i. la chiave nella toppa; i. il grimaldello nella serratura; il polipo ... insinua / tentacoli d'inchiostro tra gli scogli* (MONTALE) | Fare penetrare: *il vento insinua il freddo attraverso gli spiragli.* **2** (*fig.*) Suscitare abilmente nell'animo di qc. un sospetto, una ipotesi maligna con discorsi poco chiari, ma pieni di allusioni: *i. il dubbio sulla fedeltà di qc.; spero che non vorrai i. che è lui il colpevole.* **3** (*dir.*) *I. un credito*, chiedere che un proprio credito sia ammesso al passivo del fallimento e se ne tenga conto nella liquidazione finale. **B** **v. intr. pron.** **1** Penetrare poco a poco, ma in profondità: *l'umidità s'insinua ovunque.* **2** (*fig.*) Riuscire a penetrare: *il dubbio si è insinuato nella mente di tutti* | *Insinuarsi nelle grazie di qc.*, conquistarne la stima o la benevolenza, spesso con mezzi poco leciti.

insinuatìvo **agg.** ● (*raro*) Che serve, tende a insinuare. ‖ †**insinuativaménte**, **avv.**

insinuatóre [vc. dotta, lat. eccl. *insinuatōre(m)*, da *insinuātus* 'insinuato'] **agg.**; anche **s. m.** (**f.** *-trice*) ● Che, chi insinua.

insinuazióne [vc. dotta, lat. *insinuatiōne(m)*, da *insinuātus* 'insinuato'] **s. f.** **1** (*raro*) Atto dell'insinuare o dell'insinuarsi: *i. del cuneo; l'i. di un sospetto nella mente di qc.; i. di un credito.* **2** (*fig.*) Accusa, sospetto che si tenta di far penetrare indirettamente nell'animo altrui: *respingere una i.* | (*est.*) Parole subdole con cui si mette in dubbio qc.: *una vile i.* **3** Nella retorica, ragionamento fatto con dissimulazione per guadagnarsi l'animo degli uditori. **4** †Collocazione in archivio della copia di un atto.

insipidézza **s. f.** **1** Qualità di ciò che è insipido (*anche fig.*): *l'i. di un cibo; l'i. di un discorso.* **2** Parola, frase insipida: *dire un'i.*

insipidìre [da *insipido*] **A** **v. intr.** (*io insipidìsco, tu insipidìsci*; aus. *essere*) ● Diventar insipido | (*raro*) Perdere il sapore. **B** **v. tr.** ● (*raro*) Rendere insipido (*anche fig.*).

insipidità **s. f.** ● Insipidezza.

insìpido [vc. dotta, lat. tardo *insīpidu(m)*, comp. di *in-* neg. e *săpidus* 'sapido'] **A** **agg.** **1** Privo di sapore: *l'acqua è insipida* | Poco saporito: *un cibo i.* **SIN.** Sciapo, sciocco. **CONTR.** Salato. **2** (*fig.*) Di cosa scialba, senza vivacità e immaginazione, o di persona insulsa priva di personalità e carattere: *un romanzo i.; ragazza insipida.* **3** (*fig.*) Di cosa che non dà soddisfazione: *vita insipida; il presente è piccolo e i. per natura a tutti gli uomini* (LEOPARDI). ‖ **insipidaménte**, **avv.** **B** **s. m.** ● Sapore insipido: *non distinguere il dolce dall'i.*

insipiènte [vc. dotta, lat. *insipiĕnte(m)*, comp. di *in-* neg. e *săpiens*, genit. *sapiĕntis* 'sapiente'] **agg.** ● Di persona ignorante e sciocca ma che presume di sapere: *un ragazzo i. che vuole insegnare agli altri.* ‖ **insipienteménte**, **avv.** (*raro*) Scioccamente.

insipiènza [vc. dotta, lat. *insipiĕntia(m)*, comp. di *in-* neg. e *sapiĕntia* 'sapienza'] **s. f.** ● (*lett.*) Qualità di chi è insipiente.

insistènte **part. pres.** di *insistere*; anche **agg.** **1** Nei sign. del v. **2** Che persiste, dura a lungo: *caldo, pioggia, febbre i.* ‖ **insistenteménte**, **avv.**

insistènza **s. f.** ● Qualità di chi o di ciò che è insistente: *la loro i. mi fece accettare; l'i. del maltempo.*

insìstere [vc. dotta, lat. *insĭstere*, comp. di *in-* 'su' e *sìstere* 'stare, fermarsi'] v. intr. (part. pass. *insistito*; aus. *avere*) **1** Continuare con ostinazione o petulanza a dire o a fare q.c.: *insistette nelle sue richieste*; *i. a pregare qc.*, *ad aspettare q.c.* | *Non insisto!*, escl. di chi cede a buoni ragioni | (*sport*) *I. sull'avversario*, esercitare su di lui una pressione incessante a scopo di attacco o di controllo. **2** (*lett.*) Star sopra. **3** Essere costruito, sorgere su una determinata superficie, detto di un edificio. **4** (*mat.*) *Angolo che insiste su un arco di circonferenza*, angolo compreso fra le semirette uscenti dal centro della circonferenza e passanti per gli estremi dell'arco.

ìnsito [vc. dotta, lat. *ìnsitu(m)*, part. pass. di *insĕrere* nel senso di 'seminare, piantare (*sĕrere*) dentro (*in-*)'] agg. ● Intimamente radicato: *una qualità insita nell'uomo*. SIN. Ingenito, innato.

in situ /*lat.* in 'situ/ [loc. lat., propr. 'nel sito'] loc. avv. ● Sul posto, nel luogo stesso in cui si è verificato q.c., in cui ci si trova e sim.

insoàve [vc. dotta, lat. *insuāve(m)*, comp. di *in-* neg. e *suāvis* 'soave'] agg. ● (*lett.*) Spiacevole, sgradito: *voce i.*

insoavità [vc. dotta, lat. tardo *insuavitāte(m)*, da *insuāvis* 'insoave'] s. f. ● (*raro*) L'essere insoave.

insociàbile [vc. dotta, lat. tardo *insociābile(m)*, comp. di *in-* neg. e *sociābilis* 'sociabile'] agg. **1** Che non si adatta a vivere insieme agli altri nella società: *ragazzo i.* | *Animali insociabili*, che vanno soli, non in branco. SIN. Insocievole. **2** (*raro*) Che non si può accordare, unire con q.c. d'altro: *due dottrine insociabili*. || **insociabilménte**, avv. (*raro*) In modo insociabile.

insociabilità s. f. ● (*raro*) Qualità di chi o di ciò che è insociabile.

insociàle [vc. dotta, lat. tardo *insociāle(m)*, comp. di *in-* neg. e *sociālis* 'sociale'] agg. **1** (*raro*) Che non è socievole e non ama la compagnia: *giovane i.* **2** Contrario alle convenienze, ai principi della società. || **insocialménte**, avv.

insocialità s. f. ● (*raro*) L'essere insociale.

insociévole [comp. di *in-* (*3*) e *socievole*] agg. ● Che non si adatta alla vita sociale o rifugge per misantropia e scontrosità dal vivere in compagnia di altre persone: *individuo*, *carattere i.* || **insocievolménte**, avv. Da persona insocievole.

insocievolézza s. f. ● Qualità di ciò che è insocievole.

insoddisfacènte [comp. di *in-* (*3*) e *soddisfacente*] agg. ● Che non soddisfa, che delude. || **insoddisfacenteménte**, avv.

insoddisfàtto o (*lett.*) **insodisfàtto** [comp. di *in-* (*3*) e *soddisfatto*] agg. ● Che non ha avuto pieno appagamento in q.c.: *rimase i. dei risultati degli esami*; *desiderio*, *bisogno i.* SIN. Inappagato, scontento.

insoddisfazióne o (*lett.*) **insodisfazióne** [comp. di *in-* (*3*) e *soddisfazione*] s. f. ● Sentimento di scontentezza di chi è insoddisfatto.

insodisfàtto e *deriv.* ● V. *insoddisfatto* e *deriv.*

insofferènte [comp. di *in-* (*3*) e *sofferente*] agg. ● Che non sa tollerare, sopportare, avere pazienza: *essere i. agli indugi*; *carattere i. di limitazioni*. SIN. Impaziente. || **insofferenteménte**, avv. Da insofferente.

insofferènza [comp. di *in-* (*3*) e *sofferenza*] s. f. ● Qualità di chi è insofferente: *i. alla disciplina*. SIN. Impazienza.

insoffrìbile [comp. di *in-* (*3*) e *soffribile*] agg. ● Che non si può sopportare: *individuo i.*; *lungo tedio / e fastidio i.* (PARINI). SIN. Insopportabile. || **insoffribilménte**, avv. (*raro*) Intollerabilmente.

insoffribilità s. f. ● (*raro*) Qualità di chi o di ciò che è insoffribile.

insoggettìre [comp. di *in-* (*1*) e *soggetto*] **A** v. tr. (*io insoggettìsco*, *tu insoggettìsci*) **1** (*raro*) Mettere in soggezione. **2** †Soggiogare, assoggettare. **B** v. intr. pron. ● (*raro*) Entrare in soggezione: *insoggettirsi davanti all'uditorio*.

insognàre [da *insogno*] v. tr. e intr. (*io insógno*; aus. *avere*) ● (*pop.*) Sognare: *ma tu te lo sei insognato!*

insógno [lat. *insŏmniu(m)*, comp. di *in-* ints. e *sŏmnium* 'sogno'] s. m. ● (*raro*, *pop.*) Sogno: *ho fatto uno spaventoso i.*

insolazióne [vc. dotta, lat. *insolatiōne(m)*, da *insolātus*, part. pass. di *insolāre* 'esporre al sole'] s. f. **1** Esposizione di un corpo al sole perché ne riceva la luce e il calore. **2** (*med.*) Stato patologico provocato da una lunga esposizione al sole con alterazione del sistema termoregolatore dell'organismo e stato di shock. **3** (*astron.*) Illuminazione di un corpo da parte del sole.

insolcàbile [comp. di *in-* (*3*) e *solcabile*] agg. ● Che non si può solcare.

insolcàre [vc. dotta, lat. tardo *insulcāre*, comp. di *in-* raff. e *sulcāre* 'solcare'] v. tr. (*io insólco*, *tu insólchi*) ● (*raro*, *lett.*) Solcare | (*raro*) Segnare limiti spaziali con solchi.

insolcatùra s. f. ● (*raro*) Atto, effetto dell'insolcare.

insolènte [vc. dotta, lat. *insolĕnte(m)*, originariamente 'insolito', comp. di *in-* neg. e di un deriv. di *solēre* 'essere solito'] agg. ● Che adotta maniere arroganti, o non usa il dovuto rispetto verso qc.: *scolaro i.*; *maniere insolenti*. || **insolenteménte**, avv. Da insolente: *comportarsi insolentemente*; con insolenza: *rispondere insolentemente*.

insolentìre [da *insolente*] **A** v. tr. (*io insolentìsco*, *tu insolentìsci*) **1** Apostrofare, trattare qc. con insolenza. SIN. Insultare. **2** (*raro*) Rendere insolente: *il successo lo insolentì*. **B** v. intr. (aus. *essere* nel sign. 1, *avere* nel sign. 2) **1** Diventare insolente. **2** Usare atti e parole insolenti: *insolentì vigliaccamente contro quel vecchio*.

insolènza [vc. dotta, lat. *insolĕntia(m)*, da *īnsolens*, genit. *insolĕntis* 'insolente'] s. f. **1** Qualità di chi è insolente. SIN. Arroganza. **2** Parola o atto insolente: *scagliare un'i. contro qc.* SIN. Villania.

insolfàre ● V. *inzolfare*.

insòlia ● V. *inzolia*.

insòlito [vc. dotta, lat. *insŏlitu(m)*, comp. di *in-* neg. e *sŏlitus* 'solito'] agg. ● Diverso dal solito, non consueto: *discorso*, *comportamento*, *avvenimento i.* | Straordinario: *un'estate con un caldo i.* | Strano: *un rumore i.* || **insolitaménte**, avv. In modo insolito: *lo trovai insolitamente triste*.

†insollàre [comp. di *in-* (*1*) e *sollo*] v. tr. ● Rendere sollo, molle (*anche fig.*).

†insollìre [comp. di *in-* (*1*) e *sollo*] **A** v. tr. ● (*raro*) Insollare. **B** v. intr. ● (*raro*) Diventare sollo.

insolùbile [vc. dotta, lat. tardo *insolūbile(m)*, comp. di *in-* neg. e *solūbilis* 'solubile'] agg. **1** Che non si può sciogliere: *legame*, *impegno*, *vincolo i.* SIN. Indissolubile. **2** (*chim.*) Di sostanza che non si scioglie in un determinato solvente: *i. in acqua*, *in alcol*. **3** (*fig.*) Che non si può risolvere, decidere: *dubbio*, *problema*, *questione i.* SIN. Insolvibile. **4** (*raro*) Che non può essere riscosso: *somma i.* || **insolubilménte**, avv. In modo da non potersi sciogliere.

insolubilità [vc. dotta, lat. tardo *insolubilitāte(m)*, da *insolūbilis* 'insolubile'] s. f. ● Qualità di ciò che è insolubile (*anche fig.*): *l'i. di una sostanza*, *di un corpo*; *l'i. di una questione*.

insolùto [vc. dotta, lat. *insolūtu(m)*, comp. di *in-* neg. e *solūtus* 'soluto, sciolto'] agg. **1** Non risolto, chiarito, spiegato: *questione rimasta insoluta*. **2** Non sciolto: *sostanza insoluta*. **3** Che non è stato pagato: *debito i.*

insolvènte [comp. di *in-* (*3*) e *solvente*] agg. ● (*dir.*) Che versa in condizione di insolvenza: *imprenditore i.*

insolvènza [da *insolvente*] s. f. ● (*dir.*) Incapacità del debitore di adempiere gli obblighi assunti servendosi dei mezzi ordinari di pagamento | *I. fraudolenta*, reato di chi, dissimulando il proprio stato d'insolvenza, contrae un'obbligazione col proposito di non adempierla e non la soddisfa.

insolvìbile [comp. di *in-* (*3*) e *solvibile*, sul modello del corrispondente fr. *insolvable*] agg. **1** Che non può pagare: *debitore i.* **2** (*raro*) Insolubile.

insolvibilità [comp. di *in-* (*3*) e *solvibilità*, sul modello del corrispondente fr. *insolvabilité*, da *insolvable* 'insolvibile'] s. f. ● Condizione d'insolvibile: *l'i. della ditta*.

insómma o (*raro*) **in sómma** [comp. di *in* e *somma*] **A** avv. ● In breve, infine, in conclusione (con valore concl.): *non occorre i. che io mi dilunghi oltre sull'argomento*; *i. è chiaro che non vuole saperne*; *In somma sappi che tutti fur cherci / e litterati grandi e di gran fama* (DANTE *Inf.* XV, 106-107). **B** in funzione di inter. ● Esprime impazienza, irritazione e sim.: *i.! si può sapere cosa vuoi?*; *i., la smettete sì o no?*; *i., basta!*; *i.! qui non si capisce più niente!* | (*fam.*, *scherz.*) *In somma delle somme!* | Con valore dub.: così così, né bene né male: *'Come va?' 'i.!'*

insommergìbile [comp. di *in-* (*3*) e *sommergibile*] agg. ● Che non si può sommergere.

insommergibilità s. f. ● (*raro*) Qualità di ciò che è insommergibile.

insondàbile [comp. di *in-* (*3*) e *sondabile*, sull'es. del fr. *insondable* (da *sonder* 'sondare', da *sonde* 'sonda')] agg. ● Che non si può misurare con lo scandaglio: *profondità i.* | Inesplorabile (*anche fig.*): *foresta i.*; *è un mistero i.*

insònne [vc. dotta, lat. *insŏmne(m)*, comp. di *in-* neg. e *sŏmnus* 'sonno'] agg. **1** Che non ha sonno o non riesce ad addormentarsi: *essere i. per l'ansia*, *per la stanchezza* | (*est.*) Che trascorre, o è trascorso, senza dormire: *notte i.* **2** (*est.*) Instancabile, alacre: *un ricercatore i.* | Che non permette riposo: *svolgere un'attività i.*

insònnia [vc. dotta, lat. *insŏmnia(m)*, da *insŏmnis* 'insonne'] s. f. ● Impossibilità o difficoltà a prendere sonno, ovvero precoce e definitivo risveglio: *soffrire di i.*

insonnolito [dal part. pass. di **insonnolire*, comp. di *in-* (*1*) e *sonno*, ampliato con il suff. vezz. *-ol-*] agg. ● Assonnato, mezzo addormentato.

insonorizzànte **A** part. pres. di *insonorizzare*; anche agg. ● Nel sign. del v. **B** s. m. ● Materiale usato per l'isolamento acustico.

insonorizzàre [comp. di *in-* (*3*) e *sonorizzare*, secondo il fr. *insonoriser*] v. tr. ● Rendere impenetrabile ai rumori, isolare acusticamente.

insonorizzàto part. pass. di *insonorizzare*; anche agg. ● Nel sign. del v.

insonorizzazióne s. f. ● Atto, effetto dell'insonorizzare.

insonòro [comp. di *in-* (*3*) e *sonoro*, sul tipo del fr. *insonore*] agg. ● (*raro*) Che non è sonoro.

insopportàbile [vc. dotta, lat. crist. *insupportābile(m)*, comp. di *in-* neg. e di un deriv. di *supportāre* 'sopportare', preso dal fr. *insupportable*] agg. **1** Che non si può sopportare o tollerare: *fame*, *sete i.*; *fatica*, *sforzo i.*; *caldo*, *freddo i.* | (*raro*) Che non si deve tollerare, tanto è grave: *insulto i.* SIN. Insostenibile, intollerabile. **2** †Insofferente, intollerante. || **insopportabilménte**, avv.

insopportabilità s. f. ● Carattere di ciò che è insopportabile.

insopprimìbile [comp. di *in-* (*3*) e *sopprimibile*] agg. ● Che non si può sopprimere, reprimere o contenere: *necessità i.*; *la libertà è un'aspirazione i.*

insopprimibilità [da *insopprimibile*] s. f. ● (*raro*) Carattere di ciò che è insopprimibile.

insordire [comp. di *in-* (*1*) e *sordo*] v. intr. (*io insordìsco*, *tu insordìsci*; aus. *essere*) ● (*raro*) Diventare sordo. SIN. Assordire.

insorgènte part. pres. di *insorgere*; anche agg. **1** Nei sign. del v. **2** Che sta iniziando, che comincia a manifestarsi: *pericolo*, *difficoltà i.*; *aggravamento*, *complicazione i.*

insorgènza s. f. ● Manifestazione improvvisa di q.c., spec. di malattia, febbre, complicazioni e sim.

insórgere o **†insùrgere** [vc. dotta, lat. *insūrgere*, comp. di *in-* 'su' e *sūrgere* 'sorgere'] v. intr. (coniug. come *sorgere*; aus. *essere*) **1** Sollevarsi, levarsi contro qc. o q.c. che non si deve o non si può tollerare: *i. contro lo straniero invasore*, *contro la tirannia*; *l'assemblea insorse a protestare*. SIN. Ribellarsi, rivoltarsi. **2** Sorgere, apparire, manifestarsi all'improvviso: *il vento e la tempesta insorsero all'alba*; *le difficoltà insorgono all'ultimo momento*.

insorgiménto s. m. ● (*raro*) Atto dell'insorgere, spec. di ostacoli o cose spiacevoli.

insormontàbile [comp. di *in-* (*3*) e *sormontabile*, sul modello del fr. *insurmontable*] agg. ● Che non è possibile superare, vincere: *difficoltà i.* SIN. Insuperabile, invincibile.

insórto o **†insùrto** **A** part. pass. di *insorgere*; anche agg. ● Nei sign. del v. **B** s. m. (f. *-a*) ● Chi partecipa o ha partecipato a una insurrezione: *gli insorti penetrarono nel palazzo*.

insospettàbile [comp. di *in-* (*3*) e *sospettabile*, come il fr. *insoupçonnable*] agg. **1** Che non può dare adito a sospetto: *tenere un comportamento i.* **2** (*est.*) Impensato, impreveduto: *in quel frangente ha dimostrato un i. sangue freddo*. || **insospet-**

tabilménte, avv.

insospettabilità s. f. ● Qualità di chi o di ciò che è insospettabile.

insospettàto [comp. di *in-* (*3*) e *sospettato*, sul modello del fr. *insoupçonné*] agg. *1* Che non ha suscitato sospetti: *condotta insospettata*. *2* (*est.*) Che non si era previsto o supposto: *resistenza, volontà insospettata*.

insospettìre [comp. di *in-* (*1*) e *sospetto*] **A** v. tr. (*io insospettìsco, tu insospettìsci*) ● Suscitare sospetto, mettere in sospetto qc.: *il suo strano comportamento insospettì le guardie*. **B** v. intr. e intr. pron. (aus. *essere*) ● Entrare, mettersi in sospetto: *insospettirsi per una telefonata anonima*.

insospettìto part. pass. di *insospettire*; anche agg. ● Nei sign. del v.

insostenìbile [comp. di *in-* (*3*) e *sostenibile*] agg. *1* Che non si può sostenere, affrontare e sim.: *impegno i.*; *spese insostenibili*. *2* Che non si può difendere (*anche fig.*): *posizione i.*; *tesi i.*

insostenibilità [comp. di *in-* (*3*) e *sostenibilità*] s. f. ● Carattere di ciò che è insostenibile (*spec. fig.*): *l'i. di una teoria*; *l'i. di una posizione di difesa*.

insostituìbile [comp. di *in-* (*3*) e *sostituibile*] agg. ● Che non può essere sostituito, per caratteristiche che lo distinguono da altri: *è un pezzo i. della collezione*; *persona i. nel lavoro*.

insostituibilità s. f. ● Carattere di chi o di ciò che è insostituibile.

insozzaménto s. m. ● Modo e atto dell'insozzare.

insozzàre o **insozzàre** [comp. di *in-* (*1*) e *sozzo*] **A** v. tr. (*io insózzo*) ● Imbrattare, sporcare, macchiare (*anche fig.*): *i. un vestito di sangue*; *i. il proprio nome col disonore*. **B** v. rifl. ● Macchiarsi, sporcarsi (*spec. fig.*): *insozzarsi di fango, di vergogna*. **C** v. intr. (aus. *essere*) ● †Diventare sozzo.

insperàbile [vc. dotta, lat. tardo *insperābile*(*m*), comp. di *in-* neg. e *sperābilis* 'sperabile'] agg. ● Che non si può o non è logico sperare: *aiuto, fortuna i.* || **insperabilménte**, avv. In maniera insperabile.

insperanzìre [comp. di *in-* (*1*) e *speranza*] v. tr. (*io insperanzìsco, tu insperanzìsci*) ● (*raro, lett.*) Confortare, dare speranza.

insperàto o (*arc.*) **inisperàto** [vc. dotta, lat. *insperātu*(*m*), comp. di *in-* neg. e *sperātus* 'sperato'] agg. ● Che non si era sperato, che va oltre ogni speranza: *soccorso, successo i.* | Improvviso, inaspettato: *Quanto alli accidenti, poiché sono insperati, non si può se non con gli esempli mostrarli e fare gli uomini cauti secondo quegli* (MACHIAVELLI). || **insperataménte**, avv. In modo insperato e imprevisto.

inspessìre e *deriv.* ● V. *ispessire* e *deriv.*

inspiegàbile [comp. di *in-* (*3*) e *spiegabile*] agg. ● Che non si può spiegare. || **inspiegabilménte**, avv.

inspiràbile ● V. *ispirabile*.

inspirabilità ● V. *ispirabilità*.

inspirànte ● V. *ispirante*.

inspiràre [vc. dotta, lat. *inspirāre*, comp. di *in-* 'dentro' e *spirāre* 'soffiare'] v. tr. (*io inspìro*) *1* Introdurre aria nei polmoni durante la respirazione (*anche ass.*): *i. ossigeno*; *i. profondamente* | (*est.*) Introdurre altre sostanze nei polmoni, durante la respirazione: *i. ossido di carbonio, fumo, polvere, sostanze tossiche*. *2* V. *ispirare*.

inspiràto part. pass. di *inspirare*; anche agg. *1* Nei sign. del v. *2* V. *ispirato*.

inspiratóre [vc. dotta, lat. *inspiratōre*(*m*), da *inspirātus* 'inspirato'] **A** agg. *1* (*anat.*) Detto di muscolo addetto al meccanismo dell'inspirazione. *2* V. *ispiratore*. **B** s. m. ● (*anat.*) Muscolo inspiratore.

inspiratòrio agg. ● Pertinente all'inspirazione.

inspirazióne o (*raro*) †**ispirazióne** [vc. dotta, lat. tardo *inspiratiōne*(*m*), da *inspirātus* 'inspirato'] s. f. *1* Atto dell'inspirare, primo tempo della respirazione, con cui nuova aria viene introdotta dall'esterno nei polmoni. *2* V. *ispirazione*.

instàbile o (*raro*) **istàbile** [vc. dotta, lat. *instābile*(*m*), comp. di *in-* neg. e *stăbilis* 'stabile'] agg. *1* Che non è stabile ed è soggetto a continue modificazioni di posizione: *a causa dei movimenti del mare il carico nella stiva era i.* | (*fis.*) *Equilibrio i.*, condizione di un sistema tale che sottoposto a piccoli spostamenti tende ad allontanarsi dalla posizione iniziale. *2* (*est.*) Che è soggetto a improvvise variazioni: *tempo i.*; *stagione i.* SIN. Variabile. *3* (*fig.*) Volubile, incostante, incerto: *volontà, indole, carattere, umore i.*; *sorte, fortuna i.* *4* (*ling.*) Detto di un suono esposto ad alterazione e a caduta. *5* (*chim.*) Detto di composto chimico che, per azione di calore, luce, reattivi e sim., si trasforma in prodotti diversi da quelli di partenza | Detto di legame chimico che, per azione di calore, luce, reattivi e sim., si rompe o reagisce facilmente. *6* (*fis.*) Detto di atomo o particella elementare che si disintegra spontaneamente in nuclei o particelle di massa inferiore, liberando energia. || **instabilménte**, avv.

instabilità o (*raro*) **istabilità** [vc. dotta, lat. tardo *instabilitāte*(*m*), comp. di *in-* neg. e *stabĭlitas*, genit. *stabilitātis* 'stabilità'] s. f. ● Condizione di ciò che è instabile: *l'i. delle cose del mondo*; *l'i. della sorte* | (*psicol.*) *I. emotiva*, tendenza a cambiare rapidamente di umore e di stato emotivo.

installàre o **istallàre** [comp. di *in-* (*1*) e *stallo*, secondo il fr. *installer*, inizialmente col senso del lat. mediev. *installāre* 'porre sullo *stallo* del coro della chiesa il nuovo beneficiario'] **A** v. tr. (*io instàllo*) *1* Insediare qc. in un ufficio, in una carica: *ha installato il suo protetto in un ottimo posto*. *2* Sistemare qc. in un dato luogo perché vi abiti per un certo tempo: *lo abbiamo installato per la durata del suo soggiorno presso amici fidati*. *3* (*est.*) Collocare in un luogo e mettere in condizioni di funzionare un apparecchio, una macchina e sim.: *i. il telefono, il televisore, un semaforo*. **B** v. intr. pron. ● Accomodarsi in modo stabile in un luogo: *i. in un appartamento centrale, in una villa*; *si è installato in casa nostra e non vuole andarsene*.

installatóre o **istallatóre** [fr. *installateur*, da *installer* 'installare'] s. m. (f. *-trice*) ● Chi provvede a installare impianti, macchinari, armature metalliche e sim.

installazióne o **istallazióne** [fr. *installation*, da *installer* 'installare'] s. f. *1* Atto, effetto dell'installare e dell'installarsi. SIN. Insediamento. *2* Collocazione o montaggio di apparecchi, impianti, attrezzature e sim.: *chiedere l'i. del telefono e del gas* | (*est.*) Impianto, attrezzatura installata: *cambiare l'i. dell'acqua*.

instancàbile [comp. di *in-* (*3*) e *stancabile*] agg. *1* Che non sente stanchezza o dà l'impressione di non aver mai bisogno di riposo: *lavoratore i.* SIN. Infaticabile. *2* (*est.*) Che non si ferma mai: *attività, impegno, premura i.* SIN. Indefesso. || **instancabilménte**, avv.

instancabilità s. f. ● (*raro*) Qualità di chi, di ciò che è instancabile.

instant-book /ingl. 'instənt buk/ [vc. ingl., comp. di *instant* 'istante, istantaneo' e *book* 'libro'] s. m. inv. (pl. ingl. *instant-books*) ● Libro su un avvenimento di grande risonanza, pubblicato entro un tempo brevissimo dal verificarsi dell'avvenimento stesso.

istànte o (*raro*) **istànte** (**1**) **A** part. pres. di *instare*; anche agg. ● Nei sign. del v. || **instanteménte**, avv. (*lett.*) Con insistenza. **B** s. m. e f. ● Chi rivolge domanda o istanza.

instant movie /ingl. 'instənt 'mu:vi/ [loc. ingl., propr. 'cinema istantaneo'] loc. sost. m. inv. (pl. ingl. *instant movies*) ● Film su un avvenimento di grande risonanza, girato e fatto uscire entro un tempo brevissimo dal verificarsi dell'avvenimento stesso.

†**instànza** ● V. *istanza*.

instàre o (*raro*) **istàre** [vc. dotta, lat. *instāre*, comp. di *in-* 'sopra' e *stāre* 'stare'] v. intr. (pres. *io insto, tu insti*; nelle altre forme coniug. come *stare*; dif. del part. pass. e dei tempi composti) *1* Far pressione, chiedere con insistenza o sollecitare per ottenere q.c.: *i. con minacce, con preghiere*; *instavano li prelati che si desse principio all'opera* (SARPI). SIN. Insistere. *2* (*lett.*) Incombere, sovrastare.

instauràre o **istauràre** [vc. dotta, lat. *instaurāre*, di etim. incerta, ripreso dal fr. *instaurer*] **A** v. tr. (*io instàuro*) *1* Fissare, stabilire innovando rispetto al passato: *i. un nuovo ordine sociale, un'era di giustizia*; *quel sarto ha instaurato una nuova moda*. *2* Restaurare, reintegrare, ricostituire | †*I. il vuoto*, colmarlo. *3* (*dir.*) Fare sorgere: *i. un processo*. **B** v. intr. pron. ● Prendere avvio, avere inizio: *si instaurò un regime dittatoriale*; *si instaurò un'epoca di giustizia*.

instauràto o **istauràto**, part. pass. di *instaurare*; anche agg. ● Nei sign. del v.

instauratóre o **istauratóre** [vc. dotta, lat. tardo *instauratōre*(*m*), da *instaurātus* 'instaurato', come il fr. *instaurateur*] s. m. (f. *-trice*) ● Chi instaura, dà l'avvio a q.c.

instaurazióne o **istaurazióne** [vc. dotta, lat. tardo *instauratiōne*(*m*), da *instaurātus* 'instaurato', sul modello del fr. *instauration*] s. f. ● Atto, effetto dell'instaurare e dell'instaurarsi: *l'i. di una nuova moda*; *l'i. del governo costituzionale*.

insterilìre ● V. *isterilire*.

instigàre e *deriv.* ● V. *istigare* e *deriv.*

instillaménto o **istillaménto**. s. m. ● (*raro*) Atto dell'instillare.

instillàre o **istillàre** [vc. dotta, lat. *instillāre*, comp. di *in-* 'su' e *stillāre*, da *stĭlla* 'goccia'] v. tr. *1* Immettere, versare goccia a goccia: *i. alcune gocce di collirio nell'occhio*. *2* (*fig.*) Insinuare, ispirare a poco a poco sentimenti, principi e sim.: *i. odio, amore nell'animo di qc.*; *i. buoni principi nella mente dei giovani*. SIN. Infondere.

instillàto o **istillàto**. part. pass. di *instillare*; anche agg. ● Nei sign. del v.

instillazióne o **istillazióne** [vc. dotta, lat. *instillatiōne*(*m*), da *instillātus* 'instillato'] s. f. *1* Atto dell'instillare. *2* (*med.*) Deposizione di piccole quantità di soluzione medicamentosa a contatto di una mucosa.

institóre o **istitóre** [vc. dotta, lat. tardo *institōre*(*m*), da *instāre* nel sign. di 'soprastare' (V. *instare*)] s. m. ● (*dir.*) Colui che è preposto dal titolare all'esercizio di un'impresa commerciale o di una sede secondaria o di un ramo particolare della stessa.

institòrio o **istitòrio** [vc. dotta, lat. tardo *institōriu*(*m*), da *īnstitor*, genit. *institōris* 'institore'] agg. ● Relativo all'institore.

instituìre e *deriv.* ● V. *istituire* e *deriv.*

instolidìre [comp. di *in-* (*1*) e *stolido*] v. intr. (*io instolidìsco, tu instolidìsci*; aus. *essere*) ● (*raro*) Diventare stolido.

instradaménto o **istradaménto**. s. m. ● Atto, effetto dell'instradare (*anche fig.*).

instradàre o **istradàre** [comp. di *in-* (*1*) e *strada*] **A** v. tr. *1* Mettere in movimento o far proseguire per una strada determinata: *i. un'autocolonna, un gruppo di turisti*. *2* (*fig.*) Avviare, dando consigli e suggerimenti utili: *i. qc. sulla via del bene, del male*; *i. un ragazzo negli studi*; *i. qc. verso la ricerca*. **B** v. intr. pron. ● Indirizzarsi verso un corso di studi, una carriera e sim.

†**instroménto** ● V. *strumento*.

instruìre e *deriv.* ● V. *istruire* e *deriv.*

†**instruménto** ● V. *strumento*.

instupidìre ● V. *istupidire*.

insù [comp. di *in* ('verso') e *su*] avv. ● In su, in alto, spec. nelle loc. avv. *all'i.*, *per i.*, *dall'i.*, verso l'alto, dall'alto: *andare all'i.*; *guardare all'i.*; *capelli piegati all'i.*; *voltato all'i.* CONTR. Ingiù.

insubordinatézza s. f. ● Caratteristica o tendenza di chi è insubordinato.

insubordinàto [comp. di *in-* (*3*) e *subordinato*] agg.; anche s. m. (f. *-a*) ● Che, chi trascura l'obbedienza verso i superiori o la sottomissione a una disciplina: *truppe insubordinate*; *equipaggio i.*; *punire gli insubordinati* | (*est.*) Che, chi è indocile e indisciplinato: *scolari, ragazzi insubordinati*; *correggere gli insubordinati*. || **insubordinataménte**, avv. Da insubordinato.

insubordinazióne [comp. di *in-* (*3*) e *subordinazione*] s. f. *1* Comportamento di chi viene meno agli obblighi della subordinazione. SIN. Indisciplina. *2* Azione da insubordinato: *punire ogni i.* *3* (*dir.*) Reato del militare che usa violenza ad altro militare a lui superiore nel grado o nel comando, ovvero lo minaccia o l'ingiuria.

ìnsubre [vc. dotta, lat. *Īnsubre*(*m*), di origine celt., che viene interpretato 'molto (*in-*) forte, violento (**suebro-*)'] agg. ● (*poet.*) Lombardo: *già la guerra / covre l'i. terra* (CARDUCCI).

insuccèsso [comp. di *in-* (*3*) e *successo*, sul tipo del corrisp. fr. *insuccès*] s. m. ● Cattivo esito, mancato successo di q.c.: *tentativo destinato all'i.* | Opera, impresa che non riscuote approvazione o plauso: *quella commedia è stata un i.* SIN. Fallimento, fiasco.

insudiciàre [comp. di *in-* (*1*) e *sudicio*] **A** v. tr. (*io insùdicio*) *1* Rendere sudicio, sporcare, imbrattare: *uno schizzo di fango mi ha insudiciato il vestito* | *I. una tela*, (*fig.*) dipingere male | *Insudiciarsi i ginocchi*, (*fig.*) umiliarsi. *2* (*fig.*) Disonorare, macchiare: *i. la reputazione, il buon nome di qc.* **B** v. rifl. *1* Sporcarsi, imbrattarsi: *mi sono insudiciato cadendo.* *2* (*fig.*) Compromettersi, disonorarsi: *non insudiciarti in quelle tresche disoneste.*

insuèto [vc. dotta, lat. *insuētu(m)*, comp. di *in-* neg. e *suētus*, part. pass. di *suēscere* 'abituarsi', di origine indeur.] agg. *1* (*lett.*) Inconsueto, insolito. *2* (*raro*) Che non è avvezzo o assuefatto, detto di persona.

insuetùdine [vc. dotta, lat. tardo *insuetūdine(m)*, comp. di *in-* neg. e *suetūdo*, genit. *suetūdinis*, da *suēscere* 'abituarsi', di origine indeur.] s. f. ● (*raro*) Mancanza di abitudine o assuefazione a qc. o q.c.

insufficiènte [vc. dotta, lat. tardo *insufficiĕnte(m)*, comp. di *in-* neg. e *sufficiens*, genit. *sufficiĕntis* 'sufficiente'] agg. *1* Che non è sufficiente, bastevole o adeguato a un certo scopo o fine: *alimentazione i. per vivere*; *motivi insufficienti a giustificare un errore*; *cifra i. a pagare un debito* | (*est.*) Non idoneo: *i. a un ufficio*; *i. al compito che l'attende.* *2* Detto di preparazione, rendimento, risultato scolastico inferiore al minimo prescritto: *all'esame fu giudicato i. in storia*; *riportare un voto i. in una materia.* || **insufficienteménte**, avv.

insufficiènza [vc. dotta, lat. tardo *insufficiĕntia(m)*, comp. di *in-* neg. e *sufficiĕntia* 'sufficienza'] s. f. *1* Carattere di ciò che è insufficiente per quantità, numero, qualità: *l'i. della alimentazione ha indebolito l'organismo*; *l'i. dello stipendio non consente una vita decorosa.* *2* Manchevolezza, difetto: *sono emerse molte insufficienze nella preparazione* | Inidoneità, inettitudine: *il governo ha ammesso la propria i. ad affrontare la crisi.* *3* Votazione scolastica inferiore al minimo prescritto per essere promosso: *prendere un'i. in latino*; *riportare due insufficienze all'esame.* *4* (*med.*) Riduzione dell'attività di un organo al di sotto dei livelli minimi richiesti per mantenere l'equilibrio dell'organismo: *i. cardiaca, renale, epatica, respiratoria.*

insufflàre [vc. dotta, lat. tardo *insufflāre* 'soffiare dentro'] v. tr. *1* (*lett.*) Soffiare sopra o dentro: *i. aria in un piffero.* *2* (*med.*) Introdurre aria, a scopo diagnostico o terapeutico, in una cavità naturale. *3* (*raro, fig.*) Infondere, ispirare: *i. sentimenti malvagi in qc.* *4* (*raro*) Suggerire.

insufflatóre s. m. ● (*med.*) Strumento per insufflazione.

insufflazióne [vc. dotta, lat. tardo *insufflatiōne(m)*, da *insufflātus*, part. pass. di *insufflāre* 'insoffiare'] s. f. ● (*med.*) Introduzione a scopo terapeutico o diagnostico di un medicamento polverizzato nelle cavità naturali comunicanti con l'esterno.

ìnsula [vc. dotta, lat. *īnsula(m)*, di etim. incerta] s. f. *1* (*archeol.*) Isolato di una città romana. *2* (*anat.*) Area sensoriale della neocorteccia del telencefalo, dove probabilmente terminano le vie gustative.

insulàre [vc. dotta, lat. tardo *insulāre(m)*, da *īnsula* 'insula'] **A** agg. ● Di, relativo a, una o più isole: *clima i.*; *flora, fauna i.* | (*geol.*) *Arco i.*, serie di isole vulcaniche disposte ad arco, costituente una delle grandi strutture della superficie della terra. **B** s. m. e f. ● Abitante, nativo di un'isola: *gli insulari e i peninsulari.*

insularìsmo s. m. *1* Carattere insulare di un territorio. *2* Tendenza di un Paese insulare all'isolamento politico-culturale rispetto ai Paesi del continente: *l'i. della Gran Bretagna.*

insularità s. f. ● Qualità di ciò che è insulare | Caratteristica di ciò che è formato da isole.

insulìna [dal n. di 'isole' (lat. *īnsulae*) dato a particolari formazioni del pancreas] s. f. ● (*med.*) Ormone antidiabetico prodotto dalle isole del pancreas.

insulìnico agg. (pl. m. *-ci*) ● (*med.*) Dell'insulina | *Shock i.*, ottenuto con insulina, per la cura della schizofrenia.

insulinìsmo s. m. ● (*med.*) Intolleranza alla cura insulinica.

insulinoterapìa [comp. di *insulin(a)* e *terapia*] s. f. ● (*farm.*) Terapia eseguita mediante somministrazione di insulina: *i. nel diabete.*

insulsàggine s. f. *1* L'essere insulso: *l'i. di quel lungo discorso ha annoiato tutti.* SIN. Futilità, stupidaggine. *2* Discorso, comportamento da individuo insulso: *non riesco a ridere alle sue insulsaggini.* SIN. Futilità, stupidaggine.

insulsità [vc. dotta, lat. *insulsitāte(m)*, da *insŭlsus* 'insulso'] s. f. ● Insulsaggine.

insùlso [vc. dotta, lat. *insŭlsu(m)*, comp. di *in-* neg. e *sălsus* 'salso, salato', da *săl*, genit. *sălis* 'sale', in senso fig.] agg. *1* (*raro*) Privo di sale, scipito: *sapore, cibo i.* *2* (*fig.*) Sciocco, futile: *discorso, complimento i.* | Privo di attrattiva o interesse: *è una persona insulsa.* || **insulsaménte**, avv. Da insulso; scioccamente.

insultàbile agg. *1* Che può essere insultato. *2* †Che è soggetto a improvviso assalto militare.

insultànte part. pres. di *insultare*; anche agg. ● Nei sign. del v.

insultàre [vc. dotta, lat. *insultāre*, propr. 'saltare (*saltāre*) addosso, contro (*in-*)'] **A** v. tr. *1* Rivolgere ingiuria, offesa grave a qc. o q.c.: *i. qc. negli affetti più cari*; *i. la memoria di qc.* SIN. Ingiuriare, offendere, vituperare. *2* †Assaltare d'impeto un luogo, senza farvi trincea sotto e senza breccia. **B** v. intr. (aus. *avere*) ● (*poet.*) Essere offensivo, ingiurioso | Irridere, schernire: *i. ai deboli.*

insultatóre [vc. dotta, lat. *insultatōre(m)*, da *insultātus*, part. pass. di *insultāre* 'insultare'] agg.; anche s. m. (f. *-trice*) ● Che, chi insulta: *un volgare i.*; *modo, comportamento i.*; *e la scolta insultatrice / di spavento tramortì* (MANZONI).

insùlto [vc. dotta, lat. eccl. *insŭltu(m)*, da *insultāre* in senso morale] s. m. *1* Ingiuria, offesa grave lesiva dei sentimenti, dell'onore o della dignità di qc.: *i. atroce, sanguinoso*; *parole che costituiscono i. alla sua memoria* | (*fig.*) Danno, usura: *statua esposta agli insulti delle intemperie.* *2* Accesso, colpo: *i. apoplettico.* *3* †Attacco, assalto di armati: *quello i. era simulato e non vero* (MACHIAVELLI). || **insultarèllo**, **insulterèllo**, dim.

insuperàbile [vc. dotta, lat. *insuperābile(m)*, comp. di *in-* neg. e *superābilis* 'superabile'] agg. *1* Che non si può superare od oltrepassare: *un i. fiume in piena.* *2* Che non si può vincere: *ostacolo, difficoltà i.* SIN. Insormontabile. *3* (*fig.*) Eccellente, straordinario, eccezionale: *artigiano i. nel suo mestiere*; *si è rivelato un regista i.* SIN. Imbattibile, inarrivabile. || **insuperabilménte**, avv.

insuperabilità s. f. ● (*raro*) Carattere di chi o di ciò che è insuperabile (*anche fig.*): *l'i. di un ostacolo*; *l'i. di un artista.*

insuperàto [vc. dotta, lat. tardo *insuperātu(m)*, comp. di *in-* neg. e *superātus* 'superato'] agg. ● Che non è stato ancora superato: *record i.*; *qualità insuperata*; *gloria, grandezza insuperata*; *interpretazione teatrale insuperata.*

insuperbiménto s. m. ● (*raro*) Atto, effetto dell'insuperbire e dell'insuperbirsi.

insuperbìre [comp. di *in-* (*1*) e *superbo*] **A** v. tr. (*io insuperbìsco, tu insuperbìsci*) ● Rendere o fare diventare superbo: *i troppi successi lo hanno insuperbito.* **B** v. intr. e intr. pron. (aus. *essere*) *1* Diventare superbo, altero: *per quella bravata non c'è da insuperbirsi*; *deh, non insuperbir per tua bellezza, / donna; ch'un breve tempo te la fura* (POLIZIANO). *2* (*tosc.*) †Montare in collera.

†**insùrgere** ● V. *insorgere.*

insurrezionàle [da *insurrezione*, sul tipo del fr. *insurrectionnel*] agg. ● Di insurrezione: *moto i.* | Creato dagli insorti: *comitato i.*

insurrezióne [vc. dotta, lat. tardo *insurrectiōne(m)*, da *insurrĕctus*, part. pass. di *insŭrgere* 'insorgere', ripreso dal fr. *insurrection*] s. f. ● Sollevazione collettiva spec. contro le autorità costituite e il potere statale: *l'i. popolare si estende in modo fulmineo*; *reprimere un'i. nel sangue.*

†**insusàrsi** [comp. di *in-* (*1*) e *su(so)*] v. intr. pron. ● Andare in su, in alto: *O cara piota mia che sì t'insusi* (DANTE *Par.* XVII, 13).

insuscettìbile [comp. di *in-* (*3*) e *suscettibile*] agg. ● (*raro*) Che non è capace di, che non è atto a, subire modificazioni: *tassa i. di aggravio.*

insussistènte [comp. di *in-* (*3*) e *sussistente*] agg. ● Che non sussiste, che non ha reale fondamento: *pericolo i.*; *affermazione i.* | Falso: *accusa i.* SIN. Inconsistente, inesistente.

insussistènza [comp. di *in-* (*3*) e *sussistenza*] s. f. *1* Inesistenza: *i. di un reato.* *2* Infondatezza, falsità: *i. di un'accusa.* *3* (*econ.*) Variazione del capitale di un'azienda per inesistenza di valori attivi o passivi, causati da fatti estranei alla gestione.

intabaccàre [comp. di *in-* (*1*) e *tabacco*, in ogni senso] **A** v. tr. (*io intabàcco, tu intabàcchi*) ● Insudiciare di tabacco: *i. un vestito* | *Intabaccarsi le mani*, sporcarsi le mani di tabacco. **B** v. intr. pron. ● (*tosc.*) †Invischiarsi, ingolfarsi, spec. in una passione amorosa o nel gioco.

intabarràre [comp. di *in-* (*1*) e *tabarro*] **A** v. tr. *1* Avvolgere in un tabarro. *2* (*est.*) Coprire con indumenti pesanti. SIN. Imbacuccare. **B** v. rifl. *1* Avvolgersi in un tabarro. *2* Coprirsi con indumenti pesanti.

intabescènza [dal part. pres. (*intabescĕnte(m)*) del lat. *intabēscere*, comp. di *in-* illativo e dell'incoat. di *tabēre* 'fondersi, consumarsi', di origine indeur.] s. f. ● (*med.*) Consunzione.

†**intàcca** s. f. ● Tacca.

intaccàbile agg. ● Che si può intaccare (*anche fig.*): *superficie i.*; *teoria i.*

intaccaménto s. m. ● Atto, effetto dell'intaccare.

intaccàre [comp. di *in-* (*1*) e *tacca*] **A** v. tr. (*io intàcco, tu intàcchi*) *1* Incidere q.c. producendo una o varie tacche: *i. il banco col temperino.* *2* (*est.*) Attaccare, corrodere: *l'acido intacca la stoffa*; *la ruggine intacca il ferro* | *I. la lama del coltello, del rasoio*, guastarne il filo. *3* Infettare: *il male ha intaccato anche l'altro polmone.* *4* (*fig.*) Cominciare a consumare q.c.: *i. il capitale*; *i. le provviste di riserva.* *5* (*fig.*) Ledere, offendere: *i. l'onore, la reputazione di qc.* | (*est., fig.*) Incrinare, recare danno: *i. col dubbio i principi morali di qc.* | (*fig.*) *I. una teoria*, cercare di infirmarla. *6* (*mar.*) Colpire il mare sollevando le onde, detto del vento | Cominciare a ricevere spinte o soffio nelle vele, navigando all'aria, detto di naviglio. **B** v. intr. (aus. *avere*) ● Tartagliare o intoppare nel parlare: *quando è molto stanco intacca un po'.*

intaccatùra s. f. *1* Atto, effetto dell'intaccare | Tacca. *2* Incavatura rettangolare all'orlo di un legno spianato e riquadrato al posto dello spigolo. *3* (*mar.*) Crespa dell'acqua percossa dal vento.

intàcco [da *intaccare*] s. m. (pl. *-chi*) *1* Segno o tacca che rimane su un corpo che è stato intaccato. SIN. Incavo, incisione. *2* (*raro*) Diminuzione, menomazione: *per pagare i debiti ha fatto un i. nel capitale.*

intagliaménto s. m. ● Modo, atto dell'intagliare.

intagliàre [comp. di *in-* (*1*) e *taglio*] v. tr. (*io intàglio*) *1* Scolpire a rilievo o d'intaglio | Modellare in alto o basso rilievo pietre dure. *2* Togliere, in certi motivi di ricamo, il tessuto superfluo in modo da formare una lavorazione traforata.

intagliatóre s. m. (f. *-trice*) ● Chi lavora d'intaglio, chi scolpisce in alto e in basso rilievo pietre dure e cammei.

intagliatrìce s. f. *1* (*raro, min.*) Incastratrice. *2* (*raro, min.*) Tagliatrice. *3* (*mecc.*) Cesoiatrice.

intagliatùra s. f. ● Opera dell'intagliare | Intaglio.

intàglio [da *intagliare*] s. m. *1* Arte e lavoro dello scolpire ad alto o basso rilievo pietre dure | In ebanisteria, tecnica decorativa a incisione o scultura molto usata nell'arte del mobile. *2* Oggetto intagliato: *un pregevole i.* *3* (*tecnol.*) Feritoia, cavità, incisione e sim., praticata in un elemento meccanico per svolgere varie funzioni, quali accogliere un risalto, far passare una vite di fissaggio: *gli intagli della mappa di una chiave.* *4* (*est.*) †Taglio, profilo, sagoma.

intaminàto [vc. dotta, lat. *intaminātu(m)*, dal part. pass. di **intamināre*] agg. ● (*raro, poet.*) Incontaminato.

intanàrsi [comp. di *in-* (*1*) e *tana*] v. intr. pron. *1* Entrare e nascondersi nella tana. *2* (*fig.*) Nascondersi, rinchiudersi: *si è intanato in camera per non vedere nessuno.*

intanfìre [comp. di *in-* (*1*) e *tanfo*] v. intr. (*io intanfìsco, tu intanfìsci*; aus. *essere*) ● (*raro*) Prendere odore di tanfo, di stantio.

intangìbile [comp. di *in-* (*3*) e *tangibile*] **agg.** ● Che non si può o non si deve toccare: *quel relitto sommerso contiene un tesoro i.* | (*est.*) Di cui non si può fare uso o commercio: *diritti intangibili*; *patrimonio, eredità i.* | (*est., fig.*) Inviolabile: *l'i. libertà del cittadino.* **SIN.** Intoccabile. || **intangibilménte**, **avv.**

intangibilità [comp. di *in-* (*3*) e *tangibilità*] **s. f.** ● Carattere di ciò che è intangibile.

intànto o (*raro*) **in tànto** [comp. di *in* e *tanto*] **A avv.** *1* In questo, in quello stesso tempo, nel frattempo: *io devo uscire un momento, tu i. aspettami qui*; *i. scendete mentre io mi preparo.* *2* Per il momento (con valore avversativo): *fa sempre delle promesse e i. continua a comportarsi male*; *non l'avrà fatto apposta, ma i. io mi trovo nei guai* | (*fam.*) *Per i.*: *per i. può bastare.* *3* Con valore concl., esprimendo la soddisfazione di avere raggiunto o terminato q.c.: *i. anche questo caso è stato chiarito!*; *i. tutto il materiale è pronto* | *E i.*, introduce un'amara constatazione: *e i. noi siamo rovinati.* **B** nella **loc. cong.** *i. che* ● Mentre (introduce una prop. temp. con il v. all'indic.): *i. che aspetti, leggiti questo articolo.*

intarlàre [comp. di *in-* (*1*) e *tarlo*] **v. intr. e intr. pron.** (aus. *essere*) ● Essere roso dai tarli.

intarlatùra **s. f.** ● Effetto dell'intarlare | Foro prodotto nel legno dal passaggio del tarlo | Polvere di legno prodotta dal tarlo.

intarmàre [comp. di *in-* (*1*) e *tarma*] **v. intr. e intr. pron.** (aus. *essere*) ● Essere roso dalle tarme: *i tessuti di lana intarmano se lasciati all'aperto.*

intarmatùra **s. f.** ● Effetto dell'intarmare | Danno provocato dalle tarme nei tessuti.

intarmolìre [comp. di *in-* (*1*) e *tarmola*, var. di *tarma*] **v. intr.** (*io intarmolìsco, tu intarmolìsci*; aus. *essere*) ● (*centr.*) Intarlare: *e un'altra vita brulicò nel legno / che intarmoliva* (PASCOLI).

intarsiaménto **s. m.** ● Modo, atto, effetto dell'intarsiare.

intarsiàre [comp. di *in-* (*1*) e *tarsia*] **v. tr.** (*io intàrsio*) *1* Lavorare a intarsio: *i. un mobile, un pannello.* *2* (*fig.*) Impreziosire uno scritto con immagini rare e ricercate, eleganze stilistiche e sim.

intarsiàto **part. pass.** di *intarsiare*; anche **agg.** ● Nei sign. del v.

intarsiatóre **s. m.** (f. *-trice*) ● Artigiano che esegue lavori d'intarsio.

intarsiatùra **s. f.** ● Atto, effetto dell'intarsiare | Prodotto del lavoro d'intarsio.

intàrsio [da *intarsiare*] **s. m.** *1* In ebanisteria, lavorazione consistente nell'inserire in una superficie lignea pezzetti di legno d'altro colore, scaglie di materiali rari e pregiati, quali tartaruga, madreperla e sim. per ottenere particolari effetti decorativi: *i. geometrico*; *lavorare un mobile a i.* | Prodotto di tale lavorazione, superficie intarsiata: *restaurare un i.* *2* (*est.*) Tessuto di diverso colore o materia, inserito per un effetto decorativo nel tessuto che forma l'abito. *3* (*med.*) *I. dentario*, forma particolare di otturazione di carie dentaria ottenuta mediante preparazione all'esterno della bocca del frammento otturante. *4* Gioco enigmistico simile all'incastro.

intartarìrsi [comp. di *in-* (*1*) e *tartaro*] **v. intr. pron.** (*io m'intartarìsco, tu t'intartarìsci*) ● (*med.*) Ricoprirsi di tartaro, detto di denti.

intasaménto o **intaṣaménto** **s. m.** ● Atto, effetto dell'intasare e dell'intasarsi. **SIN.** Ingorgo, ostruzione.

intasàre o **intaṣàre** [comp. di *in-* (*1*) e *taso*] **A v. tr.** *1* Ostruire, otturare, occludere fori, fessure, condotti e sim.: *le foglie secche hanno intasato lo scarico della fontana.* *2* (*est.*) Produrre un ingorgo o un arresto nel traffico dei veicoli: *la rottura di un semaforo ha intasato il traffico.* **B v. intr. pron.** ● Ostruirsi, occludersi: *i tubi della caldaia si sono intasati per le incrostazioni* | (*est.*) Prendere un'infreddatura tale da avere il naso completamente chiuso.

intasàto o **intaṣàto** **part. pass.** di *intasare*; anche **agg.** *1* Nei sign. del v. *2* (*raro*) Insudiciato.

intasatóre o **intaṣatóre** **s. m.** ● Accovonatore, nel sign. 2.

intasatùra o **intaṣatùra** **s. f.** *1* Effetto dell'intasare. **SIN.** Occlusione. *2* Ingombro: *l'i. di una strada per il traffico.* *3* (*raro*) Raffreddore, infreddatura.

intascàre [comp. di *in-* (*1*) e *tasca*] **v. tr.** (*io intàsco, tu intàschi*) *1* Mettere in tasca q.c. | (*est.*) Guadagnare in modo rapido o illecito: *ha intascato fior di quattrini in quell'affare.* *2* (*mar.*) Arrotolare brande, vele, o altro.

intassellàre [comp. di *in-* (*1*) e *tassello*] **v. tr.** (*io intassèllo*) ● Mettere tasselli | (*raro*) Riparare con tasselli.

intassellatùra **s. f.** ● Operazione dell'intassellare.

intàtto [vc. dotta, lat. *intāctu(m)*, comp. di *in-* neg. e *tāctus*, part. pass. di *tāngere* 'toccare'] **agg.** *1* Che non è mai stato toccato: *vette, nevi, spiagge intatte* | (*est.*) Non corrotto, puro: *fama intatta*; *verginità, innocenza intatta.* *2* (*est.*) Integro, intero, che non ha subìto danni o manomissioni: *sigillo i.*; *cadavere i.*; *forze intatte.* *3* (*est.*) Irresoluto, impregiudicato: *lasciare intatta una questione.* || **intattaménte**, **avv.** (*raro*) In modo intatto.

intavolàre [comp. di *in-* (*1*) e *tavola*] **v. tr.** (*io intàvolo*) *1* (*raro*) Mettere in tavola o sulla tavola. *2* (*fig.*) Dare inizio, cominciare: *i. una trattativa*; *i. un discorso, una questione.* *3* Nel gioco degli scacchi, ordinare i pezzi prima di incominciare la partita. *4* †Comporre lo scheletro di una nave | Impalcare q.c. con tavole. *5* †Trascrivere con note una musica. *6* †Intarsiare.

intavolàto **A** **part. pass.** di *intavolare*; anche **agg.** *1* Nei sign. del v. *2* †Dipinto su tavola | (*fig.*) †*Vento i.*, disteso, costante. **B** **s. m.** ● Tavolato, assito.

intavolatùra **s. f.** *1* Operazione dell'intavolare, spec. trattative, discussioni e sim. *2* (*mus.*) Sistema di notazione adottato per alcuni strumenti a corda consistente nella sostituzione alle note di cifre o lettere riportate su una tavola.

intavolazióne **s. f.** *1* Operazione consistente nell'ordinare in tavole dati numerici, statistici e sim. *2* (*dir.*) Nel sistema tavolare, registrazione fondiaria dell'acquisto di un immobile.

inteccherìto **agg.** ● (*pop., tosc.*) Intecchito.

intecchìto [var. dial. di *stecchito*] **agg.** ● (*pop., tosc.*) Impettito, irrigidito.

intedescàre [comp. di *in-* (*1*) e *tedesco*] **A v. tr.** (*io intedésco, tu intedéschi*) ● Rendere tedesco quanto ad abitudini, usi, mentalità. **B v. intr. pron.** ● Acquisire usi, caratteri tedeschi.

intedeschìre **v. tr. e intr. pron.** (*io intedeschìsco, tu intedeschìsci*) ● Intedescare.

integamàre [comp. di *in-* (*1*) e *tegame*] **v. tr.** ● (*raro*) Mettere nel tegame.

integèrrimo [vc. dotta, lat. *integĕrrimu(m)*, sup. di *ĭnteger*, genit. *ĭntegri* 'integro'] **agg.** (**sup.** di *integro*) ● Particolarmente onesto e incorruttibile: *funzionario, amministratore i.*; *costume i.*

integràbile [da *integrare*] **agg.** *1* Che si può integrare. *2* (*mat.*) Che ammette l'integrale.

integrabilità **s. f.** ● Condizione di ciò che è integrabile.

intègrafo [comp. di *inte(grale)* (*1*) e *-grafo*] **s. m.** ● (*mat.*) Strumento atto a tracciare meccanicamente una curva integrale a partire dalla rappresentazione grafica di una funzione.

integràle (1) [da *integro*] **agg.** *1* Intero, totale: *provvedere alla restituzione i. della refurtiva*; *è necessario un i. rimpasto del governo* | *Edizione i.*, senza alcuna omissione | (*autom.*) *Trazione i.*, V. *trazione.* *2* Detto di farina di frumento o altri cereali non (o solo parzialmente) abburattata, e dei prodotti da essa ottenuti: *pane, pasta i., biscotti integrali.* *3* (*raro*) Detto di parte integrante di un tutto: *il diritto è un aspetto i. della civiltà.* || **integralménte**, **avv.** In modo integrale, totale.

integràle (2) [vc. di nuova coniazione, tratta dal lat. *ĭnteger*, genit. *ĭntegri* 'intero'] **A agg.** ● (*mat.*) *Calcolo i.*, studio dell'operazione di integrazione e delle sue applicazioni. **B s. m.** ● (*mat.*) *I. definito di una funzione F(x)*, area della regione compresa tra il grafico di F(x), l'asse delle ascisse e le due rette a esso perpendicolari, condotte dalle estremità dell'intervallo considerato | *I. indefinito di una funzione F(x)*, ogni funzione la cui derivata è F(x).

integralìṣmo [da *integrale* (*1*)] **s. m.** *1* Aspirazione ad attuare compiutamente i princìpi della propria ideologia nella vita politica, economica e sociale: *i. cattolico.* *2* In un partito politico, tendenza a conciliare fra loro indirizzi diversi.

integralìsta **A** **s. m. e f.** (pl. m. *-i*) ● Chi si ispira all'integralismo. **B** anche **agg.**: *movimento i.*

integralìstico **agg.** (pl. m. *-ci*) ● Proprio dell'integralismo.

integralità **s. f.** ● (*raro*) Qualità di ciò che è integrale.

integraménto **s. m.** ● Integrazione.

integrànte **part. pres.** di *integrare*; anche **agg.** *1* Nei sign. del v. *2* *Parte i.*, indispensabile.

integràre [vc. dotta, lat. *integrāre*, da *ĭnteger*, genit. *ĭntegri* 'integro'] **A v. tr.** (*io ìntegro* o *raro intègro*) *1* Rendere q.c. completo, o più valido, più efficace e sim., aggiungendovi ulteriori elementi: *i. l'organico di un ufficio, di un reparto*; *i. un'alimentazione insufficiente con vitamine.* *2* Inserire una persona o un gruppo in un contesto sociale, politico, culturale dominante, di cui precedentemente non faceva parte, o da cui era escluso. *3* (*mat.*) Calcolare l'integrale d'una funzione | *I. un'equazione differenziale*, risolverla. **B v. rifl. e rifl. rec.** ● Completarsi, fondersi divenendo un tutto compiuto: *integrarsi l'un l'altro*; *integrarsi a vicenda*; *elementi che devono integrarsi.* **C v. rifl.** ● Inserirsi in un contesto politico, sociale, culturale dominante, di cui precedentemente non si faceva, o non si voleva fare, parte: *si è integrato nel sistema.*

integràtica **s. f.** ● Disciplina che progetta l'adeguamento sistematico e integrato degli strumenti e dei mezzi disponibili per la realizzazione dei vari processi di apprendimento.

integratìvo **agg.** ● Che ha la funzione di integrare o completare: *assegno i.* | *Norma integrativa*, che colma le lacune di una volontà individuale manifestata in modo incompleto | *Esame i.*, che permette il passaggio a un altro tipo di scuola | *Corso i.*, della durata di un anno, per permettere l'accesso a tutte le facoltà universitarie anche ai maturati di istituti medi superiori quadriennali. || **integrativaménte**, **avv.**

integràto **part. pass.** di *integrare*; anche **agg.** *1* Nei sign. del v. *2* (*ling.*) Detto di fonema che fa parte di un sistema. *3* Detto di circuito elettronico o elettrico i cui componenti e i relativi collegamenti sono realizzati tutti insieme in una sola operazione.

integratóre [vc. dotta, lat. *integratōre(m)*, da *integrātus* 'integrato'] **A agg.**; anche **s. m.** (f. *-trice*) ● Che, chi integra. **B s. m.** *1* (*spec. al pl.*) *I. alimentare*, insieme di sostanze di origine vegetale, minerale o animale destinate a colmare carenze alimentari. *2* (*mat.*) Integrafo.

integrazióne [vc. dotta, lat. *integratiōne(m)*, da *integrātus* 'integrato'] **s. f.** *1* Atto, effetto dell'integrare | *I. razziale*, fusione fra diversi gruppi etnici e razziali | Aggiunta, supplemento che tende a colmare una mancanza: *i. dello stipendio, della razione alimentare* | *Cassa i. salari*, *cassa i.*, organismo facente parte dell'INPS (Istituto Nazionale di Previdenza Sociale) che, in caso di riduzione o sospensione temporanea del lavoro in un'azienda, fornisce agli operai, tramite l'azienda stessa, una parte di salario | *Corso di i.*, ciclo di lezioni di recupero, per chi non ha potuto frequentare un corso di studi regolare | *Attività scolastiche di i.*, iniziative degli organismi scolastici attuate allo scopo di ampliare le attività formative degli interessi culturali ed espressivi degli alunni. *2* Collaborazione sempre più stretta fra vari Stati sul piano economico, politico, militare e sim.: *i. europea.* *3* (*econ.*) Formazione di un mercato unico | Coordinamento o concentrazione di imprese. *4* (*mat.*) Operazione il cui risultato è l'integrale d'una funzione data.

integrazionìṣmo **s. m.** ● Movimento o tendenza politica in favore dell'integrazione razziale.

integrazionìsta **A** **s. m. e f.** (pl. m. *-i*) ● Chi è favorevole all'integrazione razziale. **B** **agg.** ● Integrazionistico.

integrazionìstico **agg.** (pl. m. *-ci*) ● Proprio dell'integrazionismo.

integrìṣmo **s. m.** ● Integralismo (*spec. spreg.*).

integrìsta **agg.**; anche **s. m. e f.** (pl. m. *-i*) ● Integralista (*spec. spreg.*).

integrità [vc. dotta, lat. *integritāte(m)*, da *ĭnteger*, genit. *ĭntegri* 'integro'] **s. f.** *1* Stato di ciò che è intero, intatto e completo: *i. fisica*; *difendere l'i. del territorio nazionale*; *salvaguardare l'i. del patri-*

monio artistico | (*est.*) Perfezione, purezza: *preservare l'i. di uno stile, di una tradizione*. **2** (*fig.*) Probità, rettitudine: *è un esempio di i. d'animo* | (*est., fig.*) Innocenza, mancanza di macchia o disonore: *difendere l'i. del proprio nome*.

integro o **intègro**, **intégro** [vc. dotta, lat. *ĭntegru(m)*, comp. di *in-* neg. e **-tagros*, da *tăngere* 'toccare'] **agg.** (**sup.** *integèrrimo* (V.)) **1** Che non ha subìto menomazioni, mutilazioni, danni e sim.: *testo i.*; *statua integra*; *un patrimonio che si è trasmesso i. attraverso i secoli*. **2** Incorruttibile, probo: *un uomo i. fino all'eccesso*. || **integraménte**, **avv.** **1** Compiutamente. **2** Con integrità.

integròmetro [comp. di *integr(azione)* e *-metro*] **s. m.** ● (*mat.*) Integrafo.

integuménto [vc. dotta, lat. *integumĕntu(m)* 'copertura', comp. di *in-* 'sopra' e *tegumĕntum*, da *tĕgere* 'coprire', di origine indeur.] **s. m.** ● (*raro*) Tegumento.

intelaiàre [comp. di *in-* (*1*) e *telaio*] **v. tr.** (*io intelàio*) ● Mettere su un telaio: *i. i vetri di una finestra* | Formare un telaio: *i. quattro bastoni per reggere una vela* | *I. una macchina*, predisporne l'ossatura per i successivi montaggi.

intelaiàta **s. f.** **1** (*raro*) Orditura. **2** Sega per legni notevolmente lunghi, costituita da un telaio di legno nel cui mezzo è fermata la lama, parallela agli staggi.

intelaiàto **part. pass.** di *intelaiare*; anche **agg.** ● Nei sign. del v.

intelaiatùra **s. f.** **1** Atto, effetto dell'intelaiare. **2** Struttura di sostegno o rinforzo formata da vari elementi strettamente uniti fra loro a formare quasi un telaio: *l'i. di un ponte* | (*mar.*) *I. di una nave*, sistema di sostegno ai banchi di remaggio delle galee. **3** (*fig.*) Insieme degli elementi strutturali di q.c.: *l'i. del nostro sistema economico*.

intelàre [comp. di *in-* (*1*) e *tela*] **v. tr.** (*io intélo*) **1** Mettere una tela resistente sotto a un tessuto per dare maggiore sostenutezza all'indumento: *i. un abito*. **2** (*raro*) Rivestire di tela.

intellegìbile ● V. *intelligibile*.

intellettìbile [da *intelletto* (*2*)] **agg.** ● (*raro*) Intelligibile.

intellettìvo [vc. dotta, lat. tardo *intellectīvu(m)*, da *intellĕctus* 'intelletto (2)', attrav. il fr. *intellectif*] **agg.** **1** Che serve a intendere: *potenza, facoltà intellettiva*. **2** †Che è dotato d'intelligenza: *ente i.*; *creatura intellettiva*. || **intellettivaménte**, **avv.** In modo intellettivo; per virtù intellettiva.

intellètto (**1**) [vc. dotta, lat. *intellĕctu(m)*, da *intellĕgere*, comp. di *ĭnter* 'tra' e *lĕgere* 'leggere, scegliere'] **s. m.** **1** (*filos.*) Facoltà di intuire le idee, le rappresentazioni e i loro rapporti. **2** Complesso delle facoltà mentali che consentono di intendere, pensare, giudicare: *la forza, il vigore dell'i.*; *velare, offuscare, illuminare l'i.*; *valutare le possibilità dell'i. umano* | Nella teologia cattolica, uno dei sette doni dello Spirito Santo, che apre la mente alla Grazia e alla conoscenza delle verità soprannaturali. **SIN.** Mente. **3** Capacità di intendere, di ragionare: *avere un i. forte, vigoroso*; *è una persona di scarso i.*; *gli animali sono privi d'i.* | *Perdere il bene dell'i.*, la capacità di ragionare e di giudicare. **SIN.** Intelligenza. **4** Persona di grande intelligenza: *è uno dei maggiori intelletti d'Italia*; *si tratta di un i. speculativo* | *Il primo i.*, Dio. **5** †Cognizione: *Donne ch'avete i. d'amore* (DANTE *Purg.* XXIV, 51). **6** †Indole, personalità. **7** †Significato, senso di una parola, di un'opera: *i. figurato, allegorico, morale*.

†**intellètto** (**2**) [vc. dotta, lat. *intellĕctu(m)* nel suo primo sign. di part. pass. di *intellĕgere*, propr. 'trascegliere', quindi 'comprendere'] **agg.** ● (*lett.*) Appreso per mezzo della mente umana: *le parole / intellette da noi soli ambedui* (PETRARCA).

†**intellettóre** [vc. dotta, lat. *intellectōre(m)*, da *intellĕctus*, part. pass. di *intellĕgere* (V. *intelletto*)] **s. m.**; anche **agg.** (**f.** *-trice*) ● Chi, che intende.

intellettuàle [vc. dotta, lat. tardo *intellectuāle(m)*, da *intellĕctus* 'intelletto'] **A** **agg.** **1** Che riguarda l'intelletto o i suoi prodotti: *dote, facoltà i.*; *piacere i.*; *progresso i.* **2** (*raro*) Intellettualistico. || **intellettualménte**, **avv.** Per mezzo dell'intelletto; in modo intellettuale. **B** **s. m. e f.** **1** Persona dotata di una certa cultura e di un certo gusto, che si dedica ad attività culturali o artistiche facendone la sua principale attività: *un gruppo di intellettuali*; *un i. impegnato*. **2** (*iron.*) Chi ostenta raffinatezza o interessi culturali solo apparenti: *fare l'i.*; *posare da i.*; *atteggiarsi a i.*

intellettualìsmo [ted. *Intellektualismus*, comp. moderno del lat. tardo *intellectuālis* 'intellettuale' con il suff. di dottrina *-ismus* '-ismo'] **s. m.** **1** (*filos.*) Dottrina che attribuisce all'opera intellettuale un ruolo dominante rispetto a quella etica, estetica, gnoseologica e pragmatica. **2** Abuso dei valori intellettuali, compiaciuta ricerca di eccessiva ricercatezza del pensiero, della cultura e sim. | Cerebralismo.

intellettualìsta **A** **s. m. e f.** (**pl. m.** *-i*) **1** Chi segue o si ispira all'indirizzo filosofico dell'intellettualismo. **2** Chi nella propria attività antepone sistematicamente i valori dell'intelletto a quelli affettivi, estetici, fantastici e sim. **B** **agg.** ● (*raro*) Intellettualistico.

intellettualìstico **agg.** (**pl. m.** *-ci*) **1** Che riguarda l'intellettualismo e gli intellettualisti. **2** Che è caratterizzato dall'esagerata importanza attribuita ai valori dell'intelligenza. || **intellettualisticaménte**, **avv.**

intellettualità [vc. dotta, lat. tardo *intellectualitāte(m)*, da *intellectuālis* 'intellettuale'] **s. f.** **1** Stato, qualità di ciò che appartiene all'attività dell'intelletto. **2** La categoria, il complesso degli intellettuali: *al dibattito partecipò tutta l'i. ufficiale*.

intellettualizzàre **v. tr.** ● Rendere intellettuale, cerebrale, raffinato.

intellettualizzazióne **s. f.** ● Atto, effetto dell'intellettualizzare.

intellettualòide [comp. di *intellettuale* e *-oide*] **agg.**; anche **s. m. e f.** ● Che, chi presume o simula di avere raffinatezza e interessi culturali che in realtà non ha: *atteggiamento i.*; *disprezzare gli intellettualoidi*.

intellezióne [vc. dotta, lat. *intellectiōne(m)*, da *intellĕctus*, part. pass. di *intellĕgere* (V. *intelletto*)] **s. f.** **1** L'atto dell'intendere. **2** †Attività dell'intelletto, conoscenza.

intelligence /ingl. in'telidʒəns/ [vc. ingl., acrt. di *intelligence service*, propr. 'servizio informazioni'] **s. f. inv.** ● Attività di spionaggio.

intelligènte [vc. dotta, lat. *intellegĕnte(m)*, part. pres. di *intellĕgere* (V. *intelletto*)] **agg.** **1** Che ha la capacità di intendere, pensare, giudicare: *l'uomo è una natura i.* **2** Di persona dotata di particolari capacità intellettuali: *è uno studente molto i.*; *critico, attore i.* | (*est.*) Di animale che mostra un certo grado di intelligenza, che sa in certa misura capire, apprendere, ricordare e sim.: *la scimmia è un animale i.* **3** Fatto o detto con intelligenza: *richiesta, proposta, suggerimento i.*; *ha portato a termine una ricerca estremamente i.* **4** Che manifesta o rivela intelligenza: *avere uno sguardo, un'espressione i.* **5** (*elab.*) *Terminale i.*, terminale di elaboratore elettronico dotato di autonoma capacità di elaborazione. **6** †Di chi ha una conoscenza specifica di un'arte, di una scienza, di una tecnica e sim. | †Intenditore, esperto: *essere i. di musica, di pittura*. || **intelligentino**, **dim.** | **intelligentóne**, **accr.**, **spreg.** | **intelligenteménte**, **avv.**

intelligènza o †**intelligènzia** [vc. dotta, lat. *intellegĕntia(m)*, da *intellĕgere* (V. *intelletto*)] **s. f.** **1** (*psicol.*) Capacità generale che consente di adattarsi all'ambiente e che nell'essere umano si manifesta nei comportamenti e nel grado di elaborazione dei processi mentali | *Livello di i.*, misura della capacità intellettuale relativa a un campione omogeneo di persone | *Quoziente di i.*, punteggio finale ottenuto da una persona in numerose prove che valutano varie capacità quali il linguaggio, la memoria, la percezione e sim., calcolato statisticamente come deviazioni rispetto al punteggio medio | *Test di i.*, insieme di problemi la cui soluzione viene usata per misurare il grado individuale di sviluppo mentale | *I. artificiale*, parte dell'informatica che studia la teoria, i metodi e le tecniche che permettono la realizzazione di sistemi di elaborazione aventi la capacità di eseguire azioni considerate di pertinenza umana. **2** Correntemente, capacità di intendere, pensare, giudicare: *è una persona di media i.*; *avere un'i. acuta, tarda, fiacca*; *disporre di un'i. pratica, speculativa* | Attitudine a intendere con abilità e prontezza: *lavorare, studiare con i.*; *dare ripetute prove d'i.* | (*est.*) Perizia con cui si realizza q.c.: *è una ricerca fatta con i.*; *svolgere i propri compiti con rara i.* **3** (*est.*) Persona, essere intelligente: *è la più bella i. del nostro tempo* | *L'i. suprema*, Dio | *Le intelligenze celesti*, gli angeli. **4** (*lett.*) Intendimento, comprensione, interpretazione: *è un testo di facile i.*; *sono note utili per la retta i. del testo* | (*raro*) Comprensione reciproca. **5** (*mar.*) Bandiera da segnali, o segnale luminoso, che si adopera nelle comunicazioni con altre navi o con semafori, per indicare che si è capito il segnale precedentemente ricevuto. **6** Accordo, intesa | *Avere i. col nemico*, intendersi, accordarsi a danno della propria parte. **7** (*raro*) Competenza in una determinata arte, scienza, tecnica: *avere i. della pittura, dell'astronomia*.

intellighènzia [dall'italianismo russo *intelligencija*] **s. f.** **1** L'insieme degli intellettuali di una nazione: *l'i. italiana nel periodo fra le due guerre*. **2** (*iron.*) L'insieme delle persone che rappresentano la guida intellettuale di un ambiente, un gruppo e sim.

intelligìbile o **intellegìbile** [vc. dotta, lat. *intellegĭbile(m)*, da *intellĕgere* (V. *intelletto* (*1*))] **agg.** **1** (*filos.*) Di ciò che può essere conosciuto soltanto dall'intelletto. **2** Chiaro, piano: *linguaggio, scrittura, discorso i.*; *fece una esposizione facilmente i.* **SIN.** Comprensibile, facile. || **intelligibilménte**, **avv.**

intelligibilità **s. f.** ● Qualità di ciò che è intelligibile: *i. di un testo*. **SIN.** Chiarezza, comprensibilità.

intemeràta [vc. dotta, lat. crist. *O intemerāta*, inizio di una lunga preghiera alla Vergine] **s. f.** ● Rimprovero lungo e violento: *fare un'i. a qc.* | (*raro*) Lungo discorso tedioso o spiacevole: *e del tributo e d'ogni cosa disse,/ e replicò tutta la i.* (PULCI).

intemeràto [vc. dotta, lat. *intemerātu(m)*, comp. di *in-* neg. e del lat. tardo *temerātus*, part. pass. di *temerāre* 'profanare', di etim. incerta] **agg.** ● Puro, integro, incorrotto: *coscienza, fama intemerata*. || **intemerataménte**, **avv.**

intemperànte [vc. dotta, lat. *intemperănte(m)*, comp. di *in-* neg. e *tĕmperans*, genit. *temperăntis* 'temperante'] **agg.** ● Che è privo o povero di temperanza, moderazione, autocontrollo e sim.: *essere i. nel mangiare, nel bere* | *Usare un linguaggio i.*, violento e aggressivo. **SIN.** Smodato. || **intemperanteménte**, **avv.**

intemperànza [vc. dotta, lat. *intemperăntia(m)*, comp. di *in-* neg. e *temperăntia* 'temperanza'] **s. f.** **1** Qualità di chi, di ciò che è intemperante. **SIN.** Smodatezza. **2** Atto, discorso da intemperante: *tutti questi disturbi sono dovuti alle tue intemperanze*.

intemperàto [vc. dotta, lat. *intemperātu(m)*, comp. di *in-* neg. e *temperātus* 'temperato'] **agg.** ● (*raro*) Sfrenato, smoderato. || **intemperataménte**, **avv.**

intempèrie [vc. dotta, lat. *intempĕrie(m)*, comp. di *in-* neg. e *tempĕries* 'temperie'] **s. f. pl.** **1** Qualsiasi tipo di perturbazione atmosferica come pioggia, neve, grandine e sim.: *essere esposto alle i.*; *ripararsi dalle i.* **2** †Cattiva temperatura degli umori del corpo umano.

intempestività [vc. dotta, lat. *intempestivitāte(m)*, comp. di *in-* neg. e *tempestīvitas*, genit. *tempestivitātis* 'tempestività'] **s. f.** ● Qualità di intempestivo. **SIN.** Inopportunità.

intempestivo [vc. dotta, lat. *intempestīvu(m)*, comp. di *in-* neg. e *tempestīvus* 'tempestivo'] **agg.** ● Che non si verifica al momento opportuno: *domanda intempestiva*; *discorso i.*; *attacco i.* | *Neve intempestiva*, quella che cade in primavera o in estate | †Tardivo: *s'antivedendo ciò timido stai, / è il tuo timore i. omai* (TASSO). || **intempestivaménte**, **avv.**

intendènte **A** **part. pres.** di *intendere*; anche **agg.** ● Nei sign. del v. **B** **s. m.** **1** (*raro*) Persona che conosce, che sa e quindi può esprimere opinioni e giudizi su q.c.: *lasciar giudicare agli intendenti*. **2** (*st.*) In alcuni Stati italiani prima dell'unità, capo di una circoscrizione amministrativa provinciale. **3** (*dir.*) Chi è incaricato di dirigere l'esplicazione di pubblici servizi spec. amministrativi: *i. di finanza*. **4** (*mil.*) Nell'esercito sardo, ufficiale commissario | Direttore dei servizi presso l'esercito in campagna | *I. generale*, presso il comando supremo.

intendentìzio agg. • Relativo all'intendente o all'intendenza.

intendènza [fr. *intendance*, da *(sur)intendant* '(sovr)intendente'] s. f. *1* Organo spec. amministrativo cui è preposto un intendente: *i. di finanza*; *i. militare*. *2* †Intelligenza, intendimento. *3* (*lett.*) †Passione amorosa | (*est.*) Persona amata.

intèndere [vc. dotta, lat. *intĕndere*, comp. di *in-* 'verso' e *tĕndere* 'tendere'] **A** v. tr. (coniug. come *tendere*) *1* (*lett.*) Rivolgere le facoltà mentali o sensoriali ad acquisire o ad approfondire la conoscenza di q.c.: *i. lo sguardo, la mente, l'animo*. *2* Comprendere, intuire: *i. un autore, un'epoca storica*; *i. la storia, il latino*; *i. la grandezza di Dio*; *i. la verità, il pensiero altrui*; *i. male, a rovescio*; *i. a modo proprio*; *fatemi i. le ragioni, per le quali stimate la terra muoversi* (BRUNO) | (*fig.*) *I. tra le righe*, cogliere il significato di un'allusione e sim. | *Dare a i.*, fare credere | *Lasciare i.*, fare capire con allusioni | *Lasciarsi i.*, farsi capire | *M'intendi?*, capisci quello che io dico? | *M'intendo io!*, so io cosa voglio dire! | *I. al volo*, comprendere rapidamente, con esattezza | *Intendersela con qc.*, essere d'accordo e (*est.*) avere relazioni, spec. amorose. *3* Udire: *i. un suono, un rumore*; *abbiamo inteso dei passi* | Venire a sapere: *abbiamo inteso voci e chiacchiere strane*; *l'hanno inteso da amici comuni*. *4* (*raro, fig.*) Percepire, avvertire: *intese un brivido corrergli lungo la schiena*. *5* Accettare, ascoltare, eseguire: *ha un caratteraccio e non vuole i. consigli* | *Non i. ragione*, non lasciarsi convincere da alcun argomento | *Farsi i.*, dire con energia le proprie ragioni | Esaudire: *speriamo che i santi vogliano i. le nostre preghiere*. *6* Avere intenzione: *intendo dire tutta la verità*; *e adesso che cosa intendete fare?* | Volere, esigere, pretendere: *non intendo sottomettermi a nessuno*; *intendo di provare quel ch'io ti dico* (PULCI). *7* Attribuire un determinato significato a una parola, una frase e sim.: *per 'violenza' tu che cosa intendi?* **B** v. intr. (aus. *avere*) *1* Rivolgere l'attenzione | (*lett.*) Attendere con la mente a q.c.: *mentre malcauto al suo lavoro intende* (ARIOSTO). *2* Tendere, mirare a un fine: *i. al bene, alla felicità*. **C** v. rifl. rec. • Essere d'accordo, accordarsi: *noi ci intendiamo ottimamente*; *vedo che cominciamo a intenderci* | *Intendiamoci bene!*, per insistere su un punto che si ritiene essenziale | *Tanto per intenderci*, per essere d'accordo. **D** v. intr. pron. • Avere conoscenza o perizia di q.c.: *è un giovane che s'intende di musica e pittura come pochi* || PROV. Chi ha orecchie per intendere intenda e chi ha danaro spenda.

intendicchiàre [comp. di *intendere* e del suff. attenuativo *-icchiare*] **A** v. tr. (*io intendìcchio*) • Intendere un poco | Cominciare a intendere. **B** v. intr. pron. • Avere una conoscenza superficiale: *s'intendicchia di pittura*.

intendiménto s. m. *1* Proposito, scopo, intenzione: *è nostro i. chiarire i punti oscuri della vicenda*. *2* Facoltà di intendere, conoscere e giudicare: *è un uomo di acuto i.*; *Iddio, nel suo purissimo i., conosce e, conoscendole, cria le cose* (VICO). *3* †Senso, significato | †*Dare i.*, significare | (*raro*) †Notizia. *4* †Passione amorosa | (*est.*) †Persona amata.

intenditóre s. m. (f. *-trice*) *1* Chi è esperto in un'arte, una scienza, una tecnica per studio o per esperienza: *è un i. di musica classica, di elettrotecnica, di arredamento*. SIN. Conoscitore. *2* (*lett.*) †Amante || PROV. A buon intenditor poche parole.

†**intenducchiàre** v. tr. e intr. pron. • Intendicchiare.

intenebraménto s. m. • (*raro*) Modo e atto dell'intenebrare e dell'intenebrarsi.

intenebràre [comp. di *in-* (*1*) e *tenebra*] **A** v. tr. (*io intènebro*) • (*lett.*) Coprire di tenebre | (*est.*) Oscurare, offuscare: *i. la mente, l'intelligenza*; *i. la vista*. **B** v. intr. pron. • Coprirsi di tenebre, offuscarsi.

inteneriménto s. m. • Modo e atto dell'intenerire e dell'intenerirsi.

intenerìre [comp. di *in-* (*1*) e *tenero*] **A** v. tr. (*io intenerìsco, tu intenerìsci*) *1* Rendere tenero | Ammorbidire. *2* (*fig.*) Muovere a pietà, commuovere: *i. il cuore, l'animo*. **B** v. intr. e intr. pron. (aus. *essere*) *1* Divenire tenero: *la verdura intenerisce nell'acqua*; *il ferro s'intenerisce nella fucina*. *2* (*fig.*) Commuoversi, impietosirsi: *di tua beltà ragiono, / né intenerir mi sento* (METASTASIO).

intenerìto part. pass. di *intenerire*; anche agg. • Nei sign. del v.

intensificàre [comp. di *intenso* e *-ficare*, da *fàcere* 'fare', sul modello del fr. *intensifier*] **A** v. tr. (*io intensìfico, tu intensìfichi*) • Rendere più intenso: *i. lo studio, il lavoro, la propaganda* | (*est.*) Rafforzare, aumentare. **B** v. intr. pron. • Farsi più intenso: *il ritmo di produzione s'intensificò con rapidità*.

intensificazióne s. f. • Atto, effetto dell'intensificare o dell'intensificarsi.

intensìmetro [comp. di *intenso* e *-metro*] s. m. • Strumento per misurare l'intensità di una radiazione, spec. dei raggi X nella radiografia, allo scopo di regolare il tempo di esposizione. SIN. Intensitometro.

intensionàle [da *intensione*] agg. • (*filos.*) Relativo all'intensione, proprio dell'intensione: *definizione i.*

intensióne [vc. dotta, lat. *intensiōne(m)* 'tensione', da *intēnsus* (V. *intenso*)] s. f. *1* (*raro, lett.*) Intensità: *l'eccellenza delle anime importa maggiore i. della loro vita* (LEOPARDI). *2* (*filos.*) L'insieme delle proprietà essenziali del significato di un termine che ne determinano l'applicabilità. CONTR. Estensione.

intensità s. f. *1* Qualità di intenso: *guardare con i.*; *l'i. del lavoro mina la sua salute* | Energia, forza: *crescere, scemare d'i.*; *i. del freddo, del caldo*. *2* (*mus.*) Grado di forza di un suono determinato dalle vibrazioni e dall'energia con cui si provoca. *3* (*fis.*) *I. di campo elettrico, magnetico*, la forza che il campo esercita sulla carica elettrica unitaria, o sull'unità di massa magnetica, posta in un punto del campo | *I. di corrente elettrica*, grandezza elettrica corrispondente alla quantità di carica che attraversa una sezione di un conduttore riferita al tempo durante il quale avviene il passaggio | *I. luminosa*, rapporto fra l'energia luminosa e l'angolo solido del fascio.

intensitòmetro [comp. di *intensità* e *-metro*] s. m. • Intensimetro.

intensìvo [da *intenso*, secondo una formazione lat. mediev. (*intensīvus*)] agg. *1* Che è capace di accrescere l'intensità di q.c. *2* (*ling.*) Che mette in forte rilievo il significato di una parola: *s intensiva* | *Accento i.*, ottenuto con un'articolazione più energica. *3* (*agr.*) *Coltura intensiva*, praticata con largo impiego di mezzi per trarne le più alte produzioni. *4* (*med.*) *Terapia intensiva*, cura intensa e protratta dei pazienti che hanno perduto, per lo più acutamente, una o più funzioni vitali, attuata in ambienti opportunamente attrezzati mediante specifici presidi terapeutici. *5* (*fis., chim.*) Detto di grandezza o proprietà caratteristica di un corpo o un sistema la cui misura non dipende dalle quantità di materia presente in quest'ultimo o dalla sua forma: *la densità e l'indice di rifrazione sono grandezze intensive*. CONTR. Estensivo. *6* (*urban.*) Detto di zona residenziale caratterizzata da una densità della popolazione residente superiore a 300 abitanti all'ettaro. || **intensivaménte**, avv. In modo intensivo; in riferimento all'intensità.

intènso [vc. dotta, lat. *intēnsu(m)*, part. pass. di *intĕndere* 'tendere forte'] agg. *1* Che si manifesta con forza, energia, efficacia: *caldo, freddo i.*; *suono i.*; *studio i.*; *volontà, passione intensa* | *Colore i.*, molto carico, cupo, vivace | *Sguardo i.*, fisso, penetrante. *2* (*ling.*) Detto di suono che si realizza con notevole tensione articolatoria. || **intensaménte**, avv.

intentàbile (**1**) [comp. di *in-* (*3*) e *tentabile*] agg. • (*raro*) Che non si può tentare.

intentàbile (**2**) [da *intentare*] agg. • (*dir.*) Detto di azione giudiziaria, che si può intentare.

intentàre [vc. dotta, lat. *intentāre*, iter. ints. di *intĕndere* 'intendere'] v. tr. (*io intènto*) *1* (*dir.*) Compiere le formalità necessarie per fare sorgere un giudizio: *i. un processo, una lite*; *i. causa contro qc.* *2* †Tentare, cercare di fare.

intentàto [vc. dotta, lat. *intentātu(m)*, comp. di *in-* neg. e *tentātus* 'tentato'] agg. *1* Non tentato: *non lasciare nulla di i.* *2* (*lett.*) Inesplorato, inviolato: *mare, monte i.*; *miniera, foresta intentata*.

intènto (**1**) [vc. dotta, lat. *intĕntu(m)*, part. pass. di *intĕndere* 'tendere verso'] agg. • Che è intensamente teso con l'intelletto e con i sensi verso q.c.: *era i. al gioco, allo studio, al lavoro*; *mentr'io son a mirarvi i. e fiso* (PETRARCA) | †Intenso. SIN. Attento. || **intentaménte**, avv. Con attenzione.

intènto (**2**) [vc. dotta, lat. *intĕntu(m)*, s. del part. pass. di *intĕndere*, che ha anche il sign. di 'mirare (ad un fine)'] s. m. *1* Il fine o lo scopo cui tende una determinata azione: *proporsi, raggiungere un i.*; *agire con intenti nobili, malvagi*; *riuscire nell'i.*; *ho agito con l'i. di aiutarti* | (*econ.*) *Lettera d'intenti*, documento in cui le parti di una trattativa commerciale o finanziaria, spec. internazionale, in uno stadio avanzato di questa si danno atto reciprocamente del grado di accordo già raggiunto e dell'intenzione o dell'impegno di proseguirla e concluderla definendo le clausole ancora mancanti o controverse. SIN. Intenzione. *2* †Cura, attenzione | L'oggetto cui è rivolta cura o attenzione.

†**intènza** (**1**) o †**entènza** [ant. provz. *entensa*, dal part. pass. di *entendre a* '(in)tendere, applicarsi a qualcuno', con sign. specializzato] s. f. *1* Intenzione, intendimento: *e non sanza gran pianto accomiatossi, / perch'ubbidir di Dio volea la i.* (PULCI). *2* (*filos.*) Concetto di una cosa. *3* (*lett.*) Amore | (*est.*) Persona amata.

†**intènza** (**2**) o †**entènza** [dall'ant. provz. *tensar*, ant. fr. *tencier* 'lottare, combattere'] s. f. • Contrasto, lotta | *Dare i.*, fomentare discordia.

intenzionàle agg. *1* Fatto o detto con intenzione: *è stata un'offesa i.*; *i vostri sono errori intenzionali* | *Fallo i.*, nel calcio e sim., scorrettezza grave. SIN. Premeditato, volontario. *2* (*filos.*) Che tende verso q.c. diverso da sé. || **intenzionalménte**, avv. Con intenzione; †idealmente.

intenzionalità s. f. *1* Carattere di intenzionale. *2* (*filos.*) La possibilità di una qualsiasi azione umana di tendere verso q.c. di diverso da sé.

intenzionàto [adatt. del fr. *intentionné* 'che ha l'intenzione (*intention*)'] agg. • Che ha intenzione: *essere i. di partire*; *non siamo intenzionati a trattare* | *Essere bene, male i.*, avere buoni, cattivi propositi.

intenzióne [vc. dotta, lat. *intentiōne(m)*, da *intĕntus* 'intento'] s. f. *1* Proposito o desiderio di compiere un determinato atto non necessariamente accompagnato dalla decisa volontà di realizzarlo: *avere i. di partire*; *era loro i. fuggire*; *è mia i. che tu venga*; *avere una mezza i. di fare q.c.*; *manifestare le proprie intenzioni*; *contrastare le intenzioni di qc.* | Disposizione d'animo verso un fine: *i. buona, cattiva* | *Con i.*, di proposito | *Senza i.*, involontariamente | *Secondo l'i. di qc.*, secondo i suoi desideri | *Fare il processo alle intenzioni*, giudicare qc. non in base a ciò che ha fatto ma a ciò che si suppone intenda fare | †*Dare i.*, manifestare il proprio intento, promettere. SIN. Disegno, intendimento, progetto. *2* (*filos.*) Applicazione dello spirito a un oggetto di conoscenza. *3* †Significato di un concetto, di una parola e sim. | †Il modo in cui parole e concetti vengono intesi. *4* †Tendenza naturale. *5* †Opinione, affermazione, assunto || PROV. La via dell'inferno è lastricata di buone intenzioni. || **intenzionàccia**, pegg. | **intenzionùccia**, dim.

†**intepidàre** v. tr. • Intiepidire.

intepidìre e *deriv.* • V. *intiepidire* e *deriv.*

inter- [dalla prep. lat. *ĭnter*, comp. di *in-* 'in- (1)' e del suff. compar. **ter*] pref. • Forma numerosi nomi, aggettivi e verbi composti, fa riferimento a posizione o condizione intermedia fra due cose o fra limiti di spazio e di tempo (*interlinea, interregno, intercostale, intercorrere, interporre*) o indica collegamento, comunanza (*interfacoltà, intercontinentale, internazionale, interprovinciale*) o esprime rapporto di reciprocità (*interdipendenza*).

interafricàno [comp. di *inter-* e *africano*] agg. • Che riguarda i rapporti reciproci tra gli Stati o i popoli africani.

interagènte part. pres. di *interagire*; anche agg. *1* Nei sign. del v. *2* Interattivo.

interagìre [comp. di *inter-* e *agire*] v. intr. (*io interagìsco, tu interagìsci*; aus. *avere*) • Agire reciprocamente | Provocare o subire un processo di interazione.

interalleàto [comp. di *inter-* e *alleato*] agg. ● Che concerne Stati alleati e i loro reciproci rapporti: *comitato i.*

interamericàno [comp. di *inter-* e *americano*, sul modello dell'ingl. *inter-american*] agg. ● Che riguarda i rapporti reciproci tra gli Stati o i popoli americani.

interàrabo [comp. di *inter-* e *arabo*] agg. ● Che riguarda i rapporti reciproci tra i Paesi o i popoli arabi.

†**interàre** [da *intero*] v. tr. ● Fare intero.

interàrme o **interàrmi** [comp. di *inter-* e il pl. di *arma*] agg. ● Detto di manovra che avviene con il concorso di più armi dell'esercito.

interarticolàre [comp. di *inter-* e *articolare* (*2*)] agg. ● (*anat.*) Posto tra due superfici articolari: *spazio i.*

interaṣiàtico [comp. di *inter-* e *asiatico*] agg. (pl. m. *-ci*) ● Che riguarda i rapporti reciproci tra gli Stati o i popoli asiatici.

interàsse [comp. di *inter-* e *asse* (*2*)] s. m. ● (*mecc.*) Distanza fra due assi, di alberi, macchine, veicoli, travi, pilastri, e sim.

interatòmico [comp. di *inter-* e *atomico*] agg. (pl. m. *-ci*) ● (*fis.*) Esistente, agente fra gli atomi: *spazio i.*; *forze interatomiche* | *Distanza interatomica*, la distanza di equilibrio degli atomi in una molecola.

interatriàle /interatri'ale, intera'trjale/ [comp. di *inter-* e *atriale*] agg. ● (*anat.*) Detto del setto che nel cuore separa i due atri.

interattività s. f. ● Caratteristica di ciò che è interattivo.

interattìvo [da *interazione*] agg. ● Detto di q.c. o qc. capace di agire in correlazione o reciprocità con altri | Che si basa o è costituito da elementi che interagiscono tra loro: *arte interattiva* | (*elab.*) Conversazionale.

interaziendàle [comp. di *inter-* e *azienda*, con suff. agg.] agg. ● Che concerne due o più aziende, i loro rapporti e gli accordi.

interazióne [comp. di *inter-* e *azione*] s. f. *1* Atto, effetto dell'interagire | Azione, influenza reciproca di persone, fenomeni, sostanze. *2* (*fis.*) *I. debole*, quella che produce il decadimento beta | *I. elettromagnetica*, tra le cariche elettriche, nel caso statico, inversamente proporzionale al quadrato della distanza | *I. forte*, a corto raggio, tiene insieme i nuclei | *I. gravitazionale*, fra particelle, dovuta alla gravità, proporzionale direttamente alle loro masse e inversamente al quadrato della loro distanza.

interbancàrio [comp. di *inter-* e *banca*, con suff. agg.] agg. ● Che si svolge tra varie banche: *accordo i.*

interbàṣe [comp. di *inter-* e *base*] s. f. ● Nel baseball, giocatore della squadra schierata in difesa, situato fra la seconda e la terza base.

interbèllico [comp. di *inter-* e *bellico* (*1*)] agg. (pl. m. *-ci*) ● Che è compreso fra due guerre: *periodo i.*

interbinàrio [comp. di *inter-* e *binario* (*2*)] s. m. ● Spazio tra due binari ferroviari adiacenti.

interblòcco (**1**) [comp. di *inter-* e *blocco* (*1*) nel sign. 8] s. m. (pl. *-chi*) ● Nei sistemi elettronici per l'elaborazione dei dati, spazio di nastro magnetico lasciato libero fra due blocchi successivi.

interblòcco (**2**) [comp. di *inter-* e *blocco* (*2*)] s. m. ● (*ing.*) Dispositivo che impedisce il funzionamento di un impianto nel caso in cui porte, cancelli e sim. siano lasciati aperti.

intercalàre (**1**) [vc. dotta, lat. *intercalāre*(*m*), dal v. *intercalāre* 'intercalare (2)'] **A** agg. ● Che si intercala o si interpone | *Mese i.*, che si aggiungeva all'anno lunare per eguagliarlo a quello solare | *Giorno i.*, nel calendario gregoriano, il 29 febbraio | *Coltura i.*, nella pratica agricola, quella eseguita tra due colture principali | *Verso i.*, inserito a intervalli regolari. **B** s. m. *1* Parola o breve frase che alcuni, senza necessità e in modo meccanico, inseriscono spesso nel discorso: *avere un ridicolo i.*; *'dunque' è il suo i.* *2* (*tip., edit.*) Foglio bianco che, per varie ragioni, in un libro si aggiunge a quelli stampati | Foglio supplementare che viene aggiunto in un libro o in un giornale. *3* (*letter.*) Ritornello di un verso alla fine di strofa o stanza. *4* (*geol.*) Strato di roccia sterile interposto tra due strati di minerale. *5* (*med.*) †Giorno di intermittenza nelle malattie accessionali. *6* (*mar.*) †Giorno che si aggiunge o si toglie nei viaggi intorno al mondo, secondo che si va verso ponente o levante.

intercalàre (**2**) [vc. dotta, lat. *intercalāre* 'proclamare un giorno o mese supplementare per correggere le irregolarità del calendario', comp. di *ĭnter* 'tra' e *calāre* 'proclamare', di origine indeur.] v. tr. ● Interporre, inframettere secondo un ordine stabilito: *i. illustrazioni al testo*; *intercala un periodo di studio a una vacanza* | Usare un intercalare nel parlare: *intercala spesso qualche parola dialettale.*

intercalazióne [vc. dotta, lat. *intercalatiōne*(*m*), da *intercalātus* 'intercalato'] s. f. ● Atto, effetto dell'intercalare | (*raro*) Ciò che viene intercalato.

intercambiàbile [comp. di *inter-* e *cambiabile*] agg. ● Che si può scambiare o sostituire con altra cosa: *automobili che hanno pezzi di ricambio intercambiabili tra loro.*

intercambiabilità s. f. ● Carattere di ciò che è intercambiabile.

intercàmbio [comp. di *inter-* e *cambio*] s. m. ● (*raro*) Scambio commerciale.

intercapèdine [vc. dotta, lat. *intercapēdine*(*m*), comp. di *ĭnter* 'tra' e *capĕdo*, genit. *capēdinis*, parallelo di *căpis*, genit. *căpidis* 'sorta di vaso (per i sacrifici)', di formazione incerta] s. f. *1* Spazio compreso tra due spioventi di un tetto, tra due corpi di fabbrica, tra due pareti o fra il terreno e il piano sotterraneo di un edificio. *2* Nelle costruzioni navali, spazio tra il fasciame esterno e quello interno.

intercapillàre [comp. di *inter-* e *capillare*] agg. ● (*anat.*) Che sta tra i vasi capillari.

intercardinàle [comp. di *inter-* e dell'agg. di *cardine*] agg. ● (*geogr.*) Detto di ciascuna direzione intermedia ai quattro punti cardinali.

intercategoriàle [comp. di *inter-* e *categoria*, con suff. agg.] agg. ● Che concerne più categorie, spec. di persone.

intercedènza [dal part. pres. di *intercedere*] s. f. ● (*raro*) Intercessione | Mediazione.

intercèdere [vc. dotta, lat. *intercēdere*, comp. di *ĭnter* 'in mezzo' e *cēdere* 'andare', di etim. incerta] **A** v. intr. (coniug. come *cedere*; aus. *essere* nei sign. 1 e 3, *avere* nei sign. 2 e 4) *1* (*raro*) Essere in mezzo, passare, intercorrere di rapporti, legami, differenze, relazioni di tempo e spazio, tra persone o cose: *tra di loro intercede una parentela*; *tra noi intercedono dieci anni d'età.* *2* Intervenire in favore di qc.: *i. per la grazia, la liberazione di un condannato*; *i. presso Dio con preghiere.* SIN. Pregare. *3* †Accadere. *4* †Intervenire opponendosi a q.c. SIN. Negare. **B** v. tr. *1* (*raro*) Cercare di ottenere q.c. a favore di qc.: *i. il perdono per un peccatore.* *2* †Interdire.

interceditóre [da *intercedere*] s. m. (f. *-trice*) ● (*raro*) Intercessore.

intercellulàre [comp. di *inter-* e *cellula*, con suff. agg.] agg. ● (*anat.*) Che è posto tra le cellule: *spazio, liquido i.*

intercervicàle [comp. di *inter-* e *cervicale*] agg. ● (*anat.*) Che è posto tra le vertebre cervicali.

intercessióne [vc. dotta, lat. *intercessiōne*(*m*), da *intercĕssus* 'intercesso'] s. f. *1* Atto, effetto dell'intercedere: *per i. di un potente*; *la sua i. è stata provvidenziale.* SIN. Preghiera. *2* Nel diritto privato romano, assunzione di un debito altrui da parte di una donna | Nel diritto pubblico romano, opposizione di un magistrato o di un tribuno all'operato di un altro magistrato. *3* †Opposizione.

intercèsso part. pass. di *intercedere* ● Nei sign. del v.

intercessóre [vc. dotta, lat. *intercessōre*(*m*), da *intercĕssus* 'intercesso'] s. m. (come f. *interceditrice*) ● Chi intercede presso qc. in favore di altri.

intercettaménto s. m. ● (*raro*) Intercettazione.

intercettàre [fr. *intercepter*, da *interception* 'intercezione'] v. tr. (*io intercètto*) *1* Frapporre ostacoli per impedire che qc. o q.c. giunga regolarmente a destinazione: *i. i rinforzi nemici*; *i. una lettera, un telegramma* | *I. una comunicazione telefonica, radiofonica, telegrafica*, riceverla senza impedirne la prosecuzione e impedendo che il mittente e il destinatario se ne accorgano. *2* (*mat.*) Determinare per effetto d'intersezione: *un cerchio intercetta su una retta secante un segmento.*

intercettatóre **A** agg. *1* (*raro*) Che, chi intercetta. *2* (*aer., mil.*) *Velivolo, missile i.*, intercettore. **B** s. m. ● (*aer., mil.*) Intercettore.

intercettazióne [da *intercettare*, parallelo di *intercezione*] s. f. *1* Modo e atto dell'intercettare. *2* Attacco contro un mezzo aereo nemico prima che raggiunga l'obiettivo.

intercètto [vc. dotta, lat. *intercĕptu*(*m*), part. pass. di *intercĭpere*, comp. di *ĭnter* 'tra' e di un deriv. di *căpere* 'prendere', di origine indeur.] agg. *1* Intercettato, impedito | Troncato: *lettera intercetta* | *Opera intercetta*, perduta, smarrita. *2* Interposto.

intercettóre [da *intercettare*] s. m. ● (*aer., mil.*) Sistema d'arma basato sull'impiego di velivoli e missili e destinato a identificare, attaccare e distruggere velivoli e missili nemici prima che possano raggiungere il loro obiettivo | Velivolo da combattimento atto a intercettare aeromobili nemici | Missile antiaereo o antimissile atto a intercettare aeromobili e missili nemici.

intercezióne [ingl. *interception*, vc. dotta, che si rifà al lat. *interceptiōne*(*m*) 'rapimento, sottrazione', da *intercēptus* 'intercetto'] s. f. ● (*raro*) Intercettazione.

intercìdere [vc. dotta, lat. *intercīdere*, comp. di *ĭnter* 'in mezzo' e *caedere* 'tagliare', termine pop., di etim. incerta] v. tr. (pass. rem. *io intercìṣi, tu intercidésti*; part. pass. *intercìṣo*) *1* (*lett.*) Tagliare in mezzo | Dividere, interrompere. *2* †Levare di mezzo.

intercìṣo part. pass. di *intercidere* *1* Nei sign. del v. *2* (*med.*) *Polso i.*, forma di irregolarità del polso. || †**intercisaménte**, avv.

intercity /*semi-ingl.* inter'siti/ [comp. di *inter-* e dell'ingl. *city* (V.)] s. m. inv. ● (*ferr.*) Treno rapido con orari di partenza cadenzati che effettua collegamenti veloci fra città di una stessa nazione.

interclàsse [comp. di *inter-* e *classe*] s. f. ● Nella scuola elementare, insieme di più classi parallele o dello stesso ciclo o dello stesso plesso, spec. nella loc. *consiglio di i.*

interclassìṣmo [comp. di *inter-*, *classe* (sociale) e *-ismo*] s. m. ● Teoria e pratica politica che propugna o attua la collaborazione fra le classi sociali.

interclassìsta [da *interclassismo*] **A** s. m. e f. (pl. m. *-i*) ● Chi è fautore dell'interclassismo. **B** agg. *1* Favorevole all'interclassismo. *2* Interclassistico.

interclassìstico [da *interclassista*] agg. (pl. m. *-ci*) ● Proprio dell'interclassismo | Caratterizzato dall'interclassismo.

interclùdere [vc. dotta, lat. *interclūdere*, comp. di *ĭnter* 'tra' e *claudere* 'chiudere'] v. tr. (pass. rem. *io interclùṣi, tu intercludésti*; part. pass. *interclùṣo*) *1* (*lett.*) Chiudere dentro, contenere. *2* Impedire, ostacolare.

interclusióne [vc. dotta, lat. *interclusiōne*(*m*), da *interclūsus*, part. pass. di *interclūdere* 'chiudere (*claudere*) in mezzo (*ĭnter*), interchiudere'] s. f. ● Atto, effetto dell'intercludere | *I. di un fondo*, situazione di un fondo da cui non si può accedere alle vie pubbliche se non attraversando un fondo in proprietà d'altri.

interclùṣo part. pass. di *intercludere*; anche agg. ● Nei sign. del v.

intercolùnnio o †**intercolùmnio** [vc. dotta, lat. *intercolŭmniu*(*m*), comp. di *ĭnter* 'tra' e di un deriv. di *colŭmna* 'colonna', di etim. incerta] s. m. ● Spazio libero fra due colonne misurato in corrispondenza del diametro inferiore.

intercompartimentàle [comp. di *inter-* e *compartimentale*] agg. ● Che concerne o interessa i rapporti tra due o più compartimenti amministrativi.

intercomunàle [comp. di *inter-* e *comune* (*2*), con suff. agg.] **A** agg. ● Che concerne o interessa due o più comuni: *consorzio i.* **B** s. f. ● (*tel., raro*) Interurbana.

intercomunicànte [comp. di *inter-* e *comunicante*] **A** agg. ● Che è in diretta comunicazione con altra cosa analoga: *stanze, vani intercomunicanti.* **B** s. m. *1* (*ferr.*) Dispositivo che permette il passaggio fra due veicoli contigui. *2* (*tel.*) Apparecchio telefonico derivato interno che ha la possibilità di comunicare direttamente con altri apparecchi dello stesso tipo allacciati al medesimo centralino interno.

interconfederàle [comp. di *inter-* e *confederale*] agg. ● Che riguarda due o più confederazioni: *patto, accordo i.*

interconfessionàle [comp. di *inter-* e *confessione*, con suff. agg.] agg. ● Che concerne più confessioni religiose | *Servizio i.*, culto comune celebrato da membri di differenti confessioni cristiane.

interconfessionalìsmo [da *interconfessionale*] s. m. ● Tendenza di più confessioni religiose, spec. di più denominazioni o chiese cristiane, a trattare e definire questioni comuni di fede, di organizzazione e di apostolato.

interconfessionalìstico agg. (pl. m. *-ci*) ● Relativo all'interconfessionalismo.

interconfessionalità [comp. di *inter-* e un deriv. di *confessione* nel senso di 'chiesa, fede professata'] s. f. ● L'essere interconfessionale, riferito a movimenti e a iniziative di chiese e denominazioni.

interconnessióne [comp. di *inter-* e *connessione*] s. f. *1* Atto, effetto dell'interconnettere. *2* Collegamento tra diverse reti di distribuzione di energia elettrica o di telecomunicazione.

interconnèttere o **interconnéttere** [comp. di *inter-* e *connettere*] v. tr. (coniug. come *connettere*) ● Collegare, connettere reciprocamente.

interconsonàntico [comp. di *inter-* e *consonantico*, sul modello dell'ingl. *inter-consonantic*] agg. (pl. m. *-ci*) ● (*ling.*) Che si trova tra due consonanti: *fonema i.*

intercontinentàle [comp. di *inter-* e *continente*, con suff. agg.] agg. ● Che concerne, unisce e sim. due o più continenti: *aeroporto i.*; *aereo, nave i.*; *zona i.* | (*mil.*) *Missile i.*, missile balistico avente una gittata compresa fra 8 000 e 14 000 km.

intercooler /ingl. intə'ku:lə*/ [vc. ingl., comp. di *inter* 'tra' e *cooler* 'refrigeratore'] s. m. inv. ● Nei motori sovralimentati, scambiatore di calore impiegato per ridurre la temperatura dell'aria spinta a pressione elevata dal compressore o turbocompressore nei cilindri.

intercorrènte part. pres. di *intercorrere*; anche agg. *1* (*raro*) Nei sign. del v. *2* Detto di malattia sopraggiunta durante il decorso di un'altra.

intercórrere [adattamento del lat. *intercŭrrere*, comp. di *ĭnter* 'tra' e *cŭrrere* 'correre'] v. intr. (coniug. come *correre*; aus. *essere*) ● Frapporsi, passare tra due o più persone o cose: *tra noi intercorrono ottimi rapporti*; *tra una vittoria e l'altra intercorse un anno.*

intercórso part. pass. di *intercorrere*; anche agg. ● Nei sign. del v.

intercostàle [comp. di *inter-* e *costa*, con suff. agg.] agg. ● (*anat.*) Che è posto tra le coste: *arteria i.*; *nervo i.*

intercruràle [comp. di *inter-* e *crura*, con suff. agg.] agg. ● (*anat.*) Compreso nello spazio fra gli arti inferiori.

interculturàle [comp. di *inter-* e *culturale*, sul modello dell'ingl. *inter-cultural*] agg. ● Che riguarda scambi e rapporti tra culture diverse.

interculturalìsmo [da *interculturale*] s. m. ● Tendenza a favorire scambi e rapporti tra diverse culture.

intercutàneo [comp. di *inter-* e *cute*, con suff. agg.] agg. ● (*anat.*) Situato nello spessore della cute.

interdentàle [comp. di *inter-* e *dente*, con suff. agg.] **A** agg. *1* (*anat.*) Compreso nello spazio fra due denti: *zona i.* | *Filo i.*, speciale filo che si passa fra i denti per rimuovere i residui di cibo e la placca batterica. SIN. Interdentario. *2* (*ling.*) Detto di suono nella cui articolazione la punta della lingua si spinge fra i denti. **B** anche s. f.: *le interdentali.*

interdentàrio [comp. parasintetico di *dente*, col pref. *inter-*] agg. ● (*anat.*) Interdentale.

interdétto (1) **A** part. pass. di *interdire*; anche agg. ● Nei sign. del v. **B** s. m. (f. *-a*) *1* Chi è colpito da un divieto, una proibizione e sim.: *un i. non può esercitare i propri diritti.* *2* (*est., fam.*) Sciocco, stupido.

interdétto (2) [da *interdetto (1)*, secondo un passaggio semantico verificatosi per il fr. (*être dans l'interdit* 'essere nell'interdetto' e 'essere stupito, non sapere dove si è')] agg. ● Sorpreso, turbato da un fatto improvviso o imprevisto: *rimase i. ad ascoltare*; *la notizia lo lasciò i.*

interdétto (3) [vc. dotta, lat. *interdĭctu(m)*, part. pass. di *interdīcere* 'interdire' (V.), con riferimento al contenuto neg.] s. m. *1* Nel diritto romano, comando del magistrato diretto a imporre un comportamento positivo o negativo a un privato. *2* Pena canonica, che può colpire le persone fisiche o giuridiche privandole di dati diritti o beni spirituali.

interdicèndo [vc. dotta, lat. *interdicĕndu(m)*, gerundivo in uso d'agg. sost. di *interdīcere* 'interdire'] s. m. ● (*dir.*) Colui nei cui confronti è in corso un procedimento per interdizione.

interdigitàle [comp. di *inter-* e *digitale*] agg. ● Situato fra dito e dito | (*zool.*) *Membrana i.*, la membrana che unisce le dita degli arti posteriori degli uccelli nuotatori, di numerosi anfibi anuri e di alcuni urodeli.

interdipendènte [comp. di *inter-* e *dipendente*] agg. ● Di fatti o eventi che si pongono in un rapporto di reciproca dipendenza.

interdipendènza [comp. di *inter-* e *dipendenza*] s. f. ● Relazione di dipendenza tra più fatti o cose: *esiste un'i. tra la richiesta e i prezzi delle merci.*

interdìre [adatt. del corrispondente lat. *interdīcere*, comp. di *ĭnter* 'fra' e *dīcere* 'dire (la propria opinione)'] v. tr. (coniug. come *dire*) *1* Vietare, proibire d'autorità: *i. il passaggio, l'accesso.* *2* (*dir.*) Privare qc., a opera dell'autorità giudiziaria, della capacità di agire per la cura dei propri interessi. *3* Nel diritto canonico, applicare la pena dell'interdetto generale o personale. *4* (*mil.*) Impedire azioni militari o logistiche del nemico con impegno di armi convenzionali o atomiche. *5* Nel gioco del calcio, intervenire d'anticipo o per annullamento su di un'azione avversaria. *6* (*elettron.*) Portare un dispositivo elettronico all'interdizione.

interdisciplinàre [comp. di *inter-* e *disciplina*, con suff. agg.] agg. ● Relativo a interdisciplinarità, caratterizzato da interdisciplinarità | Detto di ciò che è oggetto di indagine di diverse discipline: *una ricerca i. sulle malattie sociali.*

interdisciplinarità s. f. ● Tendenza a considerare le varie discipline o scienze in reciproca connessione metodologica e culturale.

interdittòrio [vc. dotta, lat. tardo *interdictōriu(m)*, da *interdīctor*, genit. *interdictōris* 'che interdice'] agg. ● (*raro*) Che riguarda o ha per fine l'interdizione: *decreto i.*

interdizióne [vc. dotta, lat. *interdictiōne(m)*, da *interdīctus* 'interdetto'] s. f. *1* Atto, effetto dell'interdire: *i. di frequentare i teatri e le biblioteche*; *i. di azioni offensive del nemico* | *I. dai pubblici uffici*, pena accessoria, perpetua o temporanea conseguente alla condanna per determinati delitti | (*sport*) *Mediano di i.*, nel calcio, mediano avente il compito di contrastare l'azione di qualunque avversario in possesso della palla. *2* (*dir.*) Stato di incapacità d'agire per la cura dei propri interessi | *I. legale*, stabilita per legge nei confronti del minore o conseguente di diritto quale pena accessoria a una condanna all'ergastolo o alla reclusione per oltre cinque anni | *I. giudiziale*, conseguente all'accertamento giudiziale dell'infermità di mente della persona capace d'agire | Nel diritto canonico, interdetto. *3* (*elettron.*) Regime di funzionamento di un dispositivo elettronico, quale un tubo termoelettronico, in cui l'intensità della corrente d'uscita è nulla o quasi nulla e il dispositivo non è in grado di rispondere ad alcun segnale esterno.

interessaménto [da *interessare*] s. m. *1* Interesse: *prova grande i. per la sua nuova attività.* *2* Viva partecipazione alle vicende altrui: *lo seguivano negli studi con sincero i.* | *Ho ottenuto l'impiego grazie al loro i.*, per il loro intervento in mio favore.

interessànte [part. pres. di *interessare*] agg. ● Che desta interesse: *lavoro, affare, film, libro i.*; *la conversazione è stata molto i.* | Detto di persona che, grazie alle sue caratteristiche spec. interiori, suscita attrazione e simpatia negli altri: *un uomo, una donna i.*; *non è bella ma è molto i.* | (*fam.*) *Essere in stato i.*, essere incinta.

interessàre [da *interesse*] **A** v. tr. (*io interèsso*) *1* Essere di utilità, d'interesse: *i. la città, lo Stato*; *sono argomenti che interessano la religione* | Riguardare da vicino: *il provvedimento interessa larghi strati della popolazione.* *2* Destare attenzione, interesse, curiosità: *la vicenda interessò l'opinione pubblica*; *il film interessava solo una piccola parte degli spettatori.* *3* Far prendere interesse a q.c.: *occorre i. i lavoratori ai problemi sindacali.* *4* Fare intervenire efficacemente qc. a favore nostro o di altri: *interesserò il ministro al tuo caso.* **B** v. intr. (aus. *essere*) ● Avere importanza; *sono queste le cose che interessano a noi.* SIN. Importare, premere. **C** v. intr. pron. *1* Prendere o mostrare interesse a qc. o a q.c.: *interessarsi ai fatti, agli avvenimenti*; *mi sono interessato personalmente delle tue cose.* *2* Impicciarsi, occuparsi di qc. o di q.c.: *ora è necessario interessarsi dei feriti*; *interessatevi dei vostri affari.*

interessàto **A** part. pass. di *interessare*; anche agg. *1* Nei sign. del v. *2* Detto di persona dedita esclusivamente al proprio interesse, spec. materiale: *sono ragazze troppo interessate* | Di azione fatta a scopo di lucro o per tornaconto personale: *le vostre sono tutte gentilezze interessate.* || **interessataménte**, avv. Per motivo d'interesse; in modo interessato. **B** s. m. (f. *-a*) ● Chi ha interesse a q.c. | La persona a cui interessa q.c.: *notificare una multa all'i.*; *è indispensabile la presenza dell'i.*

interèsse [dal v. lat. *interĕsse* 'essere (*ĕsse*) in mezzo (*ĭnter*)', e, quindi, in posizione d'importanza: 'importare'] s. m. *1* (*econ.*) Compenso spettante a chi presta o deposita un capitale per un certo periodo di tempo | *I. legale*, il cui saggio è determinato dalla legge e applicato quando i privati non dispongano diversamente | *I. usurario*, che è troppo superiore all'interesse legale | (*banca*) *Interessi attivi*, proventi derivanti dagli impieghi finanziari di un ente creditizio | *Interessi passivi*, oneri sostenuti da una banca o altro soggetto per approvvigionarsi di fondi | *I. composto*, calcolato anche sugli interessi maturati a scadenze intermedie rispetto al periodo di durata del prestito. *2* (*est.*) Tornaconto, utilità: *agire nell'i. di qc.*, *nel pubblico i.*; *fare il proprio i.* | *I. legittimo*, protetto, indirettamente, poiché coincide con l'interesse pubblico alla cui tutela bada la legge | (*est.*) Vantaggio, convenienza: *non hanno alcun i. a calunniarci*; *parliamo esclusivamente nel vostro i.* *3* (*spec. al pl.*) Affare privato o pubblico, complesso di elementi e attività che incidono spec. sulla sfera patrimoniale di un soggetto: *curare i propri interessi*, *gli interessi dello Stato, della famiglia*; *accomoderei con essa i miei interessi per tutto il tempo di vita mia* (GOLDONI). *4* Avidità di guadagno, desiderio di lucro e sim.: *le sue azioni sono dettate dall'i.*; *quello che fa, lo fa per i.*; *è stato un matrimonio d'i.* *5* Sentimento di viva partecipazione, curiosità e sim. che pervade chi si trova di fronte a cose o persone per lui degne di nota, d'attenzione, d'approfondimento o altro: *ascoltare, studiare, guardare q.c. con i.*; *mostrare vivo i. per q.c., per qc.* | Disposizione della mente verso qualche attività intellettuale o pratica: *i suoi interessi si concentrano sulla storia.* *6* Capacità di qc. o di q.c. di richiamare l'attenzione altrui: *una ricerca di grande i.*; *senza alcun i.* | Importanza: *sono dettagli privi di i.* || **interessàccio**, pegg. | **interessino**, dim. | **interessùccio**, dim. | **interessùcolo**, dim.

interessènza [da *interesse*] s. f. ● (*econ.*) Partecipazione agli utili.

interètnico [comp. di *inter-* e *etnico*] agg. (pl. m. *-ci*) ● Che riguarda i rapporti fra due o più etnie, che si riferisce a persone appartenenti a razze diverse: *scontri, contrasti interetnici*; *comunità interetnica.*

intereuropèo [comp. di *inter-* e *europeo*] agg. ● Che riguarda i rapporti reciproci tra gli Stati o i popoli europei.

interézza o (*lett.*) **intierézza** [da *intero*] s. f. *1* Totalità: *trattare il problema nella sua i.* *2* (*fig., lett.*) Integrità morale: *i. di mente.*

interfàccia [ingl. *interface*, comp. di *inter-* 'tra' e *face* 'faccia', propr. 'superficie tra due spazi, di cui costituisce la connessione'] s. f. *1* (*elab.*) Il complesso dei canali e l'insieme dei circuiti di controllo a esso associati, che assicurano il collegamento fra l'unità centrale e le unità periferiche di un elaboratore elettronico | *I. utente*, l'aspetto, spec. grafico, con il quale un programma si presenta sullo schermo al suo utilizzatore. *2* (*scient.*) L'insieme dei punti in cui vengono a contatto due sostanze o ambienti o mezzi tra i quali esista una qualsiasi differenza. *3* (*fig.*) Tutto ciò che costituisce un collegamento, un punto di contatto fra due diverse entità: *un'i. fra i livelli direttivi e gli organismi sindacali.*

interfacciàbile [da *interfaccia*] agg. • (*elettron.*) Che può essere collegato tramite un'interfaccia.

interfacciàle agg. • Relativo a un'interfaccia.

interfacciaménto s. m. • Modo e atto dell'interfacciare.

interfacciàre **A** v. tr. (*io interfàccio*) • Collegare tramite un'interfaccia. **B** v. intr. (aus. *avere*) • (*gerg.*) Lavorare in stretto collegamento con qc. o q.c.

interfacoltà [comp. di *inter-* e *facoltà* (universitaria)] **A** s. f. • Comitato studentesco composto di membri eletti tra gli iscritti di più facoltà allo scopo di discutere od organizzare attività culturali, di politica universitaria e sim. **B** anche agg.: *comitato i.*

interfàlda [comp. di *inter-* e *falda*] s. f. • Elemento in cartone ondulato posto all'interno di una cassa allo scopo di separare tra loro i prodotti contenuti e di proteggerli.

interfederàle [comp. di *inter-* e *federale*] agg. • Che concerne due o più federazioni.

interfemoràle [comp. di *inter-* e *femorale*] agg. • (*anat.*) Situato fra le due cosce.

interferènza [adatt. del fr. *interférence*, da *interférant*, part. pres. di *interférer* 'interferire'] s. f. *1* (*fis.*) Fenomeno per cui due onde luminose o sonore incontrandosi possono elidersi a vicenda. *2* Incontro di fatti, idee, attività, interessi che si sovrappongono intralciandosi a vicenda | Intromissione, ingerenza: *in questo campo non tolleriamo interferenze politiche* | *I. linguistica*, ogni mutamento di una lingua, determinato dal contatto con un'altra. *3* (*tecnol.*) In una coppia di ruote dentate, impedimento della rotazione dovuto al fatto che il numero dei denti della più piccola è inferiore a un valore minimo.

interferenziàle agg. • Che concerne l'interferenza.

interferìre [adatt. del fr. *interférer*, comp. del lat. *ĭnter* 'fra' e *fĕrre* 'portare'] v. intr. (*io interferisco, tu interferìsci*; aus. *avere*) *1* (*fis.*) Sovrapporsi in un punto di due vibrazioni elettromagnetiche, sonore, corpuscolari e sim. che danno luogo a interferenza. *2* (*fig.*) Sovrapporsi di fatti, idee, attività, interessi che si ostacolano a vicenda | Intromettersi: *i. nelle decisioni, nel giudizio degli altri.*

interferometrìa [V. *interferometro*] s. f. • (*ott.*) Misura di distanze, lunghezze d'onda, indici di rifrazione e altre grandezze mediante il fenomeno dell'interferenza.

interferomètrico agg. (pl. m. *-ci*) • (*ott.*) Relativo all'interferometria.

interferòmetro [fr. *interféromètre*, comp. di *interfér(er)* 'interferire' e *-mètre* '-metro'] s. m. • (*ott.*) Strumento per interferometria.

intèrferon • V. *interferone.*

interferóne o **interferon** [ingl. *interferon*, da *to interfere* 'interferire': detto così perché interferisce con lo sviluppo dei virus, inibendone la moltiplicazione nell'interno della cellula] s. m. • (*biol.*) Fattore proteico antivirale prodotto da cellule eucariotiche infettate da virus, che provoca resistenza delle cellule stesse a una nuova infezione con lo stesso virus o con virus differenti.

interfèrro [comp. di *inter-* e *ferro* (magnetico)] s. m. • (*fis.*) Spazio che separa due elementi di un circuito magnetico. SIN. Traferro.

interfertilità [comp. di *inter-* e *fertilità*] s. f. • (*biol.*) Capacità mostrata da organismi sistematicamente non affini di procreare prole non sterile.

interfilàre [comp. di *inter-* e *filare* (*2*)] **A** s. m. • (*agr.*) Spazio di terreno fra due filari in un albereto, spesso coltivato a cereali e foraggio. **B** anche agg.: *zappatura i.*

interfogliàceo [comp. di *inter-* e *fogliaceo*] agg. • (*bot.*) Detto di organo situato tra due foglie opposte.

interfogliàre o **interfoliàre** [da *interfoglio*] v. tr. (*io interfòglio*) • Interporre, cucire tra i fogli di un libro, di una rivista e sim. fogli bianchi per aggiunte, correzioni o a scopo protettivo nei riguardi d'illustrazioni.

interfogliatùra o **interfoliatùra** [da *interfogliare*] s. f. • Atto, effetto dell'interfogliare | Il complesso dei fogli inseriti tra quelli di un volume interfogliato.

interfòglio o **interfòlio** [comp. di *inter-* e *foglio*] s. m. • Pagina o foglio di carta interposto tra fogli di un libro, registro e sim., spec. per contenere aggiunte: *l'i. di un verbale.*

interfoliàre e deriv. • V. *interfogliare* e *deriv.*

interfònico **A** agg. (pl. m. *-ci*) • Relativo all'interfono: *impianto i.* **B** s. m. • Interfono.

interfòno [comp. di *inter(no)* e *(tele)fono*] s. m. *1* Dispositivo acustico per comunicazioni orali a breve distanza, usato fra i vari ambienti di uno stesso edificio, oppure a bordo di aeromobili, treni e sim. *2* (*tel.*) Apparecchio telefonico derivato interno che può comunicare solo con altro apparecchio interno dello stesso tipo.

interfòrze [comp. di *inter-* e del pl. di *forza* (armata)] agg. inv. • Che riguarda più specialità delle forze armate: *comando, manovra i.*; *reparti i.*

intergalàttico [comp. di *inter-* e *galattico*, sul modello dell'ingl. *intergalactic*] agg. (pl. m. *-ci*) • Che si trova tra una galassia e l'altra: *spazio i.*

intergenerazionàle [comp. di *inter-* e *generazionale*] agg. • Che riguarda i rapporti tra diverse generazioni: *contrasti intergenerazionali.*

interglaciàle [comp. di *inter-* e *glaciale*] agg. • (*geol.*) Detto di ogni periodo compreso fra due delle quattro glaciazioni del Quaternario.

interiettivo [vc. dotta, lat. tardo *interiectīvu(m)*, da *interĭcere*, comp. di *ĭnter* 'tra' e *iăcere* 'gettare'] agg. • (*ling.*) Che si interpone in una frase con valore di interiezione. || **interiettivaménte**, avv.

interiezióne [vc. dotta, lat. *interiectiōne(m)*, da *interiĕctus*, part. pass. di *interĭcere* 'gettare (*iăcere*) in mezzo (*ĭnter*)'] s. f. • (*ling.*) Breve sequenza di suoni inserita in una frase per esprimere uno stato d'animo.

interim /lat. 'interim/ [vc. lat., 'frattanto, nel frattempo', da *ĭnter* col suff. avv. *-im*] s. m. inv. *1* Periodo di tempo che intercorre dal momento in cui il titolare di determinate funzioni cessa la sua attività fino a quello in cui il nuovo titolare assume le stesse funzioni: *assumere, conferire un ministero ad i.* *2* L'incarico affidato provvisoriamente in attesa del nuovo titolare: *assumere l'i. della Giustizia.*

interimìstico [ted. *interimistich*, agg. da *interim* nel senso di '(regolamento) provvisorio'] agg. (pl. m. *-ci*) • Di nomina o incarico provvisorio e temporaneo.

interinàle [da *interino*] agg. • Temporaneo, provvisorio: *incarico i.* || **interinalménte**, avv. Provvisoriamente.

interinàre [fr. *entériner*, dall'ant. fr. *enterin* 'intero, perfetto', da *entier* 'intero'] v. tr. • (*dir., raro*) Vidimare, ratificare un atto o un decreto.

interinàto [da *interino*] s. m. *1* Ufficio e incarico dell'interino. *2* Durata di tale incarico.

interinazióne s. f. • (*dir.*) Atto, effetto dell'interinare.

interìno [sp. *interino*, da *ínterin*, dal lat. *interim* 'nel frattempo, intanto'] agg.; anche s. m. • Che, chi esercita temporaneamente un ufficio pubblico in assenza del titolare: *medico, ministro i.*

interióra [vc. dotta, lat. *interiōra* (nt. pl.) 'le parti più interne', da *intĕrior*, genit. *interiōris* 'interiore'] s. f. pl. *1* Intestini e altri visceri contenuti nelle cavità del petto e del ventre degli animali. *2* (*est.*) Vivanda di interiora | *I. di pollo*, rigaglie.

interióre [vc. dotta, lat. *interiōre(m)*, compar. di **ĭnterus* 'interno', da *ĭnter* 'dentro'] **A** agg. *1* Che sta dentro o nella parte interna: *lato i. di un fabbricato*; *la parte i. di una scarpa* | (*fig.*) Che appartiene alla vita e ai fatti della coscienza: *mondo, vita i.*; *avere un dolore, un tormento i.* *2* (*dir.*) *Foro ecclesiastico i.*, ambito in cui la Chiesa esercita, in forma sacramentale, o extrasacramentale, il proprio potere giurisdizionale spec. nell'interesse spirituale del singolo fedele. || **interiorménte**, avv. Nell'interno, nella parte interna. **B** s. m. • (*raro*) La parte interna di qc. o di q.c.: *andando una volta per l'i. dell'Africa* (LEOPARDI).

interiorità s. f. • L'essere interiore | Il complesso dei fatti, delle esperienze, delle sensazioni che costituiscono la vita interiore di un individuo: *è un individuo che bada soprattutto all'i.*

interiorizzàre **A** v. tr. • Rendere interiore, rendere più intimo, arricchire d'interiorità: *i. le proprie esperienze.* **B** v. intr. pron. • Acquisire una maggior interiorità.

interiorizzazióne s. f. • Atto, effetto dell'interiorizzare o dell'interiorizzarsi.

interire [per analogia con *interare*] **A** v. tr. (*io interìsco, tu interìsci*) • (*pop., tosc.*) Irrigidire. **B** v. intr. pron. • (*pop., tosc.*) Irrigidirsi, impettirsi (*anche fig.*).

interìsta [comp. di *Inter(nazionale foot-ball club)* e *-ista*] **A** agg.; anche s. m. • Che, chi gioca nella squadra di calcio milanese dell'Internazionale. **B** agg.; anche s. m. e f. • Che, chi è sostenitore o tifoso di tale squadra di calcio.

interito (1) [parallelo ant. e dial. di *interato*, part. pass. di †*interare* 'rendere, fare *intero*'] agg. • (*tosc., pop.*) Impettito, irrigidito | Intirizzito.

†**intèrito (2)** [vc. dotta, lat. *intĕritu(m)*, comp. di *ĭnter*, che introduce idea di morte, e di un deriv. di *īre* 'andare': 'perdersi'] s. m. • (*lett.*) Morte: *io piango, o Filli, il tuo spietato i.* (SANNAZARO).

interleuchìna [comp. di *inter-* e del gr. *kínēsis* 'movimento' col suff. *-ina*, sul modello di *citochina*] s. f. • (*biol.*) Qualsiasi peptide secreto dalle cellule immunitarie (linfociti e macrofagi) con azione di mediatore chimico intercellulare.

interlinea [comp. di *inter-* e *linea*] s. f. *1* Distanza tra due righe scritte o stampate | *Leva dell'i.*, nelle macchine per scrivere a carrello mobile, leva che, usata al termine di una riga, riconduce a capo il carrello e fa ruotare il rullo portacarta in modo da offrire uno spazio tra le linee battute. *2* (*tip.*) Lamina sottile di lega metallica di altezza inferiore al carattere, impiegata per distanziare le linee di una composizione. *3* Linea nera che separa due fotogrammi consecutivi della colonna visiva di un film.

interlineàre (1) [comp. di *inter-* e *linea*] agg. • Che sta tra riga e riga di uno scritto | *Traduzione i.*, quella che sotto a ciascuna parola del testo colloca la corrispondente in altra lingua | *Note interlineari*, quelle scritte nell'interlinea di un testo.

interlineàre (2) [da *interlinea*] v. tr. (*io interlìneo*) *1* Distanziare le linee di una composizione mediante un'interlinea. *2* †Scrivere tra riga e riga di uno scritto.

interlineatùra s. f. • Atto, effetto dell'interlineare.

interlineazióne s. f. • (*raro*) Interlineatura.

interlingua (1) [comp. di *inter(nazionale)* e *lingua*] s. f. *1* Lingua artificiale, che si basa sulla semplificazione del latino, grazie spec. alla soppressione della flessione, proposta dal matematico G. Peano. *2* (*ling., elab.*) Raccolta di codici simbolici che permettono di ridurre in cifre le strutture sintattiche di una qualsiasi lingua, preposti per la traduzione da una lingua all'altra mediante l'uso dell'elaboratore elettronico.

interlingua (2) [da *interlinguistico*] s. f. • (*ling.*) Lingua artificiale fondata sull'analogia che, per parentela genetica o contatto culturale, caratterizza le strutture di più lingue a diffusione internazionale.

interlinguistica [da *interlinguistico*] s. f. • (*ling.*) Branca della linguistica che studia i fenomeni connessi con il rapporto tra lingue diverse, come il plurilinguismo, la traduzione e la creazione di lingue artificiali.

interlinguistico [comp. di *inter-* e *linguistico*] agg. (pl. m. *-ci*) • (*ling.*) Detto di fenomeno linguistico caratteristico di due o più lingue aventi interessi e contatti culturali comuni | Detto di ogni movimento o ricerca che si prefigga lo studio e la creazione di lingue artificiali.

interlocàle [comp. di *inter-* e *locale* (*1*), sul modello dell'ingl. *interlocal*] agg. • Che riguarda i rapporti tra luogo e luogo, spec. in riferimento a regioni o divisioni amministrative di uno stesso Stato, Stati membri di una confederazione e sim.

interlocutóre [dal lat. *interlocūtus*, part. pass. di *interlŏqui* 'interloquire'] s. m. (f. *-trice*) *1* Chi partecipa attivamente a un dialogo, a una conversazione e sim.: *fu l'i. più brillante del dibattito.* *2* La persona con cui si parla: *controbattere il proprio i.*

interlocutòrio [vc. tratta nel Medioevo dal lat. *interlocūtio*, genit. *interlocutiōnis* 'interlocuzione'] agg. *1* Di trattativa condotta tergiversando senza voler né rompere né concludere | (*est.*) Che non implica una decisione definitiva: *ci siamo lasciati in termini interlocutori*. *2* (*dir.*) Detto di sentenza con cui è decisa solo parte delle questioni dedotte nel giudizio civile.

interlocuzióne [vc. dotta, lat. *interlocutiōne(m)*, da *interlocūtus*, part. pass. di *interlŏqui* 'interloquire'] s. f. ● (*raro*) L'interloquire.

interloquìre [vc. dotta, lat. *interlŏqui*, comp. di *ĭnter* 'tra' e *lŏqui* 'parlare', di etim. incerta] v. intr. (*io interloquìsco, tu interloquìsci*; aus. *avere*) ● (*raro*) Intervenire attivamente in un dialogo, una conversazione e sim.: *è bene i. solo quando si hanno le idee ben chiare*.

interlùdio [da *preludio* con sostituzione di *inter-* a *pre-*] s. m. *1* (*mus.*) Brano destinato a legare le diverse parti di una composizione per organo da chiesa, di opere drammatiche o sinfoniche | Composizione autonoma nel senso di intermezzo. *2* (*fig., lett.*) Intermezzo, pausa, diversivo: *è stato un breve ma piacevole i.*

interlùnio [vc. dotta, lat. *interlūniu(m)*, comp. di *ĭnter* 'tra' e un deriv. di *lūna* 'luna'] s. m. ● (*astron.*) Periodo in cui la luna è invisibile.

intermascellàre [comp. di *inter-* e *mascella*, con suff. agg.] agg. ● (*anat.*) Posto tra le ossa mascellari.

intermediàle [comp. di *inter-* e *mediale* (*3*), sul modello dell'ingl. *intermedial*] agg. ● Che riguarda diversi mezzi di comunicazione fra di loro integrati: *sistemi intermediali*.

intermediàrio [fr. *intermédiaire*, dal lat. *intermĕdius* 'intermedio'] **A** agg. ● Che serve di passaggio o di unione tra più persone o cose: *esplicare una funzione intermediaria*; *attività commerciale intermediaria*; *banca intermediaria*. **B** s. m. (f. *-a*) ● Mediatore: *fare l'i. in un affare*; *desidero trattare senza intermediari*.

intermediatóre [comp. di *inter-* e *mediatore*] s. m. ● (*raro*) Intermediario.

intermediatòrio agg. ● (*raro*) Di intermediazione. SIN. Intermediario.

intermediazióne [comp. di *inter-* e *mediazione*] s. f. ● Attività intermediaria, spec. nell'ambito di banche e istituti di credito.

intermèdio [vc. dotta, lat. *intermĕdiu(m)*, comp. di *ĭnter* 'tra' e *mĕdius* 'medio, mezzo': 'che sta nel mezzo'] **A** agg. ● Che si trova in mezzo tra due: *grado, periodo i.*; *punto, colore i.* | *Persona intermedia*, mediatrice | *Quadro i.*, lavoratore dipendente con mansioni in parte simili a quelle di un operaio, in parte a quella di un impiegato | *Diritto i.*, il diritto italiano del Medioevo e dell'età moderna (intermedio tra l'antico diritto romano e il diritto italiano d'oggi). **B** s. m. *1* †Intermezzo teatrale. *2* Quadro intermedio. *3* (*chim.*) Composto organico ricavato da materie prime quali il catrame, il petrolio e sim., che è a sua volta punto di partenza di molte sintesi organiche industriali.

intermésso part. pass. di *intermettere*; anche agg. ● Nei sign. del v.

intermestruàle [comp. di *inter-* e *mestruale*] agg. ● (*med.*) Detto del periodo di tempo che intercorre tra due cicli mestruali successivi | Che avviene o si manifesta in tale periodo: *emorragia i.*

intermèstruo [comp. di *inter-* e *mestruo*] s. m. ● (*med.*) Periodo di tempo che intercorre fra due cicli mestruali successivi.

intermetàllico [comp. di *inter-* e *metallico*, sul modello dell'ingl. *intermetallic*] agg. (pl. m. *-ci*) ● (*chim.*) Detto di composto che è formato da due metalli.

interméttere [vc. dotta, lat. *intermĭttere* 'tralasciare, interrompere', comp. di *ĭnter* sia con valore di 'fra' sia con valore di privazione, e *mĭttere* 'mettere, mandare'] **A** v. tr. (coniug. come *mettere*) ● (*lett.*) Tralasciare, sospendere, interrompere: *senza i. a' suoi soldati o fatica o pena* (MACHIAVELLI). **B** v. rifl. ● †Intromettersi, frapporsi: *Iddio alcune volte pietoso s'intermette* (CELLINI).

†intermezzàre [comp. di *inter-* e *mezzo*] **A** v. tr. ● Intramezzare. **B** v. intr. ● Stare in mezzo.

intermèzzo [adattam. del lat. *intermĕdiu(m)* 'intermedio'] **A** s. m. *1* Breve divertimento di canzonette e balletti figurati inserito tra un atto e l'altro delle rappresentazioni drammatiche, spec. dal XVI al XVIII sec. *2* (*mus.*) Interludio | Composizione strumentale in forma libera. *3* Interruzione, pausa, intervallo. **B** agg. ● †Intermedio.

interminàbile [vc. dotta, lat. tardo *interminābile(m)*, comp. di *in-* neg. e *terminābilis* 'terminabile'] agg. ● Che non ha termine: *disputa, conferenza, dibattito i.* | (*iperb.*) Lunghissimo: *era un viaggio i.*; *i loro racconti sono sempre interminabili*. SIN. Eterno, infinito. || **interminabilménte**, avv.

interminàto [vc. dotta, lat. *interminātu(m)*, comp. di *in-* neg. e *terminātus* 'terminato'] agg. *1* (*lett.*) Che non ha termini: *interminati / spazi ... / io nel pensier mi fingo* (LEOPARDI). *2* †Indeterminato. || **interminataménte**, avv.

interministeriàle [comp. di *inter-* e *ministero*, con suff. agg.] agg. ● Relativo, comune a più ministeri: *progetto i.*

intermissióne [vc. dotta, lat. *intermissiōne(m)*, da *intermĭssus* 'intermesso'] s. f. ● (*lett.*) Interruzione: *s'ordinò a tutti i fornai che facessero pane senza i.* (MANZONI).

intermittènte part. pres. di *intermettere*; anche agg. *1* Nei sign. del v. *2* Discontinuo, soggetto a pause, interruzioni e sim.: *suono, luce i.* *3* (*med.*) *Polso i.*, che ha pause ineguali e irregolarità di ampiezza | *Febbre i.*, che presenta puntate a intervalli regolari, senza che i valori minimi scendano al di sotto dei 37 °C | *Claudicazione i.*, che si manifesta saltuariamente, quando l'arto inferiore è sottoposto a sforzo. || **intermittenteménte**, avv. Con intermittenza.

intermittènza [da *intermittente*, come il corrispondente fr. *intermittence*] s. f. *1* Qualità di ciò che è intermittente | Interruzione, sospensione. *2* Dispositivo elettrico che serve ad accendere e spegnere intermittentemente lampadine, usato ad es. negli indicatori di direzione degli autoveicoli.

intermodàle [ingl. *intermodal*, comp. di *inter-* e *modal*, da *mode* 'maniera di procedere'] agg. ● Detto di servizio di trasporto, offerto da una singola impresa o da più imprese collegate tra loro, attuato con l'uso di differenti mezzi di trasporto.

intermolecolàre [comp. di *inter-* e *molecola*, con suff. agg.] agg. ● (*fis.*) Che è o agisce fra le molecole.

intermùndi o **intermóndi** [vc. dotta, lat. *intermundia* (nt. pl.), comp. di *ĭnter* 'tra' e di un deriv. di *mŭndus* 'mondo'] s. m. pl. ● Nella filosofia epicurea, gli spazi vuoti fra i mondi in cui dimorano gli dèi.

intermuscolàre [comp. di *inter-* e *muscolo*, con suff. agg.] agg. ● Che è posto tra i muscoli.

internal auditing /ingl. in'tə:nəl 'ɔ:ditiŋ/ [loc. ingl., comp. di *internal* 'interno' e *auditing* 'revisione contabile' (da *auditor*: V. *internal auditor*)] loc. sost. m. inv. ● (*econ.*) Attività dell'internal auditor.

internal auditor /ingl. in'tə:nəl 'ɔ:ditə*/ [loc. ingl., comp. di *internal* 'interno' e *auditor*, propr. 'uditore', nella fattispecie 'revisore dei conti' (stessa etim. dell'it. *auditore*)] loc. sost. m. e f. inv. (pl. ingl. *internal auditors*) ● (*econ.*) Chi, nell'ambito di una società commerciale di cui è dipendente, ha il compito di controllare i sistemi contabili e le procedure amministrative della società stessa.

internaménto s. m. ● Atto, effetto dell'internare.

internàre [da *interno*] **A** v. tr. (*io intèrno*) *1* Relegare persone pericolose o sospette in campi di concentramento o sedi coatte lontane dallo dai confini dello Stato: *tutti i perseguitati politici furono internati*. *2* Rinchiudere definitivamente in un ospedale psichiatrico: *alla fine si decise di internarla*. *3* (*raro*) Mettere, far penetrare nella parte interna: *i. la radice nella terra*. **B** v. intr. pron. *1* Addentrarsi in q.c. (*anche fig.*): *internarsi in un bosco*; *internarsi nello studio, nella scienza*. *2* (*raro*) Immedesimarsi nella parte interpretata o recitata.

†internàrsi [comp. di *in-* (*1*) e *terno* 'trino'] v. intr. pron. ● (*lett.*) Farsi trino.

internàto (1) **A** part. pass. di *internare*; anche agg. ● Nei sign. del v. **B** s. m. (f. *-a*) ● Chi ha subìto l'internamento in sedi coatte, campi di concentramento, ospedali psichiatrici e sim.

internàto (2) [fr. *internat*, da *interne* 'interno'] s. m. *1* Condizione degli alunni interni di un collegio. *2* Collegio che ospita gli alunni interni. *3* Periodo temporaneo di studio o di pratica professionale che uno studente o un medico trascorre in un istituto universitario o in un ospedale.

internavigatóre [comp. di *inter(no)* e *navigatore*] s. m. ● Lavoratore che è alle dipendenze di una società di navigazione interna.

internazionàle [comp. di *inter-* e *nazionale*, agg. da *nazione*, sul tipo del fr. *international*] **A** agg. ● Che concerne, interessa, collega più nazioni: *trattato, accordo i.*; *linee internazionali di comunicazione*; *trasporti internazionali* | *Diritto i. pubblico*, complesso delle norme disciplinanti la comunità internazionale | *Diritto i. privato*, complesso delle norme con cui uno Stato disciplina i fatti aventi attinenza con gli ordinamenti giuridici di altri Stati. || **internazionalménte**, avv. **B** s. f. ● Associazione internazionale dei lavoratori sorta nel XIX sec. con la finalità di coordinare e svolgere sul piano internazionale la lotta contro il capitalismo | (*est.*) Unione fra partiti di nazioni diverse che professano la stessa ideologia: *i. liberale, sociale cristiana, socialista*.

internazionalìsmo [comp. di *inter-* e *nazionalismo*] s. m. *1* Tendenza a favorire la formazione di organismi internazionali atti a far sì che gli Stati aderenti perseguano comuni fini politici ed economici: *seguaci dell'i.*; *auspicare il diffondersi dell'i.* *2* Nella tradizione marxista, la lotta politica condotta dal proletariato all'insegna di una solidarietà di classe che non tiene conto delle differenze nazionali.

internazionalista [comp. di *inter-* e *nazionalista*] **A** agg. (pl. m. *-i*) ● Che favorisce l'internazionalismo | *Stato i.*, che nella propria costituzione ha disposizioni dirette alla disciplina di pacifici rapporti internazionali. **B** s. m. e f. *1* Fautore dell'internazionalismo: *è un i.* *2* Appartenente all'internazionale. *3* Esperto di diritto internazionale.

internazionalìstico [da *internazionalista*] agg. (pl. m. *-ci*) *1* Che riguarda l'internazionalismo. *2* Che concerne l'internazionale.

internazionalità [comp. di *inter-* e *nazionalità*] s. f. ● Qualità di ciò che è internazionale: *l'i. della scienza, del socialismo, della religione*.

internazionalizzàre [comp. di *inter-* e *nazionalizzare*] **A** v. tr. ● Rendere internazionale: *i. una città, un porto*. **B** v. intr. pron. ● Assumere caratteristiche internazionali.

internazionalizzazióne [comp. di *inter-* e *nazionalizzazione*] s. f. ● Atto, effetto dell'internazionalizzare.

internebulàre [comp. di *inter-* e *nebulare*] agg. ● (*astron.*) Che è situato fra le nebulose, che riguarda ciò che è situato fra le nebulose: *spazio i.*

internegatìvo [comp. di *inter-* e *negativo*] s. m. ● (*fot.*) Negativo ricavato da una diapositiva allo scopo di moltiplicarne le copie.

internista [da (medicina) *interna*] s. m. e f. (pl. m. *-i*) ● Medico specialista per le malattie degli organi interni.

intèrno [vc. dotta, lat. *intĕrnu(m)*, da *intĕrior* 'interiore'] **A** agg. (compar. di maggioranza *interióre* o *più intèrno*; sup. *intimo* o raro *internìssimo*) *1* Che sta dentro: *elemento, rivestimento i.*; *parte interna*; *organi interni del corpo* | *Pelliccia interna*, che fodera un cappotto | *Regione interna*, priva di sbocchi sul mare | *Navigazione interna*, che si svolge sulle acque interne | *Acque interne*, fiumi, laghi e sim. di un dato territorio | *Mare i.*, circondato da terre e comunicante con l'oceano attraverso uno o più stretti | *Medicina interna*, che cura gli organi interni | *Numero i.*, che distingue i singoli appartamenti dislocati in una stessa scala | (*fis.*) *Energia interna*, la somma dell'energia termica delle molecole e dell'energia di interazione fra gli atomi e fra le molecole | *Alunno i.*, convittore | *Pianeta i.*, la cui orbita è interna a quella della Terra. *2* Che si compie o produce effetti dentro uno Stato, una comunità, un ente e sim.: *politica interna*; *questioni interne*; *commercio i.*; *comunione interna* | *Regolamento i.*, cui devono sottostare gli appartenenti a un'organizzazione | *Dazio i.*, un tempo, quello dovuto per il passaggio di merci da un comune all'altro. *3* (*fig.*) Che riguarda o interessa la sfera interiore dell'individuo: *gioia, emozione interna* | *Voce interna*, voce della coscienza o la coscienza stessa. SIN. Intimo, profondo. || **internaménte**, avv. Dalla parte di dentro;

(*fig.*) nell'anima. **B** s. m. (f. *-a* nel sign. 5) *1* La parte di dentro: *l'i. di un edificio*; *inoltrarsi nell'i. di un bosco*. *2* Numero interno: *scala A, i. 6*. *3* Pelliccia interna: *un i. di castorino*. *4* (*fig.*) Sfera interiore, intima, dell'individuo: *penetrare, leggere nell'i. di qc.* *5* Studente o laureato in medicina che compie il proprio internato. *6* (*sport*) Nei giochi di palla a squadre, chi si muove nella zona centrale del campo. *7* Complesso degli affari interni di uno Stato: *Ministero, ministro dell'i., degli interni*. *8* (*al pl.*) Riprese cinematografiche effettuate nell'interno di un teatro di posa. CONTR. Esterni.

internòdio o **internòdo** [vc. dotta, lat. *internōdiu(m)*, comp. di *ĭnter* 'tra' e di un deriv. di *nōdus* 'nodo'] s. m. ● (*bot.*) Tratto di fusto compreso fra due nodi, cioè fra due degli ingrossamenti che si formano nei punti in cui prendono inserzione le foglie.

internòdo ● V. *internodio*.

internografàto [comp. di *interno* e della seconda parte di simili comp., come (*dattilo*)*grafato*, (*steno*)*grafato*, e sim.] agg. ● Detto spec. di busta per lettere internamente ricoperta di tratti, disegni e sim. fitti e minuti che ne annullano la trasparenza.

inter nos /*lat.* 'inter 'nɔs/ [letteralmente 'fra (*ĭnter*) noi (*nōs*)'] loc. avv. ● Fra noi, in confidenza.

internùnzio [vc. dotta, lat. *internūntiu(m)*, comp. di *ĭnter* 'fra' e *nūntius* 'nunzio'] s. m. *1* Rappresentante o legato, di grado inferiore al nunzio, nominato dalla Santa Sede presso governi stranieri. *2* †Intermediario.

intèro o (*lett.*) **intièro** [lat. parl. *intĕgru(m)* per *ĭntegru(m)* 'integro'] **A** agg. *1* Che ha tutte le sue parti: *quantità, somma intera* | *Animale i.*, non castrato | *Latte i.*, non scremato. *2* Considerato in tutta la sua estensione: *una intera provincia*; *un giorno i.* | *Cento lire intere*, in una sola moneta | *Il popolo i.*, nella sua totalità | *Pagare il biglietto i.*, l'intero prezzo. *3* Pieno, perfetto, assoluto: *manterranno intera la promessa* | Saldo: *avere una fiducia intera in qc.* *4* (*lett.*) Integro, illeso, intatto: *non sta a mirar s'intere o rotte / sieno le mura* (ARIOSTO). *5* (*lett.*) Retto: *e 'l giusto Mardoceo, / che fu al dire e al far così i.* (DANTE *Purg.* XVII, 29-30). || **interaménte**, **intieraménte** avv. Del tutto. **B** s. m. *1* Il tutto, la totalità: *esaminare le parti che costituiscono l'i.* | *Nel suo i.*, nella sua interezza | *Per i.*, interamente. *2* (*mat.*) Numero intero.

interoceànico [comp. di *inter-* e *oceano*, con suff. agg.] agg. (pl. m. *-ci*) ● Che interessa o collega due o più oceani: *canale i.*

interoculàre [comp. di *inter-* e *oculare*] agg. ● (*anat.*) Posto tra i due occhi.

interòsseo [comp. di *inter-* e *osso*, con suff. agg.] agg. ● (*anat.*) Posto tra due ossa: *membrana interossea*.

interparéte ® [comp. di *inter-* e *parete*] s. f. ● Nome commerciale di un tipo di parete attrezzata.

interparietàle [comp. di *inter-* e *parietale*] agg. ● (*anat.*) Posto fra le ossa parietali: *sutura i.*

interparlamentàre [comp. di *inter-* e *parlamento*, con suff. agg.] agg. *1* che concerne, o comprende, i due rami del Parlamento: Camera e Senato. *2* Che concerne, o comprende, i rappresentanti dei Parlamenti di diversi Stati.

interpartìtico [comp. di *inter-* e *partitico*] agg. (pl. m. *-ci*) ● Relativo o comune a più partiti.

interpellànte **A** part. pres. di *interpellare*; anche agg. ● (*raro*) Nei sign. del v. **B** s. m. e f. ● Chi muove una interpellanza parlamentare.

interpellànza [da *interpellare*] s. f. ● Domanda fatta dal Parlamento, in veste di un suo membro, al Governo, circa i motivi e gli intendimenti della sua condotta: *rivolgere, presentare una i.*

interpellàre [vc. dotta, lat. *interpellāre*, comp. di *ĭnter* e **pellāre*, ints. iter. di *pĕllere* 'spingere', di origine indeur.] v. tr. (*io interpèllo*) ● Richiedere qc. di un parere, un consiglio e sim.: *prima di decidere avresti dovuto interpellarci*; *è meglio i. un tecnico* | *I. il governo*, rivolgergli una interpellanza.

interpellàto **A** part. pass. di *interpellare*; anche agg. ● Nei sign. del v. **B** s. m. (f. *-a*) ● Chi è richiesto di un consiglio, un parere e sim.

interpellatóre [vc. dotta, lat. *interpellatōre(m)*, da *interpellātus* 'interpellato'] s. m. (f. *-trice*) ● (*raro*) Interpellante.

interpèllo [da *interpellare*] s. m. ● (*dir.*) Attività processuale che consiste nell'interrogatorio di una parte.

interpersonàle [comp. di *inter-* e *persona*, con suff. agg.] agg. ● Che si svolge, ha luogo e sim. fra gli individui: *rapporti, differenze interpersonali*.

interpetràre e *deriv.* ● V. *interpretare* e *deriv.*

interpiàno [comp. di *inter-* e *piano* (*2*)] s. m. *1* Spazio o distanza fra due piani, negli edifici e tra superfici aerodinamiche. *2* (*edil.*) Pianerottolo intermedio tra due piani di un edificio.

interplanetàrio [comp. di *inter-* e *planetario*] agg. ● Che si trova o avviene negli spazi tra i pianeti.

Interpòl o **Ìnterpol** [sigla dell'ingl. *inter(national criminal) pol(ice organization)* 'organizzazione di polizia criminale internazionale'] s. f. ● Organizzazione internazionale di polizia, spec. con compiti repressivi di attività criminose svolte a livello internazionale, come il traffico degli stupefacenti.

interpolàbile agg. ● Che si può interpolare.

interpolaménto s. m. ● Modo e atto dell'interpolare.

interpolàre [vc. dotta, lat. *interpolāre*, di etim. discussa: 'pulire (*polīre*) a nuovo (*ĭnter*)' (?)] v. tr. (*io intèrpolo*) *1* Inserire in un testo letterario elementi linguistici a esso estranei. *2* (*dir.*) Modificare un testo di legge con l'intento di cambiarne il significato e il valore, per adattarlo a nuove esigenze: *i. un codice*. *3* (*mat.*) Calcolare approssimativamente il valore d'una funzione in un punto compreso fra due altri in cui il valore è noto, quando non si conosce l'espressione della funzione oppure essa è troppo complicata. *4* (*raro, fig.*) Alterare.

interpolàto part. pass. di *interpolare*; anche agg. ● Nei sign. del v.

interpolatóre [vc. dotta, lat. tardo *interpolatōre(m)*, da *interpolātus* 'interpolato'] s. m. (f. *-trice*) ● Chi compie interpolazioni.

interpolazióne [vc. dotta, lat. *interpolatiōne(m)*, da *interpolātus* 'interpolato'] s. f. *1* Atto, effetto dell'interpolare. *2* Parola o locuzione inserita in un testo letterario. *3* (*dir.*) Nel diritto romano, modificazione ufficiale dei testi di legge più antichi per adeguarli alle circostanze dei nuovi tempi.

interpónte [comp. di *inter-* e *ponte*] s. m. ● (*mar.*) In una grande nave, spazio fra due ponti.

interpórre [vc. dotta, lat. *interpōnere*, comp. di *ĭnter* 'fra' e *pōnere* 'porre'] **A** v. tr. (coniug. come *porre*) *1* Porre in mezzo tra una cosa e l'altra: *i. ostacoli, difficoltà* | *I. tempo*, indugiare | *I. la propria influenza*, adoperarla in favore di qc. *2* Proporre a un'autorità giudiziaria o amministrativa un mezzo di reazione contro un dato atto: *i. appello*; *i. ricorso per cassazione*; *i. ricorso al consiglio di Stato*. **B** v. intr. pron. *1* Porsi in mezzo: *l'interporsi della luna tra il Sole e la Terra determina l'eclissi solare*. *2* Intervenire, intercedere in favore di qc. | Porsi tra due contendenti per separarli e rappacificarli: *s'interpose il fratello e la contesa finì*.

interpòrto [comp. di *inter(no)* e *porto*] s. m. ● Centro costituito da un insieme di strutture e di servizi per tutte le operazioni e le attività relative al trasporto, lo scalo e la distribuzione di merci viaggianti su strada o su rotaia.

interpoṣitóre s. m. (f. *-trice*) ● (*raro*) Chi interpone | (*raro*) Mediatore, intercessore.

interpoṣizióne [vc. dotta, lat. *interpositiōne(m)*, da *interpŏsitus* 'interposito'] s. f. *1* L'interporre o l'interporsi. *2* (*dir.*) Sostituzione di una persona ad un'altra nell'esplicazione di un'attività giuridicamente rilevante, spesso utilizzata per eludere un divieto di legge. *3* (*ling.*) Parentesi, inciso.

interpósto **A** part. pass. di *interporre*; anche agg. *1* Nei sign. del v. *2* *Per interposta persona*, con la mediazione di qc. **B** s. m. ● †Interiezione.

interpretàbile o (*tosc., lett.*) **interpetràbile**. [vc. dotta, lat. tardo *interpretābile(m)*, da *interpretāri* 'interpretare'] agg. ● Che si può interpretare.

interpretaménto o (*tosc., lett.*) **interpetraménto** [vc. dotta, lat. tardo *interpretamĕntu(m)*, da *interpretāri* 'interpretare'] s. m. *1* (*raro*) Interpretazione. *2* (*ling.*) Figura retorica che consiste nel ridire con altre parole una cosa già detta: *Qual felice destin, qual dextro fato* (BOIARDO).

interpretàre o (*tosc., lett.*) **interpetràre** [vc. dotta, lat. *interpretāri*, da *intĕrpres*, genit. *intĕrpretis* 'interprete'] v. tr. (*io intèrpreto*) *1* Intendere e spiegare cosa ritenuta oscura o difficile: *i. un passo controverso*; *i. un'iscrizione*; *i. i sogni, le visioni* | *I. la legge*, applicarla secondo giustizia. SIN. Capire. *2* Attribuire un particolare significato a q.c.: *i. in senso buono, cattivo*; *non devi i. quelle parole come un rimprovero*. *3* Intuire i propositi, le intenzioni di qc.: *sono certo di i. nel modo giusto il vostro silenzio*; *crediamo così di i. la volontà di tutti*. *4* Rappresentare esattamente, detto di artista e di espressione artistica: *poesia, poeta che interpreta l'angoscia dell'uomo moderno* | Eseguire, portare sulla scena, rappresentare in pubblico come attore, artista: *i. l'Otello, la Traviata*. *5* †Tradurre: *casa, sive domo, interpretiamo il duomo di Santo Giovanni* (VILLANI).

interpretariàto [fr. *interprétariat*, da *interprète* 'interprete'] s. m. ● Attività, funzione dell'interprete.

interpretatìvo o (*tosc., lett.*) **interpetratìvo**. agg. *1* Che serve o è atto all'interpretazione | *Norma interpretativa*, che tende a spiegare il senso di un'altra norma o di una volontà individuale non chiaramente espressa. *2* Che concerne l'interpretazione. || **interpretativaménte**, avv.

interpretàto o (*tosc., lett.*) **interpetràto** part. pass. di *interpretare*; anche agg. ● Nei sign. del v.

interpretatóre o (*tosc., lett.*) **interpetratóre** [vc. dotta, lat. tardo *interpretatōre(m)*, da *interpretātus* 'interpretato'] s. m. (f. *-trice*) ● (*raro*) Chi interpreta.

interpretazióne o (*tosc., lett.*) **interpetrazióne** [vc. dotta, lat. *interpretatiōne(m)*, da *interpretātus* 'interpretato'] s. f. *1* Atto, effetto dell'interpretare: *una dubbia i. dei fatti*; *dare un'i. falsa, ambigua*; *un'ottima i. musicale*; *la perfetta i. di una commedia, di un personaggio*; *i. di sogni, prodigi, visioni*. *2* (*dir.*) Procedimento logico per accertare il significato di un atto giuridico: *i. della legge, del contratto*; *i. dottrinale*; *i. autentica*. || **interpretazioncèlla**, dim.

intèrprete o (*tosc., lett.*) **intèrpetre** [vc. dotta, lat. *intĕrprete(m)*, originariamente 'mediatore, sensale', di etim. incerta] s. m. e f. *1* Chi intende e chiarisce il senso di una cosa ritenuta oscura o difficile | Espositore, commentatore: *è uno dei più valenti interpreti della Divina Commedia* | *Farsi i. di q.c. presso qc.*, esprimere, manifestare a qc. ciò che altri non può esprimere direttamente: *ci faremo interpreti presso di lui della vostra gratitudine*. *2* Chi, per mestiere, traduce oralmente discorsi fatti in un'altra lingua: *fare l'i. in un grande albergo* | *I. simultaneo*, chi, in conferenze, congressi e sim., esegue traduzioni simultanee | (*fig., est.*) *I. tascabile*, traduttore elettronico. *3* Chi rappresenta, sostenendovi un ruolo, un'opera teatrale, esegue un brano musicale e sim.: *gli interpreti di un dramma di Ibsen*. *4* (*elab.*) Linguaggio per elaboratori elettronici in cui le istruzioni di un programma, scritte in un linguaggio simbolico, vengono convertite in codice macchina durante l'esecuzione. *5* †Traduttore: *i settanta interpreti della Bibbia*. *6* †Mediatore, messaggero.

interprovinciàle [comp. di *inter-* e *provincia*, con suff. agg.] agg. ● Che interessa più province: *consorzio i.*; *trasporti interprovinciali*.

interpsicologìa [comp. di *inter-* e *psicologia*, sul modello del corrispondente fr. *interpsychologie*] s. f. ● Psicologia collettiva, in quanto studio degli individui nelle loro interazioni.

interpùngere [vc. dotta, lat. *interpŭngere*, comp. di *ĭnter* 'fra' e *pŭngere*, di etim. incerta, sul modello del gr. *diakentêin*] v. tr. (coniug. come *pungere*) ● (*ling.*) Separare con segni di interpunzione.

interpunzióne [vc. dotta, lat. *interpunctiōne(m)*, da *interpŭnctus*, part. pass. di *interpŭngere* 'interpungere', sull'es. del corrisp. gr. *diakéntēsis*] s. f. ● (*ling.*) Separazione degli elementi di una frase o di uno scritto per mezzo di segni grafici. SIN. Punteggiatura | *Segni d'i.*, il punto, la virgola, i due punti e sim.

inter-rail /*ingl.* intə'reil/ [vc. ingl., comp. di *inter* e *rail* 'ferrovia'] s. m. inv. ● Tessera ferroviaria che consente ai giovani di viaggiare su tutte le linee ferroviarie europee.

interraménto s. m. ● Atto, effetto dell'interrare

e dell'interrarsi.

interràre [comp. di *in-* (*1*) e *terra*] **A** v. tr. (*io intèrro*) **1** Mettere dentro terra: *i. un seme*. **2** Colmare, riempire con terra, sabbia e sim.: *i. un fiume, un canale*. **3** (*mil.*) Sistemare un pezzo di artiglieria, un'arma, un mezzo corazzato, un automezzo e sim. in uno scavo naturale o artificiale del terreno, per nasconderlo. **4** (*raro*) Impiastrare di terra, insudiciare. **B** v. rifl. • (*raro*) Insudiciarsi di terra. **C** v. intr. pron. • Colmarsi, riempirsi di terra.

interràto A part. pass. di *interrare*; anche agg. **1** Nei sign. del v. **2** *Piano i.*, posto interamente sotto il livello stradale. **B** s. m. • Piano posto sotto il livello stradale.

interrazziàle o **interraziàle** [comp. di *inter-* e *razza*, con suff. agg.] agg. • Relativo a più razze umane.

interré [vc. dotta, lat. *interrēge*(*m*), comp. di *ĭnter* 'fra' e *rēx*, genit. *rēgis* 're'] s. m. • Nell'antica Roma, magistrato che sostituiva il re o un console in attesa dell'elezione del nuovo.

interregionàle [comp. di *inter-* e *regione*, con suff. agg.] agg. • Che interessa due o più regioni: *comitato i.*

interrégno [vc. dotta, lat. *interrēgnu*(*m*), comp. di *ĭnter* 'fra' e *rēgnum* 'regno'] s. m. **1** Situazione politico-amministrativa che si verifica nel periodo di tempo compreso fra la morte, l'abdicazione o la deposizione di un sovrano e la nomina del successore. **2** Periodo di tempo in cui si verifica tale situazione.

interrelàto [ingl. *interrelated*, part. pass. di *to interrelate* 'mettere in relazione reciproca', comp. di *inter-* e *to relate* 'riferire, mettere in relazione', dal lat. *relātus* (V. *relazione*)] agg. • Che è in rapporto di relazione reciproca con altri elementi analoghi: *problemi interrelati*.

interrelazióne [ingl. *interrelation*, comp. di *inter-* e *relation* 'relazione'] s. f. • Relazione reciproca: *i. di fatti, di idee*.

interrenàle [comp. di *inter-* e *renale*] **A** agg. • (*biol.*) Riferito al tessuto ghiandolare endocrino di alcuni gruppi di Vertebrati, localizzato tra i reni e omologo alla corteccia surrenale. **B** s. m. • (*biol.*) In alcuni gruppi di Vertebrati, tessuto ghiandolare endocrino localizzato tra i reni.

interriménto [var. di *interramento*] s. m. • (*geogr.*) Riempimento di una cavità con terreno o materiali sciolti, spec. trasportati da acque correnti.

interrogànte A part. pres. di *interrogare*; anche agg. **1** Nei sign. del v. **2** Che presenta o ha presentato un'interrogazione: *deputato i.* **B** s. m. e f. **1** Chi interroga, chi conduce un interrogatorio: *rispondere all'i.* **2** Chi presenta o ha presentato un'interrogazione parlamentare.

interrogàre [vc. dotta, lat. *interrogāre*, comp. di *ĭnter* 'fra' e *rogāre* 'chiedere'] v. tr. (*io intèrrogo, tu intèrroghi*) **1** Porre una o più domande a qc. per ottenere informazioni, chiarimenti e sim.: *i. un testimone oculare*; *i. qc. sullo svolgimento dei fatti* | Appurare attraverso una serie di domande il grado di preparazione di uno studente e sim.: *i. in filosofia, in geografia*; *i. abilmente, insidiosamente*. **2** Sottoporre a interrogatorio: *i. i testimoni, le parti, l'imputato*. **3** (*fig.*) Consultare, scrutare q.c. per avere una risposta: *i. la storia*; *i. la propria coscienza*.

interrogativa [vc. dotta, lat. *interrogatīva*(*m*), agg. f., da *interrogāre* 'interrogare'] s. f. • (*raro*) Interrogazione.

interrogativo [vc. dotta, lat. tardo *interrogatīvu*(*m*), da *interrogāre* 'interrogare'] **A** agg. **1** Che esprime o contiene interrogazione: *frase interrogativa*; *sguardi interrogativi*; *gesti interrogativi*. **2** Che serve a domandare: *aggettivo, pronome i.*; *particella, proposizione interrogativa* | *Punto i.*, segno che indica il senso interrogativo della proposizione. ‖ **interrogativaménte**, avv. **B** s. m. **1** Interrogazione, quesito, dubbio: *gli interrogativi non sono pochi*. **2** (*fig.*) Cosa che non può essere compresa, conosciuta, prevista: *il futuro è per noi un i.* | *È un i.*, di persona che non si riesce a capire.

interrogàto A part. pass. di *interrogare*; anche agg. • Nei sign. del v. **B** s. m. (f. *-a*) **1** Persona cui è stata rivolta una domanda. **2** (*dir.*) Chi è, o è stato, sottoposto a interrogatorio: *l'i. si rifiuta di rispondere*; *l'i. ha confessato*.

interrogatóre [vc. dotta, lat. tardo *interrogatōre*(*m*), da *interrogātus* 'interrogato'] s. m.; anche agg. (f. *-trice*) • (*raro*) Chi, che interroga.

interrogatòrio [vc. dotta, lat. tardo *interrogatōriu*(*m*), da *interrogātor*, genit. *interrogatōris* 'interrogatore'] **A** agg. **1** Che è proprio di chi interroga. **2** (*raro*) Interrogativo. **B** s. m. **1** (*dir.*) Complesso delle domande rivolte dall'autorità giudiziaria, durante il corso di un processo, agli imputati, alle parti e ai testi, al fine di accertare la verità: *sottoporre a i.*; *subire un i.* | *I. di terzo grado*, incalzante e violento, che mira a distruggere ogni resistenza dell'interrogato; (*fig., scherz.*) serie di domande precise e minuziose, spesso indiscrete o comunque ingiustificate. **2** (*est.*) Serie di interrogazioni, di quesiti.

interrogazióne [vc. dotta, lat. *interrogatiōne*(*m*), da *interrogātus* 'interrogato'] s. f. **1** Atto, effetto dell'interrogare: *rispondere all'i.*; *subire un'i.* **2** Serie di domande volte ad appurare il grado di preparazione di uno studente: *i. di storia, di geografia*. **3** *I. parlamentare* o (*ass.*) *interrogazione*, domanda rivolta per iscritto dal Parlamento, in veste di un suo membro, al Governo, per avere informazioni o spiegazioni sull'attività della pubblica amministrazione: *presentare una i.* **4** (*ling.*) Figura retorica che consiste nell'esprimere in forma interrogativa (ma con la risposta già implicita nella domanda) un'idea alla quale si vuol dare particolare efficacia: *La vogliam noi forse / far qui tutti da re?* (MONTI).

interrómpere [vc. dotta, lat. *interrŭmpere*, comp. di *ĭnter* 'tra' e *rŭmpere* 'rompere'] **A** v. tr. (coniug. come *rompere*) **1** Rompere a mezzo, troncare: *i. gli studi, le trattative, la conversazione* | *I. la noia, la monotonia*, detto di ciò che svaga, diverte e sim. **2** (*dir.*) Impedire il compimento di un fatto o di un'azione: *i. la prescrizione*. **3** Cessare per qualche tempo: *i. il sonno* | *I. il discorso*, fermandosi nel parlare o interloquendo quando altri parla | *Non interrompermi!*, lasciami parlare, lasciami concludere il discorso. SIN. Sospendere. **4** Impedire la continuazione, la continuità, lo svolgimento regolare, il funzionamento e sim. di q.c.: *i. il moto, l'attività, lo sviluppo*; *i. una linea telefonica, elettrica*; *i. i rifornimenti*; *l'alluvione ha interrotto in più punti la strada statale* | †*I. una congiura*, cercare di sventarla: *alla congiura non acconsentì, anzi la detestò, e con quello modo che onestamente potette adoperare, la interruppe* (MACHIAVELLI). **B** v. intr. pron. • Arrestarsi, fermarsi: *si interruppe sul più bello*; *negli ocïosi tempi, / quando nostra fatica s'interrompe* (POLIZIANO).

interrompiménto s. m. • (*raro*) Interruzione.

interrótto part. pass. di *interrompere*; anche agg. • Nei sign. del v. ‖ **interrottaménte**, avv. In maniera interrotta.

interruttóre [vc. dotta, lat. tardo *interruptōre*(*m*), da *interrŭptus* 'interrotto'] s. m. (f. *-trice* nel sign. 2) **1** Apparecchio per determinare l'apertura o la chiusura di un circuito elettrico | *I. automatico, di massima, di minima*, che funziona da sé per effetto della stessa corrente quando l'intensità tende a salire al disopra o a scendere al disotto di limiti prestabiliti | *I. a tocco, a sfioramento*, microinterruttore | *I. a prossimità, di prossimità*, quello per bassa tensione e media corrente, contenente un dispositivo sensibile a variazioni della capacità elettrica, che lo aziona quando la mano di una persona viene avvicinata a esso, usato spec. per accendere e spegnere lampade nelle abitazioni e negli uffici. **2** (*raro*) Chi interrompe un discorso, un'azione e sim.

interruzióne [vc. dotta, lat. *interruptiōne*(*m*), da *interrŭptus* 'interrotto'] s. f. • Atto, effetto dell'interrompere e dell'interrompersi: *i. di un lavoro, delle trattative*; *i. di una strada, delle comunicazioni*; *i. di un discorso, di un servizio* | *Senza i.*, continuamente, ininterrottamente | (*dir.*) *I. del processo civile*, fase di quiescenza del processo conseguente alla morte o perdita di capacità di una delle parti o alla morte, radiazione o sospensione del procuratore costituito.

interscàlmio [vc. dotta, lat. tardo *interscălmiu*(*m*), comp. di *ĭnter* 'fra' e di un deriv. da *scălmus* 'scalmo'] s. m. • (*mar.*) Spazio tra scalmo e scalmo.

interscambiàbile [comp. di *inter-* e *scambiabile*] agg. • Detto di due o più cose, elementi e sim. che possono essere scambiati reciprocamente.

interscambiabilità s. f. • Qualità di ciò che è interscambiabile.

interscàmbio [comp. di *inter-* e *scambio*] s. m. **1** Scambio commerciale | *I. con l'estero*, complesso delle operazioni d'importazione ed esportazione di un'azienda | *I. provinciale*, relativo alle aziende di una provincia. **2** Complesso di opere stradali a diversi livelli che permette di eliminare i punti di intersezione delle varie correnti di traffico.

interscapolàre [comp. di *inter-* e *scapola*, con suff. agg.] agg. • (*anat.*) Posto fra le scapole: *regione i.*

interscolàstico [comp. di *inter-* e *scolastico*] agg. (pl. m. *-ci*) • Che concerne o interessa due o più scuole: *torneo i.*

interscuòla [comp. di *inter-* e *scuola*] s. f. • Nella scuola dell'obbligo, spec. a tempo pieno, periodo di tempo intercorrente tra le lezioni mattutine e quelle pomeridiane, solitamente dedicato al pasto e allo svago degli allievi e considerato come parte socializzante integrativa del processo didattico e pedagogico quotidiano.

intersecaménto s. m. • (*raro*) Intersecazione.

intersecàre [vc. dotta, lat. tardo *intersecāre*, comp. di *ĭnter* 'fra' e *secāre* 'tagliare'] **A** v. tr. (*io intèrseco, tu intèrsechi*) **1** Attraversare tagliando: *il meridiano interseca l'orizzonte*; *una fitta rete di canali interseca la pianura*; *ridusse a perfezione il modo di tirare le prospettive ... per via d'i. le linee* (VASARI). **2** (*mat.*) Trovare l'intersezione | Trovare gli elementi comuni. **B** v. rifl. rec. **1** Incrociarsi, tagliarsi di traverso: *le due strade a un certo punto s'intersecano*. **2** (*mat.*) Avere degli elementi comuni.

intersecazióne s. f. • Intersezione.

intersessuàle [comp. di *inter-* e *sessuale*] agg.; anche s. m. e f. • (*biol.*) Che, chi presenta intersessualità.

intersessualità [comp. di *inter-* e *sessualità*] s. f. • (*biol.*) Coesistenza in un individuo di caratteri sessuali maschili e femminili.

intersettoriàle [comp. di *inter-* e *settore*, con suff. agg.] agg. • Che si riferisce a due o più diversi settori: *interessi, studi, intersettoriali*.

intersezióne [vc. dotta, lat. *intersectiōne*(*m*), da *intersĕctus*, part. pass. di *intersecāre* 'intersecare'] s. f. **1** Atto, effetto dell'intersecare. **2** (*mat.*) Insieme costituito dagli elementi comuni a più insiemi: *punto d'i.*; *i. di due insiemi*.

intersideràle [comp. di *inter-* e *siderale*] agg. • Che sta tra due o più corpi siderali.

intersindacàle [comp. di *inter-* e *sindacale*] agg. • Comune a più sindacati od organizzato da più sindacati.

intersoggettìvo [comp. di *inter-* e *soggettivo*] agg. • Che avviene fra due o più soggetti, che concerne o interessa due o più soggetti: *rapporto i.*

interspaziàle [comp. di *inter-* e *spaziale*] agg. • (*raro*) Interplanetario, interstellare.

interspecìfico [comp. di *inter-* e *specifico*] agg. • (*biol.*) Detto di qualsiasi tipo di rapporto coinvolgente individui di specie diverse.

interspinàle [comp. di *inter-* e *spinale*] agg. • (*anat.*) Posto tra le spine vertebrali.

interstazionàle [comp. di *inter-* e dell'agg. di *stazione*] agg. • Relativo al collegamento tra due o più stazioni.

interstellàre [comp. di *inter-* e *stella*, con suff. agg.] agg. • Che avviene, è, si produce, negli spazi tra le stelle: *materia i.* | *Riga i.*, riga stazionaria.

interstiziàle agg. **1** Di interstizio. **2** Posto, situato negli interstizi | (*anat.*) *Ghiandola i.*, posta tra le cellule proprie del testicolo e avente funzione di ghiandola endocrina, produttrice di ormoni sessuali maschili.

interstìzio [vc. dotta, lat. tardo *interstĭtiu*(*m*), da *interstāre*, comp. di *ĭnter* 'tra' e *stāre* 'stare'] s. m. **1** Spazio minimo che separa due corpi o due parti dello stesso corpo: *osservai al microscopio gli interstizi esistenti tra le cellule* | Fessura: *la luce filtrava fra gli interstizi*. **2** (*astron.*) †Solstizio. **3** †Indugio.

intertèmpo [comp. di *inter-* e *tempo*] s. m. •

(*sport*) In gare individuali a cronometro, spec. di sci o di ciclismo, tempo parziale fatto registrare da un concorrente in una determinata fase della gara, in genere a metà.

intertemporàle [comp. di *inter-* e *temporale* (*1*)] agg. ● Detto di ciò che avviene fra due momenti o due eventi determinati.

†**intertenére** [lat. mediev. *intertenēre*, comp. di *inter-* 'tra' e *tenēre* 'tenere'] **A** v. tr. ● Trattenere | Intrattenere. **B** v. intr. pron. ● Intrattenersi: *dove il fine non sia che intertenersi parlando* (LEOPARDI).

intertestuàle [comp. di *inter-* e *testuale*] agg. ● (*ling.*) Che riguarda i rapporti tra più testi.

intertestualità [da *intertestuale*] s. f. ● (*ling.*) Rapporto che intercorre tra un testo e gli altri testi dello stesso genere, dello stesso autore, dello stesso periodo e sim.

intertrìgine [vc. dotta, lat. *intertrīgine(m)*, comp. di *ĭnter* 'tra' e un deriv. di *tĕrere* '(sof)fregare', di origine indeur.] s. f. ● (*med.*) Dermatosi rappresentata da arrossamento ed essudazione delle regioni delle pieghe cutanee.

intertropicàle [comp. di *inter-* e *tropicale*] agg. ● Situato tra i circoli dei tropici: *regione, pianta i.*

interumàno [comp. di *inter-* e *umano*] agg. ● (*lett.*) Che si riferisce ai rapporti fra gli uomini: *fatti interumani.*

interurbàna [f. sost. di *interurbano*] s. f. ● Conversazione telefonica scambiata tra due abbonati appartenenti a reti urbane diverse.

interurbàno [comp. di *inter-* e *urbano*] agg. ● Che unisce due o più città: *trasporti interurbani* | (*tel.*) Che esiste o avviene tra due reti telefoniche diverse: *linee interurbane*; *collegamento i.*; *comunicazione interurbana* | *Centrale interurbana*, locale cui fanno capo le linee interurbane per l'effettuazione di conversazioni a mezzo prenotazione.

interusùrio [vc. dotta, lat. tardo *interusūriu(m)*, comp. di *ĭnter* 'tra' e un deriv. di *usūra* 'interesse'] s. m. ● (*dir.*) Nel diritto romano, rimborso spettante al debitore che ha pagato prima della scadenza del termine ignorando l'esistenza dello stesso.

intervallàre (1) [vc. dotta, lat. tardo *intervallāre*, da *intervāllum* 'intervallo'] v. tr. ● Disporre o distanziare con intervalli di spazio o di tempo: *i. le costruzioni, i viaggi, le partenze.*

intervallàre (2) [da *intervallo*] agg. ● Di intervallo | Che è in un intervallo.

intervàllo [vc. dotta, lat. *intervāllu(m)*, comp. di *ĭnter* 'tra' e *vāllum* 'vallo'] s. m. *1* Distanza intercorrente tra due cose: *l'i. tra casa e casa*; *procedevano a intervalli di cinque metri l'uno dall'altro.* *2* Periodo di tempo intercorrente tra due fatti, due azioni e sim.: *l'i. tra una lezione e l'altra*; *l'i. tra il primo e il secondo atto di un'opera teatrale* | *A intervalli*, con interruzioni più o meno sistematiche o regolari. *3* (*mus.*) Salto, distanza, fra un suono e l'altro, della stessa gamma: *i. di un tono, di un semitono* | *I. di ottava*, fra due note uguali di due ottave successive | *I. di due suoni*, rapporto tra le frequenze di due suoni. *4* (*mat.*) *I. aperto*, insieme dei numeri reali maggiori d'un numero e minori d'un altro | *I. chiuso*, insieme dei numeri reali maggiori o uguali a un numero e minori o uguali a un altro.

interveniènte o **intervenènte** **A** part. pres. di *intervenire*; anche agg. ● (*raro*) Nei sign. del v. **B** s. m. e f. *1* (*dir.*) Chi interviene in una causa divenendone parte. *2* (*dir.*) Chi accetta o paga una cambiale tratta per conto dell'obbligato principale.

intervenire [vc. dotta, lat. *intervenīre*, comp. di *ĭnter* 'in mezzo' e *venīre* 'venire'] v. intr. (coniug. come *venire*; aus. *essere*) *1* (*lett.*) Accadere, succedere, capitare: *intervenne cosa di gran maraviglia* (LEOPARDI). *2* Intromettersi, frapporsi: *i. in una lite, una discussione* | (*sport*) *I. sulla palla*, nel calcio, raggiungere la palla e colpirla | *I. in attacco, in difesa*, operare in questo o in quello dei due settori | *I. su un avversario*, ostacolarlo, arrestarlo nella sua azione di gioco. *3* Partecipare a cerimonie, riunioni e sim.: *i. alle nozze, alla festa*; *i. al dibattito, all'assemblea* | *I. alle urne*, recarsi alle urne per votare. *4* (*dir.*) Divenire parte in un processo pendente, spontaneamente, su istanza di parte, o per ordine del giudice. *5* Compiere un intervento chirurgico: *il chirurgo non ritenne necessario i.*

interventìsmo s. m. *1* Tendenza favorevole all'intervento di uno Stato in una guerra combattuta da altri Stati. *2* Indirizzo generale della politica economica favorevole all'estensione dell'intervento dello Stato nell'economia del paese.

interventìsta s. m. e f.; anche agg. (pl. m. *-i*) ● Chi, che è favorevole all'interventismo.

interventìstico agg. (pl. m. *-ci*) ● Relativo all'interventismo, agli interventisti.

intervènto [vc. dotta, lat. *intervĕntu(m)*, da *intervenīre* 'intervenire'] s. m. *1* Atto dell'intervenire: *l'i. delle autorità all'inaugurazione*; *l'i. della forza pubblica.* SIN. Intromissione, partecipazione, presenza. *2* (*dir.*) Fatto dell'intervenire come parte in un processo pendente: *comparsa d'i.*; *i. litisconsortile* | *I. adesivo dipendente*, quello fatto da un terzo per sostenere le ragioni di una parte principale. *3* (*dir.*) Fatto di una persona indicata dal traente, dal girante o dall'avallante che accetta o paga una cambiale tratta in vece dell'obbligato principale: *accettante per i.* *4* Discorso pronunciato in un'assemblea, in un dibattito e sim.: *il suo è stato l'i. più brillante.* *5* Ingerenza autoritaria, non richiesta e non consentita, di uno Stato negli affari interni o esteri di un altro Stato con cui non esiste né uno stato di guerra né un vincolo di unione paritaria: *i. armato*; *i. diplomatico*; *i. economico* | *Principio del non i.*, principio secondo cui a nessuno Stato è lecito intervenire nella politica interna degli altri Stati. *6* (*med.*) Atto chirurgico, operazione: *i. operatorio*; *subire un grave i.* *7* (*sport*) Azione con cui un giocatore si impossessa della palla o la respinge. *8* (*raro*) Aiuto.

interventóre s. m. (f. *-trice*) ● (*raro*) Chi interviene in un dibattito, in un convegno e sim.

intervenùto **A** part. pass. di *intervenire*; anche agg. ● Nei sign. del v. **B** s. m. (f. *-a*) ● Chi partecipa a cerimonie, riunioni e sim.: *salutare gli intervenuti.*

intervenzióne [vc. dotta, dal lat. *interventiōne(m)*, da *intervĕntus*, part. pass. di *intervenīre*; V. *intervenire*] s. f. ● (*raro, lett.*) Intervento.

intervenzionìsmo [da *intervenzione*] s. m. ● (*econ.*) Corrente di pensiero che afferma la necessità dell'intervento statale in ogni settore dell'economia nazionale.

interversióne [vc. dotta, lat. tardo *interversiōne(m)*, che aveva però il sign. di 'interruzione' e 'malversazione', da *intervĕrsus*, part. pass. di *intervĕrtere* 'volgere in altra direzione', comp. di *inter-* e *vĕrtere* 'volgere'] s. f. ● (*raro*) Inversione | (*dir.*) *I. nel possesso*, mutamento del titolo o della qualifica del possesso per opera di un terzo o per opposizione dell'avente causa.

intervertebràle [comp. di *inter-* e *vertebra*, con suff. agg.] agg. ● (*anat.*) Che è posto tra le vertebre.

intervia [comp. di *inter-* e *via* (*1*)] s. f. ● (*ferr.*) Interbinario.

intervideo [comp. di *inter(no)* e *video*] s. m. ● Videocitofono.

intervisióne [comp. di *inter-* e della seconda parte di (*tele*)*visione*] s. f. ● Collegamento televisivo tra paesi dell'Europa Orientale.

intervista [adattamento dell'ingl. *interview*, a sua volta dal fr. *entrevue*, part. pass. f. sost. di *entrevoir* 'intravedere'] s. f. *1* Colloquio di un giornalista, radiocronista, telecronista e sim. con una persona per ottenerne dichiarazioni, informazioni, opinioni: *fare, chiedere, dare, rilasciare, concedere un'i.* *2* (*est.*) Informazione o serie di informazioni desunte dal colloquio stesso: *smentire, confermare l'i.* | L'articolo giornalistico o la trasmissione radiofonica o televisiva contenente un'intervista. *3* (*org. az.*) Serie di domande poste a una o più persone per conoscerne opinioni, gusti, attitudini e sim.: *i. d'assunzione*; *i. di gruppo.*

intervistàre [da *intervista*] v. tr. ● Interrogare in un'intervista: *i. un attore, un ministro.*

intervistàto **A** part. pass. di *intervistare*; anche agg. ● Nei sign. del v. **B** s. m. (f. *-a*) ● Chi è interrogato in un'intervista.

intervistatóre s. m. (f. *-trice*) *1* Chi fa un'intervista. *2* Chi compie ricerche di mercato intervistando direttamente i potenziali acquirenti.

inter vivos /lat. 'inter 'vivos/ [lat., letteralmente 'tra (*ĭnter*) vivi (*vīvos*)' acc. pl. di *vīvus* 'vivo'] loc. agg. ● (*dir.*) Detto di negozio giuridico concluso tra persone viventi.

intervocàlico [comp. di *inter-* e *vocalico*] agg. (pl. m. *-ci*) ● (*ling.*) Detto di suono consonantico che si trova fra due vocali.

interzàre [comp. di *in-* (*1*) e *terzo*] v. tr. (*io intèrzo*) *1* (*raro*) Inserire una cosa fra altre due in modo che diventino tre | (*raro*) Alternare | (*raro*) Interporre. *2* (*mar.*) Mettere il terzo rematore. *3* (*agr.*) Compiere la terza aratura del maggese. *4* †Far parte di un terzo cioè di un reggimento | †Mescolare soldati di diversi corpi.

interzàto [da *interzare*] **A** s. m. ● (*arald.*) Scudo con il campo diviso in tre parti uguali. **B** anche agg.: *scudo i.*

interzinàre [comp. di *in-* (*1*) e *terzino*] v. tr. ● (*tosc.*) Mettere vino pregiato in un fiaschetto terzino, corrispondente a un terzo del fiasco comune.

interzonàle [comp. di *inter-* e *zona*, con suff. agg., sul modello dell'ingl. *interzonal*] agg. ● (*raro*) Che riguarda due o più zone.

interzóne [comp. di *inter-* e il pl. di *zona*, in uso agg.] agg. inv. ● Interzonale: *collegamento i.*

intésa [f. sost. di *inteso*] s. f. *1* Accordo tra persone o gruppi di persone: *tutto è regolato da un'i. segreta* | *Star sull'i.*, sull'avviso | *Essere d'i.*, essere d'accordo | †*Mettere le intese*, spargere la voce | *Intese industriali*, accordi tra imprese appartenenti allo stesso ramo di attività economica. SIN. Patto. *2* Accordo tra Stati | Complesso degli Stati uniti da un tale accordo: *l'Intesa balcanica.* *3* Collaborazione: *agire d'i. con qc.* | Nel linguaggio sportivo, coordinazione tra i componenti di una squadra nello svolgimento di una gara: *curare l'i. con i compagni di squadra.* *4* †Attenzione.

intéso **A** part. pass. di *intendere*; anche agg. *1* Nei sign. del v. *2* Che tende a un fine, detto di provvedimento, atto, gesto: *un provvedimento i. a migliorare le condizioni degli immigrati.* *3* Pattuito, convenuto | *Resta, rimane i. che ...*, è convenuto che ... *4* (*raro*) Informato | *Fare, rendere i. qc. di q.c.*, avvisare, informare qc. di q.c. | *Darsi per i. di q.c.*, far vedere che si è capito q.c., che se ne è persuasi e sim. | *Non darsi per i.*, rifiutare di capire o fingere di non curarsi di q.c. *5* (*lett.*) Intento, dedito, attento: *povera e nuda vai Filosofia, / dice la turba al vil guadagno intesa* (PETRARCA). *6* (*raro, lett.*) Ben concepito, eseguito bene e con gusto: *progetto, edificio bene i.*; *la quale opera ... è fra le più graziose e meglio intese pitture che Francesco facesse mai* (VASARI) | *Male i.*, mal fatto. **B** s. m. ● †Intesa, accordo.

intèssere [lat. *intĕxere*, comp. di *in-* raff. e *tĕxere* 'tessere'] v. tr. (coniug. come *tessere*) *1* Tessere, intrecciare insieme: *i. giunchi per una cesta*; *i. ghirlande* | (*raro*) Inserire per ornamento (*anche fig.*): *i. fili d'oro in q.c.*; *i. ricercatezze in uno scritto.* *2* (*fig.*) Comporre: *i. melodie, panegirici* | (*fig.*) Ordire, tramare: *i. inganni e ingiurie.*

intessitùra s. f. ● (*raro*) Atto, effetto dell'intessere.

intessùto part. pass. di *intessere*; anche agg. *1* Nei sign. del v. *2* Pieno, costellato: *un resoconto i. di fandonie.*

intestàbile (1) [da *intestare*] agg. ● Che può essere intestato: *titoli, beni intestabili.*

intestàbile (2) [vc. dotta, lat. *intestābile(m)*, comp. di *in-* neg. e *testābilis* 'testabile'] s. m. e f. ● (*dir.*) Chi, che non può disporre o ricevere per testamento.

intestardìrsi [comp. di *in-* (*1*) e *testardo*] v. intr. pron. (*io m'intestardisco, tu t'intestardisci*) ● Ostinarsi, fissarsi: *si è intestardito e non ammette di sbagliare.* SIN. Incaponirsi.

intestàre [comp. di *in-* (*1*) e *testa*] **A** v. tr. (*io intèsto*) *1* Fornire del titolo o intestazione un libro, un foglio, una lettera e sim.: *i. una busta*; *i. un dispaccio al proprio corrispondente* | *I. il foglio del compito in classe*, scrivendovi in alto il nome, il cognome e la data. *2* Far risultare qc. titolare di dati diritti od obblighi o, genericamente, di date situazioni, mediante apposite registrazioni: *i. a qc. una casa, un debito.* *3* (*tecnol.*) Effettuare l'intestatura | *I. una catena*, fermarla inserendo paletti negli occhi delle due testate. *4* (*min.*) Iniziare la perforazione di un foro da mina o di un sondaggio. **B** v. intr. pron. ● Intestardirsi, ostinarsi: *si è inte-*

stato a voler partire subito. SIN. Fissarsi, incaponirsi.

intestatàrio [da *intestato* (*2*)] s. m. (f. *-a*) ● Soggetto titolare di dati diritti od obblighi, o genericamente, a cui fa capo una data situazione giuridica.

intestàto (**1**) part. pass. di *intestare*; anche agg. ● Nei sign. del v.

intestàto (**2**) [vc. dotta, lat. *intestātu(m)*, comp. di *ĭn-* neg. e *testātus* 'testato'] **A** agg. ● Che è morto senza aver fatto testamento | *Successione intestata*, successione legittima che si apre quando manca o è invalido il testamento. **B** s. m. (f. *-a*) ● Chi è morto senza aver fatto testamento.

intestatóre [da *intestare*] s. m. ● (*tecnol.*) Utensile per effettuare l'intestatura al tornio. SIN. Sfacciatore.

intestatùra [da *intestare*] s. f. *1* (*raro*) Intestazione. *2* Operazione ed effetto dell'intestare due pezzi | Punto in cui i due pezzi sono intestati. SIN. Commettitura. *3* (*tecnol.*) Tornitura dell'estremità di un pezzo cilindrico o troncoconico allo scopo di renderla piana e perpendicolare all'asse del pezzo stesso. SIN. Sfacciatura. *4* (*tecnol.*) Operazione effettuata con seghe e destinata a rendere piane e perpendicolari all'asse le estremità dei tronchi di legno da segare per il lungo.

intestazióne [da *intestare*] s. f. *1* Atto, effetto dell'intestare. *2* Dicitura, titolo, nome che si pone all'inizio di libri, scritti, articoli e sim. *3* Dicitura iniziale di una sentenza giudiziaria, in cui si afferma che questa è emessa in nome del popolo italiano. *4* Indicazione delle suddivisioni formali e cronologiche nel catalogo bibliografico per soggetti.

intestinàle [da *intestino* (*2*)] agg. ● (*anat.*) Dell'intestino: *canale i.*

intestìno (**1**) [vc. dotta, lat. *intestīnu(m)*, da *ĭntus* 'dentro', con suff. di origine indeur.] agg. ● (*raro*) Interiore, interno | *Guerra, discordia intestina*, che si accende all'interno di un partito, di uno Stato, di una città.

intestìno (**2**) [vc. dotta, lat. *intestīnu(m)*, nt. sost. dell'agg. *intestīnus* (cfr. voce precedente)] s. m. (pl. *-i*, m. †*-e*, f.) ● (*anat.*) Tratto del canale alimentare che fa seguito allo stomaco e sbocca all'esterno con l'orifizio anale | *I. tenue*, dal piloro alla valvola ileocecale | *I. crasso, grosso i.*, ultimo tratto del canale intestinale, dalla valvola ileocecale all'ano | *I. cieco*, prima parte dell'intestino crasso | *I. retto*, ultimo tratto dell'intestino crasso | (*raro, fig.*) *Avere gli intestini di bambagia*, essere timido, pusillanime. ➡ ILL. p. 363 ANATOMIA UMANA.

intèsto [vc. dotta, lat. *intĕxtu(m)*, part. pass. di *intĕxere* 'intessere'] agg. ● (*lett.*) Intessuto, intrecciato.

inti /*sp.* 'inti/ [vc. inca, '(dio) Sole'] s. m. inv. ● (*econ.*) Unità monetaria del Perù, suddivisa in cento centavos.

intiepidìre o **intepidìre** [comp. di *in-* (*1*) e *tiepido*] **A** v. tr. (*io intiepidìsco, tu intiepidìsci*) *1* Rendere tiepido: *i. la minestra fredda sul fuoco*; *i. l'acqua bollente con acqua fredda.* *2* (*fig.*) Mitigare, attenuare passioni, desideri e sim.: *il suo gesto villano ha intiepidito la mia simpatia.* **B** v. intr. e intr. pron. (aus. *essere*) ● Diventare tiepido (*anche fig.*): *l'acqua è intiepidita lentamente*; *la sua fede si è intiepidita.*

intièro o **intièro** e *deriv.* ● V. *intero* e *deriv.*

intifàda [vc. ar., propr. 'sollevazione, insurrezione'] s. f. ● Forma di lotta di massa dei Palestinesi, organizzata a partire dal 1987 nei territori della Cisgiordania e di Gaza occupati da Israele, caratterizzata da atti di disobbedienza civile, manifestazioni illegali e uso di armi improprie.

intignàre [comp. di *in-* (*1*) e *tigna*] **A** v. intr. (aus. *essere*) ● (*raro*) Essere roso dalle tignole: *la stoffa di lana intigna facilmente* | (*est.*) Essere attaccato da parassiti: *il grano intigna.* **B** v. intr. pron. *1* Intarlare: *le pellicce si intignano se non sono protette.* *2* Ammalarsi di tigna. *3* (*merid.*) Ostinarsi.

intignatùra s. f. ● (*raro*) Atto, effetto dell'intignare | Segno lasciato dalle tignole su stoffe, pelli e sim.: *cappotto pieno di intignature.*

†**intìgnere** ● V. *intingere.*

ìntima [f. sost. di *intimo*] s. f. ● (*anat.*) Strato interno della parete delle arterie e delle vene, a diretto contatto con il sangue: *i. vasale.*

intimàre [vc. dotta, lat. tardo *intimāre*, da *intimus* 'intimo', passato dal sign. originario di 'penetrare, introdurre' a quello di 'annunciare dentro al pubblico'] v. tr. (*io intimo* o *ìntimo*) *1* Ordinare o imporre in modo perentorio: *gli intimò di partire entro un'ora*; *i. la resa*; *i. lo sfratto, il pagamento*; *i. ai testimoni di presentarsi a deporre* | *I. la guerra*, dichiararla. SIN. Comandare, ingiungere. *2* †Rendere intimo, proprio. *3* (*raro*) Annunziare, bandire.

intimatóre [vc. dotta, lat. tardo *intimatōre(m)*, da *intimātus* 'intimato'] agg.; anche s. m. (f. *-trice*) ● Che, chi intima.

intimazióne [vc. dotta, lat. *intimatiōne(m)*, da *intimātus* 'intimato'] s. f. *1* Atto, effetto dell'intimare: *i. inefficace*; *s'irritò fieramente all'assurda, perentoria i.* (PIRANDELLO) | *I. di pagamento*, invito rivolto al debitore di adempiere, pagando il proprio debito | *Tiro d'i.*, in bianco, come segnale intimidatorio. SIN. Comando, ordine. *2* Mezzo con cui si intima q.c.: *ricevere l'i. di guerra.*

intimidatòrio [da *intimidazione*, secondo un rapporto usuale fra simili coppie di nomi] agg. ● Che tende, serve a impaurire: *discorso i.*; *lettera intimidatoria.*

intimidazióne [fr. *intimidation*, da *intimider* 'intimidire'] s. f. ● Atto, parola, minaccia per impaurire qc. o impedire q.c.: *cedere a un ricatto a causa di crudeli intimidazioni.*

intimidiménto s. m. *1* Atto, effetto dell'intimidire o dell'intimidirsi. *2* (*raro*) Intimidazione.

intimidìre [comp. di *in-* (*1*) e *timido*] **A** v. tr. (*io intimidìsco, tu intimidìsci*) *1* Rendere timido: *gli estranei lo intimidiscono.* *2* Incutere timore o spavento per imporre q.c. o per distogliere da q.c.: *i. qc. con prepotenze e minacce.* **B** v. intr. e intr. pron. (aus. *essere*) ● Diventare timido: *intimidisce davanti ai genitori*; *si è intimidito per i continui rimproveri.*

intimidìto part. pass. di *intimidire*; anche agg. ● Nei sign. del v.

intimìṣmo [comp. di *intimo* e *-ismo*] s. m. ● Tendenza artistica di chi assume contenuti prevalentemente intimi, personali, interiori, con suggestioni sentimentali.

intimìsta s. m. e f.; anche agg. (pl. m. *-i*) ● Chi, che segue l'intimismo.

intimìstico agg. (pl. m. *-ci*) ● Proprio dell'intimismo: *poesia intimistica* | Caratterizzato da intimismo: *tono i.* ‖ **intimisticaménte**, avv. In modo intimistico, con toni intimistici.

intimità s. f. *1* Carattere, qualità di ciò che è intimo: *l'i. di un rapporto, di un'amicizia.* *2* Luogo, ambiente intimo (*anche fig.*): *rilassarsi nell'i. della casa*; *l'i. dello spirito.* *3* (*spec. al pl.*) Atti, espressioni confidenziali tra persone legate da rapporti di parentela, amicizia, affetto: *non gradire le i. di qc.*

ìntimo [vc. dotta, lat. *ĭntimu(m)*, sup. di *intĕrior* 'che è più interno', da *ĭnter* 'dentro'] **A** agg. *1* Che è più interno o profondo: *rimase scosso fin nelle intime fibre*; *grotta che scende fin nelle intime profondità del suolo* | *Biancheria intima*, quella che si indossa direttamente sull'epidermide | *Parti intime*, zone del corpo che per pudore si tengono sempre coperte. *2* Che è situato all'interno dell'animo: *intima convinzione, persuasione*; *gli affetti intimi* | *La vita intima*, quella spirituale. *3* (*fig.*) Che è più nascosto e segreto: *comprendo ogni i. moto del suo animo*; *sentire l'i. significato di una poesia.* *4* Che è più stretto, che interessa gli elementi o le strutture fondamentali: *intima coesione molecolare*; *appurare l'i. connessione dei fatti.* *5* Detto di persona legata a qc. da rapporti di strettissima amicizia, collaborazione e sim., e dei rapporti stessi: *amico i.*; *i. rapporto epistolare*; *intima amicizia* | *Rapporti intimi*, (*euf.*) relazione amorosa | *Sorprendere qc. in i. colloquio*, (*euf.*) durante un convegno amoroso | *Pranzo i., cerimonia intima*, e sim., riservata ai parenti e agli amici più stretti. ‖ **intimaménte**, avv. **B** s. m. *1* Parte interna | (*fig.*) Zona più segreta e nascosta dell'animo, della coscienza e degli affetti: *nel suo i. non ammise mai di aver sbagliato*; *soffrire, gioire nell'i.* *2* Persona che ha legami di sangue, di affetto, di amicizia con altra o altre: *mise a conoscenza del fatto gli intimi della casa*; *invitare gli intimi alle nozze.* *3* (*solo sing.*) Biancheria intima | Il settore commerciale relativo a tali indumenti.

intimoriménto s. m. ● Atto, effetto dell'intimorire e dell'intimorirsi.

intimorìre [comp. di *in-* (*1*) e *timore*] **A** v. tr. (*io intimorìsco, tu intimorìsci*) ● Incutere timore: *i. i bambini con il proprio aspetto severo.* **B** v. intr. pron. ● Essere preso da timore: *un oratore che si intimorisce alla vista del pubblico.*

intimorìto part. pass. di *intimorire*; anche agg. ● Nei sign. del v.

intìngere o †**intìgnere** [vc. dotta, lat. *intĭngere*, comp. di *in-* 'dentro' e *tĭngere* 'bagnare'] **A** v. tr. (coniug. come *tingere*) *1* Immergere o bagnare leggermente in un liquido: *i. i biscotti nel latte*; *i. la penna nell'inchiostro* | (*fig.*) *I. la penna nel fiele*, scrivere con odio, rancore e sim. *2* †Tingere. **B** v. intr. (aus. *avere*) ● Attingere: *i. ai fondi segreti* | *I. nel piatto*, servirsi di una vivanda | *I. nella tabacchiera*, prendere del tabacco | (*fig.*) *I. in, a un affare*, prendervi parte o trarne utile.

intingiménto s. m. ● (*raro*) Atto dell'intingere.

intìngolo [lat. parl. **intĭngulu(m)*, da *intĭngere* sul modello di *iūsculum* 'brodetto' (da *iūs* 'brodo')] s. m. *1* Salsa, condimento liquido di una vivanda. *2* (*est.*) Vivanda di carne con salsa | Pietanza gustosa con molto sugo: *preparare dei buoni intingoli*; *troppi intingoli guastano lo stomaco.* *3* (*fig.*) Discorso, scritto confuso o raccogliticcio. *4* †Pozione medicamentosa di vari ingredienti.

intìnto A part. pass. di *intingere*; anche agg. ● Nei sign. del v. **B** s. m. ● (*raro*) Salsa, sugo, intingolo.

intirannìre [comp. di *in-* (*1*) e *tiranno*] v. intr. e intr. pron. (*io intirannìsco, tu intirannìsci*; aus. *essere*) ● (*raro*) Infierire o comportarsi da tiranno | (*raro*) Diventare tiranno.

intirizziménto s. m. ● Atto, effetto dell'intirizzire e dell'intirizzirsi.

intirizzìre [vc. onomat. con richiamo a *interito* 'irrigidito'] **A** v. tr. (*io intirizzìsco, tu intirizzìsci*) *1* Agghiacciare e irrigidire le membra riducendone i movimenti e le sensazioni: *il freddo mi ha intirizzito le mani.* *2* †Rendere rigido, paralizzare. **B** v. intr. e intr. pron. (aus. *essere*) *1* Perdere parzialmente movimento e sensibilità per il freddo eccessivo: *le membra intirizziscono, gli si sono intirizzite le mani per il gelo* | *Le foglie intirizziscono*, cadono per il gelo. *2* (*tosc.*) Stare troppo ritto e impalato nella persona.

intirizzìto part. pass. di *intirizzire*; anche agg. ● Nei sign. del v.

intiṣichìre [comp. di *in-* (*1*) e *tisico*] **A** v. tr. (*io intiṣichìsco, tu intiṣichìsci*) *1* Fare diventare tisico: *anni di stento lo hanno intisichito.* *2* Estenuare, togliere vigore: *la poca luce intisichisce le piante.* **B** v. intr. e intr. pron. (aus. *essere*) *1* Diventare tisico. *2* (*fig.*) Deperire, intristire, consumarsi: *intisichisce per il troppo studio*; *si è intisichito a stare sempre in casa.*

†**intitolaménto** s. m. ● Titolo, intestazione, intitolazione.

intitolàre [vc. dotta, lat. tardo *intitulāre*, comp. di *in-* illativo e *titulāre* 'titolare', da *tĭtulus* 'titolo'] **A** v. tr. (*io intìtolo*) *1* Fornire del titolo un'opera letteraria, teatrale, cinematografica: *Manzoni pensava di i. il suo romanzo 'Fermo e Lucia'.* *2* Dedicare una chiesa, un convento, una collegiata o un qualsiasi ente canonico al nome di uno o di più patroni | (*est.*) Dedicare una strada, una piazza e sim. a personaggi o fatti illustri, attribuendole il loro nome, in segno di omaggio: *i. una via a Cesare Battisti* | *I. una nave, un reggimento*, dare a essi il nome di un personaggio o di un avvenimento storico | (*est.*) Dedicare: *i. un premio a una persona cara.* *3* (*raro*) Conferire titolo onorifico o nobiliare: *i. qc. cavaliere.* *4* (*raro, lett.*) Attribuire, assegnare: *i. un'opera a un autore.* **B** v. intr. pron. ● Avere per titolo: *non ricordo più come s'intitolava quel film.* **C** v. rifl. ● (*raro*) Darsi un titolo onorifico o nobiliare.

intitolazióne s. f. *1* Atto, effetto dell'intitolare | Parole, dedica, complesso di dati o notizie, e sim., con cui si intitola q.c.: *l'i. di un libro, di un documento.* *2* (*raro*) Titolo onorifico.

intoccàbile [comp. di *in-* (*3*) e *toccabile*] s. m. e f.; anche agg. ● Chi, che non si può o non si deve toccare. SIN. Intangibile | *La casta degli intocca-*

bili, i paria, in India.

intoccàto [comp. di *in-* (*3*) e *toccato*] **agg.** ● (*raro*) Che non è ancora stato toccato: *giacimenti intoccati*.

intolleràbile [vc. dotta, lat. *intolerābile(m)*, comp. di *in-* neg. e *tolerābilis* 'tollerabile'] **agg.** ● Che non si può o non si deve tollerare: *offesa, soperchieria i.* | Insopportabile: *dolore, sete, fatica i.* || **intollerabilménte**, avv. In modo intollerabile, insopportabile.

intollerabilità [vc. dotta, lat. tardo *intolerabilitāte(m)*, comp. di *in-* neg. e di un deriv. da *tolerābilis* 'tollerabile'] **s. f.** ● Qualità di ciò che è intollerabile.

intolleràndo [vc. dotta, lat. *intolerāndu(m)*, comp. di *in-* neg. e *tolerāndus*, part. fut. passivo di *tolerāre* 'tollerare'] **agg.** ● (*raro, lett.*) Che non deve essere tollerato: *oltraggio i.* | (*lett.*) Insopportabile: *tutti / d'i. duolo il cuor compresi / si versâr dalle porte* (MONTI).

intolleránte [vc. dotta, lat. *intolerānte(m)*, comp. di *in-* neg. e *tŏlerans*, genit. *tolerāntis*, part. pres. di *tolerāre* 'tollerare'] **A agg. 1** Che non può o non vuole tollerare: *stomaco i. di alcuni cibi* | Insofferente, impaziente: *una persona i. di indugi*. **2** Che non accetta né tollera opinioni o convinzioni diverse dalle proprie: *monarchico i.*; *natura, indole i.* **B** anche **s. m. e f.**: *sei proprio un i.!* **SIN.** Intransigente. || **intolleranteménte**, avv. Senza tolleranza.

intolleránza [vc. dotta, lat. *intolerāntia(m)*, comp. di *in-* neg. e *tolerāntia* 'tolleranza'] **s. f. 1** Qualità, caratteristica di chi, di ciò che è intollerante: *peccare di i.*; *non riesce a nascondere la sua i. per le chiacchiere* | *I. verso un farmaco*, impossibilità di assumere un farmaco per l'insorgenza di una abnorme reazione dell'organismo. **SIN.** Insofferenza. **2** Atteggiamento o comportamento di chi non ammette e cerca di reprimere manifestazioni di pensiero, di fede e sim. diverse dalle proprie: *i. religiosa, politica, razziale*. **SIN.** Intransigenza.

intolleràto [vc. dotta, lat. *intolerātu(m)*, comp. di *in-* neg. e *tolerātus* 'tollerato'] **agg.** ● (*raro*) Che non è tollerato.

intonàbile [da *intonare* (*1*)] **agg.** ● Che si può intonare.

intonacaménto **s. m.** ● (*raro*) Intonacatura.

intonacàre o †**intonicàre** [comp. di *in-* (*1*) e *tonaca*, anche in senso fig., forse già nel lat. parl.] **v. tr.** (*io intònaco, tu intònachi*) **1** Rivestire d'intonaco: *i. un muro*. **2** (*est.*) Ricoprire una superficie con un'altra sostanza: *i. di cera, di pece* | (*fig., scherz.*) Imbellettare, truccare: *i. il viso di cipria*.

intonacàto o †**intonicàto** **A part. pass.** di *intonacare*; anche **agg.** ● Nei sign. del v. **B s. m.** ● (*raro, tosc.*) Intonaco.

intonacatóre **s. m.** ● Muratore che provvede a intonacare.

intonacatrice **s. f.** ● Attrezzo del muratore, per intonacare.

intonacatùra **s. f.** ● Atto, effetto dell'intonacare | Intonaco.

intonachino **s. m.** ● L'ultimo strato dell'intonaco, di malta fine.

intonachista **s. m.** (pl. *-i*) ● Intonacatore.

intònaco o †**intònico** [da *intonacare*] **s. m.** (pl. *-ci* o *-chi*) **1** Strato di malta, di piccolo spessore, con cui si ricoprono le superfici di muri e soffitti per protezione e abbellimento. **2** (*fig., scherz.*) Belletto, trucco: *rifarsi l'i.*

intonàre (**1**) [vc. dotta, lat. mediev. *intonāre*, comp. di *in-* illativo e *tŏnus* 'tono (1)'] **A v. tr.** (*io intòno*) **1** Dare il giusto tono a uno strumento, alle note da suonarsi, da cantarsi e sim. | *I. le canne dell'organo*, aggiustarle perché rendano il tono con chiarezza. **2** Cantare senza stonare, con la voce giusta | *I. in modo troppo alto*, cominciare in modo da non poter mantenere il tono dato | Prendere il tono giusto | *I. un do, un la, un si*, farlo del tono stabilito. **3** Mettere in accordo più voci o più strumenti su una nota fondamentale | (*fig.*) Accordare, armonizzare: *i. i colori tra di loro*; *i. la borsa al vestito*; *i. l'espressione alle circostanze*. **4** Iniziare a cantare le prime parole di un inno o a suonare le prime note di un pezzo musicale, spec. per dare l'avvio ad altri che devono seguire: *i. il Te Deum, il Magnificat* | (*est., fig.*) Incominciare a parlare con tono alto e solenne: *i. un discorso*. **5** (*raro*) Educare, esercitare la voce. **6** (*raro*) Musicare, mettere in musica. **7** †Parlare di q.c. in modo vago o per accenni. **8** †Recitare. **B v. intr. pron.** ● Essere in tono, armonizzare (*anche fig.*): *colori che non si intonano*; *queste scarpe si intonano con l'abito*.

†**intonàre** (**2**) o †**intuonàre** [comp. di *in-* (*1*) e *tonare*] **v. tr.** ● Rintronare, intronare.

intonarumóri [comp. di *intona(re)* (*1*) e il pl. di *rumore*] **s. m.** ● Nel futurismo, strumento fatto per riprodurre secondo leggi musicali i rumori, come fischi, urli, frastuoni e sim.

intonàto **part. pass.** di *intonare*; anche **agg.** ● Nei sign. del v.

intonatóre **s. m.** (f. *-trice*) **1** Addetto all'intonazione degli strumenti. **2** †Chi mette in musica un testo poetico. **3** (*est., raro*) Chi inizia un discorso, un'orazione e sim. in tono solenne.

intonatùra **s. f.** ● (*raro*) Intonazione.

intonazióne **s. f. 1** Atto, effetto dell'intonare: *l'i. di un salmo, di uno strumento* | (*fig.*) Disposizione armonica spec. di forme, colori e sim. **2** Esecuzione esatta dell'altezza dei suoni | Capacità di eseguire esattamente i suoni. **3** Suono per accordare gli strumenti. **4** Modulazione della voce nella pronuncia di una parola: *quando legge ha un'i. monotona* | Inflessione: *fece le domande con i. ironica*.

intonchiàre [comp. di *in-* (*1*) e *tonchio*] **v. intr.** (*io intónchio, tu intónchi*; aus. *essere*) ● Essere roso dai tonchi, detto spec. di legumi.

†**intonicàre** e *deriv.* ● V. *intonacare* e *deriv.*

intónso [vc. dotta, lat. *intōnsu(m)*, comp. di *in-* neg. e *tōnsus* 'tonso', part. pass. di *tondēre* 'tosare'] **agg. 1** (*lett.*) Non tosato: *chiome e barba intonse*. **2** (*fig.*) Di libro cui non sono state ancora tagliate le pagine: *esemplare i.*

intontiménto **s. m.** ● L'intontire, l'intontirsi | Stato di stordimento, stupore e sim. proprio di chi è intontito.

intontire [comp. di *in-* (*1*) e *tonto*] **A v. tr.** (*io intontisco, tu intontisci*) **1** (*raro*) Rendere tonto. **2** (*est.*) Stordire, fare diventare stanco o come stupido: *le esalazioni lo hanno intontito*; *si lascia i. dal lavoro*. **B v. intr. e intr. pron.** (aus. *essere*) ● Diventare tonto, come stupido.

intontito **part. pass.** di *intontire*; anche **agg.** ● Nei sign. del v.

intoppaménto **s. m.** ● (*raro*) Intoppo.

intoppàre [comp. di *in-* (*1*) e *toppo*] **A v. tr.** (*io intòppo*) ● (*raro*) Urtare | (*est., raro*) Incontrare in modo inaspettato e improvviso: *i. un creditore*. **B v. intr. e intr. pron.** (aus. *essere* nel sign. 1, *avere* nel sign. 2) **1** Andare a urtare (*anche fig.*): *la nave intoppò in uno scoglio*; *i. in una difficoltà, in una parola illeggibile*. **2** (*tosc.*) Avere difficoltà di pronuncia: *quando è emozionato intoppa*.

intòppo [da *intoppare*] **s. m. 1** Atto, effetto dell'intoppare | (*est.*) Ostacolo, impedimento: *correre senza intoppi*; *non trovare intoppi* | Difficoltà: *creare intoppi a qc.* **2** †Urto, scontro.

intorbaménto **s. m.** ● (*raro*) Intorbidamento.

intorbàre **v. tr. e intr. pron.** (*io intórbo*) ● (*raro*) Intorbidare, detto spec. di acque.

intorbidaménto **s. m.** ● Atto, effetto dell'intorbidare e dell'intorbidarsi | *I. dei vini*, alterazione di natura biologica o chimica.

intorbidàre [comp. di *in-* (*1*) e *torbido*] **A v. tr.** (*io intórbido*) **1** Rendere torbido, far diventare torbido: *la piena ha intorbidato l'acqua del fiume*. **2** (*fig.*) Turbare, agitare, sconvolgere: *i. un'amicizia*; *i. l'allegria*; *i. l'immaginazione di qc. con discorsi strani* | *I. le acque*, (*fig.*) provocare disordini e agitazioni | *I. gli animi*, agitarli. **3** (*fig.*) Confondere, offuscare, spec. detto dei sensi e dello spirito: *l'ira gli aveva intorbidato la mente*. **B v. intr. e intr. pron.** (aus. *essere*) **1** Diventare torbido. **2** (*fig.*) Diventare confuso, offuscarsi: *il tempo si intorbida*; *il cervello gli si è intorbidato per la malattia*.

intorbidatóre **agg.**; anche **s. m.** (f. *-trice*) ● (*raro*) Che, chi intorbida.

intorbidazióne **s. f.** ● (*raro*) Intorbidamento.

intorbidiménto **s. m.** ● Intorbidamento.

intorbidire **v. tr., intr. e intr. pron.** (*io intorbidisco, tu intorbidisci*; aus. intr. *essere*) ● Intorbidare, detto spec. di liquidi.

intorcinàre [da avvicinare a *torcere* e *attorcigliare*] **A v. tr.** (*io intòrcino*) ● (*dial.*) Attorcigliare. **B v. rifl.** ● Contorcersi, dimenarsi, riferito a persona.

intorcinàto **part. pass.** di *intorcinare*; anche **agg. 1** Nei sign. del v. **2** (*fig., fam.*) Confuso, caotico, disordinato: *mi ha fatto un discorso tutto i.*

intormentiménto **s. m.** ● Atto, effetto dell'intormentire e dell'intormentirsi.

intormentire [variante di *indormentire* per sovrapposizione di *tormento*] **A v. tr.** (*io intormentisco, tu intormentisci*) ● Rendere torpido, insensibile: *il colpo mi ha intormentito il braccio*. **B v. intr. pron.** ● Perdere sensibilità nelle membra per freddo, posizione scomoda e sim.: *mi si sono intormentite le gambe a forza di stare seduto*.

intorniàre [da *intorno*] **v. tr.** (*io intórnio*) **1** (*lett.*) Attorniare, circondare: *i. un giardino con un muro*. **2** (*raro, fig.*) Stare intorno a qc. per circuirlo, insidiarlo. **3** †Occupare, invadere.

intórno [comp. della prep. *in* e di *torno* nel senso di 'giro'] **A avv.** ● In giro, nello spazio, nei luoghi circostanti: *volgere lo sguardo i.*; *guardarsi i.* | Con valore raff. nella loc.: *tutt'i.*: *tutt'i. crescono erbacce e rovi* | (*iter.*) *I. i. corre un'alta muraglia*; *i. i. / tutto è silenzio ne l'ardente pian* (CARDUCCI) | Preceduto da altri avv. di luogo: *non startene qui i.*; *stanno tutti lì i. immobili* | Preceduto da prep.: *volgere lo sguardo all'i.*; *non riesco a levarmi d'i. quel seccatore*. **SIN.** Attorno. **B** nella **loc. prep.** *i. a* **1** Attorno a: *non voglio nessuno i. a me*; *non mi girare i.*; *i. a lui si radunò molta gente*; *la Terra gira i. al Sole* | *Stare, mettersi i. a qc.*, non abbandonarlo mai e (*fig.*) insistere, importunarlo per ottenere q.c. | (*raro*) Senza la prep. 'a': *i. la casa c'è un giardino* | (*lett.*) †Con il pron. pers. encl.: *intornogli*, intorno a lui; *intornovi*, intorno a voi | †*I. da, i. di*: *son nel pozzo i. da la ripa* (DANTE *Inf.* XXXI, 32). **2** Riguardo, sull'argomento di: *uno scritto i. alle origini della lingua italiana*; *discutere i. a gravi questioni*; *lavorare i. a un quadro, a un libro*. **3** Circa: *la conversione del Manzoni avvenne intorno al 1810*; *l'ha pagato i. a un milione* | (*fam.*) *Lì i.*: *è avvenuto nel 1948 o lì i.* | Verso: *i. a Pasqua*; *i. alla fine dell'anno*. **C** in funzione di **agg. inv.** ● Circostante: *non c'è una casa in tutta la zona i.*; *i paesi, le province i. sono scarsamente popolati*. **D** In funzione di **s. m. 1** (*raro*) Luogo circostante: *l'i. è deserto*; *la gente viene d'ogni i.* **2** (*mat.*) *I. d'un punto*, insieme di tutti i punti la cui distanza da un punto dato è inferiore a un valore fissato.

intorpidiménto **s. m.** ● Atto, effetto dell'intorpidire e dell'intorpidirsi: *un i. alle dita della mano destra* (PIRANDELLO).

intorpidire [comp. di *in-* (*1*) e *torpido*] **A v. tr.** (*io intorpidisco, tu intorpidisci*) **1** Rendere torpido: *il freddo mi intorpidisce le membra*. **2** (*fig.*) Fare diventare lento, tardo: *il vino intorpidisce il cervello*. **B v. intr. e intr. pron.** (aus. *essere*) **1** Diventare torpido. **2** (*fig.*) Diventare fiacco, inerte: *sono intorpidito nell'ozio*; *la mente si intorpidisce nell'inattività*.

intorpidito **part. pass.** di *intorpidire*; anche **agg.** ● Nei sign. del v.

intortàre [da *intorto*] **v. tr.** (*io intórto*) ● (*pop.*) Imbrogliare, raggirare.

†**intorticciàre** [comp. di *in-* (*1*) e *torticcio*] **v. tr.** ● Attorcere.

intortigliàre [fr. *entortiller*, da *entort*, ant. part. pass. di *entordre* 'attorcere'] **v. tr.** (*io intortiglio*) ● (*raro*) Attortigliare.

intòrto [vc. dotta, lat. *intōrtu(m)*, part. pass. di *intorquēre* 'torcere (*torquēre*) in dentro (*in-*)'] **agg.** ● (*lett.*) Attorto | (*est.*) Piegato, contorto: *dalle schiume canute ai gorghi intorti / premere vedemmo tutto il mare* (D'ANNUNZIO).

intoscanire [comp. di *in-* (*1*) e *toscano*] **A v. tr.** (*io intoscanisco, tu intoscanisci*) ● Conformare all'uso toscano: *i. il proprio accento*. **SIN.** Toscanizzare. **B v. intr. pron.** ● Diventare conforme, adeguarsi all'uso toscano, detto spec. di una lingua o un dialetto.

intossicàre [comp. di *in-* (*1*) e *tossico* (*1*)] **A v. tr.** (*io intòssico, tu intòssichi*) **1** Sottoporre all'azione di tossici: *i. il sangue, i polmoni* | Provocare intossicazioni, danneggiare con sostanze tossiche: *l'alcol intossica l'organismo*. **2** (*fig.*) Turbare, depravare: *sono spettacoli che intossicano i gio-*

vani. **B** v. rifl. • Avvelenarsi: *intossicarsi col fumo.*

intossicàto A part. pass. di *intossicare*; anche agg. • Nei sign. del v. **B** s. m. (f. *-a*) • Chi è colpito da intossicazione.

intossicazióne [da *intossicare*] s. f. • (*med.*) Stato morboso causato da sostanze esogene o endogene lesive dell'organismo | *I. professionale*, causata da sostanze tossiche presenti nell'ambiente di lavoro.

in toto /*lat.* in 'tɔto/ [loc. lat., propr. 'in tutto'] loc. avv. • Totalmente, interamente, globalmente.

intozzàre v. intr. e intr. pron. (*io intòzzo*; aus. *essere*) • Intozzire.

intozzìre [comp. di *in-* (*1*) e *tozzo*] v. intr. e intr. pron. (*io intozzisco, tu intozzìsci*; aus. *essere*) • (*raro*) Diventare tozzo.

†**intra** • V. *tra.*

intra- [pref. e prep. lat. *ĭntra-*, dal f. dell'agg. **ĭnteru(m)* 'che sta dentro, nell'interno', da *inter-*] pref. • In parole composte dotte o della terminologia scientifica, significa 'dentro', 'situato nell'interno', 'che avviene, è effettuato nell'interno' di quanto indicato dal termine cui è aggiunto: *intramuscolare, intradosso, intraprendere, intravedere.*

intracardìaco [comp. di *intra-* e *cardiaco*] agg. (pl. m. *-ci*) • (*anat.*) Detto di struttura, funzione o processo localizzati all'interno del cuore.

intracellulàre [comp. di *intra-* e *cellula*, con suff. agg.] agg. • (*biol.*) Che è posto all'interno della cellula.

intracerebràle [comp. di *intra-* e *cerebro*, con suff. agg.] agg. • (*anat.*) Che è nell'interno del cervello.

intracomunitàrio [comp. di *intra-* e *comunitario*] agg. • Che avviene, si svolge, si manifesta all'interno di una comunità, spec. della Comunità economica europea: *scambi, rapporti intracomunitari.*

intracrànico [comp. di *intra-* e *cranio*, con suff. agg.] agg. (pl. m. *-ci*) • (*anat.*) Che è nell'interno del cranio.

intradèrmico [comp. di *intra-* e *derma*, con suff. agg.] agg. (pl. m. *-ci*) • (*anat.*) Che è nello spessore del derma | (*med.*) *Iniezione intradermica*, quella praticata con ago sottilissimo nello spessore del derma.

intradermoreazióne [comp. di *intra-*, *derma* e *reazione*] s. f. • (*med.*) Forma di cutireazione ottenuta introducendo il liquido di saggio nello spessore del derma.

intradiegètico [fr. *intradiégétique*, comp. di *intra-* 'intra-' e *diégétique* 'diegetico'] agg. (pl. m. *-ci*) • Detto di narrazione in cui il narratore si rivolge non al pubblico ma ad altri personaggi del racconto.

intradòsso [comp. di *intra-* e *dosso*, secondo il modello fr. *intrados*] s. m. **1** (*arch.*) Superficie inferiore concava dell'arco o della volta. **2** (*est.*) Vano interno di porta o finestra, per lo più strombato. **3** Ventre, lato inferiore di un'ala, di un profilo aerodinamico, e sim.

intraducìbile [comp. di *in-* (*3*) e *traducibile*] agg. • Che non è possibile tradurre: *lingua i.* | (*est.*) Che non si può rendere simile all'originale per la sua peculiarità o la sua singolare perfezione (*spec. fig.*): *espressione, poeta i.*; *gioia i.* ‖ **intraducibilménte**, avv. (*raro*) In modo intraducibile.

intraducibilità s. f. • Qualità di ciò che è intraducibile: *l'i. di un idioma*; *l'i. di un sentimento.*

intrafèrro [comp. di *intra-* e *ferro* (magnetico)] s. m. • (*elettr.*) Traferro.

†**intrafinefàtto** o †**intrafinefàtta** [comp. di *intra-*, *fine* (*1*) e *fatto*] avv. **1** Interamente, totalmente. **2** Infinitamente, smisuratamente. **3** Immediatamente, all'istante.

intralciaménto s. m. • (*raro*) Atto, effetto dell'intralciare.

intralciàre [comp. di *in-* (*1*) e *tralcio*] **A** v. tr. (*io intràlcio*) **1** (*raro*) Avviluppare, intricare. **2** (*fig.*) Ostacolare, rallentare, rendere più complesso, difficile e sim.: *la tempesta intralcia le operazioni di salvataggio*; *i. il corso di una pratica con lungaggini burocratiche.* **B** v. rifl. rec. • Impacciarsi, ostacolarsi: *ci intralciavamo a vicenda per la ristrettezza dello spazio.* **C** v. intr. pron. • Intricarsi, complicarsi: *le trattative si sono intralciate per le eccessive richieste delle parti.*

†**intralciatùra** s. f. • Intralcio.

intràlcio [da *intralciare*] s. m. **1** Atto, effetto dell'intralciare e dell'intralciarsi. **2** Ostacolo, intrigo di impedimenti e difficoltà: *una legge che provoca grossi intralci al commercio.*

intralicciatùra [da *traliccio*] s. f. • Insieme degli elementi metallici angolari che costituiscono il sostegno di linee aeree elettriche.

intrallazzàre [siciliano *'ntrallazzari*, da *'ntrallazzu* 'intrallazzo'] v. intr. (aus. *avere*) • Praticare, fare intrallazzi: *per avere quel posto ha intrallazzato in tutti gli ambienti.*

intrallazzatóre s. m. (f. *-trice*) • Chi intrallazza.

intrallàzzo [siciliano *'ntrallazzu*, letteralmente 'viluppo', comp. di *intra* 'tra' e *lazzu* 'laccio'] s. m. **1** Traffico illecito di beni o favori | Intrigo politico basato sullo scambio di favori con voti. **2** (*est.*) Attività, rapporto equivoco: *avere intrallazzi ovunque.*

intrallazzóne [da *intrallazzare*] s. m. (f. *-a*) • (*fam.*) Intrallazzatore.

†**intràmbo** • V. *entrambi.*

†**intramendùe** [comp. di *intra* e *amendue*] pron. • Ambedue, entrambi.

intramésso A part. pass. di *intramettere* • (*raro*) Nei sign. del v. **B** s. m. **1** (*mar.*) Pezzo di costruzione squadrato, messo tra un baglio e l'altro. **2** (*raro*) Piatto di mezzo.

intraméttere [comp. di *intra-* e *mettere*] **A** v. tr. (coniug. come *mettere*) **1** (*raro*) Mettere o interporre tra due cose. SIN. Frammettere, inframmettere. **2** (*raro*) Interrompere, tralasciare. **B** v. intr. pron. • (*raro*) Intromettersi | Interporsi.

intramezzàre [comp. di *intra-* e *mezzo* (*2*)] v. tr. (*io intramèzzo*) • Mettere in mezzo. SIN. Frammezzare, alternare.

intramolecolàre [comp. di *intra-* e *molecola*, con suff. agg.] agg. • (*fis.*) Che sta o avviene fra le molecole.

intramontàbile [da *tramonto*] agg. **1** Che non può tramontare. **2** (*fig.*) Che non perde la propria abilità, capacità e sim. malgrado il trascorrere degli anni, continuando a riportare successi oltre quanto concede normalmente l'età.

intramuràle [comp. di *intra-* e *murale*, come equivalente semantico di *parietale*] agg. • (*anat.*) Che è posto nella parete di un organo | *Uretere i.*, nel tratto che attraversa la vescica.

intramuscolàre [comp. di *intra-* e *muscolo*, con suff. agg.] agg. • Che è nell'interno del muscolo | Che si pratica nello spessore del muscolo: *iniezione i.*

intramùscolo [comp. di *intra-* e *muscolo*] **A** agg. inv. • Intramuscolare: *iniezione i.* **B** s. f. inv. • Iniezione intramuscolare.

intransigènte [comp. di *in-* (*3*) e del part. pres. di *transigere*, sull'esempio dello sp. *intransigente*] agg.; anche s. m. e f. • Che, chi non transige e non accetta compromessi: *i. nell'adempimento del proprio dovere*; *giudice i.* | Che, chi è irremovibile nelle proprie idee e nel programma fissato e non concede nulla alle opinioni altrui: *un fanatico i.*

intransigènza [da *intransigente*, come lo sp. *intransigencia*] s. f. • Qualità di chi, di ciò che è intransigente: *l'i. di un politico*; *l'i. delle tue convinzioni.*

intransitàbile [comp. di *in-* (*3*) e *transitabile*] agg. • Detto di strada, via o valico sui quali o attraverso i quali è impossibile transitare.

intransitabilità s. f. • Qualità di ciò che è intransitabile: *l'i. di un passo, di un valico.*

intransitività s. f. **1** (*ling.*) Qualità di un verbo intransitivo. **2** (*mat.*) Proprietà di ciò che non è transitivo.

intransitìvo [vc. dotta, lat. tardo *intransitīvu(m)*, comp. di *in-* neg. e *transitīvus* 'transitivo'] agg. • (*ling.*) Detto di verbo che non ha bisogno di un complemento perché l'azione si compia. ‖ **intransitivaménte**, avv. Con funzione di intransitivo.

†**intrànsito** [comp. di *in-* (*3*) e di un deriv. del lat. *transīre* 'passare (*īre*) oltre (*trans-*)'] agg. • Non mai varcato.

intraoculàre [comp. di *intra-* e *oculo*, con suff. agg.] agg. • (*anat.*) Che è nell'interno dell'occhio.

intrapèlvico [comp. di *intra-* e *pelvi*, con suff. agg.] agg. (pl. m. *-ci*) • (*anat.*) Che è nell'interno della pelvi.

intraperitoneàle [comp. di *intra-* e *peritoneo*, con suff. agg.] agg. • (*anat.*) Che è nell'interno della cavità peritoneale.

intrapersonàle [comp. di *intra-* e *persona*, con suff. agg.] agg. • Che si svolge, avviene e sim. nell'intimo dell'individuo: *variabilità i.*

intrapolmonàre [comp. di *intra-* e *polmone*, con suff. agg.] agg. • (*anat.*) Che è nell'interno dei polmoni.

intrappolàre [comp. di *in-* (*1*) e *trappola*] v. tr. (*io intràppolo*) • Prendere nella trappola: *i. un topo* | (*fig.*) Truffare, imbrogliare: *quello sprovveduto si è fatto i.*

intraprendènte part. pres. di *intraprendere*; anche agg. **1** Nei sign. del v. **2** Che ha attitudine e prontezza nel progettare e realizzare imprese o attività, da cui eventualmente trarre vantaggio: *banchiere, speculatore i.*; *è i. con le donne.*

intraprendènza s. f. • Qualità di chi è intraprendente | Audace risolutezza: *uomo di grande coraggio e i.*

intraprèndere [comp. di *intra-* e *prendere*, come il fr. *entreprendre*] v. tr. (coniug. come *prendere*) **1** Cominciare, dare inizio a un'attività, spec. lunga e impegnativa: *i. una spedizione in regioni deserte*; *i. una vasta opera di riforma*; *ho intrapreso a scrivere la mia Vita* (GOLDONI) | *I. la carriera medica, giudiziaria, ecc.*, abbracciare quelle carriere o iniziare gli studi medici, giuridici, ecc. **2** †Comprendere, rinchiudere.

intraprendiménto s. m. • (*raro*) L'intraprendere q.c.

intraprenditóre s. m.; anche agg. (f. *-trice*) • (*raro*) Chi, che intraprende un'attività | (*raro*) Imprenditore.

intraprésa [da *intraprendere*, sul modello del fr. *entreprise*] s. f. **1** (*raro*) Opera o attività che s'intraprende: *i. difficile, rischiosa.* **2** (*raro*) Impresa.

intrapréso part. pass. di *intraprendere*; anche agg. • Nei sign. del v.

intrapsìchico [comp. di *intra-* e *psiche*, con suff. agg.] agg. (pl. m. *-ci*) • Che si svolge dentro la psiche: *conflitti intrapsichici.*

†**intràre** e *deriv.* • V. *entrare* e *deriv.*

intrasferìbile [comp. di *in-* (*3*) e *trasferibile*] agg. • Che non è possibile trasferire: *merce, valuta i.*

intrasferibilità s. f. • Qualità di ciò che non è trasferibile.

intrasgredìbile [comp. di *in-* (*3*) e *trasgredibile*] agg. • (*raro*) Che non si può o non si deve trasgredire: *legge, precetto i.*

intrasmutàbile [comp. di *in-* (*3*) e *trasmutabile*] agg. • (*raro*) Che non si può trasmutare.

intraspecìfico [comp. di *intra-* e *specifico*] agg. • (*biol.*) Detto di qualsiasi tipo di rapporto coinvolgente individui della stessa specie.

intrasportàbile [comp. di *in-* (*3*) e *trasportabile*] agg. • Che non può essere trasportato: *il malato è i.*

intratellùrico [comp. di *intra-* e *tellurico*] agg. (pl. m. *-ci*) • Interno alla crosta terrestre | Interno al globo terrestre.

intratestuàle [comp. di *intra-* e *testuale*] agg. • (*ling.*) Che riguarda gli elementi interni a un testo e il rapporto tra loro intercorrente: *analisi i.*

intratestualità [da *intratestuale*] s. f. • (*ling.*) Rapporto che intercorre fra gli elementi interni a un testo.

intratoràcico [comp. di *intra-* e *torace*, con suff. agg.] agg. (pl. m. *-ci*) • Che è nell'interno della cavità toracica.

intrattàbile [vc. dotta, lat. *intractābile(m)*, comp. di *in-* neg. e *tractābilis* 'trattabile'] agg. • Non trattabile | Di persona che ha carattere duro, scontroso e irascibile: *quando si arrabbia diventa i.* | *Metallo i.*, (*fig.*) difficile da lavorare | *Argomento, problema i.*, di cui è difficile trattare per la sua scabrosità o per mancanza di elementi.

intrattabilità s. f. • Qualità di chi, di ciò che è intrattabile.

intrattenére [comp. di *intra-* per *inter-* 'in mezzo' e *tenere*, come il fr. *entretenir*] **A** v. tr. (coniug. come *tenere*) **1** (*raro*) Trattenere, fare indugiare. **2** (*fig.*) Far trascorrere a qc. il tempo in modo gradevole, spec. con discorsi: *lo intrattenne raccontando gli ultimi avvenimenti* | †*I. qc.*, accattivarselo: *Commodo ... si volse a i. li eserciti e farli licenziosi* (MACHIAVELLI). **3** Tenere, mantenere: *i. buoni rapporti con i vicini.* **4** †Reclutare soldati al proprio servizio | †Fornire ai soldati quanto loro necessita per vivere e alloggiare. **B** v. intr. pron. **1** Trascorrere il tempo con qc. in modo piacevole: *intrattenersi a discutere con gli amici.* **2** Soffermarsi a parlare su un argomento: *si intrattiene volentieri su argomenti filosofici.*

intratteniménto [da *intrattenere*, prob. sul modello del fr. *entretènement*] s. m. **1** Atto, effetto dell'intrattenere e dell'intrattenersi. **2** (*est.*) Divertimento, passatempo: *arti che servono all'i. e alla giocondità della vita inutile* (LEOPARDI).

intrattenitóre [da *intrattenere*, per calco dell'ingl. *entertainer* (V.)] s. m. (f. *-trice*) **1** (*raro*) Chi sa intrattenere con una conversazione piacevole. **2** Chi in uno spettacolo intrattiene piacevolmente il pubblico raccontando storie divertenti, presentando ospiti, cantando e sim.

intrattenùto part. pass. di *intrattenere*; anche agg. • Nei sign. del v.

intrauterìno [comp. di *intra-* e *utero*, con suff. agg.] agg. • (*anat.*) Che è o avviene entro la cavità uterina | *Vita intrauterina*, periodo di sviluppo del feto entro l'utero.

†**intravagliàre** [comp. di *in-* (*1*) e *travaglio*] v. tr. • Travagliare | *I. il filo*, nel linguaggio dei tessitori, guidarlo con la sinistra da una parte all'altra sui cannelli da riempirsi di trama.

intravascolàre [comp. di *intra-* e *vascolare*] agg. • (*anat.*) Che è all'interno dei vasi sanguigni.

intravàta [comp. di *in-* (*1*) e di un deriv. di *trave*] s. f. • Riparo di travi.

intravedére o **intravvedére** [comp. di *intra-* per *inter-* 'tra, in mezzo' e *vedere*] v. tr. (coniug. come *vedere*) **1** Vedere in modo incerto e confuso: *mi è parso di i. q.c. sul pelo dell'acqua.* SIN. Scorgere. **2** (*fig.*) Presagire, intuire in modo nebuloso q.c.: *i. la verità*; *i. quello che accadrà.*

intravedùto o **intravvedùto**. part. pass. di *intravedere*; anche agg. • Nei sign. del v.

intravenire • V. *intravvenire.*

intravenóso [comp. di *intra-* e *venoso*] agg. • Endovenoso.

intraversàre [comp. di *in-* (*1*) e *traverso*] **A** v. tr. (*io intravèrso*) **1** (*raro*) Porre a traverso | Sbarrare con traverse | (*est.*) Ostacolare, impedire. **2** (*raro*) Attraversare. **3** Piallare il legno di traverso, prima dell'ultima ripulitura. **4** †Trafiggere, trapassare. **B** v. intr. (aus. *essere*) • †Passare attraverso.

intravertebràle [comp. di *intra-* e *vertebra*, con suff. agg.] agg. • (*anat.*) Che è all'interno del canale vertebrale.

intravisto o **intravvisto**. part. pass. di *intravedere*; anche agg. • Nei sign. del v.

intravvedére e *deriv.* • V. *intravedere* e *deriv.*

intravvenire o (*raro*) **intravenire** [comp. di *intra-* per *inter-* 'in mezzo' e *venire*] v. intr. (coniug. come *venire*; aus. *essere*) • (*pop., tosc.*) Accadere, capitare: *questo è il maggior male e il maggior dispiacere che i. mi possa* (CELLINI).

intravvenùto part. pass. di *intravvenire*; anche agg. • (*raro*) Nel sign. del v.

†**intreàrsi** [comp. di *in-* (*1*) e *tre*] v. intr. pron. • Porsi come terzo tra altri due: *non si disuna / da lui né da l'amor ch'a lor s'intrea* (DANTE *Par.* VIII, 56-57).

intrecciàbile agg. • Che si può intrecciare.

intrecciaménto s. m. • (*lett.*) Atto dell'intrecciare | (*raro*) Intreccio.

intrecciàre [comp. di *in-* (*1*) e *treccia*] **A** v. tr. (*io intréccio*) **1** Unire in treccia: *i. i capelli, una corda* | *I. le mani*, congiungerle incrociando le dita | *I. le maglie*, accavallarle, mentre si lavora ai ferri. **2** (*est.*) Intessere (*anche fig.*): *i. una ghirlanda di fiori*; *i. danze* | *I. vimini, giunchi e sim.*, per farne panieri, stuoie o altro | *I. cifre, iniziali*, in un ricamo, per formare un monogramma | (*fig.*) *I. le fila di una commedia, di un racconto e sim.*, svolgerne la trama | (*fig.*) *I. le fila di una congiura*, ordirla. **B** v. rifl. rec. • Incrociarsi, avvilupparsi: *i rami si intrecciano.*

intrecciàto part. pass. di *intrecciare*; anche agg. **1** Nei sign. del v. **2** (*raro, fig.*) Intricato, confuso: *discorso i.*

intrecciatóre agg.; anche s. m. (f. *-trice*) • Che, chi intreccia.

intrecciatùra s. f. **1** Lavoro dell'intrecciare: *l'i. della paglia.* **2** Sistema, modo di intrecciare: *i. a stuoia, a spirale.* **3** (*raro*) La cosa intrecciata. SIN. Intreccio. **4** Maglia intrecciata che chiude la lavorazione di una calza eseguita a mano.

intréccio [da *intrecciare*] s. m. **1** Operazione dell'intrecciare: *essere esperto nell'i.* **2** Complesso di oggetti intrecciati. **3** Disposizione complessiva dei fili d'ordito e di trama in un tessuto. **4** (*fig.*) Complesso di eventi e casi che, nel loro svolgimento, costituiscono la trama di romanzi, drammi, film e sim.: *i. semplice, complicato* | *Commedia d'i.*, il cui interesse risiede nella complicazione della trama.

intregnàre [sp. *entrañar* 'addentrare, introdurre', fig. da *entraña* 'entragna'] v. tr. • (*mar.*) Riempire gli incavi di un canapo torticcio tra cordone e cordone, passandovi filaccio, spago, sagola e sim., per renderlo tondo e liscio.

intrepidézza s. f. • Qualità di chi è intrepido. SIN. Audacia, baldanza.

intrepidità s. f. **1** (*raro*) Intrepidezza. **2** (*raro, iron.*) Sfrontatezza.

intrèpido [vc. dotta, lat. *intrĕpidu(m)*, comp. di *in-* neg. e *trĕpidus* 'trepido'] agg. **1** Che non trema per il timore e affronta impavido i rischi e le prove più gravi: *animo, cuore, eroe i.*; *la fronte intrepida ergi, destati!* (UNGARETTI). SIN. Audace, coraggioso. **2** (*iron., spreg.*) Sfrontato, spudorato: *faccia intrepida.* || **intrepidaménte**, avv. **1** In modo intrepido; senza paura. **2** (*iron.*) Con sfrontatezza.

intricaménto s. m. • (*raro*) Intrico.

intricàre o (*sett.*) **intrigàre** nel sign. A [vc. dotta, lat. *intricāre*, comp. di *in-* illativo e *trīcae* 'intrighi', di etim. incerta] **A** v. tr. (*io intrìco, tu intrìchi*) **1** (*lett.*) Avviluppare, intrecciare senz'ordine: *i. le corde, i fili, i capelli.* **2** (*fig.*) Complicare, imbrogliare: *il tuo intervento ha intricato ancor più la faccenda.* **B** v. intr. pron. • (*lett.*) Imbrogliarsi, confondersi (*anche fig.*): *il gomitolo si è intricato; la questione si va intricando.*

intricàto part. pass. di *intricare*; anche agg. • Nei sign. del v. || **intricataménte**, avv. (*raro*) In modo intricato.

intrico o (*raro*) **intrigo** [da *intricare*] s. m. (pl. *-chi*) • Groviglio, viluppo (*anche fig.*): *nel bosco vi era un i. di sentieri*; *un i. di sensazioni confuse.*

intrìdere [sovrapp. del lat. *intrītus*, part. pass. di *intĕrere* 'sminuzzare dentro' (cfr. *tritare*) al lat. mediev. *intrūdere*] v. tr. (pass. rem. *io intrìsi, tu intridésti*; part. pass. *intrìso*) **1** Stemperare in un liquido sostanze solide o in polvere, riducendole in pasta: *i. la crusca, la farina di acqua* | (*est.*) Inzuppare: *la pioggia gli aveva intriso la giacca* **2** (*fig.*) Impregnare, permeare: *un'espressione intrisa di dolcezza.* **3** †Imbrattare, insozzare.

intrigànte **A** part. pres. di *intrigare*; anche agg. **1** Nei sign. del v. **2** Che interessa, incuriosisce, attrae. **B** s. m. e f. • Chi cerca di danneggiare qc. con intrighi, intromettendosi arbitrariamente nella sua vita: *tenersi lontano dagli intriganti.* || **intrigantèllo**, dim.

intrigàre [lat. *intricāre* con *-g-* di origine sett.; calco sull'ingl. *to intrigue* 'affascinare, incuriosire', a sua volta dal fr. *intriguer* nel sign. A 2] **A** v. tr. (*io intrìgo, tu intrìghi*) **1** V. *intricare* nel sign. A. **2** Affascinare, interessare stuzzicando la curiosità. **B** v. intr. (aus. *avere*) • Brigare, fare imbrogli e raggiri per trarne illecito vantaggio con danno altrui: *i. per ottenere un aumento di stipendio*; *i. per non pagare tasse.* **C** v. intr. pron. • (*fam.*) Impicciarsi, immischiarsi, intromettersi in q.c.: *intrigarsi nei fatti altrui*; *si è intrigato in ciò che non lo riguarda.*

intrigàto **A** part. pass. di *intrigare*; anche agg. • Nei sign. del v. || **intrigataménte**, avv. **B** s. m. • †Intreccio.

intrìgo [da *intrigare*] s. m. (pl. *-ghi*) **1** Modo scorretto e sleale usato per conseguire uno scopo | Raggiro, macchinazione per ostacolare il corso di q.c. o per fomentare disordini: *essere uso agli intrighi.* **2** Impiccio, situazione imbrogliata: *uscire da un i.*; *entrare, cacciarsi in un brutto i.* SIN. Garbuglio. **3** V. *intrico.*

intrigóne s. m. (f. *-a*) • (*fam.*) Chi è o si comporta da intrigante.

intrinsecàre o †**intrinsicàre** **A** v. tr. (*io intrìnseco, tu intrìnsechi*) • (*raro*) Rendere intrinseco. **B** v. intr. pron. • Acquistare dimestichezza o familiarità con qc. | (*raro, fig.*) *Intrinsecarsi in una scienza*, approfondirvisi.

intrinsechézza • V. *intrinsichezza.*

intrinsecità s. f. **1** (*raro*) Familiarità, amicizia. **2** (*raro*) Carattere di ciò che è intrinseco.

intrìnseco o †**intrìnsico** [vc. dotta, lat. tardo *intrīnsecu(m)*, da *intrīnsecus* (avv.), comp. di **īnt(e)rim* 'internamente' e *sĕcus* 'lungo'] **A** agg. (pl. m. *-ci*, pop. †*-chi*) **1** Che è inerente e partecipe all'intima composizione di una cosa, alla sua natura ed essenza: *forza, virtù intrinseca* | *Merito i.*, da attribuirsi integralmente a qc. | *Valore i.*, che prescinde dalle apparenze reali | *Causa intrinseca*, congenita | †*Guerra intrinseca*, intestina. **2** Intimo, stretto: *amico i.*; *amicizia intrinseca.* || **intrinsecaménte**, avv. **B** s. m. **1** Intimo, amico intimo. **2** L'essenziale, la parte più valida e reale di q.c. | (*est.*) Valore reale: *guardare l'i. delle cose.* **3** La parte più intima di una persona: *nel suo i. non ammetterà d'aver sbagliato.*

†**intrinsicàre** • V. *intrinsecare.*

intrinsichézza o (*raro*) **intrinsechézza**. s. f. **1** (*raro*) Intima familiarità e amicizia. **2** (*spec. al pl., raro*) Relazioni, rapporti amichevoli, confidenziali.

†**intrìnsico** • V. *intrinseco.*

intrippàre [comp. di *in-* (*1*) e *trippa*] **A** v. tr. **1** (*pop.*) Rimpinzare. **2** (*raro, est.*) Trangugiare. **B** v. intr. pron. • Riempirsi di cibo | Mangiare ingozzandosi. SIN. Rimpinzarsi.

intrippatùra s. f. • (*raro*) Effetto dell'intrippare o dell'intripparsi.

intrìso **A** part. pass. di *intridere*; anche agg. **1** Nei sign. del v. **2** (*letter.*) Implicato: *Lorenzo e Giannozzo in questo particolare involto erano intrisi assai* (MACHIAVELLI). **B** s. m. • Impasto di farina con acqua o altri liquidi | Miscuglio di crusca e acqua per animali | Miscuglio di gesso ed acqua per stuccare.

intristiménto s. m. • (*raro*) Atto, effetto dell'intristire.

intristire [comp. di *in-* (*1*) e *triste*] v. intr. (*io intristìsco, tu intristìsci*; aus. *essere*) **1** †Diventare tristo, malvagio: *il mondo invecchia, / e invecchiando intristisce* (TASSO). **2** Perdere freschezza e vigore: *le piante intristivano per la siccità* | Deperire: *senza moto quel ragazzo intristisce.*

†**intro** • V. *entro.*

intro- [avv. lat., dall'agg. **ĭnteru(m)* 'che sta dentro, nell'interno', da *inter-*] pref. • In parole composte dotte, significa propriamente 'dentro' e indica movimento, direzione verso l'interno, penetrazione: *introdurre, introflettersi, intromettersi, introverso.*

†**intròcque** [lat. *ĭnter hŏc* 'tra questo'] avv. • (*tosc.*) Intanto, in quel mentre: *Sì mi parlava, e andavamo i.* (DANTE *Inf.* XX, 130).

introdótto **A** part. pass. di *introdurre*; anche agg. **1** Nei sign. del v. **2** Esperto, istruito: *i. nella casistica, nelle scienze esatte.* **3** Che dispone di molte aderenze, conoscenze, appoggi e sim.: *uomo molto i. negli ambienti commerciali.* **B** s. m. • †Mediazione, intervento | †*Per i. di qc.*, per opera di qc.

introducènte part. pres. di *introdurre*; anche agg. • Nei sign. del v.

introducìbile agg. • Che si può o si deve introdurre.

introducibilità s. f. • Condizione di ciò che è introducibile.

introduciménto s. m. **1** (*raro*) Atto, effetto dell'introdurre: *l'i. della chiave nella toppa.* **2** †Guida, avviamento.

introdùrre [lat. *introdūcere*, con adattamento alla serie dei comp. con *-dūcere* '-durre'] **A** v. tr. (pres. *io introdùco, tu introdùci*; imperf. *io introducévo*; pass. rem. *io introdùssi, tu introducésti*; fut. *io introdurrò*; congv. pres. *io introdùca*; congv. imperf. *io introducéssi*; condiz. pres. *io introdurrèi, tu introdurrésti*; imp. pres. *introdùci tu*; part. pres. *introducènte*; ger. *introducèndo*; part. pass. *introdótto*) **1** Far penetrare, mettere dentro: *i. la chiave nella toppa, una moneta nel distributore automatico* | (*est.*) Importare: *i. nel paese merci di contrabbando.*

2 Far entrare: *il maggiordomo introdusse gli invitati* | (*est.*) Rendere attivo nel dialogo o nell'azione rappresentata: *Dante introduce a parlare personaggi antichi e contemporanei* | (*est.*) Accompagnare presso, presentare a qc.: *mi introdusse dal Ministro*; *ci ha introdotto presso il direttore con questa lettera* | *I. in società*, portarvi qc., spec. per la prima volta, perché possa in seguito frequentarla. *3* Mettere in uso: *i. vocaboli nuovi, la corrente elettrica, la meccanizzazione nell'agricoltura.* *4* (*fig.*) Iniziare: *i. qc. nella filosofia platonica, nelle scienze esatte* | (*fig.*) Avviare: *i. qc. all'esercizio di una professione* | *I. il discorso*, cominciarlo o farlo cadere su un determinato argomento | *I. una lite*, portare in giudizio una controversia facendo sorgere un processo civile. **B** v. intr. pron. ● Riuscire a entrare in un luogo o in un ambiente senza esservi chiamato, oppure furtivamente: *il ladro si introdusse nell'appartamento*; *finalmente è riuscito ad introdursi in società.*

introduttìvo agg. ● Atto a introdurre, che prepara o predispone: *discorso i.* | *Coro i.*, di un'opera drammatica. || **introduttivaménte**, avv. In modo introduttivo, come introduzione.

introduttóre [vc. dotta, lat. tardo *introductōre(m)*, da *introdūctus*, part. pass. di *introdūcere* 'introdurre'] s. m. (f. *-trice*) *1* Chi introduce: *ecco l'i. degli ambasciatori.* *2* Chi per primo mette in uso o in pratica q.c. di nuovo, o divulga usi, abitudini e sim.: *l'i. di una riforma, di una legge, delle novità della moda.*

introduttòrio [vc. dotta, lat. tardo *introductōriu(m)*, da *introdūctor*, genit. *introductōris* 'introduttore'] agg. ● Che ha per fine d'introdurre, fatto come o per introduzione.

introduzióne [vc. dotta, lat. *introductiōne(m)*, da *introdūctus*, part. pass. di *introdūcere* 'introdurre'] s. f. *1* Atto, effetto dell'introdurre e dell'introdursi: *i. del cibo nell'esofago, di un pezzo nell'incastro* | Immissione, importazione: *i. di nuove usanze, di nuovi sistemi di produzione*; *permesso, divieto d'i. di determinati prodotti.* *2* Presentazione o inserimento in un luogo o ambiente, a carattere più o meno solenne o ufficiale: *l'i. del nuovo senatore nell'aula, dei pellegrini alla presenza del pontefice, di qc. in società* | *Lettera di i.*, di presentazione | (*est.*) †Mediazione, intercessione. *3* Ciò che si dice o scrive all'inizio di un discorso o di un'opera, prima di entrare in argomento: *l'i. del Decamerone*; *il romanzo è totalmente privo di i.* | Trattato introduttivo: *i. alla logica, alla fisica, alla scienza del linguaggio* | Avviamento, guida: *i. alla pratica contabile*; *corso di i.* *4* (*mus.*) Brano premesso a una composizione musicale | Prima scena di un'opera. *5* †Partecipazione, entratura: *i. in un negozio, in un affare.* || **introduzioncèlla**, dim. | **introduzioncìna**, dim.

introflessióne [comp. di *intro-* e *flessione*] s. f. ● (*med.*) Ripiegamento in dentro di un organo o di una sua parte.

introflèsso part. pass. di *introflettersi*; anche agg. *1* Nei sign. del v. *2* (*med.*) Detto di organo o parte di esso piegato dall'esterno all'interno.

introflèttersi [comp. di *intro-* e *flettersi*] v. rifl. (coniug. come *flettere*) ● (*raro*) Ripiegarsi in dentro.

introgolàre [comp. di *in-* (*1*) e *trogolo*] v. tr. e rifl. (*io intrògolo*) ● (*tosc.*) Sporcare o sporcarsi con materie liquide.

introgolóne agg.; anche s. m. (f. *-a*) ● (*tosc.*) Che, chi è solito introgolarsi, insudiciarsi.

introiàre [comp. di *in-* (*1*) e *troia*, come animale molto sporco] **A** v. tr. (*io intròio*) ● (*pop., tosc.*) Insudiciare. **B** v. rifl. ● Insudiciarsi.

introibo /*lat.* intro'ibo/ [letteralmente 'entrerò', da *introīre*, comp. di *ĭntro* 'nell'interno' e *īre* 'andare', prima parola della messa] s. m. ● (*relig.*) Introito.

introiettàre [da *introiezione*] v. tr. (*io introiètto*) ● (*psicoan.*) Sottoporre a introiezione.

introiettàto [da *introiettare*] agg. *1* Nel sign. del v. *2* (*gener.*) Interiorizzato.

introiezióne [comp. di *intro-* e *iezione*, che compare in altri comp. di origine dotta col senso fondamentale di 'gettare', dal lat. *-iectiōne(m)*, da *iăcere* 'lanciare, buttare'] s. f. ● (*psicoan.*) Meccanismo mentale inconscio mediante il quale contenuti di pensiero, atteggiamenti, motivi e sim., estranei, cioè appartenenti ad altre persone, vengono accolti nel proprio io.

introitàle agg. ● (*relig.*) Che si riferisce all'introito | *Processione i.*, ingresso del sacerdote con i ministri all'altare per celebrare la messa.

introitàre [da *introito*] v. tr. (*io intròito*) ● (*bur.*) Percepire come introito: *i. una somma, una rendita, un risarcimento.*

intròito [vc. dotta, lat. *introĭtu(m)* 'ingresso', da *introīre* 'andare (*īre*) nell'interno (*ĭntro*)'] s. m. *1* †Ingresso, entrata: *l'i. de' fiumi nelli fiumi* (LEONARDO). *2* Prima parte della messa cattolica che precede il kyrie. *3* (*mus.*) Composizione che accompagna l'ingresso del sacerdote all'altare per la celebrazione della messa. *4* (*bur.*) Entrata di cassa: *avere, disporre di, notevoli introiti.*

intromésso **A** part. pass. di *intromettere*; anche agg. ● Nei sign. del v. **B** s. m. ● Piatto di mezzo, vivanda tra due serviti.

introméttere o †**entrométtere** [vc. dotta, lat. *intromĭttere*, comp. di *ĭntro* 'nell'interno' e *mĭttere* 'mettere'] **A** v. tr. (coniug. come *mettere*) *1* (*raro*) Mettere dentro o in mezzo. SIN. Interporre. *2* (*raro*) Fare ammettere alla presenza di qc., far ricevere da qc. SIN. Introdurre. **B** v. rifl. *1* Voler entrare in faccende che non riguardano direttamente: *non devi intrometterti nei miei affari.* *2* Porsi in mezzo a persone che sono in lite, come mediatore o paciere: *un comune amico s'intromise ed evitò il peggio.* *3* (*raro*) Frapporsi, intervenire: *cosa non sarà che s'intrometta / da poterti turbar questo pensiero* (ARIOSTO). *4* †Entrar dentro.

intromettitóre s. m. (f. *-trice*) ● (*raro*) Chi intromette o s'intromette.

intromissióne [vc. dotta, lat. tardo *intromissiōne(m)*, da *intromĭssus* 'intromesso'] s. f. *1* †Atto, effetto dell'intromettersi. *2* Ingerenza: *eliminare, neutralizzare ogni i. straniera.* *3* Intercessione: *i. disinteressata.*

intronaménto s. m. *1* Modo e atto dell'intronare | Fragore, strepito | Stordimento. *2* †Tremito.

intronàre [comp. di *in-* (*1*) e *tr(u)ono*, variante di *tuono*] **A** v. tr. (*io intròno*) *1* Assordare con rumori eccessivi: *i. gli orecchi* | Stordire: *i. il capo, il cervello.* *2* Scuotere con forti colpi: *le esplosioni facevano intronare il rifugio* | †Lesionare con colpi: *i. la muraglia.* **B** v. intr. (aus. *avere*, raro *essere*) *1* (*raro*) Rintronare: *la grotta intronava di colpi.* *2* (*raro*) Rimanere stordito (*anche fig.*): *l'ambasciatore quasi intronò di questa risposta* (SACCHETTI). **C** v. intr. pron. ● (*raro*) Rimanere attonito, intontito.

intronàto part. pass. di *intronare*; anche agg. *1* Nei sign. del v. *2* Stordito, intontito: *oggi mi sento tutto i.*

intróne [comp. di *intr(a)-* e *-one* (*3*)] s. m. ● (*biol.*) Sequenza di DNA che compare all'interno di un gene eucariotico; pur venendo trascritta insieme al gene in cui è presente, non compare più nell'RNA messaggero maturo. CFR. Esone.

intronfiàre [comp. di *in-* (*1*) e *tronfio*] v. intr. (*io intrónfio*; aus. *essere*) ● Diventare tronfio per superbia.

intronizzàre [comp. di *in-* (*1*) e, ampliato col suff. *-izzare*, *trono*] v. tr. ● Mettere sul trono, investire dell'autorità sovrana.

†**intronizzatùra** [da *intronizzare*] s. f. ● Aria tronfia e pettoruta, gonfia di vanità.

intronizzazióne s. f. ● Atto, cerimonia dell'intronizzare.

intròrso [vc. dotta, lat. *intrōrsu(m)*, (avv.), comp. di *ĭntro* 'all'interno' e *vŏrsum*, variante di *vĕrsum* '(volto) verso'] agg. *1* Voltato in dentro. *2* (*bot.*) Detto di un'antera nella quale alla deiscenza le incisioni dei sacchi pollinici sono rivolte verso il centro del fiore.

introspettìvo [dal lat. *introspĕctus*, part. pass. di *introspĭcere* 'guardare (*spĕcere*) dentro (*ĭntro*)'] agg. ● Relativo all'introspezione | Incline all'introspezione. || **introspettivaménte**, avv.

†**introspètto** [vc. dotta, lat. *introspĕctu(m)*, part. pass. di *introspĭcere* 'guardare (*spĕcere*) dentro (*ĭntro*)'] s. m. ● Introspezione.

introspezióne [dal lat. *introspĕctus*, part. pass. di *introspĭcere* 'guardare (*spĕcere*) dentro (*ĭntro*)'] s. f. ● (*psicol.*) Metodo di osservazione delle proprie azioni o dei propri contenuti mentali, con una loro descrizione mediante certe categorie psicologiche.

introvàbile [comp. di *in-* (*3*) e *trovabile*] agg. ● Che non si può o non si riesce a trovare: *il professore è i.*; *un testo i.* SIN. Irreperibile.

introvabilità s. f. ● Qualità di chi, di ciò che è introvabile.

introversióne [comp. di *intro-* e *versione*, sul modello di *inversione*] s. f. *1* (*psicol.*) Atteggiamento psicologico di interesse alla propria interiorità e soggettività. CONTR. Estroversione. *2* †Riversamento di umore al di dentro.

introvèrso **A** part. pass. di *introvertere*; anche agg. *1* Nei sign. del v. *2* Caratterizzato da introversione: *carattere, individuo i.* **B** s. m. (f. *-a*) ● Persona introversa.

introvèrtere [comp. di *intro-* e *vertere*] **A** v. tr. (pres. *io introvèrto*; part. pass. *introvèrso*; dif. del pass. rem.) ● Volgere in dentro. **B** v. rifl. ● (*psicol.*) Racchiudersi nella propria interiorità e soggettività, in un atteggiamento di rifiuto della realtà esterna.

introvertìre v. tr. e rifl. (*io introvertìsco, tu introvertìsci*; dif. del pass. rem.) ● Introvertere.

introvertìto part. pass. di *introvertire*; anche agg. *1* Nel sign. del v. *2* Introverso.

intrùdere [vc. dotta, lat. mediev. *intrūdere*, comp. di *in-* 'dentro' e *trūdere* 'spingere', di origine indeur. occid.] **A** v. tr. (pass. rem. *io intrùṣi, tu intrudésti*; part. pass. *intrùṣo*) ● (*lett.*) Introdurre o inserire a forza, con arbitrio o indebitamente. **B** v. intr. pron. ● (*lett.*) Intromettersi senza esserne richiesto, cacciarsi dentro arbitrariamente: *intrudersi in una famiglia.*

intrufolàre [comp. di *in-* (*1*) e **trufolo* 'tartufo'] **A** v. tr. (*io intrùfolo*) ● Introdurre, infilare di nascosto: *i. lestamente una mano nella cesta per rubare la frutta.* **B** v. intr. (aus. *essere*) ● (*tosc.*) †Frugare, raspare, rovistare. **C** v. rifl. ● Infilarsi o introdursi di nascosto: *riuscì ad i. tra gli invitati senza biglietto*; *è un tipo che s'intrufola dovunque.*

intrugliàre [comp. di *in-* (*1*) e, con adattamento della finale, di *troia* e sovrapposizione d'altro v. in *-ugliare*] **A** v. tr. (*io intrùglio*) *1* Mescolare malamente più cose, spec. liquidi, traendone un insieme disgustoso | *Intrugliarsi lo stomaco*, guastarselo con cibi indigesti, medicine inutili e sim. *2* (*fig.*) Ingarbugliare, imbrogliare: *i. un discorso, le faccende.* **B** v. rifl. *1* Insudiciarsi, sbrodolarsi: *mi sono intrugliato tutto!* *2* (*fig.*) Impicciarsi o intromettersi in cose poco convenienti.

intrùglio [da *intrugliare*] s. m. *1* Miscuglio mal fatto e sgradevole di vari elementi: *bere, mangiare strani intrugli* | (*est.*) Lavoro o scritto mal fatto, pasticciato: *pubblicare, stampare strani intrugli.* *2* (*fig.*) Imbroglio, intrallazzo: *quell'affare è un i. di arruffoni.*

intruglióne s. m. (f. *-a*) *1* Chi ha l'abitudine di fare intrugli. *2* (*fig.*) Chi combina pasticci, ordisce imbrogli e sim.

intruppaménto [da *intrupparsi*] s. m. ● Modo e atto dell'intrupparsi | (*est.*) Assembramento.

intruppàre [deformazione paretimologica di *intoppare*] v. intr. (aus. *avere*) ● (*fam.*) Urtare, sbattere: *i. nella porta, contro uno spigolo* | Andare a sbattere contro un ostacolo con un mezzo di trasporto, spec. con l'automobile: *i. contro un autobus*; (*ass.*) *ho intruppato con la macchina.*

intruppàrsi [comp. di *in-* (*1*) e *truppa*] v. rifl. ● Inquadrarsi nella truppa | (*est.*) Accodarsi ad un gruppo, ad una compagnia, imbucarsi con gli altri: *i. con cattive compagnie.*

intruṣióne s. f. *1* Atto, effetto dell'intrudere e dell'intrudersi: *opporsi all'i. di estranei.* *2* (*geol.*) Azione con cui un magma occupa una sezione o uno spazio di varia natura intorno alla crosta terrestre.

intruṣìvo agg. ● Di, relativo a intrusione.

intrùṣo **A** part. pass. di *intrudere*; anche agg. ● Nei sign. del v. **B** s. m. (f. *-a*) *1* Estraneo insinuatosi in modo arbitrario o illecito: *cacciare dal gruppo gli intrusi*; *essere trattato come un i.* *2* Persona che, pur essendo nel proprio ambiente, si sente a esso estranea, o è dagli altri trattata come tale: *in questa casa io sono un i.*

†**intuàrsi** [comp. di *in-* (*1*) e *tuo*] v. intr. pron. ● Entrare nel tuo pensiero o sentimento: *s'io m'intuassi, come tu t'inmii* (DANTE *Par.* IX, 81).

intubàre v. tr. *1* (*med.*) Sottoporre a intubazione.

2 (*tecnol.*) Avvolgere completamente o parzialmente con un tubo un organo destinato a essere attraversato da una corrente fluida, allo scopo di migliorarne il funzionamento e il rendimento o di ottenere determinate caratteristiche: *i. un'elica, un radiatore refrigerante.*

intubàto part. pass. di *intubare*; anche agg. • Nei sign. del v.

intubazióne [comp. di *in-* (*1*) e un deriv. di azione da *tubo*] s. f. • (*med., tecnol.*) Atto, effetto dell'intubare | (*med.*) Introdurre nella trachea del paziente un tubo di metallo o di gomma attraverso il quale viene eseguita la ventilazione dei polmoni spec. durante un'anestesia: *i. endotracheale.*

intubettàre [comp. di *in-* (*1*) e *tubetto*] v. tr. (*io intubétto*) • Mettere in tubetto.

intubettatrìce s. f. • Macchina che esegue l'operazione di intubettare.

intugliàre [etim. incerta] v. tr. (*io intùglio*) • (*mar.*) Allacciare, aggiuntare con nodi o impiombatura le estremità di due cavi per aumentarne la lunghezza.

intuìbile agg. • Che si può intuire. || **intuibilménte**, avv.

intuibilità s. f. • Qualità di ciò che è intuibile.

intuìre [vc. dotta, lat. *intuēri*, comp. di *in-* 'dentro' e *tuēri* 'osservare', di prob. origine indeur., con passaggio ad altra coniug.] v. tr. (*io intuìsco, tu intuìsci*) **1** Vedere prontamente con l'intelletto, deducendo da indizi vaghi e generici, senza necessità di ragionamento o prove: *i. una legge scientifica; intuì subito che i danni erano gravi* | (*est.*) Accorgersi, rendersi conto: *intuì di non avere alcuna via di scampo.* **2** (*filos.*) Comprendere attraverso una percezione immediata senza l'aiuto della ragione.

intuitivìsmo [da *intuitivo*] s. m. • (*filos.*) Intuizionismo.

intuitività s. f. • Qualità di ciò che è intuitivo.

intuitìvo agg. **1** Di, relativo all'intuito o all'intuizione: *capacità intuitiva; doti intuitive* | *Metodo i.*, metodo didattico che si fonda sull'intuizione piuttosto che sul ragionamento e sull'analisi | *Visione intuitiva*, nella terminologia della mistica cristiana, accesso diretto e soprannaturale della mente alle verità divine. **2** Che si capisce o s'intuisce facilmente: *verità intuitiva; acquisire una certezza intuitiva* | *È i.*, è facilmente comprensibile, evidente, ovvio. **3** Detto di persona dotata d'intuito. || **intuitivaménte**, avv. Per intuito, senza troppi ragionamenti.

intuìto (**1**) part. pass. di *intuire*; anche agg. • Nei sign. del v.

intùito (**2**) [vc. dotta, lat. *intŭitu(m)*, dal part. pass. di *intuēri* 'intuire'] s. m. **1** Conoscenza o visione immediata, senza intervento della riflessione, di una realtà non evidente: *sapere, intendere q.c. per i.* **2** Intelligenza acuta e pronta: *essere dotati di un notevole i.; i. pronto, fine, sicuro* | *I. del bello*, senso del bello. SIN. Perspicacia, prontezza.

intuizióne [vc. dotta, lat. tardo *intuitiōne(m)*, propriamente 'immagine riflessa', dal part. pass. di *intuēri* 'intuire'] s. f. **1** Attitudine naturale a conoscere l'intima essenza delle cose, senza dover ricorrere o prima di far ricorso al ragionamento: *essere privi di i.; è dotato di un'infallibile i. per i problemi giuridici.* **2** (*filos.*) Particolare forma di conoscenza per cui l'oggetto risulta immediatamente presente alla coscienza in quanto non dipende da alcun processo logico e razionale: *il concetto di i. è proprio dell'estetica di Benedetto Croce.* **3** Nella terminologia della mistica cristiana, fruizione beatifica della conoscenza di Dio ad opera della grazia illuminante. **4** (*psicol.*) Insight.

intuizionìsmo [da *intuizione* nel sign. 2, col suff. di dottrina *-ismo*] s. m. • (*filos.*) Qualunque atteggiamento filosofico-scientifico che pone al centro dell'attività riflessiva la dimensione dell'intuizione intesa in senso lato.

intuizionìsta s. m. e f. (pl. m. *-i*) • Chi segue o si ispira alla dottrina filosofica dell'intuizionismo.

intumescènte [vc. dotta, lat. *intumescĕnte(m)*, part. pres. di *intumĕscere*, comp. di *in-* illativo e dell'incoativo *tumĕscere*, da *tumēre* 'gonfiare', di origine indeur.] agg. • (*med.*) Che ha tendenza a gonfiarsi.

intumescènza [da *intumescente*] s. f. **1** (*med.*) Rigonfiamento, gonfiore. **2** (*bot.*) Escrescenza patologica che si forma sulla superficie dei vegetali.

intumidìre [comp. di *in-* (*1*) e *tumido*] v. intr. (*io intumidisco, tu intumidisci*; aus. *essere*) • Diventare tumido, gonfio.

†**intumorìre** [comp. di *in-* (*1*) e *tumore*] v. intr. • Gonfiare in forma di tumore o per tumore.

†**intuonàre** • V. †*intonare* (*2*).

inturbantàto [comp. di *in-* (*1*) e *turbante*] agg. • Coperto da un turbante o come con un turbante: *apparve col capo i. da un asciugamano.*

inturgidiménto s. m. • Atto, effetto dell'inturgidire o dell'inturgidirsi.

inturgidìre [comp. di *in-* (*1*) e *turgido*] v. intr. e intr. pron. (*io inturgidisco, tu inturgidisci*; aus. *essere*) • Diventare turgido, gonfio: *gli si inturgidirono le vene della fronte.*

intussuscezióne [comp. del lat. *īntus* 'dentro' e *susceptiōne(m)* 'ricevimento, suscezione'] s. f. **1** †Accrescimento intermuscolare delle sostanze viventi. **2** (*med.*) Invaginazione.

†**inùco** • V. *eunuco*.

inudito • V. *inaudito*.

inuguàle e *deriv.* • V. *ineguale* e *deriv.*

inuit /algonchino 'inuit/ [vc. algonchina, propr. 'popolo', pl. di *inuk* 'uomo'] s. m. e f. inv.; anche agg. inv. • Chi, che appartiene a una popolazione eschimese stanziata nel Canada.

ìnula [vc. dotta, lat. *īnula(m)*, termine pop.: di origine gr. (?)] s. f. • Pianta erbacea perenne delle Composite comune nei boschi e sassaie, con capolini gialli e frutto ad achenio con pappo (*Inula*).

inulàși [comp. di *inula* e *-asi*] s. f. • (*chim.*) Enzima capace di idrolizzare l'inulina.

inulìna [comp. di *inula* e del suff. chim. *-ina*] s. f. • (*chim.*) Idrato di carbonio, isomero dell'amido, presente in quasi tutte le Composite e in altre piante.

†**inùlto** [vc. dotta, lat. *inŭltu(m)*, comp. di *in-* neg. e *ŭltus*, part. pass. di *ulcīsci* 'vendicare', di etim. incerta] agg. • (*lett.*) Invendicato, impunito: *Rinaldo ha morto, il qual fu spada e scudo / di nostra fede; ed ancor giace i.?* (TASSO).

inumanazióne [vc. dotta, lat. tardo *inhumanatiōne(m)*, comp. di *in-* illativo e *humanātio*, genit. *humanatiōnis*, da *humānus* 'umano'] s. f. • Nella teologia cattolica, il divenire uomo e l'assumere carne umana, propri del Cristo.

inumanità [vc. dotta, lat. *inhumanitāte(m)*, comp. di *in-* neg. e *humānitas*, genit. *humanitātis* 'umanità'] s. f. • Mancanza di umanità | Azione inumana. SIN. Crudeltà.

inumàno [vc. dotta, lat. *inhumānu(m)*, comp. di *in-* neg. e *humānus* 'umano'] agg. **1** Che non ha sentimento e tratti umani, detto di persona: *padrone i.; essere i. con i deboli.* **2** Che dimostra mancanza di umanità, che è caratterizzato da estrema crudeltà: *pena, rappresaglia inumana* | Che è superiore alle forze e alle capacità umane: *ha fatto sforzi inumani per riuscire.* || **inumanaménte**, avv.

inumàre [vc. dotta, lat. *inhumāre*, comp. di *in-* illativo e *humāre*, da *hŭmus* 'terra'] v. tr. • Seppellire, sotterrare: *i. un cadavere.*

inumazióne s. f. • Atto, effetto dell'inumare. SIN. Seppellimento.

inumidiménto s. m. • Atto, effetto dell'inumidire e dell'inumidirsi.

inumidìre [comp. di *in-* (*1*) e *umido*] **A** v. tr. (*io inumidisco, tu inumidisci*) • Rendere umido spruzzandovi sopra acqua: *la rugiada inumidisce le piante e la terra* | *Inumidirsi le labbra*, passarvi sopra la lingua o bere un poco | *I. il bucato, i panni*, spruzzarli d'acqua per poi stirarli. SIN. Bagnare. **B** v. intr. pron. • Diventare umido.

inumidìto part. pass. di *inumidire*; anche agg. • Nei sign. del v.

inumiliàbile [comp. di *in-* (*1*) e *umiliabile*] agg. • (*raro*) Che non si può o non si deve umiliare.

†**inumiliàrsi** [comp. di *in-* (*1*) e *umiliare*] v. intr. pron. • (*raro*) Umiliarsi.

inurbaménto [da *inurbarsi*] s. m. • Fenomeno per cui gruppi di individui si trasferiscono stabilmente dalla campagna nei grandi centri abitati.

inurbanità s. f. • Mancanza di urbanità | Atto scortese, inurbano. SIN. Inciviltà, scortesia.

inurbàno [vc. dotta, lat. *inurbānu(m)*, comp. di *in-* neg. e *urbānus* 'urbano'] agg. • Incivile, scortese, rozzo: *tratto, comportamento i.* || **inurbanaménte**, avv.

inurbàrsi [comp. di *in-* (*1*) e del lat. *ŭrbs*, genit. *ŭrbis* 'città'] v. intr. pron. **1** Venire dalla campagna a vivere in città. **2** (*fig., lett.*) Farsi cittadino nei modi e nelle abitudini.

inurbàto A part. pass. di *inurbarsi*; anche agg. • Nei sign. del v. **B** s. m. (f. *-a*) • Chi si è trasferito dalla campagna in città.

inuṣàto [comp. di *in-* (*3*) e *usato*] agg. • (*lett.*) Insolito, inusitato.

inuṣitàto [vc. dotta, lat. *inusitātu(m)*, comp. di *in-* neg. e *usitātus* 'usitato'] agg. • Che non rientra nell'uso comune, che è al di fuori della normalità: *macchina, parola inusitata; effetto, esempio i.; sento in mezzo l'alma / una dolcezza inusitata e nova* (PETRARCA). SIN. Insolito. CONTR. Abituale, usuale. || **inusitataménte**, avv. (*raro*) In modo inusitato.

†**inùsto** [vc. dotta, lat. *inūstu(m)*, part. pass. di *inūrere*, comp. di *in-* illativo e *ūrere* 'bruciare', di origine indeur.] agg. • Segnato, impresso col fuoco.

inuṣuàle [comp. di *in-* (*3*) e *usuale*] agg. • Non usuale, fuori del comune, insolito: *un fatto i.* || **inuṣualménte**, avv.

inùtile [vc. dotta, lat. *inūtile(m)*, comp. di *in-* neg. e *ūtilis* 'utile'] agg. **1** Che non presenta nessuna utilità, non produce alcun effetto o giovamento: *oggetto, discorso, rimedio, tentativo i.; i tuoi sforzi sono inutili; sentirsi, essere i.; persona, gente i.; Quel sentirsi... inutili, con tutto i. intorno* (LEVI). **2** Superfluo, vano: *è i. che tu insista, tanto non mi convinci* | *Non i.*, che presenta qualche utilità: *il tuo è stato un tentativo non i.* || **inutilménte**, †**inutileménte**, avv.

inutilità [vc. dotta, lat. *inutilitāte(m)*, comp. di *in-* neg. e *ūtilitas*, genit. *utilitātis* 'utilità'] s. f. • Mancanza di utilità.

inutiliẓẓàbile [comp. di *in-* (*3*) e *utilizzabile*] agg. • Che non si può usare o utilizzare: *una vecchia macchina ormai i.* SIN. Inservibile.

inutiliẓẓàre [comp. di *in-* (*3*) e *utilizzare*] v. tr. • Rendere inutile o inservibile: *i. un'arma.*

inutiliẓẓàto part. pass. di *inutilizzare*; anche agg. **1** Nel sign. del v. **2** Non utilizzato: *oggetto i.*

inutiliẓẓazióne [comp. di *in-* (*3*) e *utilizzazione*] s. f. • Atto, effetto dell'inutilizzare.

inuẓẓolìre [comp. di *in-* (*1*) e *uzzolo*] **A** v. tr. (*io inuẓẓolìsco, tu inuẓẓolìsci*) • (*tosc.*) Rendere voglioso di q.c.: *i. i bambini con promesse.* **B** v. intr. pron. • Invogliarsi, incapricciarsi.

invacchiménto s. m. • L'invacchire.

invacchìre [comp. di *in-* (*1*) e *vacca*] v. intr. (*io invacchisco, tu invacchisci*; aus. *essere*) **1** (*zoot.*) Andare in vacca, cioè a male, dei bachi da seta che si gonfiano e ingialliscono, per poi morire. **2** (*est., pop.*) Diventare grasso e floscio | Avere un rendimento intellettuale scarso rispetto al previsto.

invadènte A part. pres. di *invadere*; anche agg. **1** Nei sign. del v. **2** (*fig.*) Che si occupa troppo di ciò che non lo riguarda, che si intromette nelle faccende altrui. **B** s. m. e f. • Chi si occupa troppo di ciò che non lo riguarda e vuol fare ciò che non gli spetta: *non dargli confidenza perché è un i.* SIN. Ficcanaso.

invadènza s. f. • Qualità di chi, di ciò che è invadente.

invàdere [vc. dotta, lat. *invādere*, comp. di *in-* 'contro' e *vādere* 'andare'] v. tr. (pass. rem. *io invàși, tu invadésti*; part. pass. *invàso*, †*invadùto*) **1** Occupare un luogo con la forza e penetrandovi in gran numero: *l'esercito invase l'intera regione; i dimostranti avevano invaso la fabbrica; le cavallette invadono i campi; una folla di appassionati invadeva il teatro* | Inondare: *il fiume invase la campagna* | Contagiare: *l'Europa intera fu invasa dall'epidemia* | (*ass.*) Dilagare: *una pestilenza che invade.* **2** (*med.*) Infiltrarsi nelle parti e negli organi vicini. **3** (*fig.*) Occupare l'animo o la mente soggiogando, turbando e sim.: *l'ambizione, l'egoismo e i pregiudizi invasero i loro cuori* | (*fig.*) *Le tenebre invadono l'aria*, la rendono sempre più scura. **4** (*fig.*) Attribuirsi illegittimamente q.c. entrando in ciò che spetta ad altri: *i. i diritti, i poteri, la giurisdizione di qc.*

†**invagàre** v. tr. e intr. pron. • Invaghire: *come chi*

di ben far sempre s'invaga (SACCHETTI).

invaghiménto s. m. ● (*lett.*) Modo e atto dell'invaghirsi | Condizione di chi è innamorato.

invaghìre [comp. di *in-* (*1*) e *vago*] **A** v. tr. (*io invaghìsco, tu invaghìsci*) ● (*lett.*) Innamorare: *Amor, che del suo altero lume / più m'invaghisce dove più m'incende* (PETRARCA). **B** v. intr. pron. e †intr. ● Accendersi di desiderio, di amore per qc. o per q.c.: *invaghirsi di una fanciulla, di un oggetto artistico* | (*fig.*) *Invaghirsi del potere*, desiderare di arrivarvi. SIN. Incapricciarsi.

invaginàre [comp. di *in-* (*1*) e *vagina*] **A** v. tr. (*io invagìno*) ● (*lett.*) Mettere l'arma nella guaina o nel fodero. **B** v. intr. pron. ● (*med.*) Ripiegarsi verso l'interno, come il dito di un guanto: *organo che si invagina*.

invaginazióne [da *invaginare* con ampliamento del sign. di *vagina*] s. f. ● (*med.*) Atto, effetto dell'invaginarsi.

invaiàre [comp. di *in-* (*1*) e *vaio*] **A** v. intr. (*io invàio*; aus. *essere*) ● Diventare scuro e maculato per il fenomeno della maturazione: *la frutta invaia*. **B** v. tr. ● (*raro*) Rendere vaio, scuro: *l'uva ingrossa, e invaia / i chicchi già* (PASCOLI).

invaiatùra [da *invaiare*] s. f. ● Viraggio del colore verde dei frutti nel primo stadio di maturazione.

invaiolàre [comp. di *in-* (*1*) e *vaio* col suff. dim. *-olare*] v. intr. (*io invaiòlo*; aus. *essere*) ● (*lett.*) Invaiare.

invalére [vc. dotta, lat. tardo *invalēre* 'esser forte, prevalere', comp. di *in-* raff. e *valēre* 'aver forza, vigore'] v. intr. (coniug. come *valere*; aus. *essere*; oggi dif. usato solo nelle terze pers. sing. e pl. e nel part. pass. *invàlso*) ● Acquistare forza, autorità | Prendere piede, affermarsi: *è invalsa la consuetudine di scambiarsi doni a Natale*; *una moda che è invalsa dieci anni fa*.

invalicàbile [comp. di *in-* (*3*) e *valicabile*] agg. ● Che è impossibile o difficile valicare: *passo, vetta i.* | (*fig.*) Insuperabile: *difficoltà i.*

invalicabilità s. f. ● Qualità di ciò che è invalicabile.

invalidàbile agg. ● Che si può invalidare.

invalidabilità s. f. ● (*raro*) Carattere o condizione di ciò che è invalidabile.

invalidaménto s. m. ● Invalidazione.

invalidànte part. pres. di *invalidare*; anche agg. *1* Nei sign. del v. *2* (*dir.*) Che rende non valido: *incidente i.*

invalidàre [da *invalido*] **A** v. tr. (*io invàlido*) *1* Rilevare dinanzi all'autorità competente l'invalidità di un atto: *i. un provvedimento giudiziario, un testamento, un contratto*. *2* (*est.*) Dimostrare debole, privo di valore: *i. le obiezioni dell'avversario*. **B** v. intr. pron. ● (*lett.*) Diventare fisicamente invalido.

invalidazióne s. f. ● Atto, effetto dell'invalidare.

invalidità s. f. *1* Qualità di ciò che è invalido: *l'i. di una tesi*. *2* Qualità di un atto che non possiede tutti i requisiti legislativamente richiesti così da risultare nullo o annullabile: *i. di un negozio giuridico, di un atto processuale*. *3* Inattitudine al lavoro conseguente a gravi malattie, mutilazioni e sim.: *i. temporanea, permanente* | Condizione giuridica di chi è invalido: *assicurazione per l'i. e la vecchiaia*.

invàlido [vc. dotta, lat. *invălidu(m)*, comp. di *in-* neg. e *vălidus* 'valido'] **A** agg. *1* Di chi non può svolgere un'attività lavorativa a causa dell'età, di malattia o di infortunio: *un vecchio i.*; *rimanere i.* *2* (*dir.*) Che non è valido: *atto processuale i.*; *contratto i.*; *elezioni invalide*. || **invalidaménte**, avv. Senza validità. **B** s. m. (f. *-a*) ● Persona invalida, inabile: *posto riservato agli invalidi di guerra e del lavoro*.

invaligiaménto s. m. ● (*raro*) Atto, effetto dell'invaligiare.

invaligiàre [comp. di *in-* (*1*) e *valigia*] v. tr. (*io invalìgio*) ● (*raro*) Mettere o riporre nella valigia.

invallàrsi [comp. di *in-* (*1*) e *valle*] v. intr. pron. ● Incassarsi, scorrere in una valle: *il fiume s'invalla*.

invàlso part. pass. di *invalere*; anche agg. ● Nei sign. del v.

invaniménto s. m. ● (*raro*) Alterigia, vanagloria.

invanìre [comp. di *in-* (*1*) e *vano*] **A** v. tr. (*io invanìsco, tu invanìsci*) *1* (*raro*) Rendere vanitoso, superbo. *2* †Rendere vano, inutile. **B** v. intr. e intr. pron. (aus. *essere*) *1* (*raro*) Diventare vanitoso, fatuo: *gli uomini deboli ... invaniscono ed inebriano nella fortuna, attribuendo tutto il bene che gli hanno a quella virtù che non conobbono mai* (MACHIAVELLI). *2* †Svanire, mancare, dileguarsi.

invàno o (*raro*) **in vàno** [vc. dotta, lat. crist. *in vānum* 'nel vuoto, per nulla', diffusa col primo comandamento biblico] avv. ● Senza effetto o profitto, inutilmente: *affaticarsi, lottare, pregare, scrivere i.*; *ho tentato i. di persuaderlo*; *tutto è stato i.*; *com'om che torna a la perduta strada, / che 'nfino ad essa li pare ire in vano* (DANTE *Purg.* I, 119-120).

invàr ® [nome commerciale, abbr. del fr. *invar(iable)* 'invar(iabile)'] s. m. ● Tipo di acciaio speciale con il 36% di nichel, caratterizzato da un coefficiente di dilatazione quasi nullo.

invarcàbile [comp. di *in-* (*3*) e *varcabile*] agg. ● (*raro*) Che non si può varcare.

†**invarcàrsi** [comp. di *in-* (*1*) e *varcare*] v. intr. pron. ● Gettarsi di un fiume in un altro.

invariàbile [comp. di *in-* (*3*) e *variabile*] agg. *1* Che non subisce variazioni: *temperatura i.*; *condizioni invariabili*. SIN. Costante, fisso. *2* (*ling.*) Detto di parola che non subisce mutazioni nella sua forma. || **invariabilménte**, avv.

invariabilità [comp. di *in-* (*3*) e *variabilità*] s. f. ● Qualità di ciò che è invariabile.

invariànte [comp. di *in-* (*3*) e *variante*] agg. ● (*mat.*) Detto di ente che, rispetto a uno o più enti variabili, per tutti i valori di tali variabili, conserva sempre il medesimo valore.

invariantivo [da *invariante*] agg. ● Che non varia | (*mat.*) *Proprietà invariantiva*, quella della sottrazione, il cui risultato non cambia se si aggiunge o toglie uno stesso numero al sottraendo e al minuendo, e quella della divisione, il cui quoziente rimane invariato se dividendo e divisore sono moltiplicati o divisi per uno stesso numero.

invariànza [comp. di *in-* (*3*) e un deriv. di *variare*] s. f. ● (*fis.*) Proprietà di sistema chimico-fisico in equilibrio che si ha quando non è possibile far variare alcuno dei parametri che lo caratterizzano senza alterare tale equilibrio.

invariàto [comp. di *in-* (*3*) e *variato*] agg. ● Che non ha subìto variazioni: *prezzo i.*; *condizioni invariate*. SIN. Costante, immutato. || **invariataménte**, avv. Senza variazioni.

invasaménto s. m. ● Atto, effetto dell'invasare e dell'invasarsi | Infatuazione, esaltazione.

invasàre (**1**) [da *invaso*, part. pass. di *invadere*] **A** v. tr. ● Turbare così profondamente da impedire atti ragionati e volontari: *essere invasato dal demonio, dall'odio, dalla passione*; *il terrore della guerra lo ha invasato* | Ossessionare: *i. col demone della discordia*. **B** v. intr. pron. ● (*raro*) Diventare maniaco di qc. o q.c.: *invasarsi della politica, di un autore*.

invasàre (**2**) [comp. di *in-* (*1*) e *vaso*] v. tr. *1* Mettere in vaso | (*est.*) Piantare una pianta in un vaso. *2* Mettere la nave sull'invasatura.

invasàto (**1**) **A** part. pass. di *invasare* (*1*); anche agg. ● Nei sign. del v. **B** s. m. (f. *-a*) ● Chi è spiritualmente posseduto, ossessionato da qc. o q.c.: *i. dalla furia, dal demonio*; *gridare come un i.* SIN. Ossesso.

invasàto (**2**) part. pass. di *invasare* (*2*); anche agg. ● Nei sign. del v.

invasatóre [da *invasare* (*1*)] agg. (f. *-trice*) ● (*raro*) Che invasa: *demonio, spirito, odio i.*

invasatùra [da *invasare* (*2*)] s. f. *1* Atto, effetto dell'invasare, del mettere q.c. in un vaso. *2* (*mar.*) Travata commessa in modo da formare il letto sul quale il bastimento si adagia e sta fermo in cantiere, per vararlo o tirarlo in secco.

invasióne [vc. dotta, lat. tardo *invasiōne(m)*, da *invāsus*, part. pass. di *invādere* 'invadere'] s. f. *1* Occupazione di un territorio e sim. altrui, per ragioni e motivi diversi: *l'i. di un esercito*; *le invasioni barbariche, degli Unni, dei Goti*; *l'i. di un podere da parte degli scioperanti* | *I. del campo*, quella compiuta dagli spettatori durante o dopo un incontro di calcio, per protesta | *I. pacifica*, entrata in campo di parte del pubblico per festeggiare la propria squadra vincente. *2* Inondazione: *l'i. delle acque*. *3* (*fig.*) Contagio dilagante: *l'i. di un terribile morbo*.

invasìvo [da *invaso* (*1*); calco sull'ingl. *invasive* nel sign. 3] agg. *1* (*raro*) Che serve o tende a invadere: *guerra invasiva* | Aggressivo. *2* †Che ferisce, che offende. *3* (*med., biol.*) Detto di metodo di analisi su organismi viventi che può comportare modificazioni patologiche o genetiche delle strutture biologiche esaminate.

invàso (**1**) part. pass. di *invadere*; anche agg. ● Nei sign. del v.

invàso (**2**) [da *invasare* (*2*)] s. m. *1* Invasatura di una pianta. *2* Capacità utilizzabile di un serbatoio idrico per impianti idroelettrici, per irrigazione o per acqua potabile: *massimo i.*

invasóre [vc. dotta, lat. tardo *invasōre(m)*, da *invāsus*, part. pass. di *invādere* 'invadere'] agg.; anche s. m. (come f. *invaditrìce*) ● Che, chi invade: *l'i. è arrivato a due kilometri dalla città*; *l'esercito i. ha travolto le ultime difese*.

invecchiaménto s. m. *1* Atto, effetto dell'invecchiare: *in poco tempo ha subìto un forte i.* *2* (*enol.*) Maturazione del vino, che col tempo acquista aroma e perde acidità | *I. artificiale*, trattamento cui viene sottoposto vino o liquore per accelerarne i processi di maturazione. *3* Modificazione nella struttura fisica e chimica di una sostanza | *I. di un precipitato*, lenta modificazione della sua struttura fisica e chimica tale da non permettere più la solubilizzazione coi metodi usuali.

invecchiàre [comp. di *in-* (*1*) e *vecchio*] **A** v. intr. e †intr. pron. (*io invècchio*; aus. *essere*) *1* Diventare vecchio: *tutti gli organismi viventi invecchiano* | *I. nel vizio*, incallirsi | (*est.*) Stagionarsi: *il vino deve i. per acquistare pregio* | (*est.*) Perdere in freschezza e vigore, sfiorire: *i. anzi tempo*; *come ti sei invecchiato!* *2* (*fig.*) Cadere in disuso, passare di moda: *questo film è invecchiato molto*; *è un'opera che non invecchia*. **B** v. tr. ● Far diventare vecchio | Far sembrare vecchio: *la barba invecchia chi la porta*.

invecchiàto part. pass. di *invecchiare*; anche agg. *1* Nei sign. del v. *2* Sottoposto al processo dell'invecchiamento: *vino i.* *3* (*fig.*) Superato, sorpassato: *una moda ormai invecchiata*.

invéce o **in véce** [comp. di *in* e *vece*] **A** avv. ● Al contrario: *ero convinto, i., che fosse tutta colpa tua*; *credevo di venire, i. non sono potuto uscire*; *credi di avere ragione e i. hai torto* | (*fam.*) Con valore raff. preceduto da 'ma' o 'mentre': *vorrei stare in casa, ma i. devo uscire*; *sembrava onesto mentre i. si è dimostrato un imbroglione*. **B** nella loc. prep. *in vece di* ● In luogo di, al posto di, in sostituzione di: *sono venuto in vece di mio fratello*; *i. di ridere, se l'è presa moltissimo* | Seguito da un agg. poss., senza la prep. 'di': *verrà lui in vece mia*.

invedìbile [comp. di *in-* (*3*) e *vedibile*] agg. ● Che non può essere visto | Che non merita o non è degno di essere visto: *uno spettacolo, un film i.*

†**invéggia** o †**envèa**, †**envèia** [lat. *invĭdia*, di sviluppo pop.] s. f. ● Invidia.

†**inveggiàre** [da *inveggia*] v. tr. ● Invidiare.

inveìre [lat. *invĕhi*, comp. di *in-* 'contro' e della forma mediale di *vĕhere* 'condurre', di origine indeur., passata ad altra coniug.] v. intr. (*io inveìsco, tu inveìsci*; aus. *avere*) ● Rivolgersi contro qc. o q.c., protestando, scagliando rimproveri o ingiurie: *i. contro i falsi amici, la vigliaccheria, il malgoverno* | Infierire con insolenze sfogando lo sdegno o l'ira.

invelàre [comp. di *in-* (*1*) e *vela*] **A** v. tr. (*io invélo*) ● (*mar.*) Fornire delle vele: *i. una nave*. **B** v. intr. (aus. *avere*) ● (*mar.*) Spiegare le vele.

invelenìre [comp. di *in-* (*1*) e *veleno*] **A** v. tr. (*io invelenìsco, tu invelenìsci*) ● Rendere qc. astioso, aspro: *i. qc. con critiche pungenti* | Aggravare o esagerare q.c. con malizia: *i. una questione*. SIN. Esasperare, inasprire. **B** v. intr. e intr. pron. (aus. *essere*) ● Irritarsi, arrabbiarsi: *i. per un nonnulla* | Accanirsi con odio, rancore: *invelenì contro di lui per lo scacco subìto*; *s'invelenì contro gli amici che lo avevano abbandonato*.

invelenìto part. pass. di *invelenire*; anche agg. ● Nei sign. del v.

†**invelocìre** [comp. di *in-* (*1*) e *veloce*] **A** v. intr. ● Accelerare. **B** v. intr. pron. ● Diventare veloce.

invendìbile [comp. di *in-* (*3*) e *vendibile*, formato come il lat. *invendĭbilis*] agg. ● Che non si può o non si deve vendere: *merce i. perché deteriorata*.

invendibilità s. f. • Qualità di ciò che è invendibile.

invendicàbile [comp. di *in-* (3) e *vendicabile*] agg. • Che non si può vendicare in modo adeguato: *offesa i.* | (*raro*) Che non si deve vendicare.

invendicàto [comp. di *in-* (3) e *vendicato*] agg. • Che non è stato vendicato: *oltraggio i.* | Che non è stato punito: *delitto i.*

invendùto [comp. di *in-* (3) e *venduto*] **A** agg. • Che non è stato venduto: *merce invenduta.* **B** s. m. • Giacenza di negozio.

†**invènia** [vc. dotta, lat. *ĭn vĕnia* 'in scusa, perdono'] s. f. • Venia, perdono | (*est.*) Atto d'umiliazione: *le invenie del Botta e del Balbo* (CARDUCCI).

†**inveniménto** s. m. • Atto, effetto dell'invenire.

†**invenìre** [vc. dotta, lat. *invenīre* 'venire (*venīre*) dentro (*in-*)'] v. tr. *1* Trovare, rinvenire, ricercare. *2* (*fig.*) Inventare.

inventàre [vc. dotta, lat. parl. **inventāre*, freq. di *invenīre*, formato dal part. pass. *invĕntus*] v. tr. (*io invènto*) *1* Escogitare col proprio ingegno q.c. di nuovo: *i. la bussola, la polvere da sparo, la stampa, la radio; ha inventato un nuovo metodo di analisi, un nuovo sistema di vendita* | (*scherz.*) *I. l'ombrello*, fare un'affermazione ovvia e scontata, poco originale. SIN. Scoprire, trovare. *2* Creare q.c. con la propria fantasia utilizzandola spec. per scopi artistici: *i. nuovi accostamenti di colore, di personaggi, di situazioni* | (*est.*) Ideare cose strambe, originali e sim.: *ne inventa di tutti i colori.* *3* Immaginare cose inesistenti nella realtà: *i. pericoli, difficoltà, inimicizie* | (*est.*) Raccontare cose immaginate: *i. notizie, frottole, pettegolezzi* | (*fig.*) *I. di sana pianta*, senza il benché minimo nesso con la realtà.

inventariàre [da *inventario*] v. tr. (*io inventàrio*) • Scrivere o registrare in un inventario: *i. libri, mobili, disegni; abbiamo inventariato tutte le merci esistenti nei magazzini.*

inventariazióne s. f. • Atto, effetto dell'inventariare.

inventàrio [vc. dotta, lat. tardo *inventāriu(m)*, dal part. pass. (*invĕntus*) di *invenīre* 'trovare'] s. m. *1* Rilevazione, generalmente periodica, della quantità, del valore e delle caratteristiche di determinati beni: *i. degli stock; fare l'i.; i. dei libri, delle stampe di una biblioteca; l'i. dei documenti di un archivio.* *2* Verbale redatto generalmente da pubblico ufficiale in cui sono descritte tutte le attività da esso compiute e tutti gli oggetti, beni e documenti reperibili nei luoghi in cui si procede: *compilare, fare l'i.; i. fallimentare* | Documento sul quale vengono riportate le quantità delle scorte di magazzino di un'impresa | (*rag.*) *Libro degli inventari*, registro obbligatorio vidimato che elenca i conti utilizzati per la redazione del bilancio di esercizio con i relativi saldi | (*mar.*) *I. di bordo*, uno dei quattro libri che compongono il giornale di bordo. *3* (*fig.*) Enumerazione arida e noiosa: *mi ha fatto l'i. delle sue malattie e dei suoi guai.* SIN. Elenco, lista. *4* Quantità e valore dei beni inventariati.

inventàto part. pass. di *inventare*; anche agg. *1* Nei sign. del v. *2* Falso, infondato: *notizie inventate.* || **inventataménte**, avv. (*raro*) Per invenzione.

inventiva [f. sost. di *inventivo* 'proprio dell'inventare'] s. f. *1* Fantasia ricca e fertile, potenza immaginativa e creativa: *ha adottato una soluzione che denota scarsa i.* *2* (*lett.*) Espediente astuto, trovata ingegnosa.

inventività [da *inventivo*] s. f. • Capacità di inventare, attitudine all'invenzione.

inventivo [dal lat. *invĕntus*, part. pass. di *invenīre* 'trovare, inventare'] agg. *1* Di invenzione: *facoltà, potenza inventiva* | Che ha capacità e potere di inventare, immaginoso: *ingegno i.; fantasia inventiva.* *2* Che proviene dalla fantasia, che è frutto d'invenzione: *parte inventiva di un romanzo.* || †**inventivaménte**, avv. Per via d'immaginazione, di fantasia.

†**invènto** **A** part. pass. di †*invenire* • (*raro, lett.*) Nei sign. del v. **B** s. m. • Invenzione, ritrovato.

inventóne agg.; anche s. m. (f. *-a*) • Che, chi è solito inventare frottole.

inventóre [vc. dotta, lat. *inventōre(m)*, da *invĕntus*, part. pass. di *invenīre* 'trovare, inventare'] **A** agg. (f. *-trice*) • Che inventa, che è ricco di inventive: *genio i.* SIN. Creatore. **B** s. m. *1* Chi realizza un'invenzione, spec. di grande importanza e utilità: *l'i. della bussola, della stampa, della radio.* SIN. Ideatore, scopritore. *2* (*est., lett.*) Chi, per primo, immagina e introduce nell'uso, nella pratica e sim.: *Mercurio i. delle arti.* *3* †Chi ritrova o rinviene cose nascoste: *l'i. del tesoro ne diventa proprietario.* *4* †Bugiardo. || **inventoràccio**, pegg.

†**inventràrsi** [comp. di *in-* (1) e *ventre* in senso fig.] v. rifl. • Internarsi, addentrarsi come in grembo: *Luce divina sopra me s'appunta, / penetrando per questa in ch'io m'inventro* (DANTE *Par.* XXI, 83-84).

invenustà [da *invenusto*] s. f. • (*lett.*) Mancanza di venustà, di grazia.

invenùsto [vc. dotta, lat. *invenŭstu(m)*, comp. di *in-* neg. e *venŭstus* 'venusto'] agg. • (*lett.*) Privo di grazia e di bellezza. || **invenustaménte**, avv.

invenzióne [vc. dotta, lat. *inventiōne(m)*, da *invĕntus*, part. pass. di *invenīre* 'trovare, inventare'] s. f. *1* Atto, effetto dell'inventare: *l'i. della stampa, della radio; apparecchio di nuova i.* SIN. Ideazione, scoperta. *2* Ciò che è stato inventato, spec. scoperta tecnica suscettibile di applicazione industriale: *il telefono è stata una grande i.; far fruttare un'i.; brevettare un'i.; la stoltezza della credenza che le filosofie siano simili a invenzioni ingegnose e cervellotiche* (CROCE) | (*est.*) Espediente, stratagemma: *i. bizzarra, diabolica; i. del demonio.* *3* Creazione della fantasia, dell'immaginazione: *una i. poetica; lavoro d'i.; i. bizzarra, mostruosa.* *4* (*est.*) Notizia o chiacchiera inventata, spec. a danno di qc.: *son tutte invenzioni delle male lingue.* SIN. Bugia. *5* (*raro*) Rinvenimento, ritrovamento: *l'i. della reliquia di un santo, della Croce.* *6* (*dir.*) Ritrovamento che determina l'acquisto, da parte del ritrovatore, della proprietà di cose mobili smarrite, una volte esperite determinate formalità. *7* (*ling.*) Parte della retorica antica che consiste nel trovare gli argomenti dell'orazione. *8* (*mus.*) Composizione di carattere imitativo per tastiera o gruppo strumentale, particolarmente usata nel Settecento: *le invenzioni a due voci di Bach.* || **invenzioncèlla**, dim. | **invenzioncina**, dim.

†**invèr** o **invèr'**. prep. • (*poet.*) Forma tronca di 'inverso'.

inveraménto s. m. • (*lett.*) Atto, effetto dell'inverare.

inveràre [comp. di *in-* (1) e *vero*] **A** v. tr. (*io invéro*) • Riconoscere come vero, spec. nel linguaggio della speculazione filosofica. **B** v. intr. pron. *1* (*lett.*) Acquisire realtà, avverarsi, attuarsi. *2* (*poet.*) Penetrare nella verità della luce divina: *e quello avea la fiamma più sincera / cui men distava la favilla pura, / credo, però che più di lei s'invera* (DANTE *Par.* XXVIII, 37-39). *3* (*filos.*) Secondo Hegel, con riferimento a tesi e antitesi, acquistare realtà nella sintesi che le concilia.

inverdiménto s. m. • L'inverdire, l'inverdirsi.

inverdìre [comp. di *in-* (1) e *verde*] **A** v. tr. (*io inverdisco, tu inverdisci*) • Rendere verde: *la bella stagione inverdisce i campi.* **B** v. intr. e intr. pron. (aus. *essere*) • Diventare verde: *i prati inverdiscono; la campagna s'è tutta inverdita.*

inverecóndia [vc. dotta, lat. tardo *inverecŭndia(m)*, comp. di *in-* neg. e *verecŭndia* 'verecondia'] s. f. • Mancanza di verecondia, di pudore o di modestia | (*est.*) Sfacciataggine.

inverecóndo [vc. dotta, lat. *inverecŭndu(m)*, comp. di *in-* neg. e *verecŭndus* 'verecondo'] agg. • Privo di verecondia | (*est.*) Sfacciato, smoderato: *lunge il grido e la tempesta / de' tripudi inverecondi* (MANZONI). || **inverecondaménte**, avv.

invergàre [comp. di *in-* (1) e *verga*] v. tr. (*io invérgo, tu invérghi*) *1* (*mar.*) Inferire: *i. le vele.* *2* (*tess.*) Metter verghe nella croce dell'ordito, per tenere in ordine i fili.

invergatùra s. f. *1* Atto, effetto dell'invergare. *2* (*tess.*) Separazione dei fili di ordito, disposti sul telaio, in relazione all'armatura stabilita, mediante bastoncini di legno detti verghe.

inverificàbile [comp. di *in-* (3) e *verificabile*] agg. • Che non è verificabile, che non può essere verificato: *un dato, un'ipotesi i.*

inverisìmile e *deriv.* • V. *inverosimile* e *deriv.*

invermigliàre [comp. di *in-* (1) e *vermiglio*] **A** v. tr. (*io invermìglio*) • (*lett.*) Tingere di vermiglio. **B** v. intr. pron. • (*lett.*) Diventare vermiglio.

inverminaménto s. m. • Atto dell'inverminare.

inverminàre v. intr. e intr. pron. (*io invèrmino*; aus. *essere*) • Inverminire.

inverminìre [comp. di *in-* (1) e *verm(in)e*] v. intr. e intr. pron. (*io inverminisco, tu inverminisci*; aus. *essere*) *1* Riempirsi di vermi: *certi formaggi acquistano pregio se inverminiscono.* *2* Imputridirsi: *sostanze organiche che inverminiscono lentamente.*

invernàle [adatt. del lat. tardo *hibernāle(m)*, da *hibĕrnum* 'inverno'] **A** agg. • Dell'inverno | Che avviene o si fa d'inverno: *pioggia, freddo i.; sport, divertimenti invernali* | Che si usa d'inverno: *vestiti, pneumatici invernali.* **B** s. f. • Nell'alpinismo, ascensione invernale: *scalare una cima in i.*

invernaménto [adattamento (su *inverno*) del latinismo *ibernamento*] s. m. • (*raro*) Svernamento | *I. delle api*, insieme di operazioni atte ad agevolare alle api di un alveare il superamento della stagione invernale.

invernàta s. f. • Durata, periodo di un inverno: *l'i. scorsa; un'i. rigida.* || **invernatàccia**, pegg. | **invernatìna**, dim.

invernéngo o **invernèngo** [vc. dial. sett., da *inverno* col suff. di origine germ. *-engo*] agg. (pl. m. *-ghi*) • (*dial., sett.*) Detto di prodotti agricoli che maturano nell'inverno o che, comunque, sono caratterizzati da maturazione tardiva | (*dial., sett.*) Detto di formaggio grana che si fabbrica da ottobre ad aprile dell'anno successivo.

inverniciaménto s. m. • (*raro*) Verniciatura.

inverniciàre [comp. di *in-* (1) e *vernice*] **A** v. tr. (*io invernìcio*) • Rivestire con uno strato di vernice: *i. i mobili, l'automobile* | (*fig.*) †Orpellare. **B** v. rifl. • (*scherz.*) Imbellettarsi, truccarsi.

inverniciàta s. f. • Atto dell'inverniciare in fretta | Mano di vernice: *dare un'i.* || **inverniciatìna**, dim.

inverniciatóre s. m. (f. *-trice*) • (*raro*) Verniciatore.

inverniciatùra s. f. *1* Operazione ed effetto dell'inverniciare. *2* (*fig.*) Falsa apparenza, strato superficiale che inganna: *un'i. di buona educazione, di istruzione.*

invèrno o (*raro, poet.*) **vèrno** nel sign. 1 [lat. *hibĕrnu(m)*, sottinteso *tĕmpus* '(tempo) invernale', agg. da *hĭems*, di origine indeur.] s. m. • Stagione dell'anno che dura 89 giorni e un'ora, dal 22 dicembre al 21 marzo, corrispondente all'estate nell'emisfero australe: *i. rigido, umido, crudo, nevoso, piovoso; essere nel cuore dell'i., entrare nell'i.* | *Quartieri d'i.*, quelli dove svernavano le truppe delle antiche milizie, in attesa di riprendere le operazioni al ritorno della buona stagione. || **invernàccio**, pegg. | **invernùccio**, dim.

invéro o (*raro*) **in véro** [comp. di *in* e *vero*] avv. • (*lett.*) In verità, veramente, davvero: *è un quadro i. molto bello.*

inverosimigliànte o **inverisimigliànte** [comp. di *in-* (3) e *verosimigliante*] agg. • Inverosimile.

inverosimigliànza o **inverisimigliànza** [comp. di *in-* (3) e *verosimiglianza*] s. f. *1* Qualità di ciò che è inverosimile: *l'i. del racconto era evidente.* *2* (*spec. al pl.*) Cosa inverosimile o improbabile: *un racconto pieno di incongruenze e inverosimiglianze.*

inverosìmile o **inverisìmile** [comp. di *in-* (3) e *verosimile*] agg. *1* Che non ha apparenza di vero, di reale, di probabile: *fatto, notizia i.* SIN. Inaccettabile, inattendibile, incredibile. *2* (*est.*) Strano, assurdo, illogico, inaudito: *quello che dice è del tutto i.* || **inverosimilménte**, avv.

inversióne [vc. dotta, lat. *inversiōne(m)*, da *invĕrsus* 'inverso (1)'] s. f. *1* Atto, effetto dell'invertire | *I. di marcia*, quella compiuta da un veicolo eseguendo una curva di 180°; (*mil.*) cambiamento della direzione di marcia di un reparto o di una colonna, in senso contrario al precedente | *I. di tendenza*, mutamento di un orientamento, di pensiero o dell'andamento di un fenomeno in senso radicalmente opposto al precedente, spec. in campo politico e sociale | *I. termica*, fenomeno atmosferico per cui la temperatura invece di decrescere aumenta dal basso all'alto | *I. sessuale*, attrazione sessuale per lo stesso sesso a cui una persona appartiene, o tendenza ad assumere le caratteristiche o il ruolo dell'altro sesso | *I. di parola*, anagramma | *I. di frase*, gioco enigmistico consistente nello scambiare l'ordine delle parole di una frase, o nel leggerla alla rovescia. **2** (*ling.*) Mutamento nella disposizione delle parole nel periodo. **3** (*chim.*) Processo per cui alcuni zuccheri, polisaccaridi, si scindono in zuccheri più semplici, monosaccaridi. **4** (*chim.*) Processo mediante il quale da una pellicola opportunamente predisposta si ottiene direttamente l'immagine positiva.

inversìvo **agg.** **1** (*raro*) Che serve a invertire. **2** (*ling.*) Detto di suffisso o prefisso mediante il quale si dà a una parola significato contrario a quello che ha | *Lingue inversive*, nelle quali si può facilmente modificare l'ordine delle parole.

invèrso (**1**) [vc. dotta, lat. *invĕrsus*, part. pass. di *invĕrtere* 'invertire'] **A agg.** **1** Volto o posto in contrario, rispetto ad una posizione normale: *ordine i.* | *In senso i.*, in direzione opposta | *Caso i.*, opposto | *All'i.*, al rovescio | *Costruzione inversa*, disposizione delle parole, nel periodo, contraria alla regola. **2** (*fig.*, *dial.*) Mal disposto, di cattivo umore. **3** (*biol.*) Detto di organo che ha posizione rovesciata, con la base in alto e l'apice in basso. **4** (*ling.*) *Verbi inversi*, quei verbi che, senza alcuna modificazione, possono essere transitivi e intransitivi. || **inversaménte**, **avv.** In modo inverso, contrario; *inversamente proporzionale*, con proporzione rovesciata, invertita. **B s. m.** **1** Ciò che è opposto o contrario: *fa sempre l'i. di quello che dovrebbe*; *abbiamo esaminato un caso, guardiamo l'i.* **2** (*mat.*) In un insieme dotato d'una legge di composizione, elemento che composto con il dato dia luogo ad un elemento neutro | *I. di un numero razionale x*, il numero 1/*x*.

†**invèrso** (**2**) [vc. dotta, lat. *invĕrsu(m)*, dal part. pass. di *invĕrtere* in uso avv.] **prep.** (poet. troncato in *inver* o *inver'*) **1** (*poet.*) Verso, nella direzione di: *le ninfe, in piè drizzate, corsero i. Ameto* (BOCCACCIO) | Anche nella loc. prep. *i. di.* **2** (*poet.*, *fig.*) In confronto, a paragone di | Anche nella loc. prep. *i. di*: *'nverso d'ella / ogne dimostrazion mi pare ottusa* (DANTE *Par.* XXIV, 95-96).

inversóre [da *invertire*] **s. m.** ● In varie tecnologie, dispositivo che inverte il senso di movimento, di rotazione e sim., di q.c.

invertàṣi [comp. di *invert(ire)* e *-asi*] **s. f.** ● (*chim.*, *biol.*) Enzima che scinde il saccarosio in glucosio e fruttosio.

invertebràto [comp. di *in-* (*3*) e *vertebrato*] **A agg.** **1** Detto di animale privo di scheletro interno e di colonna vertebrale. **2** (*fig.*) Detto di persona priva di personalità e di volontà. **B s. m.** **1** Ogni animale non appartenente al gruppo dei Vertebrati. **2** (*fig.*) Persona priva di forza, nerbo, volontà e sim.

invertìbile [vc. dotta, lat. tardo *invertībile(m)*, da *invĕrtere* 'invertire'] **agg.** **1** Che si può invertire. **2** Detto di una macchina elettrica che può funzionare sia come generatore che come motore. **SIN.** Reversibile. **3** (*fot.*) Detto di negativa la cui emulsione sensibile permette di trasformarla in positiva.

invertibilità [vc. dotta, lat. tardo *invertibilitāte(m)*, da *invertībilis* 'invertibile'] **s. f.** ● (*raro*) Qualità di ciò che è invertibile.

invertìre [vc. dotta, lat. *invĕrtere*, comp. di *in-* 'al contrario' e *vĕrtere* 'volgere, voltare', di origine indeur.] **A v. tr.** (**pres.** *io invèrto*, raro *invertìsco*, *tu invèrti*, raro *invertìsci*; **pass. rem.** *io invertìi*, †*invèrsi*) **1** Volgere nel senso contrario: *i. la marcia, il cammino*; *la sorte ha invertito la nostra situazione* | (*mar.*) *I. la rotta*, accostare di 180 gradi | *I. la corrente elettrica*, cambiare il verso in un circuito elettrico | *I. uno zucchero*, operarne l'inversione. **2** Cambiare di posto per ottenere un ordine, una posizione e sim. diverse dalle precedenti: *i. la disposizione degli invitati, la sistemazione delle parole* | *I. le parti*, fare quello che spetterebbe a un altro | (*mil.*) Rovesciare il normale ordine di successione di reparti in colonna di marcia o schierati. **SIN.** Capovolgere. **B v. intr. pron.** ● Capovolgersi: *i ruoli si sono invertiti.*

invertito A part. pass. di *invertire*; anche **agg.** **1** Nei sign. del v. **2** (*ling.*) *Suono i.*, retroflesso | *Consonanti invertite*, che si articolano nel palato duro con la punta della lingua all'indietro | *Rime invertite*, quando si succedono in ordine inverso in ciascuna strofa. **3** (*chim.*) Detto di composto otticamente attivo che, per un'azione determinata, muta il senso del proprio potere rotatorio. **B agg.**; anche **s. m.** ● Che, chi manifesta inversione sessuale.

invertitóre [da *invertire*] **s. m.** **1** (*mecc.*) Organo che cambia la direzione di moto o di azione di una forza. **2** (*elettr.*) Apparecchio che serve a cambiare il verso della corrente mandata in un circuito elettrico, invertendone i punti d'attacco con la sorgente | Apparecchio per convertire una corrente continua in alternata.

invescaménto **s. m.** ● (*raro*) Atto, effetto dell'invescare o dell'invescarsi.

invescàre o (*lett.*) †**inviscàre** [comp. di *in-* (*1*) e *vesco* 'vischio'] **A v. tr.** (*io invésco, tu invéschi*) ● (*lett.*) Invischiare, impaniare | (*fig.*) Attrarre e legare a sé: *gli occhi giovenili invesca / Amor* (POLIZIANO). **B v. intr. pron.** ● (*lett.*, *fig.*) Innamorarsi | (*fig.*) Impelagarsi in pasticci, in beghe.

investìbile [da *investire*] **agg.** ● Che si può investire: *capitale i.*

investibilità **s. f.** ● Qualità di ciò che è investibile: *l'i. di un reddito.*

investigàbile [vc. dotta, lat. tardo *investigābile(m)*, da *investigāre* 'investigare'] **agg.** ● Che si può investigare.

investigaménto **s. m.** ● (*raro*) Investigazione, ricerca.

investigàre [vc. dotta, lat. *investigāre*, comp. di *in-* raff. e *vestigāre* 'seguire le orme, le vestigia', di etim. incerta] **v. tr.** (*io invèstigo*, †*investìgo*, *tu invèstighi*) ● Cercare, esaminare o indagare con cura e attenzione per scoprire o venire a sapere q.c.: *i. le intenzioni, la volontà di qc.*; *i. le origini, la causa di un fatto* | (*ass.*) Svolgere indagini: *la polizia sta investigando.*

investigatìvo [da *investigare*, sul modello dell'ingl. *investigative*] **agg.** ● Che tende o è atto a investigare: *squadra investigativa* | *Agente i.*, agente di Pubblica Sicurezza qualificato per svolgere indagini su crimini.

investigàto **part. pass.** di *investigare* ● Nei sign. del v.

investigatóre [vc. dotta, lat. *investigatōre(m)*, da *investigātus* 'investigato'] **agg.**; anche **s. m.** (**f.** *-trice*) ● Che, chi compie ricerche, investigazioni: *ingegno i.*; *è un i. di antiche civiltà* | *I. privato*, chi, in possesso di licenza, svolge indagini o raccoglie informazioni per incarico di privati, riguardo a particolari reati.

investigazióne [vc. dotta, lat. *investigatiōne(m)*, da *investigātus* 'investigato'] **s. f.** ● Atto, effetto dell'investigare | Ricerca meticolosa e profonda: *investigazioni scientifiche*; *le investigazioni della polizia.*

investiménto **s. m.** **1** Atto, effetto dell'investire: *essere vittima di un grave i.* **2** Impiego di denaro in attività produttive, titoli e sim., allo scopo di ottenere o accrescere un utile o un reddito: *i. di capitale a breve, a lungo termine* | *Politica degli investimenti*, intesa a promuoverli, a favorirli | *Fondo di i.*, V. *fondo* | (*est.*) Il denaro così impiegato. **3** (*mar.*) Incaglio in un banco di sabbia o bassofondo. **4** (*mil.*) Complesso di operazioni per isolare una piazzaforte al fine di costringerla alla resa per esaurimento dei mezzi di alimentazione e di difesa.

investìre [vc. dotta, lat. *investīre*, comp. di *in-* 'intorno' e *vestīre* che, oltre al sign. originario di 'coprire (con una *veste*)', ha assunto nel Medioevo quello di 'concedere l'investitura (dando a toccare un lembo della *veste*)' e l'altro, militare, di 'attaccare', circondando di soldati, come d'una *veste*, il nemico] **A v. tr.** (*io invèsto*) **1** †Coprire, rivestire. **2** Concedere il dominio, immettere qc. solennemente nel possesso d'un feudo, nel godimento d'un beneficio, d'una dignità e sim.: *i. qc. di una carica, di un titolo*; *i. qc. della dignità vescovile* | *I. qc. dei pieni poteri*, conferirglieli. **3** (*dir.*) Incaricare nelle forme di legge un'autorità giudiziaria o amministrativa di provvedere su data questione | (*est.*) Incaricare di un compito specifico: *una commissione parlamentare è stata investita delle indagini* | †Informare: *i. qc. di q.c.* **4** Impiegare capitali finanziari o risorse tecniche o umane in un'impresa al fine di conseguire un utile futuro | †Impiegare. **5** Urtare, andando addosso con violenza: *il treno ha investito un'auto ferma sui binari*; *i. un carretto, un passante, un gatto con l'automobile*; *la nave ha investito uno scoglio* | Aggredire, assalire, colpire con forza (*anche fig.*): *l'offensiva nemica investe le nostre posizioni*; *lo investì col pugnale*; *i. qc. con ingiurie, con domande assillanti.* **B v. rifl. rec.** ● Urtarsi l'un l'altro: *le navi si investirono a causa della nebbia* | Assalirsi, ferirsi: *si investirono con le spade sguainate.* **C v. rifl.** **1** Appropriarsi di un titolo e sim.: *s'investì del potere regale, eliminando i pretendenti legittimi.* **2** (*raro*, *est.*) Mostrarsi contento, superbo di ciò che si è ottenuto o conquistato. **3** Rendersi intimamente partecipe, prendere su di sé: *investirsi di un dolore, di un affetto* | *Investirsi di una parte*, rappresentare bene il personaggio, la situazione. **SIN.** Immedesimarsi. **D v. intr.** (aus. *essere*) ● (*mar.*) Urtare contro uno scoglio, una secca o un altro natante.

investito A part. pass. di *investire*; anche **agg.** ● Nei sign. del v. **B s. m.** (**f.** *-a*) ● Persona che ha subìto un investimento.

investitóre **agg.**; anche **s. m.** (**f.** *-trice*) **1** Che, chi investe: *l'autorità investitrice*; *il veicolo i.*; *gli investitori si sono dileguati.* **2** Che, chi compie un investimento di capitali: *società investitrice*; *gli investitori sono numerosi.*

investitùra [da *investire* nel sign. A 2] **s. f.** ● Concessione, attribuzione di un feudo, di una carica, di un diritto e sim., spec. mediante atto o cerimonia solenne: *i. ecclesiastica*; *negare l'i.* | *Lotta per le investiture*, contesa fra papato e impero nel corso della quale la Chiesa rivendicò il principio della elezione canonica dei vescovi.

investment bank /*ingl.* in'vestmənt bæŋk/ [loc. ingl., 'banca di investimento'] **loc. sost. f. inv.** (**pl.** ingl. *investment banks*) ● (*econ.*) Banca che fornisce a imprese finanziamenti a lungo termine, attraverso acquisto di loro azioni o collocamento di loro obbligazioni.

investment trust /*ingl.* in'vestmənt trʌst/ [ingl., comp. di *investment* 'investimento' (in senso comm.) e *trust* 'fiducia'] **loc. sost. m. inv.** (**pl.** ingl. *investment trusts*) ● Fondo comune di investimento.

†**inveteràre** [vc. dotta, lat. *inveterāre*, comp. di *in-* illativo e *vĕtus*, genit. *vĕteris* 'vecchio'] **v. intr.** ● Invecchiare.

inveteràto **part. pass.** di †*inveterare*; anche **agg.** **1** Nei sign. del v. **2** Che è divenuto così abituale da essere difficilmente correggibile o emendabile: *vizio i.*; *abitudine inveterata.* **SIN.** Incallito, radicato.

invetriaménto **s. m.** ● (*raro*) Atto, effetto dell'invetriare.

invetriàre [comp. di *in-* (*1*) e dell'agg. lat. *vĭtreus* 'di vetro'] **v. tr.** (*io invétrio*) **1** (*raro*) Rendere simile al vetro: *il ghiaccio invetriava le rocce* | †Ridurre in ghiaccio. **2** Rivestire vasi, mattonelle e sim. di vernice vitrea, che conferisce lucentezza e impermeabilità. **3** Chiudere con vetri, dotare di vetri: *i. le finestre.*

invetriàta [da *invetriare*] **s. f.** **1** Vetrata: *fracassare, chiudere, aprire le invetriate.* **2** (*fig.*, *scherz.*) Occhiali: *mi si appanna l'i.* **3** (*mar.*) Specie di lanterna per dar luce dal ponte alla parte di sotto della nave.

invetriàto **part. pass.** di *invetriare*; anche **agg.** **1** Nei sign. del v. **2** (*fig.*) *Occhi invetriati*, vitrei | (*fig.*, *raro*) *Ciambella invetriata*, ricoperta con uno strato di albume d'uovo per renderla lucida | (*fig.*) *Faccia invetriata*, faccia tosta, persona impudente.

invetriatùra **s. f.** **1** Smaltatura vitrea di terrecotte | Vernice vitrea. **2** Applicazione di vetri | Vetrata.

invetrìre [comp. di *in* (*1*) e *vetro*] **v. intr.** (*io invetrìsco, tu invetrisci*; aus. *essere*) ● (*raro*) Diventare di vetro o simile al vetro.

invettìva [vc. dotta, lat. tardo *invectīva(m)*, sottinteso *oratiōne(m)* '(discorso) aggressivo', da *invĕhere* 'inveire'] **s. f.** ● Parola o discorso violento e aggressivo destinato a riprendere, denunciare, criticare q.c. o qc.: *scagliare, lanciare un'i.*; *sono famose le invettive di Dante.* **SIN.** Apostrofe, diatriba, filippica.

†**invettìvo** [vc. dotta, lat. tardo *invectīvu(m)*, da *invĕhere* 'inveire'] **agg.** ● Che serve a inveire: *parole invettive*; *linguaggio i.*

inviàbile **agg.** ● Che si può inviare.

inviàre [vc. dotta, lat. *inviāre*, comp. di *in-* 'verso' e *vīa* 'via, strada'] **A** v. tr. (*io invìo*) **1** Mandare, spedire, indirizzare: *i. un pacco, saluti, un messaggero* | (*fig.*) †*i. l'occhio intorno*, guardare tutt'intorno. **2** †Guidare, condurre. **3** (*raro*) †Avviare: *i. il fuoco, i propri affari*. **B** v. intr. pron. ● (*raro, lett.*) Avviarsi: *già s'inviava, per quindi partire, / la ninfa sopra l'erba, lenta lenta* (POLIZIANO).

inviàto A part. pass. di *inviare*; anche agg. ● Nei sign. del v. **B** s. m. (f. *-a*) ● Chi viene mandato da un governo, un ente e sim., in un luogo o presso determinate persone con l'incarico di trattare affari importanti o svolgere compiti particolari: *i. d'affari, stabile, straordinario* | *I. speciale*, giornalista mandato in una località perché riferisca su avvenimenti di grande importanza.

invìdia [vc. dotta, lat. *invĭdia(m)*, da *invĭdus* 'invido'] s. f. **1** Sentimento di rancore e di astio per la fortuna, la felicità o le qualità altrui, spesso unito al desiderio che tutto ciò si trasformi in male: *rodersi d'i.*; *essere divorato dall'i.*; *privata i. ed interesse infetta / Italia mia* (CAMPANELLA) | *Portare i. a qc., sentire i. per qc.*, invidiarlo | *Essere degno d'i.*, invidiabile, molto felice o fortunato | *Crepare, morire d'i.*, provarne moltissima | Nella teologia cattolica, uno dei sette vizi capitali. SIN. Bile, livore. **2** †Odio | †*I. amorosa*, gelosia. **3** Senso di ammirazione per i beni o le qualità altrui, unito al desiderio di possederne in egual misura: *ha una salute che fa i.*; *un bambino così bello che suscita i.* || **invidiàccia**, pegg. | **invidiarèlla**, dim. | **invidiétta**, dim. | **invidiòla**, **invidiuòla**, dim. | **invidiùccia**, **invidiùzza**, dim.

invidiàbile agg. ● Che desta invidia, che merita d'essere invidiato o desiderato: *fortuna, salute, appetito, amico i.* | *Fama, ricchezza non i.*, male acquistata. || **invidiabilménte**, avv. In modo tale da destare invidia.

invidiàre [da *invidia*] v. tr. (*io invìdio*) **1** Considerare con invidia: *i. la sorte, la felicità, la ricchezza altrui*; *i. qc. per la sua gloria, la sua fama* | (*est.*) Ammirare ed ambire: *invidio la serenità del tuo spirito* | *Non avere nulla da i. a nessuno*, essere o poter essere contento di sé. **2** †Odiare: *i. i cittadini, il mondo*. **3** (*raro*) † Negare, contrastare, impedire: *i. una cosa a se stesso*; *i. un'illusione a qc.*

invidióso [vc. dotta, lat. *invidiōsu(m)*, da *invĭdia* 'invidia'] **A** agg. **1** Che sente invidia, pieno d'invidia: *colleghi invidiosi*; *il mondo è i.* | Che esprime invidia: *sguardo i.*; *occhiata invidiosa* | †Bramoso. **2** †Che eccita o suscita invidia, invidiato: *un'invidiosa sorte* | †*Raccolto i.*, scarso per alcuni, abbondante per altri. || **invidiosàccio**, pegg. | **invidiosèllo**, dim. | **invidiosétto**, dim. | **invidiosìno**, dim. | **invidiosùccio**, dim. || **invidiosaménte**, avv. Con invidia. **B** s. m. (f. *-a*) ● Persona rosa perennemente dall'invidia: *gli invidiosi non hanno un attimo di pace e di serenità*.

ìnvido [vc. dotta, lat. *ĭnvidu(m)*, da *invidēre* 'invidiare', 'guardare (*vidēre*) contro (*in-*)'] agg.; anche s. m. (f. *-a*) ● (*lett.*) Invidioso: *gioìan d'i. riso / le abitatrici olimpie* (FOSCOLO).

invietìre [comp. di *in-* (*1*) e *vieto*] **A** v. tr. (*io invietìsco, tu invietìsci*) ● (*raro, tosc.*) Rendere vieto, stantio, rancido. **B** v. intr. (aus. *essere*) ● (*raro*) Diventare vieto, stantio | (*fig.*) Avvizzire, sciuparsi.

invigilàre [vc. dotta, lat. *invigilāre*, comp. di *in* raff. e *vigilāre* 'vigilare'] **A** v. tr. (*io invìgilo*) ● (*raro*) Sorvegliare, controllare: *i. i propri interessi, il patrimonio di qc.* **B** v. intr. (aus. *avere*) ● Attendere con diligenza: *i. alle cure della famiglia, al benessere dei propri soldati*.

invigliacchìre [comp. di *in-* (*1*) e *vigliacco*] v. intr. e intr. pron. (*io invigliacchìsco, tu invigliacchìsci*; aus. *essere*) ● Diventare vigliacco | (*est.*) Avvilirsi, scoraggiarsi.

invigoriménto s. m. ● Effetto dell'invigorire o dell'invigorirsi.

invigorìre [comp. di *in-* (*1*) e *vigore*] **A** v. tr. (*io invigorìsco, tu invigorìsci*) ● Rendere vigoroso o più vigoroso: *i. il corpo con la ginnastica*; *i. la mente, l'ingegno, lo stile*. SIN. Irrobustire, rinforzare. **B** v. intr. e intr. pron. (aus. *essere*) ● Diventare vigoroso: *con l'esercizio le membra si invigoriscono* | (*fig.*) Farsi più animoso, più ardito.

inviliménto s. m. ● Atto, effetto dell'invilire e dell'invilirsi.

invilìre [comp. di *in-* (*1*) e *vile*] **A** v. tr. (*io invilìsco, tu invilìsci*) **1** Ridurre in uno stato di prostrazione e smarrimento: *lo invilirono con tante critiche ingiustificate*. SIN. Umiliare. **2** Rendere debole, fiacco (*anche fig.*): *le discordie invilirono gli ideali di unità*. **3** Far cadere in disistima: *i. un oggetto artistico, le istituzioni, la legge*. SIN. Degradare. **B** v. intr. e intr. pron. (aus. *essere*) **1** Diminuire di pregio, cadere sempre più in disistima: *in una società così corrotta, tutti gli ideali si invilirono*. SIN. Degradarsi. **2** Diventar vile, sbigottito, timoroso: *uno capitano buono non facilmente s'invilisce* (GUICCIARDINI).

invillanìre [comp. di *in-* (*1*) e *villano*] v. intr. e intr. pron. (*io invillanìsco, tu invillanìsci*; aus. *essere*) ● Diventare zotico, villano.

inviluppaménto s. m. ● Atto, effetto dell'inviluppare e dell'invilupparsi | Groviglio, viluppo.

inviluppàre [comp. di *in-* (*1*) e *viluppo*] **A** v. tr. **1** Avvolgere più volte in q.c.: *i. qc. nelle bende, nel mantello, in uno scialle*. **2** (*fig.*) Intrigare in difficoltà, impacci e sim.: *l'hanno inviluppato in una serie di loschi traffici*. SIN. Irretire. **3** (*fig.*) Avvolgere in q.c. che nasconde o maschera: *i. la realtà nella favola*. **B** v. rifl. **1** Rinvoltarsi più volte dentro q.c.: *i. in un ampio pastrano*. SIN. Avvolgersi. **2** (*fig.*) Impelagarsi: *s'è inviluppato in una situazione compromettente*.

invilùppo s. m. **1** Intrico che avvolge: *non si poteva uscire da quell'i. di erba e rami*. **2** (*fig.*) Complicazione, imbroglio. **3** Ciò che è inviluppato, avvolto. **4** (*mat.*) *I. di una famiglia di curve*, curva che è tangente a tutte le curve della famiglia.

invincìbile [vc. dotta, lat. tardo *invincĭbile(m)*, comp. di *in-* neg. e *vincĭbilis* 'vincibile'] agg. **1** Che non si può vincere, sconfiggere: *esercito i.* SIN. Imbattibile. **2** (*fig.*) Che non si può superare: *difficoltà, ostacolo i.* SIN. Insormontabile. || **invincibilménte**, avv. In modo invincibile: *sentirsi invincibilmente attratto verso qc.*

invincibilità s. f. ● Qualità, anche presunta, di chi, di ciò che è invincibile: *l'i. della Grande Armata, di Alessandro*.

invincidìre [comp. di *in-* (*1*) e *vincido*] **A** v. tr. (*io invincidìsco, tu invincidìsci*) ● (*tosc.*) Far diventare vincido, molle per l'umidità. **B** v. intr. (aus. *essere*) ● (*tosc.*) Diventare vincido: *il pane è invincidito*.

invìo [da *inviare*] s. m. **1** Atto dell'inviare: *i. di un pacco, di una lettera, di un ambasciatore*. **2** Insieme di merci spedite in una sola volta: *non abbiamo ancora ricevuto il vostro ultimo i.* **3** (*letter.*) Strofa finale della canzone petrarchesca. SIN. Commiato, congedo.

inviolàbile [vc. dotta, lat. *inviolābile(m)*, comp. di *in-* neg. e *violābilis* 'violabile'] agg. **1** Che non può o non si deve violare: *diritto, principio, fatto i.*; *inviolabil fede / per me, per tutti, io qui primier ti giuro* (ALFIERI) | *Corpo i.*, invulnerabile | (*sport*) *Rete i.*, nel calcio, quella in cui non si riesce a segnare per l'eccezionale abilità del portiere, o della difesa in genere | *Campo, terreno i.*, quello di casa di una squadra, su cui essa non è mai stata battuta nel corso di un campionato. **2** (*raro*) Che gode dell'immunità: *la persona del Capo dello Stato è i.* || **inviolabilménte**, avv. In modo inviolabile; con intera fede.

inviolabilità [vc. dotta, lat. tardo *inviolabilitāte(m)*, comp. di *in-* neg. e di un deriv. di *violābilis* 'violabile'] s. f. ● Qualità di chi, di ciò che è inviolabile: *l'i. del domicilio, dei trattati, di un fatto*.

inviolàto [vc. dotta, lat. *inviolātu(m)*, comp. di *in-* neg. e *violātus* 'violato'] agg. ● Che non ha subìto violazione di sorta: *tradizioni inviolate*; *fede inviolata* | *Foresta inviolata*, vergine | *Partita a reti inviolate*, nel calcio, quella in cui non è stato segnato nessun goal. SIN. Intatto. || **inviolataménte**, avv.

inviperìre [comp. di *in-* (*1*) e *vipera*] v. intr. e intr. pron. (*io inviperìsco, tu inviperìsci*; aus. *essere*) ● Diventare cattivo come una vipera, irritarsi oltremodo. SIN. Infuriarsi.

inviperìto part. pass. di *inviperire*; anche agg. ● Nei sign. del v.

†**inviscàre** ● V. *invescare*.

invisceràre [vc. dotta, lat. tardo *inviscerāre*, comp. di *in-* 'dentro' e *vīscera* 'viscere'] **A** v. tr. (*io invìscero*) ● (*raro*) Introdurre nelle viscere: *i. il cibo*. **B** v. intr. pron. **1** †Entrare nelle viscere. **2** (*fig.*) Addentrarsi in q.c. trattandola a fondo: *i. in un autore, in una dottrina*.

invischiaménto s. m. ● (*raro*) Atto, effetto dell'invischiare o dell'invischiarsi.

invischiàre [comp. di *in-* (*1*) e *vischio*] **A** v. tr. (*io invìschio*) **1** Spalmare di vischio. **2** Prendere col vischio: *i. uccelli*. **3** (*fig.*) Porre qc. in situazioni rischiose, compromettenti e sim., allettandolo con promesse e lusinghe: *quel losco individuo è riuscito a invischiarlo*. **B** v. intr. pron. ● Restare preso in q.c. di rischioso o molesto: *invischiarsi in una discussione interminabile, in loschi affari*. SIN. Impegolarsi, impantanarsi, ingolfarsi.

inviscidiménto s. m. ● (*raro*) Atto, effetto dell'inviscidire.

inviscidìre [comp. di *in-* (*1*) e *viscido*] v. intr. (*io inviscidìsco, tu inviscidìsci*; aus. *essere*) ● Diventare viscido.

invisìbile [vc. dotta, lat. tardo *invisĭbile(m)*, comp. di *in-* neg. e *visĭbilis* 'visibile'] **A** agg. ● Impossibile a vedersi o a percepirsi: *l'anima, lo spirito è i.*; *malinconia dolcissima, che ognora / fida vieni e i. al mio fianco* (ALFIERI) | *Mondo i.*, estraneo a quello sensibile | (*raro*) *Fluido i.*, energia | (*est.*) Detto di cosa estremamente piccola: *corpuscoli invisibili*; *stella i. a occhio nudo* | (*scherz.*) Di persona introvabile: *si è reso i.* || **invisibilménte**, avv. **B** s. m. ● (*raro*) Tessuto finissimo per velette da signora. **C** s. f. spec. al pl. ● (*raro*) Forcine sottilissime per capelli.

invisibilità [vc. dotta, lat. tardo *invisibilitāte(m)*, comp. di *in-* neg. e *visibĭlitas*, genit. *visibilitātis* 'visibilità'] s. f. ● Stato o qualità di chi, di ciò che è invisibile.

invìso [vc. dotta, lat. *invīsu(m)*, part. pass. di *invidēre* 'invidiare'] agg. ● Malvisto, antipatico: *un individuo i. a tutti* | (*raro*) Sgradevole: *colore i.*

invispìre [comp. di *in-* (*1*) e *vispo*] v. intr. e intr. pron. (*io invispìsco, tu invispìsci*; aus. *essere*) ● (*raro*) Diventare vispo.

invitàbile [vc. dotta, lat. tardo *invitābile(m)*, da *invitāre* 'invitare (1)'] agg. ● (*raro*) Di persona che si può, che è conveniente invitare.

invitànte A part. pres. di *invitare* (*1*); anche agg. **1** Nei sign. del v. **2** *Sorriso, sguardo i.*, pieno di sottintesi, di malizia, di allettamenti. **B** s. m. e f. ● (*raro*) Chi fa un invito: *l'i. non è del tutto sconosciuto*.

invitàre (1) [vc. dotta, lat. *invitāre*, di etim. incerta] **A** v. tr. **1** Chiamare o pregare qc. perché partecipi con noi a q.c. di solenne o di gradito: *i. qc. a una cerimonia, a una riunione, a pranzo, a cena, a teatro*; *i. a voce, per telefono, per lettera* | (*fig.*) *I. la lepre a correre, la mula ai calci, qc. a nozze*, chiedere a qc. di fare cosa per lui gradevole | *I. qc. a ballare*, impegnarlo per uno o più giri di danza | (*est.*) Convocare: *i membri della commissione sono invitati a presentarsi in sede*; *le campane invitano i fedeli* | *I. a battaglia*, sfidare. **2** Indurre qc. o q.c. con la persuasione, con lusinghe e allettamenti o provocando moti dell'animo: *i. al pianto, alla meditazione, al riposo* | *I. al sonno*, conciliarlo | (*est.*) Esortare, chiamare, incitare: *vi invito a bere alla sua salute*; *l'ora del giorno che ad amar ce invita, / dentro dal petto al cor mi raserena* (BOIARDO) | *I. qc. a parlare*, concedergli, dargli la parola | (*lett.*) Eccitare: *ira lo 'nvita e natural furore / a spiegar l'ugna* (ARIOSTO). **3** Sollecitare qc. d'autorità perché faccia o dica q.c.: *i. il nemico alla resa, gli scolari a rispondere, i creditori a pagare*. **4** (*ass.*) Nel gioco, chiamare una carta o un seme: *i. a coppe, a picche* | Nel poker, effettuare l'invito: *i. di mille lire*. **B** v. rifl. ● Offrirsi di stare insieme con altri senza esserne stato da questi richiesto: *si è invitato da solo e non ho potuto rifiutare*. **C** v. rifl. rec. **1** Farsi inviti l'un l'altro. **2** †Scambiarsi brindisi.

invitàre (2) [comp. di *in-* (*1*) e *vite*] v. tr. ● Inserire una vite nella sua sede | Fermare, stringere o unire oggetti per mezzo di una o più viti: *bisogna i. con cura le varie parti del pezzo*. SIN. Avvitare.

invitàto A part. pass. di *invitare* (*1*); anche agg. ● Nei sign. del v. **B** s. m. (f. *-a*) ● Chi partecipa a feste, pranzi, banchetti o riunioni varie, dietro invito: *gli invitati erano tutti presenti*; *gli ospiti si* *unirono al brindisi degli invitati.*

invitatóre [vc. dotta, lat. *invitatōre(m)*, da *invitātus* 'invitato'] s. m. (f. *-trice*) ● (*raro*) Chi invita.

invitatòrio [vc. dotta, lat. tardo *invitatōriu(m)*, da *invitātus* 'invitato'] **A** agg. ● (*raro*) Che si fa per invitare, che serve da invito. **B** s. m. ● (*relig.*) Versetto o antifona che si recita all'inizio delle liturgie delle ore prima del salmo invitante a lodare Dio | (*fig.*) *Essere come l'i. del diavolo*, di cose che vanno di male in peggio.

invitatùra [da *invitare* (*2*)] s. f. ● Atto, effetto dell'invitare.

†**invitazióne** [vc. dotta, lat. *invitatiōne(m)*, da *invitātus* 'invitato'] s. f. ● Invito.

†**invitévole** [da *invitare* (*1*)] agg. ● Allettevole, lusinghiero.

invito (**1**) [da *invitare* (*1*)] s. m. ***1*** Atto dell'invitare oralmente o per iscritto: *i. cordiale, gentile, di convenienza; rispondere a un i.; ricevere, accettare, respingere, rifiutare un i.; senza aspettare più inviti ... se n'andò a Ravenna* (BOCCACCIO) | Biglietto scritto o stampato con cui si invita: *spedire gli inviti.* ***2*** Convocazione, chiamata: *lettera di i.; abbiamo ricevuto l'i. ufficiale per la riunione di domani* | *I. sacro*, relativo a una funzione religiosa, spec. con manifesto affisso alla porta della chiesa | Ingiunzione, ordine: *i. a presentarsi in questura, a pagare un debito entro e non oltre otto giorni.* ***3*** (*fig.*) Richiamo allettante: *un i. irresistibile* | †Brindisi. ***4*** Nella scherma, uno dei quattro atteggiamenti con i quali lo schermidore volontariamente scopre un bersaglio per invitare l'avversario a tirarvi un colpo. ***5*** Nel poker, somma che il mazziere può aggiungere al cip e che i giocatori devono versare per partecipare al gioco: *i. di mille lire.* ***6*** (*mecc.*) In un accoppiamento meccanico, graduale assottigliamento dell'estremità del pezzo o allargamento del foro in cui va inserito, così da consentire un più facile imbocco. ***7*** (*arch.*) Primo scalino di una scala che sporge un poco lateralmente dagli altri.

†**invito** (**2**) [vc. dotta, lat. *invītu(m)*, comp. di *in-* neg. e **vītus*, dalla stessa radice di *vīs* 'tu vuoi', di origine indeur.] agg. ● (*lett.*) Che fa q.c. contro sua voglia.

in vitro /*lat.* in 'vitro/ [lat., letteralmente 'nel (*ĭn*) vetro (*vĭtro*)', abl. di *vĭtrum* 'vetro'] loc. agg. e avv. ● (*biol.*) Detto di processi biologici che si fanno avvenire per esperimento fuori dell'organismo vivente, in laboratorio: *coltura in vitro; fecondazione in vitro.* CONTR. In vivo.

invitto [vc. dotta, lat. *invĭctu(m)*, comp. di *in-* neg. e *vĭctus* 'vinto'] agg. ***1*** Che non conosce la sconfitta: *eroe, esercito, condottiero i.; la religione armata è invitta, quando è ben predicata* (CAMPANELLA). SIN. Insuperabile, invincibile. ***2*** (*fig.*) Che non si lascia abbattere: *animo i.; costanza invitta.* || **invittaménte**, avv. (*raro*) In modo invitto.

invivìbile [comp. di *in-* (*3*) e *vivibile*] agg. ● Detto di luogo, ambiente e sim. in cui non è possibile, o non è più possibile, vivere.

invivibilità s. f. ● Qualità di ciò che è invivibile.

in vivo /*lat.* in 'vivo/ [lat., letteralmente 'nel (*ĭn*) vivo (*vīvo*)', abl. di *vīvus*, di origine indeur.] loc. agg. e avv. ● (*biol.*) Detto di osservazioni che si compiono su cellule e tessuti viventi. CONTR. In vitro.

inviziàre [comp. di *in-* (*1*) e *vizio*] **A** v. tr. (*io invìzio*) ● (*raro*) Viziare | Rendere vizioso. **B** v. intr. e intr. pron. (aus. *essere*) ● (*raro*) Diventare vizioso o viziato.

invizziménto s. m. ● Avvizzimento.

invizzìre [comp. di *in-* (*1*) e *vizzo*] v. intr. (*io invizzìsco, tu invizzìsci*; aus. *essere*) ● Avvizzire.

invocàbile agg. ● Che si può o si deve invocare: *divinità, nome i.; autorità non i.*

invocàre [vc. dotta, lat. *invocāre*, comp. di *in-* raff. e *vocāre* 'chiamare'] v. tr. (*io invòco, tu invòchi*) ***1*** Chiamare con fervore o con desiderio, mediante preghiere e sim.: *i. Dio, i Santi, i demoni; morì invocando il nome di sua madre.* ***2*** Chiedere con grande insistenza, implorando ad alta voce: *i. la grazia, la clemenza dei giudici, l'aiuto del prossimo* | (*est.*) Ambire, sognare, desiderare vivamente: *i. la pace, la concordia tra gli uomini, la cooperazione tra i popoli.* ***3*** Chiamare o citare a sostegno delle proprie ragioni o richieste: *i. l'autorità, la legge, il diritto; i. un preciso articolo di legge.*

invocatìvo [vc. dotta, lat. tardo *invocatīvu(m)*, da *invocātus* 'invocato'] agg. ● (*lett.*) Che serve a invocare.

invocàto part. pass. di *invocare*; anche agg. ● Nei sign. del v.

invocatóre [vc. dotta, lat. tardo *invocatōre(m)*, da *invocātus* 'invocato'] agg.; anche s. m. (f. *-trice*) ● Che, chi invoca.

invocatòrio agg. ● (*raro*) Atto a invocare: *apostrofe invocatoria.* || †**invocatoriaménte**, avv.

invocazióne [vc. dotta, lat. *invocatiōne(m)*, da *invocātus* 'invocato'] s. f. ***1*** Azione dell'invocare | Parole e cerimonie invocatrici: *da tutto il popolo salivano invocazioni a Dio* | *I. dei demoni*, scongiuro, esorcismo | Nella liturgia cattolica, una delle preghiere del canone della messa. SIN. Istanza, preghiera. ***2*** Grido o implorazione di vendetta, soccorso e sim. ***3*** (*ling.*) Parte di un'opera letteraria in cui si chiede l'ispirazione e l'aiuto divino: *Cantami, o Diva, del Pelìde Achille / l'ira ...* (MONTI). ***4*** (*dir.*) Formula d'intestazione di documenti pubblici nel nome di un'autorità.

†**invòglia** [da *invogliare* (*2*)] s. f. ***1*** Tela da avvolgere fardelli, balle e sim. | Benda da testa. ***2*** Corteccia, tegumento, involucro.

†**invogliaménto** [da *invogliare* (*1*)] s. m. ● Voglia.

invogliàre (**1**) [comp. di *in-* (*1*) e *voglia*] **A** v. tr. (*io invòglio*) ● Rendere desideroso, voglioso: *i. qc. a parlare, a mangiare* | *I. l'appetito*, stuzzicarlo. SIN. Indurre, stimolare. **B** v. intr. pron. ● Lasciarsi prendere dal desiderio, dalla voglia di q.c.: *invogliarsi di un abito, di una pelliccia* | *Invogliarsi di una donna*, innamorarsene.

†**invogliàre** (**2**) [lat. parl. **invol(v)iāre*, da *invŏlvere* 'avvolgere'] v. tr. ● Involgere, ravvolgere, imballare.

invòglio [da *invogliare* (*2*)] s. m. ***1*** (*bot.*) Involucro, tegumento | *I. di un legume*, baccello | *I. di un bulbo*, tunica. ***2*** †Involto.

involaménto s. m. ● (*lett.*) Atto, effetto dell'involare.

involàre (**1**) o (*tosc.*) †**imbolàre** [vc. dotta, lat. *involāre* 'volare dentro, attaccare, rubare', comp. di *in-* illativo e *volāre*, detto propriamente degli uccelli predatori] **A** v. tr. (*io invólo*) ***1*** (*lett.*) Rubare, rapire: *chi l'altrui core invola / ad altrui doni el core* (POLIZIANO); *Bruno e Buffalmacco imbolano un porco a Calandrino* (BOCCACCIO) | (*fig.*) *I. alla vista*, nascondere | (*fig.*) *I. all'oblio*, riportare alla luce, rimettere in voga. ***2*** †Sorprendere, scoprire. **B** v. intr. pron. ● Dileguarsi, sparire: *involarsi alla vista di qc.; l'ora, la giovinezza, le speranze s'involano; Se la vostra memoria non s'imboli* (DANTE *Inf.* XXIX, 103).

involàre (**2**) [comp. di *in-* (*1*) e *volo*] v. intr. e intr. pron. ● Prendere il volo, alzarsi in volo, detto di uccelli, aerei, elicotteri e sim.

†**involatóre** [vc. dotta, lat. *involatōre(m)*, da *involātus* 'involato'] s. m. (f. *-trice*) ● (*raro*) Chi invola.

involgarìre [comp. di *in-* (*1*) e *volgare*] **A** v. tr. (*io involgarìsco, tu involgarìsci*) ● Rendere volgare, spec. relativamente all'aspetto esteriore: *un abito che involgarisce.* **B** v. intr. e intr. pron. (aus. *essere*) ● Diventare pacchiano, volgare.

invòlgere [lat. *invŏlvere*, comp. di *in-* raff. e *vŏlvere* 'volgere', con sovrapposizione di *volgere*] **A** v. tr. (coniug. come *volgere*) ***1*** Mettere un oggetto dentro q.c. che lo ricopre e racchiude: *i. in un panno di lana, in un drappo di seta.* ***2*** †Ripiegare più volte q.c. su se stessa: *i. una fune.* ***3*** (*raro, fig.*) Trascinare qc. in situazioni imbrogliate, complicate, pericolose e sim.: *i. in una guerra, nei guai; l'hanno involto nella loro rovina.* SIN. Coinvolgere. ***4*** (*raro, lett.*) Implicare: *i. errori, contraddizioni, gravi difficoltà.* **B** v. intr. pron. ***1*** Avvolgersi su se stesso: *la corda s'è involta.* ***2*** (*fig.*) Essere trascinato, coinvolto in q.c. di pericoloso: *involgersi in una situazione senza via d'uscita.*

involgiménto s. m. ***1*** L'involgere | (*raro*) Materiale in cui un oggetto è involto | (*fig., raro*) *I. di parole*, giro di parole. ***2*** †Fasce.

invólo (**1**) [comp. di *in-* (*1*) e *volo*] s. m. ● (*aer.*) Decollo non tangenziale: *i. verticale; l'i. di un elicottero.*

†**invólo** (**2**) o (*tosc.*) †**imbólo** [da *involare* (*1*)] s. m. ● Solo nella loc. avv. *d'i.*, furtivamente.

involontàrio [vc. dotta, lat. tardo *involuntāriu(m)*, comp. di *in-* neg. e *voluntārius* 'volontario'] agg. ***1*** Di ciò che si fa senza intenzione precisa e cosciente: *fallo, colpo, errore i.* | (*raro*) Di ciò che si fa contro la propria volontà | *Esilio i.*, forzato. ***2*** (*psicol.*) Che è al di fuori della volontà, che si svolge senza partecipazione della volontà: *riflesso i.* || **involontariaménte**, avv. Senza volerlo, senza farlo apposta; (*raro*) di mala voglia.

involpìre [comp. di *in-* (*1*) e *volpe*] v. intr. (*io involpìsco, tu involpìsci*; aus. *essere*) ● (*raro*) Diventare malizioso, astuto come una volpe.

involtàre [da *involto*] **A** v. tr. (*io invòlto*) ● (*fam.*) Racchiudere in un involto: *i. q.c. nella carta, in un tessuto impermeabile; aveva involtato le pupette in ogni sorta di stracceria disponibile* (MORANTE). **B** v. rifl. ● Avvolgersi: *si involtarono in un ampio mantello* | (*fig.*) †Impacciarsi.

involtàta s. f. ● Azione dell'involtare, spec. in modo sommario: *un'i. frettolosa.* || **involtatina**, dim.

†**involtatùra** s. f. ● L'involtare | Modo in cui una cosa è involtata.

involtìno s. m. ***1*** Dim. di *involto* (*2*). ***2*** Fettina di carne arrotolata, variamente farcita e cotta solitamente in umido.

invòlto (**1**) part. pass. di *involgere*; anche agg. ***1*** Nei sign. del v. ***2*** (*lett.*) Contorto: *ramo i.*

invòlto (**2**) [da *involtare*] s. m. ***1*** Fagotto, pacco: *portare sotto il braccio un i.* | (*fig.*) Cartoccio: *un i. di castagne arrostite.* ***2*** Materia che involge | †Involucro, fodero, guaina. || **involtino**, dim. (V.).

invòlto (**3**) part. pass. di *involvere* ● (*poet.*) Nei sign. del v.

†**involtùra** s. f. ***1*** Atto, effetto dell'involgere (*anche fig.*) | *I. di parole*, giro di parole. ***2*** Fascia.

invòlucro o (*poet.*) †**involùcro** [vc. dotta, lat. *involūcru(m)*, da *invŏlvere* 'rotolare'] s. m. ***1*** Tutto ciò che ricopre esternamente q.c.: *rompere, spezzare, aprire l'i.* | Confezione: *i. di plastica, di legno.* ***2*** (*aer.*) Rivestimento esterno impenetrabile, per lo più di tessuto gommato, della camera gas di un dirigibile o che involge complessivamente le varie camere, contenenti gas o aria, di un dirigibile. ***3*** (*bot.*) Insieme di brattee che circondano gli organi riproduttori di un fiore | Insieme di brattee che stanno alla base dei rami portanti l'ombrella di fiori. ***4*** (*anat.*) Formazione membranacea che avvolge un organo | *Involucri encefalici*, meningi. || **involucrétto**, dim.

involutìvo agg. ● Di involuzione: *è una civiltà che attraversa un periodo i.* | Che ha i caratteri dell'involuzione: *processo i.*

involùto [vc. dotta, lat. *involūtu(m)*, part. pass. di *invŏlvere* 'involvere'] agg. ***1*** Complesso e intricato: *discorso, stile, pensiero i.* SIN. Complicato, contorto. ***2*** †Avvolto. ***3*** (*bot.*) Di foglia in cui le due metà longitudinali della lamina si avvolgono su se stesse in dentro.

involutòrio agg. ● (*med.*) Dell'involuzione: *processo i.*

involuzióne [vc. dotta, lat. *involutiōne(m)*, da *involūtus* 'involuto'] s. f. ***1*** Condizione di ciò che è involuto: *l'i. dei concetti è una caratteristica del suo stile.* ***2*** Regresso e progressivo decadimento verso forme meno compiute e perfette: *il partito, la struttura della società sta subendo una lenta i.* SIN. Declino, degenerazione. ***3*** (*med.*) Processo regressivo della cellula, dei tessuti e dell'organismo | *I. senile*, che avviene per effetto dell'età.

invòlvere [vc. dotta, lat. *invŏlvere* 'involgere', comp. di *in-* raff. e *vŏlvere* 'volgere'] v. tr. (part. pass. *invòlto* o *involùto*; dif. del pass. rem.) ● (*poet.*) Travolgere, coinvolgere (spec. fig.): *involve / tutte cose l'oblio nella sua notte* (FOSCOLO).

invulneràbile [vc. dotta, lat. *invulnerābile(m)*, comp. di *in-* neg. e *vulnerābilis* 'vulnerabile'] agg. ***1*** Che non si può ferire o ledere: *eroe, corazza, armatura i.* ***2*** (*fig.*) Che non si riesce a danneggiare, sminuire, intaccare: *fama, virtù i.*

invulnerabilità s. f. ● Qualità di chi, di ciò che è invulnerabile.

invulneràto [vc. dotta, lat. *invulnerātu(m)*, comp. di *in-* neg. e *vulnerātus* 'vulnerato'] agg. ● (*raro, lett.*) Che non ha subìto danni, ferite, offese e sim.

inzaccheràre [comp. di *in-* (*1*) e *zacchera*] **A** v. tr. (*io inzàcchero*) ● Schizzare di fango: *i. gli abiti,* *le scarpe*. **B** v. rifl. *1* Imbrattarsi di fango. *2* †Impicciarsi, intrigarsi.

inzaccheràto part. pass. di *inzaccherare*; anche agg. ● Nei sign. del v.

inzaccheratóre agg.; anche s. m. (f. *-trice*) ● (*raro*) Chi, che inzacchera.

inzafardàre [etim. incerta] v. tr. e rifl. ● Insudiciare, insudiciarsi con untume.

inzaffiràre [comp. di *in-* (*1*) e *zaffiro*] **A** v. tr. ● (*lett.*) Adornare di zaffiri. **B** v. intr. pron. ● †Ingemmarsi di zaffiri o abbellirsi diventando del colore dello zaffiro: *il bel zaffiro / del quale il ciel più chiaro s'inzaffira* (DANTE *Par.* XXIII, 101-102).

inzavorràre [comp. di *in-* (*1*) e *zavorra*] **A** v. tr. (*io inzavòrro*) ● Caricare di zavorra. **B** v. intr. pron. ● (*raro*) Impigliarsi, intrigarsi in q.c.

inzeppaménto s. m. ● (*raro*) L'inzeppare.

inzeppàre (1) [comp. di *in-* (*1*) e *zeppo*] v. tr. (*io inzéppo*) *1* Riempire q.c. oltre misura, calcandovi dentro gli oggetti: *ha inzeppato di roba una cassa e due armadi* | (*est.*) Impinzare qc. di cibo: *l'hanno inzeppato di pane*. *2* (*fig.*) Caricare di errori e sim. SIN. Infarcire.

inzeppàre (2) [comp. di *in* (*1*) e *zeppa*] v. tr. (*io inzéppo*) ● Fermare o sostenere con zeppe | †*I. un pugno, un calcio*, assestarlo.

inzeppatùra [da *inzeppare* (*2*)] s. f. ● (*raro*) Atto, effetto dell'inzeppare | La zeppa stessa.

inzimino [dalla loc. *in zimino*] s. m. ● (*tosc.*) Pietanza preparata con la salsa detta *zimino*.

inzoccolàto [comp. di *in-* (*1*) e *zoccolo*] agg. ● Che ha gli zoccoli ai piedi.

inzolfaménto s. m. ● Operazione dell'inzolfare.

inzolfàre o **insolfàre** [comp. di *in-* (*1*) e *zolfo*] v. tr. (*io inzólfo*) *1* Aspergere di zolfo le viti o altre piante per difenderle da malattie crittogamiche | *I. le botti*, facendo sviluppare all'interno vapori di anidride solforosa, per distruggere le muffe o impedirne la formazione. *2* (*raro*) Curare con suffumigi di zolfo.

inzolfatóio s. m. ● Arnese a forma di soffietto per dare lo zolfo alle viti.

inzolfatùra s. f. ● Atto, effetto dell'inzolfare.

inzolfazióne s. f. ● (*raro*) Inzolfamento.

inzòlia o **insòlia** [etim. incerta] s. f. ● (*region.*) Vitigno coltivato spec. in Sicilia, che dà pregiate uve da vino e da tavola.

inzotichìre [comp. di *in-* (*1*) e *zotico*] **A** v. tr. (*io inzotichisco, tu inzotichìsci*) ● (*raro*) Rendere zotico. **B** v. intr. e intr. pron. (aus. *essere*) ● Diventare zotico, rozzo.

inzozzàre [comp. di *in-* (*1*) e *zozza*] **A** v. tr. (*io inzòzzo*) ● (*raro, scherz.*) Far bere la zozza. **B** v. intr. pron. ● (*raro*) Bere la zozza in abbondanza.

inzuccàre [comp. di *in-* (*1*) e *zucca*] **A** v. tr. (*io inzùcco, tu inzùcchi*) ● (*fam., scherz.*) Ubriacare. **B** v. intr. pron. *1* (*fam.*) Ubriacarsi. *2* (*raro*) Innamorarsi. *3* Ostinarsi.

inzuccheraménto s. m. ● Modo e atto dell'inzuccherare (*anche fig.*).

inzuccheràre [comp. di *in-* (*1*) e *zucchero*] v. tr. (*io inzùcchero*) *1* Aspergere di zucchero: *i. una torta* | Dolcificare con lo zucchero: *i. il tè* | *I. la pillola*, (*fig.*) cercare di far apparire gradevole una cosa che non è per nulla tale. *2* (*fig.*) Trattare con modi dolci e lusinghieri, blandire: *è da mezz'ora che lo sta inzuccherando e quasi l'ha convinto* | Rendere dolce, suadente: *i. il tono della voce, un rabbuffo*.

inzuccheràta s. f. ● Atto, effetto dell'inzuccherare in una sola volta: *dare una rapida i. a q.c.*

inzuccheràto part. pass. di *inzuccherare*; anche agg. ● Nei sign. del v.

inzuccheratùra s. f. ● Operazione dell'inzuccherare | Copertura di zucchero.

inzufolàre [comp. di *in-* (*1*) e *zufolo*] v. tr. (*io inzùfolo*) *1* (*raro*) Ingannare. *2* (*raro, fig.*) Istigare, montare: *lo stanno inzufolando contro di noi*.

inzuppàbile agg. ● Che si può inzuppare.

inzuppaménto s. m. ● Modo e atto dell'inzuppare e dell'inzupparsi.

inzuppàre [comp. di *in-* (*1*) e *zuppa*] **A** v. tr. *1* Rendere zuppo, bagnare completamente un corpo solido penetrandovi per assorbimento: *la pioggia ha inzuppato i campi appena arati*. SIN. Impregnare. *2* (*est.*) Immergere un corpo solido in un liquido perché se ne imbeva (*anche ass.*): *i. i biscotti nel caffelatte; pane, gallette da i.* **B** v. intr. pron. (aus. *essere*) ● Impregnarsi completamente di un liquido: *tutta l'aria d'un tratto s'inzuppa / di piogge e venti* (PULCI).

inzuppàto part. pass. di *inzuppare*; anche agg. ● Nei sign. del v.

io o †**èo** [lat. *ĕgo*, di origine indeur., attrav. la riduzione pop. **ĕo*] **A** pron. pers. m. e f. di prima pers. sing. (in posizione proclitica, pop. tosc. troncato in *e'*, poet. troncato in *i'*) *1* Indica la persona che parla, e si usa (solo come sogg.) quando chi parla si riferisce a se stesso: *io non lo so*; *io, ormai, ho deciso* | Gener. omesso quando la persona è chiaramente indicata dal v., si esprime invece quando il v. è al congv., per evitare ambiguità, quando i soggetti sono più di uno, nelle contrapposizioni, con 'stesso', 'medesimo', 'anche', 'nemmeno', 'proprio', 'appunto' e sim. e, in genere, quando si vuole dare al sogg. particolare evidenza: *pensi forse che io non lo ricordi?*; *credeva che io non lo conoscessi*; *io e il mio amico ci siamo arrangiati*; *mio padre e io siamo in confidenza*; *né io né voi lo sapevamo*; *voi potete permettervelo, io no*; *l'ho visto io stesso*; *voglio venire anch'io*; *nemmeno io ne sono sicuro*; *proprio io devo farlo?* | (*bur.*) Nelle domande, dichiarazioni, e sim.: *io sottoscritto, faccio istanza a codesto ufficio*. *2* In principio di frase, assume particolare rilievo e ha valore enf.: *io, se fossi in voi, farei così*; *io non ci andrei*; *io glielo farò vedere se sono capace!*; *io fare questo?*; *io parlare così?*; *io fortunato?* | *Io sono io, e tu sei tu*, volendo stabilire o sottolineare una distinzione, una differenza. *3* (*ints.*) Posposto al v. o in fine di frase, evidenzia un fatto o esprime vaga minaccia, desiderio, e sim.: *verrò io*; *glielo spiegherò io*; *ve lo dico io!*; *te lo insegno io a fare il presuntuoso!*; *sono qua io per aiutarti*; *sono io che ci vado di mezzo*; *so io quello che ho sofferto*; *potessi avere io la tua età*; *possa io un giorno ricompensarti* | (*enf.*) *Ricco io?*; *e allora io?* | *Non io*, recisa negazione | *Non sono più io!*, con riferimento a mutamenti delle condizioni di salute o di spirito o come espressione di incredulità, stupore, e sim. *4* (*enf.*) Ripetuto, rafforza un'affermazione: *io vi andrò, io!*; *io devo fare tutto, io!* **B** s. m. inv. (*Io*, con l'iniziale maiuscola, nel sign. 3 e, talvolta, anche nei sign. 1 e 2) *1* Il proprio essere nella coscienza che ha di sé: *ho un forte sentimento dell'io*; *è tutto gonfio del suo io*; *mette il proprio io davanti a tutto*. *2* (*filos.*) Soggetto pensante consapevole delle proprie attività logiche e psicologiche, in contrapposizione al mondo esterno, definito il *non-io* | (*est.*) Con significato più generico, spec. nella loc. *l'io narrante*, nel linguaggio letterario, il personaggio che racconta in prima persona gli avvenimenti di una narrazione. *3* In psicoanalisi, organizzazione dei processi psichici coscienti che costituisce il mediatore fra l'Es e la realtà. SIN. Ego.

-io (1) /'io/ [orig. proprio di deriv. dal lat. *-ēriu(m)*, come il corrispondente *-èo*] suff. derivativo ● Forma nomi, tratti per lo più da verbi, che esprimono continuità e intensità: *borbottìo, brulichìo, calpestìo, cigolìo, crepitìo, lavorìo, mormorìo, mugolìo, pigolìo, sciupìo, sussurrìo*.

-io (2) /'io/ [lat. *-ĭvu(m)*, suff. agg. che già nel lat. parlato aveva perduto l'elemento cons.] suff. ● In aggettivi, di formazione latina, indica stato, condizione: *restìo, natìo*.

†**iòco** ● V. *gioco*.

iod /jɔd/ [dall'ebr. *yōd*, n. della decima lettera dell'alfabeto ebraico] s. m. ● Nome della decima lettera degli alfabeti fenicio ed ebraico | (*gener.*) Ogni 'i' semiconsonante.

iodàto (1) [da *iodio*] agg. ● (*chim.*) Detto di composto contenente iodio.

iodàto (2) [comp. di *iod(io)* e *-ato* (*2*)] s. m. ● (*chim.*) Sale dell'acido iodico.

iòdico [da *iodio*] agg. (pl. m. *-ci*) ● Relativo allo iodio | *Acido i.*, acido monobasico, ossigenato, dello iodio.

iodìdrico [comp. di *iod(io)* e *idrico*] agg. (pl. m. *-ci*) ● Detto di acido monobasico gassoso, di odore pungente, ottenuto per sintesi da iodio e idrogeno, usato come riducente in chimica organica.

iodìfero [comp. di *iodi(o)* e *-fero*] agg. ● Che contiene iodio.

iòdio o †**iòdo** [gr. *iṓdēs* 'violaceo, cupo', da *íon* 'viola', per il colore dei suoi vapori, attraverso il fr. *iode*] s. m. ● Elemento chimico metalloide, del gruppo degli alogeni, solido grigio-nerastro, lucente, contenuto nella tiroide, in alghe marine e acque minerali dalle quali si estrae, usato nell'industria organica, in medicina spec. sotto forma di ioduri alcalini, iodoformio e di composti organici ad azione chemioterapica: *tintura di i.* SIMB. I.

iodìsmo [comp. di *iod(io)* e *-ismo*] s. m. ● (*med.*) Intossicazione prodotta da abuso di medicamenti contenenti iodio.

†**iòdo** ● V. *iodio*.

iodobenzène [comp. di *iod(i)o* e *benzene*] s. m. ● Composto organico derivato dal benzene per sostituzione di un idrogeno con iodio, importante intermedio di sintesi organiche.

iodofòrmio [comp. di *iod(i)o* e *(cloro)formio*] s. m. ● Sostanza gialla solida di odore caratteristico, ottenuta per reazione di iodio e idrati alcalini con alcol etilico o acetone, usato come antisettico e disinfettante in medicina e chirurgia.

iodometrìa [comp. di *iod(i)o* e *-metria*] s. f. ● (*chim.*) Metodo di analisi quantitativa di tipo volumetrico, fondata sul monitoraggio dello iodio prodotto o consumato da una reazione di ossidoriduzione.

iodóso [comp. di *iod(io)* e *-oso* (*1*)] agg. ● Detto di composto dello iodio trivalente positivo e di taluni composti organici.

iodoterapìa [comp. di *iod(i)o* e *terapia*] s. f. ● (*med.*) Trattamento con preparati contenenti iodio.

iodàre [da *ioduro*] v. tr. ● Trattare con iodio, introdurre uno o più atomi di iodio nella molecola di un composto organico.

iodurazióne s. f. ● Operazione dello iodurare.

iodùro [comp. di *iod(io)* e *-uro*] s. m. ● Sale dell'acido iodidrico | *I. di potassio*, usato in fotografia, nell'analisi chimica e in medicina.

iòga s. m.; anche agg. inv. ● Adattamento di *yoga* (V.).

iòghin s. m. ● Adattamento di *yogin* (V.).

ioglòsso [comp. del gr. *hyo(eidḗs)* 'ioide' e di un deriv. di *glôssa* 'lingua'] agg. ● (*anat.*) Detto di muscolo situato fra l'osso ioide e la lingua: *muscolo i.*

iògurt e *deriv.* ● V. *yogurt* e *deriv.*

ioide /i'ɔide, 'jɔide/ [gr. *hyoeidḗs*, propr. 'che ha la forma (*êidos*) della lettera Y (*hŷ*)'] s. m. ● (*anat.*) Osso impari mediano, a ferro di cavallo, posto nel collo al disotto della mandibola, tra questa e la laringe.

ioidèo agg. ● (*anat.*) Relativo allo ioide.

iò iò s. m. ● Adattamento di *yo-yo* (V.).

iòle o **yòle** [ingl. *yawl* 'piccola imbarcazione', di etim. incerta] s. f. *1* (*mar.*) Imbarcazione lunga e sottile, con le scalmiere sugli orli dei fianchi, a due, quattro od otto vogatori. *2* (*mar.*) Imbarcazione a remi, leggera e sottile, che sulle navi mercantili è destinata al servizio del capitano e degli ufficiali.

iòlla [cfr. *iole*] s. f. ● Imbarcazione a vela, cabinata, a due alberi, con l'albero minore sistemato a poppavia della ruota del timone.

ionadàttico [forse comp. scherz. di *ionico* (*1*) e *attico*: 'lingua ionia dell'Attica'] **A** agg. (pl. m. *-ci*) ● Detto di un tipo di linguaggio burlesco diffuso a Firenze dalla fine del sec. XVI sino al sec. XVIII, caratterizzato dalla sostituzione di alcune parole con altre comincianti con le stesse lettere (per es. *spago* per *spavento*, *seminato* per *senno*). **B** s. m. solo sing. ● Tale tipo di linguaggio.

ióne [gr. *iṓn*, part. pres. di *iénai* 'andare', di origine indeur.] s. m. ● (*chim., fis.*) Atomo o gruppo atomico che, per perdita o acquisto di elettroni, assume carica elettrica | *I. idrogeno*, ione dotato di una carica positiva e originato da un atomo di idrogeno per perdita di un elettrone.

Ìoni [lat. *Iōnes*, gr. *Íōnes*, da *Íōn* 'Ione', eroe mitico da cui secondo la tradizione sarebbero discesi] s. m. pl. ● Antica stirpe greca stanziata nell'Attica, nell'Eubea, sulle coste dell'Asia Minore e in alcune isole dell'Egeo.

iònico (1) [vc. dotta, lat. *Iōnicu(m)*, dal gr. *Iōnikós* 'proprio del mare Ionio (*Iónios*)', propriamente 'il mare degli *Ioni*', ma poi largamente esteso] **A** agg. (pl. m. *-ci*) ● Della Ionia, antica regione dell'Asia Minore: *colonia ionica* | *Dialetto i.*, antico dialetto parlato in alcune zone dell'antica Grecia | (*ling.*) *Piede i.*, composto da quattro sillabe, due brevi e due lunghe | (*mus.*) *Modo i.*, uno dei modi della musica antica | (*arch.*) *Ordine, stile i.*, stile caratterizzato da colonne scanalate con capitello a due volute laterali | *Capitello i.*, proprio di tale stile | (*filos.*) *Scuola ionica*, denominazione del gruppo dei primi pensatori greci fioriti a Mileto, colonia ionica dell'Asia Minore. ➡ ILL. p. 357 ARCHITETTURA. **B** s. m. solo sing. *1* Dialetto ionico. *2* (*ling.*) Metro ionico | *I. a minore*, piede metrico della poesia classica formato da due sillabe brevi e da due lunghe | *I. a maiore*, piede formato da due sillabe lunghe e da due brevi. *3* Uno degli ordini architettonici usato inizialmente nelle colonie greche dell'Asia Minore, caratterizzato dalla colonna con base, fusto più snello di quello dorico, scanalato e rastremato, capitello con ovolo e con volute, epistilio diviso in tre fasce orizzontali, fregio continuo.

iònico (2) [vc. dotta, lat. *Iōnicu(m)*, dal gr. *Iōnikós*, da *Iōnía*] agg. (pl. m. *-ci*) *1* Del, relativo al, mar Ionio: *costa ionica*. *2* Delle, relativo alle, isole Ionie.

iònico (3) [da *ione*] agg. (pl. m. *-ci*) ● (*fis., chim.*) Relativo agli ioni: *legame i.*

iònio (1) [vc. dotta, lat. *Iōnium*, dal gr. *Iṓnios*] agg. ● Della Ionia, degli Ioni.

iònio (2) [vc. dotta, lat. *Iōniu(m)*, dal gr. *Iónios*, da *Iōnía*] **A** agg. ● Detto di quella parte del Mediterraneo racchiusa fra le coste meridionali della penisola italiana, quelle della Sicilia orientale e quelle occidentali dell'Albania e della Grecia | (*est.*) Proprio di questo mare: *coste ionie* | *Isole Ionie*, le sette isole poste tra la costa greca e quella italiana. **B** anche s. m.: *le coste dello Ionio.*

iònio (3) [da *ion(e)*] s. m. ● Elemento radioattivo, isotopo molto stabile del torio, prodotto dalla disintegrazione naturale dell'uranio, forte emittente di particelle alfa.

ionismo [comp. di *ionio (1)* e *-ismo*] s. m. ● (*ling.*) Caratteristica del dialetto ionico.

ionizzànte part. pres. di *ionizzare (2)*; anche agg. ● (*fis., chim.*) Che ionizza, che causa o facilita la ionizzazione.

ionizzàre (1) [comp. di *ionio (1)* e *-izzare*] v. intr. (aus. *avere*) ● (*raro, lett.*) Imitare gli Ioni nel linguaggio o negli usi.

ionizzàre (2) [comp. di *ione* e *-izzare*] v. tr. *1* (*fis., chim.*) Sottoporre a ionizzazione. *2* (*med.*) Curare con la ionizzazione.

ionizzàto part. pass. di *ionizzare (2)*; anche agg. ● Nei sign. del v.

ionizzatóre A agg. (f. *-trice*) ● (*raro*) Ionizzante. **B** s. m. ● (*med.*) Apparecchio per la ionizzazione.

ionizzazióne [da *ionizzare (2)*] s. f. *1* (*fis., chim.*) Trasformazione di una sostanza in ioni | *I. dei gas*, mediante radiazioni o campi elettrici | *I. di un elettrolito*, per dissociazione in adatto solvente. *2* (*med.*) Metodo di cura che ha per scopo di far penetrare le sostanze medicamentose nel corpo umano attraverso i tegumenti per mezzo di liquidi o gas ionizzati.

ionoforèsi [comp. di *ione* e del gr. *phórēsis* 'trasporto', da *phorêin* 'portare qua e là'] s. f. ● (*med.*) Metodica terapeutica che consente l'assorbimento cutaneo, mediante corrente galvanica, di sostanze medicamentose allo stato ionico; è l'applicazione terapeutica dell'elettroforesi. SIN. Ionoterapia.

ionóne [comp. del gr. *íon* 'viol(ett)a' e *-one (2)*] s. m. ● Profumo sintetico, surrogato dell'essenza naturale di violetta.

ionosfèra [comp. di *ione* e *sfera* sul modello di *atmosfera*] s. f. ● Strato superiore dell'atmosfera terrestre rarefatto e ionizzato.

ionosfèrico agg. (pl. m. *-ci*) ● Relativo alla ionosfera.

ionosónda [comp. di *ione* e *sonda*] s. f. ● Apparecchiatura destinata all'esplorazione delle caratteristiche elettriche della ionosfera mediante l'invio di impulsi radio e la misurazione dell'intervallo di tempo fra l'emissione e la ricezione degli impulsi riflessi.

ionoterapìa [comp. di *ione* e *terapia*] s. f. ● (*med.*) Ionoforesi.

†**iòrno** ● V. *giorno.*

iòsa [etim. incerta] vc. ● Solo nella loc. avv. *a i.*, in grande quantità, in abbondanza: *ce n'è a i.*; *ne abbiamo a i.*

iosciamìna [comp. del lat. *hyoscyămu(m)* 'giusquiamo' e *-ina*] s. f. ● (*chim.*) Alcaloide del giusquiamo, dotato di azione antispasmodica e sedativa.

iòta (1) [gr. *iôta*, di origine semitica] s. m. o f. inv. *1* Nome della nona lettera dell'alfabeto greco corrispondente alla *i* latina | (*raro*) Nome della lettera *j*. *2* Una cosa da nulla, di nessuna importanza, un niente: *non credeva un i. delle miserie ch'egli le raccontava* (FOGAZZARO) | *Non sapere un i.*, (*fig.*) non sapere niente, non sapere un'acca | *Non manca un i.*, nulla.

iòta (2) [dalla vc. friulana *iote*, lat. mediev. *iūtta*, nome di una bevanda forse a base di latte] s. f. ● (*cuc.*) Minestra a base di fagioli e crauti, talora arricchita di orzo e patate, condita con olio, aglio, alloro e comino, tipica delle zone di Trieste e Gorizia.

iotacismo [vc. dotta, lat. tardo *iotacĭsmu(m)*, dal gr. *iōtakismós*, da *iôta* 'iota', sul tipo di *soloikismós* 'solecismo', *attikismós* 'atticismo', e simili] s. m. ● (*ling.*) Itacismo.

iotiroidèo [comp. di *io(ide)* e *tiroideo*] agg. ● (*anat.*) Detto di muscolo posto tra l'osso ioide e la cartilagine tiroidea della laringe: *muscolo i.*

ipàllage [vc. dotta, lat. tardo *hypăllage(m)*, dal gr. *hypallagḗ* '(inter)scambio', dal v. *hypallássein* 'scambiare, porre sotto (*hypó*) ad altro (*állos*)'] s. f. ● (*ling.*) Figura retorica che consiste nell'attribuire a una parola l'aggettivo che si riferisce ad un'altra nella medesima frase: *Sorgon così tue dive / membra dall'egro talamo* (FOSCOLO).

ìpate [vc. dotta, lat. *hўpate(m)*, dal gr. *hypátē*, sottinteso *chordḗ* '(la corda) più alta, posta all'estremità'] s. f. ● (*mus.*) La corda dal suono più grave nella lira greca.

ipecacuàna [port. *ipecacuanha*, dal n. tupì, che s'interpreta 'arbusto (*ipe*) della foresta (*kaá*), che fa vomitare (*gueê-m-a*)' (?)] s. f. ● Arbusto brasiliano delle Rubiacee con radici ramificate e provviste di rigonfiamenti, da cui si estrae una droga ad azione espettorante ed emetica (*Cephaëlis ipecacuanha*).

iper- [dal gr. *hypér* 'sopra'] pref. ● In parole composte dotte o scientifiche, significa 'sopra', 'oltre', o indica quantità o grado superiore al normale o eccessivo: *iperuranio, iperacidità, ipernutrizione.*

iperacidità [comp. di *iper-* e *acidità*] s. f. ● (*med.*) Ipercloridria.

iperacusìa [comp. di *iper-* e di un deriv. del gr. *ákousis* 'udito', dal v. *akóuein* 'sentire'] s. f. ● (*med.*) Esaltazione dell'acuità uditiva.

iperacùto [comp. di *iper-* e *acuto*] agg. ● (*med.*) Molto acuto: *morbo i.*

iperaffaticaménto [comp. di *iper-* e *affaticamento*] s. m. ● Affaticamento eccessivo: *i. fisico, psichico.*

iperalgesìa [comp. di *iper-*, del gr. *álgesis* 'dolore' e del suff. *-ia*] s. f. ● (*med.*) Sensibilità particolarmente intensa agli stimoli dolorosi.

iperalimentazióne [comp. di *iper-* e *alimentazione*] s. f. ● (*med.*) Superalimentazione.

iperattività [comp. di *iper-* e *attività*] s. f. ● (*dir.*) Teoria giuridica che estende la legittimazione attiva di un soggetto anche per fatti successivi alla cessazione di un suo precedente diritto.

iperattìvo [comp. di *iper-* e *attivo*] agg. *1* Attivo più del normale: *impiegato i.* *2* (*psicol.*) Che ha un comportamento molto irrequieto: *bambino i.*

iperazotemia [comp. di *iper-* e *azotemia*] s. f. ● (*med.*) Aumento dell'azoto ureico nel sangue.

iperazotùria o **iperazoturìa** [comp. di *iper-* e *azoturia*] s. f. ● (*med.*) Eccessiva eliminazione di sostanze azotate, spec. urea, attraverso l'urina.

iperbàrico [comp. di *iper-* e *barico (1)*] agg. (pl. m. *-ci*) ● Di, relativo a pressione superiore a quella atmosferica: *camera iperbarica.*

ipèrbato [vc. dotta, lat. *hypĕrbaton*, dal gr. *hypérbaton* 'trasposto', comp. di *hypér* 'sopra' e di un deriv. di *báinein* 'passare', di origine indeur.] s. m. ● (*ling.*) Figura retorica che consiste nella separazione di due parole normalmente in stretto legame sintattico all'interno di una frase, interponendo altri membri della medesima: *tardo ai fiori / ronzio di coleotteri* (MONTALE).

iperbilirubinemìa [comp. di *iper-* e *bilirubinemia*] s. f. ● (*med.*) Aumento della concentrazione ematica della bilirubina che, a determinati livelli, si manifesta con la comparsa dell'ittero.

ipèrbole [vc. dotta, lat. *hypĕrbole*, dal gr. *hyperbolḗ* 'eccesso, esagerazione', comp. di *hypér* 'sopra' e di un deriv. di *bállein* 'gettare', di origine indeur.] **A** s. f. (pl. *-i*) *1* (*ling.*) Figura retorica che consiste nell'intensificare un'espressione esagerando o riducendo oltremisura la qualità di una persona o di una cosa: *né avorio né albastro può aguagliare / il tuo splendente e lucido colore* (BOIARDO). *2* (*est.*) Esagerazione, eccesso. **B** s. m. o f. ● (*mat.*) Conica non degenere, avente due punti all'infinito reali | Luogo dei punti del piano tali che la differenza delle loro distanze da due punti fissi è costante.

iperboleggiaménto s. m. ● Modo e atto dell'iperboleggiare.

iperboleggiàre [comp. di *iperbole* e *-eggiare*] v. intr. (*io iperboléggio*; aus. *avere*) ● Esprimersi con molte o troppe iperboli.

iperbolèo [vc. dotta, lat. *hyperbolăeu(m)*, dal gr. *hyperbólaios*, sottinteso *tónos*, 'tono' (*tónos*) più elevato (da *hyperbolḗ* 'iperbole')] agg. ● Detto del più alto tono della musica greca.

iperbolicità s. f. ● Qualità di ciò che è iperbolico (*anche fig.*).

iperbòlico [vc. dotta, lat. *hyperbŏlicu(m)*, dal gr. *hyperbolikós*, agg. di *hyperbolḗ* 'iperbole'] agg. (pl. m. *-ci*) *1* (*ling.*) Di iperbole: *espressione iperbolica* | Ricco di iperboli: *linguaggio i.* | (*est.*) *Scrittore, oratore i.*, che fa largo uso di iperboli. *2* (*est.*) Esagerato, che eccede la misura: *prezzo i.*; *ammirazione iperbolica.* *3* (*mat.*) Proprio di un'iperbole, relativo a un'iperbole | Detto di configurazione o espressione nella quale v'è una coppia di elementi reali. *4* (*mar., aer.*) Detto di particolare sistema di navigazione basato su certe proprietà dell'iperbole, sfruttate nei collegamenti radio o radar. ‖ **iperbolicaménte**, avv.

iperbolifórme [comp. di *iperbole* e *-forme*] agg. ● (*mat.*) Che ha forma d'iperbole.

iperbolòide [comp. di *iperbole* e del gr. *êidos* 'forma'] s. m. ● (*mat.*) Quadrica che non sia un cono o un cilindro, e i cui punti all'infinito formino una conica a punti reali e non degenere | *I. di rotazione*, ottenuto facendo ruotare un'iperbole intorno ad un suo asse.

iperbòreo [vc. dotta, lat. *Hyperbŏreu(m)*, dal gr. *hyperbóre(i)os*, comp. di *hypér* 'sopra, oltre' e di un deriv. di *Boréas* 'Borea' e 'settentrione' (dalla parte donde soffia)] agg. ● (*lett.*) Settentrionale: *lingua iperborea.*

ipercalòrico [comp. di *iper-* e di un deriv. di *calore*] agg. (pl. m. *-ci*) ● Che contiene o fornisce un numero di calorie particolarmente elevato: *cibo i.*; *dieta alimentare ipercalorica.*

ipercapnìa [comp. di *iper-* e del gr. *kapnós* 'vapore'] s. f. ● (*med.*) Incremento della concentrazione di anidride carbonica nel sangue.

ipercàrica [comp. di *iper-* e *carica*] s. f. ● (*fis.*) Uno dei numeri quantici che si conservano nelle interazioni forti fra particelle elementari.

ipercatalèttico [vc. dotta, lat. *hypercatalēcticu(m)*, dal gr. *hyperkatalektos* 'ipercataletto'] agg. (pl. m. *-ci*) ● (*ling.*) Detto di verso, greco e latino, che contiene una sillaba in più del normale.

†**ipercatalètto** [vc. dotta, lat. *hypercatalēctu(m)*, dal gr. *hypercatálēktos*, comp. di *hypér* 'sopra' e di un deriv. dal v. *katalḗgein* 'giungere, finire'] agg. ● Ipercatalettico.

ipercheratòsi [comp. di *iper-*, *cherat(o)-* e del suff. *-osi*] s. f. ● (*med.*) Eccessivo ispessimento dello strato corneo dell'epidermide per prolungati stimoli meccanici o processi patologici.

iperchilìa [comp. di *iper-*, *chil(o) (1)* e del suff. *-ia*] s. f. ● (*med.*) Eccessiva secrezione di succo gastrico.

ipercinèsi o **ipercinesi** [comp. di *iper-* e del gr. *kínēsis* 'movimento', dal v. *kinêin* 'muoversi'] s. f. ● (*med.*) Ipercinesia.

ipercinesìa s. f. ● (*med.*) Insorgenza di movimenti involontari abnormi dei muscoli striati, che si aggiungono a quelli volontari.

ipercinètico agg. (pl. m. *-ci*) ● Relativo all'ipercinesia.

iperclorìdria [comp. di *iper-* e di un deriv. di (*acido*) *cloridrico*] s. f. ● (*med.*) Aumento della concentrazione di acido cloridrico nel succo gastrico.

iperclorùria [comp. di *iper-*, *clor*(*uro*) e di un deriv. del gr. *ourôn* 'orina'] s. f. ● (*med.*) Aumento dei cloruri nelle urine.

ipercolesterolemìa [comp. di *iper-* e *colesterolemia*] s. f. ● (*med.*) Incremento patologico del tasso di colesterolo nel sangue.

ipercolìa [comp. di *iper-*, *col*(*e*)- e del suff. *-ia*] s. f. ● (*med.*) Eccessiva secrezione di bile.

ipercorrettìsmo [comp. di *iper-*, *corretto* e *-ismo*] s. m. ● (*ling.*) Forma, pronunzia derivante da ipercorrezione.

ipercorrètto [comp. di *iper-* e *corretto*] agg. ● (*ling.*) Detto di forma o pronunzia caratterizzate da ipercorrezione.

ipercorrezióne [comp. di *iper-* e *correzione*] s. f. ● (*ling.*) Sostituzione di una forma, di una pronuncia, ritenuta corretta a un'altra che a torto si suppone errata.

ipercrìtica [comp. di *iper-* e *critica*] s. f. ● Critica troppo severa e minuziosa.

ipercriticìsmo [comp. di *ipercritic*(*o*) e *-ismo*] s. m. ● Tendenza a criticare con eccessiva severità e minuzia.

ipercrìtico [comp. di *iper-* e *critico*] agg. (pl. m. *-ci*) ● Che eccede nella severità e minuziosità della critica: *atteggiamento i.*; *persona ipercritica.* || **ipercriticaménte**, avv.

ipercromìa [comp. di *iper-* e di un deriv. del gr. *chrôma* 'colore'] s. f. ● (*med.*) Aumento eccessivo della pigmentazione: *i. della gravidanza* | *I. cutanea*, come efelidi e lentiggini | (*med.*) Incremento patologico del contenuto dell'emoglobina negli eirtrociti | (*med.*) Aumentata colorabilità che si verifica in alcune strutture, come i nuclei delle cellule tumorali, per l'incremento degli acidi nucleici.

iperdattilìa [comp. di *iper-* e di un deriv. del gr. *dáktylos* 'dito'] s. f. ● (*med.*) Anomalia caratterizzata da un numero superiore alla norma delle dita, alle mani e ai piedi. SIN. Polidattilia.

iperdosàggio [comp. di *iper-* e *dosaggio*] s. m. ● (*raro*) Overdose.

iperdulìa [comp. di *iper-* e del gr. *douleía* 'dulia', da *dôulos* 'schiavo', di etim. incerta] s. f. ● Nella teologia cattolica, culto superiore dovuto alla Vergine e non ai Santi.

ipereccitàbile [comp. di *iper-* e *eccitabile*] agg. ● Detto di chi, di ciò che è particolarmente eccitabile.

ipereccitabilità s. f. ● Qualità di chi, o di ciò che, è ipereccitabile.

iperemèsi [comp. di *iper-* e del gr. *émesis* 'vomito', dal v. *emêin*, di origine indeur.] s. f. ● (*med.*) Tendenza a vomitare frequentemente: *i. gravidica.*

iperemìa [comp. di *iper-* e di un deriv. del gr. *hâima* 'sangue', di etim. incerta] s. f. ● (*med.*) Aumento della quantità di sangue presente nei capillari di un organo. SIN. Congestione.

iperèmico agg. (pl. m. *-ci*) ● Che presenta iperemia: *tessuto i.*

iperemizzànte agg. ● (*med.*) Detto di farmaco, mezzo fisico e sim. che provoca iperemia.

iperemotività [comp. di *iper-* ed *emotività*] s. f. ● Emotività eccessiva.

iperemotìvo [comp. di *iper-* ed *emotivo*] agg.; anche s. m. (f. *-a*) ● Che, chi è eccessivamente emotivo.

iperergìa [comp. di *iper-* e del gr. *érgon* 'azione'] s. f. (pl. *-gie*) ● (*med.*) Eccessiva sensibilità agli allergeni che comporta una reazione allergica particolarmente intensa e grave.

iperestensióne [comp. di *iper-* ed *estensione*] s. f. ● Estensione eccessiva di un arto o di una sua parte.

iperestesìa [comp. di *iper-* e di un deriv. del gr. *áisthēsis* 'sensazione' (V. *esteta*)] s. f. ● (*med.*) Aumento della sensibilità agli stimoli nervosi. SIN. Ipersensibilità.

iperfalangìa [comp. di *iper-* e *falange*] s. f. ● (*med.*) Malformazione congenita per cui una o più dita della mano o del piede presentano un numero di falangi superiore al normale.

iperfocàle [comp. di *iper-* e di un deriv. di *f*(*u*)*oco* nel sign. 10] agg. ● (*fot.*) Detto di distanza minima a partire dalla quale tutti i soggetti di una presa fotografica risultano a fuoco.

iperfosforemìa [comp. di *iper-* e *fosforemia*] s. f. ● (*med.*) Concentrazione di composti del fosforo nel sangue superiore alla norma.

iperfunzionànte [comp. di *iper-* e del part. pres. di *funzionare*] agg. ● (*med.*) Che presenta iperfunzione: *ghiandola i.*

iperfunzióne [comp. di *iper-* e *funzione*] s. f. ● (*med.*) Attività esagerata di un organo.

ipergeusìa [vc. dotta, comp. di *iper-* e del gr. *gêusis* 'gusto'] s. f. ● (*med.*) Modificazione in eccesso della funzione gustativa per condizioni patologiche o per affinamento professionale: *i. degli assaggiatori di vino.*

iperglicemìa [comp. di *iper-* e *glicemia*] s. f. ● (*med.*) Aumento del tasso di glucosio nel sangue.

iperglicèmico agg. (pl. m. *-ci*) ● (*med.*) Relativo a iperglicemia | Causato da iperglicemia.

iperglobulìa [comp. di *iper-* e un deriv. di *globulo*] s. f. ● (*med.*) Aumento del numero di globuli rossi nel sangue.

ipergòlo [comp. di *iper-*, del gr. (*ér*)*gon* 'lavoro' e *-olo* (2)] s. m. ● Ogni prodotto combustibile di una classe di prodotti, ad alto potenziale di energia, usabili nella propulsione a razzo.

Ipericàcee [comp. di *iperic*(*o*) e *-acee*] s. f. pl. ● (*bot.*) Guttifere.

ipèrico [vc. dotta, lat. *hyperīcon*, dal gr. *hypér*(*e*)*ikon* 'che sta sotto (*hypó*) l'erica (*er*(*e*)*íke*)'] s. m. (pl. *-ci*) ● Pianta erbacea delle Guttifere con fiori gialli punteggiati di nero, in corimbi, e frutti a capsula con proprietà medicinali (*Hypericum perforatum*).

iperidròsi [comp. di *iper-*, del gr. *hidr*(*ṓs*) e *-osi*] s. f. ● (*med.*) Aumento esagerato e molesto della secrezione sudorale.

iperinflazióne [comp. di *iper-* e *inflazione*] s. f. ● (*econ.*) Situazione in cui la massa di moneta circolante cresce così rapidamente da perdere quasi del tutto il suo valore.

iperleucocitòsi [comp. di *iper-* e *leucocitosi*] s. f. ● (*med.*) Aumento numerico dei globuli bianchi nel sangue.

iperlipemìa o **iperlipidemìa** [comp. di *iper-* e *lipemia*] s. f. ● (*med.*) Eccessiva presenza di lipidi nel sangue.

ipermarket /iper'market/ [parziale adattamento dell'ingl. *hypermarket*, comp. di *hyper* 'iper-' e *market* (V.)] s. m. inv. ● Ipermercato.

ipermenorrèa [comp. di *iper-* e *menorrea*] s. f. ● (*med.*) Abnorme incremento della durata o della quantità del flusso mestruale.

ipermercàto [comp. di *iper-* e *mercato*: calco sull'ingl. *hypermarket*] s. m. ● Centro di vendita al dettaglio con superficie superiore a 2 500 m^2, situato fuori dei centri abitati, su vie di grande comunicazione, fornito di tutti i servizi complementari per la clientela.

ipermetrìa [comp. di *iper-* e *-metria*] s. f. *1* (*med.*) Esagerata ampiezza di movimento di un arto. *2* (*ling.*) Qualità di ipermetro.

ipèrmetro [vc. dotta, lat. *hypĕrmeter*, dal gr. *hypérmetros*, comp. di *hypér* 'sopra' e *métron* 'metro, misura'] agg. ● (*letter.*) Detto di verso avente una sillaba in più del normale che poi, generalmente, si elide con la prima del verso successivo.

ipermètrope [comp. del gr. *hypérmetros* 'che supera (*hypér*) la misura (*métron*)' e un deriv. di *ōps*, genit. *ōpós* 'occhio'] agg.; anche s. m. e f. ● Che, chi è affetto da ipermetropia.

ipermetropìa [da *ipermetrope*] s. f. ● (*med.*) Anomalia della vista causata da un vizio di rifrazione per cui i raggi luminosi vengono messi a fuoco dietro la retina. CFR. Presbiopia.

ipermnesìa [comp. di *iper-* e *-mnesia*] s. f. ● (*med.*) Aumento abnorme della capacità di rievocare i ricordi lontani.

ipernefròma [comp. di *iper-*, *nefr*(*o*)- e del suff. *-oma*] s. m. (pl. *-i*) ● (*med.*) Carcinoma con cellule simili a quelle della corteccia renale; è la più comune fra le neoplasie renali.

ipernutrire v. tr. (coniug. come *nutrire*) ● (*med.*) Superalimentare.

ipernutrito part. pass. di *ipernutrire*; anche agg. ● Nel sign. del v.

ipernutrizióne [comp. di *iper-* e *nutrizione*] s. f. ● (*med.*) Superalimentazione.

iperóne [comp. del gr. *hypér* 'sopra, superiore' e *-one* (2)] s. m. ● (*fis. nucl.*) Particella elementare con massa compresa fra quella del protone e quella del deutone.

iperonimìa [comp. di *iper-* e *-onimia*] s. f. ● (*ling.*) Rapporto semantico tra un vocabolo di significato più generico ed esteso (detto *iperonimo*) e uno o più vocaboli di significato più specifico e ristretto (detti *iponimi*).

iperònimo [comp. di *iper-* e *-onimo*] **A** s. m. ● (*ling.*) Vocabolo di significato più generico ed esteso rispetto a uno o più vocaboli di significato più specifico e ristretto, che sono in esso inclusi (per es. *animale* è un i. rispetto a *cavallo*, *cane*, *gatto*). **B** anche agg.: *vocabolo, termine i.*

iperosmìa [comp. di *iper-* e del gr. *osmḗ* 'odore'] s. f. ● (*med.*) Eccesso di sensibilità olfattiva per alcune sostanze.

iperossìa [comp. di *iper-*, *ossi*(*geno*) e del suff. *-ia*] s. f. ● (*med.*) Aumentata concentrazione di ossigeno nell'organismo, spec. nel sangue.

iperossiemìa [comp. di *iper-*, *ossi*(*geno*) ed *-emia*] s. f. ● (*med.*) Aumentata acidità del sangue.

iperossigenazióne [comp. di *iper-* e *ossigenazione*] s. f. ● Apporto di ossigeno in quantità superiore al normale.

iperostòsi [comp. di *iper-*, *ost*(*eo*)- e del suff. *-osi*] s. f. ● (*med.*) Aumentata densità di un osso o di una sua parte con deformazione più o meno accentuata dello stesso.

iperparassitìsmo [comp. di *iper-* e *parassitismo*] s. m. ● (*biol.*) Condizione in cui un parassita vive a spese di un altro parassita.

iperpiressìa [comp. di *iper-* e *piressia*] s. f. ● (*med.*) Elevazione della temperatura corporea molto al di sopra della norma.

iperpirètico [comp. di *iper-* e *piretico*] agg. (pl. m. *-ci*) ● (*med.*) Relativo a iperpiressia.

iperpituitarìsmo [comp. di *iper-*, *pituitar*(*io*) e del suff. *-ismo*] s. m. ● (*med.*) Eccessiva secrezione degli ormoni della ghiandola ipofisi.

iperplasìa [comp. di *iper-* e del gr. tardo *plásis* 'il plasmare', da *plássein*, di origine indeur.] s. f. ● (*biol.*) Aumento di volume di un organo per aumento numerico degli elementi che lo compongono.

iperplàstico o **iperplàsico** [da *iperplasia*] agg. (pl. m. *-ci*) ● (*biol.*) Di, relativo a, iperplasia: *fenomeno i.* | Che presenta iperplasia: *organo i.*

iperpnèa [da *iper-*, sul modello di *apnea* e *dispnea*] s. f. ● (*med.*) Aumento della ventilazione polmonare, di natura volontaria o riflessa.

iperprotèico [comp. di *iper-* e *proteico*] agg. (pl. m. *-ci*) ● Ad alto contenuto di proteine: *dieta iperproteica.* SIN. Iperprotidico.

iperprotettività s. f. ● Qualità di chi o di ciò che è iperprotettivo.

iperprotettìvo [comp. di *iper-* e *protettivo*] agg. ● Eccessivamente protettivo: *una madre iperprotettiva*; *atteggiamento i.*

iperprotìdico agg. (pl. m. *-ci*) ● (*biol.*) Iperproteico.

iperrealìsmo [comp. di *iper-* e *realismo*] s. m. ● Movimento pittorico americano sorto negli anni '70, caratterizzato dalla rappresentazione della realtà fatta in maniera fotografica e con un'intensificazione ottica tale da rendere l'immagine quasi irreale, come fuori del tempo, e quindi particolarmente allucinante.

iperrealista s. m. e f. (pl. m. *-i*) ● Seguace dell'iperrealismo.

iperrealìstico agg. (pl. m. *-ci*) ● Relativo all'iperrealismo | Basato sulla tecnica dell'iperrealismo.

iperreattività [comp. di *iper-* e *reattività*] s. f. ● (*med.*) Esagerata reattività dell'organismo verso stimoli di varia natura.

iperrecettività [da *iper-* e *recettivo*] s. f. ● (*med.*) Aumentata recettività di un organismo nei confronti di una tossina o di un agente infettante.

iperretroattìvo [comp. di *iper-* e *retroattivo*] agg. ● (*dir.*) Che produce effetti su sentenze passate in giudicato.

ipersecrezióne [comp. di *iper-* e *secrezione*] s. f. ● (*med.*) Eccessiva secrezione tipica delle ghiandole.

ipersensìbile [comp. di *iper-* e *sensibile*] agg. *1* Di chi, di ciò che è dotato di eccessiva sensibilità: *lastra i. alla luce*; *ragazza timida e i.* | (*est.*)

Estremamente facile ad offendersi: *bisogna parlargli con molta dolcezza perché è i.* 2 (*med.*) Di soggetto che soffre di ipersensibilità.

ipersensibilità [comp. di *iper-* e *sensibilità*] s. f. 1 Qualità di chi, di ciò che è ipersensibile. 2 (*med.*) Iperestesia | (*med.*) Abnorme reattività immunitaria verso un antigene, che si manifesta nei contatti successivi al primo; può essere immediata o ritardata.

ipersomìa [comp. di *iper-* e *-somia*] s. f. ● (*med.*) Corporatura notevolmente superiore alla media.

ipersònico [comp. di *iper-* e *sonico*] agg. (pl. m. *-ci*) ● (*aer.*) Supersonico: *missile i.* | Di velocità superiore a circa 5 Mach.

ipersònnia [comp. di *iper-* e *sonno*, con suff. di derivazione] s. f. ● (*med.*) Esagerata tendenza al sonno e all'addormentamento profondo.

ipersostentàre [comp. di *iper-* e *sostentare*] v. tr. ● Sottoporre a, fornire di, ipersostentazione.

ipersostentatóre [comp. di *iper-* e *sostentatore*] **A** agg. ● (*aer.*) Detto di ciò che è atto a ipersostentare q.c.: *dispositivo i.* **B** s. m. ● (*aer.*) Mezzo o dispositivo atto a fornire ipersostentazione, spec. per aumentare la potenza: *i. ad aletta posteriore, a persiana, a getto, a fessura.* ➡ ILL. p. 1759 TRASPORTI.

ipersostentazióne [comp. di *iper-* e *sostentazione*] s. f. ● (*aer.*) Sostentazione maggiorata o incremento di sostentazione oltre quella dei mezzi normali, ottenuta generalmente con dispositivi ipersostentatori | *I. dinamica*, di un dirigibile, dovuta a forze aerodinamiche.

iperspàzio [comp. di *iper-* e *spazio*] s. m. ● (*mat.*) Spazio geometrico avente più di tre dimensioni.

iperstàtico [comp. di *iper-* e *statico*] agg. (pl. m. *-ci*) ● (*mecc.*) Detto di sistema materiale i cui vincoli, esterni o interni, sono in numero superiore a quelli strettamente sufficienti a garantirne l'equilibrio stabile.

iperstenìa [comp. di *iper-* e *stenia*] s. f. ● (*med.*) Notevole aumento della forza muscolare.

ipersuòno [comp. di *iper-* e *suono*] s. m. ● (*fis.*) Suono di frequenza estremamente elevata (superiore a 500-1000 megahertz).

ipersurrenalìṣmo [comp. di *iper-*, *surrenale* e *-ismo*] s. m. ● (*med.*) Stato morboso caratterizzato da aumentata attività delle ghiandole surrenali.

ipertelìa (1) [comp. di *iper-* e di un deriv. del gr. *télos* 'sviluppo'] s. f. ● (*biol.*) Esasperato sviluppo di un carattere anatomico, spec. per opera della selezione sessuale.

ipertelìa (2) [comp. di *iper-* e di un deriv. del gr. *thēlos* 'capezzolo'] s. f. ● (*anat.*) Presenza nella specie umana di capezzoli sovrannumerari, corrispondenti a rudimenti di mammelle.

ipertèmpra [comp. di *iper-* e *tempra*] s. f. ● (*metall.*) Procedimento di raffreddamento rapidissimo di una lega metallica allo stato liquido per ottenere un prodotto solido amorfo o vetro metallico avente particolari proprietà meccaniche, elettriche e magnetiche.

ipertensióne [comp. di *iper-* e *tensione*] s. f. ● (*med.*) Aumento permanente della pressione sanguigna al di sopra dei valori normali: *i. arteriosa.*

ipertensìvo [da *ipertensione*] **A** s. m. ● Sostanza atta a produrre un aumento della pressione sanguigna. **B** anche agg.: *farmaco i.*

ipertermìa [comp. di *iper-* e di un deriv. del gr. *thermós* 'calore'] s. f. ● (*med.*) Aumento della temperatura corporea oltre i valori normali.

ipertéso [comp. di *iper-* e *teso*] agg.; anche s. m. (f. *-a*) ● (*med.*) Che, chi è affetto da ipertensione.

ipertèsto [ingl. *hypertext*, comp. di *hyper-* 'iper-' e *text* 'testo'] s. m. ● Insieme strutturato di informazioni, costituito da testi, note, illustrazioni, tabelle e sim., uniti fra loro da rimandi e collegamenti logici.

ipertiroidèo [comp. di *iper-* e un deriv. di *tiroide*] **A** agg. ● Dell'ipertiroidismo. **B** agg.; anche s. m. (f. *-a*) ● Che, chi è affetto da ipertiroidismo.

ipertiroidìṣmo [comp. di *iper-* e *tiroidismo*] s. m. ● (*med.*) Stato morboso dovuto ad aumentata attività della ghiandola tiroide.

ipertonìa [comp. di *iper-* e un deriv. di *tono* (muscolare)] s. f. ● (*med.*) Aumento del tono muscolare.

ipertònico agg. (pl. m. *-ci*) 1 (*med.*) Dell'ipertonia | Che presenta ipertonia. 2 (*chim.*) Di soluzione che ha pressione osmotica maggiore di un'altra.

ipertòssico [comp. di *iper-* e *tossico* (*1*)] agg. (pl. m. *-ci*) ● (*med.*) Che produce uno stato di gravissima intossicazione.

ipertricòṣi [comp. di *iper-* e *tricosi*] s. f. ● (*med.*) Eccessivo sviluppo dei peli.

ipertrofìa [comp. di *iper-* e di un deriv. del gr. *trophḗ* 'nutrimento' e, quindi, 'aumento'] s. f. ● (*biol.*) Aumento di volume di un organo o tessuto per aumento di volume degli elementi che lo compongono.

ipertròfico **A** agg. (pl. m. *-ci*) 1 (*biol.*) Di, relativo a, ipertrofia. 2 (*fig.*) Che si è eccessivamente accresciuto: *burocrazia ipertrofica.* **B** agg.; anche s. m. (f. *-a*) ● (*med.*) Che, chi è affetto da ipertrofia.

ipertrofiẓẓàre **A** v. tr. ● (*raro*) Rendere ipertrofico, anche fig. **B** v. intr. pron. ● (*biol.*) Diventare ipertrofico: *organo che si ipertrofizza.*

iperurànio [gr. *hyperouránios*, comp. di *hypér* 'sopra' e *ouránios* 'celeste', 'relativo al cielo (*ouranós*)'] **A** agg. ● (*lett.*) Situato oltre il cielo. **B** s. m. ● (*filos.*) Luogo ideale posto al di là del cielo in cui Platone colloca il mondo delle Idee intese come sostanze immutabili ed eterne. SIN. Sopramondo.

iperurbanéṣimo [comp. di *iper-* e *urbano* 'proprio della città', col suff. di caratterizzazione idiomatica *-esimo* (parallelo di *-ismo*)] s. m. ● (*ling.*) Iperurbanismo.

iperurbanìṣmo [comp. di *iper-* e di *urbano* 'proprio della città', col suff. di caratterizzazione idiomatica *-ismo* (parallelo di *-esimo*)] s. m. ● (*ling.*) Adattamento per ipercorrezione di una forma linguistica, spec. dialettale, a un modello ritenuto più colto, spec. perché tipico di un centro urbano in contrapposizione a quello di un centro rurale.

iperurèṣi [comp. di *iper-* 'ultra' e del gr. *óurēsis* 'azione di orinare' (da *ourêin* 'orinare', di origine indeur.)] s. f. ● (*med.*) Poliuria.

iperuricemìa [comp. di *iper-* e *uricemia*] s. f. ● (*med.*) Aumento dell'uricemia oltre i valori normali.

iperventilazióne [comp. di *iper-* e *ventilazione* nel sign. med.] s. f. ● (*med.*) Aumento della ventilazione polmonare dovuto agli atti respiratori più frequenti e più profondi.

ipervitamìnico [comp. di *iper-* e *vitaminico*] agg. (pl. m. *-ci*) ● Che contiene vitamine in numero o quantità molto elevata: *dieta ipervitaminica.*

ipervitaminòṣi [comp. di *iper-* che sostituisce il pref. neg. *a-* di (*a*)*vitaminosi*] s. f. ● (*med.*) Disturbo da eccessiva introduzione di vitamine.

ipervolemìa [comp. di *iper-*, *vol*(*ume*) ed *-emia*] s. f. ● (*med.*) Aumento di volume del sangue circolante.

ipètro [gr. *hýpaithros*, comp. di *hypó* 'sotto' e un deriv. di *áithra* 'etra'] agg. ● Detto di edificio greco, spec. tempio, privo di tetto.

ipnagògico [comp. del gr. *hýpnos* 'sonno' e *agōgós* 'conduttore'] agg. (pl. m. *-ci*) ● (*psicol.*) Detto di immagini visive che si formano mentre ci si addormenta o mentre ci si sveglia: *allucinazione, esperienza, immagine ipnagogica.*

ipno- [dal gr. *hýpnos* 'sonno'] primo elemento ● In parole composte dotte o della terminologia scientifica, significa 'sonno', 'stato di ipnosi': *ipnopedia, ipnotico.*

ipnoanàliṣi [comp. di *ipno*(*si*) e (*psico*)*analisi*] s. f. ● (*med.*) Trattamento psicoterapeutico preceduto dall'induzione di uno stato ipnotico con procedimenti chimici o tramite ipnosi.

ipnògeno [comp. di *ipno-* e *-geno*] agg. ● Che produce sonno.

ipnologìa [ingl. *hypnology*, comp. del gr. *hýpnos* 'sonno' e *-logy* '-logia'] s. f. (pl. *-gie*) ● Trattato del sonno e dei fenomeni a esso connessi.

ipnòlogo s. m. (f. *-a*; pl. m. *-gi*) ● Studioso di ipnologia.

ipnopatìa [comp. di *ipno-* e *-patia*] s. f. ● (*med.*) Tendenza patologica al sonno.

ipnopedìa [comp. di *ipno-* e del gr. *paidéia* 'educazione'] s. f. ● Tecnica di insegnamento per cui si impartiscono nozioni al dormiente per mezzo di apparecchi fonografici.

ipnòṣi [comp. del gr. *hypnôun* 'addormentare', da *hýpnos* 'sonno', e *-osi*] s. f. ● (*psicol.*) Stato psicofisico simile al sonno, provocato artificialmente, caratterizzato da un notevole aumento di suggestionabilità nei confronti della persona che lo ha provocato. SIN. Ipnotismo.

ipnoterapìa [comp. di *ipno-* e *terapia*] s. f. ● (*psicol.*) Impiego dell'ipnosi o come ausilio o come mezzo principale per il trattamento di disturbi fisici o psichici.

ipnoterapìsta [da *ipnoterapia*] s. m. e f. (pl. m. *-i*) ● Chi pratica l'ipnoterapia.

ipnòtico [vc. dotta, lat. *hypnōticu*(*m*), dal gr. *hypnōtikós* 'incline a dormire', da *hypnôun* 'addormentare', da *hýpnos* 'sonno'] **A** agg. (pl. m. *-ci*) 1 Dell'ipnosi: *stato i.* 2 Che è atto a combattere l'insonnia: *farmaco i.* **B** s. m. ● Farmaco che favorisce o provoca un sonno molto simile a quello naturale, con perdita della coscienza ma con la conservazione di una discreta sensibilità. || **ipnoticaménte**, avv. 1 Mediante ipnotismo. 2 In stato di ipnosi: *esegui l'ordine quasi ipnoticamente.*

ipnotìṣmo [ingl. *hypnotism*, da *hypnot*(*ic*) 'ipnotico' col suff. *-ism* '-ismo'] s. m. ● Ipnosi.

ipnotiẓẓàre [ingl. *hypnotize*, da *hypnot*(*ic*) 'ipnotico' col suff. *-ize* '-izzare'] v. tr. (*io ipnotiẓẓo*) 1 Indurre in ipnosi. 2 (*fig.*) Incantare, ammaliare.

ipnotiẓẓatóre s. m. (f. *-trice*) ● Persona capace di indurre in ipnosi.

ipo- [dal gr. *hypó* 'al di sotto, in basso'] primo elemento 1 In parole composte dotte o della terminologia scientifica, significa 'sotto' o indica quantità o grado inferiore al normale: *ipotalamo, ipocinesia.* 2 In chimica inorganica, indica, tra i composti ossigenati di un elemento che ha più di due valenze, quelli a valenza minore: *acido ipocloroso, anidride ipoclorosa, ipoclorito.*

ipoacuṣìa o *ipacusia* [comp. di *ipo-* e di un deriv. del gr. *ákousis* 'udito', dal v. *akóuein* 'sentire'] s. f. ● (*med.*) Indebolimento del senso dell'udito.

ipoacùṣico agg. (pl. m. *-ci*) ● Di ipoacusia | Che soffre di ipoacusia: *bambino i.*

ipoalbuminemìa [comp. di *ipo-*, *albumin*(*a*) ed *-emia*] s. f. ● (*med.*) Diminuzione del tasso ematico di albumina; si verifica spec. nelle nefrosi.

ipoalgeṣìa [comp. di *ipo-*, del gr. *álgesis* 'dolore' e del suff. *-ia*] s. f. ● (*med.*) Ridotta sensibilità agli stimoli dolorifici.

ipoalimentazióne [comp. di *ipo-* e *alimentazione*] s. f. ● (*med.*) Alimentazione insufficiente.

ipoallergènico [comp. di *ipo-* e *allergene*] agg. (pl. m. *-ci*) ● Detto di sostanza che ha una probabilità minima di determinare reazioni allergiche: *cosmetici ipoallergenici.*

ipoaẓotìde [comp. di *ipo-* e un deriv. di *azoto*] s. f. ● Composto ossigenato dell'azoto, gas rosso-bruno di forte potere ossidante, usato per alcuni esplosivi e in chimica organica per reazioni di ossidazione.

ipobàrico [comp. di *ipo-* e *barico* (*1*)] agg. (pl. m. *-ci*) ● Che si riferisce a bassa pressione atmosferica.

ipocalòrico [comp. di *ipo-* e un deriv. di *calore*] agg. (pl. m. *-ci*) ● Che contiene o fornisce un numero di calorie particolarmente basso: *cibo i.*; *dieta alimentare ipocalorica.*

ipocapnìa [comp. di *ipo-* e del gr. *kapnós* 'vapore'] s. f. ● (*med.*) Riduzione del tasso di anidride carbonica disciolta nel plasma spec. in forma di bicarbonato.

ipocàusto [vc. dotta, lat. *hypocāustu*(*m*), dal gr. *hypókauston*, letteralmente 'bruciato sotto', comp. di *hypó* 'sotto' e *kaustós*, da *káiein* 'ardere', di origine indeur.] s. m. ● (*archeol.*) Luogo sotto il pavimento dei bagni o delle case dove si accendeva il fuoco per il riscaldamento ad aria calda.

ipocèntro [comp. di *ipo-* e *centro*] s. m. 1 (*geol.*) Punto nell'interno della crosta terrestre da cui ha origine un terremoto. 2 Nei primitivi Anfibi estinti, il segmento anteriore del gruppo dei tre elementi scheletrici che complessivamente corrispondono a un corpo vertebrale.

ipochilìa [comp. di *ipo-*, *chil*(*o*) (*1*) e del suff. *-ia*] s. f. ● (*med.*) Ridotta secrezione dei succhi gastrici.

ipocinèṣi [comp. di *ipo-* e del gr. *kínēsis* 'movimento', dal v. *kinêin* 'muovere'] s. f. ● (*med.*) Ipocinesia.

ipocinesia s. f. ● (*med.*) Riduzione della motilità volontaria dei muscoli striati.

ipocinètico agg. (pl. m. *-ci*) ● Dell'ipocinesia.

ipocloridria [comp. di *ipo-* e un deriv. di (acido) *cloridrico*] s. f. ● (*med.*) Diminuzione della concentrazione di acido cloridrico nel succo gastrico.

ipoclorito [comp. di *ipo-* e un deriv. di *cloro*] s. m. ● (*chim.*) Sale dell'acido ipocloroso | *I. di sodio*, ottenuto da cloro e idrato sodico, antisettico, usato come sbiancante sia nell'industria che per usi domestici.

ipocloróso [comp. di *ipo-* e un deriv. di *cloro*] agg. ● (*chim.*) Detto di composto ossigenato in cui il cloro è monovalente | *Ossiacido, acido i.*, monobasico, molto debole e instabile, noto solo in soluzione acquosa e sotto forma di sali ipocloriti, dotato di potere ossidante e di azione sbiancante.

ipocolesterolemia [comp. di *ipo-* e *colesterolemia*] s. f. ● (*med.*) Diminuzione del tasso ematico del colesterolo al di sotto della norma.

ipocolia [comp. di *ipo-* e di un deriv. del gr. *cholḗ* 'bile'] s. f. ● (*med.*) Insufficiente secrezione biliare.

ipocondria [vc. dotta, lat. tardo *hypocōndria(m)*, dal gr. *hypochóndria* (pl.) 'ipocondrio, addome', comp. di *hypó* 'sotto' e un deriv. di *chóndros* 'cartilagine'] s. f. *1* Erronea rappresentazione di essere malato, secondo Galeno dovuta all'atrabile, con sensazioni dolorose ai visceri o ad altre parti del corpo che non hanno un riscontro obiettivo. *2* (*lett.*) Grave malinconia: *noiosa i. t'opprime* (PARINI).

ipocondrìaco [gr. *hypochondriakós* 'che si riferisce all'addome o ipocondrio (*hypochóndrion*)'] **A** agg. (pl. m. *-ci*) *1* Dell'ipocondria. *2* (*anat.*) Dell'ipocondrio: *la milza è un organo i.* **B** agg.; anche s. m. (f. *-a*) *1* Che, chi è affetto da ipocondria. *2* (*lett.*) Malinconico.

ipocòndrico agg. (pl. m. *-ci*) ● (*anat.*) Relativo all'ipocondrio.

ipocòndrio [vc. dotta, gr. *hypochóndrion*, comp. di *hypó* 'sotto' e un deriv. di *chóndros* 'cartilagine'] s. m. ● (*anat.*) Parte superiore e laterale dell'addome, limitata in alto dal diaframma e lateralmente e anteriormente dall'arcata costale.

ipocorìstico [gr. *hypokoristikós*, da *hypokorízesthai* 'chiamare con voce carezzevole', comp. di *hypo-* 'ipo-' e *korízesthai* 'coccolare un bambino' (da *kóros* 'fanciullo', d'etim. incerta)] **A** agg. (pl. m. *-ci*) ● (*ling.*) Detto di parola che esprime un affetto tenero. **B** s. m. ● (*ling.*) Appellativo affettuoso, vezzeggiativo, spec. di nomi propri: *Gigi è l'i. di Luigi.*

ipocòtile [comp. di *ipo-* e *cotile(done)*] s. m. ● (*bot.*) Asse dell'embrione che collega le cellule iniziali della radice con i due cotiledoni e la gemma apicale.

ipocraterifórme [comp. di *ipo-*, *cratere* e *-forme*] agg. ● (*bot.*) Detto di corolla gamopetala con i lembi quasi spianati e tubo lungo e sottile.

ipocrisia o †**ipocresia** [vc. dotta, lat. eccl. *hypŏcrisi(m)*, dal gr. *hypókrisis*, dal v. *hypokrínesthai* 'rispondere, recitare una parte', comp. di *hypó* 'sotto' e *krínesthai*, da *krínein* 'giudicare'] s. f. ● Capacità di simulare sentimenti e intenzioni lodevoli e moralmente buone, allo scopo di ingannare qc. per ottenerne la simpatia o i favori: *essere un maestro d'i.*; *io nacqui a debellar tre mali estremi*: / *tirannide, sofismi, i.* (CAMPANELLA) | *I. religiosa*, bacchettoneria | (*est.*) Atto ipocrita: *ha guadagnato la sua stima grazie a continue ipocrisie.* SIN. Doppiezza, falsità.

ipocristallino [comp. di *ipo-* e *cristallino*] agg. ● (*miner.*) Detto di roccia i cui costituenti sono in parte amorfi, in parte cristallini.

ipòcrita [vc. dotta, lat. eccl. *hypócrita(m)*, dal gr. *hypokritḗs* 'attore, ipocrita', da *hypokrínesthai* 'giudicare (*krínein*) da sotto (*hypó*)'] **A** agg. (pl. m. *-i*) ● Che rivela ipocrisia: *sguardo, sorriso i.* | Che agisce con ipocrisia: *un uomo sfuggente e i.* SIN. Falso. || **ipocritaménte**, avv. In modo ipocrita, con ipocrisia. **B** s. m. e f. *1* Persona falsa, che simula doti e virtù che non possiede: *un vile i.*; *O Tosco, ch'al collegio / de l'ipocriti tristi se' venuto* (DANTE *Inf.* XXIII, 91-92). *2* †Commediante, istrione. || **ipocritàccio**, pegg. | **ipocritino**, dim. | **ipocritóne**, accr. | **ipocritùccio**, dim.

†**ipocritico** [vc. dotta, gr. *hypokritikós*, da *hypokritḗs* 'ipocrita'] agg. *1* Detto dell'arte teatrale, rappresentativa. *2* (*raro*) Ipocrita.

†**ipòcrito** agg.; anche s. m. ● Ipocrita.

ipocromia [comp. di *ipo-* e *-cromia*] s. f. *1* (*med.*) Diminuzione al di sotto del valore normale della colorazione di una struttura biologica: *i. cutanea*. *2* (*med.*) Diminuzione del contenuto di emoglobina negli eritrociti al di sotto della norma.

ipocròmico agg. (pl. m. *-ci*) ● (*med.*) Che presenta ipocromia | *Eritrocita i.*, caratteristico della talassemia.

ipodattilia [comp. di *ipo-* e di un deriv. del gr. *dáktylos* 'dito'] s. f. ● (*med.*) Malformazione congenita consistente nella mancanza di uno o più dita della mano o del piede.

ipodèrma (1) [comp. di *ipo-* e del gr. *dérma* 'pelle'] s. m. (pl. *-i*) *1* (*zool.*) Negli Anellidi e negli Artropodi, epidermide. *2* (*anat.*) Il tessuto adiposo sottocutaneo. *3* (*bot.*) Tessuto situato sotto l'epidermide di foglia, fusto e radice di varie piante, costituito da uno o più strati di cellule, e svolgente funzioni meccaniche o acquifere.

ipodèrma (2) [comp. di *ipo-* e del gr. *dérma* 'pelle' con riferimento al suo insediamento] s. m. (pl. *-i*) ● Dannoso insetto dei Ditteri nero e giallo con corpo peloso le cui larve si sviluppano nella pelle dei bovini formando voluminosi noduli sottocutanei (*Hypoderma bovis*). SIN. Estro bovino.

ipodèrmico [da *ipoderma* (1)] agg. (pl. m. *-ci*) ● (*anat.*) Dell'ipoderma | (*med.*) *Iniezione ipodermica*, che si pratica al di sotto del derma.

ipodermoclisi [comp. di *ipoderma* (1) e del gr. *klísis* 'lavatura, lavaggio'] s. f. ● (*med.*) Introduzione di soluzioni medicamentose nel tessuto sottocutaneo.

ipodermòsi [comp. di *ipoderma* (1) e *-osi*] s. f. ● (*veter.*) Malattia parassitaria della pelle dei bovini caratterizzata da nodosità sottocutanee.

ipodòrico [adatt. del gr. *hypodórios* (sott. *tópos* 'modo') 'trasporto in tonalità inferiore (*hypó*) della scala tipica dei Dori (*Dōriêis*)'] agg. (pl. m. *-ci*) ● (*mus.*) Nella loc. *modo i.*, scala di la.

ipodotàto [comp. di *ipo-* e *dotato*] agg.; anche s. m. (f. *-a*) ● (*psicol.*) Detto di soggetto mentale che ha un basso quoziente intellettivo.

ipoestesia [comp. di *ipo-* e di un deriv. del gr. *áisthēsis* 'sensibilità'] s. f. ● (*med.*) Diminuzione della sensibilità nelle sue varie forme.

ipofalangìa [comp. di *ipo-* e *falange*] s. f. ● (*med.*) Malformazione congenita consistente nella mancanza di una o più falangi della mano o del piede.

ipofillo [comp. di *ipo-* e del gr. *phýllon* 'foglia'] s. m. ● (*bot.*) Pagina inferiore delle foglie.

ipofisàrio agg. ● (*anat.*) Dell'ipofisi: *ormone i.*

ipòfisi [gr. *hypóphysis*, comp. di *hypó* 'sotto' e *phýsis* 'natura', 'accrescimento'] s. f. ● (*anat.*) Ghiandola endocrina situata alla base dell'encefalo, nella regione diencefalica, che produce numerosi ormoni a varia attività. ➡ ILL. p. 364, 365 ANATOMIA UMANA.

ipofisina [comp. di *ipofisi* e *-ina*] s. f. ● (*med.*) Estratto del lobo posteriore dell'ipofisi.

ipofonèsi [comp. di *ipo-* e *fonesi*] s. f. ● (*med.*) Ridotta sonorità alla percussione di una parete corporea.

ipofonia [comp. di *ipo-* e *-fonia*] s. f. ● (*med.*) Diminuita intensità della voce.

ipofosfatemia [comp. di *ipo-*, *fosfat(o)* ed *-emia*] s. f. ● (*med.*) Concentrazione dei fosfati nel sangue inferiore alla norma.

ipofosfàto [comp. di *ipo-* e *fosfato*] s. m. ● Sale dell'acido ipofosforico.

ipofosfito [comp. di *ipo-* e *fosfito*] s. m. ● Sale dell'acido ipofosforoso.

ipofosforemia [comp. di *ipo-* e *fosforemia*] s. f. ● (*med.*) Concentrazione di composti del fosforo nel sangue inferiore alla norma.

ipofosfòrico [comp. di *ipo-* e *fosforico*] agg. (pl. m. *-ci*) ● (*chim.*) Detto di composto ossigenato del fosforo pentavalente | *Acido i.*, ossiacido del fosforo tetrabasico, ottenuto per lenta ossidazione del fosforo bianco deliquescente che per riscaldamento si decompone negli acidi fosforico e fosforoso.

ipofosforóso [comp. di *ipo-* e *fosforoso*] agg. ● (*chim.*) Detto di composto ossigenato del fosforo pentavalente | *Acido i.*, ossiacido del fosforo, monobasico, ottenuto per lenta ossidazione della fosfina, dotato di energico potere riducente.

ipofrigio [gr. *hypophrýgios* (sott. *tópos* 'modo') 'trasporto in tonalità inferiore (*hypó*) della scala tipica dei Frigi (*Phrygói*)'] agg. ● (*mus.*) Nella loc. *modo i.*, scala di sol.

ipoftalmìa [comp. di *ipo-* e di un deriv. del gr. *ophtalmós* 'occhio'] s. f. ● (*med.*, *raro*) Infiammazione della parte inferiore dell'occhio.

ipofunzionànte [comp. di *ipo-* e del part. pres. di *funzionare*] agg. ● (*med.*) Che presenta ipofunzione: *ghiandola i.*

ipofunzióne [comp. di *ipo-* e *funzione*] s. f. ● (*med.*) Attività insufficiente di un organo: *i. della tiroide.*

ipogàstrico agg. (pl. m. *-ci*) ● (*anat.*) Relativo all'ipogastrio.

ipogàstrio [vc. dotta, gr. *hypogástrion*, comp. di *hypó* 'sotto' e un deriv. di *gastḗr*, genit. *gastrós* 'ventre'] s. m. ● (*anat.*) Regione inferiore dell'addome.

ipogenitalismo [comp. di *ipo-* e *genital(e)* col suff. di condizione *-ismo*] s. m. ● (*med.*) Stato morboso da ridotta funzione endocrina delle ghiandole sessuali.

ipogèo [vc. dotta, lat. *hypogēu(m)*, dal gr. *hypógaios* 'sotterraneo', comp. di *hypó* 'sotto' e un deriv. di *gê* 'terra', di etim. incerta] **A** agg. *1* (*zool.*) Di organismo che vive in ambiente sotterraneo. *2* (*bot.*) Detto di qualunque organo vegetale che cresce sotto terra. *3* (*est.*) Sotterraneo. **B** s. m. ● Tomba sotterranea.

ipogeusia [vc. dotta, comp. di *ipo-* e del gr. *gêusis* 'gusto'] s. f. ● (*med.*) Riduzione del senso del gusto: *i. da ustioni.*

ipògino [comp. di *ipo-* e di un deriv. del gr. *gynḗ* 'femmina'] agg. ● (*bot.*) Di fiore in cui perianzio e androceo sono inseriti più in basso dell'ovario. CONTR. Epigino.

ipoglicemia [comp. di *ipo-* e *glicemia*] s. f. ● (*med.*) Riduzione del tasso di glucosio nel sangue.

ipoglicèmico agg. (pl. m. *-ci*) ● (*med.*) Relativo a ipoglicemia | Causato da ipoglicemia.

ipoglicemizzànte [da *ipo-* e *glicemico*] **A** agg. ● (*farm.*) Detto di qualsiasi agente in grado di determinare una riduzione della glicemia: *farmaco i., ormone i.* **B** anche s. m.

ipoglicìdico [da *ipo-* e *glicide*] agg. (pl. m. *-ci*) ● (*med.*) Riferito a scarsa presenza di carboidrati: *dieta ipoglicidica.*

ipoglobulia [comp. di *ipo-* e un deriv. di *globulo*] s. f. ● (*med.*) Diminuzione del numero di globuli rossi nel sangue.

ipoglòsso [comp. di *ipo-* e un deriv. del gr. *glôssa* 'lingua'] **A** s. m. ● (*anat.*) Dodicesimo paio di nervi cranici, che innerva i muscoli propri della lingua. **B** anche agg.: *nervo i.*

ipoglòttide [comp. di *ipo-* e *glottide*] s. f. ● (*anat.*) Parte inferiore della lingua.

ipoidròsi [comp. di *ipo-*, del gr. *hidr(ṓs)* e *-osi*] s. f. ● (*med.*) Diminuzione della secrezione sudorale.

ipoleucocitòsi [comp. di *ipo-* e *leucocitosi*] s. f. ● (*med.*) Leucopenia.

ipolidio [gr. *hypolýdios* (sott. *tópos* 'modo') 'trasporto in tonalità inferiore (*hypó*) della scala tipica dei Lidi (*Lydói*)'] agg. ● (*mus.*) Nella loc. *modo i.*, scala di fa.

ipolimnio [comp. di *ipo-* e di un deriv. di *limno-*] s. m. ● In un lago, la zona più profonda e fredda, sovrastata dall'epilimnio.

ipolipemìa [comp. di *ipo-* e *lipemia*] s. f. ● (*med.*) Concentrazione di lipidi nel sangue più bassa della norma.

ipolipìdico [comp. di *ipo-* e *lipidico*] agg. (pl. m. *-ci*) ● (*med.*) Riferito a scarsa presenza di lipidi.

ipomèa [comp. del gr. *íps*, genit. *ipós* 'specie di verme' e *hómoios* 'simile'] s. f. ● (*bot.*) Gialappa.

ipomenorrèa [comp. di *ipo-* e *menorrea*] s. f. ● (*med.*) Presenza di flussi mestruali scarsi o di durata ridotta.

ipòmero [comp. di *ipo-* e *-mero*] s. m. ● (*biol.*) Porzione ventrale del mesoderma dalla quale derivano, tra l'altro, i mesoteli delle pleure, del pericardio e del peritoneo.

ipòmetro [comp. di *ipo-* e *-metro*] agg. ● (*ling.*) Detto di verso inferiore alla misura ordinaria.

ipomètrope [da *ipermetrope*, con sostituzione di pref. a sign. opposto (*ipo-*)] agg.; anche s. m. e f. ● Che, chi è affetto da ipometropia.

ipometropìa [da *ipermetropia*, con sostituzione di pref. a sign. opposto (*ipo-*)] s. f. ● (*med.*) Alterazione del potere di rifrazione dell'occhio per cui l'immagine si forma al davanti della retina. SIN. Miopia.

†**iponèa** [vc. dotta, gr. *hypónoia*, comp. di *hypó* 'sotto' e un deriv. di *nóos* 'mente', di prob. origine indeur.] s. f. ● (*letter.*) Allegoria.

iponimìa [comp. di *ip(o)-* e *-onimia*] s. f. ● (*ling.*) Rapporto semantico tra un vocabolo di significato più specifico e ristretto (detto *iponimo*) e un vocabolo di significato più generico ed esteso (detto *iperonimo*).

ipònimo [comp. di *ip(o)-* e *-onimo*, sul modello dell'ingl. *hyponym*] **A** s. m. ● (*ling.*) Vocabolo di significato più specifico e ristretto rispetto a un vocabolo di significato più generico ed esteso, che lo include (per es. *cavallo* è un i. rispetto ad *animale*). **B** anche agg.: *vocabolo, termine i.*

Iponomèutidi [dal gr. *hyponomeutḗs* 'minatore', der. di *hyponomêuein* 'minare', a sua volta da *hypónomos* 'sotterraneo', comp. di *hypo-* 'ipo-' e *-nomos*, da *némein* 'dividere' (di origine indeur.)] s. m. pl. ● Nella tassonomia animale, famiglia di piccoli Insetti dei Lepidotteri con ali strette e allungate, alcuni dei quali vivono nelle gemme o nei frutti di piante fruttifere (*Hyponomeutidae*) | (al sing. *-e*) Ogni individuo di tale famiglia.

iponutrìre [comp. di *ipo-* e *nutrire*] v. tr. (coniug. come *nutrire*) ● Alimentare, nutrire qc. in misura inadeguata al suo bisogno, spec. recando conseguenze dannose al suo organismo.

iponutrìto part. pass. di *iponutrire*; anche agg. ● Nel sign. del v.

iponutrizióne [comp. di *ipo-* e *nutrizione*] s. f. ● Atto, effetto dell'iponutrire.

ipòpion o (*raro*) **ipòpio** [vc. dotta, gr. *hypópyos*, comp. di *hypó* 'sotto' e *pýos* 'scolo, marcia', di origine indeur.] s. m. ● (*med.*) Raccolta di pus nella camera anteriore dell'occhio.

ipopituitarìsmo [comp. di *ipo-*, *pituitar(io)* e del suff. *-ismo*] s. m. ● (*med.*) Ridotta secrezione degli ormoni dell'ipofisi anteriore.

ipoplasìa [comp. di *ipo-* e del gr. tardo *plásis* 'il plasmare', da *plássein*, di origine indeur.] s. f. ● (*biol.*) Diminuzione di volume di un organo per riduzione del numero delle cellule o per arresto di sviluppo.

ipoplàstico o **ipoplàsico** [da *ipoplasia*] agg. (pl. m. *-ci*) ● (*biol.*) Di, relativo a, ipoplasia: *organo i.*

ipoprotèico [comp. di *ipo-* e *proteico*] agg. (pl. m. *-ci*) ● A basso contenuto di proteine: *dieta ipoproteica*. SIN. Ipoprotidico.

ipoprotìdico agg. (pl. m. *-ci*) ● (*med.*) Ipoproteico.

ipoàchide [comp. di *ipo-* e *rachide*] s. f. o m. ● (*zool.*) Minuto rachide dotato di un vessillo rudimentale presente in alcuni tipi di penne e di piume.

iporchèma o **ipòrchema** [gr. *hypórchēma*, da *hyporchésthai*, comp. di *hyp(ó)* 'sotto' e *orchésthai* 'danzare'] s. m. (pl. *-i*) ● (*letter.*) Canto corale in onore di Apollo accompagnato da danze.

iposcènio [gr. *hyposkḗnion* 'parte posta sotto (*hypó*) alla scena (*skēnḗ*)'] s. m. ● Parte interna e inferiore del palcoscenico.

iposcòpio [comp. di *ipo-* 'sotto' e di un deriv. del gr. *skopêin* 'osservare'] s. m. **1** (*mil.*) Strumento simile al periscopio, ma a visuale più ridotta, usato su mezzi bellici semoventi. **2** (*med.*) Apparecchio applicato sotto il tavolo radiografico per avere radiografie dal basso verso l'alto dei pazienti coricati.

iposistolìa [comp. di *ipo-*, *sistol(e)* e del suff. *-ia*] s. f. ● (*med.*) Riduzione della forza contrattile del miocardio ventricolare; può causare scompenso cardiaco.

iposmìa [comp. di *ipo-* e del gr. *osmḗ* 'odore'] s. f. ● (*med.*) Diminuzione, temporanea o permanente, della sensibilità olfattiva.

iposòdico [comp. di *ipo-* e *sodico*] agg. (pl. m. *-ci*) ● Che contiene poco sodio: *alimenti iposodici*; *dieta iposodica*.

iposolfìto [comp. di *ipo-* e *solfito*] s. m. **1** (*chim.*) Idrosolfito. **2** Nella terminologia commerciale, tiosolfato: *i. di sodio*.

iposolforóso [comp. di *ipo-* e *solforoso*] agg. ● (*chim.*) Detto di ossiacido dello zolfo, non conosciuto né libero né in soluzione, noto sotto forma di sali: *acido i.*

iposomìa [comp. di *ipo-* e *-somia*] s. f. ● (*med.*) Accrescimento corporeo notevolmente inferiore alla norma.

ipospadìa [gr. *hypospadías*, comp. di *hypo-* 'ipo-' e un deriv. di *spadízein* 'ritirare (la pelle)' (da *spân* 'tirare', di origine incerta)] s. f. ● (*med.*) Malformazione dell'uretra per cui essa sbocca alla base del pene.

ipossìa [da *ipo-*, sul modello di *anossia*] s. f. ● (*med.*) Anossia.

ipossiemìa [comp. di *ipo-*, *ossi-* e *-emia*] s. f. ● (*med.*) Mancanza, o insufficienza, di ossigeno nel sangue.

ipòstasi [vc. dotta, lat. *hypŏstasi(m)*, dal gr. *hypóstasis*, comp. di *hypó* 'sotto' e *stásis* 'stasi', come il corrisp. lat. *substāntia* 'sostanza'] s. f. **1** Nella filosofia di Plotino e dei neoplatonici, termine che designa le tre sostanze spirituali, l'Uno, l'Intelletto, l'Anima che insieme alla materia costituiscono il mondo intelligibile. **2** Nella teologia cristiana, persona della Trinità come sostanza assoluta e per sé sussistente | Unione della natura umana e divina. SIN. Incarnazione | Nella scienza delle religioni, personificazione di concetti astratti e di nozioni morali in forme divine. **3** (*ling.*) Passaggio di una parola da una categoria grammaticale a un'altra. **4** (*med.*) Ristagno di sangue nelle parti declivi dell'organismo.

ipostàtico [gr. *hypostatikós*, agg. di *hypóstasis* 'ipostasi'] agg. (pl. m. *-ci*) **1** (*filos.*) Che concerne o interessa l'ipostasi. **2** (*relig.*) Relativo all'ipostasi | *Unione ipostatica*, della natura umana e divina nel Verbo. **3** (*med.*) Di ipostasi | *Macchie ipostatiche*, chiazze sanguigne, violacee, che si formano nelle parti più declivi del cadavere. || **ipostaticaménte**, avv.

ipostatizzàre [da *ipostasi*] v. tr. **1** (*filos.*) Trasformare arbitrariamente una entità fittizia e accidentale come una parola, un concetto, in una vera e propria sostanza. **2** (*est.*, *lett.*) Personificare, incarnare | Rappresentare concretamente. **3** (*ling.*) Unire in una sola parola una locuzione, passando da una categoria grammaticale a un'altra.

ipostatizzazióne s. f. ● Atto, effetto dell'ipostatizzare.

ipostenìa [comp. di *ipo-* e *stenia*] s. f. ● (*med.*) Riduzione delle forze muscolari.

ipostènico agg. (pl. m. *-ci*) ● Di, relativo a, ipostenia.

ipòstilo [gr. *hypóstylos*, comp. di *hypó* 'sotto' e *-stilo*] agg. ● (*raro*) Detto di sala o cella di un tempio in cui il soffitto è sostenuto da colonne.

iposurrenalìsmo [comp. di *ipo-*, *surrenale* e *-ismo*] s. m. ● (*med.*) Diminuzione dell'attività delle ghiandole surrenali.

ipotalàmico agg. (pl. m. *-ci*) ● (*biol.*) Di, relativo a ipotalamo.

ipotàlamo [comp. di *ipo-* e *talamo* nel sign. 4] s. m. ● (*anat.*) Formazione impari e mediana dell'encefalo, che forma la parte inferiore del diencefalo, i cui centri integrano e coordinano molte funzioni somatiche e viscerali.

ipotàssi [gr. *hypótaxis* 'subordinazione', comp. di *hypó* 'sotto' e *táxis* 'ordinamento'] s. f. ● (*ling.*) Procedimento sintattico col quale si uniscono due proposizioni, istituendo fra esse un rapporto di dipendenza.

ipotàttico [gr. *hypotaktikós* 'subordinato', comp. di *hypó* 'sotto' e *taktikós*, agg. di *táxis* 'ordinamento'] agg. (pl. m. *-ci*) ● (*ling.*) Relativo a ipotassi: *proposizione, costruzione ipotattica*.

ipotèca [vc. dotta, lat. *hypothēca(m)*, dal gr. *hypothḗkē* 'deposito', dal v. *hypotithénai* 'porre, collocare (*tithénai*) sotto (*hypó*)'] s. f. ● (*dir.*) Diritto reale di garanzia costituito a favore di un creditore su determinati beni immobili o mobili registrati, al fine di assicurargli, mediante la vendita forzata di tali beni, l'adempimento di una obbligazione: *iscrivere un'i.*; *cancellare un'i.* | (*fig.*) *Avere il giudizio, il cervello in i.*, non averne | *Porre, mettere una seria, grave i. su q.c.*, (*fig.*) essere decisi ad ottenerla o farvi comunque assegnamento.

ipotecàbile agg. ● Che si può ipotecare (*anche fig.*): *beni ipotecabili*; *futuro i.*

ipotecabilità s. f. ● Qualità di ciò che è ipotecabile.

ipotecàre [da *ipoteca*] v. tr. (*io ipotèco, tu ipotèchi*) **1** (*dir.*) Concedere ad altri il potere di iscrivere ipoteca su dati beni | Iscrivere ipoteca su dati beni: *ha ipotecato l'immobile*. **2** (*fig.*) Considerare di propria ed esclusiva spettanza, e agire in conformità: *ha ipotecato la carica di direttore* | (*fig.*) *I. il futuro*, fare piani, progetti e sim. reputandoli di sicura realizzazione.

ipotecàrio [vc. dotta, lat. *hypothecāriu(m)*, da *hypothēca* 'ipoteca'] agg. ● Di ipoteca: *garanzia, iscrizione, annotazione ipotecaria* | Garantito da ipoteca: *debito i.*; *creditore i.*

ipotènar o (*raro*) **ipotenàre** [gr. *hypothénar* 'palmo della mano (*thénar*) verso la parte inferiore (*hypó*)', di diffusione greco-germ.] agg. ● (*anat.*) Detto del rilievo muscolare del palmo della mano, dalla parte del dito mignolo: *eminenza i.*

ipotensióne [comp. di *ipo-* e *tensione*] s. f. ● (*med.*) Diminuzione della pressione arteriosa.

ipotensìvo [da *ipotensione*] **A** s. m. ● Medicamento atto a produrre ipotensione. **B** anche agg.: *farmaco i.*

ipotenùsa [gr. *hypotéinousa*, da *hypotéinein*, comp. di *hypó* 'sotto' e *téinein* 'tendere', di origine indeur., secondo la definizione mat.: *ē tḗn orthḗn gōnían hypotéinousa pleurá* 'lato sottoteso all'angolo retto'] s. f. ● (*mat.*) Lato d'un triangolo rettangolo opposto all'angolo retto.

ipotermìa [comp. di *ipo-* e di un deriv. del gr. *thermós* 'calore'] s. f. ● (*med.*) Abbassamento della temperatura corporea provocato artificialmente con mezzi chimici e fisici per la cura di determinate malattie o per preparazione ad interventi chirurgici.

ipòtesi [gr. *hypóthesis*, comp. di *hypó* 'sotto' e *thésis* 'tesi, posizione', come il corrispondente *supposizione*] s. f. **1** Proposizione, dato iniziale ammesso provvisoriamente per servire di base a un ragionamento, a una dimostrazione, a una spiegazione, e che sarà giustificato dalle conseguenze, dall'esperienza: *formulare un'i.*; *l'i. di Newton*; *una nuova i. sull'origine del cancro*; *dimostrare l'infondatezza di un'i.*; *Nulla è più vivificante di un'i.* (LEVI) | *I. di lavoro*, progetto o proposta che costituisce un primo orientamento per organizzare una ricerca o un'attività in genere. **2** (*mat.*) In un teorema, affermazione che si suppone vera e da cui si ricava la tesi. **3** (*est.*) Supposizione, congettura volta a spiegare eventi di cui non si ha una perfetta conoscenza: *i. improbabile*; *i. attendibile*; *le i. della polizia sulla rapina alla Cassa di Risparmio*; *tanto per fare un'i.* **4** (*est.*) Caso, eventualità: *prospettare un'i.*; *nell'i. che le cose vadano bene*; *se per i. le cose vanno bene*; *le i. sono due*; *non c'è altra i.* | *Nella migliore, nella peggiore delle i.*, nel migliore, nel peggiore dei casi | *In dannata i., nella dannata i. che*, in caso malaugurato, nel caso malaugurato che.

ipotéso [comp. di *ipo-* e del part. pass. di *tendere* in senso medico] agg.; anche s. m. (f. *-a*) ● (*med.*) Che, chi è affetto da ipotensione.

ipotètico [vc. dotta, lat. *hypothĕticu(m)*, dal gr. *hypothetikós*, da *hypóthetos*, agg. verb. di *hypotithénai* 'porre (*tithénai*) sotto (*hypó*)'] agg. (pl. m. *-ci*) **1** Fatto, esposto, considerato per ipotesi: *è un ragionamento i.*; *si tratta di casi del tutto ipotetici*. **2** (*est.*) Dubbio, incerto. **3** (*ling.*) *Periodo i.*, formato dalla protasi e dall'apodosi. || **ipoteticaménte**, avv.

ipotipòsi [vc. dotta, gr. *hypotýpōsis* 'disegno, abbozzo', da *hypotypôun*, comp. di *hypó* 'sotto' e *typôun* 'poggiare, plasmare'] s. f. ● (*ling.*) Figura retorica che consiste nel rappresentare in modo vivo, immediato ed efficace un oggetto, una persona, una situazione e sim., quasi da offrirne l'immagine visiva: *ed el s'ergea col petto e con la fronte / com'avesse l'inferno a gran dispitto* (DANTE *Inf.* X, 35-36).

ipotiroidèo [comp. di *ipo-* e un deriv. di *tiroide*] **A** agg. ● Dell'ipotiroidismo. **B** agg.; anche s. m. (f. *-a*) ● Che, chi è affetto da ipotiroidismo.

ipotiroidìsmo [comp. di *ipo-* e *tiroidismo*] s. m. ● (*med.*) Stato morboso determinato da insufficiente attività della ghiandola tiroide.

ipotizzàbile [da *ipotizzare*] agg. ● Che si può ipotizzare, che si può supporre.

ipotizzàre [da *ipotesi*] v. tr. ● Considerare, ammettere, come ipotesi.

ipotizzazióne s. f. ● Atto, effetto dell'ipotizzare.

ipotonìa [comp. di *ipo-* e un deriv. di *tono* (muscolare)] s. f. ● (*med.*) Diminuzione del tono muscolare.

ipotònico [comp. di *ipo-* e *tonico*] agg. (pl. m. *-ci*) **1** (*med.*) Dell'ipotonia | Che presenta ipotonia. **2** (*chim.*) Di soluzione con pressione osmotica minore rispetto a un'altra.

Ipòtrichi [comp. di *ipo-* e *-trico*] s. m. pl. ● Nella tassonomia animale, gruppo di Ciliati appiattiti con numerosi cirri a funzione deambulatoria formati da ciglia agglutinate (*Hypotricha*) | (al sing. *-co*) Ogni individuo di tale gruppo.

ipotricòsi [comp. di *ipo-* e *tricosi*] s. f. ● (*med.*) Scarsità, localizzata o generalizzata, di peli.

ipotrofìa [comp. di *ipo-* e *-trofia*] s. f. **1** (*med.*) Diminuzione di volume di un organo per diminuzione di volume degli elementi cellulari. **2** (*bot.*) Diminuzione del volume di una cellula o di un organo.

ipotròfico [da *ipotrofia*] agg. (pl. m. *-ci*) ● Che concerne l'ipotrofia | Che presenta ipotrofia.

ipovarìsmo [comp. di *ip(o)-*, *ovar(io)* e del suff. *-ismo*] s. m. ● (*med.*) Ridotta secrezione ormonale dalle ovaie.

ipovedènte [comp. di *ipo-* e *vedente*] agg.; anche s. m. e f. ● Che, chi ha una capacità visiva molto ridotta.

ipovitaminòsi [comp. di *ipo-*, che si sostituisce all'*a-* completamente neg. di *(a)vitaminosi*] s. f. ● (*med.*) Stato patologico da insufficiente apporto di vitamine all'organismo.

ipovolemìa [comp. di *ipo-*, *vol(ume)* e *-emia*] s. f. ● (*med.*) Diminuzione della massa sanguigna.

ipoxantina [comp. di *ipo-* nel sign. 2 e *xantina*] s. f. ● (*chim.*) Base purinica assente negli acidi nucleici che rappresenta un intermedio della degradazione cellulare delle basi puriniche adenina e guanina.

ippagògo [vc. dotta, lat. *hippagōg(os)* (pl.), dal gr. *hippagōgós*, comp. di *híppos* 'cavallo' e *agōgós* 'conduttore', da *ágein* 'condurre', di origine indeur.] s. m. (pl. *-ghi*) ● Antica nave usata per trasportare la cavalleria.

ipparchìa [vc. dotta, gr. *hipparchía*, comp. di *híppos* 'cavallo' e un deriv. di *archḗ* 'comando'] s. f. ● Nell'antica Grecia, squadrone di circa 500 guerrieri a cavallo.

ippàrco [vc. dotta, gr. *hípparchos*, comp. di *híppos* 'cavallo' e un deriv. di *archḗ* 'comando'] s. m. (pl. *-chi*) ● Comandante di un'ipparchia.

ippàrio [gr. *hippárion* 'cavallino', dim. di *híppos* 'cavallo'] s. m. ● Mammifero fossile, progenitore del cavallo.

ippiatrìa [gr. *hippiatría*, da *hippiatrós*, comp. di *híppos* 'cavallo' e *iatrós* 'medico'] s. f. ● (*raro*) Scienza che studia la patologia degli equini.

ippica [vc. dotta, gr. *hippikḗ*, sottinteso *téchnē*, 'arte di guidare il cavallo (*híppos*)'] s. f. ● Lo sport dell'equitazione | L'insieme delle gare che si disputano coi cavalli, spec. le corse che si svolgono negli ippodromi | *Darsi all'i.*, (*fig.*, *fam.*) cambiare mestiere, andare a fare qualche altra cosa, usato spec. in espressioni esclamative, come invito iron. a chi dimostra la propria incapacità in q.c. ➡ ILL. p. 1289 SPORT.

ippico [vc. dotta, gr. *hippikós*, agg. di *híppos* 'cavallo'] agg. (pl. m. *-ci*) ● Relativo ai cavalli da corsa | Che si riferisce all'ippica: *gare ippiche*; *concorso i.*

ippo- [dal gr. *híppos* 'cavallo', di origine indeur.] primo elemento ● In parole composte della terminologia scientifica, significa 'cavallo' o indica relazione col cavallo: *ippocastano*, *ippoglosso*, *ippologia*.

ippobòsca [vc. dotta, gr. *hippoboskós*, comp. di *híppos* 'cavallo' e un deriv. di *bóskein* 'nutrire', con senso, però, rifl. ('che si nutre del cavallo')] s. f. ● Insetto dei Ditteri parassita di molti mammiferi, spec. cavalli, di colore bruno-giallo, lunghe e robuste zampe, volo rapido e scattante (*Hippobosca equina*). SIN. Mosca ragno dei cavalli, mosca cavallina.

ippocàmpo [vc. dotta, lat. *hippocămpu(m)*, dal gr. *hippókampos*, comp. di *híppos* 'cavallo' e *kámpos* 'mostro marino', di etim. incerta] s. m. **1** Pesce osseo marino dei Signatiformi dalla forma sinuosa con profilo cavallino, che nuota in posizione verticale (*Hippocampus guttulatus*). SIN. Cavalluccio marino, ippuro. **2** (*anat.*) Struttura, posta nella superficie mediale dell'emisfero cerebrale, derivata da strati di corteccia cerebrale arrotolati l'uno sull'altro in modo da rassomigliare, in sezione, al profilo di un cavalluccio marino.

Ippocastanàcee [comp. di *ippocastano* e *-acee*] s. f. pl. ● Nella tassonomia vegetale, famiglia di piante delle Dicotiledoni legnose con foglie opposte e frutto a capsula (*Hippocastanaceae*) | (al sing. *-a*) Ogni individuo di tale famiglia. ➡ ILL. piante /5.

ippocastàno [comp. di *ippo-* e un deriv. di *castagno*, perché si riteneva che i frutti guarissero malattie di cavalli] s. m. ● Grande albero delle Ippocastanacee con corteccia bruna e screpolata, fiori in appariscenti pannocchie erette e frutti simili alle castagne ma non commestibili (*Aesculus hippocastanum*). SIN. Castagno d'India.

ippocràtico [vc. dotta, lat. *hippocrătĭcu(m)*, da *Hippŏcrates* 'Ippocrate' (sec. V a.C.)] agg. (pl. m. *-ci*) ● (*med.*) Relativo a Ippocrate e alla sua dottrina | *Scienza ippocratica*, arte medica | *Metodo i.*, fondato sull'osservazione | *Giuramento i.*, formula con cui il medico si impegna a rispettare i principi deontologici della medicina | *Unghia ippocratica*, unghia allargata e abnormemente convessa.

ippòdromo o (*evit.*) **ippodròmo** [vc. dotta, lat. *hippŏdromu(m)*, dal gr. *hippódromos*, comp. di *híppos* 'cavallo' e *drómos* '(pista di) corsa', da *draméin* 'correre', di origine indeur.] s. m. **1** Nel mondo antico, spec. in Grecia, luogo destinato alle corse dei cavalli e dei carri | Percorso, lunghezza di un ippodromo. **2** Impianto in cui si svolgono le corse ippiche, comprensivo di piste per il trotto in sabbia e per il galoppo in erba, oltre che delle tribune, degli edifici dove avvengono le scommesse e di quelli dove si custodiscono e si preparano i cavalli.

ippòfago [gr. *hippophágos* 'mangiatore (da *phágein* 'mangiare') di (carne di) cavallo (*híppos*)'] agg.; anche s. m. (f. *-a*; pl. m. *-gi*) ● Che, chi si ciba di carne equina.

ippòfilo [comp. di *ippo-* e *-filo*] agg.; anche s. m. (f. *-a*) ● Che, chi ama molto i cavalli.

ippoglòsso [comp. di *ippo-* e di un deriv. del gr. *glôssa* 'lingua', per la sua forma piatta] s. m. ● Grosso pesce dei Pleuronettidi, che vive nelle profondità dei mari settentrionali ed è cacciato per le carni (*Hippoglossus hippoglossus*). SIN. Halibut.

ippogrifo [comp. di *ippo-* e *grifo* (3)] s. m. **1** Animale favoloso, cavallo alato con testa di uccello, creato da L. Ariosto nell'*Orlando Furioso*. **2** (*arald.*) Figura consistente in un animale mostruoso metà aquila e metà cavallo.

ippologìa [comp. di *ippo-* e *-logia*] s. f. (pl. *-gìe*) ● Scienza che studia gli aspetti biologici e il sistema di allevamento del cavallo.

ippòlogo [comp. di *ippo-* e *-logo*] s. m. (f. *-a*; pl. m. *-gi*) ● Studioso d'ippologia.

ippòmane (**1**) [vc. dotta, gr. *hippomanḗs*, comp. di *híppos* 'cavallo' e un deriv. di *máinesthai* (V. *mania* (*2*))] agg.; anche s. m. e f. ● (*raro*) Che, chi è un fanatico amatore dei cavalli.

ippòmane (**2**) [gr. *hippomanḗs* 'pianta che eccitava l'ardore dei cavalli', comp. di *hippo-* 'ippo-' e un deriv. di *máinesthai* (V. *mania* (*2*))] s. f. ● Pianta erbacea delle Euforbiacee con foglie carnose, fiori in spiga, frutto a drupa, da cui si ricava un latice molto velenoso usato per avvelenare le frecce (*Hippomane mancinella*).

ippomanzìa [comp. di *ippo-* e *-manzia*] s. f. ● Nelle antiche religioni, arte divinatoria di trarre presagi dai nitriti e dai movimenti dei cavalli.

ipponattèo [vc. dotta, lat. *Hipponactēu(m)*, dal gr. *Hippōnákteios*, da *Hippônax*, genit. *Hippónaktos*, letteralmente 'padrone (*ánax*) di cavallo (*híppos*)', il poeta che per primo l'usò] **A** s. m. ● Nella metrica classica, trimetro giambico in cui l'ultimo piede è un trocheo o uno spondeo. **B** anche agg.: *metro i.*

ippopòtamo [vc. dotta, lat. *hippopŏtamu(m)*, dal gr. *hippopótamos*, comp. di *híppos* 'cavallo' e *potamós* 'fiume'] s. m. ● Grosso mammifero degli Artiodattili non ruminanti, con corpo massiccio e pelle spessa, zampe brevi, amplissima bocca a dentatura completa e robustissima, alimentazione erbivora | *I. anfibio*, vivente lungo i fiumi africani (*Hippopotamus amphibius*) | *I. nano*, delle foreste dell'Africa equatoriale (*Choeropsis liberiensis*).

ippotèrio [comp. di *ippo-* e del gr. *thēríon* 'fiera, bestia', propriamente dim. di *thḗr* 'animale selvaggio', di origine indeur.] s. m. ● Ippario.

ippòtrago [comp. di *ippo-* e del gr. *trágos* 'capro'] s. m. (pl. *-ghi*) ● Grossa antilope africana dalle grandi corna e dal corto pelame (*Hippotragus*).

ippotrainàto [comp. di *ippo-* e *trainato*, part. pass. di *trainare*] agg. ● Di veicolo trainato dai cavalli.

ippùrico [vc. dotta, comp. del gr. *híppos* 'cavallo' e *ôuron* 'urina'] agg. (pl. m. *-ci*) ● (*chim.*, *biol.*) *Acido i.*, acido presente nelle urine degli animali domestici, più raramente in quelle umane, che forma sali aventi azione ipotensiva e coleretica.

ippurite [comp. di *ippo-* e del gr. *ourá* 'coda', per la forma allungata] s. m. ● Mollusco fossile dei Bivalvi dalla grossa conchiglia, presente nel Cretaceo (*Hippurites*).

ippùro [vc. dotta, lat. *hippūru(m)*, dal gr. *híppouros* 'con la coda (*ourá*), come di cavallo (*híppos*)'] s. m. ● (*zool.*) Ippocampo.

iprite o **yprite** [dal n. della città belga *Ypres*, nei pressi della quale fu usata per la prima volta (1917), e *-ite* (*2*)] s. f. ● Potente aggressivo chimico, tossico e vescicatorio, usato nella prima guerra mondiale, preparato per azione dell'etilene sul cloruro di zolfo.

ipse dixit /*lat.* 'ipse 'diksit/ [lat., letteralmente 'egli (*ĭpse*, da *i-* per *ĭs* 'egli' con la partcl. raff. *-pse*) disse (*dīxit*, da *dīcere* 'dire')', che ripete la corrisp. formula gr., riferita ad Aristotele, *autòs épha*] loc. sost. m. inv. ● Egli lo disse, espressione con cui i filosofi scolastici citavano l'autorità di Aristotele e usata ora a deridere o la presunzione del sentenziare o la sottomissione indiscussa all'autorità altrui.

ipsilon o (*pop.*) **ipsilònne**, (*raro*) **ỳpsilon** [dal n. della lettera gr. *y* (*i* nella prn. tarda), definita 'sottile, semplice (*psilón*)'; questa lettera fu definita semplice quando anche *oi* fu pronunciata *ü*] s. f. o m. **1** Ventesima lettera dell'alfabeto greco. **2** Nome della lettera *y* | *A i.*, che si biforca: *strada a i.*; *diramarsi, dividersi a i.*

ipso- [dal gr. *hýpsos* 'altezza, sommità', di origine indeur.] primo elemento ● In parole composte dotte o scientifiche, significa 'altezza', 'sommità': *ipsocefalia*, *ipsometria*.

ipsocefalìa [comp. di *ipso-* e *-cefalia*] s. f. ● (*med.*) Forma di cranio alto e aguzzo.

ipsodónte [comp. di *ipso-* e *-odonte*] agg. **1** (*zool.*) Detto di denti o di dentatura ad accrescimento continuo, con corona alta e radici brevi, quali le zanne degli elefanti, gli incisivi dei roditori o i molari dei cavalli. **2** Detto di animale con denti o dentatura ipsodonti.

ipso facto /*lat.* 'ipso 'fakto/ [lat., letteralmente 'nello stesso (*ĭpso*, abl. di *ĭpse*: V. *ipse dixit*) fatto (*făcto*, abl. del part. pass. sost. di *făcere* 'fare')'] loc. avv. ● Subito, immediatamente.

ipsofillo [comp. di *ipso-* e *-fillo*] s. m. ● (*bot.*) Foglia modificata che, direttamente o indirettamente, partecipa alla fecondazione e alla formazione dell'embrione.

ipsòfilo [comp. di *ipso-* e *-filo*] agg. ● (*biol.*) Detto di pianta o animale che vive nelle zone montane a grandi altitudini.

ipsòfono [comp. di *ipso-* e *-fono*] **A** s. m. ● Apparecchio automatico che registra le telefonate. **B** agg. ● †Che ha voce alta e chiara.

ipsogràfico [comp. di *ipso-* e di un deriv. del gr. *gráphein* 'scrivere', di origine indeur.] agg. (pl. m. *-ci*) ● Detto di linea che, in un diagramma, rappresenta la distribuzione delle aree continentali e oceaniche alle varie altezze e profondità: *curva, linea ipsografica*.

ipso iure /*lat.* 'ipso 'jure/ [letteralmente 'per lo stesso (*ĭpso*, abl. di *ĭpse*: V. *ipse dixit*) diritto (*iūre*, abl. di *iūs* 'giure')'] **loc. agg. inv.** • Detto di ciò che si verifica automaticamente per disposizione di legge, senza bisogno di alcuna declaratoria da parte del giudice o di privati.

ipsometrìa [comp. di *ipso-* e *-metria*] **s. f.** • (*geogr.*) Determinazione della differenza di livello tra due punti mediante misurazione della pressione atmosferica.

ipsomètrico **agg.** (**pl. m.** *-ci*) • Del, relativo all'ipsometro o all'ipsometria.

ipsòmetro [comp. di *ipso-* e *-metro*] **s. m.** • Strumento che permette di determinare la differenza di livello fra due punti misurandone la pressione atmosferica e la temperatura corrispondente.

ìra [vc. dotta, lat. *īra(m)*, di etim. incerta] **s. f.** *1* Impeto dell'animo improvviso e violento che si rivolge contro q.c. o qc.: *infiammarsi, accendersi, avvampare, ardere d'ira; trattenere, placare l'ira; l'ira incita l'anima* (ALBERTI) | *Ira santa*, giustificata | (*fig.*) *Essere accecato dall'ira*, essere oltremodo irato | *Essere in ira a qc.*, essere causa delle sue ire | *Essere in ira a tutti*, inviso, odiato da tutti | *Avere in ira*, odiare. **SIN.** Rabbia. *2* Nella teologia cattolica, uno dei sette vizi capitali, che consiste nell'ingiusto e smodato desiderio di vendetta. *3* (*spec. al pl.*) Gravi discordie: *le ire cittadine*; *le ire di parte*. *4* Collera giusta e punitrice: *l'ira di Dio* | *È un'ira di Dio*, (*fig., fam.*) per indicare persona o cosa terribile e pericolosa | *Dire un'ira di Dio di qc.*, dirne tutto il male possibile | *Fare un'ira di Dio*, provocare un grande disordine o rumore. *5* (*fig.*) Furia: *l'ira degli elementi, del mare, del vento* | (*fig.*) *Essere un'ira scatenata*, di persona infuriata. *6* †Afflizione, dolore.

irachèno o **irakèno** **A** **agg.** • Dell'Iraq: *lingua irachena*. **B** **s. m.** (f. *-a*) • Abitante, nativo dell'Iraq.

Iracoidèi [comp. del gr. *hýrax*, genit. *hýrakos* 'topo', e di un deriv. di *êidos* 'forma, aspetto'] **s. m. pl.** • Nella tassonomia animale, ordine di Mammiferi delle dimensioni di un coniglio, plantigradi, con fitto pelame, erbivori ma forniti di incisivi come i roditori (*Hyracoidea*) | (al sing. *-o*) Ogni individuo di tale ordine.

iracóndia o †**iracùndia** [vc. dotta, lat. *iracŭndia(m)*, da *īra* 'ira'] **s. f.** • Disposizione e facilità all'ira. **SIN.** Irascibilità.

iracóndo o †**iracùndo** [vc. dotta, lat. *iracŭndu(m)*, da *īra* 'ira'] **agg.** • Pronto all'ira, per tendenza naturale o abituale: *essere i.*; *avere un carattere violento e i.* | Di ciò che manifesta ira: *sguardo, cipiglio i.* **SIN.** Irascibile, iroso. || **iracondaménte**, **avv.** (*raro*) Irosamente.

iracotèrio [comp. del gr. *hýrax*, genit. *hýrakos* 'topo', e *thēríon* 'belva'] **s. m.** • Genere di Mammiferi Ungulati dell'Eocene, considerati come i più antichi progenitori degli attuali Equidi (*Hyracotherium*).

†**iracùndia** • V. *iracondia*.

†**iracùndo** • V. *iracondo*.

iradiddìo [comp. di *ira* e *Dio*] **s. f. inv.** • Grande quantità.

irakèno • V. *iracheno*.

iraniàno **A** **agg.** • Dell'Iran attuale: *governo, popolo i.* **B** **s. m.** (f. *-a*) • Abitante, nativo dell'Iran attuale.

irànico **A** **agg.** (**pl. m.** *-ci*) • Dell'Iran, o Persia, spec. antico | *Lingue iraniche*, gruppo di lingue indoeuropee comprendente il persiano dell'Avesta e delle iscrizioni, il parsi, il persiano medievale e moderno, il curdo, l'afganico e il baluci. **B** **s. m.** (f. *-a*) • Ogni appartenente a una popolazione indoeuropea, stanziatasi fin dall'antichità nell'Iran. **C** **s. m.** solo **sing.** • Gruppo delle lingue iraniche.

iranìsta **s. m. e f.** (**pl. m.** *-i*) • Studioso, esperto di iranistica.

iranìstica **s. f.** • Disciplina che studia la storia e la civiltà dell'antico Iran.

†**iràrsi** [da *ira*] **v. intr. pron.** • Adirarsi, arrabbiarsi.

†**iràscersi** [vc. dotta, lat. tardo *irāscere* per *irāsci*, incoativo da *īra* 'ira'] **v. intr. pron.** • (*lett.*) Adirarsi: *non si potea l'un uomo vêr l'altro irascere* (SANNAZARO).

irascìbile [vc. dotta, lat. tardo *irascĭbile(m)*, da *irāsci* 'irascere'] **agg.** • Propenso all'ira, facile ad arrabbiarsi: *temperamento, persona i.* **SIN.** Iracondo.

irascibilità **s. f.** • Facilità a montare in collera, propensione all'ira. **SIN.** Iracondia.

iràto **part. pass.** di †*irarsi*; anche **agg.** *1* Nei sign. del v. *2* *Essere i. in volto*, avere un'espressione irata | (*lett.*) *I. a*, contro. *3* (*fig., lett.*) Scosso da burrasca, tempesta e sim. || **irataménte**, **avv.** Con ira.

ìrbis [russo *irbís*, di origine mongolica] **s. m.** • (*zool.*) Leopardo delle nevi.

ircàno [vc. dotta, lat. *Hyrcānu(m)*, dal gr. *Hyrkanós*, vc. persiana, prob. da *vehrka* 'lupo'] **agg.** • (*lett.*) Dell'Ircania | *Mare, onda ircana*, il Mar Caspio | *Tigre ircana*, (*fig.*) persona dura di cuore.

ircìno [vc. dotta, lat. *hircīnu(m)*, da *hĭrcus* 'irco'] **agg.** • (*lett.*) Di irco, di capra.

ìrco [vc. dotta, lat. *hĭrcu(m)*, di etim. incerta] **s. m.** (**pl.** *-chi*) • (*lett.*) Becco, maschio della capra.

ircocèrvo [comp. di *irco* e *cervo*] **s. m.** *1* (*lett.*) †Mostro favoloso tra il capro e il cervo. *2* (*fig.*) Cosa assurda, chimerica.

ìre [vc. dotta, lat. *īre*, di origine indeur.] **A** **v. intr.** (dif. usato solo nella 2ª pers. pl. del **pres. indic.** e **imper.** *ite*, nelle terze pers. sing. e **pl.** dell'**imperf. indic.** *iva, ivano*, nella seconda pers. sing. e nella terza **pl.** del **pass. rem.** *isti, irono*, nel **fut.** †*irò*, nella prima pers. sing. del **congv. pres.** †*ea*, nel **part. pass.** *ito* e nei tempi composti; aus. *essere*) • (*lett.* o *centr.*) Andare: *languenti e pallide vidi ire / le foglie a terra* (L. DE' MEDICI) | (*tosc.*) *Lasciarsi ire*, indursi a q.c. | (*tosc.*) *Tirare a ire*, tirar via | †*Ire grosso*, in gran numero, in molti | †*Ire su su*, (*fig.*) insuperbire | †*Ire giù, giuso*, (*fig.*) umiliarsi | *C'è che ire*, c'è ancora molta strada | (*fig.*) †Durare: *non può ire oltre*. **B** **v. intr. pron.** • Andarsene, morire: *se n'è bell'e ito*.

-ìre [dalla desinenza lat. dei v. della quarta coniug. (*-īre*)] **suff.** • Proprio dei verbi della terza coniugazione: *benedire, capire, partire*.

irènico [gr. *eirēnikós* 'proprio della pace (*eirḗnē*)'] **agg.** (**pl. m.** *-ci*) • (*lett.*) Ispiratore di pace.

irenìsmo [comp. del gr. *eirḗnē* 'pace' e *-ismo*] **s. m.** • Orientamento teologico che tende all'unione delle differenti confessioni cristiane in base ai loro punti comuni.

irenìsta [da *irenismo*] **s. m. e f.** (**pl. m.** *-i*) *1* Seguace, fautore dell'irenismo. *2* (*raro*) Pacifista.

irenìstico **agg.** (**pl. m.** *-ci*) • Dell'irenismo, dell'irenista.

ìreos [gr. *íris*, genit. (tardo) *íreōs*, letteralmente 'iride', di origine indeur.] **s. m.** *1* (*bot.*) Giaggiolo | Iride. *2* Polvere che si ricava dal rizoma del giaggiolo, con odore di mammola, adoperata in profumeria.

†**ìri** **s. f.** • (*poet.*) Iride.

Iridàcee [comp. di *iride* 'pianta delle gigliacee' e *-acee*] **s. f. pl.** • Nella tassonomia vegetale, famiglia di piante delle Monocotiledoni bulbose o rizomatose, con foglie allungate e appiattite, frutto coriaceo che si apre in tre valve (*Iridaceae*) | (al sing. *-a*) Ogni pianta di tale famiglia. ➡ **ILL. piante** /11.

iridàre [da *iride*] **A** **v. tr.** (*io ìrido*) • Colorare con i colori dell'iride. **B** **v. intr. pron.** • Tingersi con i colori dell'iride: *s'irida, come d'un sorriso, il lago* (PASCOLI).

iridàto **A** **part. pass.** di *iridare*; anche **agg.** *1* Nei sign. del v. *2* *Maglia iridata*, bianca, con fascia orizzontale recante i colori dell'iride, assegnata al corridore ciclista vincitore di una specialità ai campionati del mondo | *Campione i.*, campione del mondo di ciclismo e (*est.*) di altra specialità. **B** **s. m.** • Campione iridato.

ìride [vc. dotta, lat. *īride(m)*, nom. *īris*, dal gr. *íris* 'arcobaleno' e poi, per i loro colori, 'specie di pietra' e 'specie di pianta', di origine indeur.] **s. f.** *1* Correntemente, arcobaleno | (*est.*) Insieme di colori, disposti come quelli dell'arcobaleno, sfumati l'uno nell'altro | *Vestirsi dell'i.*, indossare la maglia iridata di campione del mondo. *2* (*anat.*) Membrana muscolare pigmentata dell'occhio, di colore variabile, a forma e con funzione di diaframma, situata davanti al cristallino. ➡ **ILL.** p. 367 ANATOMIA UMANA. *3* Cristallo di rocca che presenta all'interno i colori dell'iride. *4* Genere di piante erbacee delle Iridacee coltivate per i fiori viola e azzurri con rizoma ricco di sostanze a proprietà purgative ed emetiche (*Iris*) | Giaggiolo. *5* (*zool.*) Farfalla bellissima e rara il cui maschio ha ali nere dai vivacissimi riflessi, vivente nei boschi dell'Italia settentrionale (*Apatura iris*). *6* (*cine*) Mascherino di forma circolare usato per isolare un particolare dell'inquadratura o per il passaggio a un'inquadratura successiva.

iridèo **agg.** • (*anat.*) Relativo all'iride.

iridescènte [da *iride* con applicazione di desinenza propria dei v. in *-escere*] **agg.** • Cangiante nei colori dell'iride: *vernice, smalto i.*; *la terra umida esalò una nebbia i.* (LEVI).

iridescènza [da *iridescente*] **s. f.** • Fenomeno ottico per cui un fascio di luce si decompone nei colori dell'iride: *l'i. delle perle, delle gemme*.

irìdico **agg.** (**pl. m.** *-ci*) • (*chim.*) Detto di composto dell'iridio.

irìdio [dal gr. *íris*, genit. *íridos* 'iride' per i vari colori dei suoi composti] **s. m.** • Elemento chimico, metallo bianco lucente, durissimo, che accompagna i minerali del platino, usato in lega con questo per renderlo più resistente. SIMB. Ir.

iridociclìte [comp. di *iride* e *ciclite*] **s. f.** • (*med.*) Infiammazione dell'iride e del corpo ciliare.

iridologìa [comp. di *iride* e *-logia*] **s. f.** • Disciplina medica che, mediante l'osservazione della struttura, del colore e della densità dell'iride, valuta le condizioni di salute dell'organismo o di singoli organi.

iridòlogo [comp. di *iride* e *-logo*] **s. m.** (f. *-a*; **pl. m.** *-gi*, pop. *-ghi*) • Specialista in iridologia.

iridoscòpio [comp. di *iride* e *-scopio*] **s. m.** • (*med.*) Strumento per esaminare l'iride.

ìris [vc. dotta, lat. *īris* (nom.), dal gr. *íris*, letteralmente 'iride', di origine indeur.] **s. f.** • (*bot.*) Iride | Giaggiolo.

Irish coffee /ingl. 'aiəriʃ 'kɔfi/ [comp. di *irish* 'irlandese' e *coffee* 'caffè'] **loc. sost. m. inv.** (**pl.** ingl. *Irish coffees*) • Bevanda composta di caffè caldo e whisky irlandese, zuccherata e coperta di panna.

irìte (**1**) [per *ir(id)ite*, comp. di *ir(ide)* col suff. di malattia infiammatoria *-ite* (*1*)] **s. f.** • (*med.*) Infiammazione dell'iride.

irìte (**2**) [comp. di *iri(dio)* e (*cromi*)*te*] **s. f.** • Minerale nero e brillante che si presenta in cristalli ottaedrici.

irizzàre [da *IRI* (Istituto per la Ricostruzione Industriale)] **v. tr.** • Porre un'azienda sotto il controllo dell'I.R.I. (Istituto per la Ricostruzione Industriale), mediante acquisizione da parte di questo della totalità, o di una quota, della proprietà aziendale.

irizzàto **part. pass.** di *irizzare*; anche **agg.** • Nel sign. del v.

irlandése **A** **agg.** • Dell'Irlanda: *lingua i.* **B** **s. m. e f.** • Abitante, nativo dell'Irlanda. **C** **s. m.** solo **sing.** • Lingua del gruppo gaelico parlata in Irlanda.

irochése [fr. *iroquois*, di orig. algonchina] **A** **s. m. e f.** • Appartenente a una popolazione indigena dell'America sett., originariamente stanziata nella regione dei laghi Ontario ed Erie e nella valle del San Lorenzo. **B** **agg.** • Relativo a tale popolazione.

iròko [vc. della costa del golfo di Guinea] **s. m. inv.** *1* Albero delle Moracee, di dimensioni gigantesche, diffuso nelle foreste dell'Africa tropicale occidentale (*Chlorophora excelsa*). *2* Legno ricavato da tale albero, di colore giallo bruno, resistente all'umidità, usato per costruzioni marittime, strutture esterne e sim.

iróndine • V. *rondine*.

ironeggiàre [comp. di *ironia* e *-eggiare*] **v. intr.** (*io ironéggio*; aus. *avere*) • Ironizzare.

ironìa [vc. dotta, lat. *ironīa(m)*, dal gr. *eirōnéia*, da *éirōn*, letteralmente 'colui che interroga (fingendo di non sapere)', di etim. incerta] **s. f.** *1* (*filos.*) Svalutazione eccessiva, reale o simulata, di se stessi, del proprio pensiero, della propria condizione | *I. socratica*, quella con cui Socrate fingendo ignoranza interrogava il suo interlocutore per condurlo alla ricerca della verità. *2* Dissimulazione più o meno derisoria del proprio pensiero con parole non corrispondenti a esso: *parlando con sottile i. ci fece comprendere quanto fossimo inopportuni*. *3* (*ling.*) Figura retorica che consiste nel dire il contrario di ciò che si pensa, spec. a scopo derisorio: *Godi, Fiorenza, poi che se' sì grande, / che per mare e per terra batti l'ali* (DANTE *Inf.* XXVI, 1-2). *4* Specie di umorismo sarcastico e beffardo: *non è il caso di fare dell'i. su simili argomenti*. *5* Derisione, scherno: *la sua voce e il suo sguardo* *erano pieni di i.*; *lodarlo tanto e trattarlo così male è un'i.* | *I. della vita, della sorte, del destino*, si dice a proposito di avvenimenti che, arrecando dolore e danni, paiono prendersi gioco di qc.

irònico [vc. dotta, lat. tardo *irōnicu(m)*, dal gr. *eirōnikós*, da *éirōn* 'dissimulatore' (V. *ironia*)] **agg.** (**pl. m.** *-ci*) ● Di chi usa esprimersi con ironia: *quando parla è sempre molto i.* | Di ciò che esprime o manifesta ironia: *sorriso, saluto i.* ‖ **ironicaménte**, **avv.** Con ironia.

ironista [fr. *ironiste*, da *ironiser*, da *ironie* 'ironia'] **s. m. e f.** (**pl. m.** *-i*) ● Chi, specie nei propri scritti, usa abitualmente l'ironia.

ironiẓẓàre [adattamento del fr. *ironiser*, da *ironie* 'ironia'] **A v. tr.** ● Descrivere, esprimere, interpretare con ironia: *i. le sventure altrui.* **B v. intr.** (aus. *avere*) ● Fare dell'ironia su q.c. o qc.: *non bisogna i. sui difetti degli altri.*

iróso [da *ira*] **agg.** ● Pronto all'ira: *carattere, uomo i.* | Che mostra ira: *atteggiamento, tono i.*; *espressione irosa.* ‖ **irosaménte**, **avv.** Con ira, in modo iroso.

IRPEF /'irpef/ [sigla di *I(mposta sul) R(eddito delle) PE(rsone) F(isiche)*] **s. f. inv.** ● Imposta diretta, istituita nel 1973, di carattere personale e progressivo, che colpisce tutti i redditi delle persone fisiche prodotti nel territorio italiano.

IRPEG /'irpeg/ [sigla di *I(mposta sul) R(eddito delle) PE(rsone) G(iuridiche)*] **s. f. inv.** ● Imposta diretta, istituita nel 1973, di carattere personale e proporzionale, che colpisce tutti i redditi delle persone giuridiche.

irpino [vc. dotta, lat. *Hirpīnu(m)*, forse da *hĭrpus* 'lupo', animale sacro a Marte sotto la cui guida gli Irpini sarebbero immigrati nelle proprie sedi d'Italia] **A agg.** ● Dell'Irpinia. **B s. m.** (**f.** *-a*) **1** Abitante, nativo dell'Irpinia. **2** Appartenente alla popolazione sannitica che abitava la regione montuosa tra Benevento, Venosa e Lucera. **3** Giocatore o tifoso della squadra di calcio dell'Avellino.

irraccontàbile [comp. di *in-* (3) e *raccontabile*] **agg.** ● (*raro*) Di ciò che, per le ragioni più varie, non si può raccontare: *avventure, esperienze, avvenimenti irraccontabili.*

irradiaménto **s. m.** ● Atto, effetto dell'irradiare | Arrivo di radiazioni su una superficie.

irradiàre [vc. dotta, lat. tardo *irradiāre*, comp. di *in-* illativo e *rădius* 'raggio', di etim. incerta] **A v. tr.** (*io irràdio*) **1** Pervadere coi propri raggi, rischiarare con la propria luce (*anche fig.*): *la luna irradiava il bosco di candida luce*; *l'amore irradia il suo viso* | (*est.*) Diffondere, sprigionare (*anche fig.*): *la fiamma irradiava un grato calore*; *i. felicità da tutti i pori.* **2** (*fis.*) Sottoporre un materiale o un organismo all'azione delle radiazioni. **B v. intr.** (aus. *essere*) **1** Venir fuori sotto forma di raggi o in modo simile: *una luce intensa irradiava dall'incendio.* **2** (*fig.*) Sprigionarsi: *la gioia che irradia dal tuo viso mi ha contagiato.* **C v. intr. pron.** ● Estendersi e propagarsi in direzioni diverse, partendo da un punto centrale: *da quella piazza si irradiano numerose strade.*

irradiatóre **agg.** (**f.** *-trice*) ● (*raro*) Che irradia.

irradiazióne [vc. dotta, lat. tardo *irradiatiōne(m)*, da *irradiātus* 'irradiato'] **s. f.** **1** Emissione di raggi, di radiazioni da una sorgente: *i. di luce, di calore.* **2** (*est., fig.*) Diffusione, da un unico punto d'origine, in varie direzioni, spec. in tutto il corpo: *l'i. di una sensazione dolorosa.* **3** Esposizione a una radiazione.

irraggiaménto [da *irraggiare*] **s. m.** ● (*fis.*) Irradiazione, nel sign. 1.

irraggiàre [parallelo di *irradiare*, sul modello del quale è stato foggiato] **A v. tr.** (*io irràggio*) **1** Irradiare: *il sole irraggia i pianeti.* **2** Diffondere tutt'attorno (*anche fig.*): *il ferro rovente irraggia calore*; *fatta ... più incantevole dalla coscienza che la irraggiava d'una sicurezza celeste* (NIEVO). **B v. intr. e intr. pron.** (aus. *essere*) ● Irradiare.

irraggiàto **part. pass.** di *irraggiare*; anche **agg.** **1** Nei sign. del v. **2** (*raro, lett.*) Fatto a raggi.

irraggiatóre **agg.**; anche **s. m.** (**f.** *-trice*) ● (*raro, lett.*) Che, chi irraggia.

irraggiungìbile [comp. di *in-* (3) e un deriv. di *raggiungere*] **agg.** ● Impossibile o difficile da raggiungere: *meta i.*; *le irraggiungibili vette alpine*; *l'atleta ormai è i.*

irraggiungibilità **s. f.** ● Qualità di chi o di ciò che è irraggiungibile.

irragionévole [comp. di *in-* (3) e *ragionevole*] **agg.** **1** Privo di ragione, irrazionale: *gli animali sono esseri irragionevoli* | (*est.*) Che non usa il proprio raziocinio o non vuole intendere ragione: *è la persona più i. che io conosco.* **2** Che non è conforme alla ragione: *sospetto, timore, supposizione i.* | Infondato: *una speranza i.* | Eccessivo: *prezzo i.* ‖ **irragionevolménte**, **avv.** In modo irragionevole, senza ragione.

irragionevolézza **s. f.** ● Carattere di chi, di ciò che è irragionevole | (*raro*) Atto irragionevole.

irrancidiménto **s. m.** ● Atto, effetto dell'irrancidire.

irrancidìre [comp. di *in-* (1) e *rancido*] **v. intr.** (*io irrancidìsco, tu irrancidìsci*; aus. *essere*) ● Diventare guasto, rancido, stantio (*anche fig.*): *i grassi irrancidiscono facilmente*; *questa istituzione è irrancidita.*

irrappreṣentàbile [comp. di *in-* (3) e *rappresentabile*] **agg.** **1** Che non si può esporre e far comprendere: *fantasia contorta, i. a una mente sana.* **2** Privo delle qualità e caratteristiche necessarie per la rappresentazione teatrale: *un atto unico i.*

irrappreṣentabilità **s. f.** ● Qualità di ciò che è irrappresentabile.

irrazionàle [vc. dotta, lat. tardo *irrationāle(m)*, comp. di *in-* neg. e *rationālis* 'razionale'] **A agg.** **1** Privo di ragione, irragionevole: *animale i.*; *ma di che debbo lamentarmi, ahi lasso, / fuor che del mio desire i.?* (ARIOSTO) | Che agisce senza usare le proprie facoltà razionali: *un uomo i.* **2** Privo di fondamento logico, di ragionata elaborazione: *atteggiamento, decisione, teoria i.* **SIN.** Illogico. **3** (*filos.*) Che non si lascia ridurre entro gli schemi della ragione. **4** (*mat.*) Non razionale, detto di numero reale, di funzione, e sim. **5** Inadatto a soddisfare le esigenze pratiche, concrete, che ne costituiscono la ragion d'essere: *l'appartamento è bello ma i.* ‖ **irrazionalménte**, **avv.** **B s. m.** ● Ciò che non è razionale, che è privo di ragione: *il razionale e l'i.* **SIN.** Irrazionalità.

irrazionaliṣmo [comp. di *irrazionale* e *-ismo*] **s. m.** ● Qualsiasi dottrina filosofica secondo cui il mondo si presenta come manifestazione di un principio irrazionale.

irrazionalista **A s. m. e f.** (**pl. m.** *-i*) ● Chi segue l'irrazionalismo o s'ispira ad esso. **B agg.** ● Irrazionalistico.

irrazionalìstico **agg.** (**pl. m.** *-ci*) ● Che concerne l'irrazionalismo.

irrazionalità [comp. di *in-* (3) e *razionalità*] **s. f.** ● Qualità di chi, di ciò che è irrazionale.

irreàle [comp. di *in-* (3) e *reale*] **agg.** ● Privo di realtà: *visione i.* ‖ **irrealménte**, **avv.**

irrealìstico [comp. di *in-* (3) e *realistico*] **agg.** (**pl. m.** *-ci*) ● Non realistico, non fondato sulla realtà: *atteggiamento i.*; *ipotesi irrealistiche.* ‖ **irrealisticaménte**, **avv.** In modo irrealistico.

irrealiẓẓàbile [comp. di *in-* (3) e *realizzabile*] **agg.** ● Difficile o impossibile da realizzare: *sogno, piano, impresa i.* **SIN.** Inattuabile.

irrealiẓẓabilità **s. f.** ● Qualità di ciò che è irrealizzabile. **SIN.** Inattuabilità.

irrealtà [comp. di *in-* (3) e *realtà*] **s. f.** ● Mancanza di realtà | Qualità di ciò che è irreale: *l'i. di un progetto, di una illusione.*

†**irreclamàbile** [comp. di *in-* (3) e *reclamabile*] **agg.** ● Di ciò contro cui non si può far reclamo: *provvedimento ingiusto ma i.* | Che non si può recuperare: *beni irreclamabili.*

irreconciliàbile o **irriconciliàbile** [comp. di *in-* (3) e del lat. *reconciliābilis* 'riconciliabile'] **agg.** ● Che non ammette accordi, conciliazioni, compromessi: *opposizione i.*; *questo concilio ... ha fatto le discordie irreconciliabili* (SARPI) | Che rifiuta di riconciliarsi con qc. o q.c.: *nemici irreconciliabili.* ‖ **irreconciliabilménte**, **avv.**

irreconciliabilità o **irriconciliabilità**. **s. f.** ● (*raro*) Qualità di chi, di ciò che è irreconciliabile.

†**irreconoscìbile** ● V. *irriconoscibile.*

irrecuperàbile [vc. dotta, lat. tardo *irrecuperābile(m)*, comp. di *in-* neg. e un deriv. di *recuperāre* 'recuperare'] **agg.** ● Che non si può recuperare: *patrimonio, felicità, salute i.*; *individuo i. alla società.* ‖ **irrecuperabilménte**, **avv.**

irrecuperabilità **s. f.** ● Condizione di chi o di ciò che è irrecuperabile.

irrecuṣàbile [vc. dotta, lat. tardo *irrecusābile(m)*, comp. di *in-* neg. e *recusābilis* 'che si può ricusare'] **agg.** **1** Che non si può ricusare: *proposta, testimonianza i.* **2** Che non si può confutare: *argomento, evidenza i.* **SIN.** Irrefutabile. ‖ **irrecusabilménte**, **avv.**

irrecuṣabilità **s. f.** ● Qualità di ciò che è irrecusabile: *i. della prova.*

irredentìṣmo [comp. di *irredento* e *-ismo*] **s. m.** ● Movimento politico che si propone di liberare le terre della patria soggette allo straniero, spec. quello sorto in Italia contro l'Austria, attivo avanti e durante la guerra del 1915-18.

irredentìsta **A s. m. e f.** (**pl. m.** *-i*) ● Sostenitore dell'irredentismo. **B agg.** ● Irredentistico.

irredentìstico **agg.** (**pl. m.** *-ci*) ● Dell'irredentismo, degli irredentisti.

irredènto [comp. di *in-* (3) e *redento*] **agg.** ● Che non è stato redento, liberato: *una massa irredenta di energia umana* (SCIASCIA) | *Terre, popolazioni irredente, paesi irredenti*, che ancora subiscono una dominazione straniera.

irredimìbile [comp. di *in-* (3) e *redimibile*] **agg.** **1** Che non si può redimere. **2** (*dir.*) Detto del debito pubblico non rimborsabile che lo Stato ha contratto nei confronti dei cittadini, impegnandosi a corrisponderne gli interessi a tempo indefinito.

irredimibilità **s. f.** ● Qualità di chi, di ciò che è irredimibile.

irreducìbile ● V. *irriducibile.*

irrefragàbile [vc. dotta, lat. tardo *irrefragābile(m)*, comp. di *in-* neg. e un deriv. di *refragāri* 'refragare, fare opposizione'] **agg.** ● Che non si può contrastare, oppugnare: *documento, tesi i.*; *ragioni irrefragabili.* ‖ **irrefragabilménte**, **avv.** In modo inoppugnabile, inconfutabile.

irrefragabilità **s. f.** ● Qualità di ciò che è irrefragabile: *i. della prova del documento.*

irrefrenàbile [comp. di *in-* (3) e del lat. *refrenābilis* 'raffrenabile'] **agg.** ● Che non si può frenare: *sdegno, impeto, gioia, impulso i.*; *la risata gli scattava i.* (PIRANDELLO). **SIN.** Incoercibile, irreprimibile. ‖ **irrefrenabilménte**, **avv.**

irrefrenabilità **s. f.** ● Qualità di ciò che è irrefrenabile.

irrefutàbile [vc. dotta, lat. tardo *irrefutābile(m)*, comp. di *in-* neg. e *refutābilis*, da *refutāre* 'confutare'] **agg.** ● Che non si può confutare o negare: *argomento, prova i.* **SIN.** Inoppugnabile, indiscutibile. ‖ **irrefutabilménte**, **avv.** In maniera irrefutabile.

irrefutabilità **s. f.** ● Qualità di ciò che è irrefutabile.

irreggimentàre [adattamento del fr. *enrégimenter*, comp. di *en-* 'in-' illativo e *régiment* 'reggimento'] **v. tr.** (*io irreggiménto*) **1** Incorporare in un reggimento | Ordinare in reggimento. **2** (*fig.*) Sottoporre qc. a una intensa disciplina, inquadrandone l'attività entro schemi o sistemi rigidi, che mortificano la personalità e libertà individuale: *hanno irreggimentato tutti i loro adepti.*

irreggimentazióne **s. f.** ● Atto, effetto dell'irreggimentare.

irregolàre [vc. dotta, lat. mediev. *irregulāre(m)*, comp. di *in-* neg. e *regulāris* 'regolare'] **A agg.** **1** Che non è conforme alla regola, che contrasta con le consuetudini, le istituzioni, le norme stabilite e sim.: *uomo di vita, di condotta i.*; *atto, contratto i.* | *Azione, intervento i.*, in vari sport, azione scorretta, fallo. **2** Che si discosta dal tipo o dalla forma consueta: *naso, bocca i.* | *Stagione i.*, più calda o più fredda del consueto; incostante e variabile | *Metro i.*, discorde | *Calice, corolla i.*, quando i sepali o i petali non sono distribuiti simmetricamente rispetto all'asse fiorale | *Galassia i.*, che non ha alcuna particolare forma geometrica | *Milizie irregolari*, corpi di truppa non inquadrati organicamente nelle forze armate di uno Stato, comandati da propri capi e non soggetti alla disciplina ordinaria né alle normali leggi di reclutamento. **3** Detto di fatto linguistico non del tutto conforme ad un tipo considerato dominante: *verbo i., plurali irregolari*; *coniugazione i.* **4** Che manca di uniformità, di continuità e sim.: *il fenomeno ha una durata i.*; *sul lavoro abbiamo un rendimento i.* | (*fis.*) *Moto i.*, quello che non mantiene direzione e velocità costanti | (*med.*) *Polso i.*, alterato in uno qualsiasi dei suoi caratteri | Disordinato:

dall'alto appariva un panorama i. di tetti e comignoli. || **irregolarménte**, avv. In modo irregolare; disordinatamente. **B** s. m. *1* Soldato appartenente alle milizie irregolari. *2* (*zool.*) Ogni individuo appartenente alla sottoclasse degli Irregolari.

Irregolàri s. m. pl. • Nella tassonomia animale, sottoclasse di Echinoidei con spiccata simmetria bilaterale e corpo appiattito (*Irregularia*).

irregolarità s. f. *1* Caratteristica di ciò che è irregolare: *i. della figura, degli intervalli, del documento.* *2* Nel diritto canonico, impedimento perpetuo che vieta la recezione dell'ordine sacro. *3* Azione costituente violazione di una norma, di un ordine, di un obbligo: *commettere una i.; i. amministrativa* | (*sport*) Fallo o azione scorretta.

irregressìbile [comp. di *in-* (*3*) e un deriv. di *regredire*] agg. • Che non può regredire.

irrelàto [ingl. *irrelated*, comp. di *in-* (*3*) e di un deriv. del lat. *relātus* (V. *relato*)] agg. • Che non ha relazione o connessione con altra cosa: *elementi irrelati.*

irreligióne [vc. dotta, lat. tardo *irreligiōne(m)*, comp. di *in-* neg. e *relĭgio*, genit. *religiōnis* 'religione'] s. f. • Mancanza di religione, contrarietà o disprezzo verso la religione.

irreligiosità [vc. dotta, lat. crist. *irreligiositāte(m)*, comp. di *in-* neg. e *religiōsitas*, genit. *religiositātis* 'religiosità'] s. f. • Carattere di chi, di ciò che è irreligioso | Atto o comportamento contrario alla religione.

irreligióso [vc. dotta, lat. *irreligiōsu(m)*, comp. di *in-* neg. e *religiōsus* 'religioso'] agg. *1* Privo di sentimenti religiosi o indifferente verso la religione: *un uomo totalmente i.* *2* Contrario alla religione: *le sue idee sono nettamente irreligiose* | Empio: *parole irreligiose.* || **irreligiosaménte**, avv. Con irreligione.

irremeàbile [vc. dotta, lat. *irremeābile(m)*, comp. di *in-* neg. e *remeābilis* 'remeabile'] agg. • (*raro, lett.*) Che non si può percorrere in senso inverso | Da cui non si può tornare indietro: *la i. porta dell'Averno.*

†**irremediàbile** • V. *irrimediabile.*

†**irremediévole** agg. • Irrimediabile.

irremissìbile [vc. dotta, lat. eccl. *irremissĭbile(m)*, comp. di *in-* neg. e *remissĭbilis* 'remissibile'] agg. *1* Che non si può rimettere, condonare, perdonare: *peccato, errore i.* | Di chi non perdona. *2* †Inderogabile. || **irremissibilménte**, avv. Senza remissione o rimedio: *irremissibilmente condannato, perduto.*

irremissibilità s. f. • (*raro*) Condizione di ciò che è irremissibile.

irremovìbile [comp. di *in-* (*3*) e di un deriv. del lat. *removēre* 'rimuovere'] agg. *1* (*raro*) Impossibile o difficile da rimuovere: *difficoltà irremovibili.* *2* (*fig.*) Che non si può mutare, modificare: *volontà, proposito i.* | Pervicace: *è i. nella sua decisione.* SIN. Inesorabile. || **irremovibilménte**, avv.

irremovibilità s. f. • Condizione di ciò che è irremovibile: *l'i. di un proposito, di una condanna* | Carattere di chi è irremovibile.

irremuneràbile [vc. dotta, lat. tardo *irremunerābile(m)*, comp. di *in-* neg. e un deriv. di *remunerāre* 'rimunerare'] agg. • (*raro*) Che non si può remunerare: *servigio i.*

irremuneràto [vc. dotta, lat. tardo *irremunerātu(m)*, comp. di *in-* neg. e *remunerātus* 'rimunerato'] agg. • (*raro*) Privo di remunerazione.

ìrre òrre [vc. onomat.] s. m. inv. • Incertezza, tergiversazione, indecisione: *dimmi chiaramente cosa vuoi senza tanti irre orre.*

irreparàbile [vc. dotta, lat. *irreparābile(m)*, comp. di *in-* neg. e *reparābilis* 'riparabile'] **A** agg. *1* Di ciò a cui non si può porre riparo, rimedio: *sventura, danno, perdita i.* SIN. Irrimediabile. *2* Che non si può evitare: *si sentiva minacciato da una i. rovina.* || **irreparabilménte**, avv. **B** s. m. • Ciò che è irreparabile: *il timore dell'i.*

irreparabilità s. f. • Qualità di ciò che è irreparabile: *l'i. del disastro.*

irreperìbile [comp. di *in-* (*3*) e *reperibile*] agg. • (*dir.*) Detto dell'imputato di cui non risultino il luogo di abitazione o di esercizio professionale, di dimora o di recapito | (*est.*) Di chi, di ciò che, non si riesce a reperire, a trovare: *testamento, persona i.* | *Rendersi i.*, non farsi trovare mai. || **irreperibilménte**, avv.

irreperibilità s. f. • Condizione di chi, di ciò che è irreperibile: *l'i. di un luogo, di una persona.*

irrepetìbile e *deriv.* • V. *irripetibile* e *deriv.*

†**irreposcìbile** [vc. dotta, lat. tardo *irreposcĭbile(m)*, comp. di *in-* neg. e un deriv. di *repōscere* 'richiedere', da *pōscere*, di origine indeur.] agg. • Che non si può ridomandare.

irreprensìbile [vc. dotta, lat. tardo *irreprehensĭbile(m)*, comp. di *in-* neg. e *reprehensĭbilis* 'riprensibile'] agg. • Che non merita appunti o critiche di sorta: *vita, condotta, lavoro, giudice i.* SIN. Ineccepibile. || **irreprensibilménte**, avv.

irreprensibilità s. f. • Qualità di chi, di ciò che è irreprensibile: *è nota a tutti l'i. della sua vita.*

irreprimìbile [comp. di *in-* (*3*) e *reprimibile*] agg. • (*raro*) Che non si può contenere, reprimere.

†**irreprobàbile** [comp. di *in-* (*3*) e di un deriv. del lat. tardo *reprobāre* 'riprovare'] agg. • Che non si può riprovare.

irrepugnàbile [comp. di *in-* (*3*) e di un deriv. del lat. *repugnāre* 'ripugnare'] agg. *1* (*dir.*) Che non può essere privato di efficacia anche se accertato non veridico: *prova i.* *2* (*lett.*) Inoppugnabile, incontrastabile. || **irrepugnabilménte**, avv.

irrequietézza s. f. • Qualità di chi, di ciò che è irrequieto: *i. d'animo.*

irrequièto [vc. dotta, lat. tardo *irrequiētu(m)*, comp. di *in-* neg. e *requiētus*, part. pass. di *requiēscere* 'riposare'] agg. • Che non sta mai quieto, che non trova requie: *ragazzo, malato i.; tutta la notte ... era un calpestio i., un destarsi improvviso di muggiti e di belati* (VERGA). || **irrequietaménte**, avv.

irrequietùdine [da *irrequieto* sul modello di *inquietudine*] s. f. • Stato d'irrequietezza spec. interiore.

irresistìbile [comp. di *in-* (*3*) e un deriv. di *resistere*] agg. • Di ciò a cui non si può resistere: *argomento, necessità, eloquenza, fascino i.* | *Persona i.*, di grande fascino. || **irresistibilménte**, avv.

irresistibilità s. f. • (*raro*) Qualità di chi, di ciò che è irresistibile.

irresolùbile [vc. dotta, lat. tardo *irresolūbile(m)*, comp. di *in-* neg. e *resolūbilis* 'risolubile'] agg. *1* Che non si può sciogliere, disfare: *legame i.* *2* (*fig.*) Che non si riesce a risolvere: *questione i.* || **irresolubilménte**, avv.

irresolubilità s. f. • Qualità di ciò che è irresolubile.

irresolutézza o **irrisolutézza**, s. f. • L'essere irresoluto. SIN. Indecisione, perplessità.

irresolùto o **irrisolùto** [vc. dotta, lat. *irresolūtu(m)*, comp. di *in-* neg. e *resolūtus* col senso di 'risoluto'] agg. *1* Privo di risolutezza, decisione: *una persona irresoluta; dunque t'esponi / irresoluta a sì gran passo?* (METASTASIO). SIN. Incerto, indeciso, perplesso. *2* (*lett.*) Insoluto: *problema i.* || **irresolutaménte**, avv. Con irresolutezza.

irresoluzióne o **irrisoluzióne** [fr. *irrésolution*, comp. di *in-* neg. e *résolution* 'risoluzione'] s. f. • Esitazione, indecisione, perplessità: *non era ... in Cesare ... negligenza, né i.* (GUICCIARDINI).

irrespiràbile [vc. dotta, lat. *irrespirābile(m)*, comp. di *in-* neg. e un deriv. di *respirāre* 'respirare'] agg. *1* Che non si può respirare, che è dannoso se respirato: *aria i.; miasmi, esalazioni irrespirabili.* *2* (*fig.*) Di luogo, ambiente o situazione insopportabili, estremamente negativi: *un clima politico i.*

irrespirabilità s. f. • Qualità di ciò che è irrespirabile: *l'i. dell'aria.*

irresponsàbile [comp. di *in-* (*3*) e *responsabile*] **A** agg. *1* Di chi non è o non può essere ritenuto responsabile di q.c.: *l'hanno incolpato ma è i.* *2* (*dir., raro*) Che gode di immunità. *3* Che non è cosciente dei propri atti, spec. per malattie o incapacità di mente: *un individuo i.* | (*est.*) Di chi, per leggerezza e sim., non considera o valuta la portata delle proprie azioni: *un giovane i.* || **irresponsabilménte**, avv. In modo irresponsabile: *comportarsi irresponsabilmente.* **B** s. m. e f. *1* Chi per superficialità o sim. non riflette sulla portata delle proprie azioni: *ti sei comportato da vero i.* *2* (*dir.*) Chi non è imputabile.

irresponsabilità [comp. di *in-* (*3*) e *responsabilità*] s. f. • Caratteristica di chi è irresponsabile.

†**irrestoràbile** [comp. di *in-* (*3*) e *restorabile*] agg. • Irreparabile: *il danno della morte è i.* (TASSO).

irrestringìbile [comp. di *in-* (*3*) e *restringibile*] agg. • Detto di tessuto in lana o cotone che non riduce le sue dimensioni sotto l'azione dell'acqua o dei bagni di lavatura.

irrestringibilità s. f. • Qualità di ciò che è irrestringibile.

irretiménto s. m. • (*raro*) Atto, effetto dell'irretire.

irretìre o **inretìre** [vc. dotta, lat. *irretīre*, comp. di *in-* illativo e *rēte* 'rete'] v. tr. (*io irretìsco, tu irretìsci*) *1* (*raro*) Prendere nella rete: *irretì rari esemplari di fauna marina.* *2* (*fig.*) Accalappiare con l'inganno: *i. gli ingenui* | Sedurre: *i. con lusinghe, con arti sottili; quando le sfuggi, tenta di irretirti da lontano* (MORANTE). *3* (*fig.*) Impacciare, impigliare: *i. qc. in dubbi e scrupoli eccessivi.*

irretrattàbile e *deriv.* • V. *irritrattabile* e *deriv.*

irretroattività [comp. di *in-* (*3*) e *retroattività*] s. f. • (*dir.*) Qualità di ciò che è irretroattivo: *i. della legge.*

irretroattìvo [comp. di *in-* (*3*) e *retroattivo*] agg. • (*dir.*) Non retroattivo: *patto i.*

irreverberàto [comp. di *in-* (*3*) e *reverberato*] agg. • Che non è ripercosso indietro: *raggio i.* | (*est.*) Che non è colpito da luce eccessiva.

irreverènte e *deriv.* • V. *irriverente* e *deriv.*

irreversìbile [comp. di *in-* (*3*) e *reversibile*] agg. • Che può effettuarsi in un solo senso o verso, che non può aver luogo in modo inverso: *processo chimico i.; il progresso è un fenomeno i.* | (*dir.*) *Pensione i.*, che non può essere devoluta ad altri che al titolare.

irreversibilità [comp. di *in-* (*3*) e *reversibilità*] s. f. • Caratteristica di ciò che è irreversibile.

irrevocàbile [vc. dotta, lat. *irrevocābile(m)*, comp. di *in-* neg. e *revocābilis* 'revocabile'] agg. • Che non si può revocare, annullare, modificare e sim.: *provvedimento, ordinanza i.; ordine i.; la nostra decisione è i.; mandato in i. esilio* (BOCCACCIO) | *Sentenza i.*, non più soggetta ai mezzi ordinari d'impugnazione. || **irrevocabilménte**, avv.

irrevocabilità s. f. • Qualità di ciò che è irrevocabile.

irrevocàto [vc. dotta, lat. *irrevocātu(m)*, comp. di *in-* neg. e *revocātus*, part. pass. di *revocāre* 'revocare'] agg. *1* Che non ha subìto revoche o cambiamenti: *una disposizione irrevocata.* *2* (*lett.*) Che non è richiamato alla memoria e le si ripresenta in modo spontaneo: *sempre al pensier tornavano / gl'irrevocati dì* (MANZONI).

irricevìbile [comp. di *in-* (*3*) e *ricevibile*] agg. • (*dir.*) Di istanza, ricorso e sim. che non possono esser presi in considerazione dall'autorità giudiziaria o amministrativa per mancanza di requisiti formali: *appello i.*

irricevibilità s. f. • Condizione di ciò che è irricevibile.

irriconciliàbile e *deriv.* • V. *irreconciliabile* e *deriv.*

irriconoscènte [comp. di *in-* (*3*) e *riconoscente*] agg. • Che non mostra riconoscenza, ingrato: *mostrarsi i. verso qc.*

irriconoscìbile o †**irreconoscìbile** [comp. di *in-* (*3*) e *riconoscibile*] agg. • Che non si può riconoscere, che si riconosce con difficoltà: *era i. sot to il pesante trucco.* || **irriconoscibilménte**, avv.

irriconoscibilità s. f. • Qualità di chi, di ciò che è irriconoscibile.

irridènte part. pres. di *irridere*; anche agg. • (*lett.*) Nel sign. del v.

irrìdere [vc. dotta, lat. *irrīdēre*, comp. di *in-* 'su' e *rīdēre* 'ridere'] v. tr. (coniug. come *ridere*) • (*lett.*) Deridere, schernire, dileggiare: *pace, che il mondo irride, / ma che rapir non può* (MANZONI).

irriducìbile o (*lett.*) **irreducìbile** [comp. di *in-* (*3*) e *riducibile*] **A** agg.; anche s. m. e f. nei sign. 2 e 3 *1* Che non si può diminuire, ridurre: *proposta, richiesta, cifra i.* | (*mat.*) *Frazione i.*, ridotta ai minimi termini, nella quale numeratore e denominatore sono primi fra loro. *2* Che non si può piegare: *volontà, ostinazione i.; c'è ... un mistero i., qualunque sia l'altezza a cui possa arrivare la scienza* (UNGARETTI). SIN. Incoercibile, inesorabile. *3* (*fig.*) Fermamente convinto delle proprie opinioni, che non desiste dal proprio proposito o difetto: *un terrorista i.; un bevitore i.* *4* (*med.*) Di organo o parte di esso che ha perso la sua normale sede e non può essere riposto nella posizione naturale: *ernia i.* || **irriducibilménte**, avv. **B** agg.; anche s. m. e f. ● Detto di chi non si piega, non recede dalle sue convinzioni: *un terrorista i.*

irriducibilità s. f. ● Qualità di ciò che è irriducibile. SIN. Incoercibilità, inesorabilità.

irriferìbile [comp. di *in-* (3) e *riferibile*] agg. ● Che non si può riferire, perché sconveniente, indecente, osceno e sim.: *parole irriferibili.*

irriflessióne [comp. di *in-* (3) e *riflessione*] s. f. ● Insufficienza o mancanza di riflessione: *agire con impulsività e i.* SIN. Leggerezza.

irriflessività s. f. ● Qualità di chi o di ciò che è irriflessivo.

irriflessìvo [comp. di *in-* (3) e *riflessivo*] agg. ● Di chi è sventato, sconsiderato nell'agire: *ragazzo i.* | Che è fatto senza riflettere, con leggerezza: *movimento i.*; *reazione irriflessiva.* || **irriflessivaménte**, avv.

irriformàbile [comp. di *in-* (3) e *riformabile*, sull'esempio del lat. tardo *irreformābilis*] agg. ● (*raro*) Che non si può riformare.

irriformabilità s. f. ● (*raro*) Qualità di ciò che è irriformabile.

irrigàbile agg. ● Che si può irrigare, che si irriga facilmente: *un terreno fertile e i.*

irrigabilità s. f. ● Qualità di ciò che è irrigabile.

irrigaménto s. m. ● Irrigazione.

irrigàre [vc. dotta, lat. *irrigāre*, comp. di *in-* raff. e *rigāre* 'condurre (acqua), bagnare', di etim. incerta] v. tr. (*io irrigo, tu irrighi*) **1** Dare acqua al terreno per assicurare il normale sviluppo delle piante nei periodi di siccità. **2** (*est.*) Attraversare un territorio, una regione, detto di corsi d'acqua: *l'Adige irriga il Trentino e il Veneto.* **3** (*fig.*) Bagnare largamente: *i. di sangue il campo di battaglia.* **4** (*med.*) Trattare con irrigazioni. **5** †Diffondere, spargere.

irrigàto part. pass. di *irrigare*; anche agg. ● Nei sign. del v.

irrigatóre [vc. dotta, lat. tardo *irrigatōre(m)*, da *irrigātus* 'irrigato'] **A** agg. (f. *-trice*) ● Che irriga: *fosso i.* **B** s. m. **1** (*agr.*) Apparecchio per distribuire l'acqua nell'irrigazione a pioggia. **2** (*med.*) Strumento per irrigazioni.

irrigatòrio agg. ● Utile per l'irrigazione: *canale i.*

irrigazióne [vc. dotta, lat. *irrigatiōne(m)*, da *irrigātus* 'irrigato'] s. f. **1** (*agr.*) Atto, effetto dell'irrigare | Complesso di opere tendenti alla distribuzione di acqua su un territorio agricolo | *Fosso d'i.*, che adduce l'acqua al terreno da irrigare | *I. a pioggia*, per aspersione | *I. a sorso*, quella in cui l'acqua affluisce a impulsi | *I. a goccia*, quella in cui l'acqua cola a piccole quantità e a ritmo lento. **2** (*med.*) Introduzione di liquidi medicamentosi a determinata pressione in una cavità mucosa, nasale, vescicale, vaginale e sim.

irrigidiménto s. m. ● L'irrigidire, l'irrigidirsi: *l'i. di un muscolo, di una pena, di una posizione assunta* | Condizione di chi, di ciò che è rigido: *l'i. del cadavere.*

irrigidìre [comp. di *in-* (1) e *rigido*] **A** v. tr. (*io irrigidìsco, tu irrigidìsci*) ● Rendere rigido o più rigido (*anche fig.*): *il freddo irrigidisce le membra*; *le sofferenze gli hanno irrigidito il cuore* | *I. una pena*, renderla più pesante. **B** v. intr. pron. e raro intr. (aus. *essere*) **1** Diventare rigido o più rigido (*anche fig.*): *irrigidirsi per il freddo, lo stupore, la paura*; *la stagione tende ad irrigidirsi*; *lui, così buono e comprensivo, si è irrigidito inspiegabilmente.* **2** Mettersi in una posizione e restarvi immobili: *irrigidirsi sull'attenti, nel saluto.* **3** (*fig.*) Mantenersi in modo inflessibile su quanto si è deliberato di fare: *si è irrigidito nella, sulla sua posizione.*

irrigidìto part. pass. di *irrigidire*; anche agg. ● Nei sign del v.

irriguardóso [comp. di *in-* (3) e *riguardoso*] agg. ● Di chi, di ciò che manca di cortesia, attenzione, riguardo: *un giovane arrogante e i.*; *comportamento, frase, gesto i.* SIN. Insolente. || **irriguardosaménte**, avv. In modo irriguardoso, senza riguardo.

irrìguo [vc. dotta, lat. *irrĭguu(m)*, da *irrigāre* 'irrigare'] agg. **1** Che si irriga: *terreno i.* **2** Che serve a irrigare: *acque irrigue.*

irrilevànte [comp. di *in-* (3) e *rilevante*] agg. **1** Che non ha molta importanza o rilievo: *fenomeno i.* **2** Detto di elemento linguistico che non svolge una funzione differenziatrice. || **irrilevanteménte**, avv.

irrilevànza [comp. di *in-* (3) e *rilevanza*] s. f. ● Qualità di ciò che è irrilevante.

irrimandàbile [comp. di *in-* (3) e *rimandare*] agg. ● Che non può essere rimandato ad altra data.

irrimediàbile o †**irremediàbile** [vc. dotta, lat. tardo *irremediābile(m)*, comp. di *in-* neg. e *remediābilis* 'rimediabile'] agg. ● Che non ha rimedio, che non si può rimediare: *male, errore, danno i.* SIN. Irreparabile. || **irrimediabilménte**, avv. Senza rimedio.

irrimediabilità s. f. ● Qualità di ciò che è irrimediabile. SIN. Irreparabilità.

irrintracciàbile [comp. di *in-* (3) e *rintracciabile*] agg. ● Che non può essere rintracciato.

irrinunciàbile o **irrinunziàbile** [comp. di *in-* (3) e *rinunciabile*] agg. ● Di ciò a cui non si può o non si vuole rinunciare: *richieste, esigenze irrinunciabili*; *formula politica i.* | (*dir.*) Di cui non si può disporre mediante rinuncia: *diritti irrinunciabili.*

irrinunciabilità o **irrinunziabilità** s. f. ● Qualità di ciò che è irrinunciabile.

irrinunziàbile e *deriv.* ● V. *irrinunciabile* e *deriv.*

irripetìbile o **irrepetìbile** [comp. di *in-* (3) e *ripetibile*] agg. **1** Che non si deve ripetere: *oscenità irripetibili* | Che non potrà ripetersi: *esperienza i.* **2** (*dir.*) Non ripetibile. || **irripetibilménte**, avv.

irripetibilità o **irrepetibilità**. s. f. ● Qualità di ciò che è irripetibile.

irriproducìbile [comp. di *in-* (3) e *riproducibile*] agg. ● Che è difficile o impossibile riprodurre: *fotografia i.*

irriproducibilità s. f. ● Qualità di ciò che è irriproducibile.

irriproponìbile [comp. di *in-* (3) e *riproponibile*] agg. ● Che non si può riproporre: *una candidatura i.*

irriprovévole [comp. di *in-* (3) e *riprovevole*] agg. ● (*raro*) Che non si può biasimare: *comportamento i.* SIN. Irreprensibile, incensurabile.

irrisióne [vc. dotta, lat. *irrisiōne(m)*, da *irrīsus*, part. pass. di *irridēre* 'irridere'] s. f. ● Atto, effetto dell'irridere. SIN. Derisione, dileggio.

irrìso part. pass. di *irridere*; anche agg. ● (*lett.*) Nel sign. del v.

irrisòlto [comp. di *in-* (3) e *risolto*] agg. ● Che non è risolto, che non ha ancora una soluzione: *problema i.*

irrisolùto e *deriv.* ● V. *irresoluto* e *deriv.*

irrisolvìbile [comp. di *in-* (3) e *risolvibile*] agg. ● Che non può essere risolto, che non ha soluzione: *problema, enigma i.*

irrisóre [vc. dotta, lat. *irrisōre(m)*, da *irrīsus*, part. pass. di *irridēre* 'irridere'] agg.; anche s. m. (f. *-sora*, raro) ● Che, chi irride. SIN. Beffeggiatore, schernitore.

irrisòrio [vc. dotta, lat. tardo *irrisōriu(m)*, da *irrīsor*, genit. *irrisōris* 'irrisore'] agg. **1** Che irride, che è compiuto o pronunciato per deridere: *atto i.*; *frase irrisoria.* SIN. Derisorio. **2** Inadeguato, minimo: *prezzo i.* SIN. Irrilevante. || **irrisoriaménte**, avv.

irrispettóso [comp. di *in-* (3) e *rispettoso*] agg. ● Di chi, di ciò che è privo del dovuto rispetto: *ragazzo maleducato e i.*; *risposta irrispettosa.* || **irrispettosaménte**, avv. In modo irrispettoso, senza rispetto.

irritàbile [vc. dotta, lat. *irritābile(m)*, da *irritāre* 'irritare'] agg. **1** Che si irrita con facilità: *carattere, temperamento i.* SIN. Eccitabile. **2** (*biol.*) Che è caratterizzato da irritabilità: *cute i.*

irritabilità [vc. dotta, lat. tardo *irritabilitāte(m)*, da *irritābilis* 'irritabile'] s. f. **1** Caratteristica di chi, di ciò che è irritabile: *aveva periodicamente delle giornate di forte i.* (SVEVO). **2** (*biol.*) Proprietà del protoplasma, e della materia vivente in generale, di reagire agli stimoli esterni o interni secondo modalità che spesso differiscono nei vari tessuti od organi. SIN. Eccitabilità.

irritaménto [vc. dotta, lat. *irritamĕntu(m)*, da *irritāre* 'irritare'] s. m. ● (*raro*) Atto, effetto dell'irritare e dell'irritarsi.

irritànte part. pres. di *irritare*; anche agg. **1** Nei sign. del v. **2** Detto dell'effetto che contraddistingue una particolare categoria di aggressivi chimici, lacrimogeni e starnutatori.

irritàre [vc. dotta, lat. *irritāre*, di etim. incerta] **A** v. tr. (*io ìrrito*, raro *irrito*) **1** Provocare a sdegno, far perdere la pazienza, la calma: *la vostra ipocrisia mi irrita* | Aizzare, stuzzicare: *non irritatelo con scherzi sciocchi.* **2** Suscitare una reazione fisica di dolore o di fastidio: *sapone che irrita la pelle*; *la luce troppo viva irrita gli occhi* | *I. i nervi*, far innervosire | (*fig.*) *I. la sete, la passione*, acuirla, stimolarla | *I. una piaga*, (*fig.*) acuire la sofferenza del corpo o dello spirito. **B** v. intr. pron. ● Provare ira, sdegno, risentimento: *è molto nervoso e s'irrita per un nonnulla.*

irritatìvo [da *irritare*] agg. ● Che causa irritazione, infiammazione: *dermatite irritativa.*

irritàto part. pass. di *irritare*; anche agg. ● Nei sign. del v.

irritatóre [vc. dotta, lat. *irritatōre(m)*, da *irritātus* 'irritato'] agg.; anche s. m. (f. *-trice*) ● (*raro*) Che, chi irrita, provoca.

irritazióne [vc. dotta, lat. *irritatiōne(m)*, da *irritātus* 'irritato'] s. f. **1** Azione del provocare, dell'irritare: *subire una forte i.* | Stato o condizione di chi, di ciò che è irritato, sdegnato: *sentire, provare i. per q.c., verso qc.* **2** (*biol.*) Effetto di uno stimolo su una cellula o su un tessuto. || **irritazioncèlla**, dim.

ìrrito [vc. dotta, lat. *ĭrritu(m)*, comp. di *in-* neg. e *rătus*, part. pass. di *rēri* 'stabilire', di etim. incerta] agg. **1** (*dir.*) Privo di valore legale perché non compiuto secondo le forme di rito previste dalla legge. **2** (*lett.*) Di nessun valore, vano.

irritrattàbile o **irretrattàbile** [vc. dotta, lat. *irretractābile(m)*, comp. di *in-* neg. e un deriv. di *retractāre* 'ritrattare'] agg. ● (*raro*) Che non si può ritrattare: *confessione, decisione i.* || **irritrattabilménte**, avv. In modo da non potersi ritrattare.

irritrattabilità o **irretrattabilità** s. f. ● (*raro*) Qualità di ciò che è irritrattabile.

irritrosìre [comp. di *in-* (1) e *ritroso*] v. intr. e intr. pron. (*io irritrosisco, tu irritrosìsci*; aus. *essere*) ● (*raro*) Divenire ritroso, indocile, selvaggio.

irrituàle [comp. di *in-* (3) e *rituale*] agg. ● (*dir.*) Non conforme alle regole di rito stabilite dalla legge | *Arbitrato i.*, in cui gli arbitri giudicano quali amichevoli compositori senza osservare le regole previste dal codice di procedura.

irritualità s. f. ● (*dir.*) Carattere di ciò che è irrituale.

irriuscìbile [comp. di *in-* (3) e *riuscibile*] agg. ● (*raro*) Che non può riuscire, che difficilmente riuscirà: *impresa i.*

irrivelàbile [comp. di *in-* (3) e *rivelabile*] agg. ● (*raro*) Che non si può o non si deve rivelare: *segreto i.* || **irrivelabilménte**, avv.

irrivelabilità s. f. ● (*raro*) Qualità di ciò che è irrivelabile.

irriverènte o (*raro*) **irreverènte** [vc. dotta, lat. tardo *irreverĕnte(m)*, comp. di *in-* neg. e *rĕverens*, genit. *reverĕntis* 'riverente'] agg. ● Privo di reverenza e rispetto: *essere sfacciato e i. verso i superiori*; *allusione, scherzo i.*; *grida irriverenti.* SIN. Insolente. || **irriverenteménte**, avv. Con irriverenza: *rispondere irriverentemente.*

irriverènza o (*raro*) **irreverènza** [vc. dotta, lat. tardo *irreverĕntia(m)*, comp. di *in-* neg. e *reverĕntia* 'riverenza'] s. f. ● Mancanza di reverenza e rispetto: *comportarsi con i.* | Azione o discorso irriverente: *una i. imperdonabile.* SIN. Insolenza, sfacciataggine.

irrobustìre [comp. di *in-* (1) e *robusto*] **A** v. tr. (*io irrobustìsco, tu irrobustìsci*) ● Rendere robusto o più robusto: *la vita sana irrobustisce l'organismo.* SIN. Fortificare, invigorire. **B** v. intr. pron. ● Divenire robusto: *praticando quello sport è riuscito a irrobustirsi.*

irrogàbile agg. ● (*raro*) Che si può irrogare.

irrogàre [vc. dotta, lat. *irrogāre*, comp. di *in-* 'contro' e *rogāre* 'chiedere'] v. tr. (*io irrògo* o *ìrrogo, tu irròghi* o *ìrroghi*) ● Infliggere: *i. una pena, una condanna, una sanzione.*

irrogazióne [vc. dotta, lat. *irrogatiōne(m)*, da *irrogātus* 'irrogato'] s. f. ● Atto, effetto dell'irrogare.

irrompènte part. pres. di *irrompere*; anche fig. ● Nel sign. del v.

irrómpere [vc. dotta, lat. *irrŭmpere*, comp. di *ĭn* 'contro, verso' e *rŭmpere* 'rompere'] v. intr. (coniug. come *rompere*; dif. del part. pass. e dei tempi composti) ● Entrare a forza, introdursi con impeto (*anche* *fig.*): *la folla irruppe nel palazzo*; *la corruzione irruppe nel paese.*

irroraménto s. m. • Atto, effetto dell'irrorare.

irroràre [vc. dotta, lat. *irrorāre*, comp. di *ĭn-* 'sopra' e *rorāre* 'spargere rugiada (*rōs*, genit. *rōris*, di origine indeur.)'] v. tr. (*io irròro*) **1** Aspergere con gocce di liquido: *i. di rugiada, di sudore, di pianto* | (*est.*) Permeare completamente, giungere in ogni parte di un organo, di un tessuto e sim.: *il sangue irrora tutto l'organismo.* **2** (*agr.*) Spruzzare piante con liquidi antiparassitari e sim.

irroratóre agg.; anche s. m. (f. *-trice*) • Che, chi irrora.

irroratrice s. f. • Macchina per irrorare le piante con liquidi antiparassitari e sim.

irrorazióne [vc. dotta, lat. tardo *irroratiōne(m)*, da *irrorātus* 'irrorato'] s. f. • Atto, effetto dell'irrorare: *i. di un campo*; *i. sanguigna.*

irrotazionàle [comp. di *in-* (*3*) e un deriv. di *rotazione*] agg. • (*fis.*) Detto di campo vettoriale a rotore nullo.

irrotazionalità s. f. • (*fis.*) Qualità di ciò che è irrotazionale.

irruènte o (*raro*) **irruènto** [vc. dotta, lat. *irruĕnte(m)*, part. pres. di *irrŭere*, comp. di *ĭn-* 'su, contro' e *rŭere* 'correre', 'cadere addosso', di origine incerta] agg. • Impetuoso, violento: *discorso, carattere i.*; *uomo generoso e i.* || **irruenteménte**, avv. Con irruenza.

irruènza s. f. • Qualità di chi, di ciò che è irruente: *l'i. delle acque*; *l'i. di uno scritto, di una persona.* SIN. Impeto, violenza.

irrugginìre [comp. di *in-* (*1*) e *ruggine*] v. tr. e intr. (*io irrugginìsco, tu irrugginìsci*; aus. intr. *essere*) • Arrugginire: *il pio strumento irrugginìa su' brevi / solchi* (FOSCOLO).

irrumàre [vc. dotta, lat. *irrumāre* 'offrire la mammella da succhiare', da *rūma* 'mammella'] v. tr. • Praticare l'irrumazione.

irrumazióne [vc. dotta, lat. *irrumatiōne(m)*, da *irrumāre* (V. *irrumare*)] s. f. • Nel linguaggio medico e forense, coito orale.

irruvidiménto s. m. • Atto, effetto dell'irruvidire o dell'irruvidirsi: *l'i. della carnagione.*

irruvidìre [comp. di *in-* (*1*) e *ruvido*] **A** v. tr. (*io irruvidìsco, tu irruvidìsci*) • Rendere ruvido: *il freddo e l'umidità irruvidiscono la pelle.* **B** v. intr. pron. e intr. (aus. *essere*) • Diventare ruvido (*anche fig.*): *le si era irruvidito il volto*; *le sue maniere irruvidiscono sempre più.*

irruzióne [vc. dotta, lat. *irruptiōne(m)*, da *irrŭptus*, part. pass. di *irrŭmpere* 'irrompere'] s. f. **1** Atto, effetto dell'irrompere impetuosamente in un luogo: *l'i. delle acque, di una moltitudine di persone* | *Fare i.*, irrompere. **2** Azione violenta e impetuosa di una massa armata che si abbatte su un luogo per devastarlo, o sul nemico per scompaginarlo.

irsutìsmo [da *irsuto*] s. m. • (*med.*) Eccessivo sviluppo di peli nella donna in sedi non abituali con una distribuzione tipica del sesso maschile.

irsùto [vc. dotta, lat. *hirsūtu(m)* 'irto', agg. pop., di etim. incerta] agg. **1** Folto di peli ispidi: *barba irsuta*; *bianchi crini, e 'l petto i.* (L. DE' MEDICI) | (*est.*) Ricco di peli: *uomo i.* **2** (*raro, fig.*) Aspro, rozzo: *individuo i.* **3** †Detto di un astro che scintilla in modo molto appariscente.

irsùzie o †**irsùzia** [vc. dotta, lat. *hirsūtia(m)*, da *hirsūtus* 'irsuto'] s. f. inv. • (*raro*) Qualità di chi, di ciò che è irsuto.

ìrto [vc. dotta, lat. *hĭrtu(m)*, di etim. incerta] agg. **1** Ispido, irsuto: *chioma, barba irta*; *mostri in capo, / qual istrice pungente, irti i capegli* (PARINI). **2** Che presenta molte sporgenze acuminate, appuntite e sim. (*anche fig.*): *i. di chiodi, di scogliere*; *bosco i. di abeti*; *impresa irta di ostacoli e difficoltà*; *discorso i. di cifre, di citazioni.* **3** (*fig., lett.*) D'indole aspra e ruvida | Rozzo, incolto.

Irudìnei [dal lat. *hirūdo*, genit. *hirūdinis* 'sanguisuga', di etim. incerta] s. m. pl. • Nella tassonomia animale, classe di Anellidi comprendente animali dal corpo piatto muniti di due ventose, boccale e anale, succhiatori di sangue (*Hirudinea*). SIN. Discofori | (al sing. *-o*) Ogni individuo di tale classe.

Irundìnidi [dal lat. *hirūndo*, genit. *hirūndinis* 'rondine', di etim. incerta] s. m. pl. • Nella tassonomia animale, famiglia di Passeriformi insettivori, con piumaggio modesto, ali sviluppatissime e notevole resistenza al volo continuato (*Hirundinidae*) | (al sing. *-e*) Ogni individuo di tale famiglia.

isabèlla (**1**) [fr. *isabelle*, dal n. proprio *Isabelle* 'Isabella' con passaggio semantico non spiegato] agg.; anche s. m. inv. • Colore giallo pallido tipico di un mantello equino: *un tessuto giallo i.*; *sauro i.*

isabèlla (**2**) [ingl. d'Amer. *Isabella* (*grape*) '(vite di) *Isabella* (Gibbs)', che ne introdusse la coltivazione] s. f. • Vitigno di origine americana, resistente all'oidio, che dà l'uva fragola.

isabellìno [da *isabella* (*1*)] agg. • Che ha color isabella: *piumaggio, mantello i.*

isadèlfo [comp. di *iso-* e del gr. *adelfós* 'fratello'] s. m. • (*bot.*) Fiore i cui stami sono raggruppati in due fascetti uguali.

isagòge [vc. dotta, lat. *isagōge(n)*, dal gr. *eisagōgḗ*, letteralmente 'introduzione', comp. di *eis* 'in', di origine indeur., e *agōgḗ* 'trasporto', da *ágein* 'condurre', di origine indeur.] s. f. • (*lett.*) Scritto che introduce un insegnamento o dottrina.

isagògico [vc. dotta, lat. *isagōgicu(m)*, dal gr. *eisagōgikós*, da *eisagōgḗ* 'isagoge'] agg. (pl. m. *-ci*) • (*lett.*) Introduttivo.

isàgono [comp. di *iso-* e di un deriv. del gr. *gōnía* 'angolo'] s. m.; anche agg. • (*mat., raro*) Isogono.

isallòbara o **isoallòbara** [da *isobara* con inserzione di *-alla-*, dal gr. *állos* 'altro' (sottinteso tempo)] s. f. • In una rappresentazione cartografica, linea che congiunge i punti della superficie terrestre ove si è avuta una uguale variazione della pressione atmosferica in un determinato periodo di tempo.

isallotèrma o **isoallotèrma** [da *isoterma* con inserzione di *-alla-*, dal gr. *állos* 'altro' (sottinteso tempo)] s. f. • In una rappresentazione cartografica, linea che congiunge i punti della superficie terrestre ove si è avuta, in un determinato periodo di tempo, uguale variazione di temperatura.

isatàto [comp. di *isat(ico)* e *-ato*] s. m. • Sale o estere dell'acido isatico.

isàtico [comp. di *isat(ina)* col suff. chim. degli acidi *-ico*] agg. (pl. m. *-ci*) • Isatinico.

isàtide [vc. dotta, lat. *isătide(m)*, dal gr. *isátis*, di etim. incerta] s. f. • Genere di piante delle Crocifere, con molte specie erbacee tipiche della regione mediterranea orientale (*Isatis*).

isatìna [comp. di *isat(ide)* e *-ina*] s. f. • Composto eterociclico che si ottiene per ossidazione dell'indaco, impiegato come intermedio nella preparazione di coloranti sintetici del gruppo dell'indaco.

isatìnico [comp. di *isatin(a)* e *-ico*] agg. (pl. m. *-ci*) • Detto di acido ottenuto dall'isatina per azione degli alcali, che si presenta come una polvere bianca.

ìsba o **izba** [vc. russa (*izbá*), di prob. origine germ.] s. f. • Casa o capanna rurale della steppa russa interamente costruita in legno e costituita da un'unica vasta stanza riscaldata da una grande stufa.

isbàglio • V. *sbaglio.*

iscariòta [gr. *Iskariṓtēs*, forse dall'ebr. *īsh Qĕriyyōt* 'uomo di *Qĕriyyōt*' (n. del suo villaggio d'origine in Palestina)] agg.; anche s. m. e f. • Abitante, nativo di Keriot, villaggio della Giudea: *Giuda i.* | (*est., lett.*) Traditore.

†**iscèda** • V. †*sceda.*

ischeletrìre [comp. di *i(n)-* (*1*) e *scheletro*] **A** v. tr. (*io ischeletrìsco, tu ischeletrìsci*) **1** Ridurre come uno scheletro: *una malattia che ischeletrisce il corpo.* **2** (*fig.*) Stremare, infiacchire: *i. l'ingegno.* **B** v. intr. pron. e intr. (aus. *essere*) • Ridursi come uno scheletro per eccessiva magrezza: *si è ischeletrito per i troppi patimenti* | (*est.*) Diventare nudo, spoglio: *d'inverno gli alberi ischeletriscono.*

ischemìa [dal lat. *ischāemone(m)*, dal gr. *ischaímos* 'emostatico', comp. di un deriv. di *íschein* 'trattenere' e *hâima* 'sangue', di etim. incerta] s. f. • (*med.*) Diminuzione o soppressione della circolazione sanguigna in un organo o territorio dell'organismo.

ischèmico **A** agg. (pl. m. *-ci*) • (*med.*) Di, relativo a ischemia. **B** agg.; anche s. m. (f. *-a*) • (*med.*) Che, chi è affetto da ischemia.

ischemizzàre [da *ischemia*] v. tr. • (*med.*) Provocare ischemia in una determinata parte del corpo sottoposta a intervento chirurgico.

†**ischerzàre** e *deriv.* • V. *scherzare* e *deriv.*

ìschia • V. *eschia.*

ischialgìa [comp. del gr. *íschion* 'ischio, anca' e *-algia*] s. f. (pl. *-gìe*) • (*med.*) Dolore nel territorio del nervo sciatico. SIN. Sciatica.

ischiàlgico agg. (pl. m. *-ci*) • (*med.*) Di ischialgia.

ischiàtica [dal gr. *íschion* 'ischio, anca'] s. f. • (*raro*) Sciatica.

ischiàtico [vc. dotta, lat. *ischiădicu(m)*, dal gr. *ischiadikós*, da *íschion* 'ischio'] agg. (pl. m. *-ci*) • (*anat.*) Relativo all'ischio | *Nervo i.*, V. *sciatico* | *Forame i.*, apertura formata dalla parte posteriore dell'ischio e da un ligamento fibroso.

ìschio [vc. dotta, lat. *ĭschia* (pl.), dal gr. *íschion*, di etim. incerta] s. m. **1** (*anat.*) Una delle tre ossa che formano il cinto pelvico dei Vertebrati. ➡ ILL. p. 362 ANATOMIA UMANA. **2** (*bot.*) Farnia.

ischitàno **A** agg. • Dell'isola di Ischia. **B** s. m. (f. *-a*) • Abitante, nativo di Ischia.

†**ischiùdere** • V. *escludere.*

†**isconoscènte** • V. *sconoscente.*

†**isconvolgiménto** • V. *sconvolgimento.*

†**iscòrta** • V. *scorta* nel sign. A.

iscrìtto (**1**) o (*raro*) **inscrìtto** **A** part. pass. di *iscrivere*; anche agg. • Nei sign. del v. **B** s. m. (f. *-a*) • Membro effettivo di un gruppo, una società, un partito e sim.: *abbiamo notato un notevole aumento degli iscritti.*

iscrìtto (**2**) • V. *scritto.*

iscrìvere o (*raro*) **inscrìvere** [lat. *inscrībere* 'inscrivere' (V.)] **A** v. tr. (coniug. come *scrivere*) **1** Registrare o includere in un elenco, lista, registro e sim.: *i. nel registro dei soci*; *i. una spesa sul bilancio*; *i. qc. all'università.* **2** (*dir.*) Fare oggetto di iscrizione: *i. una causa a ruolo.* **3** (*raro*) Scrivere incidendo su materiale duro: *i. q.c. su una lapide.* **4** (*mat.*) V. *inscrivere.* **B** v. rifl. • Entrare a far parte di un gruppo, di un'associazione, di un partito e gener. di una struttura collettiva organizzata: *iscriversi a un corso di lingue, a una gara di bocce, alla filodrammatica, al partito liberale.*

iscrizióne o (*raro*) **inscrizióne**, (*raro*) †**scrizióne** (**2**) [lat. *inscriptiōne(m)* 'inscrizione' (V.)] s. f. **1** Atto, effetto dell'iscrivere o dell'iscriversi | *I. a una gara*, atto impegnativo con il quale si acquista il diritto e si assume l'obbligo di partecipare a essa. **2** (*dir.*) Annotazione in un pubblico registro, idonea a produrre effetti giuridici di pubblicità o costitutivi | *I. di una causa a ruolo*, annotazione da parte del cancelliere degli estremi di una causa civile su un registro detto ruolo generale degli affari contenziosi. **3** Atto formale con cui si entra a far parte di un gruppo, di una associazione, di un partito e gener. di una struttura collettiva organizzata: *pagare la tassa d'i. all'Università*; *è ormai certa la sua i. al partito.* **4** Qualunque scritto inciso su pietra o metallo: *leggere, decifrare un'i. antica*; *i. bilingue* | (*raro, est.*) Cartello: *leggere le iscrizioni che costeggiano la strada.* **5** (*spec. al pl.*) Dicitura. || **iscrizionàccia**, pegg. | **iscrizioncèlla**, dim. | **iscrizioncina**, dim. | **iscrizionùccia**, dim.

iscùria o **iscurìa** [vc. dotta, lat. *ischūria(m)*, dal gr. *ischouría* 'ritenzione (da *íschein* 'trattenere') di urina (*ôuron*)'] s. f. • (*med.*) Impossibilità a emettere le urine contenute in vescica.

iscurìre • V. *inscurire.*

†**iscusàbile** • V. *scusabile.*

†**iscusàre** • V. *scusare.*

†**iscusazióne** • V. †*escusazione.*

†**isèmplo** • V. *esempio.*

isernìno **A** agg. • Di Isernia. **B** s. m. (f. *-a*) • Abitante, nativo di Isernia.

isìaco [vc. dotta, lat. *Isīacu(m)*, dal gr. *Isiakós*, da *Ísis* 'Isi(de)'] agg. (pl. m. *-ci*) • Che si riferisce alla dea egiziana Iside e al culto di Iside importato in Grecia e a Roma | *Tavola isiaca*, lastra bronzea probabilmente da altare, appartenente all'età romana, rappresentante il culto di Iside.

Islàm o (*evit.*) o **Ìslam** [ar. *islām* 'sottomissione (da *aslama* 'egli si sottomise', della coniug. di *salima* 'egli fu salvo')', sottinteso alla volontà di Dio] s. m. • Religione monoteistica, fondata da Maometto, che predica la totale rassegnazione a Dio e le cui regole sono enunciate nel *Corano* dettato da Maometto stesso | Legge religiosa e anche politica dei Musulmani | Mondo, cultura e civiltà musulmani.

iṣlàmico A agg. (pl. m. *-ci*) ● Che si riferisce all'Islam e all'islamismo. **B** s. m. ● Seguace dell'islamismo.

iṣlamiṣmo [da *Islam* col suff. di dottrina relig. *-ismo*] s. m. ● Islam.

iṣlamista s. m. e f. (pl. m. *-i*) ● Studioso di islamistica.

iṣlamistica s. f. ● Studio della religione, della civiltà e delle culture islamiche.

iṣlamita s. m. e f. (pl. m. *-i*) ● (*raro*) Seguace dell'islamismo.

iṣlamiẓẓàre A v. tr. ● Convertire all'Islam | Rendere islamico. **B** v. intr. pron. ● Convertirsi all'Islam | Acquistare gli usi, la cultura e sim. islamici.

iṣlamiẓẓazióne s. f. ● Atto, effetto dell'islamizzare.

iṣlandése A agg. ● Dell'Islanda: *città i.* **B** s. m. e f. ● Abitante, nativo dell'Islanda. **C** s. m. solo sing. ● Lingua del gruppo germanico parlata in Islanda.

iṣmaeliàno agg.; anche s. m. ● Ismaelita.

iṣmaelita A s. m. e f. (pl. m. *-i*) ● Arabo, come discendente del patriarca biblico Ismaele. **B** anche agg.: *popolazione, città i.*

iṣmailiṣmo s. m. ● Religione dei Musulmani Ismailiti.

iṣmailita s. m. e f. (pl. m. *-i*) ● Seguace dell'eresia musulmana sciita, che nel 765 d.C. proclamò Ismail imam occulto.

iṣmània ● V. *smania*.

iṣmo (1) ● V. *istmo*.

iṣmo (2) [uso sost. del suff. *-ismo*] s. m. *1* Parola formata con il suffisso *-ismo*. *2* (*iron.*) Movimento politico, culturale, artistico, letterario e sim., designato con una parola terminante con il suffisso *-ismo*, considerato per lo più nelle sue caratteristiche di astrattezza, di inconsistenza o di caducità: *gli ismi degli anni Ottanta*.

-iṣmo o **-éṣimo (2)** [gr. *-ismós* (dai v. in *-ízein*), ripreso dal lat. ecclesiastico e poi esteso a molti nuovi comp.] suff. ● Forma sostantivi derivati dal greco o, in maggioranza, di origine moderna, che indicano particolarmente dottrine, tendenze, movimenti religiosi, politici, sociali, filosofici, letterari, artistici (*comunismo, cristianesimo, cubismo, empirismo, fascismo, futurismo, impressionismo, islamismo, protestantesimo, realismo, sindacalismo, socialismo, urbanesimo*) o atteggiamenti, caratteri collettivi o individuali, comportamenti, azioni (*disfattismo, eroismo, fanatismo, ottimismo, dispotismo, patriottismo, scetticismo*) o qualità o difetti morali o fisici (*alcolismo, altruismo, egoismo, strabismo*) o condizioni, aspetti, peculiarità, strutture di cose, sistemi, congegni (*latinismo, magnetismo, meccanismo, organismo, parallelismo*) o attività sportive e sim. (*alpinismo, automobilismo, ciclismo, podismo, turismo*).

†**iṣnervàre** e *deriv.* ● V. *snervare* e *deriv.*

ISO /'izo/ [sigla dell'ingl. *International Organization for Standardization*] s. m. inv. ● Unità di misura della sensibilità delle pellicole fotocinematografiche.

iṣo- [dal gr. *ísos* 'uguale', di etim. incerta] primo elemento *1* In parole composte, dotte o scientifiche, ha il significato di 'uguale', 'simile', 'affine': *isobara, isochiona, isocianico, isogamia*. *2* In chimica, indica un isomero del composto nominato: *isoottano*.

iṣoalina [comp. di *iso-* e del gr. *hálinos* 'salino, del sale (*háls*, genit. *halós*)'] s. f. ● In una rappresentazione cartografica, linea che congiunge punti aventi uguale salsedine.

iṣoalino [comp. di *iso-* e del gr. *hálinos* 'salino', da *háls*, genit. *halós* 'sale', di origine indeur.] agg. ● Che ha la medesima salinità: *linea isoalina*.

iṣoallòbara ● V. *isallobara*.

iṣoallotèrma ● V. *isalloterma*.

iṣoamile [comp. di *iso-* e del lat. *ămylus* 'amido', nel quale si sovrappone al suff. *-ile*] s. m. ● (*chim.*) Radicale organico alifatico ramificato a cinque atomi di carbonio.

iṣoamilico [da *isoamile*] agg. (pl. m. *-ci*) ● (*chim.*) Detto dell'alcol alifatico saturo a cinque atomi di carbonio; è il sottoprodotto principale della fermentazione alcolica utilizzata per la preparazione di etanolo.

iṣòbara [comp. di *iso-* e del gr. *báros* 'peso', nell'accez. della terminologia moderna di 'pressione'] **A** s. f. *1* In una rappresentazione cartografica, linea che congiunge punti aventi uguale pressione barometrica | *Carta delle isobare*, che pone in evidenza, per un determinato livello, le zone di alta e bassa pressione. *2* (*spec. al pl.*) Trasformazione termodinamica a pressione costante | (*est.*) Linea o curva che rappresenta tale trasformazione. **B** anche agg. solo f.: *trasformazione, curva i.*

iṣobàrico [da *isobara*] agg. (pl. m. *-ci*) ● Di, relativo a, isobara: *sistema di aeronavigazione isobarica* | *Linea isobarica*, isobara.

iṣòbaro [comp. sul modello del gr. *isobarḗs* 'dello stesso (*ísos*) peso (*báros*)'] agg. *1* Isobarico. *2* (*fis.*) *Elementi isobari*, aventi diverso numero atomico, quindi diverse proprietà, ma peso atomico eguale.

iṣòbata [comp. sul modello del gr. *isobathḗs* 'della stessa (*ísos*) profondità (*báthos*)'] **A** s. f. ● In una rappresentazione cartografica, linea che congiunge punti aventi la medesima profondità. **B** anche agg. solo f.: *linea i.*

iṣobutàno [comp. di *iso-* e *butano*] s. m. ● Idrocarburo alifatico, isomero del butano al quale si accompagna nel gas di petrolio, usato per la fabbricazione di benzine ad alto numero di ottano.

iṣobutène [comp. di *iso-* e *butene*] s. m. ● (*chim.*) Idrocarburo alifatico a quattro atomi di carbonio con un doppio legame.

iṣochimèna [comp. di *iso-* e di un deriv. del gr. *cheimṓn*, genit. *cheimônos* 'inverno', di origine indeur.] **A** s. f. ● In una rappresentazione cartografica, linea che congiunge i punti aventi la stessa temperatura minima invernale, dedotta dalla temperatura media del mese più freddo. **B** anche agg. solo f.: *linea i.*

iṣochìona [comp. di *iso-* e di un deriv. del gr. *chiṓn*, genit. *chiónos* 'neve', di origine indeur.] **A** s. f. ● In una rappresentazione cartografica, linea che congiunge i punti di uguale durata o spessore del manto nevoso. **B** anche agg. solo f.: *linea i.*

iṣocianàto [comp. di *isocian(ico)* e *-ato (2)*] s. m. ● (*chim.*) Sale o estere dell'acido isocianico, usato per la preparazione di materie plastiche.

iṣociànico [comp. di *iso-* e (acido) *cianico*] agg. (pl. m. *-ci*) ● Detto di acido monobasico, forma tautomera dell'acido cianico, stabile solo al di sotto dello zero, impiegato sotto forma di particolari esteri per la fabbricazione di resine poliuretaniche.

iṣocìclico [comp. di *iso-* e *ciclico*] agg. (pl. m. *-ci*) ● (*chim.*) Detto di composti ciclici che contengono anelli di ugual numero di atomi.

iṣoclìna [comp. sul modello del gr. *isoklinḗs* 'egualmente (*ísos*) inclinato (dal v. *klínein*, di origine indeur.)'] **A** s. f. ● In una rappresentazione cartografica, linea che congiunge i punti aventi uguale inclinazione magnetica terrestre. **B** anche agg. solo f.: *linea i.*

iṣoclinàle [comp. di *iso-* e di un deriv. del gr. *klínein* 'inclinare', di origine indeur.] **A** s. f. ● (*geol.*) Detto di associazione di pieghe, scaglie tettoniche e sim., parallele, immergenti nello stesso senso e con inclinazione uguale | *Piega i.*, con due fianchi paralleli. **B** anche agg. solo f.: *linea i.*

iṣocòlo [vc. dotta, lat. *isocōlo(n)*, dal gr. *isókōlos*, comp. di *ísos* 'eguale' e *kôlon* 'membro'] s. m. ● (*ling.*) Figura retorica che consiste nel costruire alla stessa maniera i membri di una frase, di un periodo, di una strofa, di un verso, per ritmo, sintassi e numero di vocaboli: *non il canto del gallo, / non il nitrito del poledro, / non il fiotto del bimbo* (D'ANNUNZIO).

iṣocòra [comp. di *iso-* e del gr. *chṓra* 'spazio (occupato)'] **A** s. f. ● Trasformazione termodinamica che avviene a volume costante | Linea, curva, superficie che la rappresentano. SIN. Isometrica. **B** anche agg. solo f.: *trasformazione, curva i.*

iṣocorìa [comp. di *iso-*, del gr. *kórē* 'pupilla' e del suff. *-ia*] s. f. ● (*anat.*) Condizione normale in cui le due pupille presentano uguale ampiezza.

iṣocòrica [comp. di *iso-* e di un deriv. del gr. *chôros* 'spazio (di terra)'] **A** s. f. ● In una rappresentazione cartografica, linea che congiunge tutti i punti a uguale distanza dalla linea costiera. **B** anche agg. solo f.: *linea i.*

iṣocrìma [comp. di *iso-* e di un deriv. del gr. *krymós* 'gelo', da *krýos* 'freddo', di origine indeur.] **A** s. f. ● In una rappresentazione cartografica, linea che congiunge punti che hanno uguale intensità di gelo. **B** anche agg. solo f.: *linea i.*

iṣocromàtico [comp. di *iso-* e *cromatico*] agg. (pl. m. *-ci*) ● Di uguale colorazione: *anello i.* | *Lente isocromatica*, lente per occhiali protettivi, avente colorazione uniforme su tutta la superficie.

iṣòcrona [f. sost. di *isocrono*] s. f. ● In una rappresentazione cartografica, linea che congiunge punti in cui un dato fenomeno avviene nello stesso momento, o ha la stessa durata.

iṣocrònico agg. (pl. m. *-ci*) ● Relativo a un'isocrona.

iṣocroniṣmo [comp. di *isocrono* e *-ismo*] s. m. *1* (*fis.*) Costanza della durata di un processo, o di un fenomeno, al variare di alcune condizioni: *i. delle piccole oscillazioni del pendolo*. *2* (*med.*) Simultaneità delle pulsazioni arteriose.

iṣòcrono [gr. *isóchronos*, comp. di *ísos* 'eguale' e *chrónos* 'tempo'] agg. ● Che avviene in tempi uguali: *oscillazioni isocrone*.

iṣodàttilo [comp. di *iso-* e di un deriv. del gr. *dáktylos* 'dito'] agg. ● Detto di animale con dita uguali.

iṣodinàmica s. f. ● Linea isodinamica.

iṣodinàmico [sul modello del gr. *isodýnamos*, comp. di *ísos* 'uguale' e un deriv. di *dýnamis* 'forza'] agg. (pl. m. *-ci*) *1* (*fis.*) In termodinamica, detto di trasformazione senza variazioni di energia interna. *2* In una rappresentazione cartografica, detto della linea che unisce i punti della superficie terrestre i quali mantengono costante, in un dato tempo, uno degli elementi del magnetismo terrestre. *3* Nella scienza delle costruzioni, detto di linea che unisce i punti di uguale sollecitazione.

iṣòdio [gr. *eisódios*, agg. da *eísodos* 'ingresso', comp. di *eis* 'in' e *odós* 'via', l'uno e l'altro di origine indeur.] s. m. ● Nell'antico teatro greco, canto d'ingresso del coro satirico.

iṣoelèttrico [comp. di *iso-* e *elettrico*] agg. (pl. m. *-ci*) ● Che ha o presenta differenze nulle di potenziale elettrico.

iṣoenẓìma [comp. di *iso-* ed *enzima*] s. m. (pl. *-i*) ● (*chim.*) Una delle diverse forme molecolari in cui alcuni enzimi si presentano nell'organismo.

iṣofìllo [comp. di *iso-* e di un deriv. del gr. *phýllon* 'foglia'] agg. ● Detto di vegetale che ha foglie uguali fra loro.

iṣòfono [comp. di *iso-* e di un deriv. del gr. *phonḗ* 'voce'] agg. ● (*ling.*) Detto di parole diverse che hanno forma fonetica uguale.

iṣofrequènza [comp. di *iso-* e *frequenza*] s. f. ● (*rad.*) Sistema di trasmissioni radiofoniche, attuato su alcune autostrade italiane, che permette di ascoltare ininterrottamente, anche nelle zone montuose e nelle gallerie, una specifica stazione che privilegia notiziari sulla viabilità.

iṣogamète [comp. di *iso-* e *gamete*] s. m. ● (*biol.*) Ciascuno dei gameti, maschile e femminile, quando sono morfologicamente simili.

iṣogamìa [comp. di *iso-* e *-gamia*] s. f. ● (*biol.*) Riproduzione che avviene per unione di isogameti.

iṣogèneṣi [comp. di *iso-* e *genesi*] s. f. ● Origine di una linea cellulare geneticamente omogenea a partire da un elemento progenitore.

iṣoglòssa [comp. di *iso-* e di un deriv. del gr. *glôssa* 'lingua', 'espressione linguistica'] s. f. ● (*ling.*) Linea immaginaria che, in una rappresentazione cartografica, delimita l'estensione spaziale di un fenomeno linguistico.

iṣògona [comp. di *iso-* e di un deriv. del gr. *gōnía* 'angolo', come il gr. *isogṓnios*] **A** s. f. ● In una rappresentazione cartografica, linea che congiunge i punti aventi uguale declinazione magnetica. **B** anche agg. solo f.: *linea i.*

iṣogonàle [da *isogono*] agg. ● (*mat., geogr.*) Detto di operazione o di rappresentazione che lascia invariati gli angoli. SIN. Isogonico, isogono.

iṣogonìa s. f. *1* In embriologia, accrescimento che lascia invariate le differenze relative di grandezza fra le singole parti. *2* (*geogr.*) Proprietà delle rappresentazioni cartografiche isogonali, che lasciano cioè invariati gli angoli tra meridiani e paralleli.

iṣogònico agg. (pl. m. *-ci*) ● (*mat., geogr.*) Isogonale, isogono.

iṣògono [comp. sull'esempio del gr. *isogṓnios*

'con angolo (*gōnía*) eguale (*ísos*)'] **A** **agg.** *1* (*geogr.*) Di, relativo alle isogone. *2* (*mat.*) Detto di figura con gli angoli uguali a un'altra. **B** **s. m.** • (*mat.*) Figura con angoli uguali a quelli di un'altra.

iṣografìa [comp. di *iso-* e *grafia*] **s. f.** • (*letter.*) Riproduzione esatta di scritture | Raccolta di riproduzioni d'autografi.

iṣoièta [comp. di *iso-* e del gr. *hyetós* 'pioggia'] **A** **s. f.** • In una rappresentazione cartografica, linea che congiunge i punti in cui l'altezza delle precipitazioni atmosferiche, in uno stesso periodo, raggiunge uguale valore. **B** anche **agg.** solo **f.**: *linea i.*

iṣoìpsa [comp. sull'esempio del gr. *isóypsos* 'd'eguale (*ísos*) altezza (*hýpsos*)'] **A** **s. f.** • In una rappresentazione cartografica, linea che congiunge i punti con la stessa altitudine. **B** anche **agg.** solo **f.**: *linea i.*

ìṣola [lat. *īnsula(m)*, di etim. incerta] **s. f.** *1* Tratto di terra emersa circondata da ogni parte dalle acque del mare, di un lago, di un fiume | *I. corallina, madreporica*, costituita da coralli o da madrepore. ➡ **ILL.** p. 821 SCIENZE DELLA TERRA ED ENERGIA. *2* Il complesso degli abitanti di un'isola: *l'intera i. accorse per acclamarlo.* *3* (*fig.*) Territorio che rimane come staccato dai circostanti per le sue peculiari caratteristiche: *i. etnografica, linguistica* | *I. ottica*, zona o ambiente dotati di un insieme di moderni servizi telematici e videomatici. *4* Isolato | *I. pedonale*, zona del centro storico di una città in cui è vietata la circolazione dei veicoli. *5* Area rialzata, non accessibile ai veicoli, nel mezzo di una carreggiata, di un incrocio stradale, e sim. | *I. rotazionale*, attorno a cui i veicoli debbono girare | *I. spartitraffico*, che separa due correnti di traffico di senso uguale od opposto. *6* (*org. az.*) *I. di montaggio*, sistema sperimentale di produzione industriale, spec. automobilistica, in cui le operazioni meccanizzate vengono svolte autonomamente e collettivamente da gruppi di lavoratori, ciascuno dislocato in un posto di lavoro fisso, col conseguente vantaggio di ritmi di lavoro più flessibili e meno stressanti di quelli connessi al tradizionale sistema a catena. *7* (*anat.*) *Isole del Langerhans*, masserelle di cellule sparse nel tessuto del pancreas, a funzione endocrina, che producono l'insulina. || **iṣolétta**, **dim.** | **iṣolina**, **dim.** | **iṣolòtto**, **dim. m.**

iṣolàbile **agg.** • Che può essere isolato.

iṣolaménto **s. m.** *1* Atto dell'isolare. **SIN.** Segregazione. *2* Condizione di esclusione da rapporti o contatti con l'ambiente circostante, dovuta spec. a ragioni di insicurezza o di incompatibilità: *vivere in totale i.*; *chiudersi nell'i.* | *Splendido i.*, quello dell'Inghilterra nel XIX sec. *3* Segregazione di malati affetti da malattie epidemico-contagiose | *Reparto di i.*, negli ospedali, quello in cui sono isolati i suddetti malati. *4* Complesso di operazioni e di materiali usati allo scopo di ostacolare il propagarsi di onde sonore, o il passaggio del calore e della corrente elettrica: *i. acustico, termico, elettrico.*

iṣolàno [lat. *insulānu(m)*, da *īnsula* 'isola'] **A** **agg.** • Di un'isola o di coloro che la abitano: *economia isolana*; *prodotto, artigianato i.* **B** **s. m.** (**f.** *-a*) • Abitante, nativo di un'isola.

iṣolànte **A** **part. pres.** di *isolare*; anche **agg.** *1* Nei sign. del v. *2* Di sostanza che si oppone alla trasmissione del calore, dell'elettricità, del suono, di radiazioni e sim. | *Nastro i.*, per isolare conduttori elettrici. *3* (*ling.*) *Lingue isolanti*, che giustappongono elementi semplici assimilabili a delle radici o a dei temi. **B** **s. m.** • Materiale cattivo conduttore di calore, suono, corrente elettrica, radiazioni e sim. | *I. elettrico*, materiale di elevata resistenza elettrica | *I. termico*, materiale poroso di bassa conducibilità termica.

iṣolàre [da *isola*] **A** **v. tr.** (*io ìṣolo*) *1* Separare o staccare q.c. da ciò che le sta intorno: *i. la città per proteggerla dal contagio*; *i. con terrapieni la zona minacciata dalle acque* | *I. uno Stato*, (*fig.*) interromperne i contatti e gli scambi economici, culturali e sim. con altri Stati | Tenere qc. lontano dagli altri: *bisogna i. tutti gli ammalati contagiosi* | *I. una persona*, (*fig.*) farle il vuoto intorno, privandola di amicizie e sim. *2* Ottenere allo stato puro mediante opportuna separazione: *i. un composto chimico.* *3* (*fis.*) Ostacolare, mediante operazioni e materiali vari, la trasmissione di calore, corrente elettrica, onde sonore e sim. **B** **v. intr. pron.** • Ritirarsi in solitudine: *si è isolato nella sua casa di campagna.*

iṣolàto (**1**) **A** **part. pass.** di *isolare*; anche **agg.** *1* Nei sign. del v. *2* (*est.*) Riposto, solitario: *vivere in un luogo i.* | *Caso, fenomeno i.*, particolare, unico | (*ling.*) *Opposizione isolata*, in cui il rapporto esistente tra i suoi fonemi non si ritrova in altre opposizioni. *3* (*mat.*) Detto di elemento privo di collegamento con i rimanenti elementi dell'insieme: *punto, insieme i.* || **isolataménte** **avv.** **B** **s. m.** *1* Persona che vive e pensa secondo moduli propri, diversi da quelli degli altri, e che quindi si apparta dalla collettività o dal gruppo sociale cui appartiene. *2* Corridore ciclista che non fa parte di alcuna squadra e partecipa alle competizioni con mezzi propri.

iṣolàto (**2**) [da *isola* col senso lat. di 'gruppo di case *isolate*'] **A** **agg.** • †Pieno di isole. **B** **s. m.** • Edificio a più piani o complesso di edifici tutto circondato da strade. **SIN.** Isola.

iṣolatóre **s. m.**; anche **agg.** (**f.** *-trice*, raro) • Supporto di materiale dielettrico, come vetro, porcellana e sim., destinato a isolare un conduttore percorso da corrente elettrica: *i. a campana, passante, a sospensione*; *muro i.*

iṣolazionìṣmo [ingl. d'America *isolationism*, da *isolation* 'politica d'isolamento, di non partecipazione negli affari di altre nazioni'] **s. m.** • Atteggiamento e politica di chi vuole che un dato Stato mantenga condizioni di isolamento politico ed economico rispetto agli altri Stati.

iṣolazionìsta [ingl. d'Amer. *isolationist*, da *isolationism* 'isolazionismo'] **s. m. e f.**; anche **agg.** (**pl. m.** *-i*) • Chi, che è fautore dell'isolazionismo: *sono degli isolazionisti*; *politica i.*

iṣolazionìstico **agg.** (**pl. m.** *-ci*) • Del, relativo all'isolazionismo, agli isolazionisti.

iṣolecìtico [comp. di *iso-* e del gr. *lékithos* 'tuorlo' col suff. *-ico*] **agg.** (**pl. m.** *-ci*) • (*biol.*) Detto di gamete femminile contenente quantità non abbondanti di deutoplasma uniformemente distribuite nel proprio citoplasma.

iṣoleucìna [comp. di *iso-* e *leucina*] **s. f.** • (*chim.*) Amminoacido idrofobo isomero della leucina presente nelle proteine, la cui presenza nell'alimentazione dell'uomo e di numerosi animali è considerata essenziale.

iṣomeràṣi [comp. di *isomer(o)* e *-asi*] **s. f.** • (*chim.*) Classe di enzimi che catalizzano reazioni di isomerizzazione.

iṣomerìa [da *isomero*, come il corrisp. gr. *isoméreia* 'eguaglianza'] **s. f.** • (*chim., fis.*) Fenomeno, frequente spec. nei composti organici, per cui due o più sostanze, pur avendo la stessa formula bruta, differiscono nelle loro proprietà fisiche e chimiche a causa della diversa disposizione degli atomi che compongono la loro molecola | *I. conformazionale*, quella dovuta a diverse disposizioni nello spazio degli atomi di una molecola originate per rotazione attorno a un legame semplice.

iṣomèrico [da *isomeria*] **agg.** (**pl. m.** *-ci*) • (*chim., fis.*) Relativo all'isomeria, caratterizzato da isomeria.

iṣomerizzazióne **s. f.** • (*chim., fis.*) Trasformazione di una sostanza in un suo isomero.

iṣòmero [comp. sul tipo del gr. *isomerḗs* 'con parte (*méros*) eguale (*ísos*)'] **A** **s. m.** • (*chim.*) Composto che presenta isomeria. **B** anche **agg.**: *composto i.*

iṣometrìa [dal gr. *isometría*, comp. di *iso-* 'eguale' e *métron* 'misura'] **s. f.** • (*mat.*) Biiezione fra due spazi metrici che conserva le distanze, tale cioè che per es. la distanza di due punti sia uguale alla distanza dei punti corrispondenti.

iṣomètrica **s. f.** • Linea isometrica.

iṣomètrico [comp. di *iso-* 'uguale' e di un deriv. del gr. *métron* 'misura'] **agg.** (**pl. m.** *-ci*) *1* In una rappresentazione cartografica, detto di linea che congiunge i punti nei quali un dato fenomeno si manifesta con la medesima intensità. *2* (*mat.*) Che presenta isometria. *3* *Versione isometrica*, versione poetica eseguita con la medesima metrica della poesia da cui si traduce.

iṣomorfìṣmo [comp. di *isomorfo* e *-ismo*] **s. m.** *1* Fenomeno per cui delle sostanze, con composizione analoga e che cristallizzano nello stesso sistema, danno cristalli misti in tutte le proporzioni. *2* (*mat.*) Omomorfismo biiettivo.

iṣomòrfo [comp. di *iso-* e *-morfo*] **agg.** • Che presenta isomorfismo.

iṣònefa [comp. di *iso-* e del gr. *néphos* 'nube', di origine indeur.] **A** **s. f.** • In una rappresentazione cartografica, linea che congiunge punti con uguale nuvolosità media, in un determinato periodo di tempo. **B** anche **agg.** solo **f.**: *linea i.*

iṣoniazìde [comp. di *iso-*, *ni(cotinico)* e *(idr)azide*] **s. f.** • (*chim., farm.*) Idrazide di un isomero dell'acido isonicotinico; farmaco fondamentale nel trattamento antitubercolare.

iṣonomìa [gr. *isonomía*, da *isónomos* 'isonomo'] **s. f.** • Uguaglianza di fronte alla legge, spec. nell'antica Grecia.

iṣònomo [gr. *isónomos*, comp. di *iso-* e *-nomos* '-nomo'] **agg.** • Che ha uguali diritti di fronte alla legge, detto spec. dei cittadini dell'antica Grecia.

iṣoottàno o **iṣottàno** [comp. di *iso-* e *ottano*] **s. m.** • Idrocarburo alifatico a otto atomi di carbonio, contenuto in diversi petroli, utilizzato per individuare il potere antidetonante delle benzine.

iṣoperìmetri [comp. di *iso-* e il pl. di *perimetro*] **s. m. pl.** • (*geom.*) Figure geometriche di uguale perimetro.

iṣoperimètrico **agg.** (**pl. m.** *-ci*) • (*mat.*) Che è proprio degli isoperimetri | *Problemi isoperimetrici*, estensioni del problema variazionale del trovare, fra tutte le figure geometriche di perimetro assegnato, quella di area massima.

iṣopètalo [comp. di *iso-* e *petalo*] **agg.** • Di fiore che ha i petali uguali fra loro.

iṣòpo • V. *issopo.*

Iṣòpodi [comp. di *iso-* e di un deriv. del gr. *póus*, genit. *podós* 'piede', di origine indeur.] **s. m. pl.** • Nella tassonomia animale, ordine di piccoli Crostacei acquatici o terricoli con corpo depresso, occhi non peduncolati (*Isopoda*) | (al sing. *-e*) Ogni individuo di tale ordine.

iṣoprène [comp. di *iso-* e *pr(opil)ene*] **s. m.** • Idrocarburo alifatico insaturo contenente due legami olefinici, costituente l'anello elementare della macromolecola della gomma naturale.

iṣopropilammìna [comp. di *isopropil(e)* e *ammina*] **s. f.** • (*chim.*) Liquido che si ottiene per reazione dell'alcol isopropilico con l'ammoniaca, usato come agente emulsionante, solubilizzante e sim.

iṣopropìle [comp. di *iso-* e *propile*] **s. m.** • Radicale alifatico monovalente derivabile dal propano per eliminazione di un atomo di idrogeno del gruppo $-CH^2$.

iṣopropìlico **agg.** (**pl. m.** *-ci*) • Detto di composto contenente il radicale isopropile o da questo derivabile | *Alcol i.*, alcol saturo secondario, ottenuto per idratazione catalitica del propilene, usato per preparare diversi composti chimici e come solvente.

iṣòscele [vc. dotta, lat. tardo *isŏscele(m)*, dal gr. *isoskelḗs*, comp. di *ísos* 'eguale' e un deriv. di *skélos* 'gambo', di origine indeur.] **agg.** • (*mat.*) Di triangolo o trapezio con due lati uguali.

iṣosillàbico [dal lat. tardo *isosyllabŭs*, dal gr. *isosýllabos* 'che ha lo stesso (*ísos*) numero di sillabe (*syllabái*)'] **agg.** (**pl. m.** *-ci*) • Detto di verso formato da un numero fisso di sillabe.

iṣosìṣmica [comp. di *iso-* e di un deriv. del gr. *seismós* 'scuotimento, terremoto'] **A** **s. f.** • In una rappresentazione cartografica, linea che congiunge i punti in cui i terremoti hanno uguale frequenza o intensità. **B** anche **agg.** solo **f.**: *linea i.*

iṣostaṣìa o **iṣòstaṣi** [comp. di *iso-* e *stasi*] **s. f.** • Teoria secondo la quale i diversi blocchi della parte superiore della crosta terrestre appoggiano su uno strato inferiore più viscoso con un equilibrio analogo a quello dei corpi galleggianti.

iṣostàtico [comp. di *iso-* e *statico*] **agg.** (**pl. m.** *-ci*) • (*mecc.*) Detto di sistema materiale con vincoli strettamente sufficienti all'equilibrio | *Linee isostatiche*, linee ideali che si possono immaginare passanti in ogni punto del solido elastico sollecitato, alle quali sono tangenti le tensioni ideali in quel punto.

iṣostenìa [gr. *isosthenía*, comp. di *ísos* 'uguale' e *sthénos* 'forza'] **s. f.** • (*filos.*) Per gli scettici, equivalenza di argomenti a sostegno di due antitetiche soluzioni di un problema filosofico, con conseguente impossibilità di accogliere l'una piuttosto che l'altra.

isostèrico [comp. di *iso-* e del gr. *stereós* 'solido', sul modello dell'ingl. *isosteric*] agg. (pl. m. *-ci*) ● (*scient.*) Detto di trasformazioni in cui il volume per unità di massa è costante.

isosterismo [comp. di *iso-* e *ster(eo-)* col suff. *-ismo*] s. m. ● (*chim.*) Qualità propria di ioni o di molecole diverse dotate dello stesso numero di atomi e della stessa struttura geometrica ed elettronica esterna.

isotàttico [comp. di *iso-* e del gr. *taktikós* 'ordinato', dal v. *tássein*, di etim. incerta] agg. (pl. m. *-ci*) ● (*chim.*) Detto di polimero in cui quasi tutti gli atomi di carbonio asimmetrici contenuti nella catena polimerica presentano la stessa configurazione: *polipropilene i.*

isòtera [comp. di *iso-* e di un deriv. del gr. *théros* 'estate', di origine indeur.] **A** s. f. ● In una rappresentazione cartografica, linea che congiunge i punti che hanno una temperatura media uguale. **B** anche agg. solo f.: *linea i.*

isotèrma s. f. **1** (*geogr.*) Linea isoterma. **2** (*fis.*) Linea, curva isoterma.

isotermìa s. f. ● Proprietà di un corpo, un sistema e sim. di mantenere invariata nel tempo la propria temperatura.

isotèrmico [comp. di *iso-* e *-termico*] agg. (pl. m. *-ci*) ● (*fis.*) Detto di fenomeno, spec. trasformazione termodinamica, che avviene a temperatura costante.

isotèrmo [comp. di *iso-* e *-termo*] agg. **1** Che ha temperatura uguale in tutti i punti | (*geogr.*) *Linea isoterma*, in una rappresentazione cartografica, linea che congiunge i punti aventi uguale temperatura in un dato istante, o uguale temperatura media in un dato intervallo di tempo. **2** (*fis.*) Isotermico | *Linea, curva isoterma*, linea o curva che rappresenta graficamente una trasformazione termodinamica che avviene a temperatura costante.

isotipìa [comp. di *iso-* e un deriv. di *tipo*] s. f. ● (*chim.*) Proprietà per cui alcune sostanze, pur avendo struttura chimica analoga, e reticoli cristallini uguali, non danno cristalli misti fra loro.

isotonìa [comp. di *iso-* e *-tonia*] s. f. ● (*chim.*) Equilibrio molecolare di due soluzioni, separate da una membrana organica, che si stabilisce in seguito a scambi osmotici attraverso la membrana stessa.

isotònico [da *isotonia*] agg. (pl. m. *-ci*) **1** (*chim.*) Detto di soluzioni aventi la stessa pressione osmotica. **2** (*med.*) Detto di soluzioni aventi pressione osmotica e concentrazione molecolare analoga a quella del plasma sanguigno circolante: *siero i.*

isòtono [comp. di *iso-* e *-tono*, sul modello di *isotopo*] agg. ● (*fis.*) Detto di nuclei che hanno lo stesso numero di neutroni e un diverso numero di protoni.

isotopìa [da *isotopo*] s. f. ● Proprietà per cui due elementi sono isotopi.

isotòpico [ingl. *isotopic*, comp. di *isotope* 'isotopo' col suff. *-ic* '-ico'] agg. (pl. m. *-ci*) ● (*chim.*) Di, relativo a un isotopo: *peso i.*

isòtopo [comp. di *iso-* e di un deriv. del gr. *tópos* 'luogo', perché ricoprono il medesimo posto nel sistema periodico di Mendeleev] **A** agg. ● (*chim.*) Detto di elementi che, pur avendo lo stesso numero atomico, differiscono per peso atomico. **B** anche s. m.: *il deuterio è un i. dell'idrogeno* | (*nucl.*) *I. fissile*, capace di subire la fissione nucleare | *I. fertile*, che non è fissile ma può diventarlo assorbendo un neutrone.

isotropìa [da *isotropo*] s. f. ● (*fis.*) Proprietà delle sostanze isotrope.

isotròpico agg. (pl. m. *-ci*) ● (*raro*) Isotropo.

isòtropo [comp. di *iso-* e *-tropo*] agg. ● (*fis.*) Detto di sostanza in cui le proprietà fisiche non dipendono dalla direzione.

isottàno ● V. *isoottano*.

Isòtteri [comp. di *iso-* e del gr. *pterón* 'ala', secondo il consueto modo di formazione degli ordini degli insetti] s. m. pl. ● Nella tassonomia animale, ordine di Insetti sociali polimorfi a metamorfosi incompleta (*Isoptera*) | (al sing. *-o*) Ogni individuo di tale ordine.

ispanicità [da *ispanico*] s. f. ● Ispanità.

ispànico [vc. dotta, lat. *Hispānicu(m)*, da *Hispānus*, di prob. origine iberica] agg. (pl. m. *-ci*) ● Della Spagna, spec. antica. SIN. Spagnolo.

ispanismo [comp. di *ispano* e *-ismo*] s. m. ● (*ling.*) Parola o locuzione propria dello spagnolo entrata in un'altra lingua. SIN. Spagnolismo.

ispanista s. m. e f. (pl. m. *-i*) ● Studioso di lingua, letteratura, cultura spagnola.

ispanità [per *ispan(ic)ità*] s. f. **1** Complesso di elementi che caratterizzano i popoli di lingua e cultura spagnola. **2** Insieme dei popoli di lingua spagnola.

ispanizzàre A v. tr. ● Adattare alla civiltà, alle usanze, alla cultura spagnola: *i. una regione*. **B** v. intr. pron. ● Assumere usanze, parlata, modi spagnoli.

ispanizzazióne s. f. ● Atto, effetto dell'ispanizzare e dell'ispanizzarsi.

ispàno [vc. dotta, lat. *Hispānu(m)*, di prob. origine iberica] **A** agg. ● (*lett.*) Ispanico, spagnolo: *voi, gente ispana, e voi, gente di Francia* (ARIOSTO). **B** s. m. ● Abitante, nativo dell'antica Spagna.

ispàno- primo elemento ● In parole composte, fa riferimento alla Spagna o agli Spagnoli: *ispano-americano*.

ispàno-americàno agg. **1** Che si riferisce alla Spagna e all'America del Nord, spec. agli Stati Uniti: *guerre ispano-americane* | Che si riferisce alla Spagna e all'America centro-meridionale: *letteratura, poesia ispano-americana*. **2** Che si riferisce ai paesi dell'America centro-meridionale di lingua e cultura spagnola.

ispanòfono [comp. di *ispan(ic)o* e *-fono*] agg.; anche s. m. (f. *-a*) ● Che, chi parla lo spagnolo.

ispècie ● V. *specie*.

†isperàre ● V. *sperare (1)*.

†isperiènza ● V. *esperienza*.

ispessiménto o **inspessiménto**. s. m. ● Atto, effetto dell'ispessire o dell'ispessirsi.

ispessìre o **inspessìre** [comp. di *i(n)-* (*1*) e *spesso* 'fitto, denso'] **A** v. tr. (*io ispessisco, tu ispessisci*) **1** Aumentare lo spessore di q.c.: *i. lo strato di cemento per aumentarne la resistenza*. **2** Rendere più denso: *i. la marmellata con una più lunga bollitura*. **3** (*raro, fig.*) Ripetere più spesso: *i. le visite, gli incontri*. **B** v. intr. pron. **1** Divenire più denso. **2** (*raro, fig.*) Divenire più frequente: *i controlli s'ispessivano*.

ispettìvo [vc. dotta, lat. tardo *inspectīvu(m)*, da *inspĕctus*, part. pass. di *inspĭcere*, comp. di *in-* 'dentro' e **spĕcere* 'guardare', di origine indeur.] agg. **1** Di ispezione: *potere i.* | Inerente all'ispezione: *metodo i.* **2** †Speculativo.

ispettoràto s. m. **1** Ufficio, titolo dell'ispettore | Durata di tale ufficio. **2** Ente pubblico esplicante funzioni ispettive, di vigilanza e di controllo su date attività o servizi: *Ispettorato agrario*; *Ispettorato militare* | *I. del Lavoro*, che esplica funzioni varie tendenti al fine di tutelare i lavoratori. **3** Edificio in cui risiede un ispettore o un ufficio ispettivo: *ignoro il nuovo indirizzo dell'i.*

ispettóre [vc. dotta, lat. tardo *inspectōre(m)*, da *inspĕctus*, part. pass. di *inspĭcere*, comp. di *in-* 'dentro' e **spĕcere* 'guardare', di origine indeur.] s. m. (f. *-trice*, pop. *-tora*) **1** Chi vigila sulle condizioni e sull'andamento di q.c. | (*cine*) *I. di produzione*, incaricato di curare l'organizzazione di una produzione cinematografica | (*tv*) *I. di studio*, incaricato di assicurare il corretto svolgimento tecnico del lavoro in studio nel rispetto delle direttive aziendali e delle norme sindacali | *I. scolastico*, funzionario preposto a dirigere e amministrare una circoscrizione di scuola elementare coordinando e controllando l'azione di più direttori didattici | *I. centrale*, (*per anton.*) quello con funzioni ispettive sul piano tecnico e didattico presso le scuole secondarie | *I. di polizia*, (*ell.*) *ispettore*, funzionario, di grado superiore al sovrintendente, con compiti anche di polizia giudiziaria, spec. nel quadro di attività investigative. **2** †Osservatore.

ispezionàre [da *ispezione*] v. tr. (*io ispezióno*) ● Visitare o esaminare a scopo d'ispezione: *i. una scuola, una caserma, un documento*; *i. il funzionamento di un apparecchio*.

ispezióne [vc. dotta, lat. *inspectiōne(m)*, da *inspĕctus*, part. pass. di *inspĭcere* (V. *ispettore*)] s. f. **1** Esame attento, osservazione diligente, esplorazione minuziosa: *i. anatomica, di una ferita*; *sottoporre un edificio ad un'i. di controllo*. **2** Indagine, controllo o visita effettuata da un ispettore nell'esercizio delle sue funzioni: *compiere un viaggio di i.*; *chiedere, subire, ordinare un'i.* **3** (*med.*) Tempo fondamentale dell'esame obiettivo del malato, consistente nell'esame esterno completo. **4** (*raro*) Competenza, appartenenza.

ispidézza s. f. ● Qualità di chi, di ciò che è ispido (*anche fig.*).

ìspido [vc. dotta, lat. *hĭspidu(m)*, di etim. incerta] agg. **1** Che ha peli irti e ruvidi: *barba ispida*; *un cane i. e sporco* | (*est.*) Spinoso: *cardo i.* | (*poet., fig.*) Coperto di cespugli, boschi: *de l'ispida pendice / la costa inacessibile* (MARINO). **2** (*fig.*) Intrattabile, scontroso: *carattere i.* | (*fig.*) Scabroso: *tema i.* || **ispidaménte**, avv.

ispiràbile o (*raro*) **inspiràbile**. agg. ● (*raro*) Che si può ispirare.

ispirabilità o (*raro*) **inspirabilità** [da *ispirabile*] s. f. ● Possibilità di essere ispirato.

ispiràre o (*lett.*) **inspiràre** [vc. dotta, lat. *inspirāre*, comp. di *in-* 'su, dentro' e *spirāre*, di origine onomat. (?)] **A** v. tr. **1** V. *inspirare*. **2** Infondere una particolare impressione o sentimento: *i. antipatia, disgusto, fiducia*; *al cor per gli occhi inspiri / dolce disir* (POLIZIANO) | *I. timore, reverenza*, incutere. SIN. Suscitare. **3** Suggerire, consigliare: *i. un'idea luminosa*; *i. una soluzione brillante di un problema* | Spingere a fare: *i. un'opera di carità, una buona azione*. **4** Arricchire di poteri soprannaturali: *lo Spirito Santo ispirava gli Apostoli* | (*fig.*) Illuminare: *che Dio ispiri la nostra azione!* | (*est.*) Muovere l'estro creativo e la fantasia dell'artista: *Apollo ispirava i poeti*; *i colori di quel paesaggio ispirarono il pittore*. **5** Guidare, dare l'imbeccata, indurre a un determinato comportamento: *il Ministro ispira la stampa ufficiosa*; *le risposte dei testimoni sono state ispirate dall'avvocato*. **B** v. intr. pron. **1** Prendere l'ispirazione: *ispirarsi agli esempi degli uomini illustri*. **2** Adeguarsi: *norme che si ispirano ai principi costituzionali*.

ispiràto o (*lett.*) **inspiràto A** part. pass. di *ispirare*; anche agg. **1** Nei sign. del v. **2** Che manifesta l'ispirazione della mente e del cuore, che lascia trasparire nobili e profondi sentimenti: *discorso i.*; *poesia ispirata*; *parole ispirate*. **3** Scritto per ispirazione divina | *Libri ispirati*, le Sacre Scritture. || **ispirataménte**, avv. Con ispirazione, come ispirato. **B** s. m. (f. *-a*) ● Chi ostenta insoliti moti dell'ingegno e dell'animo.

ispiratóre o (*raro*) **inspiratóre** [vc. dotta, lat. tardo *inspiratōre(m)*, da *inspirātus* 'ispirato'] agg.; anche s. m. (f. *-trice*) ● Che, chi ispira: *motivo i.*; *quell'uomo è l'i. dei tuoi misfatti*.

ispirazióne o (*lett.*) **inspirazióne** [vc. dotta, lat. tardo *inspirātiōne(m)*, da *inspirātus* 'ispirato'] s. f. **1** V. *inspirazione*. **2** Fervore di genio o d'estro creativo: *quando gli viene l'i. allora dipinge*; *sono versi tecnicamente perfetti ma privi d'i.* **3** Consiglio, suggerimento, suggestione: *seguire l'i. di qc.*; *trarre l'i. da q.c.* | (*est.*) Propensione, tendenza: *leggi di i. democratica*; *stile di i. neoclassica*. **4** In molte religioni superiori, illuminazione dell'intelletto operata da Dio, dagli dèi o da un genio, che concedono a una persona la capacità di comunicare le verità superiori agli altri: *i. profetica, divinatoria, di Apollo, delle Muse* | Nella teologia cristiana e biblica, impulso illuminante dato da Dio alla mente, che diviene capace di comunicare le verità della rivelazione agli uomini e, in genere, verità soprannaturali | Speciale grazia di Dio che muove la volontà e il pensiero e indirizza l'azione. **5** Impulso improvviso, trovata della mente: *mi è venuta l'i. di telefonarti*; *è stata una felice i.* | *Come per i.*, d'impulso, spontaneamente.

ìspirito ● V. *spirito (1)*.

†isportàre ● V. *esportare*.

†isprimére e *deriv.* ● V. *esprimere* e *deriv.*

israeliàno A agg. ● Relativo allo Stato d'Israele. **B** s. m. (f. *-a*) ● Abitante dello Stato d'Israele.

israelìta [da *Israele*, ant. n. del popolo ebraico, lat. eccl. *Israēl(is)*, indecl., dal gr. *Israḗl*, di origine ebr. (*yśrā'ēl*) con il sign. 'egli contende (*'śārāh*) con Dio (*Ēl*)'] **A** s. m. e f. (pl. m. *-i*) ● Chi fa parte del popolo ebraico o crede nella sua religione. SIN. Ebreo. **B** agg. ● Israelitico. SIN. Ebraico, ebreo.

iṣraelìtico agg. (pl. m. *-ci*) ● Degli israeliti, relativo agli israeliti: *cimitero i.* SIN. Ebraico, ebreo.

iṣraèlo- primo elemento ● In parole composte, fa riferimento allo Stato d'Israele o agli Israeliani: *israelo-americano, israelo-egiziano, israelo-palestinese.*

†**issa** (*1*) [lat. *īpsa* 'nella stessa', sottinteso *hōra* 'ora'] avv. ● Ora, adesso.

ìssa (*2*) [dall'imperat. di *issare*] inter. ● Si usa come voce d'incitamento reciproco per fare contemporaneamente forza quando, in più persone, si deve sollevare o rimuovere a braccia qc. di molto pesante.

issàre [fr. *hisser*, origine onomat., dal grido d'incitamento ai cani durante la caccia e poi ai marinai] **A** v. tr. *1* (*mar.*) Alzare su verticalmente, mediante un cavo che scorre in carrucole o sim. *2* (*est.*) Porre in alto, spec. con fatica: *i. un pesante carico sul carro merci*; *la cinse alla vita col braccio, e la issò lievemente* (BACCHELLI). SIN. Alzare. **B** v. intr. pron. ● Porsi su q.c., salendovi faticosamente: *si issarono sul camion.*

-ìssimo [lat. *-issimu(m)*, da *-(i)mo-*, aggiunto ad agg. per dar loro sign. sup., con un ampliamento *-s-*] suff. ● Forma di norma il grado superlativo degli aggettivi: *bellissimo, modestissimo.*

†**isso** [lat. *īpsu(m)* 'esso'] pron. e agg. dimostr. ● Esso, egli stesso | Stesso: *sé i.*

†**issofàtto** avv. ● Adattamento di *ipso facto* (V.).

issolite [di formaz. incerta] s. f. ● Resina fossile che si trova nelle miniere di carbone.

issòpo o (*raro*) **iṣòpo** [vc. dotta, lat. *hyssō-pu(m)*, dal gr. *hýssōpos*, di origine semitica] s. m. *1* Pianta cespugliosa delle Labiate, spontanea nella regione mediterranea, utilizzata dalla medicina popolare contro la tosse (*Hyssopus officinalis*). *2* Pianta aromatica di incerta identificazione citata nella Bibbia.

-ìsta [lat. *-ista(m)*, di origine gr.] suff. *1* Forma aggettivi e sostantivi connessi coi termini in *-ismo*: *altruista, ciclista, impressionista, podista, turista.* *2* Forma, per analogia, altri sostantivi indicanti attività, professioni aventi diversa derivazione, o che designano un sostenitore o un giocatore di una squadra di calcio: *barista, dantista, dentista, giornalista, giurista, latinista, pianista, torinista.*

istàbile e *deriv.* ● V. *instabile* e *deriv.*

istallàre e *deriv.* ● V. *installare* e *deriv.*

istamìna o **istammìna** [comp. di *ist(idina)* e *a(m)mina*] s. f. ● Composto organico derivato dall'istidina che induce dilatazione dei vasi sanguigni e contrazione della muscolatura liscia ed è causa di molte reazioni allergiche; è uno dei mediatori chimici dei processi infiammatori.

istamìnico agg. (pl. m. *-ci*) ● Dell'istamina, relativo all'istamina: *shock i.*

istammìna ● V. *istamina.*

istantànea [f. sost. (sott. *fotografia*) di *istantaneo*] s. f. ● Fotografia presa con un tempo di posa inferiore a 1/20 di secondo.

istantaneità s. f. ● Caratteristica di ciò che avviene in un istante o ha la durata di un istante.

istantàneo [da *istante*] agg. *1* Che avviene in un istante: *morte istantanea*; *l'incendio di certe sostanze è i.*; *fotografia istantanea* | *Caffè, brodo i.*, liofilizzato, rapidamente solubile in acqua. *2* Che dura un istante, un attimo: *luce istantanea.* ‖ **istantaneaménte**, avv. In un istante.

istànte (*1*) ● V. *instante.*

istànte (*2*) o †**stànte** (*2*) [lat. *instānte(m)*, propriamente part. pres. di *instāre* 'stare (*stāre*) sopra (*in-*)', 'premere', 'essere imminente'] s. m. ● Momento brevissimo di tempo, attimo fuggevole: *non indugiare un i.*; *l'esplosione si propagò in un i.*; *pochi istanti hanno bruciato / tutto di noi* (MONTALE) | (*est.*) Breve periodo: *è un dolore che passa in un i.*; *vi prego di aspettare un i.* | *All'i., sull'i.*, immediatamente, subito: *arriverò all'i.*

istànza o †**instànza**, †**stànza** (*2*), †**stànzia** (*2*) [lat. *instāntia(m)*, da *instāre* nel senso giuridico di 'incalzare (con insistenza)'] s. f. *1* (*dir.*) Richiesta rivolta a un organo amministrativo o giurisdizionale di compiere una data attività attinente alla esplicazione della propria funzione: *presentare, accogliere, respingere una i.* *2* (*est.*) Domanda, richiesta: *fare i. per ottenere q.c.*; *accogliere su i. di qc.* *3* Insistenza o persistenza nel domandare: *chiedere, sollecitare con grande i.* *4* Aspirazione o necessità impellente: *le istanze delle classi meno abbienti.* *5* (*filos.*) Replica a un'obiezione.

istàre ● V. *instare.*

istàte ● V. *estate.*

istauràre e *deriv.* ● V. *instaurare* e *deriv.*

ister [dal lat. *hīster* (nom.) 'istrione', per la loro finzione nel pericolo] s. m. ● Insetto coleottero con corpo ovale, tegumento durissimo, zampe brevi, che vive anche allo stato larvale nei mucchi di sterco bovino ed equino (*Hister quadrimaculatus*).

isterectomìa [comp. di *ister(o)*- e *-ectomia*] s. f. ● (*med.*) Asportazione chirurgica dell'utero.

isterèṣi o **istèresi** [gr. *hystérēsis* 'mancanza', dal v. *hysterêin* 'venir dopo, posteriormente (*hýsteron*, di origine indeur.)'] s. f. ● (*fis.*) Ritardo subìto dall'effetto in seguito a variazione della causa | *I. dielettrica, magnetica*, fenomeno per il quale l'induzione dipende anche dalle vicende elettriche o magnetiche precedenti.

isterìa [dal lat. tardo *hystéra* 'utero', dal gr. *hystéra*. V. *istero-*] s. f. *1* (*med., psicol.*) Isterismo. *2* (*gener., est.*) Stato di eccitazione esagerata e incontrollata, spesso fanatica e collettiva: *al suo arrivo la diva è stata accolta con scene di i.*

istèrico [vc. dotta, lat. *hystĕricu(m)*, dal gr. *hysterikós* 'proprio dell'utero (*hystéra*)'] **A** agg. (pl. m. *-ci*) ● (*med.*) Che è proprio dell'isterismo: *accesso i.*; *crisi isterica.* ‖ **istericaménte**, avv. **B** s. m.; anche agg. (f. *-a*) *1* (*med.*) Chi, che è affetto da isterismo. *2* (*gener., est.*) Chi, che è facile, incline all'ira, a scatti e crisi di nervi, a reazioni emotive smodate e incontrollate.

isteriliménto s. m. ● Atto, effetto dell'isterilire o dell'isterilirsi | Stato di ciò che è divenuto sterile.

isterilìre o **insterilìre** [comp. di *i(n)*- (*1*) e *sterile*] **A** v. tr. (*io isterilisco, tu isterilìsci*) ● Rendere sterile, improduttivo: *i. il terreno con coltivazioni irrazionali* | (*fig.*) Rendere povero, freddo: *questo dolore le ha isterilito il cuore.* **B** v. intr. pron. ● Divenire sterile (*anche fig.*): *i campi si sono isteriliti per la siccità*; *la sua vena poetica si è isterilita.*

isteriṣmo [comp. di *ister(ia)* e *-ismo*] s. m. *1* (*med., psicol.*) Forma di psiconeurosi caratterizzata da instabilità emotiva, immaturità affettiva e disturbi somatici la cui origine organica non è dimostrabile. *2* (*gener., est.*) Atto d'ira o di rabbia, reazione emotiva, smodati e incontrollati.

ìstero- [dal gr. *hystéra* 'utero', di origine indeur.] primo elemento (*ister-* davanti a vocale) ● In parole composte della terminologia scientifica, significa 'utero' o indica relazione con l'utero: *isterectomia, isteroscopia.*

isterografìa [comp. di *istero-* e *-grafia*] s. f. ● (*med.*) Esame radiografico della cavità uterina.

isteròide [comp. di *ister(ico)* e *-oide*] agg. ● (*med.*) Che ha manifestazioni simili a quelle proprie dell'isteria: *comportamento i.*

isterologìa (*1*) [vc. dotta, lat. tardo *hysterolŏgia(m)*, dal gr. *hysterología*, comp. di *hýsteron* 'posteriore' e *-logía* '-logia'] s. f. (pl. *-gie*) ● (*ling.*) Figura retorica che consiste nel dire prima quello che si dovrebbe dire dopo. CFR. Hysteron proteron.

isterologìa (*2*) [comp. di *istero-* e *-logia*] s. f. ● (*med.*) Studio delle affezioni uterine.

isteroptòṣi [comp. di *istero-* e *ptosi*] s. f. ● (*med.*) Abbassamento dell'utero. SIN. Metroptosi.

isterosalpingografìa [comp. di *istero-*, *salpinge* e *-grafia*] s. f. ● (*med.*) Esame radiologico della cavità uterina e delle salpingi.

isteroscopìa [comp. di *istero-* e *-scopia*] s. f. ● (*med.*) Esplorazione visiva della cavità uterina mediante l'isteroscopio.

isteroscòpio [comp. di *istero-* e *-scopio*] s. m. ● (*med.*) Strumento che, introdotto attraverso il canale cervicale, permette l'esplorazione visiva della cavità uterina.

isterotomìa [comp. di *istero-* e *-tomia*] s. f. ● (*med.*) Incisione della parete dell'utero.

†**istésso** ● V. *stesso.*

-ìstico [suff. agg. (*-ico*) applicato ai s. in *-ist(a)*] suff. *1* Forma aggettivi connessi coi sostantivi in *-ismo*: *altruistico, ciclistico, egoistico, ostruzionistico, socialistico, turistico.* *2* Forma per analogia altri aggettivi aventi diversa derivazione: *bandistico, caratteristico, stilistico.*

istidìna [dal gr. *histíon* 'tessuto' (d'etim. incerta), col suff. *-ide* dei protidi] s. f. ● (*chim.*) Amminoacido basico presente nelle proteine, precursore dell'istamina, considerato essenziale nell'uomo e in numerosi animali.

istigaménto o (*lett.*) **instigaménto**, †**stigaménto**. s. m. ● Atto dell'istigare.

istigàre o (*lett.*) **instigàre**, (*raro*) †**stigàre** [vc. dotta, lat. *instigāre* 'picchiare, pungere (da una var. intensivo-durativa di **stĭngere*, di origine indeur.) contro (*in-*)'] v. tr. (*io istìgo*, raro *istigo, tu istìghi*) ● Indurre o spingere a q.c. di riprovevole: *i. qc. al male, alla ribellione* | Stimolare: *i. le passioni.*

istigàto o (*lett.*) **instigàto**. part. pass. di *istigare*; anche agg. ● Nei sign. del v.

istigatóre o (*lett.*) **instigatóre** [vc. dotta, lat. *instigatōre(m)*, da *instigatus* 'istigato'] agg.; anche s. m. (f. *-trice*) ● Che, chi istiga: *l'i. della rivolta*; *idea istigatrice di violenza.* SIN. Fomentatore, sobillatore.

istigazióne o (*lett.*) **instigazióne**, (*raro*) †**stigazióne** [vc. dotta, lat. tardo *instigatiōne(m)*, da *instigatus* 'istigato'] s. f. *1* (*dir.*) Illecito penale consistente in un complesso di attività tali da indurre altri a tenere un dato comportamento: *i. al suicidio, alla prostituzione*; *i. a delinquere.* *2* Incitamento, subornazione: *ha agito per i. di cattivi compagni.*

istillàre e *deriv.* ● V. *instillare* e *deriv.*

istintività s. f. ● Caratteristica di chi, di ciò che è istintivo.

istintìvo **A** agg. *1* Dell'istinto, che proviene dall'istinto: *necessità istintive* | Non sottoposto al controllo della ragione: *movimento i.*; *azione, reazione istintiva.* *2* Detto di persona che agisce prevalentemente per istinto, per impulso e sim.: *ragazzo i.* ‖ **istintivaménte**, avv. Per istinto, in modo istintivo; senza riflessione. **B** s. m. (f. *-a*) ● Chi agisce e parla d'istinto, senza riflettere: *è un i. e non sa controllarsi.*

istìnto [vc. dotta, lat. *instĭnctu(m)*, part. pass. di *instĭnguere*, comp. di *in-* 'contro' e *stĭng(u)ere* 'pungere', con sovrapposizione di *stĭnguere* 'spegnere' (l'uno e l'altro v. di origine indeur.), per l'associazione dell'idea di 'ardere', 'bruciare' con quella di 'stimolare'] s. m. *1* Manifestazione congenita ed ereditaria, quindi anteriore all'esperienza, che fa parte dell'inconscio e che ha il compito di preservare l'individuo per la conservazione della specie: *i. sessuale, sociale, materno*; *l'i. delle api, delle formiche*; *i. di difesa, di conservazione.* *2* (*est.*) Spinta interiore, indipendente dall'intelligenza, che porta l'uomo ad agire in un determinato modo: *lasciarsi dominare dall'i.*; *vincere, reprimere, soffocare i propri istinti*; *cedere all'i.*; *seguire l'i.* | Inclinazione naturale dell'animo umano: *i. basso, nobile, generoso* | Impulso spontaneo e irrazionale: *l'i. del cuore* | *Fare q.c. per i., come per i., d'i.*, senza pensarci o ragionarci sopra. *3* (*raro*) Indole, natura: *è nato con l'i. del poeta.*

istintuàle agg. ● (*psicoan.*) Che si riferisce all'istinto o agli istinti: *sfera i.*; *conflitti istintuali.*

istiocìta o **istiocito** [comp. del gr. *histíon* 'tessuto' (V. *isto-*) e *-cito*] s. m. (pl. *-i*) ● (*biol.*) Cellula del sistema reticolo-endoteliale attiva nella difesa dell'organismo dai processi infiammatori.

istiòforo [comp. del gr. *histíon* 'vela' e *-foro*] s. m. ● Pesce osseo marino simile al pesce spada con pinna dorsale sviluppatissima, che l'animale usa a volte come una vela lasciandola emergere (*Istiophorus gladius*). SIN. Pesce vela, pesce ventaglio.

istitóre ● V. *institore.*

istitòrio ● V. *institorio.*

istituèndo o (*lett.*) **instituèndo**. agg. ● (*raro*) Che deve essere istituito.

istituìre o (*lett.*) **instituìre**, (*raro*) †**stituìre** [vc. dotta, lat. *instituĕre*, comp. di *in-* illativo e *statuĕre* 'stabilire', da *stāre*, con passaggio ad altra coniug.] v. tr. (*io istituisco, tu istituisci*) *1* Stabilire per la prima volta q.c. di una certa importanza e di durata stabile: *i. una borsa di studio, un premio,* *un'accademia, una parrocchia* | Fondare: *i. il tribunato della plebe, un ordine religioso, un'accademia* | (*lett.*) Decidere. ***2*** Costituire, nominare: *i. qc. erede.* ***3*** Iniziare, impostare: *i. un'equazione, un confronto, una ricerca comparativa.* ***4*** †Educare, istruire: *i. qc. nelle scienze matematiche.*

istituito o (*lett.*) **instituito**. part. pass. di *istituire*; anche agg. ● Nei sign. del v.

istitutivo agg. ● Che istituisce, che ha lo scopo di istituire: *legge istitutiva.*

istituto o (*lett.*) **instituto** [vc. dotta, lat. *institūtu(m)*, propriamente part. pass. di *instituere* 'istituire'] s. m. ***1*** Organismo costituito per il perseguimento di un dato fine: *i. di assistenza ai profughi* | *I. di credito*, banca | *I. d'emissione*, istituto di credito avente il potere di emettere moneta | *I. d'istruzione*, d'insegnamento di vario grado: *i. magistrale, tecnico, professionale* | *I. di bellezza*, per il trattamento estetico delle persone | *Consiglio d'i.*, organo collegiale composto di rappresentanti eletti dagli insegnanti, dal personale non docente, dagli allievi e dai genitori con funzioni deliberative e consultive | (*est.*) Accademia: *l'i. storico italiano; l'i. di Francia.* ***2*** *I. giuridico*, complesso di norme giuridiche che disciplinano uno stesso fenomeno sociale. ***3*** Biblioteca o laboratorio universitario in cui è accolto tutto il materiale necessario allo studio e alla ricerca scientifica in un determinato settore: *i. di anatomia comparata, di diritto internazionale* | (*est.*) Laboratorio privato di notevoli dimensioni e importanza: *i. tipografico, d'arti grafiche.* ***4*** (*lett.*) Proposito o assunto che si sia stabilito di realizzare. ***5*** †Insegnamento, istruzione.

istitutore o †**institutore** [vc. dotta, lat. tardo *institūtōre(m)*, da *institūtus* 'istituito'] s. m. (f. *-trice*) ***1*** Fondatore: *i. di un centro educativo.* ***2*** Chi svolge attività educativa in collegi o case private: *è arrivato il nuovo i.* SIN. Precettore.

istituzionale agg. ***1*** Relativo a un'istituzione, spec. politica: *referendum i.* ***2*** Relativo alle nozioni fondamentali di una disciplina: *manuale i.* || **istituzionalmente**, avv.

istituzionalizzare **A** v. tr. ***1*** Dare forma giuridica: *i. una consuetudine.* ***2*** (*est.*) Dare carattere definitivo, imporre di fatto e in modo stabile una situazione, una decisione, un comportamento e sim.: *la raccomandazione si è ormai istituzionalizzata.* ***3*** Immettere in un'istituzione, spec. assistenziale: *i. i bambini negli asili.* **B** v. intr. pron. ● Acquisire carattere di istituzione.

istituzionalizzato part. pass. di *istituzionalizzare*; anche agg. ● Nei sign. del v.

istituzionalizzazione s. f. ● Atto, effetto dell'istituzionalizzare o dell'essere istituzionalizzato.

istituzione o †**instituzione**, (*raro*) †**stituzione** [lat. *institutiōne(m)*, da *institūtus* 'istituito'] s. f. ***1*** Atto, effetto dell'istituire, del fondare: *i. di una festa, di una cerimonia; ordine cavalleresco d'antica i.; parlava della necessità dell'i. di grandi banche* (SVEVO) | (*dir.*) *I. di erede*, nomina dell'erede contenuta in un testamento. ***2*** Insieme degli organismi e delle norme e consuetudini fondamentali su cui si basa un'organizzazione politica, e gener. qualunque comunità o corpo sociale: *l'i. del matrimonio; l'i. del papato; le istituzioni repubblicane; il paese è travagliato da una crisi delle istituzioni; le istituzioni internazionali* | *È un'i.*, (*fig., scherz.*) detto di qc. o q.c. radicati da tempo in un luogo, ambiente e sim. dove svolge un'attività o una funzione ritenuta fondamentale e talora insostituibile. ***3*** Ente od organo istituito per determinati scopi pratici: *i. culturale, di assistenza, di beneficenza.* ***4*** (*spec. al pl.*) Il complesso delle nozioni fondamentali di una scienza o disciplina, spec. giuridica: *istituzioni di diritto privato, civile, pubblico* | (*est.*) Il testo che contiene tali nozioni: *ho appena acquistato le istituzioni di matematica elementare.* ***5*** †Ammaestramento, istruzione: *i. della gioventù.*

istmico [vc. dotta, lat. *isthmicu(m)*, dal gr. *isthmiakós*, da *isthmós* 'istmo'] agg. (pl. m. *-ci*) ● Dell'istmo | *Giochi istmici*, nella Grecia antica, gare che si disputavano ogni due anni a Corinto in onore di Posidone.

istmo o **ismo** [vc. dotta, lat. *isthmu(m)*, dal gr. *isthmós*, di origine indeur.] s. m. ***1*** Lingua di terra che unisce due continenti o una penisola a un continente e separa due mari: *l'i. di Corinto.* ***2*** (*anat.*) Parte ristretta del corpo | *I. delle fauci*, orifizio ristretto al passaggio dalla bocca alla faringe | *I. dell'encefalo*, parte dell'encefalo che riunisce il cervello al cervelletto e al midollo allungato.

isto- [dal gr. *histós* 'telaio' e 'tela', da *histánai* 'collocare in piedi', di orig. indeur.] primo elemento ● In parole composte della terminologia scientifica, fa riferimento a tessuti organici: *istogenesi, istologia.*

istochimica [comp. di *isto-* e *chimica*] s. f. ● (*biol.*) Insieme di tecniche della microscopia ottica che tendono a individuare particolari sostanze a livello tissulare. CFR. Citochimica.

istocompatibilità [comp. di *isto-* e *compatibilità*] s. f. ● (*biol.*) Grado di compatibilità antigenica fra i tessuti di un organismo donatore e quelli di un ricevente tale che un trapianto non viene rigettato.

istogenesi [comp. di *isto-* e *genesi*] s. f. ● (*biol.*) Formazione dei tessuti animali o vegetali di norma durante lo sviluppo embrionale, ma in certi casi anche successivamente.

istogramma [comp. del gr. *histós* 'trama' e *-gramma*] s. m. (pl. *-i*) ● Rappresentazione grafica di un fenomeno che si ottiene riportando, in corrispondenza ai valori della variabile indipendente, dei segmenti paralleli all'asse delle ordinate o dei rettangoli la cui misura dà il valore della variabile dipendente. ➡ ILL. **diagramma**.

istologia [comp. di *isto-* e *-logia*] s. f. (pl. *-gie*) ● (*biol.*) Disciplina che studia i tessuti, adeguatamente preparati, con l'ausilio del microscopio ottico e di quelli elettronici (in trasmissione e in scansione).

istologico agg. (pl. m. *-ci*) ● Dell'istologia: *gabinetto i.* | Relativo a tessuti organici: *esame i.* || **istologicamente**, avv. Dal punto di vista istologico.

istologo [comp. di *isto-* e *-logo*] s. m. (f. *-a*; pl. m. *-gi*) ● Studioso, esperto di istologia.

istone [da *isto-*] s. m. ● (*biol.*) Tipo di proteina basica associata con il DNA nucleare, mediante un legame con i residui di acido fosforico.

istopatologia [comp. di *isto-* e *patologia*] s. f. (pl. *-gie*) ● (*med.*) Branca della patologia che studia le affezioni tessutali con esami microscopici e ultramicroscopici.

†**istoria** ● V. *storia.*

istoriare o †**storiare** (**1**) [da *istoria*] v. tr. (*io istòrio*) ● Ornare con la rappresentazione figurativa di fatti storici o leggendari: *i. una colonna, la base di un monumento; i. una parete con le imprese di Cesare* | (*est.*) Adornare o illustrare con figure: *i. un libro.*

istoriato part. pass. di *istoriare*; anche agg. ● Nei sign. del v.

†**istorico** ● V. *storico.*

†**istoriévole** agg. ● Che riguarda la storia.

istoriografia e *deriv.* ● V. *storiografia* e *deriv.*

istradare e *deriv.* ● V. *instradare* e *deriv.*

†**istraneo** ● V. *estraneo.*

†**istrano** ● V. *estraneo.*

istriano /istri'ano, is'trjano/ **A** agg. ● Dell'Istria. **B** s. m. (f. *-a*) ● Abitante, nativo dell'Istria. **C** s. m. solo sing. ● Dialetto italiano dell'area settentrionale, parlato nell'Istria.

istrice [vc. dotta, lat. *hȳstrice(m)*, nom. *hȳstrix*, dal gr. *hýstrix* 'dal pelo (*thríx*) in su (**ud*)' (?)] s. m. e raro f. ***1*** Tozzo mammifero roditore degli Istricomorfi rivestito di peli nerastri e, sul dorso, di lunghi aculei (*Hystrix cristata*) | (*fig.*) *Barba, capelli da i.*, molto ispidi. ***2*** (*fig.*) Persona che ha un carattere difficile e irritabile: *è scontroso come un i.* ***3*** (*mar.*) Dispositivo antisommergibile a canne multiple, per il lancio di bombe.

istrione o †**strione** [vc. dotta, lat. *histriōne(m)*, di origine etrusca, da *Hīstria*, prima località di provenienza (?)] s. m. (f. *-essa*, raro) ***1*** Attore di teatro, nell'antica Roma. ***2*** (*spreg.*) Attore di poco conto | Attore che recita con enfasi caricata per suscitare nel pubblico facili e forti emozioni. ***3*** (*est., fig.*) Persona che si comporta in pubblico come se stesse recitando, assumendo atteggiamenti ostentati o simulati: *non far l'i.; da buon i. nasconde bene il dolore.*

istrionesco o †**strionesco** agg. (pl. m. *-schi*) ● (*spreg.*) Degno di istrione: *manifestazioni istrionesche di dolore; contegno i.*

istrionico o †**strionico** [vc. dotta, lat. tardo *histriōnicu(m)*, da *hīstrio*, genit. *histriōnis* 'istrione'] agg. (pl. m. *-ci*) ● Di, da istrione: *comportamento, atteggiamento i.* || **istrionicamente**, avv. Con modi da istrione.

istrionismo s. m. ● Attitudine a comportarsi da istrione.

†**istromento** ● V. *strumento.*

istruire o (*lett.*) **instruire** [vc. dotta, lat. *instrŭere*, comp. di *in-* 'sopra' e *strŭere* 'costruire', di origine indeur., con mutamento di coniug.] **A** v. tr. (*io istruìsco, tu istruìsci*; part. pass. *istruito*, lett. *istrutto*) ***1*** Provvedere qc. di dottrina, di scienza, di pratica: *i. la gioventù, gli ignoranti; i. con l'esempio; i. qc. nelle matematiche, nell'agricoltura* | (*est.*) Ammaestrare: *i. un cane, un cavallo.* ***2*** Fornire dei principi fondamentali indispensabili per una buona educazione: *è un popolo che deve essere istruito.* ***3*** Rendere edotto circa il da farsi, mediante istruzioni, suggerimenti e sim.: *i. per lettera; i. il testimone sulla risposta da dare.* ***4*** (*dir.*) *I. una causa, un processo*, e sim., compierne l'istruzione. **B** v. rifl. ***1*** Darsi un'istruzione o migliorare quella che già si possiede: *istruirsi con corsi per corrispondenza, con buone letture.* ***2*** Assumere informazioni: *istruirsi sul da fare, sul passato di qc.*

istruito o (*lett.*) **instruito**. part. pass. di *istruire*; anche agg. ● Nei sign. del v.

†**istrumento** e *deriv.* ● V. *strumento* e *deriv.*

istruttivo [da *istrutto*] agg. ● Che istruisce: *libro i.* | Atto a istruire: *esempi istruttivi.* || **istruttivamente**, avv.

istrutto o **instrutto**. part. pass. di *istruire*; anche agg. ***1*** (*lett.*) Nei sign. del v. ***2*** †Fornito. ***3*** †Ordinato, schierato: *esercito i.*

istruttore o †**instruttore** [vc. dotta, lat. *instructōre(m)*, da *instrūctus* 'istrutto'] **A** agg. ● Che istruisce | *Giudice i.*, in un processo, giudice sotto la cui direzione si svolge l'istruzione della causa. **B** s. m. (f. *-trice*) ● Chi ha il compito d'istruire in qualche disciplina: *i. di educazione fisica; i. militare* | *I. di volo*, chi insegna a pilotare gli aeromobili.

istruttoria [agg. sost., che sottintende *fase* (*processuale*)] s. f. ● (*dir.*) Istruzione: *prove assunte durante l'i.; svolgimento dell'i.*

istruttorio agg. ● (*dir.*) Che riguarda l'istruzione: *atti istruttori; fase istruttoria* | *Provvedimento i.*, contenente disposizioni relative all'istruzione della causa.

istruzione o †**instruzione**, (*pop.*) †**struzione** [vc. dotta, lat. *instructiōne(m)*, da *instrūctus* 'istrutto'] s. f. ***1*** Azione dell'istruire: *svolgere un intenso periodo d'i.* | *Ministero della pubblica i.*, Ministero che esplica funzioni varie relative all'amministrazione culturale dello Stato | *I. pubblica*, svolta direttamente dallo Stato | *I. privata*, gestita da privati | *I. programmata*, tecnica didattica, consistente spec. in una serie di spiegazioni e di relative domande, coordinate scientificamente, intesa a facilitare all'allievo l'apprendimento delle nozioni fondamentali di una data materia. ***2*** Effetto dell'essere istruito o dell'istruirsi | L'insieme della scienza e del sapere acquisito: *aver ricevuto un'i. pratica e teorica* | Cultura: *avere una buona i.; è una persona senza i.; l'i. letteraria è stata sempre la base della pubblica educazione* (DE SANCTIS). ***3*** Disposizione, norma o direttiva data a qc., per l'esecuzione di un compito o di una missione: *attenersi alle istruzioni; attendere, domandare, comunicare istruzioni* | (*est.*) Indicazioni scritte annesse ad un prodotto di cui insegnano l'uso: *leggere le istruzioni di una medicina; attenersi alle istruzioni per l'uso* | Prescrizione medica | (*elab.*) Parte elementare di un programma. ***4*** (*raro*) Informazione: *per mia, per nostra i. abbiamo domandato ciò.* ***5*** (*dir.*) Fase processuale durante la quale si acquisiscono agli atti tutti gli elementi necessari alla decisione | *I. preventiva*, fase processuale con funzione cautelare durante la quale si assumono elementi di prova a futura memoria | *I. dibattimentale*, fase del processo penale durante la quale si assumono le prove avanti al giudice del dibattimento. ***6*** (*elab.*) Componente elementare di un programma che dice all'elaboratore qual è l'operazione da eseguire in quel momento. || **istruzioncèlla**, dim.

istupidiménto s. m. • Atto, effetto dell'istupidire o dell'istupidirsi.

istupidire o (*raro*) **instupidire** [comp. di *i(n)-* (*1*) e *stupido*] **A** v. tr. (*io istupidisco, tu istupidisci*) • Rendere stupido | Intontire: *il colpo lo ha istupidito.* **B** v. intr. e intr. pron. (aus. *essere*) • Divenire stupido | (*est.*) Perdere la prontezza, la lucidità di mente: *istupidirsi per, con le troppe chiacchiere; mi sembra che sia istupidito.*

istupidito part. pass. di *istupidire*; anche agg. • Nei sign. del v.

†**ita** (**1**) [vc. dotta, lat. *ĭta*, di origine indeur.] avv. • (*lett.*) Così, sì: *del no, per li denar, vi si fa ita* (DANTE *Inf.* XXI, 42).

ìta (**2**) [gr. *ēta*, con la prn. moderna (*i*) di *ē*] s. f. • Nome della lettera greca η secondo la pronunzia moderna.

itacése o **itacènse** [vc. dotta, lat. *ithacēnse(m)*, da *Ĭthaca* 'Itaca'] **A** agg. • Di Itaca, isola greca. **B** s. m. e f. • Abitante, nativo di Itaca | *L'Itacese*, (*per anton.*) Ulisse.

itacismo [da *ita* (*2*) formata secondo il modello di parole affini, partenti da (*sole*)*cismo*] s. m. • (*ling.*) Pronuncia bizantina del greco che dà alla lettera η il valore del suono *i*.

itacista s. m. e f. • Chi segue o sostiene l'itacismo.

itacìstico agg. (pl. m. *-ci*) • Relativo all'itacismo | Fondato sull'itacismo.

italése • V. *italiese*.

italianàre [deriv. da *italiano*] v. tr. e intr. pron. (*io italiàno*) • (*raro*) Rendere, divenire italiano.

italianeggiàre [comp. di *italian(o)* e *-eggiare*] v. intr. (*io italianéggio*; aus. *avere*) • Seguire il modo di parlare, agire e vivere degli italiani | Affettare abitudini italiane.

italianismo [comp. di *italian(o)* e *-ismo*] s. m. • Parola o locuzione propria dell'italiano entrata in un'altra lingua.

italianista s. m. e f. (pl. m. *-i*) • Studioso di lingua, letteratura, cultura italiana.

italianìstica s. f. • Settore di studi che ha per oggetto la lingua e la letteratura italiana: *dipartimento di i.*

italianità s. f. • Indole, natura, qualità d'italiano: *i. di origini, di sentimenti.*

italianizzàre [comp. di *italian(o)* e *-izzare*] **A** v. tr. **1** Rendere italiano per lingua, costumi, cittadinanza chi non lo è per origine. **2** Tradurre in forma italiana: *i. una parola straniera, i nostri antichi.* **B** v. intr. pron. • Divenire italiano.

italianizzazióne s. f. • Atto, effetto dell'italianizzare: *i. di un Paese* | Processo di adattamento alla lingua italiana di elementi di altra lingua.

italiàno **A** agg. • Dell'Italia: *regioni, città italiane; popolo i.; cucina italiana* | *All'i.*, (*ell.*) alla maniera degli italiani (*anche fig. e scherz.*). || **italianaménte**, avv. **B** s. m. (f. *-a*) • Abitante, nativo dell'Italia. **C** s. m. solo sing. • Lingua del gruppo romanzo parlata in Italia: *il bello dell'i. è questo: che tu come è scritto lo leggi* (SCIASCIA) | *Professore d'i.*, che insegna la lingua e la letteratura italiana | *Parlare i.*, (*fig.*) parlare chiaro.

Italian style /*ingl.* i'tæljən 'stail/ [loc. ingl., propr. 'stile italiano'] loc. sost. m. inv. • All'estero, definizione dello stile di vita o del modo di comportarsi tipico degli Italiani.

itàlico [vc. dotta, lat. *Itălicu(m)*, da *Itălia* 'Italia'] **A** agg. (pl. m. *-ci*) **1** Relativo alle popolazioni residenti in Italia tra l'età del ferro e l'età imperiale romana | *Lingue italiche*, gruppo di lingue della famiglia indoeuropea. **2** (*lett.*) Italiano: *l'i. suolo* | *Scuola italica*, denominazione della scuola filosofica pitagorica fiorita nella Magna Grecia nel secolo VI a.C. | *Carattere i.*, proprio della scrittura italica | *Scrittura italica*, scrittura in uso nel XV sec. in Italia caratterizzata dal tratteggio sottile, dall'inclinazione verso destra e dall'allungamento delle aste ascendenti e discendenti. || **italicaménte**, avv. Italianamente. **B** s. m. • Ogni appartenente alle antiche popolazioni stanziate in Italia tra l'età del ferro e l'età imperiale romana.

italiése o **italése** [comp. di *itali(ano)* ed *-ese*] s. m. solo sing. • Linguaggio consistente nella mescolanza di vocaboli e costrutti italiani e inglesi, tipico di taluni settori quali la pubblicità, la tecnologia e sim.

italiòta [vc. dotta, gr. *Italiṓtēs*, da *Italía*, di etim. incerta] **A** agg. (pl. m. *-i*) • Relativo alla Magna Grecia. **B** s. m. e f. • Antico abitante della Magna Grecia. **C** agg.; anche s. m. e f. • (*spreg.*) Italiano, con riferimento a eventuali o supposti caratteri di ottusità o arretratezza culturale.

itàlma [comp. di *it(aliano)*, *al(luminio)* e *ma(gnesio)*] s. m. • (*numism.*) Lega a base di alluminio e magnesio, usata in Italia per monete divisionali.

italo [vc. dotta, lat. *Ītalu(m)*, di etim. incerta] agg. • (*lett.*) Italiano, italico.

italo- primo elemento • In parole composte, fa riferimento all'Italia o agli Italiani: *italo-americano; confine italo-francese.*

italoamericàno o **italo-americàno** **A** agg. **1** Relativo all'Italia e all'America, spec. agli Stati Uniti. **2** Degli, relativo agli, italoamericani. **B** s. m. (f. *-a*) • Cittadino statunitense di origine italiana.

italòfilo [comp. di *ital(ian)o* e *-filo*] agg.; anche s. m. (f. *-a*) • Che, chi è favorevole all'Italia e agli Italiani.

italòfobo [comp. di *ital(ian)o* e *-fobo*] agg.; anche s. m. (f. *-a*) • Che, chi è ostile all'Italia e agli Italiani.

italòfono [comp. di *ital(ian)o* e *-fono*] agg.; anche s. m. (f. *-a*) • Che, chi parla l'italiano.

-itàre [lat. *-itāre*, orig. con valore freq.] suff. derivativo • Forma verbi, taluni con valore iterativo, tratti da aggettivi o da verbi: *abilitare, facilitare, nobilitare, seguitare.*

-ite (**1**) [gr. *-ítis*, f. del suff. agg. *-ítes*, sottintendendo il s. *nósos* 'malattia'] suff. • Nella terminologia medica, indica uno stato di infiammazione di un tessuto o di un organo: *polmonite, epatite.*

-ite (**2**) [gr. *-ítes*, che propriamente è applicato a nomi col senso di 'proveniente, derivato da'] suff. • In parole composte scientifiche e tecniche, spec. di mineralogia e chimica, indica minerali (*magnetite*), leghe (*perlite*), esplosivi (*dinamite*) e alcoli alifatici polivalenti (*mannite*).

-ite (**3**) [V. *-ite* (*1*)] suff. • In parole composte della terminologia medica spec. istologica, indica unità funzionali: *dendrite* (*2*), *nevrite.*

item (**1**) /*lat.* 'item/ [vc. dotta, lat. *ĭtem*, da *ĭta*, di origine indeur.] avv. • Parimenti, similmente, spec. nel linguaggio giuridico.

item (**2**) /*ingl.* 'aitəm/ [vc. ingl., dal lat. *ĭtem* 'ugualmente, parimenti' (V. prec.)] s. m. **1** (*elab.*) Ognuna delle unità programmate con le quali si compongono le sequenze di istruzione. **2** (*ling.*) Ogni elemento di un insieme grammaticale, lessicale e sim. considerato in quanto termine particolare.

iter /*lat.* 'iter/ [vc. lat., letteralmente 'viaggio', legato al part. pass. (*ĭtus*) di *īre* 'andare'] s. m. inv. (pl. lat. *itinera*) • Serie di formalità, passaggi e sim. che q.c. deve compiere, prima di arrivare a un esatto completamento procedurale: *i. burocratico, legislativo, parlamentare; quando la pratica avrà completato il suo i. riceverete una risposta.*

iteràbile agg. • (*lett.*) Ripetibile.

†**iteraménto** s. m. • (*raro*) Ripetizione.

iteràre [vc. dotta, lat. *iterāre*, da *ĭterum* 'una seconda volta', di origine indeur.] v. tr. (*io ìtero*) • (*lett.*) Ripetere, replicare.

iteratìvo [vc. dotta, lat. tardo *iteratīvu(m)*, da *iterāre* 'iterare'] agg. **1** Che indica ripetizione, iterazione. **2** (*ling.*) Frequentativo: *locuzione iterativa; verbo i.* **3** (*mat.*) Detto di metodo, procedimento di calcolo che giunge al risultato mediante approssimazioni successive. || **iterativaménte**, avv.

iteràto part. pass. di *iterare*; anche agg. • (*lett.*) Nel sign. del v. || **iterataménte**, avv. Reiteratamente.

iterazióne [vc. dotta, lat. *iteratiōne(m)*, da *iterātus* 'iterato'] s. f. • Ripetizione.

itifàllico [vc. dotta, lat. *ithyphăllicu(m)*, dal gr. *ithyphallikós*, da *ithýphallos* 'itifallo'] agg. (pl. m. *-ci*) **1** Detto di verso greco e latino costituito di una tripodia trocaica, tipico dei canti fallici. **2** (*lett.*) Osceno.

itifàllo [vc. dotta, lat. tardo *ithȳphallu(m)*, dal gr. *ithýphallos*, comp. di *ithýs* 'eretto', di orig. indeur., e *phallós* 'fallo'] s. m. • Carme che si cantava nelle feste di Bacco.

itinerànte [vc. dotta, lat. tardo *itinerănte(m)*, propriamente 'viaggiatore', da *itinerāri* 'compiere un viaggio (*ĭter*, genit. *itĭneris*)'] agg. • Che si muove, si sposta da un luogo all'altro: *mostra, spettacolo i.*

itineràrio [vc. dotta, lat. tardo *itinerāriu(m)*, da *ĭter*, genit. *itĭneris* 'viaggio', da *īre* 'andare'] **A** agg. • Che riguarda il viaggio, la distanza, il percorso: *colonna, misura, itineraria.* **B** s. m. **1** Percorso di un viaggio per lo più diviso in tappe: *i. turistico* | Strada da percorrere: *l'i. di una processione.* **2** Descrizione e rappresentazione di un percorso a uso di chi lo può compiere: *i. di Roma, di Terra Santa.*

ìto part. pass. di *ire* • Nei sign. del v.

-ito (**1**) [suff. alternante, con specificazione di sign. (per gli acidi), di *-ato* (per i sali)] suff. • In chimica, indica sali, esteri, eteri, derivati da acidi in *-oso*: *ipoclorito, solfito.*

-ito (**2**) [lat. *-ītu(m)* con equivalenze indeur.] suff. • Forma i participi passati dei verbi in *-ire*: *sbalordito, udito.*

-ito (**3**) [lat. *-ītu(m)*, proprio dei part. pass. dei v. in *-īre*, frequentemente usato per esprimere voci di animali] suff. • Forma sostantivi indicanti versi d'animali: *barrito, grugnito, muggito, nitrito, ruggito.*

ittèrbio [dal n. della località sved. *Ytterby*, dove fu scoperto] s. m. • Elemento chimico, metallo del gruppo delle terre rare. SIMB. Yb.

ittèrico [vc. dotta, lat. *ictĕricu(m)*, dal gr. *ikterikós*, da *íkteros* 'ittero (1)'] **A** agg. (pl. m. *-ci*) • (*med.*) Dell'ittero: *colore i.* **B** agg.; anche s. m. (f. *-a*) • (*med.*) Che, chi è affetto da ittero.

itterizia [da *itterico*] s. f. • Malattia caratterizzata da ittero | (*fig., scherz.*) *Far venire l'i. a qc.*, farlo morire di rabbia.

ìttero (**1**) [vc. dotta, lat. *ĭcteru(m)*, dal gr. *íkteros*, di etim. incerta] s. m. • (*med.*) Abnorme colorazione giallo-brunastra diffusa della cute e delle mucose per infiltrazione di pigmenti biliari | *I. emolitico dei neonati*, che interviene alla nascita per distruzione di una certa quantità di globuli rossi | *I. virale*, da infezione virale del fegato.

ìttero (**2**) [vc. dotta, lat. *ĭcteru(m)*, dal gr. *íkteros* 'ittero': per la credenza che a guardarlo si guariva dall'itterizia (?)] s. m. • Passeraceo americano, ottimo cantore, di forma snella, con becco appuntito e piumaggio dei maschi vivacemente colorato (*Icterus galbula*).

ìttico [dal gr. *ichthyikós* 'relativo al pesce (*ichthýs*)', di origine indeur.] agg. (pl. m. *-ci*) • Relativo ai pesci: *mercato i.*

ittio- [dal gr. *ichthyo-*, da *ichthýs*, genit. *ichthýos* 'pesce'] primo elemento • In parole composte, significa 'pesce' o indica relazione con i pesci: *ittiologia.*

ittiocòlla [vc. dotta, lat. *ichthyocŏlla(m)*, dal gr. *ichthyókolla*, comp. di *ichthýs* 'pesce' e *kólla* 'colla'] s. f. • Colla di pesce.

ittiocoltùra [comp. di *ittio-* e *coltura*] s. f. • Coltivazione di mitili, pesci o altri prodotti ittici in acque dolci o marine.

ittiofagìa [gr. *ichthyophagía*, deriv. di *ichthyophágos* 'ittiofago'] s. f. (pl. *-gie*, raro) • Nutrizione a base di pesce.

ittiòfago [gr. *ichthyophágos*, comp. di *ichthyo-* 'ittio-' e *-phágos* '-fago'] agg. (pl. m. *-gi*) • Che si nutre di pesci.

ittiofàuna [comp. di *ittio-* e *fauna*] s. f. • L'insieme delle varie specie di pesci di una data località.

ittiòfilo [comp. di *ittio-* e *-filo*] s. m. (f. *-a*) • Appassionato raccoglitore di pesci, spec. in acquario.

ittiofòrmio [comp. di *ittio(lo)* e di un deriv. da *forma(ldeide)*] s. m. • Prodotto di condensazione dell'ittiolo con formaldeide, impiegato in medicina come antisettico intestinale e antidiarroico.

ittiogènico [comp. di *ittio-* e *-genico*] agg. (pl. m. *-ci*) • Che produce pesce: *stabilimento i.*

ittiòlo [dal gr. *ichthýs* 'pesce (fossile)', dal quale è ricavato] s. m. • Sostanza bituminosa, usata in farmacologia, che si ottiene per distillazione di rocce costituite da depositi di pesci fossili.

ittiologìa [comp. di *ittio-* e *-logia*] s. f. (pl. *-gie*) •

Branca della zoologia che ha per oggetto lo studio dei pesci, la pesca e la piscicultura.

ittiològico agg. (pl. m. *-ci*) ● Riguardante l'ittiologia.

ittiòlogo [comp. di *ittio-* e *-logo*] s. m. (f. *-a*; pl. m. *-gi*) ● Studioso, esperto di ittiologia.

ittiosàuro o **ictiosàuro** [comp. di *ittio-* e del gr. *sâuros* 'lucertola'] s. m. ● Rettile marino carnivoro del Mesozoico, con cranio molto allungato e arti trasformati in pinne. ➡ ILL. **paleontologia**.

ittiòsi o **ictiòsi** [comp. di *ittio-* e *-osi*] s. f. ● (*med.*) Malattia caratterizzata da secchezza e desquamazione della pelle.

ittìsmo [comp. di *ittio-* e *-ismo*] s. m. ● (*raro*) Intossicazione intestinale causata da ingestione di pesci avariati.

ittìta o **hittita**, (*raro*) **ittito** [dal n. ebr. (*Hitti*, pl. *Hittîm*) del popolo che nella propria lingua si chiamava *Hatti*, coi suff. etnico *-ita*] **A** agg. ● Che si riferisce a un'antica popolazione di origini controverse e di lingua indoeuropea, immigrata e stanziata fin da epoche molto remote nell'Asia Minore: *civiltà, cultura i.*; *re ittiti*. **B** s. m. e f. (pl. m. *-i*) ● Ogni appartenente a questa antica popolazione. **C** s. m. solo sing. ● Lingua della famiglia indoeuropea, parlata dagli Ittiti.

itto [V. *ictus*] s. m. ● (*med.*) Pulsazione, visibile all'esterno, del cuore o di alcune arterie.

ìttrio o **ỳttrio** [dal n. della località sved. *Ytterby*, dove il chim. Mosander lo scoprì] s. m. ● Elemento chimico, metallo del gruppo delle terre rare. SIMB. Y.

-itùdine [lat. *-itūdine(m)*] suff. ● Forma sostantivi astratti di origine latina, indicanti qualità, stato: *attitudine, beatitudine, gratitudine*.

†iùba e *deriv.* ● V. *giubba* (*2*) e *deriv.*

†iubére o **iùbere** [lat., letteralmente 'ordinare', di origine indeur.] v. tr. (diff. usato solo nella terza pers. sing. dell'indic. pres. *iube*) ● Comandare: *quando Iunone a sua ancella iube* (DANTE *Par.* XII, 12).

iubilàre e *deriv.* ● V. *giubilare* (*1*) e *deriv.*

iùcca ● V. *yucca*.

IUD /jud/ [sigla dell'ingl. *Intra Uterine Device* 'dispositivo intrauterino'] s. m. inv. ● (*med.*) Dispositivo intrauterino. CFR. Spirale.

†iudàico ● V. *giudaico*.

†iudèo ● V. *giudeo*.

†iudicàre e *deriv.* ● V. *giudicare* e *deriv.*

†iùdice e *deriv.* ● V. *giudice* e *deriv.*

†iudìcio e *deriv.* ● V. *giudizio* e *deriv.*

iùgero [vc. dotta, lat. *iūgeru(m)*, propriamente 'superficie lavorata in un giorno da una coppia di buoi al giogo (*iŭgum*)'] s. m. ● Antica misura di terreno pari a circa 2 500 m^2.

Iuglandàcee [vc. dotta, comp. del lat. *iūglans*, genit. *iuglăndis*, dal n. della 'ghianda (*glāns*) di Giove (*Iŏvis*)', e *-acee*] s. f. pl. ● Nella tassonomia vegetale, famiglia di piante arboree delle Dicotiledoni a foglie composte e alterne, fiori unisessuati, frutto con involucro carnoso e nocciolo duro (*Iuglandaceae*) | (al sing. *-a*) Ogni individuo di tale famiglia. ➡ ILL. **piante** /2.

†iùgo ● V. *giogo*.

iugoslàvo o **jugoslàvo** [serbocroato *jugoslaven*, propriamente 'slavo (*slaven*) del sud (*jug*)'] **A** agg. ● Della Iugoslavia: *coste iugoslave, popolazioni iugoslave*. **B** s. m. (f. *-a*) ● Abitante, nativo della Iugoslavia.

iugulàre (**1**) ● V. *giugulare* (*1*).

iugulàre (**2**) o **giugulàre** (**2**) [lat. *iugulāre*, da *iŭgulum*, propriamente 'gola dove il collo si unisce (*iŭngere*) alle spalle e al petto'] v. tr. (*io iùgulo*) **1** (*raro*) Scannare, strangolare | Prendere per il collo. **2** (*fig.*) Costringere qc., con crudeltà e durezza, ad accettare condizioni o situazioni svantaggiose.

iugulatòrio o (*raro*) **giugulatòrio**. agg. ● Che reca in sé costrizioni, condizioni inique, e sim.: *contratto i.*; *accordi iugulatori*.

iugulazióne o **giugulazióne**. s. f. ● Atto, effetto dello iugulare (*spec. fig.*).

†iùlco [vc. dotta, lat. *hiŭlcu(m)*, da *hiāre* 'stare a bocca spalancata', di origine indeur.] agg. ● Detto di suono sguaiato e disarmonico di voce.

iùlo [gr. *íoulos*, specie di 'insetto' coperto di 'lanuggine', detta egualmente *íoulos*, da *oûlos* 'crespo', da *eilêin* 'rotolare, avvolgere', di origine indeur.] s. m. ● (*zool.*) Millepiedi.

†iùngla ● V. *giungla*.

iùnior agg. ● Adattamento di *junior* (V.).

†iuràre e *deriv.* ● V. *giurare* e *deriv.*

iùre e *deriv.* ● V. *giure* e *deriv.*

iùrta o **yùrta** [russo *jurta*, dal turco *yurt* 'abitazione'] s. f. ● Tenda di feltro dei nomadi mongoli dell'Asia centrale, con pareti cilindriche e copertura a calotta.

iussìvo [dal lat. *iŭssus*, part. pass. di *iubēre* 'comandare' (di origine indeur.)] agg. ● (*ling.*) Detto di forma verbale, o costruzione, che esprime un comando (come, per es., l'imperativo e il congiuntivo).

†iustìzia e *deriv.* ● V. *giustizia* e *deriv.*

†iùsto ● V. *giusto* (*1*).

iùta o **jùta** [ingl. *jute*, dall'indostano *jhuta* 'crespo': dal sanscrito *jūṭah* 'treccia', come il sin. *jaṭā*, di etim. incerta (?)] s. f. ● Fibra tessile derivata da una pianta delle Tigliacee, che serve per fare cordami e tessuti da imballaggio.

iutièro agg. ● Della iuta, concernente la iuta o la sua industria.

iutifìcio [comp. di *iuta* e *-ficio*] s. m. ● Stabilimento in cui si lavora la iuta.

†iuvènculo [vc. dotta, lat. tardo *iuvĕnculu(m)*, dim. di *iuvĕncus*, agg. tratto dalla stessa radice di *iŭvenis* 'giovane' e con lo stesso sign., anche se spesso riferito a un 'giovane d'animale' (V. *giovenca*)] s. m. ● Giovinetto, giovincello.

iuventino ● V. *juventino*.

iva (**1**) [lat. **īva(m)*, di origine gall.] s. f. ● (*bot.*) Aiuga.

IVA (**2**) /'iva/ [sigla di *I*(*mposta sul*) *V*(*alore*) *A*(*ggiunto*)] s. f. inv. ● Imposta indiretta, istituita in Italia nel 1973, che si applica con aliquote differenziate sulle cessioni di beni e sulle prestazioni di servizi effettuate nel territorio dello Stato nell'esercizio di imprese o di arti e professioni, nonché sulle importazioni; oggetto della tassa è il valore aggiunto che risulta dalla differenza tra il valore dei beni e servizi che un'impresa vende e il valore dei beni e servizi che l'impresa acquista per impiegarli nel processo produttivo.

ivàto [da *IVA* (Imposta sul Valore Aggiunto)] agg. ● Detto di documento contabile assoggettato all'Imposta sul Valore Aggiunto.

ivi [lat. *ĭbi*, di origine indeur.] avv. (†poet. troncato in *i*) **1** (*lett.*) In quel luogo, lì, là (con v. di stato e di moto): *ivi si trovano molte cose interessanti*; *oh felice colui cu' ivi elegge!* (DANTE *Inf.* I, 129) | †*Presso d'ivi*, vicino a quel luogo | †*Ivi entro*, lì dentro | Si usa nelle citazioni di opere per rimandare a un passo già citato precedentemente. **2** (*raro*) †Allora, in quel momento: *Di penter sì mi punse ivi l'ortica* (DANTE *Purg.* XXXI, 85) | *ivi a poco tempo*, di lì a poco | *Ivi a parecchi giorni*, dopo parecchi giorni | *Ivi a non molto*, di lì a non molto tempo.

-ìvo o **-atìvo** [lat. *-īvu(m)*] suff. ● Forma aggettivi, o sostantivi, di origine latina o derivati generalmente dal participio passato (alcuni direttamente dal tema dell'infinito), indicanti capacità, disposizione, qualità dell'azione in atto: *attivo, consultivo, determinativo, difensivo, furtivo, nocivo*.

ivoriàno [fr. *ivoirien* 'della Costa d'Avorio (*Côte-d'Ivoire*)'] agg. ● Della Costa d'Avorio.

Ixòdidi [dal gr. *ixṓdēs* 'vischioso', der. di *ixós* 'vischio', di etim. incerta] s. m. pl. ● Nella tassonomia animale, famiglia di Acari a forte dimorfismo sessuale, ematofagi su molti Vertebrati, cui appartengono le zecche (*Ixodidae*) | (al sing. *-e*) Ogni individuo di tale famiglia.

izba /*russo* iz'ba/ ● V. *isba*.

-ìzia [lat. *-ĭtia(m)*, parallelo, in vc. di origine dotta, a *-ezza*] suff. ● Forma sostantivi per lo più astratti, derivati dal latino o indicanti qualità, condizione, stato: *avarizia, giustizia, letizia, pigrizia, primizia*.

-ìzio [lat. *ĭciu(m)*, parallelo, in vc. di origine dotta, a *-eccio*] suff. ● Forma sostantivi derivati dal latino (*giudizio, patrizio, sodalizio, sposalizio*), o aggettivi tratti da sostantivi (*cardinalizio, impiegatizio, prefettizio*).

†ìzza [etim. discussa: vc. onomat., come origine *issare* (?)] s. f. ● Ira, stizza.

-izzàre [variante latinizzata del suff. applicato a v. in origine di provenienza gr. (*-ízein* con valore di 'agire in un certo modo'), popolarmente reso con *-eggiare*] suff. ● Forma verbi analoghi per formazione, e in taluni casi anche per significato, a quelli in *-eggiare*, indicanti attuazione, riduzione o imitazione: *agonizzare, gargarizzare, nazionalizzare, socializzare, italianizzare*.

j, J

La lettera *J*, la cui introduzione nell'alfabeto italiano fu proposta ai primi del '500 e divenne d'uso comune sul finire del '600, ha avuto e può avere tuttora due valori: quello dell'*I* semiconsonante in principio di parola oppure tra due vocali (es. *jèri* /'jɛri/, *vassójo* /vas'sojo/); e quello dell'*I* vocale finale di parola, derivato da vera o supposta contrazione di due *i* (es. *vàrj* /'vari/, *vassój* /vas'soi/). Nell'uso odierno però la lettera *J* è in decadenza: generalmente parlando, non esistono casi in cui non possa essere sostituita da un *I* semplice. Come semiconsonante in principio di parola, è tuttora frequente nell'uso, tanto con voci comuni (es. *iattànza* o *jattànza* /jat'tantsa/) quanto con nomi propri (es. *Iònio* o *Jònio* /'jɔnjo/); come semiconsonante interna di parola tra due vocali, è usabile solo in pochi casi di nomi propri (es. *Ròia* o *Ròja* /'rɔja/) e in pochissimi di voci comuni (es. *sòia* o *sòja* /'sɔja/); con valore vocalico in fine di parola, è del tutto antiquata, sostituita in genere da *-i*, più di rado e solo in certe parole da *-î* o da *-ii*. Un uso obbligatorio della lettera *J* sopravvive solo in pochi cognomi, sia con la prima delle funzioni sopra indicate (es. *Jèmolo* /'jɛmolo/), sia con la seconda (es. *Tajòli* /ta'jɔli/), sia con la terza (es. *Aurèlj* /au'rɛli/), sia infine col valore di vocale debole preceduta da vocale tonica (es. *Màjno* /'maino/). In forestierismi non adattati la lettera *J* può avere valore consonantico, rappresentando per es. una palatoalveolare sonora, fricativa /ʒ/ nelle voci francesi, affricata /dʒ/ in quelle inglesi.

j, J /nome per esteso: *i lungo*, (*raro*) *iod*, (*raro*) *iota*/ s. m. o f. ● Lettera dell'alfabeto greco e latino e di altri alfabeti moderni, fra cui l'italiano: *j minuscolo*, *J maiuscola* | *J come jersey*, nella compitazione, spec. telefonica, delle parole.

jab /*ingl.* dʒæb/ [vc. ingl., dal v. *to jab* 'colpire', alterato di to *job* 'lavorare', di origine incerta] s. m. inv. ● (*sport*) Nel pugilato, colpo di disturbo di non grande efficacia, ma che portato in serie ostacola l'avversario nella sua azione.

jaboràndi /jabo'randi/ o **iaboràndi** [sp. *jaborandi*, di origine tupi (*yaborandí*)] s. m. ● Arbusto brasiliano delle Rutacee, velenoso, di cui si usano le foglie pennate coriacee contenenti pilocarpina (*Pilocarpus jaborandi*).

jabot /*fr.* ʒa'bo/ [vc. fr., originariamente 'rigonfiamento dell'esofago degli uccelli', da una base **gaba* 'gozzo degli uccelli'] s. m. inv. ● Davantino di batista o sim. ornato di pizzi e ricami, increspato o pieghettato.

jacarànda /jaka'randa/ [sp. e port. *jacarandá*, vc. di orig. tupi] s. f. ● Genere di piante tropicali delle Bignoniacee, alcune delle quali forniscono il legno di palissandro (*Iacaranda*).

j'accuse /*fr.* ʒ a'kyz/ [fr., propriamente 'io accuso', dal titolo della lettera aperta dello scrittore E. Zola al presidente della repubblica francese dell'epoca, in difesa dell'ufficiale A. Dreyfus, comparsa sul giornale 'L'Aurore' nel 1898 e contenente violente accuse allo stato maggiore francese] loc. sost. m. inv. ● Denuncia, spec. fatta pubblicamente, di un'ingiustizia, un sopruso e sim. e sollecito invito a porvi rimedio: *lanciare un j'accuse*.

jack /*ingl.* dʒæk/ [vc. ingl., che assume vari sign., ma tutti riconducibili, per etim., al n. proprio personificante *Jacke*, soprannome di *Johan* = *John* 'Giovanni'] s. m. inv. **1** Spina a due o più conduttori coassiali usata per collegare apparecchi elettronici tra loro o a particolari accessori. **2** Fante delle carte da gioco francesi. **3** Bandiera esposta a prua sulle navi da guerra.

jacobsite /jakob'site/ [dal n. della località di *Jacobsberg* in Svezia, ove si trova] s. f. ● Minerale composto di ossido di ferro, manganese e magnesio.

jacquard /*fr.* ʒa'kar/ [dal n. dell'inventore fr., J.-M. *Jacquard* (1752-1834)] **A** s. m. inv. ● Dispositivo che comanda i fili di ordito nel telaio per tessuti operati, la cui armatura, composta di molti fili che tessono in modo diverso, si ripete in un numero limitato di volte. **B** agg. inv. **1** Detto di telaio munito di dispositivo jacquard. **2** Detto di punto a maglia eseguito a più colori su disegni geometrici | Detto di indumento lavorato a punto jacquard.

jacquerie /*fr.* ʒak(ə)'ri/ [vc. fr., da *Jacques* (Bonhomme) 'Giacomo (Buonomo)', soprannome tradizionale del contadino fr.] s. f. inv. ● Sollevazione contadina.

jacùzzi ® /ja'kuttsi/ [dal n. della ditta americana che la fabbrica] s. f. ● Vasca per idromassaggio.

jàina /'dʒaina/ ● V. *giaina*.

jainìsmo /dʒai'nizmo/ ● V. *giainismo*.

jais /*fr.* ʒɛ/ [da *jaiet* 'giaietto' (V.)] s. m. inv. ● Giaietto.

jaleo /*sp.* xa'leo/ [vc. sp., dal v. *jalear* 'ammirare un cantante, accompagnandolo con voci e battiti di mano', da *hala*, inter. di origine espressiva] s. m. inv. ● Danza andalusa simile al bolero, ballata da una sola persona.

jamahiriya /*ar.* dʒamahi'rija/ o **jumuhiriya** [vc. ar.] s. f. inv. ● Repubblica: *j. araba libica popolare socialista*.

jamming /*ingl.* 'dʒæmiŋ/ [vc. ingl., dal v. *to jam* 'disturbare', propriamente 'bloccare': di origine imit. (?)] s. m. inv. ● Disturbo organizzato delle trasmissioni di una stazione radio, mediante interferenze, rumori e sim.

jam-session /*ingl.* 'dʒæm 'seʃən/ [loc. ingl., comp. di *jam* 'stretta, compressione (di gente)', ma nello slang musicale amer. anche 'improvvisazione', e *session* 'seduta'] loc. sost. f. inv. (pl. ingl. *jam-sessions*) ● Esibizione improvvisata di musica jazz compiuta da musicisti dilettanti o professionisti.

jarabe /*sp.* xa'rabe/ [vc. sp., letteralmente 'bevanda dolce, sciroppo', dall'ar. *šarāb* 'bevanda, pozione', dal v. *šárib* 'bere'] s. m. inv. ● Danza popolare messicana, simile allo zapateado.

jarovizzazióne /jaroviddzat'tsjone/ ● V. *iarovizzazione*.

jazz /dʒɛts, dʒaz, *ingl.* dʒæz/ [vc. ingl., di etim. incerta] **A** s. m. inv. ● Genere musicale di origine negro-americana, caratterizzato dall'uso costante del tempo binario, della poliritmia, del libero contrappunto e dal particolare linguaggio melodico. **B** anche agg. inv.: *musica j.*

jazz-band /*ingl.* 'dʒæzbænd/ [loc. ingl., comp. di *jazz* e *band* 'orchestra' (V. *banda* (3))] s. f. o m. inv. (pl. ingl. *jazz-bands*) ● Orchestra per musica jazz.

jazzìsta /dʒet'tsista, dʒed'dzista, dʒat'tsista, dʒad'dzista/ s. m. e f. (pl. m. *-i*) ● Suonatore di jazz.

jazzìstico /dʒet'tsistiko, dʒed'dzistiko, dʒat'tsistiko, dʒad'dzistiko/ agg. ● Relativo al jazz o ai jazzisti. ‖ **jazzisticaménte**, avv.

jeans /*ingl.* dʒi:nz/ [vc. dell'ingl. d'America, da (*blue-*)*jeans*] **A** s. m. inv. ● Tipo di grossa tela di cotone molto resistente, quasi sempre blu: *un vestito, una giacca, una borsa di j.*; *era tutto vestito di j.* **B** anche agg. inv.: *tela j.* **C** s. m. pl. ● Acrt. di *blue jeans* | (*est.*) Pantaloni di taglio simile a quello dei blue-jeans: *un paio di j. di velluto, di fustagno.*

jeansería /dʒinse'ria/ [da *jeans*, acrt. di *blue-jeans*] s. f. ● (*fam.*) Negozio che vende blue-jeans.

jeep ® /*ingl.* 'dʒi:p/ [lettura della sigla G.P., da *g*(*eneral*) *p*(*urpose*) (*car*) '(veicolo di) uso generale'] s. f. inv. ● Nome commerciale di autovettura scoperta, potente e molto robusta, adatta ai terreni difficili, originariamente di dotazione militare.

jersey /*ingl.* 'dʒə:zi/ [vc. ingl., dal n. dell'isola *Jersey*, dove sono notevoli fabbriche di questo tipo di maglieria] s. m. inv. ● Tessuto a maglia, spec. di lana.

jet /*ingl.* dʒet/ [vc. ingl., abbr. di *jet airplane* 'aereo (*airplane*) potenziato da un motore a reazione (*jet*)'] s. m. inv. ● Aeroplano a reazione.

jetlag /*ingl.* 'dʒet'læg/ o **jet lag** [vc. ingl., comp. di *jet* (V.) e *lag* 'ritardo, sfasamento'] s. m. inv. ● Stato di malessere dopo un lungo viaggio aereo a causa della differenza dei fusi orari.

jet liner /*ingl.* 'dʒet-lainə*/ [loc. ingl., letteralmente 'aereo di linea (*liner*) a reazione (*jet*)'] loc. sost. m. inv. (pl. ingl. *jet liners*) ● Aereo a reazione per voli di linea.

jet-set /*ingl.* 'dʒet set/ [vc. ingl., propr. 'società di gente ricca che conduce affari attraverso viaggi in jet', comp.di *jet*, propr. 'getto', poi 'aereo' e *set* 'associazione' (vc. d'orig. germ.)] loc. sost. m. inv. ● Jet-society.

jet-society /*ingl.* 'dʒet sə'saiəti/ [comp. di due vc. ingl. col senso di 'società (*society*, in senso classista di 'alta società') usa a muoversi con aerei a reazione (*jet*)'] loc. sost. f. inv. ● L'alta società internazionale che, per spostarsi velocemente da un luogo all'altro, usa il jet.

jeunesse dorée /*fr.* ʒœ'nɛs dɔ're/ [fr., propriamente 'gioventù dorata'] loc. sost. f. inv. ● L'insieme dei giovani figli di genitori ricchi e potenti.

jiddisch /*ted.* 'jidiʃ/ ● V. *yiddish*.

jigger /*ingl.* 'dʒigə*/ [vc. ingl., letteralmente 'danzante', n. di diversi apparecchi a movimenti bruschi (da *jig* 'movimento di ballo': dal fr. *gigue* 'giga' (?))] s. m. inv. **1** Apparecchio usato per la tintura dei tessuti. **2** Unità di misura pari a 4 cl, usata nei bar per dosare gli alcolici.

jihad /*ar.* ʒi'ha:d, dʒi'ha:d/ ● V. *gihad*.

jingle /*ingl.* 'dʒiŋgəl/ [vc. ingl., propr. 'tintinnio, scampanellio', di orig. onomat.] s. m. inv. ● Sigla musicale che accompagna la pubblicità televisiva o radiofonica di un prodotto.

job /*ingl.* dʒɔb/ [vc. ingl., propr. 'lavoro'] s. m. inv. **1** Posto di lavoro, occupazione, impiego | Mansione, compito esplicato nell'adempimento di una prestazione lavorativa. **2** (*elab.*) Unità di attività definita da un utente e destinata a essere svolta da un elaboratore.

jobber /*ingl.* 'dʒɔbə*/ [vc. ingl., da *to job* 'fare lavori', 'comprare all'ingrosso'] s. m. e f. inv. **1** Operatore che compra e vende titoli presso una borsa valori, trattando non direttamente col pubblico ma con un intermediario o broker. **2** Grossista, commerciante all'ingrosso.

job sharing /*ingl.* 'dʒɔb 'ʃɛəriŋ/ [loc. ingl., propr. 'divisione del lavoro', comp. di *job* (V.) e *sharing*, da *to share* 'dividere, distribuire, ripartire'] s. m. inv. ● Divisione di un lavoro a tempo pieno in due o più lavori a tempo parziale, in modo da garantire un minimo di occupazione alla maggior parte dei lavoratori in un periodo di forte disoccupazione.

jockey /*ingl.* 'dʒɔki/ [vc. ingl., letteralmente 'Giovannino', dim. fam. scozzese di *John* 'Giovanni'] s. m. inv. ● Nelle corse al galoppo, fantino.

Jodel /*ted.* 'jo:dəl/ [vc. ted., di origine onomat. ('gridare *jo*')] s. m. inv. ● Particolare effetto di voce usato dagli abitanti delle Alpi, spec. tirolesi, nei loro canti popolari.

jòdhpurs /'dʒɔdpurs/ [dal n. dell'omonima città dell'India, attrav. l'ingl. e il fr.] s. m. pl. ● Calzoni da equitazione.

Jodler /*ted.* 'jo:dlər/ [vc. ted., da *jodeln* 'gorgheggiare *jodel* (V.)] s. m. inv. (pl. ted. inv.) ● Canto popolare degli abitanti delle Alpi, spec. tirolesi.

jogger /*ingl.* 'dʒɔgə*/ [vc. ingl., da *to jog* 'avanzare a scatti', di orig. incerta] s. m. e f. inv. ● Chi pratica il jogging.

jògging /'dʒɔggin(g), *ingl.* 'dʒɔgiŋ/ [vc. ingl., da *to jog* 'avanzare a scatti', di origine incerta] s. m. inv. ● Corsa regolare, a piccole falcate e a ritmo lento, spesso alternata alla marcia, fatta a scopo di esercizio fisico.

joint-venture /*ingl.* 'dʒɔint 'ventʃə*/ [loc. ingl., comp. di *joint* 'unito, congiunto' (V. *joint*) e *venture* 'impresa rischiosa, speculazione' (V. *ventura*)] loc. sost. f. inv. (pl. ingl. *joint-ventures*) ● (*econ.*) Associazione di due o più imprese, anche di diversa nazionalità, al fine di realizzare uno specifico progetto e destinata, perciò, a esaurirsi nel tempo.

jòlly /'dʒɔlli, *ingl.* 'dʒɔli/ [vc. ingl., abbr. di *jolly joker* 'l'allegro (*jolly*, dal fr. *joli(f)* 'giulivo': di origine scandinava (?)) buffone (*joker*, propriamente 'giocatore', di origine lat., rappresentato sulla carta)'] **A** s. m. inv. (pl. ingl. *jollies*) **1** In alcuni giochi di carte, matta. **2** (*est., fig.*) Chi, in un determinato ambito, è in grado di svolgere diverse funzioni: *fare da j.* **B** in funzione di agg. inv. ● (*est., fig.*) *Venditore, redattore j.*

jordanóne /dʒorda'none/ ● V. *giordanone*.

jota /*sp.* 'xota/ [vc. sp.: per l'ant. *sota* 'ballo', dal castigliano ant. *sotar* 'ballare', di origine lat. (*saltāre*) (?)] s. f. inv. ● Vivace danza popolare aragonese, accompagnata da chitarre e castagnette.

joule /*ingl.* dʒu:l, dʒaul/ [dal n. del fisico ingl. J. P. *Joule* (1818-1889)] **A** s. m. inv. ● (*fis.*) Unità di misura dell'energia o del lavoro, pari a 1 newton-metro. SIMB. J. **B** in funzione di agg. inv. ● Nella loc. *Effetto j.*, fenomeno di trasformazione dell'energia elettrica in energia termica.

joulòmetro /dʒu'lɔmetro, dʒau'lɔmetro/ o **joulmetro** /'dʒulmetro, 'dʒaulmetro/ [comp. di *joule* e *-metro*] s. m. ● (*elettr.*) Denominazione di un watorametro o di un contatore elettrico con la scala tarata in joule.

joyciàno /dʒois'sjano, dʒoi'sjano/ agg. ● Che si riferisce allo scrittore irlandese J. Joyce (1882-1941) e alle sue opere.

joystick /*ingl.* 'dʒɔistik/ [vc. del gergo ingl., propr. 'cloche (di aeroplano)', comp. di *joy*, propr. 'gioia' (poi 'soddisfazione, successo') e *stick* 'bastone' (V. *stick*)] s. m. inv. ● (*elab.*) Barra di comando, usata spec. nei videogiochi, che consente di variare la velocità e la direzione delle figure sullo schermo.

judò /dʒu'dɔ, *giapp.* 'dʒu:do:/ [vc. giapp., propriamente 'arrendevolezza', 'arte (*dō*) della gentilezza (*jū*)'] s. m. inv. ● Forma sportiva di lotta giapponese derivata dal jujitsu.

judoìsta /dʒudo'ista/ o **giudoìsta**. s. m. e f. (pl. m. *-i*) ● Judoka.

judoìstico /dʒudo'istiko/ o **giudoìstico**. agg. (pl. m. *-ci*) ● Relativo al judo e ai judoisti.

judòka /dʒu'dɔka, *giapp.* 'dʒu:do:ka/ [vc. giapp., da *jūdō* col suff. *-ka*, indicante mestiere o professione] s. m. e f. inv. ● Chi pratica la disciplina sportiva del judo.

Jugendstil /*ted.* 'ju:gəntʃti:l/ [vc. ted., propr. 'stile (*Stil*) della Gioventù (*Jugend*)', intesa come titolo di un periodico illustrato fondato a Monaco nel 1896] s. m. inv. ● In Germania e in Austria, denominazione dello stile liberty.

jugoslàvo ● V. *iugoslavo*.

jujitsu /dʒu'dʒittsu, *giapp.* 'dʒudʒitsu/ o **jūjutsu** /*giapp.* 'zu:zutu/ [vc. giapp., letteralmente 'arte, tecnica (*jutsu*) della gentilezza (*jū*)'] s. m. inv. ● Lotta giapponese basata su prese nei punti più vulnerabili del corpo, nata come metodo di difesa e offesa senz'armi.

juke-bòx /dʒub'bɔcs, *ingl.* 'dʒu:k bɔks/ [vc. dell'ingl. d'America, letteralmente 'scatola (*box*, di origine lat., come il corrispondente it. *bosso*) da sala di ballo (*juke*, dapprima 'bettola di negri', vc. di origine ant. fr.)'] loc. sost. m. inv. (pl. ingl. *juke-boxes*) ● Apparecchio automatico, installato in locali pubblici, che contiene dischi di musica gener. leggera, che si possono ascoltare inserendovi una o più monete.

julienne /*fr.* ʒy'ljɛn/ [vc. fr., dal n. proprio *Jules*, *Julien* 'Giulio, Giuliano', ma non si sa per quale ragione abbia preso questo nome] s. f. inv. ● Nella loc. avv. *alla julienne*, detto di alimenti, spec. verdure, tagliate a sottili strisce o bastoncini, e dei piatti preparati con tali alimenti: *zuppa* (*alla*) *j.*

jumbista /dʒum'bista, dʒam'bista/ [da *jumbo*] s. m. ● Pilota di jumbo-jet.

jùmbo /'dʒumbo, 'dʒambo, *ingl.* 'dʒʌmbou/ [V. seg.] **A** s. m. (pl. ingl. *jumbos*) **1** Acrt. di *jumbo-jet* (V.). **2** (*est., fig.*) Acrt. di *jumbo-tram* (V.). **B** in funzione di agg. ● (*est., fig.*) Gigantesco, di dimensioni eccezionali: *imballaggio j.*

jùmbo jet /'dʒumbo 'dʒɛt, 'dʒambo 'dʒɛt, *ingl.* 'dʒʌmbou dʒet/ [vc. ingl. comp. dal n. scherz. dato all'elefante (in origine a un elefante portato a Londra da P. T. Barnum) e da *jet* (V.)] loc. sost. m. inv. (pl. ingl. *jumbo jets*) ● Nome dell'aereo da trasporto a reazione di grande capienza Boeing 747: *prendere il jumbo jet per New York*.

jùmbo-tràm /'dʒumbo 'tram, 'dʒambo 'tram/ [comp. di *jumbo* e *tram*, sul modello di *jumbo-jet* (V.)] loc. sost. m. inv. ● In alcune città italiane, vettura tranviaria molto lunga, opportunamente sagomata per non creare intralci alla circolazione, destinata ad accogliere un elevato numero di passeggeri.

jumuhiriya /*ar.* dʒumuhi'rija/ ● V. *jamahiriya*.

junghiàno /jun'gjano/ **A** agg. ● Che si riferisce allo psicoanalista C. G. Jung (1875-1961) o alle sue teorie. **B** s. m. (f. *-a*) ● Psicoanalista seguace di C. G. Jung.

jùngla /'dʒungla/ ● V. *giungla*.

junior /*lat.* 'junjor/ [vc. lat., propriamente 'il più giovane', forma comparativa (ant. **iūvenios*) di *iūvenis* 'giovane'] **A** agg. inv. ● Posposto a nomi propri di persona significa 'più giovane', ed è usato in caso di omonimie nell'ambito di una stessa famiglia: *Mario Rossi j.* CONTR. Senior. **B** agg.; anche s. m. e f. (pl. *juniores* /*lat.* ju'njɔres/) **1** (*sport*) Che, chi appartiene a una categoria inferiore sia per età che per requisiti tecnici. **2** (*org. az.*) Professionista che ha un'esperienza di lavoro limitata nel tempo, spec. in relazione alla giovane età: *ingegnere, consulente, operatore j.* CONTR. Senior.

junk bond /*ingl.* 'dʒʌŋk bɔnd/ [loc. ingl., propriamente 'titolo spazzatura', comp. di *junk* 'robaccia' e *bond* 'titolo, obbligazione'] s. m. inv. (pl. ingl. *junk bonds*) ● (*banca*) Obbligazione ad alto rischio, che può produrre un notevole rendimento.

Junker /*ted.* 'junkər/ [vc. ted., dall'ant. alto ted. *junchērro* 'giovane (*junc*) signore (*hērro*)', l'uno e l'altro elementi di origine indeur.] s. m. inv. (pl. ted. inv.) ● Membro della nobiltà terriera prussiana, sostenitore, spec. nel XIX sec., d'una politica di conservazione sociale a carattere nazionale e militarista.

jupe-culotte /*fr.* 'ʒyp ky'lɔt/ [vc. fr., comp. di *jupe* 'gonna' (di origine ar.) e *culotte* 'calzoni' (da *cul*)] loc. sost. f. inv. (pl. fr. *jupes-culottes*) ● Gonna pantalone.

jupon /*fr.* ʒy'pɔ̃/ [vc. fr., der. di *jupe* 'gonna', della stessa origine ar. (*ğubba*) dall'it. *giubba*] s. m. inv. ● Sottogonna.

jùta /'juta/ ● V. *iuta*.

juventìno /juven'tino/ o **iuventino** [der. di *Juventus*] agg.; anche s. m. (f. *-a* nel sign. 2) **1** Che, chi gioca nella squadra di calcio torinese della Juventus. **2** Che, chi è tifoso della Juventus.

k, K

In italiano si può incontrare la lettera *K* solo in forestierismi, dove ha sempre lo stesso valore della *C* dura (es. *kantiàno* /kan'tjano/). Delle parole che contengono una *k*, buona parte hanno una variante grafica più italiana con *c* o *ch* (es. *bachelìte* o *bakelìte* /bake'lite/, *chellerìna* o *kellerìna* /kelle'rina/).

k, K /nome per esteso: *cappa*, †*ca*/ s. f. o m. ● Lettera dell'alfabeto greco e latino e di altri alfabeti moderni, tra cui l'italiano: *k minuscola*, *K maiuscolo* | Nel linguaggio giornalistico e pubblicitario, usata talvolta, con deliberato effettismo, in luogo della *c* per conferire connotazioni di particolare durezza, spietatezza, intransigenza al sign. di alcune parole: *amerikano*, *kaccia* | *K come Kursaal*, nella compitazione, spec. telefonica, delle parole | *Vitamina K*, V. *vitamina*.

kabuki /*giapp.* ka'buki/ [vc. giapp., accostamento dei tre termini: 'poesia (*ka*)', 'danza (*bu*)' e 'arte (*ki*)'] s. m. inv. ● Genere teatrale giapponese con alternanza di dialoghi, melopee, didascalie gestuali.

kafkiàno agg. *1* Che è proprio dello scrittore F. Kafka (1883-1924). *2* (*est.*) Allucinante, angoscioso, assurdo.

kafkìṣmo s. m. ● Atteggiamento letterario di chi imita, dello scrittore F. Kafka, spec. la tematica angosciosa e allucinante.

kainìte [ted. *Kainit*, dal gr. *kainós* 'nuovo, recente'] s. f. ● (*miner.*) Sale doppio idrato di magnesio e potassio.

Kaiser /*ted.* 'kaizər/ [lat. *Cāesar* (nom.) 'Cesare' e poi 'imperatore'] s. m. inv. (pl. ted. inv.) ● Appellativo dell'imperatore tedesco.

kajal /*indiano* ka'dʒal/ [etim. incerta] s. m. inv. ● Cosmetico di colore blu o nero, a base di sostanze vegetali o grassi animali, applicato all'interno della palpebra inferiore per conferire allo sguardo intensità e profondità.

kakemono /*giapp.* ka'kemono/ [vc. giapp., propriamente 'oggetto (*mono*) da far pendere (*kake*, solitamente detto di stoffe)'] s. m. inv. ● Pittura giapponese su carta, da appendere verticalmente.

kàki ● V. *cachi* (*1*) e (*2*).

kalashnikov /ka'laʃnikof/ [dal nome del progettista russo M. T. *Kalašnikov*] s. m. inv. ● Fucile mitragliatore AK-47 di fabbricazione sovietica, calibro 7,72 mm, dotato del caratteristico caricatore curvo contenente trenta proiettili.

kalymàuchi /*gr. mod.* kali'mafki/ o **kalymàuki** /*gr. mod.* kali'mafki/ [vc. gr. mod., prob. comp. di *kálymma* 'copertura' (da *kalýptein* 'nascondere', prob. di origine indeur.) e *auchḗn* 'collo' (di etim. incerta)] s. m. ● Copricapo nero di forma cilindrica portato dai sacerdoti di rito bizantino.

kamala /*ingl.* 'kæmələ/ [ant. indiano *kamalam* 'loto', di prob. origine dravidica] s. f. ● Colorante rosso-aranciato estratto da una pianta delle Euforbiacee tipica dei paesi orientali.

kamasutra /*sans.* kama:'su:tra/ [dal titolo di un antico trattato erotico-religioso indiano, comp. del sans. *kāma* 'amore fisico' e *sūtra*, propr. 'filo (conduttore), regola'] s. m. inv. *1* Serie di tecniche e posizioni erotiche. *2* (*fig.*, *scherz.*) Operazione azzardata e rischiosa, al limite dell'acrobazia: *conciliare governo e opposizione è un k. politico*.

kamikàẓe /kami'kaddze, kami'kaze/ [vc. giapp., propriamente 'vento (*kaze*) di dio (*kami*), divino'] **A** s. m. inv. ● Pilota giapponese votato alla morte che, durante la seconda guerra mondiale, guidava un aereo carico di esplosivo a infrangersi contro l'obiettivo nemico | (*est.*) Chi compie un'azione militare spec. di tipo terroristico sapendo di non poter salvarsi: *attentato di un k. alla guida di un'autobomba* | *Da k.*, (*fig.*) molto arrischiato e pericoloso. **B** in funzione di agg. inv.: *un commando k.*

kandahàr® /kanda'ar/ [dal nome dell'ideatore della gara, il generale inglese Lord Roberts of *Kandahar* (nome della città afgana da lui conquistata)] s. m. inv. *1* Competizione sciistica che include slalom e discesa. *2* Nome commerciale di uno speciale attacco per sci, oggi disusato.

kantiàno A agg. ● Che concerne o interessa il filosofo tedesco I. Kant (1724-1804) e il suo pensiero. **B** s. m. ● Chi segue o si ispira alla filosofia di Kant. || **kantianaménte**, avv.

kantìṣmo s. m. *1* Complesso delle dottrine di I. Kant così come sono passate nella tradizione filosofica. *2* Tendenza a ispirarsi alle dottrine filosofiche di I. Kant.

kaóne [comp. di *ka* (simbolo K), che nei multipli vale 1000, e della terminazione di (*mes*)*one*] s. m. ● (*fis.*) Mesone la cui massa è circa mille volte quella dell'elettrone, soggetto a interazione forte. SIN. Mesone K.

kapò [vc. ted., di origine discussa: abbr. del fr. *capo*(*ral*) 'caporale' (?)] s. m. e f. inv. ● Nei lager nazisti, internato responsabile dell'ordine interno di una baracca.

kapòk o **capòc**, **capòk**, **kapòc** [mal. *kāpoq* 'albero del cotone'] s. m. ● Materiale costituito dai peli lanuginosi che rivestono la parte interna del frutto dell'omonima pianta delle Bombacacee (*Ceiba pentandra*) originaria della Malesia, usato per fare imbottiture o per estrarne la cellulosa.

kappaò [dalla prn. delle iniziali della loc. *knock out*] avv.; anche s. m. inv. ● Knock out.

kaputt /*ted.* ka'put/ o **kaput** [vc. ted., dall'espressione fr., usata nel gioco delle carte, *faire capot* 'vincere senza che l'avversario faccia punto', di etim. incerta] agg. inv.; anche avv. ● Rovinato, finito, morto.

karakìri ● V. *harakiri*.

karakùl o **karàkul** [vc. russa (*karakul'*): dal toponimo *karakö̈l*, *kara kul'*, nell'Asia russa (?)] s. m. inv. ● Pecora il cui pelo, usato in pellicceria, è disposto a fiocchi lucenti e di aspetto caratteristico.

karaoke /*giapp.* kara'ɔke/ [vc. giapp., propr. 'recipiente (*oke*) vuoto (*kara*)'] s. m. inv. ● Gioco consistente nel cantare su una base musicale, seguendo il testo che compare su uno schermo | L'apparecchio che ne permette l'esecuzione.

karatè s. m. ● Adattamento di *karate* (V.).

karate /*giapp.* ka'rate/ [vc. giapp., propr. 'mano (*te*) vuota (*kara*)'] s. m. inv. ● Tecnica giapponese di combattimento disarmato che prevede l'uso di tutti gli arti del corpo umano per difendersi e attaccare, e in cui sono caratteristici i colpi portati con il taglio delle mani.

karatè s. m. ● Adattamento di *karate* (V.).

karatèka [da *karate*] s. m. e f. inv. ● Chi pratica il karate.

karité [vc. dell'Africa occidentale, nella lingua wolof *Karité*] s. m. ● (*bot.*) Albero delle Sapotacee, originario dell'Africa occidentale, i cui frutti forniscono un grasso detto *burro di k.* o *burro di shea* (*Butyrospermum parkii*). SIN. Shea.

karkadè ● V. *carcadè*.

kàrma o **kàrman** [vc. sanscrita, letteralmente 'opera', dal v. *kenóti* 'fare', di origine indeur.] s. m. ● Nelle religioni indiane, il peso delle azioni, anche appartenenti alle vite precedenti, che determinano la reincarnazione e il dolore.

kart /kart, *ingl.* ka:t/ s. m. inv. ● Acrt. di *go-kart*.

karting /*ingl.* 'ka:tiŋ/ [vc. ingl., da *kart* per *go-kart*] s. m. inv. ● Kartismo.

kartìṣmo s. m. ● Sport praticato col kart.

kartìsta s. m. e f. (pl. m. *-i*) ● Chi pratica lo sport del kart.

kartòdromo o (*evit.*) **kartodròmo** [comp. di *kart* e *-dromo*, con *o* di congiunzione eufonica, sul modello di *autodromo*] s. m. ● Pista per corse di kart.

kaṣàk [dal n. di una città dell'Azerbaigian] s. m. inv. ● Tappeto fabbricato dai nomadi del Caucaso meridionale, ornato da una serie di poligoni regolari disposti intorno a un poligono centrale.

kàṣba o **kàṣbah** /'kazba/ ● V. *casba*.

kasher /*ebr.* ka'ʃer/ o (*evit.*) **kosher** [vc. ebr., propriamente 'giusto, adatto' (e poi 'ritualmente adatto, puro') di larga parentela lessicale] agg. inv. ● Detto di ogni cibo considerato ritualmente puro, secondo la legge religiosa ebraica.

kàshmir /'kaʃmir, kaʃ'mir/ [var. di *cachemire*] s. m. ● (*raro*) Cachemire.

katana /*giapp.* ka'tana/ [vc. giapp., propr. 'spada'] s. f. ● Spada giapponese dalla lunga impugnatura e dal taglio affilatissimo, arma tipica dei samurai e degli ufficiali nipponici.

katiùscia o **catiùscia** [n. proprio f. russo (*Katjuša*, da *Katja*, a sua volta da *Ekaterina* 'Caterina') applicato ad arma, secondo un frequente trapasso] s. f. (pl. *-sce*) ● Lanciarazzi multiplo usato dall'esercito sovietico durante la seconda guerra mondiale.

kàva o **kàva kàva** [vc. polinesiana col sign. propriamente di 'amaro', n. della pianta e della bevanda con quelle preparata] s. f. ● Distillato di diverse radici, caratteristico delle isole Hawaii.

kayàk /ka'jak/ o **caiàc**, **caiàcco**, **caiàco**, (*evit.*) **cayàk** [vc. di origine eschimese] s. m. inv. *1* Canoa per la caccia alle foche, a un solo posto, raramente a due, mossa dalla pagaia, tipica degli Eschimesi. *2* Tipo di canoa da turismo e competizione.

kayakìsta /kaja'kista/ s. m. e f. (pl. m. *-i*) ● Chi pratica lo sport del kayak.

kay-way /*ingl.* 'kei wei/ ● V. *k-way*.

kaẓàko [da *kazak* 'uomo libero, avventuriero, vagabondo'] **A** agg. *1* Del Kazakistan. *2* Relativo ai Kazaki o al loro dialetto. **B** s. m. (f. *-a*) *1* Ogni appartenente a un gruppo di popolazioni stanziate in Kazakistan e nella Mongolia occidentale. *2* (*est.*) Abitante, nativo del Kazakistan. **C** s. m. solo sing. ● Dialetto turco parlato dai Kazaki.

kazoo /*ingl.* kə'zu:/ [vc. ingl., forse di origine onomat.] s. m. inv. (pl. ingl. *kazoos*) ● Piccolo strumento musicale attraverso il quale si canta, consistente in un tubo aperto all'estremità, con buco laterale coperto da membrana.

kedivè o **chedivè** [ar. egiz. *hidēwī*, in turco *hidiv*, letteralmente 'signore', dal persiano *khidīw*, da *khudā* 'dio', di etim. incerta] s. m. ● Titolo del Viceré d'Egitto, quando questo paese faceva parte dell'Impero ottomano.

keffiyeh /*ar.* kef'fijə/ ● V. *kefiyeh*.

kèfir o **kefir** • V. *chefir*.

kefiyeh /*ar.* ke'fijə/ o **keffiyeh**, **kuffiyah**, **kufiyah** [vc. ar., forse da avvicinare al lat. tardo *cūfia* 'cuffia'] s. f. inv. • Copricapo arabo, spec. beduino, costituito da un telo di cotone, lana o seta, che si indossa piegandolo a triangolo con due punte cadenti sulle spalle e la terza scendente a proteggere la nuca e il collo.

kèirin [vc. giapp., comp. di *kei* 'gara' e *rin* 'ruota', 'bicicletta'] s. m. inv. • (*sport*) Nel ciclismo, gara di velocità su pista, in cui i concorrenti percorrono i primi giri nella scia di un motociclo per poi disputare nell'ultimo giro la volata finale.

kelène [da *kel(ato)* = *chelato* col suff. *-ene*] s. m. • (*chim.*) Cloruro di etile.

kellerina • V. *chellerina*.

kèlvin (**1**) [ingl. *kelvin*, riduzione corrente di *degree Kelvin* o *Kelvin degree* 'grado Kelvin', dal n. del fisico e inventore ingl. Sir W. Thomson, Lord *Kelvin* (1824-1907)] s. m. inv. • (*fis.*) Unità di misura della temperatura nel Sistema Internazionale definita come 1/273,16 della temperatura termodinamica del punto triplo dell'acqua. SIMB. K.

Kelvin (**2**) /*ingl.* 'kelvin/ [V. *kelvin* (*1*)] agg. inv. • (*fis.*) Detto di scala termometrica che attribuisce valore 273,15 alla temperatura del ghiaccio fondente e valore 373,15 a quella dell'acqua bollente alla pressione di 1 atmosfera | *Grado K.*, grado relativo a detta scala, sostituito dal kelvin. SIMB. °K. | *Termometro K.*, quello con scala Kelvin. CFR. Scala.

kendo /*giapp.* 'kendo:/ [vc. giapponese] s. m. inv. • Tradizionale scherma giapponese, che si effettua in spettacoli su piazze e sim., i cui partecipanti, vestiti in costumi caratteristici, sono armati di una lunga lancia senza punta.

keniàno agg.; anche s. m. (f. *-a*) • Keniota.

keniòta **A** agg. • Del Kenia e dei suoi abitanti. **B** s. m. e f. (pl. m. *-i*) • Abitante, nativo del Kenia.

kennediàno agg. • Relativo a J. F. Kennedy, presidente degli USA dal 1960 al 1963, o a suo fratello Robert e alla loro azione politica.

kèntum • V. *centum*.

képi /*fr.* ke'pi/ [vc. fr. (*képi*), dal ted. della Svizzera *Käppi*, da *Kappe* 'berretto' (di origine lat.: da *căppa*)] s. m. inv. • Copricapo militare spec. francese, rigido a forma cilindrica con visiera | *I k. bianchi*, gli appartenenti alla Legione straniera.

kepleriàno agg. • Che si riferisce all'astronomo tedesco J. Kepler (1571-1630).

kèrmes • V. *chermes*.

kermesse /*fr.* ker'mɛs/ [vc. fr., dal fiammingo *kèrkmisse* 'messa (*misse*)', allargatasi poi nel senso di 'festa (patronale) della chiesa (*kerk*, di origine gr.)'] s. f. inv. *1* Festa del patrono, nei paesi delle Fiandre e del Belgio | Sagra, festa popolare. *2* (*est.*) Manifestazione di allegria generale e rumorosa.

kerosène • V. *cherosene*.

ketch /*ingl.* ketʃ/ [vc. ingl., da un precedente *to catch*: dal v. to *catch* 'cacciare', di origine lat. con mediazione dell'ant. fr. *chacier* (?)] s. m. inv. (pl. ingl. *ketches*) • Yacht a due alberi, con il timone posto a poppavia dell'albero di mezzana, che è più basso di quello di maestra.

ketchup /*ingl.* 'ketʃəp/ [vc. ingl., dal mal. *kĕchap*: di origine cin. (?)] s. m. inv. • Salsa piccante a base di pomodoro, aceto, spezie.

KeV /kɛv/ [dalle iniziali di *k(ilo)-e(lectron)-V(olt)*] s. m. inv. • (*fis.*) Unità di energia corrispondente a 1000 elettronvolt.

Kevlar® /'kɛvlar/ [nome commerciale della E.I. Du Pont de Nemour & Company Inc.] s. m. inv. • (*chim.*) Nome commerciale di fibre di poliammidi aromatiche con elevatissima resistenza e rigidità, usate per la fabbricazione di materiali compositi, per giubbotti antiproiettile e sim.

keynesiàno /keine'zjano/ **A** agg. • Che si riferisce alle teorie dell'economista J. M. Keynes (1883-1946). **B** s. m. (f. *-a*) • Seguace delle teorie di Keynes.

keyword /*ingl.* 'ki: wə:d/ [vc. ingl., propr. 'parola (*word*) chiave (*key*)'] s. f. inv. • (*elab.*) Nei linguaggi di programmazione, sequenza di caratteri cui è assegnata una specifica funzione.

khamsin /*ar.* xam'si:n/ [ar. (*rīh al-*) *khamsīn* '(il vento che soffia per) cinquanta (giorni, fra marzo e maggio)'] s. m. inv. • (*meteor.*) Vento caldo e secco che soffia da sud nel deserto egiziano.

khan /kan/ [turco *kân*, di origine mongolica] s. m. inv. • Titolo ereditario dato ai principi mongoli che governano gruppi di grandi famiglie patriarcali nell'Asia centrale.

khat • V. *chat*.

khmer /kmɛr/ ['cambogiano' nella lingua del luogo] **A** agg. inv. • Relativo alla Cambogia, ai suoi abitanti e alla loro civiltà: *popolo k.*; *arte, architettura, lingua k.* | *Repubblica k.*, la Cambogia. **B** s. m. e f. inv. • Abitante, nativo della Cambogia | *K. rossi*, forze partigiane di orientamento comunista operanti in Cambogia negli anni '70.

kibbùtz /kib'buts/ [vc. ebr. (*qibbûtz*), col sign. fondamentale di 'riunione, assemblea', n. verb. di *qibbētz* 'si è riunito (insieme)'] s. m. inv. (anche pl. *kibbutzim*) • Fattoria collettiva dello Stato d'Israele, ispirata inizialmente ai più rigidi principi comunistici.

kidnapper /*ingl.* 'kid næpə*/ [vc. ingl., dal v. to *kidnap* (V. *kidnapping*)] s. m. e f. inv. • Chi si rende colpevole di un kidnapping.

kidnapping /*ingl.* 'kid næpiŋ/ [vc. ingl., dal v. *to kidnap* 'rapire (*nap*, forma dial. di *nab* 'cacciare', di etim. incerta) un bambino (*kid*, propriamente 'capretto', di origine germ.)'] s. m. inv. • Rapimento spec. di bambini a scopo di estorsione.

kiefer /*ingl.* 'ki:fə*/ [vc. ingl., dal n. di Adolf *Kiefer*, il campione americano che per primo l'adottò] s. f. inv. • Nel nuoto, capovolta.

kieṣerite /kize'rite/ [ted. *Kieserit*, dal n. del presidente dell'Accademia di Jena G. *Kieser*] s. f. • (*miner.*) Solfato idrato di magnesio diffuso nei depositi salini.

kilim [turco-persiano *kilīm*] s. m. • Tipo di tappeto anatolico, lavorato con una tecnica simile al ricamo, senza vello annodato come i tappeti tradizionali, caratterizzato da vivaci colori e da fitti motivi decorativi.

kìller /'killer, *ingl.* 'kilə*/ [vc. ingl., letteralmente 'uccisore', da *to kill* 'uccidere', isolato nelle lingue germ.] **A** s. m. e f. inv. • Sicario, assassino per mandato altrui | (*est., fig.*) Chi compie atti di killeraggio. **B** in funzione di agg. inv. • Che uccide, che distrugge: *le piogge acide contengono sostanze k.*; *zanzara k.*

killeràggio [da *killer*] s. m. • Assassinio da parte di un killer | (*est., fig.*) Linciaggio morale, politico.

kilo- o *comunemente* **chilo-** [fr. *kilo*, dal gr. *chílioi* 'mille', di origine incerta] primo elemento (L'uso della variante *chilo-*, preferita in passato, è vietato nei documenti ufficiali; la forma persiste nei termini più diffusi della lingua comune, quali *chilometro*, *chilogrammo* e nei derivati, come *contachilometri*, *chilometraggio*). *1* Anteposto a un'unità di misura, ne moltiplica il valore per mille (cioè per 10^3): *kilogrammo, kilohertz*. SIMB. k. *2* (*elab.*) Anteposto a un'unità di misura di quantità di informazioni, la moltiplica per 1024 (cioè per 2^{10}): *kilobyte*. SIMB. K.

kilobyte /kilo'bait, *ingl.* 'kilə bait/ [comp. di *kilo-* e *byte*] s. m. inv. • (*elab.*) Unità di misura della quantità di informazione conservato corrispondente a 1024 (cioè 2^{10}) byte.

kilocaloria [ingl. *kilocalorie*, comp. di *kilo-* 'chilo-' e di *calorie* 'caloria'] s. f. • (*fis.*) Unità di misura della quantità di calore pari a 1000 calorie. SIMB. kcal.

kilocìclo [comp. di *kilo-* e *-ciclo*] s. m. • (*fis.*) Unità di misura pari a 1000 cicli | *K. al secondo*, kilohertz.

kilogràmmetro o **chilogràmmetro** [comp. di *kilogram(mo)* e *-metro*] s. m. • Unità tecnica di lavoro equivalente al lavoro meccanico per innalzare un kilogrammo all'altezza di un metro.

kilogràmmo o **chilogràmmo** [fr. *kilogramme*, comp. del gr. *chílioi* 'mille' e del fr. *gramme* 'grammo'] s. m. • (*fis.*) Unità di massa nel Sistema Internazionale definita come la massa del campione di platino-iridio conservato a Sèvres. SIMB. kg | *K. massa*, nome a volte usato erroneamente per kilogrammo | *K. forza*, unità di forza nel sistema tecnico definita come la forza capace di imprimere alla massa di 1 kg l'accelerazione di gravità campione (9,806 m/s^2). SIMB. kgf.

kilohèrtz /kilo'ɛrts/ o **chilohèrtz** [comp. di *kilo-* e *hertz*] s. m. • Unità di frequenza pari a 1000 hertz. SIMB. kHz.

kilòlitro o **chilòlitro** [fr. *kilolitre*, comp. del gr. *chílioi* 'mille' e del fr. *litre* 'litro'] s. m. • Unità di capacità equivalente a 1000 litri.

kilometràggio o **chilometràggio** [fr. *kilométrage*, da *kilomètre* 'kilometro'] s. m. • Percorso misurato in kilometri.

kilomètrico o **chilomètrico** agg. (pl. m. *-ci*) *1* Di kilometro | *Percorso k.*, misurato in kilometri. *2* (*fig.*) Interminabile, che va per le lunghe: *discorso, processo k.* *3* Nella fotocomposizione, detto di nastro registrato non giustificato.

kilòmetro o **chilòmetro** [fr. *kilomètre*, comp. del gr. *chílioi* 'mille' e del fr. *mètre* 'metro'] s. m. • Unità di lunghezza pari a 1000 metri. SIMB. km | *K. lanciato*, nel ciclismo, nell'automobilismo e sim., prova di velocità su strada o su pista in cui si tiene conto del tempo impiegato da un dato punto raggiunto a piena velocità, sino alla percorrenza di un kilometro | *K. da fermo*, la stessa prova con partenza da fermo.

kiloton o **chiloton**, **kilotóne** [ingl. *kiloton*, comp. di *kilo-*, dal gr. *chílioi* 'mille', e *ton* 'tonnellata'] s. m. • Unità di energia pari all'energia sviluppata dall'esplosione di 1000 tonnellate di tritolo. SIMB. kt.

kilovòlt o **chilovòlt** [comp. di *kilo-* e *volt*] s. m. • Unità di potenziale pari a 1000 volt. SIMB. kV.

kilovoltampère /kilovoltam'pɛr/ o **chilovoltampère** [comp. di *kilo-* (*1*) e *voltampère*] s. m. inv. • Unità di misura di potenza elettrica pari a 1000 voltampere. SIMB. kVA.

kilowatt /'kilovat/ o **chilowatt** [comp. di *kilo* (*1*) e *watt*] s. m. • Unità di potenza pari a 1000 watt. SIMB. kW.

kilowattóra o **chilowattóra** [comp. di *kilowatt* e *ora*] s. m. inv. • (*fis.*) Unità di energia corrispondente a quella sviluppata o assorbita dalla potenza di 1000 watt in un'ora, pari a $3{,}6 \cdot 10^6$ joule. SIMB. kWh.

kilt /*ingl.* kilt/ [vc. scozzese, dal v. di origine scandinava *kilt* 'alzare la sottana'] s. m. inv. • Gonnellino pieghettato a quadri di vari colori, parte del costume scozzese.

kimberlìte [da *Kimberley* in Sudafrica, località del più importante ritrovamento] s. f. • (*miner.*) Roccia intrusiva composta di olivina o serpentino, mica scura, diopside verde cromifero, piropo rosso e vari minerali accessori, tra cui il diamante, che da essa viene estratto a livello industriale.

kimòno • V. *chimono*.

kìna [vc. papuana] s. f. inv. • (*econ.*) Unità monetaria della Papua Nuova Guinea.

Kindergarten /*ted.* 'kindərgartən/ [vc. ted., propriamente 'giardino (*Garten*) dei bambini (*Kinder*, sing. *Kind*)', l'uno e l'altro elementi di origine indeur.] s. m. inv. (pl. ted. *Kindergärten*) • Asilo infantile, giardino d'infanzia.

Kinderheim /*ted.* 'kindərhaim/ [vc. ted., propriamente 'casa (*Heim*) di bambini (*Kinder*, sing. *Kind*)', entrambi elementi di origine indeur.] s. m. inv. (pl. ted. *Kinderheime*) • Luogo in cui, dietro pagamento, vengono ospitati e sorvegliati bambini.

kineṣiterapia • V. *cinesiterapia*.

king /*ingl.* kiŋ/ [vc. ingl., propriamente 're, sovrano', dall'ingl. ant. *kyning*, *cyning*, affine al ted. *König*] s. m. inv. • Gioco di carte simile al bridge che si svolge fra quattro giocatori con un mazzo di carte francesi.

king size /*ingl.* 'kiŋ saiz/ [loc. ingl., propr. 'misura regale', comp. di *king* 're' e *size* 'misura, dimensione'] loc. agg. inv. • Che è di dimensioni più grandi del normale: *sigarette, bottiglie king size*.

kino [da una l. indiana (?)] s. m. • Succo condensato ricco di tannino raccolto dalle incisioni nel tronco di alberi che crescono nelle Indie Orientali.

kip [vc. indigena (thai)] s. m. inv. • Unità monetaria circolante in Laos.

kippà s. f. • Adattamento di *kippar*.

kippàr /*ebr.* kip'par/ s. f. inv. • Copricapo a forma di piccola calotta emisferica, portato dagli ebrei durante i riti religiosi.

Kippùr o **Kipùr** [vc. ebr., letteralmente '(digiuno di) espiazione'] s. m. inv. • Giorno dell'espiazione, del digiuno, nella religione israelitica.

kirghìṣo o **chirghìṣo** [russo *Kirgiz*, n. dei popoli di lingua turca dell'Asia centrale] **A** agg. *1* Del Kirghizistan. *2* Relativo ai Kirghisi o al loro dialetto.

B s. m. (f. *-a*) ***1*** Ogni appartenente a un gruppo di popolazioni stanziate al confine tra Kirghizistan e Cina. ***2*** (*est.*) Abitante, nativo del Kirghizistan. **C** s. m. solo sing. ● Dialetto turco parlato dai Kirghisi.

Kirsch /*ted.* kirʃ/ [vc. ted., che sta per il comp. *Kirschgeist* 'spirito (*Geist*, di ampia area germ. e origine indiana) di ciliegia (*Kirsche*: stessa etim. dell'it. *ciliegia*)'] s. m. inv. ● Acquavite di marasche.

Kirschwasser /*ted.* 'kirʃvasər/ [letteralmente 'acqua (*Wasser*, di origine indeur.) di ciliegia (*Kirsch* (V.))'] s. m. inv. ● Kirsch.

kit /*ingl.* kit/ [vc. ingl., 'equipaggiamento, corredo, attrezzatura', di origine olandese] s. m. inv. ***1*** Insieme dei pezzi che costituiscono l'attrezzatura necessaria per mettere insieme, da soli, un qualsiasi manufatto, contenuti, di solito, in una apposita scatola: *il kit di una macchina, di una barca.* ***2*** (*med.*, *biol.*) Insieme di materiale tecnico e reattivi usati in una titolazione biologica: *kit per il dosaggio della transaminasi* | (*est.*) L'insieme degli attrezzi o dei prodotti, racchiusi in un apposito contenitore, necessari per un dato scopo: *kit da trucco*; *kit da elettricista.*

kitsch /*ted.* kitʃ/ [vc. ted. di origine incerta] **A** s. m. inv. ● Oggetto, azione di cattivo gusto più o meno intenzionale, spec. quando siano prodotti artistici della cultura di massa. **B** anche agg.: *spettacolo, abito, quadro k.*

kiù ● V. *kyū.*

kiwàno /ki'wano, ki'vano/ [vc. di formazione ignota] s. m. ● (*bot.*) Pianta erbacea delle Cucurbitacee, spontanea e coltivata nelle regioni intertropicali africane per la sua bacca edule (*Cucumis metuliferus*) | Il frutto di tale pianta.

kìwi /'kiwi, 'kivi/ o **kìvi** [vc. ingl., dal n. maori, di origine onomat., dell'uccello; passata poi, come soprannome, a designare i neozelandesi e quindi anche i frutti edulì dell'actinidia, coltivata originariamente spec. nella Nuova Zelanda] s. m. inv. ***1*** (*zool.*) Uccello ormai raro degli Apterigiformi della Nuova Zelanda, delle dimensioni di un pollo, privo di ali e di coda, rivestito di piume brune, sottili e sfilacciate (*Apteryx australis*). ***2*** (*bot.*) Frutto commestibile di alcune actinidie, in particolare dell'uva spina cinese (*Actinidia chinensis*).

kleenex® /*ingl.* 'kli:neks/ [vc. ingl. nata negli Stati Uniti come marchio di fabbrica] s. m. inv. ● Nome commerciale di sottili fazzoletti di carta, adatti agli usi più svariati.

kleiniàno /klai'njano/ [dal n. della psicoanalista M. *Klein* (1882-1960)] **A** agg. ● Che si riferisce alla psicoanalista M. Klein (1882-1960) o alle sue teorie. **B** s. m. (f. *-a*) ● Psicoanalista seguace di M. Klein.

kleksografìa [ted. *Klecksographie*, comp. di *Klecks* 'macchia' (etim. 'strappo') e *-graphie* '-grafia'] s. f. ● Disegno particolare ottenuto piegando varie volte un foglio contenente una macchia d'inchiostro.

klìmax ● V. *climax.*

klìnker /*ol.* 'klinkər/ ● V. *clinker.*

klystron /*ingl.* 'klaistrən/ [vc. ingl., dal n. commerciale *Klystron*, comp. del gr. *klyst*(*ḗr*) 'siringa' e della seconda parte di (*elec*)*tron* 'elettrone'] s. m. inv. ● (*elettr.*) Tipo di valvola termoionica per produrre corrente ad altissima frequenza, impiegata ad es. in apparecchiature radar.

knickerbockers /*ingl.* 'nikəbɔkəz/ [vc. ingl., dal n. (D. *Knickerbocker*) dello pseudoautore della 'Storia di New York' di W. Irving, libro illustrato con disegni di olandesi immigrati a New York, che indossavano tale tipo di calzoni] s. m. pl. ***1*** Calzoni corti alla zuava. ***2*** Calzettoni alti e pesanti con disegno a quadri.

knock down /*ingl.* 'nɔk daun/ [vc. ingl. che sta per *knocked* ('abbattuto', di origine imit.) *down* ('giù', etim. 'da una collina', vc. di origine indeur.)] loc. agg. e avv. inv. ● Detto del pugile che, atterrato dall'avversario, riesce a rialzarsi entro dieci secondi, continuando l'incontro.

knock out /*ingl.* 'nɔk aut/ [letteralmente 'colpo che butta (*knock*, di origine imit.) fuori (*out*, di origine indeur.) combattimento'] **A** loc. avv. e agg. ● Nel pugilato, fuori combattimento: *essere, andare, mettere knock out* | (*fig.*) *Essere, mettere knock out*, in condizioni disastrose, completamente a terra. **B** loc. sost. m. inv. ● Nel pugilato, colpo che mette fuori combattimento.

know how /no'au, *ingl.* 'nou hau/ [loc. anglo-americana, propr. 'sai (*know*) come (*how*)'] loc. sost. m. inv. ● Insieme delle capacità e delle esperienze necessarie per il corretto impiego di una tecnologia.

knut /*russo* knut/ [dall'ant. nordico *knútr* 'nodo (dello staffile)', dalla vc. *knúi* 'noce del piede', di origine indeur.] s. m. inv. ● Staffile di nervi di bue, tipico dei Cosacchi.

K.O. /'kappa'ɔ/ o **ko** avv. e s. m. inv. ● Acronimo di *knock out* (V.).

koàla o **coàla** [vc. ingl., adattamento del n. indigeno australiano (*kūlla*, *kūlā*)] s. m. inv. ● Marsupiale simile a un orsacchiotto, privo di coda, con piedi prensili muniti di forti unghioni con cui si arrampica sugli alberi per nutrirsi di foglie (*Phascolarctos cinereus*).

kohl /kol/ [ar. *kuḥ'l*, *koḥ'l* 'antimonio': V. *alcol*] s. m. inv. ● Polvere di antimonio di colore scuro, usata in Oriente come cosmetico per gli occhi.

koilon /*gr.* 'kɔilon/ [vc. gr. (*kôilon*), sostantivazione del nt. dell'agg. *kôilos* 'cavo', di origine indeur.] s. m. inv. (pl. gr. *koila*) ● (*archeol.*) Insieme delle gradinate su cui sedevano gli spettatori nel teatro greco.

koinè /koi'nɛ*, *gr.* koi'nɛ/ o **coinè** [vc. dotta, gr. *koinḗ*, f. sost. di *koinós* 'comune' (V. *cenobio*)] s. f. ***1*** La lingua greca comune, basata sul dialetto attico, che si affermò, a partire dal IV sec. a.C., in tutto il Mediterraneo centro-orientale. ***2*** (*est.*) Comunità linguistica o culturale che si sovrappone a una preesistente pluralità di aree linguistiche o culturali. ***3*** (*fig.*) L'unione di più popoli in una comunità culturale religiosa e sim.: *k. culturale, religiosa.*

kolchoz /*russo* kal'xɔs/ [vc. russa, abbr. di *Kol*(*lektivnoe*) *choz*(*jajstvo*) 'azienda collettiva'] s. m. inv. ● Fattoria collettiva a base cooperativistica dell'U.R.S.S.

kolchoziàno /kolko'zjano/ ● V. *colcosiano.*

kolòssal /ko'lɔssal, *ted.* kolɔ'sa:l/ [vc. ted., di provenienza fr. (*colossal*, letteralmente 'colossale')] **A** agg. inv. ● Detto di film, o spettacolo in genere, realizzato con grande impiego di mezzi e grande partecipazione di attori. **B** anche s. m. inv.: *un k. anglo-americano.*

kombinat /*russo* kambi'nat/ [vc. russa di origine lat.: lat. tardo *combinātus*, part. pass. di *combināre* 'unire (*bināre*, propriamente 'a due a due') insieme (*cŭm*)'] s. m. inv. ● (*econ.*) Nell'economia sovietica, conglomerata.

kore /*gr.* 'kɔre/ [vc. gr. (*kórē*), di ampia famiglia, ma di origine incerta] s. f. (pl. gr. *korai* /'kɔrai/) ● Statua votiva di giovinetta ammantata, posta negli atri dei templi greci con una mano sollevata a reggere le corone e le offerte alle divinità.

kosher /*ebr.* ko'ʃer/ ● V. *kasher.*

kouros /*gr.* 'kuros/ ● V. *kuros.*

kraal /*afrikaans* kra:l/ [vc. afrikaans di origine port. (da *corral* 'recinto per il bestiame', 'chiusura', di etim. incerta)] s. m. inv. ● Tipico stanziamento di alcuni popoli sudafricani, costituito da capanne ad alveare disposte in circolo, che circonda il recinto del bestiame.

krapfen /'krafen, *ted.* 'krapfən/ [ted., da *krapfen* 'uncino', di origine germ., per la originaria forma arcuata] s. m. inv. (pl. ted. inv.) ● Frittella di pasta molto lievitata, ripiena spec. di marmellata o crema e spolverata di zucchero.

Kren /*ted.* kre:n/ [vc. ted. di origine slava] s. m. inv. ● (*bot.*) Cren.

krill /*ingl.* kril/ [vc. ingl. d'orig. norvegese] s. m. inv. ● Insieme di alcune specie di piccoli crostacei planctonici che costituiscono il nutrimento delle balene (*Euphausia*).

kripto ● V. *cripto.*

kriss /kris/ o **kris** [vc. malese (*kĕris*), di origine giavanese (*kerés*)] s. m. inv. ● Corto pugnale a lama serpeggiante, dell'area indo-malese.

Kronprinz /*ted.* 'kro:nprints/ [vc. ted., letteralmente 'principe (*Prinz*) della corona (*Krone*)', comp. di due elementi di origine lat.] s. m. inv. (pl. ted. *Kronprinzen*) ● Principe ereditario nei paesi di lingua tedesca.

Krug /*ted.* kru:k/ [etim. incerta] s. m. inv. (pl. ted. *Krüge*) ● Boccale di terracotta per birra, con ansa e coperchio di metallo.

krỳpton /'kripton/ ● V. *cripto.*

kuffiyah /*ar.* kuf'fija/ o **kufiyah** /*ar.* ku'fija/ ● V. *kefiyeh.*

kulak /*russo* ku'lak/ [letteralmente 'pugno', dal turco-tartaro *kulak*, dal turco *kol* 'braccio, mano'] s. m. ● Nella Russia del periodo precedente alla collettivizzazione dell'agricoltura, contadino ricco avente alle sue dipendenze altri contadini.

kumìs o **kumys** [vc. russa (*kumýs*) di origine turco-tartara (*kumiz*)] s. m. inv. ● Latte di giumenta fermentato, usato in Russia.

Kümmel /*ted.* 'kyməl/ [vc. ted., dal lat. *cumīnu*(*m*) 'comino' col mutamento di *l* in *n* di altri latinismi] s. m. inv. ● Liquore forte ma dolce, aromatizzato con essenze di comino.

kumquat /kum'kwat, *ingl.* 'kʌmkwɔt/ [dal cinese *kamkwat* 'arancio (*kwat*) d'oro (*kam*)'] s. m. inv. ● (*bot.*) Alberello delle Rutacee originario dell'Asia meridionale, coltivato per i frutti eduli (*Fortunella*) | Il frutto di tale pianta.

kumys /*russo* ku'mïs/ ● V. *kumis.*

kung fu /*cin.* kuŋ'fu/ [vc. giapp., giuntaci prob. attrav. l'ingl.] loc. sost. inv. ● Tecnica giapponese di combattimento disarmato derivata dal karatè, che ha dato il nome a un genere cinematografico degli anni Settanta di grande successo popolare, caratterizzato da intreccio sommario e da estrema violenza.

kurciatòvio o **curciatòvio** [dal n. del fisico russo I. V. *Kurčatov* (1903-1960)] s. m. ● (*chim.*) Nome dato dagli scienziati russi all'elemento chimico artificiale di numero atomico 104, chiamato dagli americani rutherfordio.

kùros o (*gr.*) **kouros** [vc. gr. (*kôuros*), che propriamente significa 'giovane', di origine incerta] s. m. inv. (pl. gr. *kouroi*) ● Nella scultura greca arcaica, statua votiva che rappresenta un giovinetto nudo.

kùrsaal /'kursal, *ted.* 'ku:rza:l/ [vc. ted., letteralmente 'sala (*Saal*) di cura (*Kur*)', con entrambi i componenti di origine lat.] s. m. inv. ● Edificio variamente adibito ad albergo, stabilimento termale, casa da gioco, caffè-concerto, e sim.

kuskùs ● V. *cuscus.*

kuwaitiàno /kuvai'tjano, kuwai'tjano/ **A** agg. ● Del Kuwait. **B** s. m. (f. *-a*) ● Nativo, abitante del Kuwait.

kvas /*russo* kvas/ o **cuas** [vc. russa, propriamente 'fermento'] s. m. inv. ● Bevanda poco alcolica, tipica della Russia, ottenuta versando dell'acqua calda sulla farina d'orzo e lasciando fermentare.

kwacha /'kwatʃa/ [vc. locale dello Zambia] s. f. inv. ● (*econ.*) Unità monetaria del Malawi e dello Zambia.

kwanza /'kwanza/ [vc. bantu] s. f. inv. ● (*econ.*) Unità monetaria dell'Angola.

K-way® /*ingl.* 'keiwei/ o **kay-way** [vc. ingl., d'orig. non chiarita] s. m. o f. inv. ● Nome commerciale di un tipo di giacca a vento con cappuccio, leggera e impermeabile che si può ripiegare dentro la sua tasca e allacciare alla vita.

kyat /kjat/ [vc. indigena (*cà'*)] s. m. inv. ● Unità monetaria circolante in Birmania.

kylix /*gr.* 'kyliks/ [vc. gr. (*kýlix*), con ampi riscontri indeur., tra cui il lat. *călix* 'calice'] s. m. inv. ● Vaso di produzione greca a forma di coppa con due anse su alto piede e bocca larga.

kyriàle [dal *Kyrie*, l'inno iniziale] s. m. ● Libro di canto gregoriano con la musica delle parti invariabili della Messa.

Kyrie /*lat.* 'kirje/ s. m. ● Kyrie eleison.

Kyrie eleison /*lat.* 'kirje e'leizon, 'kirje e'lɛizon/ o **Kyrieleison** [lat. crist. *kyrie eleison* (nella Messa e nelle litanie), dal gr. *kýrie eléēson* 'Signore abbi pietà'] loc. sost. m. inv. ● Invocazione liturgica della Messa e delle litanie, sostituita da 'Signore pietà' dopo il Concilio Ecumenico Vaticano Secondo.

kyu /*giapp.* kju:/ o **kiù** [vc. giapp. (*kyū*)] s. m. inv. ● Allievo di judo, che viene classificato in cinque gradi secondo l'abilità.

l, L

Il suono principale rappresentato in italiano dalla lettera *L* è quello della consonante laterale alveolare /l/, che come tutte le liquide è sonora. Questa consonante, quando è in mezzo a due vocali (o tra una vocale e una semiconsonante), può essere, secondo i casi, di grado tenue (es. *pòlo* /'pɔlo/, *sèi Lorènzo* /'sei lo'rɛntso/) oppure di grado rafforzato (es. *póllo* /'pollo/, *è Lorènzo* /'ɛ llo'rɛntso/), mentre nelle altre posizioni è sempre di grado medio (es. *pèrla* /'pɛrla/, *Lorènzo* /lo'rɛntso/, *són Lorènzo* /'son lo'rɛntso/). La lettera *L* fa poi parte del digramma *gl*, che rappresenta in italiano il suono della consonante laterale palatale /ʎ/, anch'essa sonora. Questo suono è scritto semplicemente *gl* davanti alla vocale *i* (es. *figli* /'fiʎʎi/); è scritto invece *gli*, con *i* muta, davanti alle altre vocali (es. *fìglia* /'fiʎʎa/, *figlie* /'fiʎʎe/, *figlio* /'fiʎʎo/); non è mai seguito da consonante. Questo suono, nella pronunzia tipo, non è mai di grado tenue: in mezzo a due vocali (o tra vocale e semiconsonante) è sempre di grado rafforzato (es. *dàgli* /'daʎʎi/, *fórse gli sta* /'forse ʎʎi s'ta*/), nelle altre posizioni è sempre di grado medio (es. *dàrgli* /'darʎi/, *bèn gli sta* /'bɛn ʎi s'ta*/). Davanti a lettere diverse da *I*, il gruppo grafico *gl* ha il valore di *G* dura + *L* (es. *glòria* /'glɔrja/, *sìgla* /'sigla/). E può avere questo valore anche davanti alla lettera *I* nei seguenti casi: quando è iniziale d'una parola (es. *g̣licerìna* /glitʃe'rina/) o d'un elemento di parola composta (es. *gerogl̀ìfico* /dʒero'glifiko/), fatta eccezione per l'articolo e pronome *gli* e per pochissime altre parole; quando è preceduta da *n* (es. *gàng̣lio* /'gangljo/); nelle voci della famiglia di *neg̣ligere* /ne'glidʒere/ (es. *neg̣ligènte* /negli'dʒɛnte/) e nelle forme del verbo *sig̣làre* /si'glare/ (es. *sìg̣li* /'sigli/).

l, L /nome per esteso: *elle*/ **s. f.** o **m.** ● Decima lettera dell'alfabeto italiano: *l minuscola, L maiuscola* | *L come Livorno*, nella compitazione, spec. telefonica, delle parole | *Trave a L*, con sezione ad angolo retto, particolarmente resistente a sforzi di flessione.

la (1) [lat. *(ĭl)la(m)*, comp. di etim. incerta] **A art. det. f. sing.** (si usa davanti a tutte le parole **f. sing.** e si elide generalmente davanti a vocale: *la camera*; *la figlia*; *la psiche*; *la spesa*; *la zavorra*; *l'anima*; *l'erba*; *l'isola*; *l'onda*; *l'umidità* | Fondendosi con le **prep.** proprie semplici, dà origine alle **prep. art. f. sing.** *alla, colla, dalla, della, nella, sulla*, poet. *pella*) ***1*** Indica e determina una cosa o una persona distinta da ogni altra della stessa specie: *passami la scodella*; *fatti la barba*; *ho incontrato la zia* | (*fam.*) Davanti a nome proprio di persona: *ha telefonato la Marisa?*; *la Gertrudina trascorreva a qualche atto un po' arrogante* (MANZONI) | (*bur.*) Davanti a cognomi: *la Rossi Maria ha protestato la propria innocenza* | Si premette a cognomi di personaggi celebri: *la Duse*; *la Negri* | Si premette sempre a un nome proprio o a un cognome preceduto da un titolo, che non sia però 'santa', 'donna', 'suora': *la contessa Matilde*; *la professoressa Rossi* | Si premette a 'più' nel superlativo relativo: *è la più semplice delle creature di questo mondo.* ***2*** Indica e determina una specie, una categoria, un tipo: *la madre ha il compito di educare i figli nei primi anni*; *la donnola è un animale piccolo, ma crudele* | Indica l'astratto o il generico: *l'avarizia è uno dei mali peggiori*; *non capisco la pittura.* ***3*** Questa, quella (con valore dimostr.): *Maria, la sanguinaria*; *Isotta, la bionda*; *guardala, la sfacciata!*; *ci sono due strade: prendi la più corta.* ***4*** Ogni, ciascuna (con valore distributivo): *la domenica i negozi sono chiusi*; *lo faccio due volte la settimana*; *quanto costano le uova la dozzina?* ***5*** Nella, durante la (con valore temporale): *sarò a Roma la settimana prossima*; *la sera leggo sempre.* **B pron. pers.** e **dimostr. f. sing.** ***1*** Lei, essa (come compl. ogg. riferito a persona o cosa, in posizione sia encl. sia procl.): *la rivedrò domani*; *non riesco a trovarla*; *eccola!*; *te la porterò appena potrò* | Con valore neutro indet.: *dirla grossa*; *vedersela brutta*; *a farla breve*; *me l'ha fatta*; *smettila!*; *piantala! o la va o la spacca!* ***2*** Si usa, in segno di rispettosa cortesia, rivolgendosi a persona, sia di sesso maschile, sia femminile, con cui non si è in familiarità (sempre come compl. ogg.): *La ringrazio, signora*; *la prego, signore, non si disturbi*; *arrivederla!* ***3*** (*pop., tosc.* e *sett., pleon.*) Aferesi di 'ella' (come sogg. riferito a persona o cosa): *la mi dica!*; *la si decida!*; *l'è una brava ragazza* | Con valore neutro indet.: *l'è dura!*; *la va male* (V. note d'uso ACCENTO ed ELISIONE e TRONCAMENTO).

la (2) [prima sillaba del semiverso *la(bii reatum)*, scelta, da Guido d'Arezzo, come altre note, dall'inno a S. Giovanni] **s. m.** ● Sesta nota della scala musicale di *do*, che si suole adoperare per dare l'intonazione | *Dare il la*, dare l'intonazione; (*fig.*) suggerire come gli altri devono agire (V. nota d'uso ACCENTO).

là o (*pop., tosc.*) †**làe** [lat. *(ĭl)lac*, da *ĭlle*, di etim. incerta] **A avv.** ***1*** In quel luogo (con v. di stato e di moto, con riferimento a un luogo piuttosto lontano da chi parla e da chi ascolta): *andrò là dopo pranzo*; *posalo là, su quella sedia*; *ero là per puro caso*; *eccolo là!* | Con valore correl. contrapposto a 'qua', 'qui', 'lì' con valore locativo più o meno indeterminato: *qui non c'è posto, mettiti là*; *va sempre qua e là per gli uffici*; *sta un po' qua e un po' là* | Con valore raff. seguito da altri avv. di luogo, dà loro maggiore determinatezza: *è là dentro*; *guarda là fuori*; *vai là sopra* | Unito a pron. pers. e al pron. e agg. 'quello' con valore raff. e ints.: *tu, là, fatti avanti*; *passami quel libro là.* ***2*** Con valore raff. o enf. in escl. o espressioni di esortazione, comando, sdegno, e sim.: *zitto, là!*; *guarda là cosa mi va a capitare!*; *va' là!*; *ma va' là che lo sappiamo che sei bravo* | (*iter.*) Esprime impazienza: là *là!, smettetela tutti e due!* | (*ass.*) Indica la rapidità o la conclusione di un'azione: *là, ora è tutto a posto!* | In escl. o espressioni d'allarme, di intimazione, di richiamo, e sim.: *ehi là, ferma!*; *alto là!*; *chi va là?*; *passa là!*; *ehi là, dove sei?* ***3*** Circa, approssimativamente (con valore temp.): *là verso Pasqua*; *là sulle tre*; *là vèr l'aurora* (PETRARCA). ***4*** Nella loc. avv. *in là*, oltre, da un'altra parte: *farsi, tirarsi in là*; *voltarsi in là* | *Andare in là*, procedere (*anche fig.*) | *Non andare, arrivare molto in là*, (*fig., fam.*) non capire molto | In avanti, oltre (con valore temp.): *da quel giorno in là*; *essere in là con gli anni.* ***5*** Nella loc. avv. *di là*, da quel luogo, in quel luogo (indica stato in luogo o moto da luogo, anche fig.): *vieni via di là!* | *Stai di là*, nell'altra stanza | *Il mondo di là, l'al di là*, (*fig.*) l'altro mondo | *Essere più di là che di qua*, (*fig.*) essere sul punto di morire, di venire meno | *Andare di qua e di là*, in vari luoghi | *Di qua, di là, di su, di giù*, in ogni luogo | *Per di là*, per quel luogo: *passavo per di là.* ***6*** Nella loc. avv. *là per là*, subito, sul momento: *là per là non ho capito cosa volesse dire*; *là per là non ho saputo rispondere.* **B** nelle **loc. prep.** *di là da, di là di, in là da, in là di* ● Oltre a: *non andare di là da quella siepe, più in là di quel punto* | *È una cosa di là da venire*, detto di cosa incerta o che deve avvenire in un futuro molto lontano (V. nota d'uso ACCENTO).

†**labàrda** ● V. *alabarda.*

làbaro [vc. dotta, lat. tardo *lăbaru(m)*, di etim. incerta] **s. m.** ***1*** Vessillo imperiale romano costituito da un drappo di seta quadrata applicato a una barra lignea, sostenuta da un'asta a essa perpendicolare. ***2*** Insegna di associazioni combattentistiche, ex combattentistiche, politiche, religiose. ***3*** (*fig.*) Simbolo, vessillo di un'idea o di una fede che accomuna più persone.

làbbia [vc. dotta, lat. parl. *lăbia*, n. pl. di *lăbiu(m)* 'labbro', di etim. incerta] **s. f.** (**pl. inv.** o *-e*) ***1*** (*poet.*) †Faccia, aspetto: *e qual è uom di sì secura l., / che fuggir possa il mio tenace vischio?* (POLIZIANO). ***2*** (*raro, est.*) Figura umana. ***3*** (*al pl., poet.*) Labbra.

làbbo [fr. *labbe*, di etim. incerta] **s. m.** ● (*zool.*) Stercorario.

labbràta s. f. ● (*pop., tosc.*) Colpo dato sulle labbra col dorso della mano: *tirare una l.* || **labbratóne**, **accr. m.**

†**labbreggiàre** [comp. di *labbr(a)* e *-eggiare*] **A v. intr.** ● Muovere le labbra. **B v. tr.** ● Mormorare, proferire sommessamente: *l. una preghiera.*

labbrifórme [comp. di *labbro* e *-forme*] **agg.** ● (*raro*) Che ha forma di labbro.

làbbro o (*poet.*) †**làbro (1)** [vc. dotta, lat. *lăbru(m)*, di etim. incerta] **s. m.** (**pl.** *làbbra*, **f.** nei sign. 1, 2, 3, 4, *làbbri*, **m.** nei sign. 5, 6 e, lett., †anche nei sign. 1 e 2) ***1*** Ognuna delle due pieghe cutanee, muscolari e mucose, che delimitano l'apertura della bocca: *l. superiore, inferiore*; *avere un l. spaccato*; *labbra grosse, sottili, tumide* | (*med.*) *L. leporino*, malformazione congenita in cui il labbro superiore presenta nel mezzo una fenditura longitudinale | *Leccarsi le labbra*, detto di chi ha appena gustato un cibo squisito o si prepara a gustarlo | *Bagnarsi le labbra*, bere un sorso. ➡ **ILL.** p. 367 ANATOMIA UMANA. ***2*** (*spec. al pl.*) Bocca, quale organo della parola: *i rimproveri gli morirono sulle labbra* | *Chiudere le labbra*, tacere | *Avere una parola sulla punta delle labbra, sulle labbra*, non riuscire a ricordarla o pronunciarla | *Mordersi le labbra*, per trattenersi dal parlare o per punirsi di ciò che si è detto incautamente | *Scotta, brucia le labbra*, di parola che esprime sdegno o si desidera ardentemente dire | *Pendere dalle labbra di qc.*, ascoltarlo o seguirlo con attenzione | *A fior di labbra*, sussurrando appena | *Morire col nome di Dio sulle labbra*, invocarlo fino all'ultimo respiro. ***3*** (*anat.*) Nell'apparato genitale femminile, ciascuna delle pieghe cutanee che circondano l'apertura vulvare: *grandi, piccole labbra.* ➡ **ILL.** p. 364 ANATOMIA UMANA. ***4*** Attitudine e forza del suonatore di strumenti a fiato. ***5*** Margine, bordo di una ferita: *i labbri sono ancora aperti.* ***6*** Orlo, bordo con risalto, ciglio: *il l. di un vaso, di un pozzo, di una conca.* || **labbràccio**, **pegg.** | **labbrettino**, **dim.** | **labbrétto**, **dim.** | **labbricciuòlo**, **dim.** | **labbrino**, **dim.** | **labbrolino**, **dim.** | **labbróne**, **accr.** | **lab**

bròtto, accr. | **labbrùccio**, dim.

labbrùto agg. • (*raro*) Che ha labbra grosse e sporgenti.

labdacìṣmo • V. *lambdacismo*.

†**làbe** [vc. dotta, lat. *lābe(m)* 'macchia', di etim. incerta] s. f. • (*lett.*) Macchia, sozzura: *ingegni macchiati dalla stessa l.* (CARDUCCI).

labellàto agg. • (*bot.*) Detto di fiore munito di labello.

labèllo [vc. dotta, lat. *labĕllu(m)*, dim. di *lăbru(m)* 'labbro', di etim. incerta] s. m. • (*bot.*) Nelle orchidee, tepalo anteriore del fiore, diverso dagli altri, a margine lobato o frastagliato.

†**làbere** [vc. dotta, lat. *lābi* 'scivolare', di etim. incerta, portato alla coniug. in *-ere*] v. intr. • Scorrere, fluire.

laberìnto • V. *labirinto*.

labiàle [dal lat. *lăbiu(m)* 'labbro', di etim. incerta] **A** agg. *1* (*anat.*) Che riguarda o concerne le labbra. *2* (*ling.*) Detto di suono articolato per mezzo delle labbra: *consonante l.* **B** s. f. • (*ling.*) Consonante labiale.

labializẓàre [comp. di *labial(e)* e *-izzare*] **A** v. tr. • (*ling.*) Rendere labiale, sottoporre a labializzazione. **B** v. intr. pron. • (*ling.*) Diventare labiale.

labializẓàto part. pass. di *labializzare*; anche agg. *1* Nei sign. del v. *2* (*ling.*) Detto di suono nella cui pronuncia intervengono arrotondamento e protrusione delle labbra.

labializẓazióne s. f. • (*ling.*) Trasformazione per la quale un suono diventa labiale.

Labiàte [dal lat. *lābium* 'labbro', di etim. incerta, per la loro forma] s. f. pl. • Nella tassonomia vegetale, famiglia di piante delle Dicotiledoni erbacee con fiori la cui corolla ha l'aspetto di due labbra, comprendente moltissime specie utili in cucina, medicina e profumeria (*Labiatae*) | (al sing. *-a*) Ogni individuo di tale famiglia. ➡ ILL. **piante** /8-9.

labiàto [dal lat. *lăbiu(m)* 'labbro', di etim. incerta] agg. *1* Che ha forma simile a quella delle labbra | (*bot.*) *Calice l.*, gamosepalo irregolare con una parte inferiore e una superiore separate | (*bot.*) *Corolla labiata*, gamopetala irregolare con il lembo diviso in un labbro superiore e uno inferiore. *2* (*ling.*) Labializzato.

Labidognàti o (*raro*) **Labidògnati** [comp. del gr. *labís*, genit. *labídos* 'forcipe, pinza' (da avvicinare a *lambánein* 'prendere', prob. di origine indeur.) e *gnáthos* 'mascella' (V. *ganascia*)] s. m. pl. • Nella tassonomia animale, gruppo a cui appartiene la maggior parte dei ragni, caratterizzato da cheliceri i cui artigli si possono incrociare a tenaglia (*Labidognatha*) | (al sing. *-o*) Ogni individuo di tale gruppo.

làbile o †**làbole** [vc. dotta, lat. tardo *lābile(m)*, da *lābi* 'scivolare', di etim. incerta] agg. *1* (*lett.*) Che viene meno facilmente: *la salute, la giovinezza sono beni labili*; *non è la più l. cosa che la memoria di benefici ricevuti* (GUICCIARDINI). SIN. Caduco, fugace, passeggero. *2* Debole, incapace di ritenere: *memoria l.* *3* (*psicol.*) Emotivamente fragile e influenzabile. || **labilménte**, avv.

labilità s. f. *1* (*lett.*) Qualità di ciò che è labile. SIN. Caducità, fugacità. *2* Proprietà, stato di ciò che è labile | *L. di un composto chimico*, mancanza di stabilità. *3* Debolezza della memoria.

†**làbio** [lat. parl. *lăbiu(m)*, di etim. incerta] s. m. • Labbro.

làbio- [dal lat. *labiu(m)* 'labbro', di etim. incerta] primo elemento • In parole composte della terminologia linguistica o medica, significa 'labbro' o indica relazione con le labbra: *labiodentale*, *labionasale*.

labiodentàle [comp. di *labio-* e *dentale*] **A** agg. • (*ling.*) Detto di consonante la cui articolazione comporta un avvicinamento o un contatto del labbro inferiore con gli incisivi superiori. **B** s. f. • (*ling.*) Consonante labiodentale: *f e v sono labiodentali*.

labiolettùra [comp. di *labio-* e *lettura*] s. f. • Interpretazione delle parole di chi parla basandosi solo sul movimento delle sue labbra senza udire alcun suono.

labionasàle [comp. di *labio-* e *nasale*] agg. • (*ling.*) Detto di suono nasale articolato per mezzo delle labbra.

labiopalatàle [comp. di *labio-* e *palatale*] agg. • (*ling.*) Detto di suono che comporta simultaneamente un'articolazione palatale e una labiale.

labiovelàre [comp. di *labio-* e *velare*] agg. • (*ling.*) Detto di suono che comporta la combinazione di una articolazione velare e di una appendice labiale.

labirintèo agg. • (*lett.*) Labirintico.

labirìntico [da *labirinto*] agg. (pl. m. *-ci*) *1* Che concerne un labirinto | Simile a un labirinto (*anche fig.*): *quartiere l.*; *ragionamento l.* *2* (*anat.*) Relativo al labirinto.

labirintifórme [comp. di *labirinto* e *-forme*] agg. • Che ha forma di labirinto.

labirintìte [comp. di *labirinto* nel sign. 5 e *-ite* (*1*)] s. f. • (*med.*) Infiammazione del labirinto.

labirìnto o (*raro*) **laberìnto** [vc. dotta, lat. *labyrĭnthu(m)*, dal gr. *labýrinthos*, di etim. incerta (mediterr.?)] s. m. *1* Leggendaria reggia di Minosse, dalla quale non si poteva uscire senza guida: *Teseo ebbe da Arianna il filo per non smarrirsi nel l.* | (*est.*) Edificio con rete di camere e di corridoi molto intricati: *questo palazzo è un vero l.* *2* (*est.*) Luogo, edificio, intreccio di strade o passaggi dove è difficile orizzontarsi o da cui è difficile uscire: *quel museo è un l. di stanze* | *L. di specchi*, nei luna park, intrico di anditi tappezzati con specchi deformanti. *3* Boschetto con vialetti intricati, nel parco di una villa. *4* (*fig.*) Situazione intricata, cosa confusa e poco chiara: *sono preso nel l. degli affari*. SIN. Dedalo. *5* (*anat.*) Insieme di cavità formanti una parte dell'orecchio interno. *6* (*zool.*) In alcuni pesci ossei, organo sussidiario per la respirazione aerea, situato dorsalmente alla camera branchiale. *7* Gioco di pazienza che consiste nel trovare, tra tante strade tortuose disegnate, l'unica che conduce all'uscita.

labirintopatìa [comp. di *labirinto* nel sign. 5 e *-patia*] s. f. • (*med.*) Qualsiasi affezione del labirinto dell'orecchio.

labirintòṣi [comp. di *labirint(o)* e del suff. *-osi*] s. f. • (*med.*) Processo degenerativo dell'epitelio sensoriale del labirinto.

†**làbole** • V. *labile*.

†**laboràre** • V. *lavorare*.

laboratòrio [dal lat. *laborāre* 'lavorare'] s. m. *1* Locale o insieme di locali forniti di attrezzature per ricerche ed esperienze scientifiche | *L. linguistico*, aula scolastica con attrezzatura elettronica e meccanica per rendere più efficace l'apprendimento delle lingue | *L. protetto*, centro di lavoro per handicappati, istituito e organizzato in base a criteri per cui l'addestramento e la valorizzazione dei soggetti prevalgano sulla produttività. *2* Locale annesso a un negozio dove si fanno o si riparano gli oggetti in vendita | Locale dove si svolgono attività di carattere artigianale: *l. di sartoria*.

laboratorista s. m. e f. (pl. m. *-i*) • Chi lavora come tecnico o ricercatore in un laboratorio scientifico.

†**labóre** [vc. dotta, lat. *labōre(m)*, di etim. incerta] s. m. • Fatica, travaglio.

laboriosità [da *laborioso*] s. f. • Caratteristica di chi, di ciò che è laborioso: *per ... dieci anni si era sopravvissuto in un'indefessa l.* (CROCE).

laborióso [vc. dotta, lat. *laboriōsu(m)*, da *lābor* 'lavoro', di etim. incerta] agg. *1* Che comporta difficoltà, fatica e pena per la sua realizzazione: *indagine laboriosa*; *è stata una traversata laboriosa*; *digestione laboriosa*; *questa guerra fu più laboriosa che alcuna altra* (PULCI) | *Parto l.*, difficoltoso e prolungato; (*fig.*) opera intellettuale o artistica che ha richiesto grande fatica al suo creatore. *2* Dedito al lavoro, che lavora con passione: *giovane l.*; *popolo pacifico e l.*; *città laboriosa, in cui ... nessuno camminava per diporto* (SVEVO). SIN. Operoso. *3* Denso di lavoro o di realizzazioni: *giornata laboriosa*. SIN. Operoso. || **laboriosaménte**, avv. *1* Con fatica. *2* Con laboriosità.

laborìṣmo e *deriv.* • V. *laburismo* e *deriv.*

labràce [vc. dotta, gr. *labrákion*, dim. di *lábrax*, genit. *lábrakos*, da *lábros* 'vorace', di etim. incerta] s. m. • (*zool.*) Spigola.

labradòr o **làbrador** [dalla regione di provenienza, il *Labrador* canadese, dall'ant. den. port. *Terra de Lavradores* 'terra di schiavi (letteralmente lavoratori)'] s. m. inv. *1* Merluzzo, baccalà proveniente dal Labrador. *2* Razza di cani da riporto, originaria del Labrador ma allevata soprattutto in Inghilterra.

labradorìte [dal n. della regione canadese *Labrador*, con *-ite* (*2*)] s. f. • (*miner.*) Varietà calcica di plagioclasio in cristalli che manifestano una caratteristica iridescenza interna.

†**làbro** (*1*) • V. *labbro*.

làbro (*2*) [etim. discussa: dal gr. *lábros* 'avido, vorace', di origine incerta (?)] s. m. • Pesce dei Labridi che vive anche nel Mediterraneo, con carni commestibili (*Labrus bergylta*).

labrònico [dal n. lat. (ma di origine etrusca) di una località, *Lăbro*, genit. *Labrōnis*, che sorgeva nei pressi dell'attuale Livorno] agg. (pl. m. *-ci*) • (*lett.*) Livornese.

labrùsca • V. *lambrusca*.

laburìṣmo o **laborìṣmo** [ingl. *labourism*, dal n. del 'partito del *lavoro*' (*Labour Party*, l'una e l'altra parola di origine lat.)] s. m. • Movimento politico di tendenza socialista riformista, sorto in Gran Bretagna agli inizi del XIX sec.

laburista o **laborista** [ingl. *labourist* (V. *laburismo*)] **A** agg. (pl. m. *-i*) • Del, aderente al laburismo o al partito laburista | *Partito l.*, partito politico fondato sui principi del laburismo. **B** s. m. e f. (pl. m. *-i*) • Seguace del laburismo | Iscritto al partito laburista.

laburìstico agg. (pl. m. *-ci*) • (*raro*) Che si riferisce al laburismo o ai laburisti.

labùrno [vc. dotta, lat. *labūrnu(m)*, parola importata, ma di origine incerta] s. m. • (*bot.*) Ornello | *L. fetido*, *l. puzzolente*, anagiride.

lacaniàno A agg. • Che si riferisce allo psicoanalista J. Lacan (1901-1981) o alle sue teorie. **B** s. m. (f. *-a*) • Psicoanalista seguace di J. Lacan.

†**làcca** (*1*) [vc. dotta, lat. tardo *lăccu(m)*, dal gr. *lákkos* 'fosso, stagno, cisterna', di origine indeur.] s. f. • Costa, pendio.

†**làcca** (*2*) [lat. tardo *lăcca(m)* 'sorta di tumore alle gambe degli animali', legato con *lacĕrtus* 'muscolo' (?)] s. f. • Coscia di quadrupede | (*est.*) Natica d'uomo.

làcca (*3*) [ar. *lakk*, dal persiano *lâk*, di origine sanscrita (* *lākṣā* 'migliaia', con allusione al grande numero degli insetti che la producono)] s. f. *1* Sostanza colorata di origine vegetale, animale o artificiale, usata come rivestimento protettivo od ornamentale di vari oggetti | *L. del Giappone*, liquido denso, grigio, che geme da incisioni di una pianta giapponese | (*est.*) Oggetto ricoperto di lacca: *una collezione di lacche cinesi*. *2* Colore formato per fissazione meccanica o chimica di un colorante organico su di un supporto, in generale inorganico, usato nella pittura, nella stampa dei tessuti e sim. *3* Fissatore per pettinature: *l. colorata*.

laccamùffa [comp. di *lacca* (*3*) e *muffa*, come adattamento del ted. *Lackmus*, dal neerlandese **lakmoes*, comp. di un deriv. da *lēken* 'gocciolare' e *moes* 'verdura'] s. f. • (*chim.*) Tornasole.

laccàre [da *lacca* (*3*)] v. tr. (*io làcco, tu làcchi*) • Verniciare con lacca.

laccàto part. pass. di *laccare*; anche agg. *1* Nel sign. del v.: *mobile l.*; *unghie laccate*. *2* (*bot.*) Detto di foglia rivestita su una o entrambe le pagine da una specie di vernice lucida secreta da alcune ghiandole. *3* (*med.*) Detto del sangue che ha assunto un colore rosso acceso e brillante in seguito a emolisi.

laccatóre s. m. (f. *-trice*) • Chi esegue lavori con lacca.

laccatùra s. f. • Atto, effetto del laccare.

lacchè [fr. *laquais*, di etim. incerta] s. m. *1* Valletto in livrea che per strada seguiva o precedeva il padrone o la carrozza padronale. *2* (*spreg.*) Persona che si umilia e si disonora in modo servile: *ha l'anima di un l.*; *fare da l. a qc.*

lacchéẓẓo [variante dial. di *beccheggio*] s. m. *1* (*tosc.*) Boccone ghiotto | (*est.*) Allettamento. *2* (*fig.*) Imbroglio. || **lacchezzìno**, dim.

làccia • V. *alaccia*.

†**lacciàre** [vc. dotta, lat. tardo *laqueāre*, da *lăqueus*, di etim. incerta] v. tr. • Allacciare.

†**lacciatùra** s. f. • Allacciatura.

làccio [lat. parl. **lăciu(m)*, per *lăqueu(m)*, prestito, di etim. incerta] s. m. *1* Corda con cappio o nodo scorsoio che si stringe tirando: *prendere una bestia al l.* *2* (*fig.*) Trappola, insidia, inganno: *tendere i lacci*; *è caduto nel l. di un truffatore* | (*ra-*

ro, *fig.*) *Il l. della morte*, pericolo estremo. **3** Legaccio, tirante, cordoncino: *tirare i lacci del busto* | *I lacci delle scarpe*, le stringhe | (*arald.*) *L. d'amore*, cordone disposto a cerchio, spesso posto attorno allo scudo, intrecciato a nodi | *L. emostatico*, nastro o sottile tubo stretto attorno agli arti per rallentare la circolazione sanguinea. **4** (*fig.*) Nodo, vincolo, legame: *ben io costretto in que' soavi lacci* (CARDUCCI); *i lacci dell'amore*. **5** Capestro: *la pena del l.* | *Mettere il l. al collo a qc.*, (*fig.*) costringerlo, contro la sua volontà, a fare o subire q.c. | (*raro*) *Aspettare qc. al l.*, aspettare qc. al varco, cercare di sorprenderlo. **6** †Impedimento. || **laccétto**, dim. | **lacciòlo**, **lacciuòlo**, dim. (V.).

lacciòlo o (*lett.*) **lacciuòlo** s. m. **1** Dim. di *laccio*. **2** Laccio per catturare piccoli uccelli. **3** Laccio da scarpe, stringa.

laccolite [comp. del gr. *lákkos* 'cavità, cisterna' e *líthos* 'pietra'] s. m. o f. ● (*geol.*) Corpo intruso poco profondo a forma di lente più o meno simmetrica o cupola che si insinua generalmente lungo una superficie di strato o altra discontinuità. ➡ ILL. p. 819 SCIENZE DELLA TERRA ED ENERGIA.

lacedèmone o (*raro*) **lacedemònio** [vc. dotta, lat. *Lacedaemones* (pl.), dal gr. *Lakedáimōn*, genit. *Lakedáimonos*, di etim. incerta] agg.; anche s. m. ● (*lett.*) Spartano.

†**laceràbile** [vc. dotta, lat. tardo *lacerābile*(*m*), da *lacerāre* 'lacerare'] agg. ● Che si può lacerare.

lacerabilità s. f. ● Qualità di ciò che è lacerabile.

laceraménto [vc. dotta, lat. tardo *laceramĕntu*(*m*), da *lacerāre* 'lacerare'] s. m. ● Atto, effetto del lacerare.

lacerànte part. pres. di *lacerare*; anche agg. **1** Nei sign. del v. **2** (*fig.*) Che ferisce per la sua forza, intensità e sim.: *urlo*, *rumore l.*; *un rimorso l.*

laceràre [vc. dotta, lat. *lacerāre*, di origine indeur.] **A** v. tr. (*io làcero*) **1** Ridurre a brandelli: *le schegge gli lacerarono la carne*; *l. un abito*. SIN. Strappare, stracciare. **2** (*fig.*) Straziare, torturare: *un dolore che lacera il cuore*; *un rumore che lacera i timpani*. **3** (*raro*, *fig.*) Consumare, sperperare: *l. un patrimonio* | (*fig.*) Distruggere: *l. l'onore di qc. con la maldicenza*. **B** v. intr. pron. ● Strapparsi, squarciarsi: *la vela si è lacerata per un colpo di vento*.

lacerativo agg. ● (*raro*) Atto a lacerare.

laceratóre [vc. dotta, lat. tardo *laceratōre*(*m*), da *lacerātus* 'lacerato'] agg.; anche s. m. (f. *-trice*) ● Che, chi lacera (*spec. fig.*): *un grido / lacerator di ben costrutti orecchi* (PARINI).

laceratùra [vc. dotta, lat. tardo *laceratūra*(*m*), da *lacerātus* 'lacerato'] s. f. ● Laceramento.

lacerazióne [vc. dotta, lat. *laceratiōne*(*m*), da *lacerātus* 'lacerato'] s. f. **1** Atto, effetto del lacerare o del lacerarsi. SIN. Strappo | (*med.*) Rottura di un tessuto o di un organo causata da un trauma violento: *l. del collo dell'utero durante il parto*. **2** (*fig.*) Strazio, afflizione | (*fig.*) Contrasto, separazione e sim. molto travagliati e dolorosi.

lacèrna [vc. dotta, lat. *lacĕrna*(*m*), d'impronta pop. e di non improbabile orig. etrusca] s. f. ● Presso i Romani, mantello di stoffa fine, oblungo, aperto, serrato sulle spalle, e forse anche sul petto, con una fibbia, che si portava sulla tunica e sull'armatura.

làcero [vc. dotta, lat. *lăceru*(*m*), di origine indeur.] **A** agg. **1** Strappato o stracciato in più punti o in più pezzi: *carni lacere*; *stracci laceri* | (*est.*) *Giacca lacera*, logora, consumata per l'uso | *Ferita lacera*, i cui margini sono privi di continuità per strappamento. **2** (*est.*) Detto di persona che indossa vestiti logori o strappati: *un mendicante tutto l.* SIN. Cencioso. **B** s. m. ● (*raro*, *tosc.*) Consumo, usura dovuti all'uso.

lacero-contùso /latʃerokon'tuzo, 'latʃero kon'tuzo/ agg. ● (*med.*) Detto di ferita i cui margini sono privi di continuità, per strappamento e compressione.

Lacèrtidi [comp. del lat. *lacĕrta* 'lucertola' e *-idi*] s. m. pl. ● Nella tassonomia animale, famiglia di Sauri eurasiatici e africani cui appartengono le lucertole (*Lacertidae*) | (al sing. *-e*) Ogni individuo di tale famiglia.

lacertifórme [vc. dotta, comp. del lat. *lacerta* 'lucertola' e *-forme*] agg. ● Detto di animale che ha aspetto, o forma, di lucertola.

lacèrto (**1**) [vc. dotta, lat. *lacĕrtu*(*m*), di etim. incerta] s. m. **1** (*lett.*) Parte muscolosa spec. del braccio | (*est.*) Brandello di carne. **2** (*anat.*) *L. fibroso*, larga striscia di membrana fibrosa alla piega del gomito. **3** (*fig.*, *lett.*) Frammento, parte minima di un'opera letteraria spec. antica. **4** (*zool.*, *sett.*) Scombro.

†**lacèrto** (**2**) [dal lat. *lacĕrta*(*m*), di etim. incerta] s. m. ● Lucertola.

†**lacertóso** [vc. dotta, lat. *lacertōsu*(*m*), da *lacĕrtus* 'lacerto (1)'] agg. ● Muscoloso, robusto.

†**lacessito** [vc. dotta, lat. *lacessītu*(*m*), part. pass. di *lacĕssere*, ints. di *lăcere*, da una vc. *lăx* col senso di 'esca, inganno', di origine espressiva] agg. ● Provocato, stuzzicato, irritato.

†**làci** [lat. parl. **illāce*, per il classico *illac*, da *ĭlle* 'quello' con partcl. locativa] avv. ● Là: *volto in l.* (DANTE *Purg.* XXIV, 105).

lacìnia [vc. dotta, lat. *lacĭnia*(*m*), da avvicinare a *lăcer* 'lacero'] s. f. **1** (*anat.*) Frangia, frastagliatura. **2** (*bot.*) Incisione irregolare. **3** (*zool.*) Lobo interno delle mascelle di molti Insetti, inserito sullo stipite. **4** (*fig.*, *lett.*) Frammento, parte minima di un'opera letteraria spec. antica.

laciniàto agg. ● Che presenta lacinie.

làcmo [ol. *lakmoes* 'laccamuffa' (V.)] s. m. ● (*chim.*) Laccamuffa.

†**làco** ● V. *lago*.

laconicismo s. m. ● Laconismo.

laconicità s. f. ● Qualità, carattere, di chi, di ciò che è laconico. SIN. Concisione, essenzialità, stringatezza.

lacònico [vc. dotta, lat. *Lacōnicu*(*m*), dal gr. *Lakōnikós* 'proprio dei Laconi'] **A** agg. (pl. m. *-ci*) **1** Della Laconia, regione della Grecia in cui si trovava Sparta | Dei Laconi, degli Spartani. **2** (*fig.*) Detto di persona poco loquace, estremamente concisa nell'esprimersi | Breve, essenziale: *scritto l.*; *risposta laconica*. || **laconicaménte**, avv. In modo laconico, breve, conciso. **B** in funzione di avv. ● (*raro*) Laconicamente: *scrivere*, *parlare l.*

laconismo [vc. dotta, gr. *lakōnismós* 'simpatia per i Lacedemoni', da *lakōnízein* 'laconizzare'] s. m. ● Modo conciso di esprimersi | Stile secco e tagliente.

laconizzàre [vc. dotta, gr. *lakōnízein*, da *lákōn* 'lacone, spartano'] v. intr. (aus. *avere*) ● (*raro*) Esprimersi in modo laconico.

Lacoste® /fr. la'kɔst/ [dal n. del tennista fr. R. *Lacoste*, soprannominato *crocodile* 'coccodrillo' per la sua grinta] s. f. inv. ● Maglietta di cotone con breve allacciatura e maniche corte, che reca cucito sul davanti lo stemma di un piccolo coccodrillo.

làcrima o **làgrima** [lat. *lăcrima*(*m*), di origine indeur.] s. f. **1** Liquido acquoso prodotto dalle ghiandole lacrimali dell'occhio | *Lacrime calde*, *cocenti*, frutto di un dolore aspro | *Lacrime amare*, *di sangue*, provocate da rimorso, dolore, disperazione | *Un fiume di lacrime*, un gran pianto | *Spargere*, *versare lacrime*, abbandonarsi al pianto | *Rompere*, *prorompere in lacrime*, scoppiare a piangere all'improvviso | *Frenare*, *ingoiare le lacrime*, trattenersi dal piangere | *Bere le lacrime*, (*fig.*) nascondere un dolore | *Essere in un mare di lacrime*, *struggersi in lacrime*, piangere a dirotto e di continuo | *Avere le lacrime agli occhi*, stare per piangere, per il dolore, la commozione e sim. | *Con le lacrime agli occhi*, in stato di grande commozione | *Non avere più lacrime*, (*fig.*) aver sofferto molto | *Asciugarsi le lacrime*, smettere di piangere | *Asciugare le lacrime a qc.*, consolarlo | *Lacrime di coccodrillo*, quelle di chi si pente in modo tardivo o ipocrita | (*raro*) *Avere le lacrime in pelle*, stare per piangere | (*raro*) *Fare lacrime*, piangere | (*raro*) *Dare lacrime a qc.*, dare a qc. ragione di pianto | †*Mungere lacrime*, piangere per un dolore intenso e continuo | *Scoppiare in lacrime*, mettersi a piangere all'improvviso | *Sciogliersi in lacrime*, piangere a dirotto | *Costar sudore e lacrime*, fatica e dolore | *In questa valle di lacrime*, in questo mondo, in contrapposizione all'altro, il paradiso | *Dono delle lacrime*, il pianto come segno di pentimento concesso dalla grazia | (*astron.*) *Lacrime di San Lorenzo*, Perseidi. **2** (*est.*) Goccia o piccola quantità di liquido: *è rimasta una l. d'olio* | (*est.*) Gocciola, stilla: *una l. di resina*. **3** (*est.*) Oggetto che ha l'aspetto di una lacrima: *una l. di cera*. || **lacrimella**, dim. | **lacrimétta**, dim. | **lacrimina**, dim. | **lacrimóne**, accr. m. | **lacrimùccia**, **lacrimùzza**, dim.

lacrimàbile o **lagrimàbile** [lat. tardo *lacrimābile*(*m*), da *lacrimāre* 'lacrimare'] agg. ● (*lett.*) Degno di lacrime, di compassione: *rimanendo lagrimabile lo stato del Friuli e dell'Istria* (GUICCIARDINI) | (*lett.*) Che può provocare lacrime.

Lacrima Christi /lat. 'lakrima 'kristi/ [vc. lat., letteralmente 'lagrima (*lăcrima*) di Cristo (*Chrĭsti*, genit. di *Chrĭstus*)'] loc. sost. m. inv. ● Vino giallo ambrato, limpidissimo, un po' aromatico, diffuso nella zona di Torre del Greco (Napoli).

lacrimàle o **lagrimàle**. agg. ● Delle lacrime, relativo alle lacrime | (*anat.*) *Condotto l.*, canalino che dal fornice congiuntivale porta le lacrime al naso | *Ghiandola l.*, che produce le lacrime | *Sacco l.*, dilatazione sul decorso del condotto lacrimale | *Vaso l.*, lacrimatoio.

lacrimàre o **lagrimàre** [lat. *lacrimāre*, da *lăcrima* 'lacrima'] **A** v. intr. (*io làcrimo*; aus. *avere*) **1** Versare lacrime, piangere: *si mise a l. per la commozione* | Emettere lacrime: *il fumo fa l.*; *lacrimò per un bruscolo nell'occhio*. **2** (*est.*, *raro*) Gocciolare, stillare: *i muri lacrimano per l'umidità*. **B** v. tr. ● (*lett.*) Compiangere: *l. la morte di un amico*.

lacrimàto o **lagrimàto**. part. pass. di *lacrimare*; anche agg. **1** Nei sign. del v. **2** (*poet.*) Desiderato, implorato con lacrime.

lacrimatóio o **lacrimatòrio**, **lagrimatóio** [vc. dotta, lat. tardo *lacrimatōriu*(*m*), agg. da *lăcrima*, in uso particolare (ed erroneo, perché tali vasetti non servivano affatto per raccogliere le *lacrime* delle prefiche)] s. m. ● (*archeol.*) Flaconcino per unguenti.

lacrimatòrio o **lagrimatòrio** [lat. *lacrimatōriu*(*m*), da *lacrimātus* 'lacrimato'] **A** agg. ● Della lacrimazione. **B** s. m. ● V. *lacrimatoio*.

lacrimazióne o **lagrimazióne** [lat. *lacrimatiōne*(*m*), da *lacrimātus* 'lacrimato'] s. f. ● (*med.*) Effetto dell'attività secretoria delle ghiandole lacrimali.

lacrimévole o **lagrimévole**. agg. **1** Che induce a piangere, che provoca compassione o pietà: *stato*, *condizione l.* **2** (*raro*, *est.*) Che stilla a gocce che hanno forma di lacrime: *incenso l.* || **lacrimevolménte**, avv.

lacrimògeno o **lagrimògeno** [comp. di *lacrima* e *-geno*] agg. **1** Che provoca lacrime | *Gas l.*, che produce infiammazione delle ghiandole lacrimali con conseguente lacrimazione | *Bomba lacrimogena*, che sprigiona gas lacrimogeni. **2** (*scherz.*, *spreg.*) Commovente, patetico: *oratore l.*; *film l.*

lacrimóso o **lagrimóso** [lat. tardo *lacrimōsu*(*m*), da *lăcrima* 'lacrima'] agg. **1** Pieno, bagnato di lacrime: *occhio l.*; *viso l.* **2** Che è causa di lacrime perché commovente: *storia lacrimosa*. **3** (*raro*, *est.*) Che gocciola: *pianta lacrimosa*. || **lacrimosaménte**, avv. (*raro*) Lacrimevolmente.

lacrosse /ingl. lə'krɔs/ [vc. ingl., dal fr. *la crosse* 'il bastone ricurvo'] s. m. inv. ● (*sport*) Gioco tradizionale canadese a squadre, in cui la palla viene lanciata o passata servendosi di un bastone ricurvo munito di reticella.

lactagògo ● V. *lattagogo*.

lacuàle [dal lat. *lăcus* 'lago'] agg. ● Di, relativo a, lago.

lacùna [vc. dotta, lat. *lacūna*(*m*), da *lăcus* 'lago', di origine indeur.] s. f. **1** Interruzione nella scrittura con uno spazio lasciato bianco, che nella trascrizione è riempito con puntini o con crocetta | Mancanza di parola, frase o brano, in un testo. **2** (*biol.*) Cavità: *l. dei vasi*, *dei muscoli* | (*fis.*) *L. elettronica*, buco elettronico. **3** (*bot.*) Spazio intercellulare che si osserva in tessuti vegetali. **4** (*fig.*) Vuoto, mancanza dovuta a un'interruzione, soluzione di una continuità: *avere lacune nella propria cultura* | *Colmare*, *riempire una l.*, rimediare a una mancanza | *Una l. della memoria*, una dimenticanza. || **lacunétta**, dim.

lacunàre [vc. dotta, lat. *lacūnar* (nt.), genit. *lacunāris*, da *lacūna* 'lacuna', per le sue cavità] s. m. ● Soffitto in cui l'intelaiatura dei travi, resa visibile, è utilizzata come elemento ornamentale e abbellita con rosoni o elementi geometrici.

lacunosità s. f. ● Qualità di ciò che è lacunoso.

lacunóso [vc. dotta, lat. *lacunōsu*(*m*) 'pieno di buche, ineguale, incavato', da *lacūna* 'lacuna'] agg. **1** Pieno di lacune: *scrittura lacunosa*; *preparazio-*

ne lacunosa. **2** (*bot.*) *Tessuto l.*, nella foglia, quello posto al di sotto dell'epidermide inferiore che comunica mediante gli stomi con l'esterno. || **lacunosaménte**, avv.

lacùstre [dal lat. *lăcus* 'lago', sul modello di *palustre*] agg. ● Relativo ai laghi | Che sta o vive nei laghi: *piante, animali lacustri* | *Abitazioni lacustri*, piantate su palafitte nei laghi.

làdano (1) [vc. dotta, lat. *lădanu(m)*, dal gr. *ládanon*, vc. di orig. semitica] s. m. ● Sostanza costituita da una resina e da un olio essenziale, che essuda dalle foglie di alcune varietà di cisto, e si presenta in masse di color rosso-bruno, dall'odore gradevole.

làdano (2) [vc. da avvicinare al lat. *ăttilus* (di orig. sconosciuta)] s. m. ● Grande storione del Mar Nero, del Caspio e del Mediterraneo orientale (*Huso huso*).

làdar [ingl. *ladar*, sigla di *La(ser) D(etecting) A(nd) R(anging)* 'rivelatore e localizzatore mediante laser', sul modello di *radar*] s. m. inv. ● Radar ottico che utilizza un fascio di luce laser.

laddóve o **là dóve** [comp. di *là* e *dove*] **A** avv. ● (*lett.*) Dove, nel luogo in cui: *sono andato là dove mi avevi detto di andare; uscì d'una camera e quivi venne l. era il conte* (BOCCACCIO). **B** cong. **1** (*lett.*) Mentre, invece (con valore avversativo): *sei stato esageratamente rigido l. avresti potuto mostrarti conciliante.* **2** †Se, perché (introduce una prop. condiz. con il v. al congv.): *là dove io onestamente viva* (BOCCACCIO).

†**laddovùnque** o †**là dovùnque** [comp. di *là* e *dovunque*] avv. ● (*raro, lett.*) Dovunque.

ladìno (1) [lat. *Latīnu(m)* 'appartenente al Lazio, latino' (usato come 'molle', contrapposto a 'barbaro' e 'aspro'), da *Lătium*, di etim. incerta] agg. **1** † (*lett.*) Facile, agevole | Pronto. **2** Lubrico.

ladìno (2) [sp. *ladino*, da *Latīnu(m)* 'latino', in origine opposto ad 'arabo'] **A** s. m. solo sing. ● Gruppo dialettale neolatino comprendente le parlate dei Grigioni, di alcune valli dolomitiche e del Friuli. **B** s. m. (f. *-a*) ● Abitante, nativo della Ladinia, cioè della zona alpina in cui si parla il ladino. **C** agg. ● Relativo alla Ladinia: *valli ladine* | Relativo ai dialetti ladini.

là dóve /la d'dove, 'la ddove*, 'la ddove/ ● V. *laddove*.

†**là dovùnque** /'la ddo'vunkwe/ ● V. †*laddovunque*.

làdra [da *ladro* in uso fig.] s. f. ● (*raro*) Tasca interna della giacca del soprabito.

ladrerìa s. f. ● Comportamento, azione da ladro: *vendere a questo prezzo è una l.* | Serie di truffe e inganni: *si è arricchito con ladrerie* | (*raro, est.*) Lavoro fatto male.

ladrésco agg. (pl. m. *-schi*) ● Da, di ladro: *impresa ladresca.*

làdro o †**làtro** [lat. *lātro* (nom.), di etim. incerta] **A** s. m. (f. *-a*) **1** Chi ruba, chi vive di furti: *l. di professione, matricolato; l. di galline, di automobili* | *L. di strada*, brigante | *L. di fazzoletti*, ladruncolo | *L. di campagna*, chi ruba nei poderi | *L. in guanti gialli*, con aspetto e modi da persona distinta | *Dar del l. a qc.*, accusarlo di rubare | *Essere vestito come un l.*, molto male | *Al l.!*, grido per indicare e raggiungere un ladro che scappa | *L. di cuori*, conquistatore, rubacuori | *Tempo da ladri*, molto brutto | *Aceto dei sette ladri*, sorta di aceto aromatico molto forte. **2** (*est.*) Chi richiede prezzi o compensi eccessivi. **3** (*raro, tosc.*) Frammento di lucignolo che cade sulla candela e la consuma in quel punto. **B** agg. **1** Che ruba: *cassiere l.; gatto l.; la povertà grande fa gli uomini vili, astuti, ladri, insidiosi* (CAMPANELLA) | *Occhi ladri*, che incantano e innamorano. **2** (*fig.*) Pessimo, brutto: *tempo l.; giornata ladra* | (*raro*) Violento: *sete ladra* || PROV. Chi è bugiardo, è ladro; l'occasione fa l'uomo ladro. || **ladracchiuòlo**, dim. || **ladràccio**, pegg. | **ladrétto**, dim. | **ladróne**, accr. | **ladrùccio, ladrùzzo**, dim. || **ladraménte**, avv. (*raro*) Da ladro.

ladrocìnio o **latrocìnio** [vc. dotta, lat. *latrocĭniu(m)*, da *lātro* nel senso originario di 'mercenario', sul tipo di *tubicĭnium*, da *tŭbicen* 'trombettiere'] s. m. ● Furto, ruberia con inganni e raggiri: *commettere l.* | (*est., lett.*) Misfatto: *quella provincia era tutta piena di latrocinii di brighe e di ogni altra ragione di insolenzia* (MACHIAVELLI).

†**ladronàglia** s. f. ● Ladronaia.

ladronàia s. f. ● (*raro, tosc.*) Gruppo di ladri | (*raro*) Covo di ladri | (*raro, est.*) Ruberia, saccheggio.

ladronàta s. f. ● (*raro*) Atto da ladro o da ladrone.

ladroncèllo s. m. (f. *-a*) **1** Dim. di *ladrone*. **2** Ladruncolo, ragazzo che compie piccoli furti. || **ladroncellùzzo**, dim.

ladróne [vc. dotta, lat. *latrōne(m)*, originariamente 'mercenario', poi 'brigante', 'ladro' (V.)] s. m. **1** Ladro incallito, astuto, e sim.: *quel commerciante è un l.* **2** Masnadiero, grassatore | *L. di mare*, pirata | *I due ladroni*, quelli che, secondo il Vangelo, furono crocifissi ai lati di Gesù | *Il buon l.*, quello dei due ladroni che si pentì e si convertì prima di morire | *Il mal l.*, quello dei due ladroni che non volle convertirsi e morì imprecando. || **ladroncèllo**, dim. (V.).

ladronéccio [lat. parl. **latronĭciu(m)*, forma metatetica di *latrocĭniu(m)* 'latrocinio'] s. m. ● Atto da ladro | Ruberia, serie di furti: *di ladronecci e d'altre vilissime cattività era infamato* (BOCCACCIO).

ladroneggiàre [comp. di *ladron(e)* e *-eggiare*] v. intr. (*io ladronéggio*; aus. *avere*) ● Fare vita da ladrone | Commettere ruberie.

ladronerìa s. f. **1** Comportamento da ladro o da ladrone. **2** Grosso furto.

ladronésco agg. (pl. m. *-schi*) ● Di, da ladrone: *impresa ladronesca; con finte e ladronesche lacrime mi disse ...* (CELLINI). || **ladronescaménte**, avv. **1** (*raro*) Alla maniera dei ladroni. **2** Con ladroneria.

ladrùncolo [adattamento del lat. *latrŭnculu(m)*, dim. di *lātro* 'ladro'] s. m. (f. *-a*) ● Ragazzo che ruba | Ladro da poco.

lady /'lɛdi, *ingl.* 'leidi/ [ant. ingl. *hlǣfdīge* 'padrona di casa', comp. di *hlāf* 'pane' e *dāege* 'ragazza'] s. f. inv. (pl. ingl. *ladies*) ● Titolo inglese spettante alla moglie o figlia di un lord | Correntemente, signora.

†**làe** ● V. *là*.

lagèna [vc. dotta, lat. *lagēna(m)*, dal gr. *lágynos*, di origine straniera] s. f. **1** (*archeol.*) Vaso con collo e bocca stretta e ventre rigonfio. **2** (*zool.*) Parte del labirinto dell'orecchio interno dei Rettili e degli Uccelli, in cui è compreso l'organo uditivo.

lagenàrìa [da *lagena*, per la forma] s. f. ● Pianta tropicale delle Cucurbitacee i cui frutti a forma di bottiglia, svuotati e seccati, sono usati come recipienti (*Lagenaria vulgaris*). SIN. Zucca da vino.

làger /'lager, *ted.* 'la:gər/ [vc. ted., di area germ., dal v. *liegen* 'giacere', di origine indeur.] s. m. inv. (pl. ted. inv. o *Läger*) **1** Campo di concentramento, per lavoro coatto | Campo di sterminio, nella Germania nazista. **2** (*est.*) Istituzione o comunità, spec. assistenziale o educativa, le cui modalità di gestione, conduzione e sim. si estrinsecano in forme abnormi di prevaricazione, angheria, crudeltà verso i soggetti che ne fruiscono o ne sono partecipi: *quella scuola è un l.*

lagerstroèmia /lager'strɛmja, ladʒer'strɛmja/ [dal nome del naturalista sved. M. V. *Lagerstroem* (1691-1769)] s. f. ● Genere di alberi o arbusti ornamentali tropicali delle Litracee con foglie ovali, opposte e infiorescenze variamente colorate (*Lagerstroemia*).

lagétta [dal n. giamaicano (*lagetto*) del *lace(-bark)*, così chiamato per l'apparenza di merletto (*lace*) della sua corteccia] s. f. ● Albero delle Timeleacee delle Indie Occidentali, coltivato in Italia per le fibre tessili fornite dal suo libro (*Lagetta lintearia*).

laggiù o †**laggiùe**, †**laggiùso**, †**là giù** [comp. di *là* e *giù*] avv. **1** Là in basso, là verso il basso (con v. di stato e di moto): *bisogna scendere l.; la casa è l., in fondo alla valle* | (*est.*) Indica un luogo lontano o posto a sud: *è l. in fondo alla piazza; l. in Sicilia sembra sempre primavera.* CONTR. Lassù. **2** (*raro*) Costaggiù: *se vengo l. e ti acchiappo, mi senti.* CONTR. Quassù.

laghista [da *lago*; nel sign. 2, calco dell'ingl. *lakists* 'poeti della *Lake School*'] agg.; anche s. m. e f. (pl. m. *-i*) **1** (*raro*) Che, chi abita sulla riva di un lago. **2** Denominazione con cui sono designati i tre poeti romantici inglesi del XIX sec. S. T. Coleridge, R. Southey e W. Wordsworth, a causa della loro predilezione per la regione dei laghi del Cumberland, dove dimorarono spesso e da cui trassero motivo di ispirazione per la loro opera.

làgna [da *lagnare*] s. f. **1** †Affanno, pena | Lamento. **2** (*fam.*) Piagnisteo | (*est.*) Cosa lunga e noiosa: *la lezione è stata una l.* | Persona che infastidisce spec. con lunghi discorsi: *quella l. di tua sorella.*

†**lagnaménto** [lat. *laniamĕntu(m)*, da *laniāre* 'dilaniare', ma nelle lingue romanze 'lagnare'] s. m. ● Lamento.

lagnànza s. f. ● Atto, effetto del lagnarsi: *muovere l.; esporre le proprie lagnanze intorno a q.c., o qc.* | Manifestazione, espressione di malcontento: *le lagnanze del pubblico.*

lagnàrsi [lat. *laniāre* 'strapparsi (i capelli, come manifestazione di dolore)': da ravvicinare a *lanĭsta* 'lanista, aizzatore', t. etrusco (?)] v. intr. pron. e †intr. **1** (*raro*) Lamentarsi per un malessere: *il bambino si lagna per il mal di gola.* **2** Risentirsi e mostrare il proprio malcontento: *l. per il trattamento iniquo* | Reclamare: *l. per il cattivo servizio ferroviario* | Dolersi: *l. della propria malasorte* | *Non mi lagno*, non ho motivo di scontentezza, sono soddisfatto.

†**lagnévole** agg. ● Che si lagna.

lagnìo s. m. ● (*raro*) Lagno continuo.

làgno [da *lagnare*] s. m. **1** Lamento, lagnanza. **2** †Dolore, pena, afflizione.

lagnóne agg.; anche s. m. (f. *-a*) ● (*fam.*) Che, chi si lagna continuamente: *bambino, vecchio l.*

lagnóso agg. **1** Lamentoso, querulo. **2** (*centr.*) Noioso, detto di persone | Pesante, stucchevole, privo di interesse: *un film l.* || **lagnosaménte**, avv. (*raro*) In modo lagnoso.

làgo o †**làco** [vc. dotta, lat. *lăcu(m)*, di origine indeur.] s. m. (pl. *-ghi*) **1** Massa d'acqua che riempie una cavità della superficie terrestre, senza comunicazione diretta col mare | *L. craterico* o *vulcanico*, che occupa il cratere di un vulcano spento | *L. carsico*, che occupa una depressione di origine carsica in regioni calcaree | *L. chiuso*, senza emissari | *L. costiero*, chiuso da cordoni litoranei che impediscono all'acqua di scendere al mare | *L. di frana*, formatosi a monte di una frana che ha sbarrato un corso d'acqua | *L. glaciale*, che occupa una cavità modellata da un ghiacciaio | *L. tettonico*, che occupa conche originatesi per sprofondamento della superficie terrestre | *L. artificiale*, creato da una diga di sbarramento. ➡ ILL. p. 820 SCIENZE DELLA TERRA ED ENERGIA. **2** (*est.*) Abbondante quantità di liquido sparso: *un l. di sangue; fare un l. per terra* | (*fig.*) *Un l. di parole*, una grande quantità di parole. **3** †Cavità, profondità | *Il l. del cuore*, ventricolo ove s'aduna il sangue. **4** †Profondità, concavità. || **laghettìno**, dim. | **laghétto**, dim. | **lagoncèllo**, dim. | **lagóne**, accr. (V.).

làgo- [dal gr. *lagṓs* 'lepre'] primo elemento ● In parole composte della terminologia scientifica, significa 'lepre' o indica somiglianza con la lepre: *lagoftalmo, lagostoma.*

lagoftàlmo [vc. dotta, comp. di *lag(o)-* e *-oftalmo*] s. m. ● (*med.*) Impossibilità di chiusura delle palpebre.

Lagomòrfi [vc. dotta, comp. di *lago-* e il pl. di *-morfo*] s. m. pl. ● (*zool.*) Duplicidentati.

lagóne s. m. **1** Accr. di *lago*. **2** (*geogr.*) Piccolo bacino in cui si raccoglie l'acqua dei soffioni boraciferi dopo l'emissione.

lagòpode o **lagòpo** [vc. dotta, comp. di *lago-* e del gr. *póus*, genit. *podós* 'piede'] s. m. ● (*zool.*) Pernice bianca (*Lagopus mutus*).

lagostàgno [comp. di *lago* e *stagno*] s. m. ● Raccolta d'acqua di ampiezza notevole e profondità scarsa.

lagòstoma [comp. di *lago-* e *-stoma*] s. m. ● (*med.*) Labbro leporino.

lagòtrice o **lagòtriche** [comp. di *lago-* e del gr. *thríx*, genit. *trichós* 'pelo'] s. f. ● Genere di scimmie delle Platirrine, robuste, con corpo piuttosto grosso, pelame folto e lanoso e coda prensile (*Lagothrix*).

Làgridi [dal fr. *lagrie*, n., di orig. sconosciuta, di un insetto, con *-idi*] s. m. pl. ● Nella tassonomia animale, famiglia di Coleotteri dal corpo allungato, con elitre villose, che vivono su sostanze vegetali in decomposizione (*Lagriidae*) | (al sing. *-e*) Ogni individuo di tale famiglia.

làgrima e *deriv.* ● V. *lacrima* e *deriv.*

làgrimo [lat. tardo *lăcrimu(m)* 'lagrima delle piante', impiego fig. di un deriv. da *lăcrima* 'lagrima'] s. m. ● Resina dell'abete.

lagùna [lat. *lacūna(m)*, da *lăcus* 'lago'] s. f. ● Specchio d'acqua litoraneo, comunicante col mare, dal quale è separato per alcune strisce di terra. ➡ ILL. p. 821 SCIENZE DELLA TERRA ED ENERGIA.

lagunàre A agg. ● Della, relativo alla, laguna. B s. m. ● Nell'esercito italiano, militare di una speciale unità tattica della fanteria che opera su mezzi anfibi.

lài (1) [ant. fr. *lai*, di origine celt.] s. m. ● Componimento lirico narrativo d'intonazione mesta, accompagnato dal canto, diffuso in Francia nei secc. XII e XIII.

lài (2) [da *lai (1)*] s. m. pl. ● (*poet.*) Lamenti: *trarre, levare lai.*

laicàle [vc. dotta, lat. tardo *laicāle(m)*, da *lāicus* 'laico'] agg. ● Proprio di un laico o dei laici: *ceto, condizione, stato l.*

laicàto s. m. *1* Ordine dei laici | Condizione di chi è laico. *2* Insieme dei laici.

laicìsmo s. m. ● Atteggiamento ideologico di chi sostiene la piena indipendenza del pensiero e dell'azione politica dei cittadini dall'autorità ecclesiastica.

laicìsta A agg. (pl. m. *-i*) ● Proprio dei laici | *Stato l.*, che non riconosce e tutela alcuna religione mantenendosi in una posizione areligiosa. B s. m. e f. (pl. m. *-i*) ● Sostenitore del laicismo.

laicìstico agg. (pl. m. *-ci*) ● Relativo al laicismo, ispirato dal laicismo.

laicità s. f. ● Qualità o condizione di chi, di ciò che è laico.

laicizzàre [comp. di *laic(o)* e *-izzare*] A v. tr. ● Rendere laico: *l. la scuola* | *L. un sacerdote*, ridurlo allo stato laicale. B v. intr. pron. ● Divenire laico.

laicizzazióne s. f. ● Atto, effetto del laicizzare.

làico [vc. dotta, lat. eccl. *lāicu(m)*, dal gr. *laikós* 'popolare', deriv. da *laós* 'popolo'] A agg. (pl. m. *-ci*) *1* Che non fa parte del clero, che non ha ricevuto gli ordini sacerdotali. *2* Che si ispira ai principi del laicismo: *idee laiche*; *partito l.* | *Stato l.*, indipendente dall'autorità ecclesiastica. CONTR. Confessionale | *Partito l.*, non fondato su forme di dogmatismo religioso o ideologico. *3* (*est.*) Che non appartiene alla categoria professionale degli uomini di legge | Che non appartiene all'ordine giudiziario | *Giudice l.*, giudice popolare della Corte d'Assise | *Membro l. del Consiglio Superiore della Magistratura*, eletto dal Parlamento. *4* (*est.*) Profano, che non è versato, specializzato, professionalmente interessato in un'arte, disciplina e sim. *5* †Ignorante, illetterato. || **laicaménte**, avv. *1* In modo laico, secondo il punto di vista laico. *2* †Con semplicità. B s. m. (f. *-a*) *1* Chi non fa parte del clero. *2* Converso: *frate, fratello l.*

†laidàre [da *laido*] v. tr. ● Laidire.

laidézza s. f. *1* Carattere, qualità di chi o di ciò che è laido. *2* (*fig.*) Disonestà, turpitudine. *3* Oscenità, sconcezza: *fare, dire laidezze.*

†laidìre v. tr. ● Bruttare, macchiare, insozzare (*anche fig.*).

†laidità s. f. ● Laidezza.

làido [ant. fr. *laid*, dal francone **laith* 'spregevole'] agg. *1* (*lett.*) Sporco, o brutto da ispirare ripugnanza: *volto l.* *2* (*lett.*) Turpe, osceno, sconcio: *spettacolo l.*; *la stupida e provocante presunzione di quel l. vecchiaccio* (PIRANDELLO). || **laidaménte**, avv.

laidùme s. m. *1* Sozzura, sudiciume. *2* (*anche fig.*) Ammasso, insieme di cose sporche.

†laidùra s. f. ● Vergogna, sozzura.

laissez faire /fr. le'se 'fɛr/ [loc. fr., propr. 'lasciate fare', seguita da *laissez passer* 'lasciate passare', motto attribuito a vari personaggi fisiocrati e liberali] loc. sost. m. inv. ● (*econ.*) Politica basata sul non intervento dello Stato in questioni economiche | (*est.*) Invito, esortazione a non curarsi, non preoccuparsi di q.c. | (*est.*) Permissivismo, spec. in campo pedagogico.

-lalìa [dai comp. gr. con *-lalía*, derivati dal v., di origine imitativa, *lalêin* 'chiacchierare', 'parlare'] secondo elemento ● In parole composte, fa riferimento all'atto o al modo di parlare: *ecolalia.*

lallalì inter. ● Lallera.

lallarallà [vc. onomat.] inter. ● Si usa canticchiando sopra pensiero | Esprime anche indifferenza ostentata | V. anche *lallera, larà, trallallera, trallallà.*

lallazióne [vc. dotta, lat. *lallatiōne(m)*, da *lallātus*, part. pass. di *lallāre*, v. onomat.] s. f. *1* (*psicol.*) Emissione di suoni consonantici o vocalici, da parte del bambino, verso il terzo mese di età, prima dell'articolazione del linguaggio. *2* (*psicol., raro*) Labdacismo.

lallèra o **lallèro** [vc. onomat.] inter. ● (*spec. iter.*) Si usa canticchiando sopra pensiero senza riferimento a un particolare ritmo o canzone | Esprime anche indifferenza ostentata | (*centr.*) *Sì, lallero!*, sì, fossi pazzo, te lo sogni, e sim. | V. anche *lallarallà, larà, trallallera, trallallà.*

lalleràre [vc. onomat.] v. intr. impers. ● (*tosc.*) Spassarsela, godersela.

lalofobìa [comp. di un deriv. del gr. *lalêin* 'balbettare, chiacchierare', di origine onomat., e *-fobia*] s. f. ● (*psicol.*) Timore di parlare.

lalopatìa [comp. di un deriv. del gr. *lalêin* 'balbettare, chiacchierare', di origine onomat., e *-patia*] s. f. ● (*psicol.*) Stato morboso che impedisce l'articolazione delle parole.

laloplegìa o **lalopegìa** [comp. di un deriv. del gr. *lalêin* 'chiacchierare', di origine onomat., e *-plegia*] s. f. (pl. *-gie*) ● (*psicol.*) Paralisi degli organi vocali.

làma (1) [fr. *lame*, dal lat. *lāmina* 'lamina' (V.)] s. f. *1* Parte di un coltello, un rasoio, una spada e sim. destinata a tagliare: *affilare, arrotare la l.*; *l. diritta, aguzza, dentata* | *L. a doppio taglio*, (*fig.*) azione che può ritorcersi sull'autore | *Buona l.*, buon schermidore | *Prendere il coltello per la l.*, (*fig.*) danneggiarsi nel fare q.c. ➡ ILL. p. 1286 SPORT. *2* In varie tecnologie, parte o attrezzo tagliente, spec. incorporato in una macchina: *la l. della livellatrice.* *3* (*sport*) Nel hockey, parte inferiore del bastone, con cui si colpisce il disco o la palla | Lamina metallica del pattino da ghiaccio, scanalata longitudinalmente. *4* (*mar.*) *L. di deriva*, nella vela, attrezzo di legno o di metallo, fissato alla chiglia attraverso una piccola apertura. *5* †Lastra, piastra di metallo. || **lamàccia**, pegg. | **lamèlla**, dim. (V.) | **lamétta**, dim. (V.) | **lamettìna**, dim.

làma (2) [lat. *lāma(m)* 'pozzanghera, pantano, palude', di etim. incerta] s. f. *1* Terreno basso che si trasforma in palude o acquitrino per il ristagno di acque | Campagna paludosa | In Piemonte, terra lungo i fiumi messa a prato e fiancheggiata da fossi. *2* †Depressione, avvallamento.

làma (3) [fr. *lama*, dal tibet. *(b)lama*] s. m. inv. ● Monaco buddista del Tibet o della Mongolia | *Dalai Lama, Gran Lama*, capo supremo della religione tibetana, onorato come un Dio in terra.

làma (4) [sp. *llama*, da una l. indigena d'America] s. m. inv. ● Camelide americano a corpo snello, collo lungo e arcuato, mantello fittissimo, lungo e morbido, di colore bianco, nero o macchiato, allevato soprattutto in Perù per trasporto, lana e carne (*Lama glama*).

lamàico [da *lama (3)*] agg. (pl. m. *-ci*) ● Relativo al lama e al lamaismo. SIN. Lamaistico.

lamaìsmo s. m. ● Buddismo tibetano, che riconosce il potere dei lama.

lamaìsta A s. m. e f. (pl. m. *-i*) ● Seguace del lamaismo. B agg. ● Lamaistico.

lamaìstico agg. (pl. m. *-ci*) ● Lamaico.

lamantìno [fr. *lamantin*, dallo sp. *manatí* (da una l. indigena delle Antille), con sovrapposizione di *lamenter* 'gemere (dell'animale)'] s. m. ● Mammifero marino dei Sirenidi con coda arrotondata e solo i denti molari (*Trichechus manatus*). SIN. Manato.

lamarckìsmo [dal n. del naturalista fr. J.-B. *Lamarck* (1744-1829)] s. m. ● (*biol.*) Dottrina evoluzionistica che sostiene l'ereditarietà dei caratteri acquisiti.

lamàre [da *lama (1)*] v. tr. ● Lisciare, levigare, smerigliare una superficie: *l. un pavimento di legno.*

lamasserìa [fr. *lamaserie*, da *lama (3)*] s. f. ● Convento o monastero dei lama buddisti nel Tibet.

lamatùra [da *lama (1)*] s. f. *1* Operazione di levigatura e livellamento dei pavimenti. *2* (*mecc.*) Alesatura.

lambàda [vc. sp. e port. di orig. sconosciuta: legata, forse, al port. brasiliano *lambada* 'scompostezza'] s. f. ● Danza ritmica di origine brasiliana caratterizzata da movimenti molto sensuali, diffusasi in Europa alla fine degli anni Ottanta.

làmbda (1) [lat. *lămbda* (indecl.), dal gr. *lámbda*, di origine semitica] s. m. o f. inv. ● Nome dell'undicesima lettera dell'alfabeto greco.

làmbda (2) [da *lambda (1)*, per la forma che ricorda la lettera greca] s. m. inv. *1* (*anat.*) Punto di incontro della sutura tra le ossa parietali con le suture occipitali parietali. *2* (*fis.*) Particolare tipo di iperone.

lambdacìsmo o **labdacìsmo** [vc. dotta, lat. *labdacĭsmu(m)*, da un deriv. del gr. *lá(m)bda*, n. della lettera *l*, di origine semitica] s. m. ● (*psicol.*) Difficoltà di pronuncia della lettera *l*.

làmbdico [dalla lettera greca *lambda* (V. *lambda (1)*), usata come simbolo della lunghezza d'onda] agg. (pl. m. *-ci*) ● (*fis.*) Riferito alla lunghezza d'onda, detto di grandezza fisica: *emettenza lambdica.*

lambdòide [comp. di un deriv. del gr. *lámbd(a)* e *-oide*] s. m. ● (*anat.*) Sutura lambdoidea.

lambdoidèo agg. ● (*anat.*) Detto della sutura a forma di lambda, tra l'occipite e le ossa parietali.

lambèllo [ant. fr. *la(m)bel*, originariamente 'frangia', dal francone **labba* 'cencio, straccio'] s. m. *1* (*arald.*) Pezza formata da una fascia scorciata, con pendenti in numero da uno a sette, sempre posta orizzontalmente in capo. *2* †Rastrello.

làmbere [V. *lambire*] v. tr. ● (*poet.*) Lambire.

lambert /ted. 'lambert/ [dal n. del mat. e fisico alsaziano J. H. *Lambert* (1728-1777)] s. m. inv. ● (*fis.*) Unità di misura fotometrica della densità di flusso luminoso corrispondente a 1 lumen al cm^2. SIMB. L.

lambiccaménto s. m. ● Atto, effetto del lambiccare o del lambiccarsi (*spec. fig.*): *l. di cervello.*

lambiccàre [da *(a)lambicco*] A v. tr. (*io lambìcco, tu lambìcchi*) *1* Distillare con l'alambicco: *l. acqua, erbe, fiori.* *2* (*fig.*) Esaminare e ponderare accuratamente | *Lambiccarsi il cervello*, fare sforzi per capire o risolvere q.c., per trovare una soluzione e sim. B v. intr. pron. ● Affannarsi, affaticarsi per scoprire, ottenere q.c.: *lambiccarsi per sbarcare il lunario.* SIN. Scervellarsi.

lambiccàto A part. pass. di *lambiccare*; anche agg. *1* Nei sign. del v. *2* (*fig.*) Eccessivamente complicato: *soluzione lambiccata* | *Stile l.*, artificioso. B s. m. *1* †Spirito ottenuto per distillazione. *2* (*fig.*) †Essenza purissima di q.c.

lambiccatóre s. m. (f. *-trice*) ● (*raro*) Chi lambicca o si lambicca.

lambiccatùra s. f. ● (*fig.*) Sottigliezza, artificio nel ragionare.

†lambìcco ● V. *alambicco.*

lambiménto s. m. ● (*raro*) Modo, atto del lambire.

lambìre [adattamento del lat. *lămbere*, vc. espressiva di area indeur.] v. tr. (*io lambìsco, tu lambìsci*) *1* Leccare leggermente: *il gatto lambiva le dita del bimbo.* *2* (*fig.*) Sfiorare, toccare appena: *l'acqua lambisce le mura della città.*

làmblia [dal n. del suo descrittore, il medico boemo W. D. *Lambl*] s. f. ● Genere di protozoi dal corpo piriforme, parassiti dell'intestino umano, che possono provocare disturbi diarroici (*Lamblia*).

lambliàsi s. f. ● Malattia infettiva dovuta a un protozoo, caratterizzata da disturbi gastrointestinali.

lambrecchìni [fr. *lambrequin*, da un dim. del medio neerlandese *lampers* 'velo, stoffa fine'] s. m. pl. *1* Frange ornamentali di baldacchino, finestra e sim. *2* (*arald.*) Svolazzi.

Lambrétta® [nome commerciale; da *Lambrate*, n. del luogo di produzione] s. f. ● Tipo di motoretta.

lambrettìsta s. m. e f. (pl. m. *-i*) ● Chi possiede o guida una lambretta.

lambrì s. m. ● Adattamento di *lambris* (V.).

lambris /fr. lã'bri/ [ant. fr. *lambru*, dal lat. parl. **lambrūscu(m)* 'lambrusca' per l'ornamentazione ispirata alla vite selvatica] s. m. inv. ● Rivestimento di una parete con legno, marmo, stucco a scopo decorativo o protettivo.

lambrùsca o **labrùsca** [vc. dotta, lat. *labrūsca(m)*, di etim. incerta] s. f. ● (*bot.*) Abrostine.

lambrùsco [vc. dotta, lat. *labrūscu(m)*, da *labrū-*

sca 'lambrusca'] s. m. (pl. *-schi*) • Vitigno emiliano da cui si trae un vino da pasto, rosso e frizzante, distinto secondo i luoghi d'origine.

lamb's wool /*ingl.* 'læm z wul/ o **lambswool** [loc. ingl., letteralmente 'lana (*wool*) di (*'s*) agnello (*lamb*)'] loc. sost. m. inv. • Lana d'agnello inglese, particolarmente soffice.

lambùrda [fr. *lambourde*, col prob. sign. originario di 'trave (*bourde*) che serve per sostenere una tavola (ant. fr. *laon*, di origine francone)'] s. f. • (*bot.*) Ramo fruttifero del pero e del melo di limitato sviluppo, terminante con una gemma a fiore.

lamé /*fr.* la'me/ [vc. fr., letteralmente 'stoffa *laminata* (da *lame* 'lamina')'] **A** s. m. inv. • Tessuto fabbricato con inserimento di sottili fili o lamine dorati o argentati. SIN. Laminato. **B** anche agg.: *tessuto l.*

lamèlla s. f. *1* Dim. di *lama* (*1*). *2* Sottile lamina di qualsiasi materiale: *l. metallica, di plastica.* *3* (*biol.*) Sottile tessuto cellulare animale o vegetale | Nei funghi delle Agaricacee, ognuna delle ripiegature della parte inferiore del cappello.

lamellàre [da *lamella*] agg. *1* Che ha forma di lamella o è costituito di lamelle. *2* (*miner.*) Che si rompe secondo superfici piane. SIN. Lamelliforme.

lamellàto agg. • (*raro*) Laminato.

Lamellibrànchi [per le *branchie* a forma di piccole lamine (*lamelle*)] s. m. pl. • Nella tassonomia animale, classe di Molluschi con la conchiglia formata da due valve e le branchie a lamelle (*Lamellibranchia*) | (al sing. *-chio*) Ogni individuo di tale classe. SIN. Bivalvi.

lamellifórme [comp. di *lamell(a)* e *-forme*] agg. *1* Che ha forma di lamella | Disposto in lamelle o costituito da lamelle. *2* (*miner.*) Lamellare.

†**lamentàbile** [vc. dotta, lat. *lamentābile(m)*, da *lamentāre* 'lamentare'] agg. • Querulo, lamentevole | Degno di essere compianto: *molte cose lamentabil dice* (PULCI). || †**lamentabilménte**, avv. Lamentevolmente.

†**lamentabùndo** agg. • Lamentoso, doglioso.

†**lamentaménto** s. m. • Lamento, lagnanza.

†**lamentànza** s. f. • (*lett.*) Lagnanza, lamento: *sciocche lamentanze sono queste e femminili* (BOCCACCIO).

lamentàre [vc. dotta, lat. tardo *lamentāre*, per *lamentāri*, da *lamĕntum* 'lamento'] **A** v. tr. (*io laménto*) • Trarre da q.c. motivo di dolore, insoddisfazione e sim.: *l. un'offesa, un errore* | Compiangere: *l. la morte di qc.* **B** v. intr. pron. *1* Dimostrare con lamenti un dolore fisico o morale: *lamentarsi per una ferita.* SIN. Gemere. *2* Dimostrarsi risentito, scontento di q.c.: *lamentarsi del cattivo funzionamento di una macchina*; *lamentarsi con qc. per un torto subito* | *Non mi lamento, non mi posso l.* e sim., espressioni di contenuta soddisfazione.

†**lamentatìvo** agg. • Atto o disposto a lamentarsi.

lamentatóre [vc. dotta, lat. *lamentatōre(m)*, da *lamentātus* 'lamentato'] s. m. (f. *-trice*) • (*raro*) Chi si lamenta.

†**lamentatòrio** agg. • Lamentevole.

lamentazióne [vc. dotta, lat. *lamentatiōne(m)*, da *lamentātus* 'lamentato'] s. f. *1* (*raro*) Espressione insistente di dolore: *annoiare qc. con le proprie lamentazioni.* SIN. Querimonia. *2* *Lamentazioni di Geremia*, componimenti elegiaci sulla distruzione di Gerusalemme, inclusi nel libro biblico di Geremia e recitati o cantati nell'ufficio cattolico della settimana santa | Il canto liturgico stesso. *3* (*letter.*) Commo. || **lamentazioncèlla**, dim.

lamentèla [da *lamento*, col suffisso che si trova in *cautela, querela, tutela*] s. f. *1* Lamento prolungato e insistente: *non sopportare le lamentele di qc.* *2* Lagnanza, rimostranza, insoddisfazione: *basta con queste lamentele.*

lamentévole o †**lamentévile** [forma pop. di *lamentabile*] agg. *1* Che esprime lamento: *voce l.* SIN. Lagnoso, querulo. *2* Degno di compianto: *sorte, destino l.* SIN. Doloroso, lacrimevole. *3* (*raro*) Che si lamenta sempre, detto di persona: *donna l. e noiosa.* || **lamentevolménte**, avv.

lamentìo s. m. *1* Lamento continuato, prolungato: *il suo l. era insopportabile.* *2* Insieme, coro di lamenti.

laménto [vc. dotta, lat. *lamĕntu(m)*, di parziale area indeur.] s. m. *1* Voce o grido più o meno forte esprimente dolore o pianto: *un l. pietoso, straziante*; *il l. di un animale ferito*; *la bella ninfa è sorda al mio l.* (POLIZIANO). SIN. Gemito. *2* (*lett.*) Pianto per la morte di qc.: *feciono il l., vestendosi tutta sua gente in nero* (VILLANI). *3* Specie di componimento poetico, di argomento storico, che trae occasione da una disfatta, una morte e sim. *4* Lagnanza, rimostranza. *5* (*fig.*) †Rumore di tuono.

lamentóso agg. *1* Pieno di lamenti: *pianto l.* *2* Lamentevole: *voce lamentosa.* || **lamentosaménte**, avv. Con voce, espressione lamentosa.

lamétta s. f. *1* Dim. di *lama* (*1*). *2* Lama affilatissima, spec. a due tagli, che s'innesta sul rasoio di sicurezza: *l. da barba.*

làmia (**1**) [gr. *lámia* (nt. pl.), della stessa origine di *lamia* (*2*)] s. f. *1* Volta, copertura a volta, caratteristica delle costruzioni rustiche dell'Italia meridionale. *2* Volta rustica, naturale, di grotta.

làmia (**2**) o †**làmmia** [vc. dotta, lat. *lămia(m)*, dal gr. *lámia*, di origine indeur., connesso con *lamyrós* 'vorace'] s. f. *1* Nelle credenze popolari degli antichi romani e del Medioevo, mostro con volto di donna e con corpo di serpente, che si credeva succhiasse il sangue dei bambini. *2* (*est.*) Strega, incantatrice. *3* (*zool., tosc.*) Canesca | (*merid.*) Rana pescatrice.

lamièra [da *lama* (*1*), attraverso la forma sett. *lamèra*] s. f. • Lastra di metallo, più o meno sottile, con cui si fanno tettoie, recipienti, rivestimenti, fasciami di navi, e sim.: *l. di ferro, di acciaio, di rame*; *l. galvanizzata, martellata, ondulata.* || **lamierìna**, dim. (V.) | **lamieróne**, accr. m. | **lamieròtto**, accr. m.

lamierìno s. m. *1* Dim. di *lamiera.* *2* Lamiera metallica che in genere non supera 1 mm di spessore. *3* Sottile lamiera di lega ferromagnetica usata per la costruzione dei circuiti magnetici laminati.

lamierìsta s. m. (pl. *-i*) • Chi è addetto alla lavorazione di oggetti in lamiera.

làmina [vc. dotta, lat. *lāmina(m)*, di etim. incerta] s. f. *1* Piastra, falda molto sottile, spec. metallica: *l. d'oro, d'argento*; *l. d'ardesia* | *L. degli sci*, sottile striscia metallica applicata lungo il bordo della soletta degli sci per aumentarne la tenuta. *2* (*anat.*) *L. vertebrale*, componente dell'arco vertebrale | *L. cribrosa*, dell'etmoide, tra cavità nasale e fossa cranica anteriore | *L. quadrigemina*, parte del mesencefalo. ➡ ILL. p. 367 ANATOMIA UMANA. *3* (*geol.*) Suddivisione interna a uno strato di roccia. *4* (*bot.*) Lembo fogliare.

laminàre (**1**) [da *lamina*] agg. *1* Che ha forma di lamina | (*est.*) Sottile come una lamina. *2* (*raro*) Composto di lamine. *3* (*fis.*) Detto di moto di fluidi, non vorticoso.

laminàre (**2**) [da *lamina*] v. tr. (*io làmino*) *1* Ridurre in lamine. *2* Coprire con lamine. *3* Calandrare.

laminària [dal lat. *lāmina* 'piastra, lastra sottile', per il loro aspetto] s. f. • Genere di alghe brune dei mari freddi a forma di grande lamina piatta che si fissa al substrato mediante rizoidi (*Laminaria*). ➡ ILL. **alga**.

laminàto (**1**) **A** part. pass. di *laminare* (*2*); anche agg. • Nei sign. del v. **B** s. m. • Prodotto siderurgico ottenuto con procedimento di laminazione | *L. plastico*, prodotto della lavorazione delle materie plastiche, mediante laminatoi.

laminàto (**2**) agg.; anche s. m. • Lamé: *tessuto l.*; *abito in l.*

laminatóio s. m. • Macchina che serve a ridurre un materiale malleabile in verghe, lastre, fili, profilati vari, mediante il passaggio attraverso cilindri opportunamente sagomati ruotanti in senso contrario l'uno rispetto all'altro.

laminatóre s. m.; anche agg. • Chi, che è addetto alla laminazione.

laminatùra s. f. • Atto, effetto del laminare | *L. degli sci*, applicazione di lamine metalliche agli sci.

laminazióne s. f. • Laminatura.

laminóso [vc. dotta, lat. tardo *laminōsu(m)*, da *lāmina* 'lamina'] agg. *1* (*raro, lett.*) Composto di lamine sovrapposte. *2* Sottile come una lamina.

làmio [vc. dotta, lat. *lămiu(m)*, tipo di ortica, d'etim. incerta: forse per la forma del fiore che ricorderebbe una *lămia* 'lamia (2)'] s. m. • Genere di piante delle Labiate, con molte specie, alcune delle quali dotate di proprietà medicinali, cui appartiene la milzadella (*Lamium*).

†**làmmia** • V. *lamia* (*2*).

Lamnifórmi [comp. del gr. *lámna*, n. di un 'pesce vorace' e il pl. di *-forme*] s. m. pl. • Nella tassonomia animale, ordine di Pesci dal corpo fusiforme, comprendente i pescicani (*Lamniformes*) | (al sing. *-e*) Ogni individuo di tale ordine.

làmpa [vc. dotta, lat. *lămpas* (nom.), dal gr. *lampás*, di origine ir., forse attraverso il fr. *lampe*] s. f. *1* (*lett.*) †Lampada. *2* (*fig., lett.*) Luce, splendore: *spenta è del cielo ogni benigna l.* (TASSO).

làmpada o (*poet.*) †**làmpade**, (*pop., tosc.*) **làmpana** [vc. dotta, lat. *lămpada* (acc.), dal gr. *lampás*, genit. *lampádos*, di origine ir.] s. f. *1* Sorgente artificiale di luce, generalmente prodotta mediante la combustione di materiale solido, liquido, gassoso o la trasformazione di energia elettrica in energia luminosa: *l. a cera, a petrolio, a kerosene, a gas, elettrica*; *l. da tavolo*; *l. a stelo* | *L. a incandescenza, a filamento*, in cui la luce è emanata da un filamento metallico, posto in una ampolla di vetro con riempimento gassoso e reso incandescente dalla corrente elettrica che lo percorre | *L. ad arco*, in cui la luce è prodotta dall'arco che congiunge due appositi elettrodi | *L. a luminescenza*, nella quale un gas o vapore, contenuto in un tubo o in un'ampolla di vetro, diviene luminescente quando è attraversato dalla corrente elettrica | *L. a fluorescenza, l. fluorescente*, nella quale una scarica elettrica che attraversa un gas o vapore rarefatto contenuto in un tubo di vetro provoca l'emissione di radiazioni luminose da parte di una sostanza fluorescente che riveste internamente il tubo | *L. a raggi ultravioletti*, in cui la scarica di un arco elettrico produce una luce ricca di ultravioletti, usata come succedaneo dei bagni di sole | *L. a raggi UVA*, che emette radiazioni ultraviolette nella regione dell'ultravioletto prossimo, capaci di abbronzare la pelle senza determinarvi processi morbosi | *L. al quarzo*, apparecchio che emette raggi ultravioletti, usato per abbronzature artificiali a scopo cosmetico | *L. da miniera*, portatile, per l'illuminazione di gallerie di miniera e gener. ambienti sotterranei oscuri | *L. di sicurezza, di Davy*, da miniera, impiegabile anche in ambienti che contengono grisù perché elimina il pericolo di causare esplosioni grazie all'involucro di rete d'ottone che protegge la fiamma | *L. al magnesio*, elettrica, con filamento di magnesio la cui combustione genera flash o lampi di luce utili per scattare fotografie notturne o in ambienti scarsamente illuminati | *L. endoscopica*, usata per endoscopia medica | *L. frontale*, a incandescenza, di piccole dimensioni, che applicata alla fronte o al berretto del medico gli illumina parti profonde del corpo del paziente o del campo operatorio | *L. scialitica*, impiegata in chirurgia per ottenere un'illuminazione intensa e uniforme del campo operatorio. *2* Lume, un tempo per lo più a olio e sospeso, oggi spesso elettrico a luce ridotta e continua, posto davanti a un'immagine sacra, una tomba, e sim. *3* (*est.*) Apparecchio che, bruciando particolari gas o liquidi, viene usato per scaldare, saldare e sim.: *l. a spirito*; *l. per saldare* | (*cuc.*) Fornello portatile ad alcol o a combustibile solido, usato spec. nei ristoranti per cucinare direttamente al tavolo piatti speciali: *cucina alla l.* *4* (*fig.*) Guida, esempio, modello morale, spirituale, intellettuale | Persona dotata di tale funzione nei confronti di altri. *5* (*est., lett.*) Astro, stella. *6* (*est.*) Fiamma, bagliore | Fiaccola | *Corsa delle lampade*, lampadedromia | (*fig.*) *L. della vita*, il simbolo della sua continuità quale si tramanda di progenie in progenie: *l'opera umana va all'infinito e deve rassegnarsi a che la l. della vita passi ad altre mani* (CROCE). || **lampadétta**, dim. | **lampadìna**, dim. (V.) | **lampadùccia**, dim.

lampadàrio [vc. dotta, lat. tardo *lampadāriu(m)* 'portatore di fiaccola (*lămpas*, genit. *lămpadis*)'] s. m. • Arnese per sostenere più lampade, pendente dal soffitto.

†**làmpade** • V. *lampada*.

lampadedromìa o **lampadodromìa** [gr. *lampadēdromíai*, comp. di un deriv. di *lampás*, genit. *lampádos* 'fiaccola' e un deriv. di *drómos* 'corsa', da *dramêin* 'correre'] s. f. • Corsa con le fiaccole che aveva luogo in Grecia durante la festa in onore delle divinità collegate col culto del fuoco.

lampadeforìa o **lampadoforìa** [gr. *lampadēphoría*, propr. 'corsa portando (dal v. *phérein*) una torcia (*lampás*, genit. *lampádos*)'] s. f. ● Lampadedromia.

lampadìna [dim. di *lampada*] s. f. ● Bulbo di vetro contenente un filamento metallico che viene reso incandescente dal passaggio della corrente elettrica.

lampadodromìa ● V. *lampadedromia*.

lampadoforìa ● V. *lampadeforia*.

lampadòforo [gr. *lampadēphóros*, comp. di *lampás*, genit. *lampádos* 'fiaccola' e *-phóros* '-foro'] s. m. ● Corridore e portatore di fiaccola, nelle lampadedromie | Statua raffigurante un portatore di fiaccola, che veniva impiegata nelle antiche case romane a scopo decorativo e per l'illuminazione degli ambienti.

làmpana ● V. *lampada*.

lampanàio s. m. ● (*pop.*, *tosc.*) Chi fabbrica o vende lampade.

†lampanéggio s. m. ● (*pop.*) Luce lunare o del fuoco | Lampo, baleno.

lampànte [dal part. pres. di *lampare*] agg. **1** Limpido, lucente | *Moneta l.*, coniata di fresco | (*fig.*) Evidente, chiaro: *prova, verità l.* **2** Per lampade, relativo a lampade | *Olio l.*, olio ottenuto per affioramento spontaneo dalle acque di vegetazione delle olive, non commestibile, adoperato per le lampade.

lampàra [da *lampa* 'lampada'] s. f. ● Grande lampada, elettrica o ad acetilene, fornita di luce molto intensa, usata per pescare di notte determinate specie di pesci: *pescare a l.*; *pesca con la l.* | (*est.*) Barca dotata di tale lampada | (*est.*) Rete alla deriva, con sacco molto largo, usata per tale tipo di pesca. ➡ ILL. **pesca**.

†lampàre [gr. *lámpein* 'brillare', di origine indeur.] v. intr. impers. ● Lampeggiare.

lampascióne [vc. pugliese, *lampacione*, che è il lat. tardo *lampadiōnem*, di origine incerta] s. m. **1** (*bot.*, *merid.*) Cipollaccio col fiocco | Il bulbo commestibile di tale pianta. **2** (*merid.*, *fig.*) Sciocco, minchione.

lampàsso [fr. *lampas*, di etim. incerta] s. m. ● Tessuto di seta originario della Cina, a grandi disegni colorati su fondi cupi, impiegato per tappezzerie e per arredamenti.

lampàzza o **lapàzza** [etim. discussa: dal gr. *lapís* 'piastra metallica' (?)] s. f. ● (*mar.*) Rinforzo di legno applicato ad alberi, antenne e sim.

lampeggiaménto s. m. **1** Atto, effetto del lampeggiare (*anche fig.*): *un l. d'occhi.* SIN. Bagliore, lampo. **2** Serie di lampi, bagliori e sim.

lampeggiànte **A** part. pres. di *lampeggiare*; anche agg. **1** Nei sign. del v. **2** Solcato da lampi: *cielo l.* **3** Che emana luce intermittente: *semaforo l.* **4** (*fig.*, *lett.*) Luminoso, acceso, per gioia, ira o altro sentimento intenso: *occhi, gote lampeggianti.* **B** s. m. ● Apparecchio che emette lampi intermittenti, spec. a scopo di segnalazione. SIN. Lampeggiatore.

lampeggiàre [iter. da *lampo*] **A** v. intr. (*io lampéggio*; aus. *avere*) **1** Emettere, mandare lampi (*anche fig.*): *le artiglierie lampeggiavano nella notte*; *gli lampeggiano gli occhi* | (*est.*) Risplendere, rilucere: *le spade lampeggiano.* **2** (*autom.*) Mandare sprazzi di luce con i proiettori abbaglianti o anabbaglianti: *l. agli incroci.* **B** v. tr. ● (*fig.*, *lett.*) Mandare come un lampo: *lieta / de la vittoria lampeggiava un riso* (TASSO). **C** v. intr. impers. (aus. *essere* o *avere*) ● Comparire, detto di lampi nel cielo: *prima del tramonto lampeggiò.* SIN. Balenare.

lampeggiatóre s. m. **1** (*autom.*) Indicatore di direzione | Fanale a luce intermittente o rotante sul tetto di particolari veicoli (ambulanze, auto della polizia ecc.). ➡ ILL. p. 1746, 1747 TRASPORTI. **2** (*fot.*, *cine*) Dispositivo di illuminazione artificiale mediante emissioni luminose di brevissima durata, isolate o in successione: *l. con lampade lampo a combustione, con lampade lampo a scarica, elettronico, per cinematografia ad alta frequenza.* SIN. Lampo fotografico, flash.

lampéggio (**1**) [da *lampeggiare*] s. m. **1** Lampeggiamento | Negli autoveicoli, segnalazione luminosa intermittente simultanea di tutti gli indicatori di direzione, usata spec. durante la sosta ai margini della carreggiata. **2** †Lampo.

lampeggìo (**2**) [da *lampeggiare*] s. m. ● Un lampeggiare frequente e continuato.

lampionàio s. m. **1** Chi era addetto all'accensione e allo spegnimento di lampioni a gas o a olio nelle città. **2** (*raro*) Chi fabbricava o vendeva lampioni.

lampioncìno s. m. **1** Dim. di *lampione*. **2** Piccolo involucro di carta colorata e pieghettata, a forma sferica o cilindrica, contenente un lumino o una candela, usato per luminarie, addobbi e sim.

lampióne [accr. del piemontese *lampia* 'lampada' (?)] s. m. ● Fanale, lanterna: *i lampioni della strada*; *lampioni a gas* | *L. alla veneziana*, tipo di lanterna su alto fusto. || **lampioncìno**, dim. (V.).

lampìride [vc. dotta, lat. *lampy̆ride(m)*, nom. *lămpyris*, dal gr. *lampyrís*, deriv. di *lámpein* 'lamp(eggi)are'] s. m. ● Coleottero con maschi alati e femmine attere muniti di organi luminosi (*Lampyris noctiluca*) | Lucciola.

lampìsta [fr. *lampiste*, da *lampe* 'lampa(da)'] s. m. (pl. *-i*) **1** Addetto alla lampisteria. **2** Lampionaio.

lampisterìa [fr. *lampisterie*, da *lampiste* 'lampista'] s. f. ● Deposito di lampade e gener. apparecchi di illuminazione nelle ferrovie, miniere, officine, ove si provvede alla loro custodia e manutenzione.

làmpo [da *†lampare*] **A** s. m. **1** Fenomeno luminoso che accompagna la scarica elettrica nei temporali | *Fare lampi e fulmini*, (*fig.*) arrabbiarsi molto | *Dopo il l., il tuono*, (*fig.*) dopo le minacce, l'atto. **2** Improvviso e intenso bagliore di breve durata: *un l. di luce*; *mandar lampi* | (*est.*, *fot.*, *cine*) *L. fotografico*, lampeggiatore. **3** (*fig.*) Cosa di brevissima durata: *la giovinezza è un l.* | *In un l.*, in un attimo: *tutto è accaduto in un l.*; *la mattinata è trascorsa in un l.* SIN. Baleno. **4** (*fig.*) Persona o animale molto veloce nel muoversi e nell'agire: *quel cane è un l.*; *correre come un l.* | (*lett.*, *fig.*) Rapidità fulminea: *il l. de' manipoli / e l'onda dei cavalli* (MANZONI). **5** (*fig.*) Intuizione improvvisa della mente o dell'animo: *avere un l. di genio*; *l. di sospetto, di speranza.* || **lampóne**, accr. **B** in funzione di agg. inv. ● (posposto al s.) Che dura pochissimo, che accade, si svolge, funziona e sim. in brevissimo tempo: *matrimonio l.*; *cerimonia l.*; *guerra l.* | *Chiusura, cerniera l.*, dispositivo per chiudere rapidamente indumenti, borse, valigie e sim., formato da due strisce di tessuto resistente munito di denti metallici che si ingranano e si liberano con lo scorrere di una piastrina | *Notizia l.*, riguardante un evento recentissimo ed espressa con poche parole.

lampóne [etim. discussa: di origine mediterr. (?)] s. m. **1** Frutice spinoso delle Rosacee comune nei boschi di montagna, con rizoma corto e perenne e frutto edule (*Rubus idaeus*). **2** Frutto di tale pianta, rosso e molto profumato, formato di piccole drupe unite tra loro | *Rosso l.*, particolare tonalità di rosso intenso, simile a quella dei lamponi.

lamprèda [vc. dotta, lat. **lampr(ā)eda(m)*, di etim. incerta] s. f. ● Ognuno dei Vertebrati acquatici sprovvisti di arco orale articolato in mascella e mandibola che vivono come parassiti esterni di pesci.

lampredòtto (**1**) [da *lampreda*, col suff. dim. *-otto*] s. m. ● Piccola lampreda | Lampreda di fiume.

lampredòtto (**2**) [da *lampredotto* (*1*), per somiglianza di forma] s. m. ● Particolare tipo di trippa, tratta dall'abomaso dei bovini, servita lessata con salsa verde, olio e pepe anche tra fette di pane, tipica della cucina popolare toscana.

Lampridifórmi [comp. del gr. *lamprós* 'brillante' (?), di *-idi* e il pl. di *-forme*] s. m. pl. ● Nella tassonomia animale, ordine di Pesci ossei di mare profondo con bocca priva di denti e grandi occhi (*Lampridiformes*) | (al sing. *-e*) Ogni individuo di tale ordine.

làna [vc. dotta, lat. *lāna(m)*, di origine indeur.] s. f. **1** Pelo della pecora o di altri animali | *Buona l.*, (*fig.*) birbante, briccone | *Essere della stessa l.*, (*fig.*) della stessa indole, natura e sim. | (*fig.*) *Questioni di l. caprina*, questioni, argomenti futili, vani | (*raro*, *est.*) Capelli folti, corti e ricciuti. **2** Fibra tessile animale proveniente dalla tosatura di pecore o di altri animali lanuti | *L. vergine*, integra, ottenuta per tosatura. **3** (*est.*) Filato e tessuto ottenuto con tale fibra: *ho scelto una bella l. per il mio cappotto* | *L. cardata*, tessuto a fibra lunga e corta, non pettinata | *L. pettinata*, a sola fibra lunga. **4** (*est.*) Fibra artificiale, di aspetto lanoso o serico, ottenuta da vari materiali: *l. artificiale, vegetale* | *L. di vetro*, ottenuta per fusione e trafilatura del vetro, usata come fibra tessile, come materiale isolante e altro. **5** (*est.*) Prodotto di materiali diversi, con caratteristiche particolari | *L. d'acciaio*, costituita da sottili filamenti metallici, usata per pulire, raschiare e sim. | *L. di legno*, trucioli finissimi per imballaggio. **6** Peluria che si forma sotto i mobili: *raccogliere la l. con uno straccio* || PROV. Meglio dar la lana che la pecora; il diavolo non ha pecore e va vendendo lana. || **lanàccia**, pegg. | **lanétta**, dim. (V.) | **lanìna**, dim. (V.) | **lanùzza**, dim.

lanàggio [ant. fr. *lainage*, da *laine* 'lana'] s. m. ● Insieme di lane diverse, gregge o lavorate.

lanaiòlo o (*lett.*) **lanaiuòlo** s. m. ● Anticamente, colui che professava l'arte della lana come lavorante, mercante e fabbricante | Attualmente, laniere, mercante di lana.

lanàmetro [comp. di *lana* e *-metro*] s. m. ● Apparecchio usato per determinare la finezza delle fibre tessili.

†lanàra s. f. ● (*mar.*) Mazza con un ammasso di lana o di altro materiale a una estremità, per dare il sego alla carena.

lanàrio [ant. fr. *lanier*, propriamente 'lanaiolo', poi spreg., 'vile' e (*faucon*)*lanier* valeva appunto '(falco) selvatico'] s. m. ● Piccolo, elegante falco, rossastro sul capo e bruno nerastro sul dorso, usato un tempo per la caccia (*Falco biarmicus*).

†lanàta s. f. ● Scovolo.

†lanàto [vc. dotta, lat. *lanātu(m)*, da *lāna* 'lana'] agg. ● (*lett.*) Lanuto, lanoso: *Logisto di lanate pecore guardatore* (SANNAZARO).

lanatosìde [deriv. dal n. botanico lat. (*Digitalis*) *lanat(a)* col suff. *-ide*] s. f. ● (*chim.*) Glucoside ottenuto dalle foglie di digitale sotto forma di polvere o cristalli bianchi; impiegato come cardiotonico nella cura dell'insufficienza cardiaca.

†lanavéndolo [comp. di *lana* e dello stesso deriv. di *vendere* che si trova in (*erbi*)*vendolo*, (*pesci*)*vendolo*, e simili vc.] s. m. ● Venditore di lana.

lànca [etim. discussa: di origine lig. (?)] s. f. ● Relitto di alveo fluviale occupato da acque stagnanti: *le lanche del Po, del Ticino.*

†lànce [vc. dotta, lat. *lănce(m)*, di etim. incerta] s. f. ● Piatto della bilancia | Bilancia | *Porre in l.*, (*fig.*) confrontare.

†lancèlla [lat. tardo *lancĕlla(m)*, dim. di *lănx*, genit. *lăncis* 'lance, piatto della bilancia'] s. f. ● Vaso di terra a due manici per acqua.

lanceolàto [vc. dotta, lat. tardo *lanceolātu(m)*, da *lăncea* 'lancia (1)'] agg. ● (*bot.*) Detto di foglia a forma di ferro di lancia.

lancère ● V. *lanciere*.

lancétta s. f. **1** Dim. di *lancia* (*1*). **2** Indice di vari strumenti di misura, spec. degli orologi, a forma di freccia, che, spostandosi sul quadrante, indica i diversi valori: *l. delle ore, dei secondi, dei minuti*; *la l. di un voltametro.* **3** (*al pl.*) Tipo di pastina da brodo appuntita e schiacciata al centro. **4** Strumento usato dai chirurghi per praticare salassi, incisioni e sim. **5** Tulipano selvatico. **6** (*zool.*) Anfiosso.

lancettàre [da *lancetta*] v. tr. ● Ferire di lancetta | Salassare.

lancettàta s. f. ● Ferita di lancetta.

lància (**1**) o **†lànza** [lat. *lăncea(m)*, termine straniero: di origine celt. (?)] s. f. (pl. *-ce*, raro † *-ci*) **1** Arma da urto o da getto, costituita da un lungo fusto con ferro a punta, impugnatura e calcio con puntale, di dimensioni, fogge e nomi vari attraverso i secoli nei vari paesi | *Mettere la l. in resta*, prepararsi a uno scontro con qc. (*anche fig.*) | *Spezzare una l. per, in favore di qc.*, (*fig.*) aiutarlo con parole o atti | (*raro*) *Tenere la l. alle reni di qc.*, inseguirlo da vicino. **2** (*est.*) Guerriero | Cavaliere armato di lancia | *Una buona l.*, un abile guerriero. **3** Gruppo di combattimento capeggiato da un cavaliere o uomo d'arme assistito da più gregari a cavallo e a piedi. **4** Sorta di fiocina per pescare tonni, delfini e sim. **5** Attrezzo costituito da un tubo attraverso il quale un liquido viene lanciato all'esterno sotto pressione | *L. irroratrice*, per distribuire liquidi antiparassitari | *L. termica*, apparecchiatura consistente in tre bombole contenenti gas diversi e in una serie di aste di ferro, usata per produrre fori, per tagliare, per demolire manufatti di ferro, ghisa, pietra, cemento e sim., con assenza di vibrazioni e di rumori molesti. || **lancétta**, dim. (V.) | †**lanciòla**, †**lanciuòla**, dim. | **lancióne**, accr. m. | **lanciòtto**, dim. m. (V.) | **lanciottino**, dim. m.

lància (2) [da *lancia* (1) per il suo aspetto affilato e la sua agilità] s. f. (pl. *-ce*) ● Imbarcazione slanciata e leggera a motore, a vela o anche a remi, avente da cinque a otto banchi di rematori, adibita a vari usi | *L. di salvataggio*, munita di casse d'aria per renderne impossibile l'affondamento | *L. di bordo*, imbarcazione ausiliaria, a remi o a motore, di una nave, adibita al trasporto di persone fra questa e la riva. || **lancióne**, accr. m. (V.)

lanciabàs [da *lancia(re) b(ombe) a(nti)s(ommergibili)*] s. m. ● Mortaio usato per il lancio di bombe antisommergibili.

lanciàbile [da *lanciare*] agg. ● Che si può lanciare.

lanciabilità s. f. ● (*raro*) Qualità di ciò che è lanciabile.

lanciabómbe [comp. di *lancia(re)* e il pl. di *bomba*] s. m. inv. ● Arma speciale per lanciare bombe a distanza | Sugli aerei, dispositivo per sganciare le bombe.

lanciafiàmme [comp. di *lancia(re)* e il pl. di *fiamma*] s. m. inv. ● Apparecchio che proietta a distanza di qualche decina di metri liquido infiammato.

lanciagranàte [comp. di *lancia(re)* e il pl. di *granata* (2)] s. m. inv. ● Lanciabombe terrestre.

lanciàio [lat. tardo *lanciāriu(m)*, da *lăncea* 'lancia (1)'] s. m. ● (*raro, tosc.*) Venditore di coltelli, chiodi, filo di ferro e sim.

lanciaménto s. m. **1** (*raro*) Lancio. **2** †Trafittura di dolore.

lanciamìne [comp. di *lancia(re)* e il pl. di *mina* (1)] s. m. inv. ● Dispositivo usato sulle navi da guerra per lasciar cadere in mare le mine.

lanciamìssili [comp. di *lancia(re)* e il pl. di *missile*] **A** agg. ● Detto di nave e di ogni altro mezzo da guerra attrezzati per lanciare missili. **B** s. m. ● Apparecchiatura per lanciare missili.

lanciapiattèllo o **lanciapiattèlli** [comp. dell'imperat. di *lanciare* e del pl. di *piattello*] **A** s. m. ● Dispositivo meccanico che serve a lanciare i piattelli durante le prove di tiro. **B** anche agg. inv.: *macchina l.*

lanciaràzzi [comp. di *lancia(re)* e il pl. di *razzo*] **A** s. m. **1** Arma portatile per lanciare proiettili autopropulsi. **2** Dispositivo per il lancio di razzi di segnalazione o di soccorso. **B** anche agg.: *pistola, matita l.*

lanciàrdo ● V. *lanzardo*.

lanciàre [lat. crist. *lanceāre* 'maneggiare la lancia (*lăncea*)'] **A** v. tr. (*io làncio*) **1** Scagliare, tirare con forza q.c. (*anche fig.*): *l. una freccia, un sasso*; *l. accuse, insolenze contro qc.* | *L. un grido*, emettere un grido. SIN. Buttare, gettare. **2** (*est.*) Imprimere a q.c. una grande velocità: *l. l'automobile*; *l. un cavallo verso il traguardo* | *L. un compagno*, nel calcio, passare il pallone a un compagno di squadra piazzato in posizione favorevole per sviluppare un'azione in profondità | *L. la volata*, nel ciclismo, tirare la volata. **3** (*fig.*) Cercare di imporre all'attenzione del pubblico una persona o un prodotto, servendosi dei mezzi pubblicitari: *l. un cantante, un'attrice*; *l. una nuova moda, un libro, un nuovo profumo*; *l. qc. negli affari.* **4** †Tormentare, addolorare: *e quindi viene il duol che sì li lancia* (DANTE *Purg.* VII, 111). **B** v. rifl. **1** Gettarsi con impeto (*anche fig.*): *lanciarsi nella mischia*; *lanciarsi in un'impresa sbagliata.* **2** (*fig.*) Buttarsi, scagliarsi con forza contro qc. o q.c.: *lanciarsi contro le convenzioni.* **C** v. tr. e intr. (aus. intr. *avere*) ● †Scagliare la lancia | †Ferire con la lancia.

lanciarpióne [comp. di *lancia(re)* e *arpione*] s. m. inv. ● Sulle baleniere, piccolo cannone che lancia un arpione per la cattura delle balene.

lanciasàbbia [comp. dell'imperat. di *lanciare* e *sabbia*] s. m. inv. ● (*ferr.*) Congegno situato nella parte anteriore delle motrici ferrotranviarie, che spruzza sabbia sulle rotaie davanti alla vettura o al convoglio, allo scopo di elevare l'aderenza delle ruote e impedirne lo slittamento.

lanciasàgola [comp. di *lancia(re)* e *sagola*] s. m. inv. ● (*mar.*) Cannoncino che lancia un proiettile leggero a cui è attaccata una sagola per realizzare un primo collegamento, utilizzato per ormeggi e salvataggi.

lanciasilùri [comp. di *lancia(re)* e il pl. di *siluro*] s. m. ● Meccanismo per scagliare contro la nave nemica il siluro.

lanciàta [lat. *lanceāta(m)*, part. pass. di *lanceāre* 'lanciare'] s. f. ● Colpo di lancia | Ferita prodotta da una lancia scagliata.

lanciàto part. pass. di *lanciare*; anche agg. **1** Nei sign. del v. **2** Detto di veicolo o altro, che corre velocissimo: *auto, moto lanciata a grande velocità.* **3** Detto di prove di velocità in cui il tempo viene misurato a partire dal momento in cui l'atleta, il veicolo e sim., passano in un punto stabilito del percorso: *kilometro l.*

lanciatóio agg. **1** †Atto a essere lanciato. **2** Detto di arma atta a lanciare: *l'arco è un'arma lanciatoia.*

lanciatóre [lat. tardo *lanceatōre(m)*, da *lanceātus* 'lanciato'] s. m. (f. *-trice* nei sign. 1 e 2) **1** Chi lancia. **2** Nell'atletica leggera, specialista delle gare di lancio: *l. del disco, del giavellotto, del martello* | Nel baseball, giocatore della squadra schierata in difesa che ha il compito di lanciare la palla al battitore avversario. **3** (*aer.*) Vettore spaziale.

lanciatorpèdini [comp. di *lancia(re)* e il pl. di *torpedine* (2)] s. m. ● (*mar.*) Lanciamine.

lancière o **lancère** [da *lancia* (1)] s. m. **1** Soldato di cavalleria armato di lancia. **2** (*al pl.*) Ballo figurato affine alla quadriglia, in voga nella seconda metà dell'Ottocento.

lancifórme [comp. di *lanci(a)* (1) e *-forme*] agg. ● (*raro, lett.*) Che ha forma di lancia.

lancinànte [vc. dotta, lat. *lancināntе(m)*, part. pres. di *lancināre* 'dilaniare, straziare', di orig. incerta] agg. ● Che procura una sofferenza acuta, simile a un colpo di lancia: *male, dolore l.*

làncio [da *lanciare*] s. m. **1** Atto, effetto del lanciare o del lanciarsi in distanza o dall'alto: *l. di una bomba, di una pietra*; *fare un l. col paracadute* | *Camera di l.*, locale del sommergibile dove sono poste le apparecchiature per il lancio dei siluri | (*raro*) *Di l., di primo l.*, subito | Nella pesca, proiezione della lenza verso l'acqua: *pesca a l.* **2** Nell'atletica leggera, prova eseguita a mezzo di attrezzi speciali che devono essere scagliati il più lontano possibile con una serie di movimenti coordinati: *l. del disco, del giavellotto, del martello* | Nel calcio, passaggio lungo del pallone a un attaccante della propria squadra | Nel baseball, azione del lanciatore che tira la palla al battitore avversario. **3** (*fig.*) Manifestazione pubblicitaria avente lo scopo di far conoscere al pubblico q.c. o qc.: *l. di una saponetta*; *l. di un'attrice*; *offerta di l.* **4** Nel gergo giornalistico, ciascuna delle trasmissioni di notizie effettuata da agenzie: *il primo l. della giornata segna l'inizio del servizio, l'ultimo l. la chiusura.*

lanciòla [vc. dotta, lat. tardo *lancĕola(m)*, dim. di *lăncea* 'lancia (1)'] s. f. **1** Piccola lancia. **2** Lancetta per operazioni chirurgiche. **3** (*bot.*) Piantaggine.

lanciòne s. m. **1** Accr. di *lancia* (2). **2** Zatterone per lavori idraulici | Piccolo naviglio da guerra.

†**lanciottàre** [da *lanciotto*] v. tr. ● Ferire di lanciotto.

†**lanciottàta** s. f. ● Colpo di lanciotto.

lanciòtto s. m. **1** Dim. di *lancia* (1). **2** †Soldato armato di lancia.

lànda (1) [celt. **landa* 'luogo piano e deserto'] s. f. **1** Pianura incolta spesso sterile e deserta | Arida e sabbiosa depressione con file di dune al bordo, caratteristica del sud della Francia. **2** (*est.*) Pianura sterile. **3** (*raro*) Campagna, pianura: *per la dolce l. / quinci è un cantare e quindi altro cantare* (D'ANNUNZIO).

lànda (2) ● V. *landra*.

land art /ingl. 'lænd 'a:t/ [loc. ingl., 'arte del territorio'] loc. sost. f. inv. ● Tendenza artistica che opera su ampi spazi e su grandi dimensioni, trasformando in vario modo il paesaggio naturale o gli spazi urbani. SIN. Arte ambientale.

landau /fr. lã'do/ [vc. fr., dal n. della città bavarese *Landau*] s. m. inv. (pl. fr. *landaus*) ● Carrozza elegante a quattro ruote e due mantici che si chiudono a piacere, tirata da due o quattro cavalli.

landgràvio ● V. *langravio*.

-làndia [dal ted. *Land* 'terra' (d'origine indeur.)] secondo elemento ● In parole composte geografiche o del linguaggio giornalistico, significa paese, terra: *Thailandia, cinelandia.*

landò s. m. ● Adattamento di *landau* (V.). ➡ ILL. carro e carrozza.

làndra o **lànda** (2) [etim. incerta] s. f. ● (*mar.*) Ognuna delle spranghe imperniate alla murata in corrispondenza degli alberi, utilizzate per tener fermo il sartiame.

Land Rover ® /'lɛnd 'rɔver, *ingl.* 'lænd 'rouvə*/ [dal n. della ditta *Rover* Company Limited, che ideò una vettura adatta per ogni terreno (*land*)] loc. sost. f. inv. ● Veicolo fuoristrada a quattro ruote motrici in grado di affrontare agilmente anche i terreni più accidentati.

laneria [fr. *lainerie*, da *laine* 'lana'] s. f. ● (*spec. al pl.*) Assortimento di tessuti pettinati e cardati di lana per abbigliamento: *magazzino di lanerie.*

†**lanèro** ● V. *laniero*.

lanétta s. f. **1** Dim. di *lana*. **2** Cascame di lana. **3** Tessuto misto, di lana e cotone.

lànfa ● V. *nanfa*.

lànga [etim. discussa, comunque di orig. preromana] s. f. **1** (*piem.*) Rilievo collinare o montuoso dal profilo allungato. **2** (*est.*) Regione collinosa dalle tipiche dorsali assottigliate, in origine incolta e coperta di boscaglia. **3** (*est.*) Territorio collinoso.

langaròlo [da *Langhe*] agg. ● Delle, relativo alle, Langhe piemontesi: *località langarole.*

†**langobàrdo** ● V. *longobardo*.

†**langóre** ● V. *languore*.

langràvio e (*raro*) **landgràvio** [fr. *landgrave*, dal ted. *Landgraf* 'conte (*Graf*) del paese (*Land*)'] s. m. ● Nella Germania medievale, titolo attribuito ad alcuni conti e feudatari. CFR. Margravio.

langue /fr. lãg/ [fr. 'lingua'] s. f. inv. ● (*ling.*) Secondo F. de Saussure, oggetto di studio della linguistica e sistema di segni che rappresenta l'aspetto sociale e oggettivo del linguaggio e che si realizza nei singoli atti individuali di *parole* (V.).

†**languеggiàre** v. intr. ● Languire.

languidézza s. f. ● L'essere languido, debole (*anche fig.*): *l. di stomaco*; *opera letteraria che rivela l.*

lànguido [vc. dotta, lat. *lănguidu(m)*, da *languēre* 'languire'] agg. **1** Debole, privo delle naturali energie (*anche fig.*): *la malattia lo ha reso l. e pallido*; *ne' languidi / pensier dell'infelice / scendi piacevol alito* (MANZONI) | (*fig.*) *Stile, verso l.*, fiacco o inefficace | *Luce languida*, debole | *Voce languida*, fiacca, stentata | *Movimento l.*, lento, tardo | (*est.*) *Stomaco l.*, svogliato per inappetenza, malato. SIN. Fiacco, molle. **2** Struggente: *sguardo l.* | *Occhi languidi*, che esprimono sentimenti d'amore, anche in tono affettato | *Posa languida*, abbandonata, pigra. || **languidétto**, dim. || **languidaménte**, avv.

†**languidóre** s. m. ● Languore.

†**languiménto** s. m. ● Languore.

languìre [vc. dotta, lat. *languēre*, di origine indeur., adattato alla coniug. dei v. in *-ire*] v. intr. (*io lànguo* o *languìsco, tu lànguі* o *languìsci*, ecc.; aus. *avere*) **1** Essere o diventare sempre più debole e fiacco: *l. per una infermità* | *Sentirsi l.*, provare debolezza allo stomaco | Venir meno, struggersi (*spec. fig.*): *l. per la paura*; *l. di desiderio, d'amore per qc.*; *desperato / languivi per colei / ch'or fatta è tua consorte* (MARINO) | *L. nella miseria*, vivere di stenti. **2** Diminuire d'intensità, di forza (*anche fig.*): *la luce languiva in lontananza*; *la conversazione languisce*; *il commercio languisce.*

languóre o †**langóre** [vc. dotta, lat. *languōre(m)*, da *languēre* 'languire'] s. m. **1** L'essere fisicamente o spiritualmente debole, fiacco: *l. di stomaco* | Struggimento provocato da desiderio intenso di q.c.: *sguardo pieno di l.* SIN. Fiacchezza, sfinimento. **2** (*spec. al pl., fig.*) Smancerie: *essere pieno di moine e languori.* || **languorino**, dim.

languoróso agg. ● (*raro, lett.*) Che è pieno di

languore, di struggimento.

langùr [indostano *langūr*, da avvicinare al sans. *lāṅgūlīn*, propr. 'che ha la coda'] s. m. ● Scimmia dei Cercopitecidi molto comune in India, spesso semidomestica (*Presbytis entellus*).

†**laniaménto** [vc. dotta, lat. *laniamĕntu(m)*, da *laniāre* 'laniare'] s. m. ● Sbranamento.

†**laniàre** [vc. dotta, lat. *laniāre* (V. *lagnare*)] v. tr. ● (*poet.*) Dilaniare, sbranare, lacerare (*anche fig.*): *il cuor mi lania / con piaghe eterne e nuove* (CARDUCCI).

†**laniatóre** [vc. dotta, lat. *laniatōre(m)*, da *laniātus*, part. pass. di *laniāre* 'laniare'] agg.; anche s. m. (f. *-trice*) ● Chi, che dilania.

lanìccio [da *lana*] s. m. **1** Peluria che si forma sotto i letti o tra le pieghe di coperte e indumenti di lana. **2** Lanugine prodotta dal baco da seta prima di iniziare il bozzolo.

Lànidi [dal lat. *lănius* 'macellaio, carnefice', ricavato da *laniāre* 'dilaniare, fare a pezzi' (forse di origine etrusca): la denominazione deriva dalle abitudini feroci di questi uccelli] s. m. pl. ● Nella tassonomia animale, famiglia di Passeriformi insettivori e predatori cui appartiene l'averla (*Laniidae*) | (al sing. *-e*) Ogni individuo di tale famiglia.

lanière [da *lana*] s. m. ● Fabbricante o operaio dell'industria laniera.

lanièro o †**lanèro**. agg. ● Della lana, concernente la sua lavorazione o il suo commercio: *industria laniera*.

lanifìcio [vc. dotta, lat. *lanifĭciu(m)*, comp. di *lāna* 'lana', e *-ficium* '-ficio'] s. m. ● Stabilimento tessile in cui si lavora la lana.

lanìgero [vc. dotta, lat. *lanĭgeru(m)*, comp. di *lāna* 'lana', e un deriv. di *gĕrere* 'produrre'] agg. ● (*lett.*) Lanoso, lanuto: *gregge l.*

lanìna s. f. **1** Dim. di *lana*. **2** Mezza lana, lana mista a cotone.

†**lanìno** s. m. ● Cardatore di lana.

lanista [vc. dotta, lat. *lanĭsta(m)*, termine tecnico, di origine etrusca] s. m. (pl. *-i*) ● Presso gli antichi Romani, maestro dei gladiatori.

lànital ® o **lanitàl** [comp. di *lan(a)* e *ital(iana)*] s. m. ● Nome commerciale di lana sintetica, utilizzata nel periodo fascista dell'autarchia.

lanizzàre v. tr. ● Dare a una materia tessile le proprietà della lana.

†**làno** [da *lana*] agg. ● Di lana | *Panno l.*, V. anche *pannolano*.

lanolina [comp. del lat. *lāna(m)* 'lana' e *ŏleu(m)* 'olio'] s. f. ● Sostanza grassa, giallognola, ottenuta per raffinazione del grasso di lana d'ovini, usata spec. come eccipiente per pomate, unguenti e cosmetici.

lanosità [vc. dotta, lat. tardo *lanositāte(m)*, da *lanōsus* 'lanoso'] s. f. ● Qualità di ciò che è lanoso o che appare tale.

lanóso [vc. dotta, lat. tardo *lanōsu(m)*, da *lāna* 'lana'] agg. **1** Che è coperto di lana: *armento l.* **2** Che è simile alla lana: *Quinci fuor quete le lanose gote / al nocchier de la livida palude* (DANTE *Inf.* III, 97-98); capelli lanosi.

lantàna [etim. discussa: dal lat. *lĕntus* 'lento', secondo l'ant. forma *lantana* (?)] s. f. **1** Pianta delle Caprifoliacee, delle zone montuose, con foglie cotonose e finemente dentate, fiori in grosse infiorescenze e frutti neri a drupa (*Viburnum lantana*). SIN. Viburno. **2** Pianta delle Verbenacee, americana, coltivata, con foglie ispide, rugose, di odore sgradevole e bei fiori numerosi di colore dal giallo al rosso (*Lantana hybrida*).

lantànide [comp. di *lantan(io)* e *-ide*] **A** s. m. ● Ciascuno degli elementi chimici del gruppo delle terre rare, lantanio incluso, con proprietà affini a quelle del lantanio. **B** agg. ● Che appartiene al gruppo delle terre rare: *elemento l.*

lantànio [dal gr. *lanthánein* 'essere nascosto', perché difficilmente rintracciabile nelle terre rare] s. m. ● Elemento chimico metallo, capostipite del gruppo delle terre rare. SIMB. La.

lantèrna [vc. dotta, lat. *lantĕrna(m)*, mutuato, forse attraverso un intermediario etrusco, dal gr. *lamptḗr*, di origine ir.] s. f. **1** Lume portatile o fisso, racchiuso in una specie di gabbia protettiva con pareti di vetro: *nel cuore della notte venne a svegliarci con la l. e il mantello sulla faccia* | *L. di Diogene*, quella che secondo la tradizione il filosofo cinico Diogene recava accesa con sé, anche in pieno giorno, nella sua ricerca dell'Uomo | (*fig.*) *Cercare con la l.*, con cura e ostinazione q.c. difficile da trovare | (*fig.*) *Cercare guai con la l.*, *cercarsela con la l.*, procurarsi danni da solo | (*fig.*) *Prendere, comprare, credere lucciole per lanterne*, cadere in un errore madornale, sbagliarsi grossolanamente | *L. cieca*, provvista di schermi mobili che fanno sì che la luce esca concentrata in un fascio o, all'occorrenza, venga occultata | *L. cinese*, *veneziana*, *di carta*, lampioncino per luminaria. **2** Antico lampione da strada, in Francia | *Alla l.!*, il grido con cui, durante la Rivoluzione francese, si incitava il popolo a impiccare gli aristocratici ai lampioni stradali e gener. a sterminarli. **3** (*teat.*) *L. di palcoscenico*, apparecchiatura per l'illuminazione scenica, atta a creare particolari effetti di luce. **4** (*mar.*) Apparecchio per segnali luminosi ai naviganti, protetto da invetriate e alloggiato nella parte superiore della torre di un faro | (*est.*) La torre del faro stesso | *La l.*, (*per anton.*) il faro di Genova | *La città della l.*, (*per anton.*) Genova | *All'ombra della l.*, (*per anton.*, *fig.*) a Genova. ➡ ILL. p. 1755 TRASPORTI. **5** Parte del diascopio contenente la lampada di proiezione | (*est.*) Il diascopio stesso | *L. magica*, apparecchio costituito da una scatola contenente una sorgente luminosa con cui si proiettano, ingrandite, su una parete o uno schermo, immagini dipinte a colori su una lastra di vetro; (*est.*, *fig.*) sequenza rapida di impressioni, sensazioni, fantasie vivaci e variate. **6** (*mil.*) Specie di pignatta, contenente materiale combustibile vario e stoppa, accesa un tempo per illuminare campi di battaglia o mura, fossati e sim. di castelli o città durante un assedio. **7** (*mil.*) Canestro fatto a cono, contenente le pietre e gener. i proietti dell'antico petriere. **8** (*mar.*) Parte inferiore, a sezione ottagonale, di ogni tronco superiore degli alberi, sovrapposta al colombiere, il corrispondente elemento del tronco inferiore. **9** (*arch.*) Struttura a pianta poligonale o circolare, generalmente con vetrate, coperta da calotta, che costituisce la parte superiore della cupola. **10** Lucernario nel tetto per dar luce spec. alla scala. **11** (*spec. al pl.*, *fig.*, *scherz.*) Occhi: *spalancare le lanterne* | (*fam.*) Occhiali: *rompere le lanterne*. **12** (*zool.*) *L. di Aristotele*, apparato masticatore degli Echinoidi. **13** (*fig.*, *raro*) Guida, esempio, modello morale, spirituale, intellettuale | Persona che svolge tale funzione nei confronti di altri. ‖ **lanternàccia**, pegg. | **lanternétta**, dim. | **lanternina**, dim. | **lanternino**, dim. m. (V.) | **lanternóne**, accr. m. (V.) | **lanternùccia**, **lanternùcola**, **lanternùzza**, dim.

lanternàio [lat. *lanternāriu(m)*, da *lantĕrna* 'lanterna'] s. m. ● (*raro*) Chi fa o vende lanterne.

†**lanternàre** [da *lanterna*] v. tr. ● (*raro*) Illuminare.

lanternino s. m. **1** Dim. di *lanterna* | *Cercare q.c. col l.*, (*fig.*) cercare con grande cura, spec. q.c. che è difficile trovare | *Cercarsele col l.*, andare in cerca di guai e fastidi. **2** †Piccola ruota a gabbia o a pioli, infissa nell'asse della ruota a pale, nel valico del setificio.

lanternóne s. m. **1** Accr. di *lanterna*. **2** Grossa lanterna portata in cima a un'asta durante le processioni religiose. **3** (*fig.*) Occhio grande e scrutatore. **4** (*fig.*) Spilungone. **5** †Accompagnatore, guida di un cieco.

†**lanternùto** agg. ● Magro, secco, allampanato.

lantopìna [comp. del v. gr. *lanth(ánein)* 'nascondersi' e di un deriv. di *ópion* 'oppio'] s. f. ● (*chim.*) Alcaloide contenuto nell'oppio.

lanùgine o (*raro*) **lanùggine** [vc. dotta, lat. *lanūgine(m)*, da *lāna* 'lana'] s. f. **1** Peluria corta di lana o simile alla lana. **2** Peli morbidi e corti che cominciano ad apparire sulle guance e sul mento dei giovani: *del dilicato mento / la l. molle* (MARINO). **3** (*bot.*) Peluria che riveste organi vegetali diversi. ‖ **lanuginétta**, dim.

lanuginóso [vc. dotta, lat. *lanuginōsu(m)*, da *lanūgo*, genit. *lanūginis* 'lanugine'] agg. ● Pieno di lanugine: *gote lanuginose*.

lanùto [dal lat. *lanātu(m)* 'lanato (da *lāna*)', con mutato suff.] **A** agg. **1** (*lett.*) Coperto di lana. SIN. Lanoso. **2** (*raro*) Che è simile alla lana nell'aspetto: *capelli lanuti*. **B** s. m. ● (*poet.*) Ovino, bestia lanuta.

†**lànza** ● V. *lancia* (*1*).

lanzàrda s. f. ● Lanzardo.

lanzàrdo o **lanciàrdo** [forma dial. di *lacerto*] s. m. ● (*zool.*) Sgombro macchiato.

lanzichenécco o †**lanzighenétto**, †**lanzinécco** [ted. *Landsknecht* 'servo (*Knecht*) del paese (*Land*)'] s. m. (pl. *-chi*) **1** Soldato mercenario tedesco del periodo rinascimentale, componente di un corpo simile alle compagnie di ventura. **2** Giannizzero, pretoriano, cagnotto di un potente. **3** Zecchinetta.

lànzo [per *lanz(ichenecc)o*] **A** s. m. **1** Lanzichenecco | (*per anton.*) Lanzichenecco appartenente alla guardia del corpo dei duchi di Firenze | *Loggia dei Lanzi*, corpo di guardia dei lanzichenecchi in piazza della Signoria a Firenze | (*est.*) Sbirro, sgherro. **2** (*est.*) Tedesco. **B** agg. ● (*raro*, *scherz.*) Avido, rapace.

làо [n. locale] **A** s. m. e f. inv. **1** Appartenente a un gruppo etnico stanziato nella penisola indocinese. **2** Abitante, nativo del Laos. SIN. Laotiano. **B** s. m. solo sing. ● Lingua ufficiale del Laos, appartenente al gruppo thai. **C** agg. inv. **1** Relativo al popolo dei lao: *migrazioni l.* **2** Che si riferisce alla lingua lao o è scritto in tale lingua: *letteratura l.*

laónde [comp. di *là* e *onde*] cong. ● (*lett.*) Per la qual cosa, quindi (con valore concl.): *l. egli scampa dalle forche* (BOCCACCIO) | Anche scherz.: *l. per cui vi saluto*.

laotiàno o (*raro*) **laoziàno** **A** agg. ● Del Laos: *popolo l.* **B** s. m. (f. *-a*) ● Abitante, nativo del Laos.

lapàco [vc. proveniente dall'America meridionale] s. m. (pl. *-chi*) ● Denominazione di alcuni alberi della famiglia delle Bignoniacee dell'America merid., i quali forniscono un legno duro e pesante.

lapalissiàno [dal n. del capitano fr. J. de *La Palisse* (1470-1525) celebrato in versi involontariamente ovvii] agg. ● Che è ovvio, chiaro, inequivocabile: *verità lapalissiana*.

laparatomia e *deriv.* ● V. *laparotomia* e *deriv.*

làparo- [dal gr. *lapára* 'fianco', 'addome', di etim. incerta] primo elemento ● In parole composte della terminologia medica chirurgica, significa 'ventre', 'addome', 'addominale': *laparoscopia*, *laparotomia*.

laparocèle [comp. di *laparo-* e *-cele*] s. m. ● (*med.*) Erniazione del contenuto peritoneale attraverso la parete dell'addome.

laparoscopia [comp. di *laparo-* e *-scopia*] s. f. ● (*med.*) Celioscopia.

laparoscòpico agg. (pl. m. *-ci*) ● (*med.*) Di, relativo a, laparoscopia.

laparoscòpio s. m. ● (*med.*) Celioscopio.

laparotomia o **laparatomia** [comp. di *laparo-* e *-tomia*] s. f. ● (*chir.*) Incisione chirurgica della parete addominale con apertura della cavità peritoneale.

laparotòmico o **laparatòmico**. agg. (pl. m. *-ci*) ● (*med.*) Che concerne la laparotomia.

lapàzio [vc. dotta, lat. *lapăthiu(m)*, dim. di *lăpathum*, dal gr. *lápazon*, di origine sconosciuta] s. m. ● (*bot.*) Romice.

lapàzza ● V. *lampazza*.

lapicida [vc. dotta, lat. *lapicīda(m)*, per *lapi(di)cīda(m)*, comp. di *lăpis*, genit. *lăpidis* 'pietra', di etim. incerta, e *-cida*] s. m. (pl. *-i*) ● In epoca romana e medievale, artigiano esperto nella lavorazione della pietra e del marmo | Incisore di iscrizioni su pietra o marmo.

†**làpida** [da *lapide*] s. f. ● (*tosc.*) Pietra che serve come coperchio di pozzetti di fogne, cisterne, pozzi.

lapidàbile agg. ● (*raro*) Degno di essere lapidato.

lapidaménto s. m. ● (*raro*) Lapidazione.

lapidàre [vc. dotta, lat. *lapidāre*, da *lăpis*, genit. *lăpidis*, 'pietra', di etim. incerta] v. tr. (*io làpido*) **1** Lanciare ripetutamente contro qc. pietre, sassi e sim. fino a ucciderlo. **2** (*fig.*) Inveire contro qc. con rimproveri e aspre critiche: *l. gli avversari politici*. **3** (*tecnol.*) Molare, faccettare, pulire metalli, pietre preziose e sim. SIN. Lappare.

lapidària [vc. dotta, lat. *lapidāria(m)* 'appartenente alla pietra (*lăpis*, genit. *lăpidis*)'] s. f. **1** Arte della lavorazione del marmo e dell'incisione delle iscrizioni | Epigrafia. **2** Arte di molare, faccettare, pulire le pietre preziose.

lapidàrio [vc. dotta, lat. *lapidāriu(m)*, da *lāpis*, genit. *lāpidis* 'pietra, lapide'] **A** agg. *1* Delle iscrizioni su lapide: *arte lapidaria* | *Carattere l.*, ispirato a quello delle iscrizioni monumentali dell'antica Roma. *2* (*fig.*) Incisivo e sentenzioso: *stile l.* || **lapidariaménte**, avv. **B** s. m. *1* Operaio che incide marmi, lapidi | Scalpellino. *2* Artefice che lavora e faccetta diamanti e altre gemme. *3* Museo che raccoglie iscrizioni, lapidi e sim. *4* Libro medievale che tratta di pietre preziose e delle loro virtù soprannaturali.

lapidatóre [vc. dotta, lat. *lapidatōre(m)*, da *lapidātus* 'lapidato'] agg.; anche s. m. (f. *-trice*) ● Che, chi lapida (*anche fig.*).

lapidatrice [vc. dotta, lat. tardo *lapidatrīce(m)*, da *lapidātus* 'lapidato'] s. f. ● Macchina utensile che esegue la lapidatura. SIN. Lappatrice.

lapidatùra s. f. ● Finitura di precisione di una superficie, ottenuta facendo strisciare contro il pezzo in lavorazione, e in presenza di un fluido adatto, il lapidello.

lapidazióne [vc. dotta, lat. *lapidatiōne(m)*, da *lapidātus* 'lapidato'] s. f. ● Atto, effetto del lapidare: *la l. delle adultere*; *la l. di Santo Stefano* | Esecuzione capitale mediante lancio di pietre.

làpide [vc. dotta, lat. *lăpide(m)*, di etim. incerta] s. f. *1* Pietra sepolcrale, lastra di marmo, di piombo o di altro materiale posta su un sepolcro, a volte con iscrizione. *2* Tavola di marmo o altro materiale con un'epigrafe commemorativa, posta su un pubblico edificio, un monumento, o la facciata di una casa: *lo feci sotterrare ..., di poi gli feci fare una bellissima l. di marmo* (CELLINI). *3* †Pietra preziosa. || **lapidétta**, dim. | **lapidina**, dim. | **lapidóna**, accr.

lapidellatóre s. m. ● (*tecnol.*) Operaio o tecnico esperto nell'uso del lapidello.

lapidèllo [da *lapide* nel senso orig. di 'pietra (da levigare)'] s. m. ● (*tecnol.*) Rettificatrice piana.

lapìdeo [vc. dotta, lat. *lapĭdeu(m)*, da *lăpis*, genit. *lăpidis* 'lapide'] **A** agg. *1* Di pietra: *sepolcro l.*; *in un'arca lapidea il fé riporre* (BOCCACCIO). *2* (*fig.*) Che ha le qualità della pietra: *materiali lapidei*. *3* Relativo alla lavorazione della pietra: *crisi del settore l.* **B** s. m. ● Operaio addetto alla lavorazione della pietra.

lapidescènte [vc. dotta, lat. *lapidescĕnte(m)*, part. pres. del v. *lapidēscere* 'pietrificare', da *lăpide(m)* 'pietra'] agg. *1* Detto di sostanza che produce un'azione incrostante o pietrificante: *una soluzione calcarea l.* *2* Che subisce pietrificazione: *sostanza organica l.*

lapidìcolo [vc. dotta, comp. del lat. *lăpis*, genit. *lăpidis* 'pietra' e *-colo*] agg. ● (*biol.*) Detto di organismo che vive tra le rocce, sui sassi e sim.

lapidificàre [dal lat. *lăpide(m)* 'pietra' e *-ficare*] **A** v. tr. (*io lapidìfico, tu lapidìfichi*) ● Rendere di pietra o simile alla pietra. **B** v. intr. pron. ● Acquisire le caratteristiche della pietra. SIN. Pietrificarsi.

†**lapidóso** [vc. dotta, lat. *lapidōsu(m)*, da *lăpis*, genit. *lăpidis* 'pietra, lapide'] agg. ● Sassoso, pietroso.

†**lapillaménto** s. m. ● Modo e atto del lapillare.

†**lapillàre** (1) [da *lapillo*] **A** v. tr. ● Ridurre in lapilli. **B** v. intr. e intr. pron. ● Prendere la forma di un lapillo | Cristallizzarsi.

lapillàre (2) [da *lapillo* con suff. agg.] agg. *1* Che ha la forma di un lapillo. *2* Relativo ai lapilli.

†**lapillazióne** s. f. ● Atto, effetto del lapillare.

lapillo [vc. dotta, lat. *lapĭllu(m)*, dim. di *lăpis*, genit. *lăpidis* 'pietra'] s. m. *1* Cristallo, pezzetto di roccia o altro elemento piroclastico solido, lanciato da un condotto vulcanico. *2* †Pietruzza. *3* †Pietra preziosa.

lapillóso [vc. dotta, lat. tardo *lapillōsu(m)*, da *lapĭllus* 'lapillo'] agg. ● (*raro*) Che ha forma di lapillo.

lapin /fr. la'pɛ̃/ [vc. fr., da una base preromana **lapparo-* 'coniglio'] s. m. inv. ● Pelliccia di coniglio.

làpis [vc. dotta, lat. *lăpis* (sott. *haematītos*, nom.) 'pietra (color di sangue, dal gr. *hâima*, genit. *háimatos*)'] s. m. inv. ● Matita: *un l. nero, rosso, turchino*. || **lapissàccio**, pegg. | **lapissino**, dim.

lapiṣlàzzuli o **lapiṣlàzoli**, **lapiṣlàzuli**, **lapiṣlàẓzoli**, **lapiṣlàzzoli**, **lapiṣlàzzuli**, **lapiṣlàzzulo**, **lapiṣlàzzulo** ['pietra (lat. *lăpis*) azzurra (persiano *lāžuvardī*)'] s. m. ● (*miner.*) Roccia costituita in prevalenza di lazurite azzurra, pirite gialla e calcite bianca | Pietra semi-preziosa di colore azzurro intenso, usata per intagli, ornamenti, anelli e collane.

làppa [vc. dotta, lat. *lăppa(m)* 'lappola', vc. pop. di etim. incerta] s. f. ● (*bot.*) Nome generico di alcune piante che hanno frutti o brattee delle infruttescenze provviste di uncini con cui aderiscono al vello degli animali venendo così dispersi. SIN. Lappola.

lappàre (1) [lat. pop. **lappāre*, di origine imit. (**lapp-*)] v. tr. e intr. (aus. *avere*) *1* Bere come fanno i cani, suggendo rumorosamente l'acqua con la lingua. *2* (*sett.*) Leccare | Mangiare o bere avidamente.

lappàre (2) [dall'ingl. *to lap* 'levigare'] v. tr. ● Sottoporre a lappatura.

lappàta [da *lappare (1)*] s. f. ● (*sett.*) Leccata | Avida mangiata o bevuta rumorosa.

lappatóre s. m. ● Operaio specializzato nella lappatura.

lappatrice [da *lappare (2)*] s. f. ● Macchina utensile che serve a eseguire la lappatura. SIN. Lapidatrice.

lappatùra [dall'ingl. *lapping* 'smerigliatura', dal v. *to lap*, propr. 'lambire', da una base, ampiamente diffusa, di origine imit.] s. f. ● Operazione di finitura di superfici per ridurne la scabrosità mediante strisciamento, a bassa velocità, con superfici metalliche analoghe a quella in lavorazione cosparse di fine polvere abrasiva | Nella tecnologia elettronica, operazione di rettifica eseguita per ottenere una superficie levigata su laminette di materiali semiconduttori o per la regolazione finale dello spessore dei cristalli di quarzo.

làppe [vc. onomat.] inter. *1* (*spec. iter.*) Riproduce il rumore che si fa con la lingua bevendo o leccando rumorosamente come fanno i cani | Riproduce anche il rumore che si fa con la lingua per il desiderio di un cibo gustoso e stuzzicante | *Far l. l.*, avere l'acquolina in bocca. *2* †Riproduce il rumore che fanno le natiche sbattendo quando si cammina, spec. nella loc. *fare l. l.*, (*fig.*) tremare di paura.

làppola (1) [vc. dotta, lat. *lăppula(m)*, dim. di *lăppa* 'lappa'] s. f. *1* (*bot.*) Lappa (*Xanthium strumarium*). SIN. (*pop.*) Strappalana. *2* (*raro, fig.*) Persona importuna e appiccicaticcia. *3* †Cosa da nulla.

làppola (2) [dim. dissimilato di *nappa* nel senso di 'ciuffo di peli'] s. f. ● (*raro*) Palpebra.

làppone o **lappóne** **A** agg. ● Della Lapponia e dei suoi abitanti: *usi lapponi*; *lingua l.* **B** s. m. e f. ● Abitante, nativo della Lapponia. **C** s. m. solo sing. ● Lingua del gruppo ugro-finnico, parlata dai Lapponi.

lapsus /lat. 'lapsus/ [vc. lat., propriamente part. pass. di *lābi* 'scivolare', di etim. incerta] s. m. inv. *1* Distrazione, errore involontario nel parlare o nello scrivere. *2* (*psicoan.*) *L. freudiano*, quello, dovuto a intenzioni inconsce, che esprime tendenze opposte a quanto si sarebbe dovuto scrivere o dire.

lapsus calami /lat. 'lapsus 'kalami/ [espressione lat., letteralmente 'scivolamento (V. *lapsus*) della penna (*călami*, genit. di *călamus*, propriamente 'cannuccia (per scrivere)', di origine gr.)'] loc. sost. m. inv. ● Errore involontario nello scrivere.

lapsus linguae /lat. 'lapsus 'lingwe/ [espressione lat., letteralmente 'scivolamento (V. *lapsus*) della lingua (*līnguae*, genit. di *līngua*)'] loc. sost. m. inv. ● Errore involontario nel parlare.

laptop /ingl. 'læp tɔp/ [vc. ingl., propr. 'in cima (*top*) al grembo (*lap*)'] s. m. inv. ● (*elab.*) Personal computer portatile, alimentato a batteria, di dimensioni e peso contenuti.

laqueàre [vc. dotta, lat. *laqueār* (nt.), secondo un'immagine di discussa interpretazione: per la somiglianza col nodo di un laccio (*lăqueus*) (?)] s. m. ● Lacunare.

laqueàrio [vc. dotta, lat. *laqueāriu(m)*, da *lăqueus* 'laccio', di provenienza straniera ed origine incerta] s. m. ● Gladiatore che si serviva di una specie di laccio, invece della rete, per prendere l'avversario. SIN. Laqueatore.

†**laqueàto** [vc. dotta, lat. *laqueātu(m)*, part. pass. di *laqueāre* 'prendere al laccio (*lăqueus*)': V. *laqueare*] agg. ● Ornato di lacunari.

laqueatóre [vc. dotta, lat. *laqueatōre(m)*, da *laqueātus* 'laqueato'] s. m. ● Laqueario.

larà o **larì** [vc. onomat.] inter. ● Si usa, più volte iter., canticchiando sopra pensiero | Esprime anche ostentata indifferenza verso q.c. o qc.: *l., l., larì l., lallera!* | V. anche *lallarallà, lallera, trallallera, trallallà.*

laràrio [vc. dotta, lat. *Larāriu(m)*, da *Lăres*, di origine etrusca (?)] s. m. ● Nella casa degli antichi Romani, altare, edicola o parte destinati al culto dei Lari.

lardàceo agg. ● Simile al lardo.

lardaiuòlo **A** agg. ● Che per sapore o colore è simile al lardo. **B** s. m. ● †Pizzicagnolo.

lardàre [da *lardo*] v. tr. *1* (*raro*) Imbrattare di untume. *2* Ungere, ingrassare: *l. la ruota, gli ingranaggi*. *3* Lardellare. *4* (*mar.*) *L. la vela*, ungere un telo con stoppa, sego o catrame e stenderlo su una falla per chiuderla | Ingrossare, rinforzare: *l. le corde*.

lardatóio s. m. ● Strumento per lardellare.

lardatùra s. f. ● Atto, effetto del lardare.

lardellàre [da *lardello*] v. tr. (*io lardèllo*) *1* Condire con lardelli, introdurre pezzetti di lardo nei tagli fatti alle carni da cuocere. *2* (*fig., scherz.*) Riempire, infiorare: *l. un discorso di citazioni*. *3* (*raro*) †Ungere, impomatare.

lardellatùra s. f. ● Operazione del lardellare | Insieme dei pezzetti di lardo con cui si lardella q.c.

lardèllo [da *lardo* col suff. dim. per designarne una piccola parte] s. m. ● Pezzetto di lardo.

làrdo [lat. *lār(i)du(m)*, di etim. incerta] s. m. *1* Grasso sottocutaneo del dorso e delle pareti addominali del maiale, conservato salato o affumicato | (*fig.*) *Nuotare nel l.*, vivere nell'abbondanza | *Essere una palla di l.*, (*fig.*) di persona o animale eccessivamente grasso | (*fig.*) *Andare alla gatta pel l.*, chiedere a qc. q.c. che gli sta molto a cuore. *2* (*tosc.*) Strutto || PROV. Tanto va la gatta al lardo che ci lascia lo zampino.

lardóso agg. ● Che ha molto lardo.

làre [vc. dotta, lat. *Lāres*, di origine etrusca (?)] s. m. ● (*spec. al pl.*) Presso gli antichi Romani, anime di antenati che, divinizzate, proteggevano la casa e il focolare domestico | *Tornare ai patrii Lari, ai propri Lari*, (*fig., scherz.*) in patria o a casa propria.

larènzia [dal n. lat. della Terra Madre (Acca) *Larĕntia*, di probabile origine etrusca] s. f. ● Farfalla diurna dalle ali variegate bianche e nere, frequente nei boschi di betulle (*Larentia hastata*).

largàre [da *largo*] **A** v. tr. (*io làrgo, tu làrghi*) ● †Allentare, lasciare | †Sciogliere dal freno: *l. il falcone, i levrieri*. **B** v. intr. (aus. *avere*) e intr. pron. ● (*mar.*) Allontanarsi da una banchina, da un battello, dalla costa e sim.: *largarsi da terra*.

largatìra [comp. di (*al*)*larga*(*re*) 'molla(re)' e *tira*(*re*)] s. f. ● (*mar.*) Maniera di vogare molto comoda, indugiando, a intervalli.

largheggiaménto s. m. ● (*raro*) Atto, effetto del largheggiare.

largheggiàre [da *largo*, nel sign. di 'liberale, generoso'] v. intr. (*io larghéggio*; aus. *avere*) ● Essere generoso e liberale nel dare, nel promettere, nel concedere: *l. di parole, di promesse*; *l. in spiegazioni, in mance, in cortesia*.

largheggiatóre agg.; anche s. m. (f. *-trice*) ● (*raro*) Che, chi largheggia.

larghétto **A** s. m. *1* Dim. di *largo*. *2* (*mus.*) Indicazione di movimento che richiede minore espansione e grandiosità del largo, posta all'inizio o nel corso di un tempo di una composizione. **B** anche agg.: *tempo l.*

larghézza [da *largo*] s. f. *1* (*mat.*) Misura dei corpi in ampiezza, da destra a sinistra, in prospetto, di traverso, contrapposta alla lunghezza e alla profondità o altezza. *2* Correntemente, ampiezza: *un fiume, una strada di notevole l.* | *La l. della tavola*, l'estensione del lato minore | *La l. di un foro, di un vaso*, il loro diametro | *La l. del torace*, la sua circonferenza | *L. maggiore*, della nave misurata al baglio maestro. *3* (*fig.*) Mancanza di pregiudizi, di eccessiva severità e sim.: *interpretare con l. una norma*; *giudicare con l.* | *L. di vedute, di idee*, apertura mentale. *4* (*fig.*) Generosità, liberalità: *donare con l.* | Atto generoso: *tutte quelle larghezze sono eccessive per lui.*

5 Abbondanza, copia: *con l. di particolari*. *6* (*raro, lett.*) Licenza, facoltà.

†larghità ● V. *†largità*.

largiménto [vc. dotta, lat. *largimĕntu(m)*, da *largīri* 'largire'] s. m. ● (*raro*) Modo e atto del largire.

largire [vc. dotta, lat. *largīri*, da *lārgus* 'largo, liberale'] v. tr. (*io largisco, tu largìsci*) *1* (*lett.*) Concedere con generosa liberalità: *l. favori, benefici, grazie*. *2* †Lasciare libero.

†largità o **†larghità**, **†largitàde**, **†largitàte** [vc. dotta, lat. *largitāte(m)*, da *lārgus* 'largo'] s. f. ● Generosità, larghezza, magnificenza.

largitóre [vc. dotta, lat. *largitōre(m)*, da *largītus*, part. pass. di *largīri* 'largire'] agg.; anche s. m. (f. *-trice*) ● (*lett.*) Che, chi largisce.

largizióne [vc. dotta, lat. *largitiōne(m)*, da *largītus*, part. pass. di *largīri* (V. *largire*)] s. f. ● Atto, effetto del largire | Ciò che si largisce.

làrgo [vc. dotta, lat. *lārgus*, di etim. incerta] **A** agg. (pl. m. *-ghi*) *1* Che ha una determinata larghezza: *un fiume l. cento metri*; *un nastro l. quattro centimetri* | Che si estende soprattutto in larghezza: *la strada in quel punto è molto larga* | *Carattere tipografico l.*, in cui l'occhio normale è stato allargato | (*est.*) Ampio, capace, comodo: *vaso, ventre, abito l.* | *Gesto l.*, per l'apertura delle braccia o il cenno esteso | *Manica larga*, abbondante | *Essere di manica larga*, (*fig.*) non guardare per il sottile, essere generoso con tutti | *Stare l.*, comodo | *Stare l. in mare*, lontano dalla costa | *Porre le colonne, gli alberi larghi*, distanti uno dall'altro | *A gambe larghe*, divaricate | *A larghi tratti*, (*fig.*) trascurando i particolari | *Su larga scala*, (*fig.*) in proporzioni notevoli | *Avere le spalle larghe*, (*fig.*) sopportare responsabilità e colpe altrui | *Il mondo è l.*, c'è posto per tutti | (*ell.*) *Alla larga*, lontano, via: *stare alla larga da qc.* | *Prendere q.c. alla larga, prenderla larga*, girandoci attorno, arrivando indirettamente a ciò che si vuole. CONTR. Stretto. *2* (*fig.*) Aperto: *vocale larga*; *pronuncia larga*. CONTR. Chiuso, stretto. *3* (*fig.*) Non ristretto, non limitato al significato letterale delle parole: *interpretazione larga*. *4* (*fig.*) Abbondante, copioso: *avere una larga parte di utili*; *dedicarsi a larghi traffici* | *Dispendio, guadagno l.*, grande | *Patti larghi*, vantaggiosi. *5* (*fig.*) Liberale, generoso: *esser l. coi poveri, coi parenti*; *di quello che non è tuo, o di sudditi tuoi, si può essere più l. donatore* (MACHIAVELLI) | Che concede libertà: *governo l.* | *Idee larghe*, non grette. *6* (*anat.*) *Legamento l.*, formazione nastriforme costituita da una piega del peritoneo che tiene in sede l'utero. || **largaménte**, avv. Ampiamente, senza risparmio: *provvedere largamente ai bisogni della famiglia*; diffusamente: *ne abbiamo largamente discusso*. **B** avv. *1* Nelle loc. *girare l.*, *†volgere, giuocare l.*, tenersi lontano: *gira l.!*; *gira l. da quell'imbroglione*. *2* †Diffusamente: *e se io ne parlo alquanto l.* (BOCCACCIO). *3* †Liberamente, senza riguardi: *molto l. abbiamo delle nostre mogli parlato* (BOCCACCIO). **C** in funzione di inter. ● Si usa come intimazione a lasciare libero il passo, a sgombrare (*anche fig.*): *fate l.!*; *l.!*; *l. ai giovani!* **D** s. m. *1* Larghezza | Spazio esteso | *In lungo e in l.*, in ogni direzione, per tutti i lati | *Fare l.*, aprire un passaggio, un varco tra la folla | *Farsi l.*, aprirsi la strada e (*fig.*) fare carriera. *2* Mare aperto, lontano dalle coste: *farsi portare al l. dalla corrente* | *Prendere il l.*, allontanarsi dalle coste e (*fig.*) andarsene | *Tenersi al l.*, (*fig.*) evitare q.c. o qc. *3* Piccola piazza posta all'incrocio tra più vie: *troviamoci in Largo Goldoni*. *4* (*mus.*) Indicazione di movimento in tempo molto lento | Titolo di pezzo a sé stante o di parte di una composizione: *l. di Haendel*. || **larghétto**, dim. (V.) | **largòccio**, accr.

†largoveggènte [comp. di *largo* nel senso di 'lontano' e *veggente*] agg. ● Che vede largo e di lontano.

†largùme s. m. ● Spazio largo.

largùra s. f. ● (*raro*) Spazio di terreno ampio ed esteso.

larì ● V. *larà*.

lariàno [dal n. lat. del lago di Como, *Lārius* 'Lario'] agg. ● Del, relativo al, lago di Como e al territorio circostante.

làrice [vc. dotta, lat. *lārice(m)*, di etim. incerta] s. m. ● Conifera che cresce sui monti fino a 2000 metri, con foglie caduche aghiformi riunite in fascetti, legno resistente e di lunga durata, molto usato per costruzioni (*Larix europaea*).

laricéto s. m. ● Bosco di larici.

Larifórmi [vc. dotta, comp. di *laro* e il pl. di *-forme*] s. m. pl. ● Nella tassonomia animale, ordine di Uccelli acquatici, tuffatori, dalle ali lunghe, piedi palmati e becco compresso (*Lariformes*) | (al sing. *-e*) Ogni individuo di tale ordine.

laringàle agg. *1* (*anat.*) Della, relativo alla, laringe. *2* (*ling.*) Detto di suono prodotto dalla vibrazione delle corde vocali sotto la pressione dell'aria proveniente dai polmoni. SIN. Laringeo.

laringe [gr. *lárynx*, genit. *láryngos* 'fauci, laringe, esofago', di etim. incerta, ma con facile adattamento a *phárinx* 'faringe'] s. f. o m. ● (*anat.*) Primo tratto dell'apparato respiratorio situato nel collo al di sopra della trachea che ha funzione vocale e di transito dell'aria verso i polmoni. ➡ ILL. p. 365, 367 ANATOMIA UMANA.

laringectomia [comp. di *laringe* e di un deriv. del gr. *ektomḗ* 'incisione'] s. f. ● (*chir.*) Intervento chirurgico per l'asportazione parziale o totale della laringe.

laringectomizzàre [da *laringectomia*] v. tr. ● (*chir.*) Sottoporre qc. a laringectomia.

laringectomizzàto **A** part. pass. di *laringectomizzare*; anche agg. ● Nei sign. del v. **B** s. m. (f. *-a*) ● Chi ha subìto l'asportazione chirurgica della laringe.

laringèo o (*raro*) **laringeo** [da *laringe*] agg. *1* (*anat.*) Della laringe, relativo alla laringe: *nervo l.* *2* (*ling.*) Laringale.

laringìsmo [comp. di *laring(e)* e *-ismo*] s. m. ● (*med.*) Spasmo dei muscoli laringei.

laringite [comp. di *laringe* e *-ite* (*1*)] s. f. ● (*med.*) Infiammazione della laringe.

laringo- [dal gr. *lárynx*, genit. *láryngos* 'laringe', di etim. incerta] primo elemento ● In parole composte, spec. della terminologia medica, significa 'laringe': *laringoiatra*.

laringofaringite [comp. di *laringo-* e *faringite*] s. f. ● (*med.*) Processo infiammatorio che coinvolge sia la laringe che la faringe.

laringòfono [comp. di *laringo-* e *-fono*] s. m. ● Microfono speciale posto a contatto della gola in modo da trasmettere le sole vibrazioni della voce eliminando i rumori ambientali. ➡ ILL. medicina e chirurgia.

laringografia [comp. di *laringo-* e *-grafia*] s. f. ● (*med.*) Studio radiologico della laringe.

laringogràfico agg. (pl. m. *-ci*) ● Attinente alla laringografia.

laringoiàtra [comp. di *laringo-* e del gr. *iatrós* 'medico'] s. m. e f. (pl. m. *-i*) ● Medico esperto di malattie della laringe.

laringoiatrìa s. f. ● Branca della medicina che si occupa delle malattie della laringe.

laringoiàtrico agg. (pl. m. *-ci*) ● Attinente alla laringoiatria.

laringologia [comp. di *laringo-* e *-logia*] s. f. (pl. *-gie*) ● (*med.*) Studio della laringe nei suoi aspetti normali e patologici.

laringològico agg. (pl. m. *-ci*) ● Attinente alla laringologia.

laringòlogo [comp. di *laringo-* e *-logo*] s. m. (pl. *-gi*, pop. *-ghi*) ● Medico che studia le malattie della laringe.

laringopatia [comp. di *laringo-* e *-patia*] s. f. ● Ogni affezione della laringe.

laringoplegia [comp. di *laringo-* e *-plegia*] s. f. (pl. *-gie*) ● (*med.*) Paralisi unilaterale o bilaterale, completa o incompleta dei muscoli laringei.

laringoscopia [comp. di *laringo-* e *-scopia*] s. f. ● (*med.*) Esame ottico della laringe.

laringoscòpico agg. (pl. m. *-ci*) ● Che concerne la laringoscopia.

laringoscòpio [comp. di *laringo-* e *-scopio*] s. m. ● (*med.*) Strumento che permette la visione diretta della laringe.

laringospàsmo [comp. di *laringo-* e *spasmo*] s. m. ● (*med.*) Spasmo delle corde vocali con impedimento al transito dell'aria.

laringostenòsi [comp. di *laringo-* e *stenosi*] s. f. ● (*med.*) Restringimento dell'apertura laringea.

laringostenòtico agg. (pl. m. *-ci*) ● Che concerne la laringostenosi.

laringotomia [comp. di *laringo-* e *-tomia*] s. f. ● (*chir.*) Incisione della parete laringea.

laringòtomo s. m. ● (*chir.*) Strumento per la laringotomia.

laringotracheite [comp. di *laringo-* e *tracheite*] s. f. ● (*med.*) Infiammazione della laringe e della trachea | (*veter.*) *L. infettiva dei volatili*, malattia dei gallinacei causata da un ultravirus.

laringotracheotomia [comp. di *laringo-* e *tracheotomia*] s. f. ● (*chir.*) Intervento chirurgico eseguito mediante incisione verticale della cricoide e dei primi anelli cartilaginei della trachea.

làro [vc. dotta, lat. tardo *lāru(m)*, dal gr. *láros*, di origine onomat.] s. m. ● (*raro*) Gabbiano.

làrva [vc. dotta, lat. *lārva(m)*: apparentato con *Lāres* 'lari', di origine etrusca (?)] s. f. *1* Presso gli antichi Romani, spettro o fantasma di persona morta, talvolta malefico. *2* (*est., lett.*) Spettro, ombra, fantasma: *corrusche / d'armi ferree vedea larve guerriere / cercar la pugna* (FOSCOLO) | Apparenza vana: *una l. di gloria*. *3* (*poet.*) †Maschera: *come gente stata sotto larve, / che pare altro che prima* (DANTE *Par.* XXX, 91-92). *4* (*fig.*) Persona emaciata, sparuta, malridotta: *è ormai la l. di se stesso*. *5* (*zool.*) Stadio giovanile degli animali a sviluppo indiretto | *L. esacanta*, oncosfera.

larvàle [vc. dotta, lat. tardo *larvāle(m)*, da *lārva* 'larva'] agg. ● Di, simile a, larva.

larvàre [lat. tardo *larvāre* 'stregare', da *lārva* 'larva'] v. tr. ● (*raro, lett.*) Mascherare (*anche fig.*).

larvàto part. pass. di *larvare*; anche agg. *1* Nei sign. del v. *2* Che si presenta sotto altre apparenze, che non è completamente manifesto: *forma larvata di malattia*. || **larvataménte**, avv.

larvicida [comp. di *larva* e *-cida*] **A** s. m. (pl. *-i*) ● Sostanza in grado di distruggere le larve degli insetti. **B** anche agg.: *prodotto l.*

larvìcola [comp. di *larva* e *-cola*] s. m. (pl. *-i*) ● Parassita di larve.

larvifórme [comp. di *larva* e *-forme*] agg. ● Che ha forma di larva.

larviparìsmo [da *larviparo*] s. m. ● (*zool.*) Particolare riproduzione per ovoviviparismo, caratterizzata dalla deposizione di prole in forma larvale.

larviparità [da *larviparo*] s. f. ● (*zool.*) Condizione di un organismo larviparo.

larvìparo [comp. di *larva* (*larvi-* nella composizione scient.) e del lat. *-parus*, tratto da *părere* 'partorire'] **A** s. m. ● (*zool.*) Organismo animale che si riproduce per larviparismo. **B** anche agg.: *animale l.*

larvìvoro [comp. di *larva* e *-voro*] agg. ● Detto di animale che si ciba prevalentemente di larve di insetti: *la gambusia è un pesce l.*

lasàgna [lat. parl. **lasānia*, da *lăsanu(m)* 'pentola, vaso da notte', dal gr. *lásanon* (più frequente al pl.), di etim. incerta] s. f. *1* (*spec. al pl.*) (*cuc.*) Pasta all'uovo a strisce larghe, che si mangia asciutta | *Lasagne al forno*, lessate e disposte a strati, condite con ragù e besciamella e gratinate al forno | *Lasagne verdi*, in cui alla pasta sono mescolati spinaci lessati e tritati | (*fig.*) *Nuotare nelle lasagne*, essere ricco, vivere nell'abbondanza. *2* †Strato di cera che riveste internamente le forme di gesso per gettare in bronzo. || **lasagnétta**, dim. | **lasagnòtto**, accr. m.

lasagnàio s. m. (f. *-a*) ● Chi vende lasagne.

lasagnòlo s. m. ● (*pop.*) Mattarello per spianare le lasagne.

lasagnóne s. m. (f. *-a*) ● (*scherz.*) Persona grossa e sciocca. SIN. Bietolone.

làsca [longb. **aska* 'temolo', prob. '(di colore) cenere'] s. f. *1* Pesce dei Ciprinidi con muso prominente caratteristico, che vive nei fiumi dell'Italia settentrionale e centrale (*Chondrostoma genei*). *2* (*pop.*) Pesce | *Essere sano come una l.*, essere in perfetta salute. || **laschétta**, dim.

lascàre [lat. **lascāre*, da *laxicāre*, da *lăxus* 'lasco'] v. tr. (*io làsco, tu làschi*) *1* (*mar.*) Allascare. *2* Lasciare la briglia sul collo al cavallo.

†lasciaménto [lat. *laxamĕntu(m)*, da *lăxus* 'allentato'] s. m. ● Lascito.

†lasciamistàre [da dividere: *lasciami stare*] s. m. e f. inv. ● (*fam., scherz.*) Chi sente svogliatezza o desiderio di quiete.

lasciapassàre [comp. di *lascia(re)* e *passare*] s. m. inv. *1* Permesso scritto che consente di passare liberamente dove normalmente non è consentito.

SIN. Salvacondotto. ***2*** (*dir.*) *L. doganale*, documento che deve accompagnare le merci al passaggio da una dogana all'altra dello stesso Stato.

†**lasciapodére** [comp. di *lascia*(*re*) e *podere*] **s. m.** ● Solo nella loc. *fare a l.*, non curare più le cose quando si sta per lasciarne l'uso.

lasciàre [lat. *laxāre*, da *laxicāre*, da *lăxus* 'allentato'] **A v. tr.** (*io làscio*) ***1*** Cessare di tenere, di stringere: *l. il volante, le briglie* | *L. il cane*, scioglierlo | *L. il falcone*, lanciarlo dietro alla preda | *L. il prigioniero*, liberarlo. **SIN.** Mollare. ***2*** Andarsene da un luogo, temporaneamente o definitivamente: *l. il paese, la casa, la scuola*; *lasciarono la città in preda alle fiamme* | *L. il mondo*, morire e (*fig.*) ritirarsi a vita religiosa | Separarsi da qc. o da q.c., cessare di avere rapporti: *l. il marito, la moglie, il fidanzato* | *L. la tonaca*, abbandonare l'abito talare o uscire dal convento | *L. la religione*, non praticarla più | *L. il proprio posto*, non occuparlo più | *L. qc. in asso*, piantarlo in asso | *L. qc. per morto*, come morto | *L. per disperato*, di infermo che dispera di guarire | (*est.*) Perdere: *l. la vita* | *L. la pelle*, morire | *Lasciarci il pelo*, (*fig.*) subire un grave danno | *Lasciarci una gamba, un braccio*, perderli in guerra, in un incidente e sim. ***3*** Disporre andandosene, assegnare per testamento: *l. qc. erede universale*; *ha lasciato tutti i suoi libri a una biblioteca pubblica* | †*L. donna madonna*, padrona assoluta | *L. detto di*, disporre oralmente | *L. scritto di*, disporre per via scritta. ***4*** Far rimanere q.c. o qc. in un certo stato o condizione, intenzionalmente o per noncuranza o per forza maggiore: *l. una casa in abbandono*; *l. in minoranza il proprio gruppo*; *mi hanno lasciato di guardia, di vedetta*; *l. q.c. a bagno* | *L. in dubbio, in forse*, non convincere | *L. in bianco*, non scrivere in tutto o in parte | *L. libero qc.*, scioglierlo da un impegno e sim. | *L. libero un luogo*, non occuparlo più | *L. qc. al proprio posto, in propria vece*, farsi sostituire da qc. | *L. intatto il problema, la questione*, non prospettare alcuna soluzione | (*est.*) Far rimanere dopo di sé: *l. il segno, l'impronta*; *morendo ha lasciato una famiglia numerosa*; *l. opere, istituzioni benefiche, impianti*. ***5*** Dimenticare q.c. in un luogo: *l. la valigia in treno, gli occhiali a casa* | (*fig.*) *L. la lingua a casa*, tacere | *L. q.c. addietro*, (*fig.*) trascurarla | *L. q.c. da parte*, (*fig.*) non considerarla | (*fig.*) *L. q.c. nella penna*, non scriverla | *Lasciamo, lasciamo là*, (*fig.*) non parliamone più. ***6*** Omettere, deporre, rinunciare: *l. l'ira, il comando* | *Lasciamo gli scherzi!*, basta con gli scherzi! | *L. il colore*, perderlo | *L. un pensiero*, toglierlo dalla propria mente | *L. le lacrime*, non piangere più | *L. un luogo a destra, a sinistra*, o *sulla destra, sulla sinistra*, tagliarlo fuori dal proprio percorso o itinerario o costeggiarlo | *L. gli scrupoli*, metterli da parte | *L. il certo per l'incerto*, rinunciare a cose sicure per altre aleatorie. ***7*** In alcuni giochi a carte, astenersi dal prendere o dal continuare il gioco. ***8*** Dare, concedere, cedere: *l. facoltà, licenza*; *gli ha lasciato la villa per una somma irrisoria*. ***9*** Permettere, consentire, concedere (seguito da un verbo all'inf. o da una prop. dipendente): *l. vedere, dire, fare* | *Lasciarsi vincere, sedurre, ingannare, persuadere*; *lasciarsi trasportare, prendere dall'ira*; *si lasciava cullare nei suoi pensieri da quella strana musica* (SVEVO) | *L. dormire qc.*, permettere il sonno a qc. e (*fig.*) non stuzzicarlo | (*fig.*) *L. dormire una pratica*, insabbiarla | (*fig., fam.*) *L. friggere qc.* o *q.c. nel proprio olio*, *l. bollire qc.* o *q.c. nel suo brodo*, non intervenire | *L. riposare un liquido*, non agitarlo, né mescolarlo | *L. andare, correre, perdere*, non curarsi, non preoccuparsi, di q.c. | *L. che le cose vadano come vogliono*, non opporsi o comunque non intervenire | *L. credere q.c.*, permettere che si creda | *L. intendere, capire q.c.*, far capire | *Non l. vivere*, (*fig.*) importunare | *L. fare a Dio*, rimettersi al suo volere | *L. andare qc.*, mandarlo libero | *Lasciarsi andare*, indursi; (*fig.*) divenire trasandato e indolente: *lasciarsi andare ai ricordi*; *non lasciarti andare così!* | *L. andare un filo, un cavo*, allentarlo | *L. andare un ceffone, un pugno*, darlo | *L. stare qc.*, smettere di molestarlo, importunarlo e sim. | *L. stare q.c.*, ometterla o tacerla | *L. stare*, desistere | *Lasciamo stare!*, non parliamone più | *L. a desiderare*, si dice di cosa imperfetta, suscettibile di ulteriori miglioramenti o di persona che presenta difetti, manchevolezze e sim. ***10*** Seguito dalla prep. *di* e da un verbo all'inf., smettere, cessare: *l. di suonare, di ridere, di frequentare qc.*; *non l. mai di brontolare*. ***11*** (*ass.*) Ritirarsi da un incarico, da una competizione e sim.: *dopo le accese polemiche, l'ispettore capo lascia*. **B v. rifl. rec.** ● Separarsi: *si sono lasciati dopo molti anni di matrimonio*.

lasciàta **s. f.** ***1*** †Atto del lasciare o dell'andarsene. ***2*** (*est.*) Cosa che si lascia ‖ **PROV.** Ogni lasciata è persa.

lasciàto **A part. pass.** di *lasciare*; anche **agg.** ● Nei sign. del v. **B s. m.** ● Cosa lasciata.

lasciatùra **s. f.** ***1*** (*raro*) Nella composizione tipografica, omissione. ***2*** (*raro*) Margine interno di una cucitura, che normalmente si lascia libero.

†**lascìbile** **agg.** ● Lascivo, dissoluto.

†**làscio (1)** [per *lasci*(*at*)*o*] **s. m.** ● Lascito, testamento.

†**làscio (2)** [ant. fr. *laisse*, da *laisser* 'lasciar (andare)'] **s. m.** ● Guinzaglio.

†**lascità** [dal fr. *lâcheté*, da *lâche*, da *lâcher*, dal lat. *lascicāre*, iter. di *laxāre* 'lassare (2)'] **s. f.** ● Fiacchezza d'animo.

làscito [da *lasciato*, sull'es. di *battito*, *gettito*, e sim.] **s. m.** ● (*dir.*) Legato: *ricevere, accettare un l.*

†**lascivànza** **s. f.** ● Lascivia.

†**lascivézza** **s. f.** ● Lascivia.

lascìvia [vc. dotta, lat. *lascīvia*(*m*), da *lascīvus* 'lascivo'] **s. f.** ***1*** Sensualità licenziosa e dissoluta: *reprimere la l.*; *agire spinto dalla l.* | Atto sfrenato e licenzioso. **SIN.** Licenziosità. ***2*** (*spec. al pl., fig.*) Affettazioni, leziosaggine.

†**lasciviàre** [da *lascivia*] **v. intr.** ● Lascivire.

†**lascivio** ● V. *lascivo*.

†**lascivióso** [vc. dotta, lat. *lasciviōsu*(*m*), da *lascīvus* 'lascivo'] **agg.** ● Lascivo, licenzioso, intemperante. ‖ †**lasciviosaménte**, **avv.** In modo lascivo, impudico.

†**lascivìre** [vc. dotta, lat. *lascivīre*, da *lascīvus* 'lascivo'] **v. intr.** ● Operare in modo lascivo e dissoluto.

lascività [vc. dotta, lat. tardo *lascivitāte*(*m*), da *lascīvus* 'lascivo'] **s. f.** ● (*raro*) Lascivia.

lascìvo o †**lascivio** [vc. dotta, lat. *lascīvu*(*m*) 'scherzoso, lascivo, affettato', t. pop. di etim. incerta] **agg.** ***1*** Impudico, dissoluto, disonesto: *gesto, sguardo l.*; *discorsi lascivi*; *i poeti bugiardi e lascivi si devono estinguere* (CAMPANELLA). ***2*** †Irrequieto, vivace. ‖ **lascivétto**, **dim.** ‖ **lascivaménte**, **avv.**

làsco [lat. *_lăscu_(*m*) 'allentato, sciolto, rilassato', da *lăxus*, di origine indeur.] **A agg.** (**pl. m.** *-schi*) ***1*** (*mecc.*) Detto di collegamento meccanico quando vi è gioco fra i due elementi. ***2*** (*mar.*) Non tesato. ***3*** †Lento, molle, pigro: *Chi nasce contorto e l., tale rimane* (LEVI). ***4*** †Rado: *tela lasca*. ***5*** Di terreno che si copre naturalmente d'erbe, arbusti e sim. **B s. m.** ***1*** (*mar.*) Andatura in cui la poppa riceve il vento con un angolo di ca. 110-170°: *andare al l.* ➡ **ILL.** p. 1291 SPORT. ***2*** Terreno ricoperto naturalmente d'erbe, arbusti e sim.

làser [sigla ingl. tratta dalle iniziali di *L*(*ight*) *A*(*mplification by*) *S*(*timulated*) *E*(*mission of*) *R*(*adiation*) 'amplificazione della luce mediante emissione stimolata di radiazioni'] **A s. m. inv.** ***1*** (*fis.*) Dispositivo, largamente usato in varie scienze e tecnologie, il cui funzionamento si basa su un flash che emette una radiazione visibile o prossima al visibile, e su una barra di cristallo o su un tubo a gas, limitati alle estremità da due specchi l'uno totalmente l'altro parzialmente riflettente, contenenti opportuni atomi che permettano di amplificare la radiazione del flash ottenendone una estremamente concentrata, monocromatica, coerente. ***2*** (*mar.*) Imbarcazione da regata a deriva mobile attrezzata con sola randa. **B** anche in funzione di **agg. inv.**: *raggio l.* **C s. f. inv.** ● Stampante laser.

laserchirurgìa [comp. di *laser* e *chirurgia*] **s. f.** ● (*chir.*) Tecnica chirurgica che utilizza come un bisturi il raggio laser, incidendo i tessuti e coagulandone nel contempo il sangue.

laserfòto [comp. di *laser* e *foto*] **s. f.** ● Fotografia trasmessa mediante apparecchiature a raggi laser | La tecnica relativa.

laserpìzio [lat. *laserpīciu*(*m*), comp. di *lăc* 'latte' e *serpīcium*, agg. deriv. da *sĭrpe*, corrispondente lat. etrusco del gr. *sílphion* 'silfio'] **s. m.** ● Arbusto delle Ombrellifere con foglie pennate e fiori bianchi, usato nella medicina popolare (*Laserpitium pruthericum*).

laserterapìa [comp. di *laser* e *terapia*] **s. f.** ● (*med.*) Cura di malattie o malformazioni mediante l'impiego di raggi laser, spec. nel campo della microchirurgia.

làssa (1) [ant. fr. *laisse*, da *laisser* 'lasciare'] **s. f.** ***1*** †Guinzaglio, lasso. ***2*** Coppia o muta di cani tenuta in riserva.

làssa (2) [ant. fr. *laisse*, da *laiss*(*i*)*er* 'lasciar (andare il verso, il canto)'] **s. f.** ● (*letter.*) Ogni serie di versi, più o meno lunga, con una sola rima o assonanza, di cui si componevano poemi francesi e spagnoli del Medioevo.

†**lassàre (1)** [lat. *lassāre*, da *lăssus* 'lasso, stanco'] **v. tr.** ● Stancare, infiacchire, ammollire.

†**lassàre (2)** [lat. *laxāre*, da *lăxus* 'allentato'] **v. tr.** ● Lasciare | Sguinzagliare il cane.

lassatìvo [lat. *laxatīvu*(*m*), da *laxāre* 'lassare (2)'] **A agg.** ● Detto di purgante ad azione blanda. **B** anche **s. m.**

†**lassazióne** [vc. dotta, lat. *laxatiōne*(*m*), da *laxātus*, part. pass. di *laxāre* 'lassare (2)'] **s. f.** ● Fiacchezza, rilassamento.

lassézza **s. f.** ● (*lett.*) Stanchezza.

lassìsmo [dal lat. *lăxus* 'lento, rilassato' col suff. *-ismo*] **s. m.** ***1*** Nella storia della morale cattolica, corrente dottrinale e pratica che, spec. nel XVIII sec., modificava, in forme accomodanti e rilassate, il rigore dei precetti cristiani. ***2*** (*est.*) Atteggiamento improntato a una certa indulgenza nei confronti delle norme morali, religiose e sim.

lassìsta **A s. m. e f.** (**pl. m.** *-i*) ***1*** Seguace delle dottrine del lassismo. ***2*** (*est.*) Persona il cui atteggiamento è improntato a lassismo. **B** anche **agg.**: *corrente l.*; *comportamento l.*

lassìstico **agg.** (**pl. m.** *-ci*) ● (*raro*) Relativo al lassismo e ai lassisti.

lassità **s. f.** ***1*** †Rilassatezza, fiacchezza. ***2*** (*med.*) Rilassamento di un tessuto.

†**lassitùdine** [vc. dotta, lat. *lassitūdine*(*m*), da *lăssus* 'lasso (1)'] **s. f.** ***1*** Stanchezza, debolezza. ***2*** (*med.*) Rilassamento.

làsso (1) [vc. dotta, lat. *lăssu*(*m*) 'stanco, affaticato, spossato', t. pop., di etim. incerta] **agg.** ***1*** (*lett.*) Stanco, affaticato: *già lassi erano entrambi* (TASSO). ***2*** (*poet.*) Misero, infelice | *Ahi, ohi l.!*, escl. che esprime pietà, dolore, rammarico e sim.

làsso (2) [vc. dotta, lat. *lăxu*(*m*), di origine espressiva] **agg.** ***1*** Largo, rilassato, allentato. ***2*** (*fig.*) Che eccede per indulgenza e sim. ***3*** Che non presenta compattezza: *tessuti lassi* | *Ramo l.*, che si piega facilmente | *Infiorescenza lassa*, con fiori distanziati fra loro.

làsso (3) [lat. *lăpsu*(*m*), dal part. pass. di *lābi* 'scivolare', di etim. incerta] **s. m.** ● Periodo: *lungo, breve, l. di tempo*.

làsso (4) [ingl. *lasso*, dallo sp. *lazo* 'laccio' (V.)] **s. m.** ● Tipo di laccio per la cattura di animali selvatici e bradi.

lassù o †**lassùso**, †**là su** [comp. di *là* e *su*] **avv.** ***1*** Là in alto, là verso l'alto (con v. di stato e di moto): *dobbiamo arrivare l.*; *abito l.*, *all'ultimo piano*; *l. in cima* | *Di l.*, da quel luogo in alto: *di l. si vede tutta la valle* | (*est.*) Indica un luogo posto a settentrione: *l., in Norvegia, vivono molto diversamente da noi*. **CONTR.** Laggiù. ***2*** In cielo, in Paradiso: *'Oh, caro padre ...! ci rivedremo? ...' 'Lassù, spero'* (MANZONI) | *Di l.*, dal cielo: *Dio ci guarda di l.* **CONTR.** Quaggiù. ***3*** (*raro*) Costassù: *non muoverti, vengo io l.!*

làsta [fr. *last*(*e*), dall'ol. *last*, di area germ. col sign. fondamentale di 'caricare'] **s. f.** ***1*** Unità di misura, diversa a seconda dei paesi, di peso e di capacità, usata spec. per la portata dei bastimenti nelle marine settentrionali. ***2*** (*mar.*) †Zavorra.

làstex® [nome commerciale] **s. m. inv.** ● Fibra tessile elastica costituita da latice di gomma rivestito con un filato.

làstra (1) [etim. incerta] **s. f.** ***1*** Corpo solido di poco spessore con le facce maggiori parallele e per lo più rettangolari: *l. di vetro, d'acciaio*; *l. di roccia*; *una strada selciata con lastre di pietra* | *Consumare le lastre*, (*fig.*) di chi ripassa spesso per una via | *L. fotografica*, superficie di vetro sulla quale è stesa un'emulsione sensibile sciolta in una sostanza legante. *2* Sottile lamina di zinco, magnesio, plastica e sim. da cui si ricava una matrice di stampa | *L. stereotipa*, stereotipia. *3* Correntemente, pellicola radiografica | (*pop.*) *Farsi le lastre*, sottoporsi a un esame radiologico. || **lastrétta**, dim. | **lastrettìna**, dim. | **lastricciòla**, **lastricciuòla**, dim. | **lastricìna**, dim. | **lastrìna**, dim. | **lastrolìna**, dim. | **lastróne**, accr. m. (V.) | **lastrùccia**, dim.

làstra (2) [sp. *lastre*, di origine it., col senso di 'pietra da costruzione' (?)] s. f. ● (*mar.*) Zavorra.

lastràia [da *lastra* (*1*)] s. f. ● (*region.*) Insieme di materiale incoerente, spec. a forma di lastra, che si accumula sui fianchi o ai piedi di una montagna in seguito a frane o a fenomeni di erosione.

lastràio [da *lastra* (*1*)] s. m. ● Lamierista.

lastràme [da *lastra* (*1*)] s. m. ● Prodotto della frammentazione grossolana di singole lastre di roccia lavorata (marmo, porfido, ecc.), usato spec. per pavimentare e rivestire.

lastràre (1) [da *lastra* (*1*)] v. tr. ● (*raro*) Spianare i lavori di smalto con una speciale pietra, prima di rimetterli al fuoco per lucidarli.

lastràre (2) [sp. *lastrar*, da *lastre* 'lastra (2)'] v. tr. ● (*mar.*) Collocare le merci sulla nave | Zavorrare la nave.

lastratùra [da *lastra* (*1*)] s. f. ● (*tecnol.*) Applicazione del rivestimento di lamiera sulla scocca di un autoveicolo, mediante saldatura. SIN. Lastroferratura.

lastricàre [da *lastrico*] v. tr. (*io làstrico, tu làstrichi*) ● Rivestire di lastre di pietra: *pietre che tendono al nero, e non servono agli architettori se non a l. tetti* (VASARI) | *L. la via a qc.*, (*fig.*) agevolarlo, appianargli le difficoltà.

lastricàto A part. pass. di *lastricare*; anche agg. ● Nei sign. del v. B s. m. ● Tipo di pavimentazione stradale a lastre o masselli di pietra di forma regolare.

lastricatóre s. m.; anche agg. ● Chi, che lastrica.

lastricatùra s. f. ● Atto, effetto del lastricare.

†**lastricazióne** s. f. ● Lastricatura.

làstrico [con agglutinazione dell'art., dal lat. volg. *astracu*(*m*), deriv. del plur. gr. *tà* (*ó*)*straka* 'i cocci'] s. m. (pl. *-chi* o *-ci*) *1* Copertura a lastre di una strada | (*est.*) Qualsiasi rivestimento stradale. *2* (*est.*) Strada | *Abbandonare, gettare, ridurre, ridursi sul l.*, (*fig.*) nella più assoluta miseria | (*tosc.*) *Battere il deretano sul l.*, fallire. *3* (*dir.*) *L. solare*, tetto piatto e praticabile di un edificio.

lastroferratùra [comp. di *lastratura* e *ferratura*] s. f. ● (*tecnol.*) Lastratura.

lastróne s. m. *1* Accr. di *lastra* (*1*). *2* (*est.*) †Tavola di pietra. *3* Pietra con cui un tempo si chiudeva l'imboccatura del forno. *4* Nell'alpinismo, piastra di roccia inclinata quasi priva di asperità.

†**là su** /la s'su*/ ● V. *lassù*.

làta [sp. *lata*, della stessa origine di *latta* 'palo largo'] s. f. ● (*mar.*) Baglietto.

latèbra o (*raro*) **làtebra** [vc. dotta, lat. *latĕbra*(*m*), da *latēre* 'stare nascosto', di etim. incerta] s. f. *1* (*lett.*) Nascondiglio. *2* (*fig.*) Profondità segreta: *negli animi nostri son tante latebre, e tanti recessi* (CASTIGLIONE).

†**latebróso** [vc. dotta, lat. *latebrōsu*(*m*), da *latēbra* 'latebra'] agg. ● (*lett.*) Pieno di nascondigli: *nel l. bosco* (SANNAZARO).

latènte [vc. dotta, lat. *latĕnte*(*m*), part. pres. di *latēre* 'essere nascosto', di etim. incerta] agg. ● Che è o sta nascosto: *forze, energie latenti*; *rivolta, sommossa ancora l.*; *con latenti aguati / per tôrti il regno qualche inganno porta* (POLIZIANO) | (*med.*) *Carattere l.*, ereditario, che ricompare in remoti discendenti | *Infezione l.*, le cui cause sono presenti nell'organismo senza manifestazioni evidenti di malattia | (*fis.*) *Calore l.*, quantità di calore che un sistema riceve o cede durante una transizione di fase senza variazione di temperatura del sistema: *calore l. di vaporizzazione*. || **latentemènte**, avv.

latènza [da *latente*] s. f. *1* Condizione di ciò che è latente. *2* (*psicoan.*) *Periodo della l.*, in psicoanalisi, periodo dai quattro o cinque anni ai dodici circa, durante il quale gli interessi sessuali sono sublimati.

lateràle [vc. dotta, lat. *laterāle*(*m*), da *lătus*, genit. *lăteris*, di etim. incerta] A agg. *1* Che è posto di fianco, ai lati: *porta, parete, ingresso l.* | *Vie laterali*, quelle che si diramano dalla principale | *Decubito l.*, di persona o animale che dorme coricato su un fianco | *Linea l.*, nel calcio, quella che limita dalle due parti il campo di gioco nel senso della lunghezza | *Fallo l.*, quando la palla è uscita lateralmente dal terreno di gioco | *Rimessa l.*, rilancio in gioco del pallone dalla linea longitudinale del campo. *2* (*fig., lett.*) Accessorio, secondario: *argomento, problema l.* *3* (*ling.*) Detto di consonante occlusiva per la cui articolazione il contatto fra la lingua e il palato avviene soltanto al centro del canale orale, mentre l'aria fuoriesce liberamente da un lato o da due lati (per es., *l, gl*). || **lateralménte**, avv. Di fianco, dai lati. B s. m. ● Nel calcio, mediano: *l. destro, sinistro*.

lateralità [fr. *latéralité*, da *latéral* 'laterale'] s. f. *1* Qualità di ciò che è laterale. *2* (*fisiol.*) Uso preferenziale di un lato del corpo, spec. per compiere atti che richiedono l'uso di una sola mano, di un solo occhio o di un solo piede.

lateralizzazióne [ingl. *lateralization*, dal v. *to lateralize* 'dirigere o localizzare in una parte, un lato'] s. f. ● (*psicol.*) Specializzazione degli emisferi cerebrali per cui ciascuno controlla funzioni diverse.

lateranènse agg. ● Di, relativo a S. Giovanni in Laterano e ai palazzi annessi: *canonici lateranensi* | *Accordi, patti lateranensi*, i tre accordi (trattato, concordato, convenzione finanziaria) dell'11 febbraio 1929 tra lo Stato italiano e la Chiesa cattolica.

latèrcolo [vc. dotta, lat. *latĕrculu*(*m*) 'mattoncino', dim. di *lătere*(*m*) 'mattone'] s. m. *1* (*archeol.*) Piccolo mattone, spec. corredato di iscrizioni. *2* Antichissimo gioco enigmistico geometrico tuttora praticato, consistente in uno schema di parole bifronti composte da un uguale numero di lettere e leggibili compiutamente in ognuno dei quattro versi.

†**latére** o **làtere** [vc. dotta, lat. *latēre* 'restare nascosto', di etim. incerta] v. intr. ● (*raro*) Stare nascosto.

†**laterìna** ● V. *latrina*.

laterite [comp. del lat. *lăter*, genit. *lăteris* 'mattone' e di *-ite* (*2*)] s. f. ● (*miner.*) Terra rossastra argillosa, prodotta dall'alterazione di diversi allumosilicati e costituita da idrossidi di ferro e di alluminio.

laterìzio [vc. dotta, lat. *laterĭciu*(*m*), da *lăter*, genit. *lăteris* 'mattone', di etim. incerta] A agg. ● Che è fatto di terracotta o di mattoni: *opere, mura laterizie*; *arco, pavimento, materiale l.* | *Industria laterizia*, che concerne la fabbricazione di mattoni, tegole, embrici e sim. B s. m. ● (*spec. al pl.*) Prodotto ceramico non refrattario, fabbricato per cottura di argilla impastata con acqua e impiegato nelle costruzioni edilizie.

laterizzazióne s. f. ● (*geol.*) Alterazione di terreni ricchi di silicati, in climi tropicali, con formazione di minerali di alluminio e di ferro.

làtero- [dal lat. *lătus*, genit. *lăteris* 'fianco', di etim. incerta] primo elemento ● In parole composte della terminologia medica, significa 'relativo al fianco', 'laterale': *lateroflessione*.

lateroaddominàle [comp. di *latero-* e *addominale*] agg. ● (*anat.*) Relativo all'uno o all'altro lato dell'addome.

laterocervicàle [comp. di *latero-* e *cervicale*] agg. ● (*anat.*) Relativo ad ambedue i lati della regione cervicale del tronco o di un organo dotato di una porzione definita collo, come nel caso dell'utero.

laterodorsàle [comp. di *latero-* e *dorsale*] agg. ● (*anat.*) Situato nella parte laterale del dorso.

lateroflessióne [comp. di *latero-* e *flessione*] s. f. ● (*med.*) Flessione laterale: *l. uterina*.

lateroventràle [comp. di *latero-* e *ventrale*] agg. ● (*anat.*) Relativo all'uno o all'altro lato della superficie ventrale del corpo.

lateroversióne [comp. di *latero-* e *versione*] s. f. ● (*med.*) Inclinazione laterale di un organo rispetto al suo asse normale: *l. dell'utero*.

†**latézza** [da *lato* (*2*)] s. f. ● Larghezza, latitudine.

†**latìbolo** [vc. dotta, lat. *latĭbulu*(*m*), da *latēre* 'essere nascosto', di etim. incerta] s. m. ● Nascondiglio, tana, caverna.

laticàpite [comp. del lat. *lătus* 'largo' e *căput*, genit. *căpitis* 'testa'] agg. ● (*raro*) Che ha testa larga.

làtice o **làttice** [vc. dotta, lat. *lătice*(*m*), di etim. incerta] s. m. ● Liquido denso, vischioso, che geme da incisioni di certe piante, costituito da un'emulsione di gomme, resine, cere, e sim. | *L. artificiale*, a base di materie plastiche di sintesi.

latìcifero o **lattìcifero** [comp. di *latice* (o *lattice*) e *-fero*] A agg. ● (*bot.*) Detto di cellula o complesso di cellule contenenti latice. B s. m. ● (*bot.*) Ciascuno dei complessi di cellule contenenti latice che percorrono gli organi di varie piante ramificandosi e talvolta anastomizzandosi.

laticlàvio [vc. dotta, lat. *laticlāviu*(*m*), comp. di *lătus* 'largo' e *clāvus* 'nodo di porpora e, per estensione, striscia di porpora, che borda la toga', di etim. incerta] s. m. *1* Larga striscia di stoffa colorata che faceva da bordo a un drappo | Larga striscia di porpora che ornava la tunica dei senatori romani e dei loro familiari | Veste bianca bordata da una larga striscia di porpora, tipica dei senatori romani. *2* (*est.*) Dignità e titolo di senatore | *Concedere il l.*, nominare senatore.

latiflòro [comp. del lat. *lătus* 'largo' e *flōs*, genit. *flōris* 'fiore'] agg. ● (*bot.*) Che ha fiori larghi.

latifòglio o **latifòlio** [vc. dotta, lat. *latifŏliu*(*m*), comp. di *lătus* 'largo' e *fŏliu*(*m*) 'foglia, foglio'] agg. ● (*bot.*) Di pianta con foglie larghe.

latifondiàrio agg. ● Relativo al latifondo.

latifondìsta [da *latifondo*] s. m. e f. (pl. m. *-i*) ● Chi possiede uno o più latifondi | (*est.*) Ricco proprietario terriero (*anche spreg.*).

latifóndo [vc. dotta, lat. *latifŭndiu*(*m*), comp. di *lătus* 'largo' e *fŭndus* 'podere, fondo'] s. m. ● Grande proprietà terriera in cui è praticata spec. un'agricoltura estensiva.

latimèria [dal n. della naturalista ingl. M. E. D. Courtenay-*Latimer* che nel 1938 la scoprì e studiò] s. f. ● Pesce osseo, unico rappresentante attuale dei Crossopterigi dei Celacantiformi, ritenuti un tempo totalmente estinti; presenta caratteristiche pinne carnose (*Latimeria chalumnae*).

†**latinàggine** s. f. ● (*scherz.*) Lingua latina.

†**latinaménto** s. m. ● Atto e modo del latinare.

†**latinànte** A part. pres. di †*latinare* ● Nei sign. del v. B s. m. e f. ● Chi parla o scrive in latino.

†**latinàre** [vc. dotta, lat. *latināre* 'esprimere in latino, tradurre in latino (*Latīnus*)'] v. intr. ● Studiare, parlare o scrivere in latino.

†**latinazióne** s. f. ● (*raro*) Latinamento.

latineggiànte part. pres. di *latineggiare*; anche agg. *1* Nei sign. del v. *2* Che ha forme o modi simili a quelli latini: *frase, periodo l.*

latineggiàre [comp. di *latin*(*o*) e *-eggiare*] v. intr. (*io latinéggio*; aus. *avere*) ● Fare uso nella propria lingua di costrutti sintattici o procedimenti stilistici propri della lingua latina.

latinènse o **latinése** A agg. ● Di Latina. B s. m. e f. ● Abitante, nativo di Latina.

†**latinìgeno** [comp. di *latino* e *-geno*] agg. ● Derivato dal latino.

latinìsmo [comp. di *latin*(*o*) e *-ismo*] s. m. ● Parola o locuzione propria del latino entrata in un'altra lingua.

latinìsta s. m. e f. (pl. m. *-i*) ● Studioso, esperto di lingua e letteratura latine.

latinità [vc. dotta, lat. *latinitāte*(*m*), da *latīnus* 'latino'] s. f. *1* Qualità, carattere di ciò che è latino | (*est.*) Appartenenza alla cultura latina. *2* Tradizione culturale latina: *bassa, aurea l.* | Il complesso della lingua e della letteratura latina: *scrittore della tarda l.*

latinizzaménto s. m. ● (*raro, lett.*) Latinizzazione.

latinizzàre [vc. dotta, lat. tardo *latinizāre* 'tradurre in latino', da *latīnus* 'latino'] A v. tr. *1* Rendere latino un popolo per lingua, leggi e consuetudini: *le legioni romane latinizzarono la Gallia e la Germania*. *2* Modificare una parola, dandole forma o terminazione latina: *gli umanisti latinizzavano il loro nome* | Tradurre in lingua latina. B v. intr. (aus. *avere*) ● (*raro*) Latineggiare. C v. intr. pron. ● Assumere modi, lingua e costumi latini.

†**latinizzatóre** s. m. (f. *-trice*) ● Chi traduce in lingua latina.

latinizzazióne s. f. ● Atto, effetto del latinizzare.

latin lover /ingl. 'lætin 'lʌvə*/ [loc. ingl., propriamente 'amante (*lover*, dal v. *to love* 'amare', di origine germ.) latino (*latin*)'] loc. sost. m. inv. (pl. ingl. *latin lovers*) ● L'uomo dei paesi latini che appare, o ritiene di apparire, dotato di particolare fascino agli occhi della donna straniera, spec. nordica.

latìno [vc. dotta, lat. *Latīnu(m)*, da *Lătiu(m)*, di etim. incerta] **A** agg. *1* Relativo al Lazio antico: *popolo l.* | Relativo all'antica Roma: *lingua latina* | *Le aquile latine*, (*fig.*) gli eserciti romani | *Mondo l.*, conquistato dai Romani | *Civiltà latine*, fondate e diffuse dagli antichi Romani | (*est.*) Relativo ai popoli e alle civiltà neolatine: *spagnoli, francesi e italiani sono tutti latini*; *carattere, temperamento l.* | *America Latina*, parte centrale e meridionale del continente americano, in quanto colonizzata da spagnoli e portoghesi, popoli neolatini | *Quartiere l.*, quartiere parigino dove hanno sede gli istituti universitari e dove si raccolgono studenti e intellettuali | (*mar.*) *Vela latina*, vela di taglio triangolare inserita con il lato maggiore a una antenna o a un cavo, originaria dell'oriente, ma diffusa nel Mediterraneo dopo l'XI sec. *2* (*relig.*) Cattolico romano: *chiesa latina*. *3* †Italiano. *4* †Chiaro, intelligibile, facile: *sì che raffigurar m'è più l.* (DANTE *Par.* III, 63). *5* †Largo, agiato | †*L. di mano*, (*fig.*) manesco | †*L. di bocca*, loquace. || **latinaménte**, avv. *1* In latino; alla latina. *2* †Agevolmente; †chiaramente. **B** s. m. (f. *-a* nel sign. 1) *1* Abitante dell'antico Lazio o dell'antica Roma. *2* (*fig.*) Linguaggio: *con aperto, chiaro l.* | (*est.*) Linguaggio incomprensibile | *Parlar l.*, (*fig.*) non farsi capire | *Intendere il l.*, (*fig.*) capire il senso nascosto di una parola o di una frase. *3* †Discorso, racconto. **C** s. m. solo sing. ● Lingua del gruppo italico parlata dalle antiche popolazioni latine: *l. classico, imperiale, della decadenza, medievale* | (*est.*) Lingua e letteratura dell'antica Roma, intesa come materia d'insegnamento e di studio: *professore di l.*; *esame di l.*; *essere bocciato in l.* | (*fig.*) †*Dare altrui il l.*, fare il maestro. || **latinàccio**, pegg. | **latinétto**, dim.

latìno- primo elemento ● In parole composte, fa riferimento alla lingua o alla cultura latina o neolatina: *latino-barbaro, latino-americano*.

latìno-americàno [comp. di *latino* e *americano*] **A** agg. ● Dell'America Latina. **B** s. m. (f. *-a*) ● Abitante, nativo dell'America Latina.

latìno-bàrbaro [comp. di *latino* e *barbaro*] agg. ● Detto di vocabolo del latino medievale non noto al latino classico.

latinòrum /*lat.* lati'nɔrum/ ['dei Latini', ma il valore della vc. sorge dallo sprezzo per la frequente desinenza del genit. pl.] s. m. ● (*scherz.*) Lingua latina usata in modo volutamente pedantesco e incomprensibile: *"Si piglia gioco di me?" ... "Che vuol ch'io faccia del suo l.?"* (MANZONI).

latinùccio [da *latino* con suff. dim. spreg.] s. m. ● I primi esercizi di traduzione latina proposti agli scolari: *chi era destinato a far loro l'esequie, era ancora in seminario, a fare i latinucci* (MANZONI) | *Essere ai latinucci*, all'inizio dello studio del latino o (*est.*) di altre lingue.

latìpede [vc. dotta, lat. *latĭpede(m)*, comp. di *lătus* 'largo' e *pēs*, genit. *pĕdis* 'piede'] agg. ● (*zool.*) Che ha piedi larghi.

latirìsmo [comp. di *latir(o)* e *-ismo*] s. m. ● (*med.*) Intossicazione da abuso di legumi del genere cicerchia, con disturbi alla motilità degli arti inferiori.

làtiro [vc. dotta, lat. *lăthyro(n)*, dal gr. *láthyros*, di etim. incerta] s. m. ● (*bot.*) Erba galletta.

latiròstro [comp. del lat. *lātus* 'largo' e di *rostro*] agg. ● (*zool.*) Che ha becco largo e piatto.

latitànte [vc. dotta, lat. *latitānte(m)*, part. pres. di *latitāre* 'latitare'] agg.; anche s. m. e f. ● (*dir.*) Che, chi volontariamente si sottrae alla custodia cautelare, agli arresti domiciliari, al divieto di espatrio, all'obbligo di dimora o a un ordine di carcerazione.

latitànza [da *latitante*] s. f. *1* Stato, condizione di chi è latitante | *Darsi alla l.*, (*fig.*) alla clandestinità. *2* (*est.*, *fig.*) Assenza, mancanza di iniziativa: *la l. del governo nella questione della sanità*.

latitàre [vc. dotta, lat. *latitāre*, freq. di *latēre* 'essere nascosto', di etim. incerta] v. intr. (*io làtito*; aus. *essere*) ● (*raro, lett.*) Restare nascosto.

latitudinàle agg. ● Relativo alla latitudine.

latitudinàrio (1) agg. ● Latitudinale.

latitudinàrio (2) agg. e s. m. ● (*relig.*) Che, chi ha la tendenza ad interpretare elasticamente i dogmi e le teorie religiose in modo da permettere la salvezza a un maggior numero di uomini.

latitudinarìsmo [ingl. *latitudinar(ian)ism*, dall'agg. e s. *latitudinarian*, tratto dal lat. *latitūdine(m)* 'larghezza, ampiezza di vedute' e, quindi, 'tolleranza'] s. m. ● (*relig.*) Tendenza antidogmatica e tollerante sorta all'interno della chiesa anglicana nel sec. XVII, per reazione all'intransigenza puritana.

latitùdine [vc. dotta, lat. *latitūdine(m)*, da *lātus* 'largo'] s. f. *1* (*geogr.*) Distanza angolare di un luogo dall'equatore misurata (in gradi, minuti primi e minuti secondi) sul meridiano che passa per il luogo stesso. *2* (*lett.*) Estensione in larghezza. *3* Regione o territorio, relativamente alle sue caratteristiche climatiche: *piante, animali che non sopravvivono alle nostre latitudini*.

làto (1) [vc. dotta, lat. *lătus*, t. it.-celt., di etim. incerta] s. m. (pl. *làti*, raro †*làtora*, f.) *1* (*mat.*) Segmento o retta che limita una figura geometrica piana | Segmento che congiunge due vertici consecutivi di un poligono. *2* (*est.*) Parte, banda: *il l. destro della strada, di una nave*; *da un l. mi fa rabbia, dall'altro mi fa pena* | *D'altro l.*, d'altronde | *A l.*, a fianco | *Il l. di una medaglia, di una moneta*, la faccia | *Il l. di dentro, di fuori*, parte esterna o interna di q.c. | *Mettere, mandare a l.*, nel linguaggio calcistico, inviare il pallone oltre la linea che delimita longitudinalmente il campo | *I vari lati di una famiglia*, i suoi diversi rami | *Da l. di madre, di padre*, per parte materna, paterna | *Dal mio l.*, per parte mia | *Da un l. o da un altro*, da una parte o dall'altra | Verso, direzione: *mutare l.* *3* (*fig.*) Aspetto: *consideriamo la questione sotto, da tutti i lati*; *il l. politico del problema*. *4* (*raro*, *fig.*) Fazione politica: *il l. guelfo e quello ghibellino*.

làto (2) [vc. dotta, lat. *lātu(m)*, di etim. incerta] agg. *1* (*lett.*) Largo, spazioso: *per le late campagne* (SANNAZARO). *2* (*fig.*) Ampio, esteso: *intendere una frase in senso l.* | *Interpretazione lata*, estensiva. || **lataménte**, avv. (*lett.*) In modo lato.

latomìa o **latòmia** [vc. dotta, gr. *latomía*, comp. di *lâas* 'pietra', di etim. incerta, e un deriv. di *témnein* 'tagliare'] s. f. ● (*archeol.*) Cava di pietra riutilizzata poi come prigione: *le latomie di Siracusa*.

latóre [vc. dotta, lat. *latōre(m)*, da *lātus*, part. pass. di origine indeur. di *fĕrre* 'portare'] s. m. (f. *-trice*) ● Chi adempie all'incarico di portare o recapitare q.c. a qc. | (*raro*) Corriere.

-làtra [gr. *-látrēs*, in comp. collegati con *latréia* 'latria' (V.)] secondo elemento ● In parole composte, indica persona che pratica un determinato culto: *autolatra, idolatra*.

†**latraménto** s. m. ● Il latrare.

latràre [vc. dotta, lat. *latrāre*, da un s. non attestato, di origine indeur.] v. intr. (aus. *avere*) *1* Abbaiare con forza e insistenza: *il cane latra per avvertire del pericolo*. *2* (*fig.*) Gridare forte | Sbraitare contro qc. o q.c.

latràto [vc. dotta, lat. *latrātu(m)*, da *latrāre* 'latrare'] s. m. ● L'abbaiare intenso e prolungato del cane: *suscitò un'altra volta ... i latrati del cane* (VERGA).

†**latratóre** [vc. dotta, lat. *latratōre(m)*, da *latrātus* 'latrato'] s. m. (f. *-trice*) ● Persona maldicente | Detrattore.

latrèutico [gr. *latreutikós*, da *latréuein* 'servire a pagamento (*látron*, di etim. incerta)'] agg. (pl. m. *-ci*) ● (*lett.*) Relativo a latria.

latrìa [vc. dotta, gr. *latréia*, da *latréuein* 'servire a pagamento (*látron*, di etim. incerta)'] s. f. ● Forma di culto esterno, in cui il fedele si comporta come servo del suo dio | Nella teologia cattolica, culto che va prestato soltanto a Dio.

-latrìa [gr. *-latr(e)ía*, da *latréia* 'culto, adorazione, latria (V.)'] secondo elemento ● In parole composte, significa 'culto', 'adorazione': *egolatria, idolatria, monolatria*.

-làtrico secondo elemento ● Forma aggettivi corrispondenti ai sostantivi in *-latra*: *idolatrico*.

Latridìdi [dal gr. *lathrídios* 'nascosto', della stessa famiglia di *lanthánein* 'essere nascosto', di etim. incerta] s. m. pl. ● Nella tassonomia animale, famiglia di piccolissimi Coleotteri le cui larve e gli adulti vivono nei detriti vegetali e animali (*Lathridiidae*) | (al sing. *-e*) Ogni individuo di tale famiglia.

latrìna o (*raro*) †**laterìna** [vc. dotta, lat. *latrīna(m)*, per *la(va)trīna(m)* 'stanza da bagno, latrina', da *lavāre*, di origine indeur.] s. f. *1* Locale fornito di impianti igienici, spec. a uso pubblico. *2* (*est., raro*) Apparecchio sanitario destinato all'eliminazione dei rifiuti organici umani mediante sistemi ad acqua.

latrinàio s. m. ● (*raro*) Custode di latrina pubblica.

†**làtro** ● V. *ladro*.

†**latrocinàre** [vc. dotta, lat. *latrocināri* 'esser soldato mercenario', poi 'darsi al brigantaggio', da *lătro* 'ladro'] v. intr. ● Rubare con violenza.

latrocìnio ● V. *ladrocinio*.

†**latròcino** [da *latrocinare*] agg. ● Brigantesco.

latrùncolo [della stessa origine di *ladruncolo*] s. m. (f. *-a* nel sign. 1) *1* Ladruncolo. *2* Pietruzza per giocare | Scacco.

làtta (1) [dal sign. originario di *latta* (*2*) (?)] s. f. *1* Sottile lamiera di ferro ricoperta su ambo le facce di uno strato di stagno, usata per costruire recipienti di forma e impiego svariatissimi. *2* Recipiente di latta: *una l. di petrolio, di sardine*. || **lattìna**, dim. (V.) | **lattóne**, accr. m. (V.).

làtta (2) [lat. tardo *lăttam*, comune col celt. e germ., ma di origine incerta] s. f. *1* (*mar.*) Lata. *2* (*tosc.*) Colpo dato sul cappello, dall'alto in basso.

lattagògo o **lactagògo** [da *latte*, sul modello di *galattagogo*] s. m.; anche agg. (pl. m. *-ghi*) ● (*med.*) Galattagogo.

lattàio (1) [vc. dotta, lat. *lactāriu(m)* 'che appartiene al latte (*lăc*, genit. *lăctis*, di etim. incerta)'] **A** s. m. (f. *-a*) ● Venditore di latte. **B** agg. ● †Che ha o produce molto latte.

†**lattàio (2)** [da *latta* (*1*)] s. m. ● Chi fa o vende lavori in latta. SIN. Stagnino.

lattaiòlo [da *latte*] **A** s. m. *1* Dente da latte. *2* Torta di latte, uova, zucchero e cannella. *3* (*bot.*) Lattario. **B** anche agg. nel sign. 1: *dente l.*

lattalbumìna ● V. *lattoalbumina*.

lattàme [comp. di *latt(ico)* e *am(mid)e*] s. m. ● (*chim.*) Ammide ciclica.

lattammìde [comp. di *latt(ico)* e *ammide*] s. f. ● Ammide dell'acido lattico.

lattànte [vc. dotta, lat. *lactānte(m)*, part. pres. di *lactāre* 'lattare'] **A** agg. ● Di bambino o di piccolo mammifero che ancora prende il latte. **B** s. m. e f. ● Bambino nel primo anno di vita | (*scherz.*) Giovane inesperto o alle prime armi: *si dà arie da campione, ma è ancora un l.!*

†**lattànza** s. f. ● Tempo dell'allattamento.

†**lattàre** [vc. dotta, lat. *lactāre*, da *lăc*, genit. *lăctis* 'latte', di etim. incerta] **A** v. tr. ● Allattare (*anche ass.*): *allevano i figli ... per due anni lattando e più* (CAMPANELLA). **B** v. intr. ● Prendere il latte. SIN. Poppare.

lattarìna [dal lat. *lactārius* 'relativo al latte', col suff. di prodotto chim. *-ina*, sul modello del corrispondente ingl. *lactarine*] s. f. ● Miscuglio gelatinoso di caseina secca, ammoniaca e cloruro ammonico, usato come adesivo.

lattarìno ● V. *latterino*.

lattàrio [vc. dotta, lat. *lactāriu(m)*, da *lăc*, genit. *lăctis* 'latte', di etim. incerta] s. m. ● Fungo delle Agaricacee dei boschi di conifere, di colore arancio rossiccio, con cappello depresso al centro (*Lactarius deliciosus*). SIN. Lattaiolo.

lattàṣi [comp. di *latt(osio)* e *-asi*] s. f. ● Enzima contenuto nel succo intestinale, che scinde il lattosio in glucosio e galattosio.

lattàta [per il colore di *latte*] s. f. ● (*pop.*) Bibita preparata stemperando in acqua mandorle o altri semi pesti di orzo, melone, zucca o cocomero. SIN. Semata, orzata nel sign. 2.

lattàto (1) [vc. dotta, lat. *lactātu(m)*, part. pass. di *lactāre* 'lattare'] agg. *1* Bianco come il latte: *bianco l.*; *marmo l.* | *Fiore l.*, fiore d'arancio. *2* Che contiene o è fatto con latte | *Uova lattate*, sbattute e mischiate con latte caldo | *Minestra lattata*, zuppa con brodetto di uova e latte.

lattàto (2) [comp. di *latt(e)* e *-ato* (*2*)] s. m. ● (*chim.*) Sale o estere dell'acido lattico.

†lattatrice [da *lattare*] s. f. ● Allattatrice, balia.

lattazióne [vc. dotta, lat. *lactatiōne(m)*, da *lactātus* 'lattato'] s. f. *1* (*biol.*) Processo di secrezione del latte dalla mammella dopo il parto. *2* (*zool.*) Produzione di latte di una mucca in un anno.

làtte [lat. *lăcte(m)*, di etim. incerta] **A** s. m. *1* Liquido bianco e dolce, secreto dalle ghiandole mammarie dei mammiferi, impiegato come sostanza alimentare | *Fratello di l.*, chi ha avuto la stessa balia di un'altra persona, rispetto a questa | *Figlio di l.*, chi è stato allattato da una balia, rispetto a questa | *Bambino, figlio di l., da l.*, lattante | *Da l.*, di animale non ancora svezzato | *Levare, togliere il l.*, divezzare | *Denti di l.*, i primi che spuntano ai bambini | *Avere il l. alla bocca*, (*fig.*) essere ancora nella prima infanzia | *Sapere, puzzare la bocca di l.*, si dice di ragazzi che vogliono fare cose più grandi di loro | *Succhiare q.c. col l.*, (*fig.*) si dice di principi, insegnamenti e sim. appresi fin dalla prima infanzia | *Essere come la mosca nel l.*, di ciò che risalta troppo | (*fig.*) *Essere un l.*, di cosa molto tenera o molto bianca | (*fig.*) *Essere l. e sangue*, di chi ha un bel colorito | (*fig.*) *Nuotare in un mare di l.*, essere felice | (*fig.*) *Far venire il l. alle ginocchia*, annoiare, seccare oltre misura | *Il l. dei vecchi*, (*fig.*) il vino. *2* Alimento costituito da latte animale munto: *l. di mucca, di bufala, di capra, di pecora, d'asina*; *centrale del l.* | *L. crudo*, appena munto | *L. pastorizzato*, liberato dai germi patogeni mediante pastorizzazione, conservabile solo per alcuni giorni | *L. sterilizzato a lunga conservazione*, sottoposto a trattamento termico per distruggerne tutti i microrganismi presenti e garantirne la conservabilità per almeno 4 mesi a temperatura ambiente | *L. omogeneizzato*, avente i globuli grassi sminuzzati | *L. umanizzato, maternizzato*, di mucca o altra bestia trattato in modo da avvicinarlo alla composizione e ai caratteri di quello di donna | *L. magro, scremato*, privato in tutto o in parte del grasso o della panna | *L. centrifugato*, che è stato sottoposto a centrifugazione | *L. uperizzato*, che è stato sottoposto a uperizzazione | *L. concentrato, evaporato, condensato*, di cui è stato ridotto parzialmente il contenuto d'acqua | *L. secco, in polvere*, di cui è stato eliminato totalmente il contenuto d'acqua. *3* Alimento a base di latte, contenente latte | *L. alla crema, alla portoghese, brulé*, crème caramel | *L. e miele*, V. *lattemiele* | *L. di gallina*, tuorlo d'uovo stemperato in latte o acqua zuccherata, con aggiunta di cognac o rum | *Fior di l.*, la panna del latte; tipo di mozzarella particolarmente tenera e magra | (*est.*) Cibo prelibato, leccornia. *4* Liquido bianco come il latte: *l. di calce, di magnesia* | *L. di cocco*, bevanda lattiginosa estratta dalla polpa delle noci di cocco | *L. di mandorle*, bevanda lattiginosa estratta dalle mandorle dolci | *L. verginale o di bellezza*, cosmetico di resine aromatiche sciolte in acqua di rose o latte di mandorle | *L. detergente*, cosmetico lattiginoso usato per pulire a fondo la pelle. *5* (*bot.*) Succo, latice | *Albero del l.*, nome pop. attribuito a varie piante, dotate di vasi laticiferi. *6* (*bot.*) *L. di gallina*, liliacea con cipolla biancastra circondata da cipolline più piccole e fiori a stella di color bianco latte (*Ornithogalum umbellatum*). *7* (*zool.*) *L. di pesce*, liquido seminale dei pesci | *Aringhe di l.*, maschi delle aringhe. **B** in funzione di agg. inv. ● (posposto al s.) Nella loc. *bianco l.*, di colore bianco come il latte. ‖ **latticèllo**, dim. (V.).

làtte e mièle o **làtte e mièle** ● V. *lattemiele*.

latteggiàre [comp. di *latt(e)* e *-eggiare*] v. intr. (*io lattéggio*; aus. *avere*) ● Emettere succhi o umori lattiginosi.

lattemièle o **†lattemèle, làtte e mièle, lattemmièle** [comp. di *latte* e *miele*] **A** s. m. *1* Panna montata. *2* (*fig., est.*) Situazione, cosa molto od oltremodo agevole o piacevole | *Al l.*, senza vigore e perciò anche senza efficacia reale. **B** agg. ● (*fig., est.*) Benevolo, conciliante, bendisposto: *mi sento l. stamattina* (FOGAZZARO) | Oltremodo gentile, affabile, premuroso, sino a dar l'idea dello stucchevole o della simulazione: *essere, sembrare l.*

làtteo [vc. dotta, lat. *lăcteu(m)*, da *lăc*, genit. *lăctis* 'latte'] agg. *1* Di latte, a base di latte: *dieta lattea* | *Farina lattea*, impasto di farina, zucchero e latte, cotto al fuoco poi macinato, per alimento dei bambini. *2* (*med.*) *Febbre lattea*, che compare durante la montata lattea | *Crosta lattea*, eczema squamoso che colpisce la cute della testa dei lattanti. SIN. Lattime | *Montata lattea*, lattogenesi. *3* Che è simile al latte: *liquido, colore l.* | (*astron.*) *Via Lattea*, fascia biancastra che si staglia sulla sfera celeste, formata da una enorme quantità di stelle che giacciono su un ramo della galassia spirale cui appartiene il sistema solare.

latterìa s. f. *1* Negozio dove si vendono ed eventualmente si consumano il latte e i suoi derivati. *2* Stabilimento di lavorazione del latte per la produzione di burro, formaggio e altri latticini | *L. sociale*, associazione fra produttori di latte | *Formaggio di l.*, formaggio fresco a pasta morbida, di latte vaccino, tipico delle regioni venete. *3* Locale per il deposito del latte da trasformare in burro o in formaggio. ➡ ILL. p. 353 AGRICOLTURA.

latterìno o (*rom.*) **lattarìno** [forma pop. di *aterina* con sovrapposizione di *latte*] s. m. *1* Piccolo pesce molto simile all'acciuga ma meno pregiato, che vive in branchi nei mari italiani (*Atherina mochon*). *2* (*spec. al pl.*) Minutaglia di pesciolini molto giovani. SIN. Bianchetto.

lattescènte [vc. dotta, lat. *lactescĕnte(m)*, part. pres. di *lactēscere*, incoativo di *lactēre*, da *lăc*, genit. *lăctis* 'latte'] agg. ● Di aspetto simile al latte.

lattescènza s. f. ● Qualità di lattescente.

làttice e *deriv.* ● V. *latice* e *deriv.*

latticèllo [propriamente dim. di *latte*] s. m. ● Liquido che rimane nella zangola dopo la sbattitura e l'estrazione della crema di un latte inacidito.

latticemìa [comp. di (*acido*) *lattic(o)* e di un deriv. del gr. *hâima* 'sangue'] s. f. ● (*med.*) Aumento dell'acido lattico nel sangue.

latticìfero ● V. *laticifero*.

latticìnio o (*improprio ma più comune*) **latticìno** [vc. dotta, lat. *lacticīniu(m)*, da *lăc*, genit. *lăctis* 'latte'] s. m. spec. al pl. ● Ogni prodotto alimentare derivato dalla lavorazione del latte, come burro, panna, ricotta, iogurt, formaggi spec. freschi e non fermentati: *negozio di latticini*; *una dieta a base di latticini*.

latticìno [per l'abbondanza di *lattice*] s. m. ● (*bot.*) Scorzonera.

†latticinóso ● V. *lattiginoso*.

làttico [comp. di *latt(e)* e *-ico*] agg. (pl. m. *-ci*) *1* Di, relativo al latte: *fermento l.* | (*chim.*) *Acido l.*, ossiacido monobasico usato come acidulante, mordente, depilante e caustico. *2* (*chim.*) Che produce acido lattico: *fermento l.*; *fermentazione lattica*.

làttide [comp. di *latt(e)* e *-ide*] s. m. ● (*chim.*) Composto ciclico ottenuto dall'acido lattico che, per riscaldamento, si scinde in acetaldeide e ossido di carbonio.

lattièra (1) [da *latte*] s. f. *1* Recipiente per servire a tavola il latte caldo. *2* Recipiente per il latte appena munto.

lattièra (2) [da *latta* (*1*)] s. f. ● Fabbrica di latta.

lattièro [da *latte*] agg. ● Che concerne la produzione, la lavorazione o il commercio del latte: *mercato l.*

lattìfero [vc. dotta, lat. *lactĭferu(m)*, comp. di un deriv. di *lăc*, genit. *lăctis* 'latte' e *-ferum* '-fero'] agg. *1* Che ha o produce latte: *vacca lattifera*. *2* Che porta il latte: *canali lattiferi*. *3* Detto di pianta che geme latice se recisa.

lattìfugo [comp. del lat. *lăc*, genit. *lăctis* 'latte', e di *-fugo*] agg. (pl. m. *-ghi*) ● Detto di rimedio che arresta la secrezione lattea.

lattìgeno [comp. del lat. *lăc*, genit. *lăctis* 'latte', e di *-geno*] agg. ● Che produce latte.

lattiginóso o **†latticinóso** [formazione sul tipo di *caliginoso, ferruginoso*, e sim.] agg. *1* Simile al latte per colore, consistenza e sim.: *liquido, succo l.*; *la nuvola, da grigia si fa lattiginosa e lucida* (CALVINO). *2* Che produce latice.

lattime [dal (*velo del*) *latte*, cui si rassomiglia] s. m. ● (*pop.*) Crosta lattea.

lattimo [da *latte*] s. m. ● Vetro bianco opaco, fatto a imitazione della porcellana.

lattina [da *latta* (*1*)] s. f. *1* Dim. di *latta* (*1*). *2* Piccolo recipiente ermeticamente chiuso destinato a contenere spec. prodotti alimentari come bibite e sim. | (*est.*) Quanto può essere contenuto in una lattina: *bere una l. di birra*. *3* (*fam.*) Piccola imbarcazione di alluminio.

lattivéndolo [comp. di *latte* e un deriv. di *vendere*, proprio di analoghe composizioni] s. m. (f. *-a*) ● (*raro*) Lattaio.

†lattìzio [da *latte*, per il colore chiaro] s. m. ● Pelle di animale poppante.

lattoalbumìna o **lattalbumìna** [comp. di *latt(e)* e *albumina*] s. f. ● Albumina del latte.

Lattobacillàcee [dal genere *Lactobacillus* (V. *lattobacillo*)] s. f. pl. ● (*biol.*) Famiglia comprendente batteri non patogeni diffusi in natura (per es. nei latticini e nei vegetali) e gram-positivi a forma di bastoncino o di cocco, in grado di fermentare il glucosio in acido lattico (*Lactobacillaceae*).

lattobacìllo [comp. di *latte* e *bacillo*] s. m. ● Batterio che provoca la fermentazione degli zuccheri con produzione di acido lattico (*Lactobacillus*).

lattodensìmetro [comp. di *latte*, *densi(tà)* e *-metro*] s. m. ● Strumento per determinare la densità del latte.

lattodótto [comp. di *latt(e)* e *-dotto*] s. m. ● Impianto di condutture per il trasporto del latte dalle zone di produzione a quelle di raccolta.

lattofermentatóre [comp. di *latte* e *fermentatore*] s. m. ● Apparecchio per il controllo sanitario del latte.

lattoflavìna [comp. di *latt(e)* e *flavina*] s. f. ● (*chim.*) Pigmento giallo isolato dal latte, chimicamente identico alla riboflavina.

lattogènesi [comp. di *latte* e *genesi*] s. f. ● (*biol.*) Flusso latteo alla mammella subito dopo il parto. SIN. Montata lattea.

lattogenètico **A** s. m. (pl. m. *-ci*) ● Farmaco, in genere di natura ormonica, capace di indurre la secrezione lattea in mammelle non secernenti. SIN. Lattogeno. **B** anche agg. (pl. m. *-ci*): *sostanza lattogenetica*.

lattògeno agg.; anche s. m. ● Lattogenetico.

lattóne (1) [accr. di *latta* (*1*)] s. m. ● Arnese in latta per adattarvi lo spiedo.

lattóne (2) [da *latte*] **A** agg. ● Detto di giovane animale, che prende ancora il latte. **B** s. m. ● Maialino, vitello lattone.

lattóne (3) [comp. di *latt(e)* e *-one*] s. m. ● (*chim.*) Composto eterociclico che si ottiene da un ossiacido per disidratazione interna tra il gruppo acido e il gruppo ossidrilico.

lattonerìa [da *lattoniere*] s. f. ● In uno stabilimento industriale, reparto riservato ai lattonieri e ai loro materiali.

lattonière [da *lattone*, accr. di *latta* (*1*)] s. m. ● Stagnaio.

lattónzo [da *latte*, col suff. *-onzo*] s. m. ● Lattonzolo.

lattónzolo [da *lattonzo*, col suff. ampliato] s. m. *1* Animale che prende ancora il latte, detto spec. di maiale o vitello. *2* (*raro, fig.*) Giovanetto ingenuo e inesperto.

lattoscòpio [comp. di un deriv. dal lat. *lăc*, genit. *lăctis* 'latte' e *-scopio*] s. m. ● Apparecchio atto a determinare la percentuale di sostanza grassa contenuta nel latte in base al suo grado di opacità.

lattòsio [fr. *lactose*, dal lat. *lăc*, genit. *lăctis* 'latte' col suff. *-ose* '-os(i)o'] s. m. ● Disaccaride costituito da galattosio e glucosio contenuto nel latte, usato come eccipiente ed edulcorante e nell'alimentazione dei bambini.

†lattóso [vc. dotta, lat. tardo *lactōsu(m)*, da *lăc*, genit. *lăctis* 'latte'] agg. ● Abbondante di latte, che dà latte.

lattovàro ● V. *elettuario*.

lattuàrio ● V. *elettuario*.

†lattùca ● V. *lattuga*.

lattucàrio [da *lattuca*, sul tipo del lat. *lactucāriu(m)* 'venditore di lattughe'] s. m. ● Latice contenuto in alcune specie di lattuga, impiegato come sedativo, ipnotico debole o disintossicante.

lattùga o **†lattùca** [lat. *lactūca(m)*, f. dell'agg. *lactūcus*, da *lăc*, genit. *lăctis* 'latte' per l'umore contenuto] s. f. *1* Composita erbacea con foglie dentellate e capolini giallo pallido, coltivata in molte varietà (*Lactuca sativa*) | *L. selvatica*, specie dalla quale sono state ottenute le varietà coltivate (*Lactuca scariola*) | *L. romana*, con lunghe foglie a margini ondulati (*Lactuca scariola* varietà *sativa longifolia*) | *L. velenosa*, spontanea e comune, contiene un latice bianco (*Lactuca virosa*) | *L. di* *mare*, alga verde, macroscopica, con fronda ovata crespa e ondulata, molto comune sulle coste italiane, ove rappresenta una conseguenza dell'inquinamento (*Ulva lactuca*). ➡ ILL. **alga**. *2* Volantino bianco pieghettato, a più strati con o senza pizzo, che un tempo ornava sul davanti la camicia maschile. ‖ **lattughina**, dim. (V.) | **lattugóne**, accr. m. (V.).

lattughèlla [dim. di *lattuga*] s. f. ● (*bot.*) Dolcetta.

lattughina [dim. di *lattuga*] s. f. *1* Dim. di *lattuga*. *2* (*bot.*) Dolcetta.

lattugóne s. m. *1* Accr. di *lattuga*. *2* (*bot.*) Cardo selvatico.

†**lattùme** [da *lattime* per influsso del corrispondente sp. *lactumen*] s. m. ● Lattime.

làuda o †**làude** [vc. dotta, lat. *lăude(m)*, di etim. incerta] s. f. (pl. *-e* o *-i*) *1* Componimento in lode di Dio o dei Santi, usato nel sec. XIII e seguenti, nel metro della ballata, cantato in coro | *L. drammatica*, a dialogo, che si recitava come un dramma, nelle confraternite. *2* †Lode.

†**laudàbile** [vc. dotta, lat. *laudābile(m)*, da *lāus*, genit. *lāudis* 'lode'] agg. ● Lodabile. ‖ †**laudabilménte**, avv.

†**laudabilità** [vc. dotta, lat. *laudabilitāte(m)*, da *lāus*, genit. *lāudis* 'lode'] s. f. ● Lodabilità.

†**laudaménto** s. m. ● Lode.

laudanìna [comp. di *laudan(o)* e *-ina*] s. f. ● Alcaloide dell'oppio a notevole azione convulsivante.

làudano [lat. *lădanu(m)*, dal gr. *ládanon*, di origine semitica, con sovrapposizione di *laudāre* 'lodare', per le sue virtù terapeutiche (?)] s. m. ● Medicamento a base di oppio, zafferano, cannella, garofano e alcol, usato come analgesico spec. nei dolori di origine addominale.

laudanosìna [comp. di *laudano* col suff. di prodotto chim. *-(s)ina*] s. f. ● Alcaloide dell'oppio.

†**laudàre** [vc. dotta, lat. *laudāre*, da *lāus*, genit. *lāudis* 'lode'] v. tr. ● Lodare.

laudàrio [da *laude* col suff. di analoghe raccolte (*antifonario*, *breviario*)] s. m. ● Raccolta di laudi, delle confraternite.

laudatìvo [vc. dotta, lat. *laudatīvu(m)*, da *lāus*, genit. *lāudis* 'lode'] agg. ● Che serve a lodare: *discorso, orazione laudativa*. ‖ **laudativaménte**, avv.

†**laudatóre** [vc. dotta, lat. *laudatōre(m)*, da *laudātus* 'laudato'] agg.; anche s. m. (f. *-trice*) ● (*raro*) Lodatore.

laudatòrio [vc. dotta, lat. tardo *laudatōriu(m)*, da *laudātus* 'laudato'] agg. ● (*raro*) Di lode.

†**laudazióne** [vc. dotta, lat. *laudatiōne(m)*, da *laudātus* 'laudato'] s. f. ● Lode, panegirico.

†**làude** ● V. *lauda*.

laudèmio [vc. dotta, lat. mediev. *laudēmiu(m)*, da *laudāre* (nel senso di 'approvare'), come *blasphēmiu(m)*, da *blasphemāre* 'bestemmiare'] s. m. ● Nel mondo medievale, prestazione, normalmente in denaro, dovuta al concedente dall'enfiteuta al momento del trasferimento del diritto di enfiteusi.

laudése s. m. ● Nel Medioevo, autore o esecutore di laude sacre | Membro di confraternite laiche del XIII sec. che si riunivano per cantare laude sacre.

†**laudévole** [da *laudabile* con sovrapposizione di *lodevole*] agg. ● Lodevole. ‖ †**laudevolménte**, avv. Lodevolmente.

†**laudevolézza** s. f. ● Lodevolezza.

laudìsta s. m. (pl. *-i*) ● Laudese | Scrittore di laude.

launéddas [vc. sarda, di etim. incerta, forse di origine prelatina] s. f. pl. ● Strumento popolare sardo a fiato con tre canne.

launegìldo [comp. di origine germ., che si analizza 'denaro (nel ted. odierno *Geld*) per compenso (in got. *laun*)'] s. m. ● Nel diritto longobardo, somma od oggetto che il destinatario di una donazione doveva al donatore come corrispettivo simbolico (infatti gli atti di mera liberalità non erano ammessi).

làura [vc. dotta, gr. *láura*, di etim. incerta] s. f. ● (*relig.*) Forma di organizzazione del monachesimo orientale nella quale i religiosi vivevano con regola mista fra la cenobitica e l'eremitica | Il monastero proprio di tale forma monastica.

Lauràcee [vc. dotta, comp. del lat. *lăurus* 'lauro' e del suff. *-acee*] s. f. pl. ● Nella tassonomia vegetale, famiglia di piante arboree o arbustive delle Dicotiledoni con foglie coriacee, sempreverdi, ricche di oli aromatici (*Lauraceae*) | (al sing. *-a*) Ogni individuo di tale famiglia. ➡ ILL. **piante** /3.

làurea [vc. dotta, lat. *lăurea(m)*, sott. *corōna(m)* '(corona) d'alloro', da *lăurus* 'lauro'] s. f. *1* †Corona d'alloro. *2* Titolo di dottore conferito a chi ha compiuto l'intero ciclo di studi universitari previsto per una certa materia: *prendere la l. in medicina, ingegneria, giurisprudenza* | *L. ad honorem*, *l. honoris causa*, titolo di dottore conferito eccezionalmente, per meriti speciali | *L. breve*, diploma universitario ottenibile dopo tre anni di corso | *Esame di l.*, nel quale si discute la propria tesi di laurea | (*est.*, *fam.*) Dissertazione della tesi di laurea: *la mia l. è fissata per domani*. *3* †Laureazione.

laureàndo [vc. dotta, lat. *laureāndu(m)*, part. fut. passivo di *laureāre* 'laureare'] agg.; anche s. m. (f. *-a*) ● Che, chi è in procinto di laurearsi.

laureàre [vc. dotta, lat. *laureāre*, rifacimento da *laureātus*, da *lăurus* 'lauro'] **A** v. tr. (*io làureo*) *1* (*lett.*) Coronare d'alloro. *2* Addottorare: *l. qc. in matematica, in filosofia*. *3* (*sport*) Assegnare un titolo di campione. **B** v. intr. pron. *1* Ottenere la laurea: *si laureò brillantemente*. *2* (*sport*) Ottenere un titolo di campione.

laureàto A part. pass. di *laureare*; anche agg. ● Nei sign. del v. **B** s. m. (f. *-a*) ● Chi ha conseguito il titolo di dottore: *tutti i laureati in fisica sono convocati per domani*.

†**laureazióne** s. f. ● Cerimonia del conferimento della laurea.

laurenziàno (1) [dal lat. *Laurēntiu(m)* 'Lorenzo'] agg. *1* Di San Lorenzo: *basilica laurenziana*. *2* Di Lorenzo de' Medici (1449-1492) o della famiglia Medici: *biblioteca laurenziana*.

laurenziàno (2) [ingl. *laurentian*, dal n. del fiume *S. Lorenzo*] agg. ● Del fiume S. Lorenzo dell'America Settentrionale | (*geol.*) *Periodo l.*, il periodo più antico dell'era arcaica.

laurènzio o **lawrèncio**, **lorènzio** [adattamento dell'ingl. *lawrencium*, dal n. del fisico amer. E. O. *Lawrence* (1901-1958)] s. m. ● Elemento chimico, metallo transuranico ottenuto artificialmente. SIMB. Lr.

†**làureo** [vc. dotta, lat. *lăureu(m)*, da *lăurus* 'lauro'] agg. ● Di lauro.

laurèola (1) [vc. dotta, lat. *laureola(m)* 'coroncina di lauro, piccolo trionfo', da *lăurus* 'lauro'] s. f. ● Arbusto delle Timeleacee sempreverde, con fiori odorosi verde giallognolo e radici purgative (*Daphne laureola*).

†**laurèola (2)** ● V. *aureola*.

lauretàno o **loretàno** [dal n. lat. della città, *Laurētu(m)*, letteralmente 'laureto'] agg. ● Relativo a Loreto, cittadina in provincia di Ancona | Relativo al santuario che, in questa località, è dedicato alla Madonna: *litanie lauretane*.

lauréto [vc. dotta, lat. *laurētu(m)*, da *lăurus* 'lauro' col suff. coll. *-ētum* '-eto'] s. m. ● Terreno piantato a lauri | Bosco di allori: *un fresco et odorifero l.* (PETRARCA).

làurico [da *laurina*] agg. (pl. m. *-ci*) ● Detto di acido grasso contenuto spec. nell'olio di lauro e di cocco, che si presenta in cristalli incolori.

†**laurìcomo** [vc. dotta, lat. *lauricomu(m)*, comp. di *lăurus* 'lauro' e un deriv. di *cŏma* 'chioma'] agg. ● (*poet.*) Che ha la chioma coronata d'alloro: *Apollo l.*

†**laurìfero** [vc. dotta, lat. *laurĭferu(m)*, comp. di *lăurus* 'lauro' e *-ferum* '-fero'] agg. ● Che produce alloro.

†**laurìgero** [vc. dotta, lat. *laurĭgeru(m)*, comp. di *lăurus* 'lauro' e un deriv. di *gĕrere* 'portare', di etim. incerta] agg. *1* (*poet.*) Che ha foglie simili a quelle del lauro: *le rose / del l. oleandro* (D'ANNUNZIO). *2* (*raro*) Che porta ornamenti d'alloro.

laurìna [vc. dotta, lat. *laurīna(m)*, agg. f. di *lăurus* 'lauro'] s. f. ● (*chim.*) Trigliceride dell'acido laurico contenuto nell'olio di cocco, di palma e sim.

laurìno [vc. dotta, lat. *laurīnu(m)*, da *lăurus* 'lauro'] agg. ● Detto di olio medicinale ottenuto per torchiatura delle drupe fresche dell'alloro.

†**lauripotènte** [vc. dotta, lat. *lauripotēnte(m)* 'dio cui è sacro l'alloro, Apollo', comp. di *lăurus* 'lauro' e *pŏtens*, genit. *potēntis* 'potente'] agg. ● (*poet.*) Di Apollo che col ramo di lauro aveva potenza divinatrice.

laurìṣmo [dal n. di Achille *Lauro* (1887-1982), sindaco di Napoli negli anni '50] s. m. ● Tipo di politica clientelare e corrotta.

làuro [vc. dotta, lat. *lăuru(m)*, termine mutuato da una l. indigena mediterr., non indeur.] s. m. *1* (*lett.*, *bot.*) Alloro | *L. ceraso*, V. anche *lauroceraso*. *2* (*fig.*) Emblema di gloria e sim.: *conquistare il l. della vittoria* | *L. poetico*, *l. di Parnaso*, (*ell.*) *lauro*, gloria poetica | *L. olimpico*, vittoria ottenuta alle Olimpiadi.

lauroceràṣo o **làuro ceràṣo** [comp. di *lauro* 'alloro' e *ceraso* 'ciliegio'] s. m. ● Albero o frutice delle Rosacee con foglie persistenti, lucide, coriacee, usate come calmante per tosse e vomito (*Prunus laurocerasus*).

lautézza [lat. *lautĭtia(m)*, da *lāutus* 'lauto'] s. f. ● (*raro*) Qualità di ciò che è lauto: *la l. di un ricevimento*; *le delizie de' giardini d'Alcinoo, la magnificenza della sua reggia e la l. delle sue cene* (VICO). SIN. Abbondanza, magnificenza.

làuto [vc. dotta, lat. *lāutu(m)* (da *lavāre*), propr. 'bagnato, lavato', poi 'elegante, distinto' e quindi 'ricco', perché anticamente il lavarsi era segno di distinzione] agg. ● Abbondante, splendido, sontuoso: *pranzo, trattamento l.* ‖ **lautaménte**, avv. In modo lauto: *mangiare lautamente*.

†**lauzzìno** ● V. *aguzzino*.

làva [vc. nap., dal lat. *lābe(m)* 'caduta, crollo, distruzione', da *labēre* 'scivolare', di etim. incerta] s. f. *1* Magma traboccante alla superficie allo stato fluido | Magma solidificato alla superficie, in colate subaeree e subacquee, emesso da un condotto vulcanico. ➡ ILL. p. 819 SCIENZE DELLA TERRA ED ENERGIA. *2* (*fig.*) †Rivo di sangue | †Masse d'acqua scorrenti.

lavaàuto o **làva àuto** [comp. di *lava(re)* e *auto*] s. m. e f. ● Chi è addetto al lavaggio delle automobili.

lavabiancherìa [comp. di *lava(re)* e *biancheria*] s. f. inv. ● Macchina per lavare la biancheria.

lavabicchièri [comp. di *lavare* e il pl. di *bicchiere*] s. m. ● Arnese terminante a un'estremità in una piccola spazzola rotonda, usato, spec. nei bar, per lavare i bicchieri.

lavàbile agg. ● Che si può lavare senza danni: *guanti lavabili*.

lavabilità s. f. ● Qualità di ciò che è lavabile.

lavàbo [vc. dotta, lat. *lavābo*, letteralmente 'laverò', parola iniziale della formula (dal salmo XXVI) che accompagnava la lavatura delle mani del sacerdote durante la messa, passata poi a designare la 'pila della sacrestia' e quindi, dapprima in fr., il 'lavamano'] s. m. (pl. *lavàbi* o *lavàbo*) *1* Nella liturgia cattolica, ampolla che contiene l'acqua della quale il celebrante si serve per lavarsi le mani | Acquaio della sagrestia, destinato allo stesso uso | Parte della messa, dopo l'Offertorio, in cui il celebrante si lava le mani recitando il salmo omonimo. *2* Lavandino per lavarsi le mani. *3* Lavamano elegante, solitamente su treppiede smaltato. *4* Stanza per lavarsi.

lavabottìglie [comp. di *lava(re)* e il pl. di *bottiglia*] s. m. inv. ● Arnese per lavare le bottiglie.

†**lavacàpo** [comp. di *lava(re)* e *capo*] s. m. ● Lavata di capo.

†**lavacàrne** [comp. di *lava(re)* e *carne*] s. m. inv. ● Sguattero.

lavacassonétti [comp. dell'imperat. di *lavare* e del pl. di *cassonetto*] **A** s. m. ● Automezzo dotato di dispositivo per il lavaggio e la disinfezione dei cassonetti per i rifiuti solidi urbani. **B** anche agg.: *camion l.*

†**lavacéci** [comp. di *lava(re)* e il pl. di *cece*] s. m. e f. ● (*tosc.*) Persona dappoco.

lavacristàllo [comp. di *lava(re)* e *cristallo*] s. m. ● Accessorio montato sugli autoveicoli, che serve a spruzzare acqua sul parabrezza per lavarlo durante la marcia.

lavàcro [vc. dotta, lat. tardo *lavācru(m)*, da *lavāre* 'lavare', di etim. incerta] s. m. *1* Bagno, lavaggio | *L. di sangue*, martirio. *2* (*fig.*) Purificazione: *il l. delle colpe*. *3* Recipiente per lavarsi | *Santo l.*, il fonte battesimale o il Battesimo stesso. *4* (*lett.*) Corso d'acqua: *pe' lavacri / che da' suoi gioghi a te versa Appennino* (FOSCOLO).

lavadìta [comp. di *lava(re)* e il pl. di *dito*] s. m. inv.

• Vaschetta o ciotola con acqua che si mette in tavola per lavarsi le dita alla fine del pasto.

lavafàro o **lavafàri** [comp. dell'imperat. di *lavare* e *faro*] s. m. inv. • Acrt. di *lavatergifaro*.

lavafrùtta [comp. di *lava(re)* e *frutta*] s. m. inv. • Vaschetta o ciotola di vetro, cristallo, argento e sim. in cui a tavola si lava la frutta, spec. quella di piccole dimensioni, prima di mangiarla.

lavaggiatóre [da *lavaggio*] s. m. • Operaio addetto a operazioni di lavaggio.

lavaggino [da *lavaggio*] s. m. • Manovale tessile che lava gli stracci.

lavàggio [fr. *lavage*, da *laver* 'lavare'] s. m. *1* Atto, effetto del lavare: *il l. del ponte di una nave* | *L. a secco*, sgrassatura di fibre tessili o di manufatti eseguita con solventi organici, quali trielina, benzina e sim. | (*fig.*) *L. del cervello*, processo per cui, con sistemi psichici e fisici coercitivi, si cerca di privare la psiche di una persona del suo patrimonio ideologico abituale, allo scopo di sostituirlo con nuove idee e concetti. *2* Nell'industria tessile, sgrassatura della lana | Operazione che precede e segue il candeggio dei tessuti di cotone da stampare. *3* (*med.*) Tecnica terapeutica consistente nell'immissione in una cavità mucosa di un liquido detersivo o antisettico. *4* (*fot.*) Trattamento per eliminare dal negativo l'iposolfito e i residui dei sali metallici. *5* (*mecc.*) Fase del ciclo di funzionamento del motore a due tempi, in cui i gas combusti residui vengono cacciati dalla camera di combustione da aria o miscela fresca.

lavaggìsta s. m. e f. (pl. m. *-i*) • Lavamacchine.

lavàgna [dal n. della località ligure dove è estratta, *Lavagna*, prob. dal n. etnico dei *Lāevi* col suff. coll. *-agna*] s. f. *1* (*miner.*) Ardesia. *2* Lastra di ardesia appositamente montata per scrivervi o disegnarvi col gesso: *ogni aula ha la sua l.*; *scrivere un esercizio alla l.* | *L. di panno*, sussidio didattico consistente in un panno scuro che si appende al muro o sulla lavagna di ardesia e su cui si collocano figure e simboli vari in cartone adesivo | *L. bianca*, pannello di laminato plastico di colore bianco, solitamente appeso al muro per scrivervi o disegnarvi con particolari penne a feltro dal segno agevolmente cancellabile | *L. luminosa*, sussidio didattico consistente in un apparecchio che proietta su schermo disegni o scritti tracciati su fogli di acetato trasparente. || **lavagnàccia**, pegg. | **lavagnétta**, dim. | **lavagnina**, dim.

†**lavagnino** agg. • Fatto a scaglie come la lavagna.

†**lavagnóso** agg. • Lavagnino.

lavallière /fr. lava'ljɛr/ [tardo recupero (sec. XIX) del n. della favorita del re Sole, L.-F. de *La Vallière* (1644-1710)] s. f. inv. • Larga cravatta morbida, generalmente nera, annodata a fiocco, un tempo portata da artisti o da chi aderiva a ideologie anarchiche o repubblicane.

lavamàcchine [comp. di *lava(re)* e il pl. di *macchina*] s. m. inv. • Chi, in garage e sim., lava le autovetture.

lavamàno [comp. di *lava(re)* e *mano*] s. m. inv. • Mobile costituito da un treppiede spec. di ferro che sorregge un catino e una brocca di acqua per lavarsi le mani e il viso, usato nelle abitazioni non fornite di impianto idraulico | Lavabo, lavandino.

†**lavaménto** s. m. • Modo e atto del lavare o del lavarsi | Liquido con cui si lava.

lavamoquètte /semi-fr. lavamo'kɛt/ [comp. dell'imperat. di *lavare* e *moquette*] s. f. inv. • Elettrodomestico per lavare pavimenti rivestiti di moquette.

lavànda (1) [vc. dotta, lat. *lavănda*, nt. pl. del ger. di *lavāre* 'lavare'] s. f. *1* L'operazione del lavare o del lavarsi | *Acqua di l.*, sulle navi, acqua dolce non potabile usata per l'igiene personale, il lavaggio della biancheria e sim. *2* (*med.*) Processo di lavaggio a scopo di detersione o disinfezione: *l. vaginale* | *L. gastrica*, lavaggio dello stomaco con acqua o liquidi appropriati, mediante apposita sonda, per allontanare sostanze nocive ingerite. *3* Soluzione di farmaci disinfettanti o astringenti, usata per irrigare mucose malate. *4* Nella liturgia cattolica e orientale, rito della Settimana Santa, nel corso del quale il sacerdote lava i piedi a dodici poveri | Abluzione delle mani inserita nella liturgia della messa dopo l'Offertorio.

lavànda (2) [perché usata per profumare l'acqua per *lavarsi*] s. f. *1* Genere di piante suffruticose delle Labiate, con fusti cespitosi, foglie opposte lanceolate, fiori blu profumatissimi in spighe terminali, comprendente varie specie (*Lavanda*) | (*per anton.*) Pianta appartenente al genere Lavanda: *fiori di l.*; *un mazzetto di l.* | *L. bastarda*, lavandino. *2* Profumo a base d'essenza di lavanda, ottenuta per distillazione dai fiori dell'arbusto omonimo.

lavandàia o (*dial.*) †**lavandàra**. s. f. *1* Donna che fa il bucato per mestiere. *2* (*fig.*) Donna rozza e volgare: *parlare come una l.* || **lavanderina**, dim.

lavandàio o (*dial.*) †**lavandàro** [dal lat. *lavănda* (nt. pl.) 'cose che devono essere lavate', dal v. *lavāre* 'lavare', col suff. *-aio*, proprio di mestieri] s. m. (f. *-a* (V.)) *1* Chi lava i panni per mestiere. *2* (*tess.*) Candeggiatore di filati o tessuti.

†**lavandàra** • V. *lavandaia*.

†**lavandàrio** s. m. • Brocca per sciacquarsi le mani.

†**lavandàro** • V. *lavandaio*.

lavanderìa s. f. • Stabilimento, locale attrezzato appositamente per il lavaggio di biancheria e indumenti in genere | *L. a secco*, dove si pratica il lavaggio a secco.

lavandéto [da *lavanda* (*2*)] s. m. • Terreno coltivato a lavanda.

†**lavandière** s. m. • Lavandaio.

lavandino (1) [da *lavanda* (*1*), attraverso i dialetti sett.] s. m. *1* Vaschetta di maiolica, bianca o colorata, generalmente fissata al muro, alimentata da uno o due rubinetti di acqua corrente e dotata di conduttura di scarico a sifone, usata per la pulizia personale e collocata nella stanza da bagno o, talvolta, nella stanza da letto. *2* Acquaio, lavello: *il l. di cucina*; *l. di maiolica, di acciaio inossidabile*.

lavandino (2) [dim. di *lavanda* (*2*)] s. m. • (*bot.*) Ibrido di lavanda, ottenuto dall'incrocio fra due specie di lavanda (*Lavandula spica* e *Lavandula latifolia*), dal quale si ottiene un olio essenziale dall'odore leggermente canforato usato in profumeria.

lavàndula [dim. di *lavanda* (*2*)] s. f. • (*bot.*) Lavanda.

lavapaviménti [comp. dell'imperat. di *lavare* e del pl. di *pavimento*] s. f. • Elettrodomestico per il lavaggio dei pavimenti.

lavapiàtti [comp. di *lava(re)* e il pl. di *piatto*] **A** s. m. e f. *1* Chi in alberghi, ristoranti e sim. è addetto alla lavatura delle stoviglie. SIN. Sguattero. *2* (*fig.*) Chi fa lavori umili. **B** s. f. • Macchina per il lavaggio delle stoviglie.

lavapièdi [comp. di *lava(re)* e il pl. di *piede*, sul modello del fr. *lave-pieds*] s. m. • Recipiente usato per la pulizia dei piedi.

lavàre [vc. dotta, lat. *lavāre*, di etim. incerta] **A** v. tr. *1* Nettare dal sudiciume immergendo in un liquido e stropicciando: *l. con acqua e sapone*; *l. il bucato, il viso, la verdura*; *lavarsi le mani* | *La pioggia ha lavato i campi, le strade*, ne ha asportato polvere e sporcizia | (*fig.*) *L. il viso alla casa*, imbiancarla | *L. a secco*, con apposite soluzioni chimiche | *L. il capo a qc.*, (*fig.*) sgridarlo | *L. la testa all'asino*, (*fig.*) fare cose inutili o far benefici a chi non li merita | *Lavarsi la bocca*, (*fig.*) sparlare | (*fig.*) *Lavarsene le mani*, non volere responsabilità in o per q.c. (con riferimento al gesto di Ponzio Pilato) | (*ass.*) Fare il mestiere della lavandaia: *è una donna che va a l. a domicilio*. *2* (*fig.*) Purificare, riscattare: *l. le colpe, l'onta, il disonore* | *L. l'anima, qc. dalle colpe, dal peccato*, con il battesimo, con la confessione. **B** v. rifl. • Pulire il proprio corpo: *lavarsi ogni mattina*.

lavarèllo (1) [cfr. *lavello*] s. m. • (*mar.*) Spazio limitato da un tramezzo ove si raccoglie l'acqua che cola dalle catene quando si salpano le ancore.

lavarèllo (2) o **lavarétto** [fr. *lavaret*, vc. savoiarda che si rifà prob. al lat. tardo *levarĭcinu(m)*, parola di origine oscura, quasi sicuramente giunta in lat. da una lingua straniera] s. m. • (*zool.*) Coregono.

lavascàle [comp. di *lava(re)* e il pl. di *scala* (*1*)] s. m. e f. inv. • Chi, in un edificio di abitazione, svolge il lavoro di pulizia delle scale e piccoli servizi, come la distribuzione della posta e l'apertura e chiusura del portone d'ingresso.

lavasciùga [comp. dei due imperat. di *lavare* e *asciugare*] s. f. inv. • Lavatrice provvista di dispositivo automatico per l'asciugatura di panni e indumenti. SIN. Lavasciugatrice.

lavasciugatrìce s. f. • Lavasciuga.

lavascodèlle [comp. di *lava(re)* e il pl. di *scodella*] s. m. e f. inv. • Lavapiatti.

lavasécco [comp. di *lav(are)* e *a secco*] **A** s. m. o f. inv. *1* Lavanderia a secco di abiti e sim. *2* Macchina per il lavaggio a secco: *l. a gettone*. **B** anche agg. inv. nel sign. 2: *macchine l.*

lavastovìglie [comp. di *lava(re)* e il pl. di *stoviglia*] **A** s. m. e f. inv. • Sguattero. **B** s. f. • Macchina per il lavaggio automatico delle stoviglie.

lavàta [f. sost. di *lavato*] s. f. • Atto del lavare | *Dare una l. di capo*, (*fig.*) rimproverare severamente. || **lavatina**, dim.

lavatergifàro o **lavatergifàri** [comp. dei due imperat. di *lavare* e *tergere* e di *faro*] s. m. inv. • Accessorio per autoveicoli, spec. di categoria superiore, consistente in una coppia di minuscoli tergicristalli che agiscono direttamente sulla superficie esterna del vetro dei proiettori.

lavatergilunòtto [comp. del doppio imperat. di *lavare* e *tergere* e di *lunotto*] s. m. inv. • Accessorio per autoveicoli, spec. a due volumi, composto da un tergicristallo e da un dispositivo elettrico che spruzza acqua o altro liquido detergente sulla faccia esterna del lunotto posteriore.

lavatèsta [comp. di *lava(re)* e *testa*] s. m. inv. • Recipiente di forma tronco-conica, opportunamente sagomato, su cui si appoggia la testa affinché il parrucchiere possa procedere al lavaggio dei capelli.

lavativo [fr. *lavatif*, da *laver* 'lavare'] s. m. *1* (*med.*, *pop.*) Operazione dell'introdurre nell'intestino attraverso l'ano una sostanza medicamentosa e lassativa. SIN. Clistere. *2* Lo strumento con cui si compie tale operazione. SIN. Clistere. *3* (*fig.*) Persona che non ha voglia di lavorare, fannullone, spesso insolente o sfacciato. *4* (*est.*) Arnese mal fatto o mal ridotto: *questa macchina è un l.* *5* (*sett.*) Acquisto di poco valore e di molto prezzo. *6* (*raro*) Persona malaticcia. || **lavativétto**, dim.

lavàto part. pass. di *lavare*; anche agg. *1* Nei sign. del v. *2 Essere bianco come un panno l.*, essere pallidissimo | *Olio l.*, misto e sbattuto con acqua | (*tosc.*) *Pane l.*, inzuppato.

lavatóio [vc. dotta, lat. tardo *lavatōriu(m)*, da *lavātus* 'lavato'] s. m. *1* Luogo attrezzato per la lavatura dei panni. *2* Lastra di pietra o tavola sulla quale si lavano e stropicciano i panni | Recipiente in cui si immerge il bucato da lavare.

lavatóre [vc. dotta, lat. *lavatōre(m)*, da *lavātus* 'lavato'] **A** s. m. (f. *-trice*, pop. *-tora* nel sign. 1) *1* Chi lava o esegue operazioni di lavaggio. *2* Apparecchio usato per la depurazione di gas mediante lavaggio. **B** agg. *1* Che lava: *operaio l.* *2* (*zool.*) *Orsetto l.*, procione.

lavatrice [da *lavare*] s. f. • Macchina che esegue operazioni industriali di lavaggio: *l. automatica per ortaggi* | (*est.*) Lavabiancheria di uso domestico.

lavatùra s. f. *1* Atto, effetto del lavare: *la l. dei panni*. SIN. Lavaggio. *2* Liquido nel quale si è lavato q.c. | *L. di piatti*, (*fig.*) brodo acquoso e scipito, caffè troppo leggero | *L. di ceci*, (*fig.*) caffè cattivo | *L. di fiaschi*, (*fig.*) vino fiacco, annacquato.

lavavétri [comp. di *lava(re)* e il pl. di *vetro*] s. m. (anche f. nel sign. 1) *1* Chi è addetto alla pulizia dei vetri nelle vetrine di negozi e nelle finestre di edifici | Chi, spec. ai semafori delle città, pulisce rapidamente i vetri delle auto in cambio di un modesto compenso. *2* Spatola di gomma rigida che si passa su parabrezza, finestrini e lunotti di autoveicoli, su vetrine di negozi e finestre di edifici per ripulirne la superficie.

†**lavazióne** [vc. dotta, lat. *lavatiōne(m)* 'lavatura, bagno', da *lavātus* 'lavato'] s. f. • Lavatura, lavamento | (*fig.*) Purificazione.

lavéggio [lat. *lapĭdeu(m)* 'di pietra' (*lăpis*, genit. *lăpidis*), sott. *vās* 'vaso'] s. m. *1* (*raro*, *lett.*) Recipiente: *traendolo fuori dal l., il mise nella bisaccia* (SACCHETTI) | Paiolo. *2* V. *lavezzo*.

lavèllo [vc. dotta, lat. *labĕllu(m)*, propriamente 'vaschetta', dim. di *l(av)ābrum* 'catino, strumento per *lavare*'] s. m. *1* Lavatoio, lavandino, acquaio.

2 Vaschetta nella quale i fabbri bagnano il ferro per temprarlo. *3* (*poet.*) Tomba: *nei lavelli non sono nemmeno le vecchie ossa* (PASCOLI).

lavẹ̀zzo o **lavéggio** [variante di *laveggio*] s. m. ● (*miner.*) Talcoscisto tenero facilmente lavorabile.

làvico [da *lava*] agg. (pl. m. *-ci*) ● Di, relativo a, lava: *colata lavica.*

lavìna [lat. tardo *labīna(m)* 'posto scivoloso, frana', da *labĕre* 'scivolare', di etim. incerta] s. f. ● Slavina | Frana, smottamento di terra o ghiaia.

lavoràbile agg. ● Che si può lavorare.

lavorabilità s. f. ● (*raro*) Attitudine, da parte di determinati materiali, a lasciarsi lavorare.

lavoracchiàre v. intr. e tr. (*io lavoràcchio*; aus. *avere*) ● Lavorare un poco e alla meglio: *lavoracchiava per ingannare il tempo*; *mi dette comodità ch'io potessi l. qualche cosa* (CELLINI).

†**lavoràggio** s. m. ● Lavoro, lavorìo.

†**lavoraménto** s. m. ● Lavoro.

lavorànte **A** part. pres. di *lavorare* ● Nei sign. del v. **B** s. m. e f. ● Dipendente che esegue lavori manuali, spec. in attività artigianali: *passare da garzone a l.* | *L. finita*, operaia capace di confezionare completamente un vestito.

lavoràre o †**laboràre** [lat. *laborāre*, da *lăbor*, genit. *labōris* 'lavoro', da *lābi* 'scivolare', di etim. incerta (?)] **A** v. intr. (*io lavóro*; aus. *avere*) *1* Impiegare le energie fisiche e intellettuali nell'esercizio di un'arte, un mestiere, una professione: *l. otto ore al giorno*; *l. a cottimo*, *a giornata*; *l. a un quadro*, *a un libro*; *l. in cotone*, *in pietre preziose* | *L. di traforo*, traforare, intagliare in legno sottile | *L. a maglia*, *ai ferri*, sferruzzare, fare la calza | *L. per la gloria*, (*scherz.*) per nulla, senza compenso | *L. di fantasia*, fantasticare, sognare a occhi aperti | *L. di gomiti*, farsi largo tra la folla | *L. di mano*, rubare | *L. di schiena*, sgobbare | *L. di ganasce*, mangiare con avidità | *L. di mani e di piedi*, non stare mai fermo | *L. di cervello*, (*fig.*) svolgere attività di carattere intellettuale | *L. addosso a qc.*, dirne male | *L. come un negro*, indefessamente | *L. in un film*, prendervi parte, spec. in qualità di attore | (*est.*) Compiere una fatica, uno sforzo fisico, detto degli animali: *i cavalli maremmani lavorano vigorosamente.* *2* Funzionare, detto di macchine, stabilimenti, strumenti, parti del corpo umano e sim.: *l'officina lavora con intensità*; *il tornio ha lavorato tutto il giorno*; *il nostro stomaco lavora egregiamente.* *3* Fare affari, avere una vasta clientela, detto di studi, botteghe, esercizi pubblici e sim.: *quella drogheria comincia a l. discretamente* | *L. su una piazza*, concludere affari in un determinato luogo | *L. molto*, detto di bottega, avere una vasta clientela. *4* Agire di nascosto: *quando meno te l'aspetti quelli lavorano per rovinarti* | *L. sott'acqua*, (*fig.*) intrigare | *L. di straforo*, di soppiatto. **B** v. tr. *1* Agire su una materia per ridurla alla forma voluta: *l. il ferro*, *il rame* | *L. il terreno*, coltivarlo | *L. la pasta*, amalgamarne gli ingredienti, quali farina, patate, latte, uova, burro e sim. | *Lavorarsi qc.*, (*fig.*) irretirlo per ricavarne vantaggi | *Lavorarsi la piazza*, nel gergo teatrale, invogliare il pubblico di un determinato luogo con la pubblicità | *L. q.c.*, cambiare, manipolare q.c. a proprio vantaggio. *2* Nel pugilato, colpire con azione efficace e continuata l'avversario cercando di fiaccarne la resistenza (*anche ass.*): *l. l'avversario ai fianchi*; *l. di destro*, *di sinistro.*

lavoràta [lat. *laborāta(m)*, part. pass. f. di *laborāre* (V. *lavorare*)] s. f. ● Atto del lavorare, spec. in una sola volta: *dare una prima l. all'argilla*; *abbiamo fatto una l. di sei ore, senza mai fermarci.* || **lavoratìna**, dim.

lavoratìvo o †**lavoratìo** [da *lavorare*] agg. *1* Di periodo di tempo comunemente dedicato al lavoro: *giorno*, *periodo l.* *2* Che si presta a essere lavorato: *terreno l.* *3* Di lavoro: *capacità lavorativa* | *Attività lavorative*, produttive di beni o servizi. || **lavorativaménte**, avv. ● Dal punto di vista lavorativo.

lavoràto **A** part. pass. di *lavorare*; anche agg. *1* Nei sign. del v. *2* Che ha subìto una lavorazione: *legname l.*; *pietra lavorata.* CONTR. Greggio. *3* Abbellito da disegni, decorazioni, rilievi e sim.: *un soffitto l. a cassettoni* | (*est.*) Elaborato: *camicetta lavorata.* *4* Coltivato, detto di terreno: *terra lavorata*; *campi lavorati.* **B** s. m. *1* †Manufatto. *2* Oggetto d'oro o d'argento inciso, cesellato, decorato a mano.

lavoratóre [lat. tardo *laboratōre(m)*, da *laborātus*, part. pass. di *laborāre* (V. *lavorare*)] **A** s. m. (f. *-trice*, pop. *-tora*) *1* Chi impiega le proprie energie fisiche e intellettuali nell'esercizio di un'attività produttrice di beni o servizi, per trarne i mezzi necessari alla propria esistenza: *l. agricolo*, *dell'industria*; *l. autonomo*, *subordinato* | (*per anton.*) Chi presta la propria opera alle dipendenze di un imprenditore in cambio di una retribuzione. *2* Chi lavora molto, con assiduità e impegno: *è un l. indefesso*, *instancabile.* *3* †Contadino. **B** agg. ● Che lavora | Dei lavoratori: *classe lavoratrice.*

lavoratòrio s. m. ● (*raro*) Laboratorio.

lavoratùra s. f. ● (*raro*) Lavorazione.

lavorazióne [lat. tardo *laboratiōne(m)*, da *laborātus*, part. pass. di *laborāre* 'lavorare'] s. f. *1* Processo di manipolazione o trasformazione di una data materia: *l. del legno*, *del ferro*, *della lana*; *lavorazioni industriali*, *agricole*, *stagionali*; *interrompere*, *sospendere la l. di q.c.* | *Essere in l.*, detto di lavoro iniziato e ancora in corso | *L. del terreno*, coltivazione. *2* Nel cinema, insieme delle varie fasi di produzione di un film.

lavorétto s. m. *1* Dim. di *lavoro.* *2* Oggetto lavorato di poco conto, di scarso valore e sim.: *un l. scadente*, *da poco.* *3* (*euf.*) Attività poco pulita, disonesta e sim.: *gli hanno affidato un l.*, *un certo l.*, *troppo ben pagato.*

lavoricchiàre v. intr. (*io lavorìcchio*; aus. *avere*) *1* Lavorare poco a cose di scarsa importanza e svogliatamente: *lavoricchia per non morire di fame.* *2* Svolgere limitata attività per mancanza di lavoro: *è un negozio che lavoricchia.*

lavorièro [da *lavoro*] s. m. *1* Impianto da pesca a labirinto, costruito con canne o pareti di alluminio, nei canali che mettono in comunicazione gli stagni e le lagune col mare. *2* †Lavoro.

lavorìo s. m. *1* Lavoro continuo e intenso: *in città si notava un febbrile l.* *2* (*fig.*) Azione compiuta di nascosto | Intrigo: *l. elettorale*; *l. di corridoio.* *3* †Lavoro, fatica.

lavóro [da *lavorare*] s. m. *1* Attività socialmente e legalmente regolamentata per la produzione di beni o di servizi, esplicata nell'esercizio di un mestiere, una professione, e sim.: *l. facile*, *difficile*, *impegnativo*, *monotono*, *interessante*; *l. manuale*, *intellettuale*; *l. domestico*, *autonomo*, *subordinato*, *familiare*, *a cottimo*; *mettersi al l.*; *raccogliere i frutti del proprio l.* | *L. a domicilio*, quello che il prestatore svolge nella propria abitazione, o in luogo non di pertinenza del datore di lavoro | *L. nero*, quello che si svolge ignorando o violando la normativa contrattuale e legislativa tra lavoratori e datori di lavoro | *Gruppo di l.*, insieme di persone operanti per uno stesso fine | *Lavori femminili*, tradizionalmente, cucito, ricamo, maglia | *Giorno di l.*, feriale, lavorativo | *Il l. dei campi*, la coltivazione della terra | *Bestie da l.*, quelle destinate al lavoro dei campi | *Sul l.*, durante lo svolgimento del lavoro: *incidente*, *infortunio sul l.* | *Diritto del l.*, complesso delle norme che disciplinano i rapporti tra lavoratori e datori di lavoro, gli istituti previdenziali e assicurativi obbligatori a favore dei lavoratori, l'organizzazione e l'attività sindacale | *Contratto individuale di l.*, stipulato tra datore di lavoro e lavoratore subordinato | *Contratto collettivo di l.*, stipulato fra sindacati contrapposti di lavoratori e di datori di lavoro | *Ministero del l. e della previdenza sociale*, ministero che esplica funzioni varie tendenti a tutelare e a migliorare le condizioni dei lavoratori | *Lavori forzati*, un tempo, o in ordinamenti giuridici stranieri, tipo di pena per cui il condannato deve attendere a opere assai faticose. *2* (*spec. al pl.*) Serie di attività esplicate da organi collegiali, gruppi di persone e sim.: *i lavori del Parlamento*; *il congresso conclude domani i suoi lavori*; *prendere parte ai lavori*; *abbandonare i lavori in segno di protesta* | (*mil.*) Complesso delle attività che l'arma del Genio svolge sul campo di battaglia | *Lavori di mina*, per operare interruzioni, demolizioni, distruzioni | *Lavori in terra*, per la fortificazione campale. *3* Occupazione retribuita: *cercare*, *trovare l.*; *l. a giornata*, *a ore*, *a cottimo*; *vivere del proprio l.*; *restare senza l.*; *perdere il l.* | (*est.*) Luogo in cui ci si dedica a tale occupazione: *andare al l.*; *tornare dal l.* *4* Opera intorno a cui si lavora: *un l. ben fatto*, *perfetto*, *insufficiente*, *tirato via*; *lasciare a mezzo un l.*; *ultimare*, *portare a termine il l. iniziato*; *l. eseguito da mani maestre* | *Lavori pubblici*, opere di pubblica utilità finanziate dallo Stato o dagli enti pubblici territoriali | *Ministero dei lavori pubblici*, Ministero che sovraintende allo svolgimento dei lavori spettanti allo Stato | Opera d'arte: *un l. drammatico*, *comico*, *narrativo*; *è uno splendido l. dell'oreficeria rinascimentale*; *questo l. è attribuito a De Pisis.* *5* (*est.*) Ogni realizzazione concreta: *avete fatto un ottimo l.*; *mi congratulo per il vostro l.* *6* (*est.*) La classe dei lavoratori: *trattative tra capitale e l.* *7* (*fig.*) Faccenda intrigata, imbroglio: *sono tutti lavori di corridoio*; *è proprio un bel l.!* *8* (*fis.*) *L. di una forza*, grandezza scalare, data dal prodotto dello spostamento del punto di applicazione di una forza lungo la retta d'azione | *L. motore*, quello che fa compiere lo spostamento | *L. resistente*, quello che si oppone allo spostamento. *9* (*raro*) Fatica, sforzo: *fare q.c. con gran l.* || **lavoràccio**, pegg. | **lavoracciòne**, accr. | **lavorétto**, dim. (V.) | **lavorìno**, dim. | **lavoróne**, accr. (V.) | **lavorùccio**, **lavorùzzo**, dim. | **lavorucciàccio**, dim.

lavoróne s. m. *1* Accr. di *lavoro.* *2* Opera, spec. artistica, molto impegnativa e ponderosa, portata a termine brillantemente. *3* (*tosc.*) Guaio, seccatura (*anche iron.*): *si è rotta la macchina? È un bel l.!*

†**lavoróso** agg. ● Che richiede lavoro o dà materia a lavoro.

lavorucchiàre v. intr. (*io lavorùcchio*; aus. *avere*) ● Lavoricchiare.

lawrèncio /lau'rentʃo/ ● V. *laurenzio.*

lawsonìte /loso'nite/ [dal n. del mineralogista amer. A. C. *Lawson*] s. f. ● Minerale rombico, incolore oppure bianco o grigiastro, silicato di calcio idrato e alluminio.

lay-out /*ingl.* 'lei aut/ [vc. ingl., propr. '(dis)posizione', comp. di *lay* 'porre', di area germ. e *out* 'fuori', di origine indeur.] loc. sost. m. inv. (pl. ingl. *lay-outs*) *1* Disposizione dei vari elementi grafici componenti un bozzetto. *2* Schema contenente le istruzioni per lo svolgimento di un lavoro. *3* Rappresentazione grafica planimetrica di impianti industriali e di procedimenti produttivi.

laziàle [lat. *Latiāle(m)*, da *Lătium* 'Lazio', di etim. incerta] **A** agg. ● Del Lazio. **B** s. m. ● (*sport*) Giocatore della squadra di calcio della Lazio. **C** s. m. e f. *1* Abitante, nativo del Lazio. *2* Tifoso della squadra di calcio della Lazio.

†**làzio** [vc. dotta, lat. *Lătiu(m)*, di etim. incerta] agg. ● Latino.

†**lazióne** [vc. dotta, lat. *latiōne(m)*, da *lātus*, part. pass. di *fĕrre* 'portare', di origine indeur.] s. f. ● Portamento, movimento.

làẓo /'laddzo, *sp.* 'laθo/ [vc. sp., dal lat. parl. **lăcius* per *lăqueus* 'laccio'] s. m. inv. ● Lasso (4).

laẓulìte [comp. del lat. mediev. *lazulum* 'azzurro' (V. *lapislazzuli*) e *-ite* (2)] s. f. ● (*miner.*) Fosfato basico di alluminio e magnesio in masse compatte azzurro chiaro.

laẓurìte [dal ted. *Lasurith* attraverso l'ingl. *lazurite*, entrambi con riferimento all'avestico *lazward* 'azzurro'] s. f. ● (*miner.*) Alluminosilicato di sodio contenente zolfo e ione solfato, costituente fondamentale del lapislazzuli.

lazzàre o **lazzàre** [da *lazzo* (1)] v. intr. (aus. *avere*) ● (*raro*) Fare o dire lazzi.

laẓẓarétto o **laẓẓerétto** [dal n. dell'isola venez. (S. Maria di) *Nazarèth* (per il monastero così intitolato, ivi esistente), prima località apprestata per la quarantena, con sovrapposizione del n. del patrono degli appestati, S. *Lazzaro*] s. m. ● Ospedale per lebbrosi | Ospedale per malattie infettive ed epidemiche: *l. per gli appestati*, *per i colerosi* | Zona di quarantena per merci o persone provenienti da luoghi infetti.

laẓẓarìsta [da (San) *Lazzaro*, n. di vari ospedali, originariamente per affetti di peste, il male del *Lazzaro* evangelico] s. m. (pl. *-i*) ● Religioso della congregazione dei Padri della Missione fondata da S. Vincenzo de' Paoli nel 1625 | Monaco basiliano di rito armeno della comunità dei Mechitaristi dell'isola San Lazzaro, in Venezia.

†làzzaro (1) o **†làzzero** [vc. dotta, lat. *Lăzaru(m)*, in gr. *Lázaros*, dall'ebr. *El 'azâr*, comp. di *El* 'Dio' e *'azâr* 'soccorrere, aiutare': 'Dio è venuto in aiuto'] s. m. ● Lebbroso | Uomo infermo e coperto di piaghe.

làzzaro (2) [sp. *lázaro* 'povero, straccione', dal n. del mendico lebbroso degli Evangeli] s. m. *1* Popolano napoletano che partecipò alla rivolta di Masaniello nel 1647 | (*est.*) Popolano dell'Italia meridionale. *2* (*est.*) Poveraccio, straccione, pezzente. *3* (*est.*) Mascalzone, canaglia.

lazzaròlo ● V. *lazzeruolo*.

lazzaronàta o **lazzeronàta** s. f. ● Azione da lazzarone. SIN. Mascalzonata.

lazzaróne o **lazzeróne** [accr. di *lazzaro* (*2*)] s. m. (f. *-a*) *1* Popolano dell'Italia meridionale. *2* (*est.*) Poveraccio, straccione, pezzente. *3* (*est.*) Mascalzone, canaglia. *4* (*est.*) Poltrone, fannullone, scansafatiche.

lazzaronésco agg. (pl. m. *-schi*) ● (*raro*) Di, da lazzarone.

lazzaronìsmo s. m. ● Comportamento da lazzarone, da mascalzone.

lazzaruòla ● V. *lazzeruola*.

lazzaruòlo ● V. *lazzeruolo*.

lazzeggiàre o **lazzeggiàre** [freq. da *lazzo* (*1*)] v. intr. (*io lazzéggio* o *lazzéggio*; aus. *avere*) ● Lazzare.

lazzerétto ● V. *lazzaretto*.

†làzzero ● V. *†lazzaro* (*1*).

lazzeròlo ● V. *lazzeruolo*.

lazzeróne e *deriv.* ● V. *lazzarone* e *deriv.*

lazzeruòla o **azzeruòla**, **lazzaruòla**. s. f. ● (*bot.*) Lazzeruolo.

lazzeruòlo o **azzeruòlo**, **lazzaruòlo**, **azeruòlo**, **lazzaròlo**, **lazzeròlo** [per *l'azzeruolo*, della stessa origine del frutto (sp. *acerola*, di origine ar.)] s. m. ● Albero delle Rosacee con rami spinosi se selvatico, fiori bianchi, profumati e frutti simili a piccole mele (*Crataegus azarolus*).

†lazzézza [da *lazzo* (*2*)] s. f. ● Qualità di ciò che è lazzo.

làzzo (1) o **làzzo** [etim. discussa: lat. *ăctio* (nom.) 'atto, azione', nelle didascalie dei canovacci della commedia dell'arte (?)] s. m. ● Atto o detto spiritoso e pungente, spesso scurrile: *lazzi arguti* | *Reggere al l.*, stare al gioco.

làzzo (2) [lat. *lăcteu(m)* 'del sapore acidulo del latte (*lāc*, genit. *lăctis*)'] agg. *1* (*lett.*) †Di sapore aspro: *tra li lazzi sorbi / si disconvien fruttare al dolce fico* (DANTE *Inf.* XV, 65-66). *2* (*raro, lett.*) Stridente. || **†lazzétto**, dim.

le (1) /le/ [lat. *(ĭl)lae*, f. pl. di *ĭlle*, comp. di due elementi d'incerta interpretazione] **A** art. det. f. pl. (si usa davanti a tutte le parole f. pl. Nell'uso fam. o poet. si apostrofa davanti a vocale: *le donne*; *le pietre*; *le spire*; *le scarpe*; *le erbe*; fam., lett. *l'erbe*; *l'orme*; *canto l'arme pietose* (TASSO) | Fondendosi con le prep. proprie semplici, dà origine alle prep. art. f. pl. *alle, colle, dalle, delle, nelle, sulle*, raro poet. *pelle*) ● Forma pl. di 'la'. **B** pron. pers. e dimostr. f. pl. *1* Loro, esse (come compl. ogg., riferito a persona o cosa, in posizione sia encl. sia procl.): *le ho incontrate ieri*; *valle a salutare subito*; *te le restituirò al più presto*; *prendile*; *io certe cose non le concepisco* | Con valore neutro indet.: *le spara grosse*; *le pensa tutte*. *2* (*pop., tosc., pleon.*) Aferesi di 'elle' (come sogg. riferito a persona o cosa): *le sono brave ragazze*; *monsignore dice che le son ciance* (MANZONI) (V. nota d'uso ELISIONE e TRONCAMENTO).

le (2) /le/ **A** pron. pers. atono di terza pers. f. sing. (formando gruppo con altri pron. atoni, si pospone a *me, te, se, ce, ve*: *ve le restituisco*; *se l'è prese*) *1* A lei, a essa (come compl. di termine, riferito a persona o cosa, encl. o procl.): *le ho detto tutto*; *parlale chiaramente*. *2* Si usa in segno di rispettosa cortesia, rivolgendosi a persona, sia di sesso maschile, sia femminile, con cui non si è in familiarità (sempre come compl. di termine): *Le invierò, signora, ulteriori notizie*; *desidero, signore, esprimerle i miei più vivi ringraziamenti*. **B** pron. pers. atono di terza pers. f. pl. ● (*poet.*) †A esse, a loro (come compl. di termine encl. e procl.) (V. *gli* (*2*) per nota d'uso).

lèa (1) ● V. *allea*.

†lèa (2) [vc. dotta, lat. *lĕa(m)*, fatta sul m. *lĕo*, genit. *leōnis* 'leone'] s. f. ● (*raro*) Leonessa.

leacril ® [nome commerciale] s. m. ● Resina metacrilica usata come fibra tessile.

leader /'lider, *ingl.* 'li:də*/ [vc. ingl., dal v. *to lead* 'guidare', di origine e area germ.] **A** s. m. e f. inv. *1* Capo di un partito o di uno schieramento politico, di indiscusso prestigio | (*est.*) Esponente di punta di un movimento culturale e sim. *2* (*est.*) Nelle corse al trotto e al galoppo, cavallo che si pone in testa nella gara e fa l'andatura | Nelle corse automobilistiche, corridore che in gara si trova in testa ai concorrenti | In una corsa ciclistica a tappe, corridore che è in testa alla classifica. *3* Azienda e sim. che è all'avanguardia in un determinato settore della tecnica, dell'industria e sim. || **leaderino**, dim. (V.). **B** anche agg. inv.: *industria, scienza l.*

leaderino /lide'rino/ s. m. (f. *-a*) *1* Dim. di *leader*. *2* (*spec. iron.*) Capo di un movimento o gruppo giovanile di limitata rilevanza.

leaderismo /lide'rizmo/ [da *leader*] s. m. ● Atteggiamento di chi, spec. in politica, tende a porsi come leader nelle varie situazioni.

leaderistico /lide'ristiko/ [da *leaderismo*] agg. (pl. m. *-ci*) ● Caratterizzato da leaderismo: *atteggiamenti leaderistici*.

leadership /'liderʃip, *ingl.* 'li:dəʃip/ [vc. ingl., comp. di *leader* 'capo, guida', col suff. germ. di qualità di classe *-ship* (da una radice **skop-* col sign. di 'creare, eleggere')] s. f. inv. ● Egemonia, guida, esercitata da una persona, da un'azienda, da un gruppo o da uno Stato nei confronti di altri.

leàle o **†liàle** [ant. fr. *le(i)al*, dal lat. *legāle(m)* 'conforme alla *legge* (*lēx*, genit. *lēgis*)'] agg. *1* Fedele alla parola data, alle promesse, ai patti: *una persona l.*; *duo leali amanti e sventurati* (BOIARDO) | Schietto, sincero: *comportamento l.* *2* †Legittimo, giusto, onesto. || **lealménte**, avv.

lealìsmo [adattamento del fr. *loyalisme*, dall'ingl. *loyalism*, deriv. da *loyal* 'legale', di origine fr.] s. m. ● Fedeltà verso forme di governo, autorità costituite e sim. | Rapporto di lealtà e fedeltà di popoli colonizzati nei confronti del colonizzatore.

lealìsta [ingl. *loyalist*, da *loyal* 'leale' (V. *lealismo*)] s. m. e f. (pl. m. *-i*) ● Seguace, sostenitore del lealismo.

lealtà o **†lealtàde**, **†lealtàte**, **†lialtà** [da *leale*] s. f. ● Qualità di chi, di ciò che è leale: *l. d'animo*; *la l. di un discorso, di una dichiarazione*. SIN. Onestà, sincerità.

leàndro ● V. *oleandro*.

†leànza o **†liànza** [da *leale*] s. f. ● Fedeltà, lealtà: *questo è addivenuto per la gran l., la quale io ho trovato in te* (BOCCACCIO).

leàrdo [ant. fr. *liard*, di etim. incerta] agg. ● Detto di un mantello equino grigio, costituito di peli bianchi e neri.

lease-back /*ingl.* 'li:s bæk/ [vc. ingl., propr. 'locazione indietro'] s. m. inv. ● (*econ.*) Contratto con cui un bene è contemporaneamente venduto a una società finanziaria e preso in locazione dal venditore.

leasing /'lizin(g), *ingl.* 'li:siŋ/ [vc. ingl., propriamente 'il noleggiare', dal v. *to lease* 'affittare', dal fr. *laisser* (V. *lasciare*)] s. m. inv. ● (*econ.*) Contratto di locazione di beni mobili e immobili, stipulato a scopo di finanziamento, fra una società specializzata che ne è proprietaria e un'impresa od operatore economico che ne ottiene la disponibilità a medio e lungo termine, di solito con la promessa o la possibilità di vendita a suo favore alla scadenza del contratto: *l. finanziario*; *l. immobiliare*.

leàtico ● V. *aleatico*.

lébbra o (*lett.*) **lèbra**, **†lèpra**, **†lèvra** [lat. tardo *lĕpra(m)*, dal gr. *lépra* 'squama', da *lépein* 'scortecciare, sbucciare', di origine incerta] s. f. *1* (*med.*) Malattia infettiva cronica che si manifesta con nodosità dure alla cute, e ulcere distruttive dei tessuti, o con lesioni nervose che determinano l'insensibilità di certe zone cutanee, distruzioni di ossa o parti molli delle estremità, prurito e dolori acuti. SIN. Morbo di Hansen. *2* (*fig.*) Male o vergogna morale: *la l. della servitù, del peccato*. *3* Malattia di alcune piante: *l. delle olive*. *4* (*fig.*) Qualunque processo consuntivo e disgregativo in atto, spec. su opere architettoniche, sculture e sim.

lebbrosàrio s. m. ● Luogo di ricovero per lebbrosi.

lebbróso o **†lebróso**, **†lepróso** [lat. tardo *leprō-su(m)*, da *lĕpra* 'lebbra'] **A** agg.; anche s. m. (f. *-a*) ● Che, chi è affetto da lebbra. **B** agg. ● (*lett., fig.*) Scalcinato, scrostato: *pareti nude e lebbrose* (NIEVO).

lèben [dal lat. *Mycoderma lebenis*, l'agente fermentante] s. m. inv. ● (*biol.*) Latte fermentato che si ottiene per azione di micodermi.

lebète [vc. dotta, lat. *lĕbes*, genit. *lebētis*, dal gr. *lébēs* 'caldaia', forse t. straniero] s. m. ● Antico vaso emisferico in genere sostenuto da un treppiede, usato per la cottura dei cibi, per abluzioni domestiche o dopo i sacrifici, oppure dato in premio ai vincitori di gare ginniche.

lebiste [dal gr. *lebías* 'sorta di pesce d'acqua dolce', di etim. incerta] s. m. ● Piccolo pesce osseo dei Ciprinodontiformi, di vario colore, spec. allevato in acquari (*Lebistes reticulatus*).

lèbra e *deriv.* ● V. *lebbra* e *deriv.*

lecànio [gr. *lekánion*, dim. di *lekánē* 'piatto, catinella', di etim. incerta] s. m. ● Genere di cocciniglie dannose a varie colture (*Lecanium*).

lecanomànte [gr. *lekanómantis* 'che predice il futuro con un piatto di metallo', comp. di *lekánion* 'lecanio' e *mántis* 'indovino'] s. m. ● Chi professa la lecanomanzia.

lecanomanzìa [gr. *lekanomantéia*, comp. di *lekánion* 'lecanio' e *mantéia* 'arte divinatoria'] s. f. ● Antica divinazione, consistente nell'osservare in fondo a un catino, contenente acqua od olio, il moto e la posizione di pietre preziose, lame d'oro e d'argento segnate con caratteri magici.

lecanòra [comp. del gr. *lekánē* 'bacino, piatto' (V. *lecanio*) e *hṓra* 'grazia' (di origine indeur.): detta così dall'aspetto dell'apotecio] s. f. ● Lichene delle Lecanoracee, con tallo formato di corpiccioli rotondeggianti, i quali, trascinati lontano dal vento, vengono usati come alimento da alcune popolazioni delle steppe (*Lecanora esculenta*).

Lecanoràcee [comp. di *lecanor(a)* e *-acee*] s. f. pl. ● Nella tassonomia vegetale, famiglia di licheni con tallo crostoso cui appartiene la lecanora (*Lecanoraceae*) | (al sing. *-a*) Ogni individuo di tale famiglia.

†lécca [da *leccare*] s. m. inv. ● Lecchino.

leccacùlo [comp. di *lecca(re)* e *culo*] s. m. e f. ● (*volg., spreg.*) Chi, spec. allo scopo di trarne vantaggio, mostra servilismo, adulazione e sim. nei confronti di coloro che, in qualunque modo e misura, detengono un potere.

lécca lécca [dall'imp., iter., di *lecca(re)*] loc. sost. m. inv. ● Specie di caramella piatta sostenuta da una stecca.

leccaménto s. m. ● (*raro*) Modo e atto del leccare.

†leccapestèlli [comp. di *lecca(re)* e il pl. di *pestello*] s. m. e f. ● Leccone, ghiottone.

†leccapeveràda [comp. di *lecca(re)* e *peverada*] s. m. e f. inv. ● Ghiottone, parassita.

leccapiàtti [comp. di *lecca(re)* e il pl. di *piatto*] s. m. e f. *1* Persona eccessivamente ghiotta | Parassita, scroccone: *fare il l.* *2* (*raro, lett.*) Servitore di infimo ordine.

leccapièdi [comp. di *lecca(re)* e il pl. di *piede*] s. m. e f. ● (*spreg.*) Adulatore servile.

leccàrda [da *leccardo*] s. f. ● Vaschetta di rame o altro materiale posta sotto lo spiedo per ricevere il grasso che cola dall'arrosto.

†leccardìa s. f. ● Ghiottoneria, leccornia.

†leccàrdo [comp. di *lecca(re)* e *-ardo*] agg.; anche s. m. ● Ghiottone, goloso.

leccàre [etim. discussa: lat. parl. **ligicāre*, ints. di *lĭngere*, di origine indeur.] **A** v. tr. (*io lécco, tu lécchi*) *1* Passare ripetutamente la lingua su q.c., con riferimento sia ad animali sia a persone: *il cane lecca la mano al padrone*; *il gatto si lecca il pelo*; *l. il gelato*; *non l. il cucchiaio del dolce!* | *L. e non mordere*, (*fig.*) accontentarsi di un onesto guadagno | *Leccarsi le dita, i baffi*, trovare molto gustoso un cibo o una bevanda | *Leccarsi le ferite*, (*fig.*) curare da sé i propri dolori, delusioni e sim. | (*pop.*) Trovare qualche cosa da mangiare: *non guadagnando, ricorrea alcuna volta alle nozze, dove pure alcuna cosa leccava* (SACCHETTI). *2* (*est.*) Toccare o sfiorare leggermente e non a lungo: *la fiamma lecca gli arbusti*. *3* (*fig.*) Adulare, blandire, lusingare: *l. i potenti* | (*raro*) Fare il vagheggino. *4* (*fig.*) Rifinire q.c. con cura eccessiva: *l. uno scritto, una rima.* **B** v. rifl. • (*fig.*) Lisciarsi per apparire bello || PROV. Al can che lecca cenere non gli fidar farina; il lupo mangia la carne degli altri e lecca la sua; chi va lecca e chi si siede si secca.

†**leccasànti** [comp. di *lecca(re)* e il pl. di *santo*] s. m. e f. • Bigotto, baciapile.

leccascodèlle [comp. di *lecca(re)* e il pl. di *scodella*] s. m. e f. inv. • Leccapiatti.

leccaspòrte [comp. di *lecca(re)* e il pl. di *sporta*] s. m. e f. inv. • Leccone.

leccàta s. f. • Atto di leccare in una volta (*anche fig.*). || **leccatìna**, dim. (V.).

†**leccataglièri** [comp. di *lecca(re)* e il pl. di *tagliere*] s. m. e f. • Leccapiatti.

leccatìna s. f. *1* Dim. di *leccata*. *2* (*fig.*) Piccolo guadagno. *3* (*fig.*) Colpetto leggero, con la frusta, strisciando, sul cavallo.

leccàto part. pass. di *leccare*; anche agg. *1* Nei sign. del v. *2* Affettato: *stile l.* || **leccataménte**, avv. Affettatamente.

leccatóre **A** agg. (f. *-trice*) • (*raro*) Che lecca. **B** s. m. (f. *-trice*) • (*raro*) Ghiottone, scroccone, parassita.

leccatùra s. f. *1* Atto, effetto del leccare. *2* (*fig.*) Leggera ferita: *una l. di spada.* *3* (*fig.*) Adulazione: *una l. ignobile.* *4* (*fig.*) Eccessiva limatura o rifinitura di q.c.: *leccature di stile.* || **leccaturìna**, dim.

leccazàmpe [comp. di *lecca(re)* e il pl. di *zampa*] s. m. e f. inv. • Leccapiedi.

leccése **A** agg. • Di Lecce. **B** s. m. e f. • Abitante, nativo di Lecce. **C** s. m. solo sing. • Dialetto parlato a Lecce.

leccéta s. f. • Lecceto.

leccéto [comp. di *leccio* e *-eto*, come il corrispondente lat. tardo *ilicētum*] s. m. *1* Bosco di lecci. *2* (*raro, fig.*) Intrigo, situazione imbrogliata: *sono per tuo amore entrato in questo l.* (MACHIAVELLI) | *Cacciarsi in un l.*, in un ginepraio.

†**lecchéggio** [da *leccare*] s. m. • Leccume, leccornia.

†**leccherìa** s. f. • Leccornia.

lecchése **A** agg. • Di Lecco. **B** s. m. e f. • Abitante, nativo di Lecco.

lecchétto **A** s. m. *1* Piccola ghiottoneria. *2* (*fig.*) Attrattiva o allettamento di guadagno. **B** agg. • †Leccatino, delicato. || **lecchettìno**, dim.

lecchìno s. m. (f. *-a*) *1* Bellimbusto, vagheggino. *2* Adulatore, leccapiedi.

léccia (1) [etim. incerta] s. f. (pl. *-ce*) • Squalo di mare profondo, slanciato, bruno o nerastro con pelle fortemente zigrinata (*Scymnorhinus licha*). SIN. Lizza.

léccia (2) [da *leccio*] s. f. (pl. *-ce*) • Ghianda del leccio.

léccio [lat. *ilĭceu(m)*, agg. (sott. *quĕrcu(m)* 'quercia') di *īlex*, genit. *īlicis* 'elce'] s. m. *1* Pianta delle Cupulifere simile alla quercia, sempreverde, con foglie cuoiose, ovali, dentato-spinose, lanose inferiormente (*Quercus ilex*). *2* Legno del leccio, usato spec. per lavori di carpenteria | *Anima di l.*, midollo del leccio, durissimo, usato per fabbricare bastoni.

lécco [da *leccare*] s. m. (pl. *-chi*) *1* Ghiottoneria, leccornia | (*raro, lett.*) Gusto. *2* Denaro o regalo che serve a corrompere. *3* Nel gioco a piastrelle, ciottolo che si cerca di colpire | Pallino o boccino, nel gioco delle bocce.

leccóne agg.; anche s. m. (f. *-a*, *-essa*) *1* Ghiottone, goloso. *2* (*fig.*) Adulatore. || **lecconàccio**, pegg. | **lecconcìno**, dim.

leccornìa, (*evit.*) **leccòrnia** [da *leccone* 'ghiottone', attraverso una forma *lecconerìa*, divenuta *leccornìa* per metatesi] s. f. *1* Cibo ghiotto, molto appetitoso: *questa pietanza è una vera l.* SIN. Ghiottoneria. *2* (*fig.*) Avidità: *per l. di ricchezza.*

leccucchiàre v. tr. (*io leccùcchio*) • (*raro*) Dare frequenti leccatine.

†**leccùgine** s. f. • Leccornia.

leccùme s. m. *1* Cosa appetitosa. *2* (*fig.*) Incitamento, lecco nel sign. 2.

†**lecére** o **lécere** • V. *licere.*

†**lecerìa** [ant. fr. *lecherie*, da *lechier* 'leccare' (in senso fig.)] s. f. • Lubricità, lussuria.

†**lecièra** [da *leceria*] s. f. • Sgualdrina.

lecìte o **lècite** [dal gr. *lékythos* (V. *lecitina*)] s. m. • (*biol.*) Deutoplasma.

†**lecitézza** o †**licitézza** [da *lecito* (1)] s. f. • Qualità di ciò che è lecito.

lecitìna [comp. del gr. *lékythos* 'tuorlo', di origine straniera, e *-ina*] s. f. • Prodotto contenuto in ogni organismo vivente, nei semi vegetali e spec. nel giallo d'uovo, usato in medicina, in conceria, in cosmesi e nell'industria alimentare.

lécito (1) o (*lett.*) †**lìcito** **A** part. pass. di *licere*; anche agg. *1* Nei sign. del v. *2* *Non è cosa lecita*, è indecoroso, sconveniente | *Vi par l.?*, vi sembra giusto, corretto? | *Far l.*, consentire, concedere | *Farsi l.*, prendersi la libertà, non vergognarsi di fare o dire q.c. | *Se è l., se mi è l.*, se mi è consentito | *Mi sia l.*, mi si conceda. CONTR. Illecito. *3* (*dir.*) Che non è contrario a norme imperative, all'ordine pubblico o al buon costume: *atto l.* || **lecitaménte**, avv. **B** s. m. • Ciò che è giusto, corretto, legale: *distinguere il l. dall'illecito.*

lècito (2) s. f. • Adattamento di *lekythos* (V.).

lecìzio [gr. *lēkýthion* 'ampollina' (dim. di *lḗkythos*), prima parola di un verso di Aristofane preso come esemplare di questo metro] s. m. • Verso della metrica greco-latina formato da un dimetro trocaico catalettico.

lectio /lat. 'lɛktsjo/ [lat., letteralmente 'lezione (*lĕctio* ridotta *brĕvis*)'] s. f. inv. (pl. lat. *lectiones*) *1* Nella edizione critica dei testi, lezione. *2* Lettura esplicativa di un testo, nelle antiche università.

lectio brevis /lat. 'lɛktsjo 'brɛvis/ [espressione lat., letteralmente 'lezione (*lĕctio*, da *lĕctus*, part. pass. di *lĕgere* 'leggere') breve (*brĕvis*)'] loc. sost. f. inv. • Giornata scolastica più breve del solito, spec. in concomitanza con l'inizio di un periodo di vacanza.

lectio difficilior /lat. 'lɛktsjo diffi'tʃiljor/ [espressione lat., letteralmente 'lezione (*lĕctio*, da *lĕctus*, part. pass. di *lĕgere* 'leggere', ma qui nel senso di 'variante testuale') più difficile (*difficĭlior*, da *diffĭcilis* con la desin. del compar. *-ior*)'] loc. sost. f. inv. • La variante più difficile, spesso ritenuta preferibile alla *lectio facilior* di uno stesso brano di cui si dà l'edizione critica.

lectio facilior /lat. 'lɛktsjo fa'tʃiljor/ [espressione lat., letteralmente 'lezione (*lĕctio*, da *lĕctus*, part. pass. di *lĕgere* 'leggere', ma qui nel senso di 'variante testuale') più facile (*facĭlior*, da *făcilis* con la desin. del compar. *-ior*)'] loc. sost. f. inv. • Nella edizione critica dei testi, la variante più facile di un passo.

lectistèrnio • V. *lettisternio.*

LED /lɛd/ [sigla dell'ingl. *L(ight-) E(mitting) D(iode)* 'diodo che emette luce'] s. m. inv. • (*elettron.*) Dispositivo a semiconduttore impiegato come segnalatore luminoso anche in gruppi in grado di formare caratteri alfanumerici.

lèdere [vc. dotta, lat. *lǣdere*, di etim. incerta] v. tr. (pres. *io lèdo*; pass. rem. *io lési, tu ledésti*; part. pass. *léso* o *lèso*). *1* Danneggiare, pregiudicare, offendere: *l. gli interessi di qc.*; *l. la giustizia*; *che mala lingua non t'avesse a l.* (SANNAZARO). *2* (*med.*) Produrre una lesione: *il proiettile ha leso organi vitali.*

lèdo [vc. dotta, gr. *lêidon* 'albero da resina', da *lḗdanon* 'ladano (1)'] s. m. • Genere di piante delle Ericacee, caratteristiche delle torbiere dell'Europa centrale e delle zone artiche, con foglie coriacee, brunastre e inferiormente lanose (*Ledum*).

lech /le:/ • V. *leh.*

†**leèna** [vc. dotta, lat. *leāena(m)*, dal gr. *léaina*, f. di *léōn* 'leone', di origine indeur.] s. f. • (*lett.*) Leonessa: *mansueta uscir della foresta / feci e lasciare i figli una l.* (ARIOSTO).

léga (1) o (*region.* o *ant.*) **lìga** [da *legare*] s. f. *1* Associazione tra più Stati, o gruppi sociali, o persone private, per il perseguimento di determinati scopi comuni: *formare una l.*; *unirsi in l. con qc.*; *la l. achea*; *l. monetaria*; *l. doganale* | Associazione di lavoratori anteriore agli odierni sindacati: *l. operaia, sindacale*; *le leghe contadine* | *L. lombarda*, (*st.*) coalizione di comuni lombardi, emiliani e veneti costituitasi nel 1167 contro Federico I Barbarossa | (*polit.*) Movimento politico che sostiene una politica di autonomie regionali rispetto al prevalere del potere centralizzato: *L. lombarda*; *Liga veneta.* *2* (*est.*) Accordo di più persone che agiscono per conseguire il proprio utile a danno degli altri: *far l. con qc.* | L'insieme di queste persone: *il mondo è una l. di birbanti contro gli uomini da bene, e di vili contro i generosi* (LEOPARDI). SIN. Combriccola, combutta. *3* Federazione che regola e tutela il regolare svolgimento dei campionati di vari sport: *Lega Nazionale Calcio.* *4* (*chim.*) Soluzione solida di un metallo con uno o più elementi chimici, ottenuta spec. per fusione, con proprietà diverse da quelle degli elementi che la costituiscono | *L. leggera*, costituita in prevalenza da un metallo leggero, come alluminio, magnesio o titanio | *L. tipografica*, quella di piombo, stagno e antimonio usata per i caratteri mobili, la composizione meccanica, la stereotipia | Parte di rame che si aggiunge all'argento puro e parte di rame e di argento che si aggiunge all'oro o al platino per dar loro maggior durezza | *Oro, argento di bassa l.*, nei quali c'è un'alta percentuale di metallo poco pregiato. *5* (*fig.*) Indole, qualità di una persona o di una cosa | (*fig.*) *Gente di bassa l.*, di animo vile | (*fig.*) *Scherzo di cattiva l.*, di cattivo gusto. *6* Presa di malta o cemento. *7* Piastra di ferro per collegare insieme due o più pezzi, di ferro, pietra o legno.

léga (2) [ant. provz. *leg(u)a*, dal lat. tardo *lĕuga(m)*, *lĕuca(m)*, di origine gall.] s. f. • Unità di misura itineraria non inferiore alle due miglia, variabile secondo i paesi | *L. marina*, di circa quattro kilometri e mezzo o cinque kilometri e mezzo.

legàccia s. f. (pl. *-ce*) • (*dial.*) Legaccio.

legàccio [da *legare* (1) con sovrapposizione di *laccio*] s. m. • Striscia di stoffa, pelle e sim. per legare o stringere. || **legaccétto**, dim.

legàcciolo s. m. *1* (*centr.*) Legaccio. *2* Giarrettiera.

†**legagióne** [lat. *ligatiōne(m)*, da *ligātus*, part. pass. di *ligāre* 'legare (1)'] s. f. • Legamento.

legàle [vc. dotta, lat. *legāle(m)*, da *lēx*, genit. *lēgis* 'legge'] **A** agg. *1* Della, relativo alla, legge: *questione l.* | *Studio l.*, quello di un avvocato, procuratore legale, commercialista, da solo o associato ad altri colleghi | *Ufficio l.*, che ha il compito di curare le questioni giuridiche interessanti l'ente o azienda di cui è parte | *Procuratore l.*, V. *procuratore* | *Medicina l.*, V. *medicina.* *2* (*per anton.*) Che è, o è stato, stabilito dalla legge: *interessi legali*; *domicilio l.*; *presunzione l.* | *Numero l.*, numero minimo di componenti un organo o ente collegiale che debbono essere presenti a una adunanza o debbono approvare una deliberazione per la validità delle stesse | *Prova l.*, che la legge ritiene idonea alla dimostrazione del fatto | *Carta l.*, carta bollata | *Ora l.*, V. *ora.* *3* Legittimo: *comportamento l.*; *opposizione l.* || **legalménte**, avv. In modo conforme al disposto della legge. **B** s. m. • Professionista esperto di diritto, idoneo o abilitato a fornire consulenza o assistenza in tale materia: *chiedere il parere di un l.*; *rivolgersi a un l.*

legalìsmo [comp. di *legal(e)* e *-ismo*] s. m. • Stretta osservanza, spec. formale, della legge.

legalìsta s. m. e f. (pl. m. *-i*) • Sostenitore, fautore del legalismo.

legalìstico agg. (pl. m. *-ci*) • Relativo al legalismo e ai legalisti. || **legalisticaménte**, avv.

legalità [da *legale*] s. f. • Qualità di ciò che è conforme alla legge: *l. di un atto* | Rispetto, osservanza della legge | *Principio di l.*, secondo cui nessuno può essere punito per un fatto che non sia espressamente previsto come reato dalla legge, né con pene che non siano da essa stabilite | *Agire con l.*, secondo il disposto della legge.

legalitàrio agg. • Che agisce solo con mezzi consentiti dalla legge. || **legalitariaménte**, avv.

legalizzàre [adattamento del fr. *légaliser*, da *légal* 'legale'] v. tr. *1* Rendere ufficiale un atto o un documento proveniente da un privato, certificandone l'autenticità da parte di una pubblica autorità. *2* Rendere legale.

legalizzazióne [dal fr. *légalisation*, da *légaliser* 'legalizzare'] s. f. • Atto, effetto del legalizzare.

legàme o †**ligàme** [adattamento del lat. *ligāmen* (nt.), da *ligāre* 'legare (1)'] s. m. *1* Tutto ciò che serve a legare, a stringere: *l. forte, robusto* | (*fig.*) Vincolo sentimentale, morale: *l. di amicizia, di parentela.* *2* (*fig.*) Nesso, relazione, rapporto: *stabilire un l. tra due avvenimenti*; *il l. della vita col filosofare* (CROCE) | (*psicol.*) Ingiunzione contraddittoria che consiste nell'integrare una richiesta esplicita a un richiamo affettivo in senso contrario, in modo da bloccare il soggetto in una situazione senza uscita. *3* (*chim.*) Interazione tra atomi uguali o differenti fra loro che porta alla formazione di molecole o di composti permanenti o comunque stabili per un tempo sufficiente ad accertarne l'esistenza | *L. ionico*, legame eteropolare | *L. covalente*, covalenza | *Doppio l.*, legame covalente formato da due coppie di elettroni. *4* (*mat.*) Relazione alla quale debbono necessariamente soddisfare due o più enti.

legaménto o †**ligaménto** [adatt. del lat. *ligamĕntu(m)*, da *ligāre* 'legare (1)'] s. m. *1* Atto, effetto del legare. *2* (*anat.*) Ispessimento cordoniforme o nastriforme di tessuto connettivo con funzioni di sostegno o di rinforzo | Piega del peritoneo con funzioni di sostegno di organi addominali. *3* (*ling.*) L'inserzione fra due suoni vocalici di un elemento consonantico di sostegno. *4* Nella scherma, contatto della propria lama con quella dell'avversario per farla deviare dal bersaglio. *5* (*mar., spec. al pl.*) Pezzi di costruzione che servono a collegare e fermare l'ossatura e il fasciame del naviglio. *6* (*mus.*) Legatura.

†**legamentóso** o †**ligamentóso**. agg. ● (*anat.*) Che concerne i legamenti.

legànte (1) [adattamento del lat. *ligānte(m)*, part. pres. di *ligāre* 'legare (1)'] s. m. *1* Sostanza, quale cemento, mastice e sim., atta a saldare tenacemente fra di loro corpi diversi. *2* (*chim.*) Molecola, ione o gruppo combinati all'atomo centrale in un chelato o in un composto di coordinazione.

legànte (2) [vc. dotta, lat. *legānte(m)*, part. pres. di *legāre* 'legare (2)'] agg.; anche s. m. e f. ● (*dir.*) Che, chi fa un legato nel testamento.

†**legànza** [da *legante* (2)] s. f. ● Lega, colleganza.

legàre (1) o †**ligàre** [lat. *ligāre*, di etim. incerta] **A** v. tr. (*io légo, tu léghi*) *1* Avvolgere, cingere una persona, una cosa o più cose assieme con una fune e sim., per congiungere, immobilizzare: *l. i prigionieri, i capelli*; *l. qc. come un salame*; *comandava espressamente che mi legassino e che mi menassino in prigione* (CELLINI) | *Pazzo da l.*, completamente pazzo; (*scherz. o iron.*) persona stravagante, bizzarra | *L. le mani e i piedi a qc.*, (*fig.*) impedirgli di operare liberamente | *L. la lingua a qc.*, impedirgli di parlare | *Legarsi le scarpe*, allacciarsele | (*fig.*) *Legarsela al dito*, tenere bene a mente un torto ricevuto | *L. l'avversario*, nel linguaggio pugilistico, tenerlo con le braccia impedendogli di combattere. *2* Attaccare, fermare a q.c. con una fune e sim.: *l. il cane alla catena*, *il cavallo alla greppia* | (*fig.*) *L. la vigna con le salsicce*, avere grande abbondanza sprecando senza riguardo. *3* Unire metalli a formare leghe | Saldare in maniera compatta corpi diversi fra di loro. *4* (*cuc.*) Rendere più densi sughi, salse e sim. mediante l'aggiunta di farina, panna e sim. *5* (*fig.*) Unire, tenere insieme: *li lega un affetto profondo e duraturo*; *è legata a lui da un giuramento*. *6* Riunire le segnature di un'opera per costituire il volume. SIN. Rilegare. *7* Incastonare, incastrare: *l. una gemma in un anello*. *8* †Allegare, compiegare. **B** v. intr. (aus. *avere*) *1* Far lega, associarsi: *il ferro lega ottimamente col cemento* | (*fig.*) Star bene insieme: *quei due legano* | *Non lega!*, non attacca. *2* (*bot.*) Allegare, detto di frutti, innesti, piante. **C** v. rifl. ● Unirsi, stringersi con un vincolo | Obbligarsi con qc.

legàre (2) [vc. dotta, lat. *legāre* 'disporre secondo la legge', deriv. di *lēx*, genit. *lēgis* 'legge'] v. tr. (*io légo, tu léghi*) *1* Lasciare per testamento, in legato: *l. a qc. un immobile*. *2* (*raro*) †Delegare: *a queste cose legarono le ventiquattro Arti* (COMPAGNI).

legàta [f. sost. di *legato* (*1*)] s. f. ● Atto del legare una volta e alla meno peggio. ‖ **legatàccia**, pegg. | **legatìna**, dim.

legatàrio [vc. dotta, lat. tardo *legatāriu(m)*, da *legāre* 'legare (2)'] s. m. (f. *-a*) ● (*dir.*) Successore a causa di morte a titolo particolare.

legatìzio [lat. tardo *legatīciu(m)* 'riguardante una legazione, un'ambasceria', da *legāre* 'legare (2)'] agg. ● Di, relativo a un legato, spec. pontificio.

legàto (1) o †**ligàto**. **A** part. pass. di *legare* (*1*); anche agg. *1* Nei sign. del v. *2* Impacciato, privo di scioltezza, di disinvoltura: *essere l. nel muoversi, nel parlare*. **B** s. m. *1* (*mus.*) Termine che prescrive una esecuzione delle note senza alcuna interruzione di suono fra l'una e l'altra. *2* †Involto, fagotto.

legàto (2) **A** part. pass. di *legare* (*2*); anche agg. ● Nei sign. del v. **B** s. m. *1* Nell'antica Roma, ambasciatore, inviato | Amministratore di provincia consolare col pretore e col proconsole. *2* Rappresentante che la Santa Sede nomina presso governi stranieri con il titolo di nunzio, internunzio e delegato apostolico: *l. pontificio*.

legàto (3) [vc. dotta, lat. *legātu(m)*, dal part. pass. di *legare* nel senso giuridico di 'dare a qualcuno l'incarico di far qualcosa in base ad un patto (*lēx* 'legge')'] s. m. *1* (*dir.*) Disposizione testamentaria a titolo particolare che conferisce un bene a persona diversa dall'erede | (*est.*) Il bene stesso. *2* (*fig.*) Retaggio.

†**legatóio** s. m. ● Stanza dei legatori o imballatori.

legatóre [da *legare* (*1*)] s. m. (f. *-trice*, pop. *-tora*, nel sign. 1) *1* Chi esegue lavori di legatoria. *2* (*mecc.*) Legatrice. *3* (*agr.*) Attrezzo usato per legare i tralci di vite, o di altre piante, ai tutori.

legatorìa s. f. ● Industria della legatura di libri | Locale in cui si svolgono le varie fasi della lavorazione di legatura.

legatrìce [da *legare* (*1*) con uso sost. (sottinteso *macchina*)] s. f. ● Macchina d'imballaggio che effettua la legatura di più oggetti in un unico collo.

legatùra o †**ligatùra** [adattamento del lat. tardo *ligatūra(m)*, da *ligāre* 'legare (1)'] s. f. *1* Atto, effetto del legare: *stringere, allentare una l.* | Punto in cui una cosa è legata: *agganciarono il cavo proprio sopra la l.* *2* Arte e tecnica di riunire insieme le varie segnature di un'opera per costituire il volume e dargli una veste più elegante e duratura | Modo e materiale con cui il volume viene legato: *l. a spirale*; *l. in pelle*. *3* (*mus.*) Linea arcuata usata per indicare il legato fra due note diverse o il sommarsi in un'unica durata di due note di uguale altezza. *4* Atto, effetto dell'incastonare gemme. ‖ **legaturàccia**, pegg. | **legaturìna**, dim.

†**legazìa** [da *legare* (*2*)] s. f. ● Legazione, nel sign. 3.

legazióne [vc. dotta, lat. *legatiōne(m)*, da *legātus*, part. pass. di *legāre* 'legare (2)'] s. f. *1* Ambasceria, ambasciata. *2* Missione diplomatica retta da un ministro plenipotenziario | (*est.*) Edificio in cui ha sede una legazione | (*est.*) Insieme delle persone e degli uffici di cui è composta una legazione. *3* Ufficio, carica e sede di un legato, spec. pontificio | Durata di tale carica. *4* (*spec. al pl.*) Nell'antico Stato pontificio, ognuna delle province governate da un legato: *legazioni di Romagna*.

legènda [vc. dotta, lat. *legĕnda* (nt. pl.) 'cose che devono essere lette', dal part. fut. passivo di *lĕgere* 'leggere'] s. f. inv. ● Leggenda, nel sign. 4.

lègge [vc. dotta, lat. *lēge(m)*, di origine indeur., forse da *lĕgere* 'leggere'] **A** s. f. *1* (*dir.*) Atto normativo emanato dagli organi competenti e in conformità alle regole poste dall'ordinamento giuridico-costituzionale dello Stato: *l. in senso sostanziale, in senso formale*; *l. costituzionale, ordinaria, speciale, eccezionale*; *l. delegata*; *approvazione delle leggi*; *atto avente forza di l.* | *L. ponte*, emessa in attesa di un'altra legge più organica | *L. quadro* o *cornice*, detto di legge e complesso di leggi che contengono i principi fondamentali relativi all'ordinamento di una determinata materia | *L. delega*, con la quale il Parlamento delega il Governo a disciplinare una determinata materia con un decreto legislativo | *L. stralcio*, parte di una legge più generale non ancora approvata dal Parlamento | *A norma, a termini di l.*, secondo ciò che la legge prescrive, comanda o vieta | *Lo spirito della l.*, il suo reale significato. *2* (*est.*) Complesso delle norme che costituiscono l'ordinamento giuridico di uno Stato: *la l. è uguale per tutti*; *il potere, l'autorità, la maestà della l.* | *L. delle 12 tavole*, primo codice di leggi della Roma antica | *Essere fuori dalla l.*, non essere garantito dalla legge o non sentirsi a essa soggetto. *3* Scienza giuridica: *laurea in l.*; *essere dottore in l.*; *è iscritto alla facoltà di l.* | *Uomo di l.*, specialista nella scienza giuridica. *4* Autorità giudiziaria: *ricorrere alla l.*; *chiedere giustizia alla l.* | *In nome della l.*, formula con cui i rappresentanti dell'autorità giudiziaria intimano a qc. di ottemperare a un comando della stessa: *in nome della l., aprite!* *5* (*est.*) Ogni norma o complesso di norme che regola la condotta individuale o sociale degli uomini: *le leggi della società, della convivenza*; *la l. morale*; *la l. dell'amicizia*; *la l. del più forte* | *L. divina*, l'insieme delle norme rivelate da Dio o congenite con la natura dell'uomo | Norma tipica di gruppi particolari di esseri viventi: *la l. della malavita*; *la l. della giungla* | Consuetudine: *la l. dell'omertà*. *6* (*est.*) Regola fondamentale di una tecnica, di un'arte e sim.: *le leggi della pittura, della scultura* | (*ling.*) *L. fonetica*, formazione di un regolare mutamento di forme in determinate condizioni. *7* Relazione determinata e costante fra le quantità variabili che entrano in un fenomeno: *le leggi della matematica, della fisica*; *leggi chimiche*; *leggi di Keplero* | *L. di Archimede*, secondo la quale su ogni corpo immerso in un liquido si esercita una forza diretta verso l'alto, pari al peso del volume di liquido spostato | *L. di Avogadro*, secondo la quale in uguali volumi di gas diversi, nelle stesse condizioni di pressione e temperatura è contenuto lo stesso numero di molecole | *L. di Gay-Lussac*, secondo la quale a pressione costante il volume di un gas è direttamente proporzionale alla sua temperatura | *L. di Dalton*, o *delle proporzioni multiple*, secondo la quale quando due elementi si combinano fra loro in differenti rapporti, le diverse quantità di uno degli elementi che si combinano con una medesima quantità dell'altro stanno fra loro in rapporti esprimibili mediante numeri interi. *8* (*mat.*) *L. di composizione*, operazione. **B** in funzione di agg. inv. ● (posposto al s.) Che ha forza di legge, nella loc. *decreto l* ‖ PROV. Fatta la legge trovato l'inganno. ‖ **leggìna**, dim. (V.).

leggènda [vc. dotta, lat. *legĕnda* (nt. pl.) 'cose che si devono leggere', f. del part. fut. passivo di *lĕgere* 'leggere'] s. f. *1* Racconto tradizionale di avvenimenti fantastici o molto lontani nel tempo, arricchiti o alterati dalla fantasia popolare: *la l. della tavola rotonda* | (*est.*) Evento storico deformato dalla fantasia popolare: *la l. garibaldina*. *2* Nelle religioni, narrazione di natura mitologica, spesso ispirata dalla pietà popolare. *3* (*fig.*) Fandonia, bugia: *le calunnie diffuse su di noi sono leggende*. *4* Didascalia, testo di spiegazioni, tabella di abbreviazioni allegata a carte geografiche, grafici e sim. | Iscrizione, motto su medaglie, monete, stemmi, sigilli e sim. ➡ ILL. **moneta**. *5* (*mus.*) Lavoro vocale e strumentale con azione, che non necessita di messa in scena e costumi. ‖ **leggendàccia**, pegg. | **leggendùccia**, **leggendùzza**, dim.

leggendarietà s. f. ● (*raro*) Qualità di ciò che è leggendario.

leggendàrio **A** agg. *1* Che concerne la leggenda o ne ha i caratteri: *racconto, avvenimento l.* *2* (*est.*) Straordinario, meraviglioso: *le leggendarie imprese di Garibaldi*. ‖ **leggendariaménte**, avv. In modo leggendario, sotto forma di leggenda. **B** s. m. ● Raccolta di leggende di santi.

leggèra o **leggièra**, **liggèra** [dal primitivo senso, pure gerg., di 'miseria', da *leggerezza* intesa come 'mancanza'] **A** s. f. ● (*gerg.*) Miseria | Teppa. **B** s. m. e f. ● Chi vive in miseria, campando di espedienti.

lèggere [vc. dotta, lat. *lĕgere* 'raccogliere, leggere', t. tecnico, di origine relig. e politica, indeur.] v. tr. (pres. *io lèggo, tu lèggi*; pass. rem. *io lèssi, tu leggésti*; part. pass. *lètto*) *1* Riconoscere dai segni della scrittura le parole e comprenderne il significato: *imparare, insegnare a l.*; *l. a voce alta, speditamente* | *L. il greco, il francese*, capirli correntemente | *Un libro che si fa l.*, che desta interesse, che è piacevole | *L. un autore*, la sua opera | *Si legge*, è scritto, si racconta | *Non saper l. altro che nel proprio libro*, ignorare o non voler ascoltare le ragioni altrui | (*ass.*) Fare lettura, dedicarsi alla lettura: *trascorro gran parte della giornata leggendo*. *2* Interpretare certi segni convenzionali o naturali: *i ciechi leggono con le dita*; *l. un diagramma, un grafico, una carta geografica* | (*fig.*) *L. la mano*, ricavare dati sul carattere e sul destino di qc. basandosi sulle linee della mano | *L. nel libro del destino*, (*fig.*) prevedere il futuro | (*mus.*) Eseguire un pezzo guardando lo spartito su cui è scritto: *l. a vista, a prima vista*. *3* (*lett.*)

Intendere, interpretare uno scritto, un passo: *i critici dell'Ottocento leggevano erroneamente questa strofa* | (*est.*) Interpretare, intendere, riconoscere, valutare scritti, opere d'arte, eventi spec. secondo particolari o personali criteri: *l. Manzoni secondo i criteri della critica marxista, in chiave strutturalista*; *l. un quadro, un film*; *l. l'ultima crisi ministeriale alla luce della congiuntura economica odierna*. **4** Tenere una pubblica lettura spiegando e commentando un testo: *alla televisione sono stati letti passi dei Promessi Sposi*. **5** †Insegnare da una cattedra. **6** (*fig.*) Comprendere, intuire i pensieri e le intenzioni di qc.: *gli si leggeva il terrore sul volto*; *se a ciascun l'interno affanno / si leggesse in fronte scritto* (METASTASIO) | *L. nel pensiero, negli occhi, nell'animo di qc.*, scoprirne i sentimenti. **7** (*elab.*) Prelevare dati da un certo tipo di supporto o di memoria (per es., schede perforate) per trasferirli a un altro (per es., la memoria principale di un elaboratore). **8** †Eleggere, preferire.

leggerézza o (*raro*) **leggierézza**. s. f. **1** Qualità di chi, di ciò che è leggero: *ha la l. di una piuma*; *la l. della sua danza è meravigliosa*. **2** (*fig.*) Volubilità, incostanza, mancanza di riflessione: *comportarsi con l.* | Azione di persona sconsiderata e leggera: *è stata una vera l. lasciarli soli* | (*raro*) Inezia: *io non credea ... dover consumare tante parole in queste leggerezze* (GALILEI).

leggèri ● V. *leggieri*.

leggèro o †**leggière**, †**leggièri**, (*letter.*) **leggièro** [dall'ant. fr. *legier*, deriv. dal lat. *lĕvis* 'lieve', attraverso il lat. pop. **leviārius*] **A** agg. **1** Che ha poco peso: *essere l. come una piuma, come un sughero*; *l'olio è più l. dell'acqua*; *in estate si indossano abiti leggeri* | (*est.*) Che non dà sensazione di pesantezza | *Cibo l.*, di facil e digestione | *Pasto l.*, frugale | *Aria leggera*, che si respira con facilità, a pieni polmoni | Di scarsa forza o intensità: *una leggera scossa di terremoto*; *spirava un vento caldo e l.* | *Medicina leggera*, che agisce blandamente | *Droghe leggere*, V. *droga* | *Avere il sonno l.*, svegliarsi al minimo rumore | Che non ha consistenza: *avere le basi, le fondamenta leggere*. CONTR. Pesante. **2** (*fig.*) Non grave: *ferita leggera* | Che non richiede eccessivo sforzo fisico o mentale: *svolgere un lavoro l.*; *sostenere una fatica leggera* | Di poca importanza: *si tratta solo di un l. rimprovero*. SIN. Lieve. **3** (*fig.*) Piccolo, modico: *vi sarà un l. aumento di stipendio*; *aveva un l. difetto di pronuncia* | Sottile, delicato: *c'era un l. odore di canfora*; *si sentiva un l. frusciare di foglie*. **4** Poco carico: *nave leggera* | *Tenersi l. di stomaco*, non appesantirlo con molto cibo o con cibi di difficile digestione. **5** Agile, snello, spedito nei movimenti: *essere l. nella danza, nel muoversi* | *Sentirsi l.*, provare un senso di benessere fisico o di sollievo morale. **6** (*fig.*) Di poco giudizio: *ogni volta che uno crede quello che non debbe o male finge quello che vuole persuadere, si può chiamare et leggiere et di nessun prudentia* (MACHIAVELLI) | Volubile, frivolo, incostante: *è una testa leggera* | *A cuor l.*, con tranquilla serenità | *Alla leggera*, spensieratamente. SIN. Fatuo, sconsiderato, superficiale. **7** Detto di un tipo di musica poco impegnativa, costituita da canzonette e ballabili. **8** (*sport*) *Atletica leggera*, settore dell'atletica comprendente le gare di corsa e di marcia, i salti e i lanci | *Pesi leggeri*, una delle categorie in cui sono divisi, secondo il peso, i lottatori, i pugili e i sollevatori di pesi. || **leggerménte**, avv. In modo leggero, con leggerezza. **B** avv. **1** In modo leggero: *vestirsi l.*; *mangiare l.* | Lievemente: *sorridere l.* **2** †Facilmente. || **leggerìno**, dim. | **leggerétto**, dim. | **leggeróne**, accr. (V.).

leggeróne s. m. (f. *-a*) **1** Accr. di *leggero*. **2** Persona che si comporta con leggerezza e scarsa riflessività.

leggiadrìa [ant. provz. *leujairia* 'leggerezza' (dal lat. parl. **leviārius*, da *lĕvis* 'lieve'), sul tipo di corrispondenza *paire* e *padre*] s. f. **1** Qualità di chi, di ciò che è leggiadro: *la l. di una fanciulla*; *deposta avea l'usata l.* (PETRARCA). SIN. Avvenenza, gentilezza, grazia. **2** †Civetteria.

leggiàdro [da *leggiadria*] **A** agg. **1** Che è, al tempo stesso, bello, aggraziato e gentile: *movenze leggiadre*; *avere un volto, un portamento l.*; *forme leggiadre*; *qualche leggiadra ninfa paurosa* (L. DE' MEDICI). **2** (*lett.*) Splendido, magnifico: *virtù, opere leggiadre*. **3** †Affettato, azzimato. || **leggiadraménte**, avv. Con leggiadria. **B** s. m. ● †Bellimbusto, vagheggino. || **leggiadrétto**, dim. | **leggiadrìno**, dim.

†**leggiàio** [da *legge*] s. m. ● Caparbio, cavilloso.

†**leggiaiòlo** o †**leggiaiuòlo** s. m.; anche agg. **1** Chi, che pretende di imporre la propria volontà usando cavilli. **2** Chi, che si comporta da leguleio.

†**leggiàre** [lat. parl. **leviāre*, da *lĕvis* 'lieve, leggero'] v. tr. ● Alleviare.

leggìbile [vc. dotta, lat. tardo *legĭbile(m)*, da *lĕgere* 'leggere'] agg. ● Che si può leggere | *Poesia, racconto, libro l.*, che, pur essendo privo di grandi pregi, merita di essere letto | (*fig.*) Evidente, facilmente decifrabile. || **leggibilménte**, avv.

leggibilità s. f. ● Qualità di ciò che è leggibile.

leggicchiàre v. tr. e intr. (*io leggìcchio*; aus. *avere*) ● Leggere a stento, o di tanto in tanto.

leggièra ● V. *leggera*.

†**leggière** ● V. *leggero*.

†**leggièri** o †**leggèri** agg. **1** V. *leggero*. **2** Nella loc. avv. *di l.*, facilmente, in modo agevole: *Nostra virtù, che di legger s'adona* (DANTE *Purg.* XI, 19).

leggièro e *deriv.* ● V. *leggero* e *deriv.*

leggìna s. f. **1** Dim. di *legge*. **2** Legge di pochi articoli, di solito approvata in commissione parlamentare, e non dal parlamento in seduta plenaria.

lèggio (**1**) [lat. *lĕviu(m)* 'piuttosto leggero (*lĕvis*)'] **A** agg. **1** (*mar.*) Leggero | *Naviglio l.*, con carico incompleto o scarico nel ritorno. **2** †Molle, soffice, tenero. **B** s. m. ● Tappo sul fondo delle imbarcazioni.

leggìo (**2**) [lat. *logēu(m)*, dal gr. *logêion* 'pulpito' (da *légein* 'dire, raccontare'), con sovrapposizione di *leggere*] s. m. **1** Mobile di varia forma e dimensione, fornito di sostegno a piano inclinato, per sostenere il messale, lo spartito musicale e sim. | Sostegno portatile o pieghevole sul quale appoggiare spartiti musicali o sim. **2** †Pulpito, pergamo.

leggìsta ● V. *legista*.

leggitóre [da *leggere*] s. m. (f. *-trice* nel sign. 2) **1** (*tecnol.*) Congegno che trasforma in movimenti meccanici o impulsi elettrici particolari segni su carta. **2** (*raro*) Lettore.

leggiucchiàre v. tr. e intr. (*io leggiùcchio*; aus. *avere*) ● Leggicchiare: *apro il libro e mi metto a leggiucchiarlo* (PIRANDELLO).

leghìsmo [da *lega* col suff. *-ismo*] s. m. ● (*polit.*) Fenomeno politico e sociale, diffuso spec. nell'Italia settentrionale, consistente nell'associarsi in Leghe.

leghìsta [da *lega* (*1*)] **A** s. m. e f. (pl. m. *-i*) **1** Un tempo, operaio o contadino iscritto a una lega. **2** (*polit.*) Militante, sostenitore di una lega. **B** agg. ● (*polit.*) Della lega, relativo alla lega, al leghismo: *il fenomeno l.*

legiferaménto s. m. ● (*scherz.*) Modo, atto del legiferare.

legiferàre [fr. *légiférer*, dal lat. *legĭferu(m)*, comp. di *lēx*, genit. *lēgis* 'legge' e *-feru(m)* '-fero'] v. intr. (*io legìfero*; aus. *avere*) **1** Emanare, promulgare leggi. **2** (*scherz.*) Dettar legge.

legiferatóre agg.; anche s. m. (f. *-trice*) ● Che, chi legifera.

legiferazióne s. f. ● Atto, effetto del legiferare.

legionàrio [vc. dotta, lat. *legionāriu(m)*, da *lĕgio*, genit. *legiōnis* 'legione'] **A** s. m. **1** Soldato di una legione: *i legionari di Cesare* | (*per anton.*) Appartenente alla Legione straniera | (*med.*) *Malattia, morbo del l.*, legionellosi. **2** Membro della Legione d'onore francese. **B** agg. ● Della, relativo alla legione: *truppe legionarie*.

legióne [vc. dotta, lat. *legiōne(m)*, da *lĕgere* 'scegliere, raccogliere (in armi)', secondo un incerto passaggio semantico] s. f. **1** Unità tattica fondamentale dell'esercito romano, costituita, secondo i tempi, da circa 3000 a oltre 6000 uomini: *le legioni di Cesare*. **2** Corpo militare che non fa parte dell'esercito regolare del paese per cui combatte, spec. durante il Risorgimento | *Legione straniera*, costituita in Africa settentrionale agli inizi del sec. XIX e composta di soldati volontari, al servizio della Francia, in maggioranza stranieri, impiegata un tempo spec. in varie guerre coloniali. **3** Unità organica dell'Arma dei Carabinieri e del Corpo della Guardia di Finanza. **4** (*fig.*) Schiera foltissima, moltitudine: *si radunò una l. di sfaticati*. **5** *Legion d'onore*, ordine cavalleresco francese istituito per il riconoscimento di meriti civili e militari.

legionellòsi [detta così perché diffusasi in forma epidemica nell'estate del 1976 durante un raduno a Filadelfia di reduci dell'American *Legion*] s. f. ● (*med.*) Infezione batterica a localizzazione prevalentemente polmonare, caratterizzata da febbre alta, tosse secca, dolore pleurico e diarrea, provocata dalla *Legionella pneumophila* che si diffonde spec. per mezzo dell'acqua.

legislatìvo [fr. *législatif*, da *législateur* 'legislatore'] agg. ● Che concerne la legislazione: *assemblea legislativa* | *Procedimento l.*, svolgimento ordinato delle attività necessarie alla formazione di una nuova legge | *Potere l.*, funzione di emanare atti legislativi; complesso degli organi che normalmente esplicano detta funzione. || **legislativaménte**, avv. Dal punto di vista legislativo.

legislatóre [vc. dotta, lat. *legislatōre(m)*, comp. di *lēgis* 'della legge' e *lātor*, da *lātus*, part. pass. di *fĕrre* 'portare'] **A** s. m. (raro, f. *-trice*) ● (*dir.*) Chi formula leggi: *i legislatori dell'antica Grecia* | Organo investito del potere di legiferare | (*per anton.*) Il Parlamento: *interpretazione della legge secondo l'intenzione del l.* **B** agg. ● Che emana leggi o atti aventi forza di legge: *Stato l.*

legislatùra [fr. *législature*, da *législateur* 'legislatore'] s. f. **1** Attività e facoltà di preparare ed emanare leggi. **2** Dignità e ufficio di legislatore. **3** Periodo per il quale è eletta, o durante il quale rimane in carica, un'assemblea legislativa: *la quinta l. della repubblica italiana*.

legislazióne [vc. dotta, lat. tardo *legislatiōne(m)*, comp. di *lēgis* 'della legge' e *lātio*, da *lātus*, part. pass. di *fĕrre* 'portare'] s. f. **1** Formazione di leggi. **2** Ordinamento giuridico: *la l. italiana* | (*per anton.*) Complesso di atti legislativi disciplinanti un dato ramo di attività sociale: *l. del lavoro*.

legispèrito [vc. dotta, lat. tardo *legisperītu(m)*, comp. di *lēgis* 'della legge' e *perītus* 'perito'] s. m. ● (*raro*, *lett.*) Giurisperito.

legìsta o (*raro*) **leggìsta** [formaz. mediev. dal lat. *lēx*, genit. *lēgis* 'legge'] s. m. (pl. *-i*) **1** Dotto nelle leggi, giurista. **2** †Legislatore.

legìttima [vc. dotta, lat. *legĭtima(m)*, sott. *părte(m)*, '(parte) spettante per *legge*'] s. f. ● (*dir.*) Parte del patrimonio ereditario di cui il testatore non può liberamente disporre perché riservata per legge ai legittimari.

legittimàre [da *legittimo*] v. tr. (*io legittimo*) **1** Rendere qc. idoneo a compiere lecitamente un'attività giuridica | Attribuire a qc. la qualifica di legittimo: *l. un figlio*. **2** (*est.*) Giustificare: *l. un'assenza, una mancanza*.

legittimàrio [da (parte) *legittima*] s. m. (f. *-a*) ● (*dir.*) Erede necessario.

legittimazióne s. f. **1** Atto, effetto del legittimare | Potere di agire, di disporre: *documento di l.* | (*dir.*) *L. dei figli naturali*, attribuzione della qualità di figlio legittimo a chi è nato fuori del matrimonio. **2** (*est.*, *raro*) Giustificazione.

legittimìsmo [da *legittimo* col suff. di dottrina *-ismo*] s. m. ● Dottrina basata sull'affermazione dell'origine divina della monarchia e della sua conseguente legittimità | (*est.*) Atteggiamento di chi, in genere, tende a restaurare il regime monarchico dove questo è stato abbattuto.

legittimìsta **A** s. m. e f. (pl. m. *-i*) ● Chi sostiene il legittimismo. **B** agg. ● Legittimistico: *politica, partito l.*

legittimìstico agg. (pl. m. *-ci*) ● Relativo al legittimismo o ai legittimisti.

legittimità s. f. **1** Qualità di ciò che è legittimo: *l. di un'azione, di un desiderio* | (*dir.*) *L. degli atti amministrativi*, rispondenza dell'attività della pubblica amministrazione ai requisiti fissati dalla legge. **2** Conformità alla dottrina del legittimismo.

legìttimo [vc. dotta, lat. *legĭtimu(m)*, da *lēx*, genit. *lēgis* 'legge', col suff. di sup. *-tĭmu(m)*: 'vicinissimo, quasi identico, alla legge'] agg. **1** Che è conforme alla legge o da essa consentito: *matrimonio, atto l.*; *uso l. delle armi* | *Figlio l.*, concepito o generato da genitori uniti in regolare matrimonio | *Legittima difesa*, causa di giustificazione del reato consistente in una reazione al pericolo attuale di un'offesa ingiusta, a questa proporzionata e necessaria per difendere un diritto proprio o altrui | *Legittima suspicione*, V. *suspicione* | (*est.*) Che è tale per disposizione della legge: *erede, successore l.* **2** (*est.*) Che risulta conforme alle consuetudini, alle regole prestabilite e sim.: *si tratta di una legittima applicazione della norma*; *vocabolo, termine l.* | Lecito, giustificato: *aspirazione, aspettazione legittima*; *appagare un l. desiderio.* **3** (*est.*) Genuino, schietto, sincero, detto spec. del cibo: *vino, aceto l.* **4** (*arald.*) Detto di stemma composto secondo le regole del blasone. || **legittimaménte**, avv. **1** In modo legittimo. **2** (*raro, lett.*) Convenientemente.

légna [lat. *lĭgna* (nt. pl.), da *lĭgnum* 'legno'] s. f. (pl. *légna* o *légne*) ● Legname da ardere: *l. verde, asciutta, secca*; *tagliare, spaccare la l.* | *Far l.*, raccoglierla nel bosco | *Mettere, aggiungere l. al fuoco*, (*fig.*) aizzare o fomentare discordie e sim. | (*fig.*) *Portare l. alla selva, al bosco*, portare q.c. dove ce n'è già in abbondanza | (*fig.*) *Tagliare la l. addosso a qc.*, sparlarne. || **legnàccia**, pegg. | **legnétta**, dim.

legnàceo agg. ● Di legno | Simile al legno.

†**legnàggio** ● V. *lignaggio*.

legnàia o †**legnàra** [lat. *lignāria(m)* 'appartenente al legno', da *lĭgnum* (V. *legna*)] s. f. ● Stanza, deposito per la legna.

legnaiòlo o (*lett.*) **legnaiuòlo** s. m. ● Artigiano che fa lavori grossolani di falegnameria.

legnàme [comp. di *legn(o)* e *-ame*, come il lat. *lignāmen* (nt.) di diverso sign. ('armatura di legno')] s. m. **1** Legno da lavoro: *negoziante, magazzino di l.*; *una partita di l. pregiato* | Insieme di pezzi di legno: *l. da ardere.* **2** (*spec. al pl.*) †Lavori ordinari in legno o mobili di legno | †*Maestro di l.*, falegname.

†**legnàra** ● V. *legnaia*.

†**legnàre (1)** [lat. *lignāre* 'raccoglier legna', da *lĭgnum* 'legno'] v. intr. ● Far legna.

legnàre (2) [da *legno* per 'bastone'] v. tr. (*io légno*) ● Bastonare.

legnàta [lat. *lignāta(m)*, part. pass. di *lignāre* 'legnare (2)'] s. f. ● Colpo dato con un legno: *con tre legnate ha rotto il tavolo* | (*est.*) Bastonata: *dar un fracco di legnate a qc.*; *qui finisce a legnate!* || **legnatìna**, dim.

legnàtico [lat. tardo *lignāticu(m)*, da *lĭgnum* 'legno', col suff. *-āticum*, che indicava certi diritti] s. m. (pl. *-ci*) **1** (*ant.*) Tassa che si pagava al signore di un feudo per far legna nei boschi. **2** Diritto di far legna nei boschi altrui, spec. comunali. SIN. Boscatico.

legnatùra s. f. ● Il dare legnate | (*est.*) Le legnate stesse.

legnìno [dal *legno* della botte] s. m. ● Sapore sgradevole che il vino prende da una cattiva botte.

légno [lat. *lĭgnu(m)*, collegato col v. *lĕgere* 'raccogliere (la legna da ardere)'] s. m. **1** (*bot.*) Tessuto vegetale costituito da elementi basali e da cellule parenchimatiche, con pareti lignificate adibite al trasporto della linfa e dei liquidi sia nei fusti che nelle radici | (*est.*) La parte compatta, interna, del fusto e dei rami delle piante: *l. di noce, di ciliegio, di frassino, di tek*; *l. duro, dolce, liscio, nodoso.* **2** Correntemente, materia prima fornita dagli alberi e destinata a vari usi: *l. da lavoro, da ardere, da intarsio*; *mobili, pavimento di, in l.*; *avere una gamba di l.* | *Pasta di l.*, per la fabbricazione della carta | *Carta di l.*, fatta lavorando opportunamente certi legni | *L. compensato*, pannello di più strati di legno, incollati a fibre incrociate per aumentarne l'indeformabilità | *Essere duro come il l.*, durissimo, coriaceo | *Testa di l.*, marionetta e (*fig.*) persona dura di testa | (*fig.*) *Il l. verde non sta mai fermo*, i giovani sono sempre irrequieti. **3** Pezzo di legno: *raccogliere un l. da terra* | *Morire su tre legni*, impiccato | (*est.*) Bastone, mazza: *percuotere, colpire qc. con un l.* | Nel golf, tipo di mazza. **4** (*mus., al pl.*) Nell'orchestra moderna, gruppo di strumenti a fiato, originariamente in legno, comprendente flauto, ottavino, oboe, corno inglese, clarinetto, clarinetto basso, corno di bassetto, fagotto, controfagotto e sassofono. SIN. Strumentini. **5** (*lett.*) Albero. **6** (*fig.*) Carrozza signorile | (*fig.*) Nave: *i legni corsari* || PROV. Ogni legno ha il suo tarlo. || **legnàccio**, pegg. | **legnerèllo**, dim. | **legnettino**, dim. | **legnétto**, dim. | **legnino**, dim. | **legnòlo**, **legnuòlo**, dim. | **legnòtto**, accr. | **legnòttolo**, dim. | **legnùccio**, **legnùzzo**, dim.

legnòlo o **legnuòlo** [lat. parl. *lineŏlu(m)*, dim. di *līnea*, originariamente 'filo di lino (*līnum*)', 'cordicella'] s. m. ● Insieme di più filacce o fili metallici avvolti a spirale. SIN. Trefolo.

legnosità s. f. ● Qualità o caratteristica di ciò che è legnoso.

legnóso [lat. *lignōsu(m)*, da *lĭgnum* 'legno'] agg. **1** Di legno | *Piante legnose*, alberi ed arbusti | *Fusto l.*, non erbaceo | *Sapore l.*, del vino che ha preso sapore di botte. **2** Che ha la durezza del legno, che è simile al legno: *materiali legnosi* | *Carne legnosa*, molto dura e tigliosa. **3** (*fig.*) Privo di scioltezza, morbidezza, elasticità, disinvoltura e sim.: *andatura legnosa* | *Gambe legnose*, rigide e prive di mobilità.

legnuòlo ● V. *legnolo*.

Lègo ® [nome commerciale, comp. con le danesi *leg* (imperat. del v. *lege* 'giocare') e *go(dt)* (avv. dell'agg. *god* 'buono'), quindi, propriamente 'gioca bene'] s. m. inv. ● Gioco di costruzioni in plastica costituito da piccoli pezzi di forma geometrica a incastro, tali da permettere una grande quantità di combinazioni.

†**legulèico** agg. ● Di leguleio.

legulèio [vc. dotta, lat. *legulēiu(m)*, da *lēx*, genit. *lēgis* 'legge' col doppio suff. *-ul-* (dim.) e *-ēius*] s. m. (f. *-a*) ● (*spreg.*) Legale cavilloso e sofistico.

legùme [vc. dotta, lat. *legūmen* (nt.) di etim. incerta] s. m. **1** Baccello. **2** (*al pl.*) Semi eduli contenuti nei baccelli delle leguminose quali fagioli, piselli, ceci, lenticchie, fave e sim.: *minestra, farina di legumi* | *Legumi freschi*, che si mangiano verdi | *Legumi secchi*, conservati previo essiccamento.

legumièra s. f. ● Piatto di portata o vassoio per legumi.

legumìna [comp. di *legum(e)* e *-ina*] s. f. ● Proteina vegetale contenuta in varie leguminose.

Leguminóse [dal lat. *legūmen*, genit. *legūminis* 'legume'] s. f. pl. ● Nella tassonomia vegetale, ordine di piante delle Dicotiledoni con fiore a cinque petali, pistillo a un solo carpello, foglie composte e frutto a baccello (*Leguminosae*) | (al sing. *-a*) Ogni individuo di tale ordine.

leh /le:/ o **leeh** [vc. espressiva] inter. ● Si usa come incitamento a rallentare o arrestare la corsa di un cavallo o a stare quieto e fermo.

Lehm /*ted.* le:m/ [vc. di area germ. e origine indeur. (da una rad. **lei-* col sign. di 'viscido')] s. m. (pl. ted. *Lehme*) ● (*geol.*) Deposito argilloso-sabbioso incoerente, ricco di ossidi e idrossidi di alluminio e ferro.

lèi [lat. parl. **illāei* per †*illae*, che sostituì *illi*, ritenuto solo m.] **A** pron. pers. di terza pers. f. sing. **1** Indica la persona (lett. anche l'animale o la cosa) di cui si parla, e si usa al posto di 'ella' e 'essa' nei vari compl.: *devi scrivere a lei*; *se io fossi in lei non lo farei*; *vai tu con lei* | Come compl. ogg. in luogo del pron. 'la', quando gli si vuole dare particolare rilievo: *guardando lei mi pareva di vedere sua madre*; *e lei con braccio maneggiò sì saldo* (TASSO) | (*lett.*) Come compl. di termine senza la prep. 'a': *rispose lei che non poteva* | (*lett.* o *bur.*) In luogo dell'agg. poss. nelle loc. *la di lei, il di lei, le di lei, i di lei*, la sua, il suo, le sue, i suoi: *la di lei bellezza*; *il di lei padre* | Si pospone a 'anche', 'neanche', 'pure', 'neppure', 'nemmeno', e sim.: *non ho visto neppure lei* | Si pospone a 'ecco' in luogo del pron. encl. 'la', quando gli si vuol dare particolare rilievo: *ecco lei!* **2** Ella (come sogg., spec. nella lingua parlata e fam., in espressioni enfatiche, ellittiche esclamative, in contrapposizione ad altro sogg. o posposto al verbo con valore enf. e raff.): *ci vada lei, se vuole*; *l'ha riferito lei in persona*; *lui poverissimo, lei ricca e bella*; *beata lei!*; *lei privilegiata!*; *lei fortunata!* | Con il v. al modo inf., part., gerundio: *lei accettare questo?*; *accettato lei, accettarono tutti*; *andandosene lei, l'allegria era finita* | Si pospone a 'anche', 'neanche', 'pure', 'neppure', 'nemmeno', e sim.: *verrà anche lei?*; *neppure lei lo sapeva* | Con funzione predicativa: *non sembra più lei*; *non pareva lei* | Si usa dopo 'come' e 'quanto' nelle comparazioni: *io ne sapevo quanto lei.* **3** Si usa (come sogg. e compl.) in segno di deferenza, cortesia, rispetto, rivolgendosi a persone, sia di sesso maschile, sia femminile, con cui non si è in familiarità: *lei è stato molto gentile con noi*; *entri pure, lei è atteso*; *faccia lei, signora.* **B** in funzione di s. m. ● La terza persona: *usare il lei* | *Dare del lei a qc.*, rivolgergli rispettosamente il discorso in terza persona e (*est.*) non essere in rapporto di familiarità. **C** in funzione di s. f. ● (*fam.*) La donna amata: *parla sempre della sua lei.*

leibniziàno /laibnit'tsjano, leibnit'tsjano/ **A** agg. ● Che concerne o interessa la filosofia di G. W. Leibniz (1646-1716). **B** s. m. (f. *-a*) ● Chi segue la dottrina filosofica di G. W. Leibniz.

leiomiosarcòma [comp. del gr. *lêios* 'liscio', *mio-* e *sarcoma*] s. m. (pl. *-i*) ● (*med.*) Tumore della muscolatura liscia, spec. dell'utero e dello stomaco.

leiòtrico [comp. del gr. *lêios* 'liscio' (di etim. incerta), e *-trico*] agg. (pl. m. *-ci*) ● Lissotrico.

leishmània /leiz'manja, liʃ'manja/ [dal n. dello scopritore, il medico W. B. *Leishman* (1865-1926)] s. f. ● Genere di Protozoi flagellati parassiti delle cellule endoteliali e dei leucociti (*Leishmania*).

leishmaniòsi /leizma'njɔzi, liʃma'njɔzi/ [comp. di *leishmani(a)* e *-osi*] s. f. ● (*med.*) Malattia parassitaria cutanea o viscerale causata da protozoi del genere *Leishmania* trasmessi all'uomo da insetti vettori (gener. *Phlebotomus*) e diffusa soprattutto nelle aree tropicali.

Leitmotiv /*ted.* 'laitmoti:f/ [vc. ted., da *leiten* 'guidare, dirigere' (V. *leader*) e *Motiv* 'motivo'] s. m. inv. (pl. ted. *Leitmotive*) **1** (*mus.*) Tema melodico ricorrente che caratterizza fatti, momenti o personaggi nel corso di una composizione. **2** (*est.*) Concetto o argomento a cui si fa costante riferimento o che si ripete, in un'opera letteraria, artistica e sim.: *il L. dell'angoscia nella lirica del Novecento.*

lek /*alb.* lek/ [vc. alb., dal n. proprio *Lek(ë)* 'Alessandro' con allusione ad Alessandro Magno] s. m. inv. ● Unità monetaria circolante in Albania.

lèkythos /*gr. ant.* 'lɛkyθos/ [gr. *lḗkythos*, di etim. sconosciuta (forse vc. di orig. straniera)] s. f. ● (*archeol.*) Tipo di vaso greco usato spec. per unguenti e profumi, avente in genere collo molto allungato collegato al corpo per mezzo di una sola ansa verticale.

†**lellàre** [vc. imit.] v. intr. ● (*tosc.*) Essere lento nel decidersi e nell'agire.

†**lèllera** ● V. †*ellera*.

Lèm [sigla ingl. di *L(unar) e(xcursion) m(odule)* 'modulo d'escursione lunare'] s. m. inv. ● Veicolo spaziale a due stadi impiegato dalle missioni americane, a partire dal 1969, per la discesa sulla Luna.

lèmbo (1) [lat. *līmbu(m)*, termine tecnico, di etim. incerta] s. m. **1** Parte estrema dell'abito: *prendere, trattenere qc. per il l. del mantello*; *purpurea vesta d'un ceruleo l. / sparso di rose i begli omeri vela* (PETRARCA) | (*est.*) Orlo, margine: *il l. della strada.* **2** Zona, fascia, parte: *coltivare un piccolo l. di terra.* **3** (*bot.*) Porzione distale espansa e laminare di foglie, sepali, petali. SIN. Lamina. || **lembùccio**, dim.

†**lèmbo (2)** [lat. *lĕmbu(m)*, dal gr. *lémbos*, di etim. incerta] s. m. ● Nave leggera da guerra o da pesca.

lèmma [vc. dotta, lat. *lĕmma* 'argomento, tema', dal gr. *lêmma* 'presa', da *lambánein* 'prendere', di etim. incerta] s. m. (pl. *-i*) **1** (*filos.*) Proposizione che funge da premessa di un ragionamento | Proposizione che una scienza assume senza dimostrazione ricavandola da un'altra scienza. **2** (*mat.*) Teorema solitamente d'importanza secondaria, che si premette alla dimostrazione d'un altro. **3** (*ling.*) Vocabolo registrato in un dizionario o in un'enciclopedia, stampato in grassetto e posto all'inizio della definizione. SIN. Esponente. **4** †Premessa, argomento.

lemmàrio s. m. ● Complesso dei lemmi di un dizionario e sim. | Lista dei lemmi.

lemmàtico agg. (pl. m. *-ci*) ● Che ha la natura e le caratteristiche del lemma.

lemmatizzàre v. tr. ● Registrare come lemma una parola.

lemmatizzazióne s. f. ● Atto, effetto del lemmatizzare.

lèmme lèmme [etim. incerta] loc. avv. ● (*fam.*) Piano piano, adagio adagio, con flemma: *camminava lemme lemme*; *se ne veniva lemme lemme*;

lavora lemme lemme; *amandosi e vivendo lemme lemme* (GIUSTI).

lemming /*ingl.* 'lemiŋ/ [vc. ingl., dal dan. *lemming*: col sign. originario 'l'abbaiatore' (?)] s. m. ● Piccolo mammifero dei Roditori dell'Europa e dell'Asia settentrionali che compie migrazioni periodiche (*Lemmus lemmus*).

lèmmo s. m. ● Adattamento di *lemming* (V.).

lèmna [gr. *lémna* 'lenticchia d'acqua', di etim. incerta] s. f. ● (*bot.*) Lenticchia d'acqua.

Lemnàcee [comp. di *lemn(a)* e *-acee*] s. f. pl. ● Nella tassonomia vegetale, famiglia di piante acquatiche delle Monocotiledoni dall'aspetto di lamina verde galleggiante con fiori ridottissimi (*Lemnaceae*) | (al sing. *-a*) Ogni individuo di tale famiglia.

lemniscàta [f. sost. di *lemniscato* 'a forma di lemnisco'] s. f. ● (*mat.*) Curva piana a forma di otto: *l. di Bernoulli*.

lemniscàto [vc. dotta, lat. *lemniscātu(m)*, da *lemnīscus* 'lemnisco'] agg. ● (*lett.*) Ornato di lemnisco.

lemnisco [vc. dotta, lat. *lemnīscu(m)*, dal gr. *lēmnískos* 'proveniente dall'isola di *Lemno* (*Lêmnos*)' (?)] s. m. (pl. *-schi*) **1** Nell'antica Roma, fascia o nastro in origine di lana poi di materie preziose di cui si ornavano palme e corone trionfali. **2** (*arch.*) Nastro attorto a corone e ghirlande ornamentali. **3** (*anat.*) Ognuna delle principali vie nervose sensoriali che raggiungono i centri superiori: *l. mediale*, *l. spinale*.

lemòṣina ● V. *elemosina*.

lempira /*sp.* lem'pira/ [dal n. del cacicco di Honduras, *Lempira*, che s'oppose ai conquistatori sp.] s. m. (pl. *lempiras* /*sp.* lem'piras/) ● Unità monetaria circolante in Honduras.

lèmure (1) [vc. dotta, lat. *Lēmures*, termine non indeur.] s. m. ● Nelle credenze religiose di Roma antica, anima o spettro vagante di defunto che tornava sulla terra per molestare i vivi.

lèmure (2) [dal n. della famiglia, *Lemur(o)idi*, opposto, come proscimmie, alle 'scimmie' o Antropoidi] s. m. ● Genere di Proscimmie caratterizzato da muso aguzzo, lunga coda, pelame morbido, grandi occhi, arti anteriori e posteriori ugualmente lunghi (*Lemur*).

Lemùridi [comp. di *lemur(e)* (2) e *-idi*] s. m. pl. ● Nella tassonomia animale, famiglia di Proscimmie notturne con muso allungato, pelliccia morbida, grandi occhi e lunga coda (*Lemuridae*) | (al sing. *-e*) Ogni individuo di tale famiglia.

Lemuroidèi [comp. di *lemur(e)* (2) e dal suff. *-oidei*] s. m. pl. ● (*zool.*) Proscimmie.

léna o **lèna** [da *(a)lena(re)*, per *anelare*] s. f. **1** Vigoria di spirito e di volontà, per sostenere fatiche e sim.: *applicarsi allo studio di buona l.*; *ripigliato l., spirito e voce, tornò a' colloqui e agli affetti di prima* (BARTOLI) | *Opera di lunga l.*, di molta e lunga fatica. SIN. Ardore. **2** Fiato, respiro spec. affannoso: *riprender l. dopo uno sforzo*; *mancare la l.* | *Con l. affannata*, affannosamente.

†**lenànza** s. f. ● Lena, ardore.

lènci ® [dal n. della ditta (fabbrica *Lenci*), che per prima lo produsse, a Torino, dal 1919] **A** s. m. ● Nome commerciale di un panno leggero molto compatto in vasta gamma di colori per la fabbricazione di bambole, fiori artificiali, cuscini. **B** anche agg.: *panno l.*

lèndine o **léndine** [lat. tardo *lĕndine(m)*, per *lĕnde(m)*, vc. pop. di origine indeur.] s. m. o raro f. ● Uovo di pidocchio.

lendinóso agg. ● Che ha lendini, pieno di lendini: *capelli, peli lendinosi*.

lène o †**lèno** [vc. dotta, lat. *lēne(m)*, di etim. incerta] agg. **1** (*lett.*) Debole, lieve, soave: *la bianca luna ... piovea l. il gentil / tremolar del suo lume* (CARDUCCI). **2** (*ling.*) Detto di consonante che si realizza con minore tensione articolatoria di una forte | *Spirito l.*, spirito dolce. || **leneménte**, avv. (*lett.*) Dolcemente, soavemente.

lenèo [lat. *Lenāeu(m)*, dal gr. *Lēnâios*: da *lēnós* 'torchio'(?)] agg. ● Nella mitologia greca, relativo al dio Dioniso.

†**lenézza** s. f. ● Lenità.

†**lenificaménto** s. m. ● Modo, atto del lenificare.

†**lenificàre** [comp. di *lene* e *-ficare*] v. tr. ● Rammorbidire, addolcire, lenire.

†**lenificatìvo** agg. ● Lenitivo.

leniménto [vc. dotta, lat. *lenimĕntu(m)*, da *lēnis* 'lene'] s. m. ● Modo e atto del lenire | Medicamento calmante, lenitivo. SIN. Alleviamento, mitigazione.

leninìano agg. ● Che si riferisce allo statista sovietico N. Lenin e alla sua dottrina politica.

leninìṣmo [dal n. di N. *Lenin* (pseudonimo di Vladimir Ulianov (1870-1924)), col suff. di dottrina *-ismo*] s. m. ● Revisione, operata da Lenin, della dottrina marxista, per adeguarla ai problemi del secolo ventesimo e a quelli sorti in seguito alla rivoluzione d'ottobre del 1917.

leninìsta **A** s. m. e f. (pl. m. *-i*) ● Seguace del leninismo. **B** agg. ● Del leninismo, dei leninisti.

leninìstico agg. (pl. m. *-ci*) ● Relativo al leninismo e ai leninisti.

lenìre [vc. dotta, lat. *lenīre*, da *lēnis* 'lene'] v. tr. (*io lenìsco, tu lenìsci*) ● Mitigare, calmare, placare: *l. le sofferenze, l'ansia*; *l. il dolore*.

†**lenità** [vc. dotta, lat. *lenitāte(m)*, da *lēnis* 'lene'] s. f. **1** (*raro*) Lentezza. **2** Mitezza, dolcezza.

lenitìvo **A** agg. ● Che lenisce, che calma il dolore: *preparato l.* **B** s. m. ● Farmaco che calma il dolore o attenua i sintomi di una malattia | (*fig.*) Ciò che mitiga una pena: *la solidarietà degli amici fu un l. al suo dolore* | (*est.*) Rimedio eccessivamente blando, scarsamente efficace: *i soccorsi non furono che un l. per l'immane tragedia*.

lenizióne s. f. ● (*ling.*) Mutamento consonantico consistente in un insieme di fenomeni di indebolimento delle consonanti intervocaliche.

†**lèno** ● V. *lene*.

lenocìnio [vc. dotta, lat. *lenocĭniu(m)*, da *lēno*, genit. *lenōnis* 'lenone'] s. m. **1** (*dir.*) Attività di chi induce o costringe alla prostituzione. **2** (*fig.*) Allettamento o artificio posto in essere per sedurre l'animo, la mente e sim.: *l. di stile*; *uomo intento alla sostanza delle cose e incurante di ogni l.* (DE SANCTIS). SIN. Adescamento, lusinga.

lenóne [vc. dotta, lat. *lenōne(m)*, di etim. incerta] s. m. (f. *-a* nel sign. 2) **1** Nell'antica Roma, mercante di schiave. **2** (*lett.*) Ruffiano.

†**lenonìa** s. f. ● (*raro*) Attività del lenone.

lentàggine (1) [da *lento*] s. f. ● (*raro*) Lentezza.

lentàggine (2) [da *lantana*] s. f. ● Arbusto sempreverde delle Caprifoliacee con foglie coriacee, frutto a drupa di color azzurro, originario delle zone calde e coltivato per siepi (*Viburnum tinus*).

lentàre [vc. dotta, lat. *lentāre* 'allentare', da *lĕntus* 'lento, pieghevole'] **A** v. tr. (*io lènto*) ● (*pop.*) Allentare: *l. una molla*. **B** v. intr. pron. ● (*pop.*) Allentarsi.

lènte [vc. dotta, lat. *lĕnte(m)* o *lĕnti(m)*, vc. di origine straniera] s. f. **1** Vetro, cristallo o altro materiale solido trasparente, limitato da due superfici curve o da una superficie piana e una curva: *l. concava, convessa* | *L. d'ingrandimento*, lente convergente usata per osservare oggetti molto piccoli, che sarebbero difficilmente visibili a occhio nudo | *Lenti a contatto, lenti corneali*, piccole lenti di plastica che aderiscono direttamente all'occhio attraverso un sottile strato di liquido lacrimale e servono per la correzione dei difetti della vista, in sostituzione degli occhiali. **2** (*spec. al pl.*) Occhiali: *usare le lenti*; *lenti montate in oro, in tartaruga*. **3** Estremità inferiore del pendolo degli orologi, di forma rotonda. **4** (*bot.*) Lenticchia. **5** (*anat.*) Cristallino. **6** (*spec. al pl.*) Pasta da minestra simile a lenticchie. || **lentìna**, dim.

lenteggiàre [comp. di *lent(o)* e *-eggiare*] v. intr. (*io lentéggio*; aus. *avere*) ● (*raro*) Essere molle, male avvitato o teso: *il perno, il bullone lenteggia*; *cordami che lenteggiano*.

lentézza [lat. *lentĭtia(m)*, da *lĕntus* 'lento'] s. f. ● Caratteristica di chi, di ciò che è lento: *l. di movimenti, del passo*; *l'esasperante l. della burocrazia* | †*L. d'animo*, depressione o scoraggiamento. CONTR. Rapidità, velocità.

lentìa [sp. *lantía* (?)] s. f. ● (*mar.*) Apparecchio d'imbracatura che serve per poter alzare o abbassare un corpo rotondo, spec. cilindrico, facendolo rotolare su un piano inclinato senza lasciare la presa e tenendolo sotto controllo.

lentìcchia [lat. *lentĭcula(m)*, dim. di *lēns*, genit. *lĕntis* 'lente'] s. f. **1** Pianta annua delle Leguminose, con peli vischiosi, fusto eretto, foglie pennate terminanti in un viticcio, frutto a baccello romboidale con due semi schiacciati, commestibili (*Ervum lens*). **2** Seme di tale pianta, usato nell'alimentazione | *Dare, cedere q.c. per un piatto di lenticchie*, (*fig.*) per nulla. **3** (*spec. al pl.*) Pasta da minestra a forma di lenticchie. **4** (*pop.*) Lentiggine, efelide. **5** *L. d'acqua*, pianta piccolissima, che galleggia sugli stagni con l'aspetto di una laminetta verde ovale, con fiori rari e piccolissimi (*Lemna minor*). SIN. Lemna.

lenticèlla [dim. di *lente*] s. f. ● (*bot.*) Formazione puntiforme o allungata sulla corteccia dei rami di varie piante, formata da gruppi di cellule a forma di lente attraversata da una fessura che permette gli scambi gassosi con l'esterno.

lenticolàre [vc. dotta, lat. tardo *lenticulāre(m)* 'a forma di piccola lente (*lentĭcula*)'] agg. **1** Che ha forma simile a quella di una lente | *Ruota l.*, nel ciclismo, ruota che ha, al posto dei raggi, un cerchio di materiale molto leggero e resistente (ad es. carbonio) a forma biconvessa, che consente una migliore penetrazione aerodinamica spec. nelle gare a cronometro. **2** (*aer.*) Di forma appiattita. **3** (*anat.*) *Apofisi, osso l.*, rigonfiamento dell'incudine, nell'orecchio medio | (*anat.*) *Nucleo l.*, massa di sostanza grigia alla base dell'encefalo. **4** (*bot.*) Relativo alle lenticelle: *tessuto l.* | Che ha forma di lenticchia. **5** (*chir.*) *Coltello l.*, ferro chirurgico a punta smussata e tonda.

lentifórme [vc. dotta, comp. di *lente* e *-forme*] agg. ● Che ha forma simile a quella di una lente.

lentìggine [vc. dotta, lat. *lentīgine(m)*, da *lēns*, genit. *lĕntis*, nel senso di 'lenticchia' per somiglianza nella forma e nel colore] s. f. ● Efelide: *una faccia tonda e rossa con lentiggini che gli s'affollano sotto gli occhi* (CALVINO).

lentigginóso o †**lintigginóso** [vc. dotta, lat. *lentiginōsu(m)*, da *lentīgo*, genit. *lentīginis* 'lentiggine'] agg. ● Che ha lentiggini: *viso l.*

lentìglia [port. *lentilha*, dal lat. *lentĭcula(m)*, propriamente 'lenticchia'] s. f. ● (*raro*) Lentiggine.

lentìsco o **lentìschio** [vc. dotta, lat. *lentīscu(m)*, vc. di provenienza straniera, ravvicinato a *lentus*, nel senso di 'viscoso' per il succo resinoso che produce] s. m. (pl. *-schi*) ● Pianta delle Anacardiacee, bassa e ramosa, tipica delle regioni mediterranee, con frutti a drupa rossi, ricchi di olio (*Pistacia lentiscus*).

†**lentità** s. f. ● Pieghevolezza, flessibilità.

lentivìrus [comp. di *lent(o)* e *virus*] s. m. ● (*biol.*) Ciascun retrovirus che causa malattie infettive negli animali e nell'uomo caratterizzate da una lunga incubazione, decorso lento e spesso mortale; comprende gli agenti eziologici di immunodeficienze come l'AIDS (HIV-1, HIV-2) e di infezioni del sistema nervoso centrale (*Lentivirinae*, *Retroviridae*).

lènto [vc. dotta, lat. *lĕntu(m)*, di etim. incerta] **A** agg. **1** Privo di sollecitudine, prontezza, velocità e sim.: *un uomo l.*; *mente lenta nell'apprendere*; *camminare a passi lenti*; *danzare un ritmo l.* | *Polso l.*, in cui il ritmo delle pulsazioni è inferiore al normale | Tardo, torpido: *il bue è un animale l. e pesante*. CONTR. Rapido, veloce. **2** Di lunga durata e poca intensità: *medicina ad azione lenta* | *Febbre lenta*, bassa e persistente | *Respirazione lenta*, regolare | *Sonno l.*, quello in cui sono presenti contenuti mentali simili al pensiero | *Veleno l.*, che tarda a fare effetto | *Polvere lenta*, che brucia poco a poco | *Fuoco l.*, basso e non ardente. **3** Molle, allentato: *fune, vite lenta* | *Abito l.*, non aderente | (*lett.*) Flessibile, pieghevole: *indi compose / lente ma tenacissime catene* (TASSO). **4** (*fig., lett.*) Di chiome che scendono libere e fluenti | Di parti del corpo rilassate e abbandonate. || **lentaménte**, †**lenteménte**, avv. **B** avv. ● Piano piano, con lentezza (*anche iter.*): *parlare l. l.*; *camminare l. l.* **C** s. m. **1** (*mus.*) Didascalia che prescrive un'esecuzione molto adagio. **2** Ballo a ritmo lento: *ballare un l.*

lentocrazìa [sovrapposizione di *lento* a *burocrazia*] s. f. ● (*iron.*) Il complesso delle lungaggini burocratiche, che rallentano il disbrigo delle varie pratiche negli uffici pubblici.

lentògeno [comp. di *lent(e)* e *-(o)geno*] agg. ● (*anat.*) Relativo allo sviluppo della lente | *Placode l.*, ispessimento dell'ectoderma dal quale si forma il cristallino.

†**lentóre** [vc. dotta, lat. *lentōre(m)* 'pieghevolez-

za, morbidezza, viscosità', da *lĕntus* nel senso di 'viscoso'] s. m. *1* Lentezza. *2* Viscosità, densità di un liquido.

†**lentóso** agg. ● Lento, pigro.

lènza [lat. *līntea(m)* 'di lino', da *līnum*, di etim. incerta] s. f. *1* Sottilissima cordicella di seta, crine di cavallo o nylon, alla quale si congiunge il finale recante l'amo | †Linea. ➡ ILL. **pesca**. *2* (*agr.*) Striscia di terreno coltivato ricavata per terrazzamento dei fianchi di una collina. *3* (*fig., merid.*) Persona furba che sa trarsi abilmente dai guai, dagli impacci e sim.: *sei una bella l.!* *4* †Benda o fascia di lino. *5* (*raro*) †Lega, alleanza: *far l.*

†**lenzàre** [da *lenza* nel senso di 'fascia'] v. tr. ● Fasciare.

lenzuòlo o (*pop.*) **lenzòlo** [lat. *lintĕolu(m)*, dim. di *līnteu(m)* '(tela) di lino', da *līnum*, di etim. incerta] s. m. (pl. *lenzuòli*, m. in senso generale, *lenzuòla*, f. con riferimento al paio che si usa nel letto) ● Ciascuno dei due grandi teli che si stendono sul letto e fra i quali si giace: *cambiare le lenzuola*; *il l. di sopra e quello di sotto* | *Cacciarsi tra le lenzuola*, andare a letto | (*fig., scherz.*) *Sugo di l.*, cura consistente nello stare a letto | *L. funebre*, telo in cui si avvolge un cadavere | (*fig.*) *Il candido l. della neve*, il manto nevoso che copre la terra | *Essere grande come un l.*, (*fig.*) molto grande rispetto alla misura media normale dell'oggetto considerato || PROV. Il caldo dei lenzuoli non fa bollir la pentola. || **lenzuolàccio**, pegg. | **lenzuolétto**, dim. | **lenzuolino**, dim. | **lenzuolóne**, accr.

†**lèo** ● V. *leone* (*1*).

†**leofànte** ● V. †*liofante*.

leonardésco A agg. (pl. m. *-schi*) ● Di, relativo a Leonardo da Vinci (1452-1519): *maniera leonardesca* | *Scrittura leonardesca*, ottenuta scrivendo anche con la sinistra e da destra a sinistra. **B** s. m. ● Seguace della maniera pittorica di Leonardo da Vinci.

leonàto ● V. *lionato*.

leoncino s. m. *1* Dim. di *leone* (*1*), nei sign. 1 e 2. *2* Cucciolo del leone.

leóne (**1**) o (*poet.*) †**lèo**, (*poet.*) †**lióne** [vc. dotta, lat. *leōne(m)*, ant. termine mutuato dal gr. *léōn*, di etim. incerta] s. m. (f. *-essa* (V.)) (*Leóne* nei sign. 3, 4, 5 e 6) *1* Grosso carnivoro dei Felini, tipico delle boscaglie africane, con criniera sul collo e sulle spalle del maschio, coda nuda terminata da un fiocco, unghie retrattili (*Felis leo*) | (*fig.*) *Battersi da l., come un l.*, con grande coraggio | (*fig.*) *Essere un cuor di l.*, molto ardito | (*fig.*) *Febbre da l.*, violentissima | (*fig.*) *Farsi la parte del l.*, prendere per sé il meglio o il più di q.c. | (*fig.*) *Far la volta del l.*, aspettare passeggiando in poco spazio, come un leone in gabbia | (*fig.*) *Mostrare l'unghia del l.*, la propria straordinaria valentia | *L. d'America*, puma | *L. marino*, otaria | *L. di Giuda*, il popolo di Israele, la potenza del popolo di Israele. *2* (*fig.*) Uomo di eccezionale audacia, forza e sim.: *il vecchio l. ha lavorato fino all'ultimo*. *3* (*astron.*) Costellazione dello zodiaco, che si trova fra il Cancro e la Vergine. *4* (*astrol.*) Quinto segno dello zodiaco, compreso fra i 120 e i 150 gradi dell'anello zodiacale, che domina il periodo fra il 23 luglio e il 23 agosto | (*est.*) Persona nata sotto il segno del Leone. ➡ ILL. **zodiaco**. *5* *L. di San Marco*, emblema della Repubblica di Venezia. *6* *L. d'oro*, denominazione del primo premio al festival cinematografico annuale di Venezia. || **leoncino**, dim. (V.).

leóne (**2**) [da *leone*, ch'è nel n. del Paese] s. m. ● Unità monetaria corrente in Sierra Leone.

†**leonepàrdo** [comp. di *leone* (*1*) e *pardo*] s. m. ● Leopardo.

leonésco agg. (pl. m. *-schi*) ● (*raro*) Di, da leone.

leonéssa o (*poet.*) †**lionéssa**. s. f. *1* Femmina del leone. *2* (*fig.*) Simbolo di grande coraggio: *Brescia l. d'Italia* (CARDUCCI).

†**leonfànte** ● V. †*liofante*.

leonina [dal n. del papa *Leone*] s. f. ● Moneta d'oro del valore di due zecchini coniata da papa Leone XII (1760-1829).

leonino (**1**) [vc. dotta, lat. *leonīnu(m)* 'di leone', da *lĕo*, genit. *leōnis* 'leone (1)'] agg. ● Di, da leone: *sguardo l.*; *chioma leonina* | (*dir.*) *Patto l.*, nelle società quello, nullo per disposizione di legge, con cui uno o più soci sono esclusi da ogni partecipazione agli utili o alle perdite.

leonino (**2**) agg. ● Relativo a personaggi di nome Leone | *Mura leonine*, cerchia di mura fatte costruire da Leone IV, papa dall'847 all'855, a difesa del Vaticano | *Città leonina*, il Vaticano e le sue adiacenze.

leonino (**3**) [etim. discussa: dal n. di un poeta (*Leonio* (XII sec.)), che più di altri l'usò (?)] agg. ● (*letter.*) Detto di verso latino i cui emistichi rimano tra loro.

leontìaṣi [gr. *leontíasis*, da *léōn*, genit. *léontos* 'leone (1)', per l'aspetto leonino che assume il volto del malato, con la finale di *elefantiasi*] s. f. ● (*med.*) Forma particolare di lebbra con formazione di nodi alla cute del volto cui danno aspetto leonino.

leontocèbo [comp. del gr. *léōn*, genit. *léontos* 'leone (1)', di etim. incerta, e *cebo*] s. m. ● Genere di scimmie platirrine del Sud America con coda lunga pelosa, non prensile, dita lunghe spesso unite da membrane (*Leontocebus*).

leontopòdio [vc. dotta, lat. *leontopŏdiu(m)*, dal gr. *leontopódion*, comp. di *léōn*, genit. *léontos* 'leone (1)', di etim. incerta, e di un deriv. da *póus*, genit. *podós* 'piede', di origine indeur.] s. m. ● (*bot.*) Stella alpina.

†**leónza** [da *lonza* con sovrapposizione di *leon(ess)a*] s. f. *1* Lonza. *2* Leonessa.

leopardeggiàre v. intr. (*io leopardéggio*; aus. *avere*) ● (*raro*) Imitare lo stile o gli atteggiamenti di G. Leopardi.

leopardiàno agg. ● Del poeta G. Leopardi (1798-1837): *manoscritto l.* | Proprio del Leopardi: *pessimismo l.*

leopàrdo [vc. dotta, lat. *leopărdu(m)*, comp. di *lĕo* 'leone (1)' e *părdus* 'pantera'] s. m. *1* Grosso carnivoro dei Felini, giallo a rosette nere, agile arrampicatore, che vive nelle foreste dell'Africa e dell'Asia | *A pelle, a macchie di l.*, a chiazze, a macchie; (*fig.*) in modo non uniforme, non omogeneo. *2* La pelliccia di tale animale, di grande pregio. *3* (*arald.*) *L. in maestà*, quello rappresentato, nello scudo, passante con la testa di fronte | *L. illeonito*, rappresentato rampante come il leone.

leopoldino [da *Leopoldo* di Toscana] agg. ● Di, relativo a Pietro Leopoldo I (1747-1792) e a Leopoldo II (1797-1870) di Lorena, granduchi di Toscana: *strade leopoldine*; *codice l.*

lèpade [vc. dotta, lat. *lĕpade(m)* 'patella', dal gr. *lepás*, genit. *lepádos*, da *lépas* 'roccia spoglia', da *lépein* 'scortecciare', di prob. origine indeur.] s. f. ● Crostaceo cirripede marino fornito di lungo peduncolo che lo fissa a un sostegno sommerso (*Lepas anatifera*).

lepidézza [da *lepido*] s. f. *1* Qualità di lepido. SIN. Arguzia, piacevolezza. *2* Motto arguto e piacevole. SIN. Facezia.

lepidio [vc. dotta, lat. *lepĭdiu(m)*, dal gr. *lepídion*, da *lépein* 'scortecciare, sbucciare', di prob. origine indeur.] s. m. ● Genere di piante erbacee annue o perenni delle Crocifere con foglie alterne, fiori bianchi raccolti in grappoli e frutto a siliquetta (*Lepidium*).

lepidità s. f. ● Lepidezza.

lèpido [vc. dotta, lat. *lĕpidu(m)*, da *lĕpos*, genit. *lepōris* 'grazia', di etim. incerta] agg. *1* Piacevole per le sue arguzie o facezie, gaio nello scrivere o nel parlare: *un discorso, un autore l.* | (*iron., lett.*) Ridicolo, sciocco. *2* (*raro, lett.*) Ameno, piacevole: *luoghi un tempo al mio cor soavi e lepidi* (SANNAZARO). || **lepidaménte**, avv.

lèpido- [dal gr. *lepís*, genit. *lepídos* 'squama, scaglia', di prob. origine indeur.] primo elemento ● In parole composte della terminologia botanica e zoologica, significa 'squamoso': *lepidodendron*, *lepidosirena*.

lepidodèndron [comp. di *lepido-* e del gr. *déndron* 'albero'] s. m. ● Grande pianta del Paleozoico con cicatrici fogliari a forma di losanga.

lepidolite [vc. dotta, dal gr. *lepís*, genit. *lepídos* 'scaglie' e *líthos* 'pietra'] s. f. ● (*miner.*) Silicato del gruppo delle miche contenente litio, caratterizzato da un bel colore rosa e da una facilissima sfaldatura lamellare.

lepidòpo [comp. di *lepido-* e del gr. *ṓps*, genit. *ōpós* 'aspetto' (da una radice indeur. che significa 'vedere')] s. m. ● Pesce dei Perciformi dal corpo allungato, con lunga pinna dorsale, e carni apprezzate (*Lepidopus caudatus*).

Lepidosàuri [comp. di *lepido-* e del gr. *sâuros* 'lucertola'] s. m. pl. ● Nella tassonomia animale, sottoclasse di Rettili che hanno, come comune carattere, la presenza di squame del tegumento (*Lepidosauria*) | (al sing. *-o*) Ogni individuo di tale sottoclasse.

lepidosirèna [comp. di *lepido-* e *sirena*] s. f. ● Pesce dei Dipnoi con corpo brunastro serpentiforme e pinne sottili che vive nel fango di paludi e fiumi sudamericani (*Lepidosiren paradoxa*).

Lepidòtteri [comp. di *lepido-* e del gr. *pterón* 'ala'] s. m. pl. ● Nella tassonomia animale, ordine di Insetti con quattro ali coperte da squamette, apparato boccale trasformato in proboscide per succhiare (*Lepidoptera*). SIN. (*pop.*) Farfalle | (al sing. *-o*) Ogni individuo di tale ordine.

lepiòta [comp. del gr. *lépion* 'piccola (*-ion*) squama (*lepís*)' e *ôus*, genit. *ōtós* 'orecchio', di origine indeur.] s. f. ● Fungo delle Agaricacee che presenta l'anello nella parte alta del gambo.

lepiṣma [vc. dotta, gr. *lépisma* 'scorza, buccia', da *lépein* 'scortecciare', di prob. origine indeur.] s. f. ● Insetto dei Tisanuri, cosmopolita, notturno, con corpo appiattito, zampe brevi, addome terminato da tre lunghi filamenti, che si nutre di carta e di sostanze amidacee ed è presente spec. nelle biblioteche (*Lepisma saccharina*). SIN. Acciughina, pesciolino d'argento.

lepónzio [vc. dotta, dal n. lat. della popolazione alpina dei *Lepŏntii*] **A** agg. ● Relativo a un'antica popolazione alpina che abitava il territorio compreso tra il San Gottardo e il lago Maggiore: *iscrizioni leponzie*. **B** s. m. (f. *-a*) ● Ogni appartenente a tale popolazione. **C** s. m. solo sing. ● Lingua a base preindoeuropea parlata dai Leponzi.

†**leporàrio** [vc. dotta, lat. *leporăriu(m)*, da *lĕpus*, genit. *lĕporis* 'lepre'] s. m. ● Parco riservato per la caccia di lepri, cervi, ecc.

lèpore (**1**) ● V. *lepre*.

lepóre (**2**) [vc. dotta, lat. *lepōre(m)*, di etim. incerta] s. m. ● (*raro, lett.*) Lepidezza, graziosità, garbo.

†**lepòreo** [da *lepore* (*1*)] agg. ● Leprino.

Lepòridi [comp. di *lepore* (*1*) e *-idi*] s. m. pl. ● Nella tassonomia animale, famiglia di Roditori con orecchie lunghe e zampe atte al salto, cui appartengono le lepri (*Leporidae*) | (al sing. *-e*) Ogni individuo di tale famiglia.

leporino [vc. dotta, lat. *leporīnu(m)*, da *lĕpus*, genit. *lĕporis* 'lepre'] agg. ● Di lepre, simile a lepre | (*med.*) *Labbro l.*, malformazione congenita consistente nella divisione del labbro superiore.

†**leppàre** [etim. discussa: di origine got. (?)] **A** v. tr. ● (*gerg.*) Rubare. **B** v. intr. ● (*dial.*) Scappare, fuggire.

†**lèppo** [lat. *līppu(m)*, vc. espressiva di estensione indeur.] s. m. ● Vapore puzzolente: *per febbre aguta gittan tanto l.* (DANTE *Inf.* XXX, 99).

†**lèpra** ● V. *lebbra*.

†**lepràio** [lat. *leporăriu(m)*, da *lĕpus*, genit. *lĕporis* 'lepre'] s. m. *1* Leporaio. *2* Persona che custodisce le lepri, nelle cacce.

lèpre o (*raro*) **lèpore** (**1**), †**lièvre** [lat. *lĕpore(m)*, di etim. incerta] **A** s. f. e dial. m. *1* Correntemente, mammifero dei Roditori con lunghe orecchie, pelliccia in genere grigio scura, corta coda e zampe posteriori atte al salto (*Lepus*) | *L. europea*, dorsalmente grigiastra, bianca inferiormente, si sposta a salti ed è ricercata dai cacciatori (*Lepus europaeus*) | *L. di mare*, aplisia | (*fig.*) *Correre come una l.*, molto velocemente | (*fig.*) *Dormire come una l.*, con gli occhi aperti, sempre all'erta | *Vedere dove sta la l.*, (*fig.*) scoprire la verità | *Pigliare la l. col carro*, (*fig.*) far le cose con gran lentezza | *La voglia della l.*, (*pop.*) il labbro leporino. *2* *L. meccanica*, nei cinodromi, dispositivo meccanico a forma di lepre, usato per invogliare i cani alla corsa. *3* (*sport*) Atleta che nelle corse di mezzofondo e di fondo si pone in testa al gruppo dei corridori facendo l'andatura, senza puntare alla vittoria finale ma solo per favorire la realizzazione di un buon risultato cronometrico da parte di altri corridori. *4* Carne dell'omonimo animale ucciso, usata come vivanda: *l. in salmì*; *spezzatino di l.* **B** in funzione di agg. inv. ● (posposto al s.) Detto spec. di veicolo spaziale che deve essere raggiunto da altro analogo veicolo in un'esercitazione d'appuntamento in orbita: *razzo, satellite l* || PROV. Una volta corre il cane un'altra la lepre. || **lepràtto**, dim. m. | **leprattino**, dim. m. | **leprétta**, dim. | **leprétto**, dim. | **leprettina**, dim. | **leprettino**, dim. m. | **lepricciuòla**, dim. | **leprina**, dim. | **leproncèllo**, dim. m. | **leproncino**, dim. m. | **lepróne**, accr. m. | **lepròtto**, dim. m. (V.) | **leprottino**, dim.

leprino agg. ● (*raro*) Leporino.

leprologia [comp. del lat. tardo *lepra* 'lebbra' e *-logia*] s. f. ● Branca della medicina che studia e cura la lebbra.

lepròma [comp. del lat. tardo *lĕpra* 'lebbra' e *-oma*] s. m. (pl. *-i*) ● (*med.*) Nodulo della cute di origine lebbrosa.

lepróso [dal lat. tardo *lĕpra* 'lebbra'] agg. ● (*med.*) Della lebbra, tipico della lebbra | *Nodulo l.*, leproma.

lepròtto s. m. *1* Dim. di *lepre*. *2* Cucciolo di lepre | Lepre giovane.

lèpto- [dal gr. *leptós* 'leggero', deriv. di *lépein* 'togliere la scorza', di etim. incerta] primo elemento ● In parole composte della terminologia scientifica, significa 'leggero, sottile': *leptomeninge, leptone*.

Leptocàrdi [comp. di *lepto-* e del gr. *kardía* 'cuore'] s. m. pl. ● (*zool.*) Cefalocordati.

leptocèfalo [comp. di *lepto-* e *-cefalo*] s. m. ● (*zool.*) Stadio larvale delle anguille.

Leptomedùse [comp. di *lepto-* e il pl. di *medusa*] s. f. pl. ● Nella tassonomia animale, gruppo di Idrozoi con meduse a velo ridotto (*Leptomedusae*) | (al sing. *-a*) Ogni individuo di tale gruppo.

leptomeninge [comp. di *lepto-* e *meninge*] s. f. ● (*anat.*) Involucro encefalico costituito dalla aracnoide e dalla pia madre.

leptomeningite [comp. di *leptomening(e)* e del suff. *-ite* (*1*)] s. f. ● (*med.*) Infiammazione della leptomeninge.

leptòn /*gr. mod.* lep'tɔn/ [dal gr. *leptón* 'leggera' (sott. 'monetina'), nt. dell'agg. *leptós* 'leggero' (V. *lepto-*)] s. m. (pl. gr. *leptà*) ● Nella Grecia moderna, moneta divisionale corrispondente a un centesimo di dracma.

leptóne [comp. di *lepto-* e *-one*] s. m. ● (*fis.*) Ogni particella elementare di spin 1/2 non soggetta all'interazione forte.

leptorrinia [comp. di *lepto-* e di un deriv. del gr. *rís*, genit. *rinós* 'naso'] s. f. ● (*anat.*) Struttura di naso con cavità stretta.

leptorrino agg. ● (*anat.*) Che presenta leptorrinia.

leptosòmico [comp. del gr. *leptós* 'leggero' (V. *lepto-*) e di un deriv. di *-soma*] agg.; anche s. m. (f. *-a*; pl. m. *-ci*) ● (*med.*) Detto di tipo costituzionale lungo e magro, con le spalle strette e il cranio piccolo.

leptospira [comp. di *lepto-* e del gr. *speîra* 'spirale'] s. f. ● (*biol.*) Genere di microrganismi delle Spirochetacee dotati di corpo esile e filamentoso, privo di ciglia o flagelli, diffusi nell'acqua e negli ambienti umidi, agenti di malattie infettive (*Leptospira*).

leptospiròṣi [comp. di *leptospir(a)* e *-osi*] s. f. ● Qualsiasi malattia infettiva causata da un microrganismo del genere Leptospira.

leptotène [comp. del gr. *leptós* 'leggero' (V. *lepto-*) e *tainía* 'nastro' (di origine incerta)] s. m. ● (*biol.*) Stadio iniziale della meiosi in cui i cromosomi si presentano come filamenti lunghi e sottili.

leptotrice [comp. del gr. *leptós* 'sottile, leggero' (V. *lepto-*) e *-trico*: detta così dal corpo filamentoso] s. f. ● Genere di batteri con corpo filamentoso avvolto da una specie di capsula, che si trovano normalmente nella bocca umana (*Leptothrix*).

leptotricòṣi [comp. di *leptotric(e)* e *-osi*] s. f. ● Qualsiasi malattia causata da batteri del genere Leptotrice.

lerciàre [da *lercio*] **A** v. tr. (*io lèrcio* o *lércio*) ● Imbrattare, sporcare, insozzare. **B** v. rifl. ● Sporcarsi, insozzarsi.

lèrcio o **lércio** [lat. parl. **hĭrciu(m)* 'proprio della capra (*hĭrcus*)', con sovrapposizione d'altra vc.] **A** agg. (pl. f. *-ce*) ● Disgustosamente sozzo (*anche fig.*): *luogo, vizio l.*; *quella figura così inzuppata, così infangata, diciam pure così lercia* (MANZONI). || **lerciaménte** avv. **B** s. m. ● Cosa sozza, immonda, turpe.

†**lercióso** agg. ● Lercio.

lerciùme [da *lercio* col suff. di altri spreg. analoghi (*grassume, untume, ...*)] s. m. ● Sudiciume, sporcizia (*anche fig.*): *una casa piena di l.*; *nascondere il l. di certi ambienti*.

lèrnia [etim. incerta] **A** s. f. ● (*raro, tosc.*) Gusto difficile nel cibo. **B** agg. ● (*raro, tosc.*) Nella loc. *bocca l.*, bocca schifiltosa.

lerniùccio s. m. ● (*raro, tosc.*) Ragazzo schizzinoso nel mangiare.

†**lèṣbia** [etim. incerta] s. f. ● (*raro*) Sorta di antica squadra di piombo.

leṣbìaco [vc. dotta, lat. *Lesbĭacu(m)*, da *Lĕsbos* 'Lesbo'] agg. (pl. m. *-ci*) ● (*lett.*) Relativo all'isola di Lesbo: *venti lesbiaci* (D'ANNUNZIO).

lèṣbica s. f. ● Donna che pratica il lesbismo.

lèṣbico [da *Lesbo*, con allusione ai costumi tradizionalmente attribuiti alle donne di quell'isola] **A** agg. (pl. m. *-ci*) *1* Di Lesbo. *2* Relativo a lesbismo: *amori lesbici*; *tendenze lesbiche*. **B** s. m. solo sing. ● Il più importante degli antichi dialetti eolici dell'Asia minore.

lèṣbio [vc. dotta, lat. *Lĕsbiu(m)*, dal gr. *Lésbios*, agg. di *Lésbos*] **A** agg. ● (*lett.*) Dell'isola di Lesbo. SIN. Lesbico. **B** s. m. (f. *-a*) ● Abitante, nativo di Lesbo.

leṣbiṣmo s. m. ● Omosessualità femminile. SIN. Saffismo.

†**lésca** [da una vc. prelat. (**lisca*)] s. f. ● Ordito, filo.

leṣèna [lat. parl. **laxĕuma*, dal gr. *láxeuma* 'lavoro in pietra', deriv. del v. *laxéuein* 'scolpire' (?)] s. f. ● (*arch.*) Pilastro lievemente sporgente da un muro, con funzione ornamentale.

léṣina o **lèṣina** [germ. **alisno*, di origine indeur. (**ēlā* col suff. germ. *-s-na*), prob. attraverso il got. **alina*] s. f. *1* Ferro leggermente ricurvo con impugnatura in legno che il calzolaio adopera per bucare la pelle o il cuoio per poterli cucire. *2* (*fig.*) Avarizia, spilorceria. *3* (*est., fig.*) Persona avara. SIN. Spilorcio, tirchio.

†**leṣinàio** s. m. ● Spilorcio.

leṣinàre [da *lesina*, in ogni senso] v. tr. e intr. (*io léṣino* o *lèṣino*; aus. *avere*) ● Risparmiare avaramente: *l. sul mangiare, sulla mercede*; *l. il centesimo, la lira*.

leṣineria s. f. ● (*fam.*) Spilorceria.

leṣinìno s. m. (f. *-a*) ● (*raro*) Chi è uso a lesinare.

leṣionàre [da *lesione*] **A** v. tr. (*io leṣióno*) ● Rendere instabile, pericolante e sim., provocando lesioni: *il terremoto ha lesionato molte case*. **B** v. intr. pron. ● Divenire pericolante in seguito a lesioni, detto di costruzioni.

leṣióne [vc. dotta, lat. *laesiōne(m)*, da *lāesus* 'leso'] s. f. *1* Atto, effetto del ledere | Offesa, violazione, spec. di un valore morale, giuridico, sociale: *una l. alla propria autorità*; *l. della libertà*; *la l. di un trattato internazionale*. *2* (*med.*) Qualsiasi alterazione anatomica o funzionale prodotta in un organo o tessuto da un agente meccanico la cui capacità di offesa è maggiore della capacità di resistenza dell'organismo: *l. nei polmoni*; *l. superficiale del polmone*; *l. alla base destra del polmone*; *lesioni interne*. *3* (*dir.*) *L. personale*, in diritto penale, violenza fisica da cui derivi in chi la subisce una malattia nel corpo o nella mente: *l. personale dolosa*; *l. personale colposa* | In diritto civile, grave sproporzione fra la prestazione patrimoniale di una parte e quella dell'altra. *4* (*edil.*) Fenditura, crepa in una struttura muraria. *5* †Danno, pregiudizio fisico | Torto, offesa personale. || **leṣioncìna**, dim.

leṣività s. f. ● Qualità di ciò che è lesivo.

leṣìvo [da *leso*] agg. ● Che causa o è atto a causare una lesione, un danno e sim.: *comportamento l. del nostro onore, della vostra libertà*. SIN. Dannoso, offensivo. || **leṣivaménte**, avv.

léṣo o **lèṣo** part. pass. di *ledere*; anche agg. *1* Nei sign. del v. *2* Che ha sofferto una lesione: *muro l.*; *le arterie non sembrano lese* | (*dir.*) *Parte lesa*, in un giudizio, quella che ha subìto, o afferma d'aver subìto, una lesione dei propri diritti | (*dir.*) *Delitto di lesa maestà*, in antichi ordinamenti giuridici, ogni delitto contro la vita del sovrano e la sicurezza dello stato; (*est., scherz.*) comportamento irrispettoso nei confronti di chi è, o si ritiene, superiore.

-léṣo [propr. part. pass. del v. *ledere*] secondo elemento ● In aggettivi e sostantivi composti della terminologia medica, indica una lesione o una mutilazione della parte o funzione designata dal primo elemento: *cranioleso, audioleso*.

lessaménto s. m. ● (*raro*) Lessatura.

lessàre [lat. tardo *elixāre*, comp. di *ex-* estrattivo e *līxa* 'acqua (calda per la lisciva)', prob. da *liquēre*, della stessa radice di *līnquere*, di origine indeur.] v. tr. (*io lésso*) ● Cuocere un cibo nell'acqua bollente: *l. il pollo, le patate*.

lessàta [lat. tardo *elixāta(m)*, part. pass. di *elixāre* 'lessare'] s. f. ● Atto del lessare alla svelta: *dare una l. alle castagne*.

lessatùra [lat. *elixatūra(m)*, da *elixāre* 'lessare'] s. f. ● Operazione del lessare.

lessèma [dal gr. *léxis* 'parola' con il suff. di unità linguistica *-ema*] s. m. (pl. *-i*) ● (*ling.*) Unità di base del lessico che contiene un significato autonomo.

lessia [fr. *lexie*, dal gr. *léxis* 'parola' (da *légein* 'parlare', d'origine indeur.)] s. f. ● (*ling.*) Unità funzionale significativa del comportamento lessicale e del discorso | *L. semplice*, costituita da una sola parola (*cane, tavolo*) | *L. composta*, costituita da più parole (*sangue freddo*) | *L. complessa*, costituita da un sintagma (*fare man bassa*).

lessicàle agg. ● (*ling.*) Che concerne il lessico: *sistema l.* || **lessicalménte**, avv. Dal punto di vista del lessico.

lessicalizzàre [da *lessicale*] **A** v. tr. ● (*ling.*) Trasformare in unità lessicali autonome una serie di elementi retti da rapporti grammaticali. **B** v. intr. pron. ● (*ling.*) Riferito a elementi grammaticali, assumere carattere e funzione lessicale, divenire unità del lessico: *l'infinito 'dovere' si è lessicalizzato diventando anche sostantivo*.

lessicalizzazióne s. f. ● (*ling.*) Operazione attraverso la quale una serie di elementi legati da rapporti grammaticali viene trasformata in unità lessicale | (*ling.*) Processo che porta un elemento grammaticale ad assumere funzione di elemento lessicale. CONTR. Grammaticalizzazione.

lèssico [gr. tardo *lexikón*, sott. *biblíon* '(libro) di parole', da *légein* 'dire', di origine indeur.] s. m. (pl. *-ci*) *1* Dizionario, spec. di lingue classiche antiche od orientali, o di termini scientifici: *l. armeno*; *l. botanico*. *2* Insieme dei vocaboli e delle locuzioni che costituiscono la lingua di una comunità, di un'attività umana, di un parlante: *l. italiano*; *l. infantile*; *l. economico, sportivo, politico*; *l. familiare*.

lessicografia [comp. del gr. *lexikón* 'lessico' e *-grafia*] s. f. *1* Tecnica di composizione dei dizionari | Analisi linguistica di tale tecnica: *la l. ottocentesca, contemporanea*. *2* L'insieme delle opere lessicografiche relative a una data lingua: *la l. italiana, francese*. SIN. Dizionaristica.

lessicogràfico agg. (pl. m. *-ci*) ● Concernente la lessicografia: *materiale l.* || **lessicograficaménte**, avv. Dal punto di vista della lessicografia.

lessicògrafo [gr. tardo *lexikográphos*, comp. di *lexikós* 'lessico' e *gráphos* 'scrittore'] s. m. (f. *-a*) ● Chi si occupa di lessicografia | Chi compila dizionari.

lessicologia [comp. del gr. *lexikón* 'lessico' e *-logia*] s. f. (pl. *-gie*) ● Studio del lessico considerato nel suo significato e nella sua forma.

lessicològico agg. (pl. m. *-ci*) ● Relativo, attinente alla lessicologia: *trattato l.*

lessicòlogo s. m. (f. *-a*; pl. m. *-gi*, pop. *-ghi*) ● Studioso, esperto di lessicologia.

lessicometria [comp. di *lessico* e *-metria*] s. f. ● (*ling.*) Analisi del lessico generale o di un singolo autore eseguita su basi quantitative e statistiche.

lessicostatistica [comp. di *lessico* e *statistica*] s. f. ● (*ling.*) Applicazione dei procedimenti statistici allo studio del lessico.

lésso [lat. *elīxu(m)*, comp. di *e* 'da' e *līxus* 'bollito', prob. da *liquēre*, della stessa radice di *līnquere*, di origine indeur.] **A** agg. ● Lessato, bollito nell'acqua sino a cottura: *pesce l.*; *carne lessa*. **B** s. m. ● Carne lessa, spec. di manzo | Taglio di carne da lessare.

lestézza s. f. ● Prontezza, agilità: *l. nell'agire, nel decidere, nel saltare*.

lèsto [etim. discussa: ant. fr. *lest* 'allestito, pronto (per partire)', dal sign. originario di 'carico' (?)] agg. *1* Svelto, abile, destro: *l. come un gatto*; *ri-*

cevette la sfuriata a capo chino, e intanto accendeva lesta lesta il fuoco (VERGA) | *L. di mano*, pronto a rubare o a menar le mani | *L. di lingua*, nel rispondere | *L. di penna*, nello scrivere. *2* Sbrigativo, spicciativo: *intervento l.* | *Alla lesta*, in modo sbrigativo. *3* (*tosc.*) Pronto: *essere l. per il viaggio, per il pranzo*. *4* †Astuto, scaltro | *L. fante*, V. *lestofante*. || **lestino** dim. || **lestaménte**, avv. Con destrezza e rapidità; agilmente.

lestofànte o (*raro*) **lèsto fànte** [comp. di *lesto* e *fante* 'uomo, garzone'] s. m. e f. (pl. *lestofànti*) ● Imbroglione, persona priva di scrupoli.

lèstra [lat. *ĕxtera*, nt. pl. di *ĕxter* 'esterno' (V.), sottinteso alla casa] s. f. ● Denso cespuglio, rifugio del cinghiale, spesso in terreno acquitrinoso.

†**lesùra** [vc. dotta, lat. tardo *laesūra(m)*, da *lāesus* 'leso'] s. f. ● Lesione.

letàle [vc. dotta, lat. *letāle(m)*, da *lētum* 'morte', di etim. incerta] agg. ● Mortale, che provoca la morte: *effetti letali*; *esito l.*; *ferita l.* || **letalménte**, avv.

letalità s. f. *1* Qualità di ciò che è letale. *2* (*med.*) Rapporto tra numero di morti per una data malattia e numero di persone affette da quella malattia.

letamàio o †**letamàro** [da *letame*] s. m. *1* Luogo dove si ammucchia il letame. *2* (*est.*) Luogo pieno di sudiciume: *questa stanza è un l.*

†**letamaiuòlo** s. m. ● Chi raccoglie il letame.

letamàre [da *letame*] v. tr. ● (*raro*) Concimare un terreno, spargendovi il letame.

†**letamàro** ● V. *letamaio*.

letamazióne s. f. ● Atto, effetto del letamare.

letàme [vc. dotta, lat. *laetāmen* (nt.), da *laetāre* 'concimare', da *lāetus* 'grasso' e poi 'gioioso', di etim. incerta] s. m. *1* (*agr.*) Lettiera ed escrementi del bestiame più o meno decomposti, usati come concime organico | *L. artificiale*, ottenuto dalla fermentazione di residui vegetali e concimi chimici mescolati, bagnati con acqua e compressi. *2* Immondezza, sudiciume (*anche fig.*): *il l. dei vizi*.

†**letaminaménto** s. m. ● Letamazione.

†**letaminàre** [da *letame*, dalla forma del genit. lat. *laetāminis*] v. tr. ● Spargere letame per concimare | Ingrassare col letame.

†**letaminatùra** s. f. ● Operazione del letamare.

†**letaminóso** agg. ● Concimato con letame.

†**letàna** [var. semidotta di *litania*] s. f. *1* V. *litania*. *2* Corteo di persone che pregano.

†**letania** ● V. *litania*.

letargìa o †**litargìa** [vc. dotta, lat. tardo *lethărgia(m)*, dal gr. *lēthargía*, da *léthargos* 'letargo'] s. f. (pl. *-gie*) *1* (*med.*) Stato abnorme di sonno profondo e prolungato non reversibile se non dopo un certo periodo di tempo, dovuto a isterismo, ipnosi, encefalite. *2* (*raro, fig.*) Stato di inerzia morale, politica e sim.: *Venezia si destò raccapricciando della sua l.* (NIEVO).

letàrgico [vc. dotta, lat. *lethărgicu(m)*, dal gr. *lēthargikós* 'proprio del *letargo* (*léthargos*)'] agg. (pl. m. *-ci*) *1* Di letargo. *2* (*raro, fig.*) Inerte, spento.

letàrgo [vc. dotta, lat. *lethărgu(m)*, dal gr. *léthargos*, di etim. discussa: letteralmente 'inerte (*argós*) per oblio (*léthē*)' (?)] s. m. (pl. *-ghi*) *1* (*zool.*) Stato di torpore simile a sonno profondo, tipico dei Mammiferi in ibernazione | *Cadere, andare in l.*, (*fig., scherz.*) piombare in un sonno lungo e profondo. *2* (*bot.*) Stato di quiescenza del vegetale durante il freddo o in periodo di siccità. *3* (*med.*) Stato di obnubilamento del sensorio per malattia o trauma cranico. *4* (*fig.*) Stato di inerzia, oblio o inattività: *una civiltà caduta in l.*; *il l. delle industrie*.

lète [vc. dotta, lat. *Lēthe(n)*, dal gr. *Lḗthē*, propriamente 'oblio', da *lanthánein* 'celarsi', di etim. incerta] s. m. ● (*raro, fig., lett.*) Oblio.

letèo [vc. dotta, lat. *Lethāeu(m)*, dal gr. *Lēthâios*, da *Lḗthē* 'Lete'] agg. *1* Che si riferisce al fiume Lete. *2* (*fig., lett.*) Che fa dimenticare.

leticàre e *deriv.* ● V. *litigare* e *deriv.*

letìfero [vc. dotta, lat. *letĭferu(m)*, comp. di *lētum* 'morte' e *-feru(m)* '-fero'] agg. ● (*lett.*) Letale, mortifero.

letificàre [vc. dotta, lat. *laetificāre*, comp. di *lāetus* 'lieto' e *-ficare*, da *făcere* 'fare'] v. tr. (*io letìfico, tu letìfichi*) ● (*lett.*) Render lieto | Consolare.

letìzia [vc. dotta, lat. *laetĭtia(m)*, da *lāetus* 'lieto'] s. f. ● Sentimento di intima gioia e di serenità spirituale: *occhi pieni di l.*; *agli amici daremo l. e libertà* (ALBERTI) | *Far l.*, dare segni di esultanza | (*letter.*) Beatitudine celeste: *non fora giustizia / per ben l., e per male aver lutto* (DANTE Purg. XVI, 71-72). SIN. Esultanza, felicità, gioia.

letiziàre [da *letizia*] **A** v. tr. (*io letìzio*) ● (*raro*) Rendere lieto. **B** v. intr. ● (*lett.*) †Essere o stare in letizia.

†**letizióso** agg. ● Lieto, allegro.

lètro [lat. scient. *lĕthrus*, di origine non accertata] s. m. ● Coleottero degli Scarabeidi i cui adulti accumulano in gallerie sotterranee foglie di varie piante per nutrire con esse le larve (*Lethrus asper*).

lètta [f. sost. di *letto* (*1*)] s. f. ● Atto del leggere scorrendo uno scritto con rapidità: *dare una l. al giornale mentre si prende il caffè*.

lèttera o **léttera** o (*poet.*) †**lèttra**, †**lìttera** [lat. *lĭttera(m)* 'lettera dell'alfabeto', di etim. incerta, forse di deriv. gr. attraverso l'etrusco] s. f. **I** *1* (*ling.*) Ognuno degli elementi grafici di cui è costituito un alfabeto, utilizzati nelle scritture alfabetiche e che possono corrispondere a un suono, a un gruppo di suoni, o anche a nessun suono: *le lettere dell'alfabeto greco, latino, cirillico* | *Lettere speciali*, tutte quelle di uso non comune, spec. quelle con segni diacritici utilizzate per traslitterare alfabeti non latini | *Scrivere q.c. in, a, tutte lettere*, senza abbreviazioni e (*fig.*) senza mezzi termini, senza nascondere nulla | *A chiare lettere*, chiaramente, apertamente | (*est.*) Forma, tipo e dimensione di tali segni: *l. maiuscola, minuscola, grande, piccola*; *lettera capitale*; *lettere gotiche, longobarde, onciali* | *Lettere di scatola, cubitali, lettere di appigionasi*, di grande formato | *A tanto di lettere, a lettere così*, (*fig.*) chiaramente | *L. d'oro*, intessuta con fili d'oro | *Cosa da scrivere a lettere d'oro*, (*fig.*) memorabile | (*fig.*) *Scrivere q.c. a lettere di fuoco*, con tono energico, violento e sim. | (*fig.*) *Scritto a lettere di sangue*, di ciò che è contrassegnato da un seguito di delitti. *2* (*mat.*) Simbolo generalmente usato per indicare una quantità variabile. *3* (*tip.*) Carattere mobile, segno in testa al pezzetto di piombo che costituisce l'elemento della stampa: *l. storta, rotta, consumata*; *capovolgere una l.*; *invertire la posizione delle lettere*. *4* †Suono rappresentato da una lettera: *l. dentale, gutturale*. *5* (*raro*) Calligrafia, modo particolare di tracciare le lettere scrivendo a mano: *la l. del Petrarca era corta e pingue*. *6* Parola scritta e (*est.*) significato restrittivo e più ovvio della parola di uno scritto, di un testo e sim.: *interpretare il sonetto secondo la l.*; *essere troppo attaccato alla l.* | *Alla l.*, puntualmente, nel senso rigoroso della parola | *La l. della legge*, le parole usate dal legislatore nel formulare le sue disposizioni | *L. morta*, disposizione ormai priva di valore | (*fig.*) *Rimanere l. morta*, senza validità, effetto, applicazione e sim.: *tutti i suoi buoni propositi sono rimasti l. morta*. *7* Iscrizione, leggenda di medaglia, stampa e sim. | *L. numismatica*, maiuscola isolata che, in monete o medaglie, indica il luogo del conio | *Avanti l.*, detto di prove di incisioni tirate prima di mettervi l'iscrizione in basso; (*fig.*) prima che q.c. si realizzi. *8* (*al pl.*) †Istruzione, cultura: *erra chi dice che le lettere guastano e cervelli degli uomini* (GUICCIARDINI) | †*Uomo senza lettere*, illetterato, senza studi. *9* (*al pl.*) La letteratura, la filologia, la lingua, la storia, spec. considerate come unico settore di studio e di ricerca, in contrapposizione alle materie scientifiche: *dedicarsi alle, coltivare le, lettere*; *lettere italiane, latine* | *Belle lettere*, studi umanistici | *Facoltà di lettere*, o (*ass.*) *lettere*, nelle Università, facoltà in cui si studiano le materie umanistiche: *studente in lettere*; *laurearsi in lettere antiche, moderne* | (*scherz.*) *La repubblica delle lettere*, il complesso dei letterati. *10* (*raro*) †La lingua latina. **II** *1* Comunicazione scritta che si invia a persone, enti pubblici e privati e sim.: *scrivere, firmare una l.*; *rispondere a una l.*; *l. assicurata, raccomandata, per via aerea*; *l. di raccomandazione, di congedo* | *Lettere pontificie, apostoliche*, brevi, bolle, encicliche | *L. anonima*, senza la firma del mittente | *L. aperta*, (*fig.*) articolo polemico di giornale, in forma di lettera alla persona che si vuol chiamare in causa | *L. chiusa*, documento di cancelleria imperiale regia o pontificia in forma non solenne. *2* (*al pl.*) Epistolario: *lettere di Cicerone, di Leopardi, di Pavese*. *3* Documento giuridico: *lettere credenziali*; *l. circolare* | *L. citatoria*, libello | *L. di vettura*, documento emesso in diverse copie a prova della spedizione di merci | *L. di pegno*, documento rappresentativo di merce depositata nei magazzini generali, contro anticipazione di parte del suo valore | *L. di credito*, documento con cui la banca dà a un suo cliente facoltà di disporre di una somma su un'altra piazza | (*banca*) *L. di conforto*, con cui una società dichiara a una banca la propria cointeressenza in un'altra società, o la propria opinione sulla sua solvibilità, allo scopo di agevolarla nell'ottenimento di un finanziamento | *L. d'intenti*, documento in cui le parti di una trattativa commerciale o finanziaria, spec. internazionale, in uno stadio avanzato di questa, si danno atto reciprocamente del grado di accordo già raggiunto e dell'intenzione o dell'impegno di proseguirla e concluderla definendo le clausole ancora mancanti o controverse | *L. di marca, di corsa*, documento rilasciato da un sovrano con il quale si autorizzava un privato, comandante di nave, a esercitare la guerra di corsa, a divenire, cioè, corsaro. *4* (*borsa*) Nella loc. *in l.*, detto di titolo che viene offerto. || **letteràccia**, pegg. | **letterétta**, dim. | **letterina**, dim. | **letterino**, dim. m. | **letteróna**, accr. | **letteróne**, accr. m. | **letterùccia**, **letterùzza**, dim.

†**letteràggine** s. f. ● (*spreg.*) Erudizione da strapazzo.

†**letteràio** s. m. ● (*spreg.*) Grammatico.

letteràle o †**litteràle** [adattamento del lat. tardo *litterāle(m)*, da *lĭttera* 'lettera'] agg. ● Che corrisponde, che dà l'esatto significato della parola di un testo e sim.: *intendimento, senso l.* | *Traduzione l.*, fatta parola per parola | *Interpretazione l.*, che si fonda solo sull'esame delle parole usate dall'autore. || **letteralménte**, †**letteraleménte**, avv. *1* Alla lettera: *interpretare letteralmente un testo*. *2* Nel preciso significato della parola: *ormai è letteralmente rovinato*.

letteralità s. f. ● (*dir.*) Caratteristica del titolo di credito per cui solo ciò che è indicato nel contesto dello stesso determina il contenuto del diritto di credito: *l. delle cambiali*.

letterarietà s. f. ● Qualità di ciò che è letterario.

letteràrio o †**litteràrio** [adattamento del lat. *litterāriu(m)*, da *lĭttera* 'lettera'] agg. *1* Attinente alla letteratura o ai letterati: *storia, critica letteraria*; *circolo, cenacolo l.*; *bizze, contese letterarie*. *2* Proprio della lingua colta usata dagli scrittori, dai letterati: *vocabolo l.* || **letterariaménte**, avv.

letteràto o †**litteràto** **A** agg. *1* Che è istruito in letteratura | Che coltiva per diletto la letteratura: *è un chimico, un fisico l.* *2* †Letterario. || **letterataménte**, avv. Da letterato. **B** s. m. (f. *-a*, spreg. *-essa*) *1* Chi ha una vasta cultura letteraria. *2* Grammatico. *3* (*pop.*) Chi sa leggere e scrivere. || **letteratèllo**, dim. | **letteratino**, dim. | **letteratóne**, accr. | **lettaratónzolo**, pegg. | **letteratùccio**, **letteratùzzo**, dim. | **letteratùcolo**, pegg.

letteratùme s. m. ● (*spreg.*) Accolta di letterati.

letteratùra [adattamento del lat. *litteratūra(m)*, da *lĭttera* 'lettera'] s. f. *1* Attività indirizzata alla produzione sistematica di testi scritti con finalità prevalentemente estetica e nei quali spesso l'invenzione predomina sulla descrizione della realtà. *2* L'insieme della produzione prosastica e poetica di una determinata civiltà: *l. greca, latina, italiana, inglese, russa*. *3* (*est.*) Complesso di pubblicazioni relative a un particolare ramo scientifico, a uno specifico argomento, a un autore e sim.: *l. giuridica, medica, musicale* | *L. di consumo*, quella intesa a servire come mezzo di svago senza proporsi espressamente fini culturali. SIN. Paraletteratura | *Fare della l. su q.c.*, (*iron.*) scriverne, parlarne, trattarne ripetutamente, ma senza ottenere alcun risultato concreto. *4* Il complesso delle caratteristiche, delle indicazioni terapeutiche e della posologia di un prodotto farmaceutico, accluse, in apposito stampato, nella sua confezione.

letteréccio [da *letto* (*2*)] agg. (pl. f. *-ce*) ● Di letto, attinente al letto | *Effetti letterecci*, lenzuola, coperte, e sim.

lettering /ingl. 'letəriŋ/ [vc. ingl., da *letter* 'lettera'] s. m. inv. ● Progettazione grafica di caratteri tipografici e sue applicazioni, spec. nel campo dell'editoria.

letterista [da *lettera*] s. m. e f. (pl. m. *-i*) *1* Epistolografo *2* Chi pratica l'arte di incidere iscrizioni su lastre metalliche o di marmo | (*est.*) Inventore e realizzatore di decorazioni e scritte su cartelloni o insegne pubblicitarie.

†**letterùto** agg.; anche s. m. (f. *-a*) ● (*spreg.*) Letterato.

lettièra [ant. fr. *litière*, da *lit* 'letto (2)'] s. f. *1* Fusto del letto. *2* Strato di paglia o altro materiale, usato per letto al bestiame. SIN. Lettime, strame.

lettiga [lat. *lectīca(m)*, da *lĕctus* 'letto (2)'] s. f. *1* Portantina coperta in forma di letto, le cui lunghe stanghe poggiavano sulle spalle dei portatori o sul fianco di muli. *2* Barella.

lettighière o †**lettighièro** s. m. *1* Infermiere addetto al trasporto degli ammalati mediante lettighe. *2* Chi un tempo trasportava qc. in lettiga.

lettìme [da *letto* (2) col suff. *-ime* di altri termini agricoli d'area soprattutto tosc. (*concime, mangime*, ...)] s. m. ● Lettiera, nel sign. 2.

lettìno s. m. *1* Dim. di *letto* (2). *2* *L. solare*, apparecchiatura per terapia o abbronzatura cosmetica provvista di lampade a raggi UVA disposte al di sopra e al di sotto di uno speciale piano trasparente a tali raggi, sul quale si sdraia la persona che espone così totalmente il proprio corpo alla loro azione. SIN. Solarium nel sign. 2. *3* Specie di branda con telaio generalmente in legno e un piano di tela robusta sovente a colori vivaci, munito di un tettuccio orientabile, usato spec. sulla spiaggia o per bagni di sole.

lettistèrnio o **lectistèrnio** [vc. dotta, lat. *lectistĕrniu(m)*, comp. di *lĕctus* 'letto (2)', e di un deriv. da *stĕrnere* 'stendere', di origine indeur.] s. m. ● Nell'antica Roma, banchetto sacrificale offerto agli dèi, le cui statue si ponevano intorno a una tavola imbandita.

lètto (1) part. pass. di *leggere*; anche agg. ● Nei sign. del v.

lètto (2) [lat. *lĕctu(m)*, di parziale ambito indeur.] **A** s. m. (pl. *letti*, m., †*lètta*, f.) *1* Mobile per giacervi a dormire, composto da un fusto solitamente di legno e da reti metalliche, o molle, che sostengono un materasso o un saccone, con sopra lenzuola, coperte, guanciale: *la sponda, la testa o spalliera, i piedi del l.*; *l. a un posto, a una piazza*; *l. matrimoniale, a due piazze*; *l. bastardo, a una piazza e mezza*; *letti gemelli*; *fare, rifare, disfare il l.* | *L. parato*, con tende o baldacchino | *L. a canapè, alla turca*, che di giorno coi cuscini rialzati serve da canapè | *L. a barchettone, a barcone, a battello*, di stile impero, costituito da un alto cassone poggiante a terra o su bassi piedi, e fornito di spalliere ricurve sui lati stretti | *L. a castello*, a due o più lettiere sovrapposte | *L. a vento, a libro, a libriccino*, branda | *L. ribaltabile*, che si piega per guadagnar spazio | *Rincalzare il l.*, far entrare parte delle coperte sotto il materasso, lateralmente | *Mutare il l.*, cambiare la biancheria | *Andare a l.*, andare a dormire | *Andare a l. con qc.*, (*euf.*) avere rapporti sessuali con qc. | (*fig.*) *Andare a l. con le galline*, molto presto | *Rivoltarsi nel l.*, non riuscire a prendere sonno | *Mettersi a l.*, ammalarsi | *Stare fra il l. e il lettuccio*, essere malaticcio | *Balzare da l.*, alzarsi, contro le proprie abitudini, di buon'ora | *Essere buttato giù dal l.*, essere svegliato prima del solito e con decisione | *Morire nel proprio l.*, a casa propria | *L. di dolore*, in cui giace una persona gravemente ammalata | *L. di morte*, in cui è disteso chi è prossimo alla morte o è già morto | *L. di spine*, (*fig.*) situazione estremamente tormentosa o disagiata | *L. di rose, di fiori* (*fig.*) situazione estremamente favorevole o serena | *L. di contenzione*, negli ospedali psichiatrici, quello attrezzato per immobilizzarvi i pazienti agitati | *L. di Procuste*, quello su cui un leggendario ladrone e assassino poneva i viandanti che catturava, stirando le loro membra se risultavano corte o mozzandole se erano lunghe; (*fig.*) situazione tormentosa, di assoluta costrizione e sim. | *Fare il l. a qc.*, (*fig.*) disporre le cose, l'opinione in suo favore. *2* (*fig.*) Matrimonio: *figlio di primo, di secondo l.* | *L. coniugale*, vincolo matrimoniale | *Macchiare, profanare il l. coniugale*, commettere adulterio. *3* (*est.*) Giaciglio: *un l. di foglie, di paglia, d'erbe* | *L. funebre*, bara, cataletto | (*med.*) Tavolo: *l. operatorio, anatomico*. *4* Lettiera: *il l. dei buoi* | *L. dei bachi*, strato costituito dai rimasugli della foglia di gelso misti con materia escrementizia. *5* Alveo, fondo su cui stanno o scorrono le acque di mari, laghi, fiumi: *il largo l. del Po*; *l. sassoso, sabbioso*; *il fiume si è aperto un nuovo l.* *6* (*est.*) Piano su cui una cosa è posta, scorre, si muove e sim. | *L. di posa*, in architettura, superficie di posa dei conci di pietra da taglio nella muratura, nelle volte e negli archi | In geologia, roccia su cui posa uno strato di altra roccia. CONTR. Tetto | In marina, invasatura per il varo | *L. del vento*, direzione da cui il vento spira. *7* Parte inferiore del sacco di una rete da pesca: *il l. della paranza*. *8* (*chim.*) *L. fluido*, substrato di materiale solido polverizzato, sul quale si compie una reazione chimica su scala industriale | Feccia di vino, e in genere posatura di liquido | *Fare l.*, detto di liquidi, far sedimento. *9* (*cuc.*) Guarnizione di erbe, di fette di pane o altro, sotto una vivanda. *10* (*agr.*) *L. di semina*, terreno pronto per la semina | *L. caldo*, ammasso di sostanze organiche ricoperto di terriccio che fermentando genera calore così da favorire la germinazione dei semi e lo sviluppo anticipato delle piantine | *L. freddo*, preparato come il precedente, ma utilizzando sostanze organiche già fermentate. *11* †Affusto di artiglieria. **B** in funzione di agg. inv. ● (posposto al s.) Detto di mobile che può essere utilizzato come letto, spec. dopo opportune trasformazioni: *divano l.*; *poltrona l.* || **letterèllo**, dim. | **letticciòlo**, †**letticciuòlo**, dim. | **letticìno**, dim. | **lettìno**, dim. (V.) | **lettirèllo**, dim. | **lettóne**, accr. | **lettùccio**, dim.

lèttone [dal n. della regione, *Latvija*] **A** agg. ● Della Lettonia. **B** s. m. e f. ● Abitante, nativo della Lettonia. **C** s. m. solo sing. ● Lingua del gruppo baltico, parlata dai Lettoni.

lettoràto s. m. *1* (*relig.*) Un tempo, uno degli ordini minori della gerarchia cattolica; dopo la riforma liturgica del 1972, ministero del lettore, che può essere conferito a un laico. *2* Ufficio e carica di lettore nelle università: *l. di spagnolo, di francese* | Durata di tale carica.

lettóre [lat. *lectōre(m)*, da *lĕctus*, part. pass. di *lĕgere* 'leggere'] **A** s. m. (f. *-trice*) *1* Chi legge: *l. accorto, attento, disordinato*; *è un assiduo l. di libri, di giornali* | Chi legge a persona impossibilitata a farlo: *fa il l. in un istituto per ciechi*. *2* In un sistema elettronico per l'elaborazione dei dati, unità di introduzione dei dati sotto forma di schede perforate, nastro perforato o direttamente per lettura ottica o magnetica dei documenti | (*elab.*) *L. ottico*, in un sistema di elaborazione dati, dispositivo per l'acquisizione di immagini. *3* Apparecchio ottico che ingrandisce una microcopia di documenti, stampati e sim., per permetterne la lettura. *4* Apparecchio per l'ascolto, gener. in cuffia, di nastri e cassette registrati. *5* Laico istituito ministro, avente il compito di leggere la parola di Dio nell'assemblea liturgica. *6* Chi, nell'università, svolge funzioni di insegnamento pratico di una lingua moderna. *7* †Elettore. **B** agg. ● (*raro*) Che legge | *Padre l.*, professore di teologia nella scuola dei Domenicani e dei Francescani.

†**lèttra** o **léttra** ● V. *lettera*.

lettùra s. f. *1* Atto del leggere: *l. ad alta voce*; *l. assidua*; *immergersi nella l.*; *la l. mattutina dei giornali*; *l. di versi, di poesie*; *la l. del verbale della riunione precedente*; *fare la l. del contatore del gas*; *la l. di uno spartito musicale, di una carta geografica* | *Dare l. di uno scritto, di un documento*, leggerlo ad alta voce per comunicarne il contenuto a uno o più ascoltatori | *Dare una l. a uno scritto, a un documento*, scorrerlo velocemente per ricavarne una prima, sommaria conoscenza generale | *Libro di l.*, testo scolastico contenente una scelta di brani su cui si addestrano a leggere gli alunni delle scuole elementari | *Sala di l.*, spec. in una biblioteca pubblica, quella a disposizione di chi vuole leggere o consultare un'opera senza allontanarsi dalla biblioteca stessa | *L. spirituale*, quella di testi ascetici ed edificanti compiuta in una comunità religiosa, spec. monastica. *2* Interpretazione, commento di un testo: *dare una l. nuova di un brano* | (*est.*) Interpretazione o valutazione del valore o del significato di un'opera d'arte o di un evento spec. politico spec. secondo particolari o personali criteri: *la l. di un quadro*; *la l. dell'ultima crisi di governo secondo i democristiani*. *3* Opera, scritto, pubblicazione e sim. che si legge: *è una l. stimolante*; *letture che parlavano d'estasi e trasfigurazioni* (CALVINO). *4* (*elab.*) Operazione consistente nel prelevare dati da un certo tipo di supporto o di memoria (per es., schede perforate) per trasferirle a un altro (per es., la memoria principale di un elaboratore elettronico). *5* Conferenza: *l. dantesca*. *6* Nelle antiche università, cattedra universitaria | Insegnamento impartito da un docente | Lezione accademica. *7* (*dir.*) *In prima l., in seconda l.*, detto di discussione e votazione di un progetto di legge compiuti in successivi intervalli di tempo dalla medesima assemblea legislativa. || **letturìna**, dim.

letturìsta s. m. (pl. *-i*) ● Addetto alla lettura dei contatori che registrano il consumo di elettricità, gas e acqua dei singoli utenti.

leu /rum. 'leu/ [vc. rumena 'leone', latinismo, che riproduce il turco *arslanlī* 'piastra (con l'immagine del leone (*arslan*) e del sole)'] s. m. inv. ● Unità monetaria circolante in Romania.

leucafèresi ● V. *leucoaferesi*.

leucemìa [comp. di *leuco-* ed *-emia*] s. f. ● (*med.*) Neoplasia acuta o cronica delle cellule bianche del sangue, caratterizzata da distorta proliferazione e sviluppo della serie linfoide o dei precursori dei granulociti e monociti.

leucèmico [da *leucemia*] **A** agg. (pl. m. *-ci*) ● Della, relativo alla leucemia. **B** agg.; anche s. m. (f. *-a*) ● Che, chi è affetto da leucemia.

leucìna [comp. di *leuc(o)-* e *-ina*] s. f. ● (*chim.*) Amminoacido a sei atomi di carbonio che si trova comunemente nelle proteine.

leucìsco [gr. *leukískos*, n. di un pesce 'piuttosto (*-ískos*) bianco (*leukós*)'] s. m. (pl. *-schi*) ● Genere di pesci teleostei della famiglia dei Ciprinidi, viventi in acqua dolce, privi di barbigli e di spine, con pinna dorsale e anale corta, brunicci sul dorso e bianchi nel resto del corpo (*Leuciscus*).

leucìte [ted. *Leucit*, comp. del gr. *leukós* 'bianco' e *-it* '-ite (2)'] s. f. ● (*miner.*) Silicato contenente alluminio e potassio, in cristalli opachi di colore biancastro.

lèuco- [dal gr. *leukós* 'bianco'] primo elemento ● In parole scientifiche composte, e in particolare della terminologia medica, indica colore bianco o chiaro: *leucemia, leucocita, leucoderma*.

leucoafèresi o **leucafèresi** [comp. di *leuco(citi)* e *aferesi*] s. f. ● (*med.*) Tecnica di separazione mediante centrifugazione dei leucociti dal sangue di un donatore, impiegata a scopi trasfusionali o eseguita a scopi terapeutici.

leucocìta o **leucocìto** [comp. di *leuco-* e di *-cito* (o *-cita*)] s. m. (pl. *-i*) ● (*biol.*) Globulo bianco.

leucocitàrio agg. ● Del, relativo al leucocita.

leucocìto ● V. *leucocita*.

leucocitòlisi [comp. di *leucocita* e del gr. *lýsis* 'soluzione, dissolvimento'] s. f. ● (*med.*) Distruzione normale o patologica dei globuli bianchi del sangue.

leucocitopoièsi [comp. di *leucocito* e *-poiesi*] s. f. ● (*biol.*) Leucopoiesi.

leucocitòsi [comp. di *leucocit(o)* e *-osi*] s. f. ● (*med.*) Aumento del numero di globuli bianchi nel sangue.

leucodermìa [comp. di *leuco-* e di un deriv. del gr. *dérma* 'pelle'] s. f. ● (*med.*) Area biancastra della cute per mancanza di pigmento.

leucòma [gr. *léukōma*, da *leukós* '(macchia) bianca'] s. m. (pl. *-i*) ● (*med.*) Area biancastra della cornea, dovuta a un'ulcera corneale.

leuconichìa [comp. di *leuco-* e di un deriv. del gr. *ónyx*, genit. *ónychos* 'unghia'] s. f. ● (*med.*) Macchia biancastra dell'unghia.

leucopenìa [comp. di *leuco-* e *-penia*] s. f. ● (*med.*) Riduzione dei globuli bianchi nel sangue.

leucoplachìa [comp. di *leuco-* e del gr. *pláx* 'superficie piana'] s. f. ● (*med.*) Ispessimento delle mucose in forma di placca bianco-grigiastra in particolare nella cavità orale, nella laringe e nei genitali femminili. SIN. Leucoplasia.

leucoplasìa [comp. di *leuco-* e *-plasia*] s. f. ● (*med.*) Leucoplachia.

leucoplàsto [comp. di *leuco-* e di un deriv. dell'agg. gr. *plastós* 'modellato'] s. m. ● (*bot.*) Amiloplasto.

leucopoièṣi [comp. di *leuco-* e del gr. *póiēsis* 'fattura, formazione'] s. f. ● (*biol.*) Processo di formazione dei globuli bianchi.

leucorrèa [comp. di *leuco-* e di un deriv. del v. gr. *rêin* 'scorrere'] s. f. ● (*med.*) Aumento di secrezione sieromucosa dai genitali femminili. SIN. Perdite bianche.

leucorròico agg. (pl. m. *-ci*) ● (*med.*) Della, relativo alla, leucorrea.

leucòṣi [comp. di *leuc(o)-* e *-osi*] s. f. ● (*veter.*) Malattia virale contagiosa che colpisce gallinacei e bovini.

leucotriène [comp. di *leuco(cita)*, *tri-* ed *-ene*] s. m. ● (*chim.*) Sostanza prodotta nell'organismo per trasformazione di acidi grassi essenziali, che agisce da mediatore chimico della reazione infiammatoria e dell'anafilassi.

lèudo [vc. germ., da avvicinare al ted. mod. *Leute* 'gente'] s. m. ● (*st.*) Nell'età merovingia, chi era alle dipendenze o sotto la protezione del re o di un signore.

†**leùto** (1) ● V. *liuto* (*1*).

leùto (2) o **liùto** (2) [etim. discussa: da *leuto* (*1*) per una certa somiglianza nella disposizione delle sartie con lo strumento mus.] s. m. ● (*mar.*) In epoca medievale, piccolo veliero da trasporto a due alberi, a scafo gonfio, usato spec. in Provenza | (*est.*, *raro*) Galleggiante da carico | (*est.*) A Trieste e nell'Istria, peschereccio con un solo albero a vela latina | In Liguria, nave da carico panciuta, con un albero e vela latina.

lev /*bulgaro* lef/ [vc. bulgara, letteralmente 'leone', per l'immagine che vi era impressa; V. *leu*] s. m. inv. (pl. bulgaro *leva*) ● Unità monetaria circolante in Bulgaria.

lèva (1) [da *levare*] s. f. *1* Macchina semplice costituita da un'asta dotata di fulcro in un punto, cui viene applicata una potenza per vincere una resistenza | *Bracci della l.*, distanze fra il fulcro e i punti di applicazione della potenza e della resistenza. *2* (*fig.*) Mezzo capace di rimuovere ostacoli o di stimolare energicamente: *il denaro è una l. potente* | *Far l. su q.c.*, agire su q.c. per ottenere un certo fine. SIN. Stimolo. *3* Asta per l'azionamento di particolari dispositivi: *l. del deviatoio* | *L. del cambio*, con la quale il guidatore manovra a mano il cambio di velocità dell'automezzo | *Leve di, del comando*, (*fig.*) insieme dei mezzi atti a dirigere un'impresa, un'organizzazione e sim. | *Avere in mano le leve del comando*, (*fig.*) comandare, dirigere, esercitare la propria autorità. *4* Strumento odontoiatrico per la rimozione di denti e radici. || **levétta**, dim. | **levettina**, dim.

lèva (2) [da *levare* nel senso di 'assumere, assoldare, arruolare', che aveva *liever* nell'ant. fr.] s. f. *1* Complesso delle operazioni mediante le quali vengono chiamati alle armi i giovani soggetti all'obbligo del servizio militare | *Lista di l.*, in cui vengono iscritti tutti i giovani al compimento del 18° anno | *Essere di l.*, essere iscritto nella lista di leva | *Visita di l.*, per accertare la presenza o meno dei requisiti psico-fisici per compiere il servizio militare. *2* (*est.*) Insieme di coloro che vanno sotto le armi in un anno: *la l. del 1960*. *3* (*est.*) *Le nuove leve*, i giovani che intraprendono un'attività e gradualmente subentrano alla generazione precedente: *le nuove leve del cinema*.

†**lèva** (3) [per (mare di) *leva(ta)*, da *levarsi* 'alzarsi (delle onde)'] s. f. ● Mare grosso con onde lunghe provenienti dal largo, che annuncia tempesta.

levacàpsule [comp. di *leva(re)* e il pl. di *capsula*, in accez. particolare] s. m. inv. ● Apribottiglie.

levachiòdi [comp. di *leva(re)* e il pl. di *chiodo*] s. m. ● Arnese per estrarre chiodi dal legno, costituito da una leva con all'estremità una fessura in cui si impegna la capocchia.

levafògli [comp. di *leva(re)* e il pl. di *foglio*] s. m. *1* (*tip.*) Operaio addetto al levafoglio. SIN. Ricevitore. *2* (*tip.*) Levafoglio.

levafòglio [comp. di *leva(re)* e *foglio*] s. m. ● (*tip.*) Apparecchiatura meccanica che espelle i fogli stampati e a volte piegati da una macchina da stampa. SIN. Ricevitore.

†**levaldina** [da *levare*] s. f. ● (*gerg.*) Furto | Truffa, imbroglio, raggiro.

†**levame** s. m. ● Lievito.

†**levaménto** [vc. dotta, lat. *levamĕntu(m)*, da *levāre* 'levare'] s. m. ● Levata.

levanòccioli [comp. di *leva(re)* e il pl. di *nocciolo*] s. m. ● Utensile da cucina usato per estrarre il nocciolo da olive o ciliegie.

levantàra [da (vento di) *levante*] s. f. ● Forte vento di levante con grossa mareggiata, tipico dell'Adriatico.

levànte A part. pres. di *levare*; anche agg. *1* Nei sign. del v. *2 Sol l.*, che sorge | *Impero del Sol l.*, il Giappone. **B** s. m. *1* Parte dell'orizzonte da cui si vede sorgere il sole: *il cielo si arrossa a l.* | *Vento di l.*, che spira da tale direzione. SIN. Est, oriente. *2* (*est.*) Vento di levante: *il l. increspa le onde*. *3 Il Levante*, (*per anton.*) area geografica posta a oriente dell'Italia, nel bacino del Mediterraneo: *merci provenienti dal Levante*; *gli scali marittimi del Levante*.

levantina s. f. ● Tipo di seta per foderare.

levantino [da *Levante*] **A** agg. ● Che proviene dai paesi del Levante: *tabacco, profumo l.* | (*fig.*) Furbo, astuto, particolarmente abile negli affari | (*est.*) Privo di scrupoli, infido, sleale. **B** s. m. (f. *-a*) ● Chi è nato o abita nei Paesi del Levante.

levapùnti [comp. di *leva(re)* e il pl. di *punto*] s. m. ● Piccolo attrezzo che serve per togliere punti metallici infissi in carta, legno e sim.

levàre [vc. dotta, lat. *levāre*, originariamente 'alleggerire', da *lĕvis* 'lieve, leggero'] **A** v. tr. (*io lèvo* o poet. †*lièvo*; in tutta la coniug. la *e* può dittongare in *ie*, spec. se tonica, nel linguaggio poet. o arcaico) *1* Alzare, sollevare: *l. le braccia, gli occhi al cielo*; *non aver la forza di l. un dito* | *L. il capo*, (*fig.*) insuperbirsi | *L. il bollore*, cominciare a bollire | *L. un grido*, lamentarsi | *L. la vóce*, diffonderla | *L. rumore*, (*fig.*) far parlare di sé | *L. al cielo qc.*, esaltarlo | *L. l'ancora*, salpare | *Leva!*, in marina, voce di comando per riportare la barra del timone in centro. *2* Togliere, rimuovere, portar via: *l. un divieto, una tassa*; *l. le macchie, l'unto* | *L. il campo, le tende, l'assedio*, ritirarsi, andarsene; (*fig.*) rinunciare a un'impresa | *L. la pelle a qc.*, scorticarlo | *L. un dente*, estrarlo | *L. di mezzo q.c.*, toglierla, eliminarla | *L. qc. dal mondo*, ucciderlo, farlo morire | *Levarsi di torno, o d'attorno, qc.*, liberarsene | *L. qc. dalle preoccupazioni, dal dolore*, liberarlo | *L. il pensiero da q.c.*, dimenticarla | *L. le mani da un lavoro*, ultimarlo | *L. il fiato*, togliere il respiro | *L. di sotto*, sottrarre con artifici | *L. la fame, la sete*, sfamare, dissetare | *L. un desiderio*, appagarlo | *Levarsi il pane di bocca per qc.*, (*fig.*) fare per lui ogni più grave sacrificio | *L. le parole di bocca a qc.*, prevenirlo nel parlare | *L. il disturbo*, congedarsi | *L. il credito*, togliere la fiducia | *L. il saluto a qc.*, cessare di salutarlo | *L. lo scandalo*, metterlo a tacere | *L. qc. dalla strada*, dargli una sistemazione | *L. la seduta*, sciogliere l'adunanza | †*L. le mense*, sparecchiare | †*L. dal sacro fonte*, tenere a battesimo. *3* Prelevare: *l. mille lire dalla cassa* | Sottrarre. *4* †Arruolare: *l. gente, soldati* | Imbarcare: *quei che leva quando e cui li piace, / più volte m'ha negato esto passaggio* (DANTE *Purg.* II, 95-96). *5* †Elevare, eleggere. *6* (*dir.*) Nella loc. *l. il protesto*, eseguire, redigere l'atto giuridico del protesto. **B** v. rifl. *1* Andare verso l'alto, sollevarsi (*anche fig.*): *levarsi in volo*; *levarsi in piedi*; *levarsi al disopra delle miserie umane* | *Levarsi contro qc.*, ribellarsi | *Levarsi in armi*, prendere le armi. *2* Alzarsi da letto: *levarsi tardi, presto*; *si è levato alle sei*. *3* Allontanarsi: *levarsi da un posto* | *Levarsi di mezzo, dai piedi*, allontanarsi da un luogo, andarsene. **C** v. intr. pron. ● Sorgere, alzarsi: *si levò un vento fortissimo*; *il sole si leva alto sull'orizzonte*. **D** in funzione di s. m. *1* (*lett.*) Levata, nel sign. 1: *il l. del sole*; *al l. della luna*. *2* (*mus.*) Nella loc. *in l.*, che indica i tempi deboli di una battuta. CONTR. In battere.

levàta s. f. *1* Atto del levare o del levarsi: *la l. del sole*; *la l. è stabilita per le ore sette* | *L. precoce*, subito dopo interventi chirurgici, per evitare i disturbi del decubito in letto | *L. della posta*, prelievo della corrispondenza dalle cassette postali per l'inoltro allo smistamento | *L. di piazza*, partenza di una compagnia teatrale da una determinata città | *L. di scudi*, (*fig.*) improvviso atto di ribellione. *2* (*raro, fig.*) Intelligenza, levatura intellettuale: *studenti di scarsa l.* *3* Inizio della fase di rapido accrescimento primaverile dei culmi dei cereali: *grano in l.* *4* Rilievo grafico di un terreno | *L. topografica*, rappresentazione grafica convenzionale di una zona di terreno. *5* Acquisto di generi di monopolio presso i magazzini dello Stato: *l. dei tabacchi*. *6* †Leva, chiamata alle armi. *7* (*fig.*) †Importanza: *essere di poca l.* || **levatàccia**, pegg. (V.) | **levatina**, dim.

levatàccia s. f. (pl. *-ce*) *1* Pegg. di *levata*. *2* L'alzarsi molto presto o dopo un sonno troppo breve. SIN. Alzataccia.

levatàrtaro [comp. di *leva(re)* e *tartaro*] s. m. ● Strumento dentistico con cui si toglie il tartaro dai denti.

levàto part. pass. di *levare*; anche agg. *1* Nei sign. del v. *2 A gambe levate*, a tutta velocità | *Ben l.!*, espressione d'augurio per chi si è appena alzato da letto. *3* Lievitato, fermentato. *4* (*arald.*) Rampante.

levatóio agg. ● Che si può alzare o abbassare a volontà: *ponte l.*

levatóre agg.; anche s. m. (f. *-trice*) ● (*raro*) Che, chi leva.

levatrice [da *levare* (il fanciullo)] s. f. ● (*pop.*) Ostetrica.

levatùra s. f. *1* †Atto del levare e del levarsi. *2* Grado di elevatezza intellettuale: *uomo di eccezionale l.*

†**levazióne** [vc. dotta, lat. *levatiōne(m)*, da *levātus*, part. pass. di *levāre* 'levare'] s. f. ● Elevazione, innalzamento.

†**lève** ● V. *lieve*.

leveraged buy-out /*ingl.* 'li:vəridʒ 'bai aut/ [loc. ingl., propr. 'acquisto con moltiplicazione mediante leva'] loc. sost. m. inv. (pl. ingl. *leveraged buy-outs*) ● (*econ.*) Acquisizione di una società da parte dei dirigenti, finanziata principalmente con capitale preso in prestito.

leveràggio [ingl. *leverage*, da *lever* 'leva (1)'] s. m. ● (*mecc.*) Sistema di leve usato per trasmettere comandi a distanza, composto di due o più leve disposte in serie in modo che la potenza dell'una sia equilibrata dalla resistenza della successiva: *l. del cambio*.

leviathàn /levja'tan/ o **leviatàn**, **leviatàno** [ebr. *liwjāthān*, letteralmente 'tortuoso', dalla base *l-w-h* 'torcere', nei vari sign. parzialmente rinvigoriti dall'opera omonima di T. Hobbes] s. m. *1* Mostro biblico immane e distruttore. *2* (*fig.*) Organizzazione statale e politica assolutistica e opprimente. *3* Nell'industria tessile, grande macchina nella quale si compie il lavaggio industriale delle lane gregge.

levigàre [vc. dotta, lat. *levigāre*, da *lēvis* 'liscio', di etim. incerta, formato come *mitigāre*, da *mītis* 'mite'] v. tr. (*io lèvigo, tu lèvighi*) *1* Rendere privo di ogni asperità o ruvidezza (*anche fig.*): *l. il marmo, la pietra, il legno*; *l. un discorso*. SIN. Limare, lisciare. *2* (*chim., fis.*) Sottoporre a levigazione. *3* †Polverizzare.

levigatézza s. f. ● Qualità di ciò che è levigato.

levigatóre s. m. (f. *-trice*) *1* Operaio addetto alla levigazione. *2* (*chim., fis.*) Apparecchio usato per la levigazione dei miscugli.

levigatrice s. f. ● Macchina che leviga la superficie di metalli, marmi e sim.

levigatùra s. f. *1* Levigazione. *2* (*tecnol.*) Lisciatura.

levigazióne [vc. dotta, lat. *levigatiōne(m)*, da *levigātus* 'levigato'] s. f. *1* Atto, effetto del levigare: *la l. del legno*. *2* Azione del vento, della pioggia e del ghiaccio sulle rocce. *3* (*chim., fis.*) Separazione, in corrente fluida, delle particelle pesanti dalle particelle leggere di un minerale o di una miscela di sostanze solide.

leviràto [dal lat. *lēvir* 'fratello del marito, cognato', di origine indeur., e *-ato*] s. m. ● Nell'antico diritto levitico ebraico, obbligo del fratello a sposare la cognata vedova e senza figli | Presso alcuni popoli primitivi, analoga istituzione sociale ancora vigente.

leviṣite ● V. *lewisite* (*1*).

levistico [vc. dotta, lat. tardo *levĭsticu(m)*, per *ligŭsticum* (V. *ligustico*), così chiamato perché frequente in *Liguria*] s. m. (pl. *-ci*) ● Grande pianta erbacea delle Ombrellifere di cui si usano i frutti aromatici e le radici, utili in medicina (*Levisticum officinale*).

levità [vc. dotta, lat. *levitāte(m)*, da *lĕvis* 'lieve'] s.

f. ● Qualità di chi, di ciò che è lieve, leggerezza di peso.

levita (1) [vc. dotta, lat. eccl. *Levīta(m)*, dal n. ebr. del capostipite di una delle tribù d'Israele *Lēwī* (letteralmente 'colui che unisce')] s. m. (pl. -i) ● Presso gli antichi Ebrei, membro della tribù di Levi, cui era riservata la funzione di ministro del culto | (*raro*) Nuovo sacerdote.

lèvita (2) [fr. *lévite* per la somiglianza con l'ampia veste indossata dal personaggio del sacerdote ebreo nelle rappresentazioni teatrali] s. f. ● Specie di rozzo saio degli anacoreti | Veste femminile molto ampia.

levitàre [da *l(i)evito*] v. intr. (*io lèvito*; aus. *avere* e *essere*) *1* Sollevarsi in aria fisicamente, contro le leggi della gravità. *2* (*raro, lett.*) Lievitare.

levitazióne [dal lat. *lĕvitas*, genit. *levitātis* 'levità', sul tipo di *gravitazione*] s. f. *1* (*psicol.*) In parapsicologia, fenomeno consistente nel sollevare e mantenere sospeso in aria il proprio corpo o un altro oggetto. *2* (*raro, lett.*) Lievitazione.

levìtico [vc. dotta, lat. eccl. *Levīticu(m)*, da *Levītes* 'levita (1)'] **A** agg. (pl. m. *-ci*) ● Di, relativo a leviti o a levita. **B** s. m. ● *Il Levitico*, terzo libro biblico del Pentateuco.

levogiro [da *destrogiro* con sostituzione a *destro-* del suo opposto *levo-* (dal lat. *lăevus* 'sinistro')] agg. *1* (*chim.*) Detto di composto organico capace di far ruotare a sinistra il piano di polarizzazione di un fascio di luce polarizzata che l'attraversi. *2* (*fis.*) Sinistrorso.

†levóre [vc. dotta, lat. *levōre(m)* 'levigatezza', da *lēvis* 'liscio', di etim. incerta] s. m. ● Levità, leggerezza.

†lèvra ● V. *lebbra*.

levrière o **levrièro** [ant. fr. *levrier*, dal lat. *leporāriu(m)*, sottinteso *căne(m)*, '(cane) da lepre (*lĕpus*, genit. *lĕporis*)'] s. m. ● Cane da corsa con forme snelle ed eleganti e zampe alte e sottili.

levulòsio [fr. *levulose*, dal lat. *lăevus* 'sinistro' col suff. di *(gluc)osio*] s. m. ● (*chim.*) Fruttosio.

lewisite (1) /lui'zite, levi'zite/ o **levișite** [dal n. dell'inventore, il chimico amer. W. L. *Lewis* (1847-1926)] s. f. ● Liquido oleoso che forma un gas tossico usato come aggressivo chimico.

lewisite (2) /lui'zite, levi'zite/ [dal n. del mineralogista ingl. W. J. *Lewis*] s. f. ● Minerale cristallino, di aspetto dal giallo al bruno, contenente titanio, antimonio, calcio e ferro.

†lèzia s. f. ● (*raro*) Lezio.

lèzio [da *lezio(so)*] s. m. ● (*spec. al pl.*) Smanceria o vezzo affettato: *quanti lezii ha fatto questa mia pazza!* (MACHIAVELLI). || **lezino**, dim. | **leziolino**, dim.

lezionàrio s. m. ● Libro liturgico che raccoglie le lezioni degli uffici divini dei vari giorni.

lezióne [vc. dotta, lat. *lectiōne(m)* 'raccolta, lettura, scelta', da *lĕctus*, part. pass. di *lĕgere* 'leggere'] s. f. *1* L'insegnamento che si dà in una volta a una o più persone: *una l. di latino, di matematica*; *frequentare le lezioni di un professore*; *una l. di un'ora sopra le prime righe di Fabio Quintiliano* (VICO) | Insieme di nozioni insegnate o date da imparare in una volta: *capire la l.*; *studiare, ripetere la l. di fisica*. *2* Dissertazione accademica di argomento scientifico o letterario tenuta in pubblico: *l'anno accademico fu inaugurato con una l. sul Petrarca*. *3* (*fig.*) Insegnamento, ammaestramento: *ci ha dato una l. di altruismo; non accetto lezioni da nessuno*. *4* (*fig.*) Sgridata, rimprovero, punizione: *è stata una l. dura, ma servirà*; *gli ha impartito una severa l.* *5* †Lettura o istruzione acquisita con lettura: *la cognizione delle azioni delli uomini grandi imparata da me con una lunga esperienza delle cose moderne e una continua l. delle antique* (MACHIAVELLI). *6* Testo tratto dalla Scrittura o dai Padri, che si recita nell'ufficio cattolico di mattutino e nella Messa. *7* Nell'edizione critica di un testo, modo nel quale risultano scritti una parola o un passo nei codici e nelle stampe che di quel testo forniscono testimonianza. *8* †Elezione. || **lezionàccia**, pegg. | **lezioncèlla**, dim. | **lezioncina**, dim. | **lezioncióna**, accr. | **lezionùccia**, dim.

leziosàggine s. f. ● Comportamento o maniera abitualmente leziosa | Parola o atto lezioso. SIN. Smanceria, svenevolezza.

leziosità s. f. ● Qualità di chi, di ciò che è lezioso.

lezióso [lat. *(de)liciōsu(m)*, da *delĭciae* 'delizie, seduzioni'] agg. *1* Che fa lezi, che è pieno di lezi: *fanciulla leziosa* | Affettato: *discorso l.* SIN. Manierato, smanceroso, svenevole. *2* †Grazioso, vezzoso. || **leziosétto**, dim. || **leziosaménte**, avv.

†lezzàre [per *(o)lezzare*] v. intr. ● Mandar lezzo.

lézzo [da *lezzare*] **A** s. m. *1* Cattivo odore esalato da ciò che è sudicio: *l. caprino, di stalla, di fogna*; *il l. delle lettiere marcite e del nero delle risciacquature che stagnava* (PIRANDELLO) | *Gettar l.*, puzzare. SIN. Puzza. *2* Lordura, sudiciume (*anche fig.*): *il l. del vizio, della corruzione*. **B** agg. ● †Fetente.

lezzóne s. m. (f. *-a*) ● Sudicione, sporcaccione | Persona di cattivi costumi.

lezzonerìa s. f. ● Cosa sudicia o turpe | Comportamento o atto da lezzone.

†lezzóso agg. *1* Che fa lezzo, puzzolente. *2* Limaccioso.

lezzùme s. m. *1* (*pop.*) Sudiciume. *2* (*fig.*) Costumi immondi.

lì o (*pop., tosc.*) **†lie** [lat. *illic*, da *ille*, di comp. incerta, raff. da *-c*] avv. *1* In quel luogo (con v. di stato e di moto, con riferimento a un luogo non molto lontano da chi parla e da chi ascolta): *non dovevi stare lì tanto tempo*; *ero lì quando è accaduto il fatto*; *guarda un po' lì, sul tavolo* | *Fino lì*, fino a quel luogo: *vado fino lì e torno indietro* | *Fatto e messo lì*, (*fig., tosc.*) rozzo | *Siamo ancora lì*, (*fig.*) alle solite, al solito punto | *Se non sono mille siamo lì*, ci manca poco | Contrapposto a 'qua', 'qui', 'là', con valore locativo più o meno indeterminato: *stavano uno lì e uno là*; *ricopia da qui a lì* | Con valore raff. seguito da altri avverbi di luogo dà loro maggiore determinazione: *era lì presso*; *vai lì dentro*; *è lì sotto*; *guarda lì su* | Unito a pron. pers. e al pron. e agg. 'quello', con valore raff. e ints.: *eccolo lì!*; *tu, lì, sbrigati*; *è proprio quello lì*; *dammi quella matita lì*. *2* Con valore raff. o enf. in escl. o espressioni di esortazione, sdegno e sim.: *zitto lì!*; *fermo lì!*; *guarda lì cosa hai combinato!* | Indica il durare o il ripetersi insistente di q.c.: *e lì con le solite lamentele*; *e lì baci e abbracci*. *3* In quel momento, allora, in quel punto (con valore temp. anche fig.): *la questione è finita lì* | Circa in quel tempo: *si era lì, verso Pasqua* | *Essere lì per, essere lì lì per*, stare per, essere sul punto di: *era lì per piangere* | *Fino lì*, fino a quel momento: *fin lì le cose erano andate bene*. *4* Nella loc. avv. *di, da lì*, da quel luogo, attraverso quel luogo (indica moto da luogo e moto attraverso luogo, anche fig.): *da lì non si entra*; *di lì non si passa* | *Giù di lì*, pressappoco, circa: *abita vicino alla stazione o giù di lì*; *verrà alle cinque o giù di lì*. *5* Nella loc. avv. *per lì*, attraverso quel luogo: *per lì non puoi passare* | *Lì per lì*, sul momento: *lì per lì non avevo capito* (V. nota d'uso ACCENTO).

li (1) o (*tosc., lett.*) **†gli (4)** nel sign. B, (*poet.*) **†i (3)** nel sign. B [lat. *illi*, m. pl. di *ille*, di comp. incerta] **A** art. det. m. pl. *1* †V. *gli (1)* e *i (1)*. *2* Si usa nelle indicazioni di date, spec. in documenti ufficiali: *li 25 ottobre*. **B** pron. pers. e dimostr. m. pl. ● Loro, essi (come compl. ogg., riferito a persona o cosa, in posizione sia encl. sia procl.): *li vedrò domani*; *andrò a trovarli*; *eccoli*; *dammeli*; *li vuoi tu?* (V. nota d'uso ACCENTO).

†li (2) ● V. *gli (2)*.

liaison /fr. lje'zõ/ [vc. fr. che continua il lat. tardo *ligatiōne(m)*, da *ligātus*, part. pass. di *ligāre* 'legare (1)'] s. f. inv. *1* (*ling.*) Fenomeno fonetico-sintattico tipico della lingua francese, consistente nel pronunciare due parole consecutive unendo la consonante finale della prima parola (che davanti a consonante non si pronuncia) alla vocale iniziale della parola seguente (per es., *un savant anglais*; *très heureux*). *2* (*fig.*) Legame, relazione sentimentale: *avere una l. con qc.*

†liàle e *deriv.* ● V. *leale* e *deriv.*

†liàma [ant. provz. *liam*, dal lat. *ligāmen* 'legame'] s. f. ● (*raro, poet.*) Legame.

liàna [fr. *liene, liane*, da *lien* 'legame'] s. f. ● Pianta caratteristica delle foreste tropicali a fusto legnoso, molto allungato e sottile che si appoggia ad altre piante formando un fitto intreccio.

lianóso agg. ● (*raro*) Ricco di liane: *foresta lianosa* | A forma di liana: *pianta lianosa*.

†liànza ● V. *†leanza*.

libagióne o (*raro*) **libazióne** [lat. *libatiōne(m)*, da *libātus*, part. pass. di *libāre* 'libare (1)'] s. f. *1* Cerimonia propria di molte religioni antiche, consistente nel versare o spargere latte, vino o altro, in onore degli dèi, sull'altare o a terra. *2* (*est.*) Offerta od oblazione sacrificale: *offrire libagioni agli dei*. *3* Assaggio | (*scherz.*) Bevuta.

†libàme [vc. dotta, lat. *libāmen* (nt.), da *libāre* 'libare (1)'] s. m. (pl. *libàmi*, m., raro *libàmina*, f.) ● Libagione: *l'are mie ... di sacre / opime dapi abbondano mai sempre, / e di libami e di profumi* (MONTI).

†libaménto [vc. dotta, lat. *libamĕntu(m)*, da *libāre* 'libare (1)'] s. m. *1* Modo e atto del libare. *2* Ciò che si offriva nelle libagioni agli dèi.

libanése **A** agg. ● Del Libano. **B** s. m. e f. ● Abitante, nativo del Libano.

libanizzàre [da *Libano*, teatro di lunghi e distruttivi conflitti] v. tr. *1* Ridurre una città, un territorio o un intero Stato in un campo di battaglia, nel quale si fronteggiano oppositori interni e avversari internazionali. *2* (*est.*) Rendere instabile un equilibrio sociale o una situazione politica dando spazio a fazioni contrapposte | (*fig.*) Provocare una situazione di divisione, spec. ideologica, nell'ambito di un settore di per sé omogeneo: *voler l. la scuola*.

libanizzazióne s. f. ● Atto, effetto del libanizzare.

libàno [etim. incerta] s. m. ● Canapo di sparto o giunco o ginestra usato su piccoli bastimenti, negli allevamenti di mitili e sim.

libàre (1) [vc. dotta, lat. *libāre*, di etim. incerta] v. tr. *1* (*lett.*) Versare o spargere un liquido sull'altare o altrove per offrirlo e consacrarlo a una divinità (*anche ass.*): *chi sedea / a libar latte e a raccontar sue pene / ai cari estinti* (FOSCOLO). *2* Gustare leggermente attingendo appena con le labbra (*anche fig.*): *l. un vino pregiato*.

libàre (2) [lat. tardo *leviāre* 'alleggerire', da *lĕvis* 'leggero'] v. intr. ● (*mar.*) Allibare.

libatòrio [vc. dotta, lat. *libatōriu(m)* 'vaso per le libagioni', da *libātus* 'libato'] agg. ● Che serve per le libagioni: *vaso l.*

libazióne ● V. *libagione*.

libbra o **libra** [vc. dotta, lat. *lībra(m)* 'oggetto che serve a pesare', da cui 'libbra' e 'bilancia', termine mutuato, di etim. incerta] s. f. *1* Principale unità ponderale presso i Romani e nell'Italia antica, con valori vari | Unità ponderale in Italia nel Medio Evo e in epoca moderna fino all'adozione del sistema decimale, con valori diversi secondo i luoghi. *2* (*fis.*) Unità anglosassone di misura della massa pari a 0,454 kilogrammi. SIMB. lb.

libecciàta s. f. ● Violento spirare del libeccio | Periodo di tempo in cui soffia il libeccio | (*est.*) Mareggiata provocata dal libeccio.

libéccio [etim. discussa: da una vc. ar. di provenienza gr. (*libýkion*, dim. *libykós*, cioè '(vento leggero) proveniente dalla *Libia*') (?)] s. m. *1* Vento da sud-ovest spesso molto violento, caratteristico del Mediterraneo centrale e settentrionale. SIN. Africo, garbino. *2* Punto cardinale intermedio Sud-Ovest.

libèlla [vc. dotta, lat. *libĕlla(m)*, dim. di *lībra* 'libbra' e 'bilancia'] s. f. ● Piccola moneta romana di rame.

libellista s. m. e f. (pl. m. *-i*) ● Autore di libelli diffamatori.

libèllo [vc. dotta, lat. *libĕllu(m)*, dim. di *līber* 'libro'] s. m. *1* †Piccolo libro. *2* Pubblicazione diffamatoria, spesso anonima. *3* (*raro*) Documento contenente il testo di un atto di citazione. SIN. Lettera citatoria. *4* †Libro o sezione di un trattato. *5* †Cartello di sfida. || **libellàccio**, pegg. | **libellùccio**, dim.

libèllula [dim. di *libella* 'bilancetta' per il suo volo librato] s. f. *1* Insetto appartenente all'ordine degli Odonati, acquatico allo stato larvale, terrestre in quello adulto, con quattro ali, generalmente uguali, trasparenti a nervature reticolate (*Libellula depressa*) | (*est.*) Ogni insetto dell'ordine degli Odonati. *2* (*fig.*) Persona agile e aggraziata nei movimenti.

†libènte [vc. dotta, lat. *libĕnte(m)*, part. pres. di *libēre* 'piacere essere gradito', da una radice di origine indeur.] agg. ● (*lett.*) Volenteroso.

libera [da *libero*] s. f. ● Nell'alpinismo, arrampicata libera | Nello sci, discesa libera.

liberàbile agg. ● Che si può liberare, detto spec. di abitazioni affittate: *appartamento l. a breve scadenza.*

liberal /'liberal, *ingl.* 'libərəl/ [dal lat. *liberāle(m)* 'liberale', 'concernente la libertà'] **A** agg. inv. ● Che è politicamente orientato a sinistra: *movimento, corrente l.* **B** s. m. e f. inv. ● Chi manifesta spirito democratico e progressista.

liberàle [vc. dotta, lat. *liberāle(m)*, da *līber* 'libero', di etim. incerta] **A** agg. *1* Generoso nel dare e nello spendere: *essere l. verso i poveri, verso le istituzioni culturali; essere l. di conforti, di incoraggiamenti* | (*est.*) Di ciò che denota generosità e magnanimità: *gesto, dono l.; chiede opportuno e parco / con fronte liberal che l'alma pinge* (PARINI). SIN. Largo, munifico. *2* Che professa principi di libertà civile o è fautore del liberalismo: *pensatore l.; leggi, riforme liberali.* SIN. Libertario | (*raro*) Franco, libero. *3* Proprio del, relativo al liberalismo: *idee liberali* | *Stato l., economia l.*, che tende a lasciare la massima libertà ai cittadini quali operatori economici. *4* Relativo al Partito Liberale Italiano. *5* (*lett.*) Che si addice a persona libera per condizione o per mentalità: *studi, professioni liberali* | *Arti liberali*, le sette discipline che formavano il trivio e il quadrivio. *6* †Amorevole. || **liberalménte**, †**liberaleménte**, avv. In modo liberale, generoso. **B** s. m. e f. *1* Chi segue e sostiene il liberalismo. *2* Appartenente al Partito Liberale Italiano. *3* (*raro*) Persona schietta, sincera. || **liberalàccio**, pegg. | **liberalóne**, accr.

liberaleggiànte agg. ● Che tende al liberalismo.

liberalésco agg. (pl. m. *-schi*) ● (*spreg.*) Di o da liberale: *assumere un atteggiamento l.*

liberalèssa s. f. ● (*raro, spreg.*) Donna che ostenta idee liberali.

liberalismo s. m. ● Dottrina e movimento politico che si fonda essenzialmente sulla garanzia delle libertà individuali da parte dello Stato | *L. economico*, liberismo.

liberalìstico agg. (pl. m. *-ci*) ● (*raro*) Liberale, nel sign. A 3.

liberalità [vc. dotta, lat. *liberalitāte(m)*, da *liberālis* 'liberale'] s. f. *1* Larghezza nel dare, nel beneficare. SIN. Generosità, munificenza. *2* Atto di o da persona generosa e magnanima. *3* (*dir.*) Attribuzione patrimoniale fatta spontaneamente da una parte all'altra con l'intento di arricchirla senza corrispettivo. *4* †Libertà.

liberalizzàre [adattamento dell'ingl. *to liberalize* 'fare o diventare liberale'] v. tr. *1* Conformare, adeguare ai principi del liberismo: *l. gli scambi, i commerci.* *2* Rendere più libero, consentire un'autonoma manifestazione a forze politiche, culturali e sim.

liberalizzazióne [adattamento dell'ingl. *liberalization*] s. f. ● Atto, effetto del liberalizzare | *L. degli scambi commerciali*, riduzione o eliminazione delle barriere doganali, dei contingentamenti o regolamentazioni di vario genere.

liberalòide [comp. di *liberal(e)* e *-oide*] agg.; anche s. m. e f. ● (*spreg.*) Che, chi è favorevole al liberalismo, in modo superficiale e approssimativo.

liberalsocialismo [comp. di *liberal(ismo)* e *socialismo*] s. m. ● Dottrina che vuole conciliare i princìpi politici del liberalismo con i princìpi sociali del socialismo.

liberalsocialista [comp. di *liberal(e)* e *socialista*] **A** agg. ● Relativo al liberalsocialismo. **B** s. m. e f. (pl. m. *-i*) ● Fautore, sostenitore del liberalsocialismo.

liberamàrgine [comp. di *libera(re)* e *margine*] **A** s. m. o f. ● Nella macchina da scrivere, leva o tasto di comando che permette di effettuare la battitura al di fuori dei margini fissati automaticamente. **B** anche agg.: *leva l.*

liberaménto [vc. dotta, lat. *liberamĕntu(m)*, da *liberāre* 'liberare'] s. m. ● (*raro*) Liberazione.

†**liberànza (1)** [ant. fr. *livrame*, da *livrer* 'liberare' (in senso di 'dare liberamente')] s. f. *1* Liberamento. *2* Liberalità, dono.

†**liberànza (2)** [sp. *libranza*, da *librar* 'liberare' (in senso commerciale)] s. f. ● Ordine scritto di pagamento, dato ai pagatori o tesorieri da chi sopraintende all'economia di guerra.

liberàre [vc. dotta, lat. *liberāre*, da *līber* 'libero'] **A** v. tr. (*io libero*) *1* Render libero, togliendo da impedimenti, sciogliendo da vincoli e sim.: *l. qc. dai lacci, dalle catene, da un obbligo, da una promessa; per liberarvi ancora da questa, che pure è falsissima chimera, ... due sole esperienze vi reco in contrario* (GALILEI) | *L. una ruota, un ingranaggio*, toglierne l'intoppo | *L. le stanze*, renderle indipendenti una dall'altra | (*est.*) Restituire alla libertà: *l. qc. dalla prigionia, dalla schiavitù.* *2* Pagare per intero, completamente | *L. un'azione*, pagare alla società emittente l'intero valore nominale del titolo | (*fig.*) †*l. la fede*, adempiere la promessa fatta. *3* Salvare da un pericolo, da una minaccia e sim.: *l. qc. da preoccupazioni, rimorsi, malattia.* *4* Esimere: *l. dal servizio.* **B** v. rifl. ● Rendersi libero o esente: *liberarsi da, di, un importuno.* **C** v. intr. pron. ● Diventare libero: *l'appartamento si è liberato.*

liberativo agg. ● Atto a liberare: *intervento l.*

liberàto **A** part. pass. di *liberare*; anche agg. ● Nei sign. del v. **B** s. m. (f. *-a*) ● Chi è reso libero, esente e sim.: *i liberati dalla prigionia.*

liberatóre [vc. dotta, lat. *liberatōre(m)*, da *liberātus* 'liberato'] agg.; anche s. m. (f. *-trice*) ● Che, chi libera: *guerra liberatrice; è stato il l. del paese.*

liberatòrio agg. ● (*dir.*) Che libera da un'obbligazione: *pagamento l.* | *Credito l.*, nella terminologia di banca, quello da trasferirsi mediante clearing e che può essere riscosso dal beneficiario anche prima che il clearing presenti disponibilità.

liberazióne [vc. dotta, lat. *liberatiōne(m)*, da *liberātus* 'liberato'] s. f. *1* Atto, effetto del liberare: *guerra di l.; ottenere la l. dei detenuti politici.* *2* (*fig.*) Sollievo da uno stato di oppressione, di sofferenza, di preoccupazione: *l. da un tormento, da un rimorso; finalmente ho dato l'esame, che l.!*

libèrcolo [vc. dotta mediev. tratta dal lat. *līber* 'libro', come *latĕrculus* (per *laterīculus*) 'piccolo mattone' e poi 'registro', da *lăter*, genit *lăteris* 'mattone'] s. m. ● Libro di poco conto. || **libercolàccio**, pegg. | **libercolétto**, dim. | **libercolino**, dim. | **libercolùccio**, pegg. | **libercolucciàccio**, pegg.

liberiàno (1) [ingl. *Liberian*, dal n. della regione africana (repubblica dal 1847) in origine destinata ai negri *liberati* (*Liberia*)] **A** agg. ● Della Liberia. **B** s. m. (f. *-a*) ● Abitante, nativo della Liberia.

liberiàno (2) [fr. *libérien*, deriv. di *liber*, dal lat. *līber* nel senso originario di 'membrana sottostante alla corteccia dell'albero'] agg. ● (*bot.*) Che riguarda il libro.

liberiàno (3) agg. ● Di, relativo a, papa Liberio: *basilica liberiana.*

liberismo [da *libero* (scambio)] s. m. ● (*econ.*) Dottrina economica che propugna un sistema basato sulla libera concorrenza e che limita l'intervento statale alla difesa del processo competitivo e all'erogazione di servizi di pubblico interesse non ottenibili attraverso i canali del mercato.

liberista (1) **A** agg. (pl. m. *-i*) ● Del, relativo al, liberismo. **B** s. m. e f. *1* Seguace, sostenitore del liberismo. *2* Sciatore specialista nella discesa libera | Nuotatore specialista nelle gare in stile libero | Chi pratica la lotta libera.

liberista (2) [da *libero* riferito alla discesa o allo stile] s. m. e f. (pl. m. *-i*) ● (*sport*) Sciatore specialista di discesa libera. SIN. Discesista | Nuotatore specialista dello stile libero.

liberìstico agg. (pl. m. *-ci*) ● Relativo al liberismo, fondato sul liberismo: *regime l.*

libero [vc. dotta, lat. *lĭberu(m)*, di etim. incerta] **A** agg. **I** In senso stretto *1* Che non ha padrone, spec. contrapposto a schiavo: *uomini liberi; cittadini liberi* | (*fam.*) *Essere l. come l'aria*, essere assolutamente libero. *2* Che ha piena libertà fisica, di azione, movimento e sim.: *domani i prigionieri saranno liberi* | *Mani libere*, non impedite | *Avere le mani libere*, (*fig.*) poter disporre, agire e sim. secondo la propria iniziativa o volontà, senza rendere conto a nessuno | *Esercizio a corpo l.*, esercizio ginnico effettuato senza ausilio di attrezzi | *Ruota libera*, meccanismo, usato spec. sulle biciclette, atto a trasmettere il moto di rotazione alla ruota in un solo senso, lasciandola libera quando i pedali, che imprimono il movimento, sono fermi o girano in senso opposto | (*fig.*) *A ruota libera*, senza controllo o freno: *spendere a ruota libera.* **II** In senso lato *1* Che ha il potere di decidere in modo autonomo, di agire secondo la propria volontà e sim.: *un popolo l.; essere l. da ogni pregiudizio, dalle preoccupazioni; essere l. di fare, dire, pensare; sono l. di intervenire come più mi piace; siamo liberi di scegliere il nostro destino* | *L. pensatore*, chi sostiene posizioni antidogmatiche. *2* Che non è sottoposto a vincoli, obblighi, impegni e sim.: *il l. convincimento del giudice; documenti in carta libera* | *Libera docenza*, abilitazione, non più prevista dall'attuale ordinamento universitario, a tenere corsi di insegnamento presso università e istituti superiori | *L. professionista*, chi è stato abilitato a esercitare in modo autonomo una data professione | *L. scambio*, regime in cui le merci possono circolare senza restrizioni protezionistiche e vincoli doganali di sorta | *Interrogatorio l.*, non formale | *A piede l.*, detto di imputato che non sia in stato di arresto | *Mercato l.*, esente da vincoli o dazi | *Mare l.*, zona di mare situata oltre le acque territoriali, non appartenente ad alcuno Stato e aperta alla navigazione di tutti i Paesi | *Battitore l.*, nel calcio, giocatore della difesa senza specifici compiti di marcatura | *Liberi tutti*, gioco infantile, simile al nascondino, in cui un ragazzo non ancora preso può liberare i compagni prigionieri. *3* (*est.*) Detto di chi è privo di legami familiari o sentimentali: *uomo l.* | Detto di chi non ha impegni particolari: *domani non sono l., è meglio rinviare l'incontro.* *4* (*est.*) Che si compie, si verifica, avviene o si sviluppa al di fuori di ogni costrizione, norma, intervento, riconoscimento e sim.: *attività libera; respirazione libera; dare l. corso alla fantasia, ai propri pensieri* | *L. amore*, che non accetta come necessari o indispensabili i legami coniugali | (*est.*) Ardito, audace: *linguaggio l.; espressioni alquanto libere.* **III** In senso politico e filosofico *1* Detto di chi, di ciò che non è sottomesso ad autorità dispotiche, a norme o sistemi tirannici e sim.: *gli uomini nascono liberi e uguali; la nostra è una nazione indipendente e libera; elezioni libere.* *2* *L. arbitrio*, potere in virtù del quale l'essere cosciente può scegliere tra due azioni contrarie senza essere determinato da alcuna necessità. **IV** Riferito esclusivamente a cose *1* Che è permesso, consentito a tutti, a chi lo vuole: *l. accesso; via libera* | *Dare via libera a qc.*, (*fig.*) autorizzarlo a proseguire nell'azione intrapresa e sim. | *Entrata libera, ingresso l.*, per i quali non si è tenuti a pagare nulla. *2* Che non è occupato, precluso, riservato, che non subisce vincoli, oneri e sim.: *taxi, terreno, telefono l.; cercare una stanza libera; scusi, è l. questo posto?* | *Lasciar libera q.c.*, disdirla dopo averla occupata o riservata | *Ingresso l.*, gratuitamente consentito a tutti | *Tempo l.*, quello che resta dopo il normale periodo di lavoro, giornaliero o settimanale, e di cui si può disporre a proprio piacimento: *i problemi del tempo l.; come occupare il tempo l.* | *Radio, televisione libera*, (*raro*) emittente appartenente a privati che utilizza frequenze diverse da quelle dell'ente radiotelevisivo statale | (*chim.*) *Stato l.*, quello in cui si trova una sostanza non combinata con altre | *Arrampicata libera*, V. *arrampicata* | *Lotta libera*, V. *lotta.* *3* Detto di ciò la cui forma non è imposta, prestabilita, o altro: *traduzione libera; l. adattamento di un famoso romanzo* | *Versi liberi*, sciolti. *4* (*ling.*) Detto di vocale in sillaba aperta, cioè non seguita da consonante. || **liberaménte**, avv. In modo libero e autonomo, con libertà, senza vincoli; francamente: *parla pure liberamente.* **B** in funzione di avv. ● (*raro, lett.*) Liberamente, francamente: *parlare l.* **C** s. m. ● (*ell.*) Nel calcio, battitore libero.

liberoscambismo [comp. della loc. sost. *libero scambio* (cfr. seg.), e *-ismo*] s. m. ● Dottrina che propugna il libero scambio.

liberoscambista [da *libero scambio*, trad. del fr. *libre-échange*, che a sua volta riproduce l'originale ingl. *free-trade* 'libero (*free*) commercio (*trade*)'] **A** agg. (pl. m. *-i*) ● Proprio del, favorevole al, libero scambio. **B** s. m. e f. ● Seguace, sostenitore del liberoscambismo.

libertà o †**libertàte** [vc. dotta, lat. *libertāte(m)*, da *līber* 'libero'] s. f. **I** In senso stretto *1* Stato o situazione di chi è libero, spec. in contrapposizione a schiavitù: *dare, concedere la l. ai servi, agli schiavi.* *2* Stato o condizione di chi non è prigioniero: *l. personale; rimettere in l. i detenuti; dare la l. a un prigioniero* | (*dir.*) *L. provvisoria*, liberazione concessa all'imputato che si trovi in stato di custodia cautelare in considerazione della sua personalità, delle modalità del fatto imputatogli e della non necessità della sua detenzione | *L. vigilata*, misura di sicurezza non detentiva consistente nell'imposizione al vigilato di dati obblighi che ne limitano la libertà personale al fine di evitargli occasioni di nuovi reati | *Tribunale della l.*, V. *tribunale*. **III** In senso lato **1** Condizione di chi, di ciò che, non subisce controlli, costrizioni, coercizioni, impedimenti e sim., possibilità di agire in modo autonomo: *l. di movimenti*; *avere la l. di dire, fare, cercare q.c.*; *conservare, perdere, riconquistare la propria l. d'azione, di pensiero, di giudizio, di parola*; *agire in tutta l.*, *in piena l.*; *difendere la propria l.*; *lasciare a qc. molta, poca, troppa l.*; *abusare della l.* **2** (*est.*) Condizione di chi non ha obblighi, impegni, legami e sim.: *essere geloso della propria l.*; *quei rovi e quelle pietre che erano la mia isola e la mia l.* (LEVI) | *Perdere la propria l.*, assumere un impegno spec. personale, legarsi a qc. | *Riprendere, riprendersi la propria l.*, sciogliersi da impegni, vincoli, legami e sim. | *Restituire a qc. la sua l.*, detto spec. con riferimento a coniugi che si separano. **3** (*al pl.*) Atto o comportamento eccessivamente familiare, spesso scorretto o audace o comunque urtante per chi ne è oggetto, spec. nelle loc. *prendersi qualche l.*, *delle l. con qc.* SIN. Licenza. **IIII** In senso politico e sociale **1** Potere di agire nell'ambito di una società organizzata, secondo la propria convinzione e volontà, entro i limiti stabiliti dalla legge o comunque riconosciuti validi dalla società stessa | *L. civili*, relative all'esercizio di attività private | *L. politiche*, inerenti all'esercizio di una funzione pubblica | *La l.*, (*per anton.*) assenza o soppressione di ogni controllo, costrizione, coercizione e sim. ritenuti immorali o illegittimi: *lottare, morire, immolarsi per la l.*; *i martiri della l.*; *votarsi alla causa della l.*; *invocare la l. per i popoli oppressi*; *conquistare la l. e l'indipendenza*. **2** Potere specifico, che la legge riconosce all'individuo in un determinato ambito: *l. di associazione, di riunione, di pensiero, di lavoro*; *l. di stampa*; *l. religiosa*; *la l. dei commerci, degli scambi*; *le antiche libertà comunali*.

†libertàre v. tr. ● Rendere libero.

libertàrio [fr. *libertaire*, da *liberté* 'libertà'] **A** agg. ● (*lett.*) Liberale, nel sign. 2: *ideali libertari*. **B** agg.; anche s. m. (f. *-a*) ● Sostenitore di una libertà politica assoluta contro ogni imposizione autoritaria. CFR. Anarchico.

libertarismo [da *libertario* col suff. di atteggiamento *-ismo*] s. m. ● Ideologia e pratica libertaria.

†libertàte ● V. *libertà*.

liberticida [comp. del lat. *libertas* 'libertà' e *-cida*, sul modello del corrisp. fr. *liberticide*] agg.; anche s. m. e f. (pl. m. *-i*) ● Che, chi lede o distrugge la libertà.

liberticìdio [da *libertà* col suffissoide di (*omi*)*cidio* e di altri simili comp., vivi già in lat.] s. m. ● Soppressione, violazione delle libertà politiche e civili.

libertinàggio [fr. *libertinage*, da *libertin* 'libertino'] s. m. **1** Sregolatezza o spregiudicatezza di costumi spec. sessuali | (*est.*) Abuso della libertà: *passare dalla libertà al l.* **2** Assoluta indipendenza di idee, opinioni e sim., spec. in campo religioso o morale. **3** Modo di agire e di pensare proprio dei libertini del XVII secolo.

libertinismo [recupero del n. della setta dei *libertini* col suff. di movimento *-ismo*] s. m. ● Corrente di pensiero filosofico e politico, contrario al dogmatismo religioso e alla costrizione moralistica come distruttori della libertà umana, sviluppatosi in Francia e in Italia nella prima metà del XVII secolo.

libertino [vc. dotta, lat. *libertīnu*(*m*), da *libĕrtus* 'liberto', secondo il sign. assunto dal corrisp. fr. *libertin*] **A** agg. **1** (*dir.*, *st.*) Proprio della, relativo alla condizione del liberto e dei suoi discendenti, nell'antica Roma. **2** (*filos.*, *polit.*) Proprio del libertinismo e dei libertini del XVII secolo. **3** Improntato a costumi spregiudicati o sregolati spec. sessualmente: *condurre vita libertina* | (*est.*) Dissoluto, vizioso | (*est.*) Osceno. **4** (*raro*) Estroso, fantasioso: *pittura libertina* | Che innova o combatte la tradizione, spec. con impertinenza o irrisione. **B** s. m. (f. *-a*) **1** (*dir.*, *st.*) Nell'antica Roma, lo schiavo liberato nelle forme previste dal diritto civile ed ogni suo discendente. **2** Chi, soprattutto in materia religiosa, si è affrancato da credenze o regole di condotta considerate universalmente obbligatorie | Libero pensatore | (*filos.*, *polit.*) Seguace del libertinismo nel XVII secolo. **3** Persona, spec. uomo, dai modi di vita sregolati o spregiudicati, spec. sessualmente | (*est.*) Donnaiolo.

libertismo [comp. di *libert*(*à*) e *-ismo*] s. m. ● (*filos.*) Nel pensiero di H. Bergson, lo spiritualismo francese del secolo XIX in quanto filosofia della libertà.

libèrto [lat. *libĕrtu*(*m*), da *līber* 'libero'] s. m. ● Nel diritto romano, lo schiavo liberato con forme previste dal diritto civile.

lìberty /'liberti, *ingl.* 'libəti/ [dal n. di un magazzino londinese di prodotti di artigianato orientale, fondato da A. L. *Liberty* (1843-1917)] **A** s. m. ● Movimento artistico sviluppatosi tra la fine dell''800 e l'inizio del '900, avente come motivo ornamentale caratteristico una linea curva e sinuosa derivante dalla stilizzazione di piante e fiori, che, mirando a far rivivere la raffinatezza degli antichi prodotti artigianali, si è espresso nell'architettura, nell'arredamento, nell'illustrazione grafica. SIN. Stile floreale. **B** anche agg.: *stile, mobile l.*; *decorazione l.*

lìbico [vc. dotta, lat. *Lĭbycu*(*m*), da *Lĭbya*, in gr. *Libýē*, dal n. indig. degli abitanti (*Libi*)] **A** agg. (pl. m. *-ci*) ● Della Libia. **B** s. m. (f. *-a*) ● Abitante, nativo della Libia. **C** s. m. solo sing. ● Lingua di origine camitica degli antichi popoli della Libia.

libìdico agg. (pl. m. *-ci*) ● (*psicoan.*) Della libido.

†libidinàre [vc. dotta, lat. tardo *libidināri*, da *libīdo*, genit. *libīdinis* 'libidine'] v. intr. ● Soddisfare la libidine.

libìdine [vc. dotta, lat. *libīdine*(*m*), da *lĭbet* 'piacere', di origine indeur.] s. f. **1** Voglia smodata di piaceri sessuali: *l. insaziabile*; *soddisfare la propria l.* SIN. Lussuria. **2** (*est.*) Irrequieto e smodato desiderio di q.c.: *la l. del potere, del denaro*.

libidinóso [vc. dotta, lat. *libidinōsu*(*m*), da *libīdo*, genit. *libīdinis* 'libidine'] agg. ● Lussurioso: *atto, comportamento, discorso l.*; *raro è però che di ragione il morso / libidinosa furia a dietro volga* (ARIOSTO). || **libidinosaménte**, avv. Con libidine.

libìdo /*lat.* li'bido/ [vc. dotta, lat. *libīdo* (nom.) 'piacere', da *lĭbet* 'piace', di origine indeur.] s. f. inv. ● (*psicoan.*) Manifestazione psichica dei bisogni sessuali dell'essere umano | (*gener.*) Desiderio sessuale.

lìbito [vc. dotta, lat. *lĭbitu*(*m*), part. pass. di *lĭbet*, da una radice di origine indeur.] s. m. ● (*lett.*) Voglia, capriccio: *l. fé licito in sua legge* (DANTE *Inf.* V, 56) | (*raro*) *A l.*, a volontà, a piacere.

lib-làb [comp. di *lib*(*erale*) e *lab*(*urista*)] **A** agg. inv. ● Detto di posizione politica che fa proprie ideologie e istanze sia liberali che socialiste. **B** anche s. m. inv.

lìbo (**1**) [vc. dotta, lat. *lĭbe*(*m*) '(vento) libico', dal gr. *líps*, genit. *lipós*, letteralmente 'piovoso' (da *léibein* 'versare, stillare', di origine indeur.)] s. m. **1** (*raro*) Libeccio. **2** (*bot.*) Tasso.

†lìbo (**2**) [da *libare* (*2*)] s. m. ● (*mar.*) Allibo.

libocédro o **libocèdro** [comp. del gr. *líb*(*anos*) 'albero d'incenso' e *kédros* 'cedro'] s. m. ● Conifera delle Cupressacee con corteccia rossiccia, strobili ovali e foglie squamiformi giallastre (*Libocedrus decurrens*).

lìbra [vc. dotta, lat. *lĭbra*(*m*) 'libbra' (V.)] s. f. **1** Bilancia | †*Tenere, mettere in equa l.*, (*fig.*) in equilibrio. **2** (*astron.*) Costellazione della Bilancia. **3** V. *libbra*.

libràio o **†libràro** [lat. *librāriu*(*m*), da *līber*, genit. *lĭbri* 'libro'] s. m. (f. *-a*, *raro*,) **1** Venditore di libri: *un famoso l.*; *un l. ambulante*. **2** †Amanuense, copista. || **librainо**, dim. | **libraiùccio**, dim.

libràle [vc. dotta, lat. *librāle*(*m*), da *lĭbra* 'libbra'] agg. ● Del peso di una libbra.

libraménto [vc. dotta, lat. *libramentu*(*m*), da *librāre* 'librare'] s. m. ● (*raro*) Modo e atto del librare o del librarsi | Oscillazione di un corpo che tende ad assestarsi in equilibrio.

libràre [vc. dotta, lat. *librāre*, da *lĭbra* 'libbra'] **A** v. tr. **1** (*lett.*) Pesare, ponderare. **2** (*lett.*, *fig.*) Giudicare. **B** v. intr. pron. ● Tenersi sospeso o in equilibrio: *librarsi a volo, in aria*.

†librària ● V. *libreria*.

libràrio [vc. dotta, lat. *librāriu*(*m*), da *līber*, genit. *lĭbri* 'libro'] **A** agg. ● Di, relativo a libro: *commercio, mercato l.* **B** s. m. ● (*st.*) Nella legione romana, chi teneva la contabilità dei soldati.

†libràro ● V. *libraio*.

libràta s. f. ● Colpo dato con un libro.

libràtile agg. ● (*raro*) Atto a librarsi.

libràto part. pass. di *librare*; anche agg. **1** Nei sign. del v. **2** (*aer.*) *Volo l.*, volo discendente di un aliante in aria calma, contrapposto a quello veleggiato che sfrutta le correnti ascendenti.

libratóre [vc. dotta, lat. *libratōre*(*m*), da *librātus* 'librato'] s. m. **1** (*aer.*) Aliante destinato solo al volo librato, usato fino agli anni '30 per addestramento. **2** Antico soldato addetto a una macchina lanciadardi.

librazióne [vc. dotta, lat. *librātiōne*(*m*), da *librātus* 'librato'] s. f. **1** (*astron.*) Leggerissima oscillazione della Luna, dovuta all'orbita ellittica che descrive intorno alla Terra. **2** (*raro*) Ondeggiamento, oscillazione.

librerìa o **†librarìa**. s. f. **1** Negozio o emporio di libri: *l. moderna, antiquaria*; *l. letteraria, teatrale* | *L. editrice*, di libraio che è anche editore. **2** Raccolta di libri: *riordinare la l.*; *ha una ricchissima l.* | (*scherz.*) Bottiglie di vini o di liquori ordinate in scaffali come libri. **3** Luogo o mobile in cui sono accolti e custoditi i libri: *l. grande, spaziosa* | (*est.*) Biblioteca: *l. grande, piccola*; *l. pubblica, privata*. **4** (*elab.*) *L. di programmi*, software. || **libreriàccia**, pegg. | **libreriétta**, dim. | **libreriòna**, accr. | **libreriùccia**, dim.

librésco [adattamento del fr. *livresque*, da *livre* 'libro'] agg. (pl. m. *-schi*) ● (*spreg.*) Che deriva dai libri e non dalla viva esperienza: *cultura libresca*.

librettino s. m. **1** Dim. di *libretto*. **2** Pacchetto di cartine per fare le sigarette a mano.

librettista s. m. e f. (pl. m. *-i*) ● Autore dei versi, delle parole di un'opera musicale.

librettìstica [da *libretto* col suff. *-istico* sostantivato al f.] s. f. ● Genere letterario concernente i libretti d'opera | Studio di tale genere.

librétto s. m. **1** Dim. di *libro*. **2** Opuscolo: *ha dato alle stampe un interessante l.* | *L. rosso*, quello che raccoglie i pensieri e le massime del leader comunista cinese Mao-Ze-Dong. **3** Taccuino per appunti, indirizzi e sim. **4** Documento legato in forma di piccolo libro in cui vengono annotati dati, concessioni, documentazioni e sim. | *L. personale*, raccoglie la documentazione caratteristica di ogni ufficiale | *L. di lavoro*, documento obbligatorio per l'assunzione al lavoro contenente i dati e le generalità del lavoratore e le eventuali occupazioni precedenti | *L. universitario*, che riporta la situazione amministrativa dello studente e i voti riportati negli esami | *L. sanitario*, quello di ogni cittadino per avviare e condurre a termine le varie pratiche di assistenza medica pubblica | *L. di circolazione*, carta di circolazione | *L. di costruzione*, che reca dimensioni e pezzi che compongono il corpo della nave | *L. di navigazione*, rilasciato ai marittimi per segnarvi l'imbarco, ai fini amministrativi | *L. ferroviario*, dato spec. a dipendenti statali per ottenere riduzioni tariffarie nelle Ferrovie dello Stato. **5** Documento rilasciato da una banca su cui vengono annotate le operazioni di prelevamento e versamento da un deposito esistente presso la stessa: *l. di deposito a risparmio*; *l. di risparmio* | *L. degli assegni*, blocchetto | (*per anton.*, *fam.*) Libretto di risparmio: *avere molto, poco sul, nel l.* **6** Testo di un melodramma | Fascicoletto che lo contiene | Trama narrativa per la coreografia di un balletto. **7** †Ciascuna delle parti in cui si divide un libro. || **librettàccio**, pegg. | **librettino**, dim. (V.) | **librettùccio**, dim. | **librettucciàccio**, pegg.

†libriciattolàio s. m. ● Chi stampa o vende libriciattoli.

lìbro [vc. dotta, lat. *lĭbru*(*m*), originariamente 'pellicola tra la corteccia e il legno dell'albero' che, prima dell'uso del papiro, serviva per scrivervi, di etim. incerta] s. m. **1** Insieme di fogli che contengono un testo stampato o manoscritto, rilegati e provvisti di copertina: *la pagina di un l.*; *l. di cento pagine*; *l. grande, piccolo*; *l. rilegato in pelle, cuoio, tela, pergamena* | *A l.*, di ciò che si apre come un libro o ne ha la forma | (*est.*) Opera o testo scritto: *un l. di storia, di medicina*; *è un l. prezioso, indispensabile, che colma una lacuna* | *L. sacro*, testo, basato su rivelazione o ispirazione divina, che costituisce il fondamento di alcune grandi religioni; in particolare, ciascuna delle parti che compongono la Bibbia | *L. canonico*, testo riconosciuto come ufficiale da una chiesa o da un'organizzazione religiosa | *L. di devozione*, nel cattolicesimo, raccolta di preghiere e di esercizi pii | *L. dei morti*, testo sacro degli antichi egizi | *L. d'ore*, libro di preghiere in cui queste erano distribuite secondo le ore della giornata | *L. all'Indice*, quello contenuto in un elenco, detto Indice, in cui comparivano, fino al Concilio Vaticano II, i libri condannati dalla Chiesa Cattolica | *L. di testo*, quello adottato dall'insegnante per lo studio di una certa materia | *L. gioco*, quello, per lo più di contenuto avventuroso, che va letto non rispettando la normale sequenza delle pagine ma scegliendo percorsi differenziati tra le varie possibilità offerte dal testo | *L. giocattolo*, formato da parti mobili o ripiegate che, combinate variamente fra loro, creano effetti particolari | *L. bianco*, raccolta di documenti, testimonianze e sim. divulgata spec. per denunciare all'opinione pubblica problemi di interesse generale | *Finire un l.*, finire di leggerlo o di scriverlo | *Il l. dei sogni*, quello che fornisce la spiegazione o interpretazione dei sogni per la cabala; (*fig., est.*) programma, piano di lavoro, spec. politico o amministrativo, che, per insipienza o troppa ambizione, non tiene conto della realtà in cui deve attuarsi e risulta, perciò, destinato a non realizzarsi mai | (*scherz.*) *Parlare come un l. stampato*, con eleganza e chiarezza | *Suonare, cantare a l. aperto*, a prima vista | *L. condensato*, ampio riassunto di un'opera pubblicato da un periodico. **2** Ciascuna delle parti o sezioni in cui è divisa un'opera: *l'Eneide è composta di dodici libri; i sei libri del codice civile.* **3** (*spec. al pl., fig.*) Studi: *lasciare i libri*; *essere immerso nei libri.* **4** (*fig.*) Oggetto o mezzo di ricordo, osservazione e sim.: *il l. della memoria* | (*fig.*) *Notare nel suo l.*, tenere a mente | (*fig.*) *Leggere nel l. di qc.*, conoscerne l'animo, le intenzioni | *Non è nel mio l.*, non mi è gradito | (*fig.*) *È un l. chiuso*, di chi non lascia intendere il proprio animo. **5** Registro su cui sono annotati dati o fatti riguardanti l'attività esercitata da un'impresa commerciale, ente o ufficio: *l. giornale*; *l. degli inventari*; *l. paga*; *libri sociali* | *Libri di commercio, libri contabili*, scritture contabili | *L. dei privilegi*, registro in cui sono raccolti i documenti di concessioni e di esenzioni accordate a un ente o persona dalle autorità civili o ecclesiastiche | *L. d'oro*, anticamente, registro sul quale erano scritti, in oro, i nomi delle famiglie nobili; (*fig.*) quello su cui sono degni di essere registrati fatti o personaggi di grande e positivo rilievo: *il l. d'oro dei campioni olimpici*; *il l. d'oro del giro d'Italia* | *Libri genealogici*, per l'iscrizione di animali di razze pregiate, di cui si rilevano i caratteri, l'ascendenza, la discendenza, e sim. | *L. nero*, durante la Rivoluzione francese, lista dei condannati alla ghigliottina; (*est.*) lista di persone sospette, colpevoli e sim.: *segnare qc. sul l. nero*; *hanno messo il suo nome sul l. nero.* **6** (*bot.*) Tessuto vegetale dei fusti e delle radici, costituito da fibre di sostegno e vasi cribrosi che portano la linfa elaborata. || **libràccio**, **pegg.** | **libraccióne**, **accr.** | **librétto**, **dim.** (V.) | **libriccino**, **libricino**, **dim.** | **libricciuòlo**, **libricciòlo**, **dim.** | **libriciàttolo**, **dim.** | †**libricolo**, **dim.** | **librino**, **dim.** | **libróne**, **accr.** | **librùcio**, **dim.** | **libruccino**, **dim.** | **librùzzo**, **dim.**

libùrna [vc. dotta, lat. *libŭrna(m)*, sottinteso *nāve(m)*, da *libŭrnus* 'della *Libŭrnia*', antico nome dell'Illiria, di etim. incerta] **s. f.** ● Antica nave da guerra sottile e veloce, con due ordini di remi e un albero, usata prima dai pirati delle coste illiriche, poi nella marina romana.

licantropìa [gr. *lykanthrōpía*, da *lykánthrōpos* 'licantropo'] **s. f.** **1** Nelle credenze popolari, trasformazione dell'uomo in lupo. **2** Forma di isterismo per cui il malato si crede trasformato in lupo e ne imita il comportamento.

licàntropo [gr. *lykánthrōpos*, letteralmente 'uomo (*ánthrōpos*) lupo (*lýkos*)'] **s. m.** (**f.** *-a*) ● (*med.*) Chi è affetto da licantropia.

licaóne [vc. dotta, lat. *lycaŏne(m)*, dal n. del re gr. *Lykáōn*, tramutato da Giove in lupo (*lýkos*)] **s. m.** ● Mammifero carnivoro dei Canidi, africano, con lunghe zampe a quattro dita, corpo snello a pelame variegato (*Lycaon pictus*).

licciaiòla [da *liccio* nel senso di 'filo (tagliente)'] **s. f.** ● Piccola spranga di ferro con una tacca in cima per torcere i denti della sega, alternativamente a destra e a sinistra.

lìccio [lat. *lĭciu(m)*, termine tecnico, di etim. incerta] **s. m.** **1** Dispositivo di telaio per tessitura che alza e abbassa i fili dell'ordito per far passare la navetta | *Alto l.*, quello dei telai per arazzi nel quale i fili sono disposti verticalmente. **2** (*est., raro*) Filo, cordicella.

licciòlo o **licciuòlo** [da *liccio*] **s. m.** ● Ciascuna delle due asticciole orizzontali che sottendono e guidano le maglie del liccio.

liceàle [da *liceo*] **A agg.** ● Di liceo: *corso, esame, studente l.* **B s. m. e f.** ● Alunno di un liceo.

licealìsta [da *liceale*] **s. m. e f.** (**pl. m.** *-i*) ● Studente di un liceo.

liceità [da *lice*, var. di *lece* più vicina all'originale lat. *lĭcet* 'si può'] **s. f.** ● Qualità di ciò che è lecito: *l. di un atto.*

licèna [gr. *lýkaina*, f. di *lýkos* 'lupo', di origine indeur.] **s. f.** ● Lepidottero con larva dalla testa piccolissima, irta di peli, che origina una bellissima farfalla con ali blu splendenti (*Lycaena arion*).

Licènidi [comp. di *licena* e *-idi*] **s. m. pl.** ● Nella tassonomia animale, famiglia di Lepidotteri diurni di piccole dimensioni, spesso con ali diversamente colorate nei due sessi (*Lycaenidae*) | (al sing. *-e*) Ogni individuo di tale famiglia.

licènza o (*pop.*) †**licènzia** [lat. *licĕntia(m)*, da *lĭcet* 'si può, è permesso', di etim. incerta] **s. f.** **1** Permesso: *domandare, ottenere, dare, accordare l.* | *Prendersi l.*, permettersi | *Con vostra l.*, se lo permettete. **SIN.** Autorizzazione, consenso. **2** Permesso concesso a militari di assentarsi dal servizio per recarsi a casa o altrove: *l. breve*; *l. ordinaria*; *l. premio*; *andare in l.*; *marinaio in l. eri tornato, / e con quanto entusiasmo mi parlavi / della tua vita ...!* (SABA) | (*est.*) Tempo per cui tale permesso è valido. **3** Autorizzazione di fare q.c. | *Fabbricazione su l.*, permesso di fabbricazione di un prodotto brevettato | Autorizzazione o concessione amministrativa: *l. di caccia, di pesca*; *l. di porto d'armi* | *L. di circolazione*, il permesso di circolare concesso dall'autorità competente a un veicolo mediante il rilascio della carta di circolazione. **4** Diploma ottenuto dopo avere superato un esame che conclude un corso di studi | *L. senza esami*, che un tempo si concedeva per l'accertato profitto durante l'ultimo anno di studio | *L. d'onore*, per meriti particolari. **5** (*raro*) Congedo | *Prender l.*, accomiatarsi | *Dar l.*, accomiatare qc. | (*letter.*) Parte della canzone antica (detta anche *commiato, congedo* o *tornata*). **6** (*dir.*) Disdetta. **7** Arbitrio o azione non conforme alle consuetudini | *L. poetica*, deviazione dalle norme consuete della lingua o del metro. **8** (*est.*) Eccessiva libertà: *chi ti autorizza a prenderti simili licenze?* | Sfrenatezza: *questa non è più libertà ma l.* || **licenzina**, **dim.**

licenziàbile **agg.** ● Che può essere licenziato.

licenziabilità **s. f.** ● Condizione di chi è licenziabile.

licenziaménto **s. m.** ● Atto, effetto del licenziare da un ufficio o servizio.

licenziàndo [da *licenziare* con la terminazione propria del gerundio lat. *-ando* 'che è sul punto di ...'] **agg.**; anche **s. m.** (**f.** *-a*) ● Che, chi, avendo compiuto un corso di studi, sta per conseguirne la licenza.

licenziàre [dal lat. *licĕntia* 'licenza'] **A v. tr.** (*io licènzio*) **1** Accomiatare, congedare: *l. i convitati, i visitatori* | *L. alla stampa* o *per la stampa*, dar licenza di stampare q.c. | *L. la pagina*, dare il via per il passaggio alla stereotipia di una pagina di giornale. **2** Porre fine a un rapporto di lavoro con un lavoratore subordinato, da parte del datore di lavoro: *l. un inserviente, un impiegato* | *L. qc. su due piedi, dall'oggi al domani, in tronco*, all'improvviso, senza che il licenziato se lo aspetti | (*est.*) Sfrattare: *l'inquilino può essere licenziato*; *l. l'affittuario.* **3** (*raro*) Disdire: *l. una camera prenotata.* **4** Dichiarare licenziato da un corso di studi: *quest'anno la nostra scuola licenzierà trecento studenti.* **5** †Rimettere, condonare. **6** †Permettere. **B v. rifl.** **1** (*raro*) Prendere commiato: *licenziarsi all'improvviso.* **2** Rinunciare a un impiego, a un servizio: *licenziarsi per motivi di salute.* **3** Terminare il corso di studi intrapreso ottenendo il relativo titolo o diploma.

licenziatàrio **s. m.**; anche **agg.** (**f.** *-a*) ● Chi, che ha acquistato, mediante contratto di licenza, il diritto di sfruttare commercialmente e industrialmente un brevetto.

licenziàto **A part. pass.** di *licenziare*; anche **agg.** ● Nei sign. del v. || †**licenziataménte**, **avv.** Liberamente. **B s. m.** (**f.** *-a*) **1** Chi ha subìto o voluto la rescissione del proprio contratto di lavoro. **2** Chi ha concluso un regolare corso di studi ottenendo la licenza: *i licenziati degli istituti tecnici.*

licenziosità **s. f.** **1** Carattere di ciò che è licenzioso | Eccessiva libertà. **2** †Capricciosità.

licenzióso [vc. dotta, lat. *licentiōsu(m)*, da *licĕntia* 'licenza'] **agg.** **1** Dissoluto, sfrenato: *costumi licenziosi*; *vita licenziosa*; *quella licenziosa libertà che porta seco il dominio* (CASTIGLIONE) | Eccessivamente libero: *l. nel parlare*; *scrittore l.* **2** †Capriccioso. **3** †Corrivo, facile. **4** †Che non ha ritegno | †Che non si può domare: *licenziosa fiamma arde e camina / sì ch'occhio a dietro a pena se le volve* (ARIOSTO). || **licenziosétto**, **dim.** || **licenziosaménte**, **avv.** In modo licenzioso; arbitrariamente.

licèo [vc. dotta, lat. *Lycēu(m)*, dal gr. *Lýkeion*, località ateniese, dove si alzava il tempio ad Apollo Liceo (*Lýkaios*, d'incerta interpretazione), presso il quale usava insegnare Aristotele] **s. m.** **1** Celebre scuola di Atene nella quale Aristotele insegnò filosofia. **2** Scuola media superiore, pluriennale, di preparazione all'università: *l. classico, scientifico, artistico* | (*est.*) Edificio in cui tale scuola ha sede. **3** †Studio, scuola, università.

licére o **lìcere**, †**lecére** [vc. dotta, lat. *licēre*, di etim. incerta] **v. intr.** (oggi dif. usato solo nella terza pers. sing. del **pres. indic.** *lìce*, nelle terze pers. sing. e **pl.** dell'**imperf. indic.** *licéva, licévano*, nelle terze pers. sing. e **pl.** dell'**imperf. cong.** *licésse, licéssero*, nel **part. pass.** *lìcito* raro e poet.; della variante *lecere* sono usate solo le forme della terza pers. sing. del **pres. indic.** *léce*, e del **part. pass.** *lécito*; aus. *essere*; usato anche **impers.**) ● (*poet.*) Essere permesso, concesso o consentito dalla legge, dalla morale, dalle convenienze o dalla situazione: *né mi lece ascoltar chi non ragiona* (PETRARCA); *non lice a noi vivere uniti / felicemente infino all'ore estreme* (METASTASIO).

licet /lat. 'litʃet/ [lat., letteralmente 'si può? è permesso?', la domanda rivolta anticamente dagli scolari al maestro per assentarsi] **s. m.** ● (*raro, euf.*) Gabinetto, latrina.

lichen [da *lichene*] **s. m. inv.** ● (*med.*) Alterazione cutanea che presenta papule pruriginose, violacee, dure al tatto, variabili per forma ed estensione.

lichène [vc. dotta, lat. *lichēne(m)*, dal gr. *leichḗn*, propr. 'il lambente', da *léichein* 'leccare, lambire', da una radice di origine indeur.] **s. m.** ● Organismo vegetale tallofita formato dall'associazione di un'alga con un fungo | *L. delle renne*, appartenente al genere Cladonia, con tallo prostrato (*Cladonia rangiferina*) | *L. d'Islanda*, con tallo a lamine verticali brune olivastre lucenti, amaro, un tempo usato in medicina (*Cetraria islandica*) | *L. canino*, largo una dozzina di centimetri, grigio bruno, comunissimo (*Peltigera canina*) | *L. geografico*, comune sulle pietre, ove forma verruche piatte giallo-verdi (*Lecidea geographica*) | *L. della manna*, lecanora. ➡ **ILL. lichene**.

lichenìna [comp. di *lichene* e *-ina*] **s. f.** ● Parte mucillaginosa solubile nell'acqua bollente, contenuta nel lichene d'Islanda.

lichenografìa [comp. di *lichene* e *-grafia*] **s. f.** ● Descrizione, studio dei licheni.

lichenòide [comp. di *lichen* e *-oide*] **agg.** ● (*med.*) Che è simile al lichen.

lichenologìa [comp. di *lichene* e *-logia*] **s. f.** (**pl.** *-gie*) ● Studio dei licheni.

lichenóso **agg.** ● Formato da, costituito di, licheni: *vegetazioni lichenose.*

†**lìci** [lat. parl. *illīce, per *illīc* 'in quel (*ille*) luogo là (*-ce*, partcl. dimostr.)'] **avv.** ● Lì: *m'accorsi che 'l passo era l.* (DANTE *Inf.* XIV, 84).

Lìcidi [dal n. proprio gr. *Lýkos*, secondo l'abitudine di dare alle famiglie di insetti nomi greci, di solito mitologici] s. m. pl. ● Nella tassonomia animale, famiglia di Coleotteri per lo più tropicali con elitre rossastre, spesso mimetici di Lepidotteri (*Lycidae*) | (al sing. *-e*) Ogni individuo di tale famiglia.

licio (1) [vc. dotta, lat. *Lyciu(m)*, dal gr. *Lýkios* 'della Licia'] **A** agg. (pl. f. *-cie*) ● Della Licia, antica regione dell'Asia Minore. **B** s. m. (f. *-a*) ● Nativo, abitante della Licia. **C** s. m. solo sing. ● Lingua antica dell'Asia Minore, parlata in Licia.

licio (2) [vc. dotta, lat. *lyciu(m)*, dal gr. *lýkion*, n. di una pianta proveniente dalla *Licia*] s. m. ● Genere di piante delle Solanacee con calice a cinque denti e corolla imbutiforme, cui appartiene l'agutoli (*Lycium*).

licitàre [vc. dotta, lat. *licitāri*, freq. di *licēri*, 'mettere all'incanto'] v. intr. (*io lìcito*; aus. *avere*) ● Offrire un prezzo all'asta | Partecipare a una licitazione.

licitazióne [vc. dotta, lat. *licitatiōne(m)*, da *licitātus*, part. pass. di *licitāri* 'licitare'] s. f. **1** Offerta di prezzo in una pubblica asta | *Mettere in l.*, all'asta | Vendita al miglior offerente. **2** Nel bridge, dichiarazione di punteggio e di seme all'apertura del gioco.

†**licitézza** ● V. *†lecitezza*.

†**lìcito** ● V. *lecito* (*1*).

lìcnide [vc. dotta, lat. *lychnide(m)*, nom. *lychnis*, dal gr. *lychnís*, da *lýchnos* 'lampada, fiaccola', di origine indeur., così chiamata perché le sue foglie erano utilizzate come lucignoli] s. f. ● Genere di piante erbacee delle Cariofillacee comuni nei luoghi umidi, con fiori rosa o biancastri a cinque petali divisi in lamine ineguali (*Lychnis*).

licopène [ted. *Lycopen* comp. del lat. *Licop(ersicum)* 'pomodoro' e il suff. *-en* '-ene'] s. m. ● (*chim.*) Idrocarburo a struttura terpenica che costituisce la pigmentazione giallo-rossa responsabile della colorazione dei pomodori e di altri frutti maturi.

licopodiàli [vc. dotta, comp. di *licopodi(o)* e *-ali*] s. f. pl. ● Nella tassonomia vegetale, ordine di Pteridofite con fusto strisciante lungo, rami eretti densamente rivestiti di foglioline e portanti superiormente lo sporangio simile a una spiga (*Lycopodiales*) | (al sing. *-e*) Ogni individuo di tale ordine.

licopòdio [comp. del gr. *lýkos* 'lupo' e *póus*, genit. *podós* 'piede', perché pelosa e vellutata] s. m. ● Pianta erbacea tipica dei luoghi montuosi le cui spore ricche di grassi sono utilizzate come polveri assorbenti (*Lycopodium clavatum*). SIN. Erba strega.

licóre ● V. *liquore*.

licoressìa [vc. dotta, comp. del gr. *lýkos* 'lupo' e *órexis* 'desiderio, appetito'] s. f. ● (*med.*) Aumento patologico dell'appetito.

licósa [dal gr. *lýkos* 'lupo', poi anche 'specie di ragno' (prob. di origine indeur.)] s. f. ● Genere di ragni dei Licosidi cui appartiene la tarantola (*Lycosa*).

Licòsidi [comp. di *licos(a)* e *-idi*] s. m. pl. ● Nella tassonomia animale, famiglia di ragni con cefalotorace allungato e otto occhi, cui appartiene la tarantola (*Lycosidae*) | (al sing. *-e*) Ogni individuo di tale famiglia.

lida [dal gr. *Lydós* 'lidio': per la singolare maniera di gestire dei *Lidi* (?)] s. f. ● Piccolo imenottero con lunghe antenne filiformi ed ali grandi e delicate che depone le uova sulle rosacee (*Neurotoma flaviventris*).

lidar [vc. ingl., comp. di *li(ght)* 'luce' (vc. germ. d'orig. indeur.) e *(ra)dar*] s. m. inv. ● Radar ottico.

lìdio [vc. dotta, lat. *Lýdiu(m)*, dal gr. *Lýdios* 'della Lidia (*Lydia*)'] **A** agg. ● Della Lidia, antica regione dell'Asia Minore | *Modo l.*, uno dei tre modi fondamentali dell'antica musica greca | *Pietra lidia*, varietà di diaspro usato come pietra di paragone. SIN. Lidite. **B** s. m. (f. *-a*) ● Nativo, abitante della Lidia. **C** s. m. solo sing. ● Lingua antica dell'Asia Minore, parlata in Lidia.

lidìte s. f. ● (*miner.*) Pietra lidia.

lido o (*poet.*) **lito** [lat. *lītus* (nt.), di etim. incerta] s. m. **1** Lembo estremo di terra prospiciente il mare o un lago, su cui battono le onde: *lo scoglioso l.* (CARDUCCI); *l'onda ... segnava una striscia, che s'andava allontanando dal l.* (MANZONI) | (*est.*) Litorale del mare. **2** Ciascuna delle lingue di terra emerse parallelamente alla costa che separano i tratti di mare formanti una laguna: *l. di Venezia*. **3** Località marina attrezzata turisticamente: *l. degli Estensi*, *l. di Ostia* | Stabilimento balneare, piscina pubblica. **4** (*lett.*) Territorio, paese, luogo: *di remoti / lidi turbando la quïete antica* (LEOPARDI) | *Tornare ai patri lidi*, in patria | *Prendere il volo per altri lidi*, verso altri paesi.

†**lie** ● V. *lì*.

Lied /*ted.* li:t/ [vc. ted., da una lontana base indeur. *leut-*, originariamente 'canto di lode', come il parallelo lat., della stessa radice *lāus*, genit. *lāudis* 'lode'] s. m. (pl. ted. *Lieder*) ● Poesia per musica e canzone di lingua e cultura tedesca, semplice e melodica, particolarmente coltivata nell'Ottocento come principale forma vocale da camera e più raramente operistica o solo strumentale: *i 567 Lieder di Schubert*.

liederista /lide'rista/ s. m. e f. (pl. m. *-i*) ● (*mus.*) Compositore o esecutore di Lieder.

liederistica /lide'ristika/ s. f. ● Genere letterario dei Lieder.

liederistico /lide'ristiko/ agg. (pl. m. *-ci*) ● Che concerne i Lieder.

lie detector /'lai de'tɛktor, *ingl.* 'lai di'tektə*/ [ingl., letteralmente 'rivelatore (*detector*, vc. lat. da *detēctus*, part. pass. di *detēgere* 'scoprire') di bugia (*lie*, di area germ. e origine indeur.)'] loc. sost. m. inv. (pl. ingl. *lie detectors*) ● Apparecchio che registra certe reazioni emotive di persone sottoposte a interrogatorio, in modo che si possa dedurre, con buona approssimazione, se le risposte date siano o no sincere. SIN. Macchina della verità.

lièo [vc. dotta, lat. *Lyāeu(m)*, dal gr. *Lyâios* 'lo scioglitore (di affanni)', da *lýein* 'sciogliere', di etim. incerta] **A** agg. ● (*lett.*) Epiteto di Dioniso, dio greco del vino. **B** s. m. ● (*poet.*) Vino: *d'almo l. / coronando il cratere* (MONTI).

lièto [lat. *lāetu(m)*, t. pop., col sign. primitivo di 'fertile, fecondo', di etim. incerta] agg. **1** Che sente, che esprime contentezza: *gioventù, faccia, espressione lieta* | Felice, beato: *sono oltremodo l. di poterla favorire*; *una giornata bene spesa dà l. dormire* (LEONARDO) | *Dichiararsi l.*, congratularsi | *L. di conoscerla*, formula usata nelle presentazioni. SIN. Allegro, contento, gaio. CONTR. Mesto. **2** Che riempie di gioia, che dà allegrezza: *avvenimento l.*; *cena, giornata, speranza lieta* | *L. evento*, la nascita di un bambino | *L. fine*, felice conclusione di una vicenda, di una rappresentazione e sim. | Ameno: *campi, colli lieti* | (*raro*) Prospero: *vita lieta*. SIN. Gioioso. **3** †Fertile, rigoglioso. || **lietaménte**, avv. In modo lieto, con letizia.

liève o †**lève** [lat. *lĕve(m)*, che, spesso contaminato con un altro gruppo di sign. diverso, risulta di origine indeur.] **A** agg. **1** Che non pesa quasi nulla: *l. come una piuma* | Leggero: *armatura l.* | *Ti sia l. la terra*, iscrizione sepolcrale o augurio di pace a un defunto. **2** (*fig.*) Che è facile, che non costa fatica o non desta preoccupazione: *compito, impegno l.* | *†Di l.*, facilmente. **3** Tenue, scarso, impercettibile: *scossa, oscillazione l.*; *in l. discesa* | *L. cenno*, gesto appena accennato | *†Cena l.*, parca. **4** †Basso, povero, umile. **5** †Vacuo, frivolo. || **lieveménte**, avv. **1** Leggermente; debolmente, dolcemente. **2** Scarsamente, impercettibilmente. **3** †Facilmente, comodamente. **4** A poco a poco, gradatamente. **B** in funzione di avv. **1** (*poet.*) Lievemente. **2** Facilmente, comodamente. **C** s. m. ● †Ciò che è leggero.

lievità [lat. *levitāte(m)*, da *lĕvis* 'lieve'] s. f. **1** Leggerezza: *la l. di un tessuto, di una carezza*. **2** (*fig.*) Incostanza, vanità: *l. di idee*. **3** Debolezza, pochezza: *l. di concetti*.

lievitàre [da *lievito*] **A** v. intr. (*io lièvito*; aus. *essere*) **1** Gonfiarsi della pasta per effetto del fermento che la rende morbida e atta a essere trasformata in pane. SIN. Fermentare. **2** Gonfiarsi e disfarsi della calce viva lasciata con poca acqua nel truogolo. **3** (*fig.*) Accrescersi: *il malcontento lievita fra i ceti poveri*. **B** v. tr. ● Amalgamare con il lievito: *l. la pasta*.

lievitatùra s. f. ● (*raro*) Lievitazione.

lievitazióne s. f. ● Atto, effetto del lievitare (*anche fig.*).

lievitifórme [comp. di *lievit(o)* e *-forme*] agg. ● (*biol.*) Che è simile a lievito.

lièvito [lat. parl. **lĕvitu(m)*, parallelo di *levātu(m)*, part. pass. di *levāre* 'alzare'] s. m. **1** Complesso di miceti unicellulari che sono in grado di provocare, mediante gli enzimi da essi prodotti, una fermentazione | *L. del pane*, tratto dalla fermentazione della melassa | *L. di birra*, residuo della fabbricazione della birra | *L. acido*, pezzetto di pasta di frumento che, tenuta in serbo al calore, si inacidisce e acquista la proprietà di provocare la fermentazione. **2** (*biol.*) Micete unicellulare di forma ovale o allungata, che si riproduce per gemmazione, largamente distribuito in natura. **3** (*fig.*) Ciò che costituisce causa di eccitazione, agitazione, fermento: *le decisioni del governo costituirono il l. della rivolta*.

†**lièvre** ● V. *lepre*.

lifeboat /*ingl.* 'laif bout/ [vc. ingl., comp. di *life* 'vita' e *boat* 'barca, battello'] s. f. inv. ● (*mar.*) Grossa imbarcazione a motore insommergibile, concepita per salvataggi in mare in qualsiasi condizione di tempo | Scialuppa di salvataggio.

lifo [sigla ingl., tratta dalle iniziali della loc. *l(ast) i(n)*, *f(irst) o(ut)*, propr. 'l'ultimo dentro, il primo fuori'] s. m. inv. ● Criterio di valutazione delle scorte di magazzino basato sulla presunzione che le ultime unità immagazzinate siano le prime a es-

lichene

barba di bosco

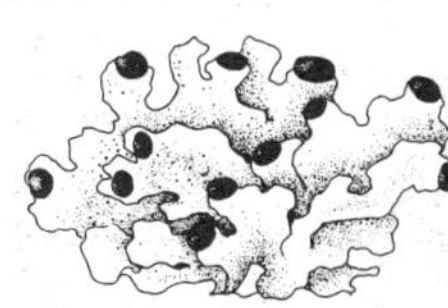
l. canino

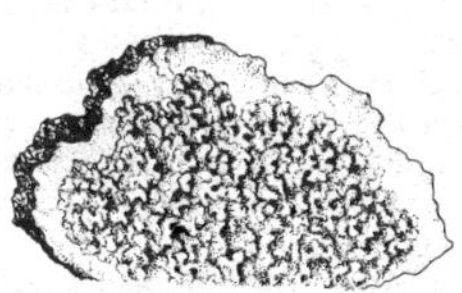
l. geografico

l. delle renne

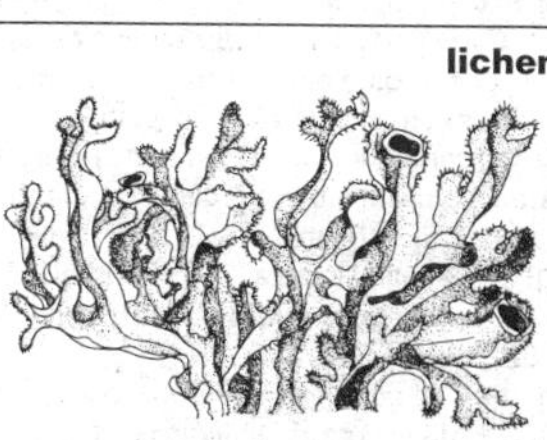
l. pissidato

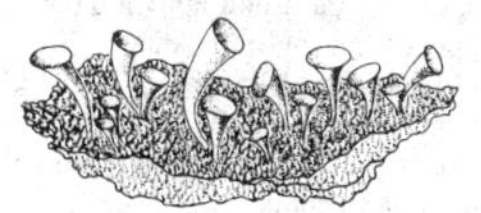
l. d'Islanda

sere prelevate | Sistema di immagazzinaggio ad accatastamento, per cui l'ultima unità entrata è la prima a essere prelevata. CFR. Fifo.

lift /*ingl.* lift/ [vc. ingl., dal v. *to lift* 'salire in aria', da una base germ., col sign. di 'aria', di etim. incerta] s. m. inv. *1* Inserviente addetto al funzionamento dell'ascensore. *2* Nel tennis, colpo eseguito con la racchetta leggermente inclinata in avanti così da imprimere alla palla un movimento rotatorio.

liftàre [dall'ingl. *lift* 'sollevamento, spinta' (V. *lift*)] v. tr. ● Nel tennis, eseguire un colpo con la tecnica del lift: *palla liftata*.

liftàto part. pass. di *liftare*; anche agg. *1* Nel sign. del verbo. *2* Sottoposto a operazione di lifting: *un'attrice liftata*. *3* (*fig., spreg.*) Bello solo in apparenza ma sostanzialmente artefatto.

lifting /'liftin(g), *ingl.* 'liftiŋ/ [vc. ingl., propr. 'sollevamento', da *to lift* 'alzare, sollevare' (V. *lift*)] s. m. inv. ● Eliminazione chirurgica delle rughe del viso e del collo, mediante innalzamento e tensione della pelle. SIN. Ritidectomia.

liga ● V. *lega*.

†**ligàre** e *deriv.* ● V. *legare* (*1*) e *deriv.*

ligèo [gr. *lygâios*, letteralmente 'oscuro', da *élýgē*, di etim. incerta, per il suo colore scuro] s. m. ● Genere di insetti emitteri con corpo allungato e rostro robusto che per lo più si nutrono di linfa vegetale (*Lygaeus*).

liggèra ● V. *leggera*.

light pen /*ingl.* 'lait pen/ [loc. ingl., propr. '(oggetto simile a) penna (*pen*), che fa luce (*light*)'] loc. sost. f. inv. (pl. ingl. *light pens*) ● (*elab.*) Dispositivo elettronico fotosensibile collegato all'elaboratore, in grado di fornire un input che permette la cancellazione e la modifica dei segni grafici direttamente sul video del computer.

†**ligiàre** [fr. *liser* 'lisciare', dal lat. *lixāre* con sovrapposizione di *allīsus* 'sbattuto' (part. pass. di *allīdere*, comp. di *ad* e *lāedere*)] v. tr. ● (*tess.*) Ripiegare il panno a pieghe alternate, come un ventaglio, dopo la seconda risciacquatura | Rendere con la mano liscio il pelo ritto.

ligiatùra s. f. ● Operazione del ligiare.

lìgio [ant. fr. *lige*, da una radice germ. **let-* 'libero-'] agg. (pl. f. *-gie* o *-ge*) ● Che è strettamente legato a una persona, a interessi, sentimenti e sim.: *l. al sovrano, al partito* | Fedelissimo: *essere l. alle consuetudini, alle tradizioni, al regolamento* | †Soggetto, sottoposto: *farsi uom l. altrui* (TASSO).

lignàggio o †**legnàggio** [ant. fr. *lignage*, deriv. di *ligne* 'successione dei membri della stessa famiglia', dal lat. *līnea* 'linea (di discendenza)'] s. m. ● Discendenza, schiatta, famiglia | Stirpe: *volgiti agli avi tuoi, guasto legnaggio* (LEOPARDI).

ligneo [vc. dotta, lat. *līgneu(m)*, da *līgnum* 'legno'] agg. ● Di legno: *cupola lignea* | Simile a legno: *materiale di consistenza lignea*.

lignificàre [comp. del lat. *līgnum* 'legno' e *-ficare*] **A** v. tr. (*io lignìfico, tu lignìfichi*) ● (*bot.*) Trasformare col processo della lignificazione. **B** v. intr. pron. ● Subire il processo della lignificazione.

lignificazióne s. f. ● (*bot.*) Modificazione, per infiltrazione di lignina, di tessuto vegetale, con irrigidimento delle cellule.

lignina [ingl. *lignin*, comp. con il lat. *līgnum* 'legno' e il suff. chim. *-in* '-ina'] s. f. ● Costituente del legno, sostanza amorfa giallo-bruna responsabile della lignificazione del tessuto vegetale.

lignite [comp. del lat. *līgnum* 'legno' e *-ite* (*2*)] s. f. ● Carbone fossile con pezzi legnosi ancora ben conservati, dal colore bruno o nero lucido e con una caratteristica frattura concoide.

ligre [comp. di *l(eone)* e *(t)igre*] s. m. ● (*zool.*) Animale ibrido prodotto dall'incrocio di un leone con una tigre femmina.

ligroìna [etim. incerta] s. f. ● Miscela di idrocarburi derivati dal petrolio, variamente utilizzata nell'industria.

lìgula [vc. dotta, lat. *līgula(m)* 'cucchiaio, piccola lingua', da *līngere*, da una radice di origine indeur.] s. f. *1* Tipo di cucchiaio usato nell'antica Roma. *2* (*zool.*) Parte dell'apparato boccale con cui l'ape operaia raccoglie il nettare. *3* (*bot.*) Piccola ramificazione della foglia delle Graminacee nel punto di distacco fra la guaina e il lembo | Biforcazione che a volte si forma fra l'unghia e la lamina del petalo.

ligulàto [vc. dotta, lat. *li(n)gulātu(m)*, da *lī(n)gula*, dim. di *līngua*] agg. ● (*bot.*) Detto di corolla gamopetala irregolare con lembo a forma di linguetta laterale.

ligulina [comp. di *ligu(stro)* e *-ina* con *-l-* intermesso] s. f. ● Materia colorante rosso-cremisi, contenuta nel ligustro.

liguorìno o **liguoriàno** [dal n. del fondatore S. Alfonso M. de' *Liguori* (1696-1787)] s. m. ● Prete della Congregazione dei Redentoristi. SIN. Redentorista.

lìgure [vc. dotta, lat. *Lĭgure(m)*, da un tema **ligus-* preindeur.] **A** agg. *1* Della Liguria. *2* Detto di quella parte del Mediterraneo racchiusa fra le coste della Liguria, della Corsica, della Toscana e della Francia. **B** s. m. e f. ● Abitante, nativo della Liguria. **C** s. m. solo sing. ● Dialetto gallo-italico parlato in Liguria.

ligùstico (**1**) [vc. dotta, lat. *ligŭsticu(m)*, letteralmente 'ligure', dal tema prelat. **ligus-*] s. m. (pl. *-ci*) ● (*bot.*) Levistico.

†**ligùstico** (**2**) [vc. dotta, lat. *Ligŭsticu(m)*, da *Lĭgus*, forma più ant. di *Lĭgur* 'Ligure'] agg. (pl. m. *-ci*) ● (*lett.*) Ligure.

ligùstro [vc. dotta, lat. *ligŭstru(m)*, di origine prelat. (V. *ligure*)] s. m. ● Alberetto delle Oleacee, con foglie opposte, lanceolate, intere e forellini bianchi in fitte pannocchie, coltivato per formare siepi (*Ligustrum vulgare*).

lilangeni /lilan'geni/ [vc. della lingua locale siswati] s. m. inv. (pl. siswati *emalangeni*) ● (*econ.*) Unità monetaria dello Swaziland.

Liliàcee [vc. dotta, lat. tardo *liliāceu(m)*, da *līlium*: da una l. mediterr. (?)] s. f. pl. ● Nella tassonomia vegetale, famiglia di piante erbacee con bulbo sotterraneo, fiori regolari a sei tepali e frutto a capsula, usate per alimentazione e ornamento (*Liliaceae*) | (al sing. *-a*) Ogni individuo di tale famiglia. SIN. Gigliacee. ➡ ILL. **piante** /11.

liliàceo [vc. dotta, lat. *liliāceu(m)*, da *līliu(m)* 'giglio'] agg. ● (*lett.*) Che si riferisce al giglio | Che è simile al giglio. SIN. Gigliaceo.

liliàle [dal lat. *līlium* 'giglio'] agg. ● (*raro*) Candido e delicato come un giglio: *purezza l.*; *la veste l. / risplendea di lontano* (D'ANNUNZIO).

†**liliàto** [dal lat. *līlium* 'giglio'] agg. ● Ornato di gigli. SIN. Gigliato.

Liliiflòre [comp. con le vc. lat. *līlium* 'giglio' e *flōs*, genit. *flōris* 'fiore'] s. f. pl. ● Nella tassonomia vegetale, ordine di piante delle Monocotiledoni con perianzio di sei tepali, fiore regolare, sei stami e semi contenenti albume (*Liliiflorae*) | (al sing. *-a*) Ogni individuo di tale ordine.

lilion ® [nome commerciale] s. m. inv. ● Resina poliammidica impiegata come fibra tessile.

lilla o **lillà** [fr. *lilas*, dal persiano *līlak*, var. di *nīlak* 'azzurrino', da *nīl* 'indaco'] **A** agg. inv. ● Detto di colore tra il rosa e il viola, tipico di alcune specie del fiore omonimo. SIN. Gridellino. **B** s. m. inv. *1* Colore lilla: *il cielo si coloriva di l. all'imbrunire*. *2* Frutice delle Oleacee originario della Persia, coltivato per le belle pannocchie di fiori profumati bianchi o lilla (*Syringa vulgaris*).

lilleri [forse vc. onomat. che ricorda il suono delle monete] s. m. pl. ● (*dial., scherz.*) Denari, soldi contanti.

lillipuziàno [fr. *lilliputien*, dall'ingl. *Lilliputian* 'piccolissimo abitante del paese di *Lilliput*' immaginato da J. Swift nel romanzo satirico *I viaggi di Gulliver*] **A** agg. ● Che ha statura o dimensioni molto inferiori al normale. **B** s. m. (f. *-a*) ● Persona di statura bassissima.

†**lillo** [per (*gin*)*gillo* con assimilazione (?)] s. m. ● (*tosc.*) Gingillo.

lima [vc. dotta, lat. *līma(m)*, di etim. incerta] s. f. *1* Utensile a mano formato da una sbarretta d'acciaio dentata e rigata di solchi che s'incrociano, per assottigliare, lisciare, sagomare ferro, legno, pietra e sim.: *l. tonda, mezza tonda, quadra, triangolare*; *l. a grana grossa, media, piccola* | *L. da legno*, raspa | *L. sorda*, speciale tipo di lima che sega senza far rumore e (*fig.*) pensiero angoscioso, o anche persona che lavora copertamente, spec. tessendo inganni | *L. per manicure, per unghie*, assai piccola per la cura della parte esterna delle unghie | *Lavoro di l.*, (*fig.*) correzione, rifinitura e perfezionamento di uno scritto. *2* (*fig.*) Affanno, preoccupazione, tormento: *Amor tutte sue lime / usa sopra 'l mio core afflitto tanto* (PETRARCA). || **limàccia**, pegg. | **limèlla**, dim. | **limellìna**, dim. | **liméttа**, dim. (V.) | **limùccia**, **limùzza**, dim.

limàccia [lat. *limāce(m)*, di etim. incerta, con adatt. alla terminologia più propr. dei f.] s. f. (pl. *-ce*) ● (*zool.*) Lumaca.

limaccìna o **limacìna** [comp. di *limaccia* 'lumaca' e *-ina*] s. f. ● Sostanza bianca, terrosa, estratta dalle lumache per trattamento con acido nitrico prima e ammoniaca dopo.

limàccio [lat. tardo *limāceu(m)*, da *līmus* 'limo, fango', di origine indeur.] s. m. ● Mota, fanghiglia.

limaccióso agg. *1* Fangoso, motoso: *il fondo l. di uno stagno*; *le acque limacciose di un torrente*. *2* (*fig.*) Denso, torbido | Sozzo.

Limàcidi [comp. del lat. *līmax*, genit. *limācis* 'lumaca', e *-idi*] s. m. pl. ● Nella tassonomia animale, famiglia di Molluschi dei Gasteropodi polmonati terrestri che possiedono una conchiglia rudimentale sotto il tegumento della regione retrocefalica e vivono in luoghi umidi (*Limacidae*) | (al sing. *-e*) Ogni individuo di tale famiglia.

limacifórme [comp. del lat. *līmax*, genit. *limācis* 'lumaca', e *-forme*] agg. ● (*raro*) Che ha forma, aspetto e sim. di lumaca.

limacìna ● V. *limaccina*.

limacografìa [comp. del gr. *léimax*, genit. *leimākos* 'lumaca' e *-grafia*] s. f. ● Descrizione dei gasteropodi terrestri.

limacologìa [comp. del gr. *léimax*, genit. *leimākos* 'lumaca' e *-logia*] s. f. (pl. *-gie*) ● Studio dei gasteropodi terrestri.

limàglia [da *lima* col suff. coll. *-aglia*, adattamento del corrisp. fr. *limaille*] s. f. ● (*raro*) Limatura.

liman /*russo* li'man/ [vc. russa di origine tc. (*liman* 'porto', dal gr. moderno *liméni*, dal dim. del gr. ant. *limēn, limēnion*)] s. m. inv. ● (*geogr.*) Laguna costiera, situata alla foce di grandi fiumi, invasa periodicamente dalle acque di marea; è tipica della costa settentrionale del mar Nero.

limànda [fr. *limande*, di etim. incerta] s. f. ● Pesce osseo dei Pleuronettidi con corpo appiattito e carni molto apprezzate che vive nei mari nordici (*Pleuronectes limanda*).

limàntria [dal gr. *lymantḗr* 'dannoso', da *lýmē* 'danno'] s. f. ● Genere di farfalle dei Limantridi caratterizzate da uno spiccato dimorfismo sessuale, dannosissime alle piante sia da bosco che da frutto (*Lymantria*). SIN. Liparide.

Limàntridi [vc. dotta, comp. di *limantri(a)* e *-idi*] s. m. pl. ● Nella tassonomia animale, famiglia di Lepidotteri notturni i cui bruchi sono caratterizzati da lunghi peli spesso urticanti (*Lymantridae*) | (al sing. *-e*) Ogni individuo di tale famiglia.

limàre [vc. dotta, lat. *limāre*, da *līma* 'lima'] v. tr. *1* Passare la lima su una superficie per levigarla o assottigliarla. *2* (*fig.*) Consumare, rodere: *l'ostinata nera orrenda barbara malinconia che mi lima e mi divora* (LEOPARDI) | Affaticare: *l. l'ingegno*. *3* (*fig.*) Correggere e perfezionare continuamente: *l. uno scritto* | *Limarla*, guardare q.c. per il sottile.

†**limatézza** s. f. ● Stato o condizione di ciò che è limato (*anche fig.*).

limàto part. pass. di *limare*; anche agg. *1* Nei sign. del v. *2* (*fig.*) Accurato, elaborato, ripulito, detto spec. di scritti letterari: *una poesia eccessivamente limata* | Elegante, raffinato: *stile l.*

limatóre [vc. dotta, lat. *limatōre(m)*, da *limātus*, part. pass. di *limāre* 'limare'] agg.; anche s. m. (f. *-trice*) ● Che, chi lima (*anche fig.*).

limatrice s. f. ● Macchina con utensile a moto rettilineo alternativo, usata per spianatura di superfici continue o a profilo qualsiasi con direttrici piane.

limatùra [vc. dotta, lat. *limatūra(m)*, da *līma* 'lima'] s. f. *1* Atto, effetto del limare (*anche fig.*). *2* Polvere che cade dalla cosa limata: *l. di ferro, d'argento* | (*fig.*) *Vivere di l.*, di poco.

limbàle agg. ● Relativo al limbo.

limbèllo [dal dim. mediev. del lat. *līmbus* 'lembo'] s. m. *1* Ritaglio, piccolo lembo di pelle o di stoffa. *2* Linguetta di legno sporgente dall'orlo di un pezzo per la calettatura. *3* (*scherz.*) Lingua | *Ficcare il l. in q.c.*, metter bocca in q.c. || **limbellùccio**, dim.

limbo [vc. dotta, lat. *līmbu(m)* 'orlo estremo (dell'Inferno)' (V. *lembo*)] s. m. *1* Nella teologia cattolica, soggiorno delle anime di coloro che sono morti portando la sola colpa del peccato originale, in particolare dei bambini non battezzati. **2** (*fig.*) Luogo, stato, ambito, condizione o situazione non esattamente definita né definibile. **3** †Lembo.

limenìtide [gr. *limenîtis*, genit. *limenítidos* 'che abita nel porto (*limḗn*, di etim. incerta)'] s. f. ● Farfalla con ali bruno-nere a fascia bianca, dorsalmente e ventralmente grigiastre macchiettate, e bruchi con livrea rossa e verde (*Limenitis sibilla*).

limerick /*ingl.* 'laimrik/ [da *Limerick*, città della Repubblica Irlandese: pare che il sign. di 'filastrocca' derivi dal ritornello di una canzone che diceva 'vuoi venire a Limerick?'] s. m. inv. ● Filastrocca inglese formata di cinque versi anapestici, di cui il primo, il secondo e il quinto hanno tre accenti, mentre il terzo e il quarto soltanto due.

limétta (1) s. f. **1** Dim. di *lima*. **2** Lima sottile, in metallo o carta vetrata, usata per limare le unghie.

limétta (2) [dim. dello sp. *lima* 'specie di limone', della stessa origine ar. (*līma*) di *limón* 'limone'] s. f. ● Alberetto delle Rutacee dai cui frutti si estrae un olio essenziale (*Citrus limetta*).

limìcolo [vc. dotta, lat. *limĭcolu(m)*, 'che vive (V. *-cola*) nel fango (V. *limo*)'] agg. ● Detto di animale che abita prevalentemente luoghi melmosi, cibandosi di microrganismi presenti nel fango: *fauna limicola*.

†**limière** [ant. fr. *liemier* 'cane tenuto al guinzaglio (*liem*, dal lat. *ligāmen* 'legame')'] s. m. ● (*zool.*) Bracco.

liminàle [dall'ingl. *liminal*, dal lat. *līmen*, genit. *līminis* 'soglia'] agg. ● (*psicol.*) Detto di fenomeno o stimolo di intensità sufficiente a provocare una reazione percettiva cosciente.

liminàre [vc. dotta, lat. tardo *limināre(m)*, da *līmen* 'limine'] agg. **1** (*lett.*) Appartenente alla soglia, al limitare. **2** (*chim.*, *fis.*) Detto di un valore limite.

lìmine [vc. dotta, lat. *līmen*, genit. *līminis*, di etim. incerta] s. m. **1** (*lett.*) Soglia | (*relig.*) *Visita ai limini*, quella alle soglie del sepolcro dei Santi Pietro e Paolo in Roma, cioè al Papa e alla Curia romana, che i vescovi cattolici devono compiere, per obbligo canonico, ogni cinque anni. **2** (*mar.*) †Ingresso del porto.

lìmio [da *limare*] s. m. ● Un limare insistente e continuato | Il rumore che ne deriva: *nel cuore durava il l. / delle cicale* (UNGARETTI).

limìtàbile [da *limitare (2)*] agg. ● Che si può o si deve limitare.

limitabilità s. f. ● Condizione di ciò che è limitabile.

limitaménto [vc. dotta, lat. tardo *limitamĕntu(m)*, da *limitāre* 'limitare (2)'] s. m. ● (*raro*) Limitazione.

limitàneo [vc. dotta, lat. tardo *limitāneu(m)*, da *līmes*, genit. *līmitis* 'limite'] agg. ● Dei confini, delle frontiere: *truppe limitanee*.

limitànte part. pres. di *limitare*; anche agg. **1** Nei sign. del v. **2** Che pone un limite, una condizione, un ostacolo, anche psicologico: *barriera l.*

limitàre (1) [vc. dotta, lat. *limitāre(m)* 'appartenente alla soglia', da *līmes*, genit. *līmitis* 'limite'] s. m. **1** Soglia dell'uscio: *fermarsi sul l.* | (*est.*) Margine, estremità: *ci sedemmo al l. del bosco*. **2** (*fig.*) Momento iniziale o finale: *essere sul l. della gioventù, degli studi*.

limitàre (2) [vc. dotta, lat. *līmitāre*, da *līmes*, genit. *līmitis* 'limite'] **A** v. tr. (*io lìmito*) **1** Circoscrivere entro certi limiti: *l. l'estensione di q.c. nello spazio, la durata di q.c. nel tempo*; *limitarono con filo spinato la zona infetta*. **2** (*fig.*) Determinare o porre nei suoi limiti precisi: *l. con esattezza una questione*. **3** Ridurre, restringere, diminuire: *l. le spese, le proprie ambizioni*. **B** v. rifl. ● Mantenersi entro limiti determinati: *limitarsi nel lusso, nelle spese* | *Limitarsi a q.c.*, non fare o non volere nulla di più | Non eccedere: *bisogna saper limitarsi*. SIN. Contenersi.

limitatézza [da *limitato*] s. f. ● Pochezza, esiguità: *l. di vedute, di idee*.

limitatìvo agg. ● Che serve a limitare. || **limitativaménte**, avv. In modo limitativo.

limitàto part. pass. di *limitare (2)*; anche agg. **1** Nei sign. del v. **2** Non ampio, non pieno: *facoltà limitata*; *poteri limitati*. SIN. Definito, precisato. **3** (*est.*) Che non oltrepassa certi limiti: *un atleta l. nelle sue prestazioni*. **4** Esiguo, scarso: *disporre di limitate risorse economiche*; *avere un'intelligenza limitata*. || **limitataménte**, avv. In modo limitato: *divertirsi limitatamente*; entro certi limiti: *limitatamente a questo problema possiamo prendere una decisione*; in casi limitati: *il permesso è concesso limitatamente ai residenti*.

limitatóre [vc. dotta, lat. tardo *limitatōre(m)*, da *limitātus* 'limitato'] **A** agg.; anche s. m. (f. *-trice*) ● Che, chi limita. **B** s. m. ● (*elettr.*) Apparecchio per la protezione degli impianti elettrici dagli sbalzi repentini e pericolosi della corrente o della tensione | (*mecc.*) Dispositivo che impedisce di superare determinati valori prefissati, pericolosi e non, di grandezze fisiche connesse al funzionamento di macchine e impianti: *l. di corsa*, *di velocità* | *L. di coppia massima*, giunto di sicurezza.

limitazióne [vc. dotta, lat. *limitatiōne(m)*, da *limitātus* 'limitato'] s. f. **1** Atto, effetto del limitare o ridurre: *la nostra libertà non subì alcuna l.*; *è una l. delle spese* | *Complemento di l.*, indica il limite entro cui vale ciò che si dice (es. *star bene in salute*; *quanto a memoria è insuperabile*). **2** Condizione che limita: *porre una l. di tempo, di spazio* | (*raro*) *Far limitazioni alla regola*, riserve o eccezioni. **3** (*raro*) Determinazione di confini.

lìmite [vc. dotta, lat. *līmite(m)*, di etim. incerta] **A** s. m. **1** Confine, barriera: *il vallo costituiva un l. insuperabile* | *L. kilometrico*, pietra miliare | *Punizione dal l.*, nel calcio, quella tirata appena fuori dall'area di rigore | *Vittoria prima del l.*, nel pugilato, quella conquistata prima che siano state disputate tutte le riprese stabilite | *L. di cambio*, nelle corse a staffetta, quello che segna il punto in cui si dà il cambio al compagno di gara | *L. della vite, dell'olivo*, linea ideale che delimita la zona dove può crescere una determinata pianta | *L. della vegetazione arborea*, linea ideale che in montagna segna l'altitudine massima alla quale possono crescere gli alberi | *L. delle nevi persistenti*, linea ideale al di sopra della quale la neve caduta nel periodo più freddo non arriva a sciogliersi tutta nel periodo più caldo | *L. di carico*, massimo peso di merce che può essere caricata su carro | *L. di velocità*, velocità massima consentita ai veicoli | *L. di sosta*, tempo massimo per cui è consentita. **2** Grado ultimo, linea estrema: *vi sono insuperabili limiti di spazio e di tempo* | *L. di età*, determinato dalla legge per scopi di vario genere | *Entro certi limiti*, fino a un certo punto | *Al l.*, nell'estrema ipotesi. **3** Ambito ed estensione assegnati a q.c.: *i limiti della mente umana, della propria forza*; *uscire dai limiti della decenza*; *tutto ha un l.*; *il movimento ... avrebbe trovato il suo l. nelle applicazioni politiche e sociali* (DE SANCTIS) | *Nei, entro i limiti del possibile*, nell'ambito delle possibilità di qc. | *Vanità, bontà, senza l.*, estremamente grande. **4** (*astron.*) Uno dei due punti dell'orbita in cui un pianeta raggiunge la sua massima distanza dall'eclittica | *L. dell'universo fisico*, la distanza dal Sole alla quale la velocità di recessione delle galassie è pari a quella della luce. **5** (*mat.*) *L. d'una funzione in un punto*, numero al quale i valori della funzione si mantengono arbitrariamente vicini, se la variabile indipendente si mantiene abbastanza prossima al punto assegnato | *L. d'una successione*, numero al quale i termini della successione si mantengono arbitrariamente vicini, scegliendoli di volta in volta successivi a termini opportunamente fissati. **B** in funzione di agg. inv. (posposto al s.) **1** (*mat.*) Nella loc. *punto l.*, nel quale concorrono le rette che in una data rappresentazione sono le immagini di rette parallele. **2** (*fig.*) Detto di ciò che rappresenta il massimo dell'improbabilità, che sta ai confini del possibile: *caso l.*; *ipotesi l.*

limìtrofo [vc. dotta, lat. tardo *limĭtrophu(m)*, comp. del lat. *līmes*, genit. *līmitis* 'limite' e di un deriv. dal gr. *tréphein* 'nutrire', perché designava il terreno che offriva i viveri alle truppe di confine] agg. ● Che è vicino ai confini: *paese l.* SIN. Confinante, finitimo.

limìvoro [comp. di *limo* e *-voro*] agg. ● (*biol.*) Detto di organismo acquatico che ingerisce fango per nutrirsi dei detriti in questo contenuti.

limma [vc. dotta, lat. tardo *lĭmma* (nom.), dal gr. *lêimma* 'residuo', da *léipein* 'lasciare', di origine indeur.] s. m. (pl. *-i*) ● (*mus.*) Intervallo molto piccolo che risulta dalla differenza matematica fra due intervalli di maggiore entità.

limnèa [dal gr. *limnâios* 'che sta nella palude (*límnē*, di etim. incerta)'] s. f. ● Mollusco gasteropode polmonato con conchiglia sottile, bruna, che vive nelle acque dolci (*Limnea stagnalis*).

limnètico [dal gr. *limnḗtēs* 'palustre, del lago (*límnē*, di etim. incerta)'] agg. (pl. m. *-ci*) ● Relativo ai laghi.

lìmni- ● V. *limno-*.

limnimetrìa o **limnometrìa** [comp. di *limni-* e *-metria*] s. f. ● Misurazione dei laghi e delle loro variazioni.

limnìmetro o **limnòmetro** [comp. di *limni-* e *-metro*] s. m. ● Scala graduata per misurare il livello delle acque di un lago.

lìmno- o **lìmni-** [dal gr. *límnē* 'lago', di etim. incerta] primo elemento ● In parole composte della terminologia scientifica, significa 'lago' o esprime relazione con l'acqua dolce: *limnofilo*.

limnòbio [comp. di *limno-* e *-bio*] s. m. ● (*biol.*) Il complesso degli organismi viventi nelle acque dolci.

limnòfilo [comp. di *limno-* e *-filo*] s. m. ● Insetto dei Tricotteri con corpo allungato le cui larve vivono in un involucro che si costruiscono con sabbia, resti di conchiglie e sim. in acque basse e stagnanti.

limnologìa [comp. di *limno-* e *-logia*] s. f. (pl. *-gie*) ● Studio dei laghi, degli organismi che li popolano e della sedimentazione lacustre.

limnòlogo [comp. di *limno-* e *-logo*] s. m. (f. *-a*; pl. m. *-gi*) ● Studioso, esperto di limnologia.

limnometrìa ● V. *limnimetria*.

limnòmetro ● V. *limnimetro*.

limnoplàncton [comp. di *limno-* e *plancton*] s. m. ● (*biol.*) Plancton lacustre.

limo [vc. dotta, lat. *līmu(m)*, di origine indeur.] s. m. **1** Fango, mota | *L. umano*, l'uomo, in quanto fatto da Dio con terra e acqua. **2** Parte più fina del materiale disaggregato dalle acque, che resta sospeso in esse, depositandosi poi agli sbocchi dei fiumi, nelle terre allagate e sim.

limodòro [gr. *leimódōron* 'dono (*dôron*) del prato (*leimṓn*)'] s. m. ● Genere di piante delle Orchidacee, tipiche dei prati alpini, comprendente una sola specie (*Limodorum*).

limògrafo [comp. di *lima* e *-grafo*: detto così perché il foglio cerato da incidere si appoggia su un piano la cui superficie si presenta come quella d'una lima finissima] s. m. ● Elementare apparecchiatura per stampare usata spec. nelle scuole come attrezzatura didattica.

limòla [fusione di *lima* e *mola*] s. f. ● Utensile montato su una limolatrice, costituito da un disco rotante d'acciaio tagliente e fortemente abrasivo.

limolatrìce [da *limolare*, den. di *limola*] s. f. ● Macchina utensile, simile alla molatrice, che sfrutta l'azione di una limola per asportare le scabrosità superficiali dei pezzi metallici.

limonàia [da *limone*] s. f. ● Serra o stanzone per riporvi d'inverno le piante di limone in vaso.

limonàio s. m. (f. *-a*) ● Chi vende limoni.

limonàre [prob. da *limone*, ma con passaggio semantico non chiaro] v. intr. (*io limóno*; aus. *avere*) ● (*fam.*) Amoreggiare con qc.

limonàta s. f. **1** Bibita analcolica preparata con acqua, succo di limone, zucchero, anidride carbonica e aromatizzata con essenza di limone | Bevanda preparata con acqua e succo di limone. **2** Preparazione liquida a base spec. di acido citrico. **3** (*raro*) Colpo dato con un limone gettato.

limonàto agg. ● (*raro*) Del colore del limone.

limoncèlla s. f. **1** Varietà di mela piccola, con buccia giallognola o verdognola, polpa bianca e profumata dal sapore acidulo. **2** (*bot.*, *tosc.*) Melissa.

limoncèllo **A** agg. ● Di colore giallo, come l'omonimo frutto: *tessuto color l.* **B** s. m. ● (*bot.*, *region.*) Limetta.

limoncìno agg. ● (*bot.*) *Erba limoncina*, cedrina.

limóne [ar. *laimūn* e *līma*, dal persiano *līmū(n)*] **A** s. m. ● Alberetto sempreverde delle Rutacee, spinoso allo stato selvatico, con foglie coriacee e seghettate, fiori bianchi, frutti a esperidio giallo pallido (*Citrus limonum*) | Frutto del limone utilizzato per le essenze estratte dalla buccia e per il succo acidulo: *buccia, scorza, succo di l.*; *tè al l.*; *condire la verdura con olio e l.* | *Essere giallo, pallido, come un l.*, essere molto pallido per una forte emozione | (*scherz.*) *Garantito al l.*, certo, sicuro, incontrovertibile, inoppugnabile | (*scherz.*) *Mezza scorza di l.*, il segno dei gradi apposti sulle maniche delle giubbe militari spec. dei graduati e sottufficiali | *Strizzato, spremuto come un l.*, (*fig.*) detto di persona che viene messa da parte dopo essere stata sfruttata | *Essere più agro del l.*, (*fig.*) essere avaro | *Strizzare i limoni*, (*fig.*, *scherz.*) nel pregare, stringere fortemente le mani insieme. **B** in funzione di agg. inv. ● (posposto a un s.) Detto del colore giallo-verde caratteristico della buccia del frutto omonimo: *un vestito color l.*; *un golfino giallo l.* || **limoncino**, dim. (V.).

limonèa s. f. ● Limonata.

limonéto s. m. ● Terreno coltivato a limoni.

limonìcolo agg. ● Che si riferisce ai limoni e alla loro coltivazione: *produzione limonicola.*

limonicoltóre [comp. di *limone* e *-coltore*] s. m. (f. *-trice*) ● Chi si occupa di limonicoltura.

limonicoltùra o **limonicultùra** [comp. di *limone* e *-coltura*] s. f. ● Coltivazione di limoni.

limonite [fr. *limonite*, da *limon* 'fango, terra alluvionale', dal lat. *līmus* 'limo'] s. f. ● Mescolanza di idrossidi di ferro, minerali argillosi e impurità varie in masse compatte, concrezionate, terrose di colore giallo ocra o bruno.

limonitizzazióne [dall'ingl. *limonitization*, deriv. di *limonite* 'limonite'] s. f. ● (*geol.*) Processo di trasformazione meteorica di rocce contenenti ferro con formazione di limonite.

limòsina e *deriv.* ● V. *elemosina* e *deriv.*

limosino [fr. *limousin*, dal lat. *Lemovicīnu(m)* 'regione dei *Lemovīces*', popolazione gallica] **A** agg. ● Della città o della regione di Limoges: *un poeta l.* | *Razze limosine*, di buoi e cavalli. **B** s. m. (f. *-a*) ● Abitante, nativo della città o della regione di Limoges. **C** s. m. solo sing. ● Dialetto di Limoges, assurto a lingua letteraria nel Medioevo.

limosità [vc. dotta, lat. tardo *limositāte(m)*, da *limōsus* 'limoso'] s. f. ● Qualità di ciò che è limoso.

limóso [vc. dotta, lat. *limōsu(m)*, da *līmus* 'limo'] agg. ● Che è pieno di limo: *terreno l.*; *acqua limosa.* SIN. Fangoso.

limousine /fr. limu'zin/ [vc. fr., *limousine*: da *limousine* 'mantello di stoffa grossolana' (fabbricato a *Limoges*), a cui poteva rassomigliare questo tipo di automobile chiusa] s. f. inv. ● Grossa automobile chiusa, a quattro porte e talvolta con strapuntini ribaltabili fra i sedili anteriori e posteriori.

limpidézza s. f. ● Qualità di ciò che è limpido.

limpidità [vc. dotta, lat. *limpiditāte(m)*, da *līmpidus* 'limpido'] s. f. ● (*raro*) Limpidezza | Lucentezza.

limpido [vc. dotta, lat. *līmpidu(m)*, di etim. incerta] agg. *1* Chiaro e trasparente: *cristallo, vino, liquore l.*; *acque, fonti, sorgenti limpide*; *nei limpidi quasi vitrei occhi azzurrini il solito sorriso gli brillava per me* (PIRANDELLO) | *Cielo, orizzonte l.*, non offuscato da brume, nubi e sim. | (*fig.*) *Occhio, sguardo l.*, puro e sincero. *2* Chiaro e sonoro: *voce limpida.* *3* Chiaro e schietto: *vena limpida di poesia*; *scrittore, stile l.* || **limpidétto**, dim. || **limpidaménte**, avv. Con limpidezza; con estrema chiarezza: *esporre limpidamente le proprie idee.*

limulo [vc. dotta, lat. *līmulu(m)* 'obliquo', dim. di *līmus*, di etim. incerta] s. m. ● Artropode marino della classe dei Merostomi, col corpo protetto da corazza rotondeggiante che si prolunga caudalmente in un lungo aculeo (*Limulus polyphemus*).

Linacee [comp. di *lin(o)* e *-acee*] s. f. pl. ● Nella tassonomia vegetale, famiglia di piante erbacee delle Dicotiledoni con foglie sessili e intere, fiore a cinque sepali e cinque petali (*Linaceae*) | (al sing. *-a*) Ogni individuo di tale famiglia. ➡ ILL. **piante** /4.

linàio [da *lino*, di cui era fatta] s. m. ● Rete da pesca di lino, a sacco centrale.

linaiòla [dal lat. *līnum* 'lino'] s. f. ● (*bot.*) Linaria.

linaiòlo o (*lett.*) **linaiuòlo** [dal lat. *linārium*, da *līnum* 'lino'] s. m. ● Chi lavora o vende il lino.

linària [dal lat. *līnum* 'lino'] s. f. ● Pianta erbacea perenne delle Scrofulariacee comune nei campi, con fiori gialli a fauce aranciata (*Linaria vulgaris*). SIN. Linaiola.

lìnce [vc. dotta, lat. *lўncem*, nom. *lўnx*, dal gr. *lýnx*, di origine indeur.] s. f. ● Grosso felino europeo con pelo morbidissimo, orecchie a punta sormontate da un ciuffo di peli (*Lynx lynx*) | *Occhi di l.*, acutissimi.

lìnceo (**1**) o (*lett.*) **lincèo** [vc. dotta, gr. *lýnkeios* (lat. *lyncēus*), da *lýnx*, genit. *lynkós* 'lince'] agg. *1* Proprio della, relativo alla lince | Che ha natura di lince | (*fig.*) *Occhi lincei*, acuti e penetranti. *2* (*fig.*, *est.*) Acuto, perspicace, ingegnoso.

lincèo (**2**) [dalla *lince*, assunto come simbolo di acutezza della vista ed, estensivamente, dell'indagine scientifica] **A** s. m. *1* (*al pl.*) Nella loc. *Accademia Nazionale dei Lincei*, o *Accademia dei Lincei*, fondata a Roma nel '600 e tuttora esistente, costituita da insigni studiosi di discipline fisiche, matematiche, naturalistiche e morali, storiche, filologiche. *2* Ogni membro dell'Accademia dei Lincei. **B** agg. ● Proprio della, concernente l'Accademia dei Lincei.

†**lìnci** [lat. *īllinc*, da *īlle*, secondo un tipo incerto di formazione] avv. ● Di lì, da quel luogo: *Noi montavam, già partiti di l.* (DANTE *Purg.* XV, 37).

linciàggio [fr. *lynchage*, da *lyncher* 'linciare'] s. m. *1* Esecuzione sommaria non preceduta da regolare processo, compiuta da privati cittadini nei confronti di chi sia o sia ritenuto colpevole di certi reati. *2* (*fig.*) Persecuzione accanita e instancabile, che mira al definitivo annientamento di qc.: *l. morale, politico.*

linciaménto s. m. ● (*raro*) Linciaggio.

linciàre [fr. *lyncher*, adatt. dell'ingl. *to lynch*, dal n. del capitano amer. W. *Lynch* (1742-1820) che fece approvare una legge per l'esecuzione sommaria (*Lynch law*)] v. tr. (*io lìncio*) ● Uccidere per linciaggio: *furono linciati dalla folla inferocita.*

linciatóre s. m. (f. *-trice*) ● Chi prende parte attiva a un linciaggio.

lindézza [sp. *lindeza*, da *lindo*] s. f. ● (*raro*) Lindura.

lindo [sp. *lindo*, da **lidmo*, dal lat. *legītimus* 'secondo la legge, la regola', 'convenevole', attraverso *l(e)íd(e)mo*] agg. *1* Molto pulito e ordinato (*anche fig.*): *abito l.*; *quaderno l. e ben tenuto.* *2* Che mostra un'eleganza affettata, una cura eccessiva: *un l. zerbinotto*; *componimento poetico l. e poco originale.* || **lindino**, dim. || **lindaménte**, avv.

lindóre [da *lindo*] s. m. ● Lindura.

lindùra [sp. *lindura*, da *lindo*] s. f. *1* Pulizia scrupolosa: *casa tenuta con grande l.* | (*fig.*) Grande proprietà e accortezza: *scrivere con l.* *2* (*fig.*) Cura eccessiva e affettata.

line /ingl. 'lain/ [vc. ingl., propriamente 'linea' (V.)] s. f. inv. ● (*org. az.*) Legame di gerarchia operativa fra un superiore e uno o più subordinati diretti.

linea [vc. dotta, lat. *līnea(m)*, da *līneu(m)*, agg. di *līnum* 'lino', di etim. incerta: 'filo di lino'] s. f. **I** In senso statico *1* Segno sottile tracciato, inciso e sim. su q.c.: *tirare una l. su un foglio*; *disegnare una l.*; *l. orizzontale, verticale*; *sottolineare una parola con una l.* | *Le linee della mano*, ognuno dei piccoli solchi che attraversano il palmo della mano | *L. di fede*, linea marcata su di uno strumento o apparecchio per indicare una direzione fissa o per consentire la lettura di una graduazione mobile | *L. di partenza*, quella da cui prendono il via i partecipanti a una gara di corsa | *L. d'arrivo*, traguardo | *L. di fondo*, nel calcio e nel tennis, quella che delimita nel senso della lunghezza il campo di gioco dalle due parti | In musica, uno dei tratti orizzontali del rigo musicale | (*astron.*) *L. equinoziale*, antica denominazione dell'equatore celeste | *L. meridiana*, la retta su cui giace la proiezione dello gnomone al mezzogiorno vero | (*elettron.*) In televisione, riga. *2* (*mat.*) Figura descritta da un punto la cui posizione è funzione continua del tempo: *l. retta, curva*; *linee parallele, perpendicolari*; *linee isobare, isoterme.* *3* Limite: *l. di confine, di separazione*; *l. delle nevi perpetue* | *L. doganale*, quella il cui attraversamento comporta il pagamento dei diritti doganali sulle merci ad essi soggette | (*anat.*) *L. alba*, linea mediana della parete addominale anteriore lungo la quale avviene l'incrociamento delle fibre delle due metà | (*geogr.*) *L. di valle*, quella che congiunge i punti più bassi di una valle dalla sorgente di un fiume alla sua foce | *L. di vetta*, spartiacque | (*edil.*) *L. di gronda*, la linea formata dal ciglio esterno della gronda di un tetto. *4* Nei termometri, ognuno dei dieci piccoli tratti che segnano i decimi di grado di temperatura: *avere qualche l. di febbre*; *la febbre è salita, è scesa, di due linee.* *5* (*est.*) Contorno, lineamenti, tratti del viso o del corpo umano: *la l. dolce del suo profilo*; *le linee dei fianchi, delle spalle*; *una faccia misteriosa dalle linee precise e dolci* (SVEVO) | *Conservare, mantenere la l.*, mantenersi agile e snello. *6* Nelle schede bibliografiche, segno convenzionale che, posto dopo la parola d'ordine, significa continuazione, a capo riga, ripetizione. *7* Taglio, modello di un abito: *giacca di l. classica*; *paltò di l. sportiva* | (*est.*, *fig.*) Eleganza, classe: *avere molta, poca l.*; *mancare di l.* *8* (*mil.*) Fronte di un reparto, di un'unità o di un esercito schierati in battaglia: *andare in l.*; *in prima l.*; *vittoria su tutta la l.* | *Fanteria di l.*, un tempo, la fanteria propriamente detta, per distinguerla dagli altri corpi di fanteria speciali | *Essere in prima l.*, (*fig.*) di cose o persone che sono avanti a tutte le altre per merito o per importanza | *Passare in seconda l.*, (*fig.*) detto di persone o cose ritenute meno importanti di prima rispetto ad altre | *Vittoria, sconfitta, disfatta su tutta la l.*, (*fig.*) piena, totale, definitiva | *L. del Piave*, (*fig.*) limite estremo e invalicabile da mantenere fermo se si vogliono evitare danni irrimediabili o, comunque, gravi. **II** In senso dinamico *1* Conduttura per la trasmissione e distribuzione dell'energia elettrica o di altro: *le linee dell'alta tensione* | *L. telegrafica*, (*ass.*) *linea*, per il contatto telegrafico o telefonico, fra le centrali e fra gli utenti: *Milano è in l.*; *è caduta, si è perduta la l.* | *L. calda*, (*fig.*) collegamento telefonico diretto tra la Casa Bianca e il Cremlino; (*est.*) collegamento telefonico per comunicazioni di emergenza o consultazioni ad altissimo livello | *L. di contatto*, per il passaggio della corrente elettrica dalla linea stessa al veicolo mosso da tale corrente | *L. aerea*, i cui conduttori o fili sono tesi esternamente o superiormente al profilo della sagoma limite | (*tel.*) *L. commutata*, collegamento telematico realizzato mediante l'impiego temporaneo di comuni linee telefoniche | *L. dedicata*, collegamento telematico realizzato mediante l'impiego di una linea specificamente destinata a tale scopo. *2* Tracciato immaginario che indica una direzione o si sviluppa in una direzione: *avanzare in l. retta*; *seguire la l. della strada* | *L. di forza*, quella che indica la direzione di una forza operante in un campo elettrico o magnetico, o in genere in cui si esercita un'azione a distanza | *L. di campo elettrico*, quella che è in ogni suo punto tangente al vettore campo elettrico | *L. di campo magnetico*, quella che risulta in ogni suo punto tangente al vettore campo magnetico | *In l.*, in una determinata direzione | *Ferro in l.*, nella scherma, quando l'arma è posta in direzione di un bersaglio valido dell'avversario a braccio naturalmente disteso | *L. direttrice*, quella immaginaria che, partendo dal centro del tallone sinistro e passando per l'asse del piede destro di uno schermidore, prolungandosi va a incontrare negli stessi punti i piedi dell'avversario | (*mil.*) *L. di operazione*, via o fascio di vie che adducono un esercito offensivamente verso un dato obiettivo | *Linee interne*, quelle su cui manovra un esercito in posizione centrale rispetto ad altri contrapposti | *Combattere per linee interne*, nel pugilato, colpendo di diretto e di montante | *Combattere per linee esterne*, colpendo con sventole e uncini | *L. di mira*, la visuale che, passando per la tacca d'alzo e il mirino di un'arma da fuoco, congiunge l'occhio del tiratore con il bersaglio | *L. di tiro*, quella rappresentata dal prolungamento della bocca da fuoco puntata per il tiro. *3* (*fig.*) Modo di comportarsi, norma seguita, indirizzo di fondo di un'azione o di un comportamento individuale o collettivo: *avere, assumere, mantenere una certa l. di condotta*; *seguire una precisa l. politica*; *essere in l. con le direttive del proprio partito*; *da anni questa è la l. ufficiale del partito.* *4* Percorso, itinerario seguito da mezzi pubblici di locomozione e trasporto: *l. aerea, marittima*; *la l. del tram, degli autobus* | *L. ferroviaria*, tratto di ferrovia, spec. se individuato col nome delle due stazioni estreme: *l. ferroviaria Firenze-Viareggio*; *l. ferroviaria a doppio binario*, *a binario unico* | *Di l.*, detto di mezzo di trasporto pubblico che compie regolarmente un dato tragitto: *pullman, aereo di l.* **5** (*fig.*) Sviluppo logico della narrazione in una sceneggiatura cinematografica o televisiva, o in un testo teatrale: *l. d'azione.* **6** Lenza. **III** In senso analogico **1** Complesso di persone, animali od oggetti, disposti in fila: *una l. d'alberi, di cespugli; la l. delle dune* | *Mettersi in l.*, allinearsi | *L. d'attacco*, nel calcio, la serie dei cinque giocatori schierati all'attacco | (*mil.*) *L. difensiva*, (*ass.*) l., quella costituita da diverse opere di fortificazione, distribuita lungo un fronte di operazioni, spesso indicata con nomi convenzionali: *ritirarsi dietro una l. difensiva; l. Maginot, Sigfrido.* **2** (*tip.*) Complesso delle parole o frasi contenute nella giustezza | *L. zoppa*, quella che inizia a capoverso e termina senza riempire la giustezza. **3** Rapporto genealogico intercorrente tra due persone: *l. ascendente; l. discendente; l. collaterale; l. retta* | Successione di parentela: *con lui si è estinta la l. maschile della famiglia regnante.* **4** (*biol.*) Discendenza | *L. pura*, gruppo di individui nei quali il campo di variabilità è molto limitato, per cui non è più possibile praticarne la selezione. **5** (*org. az.*) Impostazione della lavorazione secondo la successione delle operazioni indicate dal ciclo del prodotto, realizzata disponendo macchine e posti di lavoro secondo tale successione. **6** (*elab.*) *In l.*, modo di funzionamento di un'unità periferica di un elaboratore elettronico collegata direttamente con l'unità centrale mediante una linea di trasmissione | *Fuori l.*, modo di funzionamento di un'unità periferica di un elaboratore elettronico che può operare autonomamente o, in alternativa, può funzionare in linea. **7** Serie di prodotti dotati di caratteristiche analoghe, contrassegnati da uno stesso nome, tesi a ottenere un medesimo risultato e sim.: *la nuova l. di bellezza della casa* X; *questa l. di trucco è l'ultimo grido della moda.* | || **lineàccia**, pegg. | **lineétta**, dim. (V.) | **linéina**, dim. | **lineùccia**, **lineùzza**, dim.

†**lineàle** [vc. dotta, lat. tardo *lineāle(m)*, da *līnea* 'linea'] agg. ● Lineare. || †**linealménte**, avv. Linearmente.

lineaménto [vc. dotta, lat. *lineamĕntu(m)*, da *lineāre* 'lineare (2)'] **A** s. m. ● (*raro*) Linea | Disposizione di linee. **B** al pl. (†*lineaménta*, f.) **1** Fattezze del volto umano: *lineamenti delicati, grossolani.* SIN. Fisionomia. **2** (*fig.*) Elementi essenziali di una dottrina: *lineamenti di storia.*

lineàre (**1**) [vc. dotta, lat. *lineāre(m)*, da *līnea* 'linea'] agg. **1** Di linea, proprio delle linee | *Misure lineari*, quelle di lunghezza | (*mat.*) *Espressione l.*, quella in cui la variabile considerata compare alla prima potenza | Che procede per linea retta: *tracciato l.* | (*fis., mat.*) Detto di operazione, operatore o funzione il cui effetto sulla somma di più elementi è uguale alla somma degli effetti, e il cui effetto sul prodotto di un elemento per una costante è uguale alla costante moltiplicata per l'effetto sull'elemento | (*mat.*) *Combinazione l.*, somma di elementi di un insieme, ognuno dei quali sia moltiplicato per un coefficiente costante | (*elettr.*) *Circuito elettrico l.*, quello composto da resistenze, induttanze e capacità costanti | (*archeol.*) *Scrittura l.*, (*ell.*) *lineare*, antica scrittura in uso a Creta, nelle isole dell'Egeo e nel Peloponneso durante il periodo minoico e miceneo, caratterizzata dall'uso di segni lineari e non più da pittogrammi. **2** (*fig.*) Che si sviluppa, si svolge e sim. secondo una direzione o un indirizzo stabile e coerente: *comportamento l.* | *Discorso l.*, chiaro e coerente. || **linearménte**, avv.

lineàre (**2**) [vc. dotta, lat. *lineāre*, da *līnea* 'linea'] v. tr. (*io lìneo*) **1** (*raro*) Segnare, tracciare linee | Disegnare. **2** (*lett.*) †Descrivere.

†**lineàrio** [vc. dotta, lat. *lineāriu(m)*, da *līnea* 'linea'] agg. ● Lineare.

linearìsmo [da *linear(e)* col suff. *-ismo*] s. m. ● Nelle arti figurative, spec. nella pittura, il predominio espressivo della linea sulle altre componenti dell'opera, in particolare sul colore: *il l. del Pollaiolo.*

linearità s. f. ● Qualità di lineare.

†**lineatùra** s. f. **1** Linea, striscia. **2** Linea genealogica. **3** (*al pl.*) Concorso di linee | (*est.*) Lineamenti, fattezze.

†**lineazióne** [vc. dotta, lat. *lineatiōne(m)*, da *lineātus* 'lineato', part. pass. di *lineāre* 'lineare (2)'] s. f. ● Disegno.

lineétta s. f. **1** Dim. di *linea.* **2** Trattino convenzionale che serve a unire due parole o due elementi di una stessa parola, per introdurre una frase incidentale o un discorso diretto | Segno grafico usato in fine di riga dove si interrompe la parola. || **lineettìna**, dim. (V. nota d'uso TRATTINO).

linèico [da *linea*] agg. (pl. m. *-ci*) ● (*fis.*) Riferito alla lunghezza, detto di grandezza fisica: *ionizzazione lineica.*

linerìa [da *lino* (*1*)] s. f. ● Vendita all'ingrosso di tessuti di lino | Scelta, assortimento di tessuti di lino.

linéto [comp. di *lin(o)* (*1*) e *-eto*] s. m. ● Campo coltivato a lino.

lìnfa [vc. dotta, lat. *lўmpha(m)* 'acqua', termine di origine pop. (*lŭmpa*), accostato al gr. *nýmphē* 'divinità acquatica'] s. f. **1** (*bot.*) Liquido circolante nei vasi vegetali con composizione variabile a seconda delle stagioni e delle necessità della pianta | *L. greggia*, che sale dalle radici alle foglie nei vasi del legno | *L. elaborata*, contenente sostanze organiche, che scende nei vasi del libro. **2** (*med.*) Liquido chiaro, lattescente, che circola nei vasi linfatici. **3** (*fig.*) Ciò che alimenta e sostiene idee, principi e sim.: *la l. vitale della rivoluzione.* **4** (*poet.*) †Acqua: *se tu vien' tra queste chiare linfe, / sia teco il tuo amato e caro figlio* (L. DE' MEDICI).

linfadenìa o **linfoadenìa** [comp. di *linf(o)-* e *adenia*] s. f. ● (*med.*) Linfadenopatia.

linfadenìte o **linfoadenìte** [comp. di *linf(o)-* e *adenite*] s. f. ● Infiammazione dei linfonodi.

linfadenòma o **linfoadenòma** [comp. di *linf(o)-* e *adenoma*] s. m. (pl. *-i*) ● (*med.*) Tumefazione neoplastica dei linfonodi.

linfadenopatìa o **linfoadenopatìa** [comp. di *linf(o)-* e *adenopatia*] s. f. ● (*med.*) Affezione dei linfonodi.

linfadenopàtico o **linfoadenopàtico** agg. (pl. m. *-ci*) ● (*med.*) Che è affetto da linfadenopatia.

linfadenòṣi o **linfoadenòṣi** [comp. di *linf(o)-*, *aden(o)-* e del suff. *-osi*] s. f. ● (*med.*) Condizione patologica caratterizzata da iperplasia o neoplasia del tessuto linfatico.

linfangiòma o **linfoangiòma** [comp. di *linf(o)-* e *angioma*] s. m. (pl. *-i*) ● (*med.*) Neoformazione benigna, spesso congenita, costituita da ammassi di vasi linfatici neoformati.

linfangìte o **linfoangìte** [comp. di *linf(o)-* e *angite*] s. f. ● (*med.*) Infiammazione dei vasi linfatici | (*veter.*) *L. epizootica*, farcino.

linfaticìṣmo [da *linfatico*] s. m. ● (*med., raro*) Linfatismo.

linfàtico [vc. dotta, lat. *lymphăticu(m)* 'forsennato, pazzo', da *lўmpha*, come trad. del gr. *nymphólēptos* 'invasato (dal v. *lambánein* 'prendere') dalle ninfe (*nýmphai*)'] **A** agg. (pl. m. *-ci*) ● Della linfa | *Sistema l.*, il complesso dei vasi, delle cisterne e dei dotti che riconducono la linfa al circolo venoso. **B** s. m.; anche agg. (f. *-a*) ● Chi, che è affetto da linfatismo.

linfatìṣmo [per *linfat(ic)ismo*] s. m. ● (*med.*) Stato di debolezza costituzionale caratterizzato da aumento del tessuto linfatico e del timo.

linfedèma o **linfoedèma** [comp. di *linf(o)-* e *edema*] s. m. (pl. *-i*) ● (*med.*) Edema causato dall'accumulo di linfa nei tessuti.

linfeurìṣma [comp. di *linf(o)-* e di un deriv. del gr. *éuros* 'larghezza'] s. m. (pl. *-i*) ● (*med.*) Dilatazione patologica di un vaso linfatico.

lìnfo- [nei comp. corrisponde per lo più a *linfa* (V.)] primo elemento (*linf-*, davanti a vocale) ● In parole scientifiche composte, spec. della terminologia medica, significa 'linfa' o indica relazione con la linfa e il sistema linfatico: *linfocita, linfoghiandola.*

linfoadenìa ● V. *linfadenia.*

linfoadenìte ● V. *linfadenite.*

linfoadenòma ● V. *linfadenoma.*

linfoadenopatìa ● V. *linfadenopatia.*

linfoadenopàtico ● V. *linfadenopatico.*

linfoadenòṣi ● V. *linfadenosi.*

linfoangiòma ● V. *linfangioma.*

linfoangìte ● V. *linfangite.*

linfochìna [comp. di *linfo-* e del gr. *kínēsis* 'movimento' col suff. *-ina*, sul modello di *citochina*] s. f. ● (*biol.*) Ciascuna sostanza di natura glicoproteica secreta da linfociti che è coinvolta nelle risposte immunitarie.

linfocìta o **linfocìto** [comp. di *linfo-* e *-cita* (o *-cito*)] s. m. (pl. *-i*) ● (*biol.*) Particolare tipo di globuli bianchi, importanti nella difesa immunitaria dell'organismo.

linfocitàrio agg. ● Relativo ai linfociti: *popolazioni linfocitarie.*

linfocitopenìa [comp. di *linfocito* e del gr. *penía* 'povertà'] s. f. ● (*med.*) Linfopenia.

linfocitopoièṣi [comp. di *linfocito* e *-poiesi*] s. f. ● (*biol.*) Linfopoiesi.

linfocitòṣi [comp. di *linfocito* e *-osi*] s. f. ● (*med.*) Aumento relativo dei linfociti nel sangue.

linfodermìa [comp. di *linfo-* e di un deriv. del gr. *dérma* 'pelle'] s. f. ● (*med.*) Affezione cutanea da alterazione del sistema linfatico.

linfoedèma o **linfoèdema** ● V. *linfedema.*

linfoepitelìale [comp. da *linfo-* e *epiteliale*] agg. ● (*anat.*) Costituito da tessuto linfatico e tessuto epiteliale.

linfoghiàndola [comp. di *linfo-* e *ghiandola*] s. f. ● (*anat.*) Linfonodo.

linfoghiandolàre agg. ● Della linfoghiandola.

linfogranulòma [comp. di *linfo-* e *granuloma*] s. m. (pl. *-i*) ● Malattia che colpisce il sistema linfatico con formazione di particolare tessuto granulomatoso nei linfonodi: *l. benigno, maligno* | *L. venereo*, malattia infettiva venerea causata da *Chlamydia trachomatis.*

linfòide [comp. di *linf(o)-* e *-oide*] agg. ● (*anat.*) Pertinente al sistema linfatico: *tessuto l.*

linfologìa [comp. di *linfo-* e *-logia*] s. f. (pl. *-gie*) ● (*med.*) Studio della linfa e dei vasi linfatici.

linfòma [comp. di *linf(o)-* e *-oma*] s. m. (pl. *-i*) ● (*med.*) Qualsiasi neoplasia gener. maligna dei tessuti linfoidi o derivata da cellule linfoidi (linfociti).

linfomatòṣi [da *linfoma*] s. f. ● Malattia caratterizzata dalla presenza di linfomi.

linfomatóso agg. ● (*med.*) Di linfoma.

linfonòdo [comp. di (tessuto) *linf(atic)o* e *nodo*, per la forma] s. m. ● (*anat.*) Nodulo di tessuto linfatico intercalato sul decorso dei vasi linfatici.

linfopenìa [comp. di *linfo(cita)* e di *-penia*] s. f. ● (*med.*) Diminuzione dei linfociti nel sangue. SIN. Linfocitopenia.

linfopoièṣi [comp. di *linfo-* e *-poiesi*] s. f. ● (*biol.*) Processo di formazione dei linfociti nel sangue.

linforragìa [comp. di *linfo-* e del gr. *rēgnýnai* 'rompere'] s. f. (pl. *-gie*) ● (*med.*) Fuoruscita di linfa dai vasi linfatici.

linfosarcòma [comp. di *linfo-* e *sarcoma*] s. m. (pl. *-i*) ● (*med.*) Tumore maligno del tessuto linfatico.

lingerìa s. f. ● Adattamento di *lingerie* (V.).

lingerie /lenʒe'ri, *fr.* lɛ̃ʒ(ə)'ri/ [vc. fr., deriv. col suff. *-erie* '-eria' da *linge* 'lino'] s. f. inv. ● Biancheria intima, spec. femminile.

lingerìsta [da *lingeria* col suff. di occupazione *-ista*] s. f. ● Biancherista.

†**lìngio** [fr. *linge*, dal lat. *līneus* '(tessuto) di lino'] s. m. ● Tovaglia, tovagliolo.

lingottièra [fr. *lingotière*, da *lingot* 'lingotto'] s. f. **1** Forma di ferro per gettarvi l'oro fuso per fare lingotti. **2** Forma di ghisa, senza fondo, poggiata su piastra di ghisa, nella quale si cola l'acciaio fuso per farlo solidificare.

lingòtto [fr. *lingot*, dall'ingl. *ingot* (con *l'* dell'art.), di etim. incerta] s. m. **1** Blocco di metallo ottenuto per fusione e colatura in apposito stampo. **2** (*tip.*) Nella composizione tipografica a caldo, interlinea da 12 punti.

lìngua [lat. *lĭngua(m)*, con rassomiglianze con altre l. indeur.] s. f. **I** Con riferimento all'organo anatomico **1** Organo muscolare ricoperto di mucosa, mobile, posto nella cavità boccale, che partecipa alle funzioni della suzione, della masticazione, della deglutizione e della fonazione | *L. biforcuta*, (*fig.*) di persona doppia e insincera | *Mordersi la l.*, (*fig.*) sforzarsi di tacere o pentirsi di aver parlato | *Sciogliere la l.*, (*fig.*) incominciare a parlare senza mai interrompersi | *Avere la l. lunga*, (*fig.*) parlare troppo, essere pronto a rispondere sgarbatamente | *Non avere peli sulla l.*, (*fig.*) parlare con estrema sincerità | *Avere la l. in bocca*, (*fig.*) sapere esporre le proprie ragioni | *Frenare la l.*, (*fig.*) controllarsi nel parlare | *Avere lasciato la l. a casa*, (*fig.*) non parlare | *L. d'oro*, (*fig.*) persona eloquente | *Venire sulla l.*, (*fig.*) alla memoria, in mente | *Avere q.c. sulla punta della l.*, (*fig.*) saperla ma sul momento non ricordarla | *Essere di due lingue*, (*fig.*) falso, maldicente | *Avere la l. tagliente, velenosa*, (*fig.*) essere pronto a dir male di qc., a rispondere sgarbatamente e con asprezza | *È una l. bugiarda*, (*fig.*) un bugiardo | *Aver l. con qc.*, (*fig.*) intendersela con qc. **2** Lingua di animale, solitamente di bue o vitello, cotta per vivanda: *l. salmistrata, affumicata*; *una fetta di l. con insalata*. **3** Tutto ciò che ha forma più o meno simile a quella di una lingua: *lingue di fuoco guizzavano nel camino* | *L. di Menelik, delle donne*, giocattolo formato di un tubo di carta arrotolata, terminante in un ciuffo di strisce variopinte, che, soffiandovi dentro, si snoda fischiando | *Lingue di gatto*, biscottini sottili da tè, talvolta coperti di cioccolato | *Lingue di suocera*, biscotti simili ai precedenti, ma più lunghi | *Lingue di passero*, o *di passera*, linguine | (*geogr.*) *L. di terra*, piccolo tratto di terra a forma allungata che si protende nel mare, in un lago o in un fiume | *L. di ablazione*, lingua glaciale | *L. glaciale*, parte di un ghiacciaio che scende al di sotto del bacino collettore insinuandosi in una valle. ➡ ILL. p. 820, 821 SCIENZE DELLA TERRA ED ENERGIA. **4** (*zool.*, *raro*) Sogliola. **5** (*bot.*) *L. cervina*, felce delle zone umide e ombrose con foglie coriacee e lucenti, intere e ondulate ai margini (*Scolopendrium officinarum*). SIN. Scolopendrio | *L. di cane*, cinoglossa | *L. d'acqua*, erba delle Potamogetonacee che cresce galleggiando sulle acque a lento fluire (*Potamogeton natans*). **6** (*bot.*) *L. di bue*, fungo basidiomicete a forma di clava, carnoso, di color rosso sangue (*Fistulina hepatica*) | Buglossa. **II** Con riferimento alla funzione che l'organo anatomico adempie nella fonazione **1** Sistema grammaticale e lessicale per mezzo del quale gli appartenenti ad una comunità comunicano tra loro: *l. italiana, francese, inglese, tedesca* | *Le lingue classiche*, il greco e il latino | *L. materna*, acquisita dal parlante sin dall'infanzia | *L. morta*, non più in uso come mezzo di comunicazione orale o scritta | *L. viva*, attualmente in uso nella comunicazione orale o scritta | *L. madre*, dalla cui evoluzione derivano altre lingue | *L. artificiale*, lingua convenzionale per la comunicazione gergale o internazionale | *L. franca*, sabir parlato fino al XIX sec. nei porti mediterranei avente come base l'italiano centrale e comprendente vari elementi delle lingue romanze; (*est.*) ogni mezzo di comunicazione fra gruppi o genti, comunemente accettato | *Lingue monosillabiche, agglutinanti, flessive*, rispetto alla struttura della parola e alla morfologia | *Confusione delle lingue*, il sorgere della molteplicità delle lingue in occasione della costruzione della torre di Babele, secondo la narrazione biblica. **2** Uso speciale della lingua proprio di un ambiente, di un mestiere, di una scienza, di uno scrittore: *l. furbesca, letteraria, popolare, giuridica*; *la l. dei medici*; *la l. di Dante, del Pascoli*. **3** (*ass.*) Lingua italiana: *la questione della l.* | *Parlare in l.*, in italiano, spec. in contrapposizione a 'in dialetto' | *Testo di l.*, scritto in buona lingua e ritenuto esemplare dall'Accademia della Crusca. **4** (*al pl.*) Complesso delle lingue straniere: *studiare, insegnare lingue*. **5** (*fig.*) Nazione: *gente di ogni l., della stessa l.* **6** (*raro*) Informazione, avviso, notizia: *dar l.*; *aver l.* | †*Prender l.*, informarsi || PROV. La lingua batte dove il dente duole. || **linguàccia**, pegg. (V.) | **linguèlla**, dim. (V.) | **linguétta**, dim. (V.) | **linguìna**, dim. (V.) | **linguìno**, dim. m.

linguàccia s. f. (pl. *-ce*) **1** Pegg. di *lingua*. **2** (*fig.*) Persona maldicente.

linguacciùto agg. ● Che ha la lingua lunga, in senso fig.: *donna linguacciuta*; *un omino giallo e magro ..., vanesio e l.* (SVEVO). SIN. Maldicente, pettegolo.

†**linguàdro** ● V. †*linguardo*.

linguàggio [ant. provz. *lengatge*, da *lenga* 'lingua'] s. m. **1** Capacità peculiare della specie umana di comunicare per mezzo di un sistema di segni vocali che mette in gioco una tecnica fisiologica complessa la quale presuppone l'esistenza di una funzione simbolica e di centri nervosi geneticamente specializzati | *Parlare lo stesso l.*, (*fig.*) intendersi, essere di idee, gusti, tendenze simili o analoghe | (*est.*) Sistema di segnali per mezzo dei quali gli animali comunicano tra di loro: *il l. delle api* | (*est.*) Nella programmazione dei sistemi elettronici per l'elaborazione dei dati, insieme di simboli e regole utilizzato per la redazione dei programmi di elaborazione: *l. simbolico, base* | *L. di alto livello*, vicino al linguaggio umano | *L. di basso livello*, vicino al codice impiegato dall'elaboratore | *L. macchina*, quello impiegato dall'elaboratore. **2** (*est.*) Particolare modo di parlare di determinati individui e ambienti: *l. scientifico, forense, infantile*. **3** (*est.*) Particolare significato che l'uomo riconosce o attribuisce a determinati segni, gesti, oggetti, simboli e sim. e facoltà di esprimersi mediante il loro uso: *il l. degli occhi*; *il l. dell'arte, della natura*; *il l. dei fatti, delle cose* | *L. dei fiori*, consistente nel dare un particolare significato a ogni varietà e colore di questi. **4** †Nazione.

linguàio [lat. *linguāriu(m)* 'multa sulla chiacchiera', da *lĭngua* 'lingua'] s. m. (f. *-a*) ● (*raro*) Linguaiolo: *quel libro faceva passare la questione della lingua dai grammatici e linguai agli intendenti e critici d'arte* (CROCE).

linguaiòlo o (*lett.*) **linguaiuòlo** [da *lingua* con suff. spreg.] s. m. (f. *-a*) ● (*spreg.*) Chi si occupa di questioni grammaticali e linguistiche con eccessiva pedanteria.

linguàle agg. **1** (*anat.*) Della, relativo alla, lingua: *arteria l.* **2** (*ling.*) Detto di suono la cui articolazione comporta l'intervento della lingua.

†**linguàrdo** o †**linguàdro** [comp. di *lingua* e *-ardo*] agg. ● Linguacciuto.

linguàta s. f. **1** Colpo di lingua. **2** (*region.*) Sogliola.

†**linguàtico** agg. ● Linguacciuto.

linguàto [vc. dotta, lat. tardo *linguātu(m)*, da *lĭngua* 'lingua'] agg. **1** †Linguacciuto, facondo. **2** (*arald.*) Detto di animale con la lingua di smalto diverso dal corpo.

linguàtula [da *lingua*, per la forma, attraverso il lat. tardo *linguātulus* 'provvisto di (molta) lingua'] s. f. ● Invertebrato vermiforme dei Linguatulidi, con due paia di uncini vicino alla bocca, parassita di mammiferi (*Linguatula serrata*).

Linguatùlidi [comp. di *linguatul(a)* e *-idi*] s. m. pl. ● Nella tassonomia animale, gruppo di Invertebrati vermiformi parassiti dei Vertebrati (*Linguatulida*) | (al sing. *-e*) Ogni individuo di tale gruppo.

linguéggiàre [comp. di *lingu(a)* e *-eggiare*] v. intr. (*io linguéggio*; aus. *avere*) ● (*raro*, *lett.*) Chiacchierare, cicalare | *L. della fiamma*, vibrare, tremolar come lingua.

linguèlla s. f. **1** Dim. di *lingua*. **2** Piccola striscia di carta trasparente e gommata per attaccare i francobolli da collezione sull'album. **3** Striscia laterale che nei guanti di pelle costituisce il fianco delle dita. **4** Striscia di feltro usata un tempo per filtrare un liquido facendolo passare da un vaso in un altro.

linguétta s. f. **1** Dim. di *lingua*. **2** (*est.*) Qualsiasi piccolo oggetto di forma più o meno simile a quella di una lingua: *l. delle scarpe*. **3** (*mus.*) Ancia. **4** (*mecc.*) Pezzo a sezione prismatica, da inserire in apposita cava tra albero e mozzo per renderli solidali. **5** (*agr.*) Tipo di innesto a doppio spacco o all'inglese. **6** (*raro*, *fig.*) Persona maldicente. || **linguettàccia**, pegg. | **linguettìna**, dim. | **linguettóne**, accr. m.

†**linguettàre** [da *linguetta*] v. intr. ● Tartagliare.

linguifórme [comp. di *lingua* e *-forme*] agg. ● Che ha forma di lingua: *foglia l.*

linguìna s. f. **1** Dim. di *lingua*. **2** (*spec. al pl.*) Tagliatelle più sottili delle comuni.

linguìsta [fr. *linguiste*, dal lat. *lĭngua* 'lingua' col suff. d'origine gr. *-iste* '-ista'] s. m. e f. (pl. m. *-i*) **1** Studioso, esperto di linguistica. **2** Poliglotta. **3** (*raro*) Purista.

linguìstica [fr. *linguistique*, da *linguiste* 'linguista'] s. f. ● Studio scientifico e sistematico del linguaggio e delle lingue naturali: *l. generale, l. storica, l. strutturale*. SIN. Glottologia.

linguìstico [fr. *linguistique* 'pertinente alla linguistica (V.)'] agg. (pl. m. *-ci*) ● Della, relativo alla lingua | Della, relativo alla linguistica | *Liceo l.*, quello in cui si studiano principalmente le lingue straniere. || **linguisticaménte**, avv. Dal punto di vista linguistico.

lìngula [vc. dotta, lat. *lĭngula(m)*, dim. di *lĭngua* 'lingua'] s. f. **1** (*anat.*) Formazione stretta e allungata, simile a una piccola lingua: *l. polmonare*. **2** Brachiopodo marino con conchiglia oblunga, bruna, a due valve, che vive fissandosi al fondo sabbioso mediante un lungo peduncolo (*Lingula anatina*).

†**linguòla** s. f. ● Ago della bilancia.

†**linguóso** [vc. dotta, lat. *linguōsu(m)* 'chiacchierone, linguacciuto', da *lĭngua* 'lingua'] agg. ● Chiacchierone, maldicente.

linicoltùra [comp. di *lin(o)* e *-coltura*] s. f. ● Coltivazione del lino.

linièro [da *lino* (*1*) sul modello di *laniero*, da *lana*] agg. ● Del, relativo al lino: *produzione liniera*.

lìnifero [vc. dotta, lat. *linĭferu(m)*, comp. di *līnum* 'lino (1)' e *-ferum* '-fero'] agg. ● Che produce lino.

linifìcio [comp. di *lino* (*1*) e *-ficio*] s. m. ● Stabilimento tessile per la lavorazione del lino.

liniménto [vc. dotta, lat. *linimĕntu(m)*, da *linīre* 'ungere'] s. m. ● Preparazione medicinale, che porta il farmaco incorporato in olio, da applicare o frizionare sulla parte ammalata.

linìte [da *lino* (*1*), per l'apparenza del tessuto parietale della parte colpita, e *-ite* (*1*)] s. f. ● (*med.*) *l. plastica*, infiltrazione tumorale della parete gastrica che la trasforma in tessuto simile a ruvida tela.

linizzàre [da *lino* (*1*)] v. tr. ● Conferire a un tessuto l'aspetto del lino.

linizzazióne s. f. ● Operazione tessile del linizzare.

link /ingl. liŋk/ [vc. ingl., propr. 'anello (di una catena)'] s. m. inv. **1** (*elab.*) Concatenamento tra moduli software per la realizzazione di programmi completi. **2** (*elab.*) Riferimento indiretto a una variabile o a un file.

linkage /ingl. 'liŋkidʒ/ [vc. ingl., propr. 'concatenazione', da *link* 'anello d'una catena' (d'origine germ.)] s. m. inv. ● (*biol.*) Coesistenza di due o più geni sullo stesso cromosoma. SIN. Associazione | (*est.*, *fig.*) Legame, collegamento.

linnèa [dal n. del naturalista sved. C. *Linneo*] s. f. ● Pianta delle Caprifoliacee con fiori profumati, campanulati, portati da peduncoli bifidi all'apice (*Linnaea borealis*).

linneàno o **linneiàno** agg. ● Di Linneo (1707-1778): *classificazione linneana*.

linneóne [dal n. di C. *Linneo*] s. m. ● (*biol.*) Denominazione delle specie secondo il concetto di suddivisione della specie di Linneo.

lìno (1) [vc. dotta, lat. *līnu(m)*, di etim. incerta] s. m. **1** Pianta annua delle Linacee, a foglie lineari, sparse, corimbo di fiori celesti, capsula con semi bruni, oleosi (*Linum usitatissimum*) | *Olio di l.*, estratto dai semi, usato per la preparazione dei colori a olio e dell'olio di lino cotto | *Farina di semi di l.*, polvere untuosa ottenuta dai semi macinati o pestati, usata per cataplasmi nella cura di foruncoli, bronchiti e sim. **2** Fibra tessile estratta dalla pianta omonima mediante macerazione del fusto: *tovaglie, lenzuola di l.*; *un abito, una camicia di l.* **3** †Biancheria.

†**lìno (2)** [da *lino* (*1*)] agg. ● Detto di tessuto fatto con fibra di lino: *panno l.*

linolèico o **linòlico** [comp. del lat. *līnu(m)* 'lino (1)' e di un deriv. di *ŏleum* 'olio'] agg. (pl. m. *-ci*) ● (*chim.*) Detto di acido grasso insaturo monobasico, usato nella preparazione di emulsionanti, come essiccativo per vernici e sim.

linoleìna [comp. dei n. lat. di 'olio *ŏl(eum)* di lino *līn(um)*' e *-ina*] s. f. ● (*chim.*) Gliceride dell'acido linoleico, principale componente dell'olio di lino.

linoleìsta [comp. di *linole(um)* e *-ista*] s. m. (pl. *-i*) ● Operaio edile che pone in opera pavimenti di linoleum, resine sintetiche, gomma.

linolènico [da (acido) *linoleico*] agg. (pl. m. *-ci*) ● (*chim.*) Detto di acido grasso insaturo monobasico, dotato di proprietà siccative.

linoleografìa [comp. di *linole(um)* e *-grafia*] s. f. ● Tecnica di stampa analoga alla silografia, in cui un foglio di linoleum sostituisce la tavoletta di legno.

linòleum [ingl. *linoleum*, dal n. lat. dell'olio di lino (*līn*(*i*) *ŏleum*)] s. m. • Materiale di rivestimento impiegato per pavimenti, pareti e sim., ottenuto pressando su tela robusta un impasto formato da colofonia, olio di lino ossidato, farina di sughero e materie coloranti.

linòlico • V. *linoleico*.

linóne [fr. *linon*, da *linomple* 'lino (*lin*) unito (*omple*, di etim. incerta)'] s. m. • Tessuto finissimo di lino | Tessuto trasparente più fine della garza.

linósa s. f. • Coltura di lino da seme | (*est.*) Seme del lino da cui si estraggono l'olio e la farina di lino.

†**linóso** [da *lino* (*1*)] agg. • Di lino, simile al lino: *materia linosa*.

linotipìa [da *linotype*] s. f. ***1*** Composizione tipografica realizzata mediante la linotype. ***2*** Stabilimento, o reparto di stabilimento, che esegue composizioni linotipiche per conto di terzi.

linotìpico agg. (pl. m. *-ci*) • Relativo a composizione tipografica realizzata mediante la linotype | *Macchina linotipica*, linotype.

linotipista [da *linotipia*] s. m. e f. (pl. m. *-i*) • Operatore della linotype.

linotype® /lino'taip, *ingl.* 'lainotaip/ [da *line of type* 'linea di (composizione) tipo(grafica)'] s. f. inv. • Sistema di composizione tipografica meccanica che fornisce linee intere fuse in un unico blocchetto | Nome commerciale di una macchina che realizza tale sistema di composizione.

linséme [comp. di *lino* (*1*) e *seme*] s. m. • Seme di lino, nel linguaggio commerciale.

lìnteo [vc. dotta, lat. *līnteu*(*m*), da *līnum* 'lino (1)'] **A** agg. • (*lett.*) Di lino | *Libri lintei*, anticamente, registri ufficiali dei magistrati, su tela. **B** s. m. • †Panno di lino.

lintèrno [lat. *alatĕrnu*(*m*), di etim. incerta] s. m. • Frutice sempreverde delle Ramnacee con foglie cuoiose e lucenti e drupe rosse (*Rhamnus alaternus*).

†**lintigginóso** • V. *lentigginoso*.

lìntro [vc. dotta, lat. *lĭntru*(*m*), di etim. discussa: gr. *plyntḗr* 'mastello, lavatoio', da *plýnein* 'lavare' (?)] s. m. • (*archeol.*) Barchetta formata con poche tavole usata in acque piuttosto basse.

lìo- [dal v. gr. *lýein* 'dissolvere, distruggere', di formazione indeur.] primo elemento • In parole composte della terminologia chimica, significa 'liquido', 'soluzione', oppure 'solvente': *liofilo*.

†**liocòrno** [ant. fr. *licorne*, dal lat. *unicŏrnis*, trad. del gr. *monókerōs* '(animale favoloso) ad un solo (*mónos*) corno (*kéras*)'] s. m. • Unicorno.

†**liofànte** o †**leofànte**, †**leonfànte**, †**lionfànte** [da *elefante* per sovrapposizione di *lio*(*ne*)] s. m. (f. *-essa*) • Elefante.

liofilizzàre [da *liofilo*] v. tr. • Sottoporre a liofilizzazione.

liofilizzàto **A** part. pass. di *liofilizzare*; anche agg. • Nei sign. del v. **B** s. m. • Prodotto sottoposto a liofilizzazione.

liofilizzatóre s. m. • Apparecchio per essiccamento mediante liofilizzazione.

liofilizzazióne s. f. • Essiccamento sotto vuoto, a temperature inferiori allo zero, di prodotti biologici, farmaceutici e alimentari, allo scopo di evitarne l'alterazione. SIN. Crioessiccazione.

liòfilo [comp. del gr. *lýein* 'sciogliere' e di *-filo*] agg. • Detto di colloide che ha molta tendenza ad assorbire acqua, o in generale il liquido disperdente.

liòfobo [comp. di un deriv. del gr. *lýein* 'sciogliere' e di *-fobo*] agg. • (*chim.*) Detto di colloide che ha scarsa tendenza ad assorbire acqua, o in generale il liquido disperdente.

lionàto o **leonàto** [da *lione*, var. di *leone*] agg. • Che ha il colore fulvo caratteristico del pelo del leone.

†**lióne** • V. *leone* (*1*).

†**lionéssa** • V. *leonessa*.

†**lionfànte** • V. †*liofante*.

lionìstico agg. (pl. m. *-ci*) • Relativo, appartenente all'associazione internazionale del Lions Club.

lipacidemìa [comp. di *lip*(*o*)-, *acid*(*o*) e un deriv. del gr. *hâima* 'sangue'] s. f. • (*med.*) Aumento del tasso di acidi grassi nel sangue.

lipàride [dall'agg. gr. *liparós* 'grasso', da *lípos* (s.), di origine indeur.] s. f. ***1*** (*zool.*) Limantria. ***2*** (*bot.*) Genere di piante delle Orchidacee con fiori molto piccoli.

liparite [comp. del n. dell'isola siciliana di *Lipari* e *-ite* (*2*)] s. f. • (*miner.*) Roccia effusiva di colore chiaro, costituita da quarzo, sanidino, biotite e minutissimi frammenti vetrosi.

lipàsi [comp. di *lip*(*o*)- e *-asi*] s. f. • (*chim.*) Enzima capace di scindere gli esteri degli acidi grassi superiori in glicerina e acidi grassi.

lipectomìa [comp. di *lipo-* ed *-ectomia*] s. f. • (*chir.*) Asportazione chirurgica di parti di tessuto adiposo allo scopo di diminuire l'obesità.

lipemanìa [vc. dotta, comp. del gr. *lýpē* 'dolore' (prob. d'orig. indeur.) e *-mania*] s. f. • (*psicol.*) Stato patologico caratterizzato da avvilimento, angoscia, depressione | Malinconia, tristezza, sconforto.

lipemìa [comp. di *lipo-* e di un deriv. del gr. *hâima* 'sangue'] s. f. • (*med.*) Quantità di grassi contenuta nel sangue.

lipèmico agg. (pl. m. *-ci*) • (*med.*) Di, relativo a, lipemia.

lipìde [comp. di *lip*(*o*-) e il suff. chim. *-ide*] s. m. • (*biol.*, *spec. al pl.*) Gruppo di sostanze organiche naturali di origine animale e vegetale, costituite da esteri di acidi grassi superiori.

lipìdico agg. (pl. m. *-ci*) • Di, relativo a, lipide.

lipizzàno [dalla località di provenienza, *Lipizza*, in Slovenia, dallo slov. *lipa* 'tiglio' con suff. dim.] agg.; anche s. m. • Detto di una prestigiosa razza di cavalli per tiro leggero e sella con mantello grigio o bianco, derivante da un incrocio di razze italiane e orientali.

lipo- [dal gr. *lípos* 'grasso', da una base indeur. **lip-*] primo elemento • In parole scientifiche composte e in particolare della terminologia medica, significa 'grasso', 'tessuto adiposo' e sim.: *lipemia*, *liposarcoma*, *liposolubile*.

lipoaspirazióne [comp. di *lipo-* e *aspirazione*] s. f. • (*chir.*) Liposuzione.

lipogràmma [comp. del gr. *léipein* 'mancare' e *grámma* 'lettera, scritto'] s. m. (pl. *-i*) • Componimento letterario, gener. testo scritto in cui, per artificio retorico, si omettono intenzionalmente tutte le parole recanti una determinata lettera o gruppo di lettere, ovvero si omette da tutte le parole una certa lettera o gruppo di lettere.

lipogrammàtico [da *lipogramma*, sul modello del fr. *lipogrammatique* e dell'ingl. *lipogrammatic*] agg. (pl. m. *-ci*) • Relativo al lipogramma: *opera lipogrammatica*.

lipogrammatìsmo [da *lipogramma*, sul modello dell'ingl. *lipogrammatismo*] s. m. • Artificio retorico su cui si fonda un'opera lipogrammatica.

lipòide [comp. di *lipo-* e *-oide*] s. m. • Sostanza simile ai lipidi.

lipolìsi [comp. di *lipo-* e *-lisi*] s. f. • (*fisiol.*) Processo di scissione enzimatica dei lipidi che consente la mobilizzazione e il consumo delle riserve grasse dell'organismo.

lipolìtico agg. (pl. m. *-ci*) • (*chim.*) Che provoca lipolisi.

lipòma [comp. di *lipo-* e *-oma*] s. m. (pl. *-i*) • (*med.*) Tumore benigno formato da tessuto adiposo.

lipomatòsi [comp. di *lipoma* e *-osi*] s. f. • (*med.*) Affezione caratterizzata dalla presenza di lipomi diffusi.

lipomatóso **A** agg. • Che concerne la lipomatosi. **B** agg.; anche s. m. (f. *-a*) • Che, chi è affetto da lipomatosi.

lipomerìa [comp. del gr. *léipein* 'mancare' e di un deriv. di *méros* 'parte'] s. f. • (*med.*) Mancanza di una parte del corpo.

lipoproteìna [comp. di *lipo-* e *proteina*] s. f. • (*chim.*) Proteina coniugata il cui gruppo prostetico è costituito da molecole lipidiche.

liposarcòma [comp. di *lipo-* e *sarcoma*] s. m. (pl. *-i*) • Tumore maligno del tessuto adiposo.

liposolùbile [comp. di *lipo-* e *solubile*] agg. • Che può sciogliersi nei grassi: *sostanza l.*

liposòma [comp. di *lipo-* e *soma* (*2*)] s. m. (pl. *-i*) ***1*** (*biol.*) Incluso lipidico endocellulare. ***2*** (*biol.*) Ognuna delle minute formazioni vescicolari che prendono origine quando molecole di fosfolipidi vengono poste in acqua.

liposuzióne [comp. di *lipo-* e *suzione*] s. f. • (*chir.*) Intervento di chirurgia estetica che consente l'aspirazione del grasso superfluo localizzato e della cellulite, mediante l'inserimento sottocutaneo di apposite cannule collegate a un apparecchio aspiratore. SIN. Lipoaspirazione.

lipotimìa [comp. del gr. *léipein* 'mancare' e di un deriv. di *thymós* 'animo'] s. f. • (*med.*) Perdita di coscienza di breve durata; svenimento.

lipotìmico agg. (pl. m. *-ci*) • (*med.*) Di, affetto da lipotimia.

lipòtropo [comp. di *lipo-* e di un deriv. del gr. *trépein* 'far volgere (indietro)'] s. m. • (*med.*) Sostanza capace di prevenire o far regredire l'accumulo abnorme di grassi nel fegato.

lìppa [vc. inft. (?)] s. f. • Gioco infantile consistente nel far saltare un corto pezzetto di legno affusolato battendolo su una estremità con una paletta, per poi ribatterlo al volo e gettarlo il più lontano possibile.

lippitùdine [vc. dotta, lat. *lippitūdine*(*m*), da *lĭppus* 'lippo'] s. f. • (*med.*) Cispa.

†**lìppo** [vc. dotta, lat. *lĭppu*(*m*), da una radice di origine indeur.] agg.; anche s. m. • Che, chi ha corta vista | Cisposo.

lipsanotèca [comp. del gr. *léipsanon* 'reliquia' (propr. 'avanzo', dal v. *léipein* 'lasciare') e *thḗkē* 'custodia'] s. f. • Teca preziosa per la conservazione di reliquie.

lipstick /*ingl.* 'lipstik/ o **lip-stick** [vc. ingl., propr. 'bastoncino (*stick*) per labbro (*lip*)'] s. m. inv. • Rossetto per labbra.

lipùria o **lipurìa** [comp. di *lip*(*o*)- e *-uria*] s. f. • (*med.*) Presenza di grassi nell'urina.

†**liquàbile** [vc. dotta, lat. tardo *liquābile*(*m*), da *liquāre* †'liquare'] agg. • Che si può liquefare.

†**liquabilità** s. f. • Proprietà di corpo solubile.

liquàme [vc. dotta, lat. *liquāmen*, da *liquāre* †'liquare'] s. m. ***1*** Liquido putrido, spec. scolante da materie organiche in decomposizione. ***2*** †Cosa liquida a uso di condimento.

†**liquàre** [vc. dotta, lat. *liquāre*, da *liquēre* 'esser liquido'] **A** v. tr. • (*raro*) Liquefare. **B** v. intr. pron. ***1*** Struggersi, liquefarsi. ***2*** (*fig.*) Risolversi, manifestarsi: *Benigna volontade in che si liqua / sempre l'amor che drittamente spira* (DANTE *Par.* XV, 1-2).

liquazióne [vc. dotta, lat. tardo *liquatiōne*(*m*), da *liquātus*, part. pass. di *liquāre* †'liquare'] s. f. • (*metall.*) Fenomeno che avviene durante la solidificazione di una massa composta da leghe a diverso punto di fusione, per cui i componenti più fusibili tendono a concentrarsi verso il cuore della massa che solidifica per ultimo.

liquefacènte part. pres. di *liquefare*; anche agg. • Nei sign. del v.

liquefacìbile [da *liquefare*] agg. • Che può essere liquefatto: *gas l.*

liquefàre o †**liquefàcere** [per *liquefacere* con sostituzione di *-fare* a *-facere*] **A** v. tr. (pres. *io liquefàccio* o *liquefò*, raro *lìquefo*, *tu liquefài*, *egli liquefà*, raro *lìquefa*, *noi liquefacciàmo*, *voi liquefàte*, *essi liquefànno*, raro *lìquefano*; per le altre forme coniug. come *fare*) ***1*** Far passare un gas o un solido allo stato liquido: *l. l'ossigeno*; *il calore liquefà la neve* | Fondere: *l. i metalli*. ***2*** (*fig.*) Dilapidare, scialacquare: *ha liquefatto in poco tempo ogni sua ricchezza*. **B** v. intr. pron. ***1*** Diventare liquido: *i ghiacci si liquefanno in primavera*. SIN. Fondersi, sciogliersi. ***2*** (*fig.*) Struggersi in sudore: *con quest'afa ci si liquefà*. ***3*** (*fig.*) Ridursi a nulla: *il suo capitale si è liquefatto in un momento*.

liquefattìbile agg. • Liquefacibile.

liquefàtto part. pass. di *liquefare*; anche agg. ***1*** Nei sign. del v. ***2*** †Ridotto in poltiglia.

liquefazióne [vc. dotta, lat. tardo *liquefactiōne*(*m*), da *liquefāctus* 'liquefatto'] s. f. • Atto, effetto del liquefare o del liquefarsi.

liquerìzia • V. *liquirizia*.

liquescènte [vc. dotta, lat. *liquescĕnte*(*m*), part. pres. di *liquēscere*, incoat. di *liquēre*, da *liquāre* †'liquare'] agg. • Che tende a passare allo stato liquido.

liquescènza s. f. • Qualità di ciò che è liquescente | Stato liquido di un corpo.

liquidàbile agg. • Che si può liquidare.

liquidabilità s. f. • (*raro*) Qualità di chi, di ciò che è liquidabile.

liquidàmbar o **liquidàmbra** [sp. *liquidambar*, comp. di *liquido* 'liquido' e *ámbar* 'ambra'] s. m. •

(*bot.*) Genere di alberi delle Amamelidacee originari dell'America e dell'Asia (*Liquidambar*); da alcune specie si ricava la resina detta storace o ambra liquida.

liquidàmbra ● V. *liquidambar*.

liquidàre [vc. dotta, lat. *liquidāre* 'rendere liquido', da *liquidus* 'liquido'] v. tr. (*io lìquido*) *1* †Rendere liquido. *2* Appurare un rapporto di tipo patrimoniale con calcoli e indagini accurate, riconoscendone la legittimità e stabilendone l'importo in denaro: *l. il credito, il conto, l'eredità* | *L. la pensione a qc.*, renderne esecutiva la riscossione | *L. un fallimento*, accertarne l'attivo e il passivo. *3* Pagare: *l. tutti i propri debiti*. *4* Vendere a basso prezzo: *l. tutti i fondi di magazzino, le rimanenze*; *aveva finito col dover l. la sua azienda in condizioni disastrose* (SVEVO). *5* (*fig.*) Porre nel nulla (*anche fig.*) | *L. una società*, scioglierla | *L. una questione*, risolverla in modo definitivo | *L. una persona*, sbarazzarsene; ucciderla | Nel linguaggio sportivo, battere nettamente un avversario: *l'ha liquidato con un doppio 6-0*.

†liquidàstro agg. ● Che tende al liquido.

liquidatóre agg.; anche s. m. (f. *-trice*) ● (*dir.*) Che, chi è incaricato di procedere a una liquidazione.

liquidazióne [da *liquidare*] s. f. *1* Atto, effetto del liquidare: *la l. di una società, di un debito, di un patrimonio* | *L. coatta amministrativa*, procedura amministrativa applicata in caso di insolvenze di banche, imprese di assicurazione e sim. *2* Indennità corrisposta dal datore di lavoro al lavoratore all'atto della fine di un rapporto di lavoro: *riscuotere la l.* *3* Vendita a basso prezzo di merci varie: *una l. di scarpe, tessuti, confezioni*. *4* (*banca*) Esecuzione del contratto di borsa a termine. *5* (*raro*) †Liquefazione. *6* (*chim.*) Processo idratante usato nella preparazione di saponi per favorire la omogeneizzazione.

liquidézza s. f. ● (*raro*) Liquidità.

†liquidìre [da *liquido*] v. intr. ● Diventare liquido | (*est.*) Struggersi, consumarsi.

liquidità [vc. dotta, lat. *liquiditāte(m)*, da *līquidus* 'liquido'] s. f. *1* Qualità di ciò che è liquido. *2* Entità delle riserve monetarie disponibili per la spesa possedute, in un certo momento, da un soggetto economico. *3* Possibilità di far fronte prontamente agli impegni economici scadenti a breve termine | *Indice di l.*, rapporto fra crediti e debiti a breve scadenza.

lìquido [vc. dotta, lat. *līquidu(m)*, da *liquēre* 'essere liquido', di origine indeur.] **A** agg. *1* (*fis.*) Detto di stato della materia la cui massa possiede volume proprio ma assume la forma del recipiente che la contiene | *Elemento l.*, il mare | *Via liquida*, del mare | *Stato l.*, condizione di un corpo liquido. *2* Fuso, disciolto, liquefatto: *pece, colla, lava liquida*; *metallo l.* | *Dieta liquida*, a base di alimenti liquidi quali brodo, latte e sim. *3* (*fig.*) Detto di denaro in contanti e di credito o debito di importo e scadenza determinabili | *Essere liquidi*, avere disponibilità di denaro contante. *4* (*ling.*) Detto di consonanti (*r* ed *l*) che combinano un'occlusione e un'apertura del canale orale. *5* (*fig., lett.*) Chiaro, puro, terso: *voce, pupilla liquida*; *un l. fonte / che mormorando cade giù dal monte* (ARIOSTO). || **liquidaménte**, avv. *1* (*lett.*) In maniera liquida. *2* Chiaramente; facilmente. **B** s. m. *1* (*fis.*) Corpo che, in condizioni ordinarie di temperatura e di pressione, si trova allo stato liquido. *2* Fluido di viscosità e composizione diversa, con funzioni fisiologiche o destinato a usi tecnici, farmaceutici e sim. | (*anat.*) *L. cefalorachidiano*, presente nei ventricoli cerebrali e negli spazi meningei | (*anat.*) *L. amniotico*, contenuto nell'interno dell'amnios | (*autom.*) *L. per freni*, contenuto in apposito serbatoio e nelle tubazioni degli impianti dei freni idraulici degli autoveicoli | *L. di governo*, quello di mantenimento in cui sono immersi gli alimenti destinati a essere conservati per un periodo più o meno lungo. *3* (*ell.*) Denaro contante. || **liquidétto**, dim.

liquigàs® [nome commerciale] s. m. ● Miscela di propano e butano, usata in bombole come combustibile domestico.

liquirìzia o **liquerìzia** o **liquorìzia** [vc. dotta, lat. tardo *liquirītia(m)*, deformazione pop. del gr. *glykýrriza* 'radice (*ríza*) dolce (*glykýs*)'] s. f. *1* Pianta erbacea o suffruticosa delle Papilionacee con rami flessibili e pubescenti, fiori azzurrognoli, foglie paripennate con foglioline ellittiche (*Glycyrrhiza glabra*). *2* Droga vegetale estratta dalle radici di tale pianta, usata come emmenagogo, emolliente, espettorante, diuretico. *3* La radice di tale pianta. *4* Caramella o pasticca a base di liquirizia.

liquor /*lat.* 'likwor/ [vc. lat., propriamente 'fluidità' (dal v. *liquāre* 'filtrare' e 'rendere liquido')] s. m. inv. ● (*anat.*) Liquido cefalorachideo.

liquoràle [da *liquor*] agg. ● (*biol.*) Riferito al liquor contenuto nelle cavità del nevrasse.

liquóre o (*poet.*) **licóre** [vc. dotta, lat. *liquōre(m)* 'liquido', da *liquēre* 'essere liquido'] s. m. *1* Bevanda alcolica dolcificata e aromatizzata con essenze vegetali. *2* (*lett.*) Sostanza liquida come l'acqua: *quel salutar licore aspro e indigesto* (PARINI) | *Il dolce l. di Bacco*, il vino. *3* Soluzione medicamentosa da somministrarsi a gocce. || **liquorino**, dim. (V.).

liquorerìa s. f. *1* Mescita e vendita di liquori. *2* Fabbrica di liquori | Assortimento di liquori.

liquorièro agg. ● Dei, relativo ai, liquori: *produzione liquoriera*.

liquorino s. m. *1* Dim. di *liquore*. *2* Bicchierino di liquore.

liquorista s. m. e f. (pl. m. *-i*) ● Chi fabbrica o vende liquori.

liquoristico agg. (pl. m. *-ci*) ● Relativo ai liquori.

liquorìzia ● V. *liquirizia*.

liquoróso [da *liquore*] agg. ● Simile al liquore, per alcolicità, dolcezza, aroma e sim.: *vino l.*

lira (1) [lat. *lībra(m)*, di origine preindeur., attraverso un sett. **lí(v)ira*] s. f. *1* Unità monetaria circolante in vari paesi europei ed extraeuropei, in particolare in Italia, Libano, Turchia | *L. verde*, valore convenzionale della moneta italiana che, nell'ambito della Comunità Economica Europea, determina i prezzi dei prodotti, a sostegno dell'agricoltura | *L. sterlina*, sterlina circolante nel Regno Unito di Gran Bretagna e Irlanda | *L. pesante*, V. *pesante*. *2* (*est.*) Denaro | *Non avere una l.*, essere senza denaro, essere al verde, in bolletta | *Non valere una l.*, non valere nulla | *Tranquillo come un due lire*, pacifico. *3* (*numism.*) Moneta, introdotta da Carlo Magno, pari a 20 soldi o 240 denari | (*fig., est.*) *Mancano 19 soldi a fare una l.*, non c'è la minima disponibilità di denaro | Moneta italiana d'argento, circolante dalla fine del XV sec. in poi, di valore diverso secondo gli Stati. *4* Libra. || **lirétta**, dim. (V.) | **liróne**, accr. m. (V.).

lìra (2) [vc. dotta, lat. *lўra(m)*, dal gr. *lýra*, t. tecnico, di origine mediterr.] **A** s. f. (*Lira* nel sign. 3) *1* Antico strumento musicale a corde in numero che nel tempo è variato da quattro a diciotto, fissate sul guscio a un ponticello | *L. tedesca*, ghironda. ➡ ILL. **musica**. *2* (*lett.*) Poesia lirica: *l. greca* | *Spezzare la l.*, detto di poeta che interrompe o cessa la propria produzione artistica. *3* (*astron.*) Costellazione nell'emisfero boreale. *4* (*zool.*) Uccello lira. *5* Motivo ornamentale diffuso nei mobili neoclassici, la cui forma ricorda lo strumento antico. *6* Strumento per rompere la cagliata nella preparazione del formaggio. **B** in funzione di agg. inv. ● (posposto al s.) Nella loc. *uccello l.*, V. *uccello*. || **liróne**, accr. m. (V.).

†lira (3) [vc. dotta, lat. *līra(m)*, di origine indeur.] s. f. ● Solco, confine, limite.

liràto [da *lira (2)*] agg. ● (*raro*) Che ha forma di lira, nel sign. di *lira* (*2*).

liràzza [vc. veneta, spreg. di *lira* (*1*)] s. f. ● Moneta d'argento veneziana del XVI secolo.

lirétta s. f. *1* Dim. di *lira* (*1*). *2* Antica moneta veneta. *3* (*scherz.*) La lira italiana all'epoca in cui faceva aggio sull'oro.

lìrica [vc. dotta, lat. *lўrica(m)*, dal gr. *lyrikós* 'appartenente alla lira (*lýra*)'] s. f. *1* (*letter.*) Nell'età classica, forma di poesia cantata con accompagnamento musicale | Nell'età moderna, forma di poesia ove prevale l'espressione di temi soggettivi, come stati d'animo ed esperienze interiori. *2* (*est.*) Ogni singolo componimento di tali poesie: *una l. di Saffo, del Leopardi*. *3* La poesia lirica di un autore, di un'epoca e sim., considerata nel suo complesso: *la l. romantica*. *4* (*mus.*) Il genere musicale del melodramma, dell'opera lirica: *un patito della l.*; *la l. di Verdi* | Lied, romanza: *una l. di Schubert*.

liricità s. f. ● Lirismo.

liricizzàre [comp. di *lirico* e *-izzare*] v. tr. ● Conferire un carattere, un'intonazione lirica a un discorso e sim.: *l. un racconto*.

lìrico [vc. dotta, lat. *lўricu(m)*, dal gr. *lyrikós*, da *lýra* 'lira (2)'] **A** agg. (pl. m. *-ci*) *1* In età classica, detto di poesia da cantarsi al suono della lira: *componimento l.* | In età moderna, detto di poesia caratterizzata da soggettivismo: *poesia lirica* | *Genere l.*, lirica. *2* Detto di chi compone liriche: *poeta l.* *3* (*est.*) Di ciò che ricorda il carattere della poesia lirica, per ricchezza di ispirazione e di sentimento: *slancio, impeto l.*; *prosa lirica*. *4* (*mus.*) *Opera lirica*, melodramma per voci e strumenti dall'800 in poi | *Cantante l.*, di opere liriche | *Teatro l.*, adibito alla rappresentazione di opere liriche. || **liricaménte**, avv. In forma lirica. **B** s. m. ● Poeta lirico.

lìrio [vc. dotta, lat. tardo *līrion* (nt.), dal gr. *léirion*, termine deriv. da una l. mediterr. orient.] s. m. ● (*bot.*) Giglio bianco.

liriodèndro [comp. del gr. *léirion* 'giglio' e *déndron* 'albero'] s. m. ● Grande albero delle Magnoliacee, americano, utilizzato per il legno giallo e leggero, ornamentale per le grandi foglie lobate cartilaginose ed i fiori simili a tulipani (*Liriodendron tulipifera*). SIN. Tulipifera.

lirìope [dal n. propr. lat., di origine gr., *Liríope*, di una ninfa dall'aspetto (gr. *óps*, genit. *opós*) di giglio (gr. *léirion*)] s. f. *1* Medusa marina degli Idrozoi con l'ombrello dal margine intero (*Liriope*). *2* Pianta delle Liliacee i cui grossi tuberi aromatici vengono usati in medicina (*Liriope spicata*).

lirìsmo [fr. *lyrisme* (per *lyricisme*), da (*poésie*) *lyrique* '(poesia) lirica'] s. m. *1* Caratteristica del poeta lirico e della poesia lirica. *2* (*est.*) Tono ispirato, esaltato: *descrivere q.c. con l.*

lirista [vc. dotta, lat. *lўriste(n)*, dal gr. *lyristés* 'suonatore di lira (*lýra*)'] s. m. e f. (pl. m. *-i*) ● Suonatore di lira.

†liròldo [da *lira (2)* col suff. spreg. *-aldo* in veste sett. (*-oldo*)] s. m. ● Musico girovago suonatore di lira.

liróne (1) s. m. *1* Accr. di *lira* (*1*). *2* Lirazza.

liróne (2) s. m. *1* Accr. di *lira* (*2*). *2* Strumento ad arco di registro grave con gran numero di corde, inventato nel XVI sec.

lirùro [propriamente 'dalla coda (gr. *ourá*) a forma di lira (gr. *lýra*)'] s. m. ● Uccello dei Galliformi, i cui maschi hanno coda a lira e una caruncola rossa e sfrangiata sopra gli occhi (*Lyrurus tetrix*).

lișàre v. tr. ● (*biol.*) Sottoporre a lisi, provocare la lisi: *l. un tessuto cellulare*.

lișàto [da *lisi*] **A** part. pass. di *lisare*; anche agg. *1* Nel sign. del v. *2* (*biol.*) Detto di sospensione contenente il citoplasma, gli organelli subcellulari e altri componenti, come membrane, di cellule sottoposte a lisi. **B** s. m. ● (*biol.*) Materiale prodotto in seguito alla lisi di un tessuto o di altro materiale biologico causata da agenti chimici, fisici o biologici.

lișbonése [adattamento del port. *lisbonense*] **A** agg. ● Di Lisbona. **B** s. m. e f. ● Abitante, nativo di Lisbona.

lisca (1) [lat. tardo *līsca(m)*, di etim. incerta] s. f. ● Materia legnosa che cade in forma di schegge dal lino e dalla canapa.

lisca (2) [lat. *arīsta(m)* '(a)resta' con sovrapposizione d'altra vc.] s. f. *1* Colonna vertebrale e qualunque spina dei pesci. *2* (*tosc., fam.*) Quantità piccolissima di q.c.: *una l. di pane* | *Non sapere una l.*, non sapere niente. *3* (*raro, tosc.*) Coltello da tasca di notevoli dimensioni. *4* (*pop.*) Difetto di pronuncia relativo alla consonante *s*: *parlare con la l* || PROV. Ogni pesce ha le sue lische. || **lischétta**, dim. | **lischettina**, dim. | **lischina**, dim.

liscàio s. m. ● (*raro*) Quantità di lische.

†liscènte agg. ● Liscio.

liscézza [da *liscio*] s. f. *1* Qualità di ciò che è liscio: *l. del velluto*. SIN. Levigatezza. *2* (*fig.*) Dolcezza, facilità. *3* (*fig.*) †Scorrevolezza, fluidità: *la l. di un verso*.

liscia [da *lisciare*] s. f. (pl. *-sce*) *1* Arnese del calzolaio per lisciare il cuoio. *2* Arnese cilindrico di ferro per stirare la biancheria inamidata. *3* Parte accuratamente levigata della culla di un affusto di cannone, sulla quale scorre la bocca da fuoco.

4 (*cart.*) *L. di macchina*, speciale tipo di calandra per lisciare il foglio di carta.

lisciaménto s. m. **1** Atto, effetto del lisciare o del lisciarsi. **2** (*fig.*) Lode falsa ed esagerata. SIN. Adulazione, piaggeria. **3** †Belletto.

†**lisciàrdo** s. m.; anche agg. (f. *-a*) ● Persona che si liscia. SIN. Vanitoso.

lisciàre [etim. incerta] **A** v. tr. (*io liscio*) **1** Rendere liscio, liberando da scabrosità: *l. il marmo, una tavola di legno*. SIN. Levigare. **2** (*est.*) Sfregare, strofinare leggermente | *Lisciarsi la barba, i capelli*, ravviarsi, pettinarsi. **3** (*est.*) Accarezzare: *l. il pelo al gatto* | (*fig.*) *L. lo stile*, curarlo in modo eccessivo e lezioso | (*raro*) *L. la coda al diavolo*, affaticarsi per una cosa inutile | *L. il pallone*, nel calcio, colpirlo di striscio, mancando perciò il tiro. **4** (*fig.*) Adulare, lusingare: *l. una persona importante* | *L. il pelo a qc.*, cercarne il favore e (*antifr.*) picchiarlo. **5** (*ass.*) Nel gioco del tressette, strisciare sul tavolo una carta di poco valore, affinché il compagno ne giochi una analoga | Nel gioco del bridge, non prendere pur avendone la possibilità. **B** v. rifl. ● Curarsi eccessivamente nella persona pulendosi, vestendosi elegantemente o imbellettandosi.

lisciàta [f. sost. del part. pass. di *lisciare*] s. f. **1** (*raro*) Lisciamento | Il lisciare o il lisciarsi rapidamente e una sola volta: *dare, darsi una l. all'abito*. **2** (*fig.*) Lusinga, adulazione. **3** Nel tressette, giocata di una carta bassa, strisciata sul tavolo. || **lisciatìna**, dim.

lisciàto part. pass. di *lisciare*; anche agg. **1** Nei sign. del v. **2** (*fig.*) Che ripone un'attenzione esagerata alla pulizia e alla cura della propria persona, fin nei minimi dettagli dell'abbigliamento: *passeggiava per il corso tutto l.* **3** (*fig.*) Eccessivamente accurato nella forma, detto spec. di opere o stili artistici.

lisciatóio s. m. ● Strumento, di materiali diversi, che serve per lisciare | Oggetto preistorico in pietra, che serviva per levigare i manufatti.

lisciatóre s. m. ● Nell'industria della lana, della concia e della carta, operaio addetto alla lisciatura.

lisciatrìce [da *lisciare*, sottintendendo 'macchina'] s. f. ● Macchina che esegue la lisciatura.

lisciatùra s. f. **1** Operazione del lisciare (*anche fig.*). **2** (*raro*) Ornamento, ricercatezza eccessiva nella cura della propria persona. **3** (*tecnol.*) Finitura della superficie di un pezzo ottenuta mediante il moto rotativo e alternativo di pietre abrasive spinte da molle contro il pezzo stesso. SIN. Honing, levigatura. **4** (*tess.*) Operazione di lavaggio ed essiccazione dei nastri di lana pettinata.

lìscio [da *lisci(at)o*] **A** agg. (pl. f. *-sce*) **1** Privo di ruvidezze e scabrosità alla superficie: *pietra liscia*; *l. come la seta* | *Pelle liscia*, senza rughe, morbida e compatta | *Capelli lisci*, non crespi | *Fucile a canna liscia*, senza rigatura. CONTR. Ruvido. **2** (*est.*) Privo di ornamenti, semplice: *mobile l.* | *Abito l.*, senza increspature, drappeggi e sim. **3** (*fig.*) Che non presenta difficoltà od ostacoli: *l'affare non è l.* | (*fig.*) *L. come l'olio*, di cose che si svolgono nel modo più tranquillo e regolare possibile | *Passarla liscia*, evitare castighi, punizioni, difficoltà e sim. | (*raro*) *Alla, per la più, liscia*, nel modo più semplice e facile | *Andare per le lisce*, per le spicce. **4** (*fig.*) Scorrevole, fluido: *versi lisci*; *prosa liscia*. **5** Detto di bevanda alcolica servita senza aggiunta di seltz o di ghiaccio: *whisky l.* | *Caffè l.*, privo di ogni aggiunta di alcol o di latte | (*est.*) Detto di acqua minerale non gasata. **6** (*pop.*) Detto di ballabile non sincopato | Detto di ballo eseguito senza alzare troppo i piedi da terra, strisciandoli appena sull'impiantito. || **lisciaménte**, avv. In modo semplice e piano. **B** s. m. **1** †Belletto, cosmetico | (*raro, est.*) Cura eccessiva della propria persona. **2** *Fare un l.*, nel calcio, sfiorare il pallone sbagliando perciò il tiro. **3** Ballo liscio: *una serata di l.*; *festival del l.* **C** in funzione di avv. ● *Andare l.*, bene, senza intoppi.

lisciòla s. f. ● Strumento di ferro per pareggiare i tagli della potatura su grossi rami.

†**lisciùme** s. m. ● Ornata affettazione.

†**lisciùra** s. f. ● Liscezza.

lisciva o (*pop.*) **liscìva** [lat. tardo *lixīvia(m)*, da *līxa*, sottinteso *ăqua*, 'acqua per colorare la lisciva', di etim. incerta] s. f. ● Soluzione a media concentrazione di idrati e carbonati alcalini, usata per lavare, imbiancare tessuti.

lisciviàle agg. ● Della, relativo alla, liscivia.

lisciviàre [da *liscivia*] v. tr. (*io liscìvio*) **1** Lavare, imbiancare con la liscivia. **2** Separare una sostanza da altre, sfruttando la differenza di solubilità, mediante immersione in opportuni solventi o soluzioni.

lisciviatóre s. m. **1** Apparecchio in cui si effettua la lisciviazione. **2** Operaio che fabbrica liscivia o esegue operazioni di lisciviatura.

lisciviatrìce s. f. ● Caldaia per fare il bucato.

lisciviatùra s. f. **1** Trattamento di purificazione e decolorazione delle fibre cellulosiche per la fabbricazione della carta. **2** Lavatura del cotone con liscivia.

lisciviazióne s. f. **1** Operazione del lisciviare. **2** (*geol.*) Migrazione di elementi solubili del terreno (sostanze organiche, minerali) dagli strati superiori a quelli inferiori del suolo per azione delle acque meteoriche.

lisciviόso [da *liscivia*] agg. ● Che ha caratteristiche di liscivia.

liscóso [da *lisca* (2)] agg. **1** Pieno di lische: *pesce l.* **2** (*raro*) Detto di persona molto magra.

lisèrgico [comp. di (*idro*)*lisi*, mediante la quale si ottiene, e *èrgo(t)*-, la 'segala cornuta' degli alcaloidi impiegati, col suff. di agg. chim. *-ico*] agg. (pl. m. *-ci*) ● (*chim.*) Detto di acido aromatico, monocarbossilico, costituente degli alcaloidi della segale cornuta dai quali si ottiene per idrolisi: *l'LSD è un derivato di sintesi dell'acido l.*

liseuse /fr. li'zøz/ [vc. fr., letteralmente 'lettrice', da *lire* 'leggere', perché usata da signora *che legge* a letto] s. f. inv. **1** Piccola giacca femminile da letto, spesso lavorata a maglia, che copre spec. le spalle e le braccia. **2** Tavolino settecentesco francese per libri, spesso di tipo girevole.

lìsi [gr. *lýsis*, da *lýein* 'sciogliere', di etim. incerta] s. f. **1** (*chim.*) Scissione, spec. enzimatica, di una sostanza. **2** (*biol.*) Processo di distruzione di un batterio, di un qualsiasi tipo cellulare o di un tessuto, causato da agenti di varia natura: *l. batterica* | Morte della cellula a causa della rottura della membrana cellulare. **3** (*med.*) Risoluzione lenta, graduale, di una malattia o dei sintomi.

-lisi /lizi, 'lizi/ [dal gr. *lýsis* 'lisi' (V.)] secondo elemento ● In parole composte della terminologia scientifica, significa 'soluzione', 'scomposizione', 'separazione' o 'distruzione': *analisi, dialisi, elettrolisi, idrolisi, paralisi, pericardiolisi.*

lisièra [fr. *lisière*, che risale al lat. *līciu(m)* 'filo torto a guisa di spago, per alzare e abbassare le fila dell'ordito nel tessere le tele' (V. *liccio*)] s. f. ● (*tess.*) Cimosa.

lisifobìa [comp. del gr. *lýsis* 'scioglimento, dissoluzione' (V. *lisi*) e *-fobia*] s. f. ● (*psicol.*) Timore di lasciare questioni in sospeso.

lisimàchia [vc. dotta, lat. *lysimăchia(m)*, dal gr. *lysimachía*, dal n. del suo leggendario scopritore, *Lysímachos* 'scioglitore (da *lýsis* 'lisi') di battaglia (*máchē*)', re di Tracia] s. f. ● (*bot.*) Nummolaria.

lisìna [comp. di *lis(o)*- e *-ina*] s. f. ● (*chim.*) Amminoacido basico presente soprattutto nelle proteine animali: è considerato essenziale nell'alimentazione dell'uomo e di numerosi animali.

lìso [lat. *elīsu(m)*, part. pass. di *elīdere* 'rompere'] agg. ● Consumato, logoro dall'uso, detto spec. di tessuti, abiti, biancheria: *cappotto, asciugamano l.* SIN. Consunto, frusto.

lìso- [dal gr. *lýsis* 'soluzione, scioglimento'. V. *lisi*] primo elemento ● In parole composte della terminologia scientifica, significa 'soluzione, scioglimento': *lisina, lisocitina.*

lisocitìna [comp. di *liso-*, del gr. *kýtos* 'cavità' (ma nella terminologia scient. 'cellula') e *-ina*] s. f. ● Tossina emolitica.

lisofòrmio [comp. di *liso(lo)* e un deriv. di *formolo*, l'acido che entra in composizione] s. m. ● Soluzione di sapone di potassio in cui si fa gorgogliare aldeide formica, usato come antisettico, disinfettante e deodorante.

lisogenìa [comp. di *liso-* e *-genia*] s. f. ● (*biol.*) Integrazione di un virus temperato allo stato di profago in un batterio, con acquisizione, da parte di quest'ultimo, della proprietà ereditabile di poter essere lisato, quando si creino condizioni opportune per la lisi.

lisògeno [comp. di *liso-* e *-geno*] agg. ● (*biol.*) Detto di un ceppo batterico che ha acquistato la proprietà ereditabile della lisogenia.

lisòlo [ingl. *lysol*, comp. del gr. *lýsis* 'lisi' e del suff. *-ol*, dal lat. *ŏl(eum)* 'olio'] s. m. ● Liquido sciropposo bruno, velenoso, ottenuto per saponificazione dei gliceridi dell'olio di lino, usato come disinfettante.

lisosòma [comp. di *liso-* e *-soma*] s. m. (pl. *-i*) ● (*biol.*) Piccolo organo subcellulare contenente enzimi idrolitici che intervengono nella digestione di materiali sintetizzati dalla cellula stessa o incorporati dall'ambiente extracellulare e quindi eliminati.

lisozìma [ingl. *lysozym*, comp. di *lyso(l)* 'lisolo' e della seconda parte di (*en*)*zym* '(en)zima'] s. m. (pl. *-i*) ● Enzima batteriolitico presente nei tessuti animali, dotato di attività antibatterica, analgesica, e sim.

lissa (1) [vc. dotta, gr. *lýssa* 'rabbia, furore', di etim. incerta] s. f. ● (*med.*) Idrofobia.

lìssa (2) [var. dial. di *liscia*, da *lisciare*] s. f. ● Nell'industria calzaturiera, ferro con cui si distende la cera sul bordo della suola delle scarpe per renderlo impermeabile e lucente | Macchina per lucidare cuoi e pellami.

lissencèfalo [comp. di *liss(o)*- ed *encefalo*] agg.; anche s. m. ● (*zool.*) Detto dei Vertebrati che possiedono emisferi cerebrali a superficie liscia.

lisso [vc. dotta, gr. *lissós*, da *lís* 'liscio', di etim. incerta] s. m. ● Piccolo coleottero dal corpo allungato e cilindrico che danneggia numerose piante coltivate (*Lissus paralepticus*).

lìsso- [dal gr. *lissós* 'liscio', di etim. incerta] primo elemento ● In parole composte della terminologia scientifica, significa 'liscio': *lissencefalo, lissotrico.*

lissofobìa [vc. dotta, comp. di *lissa* (1) e *-fobia*] s. f. ● (*psicol.*) Timore morboso di contrarre la rabbia.

lissòtrico [comp. di *lisso-* e *-trico*] agg. (pl. m. *-chi*) ● Detto dei capelli diritti e piuttosto grossi, a sezione circolare, caratteristici delle razze mongoloidi.

lìsta [germ. *lîsta* 'striscia, frangia'] s. f. **1** Striscia lunga e stretta di carta, stoffa o anche di materiale rigido o pieghevole: *una l. di carta, di metallo* | (*est.*) Riga, linea tracciata con q.c. e di colore contrastante con lo sfondo: *un disegno a liste bianche*. **2** Foglio di carta in cui si elencano cose o persone: *fare la l. della spesa, degli invitati* | *Mettere in l.*, porre fra altri il nome di qc. | *Segnare nella l. nera*, (*fig.*) segnare il nome di qc. fra quelli delle persone sospette o da evitare | *L. delle vivande, del pranzo*, carta, menu | *L. elettorale*, elenco degli elettori, compilato dagli organi di ciascun comune e sottoposto a revisione annuale; elenco dei candidati che ciascun partito presenta alle elezioni | *Rappresentante di l.*, delegato del partito a tutelarne gli interessi al seggio elettorale | *Rimborso a pie' di l.*, rimborso di spese documentate | *L. d'attesa*, elenco di persone che attendono di essere imbarcate, ricevute, visitate ecc. **3** (*est.*) Conto, spec. lungo: *la l. della sarta*; *pagare la l.* **4** (*elab.*) Listato. **5** †Fila, schiera | (*est.*) †Partito. **6** †Ciocca di capelli che scende sul petto. **7** (*raro, fig.*) †Durata: *non fia lunga la l. / dello amor vostro* (BOIARDO). || **listàccia**, pegg. | **listarèlla**, **listerèlla**, dim. | **listèlla**, dim. | **listèllo**, dim. m. (V.) | **listerellìna**, dim. | **listétta**, dim. | **listìna**, dim. | **listìno**, dim. m. (V.) | **listóna**, accr. | **listóne**, accr. m. (V.) | **listùccia**, dim.

listàre [da *lista*] **A** v. tr. **1** Fregiare, ornare con una o più liste: *l. q.c. di rosso, di giallo*; *l. dei biglietti da visita a lutto* | Rinforzare con una o più liste. **2** (*ass.*) †Registrare, porre in una lista. **B** v. intr. pron. ● †Essere segnato, attraversato da una lista.

listàto A part. pass. di *listare*; anche agg. **1** Nei sign. del v. **2** *Carta listata a bruno*, carta da lettere con una striscia nera intorno, in segno di lutto | (*scherz.*) *Unghie listate a lutto*, sudicie | (*est.*) Rigato: *muro l. di rosso*. **B** s. m. ● (*elab.*) Elenco di dati stampati in sequenza da un elaboratore.

listatùra s. f. **1** Atto, effetto del listare. **2** (*elab.*) Il risultato della stampa o della visualizzazione sullo schermo di una sequenza di dati precedentemente forniti all'elaboratore, spec. riguardanti la compilazione di un programma.

listellàre agg. ● Costituito da listelli | *Pannello l.*, quello che si ottiene incollando una serie di listelli paralleli su una base di legno o di compensato.

listèllo s. m. *1* Dim. di *lista*. *2* Sottile striscia, spec. di legno, usata in funzione ornamentale, di rinforzo e sim. *3* Modanatura a sezione rettangolare che separa due membrature architettoniche. *4* Travicello di legno su cui poggiano le tegole del tetto.

listèria [dal n. del chirurgo ingl. J. *Lister* (1827-1912)] s. f. ● (*biol.*) Genere di batteri comprendente specie bacillari gram-positive, che non producono spore, mobili, aerobie e che crescono abitualmente sui comuni terreni di coltura; agente causale di listeriosi (*Listeria monocytogenes*).

listeriòsi [comp. di *listeri(a)* e del suff. *-osi*] s. f. ● (*med.*) Malattia infettiva causata dal batterio *Listeria monocytogenes*, causa di setticemia, meningoencefalite e aborto, trasmessa gener. attraverso cibi contaminati (latticini).

listino s. m. *1* Dim. di *lista* nel sign. 2. *2* Nota, elenco di prezzi | *L. di borsa*, documento ufficiale che riporta le quotazioni dei titoli e dei cambi | *L. dei cambi*, documento che riporta i corsi ufficiali o liberi delle valute estere | *L. dei prezzi*, documento che riporta i prezzi delle merci vendute da una impresa, e costituisce offerta delle stesse ai possibili clienti.

listóne s. m. *1* Accr. di *lista*. *2* Ciascuna delle lunghe tavole di legno massello grezzo o prefinito impiegate per la composizione di parquet: *l. da incollaggio, a incastro*. *3* (*st.*) Lista nazionale presentata dai fascisti alle elezioni politiche del 1924, comprendente anche candidati liberali e democratici in appoggio | (*est.*) Lista elettorale composta da un alto numero di candidati: *il l. doroteo*. *4* A Venezia, ampia pavimentazione lastricata di marmo lungo la quale si svolge il passeggio in Piazza S. Marco. *5* (*est.*) Tipico marciapiede a lastroni, gener. affiancante la piazza o la strada principale, adibito tradizionalmente a luogo di ritrovo e di pubblico passeggio in varie città del Veneto e di regioni limitrofe | La strada o la piazza stessa. *6* (*mar.*) Solida fascia di legno, sagomata e dipinta esternamente, che si incastra sulle estremità superiori delle coste della nave per rinforzo e ornamento. || **listoncino**, dim.

†**lita** ● V. *lite*.

-lita ● V. *-lito* (*1*) e *-lito* (*2*).

litania o (*lett.*) †**letàna**, (*pop.*) †**letania** [vc. dotta, lat. *litanīa(m)*, dal gr. *litanéia*, deriv. di *litanéuein* 'pregare, supplicare', ampliamento di *líssesthai*, di etim. incerta] s. f. *1* Nella liturgia cattolica, preghiera di supplicazione formata da una serie di invocazioni a Dio, alla Vergine, ai Santi cui corrisponde la richiesta *Ora pro nobis* | Processione con accompagnamento di litanie | Canto e musica che accompagna tale preghiera. *2* (*est., fig.*) Serie lunga e noiosa: *una l. di nomi, di titoli* | *Lungo come una l.*, interminabile. SIN. Filastrocca, sequela.

litaniàre v. intr. (aus. *avere*) ● (*lett.*) Recitare, cantare litanie.

litànico agg. (pl. m. *-ci*) ● Di, relativo a, litania.

litantràce [comp. del gr. *líthos* 'pietra' e *ánthrax*, genit. *ánthrakos* 'antrace'] s. m. ● (*miner.*) Carbone fossile compatto, di colore bruno nerastro, facilissimo a bruciare.

†**litàre** [vc. dotta, lat. *litāre* 'ottenere o dare un presagio favorevole', prob. den. di **lita*, t. della l. relig., caduto in disuso insieme con le pratiche stesse] v. intr. ● Sacrificare.

†**litargia** ● V. *letargia*.

litargirio [vc. dotta, lat. *lithărgyru(m)*, dal gr. *lithárgyros*, comp. di *líthos* 'pietra', di etim. incerta, e *árgyros* 'argento', di origine indeur.] s. m. ● (*chim.*) Ossido di piombo, giallo o rossastro, usato nell'arte ceramica e in farmacia.

litchi /'litʃi/ [cinese *li-chi*, vc. giunta prob. attrav. l'ingl.] s. m. inv. *1* Pianta legnosa delle Sapindacee coltivata in Oriente i cui frutti eduli sono conosciuti anche in Europa (*Litchi chinensis*). SIN. Nefelio. *2* Frutto commestibile di tale pianta. SIN. Prugna cinese.

lìte o †**lita** [vc. dotta, lat. *līte(m)*, di etim. incerta] s. f. *1* (*dir.*) Causa civile: *muovere, intentare l.* | *L. pendente*, processo in via di svolgimento | *Vincere la causa e perdere la l.*, non risolvere nulla. *2* Violento contrasto con ingiurie e offese (*anche fig.*): *placare, aizzare la l.*; *della scultura non vi prometto voler parlarne, atteso che s'appiccherebbe una l.* (VASARI). SIN. Alterco, contesa, litigio.

-lite ● V. *-lito* (*1*).

litìași [gr. *lithíasis*, da *líthos* 'pietra', di etim. incerta, col suff. di stato o condizione *-asis*] s. f. ● (*med.*) Calcolosi.

litiàsico agg. (pl. m. *-ci*) ● (*med.*) Della, relativo alla, litiasi.

liticàre e *deriv.* ● V. *litigare* e *deriv.*

lìtico (*1*) [da *litio*] agg. (pl. m. *-ci*) ● Del, relativo al litio.

lìtico (*2*) [gr. *lytikós*, da *lytós* 'solubile', dal v. *lýein* 'sciogliere'] agg. (pl. m. *-ci*) ● (*chim.*) Che produce lisi.

lìtico (*3*) [gr. *lithikós* 'relativo alla pietra (*líthos*)'] agg. (pl. m. *-ci*) ● Di pietra | *Armi litiche*, di popoli preistorici o di natura.

-lìtico (*1*) [cfr. *litico* (*3*)] secondo elemento ● In parole composte, fa riferimento ai periodi dell'età della pietra determinati dal primo elemento: *eneolitico, neolitico, paleolitico*.

-lìtico (*2*) secondo elemento ● Forma aggettivi scientifici composti corrispondenti ai sostantivi in *-lisi* da cui derivano.

litigànte o (*tosc.*) **leticànte**, (*raro*) **liticànte** **A** part. pres. di *litigare*; anche agg. ● Nei sign. del v. **B** s. m. e f. *1* Chi litiga, contrasta con qc.: *separare i litiganti*. SIN. Contendente. *2* (*dir.*) Parte di una lite || PROV. Fra i due litiganti il terzo gode.

litigàre o (*tosc.*) **leticàre**, (*raro*) **liticàre** [vc. dotta, lat. *litigāre*, da *līs*, genit. *lītis* 'lite'] **A** v. intr. (*io lìtigo, tu lìtighi*; aus. *avere*) *1* Venire a contrasto con qc. in modo violento e ingiurioso: *hanno litigato per motivi di denaro* | (*est.*) Rompere, momentaneamente o definitivamente, i rapporti con una persona alla quale si è legati da consuetudine più o meno lunga: *i due fidanzati litigano spesso*; *ho litigato con lui e non voglio più vederlo*. *2* Essere parte di una lite: *l. per un risarcimento di danni*. **B** v. tr. ● Disputarsi, contendersi q.c.: *l. un terreno*; *litigarsi un premio*. **C** v. rifl. rec. ● (*fam.*) Venire a contrasto, a contesa, con qc.: *non fanno altro che litigarsi*; *si litigano per qualsiasi motivo*.

litigàta [da *litigare*] s. f. ● Litigio violento: *fare una l. con qc.*

litigatóre [vc. dotta, lat. *litigatōre(m)*, da *litigātus* 'litigato'] agg.; anche s. m. (f. *-trice*) ● (*raro*) Che, chi litiga, spec. abitualmente.

†**litigazióne** [vc. dotta, lat. tardo *litigatiōne(m)*, da *litigātus* 'litigato'] s. f. ● Litigio.

litighino o (*tosc.*) **letichino**. s. m. (f. *-a*) ● Chi cerca liti o litigi. SIN. Attaccabrighe.

litighio o (*tosc.*) **letichio**, (*raro*) **litichio**. s. m. ● Un litigare continuo e chiassoso.

litigio [vc. dotta, lat. *lītigiu(m)*, da *litigāre* 'litigare'] s. m. ● Animato contrasto di parole tra due o più persone | (*lett.*) Contesa. SIN. Alterco, bisticcio, lite.

litigiosità s. f. ● (*raro*) Qualità, carattere di chi è litigioso.

litigióso [vc. dotta, lat. *litigiōsu(m)*, da *lītigium* 'litigio'] agg. *1* Che sta sempre in lite con qc. o litiga volentieri: *famiglia litigiosa*; *indole litigiosa*. SIN. Attaccabrighe. *2* (*dir.*) Che è oggetto di una lite. || **litigiosaménte**, avv.

litigóne o (*tosc.*) **leticóne**, (*raro*) **liticóne**. s. m. (f. *-a*) ● Chi ama litigare e ne cerca le occasioni.

litio [gr. *líthion*, dim. di *líthos* 'pietra', di etim. incerta, perché usato in medicina contro il mal della *pietra* o calcolosi] s. m. ● Elemento chimico, metallo alcalino, leggerissimo, usato in metallurgia, in farmacia, nell'industria ceramica. SIMB. Li.

litióso agg. ● Del litio | Che contiene litio o composti del litio: *acque litiose*.

litisconsòrte [dalla formula giuridica *lītis cōnsors* (genit. *consŏrtis*), letteralmente 'attore con altri della lite'] s. m. e f. ● (*dir.*) Chi è attore o convenuto in un giudizio.

litisconsortìle [da *litisconsorte*] agg. ● (*dir.*) Relativo al litisconsorzio.

litisconsòrzio [dalla formula giuridica *lītis consŏrtium*, letteralmente 'unione di parti della lite'] s. m. ● (*dir.*) Presenza di più attori o di più convenuti in un processo civile: *l. necessario, facoltativo*.

litispendènza [dalla formula giuridica *lītis pendĕntia* 'pendenza della lite'] s. f. ● (*dir.*) Situazione processuale caratterizzata dalla contemporanea pendenza di due processi identici avanti a giudici diversi | Fase in cui il procedimento giudiziario è in corso di svolgimento.

†**lito** ● V. *lido*.

lito- [dal gr. *líthos* 'pietra'] primo elemento ● In parole composte, spec. della terminologia scientifica, significa 'pietra', 'roccia', 'calcare': *litografia, litoteca*.

-lito (*1*) o **-lita**, **-lite** [V. *lito-*] secondo elemento ● In parole composte, spec. della terminologia mineralogica, significa 'pietra, roccia, calcare': *aerolite, crisolito, monolito*.

-lito (*2*) o **-lita** [dal gr. *lytós* 'solubile', dal v. *lýein* 'sciogliere'] secondo elemento ● In parole composte della terminologia fisica e chimica, indica la capacità di alcune sostanze di trovarsi in soluzione a certe condizioni e modalità: *elettrolito, anfolito*.

litoceràmica [comp. di *lito-* e *ceramica*] s. f. ● Ceramica molto resistente simile al gres, usata per opere di rivestimento e pavimentazione.

litòclaṣi [comp. di *lito-* e del gr. *klásis* 'frattura'] s. f. ● (*geol.*) Fratturazione subita da una roccia sottoposta a forze tettoniche.

litoclastia [comp. di *lito-* e di un deriv. del gr. *klân* 'rompere, spezzare'] s. f. ● (*med.*) Litotripsia.

litoclàsto s. m. ● (*med.*) Strumento per la litoclastia.

†**litocòlla** [gr. *lithókolla* 'cemento', comp. di *líthos* 'pietra' e *kólla* 'colla'] s. f. ● Colla per unire frammenti di marmo o sim.

litocromia [comp. di *lito-* e *-cromia*] s. f. ● Cromolitografia.

litodiàliși [comp. di *lito-* e *dialisi*] s. f. ● (*med.*) Metodo di cura per la dissoluzione dei calcoli vescicali.

litòdomo [gr. *lithodómos* 'costruttore', comp. di *líthos* 'pietra' e di un deriv. di *démein* 'fabbricare', di origine indeur.] s. m. ● (*zool.*) Litofaga.

litòfaga s. f. ● Mollusco commestibile dei Lamellibranchi con conchiglia oblunga color bruno, che vive in fori della roccia da lui scavati (*Lithodomus lithophaga*). SIN. Dattero di mare, litodomo.

litòfago [comp. di *lito-* e *-fago*] agg. (pl. m. *-gi*) ● Di animale, spec. mollusco, capace di perforare la roccia calcarea.

litofania [comp. di *lito-* e di un deriv. del gr. *pháinein* 'apparire', perché le immagini appaiono sulla porcellana] s. f. *1* In molte religioni, manifestazione della divinità in forma di pietra. *2* Decorazione trasparente su porcellana o vetro opaco.

litòfita [comp. di *lito-* e *-fita*] s. f. ● Pianta che vive sulle rocce.

litòfono [comp. di *lito-* e *-fono*] s. m. *1* (*med., raro*) Sonda che fa sentire il contatto con il calcolo. *2* (*mus.*) Antico strumento a percussione formato da pietre speciali debitamente intonate.

litofotografia [comp. di *lito-* e *fotografia*] s. f. ● Fotolitografia.

litofotogràfico agg. (pl. m. *-ci*) ● Relativo alla litofotografia.

litogèneși [comp. di *lito-* e *genesi*] s. f. ● (*geol.*) Ogni processo di formazione di una roccia.

litogenètico agg. (pl. m. *-ci*) ● Relativo alla litogenesi.

litoglifia [gr. *lithoglyphía*, comp. di *líthos* 'pietra' e un deriv. di *glýphein* 'intagliare'] s. f. ● Arte di incidere pietre preziose.

litòglifo [gr. *lithoglyphḗs*, comp. di *líthos* 'pietra' e un deriv. di *glýphein* 'intagliare'] s. m. ● Incisione su pietra | Pietra incisa.

litografàre [da *litografia*] v. tr. (*io litògrafo*) ● Stampare con il sistema litografico.

litografia [comp. di *lito-* e *-grafia*] s. f. ● Sistema di stampa artistico e industriale in cui la matrice, originariamente in pietra finissima e oggi in metallo, viene inchiostrata solo nei punti voluti mediante trattamento chimico, senza essere incisa: *l. su pietra, su lastra di zinco* | Stabilimento in cui si stampa con questo sistema | Stampa così ottenuta.

litogràfico agg. (pl. m. *-ci*) ● Di, relativo alla, litografia. || **litograficaménte**, avv.

litògrafo [comp. di *lito-* e *-grafo*] s. m. (f. *-a*) ● Chi stampa in litografia.

litòide [gr. *lithoeidḗs*, comp. di *líthos* 'pietra' e un deriv. di *êidos* 'forma, aspetto'] agg. ● Roccioso | Di roccia dura e compatta.

litolàtra s. m. e f.; anche agg. (pl. m. *-i*) ● Adoratore delle pietre.

litolatrìa [comp. di *lito-* e *-latria*] s. f. ● Culto delle pietre.

litolàtrico agg. (pl. m. *-ci*) ● Relativo a litolatria e a litolatra.

litòlisi [comp. di *lito-* e *-lisi*] s. f. ● (*med.*) Dissoluzione dei calcoli mediante l'uso di acque minerali o altre sostanze.

litologìa [comp. di *lito-* e *-logia*] s. f. (pl. *-gie*) *1* (*geol.*) Insieme dei caratteri chimici e fisici di una roccia. *2* (*med.*) Studio delle affezioni litiasiche.

litològico agg. (pl. m. *-ci*) ● Relativo alla litologia.

litòlogo [comp. di *lito-* e *-logo*] s. m. (f. *-a*; pl. m. *-gi*) ● (*med.*) Chi si occupa di litologia.

litonefròsi [comp. di *lito-* e di un deriv. del gr. *nefrós* 'rene'] s. f. ● (*med.*) Affezione renale da calcoli.

litopèdio [comp. di *lito-* e di un deriv. del gr. *pâis*, genit. *paidós* 'bambino'] s. m. ● (*med.*) Feto morto, calcificato per la lunga ritenzione nell'utero.

litopóne o **litòpono** [fr. *lithopone*, comp. del gr. *líthos* 'pietra' e *pónos* 'fatica', secondo un'incerta interpretazione semantica] s. m. ● (*chim.*) Miscela bianca di solfato di bario e solfuro di zinco, usata per vernici, inchiostri da stampa e nella fabbricazione di tele cerate, cuoio artificiale e sim. come riempitivo.

litoràle o (*raro*) **littoràle** [vc. dotta, lat. *litorāle(m)*, da *lītus* 'lido'] **A** agg. ● Che è posto lungo il lido: *città l.* **B** s. m. ● Parte di spiaggia i cui limiti sono definiti dai livelli di alta e bassa marea | (*est.*) Marina, fascia costiera.

litoràneo o (*raro*) **littoràneo** [da *litorale* col suff. d'altra vc.] agg. ● Che si stende lungo il litorale: *ferrovia litoranea* | *Strada litoranea*, (*ell.*) *litoranea*, che corre lungo la costa, lungo il litorale | *Cordone l.*, banco sabbioso di detriti fluviali parallelo a una costa e spesso delimitante una laguna.

†**litoràno** [da *litorale* col suff. proprio di etnico *-ano* (*1*)] agg.; anche s. m. ● Abitatore di regione costiera.

litorìna o **littorìna** (1) [dal gr. *líthos* 'pietra', sulla quale vive] s. f. ● Piccolo mollusco dei Gasteropodi che vive lungo i litorali rocciosi dei mari settentrionali (*Litorina neritoides*).

litoscòpio [comp. di *lito-* e *-scopio*] s. m. ● (*med.*, *raro*) Strumento per evidenziare i calcoli.

litosfèra [comp. di *lito-* e *sfera*] s. f. ● (*geol.*) Parte esterna, più consistente, della Terra, comprendente la crosta e parte del mantello superiore, fino alla profondità di 100 km | Crosta terrestre. ➡ ILL. p. 817 SCIENZE DELLA TERRA ED ENERGIA.

litostratigrafìa [comp. di *lito-* e *stratigrafia*] s. f. ● (*geol.*) Ramo della geologia che suddivide le rocce secondo la successione della loro formazione in base ai loro caratteri litologici.

litostratigràfico agg. (pl. m. *-ci*) ● Relativo alla litostratigrafia.

litostròto [vc. dotta, lat. *lithostrōtu(m)*, dal gr. *lithóstrōtos*, comp. di *líthos* 'pietra' e un deriv. di *strṓnnysthai* 'stendere'] s. m. ● (*archeol.*) Pavimento in mosaico.

litòte [vc. dotta, lat. *lītotes*, dal gr. *litótēs*, da *litós* 'semplice', di etim. incerta] s. f. ● (*ling.*) Figura retorica che consiste nell'attenuare un concetto mediante la negazione del suo contrario: *e non torceva li occhi / da la sembianza lor ch'era non buona* (DANTE *Inf.* XXI, 98-99).

litotèca [comp. di *lito-* e *teca*] s. f. ● Raccolta, collezione di minerali.

litotècnica [comp. di *lito-* e *tecnica*] s. f. ● Tecnica della lavorazione della pietra, quale si presentava nelle varie culture preistoriche.

litotomìa [vc. dotta, lat. tardo *lithotŏmia(m)*, dal gr. *lithotomía* 'il cavare o tagliare pietra', comp. di *líthos* 'pietra' e un deriv. del v. *témnein* 'tagliare'] s. f. ● (*chir.*) Intervento chirurgico di apertura di un dotto o di una cavità viscerale per l'asportazione di calcoli.

litotòmico [gr. *lithotomikós*, da *lithotómos* 'litotomo'] agg. (pl. m. *-ci*) ● Di litotomia.

litotomista s. m. (pl. *-i*) ● (*raro*) Chi pratica la litotomia.

litòtomo [gr. *lithotómos*, comp. di *líthos* 'pietra' e un deriv. di *témnein* 'tagliare'] s. m. ● Strumento per la litotomia.

litotripsìa o **litotrissìa** [comp. di *lito-* e di un deriv. del gr. *trîpsis* 'sfregamento'] s. f. ● (*chir.*) Frammentazione minuta dei calcoli delle vie urinarie mediante uno strumento a pinza (litotritore) introdotto nell'uretra, così da facilitarne l'eliminazione spontanea o provocata mediante lavaggio | *L. a onde d'urto*, tecnica di frantumazione dei calcoli mediante onda d'urto generata da scariche elettriche emesse da due elettrodi immersi nell'acqua.

litotrissìa ● V. *litotripsia*.

litotritóre [da *litotripsia*, sul tipo del corrispondente fr. *lithotriteur*] s. m. ● (*chir.*) Strumento per la litotripsia: *l. a pinza*, *l. a onde d'urto*.

Litràcee [comp. del gr. *lýthron* 'sangue spesso, confuso a polvere' (di vasta famiglia indeur.) e *-acee*] s. f. pl. ● Nella tassonomia vegetale, famiglia di piante erbacee delle Dicotiledoni con calice persistente e petali inseriti alla sommità del calice (*Lythraceae*) | (al sing. *-a*) Ogni individuo di tale famiglia.

litro [fr. *litre*, dal precedente *litron*, deriv. del gr. *lítra*, di origine medit.] s. m. *1* Unità di misura di capacità equivalente a 1 dm^3. SIMB. l o L. *2* Bottiglia bollata della capacità di un litro, per la vendita al minuto di vino e sim. | Quantità di liquido in essa contenuto.

-litro secondo elemento ● In metrologia, indica multipli o sottomultipli del litro: *ettolitro*, *centilitro*.

†**litta** (1) [lat. parl. **līgita(m)* 'fango, melma', di origine incerta (gall.?)] s. f. ● Minutissima rena di fiumi e torrenti.

litta (2) [vc. dotta, lat. *lŷtta(m)* 'verme sulla lingua dei cani', dal gr. *lýtta*, var. di *lýssa* 'rabbia', provocata, secondo la credenza, da quel vermicello] s. f. ● (*zool.*) Cantaride.

†**littera** e *deriv.* ● V. *lettera* e *deriv.*

littoràle ● V. *litorale*.

littoràneo ● V. *litoraneo*.

littóre [vc. dotta, lat. *lictōre(m)*, comunemente connesso con *ligāre* 'legare (1)' (perché portatore di fasci di verghe *legate*)] s. m. *1* Nell'antica Roma, chi accompagnava in pubblico magistrati, sacerdoti e imperatrici portando il fascio littorio. *2* Nel periodo fascista, vincitore dei ludi littoriali.

littoriàle [da *littorio*] **A** agg. ● Del littorio | *Ludi littoriali*, nel periodo fascista, competizioni sportive, culturali e sim. **B** s. m. pl. ● (*ell.*) Ludi littoriali.

littorìna (1) ● V. *litorina*.

littorìna (2) [da (fascio) *littorio*] s. f. ● (*ferr.*) Automotrice con motore Diesel, a elevata velocità, entrata in servizio negli anni Trenta.

littòrio [vc. dotta, lat. *lictōriu(m)*, da *lĭctor*, genit. *lictōris* 'littore'] **A** agg. *1* Dei, relativo ai littori | *Fascio l.*, quello, formato da un gruppo di verghe più una scure, che i littori romani portavano sulla spalla, assunto come simbolo dal fascismo. *2* (*est.*) Fascista: *casa littoria*. **B** s. m. ● Emblema del fascismo | *Gioventù del Littorio*, gioventù fascista.

lituàno [dal n. della regione, *Lietuva*, di origine incerta] **A** agg. ● Della Lituania. **B** s. m. (f. *-a*) ● Abitante, nativo della Lituania. **C** s. m. solo sing. ● Lingua del gruppo baltico, parlata in Lituania.

lituo [vc. dotta, lat. *lĭtuu(m)*: termine etrusco (?)] s. m. *1* Bastone ricurvo con cui il sacerdote etrusco limitava lo spazio sacro. *2* Tipo particolare di antica tromba simile alla buccina. ➡ ILL. **musica**.

litùra [da *lĭnere* 'ungere', di origine indeur.] s. f. *1* Cancellazione di scrittura su cera mediante spianamento, o di iscrizione lapidaria mediante martellamento. *2* Nel linguaggio dei filologi, cancellatura.

liturgìa [gr. *leitourgía*, da *leitourgós* 'liturgo'] s. f. (pl. *-gie*) *1* Nelle religioni, complesso degli atti cerimoniali pubblici destinati al culto | Nel cristianesimo, insieme degli atti attraverso i quali la comunità dei fedeli, unita a Cristo, professa pubblicamente la sua fede e tributa il culto a Dio | Insieme delle cerimonie cultuali pubbliche proprie di ciascuna confessione cristiana o di singole chiese: *l. luterana, anglicana, cattolica, ambrosiana, mozarabica, benedettina* | *L. delle ore*, nella pratica cattolica, recita dei salmi assegnata alle varie ore della giornata | *L. della parola*, nella pratica cattolica, prima parte della messa, dall'inizio fino all'offertorio dove si leggono brani dell'Antico e Nuovo Testamento | (*fig.*) Cerimoniale, procedura: *la l. delle assemblee studentesche* | (*est.*) Consuetudine, modi o forme consuete: *le liturgie espressive del Corriere della Sera*. *2* Nell'antica Grecia, obbligo incombente ai cittadini più facoltosi di sostenere a proprie spese determinate cariche pubbliche o funzioni pubbliche religiose o civili.

litùrgico [gr. *leitourgikós* 'servizievole', da *leitourgós* 'liturgo'] agg. (pl. m. *-ci*) ● Della, relativo alla, liturgia | *Anno l.*, quello comprendente le feste della Chiesa a partire dalla prima domenica dell'Avvento fino a quella dell'anno successivo | *Lingua liturgica, libri, indumenti liturgici*, prescritti dalla liturgia | *Pittura liturgica*, rappresentante cerimonie sacre | *Musica liturgica*, musica sacra | *Formule liturgiche*, quelle che ricorrono spesso nei testi delle funzioni | *Dramma l.*, sorta di rappresentazione che utilizza i testi della liturgia. || **liturgicaménte**, avv. Secondo la liturgia.

liturgista s. m. e f. (pl. m. *-i*) ● Studioso di liturgia.

litùrgo [gr. *leitourgós* 'servo pubblico, operaio', comp. di *lēós*, var. di *laós* 'popolo', di etim. incerta, e un deriv. della rad. *erg-*, di origine indeur.] s. m. (pl. *-ghi* o *-gi*) ● Nell'antica Grecia, cittadino che sosteneva l'onere di una liturgia.

liutàio [da *liuto* (*1*)] s. m. ● Chi fabbrica e ripara liuti o altri strumenti a corda.

liuterìa s. f. *1* Arte dei liutai. *2* Laboratorio, bottega di liutaio.

liutista s. m. e f. (pl. m. *-i*) *1* Chi suona il liuto. *2* (*raro*) Chi compone musica per liuto.

liùto (1) o †**leùto** (1) [ant. fr. *leut*, dall'ar. *ūd* '(strumento di) legno' preceduto dall'art. (*al*)] s. m. ● Strumento musicale simile alla mandola, con manico talvolta ripiegato indietro, con corde in numero variabile da 6 a 20, che si suona pizzicandole. ➡ ILL. **musica**.

liùto (2) ● V. *leuto* (*2*).

livàrda [fr. *livarde*, dall'ol. *lijwaarts*, propr. 'sotto il vento'] s. f. ● (*mar.*) Balestrone.

live /ingl. 'laiv/ [vc. ingl., propr. '(dal) vivo'] **A** agg. inv. *1* Detto di programma televisivo o radiofonico trasmesso in diretta e non registrato precedentemente, oppure registrato in presenza di pubblico e non negli studi: *spettacolo l.* *2* Detto di esecuzione canora che fa a meno della base musicale preregistrata. *3* Detto di registrazione discografica eseguita direttamente durante un concerto e non in sala d'incisione: *album l.* **B** s. m. inv. ● Il prodotto stesso della registrazione: *un l. di De Gregori*.

livèlla [lat. *libĕlla(m)*, dim. di *lībra* 'bilancia'] s. f. ● Apparecchio atto a stabilire l'orizzontalità di una retta, di una superficie | *L. a bolla* (*d'aria*), tubo di vetro, ripieno quasi totalmente di liquido a basso punto di congelamento, spec. alcol o etere, in modo da ottenere una bolla che si dispone in posizione centrale, indicata da una graduazione, quando la posizione della livella è orizzontale | *L. a cannocchiale*, livello | *L. ad acqua*, dove la posizione orizzontale è indicata dalla identica altezza dell'acqua in due ampolle comunicanti.

livellaménto [da *livellare* (*1*)] s. m. *1* Atto, effetto del livellare o del livellarsi (*anche fig.*): *il l. di un terreno, del grado di istruzione di una nazione*. *2* (*rag.*) Calcolo da farsi in computisteria quando divisa e cambio non hanno la stessa scadenza.

livellàre (1) [da *livella*, sull'es. del corrispondente fr. *niveler* (da *livel(l)er*)] **A** v. tr. (*io livèllo*) ● Ridurre allo stesso livello (*anche fig.*): *l. un terreno*; *l. le entrate e le uscite di un'azienda*. SIN.

Uguagliare, pareggiare. **B** v. intr. pron. ● Disporsi a uno stesso livello (*anche fig.*): *i liquidi nei vasi comunicanti si livellano*; *i cittadini devono livellarsi nei diritti e nei doveri*; *la morte livella i potenti e gli umili*.

livellàre (2) [da *livello (1)*] agg. ● Di livello: *linea l.*

livellàre (3) [da *livello (2)*] v. tr. (*io livèllo*) *1* (*raro*) Applicare un livello al prezzo di mercato di un bene. *2* Dare un terreno a livello.

livellàre (4) [da *livello (1)* col suff. agg. *-are*, sul modello del corrispondente lat. tardo *libellārius*] agg. ● (*dir.*) Relativo al contratto di livello: *canoni livellari*.

†livellàrio [lat. tardo *libellāriu(m)*, da *libĕllus* 'livello'] **A** agg. ● (*dir.*) Livellare, nel sign. di *livellare (4)*. **B** s. m. ● Colui a cui è stato dato a livello un terreno.

livellatóre [da *livellare (1)*] agg.; anche s. m. (f. *-trice*) *1* Che, chi compie operazioni di livellamento. *2* Che, chi tende ad abolire qualsiasi discriminazione spec. politica, sociale o economica: *un provvedimento l.*

livellatrice s. f. ● Macchina per il movimento terra, adibita al livellamento dei terreni spec. nei lavori stradali.

livellatùra s. f. ● (*raro*) Livellamento, livellazione.

livellazióne s. f. ● Insieme di operazioni e calcoli che permettono di determinare il dislivello fra due punti del terreno.

livellétta [da *livello (1)*] s. f. ● Tratto di linea ferroviaria, strada, condotta forzata e sim. in cui non si ha una variazione di pendenza.

livèllo (1) [da *livellare (1)*] s. m. *1* Superficie libera di un fluido | *L. del mare*, piano della superficie delle acque marine supposte in quiete, al quale sono riferite le altitudini e le profondità | *L. freatico*, dell'acqua in un pozzo alimentato da una falda freatica. *2* Altezza di un punto sopra una superficie | *Curva di l.*, isoipsa. *3* Quota di un piano orizzontale rispetto a un altro piano di riferimento | *L. di miniera*, ciascuno dei piani orizzontali su cui si sviluppa la rete delle gallerie principali della miniera | *Passaggio a l.*, incrocio fra una strada e i binari di una ferrovia, allo stesso livello. *4* (*geol.*) Strato o insieme di strati con caratteri litologici o paleontologici che li rendono facilmente distinguibili entro le altre rocce. *5* (*fig.*) Condizione, grado, valore: *l. sociale, economico*; *alto l. d'intelligenza*; *nel paese c'è un alto l. di vita* | *Mettere tutto, tutti allo stesso l.*, non fare distinzioni di valore fra cose, fatti, persone diverse | *Ad alto l.*, di cosa molto importante, di persona qualificata, e sim.: *lavoro ad alto l.*; *conferenza ad alto l.* | *Conferenza al più alto l.*, tenuta tra capi di stato | *A l. di*, relativamente al grado, alle mansioni, alle competenze e sim. delle persone cui si fa riferimento: *riunione a l. di ministri degli Esteri*; *incontro a l. tecnico*; *a l. di insegnanti la scuola è molto valida* | *A l.*, *a l. di*, sotto il profilo, dal punto di vista: *a l. organizzativo non li batte nessuno*; *a l. di comportamento lascia molto a desiderare*. *6* Strumento topografico usato nella livellazione, che permette di definire visuali giacenti in un piano orizzontale. *7* (*ling.*) Ognuna delle diverse unità che costituiscono una lingua, gerarchicamente subordinate le une alle altre a partire da un'unità superiore (enunciato): *l. fonematico, morfematico, frastico*. *8* (*fis.*) Ciascuno degli stati energetici che un elettrone può assumere in un atomo.

livèllo (2) [lat. *libĕllu(m)* 'libretto', dim. di *lĭber*, genit. *lĭbri* 'libro', sul quale era trascritto il contratto relativo] s. m. *1* Anticamente, contratto simile a quello d'enfiteusi. *2* (*raro*) Canone di un contratto fondiario. *3* †Limite posto dalla Pubblica Autorità al prezzo di un bene.

†liveràre [ant. fr. *livrer*, dal lat. *liberāre* 'lasciar libero'] **A** v. tr. *1* Lasciare, abbandonare. *2* Finire, spacciare, consumare. *3* Condannare. **B** v. intr. ● Andarsene, morire.

liviàno [vc. dotta, lat. *Liviānu(m)*, da *Livius* '(Tito) Livio', di etim. incerta] agg. ● Dello, relativo allo, storico latino T. Livio (59 a.C.-17 d.C.).

†lividàre [vc. dotta, lat. tardo *lividāre*, da *lĭvidus* 'livido'] v. tr. ● Lividire.

lividàstro agg. ● Di un brutto livido, tendente al livido: *mani intirizzite dal freddo e lividastre*.

lividézza s. f. *1* Qualità, aspetto di ciò che è livido: *l. cadaverica*. *2* †Invidia, livore.

lividìccio agg. (pl. f. *-ce*) ● Che è piuttosto livido.

†lividìgno agg. ● Di colore che tende al livido.

†lividìre v. tr. ● Illividire.

lìvido [vc. dotta, lat. *lĭvidu(m)*, da *livēre* 'essere livido, pallido', di parziale area indeur.] **A** agg. *1* Detto della colorazione bluastra della pelle umana per contusioni o percosse: *carni livide* | (*fig.*) *Faccia livida*, scura, molto turbata, per rabbia o paura. *2* (*est.*) Di colore plumbeo, tra il turchino cupo e il nero: *cielo l. di pioggia*; *gli occhi lividi per lo soverchio piangere* (SANNAZARO). *3* (*raro, lett.*) Invidioso, maligno. ‖ **lividétto**, dim. ‖ **lividaménte**, avv. *1* (*raro*) In modo livido. *2* (*raro*) Con livore. **B** s. m. ● Macchia bluastra che si forma sulla pelle per contusioni o percosse.

lividóre s. m. ● Lividezza: *il l. della pelle*; *le rughe precoci dei giorni senza pane, il l. delle notti stanche* (VERGA).

†lividóso agg. ● Livido.

lividùme s. m. ● (*raro*) Larga macchia di colore livido.

lividùra s. f. ● Livido, lividore.

living theatre /*ingl.* 'liviŋ 'θiətə*/ [loc. ingl., propr. 'teatro (*theatre*) vivente (*living*, da *to live* 'vivere', d'origine germ.)'] loc. sost. m. inv. ● Forma moderna di rappresentazione teatrale in cui gli spettatori sono invitati a partecipare attivamente allo spettacolo che si sta svolgendo sulla scena.

livóre [vc. dotta, lat. *livōre(m)*, da *livēre* 'illividire', di origine indeur.] s. m. *1* Invidia astiosa e maligna: *cupo l.*; *il l. degli avversari*. SIN. Astio, rancore. *2* †Livido, lividore.

livornése **A** agg. ● Di Livorno | *Alla l.*, (*ell.*) alla maniera dei livornesi, detto di pietanza condita con pomodoro, cipolla, aglio, pepe: *triglia, cacciucco, trippa alla l.* | *Razza l.*, la più produttiva razza di galline ovaiole | *Gallina l.*, di razza livornese. **B** s. m. e f. ● Abitante, nativo di Livorno. **C** s. f. ● Gallina livornese.

†livoróso [da *livore*] agg. ● Invidioso. ‖ **†livorosaménte**, avv. Con livore.

livrèa [fr. *livrée*, sottinteso *robe*, '(veste) consegnata, fornita (da *livrer* e sottinteso 'dal signore al servo')'] s. f. *1* Uniforme, divisa, portata un tempo dai dipendenti delle grandi case signorili: *camerieri, cocchieri, staffieri, in l.* | *Portare la l. di qc.*, essere suo servitore, suo dipendente e (*fig.*) avere un atteggiamento di servile sottomissione verso qc. | *Uomo di due livree*, servitore di due padroni e (*fig.*) chi ha una condotta ambigua e falsa. *2* (*zool.*) Aspetto di un animale, spesso variabile nel corso dell'anno, dovuto ai colori del piumaggio, del pelame o della pelle. *3* †Alloggio destinato agli ospiti. ‖ **livreina**, dim.

livreàto **A** agg. ● (*raro*) Che porta la livrea. **B** s. m. ● (*raro*) Servitore, cortigiano.

livre de chevet /*fr.* 'livr də ʃə'vɛ/ [loc. fr., propr. 'libro (*livre*) da capezzale (*chevet*)'] loc. sost. m. inv. (pl. fr. *livres de chevet*) ● Libro preferito, che si tiene a portata di mano.

lìzza (1) [fr. *lice*, dal francone *līstja* 'barriera'] s. f. *1* Palizzata, steccato. *2* (*mil.*) Spazio recintato entro cui si svolgevano le giostre all'epoca della cavalleria | Nell'antica fortificazione, spazio antistante il fosso di un'opera e protetto verso la campagna da una palizzata. *3* (*est.*) Campo di combattimento: *nel mezzo della l. entrambi accinti / presentârsi* (MONTI) | (*fig.*) Lotta, contesa | *Entrare, scendere in l.*, (*fig.*) prendere parte a una gara, a una discussione e sim.

lìzza (2) [sp. *lija*, di etim. discussa: da *lijo* 'sporcizia' per le fitte squame che la ricoprono (?)] s. f. ● (*zool.*) Leccia.

lìzza (3) [da una forma dial. sett. (con assimilazione) *l'ilza*, dal lat. tardo *hēlcia* 'corda da trainare (*hélkein*, in gr.)'] s. f. ● Slitta o piano inclinato in legno per il trasporto dei blocchi di marmo.

lizzàre [da *lizza (3)*] v. tr. ● Trasportare con la lizza: *l. il marmo*.

lizzatùra s. f. ● Operazione del lizzare il marmo.

llano /*sp.* 'ʎano/ [vc. sp., letteralmente 'pianura', dal lat. *plānus* 'piano'] s. m. (pl. *llanos* /*sp.* 'ʎanos/) ● Formazione vegetale del tipo della savana caratteristica del Venezuela.

lo /lo/ [lat. *(ĭl)lu(m)* 'quello', di etim. incerta nei suoi componenti] **A** art. det. m. sing. (si usa davanti a parole m. sing. che cominciano per vocale o per *gn*, *pn*, *ps*, *s impura*, *x*, *z* e anche davanti a parole che cominciano per *i*, *y*, *j* (se quest'ultima ha suono di vocale) seguite da vocale; si elide generalmente davanti a parole che cominciano per vocale o, più raramente, per semiconsonante: *lo gnaulìo*; *lo pneumatico*; *lo psicologo*; *lo xilografo*; *lo sfregio*; *lo sciroppo*; *lo scialle*; *lo schianto*; *lo zucchero*; *lo iodio*; *l'ieri*; *l'errore*; *l'uomo*; *lo jugoslavo*, *lo juventino*; *lo yeti* | (*lett.*) †Si usa anche davanti a consonante semplice in sostituzione di 'il', spec. all'inizio di un verso o di una frase; oppure se è preceduto da una parola che termina per consonante; oggi si ha la sopravvivenza di tale impiego nelle loc. *per lo più*, *per lo meno*: *lo bello stilo* (DANTE *Inf.* I, 87); *rimirar lo passo* (DANTE *Inf.* I, 26) | Fondendosi con le prep. proprie semplici, dà origine alle prep. art. m. sing. *allo*, *collo*, *dallo*, *dello*, *nello*, *sullo*, poet. *pello*) ● Ha gli stessi sign. e impieghi di 'il'. L'uso dell'una e dell'altra forma è regolato solo dalle norme fonetiche. V. anche *'il'*. **B** pron. dimostr. e pers. di terza pers. m. sing. *1* Lui, esso (come compl. ogg. riferito a persona o cosa, in posizione sia encl. sia procl.): *lo vide venire, pallido e stralunato* (VERGA); *eccolo che arriva*; *non l'ho più visto*; *te lo porterò*; *restituiscimelo subito!* *2* Ciò (con valore neutro in posizione sia encl. sia procl.): *tu lo sapevi*; *dillo*; *lo dicevo io!*; *per la contradizion che nol consente* (DANTE *Inf.* XXVII, 120) | (*pleon.*) Con valore raff. in principio di frase: *lo si dice*; *lo si pensa* | Con valore pleon. e raff.: *lo sapevo che saresti venuto!* *3* Tale (davanti al v. 'essere'): *si ritiene furbo ma non lo è*; *si credono indispensabili e invece non lo sono* (V. nota d'uso ELISIONE e TRONCAMENTO).

loader /*ingl.* 'loudə*/ [vc. ingl., dal v. *to load* 'caricare'] s. m. inv. ● (*elab.*) Caricatore.

lob /*ingl.* lɔb/ [vc. ingl., dal v. *to lob* 'lanciare in alto ad arco', di prob. origine straniera e etim. incerta] s. m. inv. ● Nel tennis, pallonetto.

lobàre [da *lobo*] agg. *1* Che ha forma di lobo o è costituito da lobi. *2* Relativo a un lobo.

lobàto agg. ● Foggiato a lobi.

lòbbia [lombardo *lobia*, con sovrapposizione del nome del deputato C. *Lobbia*, divenuto famoso per un processo intentatogli nel 1869 dalla Regia dei Tabacchi] s. m. o f. ● Cappello maschile di feltro morbido con la calotta segnata da una infossatura sul senso della lunghezza, e la tesa più o meno larga.

lobbìsmo [da *lobby* sul modello dell'ingl. *lobbysm*] s. m. ● Sistema praticato da gruppi di interesse, tendente a influenzare attraverso pressioni di vario tipo le scelte di chi detiene il potere decisionale, allo scopo di ricavarne vantaggi particolaristici, spec. economici e finanziari.

lobbìsta [da *lobby*, sul modello dell'ingl. *lobbyst*] s. m. e f. (pl. m. *-i*) ● Chi fa parte di una lobby o ne difende gli interessi.

lobbìstico agg. (pl. m. *-ci*) ● Relativo a lobby o al lobbismo: *intrallazzi lobbistici*.

lòbby /'lɔbbi, *ingl.* 'lɔbi/ [vc. ingl., originariamente 'passaggio coperto (in un monastero)', dal lat. mediev. *lāubia* 'loggia' (V.), di origine germ.] s. f. inv. (pl. ingl. *lobbies*) *1* Salone principale delle banche dove si svolgono le principali operazioni. *2* (*fig.*) Gruppo di persone che, sebbene estranee al potere politico, hanno la capacità di influenzarne le scelte, soprattutto in materia economica e finanziaria.

lobectomìa [comp. del gr. *lobós* 'lobo' e un deriv. di *ektomḗ* 'taglio', da *ektémnein* 'tagliar (*témnein*) via (*ek-*)'] s. f. ● (*chir.*) Asportazione di un lobo: *l. polmonare, cerebrale*.

lobèlia [dal n. latinizzato (*Lobēlius*) del botanico fiammingo M. de *Lobel* (1538-1616)] s. f. ● Pianta erbacea officinale americana delle Lobeliacee con foglie pelose e piccoli fiori bianchi in grappoli (*Lobelia inflata*).

Lobeliacee [da *lobelia* col suff. *-acee*] s. f. pl. ● Nella tassonomia vegetale, famiglia di piante tropicali delle Dicotiledoni simili alle Campanulacee ma con corolla irregolare (*Lobeliaceae*) | (al sing. *-a*) Ogni individuo di tale famiglia.

lobelìna [da *lobelia*, da cui è estratto, col suff. chimico *-ina*] s. f. ● Alcaloide della lobelia usato come antiasmatico e potente analettico.

lòbo [gr. *lobós*, di etim. controversa] s. m. *1* (*biol.*)

Ciascuna delle parti in cui un organo animale o vegetale viene diviso da solchi. *2* (*anat.*) Porzione tondeggiante di un organo: *l. cerebrale* | *L. polmonare*, parte del polmone delimitata dalla scissura | *L. dell'orecchio*, parte inferiore, molle, del padiglione auricolare.

lobotomìa [comp. di *lobo* e *-tomia*] **s. f.** ● (*chir.*) Intervento chirurgico che ha lo scopo di interrompere totalmente le connessioni tra il lobo frontale e il resto del cervello, spec. il talamo, nel trattamento di alcune malattie mentali.

lobotomizzàre **v. tr.** ● Sottoporre qc. a lobotomia.

lobotomizzàto **A** **part. pass.** di *lobotomizzare*; anche **agg.** ● Nei sign. del v. **B** **s. m.** (f. *-a*) ● Chi è stato sottoposto a lobotomia.

lobulàre (1) [da *lobulo*] **v. tr.** (*io lòbulo*) ● Suddividere in lobuli.

lobulàre (2) [da *lobulo*, col suff. agg. *-are*] **agg.** ● Di, relativo a, lobulo.

lobulàto **part. pass.** di *lobulare*; anche **agg.** *1* Nel sign. del v. *2* (*anat.*) A forma di lobulo | Costituito da lobuli: *il rene è un organo l.*

lòbulo [da *lobo*, con il suff. dim. di tipo latino che si trova in *globulo*] **s. m.** ● Suddivisione del lobo.

locàle (1) [vc. dotta, lat. *locāle(m)*, agg. deriv. da *lŏcus* 'luogo', sost. dapprima in fr. (*local*)] **A** **agg.** *1* Che è proprio di, o limitato a, un determinato luogo: *divinità, genio l.*; *intervennero le autorità locali*; *ferrovia, traffico l.* | *Stampa l.*, i giornali di una città | *Colore l.*, il complesso degli elementi che caratterizzano un certo luogo | *Ente l.*, la cui azione è circoscritta a parte del territorio dello Stato | *Finanza l.*, degli enti locali. *2* (*med.*) Che concerne o interessa solo una parte determinata del corpo umano: *malattia l.*; *cura l.* | *Anestesia l.*, che interessa una parte limitata del corpo, con conservazione della coscienza | *Uso l.*, di medicinale che dev'essere impiegato all'esterno, sulla parte malata. *3* (*astron.*) Che appartiene alla nostra galassia, cioè a quella di cui fa parte il sistema solare. || **localménte**, †**localeménte**, **avv.** In un determinato luogo o parte; in modo circoscritto. **B** **s. f.** ● (*med.*) Anestesia locale.

locàle (2) [sostantivazione di *locale (1)*, secondo l'uso fr.] **s. m.** *1* Parte di un edificio destinato a un uso determinato: *locali spaziosi e pieni di sole*; *il l. caldaie è nel sottosuolo.* *2* Luogo pubblico di ritrovo e di divertimento: *è un l. elegante ed economico* | *L. notturno*, in cui si beve e si balla fino a tarda ora della notte. *3* Treno viaggiatori a breve percorso, che fa servizio in tutte le stazioni intermedie. || **localino**, **dim.**

localìsmo [da *local(e)* col suff. *-ismo*] **s. m.** ● Indirizzo politico ed economico volto a favorire determinate aree geografiche, spec. a svantaggio di interessi più generali.

localìsta **s. m. e f.** (pl. m. *-i*) ● Fautore, sostenitore del localismo.

localìstico **agg.** (pl. m. *-ci*) ● Relativo al localismo.

località [vc. dotta, lat. tardo *localitāte(m)*, da *locālis* 'locale (1)', secondo l'esempio del fr. *localité*] **s. f.** ● Luogo, centro o zona caratterizzata da dati geografici o da aspetti ambientali.

localizzàbile **agg.** ● Che si può localizzare.

localizzàre [fr. *localiser* 'rendere locale (*local*)'] **A** **v. tr.** *1* Individuare il luogo in cui si è verificata o ha avuto origine q.c.: *l. l'epicentro del terremoto*; *l. un dolore* | Scoprire, determinare con vari mezzi la posizione di q.c.: *l. un aereo, una nave con il radar.* *2* Circoscrivere, restringere, isolare: *l. l'incendio, l'epidemia, l'infezione.* *3* Situare: *l. uno stabilimento industriale in un'area depressa.* **B** **v. intr. pron.** ● Manifestarsi in una zona determinata, restare circoscritto: *il dolore si è localizzato alla regione epatica.*

localizzàto **part. pass.** di *localizzare*; anche **agg.** ● Nei sign. del v.

localizzatóre **A** **agg.** (f. *-trice*) ● Che ha la capacità di localizzare. **B** **s. m.** ● Strumento, attrezzatura per localizzare: *l. d'atterraggio.*

localizzazióne [fr. *localisation*, da *localiser* 'localizzare'] **s. f.** *1* Atto, effetto del localizzare o del localizzarsi: *l. di un oggetto mediante il radar*; *un'infezione a l. polmonare.* *2* (*psicol.*) Processo con cui si percepisce l'esatta posizione di un oggetto. *3* (*ling.*) Particolarità di punto di articolazione.

locànda [vc. dotta, lat. *locănda(m)* (sott. *dŏmu(m)* 'casa'), part. fut. passivo f. di *locāre*, usata spesso in avvisi di case d'affittare (*est locanda* 'è da locare')] **A** **s. f.** ● Trattoria con alloggio | Pensione, albergo di bassa categoria. **B** **agg.** solo f. ● (*raro*) Da affittare, spec. nelle loc. *casa l.*, *camera l.*

locandière **s. m.** (f. *-a*) ● Chi conduce o tiene una locanda | Albergatore, oste.

locandìna [dal sign. di 'affisso per stanza da affittare (*locanda*, secondo l'accez. del gerundio lat. di *locāre*)'] **s. f.** *1* Piccolo manifesto pubblicitario appeso in luoghi pubblici spec. allo scopo di reclamizzare spettacoli. *2* Civetta nel sign. 3.

locàre [vc. dotta, lat. *locāre* 'collocare, dare in affitto', da *lŏcus* 'luogo'] **A** **v. tr.** (*io lòco, tu lòchi*) *1* Dare in locazione: *l. una cosa mobile, immobile.* **SIN.** Affittare. *2* Collocare, allogare. **B** **v. rifl.** ● †Collocarsi, trovare luogo: *amarissima allor la ricordanza / locommisi nel petto* (LEOPARDI).

locatàrio [vc. dotta, lat. *locatāriu(m)* 'appaltatore', da *locātus* 'locato'] **s. m.** (f. *-a*) ● (*dir.*) Chi riceve una cosa in locazione: *il l. di un appartamento.* **SIN.** Conduttore, inquilino.

locatìvo (1) [fr. *locatif*, deriv. dotta dal lat. *locāre* 'dare in affitto'] **agg.** ● (*dir.*) Di, relativo a, locazione | *Valore l.*, reddito ricavabile dalla locazione di un dato bene.

locatìvo (2) [fr. *locatif*, dal lat. *lŏcus* 'luogo'] **A** **agg.** ● (*ling.*) Detto di caso della declinazione indoeuropea indicante il luogo in cui si colloca l'azione verbale. **B** **s. m.** ● Caso locativo.

locatìzio **agg.** ● Relativo alla locazione: *canone l.*

locàto **A** **part. pass.** di *locare*; anche **agg.** ● Nei sign. del v. **B** **s. m.** ● †Cosa posta in un dato luogo.

locatóre [vc. dotta, lat. *locatōre(m)*, da *locātus* 'locato'] **s. m.** (f. *-trice*) ● (*dir.*) Chi dà una cosa in locazione.

locatòrio [da *locatore*] **agg.** ● (*dir.*) Che si riferisce al locatore.

locazióne [vc. dotta, lat. *locatiōne(m)*, da *locātus* 'locato'] **s. f.** ● (*dir.*) Contratto con cui una parte (*locatore*) concede a un'altra (*locatario*) il godimento di una cosa mobile o immobile per un certo tempo dietro un corrispettivo determinato.

†**lòcco** ● V. *allocco.*

†**locèllo** [vc. dotta, lat. *locĕllu(m)*, dim. di *lŏculus* (V. *loculo*)] **s. m.** ● Loculo sepolcrale: *tre ordini di locelli scavati nelle pareti* (D'ANNUNZIO).

loch /fr. lɔk/ o **log** [vc. fr. di origine neerlandese] **s. m. inv.** ● Apparecchio per misurare la velocità della nave.

lòchi [gr. *lochêia* (nt. pl.), da *lóchos* 'parto', da *léchetai* 'posare, giacere', di origine indeur.] **s. m. pl.** ● (*med.*) Liquido che fuoriesce dai genitali della donna durante il puerperio.

lochiàno o **lockiàno** **A** **agg.** ● Che concerne la filosofia di J. Locke. **B** **s. m.** ● Chi segue o si ispira alla filosofia di J. Locke.

lochiazióne [da *lochi*] **s. f.** ● (*med.*) Espulsione dei lochi.

lochìsmo o **lockìsmo**. **s. m.** ● Complesso delle dottrine di J. Locke (1632-1704) considerate come tipica espressione dell'empirismo.

lockiàno ● V. *lochiano.*

lockìsmo ● V. *lochismo.*

lòco (1) ● V. *luogo.*

lòco (2) [gr. *lóchos* 'compagnia', da *léchetai* 'posare, accamparsi', di origine indeur.] **s. m.** (pl. *-chi*) ● Reparto della falange greca.

locodòchio [comp. di *lóchos* 'parto' e dello stesso deriv. dal v. *déchestai* 'accogliere, ricevere', che si trova in *xenodochio*] **s. m.** ● (*raro*) Ospedale per partorienti.

locomòbile [comp. di *loco (1)* e *mobile*, sull'es. del fr. *locomobile* 'che si può muovere per cambiare di posto'] **s. f.** ● Macchina a vapore montata su carro, spostabile per mezzo di traino, usata in agricoltura o nelle piccole industrie.

†**locomotilità** [comp. di *loco (1)* e *motilità*, sull'es. del fr. *locomobilité*, da *locomobile*] **s. f.** ● Facoltà di locomozione.

locomotìva [ingl. *locomotive* (sottinteso *engine*) '(macchina) che può muoversi da un luogo' (V. *locomotivo*)] **s. f.** ● (*ferr.*) Veicolo a ruote provvisto di apparato motore destinato al traino di un certo numero di altri veicoli | *L. a vapore*, provvista di caldaia a vapore che alimenta un motore alternativo o a turbina azionante in vario modo le ruote motrici | *L. elettrica*, dotata di motori elettrici alimentati da linea di contatto. **SIN.** Locomotore, locomotrice | *L. di spinta*, di rinforzo a un treno | *Sbuffare come una l.*, (*scherz.*) di persona che ansima perché affaticata | *Fumare come una l.*, (*scherz.*) fumare moltissimo, continuamente | (*fig.*) *Fare da l.*, *essere una l.*, precedere, guidare qc. o q.c. con effetto trainante. ➡ **ILL.** p. 1753 TRASPORTI.

locomotìvo [fr. *locomotif*, dal lat. dei filosofi umanisti *lŏco motīvum*, letteralmente 'che si muove da un luogo'] **agg.** ● Atto a muoversi.

locomotóre [da *locomozione*, sul tipo del corrispondente fr. *locomoteur*] **A** **agg.** (f. *-trice*) ● Che concerne la locomozione | (*anat.*) *Apparato l.*, insieme degli organi destinati al movimento del corpo. **B** **s. m.** ● Locomotiva elettrica.

locomotòrio **agg.** ● Relativo alla locomozione fisiologica.

locomotorìsta **s. m.** (pl. *-i*) ● (*ferr.*) Guidatore di locomotori.

locomotrìce [da *locomotore*, come il fr. *locomotrice* da *locomoteur*] **s. f.** ● Locomotiva elettrica.

locomozióne [fr. *locomotion*, da *locomotif* 'locomotivo'] **s. f.** *1* Spostamento di persone, animali o cose da un luogo a un altro mediante veicoli | *Mezzo di l.*, qualsiasi veicolo. *2* (*fisiol.*) Facoltà propria dell'uomo e degli animali di spostarsi da un luogo a un altro con particolari cicli di movimento, di cui i più importanti sono quelli della deambulazione, del nuoto e del volo.

lòculo [vc. dotta, lat. *lŏculu(m)*, dim. di *lŏcus* 'luogo'] **s. m.** *1* Nicchia del colombario destinata a ricevere la bara, in un cimitero. *2* Celletta esagonale del vespaio. *3* (*bot.*) Loggia.

locupletàre [vc. dotta, lat. *locupletāre* 'arricchire', da *lŏcuples*, genit. *locuplētis* 'ricco (di terre)', comp. di *lŏcus* 'luogo (posseduto)' e *-plē-t-s*, dal v. *plēre* 'fare pieno'] **v. tr.** (*io locuplèto*) ● (*raro, lett.*) Arricchire.

locupletazióne [vc. dotta, lat. *locupletatiōne(m)*, da *locupletātus*, part. pass. di *locupletāre* 'locupletare'] **s. f.** ● (*raro*) Arricchimento, spec. nella loc. (*dir.*) *l. ingiusta*, arricchimento senza causa a danno di altri.

locus /lat. 'lɔkus/ [lat. 'luogo', di etim. incerta] **s. m. inv.** ● (*biol.*) Posizione fissa che un determinato gene occupa sul cromosoma.

locùsta [vc. dotta, lat. *locŭsta(m)*, di etim. incerta] **s. f.** *1* (*zool.*) Denominazione di varie specie di insetti ortotteri | (*gener.*) Cavalletta | *L. di mare*, aragosta. *2* (*fig.*) Persona molesta, dannosa e avida.

Locustoidèi [comp. di *locusta* e di un deriv. del gr. *êidos* 'forma'] **s. m. pl.** ● Nella tassonomia animale, sottordine di Insetti degli Ortotteri, di forma slanciata, con zampe del terzo paio lunghe e adatte al salto e lunghe antenne filiformi (*Locustoidea*) | (al sing. *-o*) Ogni individuo di tale sottordine.

locustóne [accr. di *locusta*] **s. m.** ● Locusta di colore giallo con macchie brune dannosa per alcune colture, spec. vite e ortaggi (*Decticus verrucivorus*).

locutóre [vc. dotta, lat. tardo *locutōre(m)*, da *lŏqui* 'parlare' (V. *loquela*)] **s. m.**; anche **agg.** *1* (*lett.*) Chi, che parla, annuncia. *2* (*ling.*) Parlante.

†**locutòrio** **s. m.** ● Parlatorio.

locuzióne [vc. dotta, lat. *locutiōne(m)*, da *locūtus*, part. pass. di *lŏqui*, di etim. incerta] **s. f.** *1* †Favella, loquela. *2* (*ling.*) Unità lessicale costituita di due o più parole (*all'impazzata*). *3* Espressione d'uso ricorrente, modo di dire (*rompere il ghiaccio*).

†**lòda** ● V. *lode.*

lodàbile [lat. *laudābile(m)*, da *laudāre* 'lodare'] **agg.** ● Che si può o si deve lodare. || **lodabilménte**, **avv.** Lodevolmente.

lodabilità [lat. *laudabilitāte(m)*, da *laudābilis* 'lodabile'] **s. f.** ● (*raro*) Qualità di chi o di ciò che è lodabile.

†**lodaménto** **s. m.** ● Atto del lodare | Lode.

lodàre [lat. *laudāre*, da *lāus*, genit. *lāudis* 'lode', di etim. incerta] **A** **v. tr.** (*io lòdo*) *1* Esaltare con parole di lode, di approvazione e sim.: *l. la modestia, il coraggio di qc.* | *L. qc. in faccia, sul viso*, in sua presenza | *Non posso certo lodarvi*, vi biasimo. SIN. Elogiare. *2* Celebrare con preghiere, con espressioni di riverenza e sim.: *l. Dio* | *Sia lodato il cielo!*, escl. che esprime sollievo o soddisfazione per il verificarsi di ciò che si desiderava | *Dio sia lodato!*, finalmente | *Sia lodato Gesù Cristo!*, formula di saluto, tra religiosi | *Sempre sia lodato!*, risposta alla precedente formula. *3* Approvare: *lodarono incondizionatamente l'esecuzione dell'opera.* *4* (*poet.*) †Consigliare: *lodo solo ... ch'alcun s'invii / nel campo ostil* (TASSO). **B** v. rifl. ● Esaltare se stesso, la propria opera e sim. **C** v. intr. pron. ● Compiacersi di qc. o di q.c.

lodativo [lat. *laudatīvu(m)*, da *laudāre* 'lodare'] agg. ● Atto a lodare: *parole lodative.* SIN. Elogiativo.

lodàto part. pass. di *lodare*; anche agg. *1* Nei sign. del v. *2* Celebrato, decantato (con valore enfatico, iron. o scherz.): *scrittore di lodate opere*; *il non mai abbastanza l. signor X* | *Su l.*, V. anche *sullodato.* || †**lodataménte**, avv. Con lode.

lodatóre [lat. *laudatōre(m)*, da *laudātus* 'lodato'] agg.; anche s. m. (f. *-trice*) ● Che, chi loda, spec. per ottenere vantaggi.

lòde o †**lòda** [lat. *lāude(m)*, di etim. incerta] s. f. *1* Approvazione incondizionata, elogio, plauso: *ottenere, ricevere, meritare grandi lodi*; *essere degno di l.*; *lodi eccessive, sperticate, false*; *parlare, scrivere in l. di qc.* | *Tornare a l. di qc.*, di azione e sim. particolarmente encomiabile | *Superiore a ogni l.*, di chi, di ciò che può vantare meriti eccelsi | *Senza infamia e senza l.*, di persona o cosa decisamente mediocre | *Cantare, tessere le lodi di qc., di q.c.*, esaltarla | *Sia l. al vero*, e sim., spec. con valore attenuativo, quando si controbattono, negano e sim. le affermazioni altrui. *2* Preghiera o altra manifestazione con cui si celebra o si onora la divinità: *dar l. a Dio*; *innalziamo una l. alla Vergine.* *3* Vanto, merito, virtù: *commemorare le lodi di qc.* | (*lett.*) Azione gloriosa o comunque encomiabile. *4* Particolare nota di plauso, oltre ai pieni voti assoluti, in un esame universitario: *trenta e l.*; *laurearsi con la l.*

lóden /'loden, *ted.* 'loːdən/ [vc. ted., di area esclusivamente germ. e di etim. incerta] s. m. inv. (pl. ted. inv.) *1* Panno di lana piuttosto pesante, fortemente follato e a pelo lungo e disteso, reso impermeabile con particolari trattamenti. *2* (*est.*) Cappotto confezionato con tale tessuto.

lodévole [lat. *laudābile(m)*, da *laudāre* 'lodare', con mutato suff.] **A** agg. ● Meritevole di lode: *condotta l.*; *persona l. per costanza* | Raccomandabile: *un uomo tutt'altro che l.* SIN. Encomiabile. || **lodevolménte**, avv. In modo degno di lode. **B** agg.; anche s. m. ● Un tempo, valutazione scolastica indicante il massimo livello.

†**lodevolézza** s. f. ● Qualità di lodevole.

lodge /*ingl.* 'lɔdʒ/ [vc. ingl., che etimologicamente corrisponde a *loggia*] s. f. inv. ● Residenza turistica, per lo più di dimensioni limitate.

lodigiàno [da *Lodi* (in lat. *Lāude(m) Pompēia(m)*, perché il console Gneo Pompeo Strabone dedusse una colonia nella località di vicino n. celtico) col suff. etnico *-igiano*] **A** agg. ● Di, relativo a, Lodi. **B** s. m. (f. *-a* nel sign. 1) *1* Abitante, nativo di Lodi. *2* Formaggio grana fabbricato a Lodi. **C** s. m. solo sing. ● Dialetto lombardo parlato a Lodi.

lòdo [da *lodare* nel senso giuridico mediev. di 'approvare'] s. m. *1* †Lode: *visser sanza 'nfamia e sanza l.* (DANTE *Inf.* III, 36). *2* (*dir.*) Decisione degli arbitri, che acquista efficacia di sentenza giudiziale allorché è dichiarata esecutiva con decreto del pretore: *l. arbitrale.*

lòdola [riduzione di *(al)lodola*] s. f. ● Allodola | *L. del deserto*, uccelletto degli Alaudidi, grigio-rossiccio, che vive nel deserto svolazzando presso il suolo (*Amnomane deserti*) | *L. dalla gola gialla*, caratteristica del Nord Europa (*Eremophila alpestris flava*) | *L. dei prati*, uccelletto dei Passeriformi assai comune, spec. nelle zone collinose (*Lullula arborea*). SIN. Mattolina | *L. capelluta*, passeriforme ad ampia area di diffusione, simile alla lodola, ma più piccolo (*Galerida cristata*). || **lodolétta**, dim.

lodolàio [dalle *lodole*, che caccia] s. m. ● Correntemente, falco cacciatore di allodole (*Falco subbuteo*).

Loess /*ted.* lœs, løːs/ o **Löss** [etim. discussa: ted. dial. *lösch* '(terreno) instabile' (?)] s. m. inv. (pl. ted. *Loesse*) ● (*geol.*) Siltite poco coerente, leggermente calcarea, giallastra, di deposito eolico e di origine eluviale.

lòffa o **lòffia** [vc. onomat.] s. f. ● (*region.*) Fuoruscita silenziosa di gas dall'intestino.

lòffio [vc. onomat. affine a *loffa*] agg. ● (*tosc.*) Floscio, cascante.

loffióne s. m. (f. *-a*) ● (*raro*) Chi fa loffe | (*fig.*) Persona boriosa.

Lofifórmi [comp. di *lofo-* e il pl. di *-forme*] s. m. pl. ● Nella tassonomia animale, ordine di Pesci ossei spesso abissali presenti nei mari tropicali e temperati (*Lophiiformes*) | (al sing. *-e*) Ogni individuo di tale ordine.

lòfio [gr. *lóphion*, dim. di *lóphos* 'ciuffo' (V. *lofo-*) per le appendici erettili] s. m. ● (*zool.*) Rana pescatrice.

lòfo- [dal gr. *lóphos* 'ciuffo, pennacchio', di etim. incerta] primo elemento ● In parole composte della terminologia scientifica, spec. zoologica, significa 'ciuffo', 'dotato di ciuffo': *lofiformi*, *lofoforo.*

Lofobrànchi [comp. di *lofo-* e *branchia*] s. m. pl. ● Nella tassonomia animale, gruppo di Pesci ossei con muso allungato, tubolare e apparato branchiale ridotto (*Lophobranchii*) | (al sing. *-chio*) Ogni individuo di tale gruppo.

lofòcero [comp. di *lofo-* e un deriv. del gr. *kéras* 'corno' per il suo becco dentellato (?)] s. m. ● Uccello dei Coraciformi con becco vivacemente colorato (*Lophoceros*).

lofòforo [comp. di *lofo-* e *-foro*] s. m. ● Grosso fagiano delle foreste dell'Himalaya con maschio dai colori splendenti e ciuffo sul capo (*Lophophorus impeyanus*).

Lofòpodi [comp. di *lofo-* e *-podo*] s. m. pl. ● Nella tassonomia animale, classe di Briozoi d'acqua dolce i quali formano colonie di consistenza coriacea o gelatinosa (*Lophopoda*) | (al sing. *-io*) Ogni individuo di tale classe.

lofòte [gr. *lophōtós* 'munito di cresta (*lóphos*)'] s. m. ● Pesce osseo oceanico con corpo nudo, allungato, argenteo e pinna dorsale molto estesa, rossa, con primo raggio duro e altissimo (*Lophotes cepedianus*).

lofòtrico [comp. di *lofo-* e del gr. *thríx*, genit. *trichós* 'pelo, capello'] **A** agg. (pl. m. *-ci*) ● (*biol.*) Detto di batterio con un ciuffo di flagelli a una estremità o da un lato. **B** s. m. ● Batterio lofotrico.

loft /*ingl.* lɔft/ [vc. ingl., propr. 'soffitta, magazzino', dall'ant. norv. *lopt* 'aria, soffitto'] s. m. inv. ● Magazzino, capannone o sim. ristrutturato e trasformato in abitazione.

log /*ingl.* lɔg/ ● V. *loch.*

logaèdico [vc. dotta, lat. *logaoēdicu(m)*, dal gr. *logaoidikós*, comp. di *lógos* 'parola' e *aoidḗ* 'canto', nel senso che i metri usati stanno fra la 'prosa' e la 'poesia'] agg. (pl. m. *-ci*) ● Detto di verso composto di dattili e di trochei.

logaèdo s. m. ● Nella metrica classica, verso nel quale il dattilo in alcune sedi è sostituito dal trocheo.

†**logàggio** [ant. provz. *logatge*, dal lat. **locāticum*, deriv. del v. *locāre* 'locare'] s. m. ● Locazione.

logaiòlo [da *l(u)ogo* nel senso di 'podere, appezzamento di terreno'] s. m. ● (*tosc.*) Mezzadro.

Loganiàcee [dal n. del botanico americano J. H. *Logan* (1908-1988) col suff. *-acee*] s. f. pl. ● Nella tassonomia vegetale, famiglia di arbusti tropicali dicotiledoni a foglie opposte con stipole (*Loganiaceae*) | (al sing. *-a*) Ogni individuo di tale famiglia.

logarìtmico agg. (pl. m. *-ci*) ● (*mat.*) Proprio dei logaritmi | *Curva logaritmica*, diagramma della funzione log x.

logarìtmo [coniazione moderna secondo il gr. *lóg(on) arithmós* 'il numero (*arithmós*) della ragione (*lógon*)'] s. m. ● (*mat.*) Esponente del quale occorre munire un numero fisso base per ottenere il numero proposto | *L. decimale*, di base dieci.

logèion /*gr.* lo'gejon/ [vc. gr. (*logêion*), da *lógos* 'parola, discorso', perché destinato all'attore che doveva recitare a lungo] s. m. inv. (pl. gr. *logèia*) ● (*arch.*) Praticabile lungo e stretto dei palcoscenici degli antichi teatri greci, nel quale gli attori si disponevano per recitare.

loggétta s. f. *1* Dim. di *loggia.* *2* Organismo architettonico ornamentale composto da un colonnato o da una serie di arcate, eretto gener. per arricchire parti di edifici accessorie alla costruzione principale.

lòggia [fr. *loge*, dal francone *laubja* 'pergola'] s. f. (pl. *-ge*) *1* Edificio aperto su uno o più lati con pilastri o con colonne, destinato ad accogliere persone riunite per scopi commerciali e sim. e posto a livello del piano stradale o lievemente rialzato | (*fig.*) †*Tener l.*, sindacare i fatti altrui | (*fig.*) †*Tenere a l. qc.*, tenerlo a bada | †*Comparire a l.*, in pubblico | †*A l.*, in abbondanza. *2* Galleria ai piani superiori, finestrata e prospiciente il cortile. *3* Luogo di adunanza di una società massonica | (*est.*) L'insieme degli appartenenti a una società massonica | (*est.*) Riunione di massoni | *Gran l.* (o *Grande Oriente*), organo da cui dipende un gruppo di logge. *4* (*anat.*) Cavità in cui è allogato un organo o una parte di organo. *5* (*bot.*) Ciascuna delle cavità interne di un organo vegetale. SIN. Casella, loculo. *6* (*dial.*) Altana. *7* †Alloggio. || **loggétta**, dim. (V.).

†**loggiaménto** [fr. *logement*, da *loger* 'alloggiare', ant. 'accampare', dal sign. di 'tenda, capanna (per soldati)' ed ancor prima 'riparo di fogliame', che aveva *loge*, etim. 'pergola'] s. m. ● Alloggiamento.

loggiàto [da *loggia*] s. m. ● Serie, sequenza di logge.

loggióne [accr. di *loggia* nel senso particolare di 'palco nel teatro'] s. m. *1* Settore più alto di posti nel teatro, il più lontano dal palcoscenico e quindi il più economico. *2* (*est.*) Il complesso degli spettatori che lo occupano: *gli applausi, i fischi del l.*

loggionìsta s. m. e f. (pl. m. *-i*) ● Spettatore che assiste dal loggione agli spettacoli teatrali.

loggìsta [da *loggia* nel sign. 3] s. m. e f. (pl. m. *-i*) ● Chi fa parte di una loggia massonica.

-logìa [gr. *-logía* in comp. astratti corrispondenti a quelli in *-lógos* '-logo'] secondo elemento ● In parole composte, significa 'discorso', 'espressione' (*analogia, tautologia*) o 'studio', 'teoria', 'trattazione' (*archeologia, glottologia, zoologia*).

lògica o †**lòica** [vc. dotta, lat. *lŏgica(m)*, dal gr. *logikḗ* (sottinteso *téchnē*) '(l'arte) del discorrere (*légein*, di origine indeur.)'] s. f. *1* Parte della filosofia che studia i metodi e i principi che consentono di distinguere, nelle loro strutture formali, i ragionamenti corretti da quelli scorretti | *L. formale*, la logica intesa come scienza autonoma che non si preoccupa della materia su cui ragioniamo ma della forma in cui ragioniamo | *L. materiale*, quella che studia i rapporti del pensiero discorsivo con il suo oggetto | *L. matematica, l. simbolica*, disciplina che formalizza in linguaggio matematico le operazioni logiche. SIN. Logistica | *L. trascendentale*, nella filosofia di I. Kant, parte della filosofia critica che studia le condizioni a priori del processo conoscitivo. *2* Trattato di logica, sistema logico: *la l. di Aristotele.* *3* Capacità di condurre un ragionamento in modo che le idee siano rigorosamente connesse e coerenti: *l. inesorabile, stringente*; *persona priva di l.* | *A fil di l., a rigor di l.*, secondo la logica | *La l. degli avvenimenti*, il modo del loro svolgimento. || **logichétta**, dim.

†**logicàle** agg. ● Della logica. || †**logicaleménte**, avv.

†**logicàre** o †**loicàre** [da *logica*] v. tr. ● Disputare con logica e sottilmente.

logicàstro s. m. ● (*raro*) Logico di nessun valore.

†**logicherìa** s. f. ● Smania di fare il logico.

logicìsmo s. m. *1* Corrente di pensiero, iniziatasi negli ultimi decenni del secolo XIX, secondo cui la matematica non sarebbe altro che un ramo della logica. *2* Tendenza a considerare tutte le cose dal punto di vista logico.

logicìsta s. m. e f. (pl. m. *-i*) ● Seguace, sostenitore del logicismo.

logicìstico agg. (pl. m. *-ci*) ● Del, relativo al, logicismo.

logicità s. f. ● Qualità di chi, di ciò che è logico.

lògico o †**lòico** [vc. dotta, lat. *lŏgicu(m)*, dal gr. *logikós* 'proprio della ragione (*lógos*, da *légein*, di origine indeur.)'] **A** agg. (pl. m. *-ci*) *1* Proprio della logica | Che è conforme alle leggi del pensiero razionale: *criterio l.* | *Calcolo l.*, metodo per dedurre delle proposizioni da altre con metodi algebrici. *2* Correntemente, razionale: *un principio di derivazione logica* | Ragionevole: *conseguenza logica* | *È l.*, è ovvio, è chiaro. *3* Detto di persona dotata di logica: *un uomo l.* | *Siamo logici*, invito a ragionare con logica e coerenza. || **logicaménte**, avv. *1* In modo logico. *2* Naturalmente, ovviamente: *ho tardato all'appuntamento e lei logicamente se l'è presa.* **B** s. m. *1* Chi sa di logica, chi si dedica allo studio della logica: *fu uno de' migliori loici che avesse il mondo* (BOCCACCIO). *2* Chi ragiona con assennatezza e coerenza.

logiṣmografìa [comp. del gr. *logismós* 'calcolo, ragionamento', da *légein* 'discorrere', e di *-grafia*] s. f. ● (*rag.*) Antico metodo di registrazione contabile.

logìsta [vc. dotta, lat. *lŏgista(m)*, dal gr. *logistḗs*, da *légein* 'discorrere'] s. m. (pl. *-i*) *1* Nell'antica Grecia, revisore dei conti a cui i magistrati uscenti dovevano rispondere del proprio operato. *2* Esperto nella logistica militare.

logìstica [vc. dotta, gr. *logistikḗ* (sottinteso *téchnē* 'arte'), da *légein* 'discorrere'] s. f. *1* Branca dell'arte militare che tratta le attività intese ad assicurare alle forze armate quanto abbisogna per vivere, muovere e combattere nelle migliori condizioni di efficienza | (*est.*) Attività di coordinamento e sincronizzazione di movimenti e spostamenti di persone o cose in una struttura collettiva, spec. di tipo industriale. *2* (*filos.*) Logica simbolica | Logica matematica. *3* Anticamente, parte dell'aritmetica che si occupava delle operazioni elementari sui numeri interi.

logìstico [vc. dotta, gr. *logistikós*, da *légein* 'discorrere'] agg. (pl. m. *-ci*) ● Di, relativo a, logistica. || **logisticaménte**, avv. Per quanto riguarda la logistica.

logliàto agg. ● (*raro*) Loglioso.

loglierèlla [da *loglio*] s. f. ● Pianta delle Graminacee, spesso coltivata, con spiga eretta di fiori verdi, ottima foraggera (*Lolium perenne*).

lòglio o **lóglio** [lat. *lŏliu(m)*, di etim. incerta] s. m. ● Pianta annua delle Graminacee, spontanea fra le messi, con fiori a spiga rossa, le cui cariossidi rendono velenosa la farina (*Lolium temulentum*). SIN. Zizzania | *Distinguere il grano dal l.*, (*fig.*) separare il buono dal cattivo | *Mischiare il grano al l.*, (*fig.*) confondere il buono col cattivo.

logliόso agg. *1* (*raro*) Pieno di loglio: *grano l.* *2* (*raro*, *fig.*) Inutile, cattivo.

lògo (1) ● V. *luogo*.

lògo (2) ● V. *logos*.

lògo (3) s. m. inv. ● Acrt. di *logotipo* nel sign. 2.

lògo- [dal gr. *lógos*, da *légein* 'dire, discorrere', di origine indeur.] primo elemento ● In parole composte dotte e della terminologia scientifica, significa 'parola', 'linguaggio', 'discorso': *logografo*, *logomachia*, *logopatia*.

-logo [gr. *-lógos* 'uno che parla in una certa maniera', da *légein* 'dire, parlare'] secondo elemento ● Forma aggettivi e sostantivi composti, in cui significa 'discorso' (*analogo*, *decalogo*) o sostantivi composti indicanti i cultori di una data disciplina e corrispondenti ai sostantivi astratti in *-logia* (*astrologo*, *fisiologo*).

logoclonìa [comp. di *logo-* e di un deriv. dal gr. *klónos* 'tumulto', dal v. *kélesthai*, di etim. incerta] s. f. ● (*med.*) Disturbo del linguaggio consistente nella ripetizione automatica delle sillabe finali di una parola.

logografìa [comp. di *logo-* e *-grafia*] s. f. ● Arte del logografo.

logogràfico agg. (pl. m. *-ci*) ● Che concerne la logografia.

logògrafo [vc. dotta, lat. *logŏgraphu(m)*, dal gr. *logográphos*, comp. di *lógos* 'discorso (in prosa)' e *-graphos* 'scrittore'] s. m. *1* Nella letteratura greca antica, storico, mitografo. *2* Retore stipendiato.

logogràmma [comp. di *logo-* e *gramma*] s. m. (pl. *-i*) ● (*ling.*) Nelle scritture ideogrammatiche, disegno corrispondente a una nozione o alla sequenza fonica costituita da una parola.

logogrìfo o (*evit.*) **logògrifo** [comp. di *logo-* e di un deriv. del gr. *grîphos* 'rete da pescatore', e, fig., 'enigma', di etim. incerta] s. m. ● Gioco enigmistico consistente nello scomporre una parola per formare con le sue lettere o le sue sillabe una serie di altre parole di lunghezza inferiore.

logomachìa [gr. *logomachía* 'disputa (a parole)', comp. di *lógos* 'discorso' e di un deriv. di *máchesthai* 'combattere', di etim. incerta] s. f. ● Disputa di parole o sulle parole.

logòmetro [dall'ingl. *logometer*, comp. del gr. *lógo(s)*, nel senso di 'conto' e *-meter* '-metro'] s. m. *1* Tipo di regolo calcolatore che permette di determinare rapidamente il valore di funzioni trigonometriche. *2* Strumento per misurare il rapporto tra due grandezze elettriche, per es. due resistenze.

logopatìa [comp. di *logo-* e *-patia*] s. f. ● (*med.*) Qualsiasi disturbo del linguaggio causato da malattie del sistema nervoso centrale.

logopàtico **A** agg. ● Di, relativo a, logopatia. **B** agg.; anche s. m. (f. *-a*) ● Che, chi è affetto da logopatia.

logopedìa [da *logo-* sul modello di *ortopedia*] s. f. ● Branca della medicina che studia la correzione dei difetti del linguaggio.

logopedìsta s. m. e f. (pl. m. *-i*) ● Chi applica metodi correttivi o riabilitativi per le anomalie del linguaggio o della articolazione della parola.

logoplegìa [comp. di *logo-* e *-plegia*] s. f. (pl. *-gie*) ● (*med.*) Paralisi degli organi della parola.

logoràbile agg. ● Che si può logorare | Facile a logorarsi.

logorabilità s. f. ● Caratteristica di ciò che è logorabile.

†**logoracuòri** [comp. di *logora(re)* e il pl. di *cuore*] agg. ● Di persona che affligge.

logoraménto s. m. *1* Modo e atto del logorare o del logorarsi (*anche fig.*). *2* (*tecnol.*) Usura.

logorànte part. pres. di *logorare*; anche agg. *1* Nei sign. del v. *2* Che stanca, affatica: *vita l.*

logoràre o †**logràre** [lat. *lucrāre* 'lucrare' (V.)] **A** v. tr. (*io lógoro*) *1* Consumare per troppo uso, per vecchiezza, attrito o altro: *l. le scarpe, i tacchi*; *tra gli argini, a notte, l'acqua morta / logora i sassi* (MONTALE) | (*fig.*) *L., logorarsi la vista*, con lavori tali da stancare gli occhi, quali la lettura, il cucito e sim. | (*fig.*) *L. le proprie forze*, nel lavoro estenuante | (*fig.*) *L. l'ingegno*, con l'eccessivo studio | (*fig.*) *L. le scale, la strada*, passarci di continuo. *2* Sciupare: *l. le sostanze, i beni*; *l. nei vizi la propria gioventù*; *logorarsi la vita negli stenti, nel dolore.* SIN. Guastare. *3* †Adoperare, usare, impiegare. *4* †Guadagnare rubando. **B** v. rifl. ● Consumarsi, sciuparsi (*anche fig.*): *il Tasso cerca l'eroico, il serio, il reale ... e si logora in questi tentativi* (DE SANCTIS). **C** v. intr. pron. ● Divenire logoro | (*fig.*) Deteriorarsi.

logoràto part. pass. di *logorare*; anche agg. ● Nei sign. del v.

logoratóre agg.; anche s. m. (f. *-trice*) ● Che, chi logora.

logorìo s. m. ● Consumo o deterioramento intenso e continuato (*anche fig.*): *il l. di un congegno*; *il l. dei nervi.*

lógoro (1) [per *logor(at)o*] agg. *1* Consunto, sciupato (*anche fig.*): *abiti logori*; *con indosso una veste logora e rappezzata* (BARTOLI) | *Monete logore*, che, per il troppo uso, sono quasi illeggibili | (*fig.*) *Occhi logori*, stanchi | (*fig.*) †*Giorno l.*, presso a finire | (*fig.*) †*Luna logora*, mancante, non piena. *2* †Speso.

lógoro (2) [da *logorare*] s. m. *1* (*raro*) Logoramento. *2* (*raro*, *fig.*) Sperpero, sciupio.

lógoro (3) [ant. provz. *loire*, dal francone **lothr* 'esca, richiamo'] s. m. ● Corto bastone ornato di ali d'uccello, che si lanciava in aria per richiamare il falcone sul pugno del falconiere.

logorrèa [gr. *logo(diá)rroia*, comp. di *lógos* 'discorso' e *diárroia*, dal v. *rêin* 'scorrere, fluire'] s. f. *1* (*med.*) Rapido flusso di parole, caratterizzato da un bisogno incoercibile di continuare un enunciato, tipico di alcuni malati afasici sensoriali. *2* (*fig.*) Loquacità eccessiva, difetto di chi parla troppo o troppo a lungo (*anche scherz.*): *smettila con questa tua l.!*

logorròico agg. (pl. m. *-ci*) *1* (*med.*) Di logorrea | Affetto da logorrea. *2* (*fig.*) Che ha il vizio o il difetto di parlare troppo (*anche scherz.*): *oratore l.*

lògos o **lògo (2)** [vc. dotta, dal gr. *lógos*, deriv. dal v. *légein* 'discorrere', di origine indeur.] s. m. *1* (*filos.*) La ragione intesa sia come attività propria dell'uomo che come causa e sostanza del mondo. *2* Nella teologia cristiana, il Verbo incarnato, la seconda persona della Trinità.

logosemeiòtico [comp. del gr. *lógos* 'discorso' e un deriv. di *sēmêion* 'segno'] agg. (pl. m. *-ci*) ● Concernente i segni grafici del linguaggio: *amnesia logosemeiotica.*

logotachigrafìa [comp. di *logo-* e *tachigrafia*] s. f. ● Tachigrafia.

logoterapèuta [comp. di *logo-* e *terapeuta*] s. m. e f. (pl. m. *-i*) *1* Logopedista. *2* (*med.*, *psicol.*) Psicoterapeuta che pratica la logoterapia.

logoterapìa [comp. di *logo-* e *terapia*] s. f. ● (*psicol.*) Trattamento psicoterapeutico elaborato da V. E. Frankl, che si propone di restituire significato alla vita del paziente accettandone empaticamente la sofferenza.

logoterapìsta [comp. di *logo-* e *terapista*] s. m. e f. (pl. m. *-i*) ● Logopedista.

logotèta [gr. biz. *logothétēs*, originariamente 'ufficiale posto (dal v. *tithénai*) sopra i conti (*lógoi*)'] s. m. (pl. *-i*) ● Rappresentante supremo dell'autorità imperiale nei territori bizantini.

logotìpo [ingl. *logotype*, comp. di *logo-* e *type* 'lettera' (V. *tipo*)] s. m. *1* (*edit.*) Carattere tipografico che comprende due o più lettere. SIN. Politipo. *2* (*org. az.*) Nella pubblicità, forma grafica progettata e realizzata per una parola o una sigla allo scopo di renderla il simbolo fisso in cui il cliente o l'utente identificano l'immagine commerciale di un'azienda o di un prodotto. SIN. Logo.

†**logràre** ● V. *logorare.*

logudorése **A** agg. ● Del Logudoro, regione storica della Sardegna nordoccidentale. **B** s. m. e f. ● Abitante, nativo del Logudoro. **C** s. m. solo sing. ● Dialetto sardo, molto conservativo, parlato nel Logudoro e in una parte della Sardegna centrale.

lòia [etim. discussa: emiliano *lòia* 'sporcizia', da *lòi* 'loglio' (?)] s. f. ● (*tosc.*) Sudiciume untuoso della pelle e degli abiti.

†**lòica** e *deriv.* ● V. *logica* e *deriv.*

loiétto [dim. di *loio*, var. dial. di *loglio*] s. m. ● (*bot.*) Loglio.

loiolésco [da S. Ignazio di *Loyola* (1491-1556), fondatore dell'ordine dei Gesuiti] agg. (pl. m. *-schi*) ● (*spreg.*) Da ipocrita, da gesuita. || **loiolescaménte**, avv. (*raro*) Ipocritamente.

loliṣmo [dal lat. *lŏlium* 'loglio', col suff. *-ismo*] s. m. ● (*med.*) Avvelenamento da loglio.

lolìta [dal n. della protagonista dell'omonimo romanzo di V. Nabokov] s. f. ● Giovinetta che, con la precoce femminilità e il comportamento provocante, suscita desiderio spec. negli uomini maturi. SIN. Ninfetta.

lòlla o **lólla** [etim. incerta] s. f. *1* Rivestimento dei chicchi dei cereali. SIN. Loppa, pula. *2* Scorie e relitti del ferro fuso, del carbone bruciato, e sim. *3* †Mancanza di forze, energie e sim. *4* (*fig.*) *Esser di l.*, debole, fiacco | (*fig.*) *Mani di l.*, senza forza.

lombàggine [vc. dotta, lat. tardo *lumbāgine(m)*, da *lŭmbus* 'lombo'] s. f. ● Dolore muscolare, più frequente nella regione lombare, di origine reumatica, nevralgica e sim.

lombalgìa [comp. di *lomb(o)* e *-algia*] s. f. ● Qualsiasi stato doloroso della regione lombare.

lombardàta [da *lombardo* nel sign. ant. di 'muratore'] s. f. ● Fila di muratori che si passano mattoni o altri materiali gettandoseli dall'uno all'altro.

lombardésco agg. (pl. m. *-schi*) ● (*raro*) Di uso lombardo: *espressione lombardesca.*

lombardiṣmo s. m. ● (*ling.*) Idiotismo lombardo.

lombàrdo [lat. tardo *Longobărdu(m)* 'Longobardo' (V.)] **A** agg. ● Della Lombardia. **B** s. m. (f. *-a*) ● Abitante, nativo della Lombardia. **C** s. m. solo sing. ● Dialetto gallo-italico, parlato in Lombardia.

lombàre [lat. *lumbāre(m)*, da *lŭmbus* 'lombo'] agg. *1* Del lombo, dei lombi: *regione l.* *2* Che è situato nella zona dei lombi: *vertebre*, *nervi lombari* | Che si effettua nella zona dei lombi: *massaggio l.* | *Puntura l.*, rachicentesi.

lombàta [da *lombo*] s. f. ● Taglio di carne staccato dai lombi dell'animale macellato, da cucinarsi spec. arrosto: *l. di vitello.* || **lombatina**, dim. (V.).

lombatìna s. f. *1* Dim. di *lombata.* *2* Braciola di lombata.

lómbo [lat. *lŭmbu(m)*, di origine indeur.] s. m.

1 (*anat.*) Parte posteriore dell'addome, tra la dodicesima costa e il margine superiore dell'osso iliaco. *2* (*est.*) Fianco | *Aver buoni lombi*, essere forte | *Fare i lombi*, irrobustirsi. *3* Zona del corpo preposta alla riproduzione | (*est.*) Famiglia, stirpe: *giovin signore, o a te scenda per lungo / di magnanimi lombi ordine il sangue / purissimo, celeste* (PARINI). *4* Lombata: *una bistecca di l.*

lombosacràle [comp. agg. di *lombo* e *sacrale* (*2*)] **agg.** ● (*anat.*) Che è pertinente alla regione lombare e sacrale | *Plesso l.*, insieme delle radici nervose che fuoriescono dal tratto lombare e sacrale della colonna vertebrale e dei nervi da esse formati.

lombricàio [da *lombrico*] **A s. m.** *1* Terreno umido dove vivono molti lombrichi. *2* (*fig.*) Luogo immondo o putrido (*anche fig.*): *un l. di teppisti e malefemmine.* **B agg.** ● †Lombricale.

lombricàle agg. ● Che ha forma di lombrico | (*anat.*) *Muscolo l.*, piccolo muscolo sottile e allungato della mano e del piede che determina i movimenti delle dita.

lombricicoltóre [comp. di *lombrico* e *coltore*] **s. m.** ● Chi si dedica all'allevamento dei lombrichi.

lombricicoltùra [comp. di *lombrico* e *coltura*] **s. f.** ● Allevamento razionale dei lombrichi.

lombrico o (*evit.*) **lómbrico** [lat. *lumbrīcu*(*m*), di etim. incerta] **s. m.** (pl. *-chi*) ● Comunissimo Anellide degli Oligocheti ermafrodito che vive nei terreni umidi nutrendosi di sostanze contenute nel terriccio, che espelle sotto forma di piccoli caratteristici cumuli (*Lumbricus terrestris*). || **lombrichétto**, **dim.** | **lombrichino**, **dim.** | **lombricóne**, **accr.** | **lombricùzzo**, **dim.**

loménto [vc. dotta, lat. *lomĕntu*(*m*) 'sapone di farina di fave e riso per lavare', da *lāutus*, poi *lōtus*, agg. verb. di *lavāre*, secondo un passaggio semantico non immediatamente afferrabile] **s. m.** ● (*bot.*) Frutto secco che si apre per setti trasversali.

lómpo [adattamento del disusato n. ingl. *lump*, oggi *lumpfish*, forse di orig. neerl.] **s. m.** ● (*zool.*) Pesce della famiglia dei Ciclotteridi, molto comune nell'Atlantico settentrionale, le cui uova vengono usate come surrogato del caviale (*Cyclopterus lumpus*).

lonchite [vc. dotta, lat. *lonchītide*(*m*), nom. *lonchītis*, dal gr. *lonchîtis*, da *lónchē* 'lancia', di etim. incerta] **s. f.** ● Felce montana con foglie coriacee composte di foglioline dentato-spinose (*Aspidium lonchitis*).

londinése [vc. dotta, lat. *Londiniēnse*(*m*), da *Londīniu*(*m*) 'Londra', da una radice **londo-* 'selvatico, ardito', passato a n. di tribù ivi stanziata] **A agg.** ● Di Londra. **B s. m. e f.** ● Abitante, nativo di Londra.

longa manus /*lat.* 'lɔnga 'manus/ [loc. lat., propr. 'lunga (*lŏnga*, f. dell'agg. *lŏngus*) mano (*mănus*)'] **loc. sost. f. inv.** ● Persona od organizzazione che agisce nascostamente per conto di un potente o di un potere.

longànime o †**longànimo** [vc. dotta, lat. *longănime*(*m*), comp. di *lŏngus* 'lungo, paziente' e *ănimus* 'animo'] **agg.** ● (*lett.*) Che usa grande indulgenza e clemenza, che sa avere pazienza e sopportazione. **SIN.** Indulgente, tollerante. || **longanimeménte**, **avv.** Con longanimità.

longanimità [vc. dotta, lat. tardo *longanimitāte*(*m*), da *longănimis* 'longanime'] **s. f.** ● (*lett.*) Qualità di chi è longanime: *io rivolgo gli occhi a remirar la vostra l.* (BRUNO). **SIN.** Indulgenza, tolleranza.

†**longànimo** ● V. *longanime.*

†**longàre** ● V. *†lungare.*

longarìna ● V. *longherina.*

longaróne ● V. *longherone.*

long drink /*ingl.* 'lɔŋ driŋk/ [loc. ingl., propr. 'bevanda (*drink*, di area germ.) lunga (*long*, pure di area germ.)'] **loc. sost. m. inv.** (pl. ingl. *long drinks*) ● Bevanda alcolica diluita con acqua o succhi di frutta, servita ghiacciata in grandi bicchieri.

longevità **s. f.** ● Lunga durata della vita: *la l. di alcune piante si conta a decine di secoli.*

longèvo [vc. dotta, lat. *longāevu*(*m*), comp. di *lŏngus* 'lungo' e *āevum* 'evo, età'] **agg.** ● Che vive molto a lungo: *uomo l.; pianta longeva.*

longherìna o **longarina**, **lungarina**, **lungherina** [fr. *long*(*ue*)*rine*, da *long* 'lungo' (?)] **s. f.** *1* Lunga verga di ferro che funge da architrave. *2* Trave lignea o metallica per l'appoggio longitudinale delle rotaie.

longheróne o **longaróne**, **lungheróne** [vc. dotta, lat. *longuriōne*(*m*), da *lŏngus* 'lungo', sull'esempio del corrispondente fr. *longeron*] **s. m.** ● Trave metallica di sezione varia che, posta in senso longitudinale nelle strutture di aerei, automobili e sim., sostiene il carico. ➡ **ILL.** p. 1758 TRASPORTI.

lòngi- [dal lat. *lŏngus* 'lungo'] primo elemento ● In parole composte della terminologia scientifica, significa 'lungo': *longilineo.*

†**longiàre** [da *lungi*, con adattamento] **v. tr.** ● (*raro*) Tener lontano, allontanare.

longilìneo [comp. di *longi-* e *linea*, sul modello di *rettilineo*] **agg.**; anche **s. m.** (f. *-a*) ● Tipo costituzionale in cui prevale lo sviluppo degli arti sul tronco e dei diametri longitudinali su quelli trasversali.

†**longinquità** [vc. dotta, lat. *longinquitāte*(*m*), da *longīnquus* 'longinquo'] **s. f.** ● Lontananza.

†**longinquo** [vc. dotta, lat. *longīnquu*(*m*), da *lŏnge* 'lungi', deriv. da *lŏngus* nel senso di 'lontano'] **agg.** ● Remoto, distante: *curano la cosa come cosa longinqua e che non appartenga loro* (MACHIAVELLI).

†**longità** [dal lat. *lŏngus* nel senso di 'distante, lontano', come il corrispondente lat. tardo *longĭtia*] **s. f.** *1* Lunghezza. *2* Lontananza.

†**longitàno** [lat. parl. **longitānu*(*m*), da *lŏngus* nel senso di 'lontano'] **agg.** ● Lontano.

longitìpico **agg.** (pl. m. *-ci*) ● (*anat.*) Di longitipo.

longitìpo [comp. di *longi-* e *tipo*] **s. m.** ● (*anat.*) Tipo costituzionale longilineo.

longitudinàle [da *longitudine*] **agg.** ● Che è disposto o si sviluppa nel senso della longitudine: *proiezione l.; asse l.* || **longitudinalménte**, **avv.** In maniera o con disposizione longitudinale.

longitùdine [vc. dotta, lat. *longitūdine*(*m*), da *lŏngus* 'lungo'] **s. f.** *1* Distanza tra due meridiani, uno dei quali è stabilito a 0°, misurata a gradi e minuti sull'arco intercetto al parallelo | *L. celeste*, distanza angolare della proiezione di un astro sull'eclittica dal punto d'Ariete. *2* Estensione in lunghezza.

†**lòngo** o **lóngo** ● V. *lungo.*

longobàrdico **agg.** (pl. m. *-ci*) ● Dei Longobardi: *costume l.*

longobàrdo o †**langobàrdo** [vc. dotta, lat. *Longobărdu*(*m*) 'dalla lunga (ted. *lang*) lancia (ted. *Barte*)' (?)] **A s. m.** (f. *-a*) ● Ogni appartenente a un'antica popolazione germanica stanziatasi nell'Italia settentrionale fra il VI e l'VIII sec. d.C. **B agg.** ● Dei Longobardi. **C s. m.** solo **sing.** ● Antica lingua del gruppo germanico occidentale, parlata dai Longobardi.

long play /*ingl.* 'lɔŋ plei/ **loc. agg.** e **sost. inv.** ● (*fam.*) Long playing.

long playing /*ingl.* 'lɔŋ pleiiŋ/ [loc. ingl., letteralmente 'che suona (*playing*, dal v. *to play* 'recitare, eseguire') lungamente (*long*)'] **A loc. agg. inv.** ● Di audizione a lunga durata, detto di dischi microsolco a trentatré giri. **B loc. sost. m. inv.** ● Disco fonografico dotato di tali caratteristiche.

longseller /'lɔŋ 'seller, *ingl.* 'lɔŋ 'selə*/ [vc. ingl., propr. 'di lunga vendita': V. *best seller*] **s. m. inv.** ● Libro che continua a mantenere un notevole livello di vendita per un periodo molto lungo: *un best seller trasformatosi in l.*

longuette /*fr.* lɔ̃gɛt/ [vc. fr., da *longue*, f. di *long* 'lungo'] **s. f. inv.** ● Abito o gonna femminile la cui lunghezza arriva tra il ginocchio e il polpaccio.

†**longùria** [vc. dotta, lat. *longūriu*(*m*), termine tecnico, da *lŏngus* 'lungo' (?)] **s. f.** *1* Asta, pertica. *2* Travicello, corrente.

lontanànza [da *lontano*] **s. f.** *1* Condizione di chi, di ciò che è lontano | *In l.*, da lontano. **CONTR.** Vicinanza. *2* Assenza: *lunghi anni di l.* *3* Stato d'animo di chi è lontano da ciò che ama, desidera e sim.: *soffrire per la l.*

lontanàre A v. tr. ● (*letter.*) Allontanare: *quanto potea con mano, come che poca forza n'avesse, la lontanava* (BOCCACCIO). **B v. intr. e intr. pron.** ● (*letter.*) Allontanarsi.

†**lontanézza** **s. f.** ● Lontananza.

lontàno [lat. parl. **longitānu*(*m*), da *lŏngus* 'lungo' e anche 'distante, lontano'] **A agg.** *1* Che dista, che è separato da, un lungo spazio rispetto a un punto di riferimento: *paese l.; regioni lontane; il l. Oriente; il villaggio è ancora l.; l'albergo è l. qualche kilometro, pochi metri, dieci miglia* | Discosto: *l. una spanna; sarà l. circa un tiro di pietra, di fucile* | *L. da qui a lì*, poco lontano | *L. un miglio*, (*enf.*) lontanissimo: *un fetore che si sente l. un miglio.* **SIN.** Distante. **CONTR.** Vicino. *2* Distante nel tempo, nel passato o nel futuro: *lontani ricordi; siamo ancora lontani dalla buona stagione; i vostri lontani discendenti, cosa ne diranno?* *3* Assente: *ricordare gli amici lontani* | (*iperb.*) *L. anni luce*, lontanissimo. *4* (*fig.*) Che non è legato da vincoli, rapporti, relazioni e sim., particolarmente stretti rispetto alla persona di cui si parla: *un l. parente* | *Alla lontana*, superficialmente, in modo non intimo e sim.: *essere parenti alla lontana; conoscersi alla lontana.* *5* (*fig.*) Diverso, divergente, discordante: *abbiamo idee piuttosto lontane* | *Siamo lontani, siamo ancora lontani*, e sim., non vi è possibilità di accordo, non ci intendiamo e sim. | *Essere l., ben l., dalla perfezione*, essere decisamente imperfetto. *6* (*fig.*) Che è alieno, che rifugge da q.c.: *siamo lontani dal credere che ciò sia vero; sono l. dal sospettare che tu menta.* *7* (*fig.*) Immune, salvo: *essere l. dal male, dai pregiudizi, dal pericolo* | *Tenere qc. l. da q.c.*, preservarlo, difenderlo e sim. | *Tenersi l. da qc., da q.c.*, preservarsi da qc., da q.c. *8* (*fig.*) Vago, indeterminato, incerto: *un l. sospetto; c'è una lontana somiglianza tra loro; non ho la più lontana idea di ciò che sta succedendo* | *Alla lontana*, in modo vago, senza precisare subito, cominciando dalle nozioni o dagli elementi più generici: *me ne ha parlato, ma alla lontana.* *9* (*raro, lett.*) Durevole, duraturo: *fama lontana quanto il mondo; silenzio l.; vendetta lontana.* || **lontanino**, **dim.** | **lontanùccio**, **dim.** || **lontanaménte**, **avv.** Da lontano; (*fig.*) in modo vago e indeterminato: *non ci penso neanche lontanamente.* **B avv.** *1* A lunga distanza, in un luogo distante, remoto (con v. di stato e di moto): *stare, abitare, vivere l.; correre l.* | *Andare l.*, (*fig.*) far carriera, aver successo | *Mirare l.*, (*fig.*) ambire grandi cose, prefiggersi alti scopi | *Vedere l.*, (*fig.*) prevedere gli eventi e agire di conseguenza | *Tenere l. qc.*, evitarlo | (*iter.*) Con valore ints.: *fuggiremo l. l.* **SIN.** Distante. **CONTR.** Vicino. *2* Preceduto da prep. nelle loc. avv. *da, di,* (*raro*) *per l.* (indicando stato in luogo, moto da luogo o moto attraverso luogo): *vengo da l.; arriverà di l.; parto per l.* | *Guardare da l.*, stando discosto e (*fig.*) con distacco | *Rifarsi da l.*, incominciare una narrazione da fatti remoti che precedono di molto nel tempo. **C** nella **loc. prep.** *l. da* ● A grande distanza da: *abita l. da qui; vive l. da casa; si tiene l. da tutti; cerca di stare l. dai guai.* | *Tenersi l. da qc., da q.c.*, evitarlo. **D s. m.** *1* (*relig., per anton., euf.*) Chi non crede in Dio, per un cattolico. *2* (*lett.*) †Luogo distante || **PROV.** Lontan dagli occhi, lontan dal cuore.

lóntra [lat. *lŭtra*(*m*), con sovrapposizione del corrispondente gr. *énydris*, letteralmente 'che sta in acqua (*hýdōr*)', prob. entrato ant. in lat. per il tramite etrusco] **s. f.** *1* Carnivoro dei Mustelidi con pelliccia, corpo lungo, zampe corte e palmate, agilissimo nuotatore a caccia di pesci e di ogni animale acquatico (*Lutra lutra*). *2* Pelliccia, folta e morbida, dell'animale omonimo.

lontràto **agg.** ● Detto di pelle di castoro conciata come quella di lontra.

lónza (**1**) [lat. parl. **lŭncea*(*m*), da *lȳnx*, genit. *lȳncis* 'lince'] **s. f.** ● Presso gli scrittori medievali, felino identificabile con la lince o il leopardo.

lónza (**2**) [ant. fr. *longe*, di etim. discussa: da un lat. parl. **lŭmbeu*(*m*) 'appartenente ai lombi' (?)] **s. f.** *1* Lombata, spec. quella di maiale | Salume fatto insaccando la lombata dissosata | Striscia di carne che rimane attaccata alla pelle delle bestie da macello nello scorticarle. *2* (*spec. al pl.*) Fianchi.

lónzo [etim. incerta] **agg.** ● (*raro*) Floscio, debole, snervato: *stile l.*

look /*ingl.* luk/ [vc. ingl., propr. 'immagine'] **s. m. inv.** ● Aspetto esteriore di un individuo, di un prodotto e sim., appositamente studiato per darne l'immagine voluta: *quel cantante ha cambiato l.*

looping /*ingl.* 'lu:piŋ/ [vc. ingl., letteralmente 'allacciando', dall'espressione *looping the loop* 'allacciando il laccio', di etim. incerta] s. m. inv. ● (*aer.*) Gran volta.

lòppa [ant. fr. *loupe*, da una base *loop-* 'oggetto debolmente appeso'] s. f. *1* Pula, lolla. *2* (*fig.*) Roba di nessun valore, cosa da nulla | *Non è l.*, non è da buttar via. *3* (*metall.*) Scoria fluida galleggiante sulla superficie della ghisa liquida: *l. d'alto forno*.

lòppio o **lòppo** [da separarsi *l'oppio*, dal lat. *ŏpulu(m)*: vc. celt. (?)] s. m. ● (*bot.*) Acero comune | *Falso l.*, acero minore.

loppóne [accr. di *lopp(i)o*] s. m. ● (*bot.*) Acero di monte, acero fico.

loppóso [da *loppa*] agg. ● (*raro*) Che ha molta loppa.

loquàce [vc. dotta, lat. *loquāce(m)*, da *lŏqui* 'parlare', di etim. incerta] agg. *1* Che parla molto, che ha la parola facile: *donna l.* SIN. Chiacchierone, ciarliero. CONTR. Taciturno. *2* Garrulo: *uccelletti loquaci*. *3* (*fig.*) Eloquente, significativo: *gesto l.*; *fra noi vi fu un silenzio l.* || **loquacemènte**, avv.

loquacità [vc. dotta, lat. *loquacitāte(m)*, da *lŏquax*, genit. *loquācis* 'loquace'] s. f. *1* Disposizione o tendenza a parlare troppo: *la fastidiosa l. di molte persone*. SIN. Chiacchiera, parlantina. *2* (*med.*) Volubilità di linguaggio in certe forme di malattia mentale.

loquèla [vc. dotta, lat. *loquēla(m)*, da *lŏqui* 'parlare', di etim. incerta] s. f. *1* (*lett.*) Facoltà di parlare. *2* (*lett.*) Modo di parlare.

†**loquènte** [vc. dotta, lat. *loquēnte(m)*, part. pres. di *lŏqui* 'parlare', di etim. incerta] agg. ● Che parla | Eloquente.

†**loquènza** [per *(e)loquenza*] s. f. ● Loquela, eloquenza.

lòran [abbr. ingl. di *lo(ng)-ra(nge) n(avigation)* 'navigazione a lunga portata'] s. m. ● (*rad.*) Sistema radar di grande portata e precisione utilizzato nella navigazione marittima e aerea per la localizzazione di obiettivi a lunga distanza.

Lorantàcee [comp. del gr. *lôron* 'cinghia' (di provenienza lat.) e *ánthos* 'fiore' (per la loro forma), col suff. di famiglia botanica *-acee*] s. f. pl. ● Nella tassonomia vegetale, famiglia di Dicotiledoni parassite, con foglie opposte e coriacee e frutto a bacca vischiosa (*Loranthaceae*) | (al sing. *-a*) Ogni individuo di tale famiglia. ➡ ILL. **piante** /3.

lorànto [comp. del gr. *lôron* 'cinghia' e *ánthos* 'fiore', per la forma e per il loro attaccarsi a rami e tronchi] s. m. ● Pianta cespugliosa delle Lorantacee parassita delle querce, con fiori vistosi (*Loranthus europaeus*).

†**loràre** [dal lat. *lōrum* 'correggia', di origine indeur.] v. tr. ● Cingere con corregge di cuoio.

loràrio [vc. dotta, lat. *lorāriu(m)*, da *lōrum* 'correggia', di origine indeur.] s. m. ● Nella Roma antica, schiavo armato di corregge di cuoio, incaricato di fustigare con queste i compagni per punirli.

†**lorché** o †**lor che** [da *(al)lor(a) che*] cong. ● Allorché.

lord /'lɔrd, *ingl.* 'lɔ:d/ [dall'anglosassone *hláford* 'guardiano (*ward*) del pane (*hlaf*)'] s. m. inv. *1* Titolo attribuito in Gran Bretagna ai pari del regno e, per ossequio, ai figli dei duchi e dei marchesi, ai primogeniti dei conti e ad alcuni grandi ufficiali dello stato | *L. Mayor*, sindaco di Londra e di altre grandi città inglesi | *L. dell'Ammiragliato, del Tesoro*, membro del consiglio supremo di questi uffici. *2* (*pop., fig.*) Persona ricca, di gusti raffinati, che fa sfoggio di eleganza | *Vestirsi come un l.*, (*fig.*) con estrema ricercatezza.

lordàre [da *lordo*] **A** v. tr. (*io lórdo*) ● Imbrattare, sporcare: *l. un muro con scritte* | (*fig.*) Insudiciare moralmente: *l. la memoria di qc.* **B** v. rifl. ● Insudiciarsi (*anche fig.*).

lordatóre agg.; anche s. m. (f. *-trice*) ● Che, chi lorda (*anche fig.*).

lordézza s. f. ● Sporcizia, immoralità | (*fig.*) Turpitudine.

†**lordìzia** s. f. ● Lordezza.

lórdo [lat. parl. **lūrdu(m)* per *lūridu(m)* 'molto pallido, livido', da *lūror*, genit. *lurōris*, di etim. incerta, con sovrapposizione del gr. *lordós* 'incurvato', di origine indeur. (?)] agg. *1* Sporco, imbrattato: *l. di fango, di sangue* | *Metallo l.*, misto a scorie. *2* (*fig.*) Impuro, vizioso: *vita, coscienza lorda*; *si veggono gli uomini smaniare e dilettarsi delli luoghi fetidi e lordi* (CAMPANELLA). *3* Detto di peso dal quale non si è detratta la tara o di importo da cui non si siano defalcate certe somme: *pagammo la merce in base al peso l.*; *stipendio al l. delle ritenute*. || **lordaménte**, avv. In modo sporco.

lordòsi [gr. *lórdōsis* 'l'essere curvato in avanti', da *lordôun*, da *lordós* 'incurvato', di origine indeur.] s. f. ● (*med.*) Curva a concavità posteriore della colonna vertebrale, fisiologica entro certi limiti. CFR. Cifosi, scoliosi.

lordòtico agg. (pl. m. *-ci*) ● Che presenta lordosi.

lordùme s. m. ● Quantità di cose lorde | Sporcizia, sozzura (*anche fig.*).

lordùra [da *lordo*] s. f. *1* Stato o condizione di ciò che è lordo (*anche fig.*): *la l. di quella casa è indicibile*. *2* Sporcizia, sozzura (*anche fig.*): *un quartiere pieno di lordure*; *l. morale* | (*est.*) Insieme di persone immorali o disoneste: *ruffian, baratti e simile l.* (DANTE *Inf.* XI, 60).

lorenése [dalla regione fr. della *Lorena*, in fr. *Lorraine*, dal germ. *Lothringen* (lat. *Lotharīngia*) 'la regione di Lotario'] **A** agg. ● Della Lorena. **B** s. m. e f. ● Abitante, nativo della Lorena. **C** s. m. solo sing. ● Dialetto francese parlato in Lorena.

lorènzio ● V. *laurenzio*.

loretàno ● V. *lauretano*.

lorgnette /*fr.* lor'ɲɛt/ [da *lorgner* 'adocchiare', dall'ant. fr. *lorgne*, dal germ. **lurni-* 'che sta in agguato, spia'] s. f. inv. ● Occhialetto con cerchio e manico di tartaruga o metallo, per signora | (*est.*) Binocolo da teatro con manico.

lòri [port. *louro* 'scimmia', di etim. incerta (?)] s. m. ● Piccola proscimmia indiana con tronco esile, capo piccolo e tondeggiante e grandissimi occhi rosso-giallastri, luminescenti (*Loris gracilis*).

lorica [vc. dotta, lat. *lorīca(m)*, di etim. incerta] s. f. *1* Leggera corazza dei soldati romani. *2* (*zool.*) Cuticola rigida dei Rotiferi suddivisa in piastre non metameriche.

loricària [vc. dotta, lat. *loricāria(m)*, agg. di *lorīca* 'lorica'] s. f. ● Pesce brasiliano dei Siluridi con corpo corazzato, pinna dorsale alta e vistosa, e pinna caudale con due prolungamenti filiformi (*Loricaria parva*).

Loricàti [V. *loricato*] s. m. pl. ● (*zool.*) Nella tassonomia animale, ordine di Rettili di mole considerevole, lacertiformi con corpo rivestito da piastre osee e cornee; comunemente detti coccodrilli | Placofori | Gruppo di Rotiferi rivestiti di cuticola rigida.

loricàto [vc. dotta, lat. *loricātu(m)*, da *lorīca* 'lorica'] **A** agg. ● Armato di lorica. **B** s. m. ● (*zool.*) Ogni individuo dell'ordine dei Loricati.

lorichétto [da *lori(o)* con sovrapposizione di *(perroc)chetto*] s. m. ● Pappagallo con livrea a colori vivacissimi, facilmente addomesticabile, loquace, che, libero, si nutre di nettare (*Trichoglossus*). SIN. Lorio.

loriculo [dim. dello sp. *loro* 'pappagallo' (V. *lorio*)] s. m. ● Piccolo parrocchetto dell'Asia orientale, che si riposa attaccato agli alberi con il capo in basso, come i pipistrelli (*Loriculus vernalis*).

lòrio [dal pl. (*lori*) dello sp. *loro*, da una l. dei Caraibi, dove l'animale era noto col n. di *roro*] s. m. ● (*zool.*) Lorichetto.

lóro [lat. *illōrum*, genit. pl. di *ille*, di etim. incerta] **A** pron. pers. di terza pers. m. e f. pl. *1* Indica le persone (fam. anche gli animali o le cose) di cui si parla e si usa al posto di 'essi', 'esse' nei vari compl.: *c'erano alcuni di l.*; *lo dirai a l.*; *è stato mandato da l.*; *vado con l.*; *fallo per l.*; *bisticciano spesso fra l.* | Come compl. ogg. in luogo dei pron. atoni 'li', 'le' quando gli si vuole dare particolare rilievo: *ho interrogato l., non voi* | Come compl. di termine più spesso senza la prep. 'a': *rispondi l. che non sai nulla* | (*lett.* o *bur.*) In luogo dell'agg. poss. nelle loc. *il di l.*, *i di l.*, *la di l.*, *le di l.*: *le di l. figlie* | Si pospone a 'anche', 'neanche', 'pure', 'neppure', 'nemmeno', e sim.: *non ho visto neppure l.* | Posposto a 'ecco' in luogo del pron. encl. 'li' o 'le' quando gli si vuole dare maggiore rilievo: *ecco l.!* *2* Essi, esse (come sogg., spec. nella lingua parlata e fam., in espressioni enfatiche, ellittiche, esclamative, in contrapposizione ad altro sogg., posposto al verbo, con valore enf. e raff.): *questo lo dicono l.*; *sono stati l. a proporlo*; *ci vadano l., se vogliono*; *contenti l., contenti tutti!*; *beati l.!* | Seguito da un agg. num.: *l. due vanno d'accordo* | Con un v. al modo inf., part. o gerundio: *l. preoccuparsi!*; *partiti l. è tornata la pace in famiglia*; *essendo qui l. non potevo parlare* | Si pospone a 'anche', 'neanche', 'pure', 'neppure', 'nemmeno', e sim.: *lo sostengono anche l.*; *neppure l. sono d'accordo* | Con funzione predicativa: *non sembrano più l.* | Si usa dopo 'come' e 'quanto' nelle comparazioni: *siamo responsabili quanto l.* *3* Si usa (come sogg. e compl.) in segno di deferenza, cortesia, rispetto, rivolgendosi a persone sia di sesso maschile, sia femminile, con cui non si è in familiarità: *come Loro comprendono bene, la cosa mi è impossibile*; *mi rivolgo a l., signore, chiedendo comprensione e aiuto*. **B** agg. poss. di terza pers. pl. *1* Che appartiene ad essi, ad esse (indica proprietà, possesso anche relativi): *la l. ricchezza è enorme*; *questo è il l. appartamento* | Con valore enf. e raff., posposto a un s.: *stiano a casa l.!* *2* Che è a essi o ad esse peculiare (indica appartenenza con riferimento all'essere fisico o spirituale o a sue facoltà, espressioni, manifestazioni e sim.): *i l. cuori*; *i l. arti*; *la l. voce*; *le l. anime*; *i l. desideri*; *le l. pene* | (*est.*) Con riferimento a parole, atti e sim. che procedano da essi e da esse: *il l. ultimo lavoro*; *i l. discorsi sono insulsi* | Con valore enf. e raff., posposto a un s.: *badino ai fatti l.!* *3* Di essi, di esse (indica relazioni di parentela, di amicizia, di conoscenza, di dipendenza e sim.; nel caso in cui indichi relazione di parentela, respinge l'art. quando il s. che segue l'agg. poss. sia sing., non alterato e non accompagnato da attributi o opposizioni; fanno eccezione i s. 'mamma', 'babbo', 'nonno', 'nonna', 'figliolo', 'figliola' che possono anche essere preceduti dall'art.): *i l. genitori*; *il l. unico figlio*; *l. nipote*; *l. padre*; *il l. paese*; *la l. patria*; *il l. legale*; *il l. medico*; *la l. maestra* | Preposto o posposto a un s. si usa in formule di cortesia e di cerimoniale: *le signorie l.*; *le loro maestà*; *le loro altezze!* *4* Che è abituale, consueto a essi o a esse: *fanno sempre la l. brava passeggiata*; *hanno il l. tema di conversazione*. **C** pron. poss. di terza pers. m. e f. pl. *1* Quello che a essi o a esse appartiene, è proprio o peculiare o che comunque a essi si riferisce (sempre preceduto dall'art. det.): *la nostra biblioteca è più modesta della l.* *2* (*ass.*) Ricorre, con ellissi del s., in alcune espressioni e locuzioni particolari, proprie del linguaggio fam.: *campano, vivono del l.*, del loro patrimonio, del loro avere | *Abitano coi l.*, con i loro familiari, parenti | *È uno dei l.*, uno dei loro amici, compagni e sim. | *Vogliono sempre dire la l.*, la loro opinione | *Tiene, sta, è dalla l.*, dalla loro parte, a loro favore | *Hanno passato, visto le l.*, le loro disavventure, amarezze e sim. | *Ne combinano sempre una delle l.*, una delle loro azioni sventate | *Abbiamo avuto la l. del mese scorso*, la loro lettera (V. *gli* (*2*) per nota d'uso).

losànga [fr. *losange*, di etim. incerta] s. f. *1* Rombo. *2* (*arald.*) Pezza in forma di rombo.

losangàto agg. ● (*arald.*) Detto di scudo coperto di losanghe di due smalti alternati.

lósca [etim. incerta] s. f. ● (*mar.*) Foro al centro della volta di poppa, per il quale passa la testa del timone.

loschézza s. f. ● (*raro*) L'essere losco.

lósco o (*lett.*) †**lùsco** [lat. *lŭscu(m)*, vc. pop., di etim. incerta] agg. (pl. m. *-schi*) *1* Che ha uno sguardo bieco, per risentimento, ira e corruccio. *2* (*fig.*) Di onestà e moralità tali da dare adito a sospetti: *individuo, affare l.* SIN. Equivoco. *3* †Debole di vista. || **loschétto**, dim. || **loscaménte**, avv.

Löss /*ted.* lœs, lø:s/ ● V. *Loess*.

lossàrtro [comp. del gr. *loxós* 'obliquo' e *árthron* 'articolazione'] s. m. ● (*med., raro*) Deviazione dell'asse di un arto o di un'articolazione.

lossodromia o **lossodròmia** [comp. del gr. *loxós* 'obliquo' e un deriv. di *drómos* 'corsa, strada'] s. f. ● Linea che unisce due punti della superficie terrestre tagliando i meridiani con lo stesso angolo.

lossodròmico agg. (pl. m. *-ci*) ● Di lossodromia | *Linea lossodromica*, lossodromia.

lossopsia [comp. del gr. *loxós* 'obliquo' e un deriv. di *óps* 'aspetto'] s. f. ● (*med.*) Difetto visivo per cui si ha percezione solo laterale.

lotaringio [dal n. mediev. (*Lotharingia*, letteralmente 'il regno di Lotario') della Lorena] **A** agg. (pl. f. *-ge* o *-gie*) ● Della Lotaringia, antico nome dell'odierna Lorena. **B** s. m. (f. *-a*) ● Abitante, nativo della Lotaringia.

loti /'loti/ [vc. della lingua locale sesotho] s. m. inv. (pl. sesotho *maloti*) ● (*econ.*) Unità monetaria del Lesotho.

lòto (1) [gr. *lōtós*, di etim. incerta] s. m. *1* (*bot.*) Nome volgare dato a varie specie di piante molto diverse fra loro | *L. sottile*, ginestrino, trifoglina | *L. indiano*, pianta acquatica delle Ninfeacee con rizomi serpeggianti sul fondo e foglie emergenti (*Nelumbo nucifera*). SIN. Nelumbo | *L. bianco d'Egitto, egiziano*, ninfea bianca | *L. del Giappone*, cachi | *L. bianco*, sicomoro | *L. falso, l. d'Egitto*, albero di S. Andrea. *2* (*lett.*) Mitica pianta i cui frutti davano l'oblio a chi ne mangiava | *Mangiare il l.*, dimenticare.

lóto (2) o **lòto**, **lùto** [lat. *lŭtu(m)*, di origine indeur.] s. m. *1* (*lett.*) Fango, mota: *mi spoglio quella veste cotidiana, piena di fango et di l.* (MACHIAVELLI) | Luogo fangoso. *2* Impiastro di sostanze tenaci per chiudere aperture di recipienti o commessure. *3* Nella fusione a cera persa, composizione di gesso da formare, mattone macinato e altro.

lotòfago [vc. dotta, lat. *Lotŏphagu(m)*, dal gr. *lōtophágos*, comp. di *lōtós* 'loto (1)' e *-phagos* '-fago'] agg.; anche s. m. (pl. m. *-gi*) ● (*lett.*) Che, chi si ciba di loto, nel sign. (1).

lotolènto ● V. *lutulento*.

lotóso o †**lutóso** [lat. *lutōsu(m)*, da *lŭtum* 'loto (2)'] agg. *1* (*raro, lett.*) Fangoso: *acqua lotosa*. *2* †Sporco, imbrattato.

lòtta o (*poet.*) †**lùtta** [lat. tardo *lŭcta(m)*, da *luctāre* 'lottare'] s. f. *1* Combattimento a corpo a corpo senza uso di armi: *ingaggiare una l. mortale con un nemico* | (*est.*) Mischia, zuffa tra persone o animali: *il duello si trasformò in una l. confusa*; *la l. tra il cobra e la mangusta*. *2* Combattimento sportivo a corpo a corpo in cui vince generalmente chi mette l'avversario con le spalle al tappeto: *l. libera, greco-romana, giapponese*. *3* Contrasto fra persone o gruppi in cui le parti si sforzano al massimo per ottenere un predominio: *la l. di due eserciti*; *l'eterna l. degli sciocchi e de' furbi* (DE SANCTIS) | *L. politica*, fra opposte fazioni o partiti politici per la supremazia | *L. biologica*, quella condotta per controllare l'espansione degli organismi nocivi, spec. animali, impiegando i loro nemici naturali allo scopo di evitarne o limitarne i danni | (*agr.*) *L. integrata*, tecnica agricola che tende a eliminare l'impiego di pesticidi chimici grazie alla selezione genetica delle specie e all'introduzione di antagonisti dei parassiti | *L. di classe*, il contrasto fra ceti sociali diversi in cui, secondo l'interpretazione propria del materialismo storico, si esaurisce la dialettica dello sviluppo storico, fino al momento in cui, dopo lo scontro con la borghesia capitalistica, la classe proletaria non avrà instaurato la società senza classi | *L. per l'esistenza*, secondo Darwin, quella per la conquista dell'alimento e dello spazio unita alla resistenza ai fattori ambientali avversi; (*est.*) quella che l'uomo conduce per farsi strada nella società o raggiungere un determinato benessere | *L. senza quartiere*, che non concede tregua | *L. contro il cancro, contro l'analfabetismo* e sim., misure di comune impegno per debellare queste calamità sociali. SIN. Battaglia, combattimento, contesa. *4* Disaccordo, discordia: *essere in l. con tutti*.

lottàre [lat. *luctāre*, freq. con radice di etim. incerta] v. intr. (*io lòtto*; aus. *avere*) ● Essere impegnato in una lotta (*anche fig.*): *l. corpo a corpo con il nemico*; *l. per la libertà*; *l. contro la povertà* | *L. contro se stesso*, per dominare i propri impulsi o sentimenti | *L. contro la morte*, essere in agonia. SIN. Combattere.

lottatóre [lat. *luctatōre(m)*, da *luctātus*, part. pass. di *luctāre* 'lottare'] s. m.; anche agg. (f. *-trice*) ● Chi, che lotta, combatte (*anche fig.*): *i lottatori si affrontarono in campo aperto*; *un abile l. politico*.

lotterìa [da *lotto*] s. f. *1* Gioco a premi che consiste nel sorteggio di numeri corrispondenti a biglietti venduti, spesso abbinato a corse di cavalli e sim. | *L. di beneficenza*, organizzata da un ente morale. *2* (*raro*) Amministrazione del lotto.

lottìsta s. m. e f. (pl. m. *-i*) *1* Ricevitore del lotto. *2* Organizzatore di bische clandestine, lotterie non autorizzate e sim.

lottìstico agg. (pl. m. *-ci*) ● Relativo al gioco del lotto.

lottizzàbile agg. ● Che può essere lottizzato.

lottizzàre [da *lotto*] v. tr. *1* Dividere in lotti | *L. un terreno*, stabilire, in base a un piano regolatore particolareggiato, le dimensioni e i confini delle singole aree edificabili. *2* (*fig.*) Assegnare cariche di particolare importanza spec. nell'ambito degli enti pubblici spartendole fra esponenti delle varie forze e correnti politiche, a scapito del criterio di professionalità: *l. le presidenze delle banche, degli enti previdenziali*.

lottizzàto part. pass. di *lottizzare*; anche agg. *1* Nei sign. del v. *2* (*fig.*) Detto di persona, ente o istituzione rientrante a vario titolo nel meccanismo di divisione delle cariche pubbliche operato dai partiti per assicurarsi il controllo dei centri di potere: *un dirigente, un telegiornale l.*

lottizzatóre agg.; anche s. m. (f. *-trice*) ● Che, chi lottizza.

lottizzatòrio agg. ● Relativo alla lottizzazione: *meccanismo, sistema l.*

lottizzazióne [ant. fr. *lotization* 'sorteggio di lotti (*lots*)'] s. f. *1* Suddivisione in lotti. *2* Pratica politica del lottizzare.

lòtto [fr. *lot* 'parte divisa', da **lot* 'sciolto, staccato'] s. m. *1* Gioco d'azzardo che consiste nell'estrarre, per ciascuna delle dieci ruote, cinque dei novanta numeri imbussolati e nell'assegnare un premio in danaro a chi ne indovina uno o più: *giocare cinque numeri al l.*; *banco, botteghino, ricevitoria del l.* | *Dare i numeri del l.*, (*fig.*) parlare senza riflettere, sconclusionatamente | *Vincere un terno al l.*, (*fig.*) beneficiare di un inatteso colpo di fortuna. *2* Parte di un tutto diviso: *un l. di terreno* | Quantità di merce: *un l. di tessuti all'ingrosso*.

lotùme [da *loto* (*2*)] s. m. *1* (*raro*) Quantità di fango. *2* (*raro*) Sudiciume.

loure /*fr.* lur/ [vc. fr., lat. tardo *lūra(m)* 'otre', passato a indicare in fr. la 'cornamusa' e quindi il 'ballo' mosso al suono di quella] s. f. inv. ● Antico ballo popolare francese, a ritmo ternario.

love story /*ingl.* 'lʌv 'stɔ:ri/ [loc. ingl., propr. 'storia d'amore', titolo di un romanzo di E. Segal tradotto in italiano nel 1971] loc. sost. f. inv. (pl. ingl. *love stories*) ● Relazione amorosa, considerata nel complesso dei suoi eventi: *avere una love story con qc.*; *la nostra love story è finita*.

lozióne [lat. tardo *lotiōne(m)* 'lavaggio', da *lōtus* 'bagnato', agg. verb. di *lavāre* 'lavare'] s. f. *1* Soluzione acquosa o idroalcolica di sostanze medicamentose, usata per l'igiene di parti ammalate, spec. la pelle o il cuoio capelluto: *l. astringente, per capelli*. *2* †Abluzione.

LP /elle'pi/ o **lp** s. m. inv. ● Sigla di *long playing*.

LSD /ɛlleɛsse'di*/ [sigla dell'ingl. *Lysergic Acid Diethylamide*] s. m. inv. ● (*chim.*) Derivato dell'acido lisergico; sostanza psicoattiva, classificata fra gli allucinogeni e dotata di spiccata attività sul sistema nervoso centrale.

luàsso [vc. genov., letteralmente 'lupaccio', accr. spreg. di *lô* 'lupo'] s. m. ● (*zool., pop., sett.*) Spigola.

†**lubègine** [etim. incerta] s. f. ● (*spec. al pl.*) Paturnie.

†**lubèrna** [ant. provz. *laberna*, dal lat. parl. *lupĭcinu(m)*, dim. di *lŭpus* 'lupo'] s. f. ● Pelle di lupo cerviero (o lince).

†**lubricànte** **A** part. pres. di †*lubricare*; anche agg. ● Nei sign. del v. **B** s. m. ● (*med.*) Lassativo.

†**lubricàre** [vc. dotta, lat. tardo *lubricāre*, da *lūbricus* 'lubrico'] v. tr. *1* Rendere lubrico. *2* (*med.*) Correggere la stitichezza.

†**lubricatìvo** agg. ● (*med.*) Lassativo.

†**lubricatóre** agg. (f. *-trice*) ● Lubrificatore.

lubricità [vc. dotta, lat. tardo *lubricitāte(m)*, da *lūbricus* 'lubrico'] s. f. ● (*raro*) Qualità di chi o di ciò che è lubrico (*spec. fig.*): *la l. di un discorso*.

lùbrico o (*evit.*) **lubrico** [vc. dotta, lat. *lūbricu(m)*, propriamente 'scivoloso', vc. di origine espressiva, di area indeur.] agg. (pl. m. *-ci*) *1* (*lett.*) Che è così liscio da far scivolare. SIN. Sdrucciolevole. *2* (*fig.*) Indecente, impudico: *gesto l.*; *favole lubriche*; *le prime poesie del Marino furono sfacciatamente lubriche* (DE SANCTIS). SIN. Osceno. *3* †Labile, fallace: *memoria lubrica*. ‖ **lubricaménte**, avv. In modo lubrico, lascivo.

lubrificànte **A** part. pres. di *lubrificare*; anche agg. ● Nel sign. del v. **B** s. m. ● Olio o grasso che unge perni, cuscinetti, e sim. per diminuire l'attrito sulle superfici di strisciamento.

lubrificàre [adatt. del fr. *lubrifier*, comp. di un deriv. del lat. *lūbricus* 'lubrico' e *-ficāre*, da *făcere* 'fare'] v. tr. (*io lubrìfico, tu lubrìfichi*) ● Interporre un olio o un grasso adatto tra gli elementi a contatto di una macchina, di un meccanismo o di un congegno, per diminuire l'attrito.

lubrificatìvo agg. ● Che serve a lubrificare.

lubrificatóre [da *lubrificare*, come il corrispondente fr. *lubrificateur*] **A** s. m. ● Ingrassatore. **B** agg. ● Che serve a lubrificare.

lubrificazióne [da *lubrificare*, sul tipo del corrispondente fr. *lubrification*] s. f. ● Atto, effetto del lubrificare.

lucànica ● V. *luganiga*.

Lucànidi [dal lat. *lucānus* 'mattiniero', da *lūx*, genit. *lūcis* 'luce (del mattino)' (?)] s. m. pl. ● Nella tassonomia animale, famiglia di grossi Coleotteri con antenne brevi a pettine, caratteristici per il gigantesco sviluppo della mandibola dei maschi (*Lucanidae*) | (al sing. *-e*) Ogni individuo di tale famiglia.

lucàno [vc. dotta, lat. *Lucānu(m)*, di prob. origine osca] **A** agg. *1* Dell'antica Lucania. *2* Dell'odierna Basilicata. **B** s. m. (f. *-a*) *1* Abitante, nativo dell'antica Lucania. *2* Abitante, nativo dell'odierna Basilicata. **C** s. m. solo sing. ● Dialetto italiano meridionale, parlato in Basilicata.

lucarino ● V. *lucherino*.

lucchése o **lucchése** [da *Lucca*: da una base celto-lig. *luk* 'paludoso' (?)] **A** agg. ● Di Lucca. **B** s. m. e f. ● Abitante, nativo di Lucca.

lucchesìna [perché originariamente fabbricata a *Lucca*] s. f. ● Pesante coperta bianca da letto.

†**lucchesìno** [perché propriamente dei panni di *Lucca*] **A** agg. ● Di color rosso fiammante. **B** s. m. ● Panno rosso di lana pregiata, usato in epoca medievale | Veste di tale panno.

lucchétto [ant. fr. *loquet*, dal medio basso ted. *lūke* 'chiusura' con suff. dim.] s. m. *1* Serratura metallica mobile, con gambo diritto o ricurvo da infilare in occhielli, che si applica a bauli, valigie, usci, e altro | (*fig., fam.*) *Mettere il l. alla bocca di qc.*, imporgli il silenzio. *2* Gioco enigmistico consistente nel togliere la parte finale a una prima parola, la parte iniziale a una seconda e nel fondere le parti residue formando una terza parola: LUci, ciCCHETTO = lucchetto. ‖ **lucchettìno**, dim. | **lucchettóne**, accr.

luccicaménto s. m. ● (*raro*) Modo e atto del luccicare.

luccicànte part. pres. di *luccicare*; anche agg. *1* Nei sign. del v. *2* (*fig., lett.*) Gioioso, festoso: *atmosfera l.*

luccicàre [lat. parl. **lucicāre*, da *lūx*, genit. *lūcis* 'luce'] v. intr. (*io lùccico, tu lùccichi*; aus. *essere* e *avere*) ● Mandare, riflettere luce attraverso brevi e intermittenti bagliori: *i brillanti, il cristallo, i metalli luccicano*; *luccicar di spade / come tra nebbia lampi* (LEOPARDI) | *Gli luccicano gli occhi*, di chi ha gli occhi pieni di lacrime perché è in procinto di piangere | *Il giorno luccica*, comincia a spuntare con i primi chiarori dell'alba | (*fig.*) *Uno stile che luccica*, che ricerca immagini a effetto. SIN. Brillare, scintillare.

luccichìo s. m. ● Il luccicare | Un luccicare tenue e frequente: *si vedeva ... il l. dei loro occhi sonnolenti, come una processione di lucciole che dileguava* (VERGA).

luccicóne [da *luccicare*] s. m. ● Grossa lacrima tremolante fra le palpebre di chi sta per piangere: *far venire, avere, i lucciconi agli occhi*.

luccicóre s. m. ● (*raro*) Luccichio, bagliore, splendore.

†**luccicóso** agg. ● Lucente.

lùccio o **lùcio** (*2*) [lat. *lūciu(m)*, vc. tarda, di etim. incerta] s. m. ● Grosso pesce teleosteo con muso allungato e depresso e forti denti, voracissimo predone delle acque dolci europee (*Esox lucius*) | *L. di mare*, *l. imperiale*, sfirena.

lùcciola [dall'ant. *lucciare* 'luccicare', dal lat. *lucēre* 'rilucere' con mutamento di coniug.] s. f. *1* Insetto dei Coleotteri, bruno, con corsaletto e zampe gialle, caratteristico per la luce intermittente che emette dagli ultimi segmenti dell'addome (*Luciola italica*). SIN. Lucia | Lampiride (*Lampyris noctiluca*) | (*fig.*) *Dare a intendere lucciole per lanterne*, far credere una cosa per un'altra | *Prendere lucciole per lanterne*, fraintendere | (*fig.*) †*Fare vedere a qc. le lucciole*, fare vedere le stelle, per un acuto dolore fisico. *2* Riflettore cinematografico a fascio di luce allargato. *3* Persona che, nelle sale cinematografiche, accompagna gli spettatori ai loro posti facendo luce con una lampada tascabile. *4* (*pop.*) Prostituta. || **lucciolétta**, dim. | **lucciolina**, dim. | **lucciolóne**, accr. m.

lucciolàio s. m. ● (*raro*) Gran quantità di lucciole.

lucciolàre [da *lucciola*] v. intr. (*io lùcciolo*; aus. *avere*) *1* (*tosc.*) Luccicare. *2* (*fig.*) Piangere a grosse lacrime.

lucciolìo s. m. *1* (*lett.*) Splendore di lucciole. *2* (*raro*) Il luccicare di cose splendenti.

lùcciolo [da *lucido* con sovrapposizione di *luccicare*] s. m. ● Baco da seta con la pelle lucida, affetto da giallume. SIN. Lustrino.

lucciolóne [da *lucciolare*] s. m. ● (*tosc.*) Luccicone.

luccioperca ● V. *lucioperca*.

lùcco [da separarsi *l'ucco*, dall'ant. fr. *huque*, di origine germ. (medio basso ted. *huik* 'specie di mantello') (?)] s. m. (pl. *-chi*) ● Lunga veste maschile chiusa al collo e stretta da una cintura, in voga nel XIV secolo spec. come abito di cerimonia dei magistrati | (*raro, fam.*) *Vestire in l.*, comportarsi in modo cerimonioso.

lùce (1) [lat. *lūce(m)*, da una radice **lūc-* 'splendere', di origine indeur.] **A** s. f. *1* (*fis.*) Radiazione elettromagnetica che comprende le lunghezze d'onda infrarosse, visibili, ultraviolette e i raggi X, la cui velocità, costante universale della fisica, è nel vuoto di 299 792 km al secondo: *l. infrarossa, ultravioletta, visibile* | Intervallo di radiazione comprendente le lunghezze d'onda che vanno da ca. 3900 Å a 7700 Å, percepibili all'occhio umano | *L. bianca*, sovrapposizione delle radiazioni visibili di tutte le lunghezze d'onda | *L. nera o di Wood*, illuminazione ultravioletta usata per rendere visibili gli oggetti posti in luogo buio | *L. monocromatica*, luce di una determinata lunghezza d'onda | *L. polarizzata*, luce con direzione di oscillazione del vettore e intensità del campo elettrico totalmente o parzialmente limitate | (*fis.*) *L. di sincrotrone*, radiazione elettromagnetica, emessa da elettroni che percorrono a velocità relativistica una traiettoria circolare all'interno di un sincrotrone o sim., utilizzata per analisi di materiali e diagnostica. *2* Correntemente, forma di energia che è causa di ogni sensazione della vista: *l. diretta, riflessa*; *la l. del giorno*; *alla l. della luna* | *L. elettrica*, ottenuta mediante l'energia elettrica | *L. fredda*, al neon, a gas di mercurio o a fluorescenza | *Dare alla l.*, (*fig.*) generare, partorire | *Venire alla l.*, (*fig.*) nascere | *Venire in l.*, (*fig.*) manifestarsi | *Rimettere in l.*, (*fig.*) restituire al loro valore persone o cose | *Far l. su q.c.*, (*fig.*) tentare di chiarirla | *Mettere in buona* o *cattiva l.*, (*fig.*) presentare una persona mettendone in risalto pregi o difetti, a volte con voluta esagerazione | *Presentare qc.* o *q.c. nella sua vera l.*, (*fig.*) come realmente sono | *Mettere in piena l.*, (*fig.*) chiarire | *Gettare l. sinistra su qc.*, (*fig.*) insinuare sospetti | *Alla l. del sole*, apertamente | *Bagno di l.*, esposizione del corpo o di parte di esso alla luce del sole o artificiale a scopo terapeutico. *3* Raggi del sole: *stanze piene di l.*; *prendere l. dalla finestra* | (*poet.*) Giorno: *la medesima l. / si pone a camminar* (ARIOSTO) | (*est.*) Vita: *temo del cor che mi si parte, / e veggio presso il fin della mia l.* (PETRARCA). *4* Qualsiasi sorgente luminosa: *le stelle sono le luci della notte*; *una l. lontana brillava nel buio* | Ogni apparecchio, e relativo impianto, utilizzato per l'illuminazione artificiale: *accendere, spegnere la l.* | *Punto l.*, (*spec. al pl.*) sorgente di illuminazione artificiale | *L. di servizio*, nei teatri, quella che serve per illuminare la scena senza effetti, durante le prove o prima dello spettacolo | *Luci psichedeliche*, quelle usate per effetto scenografico in discoteche e sim., che vengono erogate da un set di lampadine multicolori e lampeggianti, la cui intermittenza spesso è determinata dalla potenza e dall'altezza dei suoni musicali | *Luci della ribalta*, (*fig.*) il palcoscenico, il teatro | *Cinema, locale, sala a l. rossa*, quelli riservati esclusivamente alla proiezione di film pornografici | (*est.*) *L. rossa*, detto di tutto ciò che riguarda pornografia o prostituzione: *TV della l. rossa*. *5* Nei veicoli, faro, fanale, fanalino | *L. di targa*, che illumina la targa posteriore | *Luci d'arresto*, fanalini rossi posteriori che si accendono nella frenata | *Luci d'incrocio*, fari anabbaglianti | *Luci di posizione*, fanalini anteriori bianchi e posteriori rossi | *L. di cortesia*, che si accende all'interno dell'automobile all'apertura di una porta | *Luci di profondità*, proiettori accesi con la massima intensità di luce. ➡ ILL. p. 1748, 1749, 1752, 1759 TRASPORTI. *6* Indicazione luminosa di un segnale: *l. di arresto*; *le luci di pista dell'aeroporto*; *attendere le luci di via libera*; *passare con la l. verde*; *fermarsi con la l. rossa*; *l. fissa, intermittente, lampeggiante*. *7* (*est.*) Correntemente, l'energia elettrica, in quanto fornisce l'illuminazione artificiale: *la l. costa cara*; *pagare la bolletta della l.* *8* (*est.*) Correntemente, superficie riflettente | *Armadio a tre luci*, a tre specchi | (*est.*) Riflesso emanato da una pietra preziosa: *questo brillante ha una l. perfetta* | (*est.*) *Colpi di l.*, ciocche di capelli tinti di biondo rossiccio nelle capigliature, spec. femminili, di colore scuro. *9* (*fig.*) Simbolo di ciò che illumina la mente umana e incivilisce i costumi: *la l. della scienza, della ragione, della fede*; *la l. del progresso si diffonde con lentezza*. *10* (*fig.*) Dio, inteso come fonte di vita e di verità: *la prima, la vera l.* | *La l. eterna, perpetua*, la beatitudine celeste | (*raro*) Fulgore delle anime beate. *11* (*lett., fig.*) Persona cara, amata. *12* (*poet.*) Occhi: *in me volgeva sue luci beate* (FOSCOLO). *13* (*arch.*) Distanza orizzontale fra i due piedritti di un ponte o di un arco | Parte aperta nella struttura di una costruzione | Ampiezza, vano di una finestra, di una porta, di una vetrina | (*est.*) Dimensione di una qualsiasi apertura: *luci di dilatazione delle rotaie*, *luci delle maglie* | (*dir.*) Apertura sul fondo del vicino che dà passaggio alla luce e all'aria ma non permette di affacciarsi sul fondo stesso: *diritto di chiudere le luci*. *14* Diametro di tubo, condutture e sim. **B** in funzione di agg. inv. ● (posposto al s.) *Anno l.*, unità di misura della distanza che rappresenta lo spazio percorso in un anno dalla luce, cioè 9461 miliardi di km. SIMB. a.l. || **lucétta**, dim. | **lucina**, dim.

Lùce (2) [sigla di *L'Unione Cinematografica Educativa*] s. m. inv. ● *Film L., giornale L.*, programma di attualità e notizie proiettato nelle sale cinematografiche fra uno spettacolo e l'altro, spec. in Italia negli anni fra il '30 e il '50.

†**lucedòro** [da dividersi *luce d'oro*] agg. ● (*poet.*) Che splende con aurea luce.

lucènte **A** part. pres. di *lucere*; anche agg. ● Nei sign. del v. || **lucenteménte**, avv. Con lucentezza. **B** s. m. ● †Lucentezza.

lucentézza s. f. ● Qualità di ciò che è lucente. SIN. Splendore.

lùcere [vc. dotta, lat. *lucēre*, da una radice **lūc-* 'splendere', di origine indeur.] v. intr. (*io lùco, tu lùci*; dif. del part. pass. e dei tempi composti; si usa spec. nelle terze pers. sing. e pl. del pres. e imperf. indic.) *1* (*poet.*) Risplendere, rilucere: *in quella parte / ove 'l bel viso di Madonna luce* (PETRARCA). *2* (*fig., poet.*) Essere di chiara fama, gloria, bellezza e sim.: *luceva la sua gaia giovinezza* (CARDUCCI) || PROV. Non è tutt'oro quello che luce.

lucèrna [lat. *lucĕrna(m)*, da una radice **lūc-* 'splendere', di origine indeur., prob. adatt. del corrisp. gr. *lýchnos*, sul modello di *lanterna*] **A** s. f. *1* Lume portatile a olio, consistente in una coppa chiusa per il combustibile con uno o più beccucci per i lucignoli, sopra un fusto a base tonda e sormontata da un'asta con un anello verticale | *Sapere di l.*, (*fig.*) di opera dell'intelletto in cui si nota troppo lo studio e poco la freschezza dell'ispirazione | *La l. sotto il moggio*, verità nascosta o persona che non mostra le proprie capacità o che si tiene in disparte. *2* (*poet.*) Luce, splendore spec. con riferimento al sole: *Surge ai mortali per diverse foci / la l. del mondo* (DANTE *Par.* I, 37-38). *3* (*pop.*) Cappello a due punte di carabiniere | Specie di berretta portata un tempo dai preti. *4* Apertura sotto il torchio per l'olio o il vino, a forma di becco di lucerna. *5* (*poet.*) Occhi. ➡ ILL. p. 1748, 1749, 1752, 1759 TRASPORTI. **B** in funzione di agg. inv. ● (posposto al s.) Nella loc. *pesce l.* (V.). || **lucernàccia**, pegg. | **lucernétta**, dim. | **lucernina**, dim. | **lucernino**, dim. m. | **lucernóne**, accr. m. (V.) | **lucernùcola**, dim.

lucernàio [da *lucerna*] s. m. *1* Lucernario. *2* (*raro*) Chi fabbrica, vende, ripara lucerne. *3* Lucerniere.

lucernàre o **lucernàrio** [lat. eccl. *lucernāriu(m)* 'accensione delle lampade', da *lucĕrna* 'lucerna'] s. m. ● Nella primitiva chiesa cristiana, rito con cui, all'inizio della preghiera serale, si salutava la luce del giorno che tramontava e quella della lampada che si accendeva | Nella liturgia attuale della Chiesa cattolica, il rito iniziale della celebrazione della veglia pasquale la sera del Sabato Santo.

lucernàrio [da *lucerna*] s. m. ● Apertura nel tetto, provvista di vetrata, per dare luce alle scale o a locali in genere sprovvisti di finestre sufficienti a illuminarli.

lucernàta [da *lucerna*] s. f. ● (*raro*) Quantità di olio che può contenere una lucerna.

lucernière s. m. *1* Sorta di candeliere di legno formato da un fusto retto da un piede e incavato da buchi a diverse altezze a cui un tempo si appendeva la lucerna o si infilava la fiaccola | *Servire da l.*, (*fig.*) reggere il candeliere. *2* (*raro, scherz.*) Donna alta e magra.

lucernóne s. m. *1* Accr. di *lucerna*. *2* Cappello a due punte | (*fig., scherz.*) Carabiniere.

†**lucertifórme** [comp. di un deriv. del lat. *lacĕrta* 'lucertola' e di *-forme*] agg. ● Che ha forma di lucertola.

lucèrtola [lat. tardo *lacĕrtula(m)*, dim. di *lacĕrta* 'lucertola'] s. f. *1* Piccolo rettile eurasiatico e africano dei Lacertidi, che ha il corpo coperto di scagliette minutissime, il capo di placche ossee, la coda sottile facilmente rigenerabile e la lingua bifida (*Lacerta*) | *L. verde*, ramarro. *2* Pelle conciata di questo animale: *una borsa, un paio di scarpe, di l.* || **lucertolétta**, dim. | **lucertolina**, dim. | **lucertolóna**, accr. | **lucertolóne**, accr. m. (V.).

lucèrtolo [lat. *lacĕrtulu(m)*, dim. di *lacĕrtus* 'parte superiore del braccio, muscolo', di etim. incerta] s. m. ● (*tosc.*) Taglio di carne macellata, tra il girello e il soccoscio.

lucertolóne s. m. *1* Accr. di *lucertola*. *2* (*zool.*) Iguana | Ramarro.

lucherino o **lucarino**, **lugarino**, **lugàro** [etim. incerta] s. m. ● Piccolo passeraceo delle foreste eurasiatiche dal piumaggio giallo verdastro, con voce sottile e armoniosa (*Carduelis spinus*).

lucia [vc. dotta, lat. *Lūcia(m)*, f. di *Lūciu(m)*, da *lūx*, genit. *lūcis* 'luce'] s. f. (pl. *-cie*) ● (*pop.*) Lucciola.

†**luciàre** [da *luci* nel senso di 'occhi'] v. tr. e intr. ● Guardare fissamente.

lucidalàbbra [comp. di *lucida(re)* e il pl. di *labbro*] s. m. inv. ● Cosmetico che, spalmato sulle labbra, le rende lucide e talvolta tenuemente colorate.

lucidaménto s. m. ● (*raro*) Modo e atto del lucidare.

†**lucidàno** agg. ● Splendente.

lucidàre [vc. dotta, lat. tardo *lucidāre*, da *lūcidus* 'lucido'] v. tr. (*io lùcido*) *1* Rendere lucido: *l. scarpe, pavimenti, mobili*. SIN. Lustrare. *2* Ricalcare un disegno su carta lucida e trasparente che ne permetta la riproduzione multipla.

lucidatóio [da *lucidare* in senso tecnico] s. m. ● Dispositivo che facilita il ricalco di disegni, costituito da una sorta di leggio con piano inclinato di materiale trasparente sotto il quale si pone una sorgente luminosa.

lucidatóre s. m.; anche agg. (f. *-trice*) *1* Chi, che lucida: *l. di mobili*. *2* Lucidista.

lucidatrice s. f. *1* (*tecnol.*) Macchina destinata a conferire lucentezza e buona pulitura a superfici lavorate di metalli, marmi, legno. *2* Elettrodomestico a spazzole rotanti usato per la lucidatura dei pavimenti.

lucidatùra s. f. *1* Atto, effetto del lucidare: *l. di tessuti, di cuoi*; *l. di mobili*. *2* In metallurgia, operazione tendente a migliorare la finitura di una superficie metallica facendovi strisciare nastri sui quali sono fissati con adesivo grani abrasivi. *3* Ricalco di un disegno su carta lucida e trasparente.

lucidazióne [vc. dotta, lat. tardo *lucidatiōne(m)* '(de)lucidazione', da *lucidātus*, part. pass. di *lucidāre* 'lucidare'] s. f. ● (*raro*) Lucidatura.

lucidézza s. f. ● Qualità di ciò che è lucido.

lucidista [der. di *lucido* (*2*) nel sign. 3] s. m. e f. (pl. m. *-i*) ● Tecnico che esegue lucidi, o che è addetto alla lucidatura di disegni.

lucidità [vc. dotta, lat. tardo *luciditāte(m)*, da *lūcidus* 'lucido (1)'] s. f. *1* Lucidezza. *2* (*fig.*) Perspicuità, chiarezza: *l. di mente* | Presenza di sé, completo controllo delle proprie facoltà: *agire con piena l.*; *il malato alterna momenti di torpore a momenti di l.*

lùcido (1) [vc. dotta, lat. *lūcidu(m)*, da *lucēre* 'lucere'] agg. *1* Di corpo che per la sua estrema levigatezza riflette la luce: *mobili, pavimenti lucidi*; *scarpe lucide* | *L. come uno specchio*, pulitissimo. *2* Splendente, luminoso: *astri lucidi*; *stelle lucide* | (*poet.*) Terso, limpido: *duo freschi e lucidi ruscelli* (POLIZIANO). *3* (*fig.*) Chiaro, perspicuo: *ha fatto una lucida esposizione del problema*; *avere la mente lucida*. || **lucidaménte**, avv. In modo limpido e chiaro; coscientemente, consapevolmente.

lùcido (2) [da *lucidare*] s. m. *1* Lucentezza: *perdere il l.* *2* Qualsiasi sostanza usata per lucidare: *l. da scarpe*. *3* Disegno, spec. tecnico, eseguito su speciale carta semitrasparente, per consentirne la riproduzione eliografica. *4* Supporto trasparente usato nella lavagna luminosa.

†**lucidóso** [da *lucido* (*1*)] agg. ● Lucente.

luciferino agg. *1* (*raro*) Proprio di Lucifero. *2* (*fig.*) Diabolico: *malvagità luciferina*.

lucifero [vc. dotta, lat. *lucĭferu(m)*, comp., sul modello del corrispondente gr. *phōsphóros* (V. *fosforo*), di *lūx*, genit. *lūcis* 'luce', e *-feru(m)* '-fero'] **A** agg. ● (*lett.*) †Che porta o dà luce. **B** s. m. (*Lucifero* nei sign. 1 e 2) *1* Il pianeta Venere. *2* (*relig.*) Angelo della luce, che, secondo la narrazione biblica, divenne il capo degli angeli ribelli | Demonio, capo dei demoni. *3* (*raro, fig.*) Persona rabbiosa e cattiva.

†**lucificàre** [vc. dotta, lat. *lucificāre*, comp. di *lūx*, genit. *lūcis* 'luce', e *-ficāre* 'fare' (da *făcere*), come il corrispondente gr. *phōtízein*] v. tr. ● Illuminare.

lucifugo [comp. di *luce* e *-fugo*] agg. ● (*zool.*) Detto di animale che vive preferibilmente in ambienti privi di luce.

lucignola [etim. discussa: dal n. propr. *Lucia*, la santa orbata degli occhi, come si ritiene popolarmente sia anche l'*orbettino* (?)] s. f. *1* (*zool.*) Luscengola. *2* (*zool.*) Orbettino.

†**lucignolàre** [da *lucignolo*] v. tr. ● Torcere come un lucignolo, uno stoppino | Filare.

lucignolo [dim. del lat. parl. **lucĭniu(m)*, con sovrapposizione di *lūx* 'luce', dal lat. tardo *licĭniu(m)* 'filaccia' (da *lĭcium* 'liccio'), passato a indicare il 'lucignolo' per influenza di *ellýchnium*, dal gr. *ellýchnion*, comp. di *en* 'in' e *lýchnos* 'lampada, lucerna'] s. m. *1* Treccia di fili che si mette nell'olio della lucerna o entro la cera della candela per far lume, o nei fornelli a spirito per ardere. SIN. Stoppino. *2* (*fig., scherz.*) Persona lunga e magra. *3* †Quantità di lana o lino che si metteva sulla rocca per filare. *4* (*tess.*) Stoppino. || **lucignolétto**, dim. | **lucignolino**, dim. | **lucignolóne**, accr.

lucilia [dal n. propr. lat. *Lucīlia(m)*, f. di *Lucīliu(m)*, da *lūx*, genit. *lūcis* 'luce'] s. f. ● Insetto dittero di color verde, che depone le uova su sostanze in decomposizione e sopra le feci (*Lucilia caesar*).

†**luciménto** [da *lucere*] s. m. ● Splendore.

lùcio (1) [dal grido di richiamo *luci luci*] s. m. ● (*pop.*) Tacchino.

lùcio (2) ● V. *luccio*.

luciopèrca o **luccioperca** [comp. di *luccio* e *perca*, perché partecipa dei caratteri dei due pesci] s. f. o m. ● Pesce dei Perciformi, grosso e voracissimo, con pinna dorsale doppia, diffuso nelle acque dolci (*Lucioperca lucioperca*).

lucivago [comp. di *luce* e *vago* nel sign. di 'desideroso'] agg. (pl. m. *-ghi*) *1* (*lett.*) †Desideroso di luce. *2* (*bot.*) Eliofilo.

lùco [vc. dotta, lat. *lūcu(m)*, di origine indeur.] s. m. (pl. *-chi*) ● Nella Roma antica, bosco sacro.

lucóre [lat. parl. **lucōre(m)*, da *lucēre*, come *fulgōre(m)* 'folgore', da *fulgēre* 'lampeggiare'] s. m. ● (*lett.*) Luce, splendore: *la sveglia / col fosforo sulle lancette / che spande un tenue l.* (MONTALE).

lucràbile agg. ● Che si può lucrare.

lucrabilità s. f. ● (*raro*) Qualità di ciò che è lucrabile.

lucràre [vc. dotta, lat. tardo *lucrāre* per *lucrāri*, da *lūcrum* 'lucro'] v. tr. ● Ricavare utili in denaro, guadagnare | (*fig.*) *L. le indulgenze*, godere il beneficio delle indulgenze concesse dalla Chiesa cattolica. SIN. Guadagnare.

lucrativo [vc. dotta, lat. *lucratīvu(m)*, da *lucrātus* 'lucrato'] agg. ● Che serve a dare lucro: *studi lucrativi*; *attività lucrativa*.

lucreziàno [dal n. proprio lat. *Lucrētius*, di origine etrusca] agg. ● Che si riferisce al poeta latino Lucrezio C. T. (98-55 a.C.).

lùcro [vc. dotta, lat. *lūcru(m)*, di etim. incerta] s. m. ● Guadagno, vantaggio economico (*spec. spreg.*): *fare q.c. per l.*, *a scopo di l.*; *ricavare un l. illecito da un'attività* | *L. cessante*, V. *cessante*.

lucróso [vc. dotta, lat. *lucrōsu(m)*, da *lūcrum* 'lucro'] agg. ● Che dà guadagno, anche considerevole: *attività lucrosa*. || **lucrosaménte**, avv. (*raro*) Con lucro.

†**lucubràre** [dal lat. *lucubrāre*; V. *elucubrare*] v. tr. ● Elucubrare.

†**lucubrazióne** s. f. ● Elucubrazione.

†**luculènto** [vc. dotta, lat. *luculĕntu(m)*, originariamente 'splendido' (proprio della l. relig.), della stessa radice di *lūx*, genit. *lūcis* 'luce', di origine indeur.] agg. ● (*lett.*) Splendente, luminoso. || †**luculenteménte**, avv. Con splendore, chiaramente.

lucullìano agg. ● Detto spec. di ciò che per abbondanza, sfarzo, succulenza e sim. appare degno del buongustaio latino Lucio Licinio Lucullo: *piatto l.*; *pranzo l.* || **lucullianaménte**, avv. In modo degno dell'uomo politico e generale romano L. L. Lucullo (106 ca.-57 a.C.), fastoso gaudente e celebre buongustaio.

lucumóne [vc. dotta, lat. *lucumōne(m)*, termine etrusco, scambiato dai Romani per n. proprio] s. m. *1* Supremo magistrato degli Etruschi, che deteneva, oltre al potere politico e militare, anche quello religioso. *2* (*raro, scherz.*) Persona ragguardevole o molto autorevole: *i lucumoni di una città*.

lucumonìa s. f. ● Dignità e giurisdizione di lucumone.

luddìsmo [ingl. *luddism*, dal n. dell'operaio (Ned *Ludd*) che nel 1779 distrusse per protesta una macchina tessile] s. m. ● Movimento operaio inglese dell'inizio del sec. XIX contrario all'introduzione delle macchine nell'industria perché viste come causa di minor impiego di mano d'opera e quindi di disoccupazione.

luddista **A** s. m. e f. (pl. m. *-i*) ● Seguace del luddismo. **B** anche agg.

†**lùdere** [vc. dotta, lat. *lūdere*, da *lūdus* 'ludo'] v. intr. ● Giocare, far festa.

ludibrio [vc. dotta, lat. *ludĭbriu(m)*, da *lūdere*, fatto su *oppròbrium* 'obbrobrio'] s. m. *1* Beffa, scherno: *mettere in l. le istituzioni*. *2* Oggetto di scherno, di derisione: *è stato il l. di tutto il popolo*; *Serse per l'Ellesponto si fuggìa, / fatto l. agli ultimi nepoti* (LEOPARDI).

lùdico agg. (pl. m. *-ci*) ● Relativo al gioco, al giocare | (*est.*) Gaio, giocoso. || **ludicaménte**, avv.

†**lùdicro** [vc. dotta, lat. *lūdicru(m)*, da *lūdus* 'ludo'] **A** s. m. ● Gioco, scherno. **B** agg. ● Beffardo, scherzoso.

†**ludificàre** [vc. dotta, lat. *ludificāre*, comp. di *lūdus* 'ludo' e *-ficāre* 'ficare'] v. tr. *1* Burlare. *2* Ingannare, illudere.

†**ludificazióne** [vc. dotta, lat. *ludificatiōne(m)*, da *ludificātus*, part. pass. di *ludificāre* 'ludificare'] s. f. ● Burla, inganno.

ludimagistro [vc. dotta, lat. *ludimagĭstru(m)*, comp. di *lūdi*, genit. di *lūdus* 'ludo' e *măgister* 'maestro'] s. m. ● Nell'antica Roma, maestro di scuola.

ludióne [vc. dotta, lat. *ludiōne(m)* 'attore', da *lūdus* 'ludo'] s. m. ● Galleggiante, a forma di piccolo diavolo, vuoto e con un forellino, che, posto in un recipiente pieno d'acqua chiuso da una membrana, scende o risale a seconda che si prema o no la membrana. SIN. Diavoletto di Cartesio.

lùdo [vc. dotta, lat. *lūdu(m)*, propriamente 'gioco di pubblico carattere religioso': di origine etrusca (?)] s. m. *1* Gara, spettacolo, spec. dell'antica Roma: *ludi circensi, scenici*. *2* (*raro, lett.*) Gioco: *d'amor tra i ludi e le tenzon civili / crebbi* (CARDUCCI).

ludotèca [comp. di *ludo* e *-teca*] s. f. ● Locale opportunamente attrezzato dove, con intenti di servizio sociale ed educativo, sono raccolti e conservati giocattoli e altri mezzi di svago che i bambini possono usare sul luogo o prendere a prestito.

ludotecàrio [da *ludoteca*, sul modello di *bibliotecario*] s. m. ● Animatore e responsabile di una ludoteca.

ludoterapia [dal lat. *lūdu(m)* 'gioco' e *terapia*] s. f. ● Tecnica psicoterapeutica basata su attività ricreative opportunamente organizzate e volte soprattutto a favorire la socializzazione.

lùdro (1) [dal ted. *Luder* 'carogna', come ingiuria] s. m. (f. *-a*) *1* (*sett.*) Furfante, mascalzone. *2* (*fig., sett.*) Persona ingorda, insaziabile, avida.

lùdro (2) [da *udro* 'otre' con *l-* dell'art. det.] s. m. ● (*sett.*) Otre.

lùe [vc. dotta, lat. *lŭe(m)*, da *lŭere* 'dissolvere'] s. f. inv. *1* (*med.*) Sifilide. *2* (*fig., lett.*) Calamità pubblica, corruzione.

luètico **A** agg. (pl. m. *-ci*) ● (*med.*) Della lue: *disturbo l.* **B** agg.; anche s. m. (f. *-a*) ● (*med.*) Che, chi è affetto da lue.

lùffa [vc. dotta, lat. scient. *lūffa*, dall'ar. *lūf* 'lupa'] s. f. *1* (*bot.*) Genere di pianta erbacea delle Cucurbitacee, rampicante, con fiori bianchi vistosi e frutti oblunghi, tipica dei paesi tropicali (*Luffa*). *2* (*est.*) Parte interna del frutto di tale pianta da cui si ricava uno strato fibroso e ruvido usato come spugna da bagno, per fare massaggi o come filtro.

†**lùffo** [etim. incerta] s. m. ● Batuffolo.

lugàna [dal n. propr. *Lugana*: dall'agg. lat. *lucānus* nel senso di 'relativo al bosco (*lūcus*)' (?)] s. m. inv. ● Vino bianco-verdolino, dal profumo caratteristico, secco e un po' asprigno, prodotto nella zona di Lugana, sulla riva meridionale del lago di Garda.

luganése **A** agg. ● Di Lugano. **B** s. m. e f. ● Abitante, nativo di Lugano.

lugàniga o **lucànica**, **lugànega** [lat. *lucānica(m)* 'sorta di salsiccia preparata in *Lucania*'] s. f. ● Tipica salsiccia del Veneto e della Lombardia.

lugarino ● V. *lucherino*.

lugàro ● V. *lucherino*.

†**lùgere** [vc. dotta, lat. *lugēre*, propriamente 'essere in lutto', di origine indeur., col sign. primitivo di 'rompere, spezzare' allusivo alle manifestazioni rituali del lutto] v. intr. (dif. del part. pass. e dei tempi composti) ● Piangere.

lugger /ingl. 'lʌgə/ [vc. ingl., retroformazione da *lugsail*, di etim. incerta] s. m. inv. ● (*mar.*) Veliero spec. mercantile, a due alberi a vele auriche.

lugliàtica s. f. ● (*bot.*) Luglienga.

lugliàtico [da *luglio*] agg. (pl. m. *-ci*) ● Detto di frutto, spec. uva, che matura in luglio.

lugliénga o **lugliènga** [da *luglio*, mese di maturazione, col suff. di (*magg*)*engo*] s. f. ● Varietà coltivata di uva bianca da tavola a maturazione precoce. SIN. Lugliatica.

lùglio [lat. *Iūliu(m)*, sottinteso *mēnse(m)* 'mese', da *Iūlius*, n. (connesso con *Iŏvis* 'Giove'?) della *gēns*, a cui apparteneva Giulio Cesare] s. m. ● Settimo mese dell'anno nel calendario gregoriano, di 31 giorni | (*fig.*) *Vendere il sole di l.*, promettere una cosa che abbonda | (*fig.*) *Farsi onore col sole di l.*, vantare un merito che non si ha.

lùgubre o (*poet.*) o **lugùbre** [vc. dotta, lat. *lūgubre(m)*, da *lugēre* nel senso primitivo di 'essere in lutto'] agg. ● Che esprime grande cordoglio, o che richiama immagini di dolore, lutto, sventura: *cerimonia, avvenimento l.*; *spettacolo, visione l.*; *rompon de l'aria mesta / i silenzi lugubri* (MARINO) | *Faccia l.*, molto triste. || **lugubreménte**, avv.

lùi [lat. tardo (*il*)*lŭi*, per *ĭlli*, da *ĭlle* 'egli', sul modello di *cŭi*] **A** pron. pers. di terza pers. m. sing. *1* Indica la persona (*lett.* anche l'animale o la cosa) di cui si parla e si usa al posto di 'egli', 'esso' nei vari compl.: *sto scrivendo a lui*; *sono venuto con lui*; *tornerò da lui*; *se io fossi in lui lascerei perdere* | Come compl. ogg. in luogo del pronome atono 'lo', quando gli si vuole dare particolare rilievo: *sto cercando lui, non te*; *voglio proprio lui* | (*lett.*) Come compl. di termine senza la prep. 'a': *per dar lui esperienza piena* (DANTE *Inf.* XXVIII, 48) | (*lett.* o *bur.*) In luogo dell'agg. poss. nelle loc. *il di lui*, *i di lui*, *la di lui*, *le di lui*, il suo, i suoi, la sua, le sue: *la di lui voce* | Si pospone a 'anche', 'neanche', 'pure', 'neppure', 'nemmeno' e sim.: *ho incontrato anche lui* | Si pospone a 'ecco' in luogo del pron. encl. 'lo', quando gli si vuole dare particolare rilievo: *ecco lui.* **2** Egli (come sogg., spec. nella lingua parlata e fam., in espressioni enfatiche, ellittiche, esclamative, in contrapposizione ad altro sogg. o posposto al verbo con valore enf. e raff.): *lui non ha fatto alcuna obiezione*; *venga lui se ha coraggio!*; *beato lui!*; *lui è sempre il primo in ogni cosa* | Con il v. al modo inf., part., gerundio: *lui scomodarsi per così poco?!*; *partito lui, la madre rimase sola* | Si pospone a 'anche', 'neanche', 'pure', 'neppure', 'nemmeno' e sim.: *nemmeno lui era al corrente* | Con funzione predicativa: *non mi sembra più lui!* | Si usa dopo 'come' e 'quanto' nelle comparazioni: *io ne so quanto lui.* **B** in funzione di s. m. ● (*fam.*) L'uomo amato: *il mio lui.*

luì [vc. onomat.] s. m. ● Genere di uccelli insettivori dei Passeriformi, dal piumaggio olivastro o giallo verdastro, becco corto e sottile (*Phylloscopus*).

luìgi [fr. *louis*, da *Luigi* XIII di Francia che la fece coniare nel 1640] s. m. ● Moneta d'oro francese coniata per la prima volta da Luigi XIII.

luigìno [detto così perché recava lo stemma di Luigi XIII di Francia] s. m. ● Moneta frazionaria francese d'argento coniata nel XVII sec.

lùiula [per *alleluia*, in accezione botanica] **A** s. f. ● (*bot.*) Acetosella. **B** anche agg. solo f. ● Nella loc. *erba l.*, acetosella.

lùlla [lat. *lūnula(m)* 'lunula, mezzaluna', dim. di *lūna* 'luna'] s. f. ● Lunetta del fondo della botte, tra il mezzule e l'orlo.

lumàca [lat. parl. **līmāca(m)*, dal gr. *léimaka*, acc. di *léimax* 'limaccia'] s. f. **1** Mollusco dei Gasteropodi polmonato, onnivoro, con corpo allungato e viscido, conchiglia ridotta e nascosta sotto il mantello (*Limax agrestis*). **2** Correntemente, chiocciola: *lumache alla genovese.* **3** (*fig.*) Persona lenta e pigra nel muoversi e nell'agire: *essere una l.*; *fare la l.* | (*fig.*) *Camminare a passo di l.*, molto adagio. **4** (*mat.*) *L. di Pascal*, podaria d'un punto rispetto a una circonferenza. **5** (*spec. al pl.*) Pasta corta da minestra, di forma simile al guscio delle chiocciole. || **lumachèlla**, dim. (V.) | **lumachétta**, dim. | **lumachìna**, dim. | **lumachìno**, dim. m. | **lumacóne**, accr. m. (V.) | **lumacùccia**, **lumacùzza**, dim.

lumacàglia [comp. di *lumaca* e del suff. spreg. *-aglia*] s. f. ● (*raro*) Insieme di cose viscide e disgustose.

lumacàre [da *lumaca*] v. tr. ● Allumacare.

lumacatùra s. f. ● Allumacatura.

†**lumàccia** s. f. (pl. *-ce*) ● Lumaca: *e li orecchi ritira per la testa / come face le corna la l.* (DANTE *Inf.* XXV, 131-132).

lumachèlla s. f. **1** Dim. di *lumaca.* **2** (*miner.*) Calcare compatto ricco di gusci di conchiglie.

lumacóne s. m. **1** Accr. di *lumaca.* **2** (*zool.*) Denominazione di varie specie di molluschi gasteropodi privi di guscio | *L. ignudo*, lumaca nel sign. 1. **3** (*fig.*) Persona dai movimenti lenti o incerta nell'agire | Persona furba, ma che cerca di apparire goffa e sciocca | Persona brontolona e noiosa.

lumacóso agg. **1** (*raro*) Che è sporco di bava di lumaca | Che presenta macchie simili allo strascico delle lumache. **2** (*raro, fig.*) Che agisce di soppiatto e segretamente.

lumàio [da *lume*] s. m. ● (*raro*) Chi fa, vende o ripara lumi | (*raro*) Chi accende i lumi.

†**lumàre (1)** [ant. fr. *lumer*, da *lume* 'lampada'] v. tr. ● Illuminare.

lumàre (2) [milan. *lumà*, prob. da *lumm* 'lume, lucerna'] v. tr. ● (*region.*) Guardare, adocchiare, sbirciare. SIN. Slumare.

lumàta s. f. ● (*region.*) Sguardo, occhiata.

lumbàrd /lum'bard/ [etn. dial. lomb.] **A** s. m. e f. inv. **1** Militante della formazione politica denominata Lega lombarda | Sostenitore, simpatizzante di tale formazione **2** (*est.*) Leghista, nel sign. 2. **B** agg. inv. ● Relativo ai militanti o alla politica della Lega lombarda.

lùme o †**lùmine** [vc. dotta, lat. *lūmen*, da una radice **lūc-* 'splendere', di origine indeur.] s. m. **1** Apparecchio per illuminare: *l. a olio, a petrolio, a gas, da tavolo* | *Accendere i lumi*, fare una luminaria | *Far l.*, guidare con la luce, risplendere | *Tenere, reggere il l.*, (*fig.*) assistere intenzionalmente o meno alle effusioni di due innamorati | *Arrivare a lumi spenti*, (*fig.*) a festa o manifestazione finita. **2** (*est., poet.*) Stella, astro, corpo luminoso: *fra tanti amici lumi / una nube lontana mi dispiacque* (PETRARCA). **3** Chiarore: *un l. improvviso squarciò le tenebre*; *leggere al l. di candela.* **4** (*est., fig.*) Facoltà visiva, vista: *il l. degli occhi* | *Perdere il l. degli occhi*, (*fig.*) lasciarsi trasportare dall'ira. **5** Ciò che illumina l'intelletto, l'anima: *il l. della scienza, della fede* | *Il secolo dei lumi*, (*per anton.*) il Settecento illuminista | Chiarimento, consiglio: *chieder lumi.* **6** (*lett.*) Gloria, luminare, persona celebre in un qualsiasi campo: *O de li altri poeti onore e l.* (DANTE *Inf.* I, 82). **7** Ampiezza delle maglie nelle reti da pesca. **8** (*biol.*) Interno di un organo cavo: *l. intestinale.* **9** (*al pl., poet.*) Occhi: *cadde tramortita e si diffuse / di gelato sudore, e i lumi chiuse* (TASSO). || **lumétto**, dim. | **lumettìno**, dim. | **lumicìno**, dim. (V.) | **lumìno**, dim. (V.).

lumeggiaménto s. m. **1** (*raro*) Atto, effetto del lumeggiare. **2** (*fig.*) Chiarimento.

lumeggiàre v. tr. (*io luméggio*) **1** Dare brillantezza ai rilievi di un oggetto di metallo | Dare rilievo, per mezzo di piccoli tocchi di colore chiaro, alle parti luminose di un quadro, affresco e sim. | In cartografia, dare il senso del rilievo con tratteggi. **2** (*fig.*) Far risaltare per mezzo della parola: *l. una circostanza, un fatto, un'idea*; *non è da questo luogo narrare e nemmeno l. rapidamente la vita del Foscolo* (CROCE). SIN. Illustrare. **3** Illuminare: *il faro lumeggiava gli scogli.*

lumeggiatùra s. f. ● (*raro*) Lumeggiamento | (*spec. al pl.*) Nella tecnica pittorica e in cartografia, effetto del lumeggiare.

lùmen /*lat.* 'lumen/ [dalla radice, di origine indeur., **lūc-* 'splendere'] s. m. inv. ● (*fis.*) Unità di flusso luminoso, corrispondente al flusso emesso, per unità di angolo solido, da una sorgente puntiforme, avente nelle direzioni comprese in tale angolo solido l'intensità luminosa di una candela. SIMB. lm.

Lumen Christi /*lat.* 'lumen 'kristi/ [lat., letteralmente 'luce (*lūmen*) di Cristo (*Chrīsti*)'] loc. sost. m. inv. ● Candela benedetta il Sabato Santo e conservata per essere accesa solo in determinate circostanze.

lumenòmetro [comp. di *lumen* e *-metro*] s. m. ● (*fis.*) Apparecchio misuratore del flusso luminoso.

lumenóra [comp. di *lumen* e *ora*] s. m. inv. ● (*fis.*) Unità pratica di misura della quantità di luce, equivalente a quella emessa in un'ora da un flusso luminoso di 1 lumen.

†**lumèra** ● V. *lumiera.*

†**lumèrbio** [forse sovrapp. di *lume* a *superbio* 'superbo'] agg. ● Strano, lunatico.

lùmia [v. *limetta (2)*] s. f. ● (*bot., merid.*) Limetta.

lumicìno s. m. ● Dim. di *lume* | *Cercare q.c. col l.*, (*fig.*) con grande diligenza, di cose difficili da trovare; andare in cerca di guai | (*fig.*) *Essere al l.*, alla fine di q.c., spec. in fin di vita.

lumièra o †**lumèra** [ant. fr. *lumière*, dal lat. *lumināria*, nt. pl., d'uso più frequente del sing. *lumināre* 'fiaccola'] s. f. **1** †Luce, splendore | †Lume. **2** Lampadario da soffitto a più luci | Candelabro infisso sulla facciata di palazzi, spec. sontuosi, per adattarvi fiaccole o fanali. **3** Focone delle armi da fuoco ad avancarica.

luminàio [lat. parl. **lumināriu(m)*, agg. di *lumināre* 'luminare (1)'] s. m. **1** Arnese di legno per poggiarvi il lume a mano | Rozzo lucerniere, da contadini. **2** Chi accendeva i lumi nei teatri.

luminàl® [nome commerciale] s. m. ● (*chim.*) Derivato dell'acido barbiturico, dotato di azione sedativa, ipnotica e antiepilettica.

†**luminaménto** [da *luminare (2)*] s. m. ● Luce, splendore.

luminànza [da *lumen*] s. f. ● (*fis.*) Brillanza.

†**luminàra** ● V. *luminaria.*

luminàre (1) [vc. dotta, lat. *lumināre* 'finestra, astro, lampada', da *lūmen* 'lume'] s. m. **1** †Astro, stella: *un l. più bello e più grande che la luna* (BRUNO) | †Lume. **2** (*fig.*) Persona insigne per intelligenza e dottrina: *è un l. delle scienze fisiche.*

luminàre (2) [vc. dotta, lat. tardo *lumināre*, da *lūmen* 'lume'] **A** v. tr. ● Illuminare. **B** v. intr. ● (*lett.*) Risplendere (*anche fig.*).

luminària o (*dial.*) †**luminàra** [lat. *lumināria*, nt. pl., di più freq. impiego, di *lumināre* 'fiaccola'] s. f. **1** Illuminazione pubblica in occasione di feste o ricorrenze particolari. **2** Quantità ingente di lumi accesi: *lasciando i falò e le luminarie accese nel campo* (VILLANI). **3** †Astro, stella.

†**luminatìvo** agg. ● Illuminativo.

†**luminazióne** [vc. dotta, lat. tardo *luminatiō-ne(m)*, da *lumīnātus* 'luminato'] s. f. ● Illuminazione.

†**lùmine** ● V. *lume.*

luminèllo (1) [da *(il)luminare*] s. m. ● Barbaglio di luce che le superfici lucide colpite dal sole rimandano sugli altri oggetti. SIN. Illuminello, vecchia nel sign. 2.

luminèllo (2) [da *lumino*] s. m. **1** Cilindretto forato avvitato sul focone delle armi da fuoco ad avancarica a percussione. **2** Piccolo anello in cui si infila il lucignolo, nel becco della lucerna | Dischetto di latta che serve di sostegno al lucignolo. **3** Gioco di ragazzi, consistente nel farsi passare di mano in mano un fiammifero acceso.

luminescènte [dal lat. *lūmen*, genit. *lūminis* 'lume', con la desinenza dei part. pres. incoat. lat., come *putrescente*, *efflorescente*, e simili] agg. ● Dotato di luminescenza.

luminescènza s. f. ● Emissione di luce, da parte di un corpo, per qualsiasi processo chimico o fisico che non sia l'incandescenza: per es. la fosforescenza e la fluorescenza.

†**luminièra** s. f. ● Lumiera.

†**luminière** s. m. ● Lucerniere.

luminìo s. m. ● (*lett.*) Luccichio, sfavillio: *l. brillante, duro, cieco come uno specchio* (BACCHELLI).

luminìsmo [dal lat. *lūmen*, genit. *lūminis* 'luce', col suff. di corrente artistica *-ismo*] s. m. ● Tecnica pittorica fondata su un impiego rigorosamente delineato della luce.

luminìsta **A** s. m. e f. (pl. m. *-i*) ● Artista che segue il luminismo. **B** agg. ● Luministico.

luminìstica [dal lat. *lūmen*, genit. *lūminis* 'luce', col suff. di arte o tecnica *-istica*] s. f. ● Parte della messinscena che si occupa della disposizione della luce nello spettacolo teatrale.

luminìstico agg. (pl. m. *-ci*) ● Del luminismo, dei luministi.

lumìno s. m. **1** Dim. di *lume.* **2** Piccola lampada a olio con lucignolo galleggiante: *l. da notte.* **3** Cerino o stoppino entro un dischetto di carta che si mette sul luminello | Basso cilindro di cera con stoppino, che si accende su tombe o dinanzi a immagini sacre, solitamente entro un bicchierino.

luminosità s. f. **1** Qualità di ciò che è luminoso. **2** (*fis.*) Rapporto fra l'intensità del fascio incidente e la proiezione della superficie della sorgente in direzione perpendicolare al fascio. **3** (*fis.*) Rapporto fra la brillanza di un soggetto e l'intensità di illuminamento della sua immagine fotografica. **4** (*ott.*) Grandezza caratteristica di un obiettivo fotografico, che è proporzionale al quadrato del rapporto fra il suo diametro e la lunghezza focale e alla sua trasparenza e che consente tempi di posa tanto più brevi quanto più è elevata.

luminóso [vc. dotta, lat. *lumīnōsu(m)*, da *lūmen* 'lume'] agg. **1** Che emette luce: *sorgente luminosa* | *Corpo l.*, che invia luce propria, sorgente primaria di luce | Che è pieno di luce: *oggi c'è un cielo sereno e l.*; *una stanza luminosa, ... tutta avvolta entro un fulgore di sole* (PIRANDELLO). **2** (*fig.*) Chiaro, manifesto, evidente: *verità, dimostrazione luminosa* | *Idea luminosa*, ingegnosa. **3** (*ott.*) Detto di obiettivo fotografico con notevole luminosità. **4** †Rilucente, lucido. || **luminosaménte**, avv.

lumpenproletariat /*ted.* lumpənproletari'at/ [vc. ted., propr. 'proletariato (*Proletariat*) degli stracci (*Lumpen*)'] s. m. inv. ● (*spreg.*) Termine con cui Marx qualificò quegli strati della popolazione delle grandi città i quali, a causa dell'estrema indigenza e dello stato di disgregazione sociale in cui vivono, sono privi della coscienza di classe che, invece, caratterizza il vero proletariato.

lùmpo [adattamento dell'ingl. *lump(fish)*, di probabile orig. ted.] s. m. ● (*zool.*) Pesce degli Scorpeniformi (*Cyclopterus lumpus*).

lùna [vc. dotta, lat. *lūna(m)*, da una radice **luc-* 'splendere', di origine indeur.] **A** s. f. (con iniziale maiuscola nell'uso scientifico e astronomico) *1* Unico satellite naturale della Terra, intorno alla quale compie una rotazione in 29d 12h 44m 3s: *il chiarore, la luce, le fasi della l.*; *un raggio di l.* | *L. nuova*, quando l'emisfero rivolto verso la Terra non è illuminato dal Sole | *L. piena*, quando l'emisfero rivolto verso la Terra è completamente illuminato dal Sole | *Mezza l.*, V. anche *mezzaluna* | *Sotto la l.*, in terra | *Volere, chiedere la l.*, pretendere cose assurde, impossibili | *Con questi chiari di l.*, in questo momento critico | *Fare vedere la l. nel pozzo*, (*fig.*) ingannare, illudere | *Abbaiare alla l.*, (*fig.*) gridare, imprecare a vuoto | *Pietra della l.*, lunaria | *Mal di l.*, *mal della l.*, (*pop.*) epilessia, licantropia | (*fig.*) *Faccia di l. piena*, tonda e grassa | (*astrol.*) Pianeta che domina il segno zodiacale del Cancro | (*est.*) Satellite naturale di qualsiasi pianeta: *la scoperta delle nuove lune di Giove*. ➡ ILL. p. 830, 832 SISTEMA SOLARE; **zodiaco**. *2* Periodo di tempo che la luna impiega per compiere una rotazione attorno alla Terra, della durata di circa un mese: *tornarono dopo tre lune* | (*fig.*) *L. di miele*, primo periodo di un matrimonio e (*fig.*) periodo di tempo particolarmente felice | (*fig.*) *Avere la l.*, *le lune*, *avere la l. per*, *di traverso*, essere stizzito, di malumore e sim. *3* Mezzaluna. *4* (*fig.*) Regione fantastica, dove si rifugia la mente quando perde il contatto con la realtà | *Vivere, essere nel mondo della l.*, non partecipare, sentirsi estranei alla realtà | *Essere ancora nel mondo della l.*, non essere ancora nato. *5* †Tempo. *6* Carta del gioco dei tarocchi. **B** in funzione di agg. inv. ● (posposto al s.) Nella loc. *pesce l.* (V.) || PROV. Gobba a ponente luna crescente, gobba a levante luna calante. || **lunétta**, dim. (V.) | **lunóna**, accr. | **lunóne**, accr. m.

lunàle [fr. *lunal*, che traduce il lat. *lūnula* nella stessa accezione] s. f. ● Lunula dell'unghia.

lùna park /'luna 'park/ [comp., sul tipo amer. *city park*, *driving park*, *game park* e diversi altri, di *luna*, come 'luogo fantastico' e *park* 'parco'] loc. sost. m. inv. ● Parco di divertimenti all'aperto, con attrazioni varie, giostre, otto volanti, tiri a segno, e sim.

lunàre [vc. dotta, lat. *lunāre(m)*, da *lūna* 'luna'] agg. ● Della, relativo alla luna: *le fasi lunari*; *dolce e bianco spicchio l.* (SABA) | *Mese l.*, lunazione | *Bellezza l.*, eterea | *Temperamento l.*, tipo astrologico in cui prevalgono gli influssi della luna.

lunària (1) [da *lunare* per il colore argenteo del setto] s. f. ● Felce dei pascoli alpini, con foglia formata da due file di foglioline più larghe che lunghe (*Botrychium lunaria*) | Crucifera erbacea ornamentale a fiori violetti (*Lunaria annua*).

lunària (2) [perché si riteneva legato l'aumento o la diminuzione del suo splendore alle fasi *lunari*, come la corrispondente gr. *selēnítēs*] s. f. ● (*miner.*) Varietà di adularia in cristalli opalescenti, usata come gemma.

lunàrio [vc. dotta, lat. *lunāre(m)*, sottinteso *tābula(m)*, '(registro) lunare (delle fasi)'] s. m. *1* Tavola delle fasi lunari, delle lunazioni e dell'anno lunare. *2* Correntemente, libretto che riporta i giorni del mese, le fasi della luna, i santi, le feste, le fiere, con previsioni meteorologiche | *Sbarcare il l.*, riuscire a campare stentatamente | (*raro, fig.*) *Far lunari*, fantasticare. SIN. Almanacco, calendario. || **lunarino**, dim. | **lunariétto**, dim. | **lunariùccio**, dim.

lunarista s. m. e f. (pl. m. *-i*) ● Chi fa lunari | (*est.*) Chi fantastica, almanacca.

lunàta [da *lunato*] s. f. *1* Deposito formatosi in un alveo per perdita di velocità d'acqua. *2* (*mar.*) Garbo arcuato delle vele, sul fondo.

lunaticherìa [da *lunatico*] s. f. ● (*raro*) L'essere lunatico | Atto, parola da lunatico.

lunàtico [vc. dotta, lat. *lunāticu(m)* 'colpito da malattia provocata (si credeva) dal mutamento della luna (*lūna*)', sul modello del corrispondente gr. *selēniakós*] **A** agg. (pl. m. *-ci*) ● Detto di persona volubile, incostante, mutevole di umore: *carattere l.* | *Cervello l.*, stravagante | *Indole lunatica*, bizzarra. **B** s. m. (f. *-a*) ● Chi è di umore variabile o si comporta in modo stravagante e bizzarro.

lunàto [vc. dotta, lat. *lunātu(m)*, part. pass. di *lunāre* 'piegare a forma di luna'] agg. ● Che ha forma ricurva simile a quella di una mezza luna: *stringendo il grano e le lunate falci, / mietean le spighe* (PASCOLI). SIN. Falcato.

lunàuta [sovrapp. di *luna* ad *astronauta*] s. m. e f. (pl. m. *-i*) ● Astronauta che è sceso sulla Luna.

lunazióne [vc. dotta, lat. tardo *lunatiōne(m)*, da *lunātus* 'lunato'] s. f. ● (*astron.*) Mese sinodico lunare, intervallo tra due consecutivi ritorni della luna alla medesima fase.

lunch /ingl. lʌntʃ/ [vc. ingl. d'origine oscura] s. m. inv. (pl. ingl. *lunches*) ● Leggero pasto, spuntino consumato a metà giornata spec. nei Paesi anglosassoni.

luncheonette /ingl. lʌntʃə'net/ [vc. ingl., der. di *luncheon* 'pasto leggero' (di etim. incerta)] s. f. inv. ● Locale in cui si può consumare rapidamente un pasto o uno spuntino.

lunedì [lat. *Lūnae dīe(m)*, letteralmente 'giorno (*dīes*) della Luna (*Lūnae*)', cioè legato al pianeta Luna, secondo l'ant. sistema assiro-babilonese] s. m. ● Primo giorno della settimana civile, secondo della liturgica | *L. grasso*, ultimo lunedì di carnevale.

†**lunediàna** [da *lunedì*] s. f. ● Riposo del lunedì di alcuni lavoratori che non possono farlo la domenica.

†**lunediàre** v. intr. ● Fare festa di lunedì.

lunènse [vc. dotta, lat. *Lunēnse(m)*, agg. di *Lūna*, n. dell'ant. città di Luni] agg. ● Dell'antica Luni o del suo territorio.

lunétta s. f. *1* Dim. di *luna*. *2* Elemento architettonico di una muratura, a forma semicircolare, che sovrasta una porta o una finestra | (*est.*) Opera pittorica o musiva posta all'interno di tale apertura: *una l. di Luca della Robbia*. ➡ ILL. p. 358 ARCHITETTURA. *3* (*mil.*) Nell'antica fortificazione, opera addizionale esterna costituita da un saliente e da due fianchi. *4* (*gener.*) Oggetto o parte di esso a forma di luna falcata, di mezzo tondo o di lente | Nell'utensileria domestica, mezzaluna. *5* (*agr.*) Sistemazione di terreni declivi con ripiani semicircolari sostenuti da muri a secco. *6* (*relig.*) Sostegno dell'ostia consacrata nell'ostensorio, a forma di cerchio o di mezzaluna. *7* Pezzetto di pelle a rinforzo della tomaia nei punti di maggiore sforzo. *8* (*mecc.*) Accessorio del tornio, usato per sostenere pezzi molto lunghi. *9* (*sport*) Nel gioco della pallacanestro, semicirconferenza tracciata di fronte al cesto, da cui si lanciano i tiri liberi.

lùnga [da *lungo*] s. f. ● †Spazio, periodo di tempo, spec. nella loc. *Alla l.*, con il passar del tempo | *Di gran l.*, molto, moltissimo | *Mandare q.c. per le lunghe*, differirla | *Andare per le lunghe*, protrarsi molto nel tempo | †*Alla più l.*, al più tardi.

lungàdige [comp. di *lung(o)* e *Adige* sul modello di *lungarno*, *lungotevere*] s. m. inv. ● Strada che si snoda parallelamente al corso del fiume Adige, spec. a Verona e a Trento.

lungàggine [da *lungo* col suff. spreg. *-aggine*] s. f. *1* Il mandare troppo per le lunghe q.c.: *le lungaggini della burocrazia*. SIN. Indugio, lentezza. *2* (*raro*) Prolissità: *la l. di un discorso*.

lungagnàia s. f. ● (*raro, pop.*) Lungagnata.

lungagnàta [da *lungo* con sovrapposizione di *lagna*] s. f. *1* Discorso o rappresentazione lunga e noiosa | (*est.*) Faccenda che va per le lunghe: *vedo che vuol essere un'altra l.* (MANZONI). *2* (*raro*) Strascico di voce, nel parlare o cantare.

†**lungàgnola** [da *lungo*] s. f. *1* Sorta di rete lunga e bassa per la caccia ad animali terrestri. *2* (*raro, fig.*) Insidia.

lungagnóne [da *lungo*] **A** s. m. (f. *-a*) *1* (*fam.*) Persona alta e magrissima. *2* (*fam.*) Chi si muove e agisce dimostrando eccessiva lentezza e goffaggine. **B** agg. ● Che è molto lento nell'agire, nell'operare.

†**lungàia** s. f. ● Lungaggine, prolissità.

†**lungaménto** s. m. ● Allontanamento, dilazione.

†**lungàre** o †**longàre**. v. tr. ● Allungare.

lungarina ● V. *longherina*.

lungàrno [comp. della prep. *lungo* e *Arno*] s. m. (pl. *-ni*) ● Ogni strada che corre lungo l'Arno, spec. a Firenze.

†**lùnge** ● V. *lungi*.

lungherìa s. f. ● (*raro*) Lungaggine.

lungherina ● V. *longherina*.

lungheróne ● V. *longherone*.

lunghésso o **lungh'ésso** [da leggere: *lung(o) esso*] prep. ● (*lett.*) Lungo, accosto a: *Noi eravam l. mare ancora* (DANTE *Purg.* II, 10); *ora lungh'esso il litoral cammina / la greggia* (D'ANNUNZIO).

lunghézza [da *lungo*, come il lat. tardo *longĭtia(m)*, da *lŏngus* 'lungo'] s. f. *1* (*mat.*) Estensione dei corpi misurata orizzontalmente, nella direzione in cui guarda l'osservatore | (*est.*) Misura di tale estensione: *calcolare la l. dell'apotema*. *2* Estensione massima di q.c.: *la l. di una strada*; *la l. di un tavolo* | *L. di un fiume*, compresa tra la sorgente e la foce | *L. di una nave*, misura della nave dalla prua alla poppa. *3* Qualità di ciò che dura a lungo nel tempo: *la l. di una guerra* | (*raro*) *La l. del tempo*, il passar del tempo: *con la l. del tempo si spengono le città e si perdono le memorie delle cose* (GUICCIARDINI). CONTR. Brevità. *4* (*est.*) Durata: *la l. di un discorso*. *5* †Lungaggine, indugio. *6* (*sport*) Unità di misura corrispondente alla lunghezza di un cavallo o di una bicicletta con cui si valuta il distacco dei concorrenti all'arrivo di una corsa: *vincere per mezza, per una l.* *7* (*fot.*) *L. focale*, V. *focale*. *8* (*fis.*) *L. d'onda*, distanza percorsa dall'onda in un periodo. *9* *L. grafica*, in cartografia, quella misurata sulla carta | *L. oggettiva*, quella reale ridotta all'orizzonte, corrispondente alla lunghezza grafica.

†**lunghièra** s. f. *1* Ragionamento prolisso. *2* Dilazione, indugio.

lunghìno s. m. ● (*dial., sett.*) Arginello di risaia.

lunghìsta [da (salto in) *lungo*] s. m. e f. (pl. m. *-i*) ● (*sport*) In atletica leggera, specialista del salto in lungo.

lùngi o †**lùnge** [lat. *lŏnge*, avv. deriv. dall'agg. *lŏngus* 'lungo'] **A** avv. ● (*lett.*) Lontano (con valore locativo e, più rar., temp.): *non andranno l.*; *gli altri son poco l. in cimitero* (PASCOLI) | *Da, di l.*, da lontano: *vengono da l.* **B** nelle loc. prep. *l. da*, †*l. a* ● (*lett.*) Lontano da (*anche fig.*): *è ben l. dalla verità*; (*scherz.*) *l. da me, una simile idea!*; *non molto l. al percuoter de l'onde* (DANTE *Par.* XII, 49) | (*fig.*) *Essere ben l. dal pensare o fare q.c.*, non averne la minima intenzione.

†**lungilucènte** [comp. di *lungi* e *lucente*] agg.; anche s. m. e f. ● (*poet.*) Che, chi spande all'intorno molta luce.

lungimirànte [comp. di *lungi* e *mirante*, part. pres. di *mirare*] **A** agg. ● Di persona che ha la capacità di prevedere i futuri sviluppi di un fatto o di una circostanza, adeguando opportunamente le proprie azioni: *un politico l.* | (*est.*) Di ciò che è compiuto con accortezza e prontezza: *una presa di posizione l.* **B** s. m. e f. ● Chi sa guardare all'avvenire con previdenza e saggezza.

lungimirànza s. f. ● Qualità di chi è lungimirante o di ciò che è compiuto con previdenza: *la l. di un politico*; *la l. di quella decisione ha avuto le sue positive conseguenze*.

†**lùngio** [da *lungi*] agg. ● Lungo.

†**lungisaettànte** [comp. di *lungi* e *saettante*] agg.; anche s. m. ● (*poet.*) Che, chi saetta di lontano.

†**lungitàno** [adatt. del lat. parl. **longitānu(m)*, da *lŏngus* 'lungo'] agg. ● Lontano.

†**lungivedènte** [comp. di *lungi* e *vedente*, part. pres. di *vedere*] agg.; anche s. m. ● Lungimirante, preveggente.

†**lungiveggènte** [comp. di *lungi* e *veggente*] agg.; anche s. m. ● Lungimirante.

lùngo o (*dial.*) †**lòngo** [lat. *lŏngu(m)*, di origine indeur.] **A** agg. (pl. m. *-ghi*, †*-gi*) *1* Che ha una determinata lunghezza: *la strada è lunga un kilometro* | Che si estende in piano nel senso della lunghezza: *la strada è molto lunga* | *Cadere l. disteso*, col corpo interamente disteso a terra | *Fare il passo più l. della gamba*, compiere, tentare un'impresa superiore alle proprie forze o capacità | (*ell.*) †*Per la lunga*, longitudinalmente | (*ell.*) †*Della lunga*, di lontano. CONTR. Corto. *2* Che ha una considerevole lunghezza: *fila lunga*; *capelli lunghi* | *Muscolo l.*, complesso muscolare che si estende per lungo tratto alla colonna vertebrale | *Tiro l.*, quello che oltrepassa il bersaglio | *Colpo l.*, del proietto di artiglieria che cade oltre l'obiettivo | *Abito l.*, abito femminile da sera | *Calzoni lunghi*, che sfiorano le scarpe | *Fare il muso l.*, imbronciarsi | *Avere le mani lunghe*, (*fig.*) rubare,

rubare con destrezza | *Avere la lingua lunga*, (*fig.*) essere chiacchierone, pettegolo o maldicente | *Avere le gambe lunghe*, (*fig.*) avere un passo svelto o camminare volentieri | *Avere la vista lunga*, vedere bene da lontano e (*fig.*) essere lungimirante, accorto | (*fam.*) *Saperla lunga*, essere molto furbo o malizioso | (*est.*) Che va o giunge lontano: *givan seguendo e bracchi il l. odore* (POLIZIANO) | *Palla lunga, tiro l.*, che oltrepassa il bersaglio. *3* Che si estende in altezza, detto spec. di persona alta e magra | *Essere più largo che l.*, essere molto grasso | (*fam.*) *Non guardare qc. quant'è l.*, non prenderlo in considerazione. *4* Che si estende nel tempo, che dura molto o da molto: *un film troppo l.*; *viaggio l. e faticoso*; *la vita bene spesa lunga è* (LEONARDO) | *A l. andare*, col passare del tempo | *A l.*, per molto tempo | *Tirarla in l.*, rimandare continuamente q.c. nel tempo | *Mandare q.c. per le lunghe*, differire, procrastinare | *Farla lunga*, protrarre inopportunamente q.c., spec. una discussione o una questione | *Programma a lunga scadenza*, che si protrarrà nel tempo o si realizzerà a poco a poco | (*est.*) *Giornata lunga*, interminabile, noiosa. CONTR. Breve. *5* Lento, tardo: *essere l. nel mangiare, nel vestire, a scrivere*. CONTR. Svelto. *6* Di bevanda preparata con sovrabbondanza di acqua: *caffè, brodo l.* SIN. Allungato. CONTR. Ristretto. *7* (*ling.*) Detto di vocale che ha più durata e più intensità di una breve | Detto di segno grafico ripetuto. || **lungaménte**, avv. Per lungo spazio di tempo, a lungo: *parlare lungamente*. **B** in funzione di avv. *1* Nelle loc. *mirare, tirare, calciare l.*, troppo lontano dal bersaglio o, comunque, oltre il punto cui si vuole arrivare | *Partire l.*, nel ciclismo, iniziare la volata abbastanza lontano dal traguardo. *2* †Lungamente, per molto tempo. **C** prep. *1* Rasente, accosto (con valore locativo): *camminare l. il fiume*; *calarsi l. un muro*; *la ferrovia corre l. la strada* | †Accanto: *i' m'accostai con tutta la persona / l. 'l mio duca* (DANTE *Inf.* XXI, 97-98) | Per tutta la lunghezza, l'estensione di: *procedevano in colonna l. la strada*. *2* Durante (con valore temp.): *l. il corso dei secoli*; *l. il viaggio di ritorno non abbiamo incontrato nessuno*; *l. tutto il Medio Evo*. **D** s. m. ● Lunghezza, distanza | *Misurare q.c. per il l.*, in rapporto alla lunghezza | *Per il l. e per il largo*, in tutte le direzioni || PROV. Le cose lunghe diventano serpi. || **lungàccio**, pegg. | **lunghétto**, dim. | **lunghino**, dim. | **lungóne**, accr. (V.).

lungodegènte [comp. di *lungo* e *degente*, ricavato da *lunga degenza*] s. m. e f. ● Ammalato, spec. psichiatrico o d'età avanzata, il cui ricovero in ospedale si protrae a lungo nel tempo.

lungodegènza [comp. di *lungo* avv. e *degenza*] s. f. ● Prolungato periodo di ricovero in luogo di cura | Condizione di chi è lungodegente.

lungofiùme [comp. della prep. *lungo* e *fiume*] s. m. (pl. *-mi*) ● Strada che si snoda parallelamente alla riva di un fiume.

lungolàgo [comp. della prep. *lungo* e *lago*] s. m. (pl. *-ghi*) ● Strada che si snoda parallelamente alla sponda di un lago.

lungolìnea [comp. della prep. *lungo* e *linea*] **A** s. m. inv. ● (*sport*) Colpo, spec. nel tennis, che fa percorrere alla palla una traiettoria parallela a una delle due linee laterali del campo. **B** anche agg. inv.: *rovescio, passante l.*

lungomàre [comp. della prep. *lungo* e *mare*] s. m. (pl. *-ri*) ● Strada che si snoda parallelamente alla riva del mare.

lungometràggio [comp. di *lungo* e *metraggio*] s. m. ● Film della normale durata di circa un'ora e mezza, in contrapposizione a cortometraggio.

lungóne s. m. (f. *-a*) *1* Accr. di *lungo*. *2* (*scherz.*) Persona troppo alta e magra. *3* (*fam.*) Chi è lento, tardo nell'agire o nel muoversi.

lungopò [comp. di *lungo* e *Po*: V. *lungadige*] s. m. inv. ● Strada che corre parallelamente al fiume Po, spec. a Torino.

lungosènna [comp. della prep. *lungo* e *Senna*] s. m. inv. ● A Parigi, strada che si snoda parallelamente al fiume Senna.

lungotévere [comp. della prep. *lungo* e *Tevere*] s. m. (pl. *-ri*) ● A Roma, strada che si snoda parallelamente al Tevere.

†lungùra s. f. ● Lunghezza, durata.

†lunipièno [comp. di *luna* e *pieno*, parallelo del pretto latinismo *plenilunio*] s. m. ● Plenilunio.

lunisolàre [comp. di *lun(are)* e *solare* (*1*)] agg. ● (*astron.*) Relativo alla Luna e al Sole | *Anno l.*, anno in cui coincidono le date d'inizio dell'anno lunare e solare.

lunòtto [da *luna*, per la forma di mezzaluna irregolare] s. m. ● Vetro posteriore dell'automobile | *l. termico*, provvisto di dispositivo di disappannamento. ➡ ILL. p. 1749 TRASPORTI.

lùnula [vc. dotta, lat. *lūnula(m)*, dim. di *lūna* 'luna'] s. f. *1* Oggetto o figura a forma di luna falcata. *2* (*geom.*) Figura piana limitata da due archi di circonferenza di diverso raggio, aventi gli estremi in comune e situati nella stessa parte di piano rispetto alla corda che congiunge tali estremi. *3* (*anat.*) Macula ovale biancastra alla radice dell'unghia.

lunulàre [da *lunula*] agg. ● Che ha forma di lunula.

lunulàto agg. ● Lunulare.

luògo o (*poet.*) **lòco** (**1**), (*pop.*) **†lògo** (**1**) [lat. *lŏcu(m)*, di etim. incerta] s. m. (pl. *-ghi*) *1* Porzione di spazio idealmente o materialmente delimitata | *Dio è in ogni l.*, dappertutto | *Dar l.*, cedere il posto, far seguire | *Far l.*, spostarsi, lasciare libero il passaggio; nella terminologia giuridica, autorizzare | *Farsi l.*, (*fig.*) farsi strada | *Non trovare l.*, non esserci; *dove è amor, ragion non trova loco* (BOIARDO) | *In l. di*, al posto di, invece di | *A l. a l.*, qua e là. *2* (*mat.*) *L. geometrico*, o (*ass.*) *luogo*, insieme dei punti d'uno spazio soddisfacenti a condizioni date. *3* Regione della superficie terrestre: *l. alpestre, pianeggiante*; *da un l. a un altro* | *L. aperto*, esposto all'aria e al sole | *I luoghi santi*, (*per anton.*) la Palestina | Posto in cui avviene o è avvenuto q.c.: *l. di partenza, di arrivo*; *visitare i luoghi della battaglia* | (*teat.*) *Luoghi deputati*, nella finzione scenica delle rappresentazioni liturgiche medievali, costruzioni di legno e di tela erette sul palco che simboleggiavano gli edifici e le località dove si svolgeva il dramma | *L. deputato*, (*fig.*) quello più adatto, più appropriato per la riuscita ottimale, per l'esito migliore di un'azione, di una impresa, di un evento e sim. | Città, villaggio, centro abitato: *rispettare i costumi del l.*; *intervennero le autorità del l.* | (*lett.*) Terreno, fondo, podere: *attraversando i campi, o come dicono colà, i luoghi, se n'andò per viottole* (MANZONI). *4* Costruzione o parte di essa adibita a particolari usi: *l. di culto, di studio, di malaffare, di perdizione* | *L. santo*, chiesa, cimitero | *L. di pena*, penitenziario | *L. di decenza*, gabinetto, latrina | *L. pubblico*, luogo normalmente accessibile a tutti | *L. aperto al pubblico*, luogo in cui chiunque può entrare sotto certe condizioni, spec. di orario e di pagamento | *L. esposto al pubblico*, luogo che può essere veduto da un numero indeterminato di persone | †Convento, ospizio. *5* Parte circoscritta di un oggetto, corpo e sim.: *l'abito era scucito in più luoghi*. *6* (*fig.*) Momento opportuno: *queste cose vanno fatte a tempo e l.* | *Fuori l.*, inopportuno | *Trovar l.*, pace, riposo | *Aver l.*, avvenire, accadere, verificarsi | *Esserci l.*, esserci motivo, possibilità | *Essere l. a qc.*, convenire. *7* (*fig., lett.*) Condizione sociale: *nato di basso, di alto l.* | *D'alto loco*, di alto lignaggio | *In alto loco*, fra le autorità, fra coloro che comandano | Posto occupato in un determinato ordine: *in primo, in secondo, in terzo l.* | *In primo l.*, soprattutto. *8* Passo di un libro o di uno scritto: *ha selezionato i luoghi salienti dell'Aminta* | *L. comune*, frase fatta, argomento banale e scontato. || **luogàccio**, pegg. | **luoghétto**, dim. | **luoghettino**, dim. | **luoghettùccio**, dim. | **luoghicciòlo**, dim.

luogonatività [da *nativo* (*del*) *luogo*] s. f. ● (*stat.*) Rapporto tra il numero degli abitanti nati in un determinato luogo e il complesso di tutti gli abitanti del luogo stesso.

luogotenènte [adatt. del fr. *lieutenant*, dal lat. *lŏcum tenĕnte(m)* 'che tiene il posto (del comandante generale)'] s. m. *1* Chi sostituisce temporaneamente un sovrano o un'alta personalità o esercita il potere su un determinato territorio, per loro incarico. *2* Nelle compagnie degli antichi eserciti, ufficiale che faceva le veci del capitano | Grado fra il capitano e il sottotenente, nell'esercito piemontese, dopo il 1849.

luogotenènza [adatt. del fr. *lieutenance*, da *lieutenant* 'luogotenente'] s. f. ● Ufficio, durata e residenza del luogotenente.

luogotenenziàle agg. ● Del luogotenente: *decreto l.*

lùpa [vc. dotta, lat. *lŭpa(m)*, f. di *lŭpus* 'lupo'] s. f. *1* Femmina del lupo | *Mal della l.*, bulimia. *2* (*fig., lett.*) Meretrice | Donna molto sensuale. *3* (*fig.*) Insaziabile cupidigia. *4* (*agr.*) Carie del tronco e dei rami dell'olivo dovuta a varie specie di funghi. *5* (*bot.*) Orobanche. *6* (*mar., gerg.*) Burrasca impetuosa ma di breve durata.

lupacchiòtto [dim. di *lupo*] s. m. (f. *-a*) ● Lupo molto giovane | Cucciolo di lupo.

lupàia (**1**) [da *lupo*] s. f. ● (*raro*) Covo di lupi.

lupàia (**2**) ● V. *luparia*.

†lupàio [lat. *lupāriu(m)*, da *lŭpus* 'lupo'] s. m. ● Cacciatore di lupi.

lupanàre [vc. dotta, lat. *lupānar*, genit. *lupanāris*, agg. di *lupāna*, sottinteso *fēmina*, da *lŭpa*, che ha il doppio senso di 'lupa' e quello fig. di 'prostituta'] s. m. ● (*lett.*) Postribolo.

†lupanàrio [vc. dotta, lat. tardo *lupanāriu(m)*, parallelo di *lupānar* 'lupanare'] s. m. ● Lupanare.

lupàra [da *lupo*, perché usata per la caccia di questo animale] s. f. *1* Cartuccia da caccia caricata a pallettoni. *2* Fucile da caccia a canne mozze. *3* *L. bianca*, rapimento e assassinio di una persona, seguiti dalla sparizione del corpo, quali vengono praticati dalla mafia e da altre organizzazioni criminose, spec. nel Mezzogiorno d'Italia.

†lupàrdo agg. ● Di lupo.

lupària o **lupàia** (**2**) [da *lupo*, per la credenza antica che fosse erba velenosa per molti animali, spec. per i *lupi*] s. f. ● (*bot.*) Aconito giallo.

Lupercàli [vc. dotta, lat. *Lupercālia*, da *Lupĕrcus*, divinità corrispondente allo *Zéus Lykâios* degli Arcadi, e comp. di *lŭpus* (cioè il 'dio-lupo'), e di una seconda parte di etim. incerta] s. m. pl. ● Nell'antica Roma, feste che si celebravano il 15 febbraio in onore del dio Luperco.

lupésco [da *lupo*] agg. (pl. m. *-schi*) ● Di, da lupo: *fame, crudeltà lupesca*.

lupétto s. m. *1* Dim. di *lupo*. *2* Nell'associazione dei giovani esploratori, membro di età compresa tra i 7 e gli 11 anni.

lupicànte [lat. parl. **lucopante*, dal gr. *lykopánthēr* 'specie di pantera', per l'aspetto e l'aggressività del crostaceo (?)] s. m. ● (*zool.*) Astice.

†lupicìno [da *lupo*] agg. ● Lupesco.

lupìgno ● V. *lupino* (*1*).

lupinàio [lat. *lupināriu(m)* 'venditore di lupini', da *lupīnus* 'lupino (2)'] s. m. ● Chi vende lupini.

lupinèlla [da *lupino* (*2*)] s. f. ● Pianta erbacea perenne delle Papilionacee con foglie imparipennate, pelose, fiori rosa in grappoli, ottima foraggera (*Onobrychis viciaefolia*).

lupinellàio [da *lupinella*] s. m. ● Campo di lupinella.

lupinèllo s. m. ● (*tosc.*) Lupinella.

lupìno (**1**) o **lupìgno** [da *lupo*] agg. ● Di lupo: *fame lupina*. || **lupinaménte**, avv. *1* Da lupo. *2* †Malignamente.

lupìno (**2**) [vc. dotta, lat. *lupīnu(m)* 'erba da lupi (*lŭpi*)'] s. m. *1* Pianta erbacea delle Papilionacee con foglie composte, digitate, pelose e fiori biancastri in grappoli, utile come foraggio e per i semi commestibili (*Lupinus albus*). *2* Seme del lupino, utilizzato nell'alimentazione animale e anche umana.

lupinòsi [da *lupino* (*2*), che la provoca, col suff. di malattia *-osi*] s. f. ● (*veter.*) Avvelenamento causato da particolari lupini tossici che determina enterite grave e distrofia epatica.

lùpo [vc. dotta, lat. *lŭpu(m)*, di origine indeur.] **A** s. m. (f. *-a* (V.)) *1* Mammifero carnivoro dei Canidi, lungo poco più di 1 m, di color grigio-fulvo e nero, con mascelle robuste, collo grosso e coda pendente, caratterizzato da un'eccezionale voracità (*Canis lupus*) | *L. d'Alsazia*, pastore tedesco | *L. delle praterie*, coyote | *L. cerviero*, lince | *Fame da lupi*, (*fig.*) intensa e avida | *Tempo da lupi*, (*fig.*) burrascoso, freddo | *Hai visto il l.?*, (*fig.*) hai perso la favella? | *In bocca al l.*, formula d'augurio per chi si espone a un pericolo o affronta una prova impegnativa | *Gridare al l.*, (*fig.*) dare un allarme per burla | *Il l. e l'agnello*, (*fig.*) persona forte o prepotente che soperchia il più debole | *Il l. e la volpe*, (*fig.*) la crudeltà bestiale e l'astuzia | *Mettersi, cascare in bocca al l.*, (*fig.*) finire nelle mani del nemico | (*fig.*) *L. di mare*, marinaio esperto e vecchio del mestiere | *L. mannaro*,nelle credenze popolari, licantropo. *2* Pelliccia conciata del lupo. *3* Macchina tessile per battere e pulire i cascami di cotone. *4* (*med.*) Lupus. **B** in funzione di agg. inv. ● (posposto al s.) Nelle loc. *pesce l.*, V. *pesce* | *Cane l.*, pastore tedesco || PROV. Lupo non mangia lupo; il lupo perde il pelo, ma non il vizio. || †**lupacchino**, dim. | **lupacchiòtto**, dim. (V.) | **lupàccio**, pegg. | **lupàstro**, pegg. | **lupàtto**, dim. | **lupattèllo**, dim. | **lupattino**, dim. | **lupétto**, dim. (V.) | **lupicino**, dim.

lupòma [comp. di *lup(us)* e *-oma*] s. m. (pl. *-i*) ● (*med.*) Lesione primitiva tipica del lupus, che si presenta come un nodulo molle di color rosso.

luppoléto s. m. ● Campo coltivato a luppolo.

luppolina s. f. ● Luppolino.

luppolino [da *luppolo*] s. m. ● Miscuglio di sostanze amare e resinose contenute nelle ghiandole gialle presenti nelle brattee e nell'ovario dei fiori femminili del luppolo, usate come aromatizzante nella fabbricazione della birra.

luppolizzàre v. tr. ● Aggiungere il luppolo alla birra.

luppolizzazióne s. f. ● Aromatizzazione della birra mediante il luppolo.

lùppolo [lat. tardo *lūpulu(m)*, dim. di *lūpus*: col senso di 'erba da lupi (*lūpi*)' (?)] s. m. ● Erba perenne rampicante delle Urticacee con foglie ruvide e cuoriformi, frutti che sembrano piccole nappe verdi contenenti gli acheni e il luppolino (*Humulus lupulus*).

lupus /*lat.* 'lupus/ [lat., letteralmente 'lupo', come '(animale) vorace, divoratore'] s. m. ● (*med.*) Affezione dermatologica di varia natura a carattere destruente: *l. volgare*; *l. eritematoso*.

lupus in fabula /*lat.* 'lupus in 'fabula/ [loc. lat., propr. 'il lupo nella conversazione', secondo la credenza che certi animali appaiono appena menzionati] loc. inter. ● Si usa per sottolineare l'improvvisa comparsa proprio della persona della quale si stava parlando.

lùrco [vc. dotta, lat. *lūrco* (nom.), da *lurcāre*, termine pop., di etim. incerta] agg.; anche s. m. (pl. m. *-chi*) ● (*lett.*) Che, chi è ingordo, mangione: *là tra li Tedeschi lurchi* (DANTE *Inf.* XVII, 21). || **lurcóne**, accr.

lùrex ® [formazione sconosciuta] s. m. inv. *1* Fibra tessile sintetica impiegata per ottenere filati dall'aspetto metallico e brillante. *2* Tessuto composto di tali fibre, usato spec. per confezionare giacche da donna, vestiti femminili da sera e sim.

luridézza s. f. ● Qualità di ciò che è lurido.

lùrido [vc. dotta, lat. *lūridu(m)*, da *lūror* 'colore giallo-verdastro', di etim. incerta] agg. ● Lordo, sozzo, schifoso (*anche fig.*): *vestito l.*; *gente lurida*. || **luridaménte**, avv.

luridùme s. m. *1* Stato di chi o di ciò che è lurido (*anche fig.*). *2* Cosa lurida o insieme di cose luride: *strade piene di l.*

luscéngola [lat. *lūsca* 'losca' con sovrapposizione di un derivato da *caecĭlia* 'specie di lucertola', che ha dato vita ad altri n. dial. dello stesso rettile] s. f. ● Rettile simile alla lucertola, con piccolissime zampe a tre dita (*Chalcides chalcides*).

lùsco [vc. dotta, lat. *lūscu(m)* 'losco', vc. pop., di etim. incerta] agg.; anche s. m. (pl. m. *-schi*) *1* †V. *losco*. *2* Nella loc. *fra il l. e il brusco*, al crepuscolo.

†**luscosità** [da *lusco*] s. f. ● Qualità di losco.

lusìade [port. *Lusiadas*, parallelo di *Lusitanos* 'Lusitani', entrato in uso nel periodo umanistico] **A** agg. ● Dell'antica Lusitania, odierno Portogallo. **B** s. m. e f. ● Abitante, nativo della Lusitania.

†**lusignòlo** ● V. *usignolo*.

†**lusignuòlo** ● V. *usignolo*.

lusìnga [ant. provz. *lausenga*, dall'ant. fr. *losenge*, dal francone **lausinga* 'bugia'] s. f. *1* Atteggiamento che, valendosi di parole e atti benevoli e adulatori, mira a carpire la stima, la simpatia e sim. di qc. per indurlo a un determinato comportamento: *conoscere ogni tipo di l.*; *servirsi delle lusinghe*; *attirare qc. con lusinghe*; *cedere alle lusinghe*; *lusinghe d'amore*. *2* Speranza illusoria, piacere: *le lusinghe della vita*. *3* †Vezzo, carezza. || **lusinghétta**, dim.

lusingaménto s. m. ● Il lusingare | (*raro*) Allettamento, blandimento.

†**lusingànza** s. f. ● Allettamento.

lusingàre [da *lusinga*] **A** v. tr. (*io lusingo, tu lusinghi*) *1* Allettare, illudere, con lusinghe: *la lusingarono vilmente* | †*L. il sonno*, conciliarlo: *i venticelli, dibattendo l'ali, / lusingavano il sonno de' mortali* (TASSO). SIN. Adulare, lisciare. *2* Infondere piacere, soddisfare: *le sue parole mi lusingano*. **B** v. intr. pron. *1* (*raro*) Illudersi: *ci lusingammo di compiere l'impresa*. *2* Sperare, osare credere: *mi lusingo che la festa sia piaciuta a tutti*.

lusingatóre agg.; anche s. m. (f. *-trice*) ● Che, chi lusinga: *parole lusingatrici*; *è un abile l.*

lusingherìa s. f. ● (*raro*) Abitudine a lusingare | †Lusinga prolungata.

lusinghévole agg. *1* Pieno di lusinghe: *discorso l.* | (*est.*) Carezzevole: *con atti lusinghevoli preso per la mano* (BOCCACCIO). *2* Compiacente, lusinghiero: *lode l.* || **lusinghevolménte**, avv.

lusinghièro [ant. provz. *lauzengier*, da *lausenga* 'lusinga'] agg. ● Che lusinga, alletta: *sguardo l.*; *le fanciullette vivaci, petulanti, e lusinghiere ci passarono dinanzi* (NIEVO) | Che dà piacere, soddisfazione, che appaga la vanità e sim.: *complimento l.*; *riportare un l. successo*.

†**lusingo** [da *lusingare*] s. m. ● Lusinga.

†**lusingóso** agg. ● Lusinghevole.

lusìsmo [sp. *lusismo*, da *luso* 'lusitano'] s. m. ● Parola o locuzione propria del portoghese, passata in un'altra lingua.

lusitàno [vc. dotta, lat. *Lusitānu(m)*, dal n. del leggendario conquistatore del Portogallo *Lūsus*, figlio di Bacco] **A** agg. ● Dell'antica Lusitania, odierno Portogallo. **B** s. m. (f. *-a*) ● Portoghese.

lusòfono [comp. dello sp. *luso* 'lusitano' e *-fono*] agg.; anche s. m. (f. *-a*) ● (*ling.*) Che, chi parla portoghese.

lusòrio [vc. dotta, lat. *lusōriu(m)*, da *lūsor* 'giocatore', da *lūsus*, part. pass. di *lūdere* 'giocare'] agg. ● (*lett.*) Che serve allo svago, al divertimento | *Naviglio l.*, naviglio da diporto.

†**lussaménto** s. m. ● (*med.*) Lussazione.

lussàre (1) [vc. dotta, lat. *luxāre*, da *lŭxus* 'lussato, posto di traverso', di origine indeur.] v. tr. ● (*med.*) Produrre lussazione.

†**lussàre (2)** [vc. dotta, lat. *luxāri*, da *lŭxus* 'lusso'] v. intr. ● Far lusso.

lussatùra [vc. dotta, lat. tardo *luxatūra(m)*, da *luxāre* 'lussare'] s. f. ● (*med.*) Lussazione.

lussazióne [vc. dotta, lat. tardo *luxatiōne(m)*, da *luxātus* 'lussato'] s. f. ● (*med.*) Spostamento reciproco permanente dei capi articolari in una articolazione mobile; può avere origine traumatica, congenita o patologica ed è di norma riducibile riposizionando i capi articolari.

lussemburghése **A** agg. ● Relativo al granducato o alla città di Lussemburgo. **B** s. m. e f. ● Abitante, nativo del granducato o della città di Lussemburgo. **C** s. m. solo sing. ● Dialetto tedesco a influsso olandese e francese parlato nel Lussemburgo.

lùsso [vc. dotta, lat. *lŭxu(m)*, propriamente 'eccesso', da *lŭxus* 'lussato, posto di traverso', di origine indeur] s. m. *1* Sfoggio di ricchezza, sfarzo, superfluità: *ambiente arredato con l.*; *già i greci ammiravano l. e fasto* (VICO). SIN. Fasto, pompa. *2* Ricchezza: *vivere nel l.*; *colpire il l. con imposte* | (*est.*, *fig.*) Larghezza, sovrabbondanza: *l. di erudizione, di citazioni*. *3* Cosa o spesa eccessiva o superflua: *quella vacanza all'estero è un l.*; *sono cose troppo di l. per me*.

lussuóso [fr. *luxueux*, da *luxe* 'lusso'] agg. ● Di lusso, fatto con lusso: *abito l.*; *rifiniture lussuose*. SIN. Sfarzoso, sontuoso. || **lussuosaménte**, avv. Con lusso, sfarzo.

lussureggiaménto s. m. *1* (*raro*) Atto, effetto del lussureggiare. *2* (*biol.*) Fenomeno per il quale alcuni ibridi vegetali o animali producono nella prima generazione individui a sviluppo maggiore dei genitori.

lussureggiànte part. pres. di *lussureggiare*; anche agg. *1* Nei sign. del v. *2* (*fig.*) Copioso, ricco: *stile l.*

lussureggiàre [V. †*lussuriare*] v. intr. (*io lussuréggio*; aus. *avere*) *1* Essere abbondante, rigoglioso, detto spec. di piante: *la vigna lussureggia di grappoli*. SIN. Prosperare. *2* †Vivere nel lusso, nelle mollezze. *3* †Usare lussuria.

lussùria [vc. dotta, lat. *luxŭria(m)*, da *lŭxus* 'lusso'] s. f. *1* Brama sfrenata di godimenti carnali, sessuali: *la l. entrò ne' petti e quel furore / che la meschina gente chiama amore* (POLIZIANO) | Nella teologia cattolica, uno dei sette vizi capitali. SIN. Lascivia, libidine. *2* (*raro*) Atto lascivo, lussurioso.

†**lussuriàre** [vc. dotta, lat. *luxuriāre*, da *luxŭria* 'lussuria'] v. intr. *1* Peccare di lussuria. *2* Vivere nel lusso. *3* Lussureggiare, detto di piante.

†**lussuriésco** agg. ● Che mostra lussuria.

†**lussuriévole** agg. ● Lussurioso.

lussurióso [vc. dotta, lat. *luxuriōsu(m)*, da *luxŭria* 'lussuria'] agg. *1* Che è dedito al vizio della lussuria: *donna lussuriosa*. SIN. Lascivo, libidinoso. *2* Che rivela lussuria, dissolutezza: *vita lussuriosa*. || **lussuriosaménte**, avv. *1* In modo lussurioso. *2* †Con lusso.

†**lùstra (1)** [vc. dotta, lat. *lūstru(m)* 'pantano, tana, luogo selvaggio', di etim. incerta] s. f. ● Tana, covile.

†**lùstra (2)** [da *lustrare (1)*] s. f. ● Simulazione di ricchezza, potenza o sentimenti di affetto: *le lustre di un adulatore*; *un appoggio che era appena una l.* (BACCHELLI).

lustràle (1) [vc. dotta, lat. *lustrāle(m)*, da *lūstrum* 'sacrificio espiatorio', di etim. incerta] agg. ● Attinente alla cerimonia, alla purificazione e ai sacrifici di lustrazione | *Acqua l.*, nella religione cattolica, acqua benedetta.

lustràle (2) [da *lustro (3)*] agg. ● (*lett.*) Che avviene ogni lustro: *festa l.* | Relativo a un periodo di cinque anni.

lustraménto [da *lustrare (1)*] s. m. *1* Atto, effetto del lustrare, del lucidare. *2* (*fig.*) Adulazione eccessiva.

lustràre (1) [vc. dotta, lat. *lustrāre* 'illuminare', da **lūstrum* 'splendore', parallelo di *lūmen*, da una radice **lūc-* 'splendere', di origine indeur.] **A** v. tr. *1* Strofinare la superficie di un oggetto per conferirgli lucentezza: *l. i pavimenti* | *L. le scarpe a qc.*, adularlo | (*fig.*) *Lustrarsi gli occhi, la vista*, provare piacere nell'osservare q.c. di particolarmente bello, attraente e sim. *2* †Illuminare, rischiarare: *o Febo, che 'l gran mondo lustri* (ARIOSTO). *3* (*tess.*) Dare il lustro ai panni con la calandra. **B** v. intr. (aus. *avere*; raro nei tempi composti) ● Essere rilucente: *gli lustravano gli occhi dalla commozione*.

lustràre (2) [vc. dotta, lat. *lustrāre* 'purificare', da *lūstrum* 'sacrificio espiatorio (in particolare la purificazione, che i censori compivano ogni cinque anni)', di etim. incerta] v. tr. *1* Purificare con il rito della lustrazione. *2* †Perlustrare: *il spacioso dorso de la terra verrà lustrando* (BRUNO).

lustrascàrpe [comp. di *lustra(re) (1)* e il pl. di *scarpa*] s. m. e f. inv. *1* Chi, per mestiere, lucida le scarpe. *2* (*fig.*) Adulatore untuoso.

lustrastivàli [comp. di *lustra(re) (1)* e il pl. di *stivale*] s. m. e f. ● Lustrascarpe (*anche fig.*).

lustràta s. f. ● Operazione del lustrare velocemente: *dare una l. alle scarpe*. || **lustratina**, dim.

lustratùra s. f. *1* Atto, effetto del lustrare. *2* Operazione di finitura dei tessuti di seta.

lustrazióne [vc. dotta, lat. *lustratiōne(m)*, da *lustrātus* 'lustrato'] s. f. *1* Nell'antica Roma, sacrificio di espiazione e di purificazione. *2* Revisione periodica degli estimi catastali.

lùstre ● V. *illustre*.

lustreggiàre [comp. di *lustro (1)* e *-eggiare*] v. intr. (*io lustréggio*; aus. *avere*) ● (*raro, lett.*) Essere lustro, lucido.

lustrènte agg. ● (*raro, pop.*) Lustro.

†**lustrévole** agg. ● Lucente.

†**lustrézza** s. f. ● Lucentezza.

lustrino [da *lustro (1)*] s. m. *1* Dischetto di metallo o materia plastica, dorato, argentato o colorato, utilizzato per ricami su abiti femminili da sera. SIN. Paillette. *2* (*fig.*) Ornamento falso e senza valore. SIN. Orpello. *3* Stoffa di lana d'alpacca: *una giacca di l.* *4* (*raro, pop.*) Lustrascarpe. *5* (*veter.*) Lucciolo.

†**lustrissimo** agg. ● (*lett., pop.*) Illustrissimo.

lùstro (1) [per *lustr(at)o*] agg. ● Di superficie lucente: *scarpe, mobili lustri* | *Occhi lustri*, luccicanti di lacrime | *Faccia lustra*, grassa e di pelle lucente. SIN. Lucido.

lùstro (2) [vc. dotta, lat. *lūstru(m)*, da *lustrāre* 'illuminare'] s. m. *1* Lucentezza: *dare l. al marmo, all'ottone; e' lustri de' peli de' cavagli* (VASARI). *2* (*lett.*) Splendore: *il l. della fiamma*. *3* (*fig., lett.*) Decoro, gloria, vanto: *un'impresa che dà l. al paese* | Persona o cosa che costituisce vanto: *è stato il l. della famiglia*.

lùstro (**3**) [vc. dotta, lat. *lūstru(m)*, di etim. incerta] s. m. ● Spazio di cinque anni: *un giovinetto di tre lustri; del dì premier del nono l. / già sorge l'alba* (ALFIERI). SIN. Quinquennio.

†**lustróre** [da *lustro* (*1*)] s. m. ● Splendore.

lutàre [vc. dotta, lat. *lutāre*, da *lŭtum* 'loto, fango'] v. tr. ● Cementare, otturare con luto | Spalmare di luto i vasi che si vogliono esporre al fuoco.

lutatùra s. f. ● Atto, effetto del lutare.

lutazióne s. f. *1* Lutatura. *2* (*med.*) Fangatura.

luteìna [da *luteo*, donde è tratta, col suff. chimico *-ina*] s. f. *1* (*anat.*) Pigmento giallastro della retina. *2* (*biol.*) Progesterone.

luteìnico agg. (pl. m. *-ci*) ● (*anat.*) Che riguarda il corpo luteo | (*biol.*) *Ormone l.*, il progesterone.

lùteo [vc. dotta, lat. *lūteu(m)*, da *lūtum* 'color giallo', di etim. incerta] agg. *1* (*lett.*) Di color giallo zafferano. *2* (*anat.*) *Corpo l.*, corpuscolo giallastro che si forma nel follicolo ovarico dopo l'espulsione dell'uovo.

lutèola [vc. dotta, lat. *lutĕola(m)*, agg. f. di *lūtum* 'di colore giallo', di etim. incerta] s. f. ● (*bot.*) Guaderella.

luteolìna [dalla *luteola*, donde è tratta, col suff. chimico *-ina*] s. f. ● Sostanza colorante atta a tingere lana e seta, contenuta nella luteola, spec. nelle sommità fiorite.

luteranéṣimo o **luteraniṣmo** s. m. *1* Dottrina e confessione religiosa cristiana derivanti dalla riforma protestante di Martin Lutero. *2* Complesso, insieme dei luterani: *il l. tedesco*.

luteràno [dal n. del riformatore ted. M. *Luther*, cioè *Lotario*, dal germ. *Chlodochar*, donde (*Ch*)*lotar*, da *hlôda* 'celebre, famoso'] **A** agg. *1* Relativo a M. Lutero (1483-1546) e al luteranesimo | *Chiesa luterana*, quella riformata diffusasi spec. nei paesi tedeschi e scandinavi. *2* (*fig., spreg.*) Empio, miscredente. **B** s. m. (f. *-a*) ● Chi segue la confessione religiosa luterana.

†**lutère** o †**lutèro** [vc. dotta, lat. tardo *lutēre(m)*, dal gr. *loutḗr*, da *lóuein* 'lavare', di origine indeur.] s. m. ● Vaso, conca, bacino.

lutèzio [dal lat. *Lutētia* (Parisiorum) 'Parigi', di origine celt.] s. m. ● Elemento chimico metallo appartenente al gruppo delle terre rare. SIMB. Lu. SIN. Cassiopeo.

†**lutifìgolo** [comp. di *luto* 'fango' e *figolo* 'vasaio'] s. m. ● (*lett.*) Vasaio.

lùto ● V. *loto* (*2*).

lutolènto ● V. *lutulento*.

†**lutóso** ● V. *lotoso*.

lutoterapìa [comp. di *luto* e *terapia*] s. f. ● Cura esterna con applicazioni di fanghi termali.

lutrèola [dim. del lat. *lŭtra* 'lontra'] s. f. ● (*zool.*) Visone.

†**lùtta** ● V. *lotta*.

†**luttàre** [da *lutto*] v. intr. ● Rammaricarsi, dolersi.

lùtto [lat. *lūctu(m)*, dal part. pass. di *lugēre* nel senso primitivo di 'essere in lutto, portare il lutto'] s. m. *1* Cordoglio per la morte di qc.: *l. di famiglia, cittadino, nazionale*. *2* Segno e dimostrazione di lutto: *monumento parato a l.* | *Abiti da l.*, neri | *Abiti da mezzo l.*, neri, bianchi o grigi | *L. stretto*, di chi veste rigidamente di nero e si astiene dai divertimenti. SIN. Gramaglie. *3* (*dir.*) *L. vedovile*, impedimento imposto per legge alla vedova di contrarre nuovo matrimonio prima che siano trascorsi 300 giorni dalla morte del marito. *4* (*lett.*) Stato, condizione dolorosa: *calende et idi / vi stette, fin che volse in riso il l.* (ARIOSTO). *5* †Causa di lutto.

luttuóso [lat. *luctuōsu(m)*, da *lūctus* 'lutto'] agg. ● Che causa lutto: *avvenimento, incidente l.* | Funesto, doloroso: *giorni, tempi luttuosi*. || **luttuosaménte**, avv.

lutulènto o (*raro*) **lotolènto**, (*raro*) **lutolènto** [vc. dotta, lat. *lutulĕntu(m)*, da *lŭtum* 'loto (2)'] agg. ● Pieno di loto: *acqua lutulenta*. SIN. Fangoso.

lùvaro [lat. *rŭbru(m)* 'rosso' (V. *rubro* (*2*)), per il colore delle pinne] s. m. ● Pesce, raro nel Mediterraneo, lungo poco più di 1 m, di color azzurro argenteo con pinne rossastre (*Luvarus imperialis*). SIN. Pesce imperiale.

lux /*lat.* luks/ [vc. dotta, lat. *lūx* (nom.), da una radice **lūc-* 'splendere', di origine indeur.] s. m. inv. ● (*fis.*) Unità di illuminamento, definita come illuminamento dovuto a un flusso uniforme di 1 lumen uniformemente ripartito su 1 m^2 di superficie. SIMB. lx.

lùxmetro [comp. di *lux* e *-metro*] s. m. ● (*fis.*) Illuminometro tarato in lux.

lycra® /'likra/ [marchio della Du Pont de Nemours] s. f. inv. ● Filato sintetico caratterizzato da grande elasticità, usato nella produzione di calze, collant, costumi da bagno e sim.

lycra-stretch /'likra 'stretʃ/ [comp. di *lycra* (V.) e *stretch* 'allungamento'] s. m. inv. ● Tessuto costituito prevalentemente di lycra e dotato della proprietà di allungarsi leggermente una volta indossato, così da aderire al corpo della persona che lo porta.

lyddite /lid'dite/ [dal n. della città ingl. di *Lydd*, dove fu esperimentato per la prima volta, col suff. *-ite* (*2*)] s. f. ● Esplosivo costituito spec. da acido picrico, impiegato dagli Inglesi nella prima guerra mondiale.

m, M

Il suono rappresentato in italiano dalla lettera *M* è quello della consonante nasale bilabiale /m/, che come tutte le nasali è sonora. Questa consonante, quando è in mezzo a due vocali (o tra una vocale e una semiconsonante), può essere, secondo i casi, di grado tenue (es. *Róma* /'roma/, *di màre* /di 'mare/) oppure di grado rafforzato (es. *gómma* /'gomma/, *è mare* /ɛ m'mare/), mentre nelle altre posizioni è sempre di grado medio (es. *fórma* /'forma/, *màre* /'mare/, *per màre* /per 'mare/).

m, M /nome per esteso: *emme*/ s. f. o m. ● Undicesima lettera dell'alfabeto italiano: *m minuscola*; *M maiuscolo* | *M come Milano*, nella compitazione, spec. telefonica, delle parole | *Vitamina M*, V. *vitamina*.

ma (1) [lat. *măgis* 'piuttosto', dalla stessa radice indeur. di *măgnus* 'grande' (V. *magno*)] **A** cong. ***1*** Esprime, con valore avvers. più o meno esplicito, contrapposizione tra due elementi di una stessa proposizione o tra due proposizioni dello stesso genere: *è povero ma generoso*; *non per sfiducia ma per precauzione*; *non di te mi lamento ma di lui*; *fai come vuoi, ma ricorda i miei consigli*; *sembra felice, ma non lo è*; *esco volentieri, ma non di sera* | (*fam.*) Con valore raff. in unione con avverbi o con altre cong.: *ma anche*; *ma quando*; *ma però*; *ma tuttavia*; *ma nondimeno*; *ma bene*. SIN. Bensì, però, tuttavia. ***2*** In principio di frase indica, con più forza della cong. 'e', il passaggio ad altro argomento: *ma torniamo al discorso di prima*; *ma ammettiamo, se volete, che sia innocente*; *ma ecco che si avvicina uno sconosciuto* | (*fam.*) Con valore enf. o anche iron., in espressioni interrogative, dubitative ed esclamative: *ma cosa pretendi?*; *ma se lo sanno tutti!*; *ma cosa mi dici!*; *ma come!*; *ma certo!*; *ma quando mai?*; *ma bravo, bene!*; *ma va là!*; *ma no!*; *ma che bel bambino!*; *ma chi credi di essere?* ***3*** Con valore raff. e ints. spec. in unione con aggettivi o avverbi: *ti ho detto che è veloce, ma veloce davvero*; *una persona antipatica, ma veramente antipatica*; *ti dico che è non ricco, ma ricchissimo*; *ci vuole gente, ma gente di fegato.* **B** s. m. inv. ● Obiezione, incertezza, difficoltà, ostacolo: *è una persona tutta ma e se*; *non ci sono ma che tengano*: *verrai con me.*

†**ma** (2) ● V. *mah.*

ma' (1) s. f. ● (*fam.*) Forma tronca di 'mamma'.

ma' (2) avv. ● Forma tronca di 'mai'.

màcabro o (*raro*) o **macàbro** [fr. *macabre*; da (*danse*) *macabre*, alterazione di *danse macabré* 'danza dei Maccabei', eroi biblici il cui culto era avvicinato a quello dei morti] **A** agg. ● Che ricorda la morte o si riferisce alla morte, spec. nei suoi aspetti più impressionanti | Spaventoso, orrido: *scoperta, vista, scena macabra*; *la macabra ferocia di questa pretesa* (PIRANDELLO). SIN. Orrendo, raccapricciante. **B** s. m. ● Ciò che è macabro: *rifuggire dal m.*

macàco o (*raro*) **macàcco** [port. *macaco*, vc. proveniente dall'Angola] s. m. (pl. *-chi*) ***1*** Genere di scimmie dei Cercopitecidi con coda pendente non prensile, callosità nelle natiche e arti anteriori non più lunghi dei posteriori (*Macacus*). ***2*** (*fig.*) Uomo piccolo, brutto e stupido.

macadàm [fr. *macadam*, dall'ingl., dal n. dell'ingegnere scozzese J. L. *Mac Adam* (1756-1836), che la inventò] s. m. ● Tipo di massicciata stradale costituita da pietrisco con legante all'acqua disposto mediante cilindrature con rullo compressore | *M. all'asfalto, al bitume*, pavimentazione stradale eseguita facendo penetrare bitume o catrame nelle massicciate aperte per legare i pezzi del pietrisco.

macadàmia [dal n. del chimico australiano, nato in Scozia, J. *Macadam* (1827-1865)] s. f. ● (*bot.*) Genere di piante delle Proteacee, originario dell'Australia, comprendente diverse specie, tra cui la cosiddetta *noce del Queensland*, albero sempreverde alto fino a 10-12 m, con frutti simili a una grossa nocciola, dal seme commestibile (*Macadamia*).

macadamizzàre [fr. *macadamiser*, dall'ingl. to *macadamize*, da *macadam*] v. tr. ● Pavimentare le strade col metodo del macadam.

macào (1) [port. *macao*, di origine indostana] s. m. ● (*zool.*) Ara.

macào (2) [fr. *macao*, da *Macau*, ex colonia port. in Cina] s. m. ● Gioco d'azzardo a carte, simile al baccarà.

macaóne [da *Macaone*, mitico chirurgo in Omero] s. m. ● Farfalla diurna di color giallo venato di nero con una macchia rossa sulle ali posteriori simile a un ocello (*Papilio machaon*).

macarònico ● V. *maccheronico.*

màcca [da *maccare*] s. f. ● (*tosc.*) Abbondanza: *m. e cuccagna* | †*Avere una m.*, comprar bene | *A m.*, in gran quantità; (*dial.*) a ufo | *Entrare a m.*, a scrocco, senza pagare entrata.

maccabèo [da *Maccabeo*, personaggio biblico] s. m. ● Tanghero, sciocco.

†**maccàglia** [da *maccare*] s. f. ● Strage, uccisione.

maccalùba [ar. *maqlūb*, propriamente 'rivoltato'] s. f. ● Sorgente fangosa con emissioni di metano e anidride carbonica.

†**maccàre** [da *macco*; il primo sign. doveva essere quello di 'impastare, mescolare'] v. tr. ● Ammaccare.

maccarèllo [fr. *maquereau*, uso metaforico di *maquereau* 'mezzano, ruffiano', perché, secondo una credenza pop., il *maccarello* accompagna le aringhe nelle loro migrazioni e avrebbe la funzione di far accoppiare i maschi con le femmine. Il fr. *maquereau* è dal medio ol. *makelâre* 'sensale', da *makeln* 'trafficare', a sua volta da *maken* 'fare', di origine germ.] s. m. ● (*zool.*) Scombro.

maccaróne e *deriv.* ● V. *maccherone* e *deriv.*

maccartismo [dal n. di J. R. *McCarthy*, presidente dal 1950 al '54 della commissione del senato degli Stati Uniti per la repressione delle attività antiamericane di cui erano ritenuti responsabili i comunisti o i loro simpatizzanti] s. m. ● Atteggiamento di chi professa un anticomunismo a oltranza o (*est.*) si accanisce in persecuzioni ideologiche.

maccartista agg.; anche s. m. e f. (pl. *-i*) ● Seguace, sostenitore del maccartismo.

†**maccatèlla** [da †*maccato*, part. pass. di †*maccare* (V.)] s. f. ● Magagna, marachella.

macché o **ma che** [comp. di *ma* e *che* (2)] inter. ● Esprime forte e decisa negazione od opposizione: m.! *sta scherzando!*; *m., m. cinema!*, *studiare devi!*; *m., non è neppure il caso di discuterne!*

maccheronàio s. m. ● Fabbricante o venditore di maccheroni.

maccheronàta o (*dial.*) **maccaronàta** s. f. ***1*** Mangiata di maccheroni | Pasto in cui i maccheroni costituiscono il piatto principale | (*est.*) Allegra mangiata tra amici. ***2*** (*fig.*) Errore grossolano o madornale, schiocchezza: *non dire, non fare maccheronate.*

maccheroncino s. m. ***1*** Dim. di *maccherone*. ***2*** (*spec. al pl.*) Maccheroni bucati lunghi e stretti.

maccheróne o (*dial.*) **maccaróne** [etim. discussa: da *macco* (?)] s. m. ***1*** (*spec. al pl.*) Tipo di pasta a cannelli vuoti o pieni, di varia lunghezza e grossezza che si mangia asciutta | (*fig.*) *Il cacio sui maccheroni*, cosa opportuna, che capita a proposito | *Esser puro come l'acqua dei maccheroni*, (*fig.*) si dice di persona tutt'altro che innocente | *M. senza sale*, (*fig.*) persona sciocca e grossolana. ***2*** (*fig.*) Uomo stupido. SIN. Babbeo. || **maccheronàccio**, pegg. | **maccheroncino**, dim. (V.).

maccheronèa o (*dial.*) **maccaronèa** [da *maccherone*; era il latino dei cuochi dei conventi] s. f. ● Opera scritta in latino grosso o maccheronico.

†**maccheronèo** [da *maccheronea*] agg. ● Maccheronico.

maccheronésco agg. (pl. m. *-schi*) ***1*** (*raro*) Maccheronico. ***2*** †Che è simile a un maccherone.

†**maccherònica** s. f. ● Maccheronea.

maccherònico o (*raro*) **maccarònico**, (*raro*) **maccarònico** [V. *maccheronea*] agg. (pl. m. *-ci*) ***1*** Detto di idioma grossolano, parodia del latino classico, il cui lessico consiste di vocaboli latini, volgari e dialettali, ma flessi alla latina, in uso spec. in opere burlesche nel XVI e XVII sec. ***2*** (*est.*) Detto di lingua pronunciata o scritta male da persona ignorante o poco pratica. || **maccheronicaménte**, avv.

màcchia (1) [lat. *măcula*(*m*), di etim. incerta] s. f. ***1*** Segno lasciato da grasso, tinta o altro sulla superficie di un corpo: *una m. d'inchiostro, di salsa, di vino*; *una tovaglia piena di macchie* | *M. d'olio*, (*fig.*) si dice di ciò che si espande o si allarga velocemente | *M. originale*, peccato originale. ***2*** Chiazza di differente colore: *un marmo verde con macchie e venature bianche*; *un mio vitellin bianco / che ha una m. nera in su la fronte* (POLIZIANO) | (*astron.*) *M. solare*, area della fotosfera solare, temporaneamente perturbata, con colorazione scura | (*fis.*) *M. catodica*, piccola zona luminosa formantesi sul catodo liquido dei tubi a vapori di mercurio | *M. ionica*, deterioramento localizzato dello schermo di un tubo a raggi catodici | (*anat.*) *M. cieca*, punto della retina insensibile alla luce, dove penetra il nervo ottico | *M. di sangue*, particolare formazione che può riscontrarsi nel tuorlo delle uova. ***3*** (*fig.*) Colpa, peccato: *quell'individuo deve avere parecchie macchie sulla coscienza* | Offesa, oltraggio: *il tuo comportamento è una m. per l'onore della famiglia* | *Lavare nel sangue* o *col sangue una m.*, vendicare l'onore uccidendo chi l'ha offeso | *Cavaliere senza m. e senza paura*, si dice di persona coraggiosa e integerrima. ***4*** Tecnica pittorica basata sulla giustapposizione di zone di colore con cui sono indicate sinteticamente le masse. ***5*** (*al pl.*) Pennellate scure che i verniciatori danno sui mobili per imitare legni pregiati. || **macchiàccia**, pegg. | **macchiarèlla, macchierèlla**, dim. | **macchiétta**, dim. (V.) | **macchiolina**, dim. | **macchiùccia, macchiùzza**, dim.

màcchia (2) [detta così perché si presenta come una *macchia* sul terreno brullo] s. f. ● Formazione vegetale costituita in prevalenza da una fitta boscaglia di arbusti sempreverdi, caratteristica delle regioni mediterranee | *Darsi, buttarsi alla m.*, (*fig.*) darsi al brigantaggio o nascondersi per evitare la cattura; o, anche, darsi alla lotta partigiana o alla guerriglia, diventare partigiano o guerrigliero | *Fare q.c. alla m.*, (*fig.*) di nascosto, clandestinamente | *Libro, giornale stampato alla m.*, (*fig.*) senza indicazioni o con indicazioni false sulla data o sul nome dell'editore. || **macchióne**, accr. m. (V.).

macchiàbile agg. • Che si può facilmente macchiare.

macchiaiòlo (1) o **macchiaiuòlo** [detto così perché ritrae le cose a *macchie*] s. m. • Pittore appartenente a un movimento sorto a Firenze verso la metà del XIX sec., caratterizzato da una tecnica pittorica basata sulla giustapposizione di macchie di colore.

macchiaiòlo (2) [da *macchia* (2)] **A** s. m. • (*raro*) Chi lavora alla macchia, chi fa le cose di soppiatto. **B** agg. • Che nasce o vive nella macchia | *Suino m.*, adatto all'allevamento alla macchia.

macchiaiuòlo • V. *macchiaiolo* (*1*).

†**macchiaménto** s. m. • Atto, effetto del macchiare.

macchiàre [lat. *maculāre*, da *măcula* 'macchia (1), chiazza'] **A** v. tr. (*io màcchio*) **1** Sporcare o imbrattare con macchie: *m. di vino, d'olio la tovaglia*; *non macchiarti d'inchiostro!* | (*ass.*) Lasciare macchie: *il vino rosso macchia*; *è roba che macchia* | (*est.*) Aggiungere q.c. che muti il colore precedente | *M. il caffè*, aggiungervi un po' di latte. **2** (*fig.*) Arrecare offesa, danno morale e sim.: *ha macchiato l'onore e il buon nome della famiglia con le sue azioni.* **3** Dipingere con la tecnica delle macchie di colore. **B** v. intr. pron. **1** Imbrattarsi di macchie: *il muro s'è macchiato d'unto.* **2** (*fig.*) Insozzarsi di colpe e sim.

macchiàtico [da *macchia* (2)] s. m. (pl. *-ci*) • Diritto a raccogliere legna o foglie nei boschi comunali | La tassa che si paga per usufruire di tale diritto | Valore di trasformazione della massa legnosa di un bosco maturo.

macchiàto (1) **A** part. pass. di *macchiare*; anche agg. **1** Nei sign. del v. **2** Detto di bevanda, cibo e sim. cui è stata aggiunta una quantità minima di una data sostanza | *Caffè m.*, di latte | *Latte m.*, di caffè | *Spaghetti macchiati*, di salsa di pomodoro. **3** Sparso di chiazze di più colori: *pelame m.*; *pietra macchiata.* **B** s. m. • Tecnica pittorica delle macchie, così come è usata dal singolo artista.

†**macchiàto** (2) [da *macchia* (2)] agg. • Boscoso.

macchiéto [da *macchia* (2)] s. m. • (*raro*) Luogo o terreno boscoso, pieno di macchie.

macchiétta s. f. **1** Dim. di *macchia* (*1*). **2** Schizzo, caricatura, bozzetto. **3** Tipo originale, bizzarro, comico: *non hai notato quella m.?* **4** In teatro, tipizzazione caricaturale di un personaggio eseguita da un attore: *fare la m. di un uomo politico.* || **macchiettina**, dim.

macchiettàre [da *macchietta*, dim. di *macchia* (*1*)] v. tr. (*io macchiétto*) • Spargere di piccole chiazze di diverso colore: *m. di rosso un tessuto.*

macchiettàto part. pass. di *macchiettare*; anche agg. • Nel sign. del v.

macchiettatùra s. f. • Insieme di macchie o di chiazze sparse.

macchiettìsta s. m. e f. (pl. m. *-i*) **1** Disegnatore di macchiette. **2** Attore specializzato nella rappresentazione di macchiette.

macchiettìstico agg. (pl. m. *-ci*) • Di, da macchietta: *interpretazione macchiettistica.*

màcchina o †**màchina** [lat. *māchina(m)*, nom. *māchina*, dal gr. dorico *machaná* 'macchina, ordigno', di orig. indeur.] s. f. **1** Complesso di elementi fissi e mobili, vincolati tra loro cinematicamente, tale che almeno uno degli elementi essenziali sia soggetto a moto, per cui si abbia lavoro, trasformazione di energia, potenza, rendimento: *m. motrice, generatrice, operatrice, trasmettitrice* | *M. ad acqua, idraulica, a vapore*, azionata da corrente d'acqua o dalla forza di vapore | *M. elettrica*, capace di trasformare un'energia elettrica in meccanica e viceversa | *M. fotografica*, atta alla ripresa di fotografie | *M. da presa, da ripresa*, cinepresa | *M. da proiezione*, proiettore | (*med.*) *M. cuore-polmoni*, apparato per la circolazione sanguigna extracorporea costituito da una pompa e da un ossigenatore che permette di escludere in tutto o in parte il cuore e i polmoni dal circolo sostituendone fisiologicamente la funzione | *M. per* o *da scrivere*, macchina munita di tastiera che imprime su carta i caratteri corrispondenti ai tasti premuti | *M. per insegnare*, dispositivo che, allo scopo di attuare automaticamente una o più funzioni dell'istruzione programmata, spec. a scopo di autoistruzione, rende disponibile con mezzi audiovisivi il programma prescelto allo studente, il quale, mediante una tastiera codificata, risponde a ciascuna domanda e ne riceve una nuova il cui contenuto è basato sulla correttezza delle risposte fornite precedentemente. SIN. Teaching-machine | *M. utensile*, macchina operatrice che lavora per asportazione di truciolo, quale la fresa, il trapano, il tornio | *M. a controllo numerico*, macchina utensile, fornita di un apparato elettronico digitale che permette il controllo della sequenza delle operazioni | *M. teatrale*, usata, spec. un tempo, per ottenere particolari effetti scenici. **2** (*est.*) Qualunque strumento, congegno o apparecchio, atto a compiere meccanicamente certi lavori od operazioni: *la m. da caffè*; *la m. tritacarne* | (*fam.*) *Fare una m.*, lavare con la lavabiancheria o la lavastoviglie | *Il secolo della m.*, il sec. XIX | (*fig.*) *La m. umana*, il corpo umano | *Fatto a m.*, di ciò che è realizzato per mezzo di apparecchiature meccaniche e (*fig.*) di ciò che è fatto frettolosamente o senza cura. **3** (*per anton.*) Automobile: *andare in m.*; *comprare, vendere la m.*; *cambiare la m.*; *farsi la m.*; *una m. fuoriserie, utilitaria, di lusso* | (*ell.*) Qualsiasi mezzo di locomozione terrestre, aerea o marittima | *Fare m. indietro*, indietreggiare, con la locomotiva o con altri veicoli a motore; (*fig.*) rinunciare a quanto si intendeva fare | (*mar.*) Il complesso dei motori di navi o piroscafi: *personale, giornale di m.* **4** (*ell.*) Macchina da scrivere: *battere, scrivere a m.* | *Scritto a m.*, dattilografato | Macchina da stampa | *Andare in m.*, procedere alla stampa, spec. di giornali | Macchina calcolatrice: *fare i conti con la m.*; *calcolare a m.* **5** Nel ciclismo, automobilismo, motociclismo, misura della lunghezza del mezzo con cui si valuta il distacco dei concorrenti al traguardo: *vincere per una m.*; *secondo a due macchine.* **6** Impalcatura mobile su cui si porta in processione una statua di santo: *la m. di Santa Rosa.* **7** (*fig.*) Edificio grandioso e imponente: *vide quella gran m. del duomo* (MANZONI). **8** (*raro, fig.*) Persona grande e grossa. **9** (*fig.*) Persona che agisce meccanicamente e istantaneamente, quasi senza aver coscienza di ciò che fa: *quando lavora è una m.*; *parlare, muoversi come una m.* **10** (*fig.*) Organismo complesso: *la m. burocratica dello Stato*; *la m. elettorale si è messa in moto* | (*raro, fig.*) Il corpo umano e qualche suo organo: *avere la m. in disordine.* **11** (*fig.*) Intrigo, macchinazione: *è tutta una m. montata dagli avversari.* || **macchinàccia**, pegg. | **macchinétta**, dim. (V.) | **macchinina**, dim. | **macchinino**, dim. m. | **macchinóna**, accr. | **macchinóne**, accr. m. | **macchinùccia**, dim.

macchinàle [vc. dotta, lat. *machinăle(m)*, da *māchina* 'macchina'] agg. • Automatico, meccanico: *risposta, movimento m.* || **macchinalménte**, avv. In modo macchinale: *rispondere macchinalmente a una domanda.*

macchinaménto [vc. dotta, lat. *machinamĕntu(m)*, da *machinări* 'macchinare'] s. m. • (*raro*) Macchinazione.

macchinàre [vc. dotta, lat. *machinări* 'congegnare, tramare', da *māchina* 'macchina'] v. tr. (*io màcchino*) **1** Ordire o tramare nascostamente a danno di altri (*anche ass.*): *m. un tradimento*; *i ... labbri / appoggia sul ventaglio, arduo pensiere / macchinando tra sé* (PARINI). **2** †Inventare macchine o congegni.

macchinàrio [vc. dotta, lat. *machinăriu(m)*, da *machinări* 'congegnare, macchinare'] s. m. • Complesso di macchine usate per un dato lavoro: *il m. di una tipografia, di uno stabilimento tessile.*

macchinàta [da *macchina*] s. f. • (*fam.*) Quantità di indumenti o stoviglie che può essere lavata in una volta sola con la lavabiancheria o la lavastoviglie.

†**macchinatìvo** [vc. dotta, lat. tardo *machinatī-vu(m)*, da *machinări* 'congegnare, macchinare'] agg. **1** Atto a macchinare. **2** Meccanico.

macchinatóre [vc. dotta, lat. *machinatōre(m)*, da *machinări* 'congegnare, macchinare'] agg.; anche s. m. (f. *-trice*) **1** (*raro*) Che, chi macchina: *ingegno m. d'inganni*; *un m. di burle feroci.* **2** †Inventore.

macchinazióne [vc. dotta, lat. *machinatiō-ne(m)*, da *machinări* 'congegnare, macchinare'] s. f. **1** Atto, effetto del macchinare: *le tue macchinazioni non avranno effetto.* SIN. Imbroglio, trama. **2** †Macchina, ordigno.

macchinerìa [fr. *machinerie*, da *machine* 'macchina'] s. f. • Insieme di macchine teatrali.

macchinétta s. f. **1** Dim. di *macchina*. **2** (*fam.*) Caffettiera: *questa m. fa un ottimo caffè* | (*fam.*) Accendisigari: *mi si è rotta la m.* | (*fam.*) Apparecchio ortodontico per la correzione delle malformazioni dentarie spec. dei bambini.

macchinìsmo [comp. di *macchin(a)* e *-ismo*] s. m. **1** (*raro*) Insieme di più congegni meccanici. SIN. Meccanismo. **2** (*filos.*) Meccanicismo. **3** (*letter.*) Nella tragedia greca, intervento delle potenze soprannaturali.

macchinìsta s. m. (pl. *-i*) **1** Chi si occupa della manutenzione e del funzionamento di una macchina, spec. quella di un treno o di una nave. **2** In teatro e televisione, persona a cui sono affidati il montaggio e gli spostamenti del materiale d'arredamento sul palcoscenico o in studio durante le riprese | *M. cinematografico*, operaio addetto alla costruzione e allo smontaggio dei praticabili, agli spostamenti della macchina da presa e sim., che dà il ciak ed esegue effetti scenografici molto semplici. **3** †Macchinatore.

macchinosità s. f. • Qualità di ciò che è macchinoso | Eccessiva complicatezza.

macchinóso [vc. dotta, lat. *machinōsu(m)*, da *machinări* 'congegnare, macchinare'] agg. • (*spreg.*) Eccessivamente elaborato, complicato, complesso: *romanzo, dramma m.* || **macchinosaménte**, avv.

macchióne s. m. **1** Accr. di *macchia* (*2*). **2** Selva spinosa e fitta | *Stare al m., stare sotto al m.*, (*fig.*) non muoversi da un luogo o non deflettere da un proposito, malgrado minacce e sim. || **macchioncèllo**, dim.

†**macchióso** (1) [lat. *maculōsu(m)*, da *măcula* 'macchia (1)'] agg. • Pieno di macchie. SIN. Macchiato.

†**macchióso** (2) [da *macchia* (*2*)] agg. • Pieno di pruni.

màcco [vc. di origine preindeur.] s. m. (pl. *-chi*) **1** Vivanda grossolana di fave cotte in acqua e ridotte in poltiglia | Castagne con latte. **2** †Strage, uccisione: *un m. ne facea da Filistei* (PULCI). **3** †Macca | *A m.*, in abbondanza.

macèa • V. *macia*.

macèdone [vc. dotta, lat. *macĕdone(m)*, nom. *măcedon*, dal gr. *makedṓn* 'della Macedonia'] **A** agg. • Della Macedonia: *falange m.* **B** s. m. e f. • Abitante, nativo della Macedonia. **C** s. m. solo sing. • Lingua del gruppo slavo, parlata in Macedonia | Antica lingua indoeuropea scarsamente conosciuta.

macedoneggiàre v. intr. (*io macedonéggio*; aus. *avere*) • (*raro, lett.*) Assimilarsi o accostarsi ai Macedoni, quanto a usi, tendenze e sim.

macedònia [fr. *macédoine*, detta così perché formata con diversi tipi di frutta, come la *Macedonia* era formata da diversi popoli] s. f. **1** Mescolanza di frutta varia, tagliata a pezzi, con aggiunta di liquore, succo di limone e zucchero. **2** (*raro, fig.*) Grande ammasso di cose eterogenee | (*ling.*) *Parola m.*, quella formata dalla fusione di due o più parole ridotte.

macedònico [vc. dotta, lat. *macedŏnicu(m)*, dal gr. *makedonikós*, da *Makedonía* 'Macedonia'] agg. (pl. m. *-ci*) • Della Macedonia.

macedonìte [dal n. di *Macedon*, città australiana, e *-ite* (*2*)] s. f. • Roccia eruttiva di costituzione assai complessa, classificabile fra le trachiti alcaline.

macellàbile [da *macellare*] agg. • Che si può macellare.

macellabilità s. f. • (*raro*) L'essere macellabile.

macellàio o **macellàro** [lat. *macellāriu(m)*, da *macĕllum* 'macello'] s. m. (f. *-a*) **1** Chi macella bestie destinate all'alimentazione | Venditore di carne macellata: *negozio di m.* **2** (*fig.*) Chirurgo maldestro.

macellaménto s. m. ● (*raro*) Il macellare.

macellàre [da *macello*] v. tr. (*io macèllo*) **1** Uccidere animali destinati all'alimentazione umana: *m. buoi, vitelli.* SIN. Mattare. **2** (*fig.*) Uccidere gran numero d'uomini. **3** (*fig.*) Rovinare, guastare.

macellàro ● V. *macellaio.*

macellàto part. pass. di *macellare*; anche agg. ● Nei sign. del v.

macellatóre [da *macellato*, part. pass. di *macellare*] s. m. (f. *-trice*) **1** Chi, nei macelli, uccide e prepara per il consumo gli animali uccisi. **2** (*fig.*) Chi ordina o consente stragi di uomini.

macellazióne s. f. ● Atto, effetto del macellare: *m. clandestina*; *vietare la m. di animali.*

macellerìa [da *macellaio*] s. f. **1** Rivendita di carne macellata, bottega del macellaio: *m. bovina, equina.* **2** (*raro*) Mestiere di macellaio. **3** (*raro, fig.*) Strage, macello.

†**macellésco** agg. ● Concernente il macello | Destinato al macello: *bestiame m.*

macèllo [lat. *macĕllu(m)* 'mercato di carne', dal gr. *mákellon*, di origine semitica] s. m. **1** Luogo dove si uccidono gli animali destinati all'alimentazione umana: *portare i vitelli al m.* SIN. Mattatoio. **2** (*raro*) Macelleria. **3** Macellazione: *animali, bestie da m.* **4** (*fig.*) Strage di esseri umani: *fare un m.* | *Soldati portati al m.*, a morte sicura | *Andare al m.*, verso la disfatta, la morte | *Carne da m.*, (*fig.*) si dice di truppe che, per ordini inumani o incoscienti, vengono mandate in battaglia a morte sicura. SIN. Carneficina, massacro. **5** (*fig., ip.*) Disastro: *il compito in classe è stato un vero m.* | (*fig., fam.*) Caos, finimondo, sconquasso: *i bambini han fatto un vero m.!*

†**macèra** ● V. *maceria.*

maceràbile agg. ● Che si può o si deve macerare.

macerabilità s. f. ● Qualità di ciò che è macerabile.

maceraménto s. m. **1** (*raro*) Modo e atto di macerare. **2** (*raro, fig.*) Afflizione, tormento.

maceránte part. pres. di *macerare*; anche agg. **1** Nei sign. del v. **2** Che accelera il processo di macerazione: *sostanze maceranti.* **3** (*fig.*) Che è talmente vivo da provocare pena, tormento: *rimorso, desiderio m.*

maceràre [lat. *macerāre*, da un tema **macos*, di etim. incerta] **A** v. tr. (*io màcero*) **1** Tenere una sostanza in acqua o in altro liquido, al fine di estrarre qualche costituente solubile o predisporla a eventuali trattamenti successivi: *m. la carne nel vino* | *M. canapa, lino*, per estrarre le fibre | *M. droghe vegetali*, per estrarre i principi attivi. **2** (*fig.*) Pestare a furia di percosse: *m. la schiena a qc.* | Mortificare col cilicio o la disciplina: *m. le carni.* **3** (*fig.*) †Infiacchire, domare. **4** (*fig., lett.*) Affliggere, opprimere, consumare: *l'invidia ... sé stessa macera* (SANNAZARO). **5** †Rendere ruvida q.c. picchiettandone la superficie con la martellina o lo scalpello: *m. il marmo.* **B** v. rifl. **1** Infiacchirsi, consumarsi: *macerarsi nella penitenza.* **2** (*fig.*) Rodersi, tormentarsi: *macerarsi nel rimorso.* **C** v. intr. pron. ● Subire un processo di macerazione.

maceratése **A** agg. ● Di Macerata. **B** s. m. e f. ● Abitante, nativo di Macerata.

maceràto **A** part. pass. di *macerare*; anche agg. ● Nei sign. del v. **B** s. m. ● Ciò che è messo a macerare.

maceratóio s. m. ● Fossa o vasca ove si pongono a macerare spec. la canapa e il lino.

maceratóre **A** s. m. (f. *-trice*) ● Chi è addetto alla macerazione. **B** agg. ● Che macera (*anche fig.*): *penitenza maceratrice.*

macerazióne [lat. *maceratiōne(m)*, da *macerāre* 'macerare'] s. f. **1** Atto, effetto del macerare. **2** Operazione consistente nell'estrazione, mediante appropriati solventi, di alcune fibre tessili vegetali dalle sostanze estranee che le accompagnano nello stelo della pianta. **3** (*med.*) Imbibizione della cute per ristagno di sudore, specie nelle piaghe. **4** Nell'ascesi, penitenza e mortificazione fisica. **5** (*fig.*) Mortificazione, penitenza: *sottoporsi a una lunga m.*

maceréto s. m. **1** (*raro*) Ammasso di macerie, spec. dovuto ad una frana. **2** (*region.*) Ammasso di frammenti rocciosi che si accumulano ai piedi dei pendii o nei canaloni e che, nel tempo, danno origine a un particolare tipo di terreno adatto ad alimentare vegetazioni spontanee quali le Sassifragacee.

macèria o †**macèra** [lat. *macĕria(m)*, da *macerāre* 'macerare'] s. f. **1** (*raro*) Muricciolo di sassi sistemati a secco per sostenere terrapieni o separare campi. **2** (*spec. al pl.*) Ammasso di materiali formato dal crollo di una costruzione: *le macerie dei bombardamenti*; *sgombrare le macerie*; *senti raspar tra le macerie e i bronchi / la derelitta cagna* (FOSCOLO) | †Mucchio di pietre.

màcero [da *macerare*] **A** agg. **1** Macerato: *lino m.*; *carne macera.* **2** (*fig.*) Spossato, sfinito: *corpo m. da immani fatiche.* **B** s. m. **1** Macerazione: *tenere in m.*; *carta da m.* **2** Fosso, vasca per macerarvi materiali con apposite sostanze: *mettere, mandare, portare al m.*

maceróne [lat. *macedŏnicu(m)* '(prezzemolo) della Macedonia', con accostamento a *maceria*] s. m. ● Ombrellifera con tuberi e foglie commestibili, fiori poligami gialli, frutti ad achenio (*Smirnyum olusatrum*).

mach /mak, *ted.* max/ [dal n. del fisico ted. E. *Mach* (1838-1916)] s. m. inv. ● Unità relativa di velocità, pari al rapporto fra la velocità di un corpo in un fluido e la velocità del suono nel fluido stesso.

ma che /ma k'ke*/ ● V. *macché.*

machèra [vc. dotta, lat. *machaera(m)*, nom. *machaera*, dal gr. *máchaira*, di origine semitica (?)] s. f. ● (*archeol.*) Spada corta, che feriva di punta e di taglio, usata in combattimenti e in sacrifici.

machete /*sp.* ma'tʃete/ [deriv. dallo sp. *macho* 'maglio (V.)'] s. m. inv. ● Pesante coltello dalla lama lunga e affilatissima a un solo taglio, usato nel centro e sud dell'America per la raccolta della canna da zucchero, il diboscamento e come arma.

màchia [da N. *Machia(velli)*] s. f. ● (*tosc.*) Capacità di simulare astutamente: *aver molta m.*

-machia [gr. *-machía*, dal v. *máchesthai* 'combattere', di etim. incerta] secondo elemento ● In parole composte, per lo più dotte, significa 'lotta', 'combattimento', 'battaglia': *gigantomachia, naumachia, tauromachia, titanomachia.*

machiavellésco agg. (pl. m. *-schi*) ● (*raro*) Machiavellico.

machiavelliàno agg. ● Proprio di N. Machiavelli, del suo pensiero e delle sue opere.

machiavèllico agg. (pl. m. *-ci*) **1** Relativo, conforme alle dottrine politiche del Machiavelli (1469-1527). **2** (*fig.*) Astuto e privo di scrupoli: *trama, doppiezza machiavellica.* SIN. Scaltro, subdolo. || **machiavellicaménte**, avv.

machiavellismo s. m. **1** Dottrina e prassi politica fondata su una deteriore interpretazione del pensiero machiavelliano. **2** Arte del simulare e dissimulare con astuzia sleale | Comportamento di chi tale arte possiede ed esercita, spec. in campo politico.

machiavellista s. m. e f. (pl. m. *-i*) **1** Studioso delle opere e del pensiero politico di N. Machiavelli. **2** Chi agisce seguendo le dottrine di N. Machiavelli | Persona astuta e scaltra.

machiavèllo s. m. **1** Uomo che dà o segue i consigli politici attribuiti a Machiavelli. **2** (*merid.*) Astuzia, tranello.

†**màchina** ● V. *macchina.*

machióne [vc. toscana, da *machia* (V.)] s. m. (f. *-a*) ● (*tosc.*) Persona subdola, abile nel simulare. || **machionaccio**, pegg.

machismo (1) s. m. ● Il complesso delle teorie del fisico, filosofo ed epistemologo tedesco E. Mach.

machismo (2) /ma'tʃizmo/ [vc. dello sp. del Messico, da *macho*] s. m. **1** Atteggiamento di ostentazione di caratteri virili, mascolini. **2** Maschilismo.

màchmetro /'makmetro, 'maxmetro/ [comp. di (*numero di*) *Mach* e *-metro*] s. m. ● (*aer.*) Strumento usato per indicare il numero di Mach.

macho /*sp.* 'matʃo/ [vc. sp., propr. 'maschio'] **A** agg. inv. ● Detto di atteggiamento, comportamento, abbigliamento e sim. che sottolineino ed enfatizzino caratteri virili (*anche spreg.*): *moda m.* **B** s. m. inv. ● Chi enfatizza o sottolinea nel proprio comportamento o aspetto caratteri virili, maschi.

macìa o (*poet.*) **macèa** [lat. *macĕria(m)* (V. *maceria*)] s. f. ● (*tosc.*) Mucchio di sassi, di macerie: *il bel fanciullo nella lieta ascesa / passò ... / presso macee che furono una chiesa* (PASCOLI).

màcie [vc. dotta, lat. *măcie(m)*, dalla radice da cui deriva anche *măcer* 'magro'] s. f. inv. ● (*lett.*) Grande magrezza, macilenza.

†**macigna** s. f. ● (*raro*) Macigno.

macigno [lat. parl. **machīneu(m)*, agg. di *māchina* 'macina, pietra'] **A** s. m. **1** (*miner.*) Varietà di arenaria quarzosa e micacea a cemento calcareo-marnoso. **2** (*est.*) Masso durissimo e di notevoli dimensioni | *Duro come un m.*, (*fig.*) di persona ostinata, caparbia, o, anche, tenace, di grande fermezza | *Pesante come un m.*, (*fig.*) di cosa noiosa, di cibo indigesto | (*fig.*) *Avere un cuore di m.*, essere insensibile. **B** agg. ● (*raro*) Di macigno.

†**macignóso** agg. ● Che ha la durezza o l'aspetto del macigno.

macilènto o †**macilènte** [vc. dotta, lat. *macilĕntu(m)*, da *măcer* 'magro'] agg. ● Molto magro e debole: *m. per la vecchiaia, per lunga malattia*; *un povero secco, macilente* (VASARI). SIN. Emaciato.

macilènza [da *macilento*] s. f. **1** Estrema magrezza e debolezza. **2** Malattia del baco da seta.

màcina o (*tosc.*) **màcine** [lat. *māchina(m)* 'macchina, mola'] s. f. **1** Ciascuna delle grosse mole di pietra usate, una sovrapposta all'altra, per polverizzare i cereali, frangere le olive e sim. SIN. Mola. **2** (*est.*) La macchina per triturare in cui agiscono le macine | (*raro*) Mulino. **3** (*fig.*) Oppressione, affanno | Cosa, situazione, pesante, insopportabile. **4** In oreficeria, recipiente dove si polverizzano le spazzature, i vecchi crogiuoli, le scorie di levigazione e sim. per recuperare l'oro e l'argento. **5** (*raro*) Macinazione. || **macinèlla**, dim. (V.) | **macinèllo**, dim. m. (V.) | **macinétta**, dim. | **macinino**, dim. m. (V.).

macinàbile agg. ● Che si può macinare.

macinabilità s. f. ● Qualità di ciò che è macinabile.

macinacaffè [comp. di *macina(re)* e *caffè*] s. m. ● Macinino per il caffè.

macinacolóri [comp. di *macina(re)* e il pl. di *colore*] **A** s. m. ● Macchina per la raffinazione dei colori a olio e inchiostri da stampa. SIN. Macinello. **B** s. m. e f. ● Persona addetta alla macinatura dei colori.

macinadosatóre [comp. di *macina(re)* e *dosatore*] s. m. ● Apparecchio che provvede alla macinazione del caffè tostato e alla sua dosatura per macchine per caffè espresso da bar.

macinaménto s. m. ● Modo e atto del macinare.

macinànte part. pres. di *macinare*; anche agg. **1** Nei sign. del v. **2** *Fosso m.*, che porta l'acqua alla macina.

macinapépe [comp. di *macina(re)* e *pepe*] s. m. inv. ● Macinino per il pepe.

macinàre [lat. *machināri*. V. *macchinare*] **A** v. tr. (*io màcino*) **1** Ridurre in farina con la macina: *m. il grano, l'avena* | *M. a secco*, senz'acqua e (*fig.*) mangiare senza bere | (*fig.*) *M. a due palmenti*, mangiare ingordamente o avere due possibilità di trarre utile da q.c. **2** (*est.*) Tritare minutamente con strumenti simili alla macina: *m. il caffè, il pepe, il sale* | *M. le olive*, frangerle | (*fig.*) *M. kilometri*, camminare a lungo, ininterrottamente, percorrendo così grandi distanze | (*fig.*) *M. azioni.* Nel linguaggio sportivo, detto di squadra che svolge un gioco intenso e continuo. **3** (*raro, fig.*) Consumare, spendere: *m. tutti i propri guadagni, risparmi.* **4** (*raro, fig.*) Fiaccare a furia di busse. **B** v. rifl. ● Logorarsi, consumarsi || PROV. Acqua passata non macina più.

macinàta s. f. ● Il macinare | Quantità di cereali o d'altro che si può macinare in una sola volta: *una m. di caffè, di olive* | *Dare una m. al pepe*, macinarlo in fretta.

macinàto **A** part. pass. di *macinare*; anche agg. ● Nei sign. del v. **B** s. m. **1** Ciò che risulta dalla macinazione | †Farina di grano: *in Roma si pativa* *di m.* (GUICCIARDINI) | *Imposta, tassa sul m.*, imposizione fiscale sulla macinazione dei cereali in vigore dal Medioevo sino alla fine dell'Ottocento. *2* (*fam.*) Carne tritata.

macinatóio s. m. ● Macchina, dispositivo e sim. per macinare. SIN. Macina.

macinatóre A agg. (f. *-trice*) ● Che macina: *congegno m.* **B** s. m. ● Operaio addetto alla macinazione.

macinatùra s. f. ● Atto, effetto del macinare.

macinazióne s. f. ● Atto, effetto del macinare.

màcine ● V. *macina*.

macinèlla s. f. *1* Dim. di *macina*. *2* Vaso cilindrico di pietra nel quale il vasaio macina nell'acqua le materie per preparare la vernice.

macinèllo s. m. *1* Dim. di *macina*. *2* Macinacolori.

macinìno s. m. *1* Dim. di *macina*. *2* Macchinetta azionata a mano o elettricamente che, per mezzo di una ruota dentata, riduce in polvere caffè, pepe, e sim. *3* (*fig.*, *scherz.*) Bicicletta, automobile o altro veicolo, rumoroso e malridotto.

macinìo s. m. ● Un macinamento continuato.

†**màcino** agg.; anche s. m. ● Macinato.

màcis [lat. *măccis*, nom. di etim. incerta] s. m. e f. ● Polpa che avvolge il seme della noce moscata, usata come condimento aromatizzante in liquoreria, in profumeria e raramente in medicina.

macìste [dal n. di un personaggio cinematografico; tratto dal gr. *mákistos*, sup. di *makrós* 'il più grande'. V. *macro-*] s. m. ● Uomo molto robusto e straordinariamente forte.

maciùlla [da *maciullare*] s. f. ● (*lett.*) Gramola.

maciullaménto s. m. ● Modo, atto di maciullare.

maciullàre [lat. parl. **machinulāre*, da *māchina* 'macchina'] **A** v. tr. *1* Gramolare, usare la maciulla per separare le fibre legnose di lino, cotone e sim. da quelle utili per la filatura: *m. la canapa, il lino.* *2* (*est.*) Stritolare: *un simile peso cadendo poteva maciullarlo.* *3* (*raro*, *fig.*) Mangiare | Masticare velocemente (*anche ass.*). **B** v. rifl. ● (*fig.*) †Fiaccarsi per stanchezza e sim.

maciullatùra s. f. ● Operazione di maciullare canapa, lino e sim. SIN. Gramolatura.

maclùra [chiamata così in onore del geologo W. *Maclure*] s. f. ● Albero spinoso delle Moracee con foglie ovate, fiori a petali in racemi e legno di color giallo (*Maclura aurantiaca*).

macò ● V. *makò*.

màcola e *deriv.* ● V. †*macula* e *deriv.*

†**màcolo** ● V. *maculo*.

macramè [genov. *macramè*, dal turco *makramà* 'fazzoletto'] s. m. *1* Trina di fili o cordoncini intrecciati e annodati, per passamani, frange, reticelle. *2* Robusta armatura tessile per asciugamani e tovaglie | (*est.*) L'asciugamano o la tovaglia stessa.

†**macrèdine** [dal lat. *măcer* 'magro'] s. f. ● Magrezza.

macrò [fr. *maquereau*, vc. di origine neerlandese, da *makeln* 'trafficare' (a sua volta da *maken* 'fare', di origine germ.)] s. m. ● Protettore, sfruttatore di prostitute.

†**màcro** (1) ● V. *magro*.

màcro (2) [acrt. di *macrofotografico*] **A** s. m. inv. ● (*fot.*) Obiettivo adatto per la macrofotografia. **B** anche agg. inv.: *obiettivo m.*

màcro (3) s. f. inv. ● (*elab.*) Acrt. di *macroistruzione*.

màcro- [dal gr. *makrós* 'lungo, esteso'] primo elemento ● In parole composte, per lo più dotte e scientifiche, significa 'grande', 'di notevole estensione', 'lungo', 'che ha sviluppo eccessivo, anormale': *macroblasto, macrocosmo, macroeconomia.*

macroanàlịsi [comp. di *macro-* e *analisi*] s. f. *1* (*scient.*) Analisi globale di un fenomeno. *2* (*econ.*) Macroeconomia.

macrobiọ̀tica [dal gr. *makrobiótēs* 'longevità, lunga vita' nel sign. 1; da *macrobiotico* nel sign. 2] s. f. *1* (*raro*) Studio della longevità e dei mezzi o condizioni per conseguirla. *2* Tipo di alimentazione quasi completamente vegetariana, basata su cibi macrobiotici come i cereali integrali, spec. il riso, le verdure e la frutta con esclusione della carne, dello zucchero e, in generale, di tutti i prodotti conservati oppure ottenuti industrialmente.

macrobiọ̀tico [vc. dotta, dal gr. *makrós* 'ampio, grande' e *biotikós* 'vitale, della vita'] agg. (pl. m. *-ci*) ● Detto di alimento o alimentazione che serba integrali i componenti biologici di base e il potere nutritivo originario: *dieta macrobiotica* | Che fornisce cibi macrobiotici: *ristorante m.* || **macrobioticaménte**, avv..

macrobiọ̀to [vc. dotta, comp. di *macro-* e del gr. *biōtós* 'che può vivere', deriv. di *bíos* 'vita'] s. m. ● Piccolissimo tardigrado terrestre, cosmopolita, noto per la sua resistenza in stato di vita latente (*Macrobiotus hufelandi*).

macroblàsto [comp. di *macro-* e *blasto*] s. m. *1* (*bot.*) Ramo laterale di una pianta con foglie inserite a una notevole distanza l'una dall'altra *2* (*biol.*) Normoblasto di dimensioni notevoli.

macrocardìa [comp. di *macro-* e *cardia*] s. f. ● (*med.*) Abnorme volume del cuore.

macrocefalìa [da *macrocefalo*] s. f. ● (*med.*) Malformazione per eccessivo sviluppo del cranio di uomini o animali.

macrocèfalo [vc. dotta, gr. *makroképhalos*, comp. di *makrós* 'lungo' e *kephalḗ* 'capo'] agg.; anche s. m. (f. *-a*) ● (*med.*) Che, chi è affetto da macrocefalia.

macrochèira [vc. dotta, gr. *makrócheir*, genit. *makrócheiros* 'dalle lunghe mani', comp. di *makrós* 'lungo' e *chéir*, genit. *cheirós* 'mano'] s. f. ● Crostaceo decapode rossastro lungo più di 2 m che vive nei mari del Giappone (*Macrocheira Rampferi*).

macrochilìa [comp. di *macro-* e il gr. *chêilos* 'labbro'] s. f. ● (*med.*) Ipertrofia delle labbra.

Macrochìri [comp. di *macro-* e gr. *chéir*, genit. *cheirós* 'mano' (V. *chiragra*)] s. m. pl. ● Nella tassonomia animale, ordine di Uccelli comprendente specie con zampe brevi e ali molto lunghe con omero tozzo, cui appartiene il colibrì (*Macrochires*) | (al sing. *-o*) Ogni individuo di tale ordine.

macrochirìa [dal gr. *makrócheir* 'dalle lunghe mani'. V. *macrocheira*] s. f. ● (*med.*) Eccessivo sviluppo delle mani.

macrocìto o **macrocìta** [comp. di *macro-* e *-cito* (o *-cita*)] s. m. ● (*biol.*) Globulo rosso del sangue umano con diametro superiore al normale.

macrocitọ̀si [comp. di *macrocito* e *-osi*] s. f. ● (*med.*) Presenza di numerosi macrociti nel sangue.

macroclìma [comp. di *macro-* e *clima*] s. m. ● (*geogr.*) Il clima considerato nell'ambito di una regione notevolmente estesa.

macrocontèsto [comp. di *macro-* e *contesto*] s. m. *1* (*ling.*) Contesto ampio di una parola, costituito gener. da una frase, da un paragrafo o da un intero discorso. *2* Insieme dei dati contestuali che il lettore ha presenti quando legge un testo.

macrocọ̀smo [comp. di *macro-* e *cosmo*, in opposizione a *microcosmo*] s. m. ● L'universo inteso nella sua totalità e considerato come un grande organismo vivente.

macrocristallìno [comp. di *macro-* e *cristallino*] agg. ● Detto di roccia cristallina i cui costituenti sono nettamente visibili a occhio nudo.

macrodattilìa [da *macrodattilo*] s. f. ● (*med.*) Malformazione delle mani caratterizzata da dita esageratamente sviluppate.

macrodàttilo [vc. dotta, gr. *makrodáktylos*, comp. di *makrós* 'lungo' e *dáktylos* 'dito'] agg.; anche s. m. (f. *-a*) ● (*med.*) Che, chi ha dita esageratamente sviluppate.

macrodistribuzióne [comp. di *macro-* e *distribuzione*] s. f. ● (*econ.*) Distribuzione del reddito nazionale ripartito tra ampie categorie reddituali, aree geografiche o gruppi sociali diversi.

macrodónte [comp. di *macro-* e del gr. *odóus*, genit. *odóntos* 'dente'] agg.; anche s. m. ● Che, chi ha denti esageratamente sviluppati.

macrodontịsmo [da *macrodonte*] s. m. ● (*med.*) Eccessivo sviluppo dei denti.

macroeconomìa [comp. di *macro-* ed *economia*] s. f. ● Parte della scienza economica che studia i grandi problemi economici connessi all'osservazione e all'analisi degli aggregati, quali reddito, consumo, risparmio e sim. SIN. Macroanalisi.

macroeconòmico [comp. di *macro-* ed *economico*] agg. (pl. m. *-ci*) ● Di relativo alla macroeconomia: *dati macroeconomici.*

macroestesìa [comp. di *macro-* e un deriv. del gr. *áisthēsis* 'sensibilità' (V. *estetica*)] s. f. ● (*med.*) Alterazione della sensibilità tattile per cui gli oggetti vengono percepiti più grandi del normale.

macroevoluzióne [comp. di *macro-* ed *evoluzione*] s. f. ● (*biol.*) Evoluzione che porta alla differenziazione di molti caratteri dei grandi gruppi sistematici quali le classi e i tipi.

macròfago [comp. di *macro-* e *-fago*] s. m. (pl. *-gi*) ● (*biol.*) Cellula appartenente ai sistemi di difesa dell'organismo; fissa o in grado di migrare, è dotata di spiccate capacità di fagocitosi.

macrofotografìa [comp. di *macro-* e *fotografia*] s. f. ● (*fot.*) Immagine fotografica di un oggetto molto piccolo ingrandito per mezzo dell'obiettivo che funziona da lente d'ingrandimento | La tecnica usata per ottenerla.

macrofotogràfico agg. (pl. m. *-ci*) ● Relativo alla macrofotografia.

macroftalmìa [da *macroftalmo*] s. f. ● (*med.*) Aumento esagerato di volume dei globi oculari.

macroftàlmo [comp. di *macro-* e *oftalmo*] agg.; anche s. m. (f. *-a*) ● (*med.*) Che, chi è affetto da macroftalmia.

macrogamète [comp. di *macro-* e *gamete*] s. m. ● (*biol.*) Il gamete femminile, sempre più grande di quello maschile.

macrogènẹsi [comp. di *macro-* e *genesi*] s. f. ● (*raro*) Gigantismo.

macrogenitosomìa [comp. di *macro-*, *genit(ali)* e *-somia*] s. f. ● (*med.*) Precoce ed eccessivo sviluppo somatico e sessuale, causato da un abnorme funzionamento di alcune ghiandole endocrine.

macroglòssa [comp. di *macro-* e del gr. *glôssa* 'lingua' (V. *glossa (2)*)] s. f. ● Farfalla dalla livrea brunastra, con ali strette e lunga tromba per suggere il nettare (*Macroglossa stellatarum*).

macroglossìa [V. *macroglossa*] s. f. ● (*med.*) Sviluppo esagerato della lingua.

macroglòsso agg.; anche s. m. (f. *-a*) ● (*med.*) Che, chi è affetto da macroglossia.

macroistruzióne [comp. di *macro-* e *istruzione*] s. f. ● (*elab.*) Serie di istruzioni che possono essere eseguite per mezzo di un unico comando.

macrolepidòtteri [comp. di *macro-* e del pl. di *lepidottero*] s. m. pl. ● (*zool.*) Correntemente, denominazione di tutte le farfalle di grandi dimensioni, per lo più diurne.

macrolìde [da *macro-*] s. m. ● (*farm.*) Lattone naturale provvisto di derivati di ammino-zuccheri; prodotto da batteri *Streptomyces*, viene impiegato come antibiotico batteriostatico.

macrolìdico agg. (pl. m. *-ci*) ● Relativo a macrolide: *antibiotico m.*

macrolinguìstica [comp. di *macro-* e *linguistica*] s. f. ● Studio dei fenomeni linguistici di massa, sotto il profilo statistico e quantitativo.

macromelìa [comp. di *macro-* e del gr. *mélos* 'membro'] s. f. ● (*med.*) Esagerato sviluppo degli arti.

macrometeorologìa [comp. di *macro-* e *meteorologia*] s. f. (pl. *-gie*) ● Branca della meteorologia che studia i fenomeni atmosferici a grande scala, su un continente, sul globo intiero e sim.

macromicète [comp. di *macro-* e *micete (1)*] s. m. ● (*bot.*) Fungo macroscopico. CONTR. Micromicete.

macromolècola [comp. di *macro-* e *molecola*] s. f. ● Molecola di dimensioni molto grandi e di peso molecolare molto elevato.

macromolecolàre [comp. di *macro-* e *molecolare*] agg. ● Di, relativo a macromolecola, formato da macromolecole.

macronùcleo [comp. di *macro-* e *nucleo*] s. m. ● (*biol.*) Nucleo maggiore a funzione trofica di alcuni protozoi binucleati.

macronutrịènte [comp. di *macro-* e *nutriente*] s. m. ● (*biol.*) Qualsiasi sostanza che l'organismo deve assumere in grandi quantità in quanto indispensabile per il metabolismo, come le proteine, il sodio e sim. CONTR. Micronutriente.

macropètalo [comp. di *macro-* e *petalo*] agg. ● Detto di fiore che ha petali grandi.

macroplasìa [comp. di *macro-* e del gr. *plásis* 'formazione'] s. f. ● (*med.*) Eccessivo sviluppo di una parte del corpo.

macropodìa [V. *macropodo*] s. f. ● (*med.*) Esagerato sviluppo dei piedi.

Macropòdidi [comp. del gr. *makrópous* 'dal lungo piede' e *-idi*] s. m. pl. ● Nella tassonomia animale, famiglia di mammiferi marsupiali diffusi in Australia e Nuova Guinea; vi appartiene il canguro (*Macropodidae*) | (al sing. *-e*) Ogni individuo di tale famiglia.

macròpodo [comp. di *macro-* e del gr. *póus*, genit. *podós* 'piede'] s. m. ● Genere di piccoli pesci asiatici degli Anabantidi con bellissima livrea a fasce trasversali vivacemente colorate, allevati spec. a scopo ornamentale (*Macropus*).

macroprosopìa [dal gr. *makroprósōpos* 'che ha la faccia lunga', comp. di *makrós* 'lungo' e *prósōpon* 'faccia'] s. f. ● (*med.*) Sviluppo eccessivo o mostruoso della faccia.

macropsìa [comp. di *macro-* e del gr. *ópsis* 'vista'] s. f. ● (*med.*) Difetto visivo comportante percezione ingrandita degli oggetti.

macrorrinìa [comp. di *macro-* e del gr. *rís*, genit. *rinós* 'naso'] s. f. ● (*med.*) Sviluppo eccessivo del naso.

macrorrìno s. m. (f. *-a*) ● (*med.*) Chi è portatore di macrorrinia.

macroscelìa o **macroschelìa** [dal gr. *makroskelḗs* 'che ha le gambe lunghe', comp. di *makrós* 'lungo' e *skélos* 'gamba'] s. f. ● (*med.*) Eccessivo sviluppo delle gambe.

Macroscèlidi [comp. di *macroscel(ìa)* e *-idi*] s. m. pl. ● Famiglia di Mammiferi insettivori africani, con zampe posteriori atte al salto, occhi grandi e rotondi e naso a proboscide, coda lunga come il corpo (*Macroscelides*) | (al sing. *-e*) Ogni individuo di tale famiglia.

macroschelìa ● V. *macroscelia*.

macroscòpico [comp. di *macro-*, in opposizione a *microscopico*] agg. (pl. m. *-ci*) **1** (*raro*) Che è visibile a occhio nudo: *fenomeno m.* **2** (*fig.*) Che è molto evidente o grossolano: *una macroscopica sciocchezza*. || **macroscopicaménte**, avv.

macrosìsmo o **macrosìsma** [comp. di *macro-* e *sismo*] s. m. ● Moto sismico di rilevante entità, che può essere percepito anche dall'uomo.

macrosistèma [comp. di *macro-* e *sistema*] s. m. (pl. *-i*) ● Sistema di livello superiore, comprendente diversi sottosistemi.

macrosmàtico [comp. di *macro-* e di un deriv. del gr. *osmân* 'odorare, fiutare' (V. *ormare*)] agg. (pl. m. *-ci*) ● (*zool.*) Detto di animale dotato di grande sensibilità per gli odori, come, per es., il cane.

macrosociologìa [comp. di *macro-* e *sociologia*] s. f. (pl. *-gie*) ● Parte della sociologia che studia le formazioni sociali globali.

macrosociològico agg. (pl. m. *-ci*) ● Relativo alla macrosociologia.

macrosomìa [comp. di *macro-* e un deriv. del gr. *sôma* 'corpo' (V. *somatico*)] s. f. ● (*med.*) Esagerato sviluppo del corpo | Condizione del neonato macrosomico.

macrosòmico agg. (pl. m. *-ci*) ● (*med.*) Che presenta macrosomia | *Neonato m.*, il cui peso supera i 4 500 grammi.

macrospòra [comp. di *macro-* e *spora*] s. f. ● (*bot.*) La più grande fra i due tipi di spore delle Crittogame, dalla quale deriva il protallo femminile.

macrosporàngio [comp. di *macro-* e *sporangio*] s. m. ● (*bot.*) Sporangio che produce le macrospore | La nocella dell'ovulo nelle Fanerogame.

macrosporofillo [comp. di *macro-* e *sporofillo*] s. m. ● (*bot.*) Brattea che porta macrosporangi.

macrostomìa [comp. di *macro-* e del gr. *stóma* 'bocca'] s. f. ● (*med.*) Sviluppo esagerato della bocca.

macrostruttùra [comp. di *macro-* e *struttura*] s. f. **1** Struttura cristallina di un metallo, visibile a occhio nudo o con un piccolo ingrandimento | Struttura, spec. edilizia, di grandi dimensioni: *le macrostrutture di Kenzo Tange a Tokio.* **2** (*est.*, *gener.*) Complesso di organismi o strutture intesi nel loro insieme: *macrostrutture organizzative*.

macrotìa o **macrozìa** [comp. di *macro-* e di un deriv. del gr. *ôus*, genit. *ōtós* 'orecchio' (di etim. incerta)] s. f. ● (*med.*) Sviluppo esagerato del padiglione auricolare.

macròttero [comp. di *macro-* e *-ttero*] agg. ● (*zool.*) Detto di insetto dotato di ali lunghe.

macrozìa ● V. *macrotia*.

Macrùri [comp. di *macro-* e del pl. di *-uro*] s. m. pl. ● Nella vecchia tassonomia animale, ordine di Crostacei dei Decapodi con addome allungato e con ampia pinna codale (*Macroura*).

Macrùridi [comp. di *macrur(o)* e *-idi*] s. m. pl. ● Nella tassonomia animale, famiglia di Pesci ossei abissali con le pinne dorsali e anali fuse, lunga coda che termina assottigliandosi come un filo, occhi grandi e talvolta organi luminosi ventrali (*Macrouridae*) | (al sing. *-e*) Ogni individuo di tale famiglia.

Macrurifórmi [comp. di *macruri* e del pl. di *-forme*] s. m. pl. ● Nella tassonomia animale, ordine di Pesci abissali con coda assottigliata e pinne codale, dorsale, anale unite (*Macrouriformes*) | (al sing. *-e*) Ogni individuo di tale ordine.

macùba [da *Macuba*, nella Martinica] s. m. e f. inv. ● Tabacco da fiuto finissimo, profumato con essenza di rosa o violetta, proveniente dalla Martinica.

màcula o **màcola** [vc. dotta, lat. *măcula(m)*. V. *macchia* (*1*)] s. f. **1** (*lett.*) †Macchia, nel sign. di *macchia* (*1*). **2** (*anat.*) Piccola macchia cutanea, visibile a confronto col tessuto circostante | *M. lutea*, area tondeggiante della retina, situata al polo posteriore del globo oculare, dove la sensibilità visiva è massima. ➡ ILL. p. 367 ANATOMIA UMANA. **3** Zona di colore diverso, screziatura, venatura che spicca sull'uniformità di una superficie. **4** (*fig.*) Colpa, peccato | (*per anton.*) Peccato originale | Offesa, oltraggio.

†**maculaménto** s. m. ● Atto, effetto del maculare.

maculàre (**1**) o **macolàre** [vc. dotta, lat. *maculāre*. V. *macchiare*] v. tr. e intr. pron. (*io màculo*) **1** (*lett.*) †Macchiare. **2** (*pop.*, *tosc.*) Ammaccare: *frutta che si macola*; *si è maculato cadendo*.

maculàre (**2**) [da *macula*] agg. **1** (*astron.*) Relativo alle macchie solari: *zone maculari*. **2** (*anat.*) Relativo alla macula lutea.

maculàto o **macolàto** part. pass. di *maculare*; anche agg. **1** (*lett.*) Nei sign. del v. **2** (*lett.*) Screziato: *una lonza ... / che di pel macolato era coverta* (DANTE *Inf.* I, 32-33).

†**maculatóre** agg.; anche s. m. (f. *-trice*) ● Che, chi macula.

maculatùra s. f. ● Malattia da virus di diverse piante coltivate che colpisce foglie, tuberi, bacche: *m. del tabacco* | *M. delle olive*, malattia fungina.

†**maculazióne** [vc. dotta, lat. *maculatiōne(m)*, da *maculāre* 'macchiare'] s. f. ● Atto, effetto del maculare.

†**màculo** o †**màcolo** [per *macul(at)o*, propriamente 'macchiato'] agg. ● Malconcio, pesto.

†**maculóso** [vc. dotta, lat. *maculōsu(m)*. V. *macchioso* (*1*)] agg. ● Maculato (*anche fig.*): *pelle ... maculosa e sparsa di bianco* (SANNAZARO).

macùmba [vc. port.-brasiliana, di orig. africana, forse connessa al congolese *makumba*, pl. di *kumba* 'ombelico', con riferimento alle danze che accompagnano il rito] s. f. **1** Rito propiziatorio diffuso in Brasile e nelle Antille, accompagnato da musica e danze, caratterizzato dalla fusione di elementi pagani e cristiani. **2** (*est.*) Pratica magica, stregoneria.

madàma [fr. *madame* 'mia signora', comp. di *ma* 'mia' e *dame* 'signora, dama'] s. f. **1** Signora d'alto lignaggio | Titolo oggi usato per lo più scherz. per indicare una donna un po' sussiegosa: *m. desidera q.c.?* **2** (*gerg.*) La polizia: *arriva la m.!* **3** (*merid.*) Crestaia, sarta. || **madamina**, dim.

madamerìa [da *madama*] s. f. ● (*raro*, *spec. al pl.*) Frase, atto di cortesia. SIN. Convenevoli.

madamigèlla [fr. *mademoiselle*, comp. di *ma* 'mia' e *demoiselle* 'damigella'] s. f. ● Damigella, signorina, oggi scherz. o iron.

madapolàm [fr. *madapolam*, dal n. di una località nei pressi della città indiana di Narasapur in cui questa stoffa era prodotta] s. m. ● Tela di cotone fine e leggera, usata per biancheria.

madaròsi [vc. dotta, gr. *madárōsis*, da *madarós* 'calvo', da *madân* 'cadere' (detto dei capelli, peli e barba), di origine indeur.] s. f. ● (*med.*) Caduta dei peli, in particolare delle ciglia.

maddaléna (**1**) [dal n. della donna convertita da Gesù, nativa di *Magdala*] s. f. ● Donna traviata che poi si è pentita | *Fare la m.*, mostrarsi umile e pentita | (*fig.*) *Fare da Marta e Maddalena*, attendere a tutto, alle cose del mondo e alla preghiera o adempiere ai propri compiti ed agli altrui.

maddaléna (**2**) [fr. *madeleine*, dal n. di *Madeleine* Paulmier che la inventò] s. f. ● Piccolo dolce cotto al forno, a base di farina, latte e zucchero, talora al gusto di mandorla, la cui forma ovale o rotonda è leggermente scanalata.

maddaleniano ● V. *magdaleniano*.

maddalenino A agg. ● Dell'isola della Maddalena, nel mare Tirreno. **B** s. m. (f. *-a*) ● Abitante, nativo della Maddalena.

†**madè** ● V. †*madiè*.

madefazióne [dal lat. *madefāctus*, part. pass. di *madefăcere* 'bagnare', comp. di *madēre* 'esser bagnato' e *făcere* 'fare'] s. f. ● (*raro*) Azione di umettare, inumidire.

made in /ingl. 'meid in/ [loc. ingl., propr. 'fatto in', comp. di *in* e del part. pass. di *to make* 'fare' (d'origine germ.)] loc. agg. inv. ● Fabbricato in, a: *made in Italy*.

made in Italy /ingl. 'meid in 'itəli/ [loc. ingl., propr. 'fatto in Italia'] s. m. inv. **1** Insieme dei prodotti fabbricati in Italia ed esportati all'estero, spec. con riferimento al mondo della moda. **2** (*scherz.*) Insieme di comportamenti, atteggiamenti che sono tipici degli Italiani e che si sono diffusi anche in altri Paesi.

†**madenò** ● V. †*madieno*.

madèra [da *Madera*, isola delle Azzorre] s. m. inv. ● Vino bianco portoghese prodotto nell'isola omonima, dolce, ambrato, di ricco sapore vinoso, 18°-20°.

maderizzazióne [dal fr. *madérisation*, deriv. dal nome del vino bianco di *madère* 'madera'] s. f. ● Processo degenerativo subìto da un vino bianco, che cambia sapore, perde chiarezza e limpidità e assume una colorazione ambrata.

†**madernàle** ● V. *madornale*.

†**madesì** ● V. †*madiesì*.

màdia (**1**) [lat. *măgida(m)* 'specie di piatto di grandi dimensioni', dal gr. *magída*, acc. di *magís* 'cibo impastato, pane, madia', da *mássein* 'impastare'] s. f. ● Mobile da cucina a forma di cassa, in cui s'impasta e si conserva il pane, fornito di un ripostiglio per cibarie, chiuso da sportelli nella parte inferiore | *Avere la m. piena*, (*fig.*) esser ben provvisti di tutto | *Avere il gatto nella m.*, (*fig.*) vivere poveramente | (*fig.*) *Esser buono alla m.*, a mangiare | *Esser fatto, spianato nella stessa m.*, (*fig.*) di cosa molto somigliante ad altra. || **madièlla**, dim. (V.) | †**madièllo**, dim. m. (V.) | **madiétta**, dim. | **madiettina**, dim. | **madiùccia**, dim.

màdia (**2**) [sp. *madia*, vc. dell'America merid.] s. f. ● Genere di piante erbacee tropicali delle Composite con fusto e foglie vischiosi, dall'odore sgradevole (*Madia*).

madiàta [da *madia* (*1*)] s. f. ● (*raro*) Quantità di pane che può essere contenuta in una madia.

màdido [vc. dotta, lat. *mădidu(m)*, da *madēre* 'esser molle, bagnato', di origine indeur.] agg. ● Umido, bagnato: *viso m. di sudore*; *chioma madida di pioggia*; *recessi madidi di muffe* (MONTALE).

†**madiè** o †**madè** [etim. discussa: per *m'ai(ti) Dè(o)* 'Dio mi aiuti' (?)] inter. ● Si usa come raff. di un'affermazione o di una negazione: *m. sì*; *m. no* | V. anche †*madiesì* e †*madienò*.

madièlla s. f. **1** Dim. di *madia* (*1*). **2** Scaffale o bacheca a muro, con sportelli.

†**madièllo** s. m. **1** Dim. di *madia* (*1*). **2** Grossa scodella quadra, di legno.

†**madièno** o †**madenò** [comp. di *madiè* e *no*] inter. ● Esprime energica negazione.

madière [fr. *madrier*, dal provz. *madier*, dal lat. parl. **matĕriu(m)*, da *matĕria* 'materia, legname da costruzione'] s. m. ● Ciascuno dei pezzi di costruzione che, piantati di traverso sulla chiglia della nave, formano la prima base e il primo innesto di tutte le coste.

†**madiesì** o †**madesì** [comp. di *ma(i)*, *Dio* e *sì*] inter. ● Esprime energica asseverazione: *m., che io gli voglio vedere uscire le budelle di corpo* (SACCHETTI).

†**madio** [ar. *ma'dija* 'barchetta per traghettare un fiume', da *'adâ* 'traghettare'] s. m. ● Specie di barca a tramoggia in cui si poteva disporre, al centro, una torre d'assalto.

†**madióne** [da *madia* (*1*)] **s. m.** ● (*raro*) Proprietario di una piccola bottega allestita provvisoriamente lungo le strade o i portici.

madismo e *deriv.* ● V. *mahdismo* e *deriv.*

madison /*ingl.* 'mædisən/ [dalla città di *Madison* (USA)] **s. m. inv.** ● Ballo figurato originario del sud degli Stati Uniti d'America, a ritmo moderato.

madònna [comp. di *m(i)a* e *donna*] **A s. f.** (*Madònna* nel sign. 2) **1** (*lett.*) Signora, come titolo di rispetto per donna d'alta condizione preposto al nome: *madonne, lo fine del mio amore fu già il saluto di questa donna* (DANTE) | *Esser donna e m.*, essere padrona assoluta. **2** (*per anton.*) Maria, madre di Gesù: *invocare, pregare la Madonna* | *Madonna dei sette dolori*, Addolorata | *Il mese della Madonna*, maggio, che a lei è dedicato | (*est.*) Chiesa o santuario consacrato alla madre di Gesù: *la Madonna di Lourdes, di Pompei* | (*est.*) Raffigurazione di Maria: *una Madonna di Raffaello*; *la Madonna di San Luca* | (*fig.*) *Esser tutto santi e Madonne*, esser bacchettone | (*pop.*) *Avere le madonne*, essere di cattivo umore | (*pop., ints.*) *Della m.*, moltissimo, grandissimo, eccezionale: *stamattina fa un freddo della m.* **3** Donna di casta e dolce bellezza: *viso di m.* **B** in funzione di **inter.** ● (con iniziale maiuscola) Esprime impazienza, stupore, contrarietà, spavento, collera, gioia e, in generale, ogni forte emozione: *m.!, come è brutto!*; *m., che paura!*; *m.!, che spavento m'hai fatto!*; *m. mia!*; *m. santa!*; *Eh la m.!* ‖ **madonnèlla**, **dim.** | **madonnétta**, **dim.** | **madonnina**, **dim.** (V.) | **madonnino**, **dim. m.** | **madonnóne**, **accr. m.** (V.).

madonnàro o (*raro*) **madonnàio** [da *Madonna*, perché vende immagini sacre della Madonna] **s. m.** (f. *-a*) **1** Venditore d'immagini sacre, spec. della Vergine. **2** Chi dipinge immagini sacre, spec. della Vergine, sui marciapiedi e sulle piazze. **3** Portatore di statue e sim. della Vergine, nelle processioni.

madonnina **s. f.** **1** Dim. di *madonna*. **2** Piccola immagine della Vergine | *Viso di m.*, (*fig.*) raccolto, gentile | *M. infilzata*, fanciulla che si atteggia a modello di virtù e non lo è affatto | (*per anton.*) Statua della Madonna collocata sulla guglia più alta del duomo di Milano | *La città della m.*, (*per anton.*) Milano | *All'ombra della m.*, (*per anton., fig.*) a Milano | (*est.*) Chiesetta dedicata alla Vergine. **3** Moneta di rame con la figura della Madonna coniata alla fine del XVIII sec. in varie zecche dello Stato Pontificio (anche *madonnino*).

madonnóne **s. m.** **1** Accr. di *madonna*. **2** Immagine o tabernacolo della Vergine, di grandi dimensioni.

madòqua [vc. abissina] **s. f.** ● Genere di antilopi africane con corpo agile e flessuoso, grandi occhi neri e cornetti neri nel maschio (*Madoqua*).

madóre [vc. dotta, lat. *madōre(m)*, da *madēre*. V. *madido*] **s. m.** ● Umidità leggera che precede il sudore.

madornàle o †**madernàle** [lat. parl. **maternāle(m)* 'materno', da *māter* 'madre'; il termine si riferiva ai rami principali degli alberi, che si staccavano direttamente dal tronco] **agg.** **1** †Materno. **2** †Nato di madre legittima. **3** (*fig.*) Assai grande, spropositato: *errore m.*; *svista m.*

madornalità **s. f.** ● (*raro*) Qualità di madornale.

madósca [orig. euf. per *Madonna!*] **inter.** ● Esprime ira, disappunto, irritazione, contrarietà, meraviglia e sim.

madràs [dal n. della città indiana di *Madras* (che trae il suo n. dall'ar. *mádrasa* 'luogo di studio'. V. seguente)] **s. m. inv.** ● Tessuto leggero di cotone, a righe o quadrati di colori vivaci, usato per abbigliamento e arredamento.

màdrasa /'madraza, *ar.* 'madrasa/ [ar. *mádrasa*, propriamente 'luogo di studio', comp. del pref. di luogo *ma-* e *dárasa* 'studiare', vc. di origine aramaico-siriana] **s. f.** ● Edificio tipico delle civiltà islamiche adibito a scuola di diritto e teologia.

màdre o (*raro, pop., tosc.*) **màe**, †**màtre** [lat. *mātre(m)*, di orig. indeur.] **A s. f.** **1** Genitrice di figli: *una sposa non ancora m.*; *essere una m. amorevole, dolce, accorta, infame, snaturata* | *Divenir m.*, concepire o partorire | *Per parte di m.*, per parentela materna | *Succhiare q.c. col latte della m.*, (*fig.*) imparare q.c. fin dalla più tenera infanzia | *Come l'ha fatto la m.*, nudo e (*fig.*) senza nessun vizio o malizia | *Viscere di m.*, (*fig.*) amore materno | *Fare da m. a qc.*, esercitarne le funzioni educative e sim. | *M. biologica* donna entro il cui utero si sviluppa una cellula uovo impiantatavi dopo essere stata fecondata in vitro | *Tenere in luogo di m.*, considerare come tale | *Essere una seconda m. per qc.*, prodigargli cure e affetto materni | *Una buona m. di famiglia*, tutta dedita alla casa e alla famiglia | (*fig.*) *M. dei poveri*, donna caritatevole | *M. spirituale*, madrina | *M. natura*, la natura in quanto generatrice d'esseri viventi | *M. lingua*, V. *madrelingua* | *M. terra*, la terra in quanto generatrice ed alimentatrice d'esseri viventi | *M. coraggio*, personaggio principale di un dramma di B. Brecht e (*fig.*) donna che si impegna in lotte sociali, in particolare contro la malavita organizzata | *La m. di Dio, di Gesù*, la Vergine Maria | (*fig.*) *La m. dei viventi*, Eva | (*fig.*) *La m. Chiesa*, la Chiesa rispetto a tutti i fedeli | (*fig.*) *La m. dei Santi*, la Chiesa | *M. nobile*, nelle compagnie teatrali dell'Ottocento, attrice che ricopriva importanti ruoli di donna matura. **2** (*est.*) Femmina di alcuni animali in relazione ai suoi piccoli: *il puledro trotterella accanto alla m.* **3** Titolo attribuito a monache professe: *reverenda m.*; *m. superiora*. **4** (*fig., lett.*) Patria: *m. benigna e pia* (PETRARCA). **5** (*fig.*) Origine, causa: *superbia, m. di crudeltà*. **6** Attrezzo che porta un'impronta da stampare. SIN. Matrice, punzone. **7** Matrice, parte di una bolletta a madre e figlia, destinata a essere conservata come prova della parte staccata e consegnata quale ricevuta. **8** *M. dell'aceto*, ammasso gelatinoso in cui si addensano i microrganismi acetificanti e che si forma in fondo ai recipienti dell'aceto. **9** (*anat.*) *Dura m.*, V. *duramadre* | *Pia m.*, V. *piamadre*. **B** in funzione di **agg.** (posposto al **s.**) **1** Che è madre, che ha figli: *lavoratrice m.*; *ragazza m.* **2** (*fig.*) Detto di ciò che costituisce l'origine di successivi fatti e fenomeni: *idea, causa m.*; *lingua m.* | *Cellula m.*, che ne genera altre | *Chiesa m.*, da cui dipendono altre chiese | *Casa m.*, sede principale di un ordine religioso; (*econ.*) sede principale di un'azienda | *Regina m.*, titolo spettante alla madre del re | *Scena m.*, la scena principale di un dramma, che ne contiene il tema centrale; (*fig., spreg.*) scena melodrammatica, a forti tinte | (*chim.*) *Acqua m.*, liquido residuo, saturo, che rimane dopo la parziale cristallizzazione del soluto presente in una data soluzione.

madrecicàla [comp. di *madre* e *cicala*] **s. f.** ● (*zool.*) Spoglia che la cicala abbandona, raggiunto lo stato adulto alato con la metamorfosi.

†**madrefamìglia** [lat. *mātre(m) famĭlias* 'madre di famiglia'] **s. f.** ● Madre di famiglia.

madrefórma [comp. di *madre* e *forma*] **s. f.** ● Forma da getto, per stampa.

madreggiàre [comp. di *madr(e)* e *-eggiare*] **v. intr.** (*io madréggio*; aus. *avere*) ● Somigliare alla madre, comportarsi come la propria madre.

madrelìngua o **màdre lìngua** [comp. di *madre* e *lingua*; calco sul ted. *Muttersprache*] **s. f.** (**pl.** *madrelìngue*, o *màdri lìngue*) ● La lingua della propria patria, che si è imparata da bambini.

madrepàtria [comp. di *madre* e *patria*; calco sul ted. *Mutterland*] **s. f.** **1** La patria d'origine, in relazione a chi vive in territorio straniero. **2** Il territorio metropolitano, rispetto alla colonia, ai territori d'oltremare e sim.

madrepèrla [comp. di *madre* e *perla*, perché si riteneva che generasse le perle] **s. f.** ● Parte interna della conchiglia di alcuni Lamellibranchi, iridescente, bianca, impiegata nella fabbricazione di svariati oggetti: *fibbie, bottoni, manico di m.*

madreperlàceo **agg.** ● Di madreperla: *guscio m.* | Che ha il colore o l'aspetto della madreperla: *pelle madreperlacea*.

madreperlàto **agg.** ● Detto di cosmetico, smalto da unghie o rossetto, con riflessi iridescenti.

madrèpora [comp. di *madre* e *poro*, sul modello di *madreperla*] **s. f.** ● Ogni specie di Celenterati che costituiscono i Madreporari.

Madreporàri [da *madrepora*] **s. m. pl.** ● Nella tassonomia animale, ordine di Antozoi, raramente solitari, in gran parte coloniali, provvisti di scheletro calcareo con il quale danno origine alla formazione di barriere, atolli, scogliere nei mari tropicali e sub-tropicali (*Madreporaria*) | (al sing. *-rio*) Ogni individuo di tale ordine.

madrèpore **s. f. pl.** ● Madreporari.

madrepòrico **agg.** (**pl. m.** *-ci*) ● Di, costituito da madrepore | *Piastra madreporica*, madreporite.

madreporite [da *madrepora*, col suff. mineralogico *-ite*] **s. f.** ● (*zool.*) Placca calcarea esterna, propria di molti Echinodermi, munita di uno o più fori attraverso i quali l'acqua marina comunica con i canali dell'apparato acquifero.

madresélva [comp. di *madre* e *selva* (*madre* della *selva*)] **s. f.** (**pl.** *madrisélve* o *madresélve*) ● (*bot.*) Caprifoglio.

madrevite [comp. di *madre* e *vite*] **s. f.** ● Elemento cavo filettato, in cui si adatta il convesso delle spire di una vite | Dado della vite | Utensile per la filettatura delle viti.

madrigàle [lat. tardo *matricāle(m)* 'appartenente alla matrice', poi 'elementare, primitivo', da *māter* 'madre' (?)] **s. m.** **1** Breve e semplice componimento poetico, di colorito generalmente idillico e contenuto amoroso, di vario schema metrico. **2** Composizione polifonica profana, fiorita soprattutto nei secoli XVI e XVII: *i madrigali di Monteverdi*.

madrigaleggiàre [comp. di *madrigal(e)* e *-eggiare*] **v. intr.** (*io madrigaléggio*; aus. *avere*) ● (*lett.*) Cantare, recitare o scrivere madrigali | (*fig., scherz.*) Dir cose galanti e un po' frivole.

madrigalésco **agg.** (**pl. m.** *-schi*) **1** Di, da madrigale. **2** (*fig.*) Di tono galante e amoroso: *omaggio m.*

†**madrigalèssa** **s. f.** ● (*scherz.*) Madrigale lungo e noioso.

madrigalista **s. m.** (**pl.** *-i*) ● Autore di madrigali.

madrigalìstico **agg.** (**pl. m.** *-ci*) ● Relativo al madrigale: *raccolta madrigalistica*.

madrìgna ● V. *matrigna*.

madrilèno [sp. *madrileño*, agg. di *Madrid*] **A agg.** ● Di Madrid. **B s. m.** (f. *-a*) ● Abitante di Madrid.

madrìna [lat. tardo *matrīna(m)*, da *māter* 'madre'] **s. f.** **1** Donna che tiene a battesimo o a cresima un fanciullo, assumendo i relativi obblighi spirituali di assistenza e sim. **2** (*est.*) Donna che presiede all'inaugurazione di q.c. | *M. della bandiera*, che ne regge un lembo durante la benedizione | *M. di guerra*, donna che offriva conforto con lettere e doni a combattenti spesso a lei sconosciuti. **3** (*pop.*) Levatrice.

madrinàggio [da *madrina*] **s. m.** **1** Condizione di madrina | Insieme dei doveri propri di una madrina. **2** Partecipazione a una cerimonia in veste di madrina.

madrinàto [da *madrina*] **s. m.** ● Assistenza volontaria e gratuita prestata con continuità a persone bisognose.

màe ● V. *madre*.

maelstrom /*ingl.* 'meilstroum/ **s. m. inv.** ● Adattamento ingl. di *mälström* (V.).

maestà o (*lett.*) †**maiestà**, (*lett.*) †**maiestàde**, (*lett.*) †**maiestàte** [vc. dotta, lat. *maiestāte(m)*, da *māior* 'maggiore'] **s. f.** **1** Imponenza grandiosa dovuta all'aspetto esterno o alle qualità intrinseche di q.c., o ad entrambe: *la m. di piazza S. Pietro*; *la m. del suo portamento ci stupì*; *la m. dell'Impero romano, della legge divina*. **2** Titolo attribuito a re e imperatori: *Sua Maestà il re di Francia* | *Le loro m.*, il re e la regina | *Lesa m.* o *delitto di lesa m.*, un tempo, delitto di chi violava la dignità del sovrano o la sicurezza e l'integrità dello Stato. **3** Nell'iconografia cristiana, immagine della Trinità, del Cristo o della Vergine in trono e vista di fronte: *la m. di Duccio, di Giotto, di Cimabue* | (*est.*) Piccola cappella o edicola contenente un'immagine sacra eretta lungo una strada. **4** (*arald.*) Figura umana o animale con la testa rappresentata di fronte.

maestàtico [da *maestà*] **agg.** (**pl. m.** *-ci*) ● (*raro*) Regio, maiestatico.

†**maestévole** **agg.** ● Maestoso. ‖ †**maestevolménte**, **avv.** In modo maestoso.

maestosità **s. f.** ● Qualità di ciò che è maestoso: *la m. del Cervino, di una chiesa*. SIN. Imponenza, grandiosità.

maestóso [da *maestà*] **agg.** **1** Che è pieno di maestà, di imponenza: *incedere m.*; *panorama m.* SIN. Grandioso. **2** Detto di brano musicale la cui esecuzione deve essere solenne e grave. ‖ **mae-**

stosaménte, avv. Con maestà: *scendere maestosamente le scale.*

maèstra o **maéstra** [lat. *magĭstra(m)*. V. *maestro*] s. f. *1* Donna che impartisce ai discepoli, spec. bambini, le prime fondamentali nozioni di q.c.: *m. elementare*; *m. di musica*; *m. di ballo, di cucito* | *M. d'asilo*, maestra di scuola materna | *M. di scuola materna*, insegnante di grado preparatorio alla scuola elementare, per bambini dai tre ai sei anni | *M. giardiniera*, insegnante nei giardini d'infanzia a indirizzo froebeliano. *2* (*per anton.*) Insegnante elementare: *buongiorno, signora m.*; *la m. di quarta è molto giovane*. *3* Donna particolarmente abile in una data attività: *è m. nella conversazione*; *al bridge sei una vera m.* *4* (*pesca*) Fune principale della rete o della ragna per poterle tendere | Corteccia larghissima di sughero che serve di segnale alla rete da pesca. *5* (*mar.*) Vela principale, centrale e bassa di una nave a vela | *Albero di m.*, che regge la vela maestra. ➡ ILL. p. 1756, 1757 TRASPORTI. *6* (*tip.*) Nella composizione a caldo, primo foglio di stampa su cui si eseguono le operazioni necessarie per migliorare e rendere uniforme la qualità della stampa stessa. || **maestrina**, dim. | **maestróna**, accr.

maestralàta s. f. ● Lo spirare del maestrale | Colpo di vento maestrale.

maestràle (*1*) [da (*vento*) *maestro* 'vento principale'] **A** s. m. *1* Vento da nord-ovest generalmente freddo e secco, caratteristico del Tirreno, che investe per tutta la sua lunghezza la penisola italiana. *2* Direzione cardinale intermedia tra nord e ovest. **B** anche agg.: *vento m.*

†**maestràle** (*2*) [lat. tardo *magistrāle(m)*, da *magĭster* 'maestro'] agg. ● Regale, grande.

maestraleggiàre [comp. di *maestral(e)* (*1*) e *-eggiare*] v. intr. (*io maestraléggio*; aus. *avere*) ● (*raro*) Stabilizzarsi nella direzione nord-ovest, detto del vento maestrale.

maestraménto s. m. ● Ammaestramento.

maestrànza [da *maestro*] s. f. *1* (*spec. al pl.*) Complesso degli operai di uno stabilimento industriale: *la partecipazione delle maestranze a uno sciopero*. *2* Insieme di operai degli arsenali e dei bastimenti, spesso ordinati in compagnie con ingegneri a capo. *3* †Complesso di maestri che intendono a un lavoro e con garzoni alle loro dipendenze. *4* †Maestria.

†**maestràre** v. tr. ● Ammaestrare, addottorare.

†**maestràto** [lat. *magistrātu(m)* 'magistrato'] s. m. ● Magistrato.

maestrévole agg. *1* (*raro, lett.*) Di ciò che è fatto con abilità da maestro: *tu che mostri altrui / come vibrar con maestrevol arco / sul caro legno armoniose fila* (PARINI) | (*est.*) †Eccellente. *2* †Maestoso, grande. || **maestrevolménte**, avv. Con maestria; ingegnosamente; accortamente.

maestrìa [da *maestro*] s. f. *1* Abilità e perizia: *concerto eseguito con grande, con rara m.*; *in quest'opera appare la m. dell'artista*; *m. di parola e di verso* (CROCE) | (*fig.*) †*m. di pietra*, architettura | (*fig.*) †*m. di nave*, ingegneria navale | (*fig.*) †*m. dell'arma*, arte militare | (*est.*) Accortezza e furberia: *giocar di m.* *2* †Norma, guida.

maèstro o **maéstro** o †**màstro** nei sign. A 1, A 4 e B 1 [lat. *magĭstru(m)*, da **magĭsteros*, comp. di *māgis* 'più' e il suff. *-tero* che indicava opposizione fra due; il *magĭster* era dunque 'il più forte, il maggiore', in contrapposizione a un'altra persona o a un gruppo di persone] **A** s. m. *1* Chi si mostra particolarmente preparato e abile in una data attività, oppure mostra particolari doti di astuzia, accortezza e sim.: *nel suo campo è un m.*; *m. di stile, di eleganza*; *è un vero m. di vita, di comportamento*; *sei m. nell'arte di ingannare* | *Un lavoro da m.*, veramente ben fatto | *Un colpo da m.*, eseguito con grande destrezza | *Farla da m.*, pretendere di saperne più degli altri. *2* Persona che, con l'insegnamento, gli scritti e sim. eccelle in una determinata disciplina, tanto da essere in grado di insegnarla agli altri: *è stato un grande m. di diritto*; *i maestri della medicina*. *3* Persona cui è affidata l'educazione e l'istruzione dei fanciulli nella scuola elementare: *il m. di seconda, di quinta*; *buongiorno, signor m.* | (*est.*) Chi insegna una particolare disciplina o un'attività pratica: *m. di ballo, di musica, di sci, di nuoto, di equitazione*. *4* Artigiano, artefice provetto: *i maestri orafi*; *m. muratore* | *M. d'ascia*, operaio addetto alla costruzione di navi in legno | Pittore o scultore che, anticamente, fu a capo di una scuola artistica | (*al pl.*) Gruppo di artigiani, scalpellini e sim. dalla cui collaborazione sono sorte opere di eccellente valore artistico: *i Maestri Comacini*. *5* Direttore d'orchestra, musicista di professione diplomato in un Conservatorio | *M. del coro*, in un'orchestra, chi istruisce e dirige il coro | *M. di cappella*, un tempo, il direttore del corpo musicale di una chiesa | *Fare il m. di cappella*, (*raro, fig.*) dirigere, comandare. *6* (*fig.*) Capo, guida: *Questi pareva a me m. e donno* (DANTE *Inf.* XXXIII, 28) | *m. spirituale*, nel noviziato dei monaci, chi provvede alla vita spirituale degli aspiranti | (*per anton.*) *Il Maestro, il divino Maestro*, Gesù | Titolo di particolari cariche | *Gran m.*, V. | *M. venerabile*, capo di una loggia massonica | *M. di camera*, dignitario pontificio che presiede al cerimoniale dei ricevimenti | *M. di casa*, chi sovrintende all'andamento di case signorili, collegi e sim. | *M. di cerimonie*, cerimoniere e (*fig.*) persona cerimoniosa | *M. di giustizia*, nelle antiche corti, chi presiedeva alle esecuzioni capitali | *M. di palazzo*, maggiordomo | †*M. di campo*, grado in uso nelle milizie dei secoli XVI e XVII, corrispondente a quello di colonnello comandante di reggimento | †*M. di campo generale*, nelle milizie del XVII sec., grado gerarchico immediatamente inferiore a quello di generalissimo. *7* (*geogr.*) Direzione cardinale intermedia tra nord e ovest | (*est.*) Vento che soffia in tale direzione | *Vento di m.*, maestrale. *8* †Magistrato del comune. *9* †Pilota. **B** agg. *1* Principale, più importante: *strada maestra*; *porta, entrata maestra*; *muro m.* | *Canale m.*, quello che distribuisce l'acqua ad altri canali. *2* Che dimostra grande abilità e astuzia: *mossa maestra*; *colpo m.*; *tentare, fare, un tiro m.* *3* (*fig.*) Che guida, insegna, costituisce un esempio: *la storia è maestra di vita*. *4* (*mar.*) *Albero m.*, albero di maestra | *Vela maestra*, vela di maestra || PROV. Vale più un colpo del maestro che cento del manovale. || **maestràccio**, pegg. | **maestrèllo**, dim. | **maestrino**, dim. | **maestróne**, accr. | **maestrùccio**, pegg. | **maestrùcolo**, pegg.

†**màffia** (*1*) ● V. *mafia*.

†**màffia** (*2*) [etim. incerta] s. f. ● (*tosc.*) Miseria, povertà.

màfia o †**màffia** (*1*) [ar. *mahjas* 'millanteria'] s. f. *1* Organizzazione criminosa sorta in Sicilia nella prima metà del sec. XIX pretendendo di sostituirsi ai pubblici poteri nell'attuazione di una forma primitiva di giustizia, che si regge sulla legge della segretezza e dell'omertà e che ricorre a intimidazioni, estorsioni, sequestri di persona e omicidi allo scopo di proteggere interessi economici privati o di procurarsi guadagni illeciti. *2* (*est.*) Gruppo, categoria di persone unite per conseguire o conservare con ogni mezzo lecito e illecito, spec. maneggi e intrighi, i propri interessi particolari, anche a danno di quelli pubblici. *3* (*raro*) Prepotenza. *4* (*fam.*) Eleganza ostentata e volgare.

mafiologìa [comp. di *mafia* e *-logia*] s. f. ● Studio del fenomeno della mafia.

mafiòlogo [comp. di *mafia* e *-logo*] s. m. (f. *-a*; pl. m. *-gi*, pop. *-ghi*) ● Studioso, esperto della mafia come fenomeno politico-sociale.

mafiosità s. f. *1* Condizione di chi, di ciò che è mafioso. *2* Atteggiamento, comportamento mafioso.

mafióso A agg. *1* Tipico o caratteristico della mafia: *metodi mafiosi*; *associazione per delinquere di stampo m.* *2* Che fa parte della mafia: *un individuo m.* | (*est.*) Che ha caratteristiche o usa sistemi simili a quelli della mafia. || **mafiosaménte**, avv. In modo mafioso, da mafioso. **B** s. m. (f. *-a*) *1* Membro della mafia | (*est.*) Chi usa sistemi simili a quelli della mafia. *2* (*fam., scherz.*) Chi veste in modo vistoso.

màga [vc. dotta, lat. tardo *māga(m)*, f. di *māgus* 'mago'] s. f. *1* Donna che esercita la magia. *2* (*fig.*) Donna che ammalia col proprio fascino.

magàgna [da *magagna(re)*] s. f. *1* Imperfezione o difetto fisico, spec. nascosto | Difetto di un oggetto o di un materiale: *legno pieno di magagne*. *2* (*fig.*) Vizio: *non so se compensino queste magagne con altre doti bellissime* (NIEVO) | Colpa, fallo, peccato: *è pieno di magagne nascoste*.

†**magagnaménto** s. m. *1* Modo e atto di magagnare. *2* Guasto, mutilazione.

magagnàre [provz. *maganhar*, di origine germ.] **A** v. tr. *1* Guastare q.c.: *quella mela fradicia ha magagnato tutte le altre*. *2* (*raro, lett.*) Ridurre malconcio qc. **B** v. intr. pron. *1* Diventare fradicio, pesto: *la frutta si è magagnata nel paniere*. *2* †Ferirsi. **C** v. intr. (aus. *essere*) ● †Infistolire.

magagnàto part. pass. di *magagnare*; anche agg. *1* Nei sign. del v. *2* †Storpio. *3* (*fig.*) †Che ha qualche colpa, difetto. *4* (*fig.*) †Finto, simulato.

†**magagnatùra** s. f. ● Magagna.

†**magàlda** [da *maga* (?)] s. f. ● (*lett.*) Donna perversa.

maganzése [dalla casa di *Maganza*, alla quale si credeva appartenesse Gano, nemico e traditore di Carlo Magno] agg. ● (*raro, lett.*) Traditore.

†**magàre** [da *mago*] v. tr. ● (*lett.*) Ammaliare.

magàri [gr. *makárie* 'o beato', vocat. di *makários* 'beato'] **A** inter. ● Esprime forte desiderio o speranza: *'ti piacerebbe riposare una settimana?' 'm.!'*; *'vuoi che ti accompagni?' 'm.!'*. **B** cong. *1* Volesse il cielo che, oh se (introduce una prop. ottativa, con il v. al congv.): *m. fosse vero!*; *m. potessi venire anch'io!*; *m. arrivasse in tempo!* *2* Anche se, a costo di (introduce una prop. concessiva con il v. al congv.): *lo farò, dovessi m. impiegarci anni*. **C** avv. *1* Forse, eventualmente: *m. non ne sapeva niente*; *m. non verrà neppure, ma devo ugualmente aspettarlo*. *2* Anche, persino: *sarebbe m. capace di negare tutto*.

magatèllo [milanese, *magattell* (di etim. incerta), propriamente 'burattino, fantoccio', poi 'girello', con incerta evoluzione semantica] s. m. *1* (*dial.*) Burattino, marionetta | Fantoccio. *2* (*dial.*) In macelleria, girello.

magazine /ingl. mægə'zi:n/ [vc. ingl., propr. 'magazzino (di informazioni)'] s. m. inv. *1* Pubblicazione periodica, gener. illustrata. SIN. Rivista. *2* Supplemento settimanale di un quotidiano, costituito da un rotocalco a colori.

magazzéno o **magazzèno** ● V. *magazzino*.

magazzinàggio [fr. *magasinage*, da *magasin* 'magazzino'] s. m. ● (*raro*) Il depositare merci in un magazzino | Ciò che si paga per riporre merci in un magazzino non proprio.

magazzinière [fr. *magasinier*, da *magasin* 'magazzino'] s. m. (f. *-a*) ● Chi sorveglia e cura un magazzino o vi lavora.

magazzìno o (*sett.*) **magazzéno** nel sign. 1 [ar. *makâhzin*, pl. di *makâhzan* 'deposito, ufficio'] s. m. *1* Edificio o stanza adibita a deposito di merci o materiali svariati: *magazzini militari*; *ogni bottega deve avere il suo m.* | *M. generale*, luogo pubblico predisposto per il deposito di merci in viaggio destinate normalmente al commercio di cui, su richiesta del depositante, sono rilasciate fedi di deposito o note di pegno | *M. doganale*, luogo in cui le merci possono essere depositate senza venire gravate da dazio | †*M. da polvere*, polveriera | *M. dei liquori*, (*fig., scherz.*) la pancia | (*fig.*) *Essere un m. di erudizione*, avere appreso una quantità rilevante di nozioni. *2* Quantità di merce di cui dispone un negozio o un'azienda: *un m. fornito*. *3* *Grande m.*, locale di estesa superficie, attrezzato per la vendita di ogni genere di prodotti: *le commesse di un grande m.* SIN. Emporio. *4* (*mar.*) Sulle navi a propulsione meccanica, il locale dove si conservano i materiali di consumo e di ricambio delle macchine e caldaie. *5* (*tip.*) Nella linotype, serbatoio trapezoidale, diviso in scomparti detti canaletti, in cui si trovano le matrici. *6* Custodia, impenetrabile alla luce, utilizzata per contenere e utilizzare la pellicola fotografica o cinematografica.

magdaleniàno o **maddaleniano** [fr. *magdalénien*, dal n. della località fr. La *Madeleine*, modellato sul lat. *Magdalēna* 'Maddalena'] **A** agg. ● Detto della più recente cultura del paleolitico superiore nell'Europa occidentale e centrale, caratterizzata dalla fabbricazione di strumenti in selce, in corno e in osso. **B** s. m. ● Periodo del paleolitico in cui si diffuse la cultura magdaleniana.

magènta [detto così perché venuto di moda dopo la battaglia di *Magenta*, con allusione al sangue che vi fu sparso] agg.; anche s. m. inv. ● Detto di ciò che ha un colore cremisi molto intenso, risultante dalla combinazione dei colori violetto e rosso.

maggéngo o **maggèngo** [da *maggio (1)*] **agg.** (pl. m. *-ghi*) ● Di maggio: *fieno m.* | *Pascolo m.*, pascolo alpino a media quota dove, in primavera, vengono portate le greggi in attesa che la neve sia scomparsa dai pascoli a quota più alta.

maggesàre [da *maggese*] **v. tr.** (*io maggéso*) ● Lasciare il terreno in riposo, lavorandolo però frequentemente, per seminarvi in epoca opportuna.

maggése [da *maggio (1)*] **A agg.** ● Di maggio | *Fieno m.*, che si taglia in maggio | *Lana m.*, tosata in maggio. **B s. m.** ● Campo lasciato per qualche tempo a riposo senza seminarlo | *M. nudo*, lavorato ma non investito a coltura | *M. vestito*, lavorato e coltivato di solito a foraggere | *M. intero*, di un anno | *Mezzo m.*, di un semestre. ➡ ILL. p. 353 AGRICOLTURA.

maggiaiòlo o †**maggiaiuòlo** [da *maggio (1)*] **A agg.** ● Di maggio: *festa maggiaiola.* **B s. m.** (f. *-a*) ● (*lett.*) Giovinetto che, in passato, andava cantando maggiolate, recando rami fioriti in mano.

maggiàtico A agg. (pl. m. *-ci*) ● Del mese di maggio. **B s. m.** ● (*dir.*) Tributo per il pascolo o per la coltivazione della terra un tempo pagato al proprietario nel mese di maggio.

màggio (1) [lat. *māiu(m) (mēnsem)* 'mese di Maia', da *Māia*, madre di Mercurio] **s. m.** *1* Quinto mese dell'anno nel calendario gregoriano, di 31 giorni: *m. fiorito, odoroso* | *Fresca, bella come una rosa di m.*, di fanciulla dotata d'una bellezza fresca e fiorente | *Un'acqua di m.*, una benefica pioggia | *Fare il m.*, le devozioni del mese mariano | *Il 1° m.*, la festa del lavoro | *M. francese*, quello del 1968, caratterizzato da moti studenteschi e scioperi generali con occupazione di fabbriche e università | *Canto di m.*, (*fig.*) raglio d'asino | *Aspettar che venga m.*, attendere la buona stagione e (*fig.*) non fare ciò che si dovrebbe, perdere tempo | (*fig.*) *Il m. della vita*, la giovinezza. *2* V. *maio (1)*. *3* Caratteristica rappresentazione popolare, con canti e balli, frequente spec. in Toscana. *4* (*bot.*) *Pallone di m.*, frutice delle Caprifogliacee che a maggio forma infiorescenze di fiori piccoli e completi al centro e grandi, bianchi e sterili alla periferia (*Viburnum Opulus*).

†**màggio (2)** o †**màio (2)** [lat. *māior*, nom., 'maggiore'] **agg.** ● Maggiore.

maggiocióndolo [comp. di *maggio (1)* e *ciondolare*, perché i fiori *ciondolano* (pendono) in *maggio*] **s. m.** ● (*bot.*) Citiso.

maggiolàta [da *maggio (1)*, perché era cantata a *calendimaggio*] **s. f.** *1* Canzone di calendimaggio. *2* (*est.*) Festa che ha luogo nel mese di maggio.

maggiolìno (1) [da *maggio (1)*, mese in cui quest'insetto compare; nel sign. 2, per la somiglianza della carrozzeria con l'insetto omonimo] **s. m.** *1* Insetto coleottero molto comune in maggio, nero lucente con elitre castane che si nutre di foglie mentre e le cui larve vivono sotterranee tre anni nutrendosi di radici (*Melolontha melolontha*). *2* Modello di autovettura utilitaria Volkswagen di 1 200 cm^3.

maggiolìno (2) [dal n. dell'ebanista lombardo G. *Maggiolini* (1738-1814)] **s. m.** ● Mobile neoclassico dal fusto in noce, decorato con finissimi intarsi.

maggioràna [etim. incerta] **s. f.** ● Labiata mediterranea molto aromatica usata in culinaria (*Origanum majorana*).

maggiorànte [part. pres. di *maggiorare*] **s. m.** ● (*mat.*) In un insieme ordinato, elemento che segue tutti gli elementi del sottoinsieme considerato.

maggiorànza [da *maggiore*] **s. f.** *1* La maggior parte di cose o persone determinate: *la m. del pubblico*; *la m. dei negozi è già chiusa* | *Nella m. dei casi, in m.*, per lo più, prevalentemente. *2* (*dir., polit.*) In un organo collegiale, l'insieme dei voti necessari per l'approvazione di una deliberazione: *ottenere, avere la m.*; *essere in m.*; *m. grande, schiacciante, esigua, scarsa*; *prendere una decisione a m.*; *partito di m.* | *M. relativa*, costituita dalla metà più uno dei voti effettivi, cioè dei presenti e (*est.*) la maggior parte | *M. assoluta*, costituita dalla metà più uno degli aventi diritto al voto, calcolando quindi anche le astensioni e le assenze | *M. qualificata*, rappresentata da una frazione di voti superiore alla metà (due terzi più uno, tre quarti più uno, ecc.) | (*est.*) Il gruppo che, in un'assemblea, dispone del maggior numero di voti: *la m. ha respinto la proposta* | *M. silenziosa*, l'insieme di quei cittadini, spec. appartenenti al ceto medio, che ritiene di formare la parte più larga della popolazione di un paese, ma non esprime pubblicamente le proprie idee, di esclusiva dedizione al lavoro e all'ordine costituito, nelle forme appariscenti di militanza politica, proprie invece di gruppi minoritari progressisti; (*est., spreg.*) in Italia, il complesso dei cittadini di idee conservatrici e qualunquiste, nemici di ogni forma di partecipazione attiva alla politica. CONTR. Minoranza. *3* †Superiorità o preminenza di grado. *4* †Orgoglio, superbia, arroganza: *sia la brigata avvertita di non far quistione, o usar maggioranze* (MACHIAVELLI). *5* †Complesso dei maggiorenti.

maggioràre [fr. *majorer*, dal lat. *māior*, genit. *maiōris* 'maggiore'] **v. tr.** (*io maggióro*) ● Aumentare: *m. i prezzi, lo stipendio.*

maggiorascàto s. m. ● (*dir.*) Maggiorasco.

maggioràsco o **maioràsco** [sp. *mayorazgo*, da *mayor* 'maggiore'] **s. m.** (pl. *-schi*) ● Istituto di diritto successorio feudale per cui il patrimonio veniva trasmesso integralmente dall'ultimo possessore a chi, nell'ambito della stessa famiglia, gli era più prossimo di grado e, in caso di parenti di ugual grado, al maggiore di età.

maggioràta [f. sost. di *maggiorato*] **s. f.** ● Donna dalle forme prosperose e provocanti: *m. fisica*; *l'epoca delle maggiorate.*

maggioràto part. pass. di *maggiorare*; anche **agg.** *1* Nei sign. del v. *2* Aumentato rispetto al solito: *vendere a prezzi maggiorati.*

maggiorazióne [fr. *majoration*, dal lat. *māior*, genit. *maiōris* 'maggiore'] **s. f.** ● Aumento.

maggiordòmo [lat. tardo *maiōre(m) dŏmus* '(servo) maggiore della casa'] **s. m.** *1* Capo della servitù e dell'amministrazione di un albergo o casa signorile. *2* Nell'antica marina, persona cui era affidata la mensa | Ufficiale un tempo addetto al controllo del materiale d'artiglieria.

maggióre o (*dial.*) †**maióre** [lat. *maiōre(m)*, compar. di *măgnus* 'grande'] **A agg.** *1* Più grande, quanto ad ampiezza, estensione, intensità, altezza e sim.: *una somma m. del previsto*; *questa piazza è m. delle altre*; *il nostro giardino è m. del vostro* | *Astri maggiori*, i più grandi e luminosi e (*fig.*) la bellezza più fulgida o le persone più note e importanti | *La maggior parte*, la parte più cospicua, più numerosa | *Il bene m.*, la somma felicità | (*ell.*) *Andare per la m.*, avere un gran successo | *Intervallo m.*, in musica, quello più ampio fra due intervalli dello stesso nome | *Accordo perfetto m.*, quello formato da una terza maggiore e da una quinta | *Scala m.*, quella caratterizzata dall'intervallo di terza maggiore partendo dalla nota iniziale. *2* Di primaria importanza, di notevole rilevanza: *i maggiori poeti del secolo* | *Dante, Ovidio m.*, le loro opere più importanti | *Opere maggiori*, rispetto a quelle di minor rilievo di un determinato autore. *3* Di grado superiore: *i maggiori dirigenti della società*; *caporal m.* | *Stato m.*, corpo costituito da ufficiali tratti dalle varie armi, scelti tra quelli provenienti dalla scuola di guerra, addetti ai comandi delle grandi unità | *Ordini maggiori*, V. *ordine* | *Arti maggiori*, V. *arte*. *4* Che è più vecchio d'età rispetto ad altri: *fratello, sorella m.* | *La m. età*, quella, fissata dalla legge, a partire dalla quale un individuo assume piena capacità giuridica di agire | *Catone, Scipione m.*, il più vecchio dei due Catoni, dei due Scipioni, contrapposto al più giovane. || **maggiorménte**, **avv.** *1* Molto di più, in riferimento all'intensità o grandezza: *bisogna che tu ti applichi m. per riuscire in q.c.*; *tengo m. a te che a lui*. *2* †Anzi, piuttosto; *m. che*, tanto più che. **B s. m. e f.** *1* Chi è più anziano d'età rispetto ad altri: *il m. dei nostri cugini*. CONTR. Minore. *2* Persona che occupa, nella scala gerarchica, un grado superiore a quello d'altri. *3* Nella gerarchia militare, grado interposto fra quello di tenente colonnello e quello di capitano, e al quale compete il comando di battaglione | La persona che ha tale grado. *4* †Direttore, sopraintendente. **C s. m. al pl.** *1* Genitori o progenitori: *la virtù, gli esempi dei nostri maggiori* | Predecessori: *in ossequio al volere dei nostri maggiori*. *2* (*lett.*) Maggiorenti, ottimati. || **maggiorèllo**, **dim.** | **maggiorétto**, **dim.** | **maggiorìno**, **dim.**

†**maggioreggiàre** [comp. di *maggior(e)* e *-eggiare*] **v. tr.** ● Voler sovrastare.

maggiorènne [comp. di *maggior(e)* e del suff. *-enne*, ricavato da *decenne*] **s. m. e f.**; anche **agg.** ● Chi, che ha compiuto la maggiore età e cioè ha acquisito la piena capacità giuridica di agire.

maggiorènte [da *maggiore*] **s. m.** ● (*spec. al pl.*) Persona influente e importante nell'ambito di una comunità, città e sim.: *il parere dei maggiorenti.*

†**maggiorézza s. f.** ● Qualità di maggiore.

†**maggiorìa s. f.** ● (*lett.*) Prevalenza, superiorità.

†**maggiorìngo** [da *maggiore*, sul modello di *camarlingo*] **s. m.** ● Maggiorente.

maggiorità [lat. tardo *maioritāte(m)*, da *māior*, genit. *maiōris* 'maggiore'] **s. f.** *1* Ufficio del comando di reggimento e del comando di battaglione e unità corrispondenti, per il disbrigo di tutte le pratiche inerenti al funzionamento del rispettivo comando. *2* †Superiorità.

maggioritàrio [fr. *majoritaire*, da *majorité* 'maggioranza'] **agg.** ● Della maggioranza. CONTR. Minoritario | (*polit.*) Sistema m., o (*ell.*) *il maggioritario*, sistema elettorale per cui alla lista elettorale che ha ottenuto il maggior numero relativo di voti viene assegnata la totalità dei seggi o, più spesso, un premio in seggi (contrapposto al sistema *proporzionale*): *m. uninominale, plurinominale.*

†**maggiornàto** [lat. *maiōre(m) nātu* 'maggiore per età'] **s. m.** ● Maggiore per nascita.

maggiòstra ● V. *magiostra.*

màghero ● V. *magro.*

maghétto [longob. *magō* 'gozzo'; cfr. ted. *Magen* 'stomaco'] **s. m.** ● (*sett.*) Ventriglio di pollo | (*al pl.*) Rigaglie.

maghrebino /magre'bino/ ● V. *magrebino.*

màgi [pl. di *mago*] **s. m. pl.** *1* Sacerdoti dell'antica religione zoroastriana, che praticavano l'astrologia e la divinazione. *2* *I re magi*, i sapienti, poi fatti re dalla tradizione, che, secondo l'Evangelo, vennero dall'Oriente a Betlemme a salutare il Cristo neonato.

magìa [lat. *magīa(m)*, nom. *magīa*, dal gr. *magéia* 'religione, magia', da *mágos* 'mago'] **s. f.** (pl. *-gìe*) *1* Arte di dominare le forze occulte della natura e di sottoporle al proprio potere per sfruttare la loro potenza a beneficio o a maleficio di uomini e animali | *M. bianca, naturale*, uso di rituali magici a fine benefico | *M. nera*, uso di rituali magici malefici, destinati ad arrecar danno agli altri. *2* (*fig.*) Capacità di affascinare o ammaliare qc. per dolcezza, bellezza, armonia e sim.: *la m. dei colori, dei suoni*; *la m. del cielo stellato.* SIN. Fascino, incanto.

magiàro o **màgiaro** [ungh. *magyar*, dal n. di una tribù: comp. di *magy-* 'uomo' e del turco *-eri, -iri* 'suo'] **s. m.**; anche **agg.** (f. *-a*) ● (*lett.*) Ungherese.

màgico [vc. dotta, lat. *măgicu(m)*, nom. *măgicus*, dal gr. *magikós*, da *mágos* 'mago'] **agg.** (pl. m. *-ci*) *1* Della magia, dei maghi | *Parole magiche*, quelle usate negli incantesimi e nelle formule di magia | *Cerchio m.*, limitazione rituale dello spazio entro il quale l'operatore magico costringe le forze soprannaturali a presentarsi e si difende dalle influenze negative | *Bacchetta, verga magica*, nelle tradizioni popolari, strumento a mezzo del quale il mago opera miracoli e trasformazioni. *2* Che è prodigioso, straordinario in sé o nell'effetto che provoca: *spettacolo m.*; *visione magica*; *effetto, potere m.* *3* (*fig.*) Affascinante, incantevole: *ci rivolse un m. sorriso*; *che m. tramonto!* *4* (*fig.*) Prodigioso, fantastico: *un m. effetto di luci*; *le sue parole sortirono un m. effetto.* || **magicaménte**, **avv.** In modo magico, con magia.

màgio [forma ricavata da *magi*, pl. di *mago*] **s. m.** ● Ognuno dei tre re magi che, secondo l'Evangelo, vennero dall'Oriente a Betlemme a visitare il Cristo neonato.

magióne [ant. fr. *maison*, dal lat. *mansiōne(m)*, da *mānsus*, part. pass. di *manēre* 'rimanere'] **s. f.** ● (*lett.*) Abitazione, casa | (*est.*) Sede: *la cui propria m. è nel secretissimo della divina mente* (DANTE) | Oggi scherz.: *ecco la mia m.* || **magioncèlla**, **dim.** | **magionétta**, **dim.**

magiòstra o **maggiòstra** [vc. mediterranea, diffusa nell'Italia sett.; cfr. piemontese e lomb. *magiostra* 'fragola'] **A s. f.** ● (*region.*) Varietà di fragola di grosse dimensioni. **B** anche **agg.**: *fragola m.*

magiostrina [vc. lombarda di etim. incerta] **s. f.** • Cappello maschile di paglia rigida. **SIN.** Paglietta.

magismo [da *mago*] **s. m.** *1* Dottrina degli antichi magi. *2* Propensione per dottrine magiche.

magistero o (*lett.*) **magisterio** [lat. *magistĕriu(m)*, da *magĭster* 'maestro'] **s. m.** *1* Mansione, funzione di maestro, di persona o cosa che impartisce insegnamenti o ammaestramenti: *il prestigioso m. di Freud nella psicologia*; *il m. della vita.* *2* Incarico, attività di insegnante in una scuola: *esercitare con dedizione il proprio m.* | *Facoltà di m.*, (*ell.*) *magistero*, facoltà universitaria che rilascia una laurea in materie letterarie, in pedagogia, in lingue straniere, originariamente costituita per consentire il compimento degli studi universitari agli allievi diplomati dell'istituto magistrale. *3* Insegnamento, ammaestramento precetto, spec. autorevole in materia morale o spirituale: *il m. ecclesiastico, della Chiesa.* *4* Maestria, abilità, capacità nel compiere azioni spec. se coronate da successo o fortuna: *il m. dello stile e della lingua*; *il m. della tecnica*; *il m. dei colori.* *5* †Espediente accorto, trovata ingegnosa | Frode, inganno. *6* †Macchina, congegno per un dato lavoro | Il lavoro stesso. *7* †(*chim.*) Sale in polvere ottenuto per precipitazione. *8* Carica, ufficio, sede di maestro o gran maestro in un ordine religioso o cavalleresco: *il gran m. dell'ordine di Malta.*

magistrale [vc. dotta, lat. tardo *magistrāle(m)*, da *magĭster* 'maestro'] **agg.** *1* Di maestro: *congresso m.* | *Istituto m.*, scuola media superiore per la preparazione dei futuri maestri di scuola elementare | *Maturità m.*, quella conseguita al termine degli studi nell'istituto magistrale | *Scuola m.*, corso di studio per la formazione degli insegnanti di scuola materna. *2* Da maestro: *quadro dipinto con pennello m.*; *tocco m.* | *Libro m.*, scritto con rara perizia o maestria | *Tono m.*, sentenzioso | *Aria, gravità m.*, quella di chi affetta serietà o compunzione da maestro. *3* (*farm.*) Detto di farmaco preparato all'istante in conformità alla prescrizione del medico. *4* (*mil.*) *Linea m.*, quella che indica la figura del tracciato di un'opera fortificata, nella sua conformazione esterna. *5* †Principale. *6* Relativo a, proprio di, un maestro o gran maestro di un ordine religioso o cavalleresco. || **magistralmente**, **avv.** *1* Con maestria o abilità: *brano m. recitato.* *2* †Principalmente.

†**magistralità** **s. f.** • Tono e aria magistrale, cattedratica.

magistrato [vc. dotta, lat. *magistrātu(m)*, da *magĭster* 'maestro'] **s. m.** (V. nota d'uso FEMMINILE) *1* Chi ricopre una carica pubblica, spec. politica, temporanea, elettiva: *i magistrati delle città medievali* | *Il primo m., il sommo m.*, chi ricopre la carica più alta in uno stato e gener. in una comunità autonomamente organizzata. *2* Chi copre un ufficio giudiziario o esercita una funzione giudiziaria: *ricorrere al m.*; *m. di tribunale, di corte d'appello, di cassazione.* *3* (*raro*) Carica politica: *la pretura era un m. dell'antica Roma* | (*st.*) Ufficio pubblico: *m. di polizia*; *m. di sanità* | *M. delle acque*, in alcune province italiane, ufficio statale che si occupa delle opere di ingegneria idraulica in materia di acque pubbliche | *M. del Po, per il Po*, magistrato delle acque avente competenza territoriale sul bacino del Po. **SIN.** Giudice. *4* (*lett.*) Autorità, comando.

magistratuale **agg.** • Della magistratura, del magistrato: *attività, funzione m.*

magistratura **s. f.** *1* Carica politica, ufficio pubblico: *le magistrature romane*; *le magistrature dei comuni medievali* | *Prima, somma m.*, la più alta carica in uno stato e gener. in una comunità autonomamente organizzata. *2* Complesso degli organi giurisdizionali, costituenti un ordine indipendente e autonomo da ogni altro potere dello Stato: *m. ordinaria, amministrativa, militare* | (*per anton.*) Il complesso degli organi giudiziari: *m. penale*; *m. civile*; *ricorrere, rivolgersi alla m.* | Complesso dei magistrati, degli appartenenti alla magistratura: (*i gradi della m.*; *consiglio superiore della m.* *3* (*lett.*) Autorità, comando | Ascendente autorevole in un certo ambito.

†**magistrevole** **agg.** • Magistrale. || †**magistrevolmente**, **avv.** Magistralmente.

†**magistria** **s. f.** • Maestria.

maglia [provz. *malha*, dal lat. *măcula(m)* 'macchia'; detta così perché una rete sembra un insieme di *macchie*] **s. f.** *1* Ciascuno degli intrecci di uno o più fili continui guidati dai ferri, da uncinetto o da macchine speciali e il tessuto che si ottiene con tale procedimento: *m. bassa, alta, diritta, rovescia*; *vestito, cravatta di m.* | (*fig.*) *Gli manca una m.*, si dice di chi non ragiona troppo bene. *2* Ciascuno degli elementi anulari o d'altra forma, di metallo, corda, naylon e sim. che, uniti tra loro, formano una catena o una rete: *la m. d'acciaio di una catena*; *rete a maglie fitte* | *M. a molla*, piccolo anello apribile, usato in oreficeria per unire i due capi di collane, braccialetti e sim. | (*fig.*) *Cadere nelle maglie di una congiura, di un intrigo*, esserne vittima | (*fig.*) *Filtrare, passare tra le maglie del nemico*, eluderne la sorveglianza. *3* Corpetto lavorato a maglia che si indossa direttamente sulla pelle: *m. di lana, di cotone.* *4* Indumento di vario colore che gli atleti indossano per indicare a quale squadra appartengono, quale posto occupano in una classifica e sim.: *la m. della Juventus* | *M. azzurra*, quella tipica della rappresentativa nazionale italiana | *M. rosa, m. gialla*, portata rispettivamente dal primo classificato nel giro ciclistico d'Italia e di Francia | *M. iridata, arcobaleno*, quella che indossano i campioni del mondo di una specialità ciclistica. *5* Nel Medioevo, armatura difensiva formata di cerchietti di ferro concatenati con altri: *camicia, cotta, cuffia di m.* *6* (*tel.*) Insieme di circuiti interurbani che si sviluppano in una determinata area. *7* (*mat.*) Superficie individuata dall'intersezione delle rette di un reticolo. || **magliétta**, **dim.** (V.) | **magliettina**, **dim.** | **maglina**, **dim.** | **maglióna**, **accr.** | **maglioncino**, **dim.** | **maglióne**, **accr. m.** (V.).

magliaio [da *maglia*] **s. m.** (f. *-a*) • Chi produce indumenti a maglia, in proprio o come dipendente di un maglificio.

†**magliare** **v. tr.** • Ammagliare (*anche ass.*): *corda da m.* (ARIOSTO).

magliaro [da *maglia*] **s. m.** • Venditore ambulante di tessuti di cattiva qualità o di dubbia provenienza, presentati come merce di notevole valore | (*est.*) Truffatore.

maglieria **s. f.** *1* Complesso degli indumenti e tessuti lavorati a maglia: *esportazioni di m.* *2* Piccola industria di confezioni o tessuti a maglia | Bottega, negozio in cui si vendono indumenti di maglia.

maglierista **s. m. e f.** (pl. m. *-i*) • (*raro*) Chi confeziona indumenti di maglia.

magliero [da *maglia*] **agg.** • (*raro*) Del, relativo al, settore professionale della maglieria: *perito m.*

magliétta **s. f.** *1* Dim. di *maglia.* *2* Maglia leggera di lana o cotone. *3* Nelle armi da fuoco portatili, anello metallico di forma schiacciata nel quale passa la cinghia per sostenere l'arma in spalla. *4* Piccolo anello fissato alla cornice di un quadro per appenderlo al muro. *5* Occhiello di ferro o a cordoncino, usato nelle allacciature per infilarvi un bottone o un gancetto.

maglificio [comp. di *maglia* e *-ficio*] **s. m.** • Stabilimento per la fabbricazione di tessuti e indumenti a maglia.

maglina [da *maglia*] **s. f.** • Tessuto di jersey leggero e spesso elastico, usato spec. per indumenti femminili.

maglio [lat. *mălleu(m)* 'martello', di origine indeur.] **s. m.** *1* Grosso martello di legno a due teste, per battere su pali, scalpelli, cerchi di botte | Pesante mazza di ferro con lungo manico, per fabbri. *2* Macchina usata nelle ferriere che permette di deformare plasticamente blocchi metallici posti sopra un controstampo e battuti con colpi ripetuti dalla mazza alla quale viene fissato lo stampo. *3* Sorta di martello con asta assai lunga per il gioco della pallamaglio. *4* (*anat.*) Martello dell'orecchio.

magliòlo o **magliuòlo** [lat. *malleŏlu(m)* 'martelletto' (per la forma), dim. di *mălleus*. V. *maglio*] **s. m.** • (*bot.*) Talea con un corto segmento di legno vecchio alla base a forma di piccolo maglio.

maglióne **s. m.** *1* Accr. di *maglia.* *2* Indumento spec. sportivo lavorato a maglia con lana pesante.

†**maglióso** [da *maglia*] **agg.** • Fatto a maglie.

maglista [da *maglio*] **s. m. e f.** (pl. m. *-i*) • Chi è addetto al funzionamento del maglio, nella lavorazione per deformazione plastica dei materiali metallici.

magliuòlo • V. *magliolo.*

màgma [vc. dotta, lat. *măgma*, dal gr. *mágma* 'unguento condensato', da *mássein* 'impastare'] **s. m.** (pl. *-i*) *1* (*geol.*) Soluzione complessa ionica e molecolare a composizione silicatica, fluida, incandescente, ad alta temperatura, contenente eventualmente fasi solide come cristalli o frammenti di rocce non fuse, e gas disciolti, che occupa regioni interne alla crosta terrestre. ➡ **ILL.** p. 819, 821 SCIENZE DELLA TERRA ED ENERGIA. *2* (*fig.*) Massa confusa e indistinta da cui possono originarsi le più svariate manifestazioni: *il m. dei sentimenti*; *nel m. dei movimenti giovanili.*

magmàtico **agg.** (pl. m. *-ci*) *1* Del magma, relativo al magma | Formato dal consolidamento di un magma: *roccia magmatica.* *2* (*fig.*) Caotico, informe, confuso.

magmatismo [da *magma*] **s. m.** • (*geol.*) Insieme dei fenomeni connessi con la genesi, l'azione e il consolidamento dei magmi.

magnàccia [da *magnare*, vc. rom. per 'mangiare'] **s. m. inv.** • (*dial.*) Protettore di prostitute | (*est.*) Uomo che si fa mantenere da una donna.

magnàlio [comp. di *magn(esio)* e *al(luminio)*] **s. m.** • Lega di alluminio e magnesio, leggerissima e molto resistente, usata per costruzioni aeronautiche, automobilistiche e sim.

magnanimità [vc. dotta, lat. *magnanimitāte(m)*, da *magnănimus* 'magnanimo'] **s. f.** • Grandezza d'animo: *la m. dei vincitori impedì che i vinti fossero umiliati.* **SIN.** Generosità.

magnànimo [vc. dotta, lat. *magnănimu(m)*, comp. di *măgnus* 'grande' e *ănimus* 'anima'] **agg.** • Che ha o dimostra nobili ed elevati sentimenti: *eroe m.*; *perdono m.*; *tu, m. in tutto, in ciò non l'eri* (ALFIERI). **SIN.** Generoso. || **magnanimamente**, **avv.** Con magnanimità.

magnanina [da *magnano*, per il colore scuro del manto] **s. f.** • Passeriforme con livrea grigio-bruna a petto rosso, comune spec. nel centro sud italiano (*Sylvia undata*).

magnàno [lat. parl. **maniānu(m)*, da *mănus* 'mano'] **s. m.** *1* (*tosc.*) Fabbro di chiavi, toppe, ringhiere, gangheri. *2* (*tosc.*) Calderaio: *essere nero come un m.* || **magnanàccio**, **pegg.** | **magnanino**, **dim.**

magnàre [da una var. arcaica e dial. di *mangiare*] **v. tr.** • (*dial.*) †Mangiare.

magnaróne [da *magnare*, con suff. accr.] **s. m.** • (*zool.*) Scazzone.

magnàte [lat. tardo *magnātes*, pl. da *măgnus* 'grande'] **s. m.** *1* Appartenente ad una classe di cittadini, per lo più nobile, da cui dipendeva la politica di molti comuni medievali nell'Italia settentrionale. *2* In Polonia, Ungheria e Boemia, grande proprietario terriero che faceva parte del consiglio della Corona per diritto ereditario. *3* Personalità influente per autorità, ricchezza, potenza e sim.: *magnati dell'industria, dell'alta finanza.*

magnatizio **agg.** • Di, da magnate (*anche iron.*): *boria magnatizia.*

magnesia [vc. dotta, gr. tardo *magnēsía*, dal n. della città di *Magnesia*, in Turchia] **s. f.** • (*chim.*) Ossido di magnesio | *M. alba*, carbonato basico di magnesio, usato per polveri dentifricie, come antiacido, per pulire i metalli e per rivestimenti isolanti | *M. nera*, biossido di manganese | *M. usta*, ossido di magnesio ottenuto per calcinazione del carbonato, usato in medicina come antiacido, carminativo, purgante e nell'industria come refrattario | *Latte di m.*, sospensione di idrato di magnesio in acqua | *M. effervescente*, citrato di magnesio.

magnesiaco o **magnesico** **agg.** (pl. m. *-ci*) • Che contiene magnesio, relativo al magnesio.

magnesifero [comp. di *magnesi(o)* e *-fero*] **agg.** • Che contiene magnesio.

magnèsio [da *magnesia*] **s. m.** • Elemento chimico, metallo bianco-argenteo, ottenuto per elettrolisi o per riduzione dei suoi minerali, brucia all'aria con fiamma vivissima, usato per leghe, fotografie al buio, per composti organo-magnesiaci, e in medicina sotto forma di sali, spec. come purgante, colagogo e antiacido. SIMB. Mg | *Ossido di m.*, magnesia usta | *Carbonato basico di m.*, magnesia alba | *Citrato di m.*, usato spec. per la preparazione della limonata citromagnesiaca | *Solfato di m.*, sale inglese | (*fot.*) *Lampada al m.*, elettrica, con filamento di magnesio la cui combustione genera flash o lampi di luce utili per scattare fotografie notturne o in ambienti scarsamente illuminati | (*fot.*) *Lampo al m.*, quello ottenuto per mezzo di una lampada al magnesio.

magneṣioferrìte [comp. di *magnesio* e *ferrite*] s. f. ● (*miner.*) Minerale ferroso del gruppo degli spinelli, di colore grigioscuro e nero, con lucentezza metallica, prodotto dall'attività vulcanica fumarolica.

magneṣìte [comp. di *magnes(io)* e *-ite* (*2*)] s. f. ● (*miner.*) Carbonato di magnesio in aggregati cristallini grigi o più spesso in masse bianche terrose.

magnète [vc. dotta, lat. *magnēte(m)*, nom. *măgnes*, dal gr. *mágnēs* '(pietra) di *Magnesia*'] s. m. *1* (*fis.*) Corpo che, per un particolare orientamento dei suoi atomi, è capace di produrre nello spazio circostante quei fenomeni che vengono considerati come manifestazioni di un campo magnetico, fra cui orientarsi rispetto al campo magnetico generato dalla Terra e attrarre i corpi ferromagnetici | *M. naturale*, la magnetite | *M. artificiale*, pezzo di metallo, spec. acciaio, che è stato magnetizzato mediante corrente elettrica. *2* (*mecc.*) Dispositivo elettromagnetico che produce la corrente elettrica alternata ad alto potenziale allo scopo di determinare l'accensione delle miscele nei motori a scoppio.

magnètico [vc. dotta, lat. *magnēticu(m)*, nom. *magnēticus*, dal gr. *magnētikós*. V. *magnete*] agg. (pl. m. *-ci*) *1* Di, relativo a, magnete o magnetismo: *fenomeno m.*; *forza magnetica* | *Minerali magnetici*, che sono attirati dalla calamita | *Ago m.*, calamitato | *Equatore m.*, curva di punti intorno alla Terra che indicano dove l'ago rimane orizzontale | *Carta magnetica*, per la navigazione, con linee che indicano la distribuzione del magnetismo terrestre | *Campo m.*, spazio nel quale esistono forze magnetiche | *Variazione magnetica*, delle forze magnetiche | *Mina magnetica*, con detonatore agente per effetto magnetico in prossimità di una massa ferrosa. *2* Detto di ogni particolare tipo di supporto a superficie magnetizzabile, per la registrazione di suoni, immagini, dati: *nastro, disco m.* *3* (*fig.*) Che affascina, rapisce: *sguardo, occhio m.* || **magneticaménte**, avv. Con forza magnetica.

magnetiṣmo [comp. di *magnet(e)* e *-ismo*] s. m. *1* Proprietà di alcune sostanze, dette magnetiche, di attirare e trattenere frammenti di ferro | *M. terrestre*, insieme dei fenomeni che determinano la presenza intorno alla Terra di un campo magnetico | *M. residuo*, magnetizzazione restante nei materiali ferromagnetici dopo la scomparsa del campo magnetico esterno | *M. di bordo*, quello indotto nel ferro e nell'acciaio di una nave dal campo magnetico terrestre. *2* Ramo della fisica che studia i fenomeni magnetici. *3* *M. animale*, misterioso fluido che si ritiene emani da certe persone, o da certi animali, al quale si attribuiscono doti terapeutiche. *4* (*fig.*) Forza di attrazione, capacità di suggestione: *il m. di uno sguardo*.

magnetista [fr. *magnétiste*, da *magnétisme* 'magnetismo'] s. m. (pl. *-i*) *1* Operaio specializzato nella fabbricazione di magneti. *2* Chi si dedica a studi e ricerche sul magnetismo.

magnetite [comp. di *magnet(e)* e *-ite* (*2*)] s. f. ● (*miner.*) Varietà ferrifera di spinello dalla lucentezza metallica e dal colore nero, con spiccate proprietà magnetiche.

magnetiẓẓàbile agg. ● (*elettr.*) Che può essere magnetizzato.

magnetiẓẓabilità s. f. ● Attitudine di un corpo a essere magnetizzato.

magnetiẓẓaménto s. m. ● Magnetizzazione.

magnetiẓẓànte part. pres. di *magnetizzare*; anche agg. ● Nei sign. del v.

magnetiẓẓàre [fr. *magnétiser*, da *magnétisme* 'magnetismo'] **A** v. tr. *1* (*fis.*) Sottoporre un corpo a magnetizzazione: *m. un pezzo di metallo*. *2* Provocare effetti magnetici su una persona | (*fig.*) Affascinare, suggestionare: *m. qc. con lo sguardo*. **B** v. intr. pron. ● Acquistare proprietà magnetiche.

magnetiẓẓàto part. pass. di *magnetizzare*; anche agg. ● Nei sign. del v.

magnetiẓẓatóre [fr. *magnétiseur*, da *magnétiser* 'magnetizzare'] s. m. (f. *-trice* nel sign. 1) *1* Chi magnetizza. *2* (*fis.*) Elettromagnete con cui si magnetizzano i magneti permanenti.

magnetiẓẓatrìce [da *magnetizzare*] s. f. ● Apparecchiatura per codificare dati su una tessera magnetica.

magnetiẓẓazióne [fr. *magnétisation*, da *magnétiser* 'magnetizzare'] s. f. *1* (*fis.*) Operazione che conferisce proprietà magnetiche a una sostanza per effetto di un campo di induzione. *2* Processo mediante il quale vengono codificati dati alfanumerici sulla banda magnetica di un'apposita tessera, come il Bancomat.

magnèto- primo elemento ● In parole composte della terminologia scientifica, significa 'magnetico', 'di magnetismo' o indica relazione col magnetismo: *magnetone*, *magnetometro*.

magnetochìmica [comp. di *magneto-* e *chimica*] s. f. ● Parte della fisica chimica che studia i rapporti intercorrenti tra magnetismo e chimica.

magnetoelasticità [comp. di *magneto-* ed *elasticità*] s. f. ● Parte della fisica che studia i rapporti fra le proprietà magnetiche e le proprietà elastiche dei corpi.

magnetoelèttrico [comp. di *magneto-* ed *elettrico*] agg. (pl. m. *-ci*) *1* (*elettr.*) Detto di dispositivo in cui si compie la trasformazione di energia elettrica in energia magnetica. *2* (*elettr.*) Detto di macchina elettrica che ha come elemento generatore un magnete.

magnetofluidodinàmica [comp. di *magneto-* e *fluidodinamica*] s. f. ● Parte della fisica che studia il moto dei fluidi conduttori di elettricità in presenza di campi magnetici.

magnetofònico [da *magnetofono*] agg. (pl. m. *-ci*) *1* Che concerne il magnetofono. *2* Registrato mediante magnetofono.

magnetòfono ® [nome commerciale] s. m. ● Tipo di registratore a nastro magnetico.

magnetògrafo [comp. di *magneto-* e *-grafo*] s. m. ● (*elettr.*) Magnetometro registratore.

magnetoidrodinàmica [comp. di *magneto-*, *idro-* e *dinamica*] s. f. ● Scienza che studia l'interazione esistente fra campi magnetici e fluidi conduttori in movimento.

magnetolettóre [comp. di *magneto-* e *lettore*] s. m. ● Nei sistemi per l'elaborazione dei dati, lettore di schede o di documenti marcati con segni magnetizzati.

magnetolettùra [comp. di *magneto-* e *lettura*] s. f. ● Nei sistemi per l'elaborazione dei dati, procedimento di lettura basato sul riconoscimento di segni marcati su appositi supporti, come schede, documenti e sim. con matite o inchiostri contenenti materiale magnetizzabile.

magnetomeccànico [comp. di *magneto-* e *meccanico*] agg. (pl. m. *-ci*) ● (*fis.*) Detto di fenomeno in cui la magnetizzazione di un corpo è causa o effetto di un fenomeno meccanico.

magnetometrìa [comp. di *magneto-* e *-metria*] s. f. *1* Parte della fisica che si occupa delle misurazioni di campi magnetici. *2* Parte della geofisica che si occupa della tecnica di fabbricazione e di utilizzazione dei magnetometri.

magnetòmetro [comp. di *magneto-* e *metro*] s. m. ● (*elettr.*) Strumento di misura dell'intensità del campo magnetico terrestre.

magnetomotóre [comp. di *magneto-* e *motore*, sul modello di *elettromotore*] agg. (f. *-trice*) ● (*fis.*) Che ha capacità di mettere in movimento poli magnetici: *forza magnetomotrice*.

magnetóne [da *magnetico*] s. m. ● (*fis.*) Momento magnetico elementare.

magnetoòttica [comp. di *magnetoe ottica*] s. f. ● Parte dell'ottica che studia l'influenza del campo magnetico sui fenomeni ottici.

magnetopàuṣa [comp. di *magneto-* e *pausa*] s. f. ● (*astron.*) La zona compresa fra la magnetosfera e la regione in cui si estende liberamente il vento solare.

magnetosfèra [da *magneto-* sul modello di *atmosfera*] s. f. ● La parte più esterna dell'atmosfera terrestre, in cui si verificano fenomeni dovuti all'azione del campo magnetico terrestre.

magnetostàtica [comp. di *magneto-* e *statica*] s. f. ● Studio dei magneti e dei relativi campi vettoriali.

magnetostrittìvo [da *magnetostrizione*, sul rapporto *costrittivo-costrizione*] agg. ● Relativo alla, o che presenta, magnetostrizione.

magnetostrizióne [ingl. *magnetostriction*, comp. di *magneto-* 'magnete' e del lat. tardo *strĭctio*, genit. *strictiōnis* 'costrizione, pressione', da *strĭctus* 'stretto'] s. f. ● Deformazione dei corpi nel corso della magnetizzazione.

magnetoterapìa [comp. di *magneto-* e *terapia*] s. f. ● Cura di una malattia con magneti o con magnetismo.

magnetoteràpico agg. (pl. m. *-ci*) ● Di magnetoterapia.

màgnetron [ingl. *magnetron*, comp. di *magne(to-)* 'magneto-' ed (*elec*)*tron* 'elettrone'] s. m. ● (*fis.*) Valvola elettronica in cui la corrente elettronica è regolata da un campo magnetico, usata spec. nella tecnica delle altissime frequenze.

magnificàbile agg. ● (*raro*) Degno d'essere magnificato.

magnificaménto s. m. ● Modo e atto del magnificare o esaltare (*spec. scherz.*).

magnificàre [vc. dotta, lat. *magnificāre*, da *magnĭficus*. V. *magnifico*] **A** v. tr. (*io magnìfico, tu magnìfichi*) *1* Celebrare od esaltare con lodi: *m. Dio, la natura, la bellezza del creato*. *2* (*est.*) Vantare od ingrandire con elogi esagerati: *m. le proprie virtù, la propria ricchezza*; *seguitò ... a lodare e m ... il valore stragrande del colonnello Alessandro* (NIEVO). SIN. Decantare. **B** v. rifl. ● Farsi grande menando vanto di sé, della propria opera e sim.

magnificat /lat. maɲ'ɲifikat/ [dalla prima parola del cantico di Maria: *Magnificat anima mea dominum* 'la mia anima esalta il Signore' (Vangelo di S. Luca I, 46)] s. m. inv. (*Magnificat* nei sign. 1 e 2) *1* Cantico che la Vergine intona per rispondere ad Elisabetta, secondo la narrazione evangelica e che inizia, nella Vulgata, con la parola Magnificat. *2* Lo stesso canto usato come preghiera e come inno e introdotto nella liturgia cattolica. *3* (*scherz.*) Il mangiare, il pranzo.

magnificàto part. pass. di *magnificare*; anche agg. ● Nei sign. del v.

magnificatóre agg.; anche s. m. (f. *-trice*) ● Che, chi magnifica, esalta.

magnificazióne [vc. dotta, lat. tardo *magnificatiōne(m)*, da *magnificāre* 'magnificare'] s. f. ● Opera del magnificare.

†**magnificènte** [da *magnificenza*] agg. ● Magnifico, splendido. || **magnificenteménte**, avv. Con magnificenza.

magnificentìssimo [vc. dotta, lat. *magnificentĭssimu(m)*, sup. di *magnĭficus* 'magnifico'] agg. ● Che dimostra la più grande magnificenza: *principe m.* || †**magnificentissimaménte**, avv. Con estrema magnificenza.

magnificènza [vc. dotta, lat. *magnificĕntia(m)*, da *magnĭficus* 'magnifico'] s. f. *1* Qualità di ciò che eccelle in pregio e bellezza: *la m. di un gioiello* | Grandiosità: *la m. del creato, del firmamento*. *2* Pompa, sfarzo: *la m. della corte medicea*; *una casa arredata con m.* SIN. Grandezza, lusso. *3* Qualità di chi è magnifico | Titolo attribuito un tempo a principi e sovrani. *4* Cosa o azione magnifica: *quel monile è una m.*

†**magnifichévole** agg. ● Magnificabile.

magnìfico [vc. dotta, lat. *magnĭficu(m)*, propriamente 'che fa grandi cose', comp. di *măgnus* 'grande' e *-ficus* '-fico'] agg. (pl. m. *-ci*, †*-chi*; come sup. *magnificentìssimo* (V.)) *1* Di chi è splendido e liberale nel vivere o nel comportarsi: *donatore m.* | *Fare il m.*, ostentare grandezza e magnificenza | Che manifesta generosità e larghezza di mezzi: *pranzo, trattamento m.*; *sono commosso per la vostra magnifica ospitalità*. *2* Che eccelle per bellezza, sfarzo, pregio, grandezza e sim.: *tempo, spettacolo, gioiello m.*; *virtù, impresa magnifica*; *l'uomo nacque ... per adoperarsi in cose magnifiche* (ALBERTI) | *Parole magnifiche*, di lusinga o di generosa promessa | *Idea magnifica*, luminosa | *Tempo m.*, perfettamente sereno. *3* Titolo spettante ai patrizi, ma dato nel Rinascimento anche ai signori e attualmente ai rettori delle università. || **magnificaménte**, avv. In modo magnifico: *un affare magnificamente riuscito*; con lusso e grandiosità: *sala magnificamente addobbata*; lautamente: *mangiare magnificamente*.

magniloquènte [da *magniloquenza*] **agg.** ● (*lett.*) Che è dotato di grande eloquenza | (*iron.* o *spreg.*) Retorico, ampolloso: *tono, stile, discorso m.* ‖ **magniloquenteménte**, **avv.** (*raro*) In modo magniloquente.

magniloquènza [vc. dotta, lat. *magniloquĕntia(m)*, da *magnĭloquus* 'magniloquo'] **s. f.** ● Qualità di chi o di ciò che è magniloquente: *rispose in nome di tutti con la m. bolognese il Priore del reggimento* (GUICCIARDINI).

magnilòquio [vc. dotta, lat. tardo *magnilŏquiu(m)*, da *magnĭloquus* 'magniloquo'] **s. m.** ● (*raro*) Magniloquenza.

†**magniloquo** [vc. dotta, lat. *magnĭloquu(m)*, comp. di *măgnus* 'grande' e *lŏqui* 'parlare'] **agg.**; anche **s. m.** ● (*iron.* o *spreg.*) Che, chi parla o scrive in tono o in modo grave e ampolloso.

magnitùdine [vc. dotta, lat. *magnitūdine(m)*, da *măgnus* 'grande'] **s. f.** *1* †Grandezza, altezza, eccellenza (*anche fig.*). *2* (*fis.*) Misura convenzionale della luminosità delle stelle che numericamente diminuisce con l'aumentare del flusso luminoso e, per gli astri più brillanti, può anche essere negativa | *M. apparente*, quella che si misura | *M. assoluta*, che la stella avrebbe se si trovasse a una distanza di 10 parsec dal Sole | *M. visuale, fotografica, infrarossa, rossa, blu, ultravioletta*, secondo il campo spettrale usato per determinarla. *3* (*impr.*) Magnitudo di un terremoto.

magnitudo /*lat.* maɲɲi'tudo/ [vc. dotta, lat. *magnitudo* 'grandezza'] **s. f. inv.** ● (*fis.*, *geol.*) In sismologia, parametro che permette di descrivere oggettivamente un terremoto e di dedurre l'energia meccanica associata a esso.

màgno [lat. *măgnu(m)*, di origine indeur.] **agg.** *1* (*lett.*) Grande: *mi fuor mostrati li spiriti magni* (DANTE *Inf.* IV, 119) | *In pompa magna*, (*fig.*, *scherz.*) con grande sfarzo, V. anche *pompa* | (*fig.*) *Mare m.*, quantità enorme di cose caotiche, confuse e sim. | *Aula magna*, V. *aula*. *2* Appellativo di famosi e grandi personaggi storici: *Carlo m.*; *Pompeo m.*; *Alessandro m.* *3* (*anat.*) *Arteria magna*, aorta | *Cisterna magna*, uno degli spazi subaracnoidali.

magnòlia [chiamata così in onore del botanico P. *Magnol* (1638-1715)] **s. f.** ● Albero delle Magnoliacee con foglie spesse lucenti e fiori bianchi carnosi e profumati (*Magnolia grandiflora*).

Magnoliàcee [comp. di *magnoli(a)* e *-acee*] **s. f. pl.** ● Nella tassonomia vegetale, famiglia di piante dicotiledoni legnose con fiore dialipetalo (*Magnoliaceae*) | (al sing. *-a*) Ogni individuo di tale famiglia. ➡ **ILL. piante** /3.

magnósa [vc. d'etim. incerta] **s. f.** ● (*zool.*) Scillaro.

màgnum /*lat.* 'maɲɲum, *fr.* ma'ɲɔm/ [vc. fr., che è il lat. *măgnum*, nt. di *măgnus* 'grande' (V. *magno*)] **s. m. inv.** *1* Grande bottiglia, spec. da champagne, della capacità di circa 2 l. *2* Tipo di cartuccia a carica potenziata, per revolver | (*est.*) Ogni revolver adatto a sparare tale tipo di cartuccia.

màgo [lat. *măgu(m)*, nom. *măgus*, dal gr. *mágos*, dal persiano *magush*] **A s. m.** (f. *-a* (V.); pl. m. *-ghi*) *1* Chi esercita la magia. **SIN.** Fattucchiere, stregone | Nelle fiabe, chi ha capacità di operare portenti: *il m. Merlino*. *2* Illusionista, prestidigitatore. *3* (*fig.*) Persona che esercita un grande fascino | Persona dotata di eccezionale abilità tecnica e capacità professionale: *un m. del colore, della penna*; *quell'allenatore è un vero m.* *4* (*fig.*, *raro*) Persona di strano aspetto, con barba e capelli incolti. **B agg.** ● †Magico: *forze assai maggior che d'arti maghe* (PETRARCA). ‖ **magóne**, **accr.**

magolàto [vc. di origine preindeur. (?)] **s. m.** ● Divisione di un terreno agricolo a strisce separate da fossati per lo scolo delle acque, con alberi piantati ai margini di tali fossi. **SIN.** Magolo.

màgolo **s. m.** ● (*agr.*) Magolato.

magóna [ar. *ma'ūna* 'aiuto, società' (?); V. *maona* (2)] **s. f.** *1* Officina in cui si ottiene la ghisa dal minerale grezzo. *2* Industria metallurgica. *3* †Bottega di ferramenta. *4* (*fig.*) Luogo grande e dove si trova di tutto con abbondanza.

magóne [V. *maghetto*] **s. m.** *1* (*sett.*) Ventriglio del pollo. *2* (*fig.*, *sett.*) Accoramento, dispiacere: *avere, far venire, il m.*

màgra [f. sost. di *magro*] **s. f.** *1* Fase di minima portata di un corso d'acqua. **CONTR.** Piena. *2* (*fig.*) Penuria, scarsezza, di denaro o, in genere, di mezzi: *questi sono tempi di m., di grande m.* *3* (*fam.*) Brutta figura: *fare una m.*; *che m. all'esame!*

magrebino o **maghrebino** [ar. *maghribī* 'abitante dell'ovest', da *mághrib* 'ovest', da *ghárāba* 'il sole è tramontato', da *gharb* 'luogo del tramonto, ovest', vc. di origine semitica] **A agg.** ● Che concerne il Magreb o l'insieme dei paesi arabi dell'Africa nord-occidentale. **B s. m.** (f. *-a*) ● Abitante, nativo del Magreb.

magrédo [da *magro*] **s. m.** ● Terreno alluvionale molto permeabile e povero di vegetazione, tipico del Friuli.

magrézza **s. f.** ● Stato o condizione di chi, di ciò che è magro (*anche fig.*): *mi impressionò la m. del suo viso*; *non potevo supporre una simile m. di risultati* | *M. di un terreno*, poca fertilità.

màgro o †**màcro**, (*pop.*, *tosc.*) **màghero** [lat. *măcru(m)*, dalla radice indeur. **mak* 'sviluppare in lunghezza'] **A agg.** *1* Scarno, sottile: *corpo m.*; *fianchi, polpacci magri*; *un uomo m. e allampanato* | Smunto, macilento: *non ho mai visto un bambino così m. e patito*. **CONTR.** Grasso. *2* Povero di grassi: *brodo, condimento m.* | *Cibi magri*, pesce, uova, latticini e, in genere, quelli permessi dalla Chiesa cattolica nei giorni di digiuno | *Mangiare di m.*, astenersi dalla carne nei giorni prescritti | *Prosciutto m.*, con poca parte grassa | *Terra magra*, poco fertile | *Malta magra*, con molta rena e poca calce. *3* (*fig.*) Povero, scarso: *cena, annata, raccolta magra*; *è stato un ben m. guadagno* | *Acqua m.*, bassa. *4* (*fig.*) Debole, insufficiente, inadeguato, meschino: *una magra scusa*; *una magra consolazione*; *ottenere magri risultati*. ‖ **magraménte**, **avv.** Scarsamente, poveramente. **B s. m.** ● Parte magra della carne alimentare: *comprare tre etti di m.* ‖ **magrettino**, **dim.** | **magrétto**, **dim.** | **magricciuòlo**, **dim.** | **magrino**, **dim.** | **magrògnolo**, **pegg.** | **magrolino**, **dim.** | **magróne**, **accr.** (V.) | **magròtto**, **dim.** | **magrùccio**, **dim.**

magróne **s. m.** *1* Accr. di *magro*. *2* Suino di peso compreso fra i trenta e i sessanta kilogrammi. *3* Calcestruzzo con bassa dosatura di cemento, adatto per sottofondi e riempimenti. *4* (*fig.*) †Avaro.

mah /ma/ o †**ma** (**2**) [lat. *măgis* 'piuttosto', della stessa radice indeur. da cui deriva *măgnus* 'grande'] **inter.** *1* Esprime dubbio, incertezza nelle risposte: *'capirà di avere sbagliato?' 'mah, non lo so!'*. *2* Esprime rassegnazione o disapprovazione: *mah! non siete mai contenti di nulla!*; *vuole sempre avere ragione lui! mah!*

maharajàh /maara'dʒa*, *ingl.* ma:hə'ra:dʒə, *fr.* maara'ʒa/ [dal sanscrito *mahā* ('grande') *-rājā* 're'] **s. m. inv.** ● Titolo dei sovrani dei principati indiani indipendenti, che rimasero tali nominalmente anche durante l'occupazione inglese dell'India.

maharàni /maa'rani, *indost.* maha:'ra:ni:/ [vc. indost., 'grande regina', comp. di *mahā-* 'grande', di origine indeur., e *rānī* 'regina', dal sanscrito *rājñi*, f. di *rājā* 're' (V. *maharajah*)] **s. f. inv.** ● Titolo della sposa del maharajah.

maharàtto /maa'ratto/ ● V. *maratto*.

mahatma /*indost.* ma'ha:tma:/ [dal sanscrito, propriamente 'grande spirito', comp. di *mahā-* 'grande' (V. *mahārānī*) e *ātmán* 'soffio, anima', di origine indeur.] **agg. inv.** ● Titolo dato in India ad asceti, a santoni e a persone di grandi meriti e di alta spiritualità | Per antonomasia, appellativo di GANDHI.

mahdi /*ar.* mah'di:/ [ar. *al-mahdī* 'il ben guidato'] **s. m. inv.** ● Nell'islamismo, il profeta occulto che verrà a completare l'opera di Maometto.

mahdiṣmo o **madiṣmo** **s. m.** ● Qualificazione delle correnti religiose e politiche islamiche che professano la fede nell'avvento del Mahdi.

mahdista o **madista**, **s. m. e f.** (pl. m. *-i*) ● Seguace del mahdismo.

Mah-jong® /*ingl.* ma:'dʒɔŋ/ [vc. ingl., dal cinese *majang*, 'passeri', da *ma* 'canapa' e *jang* 'piccoli uccelli'] **s. m. inv.** ● Nome commerciale di gioco simile al domino, composto di moltissimi pezzi decorati con motivi caratteristici dell'Oriente, che si gioca in quattro.

mài [lat. *mă(gis)*. V. *mah*] **A avv.** *1* Nessuna volta, in nessun tempo, in nessun caso (di regola in frasi negative, posposto al v. rafforzando la negazione): *non è mai soddisfatto*; *non lo incontro mai*; *non sia mai detto che io lasci correre*; *non si dirà mai di lui che non è un gentiluomo*; *il santo vero / mai non tradir* (MANZONI) | Con valore deprecativo: *non sia mai!*; *non avvenga mai!* | Rafforzato da 'più': *non accadrà mai più*; *mai non vo' più cantar com'io soleva* (PETRARCA) | Con valore negativo in espressioni ellittiche: *questo mai!*; *mai e poi mai!*; *tu se vuoi puoi farlo, io mai!* | Con valore negativo, preposto al v. in espressioni enfatiche: *mai che mi abbia detto una parola gentile!*; *mai una volta che mi abbia chiesto se avevo bisogno*; *mai che arrivi puntuale*; *mai visto!*; *mai sentito dire!* *2* No, affatto (ass. in risposte recisamente negative): *'volete arrendervi?' 'mai!'*; *'puoi perdonargli?' 'mai!'* | Con valore raff.: *mai più*: *'credi che riuscirò?' 'mai più!'*. *3* Qualche volta, in qualche caso (in prop. interr. dirette o indirette, in prop. condizionali e dubitative): *hai mai visto uno spettacolo simile?*; *se mai ti capitasse l'occasione*; *quando mai gli ha negato qualcosa?*; *chi l'avrebbe mai detto?*; *chi mai lo crederebbe?*; *dove mai sarà scappato?*; *come mai non ti ho visto?* | *Caso mai, se mai*, eventualmente; *non muoverti, caso mai vengo io da te*. *4* In altro tempo, in altra occasione (in espressioni comparative): *gli starò vicino più che mai*; *gli affari vanno peggio che mai*; *ora meno che mai posso credergli*; *l'anima ne traluceva più pura e ardente che mai* (NIEVO) | (*fam.*, *ints.*) In espressioni ell. con valore di superlativo: *è bello quanto mai*; *ho un sonno che mai*. *5* (*fam.*) Con valore raff. e ints. dà a un agg. o a un avv. valore superlativo: *ha tante mai idee per la testa!*; *quante mai volte gliel'ho ripetuto!* | (*pleon.*, *lett.*) *Sempre mai, mai sempre*: *fu il vincer sempre mai laudabil cosa* (ARIOSTO) | (*lett.*) †*mai sì, mai no*, sì certo, no certo; V. anche †*maiṣì* e †*mainò*. **B s. m. inv.** ● (*scherz.*) Nelle loc. *il giorno del mai, il giorno di san mai*, il giorno che non verrà ‖ **PROV.** Meglio tardi che mai.

màia [gr. *mâia* 'madre', vc. inft.] **s. f.** ● (*zool.*) Grancevola.

maiàla **s. f.** *1* Scrofa. *2* (*est.*, *volg.*) Meretrice, prostituta.

maialàta **s. f.** *1* Azione moralmente riprovevole. *2* Atto, discorso disgustosamente licenzioso od osceno.

maialatùra [da *maiale*] **s. f.** ● Preparazione delle carni di maiale per conservarle | Tempo in cui si fa tale operazione.

maiàle [vc. dotta, lat. *maiāle(m)*, detto così perché lo si sacrificava alla dea *Maia* (?); nel sign. 4 per la forma tozza e pesante del mezzo] **s. m.** (f. *-a* (V.)) *1* Mammifero artiodattilo dei Suidi addomesticato dai tempi preistorici, selezionato con diverse razze da carne o da grasso (*Sus domesticus*) | *Mangiare come un m.*, (*fig.*) mangiare troppo, o con modi grossolani | *Grasso come un m.*, di persona eccessivamente grassa. **SIN.** Porco. *2* (*est.*) Carne macellata di maiale: *braciola, zampone, cotechino di m.* *3* (*fig.*) Persona estremamente sporca | Persona moralmente riprovevole | Persona che tiene discorsi o compie atti disgustosamente licenziosi od osceni. *4* Mezzo d'assalto impiegato dalla Marina militare italiana nel secondo conflitto mondiale, formato da una specie di siluro, sul quale prendevano posto due persone equipaggiate per dirigerlo in immersione verso la nave nemica, alla quale veniva poi agganciata la carica esplosiva contenuta nella parte anteriore, staccabile, del mezzo stesso. ‖ **maialàccio**, **pegg.** | **maialétto**, **dim.** | **maialino**, **dim.** | **maialóne**, **accr.** | **maialòtto**, **accr.**, **vezz.**

maialésco **agg.** (pl. m. *-schi*) ● Da maiale (*anche fig.*): *grugnito, atto m.*

maiden /*ingl.* 'meidən/ [vc. ingl., propriamente 'fanciulla, vergine', di origine germ.] **s. m. inv.** ● Nell'ippica, cavallo che non ha mai vinto premi nelle corse.

maidico [da *mais*] **agg.** (pl. m. *-ci*) ● Che si riferisce al, che concerne il, mais | (*med.*) *Morbo m.*, pellagra.

maidicolo [comp. del lat. scient. *māys*, genit. *māydis* 'mais' e *-colo*] **agg.** ● Relativo alla coltivazione del mais.

maidiṣmo [da *mais*] **s. m.** ● (*med.*, *raro*) Pellagra.

†**maestà** • V. *maestà*.

†**maiestàde** • V. *maestà*.

†**maiestàte** • V. *maestà*.

maiestàtico [dal lat. *maiĕstas*, genit. *maiestātis* 'maestà'] agg. (pl. m. *-ci*) • Di, della maestà | *Plurale m.*, prima persona plurale usata di solito nei discorsi ufficiali di personaggi eminenti.

maièutica [vc. dotta, gr. *maieutikḗ* (*téchnē*) 'arte della levatrice', f. sost. di *maieutikós* 'maieutico'] s. f. *1* (*med.*) Termine desueto per ostetricia. *2* Metodo di ricerca proprio della filosofia socratica, consistente nel mettere in grado l'allievo, mediante il dialogo, di acquistare chiara coscienza delle conoscenze che si formano nella sua mente.

maièutico [vc. dotta, gr. *maieutikós* 'che fa partorire', da *mâia* 'madre, levatrice', vc. inft.] agg. (pl. m. *-ci*) • Che concerne la maieutica.

mailing /*ingl.* 'meiliŋ/ [vc. ingl., da *to mail* 'spedire per posta', da *mail* 'posta' (a sua volta dal fr. *malle* 'valigia', d'origine francone)] s. m. inv. • (*org. az.*) Tecnica pubblicitaria che consiste nell'invio di opuscoli, lettere e sim. relativi a un prodotto direttamente al domicilio del potenziale consumatore.

mail order /*ingl.* 'meil 'ɔ:də*/ [loc. ingl., propr. 'ordinazione (*order*) per posta (*mail*)'] loc. sost. m. inv. (pl. ingl. *mail orders*) • Ordinazione inviata per posta a una ditta che effettua vendita per corrispondenza.

maimóne [ar. *maimûn* 'scimmia', propriamente 'felice, che porta felicità'; nel sign. 2 dalla forma di scimmia che aveva un tempo] s. m. *1* (*zool.*) Macaco. *2* (*mar.*) Pilastro sporgente sul capodibanda o sul trincarino per dar volta ai canapi.

mainàre • V. *ammainare*.

mainàte [fr. *mainate*, da una vc. indo-malese] s. m. • Storno originario dell'India, spesso allevato in domesticità, che ha la capacità di imitare la voce umana (*Gracula religiosa*).

mainframe /*ingl.* 'meinfreim/ [vc. ingl., comp. di *main* 'principale' e *frame* 'ossatura, struttura' (entrambi d'orig. germ.)] s. m. inv. • (*elab.*) Elaboratore di grande capacità di memoria ed elevata velocità di esecuzione delle istruzioni.

main-gauche /*fr.* mɛ̃'goʃ/ [vc. fr., propriamente 'mano sinistra'] s. f. inv. (pl. fr. *mains-gauches*) • Mancina, nel sign. 2.

†**mainò** o †**mai no**/ [comp. di *mai* e *no*] avv. • (*ints.*) No certo: *rispose Biondello: 'Mai no; perché me ne domandi tu?'* (BOCCACCIO).

mainstream /*ingl.* 'meinstri:m/ [vc. ingl., propr. 'corrente (*stream*) principale (*main*)'] s. m. inv. • (*mus.*) Stile jazzistico ispirato allo swing, precedente al be-bop.

màio (**1**) o (*raro*) **màggio** (**1**) [V. *maggio* (*1*)] s. m. *1* Ramoscello fiorito e con doni che un tempo si usava appendere, dagli innamorati, alla finestra o all'uscio della donna amata nella notte di calendimaggio: *tu vuo' appiccare un m. / a qualcuna che tu ami* (L. DE' MEDICI) | *Applicare il m. ad ogni uscio*, (*fig.*) innamorarsi molto frequentemente | (*est., lett.*) Ramo fiorito. *2* †Palma di vittoria.

†**màio** (**2**) • V. †*maggio* (*2*).

maiòlica [da *Maiolica*, forma ant. di *Maiorca*, isola delle Baleari, da dove fu importata] s. f. *1* Prodotto ceramico formato da una pasta porosa a base di argilla e di piccole quantità di carbonato di calcio, cotto al forno e quindi ricoperto da uno smalto metallico spec. a base di biossido di stagno. *2* (*est.*) Oggetto di maiolica: *una m. faentina*; *collezionare maioliche*.

maiolicàio o **maiolicàro** [da *maiolica*] s. m. • Chi lavora la maiolica | Chi vende oggetti di maiolica.

maiolicàre [da *maiolica*] v. tr. (*io maiòlico, tu maiòlichi*) *1* Ricoprire con lo smalto proprio della maiolica: *m. una terracotta*. *2* Rivestire con mattonelle di maiolica: *m. le pareti di un bagno*.

maiolicàto **A** part. pass. di *maiolicare*; anche agg. • Nei sign. del v. **B** s. m. • Fascia di muro ricoperta di piastrelle di maiolica.

maionése [fr. *mayonnaise*: da *Port Mahón* nelle Baleari, in ricordo della presa della città da parte del duca di Richelieu nel 1756 (?)] **A** s. f. • Salsa a base di tuorli d'uovo, olio e aceto o succo di limone. **B** anche agg. solo f.: *salsa m.*

maioràsco • V. *maggiorasco*.

†**maióre** • V. *maggiore*.

màis [sp. *maiz*, da *mahiz*, di origine centro-americana] s. m. • Granturco.

maiscoltóre [comp. di *mais* e *-coltore*, sul modello di *agricoltore*] s. m. • Coltivatore di mais.

maiscoltùra [comp. di *mais* e *-coltura*, sul modello di *agricoltura*] s. f. • Coltivazione del mais.

†**maisì** o †**mai sì** [comp. di *mai* e *sì*] avv. • (*ints.*) Sì certo: *mai sì che io le conosco* (BOCCACCIO).

maison /*fr.* me'zɔ̃/ [vc. fr., propr. 'casa' (V. *magione*)] s. f. inv. • (*euf.*) Casa di tolleranza.

maître /*fr.* mɛtr/ [vc. fr., stessa etim. dell'it. *maestro*] s. m. inv. *1* Direttore di sala in un ristorante di lusso | (acrt. di *m. d'hotel*) Direttore dei servizi di un albergo. *2* Maggiordomo in una casa signorile.

maître à penser /*fr.* mɛtr a pɑ̃'se/ [loc. fr., propr. 'maestro per pensare'] s. m. inv. (pl. fr. *maîtres à penser*) • Chi con gli scritti, le idee, la parola e sim. orienta e guida il modo di pensare di un gruppo o di una società: *è stato il maître à penser di un'intera generazione*.

maîtresse /*fr.* me'trɛs/ [f. di *maître* 'padrone' (stessa etim. dell'it. *maestro*)] s. f. inv. • (*euf.*) Tenutaria di una casa di tolleranza.

maiùscola [f. sost. di *maiuscolo*] s. f. • Lettera o carattere maiuscolo dell'alfabeto | *Tutto maiuscole, in maiuscole*, indicazione data al tipografo perché un titolo venga composto in maiuscole.

MAIUSCOLA

L'uso della maiuscola all'inizio di parola è regolato da precise norme che brevemente ricordiamo. La lettera maiuscola si deve usare:

- all'inizio di un periodo e dopo il punto fermo: *Il traffico era intenso. Le automobili procedevano lentamente*;
- in tutti i nomi propri, in particolare in quelli di persona e di animale, nei nomi geografici e topografici, di vie o di piazze: *Dante Alighieri, Antonio, il signor Bianchi, Italia, il fiume Adige, il Gran Paradiso, la città di Lodi, via* (o *Via*) *Margutta, piazza* (o *Piazza*) *della Scala*; in questa categoria sono compresi i nomi di imprese, prodotti commerciali, marchi registrati e sim.: *Zanichelli editore S.p.A., la Banca Nazionale dell'Agricoltura, la Fiat Uno 70 SL, la Coca-Cola*;
- all'inizio di un discorso diretto, dopo il segno dei due punti e le virgolette: *D'improvviso mi chiese: 'Che cosa intendi fare?'*;
- dopo il punto esclamativo o interrogativo: *Chi dei due mentiva? Il dubbio e l'incertezza mi tormentavano.* Tuttavia, se la frase che segue rappresenta la continuazione del pensiero precedente, si può usare la lettera minuscola: *Dove avrò lasciato le chiavi? forse nella giacca? o piuttosto sul mobile dell'ingresso?*; *'Giudizio figliuoli! badate bene! siete ancora a tempo'* (A. MANZONI);
- nei nomi di popoli o che indicano gli abitanti di una città o regione: *i Francesi, i Toscani, i Triestini*. Occorre dire che in questo caso l'uso della lettera minuscola tende a diventare comune e va perciò segnalato. Va sempre comunque usata la minuscola nel caso dell'aggettivo o negli usi che non indichino totalità: *gli studenti francesi*; *nella gara mondiale di ciclismo su strada i francesi* (= i ciclisti francesi) *hanno ben figurato*;
- nei titoli: *l'Orlando furioso* (o *l'Orlando Furioso*); *I promessi sposi* (o *I Promessi Sposi*); *il Corriere della Sera*; *Via col vento*;
- nei nomi indicanti festività religiose o civili: *Annunciazione, Natale, Ognissanti, le Ceneri, l'Immacolata Concezione*; *Primo Maggio*, ecc.;
- nei nomi o aggettivi attinenti alla sfera religiosa: *l'Onnipotente*; *la sapienza di Dio*; *la Vergine*; *l'Addolorata*; *pregare il Signore*; *è salito al Cielo*; *il Creatore dell'universo*; *il Padre, la Madre, il Figlio*; *la Madonna*; *l'incarnazione del Verbo*. Molti di questi nomi o aggettivi, quando sono collocati in un contesto comune, hanno naturalmente l'iniziale minuscola. Si scriverà perciò: *il cielo è grigio*; *si crede onnipotente*; *madonna Laura*; *un creatore di moda*; *il suo dio è il denaro*;
- nei nomi di secoli, di periodi o di avvenimenti storici: *la letteratura dell'Ottocento*; *il Rinascimento*; *la Rivoluzione francese*; *la Resistenza*. Come nel caso precedente, si scriverà invece: *continua la resistenza degli assediati*; *il rinascimento delle arti*;
- nei nomi di istituzioni, enti e sim.: *la Repubblica italiana, la Camera dei deputati, la sicurezza dello Stato, i problemi del Paese*; *Ministero della Pubblica Istruzione*; *il Consiglio Superiore della Magistratura*; *l'Ospedale Maggiore*; *l'universalità della Chiesa*; *le Nazioni Unite*. Si scriverà invece: *una piccola chiesa di campagna*; *abita in un paese di montagna*, e così via;
- nei nomi che indicano particolari cariche, nei titoli onorifici e sim.: *Presidente della Repubblica, Sindaco, Sua Eminenza, Sua Santità il Papa*. Se però tali nomi sono seguiti da nome proprio di persona, si preferisce usare la minuscola: *il presidente Scalfaro, papa Giovanni, il prefetto Bianchi* e così via. In questa categoria si possono inserire gli aggettivi e i pronomi che si riferiscono direttamente alla divinità o le cosiddette maiuscole reverenziali nel linguaggio epistolare: *prego Iddio perché con il Suo aiuto...*; *Le scrivo per ringraziarLa...*;
- nelle personificazioni sia di concetti che di animali o cose: *la Giustizia*; *il Lupo disse alla Volpe*;
- nei nomi geografici relativi ai punti cardinali, soprattutto quando rimandano a un territorio o ancor più a realtà economico-sociali o politico-militari, mentre in altri casi è più frequente la minuscola: *il Nord della Francia*; *il conflitto tra il Nord e il Sud del mondo*; *dirigersi verso sud*; *il Sud-Est asiatico*. Lo stesso vale per termini come *mezzogiorno* quando è usato assolutamente in riferimento all'Italia meridionale: *nel mezzogiorno della Spagna*; *la questione del Mezzogiorno*. I nomi dei giorni della settimana, dei mesi e delle stagioni vanno scritti con l'iniziale minuscola: *mercoledì, febbraio, autunno*. Invece, per i motivi esposti sopra: *il Lunedì dell'Angelo*; *Giovedì Santo*; *la Primavera di Vivaldi*; *il 1° Maggio*;
- nei nomi dei gruppi sistematici di botanica e zoologia: *Muschi, Conifere, Spugne, Vertebrati, ecc.*;
- nei nomi dei pianeti: *Mercurio, Venere*, ecc. Quanto a *Sole, Terra* e *Luna*, vanno scritti con la maiuscola quando è preminente il riferimento astronomico, con la minuscola in tutti gli altri casi: *il movimento di rivoluzione della Terra attorno al Sole*; *eclissi di Luna*; ma: *una passeggiata al chiaro di luna*; *prendere il sole*; *l'aereo si staccò da terra*;
- nei segni zodiacali: *Bilancia, Vergine*, ecc.;
- nelle sigle; per ciò che riguarda le lettere successive alla prima e l'uso dei punti fra una lettera e l'altra, le soluzioni pratiche sono differenziate: *C.G.I.L.* oppure *CGIL* o *Cgil*; nello stesso modo *Tci, Dc, Psi*, ecc. L'iniziale minuscola è limitata ad alcuni casi di sigle divenute lemmi veri e propri: *radar, laser*.

maiuscolétto s. m. *1* Dim. di *maiuscolo*. *2* (*tip.*) Carattere maiuscolo d'altezza uguale a quella dell'occhio del minuscolo, aste escluse.

maiùscolo [vc. dotta, lat. *maiŭsculu*(*m*), dim. di *māius*, nt., 'maggiore'] agg. *1* Detto di qualsiasi scrittura i cui segni alfabetici siano compresi entro due linee parallele, senza aste che le oltrepassino in alto o in basso: *lettera maiuscola*; *caratteri maiuscoli* | *A lettere maiuscole*, (*fig.*) apertamente, con grande schiettezza. *2* (*fig.*) Grande, enorme: *fungo m.* | *Sproposito m.*, madornale. || **maiuscolétto**, dim. (V.).

maizèna [ingl. *maizena*, da *maize* 'mais'] s. f. • Farina di granturco bianco usata per fare minestre e nella fabbricazione della birra.

major /*ingl.* 'meidʒə*/ [vc. ingl., propr. 'maggiore'] s. f. inv. *1* Grande società di produzione cinematografica: *le majors di Hollywood*. *2* (*est.*) Impresa, azienda molto importante, spec. nel campo della produzione televisiva o discografica.

majorette /*ingl.* meidʒə'ret, *fr.* maʒɔ'rɛt/ [vc.

ingl., dim. f. di (*drum*) *major* '(tamburo) maggiore'] **s. f. inv.** • Ragazza che, vestita con un costume che ricorda l'uniforme degli antichi tamburini, sfila alla testa di cortei agitando una mazza con cui segna il passo o la musica.

make-up /*ingl.* 'meik ʌp/ [vc. ingl., da *to make up* 'truccare, imbellettare', comp. di *to make* 'fare' (vc. germ. di origine indeur.) e *up* 'sopra' (vc. germ. di origine indeur.)] **s. m. inv.** • Trucco del volto.

màki [vc. del Madagascar] **s. m. inv.** • Proscimmia dei Lemuridi delle dimensioni di un gatto e con il muso volpino, che vive nel Madagascar (*Lemur*).

makò o **macò** [dalla località di *Makò*, in Egitto, da cui è originario] **A s. m. inv.** • Cotone pregiato per filati e stoffe. **B** anche **agg.**: *cotone m.*

màla [da *mala(vita)*] **s. f.** • (*gerg.*) Malavita: *il gergo della m.*

malabàrico **agg.** (**pl. m.** *-ci*) • Relativo al Malabar, regione dell'India.

†**malacarnàio** **s. m.** • (*raro*) Luogo dove i macellai tenevano la malacarne.

malacàrne o **màla càrne** [comp. del f. di *malo* e *carne*] **s. f.** (**pl.** *malecàrni*) **1** Carne macellata di qualità scadente. **2** (*fig.*) Persona trista.

malàcca [da *Malacca*, penisola dell'Asia] **s. f.** • Varietà di canna d'India utilizzata per bastoni, fusti di ombrello e simili, così detta dal paese d'origine.

malaccètto o **mal accètto** [comp. di *mal(e)* e *accetto*] **agg.** • Che non è gradito, che si sopporta a malincuore. **SIN.** Sgradito.

malàccio [da *male*] **s. m.** • Brutto male | (*fam.*) *Non c'è m.!*, va abbastanza bene.

malaccòlto [comp. di *male* e *accolto*] **agg.** • Che riceve o ha ricevuto cattiva accoglienza.

malaccóncio [comp. di *male* e *acconcio*] **agg.** (**pl. f.** *-ce*) • Non acconcio, non adatto a q.c.

malaccortézza [da *malaccorto*] **s. f.** • L'essere malaccorto.

malaccòrto [comp. di *male* e *accorto*] **agg.** • Poco avveduto. **SIN.** Incauto, malavveduto. || **malaccortaménte**, **avv.** In modo incauto, con poca avvedutezza.

malachìte [gr. *molochîtis*, da *molóchē*, *maláchē* 'malva', di origine preindeur. È detta così perché ha il colore della *malva*] **s. f.** • Carbonato basico di rame in finissimi cristalli aciculari, spesso concrezionati, di un bel colore verde a toni diversi, usati spesso come pietre ornamentali.

malacìa [lat. *malăcia(m)*, nom. *malăcia*, dal gr. *malakía* 'mollezza, calma del mare', da *malakós* 'molle', di origine indeur.] **s. f.** (**pl.** *-cìe*) **1** (*med.*) Rammollimento dei tessuti. **2** Desiderio morboso d'ingerire cibi molto piccanti.

malacitàno [vc. dotta, lat. *Malacitānu(m)*, da *Mălaca* 'Malaga'] **agg.** • (*lett.*) Relativo alla città spagnola di Malaga.

màlaco- [dal gr. *malakós* 'molle', di origine indeur.] primo elemento • In parole composte della terminologia scientifica, significa 'molle', 'mollusco': *malacocefalo*, *malacologia*.

malacocèfalo [comp. di *malaco-* e *cefalo*] **s. m.** • Pesce abissale dei Macruridi che vive anche nei mari italiani, con lunga coda filiforme e barbiglio sotto il mento (*Malacocephalus laevis*).

malacologìa [comp. di *malaco-* e *-logia*] **s. f.** (**pl.** *-gìe*) • Ramo della zoologia che studia i molluschi.

malacològico **agg.** (**pl. m.** *-ci*) • Che riguarda la malacologia.

malacòlogo **s. m.** (**f.** *-a*; **pl. m.** *-gi*, pop. *-ghi*) • Studioso, esperto di malacologia.

malacontentézza [da *malcontento*] **s. f.** • (*raro*) Scontentezza, malcontento.

malacòpia o **màla còpia** [comp. del f. di *malo* e *copia*] **s. f.** (**pl.** *màle còpie* o *malecòpie*) • Minuta.

Malacòstraci o **malacòstrachi** [comp. di *malaco-* e del gr. *óstrakon* 'guscio, conchiglia' (V. *ostracione*)] **s. m. pl.** • Nella tassonomia animale, grande gruppo di Crostacei comprendente forme con il corpo suddiviso in 20-21 segmenti (*Malacostraca*) | (al sing. *-o*) Ogni individuo di tale gruppo.

Malacòtteri [comp. di *malaco-* e del gr. *ptéryx*, genit. *ptérygos* 'ala, pinna'] **s. m. pl.** • Nell'antica classificazione zoologica, ordine di Pesci a scheletro osseo con i raggi delle pinne molli e non spiniformi (*Malacopterygii*).

†**Malacozòi** [comp. di *malaco-* e del gr. *zôion* 'animale'] **s. m. pl.** • (*zool.*) Molluschi.

malacreànza o **màla creànza** o **malcreànza** [comp. del f. di *malo* e *creanza*] **s. f.** (**pl.** *màle creànze* o *malecreànze*) • Mancanza di educazione. **SIN.** Ineducazione, scortesia.

†**malacùto** [comp. di *mal(e)* e *acuto*] **s. m.** • Mal di petto, tisi.

†**maladìre** e *deriv.* • V. *maledire* e *deriv.*

†**maladórno** [comp. di *mal(e)* e *adorno*] **agg.** • Disadorno.

malafàtta • V. *malefatta*.

malaféde o **màla féde** [comp. del f. di *malo* e *fede*] **s. f.** (**pl.** *malefédi*, raro) **1** Piena consapevolezza della propria slealtà e della propria intenzione di ingannare: *essere, parlare, agire in m.* **CONTR.** Buonafede. **2** (*dir.*) Consapevolezza di pregiudicare col proprio comportamento un diritto altrui.

malafémmina o **màla fémmina** [comp. del f. di *malo* e *femmina*] **s. f.** (**pl.** *maleféṁmine* o *màle fémmine*) • (*merid.*) Donna di facili costumi, donna di malaffare, prostituta.

malaffàre o (*raro*) **mal affàre** [comp. di *mal(o)* e *affare*] **s. m.** • Solo nella loc. agg. *di m.*, di, relativo a, chi conduce vita turpe e disonesta: *gente di m.* | *Donna di m.*, prostituta | *Casa di m.*, postribolo.

†**malaffètto** [comp. di *mal(e)* e *affetto*] **agg.**; anche **s. m.** • (*raro, lett.*) Che, chi porta odio.

màlaga [dal n. della città di *Malaga*, in Spagna] **A s. m. inv.** • Vino spagnolo, rosso o bianco, liquoroso, di solito dolce, ma talvolta anche secco, prodotto nella regione omonima, di 14°-18°. **B s. f.** • Uva da cui si ottiene il vino omonimo.

malagévole [comp. di *mal(e)* e *agevole*] **A agg.** • Difficile, duro, faticoso: *salita, sentiero m.*; *ti riuscirà sempre ... sommamente m. di apprendere o di porre in pratica moltissime cose* (LEOPARDI) | (*fig.*) *Tempi malagevoli*, calamitosi | (*fig.*) *Bestia m.*, indocile | (*fig.*) †*Persona m.*, intrattabile. || **malagevolménte**, **avv.** **B** in funzione di **avv.** • (*raro*) †Malagevolmente.

malagevolézza **s. f.** **1** Condizione o stato di ciò che è malagevole. **SIN.** Arduità, difficoltà. **2** †Dolore.

malagiàto [comp. di *mal(e)* e *agiato*] **agg.** **1** Privo di comodità: *appartamento m.* **SIN.** Scomodo. **2** Privo di agi: *potrà forse rallegrarsi di vedermi povero e m.* (TASSO). **SIN.** Povero.

malagràzia o **màla gràzia** [comp. del f. di *malo* e *grazia*] **s. f.** (**pl.** *malegràzie*) • Mancanza di garbo o cortesia: *chiamare qc., rivolgersi a qc. con m.* | (*raro*) Atto sgarbato. **SIN.** Malacreanza, sgarbatezza.

malagueña /*sp.* mala'geɲa/ [vc. sp., propriamente 'di Malaga'] **s. f. inv.** • Danza popolare spagnola, di ritmo ternario.

malalìngua o **màla lìngua** [comp. del f. di *malo* e *lingua*] **s. f.** (**pl.** *malelìngue*) • Persona maldicente.

malammìde [comp. di *mal(ico)* e *ammide*] **s. f.** • (*chim.*) Diammide dell'acido malico.

†**malanconìa** e *deriv.* • V. *malinconia* e *deriv.*

†**malandànza** [da *malandare*] **s. f.** • Disgrazia, infelicità.

malandàre [comp. di *mal(e)* e *andare*] **v. intr.** (oggi dif. usato solo all'**inf. pres.** e al **part. pass.** *malandàto*) • (*raro*) Andare, ridursi in cattivo stato.

malandàto **part. pass.** di *malandare*; anche **agg.** **1** Nei sign. del v. **2** Che si trova in cattivo stato, in cattive condizioni: *essere m. in salute, nel vestire.*

malàndra (1) [vc. dotta, lat. tardo *malăndriae*, nom. pl., di etim. incerta] **s. f.** • (*veter.*) Ragade che si rinviene sulla faccia posteriore del carpo.

malàndra (2) **s. f.** • (*raro*) Banda, gruppo di malandrini, di malviventi.

malandrinàggio **s. m.** • Brigantaggio: *cogli anni prosperi, il m. scemava sul fiume e nelle campagne* (BACCHELLI).

†**malandrinàre** [da *malandrino*] **v. intr.** • Fare il malandrino | Comportarsi come un malandrino.

malandrinàta [da *malandrino*] **s. f.** • Azione da malandrino.

malandrinésco **agg.** (**pl. m.** *-schi*) • Da malandrino | *Alla malandrinesca*, al modo dei malandrini.

malandrìno [comp. di *malo* e **landrino*, dal ted. *landern* 'vagabondare'] **A s. m.** (**f.** *-a*) **1** (*raro*) Brigante, rapinatore: *tre malandrini assaltarono la corriera* | (*est.*) Persona malvagia. **SIN.** Furfante. **2** (*fig., scherz.*) Ragazzo vivace, furbo. **SIN.** Birichino. **B agg.** **1** Ladro, disonesto: *un negoziante m.* **2** (*fig.*) Birichino, malizioso: *occhi malandrini*; *sorriso m.*

†**malàndro** **agg.** • Malandrino.

malànimo o (*raro*) **mal ànimo** [comp. di *mal(o)* e *animo*] **s. m.** • Malevolenza o avversità di sentimenti: *agire con m. verso qc.* | *Di m.*, contro voglia, a malincuore. **SIN.** Animosità.

malannàggia [nap. ant., propriamente 'malanno aggia'. Cfr. *mannaggia*] **inter.** • Esprime impazienza, irritazione, contrarietà, ira e sim.: *m. la furia! maledetto il mestiere!* (MANZONI). **SIN.** (*dial.*) Mannaggia.

malànno [comp. di *mal(o)* e *anno*] **s. m.** **1** Danno o disgrazia grave: *quel fatto è stato un vero m.* | *Dare il m.*, augurare disgrazie. **2** Male noioso, incomodo di salute: *quando si è vecchi si è pieni di malanni*. **SIN.** Acciacco. **3** (*fig.*) Persona noiosa: *i suoi tre figli sono tre malanni.* || **malannùccio**, **dim.**

malaparàta o **màla paràta** [comp. del f. di *malo* e *parata*] **s. f.** (**pl.** *maleparàte*, raro) • (*fam.*) Situazione critica o pericolosa: *vista la m. se ne andò.*

malaparòla o **màla paròla** [comp. del f. di *malo* e *parola*] **s. f.** (**pl.** *maleparòle* o *màle paròle*) • Parola offensiva, insulto, ingiuria: *prendere qc. a maleparole.*

malapéna o **màla péna** [comp. del f. di *malo* e *pena*] **s. f.** • Solo nella loc. avv. *a m.*, a stento, con fatica: *può a m. camminare*; *riescono a m. a tirare avanti.*

†**malappropòsito** o †**mal a propòsito** [da *mal(e) a proposito*] **avv.** • (*raro*) A sproposito.

†**malardìto** [comp. di *mal(e)* e *ardito*] **agg.** • Temerario, sfrontato.

†**malàre (1)** [da *male*] **v. intr.** e **intr. pron.** • Ammalare, ammalarsi.

malàre (2) [dal lat. *māla* 'mascella'] **agg.** • (*anat.*) Che concerne le guance | *Osso m.*, osso zigomatico.

malàrìa [comp. del f. di *malo* e *aria*] **s. f.** **1** (*raro*) Aria insalubre di maremma o luoghi paludosi. **2** Malattia parassitaria causata da plasmodi trasmessi da una zanzara del tipo anofele e caratterizzata da violenti accessi febbrili ricorrenti.

malàrico **A agg.** (**pl. m.** *-ci*) • Che concerne la malaria. **B s. m.** (**f.** *-a*) • Chi è affetto da malaria.

malariologìa [comp. di *malaria* e *-logia*] **s. f.** (**pl.** *-gìe*) • Parte della medicina che si interessa dello studio della malaria.

malariòlogo [comp. di *malaria* e *-logo*] **s. m.** (**f.** *-a*; **pl. m.** *-gi*) • Studioso di malariologia.

malarioterapìa [comp. di *malaria* e *-terapia*] **s. f.** • Cura di determinate malattie mediante gli accessi febbrili provocati dall'inoculazione di plasmodi malarici.

†**malarrivàto** [comp. di *mal(e)* e *arrivato*] **agg.** • Infelice, mal ridotto.

malasòrte o **màla sòrte** [comp. del f. di *malo* e *sorte*] **s. f.** (**pl.** *malesòrti*) • Sfortuna | *Per m.*, per disgrazia.

malassàre [vc. dotta, lat. *malaxāre*, dal gr. *malássein* 'rendere molle', da *malakós* 'molle'. V. *malaco-*] **v. tr.** **1** Stemperare e mescolare una sostanza con acqua o altro liquido | Impastare la farina per fare il pane. **2** (*chim.*) Dosare il glutine presente in una data quantità di farina di frumento impastata con acqua dopo aver eliminato l'amido e altri elementi.

malassatrìce **s. f.** • Impastatrice.

malassatùra **s. f.** • Atto, effetto del malassare.

malassazióne [vc. dotta, lat. *malaxatiōne(m)*, da *malaxāre* 'malassare'] **s. f.** **1** Operazione del malassare. **2** (*med.*) †Violento massaggio dopo bagni freddi.

†**malassètto** [comp. di *mal(o)* e *assetto*] **agg.** • Che non è in assetto, che è in disordine.

malassorbiménto [comp. di *mal(e)* e *assorbimento*] **s. m.** • (*med.*) Alterato assorbimento delle sostanze nutritive a livello intestinale.

malatestiàno **agg.** • Dei Malatesta, nobile famiglia guelfa che mantenne la signoria di Rimini dal 1295 al 1503: *tempio m.*; *biblioteca malatestiana.*

malaticcio [da *malato*] agg. (pl. f. *-ce*) ● Di salute malferma: *era m., sottile, con un affanno di petto* (DE SANCTIS).

malàto (1) o †**malatto** [lat. *măle hăbitu(m)* 'che si trova in cattivo stato'; la forma lat. ha dato *malatto*, divenuto poi *malato* per analogia con i part. pass. in *-ato*] **A** agg. **1** Che sta male in salute, che è affetto da qualche malattia: *essere m. agli occhi, allo stomaco; avere una gamba, una mano malata* | *Parte malata*, organo malato | (*est.*) Guasto, esaltato: *fantasia, mente malata*. CONTR. Sano. **2** (*fig.*) Che soffre per, o è dominato da, una violenta passione, da un sentimento acceso, e sim.: *essere m. di invidia, d'amore* | (*fig.*) *Avere il cuore m.*, essere innamorato. **B** s. m. (f. *-a*) **1** Chi sta male in salute, chi ha qualche malattia o indisposizione: *i malati di tifo, d'influenza*. SIN. Infermo. **2** (*fig.*) Chi ha poco giudizio. || **malatino**, dim. | **malatuccio**, dim.

malàto (2) [fr. *malate*, da *malique* 'malico'] s. m. ● (*chim.*) Sale o estere dell'acido malico.

†**malatolta** [V. *maltolto*] s. f. ● Estorsione, rapina.

malatterùro [comp. di *mala(co-)*, *pter-* e *-uro* (2)] s. m. ● Grosso pesce dei Siluridi che vive nei fiumi africani, munito di organi elettrici (*Malapterurus electricus*).

malattìa [da †*malatto*] s. f. **1** Stato patologico per alterazione della funzione di un organo o di tutto l'organismo: *malattie infettive, congenite, della pelle* | *M. da siero*, provocata dall'introduzione di siero in un organismo sensibilizzato al siero stesso | *M. sistemica*, che interessa tutti gli organi di uno stesso sistema | *M. venerea*, che si trasmette con i rapporti sessuali | *M. da decompressione, m. dei cassoni*, condizione, tipica dei subacquei, causata da una rapida riduzione della pressione ambientale con liberazione di bolle gassose, spec. di azoto, nel sangue e nei tessuti | *M. professionale, del lavoro*, alterazione dello stato di salute di un lavoratore originata da cause inerenti allo svolgimento della prestazione di lavoro | *Malattie sociali*, quelle collegate a particolari condizioni sociali di vita o che, per la loro vasta diffusione, incidono sulla società nel suo complesso. SIN. Morbo. **2** (*fig.*)Stato di turbamento o tensione emotiva: *l'invidia è una brutta m.* | Tormento, angoscia, idea fissa: *è così disperato per il licenziamento che ne sta facendo una vera m.* **3** (*fig.*) Turbamento, deterioramento, crisi di una collettività: *ogni epoca ha la sua m., alla quale risponde un'altra (ma è probabilmente la stessa) nel campo morale* (SABA) | *M. alla moda*, noia, nervosismo e sim. | (*fig.*) *M. del secolo*, l'atteggiamento spirituale generalmente diffuso in un determinato periodo. || **malattiàccia**, pegg. | **malattiùccia**, **malattiùzza**, dim.

†**malàtto** ● V. *malato (1)*.

malauguràto o **mal auguràto** [comp. di *mal(e)* e *augurato*] agg. ● Che è di cattivo augurio, che porta danno o sventura: *incontro, giorno m.* SIN. Infausto, nefasto. || **malauguratamente**, avv. In modo malaugurato, per disgrazia.

malaugùrio o **mal augùrio** [comp. di *mal(o)* e *augurio*] s. m. ● Cattivo augurio: *giorno, persona di m.* | *Farsi il m.*, disporsi a un caso tristo | (*fig.*) *Uccello del m.*, persona che porta cattive notizie o fa previsioni nefaste.

malauguróso [da *malaugurio*] agg. ● Che è di cattivo augurio, messaggero di disgrazie: *un tipo m.* || **malaugurosamente**, avv.

†**malaùrio** s. m. ● (*raro*) Malaugurio.

malaventùra o **màla ventùra** [comp. del f. di *malo* e *ventura*] s. f. (pl. *malaventùre*) ● (*raro*) Malasorte, disgrazia | Sciagura | *Per m.*, disgraziatamente.

malavita [comp. del f. di *malo* e *vita*] s. f. solo sing. **1** Vita moralmente e socialmente riprovevole: *darsi alla m.* **2** Il complesso delle persone che vivono svolgendo abitualmente attività in contrasto con la legge, la morale corrente e sim.: *far parte della m.; la m. è in allarme; il gergo della m.*

malavitóso [da *malavita*] s. m.; anche agg. ● Chi, che fa parte della malavita.

malavòglia o **màla vòglia** [comp. del f. di *malo* e *voglia*] s. f. (pl. *malevòglie*) ● Svogliatezza | *Di m.*, mal volentieri, svogliatamente | *Star di m.*, essere annoiato.

†**malavoglienza** ● V. *malevolenza*.

malavvedùto [comp. di *mal(e)* (*1*) e *avveduto*] agg. ● Incauto, improvvido, malaccorto: *è stato m. nel comportarsi così*. || **malavvedutamente**, avv. Incautamente.

malavventuràto [comp. di *mal(e)* (*1*) e *avventurato*] agg. ● (*lett.*) Disgraziato, sventurato, sfortunato. || **malavventuratamente**, avv. (*lett.*) Sventuratamente.

malavventuróso [comp. di *mal(e)* (*1*) e *avventuroso*] agg. ● Disgraziato, malaugurato, nefasto | Infausto. || **malavventurosamente**, avv. Malauguratamente.

malavvézzo o **màle avézzo** [comp. di *mal(e)* (*1*) e *avvezzo*] agg. ● Abituato o educato male. SIN. Maleducato, viziato.

†**malavviàto** ● V. *maleavviato*.

malavvisàto [fr. *malavisé* 'male avvisato'] agg. ● (*lett.*) Incauto, sconsigliato.

malaysiàno /malai'zjano/ **A** agg. ● Appartenente alla federazione della Malaysia. **B** s. m. (f. *-a*) ● Cittadino della Malaysia.

malazzàto [sovrapposizione di *malaccio* ad *ammalato*] agg. ● (*raro*) Che soffre per continui acciacchi, che non si sente bene: *un vecchio m.*

†**malbailìto** [ant. fr. *malbailli*, part. pass. di *malbaillir*, comp. di *mal* 'male' e *baillir* 'amministrare' (cfr. *bailo*)] agg. ● (*raro*) Mal assistito, guidato.

malbiànco o **mal biànco** [comp. di *mal(e)* (*2*) e *bianco*; detto così perché provocato da ife bianche] s. m. (pl. *-chi*) ● (*agr.*) Malattia delle piante provocata da un fungo ascomicete. SIN. Oidio, nebbia.

malcadùco [comp. di *mal(e)* (*2*) e *caduco*; calco sul lat. *mŏrbus cadūcus*] s. m. (pl. *-chi*) ● (*med., pop.*) Epilessia.

malcapitàto o **mal capitàto** [da *mal(e)* (*1*) e *capitato*] agg.; anche s. m. (f. *-a*) **1** Che, chi capita male o in un momento inopportuno: *il m. giovane*. **2** Che, chi ha subìto sventure ed è mal ridotto: *i malcapitati provenivano dalla zona allagata*.

malcàuto o **mal càuto** [comp. di *mal(e)* (*1*) e *cauto*] agg. ● Avventato, inconsiderato, malaccorto: *malcauta gioventù*. || **malcautamente**, avv. Senza prudenza.

malcelàto o **mal celàto** [comp. di *male* (*1*) e *celato*] agg. ● Nascosto male, non ben dissimulato: *apprese la notizia con malcelata soddisfazione*.

malcèrto o **mal cèrto** [comp. di *mal(e)* (*1*) e *certo*] agg. ● (*raro*) Incerto, insicuro: *prospettiva malcerta*.

malcollocàto o **mal collocàto** [comp. di *mal(e)* (*1*) e *collocato*] agg. ● Collocato male.

†**malcominciàto** [comp. di *mal(e)* (*1*) e *cominciato*] agg. ● Cominciato male.

malcommésso [comp. di *mal(e)* (*1*) e *commesso*] agg. ● Sconnesso.

malcompósto [comp. di *mal(e)* (*1*) e *composto*] agg. ● Scomposto. || **malcompostamente**, avv. Senza garbo e compostezza.

malcóncio [comp. di *mal(e)* (*1*) e *concio* (*1*)] agg. (pl. f. *-ce*) ● Conciato male, ridotto in cattivo stato, malridotto: *era m. per le percosse*.

†**malcondiscendènte** [comp. di *mal(e)* (*1*) e *condiscendente*] agg. ● Rigido, severo.

†**malcondótto** [comp. di *mal(e)* (*1*) e *condotto*] agg. ● Malandato.

malconoscènte [comp. di *mal(e)* (*1*) e *conoscente*] agg. ● (*raro*) Sconoscente, ingrato.

†**malconsapévole** [comp. di *mal(e)* (*1*) e *consapevole*] agg. ● Che non conosce bene il fatto.

malconsideràto [comp. di *mal(e)* (*1*) e *considerato*] agg. ● Inconsiderato, incauto.

†**malconsigliàre** [comp. di *mal(e)* (*1*) e *consigliare*] v. tr. ● Consigliare male.

malconsigliàto part. pass. di †*malconsigliare*; anche agg. **1** Nel sign. del v. **2** Malaccorto, incauto.

malcontènto [comp. di *mal(e)* (*1*) e *contento*] **A** agg. ● Scontento, insoddisfatto: *individuo m.* **B** s. m. (f. *-a* nel sign. 1) **1** Chi, per insoddisfazione, si lamenta, mormora e si agita: *il mondo è pieno di malcontenti*. **2** Senso di scontentezza, inquietudine e sim.: *il m. cresce, serpeggia tra la folla*. SIN. Malumore.

malcopèrto o **mal copèrto** [comp. di *mal(e)* (*1*) e *coperto*] agg. ● Vestito a mala pena, mezzo ignudo | *Casa malcoperta*, che ha il tetto in cattive condizioni.

malcorrispondènte [comp. di *mal(e)* (*1*) e *corrispondente*] agg. ● (*raro*) Che corrisponde male.

malcorrispósto o **mal corrispósto** [comp. di *mal(e)* (*1*) e *corrisposto*] agg. ● Non corrisposto a dovere, non ricompensato.

malcostumàto [comp. di *mal(e)* (*1*) e *costumato*] agg. ● (*raro*) Male educato.

malcostùme o **mal costùme** [comp. di *mal(o)* e *costume*] s. m. (pl. *màli costùmi* o raro *malicostùmi*) ● Modo di vivere dissoluto e immorale: *combattere il m.; il m. delle tangenti, del nepotismo; m. politico, sociale*. SIN. Corruzione, disonestà.

malcreànza ● V. *malacreanza*.

malcreàto o **mal creàto** [comp. di *mal(e)* (*1*) e *creato*] agg. **1** Screanzato, scostumato: *giovanetto m.* **2** †Malnato, tristo. || **malcreatèllo**, dim.

†**malcubàto** [comp. di *mal(e)* (*1*) e il part. pass. di *cubare* 'giacere'] agg. ● Malaticcio.

malcurànte [comp. di *mal(e)* (*1*) e *curante*] agg. ● (*raro*) Incurante, noncurante.

†**maldenàro** [comp. di *mal(o)* e *denaro*] s. m. **1** Nell'Italia merid., tributo, balzello imposto arbitrariamente. **2** (*est.*) Ogni tributo applicato normalmente | Imposta sui consumi.

Maldentàti [comp. di *male* (*1*) e *dentato*] s. m. pl. ● (*zool.*) Sdentati. ➡ ILL. **animali** /11.

†**maldestinàto** [comp. di *mal(e)* e *destinato*] agg. ● Che ha cattivo destino | Chi ha cattivi propositi.

maldèstro [comp. di *mal(e)* (*1*) e *destro*] agg. **1** Che manca di destrezza o abilità: *un artigiano m.* | Di ciò che è fatto o eseguito malamente: *tentativo m.* **2** Che è senza malizia né furberia né accortezza: *un giovane timido e m.; maldestri approcci*. || **maldestramente**, avv.

†**maldétto** **A** part. pass. di †*maldire*; anche agg. ● (*raro*) Nei sign. del v. **B** s. m. ● Parola ingiuriosa.

maldicènte [comp. di *mal(e)* (*1*) e *dicente*, part. pres. di *dire*] **A** agg. ● Che sparla degli altri, con accuse, calunnie, pettegolezzi e sim.: *è una donna m.* **B** s. m. e f. ● Persona che abitualmente sparla e dice male degli altri: *non ascoltare quel m.!* SIN. Malalingua.

maldicènza [lat. *maledicĕntia(m)*, comp. di *măle* 'male (1)' e *dīcere* 'dire'] s. f. **1** Vizio di fare discorsi malevoli sugli altri: *la sua incorreggibile m.* **2** Chiacchiera malevola o calunniosa e sim.: *dar luogo a maldicenze senza fine* | *Fare un po' di m.*, parlare di qc. o di q.c. con ironia o curiosità, ma senza cattiveria. SIN. Calunnia, diffamazione, mormorazione.

†**maldicitóre** [da *maldire*, sul modello di *dicitore*] agg.; anche s. m. (f. *-trice*) ● Maledico.

†**maldìre** [comp. di *mal(e)* e *dire*] v. tr. ● Dire male.

maldispósto [comp. di *mal(e)* (*1*) e *disposto*] agg. ● Che è disposto sfavorevolmente nei confronti di qc. o q.c.: *il giudizio fu maggiormente negativo perché era m. verso di lui* | (*raro*) Cattivo di indole.

maldistribuito [comp. di *mal(e)* (*1*) e *distribuito*] agg. ● Distribuito male: *un'azienda con lavoratori maldistribuiti; ricchezze maldistribuite*.

maldiviàno **A** agg. ● Delle isole Maldive, nell'Oceano Indiano. **B** s. m. (f. *-a*) ● Abitante, nativo delle isole Maldive.

maldòcchio o **mal d'òcchio** [comp. di *mal(e)* *d(i)* *occhio*] s. m. ● (*tosc.*) Malocchio.

†**malduréevole** [comp. di *mal(e)* (*1*) e *durevole*] agg. **1** Di poca durata. **2** Insopportabile.

màle (1) [lat. *măle*, da *mălus* 'cattivo'] **A** avv. (in posizione proclitica spesso troncato in *mal*; compar. di maggioranza *pèggio*, raro pop. *più màle*; sup. *malìssimo*, o *pessimaménte*) **1** In modo non retto, non buono: *comportarsi, agire m.* | *Abituarsi m.*, prendere cattive abitudini | *Parlare, dire m. di qc.*, sparlarne | *Trattare, rispondere m.*, con durezza e senza riguardi | *Sta m. rispondere così a un superiore*, è poco corretto, sconveniente. CONTR. Bene. **2** In modo insoddisfacente, svantaggioso, spiacevole: *mangiare, dormire m.; riuscire m.; si comincia m.!; gli è andata m. anche questa volta* | *Bene o m.*, in un modo o nell'altro: *bene o m. anche questa è passata* | *Di m. in peggio*, con continui peggioramenti | *Restare, rimanere m.*, contrariato, deluso | *Vestire m.*, senza proprietà ed eleganza | *Stare m.*, essere a disagio o indisposto | *Essere m. in gamba*, godere poca salute | *Sentirsi m.*, non star bene in salute; essere colto da improvviso malore | *Finire m.*, avere un cattivo esito e (*fig.*) fare una brutta morte | *Essere m. in arnese*, essere in cattive condizioni, in stato non buono. CONTR. Bene. ***3*** In modo imperfetto: *l'abito gli sta m.*; *ci sente e vede m.*; *il ritratto è riuscito m.*; *la macchina funziona m.* | *Parlare, scrivere, pronunciare m.*, in modo scorretto | In modo incompleto (con valore di negazione): *si è adattato m. alla situazione*; *questo particolare m. si accorda con il resto*; *ha risposto con mal celata ironia.* CONTR. Bene. **B** in funzione di **inter.** ● Esprime biasimo, disapprovazione e sim.: *non vuoi farlo? m.!*; *non hai finito i compiti? Molto m.!* CONTR. Bene. ‖ **malàccio**, **pegg.** | **malino**, **dim.** | **maluccio**, **dim.**

màle (**2**) [V. precedente] **A** s. m. (poet., lett. troncato in *mal*) ***1*** Ciò che è cattivo, ingiusto e disonesto: *commettere, fare il m.*; *tendere al m.*; *volli cercare il m. / che tarla il mondo* (MONTALE) | *Genio del m.*, persona particolarmente cattiva | Colpa, peccato: *nel tuo agire non vi è stato m.*; *il m. è tutto lì.* CONTR. Bene. ***2*** Ciò che è inutile, inopportuno, svantaggioso: *non sarà m. avvertirlo* | Danno: *fare del m.*; *avere, ricevere m.* | *Parlare, agire a fin di m.*, per nuocere ad altri | *Voler m.*, odiare, desiderare il danno altrui | *Metter m.*, discordia | *Aversene a m.*, offendersi | *Andare a m.*, guastarsi. CONTR. Bene. ***3*** Sventura, avversità: *i mali della vita*; *augurare ogni m. a qc.* ***4*** Sofferenza, dolore, sia fisico che morale: *sentire un gran m. al ginocchio*; *mal d'amore* | *Mal del paese*, nostalgia del paese natio. ***5*** (*med.*) Malattia | *Mal d'auto, d'aria, di mare*, malesseri provocati dal movimento, caratterizzati da nausee, vomito ed emicranie | *Mal di montagna*, malesseri provocati dalla rarefazione dell'ossigeno con l'aumentare dell'altitudine | *Mal caduco*, epilessia | *Mal sottile*, tubercolosi | *Mal di testa, di capo*, emicrania | *Mal francese*, V. anche *malfrancese* | *Mal della lupa*, bulimia | †*Mal dello scimmione*, atrepsia | †*Mal della pietra*, calcolosi vescicale | (*fig., scherz.*) *Avere il mal della pietra*, tendenza, attitudine a costruire case, anche per gratificazione personale oltre che per profitto economico. ***6*** (*bot.*) Malattia delle piante | *M. bianco*, malattia che colpisce i vegetali sulle cui foglie compaiono chiazze bianche dovute a ife di funghi (es. *Phyllactinia suffulta*) delle Erisifacee | *M. nero*, fumaggine | *M. dell'inchiostro*, grave malattia del castagno causata da un fungo delle Saprolegnacee (*Blepharospora cambivora*) | *Mal del piombo*, malattia delle foglie dell'olivo che assumono un aspetto argentato o piombato. SIN. (*raro*) Piombatura. **B** agg. ● †Malo, cattivo ‖ PROV. Non tutto il male viene per nuocere; mal comune, mezzo gaudio; chi è causa del suo mal pianga sé stesso.

maleàto [fr. *maléate*, da *maléique* 'maleico'] s. m. ● (*chim.*) Sale o estere dell'acido maleico.

maleavvézzo ● V. *malavvezzo.*

maleavviàto o †**malavviàto** [comp. di *male* (*1*) e *avviato*] agg. ● Che è stato avviato male | Che si è sviato.

†**maledétta** [f. sost. di *maledetto*] s. f. ● Saetta, nella loc. *non saperne una m.*, nulla, e nella loc. *alla m.*, alla disperata.

maledettìsmo [da *maledetto*] s. m. ● Atteggiamento dissacrante e anticonformistico, proprio dei poeti del decadentismo francese.

maledétto o (*pop., tosc.*) †**maladétto**, †**malidétto** **A** part. pass. di *maledire*; anche agg. ***1*** Nei sign. del v. ***2*** Che è causa di maledizione o sventura: *quel m. giorno non finiva mai.* SIN. Funesto, nefasto. ***3*** Orribile: *tempo m.*; *paura maledetta* | Tristo: *quel m. barbiere mi ha rovinato la faccia!* ***4*** (*fig.*) Insopportabile, assai molesto: *fame, sete maledetta*; *ho una voglia maledetta di partire.* ***5*** *Poeti maledetti*, denominazione dei poeti del Decadentismo francese. ‖ **maledettaménte**, avv. ***1*** In modo maledetto. ***2*** Orribilmente: *piove, lampeggia m.* ***3*** Con grande forza, insistenza e sim.: *studio m. da tre mesi.* **B** s. m. (f. *-a* nel sign. 1) ***1*** Persona da esecrare, da maledire: *quando la finirà quel m.?* ***2*** (*raro, spec. al pl.*) I demoni.

malèdico [vc. dotta, lat. *malĕdicu(m)*, comp. di *măle* 'male (1)' e *dīcere* 'dire'] agg. (pl. m. *-ci*; come sup. *maledicentissimo*) ● (*lett.*) Maldicente, calunniatore. ‖ **maledicaménte**, avv.

maledire o (*pop., tosc.*) †**maladire** [lat. *maledīcere* 'dir male, sparlare', comp. di *măle* 'male (1)' e *dīcere* 'dire'] **A** v. tr. (imperf. indic. *io maledicévo*, pop. *maledìvo*; pass. rem. *io maledìssi*, pop. *maledìi*, *tu maledicésti*, pop. *maledìsti*; imp. *maledìci*; per le altre forme coniug. come *dire*) ***1*** Colpire con una condanna o anatema: *Noè maledisse Cam*; *Dio maledisse Caino.* ***2*** Considerare degno di esecrazione, di abominio, imprecando o augurando sventura: *m. i tiranni, i malvagi*; *maledirai il giorno in cui sei nato*; *maledissi la sorte* (SABA). SIN. Vituperare. ***3*** †Sparlare. **B** v. intr. (aus. *avere*) ● (*lett.*) †Augurar male.

†**maledittóre** [da *maledizione*] s. m. (f. *-trice*) ● Chi maledice.

maledizióne o †**maladizióne** [vc. dotta, lat. *maledictiōne(m)* 'maldicenza, insulto', da *maledīcere.* V. *maledire*] **A** s. f. ***1*** Atto, effetto dello scagliare anatemi o condanne contro qc.: *la m. dei genitori pesa sul suo capo* | *Avere la m. addosso*, non riuscire a trovar bene o pace | Imprecazione: *dalla sua bocca non escono che insulti e maledizioni.* ***2*** Cosa o persona abominevole o esecrabile, che è fonte di sventure e sim.: *quel vizio è la sua m.*; *sei una m. per chiunque ti avvicini.* SIN. Disdetta, disgrazia. ***3*** †Maldicenza. **B** in funzione di **inter.** ● Esprime ira, rabbia, dispetto, disappunto, contrarietà e sim.: *m.! non me ne va bene una oggi!*; *m.! potevano avvertirmi!*; *m.! che fretta!* SIN. Dannazione.

maleducàto o (*raro*) **mal educàto** [comp. di *mal(e)* (*1*) ed *educato*] agg.; anche s. m. (f. *-a*) ● Che, chi è privo di educazione e buona creanza: *ragazzo m.*; *se ... date una buona notizia ad un m., gestisce, mugghia* (DE SANCTIS). SIN. Screanzato, villano. ‖ **maleducataménte**, avv.

maleducazióne [comp. del f. di *malo* ed *educazione*] s. f. ***1*** Cattiva educazione. SIN. Malacreanza, villania. ***2*** Atto o comportamento da maleducato. SIN. Villania.

†**malefaciènte** [vc. dotta, lat. *malefaciĕnte(m)*, part. pres. di *malefăcere* 'fare del male', comp. di *măle* 'male (1)' e *făcere* 'fare'] agg. ● Che fa male, nuoce.

malefàtta o **malafàtta**, **màla fàtta** [comp. di *mala* (f. di *malo*) e *fatta*] s. f. (pl. *malefàtte*) ***1*** (*raro*) Errore di tessitura nei panni. ***2*** (*spec. al pl., fig.*) Errore, danno, spec. di natura morale: *sta sempre a noi riparare le sue malefatte.*

†**malefattóre** ● V. *malfattore.*

†**maleficènza** [vc. dotta, lat. *maleficĕntia(m)*, da *malĕficus* 'malefico'] s. f. ● Danno, errore.

†**maleficiàto** agg. ● Colpito da maleficio.

malefìcio o **malefìzio**, †**malifìcio**, †**malifìzio** [vc. dotta, lat. *malefĭciu(m)*, da *malĕficus* 'malefico'] s. m. ***1*** Malia, stregoneria: *la si credeva una strega e le si attribuivano molti malefici.* ***2*** (*raro, lett.*) Delitto, misfatto, ribalderia: *miser chi, mal oprando, si confida / che ognor star debbia il m. occulto* (ARIOSTO) | †*Giudice del m.*, giudice criminale o penale.

†**maleficióso** o †**malefizióso** [da *maleficio*] agg. ● Malefico.

malèfico [vc. dotta, lat. *malĕficu(m)*, da *malefăcere.* V. *malefaciente*] **A** agg. (pl. m. *-ci*, †*-chi*) ***1*** Che fa male, che è dannoso: *clima m.*; *i malefici effetti di q.c.* | *Fungo m.*, velenoso. SIN. Nocivo. ***2*** Di maleficio: *fattura malefica* | Che proviene da maleficio o ne è causa: *influsso m.*; *stelle malefiche.* ***3*** (*astrol.*) Attributo dei pianeti Marte, Saturno, Urano, Plutone. ‖ **maleficaménte**, avv. In modo malefico; con maleficio. **B** s. m. ● †Mago, fattucchiere.

malefìzio e *deriv.* ● V. *maleficio* e *deriv.*

malèico [fr. *maléique*, da *malique* 'malico'] agg. (pl. m. *-ci*) ● (*chim.*) Detto di composto estratto o derivato, almeno originariamente, da mele o da sostanze in esse contenute | *Acido m.*, acido bicarbossilico, isomero dell'acido fumarico, ottenuto riscaldando l'acido malico o decomponendo cataliticamente il benzolo, usato per molte sintesi organiche.

màle intenzionàto ● V. *malintenzionato.*

†**malemèrito** o †**malmèrito** [comp. di *male* (*1*) e *merito*, in opposizione a *benemerito*] agg. ● Che ha mal meritato | Degno di castigo. CONTR. Benemerito.

†**malenànza** o †**malinànza** [provz. *malanansa*, comp. di *mal* 'male (1)' e *anar* 'andare'] s. f. ● Affanno, doglia.

†**malenconìa** e *deriv.* ● V. *malinconia* e *deriv.*

maleodorànte [comp. di *male* (*1*) e *odorante*] agg. ● Che emana cattivo odore: *vicoli, rifiuti maleodoranti.*

maleolènte [lat. *măle olĕnte(m)*, comp. di *măle* 'male (1)' e il part. pres. di *olēre* 'aver odore'] agg. ● (*lett.*) Puzzolente, maleodorante.

maleopolinesìaco [ted. *malayo-polynesischen* (*Sprachen*) '(le lingue parlate dal gruppo) *malese e polinesiaco*'] agg. (pl. m. *-ci*) ● Detto di una famiglia di lingue parlate nell'area compresa fra il Madagascar, le isole Hawaii, l'isola di Pasqua e la Nuova Zelanda.

malèrba [comp. del f. di *malo* ed *erba*] s. f. ● Erba inutile o dannosa | (*fig., scherz.*) *La m. non muore mai*, i cattivi vivono più dei buoni | *Cresce come la m.*, di persona noiosa, che si trova dappertutto | *La m. cresce*, (*fig.*) si dice di ragazzo birichino, che cresce in esuberanza e in salute.

malèscio [sp. *malejo*, da *malo* 'malo'] agg. (pl. f. *-sce*) ***1*** Di noce di qualità scadente per il gheriglio che non si stacca | (*fig.*) *Capo, cervello m.*, duro, vuoto. ***2*** (*fig.*) Cagionevole di salute.

malése **A** agg. ● Della Malesia: *donne malesi*; *abitante, nativo della Malesia, oggi Malaysia.* **B** s. m. e f. ● Abitante, nativo della Malesia. **C** s. m. solo sing. ● Lingua del gruppo indonesiano, parlata in Malesia.

malespèrto [comp. di *mal(e)* (*1*) ed *esperto*] agg. ● (*raro*) Che non ha esperienza.

malèssere o (*raro*) **mal èssere** [comp. di *mal(e)* (*1*) ed *essere*] s. m. ***1*** Sensazione di non star bene: *uno strano m.* SIN. Indisposizione. ***2*** (*est.*) Inquietudine, turbamento, di natura sociale, economica e sim.: *nel Paese c'è un diffuso senso di m.*

†**malestànte** [comp. di *male* (*1*) e *stante*, in opposizione a *benestante*] agg. ● Indigente.

malèstro [comp. di *mal(o)* ed *estro*] s. m. ● Danno commesso per sbadataggine, irrequietezza, inesperienza e sim.: *quel ragazzo non combina che malestri.*

malestróso agg. ● (*raro*) Che fa continuamente malestri.

†**malèstruo** [ant. fr. *malestruc*, comp. di *mal* 'malo' e *astruc* 'fortunato'] agg.; anche s. m. ● Sciagurato, miserabile, scellerato.

malevolènza o †**malavogliènza**, †**malevogliènza**, †**malivolènza**, †**malvogliènza** [lat. *malevolĕntia(m)*, comp. di *măle* 'male (1)' e *vŏlens* 'colui che vuole'] s. f. ● Cattiva disposizione d'animo verso qc., gusto del male altrui: *agire con m.*; *io conchiudo che tu in luogo di amarmi ... mi abbia piuttosto in ira e m.* (LEOPARDI). SIN. Animosità, avversione, malanimo.

malèvolo [vc. dotta, lat. *malĕvolu(m)*. V. *malevolenza*] agg.; anche s. m. (f. *-a*; come sup. *malevolentìssimo*) ● Che, chi vuol male o dimostra malevolenza: *intenzione malevola*; *quei malevoli saranno puniti.* SIN. Animoso, ostile. ‖ **malevolménte**, avv. Con malevolenza.

malfacènte part. pres. di *malfare*; anche agg. ● (*raro, lett.*) Nel sign. del v.

†**malfaciménto** [da *malfare*, come *facimento* rispetto a *fare*] s. m. ● Misfatto, delitto.

malfamàto [comp. di *mal(e)* (*1*) e il part. pass. di *famare*] agg. ● Che gode di una cattiva o pessima fama: *individuo, luogo m.*

malfàre [lat. *malefăcere.* V. *malefaciente*] v. intr. (coniug. come *fare*; aus. *avere*; oggi usato spec. all'inf. pres. e al part. pass. *malfàtto*) ● Compiere cattive azioni: *uomini usi a m.*

malfattìno [da *malfatto*] s. m. ● (*spec. al pl.*) Tipo di pasta da minestra, a pezzi irregolari, specialità emiliana.

malfàtto **A** part. pass. di *malfare*; anche agg. ***1*** Nei sign. del v. ***2*** Mal formato da natura: *corpo m.* | Realizzato male: *oggetto m.* ***3*** (*fig.*) Degno di biasimo: *cose malfatte.* **B** s. m. ***1*** Azione degna di biasimo: *riparare il m.* ***2*** (*spec. al pl.*) Sorta di gnocchi con spinaci e prezzemolo, tipici della Valtellina.

malfattóre o †**malefattóre** [lat. *malefactōre(m)*, da *malefăctum.* V. *malafatta*] **A** s. m. (f. *-trice*, pop. *-tora*) ● Ribaldo, malandrino, furfante: *una banda di malfattori*; *lo legarono come un m.* | (*scherz.*) Briccone. **B** agg. ● †Malefico.

†malfattorìa [da *malfattore*] s. f. • Malefizio.

†malferàce [detto così perché *ferace* ('apportatore') di *male*] agg. • Apportatore di male.

†malferàto [comp. di *mal(e)* (*1*) ed (*ef*)*ferato*] agg. • Efferato, crudele.

malférmo o (*raro*) **mal férmo** [comp. di *mal(e)* (*1*) e *fermo*] agg. • Privo di sicurezza, solidità o stabilità (*anche fig.*): *camminare con passo m.*; *salute malferma*; *avere malfermi propositi*. SIN. Incerto, instabile, malsicuro.

malfidàto [comp. di *mal(e)* (*1*) e *fidato*] agg.; anche s. m. (f. *-a*) • Che, chi non si fida. SIN. Diffidente.

malfidènte [comp. di *mal(e)* (*1*) e *fidente*] agg. • Malfidato.

malfido o (*raro*) **mal fido** [vc. dotta, lat. tardo *malefīdu(m)*, comp. di *măle* 'male (1)' e *fīdus* 'fido, fidato'] agg. • Che è indegno di fiducia, che non dà sufficiente sicurezza: *amico m.*; *alleanza malfida*. SIN. Infido, malsicuro.

malfilàto [prob. comp. di *mal(e)* (*1*) e *filato*] s. m. • (*tess.*) Tipo di filato che, con particolari procedimenti, è reso irregolare nella sua continuità.

†malfinìre [comp. di *mal(e)* (*1*) e *finire*] v. intr. • Andare in perdizione.

malfondàto o **mal fondàto** [comp. di *mal(e)* (*1*) e *fondato*] agg. • Incerto, mal sicuro: *speranza mal fondata*.

malformàto o **mal formàto** [comp. di *mal(e)* (*1*) e *formato*] agg. ***1*** Non ben formato, che ha brutta forma. SIN. Malfatto. ***2*** (*med.*) Che è affetto da malformazione.

malformazióne [da *malformato*] s. f. ***1*** Irregolarità nella struttura delle parti. ***2*** (*med.*) Alterazione della normale conformazione di un tessuto, organo o parte del corpo.

malfòrte [comp. di *mal(e)* (*1*) e *forte*] agg. • (*raro*) Debole.

†malfortunàto [comp. di *mal(e)* (*1*) e *fortunato*] agg. • Disgraziato, sfortunato.

†malfortunóso [comp. di *mal(e)* (*1*) e *fortunoso*] agg. • Disgraziato.

†malfrancesàto [da *malfrancese*] agg.; anche s. m. • Che, chi è affetto dal malfrancese.

malfrancése o **mal francése**, **†malfranciòso**, **†malfranzése** [comp. di *mal(e)* (*2*) e *francese*; detto così perché si credeva che fosse stato portato a Napoli sotto Carlo VIII dall'esercito francese] s. m. • (*med.*) Sifilide.

†malfrùtto [comp. di *mal(o)* e *frutto*] s. m. • Cattivo frutto.

†malfùsso [sp. *marfuz* 'rinnegato', dall'ar. *marfud*] agg.; anche s. m. • Ribaldo, empio.

màlga [vc. di origine preindeur.] s. f. • Costruzione rustica, parte in muratura e parte in legno, per temporanea dimora di persone e di bestie sui pascoli alpini | (*est.*) Pascolo alpino.

malgàrbo o **mal gàrbo** [comp. di *mal(o)* e *garbo*] s. m. ***1*** Maniera sgraziata: *ringraziare qc. con m.* ***2*** Villania, sgarbo.

malgàro o (*region.*) **margàro** [da *malga*] s. m. • Conduttore di pascoli montani, di bestiame nella malga.

malgàscio [ingl. *malagasy*, da avvicinare a *Madagas(car)*, col fenomeno abbastanza frequente dello scambio tra *-l-* e *-d-*] **A** agg. (pl. f. *-sce*) • Del Madagascar: *lingua malgascia*. **B** s. m. (f. *-a*) • Abitante, nativo del Madagascar. **C** s. m. solo sing. • Lingua del gruppo indonesiano, parlata nel Madagascar.

malghése [da *malga*] s. m. • Malgaro.

malgiudicàre [comp. di *mal(e)* (*1*) e *giudicare*] v. tr. (*io malgiùdico, tu malgiùdichi*) • Giudicare ingiustamente: *spesso è facile m. il prossimo*.

malgiudicàto part. pass. di *malgiudicare*; anche agg. • (*raro*) Nei sign. del v.

†malgiùnto [comp. di *male* (*1*) e *giunto*] agg. • Malcapitato.

malgovèrno (1) o **mal govèrno** [comp. di *mal(o)* e *governo*] s. m. ***1*** Cattivo governo, cattiva amministrazione: *subire le conseguenze del m.* ***2*** Mancanza di cura, cattivo uso.

†malgovèrno (2) [comp. di *mal(e)* (*1*) e *gover(n(at)o)*] agg. • Malconcio, malmesso.

malgradito o **mal gradito** [comp. di *mal(e)* (*1*) e *gradito*] agg. • (*raro*) Sgradito: *dono m.*

malgràdo o (*raro*) **mal gràdo** [comp. di *mal(o)* e *grado*] **A** prep. • Nonostante, a dispetto di: *m. le minacce, persiste nei suoi propositi*; *m. le difficoltà ha superato la prova*; *lo ha fatto m. la mia proibizione* | Contro la volontà (in unione con gli agg. poss.): *dovrai farlo tuo m.* | (*lett.*) Nella loc. prep. *m. di*. **B** cong. • Nonostante, sebbene (introduce una prop. concessiva con il v. al congv.): *m. non lo meritasse, ha vinto la gara*; *m. fosse tardi, sono arrivato in tempo* | Anche nella loc. prep. *m. che*: *m. che l'avessi intuito, non ho potuto evitarlo*. **C** s. m. • †Dispiacere, contrarietà.

†malgràto [comp. di *mal(e)* (*1*) e *grato*] agg. • Ingrato.

†malgrazióso [comp. di *mal(e)* (*1*) e *grazioso*] agg. • Rude, sgarbato. || **†malgraziosaménte**, avv. Con mala grazia.

malguardàto o **mal guardàto** [comp. di *mal(e)* (*1*) e *guardato*] agg. • Custodito o difeso male: *patrimonio m.*

malgùsto o **mal gùsto** [comp. di *mal(o)* e *gusto*] s. m. • Gusto cattivo (*anche fig.*): *abiti di m.*; *cibo di m.*

malìa [da *malo*] s. f. ***1*** Pratica magica con la quale, nelle credenze medioevali, si pretendeva di assoggettare la volontà altrui o di recare danno a persone o cose. SIN. Incantesimo, maleficio. ***2*** (*fig.*) Incanto, fascino: *occhi pieni di m.* ***3*** (*fig.*) Seguito di sventure, contrarietà e sim.

maliàno A agg. • Del Mali. **B** s. m. (f. *-a*) • Abitante, nativo del Mali.

maliàrda /mali'arda, ma'ljarda/ [f. sost. di *maliardo*] s. f. ***1*** Donna che fa malie, incantesimi e sim. ***2*** (*est.*) Donna che esercita un forte potere di seduzione (*anche scherz.*): *non assumere quelle pose da m.*

maliàrdo /mali'ardo, ma'ljardo/ [da *malia*] **A** agg. • Che conquista, affascina: *sorriso m.*; *occhi maliardi*. **B** s. m. (f. *-a* (V.)) • (*raro*) Uomo che fa malie, incantesimi e sim.

màlico [fr. *malique*, dal lat. *mālum* 'mela'] agg. (pl. m. *-ci*) • (*chim.*) Detto di ossiacido bicarbossilico, presente in molti frutti acerbi, dotato di potere rotatorio che varia con la diluizione, usato in medicina e per sintesi organiche.

†malidétto • V. *maledetto*.

†malifìcio • V. *maleficio*.

†malifìzio • V. *maleficio*.

malignàre [vc. dotta, lat. tardo *malignāre*, da *malīgnus* 'maligno'] **A** v. intr. (aus. *avere*) • Fare discorsi o pensieri cattivi su qc. o q.c.: *m. sul comportamento di qc.* | *M. su tutto*, interpretare o commentare con malignità ogni cosa. **B** v. tr. ***1*** †Trattare con malignità. ***2*** †Interpretare malignamente.

malignatóre s. m. (f. *-trice*) • (*raro*) Chi abitualmente maligna.

malignità [lat. *malignitāte(m)*, da *malīgnus* 'maligno'] s. f. ***1*** Malvagità d'animo, disposizione a pensare o giudicare male, a nuocere e sim.: *la sua m. è veramente diabolica*; *una sì svergognata m.* (BARTOLI) | (*est.*) Malizia: *interpretare ogni cosa con m.* SIN. Cattiveria, malevolenza. ***2*** Insinuazione o interpretazione maligna: *è meglio non ascoltare la sua m.* ***3*** Carattere di ciò che è avverso, sfavorevole, nocivo. ***4*** (*med.*) Natura o carattere maligno di una malattia, che porta a morte l'organismo.

malìgno [lat. *malīgnu(m)*, da *mălus*. V. *malo*] **A** agg. ***1*** Che agisce, parla o pensa con malignità: *una ragazza maligna* | *Spirito m.*, il demonio | *Critico m.*, che si compiace di cercare e trovare manchevolezze | (*est.*) Che muove da odio, malvolere e sim.: *risatina, interpretazione, insinuazione maligna*; *il piacere m ... gli faceva arricciare agli angoli il labbro* (PIRANDELLO). SIN. Cattivo, malevolo, malvagio. ***2*** (*fig., lett.*) Nocivo. ***3*** (*lett.*) Contrario, sfavorevole. ***4*** (*med.*) Che evolve dannosamente per l'organismo senza risentire gli effetti di alcuna cura | *Tumore m.*, ad accrescimento indefinito, invadente e destruente per i tessuti circostanti. ***5*** †Infernale. || **malignaménte**, avv. Con malignità. **B** s. m. (f. *-a*) • Persona malevola, malvagia: *i maligni dicono molte cose non vere su di lui* | *Il m.*, (*per anton.*) il demonio. SIN. Cattivo, malevolo, malvagio. || **malignàccio**, pegg. | **malignétto**, dim. | **malignóne**, accr. | **malignùccio**, **malignùzzo**, dim.

†malignóso agg. • Che ha del maligno. || **†malignosaménte**, avv. In modo malignoso, con malignità.

malimpiegàto [comp. di *mal(e)* (*1*) e *impiegato*] agg. • Impiegato o usato male: *denaro m.*

†malinànza • V. *†malenanza*.

malinconìa o **†malanconìa**, **†malenconìa**, **†maninconìa**, **†melancolìa**, **melanconìa** [lat. tardo *melanchŏlia(m)*, nom. *melanchŏlia*, dal gr. *melancholía* 'atrabile, demenza, melancolia', comp. di *mélas* 'nero' e *cholḗ* 'bile'] s. f. ***1*** Secondo l'antica medicina, umor nero di natura fredda e secca, secreto dalla bile. SIN. Atrabile. ***2*** Dolce e delicata tristezza, vaga e intima mestizia: *pensieri e ricordi colmi di m.*; *sguardo pieno di m.*; *il mio cuore, ... / strugge, vagante fiamma / nei dì festivi la m.* (SABA). ***3*** Pensiero, presentimento e sim. che causa tristezza o preoccupazione: *mettiamo da parte le malinconie*. ***4*** (*med. psicol.*) Stato patologico di tristezza, pessimismo, sfiducia o avvilimento, senza una causa apparente adeguata, che rappresenta una delle fasi della psicosi maniaco-depressiva. || **malinconiàccia**, pegg.

malincònico o **†malancònico**, **†malencònico**, **†manincònico**, **†melancòlico**, **melancònico** [lat. *melanchŏlicu(m)*, nom. *melanchŏlicus*, dal gr. *melancholikós*, da *melancholía*. V. *malinconia*] agg. (pl. m. *-ci*) ***1*** Che sente o è propenso a sentire dolce e pacata tristezza: *un giovane meditativo e m.* | Che è pieno di malinconia: *un canto sommesso e m.* SIN. Mesto. ***2*** Che dà malinconia: *riflessioni, idee malinconiche*. SIN. Mesto. || **malinconicaménte**, avv.

malinconióso /malinko'njoso, malinkoni'oso/ o **†malanconióso**, **†malinconóso**, **†maninconióso**, **†maninconóso**, **melanconióso** [da *malinconia*] agg. • (*lett.*) Malinconico.

malincòrpo [comp. di *mal(e)* (*1*), *in* e *corpo*] vc. • (*tosc.*) Solo nella loc. *a m.*, contro voglia, di malavoglia: *andò a m. a far l'imbasciata nella stanza vicina* (MANZONI).

malincuòre [comp. di *mal(e)* (*1*), *in* e *cuore*] vc. • Solo nella loc. avv. *a m.*, di malavoglia, con rincrescimento, poco volentieri: *ci ha lasciati a m.*

malinformàto [comp. di *mal(e)* (*1*) e *informato*] agg. • Che ha avuto informazioni inesatte.

malintenzionàto o **màle intenzionàto** [comp. di *mal(e)* (*1*) e *intenzionato*] agg.; anche s. m. (f. *-a*) • Che, chi ha intenzione di danneggiare, di nuocere: *essere m. contro qc.*, *a riguardo di qc.*; *si avvicinarono dei malintenzionati*. SIN. Maldisposto, ostile.

malintéso [comp. di *mal(e)* (*1*) e *inteso*] **A** agg. ***1*** Male interpretato: *una malintesa indulgenza lo ha danneggiato* | *Pietà malintesa*, che finisce col non fare il bene, o che è mal riposta. ***2*** (*raro*) Che non ha capito o imparato bene: *poeta m. delle esigenze metriche*. **B** s. m. • Falsa o errata interpretazione che è causa di screzi, dispiaceri e sim.: *desidero chiarire il m.* SIN. Equivoco.

malióso /mali'oso, ma'ljoso/ [da *malia*] **A** agg. ***1*** Che incanta: *io comporrei canzoni maliose* (D'ANNUNZIO). ***2*** †Che fa malie, stregonerie. ***3*** †Venefico. **B** s. m. (f. *-a*) • (*raro*) Maliardo.

†malipotènza [lat. *măli potĕntia(m)* 'potenza del male'] s. f. • Potenza di far male.

†maliscàlco • V. *maniscalco*.

†maliscènte [prob. da *male* (*2*) sul modello di *convalescente*] agg. • (*tosc.*) Che non è ancora guarito.

†maliscènza s. f. • (*tosc.*) Stato di maliscente.

malìsmo • V. *melisma*.

†malivolènza • V. *malevolenza*.

malìzia [vc. dotta, lat. *malĭtia(m)*, da *mălus* 'malo'] s. f. ***1*** Inclinazione a commettere azioni disoneste, ingiuste, maligne: *agire con m.* SIN. Malignità, malvagità. ***2*** Compiaciuta conoscenza del male: *lo disse con molta m.* CONTR. Ingenuità. ***3*** Capacità di comprendere ciò che è audace e piccante, anche dissimulando tale conoscenza sotto atteggiamenti ingenui: *si espresse con sottile m.* ***4*** Astuzia o accorgimento posti in essere per ingannare qc. o, comunque, per ottenere certi risultati: *sono le malizie dei commercianti*; *io che opero senza m., prendo le cose con indifferenza* (GOLDONI) | *Mettere in m.*, far capire la furberia o l'inganno | (*est.*) Avvedutezza, perizia: *usar m. in un'arte*. ***5*** †Corruzione, infezione: *quelli intelletti che per m. d'animo o di corpo infermi non sono* (DANTE). ***6*** †Danno, dolore, sventura. ***7*** †Peccato mortale.

|| **maliziàccia**, pegg. | **maliziétta**, dim. | **maliziùccia**, dim. | **maliziuòla**, dim.

maliziàre [da *malizia*] **A** v. intr. (*io malìzio*; aus. *avere*) ● Operare e pensare con malizia. **B** v. tr. ● †Alterare.

maliziàto part. pass. di *maliziare*; anche agg. **1** Nei sign. del v. **2** (*raro*) Ingannevole. || †**maliziataménte**, avv. Con inganno.

maliziosità [vc. dotta, lat. *malitiositāte(m)*, da *malitiōsus* 'malizioso'] s. f. ● Qualità di malizioso | (*est.*) Azione maliziosa.

malizióso [vc. dotta, lat. *malitiōsu(m)*, da *malĭtia* 'malizia'] agg. **1** Pieno di malizia: *è evidente l'intenzione maliziosa del suo intervento*; *quel tiro da bambina maliziosa* (SVEVO). **2** Che denota malizia: *sguardo m.* **3** †Astuto, furbo. || **maliziosàccio**, pegg. | **maliziosétto**, dim. | **maliziosino**, dim. | **maliziosùccio**, dim. || **maliziosaménte**, avv. Con malizia.

†**maliziùto** agg. ● Pieno di malizie.

malleàbile [fr. *malléable*, dal lat. *mălleus* 'martello'; si diceva di quel metallo che può essere lavorato col martello] agg. **1** Detto di metallo o lega metallica che può essere ridotto in lamine sottili o sottilissime senza subire rotture, fessurazioni o alterazioni strutturali nocive. **2** (*fig.*) Facile a convincersi, a essere persuaso. SIN. Arrendevole, cedevole. || **malleabilménte**, avv. (*raro*) Con docilità, arrendevolezza.

malleabilità [fr. *malléabilité*, da *malléable* 'malleabile'] s. f. ● Qualità di ciò che è malleabile (*anche fig.*).

mallegàto [comp. di *mal(e)* (*1*) e *legato* (*1*), perché non è legato fisso come il salame] s. m. ● (*tosc.*) Sanguinaccio fatto con sangue di maiale, misto a grasso e uva passa, posto in vendita lessato. SIN. Biroldo.

malleolàre agg. ● (*anat.*) Del malleolo.

mallèolo [vc. dotta, lat. *mallĕolu(m)*, da *mălleus* 'martello'. V. *maglio*] s. m. ● (*anat.*) Sporgenza ossea in corrispondenza della caviglia: *m. interno, esterno.*

mallevadóre o (*raro*) **mallevatóre** [da *mallevare*] s. m. (f. *-drice*) **1** (*dir.*) Colui che garantisce, obbligandosi, l'adempimento altrui. **2** (*est.*) Garante: *mi faccio m. della sua onestà*; *duce David, m. è Iddio* (ALFIERI). **3** †Ostaggio.

mallevadorìa [da *mallevadore*] s. f. ● (*raro*) Malleveria.

†**mallevàre** [lat. *mănu(m) levāre* 'alzare la mano', dal gesto che si faceva quando si giurava] v. intr. ● Farsi mallevadore o garante di qc. o q.c.

mallevatóre ● V. *mallevadore.*

malleverìa [da †*mallevare*] s. f. ● (*dir.*) Garanzia personale dell'adempimento altrui: *dare m.*

màllo (**1**) [lat. *măllu(m)* 'fiocco di lana' (?)] s. m. ● Involucro verde e coriaceo che forma la parte esterna delle noci e delle mandorle e annerisce quando il frutto è maturo | *Mangiar le noci col m.*, (*fig.*) sparlare di chi sa sparlare altrettanto.

màllo (**2**) [francone *mathl* 'assemblea'] s. m. ● Nell'antico diritto germanico, assemblea degli uomini liberi investita di funzioni politiche e giurisdizionali.

Mallòfagi [comp. del gr. *mallós* 'fiocco di lana' e del pl. di *-fago*] s. m. pl. ● Nella tassonomia animale, ordine di piccoli Insetti atteri, simili ai pidocchi, con occhi ridotti, arti provvisti di uncini, parassiti sulle penne e sui peli di uccelli e mammiferi (*Mallophaga*). SIN. Mangiapelli | (al sing. *-go*) Ogni individuo di tale ordine.

mallòppo [etim. incerta] s. m. **1** Involto, fagotto | (*gerg.*) Refurtiva: *restituire il m.* **2** (*fig.*, *dial.*) Groppo: *sentirsi un m. alla gola.* **3** (*aer.*) Grosso gomitolo di cavo col capo attaccato al dirigibile, destinato ad essere gettato a terra per l'ormeggio immediato.

mallòto [vc. dotta, gr. *mallōtós* 'coperto di peli', da *mallós* 'fiocco di lana, ciocca di capelli'] s. m. ● (*chim.*) Kamala.

mallùvia [vc. dotta, lat. tardo *mallŭviae*, nom. pl., comp. di *mănus* 'mano' e *lavāre*] s. f. ● Sorta di catinella per lavarsi le mani.

malmaritàta o **mal maritàta** [comp. di *mal(e)* (*1*) e *maritata*] **A** agg.; anche s. f. ● Donna che ha avuto un cattivo marito. **B** s. f. ● Componimento, nella poesia italiana e francese delle origini, che ha per tema il lamento della malmaritata.

†**malmatùro** [comp. di *mal(e)* (*1*) e *maturo*] agg. ● Immaturo (*anche fig.*).

†**malmeggiàre** [sovrapposizione di *palpeggiare* a *malmenare*] v. tr. ● Malmenare.

malmenàre [comp. di *mal(e)* (*1*) e *menare*] v. tr. (*io malméno*) **1** Percuotere qc. conciandolo male: *m. i prigionieri.* **2** (*fig.*) Bistrattare, maltrattare, strapazzare: *i critici lo hanno malmenato oltre ogni dire* | *M. il pianoforte, il violino* ecc., suonarli molto male. **3** †Palpeggiare | †Maneggiare.

malmenìo s. m. ● (*raro*) Il continuo malmenare (*anche fig.*).

malmeritàre [comp. di *mal(e)* (*1*) e *meritare*] v. intr. (*io malmèrito*; aus. *avere*) ● (*raro*) Acquistare cattivi meriti.

†**malmèrito** ● V. †*malemerito.*

malmésso o **mal mésso** **A** part. pass. di †*malmettere* ● †Nei sign. del v. **B** agg. ● Di chi, di ciò che è vestito, conciato, arredato e sim. male, poveramente, senza gusto o senza cura: *un ragazzino m.*; *casa malmessa.* SIN. Sciatto, trasandato.

†**malméttere** [comp. di *mal(e)* (*1*) e *mettere*] v. tr. **1** Malmenare, guastare. **2** (*fig.*) Dissipare, consumare.

malmignàtta [comp. del f. di *mal(o)* (perché fa male) e *mignatta*] s. f. ● Ragno con zampe lunghe, nerastro, con tredici macchie rosse sull'addome, che mordendo provoca vivo dolore e disturbi vari (*Latrodectes tredecimguttatus*). SIN. Ragno di Volterra.

malmişuràto [comp. di *mal(e)* (*1*) e *misurato*] agg. ● Misurato male, in modo impreciso o inesatto.

malmostóso [milan. *malmostós*, comp. di *mal* 'male (1)' e *mostós* 'sugoso' (V. *mostoso*)] agg. ● (*dial.*) Scontroso, scorbutico, piuttosto intrattabile: *bambino m.*; *avere un atteggiamento m.*, *un'aria malmostosa.*

malnàto o **mal nàto** [lat. *măle nātu(m)* 'nato male'] agg. **1** †Nato da stirpe umile o ignobile. **2** (*fig.*) Villano, screanzato: *un giovane m.* **3** (*fig.*) Tristo, cattivo: *uomini malnati*; *passione malnata* | (*fig.*) Sciagurato: *come cadere il bue suole al macello / cade il m. giovene* (ARIOSTO).

†**malnaturàto** o †**mal naturàto** [comp. di *male* (*1*) e *naturato*] agg. ● Di cattiva complessione, gracile.

malnòto o **mal nòto** [comp. di *mal(e)* (*1*) e *noto*] agg. ● Conosciuto poco o male: *un fatto m. agli storici.*

malnutrito o **mal nutrito** [comp. di *male* (*1*) e *nutrito*] agg. ● Che si nutre in modo insufficiente o irrazionale.

malnutrizióne [da *malnutrito*] s. f. ● (*med.*) Condizione morbosa, manifesta od occulta, determinata da insufficiente, squilibrato o eccessivo apporto di alimenti, o dalla loro imperfetta assimilazione.

màlo [lat. *mălu(m)*, di etim. incerta] agg. (m. pl. tosc. troncato in *ma'*) ● (*lett.*) Cattivo, tristo, malvagio: *querelandomi io seco di questi mali trattamenti* (LEOPARDI) | *Mala femmina*, prostituta | *Mala morte*, morte accidentale, accaduta per disgrazia | *Mala vita*, V. *malavita* | *A mala pena*, con difficoltà, a stento | *Mala pratica*, cattiva compagnia | *Mala pasqua*, sventura | *Mala lingua*, persona maldicente | *Vista la mala parata*, vista la difficoltà, il pericolo | *Di mala grazia*, svogliatamente o sgarbatamente | *Prendere in mala parte*, mostrare risentimento, impermalirsi per q.c. | *Far mala riuscita*, riuscir male | *Ridurre a mal partito*, conciare male | *Rispondere in m. modo*, sgarbatamente | *Prendere a male parole*, insultare, offendere | *Cadere in m. modo*, fare una caduta pericolosa | *Mala voce*, calunnia | *Arrivò in mal punto*, in un momento poco opportuno | *Mala fede*, V. anche *malafede.* || **malaménte**, avv. In malo modo, in modo non conveniente né opportuno: *parlare, trattare malamente*; *rispondere malamente a qc.*; male, in modo sbagliato, in modo non giusto: *hai scritto malamente il numero*; *il lavoro è stato fatto malamente*; in modo violento: *finire, morire malamente.*

malòcchio [vc. di origine merid., comp. di *mal(o)* e *occhio*, nel senso di 'cattivo sguardo'] s. m. ● Nelle credenze popolari, influsso malefico, volontario o involontario, che si ritiene derivi dallo sguardo di alcune persone: *gettare il m. su qc.*; *dare il m.* *a qc.* | *Guardare, vedere di m.*, con pochissima simpatia, con odio.

malonàto [da *malon(ico)*, col suff. *-ato* (*2*)] s. m. ● (*chim.*) Sale o estere dell'acido malonico.

malonèsto o **mal onèsto** [fr. *malhonnête*, comp. di *mal* 'malo' e *honnête* 'onesto'] agg. ● (*raro*) Che è poco onesto o scorretto.

malònico [fr. *malonique*, da *malique* 'malico'] agg. (pl. m. *-ci*) ● (*chim.*) Detto di acido bicarbossilico, presente nella barbabietola e in varie piante, usato sotto forma di estere per sintesi organiche, spec. di barbiturici.

malonilurèa [comp. di *malonico*, *-ile* e *urea*] s. f. ● (*chim.*) Acido barbiturico.

malóra [comp. del f. di *mal(o)* e *ora*] s. f. ● Perdizione, rovina | *Andare in m.*, rovinarsi e, †andare in prigione | *Mandare in m.*, rovinare | *Va' in m.!*, va' all'inferno, smetti di seccare | *Alla m.!*, al diavolo!

†**malórcia** [euf. per *malora*] s. f. ● Malora.

malordinàto [comp. di *mal(e)* (*1*) e *ordinato*] agg. ● (*raro*) Disordinato | Male in arnese. || **malordinataménte**, avv.

malóre [da *male* (*2*)] s. m. **1** Indisposizione improvvisa e dolorosa: *essere colto da m.*; *gli accessi del suo m. le lasciavano sempre un appetito vorace* (MORANTE). **2** (*fig.*) †Magagna | Turbamento. || **maloruccio**, **malorùzzo**, dim.

malosservàto [comp. di *mal(e)* (*1*) e *osservato*] agg. ● (*raro*) Che non è stato osservato, adempiuto o mantenuto: *promesse malosservate.*

†**maloticherìa** [da *malotico*] s. f. ● Malignità.

†**malòtico** [da *malo*] agg. ● Che è disposto al male, che gioisce del male altrui: *non restavano alcune persone malotiche ... di farlo disperare* (VASARI).

malpagàto [comp. di *mal(e)* (*1*) e *pagato*] agg. ● Pagato male, retribuito in modo insufficiente: *operai malpagati.*

†**malparàto** [comp. di *mal(e)* (*1*) e *parato*] agg. ● Che è in cattivo stato, in tristi condizioni: *vedendosi Bonanno m., pensò un dì d'andare in uno suo fondachetto* (SACCHETTI).

malpàri o **mal pàri** [comp. di *mal(e)* (*1*) e *pari*] agg. ● (*raro*) Che è male allineato o irregolare.

malparlànte o **mal parlànte** [comp. di *mal(e)* (*1*) e *parlante*] agg.; anche s. m. e f. ● Che, chi parla scorrettamente una lingua.

malpartito o **mal partito** [comp. di *mal(o)* e *partito* (*1*)] s. m. ● Solo nella loc. avv. *a m.*, in cattive condizioni, in stato di difficoltà: *ridursi, trovarsi a m.*

malpélo [comp. di *mal(o)* e *pelo*] agg. ● Detto di chi, avendo i capelli rossi, è ritenuto dall'opinione popolare malvagio e astuto: *un rosso m.*

malpensànte o **mal pensànte** [comp. di *mal(e)* (*1*) e *pensante*] agg.; anche s. m. e f. ● Che, chi ha idee diverse da quelle della maggioranza e ritenute erronee, spec. in campo religioso e politico.

malpensàto [comp. di *mal(e)* (*1*) e *pensato*] agg. ● Che deriva da pensieri o idee affrettati, poco originali e sim.: *progetto m.*

†**malpensièri** [comp. di *mal(o)* e il pl. di *pensiero*] s. m. ● Pensiero di nuocere.

malpersuàşo [comp. di *mal(e)* (*1*) e *persuaso*] agg. ● (*raro*) Che non è completamente persuaso.

malpighiàno agg. **1** Dell'anatomista M. Malpighi (1627-1694). **2** Di organo o parte di organo studiato da Malpighi | *Strato m.*, lo strato più profondo dell'epidermide dei vertebrati.

malpìglio o **mal pìglio** [comp. di *mal(o)* e *piglio*] s. m. ● (*lett.*) Atto o atteggiamento di sdegno o minaccia verso qc.: *si volse intorno intorno con mal piglio* (DANTE *Inf.* XXII, 75).

†**malpolito** [fr. *mal poli*, comp. di *mal* 'male (1)' e *poli* 'polito'] agg. ● Non ben pulito (*anche fig.*).

malpràtico o (*raro*) **mal pràtico** [comp. di *mal(e)* (*1*) e *pratico*] agg. (pl. m. *-ci*) ● (*raro*) Privo di pratica o di esperienza in q.c.: *chirurgo m.*

malpreparàto o **mal preparàto** [comp. di *mal(e)* (*1*) e *preparato*] agg. ● Che non è bene preparato in q.c.: *presentarsi m. a un concorso.*

mal pro /mal 'prɔ*/ o (*raro*) **malprò** [comp. di *mal(o)* e *pro*] s. m. ● Danno, svantaggio.

malprocèdere [comp. di *mal(e)* (*1*) e *procedere*] s. m. ● Modo scorretto o disonesto di trattare.

malpròprio o **mal pròprio** [comp. di *mal(e)* (*1*) e *proprio*] agg. **1** Improprio. **2** Disordinato, disadatto: *aspetto m.*

malprovvedùto o **mal provveduto** [comp. di *mal(e)* (*1*) e *provveduto*] **agg.** ● (*raro*) Che non è ben provveduto.

malprovvìsto o **mal provvisto** [comp. di *mal(e)* (*1*) e *provvisto*] **agg.** ● Malprovveduto.

†**malpulito** [comp. di *mal(e)* (*1*) e *pulito*] **agg.** ● Che è pulito male.

malridòtto [comp. di *mal(e)* (*1*) e *ridotto*, part. pass. di *ridurre*] **agg.** ● Malconcio, malandato.

malrifàtto [comp. di *mal(e)* (*1*) e *rifatto*] **agg.** ● Che è rifatto male.

malriuscìto [comp. di *mal(e)* (*1*) e *riuscito*] **agg.** *1* (*lett.*) Che non riesce a raggiungere, a conseguire i propri obiettivi. *2* Venuto male, difettoso: *un dolce m.*

†**malsanìa** [da *malsano*] **s. f.** *1* Cattiva salute | (*est.*) Infermità mentale. *2* Insalubrità di clima, zona e sim.

malsàno [comp. di *mal(e)* (*1*) e *sano*] **agg.** *1* Che ha salute scarsa o cagionevole: *bambino m.* | *Cervello m.*, pazzo | *Idee malsane*, contorte, da mente malata. *2* Privo di salubrità: *clima, cibo, luogo m.* **SIN.** Insalubre.

malservìto [comp. di *mal(e)* (*1*) e *servito*] **agg.** ● Servito alla peggio: *pagare bene ed essere m.*

malsicùro o **mal sicùro** [comp. di *mal(e)* (*1*) e *sicuro*] **agg.** *1* Che è privo o scarseggia di solidità, sicurezza, stabilità: *trave malsicura.* **SIN.** Instabile. *2* (*fig.*) Incerto, dubbio: *testimonianza, relazione malsicura.*

†**malsincèro** [comp. di *mal(e)* (*1*) e *sincero*] **agg.** ● Privo di sincerità.

malsoddisfàtto o **mal soddisfàtto** [comp. di *mal(e)* (*1*) e *soddisfatto*] **agg.** ● Che non è del tutto soddisfatto.

malsofferènte o **mal sofferènte** [comp. di *mal(e)* (*1*) e *sofferente*] **agg.** ● (*lett.*) Insofferente: *m. di disciplina.*

malsonànte [comp. di *mal(e)* (*1*) e *sonante*] **agg.** ● (*raro*) Che suona male.

mälström /*norv.* 'ma:lstrøm/ [dall'ol. *maelstrom* (oggi *maalstrom*), comp. di *malen* 'girare' e *stroom* 'corrente'] **s. m. inv.** ● Fenomeno marino che si verifica nel mare di Norvegia al largo della costa occidentale e che consiste in improvvisi e pericolosi vortici.

malsussistènte [comp. di *mal(e)* (*1*) e *sussistente*] **agg.** ● Insussistente.

màlta [lat. *mălthạ(m)*, nom. *mălthạ*, dal gr. *máltha* 'mistura di cera e pece', da avvicinare a *malthássein* 'mollificare'] **s. f.** *1* Impasto plastico di acqua, sabbia e un legante solido, impiegato come cementante nelle costruzioni edilizie | *M. grassa*, con molta calce | *M. magra*, con molta sabbia | *M. idraulica*, che fa presa sott'acqua. *2* (*dial.*) †Fango: *si trovò nella m. insino a gola* (SACCHETTI).

maltàggio [da *malto*] **s. m.** ● Insieme delle operazioni per preparare il malto dai cereali.

maltagliàto [comp. di *mal(e)* (*1*) e *tagliato*] **s. m.** ● (*spec. al pl.*) Pasta da minestra tagliata a pezzi irregolari, solitamente in forma di rombo.

maltalènto o **mal talènto** [comp. di *mal(o)* e *talento*] **s. m.** ● (*raro, lett.*) Malanimo o intenzione offensiva | †Sdegno, rancore.

†**maltàre** [lat. *malthāre*, da *mălthạ* 'malta'] **v. tr.** ● Impastare la malta, la calcina.

maltàṣi [da *malto*] **s. f.** ● (*biol.*) Fermento digestivo che scinde il maltosio in due molecole di glucosio.

maltatóre [da *malto*] **s. m.** (f. *-trice*) ● Chi è addetto al maltaggio.

màlte [gr. *málthē*, f. di **málthos* 'molle'] **s. m.** ● Pesce pipistrello.

maltèmpo o **mal tèmpo** [comp. di *mal(o)* e *tempo*] **s. m.** ● Cattivo tempo, cattiva stagione: *i danni del m.*

maltenùto o **mal tenùto** [comp. di *mal(e)* (*1*) e *tenuto*] **agg.** ● Che non è tenuto con la dovuta cura: *ufficio m.*

malterìa [da *malto*] **s. f.** ● Nel birrificio, reparto per la germinazione e la torrefazione dell'orzo.

maltése A **agg.** *1* Di Malta e del suo arcipelago: *acque maltesi*; *porto m.* *2* (*est.*) Che proviene, o si ritiene provenga da Malta | *Cane m.*, piccolo cane di lusso con pelame folto e lungo, spesso bianco | *Capra m.*, lattifera, a pelo lungo | *Febbre m.*, brucellosi. **B** **s. m. e f.** ● Abitante, nativo di Malta e del suo arcipelago. **C** **s. m.** ● Cane maltese. **D** **s. m.** solo **sing.** ● Lingua parlata a Malta e nel suo arcipelago, costituita da un fondo dialettale arabo-magrebino e fortemente influenzata dall'italiano.

maltessùto [comp. di *mal(e)* (*1*) e *tessuto*] **agg.** ● Che non è ben tessuto.

malthuṣianìṣmo /maltuzja'nizmo/ e *deriv.* ● V. *maltusianismo* e *deriv.*

màlti [forma araba per 'maltese'] **s. m. inv.** ● Lingua parlata a Malta e nel suo arcipelago, costituita da un fondo dialettale arabo-magrebino e fortemente influenzata dall'italiano. **SIN.** Lingua maltese.

maltìna [da *malto*] **s. f.** ● (*biol.*) Complesso di enzimi solubili, ricavato dal malto di orzo e frumento, che trasforma l'amido in maltosio.

maltìnto o **mal tìnto** [comp. di *mal(e)* (*1*) e *tinto*] **agg.** *1* Che è tinto male. *2* Detto di cavallo dal mantello nero con riflessi rossastri.

màlto [ingl. *malt*, di origine indeur.] **s. m.** ● Prodotto derivato da semi di cereali germinati nei quali si sviluppa un fermento che trasforma l'amido in maltosio, usato spec. nella fabbricazione della birra | *Caffè m.*, succedaneo del caffè preparato con malto, spec. d'orzo, tostato.

maltolleràbile o **mal tolleràbile** [comp. di *mal(e)* (*1*) e *tollerabile*] **agg.** ● (*raro*) Che si tollera a fatica.

maltolleràntе o **mal tolleràntе** [comp. di *mal(e)* (*1*) e *tollerante*] **agg.** ● Intollerante: *m. della disciplina scolastica.*

†**maltollètto** o †**mal tollètto** [comp. di *mal(e)* (*1*) e *tolletto*] **s. m.** ● Maltolto.

maltòlto [comp. di *mal(e)* (*1*) e *tolto*] **s. m.**; anche **agg.** ● Che, ciò che è stato tolto indebitamente: *restituire il m.*

maltòṣio [da *malto*] **s. m.** ● Disaccaride composto di due molecole di glucosio, principale costituente del malto, ottenuto per idrolisi dell'amido da parte dell'amilasi, usato come alimento dietetico e dolcificante.

maltrattaménto **s. m.** ● Modo e atto del maltrattare: *subire i maltrattamenti di qc.*

maltrattàre [comp. di *mal(e)* (*1*) e *trattare*] **v. tr.** *1* Trattare qc. in malo modo, umiliandolo, facendolo soffrire o ledendone gli interessi: *m. i dipendenti, la famiglia, gli animali* | *M. un autore*, (*fig.*) interpretarlo alla peggio. **SIN.** Bistrattare. *2* (*raro, lett.*) Trattare con aperta ostilità: *i tarantini maltrattarono le navi romane ch'approdavano al loro lido* (VICO). *3* Utilizzare q.c. o maneggiarla senza garbo, senza cura: *m. un abito* | *M. una lingua*, parlarla o scriverla malamente | *M. una scienza*, interpretarla, studiarla o applicarla male. **SIN.** Strapazzare.

maltrattatóre **s. m.** (f. *-trice*) ● (*raro*) Chi maltratta.

†**maltrovaménto** [comp. di *mal(o)* e *trovamento*] **s. m.** ● Espediente, spec. fraudolento.

maltuṣianìṣmo o (*raro*) **malthuṣianìṣmo**, **maltuṣianéṣimo** [da T. R. *Malthus* (1766-1834), che elaborò la dottrina] **s. m.** *1* Teoria dell'economista inglese T. B. Malthus, secondo cui, se non intervenissero carestie, epidemie e guerre, la popolazione tenderebbe a crescere in proporzione geometrica, provocando in tal modo una grave insufficienza di mezzi di sussistenza. *2* Correntemente, insieme delle pratiche che tendono a limitare, con mezzi anticoncezionali, l'aumento indiscriminato della popolazione.

maltuṣiàno o **malthuṣiàno**. **A** **agg.** ● Relativo al, proprio del, pensiero di Th. R. Malthus. **B** **s. m.** (f. *-a*) ● Seguace delle teorie di Malthus.

malumóre o (*raro*) **mal umóre** [comp. di *mal(o)* e *umore*] **s. m.** *1* Umore inquieto e stizzoso: *in un momento di m. gli ho risposto male.* **SIN.** Disappunto. *2* (*est.*) Rancore, discordia, malcontento: *tra quei due c'è del m.*; *seppe celare il m. che lo colse* (SVEVO). *3* †(*med.*) Umore dannoso proprio del melancolico.

†**malùria** [da †*malaurio* 'malaugurio'] **s. f.** ● Malaugurio.

†**maluriόso** **agg.** ● Malaugurato.

maluṣànza [comp. del f. di *mal(o)* e *usanza*] **s. f.** ● (*raro*) Cattiva usanza.

maluṣàre [comp. di *mal(e)* (*1*) e *usare*] **v. tr.** ● (*raro*) Usare male q.c.

màlva [lat. *mălva(m)*, di origine preindeur.] **A** **s. f.** *1* Pianta bienne delle Malvacee, con foglie lungamente picciolate e crenate e fiori rosei (*Malva silvestris*). *2* Decotto di fiori e foglie di malva usato nelle faringiti, dissenterie e infiammazioni rettali. *3* (*raro, fig.*) Persona indifferente, abulica | Conservatore, moderato. **B** **s. m. inv.** ● Colore rosa tendente al viola: *il m. è un colore delicato.* **C** in funzione di **agg. inv.** ● (posposto al s.) Che ha il colore rosa violaceo del fiore omonimo: *rosa m.*; *abito m.* || **malvóne**, **accr.** (V.).

malvacciόne [da *malva*] **s. m.** ● (*bot.*) Altea.

Malvàcee [comp. di *malv(a)* e *-acee*] **s. f. pl.** ● Nella tassonomia vegetale, famiglia di Dicotiledoni con foglie semplici, fiori vistosi, frutto a capsula (*Malvaceae*) | (al sing. *-a*) Ogni individuo di tale famiglia. ➡ **ILL. piante** /4.

malvàceo [vc. dotta, lat. *malvāceu(m)*, da *mălva* 'malva'] **agg.** *1* (*bot.*) Relativo alla malva. *2* Detto di una tonalità del color lilla.

†**malvagìa** ● V. *malvasia.*

malvàgio [provz. *malvatz*, dal lat. tardo *malifātiu(m)* 'che ha un cattivo destino', comp. di *mălus* 'cattivo' e *fātum* 'fato, destino'] **A** **agg.** (**pl. f.** *-gie*, raro *-ge*) *1* Maligno, perfido: *indole, azione, compagnia malvagia* | Cattivo: *è ben necessario, volendo che sia temuta la pena per le malvage opere, osservare i premi per le buone* (MACHIAVELLI) | *Gioia malvagia*, godimento del male altrui | †*Funghi malvagi*, velenosi | In frasi negative: *non è una malvagia idea*, è un'idea abbastanza buona | (*est., raro*) Difficile, pericoloso. *2* †Disgraziato, infelice, misero. *3* (*lett.*) Falso. || **malvagiaménte**, **avv.** In modo malvagio, perfido: *ridere malvagiamente*; (*raro*) malamente; †infelicemente. **B** **s. m.** (f. *-a*) ● Persona crudele, perfida: *è un m. che gode nel far soffrire* | *Il Malvagio*, (*per anton.*) il demonio. || †**malvagióne**, **accr.**

malvagità **s. f.** *1* Natura di chi, di ciò che è malvagio: *la m. della sorte, del destino* | Azione malvagia: *ogni più abominevole m.* (BARTOLI). **SIN.** Nequizia, perversità. *2* †L'essere scomodo.

†**malvàgo** [comp. di *mal(e)* (*1*) e *vago*] **agg.** ● Privo di desiderio o vaghezza.

malvaṣìa o (*raro*) †**malvagìa** [da (*Napoli di*) *Malvasia*, città della Laconia] **s. f.** ● Vino dolce e aromatico, derivante dal vitigno omonimo e prodotto in varie zone d'Italia, di 11°-17°.

malvavìschio [lat. *mălva(m) hibĭscu(m)*. V. *malva* e *ibisco*] **s. m.** ● Pianta bienne delle Malvacee, con foglie pelose color grigio cenere la cui radice è usata nella medicina (*Althaea officinalis*).

†**malvedére** [comp. di *mal(e)* (*1*) e *vedere*] **v. tr.** ● Vedere di malocchio.

malvedùto **part. pass.** di †*malvedere*; anche **agg.** ● Nei sign. del v.

malveìna [da *malva*] **s. f.** ● (*chim.*) Primo colorante organico artificiale che tinge lana e seta in violetto-rossiccio, ottenuto ossidando anilina contenente toluidina.

malvenùto o **mal venùto** [comp. di *mal(e)* (*1*) e *venuto*] **agg.** ● (*raro*) Arrivato male, in un cattivo momento.

malversàre [fr. *malverser*, dal lat. *măle versāri* 'comportarsi male' (V. *male* (*1*) e *versato*)] **v. tr.** (*io malvèrso*) ● Compiere, rendersi colpevole di, malversazioni.

malversatóre **s. m.** (f. *-trice*) ● Chi si rende colpevole di malversazione.

malversaziόne [fr. *malversation*, da *malverser* 'malversare'] **s. f.** *1* (*dir.*) *M. a danno dello Stato*, reato di chi, estraneo alla pubblica amministrazione, avendo ottenuto dallo Stato o da altri enti pubblici contributi, sovvenzioni o finanziamenti da destinare a opera o attività di pubblico interesse, non li destina alle predette finalità. *2* (*gener., est.*) Ogni appropriazione o uso, non leciti o non legittimi, di denaro o di beni amministrati per conto altrui.

†**malvestà** [provz. *malvestat* 'malvagità'. V. *malvagio*] **s. f.** ● Malvagità, crudeltà.

malvestìto o **mal vestìto** [comp. di *mal(e)* (*1*) e *vestito* (*1*)] **agg.** *1* Coperto di abiti logori o laceri. *2* Che indossa abiti di cattivo gusto, di scarsissima eleganza.

malvézzo [comp. di *mal(e)* (*1*) e *vezzo*] **s. m.** ●

Cattiva abitudine: *ha il m. di rosicchiarsi le unghie.*

malvissùto [comp. di *mal(e)* (*1*) e *vissuto*] **agg.** ● Che è vissuto male, sciupando la propria vita.

malvìsto o **mal visto** [comp. di *mal(e)* (*1*) e *visto* (*1*)] **agg.** ● Considerato con antipatia, avversione, diffidenza e sim.: *essere m. dai colleghi.*

malvivènte o (*raro*) **mal vivènte** [comp. di *mal(e)* (*1*) e *vivente*] **agg.**; anche **s. m. e f.** *1* (*lett.*) Dissoluto. *2* Ladrone, ribaldo: *fu aggredito dai malviventi.* **SIN.** Delinquente, malfattore.

malvivènza **s. f.** *1* (*raro*) Condizione di malvivente. *2* Il complesso dei malviventi. **SIN.** Malavita.

malvìvo o **mal vìvo** [comp. di *mal(e)* (*1*) e *vivo*] **agg.** ● (*lett.*) Che vive a pena | Debolissimo.

malvìzzo [fr. *mauvis*, di etim. incerta] **s. m.** ● (*zool.*) Tordo sassello.

†**malvogliènte** ● V. *malvolente.*

†**malvogliènza** ● V. *malevolenza.*

malvolènte o †**malvogliènte**. **part. pres.** di *malvolere*; anche **agg.** ● Nei sign. del v.

malvolentièri o **mal volentièri**, (*raro*) **malvolontièri**, (*raro*) **màl volontièri** [comp. di *mal(e)* (*1*) e *volentieri*] **avv.** *1* Controvoglia, non volentieri o poco volentieri: *ci vado m.*; *scrive m.*; *fa le cose m.* *2* (*raro*) †Difficilmente.

malvolére o **mal volére** nel sign. B [comp. di *mal(e)* (*1*) e *volere*] **A** **v. tr.** (oggi dif. usato solo all'**inf. pres.**, al **part. pres.** *malvolènte* e al **part. pass.** *malvolùto*) ● Avere qc. in antipatia, voler male a qc.: *lo presero a m. senza motivi apparenti.* **B** **s. m.** *1* Intenzione di nuocere: *dimostrare a qc. il proprio m.* **SIN.** Animosità, avversione. *2* Cattiva volontà: *dimostrare m. nello studio.*

malvolontièri ● V. *malvolentieri.*

màl volontièri ● V. *malvolentieri.*

malvòlto [comp. di *mal(e)* (*1*) e *volto* (*1*)] **agg.** ● (*raro*) Disposto male | Inclinato al vizio.

malvóne **s. m.** *1* Accr. di *malva*. *2* Malvacea comunemente coltivata per ornamento, alta fino a 2 m e con bei fiori, spesso doppi o con petali frangiati o bicolori (*Althaea rosea*).

mamalùcco ● V. *mammalucco.*

màmbo [vc. di origine haitiana] **s. m.** ● Ballo originario dell'America centrale, a ritmo veloce, affine alla rumba.

mamelùcco ● V. *mammalucco.*

mamertìno (**1**) [vc. dotta, lat. tardo *mamertīnu(m)*, connesso con *Māmers*, n. osco del dio Marte] **agg.** ● Di, relativo a, Mamerte, il dio osco della guerra, corrispondente a Marte | *Carcere m.*, carcere di Roma antica, situato presso il Campidoglio.

mamertino (**2**) [vc. dotta, lat. *mamertīnu(m)*, connesso con *Māmers*, n. osco del dio Marte, di cui i messinesi erano considerati figli per il loro valore guerresco] **A** **agg.**; anche **s. m.** ● (*lett.*) Messinese | (*st.*) *Mercenari mamertini*, i mercenari italici del tiranno siracusano Agatocle che nel 283 a.C. si impadronirono a tradimento di Messina. **B** **s. m.** ● (*enol.*) Vino giallo dorato, asciutto e delicato, anche dolce, di 15°-17°, prodotto nella zona di Messina.

mamèstra [etim. incerta] **s. f.** ● Farfalla notturna a corpo tozzo e antenne filiformi, dannosa ai cavoli (*Mamestra brassicae*).

mamillàre ● V. *mammillare.*

mamillària o **mammillària** [dal lat. *mamĭlla* 'mammella'] **s. f.** ● Genere di piante delle Cactacee con fusto succulento sferico o cilindrico, piccole sporgenze a tubercolo disposte a spirale, spine a ciuffetto e numerosi fiori all'ascella dei tubercoli (*Mamillaria*).

màmma o (*merid.*, usato spec. senza articolo) **mammà** [lat. *mămma(m)*, vc. inft.] **A** **s. f.** (fam. troncato in *ma'* nel sign. 1) *1* (*fam.*) Madre, nel linguaggio familiare e con uso vocativo: *la mia, la tua m.*; *chiamare la m.*; *m., mi dai la merenda?* | *Essere attaccato alle gonnelle della m.*, di ragazzo ingenuo o di persona senza indipendenza nelle proprie azioni | *Essere tutto m.*, eccessivamente attaccato alla madre | *Sono cose che non hanno né babbo né m.*, senza una spiegazione logica o plausibile | *Come m. l'ha fatto*, del tutto nudo | (*fig.*) *La m. del freddo*, donna freddolosa | *Esser la m.*, (*fig.*) detto di una cosa rispetto ad altre, essere l'origine o la principale | *La m. del vino*, il fondiglio, la feccia. *2* Donna buona, affettuosa e gentile, che si prende cura di qc. con affetto materno: *la m. dei poveri.* *3* (*raro, lett.*) Mammella: *te le mamme allattàr di tigre ircana* (TASSO). *4* (*lett.*) Papilla. **B** in funzione di **inter.** *1* Esprime impazienza, stupore, contrarietà, spavento, gioia e sim.: *m. quanto si fa aspettare!*; *m., che pena!* *2* Nella loc. *m. mia*, esprime impazienza, stupore, contrarietà, spavento, gioia, dolore e, in generale, ogni forte emozione: *m. mia, che impressione!*; *m. mia, quant'è bello!* ‖ **mammàccia**, **pegg.** | **mammétta**, **dim.** | **mammìna**, **dim.** | **mammóna**, **accr.** | **mammùccia**, **dim.**

mammàle [vc. dotta, lat. tardo *mammāle(m)*, da *mămma* 'mammella'] **s. m.** ● (*raro*) Mammifero.

mammalogìa [comp. di *mamma(le)* e *-logia*] **s. f.** (**pl.** *-gie*) ● Ramo della zoologia che studia i Mammiferi.

mammalògico **agg.** (**pl. m.** *-ci*) ● Che riguarda la mammalogia.

mammàlogo **s. m.** (**f.** *-a*; **pl. m.** *-gi*) ● Studioso di mammalogia.

mammalùcco o (*raro, fam.*) **mamalùcco**, **mamelùcco**, **mammelùcco** [ar. *mamlûk* 'schiavo comperato'] **s. m.** (**f.** *-a* nel sign. 2; **pl. m.** *-chi*) *1* (*st.*) Mercenario al servizio del sovrano d'Egitto. *2* (*fig.*) Sciocco, stupido. *3* †Eunuco.

mammamìa o **màmma mìa** [comp. di *mamma* e *mia*] **A** **inter.** ● Esprime dolore, trepidazione, spavento, sorpresa, stupita meraviglia e sim.: *m.! che paura!*; *m., che baraonda!* **B** in funzione di **s. m. e f. inv.** ● (*spreg.*) Persona debole, senza personalità o falsamente buona e ingenua.

mammàna [da *mamma*] **s. f.** *1* (*merid.*) Levatrice. *2* Ruffiana, mezzana.

†**mammàre** [lat. tardo *mammāre*, da *mămma* 'mammella'] **v. tr.** ● Poppare, succhiare dalle mammelle.

mammàrio [da *mamma* 'mammella'] **agg.** ● Che concerne la mammella | (*anat.*) *Ghiandola mammaria*, mammella.

mammasantìssima [da *mamma santissima!*, escl. di terrore] **s. m. inv.** ● (*gerg.*, *merid.*) Capo della camorra napoletana o della mafia siciliana.

mammèa [sp. *mamey*, da una vc. dell'isola di Haiti] **s. f.** ● Albero tropicale delle Guttifere con foglie coriacee, fiori bianchi e frutti commestibili detti albicocche di S. Domingo (*Mammea americana*).

mammèlla o †**mammìlla** [lat. *mamĭlla(m)*, dim. di *mămma* 'mammella', vc. infт.] **s. f.** *1* (*anat.*) Ghiandola cutanea caratteristica dei Mammiferi, che nelle femmine ha la funzione di secernere il latte dopo il parto | *Togliere dalle mammelle*, divezzare | *Dalle mammelle*, (*fig.*) dall'infanzia. *2* Altura tondeggiante, a forma di mammella. *3* (*zool.*) Ciascuna delle due parti della parete dello zoccolo che si trovano ai lati della punta. ‖ **mammellìna**, **dim.**

mammellàre ● V. *mammillare.*

mammellonàre [fr. *mamelonaire*, da *mamelon* 'capezzolo'. V. *mammellone*] **agg.** ● (*geol.*) Detto di concrezioni minerali, di rocce e sim. a superficie tondeggiante, e di questa forma caratteristica.

mammellonàto [fr. *mamelonné*, da *mamelon* 'capezzolo'. V. *mammellone*] **agg.** ● Che presenta contorni, formazioni o superfici tondeggianti.

mammellóne [fr. *mamelon* 'capezzolo', da *mamelle* 'mammella'] **s. m.** ● (*geol.*) Struttura tondeggiante d'incrostazione chimica in grotte, sorgenti d'acqua calcaree e sim. | Struttura secondaria di rilievi tondeggianti alla base e al tetto di alcuni banchi sedimentari.

mammelùcco ● V. *mammalucco.*

Mammìferi **s. m. pl.** ● Nella tassonomia animale, classe di Vertebrati, alla quale appartiene anche l'uomo, caratterizzati dalla presenza, nelle femmine, di ghiandole mammarie, dal corpo solitamente rivestito di peli, da respirazione polmonare e circolazione sanguigna doppia e completa (*Mammalia*). ➡ **ILL.** **animali** /10-14.

mammìfero [comp. del lat. *mămma* 'mammella' e di *-fero*] **A** **agg.**; anche **s. m.** ● Che, chi è dotato di ghiandole mammarie per l'allattamento dei piccoli: *animale m.*; *l'uomo è un m.* **B** **s. m.** ● (*zool.*) Ogni individuo appartenente alla classe dei Mammiferi.

†**mammìlla** ● V. *mammella.*

mammillàre o **mamillàre**, **mammellàre** [lat. tardo *mamillāre(m)*, agg. di *mamĭlla* 'mammella'] **agg.** *1* Di, relativo a, mammella. *2* Che ha forma tondeggiante di mammella | (*anat.*) *Corpi mammillari*, piccole formazioni tondeggianti dell'encefalo facenti parte dell'ipotalamo diencefalico. ➡ **ILL.** **animali** /10-14.

mammillària ● V. *mamillaria.*

mammìṣmo [comp. di *mamm(a)* e *-ismo*] **s. m.** *1* Bisogno esasperato e morboso di affetto e protezione materna, in persone ormai adulte. *2* Tendenza di certe madri a interferire in modo eccessivo nella vita dei figli, anche adulti. **SIN.** Maternismo.

mammìsta **s. m. e f.**; anche **agg.** (**pl. m.** *-i*) ● Chi, che tende al mammismo o ne è affetto.

mammografìa [comp. del lat. *mămma* 'mammella' e *-grafia*] **s. f.** ● (*med.*) Esame radiologico della mammella femminile. **SIN.** Mastografia.

mammogràfico **agg.** (**pl. m.** *-ci*) ● Di, relativo a, mammografia: *esame m.*

màmmola (**1**) [da *mamma* (?)] **s. f.** *1* Bambina. *2* (*raro*) †Comare.

màmmola (**2**) [da *mamma*, perché piccola (?). V. precedente] **s. f.** *1* Violacea delle siepi e boscaglie con rizoma obliquo, foglie cuoriformi crenate, fiori odorosi violetti sterili, seguiti da altri fertili poco appariscenti (*Viola odorata*). *2* (*fig.*) Persona timida, modesta e ritrosa: *arrossire come una m.* | (*iron.*) Persona che si finge tale. ‖ **mammolétta**, **dim.** | **mammolìna**, **dim.**

mammoleggiàre [da *mammola* (*1*)] **v. intr.** (*io mammoléggio*; aus. *avere*) ● (*raro*) Bamboleggiare.

màmmolo [V. *mammola* (*1*)] **s. m.** *1* (*raro*) Fanciullo. *2* Vitigno diffuso nella zona del Chianti, con uva rossa dal profumo simile alla viola mammola. ‖ **mammolìno**, **dim.**

mammóna [lat. crist. *mammōna(m)*, nom. *mammōnas*, dal gr. *mamōnâs*, dall'aramaico *māmōnā* 'ricchezza, guadagno'] **s. f.** o **m.** (**pl. m.** *-i*) ● La ricchezza e i piaceri mondani, fatti quasi oggetto di culto.

mammóne (**1**) [ar. *maimûn* 'scimmia'] **A** **s. m.** ● (*raro*) Scimmia, macaco. **B** **agg.** ● Nella loc. *gatto m.*, mostro delle favole.

mammóne (**2**) [da *mamma*] **s. m.** (**f.** *-a*) ● (*fam.*) Bambino eccessivamente attaccato alla madre.

mammóne (**3**) **s. m.** ● (*raro*) Mammona.

mammoniṣmo [comp. di *mammon(a)* e *-ismo*] **s. m.** ● (*raro*) Culto del danaro.

†**mammóso** [lat. *mammōsu(m)*, da *mămma* 'mammella'] **agg.** *1* Che ha forma di mammella. *2* Che ha grandi mammelle.

mammùt [fr. *mammouth*, dal russo *mamout*, di etim. incerta] **A** **s. m.** *1* Elefante del Quaternario, estinto, provvisto di pelliccia e adattato a climi freddi, con cranio molto grosso e zanne fortemente ripiegate (*Elephas primigenius*). ➡ **ILL.** **paleontologia**. *2* (*bot.*) *Albero del m.*, sequoia. *3* (*elettr.*) Particolare tipo di morsettiera in gomma, costituita da dodici morsetti facilmente sezionabili per essere utilizzati anche singolarmente | (*est.*) Ogni singolo morsetto. **B** in funzione di **agg. inv.** ● (posposto al s.) Caratterizzato da dimensioni eccezionali: *petroliere m.* | *Pompa m.*, emulsiometro.

màmo [vc. espressiva] **s. m.** *1* Ruolo di giovane ingenuo, goloso e sensuale nel teatro italiano ottocentesco. *2* (*dial.*, *sett.*) Stupido.

mamuràlia [vc. dotta, lat. tardo *mamurālia*, nt. pl., da *Mamŭrius* 'Mamurio', n. osco di Marte] **s. m. pl.** ● Feste in onore di Marte che si celebravano il 15 marzo.

†**màna** (**1**) ● V. *mano.*

màna (**2**) [vc. polinesiana] **s. m. inv.** ● Presso i polinesiani, la forza magica non personalizzata presente in uomini o in cose | (*est.*) Energia magica e carica di potenza religiosamente rilevante.

manachìno [da un dialetto dell'America merid.] **s. m.** ● Genere di piccoli Passeracei americani con corpo tozzo, becco breve, ali arrotondate, i cui maschi hanno livrea con ornamentazioni strane e bellissimi colori (*Manacus*).

mànagement /'manadʒment, *ingl.* 'mænidʒmənt/ [vc. ingl., 'direzione, governo', da *to manage* 'maneggiare' (V. *manager*)] **s. m. inv.** ● Il complesso delle funzioni relative all'amministrazione, direzione e gestione di un'azienda | (*est.*)

L'insieme dei dirigenti di un'azienda.

mànager /ˈmanadʒer, *ingl.* ˈmænidʒə/ [ingl., da *to manage* 'maneggiare, amministrare', dall'it. *maneggiare*] **A** s. m. e f. inv. *1* Nell'impresa moderna, il dirigente che assume direttamente le funzioni dell'imprenditore, e ha quindi potere decisionale nella condotta dell'impresa: *area m.*, *brand m.*, *product m.*, *project m.*, *sales m.* (V. le singole voci). *2* Chi cura o rappresenta gli interessi di un attore, cantante, atleta e sim. **B** anche agg.: *donna m.*

manageriàle agg. ● Proprio di manager.

managerialìsmo [da *manageriale*] s. m. ● Tendenza ad agire, a comportarsi da manager.

managerialità [da *manageriale*] s. f. ● Qualità, capacità di manager.

manàide [etim. incerta] s. f. *1* Barca a scafo lungo e sottile, basso e senza coperta, armata con sei od otto remi ed una vela, impiegata per la pesca delle sardine e delle acciughe. *2* Rete per la pesca delle acciughe in alti fondali.

manaiuòla [V. *mannaia*] s. f. ● Piccola scure.

manaiuòlo [V. *manaiuola*] s. m. ● Manarese.

manàle (1) [dal lat. *manāre* 'emanare'] agg. ● (*raro*) Emanante, trascendente | *Pietra m.*, quella che, secondo gli antichi romani, aveva la capacità di provocare la pioggia.

manàle (2) [da *mano*] s. m. ● Mezzo guanto costituito da una striscia di pelle che fascia il palmo e il dorso della mano, usato da calzolai e sellai per cucire.

manarèllo [deformazione di *maccarello* (?)] s. m. ● (*zool.*) Scombro.

manarése o **mannarése** [da †*mannara*] s. m. ● Roncola a doppio taglio.

manàta [da *mano*] s. f. *1* Colpo dato con una mano: *dare una m. sulla spalla a qc.* *2* Quanto si può tenere o stringere in una mano: *una m. di soldi*, *di fango* | *A manate*, (*fig.*) in notevole quantità | (*est.*) Mannello, fastello. *3* (*fig.*) Gruppo: *una m. di brave persone* (CARDUCCI). || **manatèlla**, dim. | **manatìna**, dim.

manatèllo [da *manata* nel sign. 2] s. m. ● (*tosc.*) Fastello che può essere tenuto con una mano.

manàto [sp. *manatí*, vc. di origine caribica] s. m. ● (*zool.*) Lamantino.

mànca [da *manco*] s. f. *1* Mano sinistra: *usare la m.* *2* Parte sinistra: *voltare a m.* | *A dritta e a m.*, per ogni verso.

†**mancagióne** [da *mancare*] s. f. ● Mancanza, mancamento.

mancaménto [da *mancare*] s. m. *1* Momentaneo venir meno delle forze: *avere dei mancamenti*; *un m. dovuto a debolezza.* *2* (*raro*) Mancanza, insufficienza: *m. di mezzi*, *di cibo* | (*raro*) Strettezza: *m. di spazio* | (*raro*) Diminuzione: *m. delle acque.* *3* (*fig.*) Colpa, fallo, peccato. *4* Imperfezione o difetto fisico o morale: *la Nencia mia non ha ... m.* (L. DE' MEDICI) | Errore | †Negligenza, noncuranza. *5* (*raro*) Offesa, ingiuria. *6* †Cessazione.

mancanìlla [sp. *mançanilla*. V. *mancinella*] s. f. ● (*bot.*) Mancinella.

mancànte **A** part. pres. di *mancare*; anche agg. *1* Nei sign. del v. *2* Mutilo: *epigrafe*, *iscrizione m.* *3* (*mus.*) Diminuito: *intervallo m.* **B** s. m. e f. ● Assente: *i mancanti saranno puniti.*

mancànza [da *mancante*] s. f. *1* Il mancare: *la m. di viveri e munizioni li costrinse alla resa*; *suppliremo con surrogati alla m. di caffè* | *In m. di meglio*, non disponendo di cose migliori | (*est.*) Penuria, scarsità, insufficienza: *per m. di acqua si è giunti al razionamento.* SIN. Carenza. *2* Fallo: *commettere*, *scontare una m. grave*, *leggera* | *Una m. al marito*, *alla moglie*, infedeltà | *M. disciplinare*, infrazione alle norme sancite dal regolamento di disciplina militare. SIN. Colpa. *3* Imperfezione, errore: *rilevare le mancanze di qc.* *4* (*raro*) Deliquio, svenimento: *soffrire di mancanze* || PROV. In mancanza di cavalli gli asini trottano. || **mancanzuòla**, dim.

mancàre [da *manco*] **A** v. intr. (*io mànco*, *tu mànchi*; aus. *essere* nei sign. 1, 2, 3, 4, 5, 6; aus. *avere* nei sign. 7, 8; aus. *avere*, lett. *essere* nel sign. 9) *1* Far difetto, essere insufficiente, essere di meno: *nella città assediata mancava il pane*; *mi manca un dente*; *mancano la data*, *il bollo e la firma sul documento* | *M. poco*, esser vicino a q.c. o sul punto di far q.c. | *È mancato poco che cadessi*, stavo per cadere, quasi quasi cadevo | *Gli manca la parola*, detto di animale molto intelligente | *Non m.*, essercene in quantità o comunque a sufficienza: *quando non mancano denari*, *tutti rispettano* (GOLDONI) | *Non manca nulla*, c'è di tutto | (*fig.*) *Gli manca un giovedì*, *un venerdì*, detto di chi è un po' matto | *Non ci mancherebbe altro!*, sarebbe il colmo, Dio non volesse. SIN. Difettare, scarseggiare. *2* Soffrir privazioni o aver difetto di q.c.: *m. di mezzi*, *di coraggio*, *d'ingegno*, *di risorse* | *Non m. di q.c.*, averne a sufficienza | *Non manca di coraggio*, è abbastanza coraggioso | *Non m. di nulla*, avere tutto il necessario. SIN. Difettare. *3* Venir meno: *m. le forze*, *la parola*, *il fiato*; *sentirsi m. per malore improvviso* | *Venire a m.*, finire | Perdere colpi, per accensione o alimentazione difettosa o per altra causa, detto di motore. *4* Deperire, struggersi: *va mancando a poco a poco.* *5* Estinguersi: *è mancata la discendenza in linea maschile* | Morire (*anche ass.*): *se quell'uomo venisse a m.*, *sarebbe un guaio per molti*; *è mancato all'improvviso.* *6* Esser lontano o assente: *m. dalla famiglia*, *dalla patria*; *sono dieci anni che manco da casa*; *quanti sono mancati al convegno?* *7* Omettere, tralasciare: *non mancherò di ringraziarli*; *non ho mai mancato di far fronte ai miei impegni.* *8* Venir meno: *m. alla promessa*, *alla parola data* | *M. di parola*, non mantenere ciò che si è promesso | *M. di rispetto a qc.*, offendere. *9* Essere in errore, in colpa, in difetto (*anche ass.*): *se ho mancato nei vostri confronti*, *vi prego di scusarmi*; *tutti possiamo m.* SIN. Peccare, sbagliare. **B** v. tr. ● Fallire: *ha mancato il colpo per poco* | (*fam.*) *M. il treno*, *l'autobus* e sim., perderli || PROV. A buona lavandaia non manca pietra.

mancàto part. pass. di *mancare*; anche agg. *1* Nei sign. del v. *2* Non riuscito, fallito: *artista*, *pittore*, *attore m.* *3* †Ridotto in cattivo stato. *4* †Cessato.

mancatóre s. m. (f. *-trice*) ● Chi manca o ha mancato in q.c.: *m. di parola*; *ah*, *mancator di fé*, *marrano!* (ARIOSTO).

†**mancatùra** s. f. ● Mancanza.

mancégo [sp. *manchego* 'della Mancia'] agg. (pl. m. *-ghi*) ● Relativo alla Mancia, regione spagnola.

mancése **A** agg. *1* (*geogr.*) Proprio della, relativo alla regione della Manciuria. SIN. Manciuriano. *2* (*etn.*) Proprio della, relativo alla popolazione e lingua dei Manciù. **B** s. m. e f. *1* (*geogr.*) Abitante, nativo della Manciuria. *2* (*etn.*) Appartenente alla popolazione dei Manciù. **C** s. m. solo sing. ● Lingua della famiglia altaica, parlata in Manciuria.

mancétta s. f. *1* Dim. di *mancia.* *2* (*fam.*) Piccola somma di denaro corrisposta periodicamente dai genitori ai figli ancora bambini o adolescenti. SIN. Paghetta.

manche /*fr.* mɑ̃ʃ/ [vc. fr., propriamente 'manica', perché in origine le partite erano due come le maniche] s. f. inv. *1* Nei giochi, spec. di carte, ciascuna partita o giro. *2* Nel ciclismo su pista, fase eliminatoria | In vari altri sport, ognuna delle prove che, insieme, determinano il risultato definitivo di una competizione: *la prima*, *la seconda m. dello slalom.*

manchette /*fr.* mɑ̃ˈʃɛt/ [vc. fr., 'polsino', dim. di *manche* 'manica'] s. f. inv. *1* Titolo, motto, articolo brevissimo stampato con evidenza al lato della testata di un giornale. *2* Fascetta pubblicitaria che avvolge un libro in vendita.

manchévole [da *mancare*] agg. *1* Che manca o viene meno: *luce m.*; *esser m. ai propri impegni.* *2* Insufficiente: *educazione m.*; *parmi ... altrettanto sia stato m. Tolomeo a non reprovar questo* (GALILEI). SIN. Mancante. *3* †Fiacco, caduco. || **manchevolménte**, avv.

manchevolézza s. f. *1* Qualità di ciò che è manchevole: *ho notato la m. della sua teoria.* *2* Atto, comportamento scorretto, offensivo: *una imperdonabile m.*

mància [fr. *manche* 'manica', con riferimento alla manica che la dama regalava al cavaliere nelle cerimonie cavalleresche (?)] s. f. (pl. *-ce*) *1* Sovrappiù sul compenso dovuto che si dà a chi presta un servizio: *dare*, *ricevere una m.*; *le mance delle feste* | *M. competente*, compenso che si promette a chi riporta un oggetto smarrito | *Mala m.*, (*fig.*) sventura | *Dar mala m.*, (*fig.*) far danno. *2* †Dono, regalo. *3* †Avvenimento improvviso | *Di prima m.*, di primo acchito. || **mancétta**, dim. (V.).

manciàta [da *mano*] s. f. ● Quanto si può prendere con una mano: *una m. di cioccolatini* | *A manciate*, in abbondanza. || **manciatìna**, dim. | **manciatèlla**, dim.

mancìna [da *mancino*] s. f. *1* La mano o la parte sinistra: *usare la m.*; *girare a m.*; *la sorte mi faceva battere la campagna a destra e a m.* (NIEVO) | (*tosc.*) *Darle a dritta e a m.*, (*fig.*) trattare molto duramente. *2* Piccola daga impugnata con la mano sinistra, in uso nel XVI sec. come arma sussidiaria nel duello colla spada. SIN. Main-gauche. *3* (*mar.*) Tipo di gru, galleggiante o fissa sulla banchina, usata per sollevare grossi pesi da imbarcare o sbarcare su navi in riparazione o allestimento.

mancinàta [da (*tiro*) *mancino*] s. f. ● (*raro*) Atto o parola maligna, cattiva.

mancinèlla [fr. *mancenille*, dallo sp. *manzanilla*, dim. di *manzana* 'mela', dal lat. *mālu(m) Matiānu(m)* 'mela di Mazio', agronomo romano del I sec. a.C.] s. f. ● Pianta arborea delle Euforbiacee, americana, che produce un latice velenoso e un legno utile per mobili (*Mancinella*). SIN. Mancanilla, manzaniglio.

mancinìsmo [comp. di *mancin(o)* e *-ismo*] s. m. *1* (*med.*) Disposizione naturale ad usare di preferenza gli arti della parte sinistra del corpo. *2* (*veter.*) Difetto di appiombo per cui le parti distali degli arti sono ruotate in fuori.

mancìno [da *manco* 'sinistro'] **A** agg. *1* Sinistro: *il braccio m.*; *la mano mancina* | (*est.*) Che è solito usare gli arti sinistri: *pittore*, *calciatore m.* *2* (*fig.*) Maligno, cattivo: *un uomo m.*; *giocare a qc. un tiro m.* | *Cosa mancina*, storta, irregolare. **B** s. m. (f. *-a*) *1* Chi è solito usare la mano sinistra anziché la destra. *2* †Chi ha qualche stortura d'animo o di mente | †Uomo tristo. *3* Animale affetto da mancinismo. || **mancinàccio**, pegg.

mancipazióne [vc. dotta, lat. *mancipatiōne(m)*, da *mancipātus*, part. pass. di *mancipāre* (V. *emancipare*)] s. f. ● In diritto romano, forma solenne di trasferimento del dominio su cose determinate, che si compiva in presenza di cinque testimoni e di una persona che reggeva una bilancia, secondo un rituale e una formula prefissati.

màncipe [vc. dotta, lat. *măncipe(m)*, comp. di *mănus* 'mano' e *căpere* 'prendere', perché quando si comperava qualcosa, la si prendeva con la mano] s. m. ● Nel diritto romano, il privato cittadino assuntore di un pubblico appalto | (*est.*) Nel mondo romano, il compratore, il conduttore, l'aggiudicatario di un'asta pubblica.

mancipio [vc. dotta, lat. *mancĭpiu(m)*, da *mănceps*, genit. *măncipis* 'mancipe'] s. m. *1* Nel diritto romano più antico, termine usato per esprimere il concetto di potere su persone o cose | Più tardi, mancipazione | *Persone in m.*, uomini liberi trasferiti mediante mancipazione sotto la potestà di un'altra persona. *2* (*lett.*) †Servo, schiavo (*anche fig.*): *divenir m. di una donna*, *della passione.*

manciù [ingl. *manchu*, da una vc. tungusa di etim. incerta] **A** agg.; anche s. m. e f. ● (*etn.*) Che, chi appartiene a una popolazione di ceppo tunguso, stanziata un tempo in gran parte della Manciuria e limitata, oggi, alla Manciuria sud-orientale e al bacino dell'Amur. **B** s. m. solo sing. ● Lingua della famiglia altaica, parlata in Manciuria.

manciuriàno agg.; anche s. m. (f. *-a*) ● (*geogr.*) Mancese, nei sign. A1 e B1.

mànco [lat. *mǎncu(m)*, comp. di *mǎnus* 'mano' e del suff. *-cus*, che indicava difetti fisici] **A** agg. (pl. m. *-chi*) *1* Sinistro, mancino: *lato m.*; *mano manca.* *2* †Manchevole, difettoso, insufficiente: *là dove mio ingegno parea m.* (DANTE *Purg.* IV, 78). *3* †Tristo, falso. *4* †Avverso, contrario. **B** s. m. ● (*lett.*) Mancanza, difetto | †*M. di voto*, inadempienza | †*Senza m.*, senza fallo o mancanza | †Ammanco di denaro. **C** avv. *1* (*lett.*) †Meno: *il m. nobile di tutti* (LEOPARDI) | (*poet.*) †*Venir m.*, venir meno, venir a mancare: *e già il color cilestro / si vedea in Oriente venir m.* (ARIOSTO) | †*Far di m.*, fare a meno, far senza | (*lett.* o *pop.*) *Senza m.*, immancabilmente, senza fallo | (*pop.*) *M. male!*, per fortuna, meno male. *2* (*pop.*) Nemmeno, neppure, neanche: *m. per idea*; *m. per scherzo*; *m. per sogno*; *m. per niente*; *m. a par-*

larne; *m. uno*; *m. tu ci credi*; *non mi ha m. salutato*.

mancolista [comp. di *mancare* e *lista*] s. f. ● Lista dei pezzi mancanti per completare una raccolta, una collezione e sim..

mancorrènte [comp. di *man(o)* e *corrente (1)*] s. m. ● Corrimano, guardamano.

†**mandafuòra** [comp. di *manda(re)* e *fuori*] s. m. inv. ● Buttafuori.

màndala [vc. sanscrita, propr. 'cerchio'] s. m. inv. ● Nel tantrismo induista e buddista, disegno di varie forme che rappresenta simbolicamente il cosmo.

mandamentàle agg. ● Relativo al mandamento: *carcere m.*

mandaménto s. m. *1* †Modo e atto del incendivo, del gettare. *2* (*dir.*) Circoscrizione giudiziaria entro cui il pretore esplica le proprie funzioni. *3* †Comando, ordine.

mandànte A part. pres. di *mandare*; anche agg. ● Nei sign. del v. **B** s. m. e f. *1* Chi demanda ad altri l'esecuzione di q.c. *2* (*dir.*) Nel mandato, colui che incarica il mandatario di compiere una determinata attività giuridica.

mandaràncio [comp. di *mandar(ino) (2)* e *arancio*] s. m. ● Frutto ibrido del mandarino e dell'arancio, affine al primo per dimensioni ma con buccia liscia e colore carico. SIN. Clementina.

mandàre [lat. *mandāre* 'affidare, dare in mano', comp. di *mănus* 'mano' e una radice indeur. che indica 'porre'] v. tr. *1* Far andare qc. con un ordine e a un fine determinato: *m. a chiamare qc.*; *gli mandarono a dire di far presto*; *m. qc. per legna, per funghi, per notizie* | *Non m. a dire le cose*, dirle in faccia, di persona | Far andare: *m. attorno, in giro qc.* | (*fig.*) *M. a carte quarantotto*, mettere sottosopra, in rovina | *M. a gambe levate*, far cadere rovinosamente (*anche fig.*) | *M. all'aria, a monte q.c.*, farla fallire | *M. a male*, sciupare | *M. a picco, a fondo*, affondare | *M. in alto*, far salire | *M. in basso*, far scendere | *M. a sacco*, saccheggiare | *M. in rovina*, rovinare | *M. qc. da Erode a Pilato*, (*fig.*) da un luogo all'altro inutilmente | *M. una moneta*, farla circolare | *M. qc. all'altro mondo, al Creatore, in paradiso*, ucciderlo | *M. q.c. dall'oggi al domani*, differirla | *M. in fumo, in nulla*, (*fig.*) render vano | *M. in pezzi*, frantumare, rompere | *M. uno ben vestito*, farlo apparire ben vestito | *M. via qc.*, scacciarlo | *M. via un operaio, un impiegato*, licenziarlo | *M. a spasso*, (*fig.*) mandar via | *M. sotto*, (*fig.*) deprimere. *2* Consegnare q.c. a qc. o a un mezzo di spedizione, affinché questi lo recapiti a una determinata persona: *m. una lettera, un pacco, una valigia, un messaggio, una protesta, un dono*; *mandatemi i colli per ferrovia* | Indirizzare, dirigere: *m. le acque in un fossato, il gas nelle tubazioni* | *M. giù*, ingoiare e (*fig.*) sopportare | *Non m. giù q.c.*, (*fig.*) non riuscire a sopportarla | *M. a effetto, a compimento*, concludere | *M. a perfezione*, far riuscire perfettamente | *M. innanzi*, spingere. *3* Destinare qc. a un ufficio o assegnarlo a una sede: *lo mandarono come pretore in provincia*; *mi mandano professore a Cagliari* | *M. in prigione, in galera, alla forca, al rogo*, condannare qc. a tali pene | (*fig.*) *M. al diavolo, a quel paese, in malora*, non volerne più sapere di q.c. o qc. *4* Mettere in moto, far funzionare: *m. la barca, la macchina* | *M. in onda*, trasmettere alla radio o alla televisione. *5* Emettere, emanare: *m. grida di gioia, lampi di luce, rintocchi*; *la ferita manda sangue* | Gettare, lanciare: *m. la palla, il disco*; *m. una maledizione, un insulto*. *6* (*lett.*) Comandare. *7* Concedere per grazia, premio, castigo e sim.: *Dio manda calamità, malattie, figli, fortuna* | *Che Dio ce la mandi buona*, che ci conceda un esito fortunato | *Piove come, che Dio la manda*, con estrema violenza e intensità || PROV. Chi vuole vada, e chi non vuole mandi.

mandarìna [da *mandarino (1)* probabilmente per la sua provenienza orientale] s. f. ● (*zool.*) Anatra mandarina.

mandarinàto [da *mandarino (1)*] s. m. ● Ufficio, dignità di mandarino.

mandarinésco [da *mandarino (1)*] agg. (pl. m. *-schi*) ● Di, da mandarino.

mandarinétto [da *mandarino (2)*] s. m. ● Liquore a base di essenza di mandarino.

mandarinìsmo [fr. *mandarinisme*, da *mandarin* 'mandarino (1)'] s. m. ● Burocrazia vessatoria come quella dei mandarini cinesi.

mandarìno (1) [port. *mandarin*, dal malese *mantarī*] **A** s. m. *1* Funzionario civile dell'antico impero cinese. *2* (*est.*) Alto funzionario o personaggio potente e influente. *3* Lingua mandarina. **B** agg. ● *Cinese m.*, *lingua mandarina*, denominazione della lingua ufficiale e letteraria cinese.

mandarìno (2) [da *mandarino (1)* per il colore giallo] s. m. ● Albero delle Rutacee con esperidio sferico un poco schiacciato, a buccia aranciata, dolcissimo (*Citrus nobilis*) | Frutto di tale albero.

mandarìno (3) [da *mandare*] s. m. ● Nel gioco della palla a muro, il battitore che lancia la palla sopra la linea tracciata sul muro.

mandàta [f. sost. di *mandato (1)*] s. f. *1* Atto del mandare | Quantità di cose mandate in una sola volta: *ricevemmo tutta la merce in una sola m.* *2* Serie di cose o di persone: *una m. di soldati, di laureati, di bricconi*. *3* Tratto che un giro della chiave fa percorrere alla stanghetta: *serrature a una m.*; *chiudere l'uscio a tre mandate*. *4* Fase di compressione di un fluido. || **mandatìna**, dim.

mandatàrio [vc. dotta, lat. tardo *mandatāriu(m)*, da *mandātor* 'mandatore'] s. m. (f. *-a*) *1* Chi fa q.c. per mandato d'altri. *2* (*dir.*) Nel mandato, colui che si obbliga a compiere un'attività giuridica nell'interesse del mandante. *3* †Commissario, ambasciatore.

mandàto (1) A part. pass. di *mandare*; anche agg. ● Nei sign. del v. **B** s. m. ● (*lett.*) Messo, ambasciatore.

mandàto (2) [lat. *mandātu(m)*, da *mandāre* 'mandare'] s. m. *1* †Comandamento: *per divino m.* *2* (*dir.*) Contratto con cui una persona si obbliga a compiere un'attività giuridica nell'interesse di un'altra | *M. di rappresentanza*, contratto con il quale la casa rappresentata autorizza il rappresentante a svolgere la sua attività commerciale in nome e per conto della casa stessa | *M. di credito*, contratto con cui una persona si obbliga verso un'altra a fare credito a un terzo. *3* (*dir.*) Provvedimento avente forma di decreto con cui il pretore, il giudice istruttore o altro giudice dispone la comparizione, l'accompagnamento, l'arresto o la cattura dell'imputato o di altro soggetto: *m. di comparizione, di accompagnamento, di arresto, di cattura*. *4* Incarico di esplicare un'attività di pubblico interesse: *m. diplomatico*. *5* Ordine di pagamento dato al cassiere di un'amministrazione: *m. di pagamento*. *6* Documento regio o imperiale a carattere dispositivo, contenente un ordine. *7* Autorità o facoltà di fare q.c.: *m. di fiducia*; *tradire il m.* *8* (*dir.*) *M. internazionale*, istituto, oggi non più esistente, in forza del quale popoli ritenuti incapaci di autogovernarsi sono affidati alla tutela e all'amministrazione di nazioni più progredite perché li conducano a un più alto grado di civiltà.

mandatóre [vc. dotta, lat. *mandatōre(m)*, da *mandāre* 'mandare'] s. m. (f. *-trice*) *1* (*raro*) Chi manda. *2* Chi, nei giochi di palla, lancia la palla stessa perché un altro gliela rimandi.

mànde [vc. africana, dal nome delle popolazioni *Mandingo*] **A** s. m. inv. ● Grande famiglia linguistica dell'Africa occidentale. **B** anche agg. inv.: *lingue m.*

mandèlico [ted. *Mandel(säure)* 'acido mandelico' da *Mandel* 'mandorla' e *-ico*] agg. (pl. m. *-ci*) ● (*chim.*) Detto di ossiacido aromatico a otto atomi di carbonio con proprietà antisettiche; è presente sotto forma di nitrile nelle mandorle amare.

mandìbola [lat. tardo *mandĭbula(m)*, da *măndere* 'masticare', di etim. incerta] s. f. *1* (*anat.*) Nei Vertebrati, osso impari della faccia, detto anche mascella inferiore, costituito da due branche orizzontali contenenti i denti inferiori e da due branche verticali che si articolano con l'osso temporale del cranio permettendo l'apertura della bocca. ➡ ILL. p. 362 ANATOMIA UMANA. *2* (*al pl.*) Parti dell'apparato boccale a forma di chele o pinze di alcuni insetti.

mandibolàre agg. ● Che riguarda la mandibola: *articolazione m.*

mandìngo [n. indigeno di una tribù della Sierra Leone] agg.; anche s. m. inv. ● Che, chi appartiene a una popolazione diffusa nell'Africa occidentale, spec. nell'alto Niger.

mandiritto ● V. *mandritto*.

mandòla (1) [lat. *pandūra(m)*, nom. *pandūra*, dal gr. *pandoûra*, di etim. incerta] s. f. ● Strumento a corda della famiglia dei liuti. ➡ ILL. musica. || **mandolóne**, accr. m. (V.) | **mandolino**, dim. (V.).

†**mandòla (2)** ● V. *mandorla*.

mandolinàta [da *mandolino*] s. f. ● Sonata per mandolino.

mandolinìsta s. m. e f. (pl. m. *-i*) ● Chi suona il mandolino.

mandolino [da *mandola (1)*] s. m. ● (*mus.*) Strumento cordofono a pizzico con plettro, comparso in Italia nel Quattrocento e accolto dalla musica d'arte in età barocca: *il m. napoletano*. ➡ ILL. musica.

mandoloncèllo s. m. *1* Dim. di *mandolone*. *2* Strumento a quattro o sei corde simile alla mandola, ma di dimensioni più grandi e con una gamma di suoni più acuti.

mandolóne s. m. *1* Accr. di *mandola (1)*. *2* Strumento a sette o otto corde simile alla mandola, ma di dimensioni più grandi e con una gamma di suoni meno acuti. || **mandoloncèllo**, dim. (V.).

màndorla o (*dial.*) †**amàndola**, (*dial.*) †**màndola (2)** [lat. tardo *amăndula(m)*, dal lat. classico *amўgdala*, dal gr. *amygdálē*, vc. straniera di etim. incerta] s. f. *1* Frutto del mandorlo, drupa verde e pelosa, ovale, contenente uno o due semi, dolci o amari secondo la varietà, commestibili | *Olio di mandorle*, estratto per pressatura delle mandorle, è usato come emolliente e protettivo | *Latte di mandorle*, sciroppo di mandorle pestate, acqua e zucchero | *Occhi a m.*, di taglio allungato | (*est.*) Seme di molti frutti carnosi, come pesca, albicocca e sim. | *M. del cacao*, seme contenuto nel frutto del cacao e utilizzato per estrarre il burro e la polvere | *M. indiana*, il seme oleoso dell'anacardio. *2* *M. mistica*, aureola a forma di mandorla che circonda Gesù o la Vergine nell'iconografia cristiana antica. *3* *M. di mare*, piccolo mollusco dei Gasteropodi che vive anche nel Mediterraneo con conchiglia sottile, biancastra, celata nelle parti molli dell'animale (*Philine aperta*). *4* Traforo della calza fatto con maglie in forma di mandorle. *5* Motivo ornamentale che per la forma ricorda una mandorla. || **mandorlétta**, dim. | **mandorlìna**, dim.

mandorlàto A agg. *1* †Che ha forma di mandorla. *2* Contenente mandorle: *cioccolato m.* **B** s. m. ● Pasta dolce con mandorle abbrustolite.

mandorléto [da *mandorlo*] s. m. ● Piantagione di mandorli.

mandorlicoltóre [comp. di *mandorlo* e *-coltore*, sul modello di *agricoltore*] s. m. ● Coltivatore di mandorli.

mandorlicoltùra o **mandorlicultùra** [comp. di *mandorlo* e *-coltura*] s. f. ● Coltivazione dei mandorli.

mandorlièro [da *mandorla*] agg. ● Concernente le mandorle e la loro coltivazione: *produzione mandorliera*.

màndorlo [da *mandorla*] s. m. ● Grande albero delle Rosacee che fiorisce prima di mettere le foglie con fiori bianchi, vistosi, foglie seghettate, frutto a mandorla (*Prunus communis*).

màndra ● V. *mandria*.

†**mandràcchia** [da *mandracchio*, per l'abitudine delle prostitute di frequentare i porti (?)] s. f. ● Prostituta, meretrice.

mandràcchio [da *mandr(i)a*, nel sign. di 'recinto'] s. m. *1* Parte interna piccola e chiusa in un porto o darsena per stazione di piccoli bastimenti. *2* Canale principale che convoglia le acque di un comprensorio di bonifica alle idrovore.

mandràgola o **mandràgora** [lat. *mandrăgora(m)*, nom. *mandrăgora*, dal gr. *mandragóras*, di etim. incerta] s. f. ● Erba velenosa delle Solanacee con fiori bianchi, foglie seghettate e grosse radici alle quali un tempo si attribuivano virtù magiche (*Mandraghola officinarum*) | †*Mostrar la m.*, (*fig.*) ingannare, beffare.

†**mandragolàto** agg. ● Di olio o sim. con infusione di mandragola.

mandràgora ● V. *mandragola*.

Mandrake /man'drake, *ingl.* mæn'dreik/ [dal n. di un famoso personaggio dei fumetti creato nel 1934 da L. Falk e P. Davis] s. m. inv. ● (*scherz.*)

Persona dotata di capacità eccezionali, prodigiose.

mandratùra s. f. • Pernottamento all'aperto delle mandrie al pascolo per concimare il terreno. SIN. Stabbiatura.

màndria o **màndra** [lat. *măndra(m)*, nom. *măndra*, dal gr. *mándra* 'ovile, recinto', di etim. incerta] s. f. *1* Branco numeroso di bestiame grosso: *una m. di buoi, di cavalli, di bufali*. *2* (*spreg.*) Insieme disordinato di persone: *una m. di birboni, di farabutti*. *3* †Stalla, ovile, recinto.

†**mandriàle** (1) /mandri'ale, man'drjale/ [da *mandria*] s. m. • (*raro*) Mandriano.

mandriàle (2) /mandri'ale, man'drjale/ [dalla somiglianza col bastone di un *mandriano* (?)] s. m. • Lunga asta di acciaio usata in fonderia per togliere il tappo a spina del foro di colata dei forni fusori, per consentire l'afflusso del metallo fuso nella forma.

mandriàno /mandri'ano, man'drjano/ [da *mandria*] s. m. (f. *-a*) • Custode di una mandria, specie di bestiame bovino.

mandrìllo [sp. *mandril*, da una vc. della Guinea] s. m. *1* Grossa scimmia cinocefala africana, di indole molto selvaggia, con il muso, di color rosso-sanguigno, solcato da pieghe cutanee verticali, e le parti posteriori del corpo colorate in rosso, verde e azzurro (*Mandrillus sphinx*). *2* (*fig.*) Uomo molto libidinoso.

mandrinàggio s. m. • Allargamento di un foro col mandrino.

mandrinàre [da *mandrino*] v. tr. (*io mandrìno*) • Allargare l'estremità di tubi mediante un mandrino.

mandrinatùra [da *mandrinare*] s. f. • Mandrinaggio.

mandrìno [fr. *mandrin*, di etim. incerta] s. m. *1* (*tecnol.*) Albero principale della macchina utensile che ha la funzione di trasmettere il moto rotatorio al pezzo da lavorare o all'utensile. *2* (*tecnol.*) Piattaforma: *m. autocentrante*. *3* (*tecnol.*) Parte del trapano e gener. di una perforatrice, che fa o allarga fori. *4* (*med.*) Filo o asticella sottile di metallo, introdotto in aghi di siringa e gener. strumenti cavi, per dare loro una determinata curvatura o consistenza, o per impedirne l'ostruzione. *5* Nelle armi da fuoco, cilindro di legno con cui, caricando manualmente le cartucce, si spinge lo stoppaccio all'interno di queste.

mandrìtta o (*tosc.*) **manrìtta**, (*pop.*) **marrìtta** [comp. di *man(o)* e *diritta*] s. f. • La mano destra, il lato destro: *tenere la m.*; *dare la m. a uno* | *A m.*, a destra.

mandrìtto o **mandirìtto**, (*tosc.*) **manrìtto**, (*pop.*) **marrìtto** [comp. di *man(o)* e *diritto*] s. m. • Colpo dato da destra a sinistra con la sciabola o a mano aperta.

manducàbile [vc. dotta, lat. tardo *manducābile(m)*, da *manducāre* 'mangiare'] agg. • (*lett.*) Che si può mangiare.

†**manducàre** [lat. *manducāre*, da *măndere* 'masticare'. V. *mandibola*] v. tr. • Mangiare.

†**manducazióne** [vc. dotta, lat. tardo *manducatiōne(m)*, da *manducāre* 'mangiare'] s. f. • Atto del mangiare.

màne [lat. *māne* 'mattino', dall'agg. *mānis* 'buono'; *māne* avrebbe il sign. di 'buona (ora)'] s. f. solo sing. • (*lett.*) Mattina: *Il nome del bel fior ch'io sempre invoco / e m. e sera* (DANTE *Par.* XXIII, 88-89) | *Da m. a sera*, dalla mattina alla sera, per tutto il giorno e (*est.*) continuamente | *Fare m.*, fare giorno.

-mane [gr. *-manḗs*, da *manía* 'pazzia', di origine indeur.] secondo elemento • Forma sostantivi, designanti persona, che corrispondono ai sostantivi in *-mania*: *bibliomane, cleptomane, cocainomane, grafomane, morfinomane, tossicomane*.

†**manécchia** [lat. *manĭcula(m)*, da *mănus* 'mano'] s. f. • Manico, maniglia.

maneggévole [da *maneggiare*] agg. *1* Che si può maneggiare facilmente: *libro, arnese m.* | (*fig.*) *Mare m.*, che, per quanto non calmo, consente a un natante di navigare senza difficoltà | (*fig.*) *Tempo m.*, che consente l'uso della vela e la condotta della navigazione senza eccessive limitazioni. *2* Detto di arma, artiglieria, macchina bellica di facile uso e impiego. *3* (*fig.*) Docile, arrendevole, malleabile: *carattere m.*

maneggevolézza s. f. • Qualità di chi, di ciò che è maneggevole (*anche fig.*).

manéggia [etim. incerta] s. f. (pl. *-ge*) • Spazio ristretto di terreno.

maneggiàbile agg. • Che si può maneggiare | (*fig.*) Che si lascia facilmente persuadere.

maneggiaménto s. m. *1* Operazione del maneggiare. *2* Maneggio, intrigo. *3* †Artificio o perizia nell'uso di q.c.

maneggiàre [da *mano*] **A** v. tr. (*io manéggio*) *1* Trattare con le mani, tenere tra le mani per scopi vari: *m. la cera, la pasta*. *2* Saper usare q.c. con particolare capacità o abilità (*anche fig.*): *m. lo scalpello, il pennello, il bisturi* | *M. la torta*, (*fig.*) condurre le cose a proprio piacimento | *M. le reti*, fare il pescatore | *M. il remo*, fare il marinaio | *M. la marra*, fare il contadino | (*fig.*) *M. un'arte*, esercitarla con padronanza e abilità | (*fig.*) *M. la melodia*, comporre musica | (*fig.*) *M. la voce*, modularla | *M. i numeri*, fare i calcoli | *M. la penna, la lingua*, sapere scrivere o parlare con originalità, vivacità e gener. abilità e padronanza | *M. le Scritture, gli autori*, (*fig.*) sapersi servire della Bibbia o delle opere di autori per i propri fini | *M. la frusta*, (*fig.*) esser molto duri nella critica, nella polemica. *3* (*fig.*) Amministrare: *m. forti somme di denaro, ingenti capitali*; *tutto quello el quale e tuoi figliuoli non sapranno m. e governare, ... sarà loro superfluo e incomodo* (ALBERTI) | †Governare: *m. il regno, il paese* | *M. una persona*, ottenerne ciò che si vuole. *4* Palpare, tastare: *m. un vitello per assicurarsi del suo peso*. *5* (*mar.*) Far manovrare, governare. **B** v. intr. pron. *1* (*raro*) Destreggiarsi. *2* †Adoperarsi | †Esercitarsi. *3* †Muovere le mani o tutta la persona in qualche operazione.

maneggiàto A part. pass. di *maneggiare*; anche agg. *1* Nei sign. del v. *2* (*raro*) Guidato, diretto. **B** s. m. • †Maneggio.

maneggiatóre s. m. (f. *-trice*) • Chi maneggia (*anche fig.*).

manéggio (1) [da *maneggiare*] s. m. *1* Atto, effetto del maneggiare q.c. (*anche fig.*): *essere abile nel m. del pennello, delle armi, della rima*. *2* Amministrazione, direzione, governo: *il m. degli affari, del denaro e delle rendite altrui*; *chi è in maneggi grandi ... cuopri sempre le cose che gli dispiacciono, amplifichi quelle che gli sono favorevoli* (GUICCIARDINI). *3* Azione, affare o traffico condotto con astuzia: *i maneggi del grande commercio internazionale* | (*est.*) Intrigo: *i maneggi della diplomazia*; *essere esperto in ogni m.* *4* Luogo, pista ove vengono addestrati cavalli e cavalieri a particolari esercizi d'andatura e di abilità | *Arie di m.*, l'insieme degli esercizi del suddetto allevamento. *5* †Mossa, evoluzione di guerra | Manovra.

maneggìo (2) [da *maneggiare*] s. m. • Un continuo e intenso maneggiare.

maneggióne [da *maneggiare*] s. m. (f. *-a*) *1* Intrigante. *2* (*sett.*) Faccendone.

manentàtico [da *manente* nel sign. B] s. m. • (*dir.*) Nel mondo medievale, contratto agrario in base al quale un coltivatore si obbligava a rimanere in perpetuo sulle terre che coltivava.

manènte A part. pres. di †*manere*; anche agg. *1* Nei sign. del v. *2* †Che ha possesso di casa o terreno. **B** s. m. • Nell'ordinamento feudale, il coltivatore obbligato, in base a un contratto, a rimanere in perpetuo sulla terra che coltivava.

†**manentìa** [da *manente*] s. f. • Ricchezza, dovizia.

†**manèra** e *deriv.* • V. *maniera* e *deriv.*

†**manére** [lat. *manēre*. V. *rimanere*] v. intr. • Rimanere, restare.

manescàlco • V. *maniscalco*.

manésco [da *mano*] agg. (pl. m. *-schi*) *1* Pronto a menare le mani: *ragazzo m.* *2* †Che si può agevolmente usare o trattare con le mani. *3* Detto di ogni strumento o arma individuale usati con le mani: *armi manesche*.

manétta [da *mano*] s. f. *1* †Manata. *2* Piccola leva con manopola, pomello e sim., per comandare a mano un dispositivo: *m. dell'aria, del carburatore, del gas*. *3* Leva azionante il congegno di scatto della balestra o del serpentino. *4* (*al pl.*) Ferri di varia forma usati dalle forze dell'ordine per tenere stretti insieme i polsi degli arrestati | *Mettere le manette a qc.*, (*est.*) arrestare, incarcerare; (*fig.*) opprimere, asservire | (*fig.*) *Governo delle manette*, dittatoriale, oppressivo | *Spezzare, rompere le manette*, liberarsi da un asservimento.

manévole [da *mano*] agg. • (*raro*) Maneggevole.

manfanìle [da *manfano*] s. m. • Bastone del correggiato tenuto in mano dal battitore. SIN. Manfano.

mànfano [lat. tardo *mămphur*, vc. di origine osca] s. m. *1* Manfanile. *2* (*tosc.*) Tappo per chiudere il foro del tino o della botte | (*est.*) Il foro stesso. *3* (*tosc.*, *fig.*) Persona furba.

manfòrte o **man fòrte** [comp. di *man(o)* e *forte*] s. f. inv. • Sostegno, aiuto, appoggio | *Dare, prestare m. a qc.*, aiutare, spalleggiare qc.

manfrìna [var. dial. di *monferrina*] s. f. *1* (*sett.*) Ballo piemontese, monferrina: *ballare, suonare la m.* *2* (*est.*) Storia insistente e noiosa, spec. ripetuta allo scopo di ottenere q.c.: *è sempre la solita m.*; *per convincermi non c'era bisogno di tutte queste manfrine*.

manfróne [dal lat. *văfer* 'astuto' (V. *vafro*), con deformazione pop.] s. m. *1* (*zool.*) Pagro. *2* (*fig.*) Furbacchione, marpione.

manfruìto [deformazione pop. di *ermafrodito*] s. m. • (*raro, volg.*) Ermafrodito.

manganàre [da *mangano*] v. tr. (*io màngano*) *1* Dare il lustro alle stoffe di lino col mangano. *2* †Lanciare proietti col mangano.

manganàto [comp. di *mangan(ese)* e *-ato* (2)] s. m. • Sale dell'acido manganico | *M. potassico*, composto che si può trasformare, per effetto dell'aria o dell'acqua, in altri composti variando in corrispondenza di colore. SIN. Camaleonte verde.

manganatóre [da *manganare*] s. m. • Operaio tessile che dà il lustro col mangano.

manganatùra s. f. • Operazione tessile del manganare tessuti di lino o di cotone misto lino.

†**manganeggiàre** [comp. di *mangan(o)* e *-eggiare*] v. tr. • Manganare nel sign. 2.

manganèlla [dim. di *mangano*] s. f. *1* Manganello | *Tirare di m.*, bastonare. *2* Piccolo mangano per lanciare proietti. *3* Panca a muro, con maschietto per alzarla o abbassarla.

manganellàre v. tr. (*io manganèllo*) • Percuotere col manganello, prendere a manganellate. SIN. Bastonare.

manganellàta s. f. • Colpo di manganello. SIN. Bastonata.

manganèllo s. m. *1* Dim. di *mangano*. *2* Bastone, randello: *usare il m.*

manganése [dal gr. biz. *magnḗsion* 'magnesia'] s. m. • Elemento chimico, metallo splendente, duro, fragile, molto diffuso in natura e spesso accompagnato al ferro, ottenuto per via alluminotermica dai suoi ossidi, usato per preparare acciai, leghe e vernici protettive. SIMB. Mn.

manganesìfero [comp. di *manganese* e *-fero*] agg. • Che contiene manganese.

mangànico [comp. di *mangan(ese)* e *-ico*] agg. (pl. m. *-ci*) • (*chim.*) Detto di composti in cui il manganese è trivalente e dell'acido in cui è esavalente: *ossido m.* | *Acido m.*, acido ossigenato noto solo in soluzione o sotto forma di sali.

manganina [ingl. *manganin*, da *manganese* 'manganese'] s. f. • Lega di rame, manganese e nichel, usata spec. per realizzare campioni di resistenze elettriche.

manganìsmo s. m. • (*med.*) Intossicazione causata da inalazione delle polveri o dei vapori di manganese.

manganìte [comp. di *mangan(ese)* e *-ite* (2)] s. f. • (*miner.*) Idrossido di manganese in cristalli prismatici ben sviluppati, neri, con lucentezza metallica.

màngano [lat. tardo *mănganu(m)*, dal gr. *mánganon*, di origine indeur.] s. m. *1* Grosso ordigno a pesi o macchina a cilindri rotanti per dare il lustro a tele e drappi. *2* Grossa macchina per stirare: *m. per ospedali, alberghi, collegi*. *3* Antica macchina da guerra di grandi dimensioni usata per lanciare proietti. *4* (*fig.*) Persona grossa d'ossatura. *5* (*tosc.*, *fig.*) Oppressione. || **manganèlla**, dim. f. (V.) | **manganèllo**, dim. (V.).

manganóso [fr. *manganeux*, da *manganèse* 'manganese'] agg. • (*chim.*) Detto di composto del manganese bivalente | *Solfato m.*, di colore rosa, usato come mordente in tintoria.

†**mangèa** [ant. fr. *mangée* 'mangiata'] s. f. ● Convito, banchetto.

mangerèccio agg. (pl. f. *-ce*) ● Da mangiare, buono a mangiarsi: *funghi mangerecci.* SIN. Commestibile, edule.

mangerìa [fr. *mangerie*, da *manger* 'mangiare'] s. f. ● Profitto estorto da amministratori disonesti | (*est.*) Sperpero del denaro pubblico. SIN. Ruberia.

màngia [da *mangiare*] s. m. inv. ● (*fig., tosc.*) Uomo spaventevole che incute paura | *Fare il m.*, il gradasso.

mangia- primo elemento **1** In parole composte, per lo più di origine pop., indica la persona o l'animale che mangia (anche solo in senso fig.) ciò che è designato dal secondo elemento compositivo, talora con connotazione scherz. o spreg.: *mangiabambini, mangiafagioli, mangiaformiche, mangiapane, mangiapolenta.* **2** Indica apparecchi dotati di una fessura in cui viene inserito ciò che è designato dal secondo elemento compositivo: *mangiacassette, mangiadischi, mangianastri.*

mangiabambìni [comp. di *mangia-* e il pl. di *bambino*] s. m. e f. ● Personaggio di fiabe dall'aspetto feroce | (*fig.*) Persona che incute paura, ma in fondo buona. SIN. Babau.

mangiàbile agg. ● Che si può mangiare, che è buono da mangiare. SIN. Commestibile, edule.

mangiabilità s. f. ● (*raro*) Qualità di ciò che è mangiabile.

mangiabòtte [comp. di *mangia-* e il pl. di *botta* (*2*)] s. f. inv. ● (*zool., pop.*) Biscia d'acqua.

mangiacapàrre [comp. di *mangia-* e il pl. di *caparra*] s. m. e f. inv. ● (*raro*) Chi truffa la caparra.

mangiacàrte [comp. di *mangia-* e il pl. di *carta*] s. m. inv. ● (*spreg.*) Leguleio, avvocato faccendone e senza abilità.

mangiacassétte [comp. di *mangia-* e del pl. di *cassetta*] s. m. inv. ● Mangianastri.

†**mangiacatenàcci** [comp. di *mangia-* e il pl. di *catenaccio*] s. m. ● Millantatore, spaccone.

†**mangiachiàcchiera** [comp. di *mangia-* e *chiacchiera*] s. m. e f. ● Chiacchierone.

mangiacristiàni [comp. di *mangia-* e il pl. di *cristiano*] s. m. e f. ● Chi minaccia e fa il terribile, spec. a parole.

mangiadìschi ® [nome commerciale; comp. di *mangia-* e il pl. di *disco*] s. m. ● Giradischi portatile caratterizzato da una feritoia orizzontale in cui si introduce, e da cui viene poi espulso, il disco da ascoltare.

†**mangiadóni** [comp. di *mangia-* e il pl. di *dono*] agg.; anche s. m. ● Che, chi prende facilmente regali, spec. per corruzione.

†**mangiadóre** ● V. *mangiatore.*

màngia-e-bévi o **màngiaebévi** [comp. con gli imperat. di *mangiare* e *bere*] loc. sost. m. inv. **1** Gelato alla crema e nocciola, con frutta e liquore, servito in grandi bicchieri a calice. **2** (*tosc.*) Involtino di pasta fritta, croccante, ripieno di sciroppo spec. di lampone o di mele.

mangiafagiòli [comp. di *mangia-* e il pl. di *fagiolo*] agg.; anche s. m. **1** Che, chi mangia abitualmente o smodatamente fagioli. **2** (*fig., est.*) Che, chi ha gusti rozzi | Che, chi vale poco.

†**mangiafèrro** [comp. di *mangia-* e *ferro*] s. m. inv. ● Sgherro | (*est.*) Soldato bravaccio e millantatore.

mangiafórmiche [comp. di *mangia-* e il pl. di *formica*] s. m. inv. ● (*zool.*) Formichiere.

†**mangiafrànco** [comp. di *mangia-* e *franco*] s. m. ● Persona che mangia senza pagare.

mangiafùmo [comp. di *mangia-* e *fumo*] agg. inv. ● Che elimina il fumo dagli ambienti, purificando l'aria: *candela m.*; *pianta m.* (*Beaucarnia*).

†**mangiafuòco** [comp. di *mangia-* e *fuoco*] s. m. inv. ● Spaccone, smargiasso.

†**mangiagióne** s. f. ● Atto del mangiare.

†**mangiaguadàgno** [comp. di *mangia-* e *guadagno*] agg.; anche s. m. ● Che, chi fa umili lavori per guadagnare q.c.

mangiamaccheróni [comp. di *mangia-* e il pl. di *maccherone*] agg.; anche s. m. e f. **1** Che, chi mangia abitualmente o smodatamente maccheroni. **2** (*fig., est.*) Buono a nulla, capace solo a mangiar maccheroni.

mangiamarróni [comp. di *mangia-* e il pl. di *marrone* (*1*)] agg.; anche s. m. e f. **1** (*raro*) Che, chi è mangiatore di castagne. **2** (*fig., est.*) Sciocco, grossolano.

mangiaménto s. m. **1** Modo e atto del mangiare spec. in gruppo numeroso e con abbondanza | Mangiata. **2** (*raro*) Mangeria. **3** (*raro, fig.*) Tormento, struggimento: *m. di cuore, dell'animo.* **4** †Elisione di una lettera.

mangiamòccoli o **mangiamóccoli** [comp. di *mangia-* e il pl. di *moccolo*] s. m. e f. ● Bacchettone.

mangiamósche [comp. di *mangia-* e il pl. di *mosca*] s. m. inv. ● Pigliamosche.

mangianàstri ® [nome commerciale; comp. di *mangia-* e il pl. di *nastro*] s. m. ● Apparecchio a transistor che riproduce musica mediante l'inserzione automatica di nastri magnetici, contenuti in appositi caricatori. SIN. Giranastri.

mangiànte **A** part. pres. di *mangiare*; anche agg. ● Nei sign. del v. **B** s. m. e f. ● Chi mangia.

mangiapagnòtte [comp. di *mangia-* e il pl. di *pagnotta*] s. m. e f. inv. ● Chi percepisce uno stipendio pubblico con poca fatica.

mangiapàne [comp. di *mangia-* e *pane*] s. m. e f. inv. ● Persona inetta, buona solo a mangiare | *M. a ufo, a tradimento*, chi vive alle spalle altrui.

mangiapatàte [comp. di *mangia-* e il pl. di *patata*] **A** s. m. e f. inv. **1** Chi è ghiotto di patate o se ne nutre abitualmente: *un m.* **2** (*fig.*) Persona che non val nulla. **B** anche agg. inv.: *tedeschi m.*

mangiappattóna [comp. di *mangia-* e *pattona*] s. m. e f. inv. ● (*spreg.*) Mangiapane.

mangiapèlli [comp. di *mangia-* e il pl. di *pelle*] s. m. ● (*zool.*) Mallofagi.

mangiapére [comp. di *mangia-* e il pl. di *pera*] s. m. inv. ● (*zool.*) Cervo volante.

mangiapolènta o (*tosc.*) †**mangiapolènda** [comp. di *mangia-* e *polenta*] s. m. e f. inv. **1** Chi mangia abitualmente polenta. **2** (*fig.*) Persona inetta, dappoco | Polentone.

mangiapòpolo [comp. di *mangia-* e *popolo*] s. m. ● (*raro*) Despota, tiranno.

mangiaprèti [comp. di *mangia-* e il pl. di *prete*] s. m. e f. ● Chi odia i preti e ne sparla | Chi è anticlericale convinto.

mangiaràgni [comp. di *mangia-* e il pl. di *ragno*] s. m. ● Correntemente, uccello dei Passeriformi simile al colibrì con becco lungo e sottile.

mangiàre [fr. *manger*, dal lat. *manducāre*. V. *manducare*] **A** v. tr. (*io màngio*) **1** Prendere un cibo, masticarlo e deglutirlo: *m. carne, pesce, verdura*; *m. in fretta, adagio, di gusto* | *Mangiar pane*, (*fig.*) vivere, campare | *M. per vivere*, essere parco | *Vivere per m.*, essere ingordo | *Non aver da m.*, essere poverissimo | *M. a crepapelle*, (*fig.*) moltissimo | *M. a quattro palmenti*, con estrema voracità | *M. per tre, per quattro*, (*fig.*) in gran quantità | (*fig.*) *M. del pan pentito*, pentirsi | (*fig.*) *M. le lucertole*, essere molto magro | (*fig.*) *M. il pane a ufo, a tradimento*, non far nulla per guadagnarselo, farsi mantenere | *M. con qc.*, averci gran familiarità | *Mangia e dormi*, si dice di poltroni | (*fig.*) *M. il pane del governo*, essere impiegato dello Stato o soldato | *M. di magro*, astenersi in certe occasioni dalle carni, secondo il precetto cattolico | *M. in bianco*, evitando salse, condimenti piccanti e sim. | (*fig.*) *M. con gli occhi*, guardare con intenso desiderio | (*fig.*) *M. la minestra in testa a qc.*, essere più alto, essere più bravo in q.c. | (*fig.*) *M. alle spalle di qc.*, farsi mantenere | *M. la foglia*, (*fig.*) rendersi conto di qualche inganno o sotterfugio | (*fig.*) *M. di q.c.*, intendersene | (*fig.*) *Di matematica non ne mangia*, non se ne intende | (*fig.*) *M. anche in capo a un tignoso*, giovarsi di tutto | (*fig.*) *M. addosso a qc.*, sfruttarlo | Prendere uno dei pasti giornalieri: *è ora di m.*; *m. in trattoria*; *mangiamo insieme?* | *M. alla carta*, secondo la lista | *M. a prezzo fisso*, secondo una lista prestabilita e generalmente senza scelta | *Far da m.*, preparare il pasto. **2** Divorare (*anche fig.*): *mangiarsi un cappone*; *s'è mangiato tutta la torta*; *la febbre, l'ira, le gelosie lo mangiano* | (*fig.*) *Mangiarsi vivo qc.*, sgridarlo con molta asprezza | (*fig.*) *Mangiarsi il cuore, il fegato*, per ira, astio e sim. | *Mangiarsi le unghie*, rosicchiarsele, spec. per vizio | (*fig.*) *Mangiarsi le mani*, per non aver fatto q.c. di particolarmente utile o conveniente, per aver perduto una buona occasione e sim. | (*fig.*) *Mangiarsi qc. dai baci, di baci*, coprirlo di baci | (*fig.*) *Mangiarsi la parola*, non mantenerla | (*fig.*) *Mangiarsi una lettera, una sillaba, le parole* e sim., non pronunciarla, o pronunciarla male, a metà e sim. **3** (*fig.*) Intaccare, rodere, corrodere: *la ruggine mangia il ferro*; *l'acido ha mangiato il tessuto.* **4** Consumare: *è una caldaia che mangia troppo carbone* | (*fig.*) *M. la via*, percorrerla rapidamente. **5** Distruggere, sperperare: *gli ha mangiato tutto il patrimonio* | *M. a qc. la casa e la camicia*, non lasciargli assolutamente nulla. **6** (*fig.*) Guadagnare illecitamente: *con tutti i suoi intrighi trova sempre da m.* SIN. Estorcere, rubare, scroccare. **7** (*fig.*) Sopraffare: *con poche parole ha mangiato tutti gli avversari* | Nel linguaggio sportivo, superare con estrema facilità: *m., mangiarsi l'avversario* | (*mar.*) Nel linguaggio dei marinai, spazzar via murate, scialuppe, persone, dal ponte della nave, detto del mare tempestoso | *Farsi m. il remo*, lasciarsi inceppare il remo dalle acque per inesperienza della voga. **8** Giocando a scacchi, a dama, a carte, prendere un pezzo o una carta dell'avversario. **B** s. m. **1** Atto del mangiare: *persona molto difficile nel m.* | *Perdere il m.*, l'appetito, l'uso del mangiare | Desinare, pasto: *è pronto il m.?* **2** †Convito, pranzo. **3** Ciò che si mangia: *m. saporito, semplice, insipido, ghiotto.* SIN. Cibo, vivanda ‖ PROV. Lupo non mangia lupo; o mangiar questa minestra o saltar questa finestra; l'asino quando ha mangiato la biada tira calci al corbello; il pesce grande mangia il pesce piccolo; l'appetito vien mangiando. ‖ **mangiarino**, dim. (V.).

mangiarìno s. m. **1** Dim. di *mangiare* B. **2** Cibo squisito e delicato. SIN. Manicaretto.

mangiaròspi [comp. di *mangia-* e il pl. di *rospo*] s. m. ● (*zool.*) Biscia d'acqua.

mangiasapóne [comp. di *mangia-* e *sapone*] s. m. e f. inv. ● (*sett., spreg.*) Nativo dell'Italia meridionale.

mangiaségo [comp. di *mangia-* e *sego*] s. m. inv. ● (*spreg.*) Chi ama e mangia vivande condite con grasso animale | Appellativo con cui nel Lombardo-Veneto venivano chiamati i soldati austriaci.

mangiasòldi [comp. di *mangia-* e il pl. di *soldo* (*1*)] **A** s. m. inv. ● Chi riceve uno stipendio immeritatamente perché lavora poco e male. **B** agg. ● Nella loc. *macchina m.*, apparecchio automatico per il gioco d'azzardo, che funziona mediante l'introduzione di monete o gettoni in un'apposita fessura, e consente la vincita di premi.

mangiàta s. f. ● Atto del mangiare una volta e in abbondanza: *fare una m. di pesce.* SIN. Scorpacciata. ‖ **mangiatàccia**, pegg. | **mangiatìna**, dim. | **mangiatóna**, accr.

†**mangiatìvo** agg. ● Che serve a mangiare | Che si mangia.

mangiàto part. pass. di *mangiare*; anche agg. **1** Nei sign. del v. **2** (*mar.*) Tolto alla vista: *barca mangiata dalle onde.*

mangiatóia [da *mangiare*] s. f. **1** Manufatto in legno, in muratura o in cemento, a forma di lunga cassa, dove si pongono gli alimenti innanzi agli animali. SIN. Greppia. **2** (*fig., scherz.*) Tavola su cui si mangia: *badare solo alla m.* **3** (*fig.*) Fonte di guadagno più o meno lecita.

mangiatóre o †**mangiadóre**. **A** s. m. (f. *-trice*) ● Chi mangia abbondantemente: *un famoso m.* **B** agg. ● Si dice di chi è solito nutrirsi prevalentemente o preferire un determinato cibo: *gli italiani sono mangiatori di pasta.*

mangiatòria s. f. ● (*raro*) Mangeria.

mangiatùra s. f. **1** †Atto, effetto del mangiare. **2** (*pop.*) Segno lasciato sulla pelle dalle punture degli insetti.

mangiatùtto [comp. di *mangia-* e *tutto*] s. m. e f. inv. **1** Chi mangia di tutto e molto | Chi è di bocca buona | (*fig.*) Sciupone, sprecone. **2** Varietà di fagioli e di piselli a baccelli eduli.

mangiaùfo [da *mangia(re) a ufo*] s. m. e f. inv. ● Chi mangia a ufo | Poltrone, svogliato.

†**mangiauòmini** [comp. di *mangia-* e il pl. di *uomo*] s. m. ● Chi è solito far minacce.

mangiavènto [comp. di *mangia-* e *vento*] s. m. ● (*mar.*) Forza di vele | Vela aggiuntiva che si borda con tempo buono.

mangime [da *mangiare*] s. m. ● Alimento sfarinato, granulato o sotto forma di semi, destinato agli animali | *M. concentrato*, ricco di sostanze nutritive e di elevato valore energetico e biologico | *M. bilanciato*, con un rapporto di composizione tra i diversi elementi nutritivi, idoneo per soddisfare le esigenze alimentari del bestiame in allevamento.

mangimifìcio [comp. di *mangime* e *-ficio*] s. m. • Stabilimento per la produzione dei mangimi.

mangimìsta s. m. e f. (pl. m. *-i*) • Venditore di mangimi.

mangimìstica s. f. • Il complesso delle attività connesse con la produzione e l'utilizzazione dei mangimi destinati all'alimentazione animale.

mangimìstico agg. (pl. m. *-ci*) • Di, relativo a, mangime animale.

mangióne [da *mangiare*] s. m.; anche agg. (f. *-a*) *1* Chi, che mangia molto o avidamente: *Margutte, beone, m., mariuolo, millantatore, re dei buffoni volgari* (DE SANCTIS). *2* (*fig.*) Scroccone.

mangiucchiàre o (*pop.*) **smangiucchiàre** [comp. di *mangi(are)* e *-ucchiare*] v. tr. (*io mangiùcchio*) • Mangiare poco, di tanto in tanto e senza voglia.

màngo [port. *manga*, vc. del Malabar] s. m. (pl. *-ghi*) • Albero delle Anacardiacee coltivato nelle zone tropicali, che produce frutti polposi commestibili e molto pregiati (*Mangifera laurina*) | Il frutto di tale pianta.

mangósta o **mangùsta** [fr. *mangouste*, dallo sp. *mangosta*, dall'indiano *mangūs*] s. f. • Mammifero dei Carnivori di piccole dimensioni con corpo allungato, arti brevi, unghie ben sviluppate, cacciatore di serpenti (*Herpestes*) | *M. icneumone*, icneumone | *M. indiana*, mungo.

mangostàno [ingl. *mangosteen*, dal malese *mangustan*] s. m. • Pianta arborea delle Guttiferacee, coltivata nei climi tropicali per i frutti commestibili con polpa bianca e buccia violacea (*Garcinia mangostana*).

mangròvia o **mangròva** [ingl. *mangrove*, comp. di *mangle* (albero americano) e *grove* 'boschetto'] s. f. • Particolare tipo di vegetazione presente lungo i litorali paludosi delle regioni tropicali, caratterizzata da speciali radici (pneumatofori) che si staccano verticalmente dal suolo e si ergono fuori dall'acqua. SIN. Paletuviere.

mangùsta • V. *mangosta*.

màni [vc. dotta, lat. *mānes*, pl. da *mānis* 'buono'. Cfr. *mane*] s. m. pl. *1* (*relig.*) Anime dei trapassati divinizzate e onorate con offerte di fiori, libagioni e cibarie, nell'antica Roma. *2* (*fig., lett.*) Anima di un defunto, che si rammenta per le sue virtù: *i m. di Ettore, i m. di Enea*.

mània (1) [lat. *imāgine(m)* 'immagine'] s. f. • Simulacro votivo di cera.

manìa (2) [gr. *manía* 'follia', da *máinesthai* 'essere furioso', di origine indeur.] s. f. *1* Disturbo mentale caratterizzato dall'avere un'idea fissa: *m. suicida*; *m. di persecuzione* | (*est.*) Idea ossessiva, fissazione: *ha la m. dell'ordine* | (*est.*) Abitudine insolita, ridicola: *ha la m. di parlare da solo* | (*est.*) Passione, gusto, interesse eccessivo per q.c.: *ha la m. del ballo*. *2* (*med., psicol.*) Stato mentale anormale, caratterizzato da un senso generale di euforia e grande eccitazione, allegria irrefrenabile e immotivata, ottimismo eccessivo e sim.

-manìa [cfr. vc. precedente] secondo elemento • In parole composte, spec. della terminologia medica, indica tendenza o passione spiccata, eccessiva (*bibliomania, grafomania*) oppure bisogno ossessivo e talvolta decisamente patologico (*cleptomania, cocainomania, morfinomania, tossicomania*) di ciò che è espresso dal primo elemento.

maniacàle agg. • (*med.*) Di mania, tipico della mania: *forma m.*; *sospetti maniacali* || **maniacalménte**, avv.

manìaco [da *mania (2)*] **A** agg. (pl. m. *-ci*) • Che concerne la mania. **B** agg.; anche s. m. (f. *-a*) *1* Che, chi è affetto da mania. *2* (*fig.*) Che, chi manifesta un'attrazione quasi morbosa verso q.c.: *è un m. del calcio*; *individuo m.*

manìaco-depressìvo agg. • (*med., psicol.*) Nella loc. *psicosi maniaco-depressiva*, disturbo mentale caratterizzato da un'instabilità emotiva che alterna momenti di eccitazione maniaca ad altri di melanconia depressiva.

†**maniàto** [da *mania (1)*] agg. • Effigiato fedelmente | Identico, tale e quale. || †**maniataménte**, avv. Esattamente.

mànica [lat. *mănica(m)*, da *mănus* 'mano'] s. f. *1* Parte di un indumento maschile o femminile, che ricopre il braccio: *m. lunga, corta, tre quarti*; *m. aderente, ampia*; *m. raglan, chimono* | *Mezza m.*, manica corta; manica di tela nera che ricopre l'avambraccio, usata da impiegati, scrivani e sim. a protezione delle maniche della giacca; (*fig.*) impiegato che svolge mansioni modeste e di routine | *Essere in maniche di camicia*, senza giacca | *Tirarsi su, rimboccarsi le maniche*, per lavorare con maggiore libertà e (*fig.*) iniziare a fare q.c. con energia e entusiasmo | *È un altro paio di maniche!*, è un'altra cosa | *Essere di m. larga, largo di m.*, (*fig.*) essere indulgente, tollerante | *Essere di m. stretta, stretto di m.*, (*fig.*) essere rigido, non indulgere a concessioni | (*fig.*) *Avere qc. nella m.*, manifestargli simpatia e benevolenza | (*fig.*) *Essere nella m. di qc.*, goderne i favori | *Avere l'asso nella m.*, (*fig.*) tenere nascosto l'elemento decisivo per mostrarlo al momento opportuno. *2* Parte delle antiche armature a difesa del braccio, generalmente di maglia di ferro. *3* (*est.*) Tubo flessibile per acqua o aria | *M. a vento*, tubo metallico o di tela, fisso o mobile che porta aria dai ponti scoperti ai locali interni della nave; negli aeroporti, grosso tubo leggermente conico in tela bianca e rossa, appeso per l'apertura maggiore a un'antenna, che gonfiato dal vento ne indica la direzione e, grosso modo, l'intensità. *4* (*est.*) Fornello di fonderia stretto in fondo e largo di bocca. *5* Ordinanza in uso nei secc. XVI e XVII, costituita da drappelli di moschettieri o di archibugieri aventi il compito di tenere lontano il nemico col fuoco. *6* (*fig., spreg.*) Manipolo, banda: *m. di furfanti, di bricconi* | Quantità | *Prendersi una m. di botte*, venir picchiato duramente. *7* †Manico. || **manicàccia**, pegg. | **manichétta**, dim. (V.) | **manichìna**, dim. | **manicóna**, accr. | **manicóne**, accr. m.

manicàio [dalla forma di *manica*] s. m. • (*zool.*) Cappalunga.

†**manicaménto** s. m. • Atto del manicare.

†**manicàre** [sovrapposizione di *masticare* al lat. *manducāre*. V. †*manducare*] **A** v. tr. *1* Mangiare: *ed ei, pensando ch'io 'l fessi per voglia / di manicar, di subito levorsi* (DANTE *Inf.* XXXIII, 59-60). *2* (*fig.*) Consumare, distruggere. **B** s. m. • Cibo, vivanda.

manicarétto [da †*manicare*] s. m. • Vivanda squisita e appetitosa. SIN. Mangiarino.

manicàto [da *manico*] agg. • (*raro*) Fornito di manico.

†**manicatóre** [da †*manicare*] s. m. (f. *-trice*) • Mangiatore, mangione.

manicatùra [dal *manico* dello strumento musicale] s. f. • Impostazione della mano del violinista sullo strumento.

manicce [venez. *manizze*, da un agg. deriv. da *manica*] s. f. pl. • (*mar.*) Pezzi di ferro o di legno con cui i rematori impugnavano e manovravano il remo.

manicheìsmo [da *manicheo*] s. m. • Dottrina religiosa sorta nel III sec. d.C. in ambiente iranico a opera di Mani che, accogliendo varie influenze di altri culti dell'epoca, sosteneva la coesistenza e il conflitto dei due principi del bene e del male | (*est.*) Posizione ideologica che esagera la inconciliabilità di due principi.

manichèo [lat. tardo *manichāeu(m)*, dal persiano *Mani* (215-277), fondatore della dottrina] **A** agg. • Che si riferisce a Mani o al manicheismo: *dottrina manichea*; *atteggiamento m.* **B** s. m. (f. *-a*) • Seguace del manicheismo.

manichétta s. f. *1* Dim. di *manica*. *2* Mezza manica. *3* Tubo flessibile e di piccolo diametro per acqua o aria. ➡ ILL. **vigili del fuoco**.

manichétto (1) [da *manica*] s. m. *1* Risvolto con guarnizioni posto al bordo delle maniche di abiti femminili. *2* Polsino inamidato di camicia e sim.

manichétto (2) s. m. *1* Dim. di *manico*. *2* Cilindro fornito di corda per tirare i battenti nel telaio del tessitore. *3* (*fig.*) Gesto di spregio che si fa alzando l'avambraccio destro e battendovi sopra con la mano sinistra: *fare m.* | †*Alzare i manichetti*, fare il possibile per riuscire in un'impresa.

manichìno (1) [da *manica*] s. m. *1* Polsino di camicia maschile | Risvolto all'estremità della manica in abiti femminili. *2* (*al pl.*) Sorta di manette con cui si poteva accentuare, mediante una funicella, la stretta ai polsi del prigioniero.

manichìno (2) [fr. *mannequin*, dall'ol. *mannekijn*, dim. di *man* 'uomo'] s. m. *1* Fantoccio snodabile usato come modello da pittori e scultori. *2* Fantoccio in legno, plastica e sim. a sembianze femminili o maschili, usato nei negozi per esporre abiti, biancheria e sim., o in sartoria per provare o correggere abiti | (*fig.*) *Sembrare un m.*, essere vestito e agghindato con ricercatezza | (*fig.*) *Stare come un m.*, rigidamente immobile.

mànico [lat. parl. **mănicu(m)*, da *mănus* 'mano'] s. m. (pl. *-ci* o *-chi*) *1* Parte di un oggetto, di uno strumento e sim., che serve per sollevare o maneggiare l'oggetto stesso: *m. della vanga, della scopa, del martello, dell'ombrello, del paniere, della tazza, del vaso* | *M. del remo*, parte del remo che termina con il girone e che sta entrobordo | (*fig.*) *Benedire qc. col m. della scopa*, bastonarlo | (*fig.*) *Aver m. a un lavoro*, esserne pratico | *Far la pentola a due manici*, (*fig.*) starsene con le mani sui fianchi | *Ogni cosa va presa per il suo m.*, (*fig.*) per il suo verso, dal lato giusto | *Il difetto è, sta, nel m.*, (*fig.*) nella causa di un'azione e non negli strumenti o mezzi usati | (*raro*) *Uscire dal m.*, (*fig.*) uscire dai gangheri. *2* Impugnatura delle tre armi della scherma: *m. della sciabola, della spada, del fioretto*. *3* Finimento superiore della campana, incastrato nel mozzo. *4* (*mus.*) Parte dello strumento a corda, posta tra la cassa e il cavigliere, che porta le corde e i bischeri. *5* (*gerg.*) Leva di comando di un aereo. || **manichétto**, dim. (V.) | **manichìno**, dim. | **manicóne**, accr.

manicomiàle agg. • Di, da manicomio | *Situazione m.*, (*fig.*) assurda, pazzesca.

manicòmio [comp. del gr. *manía* 'pazzia' e di *-comio*] s. m. *1* Luogo di ricovero e cura dei malati mentali | *M. giudiziario o* (*pop.*) *m. criminale*, istituto che accoglie soggetti prosciolti per infermità psichica, intossicazione da alcol o stupefacenti, sordomutismo | Cose da m., (*fig.*) incredibili, insensate. *2* (*fig., scherz.*) Luogo, ambiente e sim. pieno di rumore, confusione e sim.: *questa casa è, sembra un m.*

manicomizzàre v. tr. • Ricoverare in manicomio.

manicomizzàto **A** part. pass. di *manicomizzare*; anche agg. • Nei sign. del v. **B** s. m. (f. *-a*) • Chi è stato ricoverato in manicomio.

manicòrdo [fr. *manicorde*, dal gr. *monóchordos* 'strumento a una corda', comp. di *mono-* 'mono-' e *chordḗ* 'corda'] s. m. • Fino al Seicento, altro nome del clavicordo.

manicòtto [da *manica*] s. m. *1* Sorta di cilindro di pelliccia imbottito e aperto alle due estremità per accogliere le mani e ripararle dal freddo. *2* Dispositivo a forma di cilindro cavo, che serve per collegare tubi o pezzi metallici | Organo di collegamento atto a trasmettere il movimento rotatorio fra due alberi coassiali. *3* Tubo che in alcuni tipi di fucili ricopriva la canna per proteggerla dagli urti | Parte delle artiglierie composte, costituita da un cilindro cavo forzato a caldo sul tubo interno della bocca da fuoco per aumentarne la resistenza. *4* (*bot.*) Cambio nel sign. 5.

manicùre [fr., comp. del lat. *mănus* 'mano' e di *-cure*, ricavato da *pédicure*. V. *pedicure*] **A** s. f. e m. inv. • Chi per mestiere cura le mani altrui, e spec. le unghie. **B** s. f. • (*impr.*) Trattamento che si fa alle mani e spec. alle unghie tagliandole, pulendole e sim.: *fare m.*

manicurìsta s. m. e f. (pl. m. *-i*) • (*raro*) Manicure nel sign. A.

mànide [dal genere *Mane*, che risale al lat. *mānes* 'anime dei defunti, spiriti'] s. m. • (*zool.*) Pangolino.

manièra o †**manèra** [fr. *manière*, da *manier* 'che si fa con le mani, manuale', dal lat. tardo *manuāriu(m)*, da *mănus* 'mano'] s. f. *1* Modo particolare di fare, di essere e di procedere: *non tutti agiscono alla stessa m.*; *ognuno pensa alla sua m.* | Modo: *complemento di modo, di m.*; *c'è modo e m.*; *di m. che*; *in tal m.*; *in nessuna m.*; *per m. di dire* |

In tutte le maniere, in tutti i modi, a ogni costo | *parlare, agire in m. semplice, piacevole, signorile, brusca, rozza*| *Fuor di m.*, fuor di modo, di misura | *M. di dire*, locuzione | *M. di vita*, norma, regola | Guisa, costume: *si comporta alla m. dei contadini* | Aspetto, apparenza: *si presentò in m. di pellegrino* | Abito: *vestire alla m. degli americani* | Tatto, garbo, creanza: *ci vuol m.!*; *fare le cose con m.* | *Lo ha trattato in una m.!*, molto male | *Una persona di buone maniere*, educata | *Avere cattive maniere, non aver maniere*, essere maleducato | *Che maniere sono queste?*, espressione di biasimo | *Belle maniere!, che m.!, che maniere!*, escl. di riprovazione e di sdegno. *2* Stile, tecnica particolare di un artista, di una scuola e sim.: *la m. di Giotto, del Mantegna, del Pascoli* | *Di m.*, secondo uno stile determinato | (*est.*) Affettazione, ricercatezza, forma convenzionale: *trovava in quel libro tanta m ... e sì poco sentire* (ALFIERI) | *Scrittore di m.*, privo di originalità. *3* (*lett.*) Sorta, specie, razza: *portando nelle mani chi fiori, chi erbe odorose e chi diverse maniere di spezierie* (BOCCACCIO). || **manieràccia**, pegg. | **manierina**, dim. | **manieróna**, accr. | **manierùccia**, dim.

manierare [da *maniera*] v. tr. (*io manièro*) ● (*raro*) Ammanierare.

manieràto [da *maniera*] agg. *1* Realizzato con affettazione e ricercatezza eccessive: *è un'eleganza troppo manierata per poter piacere* | *Gesti manierati*, leziosi, privi di naturalezza. *2* Che pecca di convenzionalismo, che manca di originalità: *scrittore m.*; *pittura manierata*. || **manierataménte**, avv.

manière ● V. *maniero* (*1*).

manierismo [fr. *maniérisme*, da *manière* 'maniera'] s. m. *1* Corrente artistica del tardo Rinascimento tendente all'imitazione esasperata di Michelangelo e Raffaello | (*est.*) Ogni orientamento che, in arte o in letteratura, si basa sull'imitazione di un modello ricercando l'originalità nella variazione stilistica e nella complicazione formale: *m. alessandrino*. *2* (*psicol.*) Atteggiamento espressivo innaturale, affettato e strano, proprio, in particolare, di malati di mente.

manierista [fr. *maniériste*, da *manière* 'maniera'] **A** agg. (pl. m. *-i*) ● Proprio del manierismo | (*est.*) Imitativo. **B** s. m. e f. ● Seguace del manierismo | (*est., spreg.*) Artista, scrittore privo di originalità.

manieristico agg. (pl. m. *-ci*) ● Del manierismo, proprio del manierismo o dei manieristi: *correnti manieristiche*. || **manieristicaménte**, avv. Secondo le teorie del manierismo.

manièro (**1**) o (*raro, lett.*) **manière** [provz. *maner*, dal lat. *manēre* 'rimanere'] s. m. *1* In epoca feudale, dimora del feudatario. SIN. Castello. *2* (*est.*) Castello, villa, dimora signorile di campagna (*anche scherz.*).

†**manièro** (**2**) [ant. fr. *manier* 'fatto con la mano'. V. *maniera*] agg. *1* Affabile, mansueto | *Falcone m.*, docile a ritornare sulla mano del falconiere. *2* Abile, acconcio, adatto.

manieróso o †**maneróso** [da *maniera*] agg. *1* Che ha belle maniere, che si comporta con garbo | Manierato: *un'affabilità un po' manierosa*. *2* †Ben regolato. || **manierosino**, dim. || **manierosaménte**, avv. In modo manieroso, affettato.

manifattóre [da *manifattura*] **A** s. m. (f. *-trice*) *1* (*raro*) Lavoratore manuale. *2* (*raro*) Chi dirige una manifattura o si occupa, comunque, di industria manifatturiera. **B** agg. ● Di, relativo a manifattura: *industria manifattrice*.

†**manifattoria** s. f. ● Manifattura.

manifattùra [lat. mediev. *manifactūra(m)*, da *mănu* *fàcere* 'fare con la mano'] s. f. *1* L'insieme delle lavorazioni necessarie per trasformare la materia prima in manufatto. *2* Stabilimento in cui vengono eseguite tali operazioni di trasformazione: *il direttore della m.* SIN. Fabbrica, opificio. *3* (*raro*) Confezione: *manifatture per uomo, per signora*. *4* †Esecuzione di un lavoro manuale | Modo in cui viene eseguito. *5* (*fig.*) †Affare, faccenda. *6* (*fig.*) †Briga, noia.

manifatturare [da *manifattura*] v. tr. ● Trasformare in manufatto, sottoporre a lavorazione: *m. la seta*.

manifatturàto **A** part. pass. di *manifatturare*; anche agg. *1* Nei sign. del v. *2* (*raro, fig.*) Eccessivamente elaborato, ricercato: *stile manifatturato*. **B** s. m. ● (*raro*) Manufatto.

manifatturière s. m. (f. *-a*) ● Chi esplica il proprio lavoro in una manifattura, come dirigente o come operaio | Proprietario di una manifattura.

manifatturièro agg. ● Di, relativo a manifattura: *operaio m.*; *industria manifatturiera*.

†**manifestaménto** s. m. ● Modo e atto del manifestare o del manifestarsi.

manifestànte **A** part. pres. di *manifestare* ● Nei sign. del v. **B** s. m. e f. ● Chi prende parte a una manifestazione, a una pubblica dimostrazione: *corteo di manifestanti*.

manifestàre [vc. dotta, lat. *manifestāre*, da *manifēstus* 'manifesto (1)'] **A** v. tr. (*io manifèsto*) *1* Rendere noto, visibile, chiaro a tutti: *m. le proprie opinioni, i propri sentimenti e desideri*. SIN. Esternare, palesare, rivelare. *2* (*raro, lett.*) Mostrare, far vedere. **B** v. intr. (aus. *avere*) ● Prendere parte a una pubblica manifestazione indetta per protesta contro q.c. o per sostenere q.c.: *m. contro i licenziamenti in massa*; *m. per solidarietà con qc.* **C** v. rifl. o intr. pron. ● Darsi a conoscere: *manifestarsi con le proprie azioni*; *manifestarsi amico, nemico* | Farsi palese: *la malattia si manifestò quando era ormai troppo avanzata*. SIN. Rivelarsi.

†**manifestativo** agg. ● Che serve a manifestare.

manifestatóre [vc. dotta, lat. tardo *manifestatōre(m)*, da *manifestāre* 'manifestare'] agg.; anche s. m. (f. *-trice*) ● (*raro*) Che, chi manifesta.

manifestazióne [vc. dotta, lat. tardo *manifestatiōne(m)*, da *manifestāre* 'manifestare'] s. f. *1* Atto, effetto del manifestare o del manifestarsi: *manifestazioni ora di sentimentale rapimento ora di brame furibonde* (CROCE); *m. dei sintomi di una malattia*. *2* Dimostrazione pubblica: *m. patriottica, di protesta*. *3* Spettacolo destinato a un vasto pubblico: *stasera avrà luogo una m. sportiva* | *M. aerea*, nella quale si dà spettacolo con acrobazie, lancio di paracadutisti, presentazione di nuovi velivoli e sim. | *M. di chiusura*, quella che conclude la stagione di gare di una determinata attività sportiva.

manifestino s. m. *1* Dim. di *manifesto* (*2*). *2* Foglietto volante distribuito al pubblico, spec. per fini propagandistici: *l'aereo lanciava manifestini sulla città*. *3* Documento per operazioni commerciali spec. portuali.

manifèsto (**1**) [vc. dotta, lat. *manifēstu(m)* 'preso per mano', poi 'preso sul fatto', da *mănus* 'mano'] **A** agg. ● Evidente, palese: *segno, avvertimento m.*; *causa non manifesta*; *quanto io lessi, vidi, appresi, o scrissi, / or sento essere un nulla m.* (ALFIERI) | *Organo m.*, ben evidente, ben differenziato | Aperto e chiaro: *concetto, senso m.* | Notorio: *è m. che quell'uomo è un ladro* | *Fare, rendere m.*, manifestare, far conoscere | *Farsi m.*, dichiarare le proprie opinioni | (*raro*) *Non rendere m.*, nascondere | *In modo m.*, manifestamente. || **manifestaménte**, avv. In modo manifesto, palese, evidente: *come è manifestamente provato dall'esperienza*. **B** avv. ● (*lett.*) In modo chiaro, evidente: *si vede m.*

manifèsto (**2**) [da *manifesto* (*1*)] s. m. *1* Foglio stampato e affisso in luogo pubblico al fine di far conoscere alla collettività un fatto, un'intenzione, un programma: *m. del Sindaco, del Prefetto*; *m. elettorale, pubblicitario*; *affiggere, attaccare i manifesti* | *M. della stagione teatrale*, cartellone | *M. di mobilitazione*, contenente l'ordine collettivo di richiamo alle armi per mobilitazione di personale in congedo. *2* Scritto contenente l'ideologia e il programma di movimenti culturali, artistici, politici e sim.: *m. futurista*; *m. del partito comunista*. *3* (*gener.*) Documento relativo a operazioni commerciali, finanziarie e sim. | *M. di carico, di partenza*, documento che le navi mercantili e gli aeromobili presentano alle autorità competenti, il primo se provengono dall'estero, il secondo se provengono da porto o aeroporto nazionale, ove sono riportati tutti gli elementi distintivi della nave o all'aeromobile e quelli atti a distinguere le merci. || **manifestino**, dim. (V.) | **manifestóne**, accr.

maniglia o †**smaniglia** nel sign. 5 [sp. *manilla*, dal lat. *manĭcula(m)*, dim. di *mănus* 'mano'] s. f. *1* Specie di ansa di metallo o altro materiale, di foggia diversa, applicata ai battenti delle porte, a cassetti, sportelli, bauli, per mettervi mano e aprire, chiudere, sollevare o tirare | *M. della sega*, parte che si impugna per usare lo strumento | *M. della carrozza*, specie di anello in cui passano i cinghioni e le ventole | *M. della campana*, foro quadro col quale termina superiormente il battaglio. *2* Nella ginnastica, ciascuno dei due appoggi fissati al centro del cavallo, che il ginnasta impugna per eseguire il volteggio. *3* Negli antichi pezzi di artiglieria, ciascuno dei due pezzi di metallo in forma di manico che erano posti sulla bocca da fuoco vicino agli orecchioni e nel centro di gravità per poter incavalcare o scavalcare il pezzo. *4* (*mar.*) Ciascuna delle maglie smontabili a forma di semicerchio con un foro alle estremità da cui passa un perno per accorciare o allungare la catena. *5* †Braccialetto: *m. d'oro*. *6* (*al pl.*) Ferri che si mettevano ai piedi e alle mani dei galeotti. *7* (*pop., fig.*) Protezione di persona influente | Raccomandazione. || **manigliétta**, dim. | **maniglina**, dim. | **maniglióna**, accr. | **maniglióne**, accr. m. (V.).

manigliàme s. m. ● Assortimento di maniglie.

†**maniglio** ● V. †*smaniglio*.

maniglióne s. m. *1* Accr. di *maniglia*. *2* Robusta maniglia di ferro posta all'estremità superiore dell'ancora. *3* (*fig., scherz.*) Uomo raccomandato e protetto.

†**manigolderia** s. f. ● Azione da manigoldo.

manigóldo [dal n. ted. di pers. *Managold*] s. m. (f. *-a* nel sign. 1) *1* Furfante, briccone (*anche scherz.*): *è stato truffato da due manigoldi*; *pezzo di m.!*; *quel bambino è proprio un m.* SIN. Birbante. *2* †Boia, carnefice. || **manigoldaccio**, pegg. | **manigoldóne**, accr.

manìla o (*raro*) **manilla** [da *Manila*, capitale delle Filippine] s. f. ● (*bot.*) Abacà, nel sign. 2 | *Corda di m.*, cavo di abacà, meno resistente di quello di canapa ma più leggero tanto da galleggiare, usato in marina, spec. per ormeggio.

†**manile** ● V. *monile*.

manilla **A** s. f. ● V. *manila*. **B** s. m. inv. ● Sigaro confezionato con tabacco filippino.

manilùvio [comp. del lat. *mănus* 'mano' e *lăvere* 'lavare', sul modello di *pediluvio*] s. m. ● Lavacro delle mani, spec. con sostanze medicamentose.

manimèttere o (*pop.*) **marimèttere** [var. di *manomettere*] v. tr. (coniug. come *mettere*) *1* Cominciare a usare, a consumare q.c., spec. cibi o vivande. SIN. Manomettere. *2* (*raro*) †Biasimare.

manìna s. f. *1* Dim. di *mano*. *2* Segno di una mano con l'indice teso usato per indicare una direzione o per segnalare un punto su cui si vuole attirare l'attenzione. *3* Bacchetta in legno o altro con a un'estremità una piccola mano scolpita in avorio, usata in passato come grattaschiena | Analogo strumento usato nel rito ebraico per indicare un punto della scrittura. *4* Nel gioco delle bocce, la boccia che va a toccare il pallino. *5* (*bot.*) Clavaria.

maninconia e *deriv.* ● V. *malinconia* e *deriv.*

manióca [fr. *manioc*, dal guaranì *manihoca*] s. f. ● Frutice brasiliano delle Euforbiacee con radici rigonfie ricchissime di amido da cui si estrae la tapioca (*Manihot utilissima*). SIN. Cassava.

manipolàbile [da *manipolare* (*2*)] agg. ● Che può essere manipolato (*anche fig.*).

manipolàre (**1**) [vc. dotta, lat. *manipulāre(m)*, da *manĭpulus* 'manipolo'] **A** agg. ● Appartenente al manipolo: *soldato m.* **B** s. m. ● Nell'antico esercito romano, soldato appartenente a un manipolo.

manipolàre (**2**) o †**manipulàre** [vc. dotta deriv. dal lat. *manĭpulus* 'manipolo'] v. tr. (*io manìpolo*) *1* Lavorare q.c. con le mani, spec. impastando e sim.: *m. la cera, la creta, il mastice* | (*est.*) Preparare q.c. mescolando varie sostanze o ingredienti: *m. una pomata, un'essenza* | (*est.*) Alterare o contraffare un prodotto alimentare: *m. il vino, le conserve di frutta*. *2* (*fig.*) Preparare q.c. con raggiri, truffe, e sim.: *m. le elezioni* | Alterare o falsare informazioni allo scopo di farne notizie utili a determinate persone, gruppi e sim. *3* Far funzionare un manipolatore. *4* (*mus.*) In sala di registrazione, servirsi di strumenti elettronici per ottenere speciali effetti sonori quali eco, riverbero, sovraimpressione.

manipolàto part. pass. di *manipolare* (*2*); anche agg. ● Nei sign. del v.

manipolatóre [da *manipolare* (*2*)] **A** s. m.; anche

agg. (f. *-trice*) • Chi, che manipola (*anche fig.*): *un m. di sostanze chimiche, di imbrogli.* **B** s. m. **1** Interruttore a tasto in apparecchi trasmittenti. **2** Dispositivo per manipolare, stando a distanza, sostanze pericolose spec. radioattive.

manipolatòrio [da *manipolare* (2)] agg. • Di, relativo a manipolazione (*anche fig.*): *manovre manipolatorie.*

manipolazióne [da *manipolare* (2)] s. f. **1** Atto, effetto del manipolare: *m. dei vini.* **2** (*fig.*) Manovra per raggirare, imbrogliare, e sim. **3** (*fig.*) L'azione di alterare o falsare informazioni allo scopo di farne notizie utili a determinate persone, gruppi e sim. **4** Formazione di segnali telegrafici. **5** (*biol.*) Intervento, con mezzi biologici o chimico-biologici, sul patrimonio ereditario di un organismo al fine di modificare, nei suoi discendenti, uno o più caratteri.

manìpolo o †**manìpulo** [vc. dotta, lat. *manĭpulu(m)* 'manciata', comp. di *mănus* 'mano' e **plēre* 'riempire'; il *manipolo* è ciò che *riempie* una *mano*] s. m. **1** Fascio d'erbe, di spighe, e sim. SIN. Mannella, mannello. **2** (*mil.*) Unità elementare della legione romana composta dai 60 ai 200 uomini | Nell'esercito piemontese del secolo XVIII, l'ultima suddivisione del reggimento. **3** Drappello non numeroso: *un m. di eroi, di soldati* | (*est.*) Piccolo gruppo di persone che lottano unite per una stessa idea: *un m. di fuorusciti.* **4** (*relig.*) Striscia di drappo, dello stesso colore della pianeta, con il segno della croce, che il sacerdote cattolico portava all'avambraccio sinistro durante la celebrazione della messa. **5** (*tecnol.*) L'impugnatura del trapano da dentista. || **manipolétto**, dim.

†**manipulàre** e *deriv.* • V. *manipolare* (2) e *deriv.*

maniscàlco o †**maliscàlco**, **manescàlco**, †**marescàlco**, †**mariscàlco** [francone *mahrskalk* 'servo (*skalk*) addetto ai cavalli (*mahr*)'] s. m. (pl. *-chi*) **1** Chi costruisce ed applica i ferri ai piedi degli animali compiendo inoltre ogni altra operazione attinente alla ferratura | Soldato o sottufficiale specializzato che, nei reparti a cavallo e someggiati, esercitava la mascalcia. **2** †Veterinario. **3** (*spreg.*) Cattivo chirurgo. **4** Nelle corti dei regni barbarici, governatore della scuderia regia | †Condottiero. **5** (*raro, lett.*) †Personaggio nobile, illustre: *i due / che fuor del mondo sì gran mariscalchi* (DANTE *Purg.* XXIV, 98-99).

manìsmo [ingl. *manism*, dal lat. *mānes* 'dei Mani'] s. m. **1** (*relig.*) Culto delle anime dei defunti e degli antenati. **2** Corrente di pensiero storico che considera tutte le forme religiose come derivate dal culto degli antenati.

manìstico agg. (pl. m. *-ci*) • Relativo a manismo.

†**manitèngolo** [V. *manutengolo*] s. m. • (*raro*) Manico.

manitù [fr. *manitou*, vc. di origine algonchina; propriamente 'il grande spirito'] s. m. • Presso molti popoli indigeni dell'America settentrionale, il sacro nelle sue varie accezioni, da spirito personificato a forza magica impersonale.

manìzza [V. *manicce*] s. f. **1** Ognuna delle impugnature della ruota del timone. **2** (*al pl.*) Guanti usati dai corridori ciclisti, che coprono il palmo delle mani e parte delle dita.

manlèva [da *manlevare*] s. f. • (*raro*) Malleveria.

manlevàre [V. *mallevare*] v. tr. • (*raro*) Dare malleveria.

†**manmànca** [comp. di *man(o)* e il f. di *manco*] s. f. • Manrovescio.

mànna (1) [lat. tardo *mănna*, dal gr. *mánna*, dall'ebr. *manâ*] s. f. **1** Cibo che, secondo la Bibbia, piovve dal cielo sugli Ebrei che attraversavano il deserto | (*est.*) Grazia celeste, cibo di sapienza divina, verità rivelata da Dio | *La m. celeste*, l'Eucaristia. **2** Cibo, bevanda squisita al gusto: *questo dolce è una vera m.!* **3** (*fig.*) Cosa od occasione vantaggiosa che giunge inaspettatamente: *il suo aiuto è stato una vera m.!* | *Aspettare la m. dal cielo, aspettare che piova la m. in bocca*, rimanere passivo di fronte a una situazione poco favorevole. **4** Sostanza zuccherina leggermente purgativa ottenuta per incisioni del tronco dell'ornello, nell'Italia merid., e spec. in Sicilia | Secrezione zuccherina prodotta in vari alberi da punture di insetti: *m. del Madagascar.*

mànna (2) [lat. tardo *mănua(m)* 'manciata', da *mănus* 'mano'] s. f. • (*raro*) Fastello di erbe, spighe, e sim. || **mannèlla**, dim. (V.).

mannàggia [vc. merid., da *male n'aggia* 'abbia male'] inter. • (*centr., merid.*) Esprime impazienza, ira, irritazione, contrarietà e sim.: *m. a voi!*; *m. la miseria!*; *m. che furia!* SIN. Malannaggia, maledizione.

mannàia o †**mannàra** [lat. *manuāria(m)*, agg. di *mănus* 'mano'] s. f. **1** Scure a lama larga, un tempo usata dal boia per la decapitazione: *il ceppo e la m.* **2** (*est.*) Lama della ghigliottina | La ghigliottina stessa. **3** (*fig., est.*) Pericolo, minaccia grave, che incombe e incute timore. **4** Grossa scure impugnata con le due mani dal taglialegna | Lama di forma trapezoidale, a due impugnature, usata in macelleria per trinciare la carne e spezzare gli ossi. || **mannaiétta**, dim. | **mannaiòla**, **mannaiuòla**, dim. | **mannaióne**, accr. m.

mannarése • V. *manarese.*

mannarìno o †**mannerìno** [etim. incerta: forse da riconnettere al lat. *manuārius* 'che si può prendere con la mano', in quanto animale docile] s. m. • (*tosc.*) Agnello castrato e grasso.

mannàro [lat. parl. (*lŭpum*) **homināriu(m)*, da *hŏmo*, genit. *hŏminis* 'uomo'] agg. • Solo nella loc. *lupo m.*, (*pop.*) licantropo e (*fam.*) mostro delle favole infantili.

mannèlla s. f. **1** Dim. di *manna* (2). **2** (*est., raro*) Matassina di filo, spago e sim. || **mannellétta**, dim. | **mannellìna**, dim.

mannèllo s. m. • Piccolo fascio di spighe o di erba. SIN. Manipolo, mannella.

mannequin /fr. man(ə)ˈkɛ̃/ [vc. fr., V. *manichino* (2)] s. f. inv. • Indossatrice.

†**mannerìno** • V. *mannarino.*

mannéto [da *manna* (1)] s. m. • Piantagione di frassini per la produzione della manna.

mannìte [comp. di *mann(a)* (1) e *-ite* (2)] s. f. • (*chim.*) Alcol esavalente, costituente principale della manna dalla quale è ricavato, usato in medicina come blando purgante e come nitroderivato per innesco di cartucce.

mannitòlo [da *mannite* con il suff. *-olo*] s. m. • (*chim.*) Alcol esavalente che si può estrarre dalla manna ed è presente anche in funghi, alghe e urina.

†**mànno** s. m. • Manna (2).

mannòcchia s. f. • Mannocchio.

mannòcchio o **manòcchio** [lat. tardo *manŭculu(m)*, per il classico *manĭpulu(m)* 'manipolo'] s. m. • Fascio di vermene, sarmenti, rami di lentisco, salci e sim. legati con vimini per fare piccoli argini, rinforzi e sim.

mannòsio [da *mannite*] s. m. • (*chim.*) Monosaccaride presente allo stato libero nella buccia d'arance, ottenibile anche per ossidazione della mannite.

màno o (*dial.*) †**màna** (1) [lat. *mănu(m)*, di origine indeur.] s. f. (pl. *màni*, †*màno*; troncato al sing. e raro lett. al pl. in *man*, spec. in posizione procl.) **1** Segmento distale dell'arto superiore, che fa seguito all'avambraccio, comprendente il palmo, il dorso e le dita: *m. grossa, callosa, affusolata*; *la m. destra e la sinistra* | *M. nera*, V. anche *manonera* | *La m. del cuore, della briglia*, la sinistra | *La m. della frusta*, la destra | *Far q.c. con tutte due le mani*, (*fig.*) col massimo impegno | *A cento mani*, con tutta la propria volontà, usando ogni potere | *Spadone a due mani*, da tenersi con entrambe | *Far toccare con m. q.c.*, (*fig.*) far conoscere per esperienza diretta | (*fig.*) *La moglie della m. sinistra*, morganatica, o colei che convive come moglie pur non essendolo | *Condurre, guidare la m.*, a chi impara a scrivere | (*fig.*) *Di prima m.*, di cosa non passata per altri rivenditori o di notizia che proviene direttamente dalla fonte | (*fig.*) *Di seconda m.*, si dice di oggetto già usato o di qualità scadente o di notizia avuta indirettamente | *Stringersi, darsi la m.*, in segno di amicizia, per salutarsi, per complimentarsi a vicenda e (*fig.*) essere uguali, andare d'accordo | *Chiedere la m. di una donna*, chiederla in sposa | (*fig.*) *Mettere la m. sul fuoco per qc.*, dichiararsi assolutamente sicuro delle sue qualità | *Avere le mani nette*, (*fig.*) non aver nulla da rimproverarsi | *Imbrattarsi, sporcarsi le mani*, (*fig.*) commettere un misfatto o un'azione vergognosa o umiliante | *Bagnarsi le mani di sangue*, (*fig.*) uccidere qc. | *Alzar la m., le mani*, in segno di preghiera, di resa, per giurare o perdonare | *Levare le mani al cielo*, per invocazione o preghiera | *Alzare le mani su qc.*, in atto di percuotere | *A mani giunte*, in attitudine di preghiera | (*fig.*) *A man salva*, liberamente, senza freno | (*fig.*) *Avere le mani di creta, di ricotta, di vetro*, lasciarsi cadere tutto di mano | *Avere la m. leggera*, intervenire o giudicare con misura, senza infierire | *Avere la m. pesante*, intervenire o giudicare con severità eccessiva | (*fig.*) *Mani di burro*, fiacche | *Baciare le mani, la m.*, in atto di riverenza o di omaggio | (*fig.*) *Col cuore in m.*, con tutta sincerità | (*fig.*) *Avere il cuore in m.*, essere molto buono | *Mettersi la m. sul cuore, sul petto*, in atto di contrizione o per sottolineare la propria buona fede | (*fig.*) *Mettersi una m. sulla coscienza*, esaminare bene e onestamente la portata dei propri atti | *Mettersi le mani nei capelli*, per disperazione o dolore | *Con m. posata*, (*fig.*) con riflessione | *Mordersi, mangiarsi le mani*, (*fig.*) sfogare la propria rabbia o ira | *Per m. di qc.*, per mezzo o tramite di qc. | (*fig.*) *Mani mercenarie*, di chi fa q.c. solo per denaro | (*fig.*) *M. regia*, ingerenza dell'autorità civile negli affari ecclesiastici | *M. morta*, V. anche *manomorta* | *Avere le mani libere*, (*fig.*) non essere vincolato da nulla | *Avere le mani legate*, (*fig.*) non poter agire liberamente | *Battere le mani*, applaudire | *Stropicciarsi, fregarsi le mani*, in segno di contentezza, soddisfazione e sim. | *Azione alla m., andar via alla m.*, nel rugby, manovra con scambi e passaggi di palla effettuati con le mani | *Fallo di mani*, nel calcio, quello che si ha quando un giocatore tocca il pallone con le mani o le braccia | (*fig.*) *M. di Budda, di Fatima*, gingillo a forma di piccola mano, usato come portafortuna. **2** Considerata come organo che prende, afferra, riceve, dà luogo a varie loc. | (*fig.*) *Aver le mani rapaci, d'arpia*, essere avido, avaro | (*fig.*) *Aver le mani fatte a uncino*, essere pronti a carpire, a rubare | *Aver le mani lunghe*, (*fig.*) essere propenso al furto | *Avere le mani pulite*, (*fig.*) essere onesto | *Mani pulite*, (*est.*) detto di inchieste relative a episodi di corruzione | *Aver q.c. nelle mani*, (*fig.*) possedere q.c. e poterne disporre | *Aver tanto in m.*, (*fig.*) disporre di argomenti o prove valide | *Dar di m. a q.c.*, afferrarla | *A m.*, detto di oggetto portatile: *lume, lampada a m.* | *Giocar di m.*, (*fig.*) truffare | *Aver buono in m.*, (*fig.*) essere in vantaggio, in situazione favorevole | †*Aver tristo in m.*, trovarsi svantaggiati, a mal partito | *Cambiar le carte in m.*, dare un altro senso al discorso | *Restare a mani vuote*, (*fig.*) subire una delusione, perdere ciò che si desiderava | *Mettere le mani su q.c., su qc.*, (*fig.*) impadronirsene | *Mettere le mani innanzi*, (*fig.*) prevenire in qualche modo le situazioni sgradevoli o pericolose | *Metter m. a q.c.*, afferrarla, impugnarla | (*fig.*) *Lasciarsi attaccare*, †*appiccare, denaro alle mani*, prenderne o guadagnarne illecitamente | *Esser lesto di m.*, abile nel rubare | *Stendere la m.*, elemosinare | *Venire per le mani*, (*fig.*) capitare | *Occhio alle mani!*, attenzione ai ladri! | *Le mani a casa*, ammonimento a chi non sta fermo con le mani e tocca ciò che non dovrebbe | *Giù le mani!*, esortazione che si rivolge, con varie sfumature di significato, a chi intende appropriarsi di cose non sue, a chi usa le mani con eccessiva audacia o maleducazione, a chi dimostra intenzioni belliche di conquista su un certo territorio e sim. | *Fare la m. morta*, V. *manomorta.* **3** Considerata come organo che dà, dona, porge, dà origine a varie loc. | *Avere la m. larga* o *esser largo di m.*, (*fig.*) essere generoso | *Avere la m. stretta* o *esser stretto di m.*, essere avaro | (*fig.*) *Aver le mani bucate*, essere spendaccione | (*fig.*) *Esser largo di bocca e stretto di m.*, promettere con facilità e non mantenere | (*fig.*) *Spargere a larga m., a piene mani*, con abbondanza | *Allargar la m., aprir le mani*, dare con generosità | (*fig.*) *Buona m.*, la mancia | *Lasciarsi uscire o sfuggire di m. q.c.*, trascurarla o perderla | *Ricevere q.c. da m. amica*, da una persona amica | *Ricevere da m. ignota*, da persona sconosciuta | *Andar per le mani di tutti*, (*fig.*) essere divulgato | *Metter m. alla borsa, al portafogli*, prelevarne denari per donarli e sim. | *Imporre le mani*, benedire, consacrare. **4** Considerata come organo che regge, guida, e sim., dà luogo a numerose loc. | *Aver la m. fiacca, debole*, (*fig.*) mancare della necessaria energia | *Reggere con m. ferma*, con energica decisione | (*fig.*) *M. di ferro e guanto di velluto*, energia nascosta sotto apparenza di dolcezza | *Portare in palma di m.*, (*fig.*) tenere in grande considerazione | *Dare una m. a qc.*, aiutarlo | *Tener le mani in capo a qc.*, (*fig.*) proteggerlo | *Mettere le mani in q.c.*, (*fig.*) intervenirvi | (*fig.*) *Tener m. a qc.*, appoggiarlo, favorirlo | *Se Dio non ci mette le sue sante mani!*, se Dio non interviene! ***5*** Considerata come organo che percuote, offende, punisce e sim. dà origine a numerose loc. | (*fig.*) *Venire, correre alle mani*, accapigliarsi | *Menar le mani*, percuotere | †*Dar delle, nelle mani*, battere una mano contro l'altra per sdegno e sim. | †*Darsi delle mani nel volto*, in segno di dolore | *Dar di m.*, percuotere, colpire | *Mettere le mani addosso a qc.*, picchiarlo | (*fig.*) *Aver le mani lunghe*, arrivare lontano con la propria potenza | (*fig.*) *Avere il demonio alle mani*, essere valorosissimo | *Mani pesanti*, di chi picchia sodo | *A m. armata*, con le armi in pugno | *Gettare il sasso e nascondere la m.*, (*fig.*) fare il male e dissimulare | *Calcare, gravare, caricare la m. su q.c.*, (*fig.*) eccedere o esagerare in q.c. | †*Con ogni m.*, (*fig.*) a tutta possa | *Tener le mani*, (*fig.*) frenarsi, contenersi | *Fare man bassa*, portar via tutto o fare una strage | *Essere la lunga m. di qc.*, agire più o meno nascostamente per conto d'altri | (*fig.*) *La m. di Dio*, si dice di ciò che appare come una punizione meritata e provvidenziale. ***6*** Considerata come strumento di lavoro, dà luogo a varie loc. | *A m.*, con le mani | *Lavorato, fatto a m.*, si dice di ciò che è realizzato senza l'ausilio di macchine | *Far q.c. di sua, di propria m.*, da solo | *M. maestra*, abilissima in un lavoro | *Mani benedette*, (*fig.*) che fanno ogni cosa con ottimi risultati | (*fig.*) *Mani di fata*, che sembrano prodigiose per abilità e delicatezza | *Aver buona m.*, riuscir bene in q.c. | *Aver la m. a q.c.*, esserne pratici, essere abili | *Aver fra le mani q.c. o qc.*, (*fig.*) attendere a q.c., prendersi cura di qc. | *Aver le mani in pasta*, (*fig.*) essere introdotto in un ambiente e sim., e potervi manovrare liberamente | *Dar di m., metter m. a q.c.*, iniziarla | *Giochi di m.*, di prestigio | *Cavar le mani da q.c.*, (*fig.*) finirla | *Non cavar le mani da nulla*, (*fig.*) non riuscire a concludere niente | (*fig.*) *Far la m. a q.c.*, abituarvicisi | *Menar le mani*, (*raro, fig.*) lavorare con rapidità | *Stare con le mani in m., tener le mani alla cintola*, (*fig.*) starsene in ozio | *M. d'opera*, V. *manodopera* | (*est.*) Opera, fattura: *oggetto di buona m.* | (*est.*) Stile: *riconoscere la m. di un artista.* ***7*** In relazione all'idea di vicinanza, prontezza, agevolezza, dà origine a molte loc. | *Con q.c. alla m.*, con q.c. di cui si può rapidamente e facilmente disporre | *Denari alla m.*, in contanti | (*fig.*) *Uomo alla m.*, affabile, cortese | *Avere q.c. per, fra le mani*, (*fig.*) esservi addentro, disporne e sim. | (*fig.*) †*Dare a m. un ufficio*, conferirlo senza votazioni, concorsi e sim. | (*fig.*) †*Essere alle mani*, in trattative | *Sotto m.*, furtivamente | *Fuori m., fuori di m.*, V. *fuorimano* | (*fig.*) *Di antica m.*, di lunga data | (*fig.*) *Di lunga m.*, da gran tempo. ***8*** (*fig.*) Lato, parte: *a m. destra, dritta*; *a m. sinistra, manca, mancina* | *Aver la m.*, essere sulla destra e quindi avere la precedenza | *Cedere la m.*, dare la precedenza | *Tenere la propria m.*, stare sul lato della strada stabilito dalle norme della circolazione stradale | *Contro m.*, V. *contromano* | *Andare alla m.*, (*fig.*) secondare. ***9*** (*fig.*) Quantità di cose che può essere tenuta con una mano | (*mar.*) *M. di terzarolo*, piegatura che si fa nella vela per ridurne la superficie quando il vento è molto forte: *prendere una, due mani di terzaroli* | Gruppo di persone: *una m. di armati* | (*raro*) Squadra di operai: *scaricare q.c. a due, a più mani.* ***10*** Complesso di caratteristiche di un filato, di un tessuto o di fibre in fiocco, che si rivelano al tatto | (*fig.*) Qualità | *Di bassa m.*, di umile condizione, di origine plebea | *Di mezza m.*, mediocre. ***11*** (*fig.*) Forza, potere, autorità: *la m. di Dio, della giustizia* | *M. forte*, aiuto e (*fig.*) †persona ardita o potente | *Dar man forte a qc.*, aiutarlo, sostenerlo | *Prendere la m.*, sfuggire al controllo, al comando | †*Accortar le mani a uno*, diminuirne il potere | *Alla sua m.*, in suo potere | *Cadere nelle mani del nemico*, in suo potere | *Essere nelle mani di qc.*, sottoposti al suo arbitrio, alla sua volontà | *A, in m. di qc., a, in m. a qc.*, al tempo in cui qc. era al potere, occupava una carica pubblica e sim. ***12*** (*fig.*) Custodia: *essere, trovarsi in mani sicure, in buone mani.* ***13*** (*fig.*) Scrittura, carattere: *riconoscere, contraffare la m. di qc.*; *scrivere q.c. di propria m.* | *Avere una bella m.*, una bella calligrafia. ***14*** Nei giochi a carte, condizione di chi gioca per primo: *essere di m.* | Periodo che va dal momento della distribuzione delle carte fino all'esaurimento delle stesse: *essere alla seconda m.* ***15*** (*fig.*) Ordine, serie: *due, tre mani di trincee, reticolati, fortificazioni* | *Di m. in m.*, ordinatamente | *A m. a m., man m., m. a m.*, successivamente, via via, a poco a poco. ***16*** (*fig.*) Strato: *dare una m. di vernice a q.c.* | *Dar l'ultima m.*, (*est., fig.*) completare l'opera. ***17*** (*al pl., fam.*) Manicure: *fare le mani*; *farsi fare le mani* || PROV. Una mano lava l'altra e tutte e due lavano il viso; gioco di mani gioco di villani. || **manàccia**, pegg. | †**manòccia**, accr. | **manétta**, dim. | **manìna**, dim. (V.) | **manìno**, dim. m. | **manóna**, accr. | **manóne**, accr. m. (V.) | **manùccia**, **manùzza**, dim.

manòcchio ● V. *mannocchio*.

manodòpera o **màno d'òpera** [calco sul fr. *main-d'œuvre*] s. f. solo sing. ***1*** Complesso dei lavoratori spec. manuali di una data industria, di un certo settore, di un determinato Paese o regione: *m. qualificata*; *carenza di m.* ***2*** Costo del lavoro umano necessario per produrre un dato bene o servizio.

manolèsta [comp. di *mano* e il f. di *lesto*] agg. inv.; anche s. m. e f. inv. ● Che, chi è svelto a rubare.

†**manolétto** [dal lat. *manuālis*. V. *manovale*] s. m. ● Garzone, valletto.

manomésso part. pass. di *manomettere*; anche agg. ● Nei sign. del v.

manòmetro [fr. *manomètre*, comp. del gr. *manós* 'poco denso' e di *-mètre* '-metro'] s. m. ● (*fis.*) Apparecchio che misura la pressione di un fluido: *m. a colonna di liquido, a membrana.*

manométtere o (*tosc.*) **maniméttere**, spec. nel sign. 1 [lat. *manumĭttere* 'affrancare', propriamente 'mandare via con la mano', comp. di *mănu* 'con la mano' e *mĭttere* 'mandar via' (V. *mettere*)] v. tr. (coniug. come *mettere*) ***1*** Cominciare a usare: *m. la botte, i risparmi.* ***2*** Alterare o modificare q.c. per utilità propria o d'altri, senza averne il diritto: *m. le prove, i documenti*; *m. il senso delle parole* | *M. un cassetto, un armadio*, frugarvi o rovistarvi indebitamente | *M. una lettera*, aprirla senza esservi autorizzati | (*raro*) †*m. una città*, saccheggiarla | (*raro*) †*m. una persona*, metterle le mani addosso. ***3*** Violare, ledere: *m. i diritti di qc.* ***4*** Nel diritto romano, liberare uno schiavo.

manomissióne o †**manumissióne** [lat. *manumissiōne(m)*, da *manumĭssus*. V. *manomesso*] s. f. ***1*** Atto, effetto del manomettere: *la m. di un plico, di una prova, di un diritto.* ***2*** Nel diritto romano, liberazione dalla schiavitù.

manomissóre [vc. dotta, lat. tardo *manumissōre(m)*, da *manumĭssus*. V. *manomesso*] s. m. ● Nel diritto romano, chi manometteva uno schiavo.

manomòrta o (*raro*) **màno mòrta** [comp., nel sign. 1, di *mano* 'possesso' e *morta* 'rigida', perché non poteva essere alienata; nel sign. 2 di *mano*, in senso proprio, e *morta* 'inerte'] s. f. ***1*** (*dir.*) Condizione giuridicamente privilegiata per cui i beni appartenenti ad enti morali, spec. chiese o conventi, non erano soggetti a imposte di successione ed erano inalienabili e inconvertibili | (*est.*) Il complesso di tali beni | Diritto del feudatario di ereditare i possedimenti di un vassallo morto senza figli maschi. ***2*** *Fare la m.*, su un mezzo pubblico o sim., allungare la mano su qc. a scopo di eccitazione sessuale, approfittando dell'affollamento.

manóne s. m. (f. *-a*) ***1*** Accr. di *mano.* ***2*** Uomo dalle mani grandi.

manonéra o **màno néra** [comp. di *mano* e il f. di *nero*] s. f. ● Ogni setta o associazione segreta, con finalità politiche o criminali, che operava in Europa tra la fine del XIX sec. e l'inizio del XX ed eracontraddistinta da un simbolo raffigurante una mano nera.

manòpola [lat. tardo *manŭpula(m)*, var. di *manĭpula(m)*, da *mănus* 'mano': attraverso lo sp. *manopla* (?)] s. f. ***1*** Parte delle antiche armature in ferro, maglia di ferro o cuoio, che aveva la funzione di proteggere il braccio. ***2*** Risvolto della manica in abito o mantello: *m. di pelliccia, di velluto, di seta* | (*raro*) Mezza manica da scrivano | Particolare modello di guanto in cui solo il pollice è diviso dalle altre dita. ***3*** Rivestimento in gomma, cuoio o altro materiale posto sull'impugnatura del manubrio di biciclette, motociclette e sim. ***4*** Su vari mezzi di trasporto, antichi e moderni, specie di lungo anello in cuoio, tessuto, metallo o plastica, sospeso al soffitto per sostenersi quando si viaggia in piedi | Striscia di cuoio o altro materiale applicata all'impugnatura dei bastoncini da sci. ***5*** (*gener.*) Pomello per la manovra di congegni, apparecchiature e sim.: *girare la m.*; *la m. del televisore.*

manoscrìtto o †**manuscrìtto** [lat. *mănu scrīptu(m)* 'scritto a mano'] **A** agg. ● Scritto a mano: *documento m.*; *portava in mano un rotolo di musica manoscritta* (FOGAZZARO). **B** s. m. ***1*** Testo scritto a mano: *un m. antico.* ***2*** (*est.*) Opera autografa: *compulsare un m. del Foscolo* | In filologia, ogni codice scritto a mano risalente al periodo anteriore all'invenzione della stampa.

manoscrìvere [ricavato da *manoscritto*] v. tr. (usato solo all'inf. e al part. pass.) ● Scrivere a mano, scrivere di proprio pugno (*anche ass.*): *m. una domanda, un curriculum*; *si prega di m.*

manóso [da *mano*, perché soffice al tatto] agg. ***1*** (*tosc.*) Morbido, soffice: *panno m.* ***2*** (*fig.*) †Maneggevole, trattabile: *molle son fatto ed umile e m.* (ALFIERI).

†**manotenènte** [comp. di *mano* e *tenente* (*1*)] s. m. ● Favoreggiatore, partigiano.

†**manotenènza** s. f. ● Manutenzione.

manovalànza [da *manovale*] s. f. ***1*** Condizione, stato di manovale. ***2*** La categoria dei manovali | (*gener.*) Manodopera non specializzata. ***3*** Il lavoro di manovali | Il costo di tale lavoro.

manovàle o (*raro*) †**manuàle** (**1**) [lat. *manuāle(m)*, agg. di *mănus* 'mano'] **A** s. m. e raro f. ***1*** Operaio non qualificato addetto a lavori di fatica spec. nel campo edilizio. ***2*** Chi, spec. in un gruppo organizzato, svolge mansioni subordinate, di scarso impegno e rilievo. **B** agg. ● †V. *manuale* (*1*).

manovèlla [lat. parl. **manubĕlla(m)*, da *manĭcula*, dim. di *mănus* 'mano'] s. f. ***1*** Asta opportunamente sagomata, dotata di un attacco o di un'impugnatura che, inserita in un meccanismo, serve per azionarlo | Nelle vecchie macchine da presa, asta che serviva a mettere in moto la pellicola | *Dare il primo giro di m.*, iniziare le riprese di un film. ***2*** (*mecc.*) Albero a gomito che trasforma il moto rotatorio in moto rettilineo alternativo.

manovellìsmo s. m. ● Sistema meccanico articolato, costituito da biella, manovella, corsoio e guida, per la trasformazione di un moto rettilineo alternativo in moto rotatorio o viceversa.

†**manovìle** [lat. parl. **manuīle(m)*, per il classico *manuāle(m)*. V. *manuale*] agg. ● Maneggevole.

manòvra [fr. *manœuvre*, da *manœuvrer* 'manovrare'] s. f. ***1*** Serie di operazioni, movimenti e sim. atti al conseguimento di un determinato risultato | *Manovre di corda*, nell'alpinismo, esercizi eseguiti con una, due o anche tre corde quando il tratto di parete da percorrere non è accessibile in arrampicate libere. ***2*** Complesso delle operazioni necessarie per far funzionare una macchina o una sua parte: *il freddo rese impossibile la m.* | Variazione di velocità, direzione o posizione che ne consegue, spec. in mezzi di trasporto. ***3*** (*mar.*) Uso pratico di vele, motore, cime, cavi e sim. per muovere e dirigere una nave o un'imbarcazione | *Posto di m.*, che ogni marinaio deve raggiungere quando si mollano gli ormeggi, ci si ancora e sim. ***4*** (*mar., spec. al pl.*) Cavi, cime e sim. montati su una nave | *Manovre dormienti*, che sostengono e fissano l'alberatura, quali sartie e sim. | *Manovre correnti*, scorrevoli per alzare e orientare vele, quali drizze e sim. ***5*** Movimento di veicoli ferroviari con inizio e termine nell'ambito della stazione: *treno in m.* | *Locomotiva da m.*, adibita a tale servizio. ***6*** (*mil.*) Impiego e combinazione nel tempo e nello spazio delle forze e dei mezzi a disposizione per realizzare un determinato scopo tattico o strategico | Evoluzione di truppe | *Gran-*

di manovre, esercitazioni a scopo addestrativo. ***7*** (*fig.*) Insieme di iniziative coordinate allo scopo di raggiungere un determinato fine: *m. monetaria, di bilancio* | *M. economica del Governo*, (*ass.*) *manovra*, complesso di provvedimenti fiscali e finanziari per migliorare il bilancio dello Stato: *proteste contro la m. del Governo*. ***8*** (*fig.*) Maneggio, raggiro: *è stata una m. politica*; *accorgersi in tempo delle manovre avversarie* | *M. di borsa*, per far rialzare o abbassare artificialmente i valori | *M. di corridoio*, atta a promuovere in una assemblea e sim. una decisione, agendo dietro le quinte. || **manovrìna**, **dim.**

manovràbile **agg.** • Che si può manovrare, che è atto alla manovra.

manovrabilità **s. f.** • Qualità di ciò che è manovrabile.

†**manovraménto** **s. m.** • Modo e atto di manovrare.

manovrànte **part. pres.** di *manovrare*; anche **agg.** • (*raro*) Nei sign. del v.

manovràre [fr. *manoeuvrer*, dal lat. mediev. *manuoperāre*, comp. di *mănu* 'con la mano' e *operāre*] **A** **v. tr.** (*io manòvro*) ***1*** Far funzionare mediante le necessarie operazioni: *m. un congegno, un meccanismo*. ***2*** (*mil.*) Far muovere unità e reparti in operazioni o in esercitazioni per compiere determinati atti tattici o strategici. ***3*** (*fig.*) Far agire qc. a proprio piacimento: *è un uomo privo di carattere e si lascia m. da chiunque*. **B** **v. intr.** (aus. *avere*) • Compiere una o più manovre: *con questo traffico è impossibile m.*; *la nave manòvra per entrare in porto*; *le truppe manovrano su un vasto fronte* | (*fig.*) Tramare, brigare: *sono mesi che manovrano per riuscire*.

manovràto **part. pass.** di *manovrare*; anche **agg.** ***1*** Nei sign. del v. ***2*** *Gioco m.*, nel calcio, quello che si svolge con continuità di passaggi offensivi ben impostati.

manovratóre **A** **agg.** (f. *-trice*) • Che manovra: *esercito m.* **B** **s. m.** • Chi esegue o dirige una manovra (*anche fig.*) | *M. del tram*, guidatore | Nelle stazioni ferroviarie, addetto alla composizione e scomposizione dei treni.

manovrièro o (*raro*) **manovrière** [fr. *manoeuvrier*, da *manoeuvrer* 'manovrare'] **A** **agg.** ***1*** Che manovra bene, con abilità | *Squadra manovriera*, nel calcio, quella che gioca d'attacco, con azioni collettive ben impostate. ***2*** Che si manovra facilmente. **B** **s. m.** • (*fig.*) Abile e astuto maneggione.

manque /*fr.* mãk/ [vc. fr., dev. di *manquer* 'mancare'] **s. m. inv.** • Nel gioco della roulette, combinazione costituita dai primi diciotto numeri, escluso lo zero, su cui si può puntare.

manrìtta • V. *mandritta*.

manrìtto [comp. di *man(o)* e *(di)ritto*] **A** **s. m.** • V. *mandritto*. **B** **agg.** • †Che adopera la mano diritta | (*est.*) Che sta a dritta | *Orecchio m.*, destro | *Cavallo m.*, posto a destra nella pariglia.

manrovèscio o †**manrivèscio**, (*pop.*) **marrovèscio** [comp. di *man(o)* e *rovescio*] **s. m.** ***1*** Colpo di sciabola o spada dato da sinistra a destra, rispetto a chi maneggia l'arma. ***2*** Ceffone dato col rovescio della mano. **SIN.** Schiaffo. ***3*** (*raro*, *spec. al pl.*) Colpi fitti e numerosi.

man sàlva o **mansàlva** [comp. di *man(o)* e il f. di *salvo*] **vc.** • Solo nella loc. avv. *a man salva*, liberamente, senza freno: *rubare a man salva*.

mansàrda [fr. *mansarde*, dall'architetto F. *Mansard* (1598-1666), che la ideò] **s. f.** ***1*** (*arch.*) Disposizione particolare di tetto, ottenuta spezzando le falde in due parti a diversa pendenza, in modo da permettere l'utilizzazione del sottotetto come abitazione. ***2*** Correntemente, l'abitazione così ottenuta e il relativo tipo di finestra. ***3*** (*autom.*) Vano di piccola altezza dotato di cuccetta, posto sopra la cabina di guida di un autocaravan.

mansardàto [da *mansarda*] **agg.** • Disposto a mansarda | Fornito di mansarda: *attico m.*

†**manségza** [da *manso* (*2*)] **s. f.** • Mansuetudine.

mansfèlto [da P. E. *Mansfeld* (1517-1604), il generale tedesco che lo avrebbe inventato (?)] **s. m.** • Cannoncino da campagna del sec. XVIII.

†**mansionàre** [da *mansione*] **v. tr.** • Assegnare dimora.

mansionàrio [vc. dotta, lat. tardo *mansionāriu(m)*, da *mānsio*, genit. *mansiōnis* 'mansione'] **s. m.** ***1*** Antico titolo di cappellano, con beneficio, addetto alla custodia di una chiesa, con obbligo di residenza. ***2*** Titolo dato sotto i Merovingi ai marescialli di alloggio. ***3*** Elenco delle mansioni stabilite dal contratto di lavoro per diverse categorie di dipendenti di aziende o di enti pubblici. ***4*** (*dir.*) Elenco delle mansioni che il lavoratore dipendente è tenuto a svolgere in base al proprio livello di inquadramento.

mansionàtico **s. m.** (pl. *-ci*) • In epoca medievale, tributo che il vassallo doveva pagare per l'alloggio del signore, di passaggio sulle sue terre.

†**mansionàto** [propriamente part. pass. di †*mansionare*] **s. m.** • Mansionario.

mansióne [vc. dotta, lat. *mansiōne(m)* 'dimora, sosta', da *manēre* 'rimanere'] **s. f.** ***1*** Attribuzione di compiti, doveri, incarichi e sim.: *svolgere le proprie mansioni*. ***2*** (*dir.*, *spec. al pl.*) Insieme delle attività per il cui svolgimento è assunto il lavoratore. ***3*** †Luogo dove si dimora | †Fermata. ***4*** †Indirizzo, recapito. ***5*** †Ricovero od ospedale dei pellegrini.

†**mànso** (**1**) [lat. mediev. *mānsu(m)*, da *manēre* 'rimanere'] **s. m.** • Podere.

†**mànso** (**2**) [lat. tardo *mănsu(m)*, ricavato da *mansuētu(m)* 'mansueto'] **agg.** ***1*** Mite, mansueto: *tigri aspri, orsi, lion diverran mansi* (L. DE' MEDICI). ***2*** Morbido, soffice.

mansuefàre [lat. *mansuefăcere*, comp. di *mānsus* 'mansueto' e *făcere* 'fare'] **A** **v. tr.** (coniug. come *fare*) ***1*** Rendere domestico e mansueto: *m. animali selvaggi* | (*est.*) Rendere docile, domo: *m. un popolo, un ragazzo ribelle* | (*lett.*) Rendere più mite, dolce: *mansuefece, e raddolcì l'acerba / vista con atto placido e cortese* (TASSO). ***2*** (*fig.*) Dominare, placare: *m. l'ira, l'orgoglio*. **B** **v. intr. pron.** • divenire docile, mansueto.

†**mansuèscere** [vc. dotta, lat. *mansuēscere*, propriamente 'abituare alla mano', comp. di *mănus* 'mano' e *suēscere* 'abituare'. V. *consueto*] **v. intr.** • Divenire mansueto.

mansuèto [vc. dotta, lat. *mansuētu(m)*, da *mansuēscere* '†mansuescere'] **agg.** ***1*** Di animale reso domestico e docile: *fiera mansueta* | (*est.*) Di animale docile e innocuo per natura: *agnello m.* ***2*** Di persona mite e paziente: *un uomo buono e m.* | (*raro*) Benigno, favorevole: *mostrarsi m. verso qc.* ***3*** Che dimostra mansuetudine e mitezza: *occhi mansueti*; *carattere, animo m.* | (*raro*, *fig.*) *Inverno m.*, mite | (*raro*) †Di facile pendio: *move dal colle, mansueta e dolce, / la schiena del bel monte* (POLIZIANO). || **mansuetaménte**, **avv.**

mansuetùdine [vc. dotta, lat. *mansuetūdine(m)*, da *mansuētus* 'mansueto'] **s. f.** • Docilità, mitezza: *la m. dell'agnello*; *indi e m. e durezza ... / porto egualmente* (PETRARCA).

mànta [sp. d'America *manta*, propriamente 'mantello', per l'aspetto] **s. f.** • Grande pesce dei Raiformi, di forma romboidale appiattita, con pelle scabra nera superiormente e bianca sul ventre, che si nutre di plancton (*Manta birostris*). **SIN.** Razza cornuta.

†**mantacàre** [da *mantaco*] **v. intr.** • Soffiare col mantice: *Agnolo di altra parte mantacando dicea ...* (SACCHETTI).

†**màntaco** • V. *mantice*.

†**mantadùra** [da *(am)mantatura*] **s. f.** • Ammanto, abito, veste.

†**mantanènte** • V. †*mantinente*.

†**mantàrro** [ar. *mamtar*] **s. m.** • Tabarro da pastore: *un pastore nell'aspetto giovanissimo, avvolto in un m.* (SANNAZARO).

mànte • V. *amante* (*2*).

-mànte [dal gr. *mántis* 'indovino'] secondo elemento • In parole composte, significa 'indovino': *cartomante, chiromante, ieromante, rabdomante*.

mantèca [sp. *manteca*, 'burro', di origine preindeur.] **s. f.** ***1*** Composto omogeneo di sostanze grasse | Unguento, crema per capelli: *capelli ritinti d'una quasi rosea orribile m.* (PIRANDELLO). ***2*** (*est.*) Composto di sostanze omogenee della consistenza di impiastro | (*spreg.*) Impiastro colloso e appiccicaticcio. ***3*** Burrino. ***4*** (*raro*, *fig.*) Persona fiacca e inefficiente.

mantecàre [da *manteca*] **v. tr.** (*io mantèco, tu mantèchi*) ***1*** Ridurre sostanze grasse allo stato di manteca. ***2*** (*cuc.*) Rendere pastose e cremose sostanze alimentari.

mantecàto **A** **part. pass.** di *mantecare*; anche **agg.** ***1*** Nei sign. del v. ***2*** *Baccalà m.*, lessato, sbattuto e triturato con olio e sale, specialità della cucina veneta. **B** **s. m.** • Gelato molle e cremoso servito in coppa.

mantèlla **s. f.** • Mantello, cappa femminile o militare. || **mantellétta**, **dim.** (V.) | **mantellìna**, **dim.** (V.).

†**mantellàre** (**1**) [da *mantello*] **A** **v. tr.** • Coprire col mantello. **SIN.** Ammantare. **B** **v. rifl.** • Scusarsi, difendersi.

mantellàre (**2**) [da *mantello*, come 'rivestimento'] **agg.** • (*anat.*, *biol.*) Detto di struttura lamellare o comunque appiattita con apparenti funzioni di rivestimento.

mantellàta (**1**) [dal *mantello* che portavano] **s. f.** ***1*** (*spec. al pl.*, *pop.*) Donne ascritte ai terzi ordini mendicanti, le quali vivevano in comunità o nel secolo. ***2*** (*al pl.*) In alcune città, convento di tali terziarie.

mantellàta (**2**) [da *mantello* nel sign. 4] **s. f.** • (*idraul.*) Opera, costruita in cemento armato o anche con pertiche, grossi vimini e sim., predisposta per difendere le sponde di un corso d'acqua dall'erosione.

mantellétta **s. f.** ***1*** Dim. di *mantella*. ***2*** Mantello corto che copre solo spalle e petto.

mantellétto **s. m.** ***1*** Dim. di *mantello*. ***2*** Specie di riparo mobile, formato da panconi rivestiti di ferro e munito di ruote, un tempo usato dagli assedianti nei lavori di approccio per difendersi dal fuoco di fucileria degli assediati. ***3*** (*mar.*, *spec. al pl.*) Portelli e relativi battenti di chiusura | *M. delle vele*, batticoffa | *M. delle gomene*, paglietto.

mantellìna **s. f.** ***1*** Dim. di *mantella*. ***2*** Indumento un tempo in dotazione ai bersaglieri e agli alpini. ***3*** Intonaco interno del pozzo. **SIN.** Camicia.

mantèllo [lat. *mantēllu(m)*, di etim. incerta] **s. m.** (pl. †*mantèlla*, f.) ***1*** Indumento, un tempo assai usato, indossato sopra tutti gli altri, ampio, senza maniche, affibbiato al collo, di lunghezza varia: *m. di lana*; *m. foderato*; *m. a ruota* | *Avere m. a ogni acqua*, essere pronto a ogni evenienza | *Mutar m.*, (*fig.*) cambiare opinione | †*M. rivolto*, opinione mutata | †*Uomo da due mantelli* o *che ha doppio m.*, che ha due facce, che è finto e ipocrita | (*est.*) Elegante soprabito femminile da pomeriggio. ***2*** (*fig.*) Coltre: *un m. di ghiaccio, di neve, di nebbia*. ***3*** (*fig.*, *raro*) Falsa apparenza: *far tutti i colori sotto il m. della carità, della religione*. ***4*** In varie tecnologie, costruzione, struttura, involucro che protegge, copre, nasconde ciò che è posto sotto | In un trapano radiale, il sostegno del braccio, girevole intorno a una colonna fissata al basamento della macchina. ***5*** (*zool.*) Pelame di vario colore che riveste il corpo dei mammiferi: *cavallo con il m. baio* | Struttura formata da due pieghe che si dipartono dalla parte posteriore del corpo dei Brachiopodi, le quali con la loro faccia esterna secernono la conchiglia. ***6*** (*geol.*) Involucro del globo terrestre compreso fra la crosta e il nucleo, tra 5-30 e 2 900 km, costituito di silicati spec. di magnesio. ➡ **ILL.** p. 818 SCIENZE DELLA TERRA ED ENERGIA. ***7*** (*econ.*) Titolo a reddito fisso privato delle cedole di futura scadenza. ***8*** *M. d'Arlecchino*, decorazione del boccascena consistente in una sorta di fascia orizzontale di stoffa, uguale a quella del sipario, posta subito dietro l'arco scenico || **PROV.** Il sarto fa il mantello secondo il panno. || **mantellàccio**, **pegg.** | **mantellétto**, **dim.** (V.) | **mantellìno**, **dim.** | **mantellóne**, **accr.** | †**mantellòtto**, **dim.** | **mantellùccio**, **dim.** | **mantellucciàccio**, **dim.**

mantenènte (**1**) **part. pres.** di *mantenere*; anche **agg.** • Nei sign. del v.

†**mantenènte** (**2**) • V. †*mantinente*.

†**mantenènza** [da *mantenente* (*1*)] **s. f.** • Difesa, appoggio, favore.

mantenére [lat. *mănu tenēre* 'tenere con la mano'] **A** **v. tr.** (coniug. come *tenere*) ***1*** Far continuare a essere, far durare: *m. in piedi un edificio pericolante*; *m. in vita un malato*; *non saper m. la disciplina*; *il freddo mantiene intatti i cibi* | Conservare: *m. il proprio posto, i collegamenti, l'amicizia*. ***2*** Fornire il necessario per vivere: *m. la famiglia, la moglie* | *M. una donna*, averla come amante | *M. buona tavola*, trattarsi bene. ***3*** Provvedere con mezzi adeguati al funzionamento, alla durata di q.c.: *m. una scuola, un istituto, un ospe-*

dale | *M. un giornale*, finanziarlo | Governare: *m. il regno, la repubblica*. **4** Proteggere, difendere: *m. le posizioni, il dominio, il campo* | Affermare, sostenere: *m. le proprie ragioni*. **5** Mandare a effetto, tener fede a: *m. la parola data, gli impegni assunti*. **B** v. rifl. **1** Alimentarsi, sostentarsi: *lavorare per mantenersi*; *non avere da mantenersi*. **2** Tenersi, serbarsi: *mantenersi in forze*; *si mantengono al governo con raggiri e pastette* | †*Mantenersi sopra sé*, governarsi da solo. **C** v. intr. pron. • Conservarsi, rimanere: *il cambio del dollaro si mantiene alto*; *la bella stagione non si manterrà a lungo*.

mantenìbile agg. • Che si può mantenere.

manteniménto s. m. **1** Modo e atto del mantenere: *il m. della casa*. **2** Alimento, sostentamento: *provvedere al m. di una famiglia numerosa*; *non potea sostener la spesa per il m. di un ministro* (SARPI). **3** Manutenzione: *il m. della viabilità e degli edifici pubblici*. **4** Conservazione: *il m. delle istituzioni, delle usanze*.

mantenitóre s. m. (f. *-trice*) **1** Chi mantiene: *m. della promessa, della parola*; *m. di donne*. **2** †Assertore, difensore: *strenuo campione, e m. della dottrina aristotelica* (GALILEI).

mantenùta s. f. • (*spreg.*) Donna tenuta come amante da un uomo che, in cambio, provvede al suo mantenimento.

mantenùto A part. pass. di *mantenere*; anche agg. • Nei sign. del v. **B** s. m. (f. *-a*) • Chi si fa mantenere dall'amante.

màntica [vc. dotta, gr. *mantikḗ* (*téchnē*) 'arte divinatoria', da *mántis* 'indovino', da avvicinare a *máinesthai* 'essere furioso'] s. f. • Scienza e tecnica divinatorie, che ricavano la conoscenza del futuro e della volontà del mondo divino dall'osservazione dei segni di animali, fenomeni naturali, comportamenti umani o animali e sim.

màntice o †**màntaco**, †**màntico** (**1**) [lat. *mănticа(m)* 'bisaccia', di etim. incerta] s. m. **1** Apparecchio a otre, che aspira e manda fuori l'aria, usato un tempo per attivare il fuoco della fucina, per dar fiato a certi strumenti musicali e sim.: *alzare e abbassare il m.*; *il m. dell'organo* | *Tirare il m.*, (*fig.*) istigare | *Soffiare come un m.*, (*fig.*) ansimare, sbuffare | *Alzare i mantici*, (*fig.*) far la spia. **2** Copertura in pelle o altro materiale, di carrozza o automobile, alzabile o abbassabile a volontà | Parte dell'intercomunicante a forma di soffietto, a protezione del passaggio fra due carrozze ferroviarie. || **manticétto**, dim. | **manticìno**, dim. | **manticióne**, accr.

manticiàio s. m. • Artigiano che fa e vende mantici.

†**màntico** (**1**) • V. *mantice*.

màntico (**2**) [vc. dotta, gr. *mantikós*, da *mántis* 'indovino'. V. *-mante*] agg. (pl. m. *-ci*) • Che si riferisce alla mantica.

manticora o **manticòra** [vc. dotta, lat. *mantichōra(m)*, nom. *mantichōras*, dal gr. *mantichṓras*, var. di *martichṓras*, comp. del persiano *martiya* 'uomo' e dell'avestico *khwar* 'mangiare': cioè 'mangiatore d'uomini'] s. f. • Animale favoloso dell'India.

màntide [dal gr. *mántis* 'indovino' (V. *mantica*), perché ha le zampe disposte come se fosse in atteggiamento di preghiera] s. f. • Insetto predatore dei Mantoidei, con zampe anteriori dentellate molto sviluppate che tiene come in atto di preghiera quando si irrigidisce in attesa della preda (*Mantis religiosa*).

mantìglia [sp. *mantilla*, dim. di *manta* 'scialle'. V. *manto*] s. f. **1** Sciarpa di merletto che si porta sul capo, tipica del costume femminile spagnolo. **2** Mantellina femminile nera, in seta, che nel sec. XVIII copriva le spalle fino alla vita.

mantìglio • V. *amantiglio*.

mantìle [lat. tardo *mantīle* 'salvietta, tovaglia', per il classico *mantēle*, comp. di *mănus* 'mano' e *tĕrgere* 'tergere'] s. m. **1** Tovaglia grossolana | Rozzo asciugamano | Tovagliolo. **2** Copricapo femminile dell'Italia meridionale, costituito da un rettangolo di tela, con pizzo e ricami, ripiegato e fissato ai capelli con uno spillo. **3** (*merid.*) Grembiule: *una veste nuova, a fiorami, protetta dal m.* (PIRANDELLO).

†**mantinènte** o (*raro*) †**mantanènte**, †**mantenènte** (**2**) [fr. *maintenant*. V. *immantinente*] avv. • Immantinente, subito.

mantìssa [vc. dotta, lat. *mantīssa(m)* 'aggiunta, supplemento', di origine etrusca] s. f. • (*mat.*) Parte decimale d'un logaritmo | Differenza fra un logaritmo e la sua caratteristica.

mànto (**1**) [lat. tardo *măntu(m)*, da *mantĕllum* 'mantello'] s. m. **1** Mantello lungo fino ai piedi, spesso in tessuto pregiato, ricamato, usato spec. da personaggi di altissima autorità in importanti cerimonie: *m. reale, dogale* | *Deporre, rifiutare il m.*, (*fig.*) la dignità regale | †Mantello, cappa. **2** Strato protettivo, contro le infiltrazioni d'acqua, di fogli bitumati, feltri, asfalto naturale | *M. stradale*, strato superficiale di usura della massicciata stradale costituito da pietrisco bitumato o catramato. **3** (*fig.*) Tutto ciò che avvolge, copre o si stende con uniformità: *un m. di verdura, d'erba, di neve*. SIN. Coltre. **4** (*arch.*) Parte dell'armatura provvisoria di archi e volte, formata da travicelli o tavoloni. **5** (*fig.*) Ingannevole apparenza: *mascherarsi col m. della carità*; *agire sotto il m. dell'amicizia*. **6** (*fig.*) Protezione, difesa: *il m. della misericordia divina* | (*fig., lett.*) Schermo: *fa' m. del vero a la menzogna* (TASSO). **7** (*zool.*) Mantello.

†**mànto** (**2**) [fr. *maint*, dalla sovrapposizione del lat. *tăntus* 'tanto' e *măgnus* 'grande'] agg. indef. • Molto: *mante volte*.

Mantoidèi [vc. dotta, comp. del lat. scient. *mantis* 'mantide' e di un deriv. di *-oide*] s. m. pl. • Nella tassonomia animale, ordine di Insetti alati, cattivi volatori, con il primo paio di zampe più robuste destinate alla cattura delle prede (*Mantoidea*) | (al sing. *-o*) Ogni individuo di tale ordine.

mantovàna [f. sost. di *mantovano*] s. f. **1** Tavola o lastra sagomata posta sotto la grondaia per ornamento. **2** Fascia di tessuto che sovrasta la parte superiore di una tenda. **3** Torta tipica di Prato, con mandorle.

mantovàno o **mantuàno** [lat. *Mantuānu(m)*, da *Măntua* 'Mantova'] **A** agg. • Di, relativo a, Mantova | *Il poeta m., la musa mantovana*, (*per anton.*) Virgilio. **B** s. m. (f. *-a*) • Abitante, nativo di Mantova.

màntra [vc. sans., propr. 'strumento del pensiero', der. di *man-* 'pensare', col suff. *-tra*, che ha valore strumentale] s. m. inv. **1** Inno o preghiera vedica. **2** Formula magica o mistica usata per devozione nell'Induismo popolare e in alcune forme di Buddismo.

†**mantrugiaménto** s. m. • Modo e atto del mantrugiare.

mantrugiàre [lat. *mănu trusāre* 'spingere con la mano'; *trusāre* è ints. di *trūdere* 'spingere'] v. tr. (*io mantrùgio*) • (*pop., tosc.*) Strapazzare con le mani.

mantuàno • V. *mantovano*.

manuàle (**1**) o (*pop.*) †**manovàle** [vc. dotta, lat. *manuāle(m)*, agg. di *mănus* 'mano'] **A** agg. • Delle mani, fatto con le mani: *una spelonca vecchissima e grande, ... da m. artificio cavata nel duro monte* (SANNAZARO) | Che si aziona manualmente: *comando m.* | *Arti manuali*, i mestieri | *Lavoro m.*, prestazione lavorativa che richiede prevalentemente l'uso di facoltà fisiche. || **manualménte**, avv. Con mano, a mano. **B** s. m. • †V. *manovale*.

manuàle (**2**) [da *manuale* (*1*), in quanto 'libro a portata di mano'] s. m. **1** Volume di agevole consultazione in cui sono compendiate le nozioni fondamentali di una determinata disciplina: *un m. di filosofia, di storia, di diritto civile* | *Da m.*, detto di ciò che è perfetto nel suo genere: *un caso da m.*; *sfoggia un gioco da m.* **2** Tastiera dell'organo. || **manualétto**, dim. | **manualìno**, dim.

manualìsta [comp. di *manuale* (*2*) e *-ista*] s. m. e f. (pl. m. *-i*) • Compilatore di manuali (*spec. spreg.*).

manualìstica [f. sost. dell'agg. *manualistico*] s. f. • Insieme dei manuali di una determinata disciplina o di una determinata epoca: *la m. informatica*; *la m. medievale*.

manualìstico agg. (pl. m. *-ci*) • Di, da manuale | *Cultura manualistica*, che si limita ai principi fondamentali, senza approfondire.

manualità [da *manuale* (*1*)] s. f. **1** Carattere o qualità manuale | Abilità nell'usare le mani: *sviluppare la m. dei bambini*. **2** (*raro*) Lavoro manuale.

manualizzàre [comp. di *manuale* (*1*) e *-izzare*] v. tr. **1** Rendere utilizzabile, manovrabile o eseguibile a mano: *m. il montaggio dei pezzi*; *m. l'impiego di una macchina*. CONTR. Meccanizzare. **2** Compendiare q.c. in un manuale per facilitarne l'apprendimento: *m. la chimica, la fisica*.

manualizzazióne [da *manualizzare*] s. f. • Atto, effetto del manualizzare.

manubalèstro [lat. tardo *manuballīsta(m)* 'balestra a mano', comp. di *mănus* 'mano' e *ballīsta* 'balestra'] s. m. • Balestra a mano.

manubalìsta o **manuballìsta** [V. *manubalestro*] s. f. • Manubalestro.

manùbrio [vc. dotta, lat. *manūbriu(m)*, da *mănus* 'mano'] s. m. **1** Manico, impugnatura, sporgenza e sim., che permette alla mano che lo afferra di manovrare e dirigere il congegno cui è applicato. **2** Nella bicicletta e nella motocicletta, tubo metallico opportunamente piegato con impugnatura alle due estremità, che comanda la ruota anteriore direttrice e sul quale sono alcuni dispositivi. ➡ ILL. p. 1745 TRASPORTI. **3** Piccolo attrezzo ginnico del peso massimo di 5 kilogrammi, da sollevarsi con una sola mano. ➡ ILL. p. 1281 SPORT. **4** (*anat.*) *M. sternale*, parte superiore, prossimale dello sterno, articolata con le clavicole. **5** (*zool.*) Parte del corpo delle meduse che si estende a guisa di manico al di sotto dell'ombrello. **6** (*bot.*) Cellula allungata al centro degli scudetti dell'anteridio nelle alghe Caracee.

†**manucàre** [forma merid. di †*manducare*] v. tr. • Mangiare.

†**manucodiàta** [sp. *manucodiata*, di origine indomalese] s. f. • (*zool.*) Uccello del paradiso.

†**manudùcere** [vc. dotta, lat. *mănu dūcere* 'condurre per mano'] v. tr. • Condurre per mano.

manufacturing /ingl. mænju'fæktʃəriŋ/ [vc. ingl., da *to manufacture* 'produrre, fabbricare, confezionare', da *manufacture* 'manifattura'] s. m. inv. • (*org. az.*) Ogni forma di attività industriale in genere.

manufàtto [lat. *mănu făctu(m)* 'fatto a mano'] **A** agg. • Fatto o confezionato a mano: *prodotti manufatti*. **B** s. m. **1** Articolo lavorato a mano, prodotto di manifattura: *importare materie prime ed esportare manufatti*. **2** (*est.*) Ogni opera stradale, muraria, idraulica e sim. eseguita mediante lavoro umano.

manùl [prob. vc. chirghisa] s. m. • Gatto selvatico dell'Asia centrale, con folta pelliccia grigia a striature trasversali (*Felis manul*).

manulateralità [comp. del lat. *mănu(s)* 'mano' e dell'it. *laterale*] s. f. • Uso preferenziale, spontaneo o appreso, di una delle due mani, a cui corrisponde una differenza di abilità.

manu militari /lat. 'manu mili'tari/ [loc. del lat. cancelleresco, propr. 'con azione (mano) militare'] loc. avv. • Con l'uso delle armi, con la forza.

†**manumissióne** • V. *manomissione*.

†**manuscrìtto** • V. *manoscritto*.

†**manustrupazióne** [comp. dal lat. *mănus* 'mano' e *stuprare*] s. f. • Masturbazione.

†**manutenére** [V. *mantenere*] v. tr. • Condurre per mano | (*fig.*) Guidare, ammaestrare.

manutèngolo [da †*manutenere*] s. m. (f. *-a*) • Chi tiene mano a furti e azioni illecite di altri, porgendo loro aiuto e appoggi | (*est.*) Mezzano d'amori, spec. illeciti.

manutenibilità [ingl. *maintainability* (da *maintainable* 'mantenibile'), adattato su *manutenzione*] s. f. • (*tecnol.*) Grandezza probabilistica che esprime il tempo mediamente necessario per riparare i guasti di una macchina o di un impianto.

manutentìvo agg. • Relativo alla manutenzione: *spesa manutentiva*.

manutentóre [da †*manutenere*] s. m. (f. *-trice*) • Chi si occupa della manutenzione di q.c.

manutenzióne [da †*manutenere*] s. f. **1** Atto, effetto del mantenere q.c. efficiente e in buono stato: *la m. dell'autostrada, dei macchinari*; *spese di m.* | *M. ordinaria*, intervento edilizio sulla finitura degli edifici e sugli impianti tecnologici esistenti | *M. straordinaria*, per rinnovare e sostituire parti anche strutturali. **2** (*dir.*) *Azione di m.*, che spetta al possessore contro coloro che lo molestano nel possesso di un diritto reale su un immobile o sopra una universalità di mobili. **3** †Adempimento di promessa.

manutèrgio [vc. dotta, lat *manutĕrgiu(m)*, comp.

di *mănus* 'mano' e *tĕrgere* 'asciugare'] **s. m.** ● Piccolo panno di tela con cui il sacerdote si asciuga le mani durante la messa, dopo l'offertorio.

†**mànza (1)** ● V. †*amanza*.

mànza (2) [V. *manzo*] **s. f.** ● Bovino di sesso femminile di età compresa tra uno e tre anni, che non abbia partorito o che non si trovi oltre il sesto mese di gravidanza. || **manzétta**, **dim.** (V.).

manzanìglio [sp. *manzanillo*, da *manzana* 'mela'. V. *mancinella*] **s. m.** ● (*bot.*) Mancinella.

manzanilla /*sp.* manθa'niʎa/ [sp., propriamente 'camomilla' (per il colore?). V. *manzaniglio*] **s. f. inv.** ● Tipo di sherry prodotto nell'Andalusia, di colore giallo, leggermente aromatico.

manzétta **s. f.** *1* Dim. di *manza*. *2* Giovane manza non ancora montata o fecondata.

-manzìa [lat. *-mantīa(m)*, di origine gr. (*-mantéia*, da *mántis* 'indovino, profeta', di base indeur.)] **secondo elemento** ● In parole composte, significa 'predizione', 'pratica del predire': *cartomanzia*, *chiromanzia*.

mànzo [vc. di origine preindeur.] **s. m.** (f. *-a* (V.)) *1* Bovino di sesso maschile, castrato e di età compresa tra uno e quattro anni | (*est.*) Carne macellata di tale bovino | (*est.*) Vivanda di tale carne. *2* (*raro*, *fig.*) Persona grossa e goffa.

manzolàio o **manzolàro** [da *manzo*] **s. m.** ● Addetto all'allevamento dei bovini, in Lombardia.

manzoniàno A agg. ● Di Alessandro Manzoni (1785-1873): *ironia manzoniana*; *rimembranze manzoniane* | *Teoria manzoniana*, dell'unità della lingua italiana conformata all'uso delle persone colte di Firenze. **B s. m.** (f. *-a*) ● Seguace del Manzoni, della sua teoria linguistica.

manzonìsmo **s. m.** *1* Imitazione dello stile letterario del Manzoni. *2* Teoria linguistica del Manzoni per cui il fiorentino parlato dalle persone colte era da scegliere come modello di lingua nazionale italiana.

manzonìsta **s. m. e f.** (pl. m. *-i*) ● (*letter.*) Studioso, conoscitore della vita e delle opere di Alessandro Manzoni.

†**manzuòla** [da *amanza* (?)] **s. f.** ● Sgarbo, dispetto.

mao (1) [vc. onomat.] **inter.** ● Riproduce il miagolio del gatto.

mao (2) [da *mao (1)*] **s. m. inv.** ● Nel linguaggio infantile, gatto, micio.

maoìsmo **s. m.** ● Il pensiero e la pratica politica ispirati alle teorie marxiste di Mao-Ze-Dong (1893-1976).

maoista A agg. (pl. m. *-i*) ● Proprio del pensiero e della politica di Mao-Ze-Dong. **B s. m. e f.** ● Seguace, sostenitore del maoismo.

maoìstico **agg.** (pl. m. *-ci*) ● Relativo al maoismo o ai maoisti.

maomettanésimo **s. m.** ● Maomettismo.

maomettàno A agg. *1* Di, relativo a, Maometto (570-632): *religione maomettana*. *2* †Lussurioso. **B s. m.** (f. *-a*) *1* Seguace, sostenitore della religione musulmana. *2* (*fig.*) †Persona lussuriosa.

maomettìsmo **s. m.** ● Religione predicata agli Arabi dal profeta Maometto. **SIN.** Islamismo, musulmanesimo.

maóna (1) [ar. *mā'ūn* 'vaso'] **s. f.** ● Nave turca del sec. XVI da trasporto o da guerra, a tre alberi | Battello di circa trenta tonnellate a una vela per piccolo cabotaggio | Grossa lancia o chiatta, adoperata nei porti.

maóna (2) [ar. *maūna'* 'assistenza riconfortante'] **s. f.** ● Compagnia, associazione medievale per grandi imprese commerciali nelle città o repubbliche marinare.

maònia [dal n. del botanico statunitense B. Mac Mahon] **s. f.** ● Arbusto sempreverde delle Berberidacee, proprio dell'America sett., con foglioline dentate e spinose ai margini, coltivato a scopo ornamentale (*Mahonia aquifolium*).

maòri o **màori** [vc. indigena della Nuova Zelanda: 'del tipo comune (rispetto agli stranieri)'] **A s. m. e f.** ● Appartenente a una popolazione di razza polinesiana, indigena della Nuova Zelanda. **B s. m.** solo sing. ● Lingua polinesiana parlata nella Nuova Zelanda. **C** anche **agg.**: *guerriero m.*

màpo [comp. di *ma(ndarino)* e *po(mpelmo)*] **s. m.** ● Frutto ottenuto dall'incrocio di un mandarino e un pompelmo.

màppa (1) [lat. *măppa(m)*, di origine preindeur.] **s. f.** *1* †Salvietta, tovagliuolo. *2* Panno di lana usato dalle contadine di paesi montani per proteggere il capo dal freddo. *3* †Bandella.

màppa (2) [da *mappa(mondo)*] **s. f.** *1* Rappresentazione cartografica molto dettagliata di un territorio rurale con scala compresa fra 1:500 e 1:5 000 | *M. catastale*, rappresentazione cartografica a grande scala delle singole proprietà fondiarie con indicazione dei particolari topografici | (*biol.*) *M. cromosomica*, sequenza lineare di geni associati lungo un cromosoma | (*est.*) Carta geografica. *2* (*fig.*) Rappresentazione schematica di una data situazione: *la m. del terrorismo in Italia*. *3* (*tecnol.*) La palettina con gli scontri applicata all'estremità di una chiave a cannello e destinata a essere inserita nella toppa di una serratura, per azionarla. *4* (*mat.*) Applicazione.

mappàle A agg. ● Relativo alla mappa catastale: *particella*, *numero m.* **B s. m.** ● Nel linguaggio notarile, mappa catastale.

mappalùna [comp. di *mappa (2)* e *luna*, sul modello di *mappamondo*] **s. f.** ● Rappresentazione grafica piana della superficie lunare.

mappamóndo [lat. mediev. *măppa(m) mŭndi* 'mappa del mondo', da *măppa* 'mappa (1)'] **s. m.** *1* Rappresentazione grafica piana di tutta la superficie terrestre in due emisferi ottenuti con proiezioni prospettiche, scala da 1:20 milioni a 1:100 milioni. *2* Globo girevole su cui è riprodotta la superficie terrestre | *M. celeste*, globo su cui è riprodotta la sfera celeste con le sue costellazioni. *3* (*fig.*, *fam.*, *scherz.*) Deretano.

mappàre [calco sull'ingl. *to map* 'tracciare una mappa'] **v. tr.** *1* (*biol.*) In genetica, localizzare un gene all'interno di un cromosoma. *2* (*astron.*, *geogr.*) Rilevare dati relativi a fenomeni astronomici o geografici e redigerne la rappresentazione cartografica.

mappatèlla [vc. nap., dim. di *mappata* 'involto, fagotto', da *mappa (1)* 'tovagliolo, panno'] **s. f.** ● (*merid.*) Piccolo involto, fagottino | Involto fatto con un tovagliolo, uno strofinaccio e sim. contenente il pasto di operai o contadini, la merenda di gitanti e sim.

mappatóre **s. m.** (f. *-trice*) ● Chi disegna mappe | Cartografo.

mappatùra [da *mappare*] **s. f.** *1* Preparazione di una mappa. *2* (*biol.*) In genetica, costruzione di una mappa cromosomica o genetica: *la m. del genoma umano*.

maquette /*fr.* ma'kɛt/ [fr., dall'it. *macchietta*, dim. di *macchia (1)*] **s. f. inv.** ● Realizzazione grafica di un annuncio pubblicitario | Modello preliminare in scala ridotta di una scultura.

maquillage /*fr.* maki'jaʒ/ [da *maquiller* 'truccare' (precedentemente 'lavorare'), dall'ant. piccardo *makier* 'fare', dal medio ol. *maken* 'fare', di origine germ.] **s. m. inv.** ● Trucco del volto | *M. fotografico*, quello adatto alle caratteristiche del materiale sensibile adoperato per la presa | (*est.*) Dissimulazione, mediante particolari accorgimenti o effetti, della realtà, di fatti, eventi o situazioni.

maquis /*fr.* ma'ki/ [vc. fr., propriamente 'macchia (2)', dal corso *macchia*] **s. m. inv.** ● Organizzazione partigiana francese nella seconda guerra mondiale | (*est.*) Aderente a tale organizzazione.

marà [vc. dell'America del Sud] **s. m. inv.** ● Roditore della famiglia dei Cavidi con lunghe orecchie, coda brevissima, morbida pelliccia, che vive nei prati dell'Argentina ed è velocissimo nella corsa (*Dolichotis australis*).

marabottìno [stessa etim. di *maravedì*] **s. m.** ● (*numism.*) Maravedì.

marabòtto [etim. incerta] **s. m.** ● (*mar.*) La minore delle tre vele latine dell'albero di maestra nelle galere | *Grande m.*, la vela maggiore della galea.

marabù (1) [per la serietà del portamento che ricorda quello di un *marabut*] **s. m.** *1* Uccello dei Ciconiformi, asiatico e africano, con capo e collo nudo, leggerissime candide penne sulla coda, che si nutre di rifiuti (*Leptoptilos crumeniferus*). *2* (*est.*) Vaporose piume di tale uccello, usate per guarnire abiti e cappelli femminili: *mantello guarnito di m.*

marabù (2) [fr. *marabout* 'marabù (1)', poi 'piuma della coda di marabù', per analogia 'organzino molto fine'] **s. m.** ● Tessuto fabbricato con seta rigida.

marabùt o **marabùto**, **marabùtto** [fr. *marabout*, dal port. *marabuto*, dall'ar. *murābit* 'addetto alla guardia di un posto di frontiera', poi 'eremita'] **s. m.** *1* Combattente della guerra santa, nell'Islam | (*est.*) Santone, asceta, eremita. *2* (*est.*) La tomba ove un marabut è seppellito.

marabuttàggio [da *marabù (2)*] **s. m.** ● (*tess.*) Speciale torsione che si fa subire alla seta per farne crespo.

marabùtto ● V. *marabut*.

maraca /*sp.* ma'raka/ [port. *maracá*, v. di origine tupì] **s. f. inv.** ● Strumento di origine sudamericana, costituito da una zucca vuota o da una sfera di legno, riempita di semi secchi o di piccole pietre, che viene agitata ritmicamente. ➡ **ILL. musica**.

maracàia [sp. *maracajá*, dal guarani *maracayá*] **s. m.** ● (*zool.*) Marguai.

marachèlla [ebr. *meraggêl* 'esploratore, spia'] **s. f.** ● Bricconata o marioleria fatta di nascosto: *ha combinato una grossa m.* | †*Far la m.*, la spia. **SIN.** Birbonata, gherminella.

maracujá /*port.* maraku'ʒa/ [dal tupe *maracuyá*] **s. f. inv.** ● (*bot.*) Granadiglia.

maragià o (*raro*) **maràgia** **s. m.** ● Adattamento di *maharajah* (V.).

maramàglia ● V. *marmaglia (1)*.

maramaldeggiàre [comp. di *maramald(o)* e *-eggiare*] **v. intr.** (*io maramaldéggio*; aus. *avere*) ● Fare il maramaldo.

maramàldo [dal n. di F. *Maramaldo* che nel 1530 uccise a Gavinana F. Ferrucci, ferito e impossibilitato a difendersi] **s. m.** ● Persona malvagia e prepotente che infierisce sui vinti e gli inermi.

maramào ● V. *marameo*.

maràme [provz. *mairam*, dal lat. parl. **materiā-me(n)*, da *matĕria*] **s. m.** *1* Accozzaglia di cose buttate alla rinfusa: *sur una fratta ... / un corredino ride in quel m.* (PASCOLI). *2* (*fig.*) †Trappoleria.

maramèo o (*raro*) **maramào** [vc. onomat. che imita il miagolare del gatto] **inter.** ● Esprime scherno e derisione ed è spesso accompagnato da gesti scherzosi, spec. da quello che consiste nell'appoggiare il pollice della mano destra aperta sulla punta del naso ripiegando poi rapidamente e in successione le dita | *Fare m.*, compiere tale gesto.

maràna ● V. *marrana*.

marangóne (1) [dal lat. *mĕrgus* 'smergo'] **s. m.** ● (*zool.*) Cormorano.

marangóne (2) [da *marangone* 'smergo', che si tuffa per prendere i pesci] **s. m.** *1* †Palombaro. *2* (*dial.*) Falegname, carpentiere | Mobiliere.

maràno o **marràno (2)** [etim. incerta] **s. m.** ● Nave mercantile in uso nel Mediterraneo dal XV al XVI secolo.

Marantàcee [chiamate così in onore del botanico B. *Maranta* (1500-1571)] **s. f. pl.** ● Nella tassonomia vegetale, famiglia di piante monocotiledoni delle Scitaminee tropicali ornamentali o commestibili (*Marantaceae*) | (al sing. *-a*) Ogni individuo appartenente a tale famiglia.

maràntico [gr. *marantikós* 'logorante', da avvicinare a *marasmós* (V. *marasma*)] **agg.** (pl. m. *-ci*) ● (*med.*) Di, relativo a, marasma: *stato m.*

maràsca o **amaràsca** [da *amaro*] **s. f.** ● Il frutto del marasco.

maraschìno o †**amaraschìno** [da *marasca*] **s. m.** ● Liquore di ciliegie, con alto contenuto di zucchero, originario della Dalmazia.

maràsco o **amaràsco** [V. *marasca*] **s. m.** (pl. *-schi*) *1* Varietà coltivata del visciolo con frutti a polpa acidula (*Prunus cerasus* var. *marasca*). *2* Vino di marasche.

maràsma o (*raro*) **maràsmo** [gr. *marasmós* 'consunzione', da *maráinein* 'consumare'] **s. m.** (pl. *-i*) *1* (*med.*) Decadimento generale delle funzioni dell'organismo per malattia o per vecchiaia: *m. senile*. *2* (*fig.*) Grave decadenza e disordine di istituzioni, ordini e sim. *3* (*fig.*) Confusione, caos.

maràsmio [dal gr. *marasmós* 'consunzione' (V. *marasma*), perché il cappello, quando si secca, si restringe senza marcire] **s. m.** ● Fungo delle Agaricacee con corpo fruttifero tenace, coriaceo e commestibile o, nelle zone tropicali, parassita spec. delle piante di cacao (*Marasmius*).

maràsmo ● V. *marasma*.

maràsso [lat. *mătari(m)* 'lancia, giavellotto', di origine gallica] **s. m.** ● Vipera europea con muso diritto, di colore molto variabile, a vasta distribuzione geografica (*Vipera berus*).

maratóna [dal n. della città di *Maratona*, in Attica, dalla quale il messaggero Filippide corse senza sosta alla volta di Atene (dove morì subito dopo stremato dalla fatica) per annunziare la vittoria di Milziade sui Persiani, nel 490 a.C.] **s. f.** *1* Gara olimpica di corsa a piedi su strada, sulla distanza di poco più di quarantadue kilometri. *2* (*est.*) Camminata lunga, affrettata e faticosa. *3* (*est.*) Gara di resistenza: *una m. di ballo*. *4* (*fig.*) Opera o attività in genere che richiede lunga e faticosa applicazione. || **maratonina**, **dim.** (V.).

maratonèta **s. m. e f.** (pl. m. *-i*) ● Atleta che corre nella maratona.

maratonina **s. f.** *1* Dim. di *maratona*. *2* Gara di corsa su strada disputata sulla distanza sia di venti che di trenta kilometri.

maràtto o **maharàtto** **A** **agg.** ● Della, relativo alla, popolazione indiana dei Maratti. **B** **s. m.** ● Chi appartiene alla popolazione dei Maratti.

†**maravàlle** o †**maravàlde** [dal lat. eccl. *dīes măgna ĕt amāra vălde* 'giorno grande e amarissimo', riferito al giorno del giudizio] **s. f.** ● (*pop.*, *tosc.*) Solo nella loc. *andare a m.*, morire.

maravedì o **maravedino** [ar. *marābitī* 'della dinastia cordovana degli *Almoravidi*', che la coniarono] **s. m.** ● Moneta d'oro araba della Spagna, imitata dai re cristiani spagnoli e portoghesi nei secc. XII e XIII. **SIN.** Marabottino.

maraviglia e *deriv.* ● V. *meraviglia* e *deriv.*

†**maràzzo** [etim. incerta] **s. m.** ● Acquitrino.

†**marazzóso** **agg.** ● Pieno di marazzi. **SIN.** Paludoso.

marc' /martʃ/ ● V. *marsc'*.

màrca (**1**) [germ. *marka* 'segno'] **s. f.** *1* Bollo, cifra od altro segno stampato, applicato o impresso su q.c. per farne riconoscere la qualità, l'appartenenza, l'origine, il prezzo, o altri elementi caratteristici: *imprimere la m. sul bestiame, sui pezzi di una macchina, su un tessuto* | *Una m. sul volto*, una cicatrice | *M. tipografica*, sigla, stemma o impresa di un tipografo, posti sul frontespizio di un libro o sull'ultima pagina stampata | *M. da bollo*, tagliando emesso dallo Stato, di carta filigranata, che si applica su cambiali, ricevute o documenti a prova del pagamento della relativa tassa | *M. assicurativa*, bollo che, un tempo, attestava l'avvenuto pagamento di contributi assicurativi | *M. di bordo libero*, linea sul fianco delle navi mercantili che segna la massima immersione consentita dalle leggi marittime. *2* Correntemente, marchio di fabbrica | (*est.*) La ditta, l'azienda, l'impresa da tale marchio rappresentata: *le migliori marche nazionali* | *Di m., di gran m., d'alta m.*, si dice del prodotto di un'impresa nota e qualificata. *3* Contrassegno che attribuisce a chi lo possiede il diritto di ritirare oggetti depositati in un certo luogo: *ho perduto la m. del guardaroba*. *4* (*fig.*) Carattere, impronta; *accento di pretta m. veneta*. *5* †Contrassegno, indizio, segno. || **marchétta**, **dim.** (V.).

màrca (**2**) [germ. *marka* 'segno (di confine)'] **s. f.** ● Nell'impero carolingio, regione di confine: *la m. trevigiana*.

marcàggio [da *marcare*] **s. m.** *1* (*cine*) Apposizione di segni all'inizio di ogni negativo di ripresa sonora in modo da renderne possibile l'individuazione nelle successive operazioni di montaggio. *2* (*tel.*) Particolare procedimento di commutazione automatica, in cui i segnali di selezione non comandano direttamente i selettori, ma sono ricevuti da un organo che predispone la selezione.

†**marcagióne** [da *marcare*] **s. f.** ● Operazione del mettere il marchio.

marcaménto **s. m.** ● Nel calcio e sim., azione di controllo di un avversario o di una zona del campo.

marcantònio [dal nome del personaggio storico *Marco Antonio*, rappresentato grande e grosso] **s. m.** (f. *-a*) ● Persona grossa e robusta, di aspetto florido: *un pezzo di m.*

marcapèzzi [comp. di *marca(re)* e il pl. di *pezzo*] **s. m. e f.** ● Addetto alla marcatura di prodotti industriali.

marcapiàno [comp. di *marca(re)* e *piano* (*2*)] **s. m.** ● (*edil.*) Striscia o leggera cornice che all'esterno di una casa segna il livello dei vari piani.

marcapùnto o **marcapùnti** [comp. di *marca(re)* e *punto* (*1*)] **s. m.** ● Strumento da calzolaio, costituito da una rotellina dentata che segna sul cuoio delle scarpe dove si devono dare i punti.

marcàre [da *marca* (*1*)] **A** **v. tr.** (*io màrco, tu màrchi*) *1* Contrassegnare con una marca q.c.: *m. la biancheria, un cavallo, un bue, un lingotto d'oro* | (*raro, lett.*) Lasciare un'impronta: *ci rinveniamo a m. la terra / con questo corpo / che ora troppo ci pesa* (UNGARETTI). *2* (*fig.*) Far spiccare più intensamente: *m. una linea, un suono*. *3* (*chim.*) Aggiungere a una sostanza un composto chimico facilmente riconoscibile oppure un tracciante radioattivo, spec. per distinguere una partita di prodotto da un'altra o per individuare determinati tessuti biologici, cellule o loro parti. *4* Nel calcio, segnare un punto a proprio favore: *il giocatore ha marcato*; *m. un goal* | *M. un avversario, una zona*, effettuare su di essa un'azione di controllo. *5* *M. visita*, nel gergo militare, darsi malato, chiedere visita medica. *6* (*fig.*) †Rimarcare. **B** **v. intr.** (aus. *essere*) ● †Confinare.

marcașite o **marcassite** [ar. *marqašītā*, di origine persiana] **s. f.** ● (*miner.*) Solfuro di ferro in cristalli prismatici o tabulari dalla lucentezza metallica e dal colore giallo chiaro.

marcatèmpo [comp. di *marca(re)* e *tempo*] **A** **s. m. inv.** *1* Chi è addetto alla misurazione dei tempi di una lavorazione industriale. *2* (*tecnol.*) Dispositivo che segna intervalli di tempo noti sul nastro o sul disco di uno strumento registratore. **B** anche **agg. inv.**: *orologio m.*, V. *orologio*.

marcàto **part. pass.** di *marcare*; anche **agg.** *1* Nei sign. del v. *2* Rilevato, ben accentuato: *tratti, lineamenti marcati*; *contorni marcati*. *3* (*ling.*) Detto di unità linguistica che possiede una particolarità fonologica, morfologica, sintattica o semantica in virtù della quale viene opposta alle altre unità della stessa natura della medesima lingua. *4* (*chim.*) *Elemento m.*, isotopo radioattivo usato, con l'aiuto di un contatore Geiger, per seguire e interpretare reazioni, processi biologici e sim. || **marcataménte**, **avv.** In modo marcato, in modo ben rilevato.

marcatóre **s. m.** (f. *-trice*) *1* Chi marca | Operaio addetto alla marcatura. *2* Nel calcio e sim., il giocatore che marca un avversario | Realizzatore di un goal, un punto e sim. *3* Speciale penna a feltro per scrivere su lavagne bianche. *4* (*chim.*) Composto (enzima, colorante e sim.) o isotopo radioattivo aggiunto a una sostanza per facilitarne la determinazione qualitativa o quantitativa. **SIN.** Marker. *5* (*med.*) Sostanza (peptide, antigene, anticorpo, enzima e sim.) la cui presenza o il cui aumento nel sangue o in un altro tessuto costituisce sintomo specifico di una determinata malattia. **SIN.** Marker.

marcatrìce [da *marcare*] **s. f.** ● Macchina che imprime il marchio di fabbrica o altre scritte sui prodotti.

marcatùra **s. f.** *1* Atto, effetto del marcare | *M. degli animali*, per riconoscerli fra diversi allevamenti o nell'ambito degli stessi. *2* Nello sport, marcamento | Punto segnato | Numero complessivo dei punti segnati da una squadra.

marcescènte [vc. dotta, lat. *marcescĕnte(m)*, part. pres. di *marcēscere*, incoativo di *marcēre* 'esser marcio'] **agg.** ● (*lett.*) Che marcisce, che si corrompe.

marcescènza **s. f.** ● (*lett.*) Condizione di ciò che è marcescente.

marcescìbile [lat. mediev. *marcescĭbile(m)*, ricavato da *immarcescĭbilis* 'immarcescibile'] **agg.** ● (*lett.*) Che può marcire | *Non m.*, incorruttibile.

marcètta **s. f.** *1* Dim. di *marcia*. *2* Composizione musicale vivace e allegra, suonata spec. nei circhi per accompagnare alcuni numeri.

†**marcévole** **agg.** ● Marcescibile.

march /martʃ/ ● V. *marsc'*.

marchésa **s. f.** *1* Anticamente, signora di un marchesato: *la m. di Pescara*. *2* Moglie o figlia di un marchese. || **marchesina**, **dim.** (V.).

marcheșàle [da *marchese* (*1*)] **agg.** ● (*raro*) Marchionale.

†**marcheșàna** **s. f.** ● Marchesa dei tempi feudali.

marcheșàto **s. m.** *1* Titolo, dignità di marchese. *2* Complesso della famiglia marchionale | (*scherz.*) Insieme dei marchesi. *3* Territorio posto sotto l'autorità e la giurisdizione di un marchese: *il m. del Monferrato*.

marchéșe (**1**) [provz. *marques*, dall'ant. fr. *marchis*, dal germ. *marka* 'marca (*2*)'] **s. m.** (f. *-a* (V.)) ● Anticamente, conte della marca o territorio di frontiera, rappresentante del sovrano: *m. d'Italia* | Persona insignita del grado nobiliare intermedio tra quello di conte e quello di duca, ereditario o concesso da un sovrano: *il m. di Roccaverdina* | (*lett.*) *Il divino m.*, (*per anton.*) lo scrittore francese Donatien-Alphonse-François, marchese de Sade. || **marchesino**, **dim.** (V.).

marchéșe (**2**) [etim. incerta] **s. m.** ● (*pop.*) Mestruo.

marcheșina **s. f.** *1* Dim. di *marchesa*. *2* Figlia, spec. giovane o nubile di un marchese.

marcheșino **s. m.** *1* Dim. di *marchese* (*1*). *2* Figlio, spec. giovane di un marchese.

marchétta **s. f.** *1* Dim. di *marca* (*1*). *2* In passato, marca assicurativa e previdenziale, usata in passato per comprovare l'avvenuto versamento di tali contributi da parte del datore di lavoro. *3* Contrassegno che, nelle case di tolleranza, le prostitute ricevevano per ogni prestazione ai fini del conteggio della retribuzione | (*est.*) La prestazione stessa | (*pop.*) *Fare marchette*, esercitare la prostituzione. *4* (*pop.*) Prostituta od omosessuale che si prostituisce.

marchettàra [da *marchetta* nel sign. 3] **s. f.** ● (*rom.*) Prostituta.

marchettàro **s. m.** ● (*rom.*) Omosessuale che si prostituisce.

marchétto [dall'effigie di *S. Marco* che vi era impressa] **s. m.** ● Antica moneta veneziana del valore di un soldo.

marchiàno [da *marchigiano*; dapprima si usava per le ciliegie delle Marche, che erano particolarmente grosse] **agg.** ● Madornale, spropositato (*spec. fig.*): *errore, sproposito m.* | (*raro*) *Ciliegia marchiana*, molto grossa | (*raro*) *Freddi marchiani*, molto intensi.

marchiàre [ant. fr. *merchier*, dal francone *merkjan*] **v. tr.** (*io màrchio*) *1* Fornire di marchio: *m. q.c. col proprio suggello* | Distinguere con un marchio: *m. il bestiame*. **SIN.** Contrassegnare. *2* †Segnare, notare.

marchiàto **part. pass.** di *marchiare*; anche **agg.** *1* Nei sign. del v. *2* (*fig.*) Detto di persona additata al disprezzo, alla riprovazione generale. **SIN.** Bollato.

marchiatóre **s. m.** (f. *-trice*) ● Chi procede alla marchiatura.

marchiatùra **s. f.** *1* Atto, effetto del marchiare: *la m. del bestiame*. *2* (*est.*) Segno con cui si marchia: *falsificare la m.*

marchigiàno **A** **agg.** ● Delle Marche: *piatto tipico m.* **B** **s. m.** (f. *-a*) ● Abitante, nativo delle Marche. **C** **s. m.** solo **sing.** ● Gruppo di dialetti italiani, parte dell'area settentrionale e parte di quella centro-meridionale, parlati nelle Marche.

marchingégno [vc. nap., comp. di una prima parte di etim. incerta (da *Marcantonio*?) e di *ingegno* nel sign. 6] **s. m.** *1* Arnese o meccanismo di complessa struttura. *2* (*fig.*) Procedimento, espediente, metodo piuttosto complicato ma anche particolarmente abile: *questa clausola è un m. per evadere la legge*.

màrchio [da *marchiare*] **s. m.** *1* Segno che si imprime su q.c. | *M. di prova*, punzonatura impressa a garanzia delle armi da caccia. *2* Segno emblematico o nominativo usato dall'imprenditore per contraddistinguere i propri prodotti | *M. di fabbrica*, che indica la provenienza del prodotto da una data impresa | *M. di commercio*, che indica l'impresa che pone in vendita il prodotto | *M. registrato*, registrato presso l'apposito ufficio dei brevetti. *3* Marca che si imprime col ferro rovente per contrassegnare gli animali: *questo è il m. della nostra fattoria* | (*est.*) Lo strumento metallico che serve per marchiare: *procurate che il m. sia riscaldato a dovere*. *4* Segno che un tempo si stampava a fuoco sulla fronte o sulla spalla di alcuni malfattori: *m. d'infamia, di traditore* | (*fig.*) Caratteristica negativa e incancellabile: *ha il m. del ladro*. *5* †Il romano della stadera. || **marchiolino**, **dim.**

marchionàle [dal germ. *marka* 'marca (2)'] **agg.** • Di, da marchese: *famiglia, corona, feudo m.*

màrcia (1) [da *marciare*] **s. f.** (pl. *-ce*) **1** Modo di camminare tenendo un passo costante o cadenzato, usato spec. da truppe in movimento, cortei e sim.: *il corteo si è messo in m.* | (*est.*) Movimento organizzato di unità militari che si trasferiscono ordinatamente da un luogo ad un altro per via ordinaria | *M. forzata*, a velocità normale, ma per una durata superiore al normale | *Passo di m.*, non ritmato, tenuto da reparti che marciano a piedi per via ordinaria | *Lunga m.*, nel corso della guerra civile cinese, la ritirata (durata due anni) con cui l'esercito comunista sconfitto raggiunse la Cina nord-occidentale dove Mao-Ze-Dong costituì un governo rivoluzionario; (*est., fig.*) impresa collettiva lunga e faticosa. **2** (*est.*) Moto o corsa di veicoli o meccanismi: *mettere in m. un treno, un'apparecchiatura elettrica.* **3** Specialità dell'atletica leggera in cui la successione dei passi deve avvenire in modo che l'atleta non interrompa mai il contatto col suolo. **4** Manifestazione organizzata di protesta: *m. della pace, per l'eguaglianza dei diritti, contro la fame* | *M. su Roma*, azione armata per la conquista del potere compiuta nel 1922 dai fascisti seguaci di B. Mussolini. **5** Manifestazione sportiva di tipo popolare, in genere non competitiva e senza obblighi di passo, che si svolge su un percorso prefissato, cui può iscriversi e partecipare chiunque: *m. ecologica*; *la m. di primavera.* **6** Composizione musicale adatta ad accompagnare o a guidare la marcia di un corteo militare e sim., in ritmo binario, avente una forma che comprende una prima parte, un trio intermedio e la ripresa della prima parte. **7** (*mecc.*) Ciascuno dei rapporti di trasmissione del motore di un veicolo che vengono inseriti mediante i dispositivi del cambio: *innestare la m.* | (*est.*) La velocità del veicolo relativa a ciascuno di tali rapporti | *M. avanti, m. indietro*, movimento di avanzamento o retrocessione di un veicolo | *Far m. indietro*, far retrocedere un veicolo; (*fig.*) abbandonare un'impresa, ritirarsi di fronte a difficoltà e sim. | (*ferr.*) *M. a vista*, andatura di un treno a una velocità tale che possa fermarsi nello spazio di visuale libera | *Avere una m. in più*, (*fig.*) di persona particolarmente dotata, abile, brillante e sim. || **marcétta**, dim. (V.).

màrcia (2) [f. di *marcio*] **s. f.** (pl. *-ce*) • (*pop.*) Pus.

marcialónga [vc. dei dial. sett., comp. di *marcia* (*1*) e il f. di *longo* 'lungo'] **s. f.** (pl. *marcelónghe*) **1** Gara di sci da fondo aperta a una grande partecipazione popolare che si svolge su una lunga distanza. **2** (*est.*) Qualsiasi gara di fondo, spec. podistica, a grande partecipazione popolare oltre che atletica.

marciàno **agg.** • Di, relativo a San Marco evangelista | *Biblioteca marciana*, di Venezia, città di San Marco | *Codice m.*, della biblioteca marciana.

marciapiède o **marciapièdi** [fr. *marchepied*, comp. di *marcher* 'camminare' e *pied* 'piede'] **s. m.** **1** Parte della strada riservata ai pedoni, generalmente rialzata rispetto al piano viabile | *Battere il m.*, (*fig.*) esercitare la prostituzione per strada | *Donna da m.*, (*fig.*) prostituta. **2** Nelle stazioni, piano sopraelevato rispetto alle rotaie e predisposto in maniera di facilitare l'accesso ai treni ed il movimento dei bagagli. **3** Ciascuno dei cavi pendenti dai pennoni e sorretti da staffe, su cui il marinaio poggia i piedi quando deve lavorare in alto. ➡ ILL. p. 1756 TRASPORTI.

marciapièdi • V. *marciapiede.*

marciàre (1) [fr. *marcher*, dal francone *markôn* 'lasciare traccia'] **v. intr.** (*io màrcio*; aus. *avere*) **1** Avanzare a passo di marcia, detto spec. di reparti militari | (*est.*) Procedere o sfilare ordinatamente: *m. affiancati*; *i dimostranti marciavano in colonna, in corteo* | *Marciarci*, (*region.*) approfittarsi di una situazione senza darlo troppo a vedere: *in questo periodo di confusione, quello ci marcia* | (*raro*) Procedere con solennità e affettazione | *M. da gran signori*, sfoggiare gran lusso. **2** Andare, muoversi: *il treno marcia a 100 kilometri l'ora* | Andare verso un luogo: *il drappello di emigranti marciava verso il confine* | (*raro*) Andarsene: *m. in carrozza.* **3** Funzionare: *l'orologio, il meccanismo non marcia.*

†**marciàre (2)** [da *marcio*] **v. tr.** • Far diventare marcio.

marciàta [da *marciare* (*1*)] **s. f.** • (*scherz.*) Marcia | Spazio percorso con una marcia.

marciatóre [da *marciare* (*1*)] **s. m.** (f. *-trice*) **1** Chi marcia. **2** Atleta che pratica lo sport della marcia.

màrcido [vc. dotta, lat. *mărcidu(m)*, da *marcēre* 'esser marcio'] **agg.** **1** (*lett.*) Marcio. **2** (*fig.*) †Ubriaco: *m. sembra, sonnacchioso e gravido* (POLIZIANO).

marcigliàna o **marsiliàna** [etim. incerta] **s. f.** • Veliero da carico del sec. XV.

marcìme [da *marcio*] **s. m.** • Insieme dei rifiuti di stalla che, divenuti marci, vengono utilizzati come letame.

marciménto **s. m.** • (*raro*) Modo e atto del marcire (*anche fig.*).

marcìno [da *marcio*] **s. m.** • Vino fatto con uva leggermente guasta.

màrcio [lat. *mărcidu(m)*. V. *marcido*] **A** **agg.** (pl. f. *-ce*, lett. *-cie*) **1** Che è in stato di decomposizione: *carne, frutta marcia* | (*est.*) Fradicio: *legno m.* | (*lett.*) Umido e caldo, detto del tempo: *le giornate marcie di quel novembre sciroccale* (BACCHELLI). **2** Che ha suppurato: *dito m.* **3** (*fig.*) Che è moralmente guasto e corrotto: *società marcia* | *M. sin nelle midolla*, (*fig.*) di persona totalmente corrotta. **4** (*fig.*) Con valore intensivo, è usato in numerose loc. | *Tisico m.*, in cui la tisi è a uno stadio avanzatissimo e irrimediabile | *Avere torto m.*, essere completamente dalla parte del torto, non avere la benché minima ragione | *Vergogna, necessità marcia*, totale, assoluta | *A m. dispetto*, a completo dispetto | *Essere innamorato m.*, follemente innamorato | *Essere ubriaco m.*, ubriaco fradicio | *A marcia forza, necessità*, forzatamente | *Vincerla, perderla marcia*, detto di una partita di gioco, quando il perdente non segna neppure un punto. **B** **s. m.** **1** Parte marcia di q.c.: *è meglio gettare il m.* **2** Parte infetta, malata e sim. (*anche fig.*): *tagliare via il m.* | (*fig.*) *Scappare, uscire dal m.*, liberarsi da un rischio | †*Cavare il m. da q.c.*, venirne a capo. **3** Corruzione o depravazione morale: *scoprimmo del m. in quella vicenda*; *dietro quella facciata di rispettabilità c'è del m.*

marciolìno [da *marcio*] **s. m.** • Sapore di roba un po' marcia; sapore del marcino.

marcióso [da *marcio*] **agg.** • (*lett.*) Purulento.

marcìre [lat. *marcēre* 'esser marcio', vc. espressiva] **A** **v. intr.** (*io marcìsco, tu marcìsci*; aus. *essere*) **1** Diventare marcio: *col calore la frutta e la carne marciscono in fretta.* **SIN.** Decomporsi, imputridire. **2** Divenire purulento: *la ferita marcisce.* **SIN.** Suppurare. **3** Diventare fradicio: *la carta e il legno marciscono con l'umidità.* **4** (*fig.*) Essere immerso in ciò che corrompe moralmente: *m. nel vizio, nella depravazione dei costumi.* **5** (*fig.*) Languire, consumarsi: *m. nella prigione, nella miseria.* **B** **v. tr.** • (*raro*) Rendere marcio: *l'acqua ha marcito i travi.*

marcìta [da *marcito*] **s. f.** • Prato irrigato con un velo continuo d'acqua, perché seguiti a vegetare e dia tagli d'erba anche nella stagione fredda.

marcìto **part. pass.** di *marcire*; anche **agg.** • Nei sign. del v.

marcitóia **s. f.** • Marcita.

marcitóio [da *marcito*] **s. m.** • Macero.

†**marcitùra** **s. f.** • Atto, effetto del marcire: *la m. di un dito, di una ferita.* **SIN.** Suppurazione.

marciùme **s. m.** **1** Marcio: *gettare il m.* | Insieme di cose marce: *bruciate tutto quel m.* **2** Alterazione di tessuti vegetali e animali causata da vari agenti patogeni. **3** (*fig.*) Depravazione e corruzione morale | Insieme di persone corrotte e depravate. **4** (*agr.*) *M. nobile*, grappoli di Trebbiano che, lasciati sulla pianta finché acquistano una colorazione bruna, danno un vino di gusto e aroma assai apprezzati.

màrco (1) [germ. *marka* 'segno'] **s. m.** (pl. *-chi*) **1** Unità di peso in uso in Germania dal IX sec. di valore vario secondo i luoghi. **2** Unità monetaria circolante in Germania.

màrco (2) [da *marcare*] **s. m.** (pl. *-chi*) • Marca, contrassegno.

màrco (3) [ant. fr. *marc*, dal francone *marka*, unità di misura] **s. m.** (pl. *-chi*) • Romano della stadera.

marcofilìa [comp. di *marca* (*da bollo*) e *-filia*] **s. f.** • Collezionismo di marche da bollo.

marcòlfo [dal n. del personaggio del *Dialogo di Salomone e Marcolfo*, libretto popolare medievale] **s. m.** (f. *-a*) • (*lett.*) Persona goffa e rozza.

marconigrafàre [da *marconigrafia*] **v. tr.** • (*raro*) Radiotelegrafare.

marconigrafìa [comp. del n. di G. *Marconi* (1874-1937), che inventò il telefono senza fili, e *-grafia*] **s. f.** • Radiotelegrafia.

marconigràmma [comp. del n. di G. *Marconi* (V. *marconigrafia*) e *-gramma*] **s. m.** (pl. *-i*) • Radiotelegramma.

marconìsta [V. *marconigrafia*] **s. m. e f.** (pl. m. *-i*) • Radiotelegrafista.

marconiterapìa [comp. del n. di G. *Marconi* (V. *marconigrafia*) e *-terapia*] **s. f.** • (*med.*) Terapia fisica a base di onde elettromagnetiche corte che generano calore nell'interno dei tessuti.

marcorèlla o **mercorèlla** [lat. *mercuriāle(m)* (*hĕrbam*) 'erba di Mercurio', da *Mercŭrius* 'Mercurio', al quale erano attribuite le virtù curative di questa pianta] **s. f.** • (*bot.*) Mercuriale.

marcuṣiàno **A** **agg.** • Di, relativo al filosofo tedesco H. Marcuse (1898-1979). **B** **agg.**; anche **s. m.** (f. *-a*) • Che, chi segue la filosofia di Marcuse.

mardochèo [da *Mardocheo*, personaggio biblico, accostato per etim. pop. a *merda*] **s. m.** • (*sett.*) Uomo sciocco, che vale poco.

màre [lat. *măre*, di origine indeur.] **s. m.** **1** Massa di acqua salsa, che si estende per tre quarti della superficie del globo, raggiungendo grandi profondità | *M. chiuso*, circondato dal territorio di uno stesso Stato e quindi soggetto alla sovranità esclusiva dello stesso | *M. libero, alto m.*, zona di mare situata oltre le acque territoriali, non appartenente a nessuno Stato e aperta alla navigazione di tutti i paesi | *M. mediterraneo*, circondato da aree continentali e comunicante con l'oceano mediante apertura piuttosto stretta | *M. adiacente*, che si addentra nei continenti senza una netta separazione con l'oceano | *M. lungo, morto*, caratterizzato da onde che non si frangono, regolari, lunghe e con superficie liscia | *Frutti di m.*, V. *frutto* | †*Rompere in m.*, naufragare | *Colpo di m.*, ondata violenta | *Furia di m.*, tempesta o burrasca violenta | *Forza del m.*, stato del mare, espresso in numeri della scala marina internazionale: *m. forza 4* | (*fig.*) *Numeroso come le onde, la sabbia del m.*, innumerevole | *Solcare il m., andare per m.*, navigare | *In balia del m.*, di ciò che è abbandonato alle onde o alle correnti marine, senza guida e sim. | *Correre il m.*, dedicarsi alla pirateria | *Andare al m.*, recarsi per gita o villeggiatura in una località marina, spec. nella stagione estiva | (*fig.*) *Portare acqua al m.*, fare cose inutili | *Essere in alto m.*, (*fig.*) lontano dalla soluzione o dalla conclusione di q.c. | *Cercare per terra e per m.*, dappertutto | *Buttare a m. qc. o q.c.*, (*fig.*) disfarsene, lasciarlo perdere | (*fig.*) *Promettere mari e monti*, promettere grandi cose, destinate per lo più a non essere mantenute | *È una goccia nel m.*, (*fig.*) si dice di cosa che ha scarsissimo rilievo o importanza | (*fig.*) *È un m. senza fondo*, si dice di impresa irta di infinite difficoltà, di cosa inesauribile, di avidità insaziabile | *È un porto di m.*, si dice di luogo frequentatissimo, dove ci sia un continuo andirivieni. **2** Vasta zona pianeggiante della Luna: *il m. delle Tempeste, della Tranquillità.* **3** (*est.*) Grande estensione: *un m. d'erba, di sabbia, di fuoco.* **4** (*fig.*) Grande quantità: *sono immerso in un m. di guai, di fastidi, di dubbi*; *versare un m. di lacrime, di sangue* | (*fig.*) *M. magno*, grande e confuso insieme di cose o persone || **PROV.** L'acqua va al mare; l'acqua del mare non lava.

marèa [fr. *marée*, da *mer* 'mare'] **s. f.** **1** Movimento periodico delle acque del mare, che si alzano e si abbassano alternativamente nell'arco della giornata, dovuto all'attrazione della luna e del sole: *alta, bassa m.* | *M. terrestre*, spostamento del livello della superficie terrestre, di difficile rilevazione, dovuto all'attrazione lunare | (*est.*) Durata di ognuno di questi movimenti. **2** (*est.*) Qualunque massa fluida in movimento: *una m. di cemento sommerse gli sventurati.* **3** (*fig.*) Vasto insieme di persone o cose che si muovono spec. lentamente e quasi ondeggiando o fluttuando: *una m. di* *gente invadeva la piazza; dal balcone si vedeva una m. di teste.* **4** (*fig.*) Impeto che sommerge: *la m. della corruzione non risparmia nessuno.*

mareggiaménto [da *mareggiare*] s. m. • (*raro*) Mal di mare.

mareggiàre [comp. di *mar(e)* e *-eggiare*] v. intr. (*io maréggio*; aus. *avere*) **1** (*lett.*) Agitarsi in grosse onde, detto del mare: *l'azzurro Egeo mareggia* (CARDUCCI). **2** (*fig.*) Ondeggiare, fluttuare: *le lunghe erbe mareggiavano sotto le folate di vento.* **3** (*raro*) Andar per mare nuotando, vogando o navigando. **4** (*raro*) Soffrire il mal di mare.

mareggiàta [da *mareggiare*] s. f. **1** Violento moto ondoso lungo la costa. **2** (*raro*) Mal di mare.

maréggio [da *mareggiare*] s. m. **1** Agitazione ondosa del mare: *da giorni continua questo m.* **2** (*raro, fig.*) Travaglio.

mare magnum /*lat.* 'mare 'maɲɲum/ [lat., propriamente 'mare grande'. V. *mare* e *magno*] loc. sost. m. inv. • Gran quantità, gran confusione: *nel mare magnum di quell'amministrazione non si capisce nulla.*

marémma [lat. *marĭtima*, nt. pl., 'paesi costieri'. V. *marittimo*] s. f. • Regione bassa e paludosa vicina al mare | *M. toscana*, o (*per anton.*) *Maremma*, zona costiera un tempo paludosa compresa fra la Toscana meridionale e il Lazio settentrionale.

maremmàno A agg. **1** Di, relativo a, una maremma: *macchia, palude maremmana.* **2** Della Maremma: *cane m.* | *Bovino m.*, grande, scuro, da carne e da lavoro | *Cavallo m.*, di tipo dolicomorfo | *Suino m.*, di piccola taglia, a manto nero. **B** s. m. (f. *-a*) • Abitante, nativo della Maremma.

maremòto [da *mare*, sul modello di *terremoto*] s. m. • Violento scuotimento delle acque del mare, prodotto da un terremoto sottomarino | *Onda di m.*, gigantesca ondata marina che si riversa su una costa con disastrose conseguenze.

marèna (1) [ted. *Maräna*, dall'ant. slavo *morje* 'mare'] s. f. • Pesce osseo dei Salmonidi con pinna dorsale molto sviluppata e caudale fortemente incisa, che vive nei laghi in profondità (*Coregonus maraena*).

marèna (2) • V. *amarena*.

maréngo o **marèngo** [detto così perché fu coniato da Napoleone in memoria della battaglia di *Marengo* (1800)] s. m. (pl. *-ghi*) • Moneta d'oro da 20 franchi coniata a Torino nel 1800. ➡ ILL. **moneta**.

mareogràfico agg. (pl. m. *-ci*) • Relativo al mareografo e alle registrazioni compiute con tale strumento: *stazione mareografica.*

mareògrafo [fr. *marégraphe*, comp. di *marée* 'marea' e *-graphe* '-grafo'] s. m. • (*fis.*) Strumento per registrare le oscillazioni dell'acqua di mare o di fiume in seguito alle maree.

mareogràmma [comp. di *marea* e *-gramma*, prob. sul modello del fr. *marégramme*] s. m. (pl. *-i*) • Tracciato ottenuto con il mareografo.

mareomotóre [comp. di *mare(a)* e *motore* prob. sul modello del fr. *marémoteur*] agg. (f. *-trice*) • Che utilizza l'energia idraulica delle maree: *centrale idroelettrica mareomotrice.*

†**marescàlco** • V. *maniscalco*.

marescialla [fr. *maréchale*, f. di *maréchal* 'maresciallo'] s. f. • Moglie del maresciallo.

maresciallàto s. m. • Ufficio e dignità di maresciallo.

maresciàllo [fr. *maréchal*: stessa etim. di *maniscalco*] s. m. (f. *-a* (V.)) **1** In alcuni eserciti, grado supremo della gerarchia militare: *m. di Francia* | *M. di campo*, negli antichi eserciti, ufficiale generale incaricato di provvedere all'alloggiamento delle truppe. **2** Nella gerarchia militare, grado più alto nella categoria dei sottufficiali: *m. ordinario, m. capo, m. maggiore* | La persona che ha tale grado | *M. d'alloggio*, sottufficiale dei carabinieri | Nel soppresso ordinamento delle guardie di pubblica sicurezza, grado sostituito dalla nuova qualifica di sovrintendente. **3** Nella corte medievale, dignitario incaricato delle scuderie del re.

†**marése** [ant. fr. *mareis*, dal francone *marisk* 'mare'] s. m. • Acquitrino, palude, stagno di maremma.

marétta [da *mare*] s. f. **1** Leggera agitazione del mare provocata dal vento con formazione di piccole e brevi onde. **2** (*fig.*) Situazione di tensione, nervosismo o agitazione.

marezzàre [da *mare*, perché la marezzatura ricorda le onde (?)] v. tr. (*io marézzo*) • Dare il marezzo, le venature del marmo: *m. una stoffa*; *m. una parete.*

marezzàto part. pass. di *marezzare*; anche agg. **1** Nel sign. del v. **2** Detto di carni che presentano marezzature | *Mantello m.*, di animale il cui mantello presenta piccole zone irregolari di colore più chiaro alternate con altre di colore più intenso | *Tessuto m.*, percorso da mutevoli linee di colore o di riflessi.

marezzatùra s. f. **1** Operazione ed effetto del marezzare | *M. a legno*, pittura eseguita su legno comune a imitazione di un legno pregiato. **2** Particolare aspetto che assume la superficie di taglio di un muscolo di animale macellato.

marézzo [V. *marezzare*] s. m. **1** Insieme di strisce irregolari e variamente colorate rispetto al fondo, presenti su legno o marmo | (*est.*) Striatura prodotta su tessuti, lastre metalliche e sim. **2** Intonaco striato allo stesso modo del marmo.

†**màrga** [vc. dotta, lat. *mărga(m)*, di origine gallica] s. f. • Marna.

margarìa [da *malga*, con deformazione] s. f. • Nell'Italia settentrionale, contratto con cui si assicura lo svernamento del bestiame venuto dai monti in pianura.

margàrico [fr. *margarique*, dal gr. *márgaron* 'perla', perché di colore perlaceo. V. *margherita*] agg. (pl. m. *-ci*) • (*chim.*) Detto di acido grasso non esistente in natura ma ottenuto per sintesi.

margarìna [fr. *margarine*, da *margarique* 'margarico'] s. f. • Surrogato del burro, consistente in una emulsione di grassi vegetali e animali in latte o siero di latte, usato come grasso alimentare.

margarinàre [den. di *margarina*] v. tr. • Mescolare con margarina.

margarinatùra s. f. • Sofisticazione alimentare che consiste nell'aggiungere margarina al burro o allo strutto.

†**margarìta** • V. *margherita*.

margarìte [comp. di †*margar(ita)* e *-ite* (2)] s. f. • (*miner.*) Varietà calcica di muscovite.

margàro • V. *malgaro*.

margherìta o (*dial.*) †**margarìta** [lat. *margarīta(m)*, nom. *margarīta*, dal gr. *margarítēs*, di origine orient., che aveva già i due sign. di 'perla' e 'fiore'] **A** s. f. **1** Erba perenne delle Composite con grandi capolini isolati di fiori tubolari gialli circondati da fiori ligulati bianchi (*Leucanthemum vulgare*) | *M. gialla*, fiorrancio | *Sfogliare la m.*, staccare i petali uno a uno accompagnandovi una filastrocca a domande alterne per ottenere risposta e (*fig.*) essere incerto, titubante a fare q.c. **2** †Perla, gemma | (*est.*) Cosa o persona preziosa come una gemma. **3** (*mar.*) Manovra di corda secondaria per aiutare un canapo primario. **4** †Corda, fune per la tortura. **5** Elemento mobile e intercambiabile di scrittura per macchine da scrivere, la cui forma ricorda quella della margherita. **6** (*spec. al pl.*) Tipo di pasta alimentare corta a forma di margherita. || **margheritìna**, dim. (V.) | **margheritóna**, accr. (V.) **B** in funzione di agg. • (posposto al s.) Nelle loc. *pasta m.*, impasto base di numerose preparazioni dolciarie, composto di farina, burro, uova e zucchero | *Torta m.*, dolce a base di pasta margherita, zucchero, uova, burro fuso freddo e farina setacciata | *Pizza m.*, pizza napoletana con mozzarella e pomodoro.

†**margheritìfero** [comp. di *margherita* e *-fero*] agg. • Perlifero.

margheritìna s. f. **1** Dim. di *margherita*. **2** Erba delle Composite con foglie basali a rosetta e piccoli capolini con fiori tubolari gialli e ligulati bianchi-rosati (*Bellis perennis*). SIN. Bellide, prataiola, pratolina. **3** (*al pl.*) Globetti di vetro colorati, traforati, che si infilano per guarnizioni e vezzi femminili: *m. di Venezia*; *una borsetta di m.* **4** (*spec. al pl.*) Pasta alimentare corta, di forma simile a una margherita.

margheritóna s. f. **1** Accr. di *margherita*. **2** Erba perenne delle Composite, con capolini molto più grandi di quelli della margherita.

margheròtta [detta così perché costruita a *Marghera*, località vicino a Venezia] s. f. • Barca veneta lunga e sottile, assai veloce, con sei rematori.

marginàle A agg. **1** Posto a margine: *note marginali.* **2** Accessorio, secondario, periferico: *proposte marginali*; *zona m.* **3** Che si riferisce a, o si realizza con, variazioni infinitesime del fenomeno considerato: *utilità, costo m.* || **marginalménte**, avv. **1** A margine. **2** In via secondaria, accessoria. **B** agg.; anche s. m. e f. • Che, chi si trova ai margini della società: *il problema dei poveri e dei marginali in una società sviluppata.* SIN. Emarginato.

marginàlia /mardʒi'nalja/ [falso latinismo: vorrebbe essere il nt. pl. di un agg. lat. **marginālis*, da *mărgo*, genit. *mărginis* 'margine', sul modello di *parentālia* (V. *parentali*) e sim.] s. m. pl. • Osservazioni staccate, appunti brevi come note poste a margine.

SCALA DEL MARE (secondo Douglas)

Forza del mare	*Scala descrittiva italiana*	*Altezza media delle onde (in metri)*
0	Calmo (mare d'olio, senza increspature)	0
1	Quasi calmo (con increspature)	0-0,1
2	Poco mosso (con ondicelle)	0,1-0,5
3	Mosso	0,5-1,25
4	Molto mosso	1,25-2,5
5	Agitato	2,5-4
6	Molto agitato	4-6
7	Grosso	6-9
8	Molto grosso	9-14
9	Tempestoso	oltre 14

marginalismo [da *marginale*] s. m. *1* Teoria economica della seconda metà dell'Ottocento, per la quale il costo di un prodotto è determinato dalle preferenze dei consumatori e non dal lavoro richiesto per la produzione del bene. *2* (*raro*) Marginalità.
marginalista A s. m. e f. (pl. m. *-i*) ● (*econ.*) Seguace, sostenitore del marginalismo. B agg. ● Marginalistico.
marginalistico agg. (pl. m. *-ci*) ● (*econ.*) Relativo al marginalismo o ai marginalisti. ‖ **marginalisticamente**, avv. Secondo la teoria del marginalismo.
marginalità s. f. ● Qualità di chi o di ciò che è marginale.
marginalizzare [da *marginale*] v. tr. ● Mettere ai margini, emarginare.
marginalizzazione s. f. ● Atto, effetto del marginalizzare. SIN. Emarginazione.
marginare [vc. dotta, lat. *margināre*, da *mărgo*, genit. *mărginis* 'margine'] v. tr. (*io màrgino*) ● Delimitare con margini: *m. il foglio, la pagina, prima di scrivere a macchina.*
marginato part. pass. di *marginare*; anche agg. *1* Nel sign. del v. *2* (*bot.*) Detto di foglia, frutto, seme circondato sul margine da un'ala o rilievo.
marginatore [da *marginare*] s. m. *1* Nelle macchine per scrivere a carrello mobile, ciascuno dei due dispositivi, a posizione regolabile, che consentono di limitare la corsa del carrello da un certo punto a un altro in relazione alla larghezza del foglio. *2* (*fot.*) Dispositivo usato nell'ingrandimento per tenere distesa la carta sensibile e formare un bordo bianco sui quattro lati. *3* (*tip.*) Squadra che serve a marginare la pagina.
marginatura s. f. *1* Atto, effetto del marginare. *2* (*tip.*) L'insieme dei regoli che servono per formare i margini, e gli spazi bianchi che separano le pagine nella forma tipografica | Lo spazio bianco a destra o a sinistra di un testo composto.
màrgine o (*lett.*) †**màrgo** [lat. *mărgine(m)*, di origine indeur.] A s. m. *1* La parte estrema di q.c. piuttosto estesa in superficie: *sedeva ai margini della via* | *M. della ferita*, labbro, orlo | *M. del fiume*, sponda | *M. del fosso*, ciglio | *M. di una foglia*, contorno esterno del lembo | (*fig.*) *Vivere ai margini della società, della legalità* e sim., servirsi di espedienti, di mezzi poco leciti e sim. *2* Spazio bianco che si lascia sui quattro lati del foglio scritto o stampato: *m. largo, stretto* | *Nota, postilla in, a m.*, scritte ed annotazioni segnate sul margine più largo della pagina | *In m.*, (*fig.*) collateralmente, secondariamente, a fianco di. *3* (*filat.*) Spazio bianco tra francobolli non dentellati | Bordo bianco del foglio di francobolli. *4* (*fig.*) Spazio disponibile per q.c.: *non c'è m. per la spesa proposta*; *lasciar m. alla fantasia* | (*fig.*) Quantità disponibile in sovrappiù, rispetto al necessario: *ci resta ancora un buon m. di tempo, di guadagno* | *Vincere con largo m.*, nel linguaggio sportivo, imporsi con un punteggio netto, distanziare largamente l'avversario. *5* (*edit.*) Stecca in lega d'alluminio, usata in tipografia per colmare grandi spazi privi di elementi stampanti e per separare le pagine nella forma. B s. f. ● †Cicatrice. ‖ **marginétto**, dim. m. | †**marginétta**, dim. f.
†**marginóso** agg. ● Dotato di margini, spec. larghi.
†**màrgo** ● V. *margine.*
†**margòlla** [etim. incerta] s. f. ● Strega, megera.
margóne (1) [accr. di *marga*] s. m. ● Marga, marna.
margóne (2) [etim. incerta] s. m. ● Gora che porta via l'acqua già sfruttata da un mulino.
margòtta [fr. *margotte*, dal lat. *mĕrgus* 'propaggine', di etim. incerta] s. f. ● Ramo di pianta erbacea o arborea su cui, attraverso l'incisione, la torsione e l'avvolgimento in copertura di terra e l'infissione nel terreno, viene provocata l'emissione di radici | (*est.*) Sistema di moltiplicazione agamica applicato su tali piante.
margottàre [da *margotta*] v. tr. (*io margòtto*) ● Riprodurre una pianta col sistema della margotta.
margottièra s. f. ● Contenitore di coccio o di latta, usato per tener fermo il terriccio bagnato attorno alla margotta.
margòtto s. m. ● Margotta.
margraviàto [fr. *margraviat*, da *margrave* 'margravio'] s. m. ● Titolo, dignità di margravio | (*est.*) Territorio su cui tale dignità era esercitata.
margràvio [ted. *Markgraf* 'conte di una marca', comp. di *Mark* 'marca' e *Graf* 'conte'] s. m. (f. *-a*) ● Durante il Sacro Romano Impero, titolo concesso ai feudatari germanici cui era affidato il governo delle zone di frontiera, analogo a quello di marchese del mondo latino. CFR. Langravio.
marguài [guarani *maracayá*] s. m. ● Felino sudamericano giallo-rossiccio con macchie disposte a formare strisce (*Felis tigrina*). SIN. Maracaia.
mariàno /mari'ano, ma'rjano/ agg. ● Che si riferisce a Maria, madre di Gesù: *teologia, congregazione mariana* | *Mese m.*, mese di maggio a lei dedicato.
†**maricèllo** [da *amaro*] s. m. ● Amarezza, rancore.
maricoltóre [comp. di *mare* e *coltore*] s. m. ● Addetto alla maricoltura.
maricoltùra [comp. di *mare* e *coltura*] s. f. ● Tecnica di allevamento intensivo di ogni tipo di pesce marino, che si vale anche di interventi a livello genetico.
marijuana /mari'wana, *ingl.* mæri'wa:nə, *sp.* mari'xwana/ [etim. incerta] s. f. inv. ● Droga costituita dalle foglie della canapa indiana, le quali, triturate e seccate, vengono mescolate al tabacco e fumate.
marimba [vc. di origine afric.] s. f. ● Strumento musicale tipicamente africano composto da tavolette o cilindri di legno infilati su cordoni che vengono percossi da martelletti impugnati dal suonatore.
mariméttere ● V. *manimettere.*
marimónda [vc. di origine americ.] s. m. ● Scimmietta platirrina americana priva del dito pollice, con lunga coda prensile e sensibile all'estremità (*Ateles belzebuth*).
marìna (1) [f. di *marino (1)*] s. f. *1* (*poet.*) Mare | (*raro, fig.*) *M. torba, gonfiata*, persona di cattivo umore, di aspetto minaccioso e sim. | (*est.*) Porzione di mare che bagna un paese, una regione. *2* Regione che si stende in riva al mare | M. m., seguendo il litorale, la costa | †*Batter m.*, (*fig.*) fingersi miserabile per destare la compassione altrui. SIN. Costa, litorale. *3* Quadro raffigurante un paesaggio marino. *4* Insieme di persone, ordinamenti ed enti destinati alla navigazione: *la m. italiana, inglese* | Complesso di navi, attrezzature, edifici e sim. relativi alla navigazione | *M. mercantile*, che comprende il trasporto di merci, lo svolgimento di determinate attività commerciali o il trasporto di passeggeri | *M. militare*, che comprende le varie unità da guerra.
marìna (2) [V. *marina (1)*] s. m. inv. ● Porticciolo turistico attrezzato per imbarcazioni da diporto.
marinàio o (*pop.*) **marinàro** [da *marina (1)*] s. m. *1* Chi presta servizio su una nave: *fare il m.* | *M. di salvataggio*, (*raro*) che nelle spiagge è incaricato della sorveglianza e salvataggio dei bagnanti | *Promessa da m.*, (*fig.*) cui non si terrà fede | *M. d'acqua dolce*, (*spreg.*) navigatore inesperto ed incapace. *2* (*al pl.*) Equipaggio di una nave: *tutti i marinai in coperta!* ‖ PROV. Il buon marinaio si conosce al cattivo tempo.
marinàra [f. sost. di *marinaro*] s. f. *1* Abito infantile fatto a imitazione dell'uniforme dei marinai sia nella foggia che nel colore. *2* Cappello di paglia a larga tesa rialzata e nastro blu come usavano un tempo i marinai. *3* Nella loc. agg. e avv. *alla m.*, secondo l'uso dei marinai, detto spec. di certe fogge d'abito o di preparazioni culinarie in cui abbiano particolare rilievo pesci, crostacei o molluschi: *colletto alla m.*; *vestire alla m.*; *cozze, spaghetti alla m.* | *Nuotare alla m.*, col corpo poggiato su di un fianco, un braccio che si stende in avanti, l'altro che remiga in basso e le gambe che si muovono a forbice.
marinàre [da *marino (1)*, perché per *marinare* il pesce o la selvaggina si adoperava una salsa con sale] A v. tr. ● Tener immerso in liquido a base di vino o d'aceto pesce fritto o altro, per insaporirlo o conservarlo | Far macerare la selvaggina in vino o aceto ed erbe aromatiche, per toglierle in parte l'odore di selvatico | *M. qc.* o *q.c.*, (*fig.*) custodirla gelosamente | (*fig.*) *M. la scuola*, non andarci, far vacanza senza autorizzazione. B v. intr. pron. ● (*tosc.*) †Stizzirsi, arrabbiarsi.
†**marinarésca** [f. sost. di *marinaresco*] s. f. *1* L'insieme dei marinai che prestano servizio su una nave o servono un Paese | Arte marinaresca. *2* Composizione musicale di carattere popolaresco affine alla barcarola.
marinarésco [da *marinaro*] agg. (pl. m. *-schi*) *1* Delle, relativo alle, marine o ai marinai: *arte, canzone marinaresca*; *vocabolo, gergo m.* *2* (*raro*) Marino: *carta marinaresca.* ‖ **marinarescaménte**, avv. Alla foggia marinara.
marinarétto s. m. *1* Dim. di *marinaro.* *2* Piccolo marinaio | Ragazzo vestito alla marinara.
marinàro [V. *marinaio*] A agg. ● Relativo al mare o alla marina: *abitudini marinare* | *Città marinare*, poste sul mare | *Popolo m.*, di navigatori | *Borgo m.*, di pescatori, barcaioli e sim. B s. m. ● V. *marinaio.* ‖ **marinarétto**, dim. (V.).
marinàta [da *marinare*] s. f. ● Salsa a base di vino, aceto e aromi, per marinare vivande.
†**marinàtico** [da *marina*] s. m. ● Esercizio della marineria | Soldo dovuto al marinaio.
marinàto A part. pass. di *marinare*; anche agg. *1* Nei sign. del v. *2* *Fritto e m.*, (*fig.*) conciato per le feste. B s. m. ● Vivanda marinata.
marinatùra s. f. ● Operazione ed effetto del marinare spec. carni e pesci nell'industria alimentare.
marine /*ingl.* mə'ri:n/ [vc. ingl., da *Marine (Corps)* 'corpo di marina'] s. m. inv. ● Soldato appartenente a un corpo speciale, spec. degli Stati Uniti, impiegato negli sbarchi o in azioni che presentano particolare impegno tattico.
marinerìa [da *marina*] s. f. *1* Marina | L'insieme degli equipaggi, delle navi, delle attrezzature proprie della marina militare. *2* †Arte del marinaio.
†**marinésco** agg. ● Marinaresco, marinaro.
†**marinière** o †**marinièro** [fr. *marinier*, da *marin* 'marino'] s. m. ● Marinaio.
marinismo s. m. ● Stile e maniera letteraria di G. B. Marino e dei suoi seguaci e imitatori, caratterizzato da metafore ardite e ricerca dell'effetto.
marinista s. m. (pl. *-i*) ● Seguace del Marino e imitatore del suo stile letterario.
marinistico agg. (pl. m. *-ci*) ● Del marinismo o a esso ispirato.
marinizzàre [da *marino (1)*] v. tr. ● Adattare impianti, apparecchi o strumenti in modo da renderli idonei all'uso nell'acqua di mare.
marìno (1) [vc. dotta, lat. *marīnu(m)*, agg. di *măre* 'mare'] A agg. *1* Di, del mare: *ambiente m.*; *acque, onde marine* | Che vive nel mare: *piante marine* | *Aquila marina*, miliobate | *Cavalluccio m.*, ippocampo | *Vitello m.*, foca | (*fig.*) *Zucche marine*, cose inesistenti | (*fig.*) *Avere il piede marino*, saper mantenere l'equilibrio su una imbarcazione nonostante il rollio; (*est.*) essere un esperto marinaio; (*est.*) saper far fronte alle situazioni difficili senza scoraggiarsi | *Acqua marina*, V. *acquamarina* | *Colore blu m.*, blu cupo analogo a quello delle divise dei marinai | Che sta presso il mare: *località marina*; *colonia marina* | Che viene dal mare: *brezza marina.* *2* (*raro*) Marittimo: *esercito m.* B s. m. ● †Uomo di mare.
marìno (2) [da *Marino*, n. di una località dei Colli Albani] s. m. ● Vino bianco secco dei Colli Albani.
mariolerìa s. f. *1* Carattere di mariolo: *la sua m. ci è ben nota.* *2* Azione da mariolo: *una m. politica.*
mariolésco agg. (pl. m. *-schi*) ● (*raro*) Da mariolo: *azione mariolesca.* ‖ **mariolescaménte**, avv.
mariòlo o (*tosc., lett.*) **mariuòlo** [etim. incerta] A s. m. (f. *-a*, raro) *1* Chi ordisce inganni, truffe e sim. SIN. Furfante, malfattore. *2* (*fam., scherz.*) Monello, birbante: *tuo figlio è un vero m.* B agg. ● (*raro*) Birichino: *occhi marioli.*
mariologìa [comp. del n. proprio *Maria* e di *-logia*] s. f. (pl. *-gie*) ● Parte della teologia cattolica che tratta la natura, le qualità e gli attributi di Maria Vergine.
mariològico agg. (pl. m. *-ci*) ● Che si riferisce a mariologia e a mariologo.
mariòlogo s. m. (pl. *-gi*) ● Studioso o scrittore di mariologia.
marionétta [fr. *marionnette*, da *Marie* 'Maria'] s. f. *1* Fantoccio mosso dall'alto per mezzo di fili collegati con la testa, le braccia e le gambe | *Teatro di marionette*, teatro popolare, nel quale agi-

sconо marionette. *2* (*fig.*) Persona che ha movenze prive di garbo, di morbidezza o di grazia: *camminare, muoversi, come una m.* *3* (*fig.*) Persona priva di carattere e volontà, che si comporta o agisce su impulso altrui: *nelle sue mani è diventato una m.* SIN. Burattino, fantoccio.

marionettàta s. f. • Azione da marionetta.

marionettìsta s. m. e f. (pl. m. *-i*) • Chi allestisce spettacoli di marionette e ne manovra i fili.

marionettìstico agg. (pl. m. *-ci*) • Concernente le marionette, il teatro delle marionette: *spettacolo m.*

†**mariscàlco** • V. *maniscalco.*

†**mariscùra** [comp. di *marra* e *scure*] s. f. • Scure manesca dei marinai.

marìsta [fr. *mariste*, da *Marie* 'Maria'] **A** s. m. (pl. *-i*) *1* Religioso appartenente alla Società di Maria, congregazione fondata nel 1822 a Lione per l'insegnamento ai giovani e per l'attività missionaria. *2* Laico appartenente all'istituto dei Piccoli fratelli di Maria delle Scuole, fondato nel 1817 per l'istruzione cristiana dei giovani in collegi, convitti e orfanotrofi. **B** agg. • Dei maristi: *scuole mariste.*

maritàbile [da *maritare*] agg. • (*raro*) Da marito, che è da maritare: *ragazza m.*

†**maritàggio** [da *marito*] s. m. *1* Matrimonio: *la fe' mi desti / con m. altero* (MARINO). *2* Dote. *3* Parentado.

maritàle [vc. dotta, lat. *maritāle(m)*, da *marītus* 'marito'] agg. *1* Di, del marito: *autorizzazione m.* | *Potestà m., autorità m.*, potere di supremazia un tempo attribuito dalla legge al marito sulla moglie al fine di dare compattezza e perciò governo unitario alla famiglia. *2* (*est.*) Del matrimonio | *Consorzio, fatto m.*, matrimonio | †*Giorno m.*, nuziale. || **maritalménte**, avv. Da marito; come in matrimonio.

maritaménto s. m. • (*raro*) Il prendere marito.

maritàre [lat. *maritāre*, da *marītus* 'marito'] **A** v. tr. *1* Sposare a un uomo: *m. la figlia, la sorella* | (*est.*) Ammogliare: *ha maritato il figlio molto bene.* SIN. Accasare. *2* †Fidanzare. *3* (*fig.*) Congiungere, unire: *m. la vite all'acero.* **B** v. intr. pron. e rifl. rec. *1* Prendere marito: *si è maritata a, con, un nostro amico* | quando mi vorrò m., mi ricorderò di quel che ha detto mio padre (GOLDONI) (*est.*) Ammogliarsi: *si è poi maritato quel tuo cugino?* SIN. Accasarsi, sposarsi. *2* (*fig.*) Unirsi: *la vite si marita all'olmo.*

maritàta [f. sost. di *maritato*] s. f. • Donna sposata.

maritàto part. pass. di *maritare*; anche agg. *1* Nei sign. del v. *2* Detto di cibo nella cui preparazione entrano diversi ingredienti | *Minestra maritata*, tradizionale specialità napoletana, a base di varie carni ed erbe | *Frittata maritata*, con ripieno | *Uova maritate*, strapazzate e cotte con pomodori e altro.

maritatóre [da *maritare*] agg.; anche s. m. (f. *-trice*) • (*raro, fam.*) Che, chi procaccia il marito a una donna.

†**maritazióne** s. f. • Nozze, matrimonio.

marito [lat. *marītu(m)*, di origine indeur.] s. m. *1* Il coniuge di sesso maschile: *un m. buono, cattivo, geloso* | *Aver m.*, essere sposata | *Prendere m.*, sposarsi, maritarsi | *Da, in età da m.*, di ragazza in età di maritarsi | *Andare a m.*, sposarsi | *Cercare un cane, un cencio, uno straccio di m.*, un uomo purchessia disposto a sposarsi | †*Menar m.*, prendere marito | †*Portare a m. q.c.*, portare in dote. SIN. Sposo. *2* (*agr.*) Albero che fa da sostegno a una pianta, spec. a una vite. *3* (*dial.*) Scaldino. || **maritàccio**, pegg. | **maritìno**, dim. | **maritòccio**, dim. | **maritùccio**, dim.

maritòzzo [da *marito*; perché dolce di matrimonio (?)] s. m. • Panino dolce e soffice condito con olio, uva passa, pinoli e cotto in forno.

†**marittima** [f. sost. di *marittimo*] s. f. • Marina | Maremma.

marittimità s. f. • Carattere di una regione, dato dal rapporto tra sviluppo costiero e superficie e lunghezza dei confini.

marittimo [lat. *maritimu(m)*, da *māre* 'mare'] **A** agg. *1* Del mare: *mia natal patria è nella aspra Liguria / sovra una costa alla riva marittima* (POLIZIANO) | Attinente al mare o alla marina: *servizi marittimi*; *clima m.* *2* Che si sviluppa o si verifica sui mari: *navigazione marittima*; *traffici marittimi* | *Guerra marittima*, prevalentemente combattuta sul mare. **B** s. m. • Marinaio | Chi lavora in porti, cantieri e sim.

mariuòlo • V. *mariolo.*

màrker /'marker, *ingl.* 'ma:kə*/ [vc. ingl., da *to mark* 'segnare, marchiare' (d'orig. germ.)] s. m. inv. *1* Evidenziatore. *2* (*chim., med.*) Marcatore.

màrket /'market, *ingl.* 'ma:kit/ [vc. ingl. 'mercato', dal fr. ant. *marchiet* 'mercato'] s. m. inv. • Acrt. di *supermarket* (V.).

marketer /*ingl.* 'ma:kitə*/ [vc. ingl., da *to market* 'vendere' (V. *marketing*)] s. m. e f. inv. • Operatore di marketing.

màrketing /'marketin(g), *ingl.* 'ma:kitiŋ/ [vc. ingl., gerundio di *to market* 'vendere', da *market* 'mercato'] s. m. inv. • Complesso delle attività volte ad approfondire la conoscenza del mercato potenziale di un prodotto e a organizzarne la vendita nel modo migliore: *ricerca di m.* | *M. manager*, responsabile del coordinamento e del controllo del marketing in un'azienda.

marketing-mix /*ingl.* 'ma:kitiŋ miks/ [vc. ingl., comp. di *marketing* (V.) e *mix* 'mescolanza'] s. m. inv. • L'insieme delle tecniche e degli strumenti necessari al conseguimento degli obiettivi di marketing.

marketing-oriented /*ingl.* 'ma:kitiŋ 'ɔ:rientid/ [vc. ingl., propr. 'diretto al marketing'] agg. inv. • Che opera in funzione delle richieste del mercato, che adegua la propria produzione alla domanda dei consumatori: *un'azienda marketing-oriented.*

market leader /*ingl.* 'ma:kit 'li:də*/ [loc. ingl., comp. di *market* (V.) e *leader* (V.)] loc. sost. m. inv. (pl. ingl. *market leaders*) • Azienda che controlla la maggiore quota di mercato in un determinato settore produttivo | Prodotto che ha la più alta quota di vendite nel suo settore.

market maker /*ingl.* 'ma:kit 'meikə*/ [loc. ingl., comp. di *market* (V.) e *maker* 'fabbricante, artefice', di orig. germ.] loc. sost. m. e f. inv. (pl. ingl. *market makers*) • Persona o azienda che esercita una profonda influenza sul mercato determinandone l'andamento e indirizzandone le scelte.

markhòr [persiano *mārkhwār*, propr. 'che mangia serpenti', attrav. l'ingl.] s. m. inv. • Capra selvatica con corna a spirale e pelame di colore grigio bruno, che vive nelle zone montuose del Kashmir, dell'Afganistan e del Belucistan (*Capra falconeri*).

markka /*finnico* 'mark:a/ [finnico, dal ted. *Mark* 'marco'] s. m. • Unità monetaria finlandese.

mark-up /*ingl.* 'ma:kʌp/ [vc. ingl., da *to mark up* 'alzare il prezzo'] s. m. inv. • (*econ.*) Margine di profitto da aggiungere al costo totale di produzione per definire il prezzo di vendita di un prodotto.

marmàglia (**1**) o **maramaglia** [fr. *marmaille*, da *marmot* 'marmocchio' (V.)] s. f. *1* Quantità di gente ignobile, disprezzabile: *cacciate di qui questa m.* SIN. Canaglia, gentaglia. *2* (*scherz.*) Moltitudine di ragazzi.

†**marmàglia** (**2**) [rifacimento, col suff. collettivo *-aglia* (cfr. *marmaglia* (*1*)), del fr. (*bois*) *marmau*, (*bois*) *marmentau* 'bosco ornamentale', dall'ant. fr. *merrement* 'legname da costruzione', dal lat. parl. **materiamĕntu(m)*, da *matĕria* 'legname da lavoro, da costruzione' (V. *materia*)] s. f. • Legname di rifiuto.

marmagliùme [comp. di *marmagli(a)* (*1*) e *-ume*] s. m. • Gentaglia spregevole.

marmàre [da *marmo*] **A** v. tr. • (*raro*) Rendere freddo come marmo. **B** v. intr. (aus. *essere*) • †Essere freddo come marmo.

marméggia [etim. incerta] s. f. (pl. *-ge*) • (*zool.*) Dermeste.

marmeggiàto agg. • (*raro*) Roso dalle marmegge.

marmellàta [port. *marmelada*, da *marmelo* 'cotogna', dal lat. *melimēlu(m)* dal gr. *melímēlon*, comp. di *méli* 'miele' e *mêlon* 'mela'] s. f. • Nella classificazione merceologica, conserva di agrumi lasciati cuocere, con aggiunta di molto zucchero, fino ad ottenere una buona consistenza | Nel linguaggio comune, confettura di frutta: *m. di ciliegie, di castagne.* CFR. Gelatina.

marmétta [da *marmo*] s. f. • Piastrella per pavimentazione costituita da graniglia di marmo || **marmettóne**, accr.

marmettàio s. m. • Operaio addetto alla fabbricazione di marmette.

marmettìsta s. m. (pl. *-i*) • Marmettaio.

marmettóne s. m. *1* Accr. di *marmetta.* *2* Mattonella di graniglia di dimensioni più grandi della marmetta, costituita superiormente da grossi pezzi di marmo di vario colore.

†**marmièra** s. f. • Cava di marmo.

marmìfero [comp. di *marmo* e *-fero*] agg. • Relativo o attinente all'estrazione e lavorazione del marmo: *società, industria marmifera.*

marmìno s. m. *1* Dim. di *marmo.* *2* Pezzo di marmo, di pietra e sim., piccolo di forma e vario di dimensioni, usato per impedire agli usci di chiudersi.

marmìsta s. m. (pl. *-i*) • Chi lavora o scolpisce il marmo.

marmìtta [fr. *marmite*, di etim. incerta] s. f. *1* Grossa pentola di rame stagnato, ferro smaltato o alluminio, per cuocervi cibi | Pentolone portatile, per il rancio dei soldati. *2* Serbatoio di raccolta dei gas combusti di scarico di un motore a combustione interna con funzione di silenziatore | *m. catalitica*, negli autoveicoli, dispositivo che, per mezzo di speciali catalizzatori e attraverso processi di ossidazione e riduzione, trasforma i gas di scarico tossici in sostanze non inquinanti. *3* (*geol.*) *M. dei giganti*, cavità circolare nelle rocce scavata dal moto rotatorio di frammenti di pietre per cause di correnti, in letti torrentizi o in regioni già occupate dai ghiacciai del periodo quaternario. *4* (*gerg.*) Grosso proiettile di artiglieria: *le trincee erano battute dalle marmitte austriache.*

marmittóne [fr. *marmiton* 'giovane addetto ai servizi di cucina' (da *marmite* 'marmitta')] s. m. *1* Soldato, spec. recluta, sempliciotto e ingenuo, con una certa goffaggine nel vestire e nel comportarsi. *2* (*raro, spreg.*) Pubblico impiegato che si cura solo dello stipendio.

màrmo o (*lett.*) †**màrmore** [lat. *mărmor*, dal gr. *mármaros*, da *marnasthai* 'rompersi', di origine indeur.] s. m. *1* (*miner.*) Roccia calcarea ricristallizzata per azione metamorfica, a struttura cristalloblastica | (*est.*) Qualsiasi roccia adatta a essere lucidata e usata come pietra ornamentale, per sculture e sim. | *Bianco come il m.*, candido e (*fig.*) pallidissimo | *Duro come il m.*, durissimo e (*fig.*) indifferente a ogni sentimento | (*fig.*) *Essere di m., avere un cuore di m.*, essere privo di calore umano, di passioni e di affetti | (*fig.*) *Diventare un pezzo di m.*, di persona intirizzita dal freddo o insensibile | *Scolpire, incidere q.c. su m.*, (*fig.*) lasciare un ricordo durevole di q.c. *2* Opera scolpita nel marmo: *i marmi di Michelangelo*; *un m. del Partenone* | (*poet.*) Lapide, tomba: *a questi marmi / venne spesso Vittorio ad ispirarsi* (FOSCOLO). *3* Lastra di marmo per decorazione: *il m. del cassettone, della tavola.* || **marmétto**, dim. | **marmìno**, dim. (V.).

marmòcchio [dal fr. *marmot* 'scimmia', poi 'marmocchio': di origine onomat. (?)] s. m. (f. *-a*, raro) • (*scherz.*) Bambino, fanciullo: *è padre di due marmocchi* | (*raro, iron.*) Persona ingenua e semplice come un ragazzo. || **marmocchiétto**, dim. | **marmocchìno**, dim.

marmoràio • V. *marmorario.*

marmoràre [vc. dotta, lat. *marmorāre*, da *mărmor*, genit. *mărmoris* 'marmo'] v. tr. (*io màrmoro*) • (*raro*) Marmorizzare.

†**marmoràrìa** [vc. dotta, lat. *marmorāria(m)* (*ărtem*) 'arte di lavorare il marmo', da *mărmor*, genit. *mărmoris* 'marmo'] s. f. • Arte di lavorare il marmo.

marmoràrio o **marmoràio** [vc. dotta, lat. *marmorāriu(m)*, da *mărmor*, genit. *mărmoris* 'marmo'] s. m. *1* Artigiano che lavora il marmo. SIN. Marmista. *2* †Scultore.

marmoràto [dal lat. *marmorātu(m)*, part. pass. del v. *marmorāre* 'coprire con marmo (*mărbor*)'] agg. • (*raro*) Marmorizzato.

†**màrmore** • V. *marmo.*

†**marmoréccio** agg. • Di marmo.

marmoreggiàre [dal lat. *mărmor*, genit. *mărmoris* 'marmo'] v. tr. (*io marmoréggio*) • (*raro*) Marmorizzare.

marmòreo [vc. dotta, lat. *marmŏreu(m)*, da *mărmor*, genit. *mărmoris* 'marmo'] agg. *1* Di marmo, fatto di marmo: *colonna, statua, scala, gradinata marmorea*; *il simulacro, / che presiede m. / agli* *arcani tui lari* (FOSCOLO) | *Ricordo m.*, stele, cippo, lapide. **2** Che ha le stesse caratteristiche del marmo: *bianchezza, durezza marmorea* | (*fig.*) *Volto m.*, pallidissimo | (*raro, fig.*) *Animo, cuore m.*, insensibile.

†**marmorino** [da †*marmore*] **agg.** ● (*lett.*) Di marmo: *dura più che' sassi marmorini* (BOCCACCIO).

marmorizzàre [fr. *marmoriser* 'trasformare in marmo', dal lat. *mărmor*, genit. *mărmoris* 'marmo'] **v. tr.** **1** Dare apparenza di alcuni tipi di marmo, con onde e venature e macchie: *m. una stoffa.* **SIN.** Marezzare. **2** Far rotolare su una lastra di ferro i prelievi di vetro caldo per renderli concentrici alla canna da soffio.

marmorizzàto **part. pass.** di *marmorizzare*; anche **agg.** ● Nei sign. del v. **SIN.** Marmorato.

marmorizzatùra **s. f.** ● Operazione ed effetto del marmorizzare.

marmorizzazióne **s. f.** ● Operazione del marmorizzare.

†**màrmoro** **agg.** ● Marmoreo | *Arte marmora*, marmoraria.

†**marmoróso** [vc. dotta, lat. *marmorōsu(m)*, da *mărmor*, genit. *mărmoris* 'marmo'] **agg.** ● Marmorizzato, marezzato.

marmósa [fr. *marmose*, forse dal fr. ant. *marmouset* 'figura grottesca' (di etim. incerta)] **s. f.** ● Genere di piccoli Marsupiali sudamericani a coda lunga e prensile (*Marmosa*).

marmòtta [fr. *marmotte*: di origine onomat. (?)] **s. f.** **1** Roditore degli Sciuridi dal capo tozzo, fitto mantello grigio-giallastro, zampe corte, pregiato per la carne, il grasso e la pelliccia, rimane in letargo durante l'inverno (*Marmota marmota*) | *Dormire come una m.*, moltissimo. **2** (*fig.*) Persona torpida, inerte e sorniona. **3** Segnale ferroviario basso e girevole le cui indicazioni di regola si riferiscono ai movimenti di manovra. **4** Varietà di albicocco, tipico di zone boscose subalpine, dai cui semi si estrae un olio usato in farmacologia (*Prunus brigantiaca*). || **marmottàccia**, **pegg.** | **marmottìna**, **dim.** | **marmottìno**, **dim. m.**

marmottìna [dalla *marmotta* che i girovaghi montanari portavano con sé in una cassetta] **s. f.** ● Valigetta del commesso viaggiatore, contenente il campionario.

†**marmòtto** **s. m.** ● Marmotta. || **marmottóne**, **accr.**

màrna [fr. *marne*, dal lat. parl. **mărgila(m)*, da *mărga*] **s. f.** ● (*miner.*) Roccia calcarea contenente una sensibile quantità di argilla.

marnàre [fr. *marner*, da *marne* 'marna'] **v. tr.** ● Spargere la marna sul terreno per migliorarlo.

marnatùra **s. f.** ● Lavoro ed effetto del marnare.

marnièra [fr. *marnière*, da *marne* 'marna'] **s. f.** ● Cava di marna.

marnóso [fr. *marneux*, da *marne* 'marna'] **agg.** ● Ricco di marna: *terreno m.*

màro [gr. *mâron*, di etim. incerta] **s. m.** ● Piccola pianta arbustiva mediterranea delle Labiate, con odore intenso e sapore amaro piccante (*Teucrium marum*).

marò [etim. discussa: dal gr. *mōrós* 'stolto, sciocco', di etim. incerta (?)] **s. m.** **1** (*gerg.*) Nella marina militare, marinaio senza particolari specializzazioni. **2** Marinaio del corpo speciale anfibio Battaglione San Marco.

marocain /fr. marɔ'kɛ̃/ [vc. fr., propr. 'marocchino'] **A** **s. m. inv.** ● Tessuto in crespo pesante di seta, rayon o mischie di lana. **B** anche **agg. inv.**: *crêpe m.*

maròcca [da *marna*] **s. f.** **1** (*sett.*) Rifiuto o scarto inutilizzabile, da gettar via. **2** (*geol.*) Accumulo di massi e frammenti di roccia dovuti a fenomeni glaciali.

marocchinàre (**1**) [da *marocchino* (*2*)] **v. tr.** ● Conciare la pelle di capra per farne marocchino.

marocchinàre (**2**) [da *marocchino* (*1*), con riferimento alle violenze compiute dai soldati marocchini nell'Italia centro-merid. durante la 2ª guerra mondiale] **v. tr.** ● Violentare, stuprare.

marocchinatùra [da *marocchinare* (*1*)] **s. f.** ● Procedimento di concia per ottenere il marocchino dalle pelli di capra.

marocchinerìa [da *marocchino* (*2*)] **s. f.** ● (*spec. al pl.*) Oggetto di marocchino.

marocchìno (**1**) o †**marrocchìno** [da *Marocco*] **A** **agg.** ● Del Marocco. **B** **s. m.** (f. *-a*) **1** Abitante, nativo del Marocco. **2** (*pop., spreg.*) Meridionale, nei confronti di un settentrionale.

marocchìno (**2**) o **marrocchìno** [così detto perché lavorato nel *Marocco*] **s. m.** ● Cuoio finissimo e morbido, leggermente rugoso, fatto con pelle di capra o montone conciata con galla o sommacco e variamente colorata: *libro legato in m.*

marógna [dal lat. *māter*, genit. *mātris* 'madre'] **s. f.** ● (*sett.*) Prodotto solido della combustione del carbon fossile: *togliete dalla caldaia la cenere e la m.*

maronìta [dal n. dell'anacoreta *Marone* (V sec.)] **A** **s. m. e f.** (**pl. m.** *-i*) ● Membro di una chiesa cattolica orientale di rito siro-antiocheno diffusa in Libano. **B** anche **agg.** ● Proprio, caratteristico dei maroniti: *rito m.*; *chiesa m.*

maróso [da *mare*] **s. m.** **1** Grossa onda di mare in burrasca. **2** (*fig.*) †Grande afflizione. **3** †Acquitrino.

marpióne [fr. *morpion* 'piattola', comp. di *mords*, imperat. di *mordre* 'mordere' e *pion* 'uomo' (propr. 'pedone')] **s. m.** (f. *-a*) ● Furbacchione che sa insinuarsi senza parere, approfittando d'ogni occasione a lui favorevole.

marquise /fr. mar'kiz/ [vc. fr., propriamente 'marchesa'] **s. f. inv.** **1** Poltrona imbottita e con cuscino, bassa, larga, profonda, del XVIII sec. **2** Pietra preziosa di forma ovale appuntita alle estremità | Tipo di taglio di pietra preziosa. **3** Tenda avvolgibile per finestra. **4** Dolce al cucchiaio spec. al cioccolato.

marquisette /fr. marki'zɛt/ [vc. fr., propriamente dim. di *marquise* 'marchesa'. V. *marquise*] **s. f. inv.** **1** Tessuto leggero e trasparente a trama rada, usato spec. per tendine. **2** Marquise nel sign. 3.

màrra [lat. *mārra(m)*, di origine preindeur.] **s. f.** **1** Zappa grossa, con ferro largo e corto, atta a lavorare in superficie il terreno. **2** Nell'edilizia, attrezzo simile a una zappa, usato per mescolare e stemperare la calce. **3** Ciascuna delle estremità triangolari dei bracci dell'ancora.

†**marraiuòlo** [da *marra*] **s. m.** ● Specie di guastatore negli antichi eserciti italiani.

marràna o (*dial.*) **maràna** [vc. di origine preindeur.] **s. f.** ● A Roma, fosso per incanalare le acque o per irrigare.

marràncio [forse da *marra*, con suff. derivativo poco chiaro] **s. m.** ● Grosso e pesante coltello da macellaio, per fare a pezzi la bestia già squartata.

marràno (**1**) [sp. *marrano* 'porco', dall'ar. *muharram* 'cosa vietata', perché la carne di maiale era vietata ai musulmani] **A** **s. m.** (f. *-a*, raro) **1** Epiteto offensivo attribuito dagli Spagnoli fino al XVII--XVIII sec. all'ebreo o al musulmano convertito. **2** (*est., fig.*) Uomo tristo, falso o cattivo: *è caduto nelle grinfie di quel m.!* | (*est., lett.*) Traditore: *vile m.!* **3** (*scherz.*) Zotico, villanzone: *bada a te, m.!*; *m. che non sei altro!* **B** **agg.** ● (*raro, lett.*) Maledetto, scomunicato | †*Occhio m.*, furbo, malizioso | †*Veleno m.*, mortale. || **marranàccio**, **pegg.**

marràno (**2**) ● V. *marano*.

marranzàno [sic. *marransanu*, propriamente 'grillo canterino', di etim. incerta] **s. m.** ● Scacciapensieri siciliano.

marrascùra [comp. di *marra* e *scure*] **s. f.** ● Arnese per ripulire gli olivi, con il ferro da una parte a marra e dall'altra a scure.

†**marràta** **s. f.** ● Colpo di marra.

†**marrèlla** [da avvicinare a *mora* (*2*), con deformazione secondo *marra*] **s. f.** ● Quadrella, dardo.

marrìtto e *deriv.* ● V. *mandritto* e *deriv.*

marróbbio (**1**) o **marròbbio** ● V. *marrubio*.

marròbbio (**2**) o **marrùbbio** [sic. *marrubbiu*, di etim. incerta] **s. m.** ● Rapida variazione del livello del mare, determinata da un accumulo di acqua presso le coste per l'azione del vento o delle depressioni atmosferiche.

marrocchìno ● V. *marocchino* (*1*) e *marocchino* (*2*).

marron /fr. ma'rɔ̃/ [vc. fr., corrispondente all'it. *marrone* (*1*)] **A** **s. m. inv.** ● Marrone (sia come frutto del castagno sia come colore). **B** **agg. inv.** ● Di colore marrone (spec. nel linguaggio della moda): *un vestito m.*

marronàta [da *marrone* (*1*)] **s. f.** ● (*pop.*) Madornale sciocchezza: *ha fatto proprio una gran m.!*

marróne (**1**) [vc. di origine preindeur.] **A** **s. m.** **1** Varietà pregiata di castagno ottenuta per selezione | Frutto di tale albero. **2** Colore bruno scuro, caratteristico del frutto omonimo. **3** (*volg.*) Testicolo | (*pop., fig.*) Errore o sproposito grossolano | *Pigliare un m.*, un granchio, una cantonata. **B** in funzione di **agg.** (**pl.** *-e* o *-i*) ● (posposto al s.) Che ha il colore del frutto omonimo: *vestito, cappello m.* || **marroncino**, **dim.**

marróne (**2**) [vc. di origine preindeur.] **s. m.** **1** Animale alla testa di un branco | Cavallo da tiro che si accoppiava al puledro. **2** Guida di montagna.

marronéto [da *marrone* (*1*)] **s. m.** ● Piantagione di marroni.

marron glacé /fr. ma'rɔ̃ gla'se/ [fr., propriamente 'marrone candito'] **loc. sost. m. inv.** (**pl.** fr. *marrons glacés*) ● Marrone candito.

marronsécco [comp. di *marron(e)* (*1*) e *secco*] **s. m.** (**pl.** *-chi*) ● Castagna fatta seccare in forno.

marrovèscio ● V. *manrovescio*.

marrubìna [dal lat. *marrŭbium* 'marrobbio'] **s. f.** ● (*chim.*) Sostanza organica ternaria, di sapore amaro, contenuta nel marrubio, usata come tonico e stimolante.

marrùbio o **marróbbio** (**1**) [lat. *marrŭbiu(m)*, di etim. incerta] **s. m.** ● Pianta erbacea perenne delle Labiate, ricoperta di peli biancastri, con fiori raccolti in spighe di color bianco (*Marrubium vulgare*).

marrùca [vc. di origine preindeur.] **s. f.** ● Frutice spinoso delle Ramnacee con rami contorti e fiori gialli a fascetti (*Paliurus australis*) | *M. bianca*, biancospino.

marrucàio **s. m.** ● Luogo pieno di marruche.

marruchéto **s. m.** **1** Pruneto. **2** (*fam.*) †Gran quantità: *m. di faccende.*

marsàla [della zona di *Marsala*, dov'è prodotto] **s. m.** o pop. **f. inv.** ● Vino bianco liquoroso e profumato, prodotto con particolare concia, di gradazione non inferiore a 17°: *m. all'uovo, al caffè, alla mandorla.*

marsalàre **v. tr.** ● Dare a un vino il profumo e il sapore del marsala.

marsc' /marʃ/ o **marc'**, **march**, **marsch** [fr. *marche!*, imperat. di *marcher* 'marciare'] **inter.** ● Si usa come comando di esecuzione a reparti di militari, ginnasti o alunni, perché si mettano in marcia: *avanti marsc'!*; *squadra, di corsa! marsc'!*; *di passo, marsc'!* | Come invito ad andarsene, eseguire q.c. velocemente e sim. (*anche scherz.*): *mettetevi al lavoro! marsc'!*; *fila via! marsc'!*

marsicàno **agg.** ● Della, relativo alla Marsica, in Abruzzo.

marsigliése **A** **agg.** ● Di Marsiglia | *Tegola m.*, laterizio di forma rettangolare piana con opportuni risvolti e scanalature ai bordi, che permettono il reciproco incastro, usata nella copertura di edifici. **B** **s. m. e f.** ● Abitante, nativo di Marsiglia. **C** **s. f.** **1** Tegola marsigliese. **2** Inno nazionale francese: *intonare la m.* **D** **s. m.** solo **sing.** ● Dialetto parlato a Marsiglia.

marsilea [chiamata così in onore di L. F. *Marsigli* (1658-1730)] **s. f.** ● Pianta erbacea delle Marsileacee, vivente su terreni paludosi, con fusto strisciante, foglie dal lungo picciolo e col lembo diviso in quattro foglioline (*Marsilea quadrifolia*).

Marsileàcee [vc. dotta, comp. di *marsilea* e *-acee*] **s. f. pl.** ● Nella tassonomia vegetale, famiglia di Felci acquatiche viventi in terreni paludosi (*Marsileaceae*) | (al sing. *-a*) Ogni individuo di tale famiglia.

marsilìana ● V. *marcigliana*.

marsìna [dal n. del conte belga J. de *Marsin* (1601-1673)] **s. f.** ● Frac.

màrso [vc. dotta, lat. *Mărsu(m)*] **agg.**; anche **s. m.** (f. *-a*) ● (*lett.*) Che, chi appartiene a un'antica popolazione stanziata intorno al lago Fùcino, in Abruzzo.

marsovìno o **marsuìno** [fr. *marsouin*, dal nordico *marsvin* 'porco (*svin*) di mare'] **s. m.** ● (*zool.*) Focena.

marsupiàle **agg.** ● Del, relativo al marsupio | *Ossa marsupiali*, asticciole ossee articolate con il cinto pelvico che in alcuni marsupiali hanno funzione di sostegno del marsupio.

Marsupiàli [dal lat. *marsūpium* 'marsupio' (V.) con suff. agg.] s. m. pl. • Nella tassonomia animale, ordine di Mammiferi australiani e sudamericani le cui femmine partoriscono figli ancora imperfetti e li accolgono nel marsupio ove portano a termine lo sviluppo (*Marsupialia*) | (al sing. *-e*) Ogni individuo di tale ordine. ➡ ILL. **animali** /10.

marsupializzazióne [da *marsupiale*] s. f. • (*chir.*) Intervento chirurgico consistente nel suturare ai bordi di un'incisione cutanea le pareti di una cisti dopo averla parzialmente asportata.

marsùpio [lat. *marsūpiu(m)* 'borsa', dal gr. *marsýpion*, di origine straniera] **A** s. m. **1** (*zool.*) Tasca cutanea ventrale di cui sono dotate le femmine dei Marsupiali, nella quale sboccano le ghiandole mammarie. **2** (*est.*) Specie di sacco per trasportare i bambini molto piccoli, che si appende al collo e permette di avere le mani libere. **3** Piccola borsa con chiusura lampo e cintura da allacciare alla vita | Tasca posta sul davanti in alcuni tipi di giacche a vento. **4** (*dial.*) †Borsa, tasca. **5** (*scherz.*) Gruzzolo. **B** in funzione di agg. inv. • (posposto al s.) Nella loc. *carro m.*, veicolo a due piani, per il trasporto di autoveicoli su lunghe distanze.

martagóne [sp. *martagon*, dal turco *martagān*, specie di turbante, per la forma] s. m. • (*bot.*) Giglio gentile, turbante di turco.

màrte [lat. *Mārte(m)*, dio romano della guerra, di origine indeur.] s. m. (*Màrte* nel sign. 3) **1** (*raro*) Guerra o arte militare | *Giochi di m.*, esercizi militari | *Campo di m.*, piazza d'armi. **2** †Battaglia. **3** (*astron.*) Quarto pianeta in ordine di distanza dal Sole, dal quale dista in media 228 milioni di kilometri, la cui massa è 0,1 volte quella della Terra e del quale si conoscono due satelliti | (*astrol.*) Pianeta che domina i segni zodiacali dell'Ariete e dello Scorpione. ➡ ILL. p. 830 SISTEMA SOLARE; **zodiaco**.

martedì [lat. tardo *Mārtis dīe(m)* 'giorno di Marte'] s. m. • Secondo giorno della settimana civile, terzo della liturgica | *M. grasso*, l'ultimo giorno di Carnevale.

martellaménto s. m. • Modo, atto, effetto del martellare.

martellànte part. pres. di *martellare*; anche agg. • Nei sign. del v.

martellàre [da *martello*] **A** v. tr. (*io martèllo*) **1** Percuotere, battere col martello o lavorare a martello (*anche ass.*): *m. il ferro, il rame*; *il fabbro martella senza sosta* | †*M. il ferro caldo*, battere il ferro quando è caldo. **2** Battere o picchiare con forza e insistenza: *m. la porta coi pugni*; *i montoni arman le corna, / l'un l'altro cozza, l'un l'altro martella / davanti all'amorosa pecorella* (POLIZIANO). **3** †Suonare le campane a martello. **4** (*fig.*) Incalzare: *m. qc. di domande* | (*ass.*) Insistere, continuare | *Dagli, picchia e martella*, a furia d'insistere. **5** Battere senza tregua col fuoco di armi: *m. il nemico con tiri di mortaio*. **6** (*fig., lett.*) Colpire con dolori, angosce, punizioni e sim. **B** v. intr. (aus. *avere*) • Pulsare o palpitare con veemenza: *per lo spavento gli martellavano le tempie e il cuore*.

martellàta s. f. **1** Colpo di martello. **2** (*fig., fam.*) Sventura improvvisa: *la morte del padre fu per lui una m.* **3** Marchio impresso col martello nei boschi d'alto fusto alle piante da abbattere.

martellàto part. pass. di *martellare*; anche agg. **1** Nei sign. del v. **2** *Cristallo m.*, lavorato a facce. **3** Nella tecnica pianistica, detto di suono molto accentuato.

martellatóre [da *martellare*] s. m.; anche agg. (f. *-trice*) • Chi, che lavora di martello.

martellatùra s. f. **1** Atto, effetto del martellare. **2** Martellata nel sign. 3.

martellétto s. m. **1** Dim. di *martello*. **2** Elemento meccanico simile a un piccolo martello, che batte su q.c. se è azionato dall'apposita leva: *m. del pianoforte* | *M. dell'orologio*, elemento della suoneria | *M. di stampa*, nelle macchine per scrivere, contabili e sim., dispositivo che, battendo su un nastro inchiostrato, imprime sulla carta il segno ch'esso reca inciso in rilievo. **3** (*med.*) Strumento per provocare riflessi nervosi.

martelliàno [da P. I. *Martello* (1665-1727) che lo adoperò nelle sue tragedie] **A** s. m. • Verso italiano di quattordici sillabe, imitazione dell'alessandrino francese. **B** anche agg.: *verso m.*

martellìna s. f. **1** Dim. di *martello*. **2** Martello, con ferro tagliente da ambo le parti, usato spec. da muratori e scalpellini. **3** Piccola piastra d'acciaio ripiegata a squadra che negli antichi fucili a pietra, percossa dalla pietra focaia, produceva scintille e le comunicava alla carica.

martellinàre v. tr. • Trattare, lavorare con la martellina.

martellinatóre s. m. • Chi è addetto alla martellinatura.

martellinatùra s. f. • Operazione di lavorazione o finitura di pietre o metalli, eseguita con la martellina per conferir loro una superficie non liscia.

martellìo s. m. • Atto del martellare rapido e continuato: *dalla fucina proviene un molesto m.*

martellìsta s. m. (pl. *-i*) **1** (*ferr.*) Operaio addetto alle rincalzature delle traverse dei binari con un particolare martello. **2** Minatore addetto alla preparazione di fori per mine o all'abbattimento di rocce col martello perforatore. **3** Atleta che pratica il lancio del martello.

martèllo [lat. tardo *martĕllu(m)*, dim. di *mărtulus*, dim. di *mărcus* 'martello', da avvicinare a *mălleus*. V. *maglio*] **A** s. m. (pl. †*martèlla*, f. raro) **1** Utensile per battere, conficcare chiodi e sim., costituito da un blocchetto di acciaio di foggia varia con manico solitamente in legno | *Bocca del m.*, estremità percuotente, piatta o leggermente convessa | *Penna del m.*, la parte più sottile, opposta alla bocca | *Occhio del m.*, foro nel quale è conficcato il manico | *M. da battere*, grosso martello usato dal fabbro, mazza | *M. da spianare*, a bocca piana, usato dal lattoniere per levigare lamiere | *M. da falegname*, con la penna a granchio per levare i chiodi | *M. da muratore*, martellina | *M. da mettere a fondo*, sottile alle estremità, usato dagli argentieri per lavorare le parti concave dei vasi e delle figure | *M. battifalce*, per rifare il filo della falce | *Lavorare a m.*, foggiare i metalli servendosi del solo martello | *Lavorare di m.*, di orefici e di cesellatori e (*fig.*) lavorare con esattezza | *Suonare a m.*, della campana che batte rintocchi lenti e cadenzati | *Falce e m.*, V. *falce* | (*raro*) *Reggere a m.*, di metallo che resiste alla lavorazione e (*fig.*) di persona che sostiene bene una prova | †*Dare del m.*, lavorare usando il martello | †*Rispondere a m.*, a tono | (*fig.*) †*Stare a m.*, convenire, calzare. **2** Oggetto avente forma o funzionamento analoghi a quelli di un martello | *M. d'arme*, arma offensiva da botta, usata un tempo dai cavalieri, foggiata a martello | *M. forestale*, attrezzo a forma di piccola scure per scortecciare e marcare gli alberi | *M. pneumatico*, macchina operatrice ad aria compressa, usata per perforare, abbattere, demolire rocce, murature e sim. | *M. della campana*, picchiotto che batte le ore sulla campana dell'orologio a torre | *M. dell'uscio*, battente appeso a una porta usato, spec. un tempo, per bussare | *M. del pianoforte*, martelletto di legno ricoperto di pelle e di panno morbidissimo o pezzo metallico a gancio che, mosso dal tasto, va a percuotere una corda del pianoforte | *M. percussore*, piccolo martello con rivestimento di gomma attorno alla testa, usato in medicina per verificare i riflessi nervosi dei tendini e dei muscoli. **3** (*anat.*) Uno dei tre ossicini dell'orecchio medio, aderente alla membrana del timpano | (*med.*) *Dito a m.*, forma di anchilosi delle articolazioni falangee con atteggiamento arcuato del dito rispetto alla mano. ➡ ILL. p. 366 ANATOMIA UMANA. **4** Nell'atletica leggera, attrezzo costituito da una sfera metallica fissata a un filo d'acciaio munito di impugnatura, usato per lanci: *lancio del m.* | *M. da roccia*, nell'alpinismo, attrezzo per infiggere i chiodi da roccia, con testa in acciaio non temperato, una faccia piatta e l'altra appuntita per rompere gli spuntoni di roccia | *M. da ghiaccio*, quello da arrampicata la cui testa ha un'estremità piatta atta a piantare i chiodi da ghiaccio e l'altra, simile al becco di una piccozza, atta a essere infissa nel ghiaccio. ➡ ILL. p. 1283, 1296 SPORT. **5** (*sport*) Pallavolista particolarmente abile nell'ottenere punti su schiacciata | Schiacciatore. **6** (*bot.*) Bosso. **7** Mollusco lamellibranco dell'Oceano Indiano con conchiglia madreperlacea simile a un martello (*Malleus vulgaris*). **8** (*raro, fig.*) Tormento, travaglio: *il m. della gelosia* | Fastidio continuo e insistente. **B** in funzione di agg. inv. • (posposto al s.) Nella loc. *pesce m.* V. *pesce*. || **martellàccio**, pegg. | **martellétto**, dim. (V.) | **martellìna**, dim. f. (V.) | **martellìno**, dim. | **martellóne**, accr.

martelògio o **martològio** [ant. fr. *martrologe* 'martirologio', poi 'cartolario, registro'] s. m. • (*mar.*) Abaco usato nei secc. XIV e XV nella navigazione mediterranea per il calcolo delle rotte.

martensìte [comp. del n. dell'ingegnere ted. A. *Martens* (1850-1914) e *-ite* (*2*)] s. f. • Soluzione solida di carbonio nel ferro, determinante la particolare durezza degli acciai temperati, di cui è componente caratteristica.

martensìtico agg. (pl. m. *-ci*) • Proprio della, relativo alla martensite.

†**martésco** agg. • Di Marte.

†**martìfero** [comp. di *Marte* e *-fero*] agg. • Bellicoso.

martinàccio [dal n. proprio *Martino*] s. m. • (*scherz.*) Orologio da tasca, grande e poco esatto.

martinèlla [da *S. Martino*, patrono dei cavalieri] s. f. **1** Campana di guerra che in epoca medievale, a Firenze, veniva fatta suonare ininterrottamente un mese prima che iniziassero le operazioni belliche e veniva portata in battaglia e posta sul carroccio per dare segnali. **2** (*fig., scherz.*) Campanello di cui dispongono il Presidente della Camera e quello del Senato per ottenere ordine o silenzio in aula.

martinèllo [dal n. proprio *Martino*] s. m. • Martinetto.

martinétto [dal n. proprio *Martino*] s. m. **1** Apparecchio a colonnetta per sollevare forti pesi: *m. a vite, idraulico*. ➡ ILL. p. 353 AGRICOLTURA. **2** Piccolo ordigno di ferro usato per tendere archi di balestre.

martingàla [fr. *martingale*, di etim. incerta] s. f. **1** Breve cintura fissata posteriormente su giacche e cappotti. **2** Correggia attaccata alla briglia, dalla barbozza al pettorale, per tener alta la testa al cavallo da sella. **3** Nelle corse dei cavalli, tipo di scommessa che consiste nel puntare sul vincente o sul piazzato di più corse: si vince quando si realizzano tutti i risultati pronosticati | Nei giochi d'azzardo, raddoppiamento della posta perduta. **4** Nella scherma, piccola cinghia a forma di anello in cui si passa la mano prima di impugnare l'arma per assicurarla al polso. ➡ ILL. p. 1286 SPORT.

martìni ® [nome commerciale, dal n. della ditta produttrice, la *Martini* (*e Rossi*) di Torino] s. m. (*Martini* nel sign. 1) **1** Vermut: *m. bianco, rosso*. **2** Cocktail di vermut Martini secco e gin: *un m. liscio*; *due m. con ghiaccio*.

martinìcca [cfr. *martinetto*] s. f. • Strumento a vite che, fatto girare, abbassa un ceppo di legno il quale appoggiandosi alle ruote di un carro, carrozza e sim. le trattiene in discesa | *Mettere la m.*, (*raro, fig.*) mettere il freno.

martinìtt [dal n. del convento di S. *Martino* dei Somaschi, a Milano, dove i bambini in origine erano ricoverati] s. m. • Nome dato ai bambini di un orfanotrofio di Milano fondato nel XVI sec. e situato originariamente nei pressi dell'oratorio di San Martino.

martìno (**1**) [da *S. Martino* (316-397) che è considerato protettore dei mariti traditi] s. m. • (*merid.*) Marito ingannato.

martìno (**2**) [dal n. proprio *Martino*] s. m. • Uccello dei Passeracei dell'Asia sudorientale, affine allo storno (*Acridotheres tristis*) | *Martin pescatore*, V. | *M. delle pagode*, uccello dei Passeracei dell'Asia meridionale, affine allo storno, che vive in vicinanza di zone coltivate (*Temenuchus pagodarum*).

martìn pescatóre [dal n. proprio *Martino*] loc. sost. m. (pl. *martìn pescatóri*) • Uccello dei Coraciformi con lungo becco forte e diritto, capo sproporzionato al piccolo corpo, colori bellissimi e grande abilità nel catturare pesci (*Alcedo atthis*). SIN. Vetriolo.

†**martiràre** o †**martiriàre** [da *martire* (*1*)] v. tr. • Martirizzare, tormentare.

màrtire (**1**) o (*raro*) †**màrtiro** (**1**) [vc. dotta, lat. *mărtyre(m)*, nom. *mărtyr*, dal gr. *mártyr* 'testimone (della fede)', da una radice che significa 'ricordarsi'] s. m. e f. **1** Cristiano dei primi secoli che, affrontando le persecuzioni e la morte, testimoniava la sua fede. **2** Chi si sacrifica e soffre o muore per un ideale, una missione e sim.: *i martiri del Risorgimento.* **3** (*fig.*) Chi sopporta con rassegnazione dolori, sofferenze, ingiustizie: *un m. del dovere; quella donna è una povera m.* | *Fare il m.*, *atteggiarsi a m.*, assumere atteggiamenti da persona perseguitata | *M. a buon mercato*, di chi vuole apparire una vittima grazie a sofferenze in realtà trascurabili | *Essere m. di se stesso*, tormentarsi senza motivo.

†**martìre** (**2**) ● V. *martirio.*

†**martiriàre** ● V. *†martirare.*

martìrio o (*poet.*) †**martìre** (**2**), (*poet.*) †**martìro** (**2**) [vc. dotta, lat. crist. *martȳriu(m)*, dal gr. *martýrion*, da *mártyr*, genit. *mártyros*. V. *martire*] **s. m.** **1** Grave tormento, o morte, che un martire sostiene per la propria fede: *palma del m.; soffrire il m.; suggellare la fede col m.* | *Essere pronto al m.*, (*fig.*) al sacrificio della vita per un ideale e sim. **2** (*fig.*) Pena, tormento, patimento, sofferenza: *la morte pose fine a una vita di continuo m.; quel giorno / che fer principio a sì lunghi martiri* (PETRARCA). **3** †Tempio edificato sul sepolcro di un martire. **4** †Supplizio inflitto a un reo per costringerlo a confessare.

martirizzaménto **s. m.** ● Atto, effetto del martirizzare (*spec. fig.*).

martirizzàre [vc. dotta, lat. crist. *martyrizāre*, da *mărtyr*, genit. *mărtyris* 'martire (1)'] **v. tr.** **1** Assoggettare al martirio: *gli imperatori pagani fecero m. molti cristiani.* **2** (*fig.*) Affliggere, tormentare: *col suo comportamento quell'uomo martirizza l'intera famiglia.*

martirizzatóre **s. m.** ● (*raro*) Chi martirizza.

†**màrtiro** (**1**) ● V. *martire* (*1*).

†**martìro** (**2**) ● V. *martirio.*

martirològio [vc. dotta, gr. tardo *martyrológion*, comp. di *mártyr*, genit. *mártyros* 'martire' e *-lógion*, da *lógos* 'discorso, trattato'] **s. m.** **1** Libro contenente le vite e gli atti dei martiri cristiani | *M. romano*, libro liturgico che raccoglie le vite dei martiri, dei santi e dei confessori della fede secondo i giorni dell'anno loro dedicati dalla Chiesa. **2** L'insieme di coloro che sono morti per uno stesso ideale: *il m. della scienza* | (*est.*) L'esaltazione delle loro gesta: *l'oratore elevò un commosso m. del patriota scomparso.*

martològio ● V. *martelogio.*

màrtora [vc. di origine germ.] **s. f.** ● Carnivoro mustelide europeo dalla bellissima pelliccia, bruno-giallognola molto pregiata, corpo allungato e zampe corte (*Martes martes*).

martoriaménto **s. m.** ● (*raro*) Atto, effetto del martoriare o del martoriarsi.

martoriàre [da *martorio*] **A** **v. tr.** (*io martòrio*) **1** †Martirizzare. **2** †Mettere gli imputati alla tortura per farli confessare. **3** (*fig.*) Affliggere, tormentare: *dolori intensissimi gli martoriavano le carni.* **B** **v. intr. pron.** ● (*raro*) Affliggersi.

martoriàto **part. pass.** di *martoriare*; anche **agg.** ● Nei sign. del v.

martoriatóre **agg.**; anche **s. m.** (**f.** *-trice*) ● (*raro*) Che, chi martoria.

†**martòrio** o †**martòro** [lat. tardo *martūriu(m)*, per *martȳriu(m)*. V. *martirio*] **s. m.** **1** Martirio (*anche fig.*). **2** Strumento di tortura.

martorizzàre [comp. di *martori(o)* e *-izzare*] **v. tr.** ● Martirizzare.

†**martòro** ● V. *†martorio.*

marucelliàno **agg.** ● Dello studioso e bibliofilo fiorentino F. Marucelli (1625-1703): *Biblioteca Marucelliana.*

marùzza [dal lat. tardo *marūca(m)* 'lumaca' incrociatosi con *cozza* 'guscio'] **s. f.** ● (*nap.*) Chiocciola, lumaca | Lumaca di mare.

marxiàno **agg.** ● Che si riferisce al filosofo, economista e politico tedesco K. Marx: *scritti, programmi marxiani; l'opera marxiana.*

marxìsmo **s. m.** ● Insieme delle dottrine filosofiche, economiche e politiche elaborate da K. Marx (1818-1883) e F. Engels (1820-1895), che costituiscono la base ideologica del materialismo storico-dialettico e del comunismo.

marxìsmo-leninìsmo **s. m.** ● Sintesi della dottrina di Marx e di quella di Lenin, operata nell'ex Unione Sovietica nel XX sec.

marxìsta **A** **s. m. e f.** (**pl. m.** *-i*) ● Seguace, sostenitore del marxismo. **B** **agg.** ● Del marxismo e dei suoi seguaci: *ideologia m.; partiti marxisti.*

marxìsta-leninìsta **A** **s. m. e f.** (**pl. m.** *marxìsti-leninìsti*) ● Seguace, sostenitore del marxismo-leninismo. **B** **agg.** ● Del marxismo-leninismo, che si ispira a tale dottrina: *ideologia marxista-leninista; partiti marxisti-leninisti.*

marxìstico **agg.** (**pl. m.** *-ci*) ● Marxista.

màrza [da *marzo*, mese in cui si fa l'innesto] **s. f.** ● (*bot.*) Porzione di ramo o gemma che viene innestata su un'altra pianta.

marzacòtto [ar. *mashaqūnyā*, con sovrapposizione di *cotto*] **s. m.** ● Composizione di sabbia e di alcali usata nell'industria della maiolica.

marzaiòla [f. sost. di *marzaiolo*] **s. f.** ● Uccello degli Anseriformi affine all'anitra selvatica, riconoscibile per la macchia allungata ai due lati del capo del maschio (*Anas querquedula*).

marzaiòlo o (*lett.*) **marzaiuòlo** **agg.** ● (*raro*) Di marzo.

marzamìno o **marzemìno** [da *Marzimin*, villaggio della Carniola, donde il vitigno si diffuse in Italia] **s. m.** ● Vino rosso ricavato dal vitigno omonimo, che dà uva nera, dolce, a grani piccoli, prodotto in provincia di Trento, 11°-13°.

marzapàne [ar. *mauthāban*, n. di una moneta, quindi di una misura di capacità, e passato successivamente a indicare la scatola in cui si conteneva il *marzapane*] **s. m.** **1** Pasta dolce fatta con mandorle, bianco d'uovo e zucchero, cotta al forno e usata in pasticceria. **2** (*est.*) Cibo gustoso e delicato | *Essere fatto di m.*, (*fig.*) essere buono e arrendevole.

marzeggiàre [comp. di *marz(o)* e *-eggiare*] **v. intr.** (*io marzéggio*; aus. *avere*) ● (*raro*) Del tempo, essere incostante e variabile con pioggia e sole che si alternano.

marzemìno ● V. *marzamino.*

marziàle [vc. dotta, lat. *martiāle(m)*, agg. di *Mārs*, genit. *Mārtis* 'Marte', dio della guerra] **agg.** **1** (*lett.*) Di, relativo a Marte | (*est.*) Guerresco | *Corte m.*, tribunale straordinario di guerra | *Legge m.*, complesso degli atti legislativi che sostituiscono temporaneamente la legge comune conferendo, in casi eccezionali di guerra interna o internazionale, ampi poteri alle autorità militari | *Arti marziali*, insieme di varie tecniche prevalentemente di difesa personale, d'antica origine orientale, volte a neutralizzare l'aggressore mediante particolari colpi o movimenti, senza ricorrere all'uso delle armi da punta, da taglio e da fuoco. **2** (*fig.*) Pieno di decisa fierezza: *passo, aspetto, incedere m.* **3** (*med.*) A base di ferro: *preparato, terapia m.* || **marzialménte**, **avv.**

marzialità **s. f.** ● Caratteristica di ciò che è marziale (*spec. fig.*).

marziàno [fr. *martien*, da *Mars* 'Marte', n. di un pianeta] **A** **s. m.** (**f.** *-a*) **1** Supposto abitatore del pianeta Marte. **2** (*fam., fig.*) Chi si sente estraneo, a disagio, isolato o incapace di inserirsi in ambienti, compagnie, discussioni, ecc.: *a quella festa eravamo tutti marziani.* **B** **agg.** **1** Concernente il pianeta Marte. **2** (*fam., fig.*) Strano, indecifrabile: *tuo fratello usa un linguaggio m.*

màrzio [vc. dotta, lat. *Mārtiu(m)*, agg. di *Mārs*, genit. *Mārtis* 'Marte'] **agg.** **1** (*lett.*) Di Marte | *Campo Marzio*, a Roma, piana sulla sinistra del Tevere, consacrata a Marte, adibita un tempo alle esercitazioni militari. **2** (*fig., lett.*) Marziale, guerresco: *il m. carme* (MONTI).

marziobàrbulo [vc. dotta, lat. tardo *martiobărbulu(m)*, di etim. incerta] **s. m.** ● Nell'esercito dell'antica Roma, soldato armato di palle di piombo che scagliava mediante una fionda.

marziròlo [lomb. *marziroeu* 'che si semina, si fa, nasce nel mese di marzo', da *marz* 'marzo'] **s. m.** ● Gorgonzola che viene prodotto in primavera.

màrzo [lat. *mārtiu(m)* 'mese dedicato a Marte', da *Mārs*, genit. *Mārtis* 'Marte'] **s. m.** ● Terzo mese dell'anno nel calendario gregoriano, di 31 giorni | (*pop.*) *M. pazzo*, a causa del tempo incostante | *Essere nato di m.*, (*scherz.*) essere lunatico, un po' strambo.

†**marzocchésco** **agg.** ● Del marzocco.

marzòcco [da *Marte*, alla cui statua il *marzocco* si sostituì, come emblema di Firenze, dopo che essa fu travolta da una piena dell'Arno] **s. m.** (**pl.** *-chi*) **1** Insegna del leone rampante, scolpito o dipinto, di Firenze, che regge con la zampa destra lo scudo gigliato | (*fig., tosc.*) †*Parere un m.*, starsene in piedi con aria goffa. **2** (*scherz.*) †Macchia, frittella. || **marzocchìno**, **dim.**

marzolìna [da *marzo*, mese di produzione] **s. f.** ● Formaggio fresco di bufala.

marzolìno [V. *marzolina*] **A** **agg.** ● Di marzo: *aria marzolina.* **B** **s. m.** ● Cacio pecorino che si fa nel mese di marzo.

marzuòlo **agg.** ● Di marzo, che si semina o nasce in marzo: *biade marzuole; pulcini marzuoli.*

Mas [dalla sigla M.A.S., cioè *M(otobarca) A(rmata) S(VAN)*, in cui SVAN è a sua volta sigla di *S(ocietà) V(eneziana) A(utomobili) N(autiche)*; successivamente la classificazione si modificò in *M(otobarca) A(nti) S(ommergibili)* e da ultimo in *M(otoscafo) A(nti) S(ommergibili)*; da Gabriele D'Annunzio poeticamente intesa come *M(emento) A(udere) S(emper)* 'ricordati di osare sempre'] **s. m. inv.** ● Motoscafo antisommergibile velocissimo e armato di lanciasiluri, bombe di profondità e mitragliera.

màsca [cfr. *maschera*] **s. f.** **1** Fattucchiera. **2** (*mar.*) Mascone.

†**mascagnìa** [da *mascagno*] **s. f.** ● Stregoneria.

†**mascàgno** [da *masca* 'strega', cfr. *maschera*] **agg.** ● Furbo, astuto, scaltro: *Squarciaferro, uno spirito m.* (PULCI).

mascalcìa [dall'ant. *mascalco* 'maniscalco' (V.)] **s. f.** (**pl.** *-cie*) **1** Arte, bottega del maniscalco. **2** (*raro*) †Acciacco.

†**mascalciàto** [da *mascalcia* nel sign. 2] **agg.** ● Malato, cagionevole.

†**mascalcìre** **v. intr.** ● Esercitare la mascalcia.

mascalzonàta **s. f.** ● Atto da mascalzone.

mascalzóne [alterazione pop. di *maniscalco* 'garzone di stalla' (?)] **s. m.** (**f.** *-a*, raro) **1** Persona vile e volgare che compie azioni disoneste (*anche scherz.*): *quei mascalzoni lo assalirono e lo derubarono; il suo è stato proprio un gesto da m.; non fare il m.!* **SIN.** Canaglia, birbante, farabutto. **2** †Assassino di strada | †Accattone: *quando io venni al vostro servizio, io ero povero m.* (SACCHETTI). **3** †Pedone, soldato di masnada male in arnese, dei tempi feudali || **mascalzoncèllo**, **dim.**

†**màscara** (**1**) ● V. *maschera.*

mascàra (**2**) [ingl. *mascara*, dallo sp. *máscara* 'maschera'] **s. m. inv.** ● Cosmetico per ciglia e sopracciglia.

mascàrpa ● V. *mascherpa.*

mascarpóne o (*raro*) **mascherpóne** [dalla vc. lomb. *mascherpa* o *mascarpa* 'ricotta'] **s. m.** ● Tipico formaggio lombardo di tutta crema, preparato con panna dolce, di colore bianco-neve e di gusto delicato.

†**mascavàto** [sp. (*azúcar*) *mascabado*, dal port. *mascavado* 'non raffinato', dal lat. parl. **minuscapāre*, da *mĭnus căput* 'persona privata di diritti civili', letteralmente 'minor capo'] **s. m.** ● Zucchero greggio.

mascè o **mascé** [fr. *mâché* nel senso originario di 'ammaccato, schiacciato'] **A** **agg.** ● Detto di patate lessate, schiacciate e riscaldate amalgamandovi latte e burro. **B** **s. m.** ● Vivanda composta di patate preparate in tale modo.

mascèlla [lat. *maxĭlla(m)*, dim. di *māla* 'mascella, guancia', da avvicinare a *macerāre*] **s. f.** **1** (*anat.*) Ciascuna delle due parti, generalmente ossee, del cranio dei Vertebrati che delimitano la bocca; comunemente indica l'osso mascellare superiore, mentre il mascellare inferiore è detto mandibola | (*scherz.*) *Lavorare di mascelle*, mangiare | (*raro*) *Battere le mascelle*, tremare per il freddo | †*Sonar con le mascelle*, battere i denti per il freddo | *Avere la m. fragile, di vetro*, detto di pugile che è troppo sensibile ai colpi alla mascella. ➡ **ILL.** p. 362 ANATOMIA UMANA. **2** (*lett.*) †Guancia: *con la mano alla m. cominciò a pensare* (BOCCACCIO). **3** (*tecnol.*) Carrucola la cui cassa è munita di un rivestimento di protezione esterno che presenta inferiormente un'apertura. **4** (*al pl.*) Ognuno dei due grossi denti alle estremità del pettine. **5** (*al pl.*) Ognuna delle due parti di strumenti e attrezzi a morsa: *le mascelle della tagliola, delle pinze.* || **mascellìna**, **dim.** | **mascellóna**, **accr.** | **mascellóne**, **accr. m.** (V.).

mascellàre [lat. *maxillāre(m)*, da *maxĭlla* 'mascella'] **A** **agg.** ● Della mascella: *osso m.* | *Seno m.*, cavità nell'interno dell'osso mascellare. **B** **s. m.** ● Osso mascellare.

mascellóne s. m. (f. *-a* nel sign. 2) *1* Accr. di *mascella*. *2* (*fig.*) Persona con grandi mascelle. *3* †Colpo dato alla mascella.

màschera o (*dial.*) †**màscara** (1) [etim. discussa: da *masca* 'strega', di origine preindeur. (?)] s. f. *1* Finto volto fatto di vario materiale, generalmente provvisto di fori per gli occhi e per la bocca, che viene portato per alterare i lineamenti o per non farsi riconoscere, spec. per motivi rituali, teatrali, giocosi e sim.: *m. di cartapesta, di cuoio, di velluto*; *m. di diavolo, di cane, di leone*; *le maschere rituali congolesi, della tragedia greca* | *Mezza m.*, quella che copre solo gli occhi e il naso | *M. di bellezza, di fango, idratante*, strati di fanghi medicamentosi o cosmetici applicati al viso, con o senza garza protettiva | *Avere il viso come una m.*, (*fig.*) di persona eccessivamente truccata. *2* (*est.*) Travestimento di tutta la persona: *andare, mettersi in m.*; *ballo in m.* | Persona mascherata: *il Carnevale è il tempo delle maschere*; *invitò a ballare una m.* | *Vestirsi come una m.*, (*fig.*) in modo eccessivamente stravagante e di dubbio gusto. *3* (*fig.*) Finzione o atteggiamento ipocrita e affettato: *sotto la m. della bontà nasconde un animo crudele*; *porta la m. del galantuomo, ma non lo è* | *Levarsi la m.*, rivelarsi per quello che si è | *Giù la m.!*, invito a smettere ogni finzione | *Mettersi la m.*, (*fig.*) dissimulare | (*raro*) *Non conoscere maschere*, non ammettere né indugi, né intrighi | †Parvenza. *4* (*fig.*) Viso che esprime determinati sentimenti con particolare intensità: *m. tragica, comica*; *essere la m. del dolore*. *5* (*med.*) Espressione clinicamente rilevabile di un determinato stato psichico o fisico | *M. gravidica*, cloasma. *6* Calco del viso di un defunto riprodotto in gesso, bronzo e sim., spec. per consegnarne le fattezze alla posterità: *la m. di Pascal, di Chopin*. *7* Tipo di protezione del volto | *M. da scherma*, quella in rete di fili d'acciaio per difendere il volto dello schermidore dalle stoccate dell'avversario | *M. subacquea*, quella in gomma e vetro, spesso con respiratore, atta a fornire visibilità e ossigeno a chi s'immerge | *M. da anestesia*, quella che si applica al viso del paziente per anestetizzarlo prima di un intervento chirurgico | *M. antipolvere*, apparecchio per la filtrazione dell'aria, per la protezione individuale degli operai, spec. minatori, dalla inalazione di polveri contenute nell'aria | *M. antigas*, per la protezione degli organi della respirazione contro sostanze tossiche immesse nell'atmosfera. *8* Personaggio della commedia dell'arte italiana, con caratteristiche tipiche di una determinata città o regione: *Pulcinella è la maschera napoletana*. *9* Nei teatri, cinematografi e sim., inserviente che verifica i biglietti e guida gli spettatori al loro posto. *10* (*mecc.*) Apparecchiatura che fissa il pezzo da lavorare e guida gli utensili nelle operazioni di foratura e alesatura ‖ **mascheràccia**, pegg. (V.) | **mascherétta**, dim. | **mascherina**, dim. (V.) | **mascherino**, dim. m. (V.) | **mascheróna**, accr. | **mascheróne**, accr. m. (V.).

mascheràccia s. f. (pl. *-ce*) *1* Pegg. di *maschera*. *2* †*Fare le mascheracce*, atteggiare il volto a una smorfia.

mascheràio s. m. ● (*raro*) Chi fa, vende o noleggia maschere.

mascheraménto s. m. *1* Modo e atto del mascherare o del mascherarsi. *2* Sottrazione all'osservazione nemica di personale, mezzi, lavori, impianti ed installazioni varie, ottenuta utilizzando elementi naturali o mezzi artificiali.

mascheràre [da *maschera*] **A** v. tr. (*io màschero*) *1* Coprire con una maschera: *gli mascherarono il viso* | Vestire in maschera: *m. qc. da orso, da donna*. *2* Attuare il mascheramento mediante la mimetizzazione o la simulazione. *3* (*fig.*) Nascondere, coprire alla vista con particolari accorgimenti: *m. l'entrata di una grotta* | (*fig.*) Dissimulare sotto altre apparenze: *m. il proprio astio, la gelosia*; *un atteggiamento indifferente mascherava il suo dolore*. SIN. Camuffare, celare. *4* (*mar.*) *M. il vento*, nella vela, togliere il vento ad una vela con un'altra che sia da sopravvento. **B** v. rifl. *1* Vestirsi o mettersi in maschera: *mascherarsi da antico guerriero, da pagliaccio*. SIN. Camuffarsi, travestirsi. *2* (*fig.*) Assumere una maschera, una apparenza: *mascherarsi da persona generosa e leale*.

mascheràta [da *mascherare*] s. f. *1* Compagnia di persone in maschera: *vide sfilare per le vie la m.* *2* (*fig.*) Messa in scena vistosa e di dubbio gusto: *quella cerimonia risultò una m.* | Buffoneria, cosa ridicola: *uno de' poemi più seriamente concepiti ... trasformato ... in una m.* (DE SANCTIS) | Finzione: *falla finita con le tue mascherate!*

mascheràto part. pass. di *mascherare*; anche agg. *1* Nei sign. del v. *2* *Corso m.*, sfilata di maschere e carri allegorici nel periodo di carnevale | *Ballo m.*, a cui partecipano persone in maschera.

mascheratùra s. f. *1* Atto, effetto del mascherare o del mascherarsi. *2* (*tip.*) Procedimento usato nella stampa per modificare gli effetti del contrasto mediante diapositive o controtipi del negativo.

mascheréccio [etim. incerta] s. m. ● Cuoio trattato con allume e con grassi, usato per articoli tecnici.

mascherétto [fr. *mascaret*, dal guascone *mascaret* 'bue macchiettato', da *mascará* 'annerare', di etim. incerta; di uso metaforico del muoversi delle mandrie di buoi, paragonate al muoversi dei flutti] s. m. ● (*geogr.*) Rimescolamento di onde marine provocato dal contrasto tra marea e corrente in direzione opposta, riscontrabile in misura rilevante spec. alla foce dei fiumi.

mascherina s. f. *1* Dim. di *maschera*. *2* Mezza maschera. *3* Persona, spec. bambino o giovane donna, graziosamente travestita | *Ti conosco m.!*, (*fig.*) a persona che si conosce o di cui si scopre il gioco. *4* Zona di colore diverso sul muso di un animale: *un gatto nero con la m. bianca* | (*est.*, *scherz.*) Viso sudicio. *5* Applicazione di pelle eguale o diversa da quella della calzatura, fissata sulla punta della scarpa, maschile o femminile. *6* Nella carrozzeria delle autovetture, struttura metallica che nasconde il radiatore. *7* (*tecnol.*) *M. di verniciatura*, dispositivo impiegato per delimitare l'area da verniciare e schermare le zone sulle quali non si deve depositare la vernice.

mascherino (1) [da *maschera*] agg. ● Detto di cane o gatto che ha sul muso una macchia di colore diverso dal resto del pelame.

mascherino (2) s. m. *1* Dim. di *maschera*. *2* Elemento ornamentale che rappresenta una piccola maschera. *3* Schermo che si pone davanti all'obiettivo di una cinepresa o di una macchina fotografica per sagomare il quadro secondo figure particolari.

mascheróne s. m. *1* Accr. di *maschera*. *2* Viso stilizzato, di fattezze deformi e grottesche, solitamente di satiro, demonio e sim., in uso spec. nell'età rinascimentale e barocca come ornamento architettonico | *M. da fogna, da fontana*, (*fig.*) persona dal viso brutto e grossolano. *3* (*est.*) Volto deformato: *era tanto truccata da sembrare un m.*; *la malattia gli aveva ridotto il viso a un m.* *4* Canovaccio della melodia di una canzone composto di numeri e parole a fantasia, che serve ai parolieri per adattare i versi. *5* (*raro*) Ritratto mal eseguito. ‖ **mascheroncino**, dim.

maschèrpa o **mascàrpa** [vc. lomb. di etim. incerta] s. f. *1* (*region.*) Ricotta magra di siero di latte tipica della Lombardia. *2* (*raro*) Mascarpone.

mascherpóne ● V. *mascarpone*.

maschétta [dim. di *masca*] s. f. ● (*mar.*, *spec. al pl.*) Ognuno dei pezzi di legno o di ferro fissati lateralmente alla nave degli alberi maggiori, per sostenere le costiere della coffa.

maschiàccio s. m. *1* Spreg. di *maschio*. *2* Ragazzo molto vivace | (*scherz.*) Ragazzo o ragazza che ha modi e atteggiamenti esuberanti e rumorosi.

maschiàre [da *maschio*, nel senso di 'pezzo che entra in un altro per congiungere'] v. tr. (*io màschio*) *1* (*tecnol.*) Eseguire l'operazione di maschiatura. *2* †Squadrare una lastra di pietra perché combaci bene.

maschiatóre s. m. ● Operaio addetto alla maschiatura.

maschiatrice s. f. ● Macchina utensile atta a realizzare la maschiatura.

maschiatùra s. f. ● Esecuzione di filetto elicoidale in un foro cilindrico realizzata facendo ruotare ed avanzare un maschio nel medesimo.

maschiétta [da *maschietto*] s. f. ● Giovinetta dai modi disinvolti e spregiudicati | *Capelli alla m.*, capigliatura femminile corta, a zazzera.

maschiettàre o (*pop.*, *tosc.*) **mastiettàre**. v. tr. (*io maschiétto*) ● Fornire di maschietti o cardini: *m. il coperchio di un baule, una porta*.

maschiettatùra o (*pop.*, *tosc.*) **mastiettatùra**. s. f. ● Atto, effetto del maschiettare. ‖ **maschiettaturina**, dim.

maschiétto o (*pop.*, *tosc.*) **mastiétto** s. m. (f. *-a* nei sign. 1 e 2) *1* Dim. di *maschio*. *2* Bambino, spec. neonato, di sesso maschile. *3* Arpione che entra nella bandella o nel ganghero, unendo insieme le parti di un arnese che si abbiano a ripiegare.

maschiézza s. f. ● (*raro*) Qualità di maschio (*anche fig.*): *m. di lineamenti, di gesti, di idee*.

†**maschifémmina** [comp. di *maschio* e *femmina*, sul modello del lat. tardo *masculofēmina*] s. f. ● Ermafrodito.

maschile **A** agg. ● Di, da maschio: *voce, aspetto, abito m.*; *discendenza m.* | *Scuola m.*, frequentata solo da studenti maschi | *Donna m.*, che presenta caratteristiche tipiche del maschio | (*ling.*) *Genere m.*, genere grammaticale che, in una classificazione a due generi, si oppone al femminile, e, in una classificazione a tre generi, si oppone al femminile e al neutro. ‖ **maschilménte**, †**maschileménte**, avv. (*raro*) In modo maschile. **B** s. m. ● Genere maschile: *il m. e il femminile*.

maschilismo s. m. ● Concezione e comportamento secondo cui all'uomo viene riconosciuta, in contesti sociali e privati, una posizione di superiorità, e quindi di privilegio, nei confronti della donna, non giustificata da altro motivo che non sia quello tradizionalmente connesso ai caratteri della virilità.

maschilista **A** s. m. e f.; anche agg. (pl. m. *-i*) ● Chi sostiene il maschilismo o si comporta secondo la sua concezione. **B** agg. ● Che è ispirato a, o proviene da, maschilismo: *società, ideologia, ottica m.*; *pregiudizi maschilisti*.

maschilistico agg. (pl. m. *-ci*) ● Maschilista. ‖ **maschilisticaménte**, avv. Secondo il maschilismo.

maschilità [da *maschile*] s. f. ● Mascolinità | Virilità.

màschio o †**màscolo**, †**màsculo**, (*pop.*, *tosc.* e nel sign. 8) **màstio** [lat. *māsculu(m)*, dim. di *mās* 'maschio', di etim. incerta] **A** s. m. *1* (*biol.*) Negli organismi a sessi separati, l'individuo portatore dei gameti maschili atti a fecondare quelli femminili al fine della riproduzione della specie: *il m. del cavallo, il m. dell'aquila*. *2* (*fam.*, *est.*) Ragazzo, uomo: *quanti figli ha? Due maschi e una femmina* | (*est.*, *scherz.*) Uomo aitante e robusto, capace di rilevanti prestazioni sessuali. *3* (*tecnol.*) Utensile cilindrico dotato di taglienti elicoidali, che serve per filettare i fori affinché vi si possa avvitare una vite. *4* Pezzo di acciaio temperato, modellato a rilievo per imprimere la femmina dello stampo. SIN. Punzone. *5* In un arnese o congegno composto, il pezzo di forma rilevata, tale da consentirne l'inserimento stabile in un altro pezzo di forma incavata: *il m. del gancio, dell'automatico*; *funziona a m. e femmina*. *6* Otturatore mobile di talune antiche armi da fuoco a retrocarica, che veniva inserito già carico in apposita braga della culatta dell'arma. *7* (*edil.*) Tratto di muro che unisce i contrafforti, nei muri di sostegno dei terrapieni. *8* Nella fortificazione medievale, la parte più elevata e più forte di una rocca, castello o fortezza, dominante l'ingresso principale e organizzata per sostenere l'estrema difesa dell'intero complesso fortificato. **B** agg. *1* Di sesso maschile: *animale m.*; *figlio m.*; *auguri, e figli maschi!* | *Fiore m.*, portante stami. *2* (*est.*) Virile, forte, robusto: *uomo, animo, comportamento m.*; *voce maschia*; *ogni m. pensier de l'alma tolle* (PETRARCA). *3* Si usa per indicare il sesso maschile di animali aventi uno stesso nome per tutti e due i generi: *una volpe m., una foca m., due aquile m.* ‖ **maschiàccio**, pegg. (V.) | **maschiétto**, dim. (V.) | **maschióna**, accr. f. (V.) | **maschióne**, accr. | **maschiòtta**, accr. f. (V.) | **maschiòtto**, accr. ‖ †**maschiaménte**, avv. (*raro*) Da maschio, in modo virile.

†**màschiolo** agg. ● Maschio.

maschióna o (*pop.*, *tosc.*) **mastióna**. s. f. *1* Accr. di *maschio*. *2* Maschiotta.

maschiòtta o (*pop.*, *tosc.*) **mastiòtta**. s. f. *1* Accr. di *maschio*. *2* Ragazzona bella e robusta.

maschismo s. m. ● (*raro*) Maschilismo.

maschista s. m. e f.; anche agg. (pl. m. *-i*) ● (*raro*) Maschilista.

†**mascolinàre** [da *mascolino*] v. tr. ● Rendere maschile: *m. un vocabolo*.

mascolinità [da *mascolino*, forse attraverso il fr. *masculinité*] s. f. *1* Carattere di mascolino. *2* (*stat.*) Rapporto fra il numero dei maschi e quello delle femmine o fra il numero dei maschi e l'ammontare complessivo della popolazione.

mascolinizzàre [fr. *masculiniser*, da *masculin* 'mascolino'] **A** v. tr. ● Far diventare maschio, mascolino: *m. il proprio abbigliamento*. **B** v. intr. pron. ● Rendersi simile a un maschio per abbigliamento, atteggiamenti e sim.: *è una bella ragazza, ma si sta mascolinizzando*.

mascolinizzazióne [fr. *masculinisation*, da *masculiniser* 'mascolinizzare'] s. f. ● (*raro*) Atto, effetto del mascolinizzare o del mascolinizzarsi.

mascolino [vc. dotta, lat. *masculīnu(m)*, agg. di *măsculus* 'maschio'] agg. ● Dotato delle caratteristiche fisiche o psicologiche di un maschio | Maschile, caratteristico del maschio: *tono m.*; *voce mascolina* | *Donna mascolina*, poco femminile nei modi, nel comportamento, nei lineamenti e sim. || **mascolinaménte**, avv. In modo mascolino, da maschio.

†**màscolo** ● V. *maschio*.

mascon /ingl. 'mæskɔn/ [vc. ingl., comp. di *mas(s)* 'massa' e *con(centration)* 'concentrazione'] s. m. inv. ● (*spec. al pl.*) Zone, dotate di notevoli proprietà magnetiche, che si trovano all'interno di certi mari della Luna.

mascóne [da *masca*] s. m. ● (*mar.*) Ciascuna delle due parti laterali della prora | *Prendere il mare al m.*, dirigere la nave in modo che le onde vengano a battere sul mascone di dritta o di sinistra.

mascotte /fr. mas'kɔt/ [vc. fr., dal provz. moderno *mascoto* 'sortilegio, portafortuna', da *masco* 'strega'. V. *masca*] s. f. inv. ● Persona o animale portafortuna: *la m. del reggimento, della squadra, dell'equipaggio*.

†**màsculo** ● V. *maschio*.

màser [sigla ingl. tratta dalle iniz. di *M(icrowave) A(mplification by) S(timulated) E(mission of) R(adiation)* 'amplificazione di microonde mediante emissione stimolata di radiazioni'] s. m. inv. ● Dispositivo che permette di amplificare una radiazione nel campo delle microonde.

masnàda [provz. *maisnada*, dal lat. parl. **mansionāta(m)*, dal lat. *mānsio*, genit. *mansiōnis* 'dimora, abitazione'. La 'masnada' era in origine l'insieme dei servi che abitavano nella casa del padrone] s. f. *1* †Compagnia, gruppo di gente: *così vid'io quella m. fresca / lasciar lo canto e gire inver la costa* (DANTE) | †Schiera d'armati, famiglia di servitori. *2* (*spreg.*) Compagnia, gruppo, accozzaglia di gente disonesta o violenta: *una m. di legulei, di imbroglioni, di furfanti, di assassini* | (*scherz.*) Insieme di molte persone rumorose: *siete una bella m.!*

masnadière o **masnadièro** [provz. *maisnadier*, da *maisnada* 'masnada'] s. m. (f. *-a* nel sign. 1, raro) *1* Assassino o brigante di strada: *fu colto / da stuol di masnadieri* (METASTASIO) | (*est.*) Persona disonesta, che non ispira fiducia: *faccia da m.* SIN. Bandito, furfante. *2* †Soldato della masnada. *3* †Fante o birro del bargello.

màso [dial. per *manso* (*1*)] s. m. ● Azienda agricola a conduzione familiare, comprensiva di casa d'abitazione, terreni circostanti e attrezzature tecniche per la lavorazione | *M. chiuso*, quello indivisibile per legge, non assegnabile che ad unico erede o legatario, tipico delle regioni altoatesine e gener. tirolesi.

masochismo [ted. *Masochismus*, dal n. del romanziere L. von Sacher-*Masoch* (1836-1895), autore di romanzi i cui personaggi costituiscono un esempio di questa perversione] s. m. *1* (*psicol.*) Forma di anomalia sessuale per cui il piacere si raggiunge mediante violenze e dolori fisici, esercitati sulla propria persona da se stessi o da altri. *2* (*est.*) Tendenza, quasi compiaciuta, a ricevere umiliazioni e maltrattamenti e, in genere, a soffrire.

masochista s. m. e f. (pl. m. *-i*) *1* Chi è affetto da masochismo. *2* (*est.*) Chi gode nel tormentare se stesso: *smettila con quell'atteggiamento da m.*

masochìstico agg. (pl. m. *-ci*) ● Di, da masochista. || **masochisticaménte**, avv.

masonite® [dal n. dell'inventore, l'ingegnere amer. W. H. *Mason*] s. f. ● Nome commerciale di materiale da costruzione formato di un conglomerato di trucioli, corteccia e cascame di segheria che, ridotto in poltiglia e successivamente laminato in fogli, viene usato come isolante termico e acustico per rivestimento di soffitti e pareti.

masòra o **maṣòra**, **massòra** [ebr. *massôrâh* 'tradizione'] s. f. ● L'insieme delle scuole rabbiniche che, fra il V e l'VIII sec. d.C., fissarono la retta tradizione manoscritta e la corretta pronunzia sinagogale del testo biblico | (*est.*) L'esegesi biblica sviluppata dalla masora.

masorèta o **maṣorèta**, **massorèta** s. m. (pl. *-i*) ● Ognuno dei maestri rabbinici che composero la masora | Studioso della masora.

masorètico o **maṣorètico**, **massorètico** agg. (pl. m. *-ci*) ● Relativo alla masora e ai masoreti.

masque /fr. mask/ [vc. fr., propriamente 'maschera', dall'it. *maschera*] s. m. inv. ● Spettacolo teatrale inglese, con musiche vocali e strumentali, fiorito in vari paesi fra il XVI e il XVII sec.

màssa [vc. dotta, lat. *măssa(m)*, nom. *măssa*, dal gr. *mâza* 'pasta', di etim. incerta] **A** s. f. *1* Quantità di materia unita in modo da formare un tutto compatto di forma indefinita: *m. informe, caotica*; *m. di terra, d'acqua* | *M. d'aria*, parte di troposfera in cui i vari elementi, spec. temperatura e umidità, hanno distribuzione orizzontale uniforme o quasi | (*anat.*) *M. sanguigna*, insieme di tutto il sangue contenuto nell'organismo | (*anat.*) *M. cerebrale*, l'encefalo nel suo complesso | *M. di carne*, (*spreg.*) persona priva di qualità spirituali. *2* Mucchio, quantità di cose aggregate della stessa specie o diverse, ma ancora distinte o distinguibili (*anche fig.*): *m. di grano, di mattoni, di legna, di mercanzie, di rottami, di libri*; *commettere una m. di errori, di stupidaggini, di sciocchezze*. *3* (*sociol.*) Insieme di persone più o meno socialmente omogenee, che presentano caratteri comuni sul piano psicologico e del comportamento collettivo: *la m. dei cittadini*; *il fermento delle masse* | *Le masse popolari*, il popolo lavoratore, contrapposto a chi detiene i mezzi di produzione | *Cultura di m.*, quella diffusa nei vari strati sociali grazie alla stampa, alla pubblicità, ai mezzi audiovisivi | *Mezzi di comunicazione di m.*, mass media. *4* (*est.*) Moltitudine: *una m. di dimostranti, di gitanti domenicali*; *una m. di gente lo acclamava* | *In m.*, tutti insieme, in blocco | *Far m.*, affollarsi | *Approvare, assolvere, condannare in m.*, tutti indiscriminatamente | (*est.*) Maggioranza: *la m. della nazione è scontenta* | (*spreg.*) Accolta di persone poco raccomandabili: *sono una m. di delinquenti, di fanfaroni*. *5* (*fis.*) Quantità di materia contenuta in un corpo | Grandezza fisica, espressa come modulo del rapporto fra la forza applicata a un corpo e l'accelerazione impressa al corpo stesso, costante e indipendente dalla velocità nella meccanica classica, dipendente dalla velocità in quella relativistica | *M. elettrica*, quantità di elettricità | *M. magnetica*, quantità di magnetismo, positiva o negativa, pensata, impropriamente, isolata. *6* (*elettr.*) Parte del circuito elettrico di una macchina o apparecchiatura consistente nella sua struttura metallica, generalmente collegata a terra: *collegare, mettere a m.* *7* Nelle arti figurative, addensamento di colori in un punto: *m. di luce, d'ombra in un quadro* | Nelle sculture e nelle opere architettoniche, il volume come entità materica percepibile: *il gioco delle masse in un palazzo barocco*. *8* (*mus.*) Insieme di voci o di strumenti: *m. degli ottoni, dei violini* | *M. orchestrale*, tutti i suonatori di un'orchestra | *M. corale*, l'insieme dei coristi. *9* (*dir.*) Complesso delle attività e passività costituenti un dato patrimonio: *m. fallimentare* | *M. ereditaria*, complesso del patrimonio del defunto. SIN. Asse ereditario | *M. dei creditori*, tutti i creditori insieme | *M. grande, piccola*, tipi di emolumenti per canonici. *10* (*mil.*) Quantità di viveri, munizioni, attrezzi necessari a un esercito | Grosso di truppe concentrate in un unico luogo. *11* †Podere, fondo, masseria | Riunione di poderi e case rurali in una specie di comune con propria amministrazione, originaria dell'alto Medioevo, di cui resta traccia in taluni toponimi: *Massa Marittima*; *Massalombarda*. *12* (*raro, lett.*) Pasta per il pane: *buona è la m ... / di puro grano* (PASCOLI). *13* †Stiacciata, torta. || **massàccia**, pegg. | **masserèlla**, dim. | **massétta**, dim. | **massèllo**, dim. m. (V.) | **masserèlla**, dim. | **massicèlla**, dim. **B** in funzione di agg. inv. ● (posposto al s.) Nelle loc. *uomo m.*, uomo medio, dotato di idee stereotipate, prototipo della società di massa considerata come mancante di individualità e di responsabilità sociale | *Grammo m.*, millesima parte del kilogrammo massa | *Kilogrammo m.*, unità di massa nel sistema M.K.S. definita come massa del kilogrammo campione depositato a Sèvres. **C** avv. ● (*sett.*) †Molto: *m. grande*.

massacrànte part. pres. di *massacrare*; anche agg. *1* Nei sign. del v. *2* Estremamente faticoso: *lavoro, viaggio m.*

massacràre [fr. *massacrer*, da *massacre* 'massacro'] v. tr. *1* Trucidare vittime inermi o indifese: *m. un gruppo di ostaggi*; *m. un branco di gazzelle*. *2* Malmenare: *lo massacrarono di botte* | Ridurre q.c. in pessimo stato, rovinare: *devi vedere come hanno massacrato quella povera casa!* | *M. un lavoro*, eseguirlo molto male. *3* (*fig.*) Logorare, stremare: *il viaggio mi ha massacrato*; *una fatica che massacra*.

massacratóre [fr. *massacreur*, da *massacrer* 'massacrare'] s. m.; anche agg. (f. *-trice*) ● Chi, che massacra.

massàcro [fr. *massacre*, di etim. incerta] s. m. *1* Eccidio, strage, carneficina, macello: *m. di prigionieri, di schiavi, di animali*. *2* (*fig.*) Disastro, rovina: *i tuoi abiti sono un vero m.!*; *la rappresentazione è stata un m.* *3* (*arald.*) Testa di cervo o di altro mammifero scarnata e posta di fronte.

massaggiagengive [comp. di *massaggia(re)* e il pl. di *gengiva*] s. m. inv. ● Piccolo oggetto in gomma di varia forma che il bambino mastica durante la prima dentizione.

massaggiàre v. tr. (*io massàggio*) ● Sottoporre a massaggio, trattare con massaggi: *m. un arto, il fianco, la zona contusa*.

massaggiatóre s. m. (f. *-trice* nel sign. 1) *1* Persona esperta nel praticare massaggi: *il m. della squadra di calcio*. *2* Apparecchio usato per praticare massaggi: *m. a cinghia*; *m. manuale*.

massaggiatùra s. f. ● (*raro*) Atto, effetto del massaggiare.

massàggio [fr. *massage*, da *masser*, dall'ar. *mass* 'toccare, palpare'] s. m. ● Trattamento dei muscoli e delle articolazioni con manovre manuali per facilitare la circolazione sanguigna e la mobilizzazione articolare | *M. cardiaco*, manipolazione manuale del muscolo cardiaco in casi di arresti improvvisi della sua funzione per facilitarne la ripresa dell'attività contrattile.

massàia [f. di *massaio*] s. f. *1* Donna che tiene il governo e l'amministrazione della propria casa: *essere una buona, una cattiva m.* *2* (*raro*) Moglie del massaio. *3* †Donna attempata | †Domestica, governante. || **massaiétta**, dim.

massàio o (*dial.*) **massàro** [lat. mediev. *massāriu(m)*, da *măssa*, nel senso di 'insieme di fondi agricoli'] s. m. (f. *-a* (V.)) *1* Conduttore di un podere, di cui presiede ai lavori e cura il bestiame. SIN. Capoccia. *2* †Pubblico ufficiale incaricato di amministrare i beni del comune. *3* †Amministratore, economo. *4* (*lett.*) Uomo accorto nella gestione dei propri beni. *5* †Anziano, vecchio. || **massaiòtto**, dim.

†**massàre** [da *massa*] **A** v. tr. ● Unire in massa. **B** v. intr. pron. ● Ammassarsi.

†**massarìa** ● V. *masseria*.

†**massarìzia** ● V. *masserizia*.

massàro ● V. *massaio*.

massellàre [da *massello*] v. tr. (*io massèllo*) ● Ridurre un metallo greggio rovente in masselli battendolo con il maglio o con il martello.

massellatùra s. f. ● Operazione del massellare.

massèllo s. m. *1* Dim. di *massa*. *2* Lingotto di metallo battuto col maglio | *Oro di m.*, massiccio, puro. *3* (*arch.*) Parallelepipedo costituito da un solo blocco di pietra o di calcestruzzo | *Lavorato in m., a m.*, detto di qualunque pezzo di pietra naturale non ricavabile per semplice taglio della lastra. *4* Blocco d'acciaio che contiene la bascula e le batterie nei fucili da caccia. **5** (*bot.*) Durame. **6** Legno massiccio usato in falegnameria: *mobili in massello*.

masseria o (*dial.*) †**massaria** [da *massaro*] s. f. **1** Vasto podere con fabbricati e servizi | *Contratto di m.*, nel diritto feudale, contratto agrario tra proprietario o concessionario di terre e massaro. **2** (*est.*) Nell'ordinamento feudale, tributo che il massaro deve al signore. **3** Ufficio di massaro. **4** (*raro*) Mandria maremmana. **5** †Quantità di mercanzia.

masserizia o (*dial.*) †**massarizia** [lat. mediev. *massarīcia(m)*, f. di *massarīcius* 'che appartiene al massaio'] s. f. **1** (*spec. al pl.*) Suppellettili o mobili di una casa | Il loro insieme. **2** †Quantità di mercanzia o bestiame | †Provvista. **3** †Governo della casa | †Economia, risparmio: *la m. si dice essere utilissima a ben godere le ricchezze* (ALBERTI). || **masseriziàccia**, pegg. | **masseriziuòla**, dim.

†**masserizióso** [da *masserizia*] agg. • Economo, risparmiatore.

massése **A** agg. • Della città di Massa, in Toscana. **B** s. m. e f. • Abitante, nativo di Massa.

massetère [vc. dotta, gr. *masētḗr*, genit. *masētêros* (*mŷs*) '(muscolo) masticatore', da *masâsthai* 'masticare', di origine indeur.] s. m. • (*anat.*) Muscolo masticatorio nastriforme posto nella parte posteriore della faccia, che ha la funzione di alzare la mandibola. ➡ ILL. p. 362 ANATOMIA UMANA.

massetèrico agg. (pl. m. *-ci*) • (*anat.*) Del massetere.

masséto [da *masso*] s. m. • Terreno non dissodato o coperto di massi.

masseur /*fr.* ma'sœr/ [vc. fr., da *masser* 'massaggiare'. V. *massaggio*] s. m. inv. (f. fr. *masseuse*) • Massaggiatore.

massicciàre v. tr. • Eseguire una massicciata stradale.

massicciàta [da *massiccio*] s. f. **1** Parte del corpo stradale formata da uno strato di ghiaia e pietrisco convenientemente compresso in modo da ottenere una superficie liscia e resistente al carreggio. **2** (*ferr.*) Ballast.

massicciatóre [da *massicciata*] s. m. • Operaio addetto all'esecuzione di massicciate stradali.

massiccio [da *massa*] **A** agg. (pl. f. *-ce*) **1** Che è formato da una sola massa solida e compatta, priva di vuoti all'interno o di aggiunte e coperture all'esterno: *colonna massiccia*; *una statua d'oro m.*; *un tavolo di noce m.* **2** Che è sodo, unito e compatto: *muscolatura massiccia* | (*est.*) Privo di snellezza, sveltezza o eleganza: *una costruzione non brutta, ma troppo massiccia* | *Corporatura massiccia*, tarchiata, atticciata. **3** (*fig.*) Grave, pesante: *una massiccia erudizione appare dai suoi scritti*; *è un professore m.* | (*est.*) Grossolano: *sproposito m.* **4** (*fig.*) Che raggiunge un alto grado di intensità e violenza: *una massiccia scarica di pugni*. **B** s. m. **1** Montagna a larga base, poco articolata: *il Massiccio Centrale*. **2** (*mar.*) *M. di poppa, di prua*, l'insieme dei pezzi di costruzione, cioè bracciuoli, controdritti, controchiglia, controruota e pezzi di riempimento. **3** *M. di protezione*, parte del giacimento che non viene coltivata per evitare dislocazioni del terreno nocive alla stabilità di pozzi di miniera, gallerie ed altre opere permanenti necessarie alla miniera. || **massiccióne**, accr. || **massicciaménte**, avv.

màssico (1) [da *massa*] agg. (pl. m. *-ci*) **1** (*fis.*) Relativo alla massa, detto di grandezza fisica | *Potenza massica di un motore*, rapporto intercorrente fra la potenza massima del motore e la sua massa. **2** (*fis.*, *impr.*) Di massa | *Portata massica*, portata misurata in massa riferita al tempo.

màssico (2) [vc. dotta, lat. *Massicu(m)*, n. di un monte tra il Lazio e la Campania, famoso per il suo vino] **A** agg. (pl. m. *-ci*) • Che si riferisce al monte Massico in Campania. **B** s. m. • Celebre vino dell'antichità romana prodotto con uve della Campania.

massicot /*fr.* masi'ko/ [fr. *massicot*, dall'it. *marzacotto*] s. m. inv. • (*chim.*) Ossido giallo amorfo di piombo ottenuto riscaldando con moderazione l'idrato o il nitrato di piombo in forni a riverbero.

massicòtto s. m. • Adattamento di *massicot* (V.).

massificàre [comp. di *massa* e *-ficare*] v. tr. (*io massìfico, tu massìfichi*) • Spec. nel linguaggio sociologico, rendere massa, portare a uno stesso livello, eliminando così personalità e individualità: *il consumismo massifica gli individui*.

massificàto part. pass. di *massificare*; anche agg. • Nel sign. del v.

massificazióne s. f. **1** Atto, effetto del massificare. **2** Caratteristica delle società industriali progredite, per cui il livello di vita, il comportamento e la concezione del mondo dei componenti di tali società tendono ad assumere valori standardizzati.

massillìpede [comp. del lat. *maxĭlla* 'mascella', e *pēs*, genit. *pĕdis* 'piede'] s. m. • (*zool.*) Ognuno degli arti toracici trasformati in appendici boccali presenti in molti Crostacei.

màssima [f. sost. di *massimo*] s. f. **1** Principio o verità generale che serve di norma, guida o regola: *avere per m.*; *imprimersi bene in mente una m.*; *ragionar de' particolari per assiomi o ... massime* (VICO) | *In m.*, *in linea di m.*, nell'insieme, nel complesso, in generale | *Questione di m.*, che non scende ai particolari e si limita al quadro generale di q.c. | (*est.*) Regola personale: *la sua m. è rispettare gli altri*. **2** Sentenza, precetto: *un libro di massime morali*; *è imbevuto di massime false, perverse* | Detto, motto: *una m. piena di arguzia*. **3** (*dir.*) Principio di diritto cui un'autorità giudiziaria, spec. la Corte di Cassazione, si è attenuta nell'emanazione della propria decisione: *m. di una sentenza della Corte di Cassazione*. **4** Grado massimo di temperatura, pressione barometrica e sim.: *la m. di oggi è elevata* | *Termometro a m.*, che registra la massima. **5** Antica figura musicale del valore di due lunghe.

massimàle [ted. e ingl. *maximal*, dal lat. *măximus* 'massimo'] **A** agg. • Massimo: *prezzo m.* **B** s. m. **1** Limite massimo. **2** Somma massima su cui si calcolano trattenute o contributi.

massimalismo [da *massimalista*] s. m. • Corrente del movimento socialista che, in opposizione ai riformisti, propugna il programma massimo per rovesciare il sistema capitalistico | (*est.*) In un partito politico, la corrente che con intransigenza ideologica e pratica propugna il programma massimo.

massimalista [fr. *maximaliste*, da *maximum* 'massimo'; era detto così chi voleva attuare il programma *massimo* del socialismo, in opposizione a *minimalista*] s. m. e f. (pl. m. *-i*) • Fautore, sostenitore del massimalismo.

massimalìstico agg. (pl. m. *-ci*) • Che concerne il massimalismo o i massimalisti.

massimàre [da *massimo*] v. tr. **1** (*mat.*) Eseguire delle operazioni tali da fare assumere a una funzione il suo valore massimo. **2** (*dir.*) Estrarre la massima da una sentenza.

massimàrio [comp. di *massim(a)* e *-ario*] s. m. **1** Raccolta di massime e precetti su di una data materia o soggetto. **2** (*dir.*) Raccolta delle massime contenute nelle decisioni della Corte di Cassazione o di altra autorità giudiziaria: *m. della Cassazione*; *m. della Corte di giustizia delle Comunità Europee*.

màssime [lat. *măxime* 'massimamente', da *măximus* 'massimo'] avv. • (*lett.*) Soprattutto, massimamente, specialmente: *sassi in specie non ne tiro più. / E m. a le piante* (CARDUCCI).

massimìnimo o **massimomìnimo** [comp. di *massimo* e *minimo*] s. m. • (*mat.*) Massimo tra i valori minimi di una funzione.

massimizzàre [fr. *maximiser*, da *maximum* 'massimo'] v. tr. • (*raro*) Rendere massimo, portare al massimo.

massimizzazióne [fr. *maximisation*, da *maximiser* 'massimizzare'] s. f. • (*raro*) Atto, effetto del massimizzare.

màssimo [lat. *măximu(m)*, sup. di *măgnus* 'grande'. V. *magno*] **A** agg. (sup. di *grande*) **1** Grandissimo, sommo, estremo: *altezza, dimensione, profondità, distanza massima* | Il più grande: *poeta m.*; *avere la massima stima, il m. rispetto per qc.*; *ottenere il m. effetto col minimo mezzo* | *Il m. poeta*, (*per anton.*) Dante | *Il m. fattore*, Dio | *Tempo m.*, il più lungo concesso per portare a termine q.c. | *Temperatura massima*, la più elevata di un determinato periodo di tempo in un certo luogo | *Al m. grado*, massimamente | *In massima parte*, nella parte di gran lunga maggiore | *Al m.*, al più. CONTR. Minimo. **2** (*sport*) *Peso m.*, la categoria maggiore in cui sono suddivisi i pugili secondo il loro peso fisico e (*est.*) ogni pugile appartenente a tale categoria. **3** (*mat.*) *M. comun divisore*, il più grande fra i divisori comuni di più numeri | *Cerchio m.*, che divide la sfera in due parti eguali. || **massimaménte**, avv. **1** Soprattutto, principalmente. **2** †Moltissimo. **B** s. m. **1** Il grado, o punto più elevato per misure, quantità, dimensioni e sim.: *ottenere il m. dei voti*; *il m. della pena* | *Il m.*, quanto di meglio può esserci: *per il pesce, questo ristorante è il m.* CONTR. Minimo. **2** (*sport*) *Peso m.*, categoria compresa tra i supermassimi e i massimi leggeri in cui sono suddivisi i pugili secondo il loro peso fisico; (*est.*) ogni pugile appartenente a tale categoria. **3** (*mat.*) Elemento d'un insieme ordinato che segue tutti gli altri.

massimoleggèro [comp. di *massimo* e *leggero*] **A** agg. (pl. m. *massimileggèri*) • (*sport*) *Pesi massimileggeri*, categoria, immediatamente inferiore a quella dei massimi, in cui sono suddivisi i pugili secondo il loro peso fisico | *Peso massimoleggero*, pugile appartenente a tale categoria. **B** s. m. • Peso massimoleggero.

massimomìnimo • V. *massiminimo*.

massivo [fr. *massif*, da *masse* 'massa'] agg. **1** (*med.*) Che interessa tutta una massa: *asportazione massiva di un tumore* | *Emorragia massiva*, che interessa tutta la massa sanguigna. **2** Che presenta caratteri di massa: *emigrazione massiva*. || **massivaménte**, avv.

mass media /mas'midja, *ingl.* mæs 'mi:djə/ [ingl., propriamente 'mezzi di massa', comp. di *mass* 'massa' e *media*, pl. di *medium* 'mezzo' (dal lat. *mĕdium* 'mezzo')] loc. sost. m. pl. • L'insieme di tutti gli strumenti di divulgazione dell'industria culturale, quali la stampa, il cinema, la televisione.

massmediàle [da *mass media*] agg. • Massmediatico.

massmediàtico /masme'djatiko/ agg. (pl. m. *-ci*) • Di, relativo ai mass media. SIN. Massmediale.

massmediologìa [comp. di *mass media* e *-logia*] s. f. • Studio dei mass media e dei problemi connessi al loro uso.

massmediològico agg. (pl. m. *-ci*) • Relativo ai mass media o alla massmediologia.

massmediòlogo [comp. di *mass media* e *-logo*] s. m. (f. *-a*; pl. m. *-gi*) • Studioso di mass media, esperto di massmediologia.

màsso [da *massa*] s. m. **1** Sasso o roccia di grandi dimensioni: *un m. sporgente dai fianchi della montagna* | (*est.*, *fig.*) Persona che non manifesta commozioni, turbamenti o che non si lascia smuovere dalle sue decisioni e convinzioni: *quell'uomo è un m.* | (*fig.*) *Dormire come un m.*, sodo, profondamente. SIN. Macigno. **2** (*est.*) Blocco di pietre.

massochinesiterapìa [comp. di *masso(terapia)* e *chinesiterapia*] s. f. • (*med.*) Metodo di cura che abbina la massoterapia e la chinesiterapia.

massofisioterapìa [fr. *massophysiothérapie*, comp. di *masso(thérapie)* 'massoterapia' e *physiothérapie* 'fisioterapia'] s. f. • (*med.*) Metodo di cura che abbina la fisioterapia e la massoterapia.

massofisioterapista s. m. e f. (pl. m. *-i*) • (*med.*) Chi pratica la massofisioterapia.

massolétta [da *masso*] s. f. **1** (*raro*) Particella di minima massa. **2** (*raro*) †Molecola.

massóne [fr. *maçon*, propriamente 'muratore', dal lat. tardo *machiōne(m)*, di origine germ. (cfr. il ted. *machen* 'fare, fabbricare'). V. *frammassone*] s. m. • Membro della, affiliato alla, massoneria.

massonerìa [da *frammassoneria*] s. f. **1** Associazione segreta costituitasi in forma organizzata nel XVIII sec. in Inghilterra, ispirata al razionalismo e al deismo e al principio dell'affrancamento da soggezioni politiche, e diffusa in molte parti del mondo con vari riti e scopi. **2** (*est.*) Tendenza all'aiuto reciproco e alla collaborazione fra appartenenti a uno stesso ambiente o gruppo.

massònico [fr. *maçonnique*, da *maçon* 'massone'] agg. (pl. m. *-ci*) • Che concerne la massoneria: *riti, emblemi massonici*.

massòra e *deriv.* • V. *masora* e *deriv.*

massóso [da *masso*] agg. • (*raro*) Pieno di massi, costituito da massi.

massoterapìa [fr. *massothérapie*, comp. di *mas-*

ser 'massaggiare' e *thérapie* 'terapia'] s. f. • Cura mediante massaggio.

massoteràpico agg. (pl. m. *-ci*) • Di massoterapia: *cure massoterapiche; trattamenti massoterapici.*

massoterapista s. m. e f. (pl. m. *-i*) • Chi pratica la massoterapia.

màstaba [ar. *mastaba* 'banco'] s. f. • Monumento funerario egizio a forma di tronco di piramide.

†**mastàcco** [da avvicinare a *bastagio* 'facchino' (?)] agg. • Di corporatura tarchiata e robusta.

†**mastaccóne** [da †*mastacco*] agg.; anche s. m. (f. *-a*) • (*raro*) Che, chi è robusto e tarchiato.

mastadenìte [comp. di *mast(o-)* e *adenite*] s. f. • (*med.*) Mastite.

mastalgìa [comp. di *mast(o-)* e *-algia*] s. f. (pl. *-gie*) • (*med.*) Mastodinia.

mastàlgico agg. (pl. m. *-ci*) • (*med.*) Di mastalgia.

mastatrofìa [comp. di *mast(o-)* e *atrofia*] s. f. • (*med.*) Atrofia della ghiandola mammaria.

mastcèllula [ted. *Mastzelle*, comp. di *Mast* 'nutrizione' e *Zelle* 'cellula'] s. f. • (*biol.*) Cellula del sistema reticolo-endoteliale, voluminosa, con nucleo rotondo, ricca di istamina e di eparina.

mastectomìa [comp. di *mast(o)* ed *-ectomia*] s. f. • (*chir.*) Asportazione della mammella.

mastectomizzàre v. tr. • (*chir.*) Sottoporre a mastectomia.

mastectomizzàto part. pass. di *mastectomizzare*; anche agg. • Nel sign. del v.

mastelcòsi [comp. di *mast(o)* e del gr. *hélkōsis* 'ulcerazione', da *hélkos* 'piaga, ferita'] s. f. • (*med.*) Ulcera della ghiandola mammaria.

mastèlla s. f. • (*dial.*) Mastello. || **mastellétta**, dim.

mastèllo [dal gr. biz. *mastós* 'vaso a forma di mammella'] s. m. *1* Alto recipiente in legno, più largo di bocca che di fondo, a doghe, con una o due doghe sporgenti e forate per infilarvi una corda o una stanga al fine di facilitarne il trasporto: *un m. di olive, d'uva, di vino.* *2* Conca di forma analoga ma di minori dimensioni, per bucato o altri usi domestici.

màster /'master, *ingl.* 'ma:stə*/ [vc. ingl., propriamente 'maestro, mastro'] s. m. inv. *1* Chi, già fornito di una laurea, segue un corso di specializzazione, affinamento o qualificazione in una disciplina o branca professionale presso un'apposita scuola post-universitaria | Il corso di specializzazione stesso, spec. in discipline aziendali | Il titolo, la qualifica professionale che ne consegue. *2* (*sport*) Torneo di tennis o anche di altro sport a cui sono ammessi a partecipare solo i migliori giocatori del mondo. *3* Nella registrazione di supporti magnetici e ottici, l'originale dal quale si procede alla duplicazione.

Mastermind® /*ingl.* 'ma:stə maind/ [nome commerciale, propriamente vc. ingl. 'mente superiore, cervellone', comp. di *master* (V.) e *mind* 'mente'] s. m. inv. • Gioco svolto tra due avversari che, spostando chiodi colorati su un'apposita tavoletta, cercano di ricostruire la combinazione segreta di colori composta inizialmente dall'avversario.

masticàbile agg. • Che si può masticare.

†**masticacchiàre** v. tr. e intr. • Masticare poco e svogliatamente.

masticaménto s. m. • (*raro*) Modo e atto del masticare.

masticàre [lat. tardo *masticāre*, dal gr. *mastichân* 'digrignare i denti', da *mástax*, genit. *mástakos* 'bocca', di etim. incerta] v. tr. (*io màstico, tu màstichi*) *1* Schiacciare q.c. ripetutamente coi denti, anche senza triturarla (*anche ass.*): *m. bene il cibo; m. tabacco, gomma americana; tiravano fuori dalla bisaccia la scarsa merenda, ... masticando adagio adagio* (VERGA) | *M. amaro, m. veleno,* (*fig.*) soffrire in silenzio per ira, rabbia e sim. | *M. male q.c.,* (*fig.*) intenderla o sopportarla male. *2* (*fig.*) Borbottare, biascicare: *m. salmi, paternostri; m. delle scuse* | *M. male una lingua,* non saperla parlare | *M. un po' di greco, di francese,* conoscerlo o parlarlo imperfettamente e poco. *3* (*fig.*) Meditare, ruminare: *m. l'offesa con rancore.*

†**masticaspavènto** [comp. di *mastica(re)* e *spavento*] s. m. e f. • Persona molto paurosa.

masticatìccio s. m. • Cosa masticata o che si sta masticando: *stai rugumando il tuo m.* (D'ANNUNZIO).

masticàto part. pass. di *masticare*; anche agg. *1* Nei sign. del v. *2* (*fig.*) Assimilato, fatto proprio: *nozioni mal masticate.*

masticatóio [da *masticare*] s. m. • Catenina ad anelli di ferro che si mette in bocca ai cavalli per favorirne la salivazione.

masticatóre agg.; anche s. m. (f. *-trice*) • Che, chi mastica.

masticatòrio **A** agg. • Relativo alla masticazione. **B** s. m. • Sostanza da masticarsi per aumentare la secrezione salivare.

masticatùra s. f. *1* Cosa masticata | Avanzo di cosa masticata: *sputare la m.* *2* (*raro*) Masticamento.

masticazióne s. f. • Atto, effetto del masticare: *la m. è parte della digestione.*

màstice [vc. dotta, lat. *mästiche(n)*, nom. *mästiche*, dal gr. *mastíchē*, da *mástax* 'bocca'. V. *masticare*] s. m. *1* Resina balsamica che geme dal lentischio, usata per vernici e in fotografia. *2* Miscuglio più o meno complesso che serve ad attaccare oggetti vari fra loro: *m. ad olio, alla caseina.*

mastiettàre • V. *maschiettare* e *deriv.*

mastigamèba [comp. di *mastig(o)* e *ameba*] s. f. • Genere di Protozoi Flagellati con corpo ameboide provvisto di flagello (*Mastigamoeba*).

màstigo- [dal gr. *mástix*, genit. *mástigos* 'frusta'] primo elemento • In parole composte della terminologia zoologica, significa 'frusta, flagello': *mastigameba, mastigofori.*

Mastigòfori [V. *mastigoforo*] s. m. pl. • (*zool.*) Flagellati.

mastigòforo [vc. dotta, lat. tardo *mastigŏphoru(m)*, nom. *mastigŏphorus*, dal gr. *mastigophóros*, comp. di *mástix*, genit. *mástigos* 'frusta' e *-foro*] s. m. • Nell'antica Grecia, guardia armata di sferza, che aveva il compito di mantenere l'ordine pubblico spec. durante le manifestazioni ufficiali.

mastìno [ant. fr. *mastin*, dal lat. parl. **mansuetīnu(m)*, da *mansuētus* 'mansueto'] s. m. • Cane da guardia, massiccio, fortissimo, coraggioso, con testa larga, petto largo e profondo, dorso forte e muscoloso.

†**mastinòtto** [da *mastino*] agg. • Goffo, grossolano.

màstio e *deriv.* • V. *maschio* e *deriv.*

mastìte [comp. di *mast(o)* e *-ite* (*1*)] s. f. • (*med.*) Infiammazione della ghiandola mammaria. SIN. Mastadenite.

màsto- [dal gr. *mastós* 'mammella'] primo elemento • In parole composte della terminologia scientifica, significa 'mammella': *mastodinia.*

mastocarcinòma [comp. di *masto-* e *carcinoma*] s. m. (pl. *-i*) • (*med., raro*) Carcinoma della mammella.

mastocìta o **mastocìto** [comp. di *masto-* e *-cita* (o *-cito*)] s. m. • (*biol.*) Mastcellula.

mastodinìa [comp. di *masto-* e del gr. *odýnē* 'dolore'] s. f. • (*med.*) Sensazione dolorosa alla mammella con tensione e inturgidimento della ghiandola. SIN. Mastalgia.

mastodónte [comp. di *masto-* e del gr. *odóus*, genit. *odóntos* 'dente'; detti così perché i molari sembravano, per la forma, capezzoli di una mammella] s. m. *1* Elefante dell'era terziaria, provvisto di zanne su mandibola e mascella, inegualmente sviluppate, corpo lungo, arti corti (*Mastodon*). ➡ ILL. **paleontologia**. *2* (*fig.*) Persona grande, grossa e lenta di movimenti.

mastodòntico [da *mastodonte*] agg. (pl. m. *-ci*) • Grandissimo, enorme, gigantesco: *errore m.; tavolo, armadio m.*

mastoflogòsi o **mastoflògosi** [comp. di *masto-* e *flogosi*] s. f. • (*med.*) Mastite.

mastografìa [comp. di *masto-* e *-grafia*] s. f. • (*med., raro*) Mammografia.

mastòide [vc. dotta, gr. *mastoeidḗs* 'simile a mammella', comp. di *mastós* 'mammella' e *-eidḗs* '-oide', per la forma] s. f. • (*anat.*) Apofisi a forma di cono dell'osso temporale, situata dietro il padiglione dell'orecchio.

mastoidectomìa [comp. di *mastoid(e)* ed *-ectomia*] s. f. • (*chir.*) Operazione che consiste nell'apertura e svuotamento della mastoide, nei casi di mastoidite purulenta.

mastoidèo agg. • (*anat.*) Della mastoide.

mastoidìte [comp. di *mastoide* e *-ite* (*1*)] s. f. • (*med.*) Infiammazione della mastoide.

mastopatìa [comp. di *masto-* e *-patia*] s. f. • (*med.*) Affezione mammaria.

mastoplàstica [comp. di *masto-* e *plastica*] s. f. • (*chir.*) Intervento di chirurgia plastica sulla mammella a scopo estetico o ricostruttivo.

mastoptòsi [comp. di *masto-* e *ptosi*] s. f. • (*med.*) Abbassamento delle mammelle femminili.

màstra (*1*) [gr. *máktra*, da *mássein* 'impastare'. V. *massa*] s. f. *1* Grossa madia dove i fornai impastavano il pane. *2* Cassone per la lavorazione del tabacco. *3* Arnese dei conciatori.

màstra (*2*) [V. *maestra* nel sign. 4] s. f. • (*mar.*) Apertura ellittica fatta nei ponti per il passaggio dell'albero, composta di un robusto massiccio di due traverse tra due bagli e di due cuscini incastrati tra le traverse.

mastrìno [propriamente dim. di *mastro* nel sign. B2] s. m. • Ciascuno dei conti di contabilità generale.

màstro [lat. *magĭstru(m)* 'maestro'] **A** s. m. (f. *-a*) *1* V. *maestro* nel sign. A1. *2* Artigiano o artefice provetto: *m. muratore, legnaiuolo* | *Capo m.*, V. capomastro | (*scherz.*) *M. impicca*, il boia. *3* Libro mastro. **B** agg. *1* V. *maestro* nel sign. B1. *2* *Libro m.*, registro che raccoglie tutte le partite specificate negli altri libri riportate nel dare e nell'avere dei singoli conti. || **mastrìno**, dim. (V.).

mastrùca o **mastrùcca** [vc. dotta, lat. *mastrūca(m)*, di orig. preindeur.] s. f. • Giaccone di pelle di capra o di montone portato un tempo dai pastori.

masturbàre [vc. dotta, lat. *masturbāri*, di etim. discussa: la prima parte della parola dovrebbe essere *mănus* 'mano', ma la seconda parte è più incerta] **A** v. tr. • Provocare il piacere sessuale mediante manipolazione dei genitali. **B** v. rifl. • Provocare il piacere sessuale su se stessi mediante manipolazione dei propri genitali.

masturbatóre [vc. dotta, lat. *masturbatōre(m)*, da *masturbāri* 'masturbare'] s. m. (f. *-trice*); anche agg. • Chi, che pratica la masturbazione su sé stesso o su altri.

masturbatòrio agg. • Relativo alla masturbazione: *pratiche masturbatorie.*

masturbazióne [fr. *masturbation*, dal lat. *masturbāri* 'masturbare'] s. f. • Atto del masturbare e del masturbarsi | (*est. fig.*) Autocompiacimento morboso e narcisistico: *m. intellettuale.*

masùrio [dai laghi *Masuri*, in Polonia] s. m. • (*chim.*) Tecnezio.

masùt o **mazùt** [russo *mazut*, dall'ar. *makzulat* 'residui', attraverso il turco tartaro] s. m. inv. • Combustibile minerale derivante dalla lavorazione dei petroli russi.

mat /*ingl.* mæt/ [vc. ingl., dal fr. *mat* 'opaco, non brillante', dal lat. *măttu(m)* 'umido'] agg. inv. • Opaco, satinato, detto di carta, anche fotografica, di superficie verniciata, metallica e sim.

matador /*sp.* mata'dor/ [vc. sp., da *matar* 'uccidere', dal lat. *mactāre*. V. *mattare* (*2*)] s. m. inv. *1* Il torero che, nella corrida, ha il compito di uccidere il toro con la spada e a piedi. SIN. Espada. *2* (*raro, fig.*) Mattatore nel sign. 2.

matafióne o **mattafióne** [etim. incerta] s. m. • (*mar.*) Ciascuno dei cavetti fissati alle vele e alle tende che servono per sostenerle a pennoni, antenne, draglie o per serrarle | *M. di terzarolo*, quello che serve per prendere una mano di terzaroli. ➡ ILL. p. 1757 TRASPORTI.

matàllo [vc. di origine preindeur.] s. m. • (*bot.*) Sorbo degli uccellatori.

matamàta [vc. tupì] s. f. • Tartaruga sudamericana di acqua dolce, con lungo collo, testa triangolare e appiattita e muso che si prolunga in una specie di proboscide sottile (*Chelus fimbriatus*).

matamòro [sp. *matamoros* 'uccisore di mori', personaggio di commedia che si vantava di imprese straordinarie, esagerandole o addirittura inventandole] s. m. • Millantatore, spaccone, gradasso.

matapàn o **matapàne** [ar. *mautabān*, n. di una moneta in corso durante le crociate] s. m. • Moneta veneziana d'argento del valore di 12 denari, coniata per la prima volta nel 1202 sotto il doge Enrico Dandolo.

†**mataràzzo** • V. *materasso.*

matàssa [lat. *matăxa(m)*, nom. *matăxa*, dal gr. *mátaxa, métaxa* 'seta', di etim. incerta] s. f. *1* Insieme di fili avvolti a mano o con l'aspo, disposti ordinatamente in più giri uno sull'altro: *una m. di cotone, seta, lana, spago* | *Innaspare la m.*, ridurre il filo in matassa sull'aspo | *M. arruffata*, i cui fili sono ingarbugliati, per cui non si riesce a trovarne il bandolo o capo e (*fig.*) affare confuso e imbrogliato | *Arruffare la m.*, (*fig.*) confondere o complicare le cose | *Cercare il bandolo della m.*, (*fig.*) il punto da cui inizia la soluzione di q.c. | *Ravviare, dipanare la m.*, svolgerla dopo averne trovato il bandolo e (*fig.*) risolvere un problema, una questione complessa e sim. | (*est.*) Insieme di cose avviluppate a mo' di matassa: *una m. di cinghie, di serpi*. *2* (*fig.*) Imbroglio, intrigo, confusione | *Mettere nella m.*, nell'imbroglio | *Reggere la m.*, fare il mezzano. *3* (*elettr.*) Parte dei conduttori avvolti sullo statore o sul rotore di una macchina elettrica costituenti un insieme costruttivo. || **matassàccia**, pegg. | **matassèlla**, dim. | **matassétta**, dim. | **matassìna**, dim. | **matassìno**, dim. m.

†**matassàta** s. f. • Quantità di matasse.

matassatóre s. m. (f. *-trice*) • Operaio tessile addetto alla matassatura.

matassatùra s. f. • Operazione con cui nell'industria dei filati si fanno le matasse.

match /*ingl.* mætʃ/ [vc. ingl., *to match* 'gareggiare', dall'ant. ingl. *mac-ian* 'fare', di origine germ.] s. m. inv. (pl. ingl. *matches*) *1* Incontro sportivo, spec. di pugilato. *2* Nell'ippica, corsa nella quale sono impegnati due soli cavalli.

match ball /*ingl.* 'mætʃ bɔːl/ [loc. ingl., propr. 'palla (*ball*) partita (*match*)'] loc. sost. m. inv. (pl. ingl. *match balls*) • (*sport*) Nel tennis, palla che dà la possibilità di vincere l'incontro.

match point /*ingl.* 'mætʃ pɔint/ [loc. ingl., propr. 'punto (*point*) partita (*match*)'] loc. sost. m. inv. (pl. ingl. *match points*) • (*sport*) Nel tennis, punto conclusivo che permette di vincere l'incontro.

match winner /*ingl.* 'mætʃ 'winə*/ [loc. ingl., propr. 'vincitore (*winner*) dell'incontro (*match*)'] loc. sost. m. e f. inv. (pl. ingl. *match winners*) • (*sport*) Giocatore che dà un apporto decisivo per la vittoria della propria squadra.

màte /'mate, *sp.* 'mate/ o **matè** [vc. sp., da una lingua del Perù] s. m. inv. *1* Albero sudamericano delle Celastracee le cui foglie si usano per preparare un infuso (*Ilex paraguayensis*). SIN. Tè del Paraguay. *2* Bevanda ottenuta per infusione delle foglie del mate, leggermente eccitante per la bassa percentuale di caffeina che contiene.

matelassé /*fr.* mat(ə)la'se/ [vc. fr., propriamente part. pass. di *matelasser*, da *matelas* 'materasso' (dall'it. *materasso*)] agg. inv. • Detto di tessuto di raso o di lana leggermente imbottito e trapuntato, usato spec. per coperte e vestaglie.

matemàtica [vc. dotta, lat. *mathemătica(m)* (*ărtem*), nom. *mathemătica* (*ărs*), dal gr. *mathēmatikḗ* (*téchnē*), da *máthēma* 'insegnamento', da *manthánein* 'imparare', di origine indeur.] s. f. *1* Scienza che, avvalendosi di metodi deduttivi, studia le proprietà di entità astratte quali i numeri, le figure geometriche e sim., le relazioni che si stabiliscono fra di loro e la possibilità di applicazione dei suoi risultati alle altre scienze | *M. applicata*, che si occupa delle applicazioni della matematica pura | *M. elementare*, che comprende l'aritmetica, il calcolo algebrico e la geometria euclidea | *M. finanziaria*, matematica applicata alla scienza delle finanze | *M. pura*, che si occupa di questioni matematiche a sé stanti, indipendentemente dalle applicazioni. *2* (*fig.*) Logica, argomentazione certa e inoppugnabile spec. per la sua razionalità | *Se la m. non è un'opinione*, (*anche scherz.*) espressione che si usa per avallare l'esattezza di un proprio calcolo, data l'inconfutabile precisione della scienza matematica: *il giornale dovrebbe uscire fra tre giorni, se la m. non è un'opinione*. *3* †Matesi, astrologia.

†**matematicàle** agg. • Appartenente alla matematica.

matemàtico [vc. dotta, lat. *mathemăticu(m)*, nom. *mathemăticus*, dal gr. *mathēmatikós*. V. *matematica*] **A** agg. (pl. m. *-ci*) *1* Che riguarda la, che è proprio della, matematica: *regole matematiche*. *2* (*est.*) Di assoluta certezza e precisione: *evidenza matematica*; *ho la prova matematica della sua colpevolezza*. SIN. Esatto, sicuro. || **matematicaménte**, avv. *1* Per via matematica. *2* In modo assolutamente chiaro e preciso: *ne sono matematicamente certo*. **B** s. m. (f. *-a*, raro) *1* Studioso di matematica. *2* †Indovino.

matematiṣmo [da *matematico*] s. m. • (*filos.*) Corrente di pensiero secondo cui la matematica fa cogliere e rivela l'essenza di ogni realtà | (*est.*) Atteggiamento, tendenza di chi privilegia e attua forme di conoscenza o di valutazione matematica e gener. razionale.

matematiẓẓàre [den. da *matematico*] v. tr. • Conformare, ispirare al metodo matematico e gener. razionale | Valutare in termini matematici e gener. razionali.

matematiẓẓazióne s. f. • Atto, effetto del matematizzare.

†**matèra** • V. *materia.*

materàno A agg. • Di Matera, in Basilicata. **B** s. m. (f. *-a*) • Abitante, nativo di Matera.

materàssa s. f. • Materasso. || **materassàccia**, pegg. | **materassìna**, dim. | **materassùccia**, dim.

materassàbile [da *materasso*] agg. • (*scherz.*, *pop.*) Di donna non più giovane che si mantiene sempre discretamente bella e in carne.

materassàio s. m. (f. *-a*) • Operaio che fa o mette a nuovo materassi, guanciali, trapunte: *ago da m.* | Venditore di materassi.

†**materassàta** s. f. *1* Colpo che si dà su un materasso. *2* Caduta da luogo alto.

materassìno s. m. *1* Dim. di *materasso*. *2* Tappeto imbottito sul quale i lottatori e i ginnasti si allenano e gareggiano. *3* Oggetto pneumatico a forma di piccolo materasso su cui ci si distende sulla spiaggia, nell'acqua e sim.: *gonfiare, sgonfiare il m.*

materàsso o (*dial.*) †**mataràzzo** [ar. *matrah*] s. m. *1* Suppellettile costituita da un involucro di tela imbottito di materiali soffici o elastici e debitamente trapunto, che si pone sulla rete del letto e su cui ci si corica dopo averlo avvolto nelle lenzuola: *un m. comodo*; *un letto ancora privo di m.* *2* (*fig.*, *gerg.*) Pugile che, abbandonata l'attività agonistica, fa da uomo di allenamento nelle palestre. *3* (*geol.*) *M. alluvionale*, depositi alluvionali di notevole spessore. || **materassàccio**, pegg. | **materassìno**, dim. (V.) | **materassùccio**, dim.

matèria o †**matèra** [vc. dotta, lat. *matĕria(m)*, da *māter* 'madre'; in lat. è un termine della lingua rustica e indica la 'sostanza di cui è fatta la *māter*', cioè il tronco d'albero considerato come produttore dei polloni] s. f. *1* Ciò che costituisce la sostanza di un corpo: *m. solida, liquida*; *m. infiammabile, organica, inorganica*; *una superficie piana ... di m. dura come l'acciaio* (GALILEI) | *Materie prime*, sostanze grezze che servono alle industrie | *M. seconda*, residuo di una lavorazione, riciclato come materia prima in un'altra lavorazione | *Materie tessili*, tutto ciò che può essere tessuto o filato. *2* Sostanza organica: *la m. del corpo umano* | (*anat.*) *M. grigia*, parte del sistema nervoso formata dalle cellule nervose | *M. bianca*, parte del sistema nervoso formata dalle fibre nervose | *M. cerebrale*, la massa che costituisce il cervello e (*fig.*) ingegno o intelligenza | *M. purulenta*, o (*ass.*) *materia*, pus | *M. inerte, morta*, (*fig.*) persona priva di energia e volontà. *3* Il complesso degli elementi e argomenti del discorso, del pensiero, della ricerca e sim.: *entrare in m.*; *fornire m.* | *M. di fatto*, ciò che concerne l'essenza di un fatto, al di fuori di ogni apprezzamento o giudizio | *M. delicata*, da trattarsi con accortezza, perché scabrosa, compromettente e sim. | *In m. di*, per quanto concerne, rispetto a | (*est.*) Ciò che è trattato in opere scritte: *la m. è interessante*; *indice delle materie* | *Catalogo per materie*, che raggruppa i libri secondo l'argomento, il soggetto trattato. *4* (*filos.*) In filosofia, soggetto, potenza, estensione, forza in quanto principio costitutivo della realtà naturale. *5* Disciplina, oggetto di studio o insegnamento scolastico: *m. obbligatoria, complementare, d'insegnamento, scientifica*; *approfondire, studiare, conoscere la m.* *6* (*fig.*) Occasione, modo, pretesto: *dar m. a sospetti, a dicerie*. || **materiàccia**, pegg.

materialàccio agg.; anche s. m. (f. *-a*; pl. f. *-ce*) *1* Pegg. di *materiale*. *2* Che, chi è grossolano, sgarbato o volgare: *uomo m.*

materiàle [vc. dotta, lat. tardo *materiāle(m)*, da *matĕria*] **A** agg. *1* Di, della materia: *quantità m.* | Relativo o attinente alla materia: *problemi materiali* | †*Cagione m.*, relativa al contenuto o materia di un'opera. *2* Che concerne la materia considerata, come elemento contrapposto allo spirito: *progresso puramente m.* | *Vita m.*, fisica | *Interessi materiali*, relativi ai mezzi del vivere, al denaro, agli utili e sim. | *Soccorso m.*, in alimenti, vestiario o denari | *Amore m.*, sensuale | *Necessità materiali*, economiche | *Lavoro, fatica m.*, che impegna solo il fisico e non richiede applicazione dell'intelletto. CONTR. Intellettuale, spirituale. *3* Grosso, voluminoso: *muro, oggetto m.* | (*est.*) Grossolano, rozzo, sgraziato: *abito di fattura m.*; *è un uomo estremamente m. nei modi* | *Alla m.*, alla buona, ingenuamente e senza ricercatezza. *4* Effettivo, reale: *datemi il tempo m. che mi occorre* | *Errore m.*, che incide soltanto sull'esecuzione o realizzazione pratica di q.c. || **materialménte**, †**materialeménte**, avv. *1* In modo, con atto materiale; grossolanamente. *2* Sostanzialmente, effettivamente, fisicamente: *è materialmente impossibile fare quanto mi chiedi*. **B** s. m. *1* La materia necessaria per compiere o realizzare un certo lavoro: *l'industria ha fame di materiali*; *ho raccolto tutto il m. relativo alla nostra inchiesta* | *M. da costruzione*, pietre, cemento e sim. | *M. coibente, isolante*, *per isolare conduttori elettrici*. *2* L'insieme degli strumenti necessari per lo svolgimento di una determinata attività: *bisogna tener presente e valutare l'usura del m.* | *M. scolastico*, arredi e mezzi didattici | *M. chirurgico*, ferri, disinfettanti, bende e sim. | *M. di artiglieria*, affusti, cannoni, munizioni e sim. | *M. mobile, rotante*, veicoli in genere. **C** agg.; anche s. m. e f. • (*spreg.*) Che, chi è grossolano e volgare. || **materialàccio**, pegg. (V.) | **materialétto**, dim. | **materialóne**, accr. (V.) | **materialòtto**, accr. (V.) | **materialùccio**, dim.

materialiṣmo [fr. *matérialisme*, dall'ingl. *materialism*, dal lat. tardo *materiālis* 'materiale'] s. m. *1* Dottrina filosofica secondo la quale tutta la realtà si riduce alla materia intesa come principio primo dell'universo | *M. storico*, teoria dello sviluppo storico propria di K. Marx e del pensiero marxista, secondo cui le cause principali del progresso sociale sono materiali, e particolarmente economiche. *2* (*spreg.*) Tendenza ad apprezzare e ricercare solo i beni e i piaceri materiali: *un secolo malato di m.*

materialista [fr. *matérialiste*, dall'ingl. *materialist*, dal lat. tardo *materiālis* 'materiale'] agg.; anche s. m. e f. (pl. m. *-i*) *1* Chi, che segue o si ispira al materialismo. *2* Che, chi desidera e ricerca solo i beni e i piaceri materiali.

materialistico agg. (pl. m. *-ci*) • Che concerne o interessa il materialismo e i materialisti. || **materialisticaménte**, avv. Dal punto di vista del materialismo.

materialità s. f. *1* Qualità o condizione di ciò che è materiale: *la m. delle passioni mondane* | *La m. dell'atto*, in quanto eseguito materialmente. *2* (*rag.*) Importanza relativa di una qualsiasi voce contabile omessa o inserita nel bilancio di un'impresa.

materialiẓẓàre [fr. *matérialiser*, da *matérialité* 'materialità'] **A** v. tr. *1* Rendere materiale | Considerare come materiale, corporeo: *non guarda alla spiritualità della bellezza, la materializza, vi s'insinua con una certa morbidezza* (DE SANCTIS). *2* (*psic.*) In parapsicologia, dare forma di oggetti alla sostanza emanata dal medium in trance. **B** v. intr. pron. *1* Prender corpo e forma materiale: *lo spirito si materializzò nell'ombra* | (*est.*, *scherz.*) Apparire di colpo e inaspettatamente. *2* Divenire concreto: *la questione va materializzandosi*.

materialiẓẓazióne [fr. *matérialisation*, da *matérialiser* 'materializzare'] s. f. • Atto, effetto del materializzare o del materializzarsi.

materialóne A s. m. (f. *-a*) *1* Accr. di *materiale*. *2* Persona priva di garbo, grazia o agilità. *3* (*raro*) Persona che fa le cose senza pensarci troppo, quasi meccanicamente. **B** agg. • Sgarbato, sgraziato, grossolano: *un fare m.*

materialòtto agg.; anche s. m. (f. *-a*) *1* Accr. di *materiale*. *2* Che, chi è materiale, grossolano, rozzo.

materiàre [ricostruito su *materiato*] **A** v. tr. ● (*lett.*) Dare materia (*anche fig.*): *la nostalgia materia tutta l'opera di questo autore*. **B** v. intr. pron. ● (*lett.*) Acquistare un determinato contenuto: *una poesia che si materia di tristezza*.

materiàto [lat. mediev. *materiātu(m)*, da *matĕria* 'materia'] agg. *1* (*lett.*) Che è formato di una determinata materia (sempre costruito con la prep. *di*): *gioielli materiati d'oro*. *2* (*fig.*) Costituito di un determinato elemento: *giornate materiate di malinconia*.

matèrico agg. (pl. m. *-ci*) ● Che riguarda la materia | *Arte materica*, la pittura e la scultura che, come mezzi di espressione, si avvalgono, oltre che dei materiali tradizionali, anche di materiali insoliti quali stracci, legni bruciati, lamiere e sim.

†**materióso** agg. ● Di materia.

materịsmo s. m. ● Arte materica.

†**maternàle** agg. ● Materno.

maternịsmo [da *materno*] s. m. ● Mammismo.

maternità [lat. mediev. *maternitāte(m)*, da *matĕrnus* 'materno'] s. f. *1* Condizione di madre: *donna alla prima m.* | (*est.*) Legame affettivo fra la madre e il figlio: *i dolori, le gioie della m.* *2* Reparto ospedaliero in cui vengono ricoverate le donne gravide in vista del parto o le puerpere. *3* L'insieme del nome e cognome della madre, come elemento di riconoscimento: *indicare paternità e m.* *4* Il periodo di assenza dal lavoro, regolarmente retribuito, che spetta a una lavoratrice dipendente subito prima, e subito dopo, il parto: *essere in m.*; *mettersi in m.* *5* Titolo reverenziale attribuito a monache e a badesse: *Vostra m.*

maternịẓẓazióne s. f. ● La presenza assidua e costante della madre accanto a un bambino ricoverato in ospedale.

matèrno [vc. dotta, lat. *matĕrnu(m)*, da *māter* 'madre'] agg. *1* Di madre: *cuore, amore m.* | Da madre: *tenerezza materna* | *Scuola materna*, riservata ai bambini in età compresa fra i tre e i sei anni e avente finalità educativo-ricreative. *2* Per parte di madre: *avo, zio m.*; *eredità materna*. *3* Del luogo o paese in cui si è nati, o in cui q.c. è nata: *lingua materna*. ‖ **maternaménte**, avv. Con sentimento di madre: *allevare, amare maternamente*.

màtero [lat. *mātare(m)* 'giavellotto', di origine gallica] s. m. ● (*dial.*) Pollone del ceppo del castagno usato per palo da viti.

materòzza [da avvicinare a *materozzolo*] s. f. ● Contenitore in grado di garantire l'afflusso del materiale fuso e la fuoriuscita delle scorie durante la colata nella forma.

materòzzolo [da *matero*] s. m. ● Pezzetto di legno cui si appendono le chiavi per non perderle | *La chiave e il m.*, (*fig.*) di due cose o persone che sono sempre insieme.

†**matèṣi** [vc. dotta, lat. *mathēsi(m)*, nom. *mathēsis*, dal gr. *máthēsis*, da *manthánein* 'imparare'. V. *matematica*] s. f. ● (*gener.*) Scienza | Matematica | Astrologia.

matètico [ingl. *mathetic*, dal gr. *máthēsis* 'apprendimento' (V. *matesi*)] agg. (pl. m. *-ci*) ● Che si riferisce all'apprendimento: *la funzione matetica dei libri di testo*.

màtico [etim. incerta] s. m. (pl. *-ci*) ● Piperacea del Perù usata come condimento e come balsamico (*Piper angustifolium*).

matinée /*fr.* mati'ne/ [vc. fr., propriamente 'mattinata'] s. f. inv. *1* Rappresentazione avente luogo al mattino e gener. in ore non serali: *m. cinematografica, teatrale*. *2* Corta vestaglia femminile in tessuto leggero e variamente ornata.

matita [da *ematite*] s. f. *1* Strumento per scrivere, disegnare, colorare e sim., costituito da una mina racchiusa in un involucro di legno o di metallo: *m. copiativa, nera, rossa, blu*. SIN. Lapis. *2* Oggetto di forma analoga a una matita, usato per medicazioni o cosmesi: *m. per le labbra* | *M. per gli occhi*, per disegnarne e farne risaltare i contorni | *M. emostatica, medicamentosa*, per arrestare piccole emorragie o per curare piccole ferite o irritazioni cutanee. ‖ **matitina**, dim. | **matitóna**, accr. | **matitóne**, accr. m.

matitatóio s. m. ● (*raro*) Cannello in cui si pone la matita per poterla adoperare con maggiore facilità, spec. quando è corta.

matràccio [fr. *matras*, dall'ar. *matara* 'otre'] s. m. ● Recipiente di vetro resistente alla fiamma, di forma sferica od ovoidale con collo allungato, usato nei laboratori scientifici.

†**màtre** ● V. *madre*.

†**màtria** [dal lat. *māter*, genit. *mātris* 'madre', sul modello di *patria*] s. f. ● Luogo natio | Paese della madre.

matriàrca [comp. del lat. *māter*, genit. *mātris* 'madre' e *-arca*, sul modello di *patriarca*] s. f. *1* Figura di predominio nel matriarcato. *2* (*est.*) Donna che ha un'autorità indiscussa nell'ambito familiare.

matrịarcàle [dal lat. *māter*, genit. *mātris* 'madre', sul modello di *patriarcale*] agg. ● Del matriarcato.

matrịarcàto [dal lat. *māter*, genit. *mātris* 'madre', sul modello di *patriarcato*] s. m. *1* Istituzione ipotizzata dagli evoluzionisti del XIX sec. ma senza alcun riscontro nella realtà etnografica e storica che prevede, nelle società in cui vige la discendenza matrilineare, la gestione del potere da parte della donna. *2* (*est.*) Gestione femminile all'interno di una struttura sociale, come la famiglia.

matricàle [vc. dotta, lat. tardo *matricāle(m)*, da *mātrix*, genit. *matrīcis* 'matrice'] **A** agg. ● †Della matrice. **B** s. m. ● (*bot.*) Camomilla.

matricària [vc. dotta, lat. tardo *matricāria(m)*, da *mātrix*, genit. *matrīcis* 'utero, matrice', perché era usata come emmenagogo] s. f. ● (*bot.*) Camomilla.

matrìce [vc. dotta, lat. *matrīce(m)*, da *māter*, genit. *mātris* 'madre'] **A** s. f. *1* (*lett.*) Utero. *2* (*biol.*) Stato germinativo di un tessuto: *m. ungueale*. *3* (*miner.*) *M. di un minerale*, parte di una roccia sedimentaria elastica, a granuli più fini che occupano gli interstizi fra gli elementi più grossolani. *4* (*fig.*) Fonte da cui q.c. trae la propria origine, le proprie caratteristiche fondamentali e sim.: *un poeta la cui m. culturale è chiaramente europea*. *5* Elemento che riproduce un originale qualsiasi ed è atto a riprodurlo mediante varie tecniche, lavorazioni e sim. | (*est.*) L'originale da cui si traggono copie e sim. | *M. per duplicatori*, foglio che, inciso a mano o con l'impiego spec. di una macchina da scrivere, permette la duplicazione di testi, disegni e sim. | (*mecc.*) Elemento fisso che, accoppiato al punzone mobile, costituisce l'attrezzatura della pressa e conferisce la forma al pezzo, in lavori di imbutitura, trafilatura ed estensione. *6* Parte di un bollettario costituito di due parti congiunte, destinata ad essere conservata quale prova dall'emittente, quando l'altra è staccata e consegnata quale ricevuta. *7* (*mat.*) Quadro di elementi numerici disposti per righe orizzontali e colonne verticali | *M. quadrata*, che ha tante righe quante colonne. **B** s. f.; anche agg. ● (*dial.*) Madre | *Chiesa m.*, cattedrale.

matriciàle agg. ● (*mat.*) Relativo alle matrici: *calcolo m.*

matriciàno [aferesi di *amatriciano*] agg. ● (*centr.*) Amatriciano: *spaghetti alla matriciana*.

matricìda [vc. dotta, lat. *matricīda(m)*, comp. di *māter*, genit. *mātris* 'madre' e *-cīda* '-cida'] s. m. e f. (pl. m. *-i*) ● Uccisore della propria madre.

matricìdio [vc. dotta, lat. *matricīdiu(m)*, comp. di *māter*, genit. *mātris* 'madre', e *-cīdium* '-cidio'] s. m. ● Uccisione della propria madre.

matricìna [f. sost. di *matricino*] s. f. ● Pianta che si lascia in piedi nei boschi cedui per semenza.

matricinàto [da *matricina*] **A** agg. ● Detto di bosco ceduo in cui sono state lasciate delle matricine. **B** s. m. ● Insieme delle matricine che nei boschi cedui sono lasciate in piedi durante il taglio.

matricìno [da *matrice*] agg. *1* Detto di lana a fibra dura e resistente che proviene dalla tosa di pecora madre o di pecora già tosata. *2* Detto di pecora che dopo il parto. *3* (*bot.*) *Albero m.*, matricina.

matrìcola [vc. dotta, lat. tardo *matrīcula(m)*, dim. di *mātrix*, genit. *matrīcis* 'matrice'] s. f. *1* Registro d'iscrizione di persone o cose facenti parte di una medesima categoria: *m. degli studenti universitari*; *certificato, attestato di m.* | (*est.*) Il numero assegnato in tale registro: *indicare la propria m.* *2* Persona contrassegnata con tale numero: *m. 354/23*. *3* Studente iscritto al primo anno di una facoltà universitaria: *una m. di ingegneria, di medicina* | *Festa delle matricole*, tradizionale festa universitaria | *Fare la m. a qc.*, sottoporre un neo-iscritto all'università a scherzi di vario genere, da parte degli studenti più anziani | (*est.*) Persona nuova all'esercizio di un'arte o mestiere: *è la m. del nostro ufficio*; *una m. del calcio*. *4* Ufficio o registro dell'amministrazione militare dove si conservano tutti i dati e le classificazioni anagrafiche del personale di servizio. ‖ **matricolìno**, dim. (V.).

matricolàre (*1*) agg. ● Di, della matricola: *numero m.*

matricolàre (*2*) **A** v. tr. (*io matrìcolo*) ● (*raro*) Immatricolare. **B** v. rifl. ● (*raro*) Iscriversi in una matricola.

matricolàto part. pass. di *matricolare* (*2*); anche agg. *1* Nei sign. del v. *2* (*fig.*, *raro*) Approvato, noto, riconosciuto: *dottore m.* *3* (*fig.*) Famigerato: *briccone, mariolo m.* | (*scherz.*) Che la sa lunga: *furbo, furfante m.*

matricolazióne [da *matricolare* (*2*)] s. f. ● (*raro*) Immatricolazione.

matricolìno s. m. *1* Dim. di *matricola*. *2* (*raro*) Studente universitario iscritto al primo anno.

matrìgna o **madrìgna** [lat. tardo *matrīgna(m)*, da *māter*, genit. *mātris* 'madre' sul modello di *privīgnus* 'figliastro'] s. f. *1* Seconda moglie subentrata per i figli di primo letto alla madre morta. *2* (*fig.*) Madre ostile, nemica, non amorevole: *quella / che veramente è rea, che de' mortali / madre è di parto e di voler m.* (LEOPARDI).

†**matrignàle** agg. ● Di matrigna.

†**matrignaménto** s. m. ● Comportamento da matrigna.

†**matrignàre** v. intr. ● Comportarsi da matrigna.

matrigneggiàre [comp. di *matrign(a)* e *-eggiare*] v. intr. (*io matrignéggio*; aus. *avere*) ● Agire da matrigna.

matrignésco agg. (pl. m. *-schi*) ● (*raro*) Di, da matrigna. ‖ **matrignescaménte**, avv.

†**matrignévole** agg. ● Di matrigna.

matrilineàre [comp. del lat. *māter*, genit. *mātris* 'madre' e *līnea* 'discendenza', con suff. agg.] agg. ● (*etn.*) Detto di discendenza calcolata in linea materna: *famiglia m.*; *ordinamento m.*

matrilinearità [da *matrilineare*] s. f. ● (*etn.*) Sistema di discendenza per linea materna, nel quale i figli ereditano il patrimonio e la posizione sociale della madre.

matrilìneo agg. ● (*etn.*) Matrilineare.

matrilocàle [comp. del lat. *māter*, genit. *mātris* 'madre' e dell'it. *locale*] agg. ● (*etn.*) Di, relativo a matrilocalità: *matrimonio, residenza m.* SIN. Uxorilocale.

matrilocalità [da *matrilocale*] s. f. ● (*etn.*) Norma per la quale una coppia sposata vive con il gruppo della madre della sposa. SIN. Uxorilocalità.

matrimoniàbile agg. ● (*scherz.*) Che si ritiene in grado di sposarsi: *ragazza m.*

†**matrimoniàio** s. m. ● (*scherz.*) Chi si adopera per combinare matrimoni per conto di terzi.

matrimoniàle [vc. dotta, lat. tardo *matrimoniāle(m)*, da *matrimōnium* 'matrimonio'] agg. ● Di, relativo a matrimonio: *pubblicazioni matrimoniali*; *vita m.* | *Anello m.*, fede, vera | *Letto m.*, a due piazze | *Diritto m.*, parte del diritto civile e del diritto canonico che disciplina l'istituto del matrimonio. ‖ **matrimonialménte**, avv. Come marito e moglie: *vivere matrimonialmente*.

matrimonialìsta s. m. e f. (pl. m. *-i*) ● Avvocato esperto in cause riguardanti il diritto matrimoniale.

†**matrimoniàre** v. tr. e intr. pron. ● (*scherz.*) Unire, unirsi in matrimonio.

matrimònio [vc. dotta, lat. *matrimōniu(m)*, da *māter*, genit. *mātris* 'madre', sul modello di *patrimōnium* 'patrimonio'] s. m. ● Accordo tra un uomo e una donna stipulato alla presenza di un ufficiale dello stato civile o di un ministro di culto, con cui i soggetti contraenti si impegnano a instaurare e mantenere fra essi una comunanza di vita e d'interessi | *M. civile*, celebrato davanti a un ufficiale dello stato civile | *M. religioso*, celebrato davanti a un ministro di culto | *M. canonico*, celebrato davanti a un ministro del culto cattolico e disciplinato dalle leggi della chiesa cattolica | *M. rato*, matrimonio canonico validamente contratto fra battezzati | *M. rato e non consumato*, matrimonio canonico non seguito dal compimento dell'atto coniugale | *Cerimonia del m.*, sposalizio, nozze | *Fare, combinare un m.*, far sì che due persone di sesso diverso si incontrino e si sposino | *Fare un buon m.*, sposarsi bene scegliendo la persona adatta o sposare una persona benestante | *Assistere al m.*, partecipare alla cerimonia nuziale | *Partecipazione di m.*, cartoncini con cui i futuri sposi o le rispettive famiglie annunciano le prossime nozze, corredati a volte d'invito | *M. di convenienza*, fatto per calcolo e non per amore | (*est.*) Durata dell'unione coniugale: *un m. breve, lungo.* || **matrimoniàccio**, **pegg.** | **matrimonióne**, **accr.** | **matrimoniùccio**, **dim.**

matriòska o **matriòsca** [vc. russa, dim. fam. di un n. proprio f. che continua il lat. *matrōna(m)* 'matrona'] **s. f.** ● Bambola di legno raffigurante una contadina russa in abito vivacemente colorato, smontabile in due parti e contenente una serie di bambole simili di grandezza decrescente, che si possono inserire l'una nell'altra.

matrizzàre [dal lat. *māter*, genit. *mātris* 'madre'] **v. intr.** (aus. *avere*) ● Assomigliare alla madre nelle fattezze e nel carattere.

matròna o **matróna** [vc. dotta, lat. *matrōna(m)*, sul modello di *patrōnus* 'patrono'] **s. f.** *1* Nell'antica Roma, signora di rango elevato | (*est.*) Nobile signora: *alto al genio di lui plaude il ventaglio / de le pingui matrone* (PARINI). *2* (*fig.*) Donna formosa e imponente. *3* †Donna di servizio anziana e fedele.

matronàle [vc. dotta, lat. *matronāle(m)*, da *matrōna* 'matrona'] **agg.** ● Di, da matrona (*anche fig.*): *dignità m.*; *portamento, fisico m.* || **matronalménte**, **avv.**

Matronalia /*lat.* matro'nalja/ [vc. dotta, lat. *matronālia*, nt. pl. sost. di *matronālis* 'matronale'] **s. m. pl.** ● Nell'antica Roma, festa che le matrone celebravano il primo giorno di marzo in onore di Giunone Lucina e delle divinità protettrici delle nozze.

matronèo [lat. mediev. *matronēu(m)*, da *matrōna*, sul modello di *gynaecēum* 'gineceo'] **s. m.** ● Galleria, riservata alle donne, che in talune chiese paleocristiane o romaniche corre sulle navate laterali affacciandosi sulla navata centrale.

matronimìa [da *matronimico*] **s. f.** ● Istituto sociale secondo cui i figli derivano il loro nome da quello della madre.

matronìmico [dal lat. *māter*, genit. *mātris* 'madre', sul modello di *patronimico*] **A agg.** (pl. m. *-ci*) ● Detto di nome derivato da quello della madre. **B s. m.** ● Nome derivato da quello materno.

matronìsmo [da *matrona*] **s. m.** ● (*med.*) Precoce accrescimento corporeo delle bambine, con tendenza all'obesità, spec. per disfunzione di ghiandole endocrine.

†**màtta** (**1**) [lat. tardo *mătta(m)*, di origine preindeur.] **s. f.** ● Stuoia.

màtta (**2**) [sp. *mata*, da *matar* 'uccidere'. Cfr. *matador*] **s. f.** ● Carta da gioco alla quale, secondo le regole di alcuni giochi, si può attribuire qualsiasi valore.

†**màtta** (**3**) [etim. incerta] **s. f.** ● Quantità, branco, fascio.

màtta (**4**) [da *matto* (*1*)] **s. f.** ● Testina di agnello senza cervello.

mattacchióne [da *matto* (*1*)] **s. m.** (f. *-a*) ● Persona dal temperamento allegro e bizzarro, che ama scherzi, burle e sim. **SIN.** Burlone, pazzerellone.

mattacchionerìa **s. f.** ● (*raro*) Qualità di chi è mattacchione | Azione, atto da mattacchione.

†**mattaccinàre** **v. intr.** *1* Fare il mattaccino. *2* (*raro, lett.*) Comporre mattaccini.

mattaccinàta **s. f.** ● Rappresentazione, spettacolo di mattaccini: *m. di carnevale.*

mattaccino [etim. discussa: da *matto* (*1*) (?)] **A s. m.** (f. *-a* nel sign. 1) *1* †Pagliaccio, buffone, giocoliere. *2* Sonetto di argomento burlesco o satirico. **B agg.** ● (*raro*) Pazzerello, burlone.

mattafióne ● V. *matafione.*

mattaióne [da avvicinare a *mattone*] **s. m.** ● (*tosc.*) Terreno sterile per eccessiva compattezza dovuta alla presenza di uno strato di argilla.

mattàna [da *matto* (*1*)] **s. f.** ● (*fam.*) Umore capriccioso e lunatico con dimostrazioni chiassose e sfrenate del proprio stato d'animo: *lasciarono che quegli altri ... sfogassero la m.* (BACCHELLI) | *Saltare la m.*, montare in collera o prendere una decisione improvvisa e non ragionata | *Passar la m.*, (*fig.*) ingannare il tempo | †*Dare m.*, molestare | (*est.*) Ubbia, capriccio, bizzarria: *le sue mattane primaverili.*

mattànza [sp. *matanza* 'uccisione', da *matar* 'uccidere'. V. *mattare* (*2*)] **s. f.** ● (*merid.*) Fase finale della pesca dei tonni che, spinti nella tonnara, vengono uccisi e issati sulle barche | (*est.*) Serie di delitti sanguinosi, spec. ad opera della mafia.

mattàre (**1**) [da (*scacco*) *matto*] **v. tr.** *1* Dare scacco matto: *il Bianco matta in due mosse.* *2* (*fig.*) †Vincere, superare.

†**mattàre** (**2**) [vc. dotta, lat. *mactāre* 'glorificare, immolare', poi 'uccidere', di etim. incerta] **v. tr.** *1* Uccidere, ammazzare | Straziare, torturare. *2* (*fig.*) Punire.

mattarèllo ● V. *matterello.*

†**mattaròzza** [V. *matterello*] **s. f.** ● Grossa estremità, a forma di capocchia, di bastoni e sim.

mattàta [da *matto* (*1*)] **s. f.** ● (*pop.*) Azione da matto: *una delle sue solite mattate.*

mattatóio [da *mattare* (*2*)] **s. m.** ● Macello pubblico o privato: *m. comunale*; *portare i vitelli al m.*

mattatóre [da *mattare* (*2*); per calco sullo sp. *matador* (V.) nel sign. 2] **s. m.** *1* Chi, nei mattatoi, provvede all'abbattimento degli animali da macello. *2* (*fig.*) Chi riesce a porre in ombra la personalità, le capacità o le attitudini degli altri, facendo risaltare le proprie: *fare il m. in una conversazione, in un lavoro, in uno spettacolo.* *3* (*raro*) Matador di una corrida.

mattazióne [vc. dotta, lat. *mactatiōne(m)* 'immolazione', da *mactāre*. V. *mattare* (*2*)] **s. f.** ● (*raro*) Macellazione.

†**mattèa** [dal n. proprio *Mattea*, f. di *Matteo* (accostato paretimologicamente a *matto* (*1*)), con passaggio semantico non conosciuto] **s. f.** ● Nella loc. *dondolare la m.*, parlare sconclusionatamente.

matteggiàre [comp. di *matt(o)* (*1*) e *-eggiare*] **v. intr.** (*io mattéggio*; aus. *avere*) ● (*raro*) Fare il matto e cose da matto.

mattèo [richiamo onomastico (*Matteo*) per distrazione trasparente dal vicino *matto* (*1*)] **s. m.** ● (*raro*) Matto | *Secondo m.*, secondo quello che gli frulla per il capo.

matterèllo o **mattarèllo** [dal lat. *māteris*. V. *matero*] **s. m.** ● Legno liscio cilindrico con cui in cucina si spiana e si assottiglia la sfoglia | Legno per rimestare la polenta.

matterìa [da *matto* (*1*)] **s. f.** *1* †Pazzia, stravaganza. *2* Azione o comportamento da matto, da stravagante: *è passata l'età delle matterie.* **SIN.** Pazzia, stramberia.

†**màttero** [V. *matterello*] **s. m.** ● Bastone, randello.

matterùgio [da *matto* (*1*)] **s. m.** *1* (*raro, scherz.*) Scimunito. *2* (*tosc.*) †Uccelletto striminzito e gracile.

mattézza **s. f.** *1* (*raro*) Pazzia, follia | Atto, parola da matto. *2* †Scempiaggine, stupidaggine.

mattìa **s. f.** ● (*raro*) Mattezza.

†**mattièro** [da *matto* (*1*) con suff. agg.] **agg.**; anche **s. m.** ● Matto, folle.

mattìna [lat. (*hōram*) *matutīna(m)* '(ora) mattutina'] **s. f.** ● Parte del giorno compresa fra il levare del sole e il mezzogiorno: *una bella m.*; *una m. triste e piovosa*; *ieri, domani m.*; *l'altra m. in un mio piccolo orto / andavo* (L. DE' MEDICI) | *Di prima m.*, appena si è fatto giorno | *Da m. a sera*, tutto il giorno | *Dalla sera alla m.*, di cosa che dura molto poco | *Perdere la m.*, passarla inoperoso. || **mattinaccia**, **pegg.**

mattinàle [fr. *matinal*, dal lat. tardo *matutināle(m)*, da *matutīnus* 'mattutino'] **A agg.** ● (*lett.*) Mattutino. **B s. m.** ● Rapporto contenente una serie di informazioni e valutazioni provenienti dagli uffici operativi dei capoluoghi di provincia, presentato ogni mattina al Capo dello Stato, al Presidente del Consiglio, ai ministri e sim. | Nella questura, registro sul quale vengono annotati i fatti delittuosi e le operazioni di polizia avvenuti nella notte.

mattinàre **v. tr.** ● (*raro, lett.*) Risvegliare l'innamorata cantando la mattinata.

mattinàta (**1**) [da *mattino*] **s. f.** *1* Le ore della mattina, spec. in riferimento al tempo che fa o agli avvenimenti che la caratterizzano: *le mattinate nebbiose di Milano*; *la m. è trascorsa in fretta*; *appuntamento, incontro in m.* | Guadagno di una mattina di lavoro: *una buona m.* *2* Canto amoroso con accompagnamento musicale, con cui si risvegliava al mattino la donna amata: *la m. di Leoncavallo.* || **mattinatàccia**, **pegg.**

mattinàta (**2**) [calco sul fr. *matinée*] **s. f.** ● Spettacolo, rappresentazione, concerto che hanno luogo di mattina o nel primo pomeriggio: *m. cinematografica, teatrale*; *una m. per bambini.*

†**mattinatóre** **s. m.** ● Chi canta una mattinata o vi interviene.

mattinièro **agg.**; anche **s. m.** (f. *-a*) ● Che, chi si leva di buon mattino: *mi piace essere m.*; *contrariamente alle tue abitudini oggi sei m.*

mattìno [lat. (*tĕmpus*) *matutīnu(m)* '(tempo) mattutino'] **A s. m.** *1* Mattina, mattinata: *un m. sereno, luminoso, tiepido* | *Di buon m.*, la mattina, per tempo | *Dal m. alla sera*, tutto il giorno | *L'astro del m.*, Venere, Lucifero | *I giornali del m.*, che escono di prima mattina | *Edizione del m.*, di giornali che hanno due edizioni al giorno, una di mattina, l'altra di pomeriggio | *Fare m.*, prolungare una serata (di lavoro, studio, divertimento ecc.) fino alle prime ore della mattina | *Il m. della vita*, (*fig.*) la prima giovinezza. *2* (*raro*) Levante: *finestre esposte a m.* **B agg.** ● †Di mattino || **PROV.** Il buon dì si vede dal mattino; le ore del mattino hanno l'oro in bocca.

†**mattità** **s. f.** ● Follia, pazzia.

màtto (**1**) [lat. parl. *māt(t)u(m)* 'ubriaco', da *mădidus* 'bagnato, molle', poi anche 'ubriaco'. V. *madido*] **A agg.** *1* Che è privo della ragione: *essere, sembrare m.*; *diventare m.*; *il dolore lo ha reso m.* | *Sei m.?*, si dice a chi fa cose assurde o si comporta in modo impossibile | *Andare m. per q.c.*, esserne appassionatissimo | *Essere, sembrare m. dalla gioia*, felice oltre misura | *Essere m. da legare, da catene*, assolutamente folle | *È un tipo mezzo m.*, stravagante | *Fossi m.!*, escl. di chi vuole negare di far q.c. con particolare forza | (*est.*) Bizzarro e difficile da trattare: *un cavallo m.* | (*est.*) Imprudente, stolto: *comportamento m.* | Ameno per stravaganze, estrosità e bizzarrie: *quel tuo amico è una testa matta!* **CONTR.** Savio. *2* (*fig.*) Grande, enorme: *provare un gusto m.*; *una voglia, una paura matta* | *Volere un bene m.*, amare moltissimo, incondizionatamente | *Fare spese matte*, assurde, esagerate. *3* (*fig.*) Falso: *un monile d'oro m.* | *Penna matta*, piuma più fine che resta sotto la penna degli uccelli | *Soldo m.*, che non vale più. *4* (*fig.*) Opaco: *colore m.* *5* Di parte del corpo debole o inferma: *avere una gamba matta.* *6* †Oppresso, spossato. || **mattaménte**, **avv.** (*raro*) Pazzamente. **B s. m.** (f. *-a*) *1* Chi ha perso l'uso della ragione: *un povero m.*; *urlare come un m.* **SIN.** Demente, pazzo. *2* (*est.*) Persona che si comporta in modo bizzarro e stravagante: *fare il m.* | (*est., fam.*) Capo scarico, capo ameno: *dove si è cacciato quel m.?* | *Gabbia di matti*, luogo pieno di gente rumorosa e allegra | *Dare nel m.*, fare cose assurde. **CONTR.** Savio. *3* Carta da gioco, uno dei ventidue trionfi dei tarocchi, che si confà con ogni carta e con ogni numero, e non può ammazzare né essere ammazzato | *Essere come il m. nei tarocchi*, essere ben accetto dappertutto. || **mattàccio**, **pegg.** | **mattacciuòlo**, **dim.** | **matterèllo**, **dim.** | **matterellóne**, **accr.** | **matterùllo**, **dim.** | **matticcio**, **dim.** | **mattòzzo**, **dim.** | **mattùccio**, **dim.**

màtto (**2**) [persiano (*Shâh*) *mât* '(il re) è morto'] **agg.** ● Solo nella loc. *scacco m.*, nel gioco degli scacchi, la mossa risolutiva, con cui si dà scacco al re senza che possa difendersi | *Dare scacco m. a qc.*, (*fig.*) vincerlo, batterlo, superarlo | *Fungo m.*, (*pop.*) non commestibile.

mattòide [comp. di *matto* (*1*) e *-oide*] **agg.**; anche **s. m. e f.** *1* Che, chi si comporta come un matto. *2* Che, chi ha qualcosa di strano e bizzarro nel modo di fare o di comportarsi (*spec. scherz.*).

mattolina [da *matto* (*1*)] **s. f.** ● (*zool.*) Lodola dei prati.

mattonàia [da *mattone*] **s. f.** ● Spazio, luogo presso la fornace dove si fabbricano ed essiccano mattoni.

mattonàio **s. m.** ● Operaio che lavora argilla per la produzione di mattoni.

†mattonàme s. m. ● Ammasso di mattoni.

mattonàre [da *mattone*] v. tr. (*io mattóno*) ● Lastricare di mattoni: *m. una strada.*

mattonàta s. f. *1* (*raro*) Colpo dato con un mattone. *2* (*fig.*) Detto di ciò che è pesante e tedioso: *che m. quel film!*

mattonàto A part. pass. di *mattonare*; anche agg. ● Nel sign. del v. **B** s. m. ● Ammattonato | *Restare sul m.*, (*raro, fig.*) ridursi sul lastrico, cadere in miseria.

mattonatóre s. m. ● Chi stende un pavimento di mattoni.

mattonatùra s. f. ● Atto, effetto del mattonare.

mattóne [vc. di origine preindeur.] **A** s. m. *1* Laterizio a forma parallelepipeda, pieno o forato, fabbricato con argilla comune e cotto al forno, che si impiega nelle costruzioni | *M. refrattario*, che resiste al fuoco senza calcinarsi | *Muro di un m.*, profondo quanto il mattone nel senso della lunghezza | *Muro di mezzo m.*, profondo quanto il mattone nel senso della larghezza | *M. per taglio, per coltello, di costa*, che poggia sul piano più stretto | *M. in spessore*, che presenta all'esterno la sua lunghezza | *M. a chiave*, che presenta la sua larghezza | (*raro*) *Matton sopra m.*, di muro fatto di soli mattoni e (*fig.*) di persona balorda associata ad altre dello stesso stampo | (*raro, pop.*) *Dare il m.*, passare un mattone caldo sopra un panno di lana per togliere le grinze e (*fig.*) sparlare di qc. | *Far tre passi su un m.*, (*fig.*) camminare a passi piccolissimi | Nel linguaggio giornalistico, il mercato immobiliare, l'acquisto di case: *torna la fiducia del m.* *2* (*fig.*) Peso | (*pop.*) *Gli sembra di avere un m. sullo stomaco*, a causa della digestione lenta e difficoltosa | (*est.*) Cosa o persona pedante e noiosa: *quel libro è proprio un m.*; *che m. quel film!*; *non desidero vedere quel m. del tuo amico.* *3* (*spec. al pl., raro*) Quadri, seme delle carte da gioco francesi. **B** in funzione di agg. inv. ● (posposto al s.) Che ha il colore rosso cupo proprio della terracotta: *tessuto color m.*; *rosso m.* || **mattoncèllo**, dim. | **mattoncìno**, dim. | **mattonèlla**, dim. f. (V.) | **mattonétto**, dim. (V.).

mattonèlla s. f. *1* Dim. di *mattone*. *2* Piastrella: *parete rivestita di mattonelle.* *3* (*est.*) Oggetto avente forma analoga a quella di un mattone o di una mattonella | *Stoffa a m.*, a quadretti. *4* Gioco di ragazzi, consistente nel colpire o avvicinare un bersaglio con un sasso, o altro oggetto, piatto simile a una mattonella. SIN. Muriella. *5* (*est., merid.*) Specie di gelato compresso in un contenitore a forma di mattonella. *6* Ciascuna delle quattro sponde, imbottite dalla parte di dentro, che fiancheggiano la tavola del biliardo | (*raro, tosc.*) *Di m.*, di rimbalzo e (*fig.*) indirettamente | †*Per m.*, obliquamente | †*Avere la vista per m.*, guardare di traverso. *7* (*est.*) Aggregato di materiale vario, usato come combustibile.

mattonellifìcio [comp. di *mattonella* e *-ficio*] s. m. ● Fabbrica di mattonelle.

mattonétto s. m. *1* Dim. di *mattone*. *2* Mattone stretto, per tramezzi, canne fumarie e sim.

mattonièra s. f. ● Macchina per fabbricare mattoni in serie.

†mattonièro s. m. ● Mattonaio.

mattonifìcio [comp. di *mattone* e *-ficio*] s. m. ● Fabbrica di mattoni.

màttora [stessa etim. di *mastra*] s. f. ● Madia in cui si faceva il pane.

mattùgio [da *matto* (*1*)] agg. (pl. f. *-gie*) ● Matterugio.

†mattutìna s. f. ● Mattina.

†mattutinàle [V. *mattinale*] agg. ● Del mattino.

mattutìno [vc. dotta, lat. *matutīnu(m)*, da *Matūta*, dea del mattino, dalla stessa radice da cui deriva anche *mānis*. V. *mane*] **A** agg. *1* Che è proprio della mattina o avviene di prima mattina: *l'aria mattutina è fresca*; *fece una solitaria gita mattutina*; *a me non vide / ... dall'eterea porta / il m. albor* (LEOPARDI) | (*est.*) Della mattina sino a mezzogiorno: *seduta mattutina*; *ore mattutine.* *2* (*raro*) Mattiniero: *alzarsi, partire m.* **B** s. m. *1* Nella liturgia, parte dell'ufficio canonico recitata un tempo nella prima ora del giorno e, in alcune comunità religiose, prima dell'alba; dopo il Concilio Ecumenico Vaticano Secondo, può essere recitata in qualsiasi ora del giorno ed è denominata anche Ufficio delle Letture | (*fig.*) †*Cantare il m. a qc.*, parlargli liberamente | (*est.*) Ora canonica di mattutino, corrispondente alle tre dopo mezzanotte. *2* Suono della campana che annunzia tale ora. *3* (*est.*) Suono della campana che annuncia una nuova giornata: *lo sveglia sempre il m.* *4* (*raro, lett.*) Il mattino: *stamane, poco innanzi m.* (BOCCACCIO).

maturaménto s. m. ● (*raro*) Maturazione.

maturàndo [da *maturare* col suff. di imminenza *-ando*, proprio dei gerundivi lat.] s. m. (f. *-a*) ● Chi deve sostenere l'esame statale di maturità.

†maturànza s. f. ● Maturazione.

maturàre [lat. *maturāre*, da *matūrus* 'maturo'] **A** v. tr. *1* Rendere maturo: *il sole matura i frutti* | (*fig.*) Rendere più giudizioso, più adulto: *la disgrazia ha maturato quel ragazzo* | (*est., raro*) Ridurre alla docilità, alla ragione: *con grande pazienza è riuscito a m. quella canaglia.* *2* (*fig.*) Meditare, considerare, valutare a lungo e con ponderatezza: *m. un'idea, un concetto, un proposito.* *3* (*fig.*) Portare a compimento, perfezionare: *m. il piano d'attacco.* *4* (*fig.*) Promuovere un candidato all'esame statale di maturità. **B** v. intr. e intr. pron. (aus. *essere*) *1* Venire a maturità: *è un frutto che non matura mai* | *Il vino matura*, diventa stagionato. *2* Giungere alla maturità intellettuale e psichica, detto di persona: *è molto giovane, maturerà con gli anni.* *3* Giungere a compimento, a una data condizione, detto di cose: *l'avvenimento sta ormai maturando* | *Il bubbone è maturato*, è giunto a suppurazione | *I tempi maturano*, si avvicina il momento in cui si verificherà un evento atteso | Scadere: *matura il termine fissato.* *4* (*econ.*) Divenire esigibile per il trascorrere del tempo: *interessi che sono maturati* || PROV. Col tempo e con la paglia maturano le nespole e la canaglia.

maturatìvo agg. ● (*raro*) Che è in grado di far maturare.

maturàto part. pass. di *maturare*; anche agg. *1* Nei sign. del v. *2* Decorso: *il trimestre appena m.* | Meditato: *idee maturate a lungo.*

†maturatóre agg.; anche s. m. (f. *-trice*) ● Che, chi fa maturare.

maturazióne [da *maturare*; il lat. *maturātio*, genit. *maturatiōnis*, aveva il sign. di 'celerità, fretta, precipitazione'] s. f. ● Atto, effetto del maturare o del maturarsi: *m. dei frutti, di una deliberazione, di una proposta* | *M. di un termine*, scadenza | *M. di un bubbone*, suppurazione.

maturézza s. f. ● (*raro*) Maturità.

†maturìre v. intr. ● Maturare.

maturità [vc. dotta, lat. *maturitāte(m)*, da *matūrus* 'maturo'] s. f. *1* Qualità e condizione di ciò che è maturo: *m. dei frutti, dell'uva, delle biade* | *Venire, giungere a m.*, maturare. *2* (*fig.*) Età umana intercorrente fra la giovinezza e la vecchiaia: *è ora nel pieno della m.*; *è già pervenuto alla m.* | *M. degli anni*, età matura. *3* (*fig.*) Pieno sviluppo delle facoltà intellettuali e morali: *l'esperienza lo ha portato precocemente alla m.*; *quella ragazza mostra grande m.* | (*est.*) Capacità di agire rettamente e con assoluta indipendenza: *la m. necessaria per intraprendere quel lavoro*; *il popolo pervenne rapidamente alla m. politica.* *4* (*fig.*) Compimento, perfezione: *la deliberazione fu portata faticosamente a m.*; *l'avvenimento è giunto ora a m.* | *M. dei tempi*, momento propizio. *5* Diploma statale di maturità: *conseguire la m. classica, artistica, scientifica* | *Esame di m.*, quello che si sostiene al termine di un corso di scuola secondaria superiore e che attesta le capacità del candidato a passare agli studi universitari.

matùro [lat. *matūru(m)*, dalla stessa rad. di *mānis* (V. *mane*) e *matutīnus* 'mattutino'] **A** agg. *1* Giunto a completo sviluppo, detto di prodotto agricolo: *frutto m.* | *Troppo m.*, sfatto | *Vino m.*, cui la stagionatura ha tolto il sapore di mosto e conferito limpidezza e corposità. CONTR. Acerbo. *2* Detto di chi si trova in età adulta, avanzata: *uomo m.*; *essere m. di anni* | *Età matura*, quella che precede immediatamente la vecchiaia | (*fam.*) Piuttosto anziano: *non ha più l'età per certe cose, ormai è una donna matura.* *3* Detto di chi ha raggiunto un completo sviluppo psichico e intellettuale: *gli anni e lo studio l'hanno reso m.* | (*est.*) Prudente, savio, accorto, equilibrato: *è molto m. per la sua età*; *senno, discernimento m.*; *padri diligenti e maturi* (ALBERTI) | Che è in grado d'assolvere determinate funzioni: *giovane m. per il matrimonio*; *popolo m. per ottenere l'indipendenza.* *4* Detto di cosa che ha raggiunto la compiutezza: *avvenimento m.*; *esperienza matura* | *I tempi sono maturi per agire*, è giunto il momento opportuno. *5* Detto di cosa, che è stata ben meditata e considerata in tutte le possibili conseguenze: *consiglio m.*; *deliberazione matura*; *gli espose il suo pensiero dopo un m. esame del problema.* *6* Che ha positivamente sostenuto l'esame statale di maturità: *tutti quei giovani si sono dimostrati maturi.* || **maturaménte**, avv. (*raro*) Con la debita preparazione e prudenza: *valutare, deliberare, procedere maturamente.* **B** s. m. (f. *-a*) ● Chi ha superato l'esame di maturità: *quasi tutti i maturi si iscriveranno all'Università* || PROV. Quando la pera è matura, casca da sé. || **maturétto**, dim. | **maturóne**, accr. | **maturòtto**, accr.

matùsa [da *Matusa(lemme)* (V.)] s. m. e f. inv. ● (*scherz.*) Persona adulta o, gener., considerata invecchiata e superata per mentalità, comportamento e sim. da parte di chi è più giovane.

matusalèmme o (*raro*) **matusalèm** o **matùsalem** [ebr. *Mĕtûshelāh*, attraverso il lat. crist., n. di uno dei patriarchi dell'Antico Testamento che avrebbe raggiunto i 969 anni d'età] s. m. ● (*fam.*) Persona molto vecchia (*anche iron.*): *con l'età che ha è ormai un m.*

†maùnque [comp. di *ma(i)* e *unque*] avv. ● (*raro*) Giammai.

maurìno s. m. ● Monaco benedettino dell'ordine di San Mauro, istituito a Parigi da L. Bernard nel XVII sec.

mauritàno A agg. ● Della Mauritania. **B** s. m. (f. *-a*) ● Abitante, nativo della Mauritania.

maurìzia [chiamata così in onore di Giovanni *Maurizio*, conte di Nassau-Siegen (1567-1625)] s. f. ● Palma americana con caule spinoso (*Mauritia aculeata*).

mauriziàno agg. ● Dell'ordine dei Santi Maurizio e Lazzaro: *nastro dell'ordine m.*; *ospedale m.*

màuro [vc. dotta, lat. *Māuru(m)*, nom. *Māurus*, dal gr. *Mâuros* 'della Mauritania'] **A** agg. ● Della Mauritania. **B** s. m. (f. *-a*) ● Abitante della Mauritania.

maurolico [chiamato così in onore dello scienziato messinese F. *Maurolico* (1494-1575)] s. m. (pl. *-ci*) ● Piccolo pesce marino dei Clupeiformi, con squame sottilissime e caduche, colore argenteo e parecchi fotofori (*Maurolicus*).

màuser [dal n. degli armaioli ted. P. e W. *Mauser*, che costruirono il fucile nel 1865] **A** s. m. inv. ● Fucile a ripetizione. **B** s. f. inv. ● Rivoltella a ripetizione.

mausolèo [vc. dotta, lat. *mausolēu(m)*, dal gr. *Mausōlêion*, da *Máusōlos*, re di Caria, in onore del quale fu edificato] s. m. ● Grandioso sepolcro monumentale per persona illustre: *m. di Teodorico.*

mauve /fr. mov/ [vc. fr., lat. *mălva(m)* 'malva'] s. m. inv.; anche agg. ● Nel linguaggio della moda, malva.

mauveìna [dal fr. *mauve* 'malva'] s. f. ● (*chim.*) Malveina.

mavì [turco *mawi* 'ceruleo'] agg. ● (*raro, lett.*) Di color turchino chiaro.

mavòrzio [vc. dotta, lat. *Mavŏrtiu(m)*, agg. di *Māvors*, genit. *Mavŏrtis* 'Marte'] agg. ● (*raro, lett.*) Di Marte: *le mavorzie tube* (FOSCOLO).

max avv. ● Nel linguaggio degli annunci economici, si premette al limite massimo di età: *cercasi venditore max trentenne.*

màxi [forma ellittica] **A** s. m. ● Maxicappotto: *indossava un m. nero.* **B** s. f. ● Maxigonna: *la moda della m.*

màxi- [prefissoide ricavato prob. dal lat. *măxi(mum)* 'grandissimo', ma modellato, con funzione antagonista, su *mini-* (V.)] primo elemento ● In parole composte, fa riferimento a dimensioni assai grandi, spec. relativamente a capi d'abbigliamento: *maxicappotto, maxigonna, maximoto.*

maxicalcolatóre [comp. di *maxi-* e *calcolatore*] s. m. ● (*elab.*) Calcolatore di grandi dimensioni, caratterizzato da elevate capacità e velocità di elaborazione.

maxicappòtto [comp. di *maxi-* e *cappotto* (*1*)] s. m. ● Cappotto, maschile o femminile, lungo fino alle caviglie.

maxigónna [comp. di *maxi-* e *gonna*] s. f. ● Gonna lunga fino alle caviglie: *la m. era di moda nei primi anni Settanta.*

maxillo- [dal lat. *maxĭlla* 'mascella'] primo elemento ● In parole composte della terminologia medica, significa 'mascella' o indica relazione con le mascelle: *maxillofacciale, maxillolabiale.*

maxillofacciàle [comp. di *maxillo-* e *facciale*] agg. ● (*med.*) Che interessa la mascella e la faccia: *chirurgia m.*

maxillolabiàle [comp. di *maxillo-* e *labiale*] agg. ● (*med.*) Che interessa la mascella e le labbra.

maximòto [comp. di *maxi-* e *moto* (3)] s. f. inv. ● Motocicletta di grossa cilindrata.

maximum /*lat.* 'maksimum/ [vc. lat., letteralmente 'massimo'] s. m. inv. ● (*econ.*) Prezzo massimo di q.c.

maxiprocèsso [comp. di *maxi-* e *processo*] s. m. ● Lungo processo in cui è coinvolto un gran numero di imputati: *il m. alla mafia.*

maxitràm [comp. di *maxi-* e *tram*] s. m. inv. ● Tram grande e veloce, dotato di pianale ribassato per facilitare la salita e la discesa dei passeggeri.

màxwell /'makswel, *ingl.* 'mækswel/ [dal n. del fisico J. C. *Maxwell* (1831-1879)] s. m. inv. ● (*fis.*) Unità di misura del flusso magnetico nel sistema C.G.S., pari a 10^{-8} weber. SIMB. Mx.

màya /'maja, *sp.* 'maja/ **A** s. m. e f. inv. ● Appartenente a un'antica popolazione indigena dell'America centrale, stanziata in regioni corrispondenti agli odierni Yucatán, Guatemala, Honduras, Salvador. **B** agg. inv. ● Dei Maya: *lingua, civiltà m.*; *templi m.*

mayday /*ingl.* 'meidei/ [vc. ingl., corrispondente alla pronuncia del fr. (*venez*) *m'aider!* '(venite ad) aiutarmi!'] s. m. *1* Segnale radiotelefonico internazionale di richiesta di soccorso; corrisponde all'S.O.S. radiotelegrafico. *2* (*est.*) Richiesta di aiuto.

mazdàico /maz'daiko/ agg. (pl. m. *-ci*) ● Relativo al mazdaismo.

mazdaiṣmo /mazda'izmo/ o **mazdeiṣmo** /mazde'izmo/ [dal n. di *Ahura Mazdâ*, divinità suprema della religione di Zaratustra] s. m. ● (*relig.*) Zoroastrismo.

mazdèo /maz'dɛo/ agg. ● Mazdaico.

maẓùrca o **maẓurka** [polacco *mazurka* 'della regione dei laghi *Masuri*'] s. f. ● Danza di origine polacca di movimento moderato o allegro, in misura ternaria | Aria musicale danzata a tempo di mazurca: *le mazurche di Chopin.*

mazùt /ma'zut/ ● V. *masut.*

màzza [lat. parl. **mătea(m)*, da cui il lat. *matĕola* 'mazzuola', di etim. incerta] s. f. *1* Bastone, spec. grosso, di varia forma e dimensione: *lo colpì con una m.* | †*Alzar la m.*, (*fig.*) prepararsi a castigare qc. | †*Menar la m. tonda, a tondo*, (*fig.*) trattare tutti senza riguardo | (*tosc.*) Bastone da passeggio: *m. elegante, col pomo d'argento*; *posò la m. e l'ombrello nell'anticamera.* *2* (*raro*) Lungo bastone portato da guardiaportoni di teatri, case signorili, e sim., in particolari occasioni o dai mazzieri nelle processioni religiose. *3* Bastone di comando spec. militare | *M. d'arme*, arma da botta d'acciaio massiccio, con testa sagomata atta a sfondare l'armatura dell'avversario | *M. ferrata*, arma da botta con manico di legno e testa di ferro chiodato | *M. snodata*, corta asta a cui è appesa una catena recante all'estremità una palla di ferro con o senza chiodi. *4* Grosso martello di ferro, con bocca quadra da entrambe le parti o da una sola parte, da impugnare a due mani, usato per battere il ferro sull'incudine, spaccare pietre e sim. *5* (*sport*) Bastone da baseball | Bastone da golf | *Essere una buona m.*, (*fig.*) essere un buon giocatore di golf | Nel cricket, spatola di legno con cui i battitori lanciano la palla. *6* (*mus.*) Bastone con testa di feltro o di cuoio, usato per suonare la grancassa. *7* (*bot.*) *M. da tamburo*, fungo commestibile delle Agaricacee, con cappello bianco a squamette grigio-rossastre (*Lepiota procera*) | *M. d'Ercole*, fungo delle Clavariacee a forma di clava carnosa, giallo, commestibile (*Clavaria pistillaria*) | *M. di S. Giuseppe*, oleandro | *M. d'oro*, primulacea con fusto peloso e ghiandoloso, foglie inferiormente punteggiate di nero e fiori gialli in pannocchia (*Lysimachia vulgaris*). || **mazzàccia**, pegg. | **mazzétta**, dim. (V.) | **mazzòla**, **mazzuòla**, dim. (V.).

mazzacavàllo [da *mazza a cavallo*, perché è messa *a cavallo*, cioè in bilico su un altro palo] s. m. *1* Lunga asta di legno con un secchio e un contrappeso alle estremità, messa trasversalmente in bilico su un'altra e usata negli orti per attingere acqua dai pozzi. *2* Macchina da guerra medievale costituita da una lunga trave in bilico su un'altra verticale, per sollevare uomini all'altezza delle mura da espugnare.

mazzàcchera [lat. tardo *mažacara(m)* 'salsiccia', poi 'lombrico', di etim. incerta] s. f. ● Lenza senza ami per prendere anguille costituita da un filo attorno a cui è infilzato un mazzo di lombrichi | †*Pigliare a m.*, (*fig.*) prendere all'amo.

†**mazzacórto** [etim. incerta] s. m. *1* Matassa di corda la cui forma ricorda una mazza. *2* (*pop.*, *tosc.*) Spago per far girare la trottola.

†**mazzaculàre** [da *mazzaculo*] v. intr. ● Capitombolare.

†**mazzacùlo** [comp. di (*stra*)*mazzare* e *culo*] s. m. ● Capitombolo.

mazzafiónda [comp. di *mazza* e *fionda*] s. f. (pl. *mazzefiónde*) ● (*region.*) Fionda.

mazzafrómbola [comp. di *mazza* e *frombola*] s. f. ● Antica arma costituita da un'asta con fionda di cuoio alla sommità, usata per scagliare pietre.

mazzafrùsto [comp. di *mazza* e *frusta*] s. m. ● Sorta di frusta costituita da un robusto manico con una o più sferze o catene, terminanti con palle di piombo o di ferro, broccate.

mazzagàtti o **mazzagàtto** [comp. di (*am*)*mazzare* e *gatto*] s. m. ● Pistola corta da tasca.

†**mazzamarróne** [comp. di (*am*)*mazzare* e *marrone*] s. m. ● Babbeo, sciocco.

mazzamurèllo o **mazzamauriello**, **mazzamuriello** [vc. nap., propr. 'ammazza Mori': calco sullo sp. *matamoros*] s. m. ● Folletto scherzoso e dispettoso, tipico del folclore meridionale: *un m ... sgrammaticato ... mi cominciò a friggere ... nel cranio ... tutti i casi latini* (D'ANNUNZIO).

†**mazzamùrro** [sp. *mazamorra*, di etim. incerta] s. m. ● (*gerg.*) Tritume di biscotto usato un tempo come sostituto del pane dai marinai.

mazzancòlla [vc. romanesca, propr. 'mazza in collo' (?)] s. f. ● (*zool.*) Specie di gambero commestibile appartenente al genere Peneo.

mazzapicchiàre [da *mazzapicchio*] v. tr. (*io mazzapìcchio*) ● (*raro*) Battere con il mazzapicchio.

†**mazzapicchiàta** s. f. ● Colpo di mazzapicchio.

mazzapicchio [da *mazza* (*da*) *picchio*] s. m. *1* Tipo di martello usato per cerchiare le botti | Martello di ferro una volta usato dai macellai per abbattere le bestie | (*raro*) *Dare del m. in testa a qc.*, picchiarlo duramente e (*fig.*) rovinargli la reputazione. *2* Blocco di legno duro, assai pesante, cerchiato di ferro e impiegato per conficcare pali a piccola profondità nel terreno. *3* Mazzeranga.

†**mazzasette** [da (*am*)*mazzasette*] s. m. inv. ● Ammazzasette.

†**mazzastànga** [comp. di *mazza* e *stanga*] vc. ● (*pop.*) Solo nella loc. *lavorare a m.*, di tutta forza.

mazzàta [da *mazza*] s. f. *1* Colpo di mazza: *accecato dall'ira gli diede una m.* | †*Mazzate da ciechi*, botte da orbi. *2* (*fig.*) Improvvisa disgrazia o dolore che colpiscono violentemente: *la morte del figlio fu per lui una m.*; *il fallimento è stata una vera m.*

màẓẓera [ar. *ma'sara* 'macina'] s. f. ● (*merid.*) Mucchio di pietre legate alle reti delle tonnare per tenerle ferme al fondo.

mazzerànga [da avvicinare a *mazza* (?)] s. f. ● Asta d'acciaio forgiata a punta ad una estremità e saldata all'altra a una lastra d'acciaio di varia forma, impiegata per l'assodamento di massicciate nuove. SIN. Mazzapicchio.

†**maẓẓeràre** [da *mazzera*] v. tr. ● Uccidere una persona gettandola in acqua, con mani e piedi legati, chiusa in un sacco gravato da una grossa pietra.

†**màẓẓero** [vc. dotta, gr. *mazērós*, agg. di *mâza* 'focaccia, pane d'orzo'. V. *massa*] s. m. ● Pane azzimo.

mazzétta (1) [dim. di *mazzo*] s. f. *1* Serie di campioni di tessuti disposti in piccolo mazzo. *2* Pacchetto di banconote dello stesso taglio. *3* (*pop.*) Somma di denaro data illegalmente a una persona, spec. dipendente di pubbliche amministrazioni, per ottenere favori | (*est.*) Somma di denaro che si dà a qc. al fine di corromperlo. *4* Ognuna delle due spallette laterali del vano della finestra, alle quali viene fissato il telaio. *5* (*pesca*) Corda stramba che orla la bocca del sacco nella rete delle paranzelle.

mazzétta (2) s. f. *1* Dim. di *mazza*. *2* Nell'alpinismo, martello da roccia con la testa senza parte appuntita usato per conficcare i chiodi nella parete. *3* Mazza con manico corto usata per aprire fori da mina o per abbattere rocce | Martello usato dai cesellatori. || **mazzettina**, dim.

mazzetteria [da *mazzetto*] s. f. ● Nel linguaggio del commercio floricolo, l'insieme dei mazzetti di fiori piccoli e di modesto valore.

mazzettière [da *mazzetta* (2)] s. m. ● Spaccapietre.

mazzétto s. m. *1* Dim. di *mazzo* | Insieme di erbe odorose che, spesso legate insieme, entrano nella preparazione di molti cibi | (*fam.*, *tosc.*) *Fare il m.*, in un gioco di carte, tenere in disparte le migliori a proprio vantaggio. *2* (*bot.*) Infiorescenza | *Fiori a m.*, con peduncoli diritti, accostati e di altezza quasi uguale. || **mazzettóne**, accr. (V.).

mazzettóne [accr. di *mazzetto*] s. m. ● (*bot.*) Agrostemma.

mazziàto [part. pass. del nap. *mazziare* 'bastonare', da *mazza*] agg. ● (*dial.*) Bastonato di santa ragione | (*fig.*) *Cornuto e mazziato*, detto di chi, in una determinata situazione, subisce il danno e le beffe.

†**mazzicàre** [da *mazza*] v. tr. *1* Battere con mazza e pertica | Battere il ferro caldo. *2* Masticare, maciullare.

†**mazzicatóre** s. m. ● Chi mazzica | Fabbro ramaio o ferraio.

mazzière (1) [da *mazza*] s. m. *1* Persona che ha l'incarico di camminare davanti a una processione o a un corteo, di precedere una banda e sim., recando una mazza con cui segna il ritmo del passo o della musica. *2* Persona che portava la mazza insegna di comando e autorità presso signorie o magistrature. *3* Nei primi decenni del '900, propagandista politico filogovernativo che agiva, con metodi piuttosto violenti, in occasione delle elezioni, spec. nel Meridione | In epoca attuale, appartenente a organizzazioni neofasciste, che, in occasione di manifestazioni, comizi e sim., ha l'incarico di intervenire con intimidazioni e violenze sui presenti.

mazzière (2) [da *mazzo*] s. m. ● Nei giochi di carte, chi tiene il mazzo e distribuisce le carte.

mazzinianiṣmo o **maẓẓinianiṣmo**, **maẓẓinianeṣimo** s. m. ● Il complesso delle idee, delle teorie di G. Mazzini e l'atteggiamento o il comportamento ad esse ispirato.

mazziniàno o **maẓẓiniàno** **A** agg. ● Che si riferisce alla persona, al pensiero e all'opera di G. Mazzini. **B** s. m. (f. *-a*) ● Seguace del pensiero di G. Mazzini (1805-1872).

màzzo (1) [da *mazza*] s. m. *1* Piccolo fascio di fiori o di erbe uniti o legati insieme: *durante la passeggiata raccolse un m. di fiori di campo*; *le ha regalato un bel m. di rose*; *un m. di sedani, di finocchi*; *vendere gli asparagi a mazzi.* *2* (*est.*) Insieme di più cose omogenee tenute unite: *m. di chiavi, di pennelli, di matite, di calze, di fazzoletti* | *M. di fune*, fune avvoltolata e annodata come una matassa | *A mazzi*, confusamente, senza distinzione. *3* (*fig.*, *spreg.*, *scherz.*) Gruppo di persone considerate in massa: *quei soggetti formano proprio un bel m.* | *Entrare nel m.*, venire a far parte di una compagnia, un affare, e sim. | *Mettere tutti nello stesso m.*, considerare tutti alla stessa stregua, senza discriminazione alcuna: *può anche metterci me, nel m. dei piccoli...* (SCIASCIA) | †*Andare in m.*, mettersi insieme con altri. *4* Insieme delle carte che servono al gioco: *m. di quaranta, di cinquantadue carte* | *Fare il m.*, mescolare, scozzare le carte | *Essere di m.*, tenere il mazzo per distribuire le carte. *5* †Bastone, pertica | †*Alzare i mazzi*, (*fig.*) andarsene, scappare. || †**mazzatèllo**, dim. | **mazzettino**, dim. | **mazzétto**, dim. (V.) | **mazzolino**, dim. | **mazzóne**, accr.

màzzo (2) [vc. di area merid.] s. m. ● (*volg.*,

scherz.) Deretano | *Farsi il m.*, lavorare, faticare molto | *Fare il m. a qc.*, farlo faticare molto o giocargli un brutto tiro.

†mazzocchiàia s. f. ● Quantità di mazzocchi.

mazzòcchio [da *mazzo*] s. m. *1* Ciuffo, mazzetto di capelli. *2* Parte dell'antico copricapo dei fiorentini, detto foggia, in uso nel Medioevo | (*fig.*, *pop.*) *†Aggiustare il m. a qc.*, fargli passare la pazzia. *3* Tallo di radicchio o cicoria mangiato in insalata. *4* Ingrossamento presente nei fusti di alberi capitozzati. || **mazzocchino**, dim.

mazzòla ● V. *mazzuola*.

mazzolàre o **mazzuolàre** [da *mazzola*] v. tr. (*io mazzuòlo*, pop. *mazzòlo*; in tutta la coniug. la *o* dittonga preferibilmente in *uo* se tonica) ● Battere con la mazzuola | Uccidere con la mazzuola | (*est.*) Bastonare, picchiare, colpire con forza.

mazzolàta s. f. ● Colpo di mazzuola o di mazzuolo | (*fig.*, *fam.*) Duro colpo, batosta, anche economica: *il conto fu una m.!*

mazzolatùra [da *mazzolare*, come den. di *mazzuolo* (*2*)] s. f. ● (*agr.*) Operazione di bonifica parziale di terreni paludosi mediante lo scavo di fosse e la formazione di mazzuoli.

mazzòlo ● V. *mazzuolo* (*1*).

mazzóne [accr. di *mazza*, per la forma grossa della testa] s. m. ● (*zool.*, *dial.*) Cefalo | (*dial.*) Ghiozzo | (*dial.*) Nasello.

mazzuòla o (*pop.*) **mazzòla**. s. f. *1* Dim. di *mazza*. *2* Piccola mazza di legno o di acciaio, spec. quella usata per livellare i caratteri tipografici in una composizione | Mazza per spaccare sassi. *3* Martelletto di vario materiale, da orafi. *4* Martello di legno per curvare la cima di un cavo poco flessibile, per diminuire il volume di un'impiombatura e sim. *5* †Mazza per supplizio.

mazzuolàre ● V. *mazzolare*.

mazzuòlo (**1**) o (*pop.*) **mazzòlo** [da *mazzuola*] s. m. *1* Arnese dello scalpellino, simile a un martello, per battere sullo scalpello o sulla pietra | Martello di legno duro con manico corto e rotondo usato dai falegnami. *2* La parte allargata che è all'estremità di alcuni tipi di bastone da golf. *3* (*mus.*) Sorta di bacchetta con impugnatura di legno e testa sferica gener. di cuoio, che il percussionista usa in coppia per suonare i timpani.

mazzuòlo (**2**) [etim. incerta] s. m. ● Striscia seminativa di terreno paludoso rialzata e separata da quelle vicine per mezzo di ampie fosse di raccolta delle acque.

me /me* *nei sign. A 1-2, B*; me *nel sign. A 3*/ [lat. *mē*, di origine indeur.] **A** pron. pers. di prima pers. m. e f. sing. *1* Indica la persona che parla e si usa al posto di 'io' nei vari compl.: *hanno parlato a lungo di me*; *scrivi a me direttamente*; *dovevi parlare con me*; *contate su di me*; *sono arrivati da me in quattro*; *fra me e lui non c'è alcun rapporto*; *se tu fossi in me, cosa faresti?* | Si usa come compl. ogg. in luogo del pron. atono 'mi' quando gli si vuole dare particolare rilievo: *vogliono me*; *hanno cercato me e non te* | Si rafforza con 'stesso' e 'medesimo': *incolpo me stesso*; *mi vergogno di me medesimo* | Si pospone a 'anche', 'neanche', 'pure', 'neppure', 'nemmeno', e sim.: *prendete anche me*; *non hanno ascoltato nemmeno me* | *Da me*, da solo, senza aiuto o intervento di altri: *lo so da me*; *farò tutto da me* | *Per*, *secondo me*, a mio parere, a mio giudizio: *per me puoi andare*, *secondo me è impossibile riuscire* | *Tra me*, *tra me e me*, *dentro di me*, nel mio intimo, nella mia coscienza, nell'animo mio: *rimuginavo fra me e me quanto avevo udito* | *Quanto a me*, per ciò che mi concerne: *quanto a me puoi stare tranquillo che non lo dirò a nessuno*. *2* Si usa, al posto di 'io' e con funzione di sogg., in espressioni esclamative e in espressioni comparative dopo 'come' e 'quanto' e anche, con funzione di predicato nominale, dopo i verbi 'essere', 'parere', 'sembrare', quando il sogg. della prep. non sia 'io': *povero me!*; *me misera!*; *oh me infelice!*; *è contento come me*; *lavora quanto me*; *tu non sei me*; *pare me* | (*scherz.*) *Il padrone sono me!* *3* Mi (come compl. ogg. e come compl. di termine sia encl., sia procl.; forma che il pron. atono 'mi' assume davanti ai pron. atoni 'la', 'le', 'li', 'lo', e alla particella 'ne'): *me lo ha detto subito*; *mandatemelo*; *non me li ha ancora restituiti*; *parlamene*; *me ne ha fatte tante*; *me ne riconosco colpevole*; *liberamene subito*. **B** in funzione di s. m. solo sing. ● (*raro*) Io, l'intima coscienza: *lo pensavo nel mio me*.

†me' (**1**) /mɛ/ o (*raro*) **†mèi** (**2**). agg. ● (*poet.*) Forma tronca di 'mezzo'.

me' (**2**) /mɛ/ o (*sett.*) **†mèi** (**1**) avv. ● Forma tronca di 'meglio'.

†me' (**3**) /me/ ● V. *mi'*.

mea culpa /*lat.* 'mɛa 'kulpa/ [loc. lat. tratta dal Confiteor, propriamente 'per mia colpa'] loc. sost. m. inv. *1* (*relig.*) Formula ricorrente nel Confiteor mediante la quale il fedele ammette la propria colpa. *2* (*est.*) Ammissione delle proprie colpe, manifestazione del proprio pentimento | *Dire*, *fare*, *recitare il mea culpa*, riconoscere, confessare, ammettere la propria colpevolezza, il proprio torto.

meàndrico agg. (pl. m. *-ci*) ● (*raro*) Che ha l'andamento di un meandro | (*fig.*) Tortuoso.

meàndro [vc. dotta, lat. *maeăndru(m)*, nom. *maeăndros*, dal gr. *Măiandros*, fiume dell'Asia Minore, famoso per le sue sinuosità] s. m. *1* Ognuna delle sinuosità che caratterizzano il corso di fiumi che scorrono in una pianura con lieve pendenza. SIN. Ansa. *2* (*est.*) Andamento serpeggiante e complesso di un edificio, una strada, una città e sim.: *si ritrovò solo nei meandri del palazzo*; *si persero nei meandri della grande città sconosciuta*. *3* Motivo ornamentale costituito da elementi ripetuti e collegati fra loro. *4* (*fig.*) Raggiro, tortuosità: *i meandri delle pratiche burocratiche*; *non è possibile seguirlo nei meandri del suo pensiero*.

†meàre [vc. dotta, lat. *meāre*, da avvicinare a *migrāre* 'emigrare'] v. intr. ● (*lett.*) Passare attraverso, trapelare: *raggio di sol che puro mei / per fratta nube* (DANTE *Par.* XXIII, 79-80).

meàto [vc. dotta, lat. *meātu(m)*, da *meāre* 'meare'] s. m. *1* (*raro*, *lett.*) Passaggio, apertura, spec. stretta: *che non volea ch'avesse altro m. / onde spirar, che per lo naso, il fiato* (ARIOSTO). *2* (*anat.*) Piccolo canale, orifizio: *m. uditivo* | *M. uretrale*, orifizio esterno dell'uretra. *3* (*mecc.*) Piccolo spazio tra due superfici striscianti, occupato da grasso o da olio lubrificante.

meatóre [da *meato*] s. m. ● Operaio che, nel tratto navigabile da Piacenza alle foci di Pila, controlla le secche e la situazione ecologica delle acque del fiume Po e dispone appositi segnali che ne indicano la navigabilità.

meatoscopìa [comp. di *meato* e *-scopia*] s. f. ● (*med.*) Esame di un meato.

meatotomìa [comp. di *meato* e *-tomia*] s. f. ● (*chir.*) Incisione del meato uretrale.

mècca [ar. *Makka*, n. della città dell'Arabia Saudita patria di Maometto e centro religioso dell'Islam] s. f. *1* (*fam.*) Luogo remoto | *Venire dalla m.*, (*scherz.*) ignorare ciò che tutti sanno, apparire strano nel vestire e nel comportarsi. *2* (*fig.*) Luogo in cui molte persone si recano con la speranza di potervi realizzare le proprie aspirazioni: *Parigi è la m. di tutti gli aspiranti pittori*. *3* Specie di vernice di tonalità aurea che si dà in preparazione alla doratura: *dorare a m. una cornice*.

meccànica [vc. dotta, lat. tardo *mechănica(m)*, nom. *mechănica*, dal gr. *mēchanikḗ* (*téchnē*) 'arte meccanica', f. di *mēchanikós*. V. *meccanico*] s. f. *1* Settore della fisica che studia gli stati di quiete e di moto dei corpi, e le varie relazioni che legano le caratteristiche del movimento | *M. razionale*, ramo della matematica che studia con metodi esclusivamente matematici il moto e l'equilibrio dei corpi | *M. quantistica*, scienza che studia le leggi del moto dei corpi tenendo conto delle loro proprietà corpuscolari ed ondulatorie | *M. celeste*, scienza che studia le leggi del moto degli astri | *M. agraria*, che studia l'applicazione delle macchine in agricoltura. *2* Complesso di fatti e aspetti umani su cui influiscono i risultati dell'attività tecnologica: *società*, *secolo*, *civiltà della m.* *3* Modo, metodo, sistema proprio dello svolgimento e sviluppo di determinati fatti o di fenomeni naturali: *la m. processuale*; *la m. della produzione*; *la m. della respirazione* | (*est.*) Modo in cui si svolge, o si è svolto, un determinato fatto: *la m. di un delitto*, *di un incidente*. *4* Insieme degli elementi che compongono un meccanismo e il loro funzionamento: *la m. di un motore*; *la delicata m. di certi orologi*; *m. di uno strumento musicale*.

meccanicìsmo [da *meccanico*] s. m. ● Dottrina filosofica che, rifiutando ogni interpretazione finalistica del mondo, si fonda su un rigoroso determinismo e riduce i fenomeni del mondo fisico al movimento spaziale dei corpi.

meccanicìsta s. m. e f. (pl. m. *-i*) ● Chi segue o si ispira al meccanicismo.

meccanicìstico agg. (pl. m. *-ci*) ● Che concerne o interessa il meccanicismo o i meccanicisti. || **meccanicisticaménte**, avv.

meccanicità s. f. ● Qualità, natura di ciò che è meccanico, in senso fig.: *la m. di un gesto*, *di un movimento*, *di un lavoro*.

meccànico [vc. dotta, lat. *mechănicu(m)*, nom. *mechănicus*, dal gr. *mēchanikós*, agg. di *mēchanḗ* 'macchina'] **A** agg. (pl. m. *-ci*) *1* Relativo alla macchina, alle macchine o in rapporto con esse: *apparato m.* | *Guasto*, *incidente m.*, che incide solo nelle parti di una macchina senza arrecare danni alle persone. *2* Eseguito con l'aiuto di macchine | *Calcolo m.*, fatto con l'aiuto di una calcolatrice | *Lana meccanica*, lana recuperata a mezzo di macchine da stracci e da altri cascami | *Arti meccaniche*, manuali o esercitate per mezzo di macchine. *3* (*fig.*) Di tutto ciò che, per pratica o abitudine, viene eseguito in modo automatico, quasi senza la partecipazione della volontà o dell'intelligenza: *atto*, *movimento m.*; *camminare è un'azione meccanica*; *ripetizione meccanica di una poesia*. *4* Che mostra il predominio dell'attività materiale su quella spirituale: *lavoro*, *impegno m.* *5* Attinente alla meccanica. || **meccanicaménte**, avv. Con mezzi meccanici; (*fig.*) nel modo tipico delle macchine, senza l'azione della volontà o dello spirito. **B** s. m. *1* Chi esplica un'attività lavorativa attinente alle macchine: *un buon m.* *2* †Lavoratore manuale | (*est.*) †Ignorante, plebeo: *nel mezzo*, *vile m.!* (MANZONI).

meccanìsmo [fr. *mécanisme*, da *mécanique* 'meccanico'] s. m. *1* Insieme di elementi in rapporto e collegamento reciproco costituenti un congegno o una macchina: *m. semplice*, *complicato*; *m. di un giradischi*, *di un registratore di suoni*. *2* (*fig.*) Funzionamento di un'organizzazione, di un ente e sim., svolgentesi secondo disposizioni precise e inderogabili: *il m. organizzativo*, *amministrativo dello Stato*. *3* (*psicol.*) Processo psichico formato da varie fasi interdipendenti fra loro: *il m. della memoria esiste anche negli animali* | (*psicoan.*) *Meccanismi di difesa*, V. *difesa*.

meccanizzàre [fr. *mécaniser*, da *mécanique* 'meccanico'] **A** v. tr. *1* Trasformare un'attività sostituendo, completamente o in parte, l'opera di esecutori manuali o di animali con macchine azionate e controllate dall'uomo: *m. il lavoro agricolo*. *2* (*fig.*) Rendere meccanico, simile a una macchina: *l'industria meccanizza gli uomini*. **B** v. intr. pron. *1* Trasformarsi in seguito all'introduzione e all'uso delle macchine: *nell'epoca attuale ogni forma di lavoro tende a meccanizzarsi*. *2* (*fam.*) Fornirsi di un mezzo di trasporto a motore. SIN. Motorizzare.

meccanizzàto part. pass. di *meccanizzare*; anche agg. *1* Nei sign. del v. *2* Che impiega mezzi meccanici | *Reparto m.*, nell'esercito, reparto interamente dotato di autoveicoli cingolati, corazzati, ruotati.

meccanizzazióne [fr. *mécanisation*, da *mécaniser* 'meccanizzare'] s. f. ● Atto, effetto del meccanizzare o del meccanizzarsi.

Meccàno® [nome commerciale] s. m. ● Gioco di costruzioni per ragazzi costituito da elementi metallici e modulari per costruzioni meccaniche in miniatura.

meccàno- [gr. *mēchano-*, da *mēchanḗ* 'macchina' (V.)] primo elemento ● In parole composte, significa 'macchina' o indica uso di mezzi meccanici: *meccanografico*, *meccanoterapia*.

meccanocettóre [comp. di *meccano-* e (*re*)*cettore*] s. m. ● (*fisiol.*) Meccanorecettore.

meccanografìa [fr. *mécanographie*, comp. di *mécano-*, da *mécanique* 'meccanico', e *-graphie* '-grafia'] s. f. ● Ogni tecnica che preveda l'impiego di macchine per la scrittura, per il calcolo e per l'elaborazione dei dati.

meccanogràfico agg. (pl. m. *-ci*) ● Attinente alla meccanografia | *Centro m.*, reparto di un'azienda, di un ente e sim. che provvede, con l'impiego di sistemi a schede perforate o di sistemi elettronici, alla elaborazione dei dati. || **meccanograficaménte**, avv. Con procedimenti meccanografici.

meccanorecettóre [comp. di *meccano-* e *recettore*] s. m. ● (*fisiol.*) Recettore sensibile agli stimoli meccanici, per es. a quelli tattili e di pressione. SIN. Meccanocettore.

meccanoterapìa [comp. di *meccano-* e *-terapia*] s. f. ● (*med.*) Cinesiterapia attuata con mezzi meccanici.

meccatrònica [comp. di *mecca(nica)* e *(elet)tronica*] s. f. ● Elettronica applicata alla meccanica. SIN. Metronica.

meccatrònico A agg. (pl. m. *-ci*) ● Relativo alla meccatronica. **B** s. m. (f. *-a*) ● Meccanico che utilizza le tecniche elettroniche.

†**meccère** ● V. *messere*.

†**mècchia** [stessa etim. di *miccia*] s. f. *1* (*mil.*) Miccia di stoppa. *2* (*tecnol.*) *M. a tortiglione*, (*ell.*) *mecchia*, punta a tortiglione.

mecenàte [vc. dotta, lat. *Maecenāte(m)* 'G. Mecenate' (70 ca.-8 a.C.) amico di Augusto, protettore di Virgilio e Orazio; n. di origine etrusca] **A** s. m. e f. ● (*per anton.*) Munifico protettore di artisti, poeti e sim.: *m ... che si dilettava ... di poesia* (VICO). **B** anche agg.: *principi mecenati*.

†**mecenaterìa** s. f. ● (*raro*) Protezione di dotti e artisti.

mecenatésco agg. (pl. m. *-schi*) ● Proprio di un mecenate: *protezione mecenatesca*.

†**mecenàtico** agg. ● Da mecenate.

mecenatismo [da *mecenate*] s. m. ● Inclinazione ad assicurare lo sviluppo delle arti, delle lettere e delle scienze, mediante la protezione di chi le esercita: *il m. fu assai diffuso durante il Rinascimento*.

mèche /fr. mɛʃ/ [vc. fr., letteralmente 'ciocca di capelli' (V. *miccia*)] s. f. inv. ● Ciocca o striscia di capelli diversamente tinti rispetto al resto della capigliatura.

mechitarìsta A s. m. (pl. *-i*) ● Religioso della congregazione di rito cattolico armeno fondata da Mechitar, soprannome di V. P. Manuk (1676-1749), teologo armeno. SIN. Lazzarista. **B** agg. ● Dei mechitaristi: *ordine, frate m.*

méco [lat. *mēcu(m)*, comp. di *mē* e *cŭm* 'con'] forma pron. ● (*lett.*) Con me: *amor che m. al buon tempo ti stai* (PETRARCA) | (*raro, lett.*) *M. stesso, m. medesimo*, fra me e me, dentro di me | (*pleon.*) †*Con m., con esso m.*: *tu cenerai con esso m.* (BOCCACCIO).

mecòmetro [comp. del gr. *mêkos* 'lunghezza' e *-metro*] s. m. ● (*med.*) Strumento per misurare la lunghezza del feto o del neonato.

meconàto [da *meconico*] s. m. ● Prodotto di addizione dell'acido meconico con composti organici basici: *m. di morfina*.

mecònico [dal gr. *mḗkōn*, genit. *mḗkōnos* 'papavero', di origine indeur.] agg. (pl. m. *-ci*) ● Detto di acido organico bibasico contenuto nell'oppio.

mecònio [vc. dotta, lat. *mecōniu(m)*, dal gr. *mēkṓnion* 'papavero'. V. *meconico*] s. m. *1* Oppio. *2* (*fisiol.*) Contenuto intestinale del feto e del neonato, di color verde scuro a causa dei pigmenti biliari.

meconismo [da *meconio*] s. m. ● (*med.*) Intossicazione cronica da oppio.

meconite [vc. dotta, lat. *meconīte(m)*, nom. *meconītes*, dal gr. *mḗkōn*, genit. *mḗkōnos* 'papavero', perché è formata da pietruzze simili ai grani del papavero. V. *meconico*] s. f. ● (*merid.*) Varietà di roccia calcarea con minuti inclusi nerastri.

Mecòtteri [comp. del gr. *mêkos* 'lunghezza' (da avvicinare a *makrós* 'lungo'. V. *macro-*) e *-ttero*] s. m. pl. ● Nella tassonomia animale, ordine di Insetti con antenne lunghe sottili i cui maschi hanno l'addome incurvato terminante con un paio di pinze (*Mecoptera*) | (al sing. *-o*) Ogni individuo di tale ordine.

méda [vc. di origine veneta, lat. *mēta(m)* 'meta'] s. f. ● Segnale fisso di varia forma, in muratura o metallico, su secche, scogli e sim. | Palo per segnalazione di rotta nella laguna di Venezia.

medàglia [lat. parl. **med(i)ālia*, nt. pl., dal lat. tardo *mediālis* 'mezzo (denaro)', da *mĕdius* 'mezzo'] s. f. *1* Dischetto d'oro, d'argento o di altro metallo coniato o fuso, con raffigurazione a bassorilievo di una figura sacra o profana spesso recante un'iscrizione | *M. commemorativa*, emessa per celebrare particolari date o ricorrenze | *Il diritto della m.*, il lato che reca la figura e l'iscrizione principale | *Il rovescio della m.*, l'altro lato e (*fig.*) l'aspetto meno attraente o gradevole di q.c. *2* Riconoscimento, premio concesso per azioni meritevoli, vittorie e sim.: *m. d'oro, d'argento, di bronzo*; *m. olimpionica*; *avere il petto pieno di medaglie* | *M. d'onore*, conferita per azione degna d'encomio | *M. al valor civile*, conferita a chi abbia compiuto atti valorosi in favore d'altri | *M. al valor militare*, conferita a chi abbia compiuto atti di valore in guerra | (*est.*) *Una m. d'oro*, persona decorata con tale medaglia. *3* †Moneta | *Scienza delle medaglie*, medaglistica. || **medagliétta**, dim. (V.) | **medaglìna**, dim. | **medaglìno**, dim. m. | **medaglióne**, accr. m. (V.) | **medagliùccia**, pegg. | **medagliuòla**, dim.

medagliàio o †**medagliàro** s. m. ● Chi vende medaglie | (*raro*) Chi conia medaglie.

medagliàre [da *medaglia*, sul modello del fr. *médailler*] v. tr. (*io medàglio*) ● (*raro, spec. scherz.*) Premiare con medaglia.

†**medagliàta** [da *medaglia* nel sign. 3] s. f. ● Tutto quello che si acquistava per il prezzo di una moneta.

medagliàto A part. pass. di *medagliare*; anche agg. ● Nel sign. del v. **B** s. m. (f. *-a*) ● Chi ha ricevuto in premio una medaglia.

medaglière s. m. *1* Raccolta di medaglie o di monete di valore numismatico. *2* Mobile a reparti scorrevoli per la conservazione di medaglie o monete. *3* (*mil., sport*) L'insieme o la raccolta delle medaglie ottenute da una persona o da un gruppo di persone come riconoscimento di valore militare, premio di una vittoria sportiva e sim.: *il m. dell'Associazione Nazionale Alpini*.

medagliétta s. f. *1* Dim. di *medaglia*. *2* Medaglia di piccole dimensioni che si appende alle catenine da collo per devozione: *una m. di S. Luigi*. *3* Piccola medaglia d'oro data a deputati e senatori che porta impresso il nome della persona e la data della legislatura.

medaglióne s. m. *1* Accr. di *medaglia*. *2* Sorta di gioiello a forma di medaglia, apribile e contenente all'interno l'effigie di una persona cara o una ciocca di capelli. *3* Figura scolpita o dipinta inserita entro una cornice ovale o rotonda posta come motivo architettonico ornamentale. *4* (*fig., scherz.*) Persona di una certa età, antiquata nel vestire e di aspetto grave e solenne. *5* Bozzetto o ritratto che uno scrittore fa di persona nota. *6* Preparazione gastronomica di forma rotonda: *m. di pollo, di vitello, di aragosta*. || **medaglioncìno**, dim.

medaglista s. m. (pl. *-i*) *1* Artista creatore o incisore di medaglie. *2* Collezionista di medaglie.

medaglìstica s. f. *1* Arte di incidere le medaglie. *2* Scienza che studia le medaglie. *3* (*sport*) L'insieme delle medaglie ottenute, a titolo di premio o riconoscimento, da un atleta o da una squadra durante l'attività agonistica.

†**medèla** [vc. dotta, lat. *medēla(m)*, da *medēri* 'medicare', dalla stessa radice di *mĕdicus* 'medico'] s. f. ● Medicina, medicamento, rimedio.

†**medémo** ● V. *medesimo*.

†**medesimànza** s. f. ● Medesimezza.

†**medesimàrsi** [da *medesimo*] v. intr. pron. ● Immedesimarsi.

medesimézza [da *medesimo*] s. f. ● (*raro*) Uguaglianza, identità.

†**medesimità** s. f. ● Medesimezza.

medésimo o (*lett., sett.*) †**medémo**, (*poet.*) **medésmo** [lat. parl. **metĭpsimu(m)*, comp. del suff. raff. *met* e *ĭpsimus*, sup. del pron. *ĭpse*. Cfr. *esso*] **A** agg. dimostr. *1* Indica identità: *siamo del m. parere*; *abitiamo nella medesima casa*; *ha detto le medesime cose dell'altra volta*; *è la medesima persona che ho visto a casa tua* | *Nel m. tempo*, contemporaneamente; (*est.*) inoltre, anche: *nel m. tempo passerò da voi a salutarvi*; *nel m. tempo comprami il giornale* | (pleon.) Con valore raff. preceduto da 'stesso': *è la stessa medesima cosa*; *è lo stesso e m. discorso*. SIN. Stesso. *2* Indica uguaglianza per grandezza, quantità, qualità: *hanno la medesima forma e il m. peso*; *è delle medesime dimensioni*; *presenta i medesimi caratteri*. SIN. Stesso. *3* (con valore raff.) Proprio, in persona: *il re m. l'ha decorato*; *quell'uomo è la bontà medesima*; *tu m. l'hai detto*; *io m. l'ho sperimentato* | (con valore raff. ed enf.) Proprio (posposto a un s. o a un avv.): *le regole medesime del gioco lo impongono*; *oggi m. scade il termine*; *dovete deciderlo ora, qui m.* SIN. Stesso. || **medesimaménte**, avv. *1* Allo stesso identico modo, ugualmente: *erano medesimamente colpevoli*. *2* Contemporaneamente: *fu medesimamente chiamato il suo sostituto*. *3* †Nondimeno, tuttavia. **B** pron. dimostr. *1* La stessa, identica persona: *quell'individuo è il m. che ho già visto*; *mi ha risposto il m.* *2* (*raro*) La stessa cosa: *per noi è il m.* | *Essere al m.*, essere alle solite.

mèdia (1) [f. sost. di *medio*] s. f. *1* (*mat., stat.*) Valore compreso fra l'estremo superiore e l'estremo inferiore dei valori considerati | *M. semplice*, che considera tutti i termini una sola volta | *M. ponderata*, che considera ogni termine per un numero di volte corrispondente al numero di casi che lo presentano | *M. aritmetica*, dati n valori è il quoziente ottenuto dividendo la loro somma per n | *M. geometrica*, dati n valori è la radice n-esima del prodotto degli n numeri | *M. armonica*, è il reciproco della media aritmetica del reciproco degli n valori dati | *M. quadratica*, è la radice quadrata della media aritmetica dei quadrati degli n valori. *2* (*est., gener.*) Ogni valore intermedio, misura di mezzo, condizione normale lontana dagli estremi: *secondo la m. delle aspirazioni umane*; *essere al disotto della m.*; *la m. delle temperature di gennaio*; *quanto guadagna in m. al mese?* *3* Votazione che uno studente ha ottenuto durante un determinato periodo scolastico, risultante dalla somma di tutti i voti riportati divisa per il numero delle prove sostenute: *essere promosso con la m. del sette*. *4* *M. oraria*, velocità relativa ottenuta da un mezzo di locomozione o da un corridore su di un percorso in un tempo determinato. *5* (*sport*) *M. inglese*, tipo di punteggio usato per la classifica delle squadre di calcio partecipanti a un torneo, secondo il quale a ciascuna squadra viene attribuito un punto per la vittoria fuori casa, zero punti per il pareggio fuori casa e la vittoria in casa, mentre vengono sottratti due punti per la sconfitta in casa, un punto per la sconfitta fuori casa e per il pareggio in casa. *6* Scuola media inferiore: *la m. dell'obbligo* | *Le medie*, le scuole secondarie.

media (2) /ingl. 'mi:djə/ [pl. di *medium* 'mezzo' dal lat. *mĕdium* 'mezzo'] s. m. pl. ● Acrt. di *mass-media* (V.).

mediàle (1) [da *medio*] agg. ● (*anat.*) Che è più vicino al piano mediano del corpo. || **medialménte**, avv. In posizione mediale.

mediàle (2) [da *medio*] agg. ● (*ling.*) Relativo alla forma media del verbo: *valore, funzione m.*

mediàle (3) [da *media (2)*] agg. ● Relativo ai mass media: *cultura m.* SIN. Mediatico.

mediàna [f. sost. di *mediano*] s. f. *1* (*mat.*) *M. di un triangolo*, segmento che congiunge un vertice con il punto medio del lato opposto | *M. d'un parallelogramma*, segmento che congiunge i punti medi di due lati opposti. *2* (*stat.*) Termine che, in una successione di termini disposti in ordine crescente o decrescente, occupa il posto centrale. *3* (*sport*) Nel calcio, lo schieramento dei giocatori della seconda linea, secondo la tattica del metodo.

medianicità [da *medianico*] s. f. ● (*psicol.*) In parapsicologia, carattere proprio dei fenomeni non normali, di ordine fisico e psichico, provocati dai sensitivi o medium.

mediànico [da *medium*, con sovrapposizione di *mediano*] agg. (pl. m. *-ci*) ● Relativo a medium e a medianicità.

medianismo s. m. ● Complesso dei fenomeni determinati dal medium | Funzione e attività del medium.

medianità [da *medianico*] s. f. ● Potere tipico dei medium.

mediàno [vc. dotta, lat. tardo *mediānu(m)*, da *mĕdius* 'medio'] **A** agg. *1* Di mezzo, posto in mezzo: *zona mediana*; *punto m.* SIN. Medio. *2* (*ling.*) Detto di vocale il cui punto di articolazione è situato nella parte media della cavità orale. *3* (*med.*) *Nervo m.*, del plesso brachiale, che decorre nel mezzo dell'avambraccio | *Piano m.*, quello che passa per il mezzo del corpo, dividendolo in due parti relativamente simmetriche. **4** †Mediocre | †Del ceto medio. **B** s. m. **1** Nel calcio, giocatore della seconda linea: *m. di spinta*; *m. di interdizione*. **2** (*veter.*) Ciascun dente incisivo situato tra i picozzi e i cantoni.

mediànte [lat. mediev. *mediănte*, abl. del part. pres. di *mediāre* 'stare nel mezzo, essere interposto'] prep. **1** Per mezzo di, con l'aiuto, l'ausilio di: *proteggere q.c. m. un sistema di sicurezza*; *è riuscito m. la propria buona volontà*; *è arrivato a quel posto m. raccomandazioni*. **2** †Attraverso, fra.

mediàre [vc. dotta, lat. tardo *mediāre*, da *mĕdius* 'medio'] **A** v. intr. (*io mèdio*; aus. *avere*) ● (*raro*) Stare, entrare in mezzo: *tra la quiete e qualsiasi grado di velocità mèdiano infiniti gradi di velocità minori* (GALILEI). **B** v. tr. **1** Fare da mediatore, da intermediario per arrivare a un'intesa, a un accordo, a un accomodamento. **2** (*mat.*) Eseguire la media fra più valori. **3** (*filos.*) Mettere in relazione due termini.

mediastìneo agg. ● (*anat.*) Mediastinico.

mediastìnico agg. (pl. m. *-ci*) ● (*anat.*) Del mediastino.

mediastinìte [comp. di *mediastin(o)* e *-ite* (*1*)] s. f. ● Infiammazione del tessuto connettivo del mediastino.

mediastìno o (*evit.*) **mediàstino** [lat. *mediastī-nu(m)* 'intermedio' (nel lat. classico sign. 'servo addetto ai servizi più bassi' e 'assistente di medico'), da *mĕdius* 'medio', col suff. *-tīnus*, presente anche in *intestīnus* 'interno'. V. *intestino*] s. m. ● (*anat.*) Spazio della cavità toracica compreso tra le due cavità pleuriche, in cui sono contenuti il cuore, il timo, i grossi vasi, la trachea, l'esofago.

mediatèca o **mediotèca** [comp. di *media* (*2*) e *-teca*] s. f. ● Centro che raccoglie e mette a disposizione del pubblico programmi video e documenti sonori.

mediàtico agg. (pl. m. *-ci*) ● Mediale (3).

mediàto part. pass. di *mediare*; anche agg. **1** Nei sign. del v. **2** Indiretto: *effetto m.*; *cognizioni mediate*. **3** †Acconcio, adatto. || **mediataménte**, avv.

mediatóre [vc. dotta, lat. tardo *mediatōre(m)*, da *mediāre* 'mediare'] **A** s. m. (f. *-trice*) **1** Intermediario che contribuisce al raggiungimento di un accordo tra due o più parti: *fare da m.*; *è stato un m. della pace*. **2** Agente di commercio che s'interpone tra venditore e compratore, facilitando la stipulazione del contratto. SIN. Sensale. **3** Intercessore | *Il divino m.*, Gesù Cristo. **4** (*biol.*) *M. chimico*, composto chimico che accoppia funzionalmente due cellule o due processi fisiologici anche distanti tra loro. **B** agg. ● Che interviene come mediatore o intercessore: *Maria mediatrice di grazie*.

mediazióne [vc. dotta, lat. tardo *mediatiōne(m)*, da *mediāre* 'mediare'] s. f. **1** Attività di chi si interpone tra due o più parti, per facilitarne le relazioni e gli accordi: *offrire la propria m.* **2** Compenso spettante al mediatore. **3** (*filos.*) Procedimento logico che mette in relazione due categorie o due oggetti in generale.

mèdica [lat. tardo *mĕdica(m)*, f. di *mĕdicus* 'medico'] s. f. ● (*raro*) Dottoressa in medicina | (*raro*, *est.*) Donna esperta nel curare i malati.

medicàbile [vc. dotta, lat. *medicābile(m)*, da *medicāre* 'medicare'] agg. ● Che si può medicare o sanare: *ferita, piaga m.* | †*Erbe medicabili*, medicamentose.

medicàio [da *medica* (erba)] s. m. ● Prato d'erba medica.

medicàle [fr. *médical*, deriv. dal lat. *mĕdicus* 'medico'] agg. ● Di medico, di medicina.

medicalizzàre [fr. *médicaliser*, da *médical* 'medicale'] v. tr. ● Far rientrare nella sfera delle competenze della medicina: *m. il recupero dei tossicodipendenti*.

medicalizzazióne s. f. ● Atto, effetto del medicalizzare.

†**medicàme** [vc. dotta, lat. *medicāme(n)*, da *medicāre* 'medicare'] s. m. **1** Medicina, medicamento. **2** Materia venefica.

medicamentàrio [vc. dotta, lat. *medicamentā-riu(m)*, da *medicamĕntum* 'medicamento'] agg. ● Concernente i medicamenti e le loro preparazioni.

medicaménto [vc. dotta, lat. *medicamĕntu(m)*, da *medicāre* 'medicare'] s. m. **1** (*raro*) Modo e atto del medicare (*anche fig.*). **2** Farmaco, sostanza curativa.

medicamentóso [vc. dotta, lat. tardo *medicamentōsu(m)*, da *medicamĕntum* 'medicamento'] agg. ● Che ha poteri medicinali: *sostanze medicamentose*.

medicànte **A** part. pres. di *medicare*; anche agg. ● (*raro*) Nei sign. del v. **B** s. m. e f. ● (*raro*) Chi medica.

medicàre [vc. dotta, lat. *medicāre*, da *mĕdicus* 'medico'] **A** v. tr. (*io mèdico, tu mèdichi*) **1** Detergere e disinfettare una ferita, per favorirne la guarigione: *farsi m. in astanteria*; *m. una ferita, una piaga, una scottatura*. **2** Trattare o conciare con sostanze dotate di particolari proprietà correttive o integrative | *M. il terreno*, trattarlo con concimi, diserbanti e sim. | †*M. la freccia*, avvelenarla. **3** (*fig.*, *lett.*) Addolcire, mitigare, lenire. **4** (*fig.*) †Rimediare, riparare. **B** v. rifl. ● Farsi una medicazione: *medicarsi sommariamente*. **C** v. intr. ● †Fare il medico.

medicàstro s. m. ● (*spreg.*) Medico che non vale nulla.

medicàto part. pass. di *medicare*; anche agg. **1** Nei sign. del v. **2** Detto di mezzo o prodotto al quale sono state aggiunte sostanze medicamentose: *cerotto m.*, *bagno m.*

medicatóre [vc. dotta, lat. tardo *medicatōre(m)*, da *medicātus* 'medicato'] agg.; anche s. m. (f. *-trice*) ● (*raro*) Che, chi medica (*anche fig.*): *mano medicatrice*; *un abile m.*

medicatùra s. f. ● (*raro*) Medicazione | *M. del grano*, trattamento del seme con preparati appositi per preservarlo dalla carie.

medicazióne [vc. dotta, lat. *medicatiōne(m)*, da *medicātus* 'medicato'] s. f. **1** Atto, effetto del medicare | (*mil.*) *Posto di m.*, impiantato presso le unità combattenti più avanzate, per fornire il primo soccorso ai feriti e provvedere al loro eventuale inoltro verso le formazioni sanitarie retrostanti | (*mil.*) *Pacchetto di m.*, in dotazione a ogni combattente perché provveda di persona alla prima sommaria medicazione di ferite leggere. **2** L'insieme delle bende, dei cerotti e dei medicamenti applicati sulla parte ferita: *cambiare, togliere la m.*

medicèo †**medicèo** agg. ● Della famiglia Medici di Firenze: *discendenza medicea*; *stemma m.* | *Pianeti, satelliti medicei, stelle medicee*, i quattro satelliti di Giove, scoperti da Galileo Galilei e da lui così chiamati in onore dei Medici, signori di Firenze.

medicherìa s. f. **1** Locale in cui vengono eseguite le medicazioni, in ospedali e sim. **2** (*spreg.*) Farmaco, cura.

medichéssa [f. di *medico*] s. f. **1** †Dottoressa. **2** (*pop.*, *scherz.*) Donna che sa o pretende di sapere apprestare cure ad ammalati.

†**medichévole** agg. ● Atto a medicare.

medicìna [vc. dotta, lat. *medicīna(m)*, da *mĕdicus* 'medico'] s. f. **1** Scienza che si occupa dello studio delle malattie, della loro prevenzione, diagnosi e terapia: *m. preventiva* | *M. omeopatica*, omeopatia | *M. legale*, ramo della medicina che si occupa di fatti e problemi propri della scienza medica, e rilevanti per il diritto | *M. aeronautica*, studia gli effetti fisiopatologici provocati dal volo nell'atmosfera | *M. spaziale*, studia gli effetti provocati dal volo spaziale e dalla permanenza in ambienti extraterrestri | *M. fisica*, fisiatria nel sign. 1. SIN. Fisiatria nel sign. 1 | *M. radiante*, attuata a mezzo di radiazioni ionizzanti. ➡ ILL. **medicina e chirurgia**. **2** Facoltà universitaria che prepara alla professione medica: *studia m. a Bologna*. **3** (*pop.*) Medicamento, farmaco: *prendere la m.* **4** (*est.*) Cura, rimedio: *la migliore m. è il riposo* | (*fig.*) *La m. dell'anima*, i libri. **5** (*raro*) Preparato atto a correggere, modificare o integrare q.c.: *trattare il vino con la m.* **6** (*fig.*) Tutto ciò che reca sollievo, conforto o consolazione: *le tue parole sono una m. per il mio spirito*. || **medicinàccia**, pegg. | †**medicinùzza**, dim.

medicinàle [vc. dotta, lat. tardo *medicināle(m)*, da *medicīna*] **A** agg. **1** Che ha virtù curative, che è usato come farmaco: *erba, sostanza m.* | (*raro*, *est.*) Efficace, salutare. **2** †Di medico. || †**medicinalménte**, avv. **1** Con medicine e cure. **2** Da medico. **B** s. m. **1** Farmaco, medicamento: *vendita di medicinali all'ingrosso*. **2** †Vaso o barattolo per medicine.

†**medicinàre** [da *medicina*] **A** v. tr. e intr. ● Medicare. **B** v. rifl. ● Curarsi.

†**medicinévole** agg. ● Atto a medicare.

mèdico (1) [vc. dotta, lat. *mĕdicu(m)*, da *medēri* 'curare, aiutare', da una radice indeur. che sign. 'riflettere, curare'] **A** s. m. (f. *-a* (V.) e *medichéssa* (V.); pl. m. *-ci*; V. anche nota d'uso FEMMINILE) **1** Chi pratica la medicina | *M. condotto*, che ha la responsabilità medica di una condotta | *M. legale*, che interpreta e definisce gli aspetti legali della medicina | *M. chirurgo*, un tempo, medico specializzato in chirurgia; oggi, chi ha conseguito la laurea in medicina e ha superato l'esame di abilitazione alla professione | *M. di base*, *di famiglia*, medico convenzionato con il Servizio sanitario nazionale, a cui l'assistito ricorre in caso di malattia o per richiedere l'intervento di specialisti | *M. fiscale*, fiduciario di un'amministrazione incaricato del controllo degli stati di malattia dei dipendenti assenti | (*spreg.*) *M. da borsa*, avido di guadagno | *M. delle bestie*, veterinario. **2** (*fig.*) Chi o ciò che solleva lo spirito, lenisce le passioni, consola l'animo: *il tempo è un gran m.* || **medicàccio**, pegg. | **medichétto**, dim. | **medichìno**, dim. | **medicóne**, accr. (V.) | **medicónzolo**, pegg. | **mediconzolìno**, pegg. | **medicùccio**, **medicùzzo**, dim. **B** agg. **1** Di, relativo ai medici o alle medicine: *arte medica*; *parere m.* | (*raro*) *Occhio m.*, occhio clinico | *Certificato m.*, rilasciato dal medico. **2** (*raro*) Curativo: *le proprietà mediche di una sostanza* || †**medicaménte**, avv. Da medico.

mèdico (2) [vc. dotta, lat. *Mēdicu(m)*, gr. *Mēdikós*; nel sign. 2, perché originaria della Media] agg. **1** Della Media, regione dell'Asia Minore. **2** Del popolo dei Medi | (*est.*) Persiano. **3** (*bot.*) *Erba medica*, V. *erba*.

medico-chirùrgico [comp. di *medico* e *chirurgico*] agg. (pl. m. *-ci*) ● Che concerne la medicina e la chirurgia.

medicóne s. m. (f. *-a*) **1** Accr. di *medico*. **2** (*pop.*) Guaritore.

medietà [vc. dotta, lat. *medietāte(m)*, da *mĕdius* 'medio'] s. f. **1** Nella dottrina etica di Aristotele, il giusto mezzo conseguibile tra due termini estremi. **2** †Qualità di medio.

medieuropèo o **medioeuropèo** [comp. di *medio* e *europeo*] agg. ● Relativo all'Europa centrale: *stati medieuropei*.

medievàle o **medioevàle** [da *Medioevo*] agg. **1** Del Medioevo: *storia m.*; *tradizioni medievali*. **2** (*fig.*, *spreg.*) Di ciò che per arretratezza o limitatezza di vedute richiama il Medioevo: *mentalità m.* SIN. Retrivo, retrogrado. || **medievalménte**, avv.

medievalìsmo o **medioevalìsmo**. s. m. ● Inclinazione o tendenza ad apprezzare o magnificare il Medioevo.

medievalìsta o **medioevalìsta**. s. m. e f. (pl. m. *-i*) ● Medievista.

medievalìstica s. f. ● Lo studio della civiltà e della cultura del Medioevo.

medievalìstico o **medioevalìstico**. agg. (pl. m. *-ci*) ● Relativo agli studi sul Medioevo: *storiografia medievalistica*.

medievìsta [da *Medi(o)evo*] s. m. e f. (pl. m. *-i*) ● Studioso del periodo medievale. SIN. Medievalista.

medìmno [vc. dotta, lat. *medĭmnu(m)*, dal gr. *médimnos*, di origine indeur.] s. m. ● Misura greca di capacità corrispondente a circa 52,5 litri.

medìna [ar. *madīna* 'città'] s. f. ● Parte vecchia delle città islamiche, nella quale si trovano il bazar e la moschea.

medinènse agg. ● Relativo alla città di Medina, in Arabia | (*med.*) *Morbo m.*, pediculosi.

mèdio [vc. dotta, lat. *mĕdiu(m)*, di origine indeur.] **A** agg. **1** Di mezzo, che sta nel mezzo: *parte media*; *punto m.* | *Età media dell'uomo*, tra la giovinezza e la vecchiaia | *Evo m.*, V. evo | *Dito m.*, il terzo della mano, sia contando dal pollice che dal mignolo | *Media Italia*, l'Italia centrale | *Intelligenza media*, né al di sopra né al di sotto della norma | *Ceto m.*, la piccola borghesia | *Scuola media*, *scuole medie*, di istruzione secondaria, fra l'elementare e l'università | *Scuola media inferiore*, (*per anton.*) *scuola media*, corso triennale post-elementare | *Scuola media superiore*, *scuole* *medie superiori*, ginnasio, liceo, istituti tecnici, d'arte e magistrali | *Pesi medi*, in taluni sport del combattimento e nel sollevamento pesi, categoria che comprende atleti di un dato peso fisico, variabile a seconda della specialità sportiva | *Termini medi*, in una proporzione, il primo divisore e il secondo dividendo | *Termine m. di un sillogismo*, quello che lega la premessa maggiore alla conseguenza | *Stile m.*, tra l'umile e il sublime. **2** Che corrisponde al valore intermedio di varie grandezze: *numero m.* | *Produzione, raccolta media*, calcolata tra la più abbondante e la più scarsa | *Valore, prezzo m.*, stabilito tra il più alto e il più basso del mercato | *Velocità media*, che si determina tenendo conto delle punte massime, delle fermate e dei rallentamenti | *Tempo m.*, degli orologi determinato sulla durata del giorno solare secondo un meridiano. **3** (*ling.*) Detto di forma verbale indoeuropea con la quale si esprime un'azione che si svolge nella sfera di interessi del soggetto | Detto di grado consonantico contraddistinto da media forza e durata. || **mediamente**, avv. In media, circa. **B** s. m. **1** Verbo medio: *il m. e il passivo*. **2** Dito medio.

mediòcre [vc. dotta, lat. *medĭocre(m)*, comp. di *mĕdius* 'medio' e *ŏcris* 'rilievo del terreno'; *medĭocris* è 'ciò che si trova a metà altezza'] **A** agg. **1** Di grado, qualità o grandezza media: *statura, intelligenza, bellezza m.*; *una certa fama si accorda ai legislatori benché mediocri* (ALFIERI). **2** Inferiore alla media, alla norma: *guadagno m.*; *prestazione m.* | *Men che m.*, decisamente scarso, insufficiente. SIN. Modesto, piccolo. **3** (*est.*) Che non eccelle, che lascia insoddisfatti perché decisamente scadente: *una m. opera di teatro* | Ordinario, banale, dozzinale: *indossa abiti di m. fattura*. **4** †Del ceto di mezzo. || **mediocreménte**, avv. In modo mediocre: *guadagnare mediocremente*. **B** s. m. e f. ● Chi non eccelle o dimostra attitudini e capacità molto limitate o decisamente scarse: *essere fra i mediocri*; *nel suo lavoro è un m.*

mediocrédito [comp. di *medio* (*termine*) e *credito*] s. m. ● (*banca*) Credito a medio termine, concesso per un periodo non superiore ai dieci anni.

†**mediocreggiàre** [comp. di *mediocr(e)* e *-eggiare*] v. intr. ● Essere mediocre.

mediocrità [vc. dotta, lat. *mediocritāte(m)*, da *medĭocris* 'mediocre'] s. f. **1** Condizione, grado o qualità di mediocre: *vivere nella m.*; *la m. del suo ingegno è provata*; *stomacato e scoraggiato dalla m. che m'assedia e m'affoga* (LEOPARDI) | *Aurea m.*, V. *aurea mediocritas* | Stato sereno e tranquillo di chi vive con modestia, senza eccessive ambizioni e (*iron.*) detto di chi non eccelle in nulla | *M. borghese*, (*spreg.*) di chi nutre ideali meschini e aspirazioni molto limitate. **2** (*est.*) Persona di ingegno e capacità mediocri. **3** †Condizione di ciò che è in mezzo rispetto a due estremi.

medioeuropèo ● V. *medieuropeo*.

medioevàle e *deriv.* ● V. *medievale* e *deriv.*

Medioèvo o *Mèdio Èvo* [comp. di *medio* 'di mezzo' ed *evo*] s. m. ● Nella periodizzazione storica, età compresa tra l'evo antico e quello moderno, i cui termini sono convenzionalmente fissati tra il 476, data della caduta dell'impero romano d'occidente, e il 1492, anno della scoperta dell'America | *Alto M.*, prima dell'anno 1 000 | *Basso M.*, dopo l'anno 1 000.

mediolatinità [comp. di *medio(evale)* e *latinità*] s. f. ● Il complesso delle tradizioni culturali e letterarie del latino medievale.

mediolatino [comp. di *medio(evale)* e *latino*] **A** agg. (pl. m. *mediolatìni*) ● Che concerne il latino medievale: *testi poetici mediolatini*. **B** s. m. ● Lin-

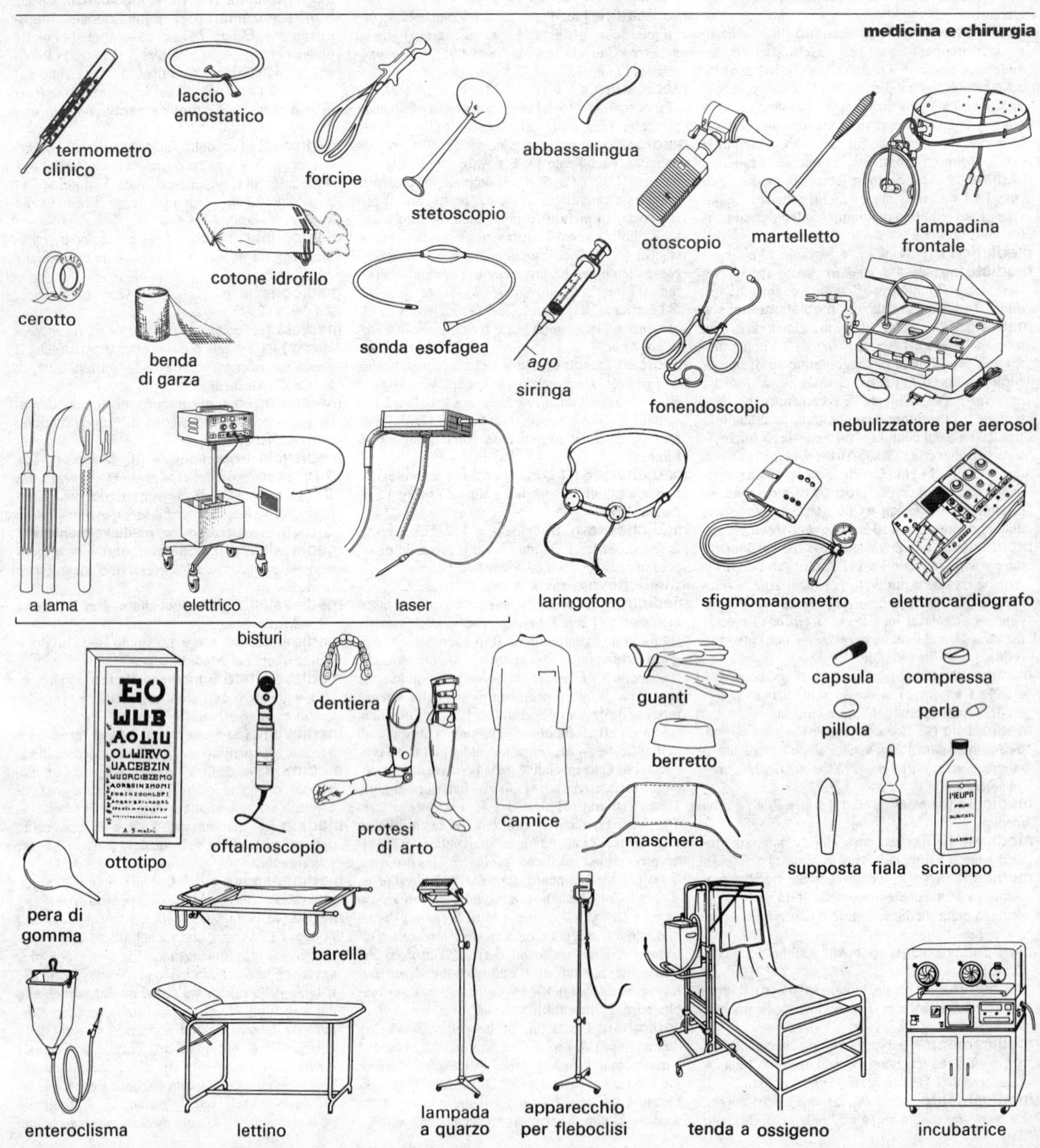

negativoscopio

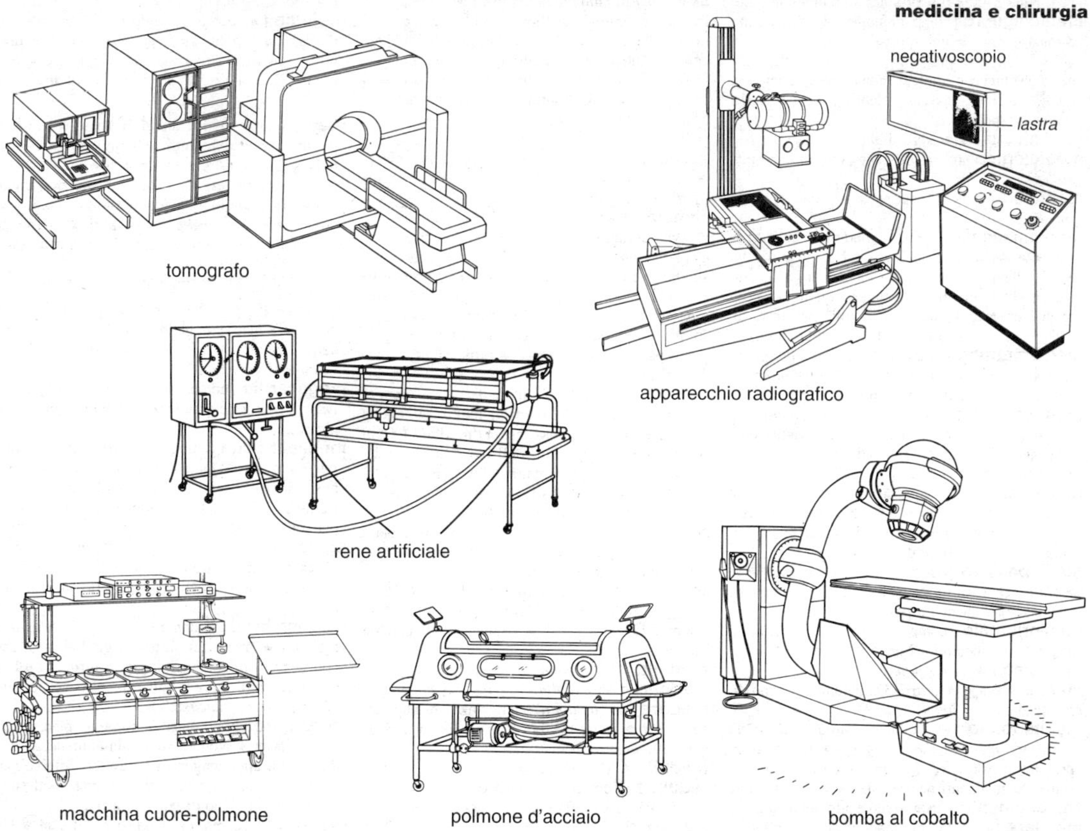

lastra

tomografo

apparecchio radiografico

rene artificiale

macchina cuore-polmone

polmone d'acciaio

bomba al cobalto

apparecchi e strumenti del dentista

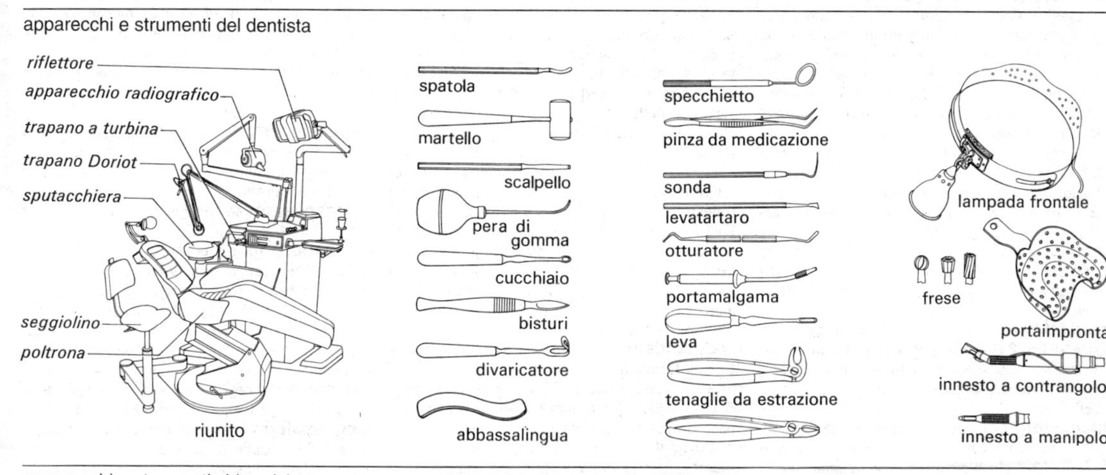

apparecchi e strumenti chirurgici

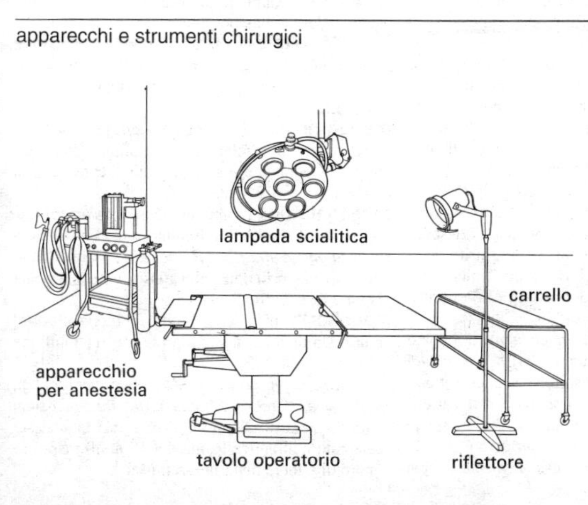

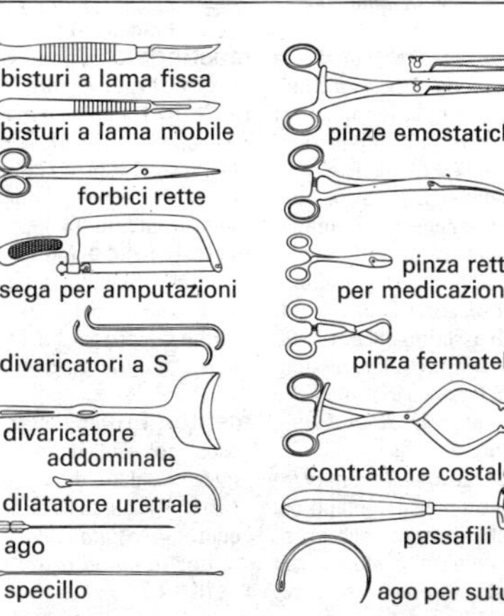

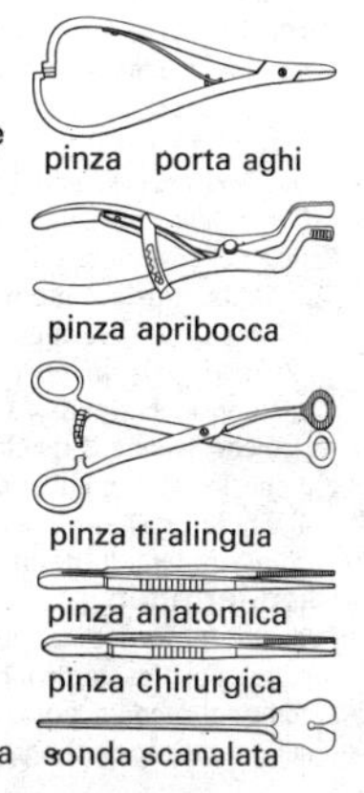

gua latina parlata o scritta nel Medioevo.

medioleggèro [comp. di *medio* e *leggero*] **s. m.**; anche **agg.** ● In taluni sport del combattimento e nel sollevamento pesi, chi, che rientra nella categoria che precede immediatamente quella dei pesi medi, con limiti di peso variabili a seconda della specialità sportiva.

mediologia s. f. ● Acrt. di *massmediologia*.

mediològico agg. (pl. m. *-ci*) ● Acrt. di *massmediologico*.

mediòlogo s. m. (f. *-a*; pl. m. *-gi*) ● Acrt. di *massmediologo*.

mediomàssimo [comp. di *medio* e *massimo*] **s. m.**; anche **agg.** ● In taluni sport del combattimento e nel sollevamento pesi, chi, che rientra nella categoria che segue immediatamente quella dei pesi medi e precede quella dei massimi, con limiti di peso variabili a seconda della specialità sportiva.

mediometràggio [comp. di *medio* e *metraggio*] **s. m.** ● (*cine*) Film di lunghezza intermedia tra il cortometraggio e il lungometraggio.

mediominerale [comp. di *medio* e *minerale*] **agg.** ● Detto di acque minerali da bevanda che contengano una quantità di sali da 0,2 grammi a 1 grammo per litro.

mediopalatàle [comp. di *medio* e *palato*, con suff. agg.] **agg.** ● (*ling.*) Detto di consonante articolata con innalzamento del dorso della lingua verso la parte centrale del palato.

mediopassivo [comp. di *medio* e *passivo*] **agg.** ● (*ling.*) Detto di forma verbale che ha forma passiva e significato tanto passivo che medio.

mediorientàle [comp. di *medi(o)* e *orientale*] **agg.** ● Che concerne il Medio Oriente.

medioteca ● V. *mediateca*.

meditàbile agg. ● (*raro*) Da meditare, degno di meditazione.

meditabóndo [vc. dotta, lat. tardo *meditabŭndu(m)*, da *meditāri* 'meditare'] **agg.** ● Immerso in profondi pensieri: *sguardo m.* | (*scherz.*) Che assume atteggiamenti pensierosi. **SIN.** Cogitabondo.

†**meditaménto s. m.** ● Modo e atto del meditare.

meditàre [vc. dotta, lat. *meditāri*, ints. di *medēri*. V. *medico*] **A v. tr.** (*io mèdito*) **1** Considerare a lungo e attentamente, fare oggetto di riflessione: *m. una pagina, una dottrina, i propri errori*; *sono parole da m.*; *il filosofo è il sublime personaggio tutto intento a m. il problema metafisico* (CROCE). **2** Preparare o macchinare con la mente: *gli assediati meditavano una rapida sortita*; *aveva meditato a lungo il delitto*. **SIN.** Progettare, tramare. **B v. intr.** (aus. *avere*) **1** Concentrarsi pensando o riflettendo: *m. sulle cose lette*; *meditava in silenzio*. **2** Soffermarsi a considerare con attenzione: *meditava sul mistero dell'infinito*.

meditativo [vc. dotta, lat. tardo *meditatīvu(m)*, da *meditāri* 'meditare'] **agg.** ● Dedito e disposto alla meditazione: *mente meditativa*. ‖ **meditativaménte**, **avv.**

meditàto part. pass. di *meditare*; anche **agg.** **1** Nei sign. del v. **2** Che è ben ponderato, maturato: *discorso m.* | (*est.*) Premeditato: *offesa meditata*. ‖ **meditataménte**, **avv.** Con ponderazione; (*est.*) a bella posta.

meditatóre [vc. dotta, lat. tardo *meditatōre(m)*, da *meditāri* 'meditare'] **agg.**; anche **s. m.** (f. *-trice*) ● (*raro*) Che, chi medita: *un m. d'inganni*; *mente meditatrice*.

meditazióne [vc. dotta, lat. *meditatiōne(m)*, da *meditāri* 'meditare'] **s. f.** **1** Profonda riflessione della mente intesa a ricercare la verità, le ragioni, il senso e gli aspetti di q.c.: *stare in m.*; *asserzioni che derivano da una intensa ed assidua m. dell'argomento*. **2** Pratica religiosa cattolica che consiste nel concentrare il proprio pensiero, illuminato dalla grazia, intorno alle verità della fede. **3** Considerazione attenta e accurata: *degno di m.*; *essere oggetto di m.* | (*raro*, *est.*) L'oggetto di tale considerazione. **4** Opera, scritto spec. filosofico che espone il risultato di profonde riflessioni e che invita a meditare. **5** Preparazione mentale di una impresa, azione e sim.: *la m. di un delitto, di una rapina*. ‖ **meditazioncèlla**, **dim.**

mediterràneo [vc. dotta, lat. *mediterrāneu(m)* 'dentro terra, nell'interno di un paese, lontano dal mare', poi (lat. tardo) 'posto in mezzo alle terre', comp. di *mĕdius* 'posto nel mezzo' e *tĕrra*; calco sul gr. *mesógeios*] **agg.** **1** Posto entro, fra terre: *luoghi, paesi, città mediterranee* | *Mare m.*, posto fra terre e (*anton.*) quello posto in mezzo ai continenti dell'Europa, Asia e Africa, comunicante con l'Atlantico per lo stretto di Gibilterra, col Mar Nero mediante i Dardanelli, col Mar Rosso per il canale di Suez. **2** Proprio delle terre bagnate dal Mare Mediterraneo: *clima m.*

†**meditóre** ● V. *mietitore*.

†**meditùllio** [vc. dotta, lat. *meditŭlliu(m)*, comp. di *mĕdius* 'posto nel mezzo' e *tĕllus* 'terra'] **s. m.** ● Spazio o parte di mezzo di q.c.

mèdium (1) [fr. *médium*, dall'ingl. *medium*, dal nt. sing. dell'agg. lat. *mĕdius* 'che è in mezzo, che è intermedio'; il *medium* è *l'intermediario* tra gli spettatori e gli spiriti] **s. m. e f. inv.** ● Nello spiritismo, chi, in condizione di trance, agisce come tramite fra gli spiriti e i partecipanti a una seduta spiritica | In parapsicologia, sensitivo dotato di poteri paranormali e capace di provocare fenomeni di medianicità.

medium (2) /*ingl.* 'mi:djəm/ [vc. ingl. propriamente 'mezzo', dal lat. *mĕdium* 'mezzo': V. anche *mass-media*] **s. m.** (pl. ingl. *media* /'mi:djə/) **1** Ogni strumento di divulgazione dell'industria culturale, quale la stampa, il cinema, la televisione. **2** Nella comunicazione visiva, mezzo espressivo, tipo di materiale usato per lavori artistici o grafici.

medley /*ingl.* 'medli/ [vc. ingl., propr. 'mescolanza, miscuglio'] **s. m. inv.** ● Miscuglio di brani musicali diversi. **SIN.** Pot-pourri.

mèdo [vc. dotta, lat. *mēdu(m)*, dal gr. *mêdos*] **A agg.** ● Relativo alla Media, regione dell'Asia Minore. **B s. m.** (f. *-a*) ● Abitante, nativo della Media.

†**medólla** ● V. *midolla*.

†**medóllo** ● V. *midollo*.

†**medóra** [sp. *modorra* 'sonnolenza', di etim. incerta] **s. f.** ● (*mar.*) A bordo, guardia da mezzanotte alle quattro di mattina.

†**medùlla** ● V. *midolla*.

medullite [comp. di *medulla* e *-ite (1)*] **s. f.** ● (*med.*) Processo infiammatorio del midollo osseo o spinale. **SIN.** Mielite.

medùṣa [vc. dotta, lat. *Medūsa(m)*, nom. *Medūsa*, dal gr. *Médousa*, part. pres. f. di *médein* 'meditare, governare'; nel sign. 2, così detta perché i tentacoli dell'animale ricordano i serpenti della capigliatura della *Medusa*] **s. f.** **1** Nella mitologia classica, una delle Gorgoni, con capelli di serpenti, che pietrificava chi la guardasse | (*fig.*) *Il sorriso, il volto della m.*, ciò che ammalia, seduce, incanta, o anche, ciò che incute terrore o rende attonito per il terrore. **2** (*zool.*) Forma liberamente natante dei Celenterati dal corpo simile a un ombrello con la bocca circondata da tentacoli posta all'estremità del manubrio | *M. craspedota*, idromedusa.

meduṣèo [vc. dotta, lat. *Medusāeu(m)*, agg. di *Medūsa* 'medusa'] **agg.** **1** (*lett.*) Di Medusa. **2** Che ammalia, seduce, incanta | Che incute terrore o rende attonito per il terrore.

meduṣòide [comp. di *medus(a)* e *-oide*] **agg.** ● Che ha forma di medusa.

meet /*ingl.* mi:t/ [vc. ingl., da *to meet* 'incontrarsi', di origine germ.] **s. m. inv.** ● Raduno dei partecipanti di una caccia a cavallo.

meeting /'mitin(g)/, *ingl.* 'mi:tiŋ/ [vc. ingl., da *to meet*. V. *meet*] **s. m. inv.** ● Riunione, convegno politico o mondano | Riunione, incontro sportivo.

meetingàio /mitin'gajo/ o **mitingàio** [da *meeting*] **agg.** ● (*raro*, *spreg.*) Di, da comizio.

mefisto [detto così perché ricorda quello con cui è rappresentato *Mefistofele* (già abbr. in ted. in *Mephisto*)] **s. m.** ● Caschetto di lana a maglia che fascia strettamente il capo e scende con una punta sulla fronte, usato spec. da sciatori e alpinisti.

mefistofèlico agg. (pl. m. *-ci*) **1** Relativo a Mefistofele, diavolo delle leggende popolari tedesche, passato nel mito di Faust come spirito della sottile corruzione. **2** (*fig.*) Beffardo, cinico, maligno: *sorriso, ghigno m.* ‖ **mefistofelicaménte**, **avv.**

mefite (1) [vc. dotta, lat. *mephīti(m)*, di origine osca; col sign. di 'inebriatrice' (?)] **s. f.** ● (*lett.*) Puzzo esalato da acque solforose o corrotte | (*est.*) Aria malsana, irrespirabile per il cattivo odore: *un ospitale, dalla cui m. non riesce neppure oggi a noi di tracci fuora* (CARDUCCI).

mefite (2) [lat. scient. *Mephītis*. V. *mefite (1)*] **s. f.** ● (*zool.*) Moffetta.

mefitico [vc. dotta, lat. tardo *mephītīcu(m)*, agg. di *mephītis* 'mefite (1)'] **agg.** (pl. m. *-ci*) **1** Fetido, infetto, malsano: *aria mefitica*. **2** (*fig.*) Che è in preda alla corruzione: *ambiente m.* ‖ **mefiticaménte**, **avv.**

mèga- [dal gr. *mégas* 'grande'] primo elemento **1** In parole composte, significa 'grande', 'grosso' o indica sviluppo o grandezza eccessivi: *megacolon, megafono, megalite*. **2** Anteposto a un'unità di misura, la moltiplica per un milione, (cioè per 10^6): *megawatt, megahertz*. **3** (*elab.*) Anteposto a un'unità di misura di quantità di informazioni, la moltiplica per 1048576 (cioè per 2^{20}): *megabyte*. SIMB. M.

megabyte /mega'bait, *ingl.* 'megə bait/ [comp. di *mega-* e *byte*] **s. m. inv.** ● (*elab.*) Unità di misura della quantità di informazione, pari a 1048576 (cioè a 2^{20}) byte.

megacardia [comp. di *mega-* e *-cardia*] **s. f.** ● (*med.*) Abnorme grandezza del cuore. **SIN.** Megalocardia.

megacariocita o **megacariocito** [comp. di *mega-*, *cario-* e *-cita*] **s. m.** (pl. *-i*) ● (*biol.*) Voluminoso elemento cellulare del midollo osseo; dalla frammentazione del suo citoplasma si formano le piastrine.

megàcero [comp. di *mega-* e del gr. *kéras* 'corno'] **s. m.** ● Mammifero fossile simile a un enorme cervide, vissuto nell'era quaternaria (*Megaceros*).

megachile [comp. di *mega-* e del gr. *chêilos* 'labbro'] **s. f.** ● Ape a forma tozza, giallo-bruna, che con pezzetti di foglie ripiegate a forma di ditale costruisce nidi in cavità di tronchi o del terreno (*Megachile centuncularis*).

Megachiròtteri [comp. di *mega-* e il pl. di *chirottero*] **s. m. pl.** ● Nella tassonomia animale, sottordine a cui appartengono i Chirotteri frugivori di grandi dimensioni (*Megachiroptera*) | (al sing. *-o*) Ogni individuo di tale sottordine.

megaciclo [comp. di *mega-* e *ciclo*] **s. m.** ● Un milione di cicli | *M. al secondo*, megahertz | Misura di frequenza in radiotecnica, pari a un milione di cicli o periodi al secondo.

megacòlon [comp. di *mega-* e *colon*] **s. m.** ● (*med.*) Malformazione del colon con abnorme aumento di volume del viscere.

megaconcèrto [comp. di *mega-* e *concerto*] **s. m.** ● Spettacolo musicale in cui un cantante o un complesso si esibiscono davanti a un grandissimo numero di persone.

†**megacòṣmo** [comp. di *mega-* e *cosmo*] **s. m.** ● Macrocosmo.

megacuòre [comp. di *mega-* e *cuore*] **s. m.** ● (*med.*) Cuore di abnorme grandezza.

megadèrma [comp. di *mega-* e del gr. *dérma* 'pelle'] **s. m.** (pl. *-i*) ● Pipistrello dell'Asia meridionale che si nutre di prede voluminose e svariate ed ha sul muso una lunga appendice fogliata (*Megaderma*).

megadina [fr. *mégadyne*, comp. di *méga-* 'mega-' e *dyne* 'dina'] **s. f.** ● Forza pari a 1 milione di dine.

megaeṣòfago [comp. di *mega-* e *esofago*] **s. m.** ● (*med.*) Aumento di volume dell'esofago per stenosi del cardias per alterazione congenita.

megafonista s. m. e f. (pl. m. *-i*) ● Chi impartisce ordini o diffonde comunicazioni mediante il megafono, in raduni sportivi, manifestazioni di massa e sim.

megàfono [comp. di *mega-* e *-fono*] **s. m.** ● Mezzo di trasmissione elementare, costituito da un cono di lamiera vuoto che rinforza e convoglia la voce a breve distanza.

megagalàttico [comp. di *mega-* e *galattico*] **agg.** (pl. m. *-ci*) **1** (*scherz.*) Grandissimo, enorme: *una somma megagalattica*. **2** (*scherz.*) Detto di chi occupa una posizione elevatissima in una scala gerarchica: *direttore m.*

megahèrtz /mega'erts/ [comp. di *mega-* e *hertz*] **s. m.** ● Unità di frequenza equivalente a un milione di hertz. SIMB. MHz.

megalèṣie [vc. dotta, lat. *Megalēsia*, nt. pl., dal gr. *Megalḗsia*, da *megálē* (*mḗtēr*), (lat. *măgna māter*) 'grande madre', attributo di Cibele] **s. f. pl.** ● Feste celebrate nell'antica Roma dal 15 al 20 marzo in onore di Cibele detta la Gran Madre.

-megalìa [der. di *megalo-*] secondo elemento ● In parole composte del linguaggio medico, indica ingrossamento patologico, ipertrofia di una parte o settore del corpo o membra espressi dal primo elemento: *acromegalia, epatomegalia, splenomegalia.*

megalìte o **megalito** [fr. *mégalithe*, comp. di *méga-* 'mega' e *-lithe* '-lito'] s. m. ● Monumento preistorico costituito da grandi blocchi di pietra tagliati grossolanamente.

megalìtico [fr. *mégalithique*, agg. di *mégalithe* 'megalite'] agg. (pl. m. *-ci*) ● Costituito da grossi blocchi di pietra, detto di monumenti preistorici.

megalito ● V. *megalite.*

mègalo- [gr. *mégalo-*, da *mégas*, genit. *megálou* 'grande', di origine indeur.] primo elemento ● In parole composte, significa 'grande', 'grandezza': *megalomania, megalotteri.*

megaloblàsto [comp. di *megalo-* e *-blasto*] s. m. ● (*biol.*) Cellula del midollo osseo progenitrice del globulo rosso, presente nel sangue circolante del feto e nelle forme di anemia perniciosa.

megalocardìa [comp. di *megalo-* e *-cardia*] s. f. ● (*med.*) Megacardia.

megalocefalìa [da *megalocefalo*] s. f. ● (*med.*) Ingrossamento del capo.

megalocèfalo [vc. dotta, gr. *megaloképhalos*, comp. di *mégalo-* 'megalo' e *-képhalos* '-cefalo'] s. m. (f. *-a*) ● Chi è affetto da megalocefalia.

megalocìta o **megalocito** [comp. di *megalo-* e *-cita*] s. m. (pl. *-i*) ● (*med.*) Anomalo globulo rosso maturo, riconoscibile in casi di anemia perniciosa.

megalografìa [comp. di *megalo-* e *-grafia*] s. f. ● (*archeol.*) Ciclo di affreschi in cui, con pittura di dimensioni superiori al normale, sono rappresentati personaggi o episodi celebri.

megalòmane [fr. *mégalomane*, da *mégalomanie* 'megalomania'] agg.; anche s. m. e f. ● Che, chi soffre di megalomania.

megalomanìa [fr. *mégalomanie*, comp. di *mégalo-* 'megalo-' e *-manie* '-mania'] s. f. ● Opinione e presunzione esagerata delle proprie possibilità che si manifesta in atteggiamenti esteriori magniloquenti o dispendiosi.

megalòpoli [comp. di *megalo-* e *poli(s)*] s. f. ● Vasto agglomerato urbano, spesso formato da diverse entità amministrative, le cui dimensioni sono considerate eccessive.

megalopsìa [comp. di *megalo-* e del gr. *ópsis* 'vista'] s. f. ● (*med.*) Macropsia.

megalopsichìa [vc. dotta, gr. *megalopsychía*, comp. di *mégalo-* 'megalo-' e *psyché* 'anima'] s. f. ● Esagerata fiducia nelle proprie possibilità e forze.

megalosplenìa [comp. di *megalo-* e del gr. *splén*, genit. *splēnós* 'milza'] s. f. ● (*med.*) Aumento di volume della milza. SIN. Splenomegalia.

megalosplènico [dal gr. *megalosplánchnos* 'di grosse viscere, di ampio addome', comp. di *mégalo-* 'megalo-' e *splánchnon* 'viscere'] agg. (pl. m. *-ci*) ● (*med.*) Detto di tipo costituzionale caratterizzato da notevole volume dei visceri e prevalenza dei diametri trasversali su quelli longitudinali.

Megalòtteri [comp. di *megalo-* e *-ttero*] s. m. pl. ● Nella tassonomia animale, ordine di Insetti provvisti di ali membranose di cerci addominali e apparato boccale masticatore, predatori, che conducono da adulti effimera vita in prossimità delle acque dolci (*Megaloptera*) | (al sing. *-o*) Ogni individuo di tale ordine.

megaòhm /mega'ɔm/ [comp. di *mega-* e *ohm*] s. m. ● (*elettr.*) Unità di resistenza elettrica corrispondente a 1 milione di Ohm. SIMB. MΩ.

megaparsec /mega'parsek, *ingl.* 'megəpa:sek/ [comp. di *mega-* e *parsec*] s. m. inv. ● (*astron.*) Unità di misura delle distanze stellari pari a un milione di parsec.

Megàpodi [comp. di *mega-* e del gr. *póus*, genit. *podós* 'piede'] s. m. pl. ● Nella tassonomia animale, famiglia di Uccelli galliformi con coda breve, dita grosse e unghie allungate, buoni camminatori e corridori che vivono nelle zone cespugliose australiane (*Megapodiidae*) | (al sing. *-e*) Ogni individuo di tale famiglia.

megàrico [vc. dotta, lat. *Megăricu(m)*, dal gr. *Megarikós*] **A** agg. (pl. m. *-ci*) ● Della città greca di Megara | *Scuola megarica*, scuola filosofica che diede vita al megarismo. **B** s. m. ● (*spec. al pl.*) Filosofo appartenente alla scuola megarica.

megarismo [da *megarico*] s. m. ● Il tentativo di accostare la filosofia socratica e quella degli eleati operata dalla scuola filosofica fondata da Euclide a Megara nel V sec. a.C.

mègaron /*gr.* 'mɛgaron/ [vc. dotta, gr. *mégaron*, da *mégas* 'grande' (V. *mega-*)] s. m. inv. (pl. gr. *mègara*) ● Sala del trono e per banchetti nei palazzi dell'età micenea.

megasclèrico [comp. di *mega-* e del gr. *sklērós* 'duro' (forse di origine indeur.)] agg. ● (*zool.*) Detto di animale dotato di grande guscio.

megaspòra [comp. di *mega-* e *spora*] s. f. ● (*bot.*) Macrospora.

megatèrio [fr. *mégathérium*, comp. di *méga-* 'mega-' e del gr. *thēríon* 'belva'] s. m. ● Grande mammifero fossile degli Sdentati vissuto all'inizio dell'era quaternaria (*Megatherium*).

megatèrmo [comp. di *mega-* e *-termo*] agg. ● Detto di pianta che richiede per svilupparsi temperature molto alte.

mègaton o **megatóne** [ingl. *megaton*, comp. di *mega-* 'mega-' e *ton* 'tonnellata'] s. m. ● (*fis.*) Unità di misura di potenza esplosiva nucleare pari a quella di 1 milione di tonnellate di tritolo. SIMB. Mton.

megatrend /mega'trɛnd, *ingl.* 'megətrend/ [vc. ingl., comp. di *mega-* e *trend* (V.)] s. m. inv. ● Tendenza fondamentale, orientamento generale, spec. del sistema economico.

megàttera [comp. di *mega-* e *-ttero* (nel senso di 'pinna')] s. f. ● Balenottera con natatoie pettorali sviluppatissime, che vive in tutti gli oceani portandosi anche vicino alle coste (*Megaptera nodosa*).

megavòlt [comp. di *mega-* e *volt*] s. m. ● Misura di tensione elettrica pari a 1 milione di volt. SIMB. MV.

megawàtt /mega'vat/ [comp. di *mega-* e *watt*] s. m. ● (*fis.*) Unità di potenza corrispondente a 1 milione di watt. SIMB. MW.

megèra [vc. dotta, lat. *Megǣra(m)*, nom. *Megǣra*, dal gr. *Mégaira*, da *megáirein* 'invidiare'] s. f. *1* Donna molto brutta, spec. vecchia, di carattere astioso e collerico: *una suocera che è una m.*; *che hai da spartire tu con codesta m.?* (PIRANDELLO). *2* Farfalla con livrea modesta ed antenne cerchiate di bianco e nero, i cui bruchi vivono sulle Graminacee (*Pararge megaera*).

meggióne [da **meggiare*, dal lat. tardo *meiāre* 'orinare', dalla stessa radice di *mĭngere*] s. m. (f. *-a*) ● (*pop., tosc.*) Persona grossa e lenta nei movimenti e dal carattere flemmatico o apatico.

mèglio [lat. *mĕlius*, nt. di *mĕlior* 'migliore'] **A** avv. (sett. o †troncato in *mei*, spec. in posizione procl.) *1* In modo migliore (con riferimento a qualità e valori morali, intellettuali): *cerca di comportarti m. un'altra volta*; *il suo esempio ci sprona a fare sempre m.*; *il suo carattere è cambiato in m.* CONTR. Peggio. *2* In modo più soddisfacente e più adeguato: *osserva m. i particolari*; *ora gli affari gli vanno m.*; *adesso va m. di prima*; *ora mi sento m.*; *sto m. in poltrona*; *m. di così non potrebbe andare* | *Cambiare in m.*, migliorare | *Andare di bene in m.*, migliorare continuamente (*anche iron.*) | *Per m. dire, o m.*, precisa o corregge, come inciso, un'affermazione precedente: *ne sa poco o, per m. dire, quasi nulla*; *scrivimi o, m., telefonami.* CONTR. Peggio. *3* Più facilmente: *con questo metodo imparo m.* | Più chiaramente, più distintamente: *da qui sento m.*; *vedo m. da lontano.* CONTR. Peggio. *4* Più, con maggiore intensità, spec. nelle loc. *volere, amare, desiderare m.*, preferire. *5* Più (davanti a un part. pass. forma un compar. di magg., mentre, preceduto da un art. det., forma un sup. rel.): *sono m. informato di te*; *oggi sei m. preparato*; *sono i ragazzi m. educati del quartiere*; *questo è il lavoro riuscito m.* | *M. possibile, m. che si può*, nel migliore modo possibile: *cerca di fare il m. che puoi.* CONTR. Peggio. **B** in funzione di agg. inv. *1* Migliore (spec. come predicato di 'essere', 'parere', 'sembrare' e sim.): *questa stoffa è m. dell'altra*; *questa soluzione mi sembra m.*; *sono m. i vostri amici*; *mi pare mille volte m.* | (*pop.*) Preceduto dall'art. det. forma il sup. rel.: *è il m. sarto della città*; *si è radunata la m. gioventù*; *ha scelto la camera m.* | Anche con ellissi del s.: *datemi i m. che avete*; *è brava gente ma ce n'è della m.* | *Alla m., alla bell'e m.*, (*ell.*) come si può, il meno male possibile: *dovrete adattarvi alla m.* CONTR. Peggio. *2* Preferibile, più opportuno (con valore neutro): *è m. non dirgli niente*; *mi sembra m. che tu non parta*; *ritengo m. tacere* | In espressioni partitive: *possiamo trovare di m.*; *in mancanza di m. ci adatteremo.* CONTR. Peggio. **C** in funzione di s. m. inv. ● La cosa migliore (con valore neutro): *questo è il m. che tu possa fare*; *veggio 'l m. ed al peggior m'appiglio* (PETRARCA) | La parte migliore: *hai buttato via il m.*; *non ti ho raccontato il m.* | *Fare del proprio m., fare il m.*, fare tutto ciò che è possibile, mettere tutto il proprio impegno: *fa del suo m. per riuscire simpatico* | *Al m.*, nella maniera migliore; (*borsa*) detto di ordine di compravendita in borsa al miglior prezzo reperibile | *Nel m.*, nel momento migliore, sul più bello: *mi ha svegliato nel m. del sonno* | *Per il m.*, per il verso migliore, nel modo più vantaggioso: *le cose vanno per il m.*; *speriamo che tutto si metta per il m.* | (*raro*) *Per il tuo, il suo, vostro m.*, e sim., a tuo, a suo, a vostro vantaggio: *per il vostro m., vi consiglio di agire diversamente.* CONTR. Peggio. **D** in funzione di s. f. inv. ● (*ell.*) La cosa migliore, la soluzione più vantaggiosa e sim.: la m. sarà non discuterne più; *credo che la m. sia partire* | *Avere la m.*, avere la sorte migliore, riuscire superiore: *alla fine il più forte ebbe la m* ‖ PROV. Il meglio è nemico del bene.

megliorare e *deriv.* ● V. *migliorare* e *deriv.*

meglioriṣmo ● V. *migliorismo.*

mehàri /me'ari/ [dall'ar. *mehāri* 'dromedario', da *Mahra*, n. di una tribù ar.] s. m. inv. ● Dromedario da sella africano, addestrato alla corsa e alla guerra.

meharìsta /mea'rista/ s. m. (pl. *-i*) ● Soldato indigeno delle truppe coloniali montate su mehari.

†**mèi** (*1*) ● V. *me'* (*2*).

†**mèi** (*2*) ● V. †*me'* (*1*).

mèio- [dal gr. *méiōn* 'minore'] primo elemento ● In parole composte della terminologia scientifica, significa 'minore' o indica diminuzione: *meiocardia, meiopragia.*

meiocardìa [comp. di *meio-* e *-cardia*] s. f. ● (*med.*) La massima diminuzione di volume della cavità cardiaca.

meiopragìa [comp. di *meio-* e del gr. *prássein* 'fare' (V. *prassi*)] s. f. (pl. *-gie*) ● (*med.*) Diminuzione dell'attività funzionale e delle capacità reattive di un organo.

meiopràgico agg. (pl. m. *-ci*) ● (*med.*) Affetto da meiopragia.

meìoṣi [vc. dotta, gr. *méiōsis* 'diminuzione', da *meiôun* 'diminuire', da *méiōn* 'minore'] s. f. ● (*biol.*) Doppia divisione del nucleo che avviene nelle cellule germinali, al termine della quale le cellule figlie hanno un numero di cromosomi che è la metà di quello che aveva la cellula madre.

meiòtico [vc. dotta, gr. *meiōtikós* 'atto a diminuire, diminuente', da *méiōsis* 'diminuzione' (V. *meiosi*)] agg. (pl. m. *-ci*) ● (*biol.*) Della meiosi.

meiotteriṣmo [comp. di *meio-* e del gr. *pterón* 'ala'] s. m. ● (*zool.*) Riduzione o scomparsa delle ali negli Insetti.

méla [da *melo* (*2*)] **A** s. f. (pl. †*méla*) *1* Frutto tondeggiante del melo, con polpa biancastra e zuccherina e buccia sottile variamente colorita | *Tondo come una m.*, di viso pieno e sano | *Fresca e bella come una m.*, di ragazza giovane, pienotta, dall'aria sana | (*fig.*) *Esser di m. cotta*, fiacco | *M. marcia*, (*fig.*) l'elemento negativo in un gruppo. *2* Oggetto di forma tondeggiante, simile a una mela: *la m. dell'annaffiatoio.* *3* (*gerg.*) Palla da tennis | Pallone, nella pallacanestro. *4* In Toscana, taglio della coscia di bestia macellata. *5* (*spec. al pl., fig.*) Gote carnose e rubiconde. *6* (*pop.*) Natica. **B** in funzione di agg. inv. ● (posposto al s.) Nella loc. *verde m.*, detto di una tonalità chiara e delicata di verde. ‖ **melàccia**, pegg. | **melétta**, dim. | **melina**, dim. (V.) | **melóna**, accr. | **melóne**, accr. m. | **melùccia**, **melùzza**, dim. | **meluzzìna**, dim. | †**meluzzòla**, dim.

†**meladdolcìto** [comp. di *miele* e *addolcito*] agg. ● Addolcito col miele o come miele.

melàfiro [comp. del gr. *mélas* 'nero' e *-firo*, ricavato da *porfiro*] s. m. ● (*miner.*) Roccia effusiva antica di colore scuro-nerastro, i cui componenti essenziali sono augite, olivina e plagioclasio.

melagràna o **melagranàta** [rifacimento dal lat. *mālum granātum* 'mela granata'] s. f. (pl. *melegràne* o *melagràne*) ● Frutto del melograno, globoso, giallo rossastro, contenente semi rugosi acidulo-dolciastri, accolti in compartimenti formati da setti membranosi.

melagràno ● V. *melograno*.

melaìna [dal gr. *mélas* 'nero'] s. f. ● Pigmento bruno dell'inchiostro della seppia.

melalèuca [comp. del gr. *mélas* 'nero' (V. *melano-*) e *leukós* 'bianco', per il contrasto tra il *nero* della corteccia e il *bianco* del legno] s. f. ● (*bot.*) Caieput.

melammìna o **melamina** [comp. con *melam* (n. di un composto chimico coniato da Liebig, pare arbitrariamente), e *am(m)ina*] s. f. ● (*chim.*) Ammide dell'acido cianurico, sostanza cristallina che costituisce la materia di partenza per la preparazione di una classe di resine sintetiche.

melammìnico o **melaminico** agg. (pl. m. *-ci*) ● (*chim.*) Che deriva dalla melammina | *Resina melamminica*, resina polimerica ottenuta polimerizzando uno o più monomeri di cui almeno uno costituito da melammina o da un suo derivato.

melampirìsmo [da *melampiro*] s. m. ● (*med.*) Intossicazione da semi di melampiro.

melampìro [vc. dotta, gr. *melámpyron*, comp. di *mélas* 'nero' e *pyrós* 'frumento'] s. m. ● Labiata dei boschi con fiori giallastri o bianchi a brattee verdi, parassita di erbe e di alberi (*Melampyrum pratense*).

melàmpo [vc. dotta, gr. *melámpous* 'dai piedi neri', comp. di *mélas* 'nero' e *póus*, genit. *podós* 'piede'] s. m. ● (*zool.*) Impala.

Melampsoràcee [comp. del n. del genere *Melampsora* (V. *melampsorella*) e *-acee*] s. f. pl. ● Nella tassonomia vegetale, famiglia di Funghi dei Basidiomiceti, i cui componenti sono parassiti di piante superiori e sono detti ruggini (*Melampsoraceae*) | (al sing. *-a*) Ogni individuo di tale famiglia.

melampsorèlla [dal n. del genere *Melampsora*, comp. del gr. *mélas* 'nero' (V. *melano-*) e *psōrós* 'ruvido' (della stessa famiglia di *psōrá* 'scabbia'. V. *psoriasi*): detta così per l'aspetto] s. f. ● Genere di Funghi delle Melampsoracee, parassiti degli abeti, sui rami dei quali determinano escrescenze (*Melampsorella*).

†**melancolìa** e *deriv.* ● V. *malinconia* e *deriv.*

melanconìa e *deriv.* ● V. *malinconia* e *deriv.*

Melanconiàcee [comp. del gr. *mélas* 'nero' (V. *melano-*), *kónis* 'polvere' (da avvicinare al lat. *cĭnis* 'polvere'), e *-acee*: sono dette così per i loro conidi scuri] s. f. pl. ● Nella tassonomia vegetale, una delle famiglie dei cosiddetti Funghi imperfetti, saprofiti o parassiti, responsabili di numerose malattie dei vegetali (*Melanconiaceae*) | (al sing. *-a*) Ogni individuo di tale famiglia.

Melàndridi [comp. di *melan(o)-* e del gr. *drŷs* 'albero' (di origine indeur.): detti così perché insetti di colore nero che vivono nei vecchi alberi] s. m. pl. ● Nella tassonomia animale, famiglia di piccoli Coleotteri viventi in tessuti vegetali in disfacimento (*Melandriidae*) | (al sing. *-e*) Ogni individuo di tale famiglia.

melanemìa [comp. di *melano-* ed *-emia*, perché determinata dalla presenza di melanine nel sangue] s. f. ● (*med.*) Colorazione rosso-brunastra del sangue nella malaria, per presenza di pigmenti derivati dalla distruzione dei globuli rossi.

melaneṣiàno A agg. ● Della Melanesia | *Lingue melanesiane*, gruppo di lingue della famiglia maleopolinesiaca, parlate in Melanesia. **B** s. m. (f. *-a*) ● Abitante, nativo della Melanesia.

mélange /fr. me'lɑ̃ʒ/ [vc. fr., propriamente 'mescolanza', da *mêler* 'mescolare' (stessa etim. dell'it. *mescolare*)] **A** s. m. inv. **1** Mescolanza di più colori. **2** Filato costituito da fibre di vari colori, normalmente bianche e nere o bianche e brune. **3** Caffè o cioccolato con panna montata. **B** anche agg. inv.: *tessuto m.*

melangiàto [fr. *mélangé*, part. pass. di *mélanger* 'mescolare'] **A** agg. ● Che presenta una mescolanza di più colori | *Tessuto m.*, tessuto mélange. **B** s. m. ● Tessuto melangiato.

melàngola s. f. ● Frutto del melangolo.

melàngolo [comp. del gr. *mêlon* 'mela' e *àngouron* 'cocomero' (V. *anguria*)] s. m. ● (*bot.*) Arancio amaro.

melànico agg. (pl. m. *-ci*) ● Della melanina | *Pigmento m.*, melanina.

melanìna [da *melano-*] s. f. ● Pigmento bruno scuro, granulare, della pelle e degli annessi cutanei, che ne determina il colore, particolarmente abbondante nella cute dei negri.

melanìṣmo [ingl. *melanism*, dal gr. *mélas* 'nero'. V. *melano-*] s. m. ● Eccesso di pigmentazione che accentua al massimo il colorito bruno spec. dei peli dei mammiferi e delle penne degli uccelli | *M. industriale*, fenomeno per cui, in alcune zone industriali, farfalle chiare hanno assunto un colorito scuro prob. per mimetizzarsi.

melanìte [comp. di *melano-* e *-ite* (2)] s. f. ● (*miner.*) Varietà nera di granato ricca di titanio.

melanìttero [comp. di *melano-* e del gr. *pterón* 'ala'] s. m. ● (*med.*) Forma di ittero con colorazione particolarmente scura della cute.

mèlano- [gr. *melan(o)-*, da *mélas*, genit. *mélanos* 'nero', di origine indeur.] primo elemento (*melan-* davanti a vocale) ● In parole composte della terminologia scientifica e medica, significa 'nero' o indica colorazione bruna, scura: *melanismo*, *melanoma*.

melanoblàsto [comp. di *melano-* e *-blasto*] s. m. ● (*biol.*) Cellula derivata dal neuroblasto e destinata a evolvere come elemento pigmentato.

melanodermìa [dal gr. *melanodérmatos* 'dalla pelle nera', comp. di *melano-* 'melano-' e *dérma*, genit. *dérmatos* 'pelle'] s. f. ● Pigmentazione bruna scura della pelle per deposizione di melanina e di altri pigmenti scuri.

melanòforo [comp. di *melano-* e *-foro*] **A** agg. ● (*biol.*) Che contiene pigmento scuro. **B** s. m. ● (*biol.*) Cellula pigmentata i cui granuli determinano il colore della pelle.

melanòma [comp. di *melano-* e *-oma*] s. m. (pl. *-i*) ● (*med.*) Tumore caratterizzato dall'accumulo di melanina nelle cellule dell'epidermide.

melanòṣi [vc. dotta, gr. *melánōsis* 'il divenir nero', da *mélas* 'nero'. V. *melano-*] s. f. ● (*med.*) Affezione caratterizzata da aumento della melanina.

melanosòma [comp. di *melano-* e il pl. di *-soma*] s. m. pl. ● Insetto dei Crisomelidi le cui larve attaccano vari alberi rodendo le foglie di cui lasciano le sole nervature (*Melanosoma*).

melantèria [vc. dotta, lat. tardo *melantēria(m)*, nom. *melantēria*, dal gr. *melantēría* 'tinta nera', da *mélas* 'nero'. V. *melano-*] s. f. ● (*miner.*) Solfato di ferro idrato, presente spesso in incrostazioni nelle miniere di pirite.

melàntio [vc. dotta, gr. *melánthion*, comp. di *mélas* 'nero' e *ánthos* 'fiore'] s. m. ● (*bot.*) Agrostemma.

melanùria o **melanuria** [comp. di *melan(o)-* e *-uria*] s. f. ● (*med.*) Emissione di urine scure per pigmenti di varia natura.

melanùro [vc. dotta, lat. *melanūru(m)*, nom. *melanūrus*, dal gr. *melánouros*, comp. di *mélas* 'nero' (V. *melano-*) e *óura* 'coda'] s. m. ● (*zool.*) Occhiata.

melanẓàna o **melanzàna** [sovrapposizione di *mela* all'ar. *bādinğān*] s. f. ● Solanacea di origine asiatica coltivata per i grossi frutti a bacca violacei o bianchi, commestibili cotti (*Solanum melongena*) | Il frutto di tale pianta.

melarància [comp. di *mela* e *arancia*] s. f. (pl. *-ce*) ● Il frutto del melarancio.

melaràncio [comp. di *mel(o)* e *arancio*] s. m. ● (*bot.*) Arancio dolce.

melardìna [etim. incerta] s. f. ● (*bot.*) Reseda.

melàre [da *mela*] v. tr. ● (*tosc.*) Solo nella loc. *farsi m.*, farsi prendere a melate e (*fig.*) farsi schernire, burlare.

melàrio [vc. dotta, lat. (*vās*) *mellāriu(m)* '(vaso) da miele', da *mĕl*, genit. *mĕllis* 'miele'] **A** s. m. ● Cassetta che si sovrappone all'arnia affinché le api possano deporvi il miele. **B** agg. ● Del miele | (*zool.*) *Borsa melaria*, dilatazione del tubo digerente delle api nella quale il nettare viene trasformato in miele.

melaròṣa [comp. di *mela* e *rosa*] s. f. ● (*bot.*) Alberello delle Mirtacee con piccoli frutti di colore giallo carico profumati di rosa (*Eugenia jambos*) | Il frutto di tale pianta. SIN. Giambo.

melàssa [fr. *mélasse*, dallo sp. *melaza*, da *mel* 'miele'] s. f. ● Liquido denso, bruno che rimane dopo che il succo della canna da zucchero o della barbabietola è stato sottoposto a tutte le operazioni per estrarre lo zucchero cristallizzabile.

melàsso o **melàzzo** s. m. ● (*raro*) Melassa.

Melastomàcee [comp. del gr. *mélas* 'nero' (V. *melano-*), *-stoma* e *-acee*] s. f. pl. ● Nella tassonomia vegetale, famiglia di piante dicotiledoni, importanti componenti della vegetazione tropicale sudamericana (*Melastomaceae*) | (al sing. *-a*) Ogni individuo di tale famiglia.

melàta (1) [da *mela*] s. f. ● (*raro*) Colpo dato con una mela scagliata: *prendere a melate*.

melàta (2) o **mielàta** [da *miele*] s. f. **1** Liquido zuccherino che si forma sui vegetali naturalmente o in seguito a punture di insetti. **2** Escrezione zuccherina che alcuni insetti, spec. afidi, lasciano sui vegetali e che viene poi succhiata dalle api: *miele di m.*

melàto (1) o **mielàto** [da *miele*] agg. **1** Condito o addolcito con miele. **2** (*fig.*) Dolce come miele: *tono m.*; *bagna di pianto e fa' melati i preghi* (TASSO) | Falsamente lusinghiero, mellifluo o insinuante: *parole melate*.

†**melàto (2)** [ant. fr. *meslé* 'mescolato'] agg. ● Mescolato.

melatonìna [dal gr. *mélas* (V. *melano-*) e (*sero*)*tonina*] s. f. ● (*chim.*) Composto derivato dal triptofano prodotto dall'epifisi di numerosi animali, in molti dei quali stimola le funzioni sessuali e la contrazione delle cellule pigmentate della pelle, causandone la decolorazione.

melàzzo ● V. *melasso*.

melchìta [ar. *malakī*, traduz. del gr. *basilikós* 'imperiale'; erano detti così perché fedeli all'imperatore] **A** s. m. e f. (pl. m. *-i*) ● Cattolico di rito bizantino e di lingua araba. **B** anche agg.: *chiesa*, *liturgia m.*

mèle ● V. *miele*.

†**melèa** ● V. †*mislea*.

meleàgride [vc. dotta, lat. *meleăgride(m)*, nom. *melĕagris*, dal gr. *meleagrís*, da *Meléagros* 'Meleagro', le cui sorelle m. secondo il mito m. sarebbero state mutate in faraone] s. m. ● (*zool.*) Tacchino.

meleagrìna [da *Meleagro*, mitico eroe greco] s. f. ● (*zool.*) Ostrica perlifera.

melèna [vc. dotta, gr. *mélaina*, f. di *mélas* 'nero'. V. *melano-*] s. f. ● (*med.*) Emissione di feci scure per presenza di sangue digerito.

melensàggine o †**milensàggine** s. f. ● Carattere di chi, di ciò che è melenso | Azione o discorso da melenso. SIN. Balordaggine, sciocchezza.

melènso o †**milènso** [etim. incerta] agg. **1** Tardo di mente e di modi, balordo d'aspetto e negli atteggiamenti: *un individuo m.* SIN. Ottuso, rimbambito, stordito. **2** Insulso, scipito, stolido: *parole melense*. ‖ **melensaménte**, avv.

melèto [da *melo* (2)] s. m. ● Frutteto di meli.

meleẓitòṣio [dal gr. *mélèze* 'larice', di origine preindeur.] s. m. ● (*chim.*) Trisaccaride che si estrae dalla manna e dalla linfa delle conifere e dei pioppi.

mèlia [gr. *melía* 'frassino', di origine preindeur.] s. f. ● Genere di piante legnose tropicali delle Meliacee che forniscono legni pregiati per il colore, la struttura e il profumo (*Melia*).

-melìa [dal gr. *mélos* 'arto'] secondo elemento ● In parole composte della terminologia medica, fa riferimento a malformazioni degli arti: *focomelia*, *macromelia*, *nanomelia*.

meliàca o (*raro*) **melìaca** [lat. *armenĭaca(m)* 'dell'Armenia'] s. f. ● (*bot.*) Albicocco.

Meliàcee [vc. dotta, comp. di *melia* e *-acee*] s. f. pl. ● Nella tassonomia vegetale, famiglia di piante dicotiledoni arboree tropicali con foglie pennate e fiori in infiorescenze tra cui il mogano (*Meliaceae*) | (al sing. *-a*) Ogni individuo di tale famiglia. ➡ ILL. **piante** /5.

mèlica (1) [vc. dotta, lat. *mĕlica(m)*, nom. *mĕlica*, dal gr. *melikḗ*, f. sost. di *melikós* 'melico'] s. f. ● Poesia lirica, spec. quella composta per il canto.

mèlica (2) o **mèliga** [da (*erba*) *medica*, con influsso di *miele*] s. f. ● (*bot.*) Mais | Saggina.

melicèride [vc. dotta, lat. *melicēride(m)*, nom. *melicēris*, dal gr. *melikērís*, comp. di *méli* 'miele' e *kērós* 'cera'] s. f. ● (*med., raro*) Formazione cistica contenente materiale grasso, giallo chiaro.

mèlico [vc. dotta, lat. *mĕlicu(m)*, nom. *mĕlicus*, dal gr. *melikós*, da *mélos* 'canto', di etim. incerta] agg. (pl. m. *-ci*) ● Melodioso, musicale, lirico | *Poesia melica*, melica.

melicóne [da *melica (2)*] s. m. ● (*bot.*) Mais.

melìfaga [comp. del gr. *méli* 'miele' (di origine indeur.), e di *-fago*] s. f. ● Genere di uccelli australiani cui appartiene una specie con testa e collo neri, e parti inferiori bianche macchiate di nero (*Meliphaga*).

Melifàgidi [comp. di *melifag(a)* e *-idi*] s. m. pl. ● Nella tassonomia animale, famiglia di Passeriformi australiani con becco sottile e lingua protrattile, che si cibano di miele (*Meliphagidae*) | (al sing.*-e*) Ogni individuo di tale famiglia.

melifillo [vc. dotta, gr. *melíphyllon*, comp. di *méli* 'miele' e *phýllon* 'foglia'] s. m. ● (*bot.*) Melissa.

melìforo [comp. del gr. *méli* 'miele' e di *-foro*] agg. ● (*lett.*) Che produce miele.

mèliga ● V. *melica (2)*.

melilìte [comp. del gr. *méli* 'miele', per il colore, e *-lite*] s. f. ● (*miner.*) Silicato in cristalli corti dimetrici di color giallo miele.

melilòto [vc. dotta, lat. *melilōto(n)*, dal gr. *melílōton*, comp. di *méli* 'miele' e *lōtós* 'loto'] s. m. ● Pianta erbacea delle Leguminose, buona foraggera, con grappoli allungati di fiori gialli e profumati, ricchi di nettare (*Melilotus officinalis*).

melìna [da un dim. dial. di *mela*, nell'uso metaforico per 'palla', già largamente diffuso anche in altri campi] s. f. ● (*gerg.*) Nel calcio e nella pallacanestro, gioco ostruzionistico, praticato trattenendo la palla per conservare il risultato favorevole già raggiunto: *fare m.*

melinìte [fr. *mélinite*, dal gr. *mḗlinos* 'color di mele, giallastro', da *mêlon* 'mela'] s. f. ● Esplosivo a base di acido picrico.

melìpona [comp. del gr. *méli* 'miele' e *pónos* 'fatica'] s. f. ● Ape selvatica priva di pungiglione dell'America tropicale che costruisce il nido nei cavi degli alberi o nel terreno, impastando cera con resina e terra (*Melipona*).

melìsma o (*raro*) **malìsmo**, **melìsmo** [vc. dotta, gr. *mélisma*, da *melizein* 'cantare', da *mélos*. V. *melico*] s. m. (pl. *-i*) ● (*mus.*) Abbellimento formato da più note eseguite su una sola sillaba.

melismàtico agg. (pl. m. *-ci*) ● (*mus.*) Che si riferisce al melisma | Contenente melismi.

melìsmo ● V. *melisma*.

melìssa [dal lat. *melissaphỳllum*, dal gr. *melissóphyllon*, letteralmente 'foglia per le api', comp. di *mélissa* 'ape', da *méli* 'miele' e *phýllon* 'foglia'] s. f. ● Pianta erbacea delle Labiate, di gradevole odore, con fiori biancastri macchiettati e foglie grandi e pelose, usata in farmacia per le sue proprietà stimolanti, antispasmodiche e carminative (*Melissa officinalis*). SIN. Appiastro, melifillo.

melissòfago [comp. del gr. *mélissa* 'ape', da *méli* 'miele', e *-fago*] agg. (pl. m. *-gi*) ● Che si nutre di api: *uccelli melissofagi*.

melissografia [comp. del gr. *mélissa* 'ape', da *méli* 'miele', e *-grafia*] s. f. ● Trattato sulle api.

melitèa [prob. dal gr. *méli* 'miele' (V. *melifaga*)] s. f. ● Piccola farfalla dei prati, con bruco irto di ciuffi di peli (*Melitaea*).

melitènse [vc. dotta, lat. *melitēnse(m)*, da *Mĕlita* 'Malta'] **A** agg.; anche s. m. e f. ● (*lett.*) Maltese | *Febbre m.*, infezione intestinale causata dalla *Salmonella melitensis*. **B** s. f. ● Febbre melitense.

melitòsio [fr. *mélitose*, dal gr. *méli*, genit. *mélitos* 'miele', di orig. indeur., col suff. *-ose* '-osio'] s. m. ● (*chim.*) Disaccaride contenuto nella manna australiana.

melìttide [dal gr. *mélitta* 'ape' (da *méli* 'miele'), perché i suoi fiori forniscono miele alle api] s. f. ● Genere di piante delle Labiate cui appartiene la bocca di lupo (*Melittis*).

melittòfilo [comp. del gr. *mélitta* 'ape' (V. *melittide*) e *-filo*] agg. ● Detto di pianta impollinata a opera delle api.

†**mèlleo** [vc. dotta, lat. *mĕlleu(m)*, agg. di *mĕl*, genit. *mĕllis* 'miele'] agg. ● Mellifluo | (*raro*) Che ha l'odore del miele: *la fragranza mellea dei fiori* (D'ANNUNZIO).

mellétta [sovrapposizione di *melma* a *belletta*] s. f. **1** (*tosc., raro*) Melma. **2** Mescolanza di terra alluminosa o argillosa e altre sostanze, con cui il calderaio spalma i vasi di rame per rimetterli a fuoco e restituire loro la lucentezza. || **mellettóne**, accr. m.

mellìfago [comp. del lat. *mĕl*, genit. *mĕllis* 'miele' e *-fago*] s. m. (pl. *-gi*) ● Uccello australiano dei Passeriformi con lunga lingua protrattile sfrangiata con un pennello per raccogliere nettare da fiori o insetti (*Meliphaga*). SIN. Mellisuga.

mellìfero [vc. dotta, lat. *mellĭferu(m)*, comp. di *mĕl*, genit. *mĕllis* 'miele', e *-fer* '-fero'] agg. ● (*lett.*) Che porta o produce miele.

mellificàre [vc. dotta, lat. *mellificāre*, comp. di *mĕl*, genit. *mĕllis* 'miele' e *-ficāre* '-ficare'] v. intr. (*io mellìfico, tu mellìfichi*; aus. *avere*) ● Fare il miele, detto delle api.

mellificazióne s. f. ● Atto, effetto del mellificare.

†**mellifluìre** [da *mellifluo*] v. tr. ● Spargere di miele | (*fig.*) Addolcire.

mellifluità s. f. ● Qualità di chi, di ciò che è mellifluo.

mellìfluo [vc. dotta, lat. tardo *mellĭfluu(m)*, comp. di *mĕl*, genit. *mĕllis* 'miele' e *flŭere* 'scorrere' (V. *fluire*)] agg. **1** (*lett.*) Che versa miele | Che ha la dolcezza del miele. **2** (*fig.*) Che è affettatamente dolce, per insinuarsi, ingannare e sim.: *tono m.*; *voce melliflua*; *rivolgersi a qc. con fare m.* SIN. Dolciastro, melato. || **mellifluaménte**, avv. In modo mellifluo, ipocrita: *sorridere mellifluamente*.

mellisùga [comp. del lat. *mĕl*, genit. *mĕllis* 'miele' e *-suga*, ricavato da *sanguisuga*] s. f. ● (*zool.*) Mellifago.

mellitàto [da *mellitico*] s. m. ● (*chim.*) Sale o estere dell'acido mellitico.

mellìte [dal lat. *mĕl*, genit. *mĕllis* 'miele', per il colore] s. f. ● (*miner.*) Minerale costituito dal sale di alluminio dell'acido mellitico.

mellìtico [da *mellite*] agg. (pl. m. *-ci*) ● Detto di acido aromatico contenente 6 gruppi carbossilici, preparato per ossidazione della grafite o di certi carboni.

mellìto [vc. dotta, lat. *mellītu(m)*, da *mĕl*, genit. *mĕllis* 'miele'] **A** agg. ● (*raro*) Zuccherino | (*med.*) *Diabete m.*, dovuto a insufficienza di secrezione di insulina, con eliminazione di urine ricche di zucchero. **B** s. m. ● Sciroppo medicinale dolcificato col miele.

mellìvora [comp. del lat. *mĕl*, genit. *mĕllis* 'miele', e il f. di *-voro*, ricavato da *carnivoro*] s. f. ● Mammifero dei Mustelidi, sudafricano, con ruvido pelame grigio, ghiotto di api e miele (*Mellivora capense*). SIN. Ratele.

†**mellonàggine** [da *mellone*] s. f. ● (*tosc.*) Ignoranza sciocca o balorda.

mellóne ● V. *melone*.

mélma [vc. di origine germ.] s. f. **1** Terra molle nel fondo di paludi, fiumi, fossi d'acqua, o lasciata dalle piene: *una m. maleodorante*. SIN. Fanghiglia, mota. **2** (*fig.*) Lordura o bruttura morale, corruzione: *vivere nella m. del vizio*. **3** †Patina in bocca per cattiva digestione. || **melmétta**, dim.

melmosità s. f. ● Condizione o stato di ciò che è melmoso.

melmóso agg. ● Pieno di melma: *stagno m.*

†**mèlo (1)** ● V. *melos*.

mélo (2) [lat. tardo *mēlu(m)*, per il classico *mālu(m)*, dal gr. *mêlon*, vc. di origine preindeur.] s. m. ● Albero delle Rosacee coltivato in molte varietà per i frutti commestibili, con foglie seghettate, inferiormente pelose e fiori bianchi all'interno e rosei esternamente, in corimbi (*Pirus malus*) | *Piantare un m.*, (*raro, fig.*) battere il sedere per terra.

mélo (3) /fr. me'lo/ [vc. fr., acrt. di *mélodrame* 'melodramma'] **A** s. m. inv. ● Situazione, atteggiamento, opera caratterizzata da particolare enfasi e teatralità. **B** anche agg. inv.: *film, genere m.* SIN. Melodrammatico.

mèlo- [dal gr. *mélos* 'musica', di origine indeur.] primo elemento ● In parole composte, significa 'canto', 'melodia', 'musica': *melodrammaturgo, melologo, meloterapia*.

melocotógno [comp. di *melo (2)* e *cotogno*] s. m. ● (*bot.*) Cotogno.

melòde (1) o **melòdo** [vc. dotta, lat. tardo *melōde(m)*, nom. *melōdes*, dal gr. *melōidós* 'cantante, poeta lirico' (V. *melodia*)] s. m. ● Artista bizantino che musicava i propri componimenti poetici.

†**melòde (2)** [vc. dotta, lat. tardo *melōde(m)*, da *melōdia* 'melodia', rifatto su *ōde* 'canto' (V. *ode*)] s. f. ● (*poet.*) Melodia.

melodìa [vc. dotta, lat. tardo *melōdia(m)*, nom. *melōdia*, dal gr. *melōidía*, comp. di *mélos* 'musica' (V. *melos*) e *ōidḗ* 'canto' (V. *ode*)] s. f. **1** (*mus.*) Successione di diversi suoni aventi fra loro una organica relazione espressiva. **2** (*est.*) Armonico insieme di suoni o di voci: *la m. dei ruscelli*; *il secreto usignuolo entro le fronde / empie il vasto seren di m.* (CARDUCCI).

†**melodiànte** agg. ● Che canta e suona con melodia.

melòdica s. f. ● (*mus.*) Adattamento di *melodika*.

melòdico [vc. dotta, gr. *melōidikós*, da *melōidía* 'melodia'] agg. (pl. m. *-ci*) **1** Proprio della melodia, che si adegua alla regola della melodia: *canto m.* **2** (*est.*) Melodioso, dolce: *la melodica voce dell'usignolo*. || **melodicaménte**, avv.

melòdika [da *melodia*] s. f. inv. ● (*mus.*) Strumento che combina la tastiera del clavicordo e il registro organistico del flauto.

melodióso /melo'djoso, melodi'oso/ agg. **1** Ricco di melodia: *suono, canto m.* **2** Armonico e dolcissimo: *voce melodiosa*. || **melodiosaménte**, avv.

melodista [da *melodia*] s. m. e f. (pl. m. *-i*) ● Autore di composizioni musicali caratterizzate dalla predominanza della melodia come elemento stilistico.

melòdo ● V. *melode (1)*.

melodràmma [fr. *mélodrame*, comp. del gr. *mélos* 'canto' (V. *melos*) e del fr. *drame* 'dramma'] s. m. (pl. *-i*) ● Genere musicale consistente nella rappresentazione per voci solistiche, coro e orchestra di un testo poetico d'argomento cavalleresco, mitologico, storico, fantastico, comico: *la nascita del m.*; *il m. romantico* | *Da m.*, di chi, di ciò che è rigonfio ed esagerato o di chi tende all'esagerazione dei propri sentimenti: *eroe, personaggio, situazione da m.* || **melodrammàccio**, pegg.

melodrammàtico agg. (pl. m. *-ci*) **1** Del melodramma. **2** (*est.*) Che manifesta e ostenta atteggiamenti, sentimenti esagerati, intensamente passionali: *tono, gesto m.* SIN. Teatrale. || **melodrammaticaménte**, avv. In modo melodrammatico.

melodrammatùrgo [comp. di *melo-* e *drammaturgo*] s. m. (f. *-a*; pl. *-ghi*) ● (*raro*) Autore di melodrammi.

mèloe [etim. incerta] s. m. ● Insetto dei Coleotteri con testa piccola, privo di ali, con zampe robuste e livrea scura, dall'emolinfa puzzolente e vescicatoria, che, allo stato larvale, divora uova delle api e miele (*Meloe violaceus*).

melòfago [vc. dotta, gr. *mēlophágos*, comp. di *mêlon* 'pecora' e *-phágos* '-fago'] s. m. (pl. *-gi*) ● Dittero con zampe forti e munite di unghie, con le quali si attacca ai peli delle pecore, di cui è parassita (*Melophagus ovinus*).

melòfobo [comp. di *melo-* e *-fobo*] s. m.; anche agg. (f. *-a*) ● Chi, che odia la musica.

melogranàto s. m. ● (*bot., raro*) Melograno.

melogràno o **melagràno** [rifacimento del lat. *mālum granātum* 'mela granata'] s. m. (pl. *melogràni* o *meligràni*) ● Albero delle Punicacee con foglie lanceolate opposte, fiori rossi e frutti commestibili la cui corteccia ha azione vermifuga (*Punica granatum*).

melòlogo [comp. di *melo-* e *-logo*] s. m. (pl. *-ghi*) ● Recitazione di un testo con accompagnamento musicale.

melolónta [vc. dotta, gr. *mēlolónthē* 'scarabeo dorato', di origine preindeur.] s. f. ● (*zool.*) Maggiolino.

melòmane [fr. *mélomane*, comp. di *mélos* 'canto' (V. *melos*) e *-mane* '-mane'] s. m. e f.; anche agg. ● Chi, che è oltremodo appassionato di musica.

melomanìa [da *melomane*] s. f. ● Amore eccessivo per la musica, mania musicale.

melonàio s. m. ● Terreno coltivato a meloni.

melóne o (*dial.*) **mellóne** [lat. tardo *melōne(m)*, nom. *mēlo*, abbr. di *melŏpepo*, genit. *melopepōnis*, dal gr. *mēlopépōn*, genit. *mēlopéponos*, comp. di *mêlon* 'mela' e *pépōn*, genit. *péponos* 'popone'] s.

m. *1* Pianta erbacea delle Cucurbitacee a fusto strisciante, diffusamente coltivata per i frutti globosi od ovali con polpa dolce e profumata (*Cucumis melo*) | Il frutto commestibile di tale pianta. SIN. Popone | *M. cantalupo*, varietà di melone a buccia spessa con polpa succosa e zuccherina color arancio | *M. d'acqua*, cocomero | *M. dei tropici*, frutto della papaia a polpa burrosa, gialla, zuccherina, di gusto caratteristico. *2* (*biol.*) Vistosa protuberanza in corrispondenza delle ossa frontali dei Delfini, dovuta all'accumulo dello spermaceti. *3* (*fig.*) †Uomo sciocco e goffo. || **meloncèllo**, dim. | **meloncino**, dim.

melopèa [vc. dotta, lat. tardo *melopŏeia*(*m*), nom. *melopōeia*, dal gr. *melopoiía*, comp. di *mélos* 'canto' (V. *melos*) e *poiêin* 'fare' (V. *nicopeia*)] s. f. ● Melodia lenta spec. ispirata a motivi liturgici | †Arte del contrappunto.

meloplàsto [fr. *méloplaste*, comp. del gr. *mélos* 'canto' (V. *melos*) e *-plaste* '-plasto'] s. m. ● (*mus.*) Pentagramma vuoto utilizzato per lo studio del solfeggio mediante elementi mobili rappresentanti le note.

melopsittaco [comp. del gr. *mélos* 'canto' (V. *melos*) e *psittakós* 'pappagallo' (V. *psittacidi*)] s. m. (pl. *-ci*) ● Pappagallino australiano con ali lunghe e appuntite, bel piumaggio verde e giallo con screziature nere, facilmente addomesticabile, che in prigionia ha dato origine per mutazione a razze di diversi colori (*Melopsittacus undulatus*). SIN. Pappagallino ondulato, parrocchetto canoro.

melos /*lat.* 'melos/ o (*lett.*) †**mèlo** (**1**) [vc. dotta, lat. *mĕlos*, dal gr. *mélos*, di origine indeur.] s. m. (pl. *mele* /*lat.* 'mele/) ● (*poet.*) Melodia | Canto poetico.

meloterapìa [comp. di *melo-* e *-terapia*] s. f. ● (*med.*) Impiego della musica a scopo terapeutico, in anestesia e in psichiatria.

melt-down /*ingl.* 'melt daun/ o **meltdown** [vc. ingl., comp. di *melt* 'fusione' e *down* 'giù'] s. m. inv. *1* (*fis.*) Fusione accidentale del nocciolo radioattivo del reattore di una centrale nucleare. *2* (*fig.*) Crollo, caduta rovinosa: *melt-down borsistico*.

melting pot /*ingl.* 'meltiŋ pɔt/ [loc. ingl., comp. di *melting*, da *to melt* 'fondere', e *pot* 'pentola, marmitta'] loc. sost. m. inv. ● Mescolanza di diversi elementi, crogiuolo, calderone | Miscuglio di gruppi etnici differenti.

mèlton [dal n. della città di *Melton* in Inghilterra] s. m. inv. *1* (*tess.*) Follone. *2* Tessuto reso opaco e leggermente peloso da una particolare follatura.

†**membraménto** [da *membrare*] s. m. ● Ricordo, memoria.

membràna [vc. dotta, lat. *membrāna*(*m*) 'pelle sottile che copre le membra', da *mĕmbrum* 'membro'] s. f. *1* (*anat.*) Sottile lamina di rivestimento degli organi, con varia struttura e funzione | *M. del timpano*, formazione dell'orecchio medio, visibile dall'esterno | *Falsa m.*, formazione pellicolare, formata da materiale di essudazione, che si forma sulla mucosa laringea nella infezione difterica | *Membrane oculari*, i tre strati concentrici che compongono il globo oculare. *2* (*biol.*) Involucro della cellula | *M. plasmatica*, struttura protoplasmatica periferica differenziata che delimita verso l'esterno il citoplasma. SIN. Plasmalemma. *3* Sottile pelle di animale conciata, usata un tempo per scrivervi (e detta com. *cartapecora* o *pergamena*), o tesa sui tamburi o altri strumenti a percussione. *4* Corpo elastico metallico di spessore assai piccolo, che si inflette con forze minime, usato spec. in apparecchi elettroacustici. *5* (*zool.*) *M. alare*, patagio.

membranàceo [vc. dotta, lat. *membranāceu*(*m*), da *membrāna* 'membrana'] agg. ● Che ha sostanza o natura di membrana | *Libro, codice m.*, di fogli di pergamena o cartapecora.

membranifórme [comp. di *membrana* e *-forme*] agg. ● Che ha l'aspetto, le caratteristiche di una membrana.

†**membràno** agg. ● Membranaceo.

membranòfono [comp. di *membrana* e *-fono*] s. m. ● Ogni strumento musicale formato da una o più pelli tese, che l'esecutore percuote con le mani o con bacchetta.

membranóso [vc. dotta, lat. tardo *membranōsu*(*m*), da *membrāna* 'membrana'] agg. ● Costituito, composto da una o più membrane: *corpo m.* | Che è simile a membrana.

†**membrànza** [provz. *membransa*, da *membrar* 'membrare'] s. f. ● Rimembranza, ricordanza: *pasco ... / il pensier di desire e di m.* (MARINO).

membràre [provz. *membrar*, dal lat. *memorāre*. V. *memorare*] v. tr. (*io mèmbro*) ● (*poet.*) Rimembrare, ricordare: *membrando il suo bel viso e l'opre sante* (PETRARCA).

membratùra [vc. dotta, lat. *membratūra*(*m*), da *mĕmbrum* 'membro'] s. f. *1* Le membra umane o animali viste e considerate nel loro complesso: *un uomo di robusta m.* *2* (*arch.*) Modanatura o complesso di modanature che costituiscono, spec. unite ad altri elementi architettonici, una parte ben determinata della costruzione.

mèmbro [vc. dotta, lat. *mĕmbru*(*m*), di origine indeur.] s. m. (pl. *mèmbra*, f., †*mèmbri*, m., †*mèmbre*, f. con valore collettivo; pl. *mèmbri*, m. negli altri casi) *1* (*spec. al pl.*) Arto: *membra superiori, inferiori*; *membra forti, muscolose, elastiche*. *2* (*est.*) Ogni componente di una collettività o di un gruppo: *i membri del parlamento, del consiglio di amministrazione, del corpo diplomatico*; *m. effettivo, corrispondente, aggiunto* | †Gregario: *quelli che erano i membri, con maggior voglia deponevano le armi che non le pigliavano* (MACHIAVELLI). *3* (*est.*) Ogni elemento costitutivo di un tutto: *le varie membra della nave, delle fortificazioni, dell'edificio* | *Le membra della nazione*, regioni, paesi e sim. *4* (*ling.*) Parte compiuta di un periodo. *5* (*mat.*) Ciascuna delle due espressioni di una uguaglianza o di una disuguaglianza collegate dal segno = o da altro segno | *Primo m.*, quello a sinistra nel segno | *Secondo m.*, quello a destra. *6* (*arch.*) Membratura. *7* (*anat.*) Pene. || **membrétto**, dim. | **membricciuòlo**, dim. | **membrino**, dim. | **membrolino**, dim. (V.) | **membróne**, accr.

membrolino s. m. *1* Dim. di *membro*. *2* (*fig.*) †Particella.

†**membróso** [vc. dotta, lat. *membrōsu*(*m*), da *mĕmbrum* 'membro'] agg. ● Che ha grosse membra.

membrùto agg. ● Grosso e forte di membra: *un giovane m.*

memento /*lat.* me'mento/ [lat., letteralmente 'ricòrdati', imp. di *meminĭsse* 'ricordarsi', da una radice indeur. che indica 'memoria'] s. m. inv. *1* Parte della Messa in cui il celebrante menziona i vivi e i morti | Ciascuna delle due preghiere che il celebrante recita in tale parte della Messa. *2* (*scherz.*) Ammonizione da non dimenticare: *dare un m. a qc.*

memoràbile [vc. dotta, lat. *memorābile*(*m*), da *memorāre* '†memorare'] agg. ● Degno di essere ricordato: *avvenimento, fatto m.*; *fu uomo ai tempi nostri m.* (GUICCIARDINI) | (*est.*) Che non è possibile dimenticare perché straordinario, eccezionale: *un m. successo*; *una catastrofe m.* || **memorabilménte**, avv.

memorabilità s. f. ● (*raro*) Condizione di chi o di ciò che è memorabile.

memoràndo [vc. dotta, lat. *memorăndu*(*m*), gerundio di *memorāre* '†memorare'] agg. ● (*lett.*) Che deve essere ricordato: *esempio, giorno m.*

memorandum /*lat.* memo'randum/ [fr. *mémorandum*, gerundio nt. sing. del lat. *memorāre*. V. *memorando*] s. m. inv. *1* Documento contenente l'indicazione dei termini di una questione, o di un fatto verificatosi, o di un accordo raggiunto tra più soggetti spec. di diritto internazionale. *2* Libretto per annotazioni, appunti e sim.: *segnare un appuntamento, una data sul m.* *3* (*bur.*) Tipo di lettera spec. commerciale per brevi comunicazioni | (*est.*) Foglio di carta da lettera di formato ridotto, per tali comunicazioni.

†**memoràre** [vc. dotta, lat. *memorāre*, da *mĕmor* 'memore'] v. tr. e intr. ● (*lett.*) Ricordare.

†**memorativa** [da *memorativo*] s. f. ● Facoltà della memoria.

memorativo [vc. dotta, lat. tardo *memoratīvu*(*m*), da *memorāre* '†memorare'] agg. *1* (*raro*) Riguardante la memoria: *virtù memorativa*. *2* (*raro*) Che serve a ricordare: *insegna memorativa* | †Commemorativo.

†**memorazióne** [vc. dotta, lat. tardo *memoratiōne*(*m*), da *memorāre* '†memorare'] s. f. ● Memoria, ricordanza | Commemorazione.

mèmore [vc. dotta, lat. *mĕmore*(*m*), da una radice indeur. che indica 'ricordo, preoccupazione'] agg. ● Che serba memoria e non si dimentica di q.c. o di qc.: *m. di un esperienza passata* | Riconoscente: *m. dei benefici ricevuti*; *sono m. di quanto avete fatto per me* | Che rinnova il ricordo, sembrando custodirlo: *le memori doline del Carso*.

†**memorévole** [da *memorabile*, con cambio di suff.] agg. ● Memorabile: *celebrato fra gli uomini memorevoli dagl'Istorici Romani* (TASSO) | Memore.

memòria [vc. dotta, lat. *memŏria*(*m*), da *mĕmor* 'memore'] s. f. **I** In senso proprio. *1* (*psicol.*) Funzione generale della mente, consistente nel far rinascere l'esperienza passata, che attraversa le quattro fasi di memorizzazione, ritenzione, richiamo, riconoscimento | *Sapere, imparare a m.*, conoscere q.c. in modo da ripeterlo alla lettera senza avere il testo davanti | *Disegnare a m.*, senza l'oggetto presente | *Il libro della m.*, (*fig.*) la mente | *Cancellare qc. o q.c. dalla m.*, dimenticarsene totalmente | *M. di carta*, note o appunti dove si registra ciò che si deve ricordare | *M. artificiale*, mezzi o espedienti che aiutano la memoria | *A m. d'uomo*, per quanto si ricordi, da che mondo è mondo | (*fig.*) *M. d'elefante*, quella di chi tiene bene a mente spec. un torto ricevuto | *Cadere dalla m.*, in oblio | *Ridurre alla m.*, richiamare al ricordo altrui | *Andare, girare per la m.*, venire in mente | *Rievocare, richiamare alla m.*, far tornare alla mente | *Fatto degno di m.*, degno d'essere ricordato. *2* Rappresentazione, immagine e sim. di q.c. che sta e si conserva nella mente: *la m. di un giorno, di un fatto*; *avvenimenti lontani di cui si è perduta ormai la m.* | Tradizione: *un paese ricco di memorie*; *le memorie degli avi*. *3* Ricordo o presenza ideale che una persona lascia di sé: *l'imperitura m. delle sue azioni* | *Confortare la m. di qc.*, ridargli fama | *In m. di qc.*, per onorare la memoria di qc. | Fama: *di gloriosa, infausta, esecrata m.* *4* Cosa che ridesta il ricordo e lo fa rivivere nell'animo, nel pensiero: *un museo ricco di preziose memorie* | Documento: *sono memorie del secolo scorso* | Avvenimento che, grazie al ricordo, rivive nella mente: *le dolci memorie della giovinezza*. *5* (*est.*) Chi o ciò che è degno di essere ricordato: *è diventato una m. nazionale*. SIN. Gloria. *6* Opera autobiografica rievocante avvenimenti visti o vissuti: *le memorie del Goldoni*. *7* Appunto, nota: *prendere m. di q.c.* | *Pro m.*, annotazione scritta fatta per ricordare o far ricordare | (*est.*) Monografia, dissertazione o raccolta di dissertazioni relative a un argomento trattato: *l'articolo che cercate è stato pubblicato nelle memorie dell'Accademia delle scienze*; *è una breve m. storica*. *8* (*dir.*) Atto scritto in cui le parti del processo espongono o integrano le proprie ragioni o istanze. *9* †Mente che apprende e giudica | *Perdere l'uso della m.*, smarrire l'intelligenza | *Essere, uscire fuori della m.*, uscir di senno. *10* (*pop.*) †Il capo, come sede delle facoltà mnemoniche. **II** Con valore analogico. *1* (*mecc.*) Organo meccanico, elettrico o elettronico, il quale fa sì che una macchina esegua automaticamente un ciclo predeterminato. *2* Nei sistemi elettronici per l'elaborazione dei dati, ogni dispositivo o supporto capace di registrare informazioni e di conservarle per un certo periodo di tempo, e che permetta di ritrovare e di usare tali informazioni quando necessario. SIN. Memorizzatore | *M. principale, m. ad accesso immediato*, quella destinata a contenere il programma e i dati in corso di elaborazione | *Memorie ausiliarie*, quelle destinare ad archivio dei dati e dei programmi | *M. di massa, secondaria, ausiliaria*, quella destinata a conservare permanentemente le informazioni (dischi rigidi, floppy disk, nastri magnetici e sim.). *3* (*biol.*) *M. genetica*, persistenza e trasmissibilità dei caratteri di una popolazione da una generazione a quelle successive. || **memoriàccia**, pegg. | **memoriétta**, dim. | **memorióna**, accr.

memorial /me'mɔrial, *ingl.* mi'mɔːriəl/ [vc. ingl., propr. 'memoriale'] s. m. inv. *1* Monumento commemorativo. *2* Manifestazione, spec. sportiva o artistica, dedicata alla memoria di un personaggio famoso: *m. Scirea*.

memoriale (**1**) [vc. dotta, lat. (*libĕllum*) *memoriāle*(*m*) '(libretto) di annotazioni', da *memŏria* 'memoria'] s. m. *1* Narrazione di avvenimenti importanti o memorabili fatta da persona che vi ha assistito o partecipato: *il m. di S. Elena* | (*est.*) Scritto espositivo, spec. a giustificazione o difesa del proprio operato. *2* Supplica corredata di ogni elemento o dato informativo, utile a conseguire ciò che si desidera | Promemoria. *3* †Memoria, ricordo. *4* †Catalogo.

memoriàle (2) [vc. dotta, lat. tardo *memoriāle*, nt. sost. dell'agg. *memoriālis* (V. *memoriale* (1))] s. m. ● Monumento commemorativo intitolato spec. a un personaggio: *il m. di De Gaulle*.

memorialista [fr. *mémorialiste*, da *mémorial* 'memoriale (1)'] s. m. e f. (pl. m. *-i*) ● Autore di memorie, memoriali, diari, autobiografie e sim.

memorialìstica [f. sost. di *memorialistico*] s. f. ● Genere letterario comprendente memorie, memoriali, diari, autobiografie e sim.

memorialìstico [da *memoriale* (*1*)] agg. (pl. m. *-ci*) ● Che si riferisce, che è proprio della memorialistica o di un memorialista.

†**memorificàre** [comp. di *memoria* e *-ficare*] v. tr. ● Ridurre a memoria.

†**memorióso** [vc. dotta, lat. tardo *memoriōsu(m)*, da *memŏria* 'memoria'] agg. ● Che ha buona memoria.

memorizzàre [fr. *mémoriser*, dal lat. *memŏria* 'memoria'] v. tr. *1* Stampare, fissare nella memoria. *2* Registrare q.c. in una memoria ausiliaria di un sistema elettronico per l'elaborazione dei dati.

memorizzatóre [da *memorizzare*] s. m. *1* Nei sistemi elettronici per l'elaborazione dei dati, memoria. *2* Apparecchio per apprendere e memorizzare nozioni.

memorizzazióne s. f. *1* Atto, effetto del memorizzare. *2* (*psicol.*) Attività di apprendimento con cui si acquista la capacità di riprodurre immagini o idee definite o di ripetere parole o frasi.

ména o **mèna** [da *menare*] s. f. *1* Subdolo intrigo: *è stato vittima di grosse mene politiche*. SIN. Maneggio. *2* †Faccenda, affare: *sarebbe lunga m. a dire* (VILLANI). *3* †Condizione, stato.

menabò [vc. milan., propr. 'mena buoi', forse con allusione alla funzione di guida, di assetto] s. m. ● (*edit.*) Prova di uno stampato, eseguita montando su carta bianca testi e illustrazioni, per controllare l'effetto finale e per servire da guida nell'impaginazione.

menabrida [comp. di *menare* e *brida* nel sign. 3] s. m. inv. ● Parte del tornio, di forma circolare, che comunica il moto al pezzo da tornire.

menabriglia [comp. di *menare* e *briglia*] s. m. inv. ● (*mecc.*) Menabrida.

mènade [vc. dotta, lat. *Māenades*, dal gr. *Mainádes*, da *máinesthai* 'essere furioso'. V. *manìa*] s. f. ● (*lett.*) Baccante.

menadito [comp. di *menare* e *dito*] vc. ● Solo nella loc. avv. *a m.*, benissimo, perfettamente: *conoscere q.c. a m.*; *sapere, ripetere a m.*

ménage /fr. me'naʒ/ [vc. fr., dal lat. parl. **mansionāticu(m)*, da *mānsio*, genit. *mansiōnis*, V. *magione*] s. m. inv. ● Vita in comune di una coppia | (*est.*) Andamento quotidiano della vita familiare: *un m. tranquillo*.

†**menagióne** [da *menare*] s. f. ● (*med.*) Flusso.

menagràmo [comp. di *menare* e *gramo* 'cose grame'] s. m. e f. inv. ● (*fam.*) Iettatore.

menàide [etim. incerta] s. f. ● Rete da pesca alla deriva, rettangolare, formata dall'unione di tanti pezzi quadrati, con l'orlo inferiore piombato e quello superiore sostenuto da sugheri, infilati in corde, in modo da poter essere calata a diverse profondità, usata verticalmente spec. per la pesca di sardine e acciughe.

†**menàle** [etim. incerta] s. m. ● (*mar.*) Cavo che passa intorno a un bozzello, per sollevare pesi.

†**menaménto** [da *menare*] s. m. ● Modo e atto del menare.

menandrèo [vc. dotta, lat. *Memandrēu(m)*, nom. *Menandrēus*, dal gr. *Menándreios*, agg. di *Ménandros* 'Menandro'] agg. ● Che è proprio del commediografo greco Menandro (342-290 a.C.).

menànte A part. pres. di *menare*; anche agg. ● (*raro*) Nei sign. del v. B s. m. e f. ● †Copista, amanuense.

menàrca [comp. di *men(o)-* e del gr. *mḗn*, genit. *mēnós* 'mese' (V. e cfr. *menopausa*) e *-arca* (nel senso di 'inizio')] s. m. (pl. *-chi*) ● (*fisiol.*) Comparsa della prima mestruazione nella pubertà.

menàre [lat. tardo *mināre* 'spingere con minacce', dal classico *minārī* 'minacciare', di etim. incerta] A v. tr. (*io méno*) *1* Condurre, guidare, portare: *la pastorella mena al piano / la bianca torma che è sotto sua guarda* (BOIARDO); *una via che mena a Roma*; *le condutture menano le acque ai centri abitati* | *M. il can per l'aia*, (*fig.*) fare lunghi discorsi evitando di toccare l'argomento che interessa | (*fig.*) *M. buono*, portar fortuna, essere di buon augurio | (*fig.*) *Menarla buona*, perdonare o concedere | *M. a spasso qc.*, prenderlo in giro | (*fig.*) *M. qc. per il naso*, deluderlo o burlarsene | *M. la danza*, dirigerla e (*fig.*) farla da padrone in trattative e sim. perché si è i più forti o i più potenti | (*est.*) Trascinare: *lo menarono al supplizio* | *M. la carretta*, tirarsela dietro | (*fig.*) *Menarla per le lunghe*, tirare in lungo q.c. che si potrebbe fare più rapidamente | †*M. donna, moglie*, sposarsi | (*raro, est.*) Portare a compimento: *m. una congiura, un tradimento, un negozio*. *2* Trascorrere, passare: *m. giorni tranquilli*. *3* Produrre: *m. frutti, fiori* | †*M. figlioli*, averne | (*est.*) Dare, vibrare, assestare: *m. colpi, legnate, botte da orbi*. *4* (*ass.*) Battere, picchiare, percuotere: *se perde la pazienza comincia a m.* | *Mal m.*, V. *malmenare* | *Mena!*, dagliele! *5* Agitare, dimenare | *M. la coda*, scodinzolare | *M. la frusta, lo scudiscio*, usarli per colpire | *M. le anche, i piedi*, muoverli ballando o camminando in fretta | *M. a tondo, la mazza tonda*, muovere la mazza in giro e (*fig.*) non aver riguardi per nessuno | (*raro*) *M. della calcagna*, spronare | (*fig.*) †*m. guerra*, guerreggiare | (*fig.*) *M. la lingua*, far maldicenze | *M. le gambe*, (*fig.*) fuggire | *M. le mani*, picchiare | *M. smanie*, fare pazzie. *6* Fare, cagionare: *la cosa mena scalpore, scandalo*; *m. strage di nemici* | *M. vanto*, vantarsi, gloriarsi | †*M. gioia, allegrezza, dolore* e sim., gioire, soffrire e sim. *7* †Prendere al proprio soldo o servizio. B v. rifl. rec. ● Picchiarsi: *menarsi di santa ragione*.

menaròla o (*lett.*) **menaruòla** [da *menare*] s. f. ● (*tecnol.*) Girabacchino | (*est.*) L'impugnatura di tale utensile.

menarròsto [comp. di *menare* e *arrosto*] s. m. ● (*sett.*) Girarrosto.

menaruòla ● V. *menarola*.

menàta s. f. *1* Atto, effetto del menare, dell'agitare: *una m. di frusta, di coda*. *2* (*fam.*) Solenne bastonatura: *s'è preso una terribile m.* | †Manata. *3* (*fig., fam.*) Lunga, insistente e noiosa ripetizione di consigli, rimproveri, richieste e sim.: *una delle sue solite menate*. SIN. Tiritera. || **menatèlla**, dim. | **menatìna**, dim.

menatóio s. m. ● Arnese per agitare, menare sostanze più o meno liquide | Asta di legno sospesa orizzontalmente in bilico sul mantice e munita a un'estremità di catena con peso, che l'operaio impugna per azionare il mantice.

†**menatóre** s. m.; anche agg. (f. *-trice*) *1* Chi o che mena, conduce. *2* Negoziatore.

†**menatùra** s. f. *1* Atto ed effetto del menare. *2* (*raro*) Articolazione delle ossa.

†**menazióne** s. f. ● Azione del menare.

ménchero [etim. discussa: dal lat. *mĕntula* (?). V. *minchione*] agg.; anche s. m. ● (*dial.*) Sciocco, minchione: *che mi dicevi tu, m., che mi dicevi?* (PIRANDELLO). || **mencheràccio**, pegg.

méncio [etim. incerta] agg. (pl. f. *-ce*) ● (*tosc.*) Floscio: *cappello m.* | Vizzo, cascante: *carni mence*. || **mencino**, dim. | **mencióne**, accr.

mènda (1) [lat. *mĕnda(m)* (più comune *mĕndum*), di etim. incerta] s. f. ● Difetto, macchia, magagna, pecca: *rilevare le mende di qc.* | Errore: *lavoro pieno di mende* | †Peccato: *in remission de le passate mende* (ARIOSTO).

mènda (2) [da (*am*)*menda*] s. f. ● Risarcimento di danno.

mendàce [vc. dotta, lat. *mendāce(m)*, da avvicinare a *mĕndum*. V. *menda* (*1*)] agg. ● Bugiardo, menzognero: *parola m.* | *Apparenza, speranza m.*, fallace, ingannevole. SIN. Falso. || **mendaceménte**, avv. In modo mendace; con inganno.

mendàcia s. f. (pl. *-cie*) ● Carattere di chi, di ciò che è mendace. SIN. Falsità.

mendàcio [vc. dotta, lat. *mendāciu(m)*, da *mendax*, genit. *mendācis* 'mendace'] s. m. ● (*lett.*) Bugia, menzogna, falsità.

mendacità [vc. dotta, lat. tardo *mendacitāte(m)*, da *mĕndax*, genit. *mendācis* 'mendace'] s. f. ● (*lett.*) Qualità di chi, di ciò che è mendace.

†**mendànza** [da *menda* (*2*)] s. f. ● (*raro*) Ammenda.

†**mendàre** e *deriv.* ● V. *emendare* e *deriv.*

mendelèvio [dal n. del chimico russo D. I. *Mendeleev* (1834-1907)] s. m. ● Elemento chimico, metallo transuranico artificiale. SIMB. Md.

mendeliàno agg. ● Che si riferisce al biologo boemo G. Mendel (1822-1884), spec. alle leggi da lui formulate sulla trasmissione dei caratteri ereditari.

mendelìsmo s. m. ● L'insieme dei principi o delle operazioni indicate dalle leggi di Mendel, che stanno alla base della genetica.

†**mendicàggine** s. f. ● Mendicità.

mendicànte A part. pres. di *mendicare*; anche agg. *1* Nei sign. del v. *2* *Ordini mendicanti*, ordini di religiosi come carmelitani scalzi, cappuccini, agostiniani, la cui regola è la povertà e il vivere di elemosina. B s. m. e f. ● Chi va mendicando o vive mendicando. SIN. Accattone.

†**mendicànza** s. f. ● Condizione di mendicante.

mendicàre [vc. dotta, lat. *mendicāre*, da *mendīcus* 'mendico'] A v. tr. (*io méndico* o *raro mendìco, tu méndichi* o *raro mendìchi*) *1* Elemosinare, questuare, accattare: *m. il pane, un poco d'acqua*. *2* (*fig.*) Procacciarsi a stento, con preghiere e sim., accettando anche umiliazioni e sofferenze: *m. un aiuto*; *mendicava inutilmente un po' d'amore*. SIN. Implorare, invocare. *3* (*est.*) Cercare e trovare con fatica: *m. le parole*; *sta mendicando scuse e pretesti che lo scagionino*. B v. intr. (aus. *avere*) ● Chiedere l'elemosina.

†**mendicatóre** [vc. dotta, lat. *mendicatōre(m)*, da *mendicāre* 'mendicare'] s. m. (f. *-trice*) ● Chi mendica.

†**mendicazióne** [vc. dotta, lat. *mendicatiōne(m)*, da *mendicāre* 'mendicare'] s. f. ● Azione del mendicare.

†**mendichézza** s. f. ● Mendicità.

†**mendichità** s. f. ● (*raro*) Mendicità.

mendicicòmio [da *mendico*, sul modello di *manicomio*] s. m. ● Ricovero di mendicità.

mendicità [vc. dotta, lat. *mendicitāte(m)*, da *mendīcus* 'mendico'] s. f. ● Condizione di mendico o di persona estremamente povera | *Ricovero, ospizio di m.*, per gli indigenti.

mendico (1) [vc. dotta, lat. *mendīcu(m)*, da *mĕndum*. V. *menda* (*1*)] agg.; anche s. m. (f. *-a*; pl. m. *-chi*, †*ci*) *1* Mendicante: *siede il m., cieco e solitario* (SABA). *2* †Povero, bisognoso, privo. || **mendicaménte**, avv. Da mendico.

†**mendico** (2) [vc. dotta, lat. tardo *mendīcu(m)*, V. precedente; non chiaro però il passaggio] s. m. ● (*mar.*) Trinchettina.

†**mendicùme** s. m. ● Mendicità.

†**mèndo** (1) [da *mendare*] agg. ● Risarcito.

†**mèndo** (2) [V. *menda* (*1*)] s. m. ● Vizio, malvezzo, difetto.

mendóso [vc. dotta, lat. *mendōsu(m)*, da *mĕndum*. V. *menda* (*1*)] agg. *1* †Errato, difettoso: *tutto quello che in quest'opera è di m.* (GALILEI). *2* (*anat.*) Falso | *Coste mendose*, coste fluttuanti.

menefreghìsmo [da *me ne frego*] s. m. ● Noncuranza o negligenza strafottente.

menefreghista s. m. e f.; anche agg. (pl. m. *-i*) ● Chi, che agisce o si comporta con menefreghismo.

meneghìno [vc. milan., dim. di *Menego* 'Domenico'; n. della maschera milanese del teatro popolare] A agg. ● (*fam.*) Milanese. B s. m. (f. *-a* nel sign. 1) *1* (*fam.*) Abitante di Milano. *2* (*fam.*) Dialetto milanese.

menestrèllo o †**minestrèllo**, †**ministrèllo** [fr. *ménestrel*, dal lat. tardo *ministeriāle(m)* 'uomo incaricato di un servizio', da *ministĕrium* 'servizio'. V. *ministero*] s. m. *1* Giullare di corte che recitava accompagnandosi con la musica le composizioni poetiche di trovatori o anche proprie: *i menestrelli medioevali*. *2* (*est., scherz.*) Chi canta con accompagnamento spec. di mandolini o chitarre in luoghi pubblici.

menhir /me'nir/ [vc. brettone, propriamente 'pietra lunga', comp. di *men* 'pietra' (fr. *dolmen*) e *hir* 'lungo', dall'ant. irlandese *sīr* 'lungo', di origine indeur.] s. m. inv. ● Grossa pietra oblunga, piantata nel terreno verticalmente, tipica di alcune civiltà preistoriche. ➡ ILL. **archeologia**.

menïàno [lat. *maeniānu(m)*, dal nome del censore romano C. *Maenius* che nel 318 a.C. fece costruire le logge nel foro] **s. m.** ***1*** (*arch.*) Ciascuno dei ripiani anulari che dividono la cavea dei teatri e anfiteatri romani. ***2*** (*arch.*) Balcone, ballatoio pensile.

menìnge [fr. *méninge*, dal gr. *mêninx*, genit. *méningos* 'membrana, meninge', di etim. incerta] **s. f.** ***1*** (*anat.*) Ciascuna delle tre membrane che avvolgono l'encefalo e il midollo spinale | *Dura m.*, la più esterna. SIN. Dura madre | *Pia m.*, quella più interna, a diretto contatto con la sostanza nervosa. SIN. Pia madre. ***2*** (*pop.*, *spec. al pl.*) Cervello | *Spremersi le meningi*, scervellarsi su problemi, questioni e sim. difficili e complesse.

meningèo o (*raro*) **menìngeo** **agg.** ● (*anat.*) Della meninge.

meningìsmo [da *meninge*] **s. m.** ● (*med.*) Condizione patologica in cui si manifestano segni di sofferenza e di irritazione meningea.

meningìte [fr. *méningite*, da *méninge* 'meninge', e *-ite* (*1*)] **s. f.** ● (*med.*) Infiammazione della meninge | *M. epidemica*, causata dal meningococco, con tendenza alla diffusione epidemica.

meningo- [gr. *mêninx*, genit. *méningos* 'meninge'] primo elemento ● In parole composte della terminologia medica, significa 'meninge' o indica relazione con le meningi: *meningocele*, *meningococco*.

meningocèle [comp. di *meningo-* e del gr. *mêninx*, genit. *méningos* 'meninge' e *-cele*] **s. m.** ● (*med.*) Ernia della meninge, più frequente nel tratto spinale.

meningocòcco [comp. di *meningo-* e del gr. *mêninx*, genit. *méningos* 'meninge' e *cocco* (*4*)] **s. m.** (pl. *-chi*) ● (*med.*) Batterio della meningite epidemica.

meningoencefalìte [comp. di *meningo-* e del gr. *mêninx*, genit. *méningos* 'meninge' ed *encefalite*] **s. f.** ● (*med.*) Infiammazione della meninge e dell'encefalo.

meningomielìte [comp. di *meningo-* e del gr. *mêninx*, genit. *méningos* 'meninge' e *mielite*] **s. f.** ● (*med.*) Meningite associata a mielite.

†**menipossànza** [comp. di *meno* e *possanza*] **s. f.** ● Inferiorità di potere.

†**menipossènte** [comp. di *meno* e *possente*] **agg.**; anche **s. m. e f.** ● Che, chi ha minor potere.

menippèo **agg.** ● Che è proprio dello scrittore e filosofo greco Menippo di Gàdara (IV e III sec. a.C.) | *Satira menippea*, genere letterario affine alla satira, ma con mescolanza di versi e prosa alla maniera delle satire di Menippo, caratterizzato da estrema varietà stilistica, metrica e tematica.

menìsco [gr. *mēnískos* 'lunetta', dim. di *mḗnē* 'luna', per la forma] **s. m.** (pl. *-schi*) ***1*** (*anat.*) Formazione fibro-cartilaginea semilunare posta nell'articolazione del ginocchio: *m. interno*; *m. esterno*. ***2*** Lente sferica avente una faccia concava e una convessa. ***3*** In un tubo capillare, superficie convessa o concava della colonna di liquido in esso contenuto.

Menispermàcee [comp. del gr. *mḗnē* 'luna', per la forma dei semi, di *sperma*, e *-acee*] **s. f. pl.** ● Nella tassonomia vegetale, famiglia di piante Dicotiledoni tropicali legnose, con piccoli fiori unisessuali e frutto a drupa (*Menispermaceae*) | (al sing. *-a*) Ogni individuo di tale famiglia.

menispermìna [comp. di *menisperm(acee)* e *-ina*] **s. f.** ● Alcaloide che si estrae da una pianta ornamentale americana delle Menispermacee.

ménno [lat. parl. **mĭnuu(m)* 'minorato', da *minŭere* 'diminuire'] **A** **agg.** ***1*** (*raro*) Di uomo, impotente o d'aspetto femmineo | (*est.*) Glabro. ***2*** †Vano, inutile. ***3*** †Privo, libero. **B** **s. m.** ● Impotente.

méno [lat. *mĭnus*, nt. di *mĭnor* 'minore'] **A** **avv.** (anche troncato in *men*, spec. in posizione proclitica) ***1*** In minore quantità, in minore misura o grado (si pospone al v. e allora può introdurre una prop. compar.; se è seguito da un agg. o da un avv., forma il compar. di minoranza, mentre se in tali condizioni è preceduto dall'art. det., forma il superl. di minoranza; il secondo termine di paragone può essere espresso o sottinteso): *devi affaticarti m.*; *puoi applicarti m. di quanto tu ora non faccia*; *questo mi soddisfa m.*; *il viaggio mi è sembrato m. lungo*; *l'inverno è stato quest'anno m. freddo*; *corri m. forte*; *muoviti m. precipitosamente*; *tu sei m. ubbidiente di tuo fratello*; *l'argento è m. prezioso dell'oro*; *ho aspettato m. di quanto temevo*; *questa è la tesi m. convincente*; *sei il m. pronto* | *Più o m.*, *poco più poco m.*, quasi, circa, pressappoco: *l'affare è più o m. vantaggioso*; *più o m. hanno lo stesso prezzo*; *è un quintale, poco più poco m.* | In correl. con 'più': *chi più chi m. tutti hanno offerto qualcosa* | Con altri avv. di quantità: *è poco m. di due litri*; *costa molto m.* | *Di m.*, in minor misura: *la settimana scorsa ho lavorato di m.*; *parla di m. e pensa di più* | *Né più né m.*, proprio, per l'appunto: *si è dimostrato né più né m. per quello che è* | *Quanto m.*, almeno, perlomeno: *quanto m. potevi avvertirmi* | *Senza m.*, senza dubbio, certamente, infallibilmente: *verrò domani senza m.* | In espressioni correl.: *più ci penso e m. mi convinco*; *m. lo vedo e meglio sto* | V. anche *nemmeno*, *nientedimeno*, *nientemeno*, *nondimeno*, *nulladimeno*, *perlomeno*. CONTR. Più. ***2*** No (in prop. disgiuntive): *comunicateci per tempo se verrete o m.*; *dobbiamo decidere se accettare o m.*; *la legittimità o m. del provvedimento sarà discussa tra breve* | *Tanto, molto, ancora m.*, neppure, a maggior ragione: *se non lo vuoi fare tu, tanto m. lo farò io*; *se non si è confidato con voi, ancora m. lo farà con me*; *non gli ho creduto prima e molto m. posso credergli ora*. ***3*** Assume valore negativo quando è seguito da un agg. o da un avv. nella loc. *m. che*: *il tuo aiuto è men che utile*; *ti sei comportato m. che saggiamente* | *M. che niente*, assolutamente niente: *ricorda che tu qui conti m. che niente* | *M. che mai*, *m. che m.*, a maggior ragione, assolutamente non (esprime forte negazione): *ora m. che mai vorrà ascoltarmi*; *m. che m. mi confiderò con te*. ***4*** Nella loc. inter. *m. male*, *m. male che*, per fortuna, per fortuna che (esprime una certa soddisfazione): *sei arrivato, m. male!*; *m. male che avete potuto provvedere in tempo!*; *m. male che te ne sei accorto!* ***5*** Nella loc. *venire m.*, mancare: *gli sono venute m. le forze*; *all'ultimo momento il coraggio mi è venuto m.*; *venir m. all'attesa, ai patti, alla parola data, alle promesse*; (*ass.*) svenire, perdere i sensi: *è venuto m. per la fame e la stanchezza*; *improvvisamente mi sono sentito venir m.* | *Venire m. a se stesso*, mancare ai doveri verso se stesso, mostrarsi inferiore alle proprie capacità. ***6*** Nella loc. *essere, mostrarsi da m.*, essere, mostrarsi inferiore: *non sono certo da m. di lui*; *è un disonesto, ma gli altri non gli sono da m.*; *non voglio mostrarmi da m.* ***7*** Nella loc. *fare a m. di q.c. o qc.*, farne senza, privarsene, astenersene, evitarlo: *se proprio non vorrà aiutarci faremo a m. anche di lui*; *devi fare a m. di fumare*; *non ho potuto fare a m. di dirglielo* | (*dial.*) *Fare di m. di qc. o q.c.* ***8*** Indica sottrazione nell'operazione matematica: *dieci m. tre fa sette*; *quattro m. uno è uguale a tre* | Indica mancanza nelle misurazioni: *sono cinque kilogrammi m. tre etti*; *è mezzogiorno m. cinque*; *sono le dieci m. un quarto* | Nelle misurazioni di temperatura, indica temperature inferiori a zero gradi centigradi: *la minima della notte è stata di m. sei*; *il termometro è sceso a m. venti* | Nelle votazioni scolastiche indica che il voto è scarso: *ha preso sette m.* | *In, di m.*, indica mancanza rispetto all'aspettativa: *ho avuto una carta di m.*; *mi sono ritrovato con mille lire in m.* | Contrapposto a 'più': *mi tratterrò una settimana, giorno più giorno m.*; *uno più uno m. è la stessa cosa*. CONTR. Più. **B** nelle **loc. cong.** *a m. che*, *a m. di* ● Salvo che, eccetto che (introduce una prop. eccettuativa con il v. al cong. se esplicita, all'inf. se implicita): *la cosa non può mutare a m. che non intervenga un fattore imprevisto*; *non lo farò a m. di esserne pregato*; *è così, a m. che non me lo sia sognato*. **C** **prep.** ● Eccetto, fuorché, tranne: *erano tutti presenti m. lui*; *riceve tutti i giorni m. il giovedì* | Anche nella loc. prep. *m. che*: *provvedo a tutto m. che al vino*. **D** **agg. inv.** ***1*** Minore in quantità: *prendi un abito di m. prezzo*; *ho impiegato m. tempo di te*; *ho m. autorità di voi*; *parlo con m. enfasi*; *penso che così la spesa sarebbe m.* | Più piccolo: *Maggior difetto men vergogna lava* (DANTE *Inf.* XXX, 142). CONTR. Più. ***2*** Minore di numero, o misura: *oggi c'è m. gente*; *m. persone verranno meglio sarà*; *ha m. scrupoli di me*; *una volta le pretese erano m.* | (*ass.*) In espressioni esclamative: *m. storie!*; *m. chiacchiere!*; *m. sciocchezze!* ***3*** Con valore neutro in espressioni ellittiche: *questo mese ho riscosso m.*; *l'ho acquistato per m.*; *occorre non m. di un mese*; *ho mangiato m. del solito*; *m. di così non si poteva fare* | *In men che non si dica*, *in m. di un baleno*, *in m. di un attimo*, molto rapidamente. CONTR. Più. **E** In funzione di **s. m. inv.** ***1*** La minor cosa (con valore neutro): *questo è il m. che gli poteva capitare*; *questo sarebbe per me il m.*; *è il m. che uno si possa attendere* | La parte minore (contrapposto a 'più'): *abbiamo fatto il m., ora ci resta da fare il più* | *Parlare del più e del m.*, di cose non importanti, passando da un argomento all'altro senza impegno | *Dal più al m.*, all'incirca: *saranno dal più al m. quattro milioni*. CONTR. Più. ***2*** Segno che, premesso a un numero assoluto, indica un numero negativo | Segno dell'operazione di sottrazione. CONTR. Più. ***3*** La minoranza (sempre preceduto dall'art. det. al pl.): *gli assenti sono stati i m.* CONTR. Più.

meno- [gr. *mḗn*, genit. *mēnós* 'mese'] primo elemento ● In parole composte della terminologia medica, significa 'mestruazione': *menopausa*, *menorragia*.

mènola [dim. del lat. *māena*, dal gr. *máinē*, di etim. incerta] **s. f.** ● Pesce teleosteo lungo una ventina di centimetri, comune lungo le nostre coste, con carni poco pregiate (*Maena maena*).

menològio [comp. di *meno-* e lat. mediev. *menolŏgiu(m)*, dal gr. tardo *mēnológion* 'calendario', comp. di *mḗn*, genit. *mēnós* 'mese' e *-lógion*, da *lógos* 'discorso, trattato' (V. *-logo*)] **s. m.** ● Calendario e martirologio delle chiese greco-orientali.

menomàbile **agg.** ● Che si può menomare.

menomàle o **méno màle** [da *meno male*] **inter.** ● Esprime sollievo o soddisfazione con il sign. di per fortuna, fortunatamente: *sei arrivato, m.!* V. anche *meno*.

†**menomaménto** **s. m.** ***1*** Modo e atto del menomare. ***2*** Litote.

menomànte **part. pres.** di *menomare*; anche **agg.** ***1*** Nei sign. del v. ***2*** †*Luna m.*, calante.

†**menomànza** [da *menomare*] **s. f.** ***1*** Avvilimento, abbassamento. ***2*** Mancanza.

menomàre [da *menomo*] **A** **v. tr.** (*io mènomo*) ***1*** Diminuire, ridurre, abbassare: *m. il pregio di q.c.*, *il prestigio di qc.* ***2*** Danneggiare, privando dell'integrità fisica: *m. l'uso delle gambe*; *restare menomato in un incidente* | (*fig.*) Avvilire: *m. l'onore*, *le speranze di qc.* **B** **v. intr.** e **intr. pron.** (aus. *essere*) ● Diminuire, venire meno.

menomàto **part. pass.** di *menomare*; anche **agg.** ● Nei sign. del v.

menomazióne **s. f.** ● Atto, effetto del menomare: *m. del prestigio*, *della fama di qc.* | Danno: *m. fisica*.

mènomo [lat. *mĭnimu(m)* 'minimo'] **agg.** ● (*tosc.*) Minimo: *per non causarvi il m. disturbo*; *non saper fare una menoma parte di quello che si richiede a rendersi grato alle persone* (LEOPARDI) | *Senza il m. dubbio*, con assoluta certezza. ‖ **menomaménte**, **avv.** Minimamente: *senza menomamente accennare a eventuali difficoltà*.

menopàusa [comp. di *meno-* e del gr. *mḗn*, genit. *mēnós* 'mese' e *pâusis* 'cessazione'] **s. f.** ● (*fisiol.*) Cessazione definitiva delle mestruazioni con conseguente perdita della capacità generativa.

menoràh /meno'ra*, *ebr.* meno'ra/ [ebr. *m(ĕ)nō(w)rāh*] **s. f. inv.** ● Tradizionale candelabro ebraico a sette bracci.

menorragìa [comp. di *meno-* e del gr. *mḗn*, genit. *mēnós* 'mese' e di *-ragia*] **s. f.** (pl. *-gie*) ● (*med.*) Mestruazione molto abbondante.

menorrèa [comp. di *meno-* e del gr. *mḗn*, genit. *mēnós* 'mese' e *rêin* 'scorrere'] **s. f.** ● (*fisiol.*) Mestruazione.

†**menosdìre** [rifacimento secondo il lat. *mĭnus* 'meno' del provz. *mesdire*, comp. di *mes-* (dal francone *miss-*, particl. con valore neg. e pegg.) e del lat. *dīcere* 'dire'] **v. intr.** ● Fare maldicenza.

menostàsi [comp. di *meno-* e *stasi*] **s. f.** ● (*fisiol.*) Menopausa.

†**menosvenìre** [rifacimento secondo il lat. *mĭnus* 'meno' dell'ant. fr. *mesvenir*, comp. di *mes-* (V. †*menosdire*) e *venir* 'venire'] **v. intr.** ● Venir meno.

†**menovàle** [lat. tardo *manuāle(m)* 'manuale'

(cfr. *manovale*), accostato per etim. pop. a *meno* e *valere* (?)] **agg.** • Di poco pregio.

mènsa [vc. dotta, lat. *mēnsa(m)*, dalla stessa radice del v. *metīri* 'misurare'] **s. f.** ***1*** Tavola alla quale si siede per mangiare, desco: *m. lussuosamente imbandita*; *sedere a m. con qc.*; *a destra ed a sinistra poi ordinate / fôrno le mense* (BOIARDO) | *Il levar dalla m.*, la fine del banchetto | (*est.*) Altare, piano dell'altare. ***2*** (*est.*) Pasto, pranzo, cena: *m. lauta, frugale, parca* | *M. sacra, eucaristica*, la Comunione | †*Prima m.*, quella dei padroni | †*Seconda m.*, quella dei servitori | †*Prime, seconde mense*, portate di un pranzo | *M. vescovile, arcivescovile*, rendita o patrimonio di sede vescovile o arcivescovile. ***3*** Organizzazione che cura l'allestimento dei pasti all'interno di una collettività: *la m. degli studenti, dei ferrovieri, degli ufficiali* | (*est.*) Locale ove si consumano tali pasti: *mangiare, andare alla m.* ***4*** †Banco di mercante. || **menserèlla, dim.** | **menssétta, dim.**

†**mensàle** [da *mensa*] **s. m.** ***1*** Commensale. ***2*** Tovaglia per la mensa.

menscevìco [russo *men'ševik* 'minoritario'] **agg.**; anche **s. m.** (f. *-a*; pl. m. *-chi*) • Appartenente alla corrente revisionista, avversa a quella bolscevica, del partito socialdemocratico russo.

menscevìsmo [russo *men'ševizm*, da *men'ševik* (V. *menscevico*)] **s. m.** • Teoria e prassi del partito menscevico.

mensìle [dal lat. *mēnsis* 'mese'] **A agg.** ***1*** Del mese, di ogni mese: *cronaca m.*; *stipendio m.* ***2*** Che ha la durata di un mese: *abbonamento m.* || **mensilménte, avv.** Ogni mese, al mese. **B s. m.** • Stipendio che si riscuote ogni mese: *un m. scarso*.

mensilità **s. f.** ***1*** Periodicità mensile: *la m. di un pagamento*. ***2*** Somma di denaro pagata o riscossa ogni mese: *distribuire le m.*; *tredicesima m.*

mènsola [vc. dotta, lat. *mēnsula(m)* 'tavolino', dim. di *mēnsa* 'mensa'] **s. f.** ***1*** Struttura architettonica, talvolta con motivi ornamentali, sporgente da una superficie verticale allo scopo di sostenere una o più strutture sovrastanti. ***2*** Supporto in legno, stucco, pietra, marmo e sim., per lo più di forma rettangolare, infisso alla parete di una stanza, talora mediante sostegni, per ornarla o reggere piccoli oggetti e suppellettili d'uso domestico | Console (2). ***3*** (*tecnol.*) Sostegno, supporto di varia forma, materia, funzione | Piano d'appoggio. ***4*** (*mus.*) Nell'arpa, la parte superiore, a forma di S, su cui si fissano le corde, mediante i bischeri che ne regolano la tensione e l'accordatura. || **mensolétta, dim.** | **mensolina, dim.** | **mensolóne, accr. m.** (V.)

mensolóne **s. m.** ***1*** Accr. di *mensola*. ***2*** Mensola architettonica di grandi dimensioni, che serve di sostegno spec. a terrazze e balconi.

†**mènstruo** e *deriv.* • V. *mestruo* e *deriv.*

mensuàle [vc. dotta, lat. tardo *mensuāle(m)*, da *mēnsis* 'mese'] **agg.** • (*raro*) Mensile. || **mensualménte, avv.** Mensilmente.

mensualità [fr. *mensualité*, dal lat. tardo *mensuālis* 'mensuale'] **s. f.** • (*raro*) Mensilità.

mensuràle **agg.** • (*mus.*) Fondato sul mensuralismo: *musica m.*

mensuralìsmo [dal lat. *mensūra* 'misura'] **s. m.** • (*mus.*) Sistema di valutazione e misurazione delle note diffusosi in Europa dal sec. XII al XV, fondato su segni aventi determinati valori.

ménta [lat. *mĕnta(m)*, di origine preindeur.] **s. f.** ***1*** Genere di piante erbacee perenni delle Labiate, con foglie ovate e seghettate, fiori bianchi o rossi (*Mentha*) | *M. domestica, ortolana, comune, verde*, varietà spontanea dei luoghi umidi, usata per scopi culinari o come foraggio (*Mentha viridis*) | *M. piperita, inglese*, varietà ibrida di menta domestica, coltivata a scopo industriale per le foglie officinali d'odore acuto (*Mentha piperita*) | *M. selvatica*, mentastro | *Essenza di m.*, olio essenziale, contenuto nella menta piperita e composto in gran parte di mentolo, usata in profumeria, in liquoreria e in medicina. ***2*** Sciroppo o liquore a base di essenza di menta | Bibita a base di sciroppo di menta | Confetto, pasticca di zucchero ed essenza di menta | *M. glaciale*, ogni prodotto alcolico o dolciario fortemente aromatizzato alla menta, che provoca una sensazione di frescura in chi lo consuma. || **mentùccia, dim.** (V.).

mentàle (1) [dal lat. *mēns*, genit. *mĕntis* 'mente'] **agg.** ***1*** Della, relativo alla, mente: *condizione m.*; *facoltà mentali* | *Riserva m.*, restrizione del senso o della portata di ciò che si dice, formulata solo con la mente, cioè senza manifestazioni esteriori orali o scritte | *Età m.*, in psicologia, livello di sviluppo dell'intelligenza considerata equivalente all'età cronologica in cui la media dei bambini raggiunge tale livello, valutabile quest'ultimo mediante analisi o compiti controllati. ***2*** Che si fa con la mente, senza parlare: *calcolo m.*; *orazione m.* || **mentalménte**, †**mentaleménte, avv.** Con la mente.

mentàle (2) [da *mento*] **agg.** • Del, relativo al mento.

mentalìsmo [comp. di *mentale (1)* e *-ismo*] **s. m.** ***1*** Concezione filosofica che, non tenendo in debito conto gli aspetti obiettivi dell'esperienza, tende a risolvere i concetti empirici in semplici stati mentali. ***2*** (*ling.*) Denominazione delle teorie linguistiche che considerano l'acquisizione e l'uso del linguaggio come processi cognitivi in cui la mente svolge un ruolo primario.

mentalità [da *mentale (1)*] **s. f.** ***1*** (*sociol.*) Complesso di opinioni e di rappresentazioni collettive originate da orientamenti di esperienza comune proprie a un gruppo socialmente più o meno omogeneo: *la m. di un popolo, dei giovani*. ***2*** (*est.*, *gener.*) Modo di vedere le cose, di interpretare la realtà, di ragionare e sim.: *ha la m. tipica dell'avaro*; *per la sua età, ha una m. troppo infantile*.

mentàstro [lat. *mentāstru(m)*, da *mĕnta* 'menta'] **s. m.** • Pianta delle Labiate con fusti pelosi e ghiandolosi, fiori in capolini e odore aromatico, comune nei luoghi umidi e paludosi (*Mentha aquatica*). **SIN.** Menta selvatica.

ménte [vc. dotta, lat. *mĕnte(m)*, da *meminĭsse*. V. *memento*] **s. f.** ***1*** Intelligenza, intelletto, anche come organo nelle sue varie funzioni: *m. lucida, chiara, acuta*; *m. calcolatrice, ricettiva, organizzatrice*; *m. nutrita di lunghi studi*; *il lavoro della m.* | *Illuminare, aprire la m. a qc.*, mostrargli e fargli capire a fondo q.c. che ignorava del tutto | *A m. riposata, fresca*, quando è ricca di energie, come dopo il riposo | Fantasia, immaginazione: *scolpito nella m.* | *Saltare in m.*, passare per il capo | Senno, ragione: *uscire di m.* | (*est.*) Persona particolarmente dotata d'intelligenza: *è una bella m.* **SIN.** Cervello, ingegno. ***2*** Attenzione del pensiero: *rivolgere la m. a q.c.*; *lo stato della mia salute è tale, che non mi lascia applicare la m. a nessun pensiero serio* (LEOPARDI) | *Avere la m. a q.c.*, attendervi, pensarvi con assiduità | *Far m. locale*, concentrarsi in un determinato argomento. ***3*** Memoria: *sapere, imparare a m.* | *Avere, tenere a m.*, ricordare | *Cadere, uscire, passare di m.*, dimenticare | *Levarsi q.c. dalla m.*, non preoccuparsene più, toglierla dal proprio pensiero. ***4*** Intenzione, proposito, intendimento: *conoscere la m. del sovrano* | *Avere m.*, proporsi | *Ficcarsi, mettersi in m. di fare q.c.*, ostinarsi nel voler fare q.c. ***5*** (*psicol.*) Insieme delle funzioni e dei processi psichici consapevoli e inconsci.

-ménte [dal lat. *mĕnte*, abl. di *mēns*, genit. *mĕntis*, che, astratto dal suo contesto (come in *fīrma mĕnte* 'con il pensiero fermo', *constănti mĕnte* 'con opinione costante' e sim.), è stato immediatamente legato all'agg. per formarne il corrispondente avv.] **suff.** derivativo • Forma gli avverbi di modo o maniera, aggiunto alla forma femminile degli aggettivi in *-o* e *-a* (*chiaramente, freddamente, poveramente, stoltamente*) oppure all'unica forma singolare degli aggettivi in *-e* (*brevemente, dolcemente, lievemente, tenacemente*) con eliminazione della stessa *-e* finale quando l'ultima sillaba è costituita da *-le* o *-re* (*facilmente, terribilmente, regolarmente, volgarmente*).

mentecattàggine **s. f.** • (*raro*) Stato di mentecatto | (*raro*) Atto o parola di mentecatto.

†**mentecattévole** **agg.**; anche **s. m. e f.** • Mentecatto.

mentecàtto [lat. *mĕnte căptu(m)* (part. pass. di *căpere* 'prendere') 'preso nella mente'] **agg.**; anche **s. m.** (f. *-a*) • Infermo di mente, sciocco, imbecille, detto spec. in senso ingiurioso: *la vecchia Europa avara e mentecatta* (D'ANNUNZIO).

mentène [da *mentolo*] **s. m.** • (*chim.*) Idrocarburo terpenico contenuto in molti oli essenziali, ottenibile anche per disidratazione del mentolo.

†**menticùrvo** [comp. di *mente* e *curvo*, calco sul gr. *ankylomḗtēs*] **agg.** • Furbo, astuto.

†**mentièro** [da *mentire*] **agg.**; anche **s. m.** • Mentitore.

†**mentiménto** **s. m.** • Azione del mentire.

mentìna [da *menta*] **s. f.** • Pasticca di zucchero e menta.

mentìre [vc. dotta, lat. *mentīri* 'immaginare', poi 'fingere', da *mēns*, genit. *mĕntis* 'mente'] **A v. intr.** (*io mènto* o *ménto* o *mentisco*, *tu mènti* o *ménti* o *mentìsci*; aus. *avere*) • Dire il falso, il contrario di quello che si pensa esser vero: *m. spudoratamente*; *è incline a m.* | †*M. per la gola, per la strozza*, sfacciatamente: *s'alcun dice che Turpin morisse / in Runcisvalle, mente per la strozza* (PULCI) | (*est.*) Esprimere il falso, trarre in inganno: *parole, sguardi che mentono*. **B v. tr.** ***1*** (*raro*) Simulare, fingere: *m. pietà, religione*. ***2*** †Smentire, deludere. **C s. m.** • †Menzogna.

†**mentìta** [da *smentita*, con aferesi] **s. f.** • Smentita: *vuo' dar una m.* (MARINO).

mentìto **part. pass.** di *mentire*; anche **agg.** ***1*** Nei sign. del v. ***2*** *Sotto mentite spoglie*, in modo travestito (*anche fig.*). || **mentitaménte, avv.** Falsamente.

mentitóre **agg.**; anche **s. m.** (f. *-trice*) • Che, chi mente. **SIN.** Bugiardo.

ménto [lat. *mĕntu(m)*, da una radice indeur. che significa 'sporgere'] **s. m.** • Parte inferiore, sporgente del volto, sotto la bocca, parte mediana della mandibola | *Onor del m.*, (*scherz.*) la barba | *Far ballare il m.*, (*raro*) mangiare.

-ménto [lat. *-mĕntu(m)*, proprio di s. nt., di origine indeur.] **suff.** derivativo • Forma sostantivi fondamentalmente astratti (talora anche con valore collettivo), tratti da verbi, e che indicano azione, effetto, risultato: *abbigliamento, cambiamento, miglioramento, nutrimento, parlamento, portamento, sentimento, tradimento*.

mentòlo [comp. di *menta* e *-olo (1)*] **s. m.** • Alcol terpenico secondario, contenuto spec. nell'olio essenziale di menta piperita dal quale si ricava, usato in profumeria, in liquoreria, in medicina come analgesico e antisettico.

mentonièra [fr. *mentonnière*, da *menton* 'mento', dal lat. parl. **mentōne(m)*, per il classico *mĕntu(m)* 'mento'] **s. f.** • Tavoletta di ebano che si applica sul fondo della cassa di risonanza del violino e della viola per agevolare la pressione del mento dell'esecutore sullo strumento stesso.

mentonièro [fr. *mentonnier*, agg. di *menton* 'mento' (V. *mentoniera*)] **agg.** • Che appartiene al mento. **SIN.** Genieno.

mèntore [da *Mentore*, personaggio dell'*Odissea* e poi del *Telemaco* di Fénelon] **s. m.** • (*lett.*) Amico fidato, guida, compagno fedele.

mentovàre [ant. fr. *mentevoir*, dal lat. *mĕnte habēre* 'avere in mente'] **v. tr.** (*io mèntovo*; raro nelle forme sdrucciole) • (*lett.*) Ricordare, far menzione: *altre cagioni che non è qui il luogo di m.* (MANZONI).

†**mentovazióne** [da *mentovare*] **s. f.** • Menzione.

méntre [dall'ant. it. *domentre*, dal lat. *dŭm ĭnterim* 'mentre intanto'] **A cong.** ***1*** Nel tempo, nel momento in cui, intanto che (introduce una prop. temp. con il v. all'indic.): *ciò accadeva m. la nazione era oppressa*; *m. si preparava a partire, ha ricevuto un contrordine*; *è arrivato m. stavamo uscendo*; *non mi ascolti mai m. parlo*; *e m. spunta l'un, l'altro matura* (TASSO) | Anche nella loc. cong. *m. che*: *m. che l'uno spirto questo disse, / l'altro piangea* (DANTE *Inf.* V, 139-140). ***2*** E invece, laddove (con valore avversativo): *lo credevo sincero m. è un ipocrita*; *ha voluto agire subito, m. avrebbe dovuto aspettare* | (*fam.*) Con valore raff. nella loc. *m. invece*: *è sempre scontento, m. invece non dovrebbe lamentarsi*. ***3*** (*lett.*) Finché, per il tempo che, sino a quando (introduce una prop. temp. con il v. all'indic. o al congv.): *beatissimi voi / m. nel mondo si favelli o scriva* (LEOPARDI) | Anche nella loc. cong. *m. che*: *m. che 'l danno e la vergogna dura* (MICHELANGELO). **B** in funzione di **s. m.** • Nelle loc. *in questo, in quel m.*, in questo, in quello stesso momento: *stavo per uscire e in quel m. è arrivata una visita inaspettata* | (*pop.*) *Nel m. che*, nel momento in cui: *nel* *m. che rientravo è incominciato un violento temporale.*

mentùccia s. f. (pl. *-ce*) *1* Dim. di *menta*. *2* Correntemente, piccola pianta erbacea delle Labiate, pelosa, dall'odore aromatico (*Satureja nepeta*).

menu /*fr*. mə'ny/ [vc. fr., propr. '(elenco) minuto, particolareggiato'. V. *minuta*] s. m. inv. *1* Lista dei cibi disponibili in un ristorante o serviti in un pranzo | (*est.*) Insieme di vivande: *servire un m. succulento*. *2* (*elab.*) Lista di possibili operazioni presentata sullo schermo da un programma in modo che l'utente possa selezionarne una con un comando o posizionando opportunamente il cursore: *M. a tendina*, quello che appare sullo schermo calando dall'alto, come una tendina che si abbassa.

menù s. m. • Adattamento di *menu* (V.).

menzionàre v. tr. (*io menzióno*) • Far menzione, ricordare, citare: *m. un autore, il brano di un'opera*.

menzióne [vc. dotta, lat. *mentiōne(m)*, da *memĭnisse*. V. *memento*] s. f. • Ricordo di persona, fatto o cosa, esposto oralmente o per iscritto: *degno di m.*; *si è fatta m. della differenza d'opinione ... tra Lutero e Zuinglio* (SARPI). SIN. Citazione, segnalazione.

menzógna [lat. parl. **mentiōnia*, nt. pl., da *mĕntio*, genit. *mentiōnis* 'menzione'] s. f. • Asserzione, dichiarazione coscientemente falsa: *m. sfacciata, spudorata*; *la m. ha contro di sé l'aborrimento particolare dei moralisti* (CROCE). CONTR. Verità. || **menzognétta**, dim.

†**menzognàre** v. intr. • Dire menzogne.

†**menzognatóre** s. m. • Bugiardo, mentitore.

menzognèro o †**menzognère** agg. • Che dice menzogne: *persona menzognera* | Che è falso, ingannevole: *scusa menzognera*. CONTR. Veritiero.

mèo (**1**) [da (*Bartolo*)*meo*, con allusione a Bartolomeo Colleoni (ant. Coglione) da Bergamo] s. m. • (*pop.*) Minchione: *fare il meo*; *bravo meo*.

†**mèo** (**2**) • V. *mio*.

meònio [vc. dotta, lat. *Maeŏniu(m)*, dal gr. *Maiónios* 'della Meonia'] agg. • (*lett.*) Della Meonia, nome con cui Omero designa la Lidia, antica regione dell'Asia Minore, presunta patria del poeta | *Il m. cantore*, Omero.

meprobamàto [nome commerciale, formato da *me(tile)* e *-ico*, *pro(pile)* e *(car)bam(m)ato*] s. m. • (*chim.*) Sostanza organica derivata dall'acido carbammico, comunemente usata in terapia come ansiolitico e come farmaco induttore del sonno.

mèraklon® [nome commerciale] s. m. • Fibra tessile artificiale a base di polipropilene.

meravìglia o (*tosc.*, *lett.*) **maraviglia** [lat. *mirabĭlia*, nt. pl. di *mirābilis* 'mirabile'] s. f. *1* Sentimento improvviso di viva sorpresa per cosa nuova e straordinaria, o inattesa: *destare, muovere la m.*; *pieno di m.*; *è del poeta il fin la m.* (MARINO) | *Far le meraviglie*, mostrare di meravigliarsi | *Mi fa m.*, mi stupisce | *A m.*, perfettamente. SIN. Ammirazione, stupore. *2* Cosa o persona che desta ammirazione per la sua straordinarietà o bellezza: *vedere, udire una m.* | *Le sette meraviglie del mondo*, nell'antichità, il Mausoleo di Alicarnasso, la Piramide di Cheope, il Faro di Alessandria, il Colosso di Rodi, il tempio di Diana in Efeso, il Giove di Olimpia, i giardini pensili di Babilonia | *L'ottava m.*, cosa eccezionalmente bella (*anche iron. o scherz.*) | *Dir meraviglie di qc. o q.c.*, parlarne molto bene. SIN. Portento, prodigio. || **meravigliàccia**, pegg.

†**meravigliaménto** o †**maravigliaménto** s. m. • Atto del provar meraviglia.

meravigliànte o (*tosc.*, *lett.*) **maravigliànte** part. pres. di *meravigliare*; anche agg. *1* Nei sign. del v. *2* †Meraviglioso.

meravigliàre o (*tosc.*, *lett.*) **maravigliàre** A v. tr. (*io meraviglio*) *1* Destare, indurre meraviglia: *questo fatto meraviglia tutti noi*. SIN. Stupire. *2* †Guardare con meraviglia o come una meraviglia. B v. intr. pron. e poet. intr. (aus. *essere*) • Provare meraviglia, stupirsi: *mi meraviglio di sentirti dire questo*; *si meravigliò di nuovo dell'acutezza della propria vista* (SVEVO) | *Mi meraviglio! Mi meraviglio di te, di voi!*, espressione di stupore misto a biasimo o sdegno.

meravigliàto o (*tosc.*, *lett.*) **maravigliàto** part. pass. di *meravigliare*; anche agg. *1* Nei sign. del v. *2* Pieno di meraviglia, di stupore e sim.: *essere, rimanere m.*; *quelle parole lasciarono tutti meravigliati*.

†**meravigliévole** o †**maravigliévole** agg. • Mirabile, ammirevole.

meraviglióso o (*tosc.*, *lett.*) **maraviglióso** A agg. *1* Che desta meraviglia, ammirazione: *spettacolo m.*; *dottrina, erudizione meravigliosa*. SIN. Magnifico, splendido, stupendo. *2* (*lett.*) Straordinario, incredibile (anche in senso negativo): *standosi ciascuno nelle sue tende, ciascuno con maravigliose viltà si governava* (MACHIAVELLI) | †Che incute paura. *3* †Meravigliato, stupito, attonito. || **meravigliosaménte**, avv. *1* In modo meraviglioso. *2* †Grandemente, straordinariamente. B s. m. • Rappresentazione di fatti e fenomeni soprannaturali, divini, diabolici o magici, in un'opera letteraria: *il m. della 'Gerusalemme Liberata'*.

†**mercadànte** • V. †*mercatante*.

†**mercantàre** [da *mercante*] A v. tr. • Negoziare, contrattare. B v. intr. • Fare il mercante, commerciare.

mercànte [lat. *mercāntes*, part. pres. m. pl. sost. di *mercāri*. V. *mercare*] A s. m. (f. *-essa* (V.)) • Negoziante, commerciante, trafficante: *ricco m.*; *m. di vino, di grano, di cavalli* | *M. d'arte*, chi commercia in opere d'arte antica e moderna e cura i rapporti fra artisti e collezionisti | (*raro*) Merciaio | (*fig.*, *spreg.*) Chi fa oggetto di mercato di qualsiasi cosa, chi specula su q.c. | (*fig.*) *Far orecchi o orecchie da m.*, fingere di non sentire | *M. di schiavi*, negriero | *M. di carne umana*, negriero, e chi esercita la tratta delle donne | (*fig.*) *Mercanti del tempio*, coloro che fanno commercio di valori spirituali e morali | *M. in fiera*, gioco d'azzardo fatto con due mazzi di carte uguali ma con il dorso di colore diverso, dei quali uno viene distribuito ai giocatori mentre dall'altro si estraggono alcune carte che, scoperte alla fine, permetteranno a coloro che hanno le corrispondenti di vincere i premi. B agg. • (*raro*) Mercantesco. || **mercantóne**, accr. | **mercantùccio**, **mercantùzzo**, dim. | **mercantùcolo**, pegg.

mercanteggiàbile agg. • Che si può mercanteggiare.

mercanteggiaménto s. m. • Atto, effetto del mercanteggiare.

mercanteggiàre [comp. di *mercante* e *-eggiare*] A v. intr. (*io mercantéggio*; aus. *avere*) • (*raro*) Fare mercato, commerciare: *m. in grano* | *M. su q.c.*, specularvi sopra | (*ass.*) Contrattare tirando sul prezzo. B v. tr. • Far oggetto di mercato, di contrattazione e sim., detto spec. di cose tradizionalmente o giuridicamente escluse dall'ambito commerciale: *m. la coscienza, l'onore, il voto*.

mercantésca [f. sost. di *mercantesco*, perché usata nei libri e nei documenti mercantili] s. f. • Scrittura usata nei secc. XII e XIV nei documenti e libri commerciali, caratterizzata da un forte arrotondamento e da molte legature.

mercantésco [da *mercante*] agg. (pl. m. *-schi*) *1* Di, da mercante (*spesso spreg.*): *attività, avidità mercantesca*. *2* †Mercantile: *città mercantesca*.

mercantéssa s. f. • (*raro*) Donna che esercita la mercatura | (*raro*) Moglie del mercante.

†**mercantévole** agg. • Mercantile.

†**mercantìa** • V. *mercanzia*.

†**mercantière** agg. • Mercantesco.

mercantile A agg. *1* Relativo al commercio: *attività m.* | *Nave, marina m.*, per trasporto di merci. *2* Di, da mercante: *codice m.*; *spirito m.* | (*raro*) Fiorente di traffici: *città, paese m.* || **mercantilménte**, avv. Alla maniera dei mercanti. B s. m. • Nave mercantile: *un m. inglese*.

mercantilìsmo [comp. di *mercantile* e *-ismo*] s. m. *1* Spirito, comportamento da mercante. *2* Teoria e politica economiche dei secc. XVII e XVIII che, partendo dall'identificazione della ricchezza di un Paese con la quantità di metallo prezioso da esso posseduto, propugnavano una politica protezionistica verso l'esterno e lo sviluppo all'interno dell'industria manifatturiera che doveva alimentare l'esportazione e i commerci.

mercantilista A s. m. e f. (pl. m. *-i*) • Fautore, seguace del mercantilismo. B agg. • Mercantilistico.

mercantilìstico agg. (pl. m. *-ci*) • Proprio del mercantilismo.

mercanzìa o †**mercantìa** [da *merca(ta)nzia*] s. f. *1* †Commercio, professione di mercante: *darsi alla m.*; *arte della m.* | †Corporazione dei mercanti. *2* Merce: *un negozio con poca m.*; *m. di scarto* | *Saper vendere la propria m.*, saper far valere le proprie qualità, apprezzare le proprie opere. *3* (*fam.*) Roba, per lo più spreg.: *non voglio saperne di codesta m.!* || **mercanzòla**, **mercanzuòla**, dim.

mercaptàno [ted. *Mercaptan*, dalla locuzione *mer(cŭrium) căptans* 'corpo che trattiene il mercurio'] s. m. • Sostanza organica, simile agli alcoli ma con lo zolfo al posto dell'ossigeno, di odore sgradevole, contenuta nel petrolio, usata in alcune sintesi chimiche.

†**mercàre** [vc. dotta, lat. *mercāri*, da *mĕrx*, genit. *mĕrcis* 'merce'] A v. intr. • Trafficare, mercanteggiare. B v. tr. • Acquistare o far commercio di q.c. | (*fig.*) Procacciarsi: *pur lagrime e sospiri e dolor merco* (PETRARCA).

†**mercatàbile** [da †*mercatare*] agg. • Trafficabile.

mercatàle A s. m. • †Mercato. B agg. • Di mercato, nella loc. *biglietto m.*, in passato biglietto ferroviario per i giorni di mercato.

†**mercatantàre** v. intr. • Fare il mercatante.

†**mercatànte** o †**mercadànte** [propr., part. pres. di *mercatare*] s. m. e f. • Mercante.

†**mercatanteggiàre** [da †*mercatante*] v. tr. e intr. • Mercanteggiare.

†**mercatantésco** agg. • Mercantesco.

†**mercatantéssa** s. f. • (*raro*) Mercantessa.

†**mercatantìa** • V. †*mercatanzia*.

†**mercatantile** agg. • Mercantile. || †**mercatantilménte**, avv. Mercantilmente.

†**mercatanzìa** o †**mercatantìa** [da †*mercatante*] s. f. • Mercanzia.

†**mercatàre** [lat. parl. **mercatāre*, da *mercātus* 'mercato'] v. intr. • Commerciare, trafficare.

†**mercatatóre** s. m. (f. *-trice*) • Trafficante.

mercatino (**1**) s. m. *1* Dim. di *mercato*. *2* Piccolo mercato, spec. rionale. *3* (*econ.*) Mercato dei titoli azionari non quotati ufficialmente in Borsa. *4* Mercato all'aperto, spec. su bancarelle, di roba usata, cianfrusaglie e sim.

†**mercatino** (**2**) [da *mercato*] A s. m. (f. *-a*) • Persona dai modi volgari. B agg. • Volgare, triviale.

mercatìstica [da *mercato*] s. f. • Disciplina che studia la promozione e l'organizzazione dei mercati di sbocco di merci e servizi.

mercàto [lat. *mercātu(m)*, da *mercāri* 'mercare'] s. m. (pl. *-i*; †*mercàta* f.) *1* Luogo destinato alla vendita di merci, spec. di generi alimentari e generi di consumo vari: *m. di frutta e verdura, del bestiame, del pesce* | *M. coperto*, grande padiglione per mercato di commestibili | Riunione periodica di venditori con la loro merce, o di negozianti dalla campagna nella città per fare contrattazioni: *giorno di m.*; *tener m. due volte la settimana*; *contadini che vanno al m.*; *negli almanacchi sono notati i mercati e le fiere dei vari paesi*. *2* (*econ.*) Movimento delle contrattazioni, operazioni al mercato: *m. fiacco*; *concludere il m.* | *M. nero*, situazione per cui, essendo un prodotto soggetto per legge a restrizioni di quantità e di prezzo, la domanda non soddisfatta tende a trovare appagamento al di fuori della legge, a prezzi assai più alti di quelli ufficiali | (*borsa*) *Terzo m.*, complesso delle operazioni di compravendita di titoli che avvengono fra operatori non membri di una borsa valori | *M. telematico*, quello sul quale gli ordini sono raccolti e incrociati in via automatica | †*M. a lettera*, per corrispondenza | †*M. a mostra*, sul campione presentato e spedito | *Prezzo di m.*, quello corrente | *A buon m.*, a basso prezzo | (*borsa*) *M. ristretto*, mercatino. *3* Complesso degli scambi di un dato prodotto | *Analisi di m.*, ricerca di mercato | *M. potenziale*, insieme degli eventuali consumatori, che ancora non hanno enunciato l'effettiva domanda di un certo bene ma che ne hanno la possibilità. *4* Complesso degli scambi di tutti i prodotti in un determinato Paese o in una data area | *Economia di m.*, sistema economico basato sulla libera concorrenza | *M. interno* o *nazionale*, il complesso delle vendite di una merce o della totalità delle merci all'interno del Paese di produzione | *M. estero*, il complesso delle vendite di un prodotto o della totalità dei prodotti di un Paese in un'altra nazione | *M. internazionale*, il complesso degli scambi tra diverse nazioni dei vari prodotti | *M. mondiale*, il complesso di tutti gli scambi che avvengono nel mondo di un dato prodotto o della totalità dei prodotti | *M. comune europeo*, zona di unione doganale e d'integrazione economica costituita dal 1957 fra alcuni Paesi europei. ***5*** (*est.*, *spreg.*) Traffico illecito, mercimonio: *turpe m.*; *far m. del proprio onore.* ***6*** (*fig.*) Chiasso, luogo di grande confusione o di grande affollamento: *che cos'è quel m.?* || PROV. Due donne e un pollo fanno un mercato. || **mercatino**, dim. (V.).

†**mercatóre** [vc. dotta, lat. *mercatōre(m)*, da *mercāri* 'mercare'] s. m. ● Trafficante, commerciante.

†**mercatòrio** [vc. dotta, lat. *mercatōriu(m)*, agg. di *mercātor*, genit. *mercatōris* 'mercatore'] agg. ● Mercantile.

mercatùra [vc. dotta, lat. *mercatūra(m)*, da *mercātor*, genit. *mercatōris* 'mercatore'] s. f. ● (*raro*) Commercio, attività commerciale, spec. in riferimento al periodo medievale: *darsi alla m.*; *esercitare la m.*

mèrce [lat. *mĕrce(m)*, di etim. incerta] s. f. ***1*** Ogni prodotto in quanto oggetto di commercio e destinato alla vendita: *lo scambio delle merci*; *lo scarico delle merci*; *la m. in magazzino*; *spedire, ritirare, rifiutare la m.*; *fattura, distinta delle merci*; *m. vile, preziosa*; *m. nazionale, estera.* ***2*** (*al pl.*) In espressioni ellittiche | *Borsa merci*, luogo di borsa in cui si contrattano determinate merci | *Scalo merci*, in una stazione o in un porto, scalo attrezzato per i movimenti delle merci | *Treno merci*, destinato unicamente al trasporto di merci.

mercé o †**merzé** [troncamento di *mercede*] **A** s. f. ***1*** †Mercede, ricompensa: *Non fia sanza m. la tua parola* (DANTE *Purg.* XX, 37) | †Merito. ***2*** Aiuto, grazia: *chiedere, implorare m.* | *Stare, rimettersi all'altrui m.*, alla grazia e all'arbitrio di altri | *Essere, trovarsi alla m. di qc.*, in suo potere, balìa | Pietà: *domandare m.* | *La Dio m.*, per grazia di Dio. ***3*** †Formula di ringraziamento: *il proposto tutto lieto disse: 'Madonna, gran m.'* (BOCCACCIO). **B** in funzione di inter. ***1*** †Esprime invocazione di aiuto, pietà, grazia e sim. ***2*** †Esprime ringraziamento | V. anche †*granmercé*. SIN. Grazie. **C** in funzione di prep. ● (*lett.*) Per merito, per opera, in grazia di (*anche iron.*): *sono riuscito m. il vostro aiuto* | Con gli agg. poss.: *l' son fatta da Dio, sua m., tale, / che la vostra miseria non mi tange* (DANTE *Inf.* II, 91-92) | (*lett.*) †Anche nelle loc. prep. *m. di*, *m. a*: *m. di colei / ch'a l'alto volo ti vestì le piume* (DANTE *Par.* XV, 53-54); *passa tra cavalieri e tra pedoni / m. all'annel* (ARIOSTO).

†**mercedàre** o (*raro*) †**merciodàre** v. tr. ● Dare mercede.

mercéde o **mercède**, †**merzéde** [lat. *mercēde(m)*, da *mĕrx*, genit. *mĕrcis* 'merce'] s. f. (troncato in *mercé* (V.)) ***1*** Retribuzione, salario, paga: *la m. dell'operaio*; *aumento delle mercedi.* ***2*** (*est.*, *lett.*) Ricompensa, premio. ***3*** (*poet.*) †Merito.

mercenàrio o †**mercenàio** [vc. dotta, lat. *mercenāriu(m)*, da *mĕrces*, genit. *mercēdis* 'mercede'] **A** agg.; anche s. m. ***1*** Che, chi presta la propria opera per denaro. ***2*** (*spreg.*) Che, chi agisce solo per denaro o, nelle proprie opere, si dimostra prevalentemente o esclusivamente ispirato da motivi d'interesse economico: *giornalista, scrittore m.*; *i mercenari delle lettere.* ***3*** Che, chi per denaro esercita il mestiere delle armi: *soldati mercenari*; *un esercito di mercenari*; *i mercenari delle compagnie di ventura*; *i mercenari della Legione Straniera.* || **mercenariaménte**, avv. Da mercenario, venalmente. **B** agg. ***1*** (*raro*) Che è fatto o prestato dietro compenso: *lavoro m.*; *allattamento m.* ***2*** (*spreg.*) Di ciò che è mosso, manifestato o fatto solo per denaro: *animo m.*; *amore m.* | Prezzolato, venale: *penna mercenaria*; *ingegno m.* ***3*** (*mil.*) Proprio dei mercenari: *armi mercenarie* | Costituito da mercenari: *esercito m.*

mercenarìsmo s. m. ● L'istituto delle milizie mercenarie.

merceologìa [comp. di *merce* e *-logia*] s. f. (pl. *-gìe*) ● Studio della natura, composizione, adulterazioni, provenienza e circolazione delle varie merci.

merceològico agg. (pl. m. *-ci*) ● Che concerne la merceologia | *Oro m.*, non monetizzato. || **merceologicaménte** avv.

merceòlogo s. m. (f. *-a*; pl. m. *-gi*, pop. *-ghi*) ● Studioso, esperto di merceologia.

mercerìa [da *merce*] s. f. ***1*** Articoli minuti, spec. quelli concernenti il vestiario come nastri, bottoni, spille, aghi, cotone per cucire, e sim. ***2*** Negozio che vende tali articoli. ***3*** †Merce, mercanzia. ***4*** †Mestiere del merciaio.

mercerizzàre [fr. *merceriser*, dal n. del chimico ingl. J. *Mercer* (1791-1866) che inventò il procedimento] v. tr. ● Trattare il cotone con una soluzione di soda caustica per conferirgli lucentezza serica, maggior resistenza e facilità di tintura.

mercerizzàto part. pass. di *mercerizzare*; anche agg. ● Nel sign. del v.

mercerizzatrìce s. f. ● Macchina per la mercerizzazione del cotone.

mercerizzazióne s. f. ● Operazione del mercerizzare.

merchandiser /mertʃan'daizer, *ingl.* 'mə:tʃəndaizə*/ [vc. ingl., da *to merchandise* 'commerciare', dal fr. *marchandise* 'mercanzia'] s. m. e f. inv. ● Chi si occupa di merchandising.

merchandising /mertʃan'daizin(g), *ingl.* 'mə:tʃəndaiziŋ/ [vc. ingl., da *to merchandise* 'commerciare', dal fr. *marchandise* 'mercanzia'] s. m. inv. ***1*** (*econ.*) L'insieme delle attività che il fornitore o il venditore di una merce svolgono per promuoverne la vendita dopo che essa ha raggiunto il punto di vendita. ***2*** (*dir.*) Contratto per la commercializzazione di prodotti, con l'utilizzo di un marchio che contraddistingue abitualmente un prodotto diverso.

merchant bank /*ingl.* 'mə:tʃənt 'bæŋk/ [loc. ingl., propr. 'banca mercantile', comp. di *merchant* 'mercante' e poi 'mercantile' e *bank* 'banca'] loc. sost. f. inv. (pl. ingl. *merchant banks*) ● Banca d'affari.

merciàio o (*dial.*) †**merciàro** [da *merce*] s. m. (f. *-a*) ● Chi vende mercerie. || **merciaìno**, dim. | **merciaiùccio**, pegg.

merciaiòlo o (*lett.*) **merciaiuòlo** s. m. (f. *-a*) ● (*raro*) Merciaio.

†**merciàro** ● V. *merciaio.*

mercificàre [comp. di *merce* e *-ficare*] v. tr. (*io mercìfico, tu mercìfichi*) ● Sottoporre a mercificazione: *m. la cultura, l'arte, i rapporti umani.*

mercificazióne s. f. ● Nella teoria marxista, processo di alienazione totale a cui sarebbero sottoposti sistemi culturali, prodotti artistici, strutture comunicative e sim., inglobati e condizionati dalle leggi di mercato delle società capitalistiche industrialmente avanzate.

†**mercimònia** s. f. ● (*raro*) Mercimonio.

mercimònio [vc. dotta, lat. *mercimōniu(m)* 'merce, commercio', da *mercāri*. V. *mercare*] s. m. ***1*** Traffico illecito: *fare m. del proprio onore, del proprio ingegno.* ***2*** †Mercatura.

†**mercimutuàle** [comp. di *merce* e *mutuale*] agg. ● Che usa reciprocità negli scambi.

†**merciodàre** ● V. †*mercedare.*

†**mercivéndola** [comp. di *merce* e *-vendolo*, ricavato da *vendere*] s. f. ● Merciaia.

†**mèrco** (**1**) [ant. fr. *merc* 'marchio'. V. *marchiare*] s. m. (pl. *-chi*) ● Segno di riconoscimento che si fa spec. sul bestiame.

mèrco (**2**) [dal lat. *amāracu(m)* 'maggiorana'] s. m. (pl. *-chi*) ● (*bot.*) Pianta erbacea delle Composite con foglie eduli dopo cottura (*Urospermum dalechampii*).

mercoledì o (*fam.*) **mercoldì**, †**mercordì** [lat. tardo *Mĕrcuri dīe(m)* 'giorno di Mercurio'] s. m. ● Terzo giorno della settimana civile, quarto della liturgica.

mercorèlla [prob. dal lat. *hĕrba mercūrii* attrav. il fr. *mercoret*] ● V. *marcorella.*

mercuriàle (**1**) [vc. dotta, lat. *Mercuriāle(m)*, agg. di *Mercŭrius* 'Mercurio'] agg. ***1*** Di preparato farmaceutico contenente mercurio: *pomata, unguento m.* ***2*** (*fig.*) †Vivace: *ingegno m.* | †*Virtù m.*, che rende attivi nelle belle imprese.

mercuriàle (**2**) [fr. *mercuriale*; detta così perché anticamente le sedute nei tribunali si facevano al *mercoledì*, giorno di *Mercurio*] s. f. ● (*raro*) Rimprovero, riprensione severa: *fare una m.*

mercuriàle (**3**) [fr. *mercuriale*, da *Mercurio*, dio del commercio] s. f. ● Listino ufficiale dei prezzi medi correnti, in un certo periodo e luogo, di date merci.

mercuriàle (**4**) [lat. *mercuriāle(m)* 'erba di Mercurio'. V. *marcorella*] s. f. ● Euforbiacea con foglie lungamente picciolate e ciliate ai margini, fiori maschili in spighe, femminili ascellari (*Mercurialis annua*). SIN. Marcorella.

mercurialìsmo [da *mercuriale* (*1*)] s. m. ● (*med.*) Idrargirismo.

mercuriàno A agg. ● Relativo al pianeta Mercurio. **B** s. m. (f. *-a*) ● Ipotetico abitatore del pianeta Mercurio.

mercùrico [da *mercurio*] agg. (pl. m. *-ci*) ● Detto di composto del mercurio bivalente | *Acetato m.*, dotato di proprietà antisettiche e antisifilitiche, usato anche come catalizzatore in sintesi organiche.

mercurìfero [comp. di *mercurio* e *-fero*] agg. ● Che contiene mercurio.

†**mercurìno** [dal lat. tardo *Mĕrcuri* (*dīes*) 'giorno di Mercurio, mercoledì'] agg. ● Di mercoledì.

mercùrio [vc. dotta, lat. *Mercŭriu(m)*, n. di una divinità e di un pianeta, di origine etrusca] s. m. (*Mercùrio* nel sign. 1) ***1*** (*astron.*) Primo pianeta del sistema solare, in ordine di distanza dal Sole, dal quale dista in media 58 milioni di kilometri, la cui massa è 0,05 volte quella della Terra e del quale non si conoscono satelliti | (*astrol.*) Pianeta che domina i segni zodiacali dei Gemelli e della Vergine. ➡ ILL. p. 830 SISTEMA SOLARE; **zodiaco**. ***2*** (*chim.*) Elemento chimico, unico metallo liquido a temperatura ambiente, presente in natura spec. come solfuro dal quale si ricava per desolforazione; i suoi vapori sono velenosissimi, scioglie l'oro, l'argento e altri metalli formando amalgame, è usato per antiparassitari, per impregnare il legno, per apparecchi di misura, per raggi ultravioletti e in medicina, sotto forma di sali, per l'azione diuretica, purgativa, antisettica e antiemetica. SIMB. Hg.

†**mercuriovènere** [comp. di *Mercurio* e *Venere*; calco sul gr. *hermaphróditos* 'ermafrodito'] agg.; anche s. m. ● Ermafrodito.

mercurocròmo® [ingl. *mercurochrome*, comp. di *mercury* 'mercurio' e del gr. *chrôma* 'colore'] s. m. ● (*farm.*) Sostanza contenente mercurio, usata in soluzione come antisettico.

mercuróso agg. ● (*chim.*) Detto di composto del mercurio monovalente.

mèrda [lat. *mĕrda(m)*, di etim. incerta] **A** s. f. ***1*** (*volg.*) Sterco, escremento di persona o di animale. ***2*** (*fig.*, *volg.*) Persona o cosa del tutto priva di pregio e di interesse: *che m. di amici hai!*; *questo libro è una m.* | *Di m.*, detto di persona o cosa spregevole: *film di m.* ***3*** (*fig.*, *volg.*) Situazione difficile, imbrogliata, pericolosa e sim.: *se n'è andato e ha lasciato tutti nella m.*; *sono nella m. fino al collo.* **B** in funzione di inter. ● (*volg.*) Esprime vivo disappunto, stupore irato, netto rifiuto. || **merdàccia**, accr. | **merdìna**, dim. | **merdolìna**, dim. | **merdóna**, accr.

merdàio s. m. ***1*** (*volg.*) Luogo pieno di merda. ***2*** (*fig.*) Ambiente di costumi immorali o situazione disgustosa.

merdaiòlo o †**merdaiuòlo** s. m. ● Chi un tempo aveva il compito di spazzare gli escrementi dalle stalle.

merdàta [da *merda*] s. f. ● (*volg.*) Atto, discorso, opera spregevole o di nessun valore.

†**merdellóne** [da *merda*] agg.; anche s. m. ● Merdoso.

merdóne agg.; anche s. m. (f. *-a*) ● (*volg.*) Cacone | (*raro*, *fig.*) Pusillanime.

merdóso agg. ***1*** (*volg.*) Imbrattato di merda: *si graffia con l'unghie merdose* (DANTE *Inf.* XVIII, 131). ***2*** (*fig.*) Sozzo, vile. || **merdosaménte**, avv. Sozzamente.

merènda [lat. *merĕnda(m)*, dal nt. pl. del gerundio del v. *merēre* 'meritare'; letteralmente: 'cose da meritare'] s. f. ● Spuntino nel pomeriggio, proprio dei ragazzi | Cibo della merenda: *portarsi la m. a scuola*; *star senza m. per castigo.* || **merendìna**, dim. (V.) | **merendìno**, dim. m. | **merendóna**, accr. | **merendóne**, accr. m. (V.) | **merendùccia**, dim. | **merenduòla**, dim.

merendàre [lat. tardo *merendāre*, da *merĕnda* 'merenda'] v. intr. e †intr. pron. (*io merèndo*; aus. intr.

avere) • Fare merenda.

merendina s. f. *1* Dim. di *merenda*. *2* Prodotto alimentare, per lo più dell'industria dolciaria, destinato spec. alla merenda dei bambini.

merendóne s. m. (f. *-a*) *1* Accr. di *merenda*. *2* (*raro, fig.*) Scansafatiche, persona dappoco.

†**meretricàre** [vc. dotta, lat. tardo *meretricāri*, da *mĕretrix*, genit. *meretrīcis* 'meretrice'] v. intr. • Fare la meretrice.

meretrìce [vc. dotta, lat. *meretrīce(m)*, da *merēre* 'guadagnare, farsi pagare'. V. *meritare*] s. f. • (*lett.*) Prostituta.

meretricio (1) [vc. dotta, lat. *meretrīciu(m)*, agg. da *mĕretrix*, genit. *meretrīcis* 'meretrice'] agg. (pl. f. *-cie*) • (*raro*) Di, da meretrice (*anche fig.*): *amore m.*

meretricio (2) [vc. dotta, lat. *meretrīciu(m)*, s. 'prostituzione', da *mĕretrix*, genit. *meretrīcis* 'meretrice'] s. m. *1* Prostituzione. *2* †Luogo dove stanno le meretrici.

†**meretricióso** agg. • Lascivo.

†**mèrgere** [vc. dotta, lat. *mĕrgere* 'immergere, affondare'. V. *immergere*] v. tr. • Immergere, tuffare.

mèrgo • V. *smergo*.

mèria [da *meriare*] s. f. • (*spec. al pl., centr.*) Luoghi ombrosi, ameni | (*fam.*) *Stare alle merie*, all'aperto o in luogo fresco | *Stare a m.*, all'ombra, detto di pecore.

-meria [gr. *-méreia* o *-mería*, collegato con *méiresthai* 'prendere la sua parte (*méros*)', di origine indeur.] secondo elemento *1* Forma parole composte dotte o scientifiche in cui indica formazione in parti, ripetizione di parti, o significa 'suddivisione': *metameria*. *2* Forma parole che sono in rapporto coi termini composti con *-mero*, di cui indica la condizione: *polimeria*.

meriàre /meri'are, me'rjare/ [lat. *meridiāre* 'meriggiare'] v. intr. (*io mèrio*; aus. *avere*; v. usato quasi solo all'inf. pres.) • (*raro, tosc.*) Passare le ore del gran caldo in luogo ombroso, vicino all'acqua, detto spec. del bestiame.

mericìsmo [vc. dotta, gr. *mērykismós* 'ruminazione', da *mērykízein* 'ruminare', di etim. discussa: da **merýein* 'avvolgere' (?)] s. m. • (*med.*) Abitudine morbosa del lattante di rigurgitare alcuni cibi per rimasticarli.

meridiàna (1) [da *meridiano*] s. f. • Orologio solare formato da un complesso di linee orarie tracciate su di un muro o pavimento, ove lo gnomone proietta la sua ombra durante le varie ore del giorno.

meridiàna (2) [da (*linea*) *meridiana*] s. f. • (*astron.*) Intersezione del piano meridiano di un luogo coll'orizzonte | *M. di tempo medio*, curva in forma di otto, sul quadrante solare, che permette di leggere il mezzogiorno medio, tenendo conto dell'equazione di tempo.

meridiàno [vc. dotta, lat. *meridiānu(m)*, agg. di *merīdies*. V. *meridie*] **A** agg. *1* Di mezzogiorno: *il caldo m.*; *le ore meridiane*; *il m. ozio dell'aie* (PASCOLI) | *Alla luce meridiana*, (*fig.*) in maniera evidentissima, irrefutabile. *2* (*est., poet.*) Luminoso, ardente: *meridiana face / di caritate* (DANTE *Par.* XXXIII, 10-11). *3* (*astron.*) *Cerchio m.*, strumento che serve per la misura accurata delle coordinate degli astri, mediante osservazioni fatte in meridiano. **B** s. m. • (*geogr.*) Semicirconferenza del globo terrestre avente per estremità i due poli | *M. di riferimento, m. iniziale, m. di 0°*, quello di Greenwich e talvolta, in Italia, quello di Monte Mario a Roma | *M. celeste*, circolo massimo della sfera celeste passante per i poli e lo zenit del luogo di osservazione | *M. magnetico*, piano verticale in cui giace un ago magnetico orientato secondo il campo magnetico terrestre | (*mat.*) *M. di una superficie di rotazione*, una delle curve ottenute intersecando la superficie con un piano passante per l'asse.

†**merìdie** [vc. dotta, lat. *merīdie(m)*, comp. di *mĕdius* 'mezzo' e *dīes* 'giorno, dì', con dissimilazione della *-d-* di *mĕdius* in *-r-*, determinata dalla presenza della *d-* di *dīes*] s. f. • Mezzodì, meriggio.

†**meridio** [da †*meridie*] agg. • Meridiano.

meridionàle [vc. dotta, lat. tardo *meridionāle(m)*, agg. di *merīdies* 'mezzogiorno'. V. †*meridie*] **A** agg. *1* Che è posto a sud, a mezzogiorno di un luogo determinato. *2* Proprio dei paesi meridionali: *vivacità, carattere m.* ‖ **meridionalménte**, avv. Da meridionale. **B** s. m. e f. • Chi è nativo del meridione di un paese.

meridionalìsmo [comp. di *meridional(e)* e *-ismo*] s. m. *1* Voce, locuzione, costrutto o pronuncia propri dell'Italia meridionale. *2* Atteggiamento di impegno nei confronti dei problemi economici e sociali dell'Italia meridionale visti come problemi essenziali dello Stato italiano: *il m. di G. Salvemini*.

meridionalista **A** s. m. e f. (pl. m. *-i*) • Studioso dei problemi economici e sociali specifici dell'Italia meridionale | Fautore del meridionalismo. **B** agg. • Relativo ai problemi economico-sociali dell'Italia meridionale.

meridionalìstica s. f. • Studio della cultura e di problemi dell'Italia meridionale.

meridionalìstico agg. (pl. m. *-ci*) *1* Che è caratteristico del meridione. *2* Relativo al meridionalismo.

meridionalizzàre [comp. di *meridional(e)* e *-izzare*] **A** v. tr. • Rendere meridionale, attribuire caratteristiche proprie delle zone meridionali. **B** v. intr. pron. • Assumere i caratteri, gli atteggiamenti, gli usi e sim. tipici del meridione.

meridionalizzazióne s. f. • Atto, effetto del meridionalizzare.

meridióne [da *meridionale*, sul modello del rapporto fra *settentrione* e *settentrionale*] s. m. *1* Punto cardinale corrispondente al sud. *2* Insieme delle terre meridionali di un dato paese, continente e sim.: *il m. d'Italia*.

†**merìgge** • V. *meriggio*.

†**meriggiàno** [lat. *meridiānu(m)* 'meridiano'] agg. • Di mezzogiorno.

meriggiàre [lat. *meridiāre*, da *merīdies*. V. †*meridie*] **A** v. intr. (*io merìggio*; aus. *avere*) *1* (*lett.*) Riposare, all'ombra e all'aperto, nelle ore del mezzogiorno: *m. pallido e assorto / presso un rovente muro d'orto* (MONTALE). *2* (*raro*) Fare la siesta | (*est.*) Oziare. **B** v. tr. • Raccogliere il bestiame a meriare: *m. le mandre*.

merìggio o †**merìgge** [lat. parl. **merīdiu(m)*, per il classico *merīdie(m)*. V. †*meridie*] **A** s. m. • (*lett.*) Mezzogiorno e le ore intorno al mezzodì: *di m.*; *nel m.*; *in pieno m.*; *al m. stanca villanella / ... tra l'erbe innocenti adagia il fianco / queta e sicura* (PARINI) | *Dopo il m.*, nel pomeriggio | (*raro*) *Far m.*, meriggiare | (*centr.*) Meria. **B** agg. • †Di mezzodì.

†**meriggióne** [da *meriggiare*] agg.; anche s. m. • Ozioso, perdigiorno.

merìnga [fr. *méringue*, dal polacco *marzynka* 'meringa al cioccolato'] s. f. *1* Composto di zucchero e chiara d'uovo montata a neve ferma. *2* Dolce formato da due mezzi gusci di meringa posti al forno e farciti di panna montata.

meringàta [f. sost. di *meringàto*] s. f. • Torta a base di meringa.

meringàto agg. • Fatto di meringa, ricoperto di meringa: *torta meringata*.

merino [sp. *merino*, dal n. di una tribù berbera] **A** s. m. *1* La più famosa razza ovina del mondo per la produzione della lana, originaria dell'Africa. *2* Tessuto di lana merino. **B** anche agg. inv.: *lana m.*; *pecora m.*

mèrio [da *meriare*] s. m. • (*raro, tosc.*) Luogo ombroso dove le mandrie giacciono a meriare.

merismàtica [da *meristema*] s. f. • (*bot.*) Tecnica di propagazione mediante tessuti meristematici.

meristèma [dal gr. *meristós* 'divisibile', da *merízein* 'dividere', da *merís* 'parte'] s. m. (pl. *-i*) • (*bot.*) Tessuto vegetale indifferenziato che dividendosi origina i tessuti definitivi, le cui cellule sono incapaci di riprodursi | *M. primario*, l'embrione | *M. secondario*, il cambio del fusto e della radice.

meristemàtico agg. (pl. m. *-ci*) • (*bot.*) Relativo al meristema.

†**meritaménto** [da *meritare*] s. m. • Ricompensa.

meritàre o (*poet.*) †**mertàre** [vc. dotta, lat. *meritāre*, ints. di *merēre*, da una radice indeur. che sign. dapprima 'attrarre la propria parte', poi 'meritare'] **A** v. tr. (*io mèrito*) *1* Essere degno di avere, ottenere, ricevere e sim., in senso positivo ma anche negativo: *m. un premio, una lode, una ricompensa*; *m. biasimo, un castigo, uno schiaffo*; *meriti di essere punito* | *Non m.*, non esser degno di q.c.: *non meriti la nostra fiducia*; *questo ristorante non merita il suo prezzo*; *quell'uomo non merita tanto*; *non merita neppure parlarne*; *è un'opera che non merita* | Con la particella pron.: *ti sei meritato un premio* | *Se lo merita!*, *se l'è meritato!* e sim., ben gli sta. *2* Far ottenere, rendere degno, procurare: *il grande valore dell'opera gli meritò la fama*. **B** v. intr. (aus. *avere*) *1* Essere, rendersi, benemerito, spec. in senso morale: *m. della patria, delle lettere*; *s'io meritai di voi mentre ch'io vissi* (DANTE *Inf.* XXVI, 80). *2* †Ricompensare: *m. dei benefici, del servigio*.

meritàto part. pass. di *meritare*; anche agg. • Nei sign. del v. ‖ **meritataménte**, avv. Secondo il merito, in modo giusto.

†**meritatóre** agg.; anche s. m. (f. *-trice*) • Che, chi merita.

†**meritazióne** s. f. • Merito.

meritévole agg. • Che merita: *rendersi m. di lode, di biasimo*. SIN. Degno. ‖ **meritevolménte**, avv. Degnamente, con merito.

†**mèrito** (1) o (*poet.*) **mèrto** [vc. dotta, lat. *mĕritu(m)*, agg., part. pass. di *merēre* 'meritare'] agg. • (*lett.*) Meritato | (*raro*) Meritevole. ‖ **meritaménte**, avv. (*lett.*) Meritatamente.

mèrito (2) o †**mèrto** [vc. dotta, lat. *mĕritu(m)*, s. dal part. pass. di *merēre* 'meritare'] s. m. *1* Diritto alla lode, alla stima, alla ricompensa e sim., dovuto alle qualità intrinseche di una persona, o da essa acquisito con le opere: *acquistare m.*; *farsi m.*; *perdere m.*; *negare, togliere il m.*; *premiare secondo il m.*; *il m. della vittoria spetta al comandante* | *Dare m. a qc. di q.c.*, riconoscerla apertamente | *Per m. nostro, vostro*, grazie al nostro, al vostro intervento | *Andare, tornare a m. di qc.*, di ciò che si è realizzato grazie al positivo intervento di qc. | *A pari m.*, in gare e sim., detto di due o più concorrenti che vengano giudicati di uguale valore o abilità: *arrivare secondo a pari m.* | *Punti di m.*, nella scuola, quelli assegnati da un insegnante all'allievo secondo il valore della prova. *2* Azione, comportamento, qualità che rende degno di lode, stima, ricompensa e sim.: *avere molti meriti*; *il suo unico m. è la volontà* | (*est.*) Valore, pregio: *un artista di molto, di poco m.*; *un film di nessun m.*; *io non m'incomodo mai, quando servo cavalieri di sì alto m.* (GOLDONI). *3* Ricompensa, premio, spec. nella loc. *rendere m.*: *Dio ve ne renda m.!* *4* Sostanza, ragione intrinseca | *Entrare nel m. di una questione*, analizzarne gli aspetti più importanti | *In m. a*, rispetto a. *5* Nella denominazione di decorazioni e onorificenze: *cavaliere al m. del lavoro*; *medaglia al m. militare*; *stella al m. del lavoro*.

meritocràtico agg. (pl. m. *-ci*) • Basato sulla meritocrazia: *criteri meritocratici*; *concezione meritocratica del lavoro*.

meritocrazìa [comp. di *merito* e *-crazia*] s. f. • Concezione per cui ogni forma di riconoscimento (ricchezza, successo negli studi e nel lavoro, e sim.) è esclusivamente commisurata al merito individuale.

meritòrio o †**meritòro** [vc. dotta, lat. *meritōriu(m)* 'che procura guadagno', da *mĕritum* 'ricompensa'] agg. • Che dà o costituisce merito: *atto m.*; *azione, attività meritoria*. ‖ **meritoriaménte**, avv.

†**meritóso** agg. • Meritevole.

mèrla [f. di *merlo* (1)] s. f. • Femmina del merlo | (*sett.*) *I giorni della m.*, gli ultimi tre del mese di gennaio, solitamente molto rigidi quanto a clima.

merlàngo o **merlàno** [dal lat. *mĕrula*, tipo di pesce di origine indeur., col suff. germ. *-ing*] s. m. (pl. *-ghi*) • Pesce dei Gadiformi, slanciato, con muso appuntito, che vive nelle acque costiere dell'Atlantico e del Mediterraneo ed ha carni delicate (*Gadus merlangus*).

merlàre [da *merlo* (2)] v. tr. (*io mèrlo*) • Guarnire di merli una fortificazione.

merlàto part. pass. di *merlare*; anche agg. *1* Nei sign. del v. *2* (*arald.*) Detto di pezze o figure guarnite di merli | *M. alla ghibellina*, con la parte superiore intaccata a coda di rondine | *M. alla guelfa*, con testa piana.

merlatùra [da *merlare*] s. f. • Ordine di merli sopra la cima di un'opera fortificata.

merlettàia [da *merletto*] s. f. ● Donna che fa o vende merletti.

merlettàre v. tr. (*io merlétto*) ● Applicare merletti: *m. la biancheria*.

merlettatùra s. f. ● Guarnizione di merletto di un capo di biancheria, un abito femminile e sim.

merlétto s. m. *1* Dim. di *merlo* (*2*). *2* Velo o tessuto a punti radi, a nodi o a intrecci svariatissimi, usato di solito per ornamento a indumenti, spec. per biancheria femminile: *m. ad ago, a tombolo, all'uncinetto, a macchina*. SIN. Pizzo, trina.

merlìno [fr. *merlin*, dall'ol. *meerling*, da *marren* 'legare'] s. m. ● (*mar.*) Cavo piano, più piccolo della sagola, commesso con altri legnuoli di due o tre filacce ciascuno, che si usa, bianco o catramato, per la legatura di manovre dormienti.

merlinoìte [dal cognome del prof. *Merlino*, dell'università di Pisa] s. f. ● Minerale silicato idrato appartenente alla famiglia delle zeoliti.

mèrlo (**1**) o (*poet.*) †**mèrolo**, (*poet.*) †**mèrulo** [lat. *mĕrulu(m)*, di origine indeur.] s. m. (f. *-a*) *1* Uccello dei Passeriformi, comune ovunque, nero il maschio, bruno-rossastra la femmina, onnivoro, addomesticabile (*Turdus merula*) | *M. acquaiolo*, passeriforme stazionario lungo i torrentelli alpini, ove si immerge per cacciare svariate prede (*Cinclus cinclus*). *2* (*fig.*) Persona sciocca e ingenua: *è proprio un m.* | (*scherz.*) *Cercare il m.*, il marito | (*antifr.*) Persona furba che si finge ingenua. || **merlìno**, dim. | **merlòtto**, dim. (V.).

mèrlo (**2**) [dal precedente perché danno l'idea di una fila di *merli*] s. m. *1* Ciascuno dei tratti di muro regolarmente intervallati, elevantisi sul parapetto in cima alle antiche fortificazioni, per dare riparo ai difensori | *M. guelfo*, rettangolare | *M. ghibellino*, a coda di rondine. ➡ ILL. **castello medievale**. *2* †Merletto. || **merlétto**, dim. (V.).

merlóne [da *merlo* (*2*)] s. m. ● Tratto del parapetto di un'opera fortificata interposto tra due cannoniere.

merlot /fr. mɛr'lo, *friulano* mer'lɔt/ [vc. fr., prob. da *merle* 'merlo (1)', con passaggio semantico poco chiaro] s. m. ● Vitigno di origine francese che dà un'uva di color nero intenso e di sapore erbaceo | (*est.*) Vino da pasto che si ottiene da questo vitigno.

merlòtto s. m. (f. *-a*) *1* Dim. di *merlo* (*1*). *2* (*fig.*) Persona balorda, sciocca. *3* (*arald.*) Uccello ad ali chiuse, senza becco e senza zampe.

merluzzétto [propriamente dim. di *merluzzo*] s. m. ● (*zool.*) Mormoro.

merlùzzo [provz. *merlus*, dal lat. *mĕrula(m)*. V. *merlango*] s. m. ● Pesce dei Gadiformi con corpo massiccio, squame piccole, barbiglio sotto il mento, tre pinne dorsali, che vive nel Nord dell'Atlantico e la cui pesca ha grande importanza nell'economia umana (*Gadus callarias*).

mèro (**1**) [vc. dotta, lat. *mĕru(m)*, da una radice indeur. che sign. 'chiaro, brillante'] agg. *1* (*lett.*) Puro, non mischiato | †*Vino m.*, non annacquato | †*Luce mera*, chiara e limpida | †*Animo m.*, sincero. *2* (*fig.*) Che è quale appare, puro e semplice (preposto a un s. per restringerne il sign.): *trovarsi in un luogo per m. caso*; *per mera ipotesi, per mera curiosità* | *La mera possibilità*, la possibilità astratta | *M. sbaglio, mera svista*, del tutto involontari | *M. sospetto*, con nessun fondamento | (*raro*) Detto di persona arida e limitata: *è un m. erudito*. *3* (*lett.*) †Splendente, sfavillante: *vidi le sue luci tanto mere* (DANTE *Par.* XVIII, 55). || **meraménte**, avv. (*raro*) Puramente, semplicemente.

mèro (**2**) [vc. dotta, gr. *méros* 'parte' poi 'divisione, schiera', da *méiromai* 'ottengo in divisione', di etim. incerta] s. m. ● Uno dei corni della falange macedone.

mèro- [dal gr. *méros* 'parte', dal v. *méiresthai* 'prendere la propria parte', di origine indeur.] primo elemento ● In parole composte della terminologia scientifica, significa 'parte', 'parziale': *meroblastico, meropia*.

-mero [gr. *-merḗs*, da *méros* 'parte' (V. precedente)] secondo elemento ● In parole composte dotte o della terminologia scientifica, significa 'parte', 'composto, formato di parti': *dimero, isomero, polimero*.

meroblàstico [comp. di *mero-* e *-blasto*, con suff. agg.] agg. (pl. m. *-ci*) ● (*biol.*) Detto di tipo di gamete femminile la cui segmentazione interessa solo una parte del citoplasma | (*biol.*) Detto di tipo di segmentazione che interessa solo una parte del citoplasma del gamete femminile. CONTR. Oloblastico.

merocèle [comp. del gr. *mērós* 'coscia, anca' e *-cele*] s. f. ● (*med.*) Ernia crurale.

†**mèrolo** ● V. *merlo* (*1*).

mèrope [vc. dotta, lat. *mĕrope(m)*, nom. *mĕrops*, dal gr. *mérops*, di origine preindeur.] s. f. ● (*zool.*) Gruccione.

meropìa [comp. di *mero-* e del gr. *óps*, genit. *opós* 'vista'] s. f. ● (*med.*) Parziale offuscamento della vista.

†**meróre** [vc. dotta, lat. *maerōre(m)*, da *maerēre* 'essere afflitto', di etim. incerta. V. *mesto*] s. m. ● Tristezza, afflizione, mestizia.

Meròstomi [comp. di *mero-* e *-stoma*] s. m. pl. ● Nella tassonomia animale, classe di Artropodi acquatici a respirazione branchiale, affini agli Aracnidi | (al sing. *-o*) Ogni individuo di tale classe.

merovìngica [f. sost. di *merovingico*: detta così perché entrata in uso al tempo dei *Merovingi*] s. f. ● Scrittura cancelleresca in uso dal sec. VII al IX in tutti i territori sotto l'influenza franca, caratterizzata da un forte allungamento delle lettere e dallo schiacciamento degli occhielli, dalla tendenza ad inclinarsi verso sinistra e dal serpeggiamento delle aste.

merovìngico [dal n. del re franco *Meroveo* (morto 457)] agg. (pl. m. *-ci*) ● Dei Merovingi: *dinastia merovingica*.

merovìngio agg. ● Merovingico.

merozoìte [comp. di *mero-* e *-zoite*, da *zoo-* col suff. *-ite*, terminazione propria di alcuni stadi del ciclo di taluni protozoi] s. m. ● (*biol.*) Negli Sporozoi, ciascuna cellula che deriva da un trofozoite e che può dare altri trofozoiti o impegnarsi nella produzione di gameti. SIN. Schizozoite.

†**mertàre** e *deriv.* ● V. *meritare* e *deriv.*

†**mèrulo** ● V. *merlo* (*1*).

†**merzé** ● V. *mercé*.

†**merzéde** ● V. *mercede*.

mesa /sp. 'mesa/ [sp., propriamente 'tavola', dal lat. *mēnsa(m)* 'mensa'] s. f. (pl. *mesas* /sp. 'mesaz/) ● Nel Messico e nel Colorado, tipica montagna con pareti ripidissime e sommità piatta.

mésalliance /fr. meza'ljɑ̃s/ [vc. fr., comp. di *mes-* (V. *menosdire*) e *alliance* 'alleanza, matrimonio'] s. f. inv. ● Matrimonio con persona di condizione inferiore.

mesàta [da *mese*] s. f. *1* Paga, salario, mensile: *gli spetta la m. anticipata*; *andò a riscuotere la propria m.* *2* (*raro*) Periodo di tempo della durata di un mese. || **mesatàccia**, pegg. | **mesatìna**, dim. | **mesatùccia**, dim.

mesaticèfalo [comp. del gr. *mésatos* 'medio', da *mésos* 'medio', e *-cefalo*] s. m. ● (*med.*) Mesocefalo.

mescàl [vc. messicana, da *mexcalli*, n. d'una pianta locale] s. m. inv. ● Liquore messicano ottenuto per fermentazione del succo contenuto nel fusto di alcune specie di agavi | Cibo ricavato dalla polpa di alcune specie di agavi.

mescalìna [dallo sp. *mezcal*, n. di un tipo di agave e quindi del liquore che se ne estrae: da *mexcalli*, vc. indigena del Messico] s. f. ● Alcaloide estratto da una cactacea messicana e dotato di proprietà allucinogene.

méscere [lat. parl. **mĭscere*, per il classico *miscēre* 'mescolare', di origine indeur.] v. tr. (pres. *io mésco, tu mésci*; part. pass. *mesciùto*) *1* Versare q.c. da bere: *m. il vino, un liquore, il caffè, l'acqua* | (*ass.*) Versare da bere il vino: *mescetene ancora un bicchiere* | (*est., lett.*) Versare | (*fig.*) *M. denaro, mance*, dare con generosità | (*scherz.*) *M. pugni, calci*, picchiare duramente. *2* (*lett.*) Mischiare, mescolare: *mesce il mago fellon zolfo e bitume* (TASSO) | (*raro, tosc.*) *M. le carte*, distribuirle | †*M. battaglia*, iniziare a combattere | †*M. la scaramuccia*, far mischia.

†**meschiàre** e *deriv.* ● V. *mischiare* e *deriv.*

†**meschìglia** [da *meschiare*] s. f. ● Mescolanza.

meschinerìa s. f. ● Meschinità.

†**meschinìa** s. f. ● Meschinità.

meschinità s. f. *1* L'essere meschino: *la m. di un regalo, di uno stipendio, di una ricompensa*. SIN. Inadeguatezza, mediocrità. *2* Grettezza, povertà morale, limitatezza: *m. di idee, di sentimenti, d'animo, di vita*. *3* Atto, parola, pensiero di persona meschina: *non credevo potesse fare simili m.*; *non dice altro che m.* SIN. Meschineria.

meschìno [ar. *miskīn* 'povero'] **A** agg. *1* Che si trova in uno stato di infelicità | *Me m.!*, povero me, me infelice | (*est., lett.*) Che si trova in miseria, in povertà. SIN. Misero. *2* Che è mediocre, insufficiente o misero per qualità, quantità, e sim.: *lavoro, posto, impiego, guadagno, risultato m.*; *offerta meschina* | (*raro, lett.*) Fievole, debole: *ciascuno ascoltava / pianto dirotto con voce meschina* (BOIARDO) | (*raro*) *Aspetto m.*, debole, malaticcio. *3* Detto di persona, che ha idee, pensieri e sentimenti gretti, angusti e limitati: *in quell'occasione fu veramente m.*; *non ascoltare ciò che dice quella gente meschina*. SIN. Tristo. *4* (*est.*) Che mostra povertà di idee e di doti morali: *animo, cuore m.*; *vita, mentalità, ambizione meschina*; *idee, scuse, ragioni meschine*; *malignità, dicerie, voci meschine* | *Una figura meschina, una meschina figura*, brutta e completamente priva di dignità. || **meschinaménte**, avv. **B** s. m. (f. *-a*) *1* Persona disgraziata e infelice: *gli si presentò una buona occasione per aiutare quel m.* | †*Fare il m.*, girare in su e in giù, senza meta. *2* †Servo. || **meschinàccio**, pegg. | **meschinèllo**, dim. | **meschinétto**, dim. | **meschinùcolo**, dim.

†**meschìta** [sp. *mezquita*, dall'ar. *másǵid* 'tempio', da *sáǵad* 'prosternarsi'] s. f. ● (*lett.*) Moschea: *un lungo incendio / ardea palagi, portici e meschite* (ARIOSTO).

mesciàcqua [comp. di *mescere* e *acqua*] s. m. inv. ● (*tosc.*) Vaso panciuto, usato per versare l'acqua nel lavamano.

†**mesciànza** [ant. fr. *mechëance*, comp. di *mes-* (V. *menosdire*) e *chëance* 'chance'] s. f. ● Disgrazia, sventura, accidente: *andarono dove ... era, e trovaronlo molto in gran m.* (SACCHETTI).

†**mesciàre** [sovrapposizione di *mischiare* a *mescere*] v. tr. ● Mischiare.

mescìbile agg. ● (*raro*) Che si può mescere.

†**mescidàre** ● V. *miscidare*.

mescìno [da *mescere*] s. m. ● Secchio di legno fissato a una pertica per togliere il colaticcio dal pozzetto della concimaia.

mesciròba [ar. *mišraba* 'vaso da bere', da *šaraba* 'bere'] s. m., o †f. (pl. *mesciròba*, m.; †*mesciròbe*, f.) ● Brocca per l'acqua con cui lavarsi le mani.

méscita [da *mescere*] s. f. *1* Atto del mescere: *una m. di vino, di liquori, di caffè* | *Banco di m.*, quello di osterie, bar, e sim., su cui si serve da bere ai clienti | (*est.*) Quantità versata: *due mescite di vino*. *2* (*tosc.*) Bottega in cui si mescono vini e liquori: *aprire una m.*

†**mescitàre** ● V. *miscidare*.

mescitóre s. m. (f. *-trice*) ● Chi mesce | Chi è addetto a un banco di mescita.

méscola (**1**) [dev. di *mescolare*] s. f. ● (*chim.*) Miscela di uno o più polimeri con diverse sostanze, quali cariche rinforzanti, prodotti attivanti, vulcanizzanti, protettivi e plastificanti, impiegata per la produzione di articoli in gomma.

†**méscola** (**2**) [sovrapp. di *mescolare* a *mestola*] s. f. ● (*dial.*) Mestola.

mescolàbile agg. ● Che si può mescolare.

†**mescolàme** s. m. ● Cose mescolate insieme.

mescolaménto s. m. *1* Atto, effetto del mescolare o del mescolarsi. *2* (*raro*) Mescolanza.

mescolànza s. f. *1* Atto, effetto del mescolare o del mescolarsi: *fece la m. dei due liquidi* | Insieme delle cose mescolate (*anche fig.*): *m. di liquori, di granaglie*; *una m. perfetta di vari ingredienti*; *una m. di caffè e di cognac*; *m. di suoni, di voci, di stili diversi, di versi e prose* | (*spreg.*) Combinazione casuale, guazzabuglio: *il tuo discorso è una m. di sciocchezze*. *2* Promiscuità di persone (*spec. spreg.*): *un ambiente dove c'è m. di gente di tutte le condizioni*. *3* (*tosc.*) Specie d'insalata costituita da un misto di varie erbe. || **mescolanzìna**, dim.

mescolàre [lat. parl. **miscŭlāre*, iter. di *miscēre*. V. *mescere*] **A** v. tr. (*io méscolo*) *1* Mettere insieme sostanze diverse, o distinte quantità di una stessa sostanza, sì da formare una sola massa: *m. vari ingredienti*; *m. l'acqua col vino*; *m. lo zucchero con il cacao*; *m. due mucchi di farina* |

(*lett.*) *M. veleni*, prepararli | *M. i colori*, impastarli insieme, amalgamarli. SIN. Unire. **2** (*est.*) Muovere, agitare una sostanza in modo da mutarne l'ordine di disposizione degli elementi costitutivi: *m. il condimento, l'insalata, un impasto.* SIN. Rimestare. **3** (*est., fig.*) Confondere cose o persone diverse: *m. varie lingue, vari stili*; *m. prosa e poesia*; *m. nobili e plebei, vecchi e ragazzi* | *M. le razze*, con accoppiamenti diversi | *M. Ebrei e Samaritani*, (*scherz.*) voler unire cose diversissime tra loro | Mettere in disordine, alla rinfusa: *m. fogli, schede*; *il vento ha mescolato i fogli d'appunti sul tavolo* | *M. le carte*, scozzare. **B** v. intr. pron. e rifl. **1** Unirsi in una sola massa o miscela: *l'acqua non si mescola con l'olio.* **2** Mettersi insieme senza ordine né distinzione (*anche spreg.*): *i fogli si sono mescolati a causa di un colpo di vento*; *si mescolò tra la folla per non essere notato*; *non mescolarti con quei delinquenti.* **3** (*fig.*) Impicciarsi, immischiarsi: *mescolarsi nelle faccende altrui.* **4** †Venire alla mischia col nemico.

mescolàta s. f. • Atto del mescolare in una volta: *dare una m. alle carte da gioco*; *diede una rapida m. ai biglietti.* || **mescolatina**, dim.

mescolàto A part. pass. di *mescolare*; anche agg. **1** Nei sign. del v. **2** (*raro*) *Alla mescolata*, alla rinfusa | †Rimescolato, turbato | †*M. di sangue*, consanguineo. **B** s. m. **1** †Mescolanza. **2** †Panno fatto con varie lane.

mescolatóre s. m.; anche agg. (f. *-trice*) **1** Chi, che mescola. **2** Particolare circuito elettronico che fornisce all'uscita una combinazione dei segnali presenti ai vari ingressi. **3** Apparecchio, generalmente a bracci rotanti, per mescolare o impastare materiali semisolidi.

mescolatrice s. f. • Apparecchio usato per mescolare sostanze diverse.

mescolatùra o (*raro*) **mischiatùra**. s. f. • Atto del mescolare.

mescolazióne s. f. • Atto, effetto del mescolare.

mescolio s. m. • Mescolamento continuo e frequente.

†**mescugliàre** v. tr. • Fare miscuglio.

†**mescùglio** • V. *miscuglio.*

†**mescuràre** [comp. di *mes-* (V. *menosdire*) e *curare*] v. tr. • (*raro*) Trascurare.

mése [lat. *mēnse(m)*, da una radice indeur. che sign. 'misurare'] s. m. **1** Ciascuna delle 12 parti in cui viene diviso l'anno, all'incirca corrispondente ad una lunazione ed al tempo che il Sole impiega a percorrere un segno zodiacale, di durata varia da 28 a 31 giorni | *M. anomalistico, draconico, tropico, sidereo*, gli intervalli di tempo tra due consecutivi passaggi della Luna al perigeo, rispettivamente ad uno stesso nodo della sua orbita, alla congiunzione col Sole, al punto equinoziale, alla congiunzione con una stessa stella | *Il m. entrante, venturo, corrente, passato, scorso*; *al principio, ai primi, alla metà, agli ultimi, alla fine del m.* | *Il m. dei fiori, degli asini*, (*scherz.*) maggio | *M. mariano*, maggio, così detto perché dedicato a Maria Vergine | (*fig.*) †*Non aver tutti i mesi*, non aver il cervello del tutto a posto. **2** Periodo di tempo della durata di circa trenta giorni: *è già un m. che non piove*; *gli ha dato un m. di tempo per decidere*; *è stato via due mesi* | *Per mesi e mesi*, per lunghissimo tempo. **3** Corrispettivo mensile della prestazione di un'attività lavorativa, del godimento di un immobile locato, e sim.: *i dipendenti hanno minacciato lo sciopero se non avranno il m. entro la settimana*; *il locatore pretese l'immediato pagamento del m.* **4** Termine di misura della durata della gravidanza: *essere al sesto m.* | *Ai mesi alti*, agli ultimi mesi di gravidanza. || **mesàccio**, pegg. | **mesétto**, dim. (V.) | **mesóne**, accr.

meṣencefàlico agg. (pl. m. *-ci*) • Che concerne il mesencefalo.

meṣencèfalo [comp. di *meso-* ed *encefalo*] s. m. • (*anat.*) Segmento intermedio dell'encefalo, che comprende i peduncoli cerebrali e la lamina quadrigemina.

meṣènchima [comp. di *meso-* e del gr. *énchyma* 'infusione, fluido', da *enchéin* 'versare'] s. m. (pl. *-i*) • (*biol.*) Matrice embrionale, simile a connettivo immaturo, derivata dai tre foglietti embrionali, dalla quale prenderanno origine numerosi tessuti e l'intero apparato circolatorio.

meṣenchimàle agg. • (*biol.*) Del mesenchima.

meṣentère o **meṣentèrio** [vc. dotta, gr. *mesentérion*, comp. di *mésos* (V. *meso-*) ed *énteron* 'intestino', da *entós* 'dentro'] s. m. • (*anat.*) Piega del peritoneo a forma di lamina che sostiene l'intestino tenue, contenente i vasi ed i nervi dell'intestino stesso.

meṣentèrico agg. (pl. m. *-ci*) • (*anat.*) Del mesentere | *Arterie mesenteriche*, arterie viscerali addominali che irrorano l'intestino | *Plesso m.*, del sistema nervoso simpatico, attorno alle arterie mesenteriche.

meṣentèrio • V. *mesentere.*

meṣenterite [comp. di *mesenterio* e *-ite* (*1*)] s. f. • (*med.*) Infiammazione del mesentere: *m. retrattile.*

meṣeràico [vc. dotta, gr. *mesaraïkós*, da *mesáraion* 'mesenterio', comp. di *mésos* (V. *meso-*) e *araiós* 'sottile', di etim. incerta] agg. (pl. m. *-ci*) • (*anat.*) Del mesentere | *Tabe meseraica*, grave decadimento generale per alterazione dell'assorbimento intestinale.

mèṣero o **mèṣere**, **mèẓẓaro**, **mèẓẓero** [ar. *mi'zar* 'velo'] s. m. • Ampio quadrato di stoffa stampato a molti colori, che le donne liguri portavano come uno scialle.

meseta /sp. me'seta/ [vc. sp., da *mesa* 'tavola', dal lat. *mēnsa(m)* 'mensa'] s. f. • (*geogr.*) Ciascuno dei tavolati di scarso rilievo, residui di un altopiano di antica origine, caratteristici della Spagna centrale.

mesétto s. m. **1** Dim. di *mese.* **2** Mese scarso: *per un m. sarò in vacanza.*

meṣitilène [dal gr. *mesítēs* 'intermediario', da *mésos* 'medio'] s. m. • Idrocarburo della serie aromatica, ottenuto per condensazione di tre molecole di acetone in presenza di acido solforico concentrato, usato in molte sintesi organiche.

meṣitina [dal gr. *mesítēs* 'intermediario', da *mésos* 'medio' (V. *meso-*), perchè è miscela isomorfa di due minerali] s. f. • Minerale costituito da una miscela isomorfa di magnesite e siderite.

meṣmèrico [V. *mesmerismo*] agg. (pl. m. *-ci*) • (*med., psicol.*) Relativo alla dottrina e al metodo di Mesmer.

meṣmerìṣmo [da F. A. *Mesmer* (1734-1815) che inventò il metodo] s. m. • (*med., psicol.*) Cura delle malattie con il magnetismo animale, secondo il metodo di Mesmer.

meṣmeriẓẓàre [V. *mesmerismo*] v. tr. • (*med., psicol.*) Curare applicando il magnetismo animale secondo il metodo di Mesmer.

meṣmeriẓẓazióne [V. *mesmerismo*] s. f. • (*med., psicol.*) Atto, effetto del mesmerizzare.

mèṣo- [dal gr. *mésos* 'mezzo', 'medio'] primo elemento (*mes-* davanti a vocale) • In parole composte della terminologia scientifica, significa 'che sta al centro', 'medio', 'mediano', 'intermedio': *mesencefalo, mesocefalo, mesotorace, mesozoico.*

meṣocardia [comp. di *meso-* e *-cardia*] s. f. • (*med.*) Alterazione di posizione del cuore con spostamento di esso verso il mezzo.

meṣocàrpo [comp. di *meso-* e *-carpo*] s. m. • (*bot.*) Secondo strato che forma il frutto, fra epicarpo ed endocarpo, spesso carnoso.

meṣocefalia [comp. di *meso-* e *-cefalia*] s. f. • Conformazione del cranio intermedia tra la dolicocefalia e la brachicefalia.

meṣocèfalo [comp. di *meso-* e *-cefalo*] s. m. • (*anat.*) Conformazione del cranio con parità dei diametri longitudinale e trasversale.

meṣocòlon [comp. di *meso-* e *colon*] s. m. • (*anat.*) Piega del peritoneo che sostiene il colon trasverso, attraversato dai relativi vasi e nervi.

meṣodèrma [comp. di *meso-* e *derma*] s. m. • (*anat.*) Foglietto germinativo intermedio dell'embrione, tra ectoderma e entoderma, da cui derivano tra l'altro i muscoli scheletrici, il cuore, l'apparato uro-genitale.

meṣodèrmico agg. (pl. m. *-ci*) • (*anat.*) Del mesoderma.

meṣodiencèfalo [comp. di *meso-* e *diencefalo*] s. m. • (*anat.*) Insieme del mesencefalo e del diencefalo, considerati come un complesso unitario.

meṣoepitèlio [comp. di *meso-* ed *epitelio*] s. m. • (*biol.*) Tessuto con caratteri epiteliali ma di derivazione mesodermica.

meṣofàṣe [ingl. *mesophase*, comp. di *meso-* e di *phase* 'fase'] s. f. • (*chim.*) Stato di aggregazione della materia intermedio fra il solido cristallino e il liquido, caratterizzato da un grado d'ordine inferiore rispetto al primo ma superiore rispetto al secondo.

meṣofillo [comp. di *meso-* e *-fillo*] s. m. • (*bot.*) Tessuto che forma la lamina fogliare compresa fra le due epidermidi.

meṣòfita [comp. di *meso-* e *-fita*] **A** s. f. • Pianta che cresce in terreni di umidità media. **B** anche agg.: *piante mesofite.*

†**meṣòfrio** [vc. dotta, gr. *mesóphryon*, comp. di *mésos* (V. *meso-*) e *ophrýs* 'sopracciglio', di origine indeur.] s. m. • Parte della faccia tra le due sopracciglia.

meṣogàstrico agg. (pl. m. *-ci*) • (*anat.*) Del mesogastrio.

meṣogàstrio [comp. di *meso-* e *-gastro*] s. m. • (*anat.*) Regione dell'addome compresa tra la linea sottocostale e la linea che congiunge le due spine iliache.

meṣoglèa [comp. di *meso-* e del gr. *glóia* 'colla' (forse di origine indeur.)] s. f. • (*zool.*) Sostanza intercellulare di consistenza gelatinosa, presente nelle spugne e nei Celenterati.

meṣolecitico [comp. di *meso-* e del gr. *lékithos* 'tuorlo' col suff. *-ico*] agg. (pl. m. *-ci*) • (*biol.*) Detto di gamete femminile dotato di quantità intermedie di deutoplasma.

meṣolite [comp. di *meso-* e *-lite*] s. f. • (*miner.*) Varietà di zeolite fibrosa.

meṣolitico [comp. di *meso-* e *-litico*, da *-lito*. V. *litico* (*3*)] **A** s. m. (pl. *-ci*) • Periodo preistorico intermedio tra il paleolitico e il neolitico. **B** anche agg.: *periodo m.*

meṣologia [comp. di *meso-* e *-logia*] s. f. • Branca della biologia che studia l'ambiente in cui vivono gli organismi, spec. nelle sue caratteristiche fisiche e chimiche.

meṣomeria [comp. di *meso-* e del gr. *-meria*, da *méros* 'parte' (V. *mero* (*2*))] s. f. • (*chim., fis.*) Fenomeno di oscillazione della struttura di una molecola tra forme elettronicamente isomere.

meṣòmero agg. **1** Di, relativo a mesomeria. **2** (*biol.*) Porzione del mesoderma, intermedia tra quella dorsale e quella ventrale, dalla quale derivano la massima parte dell'apparato urinario e una parte minore di quello genitale.

meṣomòrfico [da *mesomorfo*] agg. (pl. m. *-ci*) • (*chim., fis.*) Mesomorfo nel sign. 2.

meṣomòrfo [comp. di *meso-* e *-morfo*] agg. **1** (*zool.*) Detto di tipo morfologico di animali con sviluppo armonico dei diametri del corpo rispetto alla lunghezza. **2** (*chim., fis.*) Detto di stato intermedio fra lo stato solido cristallino e lo stato liquido, caratterizzato da anisotropia e birifrangenza, e proprio di composti del carbonio con grande massa molecolare e molecole assai lunghe. SIN. Mesomorfico.

meṣóne [comp. di *meso-* ed (*elettr*)*one*] s. m. • (*fis.*) Ogni particella subnucleare con massa non nulla e con spin intero | *M. K*, kaone.

meṣònico agg. (pl. m. *-ci*) • Dei, relativo ai mesoni.

meṣopàuṣa [comp. di *meso-* e del gr. *pâusis* 'cessazione' (V. *pausa*)] s. f. • (*meteor.*) Strato di transizione, che limita superiormente la mesosfera, situato a circa 80-85 km di quota.

meṣopotàmico agg. (pl. m. *-ci*) • Della Mesopotamia, regione dell'Asia anteriore compresa fra i fiumi Tigri ed Eufrate.

meṣosfèra [da *meso-*, sul modello di *atmosfera*] s. f. • (*meteor.*) Regione dell'atmosfera al di sopra della stratosfera, delimitata inferiormente e superiormente dalla mesopausa, ove la temperatura va generalmente diminuendo. ➡ ILL. p. 817 SCIENZE DELLA TERRA ED ENERGIA.

meṣossàlico [comp. di *meso-* e *ossalico*] agg. (pl. m. *-ci*) • (*chim.*) Detto di acido bibasico derivante dall'idratazione di un chetoacido.

meṣòsteno [comp. di *meso-* e del gr. *stenós* 'stretto' (V. *steno*), perché stretto alla metà del corpo (?)] s. m. • Coleottero tenebrionide tozzo e robusto di colore scuro (*Mesostena angustata*).

meṣòstico [comp. di *meso-* e *-stico*] s. m. (pl. *-ci*) • Componimento poetico in cui le iniziali delle parole a metà verso, lette dall'alto in basso, formano una parola o una frase.

meṣòstomo [comp. di *meso-* e del gr. *stóma* 'bocca'] **s. m.** • Verme dei Turbellari che vive nelle acque dolci europee, appiattito e trasparente (*Mesostoma ehrembergi*).

meṣotèlio [comp. di *meso-* e della seconda parte di (*epi*)*telio*] **s. m.** • (*anat.*) Sottile strato cellulare che delimita le cavità del corpo, quali la pleurale, la pericardica e la peritoneale.

meṣotelìoma [comp. di *meso-*, (*epi*)*teli*(*o*) e del suff. *-oma*] **s. m.** (pl. *-i*) • (*med.*) Tumore originato dal tessuto mesoteliale (pleura, peritoneo, pericardio).

meṣoterapìa [comp. di *meso-* e *terapia*] **s. f.** • Terapia locale a base di iniezioni eseguite con una piastra dotata di numerosi aghi piccolissimi e corti, praticata in caso di malattie quali artrosi, reumatismi, nevriti e sim.

meṣotèrmo [comp. di *meso-* e del gr. *thermós* 'caldo'] **agg.** *1* Temperato: *clima m.* *2* Detto di pianta a cui è necessaria per vivere una temperatura media annuale di 15-20° C.

meṣotoràce [comp. di *meso-* e *torace*] **s. m.** *1* Parte mediana del torace. *2* Secondo segmento del torace degli insetti.

meṣotòrio [comp. di *meso-* e *torio*] **s. m.** *1* Prodotto della trasformazione radioattiva del torio per perdita di una particella alfa, usato per il suo minor costo in sostituzione del radio. *2* †Attinio.

meṣotrofìa [comp. di *meso-* e *-trofia*] **s. f.** *1* (*biol.*) Condizione di un organismo che, per il proprio metabolismo azotato, oltre a un acido organico, richiede o un solo amminoacido o un solo tipo di composto dell'ammonio. *2* (*biol.*) Condizione di una raccolta d'acqua che, per un moderato apporto di sostanze nutritive, presenta una limitata popolazione di alghe.

mesotróne [comp. di *meso-* e *-trone*, ricavato da *elettrone*] **s. m.** • (*fis.*, *raro*) Mesone.

Meṣoẓòi [comp. di *meso-* e *-zoo*] **s. m. pl.** • Nella tassonomia animale, gruppo di organismi animali endoparassiti costituiti da poche cellule non organizzate in veri e propri tessuti (*Mesozoa*) | (al sing. *-zoo*) Ogni individuo di tale gruppo.

meṣoẓòico (*Mesozoico* come s. m.) [comp. di *meso-* e *-zoico*] **A s. m.** (pl. *-ci*) • Era geologica caratterizzata da un grande sviluppo dei Rettili, di Ammoniti e Belemniti, e dalla comparsa dei primi Mammiferi, Uccelli, Anfibi anuri, e, fra le piante, delle Angiosperme. **B** anche **agg.**: *era mesozoica.* **SIN.** Secondario.

meṣoẓòna [comp. di *meso-* e *zona*] **s. f.** • (*geol.*) Zona della litosfera che è stata interessata da una trasformazione metamorfica abbastanza intensa.

Méssa (1) [dalle parole con cui terminava il rito: *ite, missa est* 'andate, (l'eucaristia) è stata inviata (agli assenti)'. *Mĭssa* è il part. pass. f. di *mĭttere* 'mandare'. V. *mettere*] **s. f.** *1* Nella teologia cattolica e ortodossa, sacrificio del corpo e del sangue di Gesù Cristo che, sotto le apparenze del pane e del vino, viene rinnovato dal sacerdote sull'altare | *M. piana, letta, bassa*, quella ordinaria | *M. solenne*, cantata | *M. pontificale*, papale | *M. dei catecumeni*, parte della Messa che precede l'offertorio a cui, in antico, erano ammessi anche i catecumeni | *M. vespertina*, celebrata nel pomeriggio | *M. dei fedeli*, sequenze della messa, in origine riservate ai soli battezzati | *M. novella*, quella celebrata dal nuovo sacerdote per la prima volta | *M. da requiem*, celebrata in suffragio di un defunto | (*mus.*) Composizione vocale e strumentale sul testo della preghiera in suffragio delle anime dei defunti | *Servir M.*, assistere il celebrante all'altare, secondo la liturgia | *Togliere la M.*, sospendere un ecclesiastico dalla facoltà di celebrar messa con provvedimento punitivo canonico | *Andare a, alla M.*, adempiere al precetto di santificazione della festa andando a messa | *M. al campo*, celebrata per le truppe all'aperto | *Perder la M.*, non arrivare in tempo per parteciparvi validamente | *M. buona*, quella che è valida per il fedele e che sia ascoltata almeno a cominciare dall'offertorio | *Far dire una M. per qc.*, farla celebrare per suffragio di un defunto | *M. nera*, parodia della messa in onore del diavolo e fatta con paramenti neri | *Va alla M.!*, (*scherz.*) escl. d'impazienza rivolta a chi infastidisce, racconta bugie e sim. *2* Nella teologia delle altre confessioni cristiane che adottano la messa, rinnovazione memoriale del sacrificio di Gesù Cristo sulla croce e dell'ultima cena, con diverse qualificazioni teologiche della presenza reale nel pane e nel vino. *3* (*mus.*) Nella tradizione cristiana, canto della messa che muta stile secondo le epoche: *m. gregoriana*, *m. da requiem*; *la M. K 427 di Mozart.* ‖ **messina**, **dim.** | **messóna**, **accr.** | **messóne**, **accr. m.**

méssa (2) [f. sost. di *messo* (*1*)] **s. f.** *1* Azione del mettere | *M. in marcia*, *in moto*, avviamento di un impianto, di una macchina | *M. in opera*, collocamento di impianti o apparecchiature nel luogo in cui devono funzionare | *M. a punto*, ultima revisione di impianti o macchinari prima della messa in marcia e (*fig.*) delineazione dei punti controversi di un problema | *M. in orbita*, invio in orbita di satellite, capsula spaziale e sim. | *M. a fuoco*, regolazione di uno strumento ottico o di un apparecchio fotografico che consente di ottenere un'immagine nitida di un dato oggetto nel piano di osservazione | *M. a dimora*, trapianto di una piantina dal vivaio alla sua sede definitiva | *M. della voce*, emissione della voce, graduale fino a una certa intensità per poi diminuire fino al pianissimo | *M. in piega*, ondulazione temporanea dei capelli con aria calda e bigodini dopo il lavaggio | *M. in scena*, V. *messinscena*. *2* Germoglio, pollone, cacciata delle piante. *3* (*raro*) In un gioco, la somma che si punta. *4* †Vivanda.

messaggère • V. *messaggero*.

messaggerìa [fr. *messagerie*, da *message* 'messaggio'] **s. f.** *1* †Ufficio di messaggero | L'insieme delle persone che recano un messaggio. *2* (*spec. al pl.*) Attività di trasporto e distribuzione di merci, spec. libri e periodici | La ditta che si occupa di tale attività. *3* Servizio regolare di linea per comunicazione e trasporto terrestri o marittimi, effettuato un tempo con carrozze, diligenze e sim., ovvero con navi | Servizio dell'amministrazione postale che, sui treni, cura il servizio di ritiro e consegna della corrispondenza alle stazioni ferroviarie.

messaggèro o (*raro*, *lett.*) **messaggère**, (*raro*, *lett.*) **messaggière**, (*raro*) **messaggièro** [fr. *messager*, da *message* 'messaggio'] **A s. m.** (f. *-a*) *1* Chi reca un messaggio (*anche fig.*): *nella mitologia greca Mercurio era il m. degli dei*; *giunse la colomba, messaggera di pace.* **SIN.** Nunzio, portatore. *2* Nell'organizzazione delle P.T., chi è addetto al servizio di messaggeria. *3* (*biol.*) *M. chimico*, molecola che trasmette un impulso nervoso tra due neuroni o un segnale tra due cellule. **B agg.** *1* (*fig.*, *poet.*) Che annunzia: *già l'aura messaggiera erasi desta / a nunziar che se ne vien l'aurora* (TASSO). **SIN.** Foriero. *2* (*biol.*) *RNA m.*, V. *RNA*.

messàggio [fr. *message*, dall'ant. fr. *mes* 'messo'] **s. m.** *1* Notizia comunicata ad altri con un mezzo qualsiasi: *stilare*, *inviare*, *trasmettere*, *ricevere*, *ascoltare un m.*; *m. telegrafico*, *postale*, *radiofonico*, *telefonico*, *verbale* | *M. in*, *nella bottiglia*, lo scritto invocante soccorso che i naufraghi affidano alle onde racchiudendolo in una bottiglia perché galleggi sulla superficie del mare; (*fig.*, *est.*) ultimo, disperato appello di chi si trovi in frangenti molto difficili e abbia rare speranze o possibilità di uscirne indenne | (*lett.*) Annunzio. *2* Discorso solenne pronunciato da un'autorità politica o religiosa: *m. del capo dello Stato*; *m. del Papa ai fedeli.* *3* (*fig.*) Concezione innovatrice, suscettibile di futuri sviluppi, nel campo del pensiero, della religione, della scienza: *il m. cristiano*; *il m. freudiano* | *Significato trasmesso in modo implicito o esplicito*: *il m. di un film* | *M. pubblicitario*, complesso di informazioni contenute in una comunicazione pubblicitaria. *4* Nei sistemi di trattamento automatico delle informazioni, insieme di dati corrispondente a un determinato fenomeno da comunicare. *5* †Messaggero: *il m. subito fu andato, / e l'ambasciata fece bene al re* (BOIARDO).

messaggìstica [da *messaggio*] **s. f.** • Trasmissione di messaggi attraverso elaboratori elettronici collegati alla rete telefonica.

messàle [lat. eccl. *missāle*(*m*) (*lĭbrum*) 'libro da messa'] **A s. m.** *1* Libro liturgico cattolico contenente il testo per la celebrazione della Messa in tutti i giorni dell'anno: *m. romano*, *ambrosiano* | (*scherz.*, *fig.*) *Non saper leggere che nel proprio m.*, essere di cultura molto limitata. *2* (*scherz.*) Libro grande e grosso che si maneggia con difficoltà. **B agg.** • †Di, da messa: *paramenti messali.* ‖ **messalino**, **dim.** (V.).

messalina [dal n. di V. *Messalina* (25-48), imperatrice romana famosa per le sue dissolutezze] **s. f.** • Donna depravata e immorale (*spec. iron.*).

messalino **s. m.** *1* Dim. di *messale*. *2* Messale di formato più piccolo, destinato all'uso privato dei fedeli.

messàpico **agg.** (pl. m. *-ci*) • Relativo ai Messapi, antica popolazione della Puglia.

mèsse [vc. dotta, lat. *mĕsse*(*m*), da *mĕtere* 'mietere'] **s. f.** *1* Mietitura: *il tempo della m.* | Quantità di cereali da mietere: *una m. abbondante* | *Mettere la falce nella m. altrui*, (*fig.*) impicciarsi delle faccende altrui | Epoca o periodo in cui si miete: *nei giorni della m.* | Frutto della mietitura. *2* Insieme di cereali che crescono in un campo: *la m. biondeggiante.* *3* (*fig.*) Frutto, risultato di un'attività, un lavoro e sim. (*anche ass.*): *una m. di lodi*, *di consensi*, *di adesioni*; *il duro lavoro gli è valso un'abbondante m.*; *quella era m. di tutta una giornata di caccia* (SCIASCIA).

messènico **agg.** (pl. m. *-ci*) *1* Della Messenia, regione del Peloponneso. *2* Dei Messeni, abitanti di questa regione: *guerre messeniche.*

†**messeràggine** [da *messere*] **s. f.** • (*raro*, *scherz.*) Condizione di messere.

†**messeràtico** **s. m.** • Titolo di messere.

messère o †**meccère** [provz. *meser* 'mio signore'] **s. m.** *1* Titolo onorifico attribuito un tempo a giuristi, giudici e (*est.*) ad alti personaggi. *2* (*scherz.*, *iron.*) Signore: *buon giorno m.!*; *si accomodi m.!*; *questo non è vero, caro il mio m.!* | †*Esser fatto m.*, essere raggirato. *3* (*fam.*, *scherz.*) †Deretano. ‖ **messerino**, **dim.**

messìa [lat eccl. *Messīa*(*m*), nom. *Messīas*, dal gr. *Messías*, dall'ebr. *mascîah* 'unto'. V. *Cristo*] **s. m. inv.** (*Messìa* nel sign. 1) *1* Nell'Antico Testamento, l'eletto, inviato da Dio a soccorrere il popolo di Israele, che il cristianesimo ha riconosciuto in Gesù Cristo. *2* In varie religioni, figura cui è attribuita una missione divina di profondo rinnovamento. *3* (*fig.*) Persona a lungo attesa la cui venuta si ritiene apporterà positive conseguenze: *la popolazione lo salutò come un m.*; *farsi credere un m.*; *atteggiarsi a m.*

messianéṣimo • V. *messianismo*.

messianicità **s. f.** • Carattere dell'attesa e della credenza messianica.

messiànico [fr. *messianique*, da *messianisme* 'messianismo'] **agg.** (pl. m. *-ci*) • Che si riferisce al messianismo, al Messia: *attesa*, *speranza messianica.* ‖ **messianicaménte**, **avv.**

messianiṣmo o **messianéṣimo** [fr. *messianisme*, da *Messie* 'Messia'] **s. m.** *1* Credenza nel Messia, propria della religione ebraica | Credenza nell'avvento di un messia o di un'epoca di integrale rinnovamento umano e cosmico comune a molte religioni antiche e moderne | Spirito di speranza e di attesa che si origina da tale credenza in molti movimenti religiosi. *2* (*fig.*) Attesa fiduciosa nell'avvento di radicali mutamenti sociali, politici e sim.

messicàno **A agg.** • Del Messico. **B s. m.** (f. *-a* nel sign. 1) *1* Abitante, nativo del Messico. *2* Involtino di carne di vitello ripieno, servito caldo o anche freddo in gelatina.

messidòro [fr. *messidor*, comp. del lat. *mĕssis* 'messe' e del gr. *dôron* 'dono'] **s. m.** • Decimo mese del calendario rivoluzionario francese, il cui inizio corrispondeva al 19 giugno e il termine al 18 luglio.

messinése **A agg.** • Di Messina: *dialetto m.* **B s. m. e f.** • Abitante, nativo di Messina. **C s. m.** solo **sing.** • Dialetto parlato a Messina.

messinscèna o **méssa in scèna** [calco sul fr. *mise en scène*] **s. f.** (pl. *messinscène* o *mésse in scèna*) *1* L'insieme degli elementi visuali nella scena teatrale, quali arredamento, costumi, luci e sim. | Regia. *2* (*fig.*) Complesso di artifizi, accorgimenti e sim. usati per falsare la realtà o per dare parvenza di verità a una finzione: *il suo pianto e il suo dolore si rivelarono presto una m.*; *quel comportamento non è altro che una m. per commuovere gli ingenui.*

†**messióne** [provz. *mesion*, dal lat. *missĭone(m)* 'il mandare', quindi anche 'lo spendere'. V. *missione*] s. f. ● Liberalità, generosità.

messiticcio [da *messo* (*1*)] s. m. ● Germoglio stentato, debole. SIN. Rimessiticcio.

mésso (**1**) part. pass. di *mettere*; anche agg. *1* Nei sign. del v. *2 Fatto e m. lì*, (*fig.*) di persona priva di garbo e di grazia.

mésso (**2**) [lat. *mĭssu(m)*, s. dal part. pass. di *mĭttere* 'mandare'. V. *mettere*] s. m. *1* (*lett.*) Messaggero | *M. del cielo, di Dio*, angelo | *M. di Giunone*, l'iride, l'arcobaleno. *2* Dipendente di uffici, enti pubblici o privati, incaricato di consegnare lettere, avvisi, cartelle e sim.: *i messi dell'esattoria, del tribunale*. *3* †Messaggio, annunzio.

†**mésso** (**3**) [fr. *mes*, dal lat. tardo *mĭssu(m)* 'portata', propriamente part. pass. di *mĭttere* 'mandare'. V. *mettere*] s. m. ● Vivanda, pietanza: *essendo il Re ... di molti messi servito* (BOCCACCIO).

†**messóre** [vc. dotta, lat. *messōre(m)*, da *mĕssus*, part. pass. di *mĕtere* 'mietere'] s. m. ● Mietitore.

†**messòrio** [vc. dotta, lat. *messōriu(m)*, agg. del lat. *mĕssor*, genit. *messōris* 'mietitore'. V. *messore*] agg. ● Appartenente alla mietitura.

†**messùra** [vc. dotta, lat. tardo *messūra(m)*, da *mĕssus*, part. pass. di *mĕtere* 'mietere'] s. f. ● Mietitura.

mestaìna [etim. incerta] s. f. ● (*dial.*) Nicchia contenente un'immagine sacra, posta lungo strade di campagna, crocicchi e sim.

mestaménto s. m. ● (*raro*) Atto del mestare.

mestàre [lat. parl. **miscitāre*, ints. di *miscēre* 'mescolare'. V. *mescere*] **A** v. tr. (*io mésto*) ● Agitare mescolando, con la mestola, e sim.: *mesto la calcina prima di usarla*; *la cuoca stava mestando l'intingolo*; *mestò lo zucchero nel caffè*. **B** v. intr. (aus. *avere*) ● (*fig.*) Adoperarsi intorno a q.c. per intrigare, imbrogliare, o per la smania di fare | (*raro, tosc.*) *M. nel governo*, avervi mano.

†**mestatóio** s. m. ● Strumento con cui si mesta.

mestatóre s. m. (f. *-trice*, fam. *-tora*) *1* (*raro*) Chi mesta. *2* (*fig.*) Chi si dà da fare tramando imbrogli e creando intrighi: *non è altro che un volgare m. politico*.

†**mestiàre** ● V. *mischiare*.

mèstica [da *mesticare*] s. f. ● Miscela di colori con olio di lino che si stende su tavole o tele per potervi dipingere.

mesticànza o **misticànza** nel sign. 1 [da *mesticare*] s. f. *1* (*centr., cuc.*) Mescolanza di particolari varietà di insalata verde. *2* †Mestica. *3* †Mescolanza.

mesticàre [lat. parl. **mixticāre*, da *mĭxtus* 'misto'] v. tr. (*io mèstico, tu mèstichi*) *1* Mescolare vari colori sulla tavolozza per preparare quello desiderato | Dare la mestica sopra una tavola o una tela. *2* †Mescolare, mischiare.

mesticatóre [da *mesticare*] s. m. ● Chi prepara e vende colori, vernici e sim.

mesticciàre [da *mestare*, allargato con suff. nomin. *-iccio*, col senso di 'rimestare'] v. intr. (*io mestìccio*; aus. *avere*) ● (*raro*) Fare imbrogli, pasticci.

mesticcióne [da *mesticciare*] s. m. (f. *-a*) ● (*raro*) Trafficone.

mesticherìa [da *mesticare*] s. f. ● (*tosc.*) Bottega in cui si vendono colori mesticati, vernici o altro per pittori o imbianchini.

mestichìno [da *mesticare*] s. m. ● Piccola spatola d'acciaio con manico usata per mescolare i colori o per porli sulla tela in sostituzione del pennello.

mestierànte **A** s. m. e f. *1* (*raro*) Chi esercita un mestiere. *2* (*spreg.*) Chi esercita una professione liberale o qualunque altra attività, con animo unicamente intento al lucro: *il mondo è pieno di mestieranti e di incapaci*; *non è un politico, è solo un m.* **B** agg. ● (*spreg.*) Si dice di chi lavora o agisce solo per guadagno, senza impegno o amore verso la professione che esercita: *avvocato, scrittore, professore m.*

mestière o †**mestièri**, (*pop., tosc.*) †**mestièro**, †**mistière**, †**mistièri**, †**mistièro** [ant. fr. *mestier*, dal lat. *ministĕriu(m)* 'ministero'] s. m. *1* Esercizio di una attività lavorativa, spec. manuale, frutto di esperienza e pratica, a scopo di lucro: *m. di sarto, di fabbro, di calzolaio*; *un m. brutto, faticoso, pericoloso* | *Conoscere il proprio m.*, essere abile e capace in un determinato lavoro | *Non essere del m.*, mancare di pratica | *Fare il proprio m.*, ciò che si è sempre fatto | *I ferri del m.*, arnesi o strumenti necessari per un dato lavoro | (*est.*) Ogni attività esercitata abitualmente a scopo di guadagno: *il m. delle armi* | (*euf.*) *Fare il m., fare quel m.*, esercitare la prostituzione | *Gli incerti del m.*, disgrazie che capitano quando ci si dedica a una certa attività. *2* Professione o altra attività esercitata unicamente a scopo di lucro: *il m. della spia, del boia, del lenone, del cortigiano*; *essere scrittore, deputato di m.*; *fare della scienza un m.* | *Fare tutti i mestieri*, adattarsi a tutto, pur di guadagnare | Professione meschina e maltrattata: *il m. di poeta non dà pane* | (*est.*) Vita: *il m. del ladro, del parassita, del vagabondo*. *3* (*fig.*) Conoscenza, perizia o abilità rispetto a un certo lavoro: *conoscere tutti i trucchi del m.*; *impadronirsi del m.*; *non è un genio, ma è ricco di m.* *4* †Ufficio o servizio svolto in una particolare occorrenza. *5* †Ufficio funebre. *6* †Bisogno: *quelli solamente retinendo meco, che mistiero mi faranno* (SANNAZARO) | †Necessità corporale. *7* (*al pl., dial., sett.*) Faccende di casa: *fare i mestieri*. || **mestieràccio**, pegg. | **mestierùccio**, pegg.

mestièri s. m. *1* †V. *mestiere*. *2* (*lett.*) Bisogno, necessità, nelle loc. *avere m., essere m., fare m.*

†**mestièro** ● V. *mestiere*.

mestìzia [vc. dotta, lat. *maestĭtia(m)*, da *māestus* 'mesto'] s. f. ● Stato d'animo di chi è mesto: *un'ombra di m. apparve nei suoi occhi*; *non sempre / la m., il silenzio / è segno di viltade* (METASTASIO). SIN. Dolore, malinconia.

mèsto [vc. dotta, lat. *māestu(m)*, part. pass. di *maerēre* 'essere afflitto', di etim. incerta] agg. ● Che è in preda a un dolore profondo e malinconico: *animo m.*; *addolorata e mesta / era madonna* (L. DE' MEDICI) | Che dimostra, provoca o infonde tale dolore: *pagine, canzoni meste*; *un m. addio* | Dolente: *guardare con occhi mesti*. || **mestaménte**, avv. Con mestizia.

méstola [da *mestare*] s. f. *1* Mestolo da cucina più grosso, talvolta bucherellato, per schiumare o scolare cibi | *Tener la m. in mano*, (*fig.*) farla da padrone. *2* Cazzuola del muratore | Arnese di legno usato un tempo dalla lavandaia, per battere i panni | *Far correre il gioco con la m.*, (*fig.*) spadroneggiare. *3* (*dial., al pl.*) Manacce di grandi dimensioni: *se ti dà uno schiaffo con quelle mestole, ti rovina* | *Adoperare, menare la m.*, picchiare o (*fig.*) mangiare molto. *4* (*fig.*) Mento lungo. *5* †Persona sciocca o stupida. *6* (*bot.*) Mestolaccia. || **mestolàccia**, pegg. (V.) | **mestolétta**, dim. | **mestolina**, dim.

mestolàccia s. f. (pl. *-ce*) *1* Pegg. di *mestola*. *2* Pianta delle Alismatacee comune nei luoghi palustri, con fusto bulbiforme, foglie a lamina eretta, pannocchia ramosa dai piccoli fiori (*Alisma plantago*). SIN. Mestola.

mestolàio s. m. (f. *-a*) ● (*raro*) Chi fa o vende mestole, mestoli e sim.

mestolàme s. m. ● Insieme di mestoli e di altri analoghi arnesi da cucina.

mestolàta s. f. *1* Colpo di mestola o di mestolo. *2* Quantità di cibo preso in una volta sola con la mestola: *una m. di fagioli*.

mestolièra s. f. ● Arnese a cui si appendono mestoli o altri utensili da cucina.

mestolìno s. m. ● Dim. di *mestolo* | (*fig.*) *Fare il m.*, si dice dei bambini che arricciano e sporgono le labbra, nella smorfia tipica di chi sta per piangere.

méstolo [da *mestola*] s. m. *1* Arnese da cucina in legno a forma di cucchiaio molto spianato con manico di varia lunghezza, usato per rimestare vivande durante la cottura: *m. della polenta* | *Avere il m. in mano*, (*fig.*) spadroneggiare, comandare. *2* Arnese da tavola o da cucina in metallo o legno a forma di cucchiaio emisferico con manico di varia lunghezza per rimestare, schiumare e versare cibi liquidi e acqua. SIN. Ramaiolo. || **mestolino**, dim. (V.) | **mestolóne**, accr. (V.).

mestolóne s. m. *1* Accr. di *mestolo*. *2* (*fig.*) Persona sciocca e goffa nei modi. *3* (*raro*) Chi ha mani larghe e forti | (*est.*) Chi mena le mani con facilità. *4* Uccello migratore degli Anseriformi, affine all'anatra, con lungo e largo becco appiattito (*Spatula clypeata*).

mestóne [da *mestare*] s. m. (f. *-a* nel sign. 2) *1* Matterello appiattito inferiormente per rimestare la polenta. *2* (*fig.*) Intrigante, mestatore.

mestruàle o †**menstruàle** [vc. dotta, lat. *menstruale(m)* 'mensile', pol (lat. tardo) 'che ha i mestrui, dei mestrui', da *mēnstruus* 'mensile'. V. *mestruo*] agg. ● (*biol.*) Che concerne la mestruazione | *Ciclo m.*, modificazione ciclica, mensile, della mucosa uterina.

mestruàre [da *mestruo*] v. intr. (*io mèstruo*; aus. *avere*) ● Avere i flussi mestruali.

mestruàto agg. *1* Che ha le mestruazioni, detto di donna. *2* (*raro*) Sporco di mestruo.

mestruazióne o †**menstruazióne** [da *mestruare*] s. f. ● Flusso di sangue per via vaginale, dovuto allo sfaldamento dell'epitelio superficiale della mucosa uterina, che si verifica a ogni ciclo ovarico nella donna in età feconda.

mèstruo o †**mènstruo** [vc. dotta, lat. *mēnstruu(m)* 'mensile', agg. di *mēnsis* 'mese'] **A** s. m. ● Materiale eliminato con la mestruazione. **B** agg. ● †Che avviene, si ripete ogni mese.

†**mestùra** ● V. *mistura*.

†**mesuràre** ● V. *misurare*.

†**mesventùra** [ant. fr. *mesventure*, comp. di *mes-* (V. *menosdire*) e *venture* 'ventura'] s. f. ● Disavventura.

metà o †**metàde**, †**metàte** [lat. *medietāte(m)*, da *mĕdius* 'medio'] s. f. *1* Ciascuna delle due parti tra loro uguali che compongono un intero: *una m., le due m. di una mela, di una somma di denaro, di un periodo di tempo* | *M. del corpo*, secondo una linea verticale tracciata dall'alto al basso, o secondo una linea orizzontale tracciata da destra a sinistra | *La m. del giorno, della notte*, sei ore esatte negli equinozi | *La prima m. del secolo*, i primi cinquanta anni | *Una buona m.*, un po' più della metà | (*fig.*) *Ridursi la m.*, diventare magrissimo | *Crescere la m., della m.*, avere una metà in più | †*Oro di m.*, lega dimezzata. *2* (con ellissi della prep. 'di') Il punto di mezzo di q.c.: *fermarsi a m. strada*; *il pagamento avrà luogo a m. mese*; *vendere a m. prezzo* | *M. e m.*, indica mescolanza di due cose diverse in parti più o meno uguali: *il vestito è m. bianco e m. nero* | *Per m.*, nel punto di mezzo, in parti uguali e (*fig.*) in parte: *tagliare q.c. per m.*; *quello che dici è vero solo per m.* | *A m.*, a mezzo, in parti uguali: *tagliare, dividere q.c. a m.* | *Fare a m.*, spartire q.c. con qc. | *Fare, lasciare, le cose a m.*, (*fig.*) non portarle a compimento | *Possedere q.c. a m. con qc.*, esserne proprietario in comune con un'altra persona | *Dire le cose a m.*, esprimersi con poca chiarezza, lasciando spazio per i sottintesi e gli equivoci. *3* (*fam.*) Persona che forma quasi un'anima o un essere solo con un'altra (*anche scherz.*): *è partita la sua m.*; *ha trovato la sua m. ideale* | Uno dei coniugi rispetto all'altro: *le presento la mia m.*

mèta (**1**) [vc. dotta, lat. *mēta(m)*, di etim. incerta] s. f. *1* Termine finale: *m. del viaggio, del cammino*; *toccare la m.*; *arrivare alla m.*; *un pezzo di muricciuolo che divenne la m. delle loro passeggiate* (SVEVO) | (*raro*) Confine | (*raro, fig.*) *Porre m. a q.c.*, impedire che cresca o si sviluppi ulteriormente. SIN. Traguardo. *2* (*fig.*) Scopo o fine che si vuol raggiungere: *proporsi una nobile m.* SIN. Traguardo. *3* Presso i Romani, qualunque costruzione, monte o altro che avesse forma conica o piramidale | (*est.*) La colonna che, nel circo, segnava il punto in cui i cavalli dovevano svoltare per compiere il giro. *4* Nel rugby, marcatura che si ottiene facendo passare il pallone, posato a terra, entro l'area di meta avversaria: *andare in m.*; *segnare, guadagnare una m.* *5* †Calmiere dei prezzi.

mèta (**2**) [lat. *mēta(m)* 'mucchio', per la forma conica] s. f. *1* Mucchio di paglia o fieno a forma di cono. *2* Escremento emesso in una sola volta da una bestia grossa: *una m. di bue* | (*raro, est.*) Sterco.

mèta- [prep. gr. *metá* (da un indeur. **meti*, presente nel solo germ.) con i sign. fondamentali di 'fra', 'assieme a' e 'oltre, dopo'] pref. *1* In numerose parole composte, significa 'mutamento', 'trasformazione', 'trasposizione', 'trasferimento' (*metamorfosi, metempsicosi*) o 'successione', 'posteriorità' (*metatarso*) o 'al di là', 'che trascende' (*metapsichica, metastoria*). **2** In chimica, indica un composto che sia polimero, o più complicato, rispetto a quello considerato: *metaldeide* | In chimica inorganica, indica tra due acidi, derivati da una stessa anidride, quello che contiene meno molecole d'acqua: *metasilicico*.

metàbasi [vc. dotta, gr. *metábasis* 'passaggio, transizione', da *metabáinein* 'andare oltre, passare da un argomento a un altro', comp. di *metá* 'oltre' (V. *meta-*) e *báinein* 'andare'. V. *anabasi*] s. f. ● In filosofia, mutamento di metodo o di oggetto di indagine | Nella retorica, passaggio ad altro argomento.

metabiologìa [comp. di *meta-* e *biologia*] s. f. ● Sistema di teorie e di credenze che si basa su principi della biologia, pur esulando dall'ambito scientifico.

metabiòsi [comp. di *meta-* e del gr. *bíōsis* 'condotta di vita'] s. f. ● (*biol.*) Peculiare stato di un organismo che per la propria esistenza richiede un ambiente condizionato da un'altra forma di vita.

metabisolfìto [comp. di *meta-* e *bisolfito*] s. m. ● (*chim.*) Pirosolfito di un metallo: *m. di sodio, di potassio*.

metàbole [vc. dotta, lat. tardo *metăbole(m)*, nom. *metăbole*, dal gr. *metabolḗ* 'mutamento, cambiamento', da *metabállein* 'cambiare', comp. di *metá* 'oltre' (V. *meta-*) e *bállein* 'gettare, porre'] s. m. ● (*ling.*) Mutamento di qualsiasi tipo nell'uso del linguaggio: variazione di ritmo, trasposizione di parole, cambiamento nell'ordine grammaticale, sintattico e logico della frase.

metabòlico [vc. dotta, gr. *metabolikós* 'mutabile', da *metabolḗ* 'mutamento'. V. *metabole*] agg. (pl. m. *-ci*) **1** (*fisiol.*) Relativo al metabolismo. **2** (*est.*) Che subisce o può subire un mutamento. || **metabolicaménte**, avv.

metabolìsmo [dal gr. *metabolḗ* 'cambiamento'. V. *metabole*] s. m. **1** (*fisiol.*) Insieme dei processi che determinano la trasformazione degli alimenti in tessuti, calore corporeo, lavoro meccanico e l'eliminazione delle sostanze residue | *M. basale*, consumo minimo di energie da parte dell'organismo in assoluto riposo | *Fare il m.*, (*pop.*) sottoporsi agli esami per la prova del metabolismo basale. **2** (*est., fig.*) Insieme delle trasformazioni subite in un organismo a struttura composita, spec. politico o socio-economico, dai suoi elementi costitutivi che si sviluppano e rinnovano mantenendosi in vita: *il m. di un'azienda*; *il m. delle correnti di un partito*.

metabòlita o **metabòlito** [da *metabolismo*] s. m. (pl. *-i*) ● Prodotto del metabolismo.

metabolizzànte A part. pres. di *metabolizzare*; anche agg. **1** Nei sign. del v. **2** (*fisiol.*) Detto di sostanza o farmaco che è in grado di agire sull'organismo favorendo i processi metabolici. **B** anche s. m.

metabolizzàre v. tr. **1** (*fisiol.*) Fare oggetto di metabolismo | Trasformare, impiegare nel metabolismo. **2** (*est., fig.*) Assimilare un'idea, un concetto.

metabolizzàto part. pass. di *metabolizzare*; anche agg. ● Nei sign. del v.

metabulìa [vc. dotta, gr. *metaboulía*, comp. di *metá* (V. *meta-*) e *boulḗ* 'volontà' (V. *abulia*)] s. f. ● (*psicol.*) Alterazione dei desideri.

metacarpàle agg. ● (*anat.*) Del metacarpo.

metacàrpo [vc. dotta, gr. *metakárpion*, comp. di *metá* (V. *meta-*) e *karpós* 'carpo'] s. m. ● (*anat.*) Parte ossea della mano tra il carpo e le dita, costituente lo scheletro del palmo. ➡ ILL. p. 362 ANATOMIA UMANA.

metacèntrico agg. (pl. m. *-ci*) ● Del metacentro, relativo al metacentro.

metacèntro [comp. di *meta-* e *centro*] s. m. ● (*fis.*) In un galleggiante, punto d'intersezione tra la retta d'azione della spinta idrostatica e la linea di spinta iniziale.

metacinàbro [comp. di *meta-* e *cinabro*] s. m. ● (*miner.*) Fase cristallina monometrica del solfuro di mercurio.

metacrilàto [comp. di *met(a)-* e *acrilato*] s. m. ● Composto organico acrilico da cui si ottengono alcuni polimeri, tra cui resine termoplastiche e incolori usate al posto del vetro.

metacrìlico [comp. di *met(a)-* e *acrilico*] agg. (pl. m. *-ci*) ● (*chim.*) Detto di acido derivato dall'acido acrilico, che ha facilità a polimerizzarsi, costituendo quindi la materia prima per la preparazione di resine artificiali.

metacrìtica [comp. di *meta-* e *critica*] s. f. ● (*filos.*) Critica della critica.

metacromasìa [comp. di *meta-* e del gr. *chrôma* 'colore' sul modello del ted. *Metachromasie*] s. f. ● (*biol.*) Caratteristica di taluni composti o strutture ricchi di cariche elettriche, i quali si legano a molecole di sostanze coloranti dotate di carica inversa e, provocandone la polimerizzazione, ne modificano il colore.

metacromàtico [comp. di *meta-* e *cromatico*] agg. (pl. m. *-ci*) ● (*biol.*) Detto di sostanza o di struttura caratterizzata da metacromasia.

metacromatìsmo [comp. di *meta-* e *cromatismo*] s. m. ● Cambiamento di colore della pelle, dei peli o dei capelli per età o per altre cause.

metacronìsmo [dal gr. *metáchronos* 'anacronistico', comp. di *metá* (V. *meta-*) e *chrónos* 'tempo'] s. m. ● Collocazione di un fatto in un tempo diverso da quello a cui logicamente appartiene.

†**metàde** ● V. *metà*.

metadìnamo [comp. di *meta-* e *dinamo*] s. f. inv. ● (*elettr.*) Categoria di macchine elettriche speciali a corrente continua, che hanno rotore e collettore del tutto simili a quelli di una dinamo normale, però dotati di un maggior numero di spazzole.

metadóne [comp. di *met(ile)*, *a(mmino)*, *d(ifenile)* e *-one*] s. m. ● Composto chimico sintetico che possiede proprietà analgesiche e stupefacenti analoghe a quelle della morfina, usato anche nel trattamento delle tossicodipendenze.

metadònico agg. (pl. m. *-ci*) ● Di metadone, a base di metadone: *somministrazione, terapia metadonica*.

metaemoglobìna o **metemoglobìna** [comp. di *meta-* ed *emoglobina*] s. f. ● Prodotto di ossidazione dell'emoglobina.

metafàse [comp. di *meta-* e *fase*] s. f. ● (*biol.*) Seconda fase della cariocinesi, nella quale si forma la piastra equatoriale e comincia la divisione longitudinale dei cromosomi.

metafìsica [gr. *metà tà physiká* 'dopo le cose fisiche, naturali'; il n. deriva dal fatto che nella prima edizione delle opere di Aristotele i libri di ontologia erano disposti dopo i trattati di fisica] s. f. **1** Parte della filosofia che, procedendo al di là dei dati dell'esperienza, perviene alla spiegazione dei principi essenziali della realtà | (*est.*) Settore del sistema filosofico di un autore riguardante questo argomento. **2** (*est., spreg.*) Cosa astrusa, difficile a comprendersi, o cosa astratta, falsa, priva di rapporti con la realtà concreta.

metafisicàre [da *metafisica*] v. intr. (*io metafìsico, tu metafìsichi*; aus. *avere*) ● (*raro, fig., spreg.*) Speculare su problemi eccessivamente sottili e astratti.

metafisicherìa s. f. ● (*raro*) Sottigliezza astrusa e astratta.

metafìsico A agg. (pl. m. *-ci*) **1** Che concerne o interessa la metafisica o che ne ha i caratteri. **2** (*fig.*) Che è astruso e oscuro, spec. per eccessive sottigliezze: *queste sono elucubrazioni metafisiche!* || **metafisicaménte**, avv. **B** s. m. (f. *-a*) **1** Chi si dedica ai problemi della metafisica. **2** (*fig., spreg.*) Persona che ragiona in modo astruso e astratto, lontano dalla realtà delle cose. || **metafisicàstro**, pegg.

metàfita [comp. di *meta-* e *-fito*] s. f. ● (*raro*) Organismo vegetale pluricellulare.

metafonèsi [comp. di *meta-* e del gr. *phṓnēsis* 'suono'. V. *metafonia*] s. f. ● (*ling.*) Metafonia.

metafonètico agg. (pl. m. *-ci*) ● (*ling.*) Di, relativo a metafonesi.

metafonìa [comp. di *meta-* e *-fonia*] s. f. ● (*ling.*) Fenomeno fonetico, diffuso in molti dialetti, ma sconosciuto al fiorentino, che consiste nella chiusura della vocale tonica per influsso della vocale (*i, u*) della sillaba seguente: *cristallo e perle da quilli occhi uscire* (BOIARDO).

metafònico agg. (pl. m. *-ci*) ● (*ling.*) Di, relativo a, metafonia.

metàfora [vc. dotta, lat. *metăphora(m)*, nom. *metăphora*, dal gr. *metaphorá* 'trasporto, mutazione, metafora', da *metaphérein* 'trasportare, trasferire', comp. di *metá* (V. *meta-*) e *phérein* 'portare' (V. *-fero*)] s. f. ● (*ling.*) Figura retorica che consiste nel sostituire una parola con un'altra in base a un rapporto di palese o intuitiva analogia tra i rispettivi significati letterali: *la bella bocca angelica, di perle / piena et di rose et di dolci parole* (PETRARCA). || **metaforàccia**, pegg. | **metaforétta**, dim. | **metaforóna**, accr.

metaforeggiàre [comp. di *metafor(a)* e *-eggiare*] v. intr. (*io metaforéggio*; aus. *avere*) ● Parlare in metafora, far uso di metafora.

metafòrico [vc. dotta, gr. *metaphorikós*, da *metaphorá* 'metafora'] agg. (pl. m. *-ci*) ● Di metafora, contenente metafore: *significato m.*; *linguaggio m.* || **metaforicaménte**, avv. In modo metaforico, per mezzo di metafore: *parlare metaforicamente*.

metaforìsmo [da *metafora*] s. m. ● Uso di metafore e modo di usarle: *il m. del Petrarca*.

metaforizzàre A v. intr. (aus. *avere*) ● (*raro*) Metaforeggiare. **B** v. tr. ● (*raro*) Esprimere sotto metafora: *m. un'idea, un concetto*.

metàfrasi [vc. dotta, lat. *metăphrasi(m)*, dal gr. *metáphrasis*, da *metaphrázein* 'riportare in altre parole o in altra lingua, tradurre'] s. f. ● (*letter.*) Traduzione libera, adattamento, riduzione di un testo.

metafràste [gr. *metaphrastḗs*, da *metaphrázein* 'tradurre' (comp. di *meta-* 'meta-' e *phrázein* 'parlare', di etim. incerta)] s. m. ● (*lett.*) Esegeta, commentatore | Traduttore.

metagalàssia [comp. di *meta-* e *galassia*] s. f. ● (*astron.*) L'insieme di tutte le stelle non appartenenti alla nostra galassia.

metagalàttico [comp. di *meta-* e *galattico*] agg. (pl. m. *-ci*) ● (*astron.*) Attinente alla metagalassia | *Universo m.*, universo sidereo.

metagènesi [comp. di *meta-* e *-genesi*] s. f. ● (*biol.*) L'alternarsi di generazioni a riproduzione agamica e a riproduzione sessuata in una specie animale o vegetale.

metageometrìa [comp. di *meta-* e *geometria*] s. f. ● (*raro*) Geometria non euclidea.

metagiurìdico [comp. di *meta-* e *giuridico*] agg. (pl. m. *-ci*) ● Che è irrilevante dal punto di vista giuridico.

metagràmma [comp. di *meta-* e *-gramma*] s. m. (pl. *-i*) ● Gioco enigmistico consistente nel passare da una parola ad un'altra attraverso parole intermedie che si ottengono cambiando ogni volta una sola lettera o una sola sillaba.

metal /ingl. 'metl/ agg. e s. m. inv. ● Acrt. di *heavy metal*.

metaldèide [comp. di *meta-* e *aldeide*] s. f. ● Polimero dell'aldeide acetica ottenuto aggiungendo acido solforico concentrato all'aldeide acetica e mantenendo la temperatura sotto zero, adoperato sotto forma di tavolette come combustibile da viaggio, e sim.

metaldetector /'mɛtal de'tɛktor, *ingl.* 'metəl di'tektə*/ [vc. ingl., comp. di *metal* 'metallo' e *detector* (V.)] s. m. inv. ● Dispositivo elettromagnetico, installato in luoghi pubblici quali aeroporti e sim., che permette di individuare la presenza di oggetti metallici nascosti su persone, o in valigie, borse e sim. SIN. Cercametalli.

metalèpsi [vc. dotta, lat. *metalēpsi(n)*, nom. *metalēpsis*, dal gr. *metálēpsis* 'il prender parte', da *metalambánein* 'prender parte', comp. di *metá* (V. *meta-*) e *lambánein* 'prendere'] s. f. ● (*ling.*) Improprietà nell'uso di un sinonimo determinata dal contesto (frequente nei giochi di parole e, come errore, nei calchi e nelle traduzioni) | Figura retorica consistente nell'operare contemporaneamente più di un trasferimento di significato: *mangiare le fatiche delle proprie mani*.

metalessicografìa [comp. di *meta-* e *lessicografia*] s. f. ● (*ling.*) Studio, analisi che ha per oggetto la lessicografia, i suoi principi e i suoi metodi.

metalìmnio [comp. di *meta-* e *limno-*] s. m. ● Nei laghi delle regioni temperate, strato spesso una decina di metri, compreso fra l'epilimnio e l'ipolimnio nel quale ha luogo un salto termico ed esistono condizioni favorevoli alla maggior parte dell'ittiofauna.

metalìngua [comp. di *meta-* e *lingua* nel sign. II 1] s. f. ● (*ling.*) Metalinguaggio.

metalinguàggio [comp. di *meta-* e *linguaggio*] s. m. ● (*filos.*) Sistema linguistico artificiale per mezzo del quale è possibile analizzare i simboli e le strutture del linguaggio naturale.

metalinguìstica [comp. di *meta-* e *linguistica*] s. f. • Parte teorica della linguistica che ha come scopo la riflessione sui principi, sui metodi, sulle finalità della scienza del linguaggio.

metalinguìstico agg. (pl. m. *-ci*) • (*ling.*) Detto della funzione della lingua mediante la quale il parlante assume il codice della lingua per riflettere sul codice stesso o per descriverlo.

metallàro [da *metallo*, come traduzione di (*heavy*) *metal*] **A** s. m. (f. *-a*) • Appartenente a gruppi giovanili degli anni Ottanta, appassionati della musica heavy metal, caratterizzati da un abbigliamento vistoso con guarnizioni metalliche (giubbotto di pelle nera, borchie, catenelle ecc.). **B** anche agg.: *un gruppo m.*

metàllico [vc. dotta, lat. *metallicu(m)*, nom. *metăllicus*, dal gr. *metallikós*, agg. di *métallon* 'metallo'] agg. (pl. m. *-ci*) **1** Di, relativo a, metallo: *lega metallica*. **2** Che ha aspetto e caratteristiche di metallo: *splendore m.* | (*est.*) Detto di voce, suono e sim. sonori e limpidi, ma privi d'inflessioni.

†**metallière** [lat. tardo *metallăriu(m)* 'minatore', da *metăllum* 'metallo'] s. m. • Chi lavora i metalli.

metallìfero [vc. dotta, lat. *metallĭferu(m)*, comp. di *metăllum* 'metallo' e *-fer* '-fero'] agg. • Contenente metalli: *suolo m.*

†**metallificàre** [comp. di *metallo* e *-ficare*] v. intr. • Diventare metallo.

metallìna [da *metallo*] s. f. • Miscela che si forma durante l'estrazione di metalli da minerali solforati, costituita spec. da solfuri.

†**metallìno** agg. • Di metallo.

metallìṣmo [comp. di *metallo* e *-ismo*] s. m. • Teoria che fa dipendere il valore di una moneta dal suo contenuto metallico.

metalliẓẓàre [fr. *métalliser*, da *métal* 'metallo'] v. tr. **1** Ricoprire un oggetto con un sottile strato di metallo, a scopo protettivo od ornamentale. **2** Conferire a q.c. una lucentezza metallica spec. mediante l'uso di particolari vernici.

metalliẓẓàto part. pass. di *metallizzare*; anche agg. **1** Nei sign. del v. **2** Contenente metalli | Che ha riflessi metallici | *Vernice metallizzata*, vernice speciale contenente polveri metalliche, usata spec. per carrozzerie di automobili.

metalliẓẓazióne [fr. *métallisation*, da *métalliser* 'metallizzare'] s. f. • Atto, effetto del metallizzare.

metàllo [vc. dotta, lat. *metăllu(m)*, dal gr. *métallon*, di origine preindeur.] s. m. **1** Elemento chimico, quasi sempre solido allo stato naturale, duttile, malleabile, buon conduttore del calore e dell'elettricità | *M. nobile*, che si ossida difficilmente, come l'argento, l'oro, il platino | *M. leggero*, avente basso peso specifico | *M. pesante*, avente elevato peso specifico. **2** Lega di metalli diversi: *lampada di m.* **3** Oggetto di metallo | (*est.*) Moneta metallica o anche moneta in genere: *il vil m.* | (*raro*) *Il m. della voce*, il timbro.

metalloceràmica [comp. di *metallo* e *ceramica*] s. f. • Parte della metallurgia che si occupa di prodotti costituiti da un'associazione di materiali di tipo ceramico e metallico, ottenuta mediante sinterizzazione.

metalloceràmico agg. (pl. m. *-ci*) • Detto di prodotto, per lo più durissimo e con altissimo punto di fusione, ottenuto con i procedimenti della metalloceramica.

metallocromìa [comp. di *metallo* e *-cromia*] s. f. • Processo chimico cui si sottopongono oggetti metallici per impartire alla loro superficie un particolare aspetto brunito.

metallofagìa [comp. di *metallo* e *-fagia*] s. f. (pl. *-gie*) • Tendenza morbosa a trangugiare pezzi di metallo.

metallofobìa [comp. di *metallo* e *-fobia*] s. f. • Avversione morbosa per oggetti di metallo, specie se lisci.

metallòfono [comp. di *metallo* e *-fono*, sul modello dell'ingl. *metallophone*] s. m. • (*mus.*) Tastiera a percussione, formata da listelli di metallo con diverse tonalità di suono.

metallografìa [fr. *métallographie*, comp. di *métallo-*, dal gr. *métallon* 'metallo', e *-graphie* '-grafia'] s. f. **1** Scienza che studia la struttura cristallina dei metalli e delle leghe ed il loro comportamento termico. **2** Tecnica di riproduzione a stampa mediante lastre metalliche.

metallogràfico agg. (pl. m. *-ci*) • Di, relativo a, metallografia: *esame m.*

metallògrafo s. m. • Studioso di metallografia | Chi è addetto all'esame dei metalli.

metallòide [comp. di *metallo* e *-oide*] s. m. • (*chim.*) Non metallo.

metallòidico o **metalloìdico** agg. (pl. m. *-ci*) • Di, relativo a metalloide | Che ha aspetto e proprietà di metalloide.

metallorgànico [comp. di *metallo* e *organico*] agg. (pl. m. *-ci*) • Detto di composto nel quale un atomo di metallo è direttamente unito ad atomi di carbonio di radicali organici.

metalloscòpio [comp. di *metallo* e *-scopio*] s. m. • Apparecchio atto ad accertare l'esistenza di eventuali fessure nei pezzi di materiali ferrosi, sfruttando l'elettromagnetismo.

†**metallotèca** [comp. di *metallo* e *-teca*] s. f. • Museo di metalli.

metalloterapìa [comp. di *metallo* e *-terapia*] s. f. • Nell'antica scienza terapeutica, cura mediante applicazione di pezzi di metallo su parti malate.

metallotermìa [comp. di *metallo* e *-termia*] s. f. • Tecnica metallurgica in cui la riduzione degli ossidi metallici si ottiene impiegando come riduttore un altro metallo che abbia maggiore affinità con l'ossigeno, impiegata per la produzione di metalli rari o speciali.

metallurgìa [dal gr. *metallourgêin* 'lavorare metalli', comp. di *métallon* 'metallo' ed *érgon* 'lavoro' (V. *ergon*): attraverso il fr. *métallurgie*] s. f. (pl. *-gie*) • Insieme dei metodi industriali di estrazione dei metalli puri da quelli grezzi, della loro lavorazione e delle loro leghe | *M. delle polveri*, tecniche e procedimenti produttivi per ottenere, mediante sinterizzazione, prodotti metallici o metalloceramici, durissimi e refrattari.

metallùrgico **A** agg. (pl. m. *-ci*) • Che concerne la metallurgia o ha rapporto con essa: *industria metallurgica*. **B** s. m. • Operaio dell'industria metallurgica.

metallurgìsta s. m. e f. (pl. m. *-i*) • Studioso, esperto di metallurgia.

metalmeccànico [comp. di *metal(lurgico)* e *meccanico*] **A** agg. (pl. m. *-ci*) • Che concerne la metallurgia e la meccanica: *industria metalmeccanica*. **B** s. m. • Operaio di industrie metallurgiche e meccaniche: *sciopero dei metalmeccanici*.

metalmeẓẓàdro [da *mezzadro*, sul modello di *metalmeccanico*] s. m. • (*scherz.*) Operaio spec. metallurgico che, dopo il turno in fabbrica, lavora e fa fruttare modeste estensioni di terreno.

metalògico [comp. di *meta-* e *logico*] agg. (pl. m. *-ci*) • Che concerne o interessa lo studio delle regole formali di un linguaggio.

metamatemàtica [comp. di *meta-* e *matematica*] s. f. • Secondo alcuni autori, teoria delle dimostrazioni matematiche.

metamerìa [comp. di *meta-* e *-meria*] s. f. **1** (*zool.*) Ripetizione, lungo l'asse longitudinale del corpo animale, di segmenti comprendenti unità funzionali di uno o più organi o sistemi organici. **2** (*chim.*) Tipo di isomeria presentato da ammine o composti contenenti un eteroatomo. SIN. Metamerismo.

metamèrico agg. (pl. m. *-ci*) • (*zool.*) Che presenta metameria.

metamerìṣmo s. m. • (*chim.*) Metameria.

metameriẓẓazióne [da *metameria*] s. f. • (*biol.*) Divisione in metameri.

metàmero [comp. di *meta-* e *-mero*] s. m. **1** (*zool.*) Ciascuno dei segmenti che si susseguono in un organismo animale metamerico. **2** (*chim.*) Composto che presenta metameria.

metamoràle [comp. di *meta-* e *morale*] **A** agg. • (*filos.*) Che concerne o interessa i fondamenti della morale. **B** s. f. • (*filos.*) Teoria dei fondamenti della morale.

metamòrfico [fr. *métamorphique*, da *métamorphisme* 'metamorfismo'] agg. (pl. m. *-ci*) **1** Di, riferito alla metamorfosi. **2** Relativo al metamorfismo | Che ha subìto metamorfismo.

metamorfìṣmo [fr. *métamorphisme*, da *métamorphose* 'metamorfosi'] s. m. • (*geol.*) Insieme dei processi di trasformazione delle rocce dovuti all'azione del calore, alla pressione, o ad azioni chimiche.

metamorfiẓẓàre [da *metamorfosi*] **A** v. tr. • Trasformare, cambiare profondamente. **B** v. rifl. e intr. pron. • Subire una metamorfosi, trasformarsi.

metamorfoṣàre [fr. *métamorphoser*, da *métamorphose* 'metamorfosi'] **A** v. tr. (*io metamòrfoṣo*) • Trasformare, provocare un processo di metamorfosi. **B** v. intr. pron. • Subire una metamorfosi.

metamorfoṣàto part. pass. di *metamorfosare*; anche agg. • Nei sign. del v.

metamòrfoṣi [vc. dotta, lat. *metamorphōsi(m)*, nom. *metamorphōsis*, dal gr. *metamórphōsis*, da *metamorphôun* 'trasformare', comp. di *metá* (V. *meta-*) e *morphḗ* 'forma' (V. *morfologia*)] s. f. **1** Nella mitologia greco-romana, trasformazione di un essere umano o divino in un altro di natura diversa. **2** Profonda trasformazione che alcuni animali compiono nella forma e nella struttura per passare dallo stadio di larva a quello di adulto. **3** (*fig.*) Cambiamento, mutazione: *una grande, profonda, improvvisa m.*; *nella sua mente, Angiolina subì una m. strana* (SVEVO). **4** Modificazione subita dall'organo di un vegetale per adattarsi alle condizioni ambientali. **5** Trasformazione per allotropia o per spostamento di atomi nella molecola.

†**metamorfòṣico** agg. • Di metamorfosi.

metanàle [ingl. *methanal*, comp. di *methan(e)* 'metano' col suff. aggettivale *-al* '-ale (2)'] s. m. • (*chim.*) Nome scientifico della formaldeide.

metanàuplio [comp. di *meta-* e *nauplio*] s. m. • (*zool.*) Stadio larvale di alcuni Crostacei successivo a quello di nauplio.

metànico [da *metano*] agg. (pl. m. *-ci*) • Relativo al metano.

metanièra s. f. • Particolare tipo di nave adibita al trasporto del metano liquido.

metanière s. m. • Chi è occupato nell'industria estrattiva del metano.

metanièro agg. • Relativo all'estrazione del metano e alla sua utilizzazione industriale.

metanìfero [comp. di *metano* e *-fero*] agg. • Che produce metano.

metaniẓẓàre v. tr. **1** Approvvigionare di metano: *m. una città, un quartiere* | Sostituire il metano a un altro tipo di gas per uso domestico: *m. il servizio gas*. **2** Effettuare in un veicolo delle modificazioni atte a permetterne il funzionamento a metano.

metaniẓẓazióne s. f. • Atto, effetto del metanizzare.

metàno [da *met(ile)*, col suff. chimico *-ano*] s. m. • Idrocarburo gassoso, primo termine della serie delle paraffine, che si forma nella putrefazione di sostanze organiche, presente in abbondanza nei gas naturali e delle miniere e nei gas di carbonizzazione dei combustibili, ottenibile chimicamente in diversi modi e impiegato come combustibile industriale, domestico o come materia prima per numerose sintesi chimiche.

metanodótto [comp. di *metano* e *-dotto*, ricavato da *acquedotto*] s. m. • Conduttura che porta il metano dal luogo di estrazione a quello del consumo.

metànoia [vc. dotta, gr. *metánoia*, da *metanoêin* 'mutar parere, pentirsi', comp. di *metá* (V. *meta-*) e *noêin* 'pensare', da *nôus* 'mente' (V. *noumeno*)] s. f. • Nella terminologia cristiana, pentimento che porta alla salvezza.

metanòlo [comp. di *metano* e *-olo* (*1*)] s. m. • (*chim.*) Il più semplice degli alcoli alifatici saturi contenuto nell'acido pirolegnoso, preparato industrialmente per idrogenazione sotto pressione dell'ossido di carbonio, usato per propergoli, come solvente e come materia prima per l'industria delle sostanze organiche; è tossico e di odore pungente.

metapèdio [comp. di *meta-* e del gr. *pedíon* 'metatarso', dalla stessa radice di *póus*, genit. *podós* 'piede' (V. *-pode*)] s. m. • (*anat.*) Metatarso.

metaplàṣia [dal gr. *metáplasis* 'trasformazione', comp. di *metá* (V. *meta-*) e *plássein* 'plasmare, modellare' (V. *plasmare*)] s. f. • (*med.*) Processo di trasformazione di un tessuto in un altro di tipo diverso, fase iniziale dello sviluppo di un tumore.

metaplàṣma [vc. dotta, lat. *metaplăsmu(m)*, nom. *metaplăsmus*, dal gr. *metaplasmós* 'metaplasmo, trasformazione', da *metaplássein* 'trasformare', comp. di *metá* (V. *meta-*) e *plássein* 'plasmare, modellare'. V. prec.] s. m. (pl. *-i*) • (*biol.*) Sostanza elaborata dalla cellula che, pur non essendo sostanza vivente, partecipa alla struttura dei tessuti.

metaplàsmo [vc. dotta, lat. *metaplăsmu(m)*, nom. *metaplăsmus*, dal gr. *metaplasmós* 'metaplasmo, trasformazione', da *metaplássein* 'trasformare', comp. di *metá* (V. *meta-*) e *plássein* 'plasmare, modellare'. V. prec.] s. m. *1* (*ling.*) Mutamento fonetico consistente nell'alterazione di una parola mediante la soppressione, l'aggiunta, la permutazione o la fusione di suoni | Cambiamento morfologico (di genere, numero, declinazione, coniugazione) nel passaggio di un vocabolo da una lingua ad un'altra. *2* (*ling.*) Passaggio di una parola da una categoria morfologica a un'altra.
metaplàstico agg. (pl. m. *-ci*) *1* (*med.*) Di metaplasia, che concerne la metaplasia. *2* (*ling.*) Di, relativo a metaplasmo.
metapsìchica [f. sost. di *metapsichico*] s. f. ● (*psicol.*) Parapsicologia.
metapsìchico [comp. di *meta-* e *psichico*] agg. (pl. m. *-ci*) ● Relativo a metapsichica e a fenomeno psichico paranormale.
metapsichìsta s. m. e f. (pl. m. *-i*) ● Chi si occupa di metapsichica.
metaromànzo [comp. di *meta-* e *romanzo*] s. m. ● Romanzo in cui l'autore narra l'operazione dello scrivere il romanzo stesso.
metasemìa [da *meta-*, sul modello di *polisemia*] s. f. ● (*ling.*) Cambiamento di significato.
metastàbile [comp. di *meta-* e *stabile*] agg. ● (*fis.*) Detto di equilibrio di un sistema tale che, sottoposto a piccoli spostamenti, tende a ritornare alla posizione iniziale.
metàstasi [vc. dotta, gr. *metástasis* 'mutazione, spostamento', da *methistánai* 'mutare, spostare', comp. di *metá* (V. *meta-*) e *histánai* 'porre'] s. f. *1* (*ling.*) Movimento degli organi articolatori per abbandonare una data posizione. *2* (*med.*) Riproduzione di un processo tumorale a distanza dal luogo di insorgenza, per diffusione di cellule tumorali capaci di riprodursi.
metastasiàno agg. ● Di, relativo al, poeta P. Metastasio (1698-1782) o al suo stile.
metastàtico [vc. dotta, gr. *metastatikós*, da *metástasis* 'cambiamento' (V. *metastasi*)] agg. (pl. m. *-ci*) ● (*med.*) Relativo a metastasi: *processo m.*
metastatizzànte part. pres. di *metastatizzare*; anche agg. ● Nel sign. del v.
metastatizzàre [da *metastatico*] v. intr. e intr. pron. (aus. *avere*) ● (*med.*) Produrre metastasi: *il tumore metastatizza.*
metastatizzazióne [da *metastatizzare*] s. f. ● (*med.*) Processo di riproduzione di un tumore per metastasi.
metastèrno [comp. di *meta-* e *sterno*] s. m. ● (*med.*) Processo ensiforme o xifoideo dello sterno.
metastòria [comp. di *meta-* e *storia*] s. f. ● Ciò che vi è di costante nel divenire continuo della storia.
metastoricità s. f. ● Qualità di metastorico.
metastòrico [comp. di *meta-* e *storico*] agg. (pl. m. *-ci*) ● (*filos.*) Detto di ciò che si ritiene non soggetto alla contingenza storica e che presenta caratteri di immutabilità ed eternità.
metatarsàle **A** agg. ● (*anat.*) Relativo al metatarso. **B** s. m. ● (*anat.*) Ciascuna delle ossa del metatarso.
metatarsalgìa [comp. di *metatars(o)* e *-algia*] s. f. (pl. *-gie*) ● (*med.*) Dolore nella regione del metatarso, spesso secondario ad appiattimento della volta plantare anteriore.
metatàrso [comp. di *meta-* e *tarso*] s. m. ● (*anat.*) Parte ossea del piede tra il tarso e le dita, formata da cinque ossa lunghe parallele. SIN. Metapedio. ➡ ILL. p. 362 ANATOMIA UMANA.
†**metàte** ● V. *metà*.
metàtesi [vc. dotta, lat. tardo *metăthesi(m)*, nom. *metăthesis*, dal gr. *metáthesis* 'trasposizione', da *metatithénai*, comp. di *metá* (V. *meta-*) e *tithénai* 'porre'] s. f. ● (*ling.*) Inversione nell'ordine di successione dei suoni di una parola: *padule/palude*; *pan per cofaccia* (SACCHETTI).
metatètico [da *metatesi*] agg. (pl. m. *-ci*) ● (*ling.*) Di, relativo a metatesi.
metàto [dal lat. *mēta(m)* 'mucchio'] s. m. ● Luogo dove si seccano le castagne esponendole su graticci a un moderato calore.
metatoràce [comp. di *meta-* e *torace*] s. m. ● (*zool.*) Il terzo e ultimo dei tre segmenti del torace degli Insetti.
metatrofìa [comp. di *meta-* e *-trofia*] s. f. ● (*biol.*) Condizione metabolica di un organismo che richiede carbonio e azoto in forme molecolari complesse.
Metazòi [comp. di *meta-* e *-zoo*] s. m. pl. ● Nella tassonomia animale, sottoregno comprendente tutti gli animali pluricellulari, nei quali le cellule, riunite in gruppi, esplicano le diverse funzioni vitali (*Metazoa*) | (al sing. *-o*) Ogni individuo di tale sottoregno.
metèco [vc. dotta, lat. tardo *metœcu(m)*, nom. *metœcus*, dal gr. *métoikos* 'emigrato, colono, straniero', da *metoikêin* 'cambiare soggiorno, emigrare', comp. di *metá* (V. *meta-*) e *oikêin* 'abitare', da *ôikos* 'casa' (V. *ecumene*)] s. m. (pl. *-ci*) ● Nell'antico diritto greco, straniero libero residente stabilmente nel territorio di una città, con limitato godimento di diritti politici, civili e militari.
metemoglobìna ● V. *metaemoglobina*.
metempìrico [comp. di *meta-* e *empirico*] agg. (pl. m. *-ci*) ● Che si colloca al di fuori dei limiti di ogni possibile esperienza. SIN. Metafisico.
metempsicòsi [vc. dotta, lat. tardo *metempsychōsi(m)*, nom. *metempsychōsis*, dal gr. *metempsýchōsis*, da *metempsychôusthai* 'passare da un corpo a un altro', comp. di *metá-* (V. *meta-*) e *psyché* 'anima' (V. *psiche*)] s. f. ● In molte religioni e credenze filosofiche, trasmigrazione dell'anima che, ad ogni successiva morte del corpo in cui è ospitata, passa in altro corpo umano, animale, vegetale o minerale, finché non si è liberata da ogni vincolo con la materia.
metencèfalo [comp. di *meta-* e *encefalo*] s. m. ● (*anat.*) Seconda porzione del rombencefalo nello sviluppo embriologico dell'encefalo.
mèteo [acrt. di *meteorologico*] **A** s. m. inv. ● Messaggio o bollettino contenente informazioni meteorologiche, trasmesso per radio o per radiotelefono | *M. mare*, destinato alla navigazione marittima | *M. nave*, trasmesso da una nave in navigazione. **B** agg. inv. ● Meteorologico: *notizie m.*
meteoecologìa [comp. di *meteo(rologia)* ed *ecologia*] s. f. ● Settore dell'ecologia che studia i rapporti fra l'ambiente e il clima, analizzando in particolare le variazioni climatiche indotte dall'inquinamento.
metèora [gr. *metéōra*, nt. pl. sost. dell'agg. *metéōros* 'elevato, posto in alto, nel cielo', comp. di *metá* 'oltre' (V. *meta-*) e *aéirein* 'sollevare'] s. f. *1* (*geogr.*) Ogni fenomeno che ha origine e si svolge nell'atmosfera. *2* (*astron.*) Corpo celeste che, attraversando l'atmosfera terrestre, diviene incandescente per attrito e, nella maggior parte dei casi, si trasforma in gas | *Passare come una m.*, (*fig.*) con riferimento a persona che ha suscitato grande interesse e ha goduto grande fama solo per poco tempo, o che è venuta meno troppo presto. SIN. Bolide, stella cadente, stella filante. *3* Meteoroide.
meteòrico (1) agg. (pl. m. *-ci*) *1* (*geogr.*) Dei, relativo ai fenomeni che hanno sede nell'atmosfera terrestre | *Fenomeno m.*, meteora | *Erosione meteorica*, quella della superficie terrestre prodotta dagli agenti atmosferici quali il vento e la pioggia. *2* (*astron.*) Del, relativo alle meteoriti. *3* (*astron.*) Relativo alle meteore, costituito da meteore | *Sciame m.*, gruppo di meteore che viaggiano alla stessa velocità su orbite eliocentriche e che possono dare origine al fenomeno della pioggia delle stelle cadenti.
meteòrico (2) agg. (pl. m. *-ci*) ● (*med.*) Affetto da meteorismo.
meteorìsmo [vc. dotta, gr. *meteōrismós* 'sollevamento, gonfiamento', da *meteōrízein* 'alzare, sollevare', da *metéōros*. V. *meteora*] s. m. ● (*med.*) Eccessiva produzione di gas intestinali | (*zool.*) *M. del rumine*, frequente malattia dei ruminanti che consiste in una abnorme raccolta di gas nel rumine e che può portare a morte l'animale in brevissimo tempo.
†**meteorìsta** [da *meteora*] s. m. e f. ● Meteorologo.
meteorìte [comp. di *meteor(o)-* e *-ite (2)*] s. m. o f. *1* Corpo solido di origine extra-tellurica caduto sulla superficie terrestre, composto in gran parte di ferro e nichel | *M. litoide*, aerolito. SIN. Bolide. *2* Meteoroide.
meteorìtica [da *meteorite*] s. f. ● Studio dei meteoriti. SIN. Meteoroastronomia.
meteorìtico agg. (pl. m. *-ci*) ● Attinente alle meteoriti.
meteorizzàre [fr. *météoriser* (cfr. *meteorismo*)] v. tr. ● (*med.*) Provocare meteorismo.
meteòro- [da *meteora*] primo elemento ● In parole composte della terminologia scientifica, significa 'meteora' o, più spesso, 'meteorologia', o indica relazione con fenomeni meteorologici: *meteorite, meteorografo, meteoropatia.*
meteoroastronomìa [comp. di *meteoro-* e *astronomia*] s. f. ● Meteoritica.
meteorobiologìa [comp. di *meteoro-* e *biologia*] s. f. ● Ramo della meteorologia che studia gli effetti delle condizioni atmosferiche sugli organismi viventi.
meteorodinàmica [comp. di *meteoro-* e *dinamica*] s. f. ● Studio dei movimenti delle masse d'aria nell'atmosfera, spec. sotto l'aspetto termodinamico. SIN. Meteorologia dinamica.
meteorografìa [comp. di *meteoro-* e *-grafia*] s. f. *1* Descrizione di un fenomeno meteorologico. *2* Insieme dei dati caratterizzanti la situazione meteorologica di un luogo o di una regione in un determinato istante o in un determinato intervallo di tempo.
meteorogràfico [comp. di *meteoro-* e *-grafico*] agg. (pl. m. *-ci*) *1* Relativo alla meteorografia. *2* Relativo al meteorografo, ottenuto col meteorografo: *registrazione meteorografica* | *Diagramma m.*, meteorogramma.
meteorògrafo [comp. di *meteoro-* e *-grafo*] s. m. ● Strumento che registra pressione, temperatura, umidità dell'aria e velocità del vento, usato spec. per i rilevamenti in quota mediante palloni sonda.
meteorogràmma [comp. di *meteoro-* e *-gramma*] s. m. *1* Diagramma tracciato mediante un meteorografo. *2* Meteo.
meteoròide [comp. di *meteor(o)-* e *-oide*] s. m. ● (*astron.*) Corpo solido proveniente dagli spazi esterni e avente dimensioni variabili ma tali da permettere la sua cattura da parte di un corpo più grande quale un pianeta, una stella o un satellite, su cui cade diventando un meteorite. SIN. Meteorite.
meteorologìa [vc. dotta, gr. *meteōrología*, comp. di *metéōra* 'cose celesti' (V. *meteora*) e *-logía* '-logia'] s. f. (pl. *-gie*) ● Parte della geofisica che studia i processi che hanno luogo nell'atmosfera e le loro influenze sul clima | *M. aeronautica*, che studia i fenomeni atmosferici in relazione ai problemi della navigazione aerea | *M. dinamica*, meteorodinamica.
meteorològico [vc. dotta, gr. *meteōrologikós*, agg. di *meteōrología* 'meteorologia'] agg. (pl. m. *-ci*) ● Della, relativo alla, meteorologia e ai fenomeni da essa studiati: *bollettino m.*; *stazione, previsione meteorologica* | *Carta meteorologica*, con le condizioni meteorologiche, indicate a mezzo simboli, numeri e linee, relative a un dato periodo sia al suolo che in quota. || **meteorologicaménte**, avv. Dal punto di vista meteorologico.
meteorologìsta [fr. *météorologiste*, da *météorologie* 'meteorologia'] s. m. e f. (pl. m. *-i*) ● Meteorologo.
meteoròlogo [vc. dotta, gr. *meteōrológos*, comp. di *metéōra* 'cose celesti' (V. *meteora*) e *-lógos* '-logo'] s. m. (f. *-a*; pl. m. *-gi*, pop. *-ghi*) ● Chi si occupa professionalmente di meteorologia | Studioso di meteorologia.
meteoropatìa [comp. di *meteoro-* e *-patia*] s. f. ● Stato di malessere prodotto da fattori meteorologici.
meteoropàtico **A** agg. (pl. m. *-ci*) ● Di, relativo a, meteoropatia: *disturbi meteoropatici.* **B** agg.; anche s. m. (f. *-a*; pl. m. *-ci*) ● Che, chi soffre di meteoropatia.
meteoropatologìa [comp. di *meteoro-* e *patologia*] s. f. (pl. *-gie*) ● (*med.*) Studio delle meteoropatie.
meteoroscopìa [comp. di *meteoro-* e *-scopia*] s. f. ● Osservazione e studio delle meteore.
meteoroteodolìte [comp. di *meteoro-* e *teodolite*] s. m. ● (*meteor.*) Teodolite usato per l'inseguimento dei palloni sonda.
Mèteosat [comp. di *meteo(rologico)* e *sat(ellite)*]

s. m. • Satellite artificiale per osservazioni meteorologiche.

meter /ingl. 'mi:tə*/ [vc. ingl., propr. 'strumento misuratore, contatore', da *to meter* 'misurare'] s. m. inv. • Strumento elettronico collegato da una parte al televisore e dall'altra, via telefono, a un elaboratore elettronico, usato per il rilevamento dei dati dell'ascolto televisivo.

metèssi [vc. dotta, gr. *méthexis* 'partecipazione', da *metéchein* 'partecipare', comp. di *metá* (V. *meta-*) ed *échein* 'avere' (di origine indeur.)] s. f. • Nella filosofia di Platone, teoria secondo cui le cose sensibili si pongono in un rapporto di partecipazione con le idee.

meticciaménto s. m. • (*biol.*) Metodo di riproduzione di animali appartenenti a razze diverse di una stessa specie. SIN. Incrocio.

meticciàto s. m. *1* Incrocio tra razze diverse, spec. umane. *2* Gruppo sociale costituito da meticci.

meticcio [fr. *métis*, dallo sp. *mestizo*, dal lat. tardo *mixtīciu(m)*, da *mīxtus* 'misto'] s. m. (f. *-a*) *1* (*biol.*) Organismo prodotto dall'incrocio di genitori della stessa specie ma di razza diversa, fecondo. SIN. Ibrido. *2* Correntemente, il nato da genitori appartenenti a due razze diverse, spec. alla razza bianca e a quella india.

meticolosàggine s. f. • Meticolosità noiosa e pedante.

meticolosità s. f. • Qualità di chi, di ciò che è meticoloso: *una m. esagerata* | (*raro*) Atto di persona meticolosa.

meticolóso [vc. dotta, lat. *meticulōsu(m)* 'timido, pauroso', da *mĕtus* 'timore', sul modello di *periculōsus* 'pericoloso'] agg. *1* Che ha eccessivi riguardi e scrupoli di esattezza: *uomo, impiegato m.* SIN. Cavilloso, pedante, scrupoloso. *2* Che è curato nei minimi particolari: *pulizia meticolosa.* SIN. Minuzioso, scrupoloso. || **meticolosaménte**, avv.

metil- [da *metile*] primo elemento • In parole composte della terminologia chimica, indica la presenza del radicale metile: *metilammina, metilarancio.*

metilammìna o **metilamìna** [comp. di *metil-* e *am(m)ina*] s. f. • Sostanza organica, gas infiammabile dall'odore di ammoniaca che si forma nell'organismo.

metilànte [propriamente part. pres. di *metilare*] agg. • (*chim.*) Che è idoneo a introdurre gruppi metilici in una molecola.

metilarància® [nome commerciale, comp. di *metil-* e *arancio*] s. m. • Colorante azoico di colore giallo-ocra, la cui soluzione è rosa in acidi e gialla in alcali, usato come indicatore nell'analisi chimica.

metilàre [da *metile*] v. tr. • (*chim.*) Introdurre in una molecola uno o più gruppi metilici.

metilazióne s. f. • (*chim.*) Operazione del metilare.

metilcellulósa [da *cellulosa metil(ata)*] s. f. • Cellulosa metilata, usata per la fabbricazione di pellicole, oggetti stampati, come adesivo o legante, come colloide protettivo nella preparazione di emulsioni e sim.

metile [fr. *méthyle*, da *méthylène* 'metilene'] s. m. • Radicale monovalente derivante dal metano per perdita di un atomo d'idrogeno | Specificazione di alcuni coloranti: *verde m., violetto di m.* | *Arancio di m.*, metilarancio.

metilène [fr. *méthylène*, comp. del gr. *méthy* 'bevanda inebriante' e *hýlē* 'legno'] s. m. • Residuo bivalente organico derivante dal metano per perdita di due atomi d'idrogeno | *Blu di m.*, sostanza colorante blu, adoperata per preparati microscopici, per colorazioni istologiche e come blando antisettico.

metìlico [fr. *méthylique*, da *méthyle* 'metile'] agg. (pl. m. *-ci*) • Detto di composto la cui molecola contiene il radicale metile: *derivato m.* | *Alcol m.*, metanolo.

metilpropàno [comp. di *metil-* e *propano*] s. m. • (*chim.*) Isobutano.

metionina [comp. di *me(til)-* e *tio-*] s. f. • (*chim.*) Amminoacido solforato idrofobo presente soprattutto nelle proteine animali, essenziale nell'uomo e in numerosi animali.

metòdica [vc. dotta, lat. *methŏdice(m)*, nom. *methŏdice*, dal gr. *methodikḗ* (*téchnē*) 'arte del metodo', f. di *methodikós* 'metodico'] s. f. *1* Nella filosofia di A. Rosmini, dottrina del metodo della pedagogia. *2* (*est.*) Metodo, metodologia: *una nuova m.*

metodicità s. f. • Qualità di chi è metodico.

metòdico [vc. dotta, lat. tardo *methŏdicu(m)*, nom. *methŏdicus*, dal gr. *methodikós*, agg. di *méthodos* 'metodo'] **A** agg. (pl. m. *-ci*) *1* Fatto o disposto con metodo: *lavoro m.*; *classificazione metodica.* SIN. Ordinato, sistematico. *2* Che segue norme e regole stabili: *uomo m.* | *Vita metodica*, uniformemente regolata. SIN. Meticoloso, ordinato, regolare. || **metodicaménte**, avv. Con metodo, secondo regole stabilite: *insegnare metodicamente.* **B** s. m. (f. *-a*) • Persona metodica. || **metodicóne**, accr.

metodismo [fr. *méthodisme*, dall'ingl. *methodism*, da *method* 'metodo'; detto così perché voleva insegnare un nuovo *metodo* di perfezione religiosa] s. m. • Dottrina e movimento protestanti che si originano dal rinnovamento evangelico di J. e C. Wesley e dalle critiche da loro rivolte al formalismo e alla politicizzazione della Chiesa anglicana, dalla quale si staccarono agli inizi del XVIII sec.

metodista (1) [fr. *méthodiste*, dall'ingl. *methodist*. V. *metodismo*] **A** s. m. e f. (pl. m. *-i*) • Membro della chiesa metodista. **B** agg. • Metodistico.

metodista (2) [da *metodo*] **A** s. m. e f. (pl. m. *-i*) *1* Analista dei metodi di lavorazione. *2* Chi gioca secondo il metodo del calcolo delle probabilità al lotto, alla roulette, al totocalcio. **B** anche agg. • Nel calcio, detto di chi sostiene o pratica la tattica del metodo: *centrocampista m.*

metodìstico agg. (pl. m. *-ci*) • Che concerne il metodismo o i metodisti.

metodizzàre [comp. di *metod(o)* e *-izzare*] v. tr. • Regolare con metodo, spec. in modo eccessivo: *m. il proprio lavoro.*

mètodo [vc. dotta, lat. tardo *mĕthodu(m)*, nom. *mĕthodus*, dal gr. *méthodos* 'ricerca, investigazione, metodo', comp. di *meta-* (V. *meta-*) e *hodós* 'strada'] s. m. *1* Criterio e norma direttivi secondo i quali si fa, si realizza o si compie q.c.: *avere un buon m. d'insegnamento*; *osservare, seguire un certo m.*; *è un m. pratico e semplice per risolvere questioni del genere* | *Non aver m.*, procedere con disordine in una determinata attività | (*est.*) Ordine, precisione: *lavora con m.* | (*pedag.*) *M. globale*, quello volto all'insegnamento del leggere e dello scrivere basato sulla teoria che il bambino giunga alla conoscenza e quindi all'apprendimento cogliendo prima l'immagine globale che i particolari di ogni oggetto o realtà. SIN. Procedimento, regola. *2* Modo di agire, di comportarsi: *usare metodi sbrigativi*; *che metodi son questi?* *3* Titolo di trattati didattici in cui si espone ordinatamente una determinata disciplina: *m. per lo studio del solfeggio.* *4* Nel calcio, tattica di gioco praticata all'incirca fino al secondo dopoguerra, caratterizzata dalla disposizione della squadra su tre linee orizzontali, con le mezze ali avversarie controllate dai terzini e le ali dai mediani. CFR. Sistema.

metodologìa [fr. *méthodologie*, comp. di *méthode* 'metodo' e *-logie* '-logia'] s. f. (pl. *-gìe*) *1* Parte della logica che ha per oggetto la ricerca di regole o principi metodici che consentono di ordinare, sistemare, accrescere le nostre conoscenze. *2* Dottrina filosofica che studia le tecniche di ricerca proprie di un determinato campo del sapere. *3* (*est.*) Metodo: *m. scientifica*; *applicare nuove metodologie.*

metodològico agg. (pl. m. *-ci*) • Che concerne o interessa la metodologia. || **metodologicaménte**, avv. Dal punto di vista della metodologia.

metodòlogo s. m. (f. *-a*; pl. m. *-gi*, pop. *-ghi*) • Chi si occupa dei problemi della metodologia.

metòlo® [nome commerciale; comp. di *met(ile)* e *(fen)olo*] s. m. • (*fot.*) Composto chimico usato come rivelatore nei bagni di sviluppo.

metonìmia o **metonimìa** [vc. dotta, lat. tardo *metonȳmia(m)*, nom. *metonȳmia*, dal gr. *metōnymía* 'scambio di nome, metonimia', comp. di *meta-*, col sign. di 'cambiamento' e *ónyma*, variante dial. di *ónoma* 'nome' (V. *onomastico*)] s. f. • (*ling.*) Figura retorica che consiste nel trasferire un termine dal concetto cui strettamente si riferisce ad un altro con cui è in rapporto di reciproca dipendenza, generalmente non quantitativa (l'autore invece dell'opera, l'astratto per il concreto, il contenente per il contenuto, ecc.): *dal ribollir de' tini* (CARDUCCI).

metonìmico [vc. dotta, lat. tardo *metonȳmicu(m)*, nom. *metonȳmicus*, dal gr. *metōnymikós*, da *metōnymía* 'metonimia'] agg. (pl. m. *-ci*) • Che concerne la metonimia. || **metonimicaménte**, avv. Per metonimia.

metònimo [comp. di *met(a)-* e *-onimo*, sul modello di *pseudonimo*] s. m. • (*ling.*) Nuovo cognome assunto per metonomasia.

metonomàsia [vc. dotta, gr. *metonomasía* 'mutamento di nome', da *metonomázein* 'chiamare con altro nome', comp. di *meta-*, col sign. di 'mutamento' e *onomázein* 'chiamare per nome', da *ónoma* 'nome' (V. *onomastico*)] s. f. • (*ling.*) Sostituzione di un nome proprio o cognome con la corrispondente traduzione in un'altra lingua, spec. con un adattamento dal greco o dal latino: ad es. *Cartesio* per *Descartes* o *Metastasio* per *Trapassi.*

mètopa o **mètope** [vc. dotta, lat. *mĕtopa(m)*, dal gr. *metópē* 'spazio che si trova nel mezzo (*metá*) delle aperture (*opai*)'] s. f. • (*arch.*) Nell'ordine dorico, ciascuna delle lastre pressoché quadrate, talvolta decorate con bassorilievi, che erano poste tra i triglifi del fregio dei templi. ➡ ILL. p. 357 ARCHITETTURA.

metòpico [vc. dotta, gr. *metōpikós*, da *métōpon* 'fronte'. V. *metopa*] agg. (pl. m. *-ci*) • (*anat.*) Della fronte | *Sutura metopica*, frontale.

metossìlico [da *metossile*, comp. di *metossi-* (da *met(il)-* e *ossi-*) e del suff. *-ile*, con il suff. *-ico*] agg. (pl. m. *-ci*) • (*chim.*) Detto del radicale $-OCH_3$ che si ottiene dall'alcol metilico per eliminazione di un atomo di idrogeno.

metracinèsi [comp. di *metro-* (*1*) e del gr. *kínēsis* 'movimento' (V. *cinematografo*)] s. f. • (*med., raro*) Inerzia uterina.

metràggio [fr. *métrage*, da *mètre* 'metro (2)'] s. m. *1* Misurazione a metri. *2* Quantità di un certo materiale, espressa in metri lineari: *il m. del tessuto è abbondante, scarso.* *3* Nella ripresa cinematografica, lunghezza della pellicola da usare o già usata | *Film a lungo, a corto m.*, rispettivamente di durata normale o inferiore alla normale.

metralgìa [comp. di *metro-* (*1*) e *-algia*] s. f. (pl. *-gìe*) • (*med.*) Dolore uterino. SIN. Metrodinia.

metratonìa [comp. di *metro-* (*1*) e *atonia*] s. f. • (*med.*) Atonia uterina.

metratùra [da *metro* (*2*)] s. f. *1* Lunghezza espressa in metri: *la m. è insufficiente per un abito.* *2* Area espressa in metri quadrati: *vendono appartamenti di varie metrature.* *3* Misurazione in metri della lunghezza o in metri quadrati dell'area: *procedere a una esatta m.*

metrèta [vc. dotta, lat. *metrēta(m)*, nom. *metrēta*, dal gr. *metrētḗs* 'misuratore', da *metrêin* 'misurare'. V. *metro* (*2*)] s. f. • Misura greca di capacità pari a circa 40 litri odierni.

-metrìa [dal gr. *-metría*, da *métron* 'misura'] secondo elemento • In parole composte dotte e scientifiche, significa 'misura' o 'misurazione': *geometria, trigonometria.*

mètrica [vc. dotta, gr. *metrikḗ* (*téchnē*) 'arte del metro', f. di *metrikós* 'metrico'] s. f. *1* Insieme delle leggi che governano la composizione e struttura dei versi | *M. quantitativa*, tipica della poesia classica, in cui il ritmo è prodotto dall'alternanza di sillabe lunghe e brevi | *M. accentuativa*, tipica della poesia moderna, in cui il ritmo è dato dalla disposizione degli accenti tonici. *2* Insieme dei metri usati in una data epoca in un ambiente o da un autore: *la m. bizantina*; *la m. del Pascoli.* *3* (*mat.*) Funzione che a ogni coppia di punti di un insieme associa la loro distanza.

metricista s. m. e f. (pl. m. *-i*) • Chi studia le leggi metriche.

mètrico [vc. dotta, lat. *mĕtricu(m)*, nom. *mĕtricus*, dal gr. *metrikós*, agg. di *métron* 'misura, metro'] agg. (pl. m. *-ci*) *1* (*mat.*) Detto di enti nei quali interviene una nozione di distanza o di misurazione | *Sistema m. decimale*, sistema in cui le unità di misura sono multipli e sottomultipli decimali delle unità fondamentali. *2* Del metro, della metrica | *Accento m.*, che cade su determinate sillabe di un verso | *Poesia metrica*, che è fondata sulla quantità delle sillabe, lunghe o brevi | *Prosa metrica*, che presenta in posizioni determinate un regolare alternarsi della quantità delle sillabe. ***3*** (*fis.*) Dell'ordine di grandezza del metro | *Onde metriche*, onde hertziane ultracorte. || **metricaménte**, avv. Secondo le regole della metrica.

-mètrico [dal gr. *metrikós*, agg. di *métron* 'misura, metro'] secondo elemento ● Forma aggettivi composti corrispondenti ai sostantivi in *-metria* o in *-metro*: *barometrico, chilometrico, geometrico, perimetrico*.

metricologìa [comp. di *metrica* e *-logia*] s. f. (pl. *-gie*) ● Studio scientifico della metrica.

metricòlogo s. m. (f. *-a*; pl. m. *-gi*) ● Studioso di metricologia.

metrite [fr. *métrite*, dal gr. *mḗtra* 'utero' (V. *metro-* (*1*))] s. f. ● (*med.*) Infiammazione della parete uterina.

métro /*fr.* me'tro/ [vc. fr., abbr. di *métropolitain* 'metropolitana'] s. m. inv. (pl. fr. *métros*) ● Ferrovia metropolitana.

mètro (**1**) [vc. dotta, lat. *mĕtru(m)*, dal gr. *métron*, di origine indeur.] s. m. ***1*** (*ling.*) Combinazione di due o più sillabe che costituisce l'unità di misura del verso quantitativo e ne determina il ritmo, coincidendo in qualche caso con il piede metrico | Sistema di versificazione caratterizzato dall'uso di un determinato metro. ***2*** (*est., lett.*) Verso, poesia: *con paura il metto in m.* (DANTE *Inf.* XXXIV, 10). ***3*** Modo di parlare: *con me devi usare un altro m.*; *hai usato il m. sbagliato.*

mètro (**2**) [fr. *mètre*, dal lat. *mĕtru(m)* 'misura'. V. precedente] s. m. ***1*** Unità di lunghezza del Sistema Internazionale, originariamente definita come la decimilionesima parte della distanza fra l'equatore terrestre e uno dei poli, e, dal 1983, definito come la lunghezza del tragitto compiuto dalla luce nel vuoto in un intervallo di tempo di 1/299792458 di secondo. SIMB. m | *M. quadrato*, *quadro*, un quadrato di 1 metro di lato, unità di misura di superficie. SIMB. m^2 | *M. cubo*, un cubo di 1 metro di lato, unità di misura di volume. SIMB. m^3. ***2*** Strumento per misurazioni della lunghezza di un metro, con la divisione in decimetri e centimetri: *misurare q.c. col m.*; *m. a nastro, a nastro metallico, a stecche, a sbarra*; *m. di legno, di metallo.* ***3*** (*fig.*) Canone o precetto secondo cui si giudica: *non è giusto valutarli con lo stesso m.*; *usare metri diversi.* SIN. Criterio. ***4*** †Misura | †*Senza m.*, smisurato.

mètro (**3**) s. f. inv. ● Acrt. di *metropolitana*.

mètro- (**1**) [dal gr. *mḗtra* 'utero', da *mḗtēr* 'madre'] primo elemento ● In parole composte della terminologia medica, significa 'utero' o indica relazione con l'utero: *metralgia, metratonia*.

mètro- (**2**) [dal gr. *métron* 'misura'] primo elemento ● In parole composte della terminologia scientifica, significa 'misura': *metrologia, metronomo*.

-metro [cfr. prec.] secondo elemento ***1*** In parole composte della terminologia scientifica significa 'misura, misurazione': *diametro, perimetro, termometro*. ***2*** In metrologia, indica multipli e sottomultipli del metro: *kilometro, centimetro*.

metrocòrdo [comp. di *metro-* (*2*) e *corda*] s. m. ● (*mus.*) Strumento che serve a misurare esattamente la grossezza delle corde.

metrodinìa [vc. dotta, comp. di *metro-* (*1*) e *-odinia*] s. f. ● (*med.*) Metralgia.

metrologìa [comp. di *metro-* (*2*) e *-logia*] s. f. (pl. *-gie*) ***1*** Scienza e tecnica che studia la misura delle diverse grandezze fisiche, i sistemi, gli strumenti e i procedimenti di misurazione. ***2*** Studio dei metri poetici.

metrològico agg. (pl. m. *-ci*) ● Che concerne la metrologia.

metròlogo s. m. (pl. *-gi*, pop. *-ghi*) ● Studioso di metrologia.

metromanìa [fr. *métromanie*, comp. di *mètre* 'metro (1)' e *-manie* '-mania'] s. f. ● (*lett.*) Mania di far versi.

metrònica [comp. di *me(ccanica)* e (*elet*)*tronica*] s. f. ● Meccatronica.

metrònomo [fr. *métronome*, comp. di *métro* 'metro- (2)' e *-nome* '-nomo'] s. m. ● Strumento di misura che permette di scandire con esattezza la divisione del tempo in musica.

metronòtte [comp. di *metro*(*politano*) e *notte*] s. m. inv. ● Guardia privata notturna negli abitati.

metropatìa [comp. di *metro-*(*1*) e *-patia*] s. f. ● (*med.*) Affezione della parete dell'utero in generale.

metròpoli [vc. dotta, lat. tardo *metrŏpoli(m)*, nom. *metrŏpolis*, dal gr. *mētrópolis* 'città madre, madrepatria', comp. di *mḗtēr* 'madre' e *pólis* 'città'] s. f. ***1*** Grande città o capitale di uno Stato o di una regione: *una moderna m.* | Città di grande importanza, spec. economica, artistica, ecc.: *Firenze, m. del mondo culturale.* ***2*** (*raro*) Madrepatria, rispetto ai territori coloniali: *notizie provenienti dalla m.*

metropolìta [vc. dotta, lat. tardo *metropolīta(m)*, nom. *metropolīta*, dal gr. *mētropolítēs*, da *mētrópolis*. V. precedente] **A** s. m. (pl. *-i*) ***1*** Arcivescovo che presiede a una provincia ecclesiastica. ***2*** †Abitatore di metropoli. **B** anche agg.: *arcivescovo m.*

metropolitàna [da *ferrovia metropolitana*, calco sul fr. *chemin de fer métropolitain* 'ferrovia della metropoli'] s. f. ● Mezzo di trasporto, urbano, su rotaie, caratteristico delle grandi città, che collega il centro urbano a quello periferico correndo su sede propria in genere sotterranea, talvolta in superficie o sopraelevata | *M. leggera*, quella corrente quasi sempre in superficie al centro o ai lati di una strada di grande traffico urbano, con incroci attrezzati a sovrappasso e sottopasso ovvero elettronicamente automatizzati per la richiesta di via libera, la cui capacità di trasporto orario dei passeggeri è sensibilmente inferiore a quella delle metropolitane ordinarie.

metropolitàno [vc. dotta, lat. tardo *metropolitā-nu(m)*, da *metrŏpolis*. V. *metropoli*] **A** agg. ***1*** Di metropoli: *traffico m.* ***2*** Proprio di un metropolita | *Chiesa metropolitana*, della metropoli, cioè principale della provincia. ***3*** Della madrepatria: *territorio m.* | *Truppe metropolitane*, un tempo, quelle destinate alla difesa del territorio nazionale in contrapposizione alle truppe coloniali, reclutate, addestrate e destinate a operare fuori dalla madrepatria. **B** s. m. ● Vigile urbano.

metropolìtico agg. (pl. m. *-ci*) ● (*raro*) Di metropolita.

metroptòṣi [comp. di *metro-* (*1*) e del gr. *ptôsis* 'caduta', da *píptein* 'cadere'] s. f. ● (*med.*) Isteroptosi.

metrorragìa [comp. di *metro-* (*1*) e *-ragia*] s. f. (pl. *-gie*) ● (*med.*) Emorragia dall'utero indipendentemente dalla mestruazione.

metroscopìa [comp. di *metro-* (*1*) e *-scopia*] s. f. ● (*med.*) Esame endoscopico dell'utero.

metrostenòṣi [comp. di *metro-* (*1*) e *stenosi*] s. f. ● (*med.*) Restringimento dell'utero.

metrotomìa [comp. di *metro-* (*1*) e *-tomia*] s. f. ● (*chir.*) Incisione della parete dell'utero.

metrovìa [da *metro*(*politana*), sul modello di *ferrovia, funivia* ecc.] s. f. ● Metropolitana.

méttere [lat. *mĭttere* 'mandare', poi 'mettere', di origine indeur.] **A** v. tr. (pass. rem. *io mìṣi*, pop. tosc. *méssi, tu mettésti*; part. pass. *mésso*, lett. †*mìṣo*) ***1*** Collocare, porre una persona o una cosa in un determinato luogo (*anche fig.*): *m. un bambino a letto, i polli nel pollaio*; *m. a bottega, in collegio*; *m. il ladro in prigione, il denaro in tasca, in banca*; *m. i piatti sulla tavola, la lettera nella busta, le mani in tasca*; *m. un'idea in testa a qc.* | Disporre: *m. gli scolari in fila*; *m. i numeri in colonna* | Riporre (*anche fig.*): *m. nell'armadio, nel cassetto, nella libreria*; *m. ogni speranza nella giustezza della propria causa.* ***2*** Posare: *guarda dove metti i piedi!* ***3*** Conficcare, ficcare: *m. un chiodo nel muro, un dito in bocca* | Far entrare, infilare dentro: *m. la chiave nella toppa* | *M. qc. dentro*, imprigionarlo | *M. nel sacco*, (*fig.*) ingannare | Infondere, incutere: *m. forza, allegria, malinconia*; *m. paura, ribrezzo* | Provocare, insinuare: *m. discordia* | *M. male*, seminare discordia | *M. una pulce nell'orecchio di qc.*, insinuargli un sospetto, un dubbio. ***4*** Applicare: *m. il francobollo a una cartolina, la museruola al cane, le manette ai polsi* | *M. insieme*, riunire | Appendere, attaccare: *m. un manifesto alla parete, le tende alla portafinestra* | (*fam.*) Installare, impiantare: *m. il telefono, il gas, la luce elettrica.* ***5*** Dedicare, dare: *metterci tutto il proprio impegno, le proprie energie* | *Mettercela tutta*, impegnarsi al massimo | Impiegare un determinato tempo: *ci ha messo ben quattro giorni per giungere a destinazione.* ***6*** Aggiungere: *metti anche questo nella valigia*; *cameriere, metta anche questo sul mio conto* | *M. la firma su un documento*, apporgliela | Inserire: *m. un annuncio sul giornale.* ***7*** Indossare, infilare: *m. l'abito nuovo, i guanti, le scarpe* | Portare abitualmente: *da due anni mette lo stesso abito.* ***8*** Produrre, emettere: *questa confusione mette il mal di capo*; *il cerbiatto mette le corna*; *m. voci, lamenti* | *M. radice*, abbarbicarsi (*anche fig.*) | *M. le ali*, (*fig.*) progredire con estrema rapidità | *M. giudizio, cervello*, (*fig.*) ravvedersi. ***9*** Supporre, ammettere: *mettiamo il caso che il treno non arrivi*; *metti che abbia ragione.* ***10*** Imporre: *m. un tributo, una tassa, una multa.* ***11*** Ridurre in una determinata condizione: *m. il tema in bella* | *M. in greco, in volgare*, tradurre in tali lingue | *M. in musica un testo*, musicarlo | *M. in versi*, versificare. ***12*** Unito a sostantivi tramite la prep. 'a': *m. al mondo*, generare | *M. a morte*, far morire | *M. al muro*, (*fig.*) fucilare | *M. a ferro e a fuoco*, devastare | *M. a nudo, allo scoperto*, rivelare | *M. alla porta*, licenziare bruscamente | *M. al bando*, bandire | *M. a confronto*, confrontare | *M. al corrente*, informare | *M. agli atti*, di una pratica cui non si vuole dar seguito | *M. a parte*, far partecipe | *M. alla prova*, sottoporre a prova | *M. ai voti una proposta*, farla votare | *M. la testa a partito*, metter giudizio | *M. alla vela, in vela*, spiegare le vele | *M. a segno*, colpire con precisione, centrare, far centro; (*mar.*) alzare fino al punto dovuto pennone, vela, bandiera | *M. a fuoco*, regolare uno strumento ottico o un apparecchio fotografico in modo da ottenere una immagine nitida dell'oggetto che si vuole osservare o fotografare; (*fig.*) puntualizzare una questione, un problema e sim. | *M. a terra*, collegare alla massa terrestre la struttura metallica di un apparecchio elettrico in modo da realizzare, per quanto possibile, la dispersione dell'energia elettrica, per la sicurezza delle persone. ***13*** Unito a sostantivi tramite la prep. 'in': *m. in atto*, realizzare | *M. in moto*, per iniziare un movimento | *M. in giro*, diffondere | *M. in croce*, crocifiggere e (*fig.*) tormentare | *M. in pratica*, attuare | *M. in rilievo*, rendere più evidente | *M. in fuga*, far fuggire | *M. in libertà*, lasciare libero | *M. in guardia*, sull'avviso | *M. in cantiere*, cominciare a costruire | *M. in valore*, valorizzare | *M. in chiaro*, chiarire | *M. in relazione, in rapporto*, collegare | *M. in campo*, accampare | *M. in non cale*, trascurare | *M. q.c. in tacere o a tacere*, fare in modo che non se ne parli | *M. in vendita q.c.*, proporla all'acquisto | *M. su carta, in carta*, scrivere, mettere per iscritto; tracciare su apposita carta quadrettata l'armatura di un tessuto | (*mar.*) *M. in forza*, tesare catene e cavi. **B** v. intr. (aus. *avere*) ● Sboccare: *ogni fossato che mette in Arno, parea un fiume* (VILLANI) | Fare capo: *questa strada mette in una valle* | (*raro*) Sporgere, dare: *la finestra mette sulla via.* **C** v. rifl. ***1*** Assumere una determinata posizione o collocazione: *mettersi a sedere, a tavola, a letto* | *Mettersi in cammino*, incamminarsi | *Mettersi in fuga*, fuggire | *Mettersi in piedi*, rizzarsi | *Mettersi sotto*, cacciarsi tra le lenzuola e (*fig.*) sottomettersi | Cacciarsi: *mettersi nei pasticci.* ***2*** Vestirsi, abbigliarsi: *mettersi in costume, in abito da sera, in maniche di camicia.* ***3*** Unirsi: *mettersi in società con qc.*; *mettersi con gente dabbene.* **D** v. intr. pron. ***1*** Volgersi verso un determinato esito: *vediamo come si mettono le cose* | *Si mette male, si mette bene*, la situazione si evolve in senso negativo o positivo. ***2*** Cominciare: *si mette a nevicare* | *Il tempo si mette al brutto, al bello*, peggiora, si rasserena. ***3*** Seguito dalla prep. 'a' e da un infinito, dare inizio: *mettersi a studiare, a leggere, a giocare, a correre, a cercarlo.*

mettibócca [comp. di *mettere* e *bocca*] s. m. e f. inv. ● Persona che entra a parlare in tutti i discorsi per dire, a proposito o a sproposito, la propria opinione.

†**mettidéntro** [comp. di *mettere* e *dentro*] s. m. inv. ● Introduttore.

mettidònne [comp. di *mettere* e *donna*] s. f. o s.

m. e f. inv. • (*region.*) Chi si incarica in forma privata del collocamento delle lavoratrici domestiche.

mettifòglio o **mettifògli** [comp. di *mettere* e *foglio*] s. m. *1* (*edit.*) Dispositivo che separa un foglio alla volta dalla pila di carta e lo immette sul cilindro di pressione della macchina da stampa. *2* Operaio che un tempo immetteva a mano i fogli nelle macchine da stampa.

mettilòro [da *metti l'oro*] s. m. inv. • Indoratore.

mettimàle [comp. di *mettere* e *male*] s. m. e f. inv. • Persona che malignamente cerca di mettere discordia o di far nascere rancori fra persone.

mettipiómbo [comp. di *mettere* e *piombo*] s. m. inv. • (*tip.*) Operaio addetto all'alimentazione del crogiolo della linotype con piombo.

mettiscàndali [comp. di *mettere* e il pl. di *scandalo*] s. m. e f. • Persona che provoca discordie o scandali fra persone.

mettitóre s. m. *1* (*raro*) Chi mette | Giocatore, scommettitore | *M. di dadi falsi*, baro al gioco dei dadi. *2* †Mettiloro.

mettitùra s. f. • (*raro*) Atto, effetto del mettere.

mettitùtto [comp. imperativale di *mettere* e *tutto*] s. m. inv. • Mobile da cucina in cui si ripongono stoviglie, provviste alimentari e cose varie.

meublé /fr. mœ'ble/ [vc. fr., propriamente part. pass. di *meubler* 'ammobiliare', da *meuble* 'mobile'] agg. inv.; anche s. m. inv. • Detto di albergo che fornisce soltanto l'alloggio e gener. la prima colazione, senza servizio di ristorante.

MeV /mɛv/ [sigla di *m*(*ega*)*e*(*lectron*) *V*(*olt*) 'un milione di voltelettroni'] s. m. inv. • Unità di energia uguale a 1 milione di elettronvolt.

†**méve** [sovrapposizione del lat. *tĭbi* 'a te', a *me*] pron. pers. di prima pers. m. e f. sing. • (*raro*) Me.

†**mèvio** [vc. dotta, lat. *Māeviu*(*m*), n. proprio di un mediocre poeta lat. ricordato da Orazio e Virgilio] s. m. • Critico maligno o poeta mediocre.

mezerèo [ar. *māzaryn*, di origine persiana] s. m. • Pianticella velenosa delle Timeleacee con rami sottili e grigi, fiori odorosi in spiga nuda prima della comparsa delle foglie (*Daphne mezereum*).

mèzza [f. sost. di *mezzo* (*2*)] s. f. • (*fam.*) Mezz'ora | (*ass.*) Mezzogiorno e mezzo: *ci vediamo alla m.*

†**mezzabàrba** [comp. del f. di *mezzo* (*2*) e *barba* (*1*)] agg.; anche s. m. • (*poet.*) Che, chi ha la barba corta.

mezzacalzétta o **mèzza calzétta** [comp. del f. di *mezzo* (*2*) e del dim. di *calza*] s. f. (pl. *mezzecalzétte*) • Persona fisicamente, intellettualmente o socialmente mediocre.

mezzacartùccia o **mèzza cartùccia** [comp. del f. di *mezzo* (*2*) e *cartuccia*] s. f. (pl. *mezzecartùcce*) • Persona con scarsi requisiti fisici o intellettuali.

mezzacòsta o **mèzza còsta** [comp. del f. di *mezzo* (*2*) e *costa*] s. f. • Parte mediana di una pendice montuosa | *A m.*, a metà di un pendio.

mezzadrìa [da *mezzadro*] s. f. • Contratto agrario, ora abolito in Italia, secondo cui i prodotti e gli utili vengono divisi tra il proprietario del fondo e il colono | (*est.*) *A m.*, a metà, in parti uguali.

mezzadrile agg. • Relativo alla mezzadria o al mezzadro: *contratto m.*; *attività m.*; *agitazioni mezzadrili.*

mezzàdro [sovrapposizione del lat. parl. **mediāriu*(*m*), da *mĕdius* 'mezzo', al lat. tardo *mediatōre*(*m*) 'mediatore'] s. m. • Coltivatore di un fondo agricolo altrui in base a un contratto di mezzadria.

mezzafède [comp. del f. di *mezzo* (*2*) e di *fede*] s. f. (pl. *mezzefédi*) • Piccolo cerchio d'oro da portarsi al dito come simbolo di promessa d'amore.

mezzagalèra [comp. del f. di *mezzo* (*2*) e *galera*] s. f. (pl. *mezzegalère*) • (*mar.*) Galera di dimensioni ridotte, con venti banchi di rematori invece di trenta, un vogatore invece di cinque per ogni scalmo, armata di cannoni.

†**mezzaguàrdia** [comp. del f. di *mezzo* (*2*) e *guardia*] s. f. • (*mar.*) Gavettone.

mezzaiòlo o †**mezzaiuòlo** [da *mezzo* (*2*)] s. m. • (*tosc.*) Mezzadro.

mezzàla o **mezz'àla** [comp. del f. di *mezzo* (*2*) e *ala*] s. f. (pl. *mezzàli* o *mèzze àli*) • Nel calcio, ciascuno dei due giocatori della prima linea situati tra le ali e il centrattacco: *m. destra*; *m. sinistra*. SIN. Interno.

mezzalàna o **mèzza làna** [comp. del f. di *mezzo* (*2*) e *lana*] s. f. (pl. *mezzelàne*) • Stoffa mista, di lana e cotone.

mezzalùna o **mèzza lùna** [comp. del f. di *mezzo* (*2*) e *luna*] s. f. (pl. *mezzelùne*) *1* Parte di Luna visibile quando il satellite è illuminato dal Sole a metà. *2* Figura di mezzaluna assunta come emblema dell'islamismo | *M. rossa*, organizzazione assistenziale e sanitaria del mondo islamico equivalente alla Croce Rossa. *3* Sorta di coltello a lama ricurva e doppia impugnatura o pomo, per tritare verdure. SIN. Lunetta. *4* Mobile a pianta semicircolare. *5* Ordinamento di battaglia della milizia italiana nel sec. XVII, ad arco di cerchio concavo verso il nemico. *6* Opera staccata di fortificazione posta davanti all'angolo di un bastione. ➡ ILL. p. 361 ARCHITETTURA.

mezzamaiòlica [comp. del f. di *mezzo* (*2*) e *maiolica*] s. f. (pl. *mezzemaiòliche*) • Terracotta ricoperta di un velo di terra bianca e quindi rivestita di vernice.

mezzamànica [comp. del f. di *mezzo* (*2*) e *manica*: dall'uso degli impiegati d'un tempo di adoperare in ufficio le mezze maniche] s. f. (pl. *mezzemàniche*) *1* Soprammanica usata spec. un tempo da impiegati, scrivani e sim. *2* (*fig.*) Impiegato che svolge mansioni modeste.

mezzàna [f. di *mezzano*] s. f. *1* (*mar.*) Terzo albero verticale dei velieri | Vela quadra bassa dell'albero di mezzana. ➡ ILL. p. 1756, 1757 TRASPORTI. *2* Ruffiana. *3* Operaia di sartoria che aiuta la lavorante. *4* Mattone di media grandezza per pavimentazione. || **mezzanèlla**, dim. (V.).

†**mezzanànza** [da *mezzano*] s. f. • Mediocrità.

†**mezzanatóre** [da *mezzano*] s. m. (f. *-trice*) • Mediatore.

mezzanàve [comp. del f. di *mezzo* (*2*) e *nave*] s. f. (pl. *mezzenàvi*) • Direzione perpendicolare alla chiglia sul piano orizzontale, traverso della nave | *Prendere, avere il mare, il vento a m.*, ricevere mare e vento in quella direzione.

mezzanèlla s. f. *1* Dim. di *mezzana*. *2* Vela di strallo tra l'albero di mezzana e quello di maestra | Alberetto posto all'estrema poppa di alcuni velieri, e la vela di taglio portata dall'alberetto stesso.

†**mezzanézza** [da *mezzano*] s. f. • Mediocrità.

mezzanìa (**1**) [da *mezzana*] s. f. • (*mar.*) Parte centrale del bastimento nel senso longitudinale.

†**mezzanìa** (**2**) [da *mezzano*] s. f. • Senseria.

mezzanino [da *mezzano*] s. m. • Piano di un edificio che si trova tra il piano terreno e il primo piano.

mezzanità s. f. *1* (*raro*) L'essere mezzano | Posizione di mezzo. *2* †Intercessione.

mezzàno [lat. tardo *mediānu*(*m*) 'di mezzo', da *mĕdius* 'medio'] **A** agg. *1* Medio: *velocità, statura, età mezzana* | Di media dimensione: *martello m.* *2* (*fig.*) Tra nobile e plebeo: *della minuta gente, e forse in gran parte della mezzana* (BOCCACCIO) | (*fig.*) Mediocre: *carte di qualità mezzana* | *Stile m.*, nella retorica, medio tra il sublime e l'umile. || **mezzanaménte**, avv. **B** s. m. (f. *-a* (V.)) *1* Persona che agisce come intermediario | †*Farsi m.*, interporsi. *2* (*est.*) Ruffiano. *3* (*tip.*) Bianco tipografico pari alla quarta parte del carattere adoperato. *4* Mattone poroso e resistente. *5* †Ammezzato.

mezzanòtte [comp. del f. di *mezzo* (*2*) e *notte*] s. f. (pl. *mezzenòtti*) *1* Istante in cui ha inizio il giorno civile | *M. vera, m. media, m. siderale*, rispettivamente, gli istanti della culminazione inferiore del Sole vero, del Sole medio, dell'equinozio di primavera o punto d'Ariete. *2* Tramontana, nord, settentrione.

mezzapàlla [comp. del f. di *mezzo* (*2*) e *palla*] s. f. (pl. *mezzepàlle*) • Mezza sfera di pietra o di marmo usata dai cesellatori per fissarvi sopra gli oggetti da cesellare.

mezzapicca [comp. del f. di *mezzo* (*2*) e *picca*] s. f. (pl. *mezzepicche*) • Spiedo, spuntone, sergentina.

mezzapóppa [comp. del f. di *mezzo* (*2*) e *poppa*] s. f. (pl. *mezzepóppe*) • (*mar.*) Parte di mezzo della poppa.

mezzaquarèsima o **mèzza quarèsima** [comp. del f. di *mezzo* (*2*) e *quaresima*] s. f. (pl. *mezzequarèsime* o *mèzze quarèsime*) • Giovedì della settimana centrale della quaresima, in cui si sospende l'astinenza e si ritorna per un giorno all'atmosfera del carnevale.

mezz'ària [comp. del f. di *mezzo* (*2*) e *aria*] s. f. • Nella loc. avv. *a mezz'aria*, a mezza altezza, né alto né basso: *rimanere sospeso a mezz'aria* | (*fig.*) *Parole, discorsi a mezz'aria*, reticenti.

mèzzaro • V. *mesero*.

mezzaruòta [comp. del f. di *mezzo* (*2*) e *ruota*] s. f. (pl. *mezzeruòte*) • (*mar.*) Metà della ruota di prua e poppa.

mezzaséga [comp. del f. di *mezzo* (*2*) e *sega* nel sign. di 'masturbazione'] s. m. e f. (pl. *mezzeséghe*) *1* (*volg.*) Persona magra e gracile, dall'aspetto insignificante. *2* Persona priva di qualsiasi capacità.

mezz'àsta [comp. del f. di *mezzo* (*2*) e *asta*] s. f. • Solo nella loc. *a mezz'asta*, detto di bandiera alzata solo fino a metà dell'asta, spec. in segno di lutto.

mezzatàcca o **mèzza tàcca** [comp. del f. di *mezzo* (*2*) e *tacca*] s. f. (pl. *mezzetàcche* o *mèzze tàcche*) *1* Persona di media o bassa statura. *2* (*fig.*) Persona di poco valore | Nella loc. agg. *di m.*, mediocre, modesto: *un uomo di m.*

mezzatéla [comp. del f. di *mezzo* (*2*) e *tela*] s. f. (pl. *mezzetéle*) • Tessuto misto di lino e cotone.

†**mezzaterzàna** [comp. del f. di *mezzo* (*2*) e *terzana*] s. f. • (*med.*) Febbre a puntate non esattamente periodiche come la terzana.

mezzatinta [comp. del f. di *mezzo* (*2*) e *tinta*] s. f. (pl. *mezzetinte*) *1* Tinta intermedia tra il chiaro e lo scuro | (*fig.*) Sfumatura: *è uno scrittore che ama le mezzetinte*. *2* (*tip.*) Immagine riprodotta per la stampa mediante l'uso del retino. *3* Tipo di incisione che permette di ottenere particolari effetti di chiaroscuro.

†**mezzatóre** [lat. tardo *mediatōre*(*m*) 'mediatore'] s. m. (f. *-trice*) • Mediatore.

mezzavéla [comp. del f. di *mezzo* (*2*) e *vela*] s. f. (pl. *mezzevéle*) • (*mar.*) Ciascuna delle due piccole vele triangolari che possono essere dispiegate lateralmente, nei bastimenti a vela latina, per sfruttare un vento leggero di poppa.

†**mezzavocàle** [comp. del f. di *mezzo* (*2*) e *vocale*] s. f. • Semivocale.

mezzèna o **mezzéna** [da *mezzo* (*2*)] s. f. • Ciascuna delle due parti dell'animale macellato che costituiscono la carcassa.

mezzerìa (**1**) [da *mezzo* (*2*)] s. f. *1* Punto, linea mediana. *2* Linea che divide longitudinalmente in due parti una strada. *3* Zona centrale di una struttura a trave o ad arco, situata a ugual distanza tra due sezioni vincolate.

mezzerìa (**2**) [da *mezzadria*, con cambio di suff.] s. f. • (*tosc.*) Mezzadria.

mèzzero • V. *mesero*.

mezzétta [da *mezzo* (*boccale*)] s. f. *1* Mezzo boccale, quarto di fiasco. *2* Brocca in genere di tipo popolaresco con un'ansa e bocca trilobata per il servizio a tavola di acqua o vino. *3* Antica unità di misura di capacità per liquidi e aridi di valore vario a seconda delle regioni.

mezzina [da *mezzo* (*2*)] s. f. • (*tosc.*) Brocca di terracotta o rame per attinger acqua.

†**mezzino** s. m. • Mezzina.

†**mezzità** [da *mezzo* (*2*)] s. f. • Metà.

mézzo (**1**) [lat. *mītius*, compar. nt. di *mītis* 'tenero, maturo, mite'] **A** agg. *1* Detto di frutto vicino a infracidire. *2* (*fig.*) Corrotto moralmente: *è una persona mezza*. *3* (*raro*) Bagnato, fradicio: *ho il vestito m.* | *M. di vino*, ubriaco. **B** s. m. • (*lett.*) Belletta.

mèzzo (**2**) [lat. *mĕdiu*(*m*), di origine indeur. V. *medio*] **A** agg. (poet. †troncato in *me'*, raro †*mei*) *1* Di cosa che costituisce la metà di un intero: *m. chilo, metro, litro, secolo*; *mezz'ora*; *mezza risma di carte* | *Mezza festa*, giornata lavorativa soltanto a metà | *M. lutto*, non stretto | *M. guanto*, V. *mezzoguanto* | *M. tondo*, tecnica scultoria che delinea le figure come sporgenti per metà dal piano di fondo | *M. rilievo*, tecnica scultoria che, per ottenere effetti di profondità, unisce gli effetti del basso e dell'alto rilievo | *Donna a m. servizio*, domestica che presta la propria opera solo per alcune ore del giorno | *Mezza figura*, (*fig.*) persona mediocre, priva di personalità | *Mezza calzetta*, (*fig.*, *fam.*) persona di scarsa capacità; V. anche *mezzacalzetta* | *Mezza cartuccia*, (*fig.*, *fam.*) persona fisicamente e intellettualmente assai inferiore al normale; V. anche *mezzacartucia*. **2** Medio, intermedio fra due limiti | *Uomo di mezza taglia*, di media statura e (*fig.*) di scarsa levatura morale | *Uomo, donna di mezza età*, tra giovane e vecchio | *Vestito di mezza stagione*, di primavera e autunno | *A mezza voce*, né forte né piano | *M. vino*, vinello | *Bandiera a mezz'asta*, attaccata a metà dell'asta, per lutto. **3** (*fam.*) Quasi completo, totale: *è stato un m. scandalo, un m. insuccesso*; *fare una mezza promessa* | *C'era m. mondo*, moltissima gente. **B** s. m. **1** Parte di un tutto che corrisponde esattamente alla sua metà: *un metro e m.* | *Fare a m.*, dividersi una cosa e (*fig.*) fare insieme. **2** Parte centrale, punto intermedio: *il m. di un'asta*; *nel m. della strada, della piazza*; *nel bel m. della riunione*; *Nel m. del cammin di nostra vita* (DANTE *Inf.* I, 1) | (*lett.*) *Nel dritto m.*, nel centro | *Di m.*, centrale, mediano | *Via di m.*, (*fig.*) soluzione intermedia, di compromesso | *L'età di m.*, il Medioevo | *L'Italia di m.*, centrale | *In questo o quel m.*, nel frattempo, frattanto | *Senza m.*, immediatamente | *Non por tempo in m.*, non indugiare | *Andar di m.*, patir danno | *Mettere in m. qc.*, coinvolgerlo, comprometterlo | *Levare di m. q.c.*, toglierla via | *Levare di m. qc.*, allontanarlo a forza o ucciderlo | *Levarsi, togliersi di m.*, andarsene. **3** (*fig.*) Misura, moderazione: *serbare il giusto m.* | *La virtù sta nel m.*, (*fig.*) è lontana da ogni eccesso. **4** Qualsiasi modo, strumento, procedimento o altro, di cui ci si vale per raggiungere un fine: *tentare, cercare ogni m.*; *mezzi buoni, cattivi, onesti, illeciti*; *il fine giustifica i mezzi* | *Mezzi di comunicazione*, l'insieme delle risorse tecniche impiegate per la diffusione di notizie o per lo spostamento da uno ad altro luogo di cose o persone | *Mezzi audiovisivi*, cinema, radio, televisione e sim. | *Mezzi di trasporto*, tutti i veicoli che permettono il trasferimento di persone o cose da un luogo ad un altro | *Mezzi di produzione*, l'insieme degli impianti industriali e di altri beni strumentali capaci di fornire un dato prodotto | *Mezzi di pagamento*, denaro o titoli di credito idonei a estinguere un debito pecuniario | *Mezzi pubblicitari*, strumenti usati in pubblicità per trasmettere un messaggio al pubblico | *Complemento di m.*, indicante con quale strumento si compie l'azione verbale | *Per m. di, a m. di*, mediante, con l'aiuto di. **5** (*est.*) Dote, capacità: *quell'atleta possiede grandi mezzi.* **6** (*fis., biol.*) Sostanza o ambiente in cui avviene un fenomeno. **7** Qualunque veicolo da trasporto o da combattimento: *m. pubblico*; *m. cingolato, anfibio* | *Mezzi corazzati*, carri armati, semoventi, autoblindo | *Mezzi da sbarco*, natanti variamente protetti e armati, idonei al trasporto di truppe e materiali da navi a una costa assalita | *M. di fortuna*, qualunque veicolo di uso temporaneo od occasionale in luogo di altro divenuto inservibile. **8** †Mediatore. **C** s. m. al pl. ● Denari, possibilità economiche: *sono privo di mezzi.* || **mezzùccio**, pegg. (V.).

mezzobùsto o **mèzzo bùsto** [comp. di *mezzo* (*2*) e *busto*] s. m. (pl. *mezzibùsti* o *mèzzi bùsti*) **1** Rappresentazione del corpo umano limitata alla sua parte superiore, dalla cintura in su | *A m.*, detto di quadro, fotografia e sim. che rappresenti solo queste parti. **2** (*fig., iron.*) Giornalista o commentatore politico televisivo che, di solito, appare inquadrato sullo schermo dalla cintola in su.

mezzocérchio [comp. di *mezzo* (*2*) e *cerchio*] s. m. (pl. *mezzicérchi*) **1** (*mat.*) Semicerchio. **2** Nella scherma di fioretto o di spada, movimento del ferro che serve a difendere la parte interna o alta del petto | *Battuta di m., presa di ferro di m.*, movimento di offesa diretto ai suddetti bersagli.

mezzocièlo [comp. di *mezzo* (*2*) e *cielo*] s. m. (pl. *mezzicièli*) ● (*astron.*) Punto d'incontro tra l'equatore celeste e il meridiano del luogo d'osservazione, corrispondente al punto dell'equatore celeste che ha la massima altezza sull'orizzonte.

mezzocìrcolo o **mèzzo cìrcolo** [comp. di *mezzo* (*2*) e *circolo*] s. m. (pl. *mezzicìrcoli*) ● (*mat.*) Metà d'un circolo.

mezzocontràlto o **mèzzo contràlto** [comp. di *mezzo* (*2*) e *contralto*] s. m. (pl. *mezzicontràlti* o *mèzzi contràlti*) **1** Registro di voce femminile appartenente alla classe dei contralti, di cui rappresenta il timbro più acuto. **2** (*est.*) Cantante che ha tale voce.

mezzodì o (*raro*) **mèzzo dì** [comp. di *mezzo* (*2*) e *dì*] s. m. ● (*raro*) Mezzogiorno: *era m. e stava ancora seduta davanti la teletta* (MORAVIA).

mezzofondìsta s. m. e f. (pl. m. *-i*) ● Atleta specialista nelle gare di mezzofondo.

mezzofóndo [comp. di *mezzo* (*2*) e *fondo* 'gara di media lunghezza'] s. m. ● Gara di corsa di media lunghezza, nell'atletica, nel nuoto e in qualche altra specialità | Nel ciclismo, gara in pista dietro motori la cui lunghezza non supera in genere i cento kilometri e, talvolta, gara in pista su distanze da tre a dieci kilometri.

mezzofòrte [comp. di *mezzo* (*2*) e *forte*] s. m. ● (*mus.*) Grado di sonorità intermedio tra il piano e il forte.

mezzogiórno [comp. di *mezzo* (*2*) e *giorno*] s. m. **1** Le ore 12 del giorno civile: *è appena suonato m.*; *è m. in punto* | *M. vero, m. medio, m. siderale*, rispettivamente, gli istanti della culminazione superiore del Sole vero, del Sole medio, del punto d'Ariete. **2** Direzione cardinale sud: *casa esposta a m.* | Vento che spira da sud. **3** Parte di una regione geografica posta a sud: *il m. d'Italia.* **4** (*ass., con iniziale maiuscola*) L'Italia Meridionale: *i problemi, la questione del Mezzogiorno.*

mezzoguànto o **mèzzo guànto** [comp. di *mezzo* (*2*) e *guanto*] s. m. (pl. *mezziguànti* o *mèzzi guànti*) ● Guanto che ricopre il palmo e il dorso della mano lasciando scoperte le dita.

†**mezzolàna** [da *mezzolano*] s. f. ● Mediocrità.

†**mezzolanità** [da *mezzolana*] s. f. ● Mediocrità.

†**mezzolàno** [da *mezzano* ampliato con l'infisso *-ol-*] agg. ● Mezzano, medio, mediocre. || †**mezzolanaménte**, avv. Mediocremente.

mezzolìtro o **mèzzo lìtro** [comp. di *mezzo* (*2*) e *litro*] s. m. (pl. *mezzilìtri* o *mèzzi lìtri*) ● Bottiglia di vetro contenente mezzo litro di vino | Quantità di vino contenuta in tale bottiglia.

mezzomarinàro o **mezzomarinàio** [comp. di *mezzo* (*2*) e *marinaro*] s. m. **1** (*mar.*) Gancio d'accosto, alighiero, gaffa. **2** †Mozzo.

†**mezzominerale** [comp. di *mezzo* (*2*) e *minerale*] s. m. ● Metalloide.

mezzóne [da *mezzo* (*2*)] s. m. ● Vino di vinacce allungato con acqua.

mèzzo pùnto o **mèzzopùnto** [comp. di *mezzo* (*2*) e *punto*] loc. sost. m. (pl. m. *mèzzi pùnti*) **1** Antico segno grafico consistente in un punto non seguito da maiuscola, con la funzione degli odierni due punti. **2** Merletto misto eseguito ad ago e fuselli.

mezzóra o **mezz'óra** [comp. del f. di *mezzo* (*2*) e *ora*] s. f. **1** Metà di un'ora. **2** (*est.*) Piccola unità indeterminata di tempo: *ti aspetterò una m.* || **mezzorétta, mezz'orétta**, dim.

mezzorilièvo o **mèzzo rilièvo** [comp. di *mezzo* (*2*) e *rilievo*] s. m. (pl. *mezzirilièvi* o *mèzzi rilièvi*) ● Tecnica e rappresentazione scultoria in cui le figure sporgono con diverso stacco dal fondo, emergendone per talune parti di primo piano, rimanendovi aderenti per altre.

mezzosàngue o **mèzzo sàngue** [comp. di *mezzo* (*2*) e *sangue*] s. m. e f. inv. **1** Meticcio di prima generazione. **2** Nell'ippica, trottatore che non ha una discendenza da genitori di razza pura.

mezzoservìzio o **mèzzo servìzio** [comp. di *mezzo* (*2*) e *servizio*] s. m. ● Servizio domestico prestato soltanto per una parte del giorno.

mezzosopràno o **mèzzo sopràno** [comp. di *mezzo* (*2*) e *soprano*] s. m. (pl. *mezzosopràni* o *mèzzi sopràni*) **1** (*mus.*) Registro di voce femminile che, come estensione e colore, è intermedio tra il soprano e il contralto. **2** Cantante che ha tale voce.

mezzotìtolo [comp. di *mezzo* (*2*) e *titolo*] s. m. (pl. *mezzitìtoli*) ● (*tip.*) (*raro*) Occhiello nel sign. 6.

mezzotóndo [da *mezzo* (*2*) sul modello di *tuttotondo*] s. m. inv. ● In scultura, tipo di esecuzione in cui il soggetto rappresentato appare non nella pienezza dei suoi volumi, ma come emergente a metà dalla parete a cui si appoggia.

mezzovènto [comp. di *mezzo* (*2*) e *vento*] s. m. ● Vento mediano tra gli otto principali.

mezzùccio s. m. **1** Pegg. di *mezzo* (*2*). **2** Espediente meschino: *ricorrere a mezzucci.*

mezzùle [da *mezzo* (*2*), perché è la doga di *mezzo* nella parte anteriore del fondo della botte] s. m. ● Fondo anteriore della botte, con sportello per poterla pulire, dove si applica la cannella.

mhmm /m/ ● V. *mm.*

mho /ˈɛmme akkaˈɔ/ [lettura inversa di *ohm*] s. m. inv. ● (*elettr.*) Unità di misura della conduttanza elettrica, pari a 1 $(\text{ohm})^{-1}$; per la stessa unità il nome raccomandato è siemens (V.).

mi' o †**me'** (**3**) [da *mio*] agg. poss. di prima pers. sing. ● (*pop., tosc.*) Forma tronca di 'mio', 'mia', 'miei', 'mie', in posizione proclitica.

mi (**1**) [lat. *mē*] pron. pers. atono di prima pers. sing. (formando gruppo con altri pron. atoni si premette a *ci, si, ti*: *non mi ci metto*; *qui mi si vuole imbrogliare*; *non mi ti accostare*. Assume la forma *me* (V.) davanti ai pron. atoni *lo, la, le, li* e alla particella *ne*) **1** Io (come compl. ogg., encl. o procl.): *non mi ha visto*; *mi verrà a trovare domani*; *lasciami!*; *non potete lasciarmi qui* | Con valore procl. e, (*lett.*) encl., si usa nelle coniug. dei verbi rifl. e intr. pron.: *io mi lavo*; *io mi pento* | Si usa nell'imp. negativo: *non disturbatemi*; *non mi toccare!* **2** A me (come compl. di termine encl. o procl.): *mi ha raccontato delle storie*; *mi sembra che non sia giusto*; *dammi una mano*; *ditemi pure tutto.* **3** Esprime (come dativo etico) la partecipazione affettiva, l'interesse, l'adesione psicologica di chi parla o scrive: *ma che mi andate raccontando in giro?*; *statemi bene!*; *che cosa mi avete combinato?*; *mi si sta facendo tardi.* **4** (*pleon.*) Con valore raff.: *io mi credevo di riuscire*; *non mi pensavo mai che fosse tanto complicato*; *I' mi son un che, quando / Amor mi spira, noto* (DANTE *Purg.* XXIV, 52-53). (V. nota d'uso ELISIONE e TRONCAMENTO).

mi (**2**) [dalla sillaba iniziale del terzo versetto (*mira gestorum*) dell'Inno a S. Giovanni, scelto da Guido d'Arezzo a fondamento della scala musicale] s. m. ● Terza nota della scala musicale di *do* | Tono, corda o tasto di mi (V. nota d'uso ACCENTO).

mi (**3**) o (*raro*) **mu** [dal gr. *mŷ*] s. m. o f. inv. ● Nome della dodicesima lettera dell'alfabeto greco.

miagolaménto s. m. ● Modo e atto del miagolare di continuo.

miagolàre o (*raro*) **miaulàre** [vc. onomat.] **A** v. intr. (*io miàgolo*; aus. *avere*) **1** Fare miao, miao, detto del gatto: *il gatto miagolava davanti alla porta.* **2** (*fig., scherz.*) Lamentarsi: *smettila di m. in quel modo!* **3** (*fig., lett.*) Fischiare, detto dei proiettili. **B** v. tr. ● (*fig.*) Cantare, recitare o scrivere versi e sim., che paiono miagolii.

miagolàta s. f. ● Atto, effetto del miagolare (*anche fig.*): *una lunga m.*

miagolatóre agg.; anche s. m. (f. *-trice*) ● Che, chi miagola (*anche fig.*).

miagolìo o (*raro*) **miaulìo**. s. m. ● Continuo e ripetuto miagolare (*anche fig.*): *il m. dei gatti*; *il sinistro m. delle pallottole.*

miàgolo [da *miagolare*] s. m. ● (*raro*) Verso del gatto.

miagolóne s. m.; anche agg. (f. *-a*) ● Chi, che miagola molto e spesso (*anche fig.*).

mialgìa [comp. di *mi(o)-* e *-algia*] s. f. (pl. *-gie*) ● (*med.*) Dolore in corrispondenza di un muscolo: *m. da trauma, da infezione.*

miàlgico agg. (pl. m. *-ci*) ● (*med.*) Relativo a mialgia.

miào o **miàu** [vc. onomat.] **A** inter. ● Riproduce il miagolio del gatto. **B** in funzione di s. m. inv. ● Miagolio.

miàsi [comp. del gr. *mŷia* 'mosca' e *-asi*] s. f. ● (*med.*) Infestione da larve di mosca su piaghe o tessuti necrotici della cute.

miàsma [vc. dotta, gr. *míasma* 'lordura, contaminazione', da *miáinein* 'lordare', di etim. incerta] s. m. (pl. *-i*) ● Malsana esalazione di organismi in putrefazione o di acqua stagnante e impaludata che viziano l'aria | (*est.*) Odore fetido e pestilenziale.

miasmàtico [dal gr. *míasma*, genit. *míasmatos*. V. *miasma*] agg. (pl. m. *-ci*) ● Di miasma, causato da miasma: *febbre miasmatica.*

miastenìa [comp. di *mi(o)-* e *astenia*] s. f. ● (*med.*) Affezione caratterizzata da facile esauribilità della capacità contrattile della muscolatura.

miastènico agg.; anche s. m. (f. *-a*; pl. m. *-ci*) ● (*med.*) Che, chi è affetto da miastenia.

miatonìa [comp. di *mi(o)-* e *atonia*] s. f. ● (*med.*) Riduzione o assenza del tono muscolare. SIN.

Amiotonia.

miatrofia [comp. di *mi(o)-* e *atrofia*] s. f. ● (*med.*) Atrofia muscolare.

miàu ● V. *miao*.

miaulàre e *deriv.* ● V. *miagolare* e *deriv.*

mica (1) o (*sett.*) †**micca (1)**, (*sett.*) †**miga** nei sign. B [lat. *mīca(m)* 'briciola', di etim. incerta] **A** s. f. ● (*lett.*) Briciola, minuzzolo, granellino. ‖ **miccichìno**, dim. m. | **miccìno**, dim. m. | **micèlla**, dim. (V.) | **micolìna**, dim. | **micolìno**, dim. m.. **B** avv. *1* (*fam.*) Affatto, per nulla, minimamente (come raff. di una negazione, spec. posposto al v.): *non è m. vero*; *non sono m. stato io*; *non costa m. tanto* | Non (senza la negazione e con valore ints.): *sono cose vere queste, m. favole*; *m. lo sapevo che ci saresti andato!* | (*sett.*) *M. male*, niente male (esprime un giudizio favorevole, soddisfazione, ammirazione e sim.): *'come stai?' 'm. male'*; *m. male questo vino*. *2* Per caso (in espressioni interr. o escl.): *non ti sarai m. offeso?*; *m. sei arrabbiato con me!, vero?*

mica (2) [dal lat. *mīca* 'briciola'. V. *mica (1)*] s. f. ● (*miner.*) Silicato alcalino di varie specie che cristallizzano per lo più nel sistema monoclino, minerale fondamentale di molte rocce eruttive, metamorfiche e sedimentarie, molto facilmente sfaldabile in lamine sottilissime e trasparenti, di colorazione varia.

mìca (3) ● V. *micca (2)*.

micàceo [da *mica (2)*] agg. ● (*miner.*) Relativo a mica | Simile a mica.

micanite® [vc. ingl., formata con *mica* su *vulcanite*] s. f. inv. ● (*elettr.*) Materiale isolante composto da fogli di mica del tipo muscovite cementati insieme con vernici isolanti.

†**micànte** [vc. dotta, lat. *micănte(m)*, part. pres. di *micāre* 'tremolare, guizzare, scintillare', di origine indeur.] agg. ● Splendente, fulgido: *più che 'l sol belli e micanti* (PULCI).

micascìsto o **micaschìsto** [comp. di *mica (2)* e *scisto*] s. m. ● Roccia a composizione prevalentemente quarzoso-micacea derivante dal metamorfismo di rocce argillose.

mìcca (1) ● V. *mica (1)*.

mìcca (2) o **mìca (3)** [dal fr. *miche* 'pagnotta'] s. f. *1* (*sett.*) Pagnotta rotonda abbastanza grande. *2* †Minestra, pappa, zuppa.

mìccia [fr. *mèche*, dal lat. parl. **mĭcca(m)*, per il classico *my̆xa(m)*, nom. *my̆xa* 'becco della lampada, luminello', dal gr. *mýxa* 'muco', di origine indeur., per l'aspetto] s. f. (pl. *-ce*) *1* Cordoncino combustibile, spec. con anima di polvere nera e rivestimento impermeabile, che acceso ad un capo propaga la fiamma determinando il brillamento di cariche esplosive all'istante voluto | *M. detonante*, con l'anima di esplosivo ad alta velocità di detonazione, per ottenere il brillamento pressoché simultaneo di più cariche a essa collegate | *Dare fuoco, appiccare il fuoco alla m.*, (*fig.*) dare il via a rivolte, sommosse e sim. *2* (*mar.*) Estremità inferiore di ogni albero.

miccìno [da *micca*] s. m. ● (*raro*) Piccola quantità, minima parte | *A m.*, in piccola quantità e (*est.*) con estrema misura.

mìccio [vc. onomat.] s. m. (f. *-a*) ● (*tosc.*) Asino, somaro (*anche fig.*).

†**micciòlfo** [sovrapposizione di *Marcolfo* a *miccio* (?)] s. m. ● Ignorante, villano.

mìcco [sp. *mico*, da una lingua caribica] s. m. (pl. *-chi*) *1* (*zool.*) Uistitì. *2* (*tosc.*) Uomo goffo ma pieno di pretese e impertinenza | Bellimbusto dall'aria lasciva. *3* (*fig., dial.*) Sciocco, stupido: *guarda che io non sono un m.* ‖ **micchétto**, dim.

micèlio [dal gr. *mýkēs* 'fungo', di etim. discussa: da avvicinare al lat. *mūcus* 'muco' (?)] s. m. ● (*bot.*) Complesso delle ife che costituiscono la parte vegetativa dei funghi.

micèlla s. f. *1* Dim. di *mica (1)*. *2* (*chim.*) Particella colloidale formata da un aggregato di molecole relativamente piccole.

micenèo [vc. dotta, lat. *Mycenāeu(m)*, nom. *Mycenāeus*, dal gr. *Mykēnâios*, da *Mykḗnē* 'Micene'] **A** agg. ● Dell'antica Micene | Relativo alla civiltà che si irradia dall'antica Micene dal XIV all'XI sec. a.C. **B** s. m. (f. *-a*) ● Abitante, nativo dell'antica Micene. **C** s. m. solo sing. ● Dialetto greco parlato nell'antica Micene.

micète (1) [dal gr. *mýkēs*, genit. *mýkētos* 'fungo' (V. *micelio*)] s. m. ● (*bot.*) Fungo.

micète (2) [vc. dotta, gr. *mykētḗs* 'muggente', da *mykâsthai* 'muggire', di origine indeur.] s. m. ● Scimmia urlatrice arboricola americana, con coda prensile, barba nerissima e alimentazione vegetariana (*Alouatta caraya*).

micetologìa [comp. di *micete (1)* e *-logia*] s. f. (pl. *-gie*) ● (*bot.*) Micologia.

micetòma [comp. di *micete (1)* e *-oma*] s. m. (pl. *-i*) ● (*med.*) Formazione di aspetto tumorale che colpisce il piede, originata da funghi.

michelàccio [da *Michele*, n. molto diffuso, suggerito anche dall'assonanza con *spasso*] s. m. ● Vagabondo, bighellone | *L'arte, la vita di m.*, mangiare, bere e andare a spasso.

michelangiolésco agg. (pl. m. *-schi*) ● Che concerne Michelangelo Buonarroti (1475-1564) e il suo stile: *opera michelangiolesca* | (*est.*) Possente e grandioso: *figura michelangiolesca*; *tocco m.* ‖ **michelangiolescaménte**, avv. Alla maniera, nello stile di Michelangelo Buonarroti.

michelétto [sp. *miquelete*: i micheletti erano detti così perché provenivano dalla regione dei Pirenei ove c'era il santuario di *S. Michele*] s. m. ● Soldato spagnolo appartenente in origine a bande mercenarie basche, organizzate poi militarmente nel XVII sec.

michétta s. f. *1* Dim. di *mica (3)*. *2* (*sett.*) Panino di forma rotonda.

†**micida** ● V. *omicida*.

micidiàle o †**omicidiale**, †**umicidiale** [da †*micidio*] **A** agg. ● Che provoca la morte: *colpo m.* | (*raro*) †Assassino: *i Bianchi ritenne presi quella notte, sanza paglia e sanza materassi, come uomini micidiali* (COMPAGNI) | (*est.*) Molto dannoso: *clima m.*; *i micidiali effetti del fumo* | (*scherz.*) Impossibile da sopportare: *è una musica m.* ‖ **micidialménte**, avv. **B** s. m. ● †Omicida.

†**micidiàro** [da †*micidio*] agg. ● Micidiale, omicida.

†**micìdio** ● V. *omicidio*.

mìcio [vc. onomat.] s. m. (f. *-a*; pl. f. *-cie* o *-ce*) ● (*fam.*) Gatto domestico | (*fig.*) †*Stare in barba di m.*, godersela. ‖ **micétto**, dim. | **micìno**, dim. | **miciolìno**, dim. | **micióne**, accr.

mico- [dal gr. *mýkēs* 'fungo'] primo elemento ● In parole scientifiche composte, significa 'fungo', o indica relazione con i funghi: *micologia*, *micorriza*.

micobattèrio [comp. di *mico-* e *batterio*] s. m. ● Nome con cui si indicano circa quaranta specie di batteri di cui il bacillo tubercolare di Koch è la specie tipo.

micocellulósa [comp. di *mico-* e *cellulosa*] s. f. ● Costituente della membrana cellulare dei funghi.

micodèrma [comp. di *mico-* e *derma*] s. m. (pl. *-i*) ● (*bot.*) Genere di Funghi delle Moniliali comprendente importanti lieviti sporigeni (*Mycoderma*).

micologìa [comp. di *mico-* e *-logia*] s. f. (pl. *-gie*) ● Ramo della botanica che studia i funghi. SIN. Micetologia.

micològico agg. (pl. m. *-ci*) ● Della, relativo alla micologia.

micòlogo [comp. di *mico-* e *-logo*] s. m. (f. *-a*; pl. m. *-gi*, pop. *-ghi*) ● Studioso di micologia | *Esperto m.*, funzionario dell'ufficio d'igiene che esamina i funghi in vendita nei mercati.

micoplàsma [comp. di *mico-* e del gr. *plásma* 'cosa plasmata'] s. m. (pl. *-i*) ● (*biol.*) Genere di batteri comprendente specie piccole, sferiche o filamentose, sprovviste di parete, parassite intracellulari, diffuse ampiamente in natura e patogene per l'uomo (polmonite, infezioni urinarie) e per gli animali (*Mycoplasma*).

micorrìza [comp. di *mico-* e del gr. *riza* 'radice' (V. *rizina*)] s. f. ● Complesso simbiotico formato dalle ife dei funghi e dalle radici degli alberi.

micosferèlla [comp. di *mico-* e del lat. scient. *Sphaerella*, n. di un genere di funghi, dim. di un ant. genere *Sphaeria*, dal gr. *spháira* 'sfera'] s. f. ● Genere di funghi degli Ascomiceti parassiti su varie piante (*Mycosphaerella*).

micòsi [comp. di *mico-* e *-osi*] s. f. ● Malattia prodotta da funghi parassiti.

micosìna [da *mico(cellulo)s(a)* col suff. *-ina*] s. f. ● (*biol.*) Micocellulosa.

micòtico agg. (pl. m. *-ci*) ● (*med.*) Di, relativo a micosi.

micotossìna [comp. di *mico-* e *tossina*] s. f. ● (*med.*) Tossina fungina.

micràgna o **migràgna** [lat. *hemicrānia(m)* 'emicrania', in senso iron.] s. f. *1* (*region.*) Mancanza persistente di denaro, miseria. *2* (*region.*) Avarizia, taccagneria.

micragnóso o **migragnóso** [da *micragna*] agg. *1* (*region.*) Povero, privo di denaro. *2* (*region.*) Avaro, taccagno.

micratène [comp. di *micro-* e del lat. scient. *Athēne*, n. del genere di uccelli a cui appartiene la civetta, dal n. della dea *Atena* (gr. *Athḗnē*), cui la civetta era sacra] s. m. ● Civetta di piccole dimensioni diffusa nel sud degli Stati Uniti e nel Messico, vive in cavità dei grossi cactus (*Micrathene whitneyi*).

micro- [dal gr. *mikrós* 'piccolo'] primo elemento *1* In parole composte, spec. della terminologia scientifica e tecnica, significa 'piccolo, che ha sviluppo insufficiente', o fa riferimento a cose, quantità piccole: *microbilancia*, *microcosmo*, *microscopio*, *microcefalia*, *microcefalo*, *microeconomia* | In altri casi significa 'microscopico' o indica relazione col microscopio: *microchimica*, *microcristallino*. *2* In parole composte, anteposto a un'unità di misura, la divide per 1 milione, cioè la moltiplica per 10^{-6}: *microampere*, *micromillimetro*. SIMB. μ.

microampère /mikroam'per/ [comp. di *micro-* e *ampere*] s. m. inv. ● Unità d'intensità di corrente elettrica equivalente a un milionesimo di ampere. SIMB. μA.

microamperòmetro [comp. di *micro-* e *amperometro*] s. m. (pl. *-i*) ● Strumento che misura in microampere l'intensità di una corrente elettrica.

microanàlisi [comp. di *micro-* e *analisi*] s. f. ● Insieme di procedimenti per la determinazione di sostanze presenti in percentuali minime nei campioni da esaminare.

microbibliografìa [comp. di *micro(film)*, *biblio-* e *-grafia*] s. f. ● Tecnica della riproduzione di libri, documenti, manoscritti e sim. su microfilm.

microbicìda [comp. di *microbi(o)* e *-cida*] **A** s. m. (pl. *-i*) ● Sostanza capace di uccidere i microbi. **B** anche agg.: *sostanza m.*

micròbico agg. (pl. m. *-ci*) ● Di, relativo a microbo.

microbilància [comp. di *micro-* e *bilancia*] s. f. (pl. *-ce*) ● Bilancia per microanalisi.

micròbio o **mìcrobo** [fr. *microbe*, comp. del gr. *mikrós* 'piccolo' (V. *micro-*) e *bíos* 'vita' (V. *bio-*)] s. m. ● Microrganismo animale o vegetale, capace di determinare malattie infettive.

microbiologìa [comp. di *microbio* e *-logia*] s. f. (pl. *-gie*) ● Ramo della biologia che studia i microrganismi.

microbiològico agg. (pl. m. *-ci*) ● Della, relativo alla microbiologia. ‖ **microbiologicaménte**, avv.

microbiòlogo [comp. di *microbio* e *-logo*] s. m. (f. *-a*; pl. m. *-gi*) ● Studioso, esperto di microbiologia.

mìcrobo [forma di sing. ricavata da *microbi*, pl. di *microbio*] s. m. *1* V. *microbio*. *2* (*fig., spreg.*) Persona meschina e insignificante.

microcalcolatóre [comp. di *micro-* e *calcolatore*, sul modello dell'ingl. *microcomputer*] s. m. ● (*elab.*) Elaboratore la cui unità centrale è costituita da un microprocessore. SIN. Microelaboratore, microcomputer.

microcàmera [comp. di *micro-* e *camera (2)*] s. f. ● Apparecchio per formati fotografici inferiori al 24 x 36 mm.

microcassétta [comp. di *micro-* e *cassetta*] s. f. ● Cassetta di dimensioni ridotte per microregistratori.

microcèbo [comp. di *micro-* e *cebo*] s. m. ● Genere di lemuri del Madagascar, arboricoli, di piccole dimensioni, con grandi occhi e lunga coda (*Microcebus*).

microcefalìa [da *microcefalo*] s. f. *1* (*med.*) Ridotto sviluppo del cranio e dell'encefalo. *2* (*est., scherz.*) Stupidità, mancanza di senno, intelligenza e sim.

microcefàlico agg. (pl. m. *-ci*) *1* Della, relativo

alla microcefalia. **2** Microcefalo.

microcèfalo [vc. dotta, gr. *mikroképhalos*, comp. di *mikrós* 'piccolo' (V. *micro-*) e *kephalḗ* 'testa' (V. *cefalo-*)] **agg.**; anche **s. m.** (f. *-a*) **1** Che, chi è affetto da microcefalia. **2** (*est.*) Idiota, imbecille: *ragionamenti da m.*

microchìmica [comp. di *micro(scopio)* e *chimica*] **s. f.** ● Chimica riguardante i preparati a strutture microscopiche.

microchip /mikro'tʃip, *ingl.* 'maikrou tʃip/ [comp. di *micro-* e *chip*] **s. m. inv.** ● (*elettron.*) Chip.

Microchiròtteri [comp. di *micro-* e il pl. di *chirottero*] **s. m. pl.** ● Nella tassonomia animale, sottordine di Chirotteri comprendente specie per lo più insettivore e di piccole dimensioni (*Microchiroptera*) | (al sing. *-o*) Ogni individuo di tale sottordine.

microchirurgìa [comp. di *micro-* e *chirurgia*] **s. f.** ● Branca della chirurgia che, nell'esecuzione degli interventi, spec. nell'ambito dell'oculistica, dell'otorinolaringoiatria, della neurochirurgia, utilizza uno speciale tipo di microscopio.

microcircùito [comp. di *micro-* e *circuito*] **s. m.** ● Circuito elettronico costituito da componenti miniaturizzati.

microcìta o **micrcito** [comp. di *micro-* e del gr. *kýtos* (V. *citofagia*)] **s. m.** (pl. *-i*) ● (*biol.*) Globulo rosso di diametro e volume inferiore alla norma.

microcitemìa [comp. di *microcita* ed *-emia*] **s. f.** ● (*med.*) Forma di anemia con presenza di numerosi microciti nel sangue.

microcìto ● V. *microcita*.

microcitòma [comp. di *micro-*, *cit(o)-* e del suff. *-oma*] **s. m.** (pl. *-i*) ● (*med.*) Tumore del polmone costituito da piccole cellule basofile; si riscontra spec. nei fumatori.

microclìma [comp. di *micro-* e *clima*] **s. m.** ● (*geogr.*) La natura del clima considerata nello strato di atmosfera posto nell'immediata vicinanza del suolo (fino a 2 m di altezza) | Condizioni climatiche di una zona ristretta. **CONTR.** Macroclima.

microclimatologìa [comp. di *micro-* e *climatologia*] **s. f.** ● Parte della climatologia che studia i microclimi.

microclìno [comp. di *micro-* e *-clino*, dal gr. *klínein* 'piegare'] **s. m.** ● (*miner.*) Feldspato triclino con la stessa composizione dell'ortoclasio, caratterizzato dall'intreccio di geminazioni degli individui lamellari.

micrococco [comp. di *micro-* e *cocco* (*4*)] **s. m.** (pl. *-chi*) ● (*biol.*) Batterio a forma di globo.

microcomponènte [comp. di *micro-* e *componente*] **s. m.** ● (*elettron.*) Componente elettronico miniaturizzato.

microcomputer /mikrokom'pjuter, *ingl.* 'maikrou kəm'pju:tə*/ [comp. di *micro-* e *computer*] **s. m. inv.** ● (*elab.*) Microcalcolatore.

microconflittualità [comp. di *micro-* e *conflittualità*] **s. f.** ● Conflittualità all'interno di un gruppo sociale o di un ambiente di lavoro, che si manifesta con piccoli e frequenti scontri su argomenti circoscritti.

microcontèsto [comp. di *micro-* e *contesto*] **s. m.** ● (*ling.*) Contesto immediato di una parola, costituito gener. dalla parola che precede e da quella che segue.

microcòsmico **agg.** (pl. m. *-ci*) **1** Di, relativo a microcosmo. **2** Che concerne o interessa l'uomo in quanto microcosmo.

microcòsmo [vc. dotta, lat. tardo *microcŏsmu(m)*, comp. del gr. *mikrós* 'piccolo' (V. *micro-*) e *kósmos* 'mondo' (V. *cosmo*)] **s. m.** **1** Il mondo dell'infinitamente piccolo. **2** L'uomo inteso come una complessità di fenomeni che riassumono in sé l'ordine e la struttura dell'universo. **3** (*lett.*) Piccolo mondo, dall'ambito ristretto e limitato: *ciascuno di noi ha il suo m.*; *vive nel proprio m.*

microcriminalità [comp. di *micro-* e *criminalità*] **s. f.** ● Attività criminale spec. di ambito locale, caratterizzata da molti reati di limitata gravità.

microcristallìno [comp. di *micro(scopio)* e *cristallo*, con suff. agg.] **agg.** ● (*miner.*) Di roccia i cui costituenti cristallini sono così piccoli da essere rivelati soltanto dal microscopio.

microcurie /*fr.* mikroky'ri/ [comp. di *micro-* e *curie*] **s. m. inv.** ● Unità di misura della radioattività pari ad un milionesimo di curie. SIMB. μCi.

microdattilìa [da *microdattilo*] **s. f.** ● (*med.*) Ridotto sviluppo delle dita dei piedi o delle mani.

microdàttilo [comp. di *micro-* e del gr. *dáktylos* 'dito' (V. *dattilografia*)] **agg.**; anche **s. m.** (f. *-a*) ● Che, chi è affetto da microdattilia.

microdinamòmetro [comp. di *micro-* e *dinamometro*] **s. m.** ● (*mecc.*) Dinamometro per la misura di debolissime forze, costituito da una sottile fibra di vetro di silice inflessa dalla forza in esame.

microeconomìa [comp. di *micro-* ed *economia*] **s. f.** ● Parte dell'analisi economica che studia i comportamenti economici dei singoli individui e delle singole famiglie o aziende.

microeconòmico **agg.** (pl. m. *-ci*) ● Di, relativo a microeconomia: *analisi microeconomica.*

microelaboratóre [comp. di *micro-* ed *elaboratore*] **s. m.** **1** (*elab.*) Microcalcolatore. **2** (*elab.*) Microprocessore.

microeleménto [comp. di *micro-* ed *elemento*] **s. m.** ● Ogni elemento chimico presente in tracce negli organismi animali e vegetali, essenziale in alcuni processi fisiologici.

microelettrònica [comp. di *micro-* ed *elettronica*] **s. f.** ● Parte dell'elettronica che si occupa della progettazione, della costruzione e delle applicazioni di circuiti elettronici miniaturizzati, in particolare dei circuiti integrati, i cui componenti hanno dimensioni dell'ordine di 1 μm.

microelettrònico **agg.** (pl. m. *-ci*) ● Relativo alla microelettronica.

microevoluzióne [comp. di *micro-* ed *evoluzione*] **s. f.** ● (*biol.*) L'insieme dei processi evolutivi che portano alla scarsa differenziazione di nuovi gruppi sistematici.

micròfago [comp. di *micro-* e *-fago*] **A** **agg.** (pl. m. *-gi*) ● (*zool.*) Detto di animale che si nutre di piccole particelle alimentari. **B** **s. m.** ● (*biol.*) Cellula fagocitaria del connettivo di dimensioni limitate.

microfàrad [comp. di *micro-* e *farad*] **s. m.** ● Unità di capacità elettrica equivalente a un milionesimo di farad. SIMB. μF.

microfessurazióne [comp. di *micro-* e *fessurazione*] **s. f.** ● Formazione di fessure molto piccole.

microfìbra [comp. di *micro-* e *fibra*] **s. f.** ● (*tess.*) Fibra sintetica usata gener. per la produzione di tessuti, formata da bave di straordinaria finezza, anche inferiore a 0,01 denari.

microfiche /*fr.* mikrɔ'fiʃ/ [vc. fr., comp. di *micro-* e *fiche* 'scheda'] **s. f. inv.** ● Microscheda.

microfilaménto [comp. di *micro-* e *filamento*] **s. m.** **1** (*biol.*) Ognuno dei filamenti subcellulari con ruolo meccanico statico, contrattile, o correlato alla funzione delle fibre nervose. **2** (*biol.*) Ognuno dei filamenti subcellulari contrattili caratterizzati da un diametro assai ridotto.

microfìllo [comp. di *micro-* e *-fillo*] **s. m.** ● Foglia con caratteri di primitività, di piccole dimensioni, con una sola nervatura.

microfilm [comp. di *micro-* e *film*] **s. m. inv.** **1** Sistema di ripresa fotografica ravvicinata, su negativo di piccolo formato, di pagine di libri o riviste, e gener. documenti scritti su superfici piane. **2** Bobina di pellicola fotografica contenente delle copie di documenti, manoscritti, stampe o disegni.

microfilmàre **v. tr.** ● Riprodurre in microfilm: *m. un manoscritto, un documento.*

microfilmatrice **s. f.** ● Microriproduttore.

microfilmatùra **s. f.** ● Atto, effetto del microfilmare.

microflòra [comp. di *micro-* e *flora*] **s. f.** ● Flora microscopica.

microfonicità **s. f.** ● Particolare disturbo che si manifesta in una apparecchiatura elettronica a causa delle vibrazioni dei tubi elettronici.

microfònico **agg.** (pl. m. *-ci*) ● Del, relativo al microfono o alla microfonicità.

microfonìsta **s. m. e f.** (pl. m. *-i*) **1** Tecnico di microfoni. **2** Operaio incaricato del piazzamento e spostamento dei microfoni durante le riprese di un film.

micròfono [comp. di *micro-* e (*tele*)*fono*] **s. m.** ● Apparecchio che trasforma l'energia sonora in energia elettrica in modo da consentire trasmissioni o amplificazioni del suono.

microfotografìa [comp. di *micro-* e *fotografia*] **s. f.** ● (*fot.*) Immagine fotografica di un oggetto molto piccolo ingrandito per mezzo di un microscopio che sostituisce l'obiettivo | La tecnica usata per ottenerla.

microfotogràfico **agg.** (pl. m. *-ci*) ● Della, relativo alla microfotografia.

microftalmìa [comp. di *micro-* e *oftalmia*] **s. f.** ● (*med.*) Microftalmo.

microftàlmo [comp. di *micro-* e *-oftalmo*] **s. m.** ● (*med.*) Piccolezza congenita del bulbo oculare.

microglossàrio [comp. di *micro-* e *glossario*] **s. m.** ● (*ling.*) Lessico che raccoglie i termini di un determinato linguaggio settoriale o i vocaboli di più alta frequenza di un autore.

microglòsso [comp. di *micro-* e del gr. *glôssa* 'lingua' (V. *glossa*)] **s. m.** ● Grosso cacatua dell'Australia e della Nuova Guinea, dal piumaggio nero a riflessi verdi e dalla lingua molto lunga e sottile (*Probosciges aterrimus*).

micrognatìa o **micrognazìa** [comp. di *micro-* e un deriv. del gr. *gnáthos* 'mascella' (V. *prognato*)] **s. f.** ● (*med.*) Deficiente sviluppo della mandibola che comporta forte riduzione del mento. **SIN.** Micrognatismo.

micrognatìsmo **s. m.** ● (*med.*) Micrognatia.

micrognazìa ● V. *micrognatia.*

micrografìa [comp. di *micro-* e *-grafia*] **s. f.** ● (*raro*) Scrittura minutissima.

microgràmmo [comp. di *micro-* e *grammo*] **s. m.** ● Unità di massa equivalente a un milionesimo di grammo. SIMB. μg.

microgravità [comp. di *micro-* e *gravità*] **s. f.** ● (*fis.*) Condizione di assenza (o quasi assenza) di peso; si ottiene nella caduta libera dei corpi o all'interno di navicelle spaziali.

microinfusóre [comp. di *micro-* e un deriv. di *infondere*] **s. m.** ● (*med.*) Dispositivo per la somministrazione endovena, controllata nel tempo, di sostanza medicamentosa a dosaggi estremamente ridotti: *m. per diabetici.*

microinterruttóre [comp. di *micro-* e *interruttore*] **s. m.** ● (*elettr.*) Interruttore per bassa tensione e piccola intensità di corrente, sensibile a piccole forze di azionamento e usato per effettuare l'apertura e la chiusura di circuiti di comando o di circuiti logici in apparecchi quali telefoni, macchine da calcolo per ufficio, registratori del suono.

microistruzióne [comp. di *micro-* e *istruzione*] **s. f.** ● (*elab.*) Istruzione elementare usata nella microprogrammazione.

microlepidòtteri [comp. di *micro-* e il pl. di *lepidottero*] **s. m. pl.** ● (*zool.*) Correntemente, denominazione dei Lepidotteri di piccole dimensioni, come le tignole e le tarme.

microlettóre [comp. di *micro-* e *lettore*] **s. m.** ● Apparecchio ottico che consente la lettura dei microfilm.

microlìngua [comp. di *micro-* e *lingua*] **s. f.** ● Linguaggio tipico di un determinato settore specialistico, caratterizzato, rispetto alla lingua comune, da una diversa frequenza di talune strutture morfologico-sintattiche, e dalla completa mancanza di una dimensione stilistica.

microlinguìstica [comp. di *micro-* e *linguistica*] **s. f.** ● Studio dei fenomeni linguistici relativi a singole unità o a piccoli gruppi di unità, sotto il profilo descrittivo e storico.

micròlito [comp. di *micro-* e *-lito*] **s. m.** ● (*med.*) Piccolo calcolo che si genera nel rene, vescica, fegato.

microlìtro [comp. di *micro-* e *litro*] **s. m.** ● Unità di volume di liquidi equivalente a un milionesimo di litro. SIMB. μl.

micromacinatóre [comp. di *micro-* e *macinatore*] **s. m.** ● Micronizzatore.

micromania [comp. di *micro-* e *-mania*] **s. f.** ● (*psicol.*) Delirio che induce a negare importanza alle cose minimizzandole.

micromelìa [dal gr. *mikromelḗs* 'di piccole membra', comp. di *mikro-* 'micro-' e *mélos* 'membro'] **s. f.** ● (*med.*) Sviluppo deficiente di uno o più arti.

micrometeorologìa [comp. di *micro-* e *meteorologia*] **s. f.** (pl. *-gie*) ● Branca della meteorologia che studia i fenomeni atmosferici a piccola scala, che studia nei particolari i fenomeni atmosferici degli strati più vicini al suolo, su piccole estensioni e per periodi limitati di tempo.

micrometrìa [da *micrometro* (*1*)] **s. f.** ● Misurazione per mezzo del micrometro.

micromètrico agg. (pl. m. *-ci*) ● Del, relativo al micrometro | *Vite micrometrica*, a passo molto fine, portante una testa formata da un tamburo graduato, che permette avanzamenti, anche di frazioni di mm.

micròmetro (1) [comp. di *micro-* e *-metro*] s. m. ● Strumento di misura delle lunghezze o degli spessori di oggetti meccanici, sensibile fino al centesimo di mm, avente come organo misuratore una vite dotata di un manicotto graduato.

micromètro (2) [comp. di *micro-* e *metro*] s. m. ● Unità di lunghezza corrispondente alla milionesima parte di un metro, comunemente indicata con il nome di *micron*. SIMB. µm oppure µ.

micromicète [comp. di *micro-* e *micete* (1)] s. m. ● (*bot.*) Fungo microscopico. CONTR. Macromicete.

micromìcron [comp. di *micro-* e *micron*] s. m. ● Unità di lunghezza corrispondente alla milionesima parte di micron.

micromillìmetro [comp. di *micro-* e *millimetro*] s. m. ● Milionesimo di millimetro.

microminiaturizzàre [comp. di *micro-* e *miniaturizzare*] v. tr. ● Ridurre qc. a proporzioni estremamente ridotte.

microminiaturizzazióne s. f. ● L'operazione di microminiaturizzare.

micromotóre [comp. di *micro-* e *motore*] s. m. ● Motore di piccola potenza, applicato su biciclette e veicoli sim. | (*est.*) Il veicolo equipaggiato di tale motore.

micromotorìsta [da *micromotore* e *-ista*] s. m. e f. (pl. m. *-i*) ● Chi guida un micromotore.

mìcron [gr. *mikrón*, nt. di *mikrós* 'piccolo'] s. m. inv. ● Unità di misura di lunghezza equivalente a un millesimo di mm. SIMB. µ.

micróne [da *micro-*, col suff. della fisica *-one*, che indica entità elementari] s. m. ● (*fis.*) Particella visibile al microscopio, di dimensioni inferiori a 0,2 micron.

micronesiàno A agg. ● Della, relativo alla Micronesia, arcipelago dell'Oceania. **B** s. m. (f. *-a*) ● Abitante, nativo della Micronesia.

micronizzàre [comp. di *micron* e *-izzare*] v. tr. ● Ridurre un materiale in particelle minutissime, dell'ordine di grandezza del micron: *m. un prodotto farmaceutico*.

micronizzàto part. pass. di *micronizzare*; anche agg. ● Nel sign. del v.

micronizzatóre s. m. ● Apparecchio per micronizzare materiali vari. SIN. Micromacinatore.

micronizzazióne s. f. ● L'operazione del micronizzare.

micronutrïènte [comp. di *micro-* e *nutriente*] s. m. ● (*biol.*) Qualsiasi sostanza che l'organismo deve assumere, anche in piccolissima quantità, in quanto indispensabile per il metabolismo, come una vitamina. CONTR. Macronutriente.

microónda [comp. di *micro-* e *onda*] s. f. ● Onda elettromagnetica molto corta che va da frequenze di circa 1 000 megacicli/sec. a circa 30 000 megacicli/sec. e la cui lunghezza d'onda varia da circa 30 a 1 cm. | *Forno a microonde*, forno da cucina che sfrutta per la cottura microonde di alta frequenza.

microorganismo ● V. *microrganismo*.

micropaleontologìa [comp. di *micro-* e *paleontologia*] s. f. ● (*paleont.*) Settore della paleontologia che studia i resti di microrganismi animali e vegetali.

micropàlo [comp. di *micro-* e *palo*] s. m. ● (*ing.*) Palo d'acciaio, pieno o tubolare, di diametro intorno ai dieci centimetri, lungo anche decine di metri, cementato in fori nel terreno, utilizzato in gruppi per opere di consolidamento permanente del terreno in prossimità di manufatti, gallerie, fondazioni, scarpate e sim.

micròpilo [comp. di *micro-* e del gr. *pýlē* 'porta'] s. m. ● (*bot.*) Apertura che si trova nella parte superiore della nocella ove gli involucri non si congiungono.

microporosità s. f. ● Caratteristica dei materiali microporosi.

microporóso [comp. di *micro-* e *poroso*] agg. ● Detto di materiale che presenta pori piccolissimi.

microprocessóre [ingl. *microprocessor*, comp. di *micro-* 'micro-' e *processor* 'processore, elaboratore'] s. m. ● (*elab.*) Unità centrale di elaboratore realizzata in un solo circuito integrato o, talora, in alcuni circuiti integrati. SIN. Microelaboratore.

microprogràmma [comp. di *micro-* e *programma*] s. m. ● (*elab.*) Programma formato di microistruzioni.

microprogrammazióne [comp. di *micro-* e *programmazione*] s. f. ● (*elab.*) Tecnica di realizzazione dell'unità centrale di un sistema di elaborazione, in cui la decodifica e l'esecuzione delle singole istruzioni elementari sono effettuate da una sequenza memorizzata di combinazioni di segnali elettrici.

microproiettóre [comp. di *micro-* e *proiettore*] s. m. ● (*ott.*) Strumento per microproiezione.

microproiezióne [comp. di *micro-* e *proiezione*] s. f. ● (*ott.*) Tecnica di ingrandimento di oggetti molto piccoli mediante proiezione su uno schermo dell'oggetto da esaminare.

micropsìa [comp. di *micro-* e del gr. *ópsis* 'vista'] s. f. ● (*med.*) Difetto visivo per cui gli oggetti appaiono rimpiccioliti.

micropsichìa [comp. di *micro-* e del gr. *psychḗ* 'anima' (V. *psiche*)] s. f. ● (*psicol.*) Scarsa fiducia nelle proprie possibilità.

microregistratóre [comp. di *micro-* e *registratore*] s. m. ● Registratore magnetico tascabile del suono, a microcassetta.

microrganismo o **microorganismo** [comp. di *micro-* e *organismo*] s. m. ● Forma di vita microscopica a struttura subcellulare (virus), unicellulare procariotica (batterio) o eucariotica (protozoo, lievito, alga), oppure pluricellulare (muffa) | *M. patogeno*, che, parassitando l'ospite, causa una malattia infettiva | *M. saprofita*, che vive su materiale organico in decomposizione.

microriproduttóre [comp. di *micro-* e *riproduttore*] s. m. ● Apparecchio fotografico per la ripresa in microfilm di documenti, manoscritti, stampe, disegni e sim.

microsaldatùra [comp. di *micro-* e *saldatura*] s. f. ● Saldatura di oggetti molto piccoli | Il punto in cui si pratica tale saldatura.

microschèda [comp. di *micro-* e *scheda*] s. f. ● Scheda su supporto trasparente, sulla quale, secondo un ordine prestabilito, sono disposte copie di formato ridotto di documenti, manoscritti e sim. SIN. Microfiche.

microscopìa [da *microscopio*] s. f. ● Osservazione e studio effettuati tramite il microscopio.

microscòpico agg. (pl. m. *-ci*) **1** Del, relativo al microscopio | Della, relativo alla microscopia. **2** Di dimensioni tanto ridotte che è visibile solo al microscopio: *esseri microscopici* | (*est.*) Estremamente piccolo: *un nasino m.* ‖ **microscopicaménte**, avv. Per mezzo del microscopio: *osservare microscopicamente un organismo*; (*est.*) in modo microscopico: *un uovo microscopicamente piccolo*.

microscòpio [comp. di *micro-* e *-scopio*] s. m. **1** (*fis.*) Strumento atto a fornire immagini ingrandite di oggetti piccolissimi, che possono essere osservate o fotografate | *M. ottico*, quello che utilizza la luce emessa da un apparecchio illuminatore, la quale, dopo essere stata trasmessa o diffusa dall'oggetto, attraversa un sistema ottico che forma l'immagine ed è costituito da un obiettivo e un oculare | *M. semplice*, lente di ingrandimento | *M. composto*, microscopio ottico che utilizza un sistema ottico di più lenti | *M. bioculare*, microscopio ottico con un solo obiettivo e due oculari, per facilitare l'osservazione | *M. binoculare*, *stereoscopico*, microscopio ottico con due obiettivi e due oculari, per conservare l'aspetto tridimensionale dell'oggetto osservato | *M. elettronico*, microscopio che utilizza un fascio di elettroni che vengono trasmessi o riflessi dall'oggetto o ne esplorano la superficie e formano l'immagine grazie a un sistema di campi elettromagnetici che sostituiscono le lenti del microscopio ottico. **2** (*est.*, *fig.*) Indagine attenta, analisi minuziosa, esame scrupoloso | Mezzo, condizione che permette di compiere tale indagine, analisi o esame | *Guardare, osservare q.c. al m.*, (*fig.*) eccedere in minuzia, essere pedante e pignolo.

microscopìsta s. m. e f. (pl. m. *-i*) ● Chi effettua analisi, osservazioni e sim. al microscopio.

microsecóndo [comp. di *micro-* e *secondo*] s. m. ● Unità di tempo equivalente a un milionesimo di secondo. SIMB. µs.

microsfigmìa [comp. di *micro-* e del gr. *sphygmós* 'agitazione del polso'. V. *sfigmico*] s. f. ● (*med.*) Pulsazione arteriosa di piccola ampiezza.

microsìsmico agg. (pl. m. *-ci*) ● Relativo ai microsismi.

microsìsmo o **microsìsma** [comp. di *micro-* e *sismo*] s. m. ● Movimento sismico di lievissima entità.

microsismògrafo [comp. di *microsismo* e *-grafo*] s. m. ● Apparecchio per la registrazione di microsismi.

microsociologìa [comp. di *micro-* e *sociologia*] s. f. (pl. *-gie*) ● Parte della sociologia che studia le piccole formazioni sociali.

microsociològico agg. (pl. m. *-ci*) ● Della, relativo alla microsociologia.

microsólco [comp. di *micro-* e *solco*] **A** s. m. (pl. *-chi*) **1** Solco per incisione fonografica di spessore equivalente a un terzo di quello dell'incisione a 78 giri. **2** (*est.*) Incisione fonografica o disco di grande capacità e durata, che utilizza tale tipo di solco: *m. a 45, 33 giri*. **B** anche agg. inv.: *dischi m.*

microsomìa [comp. di *micro-* e del gr. *sôma*, genit. *sṓmatos* 'corpo' (V. *somatico*)] s. f. ● (*med.*) Ridotto sviluppo corporeo.

microsónda [comp. di *micro-* e *sonda*] s. f. ● Sonda di ridottissime dimensioni | (*tecnol.*) *M. elettronica*, dispositivo per l'analisi di campioni di materiali mediante un fascio di elettroni.

microspàzio [comp. di *micro-* e *spazio*] s. m. ● (*fis.*) Lo spazio fisico considerato nella scala delle dimensioni atomiche o subatomiche.

microspìa [comp. di *micro-* e *spia* nel sign. 4] s. f. ● Apparecchio elettronico miniaturizzato usato per intercettazioni telefoniche.

microspòra [comp. di *micro-* e *spora*] s. f. ● (*bot.*) La più piccola delle due qualità di spore delle felci, da cui nascono solo protalli maschili.

microsporàngio [comp. di *micro-* e *sporangio*] s. m. ● (*bot.*) Sporangio che produce le microspore.

microsporofillo [comp. di *micro-* e *sporofillo*] s. m. ● (*bot.*) Brattea che porta microsporangi.

microstampatrice [comp. di *micro-* e *stampatrice*] s. f. ● Macchina che, oltre a proiettare ingranditi su uno schermo i fotogrammi di un microfilm, ne esegue anche la stampa su copie, sempre ingrandite.

microstazióne [comp. di *micro-* e *stazione*] s. f. ● Piccola stazione di carabinieri.

microstòria [comp. di *micro-* e *storia*] s. f. ● Tendenza o corrente storiografica che privilegia lo studio di fatti minuti della storia umana in ambiti circoscritti.

microstòrico [da *microstoria*] agg. (pl. m. *-ci*) ● Di, relativo a microstoria.

microstruttùra [comp. di *micro-* e *struttura*] s. f. ● Struttura estremamente piccola: *la m. di un elemento elettronico*.

microtelèfono [comp. di *micro-* e *telefono*] s. m. ● Componente dell'apparecchio telefonico che consiste in una impugnatura con alle estremità la capsula trasmittente e quella ricevente.

microtèrmo [comp. di *micro-* e *-termo*] agg. ● Detto di pianta che vive in regioni a inverni rigidi ed estati miti e si accontenta di temperature medie piuttosto basse.

microtìa o **microzìa** [comp. di *micro-* e un deriv. di *oto-*] s. f. ● (*med.*) Sviluppo insufficiente del padiglione auricolare.

micròtomo [comp. di *micro-* e *-tomo*] s. m. ● Strumento tagliente per ottenere sezioni sottilissime di tessuto da sottoporre a esame microscopico.

microtòno [comp. di *micro-* e *-tono*] s. m. ● (*mus.*) Intervallo inferiore al semitono, di uso molto antico o novecentesco.

microtràuma [comp. di *micro-* e *trauma*] s. m. (pl. *-i*) ● (*med.*) Trauma di piccolissima entità.

micròttero [comp. di *micro-* e *-ttero*] agg. ● (*zool.*) Detto di insetto dotato di ali ridotte.

microtùbulo [comp. di *micro-* e *tubulo*] s. m. ● (*biol.*) Ognuna delle strutture subcellulari simili a microscopici cilindri cavi, diffusi nel citoplasma o aggregati in modo ordinato, con funzioni di supporto statico o cinetico.

microvillo [comp. di *micro-* e *villo*] s. m. ● (*biol.*)

Minuta estroflessione citoplasmatica, presente sulla superficie libera delle cellule assorbenti.

microvòlt [comp. di *micro-* e *volt*] s. m. • Unità di potenziale elettrico equivalente a un milionesimo di volt. SIMB. µV.

micròzia • V. *microtia*.

microzòlla [comp. di *micro-* e *zolla*] s. f. • (*geol.*) Zolla di dimensioni minori, di superficie paragonabile a una grande isola o penisola, compresa fra due zolle maggiori.

mictèria • V. *mitteria*.

mìda [dal n. di *Mida*, re della Frigia, famoso per le sue ricchezze] **A** s. f. • Tartaruga dei mari tropicali, verde olivastra, pesante poco meno di mezza tonnellata, con carni commestibili (*Chelone mydas*). **B** s. m. (pl. *-i*) • (*zool.*) Edipoda.

middle class /*ingl.* 'midl kla:s/ [loc. ingl., comp. di *middle* 'medio' e *class* 'classe'] loc. sost. f. inv. • Ceto medio, borghesia.

†**midésco** [cfr. prec.] agg. • Di, da Mida, antico re della Frigia | (*fig.*) *Orecchie midesche*, asinine.

mìdi [forma ellittica] s. f.; anche agg. • (*raro*) Detto di gonna di media lunghezza: *la moda della m.*

midi- [dall'ingl. *mid* 'mediano' (vc. germ. di origine indeur.)] primo elemento • In parole composte, fa riferimento a dimensioni medie, spec. relativamente a capi d'abbigliamento: *midicappotto, midigonna*.

midinette /*fr.* midi'nɛt/ [vc. fr., propriamente 'che fa un piccolo pasto a mezzogiorno'. *Dînette* 'piccolo pasto' è dim. di *dîner* 'desinare' (stessa etim. dell'it. *desinare*); *midi* 'mezzogiorno' è comp. di *mi* 'metà' (dal lat. *mĕdiu(m)*. V. *medio*) e *di*, ricavato dal lat. *dīes* 'giorno' (V. *dì*)] s. f. inv. • Sartina parigina.

midólla o (*dial.*) †**medólla**, †**medùlla** [lat. *medŭlla(m)*, di etim. incerta] s. f. **1** Parte soffice del pane, contenuta entro la crosta | †Polpa di alcuni frutti | †Parte tenera del formaggio. **2** (*raro*) †Midollo: *non ò medolla in osso o sangue in fibre* (PETRARCA). **3** (*fig., lett.*) Intima essenza di q.c. || **midollìna**, dim. | **midollóna**, accr.

†**midollàme** s. m. • Quantità di midolli.

midollàre [lat. tardo *medullāre(m)* 'penetrante fino al midollo delle ossa', da *medŭlla* 'midolla'] **A** agg. • (*anat., bot.*) Del, relativo al midollo o alla porzione centrale di un organo dotato di una distinta porzione periferica. **B** s. f. • (*anat.*) Porzione interna di un organo caratterizzato da una componente corticale evidente: *m. della ghiandola surrenale*. CONTR. Corticale.

midóllo o (*dial.*) †**medóllo** [da *midolla*] s. m. (pl. *midólla*, f. o raro *midólle*, in senso collettivo e fig.; raro il pl. *midólli*, m.) **1** (*anat.*) Tessuto biancastro di consistenza molle | *M. allungato*, parte più caudale dell'encefalo, subito al di sopra del midollo spinale. SIN. Bulbo rachidiano | *M. spinale*, parte del sistema nervoso centrale contenuta nel canale vertebrale | *M. osseo*, tessuto emopoietico contenuto nelle cavità delle ossa lunghe e in alcune ossa spugnose | (*fig.*) *Bagnarsi fino al m., alle midolla*, inzupparsi completamente d'acqua | *Penetrare nel m., nelle midolla*, (*fig.*) fino in fondo | (*fig.*) *Essere italiano fino al m., alle midolla*, esserlo in modo totale e integrale. ➡ ILL. p. 364 ANATOMIA UMANA. **2** (*bot.*) Tessuto di riempimento che costituisce la parte centrale dei fusti e delle radici e forma raggi interposti fra gli elementi vascolari. **3** Canale interno delle fibre di lana. **4** La parte interna, più tenera, di un corpo animale o vegetale: *il m. della frutta è polposo*. **5** (*fig.*) Intimo valore, concetto o senso di un vocabolo o di un discorso.

midollóne [da *midolla*, in quanto sostanza tenera] s. m. (f. *-a*) • Persona di scarsa intelligenza, che si muove ed opera con lentezza.

midollóso [lat. tardo *medullōsu(m)*, da *medŭlla* 'midolla'] agg. • (*raro*) Ricco di midollo o di midolla.

†**midollùto** agg. • Pieno o ricco di midollo | (*fig.*) Intimo, recondito.

midrange /*ingl.* 'mid reindʒ/ [vc. ingl., comp. di *mid* 'medio' (vc. germ. d'origine indeur.) e *range* 'fila, catena' (cfr. *rango*)] s. m. inv. • In un impianto di riproduzione del suono ad alta fedeltà, altoparlante per medie frequenze sonore.

midrìaṣi [vc. dotta, gr. *mydríasis*, da *mýdros* 'massa di ferro rovente', di etim. incerta] s. f. • (*med.*) Dilatazione della pupilla.

midriàtico [da *midriasi*] **A** agg.; anche s. m. (pl. m. *-ci*) • Detto di farmaco che produce una forte dilatazione della pupilla, usato in oculistica per l'esame del fondo oculare. **B** agg.; anche s. m. (f. *-a*) • Che, chi è affetto da midriasi.

mielàta • V. *melata* (*2*).

mielàto • V. *melato* (*1*).

mielatrofìa [comp. di *mielo-* e *atrofia*] s. f. • (*med.*) Tabe dorsale.

mièle o (*poet.*) **mèle** [lat. *mĕl*, nom., di orig. indeur.] s. m. **1** Sostanza dolce sciropposa, di color cereo, ambrato o brunastro, che le api producono elaborando il nettare tratto dai fiori e da altri succhi dolci delle piante | *M. vergine*, che cola spontaneo dai favi delle api | *M. selvatico*, di api non allevate | *Dolce come m.*, dolcissimo. **2** (*fig.*) Dolcezza: *persona tutto m.* | *Luna di m.*, primo mese di matrimonio || PROV. Val più una goccia di miele che un barile di fiele.

mielencèfalo [comp. di *mielo-* ed *encefalo*] s. m. • (*anat.*) Segmento caudale dell'encefalo che dà origine al bulbo spinale.

-mielìa [dal gr. *myelós* 'midollo'] secondo elemento • In parole composte della terminologia medica, fa riferimento al midollo spinale: *nanomielia*.

mièlico agg. (pl. m. *-ci*) • (*anat.*) Midollare.

mielìna [comp. di *miel(o)-* e *-ina*] s. f. • (*anat.*) Sostanza lipoide che avvolge i cilindrassi delle fibre nervose.

mielìnico agg. (pl. m. *-ci*) • Della, relativo alla mielina | *Fibra mielinica*, rivestita di mielina.

mielìte [comp. di *mielo-* e *-ite* (*1*)] s. f. • (*med.*) Infiammazione del midollo spinale.

mièlo- [dal gr. *myelós* 'midollo'] primo elemento • In parole composte della terminologia medica, fa riferimento al midollo osseo o a quello spinale: *mielografia, mielopatia*.

mieloblàsto [comp. di *mielo-* e *-blasto*] s. m. • (*biol.*) Cellula capostipite dei granulociti.

mielocìto o **mielocita** [comp. di *mielo-* e *-cito* (o *-cita*)] s. m. • (*biol.*) Cellula progenitrice dei leucociti a granuli neutrofili.

mielocitòma [comp. di *mielocit(o)* e *-oma*] s. m. (pl. *-i*) • (*med.*) Mieloma.

mielografìa [comp. di *mielo-* e *-grafia*] s. f. • (*med.*) Studio radiologico del midollo spinale con introduzione di mezzo radiopaco nel canale vertebrale.

mielòma [comp. di *mielo-* e *-oma*] s. m. (pl. *-i*) • (*med.*) Tumore maligno del midollo osseo caratterizzato da neoformazioni multiple che distruggono il tessuto osseo circostante con conseguenti fratture spontanee. SIN. Mielocitoma.

mielomalacìa [comp. di *mielo-* e *malacia*] s. f. (pl. *-cie*) • Rammollimento del midollo spinale.

mielomeningìte [comp. di *mielo-*, *mening(e)* e *-ite* (*1*)] s. f. • Infiammazione delle meningi del midollo spinale.

mielopatìa [comp. di *mielo-* e *-patia*] s. f. • Ogni affezione del midollo spinale.

mieloplegìa [comp. di *mielo-* e *-plegia*] s. f. (pl. *-gie*) • Paralisi spinale, da lesione del midollo spinale.

mielosclerò̀ṣi o **mielosclèroṣi** [comp. di *mielo-* e *sclerosi*] s. f. • Sclerosi del midollo spinale.

mielòṣi [comp. di *mielo-* e *-osi*] s. f. **1** (*med.*) Lesione degenerativa dei cordoni del midollo spinale. **2** (*med.*) Qualsiasi proliferazione anomala delle cellule del midollo osseo responsabile del quadro ematologico delle varie leucemie.

mielóso [da *miele*] agg. • Di sapore dolciastro. || **mielosaménte**, avv.

mielotomìa [comp. di *mielo-* e *-tomia*] s. f. • Incisione chirurgica del midollo spinale.

miètere [lat. *mĕtere*, di origine indeur.] v. tr. (*io mièto*) **1** Tagliare il grano o altri cereali. **2** (*fig.*) Stroncare, uccidere: *la peste ha mietuto molte vite umane*; *quanti / colla spada ne miete il valoroso* (MONTI). **3** (*fig.*) Raccogliere, ottenere, spec. come premio a una fatica: *m. una larga massa di consensi* | *M. allori*, avere grande successo, gloria e sim. | *M. l'altrui campo*, approfittare delle fatiche altrui.

mietilèga [comp. di *mietere* e *legare*] s. f. • Mietilegatrice.

mietilegatrìce [comp. di *mieti(trice)* e *legatrice*] s. f. • Macchina che taglia, riunisce e lega in covoni i culmi di cereali, e li deposita sul terreno. SIN. Mietilega.

mietitóre o †**meditóre** **A** s. m. (f. *-trice*) • Chi miete, chi fa il lavoro della mietitura. **B** agg. • (*raro, fig.*) Che uccide, stronca: *morte mietitrice di vittime*.

mietitrébbia [da *mietitrebbia(trice)*] s. f. • Mietitrebbiatrice.

mietitrebbiatrìce [comp. di *mietere* e *trebbiare*] s. f. • Macchina che miete e trebbia il grano e altre colture da granella. SIN. Mietitrebbia. ➡ ILL. p. 355 AGRICOLTURA.

mietitrìce [f. di *mietitore*] s. f. **1** Donna che esegue la mietitura. **2** Macchina che esegue il taglio dei culmi dei cereali.

mietitùra s. f. **1** Lavoro del mietere. **2** (*est.*) Il tempo in cui si miete. **3** (*est.*) La messe raccolta: *una m. scarsa, abbondante, mediocre*.

†**mìga** • V. *mica* (*1*) nei sign. B.

migale [vc. dotta, gr. *mygalê*, comp. di *mŷs* 'topo', di origine indeur. e *galê* 'donnola', di etim. incerta] s. m. • Termine con cui correntemente si indicano molte specie di ragni Ortognati, villosi, di grandi dimensioni.

†**migliacciàre** v. intr. • Mangiare migliacci.

migliàccio [lat. tardo *miliăciu(m)*, da *mĭlium* 'miglio'] s. m. **1** Sanguinaccio | Roventino. **2** Castagnaccio. **3** Metallo fuso che si rapprende nel crogiuolo per diminuzione di calore.

migliàio o †**migliàro** [lat. *miliāriu(m)*, da *mīlia*, pl. di *mīlle*] s. m. (pl. *migliàia*, f.) **1** Complesso, serie di mille, o circa mille, unità: *era presente un m. di persone*; *dieci migliaia di unità* | *Per m.*, ogni mille. **2** (*ip., al pl.*) Una quantità enorme: *migliaia di animali fuggivano* | *A migliaia*, in gran numero, in gran quantità | *Migliaia e migliaia*, moltissimi: *migliaia e migliaia di spettatori*. **3** †Miglio. **4** †Peso di mille libbre.

miglialsóle [da *miglio del sole*] s. m. • (*bot.*) Migliarino.

migliàre • V. *miliare* (*2*).

migliarìno (1) [detto così perché assomiglia a un chicco di *miglio*] s. m. • (*spec. al pl.*) Minuti pallini da caccia.

migliarìno (2) [da *miglio* (*2*)] s. m. • Pianta erbacea delle Borraginacee, i cui frutti sono piccoli acheni duri e biancastri, comune nelle regioni temperate eurasiatiche (*Lithospermum officinale*).

migliarìno (3) [da *miglio* (*2*), di cui si nutre] s. m. **1** (*zool.*) Zigolo. **2** *M. di palude*, uccelletto dei Passeriformi comunissimo e stazionario in Italia, che si riproduce in vicinanza dell'acqua ove cattura le prede (*Emberiza schoeniclus*).

†**migliàro** • V. *migliaio*.

mìglio (1) [lat. *mīlia* 'migliaia', pl. di *mīlle* 'mille'] s. m. (pl. *mìglia*, lett. †*mìlia*, f.) **1** Unità di misura itineraria con valori diversi secondo i Paesi e i tempi SIMB. mi | *M. geografico, marino* o *nautico*, lunghezza media di un arco di meridiano terrestre pari a 1' di latitudine, corrispondente a 1852 m. SIMB. n mi | *M. terrestre*, misura inglese e americana corrispondente a 1609,3 m | *Essere lontano un m., cento miglia, le mille miglia*, essere lontanissimo | *Si ode lontano un m.*, fin da molto lontano | *Essere lontano le mille miglia dal credere, dal ritenere q.c.* e sim., non credervi affatto | (*fig.*) *Le mille miglia che fa il lupo a digiuno*, che paiono non finire mai | (*fig.*) *Mostrarsi delle cento miglia*, fare il sordo, l'indiano. **2** Colonna o pietra miliare: *al terzo m., voltate a sinistra* | Punto di una strada segnato da una pietra miliare.

mìglio (2) [lat. *mĭliu(m)*, di origine indeur.] s. m. • Graminacea con foglie larghe e pelose, pannocchia di piccolissime spighette, frutti costituiti da granelli rotondi e giallicci, che servono come mangime per gli uccelli domestici (*Panicum miliaceum*) | *Non c'entra neppure un grano di m.*, (*fig.*) si dice di spazio completamente occupato.

mìglio (3) • V. *milio*.

miglionétto [fr. *mignonnette*, dim. f. sost. di *mignon*] s. m. • (*bot.*) Reseda.

miglioraménto o (*pop., tosc.*) **meglioraménto** s. m. **1** Cambiamento in meglio, progresso: *il m. delle condizioni economiche, dello stato di salute, del profitto scolastico, della condotta*; *sì fatte accademie sapreste voi dirmi ... quale m. alle lettere apportino?* (MURATORI). SIN. Avanzamento.

2 Opera di miglioramento: *apportare dei miglioramenti a un edificio.*

miglioràndo [gerundio sost. di *migliorare*] s. m. • Ordine di borsa limitato, dato con l'impegno di eseguirlo con quantitativi parziali e con progressivi miglioramenti di prezzo.

†miglioranza o (*pop., tosc.*) **†meglioranza** s. f. • Condizione migliore.

miglioràre o (*pop., tosc.*) **megliorare** [lat. tardo *meliorāre*, da *mĕlior*, genit. *meliōris* 'migliore'] **A** v. tr. (*io miglióro*, pop. tosc. *mègliorο*) • Rendere migliore: *m. l'educazione dei giovani con l'esempio; m. la paga, lo stipendio; ha migliorato molto il proprio stile; la dottrina accompagnata co' cervelli deboli o non gli migliora o gli guasta* (GUICCIARDINI) | *M. una legge*, renderla di più facile applicazione, di più ampia portata, di più preciso contenuto, e sim. | *M. la propria condizione*, farla più agiata | *M. il terreno*, renderlo più fertile con concimi e sim. | *M. la razza*, con precisi incroci. CONTR. Peggiorare. **B** v. intr. (aus. *essere*, raro *avere* e solo se riferito a persona) *1* Avvantaggiarsi in q.c., star meglio in salute: *l'ammalato migliora; il ragazzo ha migliorato molto dal primo trimestre.* CONTR. Peggiorare. *2* Diventare migliore: *la nostra situazione sta migliorando.*

migliorativo agg. • Atto a far migliorare: *provvedimenti migliorativi; terapie migliorative.*

miglioratóre agg.; anche s. m. (f. *-trice*) • Che, ciò che rende migliore.

miglioraziόne [lat. tardo *melioratiōne(m)*, da *meliorāre* 'migliorare'] s. f. • (*raro*) Miglioramento.

miglióre o (*pop., tosc.*) **†meglióre** [lat. *meliōre(m)*, di origine indeur.] **A** agg. (preceduto dall'art. det. forma il sup. rel.) *1* Più buono: *è il m. uomo del mondo* | Di animo più virtuoso, meno cattivo: *le sventure lo hanno reso m.* | Di più alto ingegno, di maggiori capacità e sim.: *occorrono uomini migliori; gli scolari di quest'anno sono migliori di quelli dell'anno passato* | *È m. della sua fama*, non ha tutte le qualità negative che gli si attribuiscono. CONTR. Peggiore. *2* Più utile, vantaggioso, proficuo, comodo e sim.: *risolvere la questione nel modo m.; adottare il sistema m.; subire un trattamento m.* | *†Il braccio m.*, il destro | *A m. mercato*, a prezzo più conveniente | *Giudizio m.*, più conforme al giusto, più mite. *3* Più lieto, meno disagiato: *sacrificarsi per un avvenire m.; sperare in tempi migliori* | *A m. tempo*, in circostanze più favorevoli | *Passare a m. vita*, morire. || **†migliorménte**, avv. Meglio. **B** s. m. e f. • Chi è il più buono, il più stimato e sim., di tutti: *è ritenuta la m.; i migliori saranno premiati* | *†I suoi migliori*, quelli migliori di lui. **C** s. m. • †Meglio | *†Per lo m.*, per il meglio. **D** avv. • (*raro*) †Meglio.

miglioria [da *migliorare*] s. f. *1* Ogni miglioramento apportato a fondi, edifici, installazioni e sim.: *apportare delle migliorie.* *2* La parte d'oro puro aggiunto ad altro oro o a una lega per rialzarne il titolo. *3* (*raro*) Miglioramento di salute.

migliorismo o **meglioriṣmo** [comp. di *migliore* e *-ismo*] s. m. *1* Atteggiamento filosofico che intende differenziarsi dal pessimismo e dall'ottimismo affermando la possibilità di un miglioramento del mondo attraverso l'azione dell'uomo su di esso. *2* (*raro*) Orientamento politico dei miglioristi.

migliorista **A** s. m. e f. (pl. m. *-i*) *1* Seguace del migliorismo. *2* Nel linguaggio politico, sostenitore, prima nel Partito Comunista Italiano e poi nel Partito Democratico della Sinistra, di una linea di trasformazione graduale e di progressivo miglioramento del sistema economico e sociale esistente. **B** agg. • Migliorístico.

miglioristico agg. (pl. m. *-ci*) • Relativo al migliorismo, ai miglioristi: *tendenze miglioristiche.*

migma [gr. *mígma* 'mescolanza', da *mignýnai* 'mescolare', di origine indeur.] s. m. (pl. *-i*) • (*geol.*) Miscela di parti rocciose solide e di magma o di materiale mobile, fuso, fluido per le temperature e le pressioni delle profondità della crosta terrestre.

migmatite [comp. del gr. *mígma*, genit. *mígmatos* (V. *migma*) e *-ite* (*2*)] s. f. • (*miner.*) Roccia mista, composta da porzioni metamorfiche refrattarie di colore scuro cementate o impregnate da altre, chiare o rosate, che derivano dalla solidificazione di porzioni rifuse per effetto della alta temperatura e pressione che agiscono in profondità nella crosta terrestre.

mignàno [lat. *maeniānu(m)*, da C. *Māenius* (III sec. a.C.) che per primo lo introdusse negli edifizi intorno al foro romano] s. m. • Ballatoio, poggiolo in legno, o muratura, spec. su cortile interno.

mignàtta [etim. incerta] s. f. *1* (*zool.*) Sanguisuga | (*fig.*) *Attaccarsi a qc. come una m.*, essere insistente e molesto al massimo grado. *2* (*fig.*) Persona noiosa e importuna che non si leva mai di torno. *3* (*fig., spreg.*) Usuraio. *4* (*est.*) Congegno esplosivo che veniva fissato da sommozzatori sotto la carena della nave nemica, usato durante la prima e la seconda guerra mondiale. || **mignattina**, dim.

mignattàio [da *mignatta*] s. m. (f. *-a* nel sign. 2) *1* Elegante uccello dei Ciconiformi poco più piccolo dell'ibis sacro (*Plegadis falcinellus*). *2* (*raro*) Chi pesca mignatte e ne fa provvista per rivenderle.

mignattino [da *mignatta*] s. m. • Gabbiano di color cenerino e nero sul capo e sul collo (*Chlidonias nigra*).

†mignàtto s. m. • Lombrico | Verme intestinale.

mignattóne [detto così perché, secondo le credenze popolari, si ciberebbe di *mignatte*] s. m. • (*zool.*) Rondine di mare.

†mignèlla [da *mignatta*] s. f. • Avaro, spilorcio.

mìgnola [vc. espressiva (?). V. *mignolo*] s. f. • Insieme di boccioli florali dell'olivo riuniti in racemo.

mignolàre v. intr. (aus. *avere*) • Mettere la mignola, detto dell'olivo.

mìgnolo [vc. espressiva] s. m. • Il quinto e più piccolo dito della mano e del piede. || **mingolino**, dim.

mignon /fr. mi'ɲɔ̃/ [vc. fr. di origine espressiva, propriamente 'piccolo, grazioso'] agg. inv. • Piccolo, ridotto per dimensioni o formato: *lampadine m.; bottiglia m.; confezione m.*

†mignóne [dal fr. *mignon* (V.)] **A** agg. • (*raro*) Piccolo e grazioso. **B** s. m. • Giovinetto tenuto come favorito.

mignonnette /fr. miɲɔ'nɛt/ o (*evit.*) **mignonette** /fr. miɲɔ'nɛt/ [vc. fr., propr. dim. di *mignon* (V.)] s. f. • Piccola bottiglia di liquore che riproduce, in formato molto ridotto, la confezione normale.

mignòtta [fr. *mignotte*, f. di *mignot*, da avvicinare a *mignon*] s. f. • (*centr., volg.*) Prostituta | Sgualdrina.

migrabóndo [da *migrare*, sul modello di *errabondo*, *vagabondo*] agg.; anche s. m. (f. *-a*) • (*lett.*) Vagabondo: *è raro che appaia / nella bonaccia muta / tra l'isole dell'aria migrabonde / la Corsica dorsuta o la Capraia* (MONTALE).

migràgna e *deriv.* • V. *micragna.*

migrànte part. pres. di *migrare*; anche agg. *1* Nel sign. del v. *2* (*biol.*) Detto di organo, cellula e sim. che per varie cause può spostarsi dalla sede abituale.

migràre [vc. dotta, lat. *migrāre*, da una radice indeur. che indica 'cambiare'] v. intr. (aus. *essere*) • Abbandonare il proprio luogo d'origine per stabilirsi altrove: *molti uccelli migrano nei periodi freddi; tribù che migrano.*

migratóre [vc. dotta, lat. tardo *migratōre(m)*, da *migrāre*] agg.; anche s. m. (f. *-trice*) • Che, chi migra: *uccelli migratori; i popoli migratori dell'Asia.*

migratòrio agg. • Di, relativo a migrazione: *movimento m.* | Della, relativo alla emigrazione o agli emigranti: *fenomeno m.*

migrazióne [vc. dotta, lat. *migratiōne(m)*, da *migrāre*] s. f. *1* Atto, effetto del migrare: *le grandi migrazioni dei popoli antichi.* *2* (*zool.*) Spostamento periodico compiuto da molte specie animali. *3* (*astron.*) *M. dei poli*, piccolissime variazioni della posizione dei poli sulla sfera terrestre, corrispondenti a oscillazioni dell'asse di rotazione della Terra. *4* (*fis.*) Nell'elettrolisi, moto degli ioni verso gli elettrodi di segno contrario.

mikàdo /giapp. mi'kado/ [vc. giapp. di etim. incerta] s. m. inv. • Appellativo che, in origine, designò il palazzo imperiale giapponese, poi l'imperatore stesso.

mìla o **†mìlia** [sovrapposizione di *mille* al lat. *mīlia*, V. *miglio* (*1*)] agg. num. card. inv. *1* In composizione con i numeri semplici interi cardinali, forma la serie delle migliaia: *duemila, ventimila; per cento milia / perigli siete giunti a l'occidente* (DANTE *Par.* XXVI, 112-113). *2* (*fam.*) Migliaia: *gliel'ho detto e ripetuto non so quante m. volte.*

milady /ingl. mi'leidi/ [vc. ingl., da *my lady* 'mia signora'. V. *lady*] s. f. inv. • Lady, spec. in frasi appellative.

milanése **A** agg. • Di Milano | *Alla m.*, (*ell.*) secondo l'uso dei milanesi | *Risotto alla m.*, riso rosolato nel burro con midollo di manzo, cipolla tritata e vino bianco, lasciato cuocere nel brodo indi condito con zafferano e formaggio grana | *Cotoletta alla m.*, cotoletta di vitello infarinata, impanata e fritta nel burro. **B** s. m. e f. • Abitante di Milano. **C** s. m. solo sing. • Dialetto parlato a Milano.

milanista **A** agg.; anche s. m. (pl. *-i*) • Che, chi gioca nella squadra di calcio milanese del Milan. **B** agg.; anche s. m. e f. • Che, chi è sostenitore o tifoso di tale squadra di calcio.

†milènso e *deriv.* • V. *melenso* e *deriv.*

miler /ingl. 'mailə*/ [vc. ingl., 'cavallo allenato a correre sulla distanza del miglio', da *mile* 'miglio', dal lat. *mīlia* (V. *miglia*)] s. m. inv. • Nell'ippica, cavallo adatto a correre sulla distanza limitata di un miglio.

milèsio [lat. *Milēsiu(m)*, nom. *Milēsius*, dal gr. *Milḗsios*, da *Milētos* 'Mileto'] agg. • Della, relativo alla, antica città ionica di Mileto | Della scuola filosofica, che fiorì in tale città.

†milia • V. *mila.*

miliardàrio [fr. *milliardaire*, da *milliard* 'miliardo'] agg.; anche s. m. (f. *-a*) • Che, chi possiede ricchezze valutabili in uno o più miliardi: *un vecchio m.; diventare m.* | Molto ricco, facoltoso.

miliardèṣimo [da *miliardo*] **A** agg. num. ord. • Corrispondente al numero un miliardo, in una successione, in una classificazione, in una serie (rappresentabile con 10^9): *la miliardesima parte.* **B** s. m. • Ciascuna delle parti uguali in cui viene divisa una stessa quantità di un miliardo.

miliàrdo [fr. *milliard*, da *million* 'milione', con cambio di suff.] s. m. *1* Mille volte un milione, mille milioni, rappresentabile con 10^9: *un m. di dollari; quattro miliardi di persone; venti miliardi di lire.* *2* (*per anton.*) La somma di denaro corrispondente a un miliardo di lire: *il governo ha stanziato per quest'opera più di cento miliardi.* *3* (*ip.*) Numero, quantità enorme: *te l'ho detto un m. di volte!* SIN. Bilione.

miliàre (**1**) [lat. *miliāriu(m)*, da *mīlia*. V. *miglio* (*1*)] agg. • Di colonna o pietra che sulle strade segna il numero progressivo delle miglia o dei kilometri | *Pietra, colonna m.*, (*fig.*) grande avvenimento che segna una tappa fondamentale nel cammino della storia.

miliàre (**2**) o **migliàre** [fr. *miliaire*, dal lat. *miliāriu(m)*, agg. di *mīlium* 'miglio (2)'; detta così perché si presenta con una eruzione cutanea in forma di granellini di *miglio*] agg. • (*med.*) Detto di un'eruzione cutanea che dà luogo a comparsa di piccole vescichette | *Tubercolosi m.*, processo tubercolare disseminato del polmone in forma di piccoli focolai a grano di miglio.

miliàrio [lat. *miliāriu(m)*. V. *miliare* (*1*)] s. m. • Colonnina posta dai Romani sulle strade più importanti per indicare la distanza progressiva, in miglia, spec. da Roma.

milieu /fr. mi'ljø/ [vc. fr., comp. di *mi* 'metà, in mezzo' (V. *midinette*) e *lieu* 'luogo' (dal lat. *lŏcu(m)* 'luogo')] s. m. inv. (pl. fr. *milieux*) • Ambiente, àmbito spec. sotto il profilo sociale, culturale e sim.

milio o (*pop.*) **miglio** (**3**) [vc. dotta, lat. *mīlium* 'grano di miglio' (V. *miglio* (*2*))] s. m. • (*med.*) Piccola cisti, grande circa come un grano di miglio, che si osserva sulla pelle del viso, spec. se acneica o seborroica.

miliòbate [comp. del gr. *mylías* 'mola', di origine indeur. e *batís* 'razza', di etim. incerta] s. f. • (*zool.*) Pesce cartilagineo dei Batoidei con corpo largo discoidale e coda lunga, sottile (*Myliobatis aquila*). SIN. Aquila di mare, aquila marina.

milionàrio [fr. *millionnaire*, da *million* 'milione'] agg.; anche s. m. (f. *-a*) *1* Che, chi dispone di una ricchezza che raggiunge o supera il milione o diversi milioni: *è gente milionaria; un m.* | (*est.*)

Molto ricco, facoltoso | Che fa vincere milioni: *schedina, lotteria milionaria*. ***2*** (*geogr.*) Detto di città che abbia un numero di abitanti superiore a un milione.

milióne [dal lat. *mīlia*. V. *miglio* (*1*)] **s. m.** ***1*** Mille volte un migliaio, mille migliaia, rappresentato da 1 000 000 nella numerazione araba e da M̅ in quella romana: *un m. di abitanti*; *un m. di dollari*; *due milioni di lire*. ***2*** (*est.*) Grande quantità: *un m. di scuse*; *ho un m. di cose da raccontarti*. ***3*** (*fam., per anton.*) La somma di denaro corrispondente a un milione di lire: *guadagna poco più di un m. al mese*; *ha speso parecchi milioni* | *Fare i milioni a palate*, guadagnare moltissimo | *Nemmeno per un m.!*, a nessun costo. || **milioncino**, **dim.**

milionèṣimo [da *milione*] **A agg. num. ord.** ● Corrispondente al numero un milione in una successione, in una classificazione, in una serie (rappresentato da M̅ nella numerazione romana, da 1 000 000° in quella araba): *la milionesima parte*. **B s. m.** ● Ciascuna delle parti uguali, ottenute dividendo un milione di volte una certa quantità: *un m. di secondo*.

militànte A part. pres. di *militare* (*1*); anche **agg.** ***1*** Nei sign. del v. ***2*** *Critico m.*, che partecipa attivamente alla problematica artistica contemporanea | *Chiesa m.*, costituita dai fedeli che sono nel mondo e che operano come membri del corpo mistico del Cristo. **B s. m. e f.** ***1*** Chi, aderendo a un'organizzazione o a un movimento di idee, vi partecipa attivamente in modi diversi con le proprie conoscenze e strumenti specifici: *i militanti della nostra associazione sono numerosissimi*. ***2*** Attivista di base di un partito.

militànza [da *militante*] **s. f.** ● Adesione ideologica totale ai principi di un movimento politico, sociale, religioso, culturale e sim., e convinta partecipazione a ogni sua forma di attività pratica: *la m. femminista, comunista*; *vanta una m. di molti anni*.

militàre (**1**) [vc. dotta, lat. *militāre*, da *mīles*, genit. *mīlitis* 'milite'] **v. intr.** (*io mìlito*; aus. *avere*) ***1*** Essere ascritto alla milizia: *m. nell'esercito*; *m. sotto le bandiere di un altro stato*. ***2*** (*fig.*) Appartenere o aderire attivamente: *m. nelle fila di un partito*; *m. in una squadra sportiva*. ***3*** (*fig.*) Essere di valido appoggio, aiuto e sim.: *diversi argomenti militano a favore della nostra tesi*.

militàre (**2**) [vc. dotta, lat. *militāre*(*m*), agg. di *mīles*, genit. *mīlitis* 'milite'] **A agg.** ● Relativo alla milizia, ai soldati e alle forze armate: *comando, carriera m.*; *governo m.*; *onori militari*; *base m.*; *manovre, esercitazioni militari*; *disciplina m.* | *Servizio m.*, prestato sotto le armi | *Saluto m.*, fatto portando la mano destra distesa alla visiera | *Zona m.*, riservata esclusivamente alle forze armate per la presenza di apparecchiature belliche o per motivi strategici | *Tribunale m.*, organo giudiziario speciale competente per i reati previsti nelle leggi penali militari e sulle persone alle stesse soggette | *Esattezza, puntualità m.*, rigide e scrupolose | *Alla m.*, (*ell.*) conformemente all'uso dei soldati. || **militarménte**, **avv.** ***1*** Secondo l'uso militare: *salutare m. qc.*; con le armi: *occupare m. un paese*; dal punto di vista militare: *uno Stato m. forte*. ***2*** (*est.*) Con rigida disciplina: *allevare, educare m. qc.* **B s. m.** ● Chiunque presti servizio militare: *m. di truppa*, soldato semplice o graduato; *fare il m.*, prestare servizio militare.

militarésco agg. (**pl. m.** *-schi*) ● Da militare, da caserma: *gergo m.* | (*est.*) Brusco e autoritario: *tono m.*; *disciplina militaresca*. || **militarescaménte**, **avv.** In modo militaresco.

militaria /*lat.* mili'tarja/ [vc. lat., 'cose militari', nt. pl. sost. di *militāriu*(*m*) 'concernente i militari, la guerra'] **s. f.** ● Tutto ciò che attiene agli eserciti ed è oggetto di collezionismo.

militarìṣmo [fr. *militarisme*, da *militaire* 'militare (2)'] **s. m.** ***1*** Esasperazione dello spirito e del formalismo militare. ***2*** Preponderanza dei militari e dello spirito militare nella vita di uno Stato.

militarìsta [fr. *militariste*, da *militarisme* 'militarismo'] **s. m. e f.**; anche **agg.** (**pl. m.** *-i*) ● Fautore, sostenitore del militarismo.

militarìstico agg. (**pl. m.** *-ci*) ● Del, relativo al militarismo.

militariẓẓàre [fr. *militariser*, da *militaire* 'militare (2)'] **A v. tr.** (*io militarìẓẓo*) ***1*** Sottoporre a disciplina militare, per ragioni di guerra, categorie di cittadini che svolgono attività di lavoro di interesse collettivo per il Paese: *m. i ferrovieri* | (*fig.*) Organizzare con sistemi militari: *m. un collegio*. ***2*** Fortificare per esigenze belliche: *m. una costa*. **B v. rifl.** ● Dotarsi di installazioni e strutture militari.

militariẓẓazióne [fr. *militarisation*, da *militariser* 'militarizzare'] **s. f.** ● Atto, effetto del militarizzare.

militassòlto [da (*servizio*) *milit*(*are*) *assolto*] **agg.** ● Nel gergo degli annunci economici, detto di chi ha già compiuto il servizio militare.

†**militatóre** [da *militare* (*1*) (V.)] **s. m.** ● Milite.

mìlite [vc. dotta, lat. *mīlite*(*m*): di origine etrusca (?)] **s. m.** ***1*** Soldato | Appartenente alla Milizia Volontaria per la Sicurezza Nazionale, durante il regime fascista | Appartenente ad alcune forze militari dello Stato italiano, quali l'Arma dei Carabinieri e il Corpo della Guardia di Finanza | *M. Ignoto*, soldato non identificato, la cui salma riposa nell'Altare della Patria a Roma quale simbolo di tutti i caduti in guerra. ***2*** Membro di corpo o associazione che richiede una partecipazione molto impegnativa: *i militi della Croce Rossa*. ***3*** (*fig.*) Chi si batte per q.c., chi lotta attivamente in favore di q.c.: *un m. del lavoro, della scienza* | *M. di Cristo, della Chiesa*, cristiano che opera intensamente per Cristo, per la Chiesa. ***4*** †Cavaliere.

militeṣènte [da (*servizio*) *milit*(*are*) *esente*] **agg.**; anche **s. m.** ● (*bur.*) Che, chi è libero da obblighi militari.

militeṣènza [da *militesente*] **s. f.** ● (*bur.*) Condizione di chi è libero da obblighi militari.

milìzia [vc. dotta, lat. *milītia*(*m*), da *mīles*, genit. *mīlitis* 'milite'] **s. f.** ***1*** L'esercizio del mestiere delle armi | La vita militare: *darsi alla m.* ***2*** (*fig., est.*) Esercizio, servizio svolto con disciplina e rigore: *sobbarcarsi a una dura m.* ***3*** (*spec. al pl.*) Istituzioni militari, eserciti, truppe, spec. del passato: *le milizie della Serenissima*; *milizie paesane, cittadine* | *Milizie irregolari*, corpi di volontari non appartenenti all'esercito. ***4*** Corpo armato e addestrato per fini particolari: *m. volontaria per la sicurezza nazionale*, organizzazione militare del partito fascista in Italia, fra il 1923 e il 1943, facente parte delle Forze Armate con compiti di mantenimento dell'ordine pubblico e di addestramento militare dei giovani. ***5*** (*est.*) Schiera | *La m. di Cristo*, la Chiesa militante | *La m. angelica*, l'insieme degli angeli.

miliziàno (**1**) [fr. *milicien*, da *milice* 'milizia'] **agg.** ● Appartenente a milizia.

miliziàno (**2**) [sp. *miliciano*, da *milicia* 'milizia'] **s. m.** ● Combattente repubblicano appartenente alle brigate internazionali, nella guerra civile spagnola.

millànta [da *mille*, col suff. *-anta*, ricavato da *quaranta, cinquanta* ecc.] **agg. num. card. inv.**; anche **s. m. inv.** ● Mille.

†**millantaménto s. m.** ● Modo e atto del millantare o del millantarsi.

millantàre o †**ṣmillantàre** [da *millanta*] **A v. tr.** ● Vantare, lodare esageratamente: *m. la propria abilità, le virtù di q.c.* **SIN.** Decantare, vantare. **B v. rifl.** ● Gloriarsi, vantarsi: *si millanta continuamente*; *si millanta ricco*.

millantàto part. pass. di *millantare*; anche **agg.** ***1*** Nei sign. del v. ***2*** (*dir.*) *M. credito*, illecito penale di chi, vantando un'influenza inesistente o esagerando quella che ha presso un pubblico ufficiale o un pubblico impiegato che presti un pubblico servizio, ottiene per sé o altri denaro o altra utilità come compenso per la propria attività mediatrice.

millantatóre o †**ṣmillantatóre agg.**; anche **s. m.** (**f.** *-trice*) ● Smargiasso, spaccone.

millantatùra s. f. ● (*raro*) Millanteria.

millanterìa s. f. ● Atto, effetto del millantare o del millantarsi: *le sue millanterie ci hanno stancato*; *l'audacia, di cui la m. è la parte comica* (DE SANCTIS) | (*est.*) Ciò che si vanta o si decanta esageratamente: *è una m. bella e buona, la verità è diversa*. **SIN.** Smargiassata, spacconata.

†**millànto s. m.** ● Millanteria.

mìlle [lat. *mīlle*, di origine indeur.] **agg. num. card. inv.**; anche **s. m. inv.** ● Dieci volte cento, dieci centinaia, rappresentato da 1 000 nella numerazione araba, da *M* in quella romana. **I** Come agg. ricorre nei seguenti usi. ***1*** Rispondendo o sottintendendo la domanda 'quanti?', indica la quantità numerica di mille unità (spec. preposto a un s.): *si pagano m. lire d'iscrizione*; *lo dò vincente uno contro m.*; *m. soldati formano un battaglione*; *per fare un kilometro ci vogliono m. metri*; *ha partecipato alle m. miglia*; *ho letto le 'Mille e una notte'* | *A m. a m., di m. in m.*, mille per volta | *Avere una probabilità su m.*, averne pochissime | *Essere a m. miglia da, essere lontano m. miglia da*, essere lontanissimo (*anche fig.*): *era a m. miglia da un'idea simile* | (*fam.*) *Un biglietto, una carta da m.*, (*ell.*) da mille lire | (*fam.*) *Contare fino a m.*, (*ell.*) fino al numero mille. ***2*** (*est.*) Moltissimi (per iperbole, con valore indet.): *ha m. idee per la testa*; *m. grazie*; *m. auguri*; *m. baci*; *ha m. pensieri e preoccupazioni*; *ha trovato m. scuse per non venire*; *te l'ho ripetuto m. volte*; *erano in m. contro uno*; *mi sembrano mill'anni che non ti vedo* | *Farsi, diventare di m. colori*, (*fig.*) per esprimere l'imbarazzo, l'agitazione, l'ansia o la paura di q.c. | *Per m. anni!*, (*raro*) espressione d'augurio spec. in occasione di anniversari o compleanni | *M. volte no!*, assolutamente no | *A m. doppi*, in numero assai maggiore, molte volte di più: *avevo ragione io a m. doppi* | Con valore approssimativo, anche preceduto dall'art. indef. 'un': *ci saranno state m. persone*; *costerà un m. lire*. ***3*** Rispondendo o sottintendendo la domanda 'quale?', identifica q.c. in una pluralità o in una successione (posposto a un s.): *l'anno m. a.C.*; *il numero m.* | *La leggenda dell'anno m.*, della fine del mondo. ***4*** In composizione con altri numeri semplici e composti, forma i numeri superiori: *milleuno*; *milleduecento*; *millecentoventi*. **II** Come s. ricorre nei seguenti usi. ***1*** Il numero mille (per ell. di un s.): *il cento nel m. ci sta dieci volte*; *il m. a.C.* | *Il Mille*, (*per anton.*) il sec. XI, l'anno mille dell'era cristiana | *Stare sul m.*, (*fig.*) sul grande | *I Mille*, (*per anton.*) i circa mille garibaldini che, sollevando la Sicilia contro il governo borbonico, affrettarono l'unità d'Italia. ***2*** Il segno che rappresenta il numero mille. ***3*** (*sport, ell. al pl.*) Distanza di mille metri piani su cui si sviluppa una gara di atletica | (*est.*) La gara stessa: *correre, vincere i m.*; *esordire nei m.*

millecènto o (*raro*) **milleccènto A agg. num. card. inv.**; anche **s. m. inv.** ● Undici volte cento, undici centinaia, rappresentato da 1 100 nella numerazione araba, da *MC* in quella romana. **I** Come agg. ricorre nei seguenti usi. ***1*** Rispondendo o sottintendendo la domanda 'quanti?', indica la quantità numerica di millecento unità (spec. preposto a un s.): *è a m. metri*; *costa m. lire*; *è m. centimetri cubi di cilindrata*. ***2*** Rispondendo o sottintendendo la domanda 'quale?', identifica q.c. in una pluralità o in una successione (posposto a un s.): *l'anno m. d.C.* **II** Come s. ricorre nei seguenti usi. ***1*** Il numero millecento (per ell. di un s.) | *Il Millecento*, (*per anton.*) il secolo XII. ***2*** Il segno che rappresenta il numero millecento. **B** in funzione di **s. f.** e pop. **m. inv.** ● Vettura con circa 1 100 cm cubi di cilindrata.

millecinquecènto agg. num. card. inv.; anche **s. m. inv.** ● Quindici volte cento, quindici centinaia, rappresentato da 1500 nella numerazione araba, da MD in quella romana. **I** Come agg. ricorre nei seguenti usi. ***1*** Rispondendo o sottintendendo la domanda 'quanti?', indica la quantità numerica di millecinquecento unità (spec. preposto a un s.): *dista m. metri*; *costa m. lire*. ***2*** Rispondendo o sottintendendo la domanda 'quale?', identifica q.c. in una pluralità o in una successione (posposto a un s.): *l'anno millecinquecento d.C.* **II** Come s. ricorre nei seguenti usi. ***1*** Il numero millecinquecento; il valore, la quantità che vi corrisponde (per ell. di un s.) | *Il Millecinquecento*, per anton., il secolo XVI. ***2*** Il segno che rappresenta il numero millecinquecento. ***3*** (*sport, ell. al pl.*) Nell'atletica e nel nuoto, distanza di millecinquecento metri su cui si svolge una classica gara | (*est.*) La gara stessa: *correre, vincere i m.*

†**millecuplicàre** [da *millecuplo*] **v. tr.** ● Rendere mille volte maggiore.

†**millècuplo** [da *mille*, sul modello di *decuplo*] **A agg.** ● (*raro*) Che è mille volte maggiore, re-

lativamente ad altre cose analoghe. **B** s. m. ● Quantità, misura mille volte maggiore, anche con valore indet.: *ne ricaverà il m.*

millefióri [comp. di *mille* e il pl. di *fiore*] s. m. *1* Liquore formato di essenze distillate da vari fiori. *2* Profumo composto di varie essenze di fiori. *3* Vetro trasparente che include nella sua massa frammenti di vetro di vari colori.

millefòglie [comp. di *mille* e il pl. di *foglia*] s. m. inv. *1* (*bot.*) Achillea. *2* Torta di pasta sfoglia a più strati, inframmezzati con crema o altro.

millefòglio [lat. *millefōliu(m)*, comp. di *mīlle* 'mille' e *fōlium* 'foglia'] s. m. ● (*bot.*) Achillea.

†**millefórme** [vc. dotta, lat. *millefōrme(m)*, comp. di *mīlle* 'mille' e *-fōrmis* '-forme'] agg. inv. ● Multiforme.

millenàrio [vc. dotta, lat. tardo *millenāriu(m)*, da *millēni* 'in numero di mille', da *mīlle* 'mille'] **A** agg. *1* Che ha mille anni, che esiste da uno o più millenni: *pianta millenaria*; *civiltà millenaria*; *dominio m.* *2* Che ricorre ogni mille anni: *feste, celebrazioni millenarie.* **B** s. m. *1* Ricorrenza del millesimo anno da un avvenimento memorabile | (*est.*) La cerimonia che si celebra in tale occasione. *2* Epoca di sconvolgimenti apocalittici, che, secondo alcune antiche credenze, ricorre ogni mille anni. *3* Millenarista.

millenarismo [comp. di *millenario* e *-ismo*] s. m. ● Movimento eretico e profetico cristiano che, in varie epoche storiche, dedusse da particolari interpretazioni dell'Apocalisse la credenza di un ritorno del Cristo sulla terra per mille anni prima della finale distruzione del mondo.

millenarista [da *millenarismo*] s. m. e f. (pl. m. *-i*) ● Seguace del millenarismo.

millenarìstico agg. (pl. m. *-ci*) ● Del, relativo al millenarismo. SIN. Chiliastico.

millènne [comp. di *mille* e *-enne* ricavato da *decenne*] agg. *1* (*raro*) Che ha mille anni, detto di cosa. *2* Che dura mille anni | (*est.*) Che dura da moltissimo tempo: *costituzione m.*

millènnio [comp. di *mille* e *-ennio*, ricavato da *biennio, decennio* ecc.] s. m. ● Spazio di tempo di mille anni.

millepièdi [comp. di *mille* e il pl. di *piede*] s. m. ● Ogni artropode dell'ordine dei Diplopodi.

Milleporini [comp. di *mille* e *-pora*, ricavato da *madrepora*] s. m. pl. ● Nella tassonomia animale, Celenterati della classe degli Idrozoi viventi in colonie e dotati di un robusto esoscheletro calcareo (*Milleporina*) | (al sing. *-o*) Ogni individuo di tale specie.

millerighe [comp. di *mille* e il pl. di *riga*] **A** s. m. inv. ● Tessuto a righe sottili ottenute alternando fili di colore diverso nell'ordito o per effetto di piccoli solchi e coste alternati. **B** anche agg.: *tessuto m.*

millesimàle agg. *1* Che costituisce la millesima parte: *quote millesimali* | *Tabella m.*, che suddivide in millesimi il valore di una proprietà condominiale. *2* (*est.*) Minimo, piccolissimo: *quantità millesimali.*

millesimàto [der. di *millesimo* nel sign. B3] agg. ● Detto di bottiglia di vino o di liquore che porta l'indicazione dell'anno di produzione.

millèsimo o †**millèsmo** [vc. dotta, lat. *millēsimu(m)*, da *mīlle* 'mille'] **A** agg. num. ord. *1* Corrispondente al numero mille in una successione, in una classificazione, in una serie (rappresentato da *M* nella numerazione romana, da 1 000° in quella araba): *la millesima parte* | Con valore indet.: *te lo ripeto per la millesima volta*; *vale la millesima parte di quello che hai pagato.* *2* In composizione con altri numerali, semplici o composti, forma gli ordinali superiori: *millesimo primo*; *centomillesimo*; *diecimillesimo.* **B** s. m. *1* Ciascuna delle mille parti uguali di una stessa quantità: *il micron è un m. di millimetro.* *2* Le cifre delle migliaia nella data di un anno. *3* Anno, data, secondo l'era volgare: *sul frontespizio manca il m.*; *il 1917 è il m. della rivoluzione sovietica*; *siamo nati nello stesso m.* | (*est., fam.*) Epoca: *voi siete di un altro m. e non potete capire.* *4* †Spazio di mille anni, millennio.

milleùsi [comp. di *mille* e il pl. di *uso* (*2*)] agg. ● Detto di oggetto, strumento e sim. adatto a numerosi e diversi usi.

milli- [dal lat. *mīlle*, di origine indeur.] primo elemento ● Anteposto a un'unità di misura, la divide per mille, cioè la moltiplica per 10^{-3}: *milligrammo, millimetro.* SIMB. m.

milliampère /milliam'pɛr/ [comp. di *milli-* e *ampere*] s. m. inv. ● Unità di corrente corrispondente a 1 millesimo di ampere. SIMB. mA.

milliamperòmetro [comp. di *milliampere* e *-metro*] s. m. ● Strumento che misura in milliampere l'intensità di una corrente elettrica.

millibar [comp. di *milli-* e *bar* (*2*)] s. m. ● Unità di pressione atmosferica equivalente ad un millesimo di bar. SIMB. mb.

milligràmmo [fr. *milligramme*, comp. di *milli-* 'milli-' e *gramme* 'grammo'] s. m. (pl. *-i*) ● Unità di massa o peso corrispondente ad un millesimo di grammo. SIMB. mg.

millilitro [fr. *millilitre*, comp. di *milli-* 'milli-' e *litre* 'litro'] s. m. (pl. *-i*) ● Unità di volume di liquido equivalente ad 1/1 000 di litro. SIMB. ml.

millimetràre v. tr. (*io millìmetro*) ● Suddividere in millimetri.

millimetràto part. pass. di *millimetrare*; anche agg. *1* Nei sign. del v. *2 Carta millimetrata*, tipo di carta da disegno che reca stampato un reticolo di linee distanziate di 1 millimetro l'una dall'altra.

millimètrico agg. (pl. m. *-ci*) *1* Di millimetro | Diviso in millimetri. *2* (*est., fig.*) Caratterizzato da estrema precisione: *controllo m.* | Di misura: *sorpasso m.*

millìmetro [fr. *millimètre*, comp. di *milli-* 'milli-' e *mètre* 'metro'] s. m. ● Millesima parte del metro. SIMB. mm.

millimicron [comp. di *milli-* e *micron*] s. m. ● Unità di misura corrispondente a un millesimo di micron. SIMB. mμ.

millisecóndo [comp. di *milli-* e *secondo*] s. m. ● Millesimo di secondo, come misura del tempo. SIMB. ms.

millivòlt [comp. di *milli-* e *volt*] s. m. ● Unità di potenziale corrispondente a un millesimo di volt. SIMB. mV.

milofaringèo o (*raro*) **milofaringeo** [comp. del gr. *mýlē* 'mola', e di *faringe*] s. m. ● (*anat.*) Muscolo connesso al costrittore superiore della faringe.

miloioidèo [comp. del gr. *mýlē* 'mola' e di *ioide*] s. m. ● (*anat.*) Muscolo che forma il pavimento della bocca.

milònga /mi'lɔnga, *sp.* mi'longa/ [sp. d'America, propriamente 'chiacchiericcio', poi n. di una canzonetta pop. del Rio de la Plata, che si canta al suono della chitarra, e di una danza: vc. di una lingua dell'Angola, pl. di *mulonga* 'parola'] s. f. ● Danza popolare sudamericana con accompagnamento di chitarra.

milonite [ingl. *mylonite*, dal gr. *mylṓn* 'mulino', da *mýlē* 'mola'] s. f. ● Roccia dura, di apparenza vetrosa, formata da fenomeni di deformazione o frantumazione di rocce causati da movimenti tettonici.

milòrd /mi'lɔrd, *ingl.* mi'lɔ:d/ [vc. ingl., da *my lord* 'mio signore'. V. *lord*] s. m. inv. *1* Lord, spec. in frasi appellative. *2* (*fig., pop.*) Persona di ricercata eleganza.

milòrdo s. m. *1* Adattamento di *milord* (V.). *2* (*zool.*) Biacco.

miluògo s. m. (pl. *-ghi*) ● Adattamento di *milieu* (V.).

milza [longob. *milzi*] s. f. ● (*anat.*) Organo addominale contenuto nella parte alta, a sinistra della cavità peritoneale, strettamente connesso con l'apparato emolinfatico. ➡ ILL. p. 363 ANATOMIA UMANA.

milzadèlla [da *milza*; detta così per le macchie bianche delle foglie che ricordano le parti bianche della milza (?)] s. f. ● Pianta erbacea perenne delle Labiate, con foglie opposte cuoriformi simili a quelle dell'ortica e fiori bianchi, usata come astringente e anticatarrale (*Lamium maculatum*).

†**milzo** agg. ● Smilzo.

mimàbile [da *mimare* (*1*)] agg. ● Che si può mimare, che è adatto a essere mimato.

mimàre (**1**) [fr. *mimer*, da *mime* 'mimo'] **A** v. tr. ● Esprimere q.c. con gesti e atteggiamenti del viso e del corpo, senza parole: *ha mimato tutta la scena, con un effetto comico irresistibile.* **B** v. intr. (aus. *avere*) ● Fare il mimo.

†**mimàre** (**2**) [comp. del fr. *mi* 'in mezzo' e dell'it. *mare*, sul modello di *miluogo*] s. m. ● (*raro*) Il mezzo del mare.

mimeografàre [da *mimeografo*] v. tr. ● Riprodurre con il mimeografo.

mimeografìa [da *mimeografo*] s. f. ● Tecnica di riproduzione grafica mediante mimeografo.

mimeògrafo [vc. dotta, comp. del gr. *mímē(sis)* 'imitazione' e *-grafo*, sul modello dell'ingl. *mimeograph*] s. m. ● Apparecchio per riprodurre scritti, disegni e sim. ottenuti su carta paraffinata da una punta tagliente.

mimésco [da *mimo*] agg. (pl. m. *-schi*) ● Di, da mimo (*anche spreg.*).

mimèsi [vc. dotta, lat. tardo *mimēsi(n)*, nom. *mimēsis*, dal gr. *mímēsis* 'imitazione', da *mimêisthai* 'imitare', di origine indeur. (?)] s. f. *1* Nella filosofia di Platone, il rapporto di imitazione intercorrente tra le idee e le cose sensibili. *2* Imitazione della natura, come compito ed essenza dell'arte, secondo l'estetica antica. *3* (*est.*) †Imitazione della voce, dei gesti o dei modi di qc.

mimesìa [da *mimesi*] s. f. ● (*miner.*) Fenomeno per cui talvolta cristalli appartenenti a un sistema presentano una simmetria superiore e corrispondente a un altro sistema.

mimètica [vc. dotta, gr. *mimētikḗ* (*téchnē*) 'arte dell'imitazione', f. di *mimētikós* 'imitativo', V. *mimetico*] s. f. ● (*raro*) Arte dell'imitare.

mimètico [vc. dotta, gr. *mimētikós*, da *mímēsis* 'imitazione'. V. *mimesi*] agg. (pl. m. *-ci*) *1* Dell'imitazione: *arte mimetica.* *2* Che mimetizza o si mimetizza: *il pelame della lepre è m.* | *Tuta mimetica*, divisa militare da campo, usata per mimetizzarsi. ‖ **mimeticaménte**, avv.

mimetìsmo [fr. *mimétisme*, dal gr. *mimētikós* 'mimetico'] s. m. *1* Fenomeno grazie al quale alcuni animali, sia terrestri sia acquatici, assumono aspetto o colori tali da confondersi con l'ambiente in cui vivono. *2* (*fig.*) Tendenza e capacità di mutare il proprio atteggiamento in modo da adattarsi perfettamente all'ambiente e alle idee dominanti: *fenomeni di m. politico, ideologico.*

mimetite [dal gr. *mimētḗs* 'imitatore', da *mimêisthai* 'imitare' (V. *mimesi*), perché è assai simile alla piromorfite] s. f. ● (*miner.*) Composto di arseniato di piombo e cloruro di piombo, isomorfo della piromorfite in cristalli prismatici esagonali di color giallo miele o giallo verde.

mimetizzàre [da *mimetico*] **A** v. tr. ● Mascherare q.c. confondendola nel colore e nella forma con l'ambiente circostante per necessità di difesa militare: *m. trincee, postazioni d'artiglieria.* **B** v. rifl. *1* Detto di soldati, mascherarsi per necessità di difesa militare. *2* Detto di animali e piante, partecipare al fenomeno del mimetismo. *3* (*fig.*) Adeguarsi all'ambiente in cui si vive, cambiando idee e atteggiamenti secondo l'opportunità.

mimetizzazióne s. f. ● Atto, effetto del mimetizzare o del mimetizzarsi.

†**mimètrico** [comp. di *mimo* e *metrico*, con aplologia] agg. (pl. m. *-ci*) ● Di mimo o dramma in versi.

mimiàmbo [vc. dotta, lat. *mimiămbi*, nom. pl., dal gr. *mimíamboi*, comp. di *mîmos* 'mimo' e *íambos* 'giambo'] s. m. ● Mimo in versi giambici.

mìmica [f. sost. di *mimico*] s. f. *1* Maniera di accompagnare con gesti espressivi il discorso o di esprimere con segni il proprio pensiero: *è dotato di una m. eccezionalmente efficace.* *2* Arte di esprimere sulla scena una gamma di sentimenti mediante gesti e movimenti appropriati del corpo.

mìmico [vc. dotta, lat. *mīmicu(m)*, nom. *mīmicus*, dal gr. *mimikós*, agg. di *mîmos* 'mimo'] agg. (pl. m. *-ci*) ● Che si esprime coi gesti, coi segni: *azione mimica*; *linguaggio m.* ‖ **mimicaménte**, avv. Con mimica.

mimicry /*ingl.* 'mimikri/ [vc. ingl., da *mimic* 'mimico'] s. m. o f. ● (*biol.*) Fenomeno affine al mimetismo, per cui alcuni animali imitano nell'aspetto e nel comportamento animali di altra specie.

mimmo [vc. inft.] **A** s. m. (f. *-a*) ● (*pop.*) Bimbo. **B** agg. ● (*raro*) †Bambinesco. ‖ **mimmino**, dim. | **mimmóna**, accr. f.

mìmo [vc. dotta, lat. *mīmu(m)*, nom. *mīmus*, dal gr. *mîmos* 'imitatore, mimo', da *mimêisthai* 'imitare'. V. *mimesi*] s. m. *1* Attore che interpreta azioni sceniche mimate. *2* (*letter.*) Componimento che rappresenta al vivo scene di vita quotidiana, tipico del mondo greco e latino. *3* Passeraceo americano simile a un merlo, ma con canto melodioso che imita quello di tutti gli altri uccelli (*Mimus polyglottus*). *4* (*biol.*) Animale che, nell'aspetto e nel comportamento, imita animali di altra specie.

mimodràmma [comp. di *mimo* e *dramma*] s. m. (pl. *-i*) *1* (*mus.*) Pantomima in musica. *2* (*psicol.*) Azione scenica su tema preordinato, utilizzata nella terapia di gruppo delle malattie mentali per suggerire date regole di comportamento.

mimògrafo [vc. dotta, lat. *mimŏgraphu(m)*, nom. *mimŏgraphus*, dal gr. *mimográphos*, comp. di *mîmos* 'mimo' e *-gráphos* '-grafo'] s. m. ● Autore di mimi nell'antichità greco-latina.

mimòlogo [vc. dotta, lat. tardo *mimŏlogu(m)*, nom. *mimŏlogus*, dal gr. *mimológos*, comp. di *mîmos* 'mimo' e *-lógos* '-logo'] s. m. (pl. *-gi*, pop. *-ghi*) ● Chi recitava mimi nell'antichità greco-latina.

mimósa [da *mimo*, per i movimenti delle foglie quando sono toccate] s. f. ● Arbusto o alberello delle Mimosacee con foglie pennate, fiori regolari e frutti a legume (*Mimosa*) | Correntemente, infiorescenza di piccoli fiori gialli, rotondi di alcune acacie.

Mimosàcee [vc. dotta, comp. di *mimosa* e *-acee*] s. f. pl. ● Nella tassonomia vegetale, famiglia di Dicotiledoni spinose con foglie composte, fiori in infiorescenze e frutti a legume (*Mimosaceae*) | (al sing. *-a*) Ogni individuo di tale famiglia. ➡ ILL. piante /6.

mìmulo [lat. tardo *mīmulu(m)* 'piccolo mimo', dim. di *mīmus* 'mimo': dalla corolla che imiterebbe il muso di alcuni animali (?)] s. m. ● Genere di piante erbacee delle Scrofulariacee, coltivate per i fiori ricchi di infiorescenze di vario colore (*Mimulus*).

mìna (1) [fr. *mine*, di origine celt.] s. f. *1* Anticamente, cunicolo sotterraneo scavato per raggiungere le fortificazioni nemiche e potervi collocare delle cariche esplosive. *2* Carica esplosiva disposta in una cavità praticata nella roccia, che viene fatta esplodere allo scopo di abbattere la roccia stessa | *M. mancata*, che non è esplosa o non ha sortito l'effetto voluto | *M. gravida*, rimasta inesplosa, di cui si teme una intempestiva esplosione in ritardo | *M. a tunnel*, in cui la carica è distribuita lungo una galleria scavata nella roccia | (*fig.*) *M. vagante*, questione non risolta che, alla lunga, può dar luogo a conseguenze pericolose. *3* Ordigno d'uso militare costituito da un corpo esplosivo e da un congegno di accensione azionato con vari sistemi: *m. terrestre*, *subacquea*; *mine a strappo*, *a urto*, *magnetiche*, *acustiche* | *M. antiuomo*, impiegata contro le fanterie | *M. anticarro*, contro carri armati e autoveicoli. *4* Sottile cilindro di grafite incorporato nella matita per scrivere. *5* †Miniera o galleria di miniera.

mìna (2) [vc. dotta, lat. *mĭna(m)*, nom. *mĭna*, dal gr. *mnâ*, di origine semitica] s. f. ● Unità ponderale greca di diverso peso secondo i sistemi, pari a 1/50 o 1/60 del talento e a 100 o 120 dramme.

mìna (3) [stessa etim. di *emina*] s. f. ● Antica unità italiana di misura di capacità per aridi, di valore variabile a seconda delle regioni.

†**mìna (4)** [vc. dotta, lat. *mĭnae*, nom. pl. 'minaccia'; il primo sign. era quello di 'sporgenza incombente', dalla stessa radice da cui deriva anche *mōns* 'monte'] s. f. ● Minaccia.

†**mìna (5)** [fr. *mine*, dal bretone *min* 'becco, muso'] s. f. ● Aspetto, apparenza.

†**minaccerìa** s. f. ● Maniera minacciosa.

minaccévole agg. ● (*lett.*) Minaccioso: *un'inquietudine così cupa*, *un'impazienza così m.* (MANZONI). || **minaccevolménte**, avv. (*lett.*) Minacciosamente.

minàccia [lat. *mināciae*, nom. pl., da *mĭnax*, genit. *minācis* 'minaccioso'. V. *minace*] s. f. (pl. *-ce*) *1* Atto compiuto per incutere timore o discorso fatto per spaventare: *m. a mano armata*; *profferire minacce di morte*, *di accusa*, *di guerra*. SIN. Intimidazione. *2* (*fig.*) Pericolo di un male futuro: *silenzio pieno di minacce*; *c'è m. di inondazione*.

†**minacciàbile** agg. ● Che si può minacciare.

minacciaménto s. m. ● (*raro*) Modo e atto del minacciare.

minacciànte part. pres. di *minacciare*; anche agg. *1* (*raro*) Nei sign. del v. *2* *Muro m.*, pericolante.

minacciàre [da *minaccia*] v. tr. (*io minàccio*) *1* Spaventare o intimidire qc. con minacce: *tace perché l'hanno minacciato di morte* | Promettere q.c. che incute timore: *m. castighi severissimi*. *2* Mettere in pericolo: *una controversia che minaccia i nostri rapporti*; *la tempesta minaccia tutte le regioni costiere*. *3* Preannunziare il verificarsi di una cosa temuta o non desiderata: *l'infiammazione minaccia di propagarsi*; *il ciel minaccia / improvvisa tempesta* (METASTASIO). *4* (*fig.*) Sovrastare con la propria imponenza e grandezza: *enormi grattacieli minacciano la città*.

minacciatóre s. m. (f. *-trice*) ● (*raro*) Chi minaccia.

†**minacciatòrio** agg. ● Minatorio.

†**minacciatùra** s. f. ● Minaccia.

†**minàccio** s. m. ● (*raro*) Minaccia: *tanti minacci di nimici* (MACHIAVELLI).

minaccióso agg. *1* Carico di minaccia: *sguardo m.*; *parole*, *grida*, *attitudini minacciose*; *destino poco lieto*, *ma per nulla m.* (SVEVO). *2* Che fa paura, che costituisce un grave pericolo: *tempesta minacciosa*. *3* (*fig.*) Che sovrasta con imponenza e grandiosità: *una rocca minacciosa apparve sulle alture*. || **minacciosaménte**, avv.

†**minàce** [lat. *minā̆ce(m)* 'minaccioso', da *minā̆ri* 'minacciare', da *mĭnae*. V. *mina (4)*] agg. ● (*poet.*) Minaccioso.

minàre [fr. *miner*, da *mine* 'mina'. V. *mina (1)*] v. tr. *1* Praticare cavità in rocce, opere murarie e sim., collocandovi cariche esplosive: *m. una casa*. *2* Corredare di mine, a scopo offensivo o difensivo, un terreno, un tratto di mare e sim. *3* (*fig.*) Insidiare con arti subdole, distruggere poco a poco: *m. la reputazione*, *il credito di qc.*; *un vizio che mina la salute*.

minaréto [fr. *minaret*, dal turco *minare*, dall'ar. *manāra* 'faro'] s. m. ● Torre annessa alla moschea, dalla quale il muezzin chiama, con canto rituale, i fedeli islamici alla preghiera.

minàto part. pass. di *minare*; anche agg. ● Nei sign. del v.

minatóre [da *minare*, attrav. il fr. *mineur*] s. m. ● Chi lavora nelle miniere | *M. continuo*, macchina per lo scavo meccanico continuo di gallerie e di miniere su vasto fronte.

minatòrio [vc. dotta, lat. tardo *minatōriu(m)*, da *minā̆ri* 'minacciare'. V. *minace*] agg. ● Di minaccia | Fatto per minacciare.

mìnchia [lat. *mĕntula(m)* 'membro virile'] s. f. *1* (*merid.*, *volg.*) Pene. *2* (*merid.*, *est.*, *volg.*) Persona sciocca.

minchiàta [da *minchia*] s. f. ● (*merid.*, *volg.*) Stupidaggine, sciocchezza: *fare*, *dire una m.* SIN. Cazzata.

minchiàte [etim. incerta] s. f. pl. ● Carte da gioco fiorentine in uso dal sec. XV, il cui mazzo era costituito da 40 figure più una matta | Anche, il gioco stesso.

minchionàggine s. f. ● (*pop.*) Qualità di minchione | Atto da minchione. SIN. Dabbenaggine.

minchionàre [da *minchione*] v. tr. (*io minchióno*) ● (*pop.*) Canzonare, prendere in giro: *m. lo sciocco del paese* | (*ass.*) *Non m.*, non scherzare, fare sul serio.

minchionatóre s. m. (f. *-trice*, pop. *-tora*) ● (*pop.*) Chi minchiona.

minchionatòrio agg. ● (*pop.*) Fatto per minchionare. SIN. Canzonatorio.

minchionatùra [da *minchionare*] s. f. ● Corbellatura, canzonatura | (*raro*) Cosa da poco.

†**minchionazióne** s. f. ● Derisione, minchionatura.

minchióne [da *minchia* (V.)] agg.; anche s. m. (f. *-a*) ● (*pop.*) Che, chi è troppo ingenuo e sciocco: *è tanto m. che crede a tutto* | *Fare il m.*, fare il tonto per prudenza | *Discorso m.*, insulso | *Minchioni!*, escl. di stupore, ira e sim. | *Un m.!*, un accidente, niente affatto! SIN. Babbeo, grullo, semplicione. || **minchionàccio**, accr. | **minchioncèllo**, dim. | **minchioncino**, dim. | **minchioncióne**, accr.

minchionerìa s. f. *1* (*pop.*) Stupidità, dabbenaggine. *2* (*pop.*) Cosa da minchione: *dire*, *fare una grossa m.* | Sproposito | Fandonia.

†**minchionevolézza** s. f. ● Qualità di minchione.

mine-detector /ingl. 'main di'tektə*/ [vc. ingl., comp. di *mine* 'mina (1)' (nel sign. 3) e *detector* (V.)] s. m. inv. (pl. ingl. *mine-detectors*) ● Cercamine.

†**minèra** ● V. *miniera*.

mineràle [dall'ant. fr. *minière* 'miniera'] **A** s. m. ● Composto di origine naturale, costituente della litosfera, che generalmente si presenta allo stato solido cristallino | (*gener.*) Materiale che si ricava dall'estrazione nelle miniere: *caricarono il m. sui vagoni*. **B** agg. ● Che ha natura di minerale o contiene minerali: *sale m.* | *Acqua m.*, contenente sali in proporzione superiore allo 0,5% | *Regno m.*, una delle tre suddivisioni tradizionali di tutti i corpi. **C** s. f. ● (*fam.*, *ell.*) Acqua minerale: *una bottiglia di m.*; *vino e m.* | Bottiglia di acqua minerale: *una m. da un litro*; *una mezza m.*

mineralìsta [da *minerale*] s. m. e f. (pl. m. *-i*) ● Chi studia mineralogia.

mineralizzàre [fr. *minéraliser*, da *minéral* 'minerale'] **A** v. tr. *1* Convertire in minerale. *2* Impregnare di sostanze minerali un materiale organico. **B** v. intr. pron. ● Trasformarsi in minerale.

mineralizzatóre [fr. *minéralisateur*, da *minéraliser* 'mineralizzare'] s. m.; anche agg. ● Agente chimico o fisico che provoca o favorisce la formazione di minerali.

mineralizzazióne s. f. ● Atto, effetto del mineralizzare.

mineralogìa [fr. *minéralogie*, comp. di *minéral* 'minerale' e *-logie* '-logia', con aplologia] s. f. (pl. *-gie*) ● Scienza che studia i minerali nella loro costituzione fisica e chimica.

mineralògico [fr. *minéralogique*, da *minéralogie* 'mineralogia'] agg. (pl. m. *-ci*) ● Che riguarda i minerali o la mineralogia.

mineralogìsta s. m. e f. (pl. m. *-i*) ● Studioso, esperto di mineralogia.

†**mineràlogo** [da *mineralogia*] s. m. (pl. *-gi*) ● Mineralogista.

mineralogràmma [comp. di *mineral(e)* e *-gramma*] s. m. (pl. *-i*) ● (*med.*) Istogramma della concentrazione delle sostanze minerali inorganiche presenti in un campione biologico, come un capello.

mineralometrìa [comp. di *mineral(e)* e *-metria*] s. f. ● (*med.*) Insieme delle tecniche impiegate per la misura delle componenti minerali (le sostanze inorganiche) dell'organismo | *M. ossea*, misura, a scopo diagnostico, del contenuto in sostanza minerale (calcio e fosfato) di un osso.

mineralurgìa [comp. di *minerale* con la terminazione *-urgia* deriv. per affinità da *siderurgia*] s. f. ● (*miner.*) Tecnica di trattamento dei minerali grezzi che porta a trasformarli in beni commerciabili, da cui eventualmente estrarre poi i componenti utili. SIN. Minerurgia.

mineràrio [da *miniera*] agg. ● Delle miniere, dei minerali.

†**mineràto** [da †*minera*] agg. ● Di terreno che ha miniere.

minerogènesi [comp. di †*minera* e *genesi*] s. f. ● Formazione e sviluppo dei minerali.

minerosìntesi [comp. di *miner(ale)* e *sintesi*] s. f. ● (*miner.*) Processo con cui in laboratorio si ottengono composti analoghi a minerali partendo o dagli elementi o da composti più semplici.

minerurgìa s. f. ● (*miner.*) Mineralurgia.

minèrva (1) [detti così dal marchio di fabbrica originario, che rappresentava la dea *Minerva*] s. m. pl. ● Tipo di fiammiferi di sicurezza, con capocchia senza fosforo, intagliati su più file racchiuse in una bustina.

minèrva (2) [detto così perché ricorda la parte superiore della statua di Atena (= Minerva) di Fidia] s. f. ● Specie di collare ortopedico in gesso o altro materiale rigido per l'immobilizzazione del capo e della colonna cervicale.

minèstra [da *minestrare*] s. f. *1* Vivanda di riso o pasta, in brodo con verdura e legumi o cotta in acqua, scolata e condita | *M. maritata*, tradizionale specialità napoletana, a base di varie carni ed erbe | *M. riscaldata*, (*fig.*) cosa ormai trascorsa che si vuol fare rivivere ma che ha perduto il mordente e la freschezza | *Può farsi la m. come gli piace*, (*fig.*) può fare quel che vuole | *Trovare la m. bell'e pronta*, (*fig.*) ottenere q.c. senza sforzo | Porzione di minestra per una persona: *ci porti due minestre*. *2* (*est.*) Primo piatto. *3* (*fig.*) Vitto, pagnotta: *lavorare per la m.* | *La m. del governo,* la paga degli impiegati statali | *Perdere la m.*, il posto, lo stipendio. *4* (*fig.*) Faccenda, operazione: *è una m. che non mi piace* | *È sempre la solita m.*, la solita storia | *È tutta un'altra m.*, è tutt'altra cosa | *Guastare la m. a qc.*, rovinargli i piani. || **minestràccia**, pegg. | **minestrèlla**, dim. | **minestrìna**, dim. (V.) | **minestrìno**, dim. m. | **minestróna**, accr. | **minestróne**, accr. m. (V.) | **minestrùccia**, dim.

minestràio **A** agg.; anche s. m. (f. *-a*) ● (*raro*) Che, chi è ghiotto di minestra. **B** s. m. ● Cuoco specializzato nella preparazione di minestre.

†**minestràre** [lat. *ministrāre* 'servire, servire a mensa', da *minĭster* 'servitore'. V. *ministro*] v. tr. ● Servire la minestra, scodellare.

†**minestrèllo** ● V. *menestrello*.

†**minestrière** ● V. †*ministriere*.

minestrìna s. f. *1* Dim. di *minestra*. *2* Minestra in brodo, leggera, per bambini e malati.

minestróne s. m. *1* Accr. di *minestra*. *2* Minestra di riso o pasta con legumi, ortaggi, cotenna di maiale o altro, che abbia per base un soffritto di verdure aromatiche e grassi, da mangiarsi anche fredda. *3* (*fig.*) Strano miscuglio di cose simili o eterogenee: *di tutte le spiegazioni ha fatto un gran m.* *4* (*pop.*) Chi mangia molta minestra.

mìngere [lat. *mĭngere*, di origine indeur.] v. intr. (*io mìngo, tu mìngi*; pass. rem. *io mìnsi*; non usati il part. pass. e i tempi composti) ● Emettere l'orina attraverso l'apparato urinario. SIN. Orinare.

mingherlìno [ant. fr. *mingrelin*, dim. di *mingre* 'infelice', di etim. incerta] agg. ● Esile, gracile, delicato: *un ragazzo m.* | (*fig.*) Scarno, povero, debole: *una teoria piuttosto mingherlina.*

mini [forma ellittica] s. f. ● Minigonna: *portare la m.; la moda della m.; ragazze in m.*

mini- [ricavato dall'ingl. *mini*(*ature*) 'miniatura' e diffusosi in seguito alla fortuna di *minigolf* e soprattutto di *minigonna*] primo elemento ● In parole composte, fa riferimento a dimensioni piccole o ridotte al minimo o a realizzazioni in miniatura: *miniabito, minibus, minigolf.*

miniàbito [comp. di *mini-* e *abito*] s. m. ● Abito femminile molto corto.

miniacciaierìa [comp. di *mini-* e *acciaieria*] s. f. ● Stabilimento siderurgico ad alta elasticità produttiva per la fabbricazione economica di lingotti, profilati, tondini e lamiere di acciaio, utilizzando forni elettrici ad arco di piccole dimensioni e materie prime di basso costo, quali rottami ferrosi e ghisa d'altoforno.

miniallòggio [comp. di *mini-* e *alloggio*] s. m. ● Miniappartamento.

miniappartaménto [comp. di *mini-* e *appartamento*] s. m. ● Appartamento formato di una stanza, o al massimo due, più i servizi, in genere ridotti all'essenziale. SIN. Miniallogglo.

minïàre [vc. dotta, lat. *miniāre*, da *mĭnium* 'minio'] **A** v. tr. (*io mìnio*) *1* Trattare con la tecnica della miniatura | Ornare di miniature. *2* (*est.*) Ornare, scrivere o descrivere q.c. in modo esatto e con grazia: *m. un paesaggio, la figura del protagonista.* *3* (*fig.*) Realizzare o eseguire q.c. con estrema precisione e minuzia: *il primattore ha miniato il suo personaggio.* SIN. Cesellare. **B** v. rifl. ● (*raro*) Imbellettarsi.

miniàto part. pass. di *miniare*; anche agg. ● Nei sign. del v.

miniatóre s. m. (f. *-trice*) ● Chi esegue miniature.

miniatùra [da *miniare*] s. f. *1* Genere di pittura per illustrare codici pergamenacei eseguita col minio e altri colori vivaci, fiorita spec. nel sec. XIII e XIV. *2* (*est.*) Dipinto in piccole dimensioni per ritratto e decorazione praticato su carta, avorio, rame e sim. | *In m.*, in proporzioni ridotte | *Un viso che sembra una m.*, dai lineamenti precisi e aggraziati. *3* (*fig.*) Lavoro compiuto con grande precisione, ricchezza di particolari e finezza: *quel ricamo è una vera m.* *4* Ricostruzione in scala ridotta di un ambiente reale, per usi scenografici. || **miniaturìna**, dim.

miniaturìsta s. m. e f. (pl. m. *-i*) *1* Pittore di miniature. *2* Chi cura miniature scenografiche.

miniaturìstico agg. (pl. m. *-ci*) *1* Che riguarda la miniatura: *tecnica miniaturistica.* *2* (*fig.*) Caratterizzato da minuziosa cura dei particolari: *un lavoro eseguito con precisione miniaturistica.*

miniaturizzàre [comp. di *miniatura* e *-izzare*] v. tr. ● (*elettron.*) Sottoporre a miniaturizzazione.

miniaturizzàto part. pass. di *miniaturizzare*; anche agg. *1* Nei sign. del v. *2* Che ha dimensioni molto piccole.

miniaturizzazióne [da *miniaturizzare*] s. f. ● (*elettr.*) Tecnica che, avvalendosi dei dispositivi a semiconduttori, mira a ridurre lo spazio occupato dai singoli componenti di un circuito.

minibàr /mini'bar/ [comp. di *mini* e *bar*] **A** s. m. inv. ● Nelle stanze d'albergo, piccolo frigorifero contenente bevande, biscotti o altri cibi a disposizione dei clienti: *ha saldato il conto del minibar?* **B** agg. inv. ● Nella loc.: *carrello m.*, servizio di ristoro mobile nei treni.

minibàsket [comp. di *mini-* e *basket*] s. m. inv. ● Gioco simile alla pallacanestro ma con regole più semplici e canestro più basso, praticato da bambini e ragazzi.

mìnibus [comp. di *mini-* e *bus*] s. m. inv. ● Autoveicolo simile all'autobus, di ridotte dimensioni, con un numero limitato di posti.

minicalcolatóre [comp. di *mini-* e *calcolatore*, sul modello dell'ingl. *minicomputer*] s. m. ● (*elab.*) Minielaboratore.

minicomputer /minikom'pjuter, *ingl.* minikəm'pju:tə*/ [comp. di *mini-* e dell'ingl. *computer* (V.)] s. m. inv. ● (*elab.*) Minielaboratore.

minielaboratóre s. m. ● (*elab.*) Elaboratore di dimensioni ridotte con unità centrale realizzata in più circuiti. SIN. Minicalcolatore, minicomputer.

minièra o †**minèra** [fr. *minière*, da *mine* 'mina (1)'] s. f. *1* Insieme di un giacimento di minerali e delle opere realizzate per sfruttarlo: *m. a giorno, a cielo aperto; m. sotterranea; gallerie di m.; pozzi di m.; coltivazione della m.* ➡ ILL. p. 824 SCIENZE DELLA TERRA ED ENERGIA. *2* (*fig.*) Fonte copiosa: *una m. di notizie, di informazioni, di aneddoti, di denari.*

minigòlf [dall'ingl. *mini*(*ature*)*-golf* 'golf in miniatura'] s. m. inv. ● Gioco simile al golf, da praticarsi però su una pista di ridotte dimensioni, artificialmente dotata di particolari asperità, difficoltà e sim. analoghe a quelle riscontrabili sui terreni liberi.

minigónna o **minigònna** [calco sull'ingl. *miniskirt* 'mini- (V.) gonna'] s. f. *1* Gonna corta che termina, più o meno abbondantemente, sopra al ginocchio. *2* Specie di alettone in metallo o plastica che si applicava alla parte inferiore di un'automobile da corsa per migliorarne l'aderenza al terreno | Analogo alettone applicato in funzione aerodinamica alla parte inferiore di un'automobile.

mìnima [f. sost. di *minimo*] s. f. *1* (*mus.*) Figura di nota corrispondente a metà della semibreve e cioè a 2/4. *2* Grado minimo della temperatura: *la m. di domenica è stata di 15 gradi.* CONTR. Massima.

minimal art /*ingl.* ' miniml 'a:t/ [loc. ingl., comp. di *minimal* 'minimo' e *art* 'arte'] loc. sost. f. inv. ● Corrente artistica nata negli Stati Uniti negli anni Sessanta, caratterizzata da forme elementari e geometriche.

minimàle [ingl. *minimal*, dal lat. *mĭnimus* 'minimo'] **A** agg. ● Che costituisce il limite più basso, spec. in contrapposizione a *massimale.* **B** s. m. ● Punto e limite minimo. CONTR. Massimale.

minimalismo [ingl. *minimalism*, da *minimal* 'minimo'. V. *minimale*] s. m. *1* Tendenza ad attuare un programma minimo in campo politico, attraverso riforme graduali e moderate. CONTR. Massimalismo. *2* Corrente della letteratura americana degli anni '80 che, spec. in racconti brevi e novelle, utilizza uno stile conciso e aderente al linguaggio parlato, per descrivere la realtà quotidiana. *3* Minimal art.

minimalìsta **A** s. m. e f. (pl. m. *-i*) ● Seguace del minimalismo. **B** agg. ● Che riguarda il minimalismo.

minimalìstico agg. (pl. m. *-ci*) ● Relativo al minimalismo, ai minimalisti: *correnti minimalistiche.*

minimal music /*ingl.* 'miniməl 'mju:zik/ [loc. ingl., propr. 'musica minima' sul modello di *minimal art* 'minimalismo' (V.)] loc. sost. f. inv. ● (*mus.*) Stile musicale americano che ripete, sovrappone e sfasa ritmicamente elementi ritmico-melodici di proporzioni minime.

†**minimaménto** [da *minimare*] s. m. ● Diminuzione, menomamento.

†**minimàre** [da *minimo*] **A** v. tr. ● Menomare. **B** v. intr. ● Mancare, diminuire.

minimarket /mini'market, *ingl.* 'minima:kit/ [vc. ingl., comp. di *mini-* e *market* (V.)] s. m. inv. ● Minimercato.

SCALE DI DUREZZA DEI MINERALI

Scala di Mohs (di durezza relativa) — **Scala di Rosiwal (di durezza assoluta)**

Durezza alla scalfittura	*Minerale di paragone*	*Durezza al taglio*
1	talco	0,03
2	gesso	1,25
3	calcite	4,5
4	fluorite	5
5	apatite	6,5
6	ortoclasio	37
7	quarzo	120
8	topazio	175
9	corindone	1000
10	diamante	140 000

minimàssimo o **minimomàssimo** [comp. di *mini(mo)* e *massimo*] s. m. ● (*mat.*) Minimo tra i valori massimi di una funzione.

mìnimax s. m. ● (*mat.*) Minimassimo.

minimercàto [adattamento di *minimarket* (V.)] s. m. ● Punto di vendita al dettaglio, con caratteristiche analoghe a quelle dei supermercati, come, ad es., la tecnica del self-service, ma con un assortimento di prodotti inferiore, derivante dalla minore superficie disponibile per l'esposizione e la vendita. SIN. Minimarket.

minimetro [comp. di *mini(mo)* e *-metro*] s. m. (pl. *-i*) ● Strumento ad alta precisione per misurare spessori minimi.

minimézza s. f. ● (*lett.*) Qualità di ciò che è minimo; estrema piccolezza.

minimissile [comp. di *mini-* e *missile*] s. m. ● Ciascuno dei piccoli missili, trasportati in vicinanza del bersaglio da un missile vettore, che, una volta espulso, si dirige autonomamente sul bersaglio, spec. mezzi corazzati.

minimizzàre [fr. *minimiser*, dall'ingl. *to minimize* 'ridurre al minimo', da *minimum* 'minimo'] v. tr. ● Ridurre q.c. al minimo: *m. l'importanza dell'avvenimento* | Far apparire q.c. di scarso rilievo, interesse e sim.: *m. l'incidente, la polemica*.

minimizzazióne s. f. ● (*raro*) Atto, effetto del minimizzare.

mìnimo [vc. dotta, lat. *mĭnimu(m)*, dalla stessa radice di *mĭnus* 'meno'] **A** agg. (sup. di *piccolo*) **1** Piccolissimo: *ogni minima cosa lo disturba*; *da qui allo loro casa la distanza è minima* | *Prezzo m.*, bassissimo | *Causa minima, effetti minimi*, di scarsissimo rilievo o importanza | Il più piccolo: *ottenere il massimo risultato con il m. sforzo*; *il m. pretesto gli permetterà di accanirsi contro di noi*; *non ho la minima idea sull'identità del colpevole* | *Programma m.*, di propositi limitati, sui quali non è possibile transigere | *Ridurre ai minimi termini*, in matematica, trasformare una frazione in un'altra di valore uguale e in cui numeratore e denominatore siano numeri primi fra loro; (*fig.*) ridurre in pessimo stato, allo stremo delle forze o della possibilità e sim. CONTR. Massimo. **2** (*raro*) Ultimo, infimo, umilissimo, detto di persona | *Frati minimi*, quelli dell'ordine francescano istituito da S. Francesco di Paola nel XV sec. **3** (*raro, lett.*) Lieve: *il vetro ... per ogni minima picchiata si spezza e fracassa* (ALBERTI). ‖ **minimaménte**, avv. In modo, grado o quantità minima; con valore rafforzativo in espressioni negative del tipo: *non ci penso minimamente*, per nulla, affatto. **B** s. m. **1** La parte più piccola, il grado più ridotto: *condannare qc. al m. della pena* | La cosa o quantità più piccola possibile: *non ha un m. di riconoscenza per voi* | *M. garantito*, retribuzione predeterminata che deve essere comunque corrisposta per una prestazione e, nel cinema, quanto il noleggiatore prevede di ricavare dallo sfruttamento di un film | *Al m.*, il meno possibile, al meno. CONTR. Massimo. **2** In un motore a combustione interna, il più basso limite di giri, e quindi di funzionamento, con minore sviluppo di potenza e consumo di carburante: *motore al m.*; *regolare il m.*; *girare, marciare al m.* | *M. del carburatore*, il getto che eroga la minore quantità di carburante. **3** (*mat.*) In un insieme ordinato, elemento che precede tutti gli altri. **4** (*raro*) Persona la più umile: *parlò in modo da essere compreso dal m. dei suoi uditori*. **5** (*relig.*) Frate dell'ordine francescano istituito da S. Francesco di Paola nel XV sec.

minimomàssimo ● V. *minimassimo*.

minimósca [comp. di *mini-* e *mosca* nel sign. C] s. m. inv. ● Nella lotta e nel pugilato, atleta di peso non superiore ai 48 kg di peso | Categoria che comprende tali atleti.

minimum /lat. 'minimum/ [vc. lat., nt. sost. di *mĭnimus* 'minimo'] s. m. inv. ● (*bur.*) Minimo: *non ha ottenuto il m. dei voti per essere eletto*.

minimum tax /'minimum 'taks, *ingl.* 'minimәm 'tæks/ [loc. ingl., propr. 'tassa minima'] loc. sost. f. inv. ● (*dir.*) Sistema di imposizione fondato su presunzioni legali, in forza del quale i contribuenti che esercitano attività commerciali, arti o professioni sono tenuti a dichiarare un reddito minimo non inferiore a quello previsto dalla legge.

mìnio [vc. dotta, lat. *mĭniu(m)*, di origine preindeur.] s. m. **1** Ossido salino di piombo, di colore rosso vivo, usato per vernici antiruggine e, mescolato con olio di lino, come materiale di tenuta per giunture di tubi e lastre. **2** Belletto, rossetto. **3** †Miniatura.

miniriförma [comp. di *mini-* e *riforma*] s. f. ● Riforma legislativa o amministrativa che riguarda un settore limitato.

ministeriàle [da †*ministerio*] **A** s. m. ● Nel mondo medievale, incaricato di uffici e servizi presso la corte di un grande signore | Anticamente, uno degli appartenenti alle corporazioni artigiane. **B** agg. **1** Di un ministro o di un ministero: *reato m.*; *bilancio m.* **2** (*est.*) Governativo: *crisi m.* | *Decreto m.*, emanato dal Governo, firmato dal ministro competente.

†**ministeriàto** s. m. ● Ufficio di ministero.

ministèro o †**ministèrio** [lat. *ministĕriu(m)* 'servizio, ufficio', da *minĭster* 'servitore'. V. *ministro*] s. m. **1** Compito o ufficio socialmente e moralmente elevato, svolto a vantaggio della collettività con spiccato senso del dovere: *adempiere, trascurare, tradire il proprio m.*; *il m. dell'educatore, del medico*. SIN. Missione. **2** (spesso scritto con iniziale maiuscola) Complesso organizzato di uffici, diretto da un ministro, che presiede a un settore della pubblica amministrazione: *Ministero dell'agricoltura e delle foreste, di grazia e giustizia*. SIN. Dicastero. **3** (*est.*) Complesso degli organi costituenti il governo dello Stato: *il m. De Gasperi*. **4** Sede del Ministro: *recarsi al m.* **5** *Pubblico Ministero*, organo giudiziario che compie attività processuali in veste di parte o di ausiliario di giustizia in processi civili o penali al fine di realizzare il pubblico interesse all'esatta applicazione della legge. **6** Ufficio e missione propri del sacerdote e dell'ecclesiastico: *sacro m.* **7** (*al pl., relig.*) Denominazione degli ordini minori dopo il Concilio Ecumenico Vaticano Secondo. **8** (*lett.*) Mestiere | Servizio: *avreste prestato a quegli innocenti ... il m. che avevan ragione di chieder da voi?* (MANZONI). **9** †Amministrazione.

ministra [vc. dotta, lat. *minĭstra(m)*, f. di *minĭster* 'servitore'. V. *ministro*] s. f. **1** (*scherz.*) Ministressa. **2** (*lett.*) Donna o personificazione di donna che esplica la funzione di ministrare: *le ore che dianzi meste / ministre eran de' farmachi* (FOSCOLO).

ministrànte A part. pres. di *ministrare*; anche agg. ● (*raro*) Nei sign. del v. **B** s. m. ● Nella terminologia liturgica posteriore al Concilio Vaticano II, laico che compie un servizio in una celebrazione liturgica.

†**ministrànza** s. f. ● Ufficio di ministrare.

ministràre [vc. dotta, lat. *ministrāre* 'servire, offrire', da *minĭster* 'servitore'. V. *ministro*] **A** v. tr. **1** (*lett.*) Porgere, somministrare (*anche fig.*): *e la forza il furor ministra e cresca* (TASSO). **2** †Amministrare, governare: *m. la chiesa, la giustizia*. **B** v. intr. (aus. *avere*) ● (*raro*) Servire: *m. a Dio, agli ammalati*.

†**ministratìvo** agg. ● (*raro*) Atto a ministrare.

†**ministratóre** [vc. dotta, lat. *ministratōre(m)*, da *ministrāre* 'ministrare'] agg.; anche s. m. (f. *-trice*) ● Che, chi ministra.

†**ministrazióne** [vc. dotta, lat. *ministratiōne(m)*, da *ministrāre* 'ministrare'] s. f. ● Ufficio, ministerio.

†**ministrèllo** ● V. *menestrello*.

ministréssa s. f. **1** (*scherz.*) Donna investita della carica di ministro. **2** Moglie di un ministro.

†**ministrière** o †**minestrière**, †**ministrièro** [ant. fr. *menestrier*, da *ménestrel* 'menestrello'] s. m. ● Menestrello.

ministro [vc. dotta, lat. *minĭstru(m)* 'servitore', da **minŭster*, comp. di *mĭnus* 'meno' e il suff. *-ter* che indicava opposizione fra due; cfr. *maestro*] s. m. (f. raro o scherz. *-a* (V.) o *-essa* (V.); V. anche nota d'uso FEMMINILE) **1** Membro del governo, che presiede a un dicastero: *m. segretario di stato*; *consiglio dei ministri*; *i ministri sono nominati dal Presidente della Repubblica*; *m. degli Esteri*; *m. ad interim*; *m. senza portafoglio*, non preposto ad alcun dicastero | *Presidente del Consiglio dei ministri*, *primo m.*, capo del Governo, di cui dirige la politica generale promuovendo e coordinando le attività dei ministri | *M. plenipotenziario*, agente diplomatico di grado immediatamente inferiore a quello di ambasciatore | *M. residente*, agente diplomatico di grado immediatamente inferiore a quello di ministro plenipotenziario. **2** Chi esegue gli ordini di qc. o svolge un ruolo subordinato di servizio o assistenza: *il Nibbio, uno de' più destri e arditi ministri delle sue enormità* (MANZONI) | *M. di Dio*, il sacerdote; l'angelo. **3** Chi, in virtù dell'ordinazione sacerdotale, amministra i sacramenti | Chierico o laico che assiste il celebrante in una funzione liturgica | In alcune congregazioni evangeliche, pastore che amministra il culto | *M. della Cresima*, il Vescovo | (*dir.*) *M. del culto*, ecclesiastico investito dalle autorità competenti di specifiche funzioni attinenti l'esercizio di un culto religioso e regolato da una legislazione in parte diversa da quella applicata agli altri cittadini, nello stato italiano. **4** Chi dirige una comunità spec. religiosa: *m. provinciale dei Francescani*. **5** (*fig.*) Chi agisce come difensore e divulgatore di un ideale, principio e sim.: *è venuto a noi come m. di pace* | (*raro*) Somministratore. ‖ **ministróne**, accr. | **ministrùccio**, dim.

minitèl [comp. di *mini-* e *tel(ematica)*] s. m. inv. ● In Francia, servizio di telecomunicazione di massa al quale si può accedere con un computer collegato al telefono.

Minnesang /*ted.* 'minәzaŋ/ [vc. ted., comp. di *Minne* 'amore' e *Sang* 'canto'] s. m. inv. ● Arte dei Minnesänger.

Minnesänger /*ted.* 'minәzɛŋәr/ o **Minnesinger** /*ted.* 'minәziŋәr/ [vc. ted., da *Minnesang* (V.)] s. m. inv. (pl. ted. inv.) ● Denominazione dei poeti lirici tedeschi del XII e XIII secolo, che componevano e cantavano per lo più versi d'amore sul modello della lirica trovadorica.

minòico [agg. del gr. *Mínōs* 'Minosse'] agg. (pl. m. *-ci*) **1** Proprio di Minosse, mitico re di Creta. **2** Relativo alla civiltà che ebbe come centro Creta, fiorita tra l'inizio del terzo millennio e il XV secolo a.C.

minorànza [da *minore*] s. f. **1** Gruppo meno numeroso di persone o cose: *fu udito solo dalla m. dei presenti*; *i giorni festivi sono una m. rispetto a quelli feriali* | *M. parlamentare*, insieme dei parlamentari di opposizione, esponenti dei partiti che nelle elezioni hanno ottenuto un minor numero di voti. CONTR. Maggioranza. **2** Complesso dei cittadini di uno Stato, che si differenziano dalla maggioranza per la razza, la lingua, la religione o una diversa coscienza sociale: *minoranze etniche, linguistiche, religiose, nazionali*. **3** Raggruppamento di voti che non raggiunge un numero sufficiente per ottenere la prevalenza in una elezione o in una decisione | Gruppo di persone in numero insufficiente per poter imporre, mediante votazione, la propria volontà. **4** (*raro*) Qualità di minore. **5** †Diminuzione, scemamento.

minoràre [vc. dotta, lat. tardo *minorāre*, da *mĭnor*, genit. *minōris* 'minore'] v. tr. (*io minóro*) ● (*raro*) Rendere minore.

minoràsco [da *minore*, sul modello di *maggiorasco*] s. m. (pl. *-schi*) ● Anticamente, sistema successorio basato sulla preferenza dell'ultimogenito nell'acquisto del patrimonio ereditario.

minoratìvo [da *minorato*, part. pass. di *minorare*] agg. ● (*raro*) Che rende minore, che attenua.

minoràto A part. pass. di *minorare* ● Nei sign. del v. **B** agg.; anche s. m. (f. *-a*) ● Che, chi è totalmente o parzialmente privo delle facoltà corporee o intellettive: *un fanciullo m. nell'uso delle gambe*; *istituto di rieducazione per minorati* | *M. di guerra*, mutilato, invalido | *M. psichico*, deficiente.

minorazióne [vc. dotta, lat. tardo *minoratiōne(m)*, da *minorāre* 'minorare'] s. f. **1** Riduzione, scadimento: *m. dei pezzi, delle spese, della fama*. SIN. Diminuzione. **2** Diminuzione o perdita delle facoltà corporee o intellettuali: *ha subito una grave m. nell'uso della parola*. SIN. Menomazione.

minóre [lat. *minōre(m)*, di origine indeur.] **A** agg. **1** Meno grande quanto ad ampiezza, estensione, intensità, altezza e sim.: *scegliere il podere m.*; *il percorso m.*; *il mio giardino è m. del tuo*; *spese, esigenze minori* | *In tono m.*, (*fig.*) con accento meno vivace, in modo più dimesso | (*raro*) *Andare per la m.*, avere poco successo | (*raro, est.*) Minuscolo: *lettera m.* CONTR. Maggiore. **2** (*mat.*) Dati in un insieme ordinato due elementi *a*, *b*, si dice che *a* è minore di *b* se lo precede: si scrive $a<b$ (mentre $a \leq b$ significa '*a* è minore o uguale

a *b'*) | Riferito a numeri, s'intende che la relazione d'ordine è il solito ordinamento | *Cerchio, circolo m.*, che non divide la sfera in due parti eguali. ***3*** Di importanza secondaria, di rilevanza ridotta, più scarsa: *gli scrittori minori del XVIII secolo* | *Astri minori*, (*fig.*) persone di grado meno elevato, che spiccano meno | *Arti minori*, V. *arte* | *Edizione m.*, quella in cui sono state omesse le parti più difficili o di minore importanza: *vocabolario, enciclopedia in edizione m.* | *Ordini minori*, V. *ordine* | *Scomunica m.*, che priva del ricevimento passivo dei sacramenti e dell'elezione passiva ai benefici | *Frati minori*, appartenenti all'ordine creato da S. Francesco d'Assisi | (*mus.*) *Intervallo m.*, quello contenente un semitono cromatico in meno rispetto all'intervallo maggiore dello stesso nome | (*mus.*) *Accordo perfetto m.*, quello formato da una terza minore e da una quinta | (*mus.*) *Scala m.*, quella caratterizzata dall'intervallo di terza minore partendo dalla nota iniziale | (*sport*) *Campionati minori*, tornei che impegnano squadre appartenenti alle divisioni inferiori. ***4*** Di grado inferiore | †*Umanità m.*, il ginnasio | (*est.*) Meno grave: *pena m.*; *il danno è stato m. del previsto.* ***5*** Subordinato | *Legge m.*, legge regionale il cui contenuto è sempre delimitato dai principi fondamentali delle leggi nazionali. ***6*** Più giovane di età: *fratello, sorella m.* | *Catone m.*, il più giovane dei due Catoni, contrapposto al più vecchio. CONTR. Maggiore. ***7*** †Privo, mancante: *essere m. di q.c.* || †**minorménte**, avv. Di meno; molto meno: *faticare minormente.* **B** s. m. e f. ***1*** Chi è più giovane d'età rispetto ad altri: *donò la casa di campagna al m. dei suoi figli.* CONTR. Maggiore. ***2*** (*lett.*) Persona inferiore di merito o di condizione sociale: *nella città rissavano i maggiori / ed i minori* (PASCOLI). ***3*** (*dir.*) Minorenne.

minorènne [comp. di *minore* e *-enne*, ricavato da *decenne*] s. m. e f.; anche agg. ● (*dir.*) Chi, che è ancora nella minore età: *tribunale dei minorenni*; *impresa esercitata da un m. emancipato.* SIN. Minore.

†**minorennità** s. f. ● Qualità di chi è minorenne.

minorìle [da *minore*] agg. ● Dei minorenni: *delinquenza m.*

minorìta [da *minore*] s. m. (pl. *-i*) ● Frate francescano appartenente all'ordine dei frati minori.

minorità [da *minore*] s. f. ***1*** Età e condizione di minorenne. ***2*** (*raro*) Minoranza: *essere in m.* ***3*** (*raro*) Qualità di ciò che è minore.

minoritàrio [fr. *minoritaire*, da *minorité* 'minoranza' (in senso politico calco sull'ingl. *minority*)] agg. ● Della, relativo alla, minoranza: *proposta minoritaria*; *voto m.*

minorìtico agg. (pl. m. *-ci*) ● Concernente i frati minori.

Minòsse [dal n. di *Minosse*, mitico re di Creta posto da Dante all'entrata dell'Inferno per esaminare le colpe dei peccatori e assegnare loro la pena] s. m. ● Giudice molto severo.

†**minuale** [dal lat. *mĭnus* 'meno'] agg. ● Di bassa condizione.

minuèndo [vc. dotta, lat. *minuĕndu(m)*, ger. di *minŭere* 'diminuire'. V. *minuire*] s. m. ● (*mat.*) Primo termine della sottrazione da cui va sottratto il sottraendo.

minuètto [fr. *menuet*, dim. di *menu* 'minuto, piccolo', per la brevità dei passi di questa danza] s. m. ***1*** Raffinata danza francese dei secc. XVI-XVII, a movimento moderato e ritmo ternario, ballata a passi minuti e serrati. ***2*** Tempo di mezzo in una sinfonia, in un quartetto: *i minuetti di Haydn, di Mozart.* ***3*** (*est., fig.*) Scambio di cortesie, di gentilezze estremamente affettate e spesso insincere | Comportamento o azione molto ricercati o leziosi.

minùgia [lat. *minūtia(m)* 'piccola parte'. V. *minuzia*] s. f. (pl. *minùgia* o *minùgie* o *minùge*) ***1*** (*spec. al pl.*) Budella, interiora. ***2*** Budella di ovini, per corde di strumenti musicali. ***3*** (*med.*) Catetere sottile.

†**minugiàio** s. m. ● Chi concia o vende minugie.

minùgio s. m. ● Minugia.

†**minuìre** [vc. dotta, lat. *minŭere*, da *mĭnus* 'meno'] v. tr. e intr. ● Diminuire: *le forze degli avversari più si minuiscono con la perdita di quegli che si fuggono, che di quegli che sono ammazzati* (MACHIAVELLI).

minùscola s. f. ● Lettera o carattere minuscolo dell'alfabeto.

minùscolo [vc. dotta, lat. *minŭsculu(m)*, dim. di *mĭnus*, nt., 'minore'. V. *meno*] **A** agg. ***1*** Detto di qualsiasi scrittura o carattere che abbia il corpo delle lettere alfabetiche compreso entro due linee parallele e le aste prolungate al di sopra e al di sotto di esse. ***2*** Molto piccolo: *questa casetta è davvero minuscola*; *le ha mandato due minuscoli mazzi di fiori.* **B** s. m. ● Carattere di scrittura minuscolo. || **minuscolétto**, dim.

minus habens /*lat.* 'minus 'abens/ [loc. lat., propr. 'che ha meno', comp. di *mĭnus* 'meno' e *hăbens*, part. pres. di *habēre* 'avere'] loc. sost. m. e f. inv. ***1*** (*euf.*) Persona scarsamente dotata dal punto di vista intellettivo. ***2*** Chi ha meno diritti di quelli di cui gode la maggior parte dei cittadini.

minusière [fr. *menuisier*, propr. 'che fabbrica piccoli oggetti in legno', da *menuise* 'piccolo pezzo' (stessa etim. dell'it. *minuzia*)] s. m. ● (*dial., sett.*) Falegname.

minusvalènza [dal lat. *mĭnus* 'meno', sul modello di *plusvalenza*] s. f. ● (*econ.*) Minor valore effettivo di un bene rispetto alla sua valutazione in bilancio.

minùta (**1**) [f. sost. dell'agg. *minuto* (*1*), perché composta in scrittura più piccola (*minuta*) o perché contiene anche i particolari più *minuti*] s. f. ***1*** Stesura iniziale, ancora da perfezionarsi, di uno scritto: *disse agli alunni di redigere la m.*; *ha completato la m. del contratto.* SIN. Bozza, malacopia. ***2*** †Minuti particolari: *sapere la m. di q.c.*

minùta (**2**) [calco sul fr. *menu* (V.)] s. f. ● Menu.

minutàggio [da *minuto* (*2*)] s. m. ● Durata in minuti | Conteggio dei minuti, spec. in spettacoli televisivi e sim.

minutàglia [lat. tardo *minutālia*, nt. pl. di *minutālis* 'piccolo', da *minūtus* 'minuto (1)'] s. f. ***1*** Quantità di cose minute e inutili: *buttate questa m.* ***2*** (*fig.*) Piccolo particolare: *badare alle minutaglie.* ***3*** Quantità di pesciolini da friggere.

minutàme [da *minuto* (*1*)] s. m. ● (*raro*) Minutaglia.

minutànte **A** part. pres. di *minutare* (*1*); anche agg. ● Nei sign. del v. **B** s. m. e f. ***1*** Chi ha l'incarico di stendere le minute | *M. pontificio*, funzionario degli organi della curia, in origine addetto alle minute dei brevi. ***2*** (*raro*) Dettagliante, commerciante al minuto.

minutàre (**1**) [da *minuta* (*1*)] v. tr. ● (*raro, bur.*) Stendere la minuta di uno scritto (*anche ass.*).

†**minutàre** (**2**) [da *minuto* (*1*)] v. tr. ***1*** Arare con solchi molto ravvicinati. ***2*** (*raro*) Sminuzzare.

minutàrio [da *minuta* (*1*)] s. m. ● (*raro*) Copialettere.

minutazióne [da *minutare* (*1*)] s. f. ● (*raro*) Atto dello stendere la minuta di uno scritto.

minutènze [da *minuto* (*1*)] s. f. pl. ● (*mar.*) Piccole cordicelle che si adoperano nei lavori di attrezzatura.

minuterìa [da *minuto* (*1*)] s. f. ***1*** Insieme di piccoli oggetti ornamentali, di lavorazione fine e minuta: *negozio di m.* ***2*** L'insieme dei rotismi di un orologio, che dà il movimento alle lancette indicatrici delle ore e dei minuti.

minutézza [da *minuto* (*1*)] s. f. ***1*** Piccolezza: *la m. della sua calligrafia mi affatica la vista.* ***2*** (*raro*) Minuzia: *raccontare q.c. con m. di particolari.*

minutièra [da *minuto* (*2*)] s. f. ● In un orologio, lancetta dei secondi.

minutière [da *minuto* (*1*)] s. m. (f. *-a*) ***1*** Venditore di minuterie. ***2*** Chi fa lavori di minuterie.

minutìna [da *minuto* (*1*)] s. f. ● Insalata verde di erbette crude, saporite e odorose.

minùto (**1**) [vc. dotta, lat. *minūtu(m)*, part. pass. di *minŭere*. V. *minuire*] **A** agg. ***1*** Piccolo, esiguo: *granelli minuti*; *macchia, particella, scheggia minuta* | *Legna minuta*, tagliata piccola | *Carbone m.*, in pezzi di ridotte dimensioni | *Pesce m.*, pesciolini | *Denaro m.*, spicciolo | *Pioggia minuta*, che cade a gocce piccole e fitte | *Neve minuta*, nevischio | *Lettere minute*, tracciate piccole, sottili e fitte | *Pettine m.*, con denti sottili e molto ravvicinati. ***2*** (*est.*) Gracile, mingherlino: *ossatura, costituzione minuta.* SIN. Esile. ***3*** Fine, sottile: *torse in anella i crini minuti* (TASSO). ***4*** (*fig.*) Di scarso rilievo, di poca importanza: *osservazioncella minuta* | (*est.*) Accessorio: *spesa minuta.* ***5*** (*fig.*) Di bassa condizione, d'infimo grado: *gente minuta*; *animo, ingegno m.* | *Popolo m.*, nella Firenze medievale, gli artigiani minori. ***6*** (*fig.*) Curato nei minimi particolari, pieno di precisione e minuzia: *ragguaglio m.*; *relazione minuta* | *A m.*, diligentemente | *Alla minuta*, (*ell.*) con molti particolari. SIN. Minuzioso, particolareggiato. || **minutaménte**, avv. ***1*** A pezzetti. ***2*** In modo particolareggiato, con precisione ed esattezza. **B** avv. ● (*raro*) †Minutamente. **C** s. m. ***1*** Parte minuta | *Al m.*, in piccola quantità, al dettaglio: *comprare, vendere al m.* | *Vendita al m.*, effettuata direttamente ai consumatori | *Commercio al m.*, effettuato fra distributore e consumatore. ***2*** Inezia, sottigliezza | *Cadere nel m.*, eccedere nella cura dei particolari, perdersi in piccolezze | *Guardare per il m.*, per il sottile.

minùto (**2**) [vc. dotta, lat. *minūtu(m)* 'cosa piccola'. V. precedente] s. m. ***1*** Unità di misura di tempo, corrispondente a sessanta secondi ed a un sessantesimo di ora. SIMB. min | *M. primo*, erroneamente usato per minuto | *M. secondo*, erroneamente usato per secondo | (*fig.*) *Spaccare il m.*, essere puntualissimo | *Contare i minuti*, (*fig.*) essere molto impaziente | *Arrivare al m.*, con assoluta puntualità. SIMB. min. ***2*** (*fig.*) Momento, istante: *sarò da te fra pochi minuti*; *abbia la compiacenza di attendere qualche m.* | *Di m. in m.*, da un momento all'altro | *In un m.*, in poco tempo, con grande velocità o rapidità | *Non avere un m. di pace, di requie*, non essere mai tranquilli | *È questione di pochi minuti*, è cosa che non esige molto tempo | *Ogni m., ogni mezzo m.*, sempre o di continuo | *Non avere un m. da perdere*, avere una terribile fretta | *Non c'è un m. da perdere*, bisogna fare in fretta | *Avere i minuti contati*, avere molta fretta o essere in punto di morte. ***3*** Unità di misura di angolo, corrispondente a sessanta secondi e a un sessantesimo di grado. SIMB. ′. || **minutino**, dim.

minùzia [vc. dotta, lat. *minūtia(m)*, da *minūtus* 'minuto (1)'] s. f. ***1*** †Parte molto piccola. ***2*** (*spec. al pl.*) Particolare minimo e trascurabile: *non preoccuparti delle minuzie.* SIN. Inezia. ***3*** (*raro*) Minuziosità. || †**minuziùcola**, dim. | †**minuziuòla**, **minuziòla**, dim.

minuziosàggine s. f. ● (*spreg.*) Minuziosità eccessiva e pedante: *la tua m. è soffocante!* | (*est.*) Cavillo: *finiamola con queste minuziosaggini assurde!*

minuziosità s. f. ● Caratteristica di chi, di ciò che è minuzioso | (*est.*) Cura eccessiva e pedante.

minuzióso [da *minuzia*] agg. ***1*** Che cura ogni minimo particolare: *ricercatore m.* SIN. Meticoloso. ***2*** Che è fatto con somma diligenza e scrupolosità, senza trascurare nulla: *indagini, descrizioni minuziose.* SIN. Meticoloso. || **minuziosaménte**, avv.

minuzzàglia [da *minuzzare*] s. f. ***1*** Minutaglia: *collezionare minuzzaglie.* ***2*** (*fig., spreg.*) Plebaglia.

minuzzàme [da *minuzzare*] s. m. ● (*raro*) Quantità o insieme di minuzzoli, di rottami minuti, di piccole cose rotte e sim.

†**minuzzàre** [lat. parl. *minutiāre*, da *minūtia* 'particella'. V. *minuzia*] v. tr. ● Sminuzzare.

†**minuzzàta** [da *minuzzare*] s. f. ● Fogliame che si sparge per le strade nei giorni di processione.

†**minuzzatóre** s. m. (f. *-trice*) ● Sminuzzatore.

†**minùzzo** [da *minuzzare*] s. m. ● (*raro*) Minuzzolo.

†**minùzzola** s. f. ● (*raro*) Minuzzolo.

†**minuzzolàre** v. tr. ● Sminuzzolare.

minùzzolo [V. †*minuzzo*] **A** s. m. (f. *-a*; pl. †*minùzzola*) ***1*** Pezzettino: *minuzzoli di pane, di carne* | *Ridurre a minuzzoli*, sminuzzare, sbriciolare | (*fig.*) *M. di tempo*, attimo | *A minuzzoli*, con cure costanti, con sacrifici e stenti | *Andare in minuzzoli*, in pezzi minutissimi. SIN. Briciola. ***2*** (*fig.*) Bambino o ragazzo minuto, di piccola statura: *è un m., ma è incredibilmente forte.* ***3*** (*raro, fig.*) Minuzia, quisquilia. **B** avv. ● (*raro*) †Punto, niente affatto (in prop. negative).

minzióne [vc. dotta, lat. tardo *minctiōne(m)*, da *mĭngere* 'mingere'] s. f. ● Emissione dell'orina. SIN. Orinazione.

mìo o †**mèo** (**2**) [lat. *mĕu(m)*, di origine indeur.]

A agg. poss. di prima pers. sing. (f. *mìa*; pl. m. *mièi*, centr. †*mìa*; pl. f. *mìe*, centr. †*mìa*; pop. tosc. troncato in *mi'*, †*me'*, in posizione procl., per tutti i generi e numeri: *il mi' babbo*; *la mi' mamma*; *i mi' figlioli*; *le mi' sorelle*) **1** Che appartiene a me (indica proprietà, possesso, anche relativi): *questa è la mia casa*; *voglio che tu veda il mio giardino*; *qui tengo i miei libri*; *dove sono i miei occhiali?*; *il mio appartamento è in affitto* | (con valore enf. e raff., posposto a un s.): *Fuori da casa mia!* **2** Che mi è peculiare (indica appartenenza con riferimento al proprio essere fisico o spirituale, o a sue facoltà, espressioni, manifestazioni e sim.): *il mio corpo*; *la mia voce*; *il mio braccio*; *la mia anima*, *la mia volontà*; *i miei pensieri*; *le mie preoccupazioni*; *il mio lavoro* | (*est.*) Con riferimento a parole, atti e sim. che procedano da me: *il mio tema*; *il mio ultimo saggio*; *il mio discorso*; *la mia ultima lettera*. **3** Di me (indica relazioni di parentela, di amicizia, di conoscenza, di dipendenza e sim.; nel caso in cui indichi relazione di parentela, respinge l'art. det. quando il s. che segue l'agg. poss. sia sing., non alterato e non accompagnato da attributi o apposizioni; fanno eccezione i s. 'mamma', 'babbo', 'uomo', 'nonna', 'figliolo', 'figliola' che possono anche essere preceduti dall'art. det.): *mio padre*; *i miei figli*; *mia nipote*; *i miei parenti*; *la mia mamma*; *la mia zietta*; *il mio buon nipote*; *la mia patria*; *il mio paese d'origine*; *i miei amici*; *il mio avvocato*; *il mio concorrente*; *la mia padrona*; *il mio maestro*; *i miei dipendenti* | Esprimendo paterna o cortese o formale benevolenza: *ragazzi miei, ascoltate ciò che vi dico*; *caro il mio uomo, cercherò di aiutarvi*; *vogliate essere un mio buon amico* | Generalmente si pospone al s. nelle escl.: *mamma mia!*, *Dio mio!* **4** (*fam.*) Che mi è abituale, consueto: *dopo pranzo ho bisogno del mio caffè*; *non posso rinunciare alla mia passeggiata serale*; *dormo bene solo nel mio letto*. **B** pron. poss. di prima pers. sing. **1** Quello che mi appartiene, che mi è proprio o peculiare o che comunque a me si riferisce (sempre preceduto dall'art. det.): *il suo appartamento è meglio del mio*; *la tua volontà è anche la mia*. **2** (*ass.*) Ricorre, con ellissi del s., in alcune espressioni e locuzioni particolari, proprie del linguaggio fam. | *Non voglio rimetterci del mio*, ciò che mi appartiene | *Datemi il mio*, ciò che mi spetta di diritto | *Mi accontento del mio*, di ciò che ho | *Non abito più con i miei*, con i miei familiari, parenti | *Quel ragazzo è uno dei miei*, uno dei miei amici o compagni, o dipendenti e sim. | *Voglio anche io dire la mia*, la mia opinione | *Sta, tiene, è, dalla mia*, dalla mia parte, a mio favore | *Quando hai ricevuto l'ultima mia?*, l'ultima mia lettera | *Ho passato anch'io le mie*, le mie disavventure, amarezze e sim. | *Ne ho fatta una delle mie*, una delle mie solite malefatte.

mio- [gr. *myo-*, da *mŷs*, genit. *myós* 'topo', poi 'muscolo', di origine indeur.] primo elemento ● In parole composte, spec. della terminologia medica, significa 'muscolo' o indica relazione con i muscoli: *miocardia*, *miopatia*.

miocardìa [comp. di *mio-* e *-cardia*] s. f. ● (*med.*) Affezione del miocardio.

miocàrdico agg. (pl. m. *-ci*) ● (*anat.*) Relativo al miocardio.

miocàrdio [comp. di *mio-* e *-cardio*] s. m. ● (*anat.*) Parte muscolare del cuore.

miocardiopatìa [comp. di *miocardio* e *-patia*] s. f. ● (*med.*) Processo patologico del miocardio in genere.

miocardìte [comp. di *miocardio* e *-ite* (*1*)] s. f. ● (*med.*) Processo infiammatorio del miocardio.

miocardòsi [comp. di *miocard(io)* e *-osi*] s. f. ● (*med.*) Processo degenerativo del miocardio.

miocèle [comp. di *mio-* e *-cele*] s. m. ● (*med.*) Ernia muscolare.

miocène [fr. *miocène*, comp. del gr. *méiōn* 'minore' e *'-cene'*. Cfr. *oligocene* e *pliocene*] s. m. ● (*geol.*) Quarto periodo dell'era cenozoica.

miocènico A agg. (pl. m. *-ci*) ● Del, relativo al, miocene. **B** s. m. ● Miocene.

mioclonìa [vc. dotta, da *mio-* e il gr. *klónos* 'movimento veemente'] s. f. ● (*med.*) Contrazione muscolare brusca, involontaria, singola o ripetitiva.

miodistrofìa [comp. di *mio-* e *distrofia*] s. f. ● (*med.*) Distrofia, congenita o acquisita, dei muscoli, per cui si ha difficoltà a camminare e a stare eretti, fino all'invalidità totale.

miodistròfico A agg. (pl. m. *-ci*) ● Di, relativo a miodistrofia. **B** agg.; anche s. m. (pl. m. *-ci*) ● Che, chi è affetto da miodistrofia.

miofibrìlla [comp. di *mio-* e *fibrilla*] s. f. ● (*anat.*, *biol.*) Costituente elementare del muscolo striato corrispondente a un fascio di miofilamenti.

miofilaménto [comp. di *mio-* e *filamento*] s. m. ● (*anat.*, *biol.*) Ognuna delle sottili strutture filamentose citoplasmatiche responsabili delle proprietà contrattili del muscolo liscio e di quello striato.

mioflogòsi o **mioflògosi** [comp. di *mio-* e *flogosi*] s. f. ● (*med.*) Infiammazione del tessuto muscolare striato.

miògale [vc. dotta, gr. *myogalê*, comp. di *mŷs*, genit. *myós* 'topo' (V. *mio-*) e *galê* 'donnola', di etim. incerta] s. m. ● (*zool.*) Desman.

miògeno [comp. di *mio-* e *-geno*] **A** agg. ● (*med.*) Che deriva o è prodotto da tessuto muscolare. **B** s. m. ● (*chim.*) Soluzione di proteine estraibili dal tessuto muscolare macerato con acqua fredda.

mioglobìna [comp. di *mio-* e *glob(ul)ina*, sul modello di *emoglobina* (V.)] s. f. ● (*chim.*) Proteina contenente eme, simile all'emoglobina, presente nel citoplasma delle fibre muscolari dei vertebrati e di alcuni invertebrati con funzione di riserva di ossigeno.

miografìa [comp. di *mio-* e *-grafia*] s. f. ● (*med.*) Registrazione dei movimenti muscolari.

miògrafo [comp. di *mio-* e *-grafo*] s. m. ● Strumento per la miografia.

miòide [comp. di *mi(o)-* e *-oide*] agg. ● (*anat.*) Detto di struttura che per le proprie caratteristiche morfologiche viene ritenuta capace di attività contrattile.

miologìa [comp. di *mio-* e *-logia*] s. f. (pl. *-gie*) ● Parte dell'anatomia che studia i muscoli del corpo.

miològico agg. (pl. m. *-ci*) ● Della, relativo alla, miologia.

miòma [comp. di *mio-* e *-oma*] s. m. (pl. *-i*) ● (*med.*) Tumore, generalmente benigno, del tessuto muscolare.

miomalacìa [comp. di *mio-* e *malacia*] s. f. (pl. *-cie*) ● (*med.*) Rammollimento dei tessuti muscolari.

miomectomìa [comp. di *miom(a)* ed *-ectomia*] s. f. ● (*chir.*) Asportazione chirurgica di un mioma.

miomètrio [comp. di *mio-* e un deriv. del gr. *mêtra* 'utero' (V. *metro-* (*1*))] s. m. ● (*anat.*) Parte muscolare liscia dell'utero.

mionèma [comp. di *mio-* e del gr. *nêma* 'filamento' (V. *nemato-*)] s. m. (pl. *-i*) ● (*zool.*) Ognuna delle piccole fibrille contrattili di cui sono talvolta dotati i Protozoi, le quali, consentendo al corpo dell'animale di cambiare forma, coadiuvano gli organi locomotori.

miopatìa [comp. di *mio-* e *-patia*] s. f. ● (*med.*) Malattia della muscolatura in generale | *M. primitiva*, distrofia muscolare.

miopàtico agg. (pl. m. *-ci*) ● Causato da malattia della muscolatura: *atrofia miopatica*.

mìope [vc. dotta, lat. tardo *myōpe(m)*, nom. *mýops*, dal gr. *mýōps*, comp. di *mýein* 'chiudere' (V. *miosi*), e *ôps* 'occhio', perché i miopi per guardare socchiudono gli occhi] **A** agg. **1** Che è affetto da miopia. **2** (*fig.*) Che è privo di acume, perspicacia e sim.: *il suo è un ingegno m.*; *il partito al governo sta svolgendo una politica m.* **B** s. m. e f. **1** Chi è affetto da miopia. **2** (*fig.*) Chi è privo o povero di acume, perspicacia e sim.: *si sta comportando da m.*; *in quell'occasione si è rivelato m.*

miopìa [vc. dotta, gr. *myōpía*, da *mýōps*, genit. *mýōpos* 'miope'] s. f. **1** (*med.*) Vizio di rifrazione dell'occhio per cui non è possibile vedere bene gli oggetti lontani. **2** (*fig.*) Difetto di acume, perspicacia e sim.: *la sua m. gli ha impedito di prevedere le conseguenze dell'intervento*.

miòpico agg. (pl. m. *-ci*) ● (*raro*) Di, relativo a, miopia.

mioplàstica [comp. di *mio-* e *plastica*] s. f. ● (*med.*) Plastica muscolare.

mioplàstico agg. (pl. m. *-ci*) ● Della, relativo alla, mioplastica.

miopòtamo [comp. del gr. *mŷs*, genit. *myós* 'topo' (V. *mio-*) e *-potamo*, sul modello di *ippopotamo*] s. m. ● (*zool.*) Nutria.

mioressìa [comp. di *mio-* e del gr. *rêxis* 'rottura, frattura', da *rēgnýnai* 'rompere, erompere'] s. f. ● (*med.*) Lacerazione prodotta nei muscoli.

miorilassànte [comp. di *mio-* e *rilassante*] **A** s. m. ● (*med.*) Farmaco che esercita azione rilassante sulla muscolatura abolendone il tono e la motilità. **B** anche agg.: *farmaco m.* SIN. Decontratturante.

mioscleròsi o **miosclèrosi** [comp. di *mio-* e *sclerosi*] s. f. ● (*med.*) Sclerosi del tessuto muscolare.

miòsi [dal gr. *mýein* 'chiudere gli occhi', di origine straniera, e *-osi*] s. f. ● (*med.*) Restringimento della pupilla.

miòsico ● V. *miotico*.

miosìna [dal gr. *mŷs*, genit. *myós* 'muscolo' (V. *mio-*)] s. f. ● (*chim.*) Proteina contrattile muscolare con struttura filamentosa ed elevato peso molecolare, principale costituente dei filamenti spessi delle fibrille muscolari. CFR. Actina.
Sostanza proteica costituente la fibra muscolare.

miosìte [dal gr. *mŷs*, genit. *myós* 'muscolo' (V. *mio-*)] s. f. ● (*med.*) Infiammazione del tessuto muscolare.

miosòtide o †**miosòta**, †**miosòte** [vc. dotta, gr. *myosōtís*, genit. *myosōtídos*, comp. di *mŷs*, genit. *myós* 'topo' (V. *mio-*) e *ôus*, genit. *ōtós* 'orecchio', perché le foglie assomigliano alle orecchie di un topo] s. f. ● Pianta delle Borraginacee, comune nei luoghi umidi, con piccoli fiori celesti o rosati in grappoli scorpioidi (*Myosotis palustris*). SIN. Nontiscordardimé, occhio della Madonna.

miospasìa [comp. di *mio-* e del gr. *spasmós* 'spasmo'] s. f. ● (*med.*) Contrazione clonica di un muscolo.

miòtico o **miòsico** [da *miosi*] agg. (pl. m. *-ci*) ● (*med.*) Che presenta miosi: *malato m.* | Che provoca miosi: *farmaco m.*

miotomìa [comp. di *mio-* e *-tomia*] s. f. ● (*chir.*) Incisione dei muscoli o di fasci muscolari.

miòtomo [comp. di *mio-* e *-tomo*] s. m. ● (*anat.*) Porzione di un somite dalla quale deriva un muscolo segmentale del tronco.

miotonìa [comp. di *mio-* e un deriv. del gr. *tónos* 'tensione'. Cfr. *atonia*] s. f. ● Malattia congenita caratterizzata da contrazione muscolare persistente anche quando cessa il movimento.

miotònico agg. (pl. m. *-ci*) ● (*med.*) Di miotonia | Causato da miotonia: *atrofia miotonica*.

mìra [da *mirare*] s. f. **1** Atto, effetto del mirare: *prendere*, *sbagliare la m.*; *avere la m. buona*, *cattiva*, *infallibile*; *fare attenzione alla m.* | *Prendere di m. qc.*, (*fig.*) bersagliarlo coi propri scherzi o cercare di nuocergli | *Dirigere*, *mettere*, *porre la m. su qc.*, *su q.c.*, (*fig.*) farne l'oggetto principale dei propri pensieri o desideri. **2** Ciò a cui si mira: *cogliere la m.* | (*fig.*) Fine, meta, scopo: *la sua unica m. è la ricchezza* | *Aver di m.*, avere come scopo | (*est.*, *spec. al pl.*) Intenzioni segrete, disegni o propositi nascosti: *aver mire ambiziose*, *alte*, *lontane*; *la stupida ... serviva alle mire di Raimondo contro il suo proprio interesse* (NIEVO) | *Attraversare le mire di qc.*, ostacolarne i progetti. **3** Parte del congegno di puntamento di un'arma da fuoco portatile che con il mirino serve per individuare la linea, secondo la quale si punta l'arma sul bersaglio. **4** (*fot.*) Disegno marcato e simmetrico a tratti alternati bianchi e neri, per misurare il potere risolutivo di un obiettivo. **5** Dispositivo utilizzato in topografia per materializzare i punti collegati da una linea ideale, detta linea o asse di collimazione | *M. a scopo*, asta graduata sulla quale scorre uno scopo quadrato.

mirabèlla [fr. *mirabelle*, dal lat. *myrobălanu(m)* 'mirobolano'] s. f. ● Varietà di susino a frutto piccolo, di color giallo.

miràbile [vc. dotta, lat. *mirābile(m)*, da *mirāri* 'guardare con meraviglia'. V. *mirare*] **A** agg. **1** Che desta meraviglia, che è degno di ammirazione: *costanza*, *virtù*, *fede m.*; *m. opera dell'ingegno umano*; *parve cosa ... m. e quasi miracolosa l'opera della poesia agli antichi greci* (CROCE) | *M. a vedersi*, *a dirsi*, di cosa che alla vista o all'udito appare straordinaria. SIN. Meraviglioso. **2** †Straordinario, miracoloso. **3** †Fiero, grandissimo. || **mirabilménte**, †**mirabileménte**, avv. **1** In modo mirabile. *2* †Grandemente. **B** s. m. ● Ciò che desta ammirazione o meraviglia: *è proprio del gusto barocco curare oltremodo il m.* SIN. Meraviglioso.

mirabìlia o **mirabilie** [vc. dotta, lat. *mirabĭlia*, nt. pl. di *mirābilis* 'mirabile'] s. f. pl. (usato per lo più senza articolo) ● (*scherz.*) Cose grandi, straordinarie come miracoli: *raccontare, promettere m.*; *rimedio contro la febbre, di cui il farmacista gli diceva m.* (BACCHELLI).

mirabilità [vc. dotta, lat. tardo *mirabilitāte(m)* 'complesso mirabile', da *mirābilis* 'mirabile'] s. f. ● (*raro*) Qualità di ciò che è mirabile.

mirabilite [dal lat. *mirābilis* 'mirabile'] s. f. ● (*miner.*) Solfato di sodio idrato in cristalli incolori o in masse compatte, instabile all'aria.

mirabolàno (**1**) o **mirobolàno** [fr. *myrobolan*, dal lat. *myrobălanu(m)*, dal gr. *myrobálanos*, comp. di *mýron* 'unguento odoroso' (V. *mironato*) e *bálanos* 'ghianda'] s. m. ● Susino dai frutti piccoli, rossi o gialli a polpa acidula, usato spec. come portainnesto per il susino domestico (*Prunus mirabolanus*) | Estratto ricavato dai frutti di tale pianta, usato in conceria.

mirabolàno (**2**) [da *mirabolano* (*1*), con accostamento pop. e scherz. a *mirabile*] agg. ● (*pop.*) Fanfarone, spaccone.

mirabolànte [fr. *mirobolant*, scherz. da *myrobolan* 'mirobolano'. V. *mirabolano* (*2*)] agg. ● (*scherz.*) Straordinario, stupefacente: *storia m.*

miracolàio [da *miracolo*] s. m.; anche agg. (f. *-a*) ● (*raro*) Chi, che è pronto a vedere il miracolo ovunque | Chi, che si fa meraviglia di tutto.

miracolàre [da *miracolo*] v. tr. (*io miràcolo*) ● Guarire, aiutare con un miracolo: *la Madonna di Lourdes ha miracolato un paralitico* | (*est.*, *scherz.*) Aiutare, salvare con un intervento eccezionale: *la ha miracolato la vincita alla lotteria.*

miracolàto A part. pass. di *miracolare*; anche agg. ● Nel sign. del v. **B** s. m. (f. *-a*) ● Chi è stato oggetto di un miracolo.

†**miracoleggiàre** [comp. di *miracol(o)* e *-eggiare*] v. intr. ● Operare miracoli.

miracolìṣmo s. m. ● Posizione o atteggiamento proprio dei miracolisti.

miracolista [da *miracolo*] s. m. e f. (pl. m. *-i*) ● (*raro*) Chi, spec. in politica, pretende o è convinto di ottenere risultati miracolosi mediante l'applicazione di soluzioni, sistemi e sim. da lui proposti o sostenuti.

miracolìstico agg. (pl. m. *-ci*) ● Del, relativo al, miracolismo | Proprio dei miracolisti.

miràcolo [vc. dotta, lat. *mirācŭlu(m)* 'meraviglia, miracolo', da *mirāri*. V. *mirare*] s. m. *1* Fenomeno straordinario che avviene al di fuori delle normali leggi della natura e che può verificarsi in oggetti naturali o in persone | Nella teologia cattolica, fatto sensibile operato da Dio, fuori dell'ordine della natura creata e in virtù di un suo diretto intervento | *Gridare al m.*, annunciarlo pubblicamente; (*est.*) far conoscere cose che sembrano incredibili o straordinarie | (*fig.*) *Conoscere, sapere, raccontare vita, morte e miracoli di qc.*, essere al corrente e riferire ogni minimo particolare della sua vita | *Corte dei miracoli*, in Francia, fino al XVII sec., accolita di malandrini e mendicanti che praticavano l'accattonaggio in nome di pretese e vistose infermità le quali sparivano poi come per miracolo non appena essi rientravano nel loro rifugio; (*est.*) luogo in cui trovano rifugio briganti, accattoni e sim. *2* (*fig.*) Caso incredibile, impensabile, straordinario e sim.: *è un m.*, *un vero m. se sei salvo*; *gran m. che tu non abbi fatto quello che non hai potuto* (LEOPARDI) | *Non si possono fare miracoli*, non si può realizzare l'impossibile | *Che m.!*, che cosa straordinaria (*anche iron.*) | *Far miracoli*, riuscire in q.c. di molto difficile | *M. economico*, rapido sviluppo dell'economia di un Paese in un brevissimo periodo di tempo | *Per m.*, per caso, a fatica, contro ogni aspettativa e sim.: *ci siamo riusciti per m.* SIN. Portento, prodigio. *3* (*fig.*) Persona di straordinaria virtù, capacità e sim.: *è un m. di scienza, di virtù.* SIN. Portento, prodigio. *4* (*raro, fig.*) Smorfia di stupore, espressione esagerata di meraviglia e sim. | *Far miracoli*, mostrare stupore e meraviglia, spec. in modo affettato. *5* Tipo di sacra rappresentazione il cui scioglimento avveniva mediante l'intervento miracoloso della Madonna o di un Santo. || **miracolino**, dim. | **miracolóne**, accr.

miracolóne s. m. (f. *-a*) ● Miracolaio.

†**miracolosità** s. f. ● Qualità di ciò che è miracoloso.

miracolóso [da *miracolo*] **A** agg. *1* Che fa miracoli: *immagine miracolosa*; *santo m.* *2* (*fig.*) Portentoso, prodigioso: *cura, medicina miracolosa*; *ha una miracolosa capacità d'apprendimento*; *è un atleta m.* SIN. Incredibile, mirabile, straordinario. *3* Che è o sembra frutto di un miracolo: *guarigione miracolosa*; *il suo ritorno è m.* SIN. Prodigioso. || **miracolosaménte**, avv. In modo miracoloso; †meravigliosamente. **B** s. m. solo sing. ● Cosa, evento, avvenimento prodigioso: *risultato che ha del m.*; *il m. è che sia ancora vivo.*

miràggio [fr. *mirage*, da *mirer* 'guardare attentamente, mirare'] s. m. *1* Fenomeno ottico dovuto alla rifrazione della luce attraverso strati atmosferici non omogenei, per cui gli oggetti sembrano spostati lateralmente o innalzati sull'orizzonte. SIN. Fata morgana. *2* (*fig.*) Illusione seducente, speranza ingannevole: *il m. di facili guadagni.*

miràglio [provz. *miralh*, da *mirar* 'mirare'] s. m. *1* †Specchio. *2* (*mar.*) Elemento di forma geometrica (cono, cilindro, cubo e sim.) disposto sopra una boa di segnalazione per renderla meglio visibile.

mirallégro [da (*io*) *mi rallegro*] s. m. (pl. *mirallegri*, *mirallegro*) ● (*raro*) Espressione di congratulazione o compiacimento: *dare, fare i mirallegri*; *si diffuse in mirallegri per il bell'aspetto* (BACCHELLI).

†**miraménto** s. m. ● Atto del mirare.

†**miràndo** [vc. dotta, lat. *mirāndu(m)*, gerundio di *mirāri*. V. *mirare*] agg. ● Meraviglioso, mirabile.

miràre o (*raro*) †**ṣmiràre** [vc. dotta, lat. *mirāri* 'meravigliarsi, ammirare', da *mīrus* 'meraviglioso'. V. *miro*] **A** v. tr. *1* (*lett.*) Osservare attentamente, guardare con interesse: *m. la bellezza di un quadro*; *io, ... / lui su raggiante monte assiso miro* (ALFIERI). *2* †Ammirare, meravigliarsi. *3* (*lett.*, *fig.*) Considerare con l'intelletto: *Signor, mirate come il tempo vola* (PETRARCA). **B** v. intr. (aus. *avere*) *1* Puntare verso un determinato obbiettivo o bersaglio: *m. a una beccaccia*; *devi m. dritto se non vuoi sbagliare il colpo.* *2* (*fig.*) Tendere a q.c., aver l'intenzione di ottenere q.c.: *m. a una cattedra universitaria, al potere, alla tirannia.* SIN. Aspirare. *3* (*raro*) Guardare: *mirarsi intorno.* **C** v. rifl. ● Guardarsi attentamente: *mirarsi allo specchio.*

mirasóle [comp. di *mirare* e *sole*. V. *girasole*] s. m. (pl. *-i*) ● (*bot.*) Girasole.

miràto part. pass. di *mirare*; anche agg. *1* Nei sign. del v. *2* Indirizzato, rivolto, diretto a un obiettivo ben determinato: *prevenzione mirata delle malattie.*

miratóre (**1**) [da *mirare*] s. m. (f. *-trice*) ● Chi mira puntando l'arma: *un m. eccezionale.*

†**miratóre** (**2**) [vc. dotta, lat. *miratōre(m)*, da *mirāri* 'ammirare'. V. *mirare*] s. m. ● Ammiratore.

†**miratùra** [da *mirare*] s. f. ● Guardatura.

†**mirazióne** [vc. dotta, lat. *miratiōne(m)*, da *mirāri* 'ammirare'. V. *mirare*] s. f. ● Ammirazione.

mirbàna [etim. incerta] s. f. ● Nelle loc. *olio, essenza di m.*, nitrobenzolo.

miria- [dal gr. *myriás* 'miriade, diecimila'] primo elemento ● Anteposto a un'unità di misura, la moltiplica per diecimila, cioè per 10^4: *miriagrammo*, *miriametro*. SIMB. ma.

mìriade [vc. dotta, lat. tardo *myrĭade(m)*, nom. *mȳrias*, dal gr. *myriás*, genit. *myriádos* 'diecimila', poi 'miriade', da *myríos* 'infinito', di etim. incerta] s. f. *1* Nell'antico sistema numerale greco, dieci migliaia. *2* (*est., fig.*) Grande moltitudine: *una m. di ingegni eletti*; *miriadi di stelle*; *trovarsi in una m. di guai.*

miriagràmmo o †**miriagràmma** [fr. *myriagramme*, comp. di *myria-* 'miria-' e *gramme* 'gramma'] s. m. (pl. *-i*) ● Unità di massa o di peso equivalente a 10 000 grammi.

miriàmetro [fr. *myriamètre*, comp. di *myria* 'miria-' e *mètre* 'metro'] s. m. (pl. *-i*) ● Unità di lunghezza equivalente a 10 000 metri.

Miriàpodi [comp. del gr. *mýrioi* 'moltissimi' (V. *miria-*) e *póus*, genit. *podós* 'piede'] s. m. pl. ● Nella tassonomia animale, classe di Artropodi terrestri a corpo allungato e diviso in segmenti ciascuno con uno o due paia di zampe (*Myriapoda* o *Myriopoda*) | (al sing. *-e*) Ogni individuo di tale classe. ➡ ILL. **animali** /3.

mirìca o **mirice** [vc. dotta, lat. *myrīca(m)*, nom. *myrīca*, dal gr. *myríkē*: di origine semitica (?)] s. f. ● Genere di arbusti subtropicali con foglie sempreverdi aromatiche e fiori in spiga, da alcune specie del quale si raccoglie una cera (*Myrica*).

mirìciclo [comp. di *miri(cile)* e *ciclo*] agg. (pl. m. *-cli*) ● Detto di composto contenente il miricile: *estere m.* | *Alcol m.*, alcol saturo monovalente presente nella cera d'api.

miricile [comp. di *miric(ina)* e *-ile* (*2*)] s. m. ● Radicale monovalente, derivato dall'idrocarburo saturo con 30 atomi di carbonio.

miricìna [da *mirica*, da cui si estrae] s. f. ● Costituente della cera d'api, prodotto dalla esterificazione dell'acido palmitico con l'alcol miricilico.

†**mirificàre** [vc. dotta, lat. tardo *mirificāre*, da *mirĭficus* 'mirifico'] v. tr. ● Magnificare con lodi.

mirìfico [vc. dotta, lat. *mirĭficu(m)*, comp. di *mirus* (V. *miro*) e *-ficus* '-fico'] agg. (pl. m. *-ci*) ● (*lett.*) Meraviglioso, mirabile: *portento m.*

miringe [deformazione di *meninge*] s. f. ● (*anat.*) Membrana del timpano.

miringìte [comp. di *miring(e)* e *-ite* (*1*)] s. f. ● (*med.*) Infiammazione della miringe.

mirino [da *mira*] s. m. *1* Piastrina collocata all'estremità di un'arma da fuoco portatile avente la funzione, insieme alla mira, di stabilire la direzione del colpo | (*fig.*) *Essere nel m.*, essere oggetto, in un dato momento, dell'attenzione, spesso minacciosa, di qc. *2* Dispositivo ottico che permette l'osservazione e l'inquadratura del soggetto fotografico.

miristàto s. m. ● Sale o estere dell'acido miristico.

miristica [dal gr. *myristikós* 'odoroso', da *myrízein* 'odorare', da *mýron* 'unguento odoroso', di origine indeur.] s. f. ● Albero sempreverde delle Miristicacee con foglie alterne, fiori piccoli gialli, che produce la noce moscata (*Myristica fragrans*).

Miristicàcee [vc. dotta, comp. di *miristica* e *-acee*] s. f. pl. ● Nella tassonomia vegetale, famiglia di piante tropicali contenenti essenze aromatiche (*Myristicaceae*) | (al sing. *-a*) Ogni individuo di tale famiglia. ➡ ILL. **piante** /3.

miristico [da *miristina*] agg. (pl. m. *-ci*) ● (*chim.*) Detto di composti derivati, almeno originariamente, da piante delle Miristicacee: *alcol m.* | *Acido m.*, acido saturo monobasico contenuto nelle noci moscate e nel grasso di spermaceti.

miristina [da *miristica*] s. f. ● (*chim.*) Estere della glicerina con tre molecole di acido miristico, contenuto nel burro di noce moscata, di cocco e in altri grassi.

miristóne [da *miristico*] s. m. ● (*chim.*) Chetone ottenuto per distillazione secca del miristato di calcio.

mirliton /fr. mirli'tɔ̃/ [etim. incerta, forse ritornello di antica canzone popolare francese] s. m. inv. ● Membranofono d'uso asiatico e africano (popolare e infantile in Europa), composto di un tubo cilindrico, dentro il cui foro l'esecutore canta o parla, e due membrane laterali.

mìrmeco- [dal gr. *mýrmēx*, genit. *mýrmēkos* 'formica'] primo elemento ● In parole composte della biologia e della zoologia, significa 'formica' o indica relazione con formiche: *mirmecologia.*

mirmecòbio [comp. di *mirmeco-* e *-bio*] s. m. ● Genere di mammiferi australiani dei Marsupiali, delle dimensioni di un grosso ratto, che si nutrono di formiche e termiti (*Myrmecobius*).

Mirmecofàgidi [da *mirmecofago* con *-idi*] s. m. pl. ● Nella tassonomia animale, famiglia di Maldentati sudamericani cui appartengono i formichieri (*Myrmecophagidae*) | (al sing. *-e*) Ogni individuo di tale famiglia.

mirmecòfago [comp. di *mirmeco-* e *-fago*] s. m. (pl. *-gi*) ● (*zool.*) Formichiere.

mirmecofilìa [comp. di *mirmeco-* e *-filia*] s. f. *1* (*bot.*) Complesso di fenomeni simbiotici con cui una pianta attira e trattiene presso di sé le formiche. *2* (*zool.*) Complesso di rapporti simbiotici di vario tipo esistenti fra molti Artropodi e formiche.

mirmecòfilo [comp. di *mirmeco-* e *-filo*] agg. ● Di pianta o animale che vive in simbiosi con formiche.

mirmecologìa [comp. di *mirmeco-* e *-logia*] s. f. (pl. *-gie*) ● Studio zoologico delle formiche.

mirmecòlogo s. m. (f. *-a*; pl. m. *-gi*, pop. *-ghi*) ● Studioso di mirmecologia.

mìrmica [V. *mirmeco-*] s. f. ● Genere di formiche nidificanti nel terreno o sotto muschi e foglie, diffuse in tutta Europa (*Mirmica*).

mirmìdone o **mirmidóne** [vc. dotta, lat. *Myrmĭdones*, nom. pl., dal gr. *Myrmidónes*, popolo della Tessaglia] s. m. ● Appartenente al popolo di leggendarie origini stanziato nell'antica Tessaglia: *Achille era re dei Mirmidoni.*

mirmillóne [vc. dotta, lat. *mirmillōne(m)*, dal gr. *mormýros* 'specie di pesce' (di origine onomat.); questi soldati erano detti così dal pesce che avevano raffigurato sull'elmo] s. m. ● Gladiatore dell'antica Roma che combatteva contro il reziario.

mìro [vc. dotta, lat. *mīru(m)*, di etim. incerta] agg. ● (*lett.*) Ammirabile, meraviglioso: *da la mira visïon percossa* (CARDUCCI).

mirobolàno ● V. *mirabolano* (*1*).

mironàto [dal gr. *mýron* 'unguento odoroso'. V. *miristica*] s. m. ● (*chim.*) Sale o estere dell'acido mironico.

mirònico [V. *mironato*] agg. (pl. m. *-ci*) ● (*chim.*) Detto di acido organico complesso contenuto sotto forma di sale potassico nei semi della senape nera.

mirosìna [fr. *myrosine*, comp. del gr. *mýron* 'unguento' (V. *mironato*), e dei suff. *-ose* '-osio' e *-ine* '-ina'] s. f. ● (*chim.*) Enzima contenuto nei semi di senape nera, che a contatto con l'acqua sviluppa un'essenza con proprietà revulsive.

mìrra [vc. dotta, lat. *mўrrha(m)*, nom. *mўrrha*, dal gr. *mýrra*, di origine semitica] s. f. ● Gommaresina trasudante dalla corteccia di alcune piante dell'Arabia e dell'Africa, astringente e antisettica, impiegata in profumeria e farmacia.

†**mirràre** [da *mirra*] v. tr. *1* Trattare con mirra. *2* (*fig.*) Rendere durevole, conservare per il futuro.

mìrride [vc. dotta, lat. *mўrride(m)*, nom. *mўrris*, dal greco *myrrís*, così chiamata dal nome della 'mirra', *mýrra*, per il suo profumo] s. f. ● Pianta erbacea aromatica delle Ombrellifere, con fusto ramoso, foglie grandi, composte e frutti rossi profumati di anice (*Myrrhis odorata*). SIN. Finocchiella.

Mirtàcee [vc. dotta, comp. di *mirto* e *-acee*] s. f. pl. ● Nella tassonomia vegetale, famiglia di Dicotiledoni arboree o arbustive con foglie intere e fiori regolari (*Myrtaceae*) | (al sing. *-a*) Ogni individuo di tale famiglia. ➡ ILL. **piante** /5.

mìrteo [vc. dotta, lat. *mўrteu(m)*, agg. di *mўrtus* 'mirto'] agg. ● (*lett.*) Di mirto.

mirtéto s. m. ● Zona di terreno ricoperta di mirti | Bosco di mirti.

mirtìllo [fr. *myrtille*, da *myrte* 'mirto'] s. m. ● Piccolo arbusto delle Ericacee, comune su Alpi e Appennini, con frutti commestibili a bacca di colore nero-bluastro (*Vaccinium myrtillus*) | Il frutto di tale arbusto: *marmellata, decotto di mirtilli.*

mìrto [vc. dotta, lat. *mўrtu(m)*, nom. *mўrtus*, dal gr. *mýrtos*: di origine semitica (?)] s. m. *1* Arbusto ramoso sempreverde delle Mirtacee con foglie ovate e aguzze, fiori bianchi e bacche nere (*Myrtus communis*). SIN. Mortella. *2* (*lett.*) Simbolo della poesia amorosa.

mirtòlo [comp. di *mirto* e *-olo* (*2*)] s. m. ● Olio etereo di mirto, balsamico e disinfettante delle vie respiratorie.

mis- [originariamente in vc. di origine fr. (dove *mes-* ripete il francone *miss-*, pref. pegg.), nelle quali è stato inteso come parallelo di altre vc. composte con il lat. *mīnus* 'meno'] pref. di valore negativo ● Fa assumere alla parola cui è congiunto significato contrario (*misconoscere, miscredente*) oppure peggiorativo (*misfatto*). CFR. Dis-.

†**misagiàto** [ant. fr. *mesaisié*, part. pass. di *mesaisier*, da *mesaise* 'disagio', comp. di *mes-* 'mis-' e *aise* 'agio'] agg. ● (*raro*) Disagiato.

†**misàgio** [ant. fr. *mesaise*, comp. di *mes-* 'mis-' e *aise* 'agio'] s. m. ● Disagio.

†**misàlta** /mi'salta?/ [etim. incerta] s. f. *1* Carne fresca di maiale salata. *2* (*fig., scherz.*) Persona grassa e fresca | *Uscir di m.*, perdere freschezza.

misantropìa [fr. *misanthropie*, dal gr. *misanthrōpía*, da *misánthrōpos* 'misantropo'] s. f. *1* (*psicol.*) Odio, ripugnanza per l'uomo. *2* (*est.*) Tendenza a fare vita appartata, a evitare ogni forma di rapporto sociale.

misantròpico agg. (pl. m. *-ci*) ● Di, da misantropo: *abitudini misantropiche.* || **misantropicaménte**, avv. In modo misantropico.

misàntropo [fr. *misanthrope*, dal gr. *misánthrōpos*, comp. di *misêin* 'odiare' e *ánthrōpos* 'uomo'] agg.; anche s. m. (f. *-a*) *1* (*psicol.*) Che, chi soffre di misantropia. *2* (*est.*) Che, chi è poco socievole e vive ritirato o non ama la compagnia.

†**misavvedùto** [comp. di *mis-* e *avveduto*] agg. ● Sconsiderato. || †**misavvedutaménte**, avv. Sconsideratamente.

†**misavveniménto** [da *misavvenire*] s. m. ● Disgrazia, sventura.

†**misavvenìre** [ant. fr. *mesavenir*, comp. di *mes-* 'mis-' e *avenir* 'avvenire'] v. intr. ● Fallire, mancare.

†**misavventùra** [ant. fr. *mesaventure*, comp. di *mes-* 'mis-' e *aventure* 'avventura'] s. f. ● Sventura, disavventura.

†**miscadére** [ant. fr. *meschëoir*, comp. di *mes-* 'mis-' e *chëoir* 'cadere'] v. intr. ● Venire, accader male.

miscèa [dal lat. *miscēre* 'mescolare'(?)] s. f. ● (*pop., tosc.*) Bagattella, inezia | Cosa da nulla.

miscèla [f. sost. del lat. *miscĕllus* 'mescolato', da *miscēre* 'mescolare'. V. *mescere*] s. f. *1* Miscuglio omogeneo di due o più sostanze diverse (liquido con liquido, gas con liquido, gas con gas): *m. gassosa* | *M. frigorifera*, formata di sostanze capaci di produrre e mantenere basse temperature | *M. combustibile, m. carburante*, quella costituita da aria e carburante, nelle debite proporzioni, per l'alimentazione di motori a combustione interna. *2* (*anton.*) Miscuglio di benzina e olio in piccola quantità, che alimenta e nello stesso tempo lubrifica i motori a due tempi. *3* Mescolanza dosata di chicchi di caffè di qualità diverse | (*est.*) Surrogato di caffè.

miscelaménto s. m. ● Atto, effetto del miscelare.

miscelàre [da *miscela*] v. tr. (*io miscèlo*) ● Associare in una miscela, mischiare: *m. uno sciroppo con acqua*; *m. gli ingredienti di un composto.*

miscelàto part. pass. di *miscelare*; anche agg. *1* Nei sign. del v. *2* Non puro, non genuino: *farina miscelata.* *3* Che è composto di varie sostanze o di qualità diverse della stessa sostanza: *pepe m.*

miscelatóre A agg. (f. *-trice*) ● Che miscela, mischia: *apparecchio m.*; *macchina miscelatrice.* **B** s. m. *1* Chi nell'industria è addetto alla preparazione di miscele. *2* Dispositivo che serve a preparare miscele | In un impianto idrosanitario, rubinetto ad una sola manopola con leva prensile, atto a miscelare acqua calda e fredda. *3* Recipiente graduato per miscelare gli ingredienti di un cocktail. *4* (*tv*) *M. video*, apparecchio che consente di eseguire processi di dissolvenza e di controllo di due segnali video. SIN. Mixer video.

miscelatùra s. f. ● Operazione del miscelare.

miscelazióne s. f. ● Miscelatura.

miscellànea [vc. dotta, lat. tardo *miscellānea*, nt. pl. di *miscellāneus*. V. *miscellaneo*] s. f. *1* Mescolanza di cose diverse (*anche fig.*). *2* Insieme di articoli, saggi e sim., relativi a uno o più argomenti, scritti da uno o più autori, raccolti in un unico volume | *M. di opuscoli*, raccolta di opuscoli rilegati in blocco.

miscellàneo [vc. dotta, lat. tardo *miscellāneu(m)*, da *miscĕllus* 'mescolato'. V. *miscela*] agg. ● Che è formato da elementi diversi ed eterogenei | *Codice m.*, manoscritto che raccoglie articoli, componimenti e trattati diversi.

mìschia o †**méschia** [da *mischiare*] s. f. *1* Scontro violento e disordinato fra più persone: *entrare, gettarsi, cacciarsi nella m., in mezzo alla m.*; *nel furore della m. molti caddero.* *2* (*raro, fig.*) Contrasto, lotta: *la m. delle passioni.* *3* Nel rugby, azione comandata dall'arbitro, in cui gli avanti di entrambe le squadre, curvi e serrati gli uni contro gli altri, si disputano con i piedi il pallone posto in mezzo a loro. *4* (*tess.*) Mescolanza di due o più fibre in un tessuto di natura o qualità differente. *5* †Confuso insieme di persone o di animali.

mischiaménto o †**meschiaménto** s. m. ● (*raro*) Atto, effetto del mischiare.

mischiàre o †**meschiàre**, †**mestiàre**, (*dial.*) **mistiàre** [stessa etim. di *mescolare*] v. tr., intr. pron. e rifl. ● Mescolare.

mischiàta s. f. ● Atto del mischiare una sola volta e in fretta: *dare una m. alle carte.* || **mischiatìna**, dim.

mìschio [da *mischiare*] **A** agg. ● (*raro*) Misto | Screziato | *Marmo m.*, variegato di colori diversi. **B** s. m. *1* (*pop.*) Mescolanza | *A m.*, confusamente. *2* Marmo a screziature di diversi colori.

miscìbile [V. *mescibile*] agg. *1* Che si può mescolare. *2* (*chim.*) Atto a mescolarsi e a dare un insieme omogeneo con altre sostanze.

miscibilità s. f. ● Qualità di ciò che è miscibile

miscidàre o †**mescidàre**, †**mescitàre** [dal lat. tardo *miscitātus* 'ben mescolato', da *miscēre* 'mescolare'. V. *mescere*] v. tr. (*io mìscido*) ● (*lett.*) Mischiare, mescolare.

misconoscènte A part. pres. di *misconoscere*; anche agg. ● Nel sign. del v. **B** s. m. e f. ● Chi misconosce, chi non riconosce il bene ricevuto. SIN. Ingrato.

misconóscere o †**miscognóscere** [ant. fr. *mesconoistre*, comp. di *mes-* 'mis-' e *conoistre* 'conoscere'] v. tr. (coniug. come *conoscere*) ● Non considerare o stimare qc. per quello che è o vale realmente: *hanno misconosciuto la sua virtù e il suo coraggio*; *m. l'arte in quel che ha d'originale* (CROCE).

misconosciménto s. m. ● (*raro*) Modo e atto del misconoscere.

misconosciùto part. pass. di *misconoscere*; anche agg. ● Nel sign. del v.

†**miscontènto** [comp. di *mis-* e *contento*] agg. ● Scontento.

miscredènte A part. pres. di *miscredere*; anche agg. ● Nel sign. del v. **B** s. m. e f. *1* (*relig.*) Chi accetta solo in parte, o in modo diverso da come la Chiesa le insegna, le verità della fede. *2* (*est.*) Chi non è religioso: *una famiglia di miscredenti.*

miscredènza [ant. fr. *mescreance*, da *mescreant* 'miscredente'] s. f. ● (*raro, est.*) Mancanza di fede religiosa.

miscrédere [ant. fr. *mescroire*, comp. di *mes-* 'mis-' e *croire* 'credere'] v. intr. (coniug. come *credere*; aus. *avere*) ● (*raro*) Essere privo di fede in qc. o in q.c.: *m. in Dio.*

miscùglio o (*pop., tosc.*) †**mescùglio** [da avvicinare a *mischiare*] s. m. *1* Eterogenea mescolanza di elementi diversi: *un m. di gente strana, di idee, di suppellettili.* SIN. Accozzaglia. *2* Insieme di due o più sostanze le quali conservano sempre invariate le loro proprietà, e sono miscibili, senza dare reazioni chimiche, in qualunque proporzione e separabili con procedimenti fisici: *m. eterogeneo*; *m. omogeneo.*

†**misdìre** [ant. fr. *mesdire*, comp. di *mes-* 'mis-' e *dire* 'dire'] v. tr. e intr. ● Dire male, sparlare.

mise /fr. 'miz/ [vc. fr., propr. part. pass. f. di *mettre* 'mettere'] s. f. inv. ● Modo di vestire | (*est.*) Abito, abbigliamento: *che m. elegante!*

†**misèllo** [vc. dotta, lat. *misĕllu(m)*, dim. di *mĭser* 'misero'] s. m. ● Lebbroso.

miseràbile [vc. dotta, lat. *miserābile(m)* 'degno di compassione', da *miserāri* 'commiserare'. V. *miserando*] **A** agg. *1* Che è da commiserare a causa della sua estrema povertà o infelicità: *una famiglia m.*; *vivere in condizioni miserabili*; *l'esempio m. di Prato* (GUICCIARDINI). *2* Che è da disprezzare per la sua meschinità e bassezza morale: *un m. individuo approfittò della sua buona fede*; *sono azioni veramente miserabili.* SIN. Spregevole. *3* Di scarsissimo valore o entità (*anche fig.*): *una somma m.* *4* †Che muove a pietà. || **miserabilménte**, †**miserabileménte**, avv. In modo miserabile. **B** s. m. e f. ● Persona abietta e spregevole. SIN. Sciagurato.

miserabilità [vc. dotta, lat. tardo *miserabilitāte(m)*, da *miserābilis* 'miserabile'] s. f. ● Condizione di chi, di ciò che è miserabile.

miseràndo [vc. dotta, lat. *miserăndu(m)*, da *miserāri*, da *mĭser* 'misero'] agg. ● Degno di commiserazione, che desta profonda pietà: *esempio, spettacolo, caso m.*

†**miserazióne** [vc. dotta, lat. *miseratiōne(m)*

'commiserazione', da *miserāri* 'commiserare'] s. f. • Compassione, misericordia.

miserere /lat. mize'rɛre/ [lat., imperat. di *miserēri* 'aver compassione', da *mĭser* 'misero'] s. m. inv. *1* Salmo di David invocante il perdono divino: *recitare, cantare il m.* | *Cantare il m. a qc.*, (*fig.*) considerarlo ormai allo stremo della vita o delle possibilità | *Essere al m.*, (*fig.*) in fin di vita o agli estremi di q.c. *2* (*med.*) *Mal del m.*, atrepsia | *Far venire il male del m.*, (*fig.*) detto di persona insopportabile o di cosa disgustosa.

miserévole [lat. *miserābile*(*m*) (V. *miserabile*), con cambio di suff.] agg. *1* Miserando, compassionevole: *condizione, fine m.*; *si può facilmente intendere che uomini in ... parti del sapere ben avviati, in altre si raggirino in miserevoli errori* (VICO). *2* Miserabile, misero: *condurre una vita m.* || **miserevolménte**, avv.

†**miserevolézza** [da *miserevole*] s. f. • Infelicità.

misèria [vc. dotta, lat. *misĕria*(*m*), da *mĭser* 'misero'] s. f. *1* Stato di estrema e totale infelicità: *Nessun maggior dolore / che ricordarsi del tempo felice / ne la m.* (DANTE *Inf.* V, 121-123). *2* Povertà estrema: *cadere, ridursi in m.*; *languire nella più squallida m.* | *Piangere m.*, lamentarsi della propria indigenza esagerandola | *Porca m.!*, *m. ladra!*, imprecazioni di rabbia e sim. | *Non conoscere m.*, vivere spensierato e senza economie | Carestia: *la m. era accresciuta dalla ingordigia degli incettatori* | (*est.*) Aspetto misero: *vedessi che m. quel povero diavolo!* *3* Cosa estremamente povera dal punto di vista materiale: *il nostro salario è una vera m.* | *Offrire una m.*, *costare una m.*, pochissimo. *4* (*spec. al pl.*) Ristrettezza, meschinità o bruttura morale: *le miserie del mondo*; *la m. umana non ha limiti*; *raccontare, confessare le proprie miserie.* *5* †Avarizia, grettezza, spilorceria | *Senza m.*, generosamente | *Abito, mantello fatto senza m.*, con abbondanza di tessuto e quindi comodo o sontuoso. *6* (*bot.*) Pianta erbacea delle Commelinacee con fusto decombente, foglie strette e ovate la cui pagina superiore mostra una striscia centrale verde e due laterali bianche. SIN. Erba miseria, tradescanzia. || **miseriàccia**, pegg. | **miseriùccia, miseriùzza**, dim. | **miseriòla**, dim.

†**misericordazióne** [dall'ant. *misericordare*, deriv. da *misericorde*] s. f. • Commiserazione.

misericòrde [vc. dotta, lat. *misericŏrde*(*m*), comp. di *miserēri* 'aver compassione' (V. *miserere*) e *cŏr*, genit. *cŏrdis* 'cuore'] agg. • (*lett.*) Misericordioso, pietoso.

†**misericordévole** agg. *1* Misericordioso. *2* Degno di compassione.

misericòrdia o †**misiricòrdia** [vc. dotta, lat. *misericŏrdia*(*m*), da *misĕricors*, genit. *misericŏrdis* 'misericorde'] **A** s. f. *1* Virtù che inclina l'animo umano alla comprensione, alla pietà e al perdono verso chi soffre o chi sbaglia: *invocare la m. del nemico, del giudice* | *Avere, usare m.*, comprendere, aiutare, perdonare | *Opere di m. corporali e spirituali*, esempi di comportamento meritorio che la chiesa trae dai Vangeli | *Opera di m.*, (*scherz.*) azione fatta per aiutare qc. SIN. Compassione. *2* Pietà, perdono: *la m. di Dio* | *Grande come la m. di Dio*, (*scherz.*) illimitato | *Fare q.c. per m.*, per pietà, senza esservi obbligato | *Senza m.*, con estrema durezza, senza alcuna pietà | *Uomo senza m.*, crudele e spietato. *3* Corta daga o pugnale con lama robusta, generalmente quadra o triangolare, atta a penetrare l'armatura, usata spec. in epoca medievale e rinascimentale, per dare il colpo di grazia al nemico abbattuto o costringerlo alla resa. *4* Assicella, spesso decorata o intagliata, posta negli stalli dei cori per permettere ai sacerdoti anziani o infermi di appoggiarsi o sedersi dando tuttavia l'impressione di essere in piedi. *5* Confraternita istituita nel tardo Medioevo a Firenze, che ancora oggi svolge gratuitamente opera di assistenza e trasporto di malati o feriti e di esequie per i morti | L'ambulanza stessa: *chiamare la m.* **B** in funzione di inter. • Esprime meraviglia, timore, paura: *m., che temporale!*

†**misericordiànza** s. f. • Atto di misericordia.

†**misericordiàre** [da *misericordia*] v. intr. • Provare compassione, misericordia.

†**misericordiévole** agg. • Misericordioso. || †**misericordievolménte**, avv. Con misericordia.

misericordióso agg. • Che prova o usa misericordia: *animo, giudice m.* | Che è prova di misericordia: *gesto m.* SIN. Pietoso. || **misericordiosaménte**, avv. In modo misericordioso, con misericordia.

miserióne [da *miseria*] s. m. (f. *-a*) • (*raro*) Persona che sembra in miseria pur non essendo povera.

misero [vc. dotta, lat. *mĭseru*(*m*), di etim. incerta] **A** agg. (sup. *miserìssimo* o *misèrrimo* (V.)) *1* Sventurato, infelice: *i miseri mortali* | In frasi escl. che esprimono compassione, compatimento: *m. me!*, *o m.!* e sim., me infelice | *O m.!*, o sventurato | Che desta pietà, che è degno di compassione: *ecco in quale m. stato siamo ridotti* | *I miseri resti*, la salma. *2* Povero, miserabile, indigente: *una misera esistenza.* *3* Insufficiente, inadeguato: *un m. stipendio*; *un pranzo m.* SIN. Magro. *4* Meschino, spregevole: *una misera scusa*; *una misera figura d'individuo.* *5* †Malvagio. *6* †Tirchio, spilorcio: *m. chiamiamo noi quello che si astiene troppo di usare il suo* (MACHIAVELLI). || **miseraménte**, avv. *1* In modo disgraziato e compassionevole: *vivere miseramente*; *perire miseramente*, in una disgrazia. *2* Nella miseria: *vivere, morire miseramente.* *3* In modo meschino e spregevole: *arrabattarsi miseramente.* **B** s. m. (f. *-a*) *1* Chi è afflitto da povertà e sventura: *consolare, aiutare i miseri.* *2* †Tirchio, spilorcio. || **miseràccio**, pegg. | **miserèllo**, dim. | †**miserétto**, dim. | **miserino**, dim. | **miseróne**, accr.

misèrrimo [vc. dotta, lat. *misĕrrimu*(*m*), sup. di *mĭser* 'misero'] agg. • Estremamente misero.

†**misertà** [da *misero*, sul modello di *povertà*] s. f. • Avarizia, grettezza: *il cavaliere si rimase nella sua m.* (SACCHETTI) | Povertà, mancanza.

†**misfacitóre** [comp. di *mis-* e *facitore*] s. m. • Malfattore.

†**misfàre** [fr. *mesfaire*, comp. di *mes* 'mis-' e *faire* 'fare'] v. intr. • Mal fare | (*fig.*) Fare torto, ingiuria: *m. al diritto, a un superiore* | *M. di qc.*, danneggiarlo col mancargli di fede.

misfàtto [ant. fr. *mesfait*, propriamente part. pass. di *mesfaire* 'misfare'] s. m. • Scelleratezza, delitto: *commettere un atroce m.*; *incomparabili vizi e misfatti* (LEOPARDI).

†**misfattóre** [da *misfatto*] s. m. • Malfattore, delinquente.

†**misfidàre** [ant. fr. *mesfier*, comp. di *mes-* 'mis-' e *fier* 'fidare'] v. intr. • Diffidare.

†**misgradito** [comp. di *mis-* e *gradito*] agg. • Sgradito.

†**misiricòrdia** • V. *misericordia.*

misirìzzi [da *mi si rizzi*, perché il giocattolo tende sempre a rizzarsi in su] s. m. inv. *1* Balocco a forma di pupazzo, imbottito di piombo alla base in modo che tende sempre a drizzarsi comunque venga collocato. *2* (*est.*) Persona che cammina dritta e impettita. *3* (*fig.*) Persona pronta a mutare opinione o idea, pur di restare a galla.

†**mislèa** o (*raro*) †**melèa** [ant. fr. *meslée*, da *mesler* 'mischiare'] s. f. • Battaglia, baruffa, rissa: *si cominciò una grande zuffa e m.* (VILLANI).

†**misleàle** [comp. di *mis-* e *leale*] agg. *1* Sleale, falso | *Donna m.*, infedele. *2* Adulterato, falsificato.

†**mislealtà** [da *misleale*] s. f. • Slealtà, falsità.

†**misleànza** [da *misleale*] s. f. • Perfidia, fellonia.

†**misleàre** [ant. fr. *mesloier*, da *meslée* 'mislea'] v. intr. • Combattere, azzuffarsi.

miso- [dal gr. *mîsos* 'odio'] primo elemento • In parole composte, indica 'odio, avversione' o sim. verso ciò che è espresso dal secondo elemento: *misogino, misologia.*

misofobìa [comp. del gr. *mýsos* 'sozzura', di etim. incerta, e *-fobia*] s. f. • (*psicol.*) Timore ossessivo di insudiciarsi. SIN. Rupofobia.

misòfobo [comp. di *miso-* e *-fobo*] **A** agg. • (*psicol.*) Relativo a misofobia. **B** agg.; anche s. m. (f. *-a*) • Che, chi è affetto da misofobia.

misogamìa [comp. di *miso-* e *-gamia*] s. f. • (*psicol.*) Avversione per il matrimonio.

misoginìa [vc. dotta, gr. *misogynía*, da *misógynos* 'misogino'] s. f. • (*psicol.*) Repulsione morbosa per le donne.

misoginismo s. m. • (*psicol.*, *raro*) Misoginia.

misògino [vc. dotta, gr. *misógynos*, comp. di *mîsos* 'odio' (V. *miso-*) e *gynḗ* 'donna'] agg.; anche s. m. *1* (*psicol.*) Che, chi è affetto da misoginia. *2* (*est.*) Che, chi sfugge le compagnie femminili e mostra disinteresse, disprezzo e sim. nei confronti delle donne.

misologìa [vc. dotta, gr. *misología*, da *misólogos* 'avverso ai discorsi, alle discussioni', comp. di *mîsos* 'odio' (V. *miso-*) e *lógos* 'ragionamento' (V. *-logo*)] s. f. (pl. *-gie*) • Nella filosofia platonica, avversione per l'arte del ragionamento.

misoneìsmo [comp. di *mîsos* 'odio' (V. *miso-*), *néos* 'nuovo' (V. *neo-*) e *-ismo*] s. m. • Avversione o diffidenza per le cose nuove.

misoneìsta [da *misoneismo*] **A** s. m. e f. (pl. m. *-i*) • Chi odia le novità. **B** agg. • Misoneistico.

misoneìstico agg. (pl. m. *-ci*) • Di, da misoneista | Che si riferisce al misoneismo.

†**misperàre** [comp. di *mis-* (V. *menosdire*) e *sperare*] v. intr. • Disperare.

†**mispregiàre** [ant. fr. *mesprisier*, comp. di *mes-* (V. *menosdire*) e *priser* 'pregiare'] v. tr. • Disprezzare.

†**misprèndere** [ant. fr. *mesprendre*, comp. di *mes-* (V. *menosdire*) e *prendre* 'prendere'] **A** v. intr. • Errare, fallire, sbagliare. **B** v. tr. • Disprezzare, ingannare.

†**misprésa** [ant. fr. *mesprise*, da *mesprendre* 'misprendere'] s. f. • Errore, colpa.

†**misprìso** [ant. fr. *mespris*, da *mesprendre* 'misprendere'] s. m. • Fallo, errore.

miss /ingl. mis/ [vc. ingl., 'signorina', da *mistress* 'signora', dall'ant. fr. *maistresse* 'maestra'] s. f. inv. (pl. ingl. *misses*) *1* Vincitrice di un concorso di bellezza: *m. universo*; *m. mondo*; *eleggere una m.* *2* Signorina, ragazza di nazionalità inglese: *quante m. in giro per Firenze!* *3* (*raro*) Istitutrice di origine inglese.

missàggio [dall'ingl.-amer. *mixing* 'miscuglio', da *to mix* 'mischiare' (V. *mixer*)] s. m. • (*cine, tv*) Operazione consistente nella registrazione simultanea, su un unico nastro magnetico, di più segnali quali dialogo, rumori, musica e sim. di un film. SIN. Mixeraggio, mixing.

missàre [ricavato da *missaggio*] v. tr. • (*cine, tv*) Eseguire il missaggio. SIN. Mixare.

missàto part. pass. di *missare*; anche agg. • Nel sign. del v.

missile [vc. dotta, lat. *mĭssile*(*m*), da *mĭssus*, part. pass. di *mĭttere* 'scagliare' (V. *mettere*)] **A** agg. • Da lanciare o scagliare: *armi missili.* **B** s. m. • (*aer.*) Corpo siluriforme senza pilota, con motopropulsore atto soltanto ad accelerarlo, generalmente autoguidato o teleguidato, che può raggiungere velocità supersoniche e distanze enormi, usato per fini militari o scientifici | *M. mono, bi, tri, pluristadio*, secondo gli stadi che lo costituiscono | *M. tattico, di teatro, a corto raggio*, quello autotrasportato a raggio d'azione inferiore ai mille kilometri, a uno o due stadi, con sistema di propulsione a combustibile solido | *M. a gittata intermedia*, missile balistico avente una gittata compresa fra 1 900 e 4 000 km | *M. a testata multipla*, missile balistico la cui testata contiene più cariche esplosive nucleari, dirette contro bersagli diversi | *M. antimissile*, destinato a essere lanciato, mediante lanciatori terrestri, navali o aerei, contro altri missili | *M. antinave*, destinato a essere lanciato, mediante lanciatori terrestri, navali o aerei, contro bersagli navali | *M. aria-aria*, destinato a essere lanciato da un aeromobile in volo contro bersagli aerei | *M. aria-spazio*, destinato a essere lanciato da un aeromobile in volo contro bersagli spaziali | *M. aria-superficie*, *m. aria-terra*, destinato a essere lanciato da un aeromobile in volo contro bersagli in superficie, terrestri o navali | *M. aria-sott'acqua*, destinato a essere lanciato da un aeromobile in volo contro bersagli sommersi | *M. atmosferico*, la cui traiettoria si svolge interamente nell'atmosfera | *M. balistico*, provvisto di una testata con una o più cariche esplosive nucleari, destinato a essere lanciato da una piattaforma di lancio terrestre o da un sottomarino contro uno o più bersagli in superficie e propulso e guidato nella parte ascendente del volo che prosegue poi lungo una traiettoria balistica in parte extraatmosferica | *M. contraereo*, destinato a essere lanciato, mediante lanciatori terrestri, navali o aerei, contro aeromobili in volo | *M. controcarro, anticarro*, destinato a essere lanciato, mediante lanciatori terrestri, navali o aerei, contro mezzi corazzati | *M. extraatmosferico*, destinato a mettere in orbita satelliti artificiali circumterrestri o a lanciare sonde e veicoli spaziali nello spazio extraterrestre | *M. filoguidato*, missile controcarro guidato mediante comandi impartiti per mezzo di un filo elettrico collegato al missile stesso e svolgentesi gradualmente | *M. guidato*, dotato di un sistema di guida, agente dopo il lancio sulla totalità o su una parte della traiettoria, allo scopo di correggerne eventuali perturbazioni dovute a cause interne o esterne | *M. intercontinentale*, missile balistico avente una gittata compresa fra 8 000 e 14 000 km | *M. monostadio*, costituito da un unico stadio e provvisto di un'unica carica di propellenti | *M. orbitante*, missile extraatmosferico destinato a collocare su un'orbita circumterrestre un veicolo con una o più cariche esplosive nucleari che possono essere lanciate contro determinati bersagli su comando impartito da terra | *M. polistadio, pluristadio*, costituito da più stadi, ciascuno dei quali si distacca dopo avere esaurito la propria carica di propellenti | *M. sottomarino-aria, acqua-aria*, destinato a essere lanciato da un sottomarino o un sommergibile in immersione contro un bersaglio aereo | *M. sottomarino-superficie, acqua-terra*, destinato a essere lanciato da un sottomarino o un sommergibile in immersione contro un bersaglio in superficie | *M. strategico*, appartenente alla classe dei missili balistici intercontinentali o a quella dei missili a gittata intermedia | *M. superficie-aria, terra-aria*, a corta gittata, destinato a essere lanciato da mezzi terrestri contro bersagli aerei quali aeromobili in volo e missili aria-superficie | *M. superficie-superficie, terra-terra*, destinato a essere lanciato da basi terrestri o eventualmente da navi contro bersagli terrestri | *M. tattico*, missile balistico avente una gittata compresa fra 25 e 500 km. | *M. da crociera*, quello dotato di superfici portanti e di un sistema di navigazione che gli consente di seguire una rotta predeterminata, a bassa quota e a velocità subsonica.

missilìstica s. f. • Scienza, tecnica e attività che riguardano i missili.

missilìstico agg. (pl. m. *-ci*) • Relativo ai missili: *apparato m.*

missìno [da *MSI*, sigla del *M(ovimento) S(ociale) I(taliano)*] s. m.; anche agg. (f. *-a*) **1** Chi, che è iscritto al Movimento Sociale Italiano. **2** (*est.*) Neofascista.

missiologìa [comp. del lat. *mĭssio* 'missione' e dell'it. *-logia*] s. f. • Missionologia.

missionàrio [da *missione*] **A** s. m. (f. *-a*) **1** Religioso, o anche laico, che svolge opera di proselitismo e propaganda religiosa presso popolazioni non cristiane. **2** (*fig.*) Chi dedica con abnegazione la propria esistenza all'affermazione e diffusione di un'idea: *un m. del socialismo.* SIN. Apostolo. **B** agg. **1** Delle, relativo alle, missioni: *propaganda missionaria*; *giornata missionaria.* **2** Di, da missionario: *lottare con spirito m.*

missióne [vc. dotta, lat. *missiōne(m)*, da *mĭssus*, part. pass. di *mĭttere* 'mandare' (V. *messo*)] s. f. **1** Atto, effetto del mandare o dell'essere mandato presso qc. con mansioni, incarichi e sim. particolari. **2** Mandato apostolico di predicazione del Vangelo, soprattutto fra popolazioni non cristiane | *M. apostolica*, quella imposta da Gesù agli apostoli | (*est.*) Sede, istituto, organizzazione di missione in terra non cristiana: *m. cattolica, evangelica.* **3** (*est.*) Serie di prediche e di esercizi di pietà, organizzati nelle parrocchie, in determinate occasioni, al fine di rinnovare la fede e di indurre a pentimento. **4** Incarico particolare e delicato da svolgere per conto dello Stato o di privati: *m. informativa*; *affidare una m. a persona di fiducia* | (*bur.*) Trasferta, svolgimento di attività fuori dalla sede abituale: *indennità di m.* | (*mil.*) Incarico particolarmente difficoltoso, caratterizzato da segretezza, affidato a un reparto o a un singolo militare: *m. di guerra*; *m. lampo*; *m. compiuta!* **5** Compito, dovere o insieme di doveri che competono a qc.: *equilibrato è colui che conosce e adempie la sua propria individuale m.* (CROCE) | *M. diplomatica*, insieme delle funzioni che un agente diplomatico svolge nel tempo in cui è accreditato presso un dato Stato | (*est.*) Funzione precipua di una istituzione: *la m. educatrice della scuola.* **6** Attività che richiede a chi la pone in essere totale adesione morale, spirito di sacrificio, dedizione assoluta: *ha sempre considerato l'insegnamento, la professione medica, come una m.* **7** Gruppo di persone inviate a svolgere compiti determinati: *far parte di una m.* | *M. diplomatica*, complesso di funzionari e dei loro collaboratori inviati da uno Stato presso un altro a esplicarvi attività diplomatiche. **8** Nell'antica Roma, congedo che si dava ai soldati per ultimato servizio o per infermità o per espulsione punitiva. **9** (*med.*, *raro*) Emissione.

missionologìa [comp. di *missione* e *-logia*] s. f. (pl. *-gie*) • Scienza che, nelle varie chiese cristiane, definisce i rapporti ideologici fra il Cristianesimo e le religioni dei paesi di missione, nonché i limiti pratici dell'azione missionaria, attualmente condotta nel rispetto dei valori culturali dei popoli indigeni.

missiva [dal lat. *mĭssus* 'mandato' (V. *messo*)] s. f. • Lettera, comunicazione epistolare (*spec. scherz.*): *una m. amorosa.*

missòrio [vc. dotta, lat. tardo *missōriu(m)*, da *mĭssus*, part. pass. di *mĭttere* 'mandare' (V. *mettere*)] s. m. • Durante il tardo impero e in età bizantina, piatto in metallo prezioso dedicato a un personaggio illustre.

Misspickel /*ted.* 'mispikəl/ [vc. ted., *Mispickel*, di etim. incerta] s. m. inv. • (*miner.*) Arsenopirite.

†**mistà** • V. †*amistà.*

mistagogìa [vc. dotta, gr. *mystagōgía*, da *mystagōgós* 'mistagogo'] s. f. (pl. *-gìe*) • Iniziazione ai misteri dell'antica religione greca.

mistagògico agg. (pl. m. *-ci*) • Relativo a mistagogo e a mistagogia.

mistagògo [vc. dotta, lat. *mystagōgu(m)*, dal gr. *mystagōgós*, comp. di *mýstēs* 'iniziato ai misteri', da *mýein* 'essere chiuso', di etim. incerta, e *agōgós* 'guida', da *ágein* 'condurre', di origine indeur.] s. m. (pl. *-ghi*) • Presso gli antichi Greci, sacerdote che iniziava ai misteri e ne dirigeva i culti.

mìster /'mister, *ingl.* 'mistə*/ [vc. ingl., propriamente 'signore', dall'ant fr. *maistre* (fr. moderno *maître*). V. *maestro* e *mastro*] s. m. inv. **1** Vincitore di un concorso di bellezza: *m. muscolo*; *m. universo.* **2** Nel linguaggio calcistico, appellativo dell'allenatore, del direttore tecnico e sim.

mistèrico agg. (pl. m. *-ci*) **1** Relativo ai misteri nel paganesimo greco-romano: *culto m.* **2** (*est.*) Criptico, enigmatico: *gergo m.*

†**mistèrio** • V. *mistero.*

misteriosità s. f. **1** Qualità di chi, di ciò che è misterioso. **2** Modo di comportarsi misterioso.

misterióso [da †*misterio*] **A** agg. **1** Oscuro, inesplicabile: *le origini del male sono misteriose* | *Scrittura misteriosa*, che non si riesce a decifrare: *insegnava ... a formare i caratteri di quella misteriosa scrittura* (BARTOLI). **2** Che è volutamente avvolto nel mistero, fatto in segreto o nascostamente: *un m. intervento*; *dicono che una misteriosa associazione li sostiene.* **3** Che desta sospetti o fa sorgere dubbi: *morte misteriosa*; *aspetto m.* | *Uomo m.*, di cui si ignora tutto o quasi tutto e che per questo è considerato con sospetto. || **misteriosaménte**, avv. **B** s. m. (f. *-a*) • Persona che ama nascondere ciò che fa o pensa, che si circonda di mistero: *gli piace fare il m.*

misteriosofìa [comp. di *misterio* e del gr. *sophía* 'sapienza'. V. *sofia*] s. f. • Scienza iniziatica dei misteri dell'antica Grecia.

misteriosòfico [sovrapposizione di (*filo*)*sofico* a *misterio*] agg. (pl. m. *-ci*) • Misterico, relativo ai misteri e alla misteriosofia dell'antica Grecia.

mistèro o (*poet.*) †**mistèrio** [vc. dotta, lat. *mystēriu(m)*, dal gr. *mystḗrion*, da *mýstēs* 'iniziato ai misteri' (V. *mistagogo*)] s. m. **1** Nella teologia cristiana, verità soprannaturale che non può essere conosciuta mediante le forze naturali dell'intelligenza umana e la cui esistenza è stata comunicata all'uomo per mezzo della rivelazione divina e proposta a credersi come oggetto di fede | *I misteri del Rosario*, i quindici avvenimenti, 5 gaudiosi, 5 gloriosi, 5 dolorosi, riguardanti la vita del Cristo e della Vergine, offerti alla meditazione del fedele nella pratica cattolica del Rosario | Cerimonia religiosa cattolica: *il m. della Messa, dell'Eucaristia.* **2** (*al pl.*) Forme religiose di varia origine del mondo antico greco-romano e medio-orientale, presupponenti l'iniziazione dell'adepto e aventi carattere segreto, soteriologico ed escatologico: *i misteri di Mitra, Cibele, Dioniso*; *misteri orfici, isiaci, traci.* **3** (*est.*) Fatto o fenomeno inspiegabile razionalmente: *è un m. impenetrabile*; *chiarire il m.*; *par nasconda / un dolore o un m. ogni tuo detto* (SABA) | *Fare m. di q.c.*, tenerla segreta | *Non se ne fa un m.*, è cosa nota a tutti, di cui tutti parlano | *Qui c'è un m.!*, qualcosa di non spiegato, che solleva dubbi e desta sospetti | *I misteri dell'anima*, i suoi moti più intimi e inesplicabili. **4** (*spec. al pl.*) Rappresentazione scenica di soggetto sacro, di solito in volgare, anche con accompagnamento di musiche, in uso in epoca medievale.

mistiàre • V. *mischiare.*

mìstica [f. sost. di *mistico*] s. f. **1** Dottrina e pratica religiosa che, previa preparazione ascetica, intendono determinare un diretto contatto o una comunione dell'uomo con il mondo divino o trascendente: *m. islamica, cristiana, buddistica.* **2** (*est.*) Letteratura in cui tale dottrina trova la sua espressione concreta. **3** Atteggiamento e azione spec. politica caratterizzata dalla fede assoluta nelle verità di un partito o di un'ideologia: *m. marxista, fascista.*

misticànza • V. *mesticanza.*

Misticèti [vc. dotta, comp. del gr. *mýstax*, genit. *mýstakos* 'mustacchi' (V.) e *kêtos* 'cetaceo' (V.)] s. m. pl. • Nella tassonomia animale, sottordine di Cetacei privi di denti, che, mediante i fanoni, trattengono il plancton per nutrirsi (*Mysticeti*) | (al sing. *-o*) Ogni individuo di tale sottordine.

misticheggiànte [da *mistico* (*1*)] agg. • Che tende verso l'esperienza mistica, che è incline al misticismo: *atteggiamento m.*

misticherìa [da *mistico* (*1*)] s. f. • (*raro, spreg.*) Cosa da mistico.

misticità s. f. • Qualità, carattere di mistico.

mìstico (1) [vc. dotta, lat. *mýsticu(m)*, nom. *mýsticus*, dal gr. *mystikós*, da *mýstēs* 'iniziato ai misteri' (V. *mistagogo*)] **A** agg. (pl. m. *-ci*) **1** Relativo ai misteri della fede cristiana: *teologia mistica* | *Corpo m. del Cristo*, la comunità dei fedeli redenti da Cristo e in lui uniti. **2** Relativo al misticismo: *unione, vita mistica*; *ascesi mistica.* **3** (*fig.*) Caratterizzato da profonda spiritualità, da dedizione assoluta: *amore m.*; *slanci mistici.* || **misticaménte**, avv. **B** s. m. **1** Chi pratica la vita mistica e l'unione con Dio: *i mistici medievali.* **2** Scrittore di opere di mistica: *i mistici spagnoli.*

mìstico (2) [sp. *místico*, dal turco *mistiko*, tipo di barca] s. m. (pl. *-ci*) • Antica nave a tre alberi e vele quadre, di piccole dimensioni.

misticùme [da *mistico* (*1*)] s. m. • (*spreg.*) Astruseria da mistico.

†**mistière** • V. *mestiere.*

†**mistièri** • V. *mestiere.*

†**mistièro** • V. *mestiere.*

mistificànte part. pres. di *mistificare*; anche agg. • Nei sign. del v.

mistificàre [fr. *mystifier*, comp. di *myst(ère)* 'mistero' e *-fier* '-ficare'] v. tr. (*io mistìfico, tu mistìfichi*) **1** Falsificare, far apparire q.c. molto diverso dalla realtà: *m. il resoconto dei fatti.* **2** Ingannare qc. facendogli credere una cosa per un'altra.

mistificatóre [fr. *mystificateur*, da *mystifier* 'mistificare'] s. m. (f. *-trice*) • Chi mistifica.

mistificatòrio agg. • Che tende a mistificare, a trarre in inganno: *atto, comportamento, intervento m.* || **mistificatoriaménte**, avv. (*raro*) In modo mistificatorio, allo scopo di mistificare.

mistificazióne [fr. *mystification*, da *mystifier* 'mistificare'] s. f. **1** Atto, effetto del mistificare. **2** Interpretazione tendenziosa e deformante di un giudizio o di una serie di giudizi.

mistilìneo [comp. di *misto* e *linea*, sul modello di *rettilineo*] agg. • (*mat.*) Che è formato da segmenti di retta e da archi di curva: *contorno m.*

mistilìngue [comp. di *misto* e *lingua*, sul modello di *bilingue*] agg. • Che parla due o più lingue diverse: *popolazione, regione m.* | (*est.*) Che è scritto in più lingue: *vocabolario m.*

mistióne [vc. dotta, lat. *mixtiōne(m)*, da *mĭxtus* 'misto'] s. f. • (*lett.*) Mescolanza.

mìsto [vc. dotta, lat. *mĭxtu(m)*, part. pass. di *mi-*

scēre 'mescolare'. V. *mescere*] **A** agg. *1* Che è composto da elementi di qualità diversa: *fritto m.*; *cani di razza mista* | *Colore m.*, composto di più tinte | *Pelame m.*, di vari colori | *Governo m.*, di uomini appartenenti a varie correnti politiche | *Scuola mista*, di alunni maschi e femmine | *Nave mista*, adibita al trasporto di merci e passeggeri | *Economia mista*, caratterizzata da strutture proprie dell'economia socialista e da altre proprie di quella capitalista | *Lingua mista*, che risulta dalla mescolanza di più sistemi linguistici | *Tipo m.*, in astrologia, caratterizzato dal prevalere delle influenze di più segni zodiacali | *Tessuto* o *filato m.*, composto da fibre di natura diversa | *Coro m.*, formato di voci maschili e femminili | *Percorso m.*, nel ciclismo, quello su strada con caratteristiche varie per fondo e pendenza | *Carro m.*, per l'inoltro delle merci e collettame | *Frenatura mista*, nei treni merci, quella in cui sono utilizzati promiscuamente freni tipo merci e tipo viaggiatori. *2* Nella loc. *m. a*, (*raro*) *m. con*, mescolato con altri elementi (*anche fig.*): *lana mista a seta*; *pianto m. a dolore*; *bontà mista con ruvidezza*. || **mistaménte**, avv. (*raro*) In modo misto. **B** s. m. • Mescolanza: *un m. di guerresco, cavalleresco e lazzaronesco* (DE SANCTIS).

mistrà [etim. incerta] s. m. • Liquore d'anice.

mistral /*provz.* e *fr.* mis'tral/ [provz. *mistral* 'maestrale'] s. m. inv. • Maestrale secco, freddo e impetuoso che spira nella Francia meridionale.

mistùra o (*pop., tosc.*) †**mestùra** [vc. dotta, lat. *mixtūra(m)*, da *mĭxtus* 'misto'] s. f. *1* Mescolanza o miscuglio di cose o sostanze diverse: *una m. di colori, di terra e sabbia*; *ogni cosa essere una m., ... niente essere di propria natura e virtute* (BRUNO). *2* Ingrediente che serve per adulterare q.c.: *hanno aggiunto al vino una delle solite misture* | *Senza m.*, puro.

†**misturàggine** s. f. • Mistura.

misturàre [vc. dotta, lat. tardo *mixturāre*, da *mixtūra* 'mistura'] v. tr. • Mescolare con sostanze diverse | *M. il vino*, adulterarlo. SIN. Manipolare.

miṣùra [lat. *mensūra(m)*, da *mēnsus*, part. pass. di *metīri* 'misurare', di origine indeur.] s. f. *1* (*mat.*) Rapporto fra una grandezza e un'altra, convenzionalmente scelta come unitaria | Numero che esprime l'estensione d'una quantità rispetto all'unità di misura fissata. *2* Correntemente, l'insieme delle dimensioni di un oggetto: *la m. di un mobile, di un lenzuolo, di una stanza*; *m. approssimativa*; *oggetti di m. grande, piccola, di una sola m., di tutte le misure*; *devi calcolare la m. del pavimento*. *3* Estensione in lunghezza e in circonferenza del corpo umano, o di sue parti: *il sarto deve prenderti le misure*; *prendere la m. dei fianchi, della vita, delle spalle* | *Prendere male le misure*, (*fig.*) sbagliare nel valutare una situazione o sim. | *Su m.*, di capi di abbigliamento tagliati secondo le dimensioni fisiche del singolo cliente, e non secondo lo standard delle confezioni: *camicie, scarpe su m.*; *si confezionano abiti su m.* | *Su m.*, (*fig.*) che sembra fatto apposta, che è particolarmente adatto: *è un appartamento* (*fatto*) *su m. per loro* | *Stare a m., tornare a m.*, adattarsi perfettamente al corpo di una persona | (*est.*) Taglia fisica, corporatura: *questo vestito non è della mia m.*; *tu e io abbiamo le stesse misure, siamo della stessa m.* | *Essere tagliati a una stessa m.*, (*fig.*) possedere le stesse qualità negative di un'altra, o di più altre, persone | (*est.*) Numero che, nell'industria dell'abbigliamento, distingue i prodotti di uno stesso tipo, a seconda della loro grandezza: *maglie, guanti di prima, di seconda m.*; *che m. porta?*; *per me ci vuole la terza m.* *4* Atto del misurare: *al momento della m. l'appartamento risultò più grande* | *M. della vista*, complesso di operazioni che permettono di stabilire se un occhio è difettoso, e di determinare il tipo e il grado dell'eventuale difetto e della lente necessaria per correggerlo | Modo del misurare: *m. abbondante, giusta, scarsa*. *5* Strumento usato per misurare: *controllare, verificare le misure*; *pesi e misure* | *M. colma, a colmo*, che supera il bordo dello strumento di misura | *Colmare, avere colmato la m.*, (*fig.*) superare i limiti, non meritare più né comprensione né indulgenza | *M. rasa, a raso*, ottenuta livellando all'orlo dello strumento di misura il contenuto | *A m.*, secondo la dimensione misurata e (*fig.*) con moderazione | *A numero e m.*, in modo esatto | *A m. picchiata*, battendo lo staio perché i granelli si serrino e (*fig.*) con abbondanza | *A m. di carbone*, (*fig.*) in abbondanza: *ricambiare un torto a m. di carbone*. ➡ ILL. **misure**. *6* (*fig.*) Valore, capacità, possibilità: *conoscere la propria m.* | Proporzione, quantità: *contribuire a q.c. in ugual m. di altri*; *impegnarsi nella m. delle proprie forze* | *Vincere di m., di stretta m.*, con un vantaggio minimo e una certa difficoltà. *7* (*fig.*) Criterio di valutazione: *la m. sta nell'intelletto*; *Protagora ... affirmava l'uomo essere modo e m. di tutte le cose* (ALFIERI). *8* (*fig.*) Discrezione, moderazione, temperanza: *nelle cose ci vuole m.*; *agire con m.*; *avere, non avere m. nel mangiare, nel bere*; *essere senza m. nello spendere* | Limite: *non conoscere la m.*; *ignorare il senso della m.* | *Passare la m.*, passare i limiti, eccedere | *Non avere né modo né m.*, eccedere facilmente | *Fuor di m., oltre m.*, in modo eccessivo, che trascende i giusti limiti | *Senza m.*, senza regola. *9* (*fig.*) Provvedimento preso per conseguire un dato fine, spec. per cautelarsi da eventi pericolosi o dannosi:

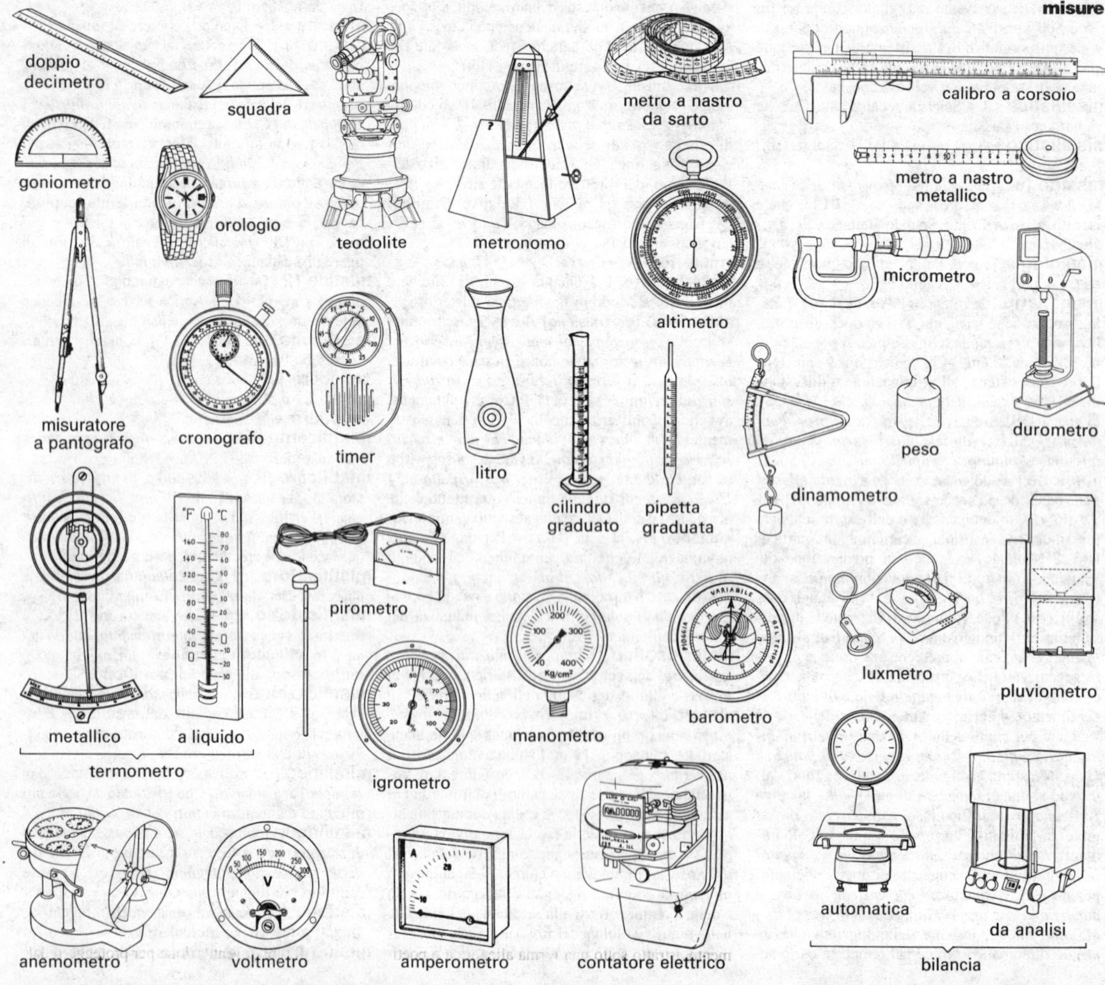

m. di prevenzione; *m. precauzionale*; *prendere le opportune misure*; *ricorrere a energiche misure*; *il governo adotterà drastiche misure per contenere l'inflazione* | *Mezze misure*, provvedimenti scarsamente efficaci o poco energici | *Misure di sicurezza*, nella terminologia militare, complesso di predisposizioni e di attività intese a garantire dalla sorpresa, dall'osservazione e dalle offese nemiche impianti militari o unità in marcia o in stazione; (*dir.*) quelle di natura personale o patrimoniale che il giudice ordina con funzione di prevenzione o di rieducazione. ***10*** In varie loc., proporzione, rapporto | *Nella m. in cui*, nella proporzione in cui, per tanto che: *fallo pure, nella m. in cui lo consideri necessario* | *A m. di*, che corrisponde a, che è proporzionato, adatto e sim. a: *città a m. d'uomo* | (*raro*) *A m. che*, man mano, via via: *a m. che passa il tempo ci conosciamo sempre meglio*. ***11*** (*ling.*) Unità metrica del verso quantitativo. SIN. Metro. ***12*** Nel pugilato e nella scherma, giusta distanza dell'avversario che permette l'attacco e la difesa | *Sotto m.* (o *sottomisura*), nel linguaggio calcistico, vicino alla porta avversaria, sotto porta. ***13*** (*mus.*) Battuta | Nella notazione, spazio fra due stanghette | *M. binaria*, formata da due tempi di uguale durata, sia semplici, sia composti | *M. ternaria*, formata da tre tempi di uguale durata, sia semplici, sia composti. || **misurétta**, dim. | **misurino**, dim. m.

misuràbile [lat. tardo *mensurābile(m)*, da *mensurāre* 'misurare'] agg. ● Che si può misurare.

misurabilità s. f. ● Condizione di ciò che è misurabile.

misuracàvi [comp. di *misura(re)* e il pl. di *cavo* (*2*)] s. m. ● (*mar.*) Strumento per misurare la circonferenza delle gomene e dei canapi.

misuraflùsso [comp. di *misura(re)* e *flusso*] s. m. (pl. *-i*) ● Idrometro di marea.

misuraménto s. m. ● (*raro*) Modo e atto del misurare.

misurapiòggia [comp. di *misura(re)* e *pioggia*] s. m. inv. ● Pluviometro.

misuràre o †**mesuràre** [lat. tardo *mensurāre*, da *mensūra* 'misura'] **A** v. tr. ***1*** Determinare il rapporto fra una grandezza e un'altra omogenea assunta come unità di misura: *m. la distanza, il terreno, l'altezza di un muro, la profondità delle acque, l'intensità del suono* | *M. a occhio*, valutare approssimativamente le misure di q.c. | *M. la strada*, (*fig.*) percorrerla a passi uguali, come se si volesse misurarla | *M. la stanza*, (*fig.*) andare su e giù continuamente | *M. le scale*, (*fig.*) ruzzolarle fino in fondo | *M. con*, commisurare | *M. un colpo*, appiopparlo bene | Rendere valutabile: *il sole misura il tempo*. ***2*** Sottoporre a prova un indumento: *mi sono misurata il vestito e mi va a pennello*. SIN. Provare. ***3*** (*fig.*) Valutare, giudicare: *m. i meriti, i demeriti di qc.* | *M. il valore di qc.*, calcolarlo | (*est.*) Considerare: *m. gli ostacoli, le difficoltà*. ***4*** (*fig.*) Mantenere entro precisi limiti: *m. le spese, il vitto* | (*fig.*) *M. le parole*, pesarle bene prima di dirle, non passare i limiti nel parlare. **B** v. intr. (aus. *avere*, raro) ● Essere di una certa misura: *quella torre misura più di cento metri*. **C** v. rifl. ***1*** Contenersi, moderarsi, regolarsi: *misurarsi nelle spese*. ***2*** (*raro*) Valutarsi, conoscersi. ***3*** (*fig.*) Contendere: *misurarsi con un avversario fortissimo e astuto*. SIN. Gareggiare.

misuratézza [da *misurato*] s. f. ● Moderazione, pacatezza: *esprimersi con m.*

misuràto part. pass. di *misurare*; anche agg. ***1*** Nei sign. del v. ***2*** Equilibrato, ponderato, prudente: *usa parole misurate*; *un discorso m.* | *Tono m.*, pacato. ***3*** Regolato, stabilito: *intervento ben m.* || **misurataménte**, avv. Con moderazione.

misuratóre s. m. (f. *-trice* nel sign. 1) ***1*** Chi misura | Geometra. ***2*** Strumento usato per misurare grandezze fisiche.

misuratùra s. f. ● Operazione del misurare: *la m. di un terreno*.

†**misuravènto** [comp. di *misura(re)* e *vento*] s. m. ● Anemometro.

misurazióne [vc. dotta, lat. tardo *mensuratiōne(m)*, da *mensurāre* 'misurare'] s. f. ● Determinazione del rapporto esistente tra una grandezza e un'altra omogenea, presa come unità di misura nota e costante: *la m. del terreno ha avuto luogo ieri*.

†**misurévole** agg. ● Misurabile.

misurino [da *misura*] s. m. ● Piccolo recipiente di materiale vario, usato per misurare determinate quantità di sostanze liquide, in grani o in polvere.

†**misusàre** [fr. *mesuser*, comp. di *mes-* (V. *menosdire*) e *user* 'usare'] v. tr. ● Usare male.

†**misùso** [da *misusare*] s. m. ● Uso scorretto.

†**misvenìre** [ant. fr. *mesvenir*, comp. di *mes-* (V. *menosdire*) e *venir* 'venire'] v. intr. ***1*** Venir meno. ***2*** (*fig.*) Avere esito negativo.

†**misventùra** [ant. fr. *mesventure*, comp. di *mes-* (V. *menosdire*) e *venture* 'ventura'] s. f. ● Sventura.

†**misvenùto** part. pass. di †*misvenire*; anche agg. ● (*raro*) Nei sign. del v.

mite [vc. dotta, lat. *mīte(m)*, di etim. incerta] agg. ***1*** Benevolo, clemente, indulgente: *principe, giudice, esaminatore m.*; *anima, indole m.*; *rimproverare in modo, con tono m.* | *Venire a più miti consigli*, a propositi meno fieri. ***2*** Di animale mansueto e tranquillo: *il m. agnello*. ***3*** Di clima dolce o tiepido: *un m. inverno*. ***4*** Accessibile: *prezzo abbastanza m.* | Non troppo gravoso: *imposta, interesse m.* || **miteménte**, avv. In modo mite.

mitèna o **mittèna** [fr. *mitaine*, di etim. incerta] s. f. ***1*** Guanto femminile senza dita, spec. di pizzo e seta, usato nell'Ottocento. ***2*** Nelle antiche armature, manopola.

†**mìtera** ● V. *mitra* (*1*).

mitézza [da *mite*] s. f. ● Qualità di ciò che è mite: *la m. di un carattere, del clima, della pena*.

†**miticàre** ● V. *mitigare*.

miticità s. f. ● Qualità di chi o di ciò che è mitico.

miticizzàre [comp. di *mitic(o)* e *-izzare*] v. tr. ● Rendere mitico: *m. un eroe*.

miticizzazióne s. f. ● Atto, effetto del miticizzare.

mìtico [vc. dotta, gr. *mythikós*, agg. di *mŷthos* 'mito'] agg. (pl. m. *-ci*) ***1*** Che concerne il mito, che ha carattere di mito: *eroe, personaggio m.*; *racconti, tempi mitici*. ***2*** (*fig.*) Illusorio, utopistico: *una società mitica*. || **miticaménte**, avv.

mitigàbile agg. ● Che si può mitigare.

mitigaménto s. m. ● (*raro*) Modo e atto del mitigare | Ciò che allevia o mitiga.

mitigàre o †**miticàre** [vc. dotta, lat. *mitigāre*, da *mītis* 'mite'] **A** v. tr. (*io mìtigo, tu mìtighi*) ***1*** Rendere meno intenso, meno acerbo o aspro: *m. il dolore, la pena, l'odio, la passione*; *m. i rigori della prigione*. SIN. Calmare, moderare, placare. ***2*** Attenuare, diminuire: *m. il freddo*; *m. i prezzi, le esigenze*. ***3*** †Intenerire, blandire. **B** v. intr. pron. ● Calmarsi, moderarsi, farsi meno intenso: *la sua ira si mitiga presto*.

mitigatìvo [vc. dotta, lat. tardo *mitigatīvu(m)*, da *mitigāre* 'mitigare'] agg. ● Atto a mitigare.

mitigatóre agg.; anche s. m. (f. *-trice*) ● Che, chi mitiga.

mitigazióne [vc. dotta, lat. *mitigatiōne(m)*, da *mitigāre* 'mitigare'] s. f. ● Atto, effetto del mitigare o del mitigarsi.

†**mitighévole** agg. ● Che mitiga.

mitilicoltóre [comp. di *mitilo* e *-coltore*] s. m. (f. *-trice*) ● Chi alleva mitili.

mitilicoltùra [comp. di *mitilo* e *coltura*] s. f. ● Allevamento dei mitili.

mìtilo [vc. dotta, lat. *mȳtilu(m)*, nom. *mȳtilus*, dal gr. *mýtilos*, propriamente 'senza corna', da avvicinare a *mistýllein* 'tagliare (la carne), dividere', di origine indeur.] s. m. ● Mollusco lamellibranchio con conchiglia oblunga, nera, che si fissa mediante il bisso a corpi sommersi, allevato per le sue carni assai apprezzate (*Mytilus edulis*). SIN. Cozza, muscolo, peocio.

mitingàio ● V. *meetingaio*.

mitizzàre [comp. di *mit(o)* e *-izzare*] **A** v. tr. ● Rendere simile a un mito, assimilare ai miti: *m. le proprie aspirazioni, il proprio passato, la storia*. **B** v. intr. (aus. *avere*) ● Creare miti.

mitizzazióne s. f. ● Atto, effetto del mitizzare.

mito [vc. dotta, gr. *mŷthos* 'parola, discorso, narrazione, mito', di origine espressiva] s. m. ***1*** Nelle religioni, narrazione sacra di avvenimenti cosmogonici, di imprese di fondazione culturale e di gesta e origini di dèi e di eroi: *i miti greci*; *il m. di Prometeo*. ***2*** Esposizione di un'idea, di un insegnamento astratto sotto una forma allegorica o poetica: *il m. della caverna in Platone*. ***3*** Immagine schematica o semplificata, spesso illusoria, di un evento, di un fenomeno sociale, di un personaggio, quale si forma o viene recepita presso un gruppo umano, svolgendo un ruolo determinante nel comportamento pratico e ideologico di questo: *il m. del Risorgimento*; *il m. della flemma britannica*; *il m. dell'eroe*; *il m. di Garibaldi* | Credenza che, per il vigore con cui si estrinseca e l'adesione che suscita, provoca mutamenti nel comportamento di un gruppo umano, spinto da essa all'azione verso obiettivi imprecisati e futuri: *il m. della pace mondiale*; *il m. dell'unità della classe operaia*. ***4*** Speranza utopistica, costruzione dell'intelletto priva di fondamento: *la sua fortuna è un m.*

mitocondriàle [da *mitocondrio* col suff. *-ale* (*1*)] agg. ● (*biol.*) Riferito ai mitocondri: *matrice m.*

mitocòndrio [comp. del gr. *mítos* 'filo' (V. *mitosi*) e un deriv. di *chóndros* 'chicco'] s. m. ● (*biol.*) Organulo cellulare di forma varia, a struttura submicroscopica altamente differenziata, sede delle reazioni di respirazione e produzione di energia della cellula. SIN. Condriosoma.

mitogenètico [comp. di *mito(si)* e *genetico*] agg. (pl. m. *-ci*) ● (*biol.*) Detto di composto in grado di indurre processi mitotici.

mitografìa [vc. dotta, gr. *mythographía*, comp. di *mŷthos* 'mito' e *-graphía* '-grafia'] s. f. ● Descrizione e studio analitico dei miti.

mitògrafo [vc. dotta, gr. *mythográphos*, comp. di *mŷthos* 'mito' e *-gráphos* '-grafo'] s. m. ● Espositore e descrittore di miti, riferito spec. agli scrittori classici che hanno raccolto miti greci e romani.

mitologèma o **mitologhèma** [gr. *mythológēma* 'racconto favoloso', da *mythologêin* 'raccontare o comporre favole'] s. m. (pl. *-i*) ***1*** Nucleo originario di un mito, da cui si sono sviluppati vari miti tradizionali. ***2*** Idea, formula, dottrina che assume valore di mito spec. sociale o politico.

mitologìa [vc. dotta, gr. *mythología*, comp. di *mŷthos* 'mito' e *-logía* '-logia'] s. f. (pl. *-gie*) ● Studio dei miti nelle singole religioni | In particolare, l'insieme dei miti del mondo antico greco-romano.

mitològico [vc. dotta, gr. *mythologikós*, da *mythología* 'mitologia'] agg. (pl. m. *-ci*) ***1*** Che si riferisce a mito, a mitologia, a mitologo e ad epoca o tempo descritti nei miti. ***2*** (*fig.*) Favoloso, mitico. || **mitologicaménte**, avv.

mitologista s. m. e f. (pl. m. *-i*) ● Studioso, esperto di mitologia.

mitòlogo [vc. dotta, gr. *mythológos*, comp. di *mŷthos* 'mito' e *-lógos* '-logo'] s. m. (f. *-a*; pl. m. *-gi*) ● Chi studia o narra i miti.

mitòmane [fr. *mythomane*, comp. del gr. *mŷthos* 'mito' e del fr. *-mane* '-mane'] **A** agg. ● Della mitomania. **B** s. m. e f.; anche agg. ● Chi, che è affetto da mitomania | (*com.*) Visionario, millantatore.

mitomanìa [fr. *mythomanie*, comp. del gr. *mŷthos* 'mito' e *-manie* '-mania'] s. f. ● (*med., psicol.*) Tendenza a falsificare la realtà tramite racconti fantasiosi non veritieri per attirare l'attenzione su di sé.

mitopoièsi [comp. di *mito* e del gr. *póiēsis* 'produzione, creazione', da *poiêin* 'fare' (V. *poeta*)] s. f. ● Attitudine propria dello spirito umano a pensare miticamente, a produrre narrazioni mitiche | Fenomeno della formazione dei miti nelle religioni.

mitopoiètico [da *mitopoiesi*: la seconda parte è modellata sul gr. *poiētikós* (V. *poetico*)] agg. (pl. m. *-ci*) ● Relativo a mitopoiesi.

mitòsi [ingl. *mitosis*, dal gr. *mítos* 'filo', di etim. incerta] s. f. ● (*biol.*) Cariocinesi.

mitostòrico [vc. dotta, lat. tardo *mythistŏricu(m)*, nom. *mythistŏricus*, dal gr. *mythistorikós*, agg. di *mythistoría* 'storia favolosa', comp. di *mŷthos* 'mito' e *historía* 'storia'] agg. (pl. m. *-ci*) ● (*letter.*) Di narrazione mista di storia e favole o miti.

mitòtico [da *mitosi*] agg. (pl. m. *-ci*) ● (*biol.*) Che concerne la mitosi: *divisione mitotica*.

mitra (**1**) o †**mìtera**, **mitria** [vc. dotta, lat. *mĭtra(m)*, nom. *mĭtra*, dal gr. *mítra* 'benda, fascia, tiara', di etim. incerta] s. f. ***1*** Copricapo alto e diviso nella sommità in due punte, con nastri o strisce cadenti sulla nuca, portato da vescovi e prelati nelle cerimonie e come insegna di autorità e dignità. ***2*** Dispositivo applicato allo sbocco di canne fumarie o di tubi di ventilazione per proteggerli dall'azione del vento, della pioggia o della neve | Genere di Molluschi dei Gasteropodi oceanici della famiglia Mitridi, con conchiglia allungata dai colori vivaci (*Mitra*).

mitra (**2**) [abbr. di (*fucile*) *mitra*(*gliatore*)] s. m. inv. ● Fucile o moschetto automatico.

mitràglia [fr. *mitraille* 'moneta spicciola', poi 'pezzettini di metallo', dall'ant. fr. *mite* 'monetina di rame', a sua volta da *mite*, insetto (n. di origine ol.)] s. f. *1* Munizione spezzata di pallottole, schegge di ferro e sim., con cui un tempo si caricavano i cannoni e anche altre armi da fuoco per ottenere un tiro falciante ad ampio raggio | *Cartoccio, scatola a m.*, per artiglierie | *Cartuccia a m.*, per fucile. *2* Insieme dei colpi sparati con la mitragliatrice. *3* (*raro*) Rottami o minutaglie ferrose. *4* (*raro, pop.*) Moneta spicciola. *5* (*gerg.*) Mitragliatrice.

mitragliaménto s. m. *1* Atto, effetto del mitragliare. *2* Tecnica di ripresa fotografica consistente in una rapida successione di scatti relativi a un dato soggetto.

mitragliàre [fr. *mitrailler*, da *mitraille* 'mitraglia'] v. tr. (*io mitràglio*) ● Prendere di mira con raffiche di mitragliatrice o con tiri di mitraglia: *m. le fanterie nemiche* | (*fig.*) *M. qc. di domande*, porgli domande rapidissime e continue, senza sosta.

mitragliàta [fr. *mitraillade*, da *mitraille* 'mitraglia'] s. f. ● Raffica di mitraglia.

mitragliatóre [fr. *mitrailleur*, da *mitrailler* 'mitragliare'] **A** agg. (f. *-trice*) ● Che mitraglia: *pistola mitragliatrice* | *Fucile m.*, fucile automatico, simile alla mitragliatrice, ma più leggero e più semplice, munito generalmente di bipiede anteriore per il tiro da terra. **B** s. m. ● Soldato armato di fucile mitragliatore.

mitragliatrice [fr. *mitrailleuse*, da *mitrailler* 'mitragliare'] s. f. ● Arma da fuoco portatile, automatica, a tiro continuo o intermittente, con cadenza da 800 a 1 400 colpi al minuto primo | *M. leggera, pesante*, a seconda del calibro e della costituzione | *Nidi di m.*, postazioni campali o in trincea di tali armi | (*fig.*) *Sembrare una m.*, detto di persona che parla moltissimo e in fretta.

mitraglièra [da *mitragliare*] s. f. ● Mitragliatrice di calibro da 20 a 60 mm per il tiro contraereo ravvicinato, dotata di affusto a piedestallo | *M. multipla*, a più canne.

mitragliére [fr. *mitrailleur*. V. *mitragliatore*] s. m. ● Soldato addetto all'impiego delle mitragliatrici.

mitragliétta [calco sulla vc. fr. *mitraillette*] s. f. ● Nel linguaggio giornalistico, pistola mitragliatrice.

mitràico agg. (pl. m. *-ci*) ● Relativo al dio Mitra, al mitraismo: *culto m.*

mitraìsmo s. m. ● Culto del dio iranico Mitra, diffuso in tutto il mondo greco-romano in forma misterica.

mitràle [da *mitra* (*1*)] agg. ● (*anat.*) Simile a mitra | *Valvola m.*, che separa l'atrio dal ventricolo sinistro del cuore. ➡ ILL. p. 363 ANATOMIA UMANA.

mitràlico agg. (pl. m. *-ci*) ● (*anat.*) Relativo alla valvola mitrale: *vizio m.*; *stenosi mitralica*.

mitràre o **mitriàre** [da *mitra* (*1*)] v. tr. *1* Imporre la mitra | (*est.*) Conferire dignità vescovile. *2* (*fig.*) †Conferire a qc. dignità spirituale.

mitràto [vc. dotta, lat. *mitrātu*(*m*), da *mītra* 'mitra (1)'] **A** agg. ● Che porta la mitra o ha il diritto di portarla. **B** s. m. ● (*spec. al pl.*) I prelati della Chiesa.

mitrèo [vc. dotta, gr. *Mithrâion*, da *Míthras* 'Mitra', dio persiano] s. m. ● Santuario del dio Mitra.

mìtria ● V. *mitra* (*1*).

mitrìaco [vc. dotta, lat. tardo *mithrĭacu*(*m*), da *Mīthras* 'Mitra'] agg. ● Che si riferisce al dio Mitra e al mitraismo.

mitriàre o **mitriare** ● V. *mitrare*.

mitridàtico [vc. dotta, lat. *Mithridāticu*(*m*), nom. *Mithridāticus*, dal gr. *Mithridatikós*, agg. di *Mithridátēs* 'Mitridate', re del Ponto] agg. (pl. m. *-ci*) *1* Di Mitridate, re del Ponto. *2* (*med.*) Del mitridatismo.

mitridatìsmo [da *Mitridate*, re del Ponto (132-63 a.C.), che, per timore di essere avvelenato, si era assuefatto a tutti i veleni] s. m. ● (*med.*) Assuefazione ai veleni ottenuta spec. ingerendone piccole dosi progressive.

mitridatizzàre [da *Mitridate*. V. *mitridatismo*] **A** v. tr. ● Immunizzare dal veleno. **B** v. rifl. *1* Immunizzarsi dal veleno. *2* (*fig.*) Rendersi immune da ogni evento esterno ritenuto lesivo.

mitridatizzazióne s. f. ● Atto, effetto del mitridatizzare e del mitridatizzarsi.

†**mitridàto** [da *Mitridate*. V. *mitridatismo*] s. m. ● Antidoto contro i veleni.

Mitrìdi [comp. di *mitra* (*1*) nel sign. 2, e *-idi*] s. m. pl. ● Nella tassonomia animale, famiglia di Molluschi dei Gasteropodi comprendenti vari generi, fra cui la mitra (*Mitridae*) | (al sing. *-e*) Ogni individuo di tale famiglia.

mitteleuropèo [ted. *mitteleuropäisch* 'dell'Europa centrale', da *Mitteleuropa* 'Europa centrale', comp. di *mittel* 'medio' (di origine indeur.) ed *Europa* 'Europa'] agg. ● Che si riferisce all'Europa centrale e alla sua cultura.

mittèna ● V. *mitena*.

mittènte [vc. dotta, lat. *mittĕnte*(*m*), part. pres. di *mìttere* 'mandare'. V. *mettere*] s. m. e f. ● Chi spedisce a mezzo posta lettere, pacchi o altro: *firma e indirizzo del m.*

mittèria o **mictèria** [dal gr. *myktḗr*, genit. *myktêros* 'naso', letteralmente 'mucosa', dalla stessa radice indeur. da cui anche il lat. *mūcus* 'muco'; detta così dal becco lungo e acuto, come un naso aquilino] s. f. ● Grossa cicogna africana bianca e nera con sviluppatissimo becco rosso che alla base ha un'espansione a sella (*Ephippiorhynchus senegalensis*).

mix /ingl. miks/ [vc. ingl., da *to mix* 'mescolare' (V. *mixer*)] s. m. inv. ● Mescolanza, miscuglio, miscela: *un mix di ingredienti*.

mixage /ingl. 'miksidʒ/ [vc. ingl., da *to mix* 'mischiare' (V. *mixer*)] s. m. inv. ● (*cine*) Missaggio.

mixàre [dall'ingl. *to mix* 'mischiare' (V. *mixer*)] v. tr. ● Missare.

mixàto part. pass. di *mixare*; anche agg. ● Nel sign. del v.

mixedèma [comp. di *mix*(*o*)- ed *edema*] s. m. (pl. *-i*) ● (*med.*) Edema diffuso della cute e del tessuto sottocutaneo nell'ipotiroidismo.

mixedematóso agg. ● (*med.*) Che è affetto da mixedema.

mìxer /'mikser, *ingl.* 'miksə*/ [ingl., letteralmente 'che mescola', da *to mix* 'mescolare', ricavato da *mixt* 'misto', che deriva dal fr. *mixte* 'misto'] s. m. inv. *1* Recipiente graduato per miscelare bevande. *2* Parte del frullatore. *3* Apparecchio usato per il missaggio. *4* Tecnico addetto al missaggio. *5* (*tv*) *M. video*, miscelatore video.

mixeràggio [dall'ingl. *mixer* 'variatore di frequenza', propriamente 'mescolatore' (V. *mixer*)] s. m. ● (*cine, tv*) Missaggio.

mixing /ingl. 'miksiŋ/ s. m. inv. ● (*cine, tv*) Missaggio.

mixo- [dal gr. *mýxa* 'muco', di origine indeur.] primo elemento ● In parole composte della terminologia scientifica, significa 'muco, mucillagine': *mixomiceti, mixorrea*.

mixòma [comp. di *mix*(*o*)- e *-oma*] s. m. (pl. *-i*) ● (*med.*) Tumore benigno dei tessuti mucosi.

mixomatòsi [comp. di *mixoma* e *-osi*] s. f. ● Grave malattia infettiva da virus altamente contagiosa che colpisce soprattutto i conigli.

Mixomicèti [comp. di *mixo-* e del gr. *mýkēs*, genit. *mýkētos* 'fungo' (V. *micelio*)] s. m. pl. ● Nella tassonomia vegetale, piccolo gruppo di vegetali privi di clorofilla con forme plasmodiali polinucleate anche di notevoli dimensioni, frequenti su foglie morte o legno marcescente (*Myxomycetes*) | (al sing. *-e*) Ogni individuo di tale gruppo.

mixorrèa [comp. di *mixo-* e *-rea*] s. f. ● (*med.*) Abbondante secrezione di muco.

mixosarcòma [comp. di *mixo-* e *sarcoma*] s. m. (pl. *-i*) ● (*med.*) Tumore maligno che si genera dal tessuto mucoso.

mixovirus [comp. di *mixo-* e *virus*] s. m. ● (*biol.*) Denominazione comune dei virus a RNA comprendenti gli agenti causali dell'influenza e della parotite (*Orthomyxoviridae* e *Paramyxoviridae*).

Mizostòmidi [comp. del gr. *mýzein* 'succhiare' (della stessa fam. di *mýdos* 'umidità, viscosità', di origine indeur.) e *-stoma*] s. m. pl. ● Nella tassonomia animale, classe di Anellidi di piccole dimensioni, marini e parassiti di echinodermi (*Myzostoma*) | (al sing. *-e*) Ogni individuo di tale classe.

mm /m/ o **hmm**, **mhmm**, **mmh** [vc. espressiva] inter. *1* Esprime compiacimento: *mm! che buon odorino*; *mm! che buon dolce!* *2* Esprime ira, o impazienza frenata: *mm! che rabbia!* *3* Esprime dubbio: *mm, gatta ci cova!*

mnemònica [da (*arte*) *mnemonica*. V. *mnemonico*] s. f. ● Mnemotecnica.

mnemònico [vc. dotta, gr. *mnēmonikós* 'della memoria', da *mnḗmōn* 'memore', dalla stessa radice di *mimnḗskein* 'ricordare'] agg. (pl. m. *-ci*) *1* Della, relativo alla memoria: *facoltà mnemonica* | *Esercizi, mezzi mnemonici*, che servono per sviluppare la memoria. *2* (*spreg.*) Basato solo sulla memoria: *apprendimento m.* || **mnemonicaménte**, avv. In modo mnemonico: *studiare mnemonicamente*.

mnemonìsmo [da *mnemonico*] s. m. ● Eccessiva importanza data all'apprendimento mnemonico in alcuni sistemi educativi.

mnemotècnica [comp. del gr. *mnḗmē* 'memoria' (cfr. *mnemonico*) e *tecnica*] s. f. ● (*psicol.*) Sistema di regole per organizzare le informazioni in modo da facilitarne il ricordo.

-mnesìa secondo elemento ● In parole composte, formate sul modello di *amnesia*, significa 'memoria': *paramnesia*.

mnèstico o **mnèsico** [dal gr. *-mnēsis*, che si ricava da *anámnēsis* (V. *anamnesi*)] agg. (pl. m. *-ci*) ● (*med., psicol.*) Relativo alla memoria: *funzione mnesica*; *disturbi mnesici*.

mo' (**1**) /mɔ*, mo*/ o **mo** [lat. *mŏ*(*do*) 'ora', V. *modo*] avv. *1* (*dial.*) †Ora, adesso: *è accaduto mo'*; *mo' tu esageri*; *mo' vengo* | *Pur mo'*, or ora | *Da mo' innanzi*, d'ora in poi | Con valore raff. nella loc. *mo' mo'*, or ora, subito | *Da mo'*, da un bel pezzo. *2* (*dial.*) Un po': *senti mo' che pretese!*; *guarda mo' che idee!*

mo' (**2**) /mɔ*/ s. m. ● Forma tronca di 'modo', solo nella loc. prep. *a mo' di*, a guisa di: *a mo' d'esempio* (V. nota d'uso ELISIONE e TRONCAMENTO).

mòa [ingl. *moa*, vc. coloniale] s. m. ● Gigantesco uccello della Nuova Zelanda, simile allo struzzo, estintosi in epoca storica (*Dinornis*).

moabita [vc. dotta, lat. tardo *Moabīte*(*m*), nom. *Moabītes*, dal gr. *Moabítēs* 'abitante del Moab', da *Mōáb*, che è l'ebr. *Mō'ābh*: da *ābh* 'padre' (?)] s. m. e f. (pl. m. *-i*) ● Abitante, nativo della regione di Moab, sita a oriente del Mar Morto.

moabìtico agg. (pl. m. *-ci*) ● Relativo ai Moabiti.

mobìglia e *deriv.* ● V. *mobilia* e *deriv.*

mòbile (**1**) [vc. dotta, lat. *mōbile*(*m*), da *movēre* 'muovere'] **A** agg. *1* Che si può muovere, spostare dalla sua sede, trasportare da un luogo all'altro e sim.: *il carro è un oggetto m.* | *Bene m.*, ogni cosa materiale trasportabile da un luogo all'altro senza che subisca danni o ne venga alterata la funzione, o in grado di muoversi da sola o anche immateriale, quale il diritto d'autore e sim. e inoltre l'energia naturale dotata di valore economico | *Beni mobili registrati*, autoveicoli, navi, aeromobili i quali devono essere iscritti in un pubblico registro e sono sottoposti a un regime giuridico analogo a quello dei beni immobili | *Ricchezza m.*, un tempo, quella costituita da redditi non derivanti da terreni o fabbricati | *Caratteri mobili*, quelli componibili e scomponibili, per la stampa | *Feste mobili*, che cadono in date diverse, a seconda degli anni | *Colonna m.*, formazione di più reparti di varie armi, dotata di larga autonomia e di grande mobilità, per azioni tattiche particolari, spec. di controguerriglia | *Guardia m.*, milizia cittadina un tempo impiegata a difesa della città, anche fuori di essa | *Difesa m.*, basata su truppe spostabili per necessità da un luogo all'altro | *Squadra m.*, speciale reparto di agenti della polizia giudiziaria | *Scala m.*, V. *scala*. *2* Che è in movimento: *il mare è una massa d'acque mobili* | (*est.*) Che si muove, si sposta o muta con facilità: *sguardo, sorriso m.* *3* (*fig.*) Incostante, volubile: *ha una volontà m.* SIN. Mutevole. *4* (*ling.*) *Nome m.*, che ha una forma per il maschile distinta da quella per il femminile. || **mobilménte**, avv. **B** s. m. *1* Qualunque oggetto che per sua natura possa essere spostato o possa muoversi: *i mobili e gli immobili*; *tutti gli mobili sono egualmente prossimi e lontani al primo e dal primo universal motore* (BRUNO) | *Primo m.*, nel sistema tolemaico, il nono cielo che, velocissimo e privo di stelle, gira intorno alla Terra, comunicando il movimento ai cieli sottostanti. *2* Suppellettile atta ad arredare un luogo d'abitazione o di lavoro: *i mobili di casa, dell'ufficio*; *m. moderno, antico, in noce, in palissandro* | *M. bar*, quello in cui si tengono liquori e bevande in genere | *Bel m.!*, (*fig.*) bel tipo, soggetto originale. *3* †Capitale, denaro, patrimonio | †*Far m.*, accumulare ricchezze. || **mobilàccio**, pegg. | **mobilétto**, dim. | **mobilino**, dim. | **mobilóne**, accr. | **mobilùccio**, pegg. **C** s. f. ● (*ell.*) Squadra mobile: *chiamare la m.*; *il capo della m.*

mobile (2) /fr. mo'bil/ [fr. *mobile* 'che si muove' (stessa etim. dell'it. *mobile (1)*)] s. m. inv. ● Scultura mobile, fatta di lamine sospese mediante fili metallici, in modo da oscillare al minimo spostamento d'aria, cambiando così continuamente forma: *i m. di Calder*.

†mobilézza s. f. ● Mobilità, incostanza.

mobìlia o (*evit.*) **mobìglia** [vc. dotta, lat. *mobĭlia*, nt. pl. di *mōbilis* 'mobile (1)'] s. f. ● Il complesso dei mobili che arredano una casa o una stanza: *m. ricca, costosa*; *m. da salotto, da camera da letto* | (*fig.*, *raro*) *Fare da m.*, *stare per m.*, fare da tappezzeria.

mobiliàre (1) o (*evit.*) **mobigliàre** [da *mobilia*] v. tr. (*io mobìlio*) ● Ammobiliare: *m. una casa, un appartamento*.

mobiliàre (2) [fr. *mobiliaire*, da *mobile* 'bene mobile'] agg. ● Relativo a beni mobili | *Credito m.*, quello a medio termine, concesso con la sottoscrizione di azioni od obbligazioni | *Mercato m.*, quello dei valori mobiliari.

mobiliàto o (*evit.*) **mobigliàto**. part. pass. di *mobiliare*; anche agg. ● Nel sign. del v.

mobiliatùra o (*evit.*) **mobigliatùra** [da *mobiliare*] s. f. ● (*raro*) Fornitura di mobili per una casa o appartamento e sim.: *provvedere alla m.*

mobilière s. m. (f. *-a*, raro) ● Fabbricante, commerciante di mobili.

mobilificio [comp. di *mobile (1)* e *-ficio*] s. m. ● Fabbrica di mobili.

mobìlio o (*evit.*) **mobìglio** s. m. ● Mobilia.

mobilismo [comp. di *mobile (1)* e *-ismo*] s. m. ● Ogni atteggiamento filosofico che assume a suo fondamento la credenza secondo cui tutto è mobile e cangiante.

mobilità [vc. dotta, lat. *mobilitāte(m)*, da *mōbilis* 'mobile (1)' agg.] s. f. *1* Caratteristica di ciò che si muove con facilità o che muta rapidamente: *la m. degli occhi, dello sguardo*. *2* Capacità degli organi di compiere spostamenti: *m. articolare* | *M. del lavoro*, movimento e capacità di movimento della forza-lavoro da luogo a luogo, da settore a settore, da azienda ad azienda, anche con mansioni e tipo di lavoro diverso | *M. professionale*, riguarda gli spostamenti di individui da un gruppo professionale a un altro | *M. sociale*, relativamente ai mutamenti di categoria sociale di individui rispetto alle categorie a cui appartengono. *3* (*fig.*) Volubilità, incostanza: *la m. dell'animo e dei sentimenti umani*. *4* (*dir.*) Procedura che consiste nell'iscrizione dei lavoratori licenziati per riduzione del personale in apposite liste di collocamento, con erogazione di un sussidio in attesa della nuova assunzione.

mobilitàre [vc. dotta, lat. *mobilitāre* 'mettere in moto', da *mōbilis* 'mobile (1)' agg.] **A** v. tr. (*io mobìlito*) *1* Attuare i provvedimenti necessari per il passaggio di una o più unità, o di tutte le forze armate, dalla condizione di pace a quella di guerra (*anche ass.*): *m. le truppe*; *gli alleati mobilitano*. *2* (*fig.*) Mettere in moto, usare con impegno: *m. tutte le proprie forze e capacità*; *hanno mobilitato i migliori cervelli della nazione* | *M. la ricchezza, il capitale*, renderli produttivi. **B** v. rifl. ● Mettersi in moto: *si sono mobilitati tutti per superare il difficile momento*.

mobilitàto part. pass. di *mobilitare*; anche agg. ● Nei sign. del v.

mobilitazióne s. f. *1* Modo, atto ed effetto del mobilitare. *2* Chiamata o appello generale alla partecipazione attiva e produttiva: *si è verificata una m. dell'opinione pubblica, in favore del provvedimento*.

mobilizzàre [fr. *mobiliser*, da *mobile* 'mobile (1)'] v. tr. *1* (*chim.*) Rendere più atto a reagire un atomo o un raggruppamento atomico di un composto organico. *2* (*raro*) Mobilitare.

mobilizzazióne [fr. *mobilisation*, da *mobiliser* 'mobilizzare'] s. f. ● (*raro*) Mobilitazione.

mòca o **mòka** [da *Mokhā*, città dello Yemen] **A** s. m. inv. ● Caffè molto pregiato, proveniente dall'omonima città araba | La bevanda che se ne ricava: *bersi un m. fumante*. **B** s. f. ● Macchinetta a pressione per il caffè espresso, di uso domestico.

†mocaiàrdo [ar. *muhajjar*, stoffa ruvida] s. m. ● Stoffa di pelo di capra.

mocassino [fr. *mocassin*, dall'algonchino *móckasin*] s. m. *1* Calzatura tipica degli indigeni nordamericani, costituita da pezzi di pelle conciata e ripiegata, spec. di bisonte, renna od orso. *2* Tipo di scarpa di fabbricazione industriale di cuoio morbido, sfoderato, con suola flessibile, spec. senza allacciatura.

†mòcca [da *moccobello*] s. f. ● (*pop tosc.*) Denaro.

†moccadóre [sp. *mocador*, da *mocar* 'pulirsi il naso', dal lat. parl. **mucāre*, da *mūcus* 'moccio'] s. m. ● (*raro*) Fazzoletto.

†moccàre [da †*mocca*] v. tr. ● (*pop.*, *tosc.*) Guadagnare.

†moccèca [da *moccio*] s. m. ● Uomo sciocco.

moccicàglia [da *moccicare*] s. f. ● (*raro*) Moccio o materia simile a moccio.

moccicàre [da *moccio*] v. intr. (*io móccico*, *tu móccichi*; aus. *avere*) *1* Colare moccio dal naso. *2* (*est.*) Piangere con insistenza e lamentosamente: *un bambino che moccica sempre*.

moccichino [da *moccio*] s. m. *1* (*pop.*) Fazzoletto per soffiare il naso. *2* Bambino che moccica.

móccico s. m. (pl. *-chi*) ● (*tosc.*) Moccio.

moccicóne [da *moccicare*] agg.; anche s. m. (f. *-a*) ● (*tosc.*) Moccioso, moccione: *di che hai tu paura, moccicona?* (MACHIAVELLI).

†mocciconeria s. f. ● Dappocaggine | Comportamento o azione da moccicone.

moccicóso agg. *1* (*pop.*, *tosc.*) Che è solitamente sporco di moccio. *2* †Sciocco, dappoco.

móccio [da *mocci*, pl. di *mocco(lo)*] s. m. ● Muco delle membrane nasali: *naso pieno di m.* | (*est.*) Materia viscosa: *il m. delle lumache*.

moccióne **A** agg. *1* Di persona sporca di moccio: *un fanciullo m.* *2* (*fig.*, *spreg.*) Vecchio. **B** s. m. (f. *-a*) *1* Persona, spec. bambino, sporco di moccio | (*est.*) Ragazzetto: *che vuole quel m.?* *2* (*fig.*, *spreg.*) Persona molto vecchia | Personaggio di gran fama.

moccióso **A** agg. ● Che è sporco di moccio: *ragazzo m.* **B** s. m. (f. *-a*) *1* Bambino piccolo, ancora col moccio al naso. *2* (*fig.*, *spreg.*) Ragazzetto pretenzioso, che presume di sé e si dà arie da adulto: *piantala, m.!*

†moccobèllo [dall'ant. catalano *mogobell*, dall'ar. *moquabala* 'interesse sul capitale prestato'] s. m. ● Baratto, scambio | Prezzo del baratto.

moccolàia [da *moccolo*] s. f. *1* Grossezza che si forma in cima al lucignolo che arde e che carbonizzandosi produce fumo: *fare m.* | *Puzzo di m.*, (*est.*) odore di unto, di grasso. *2* Colatura di cera di una candela stearica.

moccolino s. m. ● Dim. di *moccolo* | *Spegnersi come un m.*, (*fig.*) morire di consumazione.

mòccolo o **móccolo** [dal lat. *mūccu(m)*, *mūcu(m)*. V. *muco*] s. m. *1* Protuberanza prodotta dalla candela che arde | (*est.*) Residuo di candela parzialmente arsa: *raccogliere i moccoli*. *2* Candela di dimensioni variabili, ma sempre piuttosto piccola: *accendere un m.* | *Reggere, tenere il m. a qc.*, (*fig.*) essere presente alle effusioni di due innamorati. *3* (*pop.*) Bestemmia: *tirare, mandare moccoli*. *4* (*fam.*) Moccio: *avere il m. al naso*. *5* †Punta del naso. || **moccolétto**, dim. | **moccolino**, dim. (V.) | **moccolóne**, accr. (V.).

moccolóne s. m. (f. *-a* nel sign. 2) *1* Accr. di *moccolo*. *2* (*fig.*) Moccicone.

mochétta s. f. ● Adattamento di *moquette* (V.).

†mòco [vc. di origine preindeur.] s. m. (pl. *-chi*) ● Inezia.

mocòco [vc. malgascia] s. m. (pl. *-chi*) ● (*zool.*) Maki.

mod /ingl. mɔd/ [vc. ingl., acrt. pop. di *modern* 'moderno, persona moderna'] **A** s. m. inv. (pl. ingl. *mods*) ● Appartenente a gruppi giovanili nati in Gran Bretagna negli anni Sessanta, appassionati di musica, spec. blues e jazz, amanti dell'abbigliamento ricercato e dello scooter, sostenitori di idee anarchiche, contrari all'uso della droga. **B** anche agg. inv.: *gruppi mod*; *abbigliamento mod*.

mòda [fr. *mode*, dal lat. *mŏdu(m)* 'modo'] s. f. *1* Foggia corrente del vestire e dell'acconciarsi, legata a una determinata epoca e al gusto di una determinata società: *m. italiana, francese*; *la m. del secolo scorso, del Settecento*; *storia della m.*; *giornale, rivista, articolo di m.*; *m. semplice, ricercata*; *m. femminile, maschile*; *m. per bambini*; *la m. delle gonne corte, delle gonne lunghe*; *la m. dei capelli lunghi, della barba*. *2* (*est.*) L'industria e il commercio degli articoli di abbigliamento, spec. femminili: *lavorare nella m.*; *l'alta m.* | *M. pronta*, il complesso dei capi di abbigliamento confezionati in serie | (*al pl.*) Articoli di abbigliamento femminile: *negozio di mode*. *3* Modo, costume passeggero di vivere e di comportarsi: *la m. dei tè letterari, delle trattorie fuori porta*. *4* Nelle loc. *di m.*, *alla m.*, secondo la moda o l'usanza del momento: *questo è il colore di m.*; *quest'anno va (è) di m. il viola*; *le gonne corte non sono (non vanno) più di m.*; *pettinatura, abito alla m.*; *film, libro, malattia, ritrovo, vacanze di m.* | *Uscire di m.*, non essere più nel gusto corrente | *Rientrare, ritornare di m.*, essere di nuovo nel gusto dei più. *5* (*stat.*) Valore che una variabile statistica assume con frequenza massima in serie di ripetute osservazioni. || **modàccia**, pegg.

modaiòlo **A** agg. ● (*spreg.*) Della moda: *imposizioni modaiole*. **B** agg.; anche s. m. (f. *-a*) ● (*spreg.*) Che, chi segue pedissequamente le indicazioni della moda.

modàle [da *modo*] agg. *1* (*ling.*) Che concerne il modo | *Proposizione m.*, subordinata che indica il modo in cui avviene quanto enunciato nella reggente; (*filos.*) quella in cui la copula acquista una determinazione complementare (*se A è un uomo, A è mortale*) | *Verbo m.*, verbo servile | *Attrazione m.*, uso del congiuntivo invece dell'indicativo per influsso del congiuntivo della frase sovraordinata. *2* In filologia, caratterizzato dalla presenza di modalità: *enunciato m.* *3* (*mus.*) Detto di una composizione più o meno precisamente fondata sulla modalità. *4* (*dir.*) Detto di negozio giuridico a titolo gratuito col quale è imposto al beneficiario un determinato onere: *donazione m.* *5* (*stat.*) Detto del valore che una variabile statistica assume con frequenza massima.

modalismo [da *modo*, perché questa eresia vedeva nella Trinità tre *modi* della divinità] s. m. ● Eresia cristiana secondo la quale nella Trinità vi sono tre modi della medesima ipostasi e non tre distinte persone.

modalità [da *modale*] s. f. *1* Ragione e maniera di essere, forma e modo particolare: *adempiere i propri impegni secondo le modalità prescritte* | (*est.*) Cosa accessoria o di importanza puramente formale: *intendersi, accordarsi sulle modalità dell'accordo*; *è solo una m.* *2* (*dir.*) Qualunque elemento accidentale di un negozio giuridico o di un atto amministrativo che regola nel caso concreto il modo degli effetti dello stesso: *la condizione è una m.* *3* (*ling.*) Funzione del linguaggio attraverso la quale si manifesta l'atteggiamento del locutore rispetto a un dato enunciato da lui prodotto: si può esprimere grammaticalmente (con i modi del verbo), lessicalmente (con verbi o espressioni modali) o fonologicamente (attraverso l'intonazione). *4* Nella logica aristotelica, il modo in cui un predicato inerisce a un soggetto | Concetto di possibilità o di necessità esistente in un enunciato. *5* (*mus.*) Sistema che sta alla base della musica colta occidentale, fino all'avvento della tonalità, e della musica di varie altre aree geografiche.

modanàre [da *modano*] v. tr. (*io mòdano*) ● Ornare con modanatura.

modanàto part. pass. di *modanare*; anche agg. ● Nel sign. del v.

modanatóre [da *modano*] s. m. ● Falegname che esegue modanature di mobili.

modanatrice [da *modanare*] s. f. ● In falegnameria, macchina fresatrice per operazioni simultanee di profilatura e modanatura di tavole, travetti, listelli e sim.

modanatùra [da *modano*] s. f. *1* (*arch.*) Elemento fondamentale della decorazione di un'opera architettonica, costituito da una superficie generata dalla traslazione o dalla rotazione di un profilo o sagoma, composto da segmenti di retta o archi di curva, che la caratterizza. *2* Elemento sagomato, spec. ornamentale e talora aggettante, di un mobile, di una cornice, della carrozzeria di un'automobile e sim.

mòdano [lat. *mŏdulu(m)* 'misura', dim. di *mŏdus* 'modo'] **s. m.** *1* Sagoma in grandezza naturale di una cornice o di una membratura architettonica, usata per la costruzione di elementi ornamentali. *2* Piccolo cilindro di legno che serve a fare le maglie delle reti. *3* Antica trina dai disegni ricamati di solito a punto rammendo su fondo a rete di maglie quadrate o romboidali.

modèlla [f. di *modello*] **s. f.** *1* Donna che posa da modello nello studio di pittori, scultori o fotografi. *2* Indossatrice, spec. in quanto posa per fotografie dei giornali di moda.

modellàbile **agg.** ● Che si può modellare.

modellaménto **s. m.** *1* Modo e atto del modellare. *2* (*geogr.*) Azione complessiva per effetto della quale parte della superficie terrestre viene distrutta, demolita e perduta attraverso degradazione meteorica, movimenti di massa, erosione e trasporto.

modellàre [da *modello*] **A** **v. tr.** (*io modèllo*) *1* Plasmare una sostanza molle per darle una forma voluta: *m. un vaso, una statua*. *2* Foggiare, sagomare secondo un modello (*anche fig.*): *m. un cappello*; *m. il proprio stile su quello del Manzoni*. *3* Mettere in risalto le forme del corpo, detto spec. di abito. **B** **v. rifl.** ● Conformarsi: *l'opera di questo giovane si modella su schemi classici*; *è difficile modellarsi alle vostre idee*.

modellàto **A** **part. pass.** di *modellare*; anche **agg.** ● Nei sign. del v. **B** **s. m.** *1* Forma che la mano dell'artista dà alla materia scultorea. *2* Complesso delle qualità plastiche di una scultura o pittura: *il m. di Raffaello*.

modellatóre **agg.**; anche **s. m.** (f. *-trice* nel sign. 1) *1* Che, chi modella. *2* Indumento intimo femminile di tessuto elastico più o meno pesante, che copre il corpo dal seno fino all'inizio delle cosce.

modellatùra (1) [da *modellato*] **s. f.** ● Atto, effetto del modellare.

modellatùra (2) [da *modellatura (1)*] **s. f.** ● Metodo usato dai parrucchieri per dare consistenza e forma ai capelli, che in pratica equivale a una leggera permanente.

modellazióne **s. f.** ● Modellatura.

modellìno **s. m.** *1* Dim. di *modello*. *2* Riproduzione in miniatura di treni, navi o altro, spec. quella adoperata in cinematografia o in televisione per evitare costose riprese di tali oggetti in grandezza naturale.

modellìsmo [comp. di *modello* e *-ismo*] **s. m.** ● Tecnica della riproduzione in scala ridotta di particolari oggetti, spec. navi, veicoli, aeroplani.

modellìsta **s. m. e f.** (pl. m. *-i*) *1* Chi disegna e cura la realizzazione di abiti, cappelli, biancheria, scarpe e sim. *2* Operaio che esegue i modelli o prepara il prototipo. *3* Chi si occupa di modellismo.

modellìstica **s. f.** ● Tecnica della realizzazione di modelli di macchine, edifici e sim., spec. a scopo di studio o di esperimento.

modellìstico **agg.** (pl. m. *-ci*) ● Concernente la modellistica.

modèllo [lat. parl. **modĕllu(m)*, dim. di *mŏdulus* 'modulo'] **A** **s. m.** (f. *-a* (V.) nel sign. 9) *1* Esemplare perfetto, da imitare o degno d'essere imitato: *è un m. di virtù, di coerenza, di onestà*; *uno scrittore che si rifà ai modelli classici* | *Proporre a m.*, dare come esempio da seguire | *Prendere a m.*, imitare. *2* In fonderia, riproduzione, di dimensioni variabili, in legno o in metallo, della superficie esterna di un oggetto che si vuole ottenere per fusione. *3* Correntemente, stampo o forma (*anche fig.*): *due vasi dello stesso m.*; *hanno caratteri così uguali che sembrano fatti sullo stesso m.* *4* Originale: *copiare fedelmente un m.* | Prototipo industriale, destinato alla riproduzione in serie: *un nuovo m. di frigorifero*. *5* Abito eseguito su disegno originale: *sfilata di modelli* | *M. in carta*, formato dai vari pezzi che compongono l'abito, usato per tagliare i vestiti sulla stoffa. *6* Modulo che si usa per determinate pratiche burocratiche. *7* Rappresentazione in rilievo su scala ridotta di strutture edilizie, meccaniche, idrauliche e sim.: *il m. della nuova ferrovia, di un edificio, di un motore, di una diga* | (*est.*) Riproduzione, generalmente di dimensioni ridotte rispetto all'originale, di opere artistiche, organi e strutture anatomiche, e sim.; *un m. in bronzo del Colosseo*; *il m. del cuore umano* | Riproduzione su scala ridotta di un ambiente naturale, urbano e sim. in cui si verifichino determinati fenomeni scientifici, eventi naturali e sim. allo scopo di agevolarne lo studio delle cause, delle conseguenze e, in genere, delle caratteristiche | (*fis.*) *M. nucleare*, schema di rappresentazione della struttura del nucleo e della disposizione delle particelle che lo costituiscono. *8* Schema teorico elaborato in varie scienze e discipline per rappresentare gli elementi fondamentali di uno o più fenomeni o enti | *M. matematico*, relativamente a una teoria matematica individuata da un sistema di postulati, esempio concreto di enti che soddisfino i postulati stessi | *M. economico*, quello tendente a unificare in un solo quadro generale tutti i fenomeni economici, o gli aspetti di un certo sistema economico, alla luce di alcuni dati di fatto, di determinate generalizzazioni, di certi principi analitici | *M. econometrico*, in economia, quello che utilizza i dati statistici, e pertanto attribuisce valori numerici ai coefficienti che appaiono nelle equazioni costitutive del modello stesso. *9* Uomo che posa per pittori, scultori o fotografi. *10* (*dir.*) *M. di utilità*, invenzione che consente di conferire a macchine o utensili maggiore efficacia o comodità di impiego | *M. ornamentale*, che conferisce a un prodotto industriale particolari qualità estetiche. *11* †Modulo. ‖ **modellétto**, **dim.** | **modellìno**, **dim.** (V.) | **modellùcolo**, **dim.** **B** in funzione di **agg. inv.** ● (posposto a un s.) Detto di chi, di ciò che è perfetto nel suo genere e quindi degno di essere imitato: *soldato, impiegato, scolaro m.*; *sposa m.* | *Podere, orto, frutteto m.*, coltivato secondo i sistemi più razionali, così da servire da esempio.

mòdem [comp. di *mo(dulatore)* e *dem(odulatore)*] **s. m.** ● Modulatore e demodulatore di frequenza che, nella trasmissione dei dati, converte questi in segnali atti a essere trasferiti sulle normali linee telefoniche e viceversa.

modenése [lat. *Mutinēnse(m)*, da *Mŭtina* 'Modena'] **A** **agg.** ● Di Modena | *Pozzo m.*, pozzo artesiano. **B** **s. m. e f.** ● Abitante di Modena. **C** **s. m.** solo **sing.** ● Dialetto parlato a Modena.

moderàbile [vc. dotta, lat. *moderābile(m)* 'moderato', da *moderāri* 'moderare'] **agg.** ● Che si può o si deve moderare.

moderaménto [vc. dotta, lat. tardo *moderamĕntu(m)* 'lenimento', da *moderāri* 'moderare'] **s. m.** ● (*raro*) Modo e atto del moderare.

moderàre [vc. dotta, lat. *moderāri*, da *mŏdus* 'moderazione, modo'] **A** **v. tr.** (*io mòdero*) *1* (*lett.*) Governare, regolare, reggere. *2* Contenere entro i dovuti limiti: *m. il rigore, il lusso, le spese* | Misurare: *m. i termini, le parole, l'entusiasmo, gli eccessi*. **B** **v. rifl.** ● Usare prudenza e misura in q.c.: *moderarsi nei piaceri della tavola*.

moderatézza **s. f.** ● Qualità di chi, di ciò che è moderato, sobrio, prudente.

moderatìsmo [comp. di *moderato* e *-ismo*] **s. m.** ● Atteggiamento politico proprio dei moderati.

moderatìvo **agg.** ● (*raro*) Atto a moderare.

moderàto **A** **part. pass.** di *moderare*; anche **agg.** *1* Nei sign. del v. *2* Temperato, corretto, regolato: *libertà moderata dai freni della legge* | (*est.*) Parco, misurato. *3* (*mus.*) Indicazione di movimento fra l'andante e l'allegretto. ‖ **moderataménte**, **avv.** Con moderazione: *bere, mangiare moderatamente*. **B** **s. m.** (f. *-a*) *1* Fautore di idee politiche moderate, aliene da estremismi. *2* (*est.*) Chi è incline al compromesso e alla convivenza fra nuovi e vecchi schemi di vita, di pensiero e sim.: *non condivide la nostra posizione di rottura perché è un m.* ‖ **moderatùcolo**, **pegg.**

moderatóre [vc. dotta, lat. *moderatōre(m)*, da *moderāri* 'moderare'] **A** **agg.** (f. *-trice*) ● Che modera: *saggezza moderatrice dell'impazienza giovanile*. **B** **s. m.** (f. *-trice* nei sign. 1 e 2) *1* Chi modera. *2* Chi presiede o dirige una discussione, una tavola rotonda e sim. *3* Presidente della Tavola Valdese. *4* (*fis.*) Particolare sostanza che ha la possibilità di rallentare i neutroni nei reattori nucleari. ➡ ILL. p. 825 SCIENZE DELLA TERRA ED ENERGIA.

†**moderatòrio** **agg.** ● Che si riferisce alla moderazione.

moderazióne [vc. dotta, lat. *moderatiōne(m)*, da *moderāri* 'moderare'] **s. f.** *1* Atto, effetto del moderare: *la m. dei prezzi, delle spese*. *2* Senso della misura, rispetto dei dovuti limiti: *agire, parlare, esprimersi con m.*; *ci vuole un po' di m.*

modernariàto [da *moderno*, sul modello di *antiquariato*] **s. m.** ● Raccolta per fini commerciali o collezionistici di oggetti (mobili, suppellettili, elettrodomestici, libri e sim.) appartenenti a tutto il XX sec., con interesse particolare per quelli degli anni Cinquanta e Sessanta | Insieme di tali oggetti: *mostra del m.*

modern dance /ingl. ˈmɔdən da:ns/ [loc. ingl., propr. 'danza moderna'] **loc. sost. f. inv.** ● Danza artistica contemporanea, nata in America, caratterizzata da un'assoluta libertà nei confronti delle norme accademiche e da una certa vicinanza agli orientamenti delle arti figurative contemporanee.

modernìsmo [fr. *modernisme*, da *moderne* 'moderno'] **s. m.** *1* Tendenza al rinnovamento di ideologie, metodi, sistemi e sim., in vista di un loro corretto adeguamento alle esigenze nuove, alle necessità del mondo moderno. *2* Movimento religioso condannato da Pio X nel 1907, il quale tendeva ad accordare la tradizione cattolica con le correnti filosofiche e sociali del mondo moderno e con i risultati della rinnovata esegesi biblica.

modernìsta [fr. *moderniste*, da *moderne* 'moderno'] **A** **s. m. e f.** (pl. m. *-i*) *1* Chi mostra idee e tendenze innovatrici: *il padrone invece si dava delle arie da m.* (LEVI). *2* Fautore del modernismo in religione. **B** anche **agg.**: *idee moderniste*.

modernìstico **agg.** (pl. m. *-ci*) ● Del, relativo al modernismo. ‖ **modernisticaménte**, **avv.**

modernità **s. f.** *1* Qualità e condizione di ciò che è moderno: *l'eccessiva m. di certi arredamenti mi convince poco*. *2* Aspetto e spirito nuovo della civiltà, nuovo modo di vivere e pensare conforme alle condizioni, agli studi, alle aspirazioni ed esigenze odierne: *essere nemici della m.*

modernizzàre [fr. *moderniser*, da *moderne* 'moderno'] **A** **v. tr.** ● Rendere moderno | Adeguare ai tempi moderni: *m. la legislazione sociale, il proprio linguaggio*. **B** **v. rifl.** ● Conformarsi al mondo moderno: *bisogna modernizzarsi e scuotersi di dosso tutto questo vecchiume*.

modernizzazióne **s. f.** ● Atto, effetto del modernizzare e del modernizzarsi.

modèrno [vc. dotta, lat. tardo *modĕrnu(m)*, da *mŏdo* 'or ora'. V. *mo'*] **A** **agg.** ● Introdotto o cominciato da poco, tipico dell'epoca attuale o d'un periodo recente: *uso, gusto, pittore, stile m.*; *arte, poesia moderna* | *Storia moderna*, che comprende il periodo compreso tra il Rinascimento e la Rivoluzione francese | Di oggi: *le invenzioni moderne*; *i tempi, gli uomini moderni* | *Alla moderna*, (*ell.*) in modo moderno. CONTR. Antico. ‖ **modernaménte**, **avv.** In modo moderno; nei tempi moderni. **B** **s. m.** *1* Uomo dell'epoca attuale: *i moderni hanno esigenze e gusti nuovi*. *2* Ciò che è del nostro tempo o ne esprime i gusti, le esigenze e sim. (spec. in contrapposizione ad *antico*): *preferire il m.*; *non capire il m. nell'arte*.

modern style /ingl. ˈmɔdən stail/ [loc. ingl., propr. 'stile moderno'] **loc. sost. m. inv.** ● In Gran Bretagna, ma anche in Francia e in Belgio, denominazione dello stile liberty.

modèstia [vc. dotta, lat. *modĕstia(m)*, da *modĕstus* 'modesto'] **s. f.** *1* Virtù che fa rifuggire dal riconoscimento o dal vanto dei propri meriti: *m. affettata, falsa* | *Scusate la m.*, (*iron.*) di chi si vanta di q.c. | *M. a parte*, (*scherz.*) nel riferimento di fatti che tornano a lode di chi li racconta | *Non peccare di m.*, essere vanitoso. SIN. Umiltà. *2* Moderazione spontanea, non dettata da circostanze o motivi esteriori, nel modo di vivere, di vestire, ecc.: *m. nel vestire* | (*est., raro*) L'essere mediocre, dimesso, scarso: *m. di un impiego, delle entrate*. *3* Pudore: *fanciulla piena di m.*; *offendere la m.*

modèsto [vc. dotta, lat. *modĕstu(m)*, da *mŏdus* 'limite'. V. *modo*] **agg.** *1* Di chi non presume di sé ed è alieno da ambizione o vanità, anche se i suoi meriti sono grandi: *un ragazzo geniale e m.* | *Troppo m.*, (*iron.*) di chi affetta modestia. SIN.

Umile. CONTR. Vanitoso. *2* Che ha il senso del pudore, della riservatezza, della moderazione: *fanciulla modesta*; *contegno, sguardo m.* SIN. Costumato. CONTR. Sfacciato. *3* Umile: *la modesta violetta*; *modeste apparenze.* *4* Mediocre: *desiderio, ingegno m.*; *aspirazioni, domande, pretese modeste.* SIN. Limitato. *5* Privo di sfarzo, di vistosa ricchezza: *casa, accoglienza modesta*; *presentarsi in abiti modesti* | Povero: *una modesta sepoltura*; *un m. desinare.* CONTR. Sfarzoso. || **modestino**, dim. || **modestaménte**, avv. *1* In modo modesto: *vivere, vestire modestamente.* *2* Con valore attenuativo: *modestamente ho ottenuto un buon risultato.*

modicità [vc. dotta, lat. *modicitāte(m)*, da *mŏdicus* 'modico'] s. f. • Qualità di ciò che è modico: *m. dei prezzi.*

mòdico [vc. dotta, lat. *mŏdicu(m)*, da *mŏdus* 'limite'. V. *modo*] agg. (pl. m. *-ci*) • Piuttosto esiguo: *con modica fortuna*; *spesa modica*; *prezzo m.* || **modicaménte**, avv. In maniera modica.

modìfica s. f. • Modificazione.

modificàbile agg. • Che si può modificare.

modificabilità s. f. • Qualità di ciò che è modificabile.

†**modificaménto** s. m. • Modificazione.

modificànte part. pres. di *modificare*; anche agg. *1* Nei sign. del v. *2* *Avverbi modificanti*, di modo.

modificàre [vc. dotta, lat. *modificāre*, comp. di *mŏdus* 'misura' (V. *modo*) e *-ficāre* '-ficare'] **A** v. tr. (*io modìfico, tu modìfichi*) *1* Mutare in parte o completamente: *m. le leggi, le condizioni di un contratto, il proprio punto di vista, la propria condotta.* SIN. Cambiare. *2* †Temperare, moderare. **B** v. intr. pron. • Subire modifiche o alterazioni: *la dimensione del delta del fiume si modifica di anno in anno.* SIN. Cambiare.

modificativo agg. • Che serve a modificare.

modificàto part. pass. di *modificare*; anche agg. • Nei sign. del v.

modificatóre [vc. dotta, lat. *modificatōre(m)*, da *modificātus* 'modificato'] agg.; anche s. m. (f. *-trice*) *1* Che, chi modifica. *2* (*ling.*) Elemento linguistico che, nella struttura di un gruppo o sintagma, precede o segue la parola principale del gruppo da cui dipende.

modificazióne [vc. dotta, lat. *modificatiōne(m)* (che aveva però il sign. di 'struttura, assettamento'), da *modificātus*. V. *modificato*] s. f. • Atto, effetto del modificare: *essere soggetto a m.*; *apportare alcune modificazioni.* SIN. Cambiamento.

modiglianésco agg. (pl. m. *-schi*) • Tipico dello stile del pittore A. Modigliani (1884-1920).

modiglióne [lat. parl. **mutiliōne(m)*, da *mŭtulus*. V. *mucchio*] s. m. • Membro architettonico con forma caratteristica a S avente funzione di sostegno reale o apparente o di decorazione, spec. nei mobili del XVI sec. ➡ ILL. p. 357 ARCHITETTURA.

mòdio [vc. dotta, lat. *mŏdiu(m)*. V. *moggio*] s. m. • Misura romana di capacità per aridi, costituita da 16 sestari e corrispondente a circa 8,75 l.

modìolo [vc. dotta, dal lat. *modĭolu(m)* 'piccolo vaso', dim. di *mŏdiu(m)* 'moggio', così chiamato per la forma] s. m. • (*anat.*) Asse scheletrico intorno al quale si sviluppa la coclea ossea nell'orecchio interno dei Mammiferi. SIN. Columella.

modìsmo [sp. *modismo* 'idiotismo', da *modo* (*di dire*) e *-ismo*] s. m. *1* (*ling.*) Modo di esprimersi, locuzione tipici di un determinato linguaggio o di una particolare categoria sociale. *2* (*ling.*) Sintagma nominale o verbale i cui elementi presentano una stretta coesione: *'aver luogo' e 'correre il pericolo' sono modismi.*

modista [fr. *modiste*, da *mode* 'moda'] s. f. • Donna che confeziona e vende cappelli femminili.

modisterìa s. f. *1* Laboratorio di modista. *2* Mestiere della modista.

mòdo [lat. *mŏdu(m)* 'misura, regola', di origine indeur.] s. m. *1* Qualità variabile dell'essere, dell'operare, del sentire: *pensare, leggere, parlare, comportarsi in un certo m.*; *ha un curioso m. di ridere* | *Avverbio, complemento di m.*, in cui il parlante presenta lo stato e la qualità dell'azione | *In m. giusto*, giustamente | *In m. strano*, stranamente | *Per dritto m.*, drittamente | *In special m.*, specialmente | *In questo m.*, così | *Di m. che, in m. da, in m. che*, così da | *M. di dire*, locuzione tipica di un certo sistema linguistico | *Per m. di dire*, per esempio. SIN. Maniera. *2* Espediente, mezzo, occasione: *troveremo il m. d'uscire di qui*; *è intraprendente e si aiuta con tutti i modi*; *non mancano i modi!* | *Dar m.*, fornire il mezzo, l'occasione | †*Uomo di modi*, ricco | *M. di fargliela*, occasione di ingannarlo | *Non aver m.*, non potere, non essere in condizione di | Procedimento: *m. corretto, disordinato*; *secondo i modi della legge* | *In, ad ogni m.*, comunque | *In ogni m.*, con tutti i mezzi disponibili | *In qualche m.*, come si può | *In qualunque m.*, a tutti i costi | *In tutti i modi*, comunque sia | *In nessun m.*, per nessuna ragione, assolutamente no. SIN. Maniera. *3* (*spec. al pl.*) Tratto: *modi villani, cortesi, garbati*; *che modi sono questi!* | *In malo m.*, sgarbatamente o con violenza | *In m. amichevole*, con gentilezza, garbo e sim. | *Avere bei modi*, essere garbato e gentile | *C'è m. e m.*, le cose cambiano a seconda del tono usato per dirle, della maniera con cui si fanno o si presentano e sim. | Abitudine, usanza, stile: *è un m. di vita tipicamente nordico*; *scrive al m. degli americani*; *vestire al m. dei contadini* | *A m. di, da*, in guisa di, come. SIN. Maniera. *4* Frase o locuzione caratteristica: *i modi toscani*; *un m. elegante, letterario, improprio.* *5* Limite, regola: *trovare, adottare il giusto m.* | *Far le cose con m. e misura*, senza esagerare | *Senza m.*, eccessivamente | *Oltre, sopra m.*, enormemente, sommamente: *la qual cosa, ... piacevagli sopra m.* (LEOPARDI) | *A m.*, nella maniera e misura giuste, secondo le regole | *Una persona a m.*, perbene | †Moderazione | †*Avere, porre m.*, moderarsi, moderare | †Modestia. *6* (*ling.*) La maniera in cui il parlante presenta l'azione o lo stato espressi dal verbo. *7* (*mus.*) Nella musica medievale, insieme di intervalli gravitanti attorno a uno o più suoni di un certo rilievo: *gli otto modi gregoriani, quattro autentici e quattro plagali* | Nella musica classica, serie dei suoni della scala che si dispongono a diversi intervalli e può essere quindi maggiore o minore | *M. maggiore*, 2 toni, 1 semitono, 3 toni. *8* (*dir.*) Nei negozi giuridici gratuiti, obbligo posto a carico del beneficiario che non condiziona gli effetti del negozio all'adempimento dello stesso: *m. apposto a una donazione, a una disposizione testamentaria.* SIN. Onere. || **modino**, dim.

modulàbile [vc. dotta, lat. *modulābile(m)*, da *modulāri* 'modulare (1)'] agg. • Che si può modulare.

modulànte part. pres. di *modulare* (*1*); anche agg. *1* Nei sign. del v. *2* *Ordine m.*, di modulazione, musicale.

modulàre (1) [vc. dotta, lat. *modulāri* 'regolare, misurare secondo scadenza', da *mŏdulus*, dim. di *mŏdus* 'regola'. V. *modo*] v. tr. (*io mòdulo*) *1* Variare regolarmente, armonicamente il canto, la voce, il suono | Far passare l'armonia da un tono all'altro, piegarla per vari accordi. *2* †Porre in musica. *3* (*raro*) Esporre mediante o secondo un modulo: *m. una proposta.* *4* (*fis.*) Sovrapporre, con tecniche particolari, a un'oscillazione elettrica ad alta frequenza un'altra a frequenza molto più bassa e che rappresenta il segnale da trasmettere.

modulàre (2) [da *modulo* (*1*)] agg. • Di, relativo a, modulo | *Sistema m.*, che si basa sul modulo | *Architettura, composizione m.*, fatta col sistema del modulo | (*elab.*) *Programmazione m.*, tecnica di programmazione basata sull'impiego di moduli.

modulàre (3) [da *modulo* (*2*)] agg. • Detto di struttura composta di singoli elementi, separabili e interscambiabili: *scaffale m.*

modulàrio [da *modulo* (*1*)] s. m. • Raccolta di moduli.

modularità [da *modulare* (*2*)] s. f. • Proprietà di ciò che è modulare.

modulàto part. pass. di *modulare* (*1*); anche agg. • Nei sign. del v. || **modulataménte**, avv. Con modulazione.

modulatóre [vc. dotta, lat. *modulatōre(m)*, da *modulāri* 'modulare (1)'] s. m. (f. *-trice*) *1* Chi modula | (*raro*) Compositore. *2* (*fis.*) Dispositivo che opera la modulazione | *M. di luce*, strumento che permette di variare il valore del flusso luminoso in relazione all'intensità della corrente ricevuta.

modulazióne [vc. dotta, lat. *modulatiōne(m)*, da *modulāri* 'modulare (1)'] s. f. *1* (*mus.*) Variazione regolata | *M. armonica*, passaggio da una ad altra tonalità, o modo, mediante speciali processi tecnici ed estetici. *2* (*fis.*) Variazione in ampiezza di oscillazioni di alta frequenza, secondo una legge di bassa frequenza corrispondente alle oscillazioni acustiche della voce, della musica, del canto e sim. | *M. d'ampiezza*, processo in cui si varia l'ampiezza di una grandezza elettrica alternata | *M. di fase*, processo in cui si varia l'angolo di fase dell'onda portante | *M. di frequenza*, processo con cui si varia la frequenza | *M. a impulsi*, processo con il quale si variano le caratteristiche di una successione di impulsi.

modulìstica [da *modulo* (*1*) nel sign. 2] s. f. • (*org. az.*) Tecnica relativa alla impostazione, allestimento e stampa di moduli d'ufficio, contabili e sim. | Raccolta, insieme organico di moduli d'ufficio.

mòdulo (1) [vc. dotta, lat. *mŏdulu(m)*, dim. di *mŏdus* 'misura, modo'] s. m. *1* Forma tipica e invariabile prevista per la stesura di certi documenti: *il m. classico delle citazioni in giudizio.* *2* Schema stampato, identico per tutti i casi analoghi, da riempire di volta in volta, in uso negli uffici pubblici: *m. di versamento.* *3* (*fig.*) Canone, norma: *seguire i vecchi moduli di vita.* *4* (*arch.*) Misura del raggio della colonna, mediana nell'architettura greca o basale nell'architettura romana, assunta come unità di grandezza alla quale si riferiscono le dimensioni delle altre parti di un edificio. *5* (*numism.*) Diametro di una moneta. *6* (*idraul.*) Unità di misura dell'acqua corrente o concessa a scopo irriguo o industriale, equivalente a 100 l/s. *7* In varie tecnologie, intensità, ampiezza o valore numerico di una certa grandezza | *M. di elasticità*, rapporto fra deformazione e sforzo | *M. di dilatazione termica*, rapporto fra allungamento e temperatura | *M. di ruota dentata*, rapporto fra il diametro primitivo e il numero dei denti. *8* (*mat.*) *M. d'un numero complesso*, radice quadrata della somma dei quadrati della parte reale e del coefficiente dell'immaginario | *M. d'un numero reale*, il valore assoluto del numero. || **modulino**, dim.

mòdulo (2) [da *modulo* (*1*)] s. m. *1* Parte, porzione, reparto di un complesso organico, concepito come separato o separabile, con riferimento ad apparecchiature elettroniche, veicoli spaziali o a parti di mobili o di strutture edilizie: *m. di comando, di servizio, di propulsione*; *m. lunare.* *2* (*est.*) Elemento singolo di una struttura: *m. di una libreria* | Unità organizzativa, relativamente autonoma, parte di un organismo complesso: *i nuovi moduli nella scuola elementare* | (*elab.*) Parte autonoma di un programma per l'esecuzione di una specifica funzione.

modulòmetro [comp. di *modulo* e *-metro*] s. m. • (*telecom.*) Strumento per la misura istantanea della differenza tra il valore modulato di un'onda e il corrispondente valore della portante prima della modulazione.

modus operandi /*lat.* 'mɔdus ope'randi/ [loc. lat., propr. 'modo di operare'] loc. sost. m. inv. (pl. lat. raro *modi operandi*) • Maniera di fare, di agire nello svolgimento di una determinata attività.

modus vivendi /*lat.* 'mɔdus vi'vendi/ [lat., propriamente 'modo di vivere'] loc. sost. m. inv. *1* Nel diritto internazionale, accordo a carattere economico provvisorio, destinato a disciplinare rapporti internazionali in attesa che sia chiarita una situazione controversa o durante le trattative diplomatiche per la conclusione di un accordo a carattere stabile. *2* Correntemente, accomodamento.

moèna [variante dial. di *murena*] s. f. • (*zool.*, *dial.*) Murena.

mofèta o **moféta** [V. *mefite* (*1*)] s. f. • Fessura o apertura del suolo da cui escono vapore acqueo, anidride carbonica e altri gas di origine vulcanica a bassa temperatura.

moffétta [da *mofeta*, per il cattivo odore che emette] s. f. • Piccolo mammifero dei Carnivori con pelliccia nera striata di bianco, fornito di ghiandole perianali con cui può lanciare contro i nemici il liquido secreto, denso, oleoso, di odore sgradevolissimo (*Mephitis mephitis*). SIN. Skunk, mefite.

mògano [da *mohogoni*, vc. di una lingua indiana dell'America del Nord] **A** s. m. • Albero tropicale delle Meliacee (*Swietenia mahagoni*) | Il legno pregiato, bruno rosso, ricavato da tale pianta. SIN. Acagiù. **B** in funzione di agg. inv. • (posposto al s.)

Che ha il colore marrone rossiccio tipico del legno omonimo: *capelli m.*

mòggio [lat. *mŏdiu(m)*, da *mŏdus* 'misura'. V. *modo*] s. m. (pl. *mòggia* f., †*mògge* f., *mòggi* m. raro) *1* Unità di misura di capacità per aridi. *2* Recipiente usato per le misure di capacità | *Nascondere, nascondersi sotto il m.*, (*fig.*) tenersi celato alla gente o nasconderle q.c. | *A moggia*, (*fig.*) in gran quantità | *Mettere la fiaccola sotto il m.*, tacere una verità. *3* Antica misura di superficie corrispondente in media a un terzo di ettaro. || **moggétto**, dim. | **moggiuòlo**, dim.

mogigrafìa [comp. del gr. *mógis* 'a malapena', da *mogêin* 'affaticarsi', di etim. incerta, e *-grafia*] s. f. • (*med.*) Crampo degli scrivani.

mògio [vc. sett., dal lat. *mŏllius*, compar. nt. di *mŏllis* 'molle'] agg. (pl. f. *-ge* o *-gie*) • Avvilito e abbattuto: *come mai sei così m.?*; (*anche iter.*) *se ne stava m. m. in un angolo.*

†**móglia** • V. *moglie.*

†**mogliàzzo** [da *moglie*] s. m. • Matrimonio.

†**moglicida** [comp. di *mogli(e)* e *-cida*] s. m. (pl. *-i*) • Uxoricida.

móglie o (*raro*) †**móglia** [lat. *mŭlier*, nom., 'donna', di etim. incerta] s. f. • Il coniuge di sesso femminile: *il marito e la m.*; *un'ottima m.*; *essere geloso della propria m.* | *Prender m.*, sposarsi | *Dar m.*, far sposare: *hanno fatto il diavolo per darmi m., né mai l'ho voluta* (GOLDONI) | *Senza m.*, non ammogliato, scapolo | *Riprendere m.*, risposarsi | *La m. di Cesare*, (*fig.*) cosa o persona su cui non deve cadere il benché minimo sospetto. SIN. Sposa || PROV. Tra moglie e marito non mettere il dito; moglie e buoi dei paesi tuoi. || **mogliàccia**, pegg. | †**mogliarèlla**, dim. | †**mogliétta**, dim. | **moglietìna**, dim.

moglièra o †**moglière** [lat. *mulĭere(m)* 'donna'. V. *moglie*] s. f. • (*raro, dial.*) Moglie (*anche scherz.*): *essere stata cinque anni sua m.* (SACCHETTI) | (*est.*) Donna. || **moglierèlla**, dim.

mogòl [persiano *mugāl* 'mongolo'] s. m. • Imperatore dei Mongoli | *Gran m.*, titolo del sovrano dell'India abolito nel 1869, celebrato per le sue ricchezze.

mohair /fr. mɔ'ɛr/ o **mohaire** /fr. mɔ'ɛr/ [vc. fr., dall'ingl. *mohair*. V. *moire*] s. m. inv. *1* Pelo soffice, lungo, lucente della capra d'angora, usato come fibra tessile lanosa. *2* Stoffa morbida a pelo coricato con fondo a intreccio lento, ottenuta con fibre di mohair.

mohicàno /moi'kano/ • V. *moicano.*

mòho /'mɔo/ [dal n. dello scopritore, il geofisico istriano A. *Mohorovicic* (1857-1936)] s. f. inv. • (*geofis.*) Termine usuale per indicare la *discontinuità di Mohorovicic*, V. *discontinuità.*

mohùr /mo'ur/ [persiano *muhur*, dall'ant. indiano *mudra* 'sigillo, moneta'] s. m. inv. • Unità monetaria un tempo circolante in Nepal.

mòia [lat. *mŭria(m)* 'salamoia', di etim. incerta] s. f. *1* (*dial.*) Acqua che contiene sale. *2* Nella zona di Volterra, pozzo di acqua salata, dalla quale si estrae il sale.

moicàno o **mohicàno** [ingl. *mohican*, dal n. indigeno della tribù] agg.; anche s. m. (f. *-a*) • Che, chi apparteneva a una delle tribù indigene, oggi estinte, che occupavano le sponde dell'alto Hudson nello stato di New York, nell'America settentrionale.

moiétta [fr. *moyette*, dim. dell'ant. fr. *moie* 'mola', dal lat. *mēta(m)*. V. *meta* (*1*) nel sign. 3] s. f. • Nastro metallico per imballaggi e lavori di carpenteria.

moìna [vc. infant.] s. f. *1* (*spec. al pl.*) Carezza insistente, affettuosa lusinga: *fa le moine a sua madre per farsi perdonare.* *2* (*spec. al pl., est.*) Lezi: *basta con queste sciocche moine.* SIN. Sdolcinatura, vezzo.

†**moinerìa** [da *moina*] s. f. • Civetteria graziosa e affettata.

mòira [gr. *Môira*, da *méiresthai* 'avere in sorte'] s. f. (Moira nel sign. 1) *1* Nella mitologia greca, forza misteriosa e irresistibile che dominava su ogni cosa e a cui dovevano piegarsi anche gli dèi | Ciascuna delle tre divinità che personificavano tale forza e che presiedevano al corso della vita umana. *2* (*est.*) Destino, fato.

moire /fr. mwar/ [vc. fr., dall'ingl. *mohair*, dall'ar. *muhajjar*. V. *mocaiardo*] s. m. o f. inv. • Amoerro.

moiré /fr. mwa're/ [vc. fr., da *moire* 'amoerro' (V.)] agg. • Marezzato, detto di tessuto o carta.

mòka • V. *moca.*

mol /mɔl/ • V. *mole* (*2*).

mòla (*1*) [lat. *mŏla(m)*, dalla stessa radice di *mŏlere* 'macinare', di origine indeur.] s. f. *1* Macina del mulino. *2* Disco di pietra arenaria o di materiale abrasivo che si fa girare a guisa di ruota per affilare coltelli e sim., levigare e lucidare superfici. *3* (*fig., lett.*) Gruppo circolare di persone: *a rotar cominciò la santa m.* (DANTE *Par.* XII, 3).

mòla (*2*) [da *mola* (*1*), per la forma] s. f. • Grosso pesce tropicale con corpo alto e compresso, quasi discoidale e pinna caudale breve e fusa con la dorsale e l'anale (*Mola mola*). SIN. Ortagorisco, pesce luna.

mòla (*3*) [da *mola* (*1*)] s. f. • (*med.*) Tumore uterino che insorge dopo la gravidanza per dilatazione dei villi coriali in vescicole.

molàle [da *mole* (*2*)] agg. • (*chim., fis.*) Di, relativo alla mole | *Soluzione m.*, soluzione la cui concentrazione è espressa in termini di molalità | *Concentrazione m.*, molalità.

molalità [da *molale*] s. f. • (*chim., fis.*) Concentrazione di una soluzione espressa dal numero di moli di soluto per kilogrammo di solvente.

molàre (*1*) [lat. tardo *molāre* 'macinare', da *mŏla* 'mola (1)'] v. tr. (*io mòlo*) • Lavorare un oggetto, una superficie, un materiale e sim. con la mola, allo scopo di conferir loro forma, lucentezza, levigatezza: *m. uno specchio, un pavimento, un blocco di marmo* | (*est.*) Affilare lame.

molàre (*2*) [vc. dotta, lat. *molāre(m)*, da *mŏla* 'mola (1)'. Il dente è chiamato così, già nel lat. tardo, perché serve a macinare il cibo] **A** agg. *1* Di, relativo a mola | *Pietra m., sasso m.*, usati per fabbricare mole da mulini; (*est.*) grosso macigno: *il molar sasso infranse / l'ettoreo scudo* (MONTI) | *Selce m.*, molto dura. *2* (*anat.*) *Dente m.*, ognuno di quelli situati nella parte posteriore delle mascelle dell'uomo e dei mammiferi, fondamentali per la masticazione. **B** s. m. • (*anat.*) Dente molare. ➡ ILL. p. 367 ANATOMIA UMANA.

molàre (*3*) [da *mole* (*2*)] agg. • (*chim., fis.*) Di, relativo alla mole | *Soluzione m.*, contenente in un litro la mole di un composto | *Concentrazione m.*, molarità | *Calore m.*, capacità termica di una mole di sostanza.

molarità [da *mole* (*2*)] s. f. • (*chim., fis.*) Concentrazione di una soluzione espressa dal numero di moli di un soluto presente in un litro di soluzione.

molàssa [detta così perché serve a far *mole*] s. f. • (*miner.*) Varietà di arenaria friabile, a debole cementazione calcarea.

molàto part. pass. di *molare* (*1*); anche agg. • Nei sign. del v.

molatóre s. m. • Chi esegue lavorazioni di molatura.

molatrice s. f. • Macchina che esegue la molatura facendo passare la mola, dotata di un moto rotatorio veloce intorno al suo asse, sul pezzo da molare, o viceversa.

molatùra [da *molare* (*1*)] s. f. • Atto, effetto del molare: *la m. degli specchi.*

molàzza [da *mola* (*1*)] s. f. *1* Macina. *2* Macchina che serve a macinare e impastare, sia a secco che a umido, formata da una vasca metallica entro cui ruotano mole di acciaio o altro materiale.

molazzatóre s. m. • Operaio addetto a una molazza.

mólcere o (*raro*) **mùlcere** [lat. *mulcēre*, di origine indeur.] v. tr. (oggi dif. usato solo nella terza pers. sing. del pres. indic. *mólce*; nella terza pers. sing. del pass. rem. *mólse*; nell'imperf. indic. *io molcévo*; nelle terze pers. sing. e pl. del pres. congv. *mólca, mólcano*; nell'imperf. congv. *io molcéssi*; nel ger. *molcèndo*) • (*lett.*) Blandire, lenire, dilettare: *e 'l lusinghiero aspetto e 'l parlar dolce / di fuor s'aggira e solo i sensi molce* (TASSO).

†**molcire** o †**mulcire** v. tr. (dif. coniug. come *molcere*) • Molcere.

moldàvo **A** agg. • Della Moldavia, regione storica della Romania. **B** s. m. (f. *-a*) • Abitante, nativo della Moldavia.

mòle (*1*) [lat. *mōle(m)*, di origine indeur.] s. f. *1* Masso enorme e imponente: *la m. superba del Monte Bianco*; *la rozza m. degli scogli* | Edificio grandioso: *le moli egizie*; *quell'alta m. / ch'a quel gran monte in su la cima siede* (TASSO) | *M. Adriana*, mausoleo dell'imperatore Adriano a Roma, più noto come Castel Sant'Angelo | *M. Antonelliana*, costruzione monumentale caratterizzata da cuspide di notevole altezza, costruita a Torino nella seconda metà del XIX secolo dall'architetto A. Antonelli | *La città della m.*, (*per anton.*) Torino | *All'ombra della m.*, (*per anton., fig.*) a Torino. *2* Dimensione, taglia: *un libro di notevole, di piccola m.* *3* (*fig.*) Entità: *la m. del lavoro da svolgere mi spaventa.* *4* †Molecola.

mòle (*2*) o **mol** [ricavato da *molecola*] s. f. (pl. *-i*) • (*fis.*) Unità di misura nel Sistema Internazionale della quantità di sostanza, definita come la quantità di sostanza di un sistema che contiene tante entità elementari (atomi, molecole, ioni, elettroni e sim.) quanti sono gli atomi in 0,012 kilogrammi di carbonio 12. SIMB. mol.

molècola [dim. del lat. *mōles* 'mole'] s. f. *1* (*chim., fis.*) La più piccola parte di ogni composto o elemento chimico, costituita da atomi uguali o diversi fra loro tenuti assieme da forze di natura elettrica, capace di esistenza indipendente e nella quale si ritrovano conservate la composizione e le proprietà chimiche caratteristiche del composto o dell'elemento | *M. gigante*, macromolecola. *2* (*est.*) Minima parte di q.c.

molecolàre agg. • (*chim., fis.*) Di, relativo a molecola | *Peso m.*, pari alla somma dei pesi degli atomi che compongono la molecola | *Calore m.*, calore specifico di un composto per il suo peso molecolare | *Biologia m.*, branca della biologia che studia i fenomeni biologici secondo le proprietà fisico-chimiche delle molecole presenti nelle cellule | *Filtro m.*, atto a separare composti in soluzione, sfruttando la diversità delle dimensioni molecolari | *Biologia m.*, V. *biologia.*

molecolarità [da *molecolar(e)* col suff. dei n. astratti *-ità*] s. f. • (*chim.*) Numero di particelle, quali molecole, ioni e sim., che interagiscono in una reazione chimica: *reazione con m. due.*

molènda o †**mulènda** [lat. *molĕnda*, gerundio nt. pl. di *mŏlere* 'macinare'. V. *mola* (*1*)] s. f. • (*raro*) Prezzo in denaro o in natura pagato per la macinatura del grano e delle olive.

†**molendàre** [lat. tardo *molendāre* 'macinare', da *molĕndus*, gerundio di *mŏlere*. V. *molenda*] v. tr. • Macinare.

molestaménto s. m. • (*raro*) Modo e atto del molestare.

molestàre [vc. dotta, lat. *molestāre*, da *molĕstus* 'molesto'] v. tr. (*io molèsto*) *1* Infastidire, importunare: *una tosse insistente mi molesta*; *smetti di m. gli amici con le tue sciocchezze* | Travagliare, vessare: *m. i cittadini con gravose imposte.* *2* †Recare grave tormento, fare gran male.

molestatóre s. m. (f. *-trice*) • Chi molesta.

†**molestévole** agg. • Molesto.

molèstia [vc. dotta, lat. *molĕstia(m)*, da *molĕstus* 'molesto'] s. f. *1* Noia, fastidio, incomodo: *la m. del caldo, del vento, delle mosche*; *subire molestie insopportabili, incessanti, continue.* *2* Atto che reca danno o disturbo: *non la finirete più con questa m.?*, *molestie sessuali* | Danno, travaglio: *passò tra la folla senza molestie.* *3* (*mil., al pl.*) Azioni di disturbo per ostacolare l'attività del nemico.

molèsto [vc. dotta, lat. *molĕstu(m)*, dalla stessa radice di *mōles* 'mole (1)'] **A** agg. *1* Che arreca fastidi e danni, che è sgradito e sgradevole: *un vicino, un creditore m.*; *riuscire, essere m. a qc.*; *daremo le cose moleste e gravi a' nostri inimici* (ALBERTI). SIN. Fastidioso, importuno, noioso. *2* †Estremamente pesante, gravoso, difficile da sopportare. || **molestaménte**, avv. **B** s. m. • †Molestia.

†**molestóso** agg. • Molesto.

molétta (*1*) [milan. *moletta*, da *molà* 'affilare, arrotare' (V. *molare* (*1*))] s. m. inv. • (*sett.*) Arrotino.

molétta (*2*) [fr. *molette*, propr. dim. di *meule* 'mola (1)'] s. f. *1* Cilindro d'acciaio munito di disegno a rilievo, che, premuto contro un cilindro di rame, rende quest'ultimo inciso e adatto a stampare tessuti. *2* Grossa puleggia folle che dalla sommità del castelletto rinvia la fune alla gabbia di estrazione, nei pozzi di miniera.

molettàre [da *moletta* (*2*)] v. tr. (*io molétto*) • Incidere cilindri di rame per stampa di tessuti, mediante la moletta.

mòli [vc. dotta, lat. *mōly*, dal gr. *môly*, di origine straniera] **s. m.** ● Erba delle Liliacee con bulbo bruno nerastro e fiori bianchi ritenuta rimedio contro incantesimi e fattucchierie (*Allium nigrum*).

molibdàto [dal gr. *mólybdos* 'piombo', di origine straniera] **s. m.** ● Sale dell'acido molibdico.

molibdenite [fr. *molybdénite*, dal gr. *molýbdaina*. V. *molibdeno*] **s. f.** ● Minerale di molibdeno simile alla grafite con aspetto di piombo.

molibdèno [dal gr. *molýbdaina* 'solfuro di piombo', da *mólybdos* 'piombo'. V. *molibdato*] **s. m.** ● Elemento chimico, metallo bianco-argenteo molto duttile ricavato dalla molibdenite, usato per leghe, acciai speciali e in elettronica. SIMB. Mo | *Triossido di m.*, anidride molibdica.

molibdico **agg.** (**pl. m.** *-ci*) ● Detto di composto del molibdeno trivalente o esavalente | *Acido m.*, acido bibasico del molibdeno esavalente, usato spec. come pigmento, catalizzatore e per smalti.

molinàio ● V. *mulinaro*.

molinàro ● V. *mulinaro*.

molinàte [nome commerciale] **s. m.** ● (*chim.*) Anticrittogamico utilizzato come diserbante per il trattamento selettivo delle risaie.

molinèllo ● V. *mulinello*.

molinétto [da *molino* con suff. dim.] **s. m.** ● (*mar.*) Mulinello.

molinìṣmo **s. m.** ● Sistema teologico cattolico del XVI sec. basato sulle teorie del gesuita L. de Molina (1535-1600), secondo il quale, esclusa la predeterminazione dell'individuale salvezza attraverso la grazia infallibile, si considerano come necessarie e cooperanti le opere determinate dal libero consenso umano, condizionato dalla previsione divina.

molinìsta **s. m. e f.** (**pl. m.** *-i*) ● Seguace del molinismo.

molinìstico **agg.** (**pl. m.** *-ci*) ● Relativo a molinismo e a molinista.

molino ● V. *mulino* (*1*).

moliṣàno **A** **agg.** ● Del Molise: *dialetto m.*; *costumi molisani*. **B** **s. m.** (**f.** *-a*) ● Abitante, nativo del Molise. **C** **s. m. solo sing.** ● Dialetto italiano meridionale, parlato nel Molise.

molito [vc. dotta, lat. *mŏlitu(m)*, part. pass. di *molĕre* 'macinare', con l'accento spostato. V. *mola* (*1*)] **agg.** ● Sottoposto a molitura: *olive molite*.

molitóre [vc. dotta, lat. tardo *molitōre(m)*, da *mŏlitus*, part. pass. di *mŏlere* 'macinare'. V. *mola* (*1*)] **s. m.** *1* Operaio addetto alla molitura del grano o alla pilatura del riso. *2* Macchina per la molitura.

molitòrio [dal lat. *mŏlitus*, part. pass. di *mŏlere* 'macinare'. V. *mola* (*1*)] **agg.** ● Relativo alla macinazione dei cereali: *industria molitoria*.

molitùra [dal lat. *mŏlitus*, part. pass. di *mŏlere* 'macinare', V. *mola* (*1*)] **s. f.** ● Macinazione dei cereali e in generale di qualunque altra sostanza.

mòlla [da *mollare* (*1*)] **s. f.** *1* Organo meccanico che presenta in grado elevato la caratteristica di deformarsi elasticamente sotto carico, riprendendo la primitiva configurazione al cessare del carico stesso: *poltrona, materasso a molle* | *M. di flessione*, sottoposta a carichi che la sollecitano flettendola | *M. di torsione*, sottoposta a carichi che la sollecitano torcendola | *M. a balestra*, quella semiellittica composta di più foglie o lame, usata per la sospensione dei veicoli | *M. dell'orologio*, nastrino d'acciaio che si avvolge a spirale nel tamburo quando si dà la carica e che, svolgendosi lentamente, muove le ruote | *Molle della carrozza*, grosse lamine curve su cui posa la cassa della carrozza | *Cappello a m.*, gibus. *2* (*fig.*) Ciò che costituisce il motivo determinante di un'azione: *la cupidigia è la m. di ogni sua attività*; *base e m. della tirannide ... è la sola paura* (ALFIERI). **SIN.** Stimolo. *3* (*al pl.*) Arnese per afferrare i tizzoni: *attizzare il fuoco con le molle* | *Da prendere con le molle*, (*fig.*) si dice di cosa o persona difficile da trattare o poco raccomandabile. || **mollétta**, **dim.** (V.) | **mollóne**, **accr. m.** (V.).

mollacciòne **s. m.** (**f.** *-a*) *1* Accr. di *molle* nel sign. C. *2* Persona tarda e pigra.

†**mollàme** [da *molle*] **s. m.** *1* Morbidume. *2* Parti molli, carnose, di animale macellato.

mollaménto **s. m.** ● (*raro*) Modo e atto del mollare, nel sign. di *mollare* (*1*).

mollàre (**1**) [da *molle*] **A** **v. tr.** (*io mòllo*) *1* Allentare o lasciar andare: *m. la presa*. *2* (*mar.*) Dar la corda sciolta e libera alla manovra | *M. le vele*, scioglierle per tenerle pronte a essere bordate | *Molla!*, voce di comando di allentare, lasciar andare, liberare. *3* (*fig., fam.*) Dare, appioppare: *m. una sberla a qc.* *4* (*fam.*) Abbandonare, lasciare q.c.: *ha mollato il lavoro ed è partito* | *M. qc.*, liberarsene, piantarlo in asso, spec. perché ritenuto molesto o sgradito. **B** **v. intr.** (**aus.** *avere*) *1* Cedere, desistere: *resisti, non m.!* | *Fare a tira e molla*, (*fig.*) essere indeciso, non sapersi risolvere. *2* (*fig., fam.*) Cessare, finirla: *quando incomincia a telefonare, non molla più*.

mollàre (**2**) [da *mollo*] **A** **v. tr.** (*io mòllo*) ● (*pop.*) Bagnare, immergere: *m. il pane nel brodo*. **B** **v. intr.** (**aus.** *essere*) ● Ammorbidirsi stando a bagno.

mòlle o (*pop.*) **mòllo** spec. nei sign. C2 e C3 [lat. *mŏlle(m)*, di origine indeur.] **A** **agg.** *1* Privo di rigidità, di durezza e sim.: *un cuscino di molli piume*; *lo scultore plasma la m. creta* | (*anat.*) *Tessuti molli*, insieme dei tessuti connettivi lassi che circondano un organo | Non troppo consistente, abbastanza tenero: *se la pietra è m., si può tagliare agevolmente*; *un tipo di cuoio m. e flessibile*. **SIN.** Morbido. *2* (*ling.*) Detto di suono palatalizzato. *3* Detto di vino privo di corpo, di gusto e carattere poco spiccati. *4* Che si flette, si piega: *i molli giunchi incurvati dal vento*. *5* (*fig.*) Mite, dolce, carezzevole: *le molli aure di primavera*; *la m. cadenza della voce*. **CONTR.** Aspro. *6* (*fig.*) Privo di forze, decisione, energia e sim.: *governo m.*; *punizione troppo m.*; *non è cattivo, ma ha un temperamento m.* | *Essere una pappa molla*, (*fig.*) essere privo di nerbo | Rilassato: *vita, educazione m.* **SIN.** Fiacco, moscio. *7* Bagnato, inzuppato, intriso: *occhi molli di pianto*; *un cencio m. d'acqua*; *m. / fosse del sangue mio quest'alma terra* (LEOPARDI) | *Una zuppa e un pan m.*, zuppa e pan bagnato e (*fig.*) la stessa cosa. || **molleménte**, **avv.** In modo molle; con languore, abbandono: *stava mollemente sdraiato sui cuscini*. **B** **avv.** ● (*raro*) †Mollemente. **C** **s. m.** *1* Ciò che è soffice, morbido: *riposare sul m.* *2* Acqua o altro liquido in cui si tengono immersi, per varie ragioni, cibi o altro: *tenere in m. il baccalà, i fagioli per ammorbidirli*; *il bucato è in m.* | (*fig.*) *Tenere il becco in m.*, bere spesso. *3* Bagnato, umidità: *camminare sul m.* || **mollàccio**, **pegg.** | **mollacciòne**, **pegg.** (V.) | **mollicèllo**, **dim.** | **mollicóne**, **accr.**

mollécca [venez. *moleca*, da *molo* 'molle', perché quando ha abbandonato la vecchia crosta diventa molliccio] **s. f.** ● (*zool.*) Denominazione del granchio comune come si presenta subito dopo la muta, cioè con il tegumento tenero.

†**mollécchio** [lat. *mollĭculu(m)*, da *mŏllis* 'molle'] **agg.** ● Molliccio.

molleggiaménto **s. m.** ● Modo e atto del molleggiare o del molleggiarsi.

molleggiàre [da *molla*] **A** **v. intr.** (*io molléggio*; **aus.** *avere*) ● Essere elastico, morbido: *un letto che molleggia molto* | Muovere con elasticità il corpo: *i passeri neri su lo spalto / corrono, molleggiando* (PASCOLI). **B** **v. tr.** ● Rendere elastico, fornendo di molle e sim.: *m. un divano, un sedile*. **C** **v. rifl.** ● Muoversi o camminare mollemente: *molleggiarsi con eleganza sulle gambe* | Nella ginnastica, eseguire l'esercizio di molleggio.

molleggiàta [da *molleggiato*] **s. f.** ● (*raro*) Atto del molleggiare o del molleggiarsi rapidamente, in una sola volta.

molleggiàto **part. pass.** di *molleggiare*; anche **agg.** *1* Nei sign. del v. *2* Elastico, flessuoso: *andatura molleggiata*.

molléggio [da *molleggiare*] **s. m.** *1* Sistema di molle, sospensioni e sim. che rendono elastico un oggetto: *il divano ha un ottimo m.* *2* Elasticità dovuta a un adeguato sistema di molle: *il m. lascia a desiderare*. **CONTR.** Rigidità. *3* Esercizio ginnico che consiste in un armonico movimento di abbassamento e innalzamento del corpo, flettendo e distendendo le gambe.

mollènte [da *molle* (?)] **s. m.** ● Zona d'acqua quasi ferma di un canale all'uscita di una lanca.

mollétta (**1**) **s. f.** *1* Dim. di *molla*. *2* Piccolo arnese a molla, di foggia e materia varia, per appuntare i capelli o fermare i panni tesi ad asciugare. *3* Pinzetta per prendere zollette di zucchero o cubetti di ghiaccio. *4* Girella orizzontale del fumaiolo, che si avvolge al cavo che si tira per aprire lo sfiatatoio. *5* (*mus.*) Chiave degli strumenti a fiato. *6* (*region.*) Coltello a scatto con una lunga lama. || **mollettina**, **dim.** | **mollettóna**, **accr.**

mollétta (**2**) [da *molle*] **s. f.** ● (*veter.*) Rigonfiamento molle del nodello del cavallo e di altri animali domestici.

mollettàre [da *molletta* (*1*)] **v. tr.** ● (*tess.*) Ripassare un panno, togliendogli la borra con mollette o pinzette.

mollettatùra **s. f.** ● Operazione ed effetto del mollettare.

mollettièra [fr. *mollettière*, da *mollet* 'polpaccio', dal lat. *mŏllis* 'molle'] **s. f.** ● Indumento militare, oggi in disuso, costituito da strisce di stoffa che i soldati avvolgevano attorno alle gambe, dalle caviglie al ginocchio.

mollettóne [fr. *molleton*, dal lat. *mŏllis* 'molle'] **s. m.** ● Tessuto pesante di lana, seta o cotone, morbido, peloso, usato per coperte, scialli, tendaggi, e spec. come sottotovaglia per difendere il legno della tavola dal calore dei piatti.

mollézza [lat. *mollĭtia(m)*, da *mŏllis* 'molle'] **s. f.** *1* Qualità o natura di ciò che è molle (*anche fig.*): *la m. di un giaciglio, del carattere*. *2* (*spec. al pl.*) Agiatezze e comodità esagerate: *l'hanno allevato nelle mollezze*.

mollica o (*evit.*) **mòllica** [lat. parl. **mollīca(m)*, da *mŏllis* 'molle'] **s. f.** *1* La parte molle del pane chiusa entro la crosta. *2* (*spec. al pl.*) Briciole | (*fig.*) Inezie. *3* †Sproposito. *4* †Nulla, spec. in prop. negativa: *non stimare una m.* || **mollichina**, **dim.** | **mollìcola**, **dim.**

mollicchio [V. †*mollecchio*] **s. m.** ● (*raro*) Breve tratto di terra bagnata.

†**mollicchióso** [da *mollicchio*] **agg.** ● Floscio.

molliccio **A** **agg.** (**pl. f.** *-ce*) ● Alquanto molle, bagnato o floscio (*anche fig.*): *terra molliccia*; *materiale m.*; *carattere m.* | *Un uomo m.*, viscido. **B** **s. m.** ● Ciò che è alquanto molle, spec. perché bagnato: *sentirsi del m. sotto i piedi*.

mollicóne **agg.** ● Molto molle: *pane m.*

mollicùme [da *mollica*] **s. m.** ● Quantità di briciole.

mollificaménto **s. m.** ● (*raro*) Modo e atto del mollificare.

mollificàre [vc. dotta, lat. tardo *mollificāre*, comp. di *mŏllis* 'molle' e *-ficāre* '-ficare'] **A** **v. tr.** (*io mollìfico, tu mollìfichi*) *1* (*raro*) Rendere molle: *m. la cera indurita*. *2* (*fig.*) Rendere dolce, mite: *era necessario ... m. gli animi de' suoi, malcontenti delle obligazioni* (GUICCIARDINI). **B** **v. intr. pron.** ● (*raro*) Diventare molle: *il terreno con la pioggia si è mollificato*.

mollificativo **agg.** ● (*med.*) Emolliente.

mollificazióne **s. f.** ● Atto, effetto del mollificare.

†**mollìre** [lat. *mollīre*, da *mŏllis* 'molle'] **v. tr.** ● Ammollire (*anche fig.*): *aspetterò che la pietà mollisca / quel duro gielo, che d'intorno al core / le ha ristretto il vigor dell'onestade* (TASSO).

mollìzia o †**mollìzie** [stessa etim. di *mollezza*] **s. f.** ● (*lett., fig.*) Mollezza: *disprezzatore d'ogni cibo delicato e d'ogni altra m.* (MACHIAVELLI).

mòllo ● V. *molle*.

mollóne **s. m.** *1* Accr. di *molla*. *2* La molla principale dell'acciarino o congegno di sparo delle armi antiche da fuoco portatili. *3* (*region.*) Specie di cassettone fornito di molle su cui si appoggia il materasso.

†**mollóre** **s. m.** ● Mollume.

mollùme [da *molle*] **s. m.** ● (*raro*) Umidità provocata dalla pioggia.

Mollùschi [pl. di *mollusco*] **s. m. pl.** ● Nella tassonomia animale, tipo di animali invertebrati, per lo più acquatici, con corpo molle, spesso protetto da una conchiglia secreta dal mantello (*Mollusca*). ➡ **ILL.** **animali** /3-4; **zoologia generale**.

molluschicoltóre [comp. di *mollusco* e *-coltore*] **s. m.** (**f.** *-trice*) ● Chi pratica la molluschicoltura.

molluschicoltùra [comp. di *mollusco* e *coltura*] **s. f.** ● Tecnica dell'allevamento di molluschi commestibili.

mollùsco [lat. (*nŭcem*) *mollŭsca(m)* '(noce) dal guscio molle', da *mŏllis* 'molle'] **s. m.** (**pl.** *-schi*)

1 Ogni animale appartenente al tipo dei Molluschi. *2* (*fig.*, *spreg.*) Persona moralmente fiacca e debole. *3* (*med.*) *M. contagioso*, tumore cutaneo benigno causato da virus.

Molluscòidi [comp. di *mollusco* e *-oide*] **s. m. pl.** ● Nella vecchia tassonomia animale, gruppo sistematico nel quale venivano riuniti Briozoi, Brachiopodi e Foronidei.

mòlo [gr. biz. *môlos*, dal lat. *mōles* 'mole (1)'] **s. m.** *1* Opera muraria di difesa del porto dal moto ondoso, con solide fondazioni nel terreno o sul fondo, accessibile, munita all'interno di fronti murate d'approdo. *2* (*est.*) Negli aeroporti, opera muraria di forma analoga a quella di un molo marittimo.

mòloc o **moloch** [lat. *Mŏloc*, dal gr. *Molóch*, dall'ebr. *Molek*, da *melek* 're'] **s. m.** *1* Dio semitico cui si sacrificavano vittime umane. *2* (*fig.*) Essere o entità di mostruosa e malefica potenza. *3* Sauro australiano inoffensivo, il cui corpo goffo e tozzo è coperto di spine, corna e tubercoli cornei (*Moloch horridus*).

†**molóne** [da *molo*] **s. m.** ● Merlone.

molòsso (1) [lat. *Molŏssu(m)*, nom. *Molŏssus*, dal gr. *Molossós* 'del paese dei Molossi', antico popolo dell'Epiro] **s. m.** ● Cane basso, tozzo, dal pelame fulvo e muso nero.

molòsso (2) [V. precedente: detto così perché usato dai *Molossi* in canti guerreschi] **s. m.** ● (*ling.*) Piede metrico della poesia greca e latina, formato da tre sillabe lunghe.

mòlotov [dal n. di V. M. *Molotov* (1890-1986), uomo politico sovietico] **s. f. inv.** ● (*ell.*) Bottiglia, o bomba, Molotov: *le molotov lanciate dai dimostranti*.

mòlotro [errore di trascrizione dal gr. *molobrós* 'ghiottone', di etim. incerta] **s. m.** ● Uccello dei Passeriformi che si ciba dei parassiti annidati nel pelame dei bovini e cavalli (*Molothrus ater*).

moltéplice o (*lett.*) **moltiplice**, †**multiplice** [vc. dotta, lat. *multĭplice(m)*, comp. di *mŭltus* 'molto' e *-plex* 'che piega', dalla stessa radice di *plicāre* 'piegare'] **agg.** *1* Costituito di molte parti o elementi: *forma m.*; *struttura m.* | *Fiore m.*, doppio. *2* Numeroso: *errori, significati molteplici*. **SIN.** Vario. ‖ **molteplicemènte**, **avv.** In molti modi.

molteplicità o (*raro*) **moltiplicità**, †**multiplicità** [vc. dotta, lat. tardo *multiplicitāte(m)*, da *mŭltiplex*, genit. *multĭplicis* 'molteplice'] **s. f.** ● Condizione o qualità di molteplice: *la m. delle sensazioni confonde l'anima* (LEOPARDI).

mólti- ● V. *multi-*.

†**molticcio** [da avvicinare a *mota*] **s. m.** *1* Mota, poltiglia: *venuto il giorno ... si levarono e uscirono dal m.* (SACCHETTI). *2* Liquame in cui si conciano le pelli.

molticolóre ● V. *multicolore*.

moltifórme ● V. *multiforme*.

†**moltifrónte** [comp. di *molti-* e *fronte*] **agg.** ● Che si dimostra sotto vari aspetti.

moltilìngue ● V. *multilingue*.

moltiloquènza ● V. *multiloquenza*.

moltilòquio ● V. *multiloquio*.

moltìpara ● V. *multipara*.

moltìplica [da *moltiplicare*] **s. f.** *1* Rapporto fra il numero dei denti della ruota centrale e il numero dei denti del pignone della bicicletta | Rapporto fra la pressione totale esercitata sui ceppi di un freno e la forza applicata al volantino o alla manovella di comando della trasmissione. *2* Ruota dentata della bicicletta sulla quale scorre la catena. *3* (*pop.*) Moltiplicazione.

moltiplicàbile [vc. dotta, lat. *multiplicābile(m)*, da *multiplicāre* 'moltiplicare'] **agg.** ● Che si può moltiplicare.

moltiplicabilità **s. f.** ● Qualità di ciò che è moltiplicabile.

moltiplicaménto o †**multiplicaménto** **s. m.** ● (*raro*) Moltiplicazione.

moltiplicàndo [vc. dotta, lat. *multiplicăndu(m)*, gerundio di *multiplicāre* 'moltiplicare'] **s. m.** ● (*mat.*) Numero da moltiplicare.

moltiplicànte o †**multiplicànte**. **part. pres.** di *moltiplicare*; anche **agg.** ● Nei sign. del v.

moltiplicàre o †**multiplicàre** [vc. dotta, lat. *multiplicāre*, da *mŭltiplex*, genit. *multĭplicis* 'molteplice'] **A** **v. tr.** (*io moltìplico, tu moltìplichi*) *1* Rendere molto numeroso, accrescere nel numero: *m. le cure, gli sforzi, le parole, i tentativi*. **SIN.** Aumentare. *2* (*mat.*) Eseguire una moltiplicazione (*anche ass.*). *3* †Arricchire. **B** **v. intr. pron.** *1* Aumentare sempre più: *i casi di contagio si moltiplicano*; *le spese si vanno moltiplicando di giorno in giorno*. *2* Riprodursi, accrescendo nel numero gli individui d'una stessa specie: *con l'umidità i funghi si moltiplicano in modo stupefacente*. **C** **v. intr.** (aus. *essere*) ● †Crescere (*spec. fig.*): *cominciò per questo l'odio a m.* (COMPAGNI) | *M. in novelle*, *in parole*, dilungarsi in chiacchiere.

moltiplicatìvo [vc. dotta, lat. tardo *multiplicatīvu(m)*, da *multiplicāre* 'moltiplicare'] **agg.** ● (*mat.*) Proprio della moltiplicazione | *Numerali moltiplicativi*, che indicano quante volte viene moltiplicata una unità.

moltiplicàto o †**multiplicàto**. **part. pass.** di *moltiplicare*; anche **agg.** ● Nei sign. del v. ‖ **moltiplicataménte**, **avv.** (*raro*) Con molto accrescimento, in quantità maggiore.

moltiplicatóre o †**multiplicatóre** [vc. dotta, lat. tardo *multiplicatōre(m)*, da *multiplicāre* 'moltiplicare'] **A** **agg.** (**f.** *-trice*) ● Che moltiplica. **B** **s. m.** *1* Strumento che amplia piccoli spostamenti per metterli in evidenza e poterli misurare | *M. di frequenza*, in radiotecnica, il dispositivo che dà in uscita una frequenza multipla di quella di entrata. *2* (*mat.*) Numero che moltiplica. *3* (*econ.*) Coefficiente che esprime di quanto il reddito dovrebbe aumentare in conseguenza di una sola variazione degli investimenti, stanti fermi tutti gli altri elementi del sistema economico. *4* (*fot.*) Dispositivo, applicabile al dorso di certi apparecchi fotografici, per eseguire diverse prese contigue sulla medesima superficie sensibile. *5* Accessorio del calcio di una rivoltella che serve ad aumentare lo spazio dell'impugnatura allo scopo di rendere meno violento il rinculo.

moltiplicazióne o †**multiplicazióne** [vc. dotta, lat. *multiplicatiōne(m)*, da *multiplicāre* 'moltiplicare'] **s. f.** *1* Atto, effetto del moltiplicare o del moltiplicarsi: *m. della popolazione* | (*biol.*) *M. vegetativa*, per via agamica con rizomi, bulbi, tuberi, talee, propaggini, margotte, innesti | *M. sessuale*, con semi o spore. *2* (*mat.*) Una delle quattro operazioni fondamentali dell'aritmetica, che a due numeri naturali associa la somma di più addendi uguali al primo in numero uguale al secondo. ‖ **moltiplicazioncèlla**, **dim.** | **moltiplicazioncìna**, **dim.**

moltìplice e *deriv.* ● V. *molteplice* e *deriv.*

†**moltìplico** o †**multìplico** [da *moltiplicare*] **s. m.** (**pl.** *-chi*) ● Moltiplicazione | *Dare a m.*, a interesse.

†**moltisènso** [comp. di *molti-* e *senso*] **agg.** ● (*raro*) Che ha più significati.

†**moltisìllabo** [comp. di *molti-* e *sillaba*] **agg.** ● Polisillabo.

moltisonànte ● V. *multisonante*.

moltitùdine o †**multitùdine** [vc. dotta, lat. *moltitūdine(m)*, da *mŭltus* 'molto'] **s. f.** *1* Grande quantità di cose: *una m. di libri, di erbe, di piante*. *2* Numeroso insieme di persone: *una m. di scolari, di soldati, di scioperanti* | *La m.*, la folla, la massa: *nessuna cosa essere più vana e insolente della m.* (MACHIAVELLI). **SIN.** Frotta, stuolo.

moltìvago ● V. *multivago*.

mólto [lat. *mŭltu(m)*, di origine indeur.] **A** **avv.** *1* In grande misura, grandemente: *parla m. e combina poco*; *sono stato m. in ansia*; *ho viaggiato m.*; *l'ho m. gradito*; *mi è piaciuto m.* | Seguito da avv. o loc. avv.: *ciò è accaduto m. prima*; *si trova m. avanti*; *sei capitato m. a proposito* | A lungo, per lungo tempo: *a camminare m. mi stanco*; *è uno spettacolo che dura m.* | Rafforza un agg. o un avv. compar.: *così è m. meglio*; *ne voglio m. meno*; *è m. più elegante*; *è m. peggiore di prima*; *è m. meno educata* | (*dial.*) †Rafforza un sup.: *m. piacevolissimo uomo* (SACCHETTI) | *Non m.*, poco, pochissimo: *non lavora m.* | (*enf.*) M. m., (*fam.*) *m. ma m.*, moltissimo: *lo desidero m. m.*; *mi sono divertito m., ma m.* | (*pop.*) *Di m.*: *l'ho di m. apprezzato*; *è di m. meglio* | *Poco o m.*, sia quanto sia: *poco o m. questo ti basti*; *o poco o m., qualcosa si è concluso* | *Né m. né poco*, affatto, punto, per nulla, in nessun modo: *ciò non mi riguarda né m. né poco*; *questo non c'entra né poco né m.* *2* Premesso ad agg. qual. e ad avv. di modo, dà loro valore di superl.: *m. buono*; *m. cattivo*; *m. bello*; *m. brutto*; *hai fatto m. male*; *canta m. bene*; *lo farò m. volentieri* | (*fam.*) Premesso a un s.: *è m. signore* | (*enf.*) Posposto a un agg.: *è bella m.* | Anche preceduto dall'art. det.: *al m. illustre dottore*; *il m. reverendo padre*. *3* (*antifr.*) Affatto, per nulla: *importa m. a me tutto ciò!*; *ne so m. io dei tuoi affari!* **B** **agg. indef.** *1* Che è in grande quantità o misura, o in numero notevole: *ho m. denaro*; *c'è molta acqua*; *non hanno m. pane*; *ho molti libri*; *c'erano molti ragazzi*; *molte persone lo sanno* | Seguito da 'più': *voglio m. più denaro*; *ho molta più fame di ieri*; *tu hai molti più libri di tutti noi* | Con riferimento alla forza o all'intensità: *oggi fa m. caldo*; *c'è m. vento* | (*iter.*) *M. e m.*, moltissimo: *dopo molti e molti sforzi*. **CONTR.** Poco. *2* Grande: *possiede molta volontà*; *è un uomo di m. ingegno*; *mi è stato di m. aiuto*; *lo farò con m. piacere* | Lungo (con riferimento a tempo e a spazio): *per m. tempo non si è visto*; *lo vidi da molta distanza*; *dopo m. cercare l'ho trovata* | †*Molta notte*, †*m. giorno*, per gran parte della notte o del giorno | †*Essere m. di qc.*, esserne intimo amico, familiare. *3* Troppo: *tre kilogrammi sono molti per noi*; *un miliardo mi sembra m.* *4* Con valore neutro in espressioni ellittiche: *non mi fermerò m.*; *da casa mia a casa tua c'è m.*; *ho speso m.*; *mangio e dormo m.*; *beve m.*; *non ci vuole m. a capirlo*; *non c'è m. da dire con ciò*; *oggi ho m. da fare*; *sul tuo conto ci sarebbe m. da dire*; *sa m.*; *legge m.*; *è già m. se riuscirà a farlo venire* | *Or non è m.*, poco tempo fa | *Fra non m.*, fra breve tempo | *A dir m.*, al massimo, tutt'al più | †*Da m.*, di molto valore, di alta qualità: *uomini valorosi e da m.* (BOCCACCIO). **C** **pron. indef.** ● Chi, ciò che è in grande quantità o misura o numero o che è grande: *ci vuole pazienza e io ne ho molta*; *quanti libri avrà? non lo so, ma sono molti*; *molti ritengono giusta questa opposizione*; *siamo in molte a partecipare*; *molti di noi erano assenti*; *molte fra le signore presenti hanno applaudito*. **CONTR.** Poco. **D** in funzione di **s. m.** solo **sing.** ● Grande quantità: *bisogna valutare il m. e il poco*. **CONTR.** Poco.

†**moltòspito** [comp. di *molto* e *ospite*] **agg.** ● Molto ospitale.

molucchése **A** **agg.** ● Delle isole Molucche. **B** **s. m. e f.** ● Abitante, nativo delle isole Molucche.

mòlva [vc. normanno-bretone (?)] **s. f.** ● Pesce osseo dei Gadiformi, con corpo quasi cilindrico e muso aguzzo (*Molva molva*).

momentàneo [vc. dotta, lat. tardo *momentāneu(m)*, da *momĕntum* 'momento'] **agg.** *1* Che ha breve o brevissima durata: *piacere, dolore m.*; *gioia momentanea* | *Aspetto m.*, di azione vista in un momento del suo sviluppo. **SIN.** Effimero, passeggero. *2* †Che agisce rapidamente. *3* (*ling.*) Detto delle consonanti che comportano una chiusura completa seguita da una brusca apertura del canale orale, come le occlusive e le vibranti. ‖ **momentaneaménte**, **avv.** In questo momento, al momento: *il capufficio è momentaneamente assente*.

moménto [lat. *momĕntu(m)*, da **movimĕntu(m)*, da *movēre* 'muovere'; il *momĕntum* è un 'piccolo spazio di tempo'] **s. m.** (**pl.** †*momenta*, **f.**) *1* Esigua frazione di tempo: *durare un m.*; *aspetta un m., per favore*; *in un m. la casa è crollata*; *fammi felice per un m. di tempo* (LEOPARDI) | (*fig.*) *Non vedere il m. di*, essere impaziente | *Da un m. all'altro*, molto presto | *Non stare fermo, quieto un m.*, muoversi o agitarsi continuamente | *Arrivare all'ultimo m.*, con molto ritardo | *Gli ultimi momenti*, gli ultimi istanti di vita | *Gloria, piacere di un m.*, effimeri | *Di m. in m.*, a ogni tratto o prestissimo | *Al m. di*, nell'istante in cui un'azione comincia | *Per il m.*, per ora | *A momenti*, tra poco, per poco | *Tutti i momenti*, sempre, continuamente | *Ciò che occorre al m.*, nell'urgenza del caso | *Un m.!*, detto pregando o comandando di attendere | *Fino a questo m.*, fino a ora | *Al primo m.*, dapprima | *Sul m.*, immediatamente | *L'uomo, il fatto del m.*, di cui si parla ovunque | *I bisogni, le esigenze del m.*, di oggi | *L'entusiasmo del m.*, intenso ed effimero | *Dal m. che*, dato che. **SIN.** Attimo, istante. *2* Contingenza, congiuntura: *mi trovo in un m. difficile, felice, favorevole, problematico*; *sono brutti momenti per tutti*; *passato* *questo m. di crisi, molte cose miglioreranno.* **3** Occasione: *capitare nel m. buono; saper cogliere il m. opportuno, favorevole; è il tuo m.; è il m. di agire* | *M. magico*, quello particolarmente favorevole e significativo, spesso irripetibile, in cui qc. o q.c. si esprime o realizza al meglio delle proprie possibilità. **4** (*raro*) Peso, importanza, rilievo: *cosa di poco m.; le cose di maggiore m. non senza il parere suo si deliberavano* (GUICCIARDINI) | †*Non fa m.*, non importa | †*Di molto m.*, di grande importanza. **5** (*fam.*) Poco: *abbiate un m. di pazienza, per favore.* **6** (*fis.*) *M. di una forza rispetto a un punto*, prodotto della forza per il braccio, cioè per la distanza della sua retta d'azione dal punto | *M. di una coppia*, prodotto dell'intensità di una delle forze della coppia, per il braccio | *M. d'inerzia*, in un sistema di punti materiali ruotanti attorno a un asse, somma dei prodotti della massa di ciascun punto per il quadrato della sua distanza dall'asse; indica la tendenza del sistema a non modificare la propria velocità di rotazione per effetto dell'applicazione di coppia | *M. magnetico*, grandezza che caratterizza le proprietà magnetiche dei corpi | *M. di rotazione*, momento di coppie di forze esterne rispetto a un punto o a un asse fisso, che provoca la rotazione di un corpo. **7** *M. musicale*, breve composizione pianistica: *i momenti musicali di Schubert.* **8** (*stat.*) *M. ennesimo*, in una distribuzione statistica, media aritmetica delle potenze di ordine n degli scarti dei valori dalla media aritmetica | *M. secondo*, varianza. || **momentàccio**, pegg. | **momentino**, dim.

mommàre [da *mommo*] v. intr. (*io mómmo*; aus. *avere*) ● (*raro*) Bere.

†**mommeàre** [ant. fr. *momer* 'mascherarsi', vc. inft.] v. intr. ● Scherzare buffoneggiando.

mómmo [vc. inft.] s. m. ● (*pop.*) Cosa da bere, da succhiare | (*scherz.*) Vino.

móna (**1**) [prob. vc. di origine gr.] **A** s. f. ● (*volg., sett.*) Organo genitale femminile | (*fig.*) *Andare, mandare in m.*, andare, mandare al diavolo. **B** s. m. ● (*fig.*) Uomo stupido e tonto.

†**móna** (**2**) o **mòna** ● V. †*monna* (*2*).

mònaca (**1**) [vc. dotta, lat. eccl. *mŏnacha(m)*. V. *monaco* (*1*)] s. f. ● Religiosa che professa le regole e gli statuti di qualche ordine approvato dalla chiesa: *m. benedettina, clarissa* | *Pare una m.*, di donna che conduce una vita austera e ritirata. SIN. Suora. || **monacàccia**, pegg. | **monacèlla**, **monachèlla**, dim. (V.) | **monachétta**, dim. | **monachìna**, dim. (V.) | **monacùccia**, dim.

mònaca (**2**) [V. *monaco* (*2*)] s. f. ● Scaldaletto. SIN. Monaco, prete.

†**mònaca** (**3**) [etim. incerta] s. f. ● Vacca sterile per ermafroditismo o per essere nata da un parto gemellare.

mònaca (**4**) [dal colore delle ali che ricorda quello dell'abito di una *monaca*] s. f. ● Farfalla notturna il cui bruco è dannosissimo a molti alberi, soprattutto alle conifere (*Lymanthria monacha*) | *M. di mare, foca m.*, monaco (4).

mònaca (**5**) [dal colore che ricorda quello dell'abito di una *monaca*] s. f. ● (*zool.*) Smergo.

monacàle [vc. dotta, lat. mediev. *monachāle(m)*, da *mŏnachus* 'monaco (1)'] agg. **1** Di monaco o di monaca: *abito m.* **2** (*fig.*) Caratterizzato da una semplicità austera: *stanza m.; abbigliamento m.* || **monacalménte**, avv.

monacàndo [da *monacare*, con la desinenza dei n. deriv. da gerundi lat. Cfr. *battezzando, comunicando, cresimando* ecc.] s. m. (f. *-a*) ● Chi è in procinto di monacarsi.

monacànto [comp. del gr. *mónos* 'uno' (V. *mono-*) e *ákantha* 'spina', di etim. incerta] s. m. ● Pesce litoraneo di mari tropicali che ha la prima pinna dorsale trasformata in spina (*Monacanthus ciliatus*).

monacàre [da *monaca* (*1*)] **A** v. tr. (*io mònaco, tu mònachi*) ● (*raro*) Fare monaca: *m. una ragazza.* **B** v. rifl. ● Farsi monaca o monaco.

monacàto [vc. dotta, lat. tardo *monachātu(m)*, da *mŏnachus* 'monaco (1)'] s. m. **1** Stato monastico. **2** L'insieme dei monaci o delle monache.

monacazióne [da *monacato*] s. f. ● Cerimonia dell'essere ammessi a far parte di un ordine monastico.

monàcchia [sovrapposizione di *cornacchia* a un deriv. del lat. *monēdula* 'gazza', di etim. incerta (?)] s. f. ● (*centr.*) Corvo.

monacèlla o **monachèlla** s. f. **1** Dim. di *monaca* (*1*). **2** Agganciatura per orecchini composta di un filo d'oro da infilare nel lobo dell'orecchio e da una levetta a molla per chiusura.

monacènse [da *Monaco* (di Baviera) con il suff. *-ense*] **A** agg. ● (*lett.*) Della città di Monaco di Baviera. **B** s. m. e f. ● (*lett.*) Abitante, nativo, di Monaco di Baviera.

monachèlla (**1**) [dal colore che ricorda quello dell'abito di una *monaca*] s. f. ● Passeriforme bianco con coda e ali nere (*Oenanthe hispanica*).

monachèlla (**2**) [dalla posizione delle zampe anteriori per cui sembra pregare come una *monaca*] s. f. ● (*zool.*) Mantide religiosa.

monachése ● V. *monacense*.

monachèṣimo o (*raro*) **monachismo** [da *monaco* (*1*)] s. m. ● Fenomeno comune a molte religioni, per cui taluni individui si ritirano dalla vita sociale per cercare la realizzazione di un ideale di perfezione ascetica, andando a vivere in piena solitudine o in piccole comunità: *m. buddista, cristiano* | L'insieme delle istituzioni monastiche, delle loro regole, della loro storia: *il m. occidentale.*

monachétto s. m. **1** Dim. di *monaco* (*1*). **2** (*fig.*) Favilla, monachina. **3** Ferro nel quale entra il saliscendi, per chiudere l'uscio. SIN. Nasello, nasetto. **4** (*mar.*) Piccola bitta, solidamente sistemata in coperta, per darvi volta a cime e cavi di non grande spessore.

monachìcchio [vc. merid., da *monaco* (*1*), per il cappuccio con cui viene immaginato] s. m. ● (*merid.*) Folletto scherzoso e dispettoso.

†**monachìle** agg. ● Monacale.

monachìna (**1**) [nel sign. 3 perché assomigliano a tante monache che si affrettano nei corridoi ognuna col suo lume in mano] s. f. **1** Dim. di *monaca* (*1*). **2** (*fig., spreg.*) Donna dall'aria falsamente timida e casta: *hai visto cosa ha combinato quella m.?* **3** (*spec. al pl., fig.*) Favilla: *il cielo formicolava di stelle, che parevano le monachine quando corrono sul fondo nero della padella* (VERGA).

monachìna (**2**) [da *monaca* (*1*), per somiglianza col copricapo di certi ordini di suore] s. f. ● Cappello di paglia di Firenze a tesa molto larga e morbida.

monachìna (**3**) [detto così perché fatto dalle *monache*] s. f. ● Dolce con panna, tipico di Napoli.

monachìna (**4**) [dal colore che ricorda quello dell'abito di una *monaca*] s. f. ● (*zool.*) Avocetta.

monachìno (**1**) s. m. **1** Dim. di *monaco* (*1*). **2** (*raro*) †Lividura.

†**monachìno** (**2**) [detto così perché ricorda il colore dell'abito di un ordine di *monache*] agg. ● Di colore scuro, tendente al rosso: *panno m.*

monachìno (**3**) [dal colore che ricorda quello dell'abito di un *monaco*] s. m. ● (*zool.*) Ciuffolotto.

monachìsmo ● V. *monachesimo*.

mònaco (**1**) [vc. dotta, lat. tardo *mŏnachu(m)*, nom. *mŏnachus*, dal gr. *monachós* 'unico', poi 'monaco', da *mónos* 'solo' (V. *mono-*)] s. m. (pl. *-ci*, †*-chi*) ● Persona che si consacra a Dio dedicandosi alla preghiera nella solitudine o in una comunità religiosa, praticando l'ascesi e la contemplazione: *m. buddista, cattolico* | (*gener.*) Frate | *Farsi m.*, entrare in un ordine, pronunciandone i voti | (*fig.*) *Fare una vita da m.*, vivere in modo solitario e appartato. || **monacèllo**, **monachèllo**, dim. | **monachétto**, dim. (V.) | **monachìno**, dim. (V.) | **monacùccio**, dim.

mònaco (**2**) [da *monaco* (*1*) perché fa un'azione buona riscaldando il letto (?)] s. m. (pl. *-ci*) ● Scaldaletto. SIN. Monaca, prete.

mònaco (**3**) [detto così perché isolato come un *monaco* (?)] s. m. (pl. *-ci*) ● (*arch.*) Asta verticale al centro della capriata che collega tra di loro i due puntoni e sorregge, mediante una staffa, la catena.

mònaco (**4**) [dal colore che ricorda quello dell'abito di un *monaco*] s. m. (pl. *-ci*) ● Foca del Mediterraneo con corpo quasi cilindrico, grandi occhi e lunghe setole sul labbro superiore (*Monachus albiventer*). SIN. Foca monaca.

mònade [lat. tardo *mŏnade(m)*, nom. *mŏnas*, dal gr. *monás*, da *mónos* 'unico'. V. *mono-*] s. f. ● (*filos.*) Sostanza semplice, indivisibile, inestesa e di natura spirituale che costituisce l'elemento ultimo delle cose.

monadèlfia [da *monadelfo*] s. f. ● (*bot.*) Nella classificazione linneana, classe di vegetali che comprendeva le piante con fiori a stami saldati.

monadèlfo [comp. di *mono-* e del gr. *adelphós* 'fratello'] agg. ● (*bot.*) Detto di fiore con stami riuniti in un fascetto unico.

monàdico agg. (pl. m. *-ci*) ● (*filos.*) Che concerne o interessa la monade.

monadìṣmo [comp. di *monade* e *-ismo*] s. m. ● Qualsiasi dottrina filosofica che concepisce il mondo come costituito da una pluralità di monadi.

monadìsta s. m. e f. (pl. m. *-i*) ● Chi, in opposizione all'atomismo democriteo, segue il, o si ispira al, monadismo.

monadologìa [comp. di *monade* e *-logia*] s. f. ● La dottrina filosofica delle monadi, così come fu esposta da G. W. Leibniz.

monàndria [vc. dotta, gr. *monandría*, da *mónandros*. V. *monandro*] s. f. ● (*bot.*) Nella classificazione linneana, classe di vegetali comprendente le piante monandre.

monàndro [vc. dotta, gr. *mónandros* 'che ha un solo marito', comp. di *mónos* 'mono-' e *anḗr*, genit. *andrós* 'uomo', in botanica 'stame'] agg. ● (*bot.*) Detto di pianta con fiori a un solo stame.

monantèro [comp. di *mono-* e *antera*] agg. ● (*bot.*) Detto di stame con una sola antera.

monàrca [vc. dotta, gr. *monárchēs*, comp. di *mónos* 'mono-' e *árchein* 'comandare'] s. m. (f. *monarchéssa*, scherz.; pl. m. *-chi*) ● Capo di uno Stato retto a monarchia | Sovrano, re, imperatore | *L'Eterno m.*, Dio.

†**monarcàle** agg. ● Monarchico.

†**monarcàto** s. m. ● Monarchia.

monarchésco agg. (pl. m. *-schi*) ● (*raro, spreg.*) Di, da monarca.

monarchìa [vc. dotta, lat. *monărchia(m)*, nom. *monărchia*, dal gr. *monarchía*, comp. di *mónos* 'mono-' e *-archía* '-archia'] s. f. ● Regime politico in cui il potere è accentrato nelle mani di una sola persona: *m. elettiva; m. ereditaria* | *M. assoluta*, che accentra ogni potere nelle mani del monarca | *M. costituzionale*, in cui il potere sovrano appartiene al monarca e ad altri organi rappresentativi dei sudditi.

monarchianìṣmo [dal gr. *monarchía(n)* nel senso etim. di 'comando di uno solo (*mónos*)'] s. m. ● (*relig.*) Corrente del pensiero cristiano antico incentrata sull'affermazione dell'unità di Dio contro la distinzione delle tre persone.

monàrchico [vc. dotta, gr. *monarchikós*, da *monarchía* 'monarchia'] **A** agg. (pl. m. *-ci*) **1** Della monarchia | *Stato m.*, in cui la carica di Capo dello Stato è vitalizia e spetta a dati individui per diritto personale. **2** Che sostiene, favorisce la monarchia: *partito m.* **3** Che è retto a monarchia: *stato m.* || **monarchicaménte**, avv. In modo monarchico, in forma monarchica. **B** s. m. (f. *-a*) **1** Sostenitore della monarchia. **2** Iscritto a un partito monarchico.

monarchìṣmo [fr. *monarchisme*, da *monarchie* 'monarchia'] s. m. ● (*raro*) Teoria e atteggiamento politico di chi è favorevole alle istituzioni monarchiche.

monarcòmaco [comp. del gr. *mónarchos* 'monarca' e *-machos*, da *máchesthai* 'combattere' (V. *gigantomachia*)] agg.; anche s. m. (pl. m. *-chi*) ● (*raro, lett.*) Che, chi combatte contro i sovrani assoluti.

monarmònico [comp. di *mono-* e *armonico*] agg. (pl. m. *-ci*) ● Di strumento che rende una sola armonia e tono.

monàṣa [etim. incerta] s. f. ● Uccelletto brasiliano dei Passeriformi (*Monasa fusca*).

monasteriàle [vc. dotta, lat. tardo *monasteriāle(m)*, da *monastērium* 'monastero'] agg. ● (*raro*) Di, relativo a monastero.

monastèro o †**monastèrio**, †**monistèrio**, †**monistèro**, †**munistèrio**, †**munistèro** [vc. dotta, lat. tardo *monastēriu(m)*, dal gr. *monastḗrion*, da *monastḗs* 'monaco (1)', da *monázein* 'vivere da solo', da *mónos*. V. *mono-*] s. m. **1** Comunità religiosa cattolica di monaci o di monache. **2** Residenza di religiosi che vivono in comunità. **3** (*est.*) Vita monastica | Ambiente monastico. || **monasterétto**, dim. | **monasterùccio**, dim.

monàstico [vc. dotta, lat. tardo *monăsticu(m)*, nom. *monăsticus*, dal gr. *monastikós*, da *monastḗs* 'monaco'. V. *monastero*] **agg.** (pl. m. *-ci*) *1* Di, relativo a monaco o a monaca | Che concerne un monastero: *regola monastica*; *beni monastici*. *2* (*est.*) Di austera semplicità: *abbigliamento, stile m.* | *Vita monastica*, ritiratissima. || **monasticaménte**, avv. (*raro*) In modo monastico.

monàtto [vc. milan. di etim. incerta] **s. m.** ● Addetto al trasporto dei malati e dei morti, ai tempi delle epidemie di peste.

monàulo [vc. dotta, lat. *monăulu(m)*, nom. *monăulos*, dal gr. *mónaulos* 'flauto semplice', comp. di *mónos* 'mono-' e *aulós* 'flauto' (V. *aulete*)] **s. m.** ● (*mus.*) Tibia semplice, strumento della famiglia dei flauti e delle siringhe in uso spec. ad Alessandria nel periodo ellenistico.

monazite [comp. del gr. *monázein* 'stare solo', da *mónos* 'solo' (V. *mono-*) e *-ite* (2); detta così perché minerale raro] **s. f.** ● (*miner.*) Fosfato di cerio in cristalli prismatici monoclini di colore bruno-giallastro.

†**moncàre** [da *monco*] **v. tr.** ● (*raro, lett.*) Mozzare: *monca il manco braccio e tutto 'l scuto* (BOIARDO).

moncherìno [da *monco*] **s. m.** *1* Braccio cui sia stata asportata traumaticamente o chirurgicamente la mano. *2* (*raro, est.*) Tronco d'asta spezzata.

monchézza **s. f.** ● (*raro*) Menomazione di chi è monco.

monchìno [da *monco*] **s. m.** ● Guanto o sacchetto con il solo pollice.

mónco [sovrapposizione di *tronco* a *manco*] **A agg.** (pl. m. *-chi*) *1* Mozzato, troncato: *aver le mani monche*. *2* (*fig.*) Mancante in parte, privo di completezza: *notizie, frasi monche* | *Libro m.*, mutilo. *3* Di persona priva di una o di entrambe le mani e braccia: *un uomo m. del braccio destro per un incidente sul lavoro*. **B s. m.** (f. *-a*) ● Persona monca.

moncóne [da *monco*] **s. m.** *1* Parte restante di un organo, dopo l'asportazione di una parte | *M. d'amputazione*, parte restante di un arto, dopo l'amputazione. *2* Ciò che resta di un oggetto troncato: *il manico s'è rotto e gli è rimasto in mano il m.*

mónda [da *mondare*] **s. f.** ● (*sett.*) Diserbaggio delle risaie.

mondàbile **agg.** ● Che si può mondare.

mondaménto **s. m.** ● (*raro*) Modo e atto del mondare o del mondarsi (*anche fig.*).

mondàna [f. sost. di *mondano*] **s. f.** ● (*euf.*) Prostituta.

mondaneggiàre [comp. di *mondano* e *-eggiare*] **v. intr.** (*io mondanéggio*; aus. *avere*) ● (*raro*) Condurre vita mondana | (*est.*) Avere o assumere atteggiamenti in uso nel bel mondo.

mondanità **s. f.** *1* Qualità di ciò che è mondano: *hai notato la m. dei suoi discorsi?* *2* Cosa futile e frivola, vanità o diletto mondano: *vivere per le mondanità*; *non saper rinunciare alla m.* *3* Il complesso degli appartenenti all'alta società: *era presente tutta la m. della capitale*.

mondàno [vc. dotta, lat. *mundānu(m)*, da *mŭndus* 'mondo (2)'] **A agg.** *1* (*lett.*) Del mondo, inteso come parte dell'universo. *2* Del mondo, inteso come materialità: *felicità mondana*; *i piaceri mondani*. SIN. Terreno. *3* Di persona frivola e gaudente, dedita ai piaceri del mondo: *vita mondana*; *abitudini mondane* | (*est.*) Tipico delle classi sociali più elevate o più ricche: *una riunione piuttosto mondana*; *non sopporto tutti questi pregiudizi mondani* | *Alla mondana*, secondo gli usi, i gusti, le abitudini della gente di mondo. || **mondanaménte**, avv. In modo mondano; secondo le usanze e le esigenze del mondo: *vivere mondanamente*. **B s. m.** (f. *-a* (V.)) *1* Chi fa vita galante, di società: *i mondani dicono che è un ritrovo giù di moda*. *2* †Laico.

mondàre [lat. *mundāre*, da *mŭndus* 'mondo (1)'] **A v. tr.** (*io móndo*) *1* Privare q.c. della buccia o della scorza: *m. la frutta prima di mangiarla*; *m. l'uovo sodo* | *M. dalla corteccia*, scortecciare | *M. il grano*, separarlo dalla loppa. *2* Pulire, nettare (*anche fig.*): *m. le verdure prima di cuocerle*; *m. l'anima dal peccato* | *M. il campo, la vigna e sim.*, toglierne le erbacce | (*raro*) Purificare: *m. con acque lustrali*. **B v. rifl.** ● (*fig., lett.*) Farsi puro, senza macchia o peccato: *O creatura che ti mondi / per tornar bella a colui che ti fece* (DANTE *Purg.* XVI, 31-32).

mondarìso [comp. di *monda(re)* e *riso*] **s. m. e f. inv.** ● Chi attende alla monda del riso.

mondatóio [da *mondare*] **s. m.** ● (*agr.*) Apparecchio per la sfogliatura e la cernita delle olive.

mondatóre [vc. dotta, lat. tardo *mundatōre(m)*, da *mundāre* 'mondare'] **agg.**; anche **s. m.** (f. *-trice*) ● Che, chi monda (*anche fig.*).

mondatùra **s. f.** *1* Atto, effetto del mondare: *procedere alla m. delle piantagioni*. *2* Ciò che si toglie e si getta dopo aver mondato q.c.: *la m. della frutta* | *La m. del grano*, loppa | (*raro, est.*) Immondezza, spazzatura.

†**mondazióne** [vc. dotta, lat. tardo *mundatiōne(m)*, da *mundāre* 'mondare'] **s. f.** ● Atto, effetto del mondare (*spec. fig.*).

mondézza (**1**) o (*raro*) **mondìzia**, †**mundìzia** [dal lat. *mundĭtia(m)*, da *mŭndus* 'mondo (1)'] **s. f.** ● (*lett.*) Nettezza della persona, purità della coscienza.

mondézza (**2**) o (*rom.*) **monnézza** [dal precedente, nel senso di 'ciò che si raccoglie facendo pulizia'] **s. f.** ● (*dial.*) Sporcizia, spazzatura.

mondezzàio o (*dial.*) **mondezzàro** [da *mondezza* (2)] **s. m.** *1* Luogo dove si getta la spazzatura | Ammasso di sudiciume. *2* (*fig.*) Cumulo di cose sordide, luogo di turpitudini: *un m. di vizi, di uomini corrotti*.

†**mondìa** [da *mondo* (*1*)] **s. f.** *1* Mondezza. *2* Rimasuglio, mondatura.

mondiàle [vc. dotta, lat. tardo *mundiāle(m)* 'mondano', da *mŭndus* 'mondo (2)'] **agg.** *1* Del mondo, di tutte o quasi tutte le nazioni del mondo: *guerra m.* | *Fama m.*, pressoché universale | *Campionati mondiali* o (*ell.*) *mondiali*, gara o complesso di gare a cui partecipano atleti o squadre di varie nazioni per la conquista del titolo di campione del mondo. *2* (*fig., fam.*) Eccezionale, straordinario: *una trovata m.* || **mondialménte**, avv. In tutto il mondo: *uno studioso mondialmente noto*.

mondialìsmo [da *mondiale*] **s. m.** ● Il complesso dei problemi riguardanti la storia, la società, la politica non già di una o di alcune nazioni, bensì di tutto il mondo.

mondialìstico **agg.** (pl. m. *-ci*) ● Del mondialismo | Ispirato al mondialismo: *politica estera di tipo m.*

mondializzazióne **s. f.** ● Situazione per cui i grandi problemi politici, sociali, economici e sim. vengono a investire il mondo intero, rendendo quindi necessaria una loro risoluzione a livello mondiale.

†**mondificaménto** [da †*mondificare*] **s. m.** ● Pulizia.

†**mondificàre** [vc. dotta, lat. tardo *mundificāre*, comp. di *mŭndus* 'mondo' (1) e *-ficāre* '-ficare'] **A v. tr.** ● Purificare, nettare, pulire. **B v. rifl.** ● Purificarsi (*spec. fig.*).

†**mondificatìvo** [da *mondificare*] **agg.** ● Che ha virtù di purgare, detergere.

†**mondificazióne** **s. f.** ● Atto, effetto del mondificare (*anche fig.*).

†**mondìgia** [lat. *mundĭtia(m)* 'mondezza (1)'] **s. f.** ● Mondezza, nel sign. di *mondezza* (*1*).

mondìglia [da *mondare*] **s. f.** ● Ciò che resta dopo aver mondato q.c.: *spazzare la m. delle castagne* | (*est.*) Scorie.

mondìna (**1**) [da *mondare*] **s. f.** ● (*pop.*) Operaia che fa la monda nelle risaie. SIN. Mondariso.

mondìna (**2**) [da *mondare*] **s. f.** ● Castagna mondata e poi lessata.

mondìzia ● V. *mondezza* (*1*).

móndo (**1**) [vc. dotta, lat. *mŭndu(m)* di etim. incerta] **agg.** *1* Spogliato del guscio o della corteccia: *pere monde* | *Voler la pesca monda*, (*fig.*) ciò che piace o è utile, senza la fatica e i rischi connessi | Nettato, ripulito: *verdura monda*. *2* (*fig.*) Privo di peccato, mondato d'ogni macchia: *anima, coscienza monda*. SIN. Puro. *3* †Privo di impurità: *acque monde* | †Non manipolato: *vino m.* || **mondaménte**, avv. (*raro*) In modo puro, limpido.

móndo (**2**) [lat. *mŭndu(m)*, da *mŭndus* 'ordinato' (V. *mondo* (*1*))] **s. m.** (pl. raro †*móndora*, f.) **I** Inteso in senso astronomico e geografico. *1* Cosmo, universo: *è gran dubio se 'l m. fu fatto di nulla o delle rovine d'altri mondi o del caos* (CAMPANELLA) | *La fine del m.*, il cataclisma che distruggerà l'universo e (*fig.*) situazione di estremo disordine, confusione e sim. | *Non è la fine del m.*, (*fig.*) non è un male irreparabile | *Da che m. è m.*, da sempre. *2* Corpo celeste: *mondi lontanissimi e sconosciuti*; *vide / sotto l'etereo padiglion rotarsi / più mondi, e il sole irradiarli immoto* (FOSCOLO). *3* La Terra: *fare il giro del m.* | (*fig.*) *In capo al m.*, lontanissimo | *Come è piccolo il m.!*, si dice incontrando qc. che si credeva lontano o difficilmente rintracciabile | *Girare, vedere, conoscere mezzo m.*, viaggiare molto | *Il m. è grande*, c'è posto per tutti | (*fig.*) *Crede d'essere il padrone del m.*, si dice di chi vuole imporre la propria volontà | *Il più bello, il più bravo, il migliore, il peggiore del m.*, di tutti | (*fig.*) *Non si trova, non se ne trova l'uguale a girare tutto il m.*, si dice di cosa preziosissima o di persona dotata d'ogni buona qualità | (*fig.*) *Senza un fastidio al m.*, con la massima tranquillità e serenità | (*fig.*) *Senza un pensiero al m.*, senza preoccupazioni | (*fig.*) *Con la maggior fatica del m.*, con grande sforzo e fatica | (*fig.*) *Nessuno al m.*, mai nessuno | (*fig.*) *Per tutto l'oro del m.*, a nessun costo | (*est.*) Zona, plaga, continente: *il m. conosciuto dagli antichi* | *Girare il m.*, *andare per il m.*, viaggiare molto | *Il nuovo m.*, il continente americano | *Il m. antico*, l'Asia, l'Africa e l'Europa | (*polit.*) *Il terzo m.*, V. *terzo* | (*polit.*) *Il quarto m.*, V. *quarto*. *4* Una delle figure nel gioco dei tarocchi. **II** Inteso come sede della vita in tutte le sue forme e manifestazioni. *1* Complesso organizzato di elementi che accolgono, determinano o rendono possibile la vita in genere o una particolare forma di essa: *questo nostro m.*; *il m. in cui viviamo*; *l'inesplorato m. degli abissi marini* | *Il m. dell'al di là, delle ombre* e sim., la sede della vita ultraterrena | *L'altro m.*, quello che ci attende dopo la morte, contrapposto a quello in cui viviamo | *Cose dell'altro m.*, (*fig.*) straordinarie, incredibili, assurde. *2* Insieme di esseri d'una stessa specie o di specie diverse, organizzato secondo forme che gli sono proprie: *il m. vegetale, minerale, animale*; *il meraviglioso m. delle api*. **III** Inteso come sede del genere umano e di tutti i fenomeni ad esso collegati. *1* La totalità degli uomini, il consorzio umano: *le lodi, il biasimo del m.*; *non preoccuparsi del m.*; *far ridere il m.*; *dare esempio a tutto il m.*; *si empie facilmente el m. di opinioni erronee e vane* (GUICCIARDINI) | *Il m. presente*, l'umanità d'oggi | *Il m. civile*, gli uomini che vivono civilmente | (*fig.*) *L'occhio del m.*, gli uomini che vedono e giudicano | *Gabbare il m.*, ingannare tutti | *Il gran, il bel m.*, l'alta società. *2* La vita umana: *questo m. gramo, amaro, doloroso* | *Dare, mettere al m.*, far nascere | *Venire al m.*, nascere | *Togliere dal m., dalla scena del m.*, far morire | *Lasciare il m.*, morire | *Stare al m.*, vivere | (*fig.*) *Saper stare al m.*, sapersi abilmente destreggiare fra le difficoltà della vita | *Tornare al m.*, rinascere (*spec. fig.*). *3* Realtà, modi e forme della vita umana: *avere esperienza del m.*; *così va il m.* | *Uomo, donna di m.*, che ha molta esperienza della vita | *Trovarsi in un m. nuovo*, in un ambiente diverso da quello solito | (*fig.*) *Il m. cammina*, progredisce | *Il m. d'oggi*, il presente | *Prendere il m. come viene*, sapersi adattare alla realtà | *Godere il m.*, approfittare di tutto ciò che di piacevole offre la realtà. *4* Modo di vivere frivolo, proteso alla ricerca del piacere, contrapposto alla vita di meditazione e di preghiera: *amare il m.* | *Fuggire dal m.*, entrare in convento | *Rinunciare, morire al m.*, scegliere la vita conventuale, claustrale. *5* Civiltà e sue forme: *il m. romano*; *il m. classico*; *un pensatore che è estraneo al nostro m.* *6* Complesso di un ordine sociale, civile, umano: *il m. politico, cristiano*; *il m. musicale, letterario* | Ceto, classe: *il m. degli insegnanti*; *m. operaio*. *7* Complesso di un ordine di fatti, cose, idee, che hanno diretto rapporto con l'uomo: *m. reale, ideale, possibile, soprannaturale*; *il m. della poesia, dell'arte*; *il m. poetico di Dante* | *Il suo m.*, idee e sentimenti che costituiscono la vita spirituale di un individuo. *8* (*fig.*) Grande quantità: *avere un m. di noie, brighe, guai, faccende, pensieri*; *c'era un m. di gente*; *ricevemmo un m. di cortesie*. *9* Nelle loc. inter. *m. cane!*, *m. birbone!*, *m. ladro!*, e sim., per esprimere disappunto, ira || PROV. Il mondo è di chi se lo piglia; il mondo non fu fatto in un giorno; questo mondo è fatto a scale, chi le scende e chi le sale. || **mondàccio**, pegg. | **mondino**, dim. | **mondóne**, accr.

mondoàldo ● V. *mundoaldo*.

mondovisióne [comp. di *mondo* (*2*) e (*tele*)*visione*] s. f. ● Collegamento televisivo intercontinentale.

monduàldo ● V. *mundoaldo*.

monegàsco [dalla forma del dialetto locale *munegascu*, da *Munegu* 'Monaco' col suff. etnico *-ascu* '-asco'] **A** agg. (pl. m. *-schi*) ● Del, relativo al, Principato di Monaco. **B** s. m. (f. *-a*) ● Abitante, nativo, del Principato di Monaco.

monèl [da A. *Monell*, presidente della Canadian Copper Company] s. m. ● Lega, con buona resistenza agli acidi, composta essenzialmente di nichel e di rame, usata per turbine a vapore, per tubi di condensatori, per recipienti e rivestimenti vari.

monellerìa s. f. ● Azione o comportamento da monello, da discolo. SIN. Malefatta.

monellésco agg. (pl. m. *-schi*) ● Da monello: *comportamento m.*

monèllo [vc. espressiva di origine gerg.] s. m. (f. *-a*) *1* Ragazzo di strada, chiassoso e discolo: *le grida dei monelli* | (*est.*) Ragazzo vivace, impertinente e birichino: *sei proprio un m.* *2* †Briccone, malfattore. || **monellàccio**, pegg. | **monellino**, dim. | **monellùccio**, dim. | **monellucciàccio**, pegg.

monèma [da *mono-*, sul modello di *fonema*] s. m. (pl. *-i*) ● (*ling.*) La più piccola unità linguistica dotata di significato.

Monère [vc. dotta, tratta dal gr. *monḗrēs* 'unico', 'singolo'] s. f. pl. ● (*biol.*) Regno sistematico comprendente gli organismi protisti procarioti.

monergòlo ● V. *monoergolo*.

monéta [lat. *monēta*(*m*) 'zecca, moneta', dal tempio di *Jūno* ('Giunone') *Monēta* che serviva da zecca, di etim. discussa: di origine fenicia (?)] s. f. *1* Bene economico intermediario negli scambi quale misura di valore e mezzo di pagamento: *alcuni popoli primitivi usano conchiglie come m.* *2* Disco di metallo coniato per le necessità degli scambi, avente lega, titolo, peso e valore stabiliti | *M. debole*, quella il cui valore nominale è superiore a quello intrinseco o metallico | *M. forte*, quella il cui valore nominale è inferiore a quello intrinseco o metallico | *M. divisionaria*, coniata in metallo diverso da quello tipo, per effettuare piccoli pagamenti | *M. fiduciaria*, quella cartacea emessa in sostituzione della moneta tipo accettata in pagamento avendo fiducia nella sua convertibilità | *M. a corso forzoso*, quella cartacea che non può essere convertita in moneta tipo | *M. di conto*, ideale, non coniata ma assunta come unità puramente contabile | *M. legale*, quella le cui caratteristiche sono definite per legge e che conserva il carattere legale entro i limiti dello Stato che la emette | *M. di necessità*, quella coniata irregolarmente nel corso di avvenimenti bellici o in periodi nei quali scarseggiano le monete ordinarie | *M. ossidionale*, V. *ossidionale* | *M. contromarcata*, quella che sul diritto o sul rovescio porta una contromarca che ne cambia il valore o ne segnala l'autenticità | *M. calda*, nel linguaggio giornalistico, insieme dei capitali a breve termine che si spostano velocemente tra i diversi Paesi a causa delle incertezze relative alla stabilità dei cambi o alla sicurezza dei capitali | *M. elettronica*, sistema di pagamento per mezzo di carta di credito e sim., senza trasferimento di banconote o assegni. ➡ ILL. moneta. *3* (*est.*) Complesso dei crediti, beni, depositi bancari, titoli di credito e sim. facilmente e sicuramente realizzabili sotto forma di denaro. *4* Correntemente, soldi, denaro | *Pagare in m. sonante*, in contanti | *Prendere q.c. per buona m.*, *per m. contante*, (*fig.*) accettare per vero | *Fare m. falsa per q.c.*, (*fig.*) essere disposto anche ad azioni disoneste pur di riuscire nel proprio intento | *Pagare qc. di mala m.*, (*fig.*) ripagare con ingratitudine | *Pagare qc. con la sua stessa m.*, (*fig.*) rendergli ciò che si merita, trattarlo come ci ha trattato | (*spreg.*) *La vile m.*, il volgare denaro | *M. senza conio*, (*fig.*, *lett.*) inganni, imposture. *5* Denaro spicciolo: *non ho m. per darle il resto; può darmi mille lire in m.?* | (*raro*) Ricchezza: *acquistare m.* *6* †Zecca. || **monetàccia**, pegg. | **monetina**, dim. (V.) | **monetùzza**, dim.

monetàbile agg. *1* Che si può monetare. *2* (*est.*) Che si può valutare in moneta, cioè in denaro: *il danno è difficilmente m.*

monetàggio s. m. ● Spesa per la fabbricazione e l'emissione della moneta.

monetàle [vc. dotta, lat. *monetāle*(*m*), da *monēta* 'moneta'] agg. ● Di, relativo a moneta.

monetàre [da *moneta*] v. tr. (*io monéto*) ● Trasformare in moneta un metallo e sim., dandogli la forma e il valore stabiliti: *m. l'oro, la carta filigranata.*

monetàrio (**1**) [da *moneta*] agg. ● Della, relativo alla moneta: *un grave problema m.* | *Circolazione monetaria*, complesso di mezzi di pagamento esistenti in un dato momento in un paese.

†**monetàrio** (**2**) [vc. dotta, lat. tardo *monetāriu*(*m*), da *monēta* 'moneta'] s. m. ● Monetiere.

monetarìsmo [da *monetario* (*1*)] s. m. ● (*econ.*) Dottrina secondo cui la moneta svolge, rispetto ad altri strumenti di politica economica, una funzione essenziale nel determinare le fluttuazioni economiche, spec. per evitare situazioni di inflazione o deflazione.

monetarìsta s. m. e f. ● Chi sostiene il monetarismo.

monetarìstico agg. (pl. m. *-ci*) ● Relativo al monetarismo.

monetàto part. pass. di *monetare*; anche agg. *1* Nel sign. del v. *2* *Oro m.*, *carta monetata*, cui è stato attribuito valore di moneta.

monetazióne [da *monetare*] s. f. ● Fabbricazione della moneta.

monetière s. m. *1* Coniatore di monete | (*est.*) Falsificatore di monete. *2* Mobile a cassetti per conservare monete e medaglie.

monetina s. f. *1* Dim. di *moneta*. *2* Piccola moneta che l'arbitro di una partita di calcio lancia in aria prima dell'inizio dell'incontro per la scelta del campo e l'assegnazione del calcio d'inizio.

monetizzàre [fr. *monétiser*, dal lat. *monēta* 'moneta'] v. tr. *1* Valutare un bene nel suo equivalente in denaro. *2* Realizzare sotto forma di denaro contante crediti, beni e sim.

monetizzazióne s. f. ● Atto, effetto del monetizzare.

money manager /'mani 'manadʒer, *ingl.* 'mʌni 'mænidʒə*/ [loc. ingl., comp. di *money* 'denaro' e *manager* (V.)] loc. sost. m. e f. inv. (pl. ingl. *money managers*) ● Chi gestisce ingenti somme di denaro per conto di terzi.

monferrina [da *monferrino*] s. f. ● Ballo tradizionale piemontese, costituito da una sestupla di crome a movimento vivace.

monferrino **A** agg. ● Del Monferrato. **B** s. m. (f. *-a* (V.)) ● Abitante, nativo del Monferrato.

mongolfièra [fr. *montgolfière*, dal n. dei fratelli *Montgolfier* che la inventarono nel 1782] s. f. ● Pallone aerostatico dotato di una larga apertura inferiore sotto la quale veniva acceso un fuoco che produceva all'interno aria calda per la sostentazione. ➡ ILL. p. 1292 SPORT.

mongòlia [dal n. della regione della *Mongolia*] s. f. ● Pelliccia di montone o agnello orientale a pelo folto e molto riccio.

mongòlico agg. (pl. m. *-ci*) *1* Relativo ai Mongoli e alla Mongolia: *lingue mongoliche.* *2* (*est.*) Che ha caratteristiche simili a quelle dei Mongoli: *occhi mongolici.*

mongòlide o **mongolide** agg.; anche s. m. e f. *1* Che, chi appartiene o è relativo a un ceppo formato da Tungusi, Cinesi e Sudmongolici. *2* (*med.*) Mongoloide.

mongolìsmo [così detto perché tale sindrome conferisce un aspetto che ricorda quello dei *Mongoli*] s. m. ● (*med.*) Termine desueto per indicare la sindrome di Down. SIN. Sindrome di Down.

mòngolo [dal mongolo *mongol*, in origine n. di una piccola tribù] **A** agg.; anche s. m. (f. *-a*) ● Che, chi appartiene a popolazioni dell'Asia Centrale con caratteristiche razziali comuni: *il gran Lama dei Mongoli; l'invasione dei Mongoli in Europa.* **B** s. m. solo sing. ● Lingua della famiglia altaica parlata dai Mongoli.

mongoloìde [comp. di *mongolo* e *-oide*] **A** agg. ● Detto di razza umana i cui individui presentano caratteri quali capelli dritti, naso leggermente largo, pelle giallo-bruna. **B** agg.; anche s. m. e f. ● Che, chi è affetto da mongolismo.

mongoloidìsmo s. m. ● (*med.*) Mongolismo.

mongòmeri s. m. ● Adattamento di *montgomery* (V.).

monìle o †**manìle** [vc. dotta, lat. *monīle*, di origine indeur.] s. m. ● Ornamento prezioso che si porta al collo: *un m. di perle* | (*est.*) Vezzo, gioiello.

monìlia [da *monile*, per la disposizione dei conidi] s. f. ● Denominazione adottata in passato per indicare miceti caratterizzati da conidi disposti a catenelle, attualmente classificati nel genere fungino *Candida*.

Moniliàli [vc. dotta, comp. di *monilia* e *-ali*] s. f. pl. ● Nella tassonomia vegetale, ordine di Funghi dei Deuteromiceti parassiti e saprofiti (*Moniliales*). SIN. Ifomiceti | (al sing. *-e*) Ogni individuo di tale ordine.

monilìasi [da *monilia*] s. f. ● (*med.*) Candidosi | *M. orale*, mughetto.

†**moniménto** ● V. *monumento*.

monìsmo [ted. *Monismus*, dal gr. *mónos* 'solo, unico'. V. *mono-*] s. m. ● Dottrina filosofica che riconduce a un unico principio la molteplicità solo apparente dell'esperienza.

monìsta s. m. e f. (pl. m. *-i*) ● Chi segue o si ispira al monismo.

†**monistèrio** ● V. *monastero*.

†**monistèro** ● V. *monastero*.

monìstico [da *monismo*] agg. (pl. m. *-ci*) ● Che concerne o interessa il monismo o i monisti.

mònito [vc. dotta, lat. *mŏnitu*(*m*), da *monēre* 'ammonire', dalla stessa radice di *mēns* 'mente'] s. m. ● Severo e solenne ammonimento: *rivolgere un m. a qc.; essere, servire di m.*

mònitor /'mɔnitor, *ingl.* 'mɔnitə*/ [vc. ingl., propriamente 'avvisatore', dal lat. *mŏnitor*, nom. V. *monitore* (*1*)] s. m. inv. ● Apparecchio di segnalazione o controllo qualitativo dell'andamento di un fenomeno | (*tv*) Apparecchio che riproduce su un cinescopio le immagini riprese dalle telecamere | Apparecchio che rende visibili i dati di un sistema elettronico.

monitoràggio [da *monitor*] s. m. ● Controllo frequente dell'andamento di fenomeni fisici, chimici, biologici, ambientali e sim. mediante apparecchiature (es. monitor) o tecniche analitiche | (*med.*) *M. permanente*, controllo continuo, esercitato mediante apparecchiature, delle condizioni di malati particolarmente gravi, in modo da consentire ai medici di intervenire tempestivamente con terapie d'urgenza | *M. ambientale*, controllo permanente attraverso strumentazioni delle caratteristiche ambientali o del loro inquinamento | (*est.*) Osservazione, controllo sistematico di una situazione, di un fenomeno e sim.

monitóre (**1**) [vc. dotta, lat. *monitōre*(*m*), da *monēre* 'ammonire'. V. *monito*] s. m. (f. *-trice*) ● (*raro*) Ammonitore, guida, consigliere.

monitóre (**2**) [calco sul fr. *moniteur*] s. m. ● Titolo di giornali e riviste.

monitóre (**3**) [ingl. *monitor* 'avvisatore', dal lat. *mŏnitor*, nom. V. *monitore* (*1*)] s. m. *1* Nave da guerra ormai disusata, caratterizzata da elevata protezione, modesto pescaggio, modesta velocità, armata con cannoni di grosso calibro in torre, e destinata ad azioni costiere. *2* Apparecchio per abbattere ghiaie, sabbie, argille e altri materiali poco compatti nelle cave, per mezzo di violenti getti d'acqua.

monitòrio [vc. dotta, lat. *monitōriu*(*m*), agg. di *mŏnitor*, genit. *monitōris* 'ammonitore'] **A** agg. *1* Che ammonisce. *2* (*tv*) Che si riferisce al monitor. **B** s. m. ● Lettera con la quale l'autorità ecclesiastica impone a chi ne abbia cognizione di rendere palese un fatto, prescrivendo pene per i reticenti.

monitorizzàre [da *monitor*] v. tr. ● Sottoporre a monitoraggio | Attrezzare, dotare di monitor.

monizióne [vc. dotta, lat. *monitiōne*(*m*), da *monēre* 'ammonire'. V. *monito*] s. f. *1* †Ammonizione. *2* (*relig.*) Nella liturgia cattolica, breve avvertenza o informazione data dal celebrante o dal commentatore per introdurre i fedeli a una fase del rito.

mon-khmer /'mɔn 'kmɛr/ [comp. di *mon*, n. di una popolazione della Birmania, e *khmer* (V.)] **A** s. m. inv. ● Famiglia di lingue dell'Asia sudorientale. **B** anche agg. inv.: *lingue mon-khmer*.

mònna (1) [da *m(ad)onna*] s. f. *1* (*lett.*) †Signora, madonna. *2* (*tosc.*) Appellativo scherzoso o confidenziale di donna | *M. onesta*, ipocrita | *M. schifa il poco*, donna che fa la contegnosa. || **monnina**, dim.

†**mónna** (2) o **mònna**, †**móna** (2) [sp. *mona*, di etim. discussa: abbr. di *mamona*, var. di *maimón*, dall'ar. *maimūn* 'felice' (?). V. *mammone*] s. f. ● (*tosc.*) Scimmia, bertuccia | *Dar la m.*, beffare. || †**monnina**, dim. | †**monnóne**, accr. m. | †**monnosino**, dim. m. | †**monnùccia**, dim.

monnézza ● V. *mondezza* (2).

†**monnino** [da †*monna* (2)] s. m. ● Arguto motto di spirito.

mòno- [dal gr. *mónos* 'solo'] primo elemento ● In parole composte della terminologia scientifica o della lingua dotta, significa 'uno', 'uno solo', 'costituito da uno solo': *monogamo*, *monografia*, *monoteismo*, *monoscopio*, *monotipo*, *monoposto*.

monoàlbero [comp. di *mono-* e *albero*] agg. ● (*mecc.*) Detto della distribuzione di un motore di automobile fornito di un solo albero a camme in testa.

monoansàto [comp. di *mono-* e *ansa*] agg. ● Detto di vaso con una sola ansa.

monoàsse [comp. di *mono-* e *asse* (2)] agg. *1* (*ott.*) Detto di cristallo birifrangente con un solo asse ottico. *2* (*zool.*) Detto di spicola dotata di un solo asse. *3* (*autom.*) Detto di carrello o rimorchio con un solo asse, cioè con due sole ruote.

monoatòmico [comp. di *mono-* e *atomo*] agg. (pl. m. *-ci*) ● (*fis.*) Di, relativo a, un solo atomo | *Elemento m.*, la cui molecola è costituita da un solo atomo.

monoauràle [comp. di *mono-* e del lat. *āuris* 'orecchia' (V. *orecchio*), col suff. *-ale* degli agg.] agg. *1* Che riguarda un solo orecchio. *2* (*fis.*) Monofonico.

monobactàmico agg. (pl. m. *-ci*) ● (*farm.*) Relativo, pertinente a una classe di antibiotici monociclici beta-lattamici.

monobàsico [comp. di *mono-* e *basico*] agg. (pl. m. *-ci*) ● (*chim.*) Detto di acido, inorganico od organico, in cui un solo atomo di idrogeno è sostituibile da un metallo o da un radicale organico.

monoblòcco [comp. di *mono-* e *blocco*] **A** agg. inv. ● Che è composto di un solo blocco: *apparecchiatura m.* **B** s. m. (pl. *-chi*) *1* (*mecc.*) Blocco di ghisa entro il quale sono ricavati i cilindri del motore a combustione interna alternativa. *2* Apparecchiatura che riunisce in un unico blocco l'impianto idraulico e gli elettrodomestici necessari in una cucina.

monocàlibro [comp. di *mono-* e *calibro*] agg. inv. ● Detto di nave da guerra con grossi cannoni di ugual calibro.

monocàmera [comp. di *mono-* e *camera*] s. f.; anche agg. ● Appartamentino costituito in genere da una sola camera attrezzata per vari usi, più i servizi ridotti all'essenziale.

monocameràle [comp. di *mono-* e *camerale*] agg. ● (*polit.*) Detto di sistema parlamentare basato su una sola camera legislativa. SIN. Unicamerale.

monocameralìsmo [comp. di *monocameral(e)* e *-ismo*] s. m. ● Unicameralismo.

monocànna [comp. di *mono-* e *canna*] **A** s. m. inv. ● Fucile da caccia a una sola canna. **B** anche agg. inv.: *fucile m.*

monocarbossìlico [comp. di *mono-* e *carbossilico*] agg. (pl. m. *-ci*) ● (*chim.*) Detto di acido la cui molecola contiene un solo gruppo carbossilico.

monocàrpico [comp. di *mono-* e *-carpo*] agg. (pl. m. *-ci*) ● (*bot.*) Detto di pianta che fiorisce e fruttifica una sola volta nella sua vita e poi muore.

monocàsio [comp. di *mono-* e del gr. *chásis* 'separazione', da *cháskein* 'aprirsi', di orig. indeur.] s. m. ● (*bot.*) Tipo di ramificazione in cui solo un ramo laterale si ramifica.

†**monòcchio** [vc. dotta, lat. tardo *monŏculu(m)*, comp. del gr. *mónos* 'mono-' e del lat. *ŏculus* 'occhio'] agg.; anche s. m. ● Monocolo.

monocèfalo [vc. dotta, gr. *monoképhalos* 'che ha una sola testa', comp. di *mono-* 'mono-' e *-képhalos* '-cefalo'] s. m. ● (*med.*) Malformazione dello sviluppo fetale gemellare con formazione di un unico capo.

monocellulàre [comp. di *mono-* e *cellula*] agg. ● (*biol.*) Unicellulare.

monochina [comp. di *mono-* e del gr. *kínēsis* 'movimento' col suff. *-ina*, sul modello di *citochina*] s. f. ● (*biol.*) Ciascuna sostanza proteica solubile e biologicamente attiva che, rilasciata da monociti o macrofagi, influenza l'attività di altre popolazioni cellulari.

monocilìndrico [comp. di *mono-* e *cilindrico*] agg. (pl. m. *-ci*) ● (*mecc.*) Detto di motore che ha un solo cilindro e di veicolo fornito di tale motore: *motocicletta monocilindrica*.

monocito o **monocita** [fr. *monocyte*, comp. di *mono-* 'mono-' e *-cyte* '-cito'] s. m. ● (*biol.*) Grosso leucocito del sangue con spiccata attività fagocitaria.

monocitòsi [comp. di *monocit(o)* e del suff. *-osi*] s. f. ● (*med.*) Aumento dei monociti nel sangue che si riscontra in molte malattie infettive quali malaria, tubercolosi, mononucleosi e in alcune neoplasie.

monoclamidàto [comp. di *mono-* e un deriv. di *clamide*] agg. ● (*bot.*) Detto di fiore il cui perianzio è formato o solo dal calice o solo dalla corolla. SIN. Monoclamideo.

Monoclamidee [comp. di *mono-* e *clamide*] s. f. pl. ● Nella tassonomia vegetale, gruppo di piante legnose delle Dicotiledoni con perianzio assente o poco sviluppato (*Monochlamydeae*). SIN. Apetale | (al sing. *-a*) Ogni individuo di tale gruppo.

monoclamìdeo agg. ● (*bot.*) Monoclamidato.

monoclàsse [comp. di *mono-* e *classe*] agg. ● Che ha una sola classe: *scuola m.*

monoclinàle [comp. di *mono-* e del gr. *klínein* 'inclinare, piegare'] **A** s. f. ● (*geol.*) Regione in cui gli strati rocciosi presentano direzione costante e pendenza simile, immergendosi nella stessa direzione. **B** anche agg.: *regione m.*

monoclino (1) [comp. di *mono-* e del gr. *klínē* 'letto', da *klínein* 'inclinare'] agg. ● (*bot.*) Detto di pianta con fiori ermafroditi, e di tali fiori.

monoclino (2) [comp. di *mono-* e del gr. *klínein* 'inclinare, piegare'] agg. ● (*miner.*) Detto di sistema cristallino in cui esiste un solo piano di simmetria contenente due assi cristallografici intersecantisi con un angolo qualsiasi, e un solo asse perpendicolare al piano di simmetria.

monoclonàle [comp. di *mono-* e *clonale*] agg. ● (*biol.*) Che deriva da una singola cellula o è relativo a un solo clone | *Anticorpo m.*, secreto da un singolo clone linfocitario; si produce nell'organismo in alcuni tipi di mieloma e artificialmente, per uso diagnostico e terapeutico, da ibridomi ottenuti per fusione di linfociti di topo con cellule tumorali (mieloma) che si riproducono in vitro illimitatamente.

monòcolo (1) o (*lett.*) †**monoculo** [V. †*monocchio*] agg.; anche s. m. ● (*raro*) Che, chi è cieco di un occhio: *vide un soldato m.*; *il vecchio era m.* (D'ANNUNZIO) | Che ha un occhio solo: *i Ciclopi erano monocoli*.

monòcolo (2) [fr. *monocle*. V. precedente] s. m. ● Lente che si porta davanti a un solo occhio per correggere difetti di vista.

monocolóre [comp. di *mono-* e *colore*] **A** agg. inv. *1* (*raro*) Di un solo colore: *ritratto su sfondo m.* *2* (*polit.*) Detto di governo formato da ministri provenienti tutti dallo stesso partito. **B** s. m. ● (*polit.*) Governo monocolore: *formare un m.*; *un m. democristiano*.

monocoltùra [comp. di *mono-* e *coltura*] s. f. *1* (*agr.*) Coltivazione di una sola specie o varietà di piante, effettuata continuativamente sullo stesso

moneta

diritto rovescio baiocco bisante carlino denaro
dramma ducato fiorino ghinea grano
grosso marengo quattrino sesterzio sovrana
statere tallero tarì tornese zecchino

MONETE

Paese	*Unità monetaria*	*Paese*	*Unità monetaria*	*Paese*	*Unità monetaria*
Afghanistan	afghani	Gabon	franco CFA	Nuova Zelanda	dollaro neozeland.
Albania	lek	Gambia	dalasi	Oman	rial dell'Oman
Algeria	dinar algerino	Georgia	rublo	Paesi Bassi	fiorino olandese
Andorra	franco fr./peseta sp.	Germania	marco tedesco	Pakistan	rupia pakistana
Angola	kwanza	Ghana	cedi	Panamá	balboa
Antigua e Barbuda	dollaro dei Caribi Or.	Giamaica	dollaro giamaicano	Papua N. Guinea	kina
Arabia Saudita	riyal	Giappone	yen	Paraguay	guaraní
Argentina	peso argentino	Gibuti	franco di Gibuti	Perù	nuovo sol
Armenia	rublo	Giordania	dinar giordano	Polonia	zloty
Australia	dollaro australiano	Gran Bretagna	sterlina	Portogallo	escudo portoghese
Austria	scellino austriaco	Grecia	dracma	Qatar	riyal del Qatar
Azerbaigian	manat	Grenada	dollaro dei Caribi Or.	Romania	leu
Bahama	dollaro delle B.	Guatemala	quetzal	Ruanda	franco del Ruanda
Bahrain	dinar di Bahrain	Guinea	franco della Guinea	Russia	rublo
Bangladesh	taka	Guinea-Bissau	peso della G.-B.	St. Kitts e Nevis	dollaro dei Caribi Or.
Barbados	dollaro di Barbados	Guinea Equatoriale	franco CFA	Saint Lucia	dollaro dei Caribi Or.
Belgio	franco belga	Guyana	dollaro della G.	Saint Vincent e	
Belize	dollaro del Belize	Haiti	gourde	Grenadine	dollaro dei Caribi Or.
Benin	franco CFA	Honduras	lempira	Salomone	dollaro delle S.
Bhutan	ngultrum	India	rupia indiana	Samoa	tala
Bielorussia	rublo	Indonesia	rupia indonesiana	San Marino	lira italiana
Birmania	kyat	Iran	rial	São Tomé e Principe	dobra
Bolivia	boliviano	Iraq	dinar	Seicelle	rupia delle Seicelle
Bosnia-Erzegovina	dinaro bosniaco	Irlanda	lira irlandese	Senegal	franco CFA
Botswana	pula	Islanda	corona islandese	Sierra Leone	leone
Brasile	cruzeiro	Israele	sheqel	Singapore	dollaro di Singapore
Brunei	dollaro di Brunei	Italia	lira italiana	Siria	sterlina siriana
Bulgaria	lev	Fed. Jugoslava	dinaro	Slovacchia	corona
Burkina Faso	franco CFA	Kazakistan	rublo	Slovenia	tallero
Burundi	franco del Burundi	Kenya	scellino del Kenya	Somalia	scellino somalo
Cambogia	riel	Kirghizistan	rublo	Spagna	peseta
Camerun	franco CFA	Kiribati	dollaro australiano	Srī Lanka	rupia di Srī Lanka
Canada	dollaro canadese	Kuwait	dinar kuwaitiano	Stati Uniti d'America	dollaro USA
Capo Verde	escudo del C. V.	Laos	nuovo kip	Sudafricana, Rep.	rand
Ceca, Repubblica	corona	Lesotho	loti	Sudan	sterlina sudanese
Centrafricana, Rep.	franco CFA	Lettonia	rublo lettone	Suriname	fiorino
Ciad	franco CFA	Libano	lira libanese	Svezia	corona svedese
Cile	peso cileno	Liberia	dollaro liberiano	Svizzera	franco svizzero
Cina	renminbi	Libia	dinaro libico	Swaziland	lilangeni
Cipro	sterlina di Cipro	Liechtenstein	franco svizzero	Tagikistan	rublo
Città del Vaticano	lira vaticana	Lituania	coupon	Taiwan	nuovo dollaro di T.
Colombia	peso colombiano	Lussemburgo	franco lussemburg.	Tanzania	scellino della T.
Comore	franco delle C.	Macedonia	dinaro	Thailandia	baht
Congo	franco CFA	Madagascar	franco malgascio	Togo	franco CFA
Corea del Nord	won	Malawi	kwacha del Malawi	Tonga	pa'anga
Corea del Sud	won	Malaysia	ringgit	Trinidad e Tobago	dollaro di T. e T.
Costa d'Avorio	franco CFA	Maldive	rupia delle Maldive	Tunisia	dinaro tunisino
Costa Rica	colón	Mali	franco CFA	Turchia	lira turca
Croazia	dinaro croato	Malta	sterlina maltese	Turkmenistan	rublo
Cuba	peso di Cuba	Marocco	dirham	Tuvalu	dollaro di Tuvalu
Danimarca	corona danese	Mauritania	ouguiya	Ucraina	rublo
Dominica	dollaro dei Caribi Or.	Maurizio	rupia di Maurizio	Uganda	scellino ugandese
Dominicana, Rep.	peso dominicano	Messico	peso messicano	Ungheria	fiorino ungherese
Ecuador	sucre	Moldavia	rublo	Uruguay	peso uruguayano
Egitto	sterlina egiziana	Monaco	franco francese	Uzbekistan	rublo
El Salvador	colón	Mongolia	tughrik	Vanuatu	vatu
Emirati Arabi Uniti	dirham	Mozambico	metical	Venezuela	bolívar
Eritrea		Namibia	rand sudafricano	Vietnam	dong
Estonia	corona estone	Nauru	dollaro australiano	Yemen	riyal
Etiopia	birr	Nepal	rupia nepalese	Zaire	zaire
Figi	dollaro figiano	Nicaragua	córdoba	Zambia	kwacha zambiano
Filippine	peso filippino	Niger	franco CFA	Zimbabwe	dollaro dello Z.
Finlandia	markka	Nigeria	naira		
Francia	franco francese	Norvegia	corona norvegese		

terreno. 2 (*est.*) Sistema economico di un Paese caratterizzato dalla prevalenza di un solo prodotto, agricolo o industriale, su cui viene concentrato lo sforzo produttivo nazionale spec. ai fini dell'esportazione.

monocomàndo [comp. di *mono-* e *comando* (*1*)] **A** agg. inv. *1* Che ha un unico dispositivo di comando: *rubinetto m.* *2* Detto di velivolo con un solo posto di pilotaggio. **B** s. m. inv. ● Velivolo monocomando.

monocompatìbile [comp. di *mono-* e *compatibile*] agg. ● Detto di disco fonografico stereofonico la cui audizione risulta possibile anche servendosi di giradischi monofonico.

monocomponènte [comp. di *mono-* e *componente*] agg. ● Che è formato di un solo componente, di un unico elemento: *struttura m.*

monocòrde [da *monocordo*, rifatto su *concorde*, *discorde* ecc.] agg. ● (*lett.*) Privo di varianti: *scritto m.*; *musica m.*

monocòrdo [vc. dotta, lat. tardo *monochŏrdo(n)*, dal gr. *monóchordon*, comp. di *mónos* 'mono-' e *chordḗ* 'corda'] s. m. ● (*mus.*) Cassa armonica su cui si possono tendere con diversi pesi corde di varie sostanze e lunghezze.

monocoriàle [comp. di *mono-* e *corion*, con suff. aggettivale] agg. ● (*biol.*) Che deriva da un solo corion, il quale produce un solo gruppo di annessi: *gemelli monocoriali.*

monocòrnia [da *mono-* sul modello di *bicornia*] s. f. ● Incudine a una sola punta, tipica dei calderai.

monocotilèdone [comp. di *mono-* e *cotiledone*] agg. ● Detto di pianta nel cui seme è contenuto un solo cotiledone.

Monocotilèdoni s. f. pl. ● Nella tassonomia vegetale, classe di piante il cui embrione è fornito di un solo cotiledone e verticilli fiorali costituiti generalmente da tre pezzi (*Monocotyledones*) | (al sing. *-e*) Ogni individuo di tale classe.

monocottùra [comp. di *mono-* e *cottura*] s. f. inv. ● Prodotto ceramico usato spec. per pavimenti e rivestimenti, ottenuto con una cottura contemporanea del supporto e dello smalto, caratterizzato da una bassa porosità che gli conferisce maggior resistenza rispetto alla ceramica tradizionale: *piastrelle, pavimento in m.*

monocràtico [dal gr. *monokratía* 'dominio di uno solo', comp. di *mono-* 'mono-' e *-kratía* '-crazia'] agg. (pl. m. *-ci*) ● (*dir.*) Detto di organo giudicante costituito da una sola persona.

monocrazìa [gr. *monokratía*, comp. di *mono-* 'mono-' e *-kratía* '-crazia'] s. f. ● (*lett.*) Forma di governo, regime in cui tutto il potere è detenuto da una sola persona o da un unico organismo.

monocristallìno [da *monocristallo*] agg. ● (*miner.*) Costituito da, relativo a un monocristallo.

monocristàllo [comp. di *mono-* e *cristallo*] s. m. ● (*miner.*) Individuo cristallino unico, di dimensioni relativamente grandi rispetto ai singoli elementi che costituiscono un aggregato policristallino.

monocromaticità [da *monocromatico*] s. f. ● (*fis.*) Qualità di ciò che è monocromatico.

monocromàtico [comp. di *mono-* e *cromatico*] agg. (pl. m. *-ci*) *1* (*fis.*) Di un solo colore | Detto della luce non decomponibile mediante prismi | (*est.*) Detto di qualsiasi radiazione elettromagnetica avente un'unica lunghezza d'onda | (*est.*) Detto di qualsiasi radiazione corpuscolare costituita da particelle omogenee aventi la stessa energia. *2* (*med.*) Detto di occhio affetto da monocromatismo.

monocromatìṣmo [da *monocromatico*] s. m. *1* Unità di colore. *2* (*med.*) Cecità totale per i colori, che riduce la capacità visiva alla sola discriminazione fra luce e oscurità.

monocromatiẓẓàre v. tr. ● Rendere monocromatica la luce.

monocromàto [da *monocromo*] **A** s. m. ● Dipinto, stampa e sim. in cui prevale un solo colore. **B** anche agg.: *dipinto m.*

monocromatóre [da *monocromatico*] s. m. ● (*fis.*) Dispositivo atto a isolare un fascio di luce monocromatica, di lunghezza d'onda prescelta, da un fascio luminoso policromatico: *m. a riflessione*; *m. ad assorbimento*; *m. a dispersione* | (*est.*) Dispositivo atto a isolare un fascio monocromatico da un fascio policromatico di radiazioni elettromagnetiche qualsiasi o di radiazioni corpuscolari.

monocromìa [comp. di *mono-* e *-cromia*] s. f. ● Stampa o pittura con un solo colore.

monòcromo o **monocròmo** [vc. dotta, gr. *monóchrōmos*, comp. di *mónos* 'mono-' e *chrôma* 'colore'. V. *cromo-*] agg. ● Monocolore: *dipinto m.*

monoculàre [comp. di *mon(o)-* e *oculare*] agg. *1* Di, relativo a, un solo occhio. *2* Di visione che avviene con un solo occhio. *3* Di cannocchiale o lente che serve per un solo occhio.

†**monòculo** ● V. *monocolo* (*1*).

monocultùra [comp. di *mono-* e *cultura*] s. f. ● (*antrop.*) Effetto di processi storici che tendono ad annullare le differenze tra culture diverse fino a produrre un unico modello culturale.

monocuspidàle [comp. di *mono-* e *cuspide*, con suff. agg.] agg. ● Che ha una sola cuspide.

monodìa [vc. dotta, lat. tardo *monōdĭa(m)*, nom. *monōdia*, dal gr. *monōidía*, comp. di *mónos* 'mono-' e *ōidḗ* 'canto'. V. *ode*] s. f. ● (*mus.*) Stile che prevede una sola parte o voce, per un esecutore solo, più esecutori della stessa parte o voce, un esecutore principale e altri d'accompagnamento: *la m. accompagnata.*

monòdico [vc. dotta, gr. *monōdikós*, da *monōidía* 'monodia'] agg. (pl. m. *-ci*) ● Di, relativo a, monodia: *musica monodica.*

monodisco [comp. di *mono-* e *disco*] agg. inv. ● (*fis.*) Detto di un tipo di frizione in cui il moto viene trasmesso con un solo disco piano, compresso tra due superfici: *autovettura con frizione m.*

monodòṣe [comp. di *mono-* e *dose*] agg. ● (*farm.*) Unidose.

monòdromo [comp. di *mono-* e del gr. *drómos* 'corso' (V. *-dromo*)] agg. ● (*mat.*) Che ha un solo valore | *Funzione monodroma*, funzione univoca.

monoèlica [comp. di *mono-* e *elica*] agg. inv. ● Che presenta una sola elica: *aereo m.*

monoergòlo o **monergòlo** [da *mono-*, sul modello di *propergolo*] s. m. ● (*chim.*) Monopropellente.

monofagìa [comp. di *mono-* e *-fagia*] s. f. ● Tipo di alimentazione basata quasi esclusivamente su un solo alimento.

monofamiliàre [comp. di *mono-* e *familiare*] agg. ● Unifamiliare.

monofàṣe [comp. di *mono-* e *fase*] agg. (pl. *-si* o *-se*) ● (*mecc.*) Che ha una sola fase | Di circuito le cui forze elettromotrici non presentano differenze di fase.

monofaṣìa [comp. di *mono-* e di un deriv. del gr. *phásis* 'voce'] s. f. ● (*med., psicol.*) Disturbo del linguaggio caratterizzato dall'incapacità di pronunciare più di una parola o frase.

monofilàre [comp. di *mono-* e di un deriv. di *filo*] agg. ● (*elettr.*) Unifilare.

monofilètico [dal gr. *monóphylos* 'di una sola tribù, di una sola razza', comp. di *mónos* 'mono-' e *phylḗ* 'tribù', di origine indeur.] agg. (pl. m. *-ci*) ● (*biol.*) Detto di un insieme di categorie tassonomiche derivanti da uno stesso capostipite.

monofiletìṣmo [da *monofiletico*] s. m. ● Teoria evoluzionistica che spiega l'origine di tutti gli esseri viventi dalla discendenza da un unico capostipite.

monofillo [vc. dotta, gr. *monóphyllos*, comp. di *mónos* 'mono-' e *phýllon* 'foglia'] agg. ● (*bot.*) Che ha una sola foglia | *Calice m.*, gamosepalo.

monofiodónte [comp. del gr. *monophyḗs* 'semplice' (comp. di *mono-* 'mono-' e un deriv. di *phýein* 'far nascere', d'origine indeur.) e *-odonte*] agg. ● (*zool.*) Detto di mammifero caratterizzato da un'unica dentizione permanente.

monofiodontìa [da *monofiodonte*] s. f. ● (*zool.*) Condizione dei mammiferi monofiodonti.

monofiṣìṣmo [da *monofisita*] s. m. ● Dottrina eretica cristiana che ammette l'esistenza della sola natura divina in Gesù Cristo.

monofiṣìstico agg. (pl. m. *-ci*) ● Di, relativo a monofisita o monofisismo.

monofiṣìta [comp. di *mono-* e del gr. *phýsis* 'natura' (V. *fisico*)] **A** s. m. e f. (pl. *-i*) ● Seguace del monofisismo | Copto, fedele della chiesa egiziana ed etiopica. **B** agg. ● Relativo ai seguaci del monofisismo.

monòfito [comp. di *mono-* e *-fito*] agg. *1* Di pianta parassita che compie il suo ciclo su un solo ospite. *2* Detto di area coltivata con una sola specie o di coltivazione di una sola specie.

monofobìa [comp. di *mono-* e *-fobia*] s. f. ● (*psicol.*) Paura di trovarsi solo.

monofonditrìce [comp. di *mono(type)* e *fonditrice*] s. f. ● (*tip.*) Macchina tipografica che, nel sistema Monotype, fonde un carattere per volta in base alle informazioni registrate su un nastro perforato.

monofonemàtico [comp. di *mono-* e *fonematico*] agg. (pl. m. *-ci*) ● (*ling.*) Che è costituito di un solo fonema: *desinenza monofonematica.*

monofònico [comp. di *mono-* e *-fonico*] agg. (pl. m. *-ci*) ● (*fis.*) Detto di sistema non stereofonico di registrazione e riproduzione dei suoni e di componente di tale sistema: *giradischi, registratore, disco m.* SIN. Monoaurale.

monòfora [comp. di *mono-* e *-fora*, ricavato da *bifora*] s. f. ● Finestra con una sola apertura.

monoftalmìa [comp. di *mon(o)-* e *oftalmia*] s. f. ● (*med.*) Ciclopismo.

monoftàlmo [comp. di *mon(o)-* e *-oftalmo*] s. m. ● (*med.*) Ciclope.

monofùne [comp. di *mono-* e *fune*] agg. inv. ● Detto di impianto di teleferica in cui le cabine sono sospese a un'unica fune con azione traente e portante.

monogamìa [vc. dotta, lat. tardo *monogămia(m)*, nom. *monogămia*, dal gr. *monogamía*, da *monógamos* 'monogamo'] s. f. *1* Vincolo coniugale che unisce un solo uomo a una sola donna: *da secoli in occidente vige la m.* CONTR. Poligamia. *2* (*est.*) Tendenza dei maschi di alcune specie animali ad accoppiarsi con una sola femmina.

monogàmico agg. (pl. m. *-ci*) ● Di, relativo a monogamia: *istituto, accoppiamento m.*; *tradizioni monogamiche.*

monògamo [vc. dotta, lat. tardo *monŏgamu(m)*, nom. *monŏgamus*, dal gr. *monógamos*, comp. di *mónos* 'mono-' e *gámos* 'nozze'. V. *-gamo*] agg.; anche s. m. (f. *-a*, raro) ● Che, chi pratica o favorisce la monogamia: *popolo, animale m.*; *un m. convinto.*

monogèneṣi [comp. di *mono-* e *genesi*] s. f. inv. *1* (*biol.*) Monofiletismo. *2* (*biol.*) Monogonia. *3* (*biol.*) Teoria che attribuisce progenitori unicellulari a tutti gli organismi. *4* (*biol.*) Comparsa di prole costituita da organismi tutti dello stesso sesso o con uno o più caratteri identici. *5* (*ling.*) *M. del linguaggio*, origine unica di tutte le lingue.

monogenètico agg. (pl. m. *-ci*) ● Caratterizzato da monogenesi.

monogenìṣmo [da *monogenesi*] s. m. ● (*biol.*) Monofiletismo.

monoginìa [comp. di *mono-* e di un deriv. del gr. *gynḗ* 'donna'] s. f. ● (*zool.*) Caratteristica delle società degli Insetti nelle quali è presente una sola femmina feconda, denominata regina.

monoglòttico [comp. di *mono-* e del gr. *glôtta* 'lingua'] agg. (pl. m. *-ci*) ● Relativo a una sola lingua: *fenomeno m.* | Scritto, redatto in una sola lingua: *iscrizione monoglottica* | Che parla una sola lingua o in cui si parla una sola lingua: *comunità monoglottica*; *area, zona monoglottica.* SIN. Monolingue.

monogonìa [comp. di *mono-* e *-gonia*] s. f. ● (*biol.*) Processo riproduttivo realizzato da un solo individuo, come avviene nella riproduzione asessuata e nella partenogenesi. SIN. Monogenesi.

monografìa [comp. di *mono-* e *-grafia*] s. f. ● Dissertazione, scritto e sim. su un unico e ben determinato argomento: *m. su Machiavelli*; *m. sulla Resistenza italiana.*

monogràfico agg. (pl. m. *-ci*) ● Di monografia: *studio m.* | *Corso m.*, corso universitario su un argomento specifico. || **monograficaménte**, avv.

monogràmma [vc. dotta, lat. tardo *monogrămma*, dal gr. *monográmmatos* 'di una sola lettera', comp. di *mónos* 'mono-' e *grámma* 'lettera' (V. *-gramma*)] s. m. (pl. *-i*) ● Intreccio delle iniziali o di alcune lettere di un nome proprio, usato come simbolo del nome stesso: *ricamare il proprio m. sulla biancheria.*

monogrammàtico agg. (pl. m. *-ci*) ● Di, a monogramma: *marchio m.*

monoicìṣmo [da *monoico*] s. m. *1* (*biol.*) Ermafroditismo. *2* (*bot.*) Nelle piante, presenza contemporanea dei fiori maschili e femminili in uno stesso individuo.

monòico [comp. di *mono-* e del gr. *ôikos* 'casa, sede' (di origine indeur.)] agg. (pl. m. *-ci*) ● (*biol.*, *bot.*) Caratterizzato da monoicismo.

monoideìṣmo [comp. di *mono-*, *idea* e *-ismo*] s. m. (pl. *-i*) ● (*psicol.*) Attenzione della mente a una sola idea o a gruppo di idee dominanti.

monokìni [da *bikini*, in cui la prima parte è stata interpretata come *bi-* 'due' e quindi mutata in *mono-* 'solo, unico'] s. m. ● Costume da bagno femminile costituito soltanto dalla parte inferiore del bikini.

monolatrìa [comp. di *mono-* e *-latria*] s. f. ● Adorazione di una sola divinità.

monolìngue [da *mono-*, sul modello di *bilingue*] agg. *1* Detto di chi conosce una sola lingua: *individuo m.*; *soggetto parlante m.* *2* Detto di ciò che è redatto in una sola lingua: *iscrizioni monolingui* | *Dizionario m.*, che raccoglie parole appartenenti a una sola lingua. SIN. Monoglottico.

monolinguìṣmo [comp. di *monolingu(e)* e *-ismo*] s. m. *1* Uso di una sola lingua o del solo dialetto locale da parte di un individuo o di una comunità. *2* Uso di un solo tipo di linguaggio, di un solo stile da parte di un autore o di una corrente letteraria: *il m. petrarchesco*.

monolìte ● V. *monolito*.

monolìtico [da *monolito*] agg. (pl. m. *-ci*) *1* Di ciò che è costituito di un sol blocco di materiale: *cupola monolitica*. *2* (*fig.*) Di assoluta compattezza, totalmente privo di fratture o divisioni: *il blocco m. delle opposizioni*. || **monoliticaménte**, avv.

monolitìṣmo [fr. *monolithisme*, da *monolithe* 'monolito'] s. m. ● Carattere estremamente rigido di un movimento ideologico o politico che non concede nessuna deviazione o divisione né collettiva né individuale rispetto all'ortodossia di base.

monòlito o (*evit.*) **monolìto**, **monolìte** [vc. dotta, lat. *monŏlithu(m)*, nom. *monŏlithus*, dal gr. *monólithos*, comp. di *mónos* 'mono-' e *líthos* 'pietra'. V. *-lito*] s. m. *1* Grosso blocco roccioso tutto di un pezzo. *2* Struttura architettonica od ornamentale costituita da un blocco unico di materiale. *3* Nella terminologia alpinistica, guglia rocciosa isolata e di modeste dimensioni.

monolocàle [comp. di *mono-* e *locale* (*2*)] s. m. ● Abitazione costituita da un unico locale | Monocamera.

monologàre [da *monologo*] v. intr. (*io monòlogo, tu monòloghi*; aus. *avere*) *1* (*raro*) Parlare con se stesso. *2* Recitare un monologo.

monòlogo [fr. *monologue*, comp. di *mono-* 'mono-' e *-logue* '-logo'] s. m. (pl. *-ghi*) *1* Parte del dramma recitato da un unico attore: *i monologhi alfieriani* | Breve opera drammatica scritta per un solo attore | *M. interiore*, tecnica narrativa che consente di presentare i pensieri più intimi che si agitano nel subconscio di un personaggio. *2* (*est.*) Soliloquio: *lo trovò tutto solo impegnato in un m.*

monolùcido [comp. di *mono-* e *lucido*] agg. ● Detto di carta o cartoncino lucido su un solo lato.

monomandatàrio [comp. di *mono-* e *mandatario*] agg. ● (*comm.*, *org. az.*) Detto di agente di vendita che opera per conto di una sola azienda. SIN. Unimandatario.

monòmane [comp. di *mono-* e *-mane*] agg. ● (*psicol.*) Monomaniaco.

monomanìa [comp. di *mono-* e *-mania*] s. f. ● (*psicol.*) Particolare forma di idea ossessiva unica e costante. SIN. Fissazione.

monomaniacàle [da *monomania*, formato su *maniacale*] agg. ● Di, relativo a monomania: *atteggiamenti monomaniacali*.

monomanìaco agg.; anche s. m. (f. *-a*; pl. m. *-ci*) ● (*psicol.*) Che, chi è affetto da monomania.

monòmero [vc. dotta, gr. *monomerḗs* 'di una sola parte', comp. di *mónos* 'mono-' e *méros* 'parte'] s. m. ● (*chim.*) Molecola gener. di basso peso molecolare che può reagire con molecole uguali o diverse per dare origine a polimeri o a copolimeri.

monometallìṣmo [comp. di *mono-* e *metallo*] s. m. ● Sistema monetario in cui l'unità monetaria è definita dalla legge in termini di un solo metallo, per lo più d'oro.

monomètrico [comp. di *mono-* e un deriv. di *-metria*] agg. (pl. m. *-ci*) ● Detto di sistema cristallino in cui si assumono come assi cristallografici tre assi ortogonali e tre parametri uguali.

monòmetro [vc. dotta, lat. tardo *monŏmetru(m)*, nom. *monŏmeter*, dal gr. *monómetros*, comp. di *mónos* 'mono-' e *métron* 'metro'] **A** s. m. ● Nella metrica classica, componimento in un solo metro. **B** anche agg.: *componimento m.*

monomiàle agg. ● (*mat.*) Proprio d'un monomio.

monòmio [da *mono-*, sul modello di *binomio*] **A** s. m. ● (*mat.*) Espressione algebrica ottenuta eseguendo sulle variabili e sui coefficienti soltanto l'operazione di moltiplicazione e di elevazione a potenza con esponente intero | Espressione algebrica costituita da un solo termine. **B** anche agg.: *espressione monomia*.

monomorfìṣmo [comp. di *mono-* e *-morfismo*] s. m. ● (*mat.*) Omomorfismo iniettivo.

monomotóre [comp. di *mono-* e *motore*] agg.; anche s. m. ● Che ha un solo motore, detto spec. di velivoli: *aereo m.*

mononucleàre [comp. di *mono-* e *nucleo*, con suff. agg.] agg. ● (*biol.*) Mononucleato.

mononucleàto [comp. di *mono-* e un deriv. di *nucleo*] **A** agg. ● (*biol.*) Dotato di un solo nucleo. **B** s. m. ● Forma particolare di globulo bianco del sangue.

mononucleòṣi [comp. di *mono-*, *nucleo* e *-osi*] s. f. ● Malattia infettiva acuta, di natura virale, caratterizzata dall'ingrossamento dei linfonodi e della milza e da una elevata quantità di monociti nel sangue. SIN. Malattia del bacio, malattia dei fidanzati.

monoovulàre ● V. *monovulare*.

monopàla [comp. di *mono-* e *pala*] agg. inv. ● (*aeron.*) Dotato di una sola pala: *elica, rotore m.*

monoparentàle [comp. di *mono-* e *parentale*, sul modello dell'ingl. *one-parent*] agg. ● Detto di famiglia con un solo genitore.

monopartìtico [comp. di *mono-* e *partitico*] agg. (pl. m. *-ci*) ● Relativo al, caratterizzato da monopartitismo.

monopartitìṣmo [da *mono-* sul modello di *bipartitismo*] s. m. ● Sistema politico caratterizzato dalla presenza al governo di un solo partito.

monopàttino [comp. di *mono-* e *pattino*] s. m. ● Giocattolo costituito da un'assicella con rotelle e asta con manubrio, messo in moto appoggiandovi sopra un piede e puntando l'altro a terra per dare la spinta.

monopètalo [comp. di *mono-* e *petalo*] agg. ● (*bot.*) Gamopetalo.

monopètto [comp. di *mono-* e *petto*] **A** s. m. inv. ● Abito la cui giacca ha una sola fila di bottoni: *m. sportivo*. **B** anche agg. inv.: *abito m.*

monopèzzo [comp. di *mono-* e *pezzo*] **A** agg. inv. ● Che è costituito da un solo pezzo, detto spec. di costume da bagno femminile. **B** anche s. m.

Monoplacòfori [comp. di *mono-* e *placofori*] s. m. pl. ● Nella tassonomia animale, classe di Molluschi fossili cui appartiene una unica specie vivente fornita di una conchiglia conica (*Monoplacophora*) | (al sing. *-o*) Ogni individuo di tale classe.

monoplàno [fr. *monoplan*, comp. di *mono-* 'mono-' e *plan* 'piano'] s. m. ● Velivolo con un solo piano alare.

monoplegìa [comp. di *mono-* e *-plegia*] s. f. (pl. *-gie*) ● (*med.*) Paralisi di un arto o gruppo muscolare o di un solo muscolo.

monopodiàle [da *monopodico*, con cambio di suff.] agg. ● (*bot.*) Monopodico.

monopòdico [comp. di *mono-* e *-podio*, con suff. aggettivale] agg. (pl. m. *-ci*) ● (*bot.*) Detto di ramificazione in cui l'asse principale si sviluppa maggiormente rispetto ai laterali. SIN. Monopodiale.

Monòpoli ® [nome commerciale; dall'ingl. *monopoly*, da *monopoly money* 'moneta di monopolio', perché si gioca con monete che non hanno corso legale] s. m. ● Gioco che si svolge fra due o più giocatori, muniti ciascuno di un contrassegno che, previo lancio dei dadi, viene spostato a turno su un tabellone quadrato suddiviso in caselle corrispondenti a terreni, appartamenti, alberghi e sim., acquistabili con il denaro distribuito da una apposita banca, per cui vince il giocatore che riesce a impadronirsi di tutti i beni e i soldi circolanti.

monopòlio [vc. dotta, lat. *monopōliu(m)*, dal gr. *monopṓlion*, comp. di *mónos* 'solo' e *pōlêin* 'vendere', di origine indeur.] s. m. *1* (*econ.*) Regime di mercato in cui un determinato prodotto o servizio è fornito da un solo operatore economico: *il m. dei tabacchi* | *M. bilaterale*, regime di mercato caratterizzato dalla presenza di un solo produttore-venditore e di un solo acquirente. *2* Impresa che produce e vende un dato bene in regime di monopolio. *3* (*fig.*) Privilegio, prerogativa: *si arroga il m. del comando*; *la serenità è il m. di pochi*.

monopolìsta s. m. e f. (pl. m. *-i*) ● Chi ha un monopolio.

monopolìstico agg. (pl. m. *-ci*) ● Proprio di monopolio.

monopoliẓẓàre [fr. *monopoliser*, da *monopole* 'monopolio'] v. tr. *1* Avere il monopolio di un dato mercato. *2* (*fig.*) Accentrare su di sé, volere per sé solo: *m. l'attenzione generale*; *m. l'attività di una persona*.

monopoliẓẓatóre [fr. *monopolisateur*, da *monopoliser* 'monopolizzare'] agg.; anche s. m. (f. *-trice*) ● Che, chi monopolizza (*anche fig.*).

monopoliẓẓazióne s. f. ● Atto, effetto del monopolizzare.

monopòlo [comp. di *mono-* e *polo* (*1*)] s. m. ● (*fis.*) Ipotetica particella magnetica dotata di un unico polo.

monoporzióne [comp. di *mono-* e *porzione*] s. f. ● Monorazione.

monopósto [comp. di *mono-* e *posto*] agg. inv. ● Che ha un solo posto, riferito a mezzo di trasporto: *aereo, vettura m.*; *cabina m.* ➡ ILL. p. 1751 TRASPORTI.

monoprogrammazióne [comp. di *mono-* e *programmazione*] s. f. ● (*elab.*) Modalità operativa di un elaboratore elettronico, nella quale viene eseguito un programma alla volta. SIN. Multiprogrammazione.

monopropellènte [comp. di *mono-* e *propellente*] s. m. ● (*chim.*) Propellente liquido costituito da un solo composto capace di liberare prodotti gassosi per mezzo di reazioni esotermiche.

monopsònio [comp. di *mono-* e del gr. *opsṓnion* 'provvista di viveri', da *ópson* 'cibo' (V. *opsonina*)] s. m. ● Forma di mercato caratterizzata dall'esistenza, di fronte a un numero indefinito di venditori, di un solo compratore di un dato bene o servizio.

monòptero [vc. dotta, gr. *monópteros*, comp. di *mónos* 'mono-' e *pterón* 'ala'] agg. ● Detto di tempio circolare con una sola serie di colonne attorno alla cella.

monoptòto [vc. dotta, gr. *monóptōtos*, comp. di *mono-* 'mono' e *ptōtós*, propriamente 'che è caduto', agg. verbale di *píptein* 'cadere' (V. *ptosi*)] s. m. ● (*ling.*) Sostantivo che ha un solo caso.

monorazióne [comp. di *mono-* e *razione*] s. f. ● Nella ristorazione collettiva, pasto preconfezionato contenuto in una vaschetta d'alluminio a più scomparti, sigillata. SIN. Monoporzione.

monòrchide [vc. dotta, gr. *mónorchis*, comp. di *mónos* 'mono-' e *órchis* 'testicolo' (V. *orchi-*)] agg.; anche s. m. ● Che, chi ha un solo testicolo.

monorchidìa [comp. di *mono-*, del gr. *orchídion* 'testicolo' e del suff. *-ia*] s. f. ● (*med.*) Condizione caratterizzata dalla presenza di un solo testicolo nello scroto per mancato sviluppo o mancata discesa del secondo testicolo. SIN. Monorchidismo.

monorchidìṣmo s. m. ● (*med.*) Monorchidia.

monoreattóre [comp. di *mono-* e *reattore*] s. m. ● Aereo con un solo motore a reazione.

monorèddito [comp. di *mono-* e *reddito*] agg. inv. ● Che ha un solo reddito, che vive del reddito proveniente dal lavoro di una sola persona: *famiglie m.*

monorifrangènte [comp. di *mono-* e *rifrangente*] agg. ● (*fis.*) Detto di cristallo in cui avviene il fenomeno della monorifrangenza.

monorifrangènza [comp. di *mono-* e *rifrangenza*] s. f. ● (*fis.*) Fenomeno in cui un raggio luminoso viene rifratto da un cristallo senza subire polarizzazione né sdoppiamento. CFR. Birifrangenza.

monorìmo [comp. di *mono-* e *rima*] agg. ● (*letter.*) Che ha una sola rima: *versi monorimi*.

monorìtmico agg. (pl. m. *-ci*) ● Monoritmo.

monorìtmo [comp. di *mono-* e *ritmo*] agg.; anche s. m. ● (*letter.*) Detto di opera in versi composta interamente con un solo ritmo.

monorotàia [comp. di *mono-* e *rotaia*] **A** s. f. *1* Ferrovia a una sola rotaia. *2* (*gener.*) Sopraelevata | Rotaia aerea che consente il trasporto di vagoncini, bilancini, paranchi e sim. agganciati a dei carrelli scorrenti sulla rotaia stessa, spec. in stabilimenti industriali. **B** anche agg. inv.: *ferrovia m.*

monorotóre [comp. di *mono-* e *rotore*] agg. ● (*mecc.*) Che ha un solo rotore: *elicottero m.*

monosaccàride [comp. di *mono-* e *saccaride*] s. m. ● (*chim.*) Glucide formato da una sola molecola di zucchero semplice.

monoscì o **monoskì** [comp. di *mono-* e *sci*] s. m. inv. ● Attrezzo per lo sci d'acqua o lo sci alpino, costituito da un solo sci di dimensioni maggiorate, sul quale si appoggiano entrambi i piedi | Lo sport praticato con tale attrezzo.

monoscòcca [comp. di *mono-* e *scocca*] **A** agg. inv. ● Detto di automobile in cui la scocca è costituita da un unico pezzo avente funzione portante. **B** s. f. inv. ● Automobile monoscocca.

monoscòpio [comp. di *mono-* e *-scopio*] s. m. ● Immagine costituita da un appropriato disegno geometrico, trasmessa dalle stazioni televisive come riferimento per la messa a punto dei televisori.

monosemìa [comp. di *mono-* e *-semia*] s. f. ● (*ling.*) Condizione di un segno linguistico che ha un solo significato. CFR. Polisemia.

monosèmico [da *monosemia*] agg. (pl. m. *-ci*) ● (*ling.*) Detto di morfema o parola che ha un solo significato. CONTR. Polisemico.

monosessuàle [comp. di *mono-* e *sessuale*] agg. ● (*biol.*) Unisessuale.

monosessuàto [comp. di *mono-* e *sessuato*] agg. ● (*raro*) Detto di comunità, spec. scolastica, formata da individui dello stesso sesso. CONTR. Misto.

†**monosìllaba** [comp. di *mono-* e *sillaba*] s. f. ● Monosillabo.

monosillàbico [vc. dotta, gr. *monosyllabikós*, da *monosýllabos* 'monosillabo'] agg. (pl. m. *-ci*) ● Che è formato di una sola sillaba | *Lingua monosillabica*, composta essenzialmente di monosillabi, come, per es., il cinese.

monosìllabo [vc. dotta, lat. tardo *monosўllabu(m)*, nom. *monosўllabus*, dal gr. *monosýllabos*, comp. di *mónos* 'mono-' e *syllabḗ* 'sillaba'] **A** agg. ● Che presenta una sola sillaba. **B** s. m. ● Parola formata da una sola sillaba | (*fig.*) *Parlare, rispondere a monosillabi*, con estrema concisione, dicendo il minimo indispensabile.

monosillogìsmo [comp. di *mono-* e *sillogismo*] s. m. ● Ragionamento che si articola in un solo sillogismo.

monòsio [comp. di *mon(o)-* e *-osio*] s. m. ● (*chim.*) Monosaccaride.

monosomìa [comp. di *mono-* e *-somia*] s. f. ● (*biol.*) Condizione di un organismo con corredo genetico diploide in cui manca uno dei cromosomi della serie aploide.

monospermìa [comp. di *mono-* e di un deriv. di *sperma*] s. f. ● (*biol.*) Modalità di fecondazione di una cellula uovo da parte di un solo spermatozoo.

monospèrmo [comp. di *mono-* e del gr. *spérma* 'seme'. V. *sperma*] s. m. ● (*bot.*) Frutto con un solo seme.

monòssido [comp. di *mon(o)-* e *ossido*] s. m. ● (*chim.*) Composto binario, la cui molecola contiene un solo atomo di ossigeno.

monòssilo ● V. *monoxilo*.

monostàbile [comp. di *mono-* e *stabile*] agg. ● (*elettron.*) Detto di circuito o dispositivo avente un solo stato di equilibrio stabile.

monostàdio [comp. di *mono-* e *stadio* nel sign. 5] agg. ● (*mil.*) Detto di missile costituito da un unico stadio e provvisto di un'unica carica di propellenti.

monostèle [comp. di *mono-* e *-stele*] s. f. ● (*bot.*) Stele unica su un asse caulinare.

monòstico [vc. dotta, lat. tardo *monŏstichu(m)*, *monostĭchiu(m)*, dal gr. *monóstichos*, comp. di *mónos* 'mono-' e *stíchos* 'verso' (V. *sticomitia*)] **A** s. m. (pl. *-ci*) ● Componimento poetico non strofico costituito da una serie di versi uguali. **B** anche agg.: *componimento m.*

monostròfico [vc. dotta, gr. *monostrophikós*, comp. di *mono-* 'mono-' e *strophḗ* 'strofa', con suff. aggettivale] agg. (pl. m. *-ci*) ● Che ha una sola strofa: *componimento poetico m.*

monotastièra [comp. di *mono(type)* e *tastiera*] s. f. ● (*tip.*) Macchina che perfora il nastro di comando della fonditrice nel sistema monotype.

monotastierista [da *monotastiera*] s. m. e f. (pl. m. *-i*) ● (*tip.*) Operaio addetto alla monotastiera.

monoteìsmo [da *monoteista*] s. m. ● Religione fondata sull'esistenza di un solo dio.

monoteìsta [comp. di *mono-*, del gr. *theós* 'dio' e *-ista*] **A** s. m. e f. (pl. m. *-i*) ● Chi professa il monoteismo. **B** agg. ● Monoteistico.

monoteìstico agg. (pl. m. *-ci*) ● Del monoteismo: *religione monoteistica*; *culto m.*

monotelìsmo [da *monotelita*] s. m. ● (*relig.*) Eresia che sosteneva l'esistenza in Cristo di due nature e di una sola volontà.

monotelìta [comp. di *mono-* e del gr. *thélēsis* 'volontà', da *thélein* 'volere', di origine indeur.] s. m. (pl. *-i*) ● Seguace del monotelismo.

monotemàtico [comp. di *mono-* e *tema*, con suff. agg. (sul modello di *tematico*)] agg. (pl. m. *-ci*) *1* Detto di composizione musicale imperniata su un solo tema. *2* (*est.*) Che tratta un unico argomento: *film, libro m.*

monotematìsmo [comp. di *monotemat(ico)* e *-ismo*] s. m. ● Procedimento compositivo consistente nell'imperniare un brano musicale su un solo tema.

monotipìa [V. *monotype*] s. f. ● Tecnica tipografica realizzata mediante la monotype.

monotipista [da *monotipo* (2), *monotipia*] s. m. (pl. *-i*) ● Poligrafico che lavora alle monotype.

monotìpo (1) [comp. di *mono-* e *-tipo*] agg. inv. ● Nella vela, detto d'imbarcazione per la quale sono fissate dimensioni sia per lo scafo che per velatura, attrezzatura e materiali da impiegarsi, a seconda delle varie classi.

monotìpo (2) s. m. ● Adattamento di *monotype* (V.).

monòtipo (3) [comp. di *mono-* e *-tipo*] s. m. ● Stampa in esemplare unico, a uno o più colori, ricavata da un disegno non permanente eseguito su lastra metallica.

Monotocàrdi [comp. del gr. *mónōtos* 'che ha un solo orecchio' (V. *mono-* e *oto-*) e *-cardio*] s. m. pl. ● Nella tassonomia animale, gruppo di Molluschi gasteropodi caratterizzati da un unico ctenidio (*Monotocardia*) | (al sing. *-io*) Ogni individuo di tale gruppo.

monotonìa [vc. dotta, gr. *monotonía*, da *monótonos* 'monotono'] s. f. ● Noiosa uniformità: *la m. di un suono, del lavoro, della vita*; *un'insopportabile m.*; *che m. questo film!*

monòtono [vc. dotta, gr. *monótonos*, comp. di *mónos* 'mono-' e *tónos* 'tono (1)'] agg. ● Che ha tono privo di variazioni: *canto m.*; *musica monotona* | (*est.*) Che è sempre uguale e uniforme, privo di varietà o cambiamenti: *vita monotona*; *discorsi monotoni*; *una pioggerella monotona, triste, che aveva accompagnato il dolore di Emilio* (SVEVO) | Detto di persona, che fa, dice e sim. sempre le stesse cose: *come sei m. con questi discorsi!* || **monotonaménte**, avv.

Monotrèmi [comp. di *mono-* e del gr. *trêma* 'orifizio', di origine indeur.] s. m. pl. ● Nella tassonomia animale, ordine di Mammiferi Aplacentati, ovipari, dal corpo tozzo, occhi piccoli, muso terminante con un becco, privi di denti, che allattano la prole (*Monotremata*) | (al sing. *-o*) Ogni individuo di tale ordine. ➡ ILL. **animali** /10.

monòtrofo [comp. di *mono-* e *-trofo*] agg. ● (*biol.*) Detto di un organismo legato a un unico tipo di nutrimento.

monòtropa [dal gr. *monótropos* 'di un unico carattere, semplice', comp. di *mono-* 'mono-' e *-tropos* '-tropo'] s. f. ● Pianta perenne delle Pirolacee, parassita, priva di clorofilla e di stami e foglie ridotte a squame (*Monotropa hypopytis*).

monottongàre **A** v. tr. (*io monottòngo, tu monottònghi*) ● (*ling.*) Trasformare in monottongo. **B** v. intr. (aus. *avere*) e intr. pron. ● (*ling.*) Subire una monottongazione: *il dittongo latino ae si monottonga nell'italiano e.*

monottongazióne [da *monottongo*, come *dittongazione* da *dittongo*] s. f. ● (*ling.*) Trasformazione di un dittongo o di un trittongo in un monottongo.

monottòngo [vc. dotta, gr. *monóphthongos* 'di un suono solo', comp. di *mono-* 'mono-' e *phthóngos* 'suono' (V. *dittongo*)] s. m. (pl. *-ghi*) ● (*ling.*) Articolazione vocalica di timbro uniforme.

monotype /mono'taip, *ingl.* 'mɔnətaip/ [vc. ingl., comp. di *mono-* 'mono' e *type* 'carattere tipografico, tipo'] **A** s. f. inv. ● Macchina tipografica che produce un nastro perforato contenente in codice tutte le istruzioni necessarie al funzionamento della monofonditrice. **B** in funzione di agg. inv.: *sistema, carattere m.*

monoùso [comp. di *mono-* e *uso*] agg. inv. ● Detto di ciò che si usa una sola volta, e poi si getta: *siringa m.*

monovalènte [comp. di *mono-* e *valente*] agg. *1* (*chim.*) Detto di atomo o raggruppamento atomico che può combinarsi con un solo atomo d'idrogeno | Di composto che ha un solo gruppo funzionale: *acido, alcol, ammina m.* *2* Di medicinale efficace contro una sola malattia: *siero m.*

monovèrbo [comp. di *mono-* e del lat. *vĕrbum* 'parola' (V. *verbo*)] s. m. ● Tipo di rebus la cui soluzione è data da un'unica parola.

monovoltinìsmo [comp. parasintetico di *volta* (*1*), col pref. *mono-*] s. m. ● (*biol.*) Univoltinismo.

monovoltìno [comp. parasintetico di *volta* (*1*), col pref. *mono-*] agg. ● (*biol.*) Univoltino.

monovolùme [comp. di *mono-* e *volume*] **A** agg. inv. ● Detto di automobile con carrozzeria aerodinamica che racchiude in un solo volume il vano motore, l'abitacolo, il bagagliaio e dispone di uno spazio interno molto vasto. **B** s. m. o f. inv. ● Automobile monovolume. TRASPORTI ➡ ILL. p. 1751.

monovulàre o **monoovulàre** [comp. di *mon(o)-* e *ovulare*] agg. ● (*biol.*) Relativo a, che deriva da un singolo uovo | *Gravidanza gemellare m.*, provocata dalla fecondazione di un unico uovo da parte di un solo spermatozoo, con successivo sdoppiamento dell'uovo.

monòxilo o **monòssilo** [comp. di *mono-* e *-xilo*] agg. ● Detto di imbarcazione primitiva costituita da un unico gigantesco tronco d'albero, adeguatamente scavato: *piroga monoxila.*

monozigòte [comp. di *mono-* e *zigote*] s. m.; anche agg. ● (*biol.*) Ogni individuo nato da un unico uovo fecondato.

monozigòtico agg. (pl. m. *-ci*) ● (*biol.*) Di, relativo a monozigote: *gemelli monozigotici.*

monregalése [da *Mons Regalis*, forma lat. mediev. del n. di Mondovì] **A** agg. ● Di Mondovì. **B** s. m. e f. ● Abitante, nativo di Mondovì.

monsignoràto s. m. ● (*raro*) Dignità e grado di monsignore.

monsignóre [fr. *monseigneur* 'mio signore'] s. m. *1* Titolo spettante a vescovi, arcivescovi e a ecclesiastici insigniti di precise dignità | Titolo attribuito un tempo a re, imperatori, papi e in certi paesi agli eredi al trono, membri della famiglia reale o principi. *2* (*fig., scherz.*) Persona importante, di alto rango: *darsi arie da m.* || **monsignorétto**, dim. | **monsignorino**, dim.

monsiù ● V. *monsù*.

monsóne [sp. *monzón*, dall'ar. *mausim* 'stagione'] s. m. ● Vento stagionale dell'Asia sudorientale che soffia da un continente verso l'oceano d'inverno e in senso contrario d'estate, originato dal diverso riscaldamento degli oceani e dei continenti.

monsònico agg. (pl. m. *-ci*) ● Che ha connessione coi monsoni: *clima m.*; *brezza monsonica.*

monstre /fr. 'mɔ̃str/ [vc. fr., propr. 'mostro'] agg. inv. ● (posposto al s.) Di dimensioni gigantesche, di portata eccezionale, di straordinaria rilevanza: *un successo m.*

†**mónstro** ● V. *mostro* (*2*).

monsù o **monsiù** [fr. *monsieur* 'signore' (propriamente 'mio signore'), secondo la pronuncia fr.] s. m. ● (*sett.*) Signore.

mónta [da *montare*] s. f. *1* Accoppiamento fra animali, spec. d'allevamento: *toro da m.* | (*est.*) Luogo in cui avviene tale accoppiamento: *stazione di m.*; *m. equina, taurina.* *2* Nello sport, modo e atto di cavalcare, montare un cavallo | (*est.*) Fantino prescelto a montare un cavallo in gara. *3* Freccia di arco o di volta in architettura.

montacàrichi o **montacàrico** [calco sul fr. *montecharge*] s. m. ● Apparecchio di sollevamento verticale a funzionamento intermittente adibito esclusivamente al trasporto di merci e materiali.

montacàsca [comp. di *monta(re)* e *cascare*] s. m. ● Nel canottaggio, movimento alterno del rematore che spinge il corpo in avanti e indietro facendo gravare il peso del corpo sul remo.

montàggio [fr. *montage*, da *monter* 'montare'] s. m. **1** Operazione consistente nel mettere insieme, collegandole fra loro, le parti costituenti di una macchina | Fissaggio del pezzo sulla macchina utensile per poterlo lavorare | *Catena di m.*, metodo usato nelle lavorazioni in serie, consistente nel far scorrere lentamente davanti ai montatori il prodotto in corso di lavorazione, in modo che ciascuno aggiunga il particolare stabilito. **2** Operazione consistente nel tagliare e giuntare fra di loro, nell'ordine artisticamente più idoneo, i pezzi di pellicola che devono comporre il film. **3** (*tip.*) Operazione consistente nel posizionare opportunamente sulla pagina i diversi elementi che la compongono, quali testo, immagini e altro.

montaggìsta s. m. e f. (pl. m. *-i*) ● (*tip.*) Tecnico addetto al montaggio tipografico.

montàgna [lat. parl. **montānia(m)*, da *montānus* 'montano'] s. f. **1** Monte: *una m. altissima*; *scalare una m.*; *montagne alpine* | *Essere grande come una m.*, *sembrare una m.*, (*fig.*) avere dimensioni enormi | *Pesare come una m.*, (*fig.*) moltissimo | *Tappa di m.*, nel ciclismo, tappa che presenta notevoli dislivelli da superare | *Gran premio della m.*, premio assegnato, in base a una classifica a punti, al corridore che ha ottenuto i migliori piazzamenti nei traguardi di montagna | *Il parto della m.*, (*fig.*) esito meschino, infelice o ridicolo di impresa, opera e sim., ambiziosa nei fini o dispendiosa nei mezzi | *Montagne russe*, nei luna park, sorta di ferrovia in miniatura con tracciato a forti dislivelli. SIN. Otto volante. ➡ ILL. p. 820, 821 SCIENZE DELLA TERRA ED ENERGIA. **2** Paese, zona, regione montuosa: *andare in m.*; *villeggiare in m.*; *la m. appenninica*; *un piccolo villaggio di m.* | *Mal di m.*, l'insieme di disturbi (tachicardia, nausea, ecc.) che colgono chi è sottoposto a un forte e repentino aumento di altitudine (e quindi a una diminuzione della pressione atmosferica). **3** (*fig.*) Ingente quantità di cose: *c'è una m. di piatti da lavare*. SIN. Mucchio. || **montagnàccia**, pegg. | **montagnétta**, dim. | **montagnòla**, †**montagnuòla**, dim.

montagnàrdo [fr. *montagnard*, da *montagne* 'montagna'; i giacobini più accesi erano detti così perché alla Convenzione sedevano nei banchi posti più in alto] s. m. ● Deputato francese dell'epoca rivoluzionaria, appartenente all'ala estremista dei giacobini.

†**montagnése** [sp. *montañés*, da *montana* 'montagna'] agg. ● Di montagna.

†**montagnìno** ● V. *montanino*.

montagnòlo o †**montagnuòlo** **A** agg. ● Di montagna: *animale m.*; *parlata montagnola*. **B** s. m. (f. *-a*) ● (*raro*) Montanaro.

montagnóso [lat. tardo *montaniōsu(m)*, da **montānia* 'montagna'] agg. ● Montuoso.

†**montagnuòlo** ● V. *montagnolo*.

†**montaimbànco** ● V. †*montambanco*.

montalbàno [dal n. della catena di poggi ove si produce] s. m. inv. ● Vino rosso rubino, dal profumo di mammola, prodotto nelle province di Firenze e Pistoia, tra gli 11° e i 13°.

montaliàno agg. ● Del poeta E. Montale (1896-1981): *versi montaliani* | Relativo alle opere, all'arte di Montale: *studi montaliani*.

†**montambànco** o †**montaimbànco**, †**montimbànco** [ant. fr. *monteinbanque* 'monta in banco'] s. m. ● Saltimbanco, ciarlatano.

†**montaménto** [da *montare*] s. m. ● Modo e atto del montare.

†**montanarésco** agg. ● Montano, montanino.

montanàro [da *montano*] **A** agg. ● Di montagna: *popolazione montanara* | Proprio di chi abita la zona montuosa: *pane*, *salame m.* | *Minestra alla montanara*, di verdura e minuzzoli di corata. **B** s. m. (f. *-a*) **1** Uomo di montagna, abitante dei luoghi montuosi: *un placido m.*; *testardo d'un m.!* (MANZONI). **2** (*zool.*) Falcone m., gheppio.

montanèllo [da *montano*, perché nidifica in montagna] s. m. ● (*zool.*) Fanello.

†**montanésco** [da *montano*] agg. ● Di montagna.

montanìno o †**montagnìno** [da *montano*] **A** agg. **1** (*tosc.*) Di montagna: *ciliegie montanine* | Montanaro: *o vaghe montanine pastorelle* (SACCHETTI) | *Sale m.*, salgemma. **2** (*raro*, *fig.*) Incolto, rozzo | *Alla montanina*, secondo l'usanza dei montanari. **B** s. m. (f. *-a*) ● Montanaro.

montanìsmo [da *montanista*] s. m. ● Eresia cristiana che predicava l'imminente ritorno del Cristo e la necessità di ricorrere a penitenze e ad austerità.

montanìsta [da *Montano* (II sec.), fondatore della setta] **A** s. m. e f. (pl. m. *-i*) ● Eretico seguace del montanismo. **B** agg. ● Montanistico.

montanìstico agg. (pl. m. *-ci*) ● Relativo a montanismo, a montanista.

montàno [vc. dotta, lat. *montānu(m)*, agg. di *mōns*, genit. *mōntis* 'monte'] agg. ● Di, relativo a monte o montagna: *paesaggio*, *paese m.*; *regioni*, *erbe*, *piante montane*.

montànte **A** part. pres. di *montare*; anche agg. ● Nei sign. del v. **B** s. m. **1** Asta di parete, verticale, di una struttura reticolare. **2** Elemento verticale di intelaiatura di porta o finestra | (*sport*) Ciascuno dei due sopporti che reggono il corrente formando con esso la sbarra, usata negli esercizi ginnici | Nel calcio, ciascuno dei pali verticali della porta: *colpire*, *sfiorare il m.* | Nella testiera del cavallo, striscia di cuoio che collega l'anello del filetto o del morso al frontale. **3** Nel pugilato, colpo portato dal basso verso l'alto, a braccio piegato, al mento o allo stomaco | Nella scherma di sciabola, movimento diagonale dell'arma dal basso in alto. **4** (*mat.*) Somma del capitale più l'interesse da questo prodotto. **5** (*econ.*) *M. compensativo*, nell'ambito del Mercato Comune Europeo, integrazione finanziaria corrisposta agli esportatori di prodotti agricoli per neutralizzare l'effetto delle fluttuazioni monetarie sugli scambi agricoli intercomunitari.

†**montànza** [provz. *montansa*, da *montar* 'montare'] s. f. ● Luogo alto | Salita.

montapànna [comp. imperativale di *montare* e *panna* (*1*)] s. f. inv. ● Macchina per montare la panna.

montàre [lat. parl. **montāre*, da *mōns*, genit. *mŏntis* 'monte'] **A** v. intr. (*io mónto*; aus. *essere*) **1** Andare o salire su q.c.: *m. sul campanile*, *in cima alle scale*, *in bicicletta*, *a cavallo*, *in sella*, *in groppa a un elefante* | (*ass.*) Salire a cavallo: *monti chi è a piè, chi non è armato s'armi* (ARIOSTO) | *M. in cattedra*, *in pulpito*, (*fig.*) fare il saccente | *M. in vettura*, *in treno*, salirvi e prendervi posto | *M. sulla nave*, imbarcarsi | (*fig.*) *M. in collera*, arrabbiarsi | (*fig.*) *M. in furore*, infuriarsi | (*fig.*) *M. in bestia*, imbestialirsi | (*fig.*) *M. la mosca al naso*, adirarsi all'improvviso | (*fig.*) *M. la luna*, impazzire | *M. il sangue alla testa*, perdere la ragione, la lucidità per l'ira. **2** Cavalcare: *monta in modo meraviglioso*. **3** Aumentare o innalzarsi di livello, grado, tono, e sim. (*anche fig.*): *la marea monta rapidamente*; *il suono montava poco a poco*; *m. in pregio* | *Il sole, la luna monta*, sorge e s'innalza sull'orizzonte. SIN. Salire. **4** †Ammontare, assommare. **5** †Valere, importare | *Non monta*, non importa. **B** v. tr. **1** Salire: *m. le scale*, *i gradini*. **2** Comporre q.c. riunendone e collegandone le varie parti nel modo dovuto: *per m. il trenino elettrico bisogna seguire attentamente le istruzioni* | *M. la casa*, fornirla di tutto il necessario arredamento | (*est.*) Mettere nel posto dovuto: *m. le tende*, *la libreria*. **3** Gonfiare, innalzare, elevare (*spec. fig.*) | *M. la panna*, *la chiara d'uovo*, farla salire, sbattendola | (*fig.*) *M. una notizia*, *un'apparizione*, *un particolare*, dargli un'evidenza o un'importanza del tutto sproporzionate, spec. nel riferirla | (*fig.*) *M. qc.*, farne una figura di primo piano o montargli la testa | (*fig.*) *M. la testa a qc.*, esaltarlo con allettamenti, lusinghe e sim. | *Montarsi la testa*, esaltarsi da sé, mettersi in agitazione. **4** (*zoot.*) Coprire, fecondare, negli accoppiamenti di animali: *far m. le giumente da stalloni purosangue*. **5** Incastonare le pietre preziose in un gioiello. **6** (*mar.*) Doppiare, girare: *m. un promontorio*. **7** Comporre un film eseguendo l'operazione di montaggio. **C** v. intr. pron. ● Mettersi in agitazione, in fermento | Esaltarsi.

montascàle [comp. di *monta(re)* e il pl. di *scala*] **A** s. m. inv. ● Apparecchio, impianto per trasportare su una o più rampe di scale persone che hanno difficoltà motorie. **B** anche agg. inv.: *impianto m.*

†**montascéndi** o **montascèndi** [comp. di *monta(re)* e *scendere*] s. m. ● Sentiero per scendere e salire sopra un argine, e sim.

montàsio [dal n. del monte Jôf di *Montâs* (Giogo di *Montasio*), nelle Alpi Giulie occidentali] s. m. ● Formaggio a pasta semicotta e dura, tipico del Friuli.

montàta s. f. **1** (*raro*) Atto del montare | *M. dei salmoni*, *delle anguille*, il loro risalire i fiumi per la riproduzione | (*med.*) *M. lattea*, lattogenesi. **2** (*raro*) Salita, erta.

†**montàtile** agg. ● Che si può montare, salire.

montàto **A** part. pass. di *montare*; anche agg. ● Nei sign. del v. **B** s. m. ● †Montata.

montatóio [da *montato*] s. m. ● Predellino di vettura, carrozza e sim.

montatóre agg.; anche s. m. (f. *-trice*) ● Che, chi monta | Operaio addetto a lavori di montaggio.

montatùra s. f. **1** Atto, effetto del montare. **2** Ciò che costituisce la struttura di sostegno di un oggetto: *la m. degli occhiali*; *anello con m. in oro*. **3** Guarnizione di un cappello da donna. **4** (*fig.*) Premeditata esagerazione del valore e dell'interesse di q.c.: *una m. della stampa*; *è tutta una m.* SIN. Gonfiatura.

montavivànde [comp. di *monta(re)* e il pl. di *vivanda*] s. m. inv. ● Piccolo montacarichi, con o senza apparato motore, per trasporto verticale di vivande.

mónte [lat. *mŏnte(m)*, da una radice indeur. che indica 'sporgenza'] s. m. **1** Massa grandissima di roccia e terra, che si leva a un'altezza superiore ai 500 metri calcolata sul livello del mare, raramente isolata, per lo più inserita in catene, sistemi, giogaie e sim.: *il m. Bianco*, *Rosa*; *fra monti e valli* | *A m.*, verso la sommità, nella parte più alta; (*fig.*) in ciò che precede, che costituisce la premessa di qualcosa: *le vere ragioni di quanto è successo vanno cercate a m.* CONTR. A valle | *A m. di*, nella parte più prossima alla sorgente, detto di fiume o di una zona, località e sim., considerata rispetto a quello | (*fig.*) *Promettere mari e monti*, fare grandi promesse che non si manterranno | (*raro*, *est.*) Roccia | (*fig.*) *Tenere del m.*, essere testardo. **2** (*fig.*) Grande ammasso, ingente quantità, abbondanza: *un m. di cartaccia*, *di stracci*, *di grano*, *di frutta*; *un m. di denaro*; *un m. di gente*; *un m. di gentilezze*; *un m. di seccature*; *ho lasciato tutto quel m. di pacchi e pacchetti in deposito alla stazione* (PIRANDELLO) | *Far m.*, ammassare | *Un m. di botte*, *di bastonate*, un sacco, un fracco | *A monti*, in grande quantità. SIN. Mucchio. **3** Mucchio di carte scartate al gioco | Mucchietto di carte che in alcuni giochi avanzano dopo la distribuzione, e rimangono a disposizione del giocatore che fa la chiamata | *Mandare a m.*, (*fig.*) far fallire | *Andare a m.*, (*fig.*) non riuscire, mancare | *Mettere a m.*, (*fig.*) nella massa, nel mucchio. **4** Gruppo omogeneo ordinato di valori spec. contabili | *M. premi*, somma globale che va ripartita tra i vincitori di una lotteria, di un concorso e sim. | *M. cedole*, complesso degli importi relativi alle cedole dei titoli per qualsivoglia motivo depositati presso una banca al momento della maturazione della cedola stessa | *M. ore*, complesso delle ore a disposizione di organismi per l'espletamento delle loro funzioni. **5** Ente pubblico esercitante funzioni bancarie: *Monte dei Paschi* | Istituzione dotata di beni patrimoniali, con fini benefici e assistenziali | *M. di pietà*, *m. pio*, *m. dei pegni*, istituzione benefica o assistenziale che accorda prestiti su pegno di beni mobili, senza fini di lucro. **6** Ciascuna delle lievi protuberanze del palmo della mano che, in chiromanzia, indicano determinate strutture caratteriologiche del soggetto. **7** (*anat.*) *M. di Venere*, *m. del pube*, prominenza adiposa coperta di peli, sopra la vulva || PROV. Loda il monte e attienti al piano. || **montìcchio**, dim. | **monticiòlo**, dim. | **monticèllo**, dim. | **monticellétto**, dim. | **monticellìno**, dim. | **monticìno**, dim. | **montóne**, accr. (V.).

montebiànco [fr. *montblanc* 'monte bianco', per l'aspetto e il colore] s. m. ● Dolce di castagne, lessate e passate, e panna montata.

montenegrìno **A** agg. ● Del Montenegro. **B** s.

m. (f. *-a*) • Abitante del Montenegro.

monteprèmi [comp. di *monte* e il pl. di *premio*] s. m. • Monte premi.

montepulciàno [dal nome della città nella cui zona è coltivato] s. m. inv. *1* Vino rosso simile al Chianti, prodotto nella zona della città omonima. *2* (*est.*) Vitigno da cui si ottiene tale vino.

montessoriàno [dal n. della pedagogista it. M. *Montessori* (1870-1952)] agg. • Che concerne Maria Montessori o i suoi metodi pedagogici: *scuola montessoriana.*

montgomery /*ingl.* mənt'gʌm(ə)ri/ [dal n. del generale ingl. B.L. *Montgomery* (1887-1976) che lo adoperava] s. m. inv. • Giaccone a tre quarti, di lana piuttosto ruvida, con cappuccio, chiuso da alamari e bottoni di legno a olivetta.

montiàno agg. • Che è proprio del poeta V. Monti (1754-1828) e della sua arte.

monticàre [da *monte*] v. intr. (*io móntico, tu móntichi*; aus. *avere*) • Stare all'alpeggio, detto del bestiame | Tenere il bestiame all'alpeggio.

monticazióne [da *monticare*] s. f. • Migrazione estiva del bestiame dal fondo valle ai pascoli montani.

†**monticciàre** [da *monte*] v. tr. • Ammucchiare.

†**monticellàre** [da *monticello*] v. tr. • Ammucchiare.

monticellite [chiamato così in onore del naturalista T. *Monticelli* (1759-1845)] s. f. • (*miner.*) Varietà di olivina calcico-magnesiaca.

†**montimbànco** • V. †*montambanco.*

montmorillonite [dal n. della località di *Montmorillon* in Francia] s. f. • Minerale costituito da silicato idrato di alluminio, magnesio e sodio.

montmorillonìtico agg. (pl. m. *-ci*) • (*miner.*) Che ha natura di montmorillonite: *argilla montmorillonitica.*

montonàta [da *montone* (*1*)] s. f. • (*sport*) Salto del montone.

montonàto [da *montone* (*5*)] agg. • Detto di roccia arrotondata.

montoncìno s. m. *1* Dim. di *montone* (*1*). *2* Pelle di montone.

montóne (1) [lat. parl. **multōne*(*m*), di origine gallica, avvicinato a *montare*] s. m. *1* Maschio della pecora | (*sport*) *Salto del m.*, nell'ippica, movimento che il cavallo compie di sua volontà, di sorpresa, per disarcionare il cavaliere o come vivace espressione di gaiezza. SIN. Ariete. *2* (*est., fam.*) Giaccone o cappotto confezionato con la pelle dell'animale omonimo. *3* (*fig.*) †Persona sciocca e stupida: *considerando che Amor l'avesse di m. fatto tornar uomo* (BOCCACCIO). ‖ †**montoncino**, dim. (V.).

montóne (2) [accr. di *monte*] s. m. • Monte, mucchio: *un m. di spropositi.*

montóne (3) [calco sul fr. *mouton*, moneta d'oro fatta coniare da S. Luigi, che aveva l'immagine dell'agnello pasquale (*montone*) con la leggenda 'Ecce Agnus Dei'] s. m. • Moneta d'oro francese.

montóne (4) [dal colore biancastro come quello del vello dei *montoni*] s. m. • (*spec. al pl.*) Onde minori frante e biancheggianti ai fianchi di un maroso.

montóne (5) [accr. di *monte*] s. m. • Roccia cui l'azione dei ghiacciai ha conferito una forma tondeggiante.

†**montonìno** [da *montone* (*1*)] agg. • Simile a montone.

montuosità [da *montuoso*] s. f. *1* Qualità o carattere di ciò che è montuoso: *la mancanza di buone coltivazioni è dovuta alla m. della regione*; *m. e disegualità della Luna* (GALILEI). *2* Punto più elevato del terreno: *si notano numerose m.*

montuóso [vc. dotta, lat. *montuōsu*(*m*), *montōsu*(*m*), da *mōns*, genit. *mŏntis* 'monte'] agg. • Che abbonda di monti, che è sparso di monti o rilievi: *regione montuosa* | (*lett.*) Che ha forma di monte: *la montuosa nube* (D'ANNUNZIO).

montùra [fr. *monture*, da *monter* 'montare, assettare'] s. f. • (*raro, tosc.*) Divisa, uniforme: *ufficiali in m.*

†**monturàto** s. m.; anche agg. • Chi, che indossa la montura.

monumentàle [vc. dotta, lat. tardo *monumentāle*(*m*), da *monumĕntum* 'monumento'] agg. *1* Di monumento: *iscrizione m.* *2* (*fig.*) Che è simile a monumento per grandiosità e importanza: *opera, costruzione m.* *3* Che è ricco di monumenti: *città m.*; *cimitero m.*

monumentalità s. f. • Qualità di ciò che è monumentale.

monumentàre v. tr. (*io monuménto*) • (*raro*) Onorare la memoria di qc. con un monumento | Effigiare qc. in un monumento.

monuménto o †**moniménto** [vc. dotta, lat. *monumĕntu*(*m*) 'ricordo', da *monēre* 'far ricordare'. V. *monito*] s. m. *1* Opera, spec. di scultura o di architettura, che serve a ricordare un personaggio o un avvenimento di singolare importanza: *erigere un m. a qc.*; *inaugurare un m.*; *m. commemorativo.* *2* (*fig.*) Opera di importanza notevole per le arti, la storia, la letteratura di un paese o di una civiltà: *i monumenti antichi*; *i monumenti della nostra epoca*; *amava e venerava i sacri monumenti delle lettere* (CASTIGLIONE) | *Un m. di dottrina, di sapere*, detto di persona o di opera scritta estremamente ricca di scienza. ➡ ILL. **archeologia**. *3* †Sepolcro | (*per anton.*) Sepolcro di Cristo in Gerusalemme. ‖ **monumentino**, dim.

monumentomania [comp. di *monumento* e *-mania*] s. f. • (*scherz.*) Smania d'innalzare monumenti.

moog® /*ingl.* mu:g/ [vc. ingl., dal n. dell'ingegnere americano R. A. *Moog*, che lo inventò] s. m. inv • Nome commerciale di un tipo di sintetizzatore.

moon boot® /*ingl.* 'mu:n bu:t/ [loc. ingl., propriamente 'stivale lunare', comp. di *moon* 'luna' e *boot* 'stivale', per analogia di forma con gli stivali indossati dagli astronauti] s. m. inv. • Nome commerciale di speciali calzature fabbricate in materiale isolante e usate come doposcì o per camminare su neve abbondante.

moplèn® [da *Mo*(*ntecatini Polipro*)*p*(*i*)*len*(*e*)] s. m. inv. • (*chim.*) Materia plastica, prodotta per polimerizzazione del propilene e/o dell'etilene; usata per stampaggio di oggetti vari.

Mops /*ted.* mɔps/ [ted., dall'ol. *mops*, da *moppen* 'fare un viso arcigno'] s. m. inv. • Cane di lusso simile a un mastino di formato ridottissimo, di colore uniforme fulvo con maschera nera sul muso.

moquettàto /moket'tato/ [da *moquette*] agg. • Detto di superficie ricoperta di moquette.

moquette /*fr.* mɔ'kɛt/ [vc. fr., etim. incerta] s. f. inv. • Tipo di tessuto in lana ruvida o fibre sintetiche, per rivestire pavimenti di ambienti interni | (*est.*) Il pavimento così rivestito: *fece cadere la cenere sulla m.*

mòra (1) [da *moro* (*2*)] s. f. • Frutto formato da un sincarpio sugoso del gelso bianco e del moro nero | Frutto del rovo, nero, lucente, commestibile | *Non valere una m.*, non valere nulla | †*Essere più lontano da q.c. che gennaio dalle more*, esserne lontanissimo. ‖ **moràccia**, pegg.

mòra (2) [da *mora* (*1*). V. *morula*] s. f. • (*med.*) Morula.

mòra (3) [vc. dotta, lat. *mŏra*(*m*), di etim. incerta] s. f. *1* (*dir.*) Ingiustificato ritardo nell'adempimento di una obbligazione o prestazione dovuta | *M. del debitore*, ritardo ingiustificato ad adempiere, accertato nelle forme di legge | *Interessi di m.*, nelle obbligazioni pecuniarie, interessi che il debitore deve dal giorno in cui è costituito in mora sino al perdurare della stessa | *M. del creditore*, rifiuto senza legittimo motivo del creditore di ricevere il pagamento offertogli nei modi di legge dal debitore | *Costituire in m.*, compiere le formalità atte ad accertare la mora della controparte. *2* Correntemente, somma di denaro dovuta per il ritardo nel compimento di un atto. *3* (*raro, lett.*) Indugio, intervallo, pausa. *4* Unità basilare di misura nella metrica greca e latina.

mòra (4) • V. *morra.*

mòra (5) [vc. di origine sconosciuta] s. f. • Pesce mediterraneo e atlantico dei Gadiformi, di colore marrone (*Mora mora*).

†**mòra (6)** [vc. di origine preindeur.] s. f. • Mucchio, massa di pietre.

Moràcee [vc. dotta, comp. di *mora* (*1*) e *-acee*] s. f. pl. • Nella tassonomia vegetale, famiglia di Dicotiledoni arboree ricche di latice (*Moraceae*) | (al sing. *-a*) Ogni individuo di tale famiglia. ➡ ILL. **piante 2.**

†**moràggine** [da *mora* (*3*)] s. f. • Morosità, indugio.

moraiòlo [da *mora* (*1*)] s. m. • Varietà di olivo dal frutto nero-violaceo a maturazione, apprezzata per la buona resa in olio. SIN. Morellino.

moràle [vc. dotta, lat. *morāle*(*m*), da *mōs*, genit. *mōris* 'costume', di etim. incerta] **A** agg. *1* Che concerne le forme e i modi della vita pubblica e privata, in relazione alla categoria del bene e del male: *giudizio, precetto, massima, legge m.*; *progresso m.*; *le dottrine morali* | *Senso m.*, percezione intuitiva di ciò che è bene o male | *Coscienza m.*, consapevolezza del significato etico delle proprie azioni | *Responsabilità m.*, relativa agli effetti del nostro comportamento pratico | *Danno m.*, complesso delle sofferenze psichiche cagionate dal comportamento antigiuridico altrui, risarcibile solo nei casi determinati dalla legge, valutato equitativamente dal giudice | *Ente m.*, fondazione che persegue uno scopo non lucrativo. *2* Conforme ai principi di ciò che è buono e giusto: *libro, discorso m.* | Castigato, non licenzioso: *spettacolo m.* | Onesto, retto: *è una persona m.* *3* Relativo al mondo della coscienza: *forza, fiacchezza m.*; *mi ha dato un aiuto m.* | *Scienze morali*, filosofiche, giuridiche, storiche, politiche, sociali e psicologiche, in contrapposizione alle scienze fisiche e matematiche | *Autorità m.*, che deriva dalla stima o dall'affetto | *Certezza m.*, basata più su intima persuasione che su prove materiali | *Schiaffo m.*, offesa, umiliazione bruciante (*anche scherz.*) | *Capitale m. di una nazione*, la città più importante, che potrebbe essere la capitale, ma che non lo è | *Vincitore m.*, chi, in una gara e sim., è stato sconfitto per pura mala sorte, pur avendo combattuto con la massima generosità. ‖ **moralménte**, avv. *1* Secondo la morale: *comportarsi moralmente.* *2* Dal punto di vista morale: *mi sento moralmente responsabile.* *3* Relativamente al morale, alle condizioni psicologiche: *è moralmente distrutto.* **B** s. f. *1* Parte della filosofia che studia i problemi relativi alla condotta dell'uomo. SIN. Etica. *2* Complesso di consuetudini e norme che regolano la vita pubblica e privata: *m. individuale, collettiva*; *è un uomo senza m.* *3* Insegnamento che si può trarre da un discorso, da un racconto, da una favola | *La m. della favola*, (*fig.*) la conclusione di un ragionamento, discorso e sim. (*anche scherz. e fam.*). **C** s. m. • Stato d'animo, condizione psicologica: *avere il m. alto*; *essere giù di m.*

moraleggiànte part. pres. di *moraleggiare*; anche agg. *1* Nel sign. del v. *2* Che tende al moralismo: *atteggiamenti, sentenze moraleggianti.*

moraleggiàre [comp. di *moral*(*e*) e *-eggiare*] v. intr. (*io moraléggio*; aus. *avere*) • Fare osservazioni, ragionamenti di morale (*spesso spreg.*): *m. su tutto.*

moralìsmo [comp. di *morale* e *-ismo*] s. m. *1* Atteggiamento e comportamento da moralista. *2* Dottrina filosofica secondo cui soltanto l'azione morale consente di interpretare e comprendere la realtà in noi e fuori di noi.

moralista [comp. di *morale* e *-ista*] **A** s. m. e f. (pl. m. *-i*) *1* Chi giudica ogni azione da un punto di vista astrattamente morale | (*est.*) Chi si comporta con eccessiva intransigenza morale: *sei proprio un m.!* *2* Chi segue o si ispira alla dottrina filosofica del moralismo: *i moralisti del Seicento.* *3* Chi si dedica allo studio o alla trattazione di problemi etici. **B** agg. • (*raro*) Moralistico.

moralìstico agg. (pl. m. *-ci*) *1* Di, da moralista: *la tua è un'interpretazione moralistica del problema* | Del moralismo. *2* Che concerne o interessa il moralismo o i moralisti. ‖ **moralisticaménte**, avv.

moralità [vc. dotta, lat. tardo *moralitāte*(*m*), da *morālis* 'morale'; nel sign. 3 attraverso il fr. *moralité*] s. f. *1* Carattere di ciò che è conforme alle norme morali: *offendere la m.*; *persona di dubbia m.* *2* Morale, spec. in quanto attuazione pratica delle norme morali: *m. pubblica, frivola* | (*raro*) Insegnamento che si può trarre da un discorso o da una favola. *3* Nel Medioevo, rappresentazione teatrale, spesso allegorica, con fini edificanti, tipica spec. della letteratura francese.

moralizzàbile agg. • (*raro*) Che si può moralizzare.

moralizzàre [comp. di *morale* e *-izzare*] **A** v. tr. • Rendere conforme ai principi morali: *m. la vita politica, la pubblica amministrazione.* **B** v. intr.

(aus. *avere*) ● (*raro*) Moraleggiare.

moralizzatóre [da *moralizzare*] s. m.; anche agg. (f. *-trice*) ● Chi, che moralizza.

moralizzazióne s. f. ● Atto, effetto del moralizzare: *la m. della vita pubblica.*

†**morànza** [da *morare*] s. f. ● Dimora.

†**moràre** [vc. dotta, lat. *morāri* 'indugiare', da *mŏra* 'indugio'. V. *mora* (*3*)] v. intr. ● Dimorare, stare.

moràto [da *mora* (*1*)] agg. ● Nero a guisa di mora.

moratòria [f. sost. di *moratorio*] s. f. *1* (*dir.*) Provvedimento legislativo per cui resta sospesa la scadenza delle obbligazioni, spec. pecuniarie. *2* (*est.*) Dilazione, sospensione: *il nemico propone una m. dei combattimenti.*

moratòrio [lat. tardo *moratōriu*(*m*), da *morāri* 'indugiare'. V. *morare*] agg. ● (*dir.*) Relativo a mora: *interessi moratori.*

moràvo o **mòravo** A agg. ● Della Moravia. B s. m. (f. *-a*) ● Abitante della Moravia.

†**morbétto** s. m. *1* Dim. di *morbo*. *2* (*fig., spreg.*) Persona noiosa, importuna.

mòrbico [da *morbo*] agg. (pl. m. *-ci*) ● Di, relativo a, malattia: *agenti morbici.*

mòrbida [f. sost. di *morbido*] s. f. ● Stato di regime intermedio dei corsi d'acqua, che si verifica quando le acque si gonfiano per piogge o disgelo senza raggiungere i livelli di piena.

†**morbidaménto** [da †*morbidare*] s. m. ● Mollificazione.

†**morbidàre** [da *morbido*] v. tr. ● Ammollire, infiacchire.

morbidèllo [da *morbido*] s. m. ● (*bot.*) Valerianella.

morbidézza o (*pop., tosc.*) **morvidézza**. s. f. *1* Qualità di ciò che è morbido (*anche fig.*): *la m. delle carni, di un tessuto, dell'anima.* SIN. Sofficità. *2* Nelle arti figurative, insieme di elementi, quali l'armonia dei colori, la delicatezza delle sfumature, la leggerezza dei tratti, dei contorni e sim., per cui un dipinto o una scultura suggeriscono sensazioni di particolare dolcezza e soavità. *3* (*lett., spec. al pl.*) Mollezza, raffinatezza, lascivia.

morbidìccio agg. (pl. f. *-ce*) ● Alquanto morbido.

†**morbidìre** v. tr. e intr. pron. ● (*raro*) Ammorbidire.

mòrbido o (*pop., tosc.*) **mòrvido** [vc. dotta, lat. *mŏrbidu*(*m*) 'malato, indisposto, malsano', da *mŏrbus* 'morbo'] A agg. *1* Che ha consistenza soffice, cedevole o pastosa: *letto, guanciale m.*; *cera, creta morbida* | *Allunaggio m.*, di veicolo spaziale che prende contatto con la superficie lunare a velocità limitata evitando di danneggiarsi | Tenero: *la morbida erbetta*; *materiale m. come il burro* | *Trovare il terreno m.*, (*fig.*) avere a che fare con persone arrendevoli | *Metallo m.*, malleabile | *Marmo m.*, che si lavora con facilità. CONTR. Duro. *2* Dolce, liscio e delicato al tatto: *stoffa, seta, pelle morbida.* CONTR. Ruvido. *3* Leggero, sfumato, vaporoso: *morbidi contorni* | *Linea morbida*, non aderente, detto di abito spec. femminile. *4* Nelle arti figurative, caratterizzato da morbidezza. *5* (*raro, fig.*) Estremamente raffinato e molle: *vita morbida*; *costumi morbidi.* CONTR. Rigido. *6* (*fig.*) Affabile, arrendevole: *carattere, animo m.*; *parole morbide.* *7* (*med.*) Morboso. || **morbidaménte**, avv. In modo morbido, con morbidezza. B s. m. ● Ciò che è morbido: *sedere sul m.* || **morbidétto**, dim. | **morbidìno**, dim. | **morbidóne**, accr. | **morbidòtto**, dim.

morbidùme [comp. di *morbido* e *-ume*] s. m. ● (*raro, spreg.*) Insieme di cose mollicce.

†**morbìfero** [vc. dotta, lat. *morbĭferu*(*m*), comp. di *mŏrbus* 'morbo' e *-fer* '-fero'] agg. ● Che porta o comunica un morbo, una malattia.

morbìgeno [comp. di *morbo* e *-geno*] agg. ● Che costituisce causa di malattia: *lavorazioni industriali morbigene.*

morbiglióne [da *morbillo*] s. m. ● Specie di vaiolo benigno.

morbilità [da *morbo*, sul modello di *sterilità, virilità* ecc.] s. f. ● Morbosità | *Coefficiente di m.*, rapporto fra il complesso dei giorni di malattia e il numero di esposti al rischio di malattia per gruppi di età.

morbìllo [dim. del lat. *mŏrbus* 'morbo'] s. m. ● Malattia virale dell'infanzia caratterizzata da febbre alta, irritazione delle mucose e da un esantema a macchie piccole e rossastre.

morbillóso A agg. ● Di, relativo al, morbillo: *esantema m.* B agg.; anche s. m. (f. *-a*) ● Che, chi è affetto da morbillo.

morbìno [da *morbio*, forma ant. di *morbido*, nel senso di 'allegro'] s. m. ● (*pop.*) Eccessiva vivacità o eccitazione: *avere il m.*; *dovresti un po' calmarti il m.*

morbinóso agg. ● (*pop.*) Molto vivace, pieno di morbino.

†**morbisciàtto** [da *morbo*] agg.; anche s. m. ● Malaticcio.

mòrbo [vc. dotta, lat. *mŏrbu*(*m*), da una radice indeur. che significa 'consumare'] s. m. *1* Malattia: *un terribile m.*; *un m. contagioso* | *M. blu*, ogni cardiopatia congenita che, per insufficiente ossigenazione del sangue, dà origine a intensa cianosi | *M. celiaco*, celiachia | *M. giallo*, febbre gialla | *M. di Addison*, grave insufficienza surrenalica per lo più di natura tubercolare. SIN. Mal bronzino | *M. di Alzheimer*, demenza presenile progressiva a eziologia sconosciuta | *M. di Raynaud*, disturbo ischemico che interessa spec. le dita delle mani; compare con l'esposizione al freddo o per emozioni | *M. di Basedow*, ipertiroidismo per alterata secrezione tiroidea | *M. di Burger*, malattia delle arterie e delle vene di tipo generativo che colpisce prevalentemente nella giovane età | *M. di Down*, mongolismo | *M. di Flaiani*, *m. di Potti*, carie tubercolare della colonna vertebrale | *M. di Hansen*, lebbra | *M. di Parkinson*, affezione degenerativa del sistema nervoso extrapiramidale che dà origine a movimenti involontari ritmici degli arti, spec. delle mani. SIN. Paralisi agitante. *2* (*fig.*) Malanno, piaga: *un m. sociale.* *3* †Vizio o passione cattiva. *4* †Odore pestilenziale: *m. di carogne.* || †**morbétto**, dim. (V.) | †**morbùzzo**, pegg.

morbosità [vc. dotta, lat. tardo *morbositāte*(*m*) 'insalubrità', da *morbōsus* 'malsano'. V. *morboso*] s. f. *1* Condizione o qualità di ciò che è morboso. *2* Studio delle malattie in una determinata popolazione | *Quoziente di m.*, rapporto fra il numero degli individui colpiti da una data malattia, in un definito intervallo di tempo, e la popolazione media dell'intervallo.

morbóso [vc. dotta, lat. *morbōsu*(*m*), da *mŏrbus* 'morbo'] agg. *1* (*med.*) Relativo a morbo: *sintomi morbosi, manifestazioni morbose.* *2* (*est.*) Che manca di equilibrio o di misura, tanto da risultare quasi patologico: *amore m.*; *gelosia, sensibilità, curiosità morbosa.* || **morbosaménte**, avv.

morchèlla [ted. *Morchel*; perché simile alla carota (ted. *Möhre*) (?)] s. f. ● (*bot.*) Spugnola.

mòrchia [lat. parl. *amŭrcula*(*m*), dim. di *amŭrca*, dal gr. *amóargē* 'morchia', da *amérgein* 'cogliere, estrarre': da avvicinare a *omorgnýnai* 'pulire' (?)] s. f. *1* Deposito lasciato dall'olio per chiarificazione spontanea o a seguito del lavaggio. *2* Fondo o sedimento untuoso e sudicio: *l'ingranaggio è pieno di m.* | (*est.*) Feccia: *la m. del catrame* | (*est.*) Gruma della pipa o del bocchino. || **morchiàccia**, pegg.

morchióne [propriamente accr. m. di *morchia*] s. m. ● Feccia delle olive lavorate, usata come concime.

morchióso agg. ● (*raro*) Pieno di morchia.

morchiùme s. m. ● (*spreg.*) Quantità di morchia.

mordàcchia [da *mordere*] s. f. *1* Museruola | Specie di morsa che si mette alla bocca del cavallo per costringerlo a lasciarsi ferrare. *2* Morsa che immobilizzava la lingua dei bestemmiatori e dei condannati a morte durante il supplizio | *Mettere la m.*, (*fig.*) costringere a tacere.

mordàce [vc. dotta, lat. *mordāce*(*m*), da *mordēre* 'mordere'] agg. *1* Che è pronto a mordere, che morde con facilità: *bocca m.* | *Tenaglie mordaci*, che stringono forte. *2* Aspro, caustico, pungente (*spec. fig.*): *sapore m.*; *lingua, satira m.*; *parole, persone mordaci.* *3* †Corrosivo, mordente. || **mordacétto**, dim. || **mordaceménte**, avv.

mordacità [vc. dotta, lat. *mordacitāte*(*m*), da *mŏrdax*, genit. *mordācis* 'mordace'] s. f. *1* Forza di mordere, pungere | Qualità corrosiva. *2* (*fig.*) Maldicenza, acrimonia.

mordènte A part. pres. di *mordere*; anche agg. ● Nei sign. del v. B s. m. *1* Sostanza che serve a fissare il colorante sulla fibra, usata in tintoria | Sostanza usata per l'incisione su lastre metalliche | Sostanza usata per superfici metalliche. *2* (*fig.*) Spirito combattivo o aggressivo: *essere privo di m.*; *avere molto m. nelle competizioni sportive* | Forza di persuasione: *commedia, satira priva di m.* *3* (*mus.*) Abbellimento musicale che si realizza alternando rapidamente alla nota reale la nota immediatamente superiore o inferiore e tornando poi alla nota reale.

mordenzànte part. pres. di *mordenzare*; anche agg. sost. ● Nel sign. del v.

mordenzàre [da *mordente*] v. tr. (*io mordènzo*) ● Trattare con mordente.

mordenzatùra s. f. ● Operazione del mordenzare.

mòrdere [vc. dotta, lat. parl. **mŏrdere*, per il classico *mordēre*, di origine indeur.] v. tr. (pass. rem. *io mòrsi, tu mordésti*; part. pass. *mòrso*, †*mordùto*) *1* Addentare con forza, ferire con i denti: *m. la mela, il pane* | (*fig.*) *M. il terreno, la polvere*, giacere prono e sconfitto a terra, spec. dopo un combattimento | (*fig.*) *M. il freno*, subire controvoglia disciplina e costrizioni, essere impazienti di acquistare la propria libertà | *Mordersi le mani, le dita*, (*fig.*) in segno di rabbia e sim. | *Mordersi le labbra*, (*fig.*) costringersi a tacere | (*ass., est.*) Pinzare: *come mordono questi insetti!* SIN. Morsicare. *2* Stringere in una morsa o come in una morsa: *le tenaglie mordevano il ferro incandescente.* *3* Intaccare penetrando con forza: *lame taglienti mordevano le zolle*; *l'ancora morse il fondo e il battello s'arrestó* | *M. l'asfalto*, (*fig.*) detto di pneumatici e sim. che vi aderiscono perfettamente, quando il veicolo è lanciato a forte velocità | *M. la strada*, nel ciclismo, pedalare a strappi, stando ritto sui pedali | *Correre a mordi manubrio*, spingere al massimo sui pedali tenendo le spalle e la testa abbassate sul manubrio. *4* Corrodere: *un acido che morde il ferro.* *5* (*fig.*) Lucrare: *non trovar nulla da m.* | (*fig.*) *Leccare e non m.*, accontentarsi di guadagni miti. *6* (*fig.*) Irritare o molestare con la propria asprezza (*anche ass.*): *un vino che morde le labbra*; *è un aceto troppo agro, che morde*; *una brezza gelida che mordeva il viso.* *7* (*fig.*) Assalire, tormentare: *m. qc. con motti, ingiurie, allusioni*; *il rimorso mi morde la coscienza* | *M. l'avarizia, la vanità*, punirla e rimproverarla aspramente || PROV. Can che abbaia non morde.

†**mordicaménto** s. m. ● Atto del mordicare.

†**mordicàre** [vc. dotta, lat. tardo *mordicāre*, da *mordēre* 'mordere'] v. tr. ● (*raro, lett.*) Mordicchiare.

†**mordicazióne** [vc. dotta, lat. tardo *mordicatiōne*(*m*), da *mordicāre* 'mordicare'] s. f. ● Corrosione.

mordicchiàre v. tr. (*io mordìcchio*) ● Mordere leggermente e con insistenza: *m. nervosamente le labbra.*

†**mordière** [da avvicinare all'ant. fr. *meurtrier* 'assassino', da *meurtrir* 'uccidere', dal francone **murthrjan* 'assassinare'] agg. ● Mordace.

mordigallìna [comp. di *mordere* e *gallina*] s. f. ● (*bot.*) Anagallide.

mordiglióne [da *mordere*] s. m. ● (*edil.*) Attrezzo usato per piegare le barre d'acciaio destinate alle strutture di cemento armato.

†**mordiménto** [da *mordere*] s. m. *1* Modo e atto del mordere. *2* Maldicenza.

morditóre s. m. (f. *-trice*) *1* (*raro*) Chi morde. *2* †Giullare che sapeva far divertire pungendo con motti arguti.

†**morditùra** s. f. ● Morso | (*fig.*) Rimprovero, censura.

mordorè [fr. *maure-doré* 'bruno dorato'] agg. ● Di color marrone con riflessi dorati: *pelle m.*

moréccio [dim. di *moro* (*1*)] s. m. ● (*bot.*) Porcino.

†**morèlla** (1) ● V. *muriella.*

morèlla (2) [lat. tardo *morĕlla*(*m*), da *māurus* 'moro (1)', per il colore oscuro] s. f. ● (*bot.*) Pianta erbacea delle Solanacee, con fiori bianchi o violacei in infiorescenze e bacche generalmente di colore nero (*Solanum nigrum*).

morellìno s. m. *1* Dim. di *morello*. *2* Moraiolo. *3* Vino toscano di colore rubino intenso e di gradazione alcolica attorno ai 12°.

morèllo [dim. di *moro* (*1*)] A agg. *1* Detto di colore tendente al nero: *fa sopra seta candida e morella / tesser ricamo di finissimo oro* (ARIOSTO). *2* Detto di mantello equino i cui peli sono di colore scuro, quasi nero. SIN. Corvino. **B** s. m. (f. *-a*) • Cavallo dal mantello morello. || **morellino**, dim. (V.) | **morellòtto**, dim.

morèna [fr. *moraine*, di origine preindeur.] s. f. • Accumulo di materiale roccioso disgregato da un ghiacciaio dalle pendici montuose circostanti o dal suo fondo e trascinato a valle | *M. frontale* o *terminale*, quella accumulata al termine di un ghiacciaio | *M. laterale*, quella depositata sui fianchi di un ghiacciaio. ➡ ILL. p. 820 SCIENZE DELLA TERRA ED ENERGIA.

morèndo [da *morire*] s. m. inv. • (*mus.*) Segno dinamico che richiede il progressivo smorzamento di un suono finale. SIN. Perdendosi.

morènico [fr. *morainique*, da *moraine* 'morena'] agg. (pl. m. *-ci*) • Di morena, dovuto a morena | (*geogr.*) *Cordone m.*, *cerchia morenica*, rilievo allungato costituito dai detriti di un ghiacciaio.

morènte o (*lett.*) †**morïènte** **A** part. pres. di *morire*; anche agg. • Nei sign. del v. **B** s. m. e f. • Chi sta per morire: *il pallore dei morenti*. SIN. Moribondo.

morèsca [da *moresco* (*1*)] s. f. • Antica danza di origine saracena, vivace e rumorosa, forse simile alle fantasie, diffusa in Europa spec. nei secc. XV e XVII | Composizione per moresca, vivace, in 3/2, formata di due parti, ognuna di otto battute.

†**morescàre** v. intr. • Ballare la moresca.

†**moreschière** s. m. • Danzatore di moresca.

morésco (**1**) [da *moro* (*1*)] agg. (pl. m. *-schi*) • Dei Mori, relativo ai Mori | *Arte moresca*, araba, spec. di Spagna e d'Africa | *Arco m.*, a ferro di cavallo.

†**morésco** (**2**) [da *moro* (*2*)] agg. (pl. m. *-schi*) • (*bot.*) Del gelso moro.

†**morésco** (**3**) [da *mora* (*4*)] agg. (pl. m. *-schi*) • Del gioco della mora.

more solito /*lat.* 'mɔre 'sɔlito/ [lat., letteralmente 'secondo il solito costume'] loc. avv. • Come al solito, spec. per indicare il ripetersi sgradevole di un atteggiamento, di un comportamento, di una situazione.

morétta [f. di *moretto*] s. f. *1* Giovanetta di razza nera | (*est.*) Fanciulla di colorito e capelli bruni. *2* Anitra nera sul dorso e bianca sul ventre, con caratteristico ciuffo sulla nuca (*Aythya fuligula*). *3* (*region.*) Piccola maschera da carnevale di colore scuro che copre la parte superiore del viso. || **morettèlla**, dim. | **morettìna**, dim.

morétto s. m. (f. *-a* nel sign. 2) *1* Dim. di *moro*. *2* Giovanetto o fanciullo di razza nera | (*est.*) Fanciullo di colorito e capelli scuri. *3* Gelato ricoperto da uno strato di cioccolato. *4* (*raro*, *fig.*) Faccendiere politico di qc. || **morettàccio**, pegg. | **morettìno**, dim.

more uxorio /*lat.* 'mɔre uk'sɔrjo/ [lat., letteralmente 'secondo il costume matrimoniale'] loc. avv. e agg. inv. • Usata per indicare la condizione di due persone di sesso diverso che convivono senza aver contratto matrimonio fra loro.

morfallàssi [ingl. *morphallaxis*, comp. di *morpho-* 'morfo-' e del gr. *állaxis* 'mutamento' (da *állos* 'altro, diverso', di origine indeur.)] s. f. • (*biol.*) Fenomeno rigenerativo che comporta un processo di sdifferenziamento esteso a tutti i tessuti interessati alla ricostituzione della parte mancante.

morfèa [dal gr. *amorphía* 'deformità', comp. di *a-* priv. e *morphḗ* 'forma'. V. *morfo-*] s. f. • (*veter.*) Piccola macchia bianca, depigmentata, di forma circolare, che si rinviene, isolata o confluente con altre, nelle parti del corpo dove la pelle è più delicata.

morfèma [da *morfo-*, sul modello di *fonema*] s. m. (pl. *-i*) • (*ling.*) Unità linguistica minima, portatrice di significato, che non può essere ulteriormente suddivisa senza alterarne il significato stesso.

morfemàtico [da *morfema*] agg. (pl. m. *-ci*) • (*ling.*) Di, relativo a, morfema.

morfèmico [da *morfema*] agg. (pl. m. *-ci*) • (*ling.*) Morfematico.

-morfìa [da *-morfo*] secondo elemento • Forma parole composte della terminologia scientifica, che costituiscono l'astratto dei corrispondenti aggettivi in *-morfo*: *antropomorfia*.

morfìna [fr. *morphine*, da *Morphée* 'Morfeo', dio del sonno, per le proprietà soporifiche di questa sostanza] s. f. • Alcaloide estratto dall'oppio, usato in medicina, spec. sotto forma di cloridrato, per la sua forte azione analgesica.

morfinìsmo [fr. *morphinisme*, da *morphine* 'morfina'] s. m. • Intossicazione cronica da morfina.

morfinòmane [fr. *morphinomane*, comp. di *morphine* 'morfina' e *-mane* '-mane'] agg.; anche s. m. e f. • Che, chi è affetto da morfinomania.

morfinomanìa [fr. *morphinomanie*, comp. di *morphine* 'morfina' e *-manie* '-mania'] s. f. • Abitudine morbosa all'assunzione di morfina, con conseguenti fenomeni di intossicazione cronica.

†**morfìre** [fr. *morfier*, di origine germ.] v. intr. • (*tosc.*) Mangiare molto.

morfìsmo [deriv. dal gr. *morphḗ* 'forma' con suff. *-ismo*] s. m. • (*mat.*) Funzione tra un insieme matematico dotato di una struttura e un altro, che conserva del primo le proprietà strutturali.

-morfìsmo secondo elemento • Usato nella composizione di sostantivi corrispondenti a termini in *-morfo*: *isomorfismo*.

mòrfo- [gr. *morpho-*, da *morphḗ* 'forma', di origine incerta] primo elemento • In parole composte della terminologia scientifica, significa 'forma': *morfologia*, *morfofonologia*.

-mòrfo [gr. *-morphos*, da *morphḗ* 'forma', di origine incerta] secondo elemento • In parole composte della terminologia scientifica, significa 'che ha forma di': *antropomorfo*, *teriomorfo*.

morfofonèma [comp. di *morfo-* e *fonema*] s. m. (pl. *-i*) • (*ling.*) Fonema che ha funzione distintiva anche sul piano morfologico.

morfofonemàtica [comp. di *morfo-* e *fonematica*] s. f. • (*ling.*) Studio della struttura fonologica dei morfemi, delle modificazioni combinatorie nei gruppi di morfemi, e dei mutamenti fonici aventi un ruolo morfologico.

morfofonologìa [comp. di *morfo-* e *fonologia*] s. f. (pl. *-gie*) • Morfofonematica.

morfogènesi [comp. di *morfo-* e *genesi*] s. f. • (*biol.*) Stadio dello sviluppo embrionale successivo alla gastrula, in cui ha inizio la formazione del corpo e dei suoi vari organi.

morfogenètico agg. (pl. m. *-ci*) • (*biol.*) Relativo alla morfogenesi.

morfolìna [ingl. *morpholine*, da *morphine* 'morfina' a cui si credeva fosse chimicamente correlata] s. f. • (*chim.*) Composto eterociclico costituito da quattro atomi di carbonio, da un atomo di azoto e da uno di ossigeno; ha carattere basico, è un solvente in alcune sintesi di chimica organica e i suoi solfati sono saponi deodoranti e germicidi.

morfologìa [ted. *Morphologie*, comp. di *morpho-* 'morfo-' e *-logie* '-logia'] s. f. (pl. *-gie*) *1* (*ling.*) Studio delle regole che reggono la struttura interna delle parole nella loro formazione e nella loro flessione. *2* Disciplina diretta allo studio delle forme esterne e delle strutture interne degli organismi viventi e dei minerali | *M. sociale*, branca della sociologia che indaga la vita sociale partendo dall'aspetto esteriore dei fatti sociali.

morfològico agg. (pl. m. *-ci*) • Che concerne la morfologia. || **morfologicaménte**, avv. Dal punto di vista della morfologia.

morfonèma [comp. di *morfo-* e (*fo*)*nema*] s. m. (pl. *-i*) • (*ling.*) Morfofonema.

morfonemàtica [comp. di *morfo-* e (*fo*)*nematica*] s. f. • (*ling.*) Morfofonematica.

morfonologìa [comp. di *mor*(*fo*)- e *fonologia*] s. f. (pl. *-gie*) • (*ling.*) Morfofonologia.

morfòsi [gr. *mórphōsis* 'conformazione', da *morphḗ* 'forma' (V. *morfo-*)] s. f. • (*biol.*) Modifica della forma di un organismo o di una sua parte, provocata da un agente esterno.

morfosintàssi [comp. di *morfo*(*logia*) e *sintassi*] s. f. • (*ling.*) Studio unitario delle varie forme e delle varie funzioni che le parole assumono nella frase.

morfosintàttico agg. (pl. m. *-ci*) • (*ling.*) Relativo alla morfosintassi: *analisi morfosintattica*. || **morfosintatticaménte**, avv. Dal punto di vista morfosintattico.

morganàtico [dal ted. *Morgengabe* 'dono del mattino', comp. di *Morgen* 'mattino' e *Gabe* 'dono'; era il dono dello sposo alla sposa dopo la prima notte di nozze] agg. (pl. m. *-ci*) • (*dir.*) Detto del matrimonio contratto da un sovrano o da un nobile con persona non nobile in cui la moglie e i figli sono esclusi dai diritti di successione dinastica. || **morganaticaménte**, avv.

†**morganàto** [da avvicinare a *morganatico* (?)] agg. • Di bellezza signorile e delicata.

morganìte [da J. P. *Morgan* (1837-1913), cui è stata dedicata] s. f. • (*miner.*) Varietà rosa di berillo usata come gemma.

morgue /*fr.* mɔrg/ [vc. fr., da *morguer* 'sfidare, affrontare (la morte)', dal lat. parl. **murricāre* 'fare smorfie, fare il broncio'. Cfr. provz. *mourre* 'muso'] s. f. inv. • Obitorio.

morìa [ant. fr. *morie*, dal lat. *mŏri* 'morire'] s. f. *1* Elevata mortalità, spec. di animali, dovuta a malattie epidemiche. *2* (*bot.*) Malattia fungina che attacca spec. i gelsi, gli olmi, gli abeti e le piantine nei semenzai.

moribóndo [vc. dotta, lat. *moribŭndu*(*m*), da *mŏri* 'morire'] agg.; anche s. m. (f. *-a*) • Che, chi sta per morire (*anche fig.*): *istituzione moribonda*; *assistere i moribondi*.

†**moriccia** • V. †*muriccia*.

†**morïènte** • V. *morente*.

†**morigeràre** [vc. dotta, lat. *morigerāri* 'compiacere', da *morĭgerus* 'compiacente', comp. di *mōs*, genit. *mōris* 'costume' (V. *morale*) e *gĕrere* 'portare'] v. tr. (oggi dif. usato solo all'inf. pres. e al part. pass.) • Correggere moderando gli eccessi, istruire nei buoni costumi.

morigeratézza s. f. • Qualità di morigerato. SIN. Moderatezza, sobrietà.

morigeràto part. pass. di †*morigerare*; anche agg. *1* Nei sign. del v. *2* Che ha un modo di vivere onesto e rispettoso delle norme della morale e dei buoni costumi: *uomo m.*; *condurre una vita morigerata*. || **morigerataménte**, avv. Con moderazione e temperanza: *vivere*, *mangiare*, *bere morigeratamente*.

morigiàna [etim. incerta] s. f. • (*zool.*) Fischione.

moriglióne (**1**) [fr. *morillon*, da *morel* 'morello, moro', per il colore] s. m. • Uccello acquatico degli Anseriformi, quasi cosmopolita, gregario, pessimo camminatore, ma volatore veloce, che predilige acque profonde e può essere addomesticato (*Aythya ferina*).

moriglióne (**2**) [fr. *morillon*, per il colore. V. precedente] s. m. • Smeraldo grezzo piccolissimo.

morinda [comp. di *mor*(*o*) (*2*) e *ind*(*i*)*a*(*no*)] s. f. • Genere di piante dicotiledoni delle Rubiacee, alberi o arbusti spesso rampicanti, alcune specie del quale forniscono sostanze coloranti (*Morinda*) | Ogni individuo di tale specie.

morindìna [da *morinda*] s. f. • Glucoside contenuto nella scorza della radice di una specie (*Morinda tinctoria*) del genere Morinda.

morindóne [da *morindina*] s. m. • Colorante rosso antrachinonico, ottenibile per idrolisi acida della morindina.

moringa [vc. di origine tamil] s. f. • Albero africano che fornisce, per pressione dei semi, l'olio di been (*Moringa arabica*).

morìngico [da *moringa*] agg. (pl. m. *-ci*) • Detto di acido grasso, saturo, monovalente contenuto come gliceride, insieme ad altri acidi omologhi, nell'olio di behen.

morióne (**1**) [sp. *morrion*, da *morra* 'cocuzzolo'] s. m. *1* Casco di acciaio per soldato con armatura leggera, sia a piedi, sia a cavallo, di foggia assai varia e di forme generalmente eleganti, usato nel XVI e XVII sec. *2* (*est.*, *scherz.*) Voluminoso cappello femminile.

morióne (**2**) [fr. *morion*, dal lat. (*mor*)*moriō-ne*(*m*), di origine gr.] s. m. • Varietà di quarzo nero.

morire [lat. parl. **morīre*, per il class. *mŏri*, di orig. indeur.] **A** v. intr. (pres. *io muòio*, pop. *mòio*, dial. *mòro*, *tu muòri*, pop. *mòri*, *egli muòre*, pop. *mòre*, *noi moriàmo*, *voi morìte*, *essi muòiono*, pop. *mòiono*, dial. *mòrono*; pass. rem. *io morìi*, *tu morìsti*; fut. *io morirò* o *morrò*; pres. congv. *io muòia*, pop. *mòia*, dial. *mòra*, *noi moriàmo*, *voi moriàte*, *essi muòiano*, pop. *mòiano*, dial. *mòrano*; condiz. pres. *io morirèi* o *morrèi*; part. pass. *mòrto*, †*morùto*; aus. *essere*) *1* Cessare di vivere, detto di uomini, animali, piante: *m. di malattia, di crepacuore, di spada, di ferite, di vecchiaia, di morte naturale; il gran freddo ha fatto m. le viti; m. annegato, avvelenato, ammazzato; m. per un grande dolore; m. ricco, nell'indigenza; m. giovane, vecchissimo; m. in una rissa, in battaglia; m. in esilio, in carcere, all'ospedale* | *M. come un cane*, solo, abbandonato da tutti | *Far m. qc.*, causarne la morte | (*fig.*) *M. al mondo*, ritirarsi a vita claustrale | *Va a m.!, tu possa m.!*, escl. d'imprecazione | *Voglio m., che io muoia se ...*, formule di giuramento usate nella conversazione. SIN. Decedere, perire, trapassare. **2** (*fig.*) Soffrire intensamente: *mi sento m.; m. di fame; una sete, un caldo da m.; m. di stanchezza, di noia, di sonno, di voglia* | *M. di rabbia*, essere adirato | *M. dalle risa*, ridere smodatamente | *M. per una donna, per un uomo*, spasimare. **3** (*fig.*) Cessare di esistere, estinguersi, dileguarsi: *m. un poco alla volta; la speranza è ormai morta; muoiono le città, muoiono i regni* (TASSO) | Di luce o voce, affievolirsi, smorzarsi lentamente: *la candela sta morendo* | *M. nel ricordo, nella memoria, nel cuore*, essere dimenticato. **4** (*fig.*) Terminare, fermarsi: *il pendio d'un poggio ... va dolcemente a m. nel piano* (BARTOLI); *la ferrovia muore qui* | Di acque, sfociare, impaludirsi: *il torrente muore nel lago; il fosso muore nella sabbia.* **B** v. tr. ● (*lett.*) †Ammazzare: *fu nella battaglia morto e il suo esercito sconfitto e disperso* (BOCCACCIO). **C** v. intr. pron. ● (*lett.*) Cessare di vivere: *ella già sente / morirsi, e 'l piè le manca egro e languente* (TASSO) | (*iperb., lett.*) Soffrire molto || PROV. Chi muore giace e chi vive si dà pace.

†moritìvo [da *morire*] agg. ● Moribondo.

†moritóio [da *morire*] agg. ● Mortale.

moritùro [vc. dotta, lat. *moritūru(m)*, part. fut. di *mŏri* 'morire'] agg.; anche s. m. (f. *-a*) ● (*raro, lett.*) Che, chi sta per morire o è destinato a morire.

morlàcco [gr. biz. *mauróblachoi*, m. pl. 'Valacchi mori'] **A** agg. (pl. m. *-chi*) ● Della Morlacchia, regione della Dalmazia | *Pelle morlacca*, pelliccia di castoro, conciata con olio di pesce. **B** s. m. (f. *-a*) **1** Abitante della Morlacchia. **2** (*fig.*) Persona rozza.

†morméca [etim. incerta] s. f. ● Scioccone, babbeo.

†mormieróso [etim. incerta] agg. ● Smorfioso.

mormòlice [vc. dotta, gr. *mormolýkē* 'spettro', da *mormṓ* 'spauracchio'] s. m. ● Genere di Coleotteri carabidi asiatici caratterizzati da sviluppo eccessivo delle elitre, che li rende simili a foglie secche (*Mormolyce*).

mormóne [ingl. *Mormons* 'Mormoni', dal n. di *Mormon*, preteso autore delle lastre d'oro su cui sarebbero stati incisi i fondamenti dottrinari delle comunità] s. m. ● Membro della 'Chiesa di Gesù Cristo dei Santi dell'Ultimo Giorno', associazione religiosa fondata negli Stati Uniti nel XIX sec., che predica una dottrina mista cristiano-biblica della comunanza dei beni, della teocrazia e, un tempo, della poligamia.

mormònico agg. (pl. m. *-ci*) ● Relativo ai mormoni e al mormonismo.

mormonìsmo s. m. ● Dottrina sociale e religiosa dei Mormoni.

mórmora [lat. *mŏrmyre(m)*, nom. *mŏrmyr*, dal gr. *mormýros*, di origine preindeur.] s. f. ● Pesce osseo commestibile comune sui fondi sabbiosi, con fasce trasversali nerastre sui fianchi (*Lythognathus mormyrus*).

mormoracchiàre [ints. di *mormorare*] v. intr. (*io mormoràcchio*; aus. *avere*) ● (*raro*) Mormorare sottovoce, a intervalli: *che avete da m. voi due?* (MANZONI).

mormoraménto s. m. ● (*raro*) Atto del mormorare: *egli è certo m. / ch'un de' baroni impicca Carlo Mano / questa mattina* (PULCI).

mormoràre [lat. *murmurāre*, da *mŭrmur* 'mormore'] **A** v. intr. (*io mórmoro*; aus. *avere*) **1** Produrre un rumore lieve e continuo, detto di acque correnti, delle fronde mosse dal vento e sim.: *chiara fontana ... acque fresche e dolci / spargea soavemente mormorando* (PETRARCA). **2** Parlare sommessamente: *m. tra i denti.* SIN. Bisbigliare, sussurrare. **3** (*est.*) Brontolare, lagnarsi: *a quel fatto il pubblico cominciò a m.* **4** Sparlare di qc.: *la gente mormora alle tue spalle.* **B** v. tr. ● Dire a bassa voce: *mi mormorò alcune parole all'orecchio.* SIN. Bisbigliare, sussurrare.

mormoratóre [lat. tardo *murmuratōre(m)*, da *murmurāre* 'mormorare'] agg.; anche s. m. (f. *-trice*) ● Che, chi mormora.

mormorazióne o †**murmurazióne** [lat. *murmuratiōne(m)*, da *murmurāre* 'mormorare'] s. f. ● Atto del mormorare | Maldicenza: *le mormorazioni della gente; la murmurazion di servitori* (BRUNO).

†mórmore [lat. *mŭrmure(m)*, di origine onomat.] s. m. ● Mormorio: *fremiti di furor, mormori d'ira* (TASSO).

mormoreggiaménto s. m. ● (*raro*) Atto del mormoreggiare.

mormoreggiàre [ints. di *mormorare*] v. intr. (*io mormoréggio*; aus. *avere*) ● (*raro*) Mormorare: *vieni a quest'ombra, alla dolce auretta / che fa m. ogni arbuscello* (L. DE' MEDICI).

†mormorévole agg. ● (*lett.*) Che mormora.

mormorìo [da *mormorare*] s. m. **1** Rumore lieve e continuo di acque correnti, fronde mosse dal vento e sim.: *il m. dell'onde.* **2** Suono confuso e leggero prodotto dal mormorare fra loro di più persone: *un m. di approvazione, di disapprovazione.* SIN. Bisbiglio, brusio, sussurro. **3** †Mormorazione, maldicenza: *non curar de' disonesti mormorii del popolazzo* (BOCCACCIO).

mórmoro [V. *mormora*] s. m. ● Pesce osseo dei Gadiformi, con carni abbastanza pregiate, che vive fino a tre-quattrocento metri di profondità (*Gadus capelanus*).

†mormoróso [da *mormorare*] agg. ● Che fa rumore, strepito.

mòro (1) [lat. *Māuru(m)* 'abitante della Mauritania'] **A** s. m. (f. *-a* nei sign. 1 e 2) **1** Abitante, nativo della Mauritania, dell'Etiopia o di altre regioni dell'Africa settentrionale | (*est.*) Saraceno, musulmano. **2** (*est.*) Persona bruna di carnagione e di capelli: *un m.; una bella mora.* **3** Arancio moro. **4** Tipo di tabacco trinciato da pipa, forte e scuro. **B** agg. **1** (*raro*) Relativo ai Mori: *popolo m.; schiavi mori.* **2** Di persona che ha carnagione e capelli bruni: *un ragazzetto m. e sottile; bruno ciglio, occhio scuro e guancia mora* (MARINO). **3** Di animale che ha pelame scuro: *cavalli mori* | *Razza mora*, razza di suini con setole nere o fulve. **4** (*agr.*) *Arancio m.*, varietà di arancio coltivata nella Sicilia orientale, i cui frutti hanno polpa e buccia di color rosso molto intenso. **5** Nella loc. agg. inv. *testa di m.*, detto di color marrone scuro dalla tonalità molto calda: *un cappotto (color) testa di m.; accessori testa di m.* || **moracchiòtto**, dim. | **moràccio**, pegg. | **morèllo**, dim. (V.) | **morétto**, dim. (V.) | **moróne**, accr.

mòro (2) [lat. *mōru(m)*, di origine preindeur.] s. m. ● (*bot.*) Gelso: *m. bianco, nero.*

morocòmio [comp. del gr. *mōrós* 'stolto, pazzo' e di *-comio*] s. m. ● (*raro*) Manicomio.

morosità [da *moroso (1)*] s. f. **1** (*dir.*) Condizione, stato di chi è in mora. **2** Percentuale o quantità di persone morose.

moróso (1) [vc. dotta, lat. tardo *morōsu(m)* 'lento', da *mŏra* 'indugio'. V. *mora (3)*] agg.; anche s. m. (f. *-a*) ● (*dir.*) Che, chi è in mora: *debitore, creditore m.; soprattassa dovuta dai morosi.*

moróso (2) ● V. *amoroso.*

mòrra o **mòra (4)** [etim. incerta] s. f. ● Antico gioco popolare, in cui due giocatori stendono alcune dita della mano e nello stesso tempo gridano un numero da due a dieci, tentando di indovinare la somma delle dita esibite da entrambi | *M. cinese*, gioco simile al precedente in cui, invece di gridare i numeri, vengono usati dei simboli e cioè le forbici (indice e medio distesi e divaricati) che tagliano la carta (mano aperta) che avvolge il sasso (pugno chiuso) che, a sua volta, spunta le forbici.

mòrsa [f. sost. di *morso (2)*] s. f. **1** Attrezzo fissato al tavolo da lavoro, costituito da una ganascia fissa e una ganascia mobile, le quali bloccano, mediante un dispositivo a vite, il pezzo da lavorare: *m. parallela; m. a coda; m. a piede.* **2** (*fig.*) Stretta forte e tenace: *stringere in una m.; la m. dei ghiacci.* **3** (*spec. al pl.*) Mattoni o pietre vive lavorate che si lasciano sporgere sul finimento verticale di un muro per potervi eventualmente collegare un nuovo muro di continuazione: *lasciare le morse; afferrarsi alle morse per salire.* **4** Mordacchia | *Mettersi, mettere la m.*, (*fig.*) proporsi di, o costringere qc. a, non parlare. || **morsétta**, dim. | **morsétto**, dim. m. (V.).

morsàio s. m. ● Chi fa o vende morsi per cavalli.

Morse /mɔrs, *ingl.* 'mɔːs/ [dal n. dell'inventore, l'amer. S. *Morse* (1791-1872)] agg. inv. ● *Alfabeto, codice M.*, sistema di comunicazione in cui lettere e numeri sono rappresentati da punti e linee o da corrispondenti segnali visivi o sonori | *Apparecchio M.*, per la trasmissione telegrafica di segnali, mediante invio e ricezione di impulsi elettrici lungo una linea | *Sistema M.*, sistema di trasmissione telegrafica che utilizza l'alfabeto omonimo.

morsecchiàre e *deriv.* ● V. *morsicchiare* e *deriv.*

morseggiàre v. tr. e intr. (*io morséggio*; aus. *avere*) ● (*raro, lett.*) Morsicchiare.

†morsellàre v. tr. e intr. ● Morsicare.

†morsellière [da *morsello*; è un coltello per fare a *morsi*] s. m. ● Sorta di coltello.

morsèllo [dim. di *morso (2)*] s. m. ● (*raro*) Boccone: *un m. di pane* | Pezzetto: *un buon m. di q.c.* || **morsellétto**, dim.

morsettièra s. f. ● Supporto recante una serie di morsetti per collegamenti elettrici.

morsétto (1) [dim. di *morsa*] s. m. **1** Attrezzo per afferrare pezzi, spec. piccoli, azionato da vite o da ganasce accostabili che stringono il pezzo | *M. micrometrico*, per misurare lo spessore di lamine o il diametro di fili metallici | *M. gobbo*, a bocche obliquamente allungate, senza maschiettatura né vite. **2** Dispositivo usato per eseguire connessioni di conduttori elettrici tra loro o a un sostegno. SIN. Serrafilo. **3** Nell'attrezzatura dei subacquei, stringinaso.

†morsétto (2) [dim. di *morso (2)*] s. m. ● Morsello, boccone.

morsicàre [lat. tardo *morsicāre*, ints. di *mordēre* 'mordere'] v. tr. (*io mòrsico, tu mòrsichi*) ● Mordere: *m. la mela, il pane; mi ha morsicato un cane.*

morsicatùra s. f. ● Atto, effetto del morsicare: *la m. di una vipera* | Segno che ne rimane: *un braccio pieno di morsicature di zanzare.*

morsicchiàre o (*raro*) **morsecchiàre** [da *morso (2)*] v. tr. (*io morsìcchio*) ● Mordicchiare | (*est.*) Mangiare a piccoli morsi: *m. una pesca.*

morsicchiatùra o (*raro*) **morsecchiatùra** s. f. ● Atto, effetto del morsicchiare.

mòrso (1) part. pass. di *mordere*; anche agg. ● Nei sign. del v.

mòrso (2) [lat. *mŏrsu(m)*. V. precedente] s. m. **1** Atto, effetto del mordere: *dare un m. a una mela; il m. del lupo; il velenoso m. della serpe; fu tanto potente e crudo il m. / che ad un tratto finì la vita* (POLIZIANO) | *Dar di m.*, mordere e (*fig.*) offendere | (*est.*) Forte stretta: *il m. della tenaglia, dell'ingranaggio.* **2** Pezzetto di q.c., spec. di cibo, che si stacca coi denti in una sola volta: *un m. di pane.* SIN. Boccone. **3** Ferita e cicatrice o segno lasciato da un morso: *guarda quanti morsi di zanzare; il m. mi fa male* | *Il m. della pulce*, (*fig.*) danno o ingiuria che non ha serie conseguenze. **4** (*fig.*) Sapore aspro o frizzante: *il m. del vino, dell'aceto.* **5** (*fig.*) Sensazione di intensità quasi dolorosa, che assale all'improvviso: *i morsi della fame; sentire il m. dell'invidia* | (*raro*) Rimorso. **6** (*fig.*) Assalto, attacco, danno: *subire i morsi della maldicenza; il m. della morte.* **7** Nei finimenti del cavallo, tipo di imboccatura a cui si attaccano le redini: *imboccatura, occhi del m.; m. dolce, grosso, duro* | (*fig.*) *Mettere il m. a qc.*, imporsi a qc. | *Stringere, allentare il m.*, (*fig.*) aumentare o diminuire il proprio controllo o dominio su qc. | *Delicato, dolce di m.*, di cavallo che sente molto il morso. ➡ ILL. p. 1288 SPORT. **8** (*bot.*) *M. di rana*, pianta galleggiante delle Idrocaritacee, con fusto rizomatoso, lunghe radici e foglie reniformi (*Hydrocharis morsus ranae*) || PROV. L'elefante non sente il morso della pulce. || **morsèllo**, dim. (V.) | **morsètto**, dim. (V.) | **morsìno**, dim.

morsùra [da *morso (2)*] s. f. **1** Nelle incisioni e nelle arti grafiche, operazione d'intaccare la lastra metallica con un acido per asportare le parti non desiderate. **2** †Morso.

mòrta [da (*acqua*) *morta*] s. f. **1** Alveo abbandonato da un fiume che si è aperto una nuova via, caratterizzato da folta vegetazione acquatica.

2 Zona di un fiume dove la corrente è meno forte o dove l'acqua scorre in direzione contraria al corso del fiume. *3* (*fig.*) Stasi, arresto o sospensione di un'attività.

mortadèlla [dal lat. *murtātus* 'condito con mirto', da *mŭrtus* 'mirto'] s. f. ● Grosso salume fatto di carne di maiale tritata impastata con pezzetti di lardo e droghe varie. || **mortadellìna**, dim.

mortàio o †**mortàro** [lat. *mortāriu(m)* 'mortaio', di etim. incerta] s. m. *1* Recipiente per pestarvi cose da ridurre in frantumi o in polvere | (*fig.*) *Pestar l'acqua nel m.*, fare cosa vana. *2* Pezzo di artiglieria a bocca da fuoco corta e a traiettoria molto curva, per battere obiettivi defilati od orizzontali | *M. di fanteria*, arma a tiro curvo, semplice e maneggevole, per il lancio di bombe di grande potenza distruttiva | *M. leggero*, *pesante*, in relazione al calibro. ➡ ILL. p. 361 ARCHITETTURA. *3* Buca quadra da concia, più profonda della troscia, ove si terminava la concia delle pelli stratificate con pasta di vallonea. *4* (*mar.*) *M. della bussola*, il recipiente contenente il liquido in cui è immersa la rosa della bussola. || **mortaióne**, accr. | **mortaiùccio**, dim. | †**mortaiuòlo**, †**mortaruòlo**, dim.

mortaìsta s. m. (pl. *-i*) ● Soldato addetto all'impiego e al funzionamento di un mortaio.

mortàle [vc. dotta, lat. *mortāle(m)*, da *mŏrs*, genit. *mŏrtis* 'morte'] **A** agg. *1* Che è soggetto a morire: *il corpo è m.*; *gli uomini sono mortali* | *Cose mortali*, soggette a finire, a perire. *2* Umano, proprio dell'uomo: *lingua mortal non dice / quel ch'io sentiva in seno* (LEOPARDI) | *La vita m.*, (*poet.*) *il corso m.*, la vita umana. *3* Che cagiona o può cagionare la morte: *ferimento*, *colpo*, *malattia m.* | *Salto m.*, spettacolare, con piroetta, di ginnasti e saltimbanchi | Di combattimento e sim. che ha o tende ad aver termine con la morte o distruzione di uno degli avversari: *duello m.*; *a guerra mortal ... vi sfido* (TASSO) | *Nemico m.*, che vuole la morte dell'altro | *Offesa*, *ingiuria m.*, che si può riparare soltanto con la morte dell'offensore | (*iperb.*) Che dà grave sofferenza: *noia*, *dolore*, *angoscia m.* *4* Di morte, di morto: *pallore*, *languore m.* | *Spoglie mortali*, cadavere umano. *5* Nella morale cattolica, detto di peccato grave che comporta la perdita della grazia e la dannazione eterna. CONTR. Veniale. || **mortalménte**, †**mortaleménte**, avv. *1* In modo mortale: *cadde ferito mortalmente*. *2* (*fig.*) Gravemente, irreparabilmente: *offendere qc. mortalmente*; (*ip.*) intensamente, grandemente: *annoiarsi mortalmente*. **B** s. m. e raro f. ● (*spec. al pl.*) Uomo, considerato come soggetto alla morte: *il destino dei mortali*; *un semplice m.*; *poveri mortali, come son caduche le nostre felicità!* (NIEVO). **C** s. m. ● Parte mortale dell'uomo, rispetto all'anima.

mortalétto ● V. *mortaretto*.

mortalità [vc. dotta, lat. *mortalitāte(m)*, da *mortālis* 'mortale'] s. f. ● (*stat.*) Analisi quantitativa delle manifestazioni inerenti le morti | *Quoziente di m.*, rapporto fra il numero dei morti di una collettività in un certo periodo di tempo e il numero di individui della collettività all'istante centrale dello stesso periodo | *M. antenatale*, frequenza dei prodotti del concepimento espulsi od estratti morti dopo qualsiasi durata della gravidanza | *M. anteneonatale*, frequenza del numero dei nati morti e di morti nella prima settimana di vita | *M. infantile*, mortalità che colpisce i nati vivi fra la nascita e il primo compleanno | *Tavola di m.*, prospetto in cui a ogni età oltre alla probabilità di morte sono riportate funzioni biometriche che descrivono le condizioni e le conseguenze della mortalità in un gruppo di soggetti | (*fig.*) *M. scolastica*, indice della quantità dei soggetti in età dell'obbligo scolastico che abbandonano la scuola prima di aver concluso l'iter previsto dalla legge.

mortarétto o **mortalétto** [da †*mortaro*] s. m. ● Involucro cilindrico di cartone ripieno di polvere pirica, che si fa esplodere in spettacoli pirotecnici o comunque in segno di gioia.

†**mortarìa** [da *morte*] s. f. ● Mortalità.

†**mortàro** ● V. *mortaio*.

mortàṣa o (*raro*) **mortéṣa**, (*raro*) **mortìṣa** [fr. *mortaise*: dall'ar. *murtazza*, part. pass. di *razza* 'introdurre una cosa in un'altra' (?)] s. f. ● Intaglio praticato in un pezzo di legno allo scopo di potervi incastrare un altro pezzo.

mortaṣàre o (*raro*) **morteṣàre** [fr. *(em)mortaiser*, da *mortaise* 'mortasa'] v. tr. (*io mortàṣo*) ● Eseguire una mortasa.

mortaṣatóre o (*raro*) **morteṣatóre**. s. m. ● Falegname che manovra la mortasatrice.

mortaṣatrìce o (*raro*) **morteṣatrìce**. s. f. ● Macchina per mortasare.

mòrte [lat. *mŏrte(m)*, di orig. indeur.] s. f. *1* Cessazione della vita, di uomo, animale, pianta: *m. accidentale*, *improvvisa*, *lenta*, *immatura*; *affrontare*, *cercare la m.*; *essere fra la vita e la m.*; *pallore*, *sudore*, *languore di m.*; *il gelo causa la m. delle giovani piante*; *non è ver che sia la m. / il peggior di tutti i mali* (METASTASIO) | *Mettere a m.*, uccidere | *Venire a m.*, morire | *Darsi la m.*, uccidersi | *Essere in punto di m.*, stare per morire | *Scherzare con la m.*, esporsi avventatamente ai pericoli | *Sino alla m.*, per tutto il resto della vita | *In caso di m.*, nell'eventualità che uno muoia | *La m. del giusto*, in perfetta pace e serenità | *Una buona m.*, coi conforti religiosi | *Questione di vita o di m.*, gravissima, decisiva | *Avere la m. nel cuore*, *nell'anima*, essere assai addolorato | *Silenzio di m.*, profondo e terribile | *A m.*, mortalmente | *Avercela a m. con qc.*, odiarlo profondamente | (*fig.*) *Far la m. del topo*, restare intrappolato o morire senza avere avuto possibilità di scampo | (*med.*) *M. cerebrale*, *m. clinica*, condizione clinica, documentata dal tracciato dell'elettroencefalogramma, della completa cessazione di ogni attività elettrica del cervello | *M. blu*, nel linguaggio giornalistico, morte per asfissia provocata dall'ossido di carbonio | (*dir.*) *M. civile*, perdita dei diritti civili a seguito della condanna all'ergastolo | *Cerchio*, *giro della m.*, acrobazia spettacolare di motociclisti o ciclisti che percorrono una pista circolare elevata verticalmente; in aeronautica, gran volta. SIN. Decesso, trapasso. *2* Personificazione della morte: *bella Morte, pietosa / tu sola al mondo dei terreni affanni* (LEOPARDI) | Immagine della morte raffigurata o come uno scheletro umano che tiene in mano una falce o come un teschio sovrastante due tibie incrociate: *m. secca* | (*fig.*) *M. in vacanza*, persona malridotta | (*est.*) Ciò che uccide | *La m. bianca*, quella che sopravviene per asfissia da ossido di carbonio, per assideramento o in conseguenza di un'anestesia. *3* Una delle figure nel gioco dei tarocchi. *4* Pena capitale: *sentenza di m.*; *condannare a m.* *5* (*fig.*) Rovina, distruzione, fine: *la m. di una industria*; *la m. di una istituzione*, *di un regno*. *6* In culinaria, il modo più adatto e gustoso per preparare una vivanda: *la m. della lepre è in salmì o alla cacciatora*. *7* (*lett.*) †Tramonto di astri.

mortèlla [dim. del lat. *mŭrtus* 'mirto'] s. f. ● (*bot.*) Mirto | *M. bianca*, *m. nera*, secondo il colore più o meno scuro delle foglie.

mortéṣa e *deriv.* ● V. *mortasa* e *deriv.*

†**mortézza** s. f. ● Qualità di morto | (*fig.*) L'essere morto, spento, spec. di colori.

†**morticcio** [da *morto*] agg. ● Vizzo, guasto.

morticìno (1) s. m. (f. *-a*) *1* Dim. di *morto*. *2* Bambino morto.

morticìno (2) [lat. *morticīnu(m)*, da *mŏrs*, genit. *mŏrtis* 'morte'] agg. ● Detto di animale morto per cause naturali | *Legname m.*, che si secca sul terreno.

mortìfero [vc. dotta, lat. *mortĭferu(m)*, comp. di *mŏrs*, genit. *mŏrtis* 'morte' e *-fer* '-fero'] agg. *1* Apportatore di morte, capace di dare la morte: *veleno*, *dardo m.*; *pestilenza mortifera*. SIN. Mortale. *2* (*fig.*) Assai dannoso, rovinoso: *la noia, madre per me di mortifere malinconie* (LEOPARDI). || **mortiferaménte**, avv. (*raro*) In modo mortifero.

†**mortificaménto** s. m. ● (*raro*) Atto del mortificare.

mortificànte part. pres. di *mortificare*; anche agg. ● Nei sign. del v.

mortificàre [vc. dotta, lat. eccl. *mortificāre* 'far morire, mortificare', comp. di *mŏrs*, genit. *mŏrtis* 'morte' e *-ficāre* '-ficare'] **A** v. tr. (*io mortìfico*, *tu mortìfichi*) *1* Indurre qc. a vergognarsi di sé con male parole, atteggiamenti sgarbati, di spregio e sim.: *m. un amico*; *mi mortifica, mi avvilisce, e mi fa conoscere la sua costanza e la mia debolezza* (GOLDONI) | *M. l'ardire*, reprimerlo | *M. la carne*, *i sensi*, reprimere gli impulsi sensuali con la penitenza. SIN. Ferire. *2* (*med.*) Necrotizzare. *3* †Ridurre un organismo animale o vegetale come morto. **B** v. rifl. *1* Punire se stesso. *2* (*relig.*) Praticare penitenze corporali | Reprimere le passioni e gli stimoli dei sensi. **C** v. intr. pron. ● Sentire dispiacere e vergogna.

mortificatìvo agg. ● (*raro*) Che serve a mortificare.

mortificàto part. pass. di *mortificare*; anche agg. ● Nei sign. del v.

mortificatóre [da *mortificato*] agg.; anche s. m. (f. *-trice*) ● (*raro*) Che, chi mortifica.

mortificazióne [vc. dotta, lat. eccl. *mortificatiōne(m)* 'morte, distruzione', da *mortificāre* 'mortificare'] s. f. *1* Atto, effetto del mortificare o del mortificarsi: *dare*, *ricevere*, *subire una m.* SIN. Avvilimento, umiliazione. *2* (*relig.*) Pratica delle penitenze corporali | Repressione delle passioni e degli stimoli dei sensi. *3* (*med.*) Atto del mortificare.

†**mortìgno** [da *morto*, sul modello di *petrigno*, *ferrigno*] agg. ● Di colore smorto, scuro.

†**mortìllo** [da *mortella*, prob. per incrocio con *mirtillo*] s. m. ● (*bot.*) Bacca della mortella.

†**mortìna** [dim. del lat. *mŭrtus* 'mirto'] s. f. ● (*bot.*) Mortella.

†**mortinìccio** [da †*mortina*] s. m. ● Macchia di mortelle.

mortìṣa ● V. *mortasa*.

mortìzza [da (*acqua*) *morta*] s. f. ● Tratto paludoso dell'alveo di un fiume.

mòrto **A** part. pass. di *morire*; anche agg. *1* Nei sign. del v. *2* *Cadere*, *cascare m.*, morire di morte improvvisa | *Clinicamente m.*, detto di persona in cui è sopravvenuta la morte clinica | *Stanco m.*, stanchissimo | (*raro*, *lett.*) *Aver m.*, causare la morte (*anche fig.*): *le piaghe c'hanno Italia morta* (DANTE *Purg.* VII, 95) | †*Si è m.*, si è ucciso. *3* (*fig.*) Privo di animazione, di vita: *è una città morta*; *una festa morta* | Passato, trascorso del tutto, di tempo, età: *e mi sovvien l'eterno, / e le morte stagioni* (LEOPARDI) | Non più vitale: *consuetudine morta* | *Lingua morta*, non più parlata. *4* (*fig.*) Inerte: *peso*, *corpo m.* | (*mar.*) *Corpo m.*, grossa àncora cui può ormeggiarsi una nave recuperandone la catena, la cui testa è fissata con un cavo di acciaio a un gavitello o alla banchina | *Acqua*, *aria morta*, stagnante | *Mare m.*, quando vi siano onde lente e assenza di vento | *Opera morta*, la parte emersa dello scafo | *Denaro m.*, non investito | *Capitale m.*, infruttifero | *Terreno m.*, sterile | *Angolo m.*, rientrante | *Essere lettera morta*, di disposizione e sim. che non ha più efficacia | *Giungere a un punto m.*, di situazione priva di soluzione. *5* (*fig.*) Inutilizzabile | *Pallone m.*, *palla morta*, che non è in gioco, che non si può giocare | *Forno m.*, semispento | *Capo m.*, residuo non utilizzabile di una lavorazione industriale, spec. chimica. *6* Detto di arrosto cotto senza sugo, con quel poco grasso che basta a non farlo bruciare. || †**mortaménte**, avv. *1* (*raro*) Come morto. *2* Debolmente. **B** s. m. (f. *-a* nel sign. 1) *1* Persona morta: *cassa da m.*; *piangere*, *seppellire il m.*; *pregare per i poveri morti* | *Giorno dei morti*, il 2 novembre, giorno in cui si commemorano i defunti | *Libro dei morti*, registro parrocchiale, istituito dal Concilio di Trento, in cui venivano iscritti tutti i fedeli defunti | *Passa il m.*, il funerale | *Il mondo*, *il regno dei morti*, l'oltretomba | *Suonare a m.*, suonare le campane a rintocchi lenti per la morte di qc. | *Fare il m.*, restare immobile o galleggiare sull'acqua disteso supino sul dorso | *Pallido come un m.*, pallidissimo | *Sembrare un m. che cammina*, di persona assai magra e sparuta | *Un m. di fame*, (*fig.*) un miserabile | *Farebbe resuscitare un m.*, detto di brodo eccellente, cibo appetitoso, bevanda forte e sim. | *Fave dei morti*, sorta di pasticcini. SIN. Defunto, estinto, trapassato. *2* (*fam.*) Denaro nascosto, tesoro: *arrivati, trovarono effettivamente, invece del m., la buca aperta* (MANZONI). *3* Nel gioco del bridge, il compagno del dichiarante, che gli gioca le carte scoperte sul tavolo | *Giocare col m.*, in alcuni giochi di carte, essere soltanto in tre, ma distribuire le carte come se si fosse in quattro. *4* (*scherz.*) Bottiglia di vino o di liquore scolata, bevuta per intero. || **morticino**, dim. (V.).

mortòrio o †**mortòro** [da *morto*, sul modello di *purgatorio*, *refettorio*] s. m. *1* (*raro*, *lett.*) Funerale:

m. modesto. **2** (*fig.*) Festa, cerimonia, spettacolo e sim. che si svolgono senza allegria o con scarso concorso di gente: *il ballo sembrava un m.* **3** †Ammasso di corpi morti.

†mortuàgio [dal lat. *mŏrtuus* 'morto'] s. m. ● Mortorio, funerale.

†mortuàle [vc. dotta, lat. *mortuālia*, nt. pl. 'vesti da lutto, canti funebri', da *mŏrtuus* 'morto'] agg. ● Attinente alla morte.

mortuàrio [vc. dotta, lat. *mortuāriu(m)*, da *mŏrtuus* 'morto'] s. m. ● Concernente i morti: *camera mortuaria.*

†morturière [fr. *meurtrier*, da *meurtre* 'omicidio', dal francone *murthrjan* 'uccidere'] s. m. ● Omicida.

mòrula [dim. latineggiante di *mora* (*1*); detta così dalla forma delle cellule] s. f. ● (*biol.*) Primo stadio dello sviluppo embrionale che precede la blastula ed è formato da un semplice ammasso di cellule.

mòrva [fr. *morve*, di etim. discussa: lat. *mŏrbu(m)* 'morbo' (?)] s. f. ● (*veter.*) Malattia infettiva, contagiosa, cronica, degli equini, raramente trasmissibile all'uomo, caratterizzata da scolo nasale, noduli, ulcere, cicatrici alle prime vie respiratorie e sulla pelle, con esito gener. letale.

mòrvido e *deriv.* ● V. *morbido* e *deriv.*

mosaicàto agg. ● Fatto a mosaico, ornato di mosaico.

mosaicista o **musaicista**. s. m. e f. (pl. m. *-i*) ● Artista o artigiano che esegue lavori di mosaico.

mosàico (1) o (*raro*) **musàico** [lat. mediev. *musăicu(m)* (*ŏpus*) 'opera delle Muse', da *Mūsa* 'Musa'] s. m. (pl. *-ci*) **1** Composizione decorativa di parete o pavimento, a tasselli di pietra, ceramica o vetro variamente colorati e tra loro connessi con mastice o cemento: *pavimento a m.* | *Aiuola a m.*, di erbe e fiori di colori diversi, disposti con senso geometrico e accostati con gusto artistico. **2** Componimento letterario, musicale o altra opera artistica risultante dall'unione di elementi diversi. SIN. Centone. **3** (*fig.*) Mescolanza di elementi diversi, mancante di organicità e coesione: *un m. di nozioni*; *la popolazione di queste zone è un m. di razze.* **4** Malattia che colpisce alcune piante, spec. il tabacco, conferendo alle foglie un aspetto variegato.

mosàico (2) agg. (pl. m. *-ci*) ● Relativo a Mosè, ai libri biblici a lui attribuiti, alla legge da lui trasmessa al popolo ebraico.

mosaicoltùra [comp. di *mosaico* (*1*) e *coltura*] s. f. ● Coltivazione di piante erbacee disposte a mosaico.

mosaiṣmo [da *mosaico* (*2*)] s. m. ● Dottrina e legge religiosa di Mosè | Religione giudaica.

mósca [lat. *mŭsca(m)*, di origine indeur.] **A** s. f. **1** Insetto dittero cosmopolita, che predilige i climi caldi e si alimenta di qualsiasi sostanza organica, diventando veicolo di germi patogeni di varie specie (*Musca domestica*) | *M. del carbonchio*, pericolosa piccola mosca che punge mammiferi, soprattutto cavalli, per suggere sangue, e può trasmettere i germi del carbonchio e di altre malattie (*Stomoxys calcitrans*) | *M. tse-tse*, grossa mosca grigiastra dell'Africa tropico-equatoriale che trasmette all'uomo e ai mammiferi il tripanosoma della malattia del sonno (*Glossina palpalis*) | *M. della carne*, dittero più grosso e slanciato della mosca, con occhi rossi, le cui larve si sviluppano nella carne guasta (*Sarcophaga carnaria*) | *M. delle olive*, piccola mosca che si nutre di nettare, ma le cui larve rodono la polpa delle olive (*Dacus oleae*) | *M. delle frutta*, piccola mosca cosmopolita, dannosissima, che si nutre di nettare e le cui larve si alimentano con la polpa del frutto ove sono state deposte le uova (*Ceratitis capitata*) | *M. del formaggio*, le cui larve si nutrono di qualunque sostanza mangereccia di origine animale, spec. se ricca di grassi (*Piophila casei*) | *M. cavallina*, *m. ragno dei cavalli*, ippobosca | *M. scorpione*, panorpa | *Essere come una m. nel latte*, spiccare sul candore circostante, detto spec. di persone brune vestite di bianco | *Una scrittura che sembra zampe di mosche*, molto brutta e sgraziata | *Levarsi le mosche di torno*, (*fig.*) allontanare da sé cose o persone importune | *Non farebbe male a una m.*, (*fig.*) di persona particolarmente buona | (*fig.*) *Far di una m. un elefante*, ingigantire una notizia, una questione e sim. | *Morire come le mosche*, (*fig.*) morire in grandissimo numero | *Essere raro come le mosche bianche*, (*fig.*) rarissimo | *Si sentirebbe volare una m.*, (*fig.*) c'è un grande silenzio | (*fig.*) *Restare con un pugno di mosche in mano*, vedere fallire o naufragare i propri sforzi, progetti e sim. | (*fig.*) *Saltare la m. al naso*, seccarsi, adirarsi | *Far saltare la m. al naso a qc.*, provocarlo o fargli perdere la calma | *M.! Zitto e m.!*, silenzio! **2** (*fig.*) Persona insopportabile, noiosa e sim. | *M. cocchiera*, (*fig.*) persona priva di importanza che crede e vuol far credere di avere un ruolo di direzione, di responsabilità (come la mosca sul carro nella favola di Fedro). **3** Amo ricoperto di piccole piume, peli, fili di lana e sim. ➡ ILL. **pesca**. **4** Finto neo che le dame d'un tempo si applicavano al viso o alla spalla per civetteria. **5** Pizzetto di barba sotto il labbro inferiore. **6** Chicco di caffè tostato aggiunto nel bicchiere in cui si servono alcuni liquori: *sambuca con la m.* **7** *M. cieca*, V. *moscacieca*. **B** in funzione di agg. inv. ● (posposto al s.) Nella lotta e nel pugilato, detto di categoria che comprende gli atleti più leggeri: *peso m.* **C** s. m. inv. ● Atleta appartenente alla categoria dei pesi mosca: *combattere tra i m* || PROV. In bocca chiusa non entran mosche; non si può avere il miele senza le mosche. || **moschétta**, dim. (V.) | †**moschétto**, dim. m. | **moschìno**, dim. m. (V.) | **moscolìna**, dim. | **moscóne**, accr. m. (V.).

moscacièca o **mósca cièca** s. f. ● Gioco di ragazzi, uno dei quali, bendato, deve cercare di afferrare un compagno e riconoscerlo al tatto; colui che è preso e identificato viene poi a sua volta bendato.

†moscàdo e *deriv.* ● V. *moscato* e *deriv.*

moscàio [lat. *muscāriu(m)*, agg. di *mŭsca* 'mosca'] s. m. **1** Grande quantità di mosche, luogo con molte mosche: (*che m.!* **2** †Cosa assai noiosa.

moscaiòla o (*lett.*) **moscaiuòla** s. f. **1** Arnese formato da un telaio che regge un velo fitto o una rete metallica a maglie minute, usato per difendere i cibi dalle mosche: *ripose la carne nella m.* **2** Trappola per catturare le mosche: *con una m. ha liberato l'ambiente dalle mosche.*

moscardìno [da *moscato* 'che odora di muschio'] s. m. **1** (*zool.*) Eledone | Piccolo roditore simile a un ghiro, giallo fulvo sul dorso, che predilige nocciole e frutti secchi (*Muscardinus avellanarius*). **2** Pasticca di muschio e droghe varie, un tempo usata per profumare l'alito. **3** (*raro*, *fig.*) Bellimbusto, zerbinotto.

moscàrdo [da *mosca*, per le piccole macchie che ha sulle penne del petto] s. m. ● (*zool.*) Sparviero.

†moscàre [da *mosca* nel sign. 4] **A** v. tr. ● Adornare di nei o mosche. **B** v. intr. ● Scacciare le mosche.

moscatellàto o (*tosc.*) †**moscadellàto**. agg. ● (*raro*) Che ha sapore di moscatello.

moscatèllo [dim. di *moscato*] **A** s. m. ● Varietà di moscato bianco. **B** agg. **1** Del vitigno moscatello. **2** Detto di frutto che abbia il sapore dell'uva prodotta dal vitigno omonimo: *mela moscatella.*

moscàto o (*tosc.*) †**moscàdo** [dal lat. tardo *mŭscus* 'muschio'] **A** s. m. **1** Vitigno molto diffuso da uve da tavola e da vino dall'aroma di muschio. **2** †Muschio. **B** agg. **1** Del vitigno moscato: *uva moscata.* **2** Che ha profumo di muschio | *Noce moscata*, frutto aromatico, simile a una noce, usato per rendere i cibi più saporiti. || **moscatèllo**, dim. (V.).

moscatùra [da *mosca* (in quanto il ciuffetto di peli neri ricorda una mosca)] s. f. ● L'insieme dei ciuffetti di peli neri, simili a mosche, disseminati sul mantello chiaro, spec. grigio, di un cavallo.

moscèllo [da *moscio*] s. m. ● (*mar.*) Piccolo pezzo di corda sottile, sfilato da altre corde, per piccole legature.

moscerino o (*raro*) **moscherino** [da *mosca*] s. m. **1** (*gener.*) Insetto dittero, lungo pochi millimetri, modesto volatore, amante di ambienti umidi | *M. dell'aceto*, attirato da frutta in fermentazione, mosto e sostanze zuccherine, utilizzato per importanti ricerche sulla eredità (*Drosophila melanogaster*) | (*raro*, *fig.*) *Montare*, *far montare i moscerini al naso*, adirarsi o provocare. **2** (*fig.*, *scherz.* o *spreg.*) Persona di corporatura minuscola: *che vuole quel m.?* | Persona di nessun valore: *è tutta boria quel m.!*

moscézza [da *moscio*] s. f. ● (*raro*) Qualità di ciò che è moscio.

moschèa [ar. *masgid* 'luogo di culto'] s. f. ● Luogo di adorazione, casa di culto, edificio sacro dell'Islam.

moscheréccio [da *mosca*] agg. (pl. f. *-ce*) ● (*raro*) Di mosche.

moscherino ● V. *moscerino.*

moschétta s. f. **1** Dim. di *mosca* (*anche fig.*). **2** †Dardo, freccia. **3** †Arma da fuoco simile a un grosso archibugio. || **moschettìna**, dim.

moschettàre [da *moschetto*] v. tr. (*io moschétto*) ● (*raro*) Uccidere col moschetto.

moschettàta s. f. ● Colpo di moschetto.

moschettàto [da †*moschetto*, dim. di *mosca*] agg. ● Picchiettato di macchioline nere, simili a mosche: *un cane dal pelo m.*

moschettatùra [da *moschettato* 'picchiettato'] s. f. ● Picchiettatura a macchioline nere su fondo chiaro.

moschetterìa s. f. ● Scarica di moschetti.

moschettièra s. f. ● Nella loc. agg. *alla m.*, alla maniera, secondo l'uso, degli antichi moschettieri di Francia | *Guanti alla m.*, lunghi fin quasi al gomito | *Cappello alla m.*, ampio e ornato da un ciuffo di piume ricadenti.

moschettière s. m. **1** Negli eserciti di un tempo, milite a piedi armato di moschetto. **2** In Francia sotto il regno di Luigi XIII e XIV, gentiluomo della casa del Re, incorporato in due compagnie a cavallo costituenti guardia del corpo | Nel Regno sardo, corpo istituito per il compito di custodia dei condannati alla reclusione militare. **3** Appellativo di atleti che gareggiano nella rappresentativa nazionale: *i moschettieri azzurri.*

moschétto [da *moschetta* nel sign. 2] s. m. **1** Il più grosso degli schioppi da guerra portatili inventato in Italia alla fine del XV secolo, portante due once di palla. **2** Arma da fuoco moderna in tutto analoga al fucile ma più corta e più leggera, in dotazione a corpi speciali: *m. a ripetizione*, *automatico.*

moschettóne (1) [detto così perché serviva a reggere il *moschetto*] s. m. **1** Gancio a molla mediante il quale i militi di cavalleria sospendevano alla bandoliera la carabina. **2** Gancio metallico di forma ovale, trapezoidale e sim., e di grandezza diversa secondo gli usi, con un lato dotato di un sistema a molla che ne rende sicura la chiusura: *il m. del ciondolo*, *dell'orologio*; *i moschettoni dell'alpinista.* ➡ ILL. p. 1296 SPORT.

moschettóne (2) [V. *moscardo*] s. m. ● (*zool.*) Pittima reale.

moschicìda [comp. di *mosca* e *-cida*] **A** agg. (pl. m. *-i*) ● Che serve a uccidere le mosche: *liquido*, *veleno*, *preparato m.* | *Carta m.*, spalmata di sostanze moschicide. **B** s. m. e f. ● (*fam.*, *scherz.*) Uccisore di mosche.

moschicìdio [comp. di *mosca* e *-cidio*] s. m. ● (*fam.*, *scherz.*) Uccisione di una mosca.

moschinàto [detto così perché picchiettato di puntini neri che sembrano *mosche*] agg. ● (*miner.*) Detto di alabastro punteggiato di nero.

moschìno (1) o (*raro*) **moscino**. s. m. **1** Dim. di *mosca.* **2** Moscerino. **3** (*sett.*) Permaloso, suscettibile.

moschìno (2) [detto così perché picchiettato di puntini neri che sembrano *mosche*] s. m. ● Cane dal pelo picchiettato di nero.

moschito s. m. ● Adattamento dello sp. *mosquito* (V.).

mosciàme o **musciàme** [ant. sp. *moxama* 'pesce, tonno salato', dall'ar. *mushamma* 'seccato'] s. m. ● Carne di tonno o di delfino che, tagliata in strisce lunghe e massicce, salata e fatta seccare all'aria, viene consumata come antipasto.

†mosciarèlla [da *moscio*] s. f. ● (*dial.*) Castagna secca.

moscicóne [da *moscio*] agg. ● (*raro*) Fiacco, floscio.

moscino ● V. *moschino* (*1*).

móscio [lat. *mŭsteu(m)* 'simile a mosto, fresco, recente', da *mŭstum* 'mosto'] agg. (pl. f. *-sce*) **1** Floscio: *cappello m.* | Vizzo, appassito: *carni mosce.* **2** (*fig.*) Abbattuto, depresso: *aspetto m.*; *se ne stava m. m. in un angolo.*

moscióne (1) [da *moscio*] **A** agg. ● Estremamente moscio o fiacco. **B** s. m. ● (*dial.*) Castagna secca.

mosciòne (2) [lat. tardo *mustiōne(m)*, da *mŭstum* 'mosto'] s. m. *1* Moscerino frequente intorno ai tini contenenti mosto. *2* (*fig.*) Gran bevitore. *3* †Assillo.

mòsco [gr. *móschos* 'rampollo, animale giovane', di origine indeur.] s. m. (pl. *-schi*) ● Ruminante delle montagne asiatiche simile al capriolo, privo di corna, il cui maschio ha nella regione inguinale ghiandole che versano in una piccola borsa un prodotto odorosissimo (*Moschus moschiferus*).

†**moscoleàto** [comp. di *muschio* e *olio*, sul modello del gr. *moschélaion* 'olio profumato di muschio'] agg. ● (*lett.*) Profumato di muschio.

†**mòscolo** (1) [dal lat. *mŭscus* 'muschio'] s. m. ● (*raro*) Muschio.

mòscolo (2) o **mùscolo** [lat. *mūsculu(m)*, dim. di *mūs* 'topo'. Cfr. *testuggine*] s. m. ● Antica macchina ossidionale, costruita con grosse travi, per superare i fossati o comunque avvicinarsi alle mura, al coperto dalle offese degli assediati.

moscóne s. m. *1* Accr. di *mosca*. *2* (*gener.*) Grosso dittero | *M. della carne*, simile a una grossa mosca blu metallico, le cui larve sono dette vermi della carne (*Calliphora erythrocephala*) | *Moscon d'oro*, cetonia. *3* (*fig.*) Corteggiatore: *e lei, signora, non hanno principiato a ronzarle intorno de' mosconi?* (MANZONI). *4* Imbarcazione formata da due galleggianti e da uno o due sedili, azionata da remi o pedali. SIN. Pattino. *5* (*giorn.*) Piccola notizia a pagamento gener. inserita nella cronaca del giornale, per informare di nozze, lauree, onorificenze e sim. || **mosconàccio**, pegg. | **mosconcèllo**, dim. | **mosconcino**, dim.

†**moscongrèco** [comp. di *moscon*, deformazione pop. di *mosco* 'muschio', e *greco*] s. m. ● (*raro*) Muschio greco.

moscovita [da *Moscovia*, ant. n. di *Mosca*] **A** agg. ● Di, relativo a, Mosca: *la metropolitana m.* **B** s. m. e f. (pl. m. *-i*) ● Abitante, nativo di Mosca.

mosquito /sp. mos'kito/ [sp. dim. di *mosca* 'mosca'] s. m. inv. *1* Zanzara tropicale portatrice di varie malattie, spec. della febbre gialla. *2* ® Nome commerciale di un piccolo motore applicabile alle biciclette | (*est.*) Il ciclomotore così ottenuto.

mòssa [da *mosso*] s. f. *1* Atto, effetto del muovere o del muoversi: *spostò il bicchiere con una rapida m.*; *si volse a noi con una m. improvvisa* | (*raro*) *M. di corpo*, emissione di feci | (*est.*) Movimento o spostamento di q.c., spec. movimento tattico di una unità o di un reparto militare: *si possono ancora notare mosse sospette nella zona franosa*; *spiare le mosse del nemico* | †*Furare le mosse*, prevenire il nemico, togliergli l'iniziativa | †*M. d'arme*, apprestamento guerresco, con raduno di soldati in vista dell'entrata in guerra. *2* Atto, gesto, movenza: *una m. aggraziata, gentile, subdola*; *le ridicole mosse dei pagliacci* | *Imitare le mosse di qc.*, rifargli il verso | Particolare movimento, eseguito facendo ondeggiare tutto il bacino fermandosi poi di colpo, compiuto da ballerine, attrici di avanspettacolo e sim.: *fare la m.*; *vogliamo la m.!* *3* (*fig.*) Azione, intervento, passo: *è stata una m. intelligente, falsa, errata, felice, precipitosa*; *è uomo di mosse accorte*. *4* (*fig.*) Principio o fase iniziale di q.c.: *la m. dei negoziati si presenta difficile* | *Essere sulle mosse*, sul punto di o pronto alla partenza: *il cardinale era anche lui sulle mosse per continuar la sua visita* (MANZONI) | *Prender le mosse da*, cominciare da. *5* (*fig.*) Impulso, spinta: *dare la m. giusta* | (*fam.*) *Darsi una m.*, mettersi in movimento, rompere gli indugi. *6* Nel gioco degli scacchi e della dama, spostamento di un pezzo da una casella a un'altra: *dare scacco in tre mosse* | *Tocca e m.*, obbligo di muovere il pezzo quando lo si è toccato | *Rubare la m.*, prevenire il gioco dell'avversario. *7* Alterazione in una massa, di vino o sim. || **mossàccia**, pegg. | **mossétta**, dim. | **mossettàccia**, pegg. | **mossettina**, dim.

mossière [da *mossa*] s. m. ● Chi dà il segnale di partenza di una corsa.

mòsso part. pass. di *muovere*; anche agg. *1* Nei sign. del v. *2* *Terra mossa*, arata o scavata di fresco | *Mare m.*, né calmo né troppo agitato | *Paesaggio m.*, vario | *Capelli mossi*, ondulati | *Fotografia mossa*, quella che, a causa di un movimento impresso alla macchina fotografica al momento dello scatto, risulta poco nitida. *3* Accelerato, veloce (*anche fig.*): *un ritmo alquanto m.*; *prosa mossa e spiritosa*.

†**mostàcchio** ● V. *mustacchio*.

†**mostacciàta** [da *mostaccio*] s. f. ● Schiaffo.

mostàccio [lat. parl. **mustăceu(m)*, dal gr. *mýstax*, genit. *mýstakos* 'labbro superiore', da avvicinare a *mástax* 'bocca'. V. *masticare*] s. m. *1* (*spreg.*) Viso, muso: *rompere il m. a qc.* | *Dare nel m.*, *dirlo sul m.*, parlare francamente. *2* (*pop.*) Mustacchio. || **mostacciàccio**, pegg. | **mostaccino**, dim. | **mostacciòne**, accr. (V.) | **mostacciuòlo**, dim. | **mostacciùzzo** pegg.

mostacciòlo (1) [lat. *mustăceu(m)*, da *mŭstum* 'mosto'] s. m. ● Dolce di farina impastata con miele o mosto cotto, cioccolato, uva passa, fichi secchi, mandorle tritate.

mostacciòlo (2) [da *mostacciolo* (*1*), usato un tempo nel sign. di 'rombo, losanga', di etim. incerta (da *mostaccio* 'baffo', per la forma?)] s. m. ● (*autom.*, *gerg.*) Elemento di gomma rigida, o di metallo, applicato ai paraurti di un autoveicolo a scopo di protezione.

mostacciòne s. m. *1* Accr. di *mostaccio*. *2* (*pop.*) Grosso muso. *3* (*raro*) Schiaffone: *fu sì grande questo m., / che morto cadde il gigante boccone* (PULCI).

mostàio [lat. *mustāriu(m)*, agg. di *mŭstum* 'mosto'] agg. ● Mostoso, solo nella loc. *ottobre m.*

mostàrda [ant. fr. *moustarde*, dal lat. *mŭstu(m)* 'mosto', che ne è uno degli ingredienti] s. f. ● Salsa densa a base di senape e aceto, con droghe varie | In Sicilia, mosto cotto impastato con farina e aromatizzato: *una torta di m.* | *M. di Cremona*, conserva di frutta candita in sciroppo di zucchero o in mosto d'uva bollito, con senape | (*fig.*) *Far venire la m. al naso*, fare incollerire.

mostardièra [da *mostarda*] s. f. ● Piccolo recipiente con manico e coperchio usato per servire in tavola la mostarda.

mostìmetro [comp. di *mosto* e *-metro*] s. m. ● Apparecchio per la determinazione del contenuto in zucchero del mosto. SIN. Glucometro.

mósto [lat. (*vīnum*) *mŭstu(m)* 'vino nuovo', di etim. incerta] s. m. *1* Succo ottenuto dalla pigiatura dell'uva che, fermentando, si trasforma in vino | *M. cotto*, messo a bollire prima che fermenti | *M. concentrato*, mediante calore o congelamento | *M. oleoso*, ottenuto per pressione della pasta di olive. *2* (*est.*) Qualsiasi succo zuccherino o atto a subire fermentazione alcolica. *3* (*raro*) Vino: *il m. gli piace troppo*.

mostóso agg. *1* Che dà molto mosto: *autunno m.*; *uva mostosa*. *2* (*lett.*) Di odore simile a quello del mosto.

móstra s. f. *1* Atto, effetto del mostrare, spec. per ostentazione: *gli piace far m. di sé, del proprio sapere*; *far gran m. di carità* | *Oggetto che fa bella m. di sé*, che si presenta bene | *Mettersi in m.*, farsi avanti, farsi notare | *Mettere in m.*, ostentare. *2* Finta, finzione: *fare q.c. per m.* | *Far m. di*, fingere | Apparenza: *tutta la sua ferocia è solo una m.* *3* Ordinata rassegna di oggetti o animali esposta o presentata al pubblico: *m. campionaria, di macchine agricole, del bestiame ovino e bovino*; *la più importante m. nazionale di pittura* | (*est.*) Luogo, sede di tale manifestazione: *l'autista mi ha portato fino alla m.* *4* Comparsa che all'epoca della cavalleria facevano i cavalieri prima di combattere in torneo, seguiti dai loro scudieri e paggi | Nelle antiche milizie, rassegna dell'esercito o di un reparto per riconoscerne l'armamento, l'equipaggiamento, l'istruzione. *5* Vetrina di un negozio o sim.: *mettere in m. la frutta più bella*; *guarda che m. originale!* *6* Campione, saggio: *una m. di stoffe, di caffè, di olio*. *7* Incorniciatura che serve a reggere la cornice della porta e a fornirle una battitura. *8* Risvolto del bavero, in tessuto diverso da quello dell'abito | Mostrina | Mostreggiatura. *9* Quadrante dell'orologio. || **mostricina**, dim. | **mostrina**, dim. (V.).

mostràbile [lat. *monstrābile(m)* 'notevole, cospicuo', da *monstrāre* 'mostrare'] agg. ● Che si può o che è lecito mostrare: *lettera non m.*

†**mostraménto** s. m. ● (*raro*) Modo e atto del mostrare.

móstra-mercàto s. f. (pl. *móstre-mercàto*) ● Manifestazione organizzata allo scopo di esporre e vendere al pubblico e agli operatori economici merci e prodotti di uno o più settori commerciali.

†**mostrànza** s. f. ● Mostra, sembianza, apparenza.

mostràre [lat. *monstrāre*, da *mōnstrum* 'segno'. V. *mostro*] **A** v. tr. (pres. *io móstro*; part. pass. *mostràto*, pop. e lett. *móstro*) *1* Sottoporre alla vista, all'attenzione generale o specificamente di altri: *l'orologio mostra le ore*; *gli mostrò il parco* | *M. la lingua*, al medico perché la esamini, o fare le boccacce | *M. i pugni*, fare un gesto di minaccia | *M. i denti*, digrignare i denti e (*fig.*) farsi vedere ben deciso a reagire agli attacchi altrui | *M. il viso*, farsi vedere in pubblico e (*fig.*) opporsi coraggiosamente | *M. la fronte*, (*fig.*) non vergognarsi | Ostentare, mettere in mostra: *m. i gioielli*; *m. le gambe*; *mostrò con orgoglio i regali ricevuti*; *andava mostrando a tutti la ferita* | Esibire q.c. a qc. perché questi osservi, controlli, accerti: *gli mostrò la lettera*; *è obbligatorio m. il biglietto al controllore*; *m. un documento d'identità a un ufficiale di polizia*. *2* Fare vedere con un cenno, indicando: *gli mostrò la strada più breve*; *m. una lapide, un quadro* | *M. a dito*, additare | *Essere mostrato a dito*, (*fig.*) essere assai conosciuto per le meritevoli o disoneste azioni compiute | *La freccia mostra la direzione*, indica il verso cui dirigersi. *3* Esporre dando ammaestramenti o fornendo prove: *gli ha mostrato il modo giusto di procedere*; *m. il funzionamento di una macchina*; *m. l'infondatezza dell'accusa*; *le mostrò come aveva fatto* | (*lett.*) Attestare, provare: *tanto è spietata la mia sorte e dura, / che mostrar non lo pon rime né versi* (BOIARDO). *4* Rendere manifesto, dare a vedere: *mostrò subito quali erano le sue intenzioni*; *le case mostrano ancora i segni del terremoto*; *m. molta riconoscenza* | *M. le costole*, essere molto magro | *M. la propria pazienza*, darne prova. SIN. Palesare. *5* Lasciar credere, fingere: *mostrava di ignorare il fatto*; *mostrò di non accorgersi di quanto stava accadendo* | *M. lucciole per lanterne*, (*fig.*) voler far credere una cosa per un'altra. **B** v. rifl. *1* Farsi o lasciarsi vedere: *mostrarsi in pubblico, al pubblico* | Rivelarsi o dimostrarsi: *si mostrò entusiasta del programma*; *non intendo mostrarmi da meno*; *in certe occasioni si mostra mite*. *2* Fingersi: *si mostrò ignaro di ciò che sapeva*. **C** v. intr. pron. ● Apparire: *dal finestrino gli si mostrò un bellissimo paesaggio*. **D** v. intr. impers. ● †Sembrare, parere: *mostra che voglia piovere*; *come mostra che voi vogliate fare* (BOCCACCIO).

†**mostraròmbi** [comp. di *mostra(re)* e il pl. di *rombo*] s. m. ● (*mar.*) Disco con la rosa dei venti e vari fori in cui il timoniere metteva dei legnetti che segnavano i rombi per i quali aveva governato e le miglia percorse in ciascuno.

†**mostratìvo** [lat. tardo *monstratīvu(m)*, da *monstrāre* 'mostrare'] agg. ● Atto a mostrare | Dimostrativo.

mostratóre [lat. *monstratōre(m)*, da *monstrāre* 'mostrare'] agg.; anche s. m. (f. *-trice*) ● (*raro*) Che, chi mostra.

mostravènto [comp. di *mostra(re)* e *vento*] s. m. inv. ● (*mar.*) Banderuola girevole posta sull'albero di un veliero per indicare la direzione del vento.

mostreggiàto agg. ● (*raro*) Di vestito che ha mostre o mostreggiature.

mostreggiatùra [da *mostrare*] s. f. ● Distintivo di arma, corpo o specialità, costituito da due lembi di panno o altro materiale, di varia forma e colore, applicati simmetricamente ai lati del collo della giubba | (*est.*) Risvolto ornamentale, di colore o tessuto diversi, applicato a colli, polsi, tasche di indumenti non militari.

mostrina [dim. di *mostra*] s. f. ● Striscia di stoffa variamente colorata, cucita sul bavero o sulla manica dell'uniforme militare, quale distintivo d'arma, di corpo o di reparto.

mostrino (1) [da *mostrare*] s. m. ● Piccolo quadrante degli orologi, situato nella parte inferiore del quadrante con una lancetta che segna i secondi.

mostrino (2) [da *mostra*] s. m. *1* (*dial.*) Piccola vetrina di negozi. *2* Specie di vassoio, generalmente di velluto, usato nelle gioiellerie per tenervi esposti i preziosi in vendita.

móstro (1) part. pass. di *mostrare*; anche agg. ●

(*lett.*) Nei sign. del v.

móstro (**2**) o †**mónstro** [lat. *mōnstru(m)* 'segno degli dei, fenomeno contro natura, prodigio', di origine indeur.] s. m. ***1*** Personaggio mitologico o leggendario che presenta forme strane e innaturali: *i mostri delle religioni antiche*; *i centauri sono mostri della mitologia greca* | (*est.*) Creatura fantastica di aspetto orribile o spaventoso: *i mostri delle fiabe*; *incubi popolati di visioni e di mostri.* ***2*** Essere umano o animale di conformazione assolutamente anormale: *m. di natura*; *partorire un m.*; *m. con due teste*; *m. marino.* ***3*** (*fig.*) Persona molto brutta e deforme (*anche scherz.*): *un m. d'uomo, di donna*; *che mostri di amiche hai!* ***4*** (*fig.*) Persona che possiede determinate caratteristiche, positive o negative, in sommo grado: *un m. di scienza, di bontà, di crudeltà, di perfidia*; *è un'arca di scienza, è un m. di virtù* (GOLDONI) | *M. sacro*, persona la cui eccellenza nella propria attività, spec. artistica, è universalmente riconosciuta | Chi si è macchiato di crimini particolarmente efferati, spec. a sfondo sessuale: *il m. ha ucciso ancora*; *la polizia ha finalmente arrestato il m.* ***5*** (*lett.*) Prodigio, portento. || **mostriciàttolo**, dim. | **mostricìno**, dim. | **mostrìno**, dim. | **mostrùccio**, dim.

mostruosità s. f. ***1*** Qualità di chi, di ciò che è mostruoso. ***2*** Azione degna di un mostro: *le mostruosità dei campi di concentramento nazisti.* ***3*** (*fig.*) Straordinaria malvagità: *la m. di Nerone è passata alla storia.*

mostruóso [vc. dotta, lat. *monstruōsu(m)*, da *mōnstrum* 'mostro (2)'] agg. ***1*** Di mostro, proprio di un mostro: *un essere m.*; *le mostruose creazioni della sua mente malata.* ***2*** (*fig.*) Di aspetto, qualità, natura e sim. fuori dell'ordinario (*anche scherz.*): *naso m.*; *astuzia mostruosa*; *ha un'intelligenza mostruosa.* ***3*** (*arald.*) Detto di animale con membra proprie di altra specie. ***4*** (*fig.*) Eccezionalmente iniquo, malvagio, corrotto e sim.: *vizio m.*; *sentenza mostruosa.* || **mostruosaménte**, avv. In modo mostruoso; in modo straordinario, assurdo, irragionevole: *è mostruosamente egoista.*

mòta [lat. *mălthă(m)*. V. *malta*] s. f. ● Fango, melma: *strade piene di m.*; *si imbrattò di m.* | (*tosc.*) *Uomo di m.*, (*fig.*) che non si risente di nulla | (*fig.*) *Che pezzo di m.!*, che persona spregevole! || **motàccia**, pegg. | **motàccio**, pegg. m. (V.).

motàccio s. m. ***1*** Pegg. di *mota.* ***2*** (*raro*) Terreno molto molle.

motacìllidi [vc. dotta., comp. del lat. *motacĭlla(m)*, n. della 'cutrettola', e del suff. di famiglia zoologica *-idi*] s. m. pl. ● Nella tassonomia animale, famiglia di Uccelli dei Passeriformi, caratterizzati da modeste dimensioni e da ampia diffusione (*Motacillidae*) | (al sing. *-e*) Ogni individuo di tale famiglia.

motèl /mo'tɛl, *ingl.* mou'tel/ [amer., comp. di *mot(or)* 'automobile' (propriamente 'motore') e (*ho*)*tel* (V.)] s. m. ● Albergo con parcheggio, ubicato su grandi vie di comunicazione e frequentato soprattutto da automobilisti.

motèlla [fr. *motelle*, dal lat. *mustēla(m)* 'donnola' e n. di pesce. V. *mustela*] s. f. ● Grosso pesce teleosteo, commestibile, con tre barbigli sul muso, di color bruno rossastro maculato di scuro (*Onos tricirratus*).

motétto ● V. *mottetto.*

†**motévole** [da *moto* (*1*)] agg. ● Che ha facoltà di muoversi.

moticchio [da *mota*] s. m. ● (*raro*) Mota scarsa ma appiccicosa.

motilità [ingl. *motility*, deriv. di *motile* 'capace di movimento', dal lat. *mōtus*, part. pass. di *movēre* 'muovere'] s. f. ***1*** (*biol.*) Proprietà di un organismo vivente di muoversi, cioè di modificare la propria posizione, o quella di una sua parte, nei confronti dell'ambiente. ***2*** L'insieme delle manifestazioni motorie di un individuo.

†**motiva** s. f. ● (*raro*) Motivo.

motivàbile agg. ● Che può essere motivato; di cui si può trovare un motivo, una spiegazione, una giustificazione: *una presa di posizione difficilmente m.*

motivàre [da *motivo*] v. tr. ***1*** Giustificare o spiegare q.c. esponendo i motivi che l'hanno determinata: *mi hanno pregato di m. più dettagliatamente la mia presa di posizione.* ***2*** Cagionare, causare, provocare: *m. un dissenso, la rissa* | (*psicol.*) Stimolare una persona, un gruppo in modo che avverta dentro di sé il bisogno di assumere un certo comportamento. ***3*** †Proporre: *m. un negozio.*

motivàto part. pass. di *motivare*; anche agg. ***1*** Nei sign. del v. ***2*** (*ling.*) Detto di segno linguistico la cui originaria motivazione è ancora avvertibile da parte del parlante. SIN. Trasparente. || **motivataménte**, avv.

motivazionàle agg. ● Che concerne i motivi o le ragioni di q.c. | *Ricerca m.*, studio delle motivazioni del consumatore, rivolto ad accertare i motivi, spec. nascosti, che possono indurlo a comprare, o i motivi che devono essere evitati affinché non si rifiuti di comprare.

motivazióne [da *motivato*] s. f. ***1*** Formulazione dei motivi che hanno indotto a compiere un atto o ne hanno determinato il contenuto: *non ha fornito alcuna m. del suo atteggiamento.* ***2*** (*psicol.*) Complesso dei fattori interni propri della natura o dello stato di un organismo, che determinano in parte le sue azioni nella direzione e nell'intensità, e che si differenziano dagli stimoli esterni. ***3*** (*ling.*) Rapporto, gener. arbitrario, che lega significato e significante di un segno linguistico.

motivétto s. m. ***1*** Dim. di *motivo.* ***2*** Breve motivo musicale, facile e orecchiabile. ***3*** (*raro*) Piccolo elemento decorativo.

motìvico agg. (pl. m. *-ci*) ● (*mus.*) Relativo al motivo: *sviluppo m.*

motìvo [vc. dotta, lat. tardo *motīvu(m)*, da *mōtus* 'moto'] **A** s. m. ***1*** Ragione, causa: *non è m. sufficiente per rifiutare l'incarico*; *ha ben m. di piangere*; *motivi urgenti mi richiamano in patria* | *Motivi di salute, di famiglia* e sim., cause provenienti dalle condizioni di salute, dalla situazione familiare e sim. | *Per questo m.*, per ciò | *M. per cui*, ragione per la quale | *Dar m.*, creare determinate condizioni, causare: *dar m. di scandalo*, *dar m. di lagnarsi* | *A m. di*, a causa di | *Senza m.*, inspiegabile, irragionevole | *Motivi infondati*, scuse e pretesti | †*Dare un m.*, dar sentore | †*Di proprio m.*, spontaneamente | (*dir.*) Ragione soggettiva che induce un soggetto a un negozio. ***2*** (*mus.*) Brano o spunto accessorio o non riscontrabile nella trama di un pezzo | *M. conduttore*, quello riferibile a un particolare personaggio o situazione in un'opera lirica, sinfonica o in un film. ***3*** (*est.*) Elemento, tema che serve di riferimento determinante nella comprensione o nell'esecuzione di un'opera letteraria o nella determinazione della sua fisionomia: *il m. della provvidenza nella produzione manzoniana.* ***4*** Nelle arti figurative, nell'abbigliamento, nell'arredamento e sim., elemento avente valore decorativo ripetuto più volte: *tessuto con un m. geometrico*; *tavolo con un m. floreale sul bordo.* ***5*** †Assalto, attacco: *m. di febbre.* **B** agg. ***1*** (*raro, lett.*) Che muove o è atto a muovere | (*dir.*) *Errore m.*, quello che ha inciso sulla formazione della volontà di porre in essere un dato negozio giuridico. SIN. Errore, vizio. ***2*** †Del moto: *la potenza motiva infinita* (BRUNO). || **motivétto**, dim. | **motivìno**, dim. | **motivóne**, accr.

mòto (**1**) [vc. dotta, lat. *mōtu(m)*, part. pass. di *movēre* 'muovere'] s. m. ***1*** (*fis.*) Stato contrario alla quiete | *M. rettilineo*, avente per traiettoria una retta | *M. curvilineo*, avente per traiettoria una curva | *M. composto*, risultante dalla sovrapposizione di due moti contemporanei | *M. periodico*, nel corso del quale un corpo o un punto ritorna nella posizione iniziale a intervalli regolari di tempo | *M. rotatorio*, di un corpo i cui punti descrivono cerchi o archi di cerchi concentrici | *M. uniforme*, la cui velocità ha intensità costante nel tempo | *M. vario*, la cui velocità varia col variare del tempo | *M. uniformemente vario*, la cui velocità varia con uniformità, cioè con accelerazione costante | *M. uniformemente accelerato, ritardato*, a seconda che l'accelerazione sia positiva o negativa | *M. perpetuo*, meccanismo o sistema ideale in grado di produrre lavoro senza sottrarre energie ad alcuna sorgente. ***2*** (*gener.*) Movimento: *il m. delle acque, degli astri, degli animali*; *m. ondoso* | *M. diretto*, in astronomia, quello che si svolge da occidente verso oriente, come quello del sole e della luna nelle loro orbite | (*med.*) *M. peristaltico*, caratteristico modo di contrarsi della muscolatura liscia degli organi cavi, che determina un movimento di progressione del contenuto in un sol senso | (*ling.*) *Verbi di m.*, che indicano movimento: *andare e correre sono verbi di m.* | *M. a luogo*, di complemento che indica movimento verso un luogo | *M. da luogo*, di complemento che indica provenienza | *Mettere in m.*, avviare: *mettere in m. una macchina*; (*fig.*) spingere qc. ad agire | *Mettersi in m.*, (*fig.*) adoperarsi spec. nell'interesse di altri | *Essere in m.*, muoversi | *Essere in continuo m.*, *avere il m. perpetuo addosso*, non stare mai fermo | *Darsi m.*, (*raro*) muoversi | (*raro*) Agitazione: *nella strada v'era gran m.* ***3*** Atto del camminare, spec. considerato come esercizio salutare: *ha bisogno di fare del m.*; *col poco m. che fa si è molto ingrassato.* ***4*** Atto, gesto, mossa: *m. volontario, involontario*; *ebbe un m. di impazienza*; *assentì con un m. degli occhi*; *con un m. convulso scoppiò a piangere.* ***5*** Impulso: *un m. di simpatia, di affetto, di collera, di sdegno* | Commozione: *quali insoliti moti / al partir di costei prova il mio core!* (METASTASIO). ***6*** Tumulto popolare, sommossa: *i moti carbonari*; *i moti per l'indipendenza greca.* ***7*** (*mus.*) Andamento delle parti in una composizione | *M. retto*, se le parti vocali o strumentali ascendono o discendono insieme | *M. obliquo*, se una parte ascende o discende e l'altra sta ferma | *M. contrario*, se una parte ascende e l'altra discende. || **moterèllo**, dim.

†**mòto** (**2**) part. pass. di *muovere*; anche agg. ● Nei sign. del v.

mòto (**3**) s. f. inv. ● Acrt. di *motocicletta* | *M. d'acqua*, acqua-scooter (V.).

mòto- [abbr. di *motore*] primo elemento ● In parole composte, indica funzionamento a motore (*motocicletta, motofalciatrice, motoveicolo*) o fa riferimento a operazione, attività compiuta con mezzi meccanici (*motonautica*) | In altri casi è accorciamento di *motocicletta*, o fa riferimento al motociclismo: *motocarrozzetta, motoleggera, motoraduno.*

motoagrìcola [comp. di *moto-* e (*macchina*) *agricola*] s. f. ● Veicolo a motore usato per compiere lavori agricoli e per trasportare prodotti e attrezzature agricole.

motoaliànte [comp. di *moto-* e *aliante*] s. m. ● Aliante dotato di motore e dei doppi comandi di guida, da utilizzare in caso di emergenza.

motoalpinismo [comp. di *moto* (*3*) e *alpinismo*] s. m. ● Attività sportiva che consiste nel compiere, con la motocicletta, lunghi percorsi accidentati su strade e piste di montagna.

motoaratóre [comp. di *moto-* e *aratore*] s. m. ● Chi è addetto alla guida di un mezzo meccanico per l'aratura.

motoaratrìce [comp. di *moto-* e *aratrice*] s. f. ● Macchina semovente impiegata solo per l'aratura, oggi sostituita dal trattore.

motoaratùra [comp. di *moto-* e *aratura*] s. f. ● Aratura eseguita col mezzo meccanico.

motobàrca [comp. di *moto-* e *barca*] s. f. ● Barca provvista di motore. ➡ ILL. **vigili del fuoco**.

motocàlcio [comp. di *moto-* e *calcio*] s. m. ● Gioco sportivo, analogo al calcio, cui partecipano due squadre, ciascuna di sei componenti montati su motociclette.

motocampèstre [da (*corsa*) *moto*(*ciclistica*) *campestre*] **A** agg. ● Di motocross: *corsa m.* **B** anche s. f.: *correre una m.* SIN. Motocross.

motocannonièra [comp. di *moto-* e *cannoniera*] s. f. ● Unità veloce della marina da guerra, armata con una o più mitragliere pesanti e un cannone.

motocarrèllo [comp. di *moto-* e *carrello*] s. m. ● Carrello a motore adibito al trasporto di personale o di materiale sul luogo di impiego, in alcuni casi completato da particolari attrezzature | Autocarrello.

motocarriòla [comp. di *moto-* e *carriola*] s. f. ● Carriola metallica a tre ruote, motorizzata.

motocarrìsta [comp. di *motocarr*(*o*) e *-ista*] s. m. (pl. *-i*) ● Chi guida motocarri.

motocàrro [comp. di *moto-* e *carro*] s. m. ● Motofurgone con vano di carico a cassone.

motocarrozzétta [comp. di *moto-* e *carrozzetta*] s. f. ● Motocicletta con carrozzino laterale il cui telaio appoggia su una terza ruota.

motociclétta [comp. di *moto-* e (*bi*)*cicletta*] s. f. • Veicolo veloce a due ruote, mosso da un motore a scoppio, che può trasportare una o due persone. ➡ ILL. p. 1746, 1747 TRASPORTI.

motociclismo [comp. di *motociclo* e *-ismo*] s. m. • Sport delle corse in motocicletta.

motociclista [da *motociclo*] **A** s. m. e f. (pl. m. *-i*) • Chi va in motocicletta | Chi pratica lo sport del motociclismo. **B** anche agg.: *corridore m.*

motociclistico [da *motociclista*] agg. (pl. m. *-ci*) • Relativo al motociclismo e ai motociclisti: *industria, corsa motociclistica.*

motociclo [comp. di *moto-* e *ciclo*] s. m. • Motocicletta, motoleggera o altro veicolo simile.

motocistèrna [comp. di *moto-* e *cisterna*] s. f. • Nave cisterna con motore a combustione interna.

motocolónna [comp. di *moto-* e *colonna*] s. f. • Colonna di truppe motorizzate.

motocoltivatóre [comp. di *moto-* e *coltivatore*] s. m. • (*agr.*) Trattrice di piccola potenza alla quale si applicano svariati attrezzi per compiere operazioni colturali leggere.

motocoltùra [comp. di *moto-* e *coltura*] s. f. • Coltivazione del terreno eseguita con macchine.

motocompressóre [comp. di *moto-* e *compressore*] s. m. • (*mecc.*) Gruppo formato da un compressore e dal motore che lo aziona per la produzione di aria compressa.

motocorazzàto [comp. di *moto-* e *corazzato*] agg. • Detto di reparto militare costituito da mezzi motorizzati e corazzati.

motocròss /moto'krɔs/ [comp. di *moto-* e dell'ingl. *cross* 'corsa campestre' (abbr. di *cross-country* 'attraverso la campagna')] s. m. inv. • Gara motociclistica che si svolge quasi interamente fuori strada su apposita pista di terreno accidentato.

motocrossismo s. m. • Sport del motocross.

motocrossista s. m. (pl. *-i*) • Motociclista che pende parte alle gare di motocross.

motòdromo o (*evit.*) **motodròmo** [comp. di *moto-* e *-dromo*] s. m. • Impianto sportivo per gare motociclistiche.

motoèlica [comp. di *moto-* ed *elica*] s. f. • Elica azionata da uno o più motori alternativi.

motofàlce [comp. di *moto-* e *falce*] s. f. • Macchina agricola costituita da una barra falciante azionata da un piccolo motore.

motofalciatrice [comp. di *moto-* e *falciatrice*] s. f. • Macchina a motore, a barra frontale, impiegata per la falciatura.

motofurgóne [comp. di *moto-* e *furgone*] s. m. • Veicolo a tre ruote per trasporto di cose, azionato in genere da motore di motocicletta, di struttura molto simile ai motocicli, il cui vano di carico può essere chiuso o a cassone.

motogeneratóre [comp. di *moto-* e *generatore*] s. m. • (*elettr.*) Gruppo elettrogeno costituito da un motore, generalmente a combustione interna, accoppiato a un generatore elettrico.

motolància [comp. di *moto-* e *lancia* (*2*)] s. f. (pl. *-ce*) • (*mar.*) Lancia a motore.

motoleggèra [comp. di *moto* (*3*) e il f. di *leggero*] s. f. • Motocicletta di piccola cilindrata.

motomeccanizzàre [comp. di *moto-* e *meccanizzare*] v. tr. • (*mil.*) Dotare un reparto di mezzi a motore per il trasporto delle truppe, per il traino delle artiglierie, per il combattimento.

motomèzzo [comp. di *moto-* e *mezzo* (*2*)] s. m. • Motoveicolo.

motonàuta [comp. di *moto-* e *nauta*, sul modello di *aeronauta*] s. m. e f. (pl. m. *-i*) • Chi pratica lo sport della motonautica.

motonàutica [comp. di *moto-* e *nautica*] s. f. ***1*** Sport praticato con scafi azionati a motore, in acque dolci o di mare. ***2*** Tecnica relativa alla costruzione e alla guida di motoscafi.

motonàutico [comp. di *moto-* e *nautico*] agg. (pl. m. *-ci*) • Che si riferisce alla motonautica: *calendario m.*; *gare motonautiche.*

motonàve [comp. di *moto-* e *nave*] s. f. • Nave mercantile con apparato motore a combustione interna, per trasporto di merci o di passeggeri.

motoneuróne [comp. di *moto* 'movimento' e *neurone*] s. m. • (*anat.*) Ognuna delle cellule nervose del mesencefalo, del mielencefalo e delle corna ventrali del midollo spinale, che controllano muscoli e ghiandole.

motopàla [comp. di *moto-* e *pala*] s. f. • Sorta di pala meccanica, di dimensioni ridotte, gener. priva di motore proprio e azionata ad aria compressa, usata spec. nelle gallerie per lo smaltimento del materiale di scavo.

motopescheréccio [comp. di *moto-* e *peschereccio*] s. m. • Imbarcazione da pesca con motore a scoppio. ➡ ILL. **pesca**.

motopista [comp. di *moto* (*3*) e *pista*] s. f. • Corsia stradale riservata alle motociclette.

motopómpa [comp. di *moto-* e *pompa*] s. f. • Gruppo formato da una pompa e dal motore che la aziona.

motopròprio • V. *motuproprio.*

motopropulsóre [comp. di *moto-* e *propulsore*] agg.; anche s. m. • Detto di gruppo costituito da un motore e un propulsore: *apparato, sistema m.*

motoràdio [comp. di *moto-* e *radio* (*4*)] s. m. inv. • Radioricevitore atto a essere montato su un motoveicolo.

motoradùno [comp. di *moto* (*3*) e *raduno*] s. m. • Convegno di motociclisti a scopo turistico o sportivo.

motorboat /*ingl.* 'moutə bout/ [loc. ingl., comp. di *motor* 'motore' e *boat* 'barca' (d'orig. sconosciuta)] s. m. inv. • Motoscafo | Motobarca, imbarcazione a motore.

motorcaravan /*ingl.* moutəkærə'væn/ [vc. ingl., comp. di *motor* 'motore' e *caravan* (V.)] s. m. inv. • Autocaravan.

motóre [vc. dotta, lat. *motōre*(*m*) 'che muove', da *movēre* 'muovere'] **A** agg. (f. *-trice*) • Che muove, che imprime o consente il moto: *organo, impulso m.*; *forza motrice* | *Albero m.*, che trasmette il moto | *Nervo m.*, che determina contrazione muscolare. **B** s. m. ***1*** Nell'astronomia e nella filosofia medievale e antica, chi muove i cieli, le sfere | *Primo m., m. immobile*, nella filosofia aristotelica, Dio, in quanto atto puro e causa prima di ogni movimento. ***2*** (*fig.*) Causa, movente: *il motivo economico fu il vero m. di molte guerre.* ***3*** (*lett.*) †Fautore, promotore: *senza ... punire i motori dello scandalo* (MACHIAVELLI). ***4*** Meccanismo capace di trasformare in lavoro meccanico un'energia di altra natura | *M. lineare, rotativo*, il cui lavoro si compie con un moto lineare, rotatorio | *M. alternativo*, il cui lavoro si compie con un moto alterno lineare, eventualmente trasformato poi in moto rotatorio | *M. elettrico*, che trasforma energia elettrica | *M. idraulico*, che sfrutta l'energia cinetica o di pressione dell'acqua o di altro fluido | *M. pneumatico*, che sfrutta l'energia di aria compressa o altro gas | *M. termico*, che utilizza l'energia termica di combustione di una sostanza | *M. a combustione esterna*, quando la sostanza è bruciata esternamente, come nei motori a vapore, a stantuffi o a turbina | *M. a combustione interna*, che utilizza l'energia di pressione sviluppata dalla combustione di vapori di benzina, nafta, metano e sim. nel suo interno | *M. a scoppio* o *a carburazione*, in cui la miscela combustibile d'aria e benzina, metano o altro carburante, compressa dallo stantuffo nel cilindro, viene accesa da una scintilla elettrica e scoppia, espandendosi e producendo lavoro utile tramite lo stantuffo e gli organi che trasformano in rotatorio il moto di questo | *M. Diesel* o *a iniezione*, in cui il combustibile, nafta od olio pesante, è iniettato direttamente nei cilindri ove, miscelandosi con l'aria, si accende spontaneamente per effetto della pressione e del calore | *M. a quattro tempi*, a scoppio o Diesel, in cui per ottenere un effetto utile della miscela esplosiva è necessario che lo stantuffo compia quattro corse, secondo la sequenza di aspirazione, compressione, esplosione ed espansione, scarico | *M. a due tempi*, in cui le quattro fasi si compiono in due corse dello stantuffo che, nel suo movimento, apre e chiude le luci di ammissione e di scarico praticate generalmente sulle pareti del cilindro | *M. a razzo*, endoreattore a propellente solido, sistema motopropulsore tipico dei razzi | *Volo a m.*, quello degli aerei a motore, in contrapposizione al volo a vela | *Volo con m.*, volo propulso, cioè usando i motori, in contrapposizione al volo librato o senza motore. ➡ ILL. p. 1746, 1750, 1753 TRASPORTI. ***5*** (*est.*) Veicolo funzionante a motore | *Sport del m.*, ogni sport che venga effettuato con mezzi a motore | *Corsa dietro motori*, nel ciclismo, gara di mezzofondo in pista, o anche su strada, in cui i corridori stanno alla ruota di una motocicletta opportunamente attrezzata. **C** in funzione di inter. • Ordine dato dal regista ai tecnici affinché sia messo in moto il motore della macchina da presa, all'inizio di ogni ripresa: *m., ciac, si gira!* || **motorino**, dim. (V.).

motoreattóre [comp. di *moto-* e *reattore*] s. m. • (*aer.*) Termoreattore il cui compressore è azionato da un motore alternativo.

motorétta [da *motore*] s. f. • Motocicletta di piccola cilindrata con carenatura e ruota di diametro ridotto.

motorhome /*ingl.* 'moutə houm/ [vc. ingl., comp. di *motor* 'motore' e *home* 'casa' (d'origine germ.)] s. m. inv. • Veicolo composto da un telaio di serie e da una carrozzeria specificamente progettata e attrezzata ad abitazione.

motoriduttóre [comp. di *moto*(*re*) e *riduttore*] s. m. • (*tecnol.*) Gruppo formato da un motore elettrico e da un riduttore di velocità.

motorino s. m. ***1*** Dim. di *motore* | *M. d'avviamento*, piccolo motore elettrico montato su un motore a scoppio, spec. d'autoveicolo, per metterlo in moto. ***2*** (*fam.*) Micromotore, ciclomotore.

motòrio [vc. dotta, lat. tardo *motōriu*(*m*), da *mōtor*, genit. *motōris* 'motore'] agg. • Del moto, atto al moto: *nervo, centro m.*

motorismo [comp. di *motore* e *-ismo*] s. m. • Complesso degli sport che si effettuano con mezzi a motore.

motorista [da *motore*] s. m. (pl. *-i*) • Meccanico specializzato nella riparazione e messa a punto dei motori, spec. a combustione interna.

motoristica [da *motorista*] s. f. • Attività diretta alla progettazione e alla costruzione di motori e mezzi meccanici spec. per competizioni sportive.

motoristico agg. (pl. m. *-ci*) • Relativo agli sport effettuati con mezzi a motore: *gare motoristiche.*

motorizzàre [fr. *motoriser*, dal lat. *mōtor*, genit. *motōris* 'motore'] **A** v. tr. ***1*** Munire di motore una macchina, un veicolo e sim. ***2*** Provvedere qc. di uno o più veicoli a motore: *m. un reparto di soldati.* **B** v. rifl. • (*fam.*) Acquistare un automezzo.

motorizzàto part. pass. di *motorizzare*; anche agg. ***1*** Nei sign. del v. ***2*** *Reparto m.*, interamente dotato di automezzi.

motorizzazióne [fr. *motorisation*, da *motoriser* 'motorizzare'] s. f. ***1*** Atto, effetto del motorizzare. ***2*** Complesso dei problemi, delle attività organizzative, tecniche e sim. inerenti l'uso dei veicoli a motore.

motorsailer /*ingl.* 'moutə-seilə*/ [vc. ingl., comp. di *motor* 'motore' e *sailer* 'veliero, nave a vela' (da *to sail* 'far vela', da *sail* 'vela', d'orig. germ.)] s. m. inv. • (*mar.*) Piccolo cabinato da diporto fornito sia di motore che di tutto l'equipaggiamento necessario per andare a vela.

motorscooter /*ingl.* 'moutə-sku:tə*/ [vc. ingl., comp. di *motor* 'motore' e *scooter* 'monopattino', da *to scoot* (*fam.*) 'guizzar via', di origine scandinava] s. m. inv. • Motocicletta leggera, con ruote piccole, i cui organi meccanici sono generalmente coperti da una carenatura.

motoscafista [da *motoscafo*] s. m. • Chi guida un motoscafo.

motoscàfo [comp. di *moto-* e *scafo*] s. m. • Imbarcazione veloce con motore a scoppio, in tutto o in parte fornito di ponti.

motoscùter s. m. • Adattamento di *motorscooter* (V.).

motoscuterismo s. m. • Ogni attività relativa al motorscooter.

motoscuterista s. m. e f. (pl. m. *-i*) • Chi va in motorscooter.

motoséga [comp. di *moto-* e *sega*] s. f. • Sega azionata da un motore, usata spec. per il taglio di alberi.

motoseminatrice [comp. di *moto-* e *seminatrice*] s. f. • Seminatrice a motore.

moto-sidecar /'mɔto 'saidkar/ [comp. di *moto-* e *sidecar*] s. m. inv. • Motocarrozzetta.

motosilurànte [comp. di *moto-* e *silurante*] s. f. • Piccola e velocissima nave da guerra, armata con siluri.

motoslitta [comp. di *moto-* e *slitta*] s. f. ***1*** Tipo di slitta con motore a elica. ***2*** Motociclo munito di uno o più cingoli e un pattino da neve.

motóso [da *mota*] agg. • Fangoso, melmoso: *acqua motosa* | Sporco di mota: *scarpe motose*.

mototorpedinièra [comp. di *moto-* e *torpediniera*] s. f. • Torpediniera propulsa da un apparato motore endotermico.

mototrazióne [comp. di *moto-* e *trazione*] s. f. • Trazione ottenuta a mezzo di un motore.

mototurìsmo [comp. di *moto-* e *turismo*] s. m. • Turismo effettuato viaggiando in motocicletta.

mototurìsta s. m. e f. (pl. m. *-i*) • Chi pratica il mototurismo.

mototurìstico agg. (pl. m. *-ci*) • Relativo al mototurismo o ai mototuristi: *associazioni mototuristiche*.

motovariatóre [comp. di *moto(re)* e *variatore*] s. m. • (*tecnol.*) Gruppo formato da un motore elettrico e da un variatore di velocità.

motovedétta [comp. di *moto-* e *vedetta* (*1*) nel sign. 3] s. f. • Nave piccola e veloce, adibita a servizi di polizia sul mare: *una m. della finanza*.

motoveìcolo [comp. di *moto-* e *veicolo*] s. m. • Qualsiasi veicolo a motore a due o tre ruote.

motovelièro [comp. di *moto-* e *veliero*] s. m. • Nave propulsa da un motore a combustione interna, dotata anche di alberi e velatura.

motovelòdromo o (*evit.*) **motovelodròmo** [comp. di *moto* (*3*) e *velodromo*] s. m. • Impianto sportivo per la disputa di gare motociclistiche e ciclistiche.

motovettùra [comp. di *moto-* e *vettura*] s. f. • Motoveicolo a tre ruote, carrozzeria chiusa, per trasporto di persone | Autoveicolo a quattro ruote, leggero, simile a un motoveicolo.

motozàppa [comp. di *moto-* e *zappa*] s. f. • Macchina agricola a motore, usata per zappare e sarchiare.

motozàttera o **motozàttera** [comp. di *moto-* e *zattera*] s. f. • Piccola nave con fondo piatto, prora e poppa quadrate, per trasporto di materiale anche in navigazioni di altura.

motrìce [f. sost. di *motore*] s. f. • Qualsiasi veicolo a motore che traina un rimorchio: *m. a vapore, elettrica*; *tranviaria, ferroviaria*.

motricità [da *motrice*] s. f. • (*biol., psicol.*) Capacità dei centri nervosi di comandare la contrazione muscolare anche in relazione agli impulsi e alle necessità connesse con le esperienze mentali e comportamentali.

†**motrìglia** [sovrapposizione di *poltiglia* a *mota*] s. f. • Fanghiglia.

†**motrìglio** s. m. • Motriglia.

†**mòtta** [vc. preindeur. (?)] s. f. • (*dial.*) Frana, smottatura.

motteggerìa s. f. • Il motteggiare.

†**motteggévole** [da *motteggiare*] agg. • (*lett.*) Faceto, burlevole, satirico.

motteggiaménto s. m. • Atto del motteggiare frequente.

motteggiàre **A** v. intr. (*io mottéggio*; aus. *avere*) **1** Dire motti di spirito, celiare: *incominciarono con lui a m. del suo novello amore* (BOCCACCIO). SIN. Scherzare. **2** †Conversare. **B** v. tr. • Pungere con motti maliziosi: *lo motteggia di continuo*. SIN. Beffare, burlare. **C** v. rifl. rec. • †Scambiarsi frizzi.

motteggiatóre s. m.; anche agg. (f. *-trice*) • Chi, che motteggia. SIN. Burlone, schernitore.

†**motteggièro** [da *motteggio*] agg.; anche s. m. • Che, chi è pieno di facezie, arguzie.

mottéggio s. m. • Atto del motteggiare | (*est.*) Le parole, i gesti e sim. con cui si motteggia: *fare q.c. per m.*; *fu fatto segno al m. generale*. SIN. Burla, celia, scherzo.

†**motteggióso** [da *motteggio*] agg. • Loquace, maldicente.

mottettìsta s. m. (pl. *-i*) • Autore o compositore di mottetti.

mottettìstico agg. (pl. m. *-ci*) • Del, relativo al mottetto.

mottétto o, nei sign. 2 e 3, **motétto**. s. m. **1** Dim. di *motto*. **2** Breve componimento in rima di tono arguto. **3** (*mus.*) Forma polifonica nata nel XIII sec. e poi adattata ai diversi stili, gener. su testi latini e d'uso sacro.

mòtto [lat. parl. **mŭttu(m)*, da *muttīre* 'borbottare, parlare a bassa voce', di origine onomat.] s. m. **1** Detto arguto e spiritoso: *m. garbato, pronto*; *riuscì il m. argutissimo e risibile* (CASTIGLIONE). SIN. Facezia. **2** Breve frase sentenziosa: *'provando e riprovando' era il m. dell'Accademia del Cimento* | *M. popolare*, frase proverbiale | Nell'araldica militare, frase che, posta sotto lo stemma di un corpo, ne esprime l'impresa. SIN. Massima. **3** (*lett.*) Parola: *uscì e non fece m.* | *Far m.*, parlare | †*A m. a m.*, *di m. in m.*, parola per parola. **4** †Cenno verbale | *Accennare un m.*, dire q.c. | *Gettare, toccare un m. di q.c.*, parlarne brevemente | *Dare un m.*, un indizio. **5** (*fig.*) †Frottola. ‖ **mottétto**, dim. (V.) | †**mottòzzo**, dim. | †**mottùzzo**, dim.

motulèso [comp. con il lat. *mōtu*, abl. di *mōtus* 'movimento' (V. *moto* (*1*)) e *leso*] agg.; anche s. m. (f. *-a*) • Che, chi ha subìto lesioni tali da avere ridotte o impedite le capacità motorie: *centro di riabilitazione per motulesi*.

motupròprio o (*raro*) **motopròprio** [lat., propriamente 'di propria iniziativa'] s. m. inv. • Documento pontificio in uso dalla fine del sec. XV, per provvedimenti amministrativi del potere temporale, usato successivamente anche da sovrani spec. per concessione di onorificenze e titoli nobiliari.

†**motùra** s. f. • Moto, movimento.

mouliné /fr. muli'ne/ [vc. fr., propriamente part. pass. di *mouliner* 'torcere (la seta)', propriamente 'macinare', da *moulin* 'molino'] **A** s. m. inv. • Filato molto ritorto a due o più capi di colori diversi e contrastanti. **B** anche agg. inv.: *filato, cotone m.*

mountain bike /ingl. 'mauntin baik/ [loc. ingl., propr. 'bicicletta (*bike*) da montagna (*mountain*)'] loc. sost. f. inv. (pl. ingl. *mountain bikes*) • Bicicletta con cambio a molte velocità, telaio resistente e grossi pneumatici, adatta per percorrere salite molto ripide e terreni accidentati fuori strada. TRASPORTI ➡ ILL. p. 1745.

mouse /ingl. maus/ [vc. ingl., propr. 'topo' (vc. germ. d'orig. indeur.), prob. perché i suoi movimenti rapidi ricordano quelli di un topo] s. m. inv. (pl. ingl. *mice*) • Accessorio per personal computer o videoterminale che, mosso su un piano orizzontale, consente di spostare velocemente il cursore sullo schermo.

mousse /fr. mus/ [vc. fr., propriamente 'schiuma' (dapprima 'muschio'): dal germ. **mosa*, a cui si sovrappose il lat. *mŭlsa* 'idromele' (V. *mulsa*)] s. f. inv. **1** Composto normalmente freddo a base di un passato di tonno, prosciutto, fegato o altro, con guarnizione di gelatina. **2** Dolce al cucchiaio costituito da un amalgama di cioccolato fuso, tuorli d'uovo e chiare montate a neve.

movènte **A** part. pres. di *muovere*; anche agg. • (*raro*) Nei sign. del v. **B** s. m. **1** Impulso, stimolo, motivo, consapevole o inconsapevole, che induce l'individuo a compiere un'azione o un atto anche illecito: *il vero m. della lite fu il denaro*; *scoprire il m. di un crimine*. **2** (*mecc.*) Organo conduttore.

movènza [da *movere*, var. di *muovere*] s. f. • Modo del muoversi, atteggiamento che si assume nel muoversi: *una ballerina dalle movenze flessuose* | *La m. di un canto*, (*fig.*) la sua modulazione | *La m. di un periodo*, (*fig.*) l'andamento che caratterizza lo stile di uno scritto. SIN. Mossa.

mòvere • V. *muovere*.

†**movévole** [da *movere*] agg. **1** Movibile, agile. **2** Facile a commuoversi, a piegarsi.

movìbile [da *movere*] agg. • Che si muove o può muoversi: *pezzi movibili e pezzi fissi*.

movie /ingl. 'mu:vi/ [vc. ingl., propr. 'pellicola, film'. V. *moviola*] s. m. inv. • Opera cinematografica, film.

movière [da *m(u)overe*, sul modello di *aviere*, *carabiniere* ecc.] s. m. • Militare incaricato di regolare il traffico stradale degli automezzi | (*est.*) Vigile urbano che dirige il traffico in sostituzione di un semaforo.

movìl ® s. m. inv. • Nome commerciale di una fibra sintetica costituita principalmente da cloruro di polivinile.

movimentàre [fr. *mouvementer*, da *mouvementé* 'movimentato'] v. tr. (*io moviménto*) • Rendere animato e vivace: *quel gioco movimentò tutta la festa*.

movimentàto part. pass. di *movimentare*; anche agg. • Nel sign. del v.

movimentazióne [da *movimento*] s. f. • (*org. az.*) Organizzazione del movimento delle merci in un magazzino in base al flusso dei rifornimenti e degli ordini di consegna.

movimentìsmo [da *movimento*] s. m. • Tendenza ad appoggiare, nell'ambito di un'organizzazione politica o sindacale, le iniziative spontanee della base dei militanti rispetto alle scelte decisionali degli organi direttivi.

movimentìsta **A** s. m. e f.; anche agg. (pl. m. *-i*) • Chi, che sostiene il movimentismo: *l'ala m. di un partito*. **B** agg. • Movimentistico.

movimentìstico agg. (pl. m. *-ci*) • Del movimentismo, dei movimentisti.

moviménto [deriv. di *muovere*] s. m. **1** Atto, effetto del muovere o del muoversi: *direzione, natura del m.*; *m. muscolare*; *fare un m. con le braccia, col busto*; *avere movimenti agili, disinvolti*; *essere impedito nel m.*; *mettere q.c. in m.*; *controllare il m. di una macchina, dell'orologio* | *M. di treni*, in una stazione, l'arrivo, la partenza o il transito dei treni | *M. di terra*, *m. terra*, complesso delle operazioni di sterro o riporto di terra connesse al tracciamento di strade, scavo di fondazioni e sim. | *Macchine per m. terra*, quelle usate nella realizzazione di tali operazioni, quali bulldozer, dumper, pala caricatrice | *Gioco di m.*, nel calcio, gioco impostato su un continuo e rapido avvicendarsi delle posizioni e dei compiti dei giocatori | *M. della popolazione*, in demografia, processo di rinnovamento continuo a cui è sottoposta la popolazione per effetto delle nascite, delle morti e delle migrazioni | *M. del capitale*, passaggio di capitali da uno ad altro possessore | *M. di cassa*, in contabilità, insieme delle entrate e delle uscite | *M. di macchina*, in cinematografia, insieme degli spostamenti eseguiti dalla macchina cinematografica durante una ripresa | (*mil.*) Manovra, spostamento: *movimenti di truppe, di mezzi corazzati* | Nella marina militare, cambio di destinazione per il personale | *M. di impiegati, di prefetti*, spostamento da una sede all'altra. **2** Animazione di folla, traffico di veicoli, e sim.: *per la strada c'era un gran m.*; *nelle grandi città c'è un m. caotico*; *è una bella città ma è priva di m.* **3** Nelle arti figurative, impressione del movimento ottenuta dall'artista mediante la posizione delle figure, il gioco dei chiaroscuri, dei vuoti e dei pieni e delle ricerche prospettiche | Nelle opere letterarie, andamento ritmico di un testo. **4** (*mus.*) Parte della sinfonia, della sonata, di ogni forma complessa e organica: *i tre movimenti del concerto classico* | Andamento più o meno veloce di un pezzo: *indicazione di m.* **5** (*mat.*) Isometria d'un piano o d'uno spazio tridimensionale su se stesso tale che due figure corrispondenti si possano sovrapporre l'una all'altra. **6** (*fig.*) Corrente culturale, artistica e sim., generalmente ispirata da idee innovatrici: *m. letterario, artistico*; *m. nucleare*; *m. spaziale* | Corrente politica i cui appartenenti si riconoscono comuni basi ideologiche e un comune programma d'azione: *m. per la pace*; *m. operaio*; *m. studentesco*; *m. di liberazione della donna* | (*est.*) Denominazione di alcuni partiti politici: *Movimento Sociale Italiano*. **7** (*fam.*) Incontro, affare amoroso, spec. quando sia avvolto da segretezza. **8** †Moto dell'animo | †*Di suo m.*, spontaneamente. **9** (*raro*) †Mutamento: *cose ... noiose sono i movimenti vari della fortuna* (BOCCACCIO). **10** (*raro, lett.*) †Origine.

moviòla [da avvicinare all'ingl. *movie* 'pellicola, film', da *moving pictures* 'cinematografo', propriamente 'quadri, fotografie mobili'; *moving* è un deriv. di *to move* 'muovere', dall'ant. fr. *mover*, a sua volta dal lat. *movēre* 'muovere'] s. f. **1** Apparecchiatura per il montaggio cinematografico, che permette di fermare la pellicola in qualunque momento e di farla scorrere avanti e indietro a diverse velocità. **2** (*est.*) Trasmissione televisiva che, spec. per gli incontri di calcio, permette di vedere lentamente e con frequenti ripetizioni una data azione, in modo da rendersi conto esattamente del particolare preso in esame: *per la m. il rigore non c'era*.

†**movitìva** [da †*movitivo*] s. f. • Mossa, iniziativa.

†**movitìvo** [da *movere*] **A** agg. • Che è atto a muovere, turbare. **B** s. m. • Motivo, movente.

†**movitóre** [da *movere*] agg.; anche s. m. (f. *-trice*) • Che, chi muove, fa muovere.

†**movitùra** [da *movere*] s. f. • Impulso.

†**movizióne** [da *movere*] s. f. • Azione del muovere, agitare. SIN. Moto.

mòxa [dal giapp. *mokusa* (*mol kusa*) 'erba che brucia'] s. f. *1* (*med.*) Piccolo rotolo di foglie di *Artemisia*, usato nella moxibustione. *2* (*med.*) Moxibustione.

moxibustióne [comp. di *moxa* e (*com*)*bustione*, come nell'ingl. e fr. *moxibustion*] s. f. ● (*med.*) Tecnica di alleviamento del dolore della medicina tradizionale orientale, che si basa sugli stessi principi dell'agopuntura impiegando il calore per stimolare particolari punti del corpo. SIN. Ignipuntura, moxa.

mozabiti o **mzabiti** [dalla regione sahariana dello *Mzab*] s. m. pl. ● Popolazione della regione sahariana dello Mzab.

mozabitico o **mzabitico A** agg. (pl. m. *-ci*) ● Dei, relativo ai Mozabiti. **B** s. m. solo sing. ● Dialetto berbero parlato nella regione sahariana dello Mzab.

mozambicàno A agg. ● Del Mozambico. **B** s. m. (f. *-a*) ● Abitante, nativo del Mozambico.

mozaràbico [fr. *mozarabique*, agg. dallo sp. *mozárabe*, di origine ar. (*mustá'rib*, part. del v. *'ista 'rab* 'farsi simile agli *arabi*')] agg. (pl. m. *-ci*) ● Relativo ai Mozarabi, cristiani che all'epoca del dominio arabo sulla Spagna restarono fedeli alla loro religione.

mozartiàno A agg. ● Del compositore W. A. Mozart (1756-1791): *sinfonie mozartiane* | Relativo all'opera, allo stile di Mozart: *studi mozartiani*. **B** s. m. (f. *-a*) ● Seguace, imitatore, ammiratore di Mozart.

mozióne (1) [vc. dotta, lat. *motiōne*(*m*), da *mōtus* 'moto'] s. f. *1* (*raro, lett.*) Movimento: *bisogna nella cosa mossa distinguere in qualche modo il principio efficiente della m.* (GALILEI) | *M. degli affetti*, nell'antica oratoria, il tentare di commuovere i giudici e gli uditori. *2* †Agitazione, tumulto.

mozióne (2) [fr. *motion*, dall'ingl. *motion*] s. f. ● Atto inteso a promuovere la deliberazione di un'assemblea, spec. del Parlamento, su una data questione, e che pertanto va sottoposto al voto della stessa: *presentare, votare una m. di censura* | *M. di fiducia, di sfiducia*, con la quale il Parlamento concede o nega la propria approvazione al programma politico del governo, determinandone così la stabilità o la crisi | *M. d'ordine*, con la quale si richiede all'assemblea il voto immediato su di una modifica all'ordine dei lavori.

†**mózza** [f. sost. di *mozzo* (*1*)] s. f. ● Sorta di formaggio fresco chiuso in una vescica stretta a metà, quasi mozzata, con una legatura di giunco.

mozzafiàto [comp. di *mozza*(*re*) e *fiato*] agg. inv. ● (*fam.*) Che impressiona, colpisce vivamente: *spettacolo m.*; *le corse m. sull'autostrada*.

mozzaménto s. m. *1* (*raro*) Atto del mozzare | Mutilazione. *2* (*ling.*) Sincope.

mozzaorécchi ● V. *mozzorecchi*.

mozzàre [da *mozzo* (*1*)] v. tr. (*io mózzo*) ● Troncare, recidere con un colpo netto e deciso: *m. il capo, i rami, la coda ai gatti* | (*fig.*) *M. il discorso, la conversazione*, interromperli bruscamente | (*fig.*) *M. le parole in bocca a qc.*, impedirgli di continuare a parlare | (*fig.*) *Un puzzo, un vento, una paura da m. il fiato*, da impedire il respiro | (*raro, fig.*) *Sentirsi m. le mani*, sentirsele gelare per il freddo eccessivo | (*fig.*) †*m. il passo, la via*, tagliare la strada.

mozzarèlla [da *mozza*, per la forma] s. f. ● Caratteristico formaggio di origine napoletana di latte di bufala, oggi preparato anche industrialmente con latte di vacca, in forme rotondeggianti, da consumarsi freschissimo | *M. di Puglia, affumicata*, provola | *M. in carrozza*, fette di pane e mozzarella accoppiate, spruzzate di latte, infarinate, passate nell'uovo sbattuto e fritte in olio d'oliva o strutto.

mozzaspìghe [comp. di *mozza*(*re*) e il pl. di *spiga*] s. m. inv. ● Piccolo coleottero di forma allungata, nero, le cui larve rodono il culmo del grano (*Calamobius filum*).

mozzatóre s. m.; anche agg. (f. *-trice*) ● (*raro*) Chi, che mozza.

mozzatùra s. f. ● Atto, effetto del mozzare | Parte mozzata, tronca, di q.c.: *mozzature di sigari*.

mozzétta [dim. di (*veste*) *mozza*] s. f. ● Corta mantellina con piccolo cappuccio degli ecclesiastici | *M. rossa*, del Papa e dei cardinali | *M. viola*, dei vescovi.

mozzicàre [da *mozzare*] v. tr. (*io mózzico, tu mózzichi*) *1* †Smozzicare. *2* (*merid.*) Mordere.

mózzico [da *mozzicare*] s. m. (pl. *-chi*) ● (*merid.*) Morso: *non mangiare il pane a mozzichi!* || **mozzicóne**, accr. (V.).

mozzicóne s. m. *1* Accr. di *mozzico*. *2* Piccolo pezzo che resta di una cosa mozzata, troncata, consumata, bruciata e sim.: *m. di candela, di sigaro* | (*fig.*) *M. di scritto, di periodo*, brano. || **mozziconcèllo**, dim.

mozzìno [dim. di *mozzo* (*1*)] s. m. ● Nel linguaggio dei tipografi, pagina non interamente riempita dalla composizione.

mózzo (1) [lat. parl. **mŭtiu*(*m*), da avvicinare a *mŭtilus* 'mutilo'] agg. *1* Che è stato privato di una parte terminale: *capo m.*; *testa mozza* | *Fiato, respiro m.*, interrotto, affannoso per fatica, emozione o paura | *Parole mozze*, brevi, tronche | (*lett.*) †*Via mozza*, scorciatoia. *2* (*fig.*) †Disgiunto, separato. || †**mozzaménte**, avv. (*raro, fig.*) Con parole mozze.

mózzo (2) [sp. *mozo*, dal lat. *mŭsteu*(*m*) 'simile a mosto, giovane, nuovo', da *mŭstum* 'mosto'] s. m. *1* Ragazzo dai 7 ai 15 anni arruolato un tempo a bordo dei velieri | Marinaio dell'attuale marina mercantile che non ha superato i 18 anni di età e ha meno di due anni di navigazione. *2 M. di stalla*, garzone di scuderia. *3* †Servo addetto alle faccende più umili.

mòzzo (3) [lat. *mŏdiu*(*m*) 'moggio, misura'] s. m. *1* (*mecc.*) Parte centrale della ruota o di altro elemento rotante, che lo accoppia con l'albero e nel quale sono fitte le razze | *M. dell'elica*, blocco centrale calettato sull'albero motore, sul quale sono fissate le pale. ➡ ILL. p. 1745 TRASPORTI. *2* Ceppo in cui è incastrato il manico della campana e che la tiene sospesa. *3* (*tosc.*) Pezzo di materia, spec. di terra, staccato dalla massa: *mi chinai in terra, e presi un m. di terra* (CELLINI). || †**mozzétto**, dim. | †**mozzolétto**, dim.

mozzóne [da *mozzo* (*1*)] s. m. *1* (*raro*) Funicella munita di nodi posta all'estremità della frusta. *2* (*merid.*) Mozzicone, spec. di sigaro e sigaretta.

mozzorécchi o **mozzaorécchi** [comp. di *mozzare* e il pl. di *orecchio*] s. m. *1* (*spreg.*) Avvocato disonesto e incapace. *2* †Persona cui, come pena, erano state mozzate le orecchie | (*est.*) †Furfante.

mu ● V. *mi* (*3*).

mucàto [da *mucico*] s. m. ● (*chim.*) Sale o estere dell'acido mucico.

mùcca [etim. discussa: sovrapposizione di *vacca* a *muggire* (?)] s. f. ● Vacca che produce latte.

†**muccerìa** [da †*mucciare*] s. f. ● Beffa, villania.

mucchiétto s. m. *1* Dim. di *mucchio*. *2* Piccola quantità, spec. di denaro.

mùcchio (1) [lat. *mūtulu*(*m*) 'pietra sporgente'] s. m. *1* Insieme di cose riunite, spec. disordinatamente: *un m. di carte, di pietre, di libri, di rovine*; *un acciottolio secco di mucchi immensi di cocci* (VERGA) | *M. di uccelli*, stormo, frotta | *M. di gente*, folla | *Mettere tutti in un m.*, (*fig.*) non fare distinzione per nessuno. SIN. Cumulo. *2* (*est., fig., fam.*) Notevole quantità: *dire un m. di bugie, di spropositi, di sciocchezze*; *avere un m. di quattrini* | *A mucchi*, in gran quantità | *Sparare nel m.*, colpire indiscriminatamente con accuse e sim. un gruppo o una categoria di persone. || **mucchierèllo**, dim. | **mucchiétto**, dim. (V.) | **mucchióne**, accr.

mùcchio (2) [lat. tardo *būculu*(*m*), propriamente 'giovenco', dim. di *bōs*, genit. *bŏvis* 'bue'] s. m. ● (*zool.*) Pastinaca.

†**mucciàre** [lat. parl. **mukyāre*, di origine gallica] **A** v. intr. ● Cercare di sfuggire. **B** v. tr. ● Sfuggire, schivare. **C** v. tr. e intr. ● Burlare, farsi beffe.

mùcco e *deriv.* ● V. *muco* e *deriv.*

mùci [vc. onomat.] inter. ● Si usa per chiamare il gatto (*spec. iter.*).

mùcico [dal lat. *mūcus* 'muco'] agg. (pl. m. *-ci*) ● (*chim.*) Detto di ossiacido organico bibasico, ottenuto industrialmente per ossidazione idrolitica di un'emicellulosa e usato per la sintesi del pirrolo.

†**mucidàglia** s. f. ● Umidità di mucido.

mùcido [vc. dotta, lat. *mūcidu*(*m*), da *mūcus* 'muco'] **A** agg. ● (*raro*) Ammuffito, stantio: *cibo, pane m.*; *carne mucida*; *m. tanfo di chiostri monastici* (CARDUCCI). **B** s. m. ● (*raro*) Muffa: *sapere di m.* | Umidità: *odore di m.*; *al secco e al m.*

mucidùme s. m. ● (*raro*) Quantità di cose mucide.

mucillàgine o (*raro*) **mucillàggine**, (*raro*) **mucilàgine**, **mucillàggine** [lat. tardo *mucilāgine*(*m*), da *mūcus* 'muco'] s. f. ● Prodotto organico ad alto peso molecolare che si forma spontaneamente nelle piante, spec. nelle radici, corteccia e semi, che si gonfia a contatto con l'acqua e che trova applicazione in medicina, in farmacia, nella preparazione dei cosmetici, nell'industria alimentare, nell'industria tessile e della gomma.

mucillaginóso o **mucillagginóso**, (*raro*) **mucilaginóso**, (*raro*) **mucillagginóso** agg. ● Che ha natura, aspetto, consistenza e sim. di mucillagine | Ricco di mucillagine.

mucìna [dal lat. *mūcus* 'muco'] s. f. ● (*chim., biol.*) Glicoproteide, presente in certe secrezioni ghiandolari, che ha il compito di lubrificare e proteggere i tessuti da agenti chimici e battericidi.

mucìparo [comp. di *muco* e *-paro*] agg. *1* (*biol.*) Che produce muco: *cellule mucipare*. *2* (*bot.*) Che produce mucillagine.

mùco o (*raro*) **mùcco** [lat. *mūcu*(*m*), di origine indeur.] s. m. (pl. *-chi*) ● (*biol.*) Prodotto di secrezione filante delle ghiandole mucose, talvolta in risposta a processi infiammatori | *M. cervicale*, quello prodotto in corrispondenza del collo utero.

mucolìtico [comp. di *muco* e *-litico* (*2*)] **A** agg. (pl. m. *-ci*) ● (*farm.*) Detto di qualsiasi agente o farmaco capace di fluidificare il muco. **B** anche s. m.

mucopolisaccàride [comp. di *muco* e *polisaccaride*] s. m. ● (*chim.*) Polisaccaride acido complesso, in genere composto da catene polimeriche. SIN. Glicosamminoglicano.

mucopolisaccaridòsi [da *mucopolisaccaride* con il suff. *-osi*] s. f. ● (*med.*) Gruppo di malattie ereditarie causate da un difetto enzimatico che comporta un accumulo di mucopolisaccaridi nei tessuti, spec. cartilagini, fegato, milza e linfonodi.

mucoproteìna [comp. di *muco* e *proteina*] s. f. ● (*chim.*) Proteoglicano.

mucopùs [comp. di *muco* e *pus*] s. m. ● (*med.*) Essudato caratteristico di membrane mucose infiammate, formato di muco catarrale con molti globuli bianchi.

mucósa o (*raro*) **muccósa** [f. sost. di *mucoso*] s. f. ● (*anat.*) Membrana epiteliale che riveste la superficie interna di organi cavi.

mucosità o (*raro*) **muccosità** [da *mucoso, mucosa*] s. f. *1* (*med.*) Sostanza simile a muco. *2* (*raro*) Caratteristica di ciò che è mucoso.

mucóso o (*raro*) **muccóso** [vc. dotta, lat. tardo *mucōsu*(*m*), da *mūcus* 'muco'] agg. *1* (*anat.*) Della mucosa. *2* Relativo o simile al muco.

mucoviscidòsi [comp. di *muco* e *viscido*, con il suff. medico *-osi*] s. f. ● (*med.*) Malattia ereditaria a carattere recessivo che colpisce spec. i bambini, caratterizzata da un'anormale secrezione di muco denso e viscoso da parte delle ghiandole esocrine, spec. il pancreas e le ghiandole bronchiali.

mucronàto [vc. dotta, lat. *mucronātu*(*m*), da *mūcro*, genit. *mucrōnis* 'mucrone'] agg. ● Che finisce a punta | (*anat.*) *Cartilagine mucronata*, ensiforme | (*bot.*) *Foglia mucronata*, che termina all'apice con una punta dura.

mucróne [vc. dotta, lat. *mucrōne*(*m*), di etim. incerta] s. m. *1* (*raro, lett.*) Punta acuminata di spada, coltello e sim. *2* (*anat., raro*) Punta del cuore. *3* (*bot.*) Formazione apicale, rigida, appuntita, di organi vegetali.

mùda [provz. *muda*, da *mudar* 'mutare'] s. f. *1* Negli uccelli, rinnovamento annuo delle penne. *2* Luogo ove si mettevano gli uccelli da richiamo durante la muda. *3* (*est., raro, scherz.*) Prigione. *4* †Cambiamento | *A m. a m.*, alternatamente, a turno.

†**mudagióne** s. f. ● (*raro*) Muda.

†**mudàre** [provz. *mudar* 'mutare'] v. intr. ● Cambiare le penne, detto di uccelli.

mudéjar /*sp.* mu'ðexar/ [vc. sp., adattamento dell'ar. *mudaggian*, nella var. volg. *mudéggen*, con sostituzione di suff.] **A** s. m. (pl. sp. *mudéjares*) ● Musulmano di Spagna che continuò a vivere secondo i propri costumi e rimase fedele alla propria religione anche dopo la riconquista cristiana. **B** agg.

● Detto dell'arte sviluppata dai musulmani di Spagna nel periodo successivo alla riconquista cristiana, caratterizzata da forme che si ricollegano allo stile moresco.

muesli /*ted.* 'my:esli/ ● V. *müsli*.

muezzìn o **muezzìno** [turco *muezzin*, dall'ar. *mu'adhdhin* 'colui che invita alla preghiera'] s. m. inv. ● Nelle moschee islamiche, persona che, dal minareto, invita, con canto rituale e nelle ore prescritte, i fedeli alla preghiera, e che provvede ad altre incombenze rituali, con ufficio spesso ereditario.

†**mufaróne** [V. *muflone*] s. m. ● Vello di montone.

mùffa [etim. discussa: di origine espressiva (?)] s. f. *1* Formazione fungina, di colore biancastro o verdognolo e di odore particolare, che si sviluppa su svariate sostanze: *odore di m.* | *M. grigia*, botrite | *Prendere, fare la m.*, ammuffire e (*fig.*) rimanere nell'ozio, nell'inattività e sim. | *Far fare la m. a q.c.*, (*fig.*) non usarla mai o usarla molto raramente | (*fig.*) *Trarre il cervello dalla m.*, (*fig.*) esercitarlo in uno studio o in lavoro impegnativo. *2* (*fig.*, *tosc.*) Superbia: *che m.!* | *Aver la m. al naso*, darsi delle arie | (*raro*) *Venire la m. al naso*, andare in collera. || **muffatèlla**, dim. | **muffatellìna**, dim. | **muffétta**, dim. | **muffettèlla**, dim. | **muffettìna**, dim.

muffàre v. intr. (aus. *essere*) ● (*raro*) Fare, prender la muffa.

†**muffatìccio** agg. *1* Che è alquanto ammuffito. *2* (*est.*) Malandato in salute.

†**muffétto** [da *muffa*] s. m. ● Vagheggino, cascamorto.

†**mùffido** agg. ● Muffito.

muffìgno agg. ● Coperto di muffa.

†**muffióne** ● V. *muflone*.

muffìre v. intr. (*io muffìsco, tu muffìsci*; aus. *essere*) ● Fare la muffa (*spec. fig.*): *non ho voglia di stare a m. in casa.*

mùffo [part. pass. contratto di *muffare*] agg. ● (*dial.*) Che ha fatto la muffa, ammuffito: *pane m.* | (*fig.*) Antiquato.

mùffola [dal fr. *moufle* 'guanto, manicotto', di origine germ.] s. f. *1* Particolare modello di guanto in cui solo il pollice è diviso dalle altre dita. SIN. Manopola. *2* Parte cava del forno, circondata da calore, dove si mettono a cuocere, senza diretto contatto col fuoco, oggetti da smaltare: *forno a m.* | Cavità semicilindrica nel forno, per la coppellazione. *3* (*elettr.*) Astuccio di protezione delle giunture nei cavi elettrici e telefonici, spec. interrati.

muffolìsta s. m. (pl. *-i*) ● Operaio addetto ai forni a muffola.

mùffolo [fr. *mufle*, a sua volta dal ted. *Muffel* 'muso, grugno'] s. m. ● Musello.

muffosità s. f. ● (*raro*) L'essere muffoso | (*fig.*, *tosc.*) Alterigia.

muffóso [da *muffa*] agg. *1* (*raro*) Pieno di muffa: *stanzaccia, polverosa e muffosa* (BACCHELLI). *2* (*fig.*, *tosc.*) Sprezzante, borioso: *che gente muffosa!*

muflóne o †**muffióne** o †**mufióne** [lat. tardo *mufrōne(m)*, di etim. incerta] s. m. ● Pecora selvatica che vive solo in Sardegna e in Corsica, con corna sviluppatissime solo nei maschi, peli corti e lisci (*Ovis musimon*).

muftì o (*raro*) **mùfti** [ar. *muftī* 'espositore della legge maomettana'] s. m. ● Giureconsulto musulmano che, per fama o per autorizzazione del governo, emette giudizi in materia teologica e di diritto religioso.

†**mugàvero** [ar. *mogāwir*] s. m. ● Soldato catalano armato alla leggiera, a cavallo o a piedi, dei secc. XIII e XIV | Specie di dardo col quale era armato il mugavero.

muggènte part. pres. di *muggire*; anche agg. ● Nei sign. del v.

mugghiaménto s. m. ● (*raro*) Atto del mugghiare.

mugghiànte part. pres. di *mugghiare*; anche agg. ● Nei sign. del v.

mugghiàre [lat. parl. **mugulāre*, da *mugīre* 'muggire'] v. intr. (*io mùgghio*; aus. *avere*) *1* Muggire forte e lungamente, detto dei buoi: *nella campagna assolata si udivano i buoi m.* | (*est.*, *raro*) Ruggire del leone. *2* (*est.*) Lanciare urla spaventose, per dolore, ira e sim. *3* (*fig.*) Rumoreggiare cupamente, detto del tuono, del mare, del vento: *mugghia come fa mar per tempesta* (DANTE *Inf.* V, 29).

†**mugghiévole** agg. ● Mugghiante.

mùgghio s. m. (pl. †*mùgghia*, f. raro) ● Atto del mugghiare (*anche fig.*): *come un inno lieto / il m. nel sereno aer si perde* (CARDUCCI) | *Un m. di dolore; il pauroso m. del vento.*

mùggine [lat. *mūgile(m)*, da avvicinare a *mulgēre* 'mungere'; il primo sign. dev'essere quello di 'pesce vischioso'] s. m. ● Cefalo.

mugginièra s. f. ● Rete per pescare muggini.

†**muggiolàre** ● V. *mugolare*.

muggìre [lat. *mugīre*, di origine onomat.] v. intr. (*io muggìsco, tu muggìsci, egli muggìsce* o *mùgge*; aus. *avere*) *1* Emettere muggiti: *di tanto in tanto i buoi muggiscono.* *2* (*fig.*, *lett.*) Rumoreggiare del mare, del vento, del tuono: *il vento muggìa nella foresta / e muggìa tra le nubi il tuono errante* (LEOPARDI).

muggìto [lat. *mugītu(m)*, da *mugīre* 'muggire'] s. m. *1* Verso caratteristico dei bovini. *2* (*fig.*, *lett.*) Rumore del mare agitato, del vento, del tuono: *freme il mare un fèr m.* (L. DE' MEDICI).

mughétto [fr. *muguet*, alterazione di (*noix*) *muscade* 'noce moscata', per il profumo] s. m. *1* Erba perenne delle Liliacee con foglie ovali e piccoli fiori bianchi a campanula, profumatissimi (*Convallaria majalis*). SIN. Giglio delle convalli. *2* (*med.*) Moniliasi orale.

mugìc o **mugìco**, **mugìcco**, **mugìk** [russo *muzhik* 'contadino'] s. m. ● Contadino russo.

Mugilifórmi [comp. del lat. *mūgil* 'muggine' e del pl. di *-forme*] s. m. pl. ● Nella tassonomia animale, ordine di Pesci ossei marini e d'acqua dolce cui appartengono i cefali e i latterini (*Mugiliphormes*) | (al sing. *-e*) Ogni individuo di tale ordine.

†**mugiolàre** ● V. *mugolare*.

†**mugitàre** [dal lat. *mugītus* 'muggito'] v. intr. ● Bisbigliare.

mugliàre v. intr. (*io mùglio*; aus. *avere*) ● (*tosc.*) Mugghiare: *il tauro ... altiero e mugliando erra* (ARIOSTO).

mùglio s. m. ● (*tosc.*) Mugghio: *col ... profondo / m.* (PASCOLI).

mugnaiàccio [da *mugnaio*, perché sembra infarinato] s. m. ● Grosso gabbiano oceanico, voracissimo, con poderoso becco ricurvo e piumaggio bianco, con dorso e ali nere (*Larus marinus*).

mugnàio o †**mugnàro** [lat. tardo *molinārius(m)*, da *molīnum* 'molino'] s. m. (f. *-a* nel sign. 1) *1* Chi per mestiere macina grano o granaglie al mulino | Proprietario o gerente di un mulino | *Sembrare un m.*, (*scherz.*) indossare un vestito candido o tutto coperto di polvere | *Pesare con la stadera del m.*, (*raro, fig.*) giudicare superficialmente | *Affogare il m.*, (*tosc.*, *fig.*) fare la polenta troppo liquida | Nella loc. (*cuc.*) *alla mugnaia*, detto di pesce cucinato con burro e farina: *sogliola alla mugnaia.* *2* (*zool.*) Mugnaiaccio. || **mugnaìno**, dim.

†**mùgnere** ● V. *mungere*.

mùgo [vc. di origine preindeur.] s. m. (pl. *-ghi*) ● Albero delle Conifere, con fusto sdraiato, basso e contorto, che cresce al limite superiore della foresta e dai cui rami giovani si distilla il mugòlio (*Pinus montana*).

mugolaménto s. m. ● (*raro*) Atto del mugolare.

mugolànte part. pres. di *mugolare*; anche agg. ● Nei sign. del v.

mugolàre o †**muggiolàre**, †**mugiolàre** [stessa etim. di *mugghiare*] **A** v. intr. (*io mùgolo*; aus. *avere*) *1* Emettere suoni indistinti e lamentosi tenendo la bocca chiusa, detto spec. del cane. *2* (*est.*) Lamentarsi, gemere: *m. di dolore, di piacere.* **B** v. tr. ● Mormorare, borbottare (*anche ass.*): *mugolava tra sé strane parole*; *che cosa stai mugolando?*

mugòlio (1) [comp. di *mugo* e *olio*] s. m. ● Olio essenziale estratto dalle foglie fresche del mugo, impiegato come balsamico delle vie respiratorie.

mugolìo (2) [da *mugolare*] s. m. ● Atto del mugolare continuo e frequente: *si udiva il m. lontano di un cane.*

†**mùgolo** s. m. ● Mugolamento.

mugolóne **A** s. m. (f. *-a*) *1* Animale, spec. cane, che mugola di continuo. *2* (*scherz.*) Persona brontolona. **B** anche agg.: *cane, vecchio m.*

mugugnàre [da *mugugno*] v. intr. (aus. *avere*) ● (*dial.*) Brontolare.

mugùgno [genov. *mugugnu*, di origine onomat.] s. m. ● (*dial.*) Brontolio.

mujaheddin /*ar.* mudʒahed'din/ o **mujahiddin** /*ar.* mudʒahid'din/, mujahedin [vc. ar., pl. di *mujāhīd* 'combattente (per la fede)', part. att. del v. *jihāda*, da una radice *jhd* che indica lo sforzo] s. m. pl. *1* Combattenti musulmani impegnati nella guerra santa contro i nemici dell'unità islamica. *2* Guerriglieri del movimento nazionale islamico dell'Afganistan.

mùla [f. di *mulo*] s. f. ● Femmina del mulo | (*raro*) *Reggere la m. a qc.*, far da mezzano in amore | (*raro*) *O pelle o m.*, si dice quando si vuole terminare q.c. a ogni costo. || **mulóna**, accr.

mulàcchia [sovrapposizione di *monacchia* a *mula*] s. f. ● (*zool.*) Cornacchia bigia.

†**mulacchiàia** s. f. ● Stormo di mulacchie | (*fig.*, *scherz.*) Cicaleccio.

mulàggine [da *mulo*] s. f. ● Caparbietà, ostinazione.

†**mulàre** [vc. dotta, lat. tardo *mulāre(m)*, da *mūlus* 'mulo'] agg. ● Di mulo.

mulattièra [da *mulattiere*] s. f. ● Strada di montagna per la quale passano solo muli o altre bestie da soma.

mulattière [da *mulo*, sul modello di *carrettiere*] s. m. ● Chi guida i muli: *il m. vuol sapere dove deve scaricare* (PIRANDELLO).

mulattièro agg. *1* Di, da mulo: *via, strada mulattiera.* *2* Relativo ai muli e al loro allevamento.

mulàtto [sp. *mulato*, da *mulo* 'mulo', perché incrocio come il *mulo*] s. m.; anche agg. (f. *-a*) ● Chi, che è nato da genitori uno bianco e uno nero.

mùlcere ● V. *molcere*.

†**mulcìre** ● V. †*molcire*.

†**mulènda** ● V. *molenda*.

mulésco [da *mulo*] agg. (pl. m. *-schi*) ● (*raro*) Di, da mulo (*spec. fig.*): *caparbietà mulesca.*

muleta /*sp.* mu'leta/ [sp., propriamente 'gruccia (che sostiene il drappo)', poi passata a indicare il drappo stesso; uso metaforico di *muleta* 'mula'] s. f. inv. ● Drappo rosso di cui nella corrida si serve il matador per aizzare o sviare il toro.

mulétto [propr., dim. di *mulo*] s. m. *1* (*gerg.*) Nelle corse automobilistiche, macchina di riserva, da cui si traggono i pezzi di ricambio. *2* (*fam.*) Mulo meccanico. *3* Carrello elevatore.

mulièbre o (*poet.*) **mulièbre** [vc. dotta, lat. *mulīebre(m)*, agg. di *mŭlier* 'donna' (V. *moglie*)] agg. ● Che si riferisce alla donna: *sesso, tenerezza, lavoro m.* | *Figura, statua m.*, di donna. SIN. Femminile.

†**muliebrità** [vc. dotta, lat. tardo *muliebritāte(m)*, da *muliĕbris* 'muliebre'] s. f. ● L'essere muliebre.

mulinàio ● V. *mulinaro*.

mulinàre [da *mulino* (*1*)] **A** v. tr. *1* (*raro*) Far girare. *2* (*fig.*) Architettare, macchinare: *mulinava cupi propositi di rivolta.* **B** v. intr. (aus. *avere*) *1* Far mulinello: *vicino alla cascata l'acqua mulina vorticosamente.* *2* (*fig.*) Agitarsi insistentemente, detto di pensieri, idee, e sim.: *un'immagine dolorosa gli mulinava nel cervello* | Fantasticare: *rimase a m. su quel che avrebbe detto.*

mulinàro o (*raro*) **molinàio**, **molinàro**, **mulinàio** [lat. tardo *molinārius(m)*, da *molīnum* 'mulino (1)'] s. m. (f. *-a*) ● (*pop.*) Mugnaio.

mulinèllo o **molinèllo** [da *mulino* (*1*)] s. m. *1* Vortice d'acqua, di vento e sim.: *mulinelli di vento sollevavano le foglie* | *Volo a m.*, tipico degli uccelli che si gettano in picchiata con moto vorticoso. SIN. Turbine. *2* (*gener.*) Arnese o strumento costituito da un'elica che ruota su un perno | *M. idrometrico*, congegno per misurare la velocità di un fluido | Sorta di ventilatore inserito in porte o finestre per ventilare l'ambiente. *3* Attrezzo per la pesca che, applicato all'impugnatura della canna, consente di lanciare lontano l'esca e di recuperarla avvolgendola a una bobina o tamburo. ➡ ILL. **pesca**. *4* (*mar.*) Argano destinato al recupero delle ancore, usato per salpare. SIN. Molinetto. *5* Nella scherma di sciabola, ciascuno dei movimenti circolari basati sull'articolazione del gomito, per vibrare determinati colpi di taglio nelle varie direzioni. *6* (*aer.*) Manovra acrobatica consistente in un movimento elicoidale dell'aereo. *7* Giocattolo consistente in due ali di carta imperniate in una canna | Filetto.

mulìno (1) o **molìno** [lat. tardo *molīnu(m)*, da *mŏla* 'mola (1)'] s. m. *1* Edificio in cui si macinano il grano o altri cereali, e la macchina per tale operazione: *m. a vento, ad acqua, a vapore, elettrico* | *M. natante o galleggiante*, installato su barche, sì da sfruttare la corrente del fiume | *M. da olio*, frantoio | *M. a martelli*, macchina per triturare minerali, provvista di masse pendolari sporgenti, in acciaio, che girando urtano violentemente contro i frammenti di minerale, sbriciolandoli | (*fig.*) *Tirare l'acqua al proprio m.*, badare solo al proprio utile | *Parlare come un m., come un m. a vento*, parlare molto in fretta | *La testa gira come un m. a vento*, essere in preda a una grande confusione | *Essere un m. a vento*, (*fig.*) di persona facile a cambiare idee e propositi | *Combattere contro i mulini a vento*, con riferimento a Don Chisciotte che, scambiati i mulini a vento per giganti, li volle assalire e combattere; (*fig.*) accingersi a un'impresa inutile. ➡ ILL. p. 829 SCIENZE DELLA TERRA ED ENERGIA. *2* (*geol.*) *M. glaciale*, grande buca sulla superficie di un ghiacciaio nella quale precipita parte dell'acqua di flessione della lingua glaciale. *3* (*est.*) Persona di frenetica o confusa attività intellettuale | Attività intellettuale frenetica e confusa | Vena, ispirazione creativa. *4* †Banderuola che indica la direzione del vento. *5* †Aspo || PROV. Chi va al mulino s'infarina; il mulino non macina senz'acqua. || **mulinèllo**, dim. | **mulinétto**, dim.

†**mulìno (2)** [da *mulo*] agg. ● Di mulo.

mullàghera [etim. incerta] s. f. ● (*bot.*) Afaca.

mullàh /mul'la, *ingl.* 'mʌlə/ [dal persiano *mullā*, a sua volta dall'ar. *maulā* 'tutore, signore'] s. m. inv. ● Cultore delle scienze religiose islamiche.

Mùllidi [comp. del lat. *mŭllus*, n. di pesce che prob. significa 'dal colore rosso', e *-idi*] s. m. pl. ● Nella tassonomia animale, famiglia di Perciformi marini cui appartengono le triglie (*Mullidae*) | (al sing. *-e*) Ogni individuo di tale famiglia.

mùlo (1) [lat. *mūlu(m)*, di origine preindeur.] s. m. (f. *-a* (V.)) *1* Animale equino, ibrido non fecondo ottenuto dall'incrocio di un asino con una cavalla, più simile al padre, robustissimo, molto parco, usato da soma e per cavalcatura spec. su sentieri di montagna: *i calci del m.*; *a dorso di m.*; *ostinato, caparbio, come un m.* | (*fig.*) *Essere un m., fare il m.*, detto di persona cocciuta | (*fig.*, *raro*) *Calcio del m.*, disprezzo o ingratitudine verso chi, prima potente, è caduto in basso | *M. meccanico*, veicolo a motore a quattro ruote usato dalle truppe alpine per spostamenti in zone montagnose. *2* (*volg.*, *spreg.*) Figlio illegittimo. SIN. Bastardo. || **mulàccio**, pegg. | **mulétto**, dim. (V.) | **mulòtto**, accr. | **mulùccio**, dim.

mùlo (2) [vc. ven., da *mulo (1)*, attrav. il sign. di 'bastardo'] s. m. (f. *-a*) ● (*sett.*) Ragazzo.

†**mulomedicìna** [vc. dotta, lat. tardo *mulomedicīna(m)*, comp. di *mūlus* 'mulo' e *medicīna* 'medicina'] s. f. ● Veterinaria.

†**mùlsa** [vc. dotta, lat. tardo (*ăquam*) *mŭlsa(m)* 'acqua mielata', da avvicinare a *mĕl* 'miele'] s. f. ● (*raro*) Mulso.

†**mùlso** [vc. dotta, lat. *mŭlsu(m)*. V. precedente] s. m. ● Vino mielato.

mùlta [vc. dotta, lat. *mŭlta(m)*, di origine indeur.] s. f. *1* (*dir.*) Pena pecuniaria prevista per determinati reati: *infliggere una m.* | Correntemente, ammenda: *pagare una m.*; *m. per divieto di sosta*. *2* (*raro, lett.*) †Pena, punizione, castigo.

multànime [comp. di *mult(i)-* e *anima*] agg. ● (*raro, lett.*) Che ha molte anime.

multàre [vc. dotta, lat. *multāre*, da *mŭlta* 'multa'] v. tr. ● Condannare a una multa.

mùlti- o (*raro*) **mólti-** [lat. *mŭlti-*, da *mŭltus* 'molto'] primo elemento ● In parole composte, significa 'di molti', 'che ha molti' o indica genericamente abbondanza: *multicolore, multiforme, multilaterale, multilingue, multimilionario*.

multibàṣe [comp. di *multi-* e *base* nel sign. A 6] agg. ● (*mat.*) Detto di sistema di numerazione non decimale: *calcolo m.* | *Materiale m.*, qualsiasi abaco in base diversa da 10.

multicanàli [comp. di *multi-* e il pl. di *canale*] agg. ● Detto di apparecchio televisivo in grado di memorizzare e di essere sintonizzato istantaneamente su frequenze preselezionate di vari canali televisivi.

multicapsulàre [comp. di *multi-* e un deriv. di *capsula*] agg. ● Detto di frutto a molte capsule.

multicàule [vc. dotta, lat. *multicăule(m)*, comp. di *mŭlti-* 'multi-' e *căulis* 'caule'] agg. ● Che porta molti steli: *pianta m.*

multicellulàre [comp. di *multi-* e *cellulare*] agg. ● Pluricellulare.

multicèntrico [comp. di *multi-* e *centro* con suff. agg.] agg. (pl. m. *-ci*) ● Che ha molti centri. SIN. Policentrico.

multicolóre o (*raro*) **molticolóre** [vc. dotta, lat. *multicolōre(m)*, comp. di *mŭlti-* 'multi-' e *cŏlor*, genit. *colōris* 'colore'] agg. ● Di molti colori: *vestito m.*; *lampadine multicolori*; *il multicolor zanni leggiadro* (PARINI).

multicomponènte [comp. di *multi-* e *componente*] agg. ● (*scient.*) Detto di sistema formato da più componenti.

multiculturàle [comp. di *multi-* e *culturale*] agg. ● Che riguarda più culture, che si riferisce al multiculturalismo: *politica m.*

multiculturaliṣmo [da *multiculturale*] s. m. *1* Condizione di chi o di ciò che appartiene a più culture. *2* Politica che mira a tutelare l'identità culturale dei vari gruppi etnici di un Paese.

multidisciplinàre [comp. di *multi-* e *disciplinare (2)*] agg. ● Che riguarda più discipline, più materie, più campi di studio: *insegnamento, ricerca m.* SIN. Pluridisciplinare.

multidisciplinarità s. f. ● Qualità di ciò che è multidisciplinare.

multiètnico [comp. di *multi-* ed *etnico*] agg. (pl. m. *-ci*) ● Che riguarda più etnie, che è formato da diversi gruppi etnici: *società multietnica*.

multìfido [vc. dotta, lat. *multĭfidu(m)*, comp. di *mŭlti-* 'multi-' e *-fidus*, da *fĭndere* 'fendere'] agg. ● Che è diviso in più parti: *organo m.*; *foglie multifide*.

multiflash /multi'flɛʃ, *ingl.* 'mʌltiflæʃ/ [vc. ingl., comp. di *multi-* e *flash*] agg. inv. ● Detto di fotografie in cui il soggetto viene illuminato con una successione di flash.

multiflòro [vc. dotta, lat. tardo *multiflōru(m)*, comp. di *mŭlti-* 'multi-' e *flōs*, genit. *flōris* 'fiore'] agg. ● Che porta molti fiori.

multifocàle [comp. di *multi-* e *focale*] agg. ● Che ha molti fuochi.

multifórme o (*raro*) **moltifórme** [vc. dotta, lat. *multifŏrme(m)*, comp. di *mŭlti-* 'multi-' e *-fŏrmis* '-forme'] agg. ● Che ha varie forme: *specie, popolo m.*; *porre principio di filosofia il corpo ... formato e diviso in parti multiformi* (VICO) | Che si manifesta sotto molteplici aspetti: *attività, impegno m.* SIN. Proteiforme.

multifunzionàle [comp. di *multi-* e *funzionale*] agg. ● Che svolge contemporaneamente più funzioni: *macchine multifunzionali*.

multifunzionalità s. f. ● Caratteristica di ciò che è multifunzionale.

multifunzióne agg. inv. ● Multifunzionale.

multigrade /*ingl.* 'mʌltigreid/ [vc. ingl., comp. di *multi-* 'multi-' e *grade* 'grado' (stessa etim. dell'it. *grado*)] agg. inv. ● Detto di olio lubrificante per autoveicoli la cui viscosità non è molto influenzata dalla temperatura e può essere pertanto usato in condizioni ambientali diverse.

multilateràle [fr. *multilatéral*, comp. con *multi-*, sul modello di *unilatéral* 'unilaterale'] agg. *1* Che ha molti lati. *2* (*est., fig.*) Che ha molteplicità di connessioni e di riferimenti: *accordo, scambio m.* | (*ling.*) *Opposizione m.*, quella che intercorre tra due fonemi che si distinguono per diversi tratti. *3* (*dir.*) Plurilaterale: *contratto m.*

multilateraliṣmo [da *multilaterale*, sul modello dell'ingl. *multilateralism*] s. m. *1* (*raro*) Multilateralità. *2* Sistema economico o politico basato su una pluralità di scambi e di rapporti.

multilateralità s. f. ● Qualità di ciò che è multilaterale. SIN. Multilateralismo.

multilàtero [vc. dotta, lat. tardo *multilătеru(m)*, comp. di *mŭlti-* 'multi-' e *lătus*, genit. *lăteris* 'lato'] s. m. ● (*mat.*) Figura costituita da un numero finito di rette, dette lati, solitamente complanari | *M. completo piano*, i cui lati non passano a tre a tre per un medesimo punto, e del quale si considerano come vertici tutte le intersezioni dei lati a due a due | *M. semplice*, i cui lati sono ordinati circolarmente in modo che tre consecutivi non passino per il medesimo punto, e del quale si considerano come vertici le intersezioni di lati consecutivi.

multilìngue o (*raro*) **moltilìngue** [comp. di *multi-* e il pl. di *lingua*] agg. *1* Che parla varie lingue: *popolo, paese, zona m.* SIN. Poliglotta. *2* (*raro*) Che possiede molte lingue: *una mostruosa divinità m.*

multilinguiṣmo [da *multilingue*] s. m. ● Uso di più lingue da parte di un individuo o di una comunità. SIN. Plurilinguismo.

multilobàto agg. ● (*bot.*) Multilobo.

multilòbo o **multilòbo** [comp. di *multi-* e *lobo*] agg. ● Detto di foglia divisa in molti lobi.

multiloculàre [comp. di *multi-* e un deriv. di *loculo*] agg. ● (*bot.*) Pluriloculare.

multiloquènza o (*raro*) **moltiloquènza** [vc. dotta, lat. tardo *multiloquĕntia(m)*, da *multĭloquus* 'multiloquo'] s. f. ● (*raro*) Facondia, multiloquio.

multilòquio o (*raro*) **moltilòquio** [vc. dotta, lat. *multilŏquiu(m)*, da *multĭloquus* 'multiloquo'] s. m. ● (*raro*) Soverchio parlare, spec. futile e fastidioso: *il tuo m. ci aveva intontiti*.

multìloquo [vc. dotta, lat. *multĭloquu(m)*, comp. di *mŭlti-* 'multi-' e *lŏqui* 'parlare' (V. *loquela*)] agg. ● Loquace.

multilùstre [comp. di *multi-* e *lustro (3)*] agg. ● (*lett.*) Che dura da molti lustri: *amicizia, conoscenza m.*; *con atroce implacabile ironia / cara a le belle multilustri* (PARINI).

multimèdia /multi'mɛdja, *ingl.* mʌlti'mi:djə/ [vc. ingl., comp. di *multi-* 'multi-' e *media* 'mezzi di comunicazione' (V. *mass media*) 'dispositivi per l'elaborazione di informazioni'] agg. inv. ● Multimediale.

multimediàle agg. ● Detto di sistema informativo basato su strumenti comunicativi diversi, come testo, grafica, animazione, suono, usato spec. a scopo didattico | Che utilizza diversi strumenti di comunicazione di massa: *pubblicità m.*

multimedialità [da *multimediale*] s. f. ● Impiego contemporaneo di diversi mezzi di comunicazione spec. per scopi didattici, informativi, artistici.

multìmetro [comp. di *multi-* e *-metro*] s. m. ● (*elettr.*) Strumento indicatore, gener. portatile, per misure di tensione, intensità di corrente e resistenza. SIN. Analizzatore universale, strumento universale, voltamperometro.

multimiliardàrio [comp. di *multi-* e *miliardario*] agg.; anche s. m. (f. *-a*) ● Che, chi possiede molti miliardi.

multimilionàrio [comp. di *multi-* e *milionario*] agg.; anche s. m. (f. *-a*) ● Che, chi possiede molti milioni.

multimodàle [comp. di *multi-* e *modale*, sul modello dell'ingl. *multimodal*] agg. ● Che avviene o si compie in vari modi | *Trasporto m.*, trasporto intermodale.

multimòdo [comp. di *multi-* e *modo*] agg. ● (*ott.*, *elettr.*) Detto di particolari emissioni, da parte di laser e di altri dispositivi, di onde composte da diverse frequenze in cui ogni frequenza corrisponde a un diverso modo di oscillazione del dispositivo stesso | Detto della sovrapposizione di più modi di oscillazione nella propagazione di un'onda elettromagnetica in una guida d'onda.

multinazionàle [comp. di *multi-* e *nazione*, con suff. agg.] **A** agg. ● Che riguarda più nazioni: *forze armate multinazionali* | Che si estende in molte nazioni | *Azienda, società m.*, grande società industriale, commerciale o bancaria che, pur mantenendo il centro direttivo e organizzativo in un unico paese, ha importanti attività produttive, commerciali e finanziarie dislocate in vari paesi del mondo, talvolta imponendo i propri interessi ai governi nazionali. **B** s. f. ● (*ell.*) Società multinazionale: *le multinazionali americane, europee, giapponesi*.

†**multinomàto** [comp. di *multi-* e *nome*] agg. ● (*poet.*) Di molta fama.

multinomiàle [comp. di *multi-* e (*bi*)*nomiale*] agg. ● (*stat.*) Detto di distribuzione statistica definita su più variabili che costituisce estensione della distribuzione binomiale al caso in cui i risultati delle prove indipendenti possano essere più di due.

multinucleàre [comp. di *multi-* e *nucleare*] agg. ● (*bot.*) Plurinucleare.

multìpara o (*raro*) **moltìpara** [comp. di *multi-* e del lat. *-parus*, da *pàrere* 'partorire'] **s. f.**; anche **agg.** solo f. ● Donna, e (*est.*) femmina di animale, che ha avuto più parti, o che ha partorito più figli in un sol parto.

multiparità **s. f.** ● Condizione di chi è multipara.

multipartitìsmo [comp. di *multi-* e *partito* (*1*), con suff. sost., sul modello di *bipartitismo*] **s. m.** ● Pluripartitismo.

multipiàno [comp. di *multi-* e *piano* (*2*)] **agg. inv.** ● Detto di edificio, costruzione, struttura e sim. a più piani: *parcheggio m.*

multiplàno [da *multi-*, sul modello di *biplano* e *monoplano*] **s. m.** ● Pluriplano.

multiplazióne [da *multiplex*] **s. f.** ● (*rad.*) Tecnica di trasmissione che, attraverso multiplex, permette l'utilizzazione di un unico canale trasmissivo da parte di più utenti; le comunicazioni, senza interferire tra loro, vengono inviate sul canale a intervalli di tempo distinti o a intervalli di frequenze disgiunti.

multiplétto [ingl. *multiplet*, comp. di *multi-* e (*dou*)*blet* 'doppietto'] **s. m.** ● (*fis.*) Insieme di linee spettroscopiche molto vicine tra loro, ma distinguibili | Insieme di particelle elementari aventi stesso numero barionico e masse simili, ma con diversi valori degli altri numeri quantici.

mùltiplex [vc. lat., propr. 'di più parti'] **s. m.** ● (*tel.*) Dispositivo che permette di realizzare simultaneamente più vie di comunicazione su un unico canale.

multiplexer /multi'plɛkser, *ingl.* 'mʌltipleksə*/ [vc. ingl., da *multiplex* (V.)] **s. m. inv.** ● (*elettron.*) Dispositivo elettronico di commutazione alla cui unica linea di uscita viene collegata una sola delle molteplici linee in ingresso, selezionata tramite un codice.

multiplexing /multi'plɛksin(g), *ingl.* 'mʌltipleksiŋ/ [vc. ingl., dal v. *to multiplex*. V. *multiplex*] **s. m. inv.** ● (*elettron.*) Tecnica che consente di realizzare più comunicazioni contemporanee sullo stesso collegamento.

†**multiplicàre** e *deriv.* ● V. *moltiplicare* e *deriv.*

†**multiplice** e *deriv.* ● V. *molteplice* e *deriv.*

mùltiplo [vc. dotta, lat. tardo *mŭltiplu*(*m*), da *mŭltiplex* 'molteplice'] **A** **s. m.** *1* (*mat.*) Numero che si ottiene moltiplicando un numero naturale per un altro numero naturale | *Minimo comune m.*, il minore fra i multipli comuni ai numeri dati. *2* (*arte*) Opera realizzata dall'artista in modo da poter essere riprodotta in serie, così da ottenerne numerosi esemplari identici, gener. numerati e firmati. **B** **agg.** *1* (*mat.*) Che conta più volte, secondo criteri opportuni. *2* Che è composto di più parti, elementi e sim. | *Frutto m.*, composto di molti acheni parzialmente fusi | *Stella multipla*, insieme di due o più stelle che orbitano intorno al comune baricentro | *Vettura multipla*, utilizzabile indifferentemente per trasportare soli passeggeri, sole merci o passeggeri e merci.

multipolàre [comp. di *multi-* e *polare*] **agg.** *1* (*fis.*, *elettr.*) Fornito di più poli. *2* Detto di situazione internazionale o di politica basata su più poli d'influenza. **CFR.** Bipolare.

multipolarità **s. f.** ● Stato, condizione di ciò che è multipolare.

multipòlo [comp. di *multi-* e *polo*] **A** **agg. inv.** ● (*scient.*) Che ha più di due poli. **B** **s. m.** *1* (*elettr.*) Congegno fornito di più poli | Sistema che utilizza più terminali. *2* (*fis.*) Nello sviluppo in serie di un potenziale elettromagnetico, termine di ordine superiore al secondo.

multiprocessóre [comp. di *multi-* e *processore*] **s. m.** ● (*elab.*) Sistema di elaborazione dati nel quale l'esecuzione dei programmi è distribuita tra più processori uguali.

multiprogrammazióne [comp. di *multi-* e *programmazione*] **s. f.** ● (*elab.*) Modalità di operazione di un elaboratore elettronico in cui l'unità centrale esegue in successione gruppi di istruzioni di due o più programmi diversi.

multiproprietà [comp. di *multi-* e *proprietà*, sul modello del fr. *multipropriété*] **s. f.** *1* (*dir.*) Forma di comproprietà, spec. di case di villeggiatura, in cui l'uso del bene è limitato a una frazione di tempo ogni anno. *2* (*bur.*) Condominio.

multirazziàle [comp. di *multi-* e *razziale*] **agg.** ● Che si riferisce a più razze | Che ammette o sostiene la presenza di più razze, in completa eguaglianza fra loro, detto spec. di sistema politico, sociale e sim.

multiruòlo [comp. di *multi-* e *ruolo*] **agg. inv.** ● Che ricopre più ruoli, che assolve diversi compiti o funzioni: *società m.*; *unità navale m.*

multisàla [comp. di *multi-* e *sala*] **A** **s. f.** ● Cinema che dispone di varie sale in cui si proiettano contemporaneamente diversi film. **B** anche **agg.**: *cinema m.*

multisàle **agg. inv.** ● Detto di locale con più sale: *cinema m.*

multiscàfo [comp. di *multi-* e *scafo*] **s. m.**; anche **agg.** ● (*mar.*) Tipo di imbarcazione, quali catamarano e trimarano, costituita da più scafi paralleli variamente collegati fra di loro.

multisecolàre [comp. di *multi-* e *secolare*] **agg.** ● Antico di molti secoli.

multisettoriàle [comp. di *multi-* e *settoriale*] **agg.** ● Che riguarda vari settori: *attività, programmi multisettoriali.*

multisonànte o (*raro*) **moltisonànte** [comp. di *multi-* e *sonante*] **agg.** ● (*raro*, *lett.*) Fragoroso, rumoreggiante: *l'oceano m.*

multistàdio [comp. di *multi-* e *stadio* nel sign. 5] **agg.** ● Detto di apparecchio, spec. missile, a più stadi.

multistràto [comp. di *multi-* e *strato*] **agg. inv.** ● Costituito da più strati | *Pannello m.*, formato da più fogli di legno sovrapposti.

multiterminàle [comp. di *multi-* e *terminale*] **agg.** ● (*elab.*) Detto di sistema di elaborazione dati dotato di più terminali.

multitrapiànto [comp. di *multi-* e *trapianto*] **s. m.** ● (*chir.*) Trapianto di più organi in uno stesso paziente.

†**multitùdine** ● V. *moltitudine.*

multiùso o **multiùsi** [comp. di *multi-* e di *uso* (*2*)] **agg.** ● Detto di oggetto, strumento e sim. adatto a numerosi e diversi usi.

multiutènza [comp. di *multi-* e *utenza*] **s. f.** ● Insieme di più tipi di utenza.

multìvago o (*raro*) **moltìvago** [vc. dotta, lat. *multĭvagu*(*m*), comp. di *mŭlti-* 'multi-' e *văgus* 'vago, errante'] **agg.** (pl. m. *-ghi*) ● (*raro*, *lett.*) Che vaga a lungo: *il m. viandante.*

multivibratóre [comp. di *multi-* e *vibratore*] **s. m.** ● (*fis.*) Dispositivo elettronico, costituito da due amplificatori accoppiati in modo che l'uscita dell'uno sia collegata all'ingresso dell'altro e viceversa, usato come generatore di impulsi o di segnali elettrici periodici.

multivìdeo [comp. di *multi-* e *video*] **A** **s. m. inv.** ● Schermo su cui vengono proiettati simultaneamente più diapositive o filmati mediante diversi proiettori. **B** anche **agg. inv.**: *schermo m.*

multivisióne [comp. di *multi-* e *visione*, sul modello dell'ingl. *multivision*] **s. f.** ● Proiezione simultanea di più diapositive o filmati mediante diversi proiettori.

multìvolo [vc. dotta, lat. *multĭvolu*(*m*), comp. di *mŭlti-* 'multi-' e *vŏlo* 'io voglio'] **agg.** ● (*raro*, *poet.*) Che vuole molte cose: *i multivoli ardori* (CARDUCCI).

multizonàle [comp. di *multi-* e *zonale*] **agg.** ● Che riguarda più zone | Detto di struttura pubblica che serve diverse zone di una circoscrizione amministrativa: *presidio, ospedale m.*

mùmmia [ar. *mūmiyya*, n. della sostanza usata per imbalsamare] **s. f.** *1* Cadavere imbalsamato o disseccato: *le mummie egiziane.* *2* (*fig.*) Persona vecchia e rinsecchita, o ancorata a idee anguste e sorpassate: *un viso da m.*; *cosa vuoi che capisca, ormai è una vecchia m.!*

mummificàre [fr. *momifier*, comp. di *momie* 'mummia' e *-fier* '-ficare'] **A** **v. tr.** (*io mummìfico*, *tu mummìfichi*) ● Sottoporre a mummificazione. **B** **v. intr. pron.** *1* Subire la mummificazione. *2* (*fig.*) Incartapecorirsi, fossilizzarsi: *sembrava che il cadavere della vecchia si fosse mummificato*; *si è mummificato nella sua mentalità ristretta.*

mummificatóre **agg.**; anche **s. m.** (f. *-trice*) ● (*raro*) Che, chi mummifica.

mummificazióne [fr. *momification*, da *momifier* 'mummificare'] **s. f.** *1* Trattamento dei cadaveri praticato, spec. nell'antico Egitto, con vari sistemi (imbalsamazione, essiccamento e sim.), allo scopo di assicurare la loro conservazione il più a lungo possibile. *2* (*biol.*) Processo di essiccamento, fisiologico o patologico, dei tessuti organici.

mundial /*sp.* mun'djal/ [vc. sp., propr. 'mondiale', entrata nell'uso dopo la vittoria della squadra italiana al campionato mondiale di calcio del 1982 svoltosi in Spagna] **s. m. inv.** ● Campionato mondiale di calcio o anche di altro sport.

mundialito /*sp.* mundja'lito/ [vc. sp., propr. dim. di *mundial* (V.)] **s. m.** ● Torneo di calcio o anche di altro sport a cui partecipano squadre di diverse nazioni.

mùndio [vc. di origine germ.] **s. m.** ● Nell'antico diritto germanico, signoria esercitata dal capofamiglia su tutte le persone e cose componenti il gruppo familiare.

†**mundìzia** ● V. *mondezza* (*1*).

mundoàldo o **mondoàldo**, **munduàldo** [longob. *mundwald*, da *mund* 'tutela'] **s. m.** ● Nell'antico diritto germanico, il titolare del mundio.

muneraménto [da *munerare*] **s. m.** ● Rimunerazione.

†**muneràre** [vc. dotta, lat. *munerāri*, da *mūnus*, genit. *mūneris* 'dono'] **v. tr.** ● (*raro*) Rimunerare.

†**munerazióne** [vc. dotta, lat. tardo *muneratiōne*(*m*), da *munerāri* 'munerare'] **s. f.** ● (*raro*) Rimunerazione.

mùngere o †**mùgnere** [lat. parl. **mŭngere*, per il classico *mulgēre*, di origine indeur.] **v. tr.** (**pres.** *io mùngo, tu mùngi*; **pass. rem.** *io mùnsi, tu mungésti*; **part. pass.** *mùnto*) *1* Spremere il latte dalle mammelle (*anche ass.*): *m. le mucche, le pecore, le capre*; *m. il latte*; *secchia da m.* *2* (*fig.*) Sfruttare, spillare soldi: *m. il borsellino, la borsa di qc.* **SIN.** Spremere, succhiare.

mungitóio [da *mungere*] **s. m.** ● Luogo, locale ove si mungono gli animali lattiferi | Recipiente in cui si raccoglie il latte munto.

mungitóre **s. m.** (f. *-trice*) ● Chi munge.

mungitrice **s. f.** ● Macchina per la mungitura meccanica.

mungitùra **s. f.** ● Operazione, modo ed effetto del mungere: *m. a mano*; *m. meccanica* | *M. a giostra*, quella eseguita facendo salire le mucche su un piano rotante che le porta a turno al mungitore | *M. alla posta*, quella tradizionale eseguita lasciando la mucca al proprio posto nella stalla | Il latte munto: *m. scarsa.*

mùngo [stessa etim. di *mangusta*] **s. m.** (**pl.** *-ghi*) ● Mammifero dei Carnivori con ruvida pelliccia macchiettata, che attacca i serpenti velenosi e i topi (*Herpestes mungo*). **SIN.** Mangosta indiana.

municipàle [vc. dotta, lat. *municipāle*(*m*), da *municīpium* 'municipio'] **agg.** *1* Di, del municipio. *2* (*spreg.*) Ristretto all'angusta cerchia delle mura cittadine: *fama m.*; *nozze, glorie, rivalità municipali.* ‖ **municipalménte**, **avv.** (*raro*) Dal punto di vista municipale: *trattare municipalmente una questione d'interesse generale.*

municipalésco **agg.** (**pl. m.** *-schi*) ● (*spreg.*) Municipale, campanilistico.

municipalìsmo [comp. di *municipale* e *-ismo*] **s. m.** ● Tendenza a istaurare o sostenere le istituzioni autonome locali | Attaccamento eccessivo al proprio municipio e tendenza a favorirne esclusivamente lo sviluppo.

municipalìsta **A** **s. m.** e **f.** (**pl. m.** *-i*) ● Fautore, sostenitore del municipalismo. **B** **agg.** ● Municipalistico.

municipalìstico **agg.** (**pl. m.** *-ci*) ● Di municipalismo.

municipalità [fr. *municipalité*, da *municipal* 'municipale'] **s. f.** *1* (*raro*) Qualità di ciò che è municipale: *la m. di un intervento politico.* *2* Complesso delle autorità preposte al municipio.

municipalizzàre [fr. *municipaliser*, da *municipal* 'municipale'] **v. tr.** ● Trasferire la proprietà di un'azienda privata di interesse pubblico al comune interessato.

municipalizzàta **s. f.** ● (*ell.*) Azienda municipalizzata.

municipalizzàto **part. pass.** di *municipalizzare*; anche **agg.** ● Nel sign. del v. | *Azienda municipalizzata*, azienda pubblica comunale che ha in gestione un servizio pubblico.

municipalizzazióne [fr. *municipalisation*, da *municipaliser* 'municipalizzare'] **s. f.** *1* Atto, effetto del municipalizzare. *2* Il complesso delle aziende municipalizzate di un dato territorio.

†**municipe** [vc. dotta, lat. *munĭcipe(m)*, comp. di *mūnia* 'doveri' e *căpere* 'prendere'] s. m. ● Cittadino del municipio.

municìpio [vc. dotta, lat. *municĭpiu(m)*, da *mūniceps*, genit. *munĭcipis* 'municipe'] s. m. *1* Nell'antichità, città che si reggeva con leggi proprie e i cui abitanti godevano della cittadinanza romana. *2* Comune | Amministrazione comunale | Sede di tale amministrazione.

munificènte [vc. dotta, lat. **munificĕnte(m)*, da *munĭficus* 'munifico'] agg. ● (*lett.*) Munifico. || **munificenteménte**, avv. Con munificenza.

munificènza o †**munificènzia** [vc. dotta, lat. *munificĕntia(m)*, da **munĭficens*, genit. **munificĕntis* 'munificente'] s. f. *1* Generosità nello spendere e nel donare: *la famosa m. di quel principe*. *2* Dono, atto munifico: *si conquistò i sudditi con liberalità e munificenze*.

munìfico [vc. dotta, lat. *munĭficu(m)* 'che compie il proprio dovere', comp. di *mūnia* 'doveri' e *-ficus* '-fico'] agg. (pl. m. *-ci*; come sup. *munificentìssimo*) *1* Splendido e liberale tanto nelle spese pubbliche quanto in quelle private: *principe, signore, mecenate m.* *2* Che dimostra generosità: *offerta munifica*. || **munificaménte**, avv.

munìre [vc. dotta, lat. *munīre*, da *mūnis* 'obbligato, riconoscente', di origine indeur.] **A** v. tr. (*io munìsco, tu munìsci*) *1* Provvedere di mezzi offensivi o difensivi: *m. una città di torri, di palizzate*; *m. un fortino di cannoni*; *m. un guerriero di corazza* | Fortificare: *m. i luoghi più esposti di un paese*. *2* (*est.*) Fornire, dotare di ciò che è necessario alla realizzazione di determinati scopi: *m. un fiume di argini, l'esercito di vettovaglie*; *m. qc. di passaporto, di licenza*; *m. un quadro di un gancio*; *m. una porta di serratura* | (*bur.*) Fornire un atto e sim. dei requisiti di validità: *m. un documento del bollo, della firma*. *3* (*fig.*) Confortare: *i suoi consigli ci munirono di coraggio*; *volle morire munito dei conforti religiosi*. **B** v. rifl. ● Premunirsi (*anche fig.*): *munirsi di un bastone, di un documento*; *munirsi contro le sorprese*.

†**munistèrio** ● V. *monastero*.

†**munistèro** ● V. *monastero*.

munìto part. pass. di *munire*; anche agg. *1* Nei sign. del v. *2* Fortificato: *città munita*.

munizionaménto [da *munizionare*] s. m. ● Quantitativo di cartucce che per ogni arma portatile è assegnata come dotazione base ad ogni combattente e reparto | Complesso delle varie specie di proiettili o di proietti necessari per far funzionare un'arma da fuoco o un pezzo d'artiglieria | Attività diretta a rifornire qc. o q.c. di munizioni.

munizionàre [da *munizione*] v. tr. (*io munizióno*) ● (*raro*) Fornire una fortezza delle munizioni da guerra e dei necessari apprestamenti militari | Provvedere di munizioni i soldati per un combattimento.

munizióne [vc. dotta, lat. *munitiōne(m)*, da *munīre* 'munire'] s. f. *1* Tutto ciò che è necessario a un esercito per vivere e per combattere | †Ogni fortificazione o riparo: *non lasciando uscire alcuna delle munizioni dal campo* (MACHIAVELLI) | †*Soldato di m.*, a guardia permanente della città e dei forti | †*Pane di m.*, la pagnotta che un tempo serviva ad alimentare il soldato per due giorni. *2* (*spec. al pl.*) Correntemente, tutto ciò che serve per caricare un'arma da fuoco: *abbiamo finito le munizioni* | *Munizioni da caccia*, cartucce, pallini e sim. per i fucili da caccia | *Munizioni da bocca*, (*raro, scherz.*) viveri, vettovaglie | *Munizioni di denaro*, (*raro, scherz.*) scorte di denaro tenute in serbo. *3* †Calibro. *4* (*edil.*) Materiale sistemato nei cantieri in vista di future utilizzazioni.

munizionière s. m. ● (*raro*) Distributore delle munizioni o dei viveri ai soldati.

†**mùno** [vc. dotta, lat. *mūnus*] s. m. ● Dono, premio: *ad ogne merto saria giusto m.* (DANTE *Par.* XIV, 33).

mùnto part. pass. di *mungere*; anche agg. ● Nei sign. del v.

muóne [comp. di *mu* e *-one* (*3*)] s. m. ● (*fis.*) Leptone avente massa circa 207 volte maggiore di quella dell'elettrone, soggetto all'interazione elettromagnetica e a quella debole.

muòvere o (*pop., lett.*) **mòvere** [lat. parl. **mŏvere*, per il class. *movēre*, di origine indeur.] **A** v. tr. (pres. *io muòvo*, pop. o tosc. *mòvo*; pass. rem. *io mòssi, tu movésti*; part. pass. *mòsso*, †*mòto*; in tutta la coniug. la *o* dittonga preferibilmente in *uo* se tonica) *1* Togliere q.c. dallo stato di quiete, spostare q.c. da un luogo a un altro, da una posizione a un'altra: *il vento muove le foglie*; *muovi il libro da quel tavolo*; *m. un peso, un macigno* | †*M. il campo*, lasciare un accampamento | *M. una pedina*, nel gioco degli scacchi o della dama, spostarla da una casella a un'altra e (*fig.*) interessare ai casi propri una persona autorevole | *M. i piedi, le gambe*, (*fam.*) camminare, fare del moto | *M. i primi passi*, cominciare a camminare, detto di bambino o di malato convalescente e (*fig.*) iniziare un'attività | *M. la bocca, la voce*, cominciare a parlare | *M. gli occhi*, volgerli per guardare | *M. la testa, il capo*, per approvare o negare q.c. | *M. la coda*, scodinzolare | *M. le penne*, volare (*anche fig.*) | *Non m. un dito*, stare in ozio e (*fig.*) non voler far nulla per aiutare qc. | *Non saper m. un passo*, (*fig.*) essere completamente inetto. *2* Dare impulso, mettere in azione: *m. una ruota, una macchina* | *M. causa a qc.*, intentarla | *M. un inganno*, tenderlo | *M. guerra*, dichiararla e portarla | *M. un rimprovero*, rimproverare | Dare origine: *Dio muove tutte le cose* | *M. i denti*, (*raro, tosc.*) metterli | †*M. un muro*, cominciarne la costruzione | †*M. il viaggio*, mettersi in cammino. *3* Suscitare un sentimento: *m. il riso, il pianto, la compassione, l'orrore, i sospiri, la paura, l'invidia, la discordia* | Eccitare, incitare: *lo stimolo esterno muove i sensi*; *m. qc. a ira, a sdegno*; *m. gli animi a compassione*; *m. i sudditi al tumulto* | Commuovere: *il pianto della donna muoveva l'animo*; *uno spettacolo che muoverebbe anche le pietre* | Indurre, persuadere: *m. qc. a scrivere, a partire, a chiedere ragione* | Distogliere: *non c'è senso di muoverlo dal suo proposito*. *4* (*ass.*) Nel gioco degli scacchi o della dama, spostare un pezzo o una pedina da una casella all'altra. **B** v. intr. (aus. *essere* o *avere*) *1* Partire: *il treno muoveva da Napoli* | Avanzare: *il convoglio muoveva alla volta del confine*; *i due bambini muovono verso di lui*; *la fanciulla mosse incontro al padre*; *l'esercito muoveva contro il nemico*. *2* Cominciare: *la strada muove dalla valle* | (*ass., raro*) *Il pane muove*, comincia a lievitare | (*fig.*) Derivare, prender motivo: *le sue parole muovono da un ragionamento errato*; *il suo comportamento muove da un animo invidioso*. *3* (*tosc.*) Mettere il germoglio, detto di piante: *in collina le viti muovono prima*. *4* (*raro*) †Spuntare dei denti. **C** v. rifl. *1* Mettersi in movimento: *muoversi con lentezza, con precauzione*; *per il dolore non poté muoversi* | *Nessuno si muova!*, fermi tutti! | Allontanarsi, spostarsi (*anche fig.*): *muoversi da casa, dal proprio paese*; *il povero malato non può muoversi dal letto*; *è deciso a non muoversi dal suo proposito* | (*fig.*) Risolversi ad agire: *nessuno poteva pensare che quel piccolo Stato si sarebbe mosso per primo*. *2* Adoperarsi, darsi da fare: *in quest'occasione dobbiamo muoverci tutti*; *i soldati si mossero in aiuto del popolo* | (*raro*) Muoversi al soccorso, accorrere | Fare in fretta: *muovetevi!*; *se non ti muovi, arriveremo in ritardo*; *vi decidete a muovervi?* *3* (*fig.*) Agitarsi, sollevarsi: *il popolo si mosse a tumulto*; *i contadini si mossero contro il padrone*. **D** v. intr. pron. *1* Essere in movimento: *nel firmamento si muovono innumerevoli corpi celesti*; *eppur si muove* (GALILEI). *2* Commuoversi: *muoversi a pietà, a sdegno, a compassione*.

mùra (*1*) [sp. *amura*, da *amurar* 'cazzare le mure delle vele per navigare di bolina', da *muro* nel senso di 'parete laterale dell'imbarcazione'] s. f. ● (*mar.*) Ciascuno dei cavi che servono a tesare verso prora gli angoli inferiori delle vele quadre maggiori per orientarle in modo da costringere il vento | *Mure a dritta, mure a sinistra*, a seconda che si riceva il vento dal lato destro o sinistro della barca a vela | *Cambiare le mure*, virare di bordo.

mùra (*2*) [ant. forma di pl. di *muro*] s. f. ● (*pop.*) Muro.

muràglia [lat. *murālia*, nt. pl. di *murālis*, agg. di *mūrus* 'muro'] s. f. *1* Muro particolarmente solido e imponente, posto come riparo esterno a città, luoghi fortificati e sim. | *M. cinese*, quella, lunghissima e turrita, che chiude, a settentrione, la Cina. *2* (*est.*) Parete rocciosa verticale. *3* (*raro, fig.*) Impedimento, barriera: *l'introduzione della nuova teoria urtò contro una m. d'ignoranza*. *4* Parete dello zoccolo. || **muraglióne**, accr. m. (V.).

muraglióne s. m. *1* Accr. di *muraglia*. *2* (*mar.*) Aggiunta che, nelle imbarcazioni a vela latina, si fa alla maestra tra il gratile e la coperta quando i venti sono deboli.

muraiòla (*1*) [f. sost. di *muraiolo*, perché cresce sui *muri*] s. f. ● Erba delle Urticacee, pelosa, con fiori riuniti in piccoli gruppi ascellari, comune nei luoghi incolti (*Parietaria officinalis*). SIN. Erba vetriola.

muraiòla (*2*) [etim. incerta: forse da *moro* (*1*) 'scuro', per il colore] s. f. ● Moneta di billone coniata dal XVI sec. in poi nelle zecche pontificie dell'Emilia.

muraiòlo [da *muro*] **A** agg. ● Detto di animali o piante che si arrampicano sui muri. **B** s. m. ● †Marinaio assegnato alle manovre delle mura o del muraglione.

muràle (*1*) [vc. dotta, lat. *murāle(m)*, agg. di *mūrus* 'muro'] agg. *1* Che si riferisce a un muro | *Carta m.*, grande carta geografica o topografica che si appende al muro | *Giornale m.*, che si affigge a un muro, per consentirne a tutti la lettura: *il giornale m. del partito* | *Pittura m.*, eseguita su muro | *Pianta m.*, che cresce sui muri. *2* Di tutto ciò che riguarda difesa e offesa di mura fortificatorie | *Artiglieria m.*, usata per abbattere le mura | *Macchina m.*, ariete, testuggine.

muràle (*2*) [sp. *mural*, pl. *murales* (V. *murale* (*1*))] s. m. (pl. sp. *murales*) ● Grande affresco dipinto, anche da più persone, sulle facciate esterne di edifici, o su pannelli posti in luoghi pubblici, in cui sono riprodotte scene particolarmente significative nella vita sociale o politica di una comunità, un quartiere, un paese.

muralìsta s. m. e f. (pl. m. *-i*) ● Chi è autore di murales.

muraménto [da *murare* (*1*)] s. m. ● (*raro*) Atto, effetto del murare.

muràre (*1*) [vc. dotta, lat. tardo *murāre*, da *mūrus* 'muro'] **A** v. tr. *1* Chiudere un vano con un muro: *m. una porta, una finestra, una stanza* | Conficcare nel muro con ferro, cemento e sim.: *m. un gancio, una staffa* | Chiudere in un muro, dopo avervi praticato un'apertura, una cavità: *m. un tesoro, dei gioielli* | *M. a secco*, senza calcina; (*fig.*) mangiare senza bere, †fare q.c. di poco durevole | (*ass.*) Costruire muri. *2* Nella pallavolo, respingere la palla facendo muro. **B** v. rifl. ● (*fig.*) Rinchiudersi in un luogo: *si è murato in casa e nessuno lo vede più*.

muràre (*2*) [da *mura* (*1*)] v. tr. ● (*mar.*) Alare le mure per tesare le vele.

muràrio [da *muro*] agg. ● Che si riferisce al murare o alla muratura: *lavoro m.*; *opera muraria* | *Arte muraria*, quella del muratore | *Cinta muraria*, cerchia di mura di una città, un castello, una fortezza e sim.

muràta (*1*) [da *mura* (*2*)] s. f. ● Ciascuno dei due fianchi della nave al di sopra della linea di galleggiamento | Parte interna laterale della nave. ➡ ILL. p. 1756 TRASPORTI.

†**muràta** (*2*) [da *mura* (*2*)] s. f. *1* Cittadella, maschio della fortezza. *2* Muraglia.

muràto **A** part. pass. di *murare* (*1*); anche agg. ● Nei sign. del v. **B** s. m. ● †Muro.

muratóre [da *murato*] s. m. *1* Operaio addetto alla costruzione di opere in muratura | *Franco m.*, massone, frammassone. *2* (*zool.*) *Picchio m.*, vivace uccelletto dei Passeriformi che nidifica in cavità dei tronchi e restringe l'ingresso al nido con un muretto di fango (*Sitta europaea*).

muratòrio agg. ● (*raro*) Che si riferisce ai muratori, alle opere murarie e sim.

muratùra [da *murare*] s. f. *1* Atto del murare: *gli addetti alla m.*; *la m. è a buon prezzo*. *2* (*edil.*) Aggregato più o meno regolare di elementi naturali o artificiali con interposizione o meno di agglomeramenti: *m. di mattoni, di pietre da taglio*; *m. a secco*; *m. in calcestruzzo* | *M. a opera incerta*, tipo di muratura costituita da frammenti irregolari di pietre o mattoni uniti con sostanze cementanti particolarmente resistenti | *M. a una testa*, di spessore equivalente alla larghezza di un mattone | *M. a due, a tre, a quattro teste*, di spessore equivalente alla larghezza, rispettivamente, di due, tre, quattro mattoni | *M. in foglio*, quella di mattoni disposti per ritto.

muràzzi [vc. venez., da *muro* 'muro'] **s. m. pl.** ● L'insieme delle dighe costiere che proteggono alcuni tratti del litorale meridionale della laguna veneta dall'azione del mare.

†**mùrcido** [vc. dotta, lat. tardo *mūrcidu(m)*, da *mūrcus* 'mutilato', di etim. incerta] **agg.** ● Pigro, ignavo, poltrone.

†**murèlla** [da *muro*] **s. f.** ● Muretto | Pilastro o pilone di ponte.

murèna [vc. dotta, lat. *murāena(m)*, nom. *murāena*, dal gr. *mýraina*, di etim. incerta] **s. f.** ● Pesce di scogliera degli Anguilliformi, lungo fino a oltre 1 m, con carni molto apprezzate, dotato di muso acuto con bocca, priva di lingua, munita di denti appuntiti il cui morso è pericoloso a causa delle ghiandole velenose presenti nel palato (*Muraena helena*).

murétto **s. m.** *1* Dim. di *muro*. *2* Muro basso, per lo più a secco, usato come recinzione o per sistemare a balze un terreno da coltivare posto in forte pendenza. *3* Parapetto di un ponte.

mùrgia [lat. *mūrice(m)* 'murice', poi 'sasso acuminato' (V. *murice*)] **s. f.** (**pl.** *-ge*) ● (*merid.*) Roccia, rilievo montuoso.

mùria [lat. *mūria(m)*. V. *moia*] **s. f.** ● (*raro*) Salamoia.

muriàtico [vc. dotta, lat. *muriātica*, nt. pl., 'carni in salamoia', da *mūria* 'salamoia'. V. precedente] **agg.** (**pl. m.** *-ci*) ● *Acido m.*, (*pop.*) acido cloridrico.

†**muriàto** [da *muria*] **s. m.** ● Cloruro.

†**murìccia** o †**morìccia** [da *muro*] **s. f.** (**pl.** *-ce*) ● Maceria | Muro a secco di sassi.

murìccio [da *muro*] **s. m.** ● (*edil.*) Muro di spessore sottile, usato per suddividere gli spazi interni di una costruzione.

†**muricciolàio** **s. m.** ● (*raro, tosc.*) Rivenditore di libri sui muriccioli.

muricciòlo o (*lett.*) **muricciuòlo** **s. m.** *1* Dim. di *muro*. *2* Muro basso di cinta | *Andare a finire sui muriccioli*, (*fig.*) di libri ignorati da tutti | *Essere scritto su tutti i muriccioli*, (*fig.*) di cosa universalmente nota. *3* (*pop., tosc.*) Marciapiede.

mùrice [vc. dotta, lat. *mūrice(m)*, di origine preindeur.] **s. m.** ● Correntemente, mollusco marino dei Gasteropodi con conchiglia robusta, rugosa, fornita di spine (*Murex*).

Mùridi [comp. del lat. *mūs*, genit. *mūris* 'topo', di origine indeur., e *-idi*] **s. m. pl.** ● Nella tassonomia animale, famiglia di Mammiferi dei Roditori con muso aguzzo e coda lunga coperta di squame con pochi peli, cui appartengono i topi (*Muridae*) | (al sing. *-e*) Ogni individuo di tale famiglia.

murièlla o †**morèlla** (*1*) [da avvicinare a *mora* (*4*)] **s. f.** ● (*tosc.*) Piastrella usata nei giochi dei ragazzi: *giocare alle murielle*.

murìno [vc. dotta, lat. *mūrīnu(m)* 'di topo', da *mūs*, genit. *mūris* 'topo', di origine indeur.] **agg.** ● (*lett.*) Che riguarda i topi.

†**murmurazióne** ● V. *mormorazione*.

mùrmure [vc. dotta, lat. *mŭrmure(m)*, di origine onomat.] **s. m.** *1* (*poet.*) Mormorio: *con grato m. cadea / l'acqua di fuore* (ARIOSTO). *2* (*med.*) *M. vescicolare*, suono polmonare normale prodotto dall'entrata dell'aria negli alveoli polmonari.

mùro [lat. *mūru(m)*, di origine indeur.] **s. m.** (**pl.** *mùri*, **m.** nei sign. 1, 2, 3, 4, 5, *mùra*, **f.** nel sign. 8) *1* Struttura di fabbrica, le cui dimensioni longitudinali e di altezza prevalgono in genere sullo spessore, costruito mediante sovrapposizione di elementi come mattoni, pietre naturali e squadrate, con o senza leganti: *m. bianco, pulito, intonacato*; *puntellare il muro*; *attaccare un quadro al m.*; *m. di sassi, a secco*, senza calce | *M. maestro*, il principale di un edificio, che va dalle fondamenta al tetto | *M. divisorio*, che separa case o appartamenti contigui | *M. di tramezzo, m. sottile*, muriccio | *M. a, per coltello, m. in foglio*, di mattoni disposti per ritto | *M. cieco*, privo di vani | *M. di cotto*, di mattoni | *M. di pietra concia*, scalpellata o spianata | *M. a tenuta*, con intonaco di cemento idraulico | *M. d'accompagnamento*, che completa le fronti dei ponti raccordandoli col corpo stradale | *M. di testa*, quello posto in corrispondenza di ciascun lato dei ponti ad arco in muratura, di cui sorregge il coronamento | *M. d'ala*, muro d'accompagnamento costruito sul prolungamento della spalla del manufatto, che tronca le scarpate del terreno secondo piani verticali normali alle fronti del ponte | *M. d'ambito*, ciascuno dei muri perimetrali della scala | *M. d'anima*, muro interno di sostegno della scala | *M. di risvolto*, tratto di muro parallelo alla fronte del manufatto stradale, che inizia alla fine del muro d'ala | *M. di spina*, in alcuni tipi di costruzioni a pianta rettangolare, quello, posto lungo un asse centrale, che serve di sostegno alle strutture orizzontali e alle coperture | *M. del pianto*, a Gerusalemme, muraglia formata da avanzi di mura risalenti, secondo la leggenda, al tempio di Salomone, ov'è tradizione che si rechino a pregare gli ebrei | *M. di Berlino*, quello fatto costruire nel 1961 dal governo della Repubblica Democratica Tedesca che, fino al 1989, ha diviso la zona orientale della città, posta sotto il suo controllo, da quella occidentale controllata invece dalla Repubblica Federale Tedesca | *A m.*, detto di oggetti inseriti o incassati in un muro: *armadio a m.* | *Batterie da m.*, bocche da fuoco poste dietro parapetti di muro, destinate alla difesa di opere fortificate e di costa | *Palla a m.*, V. *pallamuro* | *Aver la casa a m. con qc.*, contigua | *Essere a m. con qc.*, abitare in case contigue | *Mettere qc. al m.*, fucilarlo | *Parlare al m.*, (*fig.*) a chi non vuole ascoltare | *Mettere qc. tra l'uscio e il m.*, alle strette | *Dare di capo nel m.*, in segno di rabbiosa disperazione | *È come urtare contro il m.*, (*fig.*) di persona che non si lascia convincere o situazione difficile da risolvere | (*fig.*) *M. contro m.*, in contrapposizione frontale, netta e irriducibile | *Mettere qc. con la faccia al m.*, castigo dei ragazzi | *Mettere qc. con le spalle al m.*, (*fig.*) costringerlo a tener fede ai propri impegni | *Aver le spalle al m.*, (*fig.*) essere ben difeso o in posizione di vantaggio | *Mettere, puntare i piedi al m.*, (*fig.*) impuntarsi in un proposito | (*fig.*) *I muri parlano*, c'è sempre pericolo che qc. riferisca un segreto | (*fig.*) *Qui anche i m. hanno orecchie*, c'è sempre qc. che origlia. *2* (*est., fig.*) Ciò che per densità, compattezza, altezza o altri elementi caratteristici può ricordare un muro: *un m. di nebbia*; *un m. d'acqua si abbatté sul villaggio* | Salita o discesa assai ripida. *3* (*est.*) Riparo, difesa (*anche fig.*): *un m. di ghiaccio li proteggeva dal vento*; *un m. d'orgoglio nasconde la sua timidezza*. *4* (*est., fig.*) Barriera, ostacolo: *un m. d'odio, d'incomprensione* | (*fig.*) *M. di gomma*, atteggiamento di distaccata indifferenza e di assoluto disinteresse, tale da scoraggiare qualsiasi attacco o tentativo: *fare m. di gomma*, assumere tale atteggiamento | *M. del suono*, resistenza dell'aria, che aumenta molto sensibilmente quando un aereo raggiunge o supera la velocità del suono. *5* (*sport*) Nella pallavolo e nel calcio, schieramento di due o più giocatori strettamente affiancati per respingere la palla, lanciata dagli avversari | Nell'equitazione, tipo di ostacolo usato nei concorsi ippici costituito da mattoni sovrapposti in legno compensato | Nello sci, tratto di pista in notevole pendenza. ➡ **ILL.** p. 1288 SPORT. *6* (*mar.*) †Ciascuna delle parti esterne rotonde di dritta e sinistra della prua. *7* (*geol.*) Letto di uno strato di roccia | *M. di faglia*, parete inferiore di una faglia inclinata. *8* (*al pl.*) Insieme di opere murarie, spec. quelle che cingono un agglomerato urbano: *mura merlate, turrite*; *assalire, scalzare, demolire le mura*; *prima, seconda cerchia di mura*; *edificare entro, fuori le mura* | *Chiudersi fra quattro mura*, condurre una vita eccessivamente ritirata. || **muràccio**, **pegg.** | **murettìno**, **dim.** | **murétto**, **dim.** (V.) | **muricciòlo**, **muricciuòlo**, **dim.** (V.) | **muricìno**, **dim.** | **murùccio**, **dim.**

mùrra [vc. dotta, lat. *mŭrra(m)*, di origine orient.] **s. f.** ● Pietra di gran pregio probabilmente costituita di fluorite o spato fluoro, usata anticamente per coppe, vasi e sim.

murrìna [da *murrino*] **s. f.** ● Oggetto di vetro ottenuto fondendo tra loro più sezioni affiancate di canne vitree monocrome o variamente colorate.

murrìno [vc. dotta, lat. *murrĭnu(m)*, da *mŭrra* 'murra'] **agg.** ● Detto di oggetto o suppellettile, spec. vaso, di murra.

mùṣa (*1*) [vc. dotta, lat. *Mūsa(m)*, nom. *Mūsa*, dal gr. *Môusa*, di etim. incerta] **s. f.** *1* Ciascuna delle nove dee che, nella mitologia greco-romana, proteggono le arti e le scienze: *invocare la musa* | *Alunno delle muse*, il poeta | (*fig.*) *La decima m.*, il cinema. *2* (*est.*) Ispirazione poetica: *essere visitato dalla m.* | La poesia stessa: *m. epica, lirica, tragica*; *la m. di Omero, di Virgilio, di Dante*. *3* Persona o cosa che ispira poesia: *Laura, la m. del Petrarca*; *la natura fu la sua m.* *4* (*fig.*) Poeta. || **musàccia**, **pegg.**

mùṣa (*2*) [ar. *mūza* 'banana'] **s. f.** ● Genere delle Musacee con specie perenni caratterizzate da foglie molto grandi a nervatura centrale, stipite formato dalla base dei piccioli, infiorescenza a grappolo con fiori unisessuati, cui appartiene il banano (*Musa*).

†**muṣàcchio** [dalla forma che ricordava quella del *muso* di un animale] **s. m.** ● Ornamento dello spallaccio dell'armatura foggiato a muso di leone, drago e sim.

Muṣàcee [vc. dotta, comp. di *musa* (*2*) e *-acee*] **s. f. pl.** ● Nella tassonomia vegetale, famiglia di piante monocotiledoni delle Scitaminee comprendente specie erbacee e legnose, con foglie molto grandi, infiorescenza a spiga o a pannocchia, frutto a capsula o a bacca allungata (*Musaceae*) | (al sing. *-a*) Ogni individuo di tale famiglia. ➡ **ILL. piante** /10.

muṣagète o **muṣàgete** [vc. dotta, lat. tardo *musāgete(m)*, nom. *musāgetes*, dal gr. *mousēgétēs*, comp. di *Môusa* 'musa (1)' e *ágein* 'condurre', di origine indeur.] **agg.**; anche **s. m.** ● (*lett.*) Appellativo di Apollo, guidatore delle muse.

muṣàico e *deriv.* ● V. *mosaico* (*1*) e *deriv.*

muṣànga [sp. *musanga*, di origine orient.] **s. f.** ● Mammifero notturno delle Viverre, asiatico, con arti assai corti e coda sviluppatissima, divoratore di frutta e devastatore di pollai (*Paradoxurus hermaphroditus*). **SIN.** Paradossuro.

muṣaràgno [lat. tardo *musarāneu(m)*, comp. di *mūs* 'topo' (V. *muridi*) e *arāneus* 'ragno'] **s. m.** ● (*zool.*) Toporagno.

†**muṣàre** (*1*) [da avvicinare a *muso*] **v. intr.** *1* Stare a guardare q.c. oziosamente: *Ma tu chi se' che 'n su lo scoglio muse?* (DANTE *Inf.* XVIII, 43). *2* Cercare.

†**muṣàre** (*2*) [fr. *muser*, propriamente 'restare col muso in aria, a bocca aperta', dall'ant. fr. *muse* 'muso', perché chi suonava gonfiava le gote alzando la testa] **v. intr.** ● (*raro*) Suonare la cornamusa.

muṣaròla ● V. *museruola*.

muṣàta [da *muso*] **s. f.** *1* Colpo dato col muso o battendo il muso: *scappando, il cane dette una m. contro il muro*. *2* (*raro*) Smorfia.

mùscari [gr. moderno *moschári* 'giacinto a grappolo', dal gr. classico *móschos* 'muschio (2)'] **s. m.** ● Genere di piante delle Liliacee comprendente specie erbacee perenni con bulbi tunicati, foglie basali glabre e lanceolate, fiori azzurri in racemi terminali (*Muscari*).

muscarìna [detta così perché estratta dal fungo velenoso *amanita muscaria*, chiamato così perché peloso come una *mosca* (lat. *mŭsca*)] **s. f.** ● Alcaloide estremamente tossico, contenuto in taluni funghi non eduli.

muscarinìṣmo [da *muscarina*] **s. m.** ● Intossicazione cronica da muscarina.

Mùschi [pl. di *musco*] **s. m. pl.** ● Nella tassonomia vegetale, classe delle Briofite, viventi in luoghi umidi, comprendente piantine prive di radici, con fusticini molto esili e sottili, con sporangi terminali (*Musci*). ➡ **ILL. piante** /1.

muschiàto o (*pop., tosc.*) **mustiàto** [da *muschio* (*1*)] **agg.** *1* Che ha odore di muschio: *essenza muschiata*. *2* Che emette muschio: *bue, topo m.*

muschìllo [vc. nap., propr. 'moscerino', dal lat. *mŭsca(m)* 'mosca' con suff. dim.] **s. m.** ● (*nap.*) Bambino assoldato dalla malavita organizzata spec. per spacciare droga.

mùschio (*1*) [persiano *musk*] **s. m.** ● Sostanza dal forte odore, secreta da speciali ghiandole di vari Mammiferi o prodotta artificialmente, usata spec. come fissativo in profumeria.

mùschio (*2*) ● V. *musco*.

muschióso ● V. *muscoso*.

musciàme ● V. *mosciame*.

muscìcapa [comp. del lat. *musca* 'mosca' e *căpere* 'prendere'] **s. f.** ● (*zool.*) Pigliamosche.

Muscicàpidi [comp. di *muscicap(a)* e *-idi*] **s. m. pl.** ● Nella tassonomia animale, famiglia di Uccelli dei Passeriformi con becco leggermente uncinato nella punta, zampe sottili, piumaggio abbondante chiaro in alcuni individui, di colori brillanti in altri, migratori e sedentari (*Muscicapidae*). SIN. Pigliamosche | (al sing. *-e*) Ogni individuo di tale famiglia.

Mùscidi [comp. del lat. *musc(a)* 'mosca', e *-idi*] s. m. pl. ● Nella tassonomia animale, famiglia di Insetti dei Ditteri di piccole o medie dimensioni, con antenne brevi, corto addome, zampe robuste e apparato boccale succhiatore o succhiatore pungente (*Muscidae*) | (al sing. *-e*) Ogni individuo di tale famiglia.

muscìpula [V. *muscipulo*] s. f. ● Pianta erbacea perenne delle Droseracee con rizoma sotterraneo, foglie con picciolo appiattito, lamina terminale biloba con setole sui margini, la quale, con appropriati movimenti, riesce a catturare gli insetti che vi si posano (*Dionaea muscipula*).

muscìpulo [lat. *muscĭpulu(m)*, propriamente 'trappola per topi', dalla base *mūs* 'topo'] agg. ● Detto di organismo vegetale capace di catturare insetti.

mùsco o **mùschio** (2) [vc. dotta, lat. *mŭscu(m)*, di origine indeur.] s. m. *1* (*bot.*) Ogni individuo appartenente alla classe dei Muschi | *M. quercino*, comune sul terreno e sulle rocce nei boschi di montagna. *2* (*est.*, *fam.*) Insieme di piantine di muschi usate a scopo ornamentale: *decorare il presepe col m.*

muscolàre agg. ● (*anat.*) Di, relativo a, muscolo: *tessuto m.*; *sistema m.* | *Fibra m.*, serie di cellule allungate molto contrattili che costituisce il muscolo. || **muscolarménte**, avv. Relativamente ai muscoli.

muscolatùra s. f. ● Insieme dei muscoli.

muscolìna [detta così perché si estrae dai *muscoli*] s. f. ● Sostanza albuminoide sciolta nel liquido sanguigno della carne.

mùscolo [vc. dotta, lat. *mūsculu(m)*, dim. di *mūs* 'topo' (V. *muridi*); detto così perché le contrazioni dei muscoli ricordano il guizzare dei topi] s. m. *1* (*anat.*) Insieme di fibre muscolari che costituisce un organo autonomo per forma e funzione: *i muscoli del collo*; *tendere i muscoli* | *M. volontario*, formato da fibre striate, sotto il dominio del sistema nervoso centrale | *M. involontario*, formato da fibre muscolari lisce, sotto il comando del sistema nervoso vegetativo | (*fig.*) *Avere muscoli di ferro, d'acciaio*, molto forti e saldi. ➡ ILL. p. 362, 367 ANATOMIA UMANA. *2* (*al pl.*, *fig.*) Vigoria fisica, spec. contrapposta all'attività intellettuale o spirituale: *gli rendono più i muscoli che il cervello*; *c'è gente che guadagna solo coi muscoli* | (*fig.*) *Essere tutto muscoli*, robusto, scattante e privo di grasso superfluo; (*spreg.*) possedere molta forza fisica, ma scarseggiare di intelligenza | (*fig.*) *Non avere muscoli, essere senza muscoli*, detto di persona o di cosa fiacca, priva di energia, nerbo o sim. | (*fig.*) Mostrare i muscoli, dare una dimostrazione di forza, tenere un atteggiamento energico. *3* Polpa della carne macellata. *4* (*zool.*, *sett.*) Mitilo, cozza. *5* V. *moscolo* (*2*). || **muscolétto**, dim. | **muscolìno**, dim. | **muscolóne**, accr.

muscolocutàneo [comp. di *muscolo* e *cutaneo*] agg. ● Concernente i muscoli e la cute.

muscololacunàre [comp. di *muscolo* e un deriv. di *lacuna*] agg. ● (*med.*) Detto di ernia che s'insinua attraverso una lacuna muscolare.

muscolomembranóso [comp. di *muscolo* e *membranoso*] agg. ● (*anat.*) Detto di membrana che contiene fibre muscolari.

muscolosità s. f. ● Qualità di chi, di ciò che è muscoloso.

muscolóso [vc. dotta, lat. tardo *muscolōsu(m)*, da *mūsculus* 'muscolo'] agg. ● Che ha muscoli forti e rilevati: *uomo m.*; *gambe muscolose*.

muscolùto agg. ● (*raro*) Muscoloso.

muscóne [comp. del lat. *mŭscus* 'musco', e *-one* (*2*)] s. m. ● (*chim.*) Composto chetonico liquido, denso e odoroso, principio attivo del muschio, usato in profumeria.

muscóso o (*raro*) **muschióso** [vc. dotta, lat. *muscōsu(m)*, da *mŭscus* 'musco'] agg. ● Coperto di muschio: *alto e m. faggio* (POLIZIANO).

muscovadite [etim. incerta] s. f. ● Roccia eruttiva-intrusiva delle noriti, con origine da scisti alluminiferi.

muscovite [ingl. *Muscovy* (*glass*) 'vetro di Moscovia' (Moscovia = Mosca); V. *moscovita* e *-ite* (*2*)] s. f. ● (*miner.*) Mica chiara o incolore in individui lamellari a contorno esagonale, caratterizzati da una facilissima sfaldatura e da una viva lucentezza, costituente fondamentale di molte rocce eruttive e metamorfiche.

muṣdèca [etim. discussa: dal lat. *mustēla* 'donnola' (?)] s. f. ● (*zool.*, *dial.*) Pastenula.

muṣeàle [da *museo*] agg. ● (*raro*) Di, relativo a, museo.

†**muṣeggiàre** [da *musa* (*1*)] v. intr. ● (*scherz.*) Poetare.

muṣeificàre [comp. di *museo* e *-ficare*] v. tr. (*io muṣeìfico, tu muṣeìfichi*) *1* (*raro*) Collocare in un museo, detto di opere d'arte. *2* (*fig.*) Rendere antiquato, superato, attribuire caratteri non conformi all'uso presente: *m. un'istituzione*.

muṣeificazióne s. f. ● Atto, effetto del museificare (*anche fig.*).

muṣèllo [ant. fr. *musel* 'muso'] s. m. ● Superficie esterna del labbro superiore dei bovini e dei bufali.

muṣèo [vc. dotta, lat. *musēu(m)*, dal gr. *mouseîon* 'tempio delle Muse', da *Môusa* 'Musa'] s. m. ● Luogo in cui sono raccolti, ordinati e custoditi oggetti d'interesse storico, artistico, scientifico, etnico e sim.: *m. archeologico, di antichità, etrusco, egiziano, cristiano, zoologico, mineralogico, anatomico, etnografico* | *Roba da m.*, (*spreg.*) anticaglia | *Pezzo da m.*, (*fig.*) persona o cosa molto vecchia o antiquata.

muṣeografìa [comp. di *museo* e *-grafia*] s. f. ● Teoria e tecnica relativa alla costruzione, all'ordinamento e alla manutenzione, con criteri razionali, dei musei.

muṣeogràfico agg. (pl. m. *-ci*) ● Di, relativo a, museografia.

muṣeologìa [comp. di *museo* e *-logia*] s. f. (pl. *-gie*) ● (*raro*) Museografia.

muṣeotècnica [comp. di *museo* e *tecnica*] s. f. ● Tecnica di ordinamento di un museo.

muṣeruòla o (*pop.*) **muṣaròla**, (*pop.*) **muṣeròla** [da *muso*] s. f. ● Arnese costituito da strisce di cuoio e da fili di ferro intrecciati, che si pone al muso dei cani perché non mordano: *è pericoloso far circolare i cani senza m.* | *Metter la m. a qc.*, (*fig.*) impedirgli di parlare | (*est.*) Oggetto analogo di vimini o cuoio che si applica sul muso ai buoi, cavalli e simili, perché non mordano o non mangino | (*est.*) Nei finimenti del cavallo, parte della testiera che passa sopra le narici.

muṣétta (1) [fr. *musette* (V.)] s. f. ● Sacchetto con la biada che si appende sotto il muso del cavallo, del mulo e sim.

muṣétta (2) s. f. ● Adattamento di *musette* (V.).

musette /fr. my'zɛt/ [vc. fr., propr. dim. di *muse*, a sua volta dev. di *muser* 'suonare la musette' (propr. 'restare con il muso in aria')] **A** s. f. inv. *1* Strumento musicale simile alla cornamusa, costituito da una sacca di cuoio in cui sono inseriti un cannello a sei buchi e uno a tre zufoli. *2* Danza e composizione musicale di carattere pastorale in tempo binario o ternario. **B** in funzione di agg. inv. ● (posposto al s.) Detto di ballo che si danza al suono della fisarmonica o della musette: *valzer m.*

muṣétto s. m. *1* Dim. di *muso*; *Nenè gli strofinò il m ... sulla camicia di seta cruda* (SCIASCIA). *2* Viso, spec. femminile, grazioso e capriccioso: *che bel m.!* || **musettàccio**, pegg. | **musettìno**, dim.

mùṣica [vc. dotta, lat. *mūsica(m)*, nom. *mūsica*, dal gr. *mousiké* (*téchnē*) 'arte delle Muse', da *Môusa* 'Musa'] s. f. *1* Arte di combinare più suoni in base a regole definite, diverse a seconda dei luoghi e delle epoche: *m. antica, moderna*; *m. orientale*; *dedicarsi alla m.*; *studiare m.*; *maestro di m.* *2* Ogni produzione di tale arte: *m. polifonica, dodecafonica*; *m. sacra*; *pezzo di m.* | *M. da camera*, per un ristretto numero di esecutori, adatta ad essere eseguita in una piccola sala | *M. concreta*, tipo di musica del Novecento che consiste nella registrazione su nastro elettromagnetico dei suoni della natura e della vita quotidiana | *M. elettronica*, quella che sfrutta anche, o solo, gli effetti sonori di apparecchiature elettroniche | *M. di scena*, che accompagna uno spettacolo teatrale di prosa | *M. concerto*, basata sulla elaborazione elettroacustica di elementi sonori già concretamente esistenti in natura e registrati | *M. informatica*, concepita e realizzata con le tecniche dell'informatica | Composizione musicale: *scrivere una m.*; *ascoltare, eseguire una m.* | *Far m.*, suonare, cantare e sim. | *Leggere la m.*, eseguire un brano, leggendone le note su un apposito spartito | *Carta da m.*, quella su cui è tracciato il pentagramma, che consente la scrittura delle note e di ogni altra annotazione musicale | *Mettere in m.*, musicare un testo poetico. ➡ ILL. **musica**. *3* Banda, fanfara: *stasera in piazza ci sarà la m.*; *la m. del reggimento suonava per le vie*; *la m. seguiva il funerale* | (*raro*) Orchestra, filarmonica. *4* (*fig.*) Suono melodioso e gradevole all'udito: *le sue parole sono per me una m.*; *la dolce m. di quei versi* | (*antifr.*) Suono spiacevole e fastidioso: *senti che m. fanno i gatti!*; *che m. d'inferno!* *5* (*est.*) Cosa monotona e prolungata: *è sempre la stessa m.*; *è la solita m.*; *è ora di cambiar m.*; *basta con questa m.!* | †*Metterla in m.*, perdere tempo in chiacchiere e complimenti. *6* (*raro*) Imbroglio, garbuglio: *io non voglio entrare in questa m.* | *Questa è un'altra m.*, un'altra faccenda. || **musicàccia**, pegg. | **musichétta**, dim. | **musichìna**, dim. | **musicóna**, accr. | **musicóne**, accr. m.

muṣicàbile agg. ● Che si può musicare: *versi difficilmente musicabili.*

muṣicabilità [da *musicabile*] s. f. ● Qualità, condizione di ciò che è musicabile.

musical /ingl. 'mju:zikəl/ [vc. ingl., da *musical* (*comedy*) 'commedia musicale'] s. m. inv. ● Genere di spettacolo moderno, misto di balletti e di canzoni, con una tenue trama narrativa: *i m. italiani degli anni Sessanta*.

muṣicàle agg. *1* Di musica, relativo alla musica: *composizione m.*; *serata m.*; *accordo, concerto, trattenimento m.* | *Istituto, liceo m.*, dove si studia musica | *Arte m.*, musica | *Strumento m.*, per suonare musica | *Dramma m.*, melodramma. *2* Che ha o dimostra inclinazione, sensibilità e sim. per la musica: *orecchio m.*; *senso m.* *3* Che ha le caratteristiche della musica, per armonia, sonorità, e sim.: *verso m.*; *lingua m.* | (*ling.*) Accento *m.*, quello ottenuto con una intonazione più alta della voce. || **musicalménte**, avv.

muṣicalità s. f. ● Qualità di ciò che è musicale: *la m. di una melodia, di un verso, di una lingua.*

muṣicànte [da *musica*] **A** agg. ● Che esegue musica, che suona: *angeli musicanti.* **B** s. m. e f. *1* Suonatore in una banda: *le uniformi scure dei musicanti.* *2* (*spreg.*) Chi compone o esegue musica mediocre.

muṣicàre **A** v. tr. (*io mùṣico, tu mùṣichi*) ● Mettere in musica un testo poetico destinato al canto: *m. una commedia, un dramma, un inno.* **B** v. intr. (aus. *essere*) ● †Eseguire una musica.

muṣicassétta [comp. di *musi(cale)* e *cassetta*] s. f. ● Caricatore di nastro magnetico che viene posto in vendita con musiche preregistrate. SIN. Fonocassetta.

music-hall /ingl. 'mju:zik hɔ:l/ [vc. ingl., propriamente 'sala da musica'] s. m. inv. (pl. ingl. *music-halls*) ● Teatro dove si eseguono spettacoli di varietà musicale | Lo spettacolo che vi si rappresenta.

†**muṣichévole** agg. ● Musicale | *Metro m.*, cadenza, ritmo musicale.

†**muṣichière** s. m. ● Musico, canterino.

muṣicista s. m. e f. (pl. m. *-i*) *1* Chi compone musica. *2* Chi esegue musica.

mùṣico [vc. dotta, lat. *mūsicu(m)*, nom. *mūsicus*, dal gr. *mousikós*, da *Môusa* 'Musa'] **A** agg. (pl. m. *-ci*) ● (*lett.*) Musicale: *tra il suon d'argute trombe ... e d'ogni musica armonia* (ARIOSTO) | *Mano musica*, esperta nell'eseguire una musica | (*poet.*) Melodioso, detto del canto di un uccello: *m. cigno, usignolo* | *Il m. augel*, l'usignolo. **B** s. m. (f. †*muṣichéssa*, scherz. nel sign. 1) *1* †Musicista | Cantore. *2* †Cantore evirato. || †**musicàccio**, pegg. | †**musichétto**, dim. | †**musichìno**, dim. | †**musicùccio**, dim.

mùṣico- primo elemento ● In parole composte, fa riferimento alla musica: *musicologo, musicomania.*

muṣicòfilo [comp. di *musico-* e *-filo*] s. m. (f. *-a*) ● Amante, cultore di musica.

muṣicògrafo [comp. di *musico-* e *-grafo*] s. m. (f. *-a*) ● Chi scrive su argomenti musicali.

musicologìa [comp. di *musico-* e *-logia*] s. f. (pl. *-gie*) ● Studio della tecnica e della storia musicale.

musicològico agg. (pl. m. *-ci*) ● Della, relativo alla musicologia e ai musicologi.

musicòlogo [comp. di *musico-* e *-logo*] s. m. (f. *-a*; pl. *-gi*, pop. *-ghi*) ● Studioso, esperto di musicologia.

musicòmane [comp. di *musico-* e *-mane*] s. m. e f. ● Chi è animato da un eccessivo amore per la musica, chi è maniaco per la musica (*anche scherz.*).

musicomanìa [comp. di *musico-* e *-mania*] s. f. ● Maniaca passione per la musica (*spec. scherz.*).

musicoterapìa [comp. di *musico-* e *terapia*] s. f. ● (*med.*) Meloterapia.

†**musièra** [da *muso*] s. f. ● (*raro*) Visiera.

musìno s. m. *1* Dim. di *muso*. *2* Viso, spec. femminile, grazioso e delicato.

musìvo [vc. dotta, lat. tardo *musīvu(m)* (*ŏpus*) 'lavoro delle muse', dal gr. *móuseios*, agg. di *Môusa* 'Musa'] agg. ● Di, relativo a, mosaico: *opera musiva* | (*chim.*) *Oro m.*, solfuro stannico in polvere o in scaglie gialle splendenti, impiegato spec. a scopo decorativo.

müsli /*ted.* 'my:sli/ o **muesli** [vc. del dialetto svizzero-ted., dal ted. *Mus* 'passato, purè, pappa'] s. m. inv. ● Alimento costituito da una miscela di cereali, frutta secca, miele e altri ingredienti, che si mangia gener. nel latte o nello yogurt.

musmè [giapp., propriamente 'fanciulla, figlia'] s. f. inv. ● Giovane donna giapponese.

mùso [vc. di origine preindeur.] s. m. *1* Parte anteriore sporgente della testa degli animali che termina con la bocca: *m. di cane*, *di pecora*, *di asino*; *il m. della rana*, *del topo*. *2* (*scherz.*, *spreg.*) Viso umano: *m. sporco*, *sudicio*; *lavati il m.!*; *rompere*, *spaccare il m. a qc.* | *Brutto m.*, persona arcigna o che ispira antipatia | *Mostrare m. duro*, manifestare ostilità o impassibilità | *A m. duro*, con modi rudi e decisi | *M. di luccio*, (*raro*) faccia lunga | *Torcere il m.*, in segno di contrarietà o fastidio | *Allungare il m.*, dimagrire | *Dire q.c. sul m.*, con assoluta franchezza | *Fare q.c. sul m.*, sfacciatamente | *Ridere sul m.*, schernire apertamente | *Mettere il m. fuori*, uscire | Broncio: *m. lungo*; *fare*, *tenere il m.*; *mettere su il m.* SIN. Ceffo, grugno. *3* (*est.*) Oggetto, struttura e sim. la cui forma allungata ricorda il muso di un animale | *Il m. dell'automobile*, la parte anteriore della carrozzeria | *M. di un aereo*, la parte anteriore della fusoliera, dal punto in cui si accentua la rastremazione. ➡ ILL. p. 1758 TRASPORTI. || **musàccio**, pegg. | **musaccióne**, accr. | **musétto**, dim. (V.) | **musìno**, dim. (V.) | **musóne**, accr. (V.).

†**musolièra** [fr. *muselière*, da *musel* 'muso'] s. f. ● Museruola.

musóne [accr. di *muso*] s. m. (f. *-a* nel sign. 1) *1* Persona imbronciata e poco socievole: *è impossibile stare con quel m.* | (*raro*) *Fare il m.*, farsi i fatti propri in silenzio. *2* Nelle antiche fortificazioni, orecchione.

musonerìa s. f. ● Qualità di chi è musone.

†**musórno** [da *muso*] agg.; anche s. m. ● Triste, imbronciato | *Fare tanto di m.*, di broncio.

mussànte part. pres. di *mussare* (*1*); anche agg. ● Nel sign. del v.

mussàre (1) [fr. *mousser*, da *mousse* 'schiuma', dal lat. *mŭlsa(m)*] **A** v. intr. (aus. *avere*) ● Spumeggiare, detto di vino o altre bevande. **B** v. tr. ● Solo nella loc. *m. una notizia*, in un giornale, esporla in modo che faccia effetto sul pubblico.

†**mussàre** (2) [lat. *mussāre*, di origine onomat.] v. intr. ● Parlare sommessamente.

†**mussitàre** [vc. dotta, lat. *mussitāre*, ints. di *mussāre* 'mussare (2)'] v. intr. ● Parlare sottovoce.

mussitazióne [vc. dotta, lat. tardo *mussitatiōne(m)*, da *mussitāre* 'mussitare'] s. f. *1* †Atto del mussitare. *2* (*psicol.*) Parlare sommesso per una specie di delirio tranquillo.

mùssola [da *Mōsul*, città irachena] s. f. ● Tessuto trasparente di seta, di lana o di cotone.

mussolìna s. f. ● Mussola.

mussoliniàno agg. ● Di B. Mussolini, delle sue idee o della sua politica.

mussolìno [da *mussola*] s. m. ● (*dial.*) Mussola.

mùssolo (1) s. m. ● (*dial.*) Mussola.

mùssolo (2) [lat. *mūsculu(m)* 'arsella', propriamente dim. di *mūs* 'topo' (V. *muridi*)] s. m. ● (*sett.*) Mollusco dei Lamellibranchi, affine ai mitili, commestibile, comune nell'Adriatico (*Arca noae*).

mussulmàno e *deriv.* ● V. *musulmano* e deriv.

must /*ingl.* mʌst/ [vc. ingl., dal v. *must* 'dovere'] s. m. inv. ● Cosa che si deve necessariamente fare, vedere, conoscere, leggere, indossare, spec. per essere alla moda o dimostrare di essere aggiornati: *è un m. dell'abbigliamento femminile*.

mustacchìno [detto così perché ha i *mustacchi*] s. m. ● (*zool.*) Basettino.

mustàcchio o †**mostàcchio**, **mustàccio** [V. *mostaccio*] s. m. *1* (*spec. al pl.*) Baffi folti e lunghi: *tirarsi*, *arricciarsi i mustacchi*. *2* (*mar.*) Ciascuna delle sartie orizzontali che, partendo dalla punta del bompresso e tesate sui mosconi di prua, servono a tenere fermo il bompresso stesso. || **mustacchìno**, dim. | **mustacchióne**, accr.

mustàng /mus'tang, *ingl.* 'mʌstæŋ/ [sp. *mestengo* 'di sangue misto'] s. m. inv. ● Cavallo inselvatichito degli Stati Uniti d'America e del Messico, discendente dai cavalli domestici importati dai colonizzatori.

mustèla [vc. dotta, lat. *mustēla(m)*: dim. di *mūs* 'topo' (?). V. *muridi*] s. f. ● Genere di piccoli mammiferi carnivori dei Mustelidi con corpo sottile e allungato, muso breve e aguzzo, coda sottile (*Mustela*).

Mustèlidi [comp. di *mustel(a)* e *-idi*] s. m. pl. ● Nella tassonomia animale, famiglia di Mammiferi carnivori, di taglia piccola, con dentatura molto robusta e bella pelliccia (*Mustelidae*) | (al sing. *-e*) Ogni individuo di tale famiglia.

musteriàno [dal n. della località di *Le Moustier*, nella regione francese della Dordogna] agg. ● Detto di una cultura preistorica del Paleolitico medio.

mustiàto ● V. *muschiato*.

mustiòlo [Cfr. *muschio* (*1*)] s. m. ● Piccolissimo mammifero insettivoro, di indole feroce, con muso appuntito e pelliccia delicatissima (*Pachyura etrusca*).

musulmanéṣimo [da *musulmano*] s. m. ● Islamismo.

musulmàno o **mussulmàno** [persiano *muslimān*, pl. di *muslim* 'appartenente all'Islam'] agg.; anche s. m. (f. *-a*) ● Islamico.

mùta (1) [da *mutare*] s. f. *1* Atto, effetto del mutare: *la m. dei cavalli*, *degli operai*, *della sentinella* | *M. del vino*, travaso | *Dare*, *darsi la m.*, il cambio | (*raro*, *lett.*) *A m.*, *a m.*, scambievolmente. SIN. Avvicendamento, turno. *2* (*zool.*) Rinnovamento periodico della pelle o delle formazioni cutanee di rivestimento, quali peli, penne, squame, che si verifica in molti animali, sia invertebrati che vertebrati | *M. dei bachi da seta*, metamorfosi che si verifica a ogni dormita, e tempo in cui ciò avviene | *M. degli uccelli*, muda. *3* Gruppo di soldati che costituisce il numero di sentinelle necessarie ad assicurare un determinato servizio di guardia. *4* Corredo completo di oggetti utili per un determinato scopo, che sostituiscono o possono sostituirne altri già usati, deteriorati e sim.: *m. di abiti*, *di biancheria*; *m. di vele*. *5* Tuta aderente, in gomma o neoprene espanso, per immersioni subacquee. ➡ ILL. **pesca**; **vigili del fuoco**.

mùta (2) [fr. *meute*, dal lat. parl. **mŏvita(m)*, part. pass. di *movēre*] s. f. ● Gruppo di cani messi insieme per una battuta di caccia: *sguinzagliare la m.* | (*raro*) *Una m. di cavalli*, quelli accoppiati per tirare una carrozza.

mutàbile [vc. dotta, lat. *mutābile(m)*, da *mutāre* 'mutare'] agg. *1* Che può mutare: *quantità*, *temperatura m.* SIN. Variabile. *2* (*est.*) Incostante, volubile: *carattere*, *umore m.*; *nel mondo m. e leggiero / costanza è spesso il variar pensiero* (TASSO). || **mutabilménte**, avv.

mutabilità [vc. dotta, lat. *mutabilitāte(m)*, da *mutābilis* 'mutabile'] s. f. *1* Qualità di chi, di ciò che è mutabile. SIN. Variabilità. *2* (*est.*, *fig.*) Incostanza, volubilità: *la m. delle cose del mondo*.

mutàcico agg. (pl. m. *-ci*) ● Relativo a mutacismo.

mutaciṣmo (1) [vc. dotta, lat. tardo *metacĭsmu(m)*, forma scorretta per *mytacĭsmu(m)*, nom. *mytacĭsmus*, dal gr. *mytakismós*, dalla lettera *mŷ* (m), sul modello di *lambdakismós* 'lambdacismo'] s. m. ● Disturbo del linguaggio che consiste nella difficoltà di pronunciare le consonanti labiali.

mutaciṣmo (2) [da *muto* col suff. *-ismo*] s. m. ● (*med.*, *psicoan.*) Mutismo dovuto al rifiuto della comunicazione orale come manifestazione di ostilità; caratteristico di alcune psicosi.

mutagèneṣi [comp. di *muta(zione)* e *genesi*] s. f. ● (*biol.*) Insieme dei processi, naturali o indotti, che portano alla comparsa di una mutazione nel genoma di un organismo. CFR. Mutazione.

mutàgeno [comp. di *muta(zione)* (nel sign. 3) e *-geno*] **A** agg. ● Detto di agente fisico o chimico capace di indurre mutazioni genetiche. **B** anche s. m.

†**mutagióne** ● V. *mutazione*.

mutaménto [da *mutare*] s. m. ● Atto, effetto del mutare o del mutarsi: *m. di stagione*, *di condotta*, *di salute*, *di indirizzo politico*, *di governo* | *M. fonetico*, trasformazione subita da un suono | *M. sociale*, trasformazione che si produce in un determinato periodo nella struttura di una società | (*ling.*) *M. linguistico*, insieme delle modificazioni che una lingua subisce nel corso della sua evoluzione storica.

mutànde [lat. *mutăndae*, nom. pl. '(vesti) da cambiare', gerundio di *mutāre* 'mutare'] s. f. pl. ● Tipo di corti calzoncini in lino, cotone, lana e sim. portati sotto gli abiti a diretto contatto con la pelle: *m. a calzoncino*; *m. da uomo*, *da donna*. || **mutandìne**, dim. (V.) | **mutandóni**, accr. m. (V.).

mutandìne s. f. pl. *1* Dim. di *mutande*. *2* Mutande da donna o da bambino. *3* Costume da bagno per uomo o bambino | Parte di sotto del costume femminile a due pezzi. SIN. Slip.

mutandóni s. m. pl. *1* Accr. di *mutande*. *2* Mutande larghe e lunghe fino alla caviglia, usate un tempo dalle donne | Mutande di lana lunghe e aderenti, indossate d'inverno dagli uomini.

mutànte **A** part. pres. di *mutare*; anche agg. ● Nei sign. del v. **B** s. m. ● (*biol.*) Gene che ha subìto una mutazione | Individuo portatore di una mutazione genetica | Nel linguaggio della fantascienza, individuo gener. extraterrestre con aspetto anomalo.

†**mutànza** s. f. ● Mutamento, cambiamento.

mutàre [vc. dotta, lat. *mutāre*, di origine indeur.] **A** v. tr. *1* Cambiare cose o persone con altre che abbiano caratteristiche analoghe o del tutto diverse: *m. il governo*, *le leggi*, *idea*, *proposito*, *volontà*; *vi bisognò del buono a fargli mutar opinione* (VASARI); *m. compagnia*, *partito*, *padrone*, *servitore*; *m. paese*, *città*, *aria*, *clima*; *m. gli abiti*, *la camicia* | *M. vita*, cambiare il proprio modo di vivere e (*lett.*) †morire | *M. una parola*, *un verso*, correggerli | *M. l'ammalato*, cambiargli la biancheria del letto e della persona | *M. il pelo*, *le penne*, far la muta, di animali | *M. il vino*, travasarlo | †*M. la guardia*, dare il cambio ai soldati che l'hanno fatta. *2* Trasformare: *m. il dubbio in paura*, *il sospetto in certezza*; *la recente esperienza lo ha molto mutato* | Alterare: *m. aspetto*, *viso* | *M. colore*, perdere il colore originario e, di persona, impallidire o arrossire. *3* (*lett.*) †Tradurre. **B** v. intr. (aus. *essere*) ● Diventare diverso: *la scena muta*; *la situazione è mutata*; *m. di idee*, *di principi*, *di opinioni*; *m. in peggio*, *in meglio*. SIN. Cambiare. **C** v. intr. pron. *1* Trasformarsi, alterarsi: *il bianco si muta in nero*; *il tempo si è completamente mutato*; *la pioggia si mutò in neve*; *talvolta l'uomo si muta in bestia*. *2* Cambiarsi: *mutarsi d'abito*. *3* (*lett.*) †Trasferirsi da un luogo all'altro.

mutatis mutandis /*lat.* mu'tatis mu'tandis/ [lat., propriamente 'mutato ciò che è da mutare'] loc. avv. ● Si usa per indicare che, mutati alcuni elementi di un discorso o di una realtà di fatto, la sostanza della cosa resta comunque invariata.

mutatìvo agg. ● (*raro*) Atto a mutare o a produrre mutazione.

mutàto [vc. dotta, lat. *mutātu(m)*, part. pass. di *mutāre*] part. pass. di *mutare*; anche agg. ● Nei sign. del v.

mutatóre [vc. dotta, lat. *mutatōre(m)*, da *mutātus* 'mutato'] **A** agg.; anche s. m. (f. *-trice*) ● (*raro*) Che, chi muta. **B** s. m. ● (*elettr.*) Raddrizzatore a vapori di mercurio, usato per grandi potenze.

mutatùra s. f. ● (*raro*) Atto del mutare: *la m. dei panni* | Muta: *una completa m. di vestiario*.

mutazionàle agg. ● (*biol.*) Di, relativo a, mutazione.

scala di do

chiavi musicali

ppp più che pianissimo
pp pianissimo
p piano
mp mezzo piano
mf mezzo forte
f forte
ff fortissimo
fff più che fortissimo
sf sforzato

I principali simboli usati negli spartiti per indicare l'intensità del suono

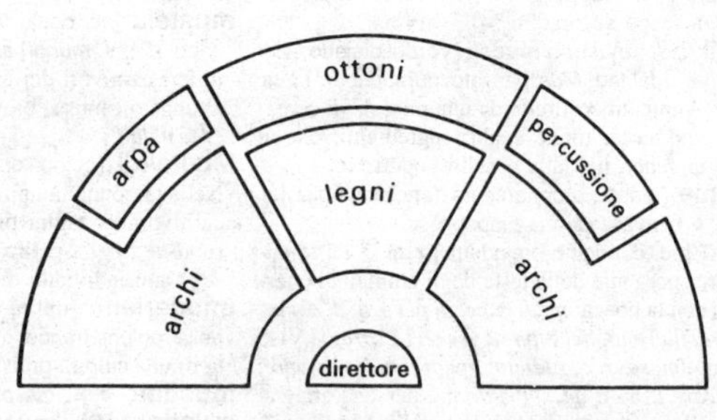

orchestra sinfonica

strumenti musicali

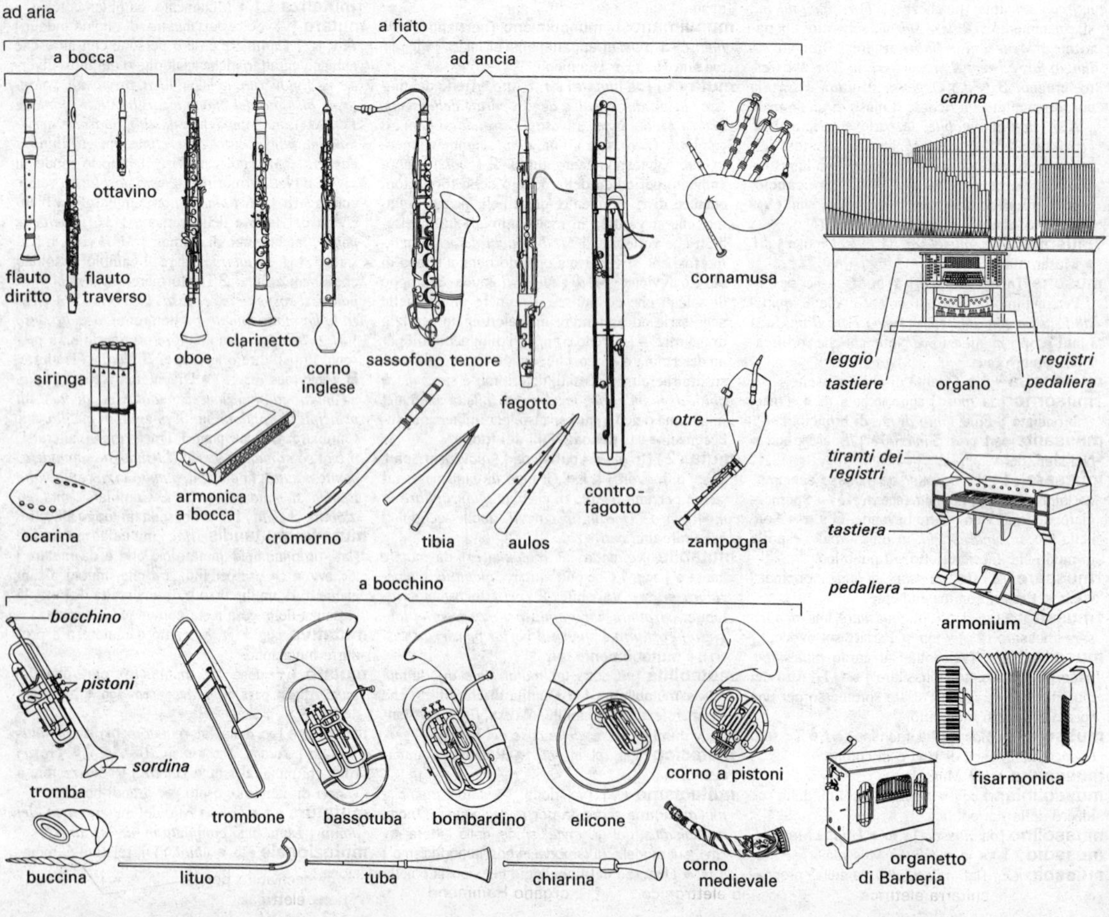

ad aria

a fiato

a bocca

ad ancia

flauto diritto

flauto traverso

ottavino

oboe

clarinetto

corno inglese

sassofono tenore

fagotto

controfagotto

cornamusa

siringa

armonica a bocca

ocarina

cromorno

tibia

aulos

otre

zampogna

canna

leggio

tastiere

organo

registri

pedaliera

tiranti dei registri

tastiera

pedaliera

armonium

a bocchino

bocchino

pistoni

sordina

tromba

trombone

bassotuba

bombardino

elicone

corno a pistoni

fisarmonica

buccina

lituo

tuba

chiarina

corno medievale

organetto di Barberia

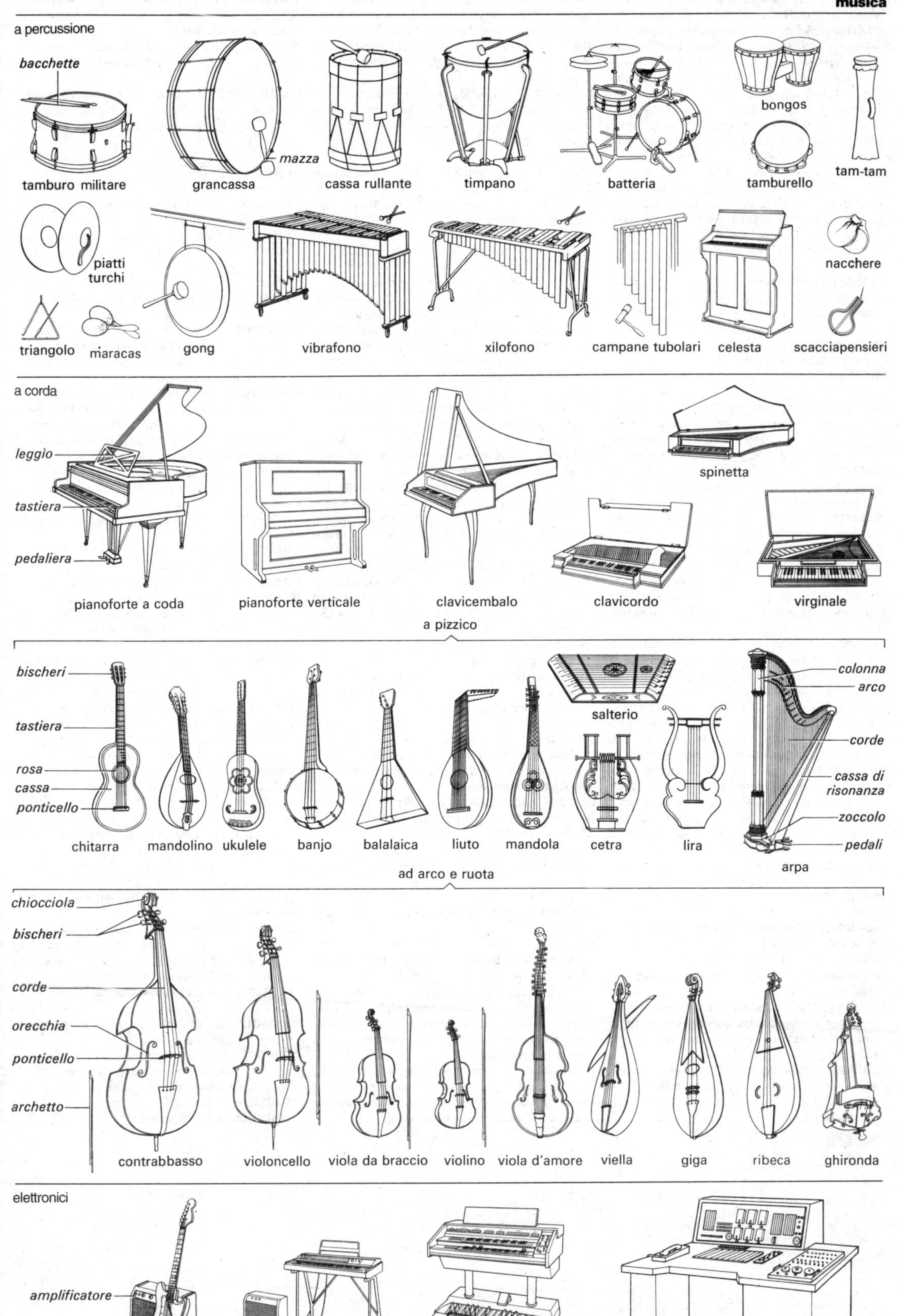
a percussione
bacchette
tamburo militare
mazza
grancassa
cassa rullante
timpano
batteria
bongos
tamburello
tam-tam
piatti turchi
triangolo
maracas
gong
vibrafono
xilofono
campane tubolari
celesta
nacchere
scacciapensieri
a corda
leggio
tastiera
pedaliera
pianoforte a coda
pianoforte verticale
clavicembalo
spinetta
clavicordo
virginale
a pizzico
bischeri
tastiera
rosa
cassa
ponticello
chitarra
mandolino
ukulele
banjo
balalaica
liuto
mandola
salterio
cetra
lira
colonna
arco
corde
cassa di risonanza
zoccolo
pedali
arpa
ad arco e ruota
chiocciola
bischeri
corde
orecchia
ponticello
archetto
contrabbasso
violoncello
viola da braccio
violino
viola d'amore
viella
giga
ribeca
ghironda
elettronici
amplificatore
chitarra elettrica
organo elettronico
organo Hammond
apparecchiatura per suoni elettronici

mutazióne o †**mutagióne** [vc. dotta, lat. *mutatiōne(m)*, da *mutātus* 'mutato'] s. f. *1* Atto, effetto del mutare o del mutarsi: *queste sono le mutazioni da apportare*; *le mutazioni delle stagioni*; *le guerre, li incendi, le mutazioni delle lingue e delle leggi, li diluvi dell'acque hanno consumato ogni antichità* (LEONARDO). *2* (*raro*) †Metamorfosi. *3* (*biol.*) Alterazione accidentale nel patrimonio genetico che porta una modificazione nella sintesi delle proteine e nei caratteri ereditari di un individuo animale o vegetale, i quali possono risultare variati rispetto alla norma. *4* (*letter.*) Prima parte della stanza della ballata, costituita di due membretti di ugual numero di versi e con le stesse rime. *5* (*mus.*) Nel sistema musicale esacordale, cambiamento di esacordo richiesto dall'estendersi della melodia oltre l'àmbito dell'esacordo originario.

mutazionìsmo [comp. di *mutazione* e *-ismo*] s. m. ● (*biol.*) Teoria evoluzionistica secondo la quale le mutazioni rappresentano i fenomeni essenziali dell'evoluzione dei viventi.

mutazionista s. m. e f. (pl. m. *-i*) ● (*biol.*) Chi segue la teoria del mutazionismo.

mutazionìstico agg. (pl. m. *-ci*) ● (*biol.*) Del, relativo al, mutazionismo.

mutévole [V. *mutabile*] agg. *1* Che muta con facilità: *tempo, stagione m.* SIN. Variabile. *2* (*est., fig.*) Volubile, incostante: *un uomo dal carattere m.* | †*Animo m.*, docile. || **mutevolménte**, avv.

mutevolézza s. f. *1* Qualità di chi, di ciò che è mutevole: *m. dell'aspetto, della natura*. *2* (*est., fig.*) Incostanza, variabilità: *la m. dell'umore*.

mutézza [da *muto*] s. f. ● (*raro*) L'essere muto, incapace di emettere suoni.

mùtico [vc. dotta, lat. *mŭticu(m)* 'mutilo, (spiga) mutila (delle reste)', da avvicinare a *mŭtilus* 'mutilo, mozzo'] agg. (pl. m. *-ci*) ● Detto di una varietà coltivata di grano con le spighe senza reste.

mutilaménto s. m. ● (*raro*) Modo e atto di mutilare.

mutilàre [vc. dotta, lat. *mutilāre*, da *mŭtilus* 'mozzo (1)'] v. tr. (*io mùtilo*) *1* Rendere mancante di una parte del corpo: *lo mutilarono di un braccio*; *la ruota gli mutilò una gamba*. *2* (*est., fig.*) Privare q.c. di uno o più elementi, sì da renderla manchevole in finitezza, perfezione e sim.: *mutilò il dramma per obbedire alla censura*; *il tempo e le intemperie hanno mutilato le statue del parco*.

mutilàto A part. pass. di *mutilare*; anche agg. ● Nei sign. del v. || **mutilataménte**, avv. (*fig.*) In modo incompleto: *mi raccontò le cose mutilatamente*. **B** s. m. (f. *-a*) ● Chi ha perso un organo o un arto del proprio corpo nel corso di gravi incidenti, guerre e sim.: *i mutilati di guerra e del lavoro*; *gli invalidi e i mutilati di guerra*; *educare a un lavoro utile i mutilati*. || **mutilatino**, dim.

mutilatóre agg.; anche s. m. (f. *-trice*) ● (*raro*) Che, chi mutila: *l'intervento m. della censura*.

mutilazióne [vc. dotta, lat. tardo *mutilatiōne(m)*, da *mutilāre* 'mutilare'] s. f. ● Atto, effetto del mutilare (*anche fig.*): *dovette sottoporsi alla m. dell'arto*; *durante l'ultima guerra l'Europa soffrì orribili mutilazioni*.

mutilla [dal lat. *mūtus* 'muto'] s. f. ● Genere di Insetti Imenotteri con zampe spinose e villose, livree variegate e fasciate di rosso, bianco, giallo, nero (*Mutilla*).

mùtilo [vc. dotta, lat. *mŭtilu(m)*, di etim. incerta] agg. ● (*lett.*) Privato di una parte: *codice, libro, manoscritto m.*; *tauro in selva con le corna mutile* (SANNAZARO).

muting /*ingl.* 'mju:tiŋ/ [vc. ingl., da *to mute* 'mettere la sordina', da *mute* 'muto'] s. m. inv. ● Negli amplificatori, comando che abbassa di una quantità fissa il volume d'ascolto | Nei sintonizzatori, filtro che riduce il rumore di fondo durante la ricerca delle stazioni.

mutismo [fr. *mutisme*, dal lat. *mūtus* 'muto', col suff. *-isme* '-ismo'] s. m. *1* (*med.*) Incapacità a emettere suoni distinti e parole articolate. *2* (*est.*) Silenzio deliberato e ostinato: *si chiuse in un ostinato m.*

mùto o (*raro*) †**mùtto** [lat. *mūtu(m)*, di origine onomat.] **A** agg. *1* Che non parla perché affetto da mutismo | *Alla muta*, (*ell.*) alla maniera dei muti, senza parlare | *Agire alla muta*, (*fig.*) di nascosto. *2* (*est.*) Che resta senza parola in seguito a una forte emozione, un violento sentimento e sim.: *restar m. per la vergogna, lo stupore*; *tanta bellezza lo rese m.* | *Essere m. come un pesce*, evitare di parlare. *3* Che non trova espressione: *ammirazione, emozione, simpatia muta*; *immensa doglia muta / nel cor* (ALFIERI). SIN. Tacito. *4* Privo di suoni, silenzioso (*anche fig.*): *parla di me col tuo cenere m.* (FOSCOLO) | *Segni muti*, cenni | *Parole mute*, dette a bassa voce | *Scena muta*, in cui nessuno parla | *Fare scena muta*, (*fig.*) non rispondere a nessuna delle domande che vengono poste, spec. in una interrogazione scolastica | *Luogo m.*, immerso nel silenzio | *Casa, stanza, sala muta*, in cui non si odono più le voci solite | (*fig.*) *M. di luce*, oscuro | *Cinema m.*, *arte muta*, il cinema privo di colonna sonora, quale fu nei primi decenni della sua invenzione | *Carta geografica muta*, *atlante m.*, senza la denominazione dei luoghi rappresentati. *5* (*enol.*) Detto di mosto addizionato con anidride solforosa per impedirne la fermentazione. *6* (*ling.*) Detto di suono, consonante e sim. che vengono conservati nella scrittura, ma non pronunciati. || **mutaménte**, avv. In maniera muta, senza parlare. **B** s. m. (f. *-a*) ● Chi è affetto da mutismo: *un povero m.*; *fingersi m.*; *parlare ai muti* | *Linguaggio dei muti*, fatto a gesti. || **mutàstro**, pegg.

†**mutolàggine** [da *mutolo*] s. f. ● Mutolezza.

mutolézza [da *mutolo*] s. f. ● (*lett.*) Mutezza: *vorrei ... interpretare la sua m. con la mia tristezza* (D'ANNUNZIO).

mùtolo [lat. parl. **mūtulu(m)*, dim. di *mūtus* 'muto'] agg.; anche s. m. (f. *-a*) ● (*lett.*) Muto: *per vergogna quasi m. divenuto, niente diceva* (BOCCACCIO). || **mutolino**, dim.

mutóne [ingl. *muton*, da *mut(ation)* 'mutazione'] s. m. ● (*biol.*) La più piccola unità mutazionale del materiale genetico.

mùtria [etim. incerta] s. f. ● Viso accigliato e improntato a sdegno o a superbia: *la m. d'una marchesa del Seicento* (CARDUCCI) | (*raro*) Sfrontatezza.

mutrióne s. m. (f. *-a*) ● (*raro*) Persona che ha la mutria.

†**mùtto** ● V. *muto*.

mùtua [f. sost. di *mutuo* (*1*)] s. f. *1* Ente associativo che assicura ai partecipanti determinate prestazioni in caso di particolari eventi. *2* Spec. prima della riforma sanitaria, ente preposto all'assistenza sanitaria | *Essere, mettersi in m.*, nelle condizioni di essere assistito; (*est.*) essere assente dal lavoro per malattia.

mutuàbile (1) [da *mutua*] agg. ● Detto di ciò che ha i requisiti necessari per godere dell'assistenza prestata dagli istituti previdenziali statali: *medicinali, analisi cliniche mutuabili*.

mutuàbile (2) [da *mutuo* (*2*)] agg. ● (*econ.*) Che può essere dato in prestito, che può essere fatto oggetto di prestito.

mutuàle [fr. *mutuel*, dal lat. *mūtuus* 'mutuo (1)'] agg. ● (*raro*) Mutuo. || **mutualménte**, avv. Scambievolmente.

mutualismo [fr. *mutualisme*, da *mutuel* 'mutuale'] s. m. *1* (*biol.*) Tipo di convivenza in cui entrambi gli organismi traggono vantaggi. *2* (*raro*) Mutualità.

mutualistico [da *mutualismo*] agg. (pl. m. *-ci*) *1* Relativo alla mutualità. *2* Relativo alla mutua: *ente m.*; *assistenza mutualistica*. *3* (*biol.*) Relativo al mutualismo. || **mutualisticaménte**, avv.

mutualità [fr. *mutualité*, da *mutuel* 'mutuale'] s. f. *1* Forma di aiuto scambievole tra i cittadini per garantire agli stessi uguali diritti dopo adempiuti uguali doveri | (*est.*) Complesso di istituzioni fondate su tale forma di aiuto. *2* Nel settore del lavoro, la ripartizione fra più soggetti degli oneri previdenziali.

mutuànte A part. pres. di *mutuare*; anche agg. ● Nei sign. del v. **B** s. m. e f. ● (*dir.*) In un contratto di mutuo, la parte che consegna al mutuatario una data quantità di beni fungibili.

mutuàre [vc. dotta, lat. *mutuāre*, da *mūtuus* 'mutuo (1)'] v. tr. (*io mùtuo*) *1* (*dir., raro*) Dare o ricevere in mutuo: *m. una somma di denaro*. *2* (*fig.*) Riprendere, trarre, imitare dall'opera altrui: *un critico che mutua le idee dai francesi*.

mutuatàrio [da *mutuare*] s. m. (f. *-a*) ● (*dir.*) Chi riceve in mutuo una data quantità di cose fungibili.

mutuàto (1) part. pass. di *mutuare*; anche agg. ● Nei sign. del v.

mutuàto (2) [da *mutua*] s. m. (f. *-a*) ● Chi riceve assistenza da una mutua.

mutuazióne s. f. ● (*lett.*) Scambio vicendevole.

mùtulo [V. *mutilo* (*2*)] s. m. ● (*arch.*) Elemento sporgente della parte inferiore della trabeazione, in corrispondenza dei triglifi e delle metope del fregio. ➡ ILL. p. 357 ARCHITETTURA.

mùtuo (1) [vc. dotta, lat. *mūtuu(m)*, da avvicinare a *mutāre* 'mutare'] agg. ● Scambievole, vicendevole, reciproco: *m. consenso, dissenso*; *m. affetto*; *m. insegnamento*; *società di m. soccorso* | (*elettr.*) *Mutua induzione*, comparsa di una forza elettromotrice in un circuito, al variare della intensità di corrente in un circuito vicino. || **mutuaménte**, avv. In modo reciproco.

mùtuo (2) [vc. dotta, lat. *mūtuu(m)*, nt. sost. di *mūtuus* 'mutuo (1)'] s. m. *1* (*dir.*) Contratto con cui una parte riceve dall'altra una data quantità di denaro o di altre cose fungibili, obbligandosi a restituirne altrettante della stessa specie e qualità. *2* Correntemente, prestito a lunga scadenza: *dare, consegnare a m.*; *chiedere un m.*; *fare un m. per costruirsi la casa* | *M. ipotecario*, con garanzia ipotecaria.

mutuus dissensus /*lat.* 'mutuus dis'sensus/ [loc. lat., propriamente 'mutuo dissenso'] loc. sost. m. inv. ● Nel diritto romano, lo scioglimento, di comune accordo, del contratto consensuale.

†**mùzzo** [ar. *muzz*] agg. ● Che ha sapore tra il dolce e l'agro: *mele muzze*.

myosotis /*lat.* mio'zɔtis/ [V. *miosotide*] s. m. o f. ● (*bot.*) Miosotide.

mystery /*ingl.* 'mistəri/ [vc. ingl., propr. 'mistero'] s. m. inv. (pl. ingl. *mysteries*) ● Genere cinematografico o letterario a carattere giallo, poliziesco.

mzabiti ● V. *mozabiti*.

mzabitico ● V. *mozabitico*.

n, N

Il suono principale rappresentato in italiano dalla lettera *N* è quello della consonante nasale alveolare /n/, che come tutte le nasali è sonora. Questa consonante, quando è in mezzo a due vocali (o tra una vocale e una semiconsonante), può essere, secondo i casi, di grado tenue (es. *tòno* /'tɔno/, *fórse no* /'forse 'nɔ*/) oppure di grado rafforzato (es. *tónno* /'tonno/, *perché no* /per'ke n'nɔ*/), mentre nelle altre posizioni è sempre di grado medio (es. *tónto* /'tonto/, *no* /nɔ*/, *un bèl no* /um 'bɛl 'nɔ*/). Seguita da un'altra consonante, ne prende il punto d'articolazione e quindi può non essere alveolare; queste diverse articolazioni (compresa la più distante, che è la velare davanti ad altra velare, es. *cìnque* /'tʃinkwe/, *in gàra* /in 'gara/) non sono fonemi indipendenti, ma varietà di posizione d'un solo fonema. La lettera *N* fa poi parte del digramma *gn*, che rappresenta in italiano il suono della consonante nasale palatale /ɲ/, anch'essa sonora. Questo suono non è mai di grado tenue: in mezzo a due vocali (o tra vocale e semiconsonante) è sempre di grado rafforzato (es. *pégno* /'peɲɲo/, *èrano gnòmi* /'ɛrano ɲ'ɲɔmi/), nelle altre posizioni è sempre di grado medio (es. *Gargnàno* /gar'ɲano/, *èsser gnòmi* /'ɛsser 'ɲɔmi/).

n, N /nome per esteso: *enne*/ s. f. o m. ● Dodicesima lettera dell'alfabeto italiano: *n minuscola, N maiuscolo* | *N come Napoli*, nella compitazione, spec. telefonica, delle parole | (*mat.*) Simbolo per indicare un qualsiasi numero intero.

nabàbbo o (*raro*) **nabàb** nel sign. 1 [fr. *nabab*, dall'ar. *nawwāb*, pl. di *nā'ib* 'luogotenente'] s. m. *1* Titolo che, nell'India musulmana, veniva attribuito a principi e alti dignitari. *2* (*fam.*) Persona ricchissima che ostenta i propri averi e ama la vita lussuosa.

†**nabìsso** ● V. *abisso*.

naccaiuòlo s. m. ● Chi fa e vende le nacchere.

nàcchera o †**gnàcchera**, †**nàccara** [ar. *naqqāra* 'timpano', dal curdo *nakera* 'conchiglia della madreperla'] s. f. *1* Ognuno dei due pezzi di bosso o avorio, incavati come conchiglie, i quali, tenuti appaiati con un nodo lento di nastro in modo da passarvi due o tre dita della mano, producono, urtandosi in cadenza, un rumore con cui si accompagnano i passi o movimenti di alcune danze popolari, spec. spagnole. SIN. Castagnetta, castagnola. ➡ ILL. **musica**. *2* Strumento saraceno di due tamburi di rame coperti di pelli, suonato con due bacchette. *3* Balocco formato da due larghe stecche di legno duro, tenute in una mano col dito medio interposto, che si suona scuotendolo. *4* (*bot.*) Crotalaria. *5* †Madreperla | Sorta di conchiglia marina. ‖ **naccherétta**, dim. | **naccherìno**, dim. m. (V.) | **naccheróne**, accr. m.

†**naccheràio** s. m. ● Suonatore di nacchere.

†**naccheràre** [da *nacchera*] v. intr. ● Suonare le nacchere.

naccherìno s. m. *1* Dim. di *nacchera*. *2* Suonatore di nacchere. *3* (*fig., tosc.*) †Bambino grazioso.

†**nàcchero** s. m. ● Nacchera.

nàchero [etim. incerta] s. m.; anche agg. ● (*raro, pop., tosc.*) Chi, che è piccolo di statura e sciancato.

nacrite [dal fr. *nacre* 'madreperla'. V. *nacchera*] s. f. ● (*miner.*) Silicato alluminifero appartenente al gruppo della caolinite.

nadir o **nàdir** [ar. *nazīr* 'uguale, opposto', cioè 'opposto allo zenit'] s. m. ● (*astron.*) Intersezione con la sfera celeste della semiretta verticale condotta per un punto della Terra e orientata verso il basso.

nadiràle agg. ● (*astron.*) Relativo al nadir | *Angolo n.*, angolo verticale che una direzione forma col nadir.

nàfta [fr. *naphte*, dal lat. *năphtha*(*m*), nom. *năphtha*, dal gr. *náphtha*, 'bitume' di origine orient.] s. f. *1* (*chim.*) Insieme delle frazioni petrolifere ottenute per distillazione fra 30 e 201 °C, usate come solventi o come materie prime per lavorazioni successive | *N. solvente*, insieme delle frazioni petrolifere ottenute per distillazione fra 50 e 150 °C | *N. vergine*, insieme delle frazioni petrolifere ottenute per distillazione semplice primaria dell'olio minerale grezzo. *2* Correntemente, olio combustibile | Correntemente, gasolio | *Forno a n.*, quello alimentato con olio combustibile | *Impianto di riscaldamento a n.*, quello alimentato con olio combustibile o gasolio | *Motore a n.*, motore endotermico, gener. diesel, alimentato con gasolio o olio combustibile.

naftalène [ingl. *naphtalene*, comp. di *naphtal*(*ine*) 'naftalina' e del suff. *-ene*] s. m. ● (*chim.*) Nome scientifico della naftalina.

naftàlico [dall'ingl. *naphtalic*, da *naphtalene* 'naftalene' e con sostituzione del suff. *-ene* con *-ic* '-ico'] agg. (pl. m. *-ci*) ● (*chim.*) Ognuno degli acidi e delle anidridi che si ottengono per ossidazione del naftalene; alcuni di questi composti trovano largo impiego nella produzione di coloranti.

naftalìna [fr. *naphtaline*, da *naphte* 'nafta'] s. f. ● (*chim.*) Idrocarburo aromatico ottenuto industrialmente dal catrame di carbon fossile, materia prima nella fabbricazione di intermedi per coloranti e di prodotti farmaceutici, usato come tarmicida. SIN. Naftalene.

naftenàto [ingl. *naphtenate*, da *naphtenic* 'naftenico' con sostituzione del suff. *-ic* '-ico' con *-ate* '-ato'] s. m. ● (*chim.*) Sale o estere di un acido naftenico | *N. di rame*, usato come fungicida | *N. di piombo*, usato come siccativo di vernici e lubrificante.

naftène [dall'ingl. *naphtene*, comp. di *naphta* 'nafta' e del suff. *-ene*, sovrapposto a un anteriore *naphtene*, di orig. fr. e di diverso signif.] s. m. ● (*chim.*) Cicloparaffina.

naftènico [dal fr. *napthténique*, comp. di *naphtène* 'naftene' e del suff. *-ique* '-ico'] agg. (pl. m. *-ci*) ● (*chim.*) Derivato da un naftene | *Acidi naftenici*, acidi monocarbossilici presenti nel petrolio da cui si ricavano; usati per la flottazione e per l'estrazione dei metalli dalle soluzioni acquose.

naftilammìna [comp. di *naftalina* e *ammina*] s. f. ● (*chim.*) Ammina della naftalina in cui uno o più atomi d'idrogeno sono stati sostituiti con altrettanti gruppi amminici.

naftìle [comp. di *naft*(*a*) e *-ile* (*2*)] s. m. ● (*chim.*) Residuo monovalente derivante dalla naftalina per perdita di un atomo d'idrogeno.

naftochinóne [comp. di *naft*(*alene*) e *chinone*] s. m. ● (*chim.*) Chinone derivato dal naftalene; si può presentare in più isomeri che costituiscono diversi pigmenti naturali colorati.

naftòlo [fr. *naphtol*, da *naphte* 'nafta'] s. m. ● (*chim.*) Denominazione dei derivati della naftalina ottenuti sostituendo uno o più atomi di idrogeno con altrettanti ossidrili, aventi proprietà simili a quelle dei fenoli.

nagàica o **nagàika** [russo *nagajka*] s. f. ● Staffile cosacco fatto di una correggia di cuoio attaccata a un breve manico.

nagàna [ingl. *nagana*, dallo zulù *nakane*] s. f. ● Malattia tropicale propria degli equini e di altri mammiferi, provocata da un tripanosoma.

nàgra ® [dal nome della azienda che lo produce] s. m. inv. ● Nome commerciale di un registratore portatile usato spec. dai giornalisti nelle interviste.

nàia (**1**) [ingl. *naja*, dall'indostano *nāğ* 'serpente'] s. f. ● (*zool.*) Cobra.

nàia (**2**) [dal veneto (*sot la*) *naia* 'sotto la genia, la gentaglia (= i superiori)'; *naia* è il lat. *natālia* (nt. pl. di *natālis* 'che appartiene alla nascita, alla stirpe'. V. *natale*) e significava dapprima 'nascita', poi 'razza', poi 'genia'] s. f. ● (*gerg.*) Servizio militare: *avere finito la n.* | La vita di chi è sotto le armi, vista spec. come notevole sforzo fisico e dura disciplina: *tre anni sotto la n.*

Naiadàcee [vc. dotta, comp. di *naiade* e *-acee*] s. f. pl. ● Nella tassonomia vegetale, famiglia di Monocotiledoni comuni nelle acque dolci ove vivono allo stato sommerso (*Najadaceae*) | (al sing. *-a*) Ogni individuo di tale famiglia.

nàiade o (*poet.*) **nàide** nel sign. 1 [vc. dotta, lat. *Nāiade*(*m*), nom. *Nāias*, dal gr. *Naïás*, da *nân* 'scorrere', di etim. incerta] s. f. *1* Nella mitologia greco-romana, ninfa delle sorgenti e delle fonti. *2* (*fig.*) Giovane e attraente nuotatrice. *3* Genere di piante annue acquatiche delle Naiadacee, con foglie rigide dentate e fiori piccoli (*Najas*). *4* (*zool.*) Stadio larvale acquatico di molti insetti.

†**nàibi** [sp. *naipe*, dall'ar. *la'ib* 'giuoco'] s. m. pl. ● Carte da gioco.

nàide [dal gr. *náis* 'naiade'] s. f. *1* V. *naiade* nel sign. 1. *2* Piccolo anellide oligocheto delle acque dolci, lungo circa un cm, con i segmenti del corpo forniti di lunghe setole (*Nais elinguis*).

naïf /fr. na'if/ [vc. fr., propriamente 'ingenuo, popolare'. V. *nativo*] **A** agg. inv. (f. fr. *naïve*, pl. m. *naïfs*, pl. f. *naïves*) ● Detto di una forma d'arte istintiva, priva di scuola, che rappresenta gli aspetti comuni della realtà quotidiana visti secondo un'ottica semplice e ingenua, ma ricca di particolare suggestione poetica: *quadro n.*; *lo stile n. del doganiere Rousseau*; *mostra di pittori n.* **B** s. m. e f. inv. ● Pittore naïf: *i n. iugoslavi*.

nàilon s. m. ● Adattamento di *nylon* (V.).

naïveté /fr. naiv'te/ [vc. fr., da *naïf* (V.), f. *naïve*] s. f. inv. ● Ingenuità, candore, semplicità.

naloxóne [ingl. *naloxone* da *N-al*(*lylnor*)*ox*(*ymorph*)*one*] s. m. ● (*chim.*) Sostanza utilizzata in farmacologia come antagonista della morfina e di altri analgesici narcotici.

namibiàno **A** agg. ● Della Namibia. **B** s. m. (f. *-a*) ● Abitante, nativo della Namibia.

nanchìno [dalla città cinese di *Nanchino*, da cui proviene] s. m. ● Tessuto chiaro e leggero, di cotone, per abiti estivi.

nandù [vc. guaranì] s. m. ● Uccello americano dei Reiformi simile allo struzzo ma con tre dita e penne cascanti che formano un soffice mantello (*Rhea americana*). SIN. Struzzo d'America.

†**nanèo** [da *nano*] agg. ● Di nano.

naneròttolo s. m. (f. *-a*) *1* Dim. di *nano*. *2* Persona di statura molto bassa. *3* (*fig., spreg.*) Persona che ha scarse qualità, doti, attitudini.

nànfa o **lànfa** [ar. *nafhe* 'odore'] **A** s. f. ● Acqua profumata, distillata dai fiori d'arancio. **B** anche agg.: *acqua n.*

nanişmo [comp. di *nano* e *-ismo*] s. m. *1* Anomalia dell'accrescimento caratterizzata da un arresto della crescita | *N. ipofisario*, armonico, per scarso sviluppo corporeo | *N. tiroideo*, disarmonico, da ridotta secrezione tiroidea. *2* Sviluppo limitato di animali o piante.

nanizzànte [da *nano*, sul modello di *fertilizzante*] agg. ● Di prodotto capace di limitare lo sviluppo delle piante.

nànna [vc. inft.] s. f. ● (*inft.*) Il dormire, il sonno: *andare, mettere a n.* | *Fare la n.*, addormentarsi, dormire. || **nannìna**, dim.

†**nannodìa** [comp. di *nanna* e del gr. *āidé* 'canto'. V. *ode*] s. f. ● Ninnananna.

nannoplàncton [comp. del gr. *nánnos*, var. di *nânos* 'di eccessiva piccolezza' (V. *nano-*), e di *plancton*] s. m. ● (*biol.*) L'insieme dei più piccoli organismi costituenti il plancton.

nannùfaro ● V. *nenufaro*.

nannùfero ● V. *nenufaro*.

nàno [lat. *nānu*(*m*), nom. *nānus*, dal gr. *nânos*, di etim. incerta] **A** agg. *1* Di uomo, pianta o animale che ha statura o dimensioni più piccole rispetto alla norma: *razza nana*; *fico n.*; *oca nana*. *2* (*astron.*) *Stella nana*, di dimensioni e luminosità inferiori a quella del sole | *Stella nana bianca*, di dimensioni anche inferiori a un decimo di quella del sole, ma con temperatura elevata (30 000-40 000 gradi), donde il color bianco. **B** s. m. (f. *-a*) *1* (*med.*) Individuo affetto da nanismo. *2* (*est.*) Uomo di piccolissima statura | Essere fantastico di piccola statura, personaggio mitico di favole e leggende europee, spec. nordiche: *i sette nani di Biancaneve*. CONTR. Gigante. || **nanerèllo**, dim. | **neneròttolo**, dim. (V.) | **nanétto**, dim. | **nanìno**, dim. | **nanùccio**, **nanùzzo**, pegg.

nàno- [gr. *nânos* 'di eccessiva piccolezza', vc. espressiva di origine incerta] primo elemento *1* In parole composte della terminologia biologica, indica dimensioni o sviluppo molto ridotti rispetto al normale: *nanocefalo*. *2* Anteposto a un'unità di misura, la divide per un miliardo, cioè la moltiplica per 10^{-9}: *nanosecondo*. SIMB. n.

nanocefalìa [da *nanocefalo*] s. f. ● (*med.*) Insufficiente sviluppo della testa.

nanocèfalo [comp. di *nano-* e *-cefalo*] s. m. (f. *-a*) ● (*med.*) Chi presenta nanocefalia.

nanocurie /nanoky'ri/ [comp. di *nano-* e *curie*] s. m. inv. ● (*fis.*) Unità di misura dell'attività di una sostanza radioattiva pari a un miliardesimo di curie. SIMB. nCi.

nanoelettrònica [comp. di *nano-* ed *elettronica*] s. f. ● Parte dell'elettronica che si occupa della progettazione, della costruzione e delle applicazioni di circuiti elettronici miniaturizzati in cui le dimensioni dei componenti si misurano in nanometri.

nanofarad /nano'farad/ [vc. ingl., comp. di *nano-* e *farad*] s. m. inv. ● (*elettr.*) Unità di misura della capacità elettrica pari a un miliardesimo di farad. SIMB. nF.

nanomelìa [comp. di *nano-* e *-melia*] s. f. ● (*med.*) Estrema piccolezza degli arti.

nanomètro o **nanòmetro** [comp. di *nano-* e *metro*] s. m. ● (*fis.*) Unità di misura di lunghezza pari a 10^{-9} m. SIMB. nm.

nanomielia [comp. di *nano-* e del gr. *myelós* 'midollo'. V. *mielo-*] s. f. ● (*med.*) Insufficiente sviluppo del midollo spinale.

nanosecóndo [comp. di *nano-* e *secondo* (*1*)] s. m. ● Unità di tempo corrispondente a un miliardesimo di secondo. SIMB. ns.

†**nànte** [aferesi di *innante*] **A** avv. ● Innanzi. **B** anche prep.

nanùfero ● V. *nenufaro*.

†**nànzi** [aferesi di *innanzi*] **A** avv. ● Innanzi. **B** anche prep.

nàos [vc. dotta, gr. *naós* 'tempio'. V. *pronao*] s. m. ● Cella del tempio greco nella quale era il simulacro della divinità. ➡ ILL. p. 356 ARCHITETTURA.

nàpalm® o **napàlm** [nome commerciale, comp. di *na*(*ftene*) e un deriv. di (*olio di*) *palma*] s. m. ● Materiale incendiario a base di sali organici di alluminio, usato per bombe e lanciafiamme.

napèa [vc. dotta, lat. *napāea*(*m*), nom. *napāea*, dal gr. *napâia*, da *nápē* 'bosco', di etim. incerta] s. f. ● Nella mitologia greca e latina, ninfa dei boschi.

napèllo [da un dim. del lat. *nāpus* 'napo'] s. m. ● (*bot.*) Aconito.

nàpo [vc. dotta, lat. *nāpu*(*m*), nom. *nāpus*, dal gr. *nâpy*, di origine straniera] s. m. ● (*bot.*) Ravizzone.

napoleóne s. m. *1* Moneta d'oro da 20 franchi coniata da Napoleone I e poi da Napoleone III. *2* Solitario tra i più diffusi, con le carte da gioco. *3* Bicchiere per cognac, panciuto e con stelo.

napoleònico agg. (pl. m. *-ci*) ● Relativo a Napoleone I (1769-1821) e alla sua epoca: *un cimelio n.*

napoleònide s. m. e f. ● Chi appartiene alla famiglia di Napoleone I.

napoletàna [f. sost. di *napoletano*] s. f. *1* Tipo di caffettiera, costituita da una coppia di recipienti cilindrici, spec. di alluminio, sovrapposti e da un doppio filtro interposto contenente caffè macinato, nel primo dei quali, dopo avere capovolto il tutto, filtra l'acqua riscaldata nel secondo. *2* Nel tressette, e in vari altri giochi di carte, combinazione di asso, due e tre dello stesso seme.

napoletanişmo s. m. ● Parola o locuzione tipica del dialetto napoletano entrata nella lingua italiana.

napoletanità s. f. ● Il complesso dei valori spirituali, culturali e tradizionali caratteristici di Napoli e della sua gente.

napoletàno o (*raro*) **napolitàno** [lat. *Neapolitānu*(*m*), da *Neāpolis* 'Napoli'] **A** agg. ● Di Napoli: *accento n.*; *scugnizzi napoletani*; *canzoni napoletane* | *Alla napoletana*, (*ell.*) alla maniera dei napoletani, secondo l'uso napoletano | *Pizza alla napoletana*, schiacciata di pasta cotta al forno, con pomodoro, mozzarella, acciughe e altri ingredienti. **B** s. m. (f. *-a* nel sign. 1) *1* Abitante, nativo di Napoli. *2* †Sigaro forte. *3* (*spec. al pl.*) Vermicelli per minestra. **C** s. m. solo sing. ● Dialetto parlato a Napoli.

nàpoli [dal n. della città di *Napoli*] s. m. inv. ● (*sett.*, *spreg.*) Napoletano | (*est.*) Abitante, nativo dell'Italia meridionale, spec. se emigrato nell'Italia settentrionale (V. nota d'uso STEREOTIPO).

nàppa [da *mappa*, con dissimilazione] s. f. *1* Mazzetto di fili di lana o seta posto all'estremità di cordoni o applicato ai bordi di tende, drappi, bandiere e sim. per ornamento: *le nappe del berretto, di una tenda, della poltrona*; *la multiplice in fronte ai palafreni / pendente n.* (PARINI). *2* Pellame molto morbido adatto per abbigliamento e guanteria, ottenuto per lo più da pelli ovine o caprine conciate al cromo. *3* Nella liturgia cattolica, lino disteso sulla sacra mensa e che dovrebbe essere sostenuto da chi riceve la comunione. *4* (*pop.*, *scherz.*) Naso grosso. *5* (*bot.*) *N. di cardinale*, amaranto. || **nappàccia**, pegg. | **nappèllo**, dim. m. | **nappétta**, dim. | **nappettina**, dim. | **nappina**, dim. (V.) | **nappìno**, dim. m. | **nappóne**, accr. m.

nappàre [da *nappa*] v. tr. ● Conciare al cromo pelli ovine o caprine in modo da ottenere un pellame molto morbido adatto per guanti, borsette e altri capi d'abbigliamento.

nappìna s. f. *1* Dim. di *nappa*. *2* Fiocchetto riunito a bottone e a ghiandolina, con passamani di filigrane, spec. per ornamento di militari e distintivi d'arma e di corpo.

nàppo [vc. di origine germ.] s. m. *1* (*raro*, *lett.*) Coppa, tazza, bicchiere: *volevagli ... donare due bellissimi nappi* (BOCCACCIO). *2* (*tosc.*) Vaso di latta con beccuccio per attingere l'olio dall'orcio. *3* Portacandela, alla sommità del candeliere. *4* †Vassoio, bacino.

†**naràncio** ● V. *arancio*.

narbonése [vc. dotta, lat. *Narbonēnse*(*m*), da *Narbōna*, città della Gallia] **A** agg. ● Di Narbona. **B** s. m. e f. ● Abitante di Narbona.

narceìna [dal gr. *nárkē* 'torpore', di origine indeur.] s. f. ● Alcaloide presente nell'oppio, dotato di debole azione narcotica.

narcişişmo [da *Narciso*, personaggio mitologico che si era innamorato della propria immagine] s. m. *1* (*psicoan.*) Concentrazione dell'energia psichica su alcuni aspetti di sé in contrapposizione agli oggetti esterni. *2* (*est.*) Adorazione eccessiva di se stessi o apprezzamento iperbolico delle proprie qualità.

narcişista s. m. e f. (pl. m. *-i*) ● Chi è affetto da narcisismo.

narcişìstico agg. (pl. m. *-ci*) ● Che rivela narcisismo: *atteggiamento n.* || **narcisisticaménte**, avv. In modo narcisistico, con narcisismo; (*psicoan.*) *Ferita narcisistica*, situazione dolorosa derivante da offese all'autostima o all'amor proprio.

narcişo (*1*) o (*raro*) **narcisso** [lat. *narcīssu*(*m*), nom. *narcīssus*, dal gr. *nárkissos*, di origine preindeur.] s. m. ● Pianta erbacea perenne delle Amarillidacee con bulbo fusiforme, foglie piane, fiori bianchi profumatissimi, comune in primavera sui prati di montagna (*Narcissus poeticus*).

narcişo (*2*) [V. *narcisismo*] s. m. ● Persona fatua e vanesia.

narcìssico agg. (pl. m. *-ci*) ● (*psicol.*) Narcisistico.

narcisso ● V. *narciso* (*1*).

narco /sp. 'narko/ [vc. ispano-amer., acrt. di *narcotraficante* 'narcotrafficante'] s. m. (pl. sp. *narcos*) ● (*spec. al pl.*) Narcotrafficante.

nàrco- (*1*) [gr. *nárkē* (*narkō-* nei deriv.) 'torpore', di origine indeur.] primo elemento ● In parole composte della terminologia scientifica, significa 'sonno' o indica relazione col sonno: *narcoanalisi*, *narcoipnosi*.

narco- (*2*) [dall'ingl. d'America *narco*(*tic*) 'narcotico'] primo elemento ● In parole composte formate modernamente, spec. del linguaggio giornalistico, indica relazione con gli stupefacenti: *narcodollaro*, *narcotrafficante*.

narcoanàlişi [comp. di *narco-* (*1*) e *analisi*] s. f. ● Trattamento psicoterapeutico dei disturbi psichici con l'ausilio di farmaci che provocano nel soggetto uno stato di torpore vicino al sonno.

narcoanalìtico agg. (pl. m. *-ci*) ● Di, relativo a narcoanalisi: *trattamento n.*

narcodòllaro [comp. di *narco-* (*2*) e *dollaro*] s. m. ● (*spec. al pl.*) Dollaro proveniente dal traffico di stupefacenti.

narcoipnòşi [comp. di *narco-* (*1*) e *ipnosi*] s. f. ● Suggestione operata su un paziente in sonno ipnotico.

narcolessìa [da *narco-* (*1*), sul modello di *catalessia* e sim.] s. f. ● Malattia caratterizzata da improvvise crisi di sonno invincibile.

narcolìra [comp. di *narco-* (*2*) e *lira* (*1*)] s. f. ● (*spec. al pl.*) Lira proveniente dal traffico di stupefacenti.

Narcomedùşe [comp. di *narco-* (*1*) e il pl. di *medusa*] s. f. pl. ● Nella tassonomia animale, ordine di Idrozoi con meduse a manubrio corto e basi dei tentacoli prolungate nella mesoglea (*Narcomedusae*) | (al sing. *-a*) Ogni individuo di tale ordine.

narcòşi [vc. dotta, gr. *nárkōsis*, da *nárkē* 'torpore'. V. *narceina*] s. f. ● (*med.*) Anestesia generale.

narcosìnteşi [comp. di *narco-* e *sintesi*] s. f. ● (*med.*, *psicol.*) Trattamento delle nevrosi in cui la psicoterapia è preceduta da un'iniezione di barbiturici.

narcoterapìa [comp. di *narco-* (*1*) e *-terapia*] s. f. ● Terapia del sonno.

narcoterrorişmo [comp. di *narco-* (*2*) e *terrorismo*] s. m. ● Terrorismo attuato e finanziato da organizzazioni di narcotrafficanti.

narcoterrorìsta [comp. di *narco-* (*2*) e *terrorista*] s. m. e f.; anche agg. (pl. m. *-i*) ● Chi, che compie azioni di terrorismo finanziato da narcotraffici.

narcotèst [comp. di *narco-* (*2*) e *test*] s. m. inv. *1* Strumentazione per la misura delle concentrazioni di gas anestetico nei gas inspiratori. *2* Prova farmacologica, consistente nella somministrazione di particolari prodotti, per accertare se un soggetto ha assunto sostanze stupefacenti. *3* Analisi chimica mediante la quale si rileva la presenza di sostanze stupefacenti in un'altra sostanza, in un materiale e sim.

narcòtico [vc. dotta, gr. *narkōtikós* 'che fa intorpidire', da *nárkōsis* 'torpore'. V. *narcosi*] **A** agg. (pl. m. *-ci*) ● Relativo alla narcosi o capace di produrla. **B** s. m. ● Farmaco capace di indurre narcosi | Stupefacente.

narcotìna [da *narcotico*] s. f. ● Alcaloide contenuto nell'oppio, ad azione simile a quella della morfina, ma più debole e meno tossica.

narcotizzàre [da *narcotico*] v. tr. *1* Sottoporre a

narcosi. *2* (*raro, fig.*) Stordire, frastornare: *n. qc. con discorsi.*

narcotizzazióne s. f. ● Atto, effetto del narcotizzare.

narcotrafficànte [comp. di *narco-* (*2*) e *trafficante*] s. m. e f. ● Trafficante di stupefacenti.

narcotràffico [comp. di *narco-* (*2*) e *traffico*] s. m. ● Traffico di stupefacenti, spec. a livello internazionale.

nàrdo [vc. dotta, lat. *nārdu*(*m*), dal gr. *nárdon*, di origine orient.] s. m. ● (*bot.*) Denominazione di varie piante odorose | *N. comune*, spigo | *N. selvatico*, asaro | *N. sottile*, cervino | *N. celtico*, piccola pianta alpina delle Valerianacee con fiori giallastri rosati esternamente, foglie intere e allungate (*Valeriana celtica*) | *N. frastagliato*, piccola pianta erbacea delle Valerianacee che cresce nelle zone mediterranee aride (*Centranthus calcitrapa*).

†**nàre** ● V. *nari.*

narghilè [fr. *narguilé*, dal persiano *narguileh*, deriv. di *narguīl* 'noce di cocco', perché la parte che contiene l'acqua era fatta con una noce di cocco] s. m. ● Pipa orientale costituita da un recipiente con acqua e da due tubi, uno rigido con un fornelletto a braci per bruciare le foglie di tabacco, uno flessibile con bocchino per aspirare il fumo passato attraverso l'acqua.

nàri o †**nàre** [vc. dotta, lat. *nāres*, pl., di origine indeur.] s. f. o †m. pl. ● (*lett.*) Narici.

narìce [vc. dotta, lat. parl. **narīcae*, nom. pl., da *nāres* 'nari'] s. f. ● (*anat.*) Ciascuno dei due orifizi nasali per cui l'aria penetra nelle vie respiratorie.

narìna [da un nome di donna, in lingua ottentotta] s. f. ● Uccello arboricolo dei Trogoniformi, africano, con lunga coda e piumaggio dai colori splendenti (*Apaloderma narina*).

narràbile [vc. dotta, lat. *narrābile*(*m*), da *narrāre* 'narrare'] agg. ● Che si può narrare: *mie ... / non narrabili angosce* (ALFIERI) | (*raro*) Che si deve narrare.

†**narraménto** s. m. ● Narrazione, esposizione.

narràre [lat. *narrāre*, da (*g*)*nārus* 'esperto'. V. *ignaro*] **A** v. tr. ● Raccontare, esporre un fatto o una serie di fatti, reali o fantastici, seguendo un determinato ordine nella rievocazione e la ricerca delle cause: *n. a voce, per iscritto*; *n. una favola, gli ultimi avvenimenti*; *la sua storia d'amore a me narrando / sparger la vidi una lacrima sola* (SABA) | *Si narra che* ..., si dice che ... **B** v. intr. (aus. *avere*) ● Parlare su q.c.: *mi ha narrato dei suoi viaggi.*

narratage /*ingl.* nə'reitidʒ/ [vc. ingl., da *to narrate* 'narrare, raccontare'] s. m. inv. ● (*cine*) Tecnica cinematografica in cui l'azione che si svolge sullo schermo viene narrata da uno dei personaggi o da una voce fuori campo.

narratàrio [da *narrare*, sul modello di *destinatario*] s. m. ● (*letter.*) Destinatario dell'atto di narrazione compiuto dal narratore.

narratìva [f. sost. di *narrativo*] s. f. *1* Genere letterario in cui rientrano il racconto, la novella, il romanzo. *2* †Narrazione. *3* (*dir.*) Parte di un atto processuale in cui sono esposte le questioni di cui si contende in giudizio.

narratìvo [vc. dotta, lat. tardo *narratīvu*(*m*), da *narrāre* 'narrare'] agg. ● Che narra | Di opera scritta in cui l'autore espone avvenimenti reali storici e sim., oppure fantastici e immaginari: *poesia narrativa* | Che riguarda o è proprio del narrare: *stile, procedimento n.* ‖ **narrativaménte**, avv. (*raro*) Secondo una narrazione: *riferire narrativamente.*

narratologìa [calco sul fr. *narratologie*] s. f. ● In semiotica, teoria e metodologia critica delle forme narrative.

narratològico agg. (pl. m. *-ci*) ● Di, relativo a narratologia: *analisi narratologica.*

narratóre [lat. tardo *narratōre*(*m*), da *narrāre* 'narrare'] s. m. (f. *-trice*) ● Chi narra | Scrittore di opere di narrativa.

narratòrio [vc. dotta, lat. tardo *narratōriu*(*m*), da *narrātor*, genit. *narratōris* 'narratore'] agg. ● (*raro*) Narrativo.

narrazióne [vc. dotta, lat. *narratiōne*(*m*), da *narrāre* 'narrare'] s. f. *1* Atto del narrare: *interrompere la n.*; *una n. precisa, minuta, reticente.* SIN. Racconto. *2* Racconto, esposizione verbale o scritta: *n. storica.* *3* (*dir.*) Parte del documento, spec. pubblico, in cui vengono esposte le circostanze immediate dell'azione giuridica in esso contenuta. ‖ **narrazioncèlla**, dim.

nartèce [vc. dotta, gr. *nárthēx*, genit. *nárthēkos*, di origine preindeur.] s. m. *1* (*arch.*) Specie di vestibolo esterno o interno delle chiese, dove si trattenevano i catecumeni, durante la parte sacrificale della Messa. *2* †Cofanetto per unguenti.

narvàlo [fr. *narval*, dal dan. *narhval*, comp. di *nār* 'corpo' e *hvalr* 'balena'] s. m. ● Mammifero cetaceo artico, lungo fino a 6 m, con due soli denti, uno dei quali, nel maschio, si sviluppa sino a raggiungere i 2 m di lunghezza, sporgendo orizzontale e diritto davanti al capo (*Monodon monoceros*).

nasàle A agg. *1* Del naso: *cartilagine, osso, setto n.* *2* (*ling.*) Detto di suono della voce umana caratterizzato, dal punto di vista articolatorio, dalla risonanza dell'aria, proveniente dalla laringe, nelle fosse nasali, grazie all'abbassamento dell'ugola. **B** s. f. ● (*ling.*) Consonante nasale. **C** s. m. ● Nelle antiche armature, appendice del casco, fissa o mobile, a protezione del naso.

nasalità [da *nasale*] s. f. ● (*ling.*) Risonanza nasale dovuta al passaggio dell'aria laringale attraverso le fosse nasali, durante l'articolazione di una vocale o di una consonante.

nasalizzàre [comp. di *nasale* e *-izzare*] v. tr. ● (*ling.*) Far risuonare nelle fosse nasali un suono articolato | Pronunciare con voce nasale.

nasalizzàto part. pass. di *nasalizzare*; anche agg. ● Detto di suono articolato accompagnato da risonanza nasale: *vocali nasalizzate.*

nasalizzazióne s. f. ● (*ling.*) La risonanza nasale che accompagna un'articolazione orale.

nasàrdo [da *naso*] s. m. ● (*mus.*) Registro dell'organo che ha suono nasale.

nasàre [da *naso*] v. tr. e intr. (aus. *avere*) ● (*dial.*) Annusare (*anche fig.*).

nasàta s. f. ● Colpo dato urtando col naso | Colpo al naso.

nascènte part. pres. di *nascere*; anche agg. *1* Nei sign. del v. *2* (*chim.*) Detto di elemento, spec. gassoso, al momento della sua formazione.

†**nascènza** [lat. tardo *nascĕntia*(*m*), da *nāscens*, genit. *nascĕntis* 'nascente'] s. f. ● Nascita, nascimento.

nàscere [lat. parl. **nāscere*, per il classico *nāsci*, da *nātus* 'nato'] **A** v. intr. (pres. *io nàsco, tu nàsci*; pass. rem. *io nàcqui*, †*nascètti*, *tu nascésti*; part. pass. *nàto*, †*nasciùto*; aus. *essere*) *1* Venire alla luce, al mondo, detto di persone o animali: *è nato prematuro*; *nacque nel 1936 a Roma*; *n. di, da poveri genitori*; *n. ricco, povero, nobile*; *questo è il Nilo / che mi ha visto / n. e crescere* (UNGARETTI); *alla cagna sono nati quattro cuccioli* | *N. bene*, da famiglia nobile e ricca | *N. vestito, con la camicia*, essere fortunato | *Essere nato sotto cattiva stella*, essere sfortunato nella vita | *N. cieco, muto*, essere cieco, muto dalla nascita | *N. poeta, soldato* e sim., essere portato per la poesia, per la vita militare e sim. | *Aver visto n. qc.*, essere più anziano di lui | *Essere nato con gli occhi aperti*, essere furbo, scaltro | *Essere nato ieri*, essere molto ingenuo | (*escl., scherz.*) *Nasce un frate!*, durante una conversazione, si dice quando improvvisamente tutti tacciono. CONTR. Morire. *2* (*est.*) Germogliare, spuntare, detto di piante: *erba che nasce spontanea* | *N. come funghi*, crescere rapidamente e in gran quantità | Mettere, spuntare, crescere, detto di denti, peli, capelli e sim.: *gli è nato un nuovo dentino* | Manifestarsi, detto di mali fisici: *gli nascevano pustole* | Apparire all'orizzonte, sorgere, detto di astri o di fenomeni atmosferici: *il sole nasce alle cinque*; *è nata l'alba* | Scaturire, detto di corsi d'acqua: *l'Arno nasce dal Falterona* | Elevarsi, detto di edifici: *in quel quartiere sono nate molte villette* | (*raro*) Schiudersi, detto di uova. *3* (*fig.*) Cominciare a operare, produrre, funzionare, detto di un'attività: *è nata una nuova scuola, un'industria moderna.* *4* (*fig.*) Avere origine, fondamento: *non si sa da dove sia nata quella guerra*; *sono nati forti sospetti*; *mi nacque un'idea felice* | Provenire, essere stato costruito la prima volta: *la cetra nacque in Grecia.* SIN. Derivare, venire ‖ PROV. Chi nasce di gatta piglia i topi al buio; da cosa nasce cosa. **B** in funzione di s. m. inv. *1* Inizio, esordio, avvio: *il n. del giorno, il n. di una civiltà.* *2* Nella loc. avv. *sul n.*, al primo manifestarsi: *la rivolta fu soffocata sul n.*

nasciménto s. m. *1* (*lett.*) Atto, modo del nascere. *2* (*lett.*) Nascita: *una figlia femmina ... avea di quasi due anni preceduto il mio n.* (ALFIERI) | (*est., lett.*) Stirpe, condizione.

nàscita s. f. *1* Modo, atto del nascere: *una n. laboriosa*; *anniversario di n.*; *sordo dalla, di n.* | *N. gemellare*, di due esseri contemporaneamente | *Atto di n.*, documento redatto in seguito a denunzia all'ufficio di stato civile per notificare l'esistenza agli effetti di legge di un nuovo soggetto di diritto. *2* Famiglia, stirpe: *essere di umile n.* SIN. Lignaggio. *3* (*est.*) Lo spuntare, l'apparire di q.c.: *la n. di un fiore, del sole.* *4* (*fig.*) Origine, principio: *la n. della nostra amicizia.*

†**nàscito** s. m. ● Nascita.

nascitùro [vc. dotta, lat. *nascitūru*(*m*), part. fut. di *nāsci* 'nascere'] **A** agg. ● Che dovrà nascere: *i figli nascituri.* **B** s. m. (f. *-a*, raro) ● Chi sta per nascere.

nàsco [vc. di origine celtica] s. m. ● Vino bianco alcolico o liquoroso, dal profumo delicato, del Campidano di Cagliari.

nascondarèlla o **nasconderèlla** [da *nascondere*] s. f. ● Nascondino, rimpiattino.

nascondarèllo s. m. ● Nascondino.

†**nascondèllo** s. m. ● Nascondiglio.

nascóndere [comp. di *in* e del lat. *abscŏndere*, comp. di *ăbs* 'via da' e *cŏndere* 'raccogliere, riporre' (V. *condito* (*1*))] **A** v. tr. (pass. rem. *io nascósi, tu nascondésti*; part. pass. *nascósto*, †*nascóso*) *1* Mettere q.c. in un luogo dove non possa essere facilmente trovata, sottraendola così alla vista e, eventualmente, alle ricerche altrui: *n. un tesoro sotto terra*; *n. le armi in soffitta*; *n. una lettera nella tasca* | *N. il viso tra le mani*, per dolore, vergogna o altro | (*euf.*) †*n. il ferro, la spada nel petto a qc.*, ferire qc. con la spada | Tenere celato qc. per sottrarlo alla vista o alle ricerche di un altro o di altri: *n. il malvivente alla polizia.* SIN. Celare, occultare. *2* (*est.*) Impedire alla vista: *muro che nasconde il panorama*; *la casetta era nascosta fra le montagne.* *3* (*fig.*) Portare nascosto dentro di sé, dissimulare: *n. il malumore*; *n. i propositi di vendetta* | Tacere per non rivelare q.c.: *n. la verità, una notizia* | Tenere segreto: *n. la propria identità agli altri.* **B** v. rifl. ● Sottrarsi alla vista: *nascondersi dietro il paravento* | *Andare a nascondersi*, sentire il bisogno di allontanarsi dagli altri per la vergogna | (*fig.*) *Nascondersi dietro un dito*, rifiutarsi, per palese timore o inerzia, di affrontare una situazione critica o risolvere un problema difficile accampando pretesti o prendendo provvedimenti insufficienti. **C** v. intr. pron. *1* Stare celato, senza rivelarsi alla vista, alla comprensione e sim. altrui: *che cosa si nasconde dietro queste parole?* *2* †Fingere, simulare.

nasconderèlla ● V. *nascondarella.*

†**nascondévole** agg. ● Atto a nascondere.

nascondìglio s. m. ● Luogo che serve a nascondere o a nascondersi: *cercare un n.*; *il n. della lepre* | (*raro, est.*) Ripostiglio.

nascondiménto s. m. *1* (*lett.*) Modo, atto del nascondere o del nascondersi (*anche fig.*). *2* †Nascondiglio.

nascondìno s. m. ● Gioco infantile, in cui un ragazzo cerca i compagni che si sono nascosti: *giocare, fare a n.* SIN. Rimpiattino.

nasconditóre s. m. (f. *-trice*) *1* (*raro*) Chi nasconde. *2* (*raro, fig.*) Chi simula, finge q.c.

†**nascóso** part. pass. di *nascondere*; anche agg. ● Nei sign. del v.

nascósto part. pass. di *nascondere*; anche agg. *1* Nei sign. del v. *2* (*fig.*) Che non si rivela, che non è evidente: *virtù nascoste*; *verità nascosta* | *Di n.*, senza farlo sapere, capire, vedere e sim. ad altri: *agire, incontrarsi di n.*; *leggeva il libro di n. dall'insegnante.* ‖ **nascostaménte**, avv. Di nascosto; segretamente.

nasèllo (**1**) [sovrapposizione di *naso* al lat. *asĕllus* 'asinello', dim. di *ăsinus* 'asino'] s. m. ● Pesce osseo marino dei Gadiformi simile al merluzzo, con mandibola più lunga della mascella, carni delicate, bianche e pregiate, argenteo sul ventre e scuro sul dorso (*Merluccius merluccius*).

nasèllo (**2**) [da *naso*] s. m. *1* Pezzo schiacciato che riceve la stanghetta del saliscendi. SIN. Monachetto. *2* Nasiera. *3* Parte dell'otturatore d'una carabina. *4* (*mus.*) Nasetto.

nasétto s. m. *1* Dim. di *naso.* *2* (*raro*) Persona

dal naso piccolo. *3* (*mus.*) Bietta degli strumenti ad arco. *4* Monachetto. || **nasettàccio**, pegg. | **nasettino**, dim. | **nasettucciàccio**, pegg. | **nasettùccio**, pegg.

nashi /giapp. na'ʃi/ [vc. di orig. oscura] s. m. inv. ● (*bot.*) Pianta ottenuta dall'ibridazione di specie asiatiche del genere *Pyrus* | Il frutto di tale pianta.

naṣica o **nasica** [lat. *nasīca(m)* 'nasuto', da *nāsus* 'naso'] s. m. inv. ● Scimmia catarrina della foresta di Borneo con naso a forma di proboscide dilatabile e pelame che si allunga a formare una barba sotto il muso (*Nasalis larvatus*).

nasièra [da *naso*] s. f. ● Arnese simile a una tenaglia che si adatta alle narici dei buoi per guidarli. SIN. Nasello (2).

nàso [lat. *nāsu(m)*, di origine indeur.] s. m. *1* Parte prominente del volto dell'uomo, mobile, posta tra la fronte e la bocca | *N. a sella*, deformazione del dorso del naso che appare incavato per insufficiente sviluppo delle ossa nasali, spec. nella sifilide congenita | *Dare di n. in qc.*, imbattersi in qc., urtarlo incontrandolo | *Affilare il n.*, dimagrire | *Arricciare, torcere il n.*, provare contrarietà, disgusto | *Non vedere più in là del proprio n.*, avere la vista corta e (*fig.*) essere poco lungimirante | *Ficcare, mettere il n. in q.c.*, dappertutto, occuparsi a sproposito di q.c., impicciarsi degli affari altrui | *Ha facilmente la mosca, la muffa al n.*, è permaloso, suscettibile, irascibile | *Menare per il n.*, raggirare, ingannare | *Rimanere con un palmo, con tanto di n.*, restare deluso, insoddisfatto o ingannato | *Col n. ritto*, con atteggiamento impertinente | *Avere sempre il n. rosso*, essere un bevitore | (*raro*) *Fare il n.*, abituarlo a un odore | (*raro*) *Toccare il n. a qc.*, fargli dispetto o sfidarlo | (*raro, pop.*) *Fare un palmo di n.*, sventolare la palma aperta con il pollice appoggiato al naso. ➡ ILL. p. 367 ANATOMIA UMANA. *2* (*fig.*) Faccia, volto: *sbattere la porta sul n. a qc.* | *Mettere il n. fuori*, uscire di casa, affacciarsi | *Allungare il n.*, sporgersi per vedere e (*fig.*) aspettare qc. o q.c. con impazienza | *Mettere sotto il n.*, davanti agli occhi | *Tenere il n. in aria*, essere distratto, svagato e (*raro*) stare in guardia o in attesa di q.c. *3* (*fig.*) Fiuto, discrezione, giudizio: *avere buon n.* | *Avere n.*, avere buon fiuto, sagacità | *Andare, giudicare a n., a lume di n.*, fidarsi del proprio intuito. *4* Parte prominente del muso degli animali | *Vincere di un corto n.*, nell'ippica, vincere di strettissima misura con un distacco inferiore alla lunghezza del naso di un cavallo. *5* (*raro*) Parte sporgente di alcuni oggetti: *il n. dell'arcolaio, della sella.* *6* (*mecc.*) Parte anteriore del mandrino, sulle macchine utensili, di forma internamente tronco-conica ed esternamente cilindrica e filettata, su cui si avvita la piattaforma o il disco menabrida, per il montaggio del perno. || **nasàccio**, pegg. | **naselléttto**, dim. | **nasellino**, dim. | **nasèllo**, dim. | **nasétto**, dim. (V.) | **nasicchio**, dim. | **nasino**, dim. | **nasóne**, accr. (V.) | **nasùccio**, pegg.

nasobiànco [comp. di *naso* e *bianco*] s. m. (pl. *nasibiànchi*) ● Scimmia africana dei Cercopitecidi caratterizzata da una macchia candida sul naso nero (*Cercopithecus nictitans*).

nasofaringèo o (*raro*) **nasofaringeo** [comp. di *naso* e *faringe*, con suff. agg.] agg. ● (*anat.*) Relativo al naso e alla faringe.

nasolabiàle [comp. di *naso* e *labiale*] agg. ● (*anat.*) Pertinente al naso e al labbro.

nasóne s. m. (f. *-a*) *1* Accr. di *naso*. *2* (*scherz.*) Persona con un grosso naso.

nasopalatino [comp. di *naso* e *palato*, con suff. agg.] agg. ● (*anat.*) Pertinente al naso e al palato.

nàspo [comp. di *(i)n* e *aspo*] s. m. ● Aspo.

nàssa [lat. *nāssa(m)*, di etim. incerta] s. f. *1* Cesta di giunco, vimini o rete metallica, di forma conica, chiusa a un'estremità e con imboccatura a imbuto, per la quale facilmente entra il pesce senza poterne poi uscire. ➡ ILL. **pesca**. *2* Trappola di rete a imbuto per uccelli. *3* Ampolla di vetro con beccuccio, nella quale si tengono i liquori che svaporano. *4* Mollusco gasteropode del Mediterraneo, carnivoro, con conchiglia ovale e appuntita (*Nassa mutabilis*).

nastìa [dal gr. *nastós* 'calcato', da *nássein* 'calcare', di etim. incerta] s. f. ● (*bot.*) Movimento di un organo vegetale che si curva in una direzione predeterminata dalla struttura dell'organo e indipendentemente dalla direzione dello stimolo.

nàstico agg. (pl. m. *-ci*) ● (*bot.*) Di nastia.

nastràio s. m. (f. *-a*) ● Chi fa o vende nastri.

†nastràme s. m. ● Assortimento di nastri.

nastràre [da *nastro*] v. tr. ● Applicare manualmente o meccanicamente il nastro sugli imballaggi o il nastro isolante intorno ai conduttori elettrici.

†nastràto agg. ● Ornato di nastri.

nastratrìce s. f. ● Macchina che esegue la nastratura.

nastratùra s. f. ● Operazione del nastrare.

†nastrièra s. f. ● Ornamento di nastri.

nastrifórme [comp. di *nastro* e *-forme*] agg. ● Che ha forma di nastro.

nastrino s. m. *1* Dim. di *nastro*. *2* Parte del nastro proprio di una decorazione o onorificenza, che si porta per distintivo sul petto o all'occhiello. *3* Piccola strisciolina d'oro usata nell'oreficeria per fare aggiornature, filettature, alveoli. *4* (*al pl.*) Tipo di pasta da minestra, più sottile dei nastri.

nàstro [got. *nastilo* 'correggia'] s. m. *1* Tessuto sottile, stretto e di lunghezza indeterminata, per guarnizioni e legature: *n. di seta, di cotone*; *n. a spina, a maglia*; *orlare con n.*; *il n. del cappello* | *N. elastico*, tessuto per bretelle e giarrettiere, in cotone e fili di gomma elastica | *N. di decorazione, onorificenza*, di vario colore, per appendere al petto o cingere al collo la medaglia o la croce | *N. di lutto*, di color nero, al cappello, alla manica o al bavero in segno di lutto | *N. azzurro*, quello che sostiene la decorazione italiana al valor militare. *2* (*est.*) Tutto ciò che ha forma di nastro | *N. adesivo*, striscia di cellophane spalmata d'adesivo su un lato | *N. isolante*, striscia di tessuto gommato o di materia plastica, adoperato per ricoprire e isolare giunture di conduttori negli impianti domestici o comunque per basse tensioni | *N. metrico*, striscia di tessuto, metallo o nylon per prendere misure | *N. dattilografico*, nelle macchine per scrivere, nastro di cotone, di seta o di altro materiale impregnato d'inchiostro | (*elab.*) *N. perforato*, nastro di carta su cui vengono registrati dati mediante fori; sempre più in disuso per la diffusione di supporti magnetici e di videoterminali | *N. magnetico*, (*ell.*) *nastro*, nastro di plastica, carta o altro materiale ricoperto o impregnato di materiale ferromagnetico, usato per la registrazione di suoni, immagini o dati per elaborazione | *N. programmi*, nastro magnetico nel quale sono registrati una serie di programmi | *N. discografico*, nastro per la registrazione che verrà riversata sulla matrice | *N. trasportatore*, piano scorrevole che, nei grandi stabilimenti, porta davanti all'operaio l'oggetto su cui deve lavorare | *N. a tazze*, in certe draghe, catena continua con recipienti a forma di tazza per scavare e trasportare materiale terroso | *N. di mitragliatrice*, supporto metallico, o di tela, che unisce in serie le cartucce presentandole in posizione di sparo all'arma | (*mat.*) *N. di Möbius*, in topologia, superficie non orientabile, unilatera, che si ottiene congiungendo i due lati minori di una striscia piana dopo aver impartito a uno di essi una rotazione di 180° | *Nastri di partenza*, serie di lunghi elastici che vengono sollevati per il via dei cavalli nelle corse al trotto | (*fig.*) *Essere al n. di partenza*, essere in procinto di iniziare un'attività | (*fig.*) *N. stradale, d'asfalto*, strada, strada asfaltata. *3* (*al pl.*) Tipo di pasta alimentare a forma di nastro. || **nastrettino**, dim. | **nastrétto**, dim. | **nastricino**, dim. | **nastrino**, dim. (V.) | **nastrùccio**, pegg.

nastrotèca [comp. di *nastro* e *-teca*] s. f. ● Raccolta organica e sistematica di nastri magnetici registrati | Luogo dove tali nastri sono conservati. SIN. Registroteca.

nastùrzio [lat. *nastŭrtiu(m)*, di etim. incerta: 'che fa storcere il naso (per l'odore piccante)' (?)] s. m. ● Crocifera perenne molto comune nei luoghi umidi, con foglie profondamente divise e fiori gialli, coltivata in parecchie varietà (*Nasturtium silvestre*) | *N. indiano*, cappuccina.

nàṣua o **nàsua** [vc. del lat. scient., da *nāsus* 'naso', perché caratterizzato da un naso prominente molto mobile] s. f. ● Genere di mammiferi carnivori dei Procionidi, con muso molto allungato e mobilissimo, pelliccia fitta e morbida (*Nasua*).

nasùto [vc. dotta, lat. *nasūtu(m)*, da *nāsus* 'naso'] agg. *1* Che ha un naso lungo e grosso. *2* (*raro*) Sagace, perspicace nei giudizi. *3* †Beffatore, schernitore.

natàbile [vc. dotta, lat. tardo *natābile(m)* 'che può galleggiare', da *natāre* (V. †*natare*)] agg. ● Detto di tratto d'acqua in cui si può navigare.

natàle [lat. *natāle(m)*, da *nātus* 'nato'] **A** s. m. (*Natàle* nel sign. 2) *1* Giorno natalizio | (*raro*) Anniversario del giorno della nascita: *festeggiare il proprio n.* | *N. di Roma*, celebrazione della data in cui sarebbe stata fondata Roma (il 21 aprile del 753 a.C.) *2* Solennità liturgica dell'anno cristiano, in cui si ricorda la natività di Gesù Cristo, il 25 dicembre | *Mese di Natale*, dicembre | *Albero di Natale*, abete, spesso in vaso, a cui sono attaccati i doni di Natale | *Durare da Natale a S. Stefano*, pochissimo | *Per lui è Natale*, è una festa grande. *3* (*spec. al pl.*) Nascita: *i suoi natali sono molto oscuri* | (*est.*) Stirpe, prosapia. **B** agg. *1* Della nascita, attinente alla nascita: *giorno n.* | *Terra n.*, la patria. SIN. Natio. *2* (*raro*) Natalizio | *Babbo n.*, personaggio fantastico in figura di vecchio che i bimbi credono venga la notte di Natale a portar loro regali.

natalità [fr. *natalité*, da *natal* 'natale'] s. f. ● (*stat.*) L'insieme delle nascite di un determinato luogo considerate nel loro aspetto quantitativo | *Quoziente generico di n.*, rapporto tra il numero assoluto dei nati vivi e l'ammontare della popolazione | *Quoziente specifico di n.*, rapporto tra il numero assoluto di nati vivi e il numero di uomini o donne in età feconda.

natalìzio [vc. dotta, lat. *natalīciu(m)*, da *natālis* 'natale'] **A** agg. *1* Del Natale: *feste natalizie.* *2* Che appartiene, riguarda il giorno della nascita. SIN. Natale. **B** s. m. ● (*lett.*) Compleanno, genetliaco: *celebrare il n.*

natànte **A** part. pres. di †*natare*; anche agg. *1* Nei sign. del v. *2* Che galleggia. **B** s. m. ● Costruzione destinata a galleggiare. SIN. Galleggiante, imbarcazione.

†natàre [lat. *natāre*, ints. di *nāre*, di origine indeur.] v. intr. ● (*poet.*) Nuotare.

natatóia [da †*natare*] s. f. ● (*zool.*) Organo atto al moto dei mammiferi acquatici, come i cetacei e i pinnipedi.

†natatóre [lat. *natatōre(m)*, da *natāre* 'natare'] s. m. (f. *-trice*) ● Nuotatore.

natatòrio [vc. dotta, lat. tardo *natatōriu(m)*, da *natāre* 'natare'] agg. ● Che riguarda il nuoto o il nuotatore | (*zool.*) *Vescica natatoria*, organo idrostatico posto sotto alla colonna vertebrale di cui sono provvisti molti pesci.

natazióne [vc. dotta, lat. *natatiōne(m)* 'il nuotare, nuoto', da *natāre* (V. †*natare*)] s. f. ● Atto, effetto del muoversi in acqua nuotando.

nàtica (1) [vc. dotta, lat. parl. **nāticae*, nom. pl., da *nātes* 'natiche', di origine indeur.] s. f. ● (*anat.*) Ciascuna delle due masse muscolari formate dai glutei.

nàtica (2) [dal prec., con allusione alla forma] s. f. ● Mollusco gasteropode commestibile con forte conchiglia globosa, comune nel Mediterraneo sulla rena a piccole profondità (*Natica millepunctata*).

naticùto [da *natica* (1)] agg. ● (*lett., scherz.*) Che ha grosse natiche.

natimortalità [da *nati morti* (pl. di *nato morto*), sul modello di *mortalità*] s. f. ● (*stat.*) Rapporto fra il numero dei nati morti in un anno e il numero complessivo dei nati vivi e morti dello stesso anno.

natio ● V. *nativo*.

nativiṣmo [da *nativo*] s. m. ● (*filos.*) Innatismo.

natività [vc. dotta, lat. tardo *nativitāte(m)*, da *natīvus* 'nativo'] s. f. *1* (*raro*) Nascita: *registro delle natività* | (*raro*) *La n. di una città*, la sua fondazione. *2* Commemorazione di nascita di Gesù o della Vergine o di santo. *3* Rappresentazione iconografica o statuaria della nascita di Gesù o della Vergine.

nativo o (*lett.*) **natio** nei sign. A [vc. dotta, lat. *natīvu(m)*, da *nātus* 'nato'] **A** agg. *1* Della nascita | Che riguarda il luogo in cui si è nati, che è proprio del luogo di nascita: *dialetto n.*; *aria nativa*; *fuggo dal mi' natio dolce aere tosco* (PETRARCA) | *Terra nativa*, il paese in cui si è nati | *Il tetto natio*, la casa in cui si è nati. *2* (*raro*) Naturale, innato: *nativa fierezza; il n. odio, il dubbio e la paura* (ARIOSTO) | (*est.*) Schietto, spontaneo: *una nativa eleganza.* *3* (*miner.*) Detto di elemento che si trova non combinato con altri in natura: *ferro n.* **B** s. m. (f. *-a*) ● Chi è oriundo, originario di un determinato luogo: *i nativi della Giamaica.* SIN. Indigeno.

nàto A part. pass. di *nascere*; anche agg. *1* Nei sign. del v. | *Cieco, sordo n.*, chi è cieco, sordo dalla nascita | *N. per q.c.*, che ha particolari attitudini per q.c.: *n. per vincere*; (*anche ass.*) *è un pittore n.* | *N. ieri*, (*fig.*) inesperto, ingenuo | *Non ancora n.*, (*fig.*) ancora fanciullo | (*ints.*) *Essere qc. n. e sputato*, assomigliare moltissimo a qc. | (*ints.*) †*Non c'era uomo n.*, non c'era nessuno. *2* Detto di donna, indica il cognome di nascita rispetto a quello aggiunto con il matrimonio: *Maria Rossi nata Bianchi.* **B** s. m. (f. *-a*) *1* Figlio, figliolo: *i miei nati.* *2* Chi è nato in un determinato anno o periodo storico: *i nati nel dopoguerra*; *i nati durante la Rivoluzione.*

nàtola [etim. incerta] s. f. ● (*mar.*) Incastro nella scalmiera nel quale si mette il ginocchio del remo, senza scalmo e senza stroppo.

natrìce [vc. dotta, lat. *natrīce(m)*, di origine indeur.] s. f. ● Rettile degli Ofidi, non velenoso, con corpo lungo coperto di grandi squame lucide di color verde grigiastro (*Natrix natrix*).

natriemìa o **natremia** [vc. dotta, comp. del lat. *natr(ium)* 'sodio' ed *-emia*] s. f. ● (*chim.*) Livello ematico di sodio.

natrolìte [comp. di *natro(n)* e *-lite*] s. f. ● Minerale rombico della famiglia delle zeoliti, allumosilicato di sodio idrato, di colore bianco o roseo.

natròmetro [comp. di *natro(n)* e *-metro*] s. m. ● (*fis.*) Densimetro a doppia scala per misurare la quantità di soda contenuta nella potassa.

nàtron [ar. *natrūn*] s. m. ● (*miner.*) Carbonato idrato di sodio che si presenta sotto forma di incrostazioni o efflorescenze nelle zone aride.

nàtta (1) [etim. incerta] s. f. ● (*med.*) Cisti sebacea del cuoio capelluto.

†**nàtta (2)** [fr. *natte*, dal lat. tardo *năttа(m)*, variante di *mătta(m)*, vc. di origine straniera] s. f. ● (*mar.*) Stuoia per foderare le cale contro l'umidità.

†**nàtta (3)** [etim. incerta] s. f. ● Burla, beffa.

natùra [vc. dotta, lat. *natūra(m)*, da *nātus* 'nato'] s. f. *1* Il complesso delle cose e degli esseri dell'universo, governati da leggi, retti da un ordine proprio e anche oggetto di contemplazione e studio da parte dell'uomo: *i fenomeni, le meraviglie, i segreti della n.*; *lo studio, la conoscenza della n.*; *ricrearsi alla n.*; *l'arte imita la n.* | *Il tre regni della n.*, animale, vegetale, minerale | *In n.*, nell'ordine naturale | *Senso, sentimento della n.*, intimità diretta sentita con le cose della natura, profondo e genuino piacere che si trae dalla contemplazione della natura | *Il libro della n.*, la natura come arricchimento delle esperienze e del sapere umano | (*filos.*) *N. naturante*, la sostanza nella sua essenza infinita | (*filos.*) *N. naturata*, la totalità delle manifestazioni della sostanza infinita | *Secondare la n., non far violenza alla n.*, vivere seguendo le leggi naturali | (*est.*) *N. morta*, V. *natura morta*. *2* Energia operante nell'universo in grado di produrre, conservare e distruggere, secondo una volontà di ordine: *la n. madre di tutte le cose*; *la n. creatrice*; *il riposo, il ravvivarsi della n.*; *i figli della Natura*; *madre n.* *3* Sostanza costitutiva, modo di essere primitivo e permanente di uomini e cose: *l'intima n. di qc., di q.c.*; *la n. de' popoli prima è cruda, di poi severa, quindi benigna, appresso dilicata, finalmente dissoluta* (VICO) | Qualità, tendenza, disposizione degli esseri umani non acquisite con l'educazione: *la n. dell'uomo*; *la salute è un dono di n.* | *Avere una seconda n.*, possedere una qualità anche indipendentemente dall'educazione | *Mutare n.*, cambiare modo di essere | *Rendere, pagare il tributo alla n.*, morire | (*est.*) Indole, carattere: *è una n. malinconica, collerica, esuberante*; *seguire la propria n.*; *un comportamento proprio della sua n.* | Qualità o complesso di qualità che una cosa possiede naturalmente, spec. in riferimento ai fini ad essa connaturati: *è nella n. delle cose*; *la n. di una istituzione, di un discorso* | (*est.*) Specie, proprietà, qualità: *la n. del marmo, del fuoco, dei metalli*; *cose di n. delicata.* *4* L'uomo, come prodotto della natura: *è una n. ipocrita*; *ogni n. ha il suo istinto* | *La n. umana*, il genere umano, gli uomini viventi. *5* (*pop.*) Parti genitali esterne, spec. femminili. *6* †Nascita: *nobile per n.* | †*Da n.*, dalla nascita. || **naturàccia**, pegg.

naturàle [vc. dotta, lat. *naturāle(m)*, da *natūra* 'natura'] **A** agg. *1* Di natura, della natura, attinente alla natura: *ordine n.*; *bellezze naturali del paesaggio*; *filosofia n.* | *Ricchezza n.*, quella del suolo, dei prodotti della natura | *Scienze naturali*, quelle che studiano gli aspetti della natura, come fisica, chimica, botanica, geologia, zoologia e sim. *2* Conforme alla natura, secondo l'ordine della natura: *corso n. degli avvenimenti* | *Diritto n.*, diritto ideale, corrispondente a una superiore giustizia | (*est.*) Ordinario, consueto, ovvio: *sono cose naturali*; *è n.!*; *conseguenza n.* | Anche come risposta affermativa: *"Vieni anche tu?" "N.!"* *3* Dato dalla natura, che si ha per natura: *bisogni naturali dell'uomo*; *affetto n. per la famiglia*; *generosità n.*; *la natural ambizione dell'umana superbia* (VICO) | *Difetti naturali*, quelli del temperamento | *Morte n.*, dovuta a cause naturali e (*est.*) non violenta | *Vita natural durante*, per tutta la vita | *Istinto n.*, ingenito | *Figlio n.*, di genitori non uniti in matrimonio al momento del concepimento | *Giudice n.*, competente, legittimo | †*Caldo n.*, fervore di vita, energia. *4* (*est.*) Non artefatto o alterato: *vino, cibo n.*; *capelli naturali* | *Eloquenza n.*, che non è frutto di studio o affettazione | (*est., fam.*) Spontaneo, schietto, semplice: *gli viene n. fare così*; *una posa n.*; *essere n. nel parlare* | *Un atteggiamento n.*, disinvolto | Nella loc. avv. *al n.*, così com'è in natura, senza interventi, modificazioni, sofisticazioni e sim.: *capelli al n.*; *verdura, frutta al n.* | (*est.*) Con esattezza e fedeltà: *imitare, copiare al n.* | (*raro*) *Stare al n.*, tenere un atteggiamento semplice. *5* †Indigeno: *gente n. del paese.* || **naturalménte**, †**naturaleménte**, avv. *1* Per natura, secondo la propria natura: *è una persona n. buona.* *2* (*est.*) Senza affettazione o artificiosità: *scrivere, muoversi n.* *3* Secondo l'ordine della natura: *fenomeni susseguitisi n.*; (*est.*) come è logico, prevedibile: *avete scritto e n. vi abbiamo risposto.* *4* Certamente, sicuramente, sì: *"tornerete domani?" "n.!"*. **B** s. m. *1* †Indole, istinto, tendenza innata: *è n. degli uomini che in loro possa ... tanto più la speranza che il timore* (GUICCIARDINI). *2* (*raro, spec. al pl.*) Chi è nativo, indigeno di un luogo: *i naturali dell'isola.* *3* †Stato di natura.

†**naturaleggiàre** [comp. di *natural(e)* e *-eggiare*] v. tr. (*io naturaléggio*) ● Rappresentare al naturale, nell'arte.

naturalézza [da *naturale*] s. f. *1* Qualità di ciò che è conforme alla natura: *la n. di una scena, di una rappresentazione artistica.* *2* Assenza di affettazione, ricercatezza, artificio: *mancare di n.*; *recitare con n., con la massima n.* CONTR. Affettazione, artificio, ricercatezza. *3* †Disposizione naturale | †*Per sua n.*, seguendo la sua indole. *4* †Natura.

naturalìsmo [fr. *naturalisme*, dal lat. *naturālis* 'naturale'] s. m. *1* Dottrina filosofica secondo cui non esiste realtà al di fuori della natura e pertanto tutto quello che accade si spiega esclusivamente con leggi fisiche prescindendo da ogni trascendenza. *2* Teoria estetica secondo la quale un'opera d'arte è riuscita solo se riproduce la realtà con il massimo rigore, prescindendo da ogni intromettenza soggettiva, idealizzante o metafisica.

naturalista [fr. *naturaliste*, dal lat. *naturālis* 'naturale'] s. m. e f. (pl. m. *-i*) *1* Studioso di scienze naturali. *2* Seguace della filosofia o dell'estetica del naturalismo. *3* Chi ama la natura, gli ambienti naturali.

naturalìstico agg. (pl. m. *-ci*) *1* Che concerne o interessa la filosofia o l'estetica del naturalismo. *2* Che riguarda le scienze naturali. *3* Che riguarda la natura, gli ambienti naturali: *guida naturalistica.* || **naturalisticaménte**, avv. Secondo i principi del naturalismo.

naturalità [vc. dotta, lat. tardo *naturalitāte(m)*, da *naturālis* 'naturale'] s. f. *1* (*raro*) L'essere naturale. *2* (*est.*) †Naturalezza, disinvoltura.

naturalizzàre [fr. *naturaliser*, dal lat. *naturālis* 'naturale'] **A** v. tr. ● Concedere la cittadinanza a uno straniero. **B** v. rifl. ● Chiedere, ottenere la cittadinanza, detto di uno straniero: *naturalizzarsi italiano.* **C** v. intr. pron. ● (*biol.*) Adattarsi a vivere e a riprodursi in un ambiente diverso da quello originario, detto di pianta o animale.

naturalizzàto part. pass. di *naturalizzare*; anche agg. ● Nel sign. del v.

naturalizzazióne [fr. *naturalisation*, da *naturaliser* 'naturalizzare'] s. f. ● Atto, effetto del naturalizzare o del naturalizzarsi.

natùra mòrta loc. sost. f. ● Genere di pittura che ritrae oggetti, fiori, frutta, vivande, selvaggina, considerato tra le prime manifestazioni del realismo nelle arti figurative: *le nature morte del Caravaggio*; *una natura morta di Cézanne.*

naturamortìsta [comp. di *natura morta* e *-ista*] s. m. e f. (pl. m. *-i*) ● Pittore di nature morte.

naturànte part. pres. di †*naturare*; anche agg. *1* Nei sign. del v. *2* *Natura n.*, in teologia, il Dio creatore.

†**naturàre** [da *natura*] **A** v. tr. ● Generare, formare, creare. **B** v. intr. pron. ● Prendere natura, connaturarsi.

naturàto part. pass. di †*naturare*; anche agg. *1* Nei sign. del v. *2* Provveduto dalla natura di particolare indole o tendenza. *3* Che si ha dalla nascita. *4* Naturalizzato. *5* *Natura naturata*, in teologia, la totalità delle manifestazioni della sostanza infinita.

nature /fr. na'tyr/ [vc. fr., propr. 'natura'] in funzione di agg. inv. ● Detto di ciò che appare così com'è in natura, senza modificazioni o sofisticazioni: *una bellezza n.*

naturìsmo [fr. *naturisme*, da *nature* 'natura'] s. m. *1* Movimento d'opinione che propugna un modo di vivere in armonia con la natura, caratterizzato dalla pratica della nudità comune, il cui fine è il rispetto di se stessi, del prossimo e dell'ambiente naturale. *2* (*med.*) Dottrina per cui ogni virtù curativa è attribuita alla natura. *3* Nella storia delle religioni, teoria che vede le divinità dei primitivi come inconscia personificazione di forze naturali, sentite come estranee al controllo umano.

naturìsta [fr. *naturiste*, da *nature* 'natura'] **A** s. m. e f. (pl. m. *-i*) ● Aderente, seguace del naturismo. **B** agg. ● Naturistico.

naturìstico agg. (pl. m. *-ci*) ● Che riguarda il naturismo: *propaganda naturistica.*

nauclèa [comp. del gr. *nâus* 'nave' e *kléos* 'gloria', di origine indeur., per la forma a carena di nave della corolla] s. f. ● Pianta delle Rubiacee da cui si ricava un legno pregiato (*Nauclea grandiflora*).

naucòride [comp. del gr. *nâus* 'nave' e *kóris*, genit. *kóridos* 'cimice'] s. m. ● Insetto emittero acquatico a corpo ovale e depresso, ottimo nuotatore, carnivoro, caratterizzato da odore intenso e sgradevole (*Naucoris cimicoides*).

naufragàre [vc. dotta, lat. tardo *naufragāre*, da *naufrăgium* 'naufragio'] v. intr. (*io nàufrago, tu nàufraghi*; aus. *essere* o, spec. riferito a persone, *avere*) *1* Detto di imbarcazione, andare distrutta in mare, per avaria, tempesta o altro: *il veliero è naufragato doppiando il Capo* | Detto di persone o cosa a bordo dell'imbarcazione che fa naufragio: *hanno naufragato al largo della Sardegna.* SIN. Affondare. *2* (*fig.*) Fallire, avere cattivo esito o non trovare buona accoglienza: *il suo disegno naufragò miseramente*; *tutte le nostre proposte sono naufragate* | (*fig.*) *N. in porto*, fallire in q.c. quando ci si crede sicuri. *3* (*poet.*) Smarrirsi, perdersi: *e il naufragar m'è dolce in questo mare* (LEOPARDI).

naufràgio [vc. dotta, lat. *naufrăgiu(m)*, comp. di *nāvis* 'nave' e *-frăgium*, da *frăngere* 'spezzare'. V. *frangere*] s. m. *1* Perdita accidentale per rottura o affondamento di una imbarcazione: *per tempesta, per urto contro un iceberg* | *Fare n.*, naufragare. SIN. Affondamento. *2* (*fig.*) Rovina, distruzione: *il n. di tutte le sue speranze*; *eppure qualcosa... ci sorregge e ci allontana dal n.* (LEVI) | *Fare n.*, (*fig.*) andare in rovina.

nàufrago [vc. dotta, lat. *năufragu(m)*, da *naufrăgium* 'naufragio'] s. m. (f. *-a*; pl. m. *-ghi*) ● Chi ha fatto naufragio: *soccorrere i naufraghi* | Chi si è salvato da un naufragio: *i naufraghi approdarono in un'isola*; *trarre in salvo i naufraghi.*

naumachìa [vc. dotta, lat. *naumăchia(m)*, nom. *naumăchia*, dal gr. *naumachía*, comp. di *nâus* 'nave' e *-machía*, da *máchestai* 'combattere'] **s. f.** ● Spettacolo di combattimento navale, per pubblico divertimento, spec. fra gli antichi Romani.

naupatìa [comp. del gr. *nâus* 'nave' e *-patia*] **s. f.** ● (*med.*) Mal di mare.

nàuplio [lat. scient. *Nauplius*, dal n. mitologico gr. *Náuplios*, figlio di Poseidone] **s. m.** ● (*zool.*) Forma larvale iniziale, con un solo occhio mediano, tipica dei Crostacei Entomostraci.

nàusea [vc. dotta, lat. *nāusea(m)*, nom. *nāusea*, dal gr. *nausía* 'mal di mare', da *nâus* 'nave'] **s. f.** *1* (*med.*) Senso di ripugnanza per il cibo. *2* (*est.*) Voglia di vomitare: *avere la n.*; *provare un senso di n.*; *cibo, odore che dà la n.* *3* (*fig.*) Fastidio, avversione: *discorsi che danno n.*; *provo un fastidio, se sapesse, una n.* (PIRANDELLO) | *Fino alla n.*, fino alla saturazione.

nauseabóndo [vc. dotta, lat. *nauseabŭndu(m)*, da *nāusea* 'nausea'] **agg.** *1* Che provoca nausea: *sapore n.* *2* (*fig.*) Che procura vivo fastidio: *proposte nauseabonde.*

nauseànte **part. pres.** di *nauseare*; anche **agg.** ● Nei sign. del v.

nauseàre [vc. dotta, lat. *nauseāre*, da *nāusea* 'nausea'] **v. tr.** (*io nàuseo*; aus. *avere*) *1* Dare la nausea: *questo odore mi nausea.* *2* (*fig.*) Infastidire, disgustare (*anche ass.*): *il suo comportamento mi ha nauseato*; *discorsi che nauseano.* *3* †Avere a nausea (*anche fig.*): *n. un cibo, l'ipocrisia.*

nauseàto **part. pass.** di *nauseare*; anche **agg.** ● Nei sign. del v.

nauseóso [vc. dotta, lat. *nauseōsu(m)*, da *nāusea* 'nausea'] **agg.** ● (*raro*) Nauseabondo, nauseante (*anche fig.*). || **nauseosaménte**, **avv.** (*raro, lett.*) Con nausea, fastidio.

nàuta [vc. dotta, lat. *nāuta(m)*, nom. *nāuta*, dal gr. *náutēs*, da *nâus* 'nave'] **s. m.** (**pl.** *-i*) ● (*lett.*) Marinaio, nocchiero: *sedea al governo quel pratico n.* (ARIOSTO).

-nàuta [V. *nauta*] secondo elemento ● In parole composte derivate dal greco e dal latino, oppure formate modernamente, significa 'navigante', 'pilota': *astronauta, cosmonauta, lunauta.*

nàutica [f. sost. di *nautico*] **s. f.** *1* Scienza e pratica della navigazione. *2* Complesso delle imbarcazioni da diporto e di tutto quanto è a esse connesso: *salone della n.*

nàutico [vc. dotta, lat. *nāuticu(m)*, nom. *nāuticus*, dal gr. *nautikós*, da *náutēs* 'nauta'] **agg.** (**pl. m.** *-ci*) ● Relativo alla navigazione: *strumenti nautici.*

nàutilo [gr. *nautílos* 'navigante', da *náutēs* 'nauta'] **s. m.** ● Grosso mollusco cefalopode dell'Oceano Indiano, con numerosi tentacoli, che ha conchiglia bianca avvolta a spirale e divisa in sezioni di cui l'animale occupa solo l'ultima (*Nautilus pompilius*).

navaho /*ingl.* 'nævəhou/ ● V. *navajo.*

navaja /*sp.* na'baxa/ [vc. sp., lat. tardo *novācula(m)*, da una radice indeur. che significa 'grattare'] **s. f. inv.** ● Grande coltello a serramanico dalla lama leggermente ricurva.

navajo /*sp.* na'baxo/ o **navaho** [dallo sp. d'America *apaches de navajó*, dal tewa *navahú* 'largo campo'] **A** **s. m. e f. inv.**; anche **agg. inv.** (**pl.** sp. *navajos*) ● Appartenente a una popolazione amerindia originaria dell'America settentrionale e oggi stanziata in riserve dell'Arizona e del Nuovo Messico. **B** **s. m.** solo **sing.** ● Lingua parlata dai Navajo.

navàle [lat. *navāle(m)*, da *nāvis* 'nave'] **A** **agg.** ● Relativo alle navi | *Accademia n.*, scuola di ufficiali della Marina Militare. **B** **s. m.** ● †Cantiere navale.

†**navalèstro** [da *navale*] **s. m.** *1* Traghettatore. *2* Galleggiante spinto con una pertica, che si usa per traghettare.

navalismo [comp. di *naval(e)* e *-ismo*] **s. m.** ● Nella politica militare di uno Stato, tendenza a privilegiare il potenziamento e l'efficienza delle forze navali.

navalìstico **agg.** (**pl. m.** *-ci*) ● Relativo al navalismo.

navalmeccànica [f. sost. di *navalmeccanico*] **s. f.** ● Tecnica relativa alla progettazione e alla costruzione di parti meccaniche destinate alle navi.

navalmeccànico [comp. di *naval(e)* e *meccanico*] **A** **agg.** (**pl. m.** *-ci*) ● Che riguarda la meccanica navale. **B** **s. m.** ● Operaio dell'industria navalmeccanica.

navàrca o **navàrco** [vc. dotta, lat. *navărchu(m)*, nom. *navărchus*, dal gr. *náuarchos*, comp. di *nâus* 'nave' e *árchoin* 'comandare'. V. *-archia*] **s. m.** (**pl.** *-chi*) *1* (*lett.*) Comandante di nave o di flotta. *2* †Nocchiero.

navarrése **A** **agg.** ● Della Navarra, regione della Spagna settentrionale. **B** **s. m. e f.** ● Abitante della Navarra.

navarrìno **agg.**; anche **s. m.** (**f.** *-a*) ● Navarrese.

navàssa o **navàscia** [da *nave*, per la forma] **s. f.** ● Recipiente con un falso fondo a griglie mobili, usato per pigiare l'uva coi piedi.

navàta (1) [da *nave*, per l'ampiezza della chiesa] **s. f.** ● (*arch.*) Spazio interno di un edificio di tipo basilicale, in particolare di una chiesa, compreso tra due file longitudinali di colonne o di pilastri | *N. centrale*, alla cui estremità è posto l'altar maggiore. ➡ **ILL.** p. 359 ARCHITETTURA.

navàta (2) [da *nave*] **s. f.** ● (*raro*) Carico che può portare la nave in una volta.

†**navàto** **agg.** ● Fatto a forma di nave.

nàve [lat. *nāve(m)*, di origine indeur.] **s. f.** *1* Costruzione semovente, atta al trasporto di persone e di cose sull'acqua, caratterizzata dalle dimensioni notevoli rispetto agli altri galleggianti: *n. di legno, a vela, a elica, a energia nucleare*; *n. da carico*; *n. corsara*; *n. da guerra* | *N. passeggeri*, adibita al trasporto di persone su determinati tragitti | *N. traghetto*, attrezzata anche per il trasporto di automezzi o di veicoli ferroviari | *N. ospedale*, attrezzata per trasportare e curare malati e feriti | *N. officina*, impiegata per riparazioni, anche in alto mare | *N. cisterna*, attrezzata per il trasporto di liquidi | *N. fattoria*, quella particolarmente attrezzata per la lavorazione immediata in mare del pesce pescato e la conservazione dei vari prodotti ricavabili dalle balene | *N. ammiraglia*, su cui è imbarcato l'ammiraglio di una flotta | *N. scuola*, V. *scuola* | *N. appoggio*, V. *appoggio* | *N. scorta*, unità militare per protezione di convogli | *N. sussidiaria*, unità, spec. militare, per servizi speciali | *N. civetta*, unità militare mascherata per guerra di corsa o lotta antisommergibili | *N. da sbarco*, unità militare attrezzata per operazioni anfibie | *N. spaziale*, astronave | (*fig.*) *N. del deserto*, cammello. ➡ **ILL.** p. 1757 TRASPORTI. *2* (*poet., fig.*) In varie loc. per indicare la vita di un individuo o di una comunità, spec. statuale, in quanto avventurosa o bisognosa di guida: *passa la n. mia colma d'oblio* (PETRARCA); *la n. dello Stato.* *3* *N. da latte*, nei caseifici, vasca di ferro stagnato in cui si lascia riposare il latte da scremare. *4* (*arch., raro*) Navata || **PROV.** A nave rotta ogni vento l'è contrario. || **navàccia**, **pegg.** | **navétta**, **dim.** (V.) | **navicèlla**, **dim.** (V.) | **navicèllo**, **dim. m.** (V.) | **navicellóne**, **accr. m.**

†**naveggiàre** [da *nave*, sul modello di *veleggiare*] **v. intr.** ● Navigare.

†**nàvera** [da †*naverare*] **s. f.** ● (*raro*) Ferita d'arma da punta.

†**naveràre** [fr. *navrer*, dall'ant. norreno *nafarra* 'forare', da *nafarr* 'trivella'] **v. tr.** ● Ferire, colpire con arma da punta.

navétta **A** **s. f.** *1* Dim. di *nave*. *2* Pietra preziosa di forma ovalizzante appuntita alle estremità | Tipo di taglio di pietra preziosa. *3* Arnese, che fa parte del telaio per tessitura, a forma di parallelepipedo, di lunghezza variabile, appuntito alle estremità, contenente all'interno la spola col filato di trama | *Fare la n.*, (*fig.*) fare la spola. *4* (*aer.*) *N. spaziale*, veicolo spaziale pilotato da un equipaggio e in grado di compiere ripetuti viaggi. **SIN.** Space shuttle. **B** in funzione di **agg. inv.** ● Detto di mezzo di trasporto che compie continui viaggi di andata e ritorno su percorsi fissi e piuttosto brevi: *aereo n.* | *Treno n.*, che trasporta automobili su vagoni a piani sovrapposti lungo percorsi fissi altrimenti difficoltosi o stagionalmente impraticabili.

navette /*fr.* na'vɛt/ [vc. fr., *navette*, dim. di *nef* 'nave', per la forma] **s. f. inv.** ● (*tess.*) Spola.

†**navicàre** e *deriv.* ● V. *navigare* e *deriv.*

navicèlla [vc. dotta, lat. tardo *navicĕlla(m)*, dim. di *nāvis* 'nave'] **s. f.** *1* Dim. di *nave* | (*fig.*) *La n. di Pietro*, la Chiesa. *2* Piccolo bastimento lacustre e fluviale. *3* (*aer.*) Parte di un aeromobile o aerostato per alloggiare l'equipaggio | Carlinga | *N. spaziale*, veicolo spaziale. ➡ **ILL.** p. 1292 SPORT. *4* (*chim., fis.*) Piccolo recipiente, in generale di porcellana o metallo, in cui si pongono le sostanze che vengono portate a combustione per scopi analitici. *5* (*relig.*) Vassoio di forma simile a quella di una barchetta, in cui si conserva l'incenso. *6* (*cuc.*) Lamina bucherellata della pesciera usata per togliere da questa il pesce lessato.

navicellàio **s. m.** ● (*mar.*) Chi guida il navicello.

navicellàta **s. f.** ● (*mar.*) Carico che può portare un navicello in una volta.

navicèllo **s. m.** *1* Dim. di *nave*. *2* Piccolo veliero toscano a due alberi il primo dei quali, molto a pruavia, è fortemente inclinato in avanti.

navicert /*ingl.* 'nævisə:t/ [vc. ingl., da *navi(gation) cert(ificate)* 'certificato di navigazione'] **s. m. inv.** ● Dichiarazione rilasciata dal console di un paese belligerante a nave neutrale partente da porto neutrale, per attestare che il carico imbarcato non è destinato al nemico.

†**navichévole** [da †*navicare*] **agg.** ● Navigabile.

†**navichière** o †**navichièro** [da *navicare*, sul modello di *nocchiere*] **s. m.** ● Marinaio, nocchiero: *i navichieri cantavano* (PASCOLI).

†**navìcola** [vc. dotta, lat. *navĭcula(m)*, dim. di *nāvis* 'nave'] **s. f.** *1* Navicella. *2* (*dial.*) Culla.

navicolàre [vc. dotta, lat. tardo *naviculāre(m)*, da *navĭcula*, dim. di *nāvis* 'nave'] **agg.** ● Che ha forma di navicella | (*anat.*) *Osso n.*, scafoide | (*anat.*) *Fossetta n.*, nome di varie depressioni anatomiche.

navìcula **s. f.** ● Genere di alghe unicellulari, di acqua dolce o marina, con involucro silicizzato (*Navicula*). ➡ **ILL.** **alga.**

†**naviculària** [vc. dotta, lat. *naviculāria(m)*, f. sost. di *naviculārius*, agg. di *navĭcula*, dim. di *nāvis* 'nave'] **s. f.** ● Nautica.

navigàbile [vc. dotta, lat. *navigābile(m)*, da *navigāre*] **agg.** *1* Che si può navigare: *canale n.* *2* Che è in grado di navigare: *bastimento n.* | †*Vino n.*, che può resistere senza alterarsi a viaggi per mare.

navigabilità [da *navigabile*] **s. f.** *1* Con riferimento a una nave o a un aereo, il possesso dei requisiti necessari per poter navigare o volare in condizioni di sicurezza. *2* Qualità di fiumi, canali, e sim. navigabili.

†**navigaménto** **s. m.** ● Navigazione.

navigànte o †**navicànte** **A** **part. pres.** di *navigare*; anche **agg.** *1* Nei sign. del v. *2* Nella loc. *personale n.*, l'insieme delle persone che prestano servizio a bordo di una nave o di un aereo. **B** **s. m. e f.** *1* Chi naviga. **SIN.** Navigatore. *2* (*autom.*) Chi è addetto al controllo dei tempi, nell'equipaggio di un'auto partecipante a un rally.

navigàre o †**navicàre** [vc. dotta, lat. *navigāre*, da *nāvis* 'nave'] **A** **v. intr.** (*io nàvigo, tu nàvighi*; aus. *avere*) *1* Percorrere un tragitto muovendosi sull'acqua o nell'acqua, detto di natanti: *n. a remi, a vela, a motore*; *n. di conserva, in convoglio*; *n. lungo la costa, in mare aperto*; *carte per n.* | (*est.*) Percorrere uno spazio aereo, detto di aeromobili. *2* (*est.*) Viaggiare con un mezzo nautico o aereo, come passeggero o come membro dell'equipaggio: *n. su un transatlantico, un veliero, una petroliera, una nave da guerra*; *un vecchio lupo di mare che naviga da molti anni*; *sono stanco di n.*; *presto smetteremo di n.* | *N. col vento in poppa*, (*fig.*) essere in un periodo fortunato, felice | *N. tra gli scogli, in cattive acque*, (*fig.*) attraversare momenti difficili, spec. trovarsi in difficoltà economiche | *N. a ogni vento*, (*fig.*) adattarsi a tutte le circostanze | (*fig.*) *N. nei flutti della vita*, destreggiarsi, barcamenarsi. *3* (*est.*) Essere trasportato per nave, detto di merci e sim.: *il petrolio naviga con le petroliere.* **B** **v. tr.** *1* (*raro*) Percorrere navigando: *ha navigato tutti gli oceani*; *navigò per primo il Rio delle Amazzoni.* *2* †Trasportare per mare.

navigàto o †**navicàto**. **part. pass.** di *navigare*; anche **agg.** *1* Nei sign. del v. *2* Percorso da navi: *un mare n.* *3* Che ha trascorso molto tempo navigando e quindi è molto esperto della navigazione: *marinaio n.* *4* (*fig.*) Che ha intensamente vissuto, che ha, o pretende di avere, grande esperienza della vita: *uomo n.* | Che ha avuto molte esperienze amorose: *donna navigata* | (*est.*) Accorto, furbo: *affarista n.* *5* Trasportato con nave: *vino n.*

navigatóre o †**navicatóre** [vc. dotta, lat. *navigatōre(m)*, da *navigāre* 'navigare'] **A** agg. ● Che naviga, dedito alla navigazione. **B** s. m. (f. *-trice*) **1** Chi naviga | (*per anton.*) *L'ardito n.*, Cristoforo Colombo | *N. solitario*, V. *solitario*. **2** In aeronautica, ufficiale di rotta | *N. spaziale*, astronauta. **3** (*autom.*) Nei rally, la persona che, a fianco del guidatore, fornisce a questi informazioni sul percorso da compiere, sull'andamento della gara e sim.

navigatòrio agg. ● Della navigazione: *arte navigatoria.*

navigazióne [vc. dotta, lat. *navigatiōne(m)*, da *navigāre* 'navigare'] s. f. **1** Azione, pratica, arte del navigare: *esperto della n.*; *n. aerea, spaziale*; *n. a vapore*; *n. sottomarina, di cabotaggio, interna, fluviale, lacustre* | *N. mista*, quella praticata, spec. un tempo, a vela e vapore o a vela e motore | *N. astronomica*, lontano dalle coste utilizzando gli astri per determinare il punto. **2** (*aer.*) *N. spaziale*, nello spazio extraterrestre | *N. inerziale*, praticata con dispositivi esclusivamente interni all'aereo, sensibilissimi, i quali calcolano automaticamente i percorsi in base alle accelerazioni e alle velocità verificatesi, nonché ai tempi trascorsi.

†**navìgero** [vc. dotta, lat. *navĭgeru(m)*, comp. di *nāvis* 'nave' e *gĕrere* 'portare' (V. *gestione*)] agg. ● Che porta navi | *Mare n.*, solcato da navi.

navìglio o †**navìgio** nel sign. 1, **navìlio** nei sign. 1 e 2, **navile** nei sign. 1 e 2 [dal lat. *navĭgiu(m)*, da *navigāre*, con cambio di suff.] s. m. **1** Imbarcazione. **2** Moltitudine di navi di tipo comune: *assalire il n. da sbarco nemico.* **3** (*raro*) Flotta: *de Algeri uscì del porto fuore / il gran n.* (BOIARDO). **4** Canale navigabile.

navimodellismo [comp. di *nave*, *modello* e *-ismo*] s. m. ● Attività consistente nel costruire o collezionare modellini di navi e natanti in genere.

navoncèlla [da *navone*] s. f. ● Farfalla simile alla cavolaia, il cui bruco attacca il ravizzone (*Pieris napi*).

navóne [accr. di *napo*, attraverso i dial. sett.] s. m. ● (*bot.*) Ravizzone.

nazarèno o **nazzarèno** [vc. dotta, lat. tardo *Nazarēnu(m)*, nom. *Nazarēnus*, dal gr. *Nazarēnós* 'di Nazaret'] agg. ● Di Nazaret, città della Galilea: *Gesù n.* | *Il Nazareno*, (*per anton.*) Gesù Cristo | *Capelli alla nazarena*, che scendono fino alle spalle | *Barba alla nazarena*, come quella portata da Gesù nelle immagini che lo ritraggono.

nàzi agg. sost. ● Acrt. di *nazista.*

nazifascismo [comp. di *nazi(smo)* e *fascismo*] s. m. ● Unione del fascismo italiano e del nazionalsocialismo tedesco nell'ultima fase della seconda guerra mondiale.

nazifascista [da *nazifascismo*] **A** s. m. e f. (pl. m. *-i*) ● Fautore del nazifascismo. **B** anche agg.: *violenza n.*

nazificàre [comp. di *nazi(sta)* e *-ficare*] v. tr. (*io nazìfico, tu nazìfichi*) ● Imporre l'ideologia nazista a organi politici, culturali e sim.

naziocèntrico [da *nazio(ne)* sul modello di *geocentrico* e sim.] agg. (pl. m. *-ci*) ● Che mette la nazione al centro di ogni interesse: *politica naziocentrica.*

nazionalcomunismo [comp. di *nazional(e)* e *comunismo*] s. m. **1** In epoca post-staliniana, tendenza ad adeguare il marxismo-leninismo a esigenze e situazioni nazionali. **2** Dopo la caduta dei regimi comunisti, tendenza da parte di alcuni gruppi dirigenti già marxisti-leninisti dell'Est europeo a scegliere posizioni nazionaliste.

nazionalcomunista [da *nazionalcomunismo*] s. m. e f. (pl. m. *-i*) ● Sostenitore, seguace del nazionalcomunismo.

nazionalcomunistico agg. (pl. m. *-ci*) ● Relativo al nazionalcomunismo.

nazionàle A agg. **1** Della nazione: *lingua, letteratura n.* | *Sentimento n.*, coscienza di appartenere alla stessa nazione, patriottismo | (*spreg.*) Nazionalistico: *la morale eroica e la lirica civile e n. nel d'Annunzio* (CROCE). **2** Che appartiene alla nazione in quanto organismo politico: *industria, economia n.* | *Prodotti nazionali*, non venuti da paesi stranieri. CONTR. Estero. || **nazionalménte**, avv. **1** Relativamente alla nazione, in tutta la nazione: *un artista nazionalmente noto.* **2** (*raro*) Con sentimento nazionale. **B** s. m. e f. **1** (*raro*) Connazionale. **2** Atleta incluso in una squadra nazionale. **C** s. f. **1** Squadra di atleti che rappresenta la propria nazione in competizioni internazionali per una determinata specialità: *la n. italiana di calcio.* **2** Nome commerciale di una sigaretta italiana.

nazionalismo [fr. *nationalisme*, da *national* 'nazionale'] s. m. **1** Tendenza e prassi politica fondata sull'esasperazione dell'idea di nazione e del principio di nazionalità. **2** (*est.*) Esaltazione eccessiva di ciò che appartiene alla propria nazione.

nazionalìsta [fr. *nationaliste*, da *nationalisme* 'nazionalismo'] **A** s. m. e f. (pl. m. *-i*) ● Fautore del nazionalismo. **B** anche agg.: *politica n.*

nazionalistico agg. (pl. m. *-ci*) ● Proprio del nazionalismo | Basato sul nazionalismo: *movimenti nazionalistici.* || **nazionalisticaménte**, avv. In modo, con spirito, nazionalistico.

nazionalità [fr. *nationalité*, da *national* 'nazionale'] s. f. **1** Qualità, condizione di ciò che è nazionale | *Principio di n.*, principio, sorto verso la fine del Settecento e sviluppatosi nell'Ottocento, in base al quale ogni nazione dovrebbe costituirsi in unità politica indipendente. **2** Appartenenza alla propria nazione: *difendere la propria n.*; *perdere la n. tedesca.* **3** Nazione: *popoli di diverse nazionalità.*

nazionalizzàre [fr. *nationaliser*, da *national* 'nazionale'] v. tr. ● Rendere di proprietà statale un'attività economica fino allora gestita da privati: *n. le ferrovie.*

nazionalizzazióne [fr. *nationalisation*, da *national* 'nazionale'] s. f. ● Atto, effetto del nazionalizzare: *la n. dell'energia elettrica.*

nazionalpopolàre [comp. di *nazional(e)* e *popolare*] agg. ● Termine usato da A. Gramsci per indicare, e auspicare, una cultura che fosse radicata in un popolo e nelle sue più autentiche tradizioni storiche; in Italia il suo sviluppo era stato ostacolato dal carattere elitario e cosmopolita degli intellettuali.

nazionalsocialismo [calco sul ted. *Nationalsozialismus*] s. m. ● Dottrina sociale formulata da Adolf Hitler, e posta a base del corrispondente movimento politico nella Germania fra le due guerre, fondata prevalentemente sul concetto di popolo inteso come unità etnica e culturale, sul razzismo, l'imperialismo, l'autoritarismo e l'antisocialismo.

nazionalsocialista A s. m. e f. (pl. m. *-i*) ● Aderente al nazionalsocialismo. **B** agg. ● Nazionalsocialistico.

nazionalsocialistico agg. (pl. m. *-ci*) ● Proprio del nazionalsocialismo.

nazióne [vc. dotta, lat. *natiōne(m)* 'nascita', poi 'popolazione', da *nātus* 'nato'] s. f. **1** Il complesso degli individui legati da una stessa lingua, storia, civiltà, interessi, aspirazioni, spec. in quanto hanno coscienza di questo patrimonio comune: *la n. russa è molto fiera delle sue tradizioni*; *la dignità, l'unità, l'indipendenza di una n.* **2** (spesso scritto con iniziale maiuscola) Stato: *le nazioni sudamericane*; *Organizzazione delle Nazioni Unite.* **3** Insieme di persone che appartengono a una stessa stirpe: *gente di ogni n.* **4** †Nascita, razza, schiatta.

nazireàto [da *nazireo*] s. m. ● Stato del nazireo.

nazirèo [ebr. *nazīr* 'che si astiene'] s. m. ● Presso gli antichi Ebrei, chi faceva voto di rinunziare alla cura della propria persona, in particolare al taglio dei capelli, e all'uso del vino.

naziskin /ingl. 'na:tsi skin/ o **nazi-skin** [vc. ingl., comp. di *Nazi* 'nazista' e *skin(head)*] s. m. e f. inv. ● Ciascuno degli appartenenti a un movimento di ispirazione nazista, che portano la testa rasata a zero e compiono atti di teppismo e di violenza.

nazismo [abbr. di *nazionalsocialismo*] s. m. ● Nazionalsocialismo.

nazista A s. m. e f. (pl. m. *-i*) **1** Chi aderisce al nazismo. **2** (*fig., spreg.*) Chi si comporta in modo particolarmente feroce e crudele: *questi sono metodi da n.* **B** anche agg.: *movimento n.*

nazistico agg. (pl. m. *-ci*) ● Proprio del nazismo e dei nazisti (*spec. spreg.*): *sistemi nazistici.*

nazzarèno ● V. *nazareno.*

'ndràngheta [vc. calabrese, prob. da *'ndranghiti* 'balordo' (in molti gerghi i ladri si chiamano balordi o qualcosa di simile)] s. f. ● Organizzazione calabrese di tipo mafioso.

ne' /ne/ prep. art. m. pl. ● Forma tronca della prep. art. 'nei'.

né o (*poet.*) †**ned** [lat. *nĕc*, da *nĕ* 'non'] cong. (per eufonia poet. *ned* davanti a parole che cominciano per vocale: *presso a queste navi / ned or né poscia più ti colga io mai* (MONTI)) **1** Con funzione negativa, coordina, usata davanti a ciascuno di essi, due o più elementi di una prop. che hanno la stessa funzione sintattica: *non ho visto né Carlo né Maria*; *non verremo né io né lui*; *né l'uno né l'altro lo vuole ammettere*; *non mi ha detto né sì né no*; *non riesce a dormire né di giorno né di notte*; *né del vulgo mi cal né di fortuna* (PETRARCA) | *Non mi fa né caldo, né freddo*, (*fig.*) non me ne importa nulla | *Né punto né poco*, niente affatto: *non mi interessa né punto né poco* | *Né più né meno*, non diversamente, proprio: *ha detto né più né meno quello che mi aspettavo.* **2** Col sign. di 'e non' coordina due o più prop. negative: *non mi ha scritto né mi ha telefonato*; *non posso aiutarti né darti un consiglio* | Con valore raff. ripetuto anche nelle prime delle prop. coordinate: *né mi ha scritto né mi ha telefonato.* **3** (*lett.*) Col sign. di 'e non' coordina una prop. positiva con una negativa: *ha deciso così, né io posso ostacolarlo*; *sempre sospira / né d'altro parla che di morire* (METASTASIO) | (*lett.*) All'inizio di una prop. con funzione negativa: *né più mai toccherò le sacre sponde / ove il mio corpo fanciulletto giacque* (FOSCOLO) | Con valore raff. †*né non*: *né fiamma d'esto incendio non m'assale* (DANTE *Inf.* II, 93). **4** †Neanche: *se la donna s'affligge e si lamenta / né di Ruggier la mente è più quieta* (ARIOSTO). **5** (*raro*) †Affinché non (introduce una prop. finale con il v. al congv.) | Anche nella loc. cong. †*né forse* (V. nota d'uso ACCENTO).

ne (**1**) /ne/ o (*raro*) †**en** (**2**), (*raro*) †**énde** [lat. *(ĭ)n(d)e* 'di lì'] **A** particella pron. atona m. e f. sing. e pl. (formando gruppo con altri pron. atoni, si pospone sempre a questi; si può elidere davanti a parole che cominciano per vocale: *non ve n'abbiate a male*) **1** Di lui, di lei, di loro (come compl. di specificazione in posizione sia encl. sia procl.): *sono bravi ragazzi e ne apprezziamo molto i meriti*; *tua sorella è buona e tutti ne parlano bene*; *da molto tempo non vedo tuo zio, parlamene.* **2** Di questo, di quello, di questa, di quella, di questi, di quelli, di queste, di quelle (come compl. di specificazione o con valore partitivo in posizione sia encl. sia procl.): *mi ha fatto un dispetto ma se n'è già pentito*; *che bei fiori! raccogline qualcuno!*; *'un po' di tè?' 'no grazie, ne ho ancora'*; *è una brutta storia e io non ne voglio sapere*; *prestamene ancora un paio* | (*pleon.*) Con valore enf.: *ne ha di coraggio!*; *ne dice di bugie!* | In espressioni ellittiche: *ne ho sentite e viste di belle*; *me ne ha fatte di tutti i colori*; *glie ne ha date di santa ragione*; *gliene ho dette un sacco*; *chi più ne ha, più ne metta.* **3** Di ciò (con valore neutro, in posizione sia encl. sia procl., riferito a un'intera frase o a un concetto già espresso): *non ne vedo la necessità*; *se ne riparlerà domani*; *cercheremo di farne a meno*; *me ne rincresce*; *non me ne importa nulla*; *non ne vale la pena*; *non volermene per questo*; *se n'è avuto a male.* **4** Da ciò, da questo (con valore neutro, in posizione sia encl. sia procl., indicando conseguenza, derivazione da un concetto già espresso): *ne consegue che avete tutti torto*; *ne verrebbe un gran danno*; *non se ne può trarre altra conclusione*; *ne deduco che non avevate ben capito.* **B** avv. **1** Di lì, di là, di qui, di qua (indica allontanamento da un luogo e (*fig.*) da una situazione, da uno stato e sim., in posizione sia encl. sia procl.): *ne vengo ora*; *me ne vado subito*; *se ne andò insoddisfatto*; *non sono più capace di uscirne*; *vattene!*; *è una brutta faccenda ma vorrei venirne fuori con onore.* **2** (*pleon.*) Con valore ints. (accompagnato da un pron. pers. atono, e in posizione sia encl. sia procl.): *se ne veniva bel bello*; *come puoi startene lì seduto senza far niente?*; *te ne stai sempre tutto solo*; *Non le dispiacque*; *ma sì se ne rise* (DANTE *Par.* X, 61) | (*lett.*) In posizione encl. anche con il v. di modo finito: *vassen volando sanza muover penne* (POLIZIANO).

†**ne** (**2**) /ne/ [lat. *nōs* 'noi'] pron. pers. atono di prima pers. pl. **1** (*poet.*) Noi (come compl. ogg. in posizione sia encl. sia procl.): *Andiam, ché la via lunga ne sospigne* (DANTE *Inf.* IV, 22). **2** (*poet.*) A

noi (come compl. di termine in posizione sia encl. sia procl.): *se da le proprie mani / questo n'avvene* (PETRARCA).

ne (3) /ne/ [da (i)n i(llum), V. *in* e *il, lo, la*] **prep.** • Forma che la prep. *in* assume seguita dagli art. det. nella formazione delle prep. articolate sia con grafia unita (*nel, nella, nelle, nelli, nello, nei, negli*) sia con grafia separata, dell'uso lett. e poet. (*ne 'l, ne la, ne le, ne li, ne lo, ne i*, o tosc. *ne', ne gli*) | Si usa talvolta anche nelle citazioni di titoli di opere che cominciano con l'articolo: *le descrizioni ne 'I promessi Sposi'* (ma anche: *le descrizioni nei 'Promessi Sposi'*).

neànche o (*raro*) **né ànche**, (*tosc.*) †**neànco** [comp. di *né* e *anche*] **A avv.** *1* Assolutamente non, assolutamente no, in nessun caso (aggiunge un'ulteriore negazione a quanto di negativo è già stato espresso o sottinteso o sta per essere espresso): *se tu non vieni, n. io parteciperò alla manifestazione; non ammetto queste cose e n. le ammetterò mai!; n. mi sfiora una simile idea!; non ci penso n.!* | Ass. si usa in risposte negative con valore raff.: *'tu vieni?' 'no' 'e suo fratello?' 'n.!'* | *N. per sogno!, n. per idea*, risposta che esclude recisamente q.c.: *'vorresti farlo tu?' ' n. per sogno!'*. *2* Rafforza una negazione: *non ho in tasca n. un centesimo; non posso n. pensare a una simile eventualità*. *3* Persino non (escludendo qualsiasi possibilità): *n. un bambino lo farebbe.* **B cong.** • Non anche, se pure non (introduce una prop. concessiva sia implicita con il v. al ger. o all'inf., sia esplicita seguita da 'se' e il v. al congv. o all'indic.): *n. a intervenire subito avremmo potuto salvarlo; n. pagandolo a peso d'oro farebbe una cosa simile; n. se volesse potrebbe entrare; non ci cavi niente n. se lo tratti con ogni riguardo.*

neandertaliàno [da *Neandertal*, valle ted. del fiume Düssel dove, nel 1856, furono trovati i resti di un antichissimo scheletro umano] **agg.** • Appartenente alla cultura preistorica che si ritiene tipica del cosiddetto Uomo di Neandertal, di epoca paleolitica.

neànide [vc. dotta, dal gr. *neânis*, genit. *neânidos* 'giovane'] **s. f.** • (*zool.*) In alcuni Insetti, forma immatura che si libera dall'involucro dell'uovo e che presenta un aspetto più o meno simile a quello dell'adulto.

nébbia (1) o †**nèbula** [lat. *nĕbula(m)*, di origine indeur.] **s. f.** *1* Sospensione nell'aria e presso il suolo di microscopiche goccioline, formatesi per condensazione del vapore acqueo intorno a nuclei di pulviscolo atmosferico, tale da ridurre notevolmente la visibilità: *n. fitta, densa, leggera; le nebbie del Nord; banco di n.; la n. si dilegua, si dissolve* | (*fig.*) *Dileguarsi come n. al sole*, scomparire rapidamente | *N. artificiale*, prodotta artificialmente con speciali apparecchiature, spec. a fini bellici. ➡ **ILL.** p. 823 SCIENZE DELLA TERRA ED ENERGIA. *2* (*fig.*) Ciò che costituisce un offuscamento per la comprensione, l'intelligenza e sim.: *la n. dell'ignoranza, della superstizione.* *3* (*bot.*) Malattia del grano e di altre Graminacee (orzo, segala, avena), dovuta a un fungo parassita delle Erisifacee. *4* (*med.*) Macchia biancastra, trasparente, della cornea, che può offuscare la vista. ‖ **nebbiàccia**, **pegg.** | **nebbiarèlla**, **dim.** | **nebbiétta**, **dim.** | **nebbiettina**, **dim.** | **nebbiolina**, **dim.** | **nebbióne**, **accr. m.** (V.).

nébbia (2) [dal colore, come *annebbiato*] **s. f.** • Pianta perenne delle Diantacee, sottile e ramosa, coltivata spec. come pianta ornamentale per completare i mazzi di fiori (*Gypsophila elegans*).

†**nebbiatìccio** **s. m.** • Tempo nebbioso.

nebbiògeno [comp. di *nebbia* e *-geno*] **A agg.** • Che produce nebbia: *impianto n.* **B s. m.** • Sostanza chimica che produce nebbia artificiale, a scopo di occultamento all'osservazione.

nebbiòlo o **nebiòlo** [dall'aspetto degli acini che sembrano ricoperti di *nebbia*] **s. m.** *1* Vitigno del Piemonte. *2* Vino rosso, asciutto, dal tenue profumo di viola, prodotto dal vitigno omonimo nelle province di Asti e di Cuneo.

nebbióne **s. m.** *1* Accr. di *nebbia*. *2* Nebbia molto fitta. *3* (*raro, fig.*) Uomo spregevole.

nebbiosità [lat. tardo *nebulositāte(m)* 'oscurità, opacità', da *nebulōsus* 'nebuloso'] **s. f.** • Qualità di ciò che è nebbioso (*anche fig.*): *la n. della giornata; la n. delle tue idee.*

nebbióso [lat. *nebulōsu(m)*, da *nĕbula* 'nebbia'] **agg.** *1* Coperto, pieno di nebbia: *valle nebbiosa.* *2* (*fig.*) Confuso, poco chiaro: *ho un ricordo un po' n. di lui.* **SIN.** Nebuloso. ‖ **nebbiosaménte**, **avv.** In modo confuso, indistinto.

nebiòlo • V. *nebbiolo*.

nèbride [vc. dotta, lat. tardo *nĕbride*, abl. di *nĕbris*, dal gr. *nebrís*, da *nebrós* 'cerbiatto'] **s. f.** • (*relig.*) Veste di pelle di cervo, capra o leopardo, indossata dal dio Dioniso nelle sue antiche raffigurazioni, e poi da suoi seguaci e sacerdoti nelle cerimonie dionisiache.

nèbula [lat. *nĕbula(m)*. V. *nebbia (1)*] **s. f.** *1* †V. *nebbia (1)*. *2* (*lett.*) †Nuvola. *3* †Macchia, oscurità (*anche fig.*). *4* (*astron.*) Nebulosa. *5* †Sfoglia sottile come ostia. ‖ †**nebulétta**, **dim.**

nebulàre **agg.** *1* (*raro*) Che ha qualità, aspetto e consistenza di nebula. *2* (*astron.*) Attinente alle nebulose | Di aspetto simile a una nebulosa.

nebulizzàre [ingl. *to nebulize*, dal lat. *nĕbula* 'nebbia'] **v. tr.** • Ridurre un liquido in minutissime goccioline disperse nell'aria a formare una nebbia.

nebulizzatóre [da *nebulizzare*] **s. m.** • Ugello atto a ridurre un liquido in minutissime gocce. **SIN.** Atomizzatore.

nebulizzazióne **s. f.** • Operazione del nebulizzare.

†**nebulóne** [vc. dotta, lat. *nebulōne(m)*, propriamente 'che vive nella nebbia', da *nĕbula* 'nebbia'] **s. m.** • Impostore, mascalzone, briccone: *ch'io spegna / questo ... nebulon, che grida / ch'io del Sol non vedrò più l'aurea luce* (MONTI).

nebulósa [f. sost. di *nebuloso*] **s. f.** *1* (*astron.*) Addensamento di materia interstellare che all'osservazione telescopica appare come una tenue nuvoletta | *N. lucida, luminosa*, che emette luce per fluorescenza provocata dalle stelle vicine | *N. oscura*, che non emette luce, ma occulta le stelle più distanti che si trovano nella medesima direzione. *2* (*raro, fig.*) Cosa, fatto poco chiaro, indeterminato o lontano.

nebulosità [vc. dotta, lat. tardo *nebulositāte(m)*. V. *nebbiosità*] **s. f.** *1* Qualità di ciò che è nebuloso: *la n. del cielo* | (*meteor.*) Nuvolosità. *2* (*fig.*) Indeterminatezza di ciò che è vago, incerto: *la n. dei suoi progetti* | (*raro, fig.*) Cosa poco chiara.

nebulóso [vc. dotta, lat. *nebulōsu(m)*. V. *nebbioso*] **agg.** *1* Caliginoso, fosco | (*meteor.*) Nuvoloso. *2* (*fig.*) Poco chiaro, vago, incerto: *ricordo n.; immagine nebulosa* | (*raro, fig.*) *Faccia nebulosa*, tetra e accigliata. ‖ **nebulosaménte**, **avv.** In modo nebuloso, poco chiaro.

†**necàre** [vc. dotta, lat. *necāre*, da *nĕx*, genit. *nĕcis* 'uccisione, strage' (di etim. incerta)] **v. tr.** • Uccidere, ammazzare.

néccio o **niccio** [da avvicinare all'ant. lucchese *castagniccio*, der. di *castagna*] **A s. m.** • (*tosc.*) Schiacciata di farina di castagne, cotta tra due dischi di pietra roventi. **B agg.** (**pl. f.** *-ce*) • (*tosc.*) Di castagne, nella loc. *farina neccia.*

nécessaire /fr. nesɛ'sɛr/ [vc. fr., propriamente 'necessario'] **s. m. inv.** • Astuccio o valigetta contenente tutto ciò che occorre per una determinata operazione:*n. da viaggio; un n. da tavolo; un n. da toeletta.*

necessàrio [vc. dotta, lat. *necessāriu(m)*, da *necĕsse* 'necessario', comp. di *ne-* 'non' e *cēdere* 'ritirarsi' (V. *cedere*); quindi 'che non può essere ritirato, mosso'] **A agg.** *1* Detto di ciò di cui non si può assolutamente fare a meno: *cose necessarie alla vita; pezzo n. a una macchina; documenti necessari* | *Il riposo n.*, che è di stretto bisogno per vivere | *Non è n.*, se ne può fare a meno | (*est.*) *Conseguenza necessaria*, inevitabile, certa. **SIN.** Indispensabile. **CONTR.** Superfluo. *2* Che serve, è utile, occorre a qc. o q.c.: *il tempo n. per scrivere; la necessaria chiarezza del discorso; una presenza necessaria.* *3* (*filos.*) Che non può non essere, né essere altrimenti da ciò che è. **CONTR.** Contingente. *4* (*dir.*) Disposto da norma inderogabile: *domicilio n.; erede n.; sospensione necessaria del processo.* ‖ **necessariaménte**, **avv.** *1* Per necessità. *2* (*raro*) Evidentemente. **B s. m.** *1* Ciò che occorre di necessità per un determinato scopo: *provvedere del n.; il puro, lo stretto n.* | *Non avere il n.*, non avere di che vivere. **SIN.** Indispensabile. **CONTR.** Superfluo. *2* †Parente: *vendere i figliuoli e altri suoi necessarii senza taglia* (MACHIAVELLI). *3* (*euf.*) †Ritirata | Vaso da notte.

necesse /lat. ne'tʃesse/ [lat. V. *necessario*] **agg.**; anche **s. m. inv.** • (*filos., lett.*) Necessario.

†**necessévole** [da *necesse*] **agg.** • Necessario.

necessità [vc. dotta, lat. *necessitāte(m)*, da *necĕsse*. V. *necessario*] **s. f.** *1* Qualità, condizione di ciò che è necessario: *la n. del nutrirsi, del riposarsi; non capisco la n. della tua iniziativa* | *Di n.*, necessariamente | †*Conviene di n.*, si deve necessariamente fare | (*raro*) *È n.*, è necessario. **SIN.** Bisogno. *2* Forza superiore alla volontà dell'uomo che ne stimola e determina l'agire in un dato senso: *l'ineluttabile n.; piegarsi, ribellarsi alla n.* | *Fare di n. virtù*, sottomettersi a una circostanza inevitabile | (*est.*) Fato, destino: *la n. ha voluto così.* *3* Ciò che è necessario, indispensabile: *le necessità della vita* | †*Dare la n.*, dare il necessario | Bisogno, anche estremo: *in caso di n.; la n. lo ha spinto ad umiliarsi* | (*spec. al pl., euf.*) La defecazione o la minzione: *le n. naturali, corporali; ho una n. urgente.* *4* (*filos.*) Carattere di ciò che è e che non può non essere. **CONTR.** Contingenza. *5* Povertà, miseria: *trovarsi in n.* | Carestia, penuria: *n. di denaro, di uomini.* *6* †Parentela, intrinsechezza. *7* (*spec. al pl.*) †Interesse, rendita: *conoscere le proprie necessità* ‖ **PROV.** Necessità fa legge.

necessitànte **part. pres.** di *necessitare*; anche **agg.** • (*raro*) Nei sign. del v.

necessitàre [da *necessità*] **A v. tr.** (*io necèssito*) • Costringere, rendere necessario, indispensabile: *sono cose che necessitano tutta la nostra attenzione; le opposizioni fattemi ... mi necessitarono in tal maniera a pensarvi sopra* (GALILEI). **B v. intr.** (aus. *essere*) *1* (*impr.*) Abbisognare: *n. di molte sovvenzioni.* *2* Essere necessario: *necessita la vostra sincerità.*

necessitàto **part. pass.** di *necessitare*; anche **agg.** *1* Nei sign. del v. *2* Obbligato, costretto: *sentirsi n. a intervenire.*

necessitismo [comp. di *necessità* e *-ismo*] **s. m.** • (*filos.*) Determinismo.

†**necessitóso** **agg.** • Che si trova in necessità, bisognoso.

†**necessitùdine** [vc. dotta, lat. *necessitūdine(m)*, da *necĕsse* 'necessario'. V. *necesse*] **s. f.** • (*raro*) Parentela.

neck /ingl. nek/ [vc. ingl., propriamente 'collo', vc. di origine germ.] **s. m. inv.** • (*geol.*) Antico condotto vulcanico riempito di materiale piroclastico o di lave raffreddate.

nècro- [dal gr. *nekrós* 'morto'] **primo elemento** • In parole composte, significa 'defunto', 'cadavere' o indica 'morte': *necrobiosi, necrofagia, necrofilia, necroforo, necropoli.*

necrobacillòsi [comp. di *necro-* e *bacillosi*] **s. f.** • (*veter.*) Processo morboso che colpisce gli animali domestici ed è caratterizzato da fenomeni necrotici localizzati.

necròbia [comp. di *necro-* e *-bio*] **s. f.** • Insetto dei Coleotteri le cui larve pelose, con robusto apparato masticatore, si nutrono di altre larve di insetti (*Necrobia ruficollis*).

necrobiòsi [comp. di *necro-* e *-bio*, con il suff. medico *-osi*] **s. f.** • (*biol.*) Lento processo di necrosi delle cellule o di tessuti.

necrobiòtico **agg.** (**pl. m.** *-ci*) • Di, relativo a, necrobiosi.

necrofagia [comp. di *necro-* e *-fagia*] **s. f.** (**pl.** *-gie*) • Il nutrirsi di cadaveri, proprio di vari animali.

necròfago [vc. dotta, gr. *nekrophágos*, comp. di *nekro-* 'necro-' e *-phágos* '-fago'] **agg.** (**pl. m.** *-gi*) • Di animale che si nutre di cadaveri.

necrofilia [comp. di *necro-* e *-filia*] **s. f.** • (*psicol.*) Perversione sessuale consistente nell'attrazione verso i cadaveri.

necròfilo [comp. di *necro-* e *-filo*] **agg.**; anche **s. m.** (f. *-a*) • Che, chi è affetto da necrofilia.

necrofobia [comp. di *necro-* e *-fobia*] **s. f.** • (*psicol.*) Paura ossessiva per i cadaveri.

necròforo [vc. dotta, gr. *nekrophóros*, comp. di *nekro-* 'necro-' e *-phóros* '-foro'] **s. m.** *1* Becchino. *2* Insetto dei Coleotteri, nero con peli dorati, che seppellisce piccoli animali morti delle cui carni putrescenti si nutriranno le sue larve (*Necrophorus*).

necrologìa [comp. di *necro-* e *-logia*] s. f. (pl. *-gie*) ● Cenno orale o breve annunzio scritto in onore di persone morte. SIN. Necrologio.

necrològico agg. (pl. m. *-ci*) ● Relativo alla necrologia.

necrològio [da *necro-*, sul modello di *martirologio*] s. m. *1* Necrologia. *2* Obituario.

necrologista s. m. e f. (pl. m. *-i*) ● Chi pronunzia o scrive una necrologia.

necromanzìa ● V. *negromanzia.*

necroormóne o **necrormóne** [comp. di *necro-* e *ormone*] s. m. ● (*fisiol.*) Sostanza che, liberata durante le lesioni tissutali, stimola la moltiplicazione cellulare nella zona lesa.

necròpoli [vc. dotta, gr. *nekrópolis*, comp. di *nekro-* 'necro-' e *pólis* 'città'. V. *polis*] s. f. *1* Luogo dedicato alla sepoltura e venerazione dei defunti, riemerso da scavi archeologici: *n. di Spina.* *2* (*est.*) Cimitero.

necropsìa [da *necro-*, sul modello di *autopsia*] s. f. ● (*med.*) Necroscopia.

necrormóne ● V. *necroormone.*

necroṣàre [da *necrosi*] v. tr. (*io necròṣo*) ● (*biol., med.*) Necrotizzare.

necroscopìa [comp. di *necro-* e *-scopia*] s. f. ● (*med.*) Esame autoptico del cadavere per risalire alla causa di morte.

necroscòpico agg. (pl. m. *-ci*) ● Di necroscopia, che concerne la necroscopia. || **necroscopicaménte**, avv. Mediante la necroscopia.

necròscopo s. m. ● Medico che constata la morte di una persona ed, eventualmente, ne accerta le cause.

necròṣi [vc. dotta, lat. tardo *necrōsi(m)*, nom. *necrōsis*, dal gr. *nékrōsis*, da *nekrós* 'morto'. V. *necro-*] s. f. ● (*biol., med.*) Processo che porta alla morte di singole cellule o di tessuti di organismi viventi.

necròtico [vc. dotta, gr. *nekrōtikós* 'mortificante', da *nékrōsis* 'mortificazione, necrosi'] agg. (pl. m. *-ci*) ● Di necrosi, caratterizzato da necrosi: *tessuto n.*; *processo n.*

necrotiẓẓànte A part. pres. di *necrotizzare*; anche agg. ● Nel sign. del v. **B** s. m. ● Agente che provoca la necrosi dei tessuti viventi.

necrotiẓẓàre [da *necrotico*] **A** v. tr. ● Indurre a necrosi, provocare necrosi: *n. un tessuto.* **B** v. intr. pron. ● Essere colpito da necrosi: *cellule che si necrotizzano.*

necrotiẓẓàto part. pass. di *necrotizzare*; anche agg. ● Nei sign. del v.

necrotomìa [comp. di *necro-* e *-tomia*] s. f. ● (*med.*) Dissezione di un cadavere.

nècton o **nèkton** [vc. dotta, gr. *nēktón*, nt. di *nēktós* 'che nuota', da *nḗchein* 'nuotare', di origine indeur.] s. m. ● (*biol.*) L'insieme degli animali capaci di muoversi attivamente nell'ambiente acqueo.

nectònico agg. (pl. m. *-ci*) ● Relativo, appartenente al necton: *specie nectonica.*

nèctria [dal gr. *nḗktōr* 'nuotatore', da *nḗchein* 'nuotare', di origine indeur.] s. f. ● Fungo dei Discomiceti, dannoso parassita di svariati alberi, sui quali forma cuscinetti rosei duri e carnosi (*Nectria cinnabarina*).

†**ned** /ned/ ● V. *né.*

nederlandése ● V. *neerlandese.*

†**neènte** ● V. *niente.*

neerlandése o **nederlandése** [da *Néerlande*, forma fr. di *Nederland* 'Paesi Bassi'] **A** s. m. e f. ● (*raro*) Olandese. **B** s. m. solo sing. ● Lingua comprendente sia l'olandese sia il fiammingo.

nefandézza s. f. *1* Qualità di ciò che è nefando. SIN. Scelleratezza, turpitudine. *2* Atto, parola nefanda. *3* †Sodomia.

†**nefandìgia** s. f. ● Nefandezza, turpitudine.

nefandità s. f. ● (*raro*) Nefandezza.

nefàndo [vc. dotta, lat. *nefāndu(m)* 'di cui non si può parlare', comp. di *ne-* 'non' e *fāndus*, gerundio di *fāri* 'parlare' (V. *favola*)] agg. ● Abominevole, turpe, empio: *opera, ingordigia nefanda*; *accusa nefanda*; *discorso n.* || **nefandaménte**, avv. (*raro*) In modo nefando.

†**nefàrio** [vc. dotta, lat. *nefāriu(m)*, da *nĕfas* 'illecito', contr. di *fās* 'lecito'] agg. ● Scellerato, ribaldo, detto di persona | Empio, abominevole, detto di cosa: *per qualche via scellerata e nefaria si ascende al principato* (MACHIAVELLI). || †**nefariaménte**, avv. Scelleratamente.

nefàsto [vc. dotta, lat. *nefāstu(m)*, comp. di *ne-* 'non' e *fāstus* 'fasto (1)'] **A** agg. *1* In Roma antica, detto di giorno non adatto all'amministrazione della giustizia e al compimento di determinate opere religiose o civili, per avere i sacerdoti divinatori tratto presagi di cattivo augurio. *2* (*est.*) Di giorno funesto, luttuoso, pieno di disgrazie: *i giorni nefasti aveva poi la compiacenza di stare chiuso in un camerino sotto la colombaia* (NIEVO). *3* Di cattivo augurio, infausto: *un n. presagio* | (*scherz.*) Di chi è causa di danno o rovina per qc.: *un individuo n.* *4* †Scellerato, infame, nefando. **B** s. m. pl. ● Avvenimenti tristi o luttuosi: *i fasti e i nefasti.*

nefèlide s. f. ● (*med.*) Nefelio.

nefelìna [dal gr. *nephélē* 'nuvola', di origine indeur., per il colore biancastro] s. f. ● (*miner.*) Allumosilicato sodico in cristalli prismatici bianchi o grigio-verdastri.

nefèlio [vc. dotta, gr. *nephélion*, propriamente dim. di *nephélē* 'nuvola'. V. *nefelina*] s. m. *1* (*bot.*) Litchi nel sign. 1. *2* (*med.*) Nubecola.

nefelògrafo [comp. di *nephelo-* di provenienza fr. e di orig. gr., da *nephélē* 'nuvola' e *-grafo*] s. m. ● (*chim.*) Strumento per l'analisi chimica, atto a misurare la luce diffusa da sostanze in sospensione, per determinarle quantitativamente. SIN. Nefelometro registratore.

nefelometrìa [da *nefelometro*] s. f. ● (*chim.*) Misurazione della torbidità di un liquido | Determinazione del grado di dispersione di un colloide.

nefelomètrico agg. (pl. m. *-ci*) ● Concernente la nefelometria: *analisi nefelometrica.*

nefelòmetro [comp. del gr. *nephélē* 'nebbia, nuvola' (V. *nefelina*), e *-metro*] s. m. *1* (*chim.*) Apparecchio per l'analisi nefelometrica | *N. registratore*, nefelografo. *2* (*meteor.*) Nefoscopio.

nefoscopìa [comp. del gr. *néphos* 'nuvola', di orig. indeur., e *-scopia*] s. f. ● (*meteor.*) Osservazione e studio del moto delle nubi.

nefoscòpio [comp. del gr. *néphos* 'nuvola', di origine indeur., e *-scopio*] s. m. ● (*meteor.*) Strumento per l'osservazione a vista della direzione di movimento delle nubi e della loro velocità angolare. SIN. Nefelometro.

nefralgìa [comp. di *nefr(o)-* e *-algia*] s. f. (pl. *-gie*) ● (*med.*) Dolore di origine renale.

nefrectomìa [comp. di *nefr(o)-* e del gr. *ektomḗ* 'amputazione' (V. *-tomia*)] s. f. ● (*chir.*) Ablazione chirurgica del rene.

nefrìdio [dal gr. *nephrós* 'rene' col suff. dim. *-idion*] s. m. ● (*zool.*) Organo escretore presente in molti gruppi di organismi invertebrati.

nefrìte (1) [vc. dotta, lat. tardo *nephrītis*, nom., dal gr. *nephrîtis*, da *nephrós* 'rene'. V. *nefro-*] s. f. ● (*med.*) Infiammazione del tessuto renale.

nefrìte (2) [dal gr. *nephrós* 'rene' (V. *nefro-*) perché ritenuta rimedio contro le malattie renali] s. f. ● (*miner.*) Varietà di anfibolo dura e colorata in diversi toni di verde usata per oggetti ornamentali.

nefrìtico [vc. dotta, lat. tardo *nephrīticu(m)*, nom. *nephrīticus*, dal gr. *nephritikós*, da *nephrîtis* 'nefrite (1)'] **A** agg. (pl. m. *-ci*) ● (*med.*) Che concerne la nefrite. **B** agg.; anche s. m. (f. *-a*) ● (*med.*) Che, chi è affetto da nefrite.

nèfro- [dal gr. *nephrós* 'rene'] primo elemento (*nefr-*, davanti a vocale) ● In parole composte della terminologia medica e zoologica, significa 'rene': *nefrite, nefropatia.*

nefrocèle [comp. di *nefro-* e *-cele*] s. m. ● (*med.*) Ernia del rene.

nefrografìa [comp. di *nefro-* e *-grafia*] s. f. ● (*med., raro*) Urografia.

nefrogràfico agg. (pl. m. *-ci*) ● (*med.*) Relativo a nefrografia.

nefròide [vc. dotta, gr. *nephroeidḗs*, comp. di *nephrós* 'rene' (V. *nefro-*) e *-eidḗs* '-oide'] agg. ● (*anat.*) Che ha struttura simile a quella del rene.

nefrolitìaṣi [comp. di *nefro-* e *litiasi*] s. f. ● (*med.*) Calcolosi renale | Comparsa di calcoli del rene.

nefròlito [comp. di *nefro-* e *-lito (1)*] s. m. ● (*med.*) Calcolo renale.

nefrologìa [comp. di *nefro-* e *-logia*] s. f. ● Ramo della medicina che studia il rene dal punto di vista morfologico, fisiologico, patologico e sim.

nefrològico agg. (pl. m. *-ci*) ● Di, relativo a nefrologia.

nefròlogo [comp. di *nefro-* e *-logo*] s. m. (pl. *-gi*) ● Specialista di nefrologia.

nefróne [da *nefro-* col suff. *-one*] s. m. ● (*anat.*) Unità strutturale e funzionale del rene.

nefropatìa [comp. di *nefro-* e *-patia*] s. f. ● (*med.*) Malattia del rene in genere.

nefropàtico A agg. (pl. m. *-ci*) ● (*med.*) Che causa una malattia renale o un'alterazione della funzionalità renale. **B** s. m. (f. *-a*); anche agg. ● (*med.*) Chi, che è affetto da nefropatia.

nefròpe [propriamente 'che ha l'aspetto di un rene', comp. di *nefro-* e del gr. *ṓps*, genit. *ōpós* 'aspetto, vista', da *horân* 'vedere', di origine indeur.] s. m. ● (*zool.*) Scampo.

nefropèssi o **nefropessìa** [comp. di *nefro-* e *pessi*] s. f. ● Intervento chirurgico di sostegno del rene per la correzione della nefroptosi.

nefropessìa ● V. *nefropessi.*

nefroplegìa [comp. di *nefro-* e *-plegia*] s. f. (pl. *-gie*) ● (*med.*) Paralisi funzionale del rene.

Nefropsìdi [comp. di *nefro-* e del gr. *ṓps* 'occhio' (di origine indeur.); detti così per gli occhi reniformi] s. m. pl. ● Nella tassonomia animale, famiglia di Crostacei dei Decapodi con addome allungato cui appartengono gli scampi (*Nephropsidae*) | (al sing. *-e*) Ogni individuo di tale famiglia.

nefroptòṣi [comp. di *nefro-* e *ptosi*] s. f. ● (*med.*) Abbassamento del rene dalla sua sede normale.

nefrorrafìa [comp. di *nefro-* e un deriv. del gr. *ráptein* 'cucire', di origine indeur.] s. f. ● (*chir.*) Sutura di lesione del rene.

nefrorragìa [comp. di *nefro-* e *-ragia*] s. f. (pl. *-gie*) ● (*med.*) Emorragia di origine renale.

nefroscleròṣi o **nefrosclèroṣi** [comp. di *nefro-* e *sclerosi*] s. f. ● (*med.*) Processo di indurimento del rene per aumento del tessuto connettivo interstiziale.

nefròṣi [comp. di *nefr(o)-* e *-osi*] s. f. ● (*med.*) Affezione di carattere degenerativo del rene.

nefròṣico A agg. (pl. m. *-ci*) ● (*med.*) Che concerne la nefrosi. **B** agg.; anche s. m. (f. *-a*) ● (*med.*) Che, chi è affetto da nefrosi. SIN. Nefrotico.

nefrostomìa [comp. di *nefro-* e *-stomia*] s. f. ● (*chir.*) Intervento chirurgico per inserire un tubicino nella pelvi o nei calici renali così da drenare l'urina verso l'esterno in caso di ostruzione delle vie urinarie.

nefròtico agg.; anche s. m. (f. *-a*; pl. m. *ci*) ● Nefrosico.

nefrotomìa [comp. di *nefro-* e *-tomia*] s. f. ● (*chir.*) Incisione del rene.

nefròtomo [comp. di *nefro-* e *-tomo*] s. m. ● (*anat.*) Componente metamerica del mesomero coinvolta nella formazione dei reni embrionali.

nefrotòssico [comp. di *nefro-* e *tossico (1)*] agg. (pl. m. *-ci*) ● (*med.*) Che provoca lesioni ai tessuti renali: *farmaco n., agente n.*

negàbile agg. ● Che si può negare: *verità, affermazione, richiesta n.*

negabilità s. f. ● (*raro*) L'essere negabile.

†**negaménto** [da *negare*] s. m. ● Rifiuto.

negàre [lat. *negāre*, da *nĕc* 'né'] **A** v. tr. (*io négo* o *nègo*, †*niègo*, *tu néghi* o *nèghi*, †*nièghi*) *1* Dichiarare non vera una cosa, un principio, una verità assoluta sostenuta da altri: *n. tutte le insinuazioni dei nemici*; *nego di averlo detto*; *n. l'esistenza di Dio* | *N. una possibilità*, non ammetterla | *N. l'evidenza di q.c.*, non riconoscerla | *Non lo nego*, lo ammetto, lo riconosco. SIN. Contestare, smentire. *2* (*ass.*) Rispondere di no: *gli domandarono se era responsabile e lui negò* | (*est.*) Non confessare: *gli indiziati si ostinavano a n.* CONTR. Affermare. *3* Non concedere: *n. il permesso, la grazia, una soddisfazione* | *N. fede a qc.*, non credere a qc. SIN. Ricusare, rifiutare. *4* †Rinnegare | †*N. se stesso*, rinunciare ai propri diritti e (*est.*) mortificarsi. **B** v. rifl. *1* (*raro*) Rifiutarsi a un amplesso amoroso. *2* Nella loc. *negarsi al telefono*, rifiutare, evitare di rispondere a una telefonata non gradita.

negatìva [vc. dotta, lat. tardo *negatīva(m)*, f. sost. di *negatīvus* 'negativo'] s. f. *1* Il negare: *stare sulla, nella n.* *2* Risposta, dichiarazione con la quale si nega q.c. | (*raro*) *Dare una n. a qc.*, opporre un rifiuto a qc. *3* (*fot.*) Immagine negativa.

negativìṣmo [comp. di *negativ(o)* e *-ismo*] s. m. *1* (*psicol.*) Comportamento che tende alla negazione, alla polemica, alla repulsione e all'ostilità | *N. infantile*, rifiuto sistematico del bambino alle richieste dell'adulto. **2** (*est.*) Atteggiamento di ferma opposizione a determinate richieste.

negatività s. f. ● L'essere negativo: *la n. di una risposta, di un giudizio.*

negativizzàrsi [da *negativo*] v. intr. pron. ● Divenire negativo all'esame sierologico per l'accertamento dell'AIDS, detto di sieropositivo.

negativo [vc. dotta, lat. tardo *negatīvu(m)*, da *negāre* 'negare'] **A** agg. **1** Che nega, contiene una negazione o serve a negare: *risposta negativa*; *particella negativa*; *proposizioni negative* | *Argomento n.*, che si fonda non sulla prova diretta della verità, ma sulla negazione di ciò che a essa è contrario | *Teologia negativa*, che consente, utilizzando un processo dialettico di negazioni e realizzando l'ignoranza mistica, di giungere a Dio, che è superiore all'essere e al pensiero. CONTR. Affermativo. **2** Che si limita a negare il valore di q.c., senza proporre alternative valide, soluzioni nuove e sim.: *ideologia negativa*; *critica puramente negativa*. **3** Che agisce in modo contrario od opposto, che non ha l'effetto sperato o previsto, che comunque non è né utile, né buono, né vantaggioso e sim.: *intervento, effetto n.*; *risultato n. di un'indagine, di un'analisi*; *l'esito fu assolutamente n.*; *ecco la qualità negativa del suo carattere*; *questo è l'unico lato n. della faccenda*. **4** Che proibisce di fare q.c.: *comando n.* **5** In varie scienze e tecnologie, detto convenzionalmente di q.c. in opposizione a ciò che, altrettanto convenzionalmente, è definito positivo: *cariche elettriche negative*; *polo n.*; *ione n.* | *Catalizzatore n.*, quello che ritarda il compiersi della reazione. **6** (*mat.*) Detto di numero minore di zero. **7** (*fot.*) Detto di immagine fotografica nella quale la disposizione delle luci e delle ombre è inversa rispetto a quella dell'oggetto fotografato. || **negativaménte**, avv. **1** Con una negazione: *rispondere negativamente*. **2** In modo negativo, contrario o dannoso allo scopo: *agire negativamente*. **B** s. m. ● (*fot.*) Immagine negativa.

negativoscòpio [comp. di *negativo* nel sign. B e *-scopio*] s. m. ● (*med.*) Negatoscopio. ➡ ILL. **medicina e chirurgia**.

negàto part. pass. di *negare*; anche agg. **1** Nei sign. del v. **2** Che non ha nessuna attitudine per q.c.: *un ragazzo n. per la matematica*.

negatóne ● V. *negatrone*.

negatóre [vc. dotta, lat. tardo *negatōre(m)*, da *negātus* 'negato'] s. m.; anche agg. (f. *-trice*) ● Chi, che nega: *i negatori di Dio*; *filosofo n.*

negatòria [vc. dotta, lat. tardo (*actiōnem*) *negatōria(m)*, dal lat. tardo *negātor*, genit. *negatōris* 'negatore'] s. f. ● (*dir.*) Azione negatoria.

negatòrio [rifatto sul lat. tardo *negatōria*. V. precedente] agg. **1** (*raro*) Che concerne la negazione. **2** (*dir.*) Detto di azione che il proprietario può esercitare per far dichiarare dall'autorità giudiziaria l'inesistenza di diritti affermati da altri sulla cosa propria.

negatoscòpio [comp. di *negat(iv)o* e *-scopio*] s. m. **1** (*fot.*) Dispositivo per esaminare le negative o le diapositive, illuminandole in trasparenza. **2** (*med.*) Lastra di vetro illuminata posteriormente, usata in radiologia per esaminare in trasparenza i negativi radiografici.

negatróne o **negatóne** [comp. di *negat(ivo)* e *-trone*, ricavato da *elettrone*] s. m. ● (*fis.*) Elettrone.

negazióne [vc. dotta, lat. *negatiōne(m)*, da *negātus* 'negato'] s. f. **1** Azione del negare: *la n. è il contrario dell'affermazione* | Dichiarazione, espressione che nega: *una n. esplicita, implicita*; *oppone una n. recisa* | Protesta, rifiuto: *un popolo oscillante tra l'ipocrisia e la n.* (DE SANCTIS). CONTR. Affermazione. **2** Cosa, azione che sono tutto l'opposto dei principi ai quali dovrebbero informarsi: *quel documentario è la n. dell'obiettività*. **3** (*ling.*) Modo della frase di base che consiste nel negare il predicato della frase | Elemento linguistico (avverbio, congiunzione, pronome e sim.) che esprime una negazione. **4** †Abnegazione, rinuncia: *n. di se medesimo*. **5** (*psicoan.*) Processo per cui l'individuo, nel formulare desideri o pensieri rimossi, se ne difende negando che gli appartengano. || **negazioncèlla**, dim.

†**negghiènza** [lat. *neglĕntia(m)* 'negligenza'] s. f. **1** V. *negligenza*. **2** Nelle loc. *avere in n.*, *mettere, porre a n.*, trascurare, tenere in nessun conto.

neghittosità s. f. ● Qualità di chi è neghittoso. SIN. Infingardaggine, lentezza, pigrizia.

neghittóso o †**nighittóso** [dal lat. *neglĕctus* 'negletto', col suff. *-oso (3)*] **A** agg. **1** Pigro, lento, infingardo: *indole neghittosa*. **2** †Oscuro, incerto, vago. || **neghittosaménte**, avv. (*raro*) In modo neghittoso. **B** s. m. (f. *-a*) ● Chi è pigro: *tu al fin de l'opra i neghittosi affretta* (TASSO).

†**neglettàre** [da *negletto*] v. tr. ● Trascurare, disprezzare.

neglètto [vc. dotta, lat. *neglĕctu(m)*, part. pass. di *neglĭgere* 'negligere'] agg. ● (*lett.*) Trascurato, trasandato | Non curato, disprezzato: *Siede in terra negletta e sconsolata* (LEOPARDI).

†**neglezióne** [vc. dotta, lat. *neglectiōne(m)*, da *neglĕctus* 'negletto'] s. f. ● Negligenza, trascuratezza.

négli o (*poet.*) **ne gli**, (*poet.*) †**ne li**, (*poet.*) †**nélli** [comp. di *ne (3)* e *gli*] prep. art. m. pl. ● V. *gli* per gli usi ortografici.

néglige /fr. negli'ʒe/ [vc. fr., part. pass. di *négliger* 'negligere'] s. m. inv. ● Vestaglia femminile da casa o da camera.

†**negligentàre** [da *negligente*] v. tr. ● Trascurare.

negligènte [vc. dotta, lat. *neglĭgĕnte(m)*, part. pres. di *neglĭgere* 'negligere'] **A** agg. **1** Che è svogliato e trascurato nell'adempiere i propri compiti o doveri: *impiegato, scolaro n.*; *essere n. nel lavoro* | (*raro*) Lento, pigro, tardo: *essere n. nel cercare una pratica*. **2** Di ciò che rivela trasandatezza, poca cura: *atteggiamento, abbigliamento n.* **3** †Sprezzante, noncurante. || **negligenteménte**, avv. **1** Con negligenza: *lavorare, studiare negligentemente*. **2** Senza accuratezza: *vestire negligentemente*. **B** s. m. e f. ● Persona negligente. || **negligentàccio**, pegg. | **negligentóne**, accr.

†**negligentóso** agg. ● Negligente.

negligènza o †**negghiènza**, †**negligènzia** [vc. dotta, lat. *neglĭgĕntia(m)*, da *nĕgligens*, genit. *neglĭgĕntis*, 'negligente'] s. f. **1** Condizione di chi o di ciò che è negligente: *la n. degli scolari*; *la n. del suo abbigliamento*; *tanta è la n., la dappocaggine, la tristizia degli uomini* (GUICCIARDINI). SIN. Svogliatezza, trascurataggine. **2** Atto di, da, persona negligente: *non fa altro che biasimevoli negligenze*. || **negligenzàccia**, pegg.

negligere [vc. dotta, lat. *neglĭgere*, comp. di *nĕc* 'non' e *lĕgere* 'raccogliere'] v. tr. (pass. rem. *io neglèssi, tu negligésti*; part. pass. *neglètto*; oggi dif. dell'indic. pres., dell'imper., del congv. pres.) ● (*raro, lett.*) Trascurare, non curare affatto: *fa sembianti / d'aver negletto ciò che far dovea* (DANTE *Purg.* VII, 91-92).

†**négo** o **nègo**, †**nièɡo** [da *negare*] s. m. ● Risposta, dichiarazione, negativa: *stare nel, sul n.* | †*Mettersi al n.*, preparasi, disporsi a negare.

negòssa [sovrapposizione di *nassa* a *negozio* (nel sign. 1)] s. f. ● Rete da pesca a forma di borsa aperta montata su una lunga pertica.

negoziàbile agg. ● Che si può negoziare: *accordo n.*

negoziabilità s. f. ● Stato, condizione di ciò che è negoziabile.

negoziàle [vc. dotta, lat. *negotiāle(m)*, da *negōtium* 'negozio'] agg. ● (*dir., raro*) Di negozio forense o civile | Concernente un negozio giuridico: *volontà n.* || **negozialménte**, avv. Tramite negoziato.

negozialità s. f. **1** Possibilità di negoziare, di condurre trattative con probabilità di successo. **2** (*dir.*) Qualità di ciò che è negoziale.

†**negoziaménto** s. m. ● Modo, atto del negoziare.

negoziànte **A** part. pres. di *negoziare* ● (*raro*) Nei sign. del v. **B** s. m. e f. ● Proprietario o gestore di negozio per la vendita di merci al pubblico: *n. al minuto, all'ingrosso, di tessuti*.

negoziàre [vc. dotta, lat. *negotiāri*, da *negōtium* 'negozio, affare'] **A** v. tr. (*io negòzio*) **1** Esercitare il commercio, trattare affari, contrattare | *N. valute, assegni*, cambiare valute o assegni. **2** (*est.*) Intavolare le trattative, spec. per arrivare a un accordo diplomatico su q.c.: *n. la pace, l'alleanza*. **B** v. intr. (aus. *avere*) ● (*impr.*) Esercitare un commercio, commerciare: *n. in articoli di chincaglieria*.

†**negoziatìvo** agg. ● Attinente al negoziare.

negoziàto **A** part. pass. di *negoziare*; anche agg. ● Nei sign. del v. **B** s. m. ● L'insieme delle trattative necessarie per stipulare patti, accordi, trattati e sim.: *i negoziati per l'armistizio*.

negoziatóre [vc. dotta, lat. *negotiatōre(m)*, da *negotiāri* 'negoziare'] s. m. (f. *-trice*) **1** Chi conduce trattative per la conclusione di un accordo spec. politico internazionale. **2** †Chi esercita il commercio.

negoziazióne [vc. dotta, lat. *negotiatiōne(m)*, da *negotiāri* 'negoziare'] s. f. ● Atto del negoziare: *avviare le negoziazioni*. SIN. Trattativa.

negòzio [vc. dotta, lat. *negōtiu(m)*, comp. di *nĕc* 'non' e *ōtium* 'ozio'] s. m. **1** Affare, impresa commerciale: *fare, concludere un buon, un cattivo n.* | (*fam.*) *Bel n.!*, bella cosa! **2** (*dir.*) *N. giuridico*, manifestazione di volontà di un soggetto mirante ad uno scopo che consiste nella costituzione, modificazione o estinzione di una situazione giuridicamente rilevante: *unilaterale, plurilaterale*; *patrimoniale, non patrimoniale*. **3** Locale gener. a pian terreno e direttamente accessibile dalla strada, dove si espongono e si vendono merci al dettaglio: *aprire un n. di gioielliere*; *n. ricco, ben fornito*. SIN. Bottega. **4** (*lett.*) Lavoro, occupazione, attività: *gli uomini si rimuovono dai negozi della vita il più che si possa* (LEOPARDI). **5** †Faccenda, briga, commissione. **6** (*raro, tosc.*) Arnese piuttosto grosso | (*est., raro*) Cosa in genere. || **negoziàccio**, pegg. | **negoziétto**, dim. | **negozióne**, accr. | **negoziùccio**, pegg.

†**negozióso** [vc. dotta, lat. *negotiōsu(m)*, da *negōtium* 'negozio'] agg. **1** Attinente a negozio, affare, trattato. **2** Zelante, attivo.

negreggiàre ● V. *nereggiare*.

†**negrézza** s. f. ● Qualità, aspetto di ciò che è nero: *vedendo la carta tutta macchiata dalla oscura negrezza dell'inchiostro, di quello si dole* (LEONARDO).

négride o **negride** [da *negro*] agg. ● Che appartiene al ceppo razziale dei negri africani.

negrière [V. *negriero*] s. m. (f. *-a*) ● Negriero.

negrièro [fr. *nègrier*, da *nègre* 'negro'] **A** agg. ● Relativo alla tratta dei negri: *nave negriera*. **B** s. m. (f. *-a* nel sign. 2) **1** Trafficante di schiavi negri | (*est.*) Mercante di schiavi. **2** (*fig.*) Chi sfrutta o tratta molto duramente i propri dipendenti.

negrillo [sp., dim. di *negro* 'nero'] s. m. ● (*raro*) Pigmeo africano.

negrità s. f. ● Negritudine.

negritos /sp. ne'gritos/ [sp., propriamente dim. di *negro* 'negro, nero'] s. m. pl. ● Pigmei asiatici continentali o insulari.

negritùdine [fr. *négritude*, da *nègre* 'negro', sul modello di *béatitude* 'beatitudine' e sim.] s. f. ● Il complesso dei valori storici, tradizionali, culturali e sim. caratteristici delle popolazioni negre | (*est.*) Consapevolezza della propria condizione da parte dei negri.

négro (1) ● V. *nero*.

négro (2) [sp. *negro*, dal lat. *nĭgru(m)* 'negro'] **A** agg. **1** Che appartiene alla razza caratterizzata da pelle scura o nera, capelli lanosi, naso piatto, prognatismo spesso accentuato. **2** Appartenente, relativo alla razza negra: *poesia negra*. **B** s. m. (f. *-a*) **1** Chi appartiene alla razza negra, termine spesso inteso come spregiativo al quale è preferibile *nero*: *le condizioni di vita dei negri d'America* | *Lavorare, trattare come un n.*, molto duramente, con riferimento allo stato di schiavitù in cui erano tenuti i negri in America nei secoli scorsi | *Fare il n.*, lavorare molto e duramente. **2** (*scherz.*) Scrittore che redige per altri discorsi e testi in genere, rimanendo anonimo. SIN. Ghost writer. || **negrétto**, dim.

negroafricàno [comp. di *negro* e *africano*] agg. ● Relativo ai negri dell'Africa: *culture negroafricane*.

negroamericàno [comp. di *negro* e *americano*] agg. ● Relativo ai negri americani.

negrofùmo ● V. *nerofumo*.

negròide [comp. di *negro* e *-oide*] agg.; anche s. m. e f. ● Appartenente a una razza umana i cui individui presentano caratteri in tutto o in parte uguali a quelli dei negri.

negromànte [vc. dotta, gr. *nekrómantis*, comp. di *nekro-* 'necro-' e *mántis* 'indovino' (V. *-mante*)] s. m. e f. ● Chi esercita la negromanzia.
negromantésco agg. (pl. m. *-schi*) ● Relativo a negromanzia e a negromante.
negromàntico [da *negromante*] agg. (pl. m. *-ci*) ● Relativo a negromanzia e a negromante.
negromanzìa o **necromanzìa** nel sign. 1 [vc. dotta, lat. tardo *necromantīa(m)*, nom. *necromantīa*, dal gr. *nekromantéia*, comp. di *nekro-* 'necro-' e *mantéia* '-manzia'] s. f. *1* Arte dell'evocazione degli spiriti e degli spettri dei morti, con aiuto demoniaco, per divinare il futuro o conoscere l'ignoto. *2* (*est.*) Magia.
†**negróre** [lat. *nigrōre(m)*, da *nĭger* 'nero'] s. m. ● Nerezza: *sabbia quasi rosea fluisce / scabra di rughe e sparsa di n.* (D'ANNUNZIO).
negùndo [fr. *négundo*, di origine indiana] s. m. ● Piccolo acero con foglie pennate di color verde brillante, chiazzate di bianco, seghettate e lobate in modo diseguale (*Acer negundo*). SIN. Acero americano.
nègus [etiopico, propriamente 'sovrano'] s. m. inv. ● (*st.*) Appellativo dell'imperatore d'Etiopia.
negussìta agg. (pl. m. *-i*) ● Del Negus.
neh /nɛ/ [da *non è*] inter. ● (*sett., fam.*) Pronunciato in tono interrogativo esprime dubbio, possibilità, lieve speranza o sorpresa o serve semplicemente a richiamare l'attenzione su q.c. o a chiedere conferma di ciò che si dice: *neh, che te ne pare?*; *fa bel tempo, neh?*; *tu cosa faresti, neh?*
néi o (*poet.*) **ne i**, (*poet.*) †**ne li**, (*poet.*) †**nélli** [comp. di *ne* (*3*) e *i* (*1*)] prep. art. m. pl. ● V. *i* per gli usi ortografici.
neissèria [dal n. del biologo ted. A. *Neisser* (1869-1938)] s. f. ● (*biol.*) Genere di batteri della famiglia Neisseriacee comprendente le specie patogene *Neisseria meningitidis*, agente della meningite epidemica, e *Neisseria gonorrhoeae*, agente della blenorragia e della congiuntivite gonococcica dei neonati (*Neisseria*).
Neisserìacee [dal genere di batteri *Neisseria*] s. f. pl. ● (*biol.*) Famiglia di batteri aerobi, gram-negativi, a forma di cocco o di bastoncello, immobili, gener. parassiti o patogeni di animali a sangue caldo (*Neisseriaceae*).
nèkton ● V. *necton*.
nel /nel/ o (*poet.*) **ne 'l** [comp. di *ne* (*3*) e *il*] prep. art. ● V. *il* per gli usi ortografici.
ne la /'ne lla, 'ne la/ ● V. *nella*.
ne le /'ne lle, 'ne le/ ● V. *nelle*.
†**ne li** /'ne lli, 'ne li/ ● V. *negli* e *nei*.
nélla o (*poet.*) **ne la** [comp. di *ne* (*3*) e *la*] prep. art. ● V. *la* per gli usi ortografici.
nélle o (*poet.*) **ne le** [comp. di *ne* (*3*) e *le*] prep. art. ● V. *le* per gli usi ortografici.
†**nélli** ● V. *negli* e *nei*.
néllo o (*poet.*) **ne lo** /'ne llo, 'ne lo/ [comp. di *ne* (*3*) e *lo*] prep. art. ● V. *lo* per gli usi ortografici.
nelùmbo o **nelùmbio** [senegalese *nelembi*] s. m. ● (*bot.*) Loto indiano.
nèma- ● V. *nemato-*.
nemaspèrmio o **nemaspèrma** [comp. di *nema(to)-* e *sperma*] s. m. ● (*biol.*) Spermatozoo.
nematelmìnti [comp. di *nemato-* e *elminti*] s. m. pl. ● (*zool.*) Nematodi, secondo una terminologia non più usata.
nemàtico [dal gr. *nēmatikós* 'tessuto', da *nêma*, genit. *nḗmatos* 'filamento' (V. *nemaspermio*)] agg. (pl. m. *-ci*) ● (*chim., fis.*) Detto di stato mesomorfo in cui le molecole, disposte in filamenti, possono scorrere facilmente l'una sull'altra, conferendo alla sostanza un'elevata fluidità.
nèmato- o **nèma-** [gr. *nêma*, genit. *nḗmatos* 'filo, filamento', da *nêin* 'filare', di origine indeur.] primo elemento ● In parole composte della terminologia scientifica, significa 'filo, filamento': *nemaspermio*, *nematelminti*, *nematodi*.
Nematòceri [comp. di *nemato-* e del gr. *kéras* 'corno'] s. m. pl. ● Nella tassonomia animale, sottordine di Insetti dei Ditteri con antenne sottili e filiformi e corpo slanciato con lunghissime zampe (*Nematocera*) | (al sing. *-o*) Ogni individuo di tale sottordine.
nematocìda [comp. di *nemato-* e *-cida*] s. m. (pl. *-i*) ● Farmaco usato contro i nematodi, parassiti dell'uomo e degli animali.
nematocìsti [comp. di *nemato-* e *cisti*] s. f. ● (*zool.*) Capsula contenente il veleno all'interno del cnidoblasto.
Nematòdi [vc. dotta, gr. *nēmatṓdes* 'in filamenti', da *nêma*, genit. *nḗmatos* 'filo' (V. *nemato-*)] s. m. pl. ● Nella tassonomia animale, tipo di Invertebrati vermiformi con corpo non segmentato e rivestito di una sottile cuticola chitinosa, fra i quali si annoverano numerose specie parassite (*Nematoda*) | (al sing. *-e*) Ogni individuo di tale tipo. ➡ ILL. animali /1.
Nematòfori [comp. di *nemato-* e *-foro*] s. m. pl. ● Nella tassonomia animale, gruppo di Diplopodi muniti di ghiandole sericigene (*Nematophora*) | (al sing. *-o*) Ogni individuo di tale gruppo.
nembìfero [vc. dotta, lat. *nimbĭferu(m)*, comp. di *nĭmbus* 'nembo' e *-fer* '-fero'] agg. ● (*raro, poet.*) Apportatore di nembi.
némbo o (*poet.*) †**nìmbo** nel sign. 1 [lat. *nĭmbu(m)*, da avvicinare a *nūbes* 'nube'] s. m. *1* Nube bassa oscura generalmente apportatrice di pioggia o anche grandine. *2* (*poet.*) Pioggia: *largo n. / di ... rugiada preziosa e pura* (TASSO). *3* (*fig., lett.*) Grossa schiera di persone, denso sciame di animali spec. in movimento: *un n. di armati*.
nembóso o (*lett.*) **nimbóso** [lat. *nimbōsu(m)*, da *nĭmbus* 'nembo'] agg. *1* (*raro, lett.*) Avvolto, coperto da grosse nubi. *2* †Procelloso, tempestoso.
nembostràto [comp. di *nembo* e *strato*] s. m. ● Nube bassa di colore grigio scuro dai contorni frastagliati, rimescolata dai venti, apportatrice di pioggia o neve. ➡ ILL. p. 822 SCIENZE DELLA TERRA ED ENERGIA.
†**né méno** ● V. *nemmeno*.
nemèo [vc. dotta, lat. *Nemeāeu(m)* o *Nemēu(m)*, dal gr. *Nemeâios* o *Némeios*] agg. ● Di Nemea, valle dell'antica Argolide, in Grecia | *Leone n.*, belva leggendaria che viveva nella foresta di Nemea e che fu uccisa da Ercole | *Feste nemee*, feste nazionali greche che si celebravano ogni due anni a Nemea in onore di Zeus.
Nemertìni [da *Nemerte*, n. di una delle Nereidi] s. m. pl. ● Nella tassonomia animale, tipo di Metazoi simili ai Platelminti, dal corpo allungato, muniti di apertura anale, sistema circolatorio e una proboscide estroflessibile annessa alla bocca (*Nemertini*) | (al sing. *-o*) Ogni individuo di tale tipo.
nèmeṣi [vc. dotta, lat. *Nĕmesi(m)*, nom. *Nĕmesis*, dal gr. *Némesis*, nome della dea greca della giustizia distributrice, da *némein* 'distribuire', di origine indeur.] s. f. ● Evento, situazione negativa che si presume debba seguire periodi eccessivamente fortunati a titolo di giusta compensazione: *la campagna di Russia fu la n. di Napoleone* | *N. storica*, giustizia riparatrice di torti e delitti non nei responsabili, ma nei loro discendenti.
nemichévole [da *nemico*] agg. *1* (*raro*) Avverso, ostile. *2* †Odioso | Nocivo: *i nemichevoli appetiti* (BARTOLI). || †**nemichevolménte**, avv. In modo di nemico.
†**nemicìzia** ● V. †*nimicizia*.
nemìco o (*lett.*) **inimìco**, †**nimìco** [lat. *(i)nimīcu(m)*, comp. di *in-* neg. e *amīcus* 'amico'] **A** agg. (pl. m. *-ci*) *1* Che nutre sentimenti di avversione, odio, rancore contro qc., ne desidera il male, e cerca di farglielo: *essere n. di tutti*; *farsi n. qc.* | (*raro*) Che rivela inimicizia, avversione, ostilità, detto di cose: *contegno, discorso n.*; *giornale n. del governo*. SIN. Ostile. *2* Che detesta q.c.: *è diventato n. della musica* | *Essere n. dell'acqua*, bere solo vino o non lavarsi mai | *Essere n. di sé stesso*, non curarsi del proprio bene o del proprio utile. SIN. Avverso, contrario. *3* Che appartiene, si riferisce al nemico con il quale si è in guerra: *la strategia nemica*. *4* (*fig.*) Dannoso, nocivo: *il gelo è n. delle, alle, piante*. || **nemicaménte**, avv. (*raro*) Da nemico. **B** s. m. (f. *-a*) *1* Chi è ostile, avverso a qc. o a q.c.: *un n. implacabile*; *acerrimo n. della verità* | *I nemici politici*, gli avversari politici | (*poet.*) †*La nemica*, la donna amata, che fa soffrire. SIN. Avversario. *2* Persona che appartiene all'esercito o al territorio dello Stato con cui si è in guerra: *l'avanzata del n.*
†**nemistà** ● V. *nimistà*.
nemmànco [comp. di *né* e *manco*] **A** avv. ● (*dial.*) Neanche. **B** anche cong.
nemméno o †**né méno** [comp. di *né* e *meno*] **A** avv. ● Neanche. **B** anche cong.
Nemopterìdi [vc. dotta, comp. di *nem(at)o-*, *-pter(o)-* e *-idi*] s. m. pl. ● Nella tassonomia animale, famiglia di Neurotteri con ali colorate e allungate posteriormente, simili a quelle delle farfalle (*Nemopteridae*) | (al sing. *-e*) Ogni individuo di tale famiglia.
nemoràle [vc. dotta, lat. *nemorāle(m)*, da *nĕmus*, genit. *nĕmoris* 'bosco', vc. del culto, di origine indeur.] agg. ● (*bot.*) Di pianta per lo più erbacea che cresce nei boschi.
nemorènse [vc. dotta, lat. *nemorēnse(m)*, da *nĕmus*, genit. *nĕmoris* 'bosco; bosco sacro'] **A** agg. *1* Attributo della dea Diana, in quanto venerata nel tempio che si trovava nel bosco di Ariccia. *2* (*lett.*) Della città laziale di Nemi. **B** s. m. e f. ● (*lett.*) Abitante, nativo di Nemi.
†**nèncio** [da *Lorenzo*] agg. ● Sciocco, stupido.
nènfro [etim. incerta] s. m. ● (*miner.*) Roccia vulcanica molto compatta, di natura tufacea, di colore grigio o rosso scuro, diffusa nel Lazio, usata come pietra da costruzione fin dall'epoca degli Etruschi.
nènia [vc. dotta, lat. *nēnia(m)*, di origine onomat.] s. f. *1* Canto lugubre, che si faceva con accompagnamento di flauto nel seppellimento di un morto. *2* Canzone monotona, cantilena. *3* (*fig.*) Discorso monotono, conversazione interminabile e noiosa.
nenùfaro o **nanùfero**, **nannùfaro**, **nannùfero**, **nenùfero** [ar. *nīnūfar*] s. m. ● (*bot.*) Ninfea gialla.
nèo (*1*) o **névo** [lat. *nāevu(m)*, di etim. incerta] s. m. *1* Malformazione circoscritta della cute a forma di chiazza o puntino di colore scuro che può comparire in diverse parti del corpo | (*est.*) Requisito di fascino o grazia femminile: *un neo nero come l'inchiostro, di quelli un tempo chiamati assassini* (MORAVIA). *2* Macchiolina simile a un neo che per civetteria le donne si applicano o si dipingono sul volto. *3* (*fig.*) Piccola imperfezione, difetto appena visibile: *i nei di quel lavoro ne accrescono la bellezza*.
nèo (*2*) ● V. *neon*.
nèo- [dal gr. *néos* 'nuovo'] primo elemento ● In parole composte, significa 'nuovo', 'recente', 'moderno' (*neocapitalismo*, *neogotico*, *neolitico*, *neolatino*, *neofascismo*, *neorealismo*), o fa riferimento a ciò che è nuovo (*neofilia*).
neoaccadèmico [comp. di *neo-* e *accademico*] agg.; anche s. m. (pl. m. *-ci*) ● Che, chi fa parte della media e nuova accademia platonica.
neoàntropo [comp. di *neo-* e del gr. *ánthrōpos* 'uomo' (V. *antropico*)] s. m. ● Tipo umano fossile dell'*Homo sapiens*.
neoassùnto [comp. di *neo-* e *assunto* (*1*)] agg.; anche s. m. (f. *-a*) ● Che, chi è stato assunto da poco in un'azienda, in una ditta e sim.
neoàttico [comp. di *neo-* e *attico*] agg. (pl. m. *-ci*) ● Detto dell'ultima fase dell'arte greca ellenista contrassegnata da un ritorno alle forme dell'arte classica.
neoavanguàrdia o **neo-avanguàrdia** [comp. di *neo-* e *avanguardia* nel sign. 2] s. f. ● Denominazione di correnti artistiche o letterarie contemporanee, sviluppatesi a partire dagli anni Cinquanta, che si richiamano, per certi elementi, alle avanguardie storiche del primo dopoguerra.
neobaròcco [comp. di *neo-* e *barocco*] **A** s. m. ● Stile che riprende modi e forme dell'età barocca, spec. con riferimento all'architettura della seconda metà dell'Ottocento. **B** agg. (pl. m. *-chi*) ● Che si riferisce allo stile, alla concezione del neobarocco: *opere neobarocche*; *estetica neobarocca*.
neocapitalìṣmo [comp. di *neo-* e *capitalismo*] s. m. ● Lo stadio più recente del capitalismo, caratterizzato dal crescente intervento dello Stato nei vari settori dell'economia, dalla progressiva concentrazione del potere nelle grandi società per azioni, da cui derivano situazioni di monopolio e di oligopolio, e dalla dilatazione dei consumi, spec. di beni durevoli.
neocapitalìsta [comp. di *neo-* e *capitalista*] **A** s. m. (pl. *-i*) *1* Imprenditore o dirigente industriale che conduce l'impresa secondo le esigenze del neocapitalismo. *2* Seguace, sostenitore delle teorie del neocapitalismo. **B** agg. ● Neocapitalistico.
neocapitalìstico agg. (pl. m. *-ci*) ● Proprio del neocapitalismo.

neoclassicismo [da *neoclassico*] s. m. *1* Tendenza, sorta tra la fine del sec. XVIII e l'inizio del XIX, che ripropone in arte e in letteratura lo studio e l'imitazione dei classici greco-romani. *2* (*econ.*) Insieme di dottrine che propugnano un ritorno all'economia classica.

neoclassicista s. m. e f. (pl. m. *-i*) ● Seguace del neoclassicismo.

neoclàssico [comp. di *neo-* e *classico*] **A** agg. (pl. m. *-ci*) ● Del neoclassicismo: *mobile, arredamento n.* **B** s. m. *1* Seguace del neoclassicismo. *2* Gusto, stile neoclassico.

neocolonialismo [comp. di *neo-* e *colonialismo*] s. m. ● Politica di predominio e intervento negli affari interni delle colonie e dei Paesi sottosviluppati in genere, da parte di antiche potenze coloniali e di grandi paesi capitalistici, spec. tramite il controllo dell'economia.

neocolonialista [comp. di *neo-* e *colonialista*] **A** s. m. e f. (pl. m. *-i*) ● Chi pratica o sostiene il neocolonialismo. **B** agg. ● Neocolonialistico.

neocolonialistico agg. (pl. m. *-ci*) ● Proprio del neocolonialismo.

neoconiazióne [comp. di *neo-* e *coniazione*] s. f. ● (*ling.*) Neoformazione.

neocorporativismo [comp. di *neo-* e *corporativismo*] s. m. *1* Prassi politico-sociale affermatasi in vari Paesi occidentali a partire dal secondo dopoguerra, tendente a risolvere i conflitti tra lo Stato e le organizzazioni delle forze produttive attraverso la partecipazione dei sindacati e delle associazioni degli imprenditori al processo di formazione delle scelte politico-economiche. *2* Tendenza delle associazioni spontanee di lavoratori ad avanzare rivendicazioni limitate al proprio settore, senza collocarle all'interno di un contesto generale.

neocortéccia [comp. di *neo-* e *corteccia*, in lat. scient. *neocŏrtex*] s. f. (pl. *-ce*) ● (*anat.*) Complessa corteccia nervosa caratteristica del neopallio, preposta a coordinare attività integrative, sensoriali e motorie.

neocriticismo [comp. di *neo-* e *criticismo*] s. m. ● Indirizzo filosofico iniziatosi in Germania nella seconda metà del XIX secolo che in opposizione al positivismo e al materialismo propone un ritorno alla filosofia di Kant. SIN. Neokantismo.

néodada /fr. neoˈda'da/ [vc. fr., comp. di *néo-*, equivalente all'it. *neo-*, e *dada*] s. m. ● Neodadaismo.

neodadaismo [comp. di *neo-* e *dadaismo*] s. m. ● Corrente artistica d'avanguardia che si riallaccia al dadaismo.

neodarvinismo o **neodarwinismo** [comp. di *neo-* e *darvinismo*] s. m. ● Teoria evoluzionistica formulata nella prima metà del Novecento, che integra le tesi del darvinismo con i principi della genetica e del mutazionismo.

neodìmio [comp. di *neo-* e *(di)dimio* (dal gr. *dídymos* 'doppio'. V. *didimo* (*1*))] s. m. ● Elemento chimico, metallo del gruppo delle terre rare. SIMB. Nd.

neodiplomàto [comp. di *neo-* e *diplomato*] agg.; anche s. m. (f. *-a*) ● Che, chi ha da poco conseguito un diploma scolastico.

neoebràico [comp. di *neo-* ed *ebraico*] **A** agg. (pl. m. *-ci*) ● Detto della lingua ebraica dopo il III sec. d.C., divenuta lingua ufficiale dello Stato d'Israele | Che si riferisce a tale lingua. **B** s. m. solo sing. ● Lingua neoebraica.

neoegiziàno [comp. di *neo-* ed *egiziano*] **A** agg. ● Detto della lingua egiziana dalla XVIII dinastia al periodo dei Tolomei, cioè dal XVI al IV sec. a.C. | Che si riferisce a tale lingua. **B** s. m. solo sing. ● Lingua neoegiziana.

neoelètto [comp. di *neo-* ed *eletto*] agg.; anche s. m. (f. *-a*) ● Che, chi è stato da poco eletto a una carica: *i deputati, i senatori neoeletti.*

neoellènico [comp. di *neo-* ed *ellenico*] **A** agg. (pl. m. *-ci*) ● Relativo alla lingua e alla letteratura della Grecia moderna. **B** s. m. solo sing. ● Lingua della Grecia moderna. SIN. Neogreco.

neoevoluzionismo [comp. di *neo-* ed *evoluzionismo*] s. m. ● (*etn.*) Corrente antropologica sviluppatasi negli Stati Uniti alla metà del XX sec. che riprende l'idea, già dell'evoluzionismo del secolo precedente, secondo cui le società e le culture sarebbero ordinabili in base a un criterio di crescente complessità organizzativa.

neofascismo [comp. di *neo-* e *fascismo*] s. m. ● Movimento politico che, dopo il 1945, ha ripreso le dottrine e le finalità politiche del fascismo.

neofascista [comp. di *neo-* e *fascista*] **A** s. m. e f. (pl. m. *-i*) ● Aderente al neofascismo. **B** agg. ● Neofascistico.

neofascistico agg. (pl. m. *-ci*) ● Del neofascismo, dei neofascisti.

neofilia [comp. di *neo-* e *-filia*] s. f. ● Amore del nuovo e dei cambiamenti improvvisi.

neòfita o **neòfito** [vc. dotta, lat. tardo *neŏphytu(m)*, nom. *neŏphytus*, dal gr. *néophytos* 'piantato di recente', poi 'convertito di recente', comp. di *néos* 'nuovo' (V. *neo-*) e *-phytos* '-fito'] s. m. e f. (pl. m. *-i*) *1* Chi da poco ha abbracciato una religione. *2* (*est.*, *fig.*) Chi da poco ha aderito a un'idea, ha abbracciato un movimento o è entrato a far parte di una società o di un partito: *neofiti del socialismo.*

neofobia [comp. di *neo-* e *fobia*] s. f. ● Paura delle novità.

neoformazióne [comp. di *neo-* e *formazione*] s. f. *1* Formazione nuova o recente: *una n. politica.* *2* (*med.*) Qualsiasi produzione di tessuti anomala, benigna o maligna. *3* (*ling.*) Vocabolo o frase di recente formazione. SIN. Neoconiazione.

neofreudiàno /neofroi'djano/ [comp. di *neo-* e *freudiano*] **A** agg. ● (*psicoan.*) Che si riferisce al neofreudismo. **B** s. m. (f. *-a*) ● Psicoanalista seguace del neofreudismo.

neofreudismo /neofroi'dizmo/ [comp. di *neo-* e *freudismo*] s. m. ● (*psicoan.*) Dottrina dei seguaci di S. Freud che accentuano l'importanza dei bisogni sociali e dei fattori culturali e interpersonali nella formazione della personalità.

neofrontismo [comp. di *neo-* e *frontismo*] s. m. ● Tendenza a riproporre alleanze fra partiti di sinistra.

neògene o **neogène** [vc. dotta, gr. *neogenḗs* 'nato da poco', comp. di *neo-* 'neo-' e *-genḗs* '-geno'] s. m. ● (*geol.*) Seconda parte dell'era Cenozoica comprendente il Miocene e il Pliocene.

neoghibellinismo [comp. di *neo-* e *ghibellinismo*] s. m. ● Movimento ideologico e politico che, durante il Risorgimento, si contrappose al neoguelfismo, richiamandosi a ideali unitari e repubblicani e alle concezioni antipapali dei ghibellini medievali.

neoghibellino [comp. di *neo-* e *ghibellino*] **A** agg. ● Del neoghibellinismo. **B** s. m. (f. *-a*) ● Fautore, seguace del neoghibellinismo.

neogòtico [comp. di *neo-* e *gotico*] **A** s. m. (pl. *-ci*) ● Movimento e stile artistico ispirato all'arte medievale e gotica sviluppatosi in Inghilterra nel XVIII sec. e diffusosi in Europa. **B** anche agg.: *stile n.*

neogrammàtica [da *neogrammatico*] s. f. ● Dottrina e scuola di linguisti tedeschi della fine del sec. XIX, che si fonda sul principio della ineccepibilità delle leggi fonetiche.

neogrammàtico [comp. di *neo-* e *grammatico*: calco sul ted. *Junggrammatiker*, comp. di *jung* 'giovane, nuovo' e *Grammatiker* 'grammatico'] **A** agg. (pl. m. *-ci*) ● Della neogrammatica. **B** s. m. ● (*spec. al pl.*) Linguista appartenente alla scuola neogrammatica o comunque sostenitore dei suoi princìpi.

neogrèco [comp. di *neo-* e *greco*] **A** agg. (pl. m. *-ci*) ● Della Grecia moderna: *letteratura neogreca.* **B** s. m. solo sing. ● Lingua della Grecia moderna. SIN. Neoellenico.

neoguelfismo [comp. di *neo-* e *guelfismo*] s. m. ● Movimento ideologico e politico, sostenitore di un rinnovamento democratico del cattolicesimo che, nel Risorgimento, propugnava una confederazione di Stati italiani sotto la presidenza onoraria del Papa.

neoguèlfo [comp. di *neo-* e *guelfo*] **A** agg. ● Del neoguelfismo. **B** s. m. ● Fautore, seguace del neoguelfismo.

neohegeliàno /neoege'ljano, neohege'ljano/ [comp. di *neo-* e *hegeliano*] **A** agg. ● Che concerne o interessa il neohegelismo. **B** s. m. ● Chi segue o si ispira all'indirizzo filosofico del neohegelismo.

neohegelismo /neoege'lizmo, neohege'lizmo/ [comp. di *neo-* e *hegelismo*] s. m. ● Indirizzo filosofico iniziatosi in Inghilterra, in Italia, in America negli ultimi anni del XIX secolo, che si richiamava in vari modi all'idealismo assoluto di Hegel.

neoidealismo [comp. di *neo-* e *idealismo*] s. m. ● Neohegelismo.

neoidealista s. m. e f. (pl. m. *-i*) ● Seguace del neoidealismo.

neoimpressionismo [comp. di *neo-* e *impressionismo*] s. m. ● Movimento pittorico sviluppatosi in Francia nel XIX sec. e con l'intento di sviluppare i principi dell'impressionismo.

neoindustriàle [comp. di *neo-* e *industriale*] agg. ● Detto di società in cui la produzione industriale è quasi del tutto automatizzata.

neokantiàno [comp. di *neo-* e *kantiano*] **A** agg. ● Che concerne o interessa il neokantismo. **B** s. m. ● Chi segue o s'ispira all'indirizzo filosofico del neokantismo.

neokantismo [comp. di *neo-* e *kantismo*] s. m. ● (*filos.*) Neocriticismo.

neolalìa [comp. di *neo-* e *-lalia*] s. f. ● (*med.*) Tendenza, tipica di alcune malattie mentali, a usare eccessivi neologismi nel discorso.

neolamarckismo [comp. di *neo-* e *lamarckismo*] s. m. ● (*biol.*) Teoria evolutiva secondo la quale l'ambiente determina modificazioni ereditarie negli organismi influendo sui processi fisico-chimici generali.

neolatino [comp. di *neo-* e *latino*] agg. ● Detto di gruppo di lingue derivate dal latino, e di ciascuna di esse: *il francese è una lingua neolatina* | *Letteratura neolatina*, scritta in una di tali lingue | *Popolo n.*, che parla una di queste lingue.

neolaureàto [comp. di *neo-* e *laureato*] agg.; anche s. m. (f. *-a*) ● Che, chi si è appena laureato: *medico n.*; *concorso per neolaureati.*

neoliberalismo [comp. di *neo-* e *liberalismo*] s. m. *1* (*econ.*) Neoliberismo. *2* Indirizzo politico manifestatosi nel movimento liberale subito dopo la seconda guerra mondiale, basato su un concetto di liberalismo progressista e anticonservatore, aperto a istanze di rinnovamento sociale e a programmi di riforme economiche.

neoliberismo [comp. di *neo-* e *liberismo*] s. m. ● Indirizzo di pensiero economico che denuncia le violazioni della concorrenza generate da concentrazioni monopolistiche e auspica interventi statali tendenti solo a ripristinare l'effettiva libertà di mercato.

neoliberty [comp. di *neo-* e *liberty*] **A** s. m. ● Tendenza dell'architettura italiana degli anni Cinquanta, caratterizzata dalla ripresa di elementi dello stile liberty. **B** anche agg.: *architettura n.*

neolinguìstica [comp. di *neo-* e *linguistica*] s. f. ● Corrente linguistica della prima metà del Novecento, che si oppone ai princìpi della scuola neogrammatica e formula alcune leggi tendenti a stabilire il rapporto cronologico tra diverse fasi linguistiche, sulla base della distribuzione areale dei fenomeni linguistici.

neolìtico [comp. di *neo-* e *-lito* (*1*), con suff. agg.] **A** s. m. (pl. *-ci*) ● Ultimo periodo dell'età della pietra nel quale le armi e gli utensili erano accuratamente levigati. **B** anche agg.: *periodo n.*

neologia [comp. di *neo-* e *-logia*] s. f. ● (*ling.*) Processo di formazione di nuove unità lessicali.

neològico agg. (pl. m. *-ci*) ● (*ling.*) Che ha funzione di neologismo.

neologismo [fr. *néologisme*, da *néologue* 'chi fa frequente uso di termini nuovi', comp. del gr. *néos* 'nuovo' e *-lógos* '-logo'] s. m. ● (*ling.*) Vocabolo o locuzione di recente creazione, o presi in prestito da poco tempo da un'altra lingua | Ogni nuova accezione di una parola già usata.

neologista s. m. e f. (pl. m. *-i*) *1* Chi, scrivendo o parlando, fa largo uso di neologismi. *2* Chi studia i neologismi.

neologìstico [ingl. *neologistic*, da *neologist*, deriv. di *neology* 'neologia'] agg. (pl. m. *-ci*) ● (*ling.*) Che concerne i neologismi o ha funzione di neologismo: *formazioni neologistiche.*

neòlogo s. m. (f. *-a*; pl. m. *-gi*) ● (*raro*) Chi fa largo uso di neologismi. SIN. Neologista.

neomalthusiàno /neomaltu'zjano/ ● V. *neomaltusiano.*

neomaltusianismo o **neomaltusianésimo**, **neomalthusianésimo** [comp. di *neo-* e *maltusia-*

nismo] s. m. ● (*econ.*) Tendenza a limitare la natalità attraverso la diffusione di metodi contraccettivi.

neomaltuṣiàno o **neomalthuṣiàno** [comp. di *neo-* e *malthusiano*] **A** agg. ● Proprio del neomaltusianismo. **B** s. m. ● Seguace del neomaltusianismo.

neomarxìṣmo [comp. di *neo-* e *marxismo*] s. m. ● Dottrina marxista rivista alla luce dei cambiamenti politico-economici avvenuti nella società e delle nuove teorie sviluppatesi nel corso del Novecento.

neomembràna [comp. di *neo-* e *membrana*] s. f. ● (*anat.*) Membrana di recente formazione.

neomenìa [vc. dotta, lat. tardo *neomēnia(m)*, nom. *neomēnia*, dal gr. *neomēnía*, comp. di *neo-* 'neo-' e *mḗn*, genit. *mēnós* 'mese' (V. *menopausa*)] s. f. ● Nell'antico calendario greco, novilunio.

neomercantilìṣmo [comp. di *neo-* e *mercantilismo*] s. m. ● Politica economica che, per la soluzione dei problemi economici e sociali interni di un Paese, sostiene il ritorno ai principi del mercantilismo.

neomercantilìstico agg. (pl. m. *-ci*) ● Proprio del neomercantilismo.

neomicìna [da *neo-*, sul modello di *streptomicina*] s. f. ● (*farm.*) Antibiotico amminoglicosidico ad ampio spettro, ad attività batteriostatica e battericida, ottenuto dal batterio *Streptomyces fradiae*.

nèon o **nèo** (**2**) [dal gr. *néon*, nt. di *néos* 'nuovo'. V. *neo-*] s. m. inv. ● Elemento chimico, gas nobile usato per lampade tubolari e, soprattutto, per insegne luminose: *luce al n.*; *lampada al n.* | (*est.*) Lampada, insegna al neon: *la piazza illuminata dai n. intermittenti*. SIMB. Ne.

neonatàle [comp. di *neo-* e *natale* nel sign. B, sul modello del fr. *néonatal*] agg. ● Riguardante il neonato: *vita n.*

neonàto [comp. di *neo-* e *nato*] **A** agg. ● Che è appena nato o che è nato da poco: *bambino n.* | (*est.*) Formato, sorto da poco: *un'associazione neonata*. **B** s. m. (f. *-a*) ● Bambino nato da poco.

neonatologìa [comp. di *neonato* e *-logia*] s. f. ● (*med.*) Parte della pediatria che si occupa dell'assistenza ai neonati, spec. delle cure di cui hanno bisogno i prematuri.

neonatòlogo s. m. (f. *-a*; pl. m. *-gi*) ● Specialista in neonatologia.

neonazìṣmo [comp. di *neo-* e *nazismo*] s. m. ● Movimento politico che, dopo il 1945, ha ripreso le dottrine e le finalità politiche del nazismo.

neonazìsta [comp. di *neo-* e *nazista*] **A** s. m. e f. (pl. m. *-i*) ● Fautore, seguace del neonazismo. **B** agg. ● Del neonazismo: *gruppo n.*

neonìsta [da *neon*] s. m. (pl. *-i*) ● Chi fabbrica o monta insegne al neon.

neopaganèṣimo [comp. di *neo-* e *paganesimo*] s. m. ● Nella terminologia delle chiese cristiane, l'abbandono della fede religiosa da parte di persone o di folle e il sorgere di una pseudo-religione della forza, della macchina o del piacere | Atteggiamento e indirizzo mentale di chi favorisce il diffondersi di tali forme pseudo-religiose.

neopàllio [comp. di *neo-* e *pallio*] s. m. ● (*anat.*) Porzione del pallio del telencefalo esclusiva dei Mammiferi, caratterizzata da una complessa corteccia nervosa.

neopentecostalìṣmo [comp. di *neo-* e *pentecostalismo*] s. m. ● (*relig.*) Movimento religioso di derivazione metodista diffuso negli USA.

neopitagòrico [comp. di *neo-* e *pitagorico*] **A** agg. (pl. m. *-ci*) ● Che concerne o interessa il neopitagorismo. **B** s. m. (f. *-a*) ● Chi segue o si ispira al neopitagorismo.

neopitagorìṣmo [comp. di *neo-* e *pitagorismo*] s. m. ● Movimento filosofico-religioso del I secolo a. C. che si ispirava alle dottrine e agli scritti di Pitagora o del pitagorismo antico.

neoplaṣìa [comp. di *neo-* e del gr. *plásis* 'formazione' (V. *-plasto*)] s. f. ● (*med.*) Neoformazione patologica; il termine viene riferito abitualmente allo sviluppo tumorale benigno o maligno. CFR. Cancro, tumore.

neoplàṣico agg. (pl. m. *-ci*) ● (*med.*) Relativo a neoplasia.

neoplàṣma [comp. di *neo-* e del gr. *plásma* 'formazione' (V. *-plasto*)] s. m. (pl. *-i*) ● (*med.*) Tumore.

neoplasticìṣmo [comp. di *neo-* e *plasticismo*] s. m. ● Teoria moderna delle arti figurative del primo Novecento, basata sull'esclusione di ogni legame analogico con la realtà e su di una purezza plastica ottenibile mediante l'uso di piani perpendicolari, di composizioni geometriche e dei colori primari.

neoplàstico agg. (pl. m. *-ci*) ● (*med.*) Di neoplasia, che costituisce neoplasia: *tessuto n.*

neoplatònico [comp. di *neo-* e *platonico*] **A** agg. (pl. m. *-ci*) ● Che concerne o interessa il neoplatonismo. **B** s. m. (f. *-a*) ● Chi segue o si ispira al neoplatonismo.

neoplatonìṣmo [comp. di *neo-* e *platonismo*] s. m. ● Indirizzo filosofico iniziatosi nel II secolo d. C. che proponeva un ritorno a quei temi della filosofia platonica capaci di operare una difesa delle verità religiose attingibili dall'uomo solo nell'intimità della propria coscienza.

neopoṣitivìṣmo [comp. di *neo-* e *positivismo*] s. m. ● Indirizzo filosofico contemporaneo, inaugurato dal Circolo di Vienna, secondo cui alla filosofia è affidato il compito di effettuare l'analisi del linguaggio comune e di quello scientifico.

neopoṣitivìsta [comp. di *neo-* e *positivista*] **A** s. m. e f. (pl. m. *-i*) ● Seguace del neopositivismo. **B** agg. ● Neopositivistico.

neopoṣitivìstico agg. (pl. m. *-ci*) ● Del neopositivismo: *tendenze neopositivistiche*.

neopovertà [comp. di *neo-* e *povertà*] s. f. ● (*spec. al pl.*) Nuova forma di povertà e di emarginazione in società economicamente sviluppate.

neoprène ® [da *neo-*, sul modello di *isoprene*] s. m. ● Nome commerciale di una gomma sintetica resistente all'azione nociva degli agenti atmosferici.

neopromòssa s. f. ● (*ell.*, *sport*) Squadra neopromossa.

neopromòsso [comp. di *neo-* e *promosso*] agg. ● (*sport*) Detto di squadra che nell'ultimo campionato è stata promossa alla serie o categoria superiore.

neopurìṣmo [comp. di *neo-* e *purismo*] s. m. ● (*ling.*) Orientamento linguistico contemporaneo, che accetta neologismi, purché rispondenti alle reali esigenze di una lingua e conciliabili con la sua tradizionale struttura.

neopurìsta [comp. di *neo-* e *purista*] s. m. e f. (pl. m. *-i*) ● Seguace del neopurismo.

neoqualunquìṣmo [comp. di *neo-* e *qualunquismo*] s. m. ● (*spreg.*) Nuova forma di qualunquismo.

neorealìṣmo [comp. di *neo-* e *realismo*] s. m. *1* L'insieme di tutte quelle correnti filosofiche contemporanee che convengono nell'affermare che l'oggetto della conoscenza non risulta alterato dal rapporto in cui esso entra con il soggetto conoscente. *2* Tendenza, indirizzo della letteratura, del cinema e delle arti in genere volto a rappresentare fatti e aspetti, spec. sociali, della vita con stretta aderenza realistica. SIN. Neoverismo.

neorealìsta [comp. di *neo-* e *realista*] **A** s. m. e f. (pl. m. *-i*) ● Chi segue il neorealismo o si ispira ad esso. **B** agg. ● Neorealistico.

neorealìstico agg. (pl. m. *-ci*) ● Che concerne o interessa il neorealismo.

Neorniti [comp. di *neo-* e del gr. *órnis*, genit. *órnithos* 'uccello' (V. *ornito-*)] s. m. pl. ● Nella tassonomia animale, sottoclasse di Uccelli che comprende tutte le forme viventi (*Neornithes*) | (al sing. *-e*) Ogni individuo di tale sottoclasse.

neoromanticìṣmo [comp. di *neo-* e *romanticismo*] s. m. ● Tendenza artistica e letteraria che si ricollega al gusto, alla sensibilità, alla poetica del romanticismo.

neoscolàstica [comp. di *neo-* e *scolastica*] s. f. ● (*filos.*) Neotomismo.

neoscolàstico [comp. di *neo-* e *scolastico*] **A** agg. (pl. m. *-ci*) ● Che concerne o interessa la neoscolastica. **B** s. m. (f. *-a*) ● Chi segue la, o si ispira alla neoscolastica.

neostòma o **neòstoma** [comp. di *neo-* e del gr. *stóma* 'bocca' (V. *stoma*)] s. m. (pl. *-i*) ● (*chir.*) Apertura di un organo cavo allo scopo di metterlo in comunicazione con un altro organo analogo, o con l'esterno.

neostomìa [comp. di *neo-* e *-stomia*] s. f. ● (*chir.*) Intervento consistente nell'aprire un organo cavo per metterlo in comunicazione con un altro organo analogo o con l'esterno.

neotenìa [comp. di *neo-* e di un deriv. del gr. *téinein* 'tendere' (di origine indeur.)] s. f. ● (*biol.*) Fenomeno per cui, in certe specie animali, alcuni o tutti gli individui pur restando allo stato larvale sono in grado di riprodursi.

neotènico agg. (pl. m. *-ci*) ● Di, relativo a, neotenia.

neotèrico [vc. dotta, lat. tardo *neotĕricu(m)*, nom. *neotĕricus*, dal gr. *neōterikós*, da *neṓteros*, compar. di *néos* 'nuovo' (V. *neo-*)] **A** agg. (pl. m. *-ci*) *1* Dei poeti latini di età ciceroniana che s'ispiravano ai poeti greci. *2* (*raro*, *est.*) Nuovo, moderno nei temi o nel linguaggio: *indirizzo poetico n.* **B** s. m. ● Poeta neoterico.

neoterìṣmo [vc. dotta, gr. *neōterismós*, da *neṓteros*. V. *neoterico*] s. m. *1* Corrente poetica e gusto stilistico dei neoterici. *2* (*raro*) Neofilia.

neotestamentàrio [comp. di *neo-* e un deriv. di *testamento*] agg. ● Del Nuovo Testamento.

neotomìṣmo [comp. di *neo-* e *tomismo*] s. m. ● Indirizzo filosofico ispirato alla filosofia di S. Tommaso, iniziatosi negli ultimi decenni del XIX sec., che tende a ricondurre la moderna filosofia realistica entro gli schemi del tomismo.

neotomìsta [comp. di *neo-* e *tomista*] **A** agg. (pl. m. *-i*) ● Che concerne o interessa il neotomismo. **B** s. m. ● Chi segue o si ispira al neotomismo.

neotomìstico agg. (pl. m. *-ci*) ● Del neotomismo.

neòtrago [comp. di *neo-* e del gr. *trágos* 'capro' (V. *trago*)] s. m. (pl. *-ghi*) ● Genere di antilopi africane di piccole dimensioni caratterizzate dai cornetti rivolti all'indietro (*Neotragus*).

neòttero [comp. di *neo-* e *-ttero*] agg. ● (*zool.*) Detto di insetto che è in grado di ripiegare all'indietro le ali.

neottòlemo [dal n. di *Neottolemo*, figlio di Achille] s. m. ● Grossa farfalla americana con dimorfismo sessuale spiccato, i cui maschi sono caratterizzati dalle ali di color azzurro metallico splendente (*Morpho neoptolemus*).

neoverìṣmo [comp. di *neo-* e *verismo*] s. m. ● Neorealismo.

neoẓelandése **A** agg. ● Della Nuova Zelanda. **B** s. m. e f. ● Abitante, nativo della Nuova Zelanda.

neoẓòico (*Neozoico* come s. m.) [comp. di *neo-* e *-zoico*] **A** s. m. (pl. *-ci*) ● (*geol.*) Era quaternaria. SIN. Quaternario. **B** anche agg.: *era neozoica*.

nèpa [lat. *nĕpa(m)*: di origine africana (?)] s. f. ● Insetto dei Nepidi comune negli stagni, con zampe anteriori a pinza lunghe e sottili (*Nepa cinerea*). SIN. Scorpione acquatico.

nepalése **A** agg. ● Del Nepal. **B** s. m. e f. ● Abitante, nativo del Nepal.

Nepentàcee [vc. dotta, comp. di *nepent(e)* e *-acee*] s. f. pl. ● Nella tassonomia vegetale, famiglia di piante carnivore delle Dicotiledoni comprendente la nepente (*Nepenthaceae*) | (al sing. *-a*) Ogni individuo di tale famiglia.

nepènte [vc. dotta, gr. *nēpenthḗs* 'che toglie il dolore', comp. di *nē* 'non' e *pénthos* 'dolore', da *páschein* 'soffrire', di etim. incerta] s. f. *1* Pianta carnivora delle Nepentacee, indomalese, lianosa, con ascidi a secrezione zuccherina e foglie a sacchetto (*Nepenthes*). *2* Bevanda cui gli antichi Greci attribuivano il potere di togliere il dolore o dare l'oblio.

nèper /'nɛper, *ingl.* 'ni:pə*/ [vc. ingl., dal n. del matematico scozzese J. *Neper* (1550-1617)] s. m. inv. ● (*fis.*) Unità di misura di guadagno o di attenuazione, pari al logaritmo naturale del rapporto fra la grandezza in esame e un livello di riferimento. SIMB. Np.

neperiàno agg. ● (*mat.*) Che si riferisce al matematico Neper e alle sue teorie | *Logaritmo n.*, in base e = 2,71828...

nèpeta [lat. *nĕpeta(m)*, di origine preindeur.] s. f. ● (*bot.*) Gattaia.

nepetèlla o **nepitèlla**, **nipitèlla** [dim. dal lat. *nepĕta*] s. f. ● (*bot.*) Calaminta.

Nèpidi [vc. dotta, comp. di *nep(a)* e *-idi*] s. m. pl. ● Nella tassonomia animale, famiglia di Insetti emitteri eterotteri con antenne segmentate e zampe raptatorie (*Nepidae*) | (al sing. *-e*) Ogni individuo di tale famiglia.

nepitèlla ● V. *nepetella*.

nepòte ● V. *nipote*.

nepotìṣmo o (*raro*) **nipotìṣmo** [da *nepote*] s. m. *1* Tendenza di certi papi, spec. nei secoli passati, a favorire i propri familiari con prebende, cariche e sim. *2* (*est.*) Favoreggiamento nei confronti di parenti o amici per fare sì che ottengano cariche, uffici e sim.

nepotista [da *nepotismo*] **A** s. m. e raro f. (pl. m. *-i*) ● Chi favorisce gli amici o i parenti abusando del proprio potere. **B** agg. ● (*raro*) Nepotistico.

nepotìstico [da *nepotismo*] agg. (pl. m. *-ci*) ● Proprio di chi favorisce amici e parenti: *comportamento n.*

neppùre o (*raro*) **né pure** [comp. di *né* e *pure*] avv. e cong. ● Neanche.

†**nequità** o †**niquità** [aferesi di *iniquità*; il cambiamento della *-i-* in *-e-* è dovuto all'accostamento paretimologico a *nequizia*] s. f. ● Iniquità.

†**nequitànza** o †**niquitànza** [da *nequità*] s. f. ● Iniquità.

†**nequitézza** s. f. ● Nequizia.

†**nequitóso** o †**niquitóso** [da *nequità*] agg. ● Malvagio, rio | Ostile: *verso de Orlando n. torna / per vendicare il colpo ricevuto* (BOIARDO).

nequìzia [vc. dotta, lat. *nequĭtia(m)*, da *nēquam* 'malvagio'] s. f. *1* (*lett.*) Cattiveria, malvagità. *2* †Delitto, peccato. *3* †Rabbia, sdegno: *si consumava di n., veggendo i modi fecciosi della moglie d'Ugolino* (SACCHETTI).

†**nequizióso** [da *nequizia*] agg. ● Malvagio.

neracchiòlo o †**neracchiuòlo** [da *nero*] agg. ● (*raro*) Molto scuro, detto spec. del colorito della pelle.

neràstro [da *nero*] agg. ● Che tende al nero: *sfumature nerastre*; *il viso era leggermente roseo, le labbra nerastre* (FOGAZZARO).

nerazzùrro [comp. di *nero* e *azzurro*] **A** agg. *1* Che è di color nero con riflessi azzurri: *marmo n.* *2* Che è di color nero alternato all'azzurro: *le maglie nerazzurre dei giocatori dell'Inter.* **B** agg.; anche s. m. ● Che, chi gioca nella, o sostiene la, squadra di calcio milanese dell'Inter: *giocatori, tifosi nerazzurri*; *i nerazzurri giocano in trasferta.*

nerbàre [da *nerbo*] v. tr. (*io nèrbo*) ● (*raro*) Percuotere con un nerbo | (*raro, est.*) Picchiare con un bastone.

nerbàta s. f. ● Colpo di nerbo, staffilata | (*est.*) Botta: *vuoi assaggiare le nerbate ...?* (VERGA). || **nerbatina**, dim.

nerbatóre s. m. (f. *-trice*) ● (*raro*) Chi dà nerbate.

nerbatùra s. f. ● (*raro*) Atto, effetto del nerbare.

nèrbo [lat. *nĕrvu(m)* 'nervo'] s. m. (pl. †*nèrbora* f.) *1* †V. *nervo.* *2* Fibra cervicale di buoi e cavalli disseccata e adoperata come staffile. *3* (*fig.*) Parte più forte e valida di q.c.: *il n. delle forze, dell'esercito* | (*est.*) Forza, vigoria: *stile senza n.* || **nerbàccio**, pegg. | **nerbettino**, dim. | **nerbicino**, dim. | **nerbolino**, dim.

nerborùto [da *nerbora*, ant. pl. di *nerbo*] agg. ● Muscoloso, robusto, gagliardo: *due braccia nerborute la tenevano come conficcata nel fondo della carrozza* (MANZONI).

nerbùto [da *nerbo*] agg. ● (*raro*) Forte, nerboruto.

nèrchia [vc. pisana, dal lat. *nĕrvus* 'nervo'] s. f. *1* (*dial.*) Bastone nodoso. *2* (*fig., centr.*) Membro virile.

nereggiaménto s. m. ● (*raro*) Il nereggiare.

nereggiànte part. pres. di *nereggiare*; anche agg. ● Nei sign. del v.

nereggiàre o **negreggiàre** [da *nero*] **A** v. intr. (*io neréggio*; aus. *avere*) *1* (*lett.*) Apparire di colore nero: *il cielo cominciava a n.* *2* (*raro*) Tendere al nero. **B** v. tr. ● (*raro*) Dare sfumature, colorare di nero.

nerèide [vc. dotta, lat. *Nerēide(m)*, nom. *Nerēis*, dal gr. *Nērēís*, propriamente 'figlia di Nereo', da *Nēreús* 'Nereo'] s. f. *1* Nella mitologia greca, ninfa del mare. *2* Anellide policheте marino con corpo vermiforme, cirri tentacolari e livrea vistosa (*Nereis diversicolor*).

nerétto s. m. *1* Dim. di *nero.* *2* (*edit.*) Carattere tipografico con asta più scura e marcata del consueto, usato per dare evidenza a titoli, parole, frasi. SIN. Grassetto. *3* Articolo di giornale in neretto per attirare l'attenzione di chi legge. || **nerettino**, dim.

nerézza o †**negrézza** [lat. *nigrĭtia(m)*, da *nĭger* 'nero'] s. f. ● (*raro*) Qualità, aspetto di ciò che è nero: *occhi ... neri di quella chiara e dolce negrezza* (CASTIGLIONE).

nericàre [lat. *nigricāre*, da *nĭger* 'nero'] v. intr. (*io nérico*; aus. *avere*) ● (*raro, lett.*) Nereggiare.

nericcio agg. (pl. f. *-ce*) ● Che tende al nero o è quasi nero.

nerìgno agg. ● (*raro, lett.*) Nericcio.

nerìta [vc. dotta, lat. *nerīta(m)*, nom. *nerīta*, dal gr. *nērítēs*, di etim. incerta] s. f. ● Mollusco gasteropode con conchiglia globosa e massiccia (*Nerita polida*).

nerìtico [vc. dotta, da *nerita* (V.) con suff. agg.] agg. (pl. m. *-ci*) ● Detto di zona di mare compresa fra 0 e 200 m di profondità, di fauna pelagica vivente in tale zona e di formazione geologica presente in tale zona.

néro o (*raro, lett.*) **négro** (1), (*lett.*) †**nigro** [lat. *nĭgru(m)*, di etim. incerta] **A** agg. *1* (*fis.*) Detto di corpo la cui superficie assorbe completamente ogni radiazione qualunque sia la sua lunghezza d'onda, lo stato di polarizzazione o l'angolo di incidenza. *2* Correntemente, che ha colore bruno intenso molto scuro: *occhi, capelli neri*; *velo, drappo n.*; *vernice nera*; *essere n. come il carbone, come l'ebano, come l'inchiostro, come la pece, come l'ala di un corvo* | *Abito n.*, quello maschile indossato in serate, cerimonie o in segno di lutto | *Acqua nera*, torbida | *Caffè n.*, senza latte | *Pane n.*, integrale | *Vino n.*, rosso scuro | *Oro n.*, il petrolio | *Occhiali neri*, con lenti affumicate | (*bot.*) *Pioppo n.*, pioppo comune | (*med.*) *Vomito n.*, contenente sangue, tipico della febbre gialla. *3* (*est.*) Sudicio, molto sporco: *polsini neri*; *quel vestito è tutto n.*; *mani, unghie nere* | *Pozzo n.*, specie di vasca interrata, chiusa, che raccoglie le acque di rifiuto di un edificio. *4* Con riferimento al nero inteso come simbolo di morte e di lutto: *paramenti neri*; *vesti nere*; *cravatta nera* | *Lettera nera*, listata a lutto | *Bandiera nera*, quella degli anarchici. *5* Fascista: *brigate nere*; *governo n.* | *Camicia nera*, aderente al partito fascista durante l'epoca del suo governo in Italia; nello stesso periodo, appartenente alla Milizia Volontaria per la Sicurezza Nazionale: *un raduno di camicie nere.* *6* (*fig.*) Clericale: *aristocrazia nera.* *7* (*fig.*) Caratterizzato da sventure, dolori, avversità e sim.: *giorni neri*; *questo è un periodo n. per me* | *Vedere tutto n.*, prevedere dolori e sciagure | (*est.*) Improntato di tristezza, malinconia, pessimismo: *umore n.*; *pensieri neri*; *idee nere*; *essere n. in volto*; *che faccia nera hai oggi!* | Molto negativo: *il giovedì n. della Borsa* | (*est.*) Caratterizzato dal macabro, dal mistero, dalla violenza, detto spec. di genere letterario: *romanzo n.*; *umorismo n.* *8* (*fig.*) Caratterizzato da disonestà, illegalità, mancato rispetto delle leggi: *lavoro n.* | *Mercato n., borsa nera*, mercato clandestino, spec. in tempo di guerra o di dopoguerra | *Fondi neri*, V. *fondo* | *Libro n.*, elenco di persone sospette, pericolose o nemiche | (*est.*) Detto di compenso, emolumento e sim. non assoggettato a ritenute fiscali e previdenziali: *contabilità nera.* *9* (*fig.*) Caratterizzato da crudeltà, perfidia, scelleratezza: *anima nera* | *Bestia nera*, persona o cosa di cui si ha paura | *Pecora nera*, persona che si distingue dagli altri per le sue cattive qualità | *Punto n.*, macchia, colpa, peccato | *Cronaca nera*, (*ell.*) *nera*, nei quotidiani, quella che tratta di gravi incidenti e fatti di sangue. *10* (*fig.*) Che ha relazione con il demonio: *magia nera*; *messa nera.* *11* (*st.*) Detto di molte fazioni cittadine durante l'età comunale: *guelfo di parte nera.* **B** s. m. (f. *-a* nei sign. 4 e 5) *1* Colore nero: *capelli, occhi di un n. cupo*; *tingere in, di n.*; *vestire di n.* | (*fig.*) *Mettere n. su bianco*, scrivere | *Mettere il n. per il bianco*, far vedere tutto il contrario | *Non distinguere il n. dal bianco*, non cogliere le differenze, anche vistose. *2* Ogni sostanza di colore nero, o che colora in nero | *N. di alizarina, n. di anilina*, coloranti organici sintetici | *N. animale*, carbone animale | *N. fumo*, V. anche *nerofumo* | *N. di rodio, n. di palladio, n. di platino*, polvere nera dei rispettivi metalli finemente suddivisi, con forti proprietà catalitiche | (*zool.*) *N. di seppia*, liquido nero secreto da un'apposita ghiandola delle seppie e di altri Cefalopodi, da cui si ricava un colorante usato per inchiostri e colori. *3* (*est.*) Nel gioco degli scacchi e della dama, il giocatore che manovra i pezzi neri contro quelli bianchi: *il n. muove e vince in tre mosse* | Combinazione al gioco della roulette: *puntare sul n.* *4* (*est.*) Individuo di pelle nera: *i neri d'America.* *5* Fascista: *un gruppo di neri* | Clericale: *governo dei neri.* *6* (*banca, econ.*) Posizione di credito o di non debito in un conto, contrapposto a *rosso* | *In n.*, in attivo | *In n.*, (*fam.*) detto di attività economiche nascoste, spec. per evadere il fisco: *pagamenti in n.*; *assumere qc. in n.* *7* (*bot.*) Fumaggine. || **nerèllo**, dim. | **nerétto**, dim. (V.) | **nerino**, dim.

neròfide o **nerofìdio** [comp. di *nero* e *ofide*] s. m. ● Pesce dei Signatiformi con corpo allungatissimo e una sola pinna dorsale (*Nerophis ophidion*).

nerofùmo o **negrofùmo**, **néro fùmo** [comp. di *nero* e *fumo*] s. m. ● Carbone finemente suddiviso ottenuto condensando i vapori della combustione incompleta di varie sostanze organiche, usato per inchiostri da stampa, carta carbone, lucidi da scarpe e sim.

neróngnolo o **nerògnolo** [da *nero*] agg. ● Nericcio, nerastro.

nèrola s. f. ● (*chim.*) Neroli.

nèroli [dal n. della principessa di A. M. *Nerola* che ne introdusse l'uso nel 1680 ca.] s. m. ● Essenza estratta per distillazione dai fiori d'arancio, usata in profumeria.

neróne [da *Nerone*, imperatore romano, noto per la sua crudeltà] s. m. ● (*per anton.*) Persona malvagia, tiranno spietato.

neroniàno [vc. dotta, lat. *neroniānu(m)*, agg. di *Nĕro*, genit. *Nerōnis* 'Nerone' (6 d.C.-31)] agg. ● Di Nerone: *governo n.* | Degno di Nerone per crudeltà.

nerùme [da *nero*] s. m. *1* Tinta nera o macchia nera che ricopre oggetti: *il n. dell'argenteria.* *2* (*est.*) Complesso di cose nere. *3* (*bot.*) Malattia fungina dei cereali caratterizzata dall'annerimento della spiga.

nervàto agg. *1* Provvisto di nervature o di nervi. *2* (*ant.*) Robusto, forte.

nervatùra [da *nervo*] s. f. *1* L'insieme dei nervi costituenti un organismo animale e la loro disposizione. *2* (*zool.*) Filamento più resistente che rinforza la membrana alare degli insetti. *3* (*bot.*) Traccia dei fasci fibrovascolari sulla lamina fogliare. *4* (*arch.*) Parte, spec. aggettante, di una struttura architettonica di sostegno | Negli edifici con volta a crociera, l'insieme delle cordonature che limitano le sezioni delle volte stesse. *5* Piccolissima piega cucita in rilievo e usata come guarnizione di abiti. *6* Rilievo a cordoncino sul dorso dei libri rilegati.

nèrveo agg. ● (*raro*) Che concerne i nervi.

nervétto [propriamente dim. di *nervo*] s. m. ● (*spec. al pl., sett.*) Pietanza fredda formata da carne di manzo o di vitello lessata e tagliuzzata, mista a fagioli, cipolline e sottaceti.

†**nervìgno** [da *nervo*] agg. ● Robusto, nerboruto.

nervìno [vc. dotta, lat. tardo *nervīnu(m)*, da *nĕrvus* 'nervo'] agg. *1* Relativo a nervo o a sistema nervoso. *2* Detto di medicamento o sostanza che agisce particolarmente sul sistema nervoso: *gas n.*

nèrvo o †**nèrbo** [lat. *nĕrvu(m)*, di origine indeur.] s. m. *1* (*anat.*) Formazione anatomica allungata costituita da più filamenti di cellule nervose e rivestita da particolari membrane; collega il sistema nervoso centrale alle diverse parti del corpo con funzione motoria o sensitiva: *n. motorio, sensitivo, misto* | *Dare ai, sui nervi, far venire i nervi, urtare i nervi a qc.*, irritarlo, infastidirlo | *Attacco, crisi di nervi*, manifestazione di violenta eccitazione nervosa | *Tensione di nervi*, sforzo della volontà, ansia eccitata | *Avere i nervi*, essere di cattivo umore | *Avere i nervi mobilissimi*, essere incostante, eccitabile | *Avere i nervi scoperti, a fior di pelle*, essere in stato di grande eccitazione nervosa | *Avere i nervi a pezzi*, essere al limite dell'esaurimento nervoso | *Avere i nervi saldi*, essere padrone di sé. ➡ ILL. p. 363, 364, 366, 367 ANATOMIA UMANA. *2* (*fam., impr.*) Tendine, muscolo. *3* (*raro, fig.*) Forza, vigoria: *stile senza n.* | Parte più consistente e forte di una organizzazione: *il n. degli eserciti sanza alcun dubbio sono le fanterie* (MACHIAVELLI). *4* (*bot.*) Nervatura delle foglie | Filamento, filo: *n. dei fagiolini.* *5* Staffile, nerbo:

n. di bue. **6** Corda di strumento musicale, minugia | Corda dell'arco: *tendere il n.* || **nervettino**, dim. | **nervétto**, dim. (V.) | **nervicciuòlo**, dim. | **nervicino**, dim. | **nervino**, dim. | **nervolino**, dim. | **nervùzzo**, dim.

nervosismo [da *nervoso*] s. m. ● Stato di eccitazione, agitazione, tensione nervosa: *nell'aria oggi c'è molto n.*

nervosità [vc. dotta, lat. *nervositāte(m)*, da *nervōsus* 'nervoso'] s. f. **1** Eccitabilità di nervi, irrequietezza: *sotto quelle stramberie e n. c'erano fatti solidi, reali* (MORAVIA). **2** Atto, parola da persona nervosa. **3** (*fig.*) Vigorosità, incisività, spec. di stile: *la n. della prosa moderna.*

nervóso [vc. dotta, lat. *nervōsu(m)*, agg. di *nĕrvus* 'nervo'] **A** agg. **1** (*anat.*) Che riguarda le strutture neurali: *cellule nervose* | *Sistema n.*, insieme delle strutture devolute al controllo rapido delle funzioni dell'organismo | *Sistema n. centrale*, nevrasse | *Sistema n. periferico*, insieme delle strutture specializzate per connettere il nevrasse con organi di senso o effettori | *Sistema n. autonomo*, insieme delle strutture coinvolte nel controllo delle funzioni involontarie dell'organismo. **2** (*med.*) Che riguarda il sistema nervoso: *esaurimento n.*; *malattia nervosa.* **3** Che è in stato di notevole eccitabilità, agitazione, irritazione: *oggi sei troppo n.*; *questi rumori mi rendono nervosa* | Detto di ciò che rivela nervosismo: *risata nervosa.* **4** Privo di grasso superfluo, vigoroso e asciutto, detto del corpo umano o delle sue parti: *braccia, gambe nervose* | *Andatura, camminata nervosa*, rapida e scattante. **5** (*fig.*) Stringato, conciso, efficace: *stile n.*; *prosa nervosa*; *un disegno n. ed essenziale.* **6** (*bot.*) Detto di foglia, legno e sim. con numerose nervature in rilievo. **7** (*enol.*) Detto di vino avente una piacevole sensazione tattile, in cui la morbidezza è arricchita da brio e vivacità. || **nervosétto**, dim. || **nervosaménte**, avv. **B** s. m. ● Stato di notevole eccitazione e irritabilità, che porta con sé depressione, malumore e sim.: *avere il n.*; *far venire il n. a qc.*; *farsi venire il n.*; *farsi prendere dal n.*

†**nervùto** agg. ● (*lett.*) Che ha forti nervature.

nèsci [dal lat. *nescīre*, comp. di *ne-* 'non' e *scīre* 'sapere' (V. *scienza*)] s. m. ● (*tosc.*) Solo nella loc. *fare il n.*, fingere di ignorare.

†**nesciènte** [vc. dotta, lat. *nesciĕnte(m)*, part. pres. di *nescīre*. V. *nesci*] agg. ● Ignorante, incolto | Sciocco. || †**nescienteménte**, avv. Da ignorante.

nesciènza [vc. dotta, lat. tardo *nesciĕntia(m)*, da *nĕsciens*, genit. *nesciĕntis* 'nesciente'] s. f. ● (*raro*, *lett.*) Ignoranza.

nèscio [lat. *nĕsciu(m)*, appartenente alla famiglia di *nescīre*. V. *nesci*] agg. (pl. f. *-sce* o *-scie*) ● (*raro*, *lett.*) Ignaro, ignorante: *tu di mobil natura, e n. di quel che fai, mi tormenti oltre al dovere* (BOCCACCIO).

nèspola [da *nespolo*] s. f. **1** Frutto del nespolo, commestibile, di forma ovale, con polpa gialla dal sapore lievemente acidulo e grossi semi bruni | (*fig.*) †*Contraffar le nespole*, dormire sulla paglia. **2** (*fig.*, *fam.*) Colpo, percossa, dati spec. con le mani: *ho preso certe nespole!* || PROV. Col tempo e con la paglia maturano le nespole. || **nespolina**, dim.

nèspole [pl. di *nespola*] inter. ● (*fam.*) Esprime grande meraviglia, sorpresa e sim.

nèspolo [lat. *mĕspilu(m)*, dal gr. *méspilon*, di origine preindeur.] s. m. ● Arbusto delle Rosacee con rami spinosi, foglie verde cupo, inferiormente pelose (*Mespilus germanica*) | *N. del Giappone*, albero delle Rosacee, asiatico, con foglie lucide, oblunghe e persistenti e bei fiori bianchi e profumati (*Eryobotrya japonica*).

nèssile [vc. dotta, lat. *nĕxile(m)*, da *nĕxus* 'nesso'] agg. ● (*lett.*) Che si annoda, s'intreccia.

nèsso o **nèsso** [vc. dotta, lat. *nĕxu(m)*, da *nĕctere* 'collegare', di origine indeur.] s. m. **1** Connessione, collegamento, legame: *il n. logico*; *cercare il n. tra due fatti*; *in questo discorso manca il n.*, *non c'è alcun n.* **2** (*dir.*) *N. causale*, rapporto di causa ed effetto | *N. psichico*, coscienza e volontà dell'autore di un reato. **3** In paleografia, fusione di uno o più tratti di due lettere alfabetiche successive.

nessùno o (*pop.*, *tosc.*) †**nissùno** [lat. *n(ĕ) īps(e) ūnus*, nom. 'neppure uno'] **A** agg. indef. Oggi dif. del pl. Come agg. f. si elide davanti a parola che comincia per vocale; come agg. m. si tronca davanti a nomi che cominciano per vocale e per consonante che non sia *gn*, *pn*, *ps*, *s impura*, *x*, *z*: *n. verrà*; *non verrà n.*; *nessun'altra*; *nessun'impiegata*; *nessun altro*; *nessun ostacolo*; *nessun vantaggio*. Come pron. si tronca solo nell'uso lett.: *nessun di servitù gianmai si dolse* (PETRARCA). (V. nota d'uso UNO) **1** Non uno, neanche uno (con valore negativo e, se posposto al v., accompagnato da altra negazione): *non fare nessuna spesa*; *rimarrai senza nessuna risposta*; *non hanno nessun mezzo*; *per nessun motivo lo farei*; *è senza nessun merito*; *non vedo n. scopo*; *non lo trovo in nessun luogo*; *non ho nessun dubbio*; *non voglio nessuna ricompensa*; *sono cose di nessun valore*, *di nessuna importanza*; *nessuna professione è sì sterile come quella delle lettere* (LEOPARDI) | Con valore raff. e ints.: *non c'è nessuna fretta*; *non c'è nessun bisogno che tu venga* | (*enf.*) Preceduto dall'art. det. per sottolineare l'assoluta mancanza di q.c.: *il nessun senso di responsabilità che dimostra rivela la sua giovane età*; *la nessuna cura che ha delle sue cose fa di lei una donna sciatta* | (*enf.*) Posposto al s.: *votanti sessanta, astensioni nessuna.* **2** Qualche (spec. in prep. interr. o dubitative): *fammi sapere se ti serve nessun aiuto*; *rientrando volete che vi porti nessun giornale?*; *guarda se ci fosse nessun libro interessante.* || **nessunissimo**, (*enf.*) Con valore raff.: *per nessunissima ragione cambierò idea*; *non ho nessunissima intenzione di aiutarlo.* **B** pron. indef. **1** Non uno, neanche uno (riferito a persona o cosa e accompagnato da altra negazione se posposto al v.): *n. osò contraddirlo*; *n. può crederti*; *non è ancora arrivato n.*; *non ubbidisce a n.*; *n. di noi può decidere*; *non dirlo a n.*; *n. si muova!*; *c'erano vestiti bellissimi ma non me ne andava bene n.*; | *Roba, terra di n.*, abbandonata, senza possessori | *Figli di n.*, abbandonati dai genitori, trovatelli | (*iter.*) Con valore raff.: *non c'era n. n.* **2** Qualcuno (riferito a persona o cosa, spec. in prop. interr. o dubitative): *hai visto n.?*; *è venuto n. a cercarmi?* **C** in funzione di s. m. solo sing. ● Persona di nessun valore, che non conta nulla: *si dà tante arie ma non è n.*; *devi convincerti che qui tu non sei n.*; *e io chi sono, n.?*; *crede di essere qualcuno, ma non è proprio n.* CONTR. Qualcuno.

nestàia [da *nesto*] s. f. ● Appezzamento del vivaio dove si collocano le piante da innestare.

†**nestàre** [da *(in)nestare*] v. tr. ● (*raro*) Innestare.

nestiatria [comp. del gr. *nêstis* 'digiuno' (comp. di *ne-* neg. e una radice che indica 'mangiare'), e *-iatria*] s. f. ● (*med.*, *raro*) Cura con il digiuno.

nèsto [da *(in)nesto*] s. m. **1** (*agr.*) Parte della pianta, gemma o marza, che si inserisce sul soggetto. **2** (*sett.*) Innesto.

nèstore [dal n. dell'eroe omerico] s. m. ● Pappagallo neozelandese col ramo superiore del becco arcuato e molto più lungo dell'inferiore e la lingua finemente laciniata, carnivoro (*Nestor meridionalis*).

nestorianesimo o **nestorianismo** [da *Nestorio* (IV sec.-451), patriarca di Costantinopoli] s. m. ● Dottrina eretica cristiana secondo la quale nel Cristo coesistono due persone e nature, senza unione ipostatica.

nestoriàno **A** agg. ● Relativo a nestorianesimo e a Nestorio. **B** s. m. ● Seguace del nestorianesimo.

net /ingl. net/ [vc. ingl., di origine germ.] s. m. inv. ● Nel tennis e nel ping pong, il colpo nullo del giocatore che è al servizio, il quale manda la palla nel settore avversario toccando il bordo superiore della rete.

nettacèssi [comp. di *netta(re)* (*2*) e il pl. di *cesso* (*2*)] s. m. e f. ● (*raro*) Chi è addetto alla pulizia delle latrine.

nettadènti [comp. di *netta(re)* (*2*) e il pl. di *dente*] s. m. ● (*raro*) Spazzolino, stecchino per la pulizia dei denti.

nettaménto s. m. ● (*raro*) Atto, effetto del nettare.

nettamìna [comp. di *netta(re)* (*2*) e *mina* (*1*)] s. f. **1** Raschietto con cui si puliscono i fori di mina prima di porvi la carica. **2** Lunga bacchetta di ferro terminante in cucchiaio rivoltato, per le cave d'allume.

nettaorécchi [comp. di *netta(re)* (*2*) e il pl. di *orecchio*] s. m. ● Bastoncino rivestito di ovatta alle estremità, usato per la pulizia delle orecchie.

†**nettapànni** [comp. di *netta(re)* (*2*) e il pl. di *panno*] s. m. ● Lavandaio.

nettapénne [comp. di *netta(re)* (*2*) e il pl. di *penna*] s. m. inv. ● Strisce o dischi di stoffa cuciti insieme, usati un tempo per pulire i pennini dall'inchiostro.

nettapièdi [comp. di *netta(re)* (*2*) e il pl. di *piede*] s. m. ● Zerbino (1).

nettapìpe [comp. di *netta(re)* (*2*) e il pl. di *pipa* (*1*)] s. m. inv. ● Curapipe.

nettarasóio o **nettarasóio**, **nettarasói**, **nettarasói** [comp. di *nett(are)* (*2*) e *rasoio*] s. m. ● Strumento usato dal barbiere per pulire i rasoi.

nèttare (**1**) [vc. dotta, lat. *nĕctari*, abl. di *nĕctar*, dal gr. *néktar*, di etim. incerta] s. m. **1** (*bot.*) Liquido dolce secreto dal nettario per attirare gli insetti impollinatori. **2** Bevanda degli dèi, secondo la mitologia classica. SIN. Ambrosia. **3** (*est.*) Bevanda dolce, vino squisito: *questo infuso è un n.* **4** Nell'industria alimentare, prodotto non fermentato ottenuto mediante aggiunta d'acqua e zucchero al succo e polpa di frutta.

nettàre (**2**) [da *netto*] **A** v. tr. (*io nétto*) **1** (*tosc.*) Rendere netto, pulito, togliendo scorie, marciume e sim.: *n. l'insalata* | Fare scomparire macchie o sudiciume da q.c.: *n. i denti* | (*est.*) *N. la piaga*, medicarla | *Nettarsi la bocca*, (*raro*, *fig.*) rimanere deluso | *N. il campo*, (*raro*, *fig.*) scappare. SIN. Pulire. **2** Eliminare erbe infestanti, rami morti, foglie e sim.: *n. colture, alberi.* **B** v. intr. (aus. *essere*) ● †Fuggire, andarsene in gran fretta.

nettàreo [vc. dotta, lat. *nectăreu(m)*, nom. *nectăreus*, dal gr. *nektáreos*, agg. di *néktar*, genit. *néktaros* 'nettare (1)'] agg. ● Del nettare | (*est.*) Che è dolce e squisito come il nettare: *de' tuoi labbri onora / la nettarea bevanda* (PARINI).

nettarina [dal *nettare* dei fiori in cui trova alimento] s. f. ● Piccolissimo uccello africano dei Passeriformi con becco sottile, lingua protrattile, piume dai colori metallici (*Nectarinia*).

nettarino [da *nettare* (*1*)] agg. ● (*bot.*) *Pesca nettarina*, nocepesca, pescanoce.

nettàrio [da *nettareo*] s. m. ● (*bot.*) Ghiandola situata nel fiore, ma anche sulle foglie e sui rami, di varie piante, destinata alla secrezione del nettare.

nettarocónca [comp. di *nettare* e *conca*] s. f. ● (*bot.*) Cavità del fiore dove si raccoglie il nettare.

nettarostègio [comp. di *nettare* (*1*) e del gr. *stégē* 'tetto, copertura', di origine indeur.] s. m. ● (*bot.*) Ciascuno dei peli o squame disposti ad anello che funzionano come meccanismi atti alla difesa del nettario.

nettarovìa [comp. di *nettare* (*1*) e *via*] s. f. ● (*bot.*) Organo del fiore atto a guidare gli insetti impollinatori dall'apertura del fiore alla nettaroconca.

†**nettatìvo** [da *nettare* (*2*)] agg. ● Che serve a nettare.

nettatóia [da *nettare* (*2*)] s. f. ● Frettazzo da muratore.

nettatóio s. m. ● Qualsiasi arnese che serve per nettare.

nettatóre agg.; anche s. m. (f. *-trice*) ● (*raro*) Che, chi netta, pulisce.

nettatùra s. f. **1** Atto, effetto del nettare. **2** Ciò che si elimina nettando.

nettézza [da *netto*] s. f. **1** Stato, condizione di ciò che è pulito: *la n. della casa, della strada* | *N. urbana*, servizio municipale che ha il compito di mantenere la pulizia delle strade e di raccogliere i rifiuti. SIN. Pulizia. **2** (*fig.*) Integrità morale: *la n. del suo agire.* **3** Nitore, precisione, esattezza (*anche fig.*): *la n. di un contorno*; *la n. dei suoi propositi* | (*est.*) Eleganza: *n. di forme, di stile.*

nétto [lat. *nĭtidu(m)* 'nitido'] **A** agg. **1** Privo di macchie, di sudiciume, di brutture: *lenzuolo n.*; *casa netta* | (*raro*) *Luogo n.*, libero da rifiuti | (*raro*) *Porto, mare n.*, senza cumuli di fango o scogli | (*raro*) *Aria netta*, cielo senza nuvole | (*fig.*) Integro, puro, schietto: *vita netta* | *Coscienza netta*, senza colpa o peccato. CONTR. Sporco, sudicio. **2** Esatto, preciso (*anche fig.*): *è passato un anno n.*; *un pensiero, un significato n.*; *non potere pigliare partito che sia n. e perfetto da ogni parte*

(GUICCIARDINI) | Nitido, chiaro, deciso (*anche fig.*): *contorni netti*; *taglio n.*; *un n. rifiuto* | *Di n.*, di colpo, in un tratto e con precisione. **3** †Libero da danno o rischio: *andare n.* | †*Uscire n. da q.c.*, *farla netta*, non rimetterci | †*Avere netta la vittoria*, non avere perdite. **4** Detto di capitale, importo, rendita, guadagno e sim. da cui sono state detratte tutte le spese, le imposte o altri oneri: *stipendio, utile, profitto n.*; *prezzo al n. dell'IVA* | *Peso n.*, dal quale è stata detratta la tara | *Al n.*, fatte le dovute detrazioni: *al n. delle spese*. CONTR. Lordo. **5** Detto di vino dal gusto piacevole e privo di qualsiasi gusto estraneo. || **nettaménte**, avv. **1** (*raro*) Con nettezza e pulizia. **2** Con precisione, esattezza: *distinguere nettamente*; decisamente: *è nettamente favorevole*. **B** avv. ● Chiaramente, senza reticenza: *parlare n.*; *dire q.c. chiaro e n.* **C** s. m. **1** (*raro*) Ciò che è pulito | †*Mettere, passare al n.*, ricopiare uno scritto senza cancellature e correzioni. **2** Ammontare risultante dopo che sono state effettuate trattenute o detrazioni. **3** †Significato sostanziale, autentico di q.c.: *afferrare il n.*

nettuniàno [dal lat. *Neptūnius*, agg. di *Neptūnus* 'Nettuno', dio del mare e delle acque] agg. **1** Di, relativo a, Nettuno. **2** (*geol.*) Detto di roccia formatasi in seguito a sedimentazione marina.

nettùnio [ingl. *neptunium*, dal n. di *Nettuno*, dio del mare nella mitologia romana] **A** agg. ● (*poet.*) Marino: *la tempesta ha divelto con furore / i pascoli nettunii* (D'ANNUNZIO). **B** s. m. ● Elemento chimico, metallo transuranico ottenuto nelle pile atomiche come prodotto intermedio nella produzione di plutonio da uranio. SIMB. Np.

nettunìsmo [da *Nettuno*. V. *nettuniano*] s. m. ● Teoria geologica storica secondo cui anche le rocce eruttive, a eccezione delle lave attuali, si sarebbero formate come sedimenti di un ipotetico oceano magmatico primitivo.

nettunista A agg. (pl. m. *-i*) ● Relativo al nettunismo | *Teoria n.*, teoria secondo la quale tutte le rocce deriverebbero dall'azione dell'acqua. **B** s. m. e f. (pl. m. *-i*) ● Sostenitore del nettunismo.

Nettùno [dal n. di *Nettuno*, dio del mare nella mitologia romana] s. m. **1** (*astron.*) Ottavo pianeta in ordine di distanza dal Sole, dal quale dista in media 4499 milioni di km, la cui massa è 17,2 volte quella della Terra e al quale si conoscono due satelliti | (*astrol.*) Pianeta che domina il segno zodiacale dei Pesci. ➡ ILL. p. 831 SISTEMA SOLARE; **zodiaco**. **2** (*raro, poet.*) Mare.

netturbino [da *nett*(*ezza*) *urb*(*ana*), col suff. *-ino* di alcuni mestieri (p. es. *spazzino*)] s. m. (f. -a) ● Persona incaricata della nettezza urbana, denominato anche operatore ecologico. SIN. Spazzino.

network /ingl. 'netwɜ:k/ [vc. ingl., propr. 'lavoro a rete, rete'] s. m. inv. **1** Accordo multilaterale tra entità diverse per operare congiuntamente su un mercato integrando le funzioni specifiche di ciascuna: *n. di imprese, finanziario* | *N. radiotelevisivo*, rete di emittenti radiotelevisive collegate tra loro così da coprire un'area più vasta con la stessa programmazione | *N. pubblicitario*, accordo tra più emittenti radiotelevisive o testate giornalistiche per operare congiuntamente sul mercato pubblicitario. **2** (*elab.*) Rete di comunicazione | *Local area n.*, rete locale.

nèuma [vc. dotta, gr. *nêuma* 'segno', da *néuein* 'fare cenno', dalla stessa radice del lat. *nūmen* 'nume'] s. m. (pl. *-i*) ● (*mus.*) Segno dell'antica notazione del canto gregoriano.

neumàtico [dal gr. *nêuma*, genit. *néumatos*. V. *neuma*] agg. (pl. m. *-ci*) ● Appartenente a neuma | *Canto n.*, fermo.

†**neùno** ● V. *niuno*.

neuràle [da *neuro-*] agg. **1** (*anat.*) Concernente il sistema nervoso centrale: *tubo n.* **2** (*elab.*) *Rete n.*, modello informatico e matematico per l'interconnessione dei dati, sviluppato emulando parzialmente le modalità associative della struttura cerebrale.

neuralgia ● V. *nevralgia*.

neuràlgico ● V. *nevralgico*.

neuràsse ● V. *nevrasse*.

neurassite ● V. *nevrassite*.

neurastenìa ● V. *nevrastenia*.

neurastènico ● V. *nevrastenico*.

neurectomìa [comp. di *neuro-* e del gr. *ektomḗ* 'amputazione' (V. *-tomia*)] s. f. ● (*med.*) Asportazione parziale o totale di un nervo.

neuri- ● V. *neuro-*.

neurilèmma ● V. *nevrilemma*.

neurina [ingl. *neurine*, da *neuro-* 'neuro-'] s. f. ● Composto organico azotato, velenoso, ottenuto per disidratazione della colina, presente spec. nel cervello, formato nella putrefazione delle albumine.

neurinòma [comp. di *neuro-* e del gr. *ís*, genit. *inós*, 'fibra, nervo, muscolo' (di origine indeur.), col suff. *-oma*] s. m. (pl. *-i*) ● (*med.*) Tumore benigno che si sviluppa dalla guaina di un nervo.

neurite (1) e *deriv.* ● V. *nevrite* e *deriv.*

neurite (2) [comp. di *neuro-* e *-ite* (3)] s. m. ● (*anat.*) Cilindrasse.

neuritico ● V. *nevritico*.

nèuro s. f. inv. ● Acrt. di *clinica neurologica*.

nèuro- o **nèvro-**, **nèuri-**, **nèvri-** [dal gr. *nêuron* 'nervo'] primo elemento ● In parole composte della terminologia scientifica, significa 'nervo', 'nervoso', 'che ha relazione col sistema nervoso' e sim.: *neurochirurgia, neurologia, nevrosi*.

neuroanatomìa [comp. di *neuro-* e *anatomia*] s. f. ● (*anat.*) Branca dell'anatomia che studia il sistema nervoso.

neurobalìstico o **nevrobalìstico** [comp. del gr. *nêuron* 'nervo, corda' (V. *neuro-*) e *balistico*] agg. (pl. m. *-ci*) ● (*mil.*) Detto di antica macchina bellica da getto, quale la balista, che lanciava il proiettile sfruttando l'energia liberata dal rapido svolgimento di una corda di fibre vegetali o nervi animali attorcigliata gener. con un dispositivo a leva.

neurobiologìa [comp. di *neuro-* e *biologia*] s. f. (pl. *-gie*) ● Scienza che studia i processi chimici, fisiologici, endocrinologici del funzionamento del sistema nervoso centrale.

neurobiològico agg. (pl. m. *-ci*) ● Della, relativo alla, neurobiologia.

neurobiòlogo s. m. (f. *-a*; pl. m. *-gi*) ● Chi è specializzato in neurobiologia.

neuroblàsto [comp. di *neuro-* e *-blasto*] s. m. **1** (*biol.*) Ciascuna delle cellule nervose embrionali da cui si differenziano i neuroni. **2** Porzione dell'ectoderma dal quale si differenzia il sistema nervoso centrale.

neurochìmica [comp. di *neuro-* e *chimica*] s. f. ● (*biol.*) Ramo delle scienze biologiche che studia le sostanze e i processi chimici implicati nel funzionamento del sistema nervoso.

neurochirurgìa [comp. di *neuro-* e *chirurgia*] s. f. (pl. *-gie*) ● Ramo della chirurgia che si occupa degli interventi operatori sul sistema nervoso centrale e periferico.

neurochirùrgico agg. (pl. m. *-ci*) ● (*med.*) Relativo alla neurochirurgia: *intervento n.*

neurochirùrgo [comp. di *neuro-* e *chirurgo*] s. m. (pl. *-ghi* o *-gi*) ● Chirurgo specializzato in neurochirurgia.

neurocito [comp. di *neuro-* e *-cito*] s. m. ● (*anat.*) Neurone.

neurocrànio [comp. di *neuro-* e *cranio*] s. m. ● (*anat.*) Complesso scheletrico che nei Vertebrati protegge l'encefalo e gli organi di senso cefalici.

neurocrinìa [comp. di *neuro-* e di un deriv. del v. gr. *krínein* 'separare, dividere'] s. f. ● (*biol.*) Peculiare attività endocrina di alcuni gruppi di neuroni del sistema nervoso centrale, in particolare dell'ipotalamo, capaci di produrre e di rilasciare nel sangue composti di natura ormonale.

neurodelìri [comp. di *neuro-* e il pl. di *delirio*] s. m. o f. ● (*fam.*) Ospedale psichiatrico, manicomio.

neurodermatite [comp. di *neuro-* e *dermatite*] s. f. ● (*med.*) Neurodermite.

neurodermite [comp. di *neuro-* e *dermite*] s. f. ● (*med.*) Alterazione cutanea di origine psicosomatica, diffusa o localizzata, caratterizzata da prurito. SIN. Neurodermatite.

neurodinìa [comp. di *neuro-* e del gr. *odýnē* 'dolore' (V. *pleurodinia*)] s. f. ● (*med.*) Dolore localizzato ai tronchi nervosi.

neuroendòcrino [comp. di *neuro-* ed *endocrino*] agg. **1** (*biol.*) Relativo alla neuroendocrinologia. **2** (*biol.*) Neurormonale.

neuroendocrinologìa [comp. di *neuro-* ed *endocrinologia*] s. f. ● (*biol.*) Disciplina che studia i rapporti tra sistema nervoso e sistema endocrino.

neurofarmacologìa [comp. di *neuro-* e *farmacologia*] s. f. ● (*farm.*) Ramo della farmacologia che ricerca farmaci attivi sul sistema nervoso e studia il loro meccanismo di azione.

neurofibrìlla [comp. di *neuro-* e *fibrilla*] s. f. ● (*anat., biol.*) Fascio di neurofilamenti riconoscibili al microscopio ottico.

neurofibromatòṣi [comp. di *neuro-*, *fibroma* e del suff. *-osi*] s. f. ● (*med.*) Ogni affezione ereditaria caratterizzata da macchie cutanee pigmentate, fibromi cutanei, neurofibromi, alterazioni scheletriche.

neurofilaménto [comp. di *neuro-* e *filamento*] s. m. ● (*biol.*) Ognuno dei filamenti citoplasmatici presenti nel pirenoforo e nel cilindrasse.

neurofiṣiologìa [comp. di *neuro-* e *fisiologia*] s. f. ● Branca della fisiologia che studia le funzioni del sistema nervoso.

neurofisiològico agg. (pl. m. *-ci*) ● (*biol.*) Di, relativo a neurofisiologia | Che concerne il funzionamento del sistema nervoso.

neurofiṣiòlogo s. m. (f. *-a*; pl. m. *-gi*) ● Biologo, medico, specializzato in neurofisiologia.

neuroglìa ● V. *nevroglia*.

neuroipòfiṣi [comp. di *neuro-* e *ipofisi*] s. f. ● (*anat.*) Parte dell'ipofisi che deriva dall'ipotalamo e che si mantiene in connessione con tale regione diencefalica.

neurolàbile agg.; anche s. m. e f. ● Che, chi è predisposto a turbe funzionali neurologiche o neurovegetative.

neurolèttico [da *neuro-*; per la seconda parte V. *organolettico*] **A** s. m. (pl. *-ci*) ● Farmaco che ha forte azione sedativa sul sistema nervoso. **B** anche agg.: *farmaco n.*

neurolinguìstica [comp. di *neuro-* e *linguistica*] s. f. ● Scienza che studia i rapporti fra i disturbi del linguaggio e le lesioni delle strutture cerebrali che essi implicano.

neurologìa [comp. di *neuro-* e *-logia*] s. f. (pl. *-gie*) ● Ramo della medicina che studia l'anatomia, la fisiologia e la patologia del sistema nervoso.

neurològico agg. (pl. m. *-ci*) ● Di, relativo a, neurologia: *clinica neurologica*. || **neurologicaménte**, avv.

neuròlogo s. m. (f. *-a*; pl. m. *-gi*, pop. *-ghi*) ● Medico specializzato in neurologia.

neuròma [comp. di *neuro-* e *-oma*] s. m. (pl. *-i*) ● (*med.*) Tumore costituito da una massa di fibre nervose; può essere congenito o acquisito | *N. acustico*, tumore dell'orecchio interno che origina dal nervo acustico.

neuromediatóre [comp. di *neuro-* e *mediatore*] s. m. ● (*biol.*) Neuromodulatore.

neuròmero [comp. di *neuro-* e *-mero*] s. m. ● (*anat.*) Ognuno dei segmenti funzionali in cui nel corso dello sviluppo viene secondariamente ripartito il nevrasse.

neuromodulatóre [comp. di *neuro-* e *modulatore*] s. m. ● (*biol.*) Composto chimico che inibisce o stimola la risposta della membrana neuronale all'impulso nervoso. SIN. Neuromediatore.

neuromotòrio [comp. di *neuro-* e *motorio*] agg. **1** (*fisiol.*) Relativo al controllo nervoso sull'attività contrattile dei muscoli. **2** (*anat., med.*) Neuromuscolare.

neuromuscolàre [comp. di *neuro-* e *muscolare*] agg. ● (*anat.*) Che si riferisce ai nervi e ai muscoli nel loro complesso. SIN. Neuromotorio.

neuronàle agg. ● Di, relativo a neurone: *rete n.*

neuróne [ingl. *neuron*, da *neuro-*] s. m. ● (*anat.*) Unità funzionale del sistema nervoso, formata dal corpo cellulare pirenoforo e dai suoi prolungamenti. ➡ ILL. p. 364 ANATOMIA UMANA.

neuropatìa o **nevropatìa** [comp. di *neuro-* e *-patia*] s. f. ● (*gener.*) Malattia del sistema nervoso.

neuropàtico o **nevropàtico A** agg. (pl. m. *-ci*) ● Di neuropatia. **B** s. m. (f. *-a*) ● Affetto da neuropatia.

neuropatologìa [comp. di *neuro-* e *patologia*] s. f. (pl. *-gie*) ● Scienza che studia le affezioni del sistema nervoso.

neuropatòlogo s. m. (f. *-a*; pl. m. *-gi*, pop. *-ghi*) ● Medico specialista in neuropatologia.

neuroplègico [comp. di *neuro-* e un deriv. di *-plegia*] **A** s. m. (pl. *-ci*) ● Farmaco capace di sopprimere particolari funzioni nervose, efficace soprattutto negli stati di agitazione e aggressività.

B anche **agg.**: *farmaco n.*

neuropòdio [comp. di *neuro-* e del gr. *pódion*, dim. di *póus*, genit. *podós* 'piede' (qui nel sign. di 'appendice')] **s. m.** ● (*zool.*) Ramo ventrale del parapodio degli Anellidi Policheti.

neuropsichiàtra [comp. di *neuro-* e *psichiatra*] **s. m. e f.** (**pl. m.** *-i*) ● Medico specializzato in neuropsichiatria.

neuropsichiatrìa **s. f.** ● Ramo della medicina che diagnostica e cura le malattie nervose e mentali.

neuropsìchico [comp. di *neuro-* e *psichico*] **agg.** (**pl. m.** *-ci*) ● (*med.*) Che riguarda, o interessa, il sistema nervoso e la sfera psichica contemporaneamente: *disturbo n.*

neuropsicologìa [comp. di *neuro-* e *psicologia*] **s. f.** ● (*med., psicol.*) Studio delle relazioni tra sistema nervoso centrale e reazioni comportamentali.

neurormonàle [comp. di *neur(o)-* e *ormonale*] **agg.** ● (*biol.*) Relativo a neurormone. **SIN.** Neuroendocrino.

neurormóne [comp. di *neuro-* e *ormone*] **s. m.** ● (*biol.*) Ormone prodotto dalla neurocrinia..

neurorrafìa [vc. dotta, comp. di *neuro-* e del gr. *raphís* 'ago', da *ráptein* 'cucire', di orig. indeur.] **s. f.** ● (*chir.*) Riallacciamento mediante sutura di due monconi di nervo.

neuroscièn̤ze [comp. di *neuro-* e del pl. di *scienza*] **s. f. pl.** ● Insieme delle scienze che studiano il funzionamento del sistema nervoso dal punto di vista anatomico, biochimico, fisiologico, genetico e psicologico.

neurosecernènte [comp. di *neuro-* e *secernente*, part. pres. di *secernere*] **agg.** ● (*biol.*) Detto di neuroni capaci di esplicare attività secretoria.

neurosecréto [comp. di *neuro-* e *secreto*, part. pass. di *secernere*] **s. m.** ● (*biol.*) Qualsiasi sostanza prodotta e rilasciata da un neurone.

neurosecrezióne [comp. di *neuro-* e *secrezione*] **s. f.** *1* (*biol.*) Neurocrinia | Produzione di neurosecreto. *2* (*biol.*) Neurosecreto.

neurosedativo [comp. di *neuro-* e *sedativo*] **A s. m.** ● Sedativo che riporta alle condizioni normali l'aumentata eccitabilità del sistema nervoso. **B** anche **agg.**: *farmaco n.*

neuròṣi ● V. *nevrosi.*

neurospàṣmo [comp. di *neuro-* e *spasmo*] **s. m.** ● Contrazione muscolare repentina di origine nervosa.

neurospòra [comp. di *neuro-* e *spora*] **s. f.** ● (*bot.*) Genere di Ascomiceti con corpi fruttiferi a peritecio, saprofiti su diversi substrati vegetali, utilizzati nell'industria farmaceutica, nelle ricerche genetiche e di enzimologia (*Neurospora*).

neuròtico ● V. *nevrotico.*

neurotomìa [comp. di *neuro-* e *-tomia*] **s. f.** ● (*chir.*) Incisione di un nervo.

neurotònico [comp. di *neuro-* e *tonico*] **A s. m.** (**pl.** *-ci*) ● Sostanza o farmaco che ha azione tonica sul sistema nervoso. **B** anche **agg.**: *farmaco n.*

neurotòssico [comp. di *neuro-* e *tossico* (*1*)] **agg.**; anche **s. m.** (**pl. m.** *-ci*) ● Detto di sostanza che ha azione tossica per il tessuto nervoso: *gas n.*

neurotossìna [comp. di *neuro-* e *tossina*] **s. f.** ● Tossina che agisce selettivamente sui neuroni alterandone la funzionalità: *n. tetanica*, *n. botulinica.*

neurotraṣmettitóre [comp. di *neuro-* e *trasmettitore*] **s. m.** ● (*biol.*) Neurosecreto che svolge il ruolo di mediatore chimico della trasmissione nervosa in corrispondenza delle sinapsi.

neurotrasmissióne [comp. di *neuro-* e *trasmissione*] **s. f.** ● (*fisiol.*) Trasmissione dell'impulso nervoso lungo un neurone e da un neurone a un altro, attraverso la sinapsi.

neurotròfico [comp. di *neuro-* e *-trofico*] **agg.** (**pl. m.** *-ci*) *1* (*med.*) Relativo all'influenza del sistema nervoso sul trofismo dei tessuti. *2* (*biol.*) Che influenza il trofismo dei neuroni o del tessuto nervoso.

neurotropìṣmo [comp. di *neuro-* e *tropismo*] **s. m.** ● (*med.*) Affinità selettiva per il tessuto nervoso come quella presentata da farmaci o microrganismi, quali il virus della rabbia e della poliomielite.

neuròtropo [comp. di *neuro-* e *-tropo*] **A s. m.** ● Farmaco che agisce elettivamente sul sistema nervoso centrale e periferico. **B** anche **agg.**: *farmaco n.*

Neuròtteri o **Nevròtteri** [comp. di *neuro-* e *-ttero*] **s. m. pl.** ● Nella tassonomia animale, ordine di Insetti con organi boccali atti a rompere e masticare e quattro grandi ali, leggere e con venatura caratteristica (*Neuroptera*) | (al sing. *-o*) Ogni individuo di tale ordine.

neurovegetativo [comp. di *neuro-* e *vegetativo*] **agg.** ● (*anat.*) Che concerne il sistema nervoso vegetativo.

nèurula [vc. dotta, dim. del gr. *nêuron* 'nervo'] **s. f.** ● (*biol.*) Stadio embrionale successivo a quello di gastrula presente nei Cordati.

nèuston [dal gr. *neustós* 'che galleggia, che naviga', deriv. di *nêin* 'navigare, scorrere' (di etim. incerta)] **s. m.** ● (*biol.*) Insieme dei microrganismi viventi sulla superficie delle acque stagnanti.

nèustria [etim. incerta] **s. f.** ● Farfalla di color giallo d'ocra, con due strisce trasversali bruno-rossicce sulle ali anteriori, il cui bruco è nocivo agli alberi da frutta (*Gastropacha neustria*).

neutràle [vc. dotta, lat. *neutrāle(m)*, da *nĕuter* 'né l'uno, né l'altro'] **A agg.** *1* (*dir.*) Che è in stato di neutralità: *stato n.* *2* Che non parteggia per nessuno dei contendenti, in una discussione, vertenza, disputa e sim.: *restare*, *dichiararsi n.* *3* (*chim., fis.*) Neutro. || **neutralménte**, **avv.** *1* In maniera neutrale. *2* (*chim., fis.*) Al neutro, in forma neutra. **B s. m.** ● (*dir.*) Stato in condizione di neutralità: *indire un'assemblea dei neutrali.*

neutralìṣmo [comp. di *neutrale* e *-ismo*] **s. m.** ● Tendenza a mantenere la neutralità in un conflitto | Politica diretta a non impegnarsi militarmente nei conflitti internazionali.

neutralista **s. m. e f.**; anche **agg.** (**pl. m.** *-i*) ● Chi, che è sostenitore del neutralismo o della neutralità.

neutralìstico **agg.** (**pl. m.** *-ci*) ● Del neutralismo | Caratterizzato dal, fondato sul neutralismo.

neutralità **s. f.** *1* (*dir.*) Condizione di uno Stato che non partecipa a una guerra in atto, o dichiara che non parteciperà a una guerra eventuale, fra altri Stati: *proclamare*, *conservare*, *osservare la n.*; *nel 1914 la Germania ha violato la n. del Belgio*; *la n. nelle guerre d'altri è buona a chi è potente* (GUICCIARDINI) | *Uscire dalla n.*, intervenire in guerra | *N. armata*, quella di uno Stato disposto o preparato a reagire con le armi alla violazione dei propri diritti di neutrale da parte di uno Stato belligerante. *2* (*est.*) Condizione di chi non parteggia per nessuno dei contendenti in una discussione, vertenza, disputa e sim.: *la n. del governo nelle trattative sindacali in corso*; *la n. di un giornale.* *3* (*chim., fis.*) Condizione, qualità di un composto neutro.

neutraliẓẓàbile **agg.** ● Che si può neutralizzare | (*ling.*) *Opposizione n.*, che conserva il suo valore in alcune posizioni e lo perde in altre.

neutraliẓẓànte **A part. pres.** di *neutralizzare*; anche **agg.** ● Nei sign. del v. **B s. m.** ● (*chim.*) Sostanza che toglie acidità o alcalinità a una soluzione.

neutraliẓẓàre [fr. *neutraliser*, dal lat. *neutrālis* 'neutrale'] **v. tr.** *1* Rendere neutro o neutrale. *2* (*chim.*) Togliere acidità o alcalinità a una soluzione: *n. una soluzione acida con soda.* *3* (*mil.*) Impedire temporaneamente l'attività del nemico mediante tiro di artiglieria. *4* (*fig.*) Rendere vana un'azione o impedire un effetto: *n. gli sforzi di qc.* *5* Nello sport, effettuare una neutralizzazione.

neutraliẓẓàto **part. pass.** di *neutralizzare*; anche **agg.** *1* Nei sign. del v. *2* (*ling.*) *Opposizione n.*, che scompare in determinate posizioni della parola. *3* (*sport*) *Percorso n.*, tratto di corsa non considerato ai fini del tempo o della classifica ottenuti dai corridori. *4* (*dir.*) Che è in stato di neutralizzazione.

neutraliẓẓazióne [fr. *neutralisation*, da *neutraliser* 'neutralizzare'] **s. f.** *1* Atto, effetto del neutralizzare. *2* (*sport*) Sospensione in corsa per un tempo uguale per tutti, ordinata per dare modo ai concorrenti di fare il rifornimento, o effettuata per cause di forza maggiore. *3* (*fis.*) Metodo per la determinazione della potenza di una lente, che consiste nell'accoppiare alla lente data un'altra lente avente potenza opportuna, e di segno opposto alla prima, in modo che il sistema delle due lenti abbia potenza nulla. *4* (*fis.*) Operazione per evitare gli effetti indesiderati, le oscillazioni, dovuti alla retroazione negli amplificatori elettronici. *5* (*ling.*) Il venir meno di un'opposizione fonematica in determinate posizioni della parola. *6* (*dir.*) Condizione giuridica che uno Stato si è assunto nei confronti degli altri Stati, consistente nell'obbligo di non muovere guerra e, in caso di conflitto, di mantenere una posizione di neutralità.

neutrìno [comp. di *neutr(o)* e *-ino*] **s. m.** ● (*fis.*) Particella elementare di massa e carica nulla, che viaggia alla velocità della luce.

nèutro [vc. dotta, lat. *nĕutru(m)* 'nessuno dei due', comp. di *ne-* neg. e *ŭter* 'entrambi', comp. col suff. *-ter* che indica opposizione (cfr. *maestro* e *ministro*)] **A agg.** *1* Che non è né l'uno né l'altro di due fatti che sono ritenuti opposti o in contrasto fra loro | *Essere n.*, essere neutrale, non parteggiare per nessuno: *a me s'appartiene essere n.* (CELLINI) | *Partita in campo n.*, incontro su un campo di gioco che non appartiene a nessuna delle due squadre contendenti | *Incontrarsi in campo n.*, (*fig.*) ricorrere a un estraneo per risolvere una contesa. *2* Di ciò che non risulta definibile o distinguibile in base a riferimenti, caratteristiche, aspetti spiccati: *uno stile n.* | *Colore n.*, difficilmente classificabile e poco brillante | (*zool.*) *Animale n.*, fra gli insetti, quello non capace di riprodursi | (*ling.*) *Vocale neutra*, vocale intermedia fra le posizioni cardinali | *Genere n.*, neutro. *3* (*fis.*) Che non manifesta attività elettrica | *Atomo n.*, atomo in cui protoni ed elettroni si fanno equilibrio | *Corpo n.*, corpo i cui atomi sono inerti. *4* (*fis.*) Detto di conduttore o punto di circuito elettrico ove il potenziale è nullo. *5* (*chim.*) Detto di composto o soluzione che non mostra carattere acido o basico. *6* Detto di vino che non presenta sapore acido. *7* (*biol.*) Non sessuato. *8* (*fis.*) Detto di vetro incolore o grigio, avente coefficiente di assorbimento approssimativamente costante per tutte le radiazioni dello spettro | Detto di lente, di sistema ottico di potenza nulla. *9* (*mat.*) *Elemento n.*, elemento di un insieme dotato di un'operazione, che lascia invariato ogni elemento con il quale è componibile. **B s. m.** *1* (*elettr.*) Nei sistemi polifasi, conduttore che collega il centro stella degli utilizzatori con il centro stella dei generatori. *2* (*ling.*) Genere grammaticale che, in una classificazione a tre generi, si oppone al maschile e al femminile.

neutrofilìa [comp. di *neutrofil(o)* e del suff. *-ia*] **s. f.** ● (*med.*) Aumento dei leucociti neutrofili nel sangue periferico.

neutròfilo [comp. di *neutro* e *-filo*] **agg.** *1* (*biol.*) Di organismo atto a vivere in ambiente né acido né alcalino. *2* (*biol.*) Di cellula, sostanza e sim. che mostra affinità per i coloranti neutri: *granulocita n.*

neutróne [da *neutro*, sul modello di *elettrone*] **s. m.** ● (*fis.*) Particella pesante priva di carica elettrica, di peso atomico 1,00898, che entra nella costituzione dei nuclei atomici | *Bomba al n.*, bomba atomica che genera relativamente poco calore e molta radioattività, in particolare a opera di neutroni.

neutrònico **agg.** (**pl. m.** *-ci*) ● Di, relativo al neutrone.

neutropenìa [comp. di *neutro(filo)* e *-penía*] **s. f.** ● (*biol.*) Diminuzione nel sangue dei leucociti neutrofili.

nevàia **s. f.** ● Neviera.

nevàio [da *neve*] **s. m.** *1* Estensione di terreno coperta di neve che, per fenomeni atmosferici tipici della zona o per la sua ubicazione, rimane sul suolo senza sciogliersi e senza dar luogo alla formazione di un ghiacciaio. *2* Accumulo di neve che ricopre tale terreno.

nevàle ● V. *nivale.*

†**nevàre** [da *neve*] **v. intr. impers.** ● Nevicare.

nevàta [da *neve*] **s. f.** ● (*raro*) Nevicata.

nevàto **A part. pass.** di †*nevare* ● †Nei sign. del v. **B agg.** *1* Coperto di neve: *monte n.* *2* Candido come la neve | *Bianco n.*, color latte. *3* †Rinfrescato con la neve: *acqua nevata.* **C s. m.** ● Campo di accumulo della neve nella parte più alta di un ghiacciaio, al di sopra del limite delle nevi perpetue | Campo di alimentazione di un ghiacciaio. ➡ **ILL.** p. 820 SCIENZE DELLA TERRA ED ENERGIA.

†**nevàzio** o †**nevàzzo** [da *neve*] **s. m.** *1* Estensio-

ne di terreno coperta di neve. *2* Nevicata.

néve o †**niève** [lat. *nĭve(m)*, di origine indeur.] **A** s. f. *1* Precipitazione solida in forma di cristalli regolari, a struttura esagonale, i quali, acquistato un certo peso, scendono verso il suolo, mantenendosi isolati se la temperatura è molto bassa, riunendosi in fiocchi o falde se la temperatura è prossima a zero gradi: *cade la n.*; *la n. fiocca, turbina*; *tempesta, valanga di n.*; *campo, distesa di n.*; *n. farinosa, molle, gelata* | *Nevi perenni, persistenti*, in alta montagna, quelle che durante l'anno non si sciolgono mai del tutto | *Sport della n.*, gli sport invernali | *Bollettino della n.*, raccolta dei dati relativi all'altezza e allo stato della neve a uso degli sciatori | *Palla di n.*, neve appallottolata in mano e (*fig.*) notizia o diceria che, passando di bocca in bocca, viene ingrandita e deformata | *N. artificiale*, quella prodotta dai cannoni sparaneve. *2* (*fig.*) Candore, bianchezza: *la n. del collo* | (*raro*) *Mani di n.*, fredde, gelate | *Capelli sparsi di n.*, (*fig.*) capelli quasi bianchi, o bianchi del tutto | *Bianco come la n.*, bianchissimo | *Montare a n.*, sbattere, frullare chiara d'uovo o panna di latte sino a farne un insieme spumoso | (*chim.*) *N. carbonica*, ghiaccio secco | (*ecol.*) *N. di mare*, massa di alghe gelatinose o mucillagini che infestano il mare, dove assumono l'apparenza di fiocchi sospesi nell'acqua. *3* (*gerg.*) Cocaina. **B** in funzione di agg. inv. • (posposto al s.) Nella loc. *effetto n.*, apparizione sullo schermo televisivo di puntini biancastri dovuto a debolezza del segnale video o a guasto dell'apparecchio ricevente, accompagnato spesso da un rumore sull'audio come di continue scariche.

n'è véro • V. *nevvero*.

†**nevicaménto** s. m. • Il nevicare.

nevicàre o †**nevigàre** [lat. parl. **nivicāre*, ints. di *nĭvere* 'nevicare', da *nĭx*, genit. *nĭvis* 'neve'] **A** v. intr. impers. (*névica*; aus. *essere* o *avere*) • Venire giù, cadere al suolo, detto della neve: *nevica a larghe falde* | *È nevicato sui capelli*, (*fig.*) i capelli sono incanutiti. SIN. Fioccare. **B** v. intr. (aus. *essere*) • (*poet.*) Cadere come neve. **C** v. tr. • †Versare.

nevicàta [f. sost. di *nevicato*] s. f. • Il cadere della neve: *la n. durò tutta la notte* | (*est.*) La neve caduta: *il sole sciolse la n.*

nevicàto (1) part. pass. di *nevicare*; anche agg. *1* Nei sign. del v. *2* (*raro*) Coperto di neve. *3* †Nevoso.

nevicàto (2) agg. • (*zool.*) Detto di mantello equino scuro, cosparso di peli bianchi riuniti in piccoli fiocchi.

nèvico [da *nevo*, variante di *neo (1)*] agg. (pl. m. *-ci*) • (*med.*) Di neo, che riguarda i nei: *cellule neviche*; *tumore n.*

†**nevicóso** [da *nevicare*, sul modello di *nevoso*] agg. • Nevoso: *mal tempo, freddo e n.* (SACCHETTI).

nevièra [da *neve*] s. f. • Grotta, caverna, o costruzione in muratura, in cui si ammassava neve da usare poi d'estate per tenere al fresco cibi e bevande.

†**nevigàre** • V. *nevicare*.

nevischiàre [da *nevischio*, sul modello di *nevicare*] v. intr. impers. (aus. *essere* o *avere*) • Venire giù, cadere al suolo, detto del nevischio.

nevischio o (*tosc.*) **nevistio** [sovrapposizione del lat. *nĭx*, genit. *nĭvis* 'neve' a *pulvĭsculus* 'pulviscolo'] s. m. • Precipitazione di granuli di ghiaccio opachi di forma allungata o appiattita, ma sempre piuttosto molli con diametro generalmente inferiore al mm.

nèvo • V. *neo (1)*.

nèvola [lat. *nĕbula(m)* 'nebbia', passato poi a indicare nel lat. mediev. una focaccia sottile] s. f. • Cialda di farina e mosto cotto, specialità abruzzese.

nevòmetro • V. *nivometro*.

nevosità s. f. • Andamento delle precipitazioni nevose su di una zona in un certo periodo di tempo | Quantità di neve caduta | Condizione, stato della neve.

nevóso (1) [lat. *nivōsu(m)*, da *nĭx*, genit. *nĭvis* 'neve'] agg. *1* Di neve | *Tempo n.*, condizioni atmosferiche favorevoli a una caduta di neve. *2* (*est.*) Che è coperto di neve: *montagne, cime nevose* | *Stagione nevosa*, in cui cade, o è solita cadere, la neve. *3* (*poet.*) Candido come la neve.

nevóso (2) [calco sul fr. *nivôse*] s. m. • Quarto mese del calendario rivoluzionario francese, il cui inizio corrispondeva al 21 dicembre e il termine al 19 gennaio.

nevralgìa o (*raro*) **neuralgìa** [comp. di *nevro-* e *-algìa*] s. f. (pl. *-gìe*) • (*med.*) Dolore locale per irritazione di particolari nervi sensitivi: *n. facciale, del trigemino*.

nevràlgico o (*raro*) **neuràlgico**. agg. (pl. m. *-ci*) • (*med.*) Di nevralgia | *Punto n.*, in cui il dolore è maggiore; (*fig.*) la fase, il punto più delicato, più difficile: *il punto n. di una questione*; *un punto n. per il traffico*.

nevràsse o **neuràsse** [comp. di *nevro-* e *asse (2)*] s. m. • (*anat.*) Parte del sistema nervoso contenuta nella cavità cranica e nel canale vertebrale. SIN. Asse encefalospinale, sistema nervoso centrale.

nevrassìte o **neurassìte** [comp. di *nevrasse* e *-ite (1)*] s. f. • (*med.*) Processo infiammatorio che colpisce sezioni diverse del nevrasse.

nevrastenìa o (*raro*) **neurastenìa** [comp. di *nevro-* e *astenia*] s. f. • (*med.*) Disturbo funzionale caratterizzato da senso di debolezza e da un abbassamento generale del tono corporale e mentale.

nevrastènico o (*raro*) **neurastènico**. **A** agg. (pl. m. *-ci*) • Di nevrastenia. **B** s. m. (f. *-a*) *1* Chi è affetto da nevrastenia. *2* Correntemente, persona irritabile, irosa.

nevrilèmma o **neurilèmma** [comp. di *nevr(o)-* e del gr. *éilēma* 'copertura', da *éilen* 'chiudere'] s. m. (pl. *-i*) • (*anat.*) Sottile membrana connettivale avvolgente alcuni tipi di fibre nervose. ➡ ILL. p. 364 ANATOMIA UMANA.

nevrìte o **neurìte (1)** [comp. di *nevr(o)-* e *-ite (1)*] s. f. • (*med.*) Processo infiammatorio che colpisce un tronco nervoso, dovuto a traumi, infezioni, intossicazioni.

nevrìtico o **neurìtico** agg. (pl. m. *-ci*) • Di nevrite, causato da nevrite: *dolore n.*

nèvro- • V. *neuro-*.

nevrobalìstico • V. *neurobalistico*.

nevroglìa o **neuroglìa** [comp. di *nevro-* e del gr. *glía* 'colla', di origine indeur.] s. f. • (*biol.*) Complesso di elementi cellulari di origine ectodermica che ha stretti rapporti con i neuroni ma che è funzionalmente distinto dal tessuto nervoso vero e proprio.

nevropatìa e *deriv.* • V. *neuropatia* e *deriv.*

nevròṣi o **neuròṣi** [comp. di *nevro-* e *-osi*] s. f. • (*psicoan.*) Disturbo psichico che non ha una base organica ed è determinato da un conflitto fra un desiderio e le difese messe in atto dall'Io | *N. ossessiva*, psicastenia. SIN. Psiconevrosi.

nevròtico o **neuròtico**. **A** agg. (pl. m. *-ci*) • Di nevrosi. **B** s. m. (f. *-a*) • Chi è affetto da nevrosi. ‖ **nevroticaménte**, avv.

nevrotiẓẓànte part. pres. di *nevrotizzare*; anche agg. • Nel sign. del v.

nevrotiẓẓàre [da *nevrotico*] **A** v. tr. • Rendere nevrotico. **B** v. intr. pron. • Diventare nevrotico.

nevrotiẓẓàto part. pass. di *nevrotizzare*; anche agg. • Nei sign. del v.

nevrotiẓẓazióne s. f. • Atto, effetto del nevrotizzare o del nevrotizzarsi.

Nevròtteri • V. *Neurotteri*.

nevvéro o (*raro*) **n'è véro** [da *non è vero?*] inter. • (*sett., fam.*) Si usa in tono interrogativo per chiedere conferma o per sottolineare quanto si dice: *bello, n.?*; *un'altra volta starai più attento, n.?*; *questa osservazione mi sembra, n., molto giusta*; *e si mantiene n'è vero? si mantiene* (MANZONI).

new deal /*ingl.* 'nju: 'di:l/ [loc. ingl., propr. 'nuovo accordo, nuovo piano'] loc. sost. m. inv. *1* Piano di riforma sociale ed economica elaborato agli inizi degli anni Trenta dal presidente degli Stati Uniti F.D. Roosevelt per fronteggiare la grave depressione verificatasi dopo la crisi del 1929. *2* (*est.*) Qualsiasi riforma riguardante spec. il sistema economico.

new entry /*ingl.* 'nju: 'entri/ [loc. ingl., propr. 'nuova entrata'] loc. sost. f. inv. (pl. ingl. *new entries*) • Disco entrato per la prima volta nella classifica delle canzoni o dei brani musicali di maggior successo.

New Jersey /*ingl.* 'nju: 'dʒɜ:zi/ [loc. ingl., dal n. dello Stato americano che per primo l'ha adottata negli anni Cinquanta] s. f. inv. • Barriera in cemento posta ai margini delle strade o usata come spartitraffico, dotata della caratteristica di rinviare al centro della carreggiata in modo non brusco il veicolo che la urta.

new look /*ingl.* 'nju: 'luk/ [pseudoanglicismo comp. delle vc. ingl. *new* 'nuovo' e *look* 'aspetto', coniato in Francia dal sarto Christian Dior per lanciare una moda nel secondo dopoguerra] loc. sost. m. inv. • Nuovo modo di essere o apparire in comportamenti personali o collettivi, in fenomeni sociali e sim., caratterizzati da recenti e radicali mutamenti.

news /*ingl.* 'nju:z/ [vc. ingl., propr. 'notizie, novità'] s. f. pl. • Notizie, informazioni fornite da un notiziario televisivo, radiofonico o cinematografico | (*est.*) Il notiziario stesso.

newsletter /*ingl.* 'nju:zletə*/ [vc. ingl., comp. di *news* 'notizie' e *letter* 'lettera'] s. f. inv. • Bollettino d'informazioni, notiziario.

newsmagazine /*ingl.* 'nju:zmægə'zi:n/ [vc. ingl., comp. di *news* 'notizie' e *magazine* 'rivista'] s. m. inv. • Settimanale d'informazione.

newton /'njuton, *ingl.* 'nju:tən/ [dal n. del fisico I. *Newton* (1642-1727)] s. m. • (*fis.*) Unità di misura della forza nel Sistema Internazionale definita come la forza che, applicata a un corpo di massa 1 kg, gli imprime un'accelerazione di 1 m/s^2. SIMB. N.

newtoniàno /njuto'njano/ agg. • Di, relativo a, Newton.

new wave /*ingl.* 'nju: 'weiv/ [vc. ingl., propriamente 'nuova ondata'] loc. s. f. inv.; anche loc. agg. inv. • Detto di ogni movimento o corrente di pensiero che, spec. nel campo dell'arte e della cultura, si prefigge obiettivi anticonformisti di rinnovamento rispetto alle idee tradizionali | Nella musica rock, l'avanguardia degli anni Ottanta.

newyorchése /njujor'kese/ o **nuovaiorchése**, **nuovayorchése** **A** agg. • Di, relativo a, New York. **B** s. m. e f. • Abitante, nativo di New York.

ngultrum /'ŋultrum/ [vc. della lingua locale dzongkha] s. m. inv. • (*econ.*) Unità monetaria del Bhutan, divisa in cento tikchung.

ni (1) [sovrapposizione di *sì* a *no*] **A** avv. • (*scherz.* o *iron.*) Né sì, né no (si usa come risposta incerta, indecisa fra il sì e il no): *'sì o no?' 'ni!'* **B** in funzione di s. m. • (*fam.*) Risposta incerta: *cosa sono tutti questi ni?*

ni (2) [dal gr. *nŷ*] s. m. o f. inv. • Nome della tredicesima lettera dell'alfabeto greco.

niacìna [comp. di *ni(cot)ina* e *ac(ido)*] s. f. • (*chim.*) Acido nicotinico.

nibbio (1) [lat. tardo *nĭbulu(m)*: da **mīlvulus*, dim. di *mīlvus* 'milvo'] s. m. • Uccello rapace dei Falconiformi con coda biforcuta, ali lunghissime, becco assai adunco (*Milvus milvus*).

nibbio (2) [da *ebbio*] s. m. • (*bot.*) Ebbio.

nibelùngico agg. (pl. m. *-ci*) *1* Relativo ai Nibelunghi | *Ciclo n.*, gruppo di antiche saghe che narrano le vicende di Crimilde e dell'eroe Sigfrido. *2* (*fig.*) Feroce, cupamente tragico, come le vicende del poema dei Nibelunghi.

nibelùngo [ted. mediev. *Nibelunc*, plur. *Nibelunge*, dal norreno *Niflungar*] s. m. (f. *-a*; pl. m. *-ghi* o *-gi*) *1* Chi apparteneva alla stirpe reale dei Burgundi. *2* Nella mitologia nordica, ciascuno dei mitici nani che custodiscono il tesoro dei Burgundi.

nicaraguènse o **nicaraguégno**, **nicaraguègno**, (*raro*) **nicaraguése** **A** agg. • Del, relativo al Nicaragua. **B** s. m. e f. • Abitante, nativo del Nicaragua.

nìcchia [da *nicchiare (1)* (?)] s. f. *1* Cavità ricavata nello spessore di un muro, di forma semicilindrica ad asse verticale, con funzione decorativa nelle costruzioni e di deposito o riparo nelle gallerie stradali o ferroviarie. *2* Vano praticato nelle mura delle antiche fortificazioni per dare ricovero ai difensori, munito o meno di saettiera per consentire il tiro attraverso il muro stesso. *3* Nel linguaggio alpinistico, rientranza più o meno pronunciata in una formazione rocciosa, che si presta a essere utilizzata per un bivacco. *4* (*pop., tosc.*) Conchiglia. *5* (*biol.*) *N. ecologica*, il posto che un organismo vivente occupa in un dato ambiente, determinato dall'insieme delle sue relazioni complesse con l'ambiente biologico e fisico circostante | (*econ.*) *N. di mercato*, segmento di mercato in cui la concorrenza è più scarsa | (*econ.*) *Prodotto di n.*, quello che è diretto a una nicchia di mercato. *6* (*fig.*) Luogo riparato, tranquillo e sicuro | Occupazione, sistemazione poco impegnativa, tranquilla | *Fare una n. a qc.*, (*fig.*) impiegarlo stabilmente. || **nicchiétta**, dim. | **nicchiettina**, dim. | **nicchiétto**, dim. m. | **nicchióna**, accr. | **nicchióne**, accr. m.

nicchiaménto s. m. ● Atto del nicchiare (1).

nicchiàre (1) [lat. parl. **nidiculāre* 'stare nel nido', da *nīdus* 'nido'] v. intr. (*io nìcchio*; aus. *avere*) *1* †Gemere, di partoriente che si lamenta per le doglie. *2* (*fig.*) Tentennare, esitare di fronte a qc. o q.c., schernendosi o rinchiudendosi in se stessi. SIN. Tergiversare, titubare. *3* †Scricchiolare.

†**nicchiàre (2)** [lat. parl. **hinnitulāre*, da *hinnīre* 'nitrire' (V.)] v. intr. pron. ● Dolersi, rammaricarsi.

nìcchio [lat. *mȳtulu(m)* 'mitilo', avvicinato a *nicchia*] s. m. *1* Conchiglia di un mollusco | *Farsi un n.*, (*fig.*) rannicchiarsi | (*raro*) *Non valere un n.*, non valere nulla. *2* Lucerna a tre punte. *3* Piccolo copricapo a tre punte usato dai preti. *4* Salame bollito simile allo zampone, a tre punte. *5* †Nicchia. || **nicchiétto**, dim. | **nicchiolino**, dim.

†**nicchióso** agg. ● Pieno di nicchi.

niccianésimo ● V. *nietzschianesimo.*

niccianìsmo ● V. *nietzschianesimo.*

nicciàno ● V. *nietzschiano.*

nìccio ● V. *neccio.*

niccolìte [dal lat. scient. *niccolum* 'nichel'] s. f. ● Minerale costituito da arseniuro di nichel, che si presenta in masse compatte dalle quali si estrae il nichel.

nicèno [vc. dotta, lat. tardo *Nicāenu(m)*, da *Nicāea* 'Nicea'] agg. ● Di Nicea | *Simbolo n.*, formula nella quale il Concilio di Nicea raccoglie le verità fondamentali cristiane | *Credo n.*, professione di fede cristiana, contenuta nel simbolo niceno in forma estesa e comunemente recitata nella forma breve.

nicése ● V. *nizzese.*

nìchel o **nichèlio** [sved. *nickel*, dal ted. *Kupfernickel*, comp. di *Kupfer* 'rame' e *Nickel* 'genio maligno'; il n. venne dato dai minatori che dicevano fosse un genio maligno a non far trovar loro il rame in questo metallo] s. m. ● Elemento chimico, metallo bianco splendente ottenuto spec. dalla pentlandite, usato per leghe e acciai speciali, e nella nichelatura di oggetti vari. SIMB. Ni.

nichelàre o (*pop.*) **nichellàre** [da *nichel*] v. tr. (*io nìchelo*, pop. *nichèllo*) ● Sottoporre a nichelatura | Dare aspetto e colore di nichel a un metallo.

nichelatóre s. m. ● Operaio specializzato in lavori di nichelatura.

nichelatùra [da *nichel*] s. f. ● Processo, spec. elettrochimico, mediante il quale si ricoprono di uno strato sottile di nichel altri metalli.

nichelcròmo o **nichel-cròmo** s. m. ● Lega formata spec. da nichel e cromo, molto resistente agli agenti chimici, usata spec. per resistenze elettriche.

nichèlico agg. (pl. m. *-ci*) ● (*chim.*) Detto di composto del nichel trivalente.

nichelìna s. f. ● Lega costituita essenzialmente di rame con notevole quantità di zinco e di nichel, usata per fabbricare resistenze per fornelli elettrici.

nichelìno o **nichellìno**. s. m. *1* Moneta di nichel. *2* Moneta di nichel del valore di 20 centesimi, avente corso legale in Italia negli anni antecedenti la seconda guerra mondiale. SIN. Ventino.

nichèlio ● V. *nichel.*

nichellàre ● V. *nichelare.*

nichellìno ● V. *nichelino.*

nichelóso agg. ● (*chim.*) Detto di composto del nichel bivalente.

nichilìsmo o (*raro*) **nihilìsmo** [comp. del lat. *nĭhil* 'nulla' e *-ismo*. *Nĭhil* è comp. di *nē* 'non' e *hīlum* 'un filo, un nonnulla'] s. m. ● Dottrina filosofica che nega la consistenza di qualsiasi valore e l'esistenza di qualsiasi verità. SIN. Nullismo.

nichilìsta o (*raro*) **nihilìsta**. **A** s. m. e f. (pl. m. *-i*) ● (*filos.*) Seguace del nichilismo. **B** agg. *1* Del, relativo al nichilismo. *2* (*est.*) Chi si mostra scettico, pessimista e sim.: *i giovani sono spesso nichilisti* | Anarchico.

nichilìstico agg. (pl. m. *-ci*) ● Che si basa sul, o si ispira al nichilismo.

†**nichilità** o †**nichilitàte** [dal lat. *nĭhil* 'nulla'. V. *nichilismo*] s. f. ● Nullità, piccolezza.

nickel /sved. 'nikkəl/ [V. *nichel*] s. m. ● (*chim.*) Nichel.

nicodemìsmo s. m. *1* Atteggiamento proprio dei nicodemiti. *2* (*est.*) Comportamento di chi nasconde le proprie convinzioni religiose, politiche, ideologiche, adeguandosi esteriormente alle opinioni dominanti.

nicodemìta [dal n. del fariseo *Nicodemo*, che, secondo il vangelo di Giovanni, si recò in segreto a visitare Gesù] s. m. e f. (pl. m. *-i*) ● Chi, nel XVI sec., aderiva alle dottrine della riforma protestante nascondendo per timore di persecuzioni le proprie convinzioni e manifestando esteriormente ossequio al cattolicesimo.

nicol [dal n. dell'inventore, il fisico W. *Nicol* (1768-1851)] s. m. ● (*fis.*) Parallelepipedo formato da due opportuni prismi di calcite, incollati con balsamo del Canada, usato per ottenere da una radiazione naturale una radiazione polarizzata, o per analizzare il piano di polarizzazione di una radiazione già polarizzata.

nicolaìsmo [dal n. del diacono *Nicola* (I sec.), a cui risale la dottrina] s. m. ● (*relig.*) Insieme delle correnti gnostico-cristiane derivate dalle dottrine sulla promiscuità sessuale che alcuni passi del Nuovo Testamento attribuiscono a un diacono Nicola.

nicolaìta s. m. e f. (pl. m. *-i*) ● Seguace del nicolaismo.

nicotìna [fr. *nicotine*, dal n. del medico J. *Nicot* (1530-1600) che importò il tabacco in Francia] s. f. ● Principale alcaloide contenuto nelle foglie del tabacco, dotato di azione molto complessa sul sistema nervoso, sul cuore, sui vasi sanguigni, sui muscoli.

nicotinammìde [comp. di *nicotina* e (*a*)*mmide*] s. f. ● (*chim.*) Ammide nicotinica.

nicotìnico agg. (pl. m. *-ci*) ● Di, relativo a nicotina o acido nicotinico: *ammide nicotinica* | *Acido n.*, acido organico monobasico, derivante dalla piridina, ottenuto per ossidazione della nicotina, dotato di attività vasodilatatrice e vitaminica.

nicotinìsmo [fr. *nicotinisme*, da *nicotine* 'nicotina'] s. m. ● (*med.*) Intossicazione cronica da nicotina.

Nictaginàcee [dal n. del genere *Nyctago*, comp. del gr. *nýx*, genit. *nyktós* 'notte', col suff. di *plantāgo* 'piantaggine'] s. f. pl. ● Nella tassonomia vegetale, famiglia di piante a foglie opposte e intere con fiori tubulari avvolti da brattee (*Nyctaginaceae*) | (al sing. *-a*) Ogni individuo di tale famiglia. ➡ ILL. **piante** /3.

nictàlope ● V. *nictalopo.*

nictalopìa o **nittalopìa** [vc. dotta, lat. tardo *nyktalōpia(m)*, dal gr. *nyktálōps* 'nictalopo', attrav. il fr. *nyctalopie*] s. f. ● Alterazione visiva per cui gli oggetti sono visti meglio a luce fioca.

nictàlopo o **nictàlope**, **nittàlopo**, **nittàlope** [gr. *nyktálōps*, genit. *nyktálōpos* 'che è cieco di notte', comp. di *nykt-* 'nicto-', *alaós* 'cieco' (d'orig. oscura) e *ṓps*, genit. *ōpós* 'vista' (da *horân* 'vedere', d'orig. indeur.), interpretato poi già in greco come se fosse composto di *nykt-* e *ṓps*, quindi 'che ci vede di notte'] agg.; anche s. m. (f. *-a*) ● Che, chi è affetto da nictalopia.

nictemeràle ● V. *nittemerale.*

nicti- ● V. *nicto-.*

nictìcora ● V. *nitticora.*

nictipitèco [comp. di *nicti-* e del gr. *píthēkos* 'scimmia', di origine indeur.] s. m. (pl. *-chi* o *-ci*) ● Scimmia tipicamente notturna, agile, snella, diffusa nell'America centro-meridionale (*Aotes*).

nictitànte ● V. *nittitante.*

nictitazióne ● V. *nittitazione.*

nicto- o **nicti-**, **nitti-**, **nitto-** [dal gr. *nýx*, genit. *nyktós* 'notte', di origine indeur.] primo elemento ● In parole composte della terminologia scientifica, significa 'notte, oscurità', o indica relazione con la notte: *nictalopia, nictofobia, nicturia.*

nictofobìa [comp. di *nicto-* e *-fobia*] s. f. ● Paura ossessiva dell'oscurità notturna.

nictògrafo [comp. di *nicto-* e *-grafo*] s. m. ● Apparecchio utile a guidare la mano di chi scrive nell'oscurità, usato spec. dai ciechi.

nictùria o **nicturìa** [comp. di *nicto-* e *-uria*] s. f. ● (*med.*) Necessità di urinare nelle ore notturne.

nidiàceo o **nidiàce** [lat. parl. **nidāce(m)*, da *nīdus* 'nido', avvicinato a *nidio*] agg. ● Detto di uccello giovane che sta ancora nel nido.

nidiàndolo [da *nidio*, variante di *nido*] s. m. ● Uovo, vero o finto, lasciato nel pollaio affinché le galline facciano le uova sempre nello stesso posto. SIN. Endice, guardanidio.

nidiàta [da *nidio*, variante di *nido*] s. f. *1* Tutti gli uccellini nati da una covata, in un nido. *2* (*est.*) Tutti i piccoli nati da un animale: *una n. di topolini* | (*fig.*) Gruppo di bambini, spec. figli degli stessi genitori.

nidìcolo [comp. di *nido* e *-colo*] agg. ● (*zool.*) Detto di uccello che per un periodo più o meno lungo rimane nel nido dove viene nutrito dai genitori essendo, alla schiusa, incapace di camminare o volare e implume.

nidificàre [vc. dotta, lat. *nidificāre*, comp. di *nīdus* 'nido' e *-ficāre* '-ficare'] v. intr. (*io nidìfico, tu nidìfichi*; aus. *avere*) *1* Fare il nido. *2* (*raro, fig.*) Stabilire la propria dimora.

nidificazióne s. f. ● Atto, effetto del nidificare.

nidìfugo [comp. di *nido* e *-fugo*] agg. ● (*zool.*) Detto di uccello in grado di abbandonare il nido e di nutrirsi autonomamente poco dopo la schiusa.

nìdo o (*pop., tosc.*) **nìdio** [lat. *nīdu(m)*, di origine indeur.] **A** s. m. *1* Ricovero che molti uccelli costruiscono per deporre le uova e allevare la prole o per svernare | (*est.*) Luogo dove animali trovano riparo, si radunano o depongono le uova: *un n. di vespe, di serpi, di topi* | *Far n.*, nidificare. *2* (*fig.*) La propria casa, dove si è nati o si ha la famiglia: *abbandonare, tornare al n.* | (*est.*) Patria: *uscire dal proprio n.* | (*spreg.*) Covo: *n. di briganti* | *N. di vipere*, (*fig.*) ambiente di persone infide, maligne. *3* (*fig.*) Luogo in cui si trova qc. o q.c. | (*fig.*) *Cacciare qc. dal n.*, prendere il suo posto | *N. di mitragliatrici*, postazione di mitragliatrici, sistemate in un luogo strategicamente opportuno. *4* Qualunque cosa a forma di nido o fatta di parti simili a nidi | *N. di uccello*, orchidea saprofita con rizoma corto e delicato, foglie ridotte a guaina, fiori a grappolo (*Neottia nidus avis*) | *N. d'ape*, tessuto di cotone per asciugamani, a cellette simili a quelle di un favo | Punto di ricamo a cellette | Pasta lunga avvolta in tale forma. *5* (*raro, est.*) Tutti gli uccelli di un nido: *il n. è stato catturato.* **B** in funzione di agg. inv. ● Solo nella loc. *asilo n.*, asilo per bambini fino a tre anni di età || PROV. A ogni uccello il suo nido par bello. || **nidiettìno**, dim. | **nidiétto**, dim. | **nidìno**, dim. | †**nidiùzzo**, dim. | **niduccìno**, dim.

nidóre [vc. dotta, lat. *nidōre(m)* 'fumo, odore', di origine indeur.] s. m. ● (*lett.*) Puzzo, fetore di cose marce.

†**niègo** ● V. †*nego.*

niellàre [da *niello*] v. tr. (*io nièllo*) ● Mettere il niello ridotto in polvere sulle lastre incise, fonderlo nei solchi fatti dal bulino e togliere il superfluo per ritrovare il disegno | Lavorare a niello.

niellàto **A** part. pass. di *niellare*; anche agg. ● Nei sign. del v. **B** s. m. ● Oggetto d'oro o d'argento lavorato a niello.

niellatóre s. m. ● Orafo che esegue lavori di niello.

niellatùra s. f. ● Atto, effetto del niellare.

nièllo [lat. tardo *nigĕllu(m)* 'nerastro', dim. di *nĭger* 'nero'] s. m. ● Ramo dell'arte orafa consistente nel riempire con una lega di stagno, argento e zolfo, di color nero, fusibile a bassa temperatura, i solchi incisi a bulino su lastra d'oro o d'argento per rendere più evidente il disegno | (*est.*) La lega nera usata per questo lavoro | (*est.*) Oggetto di metallo prezioso niellato.

nïènte o †**neènte** [lat. mediev. *nĕc ĕnte(m)* 'nemmeno una cosa'. V. *ente*] **A** pron. indef. *1* Nessuna cosa (con valore neutro e, se posposto al v. come sogg. o come compl. ogg., accompagnato dalla altra negazione): *n. può fermarlo*; *non ha visto né sentito n.*; *n. ancora è stato deciso*; *n. più ha importanza per lui*; *non ha paura di n.*; *non lo contraddicono mai in n.*; *n. di tutto ciò ha valore*; *non c'è n. di più facile*; *n. di rotto!*; *n. di male!*; *n. di meglio*; *n. da dire*; *n. da eccepire!* | *Di n.!*, formula di cortese risposta a chi ringrazia, si scusa e sim.: *'grazie molte' 'Di n.!'* | *Non essere buono a n.*, non valere nulla | *Lavorare, fare q.c. per n.*, con nessuno o poco guadagno o senza risultato: *nessuno fa n. per n.*; *ha lavorato due mesi per n.* | *Non poter farci n.*, non poter porre rimedio | *Non mancare di n.*, avere tutto in abbondanza | *Finire in n.*, svanire | *Non farsi n.*, non farsi male: *sono caduto senza farmi n.* | *Fare finta di n.*, fingere di non accorgersi di qc. o q.c. | *Non fa n.*, (*dial.*) *fa n.*, non ha importanza | *Le cure non gli hanno fatto n.*, non hanno avuto effetto alcuno | *Non se ne fa n.*, la cosa va a monte, non si fa | *E a me n.?*, (*ell.*) a me non date nulla, non tocca nessuna cosa? | *Non avere n. a che fare con qc.*, non avere rapporti con costui | *Non avere n. a che fare con q.c.*, non esserne partecipi, esserne esclusi | Con valore raff. ed enf. nelle loc. *n. e poi n.*, *meno che n.*, *n. di n.*, niente nel modo più assoluto | *Non per n.*, espressione attenuativa che introduce una affermazione, un'osservazione o una domanda indiscreta o inopportuna: *non per n., ma potevi almeno avvisarmi*; *non per n., ma lo sanno già tutti!* **2** Poca cosa, inezia: *il nostro danno è n. rispetto al loro*; *questo quadro costa n. in rapporto al suo valore*; *spende migliaia e migliaia di lire come n. fosse*; *e questo ti pare n.!*; *se la prende proprio per n.*; *si arrabbia per n.* | (*antifr.*) *Hai detto n.!* | *Cosa da n.*, di nessuno o poco valore o importanza | *Uomo, persona da n.*, debole, inetto | *Essere, contare n.*, riferito a persona, non essere importante: *fino a poco tempo fa era n., ora controlla e comanda tutti.* **3** Qualcosa (spec. in prop. interr. o dubitative): *c'è n. di nuovo?*; *avete saputo n.?*; *ti ha detto n.?*; *vedi n.?*; *mi chiese se avevo n. da dargli*; *non so se hai n. in contrario*; *avete bisogno di n.?* **B** agg. indef. inv. • (*fam.*) Nessuno, nessuna: *non ho n. voglia* | (*ell.*) *N. paura!*, coraggio, non abbiate nessuna paura | †*Essere n.*, non essere possibile. **C** in funzione di s. m. (pl. lett. †*niènti*) **1** Nessuna cosa: *non ti do un bel n.*; *Dio ha creato il mondo dal n.* | *Finire in n.*, (*fig.*) non avere nessun seguito, nessun risultato: *la cosa è finita in n.* | *Ridursi al n.*, perdere ogni cosa, rovinarsi economicamente | *Essere un n.*, essere una nullità | *Venire su dal n.*, avere umili origini, venire da modeste condizioni | *Un bel n.!*, no, affatto (in risposte negative: *'sei contento?' 'un bel n.!'*). **2** Poca cosa: *ci manca un n. e poi siamo a posto*; *l'abbiamo acquistato per un n.*; *basta un n. per farmi felice*; *consideriamo il n. che noi siamo.* **D** avv. **1** Non affatto, punto: *non è n. bello*; *non m'importa n. di te!* | Anche nella loc. avv. *per n.*: *non si è visto per n.*; *non ci penso per n.*; *non è per n. vero* | Con valore participiale: *è così noioso che le mosche non ci son per n.*, sono una cosa da nulla a paragone | (*raff.*) *N. affatto*, *n. del tutto* (anche in risposte recisamente negative): *non lo trovo nient'affatto interessante*; *'ti è piaciuto lo spettacolo?' 'nient'affatto!'* | In espressioni ellittiche sostituisce un verbo o un'espressione negativa: *ho provato a convincerlo, ma lui n.!*; *io gridavo, gridavo, e loro n.!*, *neanche mi sentivano.* **2** Molto poco: *non ci mette n. a risponderti sgarbatamente* | (*iter.*) Se appena, appena un poco: *se n. n. ti avvicini, ti sistemo io*; *n. n. che dice qualcosa, tutti gli danno sulla voce*; *n. n. che piova e il traffico si blocca* || PROV. Con niente si fa niente.

†**nientedimànco** [comp. di *niente*, *di* e *manco*] avv. • (*dial.*) Nientedimeno.

nientediméno o **niènte di méno** [comp. di *niente*, *di* e *meno*] **A** avv. • Addirittura (anche ass. per esprimere, in tono enf., sorpresa, stupore e sim.): *pensa n. di potere diventare direttore*; *'ha ereditato cento milioni' ' n.!'*; *n. cinquemila lire per questa sciocchezza?*; *vuoi fare tre mesi di vacanza?, n.!* **B** cong. • †Tuttavia, nondimeno (con valore avversativo).

nientemànco [comp. di *niente* e *manco*] avv. • (*raro*, *dial.*) Nientedimeno.

nientеméno o **niènte méno** [da *niente* (*di*) *meno*] **A** avv. **1** Nientedimeno. **2** †Anche, e inoltre. **B** cong. **1** †Tuttavia, nondimeno (con valore avversativo). **2** †Allo stesso modo, altresì (introduce una prop. compar. con il v. al congv.).

nientepopodiméno o (*raro*) **niènte po' po' di méno** [da *niente po*(*i*) *po*(*i*) *di meno*] avv. • (*scherz.*) Nientedimeno.

nientòlogo [comp. di *niente* e *-logo*, coniato in analogia e in contrapposizione a *tuttologo*] s. m. (f. *-a*; pl. m. *-gi*, pop. *-ghi*) • (*iron.*) Chi, pur affrontando molti argomenti e temi, non ne conosce nessuno veramente a fondo.

nièt [trascrizione della pronuncia della vc. russa *net* 'no'] s. m. inv. • Nei decenni successivi alla seconda guerra mondiale, risposta negativa, rifiuto espresso da autorità sovietiche nei confronti di proposte formulate dai governi occidentali | (*est.*) Rifiuto categorico.

nietzschianésimo /nittʃa'nezimo/ o **niccianésimo**, **niccianismo**. s. m. • La filosofia di F. Nietzsche (1844-1900).

nietzschiàno /nit'tʃano/ o **nicciàno**. **A** agg. **1** Del filosofo tedesco F. Nietzsche. **2** Che concerne o interessa la filosofia di F. Nietzsche. **B** s. m. (f. *-a*) • Chi segue o si ispira alla filosofia di F. Nietzsche.

†**niève** • V. *neve*.

†**nièvo** [vc. veneta, lat. *nĕpos*, nom., 'nipote'] s. m. • Nipote: *odo se' n. a Buovo d'Agrismonte* (PULCI).

nìfe [comp. di *ni*(*chel*) e *fe*(*rro*)] s. m. • (*geol.*, *raro*) Nucleo terrestre, così chiamato per la sua ipotetica composizione di nichel, ferro e loro derivati.

†**nìffa** [basso ted. *nif* 'becco'] s. f. • Muso, ceffo.

†**niffàta** [da *niffo*, come *ceffata* da *ceffo*] s. f. • Schiaffo, ceffata.

†**nìffo** o †**nìfo** [V. *niffa*] s. m. **1** Parte del muso del bue intorno alle narici | (*est.*) Proboscide. **2** (*fig.*, *spreg.*) Muso, grugno d'uomo | Broncio.

†**nìffolo** s. m. • (*raro*) Niffo.

†**nìfo** • V. †*niffo*.

nigèlla [lat. tardo *nigĕlla*(*m*), dim. f. di *nĭger* 'nero'] s. f. • (*bot.*) Fanciullaccia.

nigeriàno **A** agg. • Della Nigeria. **B** s. m. (f. *-a*) • Abitante, nativo della Nigeria.

nigerìno **A** agg. • Del Niger, Stato africano. **B** s. m. (f. *-a*) • Abitante, nativo del Niger.

†**nighittóso** • V. *neghittoso*.

night /ingl. 'nait/ s. m. (pl. *nights* /ingl. 'naitz/) • Acrt. di *night-club*.

night-club /ingl. 'nait klʌb/ [vc. ingl., comp. di *night* 'notte' (vc. germ. di origine indeur.), e *club*] s. m. inv. (pl. ingl. *night-clubs*) • Locale notturno.

nightglow /ingl. 'nait glou/ [vc. ingl., comp. di *night* 'notte' e *glow* 'splendore'] s. m. inv. • (*geofis.*) Diffusa luminescenza notturna del cielo, dovuta alla liberazione dell'energia solare assorbita nell'alta atmosfera dall'ossigeno.

†**nigrànte** [vc. dotta, lat. *nigrănte*(*m*), part. pres. di *nigrāre* 'esser nero', da *nĭger* 'nero'] agg. • (*lett.*) Nereggiante.

nigricànte [vc. dotta, lat. *nigricănte*(*m*), part. pres. di *nigricāre* 'nereggiare', da *nĭger* 'nero'] agg. • (*lett.*) Che tende al nero.

nigritèlla [dal lat. *nĭger* 'nero'] s. f. • Genere di piante erbacee tuberose, montane, delle Orchidacee, con fiori piccoli rosei o rossi, profumati (*Nigritella*).

nigrìzia s. f. • (*raro*) Nerezza.

†**nìgro** • V. *nero*.

nihilismo /nii'lizmo/ e *deriv.* • V. *nichilismo* e *deriv.*

nihil obstat /lat. 'niil 'ɔbstat/ [loc. lat., propr. 'nulla osta'. V. *nullaosta*] loc. sost. m. inv. • Assenza di difficoltà, di impedimenti al compimento di un'azione, allo svolgimento di un'attività | (*est.*) Autorizzazione, nullaosta.

nilgàu o **nilgài** [persiano *nīlgāw*, dall'indostano *nīlgay*] s. m. • Ruminante selvaggio dell'India, poco più piccolo di un cavallo, con capo grande e corna presenti nei due sessi (*Boselaphus tragocamelus*).

nìliaco [vc. dotta, lat. *Nīlĭacu*(*m*), agg. di *Nīlus* 'Nilo'] agg. (pl. m. *-ci*) • Che si riferisce alle regioni bagnate dal Nilo.

nilòta [gr. *Neilṓtēs*, da *Nêilos* 'Nilo'] s. m. e f. (pl. m. *-i*) • Chi appartiene a una grande famiglia etnica dell'Africa centro-orientale, caratterizzata dal punto di vista somatico da statura molto alta, costituzione longilinea, marcata dolicocefalia, pelosità scarsa, colore della pelle molto scuro.

nilòtico [vc. dotta, lat. *Nilōticu*(*m*), da *Nīlus* 'Nilo'] agg. (pl. m. *-ci*) • Relativo alle regioni attorno al Nilo o ai loro abitanti.

nimbàto [vc. dotta, lat. *nimbātu*(*m*) 'simile a nube, vaporoso, inconsistente', da *nĭmbus* 'nembo'] agg. • (*lett.*) Circondato da aureola.

nìmbo [vc. dotta, lat. *nĭmbu*(*m*). V. *nembo*] s. m. **1** V. *nembo* nel sign. 1. **2** Sfolgorio di luce | Aureola che sta intorno o sulla testa dei santi.

nimbóso • V. *nemboso*.

nimicìzia o †**nemicìzia** [aferesi di *inimicizia*] s. f. • Inimicizia.

†**nimìco** • V. *nemico*.

†**nimietà** [vc. dotta, lat. tardo *nimietāte*(*m*), da *nĭmius* 'nimio'] s. f. • Superfluità, ridondanza.

†**nìmio** [vc. dotta, lat. *nĭmiu*(*m*), da *nĭmis* 'troppo', di etim. incerta] agg. indef. • Troppo, soverchio.

†**nimistà** o †**nemistà** [provz. *enemistat*, dal lat. parl. **inimicitāte*(*m*), da *inimīcus* 'nemico'] s. f. • Inimicizia, avversità, ostilità: *nacque tra una nazione e l'altra grandissima n., e acerba, e continua guerra* (BOCCACCIO).

†**nimistànza** s. f. • Nimistà.

†**nìmo** agg. e pron. indef. • (*raro*, *tosc.*) Nessuno: *han la tiglia soda / più che n. altri* (PASCOLI).

nìnfa [vc. dotta, lat. *nўmpha*(*m*), nom. *nўmpha*, dal gr. *nýmpha* 'sposa, ninfa', di etim. incerta] s. f. **1** Nella mitologia greco-romana, giovane dea appartenente a una delle schiere di divinità minori femminili che popolano le acque, il mare, i boschi, i monti. **2** (*fig.*, *lett.*) Fanciulla di grande bellezza. **3** (*zool.*) Momento dello sviluppo degli insetti a metamorfosi completa in cui si compie la trasformazione da larva ad adulto. **4** (*anat.*, *spec. al pl.*) Ciascuna delle piccole labbra della vulva. **5** (*fig.*, *scherz.*) Nella loc. *n. Egeria*, detto di chi ispira, suggerisce ad altri idee, consigli e sim. || **ninfétta**, dim. (V.).

ninfàle [vc. dotta, lat. tardo *nymphāle*(*m*) 'di sorgente', da *nўmpha* 'ninfa'] **A** agg. **1** Relativo a ninfa. **2** (*zool.*) *Sonno n.*, condizione di immobilità e di morte apparente in cui si trova la ninfa degli insetti | *Stadio n.*, la condizione di ninfa. **B** s. m. **1** Ornamento del capo delle ninfe. **2** Racconto o poema delle ninfe: *il n. di Ameto.* **3** Specie di organo che si attacca al corpo con corregge, si suona con la destra, facendo agire il mantice con la sinistra.

ninfèa [vc. dotta, lat. *nymphăea*(*m*), nom. *nymphāea*, dal gr. *nympháia* 'pianta della ninfa', da *nýmphē* 'ninfa'] s. f. • Genere di piante acquatiche delle Ninfeacee (*Nymphaea*) | *N. bianca*, (*ass.*) n., con rizoma strisciante nella melma e foglie rotonde emergenti, coriacee, con lunghissimo picciolo e con grandi fiori bianco-rosati (*Nymphaea alba*). SIN. Carfano, giglio d'acqua, loto bianco d'Egitto | *N. gialla*, molto simile alla precedente, con fiori più piccoli, gialli (*Nuphar luteum*). SIN. Nenufaro.

Ninfeàcee [vc. dotta, comp. di *ninfea* e *-acee*] s. f. pl. • Nella tassonomia vegetale, famiglia di piante acquatiche perenni dai fiori grandi con numerosi petali e stami (*Nymphaeaceae*) | (al sing. *-a*) Ogni individuo di tale famiglia. ➡ ILL. **piante** /3.

†**ninfeggiàre** [da *ninfa*] v. intr. • Fare atti leziosi.

ninfèo [vc. dotta, lat. *nymphāeu*(*m*), dal gr. *nymphâion*, da *nýmphē* 'ninfa'] s. m. **1** Piccolo tempio o grotta consacrati al culto delle ninfe, in Roma antica. **2** Grande fontana dedicata alle ninfe, spesso posta nelle vicinanze delle terme.

†**ninfèrno** • V. *inferno* (2).

ninfétta [dim. di *ninfa*; la vc. si diffuse con il romanzo *Lolita* di V. Nabokov] s. f. • Adolescente precocemente conscia della propria femminilità.

†**nìnfo** [da *ninfa*] s. m. • Fauno.

ninfòmane [da *ninfomania*] s. f. • Donna affetta da ninfomania.

ninfomanìa [comp. del gr. *nýmphē* 'clitoride' (V. *ninfa*) e *-mania*] s. f. • Desiderio sessuale esageratamente forte nella donna. SIN. Andromania.

ninfóne [da *ninfa*] s. m. • Piccolo artropode marino dei Pentopodi, gracile, trasparente, di colore roseo con zampe lunghissime (*Nymphon gracile*).

ninfòsi [da *ninfa*] s. f. • (*zool.*) Processo di trasformazione della larva di un insetto in ninfa.

nìni [vc. inft.] s. m. e f. • (*tosc.*, *fam.*, *vezz.*) Bambino: *corri, vieni qui, n.*

nìnna [vc. inft.] s. f. • (*inft.*) Il sonno, il dormire | *Fare la n.*, addormentarsi, dormire.

ninnanànna o **nìnna nànna** [vc. inft.: V. *ninna* e *nanna*] s. f. **1** Cantilena per addormentare i bambini, spec. cullandoli: *cantare la n.* **2** Breve componimento musicale per ninnananna: *una n. di*

Mozart.

ninnàre [vc. inft.] v. tr. • Conciliare il sonno a un bambino con la cantilena della ninnananna | Cullare: *ninnava ai piccini la culla* (PASCOLI) | (*raro, tosc., fig.*) *Ninnarla*, non parlare chiaramente, tergiversare.

†**ninno** [vc. inft.] s. m. • (*spec. al pl.*) Dindi.

ninnolàre [ints. di *ninnare*] **A** v. tr. (*io nìnnolo*) • Trastullare con ninnoli. **B** v. intr. pron. • (*raro, fig.*) Perdere tempo inutilmente.

nìnnolo [da *ninnolare*] s. m. *1* Trastullo, balocco. *2* Fronzolo, gingillo: *abbigliarsi con molti ninnoli* | (*tosc.*) *Tra ninnoli e nannoli*, tra una coserella e l'altra. || **ninnolétto**, dim. | **ninnolino**, dim.

ninnolóne [da *ninnolare*] s. m.; anche agg. (f. *-a*) • (*raro*) Chi, che si trastulla sempre o spreca tempo in cose vane.

nino [da *Giovannino*, o vc. inft.] s. m. (f. *-a*) • (*fam., vezz.*) Bambino.

niobàto [da *niobio*] s. m. • (*chim.*) Sale dell'acido niobico.

niòbico agg. (pl. m. *-ci*) • (*chim.*) Di composto del niobio pentavalente | *Acido n.*, acido ossigenato del niobio.

niòbio [da *Niobe*, figlia di Tantalo, perché l'elemento fu a lungo identificato col tantalio] s. m. • Elemento chimico metallo sempre associato in natura al tantalio, ottenuto spec. dalla columbite, usato per leghe e acciai speciali. SIMB. Nb.

nìpio- [dal gr. *nḗpios* 'infante', di etim. incerta] primo elemento • In parole composte della terminologia scientifica, spec. medica, significa 'infante, infanzia' o indica relazione con l'infanzia: *nipiologia, nipiosupposta.*

nipiologìa [comp. di *nipio-* e *-logia*] s. f. (pl. *-gie*) • Ramo della medicina che studia lo sviluppo e le affezioni del bambino nei primi mesi di vita.

nipiològico agg. (pl. m. *-ci*) • Concernente la nipiologia.

nipiòlogo s. m. (f. *-a*; pl. m. *-gi*) • Medico specializzato in nipiologia.

nipiosuppósta [comp. di *nipio-* e *supposta*] s. f. • Supposta appositamente studiata per lattanti e bambini fino a 4 anni.

nipitèlla • V. *nepitella.*

nipóte o (*lett., pop.*) **nepóte** [lat. *nepōte(m)*, di origine indeur.] s. m. e f. *1* Figlio del figlio o della figlia: *nonno e n.*; *suo n.*; *il vostro n.* | Figlio del fratello o della sorella: *zio, zia e n.* *2* (*est., com.*) Il coniuge del nipote o della nipote | Il figlio del cugino o della cugina. *3* (*al pl., fig.*) Discendenti, posteri. || †**nipotèllo**, †**nipotillo**, dim. | **nipotino**, dim. | **nipotùccio**, dim.

nipoterìa s. f. • (*raro, scherz.*) Grande quantità di nipoti.

nipotìsmo • V. *nepotismo.*

nìpplo [ingl. *nipple* 'capezzolo, protuberanza', poi 'raccordo filettato, rubinetto di regolazione', dim. di *neb* 'becco, punta, estremità', vc. di origine germ.] s. m. *1* (*mecc., tecnol.*) Elemento filettato all'interno, che serve da collegamento fra due tubi di diametro uguale o diverso. *2* Dado a vite per fissare ai cerchioni di una bicicletta o di un motoveicolo i raggi di collegamento con il mozzo.

nìppo- [cfr. *nipponico*] primo elemento • In parole composte, significa 'giapponese': *conflitto nippo-cinese.*

nippònico [da *Nippon*, n. indigeno del Giappone, che significa 'sole levante'] agg. (pl. m. *-ci*) • Del, relativo al, Giappone.

nipponìsmo [da *Nippon* (V. *nipponico*)] s. m. • (*ling.*) Parola o locuzione propria della lingua giapponese passata in un'altra lingua.

†**niquità** e *deriv.* • V. †*nequità* e *deriv.*

nirvàna [sanscrito *nirvāna* 'estinzione'] s. m. inv. *1* Nel Buddismo, fine ultimo della via ascetica, nel quale, distrutta ogni illusione del pensiero e dei sensi, si raggiunge, a seconda delle dottrine delle varie scuole, la realtà ultima, il nulla o la beatitudine eterna nel Budda. *2* (*fig.*) Beatitudine, tranquillità, spec. di chi si estrae dal mondo.

nirvànico agg. (pl. m. *-ci*) • Che si riferisce a nirvana.

nìsba [deformazione gergale del ted. *nichts* 'niente'] avv. • (*pop.*) Nulla, niente.

nissèno (*1*) [da *Nissa*, ant. n. di Caltanissetta] **A** agg. • Di, relativo a, Caltanissetta. **B** s. m. (f. *-a*) • Abitante di Caltanissetta.

nissèno (*2*) [da *Nissa*] **A** agg. • Relativo all'antica città asiatica di Nissa. **B** s. m. (f. *-a*) • Abitante di Nissa.

†**nissùno** • V. *nessuno.*

nistàgmico agg. (pl. m. *-ci*) • (*med.*) Relativo a nistagmo.

nistàgmo [vc. dotta, gr. *nystagmós* 'sonnolenza', da *nystázein* 'sonnecchiare', di origine indeur.] s. m. • (*med.*) Movimento involontario rapido dei globi oculari in una direzione, per spasmo dei muscoli dell'occhio.

nìstalo [vc. dotta, gr. *nýstalos* 'sonnacchioso', da *nystázein* 'sonnecchiare', di origine indeur.] s. m. • (*zool.*) Monasa.

nistatìna [da *New York State Health Laboratory* 'Laboratorio di Sanità dello Stato di New York' in cui fu scoperta] s. f. • (*farm.*) Antibiotico prodotto da ceppi di *Streptomyces noursei* ad azione antimicotica, utilizzato nel trattamento e nella profilassi delle micosi della pelle e delle mucose.

nit [dal lat. *nĭt(idus)* 'brillante'. V. *nitido*] s. m. • (*fis.*) Unità di misura della radianza, o luminosità | Unità di misura della brillanza, o splendore | Unità di brillanza, pari a 1 candela al metro quadro. SIMB. nt.

nitèlla [lat. tardo *nitēla(m)* 'splendore', da *nitēre* 'risplendere'. V. *nitente*] s. f. • Genere di alghe delle Caracee di acque dolci o salmastre, fisse mediante rizoidi e con rametti verticillati (*Nitella*).

nitènte [vc. dotta, lat. *nitĕnte(m)*, part. pres. di *nitēre* 'risplendere', di origine indeur.] agg. • (*lett.*) Levigato e lucente.

nitidézza s. f. *1* Qualità di ciò che è nitido (*anche fig.*): *la n. del vetro*; *una letteratura efficace a educare il popolo italiano alla n. del pensare* (CROCE). *2* Dettaglio di un'immagine fotografica.

nìtido [vc. dotta, lat. *nĭtidu(m)* 'splendente', da *nitēre* 'risplendere'. V. *nitente*] agg. *1* Netto, pulito e lucente: *specchio n.* | Limpido: *trovorno / una fontana assai nitida e fresca* (PULCI). *2* (*fig.*) Ben delineato nei contorni: *stampa nitida*; *profilo n.* *3* (*fig.*) Chiaro ed elegante: *stile n.* || **nitidaménte**, avv. Con chiarezza e limpidezza.

Nitidùlidi [dal lat. *nitĭdulus*, propr. dim. di *nĭtidus* 'splendente' (V. *nitido*)] s. m. pl. • Nella tassonomia animale, famiglia di piccoli Coleotteri dal corpo ovale dannosi sia da adulti sia da larve a piante coltivate o a depositi di sostanze vegetali (*Nitidulidae*) | (al sing. *-e*) Ogni individuo di tale famiglia.

nìton o **nito** [dal lat. *nitēre* 'risplendere'. V. *nitente*] s. m. • (*chim., raro*) Radon.

nitóre [vc. dotta, lat. *nitōre(m)* 'splendore', da *nitēre* 'risplendere'. V. *nitente*] s. m. *1* Nettezza e splendore: *il n. della cucina pulita.* *2* (*fig.*) Chiarezza elegante: *il n. della sua prosa.*

nitràre [da *nitro-*] v. tr. • (*chim.*) Sostituire in una molecola organica uno o più atomi d'idrogeno con altrettanti gruppi nitrici.

nitratàre [da *nitrato*] v. tr. • Concimare con nitrati: *n. il grano.*

nitratazióne [da *nitratare*] s. f. • (*agr.*) Atto, effetto del nitratare.

nitratìna [da *nitrato*] s. f. • (*miner.*) Sodanitro.

nitràto [da *nitro*] **A** agg. • (*chim.*) Sottoposto a nitrazione. **B** s. m. • (*chim.*) Sale o estere dell'acido nitrico.

nitratóre s. m. *1* Apparecchiatura in cui si compie la nitrazione. *2* Tecnico addetto alla nitrazione.

nitratùra [forma aplologica di *nitra(ta)tura*] s. f. • (*agr.*) Nitratazione.

nitrazióne s. f. • Atto, effetto del nitrare.

nìtrico [da *nitro-*] agg. (pl. m. *-ci*) • (*chim.*) Di composto dell'azoto pentavalente: *anidride nitrica* | *Acido n.*, acido ossigenato monobasico dell'azoto ottenuto industrialmente per ossidazione dell'ammoniaca, molto corrosivo e tossico, usato nella produzione di intermedi per l'industria organica, nella produzione di nitrocellulosa, nitroglicerina, di fertilizzanti e di numerosi composti organici.

nitrièra [da *nitro*] s. f. • Cumulo di sostanze organiche azotate mescolate con ceneri di legno, torba e abbandonate alla putrefazione per ricavarne il salnitro.

nitrificànte part. pres. di *nitrificare*; anche agg. *1* Nel sign. del v. *2* (*biol.*) Detto di batterio che opera la nitrificazione.

nitrificàre [comp. di *nitro* e *-ficare*] v. tr. (*io nitrìfico*) • (*biol.*) Sottoporre a nitrificazione.

nitrificazióne s. f. • (*biol.*) Trasformazione, a mezzo di speciali batteri, dell'azoto ammoniacale delle spoglie organiche del terreno in azoto nitrico necessario allo sviluppo delle piante.

nitrìle [comp. di *nitro-* e *-ile* (*2*)] s. m. • (*chim.*) Composto chimico organico che si può considerare sia come etere dell'acido cianidrico, sia come prodotto di disidratazione delle ammidi.

nitrìre [lat. parl. **(hin)nitrīre*, ints. di *hinnīre* 'nitrire', da *hinnītus* 'nitrito', di origine onomat.] v. intr. (*io nitrìsco, tu nitrìsci*; aus. *avere*) • Emettere uno o più nitriti.

nitrìto (*1*) [da *nitrire*] s. m. • Grido, verso caratteristico del cavallo: *il puledro ... scorazzava per greppi del monte, con lunghi nitriti lamentevoli* (VERGA).

nitrìto (*2*) [da *nitro*] s. m. • (*chim.*) Sale dell'acido nitroso.

nìtro [vc. dotta, lat. *nĭtru(m)*, dal gr. *nítron*, di origine orient.] s. m. • (*miner.*) Nitrato di potassio allo stato naturale, che si trova in cavità nel calcare o come efflorescenze e incrostazioni | *N. del Cile*, sodanitro.

nìtro- [gr. *nítron* (*nitro-* nei comp.), di origine orient.] primo elemento • In parole composte della terminologia scientifica, spec. chimica, indica relazione con l'azoto o con il radicale nitrico: *nitrobenzolo, nitroglicerina.*

nitrobattèrio [comp. di *nitro-* e *batterio*] s. m. • Batterio capace di ossidare l'ammoniaca del terreno ad acido nitroso e acido nitrico.

nitrobenzène [comp. di *nitro-* e *benzene*] s. m. • (*chim.*) Nitroderivato aromatico, prodotto industrialmente per nitrazione del benzene con miscela solfonitrica, importante intermedio dell'industria organica. SIN. Nitrobenzolo.

nitrobenzòlo [comp. di *nitro-* e *benzolo*] s. m. • (*chim.*) Nitrobenzene.

nitrocellulósa [comp. di *nitro-* e *cellulosa*] s. f. • (*chim.*) Cellulosa nitrata che, secondo il grado di nitrazione, si distingue in fulmicotone e in cotone collodio.

nitroderivàto [comp. di *nitro-* e *derivato*] **A** s. m. • (*chim.*) Composto organico della serie alifatica o aromatica, contenente uno o più gruppi nitrici con l'azoto direttamente unito al carbonio. **B** anche agg.: *esplosivi nitroderivati.*

nitrofilìa [comp. di *nitro-* e *-filia*] s. f. • (*biol.*) Condizione di piante che richiedono per la loro crescita terreni ricchi di azoto in forma di nitrato.

nitrofosfàto [comp. di *nitro-* e *fosfato*] **A** agg. • (*chim.*) Di composto contenente il gruppo nitrico e fosforico. **B** s. m. • Concime ottenuto per attacco delle fosforiti con acido nitrico e formato da un miscuglio di fosfati e nitrato di calcio.

nitrògeno [comp. di *nitro-* e *-geno*] s. m. • (*chim., raro*) Azoto.

nitroglicerìna [comp. di *nitro-* e *glicerina*] s. f. • (*chim.*) Glicerina nitrata, estremamente esplosiva che, stabilizzata con farina fossile, costituisce la base di dinamiti ed esplosivi vari. SIN. Trinitrina, trinitroglicerina.

nitroglicol o **nitroglicole** [comp. di *nitro-* e *glicol*] s. m. • (*chim.*) Potente esplosivo, chimicamente simile alla nitroglicerina, utilizzato per la preparazione di proiettili.

nitròmetro [comp. di *nitro-* e *-metro*] s. m. • Apparecchio per la determinazione quantitativa diretta dell'acido nitrico e dei nitrati.

nitrònio [da *nitr(o)-* e il suff. *-onio* tratto da (*ammonio*)] s. m. • (*chim.*) Ione monovalente, costituito da un atomo di azoto con carica positiva legato a due atomi di ossigeno.

nitrósa [da *nitro-*] s. f. • (*chim.*) Acido solforico saturo di vapori nitrosi, che si forma negli impianti producenti acido solforico col metodo delle camere di piombo.

nitrosazióne [da *nitroso*] s. f. • (*chim.*) Reazione chimica in cui avviene l'introduzione di un gruppo nitroso in una molecola organica.

nitrosìle [ingl. *nitrosyl*, comp. di *nitros(e)* 'nitroso' e del suff. *-yl* '-ile'] s. m. • (*chim.*) Raggruppamento atomico costituito da un atomo di azoto e uno di ossigeno, presente in vari composti azotati. SIN.

Nitrosonio.

nitróso [vc. dotta, lat. *nitrōsu(m)*, da *nĭtrum* 'nitro'] agg. ● (*chim.*) Di composto dell'azoto trivalente | *Acido n.*, acido monobasico dell'azoto, meno ossigenato dell'acido nitrico, noto solo in soluzione acquosa mentre sono stabili i suoi sali.

nitrosònio [da *nitro-*] s. m. ● (*chim.*) Nitrosile.

nitrurazióne [da *nitruro*] s. f. ● Trattamento a caldo degli acciai con ammoniaca gassosa al fine di indurirne la superficie.

nitrùro [da *nitro-*] s. m. ● (*chim.*) Composto fra azoto elementare e un metallo decomponibile in acqua con formazione di ammoniaca e dell'idrato del metallo.

nittàlope ● V. *nictalopo.*

nittalopìa ● V. *nictalopia.*

nittàlopo ● V. *nictalopo.*

nittemeràle o **nictemeràle** [comp. di *nitto-* (o *nicto-*) e del gr. *ēméra* 'giorno', con suff. agg.] agg. ● (*med.*) Che si riferisce alla successione del giorno e della notte | Di fenomeno che presenta variazioni durante l'arco di tempo di 24 ore.

nitterìbia o **nitteròbia** [comp. del gr. *nykterís* 'pipistrello', propr. '(uccello) notturno' (da *nýx*, genit. *nyktós* 'notte', V. *nicto-*) e di un deriv. di *bíos* 'vita' (cioè 'vivente')] s. f. ● Insetto dei Ditteri privo di ali, con arti lunghi terminati da uncini, parassita dei pipistrelli ai quali succhia il sangue (*Nycteribia biarticulata*).

nitti- ● V. *nicto-.*

nittìcora o **nictìcora** [vc. dotta, gr. *nyktikórax* 'gufo', comp. di *nýx*, genit. *nyktós* 'notte' (V. *nicto-*) e *kórax* 'corvo'] s. f. ● Uccello dei Ciconiformi, cosmopolita notturno, che si nutre di animaletti acquatici e ha carni immangiabili (*Nycticorax nycticorax*).

nittitànte o **nictitànte** [part. pres. di un ints. del lat. *nictāre* 'battere le palpebre', di origine indeur.] agg. ● (*zool.*) Detto della membrana che riveste l'occhio di molti Vertebrati, simile a una terza palpebra.

nittitazióne o **nictitazióne** [V. *nittitante*] s. f. ● (*med.*) Atto di aprire e chiudere rapidamente gli occhi.

nitto- ● V. *nicto-.*

niùno o †**ignùno**, **neùno** [lat. *nē ūnu(m)* 'neppure uno'] agg. e pron. indef. ● (*lett.*) Nessuno: *n. vide che lacero / fuggivo gli occhi prossimi* (PASCOLI).

nivàle o (*raro*) **nevàle** [vc. dotta, lat. *nivāle(m)*, agg. di *nĭx*, genit. *nĭvis* 'neve'] agg. *1* Della, relativo alla neve | *Flora n.*, *fauna n.*, che vivono nella zona delle nevi permanenti. *2* (*lett.*) Nevoso: *il n. / tempio de' monti innalzasi* (D'ANNUNZIO).

nivazióne [dal lat. *nĭve(m)* 'neve' col suff. *-zione*] s. f. ● (*geol.*) Insieme dei fenomeni di modificazione del suolo determinati dalla neve e dal gelo.

nìveo [vc. dotta, lat. *nĭveu(m)*, agg. di *nĭx*, genit. *nĭvis* 'neve'] agg. ● (*lett.*) Candido come la neve: *collo n.*; *Tu, più che giglio nivea, Galatea* (FOSCOLO).

nivologìa [comp. del lat. *nĭve(m)* 'neve' e *-logia*] s. f. ● (*meteor.*) Disciplina che si occupa dello studio della precipitazione nevosa e dei fenomeni a essa correlati, come ad es. le valanghe.

nivòmetro o **nevòmetro** [comp. del lat. *nĭx*, genit. *nĭvis*, 'neve' e *-metro*] s. m. ● Strumento per misurare la quantità di neve caduta.

nix [ted. *nichts* 'niente'. V. *nisba*] avv. ● (*scherz.*) No, niente affatto (usato interiettivamente come negazione recisa, perentoria).

nizzàrda [da *nizzardo*] s. f. ● Danza popolare simile alla monferrina, originaria di Nizza.

nizzàrdo A agg. ● Di Nizza, città della Francia meridionale | *L'eroe n.*, (*per anton.*) Giuseppe Garibaldi. **B** s. m. (f. *-a*) ● Abitante, nativo di Nizza.

nizzése o **nicése A** agg. ● Di Nizza Monferrato, cittadina del Piemonte. **B** s. m. e f. ● Abitante, nativo di Nizza Monferrato.

no /nɔ*/ o (*tosc.*, *enf.*) **nòe** nel sign. A 1 [stessa etim. di *non*] **A** avv. *1* Si usa, come negazione di ciò che viene domandato o proposto, ed ha valore olofrastico: *'hai risposto alla lettera?' 'no, ma lo farò subito'*; *'li avete avvertiti?' 'no, non ancora'*; *'oggi potresti uscire?' 'no, non ne ho voglia'*; *'accetti la mia offerta?' 'no!'* | Con valore ints. accompagnato da rafforzativi: *proprio no*; *certamente no*; *no certo*; *no di certo*; *no di sicuro*; *no davvero*; *oh no!*; *no e poi no*; *no, no e poi ancora no*; *ma no!* | *Forse (che) sì, forse (che) no*, può darsi (come risposta che esprime incertezza) | *Più sì che no*, probabilmente sì | *Più no che sì*, probabilmente no | *Dire, rispondere, accennare, fare di no*, negare, rifiutare, fare segno di negare: *ha fatto di no con la testa*; *devi dirmi o sì o no* | *Non dico di no*, lo ammetto, posso anche ammetterlo: *l'impresa era difficile, non dico di no* | *Non sapere dire di no*, concedere, consentire sempre, non sapere rifiutare nulla: *a sua figlia non sa dire mai di no* | *Pare di no*, sembra che non sia vero | *Speriamo di no*, speriamo che non sia vero, che non sia così, che non accada | *Come no!*, *perché no!*, come risposta affermativa o (*iron.*) negativa: *'vieni al cinema?' 'perché no!'*; *'vuoi aiutarmi?' 'come no!'* | *Se no*, altrimenti, in caso contrario: *affrettati se no perderai il treno*; *che la cosa non si ripeta, se no, ... poveri noi!* | *Anzi che no*, piuttosto, abbastanza (spec. scherz. o iron. con valore ints.): *è carina anzi che no*; *è grasso anzi che no.* *2* Con valore enf. e ints. (anticipando una prop. negativa): *no, non può essere vero!*; *no, non posso crederci*; *no, non dirmelo*; *questo no, non lo voglio pensare neppure*; *ma no, non è questo il vero motivo*; *ti scrivo, anzi, no, ti telefono domani*; *no che non voglio venire!* | *Ma no!*, (*ass.*) esprime meraviglia o incredulità: *'li ho visti di nuovo insieme' 'ma no!'* | Anche seguendo una prop. negativa: *non scese, no, precipitò di sella* (TASSO). *3* Con funzione olofrastica negativa in una prop. disgiuntiva o in contrapposizione con un altro termine: *dimmi se ti piace o no*; *vogliamo andare o no?*; *volete smetterla, sì o no?*; *matto o no, è una persona di grande ingegno*; *bello o no, a me piace*; *giusto o no dovete fare come dico io*; *chi studia e chi no* | *Uno sì e uno no*, uno ogni due, alternativamente (con valore distributivo) | *Sì o no?*, esprime impazienza: *ti muovi sì o no?* | *Sì e no*, a mala pena, neanche: *c'erano sì e no quaranta persone.* *4* Si usa in frasi interr. o con tono interr. con il sign. di 'vero?' 'è vero?', attendendo e sollecitando una risposta affermativa o, come intercalare, per richiamare o tenere viva l'attenzione di qc.: *verresti volentieri con me, no?*; *ti piace, no, la mia nuova casa?*; *saresti contento, no, di avere la sua fiducia*; *ve l'ho già detto, no?*, *che non dovete preoccuparvi!* *5* Si usa nelle contrapposizioni invece di 'non' quando è posposto al termine che si vuole negare: *difficile no, ma piuttosto laborioso*; *spesso no, solo qualche volta*; *io farti il lavoro no, ma se vuoi posso darti un aiuto.* **B** s. m. inv. *1* Rifiuto, risposta negativa: *se è no per voi, è no anche per noi*; *non mi aspettavo un no*; *il loro no ci è veramente dispiaciuto*; *la risposta è stata un bel no*; *gli ha detto un no chiaro e tondo*; *che sì e no nel capo mi tenciona* (DANTE *Inf.* VIII, 111) | *Essere, stare tra il sì e il no*, essere incerto, indeciso | *Concludere, decidere, risolversi per il no*, decidere di non fare q.c. | *Cattolici del no*, coloro che, all'interno della Chiesa cattolica, si pongono in posizione critica rispetto agli orientamenti tradizionali, da loro ritenuti più retrivi, della Chiesa stessa. *2* (*spec. al pl.*) Voto, risposta contraria a ciò che è stato proposto, domandato: *ci sono stati cento no e duecento sì*; *i no sono stati più dei sì*; *c'è stato un solo no* (V. nota d'uso ACCENTO).

nō /*giapp.* no:/ [vc. giapp., propriamente 'talento'] s. m. inv. ● Forma drammatica del teatro giapponese, mista di canto, recitativo, danza e musica, composta di brevi trame liriche dai personaggi fortemente stilizzati.

nòa [vc. polinesiana] s. m. inv. ● In etnologia, ciò che non è tabu.

noàchide [dall'ebr. *Noah* 'Noè'] agg.; anche s. m. ● Che, chi è discendente dal patriarca biblico Noè.

Nòbel o **Nobèl** [dal n. del chimico svedese A. B. *Nobel* (1833-1896), istitutore del premio omonimo] s. m. inv. ● Persona insignita del Premio Nobel | *Premio N.*, (*ell.*) *Nobel*, premio che viene distribuito annualmente a coloro che si sono distinti nel campo della fisica, della chimica, della fisiologia e medicina, delle lettere, della pace e delle scienze economiche.

nobèlio [dal n. di A. B. *Nobel*] s. m. ● Elemento chimico transuranico. SIMB. No.

nobildònna o **nòbil dònna** [da *nobil(e) donna*] s. f. ● Donna discendente da famiglia nobile, ma priva di titoli nobiliari specifici: *n. lunga, arcigna e di breve discorso* (NIEVO).

nòbile [vc. dotta, lat. *nōbile(m)* 'noto, conosciuto', da *nōscere* 'conoscere'] **A** agg. *1* Della nobiltà, che appartiene alla nobiltà: *famiglia n.*; *essere di n. stirpe* | *Di sangue n.*, (*anche fig.*) di famiglia illustre. *2* Proprio, adatto alla nobiltà: *maniere nobili*; *modo di vivere n.* | (*est.*) Dignitoso, decoroso, distinto, elegante: *aspetto, figura n.* | *Piano n.*, in un palazzo, il più elegante, posto solitamente sopra l'ammezzato. *3* (*est.*) Di cosa che eccelle su altre dello stesso genere perché preziosa o rara: *pietra, pianta n.* | *Animale n.*, di buona razza | *Selvaggina n.*, quella cacciata con il cane da ferma | *La parte più n. dell'uomo*, l'intelletto. *4* (*fig.*) Alieno dal volgare e dal comune: *ingegno n.*; *sentimento n.*; *nobili doti* | (*fig.*) Generoso, magnanimo: *perdono n.*; *n. ardire.* SIN. Alto, eletto, elevato. *5* (*chim.*) Che reagisce con difficoltà | *Gas n.*, elemento gassoso, quale il neon, l'argo e sim. che non ha tendenza a reagire | *Metallo n.*, che si ossida difficilmente, come il platino, l'oro e l'argento. || **nobilménte**, avv. *1* (*raro*) Secondo il costume dei nobili; (*est.*) con magnificenza, ricchezza. SIN. Signorilmente. *2* (*fig.*) Con nobiltà, elevatezza d'animo: *perdonare nobilmente.* **B** s. m. e f. ● Chi appartiene a una categoria di persone in possesso di titoli che le differenziano dalle altre, discendenti storicamente da una classe che, negli antichi ordinamenti monarchici, fruiva di particolari privilegi per nascita o per concessione del sovrano: *i nobili della corte di Francia.* || **nobilàccio**, pegg. | **nobilàstro**, spreg. | **nobilóne**, accr. | **nobilùccio**, dim.

nobilèa [da *nobile*] s. f. ● (*raro, spreg., iron.*) Gente della nobiltà.

nobilésco agg. (pl. m. *-schi*) ● Di grado nobile: *stemma n.* | (*spreg.*) Di, da nobile: *fare, piglio n.*

†**nobilézza** s. f. ● Nobiltà.

nobiliàre [fr. *nobiliaire*, dal lat. *nōbilis*. V. *nobile*] agg. ● Di, relativo a nobile: *titolo n.* | Della, relativo alla nobiltà: *almanacco n.*

†**nobilista** [da *nobile*] s. m. ● Chi ostenta nobiltà.

†**nobilitàde** ● V. *nobiltà.*

nobilitaménto s. m. ● (*raro*) Modo, atto, effetto del nobilitare.

nobilitàre [vc. dotta, lat. *nobilitāre*, da *nōbilis* 'nobile'] **A** v. tr. (*io nobìlito*) *1* Insignire di titolo nobiliare. *2* (*fig.*) Rendere nobile, eletto, pieno di dignità: *n. il proprio nome con una vita onesta*; *il lavoro nobilita l'uomo.* **B** v. rifl. ● Rendersi insigne per l'eccellenza delle proprie opere: *egli si può n. e anche sublimare colla semplice grandezza del nome e delle cose da lui ... operate* (ALFIERI).

†**nobilitàte** ● V. *nobiltà.*

nobilitàto part. pass. di *nobilitare*; anche agg. *1* Nei sign. del v. *2* (*tecnol.*) *Pannello n.*, pannello truciolare la cui faccia a vista è rivestita con un'impiallacciatura di legni fini, un foglio di carta impregnata con resine sintetiche, o una pellicola di resine sintetiche | †Famigerato, molto noto per le infamie compiute.

†**nobilitatóre** s. m. ● Chi o ciò che nobilita.

nobilitazióne s. f. ● Atto, effetto del nobilitare.

nobiltà o †**nobilitàde**, †**nobilitàte** [lat. *nobilitā-te(m)*, da *nōbilis* 'nobile'] s. f. *1* Condizione riconosciuta di nobile, con privilegi, per servizi resi al sovrano o alla patria o per benemerenze acquisite nell'industria, nelle lettere e sim.: *patente di n.*; *antica, nuova n.* | *N. di spada*, quella acquisita originariamente per servizi militari resi al sovrano | *N. di toga*, quella acquisita per avere ricoperto certe cariche politiche, giudiziarie, amministrative | *I quarti di n.*, le parti di ascendenza nobiliare, in una famiglia nobile | (*est.*) L'insieme e il ceto dei nobili: *la n. napoletana.* *2* Eccellenza, superiorità: *la n. degli studi filosofici*; *tirannia brutta, che veste, il bel manto / di n. e valor, vi mette all'imo* (CAMPANELLA). *3* (*fig.*) Distinzione di tratto, elevatezza d'animo: *la n. del suo portamento, del suo ingegno, dei suoi pensieri.*

nobilùme [comp. di *nobil(e)* e *-ume*] s. m. ● (*spreg.*) Ceto dei nobili.

nobiluòmo o **nòbil uòmo** [da *nobil(e) uomo*] s. m. (pl. *nobiluòmini*) ● Uomo discendente da famiglia nobile, ma privo di titoli nobiliari specifici.

nòcca [longob. *knohha* 'giuntura'] s. f. *1* Ciascuna delle giunture delle dita delle mani e dei piedi: *battere, bussare con le nocche; far scrocchiare le nocche*. *2* (*mecc.*) Articolazione snodata. *3* Nodello del cavallo.

nòcchia [forma dial. di *nocciola*] s. f. ● (*dial.*) Nocciola.

nocchière o †**nocchièri**, **nocchièro** [lat. *nauclēru(m)*, nom. *nauclērus*, dal gr. *náuklēros* 'padrone di nave, nocchiero', comp. di *nâus* 'nave' e *-klēros*, da una rad. che significa 'punta': propriamente 'colui che sta sulla punta della nave'] s. m. *1* (*lett.*) Chi governa e guida una nave: *quelli che s'innamorano di pratica senza scienza son come 'l nocchieri ch'entra in navilio sanza timone o bussola* (LEONARDO). *2* Nella marina militare, appartenente alla categoria incaricata dei servizi marinareschi di bordo.

nocchieróso [da *nocchio*] agg. ● (*raro*) Pieno di nocchi.

nocchierùto agg. ● (*raro*) Cosparso di nocchi: *bastone n.*

nocchìno [da *nocca*] s. m. ● (*tosc.*) Colpo dato con le nocche a pugno chiuso.

nòcchio [lat. tardo *nōdulu(m)*, dim. di *nōdus* 'nodo'] s. m. *1* Nodo del legno di una pianta. *2* Indurimento, piccola nodosità in frutti e sim. | (*est.*, *fam.*) *I nocchi della schiena*, le vertebre.

nocchióso agg. ● Nocchieruto | (*est.*) Robusto, nerboruto.

nocchiùto agg. ● Nocchieruto.

nocciòla o (*lett.*) **nocciuòla** [lat. parl. **nuceŏla(m)*, dim. f. di *nŭceus*, agg. di *nŭx*, genit. *nŭcis* 'noce'] **A** s. f. ● Frutto del nocciolo, con un involucro membranoso verde e dentellato, contenente un seme commestibile e oleoso. **B** in funzione di agg. inv. ● (posposto al s.) Che ha il colore marrone chiaro caratteristico del guscio della nocciola: *un soprabito n.* **C** s. m. inv. ● Il colore nocciola. || **nocciolétta**, dim. f. | **nocciolìna**, dim. f. (V.).

nocciolàia [detta così perché rompe facilmente le *nocciole* per prenderne il seme] s. f. ● Uccello dei Corvidi, bruno macchiettato, con robusto becco, che vive nelle foreste di conifere e si nutre di pinoli, nocciole, ghiande (*Nucifraga caryocatactes*). SIN. Nucifraga.

nocciolàio s. m. (f. *-a*) ● Venditore di nocciole, noccioline americane e sim.

nocciolàto s. m. ● Cioccolato con nocciole intere o pasta di nocciole.

noccioléto s. m. ● Terreno coltivato a noccioli.

nocciolìna s. f. *1* Dim. di *nocciola*. *2* *N. americana*, arachide. *3* (*al pl.*) Pasta da minestra a forma di mezzo guscio di nocciola.

nocciolìno (*1*) [dalle *nocciole* di cui si nutre] s. m. ● (*zool.*) Moscardino.

nocciolìno (*2*) s. m. *1* Dim. di *nocciolo* (*3*). *2* Gioco infantile con noccioli di pesche.

nocciòlo (*1*) o **nocciuòlo** [da *nocciola*] s. m. ● Alberetto o frutice delle Betulacee con foglie dentellate, inferiormente pelose, comune nei boschi (*Corylus avellana*).

nocciòlo (*2*) [così chiamato per le macchie sulla pelle aventi forma e colore di nocciola] s. m. ● (*zool.*) Grosso squalo | Palombo.

nòcciolo (*3*) [lat. *nŭcleu(m)*, da *nŭx*, genit. *nŭcis* 'noce'] s. m. *1* (*bot.*) Endocarpo legnoso che protegge il seme dei frutti a drupa | *Due anime in un n.*, due amici intimi, due persone molto unite | †*Non valere un n.*, non valere niente | †*Giocare a noccioli*, (*fig.*) perdere il tempo inutilmente. *2* (*est.*) Parte centrale di un congegno, una struttura e sim. | *N. di un reattore nucleare*, la parte interna, in cui si verificano le reazioni di fissione. ➡ ILL. p. 825 SCIENZE DELLA TERRA ED ENERGIA. *3* (*fig.*) Intima essenza, significato sostanziale: *il n. della questione*; *le indicò il n. dell'opera* (SVEVO) | (*fig.*) *N. duro*, la parte, l'elemento che nel corso del tempo si presenta come più saldo, più affidabile, più tenace: *il n. duro di un partito*; *il n. duro dell'economia*. SIN. Nucleo. || **nocciolétto**, dim. | **nocciolìno**, dim. (V.).

nocciuòla ● V. *nocciola*.

nocciuòlo ● V. *nocciolo* (*1*).

nòccola s. f. ● Nocca, nei sign. 1 e 2.

noccolière [comp. di *noccol(a)* e *-iere*] s. m. ● Tirapugni.

noccolùto agg. ● (*raro*) Che ha grosse nocche.

nóce [lat. *nŭce(m)*, di origine indeur.] **A** s. m. *1* Grande albero delle Juglandacee con foglie imparipennate, fiori che si sviluppano prima delle foglie, frutto secco racchiuso in un involucro esterno carnoso, prima verde poi nero (*Juglans regia*). *2* Legno duro e compatto di tale albero, usato spec. per la fabbricazione di mobili. **B** s. f. *1* Frutto del noce, formato da una parte esterna carnosa, una intermedia legnosa e una interna commestibile, oleosa, composta da due cotiledoni detti gherigli: *raccogliere, schiacciare, mangiare le noci* | *Il mallo della n.*, la parte esterna | *Il guscio della n.*, la parte intermedia | *Guscio di n.*, (*fig.*, *scherz.*) imbarcazione piccola, fragile, leggera | (*raro, fig.*) *Lasciar schiacciare le noci in casa propria*, subire, sopportare tutto. *2* (*est.*) Pianta che produce frutti in qualche modo simili alla noce | *N. moscata*, albero delle Miristicacee, asiatico, dioico, il cui frutto contiene un seme fortemente aromatico (*Myristica fragrans*) | *N. vomica*, albero indiano delle Loganiacee, con grosso frutto a bacca e voluminosi semi piatti, amari, stimolanti ed eupeptici (*Strychnos nux vomica*) | *N. d'India*, cocco | (*est.*) Il frutto di tali piante: *n. moscata*; *n. vomica*. ➡ ILL. **spezie**. *3* (*est.*) Frutto, o parte del frutto, di varie piante, in qualche modo simile a una noce | *N. di acagiù*, frutto dell'anacardio | *N. di cocco*, grosso nocciolo del frutto del cocco, con polpa commestibile e succo dolce, lattiginoso | *N. pecan*, il frutto del pecan (V.). *4* (*fig.*) Pezzetto di q.c., delle dimensioni di una noce: *una n. di burro*. *5* Parte interna della coscia del bue e del vitello macellati, posta sotto il girello, usata spec. per arrosti. SIN. Rosa. *6* Pezzo rotante imperniato nel teniere della balestra, per bloccare la corda in tensione. *7* (*pop.*) Malleolo. **C** in funzione di agg. inv. ● (posposto al s.) Che ha il colore caratteristico del legno del noce: *un cappotto n. scuro* || PROV. Una noce in un sacco non fa rumore. || **nocìna**, dim. f. | **nocióne**, accr. m.

nocèlla [lat. tardo *nucĕlla(m)*, dim. di *nŭx*, genit. *nŭcis* 'noce'] s. f. *1* (*anat.*) Eminenza ulnare del polso. *2* (*biol.*) Tessuto interno dell'ovulo che dà origine al sacco embrionale. *3* Giuntura dei bracci del compasso. *4* (*dial.*) Nocciola.

nocènte **A** part. pres. di *nuocere*; anche agg. ● (*lett.*) Nei sign. del v. **B** s. m. e f.; anche agg. ● †Colpevole: *drizza l'arme talor contra i nocenti* (TASSO).

†**nocènza** [*nocĕntia(m)*, da *nŏcens*, genit. *nocĕntis*, part. pres. di *nocēre* 'nuocere'] s. f. ● Colpa, peccato.

nocepèsca [comp. di *noce* e *pesca* (*1*)] s. f. ● (*bot.*) Frutto del nocepesco piccolo, liscio, profumato. SIN. Pescanoce.

nocepèsco [comp. di *noce* e *pesco*, calco sul lat. *nucipĕrsicum*] s. m. (pl. *-schi*) ● Varietà di pesco con frutto piccolo e liscio.

nòcere ● V. *nuocere*.

nocéto [lat. *nucētu(m)*, da *nŭx*, genit. *nŭcis* 'noce'] s. m. ● Terreno piantato a noci.

nocétta [da *noce*; per il sign. 3, Cfr. il fr. *noisette*] s. f. *1* Noce, nel sign. 5 | (*raro, fig.*) *Essere giunto alla n.*, essere allo stremo, essere in miseria. *2* Noce, nel sign. 6. *3* (*dial.*) Colore nocciola.

nocévole [V. *nocibile*] agg. ● (*raro*) Nocivo. || **nocevolménte**, avv. (*raro*) In modo nocevole.

nocevolézza s. f. ● (*raro*) Qualità di nocevole.

noch /*ted.* nɔx/ [vc. ted., 'ancóra'] s. m. inv. ● (*econ.*) Contratto a premio che prevede la facoltà di ritirare o consegnare alla scadenza un quantitativo multiplo di quello pattuito: *n. per ritirare*; *n. per consegnare*.

†**nocìbile** [vc. dotta, lat. tardo *nocībile(m)*, da *nocēre* 'nuocere'] agg. ● Nocevole.

nocicettìvo agg. ● (*biol.*) Di, relativo a, nocicettore.

nocicettóre [comp. del lat. *nocēre* 'nuocere' e di (*re*)*cettore*] s. m. ● (*biol.*) Tipo di recettore atto a raccogliere gli stimoli dolorosi.

nocicezióne s. f. ● (*biol.*) Capacità dei nocicettori di raccogliere stimoli dolorosi.

nocìfero [vc. dotta, lat. tardo *nucĭferu(m)*, comp. di *nŭx*, genit. *nŭcis* 'noce' e *-fer* '-fero'] agg. ● Che produce noci.

†**nocìfraga** [comp. del lat. *nŭx*, genit. *nŭcis* 'noce' e *-fragus* 'che rompe', da *frăngere* 'frangere, rompere'] s. f. ● (*zool.*) Nocciolaia.

†**nociménto** [da *nocere*] s. m. ● Nocumento.

nocìno [da *noce*] s. m. *1* Gioco infantile consistente nel tirare una noce contro un castellino di quattro noci. *2* Liquore ottenuto lasciando macerare nell'alcol le noci ancora verdi, complete del mallo.

nocipatìa [comp. del lat. *nocēre* 'nuocere' e *-patia*] s. f. ● (*med.*) Qualsiasi patologia in cui predomina il sintomo dolore.

nocitóre s. m.; anche agg. (f. *-trice*) ● Chi, che nuoce.

nociùto part. pass. di *nuocere* ● Nei sign. del v.

nocività s. f. ● Qualità di chi, di ciò che è nocivo.

nocìvo [vc. dotta, lat. *nocīvu(m)*, da *nocēre* 'nuocere'] agg. ● Che procura danno: *bevanda nociva*; *insetti nocivi*; *sentire fuggire ciò che fusse n.* (ALBERTI). SIN. Dannoso. CONTR. Innocuo. || **nocivaménte**, avv.

no comment /*ingl.* nou 'kɔment/ [loc. ingl., propr. 'nessun commento'] loc. sost. m. inv. ● Risposta negativa data, durante conferenze-stampa, interviste e sim., a domande alle quali non si ha intenzione di rispondere: *ci sono stati dei no comment da parte del governo*.

no contest /*ingl.* 'nou 'kɔntest/ [loc. ingl., propr. 'nessuna competizione'] loc. sost. m. inv. ● (*sport*) Nel pugilato, verdetto con cui l'arbitro dà per non avvenuto il combattimento, in seguito all'abbandono o alla squalifica di entrambi i pugili.

noctilùca o **nottilùca** [dal lat. *noctilūca(m)* 'luna', 'lucerna', cioè 'ciò che risplende (dal v. *lucēre*) di notte (*nŏcte(m)*)'] s. f. ● (*zool.*) Genere di Flagellati che concorre alla luminescenza marina con la propria emissione di energia luminosa (*Noctiluca*).

nocuménto [vc. dotta, lat. tardo *nocumĕntu(m)*, da *nocēre* 'nuocere'] s. m. ● (*lett.*) Atto, effetto del nuocere: *caccia gl'infami nocumenti, ne' quali l'animo se medesimo senza pro affatica* (BOCCACCIO) | Male, danno: *essere di n. a qc.*, *a q.c.* || †**nocumentùccio**, dim.

†**nòcuo** [vc. dotta, lat. *nŏcuu(m)*, da *nocēre* 'nuocere'] agg. ● Nocivo.

nodàle agg. *1* Di, relativo a un nodo. *2* (*anat.*) *Tessuto n.*, tessuto miocardico destinato alla conduzione dell'eccitamento. *3* (*astron.*) *Linea n.*, la retta secondo la quale il piano contenente un'orbita taglia quello di riferimento. *4* (*fis.*) *Punto n.*, punto di un'onda stazionaria su una linea nel quale l'ampiezza di oscillazione è costantemente nulla. *5* (*ferr.*) *Punto n.*, di incrocio o coincidenza fra due linee. *6* *Piano n.*, ciascuno dei due piani normali all'asse di un sistema ottico e passanti per i nodi. *7* (*tel.*) *Centrale n.*, in cui convergono linee di collegamento con altre centrali. *8* (*fig.*) Di fondamentale importanza: *questo è il punto n. del problema*.

nodèllo [dim. di *nodo*] s. m. *1* Regione degli arti dei quadrupedi compresa tra quelle dello stinco e della pastoia. *2* (*med., pop.*) Articolazione. *3* Ciascuno degli ingrossamenti anulari lungo il fusto di una canna.

noderóso o †**nodoróso** [da *nodo*, sul modello di *poderoso*] agg. ● (*raro*) Pieno di nodi | Nocchieruto.

†**noderùto** agg. ● Noderoso.

nodìno s. m. *1* Dim. di *nodo*. *2* Punto di ricamo che si esegue avvolgendo il filo intorno all'ago e fissandolo poi al tessuto | Piccolo nastro, fiocchetto, in vesti e acconciature femminili. *3* (*sett.*) Costata di vitello.

nòdo [vc. dotta, lat. *nōdu(m)*, di origine indeur.] s. m. *1* Legatura di filo, nastro, fune e sim. fatta per stringere o fermare | *Fare un n. al fazzoletto*, per ricordare q.c. | (*arald.*) *N. d'amore*, *n. di Savoia*, intreccio del laccio d'amore | *N. gordiano*, quello inestricabile che, secondo la leggenda, Alessandro Magno tagliò con un colpo di spada; (*fig.*) questione, problema e sim. estremamente difficile e complesso | (*sport*) *N. delle guide*, in alpinismo, il più semplice dei modi per legarsi in cordata, consistente in una legatura semplice intorno alla vita | (*mar.*) *N. margherita*, *n. di Savoia*, usati per accorciare o ingrossare un cavo | (*mar.*) *N. piano*, *n. vaccaio*, usati per tenere insieme due o più cavi | (*mar.*) *N. a bocca di lupo*, *n. parlato*, usati per imbragare un oggetto, assicurare cavi d'ormeggio e sim. ➡ ILL. **nodo**. *2* (*fig.*) Legame, vincolo: *n. matrimoniale*, *d'amicizia*, *indissolubile*. **3** (*fig.*) Intoppo, difficoltà: *n. inestricabile*; *sciogliere il n.* | Significato essenziale, sostanza, nocciolo: *il n. della questione*. **4** (*fig.*) Groppo: *un n. di lacrime* | *Fare n. alla gola*, non voler scendere, detto di cibo o lacrime | *Un n. di tosse*, colpi di tosse che si susseguono l'uno dietro l'altro. **5** (*fig.*) Intreccio, trama: *n. dell'azione*, *di un dramma*. **6** Punto d'intersezione di due o più linee: *n. stradale* | *N. orografico*, punto in cui si saldano varie catene di montagne | *N. elettrico*, punto di unione di più rami di un circuito elettrico | *N. ferroviario*, località in cui convergono più linee di comunicazione. **7** (*ling.*) In un diagramma ad albero, ognuno dei vertici da cui si dipartono i rami e che è etichettato con un simbolo indicante una categoria. **8** (*mat.*) Punto d'intersezione delle rette di un reticolo. **9** (*astron.*) Ciascuno dei due punti in cui la linea nodale incontra la sfera celeste. **10** (*raro*, *est.*) Vortice, turbine: *un n. di acque*, *di vento*. **11** †Gruppo: *un n. di perle*. **12** (*fis.*) Luogo di una corda vibrante e sim., dove le particelle del corpo sonoro rimangono in quiete. **13** (*anat.*) Agglomerato di cellule (o di strutture correlate), che può costituire un rilievo più o meno accentuato rispetto alla superficie di un organo. **14** (*bot.*) Punto del fusto, generalmente ingrossato, in cui sono inserite una o più foglie. **15** (*mar.*) Ognuno dei tratti in cui è suddivisa la sagola del solcometro a barchetta | Unità di misura della velocità di una nave o del vento, pari a un miglio marino internazionale all'ora, ossia a 1852 metri all'ora: *filare dieci nodi*. SIMB. kn. **16** †Piccolo drappello di soldati | Nucleo di soldati esperti cui si appoggiavano un tempo altri meno provetti per apprendere e fare esperienza. **17** *Punto a n.*, punto di ricamo che si esegue avvolgendo il filo intorno all'ago e fissandolo poi al tessuto || PROV. Ogni nodo viene al pettine. || **nodèllo**, dim. (V.) | **nodétto**, dim. | **nodicèllo**, dim. | **nodino**, dim. (V.) | **nodùzzo**, dim..

†nodoróso ● V. *noderoso*.

nodosità [vc. dotta, lat. tardo *nodositāte(m)*, da *nodōsus* 'nodoso'] s. f. **1** Qualità di ciò che è nodoso. **2** (*med.*) Qualsiasi rilevatezza della pelle o indurimento tondeggiante di tessuti profondi.

nodóso [vc. dotta, lat. *nodōsu(m)*, agg. di *nōdus* 'nodo'] agg. **1** Pieno di nodi: *bastone n.*; *surge robusto el cerro ed alto el faggio*, / *n. el cornio*, *e 'l salcio umido e lento* (POLIZIANO). **2** (*fig.*) †Aspro, difficile.

†nodrire e *deriv.* ● V. *nutrire* e *deriv.*

nodulàre agg. ● (*med.*) Di, relativo a, nodulo | Costituito da noduli: *formazione n.*

nodulectomìa [comp. di *nodul(o)* ed *-ectomia*] s. f. ● (*chir.*) Asportazione chirurgica di un nodulo: *n. mammaria*.

nòdulo [vc. dotta, lat. tardo *nōdulu(m)*, dim. di *nōdus* 'nodo'] s. m. **1** (*miner.*) Concentrazione di un minerale in masse sferoidali o lenticolari entro una roccia a diversa composizione. **2** (*med.*) Indurimento, formazione tondeggiante.

nodulóso agg. ● Pieno di noduli.

noè [da *Noè* che morì vecchissimo] s. m. ● (*per anton.*) Persona vecchissima o vissuta in tempi remotissimi | *L'arca di noè*, (*fig.*) insieme di molti animali diversi riuniti; (*fig.*) luogo ove sono riunite persone d'ogni tipo | *Ai tempi di noè*, (*fig.*) immemorabili, lontanissimi | (*fig.*) *Far venire la barba di noè*, annoiare.

nòe ● V. *no*.

noèma [vc. dotta, gr. *nóēma* 'pensiero, percezione', da *noêin* 'pensare'. V. *noumeno*] s. m. (pl. *-i*) **1** Nella filosofia di Husserl, la modalità oggettiva dell'apparire della cosa nell'esperienza vissuta. **2** (*ling.*) Significato di un glossema.

noemàtico [dal gr. *nóēma*, genit. *noḗmatos*. V. *noema*] agg. (pl. m. *-ci*) ● Del, relativo al noema. SIN. Noemico.

noèmico agg. (pl. m. *-ci*) ● (*ling.*) Noematico.

noèṣi [vc. dotta, gr. *nóēsis* 'percezione, intendimento', da *noêin* 'pensare'. V. *noumeno*] s. f. ● Nella filosofia di Husserl, l'atto del pensare.

noètico (**1**) [vc. dotta, gr. *noētikós*, da *nóēsis*. V. *noesi*] agg. (pl. m. *-ci*) ● (*filos.*) Che concerne o interessa la noesi.

noètico (**2**) agg. (pl. m. *-ci*) ● Di, relativo a Noè e alla sua epoca.

no frost /ingl. 'nou 'frɔst/ [loc. ingl., propr. 'nessuna brina'] **A** loc. sost. m. inv. ● Sistema di sbrinamento automatico che impedisce la formazione di strati di ghiaccio sulle pareti interne di un frigorifero o di un congelatore. **B** loc. agg. inv. ● Detto di frigorifero o congelatore fornito di tale sistema di sbrinamento automatico.

nói o (*poet.*) †**nùi** [lat. *nōs*, di origine indeur.] pron. pers. m. e f. di prima pers. pl. **1** È usato (come sogg.) dalla persona che, parlando, si riferisce a se stesso e insieme ad altre persone (indica un'associazione che si estende dalla unione della persona che parla con un'altra sola persona, fino a comprendere tutto il genere umano): *noi non lo sappiamo*; *nui / chiniam la fronte al Massimo / Fattor* (MANZONI) | Generalmente omesso quando la persona è chiaramente indicata dal verbo, si esprime invece quando i soggetti sono più di uno, nelle contrapposizioni, con 'stesso', 'medesimo', 'anche', 'nemmeno', 'proprio', 'neppure', 'appunto' e sim., nelle esclamazioni, dopo 'come' e 'quanto' nelle comparazioni, dopo i verbi 'essere', 'sembrare', 'parere' e sim. con valore predicativo e, in gener., quando si vuole dare al sogg. particolare evidenza: *noi italiani siamo democratici*; *voi potete permettervelo, noi no*; *noi stessi lo ammettiamo*; *anche noi crediamo nella giustizia*; *proprio noi l'abbiamo detto*; *non lo sappiamo nemmeno noi*; *poveri noi!*; *voi valete quanto noi*; *quei due sembrano noi* | Posposto al v. con valore enf.: *te lo spieghiamo noi!*; *siamo qua noi!*; *siamo noi che dobbiamo ringraziare* | (*enf. e ints.*) In principio di frase: *noi dire queste cose?*; *noi fortunati? ma tu ti sbagli!* | (*iter.*) Rafforza un'affermazione: *noi vi andremo, noi!* | V. anche *noialtri*. **2** Si usa (come compl. ogg. e come compl. di termine preceduto dalla prep. 'a') invece delle forme 'ci' e 'ce' quando gli si vuole dare particolare rilievo: *ha chiamato noi*; *vuole proprio noi*; *preferisce noi, non voi!*; *dovete ringraziare noi se la cosa è finita così*; *proprio a noi lo dite!*; *neppure a noi interessa* | *Veniamo, torniamo a noi*, veniamo, torniamo al punto, all'argomento in questione | *A noi!*, escl. di esortazione ad agire tutti insieme, a raccogliersi, a combattere e sim. | (*lett.*) †Come compl. di termine senza la prep. 'a'; *fa noi grazia* (DANTE *Purg.* XXXI, 136). **3** Si usa nei vari complementi retti da prep.: *venite con noi*; *hanno parlato di noi*; *decidete anche per noi*; *non sta in noi concludere l'affare*; *ci siamo accordati fra noi*; *su noi ne hanno dette di tutti i colori* | *Da noi*, a casa nostra, nella nostra famiglia, nel nostro paese e sim.: *venite a mangiare da noi*; *da noi queste cose non succedono*; *da noi il clima è ottimo*; *da noi, in Italia si usa diversamente*. **4** Si usa (come sogg.) seguito da un s. sing. collettivo: *noi gente di campagna, siamo semplici* | (*fam.*, *tosc.*) Regge un v. al sing.: *noi si va in villeggiatura in giugno*; *noi si balla questa sera*. **5** Si usa (come sogg.) con valore impers.: *quando noi passiamo e consideriamo quanta miseria vi sia al mondo*; *quando noi vediamo gente che non ha da mangiare*. **6** Si usa (come sogg. e compl.) come plurale maiestatico spec. da parte di sovrani, pontefici e altre personalità, e come plurale di modestia spec. da parte di scrittori, oratori, relatori e sim. in luogo delle forme sing. 'io' e 'me': *noi Enrico, re, decretiamo ...*; *gli autori da noi citati sono molti*.

nòia [prov. *(e)noja*, da *enojar* 'annoiare'] s. f. **1** Senso di fastidio e di tristezza che assale, a causa dell'inerzia materiale, della mancanza di interessi spirituali o della ripetizione monotona delle stesse azioni: *essere sommerso dalla n.*; *ripetere q.c. fino alla n.*; *morire di n.*; *vincere*, *ammazzare la n.* | *Avere a n.*, considerare molto fastidioso | *Venire a n.*, divenire insopportabile. SIN. Tedio, uggia. **2** Molestia, disgusto, senso di avversione: *il vino gli dà n.* | Seccatura, fastidio, guaio: *ha avuto delle noie con i vicini*; *avere delle noie con la legge, la giustizia*; *la macchina ha qualche n. al motore*; *le noie del lavoro non erano poche* (SVEVO). **3** Chi, ciò che dà noia: *il suo amico è una vera n.*; *che n. quel film!* **4** †Dolore, pena, grave tristezza.

noiàltri o **nói àltri** [comp. di *noi* e il pl. di *altro*] pron. pers. m. di prima pers. pl. (f. *noialtre*) ● Con valore raff. (indica contrapposizione) noi: *n. siamo decisi ad agire*; *mentre n. discutiamo, voialtri andate a fare un sopralluogo*; *n. vecchi, abbiamo più esperienza*.

†noiàre v. tr. **1** Annoiare. **2** Procurare fastidio, molestia, tristezza.

†noiévole [da *noia*] agg. ● Increscioso, doloroso.

noiosità s. f. **1** L'essere noioso: *la tua insistente n.* **2** Ciò che procura noia, molestia: *le n. della vita quotidiana*.

noióso [provz. *enojos*, dal lat. parl. **inodiōsu(m)*. V. *annoiare*] **A** agg. **1** Che procura noia, uggia, fastidio: *vita noiosa*; *discorsi noiosi*. SIN. Fastidioso, molesto, tedioso. **2** (*lett.*) Che dà dolore, tristezza: *da mille noiosi pensieri angosciata e stimolata e trafitta* (BOCCACCIO). **B** s. m. (f. *-a*) ● Persona noiosa, cosa noiosa: *sei un gran n.*; *la pioggia, benché grossa si metteva al n. più che al furioso* (BACCHELLI). || **noiosaménte**, avv.

noir /fr. nwar/ [vc. fr., propr. 'nero'] **A** agg. inv. (f. fr. *noire*; pl. m. *noirs*; pl. f. *noires*) ● Detto di genere narrativo o cinematografico che ricorre spec. al macabro, al mistero e alla violenza, unendo elementi del giallo e del thrilling | Detto di opera appartenente a tale genere: *film, romanzo n.* **B** s. m. inv. ● Genere noir | Film, romanzo noir.

noisette /fr. nwa'zet/ [vc. fr., 'nocciola', dim. di *noix* 'noce'] **A** agg. inv. ● Che ha color nocciola. **B** s. m. inv. ● Il color nocciola.

noleggiaménto s. m. ● (*raro*) Noleggio.

noleggiànte A part. pres. di *noleggiare*; anche agg. ● Nei sign. del v. **B** s. m. e f. ● Chi dà a noleggio una nave o un aeromobile | Correntemente, chi noleggia beni mobili di trasporto.

noleggiàre [da *nolo*] v. tr. (*io noléggio*) ● Prendere, dare a noleggio: *n. una nave, un aeromobile*.

noleggiatóre s. m. (f. *-trice*) ● Chi prende a noleggio una nave o un aeromobile | Correntemente, chi dà in locazione beni mobili di trasporto: *n. di biciclette*.

noléggio [da *noleggiare*] s. m. **1** Contratto con cui una persona si obbliga a far compiere alla sua nave o al suo aeromobile, nell'interesse di un'altra persona e dietro corrispettivo, uno o più viaggi prestabiliti o da stabilire | Correntemente, locazione di beni mobili di trasporto: *prendere, dare a n. una bicicletta*. **2** (*est.*) Prezzo pagato per noleggiare q.c. **3** (*est.*) Bottega, rimessa dove si danno a nolo veicoli o altra merce: *un n. di biciclette*.

nolènte [vc. dotta, lat. *nolĕnte(m)*, part. pres. di

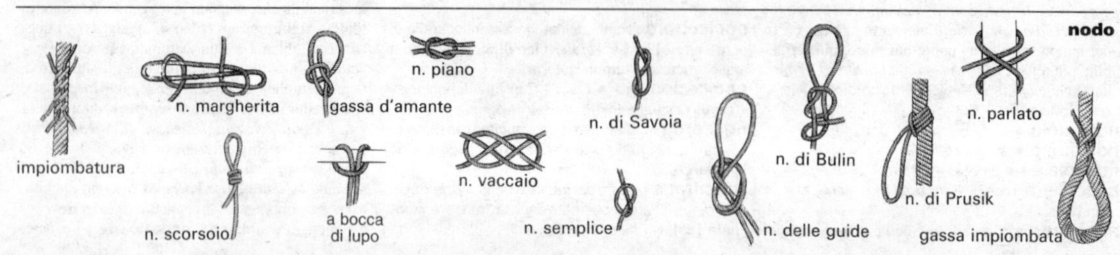

nōlle 'non volere', comp. di *nē* 'non' e *vĕlle* 'volere'] **agg.** ● (*lett.*) Che non vuole | *Volente o n.*, che voglia o no.

noli me tangere /*lat.* 'nɔli mɛ 'tandʒere/ o **nolimetàngere** [lat., propriamente 'non mi toccare', dalle parole rivolte dal Cristo risorto alla Maddalena] **A** loc. sost. f. inv. ● Piantina delle Balsaminacee con fiori pendenti gialli e frutti a capsule con valve che, giunte a maturità, se toccate si aprono di scatto e scagliano lontano i semi (*Impatiens noli-tangere*). **B** loc. agg. e sost. inv. ● (*scherz.*) Detto di persona sussiegosa o schifiltosa.

nòlo [lat. tardo *nāulu(m)*, dal gr. *nâulon*, da *nâus* 'nave'] s. m. *1* (*dir.*) Nel noleggio, corrispettivo dovuto da chi utilizza temporaneamente un mezzo di trasporto o un bene mobile | *Mercato dei noli*, che determina il livello dei prezzi di noleggio per le navi mercantili. *2* Prezzo del trasporto su navi e aerei. *3* (*raro*) Noleggio: *n. auto*; *dare, prendere a n.*

nolontà [vc. dotta, lat. tardo *noluntāte(m)*, da *nōlle* 'non volere', sul modello di *volŭntas*, genit. *voluntātis* 'volontà'] s. f. ● (*filos.*) Atto di volontà in base al quale si fugge il male.

nòma [gr. *nomḗ* 'corrosione'] s. m. (pl. *-i*) ● (*med.*) Processo cancrenoso della guancia che colpisce di preferenza bambini defedati, provocato da associazione di più batteri.

nòmade [vc. dotta, lat. *nŏmade(m)*, nom. *nŏmas*, dal gr. *nomás* 'che erra per mutare pascoli', da *némein* 'pascolare', di origine indeur.] **A** agg. ● Detto di popolazione che non ha dimora fissa e stabile, e vive spec. esercitando la caccia e la pastorizia: *tribù n.*; *popoli nomadi* | *Vita n.*, (*fig.*) di chi muta spesso luogo di residenza. **B** s. m. e f. *1* Appartenente a popolazione nomade | (*est.*) Zingaro. *2* (*fig.*) Chi non ha un domicilio fisso: *quell'attore è un n.*

nomadiṣmo [da *nomade*] s. m. ● Caratteristica di alcuni popoli e individui di spostarsi continuamente, senza prendere dimora stabile in un luogo.

nomàre [da *nome*] **A** v. tr. (*io nòmo* o *nómo*) *1* (*lett.*) Dare il nome a qc. o q.c. *2* (*raro, lett.*) Chiamare per nome | (*raro*) Invocare: *nelle paure della veglia bruna / Te noma il fanciulletto* (MANZONI). *3* †Eleggere. **B** v. intr. pron. *1* Chiamarsi. *2* (*est.*) Essere noto, celebre, famoso.

nom de plume /*fr.* nɔ̃ d 'plym/ [vc. fr., propr. 'nome di penna'] loc. sost. m. inv. (pl. fr. *noms de plume*) ● Pseudonimo usato da uno scrittore.

nóme [vc. dotta, lat. *nōme(n)*, di origine indeur.] s. m. *1* Parola con la quale si designano gli esseri animati (persone e animali) e gli oggetti, i sentimenti, le qualità, i fenomeni: *non so il n. del vostro compagno*; *il n. del mio cane*; *il n. di una nuova strada* | *N. comune*, che si applica a ogni elemento di insiemi omogenei (in contrapposizione a nome proprio) | *N. proprio*, che si applica solo a un essere o a una cosa per distinguerlo | *N. commerciale*, quello distintivo di un prodotto o di un servizio | *N. depositato*, di prodotto coperto da brevetto | *Chiamare le cose col loro n.*, (*fig.*) parlare senza reticenza né eufemismi | *Ingiurie, atti senza n.*, inqualificabili, innominabili | *Gli è ignoto il n. della lealtà*, non sa cosa sia la lealtà | *Sotto n. di*, sotto specie, apparenza di | *A n. di dote*, a titolo di dote | *Essere q.c. solo di n.*, esserlo solo nominalmente e non realmente | *A n. di qc.*, da parte, con l'autorità di qc. | *In n. di qc.*, in rappresentanza di qc. | *In n. di Dio*, che Dio ci aiuti. *2* Appellativo, nome proprio di persona: *imporre il n. di battesimo*; *n. brutto, bello, esotico*; *primo, secondo n.* | *Avere (di), per n.*, chiamarsi | (*raro*) *Rifare il n.*, dare a un neonato il nome del padre o del nonno | *Fare il n. di qc.*, rivelarlo, suggerirlo | *Fuori i nomi*, invito a nominare le persone alle quali si è accennato | *N. di battaglia*, soprannome spesso adottato da chi combatte clandestinamente | Casato, cognome: *il n. della madre*; *n. di famiglia* | Nome e cognome, come contrassegno e specificazione della persona nella vita sociale: *dare, prestare il n. a qc.*; *n. finto, rispettabile, onorato* | *N. d'arte*, pseudonimo, adottato spec. dagli attori nella loro professione | *È un bel n.*, è una persona molto nota | *Opera senza n.*, anonima. *3* (*fig.*) Fama, rinomanza, reputazione: *aver buon, cattivo n.*; *cose per quali il tuo ingegno ... s'acquista perpetua fama e n.* (ALBERTI) | *Avere un n. nell'arte*, essere famoso in quel campo | †*Dar n.*, far correre le voci. *4* †Parola d'ordine | Motto, spec. nome di un santo, che un tempo si gridava come segnale per iniziare il combattimento | *N. di guerra*, soprannome preso dai soldati delle antiche compagnie di ventura. *5* †Onomastico: *festeggiare il n.* || **nomàccio**, pegg. | **nomìgnolo**, dim. (V.) | **nomìno**, dim. | **nomóne**, accr. | **nomùccio**, pegg.

nomèa [da *nome*] s. f. ● (*spreg.*) Fama, nominanza, rinomanza: *avere la n. di bugiardo*; *avere una brutta n.*

nomenclatóre [vc. dotta, lat. *nomenclatōre(m)* 'schiavo che accompagnava il padrone per la strada per ricordargli i nomi dei clienti', comp. di *nōmen* 'nome' e *calāre* 'chiamare, convocare'] **A** s. m. (f. *-trice*) ● Chi si applica allo studio della nomenclatura. **B** agg. ● Che fornisce la nomenclatura relativa a una scienza o una disciplina: *registro, libro n.*

nomenclatùra [vc. dotta, lat. *nomenclatūra(m)* 'elenco di nomi'. V. *nomenclatore*] s. f. ● L'insieme dei nomi che vengono dati in modo sistematico agli oggetti concernenti una data attività: *la n. dei pezzi di una macchina*; *n. chimica, zoologica.*

nomenklatùra /nomenkla'tura, *russo* naminkla'tura/ [vc. russa, dal lat. *nomenclatūra* 'elenco di nomi'] s. f. ● Elenco degli incarichi più importanti del partito comunista e dello Stato in Unione Sovietica con cui si identificava il vertice del regime | (*est.*) L'insieme delle alte cariche del governo e dell'amministrazione pubblica in altri Paesi | (*est., spec. spreg.*) Gruppo dirigente di un'organizzazione.

-nomìa [gr. *-nomía*, da *nómos* 'norma, legge', da *némein* 'distribuire (secondo una regola)', di origine indeur.] secondo elemento ● In parole composte, significa 'governo', 'amministrazione', 'distribuzione razionale': *agronomia, autonomia, biblioteconomia, economia.*

-nòmico secondo elemento ● Forma aggettivi che corrispondono ai sostantivi in *-nomia*: *astronomico, economico.*

nomìgnolo s. m. *1* Dim. di *nome*. *2* Soprannome particolare, che spesso allude a qualità fisiche o morali: *appioppare un n. offensivo.*

nòmina [da *nominare*] s. f. ● Atto del destinare qc. a un ufficio, una carica o dell'investire qc. di un grado, una dignità: *conferire, ricevere una n.*; *decreto di n.*; *n. ministeriale.*

nominàbile [vc. dotta, lat. tardo *nominābile(m)*, da *nomināre* 'nominare'] agg. ● Che si può nominare | *Atto, parola non n.*, inqualificabile, indegno. CONTR. Innominabile.

nominàle [vc. dotta, lat. *nominăle(m)*, da *nōmen*, genit. *nōminis* 'nome'] agg. *1* Del nome, che riguarda il nome | *Appello n.*, chiamata per nome delle persone segnate in una lista. *2* (*ling.*) Che appartiene alla categoria del nome: *suffisso, predicato n.* | *Frase n.*, frase costruita senza verbo. *3* Che è tale, che ha valore, solo di nome: *autorità, governo n.* CONTR. Reale. *4* (*econ.*) *Valore n. della moneta*, quello attribuitole dall'autorità statale, indipendentemente dal suo valore intrinseco | *Capitale sociale n.* o *capitale n.*, l'ammontare dei conferimenti in società, indipendentemente dal fatto che siano stati interamente versati o no, e che risultano dall'iscrizione nel registro delle imprese. *5* In varie tecnologie, designa valori di progetto in contrapposizione ai valori in uso effettivo. || **nominalménte**, avv. Soltanto di nome e non di fatto.

nominaliṣmo [comp. di *nominale* e *-ismo*] s. m. ● Dottrina filosofica secondo la quale soltanto le individualità costituiscono delle realtà concrete, mentre le idee generali, denotanti classi d'individui, non sono altro che nomi cui non corrisponde alcuna realtà.

nominalìsta [da *nominale*] **A** s. m. (pl. *-i*) ● Chi segue o si ispira al nominalismo. **B** agg. ● (*raro*) Nominalistico.

nominalìstico agg. (pl. m. *-ci*) *1* (*filos.*) Che concerne o interessa il nominalismo. *2* (*dir.*) *Principio n.*, quello per cui i debiti monetari si devono adempiere con moneta avente corso legale al tempo delle scadenze e per il suo valore nominale.

nominalizẓàre [comp. di *nominal(e)* e *-izzare*, sul modello dell'ingl. *to nominalize*] v. tr. ● (*ling.*) Trasformare un verbo o un aggettivo in un nome | Trasformare una frase in un sintagma nominale.

nominalizẓatóre agg. ● (*ling.*) Detto di affisso che permette la trasformazione di un verbo o di un aggettivo in un nome (per es. *-ismo*, *-tura*).

nominalizẓazióne [da *nominalizzare*, sul modello dell'ingl. *nominalization*] s. f. ● (*ling.*) Atto, effetto del nominalizzare.

†**nominaménto** s. m. ● Atto del chiamare, del nominare.

nominànza [da *nominare*] s. f. *1* (*raro, lett.*) Rinomanza, fama: *buona, cattiva n.* *2* †Voce, notizia. *3* †Menzione.

nominàre [vc. dotta, lat. *nomināre*, da *nōmen*, genit. *nōminis* 'nome'] **A** v. tr. (*io nòmino*) *1* Porre, dare il nome: *n. una pianta, una malattia.* *2* Chiamare per nome, pronunciare il nome, denominare: *non si può neppure nominarlo*; *non è da n. galantuomo* | Rammentare, menzionare: *n. tutti i papi avignonesi* | Proporre: *nominatemi qc.* *3* Scegliere per un ufficio o una carica, investire di una dignità: *n. qc. cavaliere, senatore, presidente*; *n. membro della commissione.* **B** v. rifl. ● †Dire il proprio nome. **C** v. intr. pron. ● (*raro*) †Avere nome.

†**nominàta** [f. sost. di *nominato*] s. f. ● Nomea, fama.

nominataménte [dal lat. *nominātim* 'per nome', da *nomināre* 'nominare' (V.), sul modello degli avv. it. in *-mente*] avv. *1* Per nome, a nome, a uno a uno: *citare, indicare n.* *2* Espressamente, esplicitamente: *ordinare, prescrivere n. q.c.*

nomination /*ingl.* nɔmi'neiʃən/ [vc. ingl.: V. *nominazione*] s. f. inv. ● Negli Stati Uniti, designazione di un candidato a una carica politica, spec. a quella di presidente | (*est.*) Candidatura a un premio, spec. all'Oscar cinematografico.

nominatività s. f. *1* Qualità di ciò che è nominativo. *2* (*econ.*) Regime che comporta l'intestazione dei titoli azionari a chi ne è proprietario.

nominatìvo [vc. dotta, lat. *nominatīvu(m)*, da *nomināre* 'nominare'] **A** agg. *1* Che serve a nominare: *caso n.* *2* Che contiene uno o più nomi: *elenco n.* *3* (*banca*) Che è intestato al suo proprietario: *titolo n.*; *libretto n. di risparmio.* || **nominativaménte**, avv. Nominatamente. **B** s. m. *1* (*bur.*) Designazione di una persona col suo nome e cognome. SIN. Nome. *2* (*ling.*) Caso della declinazione indoeuropea che esprime la funzione grammaticale del soggetto. *3* Sigla di lettere e cifre, o segnale, che contraddistingue ogni nave, aeromobile, stazione marittima e radiotrasmittente.

nominàto part. pass. di *nominare*; anche agg. *1* Nei sign. del v. *2* Celebre, noto. || †**nominataménte**, avv. *1* Per nome. *2* Specialmente.

nominatóre [vc. dotta, lat. tardo *nominatōre(m)*, dal part. pass. di *nomināre* 'nominare'] s. m.; anche agg. (f. *-trice*) ● (*raro*) Chi, che nomina.

nominazióne [vc. dotta, lat. *nominatiōne(m)*, dal part. pass. di *nomināre* 'nominare'] s. f. ● (*raro*) Atto, effetto del nominare: *si doveva tralasciar anco la n. delli presidenti* (SARPI).

nòmo (1) [vc. dotta, gr. *nomós* 'provincia, distretto, regione', di origine indeur.] s. m. ● Circoscrizione amministrativa dell'Egitto faraonico, tolemaico e romano.

nòmo (2) [vc. dotta, gr. *nómos* 'cantilena, melodia', di origine indeur.] s. m. ● Composizione poetica di argomento austero o religioso, cantata a solo con accompagnamento di cetra, tipica della letteratura greca antica.

nòmo- [dal gr. *nómos* 'legge, regola', di origine indeur.] primo elemento ● In parole composte della terminologia scientifica, significa 'norma', 'legge': *nomogramma.*

-nomo secondo elemento ● Forma nomi designanti persone che svolgono le attività indicate dai sostantivi in *-nomia*: *agronomo, economo.*

nomofilàce o **nomofilace** [vc. dotta, gr. *nomophýlax*, genit. *nomophýlakos*, comp. di *nómos* 'legge' (V. *nomo-*) e *phýlax*, genit. *phýlakos* 'guardiano', di etim. incerta] s. m. ● Colui che nella magistratura greca antica aveva il compito di custodire il testo originale delle leggi.

nomofilachìa o **nomofilacia** nel sign. 2 [gr. *nomophylakía*, deriv. di *nomophýlax* 'nomofilace'] s. f. *1* Incarico del nomofilace. *2* (*dir.*) Garanzia dell'uniforme interpretazione della legge.

nomofillo [comp. di *nomo-* e *-fillo*] s. m. ● (*bot.*) Foglia normale con clorofilla.

nomografia [vc. dotta, gr. *nomographía* 'il dar leggi scritte, legislazione', comp. di *nómos* 'legge' (V. *nomo-*) e *-graphía* '-grafia'] s. f. ● Studio dei nomogrammi e di questioni connesse.

nomogràmma [comp. di *nomo-* e *-gramma*] s. m. (pl. *-i*) ● (*mat.*) Rappresentazione grafica d'una funzione di due o più variabili, o d'un'equazione in tre o più variabili.

nomotèta [gr. *nomothétēs*, comp. di *nómos* 'legge' e *thétēs* 'colui che pone, stabilisce (dal v. *tithénai* 'mettere stabilmente, collocare')', l'uno e l'altro di origine indeur.] s. m. (pl. *-i*) ● Nell'antica Atene, membro di un consiglio che approvava o rifiutava le modifiche proposte alla legislazione.

nomotètico [vc. dotta, calco sul ted. *nomothetisch*, comp. del gr. *nómos* 'legge' (V. *nomo-*) e *theticós* 'atto a stabilire, a formare' (V. *nomoteta*)] agg. (pl. m. *-ci*) ● (*filos.*) Detto spec. delle discipline dirette alla ricerca delle leggi generali della natura, in contrapposizione alle discipline specifiche o storiche | Normativo.

†**nompariglia** o †**nonpariglia** [fr. *nonpareil* 'senza pari', comp. di *non* e *pareil* 'pari, simile', dal lat. parl. **paricŭlu(m)*, da *păr*, genit. *păris* 'pari'] s. m. ● Nastro molto stretto.

non /non/ [lat. *nōn*, da **nē ōinu(m)* 'non uno'] avv. (davanti al pron. *lo*, la *n* finale dell'avverbio si assimila dando luogo per troncamento a *nol*, poet.: *venite a noi parlar, s'altri nol niega!* (DANTE *Inf.* V, 81); *nol concede il mestissimo rito* (MANZONI)). **1** Nega o esclude il concetto espresso dal verbo cui è premesso o serve a esprimere diversità dal concetto stesso: *non sono riuscito a trovarlo*; *non voglio*; *non è venuto*; *non è partito*; *mi ha consigliato di non rifiutare*; *mi rispose che non poteva farlo*; *non ci vado*; *non andarci*; *non ti muovere*; *non muoverti*; *non ce n'è* | Con valore raff. con un pron. negativo: *non c'è nessuno*; *non lo dice nessuno*; *non possiedono niente*; *non ho visto nulla* | *Che è, che non è*, improvvisamente, chissà come | *Non c'è di che!*, formula di cortese risposta a chi ringrazia o si scusa di q.c. | *In men che non si dica*, molto rapidamente | *Non potere non fare q.c.*, doverla fare assolutamente, non poter farne a meno: *non posso non credergli*; *non possiamo non andare* | Con valore raff. in unione con 'affatto', 'punto', 'mica': *non lo stimano affatto*; *non ci credo punto*; *non ci vado mica* | Dando luogo a litote: *non vi dispiaccia aiutarmi* | V. anche *non so che*. **2** Si usa per negare uno dei termini nelle contrapposizioni (anche con ell. del v.): *non sarà bello ma è ricco*; *è buono, non cattivo*; *sarà intelligente ma non simpatico*; *lui, non tu, deve provvedere*; *non domani, oggi dovevo venire* | Nelle prop. disgiuntive: *venga o non venga*; *voglia o non voglia*; *gli piaccia o non gli piaccia*; *mi credano o non mi credano*; | (*raro*) Con ell. del secondo termine: *venga o non*; *voglia o non* | Con ell. del v.: *giovane o non giovane, queste cose deve capirle*; *raccomandato o non raccomandato per me sono tutti uguali*. **3** (*enf.*, *lett.*) Né (esclude, in una numerazione, ciascuno dei termini cui viene premesso): *Non avea catenella, non corona, / non gonne contigiate, non cintura* (DANTE *Par.* XV, 100-101). **4** Si usa nelle prop. interr. retoriche, dirette o indirette, che aspettano risposta affermativa: *non avevi detto che l'avresti fatto subito?*; *non ti pare che sarebbe meglio aspettare?*; *mi chiedo se non sia il caso di rinunciare*; *ho ragione io, non è vero?*; *non sei forse il fratello di Mario?*; *chi non avrebbe subito fiutato l'imbroglio?* **5** (*pleon.*) In alcune prop. dipendenti introdotte da locuzioni particolari: *non appena mi vide, mi corse incontro*; *mancò poco che non cadesse*; *a meno che tu non voglia rinunciare*; *non poté fare a meno di non sorridere*; *per poco non sono caduto* | (*pleon.*) In espressioni escl. ellittiche: *le meraviglie che non ho visto!* | (*pleon.*) In prop. temporali introdotte da 'finché' e nelle compar.: *ho atteso finché non fosse partito*; *è molto più difficile di quel che tu non pensi* | (*lett.*, *pleon.*) Dopo verbi di timore, impedimento, dubbio in prop. con valore dubitativo: *é meglio sorvegliare l'ovile per impedire che le pecore non scappino*; *dubito che non venga più*. **6** Nega il concetto espresso dal s., agg., pron., avv. o da altra parte del discorso cui è premesso, spec. dando luogo a una litote: *per lui è stato non un fratello ma un padre*; *è stata un'impresa non riuscita*; *mi hanno affidato un compito non indifferente*; *sono cose non adatte*; *una stella non visibile ad occhio nudo*; *non pochi lo affermano*; *ha pianto non poco*; *l'ho fatto non senza fatica*; *non tutti sono d'accordo*; *non uno degli invitati è venuto*; *si è rimesso non completamente* | *Non altrimenti che*, così come, allo stesso modo | *Non che*, non perché, non per il fatto che: *non che sia uno sciocco, ma è superficiale* | *Se non*, altro, altra cosa che: *non è se non un disgraziato* | V. anche *nondimeno*, *nonostante*, *nonpertanto*, *se non che*. **7** Nega o esclude il concetto del s. che lo segue formando con questo un tutt'uno, talvolta anche un'unica parola, quasi fosse un prefisso: *i non credenti*; *i non partecipanti*; *i non belligeranti*; *i non cattolici*; *il non intervento*; *il non essere*; *il non io*; *un nonsenso*.

nòna [da (*ora*) *nona*] s. f. **1** Nella divisione del tempo in uso presso gli antichi Romani, nona ora del giorno, contando dopo le sei del mattino, corrispondente circa alle ore quindici. **2** (*relig.*) Ora canonica corrispondente alle ore quindici. **3** (*tosc.*, *fig.*) †*Fare suonare le none*, anticipare un rifiuto, prevenendo la richiesta. **4** (*mus.*) Intervallo compreso tra due note della scala, separate da sette note consecutive.

nonagenàrio [vc. dotta, lat. tardo *nonagenāriu(m)*, da *nonagēni* 'in numero di novanta', da *nonagīnta* 'novanta'] agg.; anche s. m. (f. *-a*) ● Che, chi ha novanta anni, detto di cosa e di persona: *ulivo n.*; *un arzillo n.*

nonagèṣimo [vc. dotta, lat. *nonagēsimu(m)*, da *nonagīnta* 'novanta'] **A** agg. num. ord.; anche s. m. ● (*raro*) Novantesimo. **B** s. m. ● (*astron.*) Il punto dell'eclittica più alto sull'orizzonte.

non aggressióne [comp. di *non* e *aggressione*] loc. sost. f. ● In diritto internazionale, principio in base al quale due o più Stati si impegnano a non aggredirsi reciprocamente: *patto di non aggressione*.

nonàgono [da *nono*, sul modello di *pentagono*, ecc.] s. m. ● Poligono con nove lati.

non allineaménto loc. sost. m. ● (*polit.*) La condizione dei Paesi non allineati.

non allineàto [comp. di *non* e *allineato*] loc. agg. ● (*polit.*) Spec. fino agli anni '80, detto di Paese che non schierato né con il blocco occidentale né con quello orientale.

nonàno [comp. di *non(o)* e *-ano* (*2*)] s. m. ● (*chim.*) Alcano a nove atomi di carbonio, contenuto nel petrolio e ottenibile anche per decomposizione della paraffina.

†**nonàrio** [da *nono*] agg. ● Di nove.

non belligerànte [comp. di *non* e *belligerante*] **A** loc. agg. ● Detto di Stato che si trova nella condizione di non belligeranza. **B** loc. sost. m. ● Stato non belligerante.

non belligerànza [comp. di *non* e *belligeranza*] loc. sost. f. ● In diritto internazionale, condizione di uno Stato intermedia fra la neutralità e lo stato di guerra.

nonchalance /fr. nɔ̃ʃa'lɑ̃s/ [vc. fr., da *nonchalant*, part. pres. dell'ant. *nonchaloir* 'trascurare', comp. di *non* e *chaloir* 'importare', dal lat. *calēre* 'avere caldo' e fig. 'inquietarsi, essere sui carboni ardenti'] s. f. inv. ● Atteggiamento di distacco unito a indifferenza, noncuranza.

nonché o **non che**, spec. nel sign. 2 [comp. di *non* e *che* (*2*)] cong. **1** E anche, e inoltre, come pure (con valore aggiuntivo): *gli ho sempre dato quanto era necessario, n. qualcosa in più*; *è un lavoro lungo n. complesso* | Tanto più, tanto meno: *non lo si può consigliare, n. aiutare*. **2** (*lett.*) Non solo, non solo non (spec. in correl. con una cong. avversativa): *nulla speranza li conforta mai, / non che di posa, ma di minor pena* (DANTE *Inf.* V, 44-45) | Oltre a, oltre che: *n. essere egoista, agisce anche da malvagio*.

non collaborazióne [comp. di *non* e *collaborazione*] loc. sost. f. ● Forma di lotta sindacale consistente nell'esatto adempimento dei compiti assegnati al lavoratore, e nel rifiuto, da parte di questo, di compiere qualsiasi prestazione che esorbiti da essi.

nonconformiṣmo o **non conformiṣmo** s. m. ● Atteggiamento proprio di chi è nonconformista.

nonconformista o **non conformista** [calco sull'ingl. *non conformist*] agg.; anche s. m. e f. (pl. m. *-i*) ● Che, chi non si conforma al modo di agire e di pensare della maggioranza: *spirito n.*; *un n. intransigente*.

noncorrispondènza [comp. di *non* e *corrispondenza*] s. f. ● (*raro*) Il non essere corrisposto in q.c.

†**noncovèlle** [comp. di *non* e *covelle*] pron. indef. inv. ● (*raro*) Nulla.

non credènte [comp. di *non* e *credente*] loc. sost. m. e f. ● Persona che, con piena consapevolezza, rifiuta qualsiasi religione.

noncurànte o (*raro*) **non curànte** [comp. di *non* e *curante*] agg. ● Che non attribuisce importanza o interesse a q.c. che, al contrario, meriterebbe attenzione: *essere n. del pericolo*, *dei giudizi altrui*.

noncurànza o (*raro*) **non curànza** [da *noncurante*] s. f. ● Mancanza di interesse, attenzione e sim. nei confronti di qc. o q.c.: *la n. dei propri doveri*; *rispondere con n.*; *assumere un'aria di n.*

non deambulànte [comp. di *non* e *deambulante*] loc. agg.; anche loc. sost. m. e f. ● Che, chi ha ridotte capacità motorie: *posti rirervati a passeggeri non deambulanti*.

nondimànco o †**non di mànco** [comp. di *non*, *di* e *manco*] cong. ● Nondimeno.

nondiméno o **non di méno** [comp. di *non*, *di* e *meno*] cong. ● Tuttavia, pure, ciò nonostante (con valore avversativo): *non credo di essere capace*, *n. tenterò*; *non se lo meritava proprio*, *n. è stato aiutato* | In correl. con le cong. concessive 'benché', 'quantunque', 'sebbene' e sim., rafforza il valore concessivo di tutto il periodo: *quantunque tu sia contrario, n. dovrai collaborare*; *come che tu ... nell'armi esercitato ti sii, non dovevi di meno conoscere quello che gli ozi e le dilicatezze possano* (BOCCACCIO).

nòne (**1**) [vc. dotta, lat. *nōnae*, nom. pl. f. di *nōnus* 'nono'; dette così perché cadevano il *nono* giorno prima delle Idi] s. f. pl. ● Nell'antico calendario romano, quinto giorno del mese, eccetto quelli di marzo, maggio, luglio e ottobre, in cui era il settimo giorno.

nòne (**2**) [da *no* o *no(n)* con componente rafforzativa] avv. **1** c(on valore raff.) †Non. **2** (con valore raff.) †No | Come risposta negativa oggi usato nei dialetti centr. e merid.

non-èssere s. m. inv. ● (*filos.*) Il contrario dell'essere; secondo la filosofia platonica è l'alterità di un essere determinato, come il non-movimento rispetto al movimento.

nonétto [da *nono*, sul modello di *quartetto*, *quintetto* ecc.] s. m. ● (*mus.*) Composizione da camera per nove strumenti solisti | (*est.*) L'insieme degli esecutori di tale composizione.

non fumatóre [comp. di *non* e *fumatore*] loc. sost. m. (f. *-trice*); anche loc. agg. ● Chi, che non fuma: *carrozza*, *scompartimento* (*per*) *non fumatori*.

non garantìto [comp. di *non* e *garantito*] loc. agg.; anche loc. sost. m. (f. *-a*) ● Che, chi non è adeguatamente tutelato sul piano sociale ed economico: *ceti non garantiti*.

non giòco [comp. di *non* e *gioco*] loc. sost. m. inv. ● (*sport*) Tattica che mira non a costruire delle azioni, ma semplicemente a impedire alla squadra avversaria di sviluppare il suo gioco.

nonìlico [da *nonano*] agg. (pl. m. *-ci*) ● (*chim.*) Detto di acido monobasico del nonano.

non intervènto [comp. di *non* e *intervento*] loc. sost. m. ● Principio secondo cui a nessuno Stato è permesso intervenire nella politica interna di altri Stati.

nònio [da *Nonius*, n. latinizzato di Pedro *Nuñes* (1492-1577) che lo inventò] s. m. ● (*fis.*) Dispositivo che permette di leggere una data frazione di intervallo di una scala graduata.

non-ìo [comp. di *non* e *io*] s. m. inv. ● (*filos.*) Insieme degli oggetti distinti dal soggetto pensante, dall'io.

non marcàto [comp. di *non* e *marcato*] loc. agg. ● (*ling.*) Detto di unità linguistica che, in un'opposizione, non presenta la marca di correlazione.

non menzióne [comp. di *non* e *menzione*] loc. sost. f. ● (*dir.*) Beneficio previsto dalla legge penale che consiste nella mancata iscrizione della condanna nel certificato del casellario giudiziario.

non-metàllo [ingl. *non-metal*, giustapposizione di *non* negativo e *metal* 'metallo'] s. m. ● (*chim.*) Elemento privo di caratteristiche metalliche. SIN. Metalloide.

nònna [lat. tardo *nŏnna(m)* 'nutrice, balia', vc. inft.] s. f. ● Madre del padre o della madre nei confronti dei figli di questi. ‖ **nonnétta**, dim. | **nonnìna**, dim.

†**nonniènte** [comp. di *non* e *niente*] s. m. inv. ● Niente.

nonnìsmo [da *nonno*, fra i militari l'"anziano"] s. m. ● Comportamento prepotente e intimidatorio che i soldati prossimi al congedo assumono nei confronti delle reclute, sottoponendole a scherzi anche feroci e pretendendo particolari privilegi.

nònno [lat. tardo *nŏnnu(m)* 'balio', vc. inft.] s. m. **1** Padre del padre o della madre nei confronti dei figli di questi | *I nonni*, il nonno e la nonna o i due nonni o le due nonne e (*est.*) gli avi, gli antenati | (*inter.*, *scherz.*) *Sì, mio n.!*, *sì, mio n. in carriola!*, esprime incredulità o scetticismo di fronte a un'affermazione ritenuta esagerata o iperbolica. **2** (*fam.*, *sett.*) Uomo vecchio, la persona più vecchia di una data località. **3** Nel gergo militare, soldato ormai prossimo al congedo, cui tradizionalmente vengono riconosciuti particolari privilegi dai commilitoni con minore anzianità di leva. ‖ **nonnétto**, dim. | **nonnìno**, dim. | **nonnóne**, accr. | **nonnùccio**, dim.

nonnòtto [da *nonno*] s. m. ● (*zool.*) Tarabusino.

nonnùlla [lat. *nonnŭlla* 'alcune cose', nt. pl. di *nonnŭllus*, comp. di *nōn* 'non' e *nūllus* 'nessuno' (V. *nulla*)] s. m. ● Cosa da nulla, di importanza trascurabile: *litigare per un n.*; *un n. basta a farlo contento.*

nonnumeràrio [comp. di *non* e *numerario*] agg. ● (*raro*) Soprannumerario.

nòno [lat. *nōnu(m)*, da *nŏvem* 'nove'] **A** agg. num. ord. ● Corrispondente al numero nove in una sequenza, in una successione, in una classificazione, in una serie (rappresentato da *IX* nella numerazione romana, da 9° in quella araba): *è arrivato n.*; *la nona parte di un numero*; (*ell.*) *tre alla nona*; *la nona sinfonia di Beethoven*; *il papa Pio IX*; *il re Luigi IX* | *Il secolo IX*, gli anni dall'801 al 900 d.C. **B** in funzione di s. m. ● Ciascuna delle nove parti uguali di una stessa quantità: *calcolare i due noni di un numero.*

nonostànte o (*raro*) **non ostànte** [comp. di *non* e †*ostante*, part. pres. di *ostare*] **A** prep. ● A dispetto di, senza curarsi di: *sono riuscito n. tutti gli ostacoli*; *l'ho fatto n. il vostro divieto*; *n. il freddo è uscito senza cappotto*; *n. tutto ce l'ho fatta*; *n. ciò sono contento* | V. anche *ciononostante* | Anche nelle loc. prep. †*n. a*, †*n. di*: *aspettarono il medico, n. a questo, più dì* (SACCHETTI). SIN. Malgrado. **B** cong. **1** Benché, quantunque (introduce una prop. concessiva con il v. al congv.): *non ho avuto l'animo di insistere, n. fosse necessario* | Anche nella loc. cong. *n. che*: *non si è concluso ancora nulla, n. che la maggioranza fosse d'accordo.* **2** (*raro*) Nella loc. cong. *pur n.*, tuttavia (con valore avversativo): *era tardi, pur n. abbiamo terminato il lavoro.*

†**nonparìglia** ● V. †*nompariglia*.

nonpertànto o **non pertànto**, **non per tànto** [comp. di *non* e *pertanto*] cong. ● (*lett.*) Tuttavia, nondimeno (con valore avversativo, spesso rafforzato da 'ma'): *ma non per tanto, senza mutar colore, ..., disse* (BOCCACCIO).

non plus ultra /*lat.* 'nɔn plus 'ultra/ [lat., propriamente 'non più oltre', motto che, secondo la leggenda, sarebbe stato scritto sulle colonne d'Ercole] loc. sost. m. inv. ● Il livello massimo a cui sia possibile pervenire: *il non plus ultra della tecnica, della precisione, della funzionalità*; *il non plus ultra dell'incompetenza, della trascuratezza, dell'ignoranza.*

†**nonpòssa** [comp. di *non* e *possa*] s. f. ● Impossibilità, impotenza.

non possumus /*lat.* non 'pɔssumus/ [loc. lat., propr. 'non possiamo', ricorrente nella storia della Chiesa, suggerita dall'espressione con cui gli apostoli Pietro e Giovanni si rifiutarono di obbedire al divieto dei capi del popolo di parlare nel nome di Gesù] loc. sost. m. inv. **1** Rifiuto espresso da un'autorità ecclesiastica e spec. da un pontefice, motivato dall'osservanza di leggi divine o canoniche. **2** (*est.*) Rifiuto netto, deciso.

non professionàle [comp. di *non* e *professionale*] loc. agg. ● Detto di qualsiasi attività svolta a livello amatoriale, dilettantistico: *cinema non professionale.*

non proliferazióne [comp. di *non* e *proliferazione*, per calco dell'ingl. *non-proliferation*] loc. sost. f. ● Tendenza a limitare, con accordi diplomatici, la produzione e diffusione delle armi spec. nucleari: *trattato di non proliferazione.*

nonsense /*ingl.* 'nɔnsəns/ [vc. ingl., comp. di *non* e *sense* 'senso'] **A** s. m. inv. **1** Nonsenso. **2** Breve testo o composizione poetica caratterizzata da un umorismo paradossale, surreale. **B** anche agg. inv.: *poesia n.*

nonsènso o **non sènso** [comp. di *non* e *senso*] s. m. ● Ciò che è privo di senso comune, che è assurdo o illogico.

non so che /non sɔ k'ke*/ o (*raro*) **nonsoché** [comp. di *non*, *so* (prima pers. del pres. indic. di *sapere*) e *che* (2)] **A** in funzione di agg. indef. ● Indica qualità indeterminata e difficilmente esprimibile: *sento non so che imbarazzo a parlargli.* **B** s. m. inv. ● Cosa che non si percepisce chiaramente, che non si sa definire: *un non so che di losco.*

non stop /*ingl.* 'nɔn 'stɔp/ o **no-stòp** [vc. ingl., propr. 'senza fermata'] loc. agg. inv. ● Senza interruzione, senza sosta: *volo non stop*; *spettacolo non stop.*

non tessùto [comp. di *non* e *tessuto* (2)] loc. agg.; anche loc. sost. m. ● Detto di prodotto tessile costituito da un fondo di fibre o fili naturali o sintetici, legato con mezzi chimici o meccanici ed eventualmente rinforzato da un supporto; è usato per la confezione di coperte, tessuti per arredamento, rivestimenti di pavimenti, imbottiture e sim. e di articoli sanitari destinati a essere gettati via dopo il primo uso, per es. articoli sanitari, strofinacci, sacchi per imballaggio.

nontiscordardimé o **non ti scordàr di me** [da *non ti scordar(e) di me*] s. m. ● (*bot.*) Miosotide.

non udènte [comp. di *non* e *udente*] loc. sost. m. e f.; anche loc. agg. ● (*euf.*) Sordo.

nònuplo [da *nono*, sul modello di *quadruplo* ecc.] **A** agg. ● (*raro*) Che è nove volte maggiore, relativamente ad altre cose analoghe. **B** s. m. ● Quantità, misura nove volte maggiore.

†**nonùso** [comp. di *non* e *uso*] s. m. ● Mancanza di uso.

non vedènte [comp. di *non* e *vedente*] loc. sost. m. e f.; anche agg. ● (*euf.*) Cieco.

non violènto o **nonviolènto** [comp. di *non* e *violento*] loc. sost. m.; anche agg. (f. *-a*) ● Chi, che professa la, o si ispira alla, non violenza.

non violènza o **nonviolènza** [comp. di *non* e *violenza*] loc. sost. f. ● (*polit.*) Resistenza passiva contro un invasore, un governo ostile o una legge ritenuta iniqua, attuata spec. con forme di disubbidienza civile.

†**nonvolènte** [comp. di *non* e *volente*] agg. ● Che non vuole, che si rifiuta di fare q.c.

nòo ● V. *nous*.

noologìa [comp. del gr. *nóos* 'mente' e *-logia*] s. f. **1** (*filos.*) Scienza che ha per oggetto di studio le funzioni conoscitive dell'intelletto. **2** (*ling.*) Teoria linguistica elaborata da L. J. Prieto, che analizza un enunciato in tratti semantici.

noòtropo [comp. di *noo* e *-tropo*] agg. ● (*farm.*) Che influenza positivamente l'azione dei neuroni.

nor- [sigla del ted. *N ohne Radical* 'N (azoto) senza radicale'] primo elemento ● In parole composte della terminologia chimica, indica molecola organica avente, a parità di struttura chimica, un metile o un metilene in meno rispetto alla molecola dalla quale deriva: *noradrenalina.*

nòra ● V. *nuora*.

noradrenalìna [comp. di *nor-* e *adrenalina*] s. f. ● (*chim.*) Catecolamina che agisce da neurotrasmettitore del sistema nervoso simpatico, precursore dell'adrenalina nella parte midollare della ghiandola surrenale. SIN. Norepinefrina.

norcinerìa [da *norcino*] s. f. ● (*centr.*) Luogo in cui si uccidono i maiali e se ne lavorano le carni | Bottega in cui si vende carne di maiale.

norcìno [da *Norcia*, città umbra da cui provenivano molti esperti nel lavorare la carne di maiale] **A** agg. ● Di, relativo a Norcia. **B** s. m. **1** Abitante, nativo di Norcia. **2** Chi castra i maiali | Chi lavora carni suine | Chi vende carni suine.

nord /nɔrd/ o †**nòrte** [sp. *norte*, dall'ingl. ant. *north*] **A** s. m. **1** Principale punto cardinale, rilevato mediante puntamento astronomico sulla stella polare | *N. magnetico*, punto della terra al quale si volge l'ago calamitato della bussola. **2** (*est.*) Zona settentrionale di un paese, un continente e sim.: *città del n.*; *gente del n.*; *il n. dell'Italia*, *dell'Europa*. **3** Nel bridge, posizione del giocatore che, al tavolo da gioco, si colloca di fronte al giocatore in posizione Sud col quale fa coppia. **B** in funzione di agg. inv. ● (posposto al s.) Settentrionale, spec. nelle loc. *fascia n.*, *parete n.*, *zona n.* e sim.

nord- /nɔrd/ primo elemento ● In aggettivi e sostantivi etnici o geografici, significa 'settentrionale', 'del Nord': *nordamericano.*

nordafricàno **A** agg. ● Dell'Africa settentrionale. **B** s. m. (f. *-a*) ● Abitante del Nord Africa.

nordamericàno **A** agg. ● Dell'America del nord | (*est.*) Degli Stati Uniti d'America. **B** s. m. (f. *-a*) ● Abitante, nativo dell'America del nord, o degli Stati Uniti d'America.

nordatlàntico agg. (pl. m. *-ci*) ● Relativo all'Oceano Atlantico settentrionale.

nordèst o **nord-èst** s. m. ● Punto dell'orizzonte posto a uguale distanza dal Nord e dall'Est.

nordeuropèo **A** agg. ● Del Nord dell'Europa. **B** s. m. (f. *-a*) ● Abitante del Nord dell'Europa.

nòrdico **A** agg. ● Che si riferisce al Nord | (*est.*) Che si riferisce alle regioni dell'Europa del Nord: *paesi*, *popoli nordici*; *lingue*, *leggende*, *usanze nordiche* | (*sport*) *Sci n.*, quello comprendente le due specialità, fondo e salto, che hanno avuto origine e sviluppo nei paesi nordici | *Combinata nordica*, gara costituita da una prova di salto con gli sci e da una di fondo. **B** s. m. (f. *-a*) ● Abitante, nativo di un paese nordico.

nordìsta **A** s. m. e f. (pl. m. *-i*) **1** Soldato o fautore degli stati del Nord nella guerra di secessione americana. **2** Abitante della parte settentrionale di una nazione politicamente divisa in due: *i nordisti della Corea.* **B** agg. **1** Che si riferisce agli stati del Nord degli Stati Uniti in riferimento alla guerra di secessione: *vittoria n.* **2** Che appartiene alla parte settentrionale di un paese politicamente suddiviso in due parti: *Corea n.*; *governo n.*

nordoccidentàle o **nord-occidentàle** [comp. di *nord* e *occidentale*] agg. ● Che si trova, è posto a nordovest: *regioni nordoccidentali* | Che proviene da nordovest: *venti nordoccidentali.*

nordorientàle o **nord-orientàle** [comp. di *nord* e *orientale*] agg. ● Che si trova, è posto a nordest: *regioni nordorientali* | Che proviene da nordest: *venti nordorientali.*

nordòvest o **nord-òvest** s. m. **1** Punto dell'orizzonte posto a uguale distanza dal Nord e dall'Ovest. **2** Cappello di tela incerata con falda abbassata sul collo, usato spec. da marinai.

norepinefrìna [comp. di *nor-* ed *epinefrina*] s. f. ● (*chim.*) Noradrenalina.

nòria [sp. *noria*, dall'ar. *nā'ūra*] s. f. **1** Elevatore per liquidi o materiali terrosi, composto di vasche unite a catena in moto circolare. **2** (*mar.*) Elevatore di munizioni a moto continuo dalla santabarbara alle armi da fuoco, sulle navi da guerra.

norìte [da *Nor(way)*, n. ingl. della Norvegia, ove questa roccia si trova] s. f. ● (*miner.*) Roccia intrusiva di composizione simile a quella del gabbro, scarsamente diffusa.

nòrma o **nórma** [vc. dotta, lat. *nŏrma(m)* 'squadra', di etim. incerta] s. f. **1** Regola, esempio, modello al quale, in determinati casi, ci si deve adeguare: *proporsi una n. di vita*; *operare secondo una n.* | *Servire di n. e regola*, diventare regola fissa. **2** Informazione, avvertenza, istruzione, sulla via e i criteri da seguire: *le norme del comporre*; *le norme per l'uso* | *Dettare norme*, imporre regole, linee da seguire | (*raro*) *Dare n.*, guidare, indirizzare | (*raro*) *A n.*, secondo, a misura | Uso, consuetudine che, in certi casi, diventa costante: *n. lessicale*; *seguire la n.*; *di n.* **3** (*dir.*) Regola di condotta che ha la funzione di disciplinare l'attività pratica dell'uomo imponendo doveri di comportamento: *norme giuridiche*; *n. consuetudi-*

naria; *n. scritta*. **4** (*ling.*) Insieme di istruzioni che definiscono ciò che dev'essere scelto fra gli usi di una data lingua, se ci si vuole conformare a un determinato ideale estetico o socioculturale | Tutto ciò che è di uso comune e corrente in una determinata comunità linguistica. **5** †Squadra a L di scalpellini, muratori, falegnami: *fare tutto a n. e corda*.

normàle [vc. dotta, lat. *normāle(m)*, da *nŏrma* 'norma'] **A** agg. **1** Che è conforme a una regola o all'andamento consueto di un determinato processo: *stato n.*; *polso n.* | *Tariffa n.*, al cui pagamento sono assoggettati i viaggiatori che non usufruiscono di speciali riduzioni | *Stato n.*, quello in cui si trova un organo o un organismo quando tutte le funzioni sono regolari | *Via n.*, nell'alpinismo, l'itinerario più frequentemente seguito per raggiungere la vetta di un monte. SIN. Ordinario, usuale. **2** Che serve a dare una norma | (*bur.*) *Lettera n.*, indirizzata da un organo centrale dell'amministrazione statale a quelli periferici per coordinarne e uniformarne l'operato | (*fis.*) *Strumento n.*, che, per la sua esattezza, serve a controllare e a regolarne altri. **3** (*mat.*) Ortogonale, perpendicolare: *retta n. a un piano*. **4** (*chim.*) Detto di soluzione che contiene in un litro un grammo equivalente di una sostanza. **5** *Scuola n.*, rivolta un tempo alla formazione professionale degli insegnanti di scuola elementare, poi sostituita dall'istituto magistrale | *Scuola n. Superiore*, collegio di alti studi universitari a Pisa, destinato a giovani ammessi gratuitamente per concorso a frequentare l'università di quella città e simultaneamente corsi aggiuntivi di specializzazione o perfezionamenti didattici e scientifici. || **normalménte**, avv. **1** Secondo la norma o le norme. **2** Secondo l'andamento consueto. **B** s. f. **1** (*mat.*) Retta ortogonale, perpendicolare. **2** (*sport*) Itinerario usato più di frequente in una scalata: *seguire la n. del Cervino*. **3** (*bur.*) Circolare: *una n. del ministero*.

normalìsta [da (*scuola*) *normale*] s. m. e f. (pl. m. *-i*) ● Allievo di scuola normale | Chi è o è stato studente presso la Scuola Normale Superiore di Pisa.

normalità s. f. ● Condizione, qualità dell'essere normale: *la n. della situazione economica*; *la n. del suo comportamento*.

normalizzàre [comp. di *normal(e)* e *-izzare*] **A** v. tr. **1** Rendere o fare ritornare normale | Nel linguaggio politico, riportare a una situazione di ordine, spec. con metodi repressivi da parte di un regime autoritario: *dopo i disordini, la capitale è stata normalizzata*. **2** Effettuare la normalizzazione dei prodotti industriali: *n. la produzione*. **3** (*mat.*) Determinare opportunamente degli elementi a priori variabili di un ente e di una sua espressione. **B** v. intr. pron. ● Rientrare nella normalità: *la situazione va normalizzandosi*.

normalizzàto part. pass. di *normalizzare*; anche agg. **1** Nei sign. del v. **2** (*bur.*) Detto di buste per corrispondenza che nel formato e nelle dimensioni sono conformi alle norme stabilite dall'amministrazione postale.

normalizzatóre agg.; anche s. m. (f. *-trice*) ● Che, chi normalizza.

normalizzazióne s. f. **1** Atto, effetto del normalizzare. **2** (*mat.*) Operazione del normalizzare. **3** Trattamento termico di metallo e leghe metalliche. **4** (*org. az.*) Attività di regolamentazione dei prodotti industriali svolta da un'azienda per fissare un insieme di norme e requisiti che essi devono soddisfare. **5** (*pedag., psicol.*) Azione volta a rendere un individuo normale rispetto a un modello di riferimento. **6** (*ling.*) Il ricondurre forme oscillanti nella morfologia o nella grafia a una norma di riferimento.

normànno [propriamente 'uomo del Nord', comp. del germ. *north* 'nord' e *man* 'uomo'] **A** agg. **1** Che si riferisce ai gruppi di popolazioni vichinghe le quali, a partire dall'VIII sec. d.C., occuparono parte della Francia estendendosi poi ad altri paesi d'Europa: *le invasioni normanne*; *castelli normanni*; *i monumenti normanni della Sicilia*. **2** Della Normandia: *cavalli normanni*. **B** s. m. (f. *-a* nel sign. 1) **1** Ogni appartenente alle popolazioni normanne. **2** Carattere tipografico con asta molto piena, forte chiaroscuro e grazie sottilissime.

normàre [da *norma*] v. tr. (*io nòrmo* o **nórmo**) ● Ridurre, conformare a una norma.

normatìva [f. sost. di *normativo*] s. f. ● L'insieme delle norme relative a un determinato argomento.

normativìsmo [comp. di *normativ(o)* e *-ismo*] s. m. ● (*raro*) Disposizione mentale a ridurre tutto a norma.

normatività s. f. ● (*raro*) L'essere normativo.

normatìvo [da *norma*] agg. **1** Che serve a fornire delle norme: *trattato n.* | *Grammatica normativa*, insieme di regole e definizioni fondate su di uno stato di lingua considerato corretto. **2** Che contiene delle, o è costituito da, norme, e ha pertanto valore di legge: *potere n.* || **normativaménte**, avv. Secondo le norme.

normatóre [da *normare*] agg.; anche s. m. (f. *-trice*) ● Che, chi dà norme e regole, disciplinando una certa attività.

normazióne [da *norma*] s. f. **1** Attività intesa a porre norme | (*est.*) Atto del rendere conforme a una norma. **2** (*org. az.*) Attività di regolamentazione dei prodotti industriali svolta da un'autorità nazionale o internazionale per fissare un insieme di norme e requisiti che essi devono soddisfare.

nórmo- [da *norm(almente)*] primo elemento ● In parole composte, spec. della terminologia medica, significa 'normale': *normoteso*.

normoblàsto [comp. di *normo-* e *-blasto*] s. m. **1** (*biol.*) Piccola cellula nucleata capostipite della linea dei globuli rossi. **2** (*biol.*) Qualsiasi elemento precursore dei globuli rossi.

normocìta o **normocìto** [comp. di *normo-* e *-cita*] s. m. (pl. *-i*) ● (*biol.*) Globulo rosso maturo, caratterizzato da parametri morfologici e dimensionali nella norma.

normodotàto [comp. di *normo-* e *dotato*] agg.; anche s. m. (f. *-a*) ● (*psicol.*) Che, chi è nella gamma della normodotazione.

normodotazióne [da *normodotato*] s. f. ● (*psicol.*) Livello medio di intelligenza misurato dai test.

normògrafo [comp. di *normo-* e *-grafo*] s. m. ● Strumento costituito da una sagoma di celluloide con intagliati i segni occorrenti per una scrittura rapida con caratteri uniformi.

normolìneo [da *normale*, sul modello di *curvilineo*, *rettilineo* e sim.] agg.; anche s. m. (f. *-a*) ● (*med.*) Detto di tipo costituzionale che presenta misure corporee tra loro proporzionate.

normopéso [comp. di *normo-* e *peso*] agg. inv.; anche s. m. inv. ● (*med.*) Detto di tipo costituzionale che presenta un peso corporeo normale.

normotensióne [comp. di *normo-* e *tensione*] s. f. ● (*med.*) Pressione arteriosa normale.

normotermìa [comp. di *normo-* e *-termia*] s. f. ● (*fisiol.*) Condizione di normale temperatura corporea.

normotéso [comp. di *normo-* e *teso*, sullo schema di *iperteso* e *ipoteso*] agg.; anche s. m. (f. *-a*) ● (*med.*) Che, chi ha una pressione arteriosa normale.

normotìpo [comp. di *norm(ale)* e *tipo*] s. m. ● (*med.*) Tipo normolineo.

nòrna [ant. nordico *norn*, dallo svedese dial. *norna*, *nyrna* 'comunicare segretamente', di origine onomat.] s. f. ● Nella mitologia nordica, ciascuna delle dee che presiedono al destino dell'uomo e pongono termine alla sua vita.

norrèno [nordico *norrön* 'settentrionale'] agg. ● Relativo alla lingua e alla letteratura norvegese fino al XIV sec.

†nòrte ● V. *nord*.

norvegése **A** agg. ● Della Norvegia e dei suoi abitanti: *fiordi norvegesi*; *usi e costumi norvegesi* | *Alla n.*, (*ell.*) alla maniera dei norvegesi, spec. per indicare un particolare stile di abbigliamento sportivo: *maglione alla n.* **B** s. m. e f. ● Abitante, nativo della Norvegia. **C** s. m. solo sing. ● Lingua del gruppo germanico parlata in Norvegia.

†nòsco o **nósco** [lat. parl. **nōbiscu(m)*, per il classico *nobīscu(m)*, comp. di *nōbis*, abl. di *nōs* 'noi', e *cŭm* 'con'] forma pron. ● (*poet.*) Con noi | (*est.*) Ai nostri tempi: *quando rimembro con Guido da Prata, / Ugolin d'Azzo, che vivette n.* (DANTE *Purg.* XIV, 104-105).

noṣèma [gr. *nósēma* 'malattia', deriv. da *nósos* 'malattia' (di origine sconosciuta)] s. m. ● (*zool.*) Protozoo parassita del baco da seta, di cui invade tutto il corpo provocando la pebrina (*Nosema bombycis*).

no signóre ● V. *nossignore*.

nòṣo- [dal gr. *nósos* 'malattia', di origine sconosciuta] primo elemento ● In parole composte, spec. della terminologia medica, significa 'malattia': *nosofobia*, *nosografia*, *nosologia*.

noṣocomiàle agg. ● Di, relativo a nosocomio | *Malattia n.*, che si contrae per la permanenza in ospedale.

noṣocòmio [vc. dotta, lat. tardo *nosocŏmiu(m)*, dal gr. *nosokomêion*, comp. di *nósos* 'malattia' (V. *noso-*) e *-komêion* '-comio'] s. m. ● Ospedale.

noṣofobìa [comp. di *noso-* e *-fobia*] s. f. ● (*psicol.*) Paura morbosa delle malattie.

noṣogèneṣi [comp. di *noso-* e *genesi*] s. f. ● (*med.*) Patogenesi.

noṣografìa [comp. di *noso-* e *-grafia*] s. f. ● (*med.*) Descrizione delle malattie e delle loro manifestazioni.

noṣogràfico agg. (pl. m. *-ci*) ● (*med.*) Di nosografia.

noṣologìa [comp. di *noso-* e *-logia*] s. f. (pl. *-gie*) ● (*med.*) Classificazione sistematica delle malattie.

noṣològico agg. (pl. m. *-ci*) ● (*med.*) Di, relativo a nosologia.

noṣomanìa [comp. di *noso-* e *mania* (2)] s. f. ● (*med.*, *psicol.*) Disturbo caratterizzato dalla tendenza a sentire i sintomi di molte malattie.

noṣoterapìa [comp. di *noso-* e *-terapia*] s. f. ● Cura delle malattie.

noṣotròpico [comp. di *noso-* e *-tropico*] agg. (pl. m. *-ci*) ● (*farm.*) Diretto contro i sintomi di una malattia: *terapia nosotropica*; *medicamento n.* CFR. Causale.

nossignóre o **no signóre** [comp. di *no* e *signore*] loc. avv. (f. fam. *nossignóra*; pl. m. fam. *nossignóri*) **1** Si usa come forma rispettosa o cortese di negazione con superiori o persone di riguardo: *n.! non ho trovato niente*. **2** (*enf.* o *iron.*) Esprime disappunto, dispetto e sim.: *n.! la ragione è sempre sua*; *questa volta, nossignori, dovete arrangiarvi da soli*; *n.! n.!, mai una volta che risponda di sì!*

nostalgìa [comp. del gr. *nóstos* 'ritorno' e *-algia*: propriamente 'dolore per il ritorno'] s. f. (pl. *-gie*) ● Desiderio ardente e doloroso di persone, cose, luoghi a cui si vorrebbe tornare, di situazioni già trascorse che si vorrebbero rivivere e sim.: *soffrire di n.*; *avere la n. di qc.*; *sentire n. del proprio paese*; *ricordare qc., q.c. con n.*

nostàlgico **A** agg. (pl. m. *-ci*) **1** Di nostalgia, improntato di nostalgia: *sentimento n.*; *abbandono, rimpianto n.* | Che manifesta nostalgia: *sguardo n.* **2** Di persona che soffre di nostalgia: *una ragazza nostalgica*. **B** agg.; anche s. m. (f. *-a*) ● Che, chi rimpiange un regime politico ormai passato, in particolare il regime fascista: *tendenze nostalgiche*; *un ritrovo di nostalgici*. || **nostalgicaménte**, avv. Con nostalgia.

nòstoc [n. creato da Paracelso; etim. incerta] s. m. ● (*bot.*) Spuma di primavera.

no-stòp ● V. *non stop*.

nostràle [da *nostro*] agg. ● Del nostro paese: *olio*, *produzione n.* | *Alla n.*, (*ell.*) all'usanza nostra. || **nostralménte**, avv. Secondo il nostro uso.

nostràno [da *nostro*] agg. ● Che non è straniero, ma del nostro paese: *formaggio*, *vino n.*; *vocabolo n.* | *Alla nostrana*, (*ell.*) come usa da noi, nel nostro paese.

nostras /lat. 'nɔstras/ [vc. lat., propriamente 'del nostro paese', da *nŏster* 'nostro'] agg. inv. ● (*med.*) Di forma patologica con sintomatologia analoga a quella delle malattie tropicali.

†nostràte [vc. dotta, lat. *nostrāte(m)*, da *nŏster* 'nostro'] agg. ● Nostrano.

nostràtico [vc. dotta, ted. *nostratisch*, dal lat. *nŏstras*, genit. *nostrātis* 'nostrale, nostrano, del nostro paese'] agg. (pl. m. *-ci*) ● (*ling.*) *Lingue nostratiche*, secondo il linguista danese H. Pedersen, insieme di famiglie linguistiche legate da rapporti di parentela | *Lingua nostratica*, secondo il linguista francese A. Cuny, presunta lingua madre da cui ebbero origine l'indoeuropeo e il camito-semitico.

nòstro [lat. *nŏstru(m)*, comp. di *nōs* 'noi' e il suff. *-ter* che indica opposizione fra due] **A** agg. poss. di prima pers. pl. (f. *nostra*; pl. m. *nostri*; pl. f. *nostre*) *1* Che appartiene a noi (indica proprietà, possesso anche relativi): *questa è la nostra casa*; *la nostra nuova automobile va che è una meraviglia*; *il n. appartamento è in affitto*; *con il n. denaro facciamo quello che vogliamo* | Con valore enf. e raff., posposto a un s.: *giù le mani dalla roba nostra!*; *vattene da casa nostra!* *2* Che ci è peculiare (indica appartenenza con riferimento al proprio essere fisico o spirituale o a sue facoltà, espressioni, manifestazioni e sim.): *il n. corpo*; *la nostra volontà*; *le nostre debolezze*; *i nostri desideri*; *tutti abbiamo i nostri difetti*; *il n. lavoro ci dà soddisfazione*; *Nel mezzo del cammin di nostra vita* (DANTE *Inf.* I, 1) | (*est.*) Con riferimento a parole, atti e sim. che procedono da noi: *cerca di seguire i nostri consigli*; *la n. ultima conferenza ha avuto poco successo*; *non ha ancora ricevuto la nostra lettera* | *La nostra lingua*, quella che parliamo | *Il n. pianeta*, la Terra | *I nostri tempi*, i tempi in cui viviamo o (*est.*) i tempi in cui eravamo giovani. *3* Di noi (indica relazione di parentela, di amicizia, di conoscenza, di dipendenza e sim.; nel caso in cui indichi relazione di parentela, respinge l'articolo quando il s. che segue l'agg. poss. sia sing., non alterato e non accompagnato ad attributi o apposizioni; fanno eccezione i s. 'mamma', 'babbo', 'nonno', 'nonna', 'figliolo', 'figliola' che possono anche essere preceduti dall'art.): *n. padre*; *i nostri figli*; *nostro nipote*; *i nostri parenti*; *i nostri genitori*; *la nostra mamma*; *il n. nonno*; *la nostra nipotina*; *la nostra patria*; *il n. paese*; *i nostri amici*; *il n. insegnante*; *i nostri colleghi*; *il n. avvocato* | *Nostro Signore*, *Nostra Signora*, (*lett.*) *Nostra Donna*, appellativi di Gesù Cristo e Maria Vergine | Generalmente posposto al s. nelle escl.: *Madre nostra!*; *Padre n.!*; *Signore n.!* *4* (*fam.*) Che ci è abituale, consueto: *beviamoci il n. bravo caffè*; *facciamoci il n. sonnellino*; ... *e ora leggiamo pure il n. giornale* | Con valore reciproco: *la nostra amicizia*; *il n. affetto*; *il n. amore*; *la nostra collaborazione*. *5* (*lett.*) Mio (come pl. maiestatico o di modestia): *la Maestà Nostra*; *nell'ultima nostra enciclica*; *come già affermammo nel n. articolo*. **B** pron. pers. di prima pers. pl. *1* Quello che ci appartiene, che ci è proprio, o peculiare o che comunque a noi si riferisce (sempre preceduto dall'art. det.): *le vostre idee sono diverse dalle nostre*; *la vostra volontà è anche la nostra*; *il vostro bambino e il n. non vanno d'accordo*. *2* (*ass.*) Ricorre, con ellissi del s., in alcune espressioni e locuzioni particolari, proprie del linguaggio fam.: *non vogliamo rimetterci, spendere del n.*, del nostro avere, di ciò che ci appartiene | *Dateci il n. e ce ne andremo*, il nostro avere, ciò che ci spetta di diritto | *Abbiamo messo in gioco molto del n. in quel lavoro*, della nostra reputazione | *Ci accontentiamo del n.*, di ciò che abbiamo | *Il Nostro, o il n.*, il nostro autore, quello di cui si sta trattando | *I nostri*, i nostri genitori, familiari, parenti e (*est.*) amici o persone che partecipano di q.c. di nostro: *abbiamo fatto le vacanze con i nostri*; *oggi sarai dei nostri e ti fermerai a pranzo*; *vuoi essere anche tu dei nostri?* | *La vittoria è stata dei nostri*, dei nostri soldati, del nostro esercito o anche del nostro partito, della nostra squadra e sim. | *Arrivano i nostri!*, espressione con cui si saluta l'arrivo dei soldati del nostro esercito e (*est.*) l'arrivo, sul luogo di battaglia, al termine di tanti film western, dei soldati americani o dei rappresentanti della legge e (*scherz.*) l'arrivo di qc. che toglie dai guai | *Vogliamo dire la nostra*, la nostra opinione | *Sta bene dalla n.*, dalla nostra parte, a nostro favore | *Abbiamo anche noi avuto le nostre!*, le nostre disavventure, contrarietà, amarezze e sim. | *Ne abbiamo fatta una delle nostre!*, una delle nostre malefatte | *Avete ricevuto l'ultima nostra?*, l'ultima nostra lettera.

nostròmo [sp. *nostramo* 'nostro padrone' (comp. di *nuestro* 'nostro' e *amo* 'padrone'), cui si sovrappose (*u*)*omo*] s. m. ● Nella marina mercantile e militare, il sottufficiale incaricato delle mansioni del servizio marinaresco.

nòta [lat. *nŏta*(*m*), di etim. incerta] s. f. *1* Segno, contrassegno che serve a distinguere o a ricordare qc. o q.c.: *n. distintiva*; *n. comune a più individui*. *2* (*mus.*) Segno significativo di suono o formula melodica: *note alte, acute, di passaggio*; *le sette note* | *Trovare la n. giusta*, (*fig.*) trovare il tono, la misura giusta | *Mettere la n. allegra, triste*, (*fig.*) rallegrare, rattristare | (*raro*) *N. obbligata*, (*fig.*) tono convenzionale | (*est.*) Parola, accento: *le dolenti note* | *A chiare note*, chiaramente, apertamente. *3* Appunto, annotazione scritta: *prendere, tenere n.*; *taccuino per le note* | (*fig.*) Rilievo, considerazione: *cose degne di n.* | †*Far n.*, notare, porre mente. *4* Citazione, osservazione complementare per chiarire o meglio fissare alcuni punti di un testo: *le note dell'Eneide*; *corredare di note*; *note a piè di pagina*; *trattato irto di note*. SIN. Chiosa, postilla. *5* Memoriale, osservazione, comunicazione a carattere ufficiale: *n. diplomatica*. *6* Lista, conto, fattura: *la n. della sarta, delle spese* | Elenco: *la n. dei libri di testo, degli intervenuti*; *mettere in n.* *7* Rilievo, cenno, giudizio sul modo di agire o le particolari qualità di qc. o q.c.: *note caratteristiche, di biasimo*; *con riputazione e sanza n. alcuna di cupidità* (GUICCIARDINI) | *Note informative*, cenni redatti a determinate scadenze da un superiore o da un datore di lavoro sulla resa lavorativa di un dipendente. *8* (*raro*) Carattere, scrittura: *note tironiane*. *9* (*filos.*) Ciascuno degli elementi su cui si forma il giudizio o di cui si forma il concetto della cosa. *10* (*dir.*) Atto scritto, attestante date circostanze, redatto da un soggetto per essere inserito in un pubblico registro per fini costitutivi o di pubblicità | *N. di pegno*, documento emesso dai magazzini generali per merci in essi depositate, che permette di dare in pegno la merce a garanzia di prestiti | *N. di mediazione*, documento redatto dal mediatore in triplice copia, contenente gli estremi del contratto | *N. di commissione*, documento redatto dal rappresentante, contenente gli estremi del contratto da stipulare col suo intervento | *N. di consegna*, documento emesso a prova della consegna della merce al compratore. *11* †Marchio d'infamia. || †**notarèlla**, **noterèlla**, dim. | **noterellina**, dim. | **noticina**, dim. | **notina**, dim.

nòta bène o (*raro*) **notabène** [comp. di *nota* (imp. di *notare* (*1*)) e *bene* (avv.)] loc. sost. m. inv. ● Avvertenza, richiamo, spec. in fondo a uno scritto: *aggiungere un nota bene*.

notabilàto s. m. ● Insieme di notabili: *c'era tutto il notabilato locale*.

notàbile [vc. dotta, lat. *notābile*(*m*), da *notāre* 'notare (1)'] **A** agg. ● Degno di essere notato, segnalato, ricordato o tenuto in considerazione: *differenza n.*; *sentenza n.* | (*est.*) Pregevole, insigne, importante: *persona n.* | Rilevante: *notabil danno del ben commune* (SARPI). SIN. Considerevole, notevole. || **notabilménte**, avv. (*raro*) Notevolmente, considerevolmente, molto. **B** s. m. *1* Persona autorevole: *assemblea dei notabili*; *i notabili della città*. *2* Nel linguaggio politico, personaggio di rilievo, ma ormai privo di potere politico vero e proprio.

notabilità s. f. *1* Qualità di ciò che è notabile. SIN. Ragguardevolezza, rilevanza. *2* (*impr.*) Persona notabile: *tutte le notabilità si sono riunite*.

Notacàntidi [vc. dotta, comp. di *notacanto* e *-idi*] s. m. pl. ● Nella tassonomia animale, famiglia di Pesci ossei di profondità con corpo compresso lateralmente, bocca ventrale e spine dorsali (*Notacanthidae*) | (al sing. *-e*) Ogni individuo di tale famiglia.

notacànto [comp. del gr. *nôton* 'dorso' (V. *noto-*), e *ákantha* 'spina'] s. m. ● Pesce marino dei Notacantidi, molto slanciato, con pinna dorsale formata da brevi spine (*Notacanthus sexspinis*).

†**notaccènto** [comp. di *nota*(*re*) (*1*) e *accento*] s. m. ● Segno di accento.

†**notaiésco** ● V. *notaresco*.

notàio o **notàro** [lat. *notāriu*(*m*) 'stenografo, segretario', da *notāre* 'notare (1)'] s. m. (f. raro *-a*; V. nota d'uso FEMMINILE) ● Professionista e pubblico ufficiale incaricato di ricevere atti tra vivi o di ultime volontà, di attribuire loro pubblica fede, di conservarli, autenticarli, rilasciarne copia, certificati o estratti: *Carla Rossi, notaio*.

notalgìa [comp. di *noto-* e *-algia*] s. f. (pl. *-gie*) ● (*med.*) Dolore alla regione dorsale.

notaménto [da *notare* (*1*)] s. m. *1* (*raro*) Atto del notare. *2* (*raro*) Lista, elenco.

†**notàndo** [vc. dotta, lat. *notāndu*(*m*), gerundio di *notāre* 'notare (1)'] agg. ● Degno di essere segnalato, notato.

notàre (**1**) [lat. *notāre*, da *nŏta* 'nota'] v. tr. (*io nòto*) *1* Segnare, contraddistinguere mediante un segno: *n. gli errori*; *n. q.c. in margine*. *2* Scrivere, registrare, prendere nota: *n. le spese*; *n. le entrate e le uscite*. *3* Osservare: *n. i difetti di qc.* | *Nota bene*, osserva, si badi | *Farsi n.*, richiamare su di sé l'altrui attenzione | Accorgersi: *notammo q.c. di nuovo* | Considerare: *è utile n. quel particolare*. *4* Dire, enunciare q.c. per chiarirla o renderla evidente: *lo scrittore nota subito nel primo capitolo* ... | *È da n. che* ..., è da mettere in evidenza che ... SIN. Considerare, osservare. *5* (*raro, lett.*) Tacciare, accusare: *n. di falso*.

notàre (**2**) e *deriv.* ● V. *nuotare* e *deriv.*

notarésco o †**notaiésco** [da *notaro*, var. di *notaio*] agg. (pl. m. *-schi*) ● Da notaio | *Latino n.*, ricco di termini giuridici.

†**notarìa** o †**noterìa**. s. f. ● Notariato.

notariàto [da *notaio*, sul modello del lat. *notārius* (V. *notaio*)] s. m. ● Funzione, ufficio di notaio: *aspirare al n.*; *esercitare il n.*

notarìle [da *notaro*, var. di *notaio*] agg. *1* Di, da notaio: *studio, archivio n.*; *copia n.* | *Procura n.*, rilasciata mediante atto pubblico, in presenza di un notaio | *Consiglio n.*, collegio di notai con funzioni di sorveglianza nell'ambito di un distretto, sull'esercizio della professione di notaio. *2* (*fig.*) Detto di comportamento che si limita alla registrazione e alla verifica della correttezza formale di un'attività, trascurandone gli aspetti sostanziali. || **notarilménte**, avv.

notàro ● V. *notaio*.

notàto part. pass. di *notare* (*1*); anche agg. ● Nei sign. del v. || †**notataménte**, avv. Apposta, segnatamente.

notatóre [da *notato*] s. m. (f. *-trice*) ● (*raro*) Chi nota, osserva.

notazióne [vc. dotta, lat. *notatiōne*(*m*), da *notātus*, part. pass. di *notāre* 'notare (1)'] s. f. *1* Atto, effetto del notare | *N. delle pagine*, numerazione | Annotazione, segnatura: *testo pieno di notazioni*. *2* (*fig.*) Considerazione, osservazione: *acuta n. filologica*. *3* (*mat.*) Insieme di simboli e formule. *4* (*mus.*) Rappresentazione delle note e loro disposizione. *5* (*miner.*) Simbolo per l'indicazione delle facce di un cristallo. *6* †Etimologia.

notebook /ingl. 'noutbuk/ [vc. ingl., comp. di *note* 'nota, appunto' e *book* 'libro, libretto'] s. m. inv. *1* Libretto, taccuino per appunti. *2* (*elab.*) Computer portatile, apribile a libro, delle dimensioni di un foglio per macchina da scrivere.

†**noterìa** ● V. †*notaria*.

notes /'nɔtes, *fr.* nɔt/ [vc. fr., letteralmente 'note'] s. m. inv. ● Taccuino per appunti.

notévole [stessa etim. di *notabile*] agg. *1* Degno di nota, di considerazione: *fenomeno n.* | (*est.*) Pregevole: *un quadro n.* *2* Che ha dimensioni, peso, valore, importanza e sim., considerevoli: *una distanza n.*; *valore n.*; *persona di n. intelligenza*. || **notevolménte**, avv.

notidano [comp. di *noto-* e del gr. *idanós* 'bello', da *idéin* 'vedere', di origine indeur.] s. m. ● Squalo di profondità, con sette fessure branchiali, pelle molto ruvida e corpo fusiforme (*Heptranchias perlo*).

notìfica s. f. ● (*bur.*) Notificazione, comunicazione.

notificàbile agg. ● Che si può notificare.

notificaménto s. m. *1* (*raro*) Modo, atto del notificare. *2* (*raro*) Il mezzo con cui si notifica q.c. a qc.

notificàndo [vc. dotta, lat. *notificăndu*(*m*), gerundio di *notificāre* 'notificare'] s. m. (f. *-a*) ● (*dir.*) Persona cui deve essere presentata una notificazione.

notificàre [vc. dotta, lat. *notificāre*, comp. di *nōtus* 'noto (1)' e *-ficāre* '-ficare'] v. tr. (*io notìfico, tu notìfichi*) *1* (*dir.*) Rendere noto mediante notificazione: *n. l'impugnazione*; *n. un atto di citazione*; *n. al debitore la cessione del credito*. *2* Denunciare, dichiarare, palesare: *n. il proprio cognome*. *3* †Spiegare.

notificatóre s. m.; anche agg. (f. *-trice*) ● (*raro*) Chi, che notifica, dichiara, denunzia q.c.

notificazióne s. f. *1* Atto del notificare: *la n. di una sentenza*. *2* (*dir.*) Meccanismo processuale atto alla comunicazione solenne e integrale di un atto scritto | (*est.*) Attività mediante la quale una manifestazione di volontà di natura extra processuale è portata a conoscenza del destinatario.

notista [comp. di *not(a)* e *-ista*] s. m. e f. (pl. m. *-i*) ● Estensore di note, spec. politiche, su giornali, riviste e sim.

notìzia [vc. dotta, lat. *notĭtia(m)*, da *nōtus* 'noto (1)'] s. f. *1* (*lett.*) Cognizione, conoscenza: *acquistare, portare a n.*; *non avere n. di q.c.* | (*raro*) *Degno di n.*, di essere conosciuto | (*raro*) *Per vostra n.*, perché sappiate | †*Avere n. con qc.*, frequentare qc. *2* Nozione: *le prime notizie di una scienza*. *3* Annuncio, fatto, spec. recente, portato a conoscenza del pubblico: *n. fresca, attendibile, infondata*; *n. telegrafica, telefonica*; *essere senza notizie*; *ultime notizie*; *notizie sportive* | *N. lampo*, V. *lampo*. SIN. Comunicato, novità. *4* Informazione, ragguaglio, spec. su riviste tecniche o specialistiche: *esaurienti notizie bibliografiche*; *una n. sui recenti congressi di sociologia*. *5* Documento probatorio di un'azione giuridica perfetta in se stessa, in uso nell'alto medioevo. || **notiziàccia**, pegg. | **notiziétta**, dim. | **notiziòla**, †**notiziuòla**, dim.

notiziàre [da *notizia*] v. tr. ● Informare.

notiziàrio [da *notizia*] s. m. *1* Rubrica di notizie spicciole, di minor importanza su giornali o in trasmissioni radio-televisive: *n. scolastico*. *2* Complesso delle notizie che vengono pubblicate su un giornale. *3* (*fig.*) Persona molto informata su tutto: *quell'uomo è un vero n.*

nòto (1) [vc. dotta, lat. *nōtu(m)*, part. pass. di *nōscere* 'conoscere'] **A** agg. *1* Conosciuto: *fatto n.* | Conosciuto a molti o molto bene: *nome n.* | *Rendere n.*, diffondere, divulgare | *È n. che ...*, molti sanno che ... | †*Mal n.*, non ben conosciuto, spec. nei suoi lati positivi: *la mia mal nota e peregrina forma* (MARINO). *2* †Pratico. **B** s. m. ● Ciò che è conosciuto, o di cui si ha nozione: *dal n. all'ignoto*.

†**nòto** (2) [vc. dotta, lat. *nŏthu(m)*, nom. *nŏthus*, dal gr. *nóthos* 'bastardo', di etim. incerta] s. m. ● Figlio naturale, illegittimo.

nòto- [dal gr. *nôton* 'dorso', di etim. incerta] primo elemento ● In parole composte della terminologia scientifica, significa 'dorso, schiena': *notalgia, notocorda*.

notocòrda [comp. di *noto-* e *corda* nel sign. 5] s. f. ● (*zool.*) Corda dorsale.

Notocordàti [da *notocorda*] s. m. pl. ● (*zool.*) Cordati.

Notodòntidi [comp. di *noto-*, *-odonto* e *-idi*] s. m. pl. ● Nella tassonomia animale, famiglia di farfalle tozze e massicce con corpo peloso e larve spesso mimetiche (*Notodontidae*) | (al sing. *-e*) Ogni individuo di tale famiglia.

notomelìa [da *notomelo*] s. f. ● (*med.*) Mostruosità fetale caratterizzata da inserzione degli arti al dorso.

notòmelo [comp. di *noto-* e del gr. *mélos* 'membro'] s. m. ● (*med.*) Feto mostruoso con uno o due membri inseriti al dorso.

†**notomìa** ● V. *anatomia*.

†**notomìsta** ● V. *anatomista*.

†**notomìstico** agg. ● Di anatomista.

†**notomizzàre** ● V. *anatomizzare*.

notonètta [comp. di *noto-* e del gr. *nḗktēs* 'nuotatore', da *nḗchein* 'nuotare', di origine indeur.] s. f. ● Insetto emittero, carnivoro, con corpo oblungo e liscio di colore giallo-verdastro, che abbonda negli stagni nuotando agilmente con i battiti delle zampe posteriori le quali sono molto più lunghe delle anteriori (*Notonecta glauca*).

notopòdio [comp. di *noto-* e del gr. *pódion* (V. *neuropodio*)] s. m. ● (*zool.*) Ramo dorsale del parapodio degli Anellidi Policheti.

Notorictidi [comp. del gr. *nótos* 'sud' (di etim. incerta) e *orýktēs* 'scavatore' (da *orýssein* 'scavare', prob. di origine indeur.)] s. m. pl. ● Nella tassonomia animale, famiglia di Marsupiali australiani, scavatori, simili a talpe, privi di padiglione auricolare (*Notoryctidae*) | (al sing. *-e*) Ogni individuo di tale famiglia.

notorietà s. f. *1* Stato, condizione di ciò che è notorio, conosciuto | (*dir.*) *Atto di n.*, atto pubblico contenente una dichiarazione resa da più persone circa la conoscenza di fatti giuridicamente rilevanti. *2* (*est.*) Celebrità, fama: *personaggio di grande n.*

notòrio [vc. dotta, lat. *notōriu(m)*, da *nōtus* 'noto (1)'] agg. *1* Che è noto a tutti, che è di pubblico dominio: *un fatto n.*; *la sua falsità è notoria*; *è n. che ...* *2* (*dir.*) *Atto n.*, atto di notorietà. || **notoriaménte**, avv. In modo notorio; come tutti sanno: *la Svizzera è notoriamente pulita*.

†**notóso** [da *nota* nel sign. 11] agg. ● Che ha nota, macchia, colpa.

Notòstraci [comp. di *noto-* e del gr. *óstrakon* 'conchiglia' (V. *ostracione*)] s. m. pl. ● Nella tassonomia animale, ordine di Crostacei dei Fillopodi con carapace a scudo, comuni nelle acque dolci (*Notostraca*) | (al sing. *-co*) Ogni individuo di tale ordine.

†**notricàre** e *deriv.* ● V. *nutricare* e *deriv.*

†**notrìce** ● V. *nutrice*.

nottambulìsmo s. m. ● Il vivere da nottambulo.

nottàmbulo [da *notte*, sul modello di *funambolo*] **A** s. m. (f. *-a*) *1* Persona a cui piace passeggiare o divertirsi di notte: *una compagnia di allegri nottambuli*; *I nottambuli sbarravano gli occhi dietro quel tassì* (CALVINO). *2* †Sonnambulo. **B** agg. ● Che cammina o si diverte la notte: *gente nottambula*.

nottànte [part. pres. di †*nottare*] s. m. e f. ● Infermiere notturno.

†**nottàre** [da *notte*] v. intr. ● Annottare.

nottàta s. f. ● Spazio di una notte: *durare una n.* | La notte, con riferimento alle condizioni atmosferiche, agli avvenimenti che si sono verificati, al modo in cui la si è trascorsa: *una n. piovosa, fredda, calda*; *una n. di sofferenza*; *una n. insonne, agitata*; *ho passato la n. a studiare* | *Far n.*, restare tutta la notte senza dormire. || **nottatìna**, dim. | **nottatàccia**, pegg.

nòtte [lat. *nŏcte(m)*, di origine indeur.] s. f. *1* Tempo durante il quale una località non è illuminata né dal sole, né dalla luce solare diffusa dall'atmosfera terrestre | *La n. sulla domenica*, quella fra il sabato e la domenica | *La n. della domenica*, domenica notte | *La n. santa*, quella di Natale | *Si fa n.*, annotta | *Sul far della n.*, all'imbrunire | *Di prima n.*, nelle prime ore della notte | *Prima n.*, (*per anton.*) quella che i coniugi trascorrono insieme subito dopo il giorno del loro matrimonio | *Un'ora di n.*, un'ora dopo il tramonto | *Nel cuore della n.*, †*a gran n.*, a notte fonda, inoltrata | *Di n.*, durante la notte | *A n.*, quando è scesa la notte | *Da n.*, da usare nella notte: *camicia da n.* | *Giorno e n.*, continuamente | *Peggio che andar di n.*, di male in peggio, detto spec. di imprese, avventure sempre più pericolose | *Ci corre quanto dal giorno alla n.*, c'è una grande diversità | (*fig.*) *N. dei lunghi coltelli*, momento di lotta sfrenata fra persone o fazioni rivali all'interno di un partito, movimento, azienda, e gener. di gruppo umano organizzato. *2* Con riferimento alle condizioni atmosferiche delle ore notturne, agli avvenimenti che in esse si sono verificati, al modo in cui si sono trascorse: *una n. buia, stellata, piovosa, tempestosa*; *trascorrere una n. movimentata, insonne, tranquilla*; *ha passato bene la n.*; *il malato non passerà la n.*; *n. di angoscia, di dolore* | *Passare la n. in bianco*, senza dormire | *N. bianca*, insonne | *Far di n. giorno*, vegliare | *Buona n.!*, escl. augurale rivolta a chi va a dormire e (*fig.*) a q.c. di ormai concluso | (*scherz.*) *Buona n. al secchio*, è finita, non se ne parla più. *3* (*fig.*) Tenebre, oscurità, buio: *una nube che porta n.* | (*fig.*) *La n. dei tempi*, tenebre che avvolgono gli avvenimenti remoti | (*fig.*) Ignoranza, barbarie: *la n. del Medioevo*. *4* (*fig.*) Cecità: *essere condannato alla n. perpetua*.

†**notteggiàre** [comp. di *notte* e *-eggiare*] v. intr. ● Fare il nottambulo.

nottetèmpo [comp. di *notte* e *tempo*] avv. ● Di notte, durante la notte: *arrivare, partire n.* | Anche nella loc. avv. *di n.*

nottièra s. f. ● (*raro*) Lume da notte.

nottilùca ● V. *noctiluca*.

nottilucènte [comp. di *notte* e *lucente*] agg. ● (*meteor.*) Nella loc. *nube n.*, fenomeno atmosferico che si osserva alle alte latitudini al crepuscolo dei giorni estivi, costituito da una sorta di nube fosforescente con struttura simile a quella dei cirri.

nottivago [vc. dotta, lat. *noctĭvagu(m)*, comp. di *nŏx*, genit. *nŏctis* 'notte' e *văgus* 'vagante'. V. *vago*] agg. (pl. m. *-ghi*) ● (*lett.*) Che va in giro la notte: *le prore nottivaghe* (PASCOLI) | Nottambulo.

nòttola [vc. dotta, lat. tardo *nŏotula(m)*, dim. di *nŏctua* 'nottola', da *nŏx*, genit. *nŏctis* 'notte'] s. f. *1* Pipistrello europeo, con fitto mantello rossastro (*Nyctalus noctula*). *2* (*ant.*) Civetta. *3* Saliscendi di legno a forma di becco d'uccello. *4* Listello in legno della sega, per tenere tesa la corda. *5* (*dial.*) Gendarme | Guardia notturna. || **nottolìna**, dim. (V.) | **nottolìno**, dim. m. (V.) | **nottolóne**, accr. m. (V.).

†**nottolàta** s. f. ● Nottata, spec. trascorsa vegliando.

nottolìna s. f. *1* Dim. di *nottola*. *2* Nottolino.

nottolìno s. m. *1* Dim. di *nottola* | *Fare d'una trave un n.*, ridurre a niente q.c. di notevoli dimensioni e (*fig.*) non ottenere nulla da q.c. *2* (*mecc.*) In un arpionismo, dente metallico che s'impegna nella ruota dentata, impedendole un senso di rotazione.

nottolóne s. m. *1* Accr. di *nottola*. *2* (*zool.*) Caprimulgo. *3* (*raro, fam., scherz.*) Nottambulo. *4* (*tosc.*) Persona grande e grossa, ma tarda di mente.

nòttua [cfr. *nottola*] s. f. ● (*zool.*) Denominazione generica di molte specie di Lepidotteri dannosi alle colture: *n. dei cavoli, del granturco, dei legumi, delle messi*.

Nottùidi [vc. dotta, comp. di *nottu(a)* e *-idi*] s. m. pl. ● Nella tassonomia animale, famiglia di farfalle con corpo grosso, ali anteriori triangolari e allungate, posteriori più corte e più larghe, colori scuri (*Noctuidae*) | (al sing. *-e*) Ogni individuo di tale famiglia.

†**nòttulo** s. m. ● Nottola.

notturlàbio [dal lat. tardo *nocturnālis* 'notturno', sul modello di *astrolabio*] s. m. ● Antico strumento navale che permette la rilevazione della latitudine mediante la rilevazione della distanza angolare esistente tra la Stella Polare e lo zenit della nave.

nottùrna [f. sost. di *notturno*] s. f. ● Incontro sportivo, spec. di calcio, che viene giocato nelle prime ore della notte con lo stadio illuminato: *stasera si giocherà una n. amichevole*; *partita in n.*

nottùrno [vc. dotta, lat. *noctŭrnu(m)*, da *nŏctu*, abl. di *nŏx* 'notte'] **A** agg. ● Della notte, che appartiene alla notte o avviene di notte: *riposo n.*; *quiete notturna*; *fonte se' or di lagrime notturne* (PETRARCA) | *Servizio, lavoro n.*, che si compie, si svolge di notte | *Campanello n.*, negli alberghi e nelle farmacie, per chiamare di notte | †*Uscire n.*, di notte. **B** s. m. *1* Ufficio canonico di mattutino, originariamente recitato o cantato nelle ore notturne. *2* (*mus.*) Pezzo per pianoforte di carattere languido o malinconico: *un n. di Chopin*. *3* Rappresentazione in fotografie, quadri e sim. di una scena che avviene di notte.

nòtula [vc. dotta, lat. tardo *nŏtula(m)*, propriamente 'piccolo segno, puntino', dim. di *nŏta* 'nota'] s. f. *1* (*raro*) Piccola annotazione. *2* Nota dell'onorario dovuto a un professionista. || **notulétta**, dim.

nouménico [da *noumeno*] agg. (pl. m. *-ci*) ● (*filos.*) Relativo al noumeno.

noùmeno [vc. dotta, gr. *noóumenon* 'ciò che è pensato', part. pres. passivo di *noêin* 'pensare', da *nôus* 'mente'] s. m. ● Nella filosofia di Kant, ciò che può essere oggetto soltanto della conoscenza razionale pura e come tale si contrappone al fenomeno inteso come oggetto della conoscenza sensibile.

nous /nus/ o **nòo** [vc. gr., 'mente'. V. *noumeno*] s. m. inv. ● Nella filosofia greca, principio intelligente plasmatore del mondo.

nouveau roman /fr. nu'vo rɔ'mɑ̃/ [loc. fr., propr. 'nuovo romanzo'] loc. sost. m. ● Corrente letteraria nata in Francia negli anni Cinquanta, tendente al rinnovamento del romanzo tradizionale, attraverso una narrazione che dissolve la struttura della trama, elimina ogni analisi psicologica dei personaggi e descrive la realtà in modo freddo, impersonale, minuzioso.

nouveaux philosophes /fr. nu'vo filɔ'zɔf/ [loc. fr., propr. 'nuovi (*nouveaux*) filosofi (*philosophes*)'] loc. sost. m. pl. ● Gli appartenenti al gruppo di intellettuali che, negli anni Settanta, hanno operato una critica delle tradizioni culturali dominanti nella Francia del secondo dopoguerra, come il marxismo e lo strutturalismo.

nouvelle critique /*fr.* nu'vɛl kri'tik/ [loc. fr., propr. 'nuova critica'] loc. sost. f. ● Orientamento letterario affermatosi in Francia negli anni Sessanta e Settanta, tendente al rinnovamento dell'attività critica mediante il rifiuto dei metodi d'analisi tradizionali e l'utilizzazione di scienze quali la psicanalisi, la sociologia, la linguistica, la semiologia, l'antropologia.

nouvelle cuisine /*fr.* nu'vɛl kɥi'zin/ [loc. fr., propr. 'nuova cucina'] loc. sost. f. ● Cucina sorta in Francia negli anni Settanta, che, staccandosi dalla elaborata tecnica della grande tradizione, esalta la libera creazione da parte del cuoco e si basa su cibi leggeri, cotture semplici, inediti accostamenti di ingredienti.

nouvelle vague /*fr.* nu'vɛl 'vag/ [loc. fr., propriamente 'nuova (*nouvelle*, V. *novello*) onda (*vague*, dall'ant. scandinavo **vâgr*)'] loc. sost. f. inv. *1* Il complesso dei giovani registi francesi che, negli anni fra il '50 e il '60, con opere innovatrici rispetto alla tradizione, illustrarono le difficoltà e la vita della gioventù contemporanea. *2* (*fig.*) Le nuove leve, le ultime generazioni.

nòva [da (*stella*) *n*(*u*)*ova*] s. f. ● (*astron.*) Stella che, a causa di una violentissima esplosione, mostra un rapido e imponente aumento della sua luminosità e poi lentamente ritorna all'incirca alle condizioni iniziali.

novàle [vc. dotta, lat. *novāle*, da *novāre* 'rinnovare', da *nŏvus* 'nuovo'] s. m. o f. ● Campo messo a coltura dopo il riposo | Maggese lavorato mediante quattro arature praticate in tempi diversi.

novànta [sovrapposizione di *nove* al lat. *nonagīnta* 'novanta'] agg. num. card. inv.; anche s. m. inv. ● Nove volte dieci, nove decine, rappresentato da *90* nella numerazione araba, da *XC* in quella romana. **I** Come agg. ricorre nei seguenti usi. *1* Rispondendo o sottintendendo la domanda 'quanti?', indica la quantità numerica di novanta unità (spec. preposto a un s.): *ha compiuto oggi novant'anni*; *pesa quasi n. kili* | *Avere n. probabilità su cento*, (*est.*) averne molte | Con valore indet.: *te l'ho detto e ripetuto n. volte!* *2* Rispondendo o sottintendendo la domanda 'quale?', identifica q.c. in una pluralità, in una successione, in una sequenza (posposto a un s.): *studiate al paragrafo n.* | *I n. numeri*, quelli del lotto e della tombola. *3* In composizione con altri numeri semplici o composti, forma i numeri superiori: *novantuno*; *novantanove*; *novantamila*; *duecentonovanta*. **II** Come s. ricorre nei seguenti usi. *1* Il numero novanta (per ell. di un s.): *il cinque nel n. sta diciotto volte*; *ha il n. per cento di probabilità* | *La paura fa n.*, nella cabala del lotto corrisponde al numero novanta e (*fig.*) la paura costringe a fare cose inconsuete o rende eccessivamente timorosi | (*fig.*) *Pezzo da n.*, in un'organizzazione mafiosa, chi gode di grande autorità e prestigio; (*est.*) persona importante e potente | *Essere sui n.*, avere circa novant'anni di età. *2* Il segno che rappresenta il numero novanta.

novantamìla [comp. di *novanta* e *mila*] agg. num. card. inv.; anche s. m. inv. ● Novanta volte mille, novanta migliaia, rappresentato da *90 000* nella numerazione araba, da $\overline{XC}$ in quella romana. **I** Come agg. ricorre nei seguenti usi. *1* Rispondendo o sottintendendo la domanda 'quanti?', indica la quantità numerica di novantamila unità (spec. preposto a un s.): *ho ricevuto un acconto di n. lire*; *la popolazione è minore di n. anime*. *2* Rispondendo o sottintendendo la domanda 'quale?', identifica q.c. di una pluralità, in una successione, in una sequenza (posposto a un s.): *il numero n.* **II** Come s. ricorre nei seguenti usi. *1* Il numero novantamila (per ell. di un s.). *2* Il segno che rappresenta il numero novantamila.

novantènne [da *novanta*, col suff. *-enne*, ricavato da *decenne*] **A** agg. *1* Che ha novant'anni, detto di cosa o persona. *2* Che dura da novant'anni. **B** s. m. e f. ● Chi ha novant'anni di età.

novantènnio [da *novanta*, col suff. *-ennio*, ricavato da *biennio*, *decennio*, ecc.] s. m. ● Spazio di tempo di novant'anni.

novantèṣimo [da *novanta*] **A** agg. num. ord. *1* Corrispondente al numero novanta in una sequenza, in una successione, in una classificazione, in una serie (rappresentato da *XC* nella numerazione romana, da *90°* in quella araba): *la novantesima parte*; *è riuscito n. nel concorso*. SIN. (*lett.*) Nonagesimo. *2* In composizione con altri numerali, semplici o composti, forma gli ordinali superiori: *novantesimoprimo*; *centonovantesimo*; *milleduecentonovantesimo*. **B** in funzione di s. m. ● Ciascuna delle novanta parti uguali di una stessa quantità: *otto novantesimi*; *un n. del totale*.

novantìna s. f. *1* Complesso, serie di novanta o circa novanta unità: *ha una n. di anni*. *2* I novant'anni nell'età dell'uomo: *ha passato la n.*; *mia nonna è già arrivata alla n.*

novantùno [comp. di *novanta* e *uno*] agg. num. card. inv.; anche s. m. inv. ● Nove volte dieci o nove decine, più un'unità, rappresentato da *91* nella numerazione araba, da *XCI* in quella romana. **I** Come agg. ricorre nei seguenti usi. *1* Rispondendo e sottintendendo la domanda 'quanti'?, indica la quantità numerica di novantuno unità (spec. preposto a un s.): *ha battuto il record per novantun centesimi di secondo*. *2* Rispondendo o sottintendendo la domanda 'quale?', identifica q.c. in una pluralità, in una successione, in una sequenza (posposto a un s.): *abita in via Roma, numero n.*; *fai l'esercizio numero n.* **II** Come s. ricorre nei seguenti usi. *1* Il numero novantuno (per ell. di un s.): *abito al n. di via Roma* | (*scherz.*) *Il n. fa miseria*, perché nella tombola tale numero non c'è, terminando i numeri, e quindi la fortuna, al novanta. *2* Il segno che rappresenta il numero novantuno. *3* (*mil.*) Modello di fucile a ripetizione di piccolo calibro, con caricatore a sei cartucce, fabbricato a partire dal 1891, un tempo in uso nell'esercito italiano.

novàre [vc. dotta, lat. *novāre*, da *nŏvus* 'nuovo'] v. tr. *1* †Rinnovare. *2* (*dir.*) Estinguere un debito concludendo una novazione.

novarése **A** agg. ● Di Novara. **B** s. m. e f. ● Abitante, nativo di Novara.

novatìvo [da *novato*, part. pass. di *novare*] agg. ● (*dir.*, *raro*) Che ha la funzione di novare: *accordo n.*

novatóre [vc. dotta, lat. tardo *novatōre*(*m*), da *novātus*, part. pass. di *novāre*] s. m.; anche agg. (f. *-trice*) ● Chi, che è innovatore in qualche campo o promotore di nuove idee: *un geniale n.*; *idee novatrici*.

novazióne [vc. dotta, lat. tardo *novatiōne*(*m*), da *novātus*, part. pass. di *novāre* 'novare'] s. f. *1* (*dir.*) Estinzione di una obbligazione mediante accordo tra le parti della stessa di sostituire alla precedente una nuova obbligazione. *2* (*raro*) Innovazione.

nòve [lat. *nŏve*(*m*), di origine indeur.] agg. num. card. inv.; anche s. m. inv. ● Numero naturale successivo di otto, rappresentato da *9* nella numerazione araba, da *IX* in quella romana. **I** Come agg. ricorre nei seguenti usi. *1* Rispondendo o sottintendendo la domanda 'quanti?', indica la quantità numerica di nove unità (spec. preposto a un s.): *le n. Muse*; *i n. mesi della gestazione*; *è stato all'estero per n. anni*; *calcolare i n. decimi di un numero* | *A n. a n.*, *di n. in n.*, nove per volta. *2* Rispondendo o sottintendendo la domanda 'quale?', identifica q.c. in una pluralità, in una successione, in una sequenza (posposto a un s.): *leggi al paragrafo n.*; *prendi l'autobus numero n.*; *abito al numero n. di via Verdi*. *3* In composizione con altri numeri semplici, forma i numeri superiori: *ventinove*; *novecento*; *milleseicentonove*. **II** Come s. ricorre nei seguenti usi. *1* Il numero nove (per ell. di un s.): *ho uno sconto del n. per cento*; *il n. nel ventisette sta tre volte*; *abito al n. di piazza Roma*; *dov'è la fermata del n.?* | Nella valutazione scolastica, il voto inferiore di un punto a quello massimo: *ha preso un bel n.*; *ha la pagella piena di n.* | *La prova del n.*, prova aritmetica per verificare l'esatto risultato di una operazione aritmetica elementare e (*fig.*, *est.*) qualsiasi prova pratica che permetta di controllare l'esattezza o la validità di q.c.: *l'ultima partita di calcio è stata una prova del n.* *2* Il segno che rappresenta il numero nove: *scrivo il n. e riporto il due*.

novecentésco agg. (pl. m. *-schi*) ● Del Novecento, del ventesimo secolo: *arte*, *estetica novecentesca*.

novecentèṣimo **A** agg. num. ord. ● Corrispondente al numero novecento in una sequenza, in una successione, in una classificazione, in una serie (rappresentato da *CM* nella numerazione romana, da *900°* in quella araba): *la novecentesima parte di un numero*. **B** in funzione di s. m. ● Ciascuna delle novecento parti uguali di una stessa quantità.

novecentìṣmo [da *novecento*] s. m. *1* Movimento artistico, letterario, estetico, sviluppatosi in Italia nel XX secolo. *2* Tendenza artistica alla funzionalità e alla razionalità, spec. in architettura.

novecentìsta **A** s. m. e f. (pl. m. *-i*) ● Autore vissuto nel Novecento | Seguace del novecentismo in letteratura, arte e sim. **B** agg. ● Novecentistico.

novecentìstico agg. (pl. m. *-ci*) ● Relativo a tendenze e correnti artistiche proprie del Novecento.

novecènto [comp. di *nove* e *cento*] agg. num. card. inv.; anche s. m. inv. ● Nove volte cento, nove centinaia, rappresentato da *900* nella numerazione araba, da *CM* in quella romana. **I** Come agg. ricorre nei seguenti usi. *1* Rispondendo o sottintendendo la domanda 'quanti?', indica la quantità numerica di novecento unità (spec. preposto a un s.): *un viaggio di n. kilometri*; *costa solo n. lire*; *la fabbrica dà lavoro a n. operai*. *2* Rispondendo o sottintendendo la domanda 'quale?', identifica q.c. in una pluralità, in una successione, in una sequenza (posposto a un s.): *questo avvenne nell'anno n. d.C.*; *leggete a pagina n.* | *Stile, architettura, palazzo, mobile n.*, e sim., del XX secolo. **II** Come s. ricorre nei seguenti usi. *1* Il numero novecento (per ell. di un s.): *divido il n. per tre*; *circa nel n. d.C.* | *Il Novecento*, (*per anton.*) il secolo XX: *l'arte del Novecento*; *nella prima metà del Novecento*. *2* Il segno che rappresenta il numero novecento.

novela /no'vɛla, *port.* nu'vɛla/ s. f. (pl. *novele* o port. *novelas*) ● Acrt. di *telenovela*.

novèlla [f. sost. di *novello*] s. f. *1* Racconto, narrazione di una vicenda reale, verosimile o immaginaria, di lunghezza variabile, ma inferiore a quella del romanzo: *le novelle del Boccaccio*. *2* (*lett.*) Nuova, notizia, spec. recente. *3* (*dir.*) Norma che ne sostituisce una già in vigore. *4* †Discorso, ragionamento | †Ciancia, chiacchiera: *sono tutte novelle* | (*spec. al pl.*) †Maldicenze: *spargere novelle* | †*Mettere in novelle*, burlare. *5* †Rumore, schiamazzo. *6* †Ambasciata. ‖ **novellàccia**, pegg. | **novellétta**, dim. (V.) | **novellìna**, dim. | **novellùccia**, **novellùzza**, dim. | **novellucciàccia**, pegg.

novellàio agg. ● (*raro*, *tosc.*) Che è curioso di novelle, di notizie.

novellàme [comp. di *novello* e *-ame*] s. m. ● L'insieme dei piccoli di molte specie animali, spec. dei pesci.

†**novellaménto** s. m. *1* Modo del novellare. *2* Chiacchierio.

novellànte **A** part. pres. di *novellare* (*1*) ● (*raro*) Nei sign. del v. **B** s. m. e f. ● (*raro*, *spreg.*) Novellatore, narratore.

novellàre (**1**) [da *novella*] v. intr. (*io novèllo*; aus. *avere*) *1* (*lett.*) Raccontare novelle. *2* (*lett.*) Raccontare | (*raro*) Chiacchierare.

†**novellàre** (**2**) [da *novello*] v. intr. e intr. pron. ● Rinnovarsi.

†**novellàta** [da *novella*] s. f. ● Racconto di cosa che chi ascolta ritiene falsa: *in mentre che diceva queste sue novellate* (CELLINI).

novellatóre [da *novellare* (*1*)] s. m. (f. *-trice*) *1* (*lett.*) Chi racconta novelle. *2* (*raro*) Chi racconta, chiacchiera.

novelleggiàre [comp. di *novell*(*a*) e *-eggiare*] v. intr. (*io novelléggio*; aus. *avere*) ● (*raro*) Novellare.

novellétta s. f. *1* Dim. di *novella*. *2* Composizione musicale per piano a carattere narrativo.

novellière s. m. (f. *-a*) *1* Narratore, scrittore di novelle: *i novellieri del Cinquecento*. *2* Raccolta di novelle. *3* †Chiacchierone, maldicente. *4* †Messo, ambasciatore.

†**novellinità** s. f. ● Qualità di novellino.

novellìno [dim. di *novello*] **A** agg. ● Nuovo, primaticcio: *insalata novellina*. **B** agg.; anche s. m. (f. *-a*) ● Che, chi è inesperto in un'attività, un lavoro e sim., avendoli da poco iniziati.

novellìsta [da *novella*] s. m. e f. (pl. m. *-i*) *1* Scrittore di novelle. *2* (*raro*, *tosc.*) Chi discorre, racconta notizie.

novellìstica s. f. ● Genere e arte delle novelle | La produzione di novelle di un dato periodo o ambiente: *la n. del Quattrocento*; *n. borghese*.

novellìstico agg. (pl. m. *-ci*) ● Che riguarda la novella: *produzione novellistica*.

†**novellìzia** [da *novello*] s. f. ● Primizia.

novellizzazióne [adattamento dell'ingl. *novelization*, da *to novelize* 'ridurre in forma di romanzo (*novel*)'] s. f. ● Rielaborazione di una sceneggiatura cinematografica o televisiva in modo da ottenere un testo narrativo autonomo.

novèllo [vc. dotta, lat. *novĕllu(m)*, dim. di *nŏvus* 'nuovo'] agg. **1** Venuto, sorto, nato da poco: *patate novelle*; *pollo n.*; *eran d'intorno violette e gigli / fra l'erba verde, e vaghi fior novelli* (POLIZIANO) | *Vino n.*, vino ottenuto con una particolare tecnica di fermentazione e imbottigliato un mese e mezzo o due dopo la vendemmia, così da risultare particolarmente profumato e fragrante anche se inadatto all'invecchiamento | (*poet.*) *La stagione novella*, la primavera | (*poet.*) *L'età novella*, la giovinezza | (*ell.*) †*Di, per n.*, per la prima volta, di nuovo. SIN. Nuovo, recente. **2** Detto di persona che si trova da poco tempo in un determinato stato o condizione: *sposo n.*; *sacerdote n.* **3** (*lett.*) Di chi o di ciò che sembra rinnovare in sé qualcun altro o qualche cosa d'altro: *un n. Michelangelo*. **4** †Novizio, inesperto, novellino. **5** †Non veduto prima, strano. **6** (*mar.*) †Di manovra o corda secondaria da usarsi in sostituzione della primaria. || **novellaménte**, avv. **1** †Di nuovo, da poco, ultimamente: *tornato novellamente in patria*. **2** (*raro*) In modo nuovo, rispetto all'antico o al passato. **3** †Da principio. || **novellino**, dim. (V.).

†**novellòzza** [da *novella*] s. f. ● Novella allegra e pungente.

novèmbre [lat. *novĕmbre(m)*, da *nŏvem* 'nove', perché era il nono mese del calendario romano arcaico] s. m. ● Undicesimo e penultimo mese dell'anno nel calendario gregoriano, di 30 giorni.

novembrìno agg. ● Del mese di novembre: *nebbia, pioggia novembrina*.

†**novemèstre** [da *nove*, sul modello di *bimestre*] agg. ● Di nove mesi.

novemila [comp. di *nove* e *mila*] agg. num. card. inv.; anche s. m. inv. ● Nove volte mille, nove migliaia, rappresentato da *9 000* nella numerazione araba, da *IX* in quella romana. **I** Come agg. ricorre nei seguenti usi. **1** Rispondendo o sottintendendo la domanda 'quanti?', indica la quantità numerica di novemila unità (spec. preposto a un s.): *l'abbonamento costa n. lire*; *sono raccolti in questa sala più di n. volumi*. **2** Rispondendo o sottintendendo la domanda 'quale?', identifica q.c. in una pluralità, in una successione, in una sequenza (posposto a un s.): *abbonato numero n.* **II** Come s. ricorre nei seguenti usi. **1** Il numero novemila (per ell. di un s.): *moltiplica il n. per cento*. **2** Il segno che rappresenta il numero novemila.

novèna [vc. dotta, lat. *novēni*, nom., 'a nove a nove', da *nŏvem* 'nove'] s. f. ● Pratica cattolica consistente in un ciclo di preghiere e di pii esercizi della durata di nove giorni in onore di un santo o a scopo di devozione e per ottenere grazie: *n. di Natale*, *n. della Madonna*.

novenàrio [vc. dotta, lat. *novenāriu(m)*, da *novēni*. V. *novena*] **A** s. m. ● Verso composto di nove sillabe: *poesia in novenari*. **B** anche agg.: *verso n.*

novendiàle [vc. dotta, lat. *novendiāle(m)* 'che dura nove giorni', comp. di *nŏvem* 'nove' e *dĭes* 'giorno' (V. *dì*)] **A** agg. ● Che ha la durata di nove giorni. **B** s. m. ● Presso gli antichi Romani, rito che durava nove giorni. **C** s. m. pl. ● Nella liturgia cattolica romana, funerali in onore di un papa morto celebrati per nove giorni consecutivi.

novennàle [da *nove*, sul modello di *biennale*] agg. **1** Che dura nove anni. **2** Che ricorre ogni nove anni: *cerimonia n.*

novènne [vc. dotta, lat. tardo *novĕnne(m)*, comp. di *nŏvem* 'nove' e *ănnus* 'anno'] agg. **1** Che ha nove anni, detto di cosa o persona: *fanciullo n.* **2** Che dura da nove anni: *un affetto n.*

novènnio [da *novenne*] s. m. ● Spazio di tempo di nove anni.

†**novèno** [dal lat. *novēni*, nom. pl., 'a nove a nove'. V. *novena*] agg. num. ord. ● (*raro*) Nono.

noveràre [lat. *numerāre*. V. *numerare*] v. tr. (*io nòvero*) **1** (*lett.*) Contare, annoverare. **2** (*est.*, *poet.*) Rievocare, ricordare.

†**noverazióne** [da *noverare*] s. f. ● Novero.

†**novèrca** [vc. dotta, lat. *novĕrca(m)*, da *nŏvus* 'nuovo'] s. f. ● Matrigna: *la spietata e perfida n.* (DANTE *Par.* XVII, 47).

†**novercàle** [vc. dotta, lat. *novercāle(m)*, da *novĕrca* 'noverca'] agg. ● Di noverca.

nòvero [lat. *nūmeru(m)* 'numero'] s. m. † **1** V. *numero*. **2** (*lett.*) Categoria, classe: *essere, trovarsi nel n. dei fortunati*.

†**novèsimo** [da *nove*, col suff. *-esimo* dei numerali ordinali (cfr. *undicesimo* e successivi)] agg. num. ord. ● (*raro*) Nono.

novicòrdo [comp. di *nove* e *corda*] s. m. ● (*mus.*) Sistema o strumento a nove corde.

novilùnio [vc. dotta, lat. tardo *novilūniu(m)*, comp. di *nŏvus* 'nuovo' e *lūna* 'luna'] s. m. ● Fase iniziale della lunazione nella quale la luna resta invisibile.

nòvio [vc. di origine sconosciuta] s. m. ● Coccinella rosso-sangue utilizzata per la lotta biologica contro le cocciniglie degli agrumi (*Rodolia cardinalis*).

novìssimo [vc. dotta, lat. *novĭssimu(m)*, sup. di *nŏvus* 'nuovo, ultimo'] **A** agg. ● (*raro, lett.*) Ultimo. **B** s. m. ● (*al pl.*, *relig.*) Nella dottrina cattolica, i quattro ultimi eventi cui l'uomo va incontro al termine della vita e cioè: morte, giudizio, inferno o paradiso.

novità o †**novitàde**, †**novitàte** [vc. dotta, lat. *novitāte(m)*, da *nŏvus* 'nuovo'] s. f. **1** Qualità, condizione di ciò che è nuovo: *la n. del caso*, *di un metodo* | †*N. della mente*, freschezza | †L'essere singolare, strano. **2** Cosa nuova, inventata, introdotta, fatta conoscere di recente: *è una n. assoluta*; *n. letteraria, musicale*; *correre dietro alle n.* | *Nemico delle n.*, misoneista | Oggetto, articolo di moda: *negozio di n. sportive* | †Cosa strana, straordinaria. **3** Ciò che accade di nuovo: *le n. del giorno* | Notizia di fatti, avvenimenti recenti: *sentire qualche n.* **4** Innovazione, riforma: *propugnatori di n.* | †Sedizione, mutamento dell'ordine politico | †*Far n. contro qc.*, ostacolarlo.

novìzia o (*sett.*) **novìzza** nel sign. 3 [f. di *novizio*] s. f. **1** Aspirante monaca nel periodo del noviziato e prima della professione dei voti. **2** †Sposa novella. **3** (*raro, sett.*) Fidanzata.

noviziàle agg. ● Di, relativo a novizio.

†**noviziàtico** s. m. ● Noviziato.

noviziàto s. m. **1** Condizione, stato di chi è novizio | Periodo durante il quale si è in tale stato | Collegio per la preparazione dei novizi. **2** Periodo di tirocinio per acquistare esperienza in q.c.: *il n. è difficile per tutti* | *Scontare il n.*, commettere errori per inesperienza.

novìzio o (*sett.*) **novìzzo** nel sign. A 3 [vc. dotta, lat. *novīcu(m)*, da *nŏvus* 'nuovo'] **A** s. m. (f. *-a* (V.)) **1** Chi non ha ancora pronunziato i voti e attende di entrare a far parte di un ordine religioso. **2** (*est.*) Chi è nuovo nell'esercizio di una professione o di un lavoro e non è quindi molto pratico: *istruzione dei novizi*. **3** (*sett.*) Fidanzato. **B** agg. ● Inesperto, novellino, principiante: *impiegato, commesso n.*

novìzza ● V. *novizia*.

novìzzo ● V. *novizio*.

nòvo ● V. *nuovo*.

novocaìna [comp. di *novo* 'nuovo' e (*co*)*caina*] s. f. ● Sostanza bianca cristallina, ottenuta per via di sintesi, usata spec. come anestetico locale.

nozionàle agg. ● Di, relativo a nozione.

nozióne [lat. *notiōne(m)* 'l'imparare a conoscere', da *nōtus*, part. pass. di *nōscere* 'conoscere'] s. f. **1** (*filos.*) Concetto, idea. **2** Senso, cognizione, conoscenza semplice, elementare di q.c.: *non avere la n. del tempo*; *non avere nessuna n. di q.c.* **3** (*spec. al pl.*) Primi elementi fondamentali di una scienza, una disciplina, un argomento: *una infarinatura di nozioni storiche*. || **nozioncèlla**, dim.

nozionìsmo [comp. di *nozion(e)* e *-ismo*] s. m. ● L'apprendere, o il fare apprendere, molte nozioni senza coordinazione e approfondimento.

nozionìsta s. m. e f. (pl. m. *-i*) ● Sostenitore, fautore del nozionismo.

nozionìstico agg. (pl. m. *-ci*) ● Che ha i caratteri del nozionismo: *insegnamento n.* || **nozionisticaménte**, avv.

nòzze [lat. *nŭptiae*, nom. pl., dal part. pass. di *nūbere* 'sposarsi', V. *nubile*] s. f. pl. **1** Sposalizio, matrimonio: *celebrare le n.*; *regali, doni di n.* | *N. d'argento, d'oro, di diamante*, anniversario del venticinquesimo, cinquantesimo, sessantesimo anno di matrimonio | *Viaggio di n.*, che comincia subito dopo la cerimonia civile o religiosa | *Andare a n.*, (*fig.*) prepararsi a fare una cosa molto desiderata. **2** Festa, cerimonia, convito nuziale: *imbandire le n.* | *Abito da n.*, nuziale | *Torta di, delle n.*, che si distribuisce ai convitati | *Invitare a n.*, proporre di fare q.c. di molto gradito: *n. con i fichi secchi*, (*fig., scherz.*) cosa fatta con molto risparmio. **3** Nella terminologia mistica cattolica, unione con Cristo: *n. mistiche* | *N. con Gesù*, voti religiosi. **4** (*biol.*) Fenomeno di fecondazione dei vegetali | *N. palesi*, delle Fanerogame che hanno fiori | *N. segrete*, delle Crittogame prive di fiori.

nu /ny/ ● V. *ni* (*2*).

nuance /fr. 'nɥɑ̃s/ [vc. fr., da *nue* 'nuvola', con allusione ai riflessi sfumati delle nuvole] s. f. inv. ● Sfumatura, leggera differenza (*anche fig.*): *una n. di colore, di tono*.

nùbe [lat. *nūbe(m)*, da una radice indeur. che indica 'coprire'] s. f. **1** Insieme visibile di particelle liquide o solide o miste in sospensione nell'atmosfera, classificato in vari generi secondo la forma | *Nubi alte*, cirri, cirrocumuli, cirrostrati | *Nubi medie*, altostrati, altocumuli, nembostrati | *Nubi basse*, strati, stratocumuli, cumuli, cumulinembi | *N. vulcanica*, nuvola di vapori, gas e ceneri emessi da un vulcano in eruzione | *N. ardente*, miscela di gas, frammenti, materiale lavico incandescente che discende dai fianchi di un vulcano | (*astron.*) *N. cosmica*, nebulosa oscura; massa di materia cosmica assorbente, assai rarefatta, presente in vaste regioni di spazio internebulare | (*fis.*) *N. elettronica*, l'insieme di elettroni che si forma intorno a un corpo emettente elettroni e che costituisce una carica spaziale negativa; l'insieme degli elettroni, in numero pari al numero atomico di un nucleo, che ruotano intorno al nucleo stesso in un atomo neutro | (*chim.*) *N. ionica*, l'insieme di ioni che circonda e accompagna uno ione, una molecola o una micella nel suo moto attraverso un liquido | (*meteor.*) *N. madreperlacea*, nube di aspetto iridescente che si osserva nella stratosfera alle alte latitudini, costituita da goccioline d'acqua o sferette di ghiaccio che diffrangono la luce solare conferendo alla nube il suo aspetto | (*meteor.*) *N. radioattiva*, massa d'aria che contiene prodotti radioattivi provenienti da esplosioni nucleari e si muove come una nube ordinaria | (*astron.*) *N. stellare*, apparente agglomerato stellare di aspetto nebuloso, di varia forma ed estensione, osservabile spec. nelle regioni celesti del Sagittario, del Cigno e dello Scudo. ➡ ILL. p. 817, 822, 823 SCIENZE DELLA TERRA ED ENERGIA. **2** (*est.*) Ciò che ha forma di nube: *una n. di polvere*; *sgombra / la fronte dalla n. dei capelli* (MONTALE). **3** (*fig.*) Cosa che offusca, dà ombra: *una n. di tristezza*. **4** (*fis.*) *N. elettronica*, in un tubo elettronico, l'insieme di elettroni liberi emessi dal catodo e che lo circondano.

nubècola [vc. dotta, lat. *nubēcula(m)*, dim. di *nūbes* 'nube'] s. f. **1** (*raro, lett.*) Piccola nube. **2** (*astron.*) Nebulosa di piccole dimensioni. **3** (*chim.*) Aspetto fumoso di un precipitato solido disperso in un liquido. **4** (*med.*) Piccola cicatrice biancastra, più o meno opaca, della cornea. SIN. Nefelio.

nubecolàre agg. ● Di nubecola, simile a nubecola.

nubèndo [dal lat. *nūbere* 'sposarsi' (V. *nubile*)] s. m. ● Chi è prossimo alle nozze, chi è in procinto di sposarsi.

†**nubiaddensatóre** [comp. di *nube* e *addensatore*] agg. ● (*poet.*) Che addensa, aduna nubi.

†**nubiadùna** [comp. di *nube* e *aduna(re)*] agg. inv. ● (*poet.*) Nubiaddensatore.

nubiàno agg. ● Della Nubia, regione dell'Africa nord-orientale: *deserto n.*

†**nubifendènte** [comp. di *nube* e il part. pres. di *fendere*] agg. ● (*poet.*) Che fende le nubi.

nubìfero [vc. dotta, lat. *nubĭferu(m)*, comp. di *nūbes* 'nube' e *-fer* '-fero'] agg. ● (*raro*) Che porta nubi | (*poet.*) Avvolto di nubi: *dal mugghiante / su i nubiferi gioghi equoreo flutto* (LEOPARDI).

nubifràgio [da *nube*, sul modello di *naufragio*] s. m. ● Precipitazione abbondante, violenta, temporalesca, che può provocare straripamenti di fiumi, allagamenti e frane.

†**nùbila** [vc. dotta, lat. *nūbila*. V. *nuvola*] s. f. ● Nuvola.

†**nubilàre** [da †*nubila*] v. tr. ● Annuvolare (*spec. fig.*).

nubilàto s. m. ● (*raro*) Stato, condizione della donna nubile | *Abbandonare il n.*, sposarsi.

nùbile [vc. dotta, lat. *nūbile(m)*, da *nūbere* 'sposarsi', dalla stessa radice di *nūbes* 'nube' perché la sposa veniva velata] **A** agg. **1** Detto di donna non sposata | (*est.*) Che è in età da marito: *la figlia d'un iddio / non ancor n.* (D'ANNUNZIO) | (*est.*) Relativo a, proprio di una donna non maritata: *la testimonianza del suo stato n.* (MONTI). **2** (*lett.*) Appena sbocciato o spuntato, detto di fiore, pianta e sim. **B** s. f. ● Donna non sposata.

†**nubilità** [da *nubilo*] s. f. ● Nuvolosità, foschia.

nùbilo [V. *nuvolo*] agg. ● (*raro, poet.*) Nuvoloso.

nubilóso [vc. dotta, lat. tardo *nubilōsu(m)*, da *nūbilus* 'nuvoloso'] agg. **1** (*lett.*) Nuvoloso, nebuloso. **2** (*fig., poet.*) Fosco, oscuro: *la nubilosa e turbida tristizia* (CASTIGLIONE).

nùca [ar. *nuḥā*] s. f. **1** (*anat.*) Regione cervicale posteriore | (*est.*) Parte posteriore del collo: *colpire qc. alla n.*; *dare un colpo alla n.* **2** †Colonna vertebrale.

nucàle agg. ● (*anat.*) Della nuca: *linea n.*

†**nucàto** [dal lat. *nūx*, genit. *nūcis* 'noce'] agg. ● Condito con noci.

nucìfraga [comp. del lat. *nūx*, genit. *nūcis* 'noce' e *-fragus*, da *frāngere* 'spezzare'. V. *frangere*] s. f. ● (*zool.*) Nocciolaia.

nucleàle agg. ● Pertinente al nucleo, alla parte essenziale o fondamentale di q.c.

nucleàre **A** agg. **1** (*fis.*) Del nucleo | *Fisica n.*, parte della fisica che studia la struttura del nucleo degli atomi | *Centrale n.*, impianto per la conversione di energia nucleare in energia termica o elettrica | *Armi nucleari*, quelle che sfruttano l'energia nucleare | *Energia n.*, quella liberata attraverso i processi di fissione o di fusione nucleare | *Potenza n.*, Stato che dispone di armamenti nucleari | *Era n.*, quella in cui viviamo, caratterizzata dall'impiego dell'energia nucleare | *Guerra n.*, quella che impiega le armi nucleari | *Medicina n.*, quella che applica l'energia nucleare a scopi diagnostici o terapeutici. **2** *Pittura, arte n.*, negli anni '50, quella che vuole riflettere l'angoscia della società contemporanea in forme ispirate alla disgregazione della materia. **3** (*biol.*) Relativo al nucleo cellulare | *Biochimica n.*, parte della chimica che studia la struttura del nucleo delle cellule | *Divisione n.*, cariocinesi. **4** (*ling.*) Pertinente al nucleo della frase | *Frase n.*, nella prima formulazione della grammatica generativa, la frase attiva, dichiarativa e affermativa, costituita da sintagma nominale e sintagma verbale ridotti ai loro elementi essenziali. **5** (*antrop.*) *Famiglia n.*, quella ristretta al nucleo fondamentale formato da genitori e figli, caratteristica della società industrializzata. **B** s. m. ● L'energia nucleare e l'insieme delle sue utilizzazioni spec. tecnologiche e militari.

nuclearìsta agg.; anche s. m. e f. (pl. m. *-i*) ● Che, chi è favorevole all'impiego dell'energia nucleare e alla costruzione delle centrali nucleari.

nuclearizzàre [comp. di *nuclear(e)* e *-izzare*, sul modello dell'ingl. *to nuclearize*] **A** v. tr. ● Dotare, fornire di energia nucleare. **B** v. intr. pron. ● Adottare l'energia nucleare.

nuclearizzazióne [da *nuclearizzare* per influsso dell'ingl. *nuclearization*] s. f. **1** Atto, effetto del nuclearizzare o del nuclearizzarsi. **2** Suddivisione in nuclei, in gruppi distinti: *la n. di un partito.*

nucleàsi [comp. di *(acido) nucle(ico)* e *-asi*] s. f. ● (*chim.*) Qualsiasi enzima che catalizza la scissione, parziale o totale, di una molecola di acido nucleico nei nucleotidi costituenti.

nucleàto agg. ● (*biol.*) Fornito di nucleo.

nuclèico agg. (pl. m. *-ci*) ● (*biol.*) Detto dell'acido presente nelle cellule animali e vegetali, sotto forma di DNA o RNA; gli acidi nucleici sono polimeri lineari costituiti da uno zucchero (ribosio o desossiribosio), fosfato inorganico e basi puriniche o pirimidiniche. CFR. DNA, RNA.

nucleìna s. f. ● (*biol.*) Sostanza organica proteica che contiene fosforo, parte importante del nucleo della cellula.

nucleìnico agg. (pl. m. *-ci*) ● (*biol.*) Nucleico.

nùcleo [vc. dotta, lat. *nŭcleu(m)* 'nocciolo', dim. di *nūx*, genit. *nūcis* 'noce'] s. m. **1** Parte centrale di q.c. | Primo elemento, organismo che dà inizio ad altri, che si formano attorno a esso | (*chim.*) *N. benzenico*, anello benzenico. **2** (*fis.*) Parte centrale dell'atomo, costituita da protoni e neutroni, attorno alla quale ruotano gli elettroni. **3** (*biol.*) Formazione presente nella cellula contenente i cromosomi e delimitata da una membrana, di importanza fondamentale per la regolazione delle funzioni cellulari e per la trasmissione dei caratteri ereditari | *N. nervoso*, insieme di cellule nervose destinate a una medesima funzione. **4** (*astron.*) La parte più stabile di una cometa, costituita da un insieme di corpi solidi. **5** (*min.*) Testimonio cilindrico di roccia prelevato dalla sonda. SIN. Carota. **6** (*geol.*) Involucro più interno del globo terrestre, sotto il mantello, fra 2 900 e 6 370 km. **7** Grosso pezzo di selce da cui, per lavorazione dell'uomo, sono state staccate lame o schegge. **8** (*fig.*) Gruppo di persone che promuovono un'impresa o costituiscono un sodalizio di varia natura: *un n. di ricercatori*; *n. di polizia* | Gruppo di persone la cui unione iniziale ha dato origine a successivi sviluppi, ampliamenti e sim.: *il n. originario di un partito, di un'organizzazione.*

nucleòfilo [comp. di *nucleo* e *-filo*] agg. ● (*chim.*) Detto di reagente della chimica organica ricco di elettroni, dotato di una elevata affinità verso specie chimiche povere di elettroni.

nuclèolo [vc. dotta, lat. *nuclĕolu(m)*, dim. di *nŭcleus* 'nucleo'] s. m. ● (*biol.*) Ciascuno dei corpuscoli sferoidali contenenti proteine legate ad acido ribonucleico, sospesi nel nucleo di una cellula a formare accumuli di riserva.

nucleóne [da *nucleo*, col suff. *-one* di *elettrone*] s. m. ● (*fis.*) Particella pesante costituente il nucleo atomico.

nucleònica [da *nucleone*] s. f. ● Ingegneria nucleare.

nucleoplàsma [comp. di *nucleo* e *plasma*] s. m. (pl. *-i*) ● (*biol.*) Parte del protoplasma contenuta nel nucleo.

nucleoproteìna [comp. di *nucleo* e *proteina*] s. f. ● (*chim.*) Qualsiasi proteina coniugata con acidi nucleici, in particolare col DNA nucleare, con cui forma la struttura di base della cromatina. SIN. Nucleoprotide.

nucleoprotide o **nucleoprotèide** [comp. di *nucleo* e *protide*] s. m. ● (*chim.*) Nucleoproteina.

nucleòside [comp. di *nucleo* e della seconda parte di *(glico)side*] s. m. ● (*chim.*) Costituente fondamentale delle nucleoproteine, formato da un glucide legato con una base purinica o pirimidinica.

nucleotermoelèttrico [comp. di *nucleo* e *termoelettrico*] agg. (pl. m. *-ci*) ● (*fis.*) Relativo alla produzione di energia termoelettrica mediante reattori nucleari: *centrale nucleotermoelettrica.*

nucleotide [comp. di *nucleo* e del suff. *-ide*, orig. erroneamente tratto da *(ox)ide*, con inserzione eufonica o analogica di *-t-*] s. m. ● (*chim.*) Estere fosforico dei nucleosidi.

nucleotidico agg. (pl. m. *-ci*) ● (*chim.*) Di, relativo a, nucleotide | Che contiene nucleotidi.

nuclìde [da *nucleo*] s. m. ● (*fis.*) Specie di nucleo, caratterizzato dal numero di protoni e dal numero di neutroni.

nuculànio [dal lat. *nūcula*, dim. di *nūx*, genit. *nūcis* 'noce'] s. m. ● (*bot.*) Drupa a due o più carpelli, contenenti due o più noccioli.

nudàre [lat. *nudāre*, da *nūdus* 'nudo'] v. tr. **1** (*raro, lett.*) Spogliare delle vesti, denudare. **2** (*raro, fig.*) Privare.

nude-look /ingl. 'nju:d luk/ [loc. ingl., propr. 'aspetto nudo', comp. di *nude* 'nudo' e *look* 'sguardo, aspetto' (vc. di origine germ.)] loc. sost. m. inv. ● Foggia di abito femminile con la parte superiore trasparente che lascia intravedere il seno: *la moda del nude-look*; *una signora in nude-look.*

nudézza s. f. ● (*raro*) Nudità.

Nudibrànchi [comp. di *nudo* e *branchia*] s. m. pl. ● Nella tassonomia animale, denominazione di numerosi Molluschi dei Gasteropodi privi di conchiglia, con branchia esterna e livrea dai colori bellissimi, che vivono nel mare strisciando sul fondo (*Nudibranchia*) | (al sing. *-chio*) Ognuno di tali molluschi.

nudicàule [comp. di *nudo* e *caule*] agg. ● (*bot.*) Detto di pianta con caule privo di foglie.

nudìsmo [da *nudo*] s. m. ● Movimento d'opinione naturista che propugna e pratica l'abolizione degli indumenti, e il rifiuto dei principi etici che condannano la nudità, nell'ambito di un ritorno individuale o comunitario all'ambiente naturale.

nudìsta **A** s. m. e f. (pl. m. *-i*) ● Aderente al nudismo: *un campeggio di nudisti.* **B** agg. ● Che riguarda il nudismo, del nudismo: *propaganda n.*; *teoria n.*

nudità [vc. dotta, lat. tardo *nuditāte(m)*, da *nūdus* 'nudo'] s. f. **1** Stato, condizione dell'essere nudo: *la n. dei selvaggi* | (*raro*) *Soffrire la n.*, non avere i mezzi materiali per vestirsi. **2** (*spec. al pl.*) Parte del corpo lasciata nuda: *squallida n.*; *le n. della moda.* **3** (*fig.*) Sincerità, schiettezza, semplicità: *un discorso efficace nella sua n.*

nùdo [lat. *nūdu(m)*, di origine indeur.] **A** agg. **1** Privo di ogni vestito o indumento, detto del corpo umano o delle sue parti: *stare n. al sole*; *essere completamente n.*; *avere le braccia, le gambe nude*; *petto n.*; *stare a torso n.* | *Mezzo n.*, quasi nudo | *N. nato, come un verme, come mamma l'ha fatto*, completamente nudo | *Andare a testa nuda*, senza cappello | *A piedi nudi*, scalzo | (*est.*) Non sufficientemente coperto dagli abiti: *fa freddo, non andare fuori così n.!* | *Ridursi n.*, (*fig.*) non avere da vestirsi decentemente. **2** (*fig.*) Non rivestito del suo involucro naturale: *osso n.* | Privo di rivestimento, di copertura: *montagne nude*; *terra nuda di vegetazione* | *Dormire sulla nuda terra*, a diretto contatto col suolo | *Spada nuda*, sguainata: *colle spade nude in mano, ... giurarono* (MURATORI) | *Dorso n.*, senza sella, detto di cavallo | *A occhio n.*, senza l'aiuto di strumenti ottici: *stella visibile a occhio n.* **3** (*fig.*) Privo di orpelli, di ornamenti: *appartamento n.*; *casa nuda e spoglia* | *Pareti nude*, senza quadri né tappezzeria | *Pavimento n.*, senza tappeti. **4** (*fig.*) Schietto, palese, senza nessun elemento che possa mascherare la realtà: *i nudi fatti*; *una nuda confessione*; *la verità nuda e cruda* | *Mettere a n.*, rivelare interamente, senza reticenze o finzioni: *mettere a n. il proprio cuore, il proprio animo.* **5** (*lett.*) Inerme, indifeso: *povera e nuda vai, filosofia* (PETRARCA). **6** (*bot.*) Aclamide. ‖ **nudaménte**, avv. **1** (*fig.*) In modo semplice. **2** (*fig.*) Senza reticenza, in modo schietto: *raccontare n.* **B** s. m. ● Corpo umano nudo, inteso sia come oggetto di studio che come rappresentazione nelle arti figurative: *scuola, lezione di n.*; *disegnare, dipingere un n.* | (*est.*) Disegno, pittura, scultura raffigurante un corpo umano nudo: *i nudi di Michelangelo.* ‖ **nudino**, dim.

†**nudrire** e *deriv.* ● V. *nutrire* e *deriv.*

†**nugàce** [vc. dotta, lat. *nugāce(m)*, da *nūgae* 'nughe'] agg. ● Chiacchierone, inetto.

†**nugatòrio** [vc. dotta, lat. *nugatōriu(m)*, dal part. pass. di *nugāri* 'scherzare', da *nūgae* 'nughe'] agg. ● Frivolo.

†**nugazióne** [dal part. pass. di *nugāri*. V. *nugatorio*] s. f. ● Chiacchiera.

†**nùghe** [vc. dotta, lat. *nūgae*, nom. pl., di etim. incerta] s. f. pl. ● Sciocchezze, inezie, chiacchiere.

nùgola ● V. *nuvola.*

nùgolo ● V. *nuvolo.*

†**nùi** ● V. *noi.*

nùlla [lat. *nūlla*, nt. pl. di *nūllus*. V. *nullo*] **A** pron. indef. inv. ● Niente: *n. si crea e n. si distrugge.* **B** in funzione di s. m. inv. **1** Il non essere: *Dio ha creato dal n. tutte le cose*; *vagar mi fai co' miei pensieri su l'orme / che vanno al n. eterno* (FOSCOLO) | *Ritornare al n.*, morire | *Un n.*, una quantità piccolissima; *te lo cedo per un n.* | **2** (*filos.*) Nella filosofia esistenzialista, limite dell'essere inteso come origine della negazione. **C** avv. ● Niente: *non contare n.* | *Per n.*, nel modo più assoluto, neppure minimamente.

†**nulladimànco** [comp. di *nulla*, *di* e *manco*] cong. ● (*raro*) Nulladimeno.

nulladiméno [comp. di *nulla*, *di* e *meno*] cong. ● (*raro, lett.*) Nondimeno.

nullafacènte [comp. di *nulla* e *facente*, sul modello di *nullatenente*] agg.; anche s. m. e f. ● Che, chi non svolge nessuna attività o professione | Che, chi vive nell'ozio. SIN. Sfaccendato.

nullàggine s. f. **1** L'essere nulla, il non valere

nulla: *la n. dei tuoi amici* | Incapacità, inettitudine. **2** Cosa o persona che non ha nessun valore, spec. morale: *sei una n.* SIN. Nullità.

†nullaméno [comp. di *nulla* e *meno*] avv. ● (*lett.*) Nient'affatto.

nullaòsta o **nulla òsta** [comp. di *nulla* e *ostare*, sul modello del lat. *nĭhil ŏbstat*] s. m. inv. ● Atto mediante il quale l'amministrazione rimuove limiti posti dalla legge alla esplicazione di una attività o attesta che nulla si oppone al compimento della stessa: *il n. dell'ufficio di collocamento.*

nullatenènte [comp. di *nulla* e il part. pres. di *tenere*] agg.; anche s. m. e f. ● Che, chi non possiede nulla: *famiglia n.*; *le richieste dei nullatenenti.*

nullatenènza s. f. ● Stato, condizione di chi è nullatenente: *certificato di n.*

†nullézza s. f. ● Nullità.

nullificàre [vc. dotta, lat. tardo *nullificāre*, comp. di *nūllus* 'nessuno' (V. *nullo*) e *-ficāre* '-ficare'] **A** v. tr. (*io nullìfico, tu nullìfichi*) ● Rendere nullo, ridurre a nulla. **B** v. intr. pron. ● Ridursi a nulla.

nullificazióne s. f. ● Atto, effetto del nullificare o del nullificarsi.

nullìpara [comp. del lat. *nūllus* 'nessuno' (V. *nullo*) e *-para*, da *părere* 'generare' (V. *partorire*)] s. f.; anche agg. ● (*med.*) Donna che non ha avuto parti.

nulliparità s. f. ● (*med.*) Stato di chi è nullipara.

Nullìpore [dal lat. *nūllus* 'nessuno', sul modello di *madrepora*] s. f. pl. ● Nella tassonomia vegetale, famiglia di alghe marine che fissano il carbonato di calcio e formano grandi ammassi sul fronte delle scogliere rivolto verso il mare (*Nulliporae*) | (al sing. *-a*) Ogni individuo di tale famiglia.

nullìşmo [da *nulla*] s. m. **1** Nichilismo: *il n. del Leopardi* (CARDUCCI). **2** Incapacità ad agire, a realizzare q.c., spec. nell'ambito sociale e politico.

nullisomìa [comp. di *nullo* e (*cromo*)*soma*] s. f. ● (*biol.*) Anormale assenza di una coppia di cromosomi omologhi in un individuo.

nullìsta [da *nullismo*] agg.; anche s. m. e f. (pl. m. *-i*) ● Chi dà prova di nullismo.

nullìstico [da *nulla*] agg. (pl. m. *-ci*) ● (*raro*) Che non approda ad alcun risultato, che si rivela di nessuna utilità: *atteggiamenti nullistici.*

nullità [da *nulla*] s. f. **1** L'essere nullo, privo di validità o di efficacia: *la n. delle tue ragioni*; *la n. delle richieste.* **2** Cosa o persona che non ha nessun valore: *i vostri superiori sono delle n.* **3** (*dir.*) Invalidità di un atto o negozio giuridico per contrarietà a norme imperative di legge o per mancanza di taluno dei requisiti essenziali richiesti dalla legge.

nùllo [vc. dotta, lat. *nūllu(m)* 'nessuno', comp. di *nĕ* 'non' e *ūllus* 'qualcuno', dim. di *ūnus* 'uno'] **A** agg. **1** Non valido, che presenta la condizione di nullità: *la sentenza giudiziaria è stata nulla*; *esame n.*; *scheda elettorale nulla.* CONTR. Valido. **2** (*sport*) Nella loc. *match n.*, pari, che termina con lo stesso punteggio per ambedue gli atleti o le squadre contendenti. **B** agg. indef. ● (*lett.*) Nessuno: *n. martiro, fuor che la tua rabbia, / sarebbe al tuo furor dolor compito* (DANTE *Inf.* XIV, 65-66). **C** pron. indef. ● (*lett.*) Nessuno: *colui ... / che da tutti servito a n. serve* (PARINI).

nùme [vc. dotta, lat. *nūme(n)* 'cenno fatto col capo', poi 'ordine, volere divino', da **nūere* 'fare un cenno', di origine indeur.] s. m. **1** Volontà, potenza divina e sua presenza in atto. **2** Divinità, spec. in riferimento al mondo greco-romano | *Santi numi!*, escl. di impazienza, rabbia e sim. **3** (*iron.*) Persona potente o che si fa venerare come una divinità.

numeràbile [vc. dotta, lat. *numerābile(m)*, da *numerāre* 'numerare'] agg. **1** Che si può numerare. **2** (*mat.*) Detto di insieme che si possa porre in corrispondenza biunivoca con l'insieme dei numeri naturali.

numerabilità s. f. ● (*raro*) L'essere numerabile.

numeràle [vc. dotta, lat. *numerāle(m)*, da *nūmerus* 'numero'] **A** agg. ● Del numero, che appartiene al numero. **B** s. m. ● (*ling.*) Nome che indica una quantità | *N. cardinale*, che determina una quantità | *N. ordinale*, che determina il posto occupato in una serie.

numeràndo [vc. dotta, lat. *numerāndu(m)*, gerundio di *numerāre* 'numerare'] agg. ● (*raro*) Da doversi numerare.

numeràre [vc. dotta, lat. *numerāre*, da *nūmerus* 'numero'] v. tr. (*io nùmero*) **1** Segnare con un numero progressivamente: *n. le pagine di un registro*; *n. le case di una strada.* **2** (*raro*) Contare, noverare: *numera l'arte magica tra le scienze vane!* (BRUNO) | *Non si può n.*, è innumerabile | (*raro*) Annoverare. **3** †Contare denaro pagando.

numeràrio [vc. dotta, lat. tardo *numerāriu(m)*, da *numerāre* 'numerare'] **A** agg. ● (*raro*) Che riguarda i numeri, dei numeri. SIN. Numerale. **B** s. m. ● (*econ.*) Qualsiasi bene assunto come unità di misura del valore, e nel quale sono espressi i prezzi di tutte le merci.

numeràto part. pass. di *numerare*; anche agg. **1** Nei sign. del v. **2** *Posto n.*, *sedie numerate*, in teatri, stadi e sim., posti distinti da un numero d'ordine | *Collo n.*, segnato per essere spedito. || **numerataménte**, avv. (*raro*) Secondo la successione dei numeri.

numeratóre [vc. dotta, lat. tardo *numeratōre(m)* 'colui che conta', dal part. pass. di *numerāre* 'numerare'] **A** s. m. (f. *-trice* nel sign. 1) **1** Chi numera. **2** (*mat.*) Primo termine della coppia d'interi o di quantità, che definisce la frazione indicando, nel primo caso, quante parti dell'unità si debbono considerare. **3** Meccanismo per numerare le pagine dei registri o i giri di una macchina. **4** (*elettron.*) *N. elettronico*, tubo elettronico atto a fornire un'indicazione visibile del numero di impulsi contato da uno stadio demoltiplicatore. **B** agg. ● Che numera (V. nota d'uso FRAZIONE).

numeratrice [da *numerare*] s. f. ● (*cine*) Macchina che imprime una numerazione progressiva sul negativo di una pellicola cinematografica e sulla corrispondente copia positiva usata per il montaggio.

numerazióne [vc. dotta, lat. *numeratiōne(m)*, dal part. pass. di *numerāre* 'numerare'] s. f. **1** Operazione del numerare. **2** Sistema per scrivere qualsiasi numero intero con dei segni prefissati | *N. decimale*, che fa uso di dieci segni | *N. binaria*, che fa uso di due segni (0 ed 1). **3** Sequenza di numeri progressivi attribuita a una serie di cose per ordinarle, contraddistinguerle, individuarle e sim.: *n. stradale*; *n. delle pagine di un libro.* || **numerazioncèlla**, dim.

numèrica [f. sost. di *numerico*] s. f. ● (*mus.*) Intavolatura che rappresentava con numeri gli accordi e gl'intervalli.

numèrico agg. (pl. m. *-ci*) **1** Attinente al numero: *calcolo n.* **2** Del, di numero: *serie numerica* | (*elab.*) *Carattere n.*, nei sistemi di trattamento automatico delle informazioni, quello che rappresenta una cifra decimale. || **numericaménte**, avv. Per via di numeri, con numeri.

nùmero o **†nòvero** [vc. dotta, lat. *nŭmeru(m)*: di origine indeur. (?)] s. m. **1** (*mat.*) Ente matematico che caratterizza un insieme di cose o persone | Elemento d'un insieme nel quale sono definite le operazioni fondamentali (con le proprietà commutativa, associativa e distributiva della moltiplicazione rispetto all'addizione), e solitamente una relazione d'ordine | *N. naturale*, numero intero positivo: 1, 2, 3, ... | *N. intero relativo*, maggiore o minore di zero, zero compreso: ... -2, -1, 0, 1, 2, ... | *N. cardinale*, numero che dice quanti elementi vi sono in un insieme | *N. ordinale*, numero che indica l'ordine relativo tra gli elementi di un insieme | *N. primo*, divisibile solo per 1 e per se stesso | *N. pari*, *dispari*, divisibile o no per 2 | *N. razionale*, ogni numero intero, decimale, frazionario, esprimibile come rapporto tra due numeri interi | *N. irrazionale*, reale non razionale | *N. frazionario*, frazione | *N. reale*, espressione in forma decimale di tipo qualsiasi | *N. immaginario*, radice quadrata di un numero negativo | *N. complesso*, somma di un numero reale e di un numero immaginario | *N. algebrico*, *trascendente*, numero reale o complesso che sia o no radice di un'equazione algebrica con coefficienti razionali | (*fis.*) *N. atomico di un elemento*, il numero d'ordine che esso occupa nel sistema periodico degli elementi e che coincide col numero di protoni presenti nel nucleo del suo atomo | *N. di coordinazione*, il numero di legami di coordinazione che il coordinante di uno ione complesso può formare | *N. di massa*, numero di nucleoni presenti nel nucleo di un atomo | *N. di Mach*, numero che esprime il rapporto tra la velocità di una corrente fluida o di un corpo mobile e la velocità del suono nel fluido considerato | *N. barionico*, quello pari al numero di barioni meno il numero di antibarioni di un sistema | (*chim.*) *N. d'ottano*, misura del potere antidetonante di una benzina | (*chim.*) *N. di Avogadro*, numero di molecole contenute in una grammomolecola di qualunque sostanza | (*stat.*) *N. indice*, numero di una serie statistica che registra aumenti o diminuzioni rispetto a una quantità base fatta uguale a cento | *Legge dei grandi numeri*, in una serie di prove, eseguite tutte nelle stesse condizioni, la frequenza di un evento è circa uguale alla probabilità dell'evento stesso, e l'approssimazione è generalmente tanto maggiore quanto più grande è il numero delle prove eseguite | (*fot.*) *N. guida*, valore espresso in cifra per indicare il diaframma da usare in base a una determinata distanza e potenza di luce | (*mar.*) *N. di bordo*, assegnato sulle navi militari a ogni uomo dell'equipaggio, e formato da quattro cifre, di cui la prima indica la squadra, la seconda il reparto, la terza la serie, l'ultima il posto nella serie | *N. di matricola*, quello corrispondente all'iscrizione di persona o cosa in un registro, elenco e sim. **2** Figura, segno del numero: *numeri romani*; *numeri arabi.* SIN. Cifra. **3** Cosa, persona indicata con un numero: *via Boccaccio numero tre* | *N. verde*, servizio telefonico di addebito automatico delle telefonate all'utente chiamato | L'abbonato al telefono che ha l'apparecchio con il numero indicato: *il n. duecentosedici non risponde* | Chi, in un albergo, occupa la camera indicata con quel determinato numero: *il n. trenta è uscito* | Prigioniero distinto con quel numero: *è evaso il n. ventinove* | Infermo che, in un ospedale, occupa il letto contraddistinto con quel numero: *il n. quattordici sta meglio.* **4** (*fig.*) Moltitudine, quantità indeterminata: *venire in gran n.* | *Senza n.*, innumerevole, infinito | *Far n.*, accrescere, spec. far apparire più numeroso un gruppo di persone | *Fa solo n.*, conta solo come gregario, non vale nulla | Quantità determinata, computata: *il n. dei soci*, *delle regioni* | *Sopra n.*, che oltrepassa il numero stabilito | *N. chiuso*, limite rigorosamente stabilito, spec. in posti di lavoro o di studio e sim. | *N. legale*, il minimo di presenti perché sia valida un'assemblea. **5** Schiera, serie, classe: *uscire dal n.*; *essere ancora nel n.* | *Nel n. dei più*, fra i defunti | Posto, grado: *arrivare al n. uno* | *Un medico n. uno*, che si distingue su tutti per la perizia e la competenza | *Un atleta n. uno*, un campione | *Nemico pubblico n. uno*, chi è considerato, da una comunità o da un individuo, particolarmente pericoloso. **6** Ciascuno dei numeri di lotto, lotteria, tombola | *I numeri estratti*, i cinque che, nel lotto, determinano l'estratto semplice o situato, l'ambo, il terno, la quaterna e la cinquina | *N. situato*, con assegnazione dell'ordine in cui uscirà, se il 1°, 2°, 3°, 4° o 5° | (*fam.*) *Dare i numeri*, di persona che dice cose strane, vaghe o di senso oscuro. **7** In merceologia e commercio, grossezza, misura, qualità di un prodotto: *portare scarpe n. 42*; *indossare giacche n. 50*; *maglie n. 5.* **8** Esibizione, parte autonoma di spettacolo di varietà | Il gruppo di artisti che sostengono un numero di varietà. **9** Fascicolo, dispensa di giornale o rivista: *l'ultimo n. di "Studi storici"* | *N. unico*, foglio o fascicolo a stampa che si pubblica una sola volta per avvenimento o ricorrenza. **10** (*ling.*) Categoria grammaticale basata sulla rappresentazione di persone, animali, oggetti, designati mediante nomi, come entità numerabili, suscettibili di essere isolate, contate e riunite in gruppi in opposizione alla rappresentazione degli oggetti come masse indivisibili. **11** (*letter.*) Ritmo: *il n. della prosa ciceroniana* | †Metro, verso, piede. **12** (*fig.*, *fam.*) Persona particolarmente singolare, buffa, divertente: *sei proprio un bel n.!*; *che n. tuo fratello!* **13** (*spec. al pl.*) Qualità, requisito: *ha tutti i numeri per vincere.* **14** (*relig.*) *Libro dei Numeri*, (*ell.*) *I Numeri*, nella Bibbia, quarto libro del Pentateuco, in cui si riportano vari dati relativi a censimenti della popolazione israelitica. || **numeràccio**, pegg. | **numerétto**, dim. | **numerino**, dim. | **numeróne**, accr. | **numerùccio**, dim.

NUMERO

I numeri cardinali e ordinali si possono scrivere sia in lettere (*uno, due, cinque, ottavo*) che in cifre (*1, 2, 5, 8° o VIII*).
I **numeri cardinali**, che indicano una quantità numerica determinata, si scrivono generalmente in lettere in un normale contesto discorsivo: *ci vediamo alle due; andiamo a fare quattro passi; te l'ho detto mille volte; hai fatto ben sette errori; le parti del discorso sono nove; gli anni Sessanta.* Si scrivono preferibilmente in cifre (che si chiamano 'arabe' in quanto inventate dagli Arabi e portate in Europa durante il Medioevo) per evitare parole eccessivamente lunghe (*l'anno bisestile comprende 366 giorni; gli alunni sono 627*) e, soprattutto, nell'uso matematico, tecnico e scientifico: *3,14; 6 × 8 = 48; 43° Latitudine N; pagina 7; 2221 m s.l.m.; 5,3%; 4/5 dell'ipotenusa.* Si scrivono generalmente in cifre anche le età (*Luigi ha 43 anni*) e le date: *20 settembre 1993.* In certi casi il numero del giorno si può scrivere in lettere, specialmente in riferimento ad avvenimenti storici o festività (talvolta anche con l'iniziale maiuscola; v. maiuscola): *Il Cinque Maggio, il Quattro Novembre.*
I **numeri ordinali**, che indicano l'ordine di successione in una serie, si scrivono generalmente in lettere se sono minori di 10 o in contesti linguistici discorsivi o di significato convenzionale: *frequenta la prima classe del Liceo; un abito di seconda mano; è arrivato appena quarto; abita al settimo piano; la sera della prima alla Scala; il secondo tempo della partita; un cambio con la quinta marcia.* Si scrivono invece con le cifre romane negli altri casi e in particolare: per indicare nomi di imperatori, re, papi o discendenti di particolari famiglie: *Carlo V, Luigi XVI, papa Giovanni XXIII, Paul Getty IV*; oppure di imbarcazioni e veicoli particolari: *Biancaneve III* (barca), *Mariner IV* (sonda spaziale). I numeri romani si usano anche per indicare i secoli: *secolo XIV* (che si può anche indicare con il numero cardinale in lettere e la maiuscola: *il Trecento*); o certi particolari giorni del mese che si riferiscono a ricorrenze storiche: *il XX Settembre, il XXV Aprile*; negli indici o nelle citazioni: *capitolo XVIII; Dante, Inferno, XXVIII*; in particolari classificazioni: *la mia classe è la III F; atto I, scena II.* Negli altri casi si preferisce usare, al posto del numero romano, il numero arabo con l'esponente (°) o (ª): *il 23° giorno di sciopero; sei la 87ª in graduatoria* (ma **non** *papa Paolo 6°* o *Napoleone 3°* bensì *Paolo VI, Napoleone III*). Attenzione: è opportuno ricordare che l'esponente (°) va segnato a fianco del numero arabo ma **non** a fianco del numero romano. Quindi bisogna scrivere *Vittorio Emanuele II* (e **non** *II°*). (V. anche la nota d'uso FRAZIONE e PERCENTUALE)

numerologìa [comp. di *numero* e *-logia* per calco sull'ingl. *numerology*] s. f. ● Arte di trovare nei numeri proprietà curiose e soprattutto significati magici e mistici.

numeròlogo s. m. (f. *-a*; pl. m. *-gi*) ● Studioso, esperto di numerologia.

numerosità [vc. dotta, lat. tardo *numerositāte(m)*, da *numerōsus* 'numeroso'] s. f. *1* L'essere numeroso. *2* (*letter.*) Armonia, ritmicità.

numeróso [vc. dotta, lat. *numerōsu(m)*, da *nŭmerus* 'numero'] agg. *1* Di numero rilevante: *figli numerosi* | Costituito, composto da molte unità: *adunanza numerosa*; *molti sono che godono assai più dell'applauso n. del popolo, che dell'assenso dei pochi non volgari* (GALILEI). SIN. Molteplice. *2* (*letter.*) Armonioso, ritmico | *Prosa numerosa*, ottenuta con la disposizione simmetrica delle proposizioni, con le cadenze, e l'unione di parole piane, sdrucciole e tronche. || **numerosaménte**, avv. In gran numero, in grande quantità.

numerus clausus /*lat.* 'numerus 'klauzus/ [vc. lat., 'numero chiuso'] loc. sost. m. inv. ● Limite numerico rigorosamente stabilito, spec. in posti di lavoro o studio e sim.

nùmida (1) [vc. dotta, lat. *Nūmida(m)*, da *Nŏmas*, genit. *Nŏmadis* 'nomade'] **A** agg. (pl. m. *-i*) ● Della Numidia. **B** s. m. e f. ● Abitante della Numidia.

nùmida (2) [dal precedente] s. f. ● (*zool.*) Gallina faraona.

numìdico agg. (pl. m. *-ci*) ● Della Numidia, dei Numidi: *popoli numidici.*

numinosità [da *numinoso*] s. f. ● Nella tipologia religiosa, carattere di potenza, di tremendo e di soprannaturale che è proprio di un dio o del sacro impersonalmente inteso.

numinóso [ted. *numinos*, dal lat. *nūmen*, genit. *nūminis* 'potenza, nume'] agg. ● Che si riferisce a nume e a numinosità | *Sentimento del n.*, che è a fondamento dell'esperienza religiosa | (*lett.*) Soprannaturale, che incute spavento e reverenza | (*lett., fig.*) Arcano, irreale.

†**numìsma** [vc. dotta, lat. *nomĭsma*, dal gr. *nómisma* 'uso, consuetudine', poi 'moneta', da *nomízein* 'avere per consuetudine', da *nómos* 'legge' (V. *nomofilace*); la *-u-* è dovuta all'avvicinamento con *nŭmmus* 'nummo'] s. m. (pl. *-i*) ● Moneta, medaglia.

numismàtica [da (*scienza*) *numismatica*, f. sost. di *numismatico*] s. f. ● Scienza che studia sotto tutti gli aspetti le monete e le medaglie di ogni epoca e di ogni Stato.

numismàtico [da †*numisma*] **A** agg. (pl. m. *-ci*) ● Che riguarda la numismatica. **B** s. m. ● Studioso, specialista di numismatica.

nùmmo [vc. dotta, lat. *nŭmmu(m)*, da avvicinare a *nŭmerus* 'numero'] s. m. *1* †Moneta, denaro: *quel che 'l Maestro suo per trenta nummi / diede a' Iudei* (ARIOSTO). *2* Unità di peso usata anticamente dai Greci dell'Italia meridionale.

†**nummògrafo** [comp. di *nummo* e *-grafo*] s. m. ● Numismatico.

nummolària o **nummulària** [f. sost. dell'agg. lat. tardo *nummulārius* 'che riguarda le monete', da *nŭmmus* 'numero'; detta così perché le foglie rotonde sembrano monete] s. f. ● Primulacea comune nei luoghi freschi, con i fusti sdraiati che emettono radici avventizie e fiori gialli ascellari (*Lysimachia nummularia*).

nummulària ● V. *nummolaria.*

nummulìte [dal lat. *nŭmmulus*, dim. di *nŭmmus* 'moneta' (V. *nummo*)] s. f. ● Genere di Protozoi foraminiferi fossili del Terziario, di notevoli dimensioni, provvisti di guscio calcareo a forma di disco, che ricorda quella di una moneta (*Nummulites*). ➡ ILL. **paleontologia**.

nummulìtico [da *nummulite*] **A** agg. (pl. m. *-ci*) ● Detto di roccia che contiene nummuliti. **B** s. m. ● (*geol.*) Paleogene.

†**nunciàre** e *deriv.* ● V. †*nunziare* e *deriv.*

nuncupatìvo [vc. dotta, lat. tardo *nuncupatīvu(m)*, che aveva però il sign. di 'cosiddetto, preteso', da *nuncupātus*, part. pass. di *nuncupāre* 'chiamare, nominare', comp. di *nōmen* 'nome' e *căpere* 'prendere' (V. *capzioso*)] agg. ● (*dir.*) Nel diritto romano, detto di testamento in cui il testatore nomina oralmente l'erede ed esprime le sue volontà in presenza di testimone o notaio.

nuncupazióne [vc. dotta, lat. *nuncupatiōne(m)*, da *nuncupātus*. V. *nuncupativo*] s. f. ● Nel diritto romano, declamazione solenne di determinate formule, avente valore giuridico.

nundinàle [vc. dotta, lat. *nundināle(m)*, agg. di *nŭndinae* 'nundine'] agg. ● Relativo alle nundine.

nùndine [vc. dotta, lat. *nŭndinae*, nom. f. pl. sost. dell'agg. *nŭndinus* 'pertinente a nove giorni', comp. di *nŏvem* 'nove' e *dĭes* 'giorno' (V. *dì*)] s. f. pl. ● Presso gli antichi romani, intervallo di nove giorni intercorrente tra un mercato e un altro, paragonabile nel loro ordinamento civile alla nostra settimana.

†**nunziàre** o †**nunciàre** [vc. dotta, lat. *nuntiāre*, da *nūntius* 'nunzio'] v. tr. ● Annunziare: *vattene al campo e la battaglia fella / nunzia* (TASSO).

†**nunziatóre** [vc. dotta, lat. tardo *nuntiatōre(m)*, da *nuntiātus*, part. pass. di *nuntiāre* 'nunziare'] s. m. (f. *-trice*) *1* Annunziatore. *2* (*fig.*) Indizio.

nunziatùra [dal part. pass. di †*nunziare*] s. f. ● Carica, ufficio e sede del nunzio.

†**nunziazióne** [vc. dotta, lat. *nuntiatiōne(m)*, da *nuntiātus*, part. pass. di *nuntiāre* 'nunziare'] s. f. ● Annunciazione.

nùnzio o †**nùncio** [vc. dotta, lat. *nūntiu(m)*, dalla stessa radice di **nuere* 'fare un cenno'. V. *nume*] s. m. (f. *-a* nei sign. 1 e 3) *1* (*lett.*) Messaggero, ambasciatore | (*raro, est.*) Annunziatore. *2* Ambasciatore legato della Santa Sede presso un governo straniero: *n. apostolico, pontificio.* *3* (*dir.*) Colui che riferisce al destinatario una volontà negoziale altrui. *4* (*zool.*) *N. della morte*, coleottero dei Tenebrionidi, innocuo, puzzolente, privo di ali, nero, che di notte si nutre di qualunque sostanza organica, anche putrescente (*Blaps mortisaga*). *5* (*lett.*) Annunzio, notizia.

nuòcere o (*pop.*) **nòcere** [lat. parl. **nŏcere*, per il classico *nocēre*, dalla stessa radice di *nĕx*, genit. *nĕcis* 'morte', uccisione] v. intr. (pres. *io nòccio* o *nuòccio*, †*nuòco*, *tu nuòci*, pop. *nòci*, *egli nuòce*, pop. *nòce*, *noi nociàmo* o *nuociàmo*, *voi nocéte* o *nuocéte*, *essi nòcciono* o *nuòcciono*, †*nuòcono*; imperf. *io nocévo* o *nuocévo*; pass. rem. *io nòcqui*, †*nocètti*, *tu nocésti* o *nuocésti*; fut. *io nocerò* o *nuocerò*; congv. pres. *io nòccia* o *nuòccia*, †*nuòca*; congv. imperf. *io nocéssi* o *nuocéssi*; condiz. pres. *nocerèi* o *nuocerèi*; imper. *nuòci*, pop. *nòci*; part. pres. *nocènte* o *nuocènte*; part. pass. *nociùto* o *nuociùto*; ger. *nocèndo* o *nuocèndo*; aus. *avere*) ● Recare danno, fare del male: *quell'impresa ha nociuto al suo prestigio*; *il gelo nuoce alle piante* || PROV. Tentare non nuoce; tutto il male non viene per nuocere.

nuòra o (*pop.*) **nòra** [lat. parl. **nŏra(m)*, per il classico *nŭru(m)*, di origine indeur.] s. f. ● Moglie del figlio nei confronti dei genitori di questo: *gli era morto l'unico figliuolo ... lasciandogli sette orfanelli e la n. da mantenere* (PIRANDELLO) | *Suocera e n.*, (*fig., pop., tosc.*) oliera composta di due ampolle, una per l'olio e l'altra per l'aceto || PROV. Dire a nuora perché suocera intenda.

nuorése A agg. ● Di Nuoro. **B** s. m. e f. ● Abitante, nativo di Nuoro. **C** s. m. solo sing. ● Dialetto parlato a Nuoro.

nuotàre o **notàre (2)** [lat. parl. **notāre*, per il classico *natāre*, di origine indeur.] **A** v. intr. (*io nuòto*; in tutta la coniug. la *o* dittonga di solito in *uo* anche se atona per evitare l'ambiguità con *notare*; aus. *avere*) *1* Muoversi in acqua per reggersi a galla: *n. sott'acqua, contro corrente; insegnare a qc. a n.; imparare a n.; n. a rana, a farfalla, a crawl, sul dorso* | (*fig.*) *N. nell'aria*, volare | *N. come il piombo*, (*scherz.*) nuotare male o non saper nuotare. *2* (*est.*) Galleggiare: *una cassa che nuotava in mare* | *N. nel miele*, vivere nelle delizie | *N. nell'abbondanza, nell'oro*, essere forniti di tutto, ricchi oltre misura | *N. nel sangue*, essere sanguinario | *N. nella contentezza*, essere molto felice | *N. nel sudore*, essere tutto sudato. **B** v. tr. *1* Percorrere una distanza a nuoto: *n. quattrocento metri.* *2* †Passare a nuoto || PROV. Quando l'acqua tocca il collo tutti imparano a nuotare.

nuotàta o **notàta** [part. pass. f. sost. di *nuotare*] s. f. *1* (*raro*) Modo, atto del nuotare. *2* Il periodo in cui si resta in acqua per nuotare: *fare una lunga n.* || **nuotatina**, dim.

nuotatóre o **notatóre** [dal part. pass. di *nuotare*, sul modello del lat. *natātor*, genit. *natatōris* 'nuotatore', da *natāre*. V. *nuotare*] s. m. (f. *-trice*) ● Chi nuota | Chi è abile nel nuoto.

nuòto [da *nuotare*] s. m. ● Il complesso dei movimenti che assicurano il galleggiamento del corpo e la sua progressione nell'acqua: *scuola di n.*; *campione di n.*; *traversamento a n. di un fiume* | *Gettarsi a n.*, tuffarsi e cominciare a nuotare | *N. sincronizzato*, esecuzione di figure ed evoluzioni a tempo di musica. ➡ ILL. p. 1284 SPORT.

nuòva [f. sost. di *nuovo*] s. f. *1* Notizia di fatto o avvenimento accaduto di recente: *dare nuove di sé*; *una pessima n.* | (*est.*) Notizia: *essere privo di nuove.* *2* Scrittura risultante dall'evoluzione della corsiva romana, con notevoli differenziazioni locali sia in Italia sia in Francia, in uso fra i secc. VII e XIII || PROV. Nessuna nuova, buona nuova.

nuovaiorchése ● V. *newyorkese.*

nuovayorkése /nwovajor'kese/ ● V. *newyorkese.*

nuovìsmo [da *nuovo*, con *-ismo*] s. m. ● Corrente d'opinione favorevole al nuovo nei confronti di ciò che è ritenuto vecchio o superato | (*spreg.*) Atteggiamento consistente nello spacciare come nuove concezioni che appartengono a una realtà vecchia o superata.

nuovìsta A s. m. e f. (pl. m. *-i*) ● Chi ha concezioni o assume atteggiamenti improntati a nuovismo. **B** agg. ● Di, relativo a nuovismo | Basato su nuovismo.

nuòvo o (*pop., poet.*) **nòvo** [lat. *nŏvu(m)*, di origine indeur.] **A** agg. *1* Che è stato fatto, conosciuto o è successo da poco, di recente: *vino, vestito n.*; *notizia nuova* | *Latte n.*, munto da poco | *Casa nuova*, appena costruita | *Il n. vescovo*, nominato da poco | *N. di zecca*, nuovissimo | *Scuola nuova*, istituita di recente | *Cose nuove*, novità | *Sposi nuovi*, novelli | *N. ricco*, chi è arricchito da poco conservando una certa grossolanità di modi | *Essere come n.*, di oggetto poco usato | *Generazione nuova*, i giovani di adesso | *Tempi, uomini nuovi*, moderni, che rispecchiano le condizioni e le aspirazioni del loro tempo | (*ell.*) *Addobbato a n.*, ornato di nuovi addobbi | (*ell.*) *Di n.*, nuovamente, ancora, un'altra volta | (*ell.*) *Di bel n.*, di nuovo. CONTR. Vecchio. *2* Che inizierà tra poco il suo corso: *anno n.* *3* Che è la prima volta che si vede, si conosce o si prova: *faccia nuova*; *una nuova scoperta*; *un sentimento n.* | *Non mi riesce n.*, mi pare di averlo già visto o conosciuto | Innovativo, originale: *quel pittore usa una vernice nuova*; *nuova cucina* | Inedito, sconosciuto: *durante l'inchiesta è venuto alla luce un fatto n.* | Insolito, inconsueto: *il suo atteggiamento mi sembra n.* | (*raro, est.*) Strano, curioso, comico: *una nuova malizia* | (*raro*) *Farsi, mostrarsi n.*, meravigliarsi. *4* Rimesso a nuovo, rifatto come nuovo: *il n. arredamento del suo negozio* | (*ell.*) *Rimettere a n.*, rifare, rinnovare. SIN. Rinnovato. *5* Altro, secondo, che si aggiunge al precedente: *un n. dolore* | *Acquistare una nuova automobile*, un'altra automobile | Che ne rinnova, ne ricorda un altro per qualità, caratteristiche simili, detto di persona: *quell'artista è un n. Raffaello.* *6* Che da poco ha cominciato ad assolvere certi doveri o ad adempiere certe funzioni: *il n. scolaro*; *il n. Ministero* | *Essere n. alla vita militare*, averla iniziata da poco | *N. del mestiere*, novizio, novellino | (*raro*) *Uccello, pesce n.*, inesperto, che si lascia catturare subito. *7* †Che da poco si è inurbato e partecipa alla vita | (*poet.*) *Tempo n.*, la primavera || PROV. Anno nuovo vita nuova. || **nuovaménte**, avv. *1* Di nuovo, un'altra volta: *provare nuovamente.* *2* (*raro*) Poco fa, da poco. **B** s. m. solo sing. *1* Ciò che è nuovo, novità: *il vecchio e il n.*; *non dire niente di n.* CONTR. Vecchio. *2* In contrapposizione a usato, l'insieme dei prodotti industriali o artigianali che vengono messi in vendita per la prima volta: *il prezzo del n.*

nuràghe [vc. di origine preindeur.] s. m. ● Caratteristico monumento preistorico tipico della Sardegna, costruito, in forma tronco-conica, con grossi massi sovrapposti a secco; imponente e poderoso, era adibito a dimora fortificata.

nuràgico agg. (pl. m. *-ci*) ● Appartenente alla cultura protostorica dei nuraghi, in Sardegna.

†nùro [vc. dotta, lat. *nŭru(m)*. V. *nuora*] s. f. ● Nuora.

nurse /ingl. nəːs/ [vc. ingl., dal lat. *nutrīce(m)* 'nutrice'] s. f. inv. ● Bambinaia, governante | Infermiera.

nursery /ingl. 'nəːsri/ [vc. ingl., deriv. di *nurse* (V.)] s. f. inv. (pl. ingl. *nurseries*) ● Ambiente dotato di particolari attrezzature in cui vengono custoditi i bambini, spec. piccoli: *la n. di una clinica, di una fabbrica.*

nursing /ingl. 'nəːsiŋ/ s. m. inv. ● Assistenza prestata da infermiere.

nut /ingl. nʌt/ [vc. ingl., propr. 'noce' e, per est., 'dado', in meccanica] s. m. inv. ● In alpinismo, insieme di dadi, blocchetti, prismi metallici di varia forma e dimensione, collegati a un cavetto d'acciaio o a un cordino, che vengono incastrati nelle fessure o in buchi della roccia per assicurazione o progressione.

†nutàre [vc. dotta, lat. *nutāre* 'oscillare', da **nŭere* 'fare un cenno'. V. *nume*] v. intr. ● Guizzare, oscillare.

nutazionàle agg. ● Di, relativo a nutazione.

nutazióne [vc. dotta, lat. *nutatiōne(m)*, da *nutāre* 'oscillare', ints. di **nŭere* 'fare un cenno', di origine indeur.] s. f. *1* (*med.*) Oscillazione abituale e involontaria del capo. *2* (*astron.*) Lieve oscillazione del piano dell'eclittica, dovuta a effetti secondari dell'attrazione lunisolare sul rigonfiamento equatoriale della Terra.

†nùto [vc. dotta, lat. *nūtu(m)*, da **nŭere*. V. *nume*] s. m. ● (*raro*) Cenno.

nùtria [sp. *nutria*, deformazione del lat. *lŭtra* 'lontra' (V.)] s. f. *1* Mammifero roditore lungo mezzo metro, con coda da topo, capo e tronco da castoro, che vive nell'ambiente acquatico del Sud America (*Myocastor coypus*). SIN. Castorino. *2* (*est.*) Pelliccia pregiata dell'animale omonimo.

nutrìbile o **†nodrìbile**, **†nudrìbile** [vc. dotta, lat. tardo *nutrĭbile(m)*, da *nutrīre* 'nutrire'] agg. *1* (*raro*) Che si può nutrire. *2* †Nutriente.

†nutricàle [da *nutricare*] agg. ● Nutriente.

†nutricaménto o **†notricaménto** [da *nutricare*] s. m. ● (*lett.*) Nutrimento, alimento.

nutricàre o **†notricàre** [vc. dotta, lat. *nutricāre*, da *nūtrix*, genit. *nutrīcis* 'nutrice'] v. tr. (*io nùtrico, tu nùtrichi*) *1* (*lett.*) †Allevare, allattare | (*raro, poet.*) Nutrire, mantenere, alimentare: *l'alba nutrica d'amoroso nembo / gialle sanguigne e candide vïole* (POLIZIANO). *2* Coltivare, curare, detto di pianta. *3* (*lett., fig.*) †Educare.

†nutricatìvo [da *nutricato*, part. pass. di *nutricare*] agg. ● Nutritivo.

†nutricatóre o **†notricatóre**. s. m. (f. *-trice*) ● Chi nutrica.

nutricazióne [vc. dotta, lat. tardo *nutricatiōne(m)*, da *nutricātus*, part. pass. di *nutricāre* 'nutricare'] s. f. ● (*raro, lett.*) Alimentazione, nutrizione.

nutrìce o (*lett.*) **†nodrìce**, (*lett.*) **†notrìce**, (*lett.*) **†nudrìce** [vc. dotta, lat. *nutrīce(m)*, da *nutrīre* 'nutrire'] s. f. *1* Donna che, col suo latte, nutre un bambino: *madre e n.* SIN. Balia. *2* (*fig., lett.*) Chi produce, alimenta: *n. di civiltà*; *questa patria ... n. ed ospite delle Muse* (FOSCOLO).

†nutrichévole [da *nutricare*] agg. ● Nutriente.

†nutrìcio [vc. dotta, lat. *nutrīciu(m)*, da *nūtrix*, genit. *nutrīcis* 'nutrice'] s. m. (f. *-a*) *1* Chi nutre, alleva. *2* Balio, educatore.

nutriènte **A** part. pres. di *nutrire*; anche agg. ● Nei sign. del v. **B** s. m. ● Sostanza nutritiva.

†nutrimentàle agg. ● Di nutrimento.

nutriménto o **†nodriménto**, **†nudriménto** [vc. dotta, lat. *nutrimĕntu(m)*, da *nutrīre* 'nutrire'] s. m. *1* (*raro*) Modo, atto del nutrire. *2* Cosa che nutre: *il n. per la famiglia*; *dare il n. alle piante.* SIN. Alimento, cibo, vitto. *3* (*fig.*) Ciò che mantiene vivo o fa crescere sentimenti, affetti, aspirazioni e sim.: *la speranza è un n. essenziale.*

†nutrimentóso agg. ● Che dà nutrimento.

nutrìre o **†nodrìre**, **†nudrìre** [vc. dotta, lat. *nutrīre*, di origine indeur.] **A** v. tr. (*io nùtro* o *nutrìsco, tu nùtri* o *nutrìsci*) *1* Somministrare alimento per tenere in vita e fare crescere: *n. un vecchio* | Alimentare: *l'olio nutre la fiamma* | (*est.*) Mantenere: *n. una famiglia a proprie spese.* *2* (*fig.*) Arricchire, alimentare spiritualmente: *n. la mente*; *voi ch'ascoltate in rime sparse il suono / di quei sospiri, ond'io nudriva il core* (PETRARCA) | (*ass.*) Dare alimento: *un cibo che non nutre.* *3* (*lett.*) Allattare | †Allevare, educare. *4* (*fig.*) Serbare, custodire, fomentare, detto di sentimenti: *n. un grande affetto*; *n. un odio profondo.* **B** v. rifl. ● Prendere alimento, cibarsi (*anche fig.*): *nutrirsi solo di carne*; *nutrirsi di buoni studi.*

nutritìvo agg. ● Che è atto a nutrire o a nutrirsi bene: *cibo, sugo n.* SIN. Nutriente.

nutrìtizio agg. ● (*biol.*) Atto a nutrire, a fornire nutrimento.

nutrìto o **†nodrìto**, **†nudrìto**. part. pass. di *nutrire*; anche agg. *1* Nei sign. del v. *2 Ben n.*, forte, robusto | *Mal n.*, in cattive condizioni di salute per difetto di alimentazione. *3* (*fig.*) Fitto, intenso: *nutriti consensi*; *una nutrita scarica di artiglieria.*

nutritóre o **†nodritóre**, **†nudritóre** [vc. dotta, lat. *nutritōre(m)*, da *nutrītus*, part. pass. di *nutrīre* 'nutrire'] s. m. (f. *-trice* nel sign. 1) *1* Chi nutre. *2* Apparecchiatura destinata a contenere e distribuire mangime per animali.

†nutritùra [vc. dotta, lat. tardo *nutritūra(m)*, da *nutrītus*, part. pass. di *nutrīre* 'nutrire'] s. f. *1* Nutrimento: *nutriture vili e facili a procacciare* (LEOPARDI). *2* (*fig.*) Educazione.

nutrizionàle agg. ● (*med.*) Relativo alla nutrizione.

nutrizióne [vc. dotta, lat. tardo *nutritiōne(m)*, da *nutrītus*, part. pass. di *nutrīre* 'nutrire'] s. f. *1* (*biol.*) Funzione mediante la quale gli esseri viventi assumono dall'esterno sostanze utili per accrescersi e per svolgere le attività vitali. *2* (*est.*) Atto del nutrire o del nutrirsi: *la n. dei piccoli.* *3* Cibo, alimentazione: *n. abbondante, scarsa.*

nutrizionista s. m. e f. (pl. m. *-i*) ● Chi studia le forme e i problemi della nutrizione.

nùvola o (*ant., lett.*) **nùgola** [lat. parl. **nūbula*, per il classico *nūbila*, nt. pl. di *nūbilus* 'nuvolo' (agg.)] s. f. *1* Nube: *davanti alla luna una cavalcata fantastica di nuvole stracciate* (LEVI) | *Cascare dalle nuvole*, (*fig.*) rimanere meravigliato | *Vivere nelle nuvole, andare per le nuvole, avere la testa nelle nuvole*, (*fig.*) essere distratto o in preda a fantasticherie, vivere fuori dalla realtà. *2* (*est.*) Ciò che ha forma di nuvola e nasconde la vista di q.c. (*anche fig.*): *una n. di polvere*; *una n. d'odio.* *3* (*med.*) †Cataratta. || **nuvolàccia**, pegg. | **nuvolétta**, dim. (V.) | **nuvolina**, dim.

nuvolàglia s. f. ● Massa estesa di nubi di forma ineguale: *una fitta n. copriva il cielo.*

nuvolàto [aferesi di *annuvolato*] agg. *1* (*region., lett.*) Nuvoloso, rannuvolato. *2* Detto di carta da parati o per legatoria, a tinta unita con zone di colore più scuro simili a nuvolette.

nuvolétta s. f. *1* Dim. di *nuvola.* *2* Nei giornali a fumetti, disegno a forma di piccola nuvola che racchiude le parole o i pensieri dei personaggi.

nùvolo o **nùgolo** spec. nel sign. B 3 [lat. parl. **nūbulu(m)*, per il classico *nūbilu(m)*, dalla stessa radice di *nūbes* 'nube'] **A** agg. ● (*dial.*) Nuvoloso. **B** s. m. *1* Tempo nuvoloso. *2* (*lett.*) Nembo, nuvola: *conosceva ... di che colore sia il n. quando sta per nevicare* (VERGA) | (*raro, lett.*) *Andare nei nuvoli*, andare per le nuvole. *3* (*fig.*) Grande quantità, moltitudine: *un n. di gente*; *un nugolo di mosche.* || **nuvolàccio**, pegg. | **nuvolétto**, dim. | **nuvolóne**, accr.

nuvolosità [da *nuvoloso*] s. f. ● Quantità di nubi che coprono il cielo | Frazione di cielo coperto da nubi, misurata in ottavi | *N. otto ottavi*, cielo coperto interamente da nubi.

nuvolóso [da *nuvola*, sul modello del lat. tardo *nubilōsus*, agg. di *nūbilum* 'nuvolo'] agg. *1* Coperto di nubi: *cielo n.* *2* (*est.*) Appannato, come coperto da un'ombra | (*raro*) Torbido, detto di liquido.

nuziàle [vc. dotta, lat. *nuptiāle(m)*, da *nūptiae* 'nozze'] agg. ● Delle nozze, attinente alle nozze: *velo, corteo, abito n.*; *contratto n.* | *Giorno n.*, delle nozze. SIN. Matrimoniale. || **†nuzialménte**, avv. In modo adatto alle nozze.

nuzialità [da *nuziale*] s. f. ● (*stat.*) Entità numerica dei matrimoni in un certo periodo | *Quoziente generico di n.*, rapporto fra il numero di matrimoni e la popolazione media di un dato periodo.

nylon® /'nailon, ingl. 'nailən/ [etim. incerta] s. m. *1* (*chim.*) Nome commerciale della fibra poliammide. *2* (*est.*) Tessuto di tale fibra. *3* (*pop.*) Correntemente, ogni fibra sintetica a struttura poliammidica.

o, O

I suoni rappresentati in italiano dalla lettera *O* sono quelli delle due vocali posteriori o velari di media apertura: la *O* chiusa o stretta /o/, che tende verso la vocale più chiusa di questa serie /u/, e la *O* aperta o larga /ɔ/, che tende invece verso la vocale più aperta di tutte /a/. La distinzione tra le due *O* si ha regolarmente solo in sillaba tonica (es. *tòga* /'tɔga/, *tòlta* /'tɔlta/, *cuòre* /'kwɔre/, *farò* /fa'rɔ*/, di fronte a *vóga* /'voga/, *mólta* /'molta/, *fióre* /'fjore/); in sillaba atona si ha solo una *O* chiusa (es. *gènio* /'dʒɛnjo/, *poté* /po'te*/, *togàto* /to'gato/, *vogàre* /vo'gare/). In sillaba tonica, la lettera può portare un accento scritto, obbligatorio per le vocali toniche finali di determinati monosillabi e di tutte le parole polisillabe (es. *può* /pwɔ*/, *landò* /lan'dɔ*/), raro e facoltativo negli altri casi (es. *cómpito* /'kompito/, volendo distinguere da *compìto* /kom'pito/). L'accento è sempre grave se la *O* è aperta, è invece acuto se la *O* è chiusa; ma è tuttora diffusa la più antica accentazione uniformemente grave (es. *còmpito*, con lo stesso segno d'accento di *può*, *landò*, *farò*, nonostante la diversa pronunzia); e del resto le voci che potrebbero portare nella grafia ordinaria una *o* con l'accento acuto sono pochissime, perché tutte le *o* toniche finali sono aperte e quindi in tutti i casi in cui è obbligatorio l'accento sulla *O* è grave.

o, O /ɔ*/ s. f. o m. • Tredicesima lettera dell'alfabeto italiano: *o minuscola, O maiuscolo* | *O come Otranto*, nella compitazione, spec. telefonica, delle parole | *Tondo come l'o di Giotto*, di ciò che è perfettamente rotondo e (*fig.*) di persona sciocca.

o (1) /o*/ o (*raro*) **od** [lat. *āut*, da **āuti*, di origine indeur.] cong. (per eufonia *od*, raro o lett., spec. davanti a parola che comincia per vocale, spec. per *o*: *questo od un altro*; *si può dire ponente od occidente od ovest*; *dimenticanza od oblio*) **1** Con valore disgiuntivo, coordina due o più elementi di una prop. che abbiano la stessa funzione (sostantivi, aggettivi, predicati, pronomi, avverbi, complementi) oppure due o più proposizioni della stessa specie, che si escludono o si contrappongono tra loro, o che esprimono un'alternativa: *lo chiameremo Pietro o Carlo o Giovanni*; *adesso o mai più*; *per amore o per forza devi farlo*; *di buona o cattiva voglia ci andrò*; *contento o no ormai è fatta*; *prendere o lasciare*; *verrò domani o ti telefonerò*; *fate questo o ve ne pentirete*; *sbrighiamoci o faremo tardi*; *cose ch'han molti secoli o un anno / o un'ora* (PASCOLI) | Con valore ints. si ripete la cong. davanti a ogni elemento: *rispondi: o sì o no*; *o mi aiuti o mi lasci in pace*; *o Roma o morte*; *o vivo o morto*; *o la borsa o la vita*; *o la va o la spacca*; *o vengo o ti telefono o ti scrivo* | Con valore raff. seguito da 'invece': *non so se accettare o invece rifiutare* | Se gli elementi coordinati sono uniti a coppie, la cong. si ripete solo fra i termini di ciascuna coppia: *bello o brutto, simpatico o antipatico bisogna invitare anche lui* | V. anche *oppure*, *ovvero*, *ovverosia*. **2** Con valore esplicativo, indica una equivalenza fra due o più termini: *la filosofia, o amore di sapienza*; *la glottologia o linguistica* | Con valore raff. seguito da 'anche', 'vuoi', 'meglio' e sim.: *la numida, o vuoi gallina faraona, è originaria dell'Africa*.

o (2) /o/ [lat. *ō*] inter. **1** Si usa come rafforzativo del vocativo spec. nelle invocazioni e in alcune espressioni esclamative: *o Signore, aiutateci!* | (*enf.*, *lett.*) Rivolgendo il discorso a qc.: *o giovani, molto da voi ci aspettiamo!*; *da chiuso morbo combattuta e vinta, / perivi, o tenerella* (LEOPARDI). **2** (*fam.*) Si usa chiamando, interpellando o esortando ad alta voce qc.: *o quell'uomo!*; *o voi, lassù!*; *o tu! vuoi sbrigarti?*

o (3) /o*/ [da *o(ra)*] inter. • (*pleon.*, *tosc.*) Si usa in esortazioni, domande retoriche, espressioni di meraviglia o stupore: *o mi dica un po' lei che farebbe!*; *o dunque, vogliamo muoverci?*; *o che credevate, che non ce ne saremmo accorti?*; *o che succede costì?*; *o che non si salutano più gli amici?*; *o questa poi!*

oaks /ingl. 'ouks/ [vc. ingl., da *The Oaks*, n. di una località presso Epsom, nel Surrey] s. f. pl. • Nell'ippica italiana, corsa al galoppo sulla distanza di 2 400 m, riservata alle femmine di tre anni.

òaṣi o †**oàṣi** [vc. dotta, gr. *óasis*, di origine egiz.] s. f. **1** (*geogr.*) Zona di territorio, spec. nei deserti dell'Africa settentrionale, fornita di sorgenti o pozzi e quindi fertile e abitata: *il verde, la frescura di un'o.* **2** (*est.*, *fig.*) Luogo particolarmente piacevole, riposante, distensivo e sim.: *questa casa è un'o. di pace e di serenità*; *questo paesino è una vera o. di silenzio.* **3** (*fig.*) Zona riservata | *O. di protezione faunistica*, terreno costituito in bandita per proteggere la selvaggina e permetterne la riproduzione.

oaṣìstico agg. (pl. m. *-ci*) • (*lett.*) Che è proprio, caratteristico, di un'oasi.

obbediènte • V. *ubbidiente*.

obbediènza o †**obediènza** [vc. dotta, lat. *oboediĕntia(m)*, da *obōediens*, genit. *oboediĕntis* 'obbediente'] s. f. **1** V. *ubbidienza* nel sign. 3. **2** †Sottomissione al dominio o governo di un principe | †*Dare o. a un principe*, sottometterglisi | †*Recare all'o. di qc.*, porre nell'ambito del suo dominio | †*Levare l'o. a qc.*, privarlo del comando. **3** Nel linguaggio ecclesiastico, sottomissione della propria volontà a quella dei superiori | *Voto di o.*, uno di quelli professati dal clero regolare.

obbedire • V. *ubbidire*.

obbiàda [fr. *oblade*, dall'ant. provz. *ublada*, dal lat. *oculāta(m)*, da *ŏculus* 'occhio', a causa dei suoi grandi occhi] s. f. • (*zool.*) Occhiata.

†**obbidiènte** • V. *ubbidiente*.

obbiettàre • V. *obiettare*.

obbiettivo e *deriv.* • V. *obiettivo* e *deriv.*

†**obbiètto** • V. †*obietto*.

obbiettóre • V. *obiettore*.

obbieziòne • V. *obiezione*.

†**obbióso** • V. *ubbioso*.

obbliàre e *deriv.* • V. *obliare* e *deriv.*

†**obblico** • V. *obliquo*.

†**obbligaménto** s. m. • Obbligo.

obbligànte (1) part. pres. di *obbligare*; anche agg. • Nei sign. del v.

obbligànte (2) [calco sul fr. *obligeant*] agg. • Detto di ciò che, per la sua deferenza e gentilezza, obbliga a un comportamento analogo: *modi, maniere obbliganti*. || **obbligantemènte**, avv. (*raro*) In modo obbligante.

†**obbligànza** [da *obbligante*] s. f. • Obbligazione.

obbligàre o †**obligàre**, †**ubbligàre** [lat. *obligāre* 'legare a, obbligare', comp. di *ŏb-* ints. e *ligāre* 'legare'] **A** v. tr. (*io òbbligo, tu òbblighi*) **1** Vincolare con un obbligo o con una obbligazione: *lo Stato obbliga il cittadino a pagare le tasse*; *il senso del dovere mi obbliga al silenzio.* **2** Costringere: *cento volte mi hanno voluto o. a bere qualche cosa, o a mangiare* (GOLDONI); *nessuno ti obbliga, puoi scegliere liberamente*; *la malattia lo obbliga a osservare un totale riposo* | (*est.*) Indurre con la propria insistenza, con maniere pressanti e sim.: *mi hanno obbligato ad ascoltare le loro lamentele.* **3** (*raro*) Impegnare: *o. la fede, la parola.* **4** Rendere debitore verso qc., per cortesie e favori ricevuti: *il trattamento usatomi mi obbliga.* **B** v. rifl. **1** (*dir.*) Vincolarsi mediante obbligazione: *obbligarsi a dare, a fare*; *obbligarsi in solido, come fideiussore.* **2** Impegnarsi: *obbligarsi a scrivere un libro entro un dato termine, a consegnare un quadro, ad aiutare qc.*

obbligatàrio s. m. (f. *-a*) • (*dir.*) Soggetto che ha diritto all'esecuzione di una prestazione da parte di un altro soggetto.

obbligatìssimo agg. **1** Sup. di *obbligato*. **2** Formula di ringraziamento orale o scritta: *o.!*; *o. servitore*.

obbligàto A part. pass. di *obbligare*; anche agg. **1** Nei sign. del v. **2** Vincolato da riconoscenza o gratitudine: *riconoscersi, sentirsi o. verso qc.* | *O.!*, in espressioni di cortesia. **3** Che non è possibile evitare o cambiare: *passaggio o.* | *Rime obbligate*, sulle quali devono essere composti i versi | *Strumento o.*, nella musica dei secc. XVII e XVIII, quello che non poteva essere omesso o sostituito nell'esecuzione | (*sport*) *Discesa obbligata*, *discesa obbligata gigante*, nello sci, slalom, slalom gigante. **4** (*biol.*) Detto di parassita che, a causa di esasperate degenerazioni anatomiche e fisiologiche, può vivere solo a carico dell'ospite. || **obbligatissimo**, sup. (V.). || **obbligataménte**, avv. Per obbligo. **B** s. m. • (*dir.*) Soggetto passivo di una obbligazione.

†**obbligatóre** agg.; anche s. m. (f. *-trice*) • Che, chi obbliga.

obbligatorietà s. f. • Qualità di ciò che è obbligatorio: *l'o. della legge, di un comportamento, di un negozio giuridico*.

obbligatòrio [vc. dotta, lat. tardo *obligatōriu(m)*, da *obligātus* 'obbligato'] agg. **1** Di ciò che costituisce un obbligo: *il servizio militare è o.*; *istruzione obbligatoria* | *Materie obbligatorie*, che costituiscono il nucleo non modificabile dell'insegnamento scolastico. CONTR. Facoltativo. **2** (*dir.*) Che è imposto dalla legge: *assunzione obbligatoria*; *tentativo o. di conciliazione*; *foglio di via o.* | Che produce obbligazione o che a essa si riferisce: *donazione obbligatoria* | *Rapporto o.*, che intercorre fra i soggetti parti di una obbligazione. || **obbligatoriaménte**, avv.

obbligazionàrio agg. • (*econ.*) Di obbligazione, quale titolo di credito: *titolo o.* | Rappresentato da obbligazioni: *credito o.*

obbligazióne [vc. dotta, lat. *obligatiōne(m)*, da *obligātus* 'obbligato'] s. f. **1** (*raro*) Atto dell'obbligare o dell'obbligarsi | Obbligo, impegno, dovere. **2** (*raro*) Gratitudine, riconoscenza. **3** (*dir.*) Vincolo giuridico in forza del quale un soggetto è tenuto a un dato comportamento valutabile economicamente a favore di un altro soggetto | Correntemente, il documento relativo a un rapporto obbligatorio. **4** (*econ.*) Titolo di credito emesso all'atto dell'accensione di un debito da parte di un ente pubblico o di una società privata, rappresentativo di un'aliquota del debito, fruttifero di un interesse, estinguibile entro il prestabilito numero di anni. *5* (*filos.*) Carattere costrittivo delle azioni cui si è obbligati dalla coscienza morale o dalla norma giuridica. || **obbligazioncèlla**, dim.

obbligazionista s. m. e f. (pl. m. *-i*) ● Titolare di titoli obbligazionari emessi da una società.

òbbligo o †**òbligo** [da *obbligare*] s. m. (pl. *-ghi*) *1* Dovere imposto a qc. o impegno vincolante assunto volontariamente da qc.: *è o. del padre mantenere i figli*; *ho degli obblighi precisi nei suoi confronti* | *Obblighi militari*, stabiliti dalla legge di reclutamento, consistenti in quelli di leva e di servizio | *O. di soggiorno*, V. *soggiorno* | *Scuola dell'o.*, quella che ogni ragazzo, entro limiti d'età stabiliti dalla legge, è tenuto a frequentare, e che comprende la scuola elementare e la scuola media inferiore | *O. scolastico*, periodo di istruzione obbligatoria: *prolungamento dell'o. scolastico* | *Avere obblighi con qc.*, riconoscersi obbligato nei suoi confronti | *Essere in o. di*, *avere l'o. di*, essere obbligato | *Sentirsi in o.*, ritenersi obbligato | *Fare o. a qc. di q.c.*, imporre q.c. a qc. | *Farsi un o.*, imporsi | *D'o.*, obbligatoriamente prescritto | *Messa, digiuno d'o.*, di precetto | *È nostro, suo o.*, è nostro, suo dovere: *il suo o. sarebbe stato di tenerla con sé* (SVEVO) | *Fare il proprio o.*, ciò che si deve. *2* (*dir.*) Dovere cui è tenuto il soggetto passivo di un rapporto obbligatorio.

obblìo e *deriv.* ● V. *oblio* e *deriv.*

†**obblìquo** e *deriv.* ● V. *obliquo* e *deriv.*

obblivióne e *deriv.* ● V. *oblivione* e *deriv.*

obbròbrio o (*raro*) †**bròbbio**, †**oppròbrio** [lat. *opprŏbriu(m)*, comp. di *ŏb-* ints. e *prŏbrum* 'rimprovero, azione vergognosa, infamia'. *Prŏbrum* deriva da un **probheros* 'messo avanti', comp. di *prō* 'davanti' e dalla radice di *fĕrre* 'portare' (V. *-fero*)] s. m. *1* Disonore, infamia, vituperio: *conoscere l'o. del tradimento*; *essere l'o. del nome, della famiglia*. *2* Cosa che per la sua bruttezza offende il senso estetico: *il nuovo palazzo è un vero o.*; *che o. il suo ultimo film!* *3* (*raro*) Villania, ingiuria | *In o. a*, con l'intento dichiarato di offendere.

obbrobriosità s. f. ● (*raro*) Carattere o natura di ciò che è, di chi è obbrobrioso.

obbrobrióso [da *obbrobrio*, sul modello del lat. tardo *opprobriōsus*, da *opprŏbrium*. V. *obbrobrio*] agg. *1* Che reca grande infamia o disonore: *l'o. comportamento dei suoi aguzzini*; *un o. tradimento*; *schernito per tutto, dove arrivava, con obbrobriose parole* (GUICCIARDINI). SIN. Infame, vergognoso. *2* (*fig.*) Oltremodo brutto: *edificio, quadro, spettacolo o.* *3* (*raro*) Oltremodo offensivo. || **obbrobriosaménte**, avv.

obcordàto [comp. del lat. *ŏb-* ints. e *cordātus*, agg. di *cŏr*, genit. *cŏrdis* 'cuore'] agg. ● (*bot.*) Detto di foglia a forma di cuore rovesciato, con l'apice inserito sul picciolo.

†**obdormìre** [vc. dotta, lat. *obdormīre*, comp. di *ŏb-* rafforzativo e *dormīre* 'dormire'] v. intr. ● (*raro*) Dormire.

†**obduràre** [vc. dotta, lat. *obdurāre* 'persistere, star saldo', comp. di *ŏb-* rafforzativo e *durāre*. V. *durare*] **A** v. tr. ● Indurire. **B** v. intr. ● Diventare duro.

†**obdurazióne** [vc. dotta, lat. tardo *obduratiōne(m)* 'indurimento', da *obdurāre* 'obdurare'] s. f. ● Durezza, fermezza, costanza.

obduzióne [comp. del lat. *ŏb-* 'verso' e *dŭctio* 'il condurre, il tirare', da *dŭctus*, part. pass. di *dŭcere* 'tirare'. V. *condurre*] s. f. ● (*med.*) Esame del cadavere prima del seppellimento.

†**obediènte** ● V. *ubbidiente*.

†**obediènza** ● V. *obbedienza* e *ubbidienza*.

†**obedìre** ● V. *ubbidire*.

obelìsco [vc. dotta, lat. *obelīscu(m)*, nom. *obelīscus*, dal gr. *obelískos*, dim. di *obelós* 'spiedo', di origine indeur.] s. m. (pl. *-schi*) *1* Monumento commemorativo egizio a forma di colonna quadrangolare assottigliata verso l'alto, con punta piramidale. ➡ ILL. **archeologia**. *2* Obelo.

òbelo [vc. dotta, gr. *obelós* 'spiedo'. V. *obelisco*] s. m. ● Segno usato dai grammatici antichi per annotazioni o richiami.

oberàre [tratto da *oberato*, nel sign. 2] v. tr. (*io òbero*) ● Sovraccaricare: *o. qc. di lavoro, impegni, responsabilità*.

oberàto [vc. dotta, lat. *obaerātu(m)* comp. di *ŏb-* 'per' e *āes*, genit. *āeris* 'denaro' e (attraverso la formula *āes aliēnum* 'denaro altrui') 'debito'] agg. *1* (*dir.*) Detto del debitore insolvente, che, presso gli antichi Romani, diveniva schiavo del creditore | *Essere o. di, da, debiti*, averne contratto un numero eccessivo, sproporzionato alle proprie possibilità. *2* (*fig.*) Che è eccessivamente carico: *essere o. d'impegni, di richieste, di pensieri*.

obesità [vc. dotta, lat. *obesitāte(m)*, da *obēsus* 'obeso'] s. f. *1* (*med.*) Abnorme aumento di peso per eccesso di tessuto adiposo. SIN. Adiposi. *2* Correntemente, pinguedine o grassezza eccessiva.

obèso [vc. dotta, lat. *obēsu(m)*, comp. di *ŏb-* 'per' ed *ĕdere* 'mangiare'. V. *edace*] agg.; anche s. m. (f. *-a*) ● Che, chi è affetto da obesità.

òbi /'ɔbi, *giapp.* 'obi/ [vc. giapp.] s. m. ● Grande fascia di seta che le giapponesi avvolgono attorno alla vita del chimono formando dietro un nodo voluminoso.

òbice (1) [ted. *Haubitze*, dal ceco *houfnice* 'frombola'] s. m. ● Pezzo d'artiglieria che, per struttura e impiego, si pone tra cannone e mortaio.

†**òbice** (2) [vc. dotta, lat. *ōbices*, nom. pl., 'sbarra, ostacolo', da *obĭcere*. V. *obiettare*] s. m. ● Intoppo, impaccio.

obiettàre o **obbiettàre** [vc. dotta, lat. *obiectāre* 'gettare contro, imporre', ints. di *obĭcere* 'gettare contro', comp. di *ŏb-* (V. *obbedire*) e *iăcere* 'scagliare'. V. *gettare*] v. tr. (*io obiètto*) ● Rispondere opponendo ragioni, considerazioni e sim. contrastanti con quelle espresse da altri (*anche ass.*): *la minoranza obiettò che mancava un'alta percentuale di votanti*; *non ho nulla da o.*; *su questo si può o.* SIN. Eccepire.

obiettivàbile agg. ● (*med.*) Detto di ciò che è possibile obiettivare.

obiettivàre o **obbiettivàre** [da *obiettivo*] **A** v. tr. *1* (*raro*) Oggettivare. *2* (*med.*) Rendere palese all'esame clinico: *o. un'ottusità*. **B** v. rifl. ● Prendere un atteggiamento oggettivo.

obiettivazióne o **obbiettivazióne**. s. f. ● (*raro*) Atto, effetto dell'obiettivare.

obiettività o **obbiettività**. s. f. ● Qualità di chi, di ciò che è obiettivo: *giudicare, decidere con o.*; *critiche caratterizzate da grande o.*

obiettìvo o **obbiettìvo** [lat. mediev. *obiectīvu(m)* 'che riguarda l'oggetto', da *obiĕctus*. V. *oggetto*] **A** agg. *1* Che si basa su un comportamento imparziale, alieno da interessi personali, preconcetti e sim.: *giudizio o.*; *fornire un quadro o. della situazione* | (*med.*) *Esame o.*, osservazione diretta del malato effettuata mediante la palpazione, l'auscultazione e sim. al fine di accertarne le condizioni fisiche generali. *2* (*mil.*) Scopo di un'azione militare | Luogo, elemento, posizione da conquistare o distruggere con azioni militari | Bersaglio nemico su cui dirigere il fuoco. *3* (*raro*) Oggettivo. || **obiettivaménte**, avv. **B** s. m. *1* Sistema ottico formato da una o più lenti fissate in una montatura, che forma immagini reali destinate a impressionare una lastra o pellicola fotografica, o a essere osservate visualmente con un oculare | *O. a focale variabile*, zoom. *2* (*mil.*) Zona o elemento topografico caratteristico, la cui conquista o difesa materializza l'adempimento del compito di una unità | Elemento del terreno o del dispositivo nemico da battere con il fuoco. *3* (*est.*) Scopo o fine che si vuole raggiungere: *proporsi come o. la vittoria elettorale*.

†**obiètto** o †**obbiètto** [lat. *obiĕctu(m)*. V. *oggetto*] **A** s. m. ● V. *oggetto*. **B** agg. ● †Messo avanti, contro.

obiettóre o **obbiettóre** [vc. dotta, lat. tardo *obiectōre(m)*, da *obiĕctus*, part. pass. di *obĭcere*. V. *obiettare*] s. m. (f. *-trice*, raro) ● Chi fa obiezione | *O. di coscienza*, chi, per convinzioni religiose, morali o ideologiche, rifiuta di adempiere gli obblighi militari ovvero di praticare aborti | *O. etnico*, chi in un censimento rifiuta di dichiarare la propria appartenenza a un determinato gruppo etnico (spec., in Alto Adige, al gruppo italiano, tedesco o ladino) | *O. fiscale*, chi rifiuta di pagare la parte delle imposte destinata a spese militari.

obiezióne o **obbiezióne** [vc. dotta, lat. tardo *obiectiōne(m)* 'il mettere davanti, l'opporre', da *obiĕctus*, part. pass. di *obĭcere*. V. *obiettare*] s. f. ● Argomento proposto per contraddire in tutto o in parte le affermazioni di altri: *una o. di natura tecnica, formale, sostanziale*; *respingere l'o.*; *rispondere alle obiezioni* | (*est.*) Contestazione, rifiuto | *Fare, muovere o.*, obiettare | *O. di coscienza*, posizione di un obiettore di coscienza.

òbito [vc. dotta, lat. *ŏbitu(m)*, part. pass. di *obīre* 'andare incontro', comp. di *ŏb-* e *īre*] s. m. ● (*lett.*) Morte.

obitòrio [da *obito*] s. m. ● Locale dove sono conservati i cadaveri in attesa dell'autopsia o della loro identificazione.

obituàrio [dal lat. *ŏbitus* 'obito' (V. *obito*)] s. m. ● Nel Medioevo, libro in cui venivano registrate le date di morte dei personaggi benemeriti di chiese, monasteri e sim.

obiurgàre [vc. dotta, lat. *obiurgāre* 'rimproverare', comp. di *ŏb-* (V. *obbediente*) e *iurgāre* 'altercare', da *iūs* 'diritto'. V. *giusto*] v. tr. (*io obiùrgo, tu obiùrghi*) ● (*lett.*) Rimproverare solennemente.

obiurgazióne [vc. dotta, lat. *obiurgatiōne(m)*, da *obiurgāre* 'obiurgare'] s. f. *1* (*lett.*) Atto, effetto dell'obiurgare. *2* Nell'antica retorica, biasimo, invettiva oratoria rivolta a una moltitudine.

oblàre [da *oblazione*] v. tr. (*io òblo*) ● (*dir.*) Estinguere il reato mediante oblazione.

oblàta [f. sost. di *oblato*] s. f. ● Nell'antica liturgia cristiana, offerta di pani che servivano alla consacrazione e alla distribuzione.

oblatività [da *oblativo*] s. f. ● (*psicol.*) Qualità di chi o di ciò che è oblativo | (*est.*) Altruismo, disinteresse.

oblatìvo [vc. dotta, lat. *oblatīvu(m)*. V. *oblato*] agg. ● (*psicol.*) Detto di chi si dedica totalmente alle esigenze degli altri, privilegiandole rispetto alle proprie | (*est.*) Altruista, disinteressato.

oblàto [vc. dotta, lat. *oblātu(m)*, part. pass. di *offĕrre* 'offrire'] **A** s. m. (f. *-a*) *1* Laico che, volontariamente e senza pronunciare voti, fa parte di una congregazione religiosa per particolari servizi. *2* (*dir.*) Destinatario di un'offerta o proposta. **B** anche agg.: *laico o.*; *dama oblata*.

oblatóre [vc. dotta, lat. tardo *oblatōre(m)*, da *oblātus*, part. pass. di *offĕrre* 'offrire'] s. m. (f. *-trice*) *1* Chi dà un'oblazione, un'offerta. SIN. Offerente. *2* (*dir.*) Chi effettua un'oblazione. *3* (*raro*) Chi risponde a una vendita all'asta.

oblatòrio [da *oblatore*] agg. ● (*relig.*) Di, relativo a, offerta od oblazione.

†**oblatratóre** [vc. dotta, lat. tardo *oblatratōre(m)*, da *oblatrāre* 'abbaiare contro', comp. di *ŏb-* 'contro' e *latrāre* 'abbaiare'] s. m. (f. *-trice*) ● Maldicente, denigratore: *quando ei volesse con giusta libra pesare il suo demerito, non mi daria titolo di o.* (GALILEI).

oblazionàbile agg. ● (*dir., raro*) Detto di reato che può essere estinto mediante oblazione.

oblazionàto agg. ● (*dir.*) Detto di reato estinto mediante oblazione.

oblazióne [vc. dotta, lat. tardo *oblatiōne(m)*, da *oblātus*, part. pass. di *offĕrre* 'offrire'] s. f. *1* Offerta spec. in denaro, a titolo di elemosina, beneficenza e sim.: *fare un'o.*; *raccogliere le oblazioni*. *2* (*relig.*) Offerta del pane e del vino nella Messa. *3* (*dir.*) Causa di estinzione del reato prevista per le contravvenzioni punite con la sola pena dell'ammenda o con la pena alternativa dell'arresto e dell'ammenda, e consistente nel pagamento volontario di una determinata somma di denaro entro termini processuali previsti dalla legge.

†**oblìa** s. f. ● Oblio.

obliàbile [da *obliare*] agg. ● (*lett.*) Dimenticabile.

obliànza o †**obbliànza** [da *obliare*] s. f. ● (*lett.*) Dimenticanza, oblio.

obliàre o (*raro*) **obbliàre**, †**ubbliàre** [ant. fr. *oblier*, dal lat. parl. **oblitāre*, da *oblītus*, part. pass. di *oblivīsci* 'dimenticare', comp. di *ŏb-* raff. e **līvere* 'cancellare', di origine indeur.] **A** v. tr. (*io oblìo*) ● (*lett.*) Dimenticare: *e sì l'umilia, ch'ogni offesa oblia* (DANTE). **B** v. rifl. ● Dimenticare se stessi | *Obliarsi in qc.*, abbandonarglisi col pensiero, pensare solo a lui.

†**obliatóre** agg.; anche s. m. (f. *-trice*) ● Che, chi oblia.

†**obliazióne** s. f. ● Oblianza.

†**obligàre** e *deriv.* ● V. *obbligare* e *deriv.*

oblìo o (*raro*) **obblìo** [da *obliare*] s. m. ● Totale dimenticanza: *un dolce o. che cancelli le tristi me-*

morie; involve / tutte cose l'obblio nella sua notte (FOSCOLO) | *Cadere nell'o.*, essere dimenticato | *Mettere, porre nell'o.*, dimenticare o far dimenticare | *Sepolto nell'o.*, non più ricordato | *Sottrarre all'o.*, richiamare alla memoria | *Il fiume dell'o.*, il Lete, le cui acque cancellavano ogni ricordo in chi vi si immergeva.

oblióso o (*raro*) **obblióso** [da *oblio*] agg. *1* (*lett.*) Dimentico, immemore. *2* (*lett.*) Che fa dimenticare.

obliquàngolo [comp. di *obliqu(o)* e *angolo*] agg. • (*mat.*) Detto di figura geometrica con angoli non retti.

obliquàre o †**obbliquàre** [vc. dotta, lat. *obliquāre* 'volgere obliquamente, dirigere trasversalmente', da *oblīquus* 'obliquo'] **A** v. tr. (*io obliquo*) *1* Piegare rendendo obliquo. *2* (*mil.*) Battere con tiro di artiglieria obliquo, di traverso. **B** v. intr. (aus. *avere*) • Avanzare o tagliare diagonalmente. **C** v. rifl. e intr. pron. • †Piegarsi diagonalmente.

obliquità o †**obbliquità** [vc. dotta, lat. *obliquitāte(m)*, da *oblīquus* 'obliquo'] s. f. • Qualità o caratteristica di ciò che è obliquo (*anche fig.*): *moto curvo dell'acqua è quello, col quale scorre il fiume infra diverse o. d'argine* (LEONARDO); *l'o. dei suoi propositi era ben mascherata* | (*astron.*) *O. dell'eclittica*, la sua inclinazione rispetto all'equatore celeste.

obliquo o †**obblico**, †**obbliquo** [vc. dotta, lat. *oblīquu(m)*, di etim. incerta] agg. *1* (*mat.*) Detto di figura che possegga angoli non retti. *2* Correntemente, detto di tutto ciò che è inclinato rispetto alla superficie su cui poggia o a ciò cui si fa riferimento: *muro o.*; *taglio o.* SIN. Sghembo. *3* (*fig.*) Indiretto: *notizia filtrata per vie oblique* | *Per o.*, indirettamente | (*ling.*) *Casi obliqui*, nella declinazione del nome e dell'aggettivo, i casi diversi dal nominativo e dall'accusativo. *4* (*fig.*) Falso, subdolo: *sguardo o.*; *parole oblique*; *fini obliqui*. *5* (*lett.*) Avverso. *6* (*anat.*) Detto di muscolo la cui azione si svolge non parallelamente all'asse di simmetria del corpo: *muscoli obliqui del capo, dell'occhio*. || **obliquaménte**, avv.

†**oblìre** [da *oblio*] v. tr. • Obliare.

obliterànte part. pres. di *obliterare*; anche agg. • Nei sign. del v.

obliteràre [vc. dotta, lat. *obliterāre*, letteralmente 'togliere le lettere', comp. di *ōb-* e *līttera* 'lettera'] **A** v. tr. (*io oblìtero*) *1* (*lett.*) Cancellare uno scritto, o renderlo illeggibile. *2* (*bur.*) Annullare, con un timbro o un'apposita macchina, francobolli, marche da bollo, biglietti per mezzi pubblici e sim. *3* (*fig.*) Far dileguare, far dimenticare: *o. un ricordo d'infanzia*; *ogn'altra melodia del cor mi oblitera* (SANNAZARO). *4* (*med.*) Provocare una obliterazione. **B** v. intr. pron. • (*med.*) Occludersi a causa di un'obliterazione.

obliteratóre [vc. dotta, lat. tardo *obliteratōre(m)*, da *obliterātus* 'obliterato'] agg. (f. *-trice*) • Che annulla | *Macchina obliteratrice*, (*ell.*) *obliteratrice*, che provvede all'annullo automatico di francobolli e biglietti per mezzi di trasporto e locali pubblici.

obliterazióne [vc. dotta, lat. *obliteratiōne(m)*, da *obliterāre* 'obliterare'] s. f. *1* (*lett.*) Atto, effetto dell'obliterare (*anche fig.*). *2* (*filat.*) Annullo. *3* (*med.*) Ostruzione di una cavità o di un organo canalicolare: *o. arteriosa*.

†**oblìto** part. pass. di †*oblire*; anche agg. • (*poet.*) Nei sign. del v.

oblivióne o (*raro*) **obblivióne** [vc. dotta, lat. *obliviōne(m)*, da *oblivīsci*. V. *obliare*] s. f. • (*lett.*) Profondo oblio.

oblivióso o (*raro*) **obblivióso** [vc. dotta, lat. *obliviōsu(m)*, da *oblivīsci*. V. *obliare*] agg. *1* (*raro, lett.*) Dimentico, immemore. *2* Che fa dimenticare.

†**oblivìscere** [lat. *oblivīsci*. V. *obliare*] v. tr. • Obliare.

oblò [fr. *hublot*, dall'ant. fr. *huve* 'berretto', di origine francone] s. m. • Finestrino circolare nei bastimenti, fornito di robusto cristallo girevole che si apre all'interno e si chiude con chiavistelli a vite.

oblomovìsmo [da *Oblomov*, protagonista del romanzo omonimo di I. A. Gončarov (1812-1891)] s. m. • Apatico e fatalistico modo di vivere e pensare, che caratterizzava la borghesia russa pre-rivoluzionaria.

oblùngo [lat. *oblōngu(m)*, comp. di *ōb-* 'verso', e *lōngus* 'lungo'] agg. (pl. m. *-ghi*) • Detto di ciò che è più lungo che largo: *avevo tutta quest'opera ristretta in un quadro o.* (CELLINI). SIN. Bislungo. || **oblunghétto**, dim.

obnubilaménto o **onnubilaménto** [da *obnubilare*] s. m. *1* (*lett.*) Annebbiamento. *2* (*psicol.*) Offuscamento delle facoltà sensitive.

obnubilàre o **onnubilàre** [vc. dotta, lat. *obnubilāre*, comp. di *ōb-* 'davanti' e *nubilāre* 'esser nuvoloso', da *nūbilus* 'nuvolo'] v. tr. e intr. pron. (*io obnùbilo*) • (*lett.*) Annebbiare, offuscare: *o. la vista, i sensi*.

obnubilàto part. pass. di *obnubilare*; anche agg. • Nei sign. del v.

obnubilazióne [vc. dotta, lat. tardo *obnubilatiōne(m)*, da *obnubilātus*, part. pass. di *obnubilāre* 'obnubilare'] s. f. • (*psicol.*) Obnubilamento.

obnuziàle [comp. del lat. *ōb-* 'a causa di' e *nuziale*] agg. • (*dir., raro*) Di, relativo a, matrimonio | Fatto in funzione o in occasione di un matrimonio: *donazione o.*

òboe o †**oboè**, †**uboè** [fr. *hautbois*, letteralmente 'legno (*bois*) dal suono alto (*haut*)'] s. m. • Strumento musicale a fiato del gruppo dei legni, munito di una doppia ancia, il cui tubo, terminante in una apertura leggermente svasata, è provvisto di un numero variabile di buchi | *O. basso*, corno inglese. ➡ ILL. **musica**.

oboìsta s. m. e f. (pl. m. *-i*) • Suonatore di oboe.

òbolo [vc. dotta, lat. *ŏbolu(m)* nom. *ŏbolus*, moneta greca, dal gr. *obolós* 'pezzo di metallo adoperato come moneta'. Cfr. *obelós* 'spiedo' (V. *obelisco*)] s. m. *1* Antica moneta greca di argento o di bronzo, sesta parte della dramma. *2* (*est.*) Piccola offerta in denaro: *date il vostro o.*; *un o. per i poveri* | *O. di San Pietro*, offerta in denaro fatta alla Santa Sede dai fedeli. SIN. Elemosina. || **obolétto**, dim.

obrettìzio o **orrettìzio** [vc. dotta, lat. tardo *obreptīciu(m)*, da *ōb-* 'verso, contro', sul modello di *subreptīcius* 'surettizio'] agg. • (*dir., raro*) Di atto fraudolento o comunque falso.

obrezióne o **orrezióne** [cfr. *obrettizio*] s. f. • (*dir., raro*) Condizione di un atto obrettizio.

†**obrìzzo** [vc. dotta, lat. tardo *obryzu(m)* (*āurum*) 'oro provato, di coppella', dal gr. *óbryzon* (*chrysíon*), di etim. incerta] **A** s. m. • Oro senza mondiglia. **B** agg. • Fine, puro, detto spec. di metalli preziosi.

†**obsecràre** e *deriv.* • V. †*ossecrare* e *deriv.*

†**obsediàre** o †**obsidiàre**, †**ossediàre** [sovrapposizione di *assediare* al lat. *obsidēre* (V. *assedio*)] v. tr. • Assediare.

†**obsèquia** [deform. di *esequie*, secondo il lat. *obsĕquia*, pl. di *obsĕquium* 'ossequio'] s. f. • (*spec. al pl.*) Esequie.

†**obsèsso** [vc. dotta, lat. *obsĕssu(m)*, part. pass. di *obsidēre* 'assediare'] agg. • Assediato.

†**obsidiàre** • V. †*obsediare*.

†**obsidióne** • V. †*ossidione*.

†**obsìstere** [vc. dotta, lat. *obsīstere* 'fermarsi davanti a, resistere', comp. di *ōb-* 'contro, verso' e *sīstere* 'collocare' (V. *resistere*)] v. intr. • (*raro*) Fare resistenza.

obsolescènte [dal lat. *obsolēscens*, genit. *obsolescēntis*, part. pres. di *obsolēscere*. V. *obsoleto*] agg. • Che è in fase di obsolescenza.

obsolescènza [da *obsolescente*] s. f. *1* (*lett.*) Lento ma progressivo invecchiamento. *2* (*econ.*) Invecchiamento dei mezzi produttivi, quali macchine, attrezzature e impianti, dovuto al sopraggiungere di altri mezzi tecnicamente ed economicamente più evoluti.

obsolèto [vc. dotta, lat. *obsolētu(m)*, da *obsolēscere* 'cadere in disuso, logorarsi', da avvicinare a *solēre* 'esser solito'] agg. *1* (*lett.*) Antico, disusato, vieto: *termine o.*; *tradizioni ormai obsolete*. *2* (*econ.*) Che ha subìto obsolescenza: *impianti obsoleti*.

†**obstàre** • V. *ostare*.

†**obtemperàre** e *deriv.* • V. *ottemperare* e *deriv.*

obtorto collo /lat. ob'tɔrto 'kɔllo/ [loc. lat., propr. 'col collo piegato', comp. di *obtŏrtus* (part. pass. di *obtorquēre* 'girare, torcere', comp. di *ōb* 'verso, davanti' e *torquēre* 'torcere') e *cŏllum* 'collo'] loc. avv. • (*lett.*) Malvolentieri, controvoglia, di contraggenio: *dovetti, obtorto collo, adeguarmi alle nuove regole*.

†**obtrettatóre** [vc. dotta, lat. *obtrectatōre(m)*, da *obtrectātus*, part. pass. di *obtrectāre* 'avversare, denigrare', comp. di *ōb-* 'contro' e *tractāre* 'tirare'. V. *trattare*] s. m. • Detrattore.

†**obtrettazióne** [vc. dotta, lat. *obtrectatiōne(m)*, da *obtrectātus*. V. precedente] s. f. • Detrazione, maldicenza.

†**obtruncàre** [vc. dotta, lat. *obtruncāre*, comp. di *ōb-* ints. e *truncāre* 'troncare'] v. tr. • (*raro*) Troncare, strappare.

†**obumbraménto** [lat. tardo *obumbramĕntu(m)*, da *obumbrāre* 'obumbrare'] s. m. • Annebbiamento, oscuramento.

†**obumbràre** [lat *obumbrāre*, comp. di *ōb-* 'davanti' e *umbrāre* 'ombreggiare', da *ŭmbra* 'ombra'] v. tr. • Coprire d'ombra.

oc /*provz.* ɔk/ [provz. antico 'sì', dal lat. *hŏc* 'ciò'] avv. • Solo nella loc. *lingua d'oc*, il provenzale antico e i dialetti tuttora usati nella Francia meridionale.

òca [lat. tardo *āuca(m)*, da **ăvica*, dim. di *ăvis* 'uccello', di origine indeur.] s. f. *1* Correntemente, uccello degli Anseriformi con gambe corte, dita del piede palmate, nuotatore, con abbondante piumaggio, allevata per la carne e il piumino | *Oca selvatica*, anseriforme con ali robuste e becco dai margini dentellati, ristretto verso l'apice | *Oca marina*, smergo | (*fig.*) *Ferrare le oche*, far cose impossibili | *La canzone dell'oca*, che ripete sempre lo stesso verso | *Ecco fatto il becco all'oca*, (*scherz.*) per indicare che si è compiuto o completato un lavoro | *Porca l'oca!*, escl. d'ira e sim. | *Penna d'oca*, penna delle ali dell'oca, che, opportunamente temperata, serviva un tempo per scrivere | *Pelle d'oca*, aspetto della pelle, provocato dal freddo o dall'emozione, per cui sulla superficie si formano dei piccoli rilievi per azione dei muscoli erettori dei peli: *avere, far venire, la pelle d'oca* | *A becco d'oca*, di arnese curvato a foggia di S orizzontale | *Passo dell'oca*, particolare modo di marciare in parata a cadenza, tipico delle armate della Germania nazista | *Gioco dell'oca*, praticato con due dadi e una tavola suddivisa in 63 o 90 caselle figurate e numerate progressivamente. *2* (*fig.*) Persona, spec. di sesso femminile, sciocca e sbadata, o anche priva di intelligenza e cultura: *sembra un'oca*; *stava là imbambolata come un'oca*; *non si può parlare con quell'oca* | (*raro*) *Oca impastoiata*, persona dappoco. || **ocarina**, dim. | **ocherèlla**, dim. | **ochétta**, dim. (V.) | **ochina**, dim. | **ocóna**, accr. | **ocóne**, accr. m.

ocàggine [da *oca* (in senso figurato)] s. f. • L'essere sciocco, stupido, sbadato.

ocarìna [dall'imboccatura simile a un becco d'*oca*] s. f. • Strumento musicale a fiato di piccole dimensioni, in terracotta, avente forma ovoidale, munito di imboccatura laterale e di una decina di fori: *le ocarine di Budrio*. ➡ ILL. **musica**.

ocarinìsta s. m. e f. (pl. m. *-i*) • Suonatore di ocarina.

òcca [ar. *uqqa*] s. f. • Antica unità di misura di peso, pari a circa 1,25 kg, ancora in uso in paesi del Medio Oriente.

occamìsmo [da Guglielmo d'*Occam* (1280-1349) e *-ismo*] s. m. • Indirizzo filosofico ispirato ai capisaldi della filosofia di G. d'Occam, caratterizzato da una posizione critica nei confronti dell'aristotelismo.

occamìsta s. m. e f. (pl. m. *-i*) • Chi segue l'occamismo, o a esso si ispira.

occamìstico agg. (pl. m. *-ci*) • Che concerne l'occamismo e gli occamisti.

occasionàle agg. *1* Che costituisce o fornisce l'occasione di q.c.: *causa o.* *2* Fortuito: *motivo del tutto o.*; *un o. incontro*. SIN. Accidentale, casuale. || **occasionalménte**, avv. Per caso.

occasionalìsmo [comp. di *occasionale* e *-ismo*] s. m. • Dottrina filosofica secondo cui Dio è la causa di tutte le cose e le cause naturali dei fenomeni sono esclusivamente occasioni per mezzo delle quali Dio stesso realizza le sue intenzioni.

occasionàre [da *occasione*] v. tr. (*io occasióno*) • Cagionare, determinare o far nascere q.c., spec. in modo diretto o immediato: *o. la rivolta, la guerra, l'intervento*. SIN. Causare, provocare.

occasióne [vc. dotta, lat. *occasiōne(m)*, da *occāsum*, supino di *occĭdere* 'cadere', comp. di *ŏb-* 'davanti' e *cădere* 'cadere'] s. f. *1* Caso favorevole od opportuno, momento o situazione particolarmente adatta a q.c.: *da tempo aspettava l'o. di farsi avanti, di mettersi in luce, di intervenire; alla prima o. vi manderò ciò che vi devo; perdere un'o. così è un vero peccato* | *Una buona o.*, un buon affare o un buon partito | *All'o.*, se si verificherà il caso favorevole, eventualmente, all'occorrenza | *Cogliere l'o.*, sapersene servire al momento giusto | *D'o.*, detto di prodotto posto in vendita a condizioni particolarmente buone: *articoli d'o.; automobile d'o.* *2* (*est.*) Oggetto, articolo e sim. che si può acquistare a un prezzo particolarmente vantaggioso: *quella pelliccia è un'o., una vera o.; vetrina delle occasioni.* *3* Causa, motivo, pretesto: *dare, fornire l'o.; prendere o. da q.c.* | *A o. di*, a motivo, a causa di | *Con l'o.*, col motivo. *4* Avvenimento, circostanza, situazione: *un abito adatto a tutte le occasioni; in quell'o. si comportò da perfetto villano; per l'o. ci presenteremo nei nostri panni migliori; è un'o. solenne* | *In o. delle nozze*, per il matrimonio | *Discorso d'o.*, fatto per un avvenimento particolare | *Poesia d'o.*, legata a certi avvenimenti, motivata da particolari circostanze || PROV. L'occasione fa l'uomo ladro. || **occasioncèlla**, dim.

occàso [vc. dotta, lat. *occāsu(m)*, da *occāsum*, supino di *occĭdere*. V. *occasione*] s. m. *1* (*lett.*) Tramonto: *come questo o. è pien di voli* (CARDUCCI). *2* (*lett.*) Occidente, ponente. *3* (*fig., lett.*) Morte, fine.

occhiàccio s. m. *1* Pegg. di *occhio*. *2* Occhio che guarda con severità, con espressione irata e sim. | *Fare gli occhiacci*, esprimere con occhiate la riprovazione, rimproverare qc. con sguardo duro e cattivo.

occhiàia [da *occhio*] s. f. *1* Cavità del cranio in cui sono accolti i globi oculari. *2* (*spec. al pl.*) Macchie livide sotto gli occhi: *la stanchezza si nota dalle profonde occhiaie.* SIN. Calamaro.

occhialàio s. m. ● Chi fabbrica, ripara e vende occhiali, lenti e sim.

occhiàle [da *occhio*] **A** agg. ● Dell'occhio, relativo all'occhio. **B** s. m. *1* †Cannocchiale. *2* (*pop.*) Caramella, occhialetto. || **occhialàccio**, pegg. | **occhialétto**, dim. (V.) | **occhialino**, dim. (V.) | **occhialóne**, accr. (V.).

occhialerìa s. f. *1* Negozio in cui si vendono o si riparano occhiali. *2* Insieme o assortimento di occhiali.

occhialétto s. m. *1* Dim. di *occhiale*. *2* Occhiale per signora, con una o due lenti, non fisso sul naso ma fornito di manico. *3* (*raro*) Lente, per un occhio solo, che si incastra nell'orbita. SIN. Caramella, monocolo.

occhiàli [pl. di *occhiale*] s. m. pl. *1* Montatura contenente una coppia di lenti o di dischi di vetro o altro materiale trasparente, da porsi davanti agli occhi per correggere eventuali difetti della vista o per proteggerli da radiazioni troppo intense o da agenti esterni nocivi: *o. da vista, da sole, da neve; o. da motociclista; o. subacquei; o. a stanghetta, a pince-nez* | *O. polarizzanti*, occhiali dotati di lenti polarizzanti per schermare gran parte dei raggi solari | *Serpente dagli o.*, (*pop.*) cobra. *2* Nel gioco della dama, posizione di una dama tra due dame avversarie, una delle quali sarà certo eliminata.

occhialìno s. m. *1* Dim. di *occhiale*. *2* Occhialetto.

occhialóne s. m. *1* Accr. di *occhiale*. *2* Pesce marino degli Sparidi con corpo gibboso, muso corto e grandi occhi, colorazione grigio-rossa a riflessi aurati (*Pagellus centrodontus*).

occhialùto agg. ● (*scherz.*) Che porta occhiali, spec. molto grandi: *un giovanotto magro e o.*

occhiàre [da *occhio*] v. tr. (*io òcchio*) ● (*raro*) Adocchiare.

occhiàta (**1**) [da *occhio*] s. f. *1* Sguardo rapido ma spesso particolarmente intenso e significativo: *con un'o. si rese conto della situazione; si scambiarono un'o. d'intesa, di traverso, in cagnesco; occhiate scrutatrici* | *Dolci occhiate*, amorose | *Dare un'o.*, guardare o controllare rapidamente | *In, a un'o.*, con un solo sguardo. *2* †Vista. || **occhiatàccia**, pegg. | **occhiatèlla**, dim. | **occhiatìna**, dim.

occhiàta (**2**) [lat. *oculāta(m)* 'provvista di occhi', da *ŏculus* 'occhio'] s. f. ● Pesce degli Sparidi con occhi grandi, bocca piccola e denti taglienti, comune nel Mediterraneo (*Oblada melanura*). SIN. Melanuro, obbiada.

occhiàto agg. ● Detto di ciò che ha macchie di colore o buchi tondeggianti simili a occhi: *tessuto, formaggio o.* | *Brodo o.*, con macchie tonde di grasso.

†**occhiatùra** (**1**) [da *occhiata* (*1*)] s. f. ● Guardatura.

occhiatùra (**2**) [da *occhiato*] s. f. ● Caratteristica dei formaggi di tipo emmental, i quali si presentano costellati di buchi.

occhiazzùrro [comp. di *occhi(o)* e *azzurro*; calco sul gr. *glaukôpis*] agg. ● (*lett.*) Che ha occhi azzurri.

†**occhibagliàre** [comp. di *occhio* e (*ab*)*bagliare*] v. intr. ● Rimanere con la vista abbagliata.

†**occhibàgliolo** [da *occhibagliare*] s. m. ● Barbaglio.

occhibendàto [comp. di *occhi(o)* e *bendato*] agg. ● (*lett.*) Che ha gli occhi bendati.

occhicerùleo [comp. di *occhi(o)* e *ceruleo*; cfr. *occhiazzurro*] agg. ● (*lett.*) Occhiazzurro.

occhieggiàre [comp. di *occhio* e *-eggiare*] **A** v. tr. (*io occhiéggio*) ● Guardare di tanto in tanto, ma con intenzione o desiderio: *o. gli oggetti esposti nelle vetrine; Turiddu seguitava a passare e ripassare per la stradicciuola, ... occhieggiando le ragazze* (VERGA). **B** v. intr. (aus. *avere*) ● Apparire qua e là: *grappoli dorati occhieggiano tra le fronde.* **C** v. rifl. rec. ● Scambiarsi occhiate.

occhiellàio s. m. (f. *-a*) *1* Chi fa occhielli per le vele. *2* (*spec. f.*) Chi fa occhielli per abiti, a livello artigianale o industriale.

occhiellatrìce s. f. ● Macchina per fare occhielli su stoffa, cuoio e sim. | Macchina per applicare occhielli metallici.

occhiellatùra s. f. *1* Atto, effetto del praticare occhielli in q.c., del provvedere q.c. di occhielli. *2* Insieme di occhielli fatti su q.c. | Parte di un oggetto in cui si trovano gli occhielli: *l'o. del cappotto.*

occhièllo s. m. *1* (*raro*) Dim. di *occhio*. *2* Asola | (*est.*) Apertura simile a un'asola su scarpe, borse o altro | (*fig., scherz.*) Ferita: *fare un o. nel ventre a qc.* *3* (*mar.*) Foro, rinforzato con un grosso orlo, praticato nella vela per passarvi cimette e cavetti. *4* Accessorio dell'imballaggio a forma di piccolo anello. *5* (*tip.*) In un articolo di giornale, frase di lunghezza non superiore a una riga e di giustezza e corpo inferiori al titolo che la segue. SIN. Soprattitolo. *6* (*tip.*) Pagina che riporta il titolo di un libro se posta prima del frontespizio o il titolo di un capitolo o sim. se posta all'interno. SIN. raro Mezzotitolo. || **occhiellàccio**, pegg. | **occhiellino**, dim.

occhièra [da *occhio*] s. f. ● (*med.*) Occhino.

occhiétto s. m. *1* Dim. di *occhio*. *2* Occhio piccolo e vivace: *ha due occhietti neri e penetranti* | *Fare l'o.*, strizzare l'occhio in segno di intesa, ammiccare. *3* (*tip.*) Nella composizione di libri e giornali, occhiello. || **occhiettàccio**, pegg. | **occhiettino**, dim. | **occhiettùccio**, dim.

occhìno s. m. *1* Dim. di *occhio*. *2* (*med.*) Piccola coppetta per lavature oculari. SIN. Occhiera.

òcchio [lat. *ŏculu(m)*, di origine indeur.] s. m. **I** In relazione alla sua natura e alle sue funzioni anatomiche e fisiologiche. *1* Organo della vista, diversamente complesso e strutturato negli Invertebrati e nei Vertebrati, costituito nell'uomo da una formazione sferoidale contenuta in ognuna delle cavità orbitarie del cranio | *O. composto*, organo visivo degli Artropodi, formato da centinaia di ommatidi | *O. artificiale*, protesi che sostituisce nell'uomo il globo oculare mancante, nella cavità oculare | *La coda dell'o.*, l'estremità verso la tempia | *Guardare con la coda dell'o.*, senza voltarsi, senza farsi notare | *Avere gli occhi*, vederci benissimo | *Dove hai gli occhi?*, (*fig.*) ci vedi o non ci vedi? | (*fig.*) *Avere gli occhi fuori dalle orbite* e sim., essere meravigliatissimo o arrabbiato | *Sbarrare, spalancare, stralunare gli occhi*, aprirli completamente per meraviglia e sim. | *Avere, mettere q.c. davanti agli occhi*, in piena vista | *Sfregarsi, stropicciarsi gli occhi*, con la mano, in segno di sonnolenza, o quasi per accertarsi delle proprie facoltà visive davanti a cose incredibili | *Guardarsi negli occhi*, fissarsi | *Cavare gli occhi*, accecare | *Cavarsi gli occhi*, stancarsi eccessivamente la vista leggendo e sim. | *Si caverebbero gli occhi*, di persone che si odiano | *Non batter o.*, guardare fissamente e intensamente | *In un batter d'o.*, (*fig.*) in un attimo | *Strizzare l'o.*, ammiccare | *Aprire gli occhi*, sollevare le palpebre o svegliarsi e (*fig.*) accorgersi finalmente di q.c. | *Aprire gli occhi alla luce*, venire al mondo, nascere | *Aprire gli occhi a qc.*, metterlo al corrente di q.c. | *A occhi aperti*, (*fig.*) con grande attenzione | *Non riuscire a tenere gli occhi aperti*, avere molto sonno | *Chiudere gli occhi*, abbassare le palpebre, (*est.*) dormire, (*est.*) morire e (*fig.*) non volersi accorgere di q.c. | *Chiudere gli occhi a qc.*, (*fig.*) assisterlo in punto di morte e vederlo morire | *Chiudere un o.*, (*fig.*) passare q.c. sotto silenzio, essere indulgente | *Non potere chiudere o.*, soffrire d'insonnia | *A occhi chiusi*, (*fig.*) con tutta sicurezza | (*fig.*) *Guardare con tanto d'occhi*, con estrema meraviglia | *Esser cieco di un o.*, essere guercio | †*Dar d'o.*, ammiccare | (*fig.*) *Levare un pruno dagli occhi*, liberare da un dolore o da q.c. di molto fastidioso | *Come il fumo negli occhi*, (*fig.*) di persona o cosa assai molesta | *Fino agli occhi*, fino all'altezza degli occhi e (*fig.*) troppo, in modo o quantità eccessiva | *Come un pugno in un o.*, di cosa o persona sgradevolissima | *Non vedere che per gli occhi di qc.*, credere ciecamente alle opinioni di qc., essere asservito alla sua volontà | (*fig., fam.*) *Avere gli occhi foderati di prosciutto*, non rendersi conto delle cose più evidenti | *Avere gli occhi umidi* (*di pianto*), portare i segni di un pianto recente | *Avere le lacrime agli occhi*, essere sul punto di piangere | *A quattr'occhi*, in due, in tutta intimità | *A vista d'o.*, rapidamente | *O. per o., dente per dente*, formula secondo la quale la legge mosaica prescrive la pena del taglione | (*miner.*) *O. di gatto*, gemma dal colore cangiante. ➡ ILL. p. 367 ANATOMIA UMANA. *2* Sguardo, vista: *avere l'o. annebbiato per la stanchezza* | *Stare con gli occhi bassi, a terra* e sim., con lo sguardo abbassato per vergogna e sim. | *Volgere, alzare gli occhi al cielo*, lo sguardo verso l'alto per pregare e sim. | *A me gli occhi!*, formula con cui l'ipnotizzatore invita la persona che sta per sottoporre a ipnosi a fissarlo e a concentrare l'attenzione su di lui | (*fig.*) *Aguzzare gli occhi*, cercare di vedere il meglio possibile | *Tenere gli occhi su qc. o su q.c.*, non distoglierne lo sguardo | *Dare all'o., nell'o.*, colpire la vista | *Fare l'o. a*, assuefare la vista | *Salta agli occhi*, (*fig.*) di cosa molto evidente | (*fig.*) *A perdita d'o.*, fin dove può giungere lo sguardo | *Non avere più occhi*, non vederci quasi più | (*fig.*) *Non avere né occhi né orecchie*, non voler vedere né udire | *A o.*, solo con lo sguardo, con la vista | (*fig.*) *Tenere, non perdere d'o.*, sorvegliare di continuo | *Colpo d'o.*, veduta d'insieme, prima impressione | *Non credere ai propri occhi*, essere stupefatti per ciò che si vede | *Gettare la polvere negli occhi*, (*fig.*) ingannare con bella apparenza | *Voler vedere con i propri occhi*, volere constatare di persona | (*fig.*) *A o. e croce*, all'incirca | *Gettar l'o.*, dare un rapido sguardo | *Seguire con l'o.*, con lo sguardo | *Andare con l'o.*, percorrere con lo sguardo | *Mangiarsi q.c. o qc. con gli occhi*, riferito a cosa o persona che si apprezza oltremodo e si continua a guardare | *Mettere gli occhi addosso*, adocchiare e desiderare | *Non levar gli occhi di dosso*, guardare con insistenza. *3* (*fig.*) Cosa o persona di grande valore o alla quale si è molto legati | (*fig.*) *È il suo o. destro*, la persona che ama di più | (*fig.*) *Costare un o. della testa*, moltissimo, una esagerazione. **II** Considerato in relazione alle attività intellettuali o spirituali dell'uomo, espresse o influenzate da tale organo. *1* (*fig.*) Senso estetico, gusto del bello: *una vista che rallegra, appaga, soddisfa l'o.* | (*fig.*) *Anche l'o. vuole la sua parte*, bisogna soddisfare anche le esigenze estetiche | *Rifarsi l'o., gli occhi*, rallegrarsi per q.c. di bello, di piacevole | *Pascer l'o.*, appagarsi guardando. *2* (*fig.*) Espressione in genere, o particolare stato d'animo, espresso dallo sguardo: *occhi torvi, umili, feroci; mi guardava con occhi tristi, gioiosi, sereni* |

(*fig.*) *Far l'o. di triglia*, mostrare desiderio | (*fig.*) *Fare gli occhi dolci a qc.*, dimostrargli amore | *Occhi che parlano*, che riescono a esprimere molte cose | *Parlare con gli occhi*, far capire i propri desideri, sentimenti e sim. mediante l'espressione degli occhi. ***3*** (*fig.*) Capacità di comprendere, capire, intuire, giudicare e sim.: *gli occhi della mente, dell'intelletto, della fede*; *il suo o. filosofico sa penetrare nell'intimo delle cose* | *O. clinico*, del medico capace di fare una buona diagnosi al solo esame visivo del paziente; (*fig.*) di chi sa riconoscere subito la natura o le cause di q.c. | (*fig.*) *Aprire gli occhi ai ciechi*, illuminare la mente, sviluppare le facoltà mentali di qc. | (*fig.*) *Gli occhi del mondo*, il giudizio del mondo, l'opinione pubblica | *Agli occhi dei profani, dei malevoli*, secondo il giudizio dei profani, dei cattivi | †*Nei suoi occhi*, a suo giudizio | *Perdere il lume degli occhi*, la capacità di ragionare per ira e sim. | (*fig.*) *Aver gli occhi alle mani, aver buon o.*, saper scegliere | *Vedere di buon o. o di mal o.*, giudicare favorevolmente o sfavorevolmente | *Aver la benda agli occhi*, (*fig.*) essere offuscato da passione e sim. ***4*** (*fig.*) Attenzione: *o. alle mani, alle curve!* | (*fig.*) *Essere tutt'occhi*, fare grande attenzione | (*fig.*) *Aver l'o. a tutto*, fare attenzione a tutto | (*escl.*) *O.!*, attenzione! **III** Con valore analogico. ***1*** Oggetto o formazione che per struttura, apparenza o caratteristiche generali ricorda un globo oculare | *L'o. del sole*, la sfera del sole | *I due occhi del cielo*, il sole e la luna | *I mille occhi del cielo*, gli astri | *O. del ciclone*, zona centrale di un ciclone tropicale, caratterizzata da venti deboli e da diminuzione della nuvolosità | *Essere, trovarsi nell'o. del ciclone*, (*fig.*) nel punto più critico, nella situazione più pericolosa e sim. | *Fagioli dall'o.*, con l'ilo che assomiglia a un occhio | *Occhi della patata*, gemme che si trovano sul tubero, e servono per moltiplicare la pianta | *Occhi del brodo*, chiazze di grasso sulla sua superficie | *Occhi del pavone*, macchie sferiche di colore sulle penne della coda | *O. magico*, particolare tubo elettronico, utilizzato spec. come indicatore luminoso di sintonia negli apparecchi radio, nei registratori e sim. | *O. di gatto*, rifrangente di forma rotonda applicato a intervalli regolari sulla mezzeria di una strada per fare risaltare meglio, spec. nelle ore notturne, la linea di demarcazione dei due sensi di marcia. ***2*** Foro o apertura tondeggiante: *il manico della padella ha un o. per appenderla* | *O. del martello*, foro in cui entra il manico | *O. di un chiodo*, nell'alpinismo, foro all'estremità di un chiodo in cui si infila il moschettone | *Occhi delle forbici*, i due anelli per infilarvi le dita | *Occhi del formaggio*, buchi nella pasta dell'emmental, del gruviera e sim. | (*mar.*) Foro circolare od ovale generalmente praticato per il passaggio di cavi o catene | *O. di bigotta*, per il passaggio del cavo | *O. di cubia*, per il passaggio della catena dell'ancora | *O. di un cavo*, cappio a forma anulare | *Filare per o.*, lasciare un ancoraggio abbandonando sul fondo l'ancora e la catena, manovra di emergenza cui si ricorre quando sia indispensabile far presto a partire. ***3*** In tipografia, lettera o segno inciso a rovescio e in rilievo nella superficie superiore del fusto del carattere | *O. medio*, la parte centrale di una lettera dell'alfabeto, aste ascendenti e discendenti escluse. ***4*** (*bot.*) Gemma | *Innesto a o.*, nel quale la marza è rappresentata da una gemma | *O. della Madonna*, miosotide | *O. di cimice, di diavolo*, adonide, fior d'Adone | *O. di bue*, buftalmo. ***5*** (*zool.*) *O. di pavone*, farfalla le cui ali presentano quattro macchie simili a ocelli (*Inachis io*). ***6*** *O. di bue*, in architettura, finestrino circolare od ovale sopra una porta, nel centro di una cupola e sim. e (*est.*) piccola apertura tonda od ovale praticata in una parete o in un uscio; in marina, foro sulla murata o sul ponte, permanentemente chiuso da un robusto vetro per dar luce a un locale interno; in cinematografia, proiettore a fascio di luce concentrato adoperato per illuminare scene cinematografiche dall'alto in basso | *All'o. di bue*, in gastronomia, detto di uova cotte al burro in tegame. ***7*** *O. di pernice*, nell'industria tessile, disegno di un tessuto a puntini chiari su sfondo piuttosto scuro; (*est., pop.*) formazione callosa delle dita dei piedi. ***8*** (*fot.*) *O. di pesce*, tipo di obiettivo grandangolare dotato di un angolo di campo molto grande. ***9*** (*miner.*) *O. di gatto, o. di tigre*, varietà di quarzo di colore variabile dal grigio-verdastro al giallo, usate come gemme, caratterizzate dal fenomeno del gatteggiamento || **PROV.** Lontano dagli occhi, lontano dal cuore; occhio che non vede, cuore che non desidera; in terra di ciechi beato chi ha un occhio. || **occhiàccio**, **pegg.** (V.) | **occhièllo**, **dim.** (V.) | **occhiétto**, **dim.** (V.) | **occhino**, **dim.** (V.) | **occhiolìno**, **dim.** (V.) | **occhióne**, **accr.** (V.) | **occhiùccio**, **occhiùzzo**, **dim.**

occhiocòtto [comp. di *occhio* e *cotto*; detto così dal colore rosso mattone dell'occhio] **s. m.** ● Uccello dei Passeriformi di zone aperte e arbustive con occhi rosso-arancio circondati da un anello rosso vivo (*Sylvia melanocephala*).

occhiolìno **s. m.** ***1*** Dim. di *occhio*. ***2*** Occhio che esprime dolcezza e malizia | Occhio non grande, ma sfavillante e luminoso | *Fare l'o.*, fare l'occhietto. ***3*** Piccola macchia simile a un occhio: *fagioli con l'o.*

occhióne (1) **s. m.** ***1*** Accr. di *occhio*. ***2*** Anello metallico posto all'estremità dell'affusto del pezzo di artiglieria per l'ancoraggio al gancio di traino del trattore | *O. di traino*, il foro all'estremità del timone del rimorchio che serve ad agganciarlo alla motrice.

occhióne (2) [detto così per gli *occhi* molto grossi] **s. m.** ● Uccello dei Caradriformi, dalle zampe lunghe e dal becco piuttosto breve, di colore bruno con macchie e strie nere sul dorso e bianco nelle parti inferiori (*Burhinus oedicnemus*).

occhiorósso [comp. di *occhio* e *rosso*] **s. m.** ● (*zool.*) Occhiocotto.

occhiùto **agg.** ***1*** (*lett.*) Che ha molti occhi: *l'o. Argo*. ***2*** Pieno di macchie simili a occhi: *l'occhiuta coda del pavone*. ***3*** (*raro*) Ricco di occhi o gemme: *i tralci occhiuti della vite*. ***4*** (*fig., lett.*) Che non si lascia sfuggire nulla.

occidentàle [vc. dotta, lat. *occidentāle(m)*, agg. di *ŏccidens*, genit. *occidĕntis* 'occidente'] **A** **agg.** ● Dell'occidente, della parte di occidente | Posto a occidente: *Europa o.*; *Indie occidentali* | *Civiltà o.*, europea o derivata da quella europea, contrapposta alla civiltà asiatica | *Paesi, nazioni occidentali*, quelli dell'Europa occidentale e dell'America del Nord, che conservano le istituzioni democratiche di tipo liberale. **B** **s. m. e f.** ● Abitante dell'Europa e dell'America del Nord. **C** **s. m.** ● (*spec. al pl.*) Il complesso dei paesi dell'Europa occidentale e dell'America del Nord, legati da alleanze militari, intensi scambi commerciali e sostanziale identità di vedute politiche, in contrapposizione a quelli dell'Europa orientale.

occidentalìsmo [comp. di *occidentale* e *-ismo*] **s. m.** ***1*** Tendenza culturale di chi considera preminente o esclusivo il contributo dato dall'Occidente allo sviluppo della civiltà. ***2*** Nella Russia del XIX sec., movimento politico che si proponeva la riforma della società russa in base ai valori politici e culturali dell'Europa occidentale. ***3*** Orientamento politico contemporaneo volto a difendere, anche con alleanze militari, la civiltà e le tradizioni dell'Occidente.

occidentalista **s. m. e f.** (**pl. m.** *-i*) ● Fautore dell'occidentalismo.

occidentalistico **agg.** (**pl. m.** *-ci*) ● Che concerne l'occidentalismo e gli occidentalisti.

occidentalizzàre [comp. di *occidentale* e *-izzare*] **A** **v. tr.** ● Convertire alle idee, ai costumi e sim., dei popoli civili dell'Occidente: *o. l'Asia*. **B** **v. intr. pron.** ● Assumere gli aspetti più tipici della civiltà occidentale: *popolazioni asiatiche che si sono occidentalizzate*.

occidentalizzazióne **s. f.** ● Atto, effetto dell'occidentalizzare o dell'occidentalizzarsi.

occidènte [vc. dotta, lat. *occidĕnte(m)* (*sōlem*) '(sole) che tramonta', part. pres. di *occĭdere* 'tramontare'. V. *occasione*] **A** **s. m.** ***1*** Parte del cielo dove tramonta il sole: *navigare verso o.*; *guardare a o.* **SIN.** Occaso, ovest, ponente | (*est.*) Punto geografico situato a ovest rispetto a un altro: *la Francia è a o. dell'Italia*. ***2*** (*est.*) Regione geografica situata a occidente, spec. con riferimento alle regioni europee opposte alle asiatiche: *l'o. cristiano*. **B** **agg.** ● †Che cade, tramonta | *Sole o.*, che tramonta.

†**occìdere** e *deriv.* ● V. *uccidere* e *deriv.*

occìduo [vc. dotta, lat. *occĭduu(m)*, da *occĭdere* 'tramontare'. V. *occasione*] **agg.** ● (*lett.*) Che tramonta: *vedi con che desio quei colli tendono / le braccia al sole o.* (CARDUCCI) | *Luce occidua*, del sole o della luna che tramontano.

-òccio [lat. parl. *-ŏceu(m)*, creato per analogia con la serie dei suff. *-āceu(m)*, *-īciu(m)*, *-ĭciu(m)*, *-ūciu(m)* (?)] **suff.** alterativo ● Conferisce ad aggettivi valore diminutivo-vezzeggiativo e tono per lo più scherzoso: *belloccio, grassoccio*.

occipitàle **agg.** ● (*anat.*) Dell'occipite: *foro, nervo o.* | *Osso o.*, osso impari mediano posteriore del cranio. ➡ **ILL.** p. 362 ANATOMIA UMANA.

occìpite [vc. dotta, lat. *occĭpiti*, abl. di *ŏcciput*, comp. di *ŏb-* 'contro' e *căput*, genit. *căpitis* 'capo'] **s. m.** ● (*anat.*) Parte posteriore e inferiore del cranio, al di sopra del collo. **SIN.** Nuca.

†**occipìzio** [vc. dotta, lat. *occipĭtiu(m)*, da *ŏcciput*, genit. *occĭpitis* 'occipite'] **s. m.** ● Occipite.

occitànico [da *Occitania*, da *oc* (V.), sul modello di *Aquitania*] **A** **agg.** (**pl. m.** *-ci*) ● Relativo all'Occitania, cioè alla Francia meridionale: *lingue occitaniche* | Relativo alla lingua d'oc: *letteratura occitanica*. **B** **s. m.** solo **sing.** ● Lingua, dialetto provenzale.

occitàno [da *Occitania*, deriv. di *oc* (V.), sul modello di *Aquitania*] **agg.**; anche **s. m.** ● Che, chi appartiene a una minoranza di lingua provenzale: *gli occitani di alcune vallate del Piemonte*.

occlùdere [vc. dotta, lat. *occlūdere*, comp. di *ŏb-* raff. e *clāudere* 'chiudere'] **v. tr.** (**pass. rem.** *io occlùsi, tu occludésti*; **part. pass.** *occlùso*) ***1*** Ostruire: *i rifiuti occlusero le fognature*. **SIN.** Otturare. ***2*** †Includere.

occlusióne [vc. dotta, lat. tardo *occlusiōne(m)*, da *occlūsus*, part. pass. di *occlūdere* 'occludere'] **s. f.** ***1*** Chiusura di un condotto, di un transito | (*med.*) *O. intestinale*, arresto della progressione del contenuto intestinale per ostruzione del lume o per paralisi della muscolatura intestinale. **SIN.** Intasamento, ostruzione. ***2*** Penetrazione di gas in un solido poroso. ***3*** (*meteor.*) Fenomeno per cui un fronte freddo raggiunge e si fonde con un fronte caldo. ***4*** (*ling.*) Chiusura completa e momentanea del canale vocale.

occlusiva **s. f.** ● (*ell.*) Consonante occlusiva.

occlusivo [da *occluso*] **agg.** ● Che si riferisce a, o è causato da, un'occlusione | (*ling.*) *Consonante occlusiva*, consonante la cui articolazione consiste in una occlusione del canale vocale seguita da una brusca apertura.

occlùso **part. pass.** di *occludere*; anche **agg.** ● Nei sign. del v.

occlusóre **s. m.** ● Disco di gomma o sim. posto su una delle lenti degli occhiali, spec. di bambini, per impedire l'uso di un occhio migliorando così la vista dell'altro.

occorrènte **A** **part. pres.** di *occorrere*; anche **agg.** ● Nei sign. del v. **B** **s. m.** ***1*** Ciò che è necessario per fare q.c.: *l'o. per scrivere, per disegnare*; *portare con sé tutto l'o.* ***2*** (*lett.*) Ciò che accade, avviene, si verifica.

occorrènza (1) [da *occorrente*] **s. f.** ● Bisogno o necessità eventuale: *le occorrenze della vita*; *mi sono premunito per ogni o.* | *Secondo le occorrenze*, le necessità | *All'o.*, secondo la necessità del momento, se sarà il caso. **SIN.** Evenienza.

occorrènza (2) [calco sull'ingl. *occurrence*] **s. f.** ● (*ling., stat.*) Frequenza, ricorrenza di un qualsiasi fatto o fenomeno: *le occorrenze della congiunzione 'e' nell'opera dantesca*.

occórrere [lat. *occŭrrere* 'correre incontro', comp. di *ŏb-* 'contro' e *cŭrrere* 'correre'] **v. intr.** (coniug. come *correre*; aus. *essere*: usato anche **impers.** nel sign. 1) ***1*** Essere di bisogno, essere necessario: *occorrono medicinali e generi di prima necessità*; *se vi occorre q.c., ditelo* | *Non occorre!*, è inutile, grazie | *Occorrendo*, se sarà necessario. **SIN.** Bisognare. ***2*** Accadere, verificarsi: *occorse un caso strano*; *mai o rado occorre che alcuna repubblica o regno, sia da principio, ordinato bene* (MACHIAVELLI). ***3*** †Venire alla mente. ***4*** †Soccorrere, aiutare.

†**occorriménto** **s. m.** ● Modo e atto dell'occorrere, del presentarsi.

occórso (1) **part. pass.** di *occorrere*; anche **agg.** ● Nei sign. del v.

†**occórso** (**2**) [lat. *occŭrsu(m)*, da *occŭrsum*, supino di *occŭrrere*. V. *occorrere*] s. m. ● Incontro, occorrimento: *nel mio primo o. onesta e bella / veggiola* (PETRARCA).

occultàbile agg. ● Che si può o si deve occultare.

occultaménto s. m. ● Modo e atto del nascondere, del celare: *o. della refurtiva, di mezzi corazzati.*

occultàre [vc. dotta, lat. *occultāre*, ints. di *occŭlere* 'nascondere', comp. di *ŏb-* rafforzativo e **cŏlere* 'velare', da avvicinare a *celāre*] **A** v. tr. (*io occùlto*) **1** Nascondere, tenere nascosto: *o. un tesoro, oggetti preziosi; o. un fatto, l'accaduto, i preparativi, i movimenti delle truppe.* **2** (*astron.*) Provocare un'occultazione. **B** v. rifl. ● Nascondersi: *occultarsi alla vista del nemico.*

occultatóre [vc. dotta, lat. *occultatōre(m)*, da *occultātus*, part. pass. di *occultāre* 'occultare'] agg.; anche s. m. (f. *-trice*) ● (*raro*) Che, chi occulta.

occultazióne [vc. dotta, lat. *occultatiōne(m)*, da *occultātus*, part. pass. di *occultāre* 'occultare'] s. f. **1** Atto, effetto dell'occultare. **2** (*astron.*) Eclisse di una stella o di un pianeta prodotta dalla Luna. **3** †Cosa occultata.

occultézza s. f. ● (*raro*) Qualità e condizione di ciò che è incendivo.

occultìsmo [da *occulto*] s. m. **1** Studio, soprattutto ai fini pratici, dei fenomeni e delle forze che si ritengono non spiegabili scientificamente e dominabili da parte di chi ne abbia penetrato il significato misterioso. **2** Pratica delle tecniche e delle scienze occulte.

occultìsta s. m. e f. (pl. m. *-i*) ● Chi studia o pratica l'occultismo.

occultìstico agg. (pl. m. *-ci*) ● Che si riferisce all'occultismo e agli occultisti.

occùlto [vc. dotta, lat. *occŭltu(m)*, part. pass. di *occŭlere*. V. *occultare*] **A** agg. **1** (*lett.*) Nascosto alla vista: *mirale o. un rossignuol, e ascolta / silenzioso* (FOSCOLO). **2** Segreto: *pensieri occulti; cause, ragioni occulte* | Arcano, non conoscibile: *virtù, potenza occulta; forze occulte* | Clandestino, oscuro, illecito | *Scienze occulte*, quelle che studiano i fenomeni non spiegabili scientificamente, ai fini pratici, come teosofia, spiritismo, pratiche magiche e sim. ‖ **occultaménte**, avv. SIN. Nascostamente. **B** s. m. ● †Segreto | †*In o.*, celatamente.

occupàbile agg. ● Che si può o si deve occupare: *posto, suolo o.*

occupaménto s. m. ● (*raro*) Occupazione.

occupànte **A** part. pres. di *occupare*; anche agg. ● Nei sign. del v. **B** s. m. e f. ● Chi occupa: *gli occupanti della scuola.*

occupàre [vc. dotta, lat. *occupāre*, comp. di *ŏb-* raff. e *căpere* 'prendere'] **A** v. tr. (*io òccupo* o*poet.* †*occùpo*) **1** Prendere possesso di un luogo e installarvisi più o meno temporaneamente: *gli operai hanno occupato la fabbrica; gli studenti occupano le scuole; il nemico occupò i punti strategici* | *O. una sedia*, sedervisi | *O. un sedile, un posto*, in locali, o mezzi di trasporto, pubblici | *O. il Palazzo d'Inverno*, (*fig.*) prendere il potere con un'azione violenta | (*est.*) Venire ad abitare: *o. un appartamento, una camera ammobiliata, una villetta.* SIN. Prendere. **2** Avere o tenere per sé un ufficio, una carica e sim.: *o. la direzione, la presidenza, il posto di segretario; da parecchi anni occupa la cattedra di medicina legale* | Impiegare o collocare qc. in un ufficio: *l'hanno occupato in una banca cittadina, ai telefoni di Stato.* **3** Riempire uno spazio: *le macchine ferme occupavano l'intera corsia di destra* | *O. troppo spazio*, prendere troppo posto | (*fig.*) *O. la vista*, impedirla con un ostacolo. SIN. Impedire. **4** Impiegare o utilizzare q.c.: *o. la mente con giochi enigmistici, il proprio tempo libero con lo sport; occupo la mia giornata coi lavori domestici.* **5** Tenere assorto o intento qc.: *lo studio dovrebbe o. maggiormente i giovani* | Trattenere: *cercate di occuparli con i preliminari delle trattative.* **6** †Sorprendere, prendere, cogliere. **7** †Sopraffare. **8** †Coprire, investire. **B** v. intr. pron. **1** Interessarsi in modo approfondito e continuativo di q.c.: *occuparsi di botanica, di statistica, di ricerche geologiche* | Prendersi cura di qc.: *occuparsi degli amici, degli ospiti, degli invitati.* **2** Farsi assumere: *occuparsi in un'azienda commerciale, in un ente parastatale; si è occupato come segretario.* **3** Impicciarsi: *occuparsi dei fatti altrui; non occuparti di ciò che non ti riguarda.*

occupàto part. pass. di *occupare*; anche agg. **1** Nei sign. del v. **2** Preso e tenuto a disposizione di qc.: *sedie occupate; posti occupati.* CONTR. Libero. **3** Affaccendato: *sono molto o. e posso concederti pochi minuti.*

occupatóre agg.; anche s. m. (f. *-trice*) ● Che, chi occupa: *truppe occupatrici; gli occupatori si ritirano lentamente.*

occupazionàle [da *occupazione*] agg. ● Relativo all'occupazione, spec. di mano d'opera.

occupazióne [vc. dotta, lat. *occupatiōne(m)*, da *occupātus*, part. pass. di *occupāre* 'occupare'] s. f. **1** Atto, effetto dell'occupare: *l'o. delle terre da parte dei braccianti; procedere all'o. di uno stabile abbandonato.* **2** Lavoro, impiego, ufficio: *cercare un'o. ben retribuita* | Attività abituale anche non lavorativa: *avere molte occupazioni; la sua o. è la pesca.* **3** Insieme dei lavoratori occupati di una data regione o di un determinato Paese | *Piena o.*, pieno impiego. **4** (*ling.*) Preterizione. **5** (*dir.*) Acquisto della proprietà su una cosa mobile non appartenente ad alcuno mediante apprensione materiale della stessa. ‖ **occupazioncèlla**, dim.

oceanàuta [comp. di *ocea(no)* e *-nauta*, sul modello di *aronauta*] s. m. e f. (pl. m. *-i*) ● Chi vive sul fondo marino per lunghi periodi di tempo, allo scopo di compiere studi ed esperimenti.

oceanïàno **A** agg. ● Dell'Oceania. **B** s. m. (f. *-a*) ● Abitante, nativo dell'Oceania.

oceànico [vc. dotta, lat. tardo *oceănicu(m)*, da *Ocēanus* 'Oceano'] agg. (pl. m. *-ci*) **1** Proprio dell'oceano: *tempeste oceaniche.* **2** (*fig.*) Immenso, dilagante: *adunata oceanica.*

oceanìna [da *oceano*] s. f. ● Nella mitologia greco-romana, ninfa del mare.

oceanìno agg. ● (*lett.*) Dell'oceano, che vive nell'oceano.

ocèano o *poet.* **oceàno** [vc. dotta, lat. *Ocēanu(m)*, nom. *Ocēanus*, dal gr. *Ōkeanós*, di etim. incerta] s. m. **1** Vasta distesa d'acqua che circonda i continenti: *o. Pacifico, Atlantico, Indiano* | (*fig.*) *Essere una goccia d'acqua nell'o.*, di ciò che non ha importanza, valore o rilievo. **2** (*lett.*) Mare. **3** (*fig.*) Distesa o quantità enorme: *un o. d'erba; essere immerso in un o. di preoccupazioni.* SIN. Immensità.

oceanografìa [comp. di *oceano* e *-grafia*] s. f. ● (*fis.*) Scienza che studia i fenomeni che hanno luogo negli oceani e nei loro mari. SIN. Talassologia.

oceanogràfico agg. (pl. m. *-ci*) ● Che concerne l'oceanografia.

oceanògrafo s. m. (f. *-a*) ● Studioso di oceanografia.

ocellàto agg. **1** Detto di animale fornito di ocelli. **2** Detto di animale che presenta ocelli: *il pelame o. del giaguaro.*

ocèllo [vc. dotta, lat. *ocĕllu(m)*, dim. di *ŏculus* 'occhio'] s. m. **1** (*zool.*) Piccolo occhio semplice che gli artropodi possono avere oltre ai caratteristici occhi composti. **2** (*zool.*) Macchia circondata da anello di altro colore, tipica delle ali di certe farfalle e delle penne di pavone.

ocelòt /otʃe'lɔt, *fr.* os(ə)'lo/ [vc. sp. di origine azteca] s. m. **1** (*zool.*) Ozelot. **2** (*est.*) Pelliccia conciata dell'ozelot, molto pregiata, con fondo chiaro e macchie scure di varie tonalità.

ochétta s. f. **1** Dim. di *oca* | (*est., fam.*) *Far le ochette*, detto del mare mosso quando la cresta delle onde si frange per il vento in una spuma bianca. **2** Recipiente provvisto di beccuccio tubolare con cui si somministrano cibi liquidi agli ammalati.

òcimo [vc. dotta, gr. *ṓkimon* 'basilico', di origine preindeur.] s. m. ● (*bot.*) Basilico.

ocimòide [vc. dotta, gr. *ōkimoeidḗs* 'simile al basilico', comp. di *ṓkimon* 'basilico' (V. prec.) e *-eidḗs* '-oide'] s. f. ● (*bot.*) Saponaria.

ocìpode [gr. *ōkypódēs* 'dai piedi veloci', comp. di *ōkýs* 'veloce' (di origine indeur.) e *póus*, genit. *podós* 'piede' (V. *podo-*)] s. m. ● Genere di granchi agilissimi e veloci, con carapace largo e quadrangolare, occhi peduncolati e chele robuste, viventi sulle spiagge tropicali (*Ocypoda*).

Ocipòdidi [comp. di *ocipod(e)* e *-idi*] s. m. pl. ● Nella tassonomia animale, famiglia di Crostacei decapodi dei Brachiuri cui appartiene l'ocipode (*Ocypodidae*) | (al sing. *-e*) Ogni individuo di tale famiglia.

oclocràtico agg. (pl. m. *-ci*) ● Che si riferisce all'oclocrazia.

oclocrazìa [dal fr. *ochlocratie*, di origine gr.: *ochlokratía* 'governo della plebe', da *óchlos* 'plebe' e *-kratía* 'potere, governo'] s. f. ● Governo della plebe o di un tiranno sostenuto dalla plebe.

oclologìa [comp. del gr. *óchlos* 'folla, moltitudine' (V. *oclocrazia*) e *-logia*] s. f. ● Studio del comportamento della folla.

ocotòna [vc. di origine mongola] s. m. inv. ● Genere di piccoli roditori europei e asiatici, con pelame morbido e fitto, che emettono suoni simili a un breve fischio (*Ochotona*).

òcra [vc. dotta, lat. *ōchra(m)*, nom. *ōchra*, dal gr. *ṓchra*, da *ōchrós* 'giallo', di origine indeur.] **A** s. f. **1** Minerale polverulento costituito da ossido idrato di ferro, frequentemente impuro, usato come colorante. **2** Colore giallo rossastro. **B** in funzione di agg. inv. (posposto al s.) ● Che ha il colore variabile dal giallo al rosso-bruno caratteristico del minerale omonimo: *cipria o.; vernice color o.; giallo o.*

ocràceo agg. **1** Che contiene ocra: *sabbie ocracee.* **2** Di colore uguale o simile a quello dell'ocra: *giallo o.*

òcrea [vc. dotta, lat. *ŏcrea(m)* 'gambiera', di etim. incerta] s. f. **1** Nelle antiche armature, schiniere. **2** (*bot.*) Stipola a forma di guaina che avvolge il fusto delle Poligonacee.

octa- ● V. *otta-*.

octàstilo ● V. *ottastilo*.

octodràmma ● V. *ottodramma*.

òctopus [vc. dotta, gr. *oktṓpous* 'che ha otto (*oktṓ*) piedi (*póus*, sing.)'] s. m. inv. ● (*zool.*) Genere di Molluschi dei Cefalopodi che annovera numerose e diffuse specie di varie dimensioni, tra le quali il polpo comune (*Octopus vulgaris*).

oculàre [vc. dotta, lat. tardo *oculāre(m)*, da *ŏculus* 'occhio'] **A** agg. ● Dell'occhio: *muscolo, bulbo, globo o.* | *Testimone o.*, che ha visto coi propri occhi ciò che riferisce. ‖ **ocularménte**, avv. Con la propria vista, per mezzo degli occhi: *osservare ocularmente.* **B** s. m. ● (*fis.*) Lente o sistema di lenti a cui si accosta l'occhio per osservare l'immagine data dall'obiettivo di uno strumento ottico composto, quale il cannocchiale o il microscopio.

ocularìo [vc. dotta, lat. tardo *oculāriu(m)*, da *ŏculus* 'occhio'] s. m. ● Artigiano che fabbricava gli occhi per le statue, sovente in argento o pietra preziosa.

ocularìsta [da *oculare*] s. m. (pl. *-i*) ● Fabbricante di occhi artificiali.

oculatézza s. f. ● Natura o qualità di chi, di ciò che è oculato. SIN. Avvedutezza, circospezione.

oculàto [vc. dotta, lat. *oculātu(m)*, da *ŏculus* 'occhio'] agg. **1** †Fornito di occhi | †Che ha visto con i propri occhi: *con oculata fede vedemmo e sapemmo la veritade* (VILLANI). **2** (*fig.*) Che agisce o procede con avvedutezza e circospezione: *critico, medico, giudice o.* | Che è frutto di attenta e prudente indagine, di approfondito esame e sim.: *una critica molto oculata.* SIN. Attento, avveduto. ‖ **oculataménte**, avv. Con oculatezza; †ocularmente.

oculifórme [comp. del lat. *ŏculus* 'occhio', e *-forme*] agg. ● Che ha forma di occhio: *chiazze oculiformi.*

oculìsta [fr. *oculiste*, dal lat. *ŏculus* 'occhio'] s. m. e f. (pl. m. *-i*) ● Specialista delle malattie dell'occhio.

oculìstica [fr. *oculistique*, da *oculiste* 'oculista'] s. f. ● Parte della medicina che studia l'apparato visivo.

oculìstico agg. (pl. m. *-ci*) ● Che si riferisce a oculista e oculistica | *Strumentario o.*, cassetta contenente un corredo di lenti di vario tipo e potenza e altri accessori che servono per la misura della vista.

òculo- [dal lat. *ŏculum*, di origine indeur.] primo elemento ● In parole composte della terminologia medica, fa riferimento all'occhio: *oculomotore, oculorinite.*

oculomotóre [comp. di *oculo-* e *motore* nel sign.

A] agg.; anche s. m. ● Detto di nervo, o di muscolo cranico che presiede ai movimenti dei muscoli oculari.

oculomozióne [comp. di *oculo-* e *mozione*] s. f. ● (*anat.*) Motilità dell'occhio.

oculorinìte [comp. di *oculo-*, *rino-* e *-ite* (*1*)] s. f. ● (*med.*) Infiammazione della congiuntiva e della mucosa delle fosse nasali.

od /od/ ● V. *o* (*1*).

†**òda** ● V. *ode*.

odalìsca [fr. *odalisque*, dal turco *odalīk* 'cameriera', da *oda* 'camera'] s. f. ● Nell'Impero Ottomano, schiava dell'harem | (*est.*) Concubina del sultano o del pascià.

odassìṣmo [vc. dotta, gr. *odaxēsmós* 'prurito', da *odaxân* 'irritare', da avvicinare a *odáx* 'coi denti, mordendo', di etim. incerta] s. m. ● (*med.*, *raro*) Prurito gengivale che precede l'eruzione dei denti.

oddìo [comp. di *o* (*2*) e *Dio*] inter. *1* A seconda dell'intonazione con cui è pronunciato o del contesto in cui è inserito, esprime dispiacere, rincrescimento, rammarico, disappunto e sim.: *o., che ho fatto!* | Esprime dubbio, incertezza, titubanza, perplessità: *o.! ... non saprei* | In sostituzione di oh, esprime sorpresa, meraviglia, soddisfazione: *o., che bello!* *2* Si usa per attenuare la perentorietà di un'affermazione: *era un bel film, o. niente di eccezionale!*

òde o †**òda** [vc. dotta, gr. *ōidḗ* 'canto', da *aéidein* 'cantare', di etim. incerta] s. f. ● Componimento poetico lirico di metro, schema strofico e tema assai variabili, originario della poesia greca e diffuso nella letteratura europea. || **odicìna**, dim.

odèon o **òdeon** o **odèo** [vc. dotta, dal gr. *ōidêion*, da *ōidḗ* 'canto'. V. *ode*] s. m. ● Nel mondo greco-romano, teatro coperto per concerti.

odepòrico [vc. dotta, gr. *hodoiporikós* 'da viaggio', comp. di *hodós* 'via', di origine indeur., e *poréia* 'viaggio', dalla stessa radice di *péirein* 'attraversare da parte a parte', di origine indeur.] **A** agg. (pl. m. *-ci*) ● (*raro*, *lett.*) Attinente a viaggio: *diario o.* **B** s. m. ● (*raro*, *lett.*) Descrizione di viaggio.

odessìta agg. ● Della città ucraina di Odessa.

odiàbile agg. ● Degno di odio | Da odiare.

†**odiàle** agg. ● Odiatore. || †**odialménte**, avv. Con odio.

odiàre [da *odio*] **A** v. tr. (*io òdio*) ● Avere in odio: *o. qc. mortalmente*; *non sapere o.*; *farsi o.* | (*est.*) Avere in antipatia, considerare con disprezzo e avversione: *o. i pregiudizi, le superstizioni, le meschinità.* SIN. Abominare, aborrire, detestare. **B** v. rifl. ● Odiare sé stesso: *mi odio per il male che ti ho fatto.* **C** v. rifl. rec. ● Provare un reciproco sentimento di odio: *si odiano a morte.*

odiàto part. pass. di *odiare*; anche agg. ● Nei sign. del v.

odiatóre agg.; anche s. m. (f. *-trice*) ● (*raro*) Che, chi odia.

†**odìbile** [vc. dotta, lat. *odībile*(*m*), da *odīsse* 'odiare'] agg. ● Odievole, ributtante.

odièrno [vc. dotta, lat. *hodiĕrnu*(*m*), da *hŏdie* 'oggi'] agg. *1* Di oggi: *lezione, festa, seduta odierna.* *2* Del tempo presente: *le odierne condizioni sociali*; *i problemi odierni.* SIN. Attuale. || **odiernaménte**, avv. Nel tempo presente, al presente.

†**odiévole** [stessa etim. di *odiabile*] agg. ● Odiabile, odioso.

†**odievolézza** s. f. ● Natura o carattere di chi, di ciò che è odievole.

-odinìa [gr. *-ōdynía*, da *odýnē* 'dolore' (prob. di origine indeur.)] secondo elemento ● In parole composte della terminologia medica, significa 'dolore': *glossodinia.*

odino- [dal gr. *odýnē* 'dolore' (V. prec.)] primo elemento ● In parole composte della terminologia medica, significa 'dolore', 'doloroso': *odinometro.*

odinofagìa [comp. di *odino-* e *-fagia*] s. f. (pl. *-gie*) ● (*med.*) Deglutizione dolorosa.

odinofobìa [comp. di *odino-* e *-fobia*] s. f. ● (*psicol.*) Timore morboso del dolore.

odinòliṣi [comp. di *odino-* e *-lisi*] s. f. ● (*med.*) Scomparsa, riduzione del dolore.

odinòmetro [comp. di *odino-* e *-metro*] s. m. ● (*med.*) Strumento per la registrazione delle reazioni ad un determinato stimolo doloroso.

òdio [vc. dotta, lat. *ŏdiu*(*m*), da *odīsse* 'odiare', di origine indeur.] s. m. *1* Totale e intensissima avversione verso qc.: *o. inveterato, bieco, feroce*; *avere, nutrire, portare, serbare, covare, concepire un o. mortale per qc.*; *alimentare, fomentare, rinfocolare, accendere gli odi di razza, di casta* | *Avere in o. qc.*, odiarlo: *ho in o. me stesso ed amo altrui* (PETRARCA) | *Essere, venire in o. a qc.*, farsi odiare, essere odiato | *O. di classe*, inimicizia e rivalità delle varie classi sociali, che le induce a continua lotta. *2* (*est.*) Senso di profonda intolleranza, sentimento di forte contrarietà verso q.c.: *avere in o. le cerimonie, i pettegolezzi* | *In o. a q.c.*, *a qc.*, contro q.c., qc. | *In o. alla legge*, contro la legge. SIN. Ripugnanza.

†**odiosàggine** s. f. ● Odiosità, odio.

odiosamàto [comp. di *odios*(*o*) e *amato*] agg. ● (*poet.*) Amato e odiato insieme.

odiosità s. f. *1* Natura e caratteristica di chi, di ciò che è odioso: *l'o. di un discorso, di un'insinuazione malevola.* *2* Atto o comportamento odioso: *una reazione piena di o.* | (*raro*) Ostilità: *attirarsi l'o. dei potenti.*

odióso [vc. dotta, lat. *odiōsu*(*m*), da *ŏdium* 'odio'] agg. *1* Estremamente molesto, degno d'essere odiato e disprezzato: *contegno, comportamento o.*; *leggi, parole, insinuazioni odiose*; *i paragoni sono sempre odiosi.* SIN. Detestabile. *2* (*raro*) Pieno d'odio: *animo o.* | Che porta, suscita odio: *la giustizia qualche volta è odiosa a molti* (TASSO). || **odiosétto**, dim. || **odiosaménte**, avv.

†**odìre** e deriv. ● V. *udire* e *deriv.*

odissèa [vc. dotta, gr. *Odýsseia*, da *Odysséus* 'Odisseo, Ulisse'] s. f. ● Serie di vicissitudini dolorose, di amare esperienze e sim.: *tutta la sua giovinezza fu un'incredibile o.*

odògrafo [comp. del gr. *hodós* 'via' (V. *odeporico*) e *-grafo*] s. m. ● (*fis.*, *mecc.*) Traiettoria seguita dall'estremo di un vettore applicato a un punto X ed equipollente alla velocità di un punto mobile su una data curva.

odologìa [comp. del gr. *hodós* 'via' (V. *odeporico*), e *-logia*] s. f. ● (*med.*) Studio anatomico delle vie nervose del sistema nervoso centrale.

odòmetro [fr. *odomètre*, comp. del gr. *hodós* 'via' (V. *odeporico*) e *-mètre* '-metro'] s. m. ● (*mecc.*) Strumento che, applicato alla ruota di un veicolo, misura la lunghezza del percorso compiuto.

Odonàti [dal gr. *odṓn* 'dente' (var. di *odóus*, V. *odonto-*): detti così perché provvisti di un notevole apparato boccale masticatore] s. m. pl. ● Nella tassonomia animale, ordine di Insetti potenti volatori, con livree dai colori vistosi, diurni, acquatici negli stati larvali e terrestri da adulti, cui appartengono le libellule (*Odonata*) | (al sing. *-o*) Ogni individuo di tale ordine.

odònimo [comp. del gr. *hodós* 'strada' e di *-onimo*, sul modello di *toponimo*] s. m. ● (*ling.*) Nome di strada.

odonomàstica [dal gr. *hodós* 'strada' (V. *odeporico*), sul modello di *toponomastica*] s. f. *1* Insieme dei nomi delle strade. *2* Disciplina che studia tali nomi.

odonomàstico agg. (pl. m. *-ci*) ● Che concerne l'odonomastica.

†**odontàgra** [comp. di *odont*(*o*)- e del gr. *ágra* 'presa' (V. *podagra*)] s. f. ● Dolore dentario.

odontalgìa [vc. dotta, gr. *odontalgía*, comp. di *odóus*, genit. *odóntos* 'dente' e *-algía* '-algia'] s. f. (pl. *-gie*) ● (*med.*) Dolore dentario.

odontàlgico [da *odontalgia*] **A** agg. *1* Relativo a odontalgia: *attacco o.* *2* Che calma il dolore ai denti: *preparato o.* **B** anche s. m. nel sign. 2.

-odónte [V. *odonto-*] secondo elemento ● In parole composte della terminologia scientifica, spec. zoologica, significa 'dente' o fa riferimento ai denti: *ipsodonte, tecodonte.*

odònto- o **odónto-** [dal gr. *odóus*, genit. *odóntos* 'dente'] primo elemento (*odont-*, davanti a vocale) ● In parole composte della terminologia scientifica e medica, significa 'dente' o fa riferimento ai denti: *odontalgia, odontotecnico.*

odontoblàsto [comp. di *odonto-* e *-blasto*] s. m. ● (*biol.*) Ognuna delle cellule di derivazione mesenchimale dell'abbozzo del dente, impegnate nella produzione della dentina.

Odontocèti [comp. di *odonto-* e del gr. *kêtos* 'cetaceo'] s. m. pl. ● Nella tassonomia animale, famiglia di Cetacei privi di fanoni, con denti per lo più omodonti in numero vario in una bocca relativamente stretta (*Odontocetae*) | (al sing. *-o*) Ogni individuo di tale famiglia.

odontogèneṣi [comp. di *odonto-* e *genesi*] s. f. ● (*med.*) Processo di formazione embrionaria dei denti.

Odontognàti /odontoɲ'ɲati/ o *raro* **Odontògnati** [comp. di *odonto-* e del gr. *gnáthos* 'mascella' (V. *gnato-*)] s. m. ● Superordine di Uccelli fossili del Cretaceo provvisti di denti (*Odontognatha*).

odontoiàtra [comp. di *odonto-* e *-iatra*] s. m. e f. (pl. m. *-i*) ● Medico specializzato nella cura delle affezioni dentarie.

odontoiatrìa [comp. di *odonto-* e *-iatria*] s. f. ● Branca della medicina che studia le affezioni dentarie.

odontoiàtrico agg. (pl. m. *-ci*) ● Di odontoiatria: *gabinetto o.*; *clinica odontoiatrica.*

odontòlito [comp. di *odonto-* e *-lito*] s. m. ● (*med.*) Tartaro dentario.

odontologìa [comp. di *odonto-* e *-logia*] s. f. (pl. *-gie*) ● (*med.*) Studio delle affezioni dentarie.

odontològico agg. (pl. m. *-ci*) ● (*med.*) Relativo a odontologia.

odontòma [comp. di *odont*(*o*)- e *-oma*] s. m. (pl. *-i*) ● (*med.*) Tumore benigno proveniente dai tessuti dentari, costituito da dentina, smalto e cemento in proporzioni diverse dal dente normale.

odontòmetro [comp. di *odonto-* e *-metro*] s. m. ● Misuratore della grandezza e della distanza dei dentelli dei francobolli.

odontopatìa [comp. di *odonto-* e *-patia*] s. f. ● (*med.*) Qualsiasi affezione a carico dei denti.

odontoscòpio [comp. di *odonto-* e *-scopio*] s. m. ● Odontometro.

odontostomatologìa [comp. di *odonto-* e *stomatologia*] s. f. (pl. *-gie*) ● Branca della medicina che studia le affezioni dei denti e della bocca.

odontotècnica [comp. di *odonto-* e *tecnica*] s. f. ● (*med.*) Ramo dell'odontoiatria che si occupa prevalentemente della preparazione delle protesi dentarie.

odontotècnico [comp. di *odonto-* e *tecnico*] **A** agg. (pl. m. *-ci*) ● Che concerne l'odontotecnica. **B** s. m. (f. *-a*) ● Chi pratica l'odontotecnica.

odoràbile [vc. dotta, lat. tardo *odorābile*(*m*), da *odorāri* 'odorare'] agg. *1* Che si può odorare. *2* †Odorifero.

†**odoraménto** [vc. dotta, lat. *odoramĕntu*(*m*), da *odorāri* 'odorare'] s. m. ● Odore.

odorànte part. pres. di *odorare*; anche agg. *1* Nei sign. del v. *2* (*chim.*) *Sostanza o.*, composto volatile che determina la sensazione di un odore.

†**odorànza** [da *odorante*] s. f. ● Odore.

odoràre [vc. dotta, lat. *odorāri*, da *ŏdor*, genit. *odōris* 'odore'] **A** v. tr. (*io odóro*) *1* Percepire con l'olfatto un odore, anche sgradevole: *o. il lezzo della canapa in macerazione* | Fiutare q.c. per sentirne l'odore: *o. i fiori, un flacone d'essenza*; *il cane odora la pista* | (*fig.*) *O. il vento infido*, accorgersi del pericolo imminente. SIN. Annusare, fiutare. *2* (*fig.*) Presentire, intuire, indovinare: *o. un buon affare, una speculazione vantaggiosa, un intrigo.* SIN. Fiutare. *3* Rendere odoroso: *o. la biancheria con lavanda e spigonardo*; *il basilico odora le salse.* SIN. Profumare. **B** v. intr. (aus. *avere*) *1* Dare o spargere odore: *o. di muschio, di lavanda, di incenso.* *2* (*fig.*) Dare indizio o sentore: *o. di santità*; *la faccenda odora d'imbroglio.*

odoratìvo [vc. dotta, lat. tardo *odoratīvu*(*m*), da *odorātus*, part. pass. di *odorāri* 'odorare'] agg. ● (*raro*) Olfattivo.

odoràto (**1**) part. pass. di *odorare*; anche agg. ● Nei sign. del v.

odoràto (**2**) [vc. dotta, lat. *odorātu*(*m*), da *odorāri* 'fiutare l'odore'] s. m. ● Olfatto, fiuto: *avere un o. fino, delicato, acutissimo* | *Organo dell'o.*, il naso.

†**odorazióne** [vc. dotta, lat. *odoratiōne*(*m*), da *odorātus* 'odorato (1)'] s. f. ● Atto dell'odorare.

odóre [lat. *odōre*(*m*), di origine indeur.] s. m. *1* Sensazione provocata dal contatto di molecole di sostanze volatili con recettori olfattivi: *sentire un o.*; *non sentire nessun o.*; *o. buono, buon o.*; *o. cattivo, sgradevole*; *o. forte, acuto, penetrante, disgustoso*; *qui c'è uno strano o., un o. inconfon-*

dibile | *Sentire all'o.*, accorgersi della presenza di q.c. dall'odore che essa emana | (*est.*) Esalazione particolare: *o. di gas, di fiori, di muffa*; *o. di cucina, di farmacia, di chiuso, di fogna*. **2** (*raro*) Odorato: *il lungo o. del bracco*. **3** Cosa o essenza odorosa: *mescolare gli odori*; *aspergere di o.* | †*Acqua di o.*, profumo. **4** (*fig.*) Indizio, sentore: *qui c'è o. di guerra, di discordia* | †*Rendere o.*, dare indizio | *Morire in o. di santità*, con fama di santo | *O. di morte*, presentimento della morte | *Dar buon o. di sé*, fare buona impressione | *Sentire o. di polvere*, di battaglia e (*fig.*) presentire un pericolo imminente. **5** (*al pl.*) Erbette odorose per condimento, quali prezzemolo, basilico, menta, salvia, origano. || **odoràccio**, pegg. | **odorétto**, dim. | **odorino**, dim. (V.) | **odorùccio**, **odorùzzo**, dim.

odorìfero [vc. dotta, lat. *odorĭferu(m)*, comp. di *ŏdor*, genit. *odōris* 'odore' e *-fer* '-fero'] agg. ● (*lett.*) Che manda odore: *l'aura si sente / d'un fresco et o. laureto* (PETRARCA).

†**odorificànte** [da *odorifico*] agg. ● Che emana odore.

†**odorìfico** [comp. di *odore* e *-fico*] agg. ● (*lett.*) Odoroso.

odorìmetro [comp. di *odore* e *-metro*] s. m. ● Olfattometro.

odorino s. m. **1** Dim. di *odore*. **2** Odore delicato e gradevole, spec. di cibo: *un delizioso o. di arrosto*. **3** (*iron.*) Fetore.

†**odorìsta** s. m. ● Chi ama gli odori, i profumi.

odorizzànte **A** part. pres. di *odorizzare*; anche agg. ● Nel sign. del v. **B** s. m. ● Sostanza chimicamente inerte, spec. composto organico dello zolfo o dell'azoto, usata nelle operazioni di odorizzazione.

odorizzàre [da *odore*] v. tr. ● Sottoporre a odorizzazione: *o. un gas*.

odorizzazióne s. f. ● Operazione industriale che consiste nell'aggiungere a sostanze inodori o quasi, altre sostanze dotate di odore penetrante, spec. allo scopo di rendere individuabile la presenza delle prime: *l'o. del gas domestico*.

odoróso agg. ● Che emana gradevole odore: *fiore, bucato o.*; *acqua, essenza odorosa* | Pieno di odori: *era il maggio o.* (LEOPARDI) | *Vino o.*, aromatico. SIN. Profumato. || **odorosétto**, dim. || †**odorosaménte**, avv.

oè ● V. *uè*.

oècio [comp. del gr. *ō(i)ón* 'uovo' (prob. di origine indeur.) e *oikíon* 'abitazione' (di origine indeur.)] s. m. ● (*zool.*) Nicchia incubatrice del corpo dei Briozoi.

oersted /'ɛrsted, *dan.* 'œrsted/ [dal n. del fisico danese H. C. *Oersted* (1777-1851)] s. m. inv. ● (*elettr.*) Unità di intensità del campo magnetico nel sistema elettromagnetico assoluto, definita come intensità del campo in un punto nel quale un polo magnetico unitario è soggetto alla forza di una dina. SIMB. Oe.

ofelimità [dal gr. *ophélimos* 'vantaggioso', da *óphelos* 'utilità, vantaggio, guadagno', della stessa fam. di *ophéllein* 'gonfiare, accrescere', di origine indeur.] s. f. ● (*econ.*) Importanza che viene attribuita a un bene da un singolo soggetto o consumatore, che non dipende necessariamente dalle qualità intrinseche del bene stesso.

ofèlimo [dal gr. *óphelos*. V. precedente] agg. ● (*econ.*) Di, relativo a ofelimità | *Bene o.*, soggettivamente ambito e importante.

off /*ingl.* ɔf/ [vc. ingl., propr. 'fuori' (di etim. incerta)] agg. inv. **1** Non in funzione, non attivato, in diciture apposte su varie apparecchiature. **2** Detto di forme di spettacolo alternative e (*est.*) di chi le realizza e delle strutture che ne permettono l'esistenza: *cinema, teatro off*; *film off*; *regista off*; *circuito, locale, sala off*.

òffa [vc. dotta, lat. *ŏffa(m)*, di etim. incerta] s. f. **1** Nell'antica Roma, focaccia di farro. **2** Schiacciata, focaccia. **3** (*lett.*, *fig.*) Dono o promessa che si dà o fa a qc. per placarlo o invogliarlo: *gettare, dare l'o.*

†**offèlla** [lat. *ŏfella(m)*, dim. di *ŏffa* (V. *offa*)] s. f. ● Focaccina dolce, di pasta sfoglia.

offelleria [da †*offella*] s. f. ● (*sett.*) Pasticceria.

offellière [da †*offella*] s. m. ● (*sett.*) Pasticciere, chi tiene bottega di pasticceria.

offendènte **A** part. pres. di *offendere*; anche agg. ● (*raro*) Nei sign. del v. **B** s. m. e f. ● †Offensore.

offèndere [lat. *offĕndere*, comp. di *ŏb-* 'contro' e *-fĕndere* 'urtare' (V. *difendere*)] **A** v. tr. (pass. rem. *io offési, tu offendésti*; part. pass. *offéso*, †*offènso*) **1** Ferire gravemente la dignità, l'onore, la reputazione e sim. di qc., con la parola o con gli atti: *o. una persona nell'onore*; *o. l'onore di una persona*; *o. qc. con parole ingiuriose, con insulti* | (*est.*) Urtare la suscettibilità, l'amor proprio altrui: *se non accetti, mi offendo*; *vorrei dargli una mancia, ma temo che si offenda*. **2** Violare, mancare gravemente: *o. la legge, la libertà, la giustizia*; *il tuo comportamento offende il pudore*; *sono cose che offendono il buon senso*. **3** Provocare danni materiali, o anche ferite o lesioni fisiche: *la luce troppo forte offende la vista*; *il proiettile non ha offeso i centri vitali*; *se medesimo in una gamba gravemente offese* (MACHIAVELLI). **4** Provocare sensazioni sgradevoli: *un tipo di musica che offende l'orecchio*; *sono colori che offendono la vista*. **5** †Urtare, percuotere. **B** v. rifl. rec. ● Ingiuriarsi a vicenda: *si sono offesi a sangue durante il litigio*. **C** v. intr. pron. ● Impermalirsi per q.c. che si ritiene offensivo: *offendersi per un'allusione*; *offendersi per il mancato saluto*. SIN. Risentirsi. **D** v. intr. ● †Essere di offesa, di oltraggio: *o. a, contro qc.*

†**offendévole** agg. ● Atto a offendere. || †**offendevolménte**, avv. In modo da recare offesa.

offendìbile agg. ● (*raro*) Che si può offendere | *Luogo o.*, che si può attaccare, invadere e sim.

offendìcula [vc. dotta, lat. *offendĭcula*, pl. di *offendĭculum* 'piccolo intoppo', da *offĕndere* 'urtare contro, inciampare' (V. *offendere*)] s. m. pl. ● Qualunque mezzo offensivo predisposto con lo scopo di difendere un bene immobile, quale, per es., vetri taglienti alla sommità di muri di cinta, filo di ferro spinato e sim.

†**offendiménto** s. m. ● Modo e atto dell'offendere | Offesa.

offenditóre agg.; anche s. m. (f. *-trice*) ● (*raro*) Che, chi offende.

†**offènsa** ● V. *offesa*.

†**offensióne** [vc. dotta, lat. *offensiōne(m)* 'l'urtare, l'inciampare', da *offĕnsus* 'offeso'] s. f. **1** Offesa: *la parte selvaggia / caccerà l'altra con molta o.* (DANTE *Inf.* VI, 65-66). **2** Rimprovero. **3** Inciampo, intoppo.

offensìva [f. sost. di *offensivo*] s. f. **1** Forma della lotta armata che mira a imporre al nemico la propria iniziativa e ad annullarne la capacità operativa | *O. di pace*, (*fig.*) forte pressione psicologica sull'opinione pubblica internazionale per il raggiungimento della pace | V. anche *controffensiva*. **2** (*est.*) Azione organizzata e decisa condotta allo scopo di ottenere q.c.: *sferrare l'o.*; *la nuova o. sindacale*.

offensivìsmo [da *offensivo*] s. m. ● (*sport*) Tattica sportiva basata sul gioco d'attacco.

offensivìsta s. m. e f. (pl. m. *-i*) ● (*sport*) Fautore, sostenitore dell'offensivismo.

offensìvo [da †*offenso*] agg. **1** Che reca ingiuria, oltraggio e sim.: *parole offensive*; *i vostri modi sono decisamente offensivi*. SIN. Ingiurioso, irriverente, oltraggioso. **2** Atto a ledere, ferire e sim.: *arnesi taglienti e quindi offensivi*. **3** Concepito o realizzato per compiere o appoggiare un'offensiva: *armi offensive*; *guerra offensiva*. CONTR. Difensivo. || **offensivaménte**, avv. In modo offensivo; per offensiva.

†**offènso** ● V. *offeso*.

offensóre [vc. dotta, lat. tardo *offensōre(m)*, da *offĕnsus* 'offeso'] s. m. (f. *offenditrice*, pop. *-sora*) **1** Chi offende. **2** Chi, in guerra, attacca o aggredisce per primo.

offerènte **A** part. pres. di *offrire*; anche agg. ● Nei sign. del v. **B** s. m. e f. **1** Chi offre: *il nome dell'o.* SIN. Donatore. **2** Chi propone un prezzo nelle vendite all'incanto: *aggiudicazione al migliore o.*

†**offerère** v. tr., rifl. e intr. pron. ● Offrire: *offerendosi prontissimamente a tutti i pericoli, non lasciarono indietro cosa alcuna* (GUICCIARDINI).

†**offerire** ● V. *offrire*.

†**offeritóre** [da †*offerire*] s. m. (f. *-trice*) ● Chi offre.

†**offeritòrio** [da †*offeritore*] agg. ● Attinente all'offerta.

†**offerizióne** [da †*offerire*] s. f. ● Offerta.

offèrta [f. sost. di *offerto*] s. f. **1** Atto, effetto dell'offrire: *fare un'o.*; *o. volontaria di viveri e medicinali* | (*est.*) Ciò che si offre: *accettare, raccogliere, respingere le offerte in danaro* | Donazione: *un'o. meschina, generosa*. SIN. Dono, obolo | Proposta: *o. di matrimonio, di lavoro*; *hanno disprezzato l'o. dei nostri servigi*. **2** (*econ.*) Messa a disposizione di beni o servizi sul mercato | (*est.*) Quantità di beni o servizi che può essere venduta in un certo mercato, a un prezzo definito, in un'unità di tempo determinata: *equilibrio instabile tra domanda e o.* | *O. speciale*, (*ell.*) o., vendita promozionale a prezzi ribassati di beni di largo consumo: *oggi i pomodori in scatola sono in o. speciale* | *O. pubblica d'acquisto*, V. *Opa* | (*dir.*) Proposta di prezzo in una vendita all'incanto, in un negozio, in una gara d'appalto: *o. in busta chiusa* | *O. reale*, eseguita tramite notaio o altro pubblico ufficiale con le modalità previste dalla legge. **3** (*relig.*) Nella Messa, atto dell'offrire il pane e il vino che divengono corpo e sangue di Gesù Cristo | (*est.*) Il pane e il vino medesimi come specie dell'offerta.

offèrto **A** part. pass. di *offrire*; anche agg. ● Nei sign. del v. **B** s. m. ● †Oblato.

offertoriàle agg. ● (*relig.*) Relativo all'offertorio | *Processione o.*, durante la celebrazione della messa, processione dei fedeli che, al termine della preghiera comune, recano all'altare l'offerta del pane e del vino.

offertòrio [vc. dotta, lat. tardo *offertōriu(m)* 'luogo dove si fa un'offerta, un sacrifizio', da *offĕrre* 'offrire'] s. m. ● (*relig.*) Parte della Messa, dopo l'Evangelo, in cui il sacerdote presenta in offerta a Dio il pane e il vino | Antifona e preghiera che accompagnano l'offerta.

offésa o †**offènsa** [lat. *offĕnsa(m)*, f. sost. di *offĕnsus* 'offeso'] s. f. **1** Danno morale, oltraggio: *fare, ricevere un'o.*; *vendicare un'o.*; *vendicarsi di un'o.*; *un'o. al buon gusto, al pudore*; *perdonare, dimenticare le offese ricevute*. **2** Danno materiale: *temere le offese del tempo, dell'età*; *liberi e sicuri dalle offese dei fulmini e delle grandini* (LEOPARDI) | (*raro*) Lesione fisica: *l'incidente gli procurò una grave o. alla gamba*. **3** Azione dell'assalire, dell'attaccare: *guerra di o.*; *prevenire, temere l'o.*; *portare l'o. nel territorio nemico*. **4** (*dir.*) Comportamento antigiuridico, elemento costitutivo di specifici reati: *o. alla bandiera di Stato estero*.

†**offesànza** s. f. ● Offesa | (*fig.*) Peccato.

offéso o (*lett.*) †**offènso** nel sign. A. **A** part. pass. di *offendere*; anche agg. ● Nei sign. del v. **B** s. m. (f. *-a*) ● Chi ha subito un'offesa: *domandò chi fosse l'o.* | *Fare l'o.*, mostrarsi indispettito come se si fosse ricevuta un'offesa.

office /*ingl.* 'ɔfis/ [vc. ingl., stessa etim. dell'it. *ufficio*] s. m. inv. ● Locale di servizio, intermedio tra la cucina e la sala da pranzo.

office automation /*ingl.* 'ɔfis ɔ:tə'meiʃən/ [loc. ingl., propr. 'automazione dell'ufficio'] loc. sost. f. inv. ● Complesso dei metodi e delle tecniche destinati a migliorare lo svolgimento delle attività d'ufficio attraverso la computerizzazione di procedimenti e dispositivi.

officiàle o †**offiziàle**, †**oficiàle**, †**ofiziàle**, agg.; anche s. m. ● (*pop.*) Ufficiale.

officiànte **A** part. pres. di *officiare*; anche agg. ● Nel sign. del v. **B** s. m. ● Chi presiede una cerimonia religiosa. SIN. Celebrante.

officiàre o †**offiziàre**, †**oficiàre**, †**ofiziàre** [da *officio*] **A** v. intr. (*io officio*; aus. *avere*) ● Celebrare l'ufficio divino | Celebrare una funzione religiosa. **B** v. tr. ● Nella loc. *o. una chiesa*, celebrare le funzioni.

officiatóre agg.; anche s. m. ● (*raro*) Che, chi officia.

officiatùra s. f. ● Ufficiatura.

†**officière** [fr. *officier*, dal lat. *offĭcium* 'dovere'. V. *officio*] s. m. ● Ufficiale.

officìna [vc. dotta, lat. *officīna(m)*, dall'arcaico *opificīna(m)*, da *ŏpifex*, genit. *opĭficis* 'artefice', comp. di *ŏpus* 'opera, lavoro' e *-fex*, da *făcere* 'fare'] s. f. **1** Locale o complesso di locali attrezzati artigianalmente o industrialmente per la trasformazione del grezzo o del semilavorato in prodotto commerciale | *O. di riparazione*, ove si riparano autoveicoli, motocicli e sim. **2** (*mil.*) Stabilimento d'intendenza o territoriale con carattere di stabilità, destinato alle riparazioni di materiali e mezzi. *3* †Laboratorio, bottega: *o. da speziale.* *4* (*est.*) Luogo ove si producono opere culturali, ambiente in cui si temprano caratteri e ingegni: *o. letteraria*; *o. di eloquenza, di giovani scrittori* | *O. massonica*, loggia.

officinàle [da *officina* nel sign. 3] agg. ● Farmaceutico | *Farmaco, preparato o.*, medicamento a composizione costante, preparato secondo i metodi suggeriti dalla farmacopea ufficiale | *Pianta o.*, che serve a scopi farmaceutici.

offìcio ● V. *ufficio.*

officiosità [vc. dotta, lat. tardo *officiositāte(m)* 'cortesia', da *officiōsus*. V. *officioso*] s. f. *1* (*lett.*) L'essere officioso. *2* (*lett.*) Atto officioso.

officióso o (*raro*) **offizióso**, †**oficióso**, †**ofizióso** [vc. dotta, lat. *officiōsu(m)*, 'zelante, servizievole', da *offĭcium* 'dovere, obbligo'. V. *ufficio*] agg. *1* Premuroso, che intercede volentieri presso altri. *2* (*raro*) Ufficioso. || **officiosaménte** avv.

†**offiziàle** ● V. *officiale.*

†**offiziàre** ● V. *officiare.*

offìzio s. m. *1* †V. *ufficio.* *2* Nella loc. *Sant'Offizio*, sacra congregazione fondata nel XVI sec. per combattere le eresie; più volte riformata nel corso dei secoli successivi, poi sostituita dalla Congregazione per la dottrina della fede | (*fig.*) *Cose da Sant'Offizio*, enormi, inconcepibili, tanto son contrarie al buon senso, alla ragione comune, al costume abituale, e sim. e come tali biasimevoli, deprecabili.

offizióso ● V. *officioso.*

off-limits /*ingl.* 'ɔf 'limits/ [loc. ingl., propr. 'fuori dei limiti' (V. *off*)] loc. agg. e avv. inv. *1* Detto di luogo, segnalato da un caratteristico contrassegno, in cui era vietato l'ingresso alle truppe di occupazione americane | (*est.*) Di luogo in cui sono proibiti l'entrata, il transito, il passaggio e sim.: *queste stanze sono off-limits.* *2* (*fig.*) Proibito, vietato: *parole, atteggiamenti off-limits.*

off-line /*ingl.* 'ɔf lain/ [vc. ingl., propr. 'fuori linea', comp. di *off* 'fuori' (V. *off*) e *line* 'linea' (vc. germ. d'orig. indeur.)] loc. agg. inv. ● (*elab.*) Detto di apparecchio non direttamente collegato all'unità centrale di un elaboratore. CONTR. On-line.

offrìre o (*lett.*) †**offerìre** [lat. parl. **offerīre*, per il classico *offĕrre*, comp. di *ŏb-* raff. e *fĕrre* 'portare' (V. *-fero*)] **A** v. tr. (pres. *io òffro*, lett. †*offerisco*, *tu òffri*, lett. †*offerisci*; pass. rem. *io offrìi* o *offèrsi*, *tu offrìsti*; part. pass. *offèrto*) *1* Mettere a disposizione di qc. q.c. che gli sia utile, giovevole o gradito: *o. i propri servigi, la propria mediazione, la collaborazione di un tecnico, aiuti morali e materiali*; *o. ospitalità, cibo, cure*; *o. una cattedra, un impiego, la presidenza di una società, la candidatura al Senato*; *ti offre la mano di sua figlia* | (*est.*) Fornire: *o. appiglio, appoggio, pretesto*; *ti offriamo un'ultima opportunità*; *gli offrirono una favorevole occasione di cui non seppe approfittare* | *O. il destro*, fornire la possibilità, l'occasione. SIN. Proporre. *2* Dare o dichiararsi disposto a dare: *ci offrirono da bere e da mangiare*; *o. in dono, in pegno, in ostaggio, in garanzia* | Promettere: *offrono di pagare il tutto in quindici rate mensili* | Concedere: *la situazione ci offre innegabili vantaggi.* *3* (*est.*) Donare, regalare: *o. un mazzo di fiori, una targa ricordo.* *4* Esibire, esporre, presentare (*anche fig.*): *o. il proprio dolore alla vista di tutti*; *hanno offerto uno spettacolo di grande interesse artistico* | *O. il fianco*, (*fig.*) lasciare scoperto o indifeso il lato più debole di q.c., concedere occasione di critica e sim. *5* Mettere in vendita: *o. ogni genere di merce*; *offrono una bella casa per una cifra ragionevole.* *6* Poter dare o produrre: *una regione che offre vino, grano e olio in quantità*; *la piazza, il mercato non offre nulla di meglio.* *7* †Dire, pronunziare. **B** v. rifl. *1* Dichiararsi disposto: *offrirsi ai servigi, ai comandi di qc.*; *si offre di fornirci ogni prova richiesta*; *mi offro di, per, andare in vece vostra.* *2* Esporsi. **C** v. intr. pron. ● Presentarsi: *ci si offre una favorevole occasione.*

offset /*ingl.* 'ɔf set/ [vc. ingl., comp. dell'avv. *off*, che indica direzione, e *to set* 'porre'; propriamente significherebbe 'trasporto'] **A** s. m. inv. ● (*edit.*) Procedimento industriale di stampa indiretta derivato dalla litografia, in cui l'immagine viene trasferita dalla matrice, costituita da una lastra di metallo, alla carta, mediante un tessuto gommato | La macchina, il reparto o lo stabilimento tipografico basato sul procedimento omonimo. **B** anche agg. inv.: *stampa o.*

off-shore /*ingl.* ɔf'ʃɔ:/ [loc. ingl., propr. 'fuori spiaggia', comp. di *off* 'fuori' (V. *offset*) e *shore* 'spiaggia, riva'] **A** agg. inv. *1* Detto di gara motonautica che si svolge in alto mare e ad alte velocità, con appositi motoscafi entrobordo, e su lunghi percorsi | (*est.*) Di tutto quanto si riferisce a questo tipo di gare: *imbarcazioni off-shore*; *pilota off-shore*; *campionato off-shore.* *2* Detto di ricerche petrolifere effettuate in mare da piattaforme fisse o navi appositamente attrezzate. **B** s. m. inv. ● Motonautica d'altura: *l'off-shore italiano.*

offside /*ingl.* 'ɔf said/ [vc. ingl., propriamente 'fuori gioco', comp. di *off* 'fuori' (V. *offset*) e *side* 'lato' (di origine germ.)] loc. avv.; anche s. m. inv. ● Nel calcio, fuori gioco.

offuscaménto s. m. ● Modo e atto dell'offuscare o dell'offuscarsi. SIN. Annebbiamento, oscuramento, ottenebrazione.

offuscàre [vc. dotta, lat. tardo *offuscāre*, comp. di *ŏb-* 'davanti' e *fŭscus* 'fosco'] **A** v. tr. (*io offùsco, tu offùschi*) *1* Rendere fosco, oscuro, opaco e sim.: *o. la luce del sole, la lucentezza del metallo*; *le brume autunnali offuscano l'orizzonte* | *O. la vista*, annebbiarla | *O. la voce*, diminuirne la limpidezza o la sonorità. SIN. Oscurare, ottenebrare. *2* (*fig.*) Privare di chiarezza: *o. la mente*; *le passioni offuscano l'intelletto* | (*fig.*) Rendere meno bello, importante, rilevante e sim.: *o. i meriti, la fama di qc.*; *chi di gloria troppo / è carco già, deh! non la offuschi* (ALFIERI). SIN. Annebbiare, ottenebrare. **B** v. intr. pron. ● Annebbiarsi, ottenebrarsi, rincupirsi (*anche fig.*): *il giorno s'offusca*; *la memoria si offusca col passare degli anni.*

offuscàto part. pass. di *offuscare*; anche agg. ● Nei sign. del v.

offuscatóre agg.; anche s. m. (f. *-trice*) ● Che, chi offusca.

†**offuscazióne** [vc. dotta, lat. tardo *offuscatiōne(m)*, da *offuscātus* 'offuscato'] s. f. ● Offuscamento.

òfi- ● V. *ofio-*.

oficàlce [vc. dotta, comp. del gr. *óphis* 'serpente' e *calce* (*1*)] s. f. ● (*miner.*) Roccia metamorfica composta da frammenti di serpentina verde cementati da calcite bianca, molto usata nei monumenti.

†**oficiàle** ● V. *officiale.*

†**oficiàre** ● V. *officiare.*

†**ofìcio** ● V. *ufficio.*

†**oficióso** ● V. *officioso.*

oficlèide [fr. *ophicléide*, comp. di *ophi-* 'ofi-' e del gr. *kléis*, genit. *kleidós* 'chiave', di origine indeur.] s. m. ● (*mus.*) Strumento a fiato della specie degli ottoni a forma di serpente con voce di basso.

Ofìdi [dal lat. scient. *Ophĭdia*, dal gr. *óphis* 'serpente'] s. m. pl. ● (*zool.*) Nella tassonomia animale, sottordine di Rettili degli Squamati caratterizzati dalla completa assenza di arti, per cui la locomozione avviene con rapida ondulazione del corpo; comunemente detti serpenti.

ofìdio [vc. dotta, gr. *ophýdion* 'serpentello', dim. di *óphis* 'serpente'] s. m. ● Pesce degli Anacantini con corpo serpentiforme contornato da una pinna continua bassa e delicata, che vive sui bassi fondali ricchi di vegetazione (*Ophidium barbatum*).

ofidìsmo [da *ofidi*] s. m. ● (*med.*) Avvelenamento per morso di serpente.

òfio- o **òfi-** [dal gr. *óphis* 'serpente'] primo elemento ● In parole composte della terminologia scientifica, significa 'serpente' o fa riferimento ai serpenti: *ofiologia, ofiodonti, ofisauro.*

ofiocèfalo [comp. di *ofio-* e *-cefalo*] s. m. ● Pesce tropicale commestibile degli Scorpeniformi con corpo cilindrico, capace di resistere anche mesi nella melma disseccata e di muoversi per ore all'asciutto (*Ophiocephalus striatus*).

ofiolatrìa [comp. di *ofio-* e *-latria*] s. f. ● Culto religioso dei serpenti.

ofiolìte [comp. di *ofio-* e *-lite*] s. f. ● (*miner.*) Varietà di serpentino variegata di verde e di bianco.

ofiologìa [comp. di *ofio-* e *-logia*] s. f. ● Parte della zoologia che si occupa dello studio dei serpenti.

ofiotossìna ● V. *ofitossina.*

ofisàuro [comp. di *ofi-* e del gr. *sâuros* 'lucertola' (V. *sauri*)] s. m. ● Grande sauro serpentiforme di colore bruno, lungo un metro e più, con arti anteriori mancanti e posteriori ridotti (*Ophisaurus apodus*).

ofisùro [comp. del gr. *óphis* 'serpente' (V. *ofio-*) e *-ura*] s. m. ● Pesce marino a corpo allungatissimo, privo di pinna caudale, caratterizzato dal morso doloroso e dalla coda robustissima (*Ophisurus serpens*).

ofìte [vc. dotta, gr. *ophýtēs* (*líthos*) '(pietra) serpentina', da *óphis* 'serpente'] s. f. ● (*miner.*) Varietà di marmo a chiazze verdi.

ofìtico agg. (pl. m. *-ci*) ● (*miner.*) Che ha i caratteri dell'ofite | *Struttura ofitica*, di una roccia in cui appare nettamente invertito l'ordine normale di cristallizzazione dei minerali che la compongono.

ofitossìna o **ofiotossina** [comp. di *ofi-* e *tossina*] s. f. ● Sostanza contenuta nel veleno del cobra.

ofiùra [comp. di *ofi-* e *-ura*] s. f. ● Genere di Echinodermi degli Ofiuroidi con corpo a disco tondo o pentagonale e cinque braccia serpentine non ramificate e flessibili (*Ophiura*).

Ofiuròidi [comp. di *ofiur(a)* e *-oide*] s. m. pl. ● Nella tassonomia animale, classe di Echinodermi marini presenti nel Mediterraneo, che vivono sia presso la superficie che a notevole profondità (*Ofiuroidae*) | (al sing. *-e*) Ogni individuo di tale classe.

†**ofiziàle** ● V. *officiale.*

†**ofiziàre** ● V. *officiare.*

†**ofìzio** ● V. *ufficio.*

†**ofizióso** ● V. *officioso.*

òfride [dal lat. *ŏphrys*, dal gr. *ophrýs* 'palpebra', di origine indeur.] s. f. ● Genere di Orchidacee comprendente specie erbacee perenni con fusto eretto, foglie in rosetta basale, fiori sessili con labello largo, radici un tempo usate in medicina (*Ophrys*).

oftalmìa [vc. dotta, lat. tardo *ophthălmia(m)*, nom. *ophthălmia*, dal gr. *ophthalmía*, da *ophthalmós* 'occhio'. V. *oftalmo-*] s. f. ● (*med.*) Infiammazione dell'occhio di qualsiasi origine. SIN. Oftalmite.

oftàlmico [vc. dotta, lat. tardo *ophthălmicu(m)*, nom. *ophthălmicus*, dal gr. *ophthalmikós*, da *ophthalmía* 'oftalmia'] agg. (pl. m. *-ci*) ● (*med.*) Oculistico | *Lente oftalmica*, lente correttiva dei difetti della vista | *Disco o.*, piccola superficie lamellare, solitamente composta di gelatina, in cui è incorporata una sostanza medicamentosa di uso oculistico.

oftalmìte s. f. ● (*med.*) Oftalmia.

oftàlmo-, **-oftàlmo** [dal gr. *ophthalmós* 'occhio', di origine indeur.] primo o secondo elemento (*oftalm-*, davanti a vocale) ● In parole composte della terminologia medica, significa 'occhio' o indica relazione con gli occhi: *oftalmologia, oftalmoscopio, esoftalmo.*

oftalmoblenorrèa [comp. di *oftalmo-* e *blenorrea*] s. f. ● (*med.*) Congiuntivite acuta purulenta, spesso provocata da gonococco.

oftalmoiàtra [comp. di *oftalmo-* e *-iatra*] s. m. (pl. *-i*) ● (*raro*) Chi cura le malattie oculari.

oftalmoiatrìa [comp. di *oftalmo-* e *-iatria*] s. f. ● (*raro*) Cura delle malattie oculari.

oftalmologìa [comp. di *oftalmo-* e *-logia*] s. f. (pl. *-gie*) ● (*med.*) Oculistica.

oftalmòlogo [comp. di *oftalmo-* e *-logo*] s. m. (f. *-a*; pl. m. *-gi*) ● (*med.*) Studioso di oftalmologia.

oftalmometrìa [comp. di *oftalmo-* e *-metria*] s. f. ● (*med.*) Misurazione del grado di curvatura della cornea e del suo indice di rifrazione mediante l'oftalmometro.

oftalmòmetro [comp. di *oftalmo-* e *-metro*] s. m. ● (*med.*) Strumento per la misurazione della curvatura corneale.

oftalmoplegìa [comp. di *oftalmo-* e *-plegia*] s. f. (pl. *-gie*) ● (*med.*) Paralisi dei muscoli oculari.

oftalmoscopìa [comp. di *oftalmo-* e *-scopia*] s. f. ● (*med.*) Esame del fondo dell'occhio mediante l'oftalmoscopio.

oftalmoscòpio [comp. di *oftalmo-* e *-scopio*] s. m. ● (*med.*) Strumento che permette di esaminare la retina e il fondo dell'occhio. ➡ ILL. **medicina e chirurgia**.

oftalmospàsmo [comp. di *oftalmo-* e *spasmo*] s. m. ● (*med.*) Spasmo dei muscoli palpebrali.

oftalmòstato [comp. di *oftalmo-* e *-stato*] s. m. ● (*med.*) Strumento per mantenere aperte le palpebre e bloccare i movimenti del bulbo oculare durante gli interventi sull'occhio.

oftalmoterapìa [comp. di *oftalmo-* e *-terapia*] s. f. ● (*med.*) Cura delle malattie oculari.

oftalmòtropo [comp. di *oftalmo-* e *-tropo*] s. m. ● (*med.*) Strumento per la misurazione del grado di strabismo e delle possibilità funzionali dei muscoli oculari.

oggettìstica [da *oggetto*] s. f. ● Insieme di oggetti da regalo o per l'arredamento: *un negozio di o.* | (*est.*) Settore commerciale che si occupa di tali oggetti.

oggettivàre [da *oggettivo*] **A** v. tr. ● Rendere oggettivo: *o. il frutto della propria fantasia* | Portare sul piano della concretezza: *in quel dipinto è riuscito a o. tutta la sua passione.* **B** v. intr. pron. ● Divenire estrinseco o concreto: *sentimenti, stati d'animo, che si oggettivano.*

oggettivazióne s. f. *1* (*raro*) Atto, effetto dell'oggettivare. *2* (*filos.*) Processo mediante il quale l'attività conoscitiva si avvicina all'oggettività.

oggettivìsmo [comp. di *oggettivo* e *-ismo*] s. m. *1* Qualsiasi dottrina filosofica che asserisce l'esistenza e la validità universale degli oggetti prescindendo dalle percezioni e valutazioni individuali. *2* Ogni dottrina filosofica che all'interno del processo conoscitivo esalta il punto di vista dell'oggetto, trascurando l'apporto del soggetto.

oggettivista s. m. e f.; anche agg. (pl. m. *-i*) ● Chi, che segue o si ispira all'oggettivismo.

oggettivìstico agg. (pl. m. *-ci*) ● Che concerne o interessa l'oggettivismo.

oggettività s. f. *1* L'essere oggettivo. *2* Obiettività: *giudicare con o.*; *apprezzare l'o. di una critica.*

oggettivo **A** agg. *1* Che concerne l'oggetto, la realtà: *fondare la propria esperienza sui dati oggettivi*; *sistema o. di insegnare* | *Realtà oggettiva*, esistenza concreta dei fatti | (*ling.*) *Proposizione oggettiva*, che fa da complemento oggetto | *Genitivo o.*, nelle lingue flessive, spec. in latino, il genitivo che, nella frase attiva corrispondente, ha il ruolo di un complemento oggetto. *2* (*filos.*) Che è assolutamente valido, in quanto non vincolato a strutture psicologiche individuali. *3* Obiettivo: *essere o. nell'emanare giudizi*; *fece un'oggettiva descrizione dei fatti.* SIN. Spassionato, imparziale. || **oggettivaménte**, avv. In modo oggettivo, con oggettività. **B** s. m. ● (*raro*) Scopo.

oggètto o (*poet.*) †**obbiètto**, (*poet.*) †**obiètto** [lat. *obiĕctu(m)* 'cosa gettata contro, posta innanzi', part. pass. nt. di *obĭcere* 'gettare contro', comp. di *ŏb-* 'contro' e *iăcere* 'gettare'. V. *getto*] **A** s. m. *1* (*filos.*) Tutto ciò che il soggetto conoscente intende come diverso da sé | Tutto ciò che sussiste di per sé, indipendentemente dalla conoscenza. *2* Correntemente, ogni cosa che può essere percepita dai sensi: *vedere gli oggetti posti a distanza*; *un o. ruvido, liscio, colorato, profumato* | (*est.*) Cosa ottenuta mediante lavorazione di un materiale grezzo: *o. di legno*; *oggetti preziosi, inutili, antichi.* *3* (*dir.*) Bene, cosa in senso giuridico: *l'o. dell'obbligazione* | Contenuto: *l'o. di una sentenza* | *O. giuridico del reato*, bene o interesse che la norma penale intende tutelare e che viene in particolare offeso dal reato | *O. materiale del reato*, la persona o la cosa su cui cade l'attività del reo. *4* Termine cui tendono i sentimenti o che costituisce lo scopo di un'attività, un comportamento e sim.: *o. desiderato, amato, sognato*; *la sua ricerca ha per o. la scoperta della verità*; *non so quale sia l'o. del loro viaggio*; *espose quale era l'o. dell'adunanza*; *o. di ammirazione, di scherno* | (*est.*) Persona o cosa che costituisce lo scopo di un sentimento o di un'attività: *è stata o. di persecuzione*; *è lei l'o. del suo amore, di tutti i suoi pensieri.* *5* Materia, argomento: *o. di un trattato, di un discorso*; *qual è l'o. del suo studio?* | *O. del conto*, in contabilità, voce alla quale il conto è intestato. **B** in funzione di agg. inv. (posposto al s.) ● (*ling.*) Nella loc. *complemento o.*, il sintagma nominale complemento del verbo che designa l'essere o la cosa che subisce l'azione fatta dal soggetto. || **oggettino**, dim.

oggettuàle agg. *1* Dell'oggetto. *2* In psicoanalisi, attinente al rapporto con l'oggetto.

oggettualità s. f. ● Qualità di ciò che è oggettuale.

oggettualizzàre v. tr. ● (*raro*) Rendere oggetto, considerare come un oggetto.

òggi [lat. *hŏdie*, da *hŏc dĭe* 'in questo giorno'. V. *dì*] **A** avv. *1* Nel giorno presente, in questo giorno: *partiremo o.*; *arrivano o. nel pomeriggio*; *o. è giovedì*; *o. è il quindici*; *quanti ne abbiamo o.?*; *o. ne abbiamo ventidue* | Con valore raff.: *o. stesso*; *proprio o.*; *quest'oggi*; *o. come o. non riuscirò a finire il lavoro* | *O. a otto, o. a quindici, o. a un mese, o. a un anno*, tra otto giorni, tra quindici giorni, tra un mese, tra un anno esatti contando anche la giornata presente | *O. è* (o *fa*) *un anno, un mese, una settimana*, è, si compie esattamente un anno, un mese, una settimana. *2* (*est.*) Al presente (con valore più generico in contrapposizione al passato o al futuro): *o. come o. non possiamo prender nessuna decisione*; *o. o domani questo lavoro va fatto*; *è un ragazzo volubile, o. vuole una cosa, domani un'altra*; *o. credo più che mai che tu avessi ragione*; *gli ho dato ascolto, ma o. ne sono pentito* | Attualmente, nell'epoca moderna: *sono cose che succedono o.*; *o. il mondo è molto cambiato!* | †*Non essere più d'o. e di ieri*, (*fig.*) non essere più giovane. *3* (*tosc.*) Nel pomeriggio della giornata presente: *ora non ho tempo, rimando il colloquio a o.* **B** s. m. *1* Il giorno corrente: *questo è il giornale di o.*; *o. è giorno festivo*; *per o. basta così*; *la consegna va fatta entro o.*; *da o. in poi le cose cambiano*; *ha studiato tutt'o.* | *Al giorno d'o., a tutt'o.*, oggigiorno: *a tutt'o. non abbiamo alcuna notizia* | *Dall'o. al domani*, da un giorno all'altro, improvvisamente: *ha deciso dall'o. al domani.* *2* L'epoca attuale: *gli uomini di o.*; *la moda d'o.*; *l'onta dell'o. e la vendetta dei secoli* (CARDUCCI) || PROV. Meglio un uovo oggi che una gallina domani.

oggidì [comp. di *oggi* e *dì*] **A** avv. ● Oggigiorno: *o. una lingua per essere universale ha bisogno di essere arida e geometrica* (LEOPARDI). **B** s. m. ● Il tempo presente: *sono cose d'o.* SIN. Oggigiorno.

oggigiórno [comp. di *oggi* e *giorno*] **A** avv. ● Al giorno d'oggi, nel tempo presente, adesso: *o. certi metodi non valgono più.* SIN. Oggidì. **B** s. m. ● Il tempo presente (sempre con riferimento ad aspetti del passato): *i giovani d'o. sono più esigenti.* SIN. Oggidì.

oggimài [comp. di *oggi* e *mai*] avv. ● (*lett.*) Ormai, oramai: *padre mio, voi siete o. vecchio* (BOCCACCIO).

ogiva [fr. *ogive*, dallo sp. *aljibe* 'cisterna', dall'ar. *al-giubb* 'pozzo'] s. f. *1* Nell'architettura gotica, arco diagonale della volta a crociera | *Arco, volta a o.*, a sesto acuto del tipo gotico. *2* In balistica, parte strutturale o carenatura in forma ogivale, per migliorare la penetrazione aerodinamica: *o. di proiettile, di missile*; *o. nucleare* | *O. di un'elica*, la carenatura che racchiude il mozzo come in un involucro.

ogivàle agg. *1* Che presenta arco acuto: *bifora o.* *2* Che è tipico dell'arte gotica: *stile o.*

†**ogliènte** ● V. †*olente.*

ógna ● V. *unghia.*

ógni o **ògni**, †**ógne**, †**ògne**, †**ònne**, †**ònni** [lat. *ŏmne(m)*, di etim. incerta] agg. indef. m. e f. sing., raro †pl. (raro, si può elidere davanti a parola che comincia per *i*, e lett. †davanti a parola che comincia per altra vocale: *d'ogn'intorno*; *ogn'erba si conosce per lo seme* (DANTE *Purg.* XVI, 114)) *1* Tutti (indica una totalità di persone o di cose considerate singolarmente e precede sempre il s.): *o. cittadino deve compiere il suo dovere*; *si ferma davanti ad o. vetrina*; *in o. quartiere c'è un ufficio postale*; *bisogna stare attenti ad o. particolare*; *o. giorno ha una novità*; *o. lingua divien tremando muta* (DANTE) | Con sign. generico: *o. uomo è mortale*; *Dio è in o. luogo*; *hanno portato via o. cosa*; *è adatto per o. uso*; *ti auguro o. bene, o. felicità* | Qualsiasi (ponendo in rilievo la differenza fra i singoli elementi): *era presente gente d'o. grado, categoria, condizione sociale*; *abbiamo tentato con o. mezzo* | *Con o. attenzione, cura, riguardo, studio, diligenza* e sim., con la massima cura, riguardo, studio, diligenza, attenzione possibile | *O. momento*, sempre, continuamente: *si muove o. momento* | *Fuori d'o. dubbio*, in modo certissimo | *Oltre o. dire, oltre o. credere*, più di quanto sia possibile dire o credere, moltissimo: *è furba oltre o. dire* | *In o. caso*, comunque, in qualsiasi eventualità | *In o. modo*, a qualunque costo: *verrò in o. modo* | *A* (o *in*) *o. modo*, tuttavia, nondimeno: *in o. modo fai come credi meglio* | *In* (o *per*) *o. dove*, dappertutto | *D'o. intorno*, da ogni luogo circostante: *un grande numero di persone era convenuto d'o. intorno* | *Per o. buon conto*, per sicurezza, per precauzione: *per o. buon conto il denaro lo terrò io* | †*Essere l'o. cosa*, (*raro*) essere la persona più importante | †Con il verbo al pl.: *come desinato ebbero ogn'uomo* (BOCCACCIO). *2* Con valore distributivo: *o. tre parole ne storpia una*; *viene o. due giorni*; *mi scrive o. sei mesi*; *una persona o. cento ha la possibilità di riuscire* | *O. tanto*, di tanto in tanto: *lo vedo o. tanto* | *O. poco*, a breve distanza: *o. poco si volta e guarda se lo seguo.* *3* (*raro*) †Nessuno.

†**ognilinguìloquo** [comp. di *ogni*, *lingua* e del lat. *lŏqui* 'parlare' (V. *loquela*)] agg. ● (*raro*) Che parla ogni lingua.

†**ognindì** [comp. di *ogni* e *dì*, con epentesi della *-n-*] avv. ● (*raro*) Ogni giorno.

†**ognintórno** [comp. di *ogni* e *intorno*] s. m. ● Solo nella loc. avv. *d'o.*, da tutte le parti intorno.

†**ogniόra** ● V. *ognora.*

†**ógni óra** /'oɲɲi 'ora, oɲ'ɲ ora/ ● V. *ognora.*

ogniqualvòlta o **ógni qual vòlta**, (*raro*) **ógni qualvòlta** [comp. di *ogni*, *quale* e *volta*] cong. ● (*lett.*) Ogni volta che, tutte le volte che (introduce una prop. temp. con valore iter. e con il v. al congv. o all'indic.): *rimproveralo o. tu lo riterrai opportuno*; *agite così o. sia necessario.*

Ognissànti [lat. *ŏmnes sănctī* 'tutti i santi'] s. m. ● Festa cattolica di tutti i Santi, che si celebra il 1° novembre.

ognitèmpo [comp. di *ogni* e *tempo*, per calco dell'ingl. *all-weather*] agg. inv. ● Detto di aeromobili o imbarcazioni, spec. militari, costruiti ed equipaggiati in modo da poter svolgere la propria funzione in qualsiasi condizione meteorologica, sia di giorno sia di notte.

†**ogniùno** ● V. *ognuno.*

-ógnolo o **-ògnolo** [dal lat. *-ŏneu(m)*, di origine indeur. Cfr. *-aneo* da *-āneu(m)*] suff. ● Forma aggettivi indicanti tonalità, gradazione di colore, somiglianza con quanto espresso dal termine di derivazione (talora con sfumatura particolare di valore): *azzurrognolo, giallognolo, nerognolo, verdognolo, amarognolo.*

ognóra o †**ognióra**, †**ógni óra**, †**ogn'óra** [comp. di *ogn(i)* e *ora*] **A** avv. (poet. troncato in *ognor*) ● (*lett.*) Sempre, ogni volta: *me lo ripete o.*; *io povero Medor ricompensarvi / d'altro non posso, che d'ognior lodarvi* (ARIOSTO). **B** nella loc. cong. †*o. che* ● †Ogni volta che (introduce una prop. temp. con il v. all'indic.): *ogn'ora ch'io mi specchio* (BOCCACCIO).

†**ognòtta** [comp. di *ogn(i)* e *otta*] avv. ● Ognora.

ognùno o †**ogniùno**, †**ogn'ùno** [comp. di *ogn(i)* e *uno*] **A** pron. indef. solo sing. (*poet.* troncato in *ognun*, davanti a parola che comincia per vocale o consonante che non sia *gn, ps, s impura, x, z*: *ognun avrà ciò che il fatto ha deciso*). (V. nota d'uso ELISIONE e TRONCAMENTO) ● Ogni persona, tutti: *o. può esprimere il suo pensiero*; *ormai o. lo sa*; *o. è artefice del proprio destino*; *o. ha le sue debolezze, i suoi difetti*; *o. cerca il proprio vantaggio*; *o. ha diritto di essere ascoltato*; *ognuna può scegliere la prova che più le aggrada* | Seguito dal partitivo: *o. degli interpellati ha risposto prontamente*; *o. di noi sa quello che vuole*; *ognuna delle allieve avrà un premio.* **B** agg. indef. ● †Ogni: *ognuna persona ... dica* (ARIOSTO) || PROV. Ognuno per sé e Dio per tutti.

†**ognùnque** [comp. di *ogn(i)* e lat. *ŭmqua(m)* 'talvolta'] agg. indef. m. e f. solo sing. ● (*raro*) Qualunque.

oh /ɔ, o/ [vc. onomat.] inter. ● Esprime, a seconda dell'intonazione con cui è pronunciato, compassione, desiderio, dolore, dubbio, meraviglia, noia, piacere, sdegno, timore e sim.: *oh povero ragazzo!*; *oh! come faremo adesso?*; *oh, guarda chi si rivede!*; *oh, che schifo!*; *oh, che felicità!*; *oh venturose e care e benedette / l'antiche età ...* (LEOPARDI); *' oh povero me! Aspetti: era ammalata molto?'* (MANZONI); *oh gran bontà de' cavalieri* *antiqui!* (ARIOSTO).

óhe o **ohé** [vc. onomat.] **inter.** ● (*fam.*) Si usa per richiamare l'attenzione altrui o come avvertimento, anche minaccioso: *ohe, tu!*; *ohe, vieni qui!*; *ohe, c'è nessuno?*; *ohe, di casa!*; *ohe, attenzione a quello che fate!*; *ohe, con me non si scherza!*; *non le chiedo niente del suo*: *ohe!* (MANZONI).

òhi o (*raro*) **òi** [vc. onomat.] **inter.** *1* Esprime dolore, sospetto, disappunto e talora anche meraviglia o impazienza: *ohi qui la situazione si fa difficile!*; *ohi che dolore!* *2* Nella loc. inter. *ohi là*, si usa per richiamare l'attenzione di qc., o come avvertimento anche minaccioso: *ohi là! come ti chiami?*; *ohi là, adesso basta!*; *ohi là, queste cose non si fanno!* *3* Unito ai pronomi pers. esprime dolore, sconforto, disperazione e sim. ed è oggi usato spec. in tono scherz.: *ohi te!*; *ohi sé!*; *ohi lui!*; *ohi noi!*; *ohi voi!* | V. anche *ohimè*.

ohibò o **oibò** [vc. onomat.] **inter.** ● Esprime disapprovazione, disprezzo, sdegno, nausea e sim.: *o., che roba!*; *o.!, che coraggio a dire certe cose!* | Con valore di negazione: *o., non lo farò mai!*

ohimè /oi'mɛ*, oi'me*/ o **oimè** [comp. di *ohi* e *me*] **A inter.** ● Esprime dolore, sconforto, disperazione e sim. con il sign. di 'povero me!', 'me infelice!' e sim.: *o., che disgrazia!*; *o., che ho fatto!* **B** in funzione di **s. m. inv.** ● Lamento, esclamazione di dolore: *un o. penoso gli uscì di bocca*; *basta con questi o.!*

ohm /ɔm, *ted.* o:m/ [dal n. del fisico ted. G. S. *Ohm*] **s. m. inv.** ● Unità di resistenza elettrica, corrispondente alla resistenza di un conduttore che, soggetto alla differenza di potenziale costante di un volt, viene percorso da una corrente di un ampere. SIMB. Ω.

òhmetro /'ɔmetro/ ● V. *ohmmetro*.

òhmico /'ɔmiko/ [da *ohm*] **agg.** (**pl. m.** *-ci*) ● (*elettr.*) Detto di conduttore elettrico per cui vale la legge di Ohm | Detto di circuito elettrico o suo elemento che siano puramente resistivi, o di grandezza elettrica che li descrive.

òhmmetro /'ɔmmetro/ o **òhmetro** [comp. di *ohm* e *-metro*] **s. m.** ● (*fis.*) Strumento indicatore che misura la resistenza di un conduttore.

òi ● V. *ohi*.

oibò ● V. *ohibò*.

-òico [da acido (*benz*)*oico*, terminazione usata poi autonomamente] **suff.** ● In chimica organica, indica un acido carbossilico (*acido benzoico*) o una aldeide aromatica (*aldeide benzoica*).

-òide [lat. *-oīde*(*m*), dal gr. *-oeidês*, da *êidos* 'forma', 'modello'] **suff.** ● In numerose parole composte, indica somiglianza, analogia, affinità d'aspetto, di natura, o forma attenuante e sim., rispetto a quanto indicato dal termine cui è aggiunto (*talora con valore spreg.*): *anarcoide*, *genialoide*, *intellettualoide*, *mastoide*, *metalloide*, *ellissoide*, *socialistoide*.

-oidèe [da *-oide* nella forma pl. del f. proprio del lat. scient.] **suff.** ● Nella sistematica botanica, indica una sottofamiglia: *Pomoidee*.

-oidèi o **-òidi** [pl. di *-oide*, come adattamento di *-oidea*, che, nei nomi lat. scientifici, rappresenta il nt. pl.] **suff.** ● Nella sistematica zoologica, indica un sottordine: *Lemuroidei*.

-oidèo [suff. agg. corrispondente ai s. in *-oide*] **suff.** ● Forma aggettivi derivati da termini in *-oide*, spec. in medicina: *mastoideo*, *tipoideo*.

-òidi ● V. *-oidei*.

oìdio [dal gr. *ōión* 'uovo', di origine indeur.] **s. m.** *1* (*bot.*) Fungo delle Erisifacee parassita di piante su cui provoca il mal bianco. *2* (*bot.*) Frammento di micelio dei funghi ascomiceti, capace di diffondere il fungo stesso per via vegetativa.

oïl /*fr.* o'il/ [ant. fr. 'sì', dal lat. *hōc ìlle* 'ciò egli (fa)'] **avv.** ● Solo nella loc. *lingua d'oïl*, il francese antico, cioè la lingua letteraria della Francia settentrionale.

oimè o **oimé** ● V. *ohimè*.

oinochoe /oino'xɔe/ [gr. *oinochóē*, da *óinos* 'vino' e *chêin* 'versare'] **s. m.** ● Vaso di produzione arcaica greca a forma di brocca, usato per attingere e mescere il vino.

oitànico [da *oïl*, sul modello di *occitanico*] **agg.** (**pl. m.** *-ci*) ● Relativo alla lingua d'oïl.

O.K. /o'kɛi, *ingl.* 'ou 'kei/ o **OK inter.**; anche **s. m.** ● Okay (V.).

okàpi [vc. di origine bantu] **s. m.** ● Mammifero africano degli Artiodattili, poco più piccolo di un cavallo, con arti zebrati e corpo nerastro (*Okapia johnstoni*).

okay /o'kɛi, ok'kɛi, *ingl.* ou'kei/ [vc. amer., lettura della sigla *O.K.*: dal n. del comitato *O*(*ld*) *K*(*inderhook Club*) 'circolo democratico del vecchio di Kinderhook', di Nuova York (?)] **A inter.** ● Va bene, d'accordo. **B s. m.** ● Benestare, approvazione: *ho avuto l'o. del mio capo* | (*aer.*) Visto apposto su un biglietto aereo che attesta la disponibilità del posto per il passeggero. **C** con valore pred. nella loc. *essere o.*, andar bene.

olà [comp. di *oh* e *là*] **inter.** ● Si usa in tono autoritario o di minaccia (*anche scherz.*), come richiamo o avvertimento: *olà, fermi tutti!*; *olà! smettetela!*

ola /*sp.* 'ola/ [vc. sp., propr. 'onda'] **s. f. inv.** (**pl.** *ole* o sp. *olas*) ● Movimento che i tifosi compiono negli stadi alzandosi in piedi uno dopo l'altro per dare l'impressione del moto di un'onda: *fare la ola*.

olànda [dall'*Olanda*, da cui proviene] **s. f.** ● Tela di lino assai robusta e resistente, originariamente prodotta in Olanda.

olandése A agg. ● Dell'Olanda: *costume o.*; *zoccoli olandesi* | *Razza o.*, razza bovina da latte allevata in tutto il mondo. **B s. m.** (anche **f.** nel sign. 1) *1* Abitante, nativo dell'Olanda. *2* Tipo di formaggio di forma rotonda, rosso all'esterno, originario dell'Olanda. *3* Estratto di cicoria, usato come surrogato del caffè. *4* (*sport*) *O. volante*, flying dutchman. **C s. f.** *1* Macchina usata nelle cartiere per triturare e ridurre in pasta gli stracci. *2* Macchina per lavare i fiocchi di lana, simile alla omonima macchina usata per preparare la pasta da carta. **D s. m.** solo **sing.** ● Lingua parlata dagli olandesi.

olandesìsmo [da *olandese*, con *-ismo*] **s. m.** ● Parola o locuzione propria dell'olandese entrata in un'altra lingua.

†**olàro** [lat. *ollāriu*(*m*), agg. di *ōlla* 'pentola', di origine indeur.] **s. m.** ● Pentolaio.

old fashion /*ingl.* 'ould 'fæʃən/ [loc. ingl., propr. 'vecchia moda'] **A loc. sost. m. inv.** ● Moda o stile d'altri tempi. **B** anche **loc. agg. inv.**: *cravatte old fashion*.

olé /*sp.* o'le/ [vc. espressiva] **A inter.** ● Usata in tono scherzoso, spec. per sottolineare un gesto o un'azione. **B s. m.** ● Danza solistica andalusa in tre ottavi con ritmo scandito dalle nacchere.

Oleàcee [comp. del lat. *ōle*(*a*) 'olivo' e *-acee*] **s. f. pl.** ● Nella tassonomia vegetale, famiglia di piante legnose delle Dicotiledoni con foglie intere e opposte e frutti a drupa o a bacca (*Oleaceae*) | (al sing. *-a*) Ogni individuo di tale famiglia. ➡ ILL. **piante** /8.

oleàceo [vc. dotta, lat. tardo *oleāceu*(*m*), da *ōleum* 'olio'] **agg.** ● (*raro*) Oleoso.

†**oleaginóso** [sovrapposizione di *oleoso* al lat. *oleagĭneus* 'simile all'olivo', da *ōlea* 'olivo'] **agg.** ● Oleoso.

oleandrìna [fr. *oléandrine*, da *oléandre* 'oleandro'] **s. f.** ● (*chim.*) Glucoside, estratto dalle foglie dell'oleandro, dotato di proprietà cardiotoniche.

oleàndro o (*poet.*) **leàndro** [etim. incerta] **s. m.** ● Arbusto o alberello ornamentale sempreverde delle Apocinacee con foglie lanceolate e bei fiori rosei, bianchi o gialli, ricco di un succo amaro e velenoso (*Nerium oleander*).

oleàre ● V. *oliare*.

oleàrio [vc. dotta, lat. *oleāriu*(*m*), da *ōleum* 'olio'] **agg.** ● Dell'olio: *mercato o.*; *produzione olearia*.

oleàstro o **oliàstro** [vc. dotta, lat. *oleāstru*(*m*), da *ōlea* 'olivo'] **s. m.** ● (*bot.*) Olivastro.

oleàto [var. di *oliato*, ricostruita sul lat. *ōleum* 'olio'] **agg.** *1* V. *oliato*. *2* Detto di carta impregnata di sostanze atte a renderla impermeabile.

oleatóre ● V. *oliatore*.

oleatùra ● V. *oliatura*.

olecrànico agg. (**pl. m.** *-ci*) ● (*anat.*) Dell'olecrano.

olecràno o **olècrano** [vc. dotta, gr. *ōlékranon*, comp. di *ōlénē* 'gomito', di origine indeur., e *kraníon* 'estremità, cranio'] **s. m.** ● (*anat.*) Apofisi, a forma di prisma, dell'estremità prossimale dell'ulna. ➡ ILL. p. 362 ANATOMIA UMANA.

olefìna [rifacimento del fr. *oléfiant* 'che produce olio', comp. di *olé-* (dal lat. *ōleum* 'olio') e *fiant* 'che fa' (corrispondente all'it. *-ficante*, part. pres. di *-ficare*: cfr. *lubrificante* ecc.)] **s. f.** ● (*chim.*) Alchene.

olefìnico agg. (**pl. m.** *-ci*) ● (*chim.*) Relativo alla olefina: *legame o.*

oleìco [dal lat. *ōleum* 'olio'] **agg.** (**pl. m.** *-ci*) ● Relativo a, simile a, derivato da, olio | (*chim.*) *Acido o.*, acido organico monobasico contenente un doppio legame della serie alifatica, contenuto spec. come oleina negli oli di oliva, di mandorle, e nei grassi di riserva degli erbivori, usato per fabbricare saponi e detersivi.

oleìcolo [comp. del lat. *ōlea* 'olivo' e *-colo*] **agg.** ● (*raro*) Olivicolo.

oleicoltóre [dal lat. *ōlea* 'olivo' (V.), sul modello di *frutticoltore*] **s. m.** ● Olivicoltore.

oleicoltùra [comp. del lat. *ōlea* 'olivo' e *coltura*] **s. f.** ● (*raro*) Olivicoltura.

oleìfero [comp. del lat. *ōleum* 'olio', e *-fero*] **agg.** ● Di seme o pianta che dà o contiene olio.

oleifìcio [comp. del lat. *ōleum* 'olio' e *-ficio*] **s. m.** ● Stabilimento per l'estrazione e il raffinamento dell'olio | (*est.*, *raro*) Complesso delle operazioni necessarie per estrarre e raffinare l'olio.

oleìna [dal lat. *ōleum* 'olio'] **s. f.** ● (*chim.*) Glicerina dell'acido oleico, uno dei principali componenti dei grassi animali e vegetali | Nella terminologia industriale, acido oleico allo stato greggio.

†**olènte** o (*raro*) †**ogliènte**. **part. pres.** di †*olire*; anche **agg.** ● (*raro*) Nel sign. del v.

òleo- [dal lat. *ōleum* 'olio'] primo elemento ● In parole composte della terminologia scientifica e tecnica, significa 'olio, sostanza grassa', o vi fa riferimento: *oleoacidimetro*, *oleochimica*, *oleometro*.

oleoacidìmetro [comp. di *oleo-*, *acidi*(*tà*) e *-metro*] **s. m.** ● Strumento per misurare il grado di acidità dell'olio.

oleobromìa [comp. di *oleo-* e un deriv. di *bromo*(*uro*)] **s. f.** ● Bromolio.

oleochìmica [comp. di *oleo-* e *chimica*] **s. f.** ● Branca dell'industria chimica riguardante la fabbricazione di prodotti intermedi a partire dai grassi.

oleodinàmico [comp. di *oleo-* e *dinamico*] **agg.** (**pl. m.** *-ci*) ● Detto di dispositivo, impianto e sim. che viene azionato mediante olio in pressione.

oleodótto [comp. di *oleo-* e *-dotto*, sul modello di *acquedotto*] **s. m.** ● Conduttura nella quale gli oli minerali vengono pompati dai luoghi di estrazione a quelli di imbarco o di raffinazione.

oleografìa [comp. di *oleo-* e *-grafia*] **s. f.** *1* Riproduzione a stampa di un quadro a olio, ottenuta mediante il sistema della litografia. *2* (*fig.*, *spreg.*) Opera pittorica, teatrale o cinematografica che riprende schemi espressivi scontati, senza originalità.

oleogràfico agg. (**pl. m.** *-ci*) *1* Dell'oleografia | Realizzato mediante l'oleografia: *riproduzione oleografica*. *2* (*fig.*, *spreg.*) Ricercato e privo di originalità: *dipinto o.*; *descrizione banale e oleografica*. ‖ **oleograficaménte**, **avv.** (*raro*) In modo oleografico; per mezzo dell'oleografia.

oleografìsmo [comp. di *oleografia* e *-ismo*] **s. m.** ● (*spreg.*) Ricercatezza e mancanza di originalità nell'arte.

oleomargarìna [comp. di *oleo-* e *margarina*] **s. f.** *1* Grasso giallo butirroso ottenuto per spremitura del sego e adoperato nella preparazione di surrogati del burro. *2* Surrogato del burro.

oleòmetro [comp. di *oleo-* e *-metro*] **s. m.** ● Strumento per misurare la densità dei vari oli, onde sventare le frodi.

oleopneumàtico [comp. di *oleo-* e *pneumatico*] **agg.** (**pl. m.** *-ci*) ● Detto di dispositivo, impianto e sim. che funziona mediante olio in pressione e aria compressa.

oleorèsina [comp. di *oleo-* e *resina*] **s. f.** ● Sostanza più o meno densa che trasuda dalle piante, costituita da resine miste a oli volatili: *la trementina è una o.*

oleosità o (*raro*) **oliosità**. **s. f.** ● Qualità di ciò che è oleoso.

oleóso o (*raro*) **olióso** [vc. dotta, lat. *oleōsu*(*m*), agg. di *ōleum* 'olio'] **agg.** *1* Che contiene olio: *semi* *oleosi*. **2** Che ha le caratteristiche proprie dell'olio: *essenza oleosa*. **3** Detto di vino al tempo stesso morbido e passante.

òleum [lat. *ŏleum* 'olio'] s. m. inv. ● (*chim.*) Miscela di acido solforico e disolforico contenente quantità variabili di anidride solforica, molto usata nelle fabbriche di coloranti e di esplosivi.

olezzànte part. pres. di *olezzare*; anche agg. ● Nei sign. del v.

olezzàre [lat. parl. **olidiāre*, da *ŏlidus* 'che ha odore', da *olēre* 'aver odore', dalla stessa radice di *ŏdor* 'odore'] v. intr. (*io olézzo*; aus. *avere*) **1** (*lett.*) Mandare piacevole odore: *l'un margo, e l'altro del bel fiume adorno / di vaghezze e di odori olezza e ride* (TASSO). **2** (*iron., antifr.*) Mandare cattivo odore: *così sporco olezzi come un fiore*; *senti come olezza!*

olézzo [da *olezzare*] s. m. **1** (*lett.*) Profumo: *gli piace l'o. della resina dei pini*. **2** (*iron.* o *scherz.*) Puzzo: *un buon o.*; *che o.!*

†**olfàre** [lat. *olfăcere*, comp. di *olēre* (V. *olente*) e *făcere* 'fare'] v. tr. ● (*raro*) Fiutare, odorare.

olfattìvo agg. ● Dell'olfatto: *sensibilità olfattiva* | (*anat.*) *Nervo o.*, il primo paio di nervi cranici.

olfàtto [vc. dotta, lat. *olfăctu(m)*, da *ol(e)făcere*. V. †*olfare*] s. m. ● Senso che permette di percepire e distinguere gli odori, i quali vengono raccolti dalle fosse nasali, cioè dalle due cavità situate nel naso, a destra e l'altra a sinistra del setto mediano. SIN. Odorato. ➡ ILL. p. 367 ANATOMIA UMANA.

olfattòmetro [comp. di *olfatto* e *-metro*] s. m. ● Strumento per misurare il grado della sensibilità olfattiva.

olfattòrio [vc. dotta, lat. tardo *olfactōriu(m)* 'profumato', agg. di *olfăctus* 'olfatto'] agg. ● (*anat.*) Olfattivo.

oliàndolo [da *olio*: col suff. -*(ve)ndolo* (cfr. *erbivendolo, fruttivendolo*) (?)] s. m. ● (*tosc.*) Rivenditore d'olio al minuto: *unto e sudicio come un o.*

oliàre o **oleàre** [da *olio*] v. tr. (*io òlio*) **1** Ungere con olio: *bisogna o. lo stampo prima di versarvi l'impasto*; *fate o. il motore*. **2** (*raro*) Condire con olio.

oliàrio [vc. dotta, lat. *oleāriu(m)*, da *ŏleum* 'olio'] s. m. **1** Magazzino dell'oleificio, con le botti dell'olio appena spremuto. **2** †Luogo dove si conservava l'olio.

oliàstro ● V. *oleastro*.

oliàta s. f. ● Quantità d'olio ottenuta in un'annata.

oliàto o **oleàto**. part. pass. di *oliare*; anche agg. **1** Nei sign. del v. **2** (*raro*) Detto dell'oliva che contiene olio perché già matura. **3** Condito con olio: *insalata ben oliata*.

oliatóre o **oleatóre** [da *oliato*] s. m. **1** Piccolo recipiente munito di un lungo becco, usato per immetere olio lubrificante in meccanismi, congegni e sim. **2** (*mecc.*) Dispositivo, composto da un piccolo serbatoio e da un tubicino, atto a far arrivare l'olio lubrificante alle parti in movimento di una macchina, un congegno o parti di essi.

oliatùra o **oleatùra** s. f. ● Atto, effetto dell'oliare.

olìbano [dal gr. *líbanos* 'incenso', dall'ebr. *lebōnāh*] s. m. ● (*raro, lett.*) Incenso.

olièra [da *olio*] s. f. ● Accessorio da tavola costituito da due ampolline contenenti olio e aceto e dal loro supporto, spesso con l'aggiunta di saliera e pepiera.

olifànte [ant. fr. *olifant*, var. di *éléphant* 'elefante', perché il corno era d'avorio] s. m. ● Corno d'avorio usato per la caccia nel Medioevo: *l'o. dei paladini di Francia*.

oligàrca [vc. dotta, gr. *oligárchēs*, da *oligarchía* 'oligarchia'] s. m. (pl. *-chi*) ● Membro di una oligarchia.

oligarchìa [vc. dotta, gr. *oligarchía*, comp. di *olígoi* 'pochi' e *-archía* '-archia'] s. f. ● Governo dei pochi o dei ricchi nel proprio esclusivo interesse | La minoranza che si è impadronita del potere in uno Stato, in un partito, in un'associazione.

oligàrchico [vc. dotta, gr. *oligarchikós*, agg. di *oligarchía* 'oligarchia'] **A** agg. (pl. m. *-ci*) ● Della, relativo alla, oligarchia: *regime o.* **B** s. m. ● Fautore dell'oligarchia. || **oligarchicaménte**, avv. In forma di oligarchia.

oligisto [vc. dotta, gr. *olígistos*, sup. di *olígos* 'poco', detto così perché contiene poco ferro] s. m. ● (*miner.*) Varietà di ematite in bei cristalli.

oligo- [dal gr. *olígos* 'poco'] primo elemento (davanti a vocale) ● In parole composte, significa 'poco', 'pochi' o indica scarsità: *oligarchia*, *oligocene*, *oligominerale*, *oligopolio*.

oligocène [fr. *oligocène*, comp. del gr. *olígos* (V. *oligo*) e *-cene*] s. m. ● (*geol.*) Terzo periodo dell'era cenozoica.

Oligochèti [comp. di *oligo-* e del gr. *cháitē* 'setola', di origine indeur.; detti così perché ricoperti di poche setole] s. m. pl. ● Nella tassonomia animale, classe di Anellidi ermafroditi, terrestri o di acqua dolce, con evidente metameria esterna (*Oligochaeta*) | (al sing. *-o*) Ogni individuo di tale classe.

oligocitemìa o **oligocitoemìa** [comp. di *oligo-*, *cito-* ed *-emia*] s. f. ● (*med.*) Riduzione del numero dei globuli rossi nel sangue circolante, come si verifica nell'anemia.

oligocitoemìa ● V. *oligocitemia*.

oligoclàsio [comp. di *oligo-* e *-clasio*, dal tipo di sfaldatura] s. m. ● (*miner.*) Varietà di feldspato in cristalli verdi o grigiastri con lucentezza vitrea.

oligocrazìa [comp. di *oligo-* e *-crazia*] s. f. ● (*raro*) Oligarchia.

oligodendrocìta o **oligodendrocìto** [comp. di *oligo-*, *dendro-* e *-cita*] s. m. (pl. *-i*) ● (*biol.*) Ognuno degli elementi della nevroglia responsabili della produzione della mielina nel nevrasse.

oligodinàmico [comp. di *oligo-* e *dinamico*] agg. (pl. m. *-ci*) ● (*biol.*) Detto di elemento chimico che, in quantità minime, serve per lo svolgimento di specifiche funzioni di un organismo.

oligoeleménto [comp. di *oligo-* ed *elemento*] s. m. ● (*biol.*) Elemento oligodinamico.

oligoemìa [comp. di *oligo-* ed *-emia*] s. f. ● (*med.*) Diminuzione della quantità totale di sangue. SIN. Anemia.

oligoèmico [da *oligoemia*] agg.; anche s. m. (pl. m. *-ci*) ● Anemico.

oligòfito [comp. di *oligo-* e *-fito*] agg. ● (*agr.*) Detto di area coltivata con un numero ridotto di specie vegetali.

oligofrenìa [comp. di *oligo-* e *-frenia* (V. *schizofrenia*)] s. f. ● (*psicol.*) Stato di insufficiente sviluppo delle facoltà mentali, spesso a carattere ereditario.

oligofrènico **A** agg. (pl. m. *-ci*) ● Di, relativo a, oligofrenia. **B** agg.; anche s. m. (f. *-a*) ● Che, chi è affetto da oligofrenia.

oligoidràmnio [comp. di *oligo-* e *idramnio*] s. m. ● (*med.*) Scarsa quantità di liquido amniotico.

oligolecìtico [comp. di *oligo-* e del gr. *lékithos* 'tuorlo' (di origine sconosciuta)] agg. (pl. m. *-ci*) ● (*biol.*) Detto di gamete femminile povero di deutoplasma. CONTR. Telolecitico.

oligomenorrèa [comp. di *oligo-* e *menorrea*] s. f. ● (*med.*) Diminuzione nella frequenza delle mestruazioni.

oligomèrico agg. (pl. m. *-ci*) ● (*chim.*) Detto di composto derivante dall'unione di poche molecole di monomero.

oligòmero [comp. di *oligo-* e *-mero*] s. m. ● (*chim.*) Polimero di basso peso molecolare formato dall'unione di poche molecole di monomero.

oligominerale [comp. di *oligo-* e *minerale*] agg. ● Detto di acqua minerale da bevanda che contenga una quantità di sali non superiore a 0,2 grammi per litro.

oligopòlio [da *oligo-* sul modello di *monopolio*] s. m. ● (*econ.*) Forma di mercato caratterizzata dall'esistenza, di fronte a un numero imprecisato di compratori, di un numero limitato di venditori di un dato bene o servizio.

oligopolista s. m.; anche agg. (pl. m. *-i*) ● Venditore in regime di oligopolio.

oligopolistico agg. (pl. m. *-ci*) ● Di, relativo a, oligopolio.

oligopsònio [comp. di *oligo-* e del gr. *opsōnion* 'provvista di viveri' (V. *monopsonio*)] s. m. ● (*econ.*) Forma di mercato caratterizzata dall'esistenza, di fronte a un numero imprecisato di venditori, di un numero limitato di compratori di un dato bene o servizio.

oligopsonista s. m. e f. (pl. m. *-i*) ● (*econ.*) Compratore in un mercato oligopsonistico.

oligopsonistico agg. (pl. m. *-ci*) ● (*econ.*) Detto di mercato caratterizzato dalla presenza di un alto numero di venditori e un limitato numero di compratori.

oligosaccàride [comp. di *oligo-* e *saccaride*] s. m. ● (*chim.*) Polisaccaride formato da poche molecole di zuccheri semplici.

oligosaccarìdico agg. (pl. m. *-ci*) ● (*chim.*) Di, relativo a oligosaccaride.

oligospermìa [comp. di *oligo-* e un deriv. di *sperma*] s. f. **1** (*biol., med.*) Ridotta quantità di spermatozoi nello sperma. **2** (*bot.*) Condizione di un frutto che contiene un numero ridotto di semi.

oligotrofìa [comp. di *oligo-* e *-trofia*] s. f. **1** (*fisiol.*) Stato di scarsa o insufficiente nutrizione dei tessuti. **2** (*biol.*) Condizione di un ambiente acquatico oligotrofico.

oligotròfico [comp. di *oligo-* e *-trofico*] agg. (pl. m. *-ci*) ● (*biol.*) Detto di ambiente acquatico povero di elementi nutritivi e quindi inadatto allo sviluppo di forme di vita. CONTR. Eutrofico.

oligùria o **oligurìa** [comp. di *oligo-* e *-uria*] s. f. ● (*med.*) Ridotta eliminazione di urina.

olìmpiaco [vc. dotta, lat. *Olympĭacu(m)*, nom. *Olympĭacus*, dal gr. *Olympiakós*, agg. di *Olympía* 'Olimpia'] agg. (pl. m. *-ci*) ● (*lett.*) Olimpico.

olimpìade [vc. dotta, lat. *Olympĭade(m)*, nom. *Olўmpias*, dal gr. *Olympiás*, da *Olympía* 'Olimpia'] **A** agg. ● (*raro, lett.*) Dell'Olimpo, che abita l'Olimpo. **B** s. f. (*Olimpìadi* nel sign. 2) **1** Nell'antica Grecia, complesso di feste e gare atletiche in onore di Zeus, che aveva luogo ogni quattro anni nella città di Olimpia | Intervallo di tempo fra due olimpiadi. **2** (*spec. al pl.*) Manifestazione sportiva contemporanea che dal 1896 si svolge ogni quattro anni in una città diversa, con la partecipazione di atleti dilettanti di tutte le nazioni | *Olimpiadi invernali*, dedicate agli sport invernali.

olimpicità s. f. ● Serenità olimpica, imperturbabilità.

olìmpico [vc. dotta, lat. *Olўmpicu(m)*, nom. *Olўmpicus*, dal gr. *Olympikós*, agg. di *Ólympos* 'Olimpo' e di *Olympía* 'Olimpia'] agg. (pl. m. *-ci*) **1** Olimpio. **2** (*fig.*) Imperturbabile: *calma, serenità olimpica*. **3** Relativo alle Olimpiadi antiche e moderne: *giochi olimpici*; *comitato o.*; *stadio o.* || **olimpicaménte**, avv. (*fig.*) Con serenità olimpica.

olìmpio [vc. dotta, lat. *Olўmpiu(m)*, nom. *Olўmpius*, dal gr. *Olўmpios*, agg. di *Ólympos* 'Olimpo'] agg. **1** Del monte Olimpo: *le abitatrici olimpie* (FOSCOLO). **2** Di Olimpia: *feste olimpie*.

olimpiònico [vc. dotta, gr. *Olympiónikos*, comp. di *Olympía* 'Olimpia' e *níkē* 'vittoria'] agg.; anche s. m. (f. *-a*; pl. m. *-ci*) ● Che, chi ha vinto una gara alle Olimpiadi moderne: *campione o.*; *un o. di ciclismo* | (*est.*) Che, chi partecipa alle Olimpiadi moderne: *squadra olimpionica*; *gli olimpionici di calcio*.

olìmpo [vc. dotta, lat. *Olўmpu(m)*, nom. *Olўmpus*, dal gr. *Ólympos*, di origine preindeur.] s. m. **1** (*lett.*) Cielo, come sede di Dio: *La mia sorella ... triunfa lieta / ne l'alto Olimpo* (DANTE *Purg.* XXIV, 13-15). **2** (*fig., iron.*) Ambiente scelto ed esclusivo, riservato a chi è, o pensa di essere, molto in alto: *scese dal suo o. per ascoltarci*.

-olino [allargamento con l'infisso *-ol-* del suff. dim. *-ino*] suff. alterativo ● Forma sostantivi e aggettivi composti con valore diminutivo o vezzeggiativo: *freddolino*, *magrolino*, *mazzolino*, *pesciolino*, *sassolino*, *bestiolina*, *fogliolina*.

òlio [lat. *ŏleu(m)*, dal gr. *élaion*, di origine preindeur.] s. m. **1** Sostanza liquida, untuosa, di composizione e proprietà assai variabili, insolubile in acqua | *O. vegetale*, ottenuto per estrazione dai semi o frutti vegetali: *o. di mais*, *di arachide*, *di girasole* | *O. vergine d'oliva*, ottenuto esclusivamente per spremitura, senza manipolazioni | *O. d'oliva rettificato*, olio vergine che ha subìto manipolazioni chimiche | *O. d'oliva*, miscela d'olio vergine e rettificato | *O. animale*, ottenuto per estrazione dalle parti grasse degli animali: *o. di pesce*, *di balena*, *di fegato di merluzzo* | *Oli essenziali*, sostanze oleose profumate secrete dai vegetali e che vengono escrete all'esterno, spesso per attirare gli insetti | *O. lubrificante*, usato per la lubrificazione di macchine, congegni e sim. | *O. di been*, olio commestibile, estratto dalla pianta *Moringa oleifera*, utilizzato come lubrificante e in cosmetica | *O. di vaselina*, paraffina liquida | *O. paglierino*, miscela a base di olio di vaselina usata per lucidare i mobili | *O. di vetriolo*, (*pop.*) acido solforico | *Oli minerali*, idrocarburi liquidi ottenuti sia direttamente da sorgenti naturali, come il petrolio greggio, sia dalla lavorazione di questo | *Oli combustibili*, distillati petroliferi pesanti o residui di raffineria usati come combustibili per produrre calore o energia meccanica, per es. in motori endotermici | *Oli eterei*, oli essenziali | *O. di ricino*, efficace purgante estratto per spremitura a freddo in presse idrauliche dei semi di ricino | *Chiaro come l'o.*, (*fig.*) di cosa assolutamente certa ed evidente | *Calmo come l'o.*, (*fig.*) di superficie marina o lacustre del tutto priva di onde | *Gettare o. sulle fiamme*, (*fig.*) attizzare le ire e sim. | *Aver consumato più vino che o.*, (*fig.*) più bevuto che lavorato | *Stare, tornare a galla come l'o.*, (*fig.*) detto di ciò che non si riesce a tenere nascosto | *Non metterci né sale né o.*, (*fig.*) non impicciarsi | (*fig.*) *O. di gomiti*, lena, impegno nel lavoro. **2** *O. santo*, quello consacrato dal vescovo e usato per l'amministrazione dei sacramenti del battesimo, della cresima e degli Infermi | (*est.*) Estrema unzione, sacramento degli Infermi | *Essere all'o. santo*, (*fig.*) agli estremi. **3** Cosmetico liquido a base di sostanze grasse o comunque di consistenza oleosa: *o. da bagno*; *o. di mandorla* | *O. solare*, per abbronzarsi senza danno al sole.

olióso e *deriv.* • V. *oleoso* e *deriv.*

†olìre [lat. parl. **olīre*, per il classico *olēre*. V. *olezzare*] **v. intr.** (*io olìsco, tu olìsci*; oggi dif. usato solo nell'**indic. pres.**, nell'**imperf. indic.**, nell'**inf.** e nel **part. pres.**) • (*poet.*) Odorare, olezzare.

olìsmo [dal gr. *hólos* 'tutto, intero'] **s. m.** • (*biol.*) Teoria secondo cui l'organismo costituisce una totalità organizzata non riconducibile alla semplice somma delle parti componenti.

olìstico **agg.** (**pl. m.** *-ci*) • (*biol.*) Di, relativo a olismo.

olìva o **ulìva** [lat. *olīva(m)*, dal gr. *eláia*, di origine preindeur.] **A** **s. f.** **1** Frutto dell'olivo, costituito da una piccola drupa ovale ricchissima di olio commestibile: *olio d'o.* | *Olive da mensa*, per il consumo diretto | *Olive dolci*, in salamoia | *Olive farcite*, svuotate del nocciolo e riempite di capperi o altro | *A o.*, di ciò che ha forma ovoidale, come quella di un'oliva. **2** (*lett.*) Olivo | Ramo d'olivo: *cinto d'o.* **3** Nel linguaggio giornalistico, microspia. **4** *O. di mare*, mollusco dei Gasteropodi con conchiglia giallo-rossiccia, delicata leggera e flessibile e piede espanso in due lamine atte al nuoto (*Acera bullata*). **B** in funzione di **agg. inv.** • (posposto a un s.) Che ha il colore verde spento caratteristico del frutto omonimo quando non è completamente maturo: *verde o.*; *vestito (color) o.* || **olivèlla**, **dim.** | **olivétta**, **dim.** (V.) | **olivóne**, **accr. m.**

olivàceo **agg.** • Di colore verde spento simile a quello dell'oliva.

olivàgno [gr. *eláiagnos*, comp. di *élaios* 'olivo' e *ágnos* 'agnocasto', con accostamento a *olivo*] **s. m.** • (*bot.*) Eleagno.

olivàio **s. m.** • Locale dell'oleificio dove si conservano le olive prima della lavorazione.

olivàre **agg.** • Che ha forma simile a quella dell'oliva.

olivàstro (1) o **ulivàstro** [da *oliva*, col suff. *-astro* che troviamo in *biancastro*, *giallastro*, *nerastro* ecc.] **agg.** • Di colore bruno verdognolo: *carnagione olivastra*.

olivàstro (2) [sovrapposizione di *olivo* a *oleastro*] **s. m.** • Olivo selvatico che cresce sul litorale italiano, cespuglioso, con foglie piccole e dure su rami pungenti, fitti e angolosi (*Olea europaea* var. *oleaster*). **SIN.** Oleastro.

olivàto o **ulivàto** [da *oliva*] **agg.** • (*raro*) Di terreno piantato a olivi.

olivèlla (1) o **ulivèlla** [da *oliva*] **s. f.** • (*mecc.*) Ingegno della chiave a forma di pera | Cuneo a forma di oliva.

olivèlla (2) [da *olivo*] **s. f.** • (*bot.*) Mezereo.

olivenìte [dal colore (*verde*) *oliva*] **s. f.** • (*miner.*) Arseniato idrato di rame.

olivéta o **ulivéta**. **s. f.** • (*raro*) Oliveto: *la selva, il prato, l'o. e l'orto* (PASCOLI).

olivetàno **A** **s. m.** • Monaco della congregazione benedettina del Monte Oliveto, fondata nel XIV sec. **B** anche **agg.**: *monaco o.*; *regola olivetana*.

olivéto o **ulivéto** [lat. *olivētu(m)*, da *olīva* 'olivo'] **s. m.** • Terreno piantato a olivi.

olivétta **s. f.** **1** Dim. di *oliva*. **2** Pezzetto di legno a forma di oliva usato come bottone negli alamari e, ricoperto di seta, come ornamento di vesti, tende, cuscini. **3** Tipo di cesello con la cima a forma di oliva.

olivìcolo **agg.** • Relativo alla olivicoltura.

olivicoltóre o **ulivicoltóre** [comp. di *olivo* e *coltore*] **s. m.** • Coltivatore di olivi.

olivicoltùra o **ulivicoltùra** [comp. di *olivo* e *coltura*] **s. f.** • Coltivazione dell'olivo.

olivìgno o **ulivìgno** [da *oliva*] **agg.** **1** Olivastro: *ella sentiva il colore o. del suo proprio volto* (D'ANNUNZIO). **2** (*raro*) †Di legno d'olivo.

olivìna [dal colore (*verde*) *oliva*] **s. f.** • (*miner.*) Silicato di ferro e magnesio in cristalli rombici, di colore verde oliva; la varietà limpida di colore verde giallognolo, chiamata crisolito, è usata come pietra ornamentale.

olìvo o **ulìvo** [da *oliva*] **s. m.** • Albero sempreverde delle Oleacee con foglie coriacee, piccoli fiori biancastri e frutti a drupa (*Olea europaea*) | *Ramoscello d'o.*, simbolo della pace | *Offrire un ramoscello d'o.*, (*fig.*) avanzare proposte o dimostrare propositi di pace | *Domenica degli olivi*, domenica delle Palme | *O. benedetto*, quello benedetto e distribuito ai fedeli la domenica delle Palme.

òlla [vc. dotta, lat. *ōlla(m)*, di origine indeur.] **s. f.** **1** (*lett.*) Pentola: *vasi vi son, che chiaman olle* (ARIOSTO). **2** Recipiente privo di anse, per lo più in terracotta o in rozza pietra, usato per cuocere o conservare commestibili o, presso antiche civiltà e popoli allo stato di natura, per custodire le ceneri di un defunto.

olla podrida /sp. 'oʎa po'drida/ [sp., propriamente 'pentola (V. *olla*) imputridita'] **loc. sost. f.** • Saporoso piatto unico spagnolo, con brodo, pezzi di carne, lardo e legumi serviti contemporaneamente.

ollàre [vc. dotta, lat. *ollāre(m)*, agg. di *ōlla* 'olla'; detto così perché serve a fare vasi] **agg.** • (*miner.*) Nella loc. *pietra o.*, varietà impura di talco mista a clorite e mica.

Olmàcee • V. *Ulmacee*.

olmàia **s. f.** • Olmeto.

olmària • V. *ulmaria*.

olméto [lat. tardo *ulmētu(m)*, da *ŭlmus* 'olmo'] **s. m.** • Terreno piantato a olmi.

òlmio o **hòlmio** [da *olmia*, n. dell'ossido di *olmio*, così chiamato dallo scopritore svedese, dal n. latinizzato di Stoccolma (*Holmia*)] **s. m.** • Elemento chimico, metallo del gruppo delle terre rare. SIMB. Ho.

ólmo [lat. *ŭlmu(m)*, di origine indeur.] **s. m.** • Grande albero delle Ulmacee con foglie ovate e scure, piccoli fiori verdi e frutti a samara (*Ulmus campestris*).

òlo- [dal gr. *hólos* 'tutto'] primo elemento • In parole composte dotte o scientifiche, significa 'tutto', 'intero', 'totale', 'interamente' e sim.: *olocene*, *olocrazia*, *olofrastico*.

-òlo (1) [da (*alc*)*ol* o (*fen*)*olo*, per la presenza dell'ossidrile alcolico, o fenolico] **suff.** • In chimica organica, indica la presenza del gruppo funzionale ossidrilico –OH alcolico o fenolico: *metanolo*, *naftolo*.

-òlo (2) [dal lat. *ŏleum* 'olio'] **suff.** • In chimica, indica relazione con un olio o con le caratteristiche fisiche di una sostanza oleosa: *benzolo*, *pirrolo*.

-òlo (3) [lat. *-ŭlu(m)*, di origine indeur., usato anche per neoformazione] **suff.** **1** Entra nella formazione di sostantivi alterati, con valore diminutivo o vezzeggiativo: *bestiola*, *montagnola*, *querciolo*. **2** Assume valore derivativo in sostantivi e aggettivi indicanti condizione, origine: *campagnolo*, *montagnolo*.

oloblàstico [da *oloblasto*] **agg.** (**pl. m.** *-ci*) **1** (*biol.*) Detto di gamete femminile totalmente interessato dai processi di segmentazione. **2** (*biol.*) Detto di tipo di segmentazione che interessa totalmente la cellula uovo. **CONTR.** Meroblastico.

oloblàsto [comp. di *olo-* e *-blasto*] **s. m.** • (*miner.*) Individuo cristallino formato durante il metamorfismo, che non contiene relitti di minerali preesistenti.

olocàusto [vc. dotta, lat. tardo *holocaustu(m)*, dal gr. *holókauston* 'cosa completamente bruciata', comp. di *hólos* (V. *olo-*) e *kaustós* (V. *caustico*)] **A** **s. m.** **1** Nelle liturgie antiche, sacrificio nel quale la vittima veniva arsa completamente. **2** (*est.*) Sacrificio totale, completo, anche di se stesso: *fare o. della propria vita*; *offrirsi in o.* **3** (*est*) Uccisione di massa, genocidio di intere popolazioni o gruppi religiosi, spec. degli ebrei nei campi di sterminio nazisti, durante la seconda guerra mondiale: *una guerra nucleare provocherebbe un o.* **B** **agg.** • (*lett.*) Offerto come vittima di un totale sacrificio.

Olocèfali [comp. di *olo-* e *cefalo*] **s. m. pl.** • (*zool.*) Gruppo di Condroitti con caratteri arcaici, caratterizzati da una porzione caudale del tronco filiforme e da una copertura cutanea della camera branchiale (*Holocephali*) | (al sing. *-o*) Ogni individuo di tale sottoclasse.

olocène [comp. di *olo-* e del gr. *kainós* 'recente' (V. *oligocene*)] **s. m.** • (*geol.*) Il più recente intervallo di tempo della storia geologica, successivo alle glaciazioni.

olocènico **agg.** (**pl. m.** *-ci*) • (*geol.*) Relativo all'olocene.

olocèntro [comp. di *olo-* e del gr. *kéntron* 'pungiglione', da *kentêin* 'pungere', di origine indeur.] **s. m.** • Pesce osseo ricchissimo di spine, che vive fra gli scogli, le alghe e i coralli delle isole giapponesi (*Holocentrus spinosissimus*).

olocrazìa [comp. di *olo-* e *-crazia*] **s. f.** • Gestione del potere esercitata dal popolo nella sua totalità.

olocristallìno [comp. di *olo-* e *cristallino*] **agg.** • (*miner.*) Detto di roccia con struttura interamente cristallina.

oloèdrico [comp. di *olo-* e del gr. *hédra* 'base, faccia' (V. *poliedrico*)] **agg.** (**pl. m.** *-ci*) • (*miner.*) Detto di cristallo in cui sono presenti tutte le facce che si possono ricavare mediante gli elementi di simmetria esistenti nel sistema cui appartiene la sua forma.

olofonìa [comp. di *olo-* e *-fonia*] **s. f.** • (*fis.*) Tecnica di registrazione e riproduzione del suono che dà un effetto tridimensionale nell'ascolto.

olofònico **agg.** (**pl. m.** *-ci*) • (*fis.*) Relativo all'olofonia.

olofràstico [comp. di *olo-* e del gr. *phrastikós* 'esplicativo, dichiarativo', da *phrásis* 'espressione' (V. *frase*)] **agg.** (**pl. m.** *-ci*) • (*ling.*) Detto di parola avente significato equivalente a quello di un'intera frase.

ologènesi [comp. di *olo-* e *genesi*] **s. f.** • (*biol.*) Teoria evolutiva secondo la quale ogni specie vivente si trasforma progressivamente fino a scindersi dicotomicamente in due specie figlie.

ologenètico **agg.** (**pl. m.** *-ci*) • (*biol.*) Relativo all'ologenesi.

olografìa [comp. di *olo-* e *-grafia*] **s. f.** • (*fis.*) Tecnica fotografica per registrare figure di interferenza prodotte dalla sovrapposizione di due fasci laser, uno riflesso dall'oggetto interessato e l'altro proveniente direttamente dalla sorgente stessa o da uno specchio per riflessione.

ologràfico **agg.** (**pl. m.** *-ci*) • Relativo all'olografia.

ològrafo [vc. dotta, lat. tardo *holŏgraphu(m)*, nom. *holŏgraphus*, dal gr. *hológraphos*, comp. di *hólos* (V. *olo-*) e *-graphos* '-grafo'] **agg.** • (*dir.*) Detto del testamento scritto per intero, datato e sottoscritto di pugno dal testatore.

ologràmma [comp. di *olo-* e *-gramma*] **s. m.** (**pl.** *-i*) • (*fis.*) Lastra fotografica, che può dare immagini tridimensionali, impressionata dalle figure di interferenza prodotte mediante l'olografia | L'immagine così ottenuta.

olometàbolo [comp. di *olo-* e del gr. *metabolḗ* 'mutamento' (V. *metabolismo*)] **agg.** • (*zool.*) Detto di insetto a metamorfosi completa, con adulto di aspetto del tutto diverso dalla larva.

olóna [da *Olonne*, città della Francia dove questa tela si fabbrica] **A** **s. f.** • Tela robusta e resistente di cotone usata per vele, zaini, brande e sim. **B** anche **agg.** solo **f.**: *tela o.*

†oloràre [da *†olore*] **v. tr.** e **intr.** • Odorare, profumare.

†olóre [vc. dotta, lat. *olōre(m)*, da *olēre* (V. *olez-*

zare)] s. m. • Odore.

†**olorifero** [comp. di †*olore* e *-fero*] agg. • Odorifero.

†**olorifico** [comp. di †*olore* e *-fico*] agg. • Odoroso.

†**olorire** [da †*olore*] v. intr. • Olezzare.

†**oloroso** [da †*olore*] agg. • Odoroso: *la sera andandosi a letto sentivano le lenzuola non essere olorose* (SACCHETTI).

†**olosèrico** [vc. dotta, lat. tardo *holosēricu(m)*, nom. *holosēricus*, dal gr. *holosērikós*, comp. di *hólos* (V. *olo-*) e *sērikós* 'serico'] agg. (pl. m. *-ci*) • Che è fatto tutto di seta.

olostèrico [comp. di *olo-* e un deriv. del gr. *stereós* 'solido' (di origine indeur.): detto così in contrapposizione ai barometri a liquido] agg. (pl. m. *-ci*) • (*fis.*) Detto di barometro formato da una scatola metallica chiusa, in cui è praticato il vuoto, che, al variare della pressione, subisce deformazioni elastiche segnalate da un indice.

olotìpo [comp. di *olo-* e *tipo*] s. m. • (*zool.*) Individuo sul quale viene basata la descrizione di una nuova specie animale.

olotùria [vc. dotta, lat. *holothūria*, nt. pl., dal gr. *olothóurion*, comp. di *hólos* (V. *olo-*) e *thóurios* 'impetuoso', di etim. incerta; detta così perché, se maltrattata, espelle i visceri] s. f. • Genere di Echinodermi degli Oloturoidei, dal corpo cilindrico munito di numerosi e brevi pedicelli, e bocca circondata da 20 tentacoli composti a ombrello (*Holothuria*). SIN. Cetriolo di mare.

Oloturoidèi [da *oloturia*, con un deriv. di *-oide*] s. m. pl. • Nella tassonomia animale, classe di Echinodermi con corpo allungato, per lo più subcilindrico, viventi sui fondali marini, cui appartengono le oloturie (*Holothuroidea*) | (al sing. *-deo*) Ogni individuo di tale classe.

òlpe [vc. dotta, gr. *ólpē*, di origine indeur.] s. f. • Vaso panciuto con una sola ansa e collo stretto.

†**óltra** • V. *oltre*.

oltra- • V. *oltre-* (*1*).

oltracciò avv. • (*raro*) Oltre a ciò, inoltre.

oltracotànte [provz. *oltracuidan*, propriamente 'che pensa al di là (dei limiti)', comp. di *ŭltra* 'oltre' e *cogitānte(m)*, part. pres. di *cogitāre* 'cogitare'] agg. • (*lett.*) Arrogante.

oltracotànza [provz. *oltracuidanza*, da *oltracuidan* 'oltracotante'] s. f. • (*lett.*) Arrogante presunzione.

†**oltracotàto** [da *oltracotante*] agg. • Insolente, presuntuoso.

†**oltraggerìa** s. f. • Oltraggio, ingiuria.

oltraggiàbile agg. • Esposto a oltraggio.

oltraggiaménto s. m. • (*raro*) Modo e atto dell'oltraggiare.

oltraggiàre [da *oltraggio*] v. tr. (*io oltràggio*) • Offendere con oltraggi: *o. l'onore di qc.*

oltraggiatóre agg.; anche s. m. (f. *-trice*) • Che, chi oltraggia.

oltràggio [ant. fr. *oltrage*, da *oltre* 'oltre, al di là (del lecito)'] s. m. *1* Offesa o ingiuria molto grave arrecata a qc. con le parole o con gli atti: *fare, recare o.*; *subire, ricevere un o.*; *vendicare l'o. subito*; *vendicarsi di un o.*; *queste parole sono un o. al nostro buon nome* | (*est.*) Ciò che è del tutto contrario a un principio, una regola e sim.: *quello che dici è un o. al buon senso*. *2* (*dir.*) Reato che consiste nell'offesa all'onore o al prestigio di un pubblico ufficiale o di un pubblico impiegato in sua presenza e nell'esercizio o a causa delle sue funzioni, ovvero di una pubblica autorità al suo cospetto.

oltraggióso [ant. fr. *oltrageux*, da *oltrage* 'oltraggio'] agg. *1* Che costituisce oltraggio: *parole oltraggiose*; *comportamento o.*; *quelle redarguizioni in pubblico erano veramente oltraggiose* (SVEVO). SIN. Ingiurioso, insolente, offensivo. *2* †Eccessivo, soverchio. || **oltraggiosaménte**, avv. *1* In modo oltraggioso. *2* †Passando i limiti.

†**oltragrànde** [comp. di *oltra-* e *grande*] agg. • Stragrande.

†**oltragravóso** [comp. di *oltra-* e *gravoso*] agg. • Gravosissimo.

oltràlpe o (*raro*) **oltr'àlpe** [comp. di *oltra-* e *alpe*] **A** avv. • Di là delle Alpi, rispetto all'Italia (con riferimento generico agli Stati che si trovano oltre la catena alpina, spec. alla Francia): *andare, emigrare o.* **B** in funzione di s. m. • Paese straniero situato al di là delle Alpi rispetto all'Italia: *popolazione d'o.*; *avvenimenti, novità, idee d'o.*

†**oltramagnànimo** [comp. di *oltra-* e *magnanimo*] agg. • Più che magnanimo.

†**oltramaravigliόso** • V. †*oltremaraviglioso*.

†**oltramàre** • V. *oltremare*.

†**oltramarìno** • V. *oltremarino*.

†**oltramiràbile** • V. †*oltremirabile*.

†**oltramişùra** • V. *oltremisura*.

†**oltramişuràto** [comp. di *oltra-* e *misurato*] agg. • (*raro*) Smisurato.

†**oltramòdo** • V. *oltremodo*.

†**oltramondàno** • V. *oltremondano*.

oltramontàno o **oltremontàno**, **ultramontàno** (*1*) [comp. di *oltra-* e *montano*] agg. • Che è al di là dei monti, spec. delle Alpi, o ne proviene: *un prodotto o.*

oltramónte • V. *oltremonti*.

oltramónti • V. *oltremonti*.

oltranaturàle • V. *oltrenaturale*.

†**oltrandàre** [comp. di *oltra-* e *andare*] v. intr. • Trapassare.

oltrànza [fr. *outrance*, da *outre* 'oltre'] s. f. *1* (*raro*) Eccesso | *A o.*, sino all'estremo limite, alle estreme conseguenze: *combattere, resistere a o.*; *sciopero a o.*; *guerra a o.* *2* †Oltraggio.

oltranzìşmo [comp. di *oltranza* e *-ismo*] s. m. • In politica, estremismo, massimalismo.

oltranzìsta s. m. e f. (pl. m. *-i*) • Estremista.

oltranzìstico agg. (pl. m. *-ci*) • Caratterizzato da oltranzismo: *atteggiamento o.*

†**oltrapagàre** [comp. di *oltra-* e *pagare*] v. tr. • Pagare oltre il dovere.

oltrapassàre • V. *oltrepassare*.

†**oltrapossènte** • V. †*oltrepossente*.

†**oltrarióso** [sovrapposizione di *contrario* a *oltraggioso*] agg. • Oltraggioso.

†**oltràrsi** [da *oltre*] v. intr. pron. • Farsi innanzi: *movendo l'ali tue, credendo oltrarti* (DANTE *Par.* XXXII, 146).

†**oltraselvàggio** [comp. di *oltra-* e *selvaggio*] agg. • Molto selvaggio.

óltre o †**óltra** [lat. *ŭltra* 'al di là di', da *ŭls* 'al di là', dalla stessa radice di *ĭlle* 'egli, quello'] **A** avv. *1* Più in là, più in qua, più in avanti (*anche fig.*): *andare, venire, passare o.*; *ha proseguito o. senza salutare*; *quando ella volle sgattaiolare o., la riconobbe* (SVEVO); *se continui così, non andrai molto o.* | *Andare troppo o.*, (*fig.*) oltrepassare i limiti del giusto o del conveniente | *Farsi o.*, avanzare, farsi avanti. *2* Più, di più, ancora (con valore temporale): *non ho intenzione di aspettare o.*; *non abuserò più o. della vostra cortesia*; *ci vorranno dieci anni e o.* | *Essere o. negli anni*, *con l'età*, essere avanti negli anni. **B** prep. *1* Di là da, dall'altra parte di (con valore locativo) (*anche fig.*): *è o. la casa*; *o. la strada*; *la casa è o. il fiume*; *è passato o. i confini stabiliti*; *non gettate sassi o. il muro*; *è andato o. il giusto* | *O. ogni limite, ogni dire, ogni credere*, (*fig.*) più di quanto consentano i limiti, più di quanto si possa dire o credere: *è andato o. ogni limite con la sua maleducazione*; *è arrogante o. ogni dire* | Con i nomi geografici anche senza l'art. det.: *si trova o. oceano*. *2* Più di (con valore temporale): *è o. un mese che è all'estero*; *vi aspetto da o. un'ora*; *ha pazientato per o. vent'anni*; *starò via non o. un anno* | Con valore quantitativo: *il paese dista o. due chilometri* | *Deve essere o. la settantina*, deve avere più di settant'anni. *3* In aggiunta a, in più di: *o. quello che ho già detto, vi devo comunicare un'altra cosa*; *o. il vitto e l'alloggio sono pagati anche gli extra* | Anche nelle loc. prep. *o. a*, *o. di*: *o. all'essere un bravo figliolo, è anche molto ricco*; *ha ricevuto o. alle sue aspettazioni*; *o. di ciò* | V. anche *oltreché*. *4* All'infuori di, eccetto (spec. nella loc. prep. *o. a*): *o. a noi nessun altro ne è al corrente*; *non ne darò a nessun altro o. a te*; *non so niente o. a quanto ho già detto*.

óltre- (**1**) o **óltra-** [dal lat. *ŭltra* 'al di là'] primo elemento (*oltr-*, davanti a vocale) • In parole composte, significa 'oltre, al di là' di un determinato luogo, limite o termine: *oltremare*, *oltretomba*, *oltralpe*.

óltre- (**2**) primo elemento • In composti aggettivali di valore superlativo e tono enfatico, ha il valore di *ultra-*: *oltremirabile*.

oltreché o **óltre che** /'oltre 'ke*/ [comp. di *oltre* e *che* (*2*)] cong. • Oltre al fatto che (con valore aggiuntivo): *o. non essere venuto, non ha nemmeno avvertito*.

oltreconfìne o **óltre confìne** [comp. di *oltre-* (*1*) e *confine*] **A** agg. inv. • Che è situato al di là dei confini del proprio Stato: *regioni o.* **B** avv. • Al di là dei confini del proprio Stato, all'estero: *andare, vivere, trovarsi o.* **C** s. m. inv. • Territorio situato al di là del confine: *Paesi d'o.*

oltrecortìna o **óltre cortìna** [comp. di *oltre-* (*1*) e *cortina* (*di ferro*)] **A** avv. • Oltre la cortina di ferro (V. *cortina*). **B** agg. inv. • Situato al di là della cortina di ferro: *i Paesi o.* **C** s. m. inv. • L'insieme dei Paesi situati al di là della cortina di ferro: *la politica d'o.*

oltrefrontièra o **óltre frontièra** [comp. di *oltre-* (*1*) e *frontiera*] **A** agg. inv. • Che è situato al di là della frontiera: *territori o.* **B** avv. • Al di là della frontiera: *andare o.* **C** s. m. inv. • Territorio situato al di là della frontiera: *Paesi d'o.*

oltremànica o **óltre mànica** [comp. di *oltre-* (*1*) e (*canale della*) *Manica*] agg. inv.; anche s. m. inv. • Che è situato al di là del canale della Manica | (*est.*, *raro*) Inglese.

†**oltremaraviglióso** o †**oltramaraviglióso** [comp. di *oltre-* (*2*) e *maraviglioso*] agg. • Più che meraviglioso.

oltremàre o †**oltramàre**, (*raro*) **óltre màre** [comp. di *oltre-* (*1*) e *mare*] **A** avv. • Al di là del mare (con riferimento generico ai territori o paesi che vi si trovano, e anticamente con riferimento alla Terra Santa o ai paesi del Mediterraneo orientale): *andare, emigrare o.* **B** s. m. inv. *1* Paese, territorio e sim. situato al di là del mare: *venire, ritornare d'o.*; *gente d'o.* *2* Colore azzurro ottenuto calcinando un miscuglio di caolino, soda, zolfo e carbone, usato in pittura, per inchiostri da stampa, e per correggere in bianco il tono gialliccio di sostanze come amido, carta, paraffina. *3* †Lapislazzuli. **C** in funzione di agg. inv. • Che ha colore azzurro intenso: *blu o.*

oltremarìno o †**oltramarìno**, **ultramarìno** [da *oltremare*] agg. *1* D'oltremare: *territorio o.*; *vengono oggi ne' nostri conviti le confezioni oltremarine* (BOCCACCIO). *2* Che ha colore azzurro intenso: *azzurro o.*

†**oltremiràbile** o †**oltramiràbile** [comp. di *oltre-* (*2*) e *mirabile*] agg. • Assai mirabile: *ha dalla natura avuto arte e ingegno o.* (BARTOLI). || †**oltremirabilménte**, avv. In modo assai mirabile.

oltremişùra o †**oltramişùra**, **óltre mişùra** [comp. di *oltre-* (*1*) e *misura*] avv. • (*lett.*) Oltremodo: *è turbato o.*

oltremòdo o †**oltramòdo**, (*raro*) **óltre mòdo** [comp. di *oltre-* (*1*) e *modo*] avv. • (*lett.*) Più del normale o del giusto, in modo eccessivo: *in quell'ambiente ci si annoia o.*; *ciò mi fa o. piacere*; *sono o. lieto*.

oltremondàno o †**oltramondàno**, **ultramondàno** [vc. dotta, lat. tardo *ultramundānu(m)*, comp. di *ŭltra* 'oltre' e *mundānus* 'mondano'] agg. • Che si riferisce all'altro mondo, che è al di là di questo mondo | *Regno o.*, l'aldilà.

oltremontàno • V. *oltramontano*.

oltremónti o (*raro*) **oltramónte**, (*raro*) **oltramónti**, **oltremónte** [comp. di *oltre-* (*1*) e *monti*] avv. • (*raro*) Di là dai monti (gener. riferito a territori o regioni): *andare, trovarsi o.*

oltrenaturàle o **oltranaturàle** [comp. di *oltre-* (*1*) e *naturale*] agg. • (*raro*) Soprannaturale.

†**oltrenùmero** [comp. di *oltre-* (*2*) e *numero*] avv. • (*raro*) Moltissimo, infinitamente.

oltreocèano [comp. di *oltre-* (*1*) e *oceano*] **A** avv. • Di là dell'oceano (con riferimento agli Stati e alle terre che si trovano al di là dell'oceano, spec. agli Stati Uniti d'America): *andare, emigrare o.* **B** s. m. inv. • Paese, territorio situato al di là dell'oceano: *notizie d'o.*; *il cinema d'o.*

oltrepassàbile agg. • Che si può oltrepassare.

oltrepassàre o †**oltrapassàre** [comp. di *oltre-* (*1*) e *passare*] v. tr. *1* Passare oltre, passare al di là, superare (*anche fig.*): *o. il confine*; *l'acqua oltrepassa il livello ordinario*; *o. i limiti della decenza*. *2* (*mar.*) Doppiare.

†**oltreportàre** [comp. di *oltre-* (*1*) e *portare*] v. tr. • Trasportare oltre.

†**oltrepossènte** o †**oltrapossènte** [comp. di *oltre-* (*2*) e *possente*] **agg.** ● Estremamente forte.

oltretómba [comp. di *oltre-* (*1*) e *tomba*] **s. m. inv.** ● Il mondo dei trapassati: *pensare all'o.* **SIN.** Aldilà.

oltretùtto o **óltre tùtto** [comp. di *oltre-* (*1*) e *tutto*] **avv.** ● In aggiunta a quanto già avvenuto in precedenza: *o. non mi hai mai restituito il mio libro* | In aggiunta ai motivi o ragioni già esposti: *o. a quell'ora devo essere al lavoro.*

oltreumàno [comp. di *oltre-* (*1*) e *umano*] **agg.** ● Che è al di fuori dei limiti umani.

-òma [gr. *-ōma*, dal suff. *-ma* aggiunto ai temi verbali in *-óō*] **suff.** *1* Nella terminologia medica, indica affezioni infiammatorie (*micetoma*) o tumefazioni (*ematoma*) o tumori (*adenoma, epitelioma*). *2* Nella terminologia della biologia e della botanica, indica un complesso di organi o di apparati formanti un'unità anatomica: *condrioma.*

omàccio **s. m.** *1* Pegg. di *uomo* | (*fam.*) *Un buon o.*, un buon diavolo. *2* (*est.*) Donna di fattezze grossolane e maschili, di modi rudi e sim. || **omaccétto**, **dim.** | **omaccino**, **dim.** | **omaccióne**, **accr.** (V.).

omaccióne **s. m.** *1* Accr. di *omaccio*. *2* Uomo imponente e di grossa corporatura, ma affabile e bonario.

omaggiàre **v. tr.** (*io omàggio*) ● Riverire od onorare con omaggi | Rendere, costituire oggetto di omaggio.

omàggio [fr. *hommage*, da *homme* 'uomo, vassallo'] **A** **s. m.** *1* (*st.*) Nel Medioevo, atto di sottomissione del vassallo al suo signore. *2* Espressione di rispetto, considerazione, stima e sim. nei confronti di qc. o di q.c.: *rendere o. a un famoso scienziato, alla memoria di qc.* | *In o. alla tradizione*, secondo ciò che vuole la tradizione | *In o. alla verità*, a onore del vero | (*est.*) Offerta, dono: *un piccolo o.*; *il libro è stato distribuito in o. a tutti gli iscritti.* *3* Prodotto offerto in regalo a scopo pubblicitario. *4* (*spec. al pl.*) Dichiarazione di ossequio, espressione di cortesia: *presentare gli omaggi di qc.*; *vogliate gradire i nostri omaggi* | *Omaggi!*, ossequi. **B** in funzione di **agg. inv.** ● (posposto al s.) Detto di ciò che è offerto gratuitamente, in dono, per motivi spec. pubblicitari: *buono o.*; *confezione o.*

omàgra [comp. del gr. *hômos* 'spalla', di origine indeur. e *ágra* (V. *podagra*)] **s. f.** ● (*med.*) Dolore alla spalla, spec. di origine gottosa.

omài [da *o(ggi)mai*] **avv.** ● (*poet.*) Ormai: *Per correr miglior acque alza le vele / o. la navicella del mio ingegno* (DANTE *Purg.* I, 1-2); *ben torni o.* (CARDUCCI).

omanìta **A** **agg.** (pl. m. *-i*) ● Dello Stato arabo dell'Oman. **B** **s. m.** e **f.** ● Abitante, nativo dell'Oman.

omarìno **s. m.** *1* Dim. di *uomo*. *2* (*est.*) Bambino.

òmaro [dan. *hummer*] **s. m.** ● (*zool.*) Astice.

omàso o *evit.* **òmaso** [lat. *omāsu(m)* 'trippa di bue', di origine gallica] **s. m.** ● (*zool.*) Terza cavità dello stomaco dei ruminanti. **SIN.** Centopelle, foglietto.

†**ombè** o †**umbè** [da *orbe(ne)*] **cong.** ● (*raro*) Orbene.

ombelicàle o **ombilicàle**, (*lett.*) **umbilicàle**. **agg.** ● (*anat.*) Dell'ombelico: *regione o.* | (*med.*) *Ernia o.*, che fuoriesce attraverso la regione ombelicale | *Cordone o.*, formazione allungata che collega il feto alla placenta materna; (*fig.*) legame, connessione, contatto e sim.; (*fig.*) cavo che collega al veicolo spaziale l'astronauta uscito nello spazio e che, oltre a mantenerlo legato, gli fornisce l'ossigeno, l'energia elettrica, o altro, e gli permette di comunicare telefonicamente con l'interno del veicolo.

ombelicàto o **ombilicàto**, (*lett.*) **umbilicàto** [vc. dotta, lat. *umbilicātu(m)*, da *umbīlīcus* 'ombelico'] **agg.** *1* Detto di un oggetto circolare avente la parte centrale rigonfia. *2* (*bot.*) Detto di organo vegetale laminare che presenta una depressione più o meno centrale.

ombelìco o (*pop., fam.*) **bellìco** (2), (*pop.*) **ombellìco**, (*raro*) **ombilìco**, (*raro*) **umbilìco** [lat. *umbilīcu(m)*, di origine indeur.] **s. m.** (pl. *-chi*) *1* (*anat.*) Introflessione cicatriziale al centro della parete addominale anteriore da residuo del cordone ombelicale | *Essere scoperto fino all'o.*, essere mezzo nudo. *2* (*fig., lett.*) Parte centrale, punto di mezzo. *3* (*raro*) Umbone dello scudo. *4* (*bot.*) *O. di Venere*, erba grassa delle Crassulacee che nasce fra le crepe dei muri con rizoma tuberoso perenne, foglie a scodellina e fiori penduli (*Cotyledon umbilicus veneris*). *5* (*zool.*) Ognuna delle due aperture del calamo delle penne e delle piume, una superiore e una inferiore.

ombilìco e *deriv.* ● V. *ombelico* e *deriv.*

ombóne e *deriv.* ● V. *umbone* e *deriv.*

ómbra [lat. *ŭmbra(m)*, di origine indeur.] **A** **s. f.** *1* Diminuzione della luminosità, dovuta a un corpo opaco posto tra la sorgente di luce e l'oggetto o la zona illuminata: *è una pianta che ama l'o. e l'umidità*; *nell'o. fitta dei boschi*; *la luce e l'o.* | *Mezz'o.*, penombra | *All'o.*, dove non giunge la luce del sole | *Camminare, sedere, dormire, riposarsi all'o.*, al riparo dai raggi del sole | (*est.*) Oscurità, tenebre: *l'orizzonte sfumava nell'o. della sera*; *nascondersi nell'o. della notte*; *una figura indistinta avanzava avvolta nell'o.* | *Nell'o.*, (*fig.*) nascostamente: *agire, tramare nell'o.* | (*fig.*) *Vivere nell'o.*, appartati, senza far parlare di sé | (*fig.*) *Restare nell'o.*, non farsi notare | (*fig.*) *Lasciare nell'o.*, nell'anonimato, nel silenzio | (*fig.*) *Trarre dall'o.*, rendere noto, far sapere. *2* (*fis.*) In ottica, parte non illuminata di una superficie, dovuta all'interposizione di un oggetto fra la sorgente luminosa e la superficie stessa | *O. propria*, parte dell'ostacolo non illuminata | *O. portata*, contorni dell'ostacolo, proiettati sullo schermo | *Cono d'o.*, in astronomia, quello proiettato da ogni corpo del sistema solare in direzione opposta al sole. *3* Correntemente, sagoma scura proiettata da ogni corpo opaco se esposto a una sorgente di luce: *le lunghe ombre dei cipressi*; *le ombre dei passanti* | *Aver paura della propria o.*, (*fig.*) essere timoroso di tutto | (*fig.*) *Essere l'o. di qc.*, *seguire qc. come un'o.*, essere inseparabile da lui, restargli sempre appresso | *Ombre cinesi*, fatte per gioco su parete o schermo, con movimenti delle mani | (*raro, fig.*) *Contrastare per l'o. dell'asino*, far questioni di lana caprina. *4* (*est.*) Zona più scura, di varia origine, su una superficie bianca o colorata: *hanno tolto le macchie di grasso, ma l'o. è rimasta* | *Spaghetti all'o.*, al sugo | *Caffè all'o.*, con un po' di cioccolata che lo vela in superficie. *5* (*arald.*) Figura disegnata a tratti che lasciano intravvedere il campo | Sagoma di leone a smalto pieno | Raffigurazione del sole senza lineamenti umani. *6* Figura indistinta, avvolta dall'oscurità: *tre ombre attendevano immobili dietro l'angolo* | *Allenamento, allenarsi contro l'o.*, nel pugilato, boxare fingendo di avere dinanzi un avversario. *7* Fantasma, spettro, spirito: *le ombre dei morti*; *evocare le ombre* | *Il regno delle ombre*, il mondo dei defunti. *8* (*fig.*) Vana apparenza: *in realtà egli aveva perduto ogni potere e non era che l'o. d'un re* | *Dare corpo alle ombre*, dare importanza a cose che non ne hanno, preoccuparsi di pericoli o minacce immaginari | *Correre dietro alle ombre*, perdersi in cose futili o irreali | *Essere, sembrare l'o. di se stesso*, di persona ridotta a estrema magrezza o che ha perduto tutte le proprie capacità, la vivacità, e sim. *9* (*est.*) Leggera parvenza, piccolissima parte: *non c'è o. di verità in quanto ha detto*; *vogliamo salvaguardare almeno un'o. di legalità* | *Senz'o. di denaro*, completamente al verde | *Senz'o. di dubbio*, sicuramente | *Senz'o. di sospetto*, in piena buonafede | *Senz'o. di timore*, con piena fiducia o coraggio. *10* (*fig.*) Manifestazione esteriore non pienamente espressa di turbamento, dolore, sospetto e sim.: *un'o. di dolore gli velava lo sguardo*; *sentii un'o. nella sua voce.* *11* (*fig.*) Difesa, protezione, riparo: *crescere all'o. dell'amore materno, della fama paterna*; *fanciullo principe per potere, sotto la sua o., sfogare l'appetito loro* (MACHIAVELLI) | *L'o. delle sacre bende*, lo stato monacale | (*scherz.*) *All'o. del Cupolone, di San Pietro, delle Due Torri* e sim., a Firenze, a Roma, a Bologna, ecc. *12* (*fig.*) Elemento o particolare poco chiaro, che genera fraintendimenti, sospetti, timori e sim.: *qualche o. ha turbato la loro lunga amicizia* | *Prendere o.*, adombrarsi, indispettirsi | *Fare o. a qc.*, causargli molestia, essergli d'intralcio e sim. | *Levare, dissipare le ombre*, chiarire le cause di inquietudine o timore, appianare una situazione turbata da sospetti e sim. *13* (*raro*) Pretesto, specie: *sotto o.*; *falsa o.*; *sotto l'o. della parentela.* *14* Antico gioco a carte di origine spagnola, che si svolge solitamente fra tre giocatori. *15* (*dial., sett.*) Bicchiere di vino. *16* (*psicoan.*) Nella teoria di G.C. Jung, il lato oscuro, inferiore e indifferenziato della personalità. **B** in funzione di **agg. inv.** (posposto al **s.**) *1* Nelle loc. *bandiera o.*, quella di navi, yacht e sim. che vogliono evadere determinate imposizioni fiscali | *Governo, gabinetto o.*, in un sistema bipartitico, il gruppo d'uomini politici che svolge, in seno al partito d'opposizione, funzioni direttive e di governo simili a quelle svolte dai Ministri del partito al potere. *2* Nella loc. *punto o.*, delicato punto di ricamo che si esegue spec. su stoffe trasparenti, sulle quali crea effetti di chiaroscuro || **PROV.** Ogni palo ha la sua ombra. || **ombrétta**, **dim.** | †**ombrìna**, **dim.**

†**ombràcolo** o †**umbràcolo** [vc. dotta, lat. *umbrāculu(m)*, da *ŭmbra* 'ombra'] **s. m.** *1* Pergolato. *2* (*fig.*) Difesa, protezione.

†**ombraménto** **s. m.** ● Modo e atto dell'ombrare | Ombra.

ombràre [lat. *umbrāre*, da *ŭmbra* 'ombra'] **A** **v. tr.** (*io ómbro*) *1* Coprire d'ombra, difendere con l'ombra: *l'inchiostro ... con un poco d'acqua fa una tinta dolce, che lo vela ed ombra* (VASARI). *2* Sfumare le ombre per dare rilievo a figure disegnate. **B** **v. intr.** e **intr. pron.** (aus. *essere*) *1* †Divenire ombroso, coprirsi d'ombra. *2* (*fig.*) †Adombrarsi, insospettirsi, intimorirsi | (*fig., scherz.*) †*Ombrarsi nella biada*, insospettirsi dove meno si dovrebbe.

ombràtile ● V. *umbratile*.

ombràto **A** **part. pass.** di *ombrare*; anche **agg.** ● Nei sign. del v. **B** **s. m.** ● Ombratura.

ombratùra [da *ombrato*] **s. f.** ● Chiazza o sfumatura più cupa in una determinata superficie: *ombrature dovute al sudiciume, all'umidità, alla scarsa omogeneità del colore.*

†**ombrazióne** [vc. dotta, lat. tardo *umbratiōne(m)* 'ombra', da *umbrātus* 'ombrato'] **s. f.** ● Oscuramento, offuscamento.

ombreggiaménto **s. m.** ● Modo e atto dell'ombreggiare.

ombreggiàre [comp. di *ombra* e *-eggiare*] **v. tr.** (*io ombréggio*) *1* Rendere fresco e ombroso, riparare o proteggere dalla luce, spec. del sole: *ogni tanto una quercia frondosa ombreggiava parte del cammino* | Lasciare o mettere in ombra: *una visiera gli ombreggiava gli occhi.* *2* Tratteggiare o sfumare leggermente: *si ombreggiò gli zigomi con un velo di rossetto.*

ombreggiàto **part. pass.** di *ombreggiare*; anche **agg.** *1* Nei sign. del v. *2* Detto di carattere tipografico in cui una speciale deformazione fa apparire le singole lettere come accompagnate dalla loro ombra.

ombreggiatùra **s. f.** ● Atto, effetto dell'ombreggiare.

ombréggio [da *ombreggiare*] **s. m.** ● (*raro*) Ombreggiamento ininterrotto.

ombrèlla o **umbèlla**, **umbrèlla** nel sign. 2 [da *ombra*, sul modello del lat. *umbĕlla* 'parasole', da *ŭmbra* 'ombra'] **s. f.** *1* (*sett.*) Ombrello. *2* (*bot.*) Tipo di infiorescenza in cui i fiori hanno pedicelli inseriti nello stesso punto da cui s'irradiano come le stecche di un ombrello | *O. composta*, grande ombrella costituita da ombrellette più piccole. *3* (*fig., lett.*) Cupola frondosa degli alberi, che fa ombra. || **ombrellétta**, **dim.**

ombrellàio **s. m.** ● Chi fabbrica, vende o ripara ombrelli.

ombrellàta **s. f.** ● Colpo dato con un ombrello: *prendere qc. a ombrellate.*

ombrellièra [da *ombrello*] **s. f.** ● (*raro*) Portaombrelli.

†**ombrellière** **s. m.** *1* Ombrellaio. *2* Valletto che portava l'ombrello per i gentiluomini.

Ombrellìfere o **Umbellìfere** [comp. di *ombrella* e *-fero*] **s. f. pl.** ● Nella tassonomia vegetale, famiglia di piante erbacee delle Dicotiledoni i cui fiori sono raccolti in una infiorescenza ad ombrella e i cui frutti sono acheni (*Umbelliferae*) | (al sing. *-a*) Ogni individuo di tale famiglia. ➡ **ILL.** **piante** /7.

ombrellifìcio [comp. di *ombrello* e *-ficio*] **s. m.** ● Fabbrica d'ombrelli.

ombrellifórme [comp. di *ombrella* nel sign. 2 e *-forme*] agg. ● (*bot.*) Detto di infiorescenza che ha forma di ombrella.

ombrellino s. m. *1* Dim. di *ombrello*. *2* Parasole elegante portato un tempo dalle signore. *3* Piccolo ombrello a baldacchino che, nel rito cattolico, il chierico porta sopra il Sacramento, nelle processioni.

ombrèllo [V. *ombrella*] s. m. *1* Arnese per ripararsi dal sole o dalla pioggia, costituito da un manico più o meno lungo alla cui sommità sono inserite a raggiera numerose stecche ricoperte di tessuto: *aprire, chiudere l'o.*; *ripararsi sotto l'o.* *2* (*fig.*) Oggetto o insieme di elementi riuniti in modo da ricordare un ombrello: *stare sotto un fresco o. di rami.* *3* (*mil.*) Apparato difensivo | *O. aereo*, l'insieme degli aerei che proteggono un reparto militare o una formazione navale | *O. nucleare, atomico*, l'insieme degli apparati di difesa, radar o missilistici, che possono proteggere dagli attacchi nucleari. ‖ **ombrellàccio**, pegg. | **ombrellétto**, dim. | **ombrellino**, dim. (V.) | **ombrellóne**, accr. (V.) | **ombrellùccio**, dim.

ombrellóne s. m. *1* Accr. di *ombrello*. *2* Grande ombrello, spec. da piantare in terra o da fissare su un apposito piedestallo, usato sulla spiaggia, nei giardini, nei bar all'aperto e sim., come riparo dal sole.

ombrétto [da *ombra*] s. m. ● Cosmetico per ombreggiare le palpebre.

†**ombrévole** agg. ● Ombroso, oscuro.

†**ombrìa** s. f. ● Zona ombrosa, luogo d'ombra: *vien nell'o. la voce pia* (PASCOLI) | Ombra.

ombrìfero o (*lett.*) **umbrìfero** [vc. dotta, lat. *umbrĭferu(m)*, comp. di *ŭmbra* 'ombra' e *-fer* '-fero'] agg. ● (*lett.*) Che fa ombra, che difende dalla luce.

†**ombrilùngo** [comp. di *ombra* e *lungo*; calco sul gr. *dolichóskios*] agg. ● (*poet.*) Che getta lunga ombra.

ombrìna [dal lat. *ŭmbra* 'ombra', detto così dalle strisce che gli ombreggiano i fianchi] s. f. ● Pesce dell'ordine dei Percoidi, comune nel Mediterraneo, pesante fino ad una quindicina di kili, con corto cirro sul mento, carni bianche, sode, di ottimo sapore (*Umbrina cirrosa*).

ombrinàle [dal gr. *ómbrimos*, agg. di *ómbros* 'pioggia' (V. *ombro-*)] s. m. ● (*mar.*) Ciascuno dei fori praticati nelle murate per lo scarico delle acque dalla coperta.

ombrinòtto s. m. ● Maschio dell'ombrina, di sapore meno delicato.

†**ombrìo** [da *ombra*] s. m. ● Luogo ombreggiato.

†**ombrióso** agg. ● Ombroso.

òmbro- [dal gr. *ómbros* 'pioggia', di origine indeur.] primo elemento ● In parole composte della terminologia scientifica, significa 'pioggia', o indica relazione con la pioggia: *ombrofilo, ombrografo, ombrometro.*

ombrofilìa (**1**) [comp. di *ombra* e *-filia*] s. f. ● (*med.*) Morbosa attrazione per l'ombra.

ombrofilìa (**2**) [comp. di *ombro-* e *-filia*] s. f. ● (*bot.*) L'essere ombrofilo.

ombròfilo [comp. di *ombro-* e *-filo*] agg. ● (*bot.*) Detto di pianta che resiste bene alle piogge.

ombrofobìa (**1**) [comp. di *ombra* e *-fobia*] s. f. ● (*med.*) Timore morboso dell'ombra.

ombrofobìa (**2**) [comp. di *ombro-* e *-fobia*] s. f. ● (*bot.*) L'essere ombrofobo.

ombròfobo [comp. di *ombro-* e *-fobo*] agg. ● (*bot.*) Detto di pianta che non sopporta le piogge.

ombrògrafo [comp. di *ombro-* e *-grafo*] s. m. ● Pluviografo.

ombròmetro [comp. di *ombro-* e *-metro*] s. m. ● Pluviometro.

†**ombrosìa** [da *ombroso*] s. f. ● Dubbiezza di spirito.

ombrosità s. f. ● Qualità o carattere di chi, di ciò che è ombroso (*anche fig.*): *l'o. dei luoghi montani*; *l'incorreggibile o. del suo carattere.*

ombróso [lat. *umbrōsu(m)*, agg. di *umbra* 'ombra'] agg. *1* Ricco d'ombra, coperto d'ombra: *luoghi ombrosi*; *valle ombrosa*; *m'han fatto abitator d'o. bosco* (PETRARCA) | Che dà ombra: *la quercia ombrosa.* *2* †Opaco, scuro | (*fig.*) †Malinconico, schivo. *3* (*fig.*) Di cavallo che s'impaurisce o s'adombra con facilità | (*est.*) Di persona che si offende o s'impermalisce per un nonnulla: *avere un carattere o.* ‖ **ombrosétto**, dim. ‖ **ombrosaménte**, avv. (*raro*) In modo ombroso.

ombudsman /sved. 'ɔmbydsman, ingl. 'ɔmbudzmən/ [vc. sved., 'rappresentante pubblico'] s. m. inv. ● (*dir.*) Difensore civico.

omèga o *raro* **òmega** [gr. *ō méga* 'o grande' (V. *mega-*)] s. m. o f. (pl. *omèga* o *raro òmega*, pop. †*omèghi* solo m.) *1* Nome dell'ultima lettera dell'alfabeto greco. *2* (*fig.*) Fine, compimento di q.c. | *Dall'alfa all'o.*, dal principio alla fine.

†**omèi** [da *o(i)mè* con la desinenza di plurale] s. m. pl. ● (*poet.*) Lamenti: *dopo tanti sospiri e tanti o.* (L. DE' MEDICI).

omelétta s. f. ● Adattamento di *omelette* (V.).

omelette /fr. ɔm(ə)'lɛt/ [vc. fr., alterato di *alumette*, da *lamelle* 'piccola lama', per il suo sottile spessore] s. f. inv. ● Frittata sottile, ripiegata, spesso farcita: *o. con erbe, con prosciutto, con marmellata.*

omelìa o (*raro*) **omilìa** [lat. tardo *homilīa(m)*, nom. *homilīa*, dal gr. *homilía* 'compagnia, società, conversazione', da *hómilos* 'folla, moltitudine', di etim. incerta] s. f. *1* (*relig.*) Nella liturgia cattolica, spiegazione, commento di passi delle sacre scritture che il predicatore rivolge ai fedeli per ammaestramento ed edificazione, spec. durante la celebrazione della Messa | (*est.*) Ogni predica sacra | *Con tono di o.*, (*fig.*) tra il sentenzioso e il moraleggiante. *2* Testo scritto di un'omelia | Genere letterario costituito dalle omelie. *3* (*est.*) Discorso o scritto di contenuto morale o politico che una persona autorevole indirizza ad altri per ammonimento o esortazione.

omeliàrio o **omiliàrio** [vc. dotta, lat. mediev. *homiliāriu(m)*, dal lat. tardo *homilīa(m)* 'omelia'] s. m. ● Antico libro liturgico cattolico contenente omelie.

omelìsta [da *omelia*] s. m. (pl. *-i*) ● Chi compone o pronuncia omelie.

omentàle agg. ● (*anat.*) Dell'omento.

oménto [vc. dotta, lat. *omĕntu(m)*, di etim. incerta] s. m. ● (*anat.*) Ognuna delle due duplicature del peritoneo | *Grande o.*, epiploon | *Piccolo o.*, che si estende dal fegato al duodeno.

omèo- o **òmeo-** [dal gr. *hómoios* 'simile'] primo elemento ● In parole composte dotte o scientifiche, significa 'simile', o indica uguaglianza, identità: *omeopatia, omeopatico, omeoteleuto, omeotermo.*

omeomerìa [vc. dotta, gr. *homoioméreia*, comp. di *hómoios* 'omeo-' e *méros* 'parte' (V. *mero (2)*)] s. f. ● Nella filosofia di Anassagora, ciascuna delle particelle simili e divisibili all'infinito che entrano a costituire l'universo e i singoli corpi in quanto presentano infinite differenze qualitative.

omeomorfìsmo [da *omeomorfo*] s. m. ● (*mat.*) Biiezione fra due spazi topologici tale che tanto essa che la sua inversa siano continue | Isomorfismo della struttura di spazio topologico.

omeomòrfo [comp. di *omeo-* e *-morfo*] agg. ● (*mat.*) Corrispondente in un omeomorfismo.

omeòpata s. m. e f. (pl. m. *-i*) ● Medico che cura con l'omeopatia.

omeopatìa [comp. di *omeo-* e *-patia*] s. f. ● (*med.*) Metodo di cura consistente nella somministrazione in minime dosi di sostanze che nell'uomo sano provocano gli stessi sintomi della malattia che si vuole combattere.

omeopàtico **A** agg. (pl. m. *-ci*) ● Che concerne l'omeopatia: *metodo o.*; *rimedi omeopatici.* **B** s. m. ● Chi cura gli ammalati col metodo dell'omeopatia.

omeopatìsta [da *omeopatia*] s. m. e f. (pl. m. *-i*) ● (*med.*) Seguace delle teorie omeopatiche.

omeopolàre o **omopolàre** [comp. di *omeo-* e *polare*] agg. ● (*chim., fis.*) Covalente.

omeorìtmo [comp. di *omeo-* e *ritmo*] agg. ● (*letter.*) Detto di ritmi simili e omogenei.

omeosmòtico [comp. di *omeo-* e *(o)smotico*] agg. (pl. m. *-ci*) ● (*zool.*) Detto di animale che ha una concentrazione salina interna costante.

omeostàsi o **omeòstasi** [comp. di *omeo-* e *-stasi*] s. f. ● (*biol.*) Capacità di un organismo o di un insieme di organismi di mantenere in un relativo equilibrio stabile le caratteristiche del proprio ambiente interno.

omeostàtico agg. (pl. m. *-ci*) ● (*biol.*) Di, relativo a omeostasi: *meccanismo o.*

omeostàto o **omeòstato** [comp. di *omeo-* e *-stato*] s. m. ● (*biol.*) Organismo che possiede omeostasi.

omeotelèuto o **omoiotelèuto**, **omotelèuto** [vc. dotta, gr. *homoiotéleutos*, comp. di *hómoios* 'omeo-' e *teletḗ* 'fine', da *têle* 'lontano', di origine indeur.] **A** agg. ● (*ling.*) Che ripete la stessa desinenza: frasi omeoteleute. **B** s. m. ● Ripetizione di sillabe omofone alla fine di più parole della stessa frase: *Io n'ho de' miei dì mille veduti vagheggiatori, amatori, visitatori* (BOCCACCIO).

omeotermìa [comp. di *omeo-* e *-termia*] s. f. ● (*fisiol.*) Condizione degli omeotermi. CONTR. Eterotermia.

omeotèrmico [da *omeotermia*] agg. (pl. m. *-ci*) ● (*fisiol.*) Riferito agli omeotermi. CONTR. Eterotermico.

omeotèrmo [comp. di *omeo-* e *-termo*] agg. ● (*zool.*) Organismo animale che presenta temperatura corporea costante, o perché non varia quella del suo ambiente o grazie ai propri dispositivi fisiologici di regolazione termica. CONTR. Eterotermo.

omeotònico [comp. di *omeo-* e *tonico*] agg. (pl. m. *-ci*) ● (*mus.*) Che ha suono, tonalità simile.

omeràle o (*raro*) **umeràle**. **A** agg. ● (*anat.*) Riferito all'omero: *testa o.* **B** s. m. ● Larga fascia che il celebrante cattolico porta sulle spalle, con le parti anteriori della quale si copre le mani per evitare che tocchino direttamente l'ostensorio e il calice.

omèrico [vc. dotta, lat. *Homēricu(m)*, nom. *Homēricus*, dal gr. *Homērikós*, agg. di *Hómēros* 'Omero'] agg. (pl. m. *-ci*) *1* Di, relativo a, Omero: *poemi omerici*; *letteratura, questione omerica* | *All'omerica*, (*ell.*) alla maniera di Omero. *2* (*fig.*) Grandioso, degno dei personaggi di Omero: *appetito o.*; *risate omeriche.* ‖ **omericaménte**, avv. In modo omerico; secondo lo stile di Omero.

òmero o **ómero**, (*lett.*) †**ùmero** [lat. *ŭmeru(m)*, di origine indeur.] s. m. *1* (*anat.*) Osso lungo che va dalla spalla al gomito. ➡ ILL. p. 362 ANATOMIA UMANA. *2* (*lett.*) Spalla (*anche fig.*): *che ne conceda i suoi omeri forti* (DANTE *Inf.* XVII, 42) | Avere buoni omeri, essere robusti e resistenti alle fatiche. *3* (*fig.*) †Parte di un monte prossima alla sommità.

omertà [forma merid. di *umiltà*, per indicare la sottomissione alle regole della camorra (?)] s. f. ● Solidale intesa che vincola i membri della malavita alla protezione vicendevole, tacendo o mascherando ogni indizio o prova utile per l'individuazione del o dei colpevoli di uno o più reati: *l'o. rende impossibile ogni indagine*; *spezzare il muro dell'o.* | (*est.*) Intesa tacita o formale fra membri di uno stesso gruppo o ceto sociale, diretta alla conservazione e alla tutela di precisi interessi, anche contro la legge.

omertóso agg. ● Che si basa sull'omertà, che deriva da omertà: *complicità omertosa.*

omésso o †**omméssо**. part. pass. di *omettere*; anche agg. ● Nei sign. del v.

ométtere o †**omméttere** [lat. *omĭttere*, comp. di *ŏb* 'via da' e *mĭttere* 'mandare' (V. *mettere*)] v. tr. (coniug. come *mettere*) ● Non eseguire, non compiere: *o. una denuncia*; *hanno omesso di inserire la clausola* | Evitare di dire, di fare e sim.: *o. un particolare.*

ométto s. m. *1* Dim. di *uomo*. *2* (*fig.*) Bambino giudizioso: *il mio o.*; *un bravo o.* *3* Piramide di pietre per segnale. *4* Birillo del biliardo. *5* (*dial.*) Attaccapanni da armadio, gruccia per abiti. ‖ **omettàccio**, pegg. | **omettino**, dim.

omicciàtto ● V. *omiciatto*.

omicciàttolo ● V. *omiciattolo*.

omiciàtto o (*raro*) **omicciàtto**. s. m. ● Omiciattolo.

omiciàttolo o **omicciàttolo**. s. m. *1* Pegg. di *uomo*. *2* Uomo da poco, per aspetto fisico e qualità morali.

omicìda o †**micìda** [vc. dotta, lat. *homicīda(m)*, comp. di *hŏmo* 'uomo' e *-cida* (V.)] **A** s. m. e f. (pl. m. *-i*) ● Chi ha commesso un omicidio. **B** agg. *1* Che dà o ha dato la morte: *arma o.*; *mano o.* *2* Di, da assassino: *sguardo o.*; *intenzione, istinto o.*

†**omicidiàle** ● V. *micidiale*.

omicìdio o †**micìdio** [vc. dotta, lat. *homicīdiu(m)*, comp. di *hŏmo* 'uomo' e *-cīdium* '-cidio'] **s. m.** **1** (*dir.*) Illecito penale di chi cagiona la morte di una o più persone | *O. premeditato*, preceduto da una lunga e accurata preparazione | *O. preterintenzionale*, quando la morte è cagionata da atti diretti soltanto a percuotere o ledere | *O. colposo*, quando è commesso per colpa ma involontariamente. **2** (*est.*) Uccisione, soppressione della vita di un uomo: *o. rituale* | *O. bianco*, la morte di operai sul lavoro, causata dalla mancanza di adeguate misure di sicurezza. **3** †Strage.

òmicron [dal gr. *ō mikrón* 'o piccolo' (V. *micro-*)] **s. m.** o **f. inv.** ● Nome della quindicesima lettera dell'alfabeto greco.

omilèta [da *omelia*: cfr. *omiletico*] **s. m.** (**pl.** *-i*) ● Chi compone omelie.

omilètica [f. sost. di *omiletico*] **s. f.** ● Arte del comporre omelie.

omilètico [vc. dotta, lat. tardo *homilēticu(m)*, nom. *homilēticus*, dal gr. *homilētikós*, agg. di *omilia*. V. *omelia*] **agg.** (**pl. m.** *-ci*) ● Relativo a omelia o a omiletica: *stile o.* | *Libri omiletici*, che contengono omelie.

omilìa ● V. *omelia*.

omiliàrio ● V. *omeliario*.

ominazióne [vc. dotta, deriv. del lat. *hŏmine(m)* 'uomo'] **s. f.** ● (*biol.*) Processo di evoluzione del genere *Homo* a partire da primati ancestrali.

Omìnidi [dal lat. *hŏmo*, genit. *hŏminis* 'uomo'] **s. m. pl.** ● Nella tassonomia animale, famiglia di Primati bipedi a perfetta deambulazione verticale, con pelosità corporea ridotta ed encefalo molto sviluppato, diffusa in tutto il mondo almeno dal Pleistocene, cui appartiene l'uomo (*Hominidae*) | (al sing. *-e*) Ogni individuo di tale famiglia.

omìno **s. m.** **1** Dim. di *uomo*. **2** Nano: *un o. grande così*; *un o. piccolo, piccolo*. **3** (*est.*) Fanciullo, ragazzino. **4** (*fam.*) Uomo che sa il fatto suo: *è un o. da non sottovalutare*. || †**ominìno**, **dim.** | **ominàccio**, **pegg.**

ominóso [vc. dotta, lat. *ominōsu(m)*, da *ōmen*, genit. *ōminis* 'presagio', di etim. incerta] **agg.** ● (*lett.*) Di cattivo augurio.

omissìbile **agg.** ● Che si può omettere: *particolari omissibili*.

omissióne o †**ommissióne** [vc. dotta, lat. tardo *omissiōne(m)*, da *omĭssus* 'omesso'] **s. f.** **1** Atto, effetto dell'omettere: *l'o. di una virgola, di una parola*; *l'involontaria o. di un particolare importante* | Cosa omessa, tralasciata o taciuta: *ignoro l'importanza delle omissioni riscontrate* | *Salvo errori ed omissioni*, nota cautelativa posta in calce a documenti e sim. | *Peccato di o.*, quello che consiste nel trascurare gli atti e i doveri imposti dalla legge divina. **SIN.** Tralasciamento. **2** (*dir.*) Volontario mancato compimento di un'azione prescritta dal diritto penale, costituente specifici reati | *Reato d'o.*, quello di chi si astiene dal compiere atti ai quali è obbligato dalla legge o da un contratto.

omissis /*lat.* o'missis/ [dalla loc. latina *cēteris rebus omĭssis* 'omesse le altre cose'. V. *omesso*] **s. m. inv.** ● Si usa, nella trascrizione, nella riproduzione o nelle copie di documenti, atti notarili e sim., per indicare l'omissione di parole o frasi tralasciate perché non necessarie | (*est.*) Parte, elemento importante deliberatamente taciuto in un testo o in un discorso: *una relazione contenente troppi o.*

omissìvo [dal lat. *omĭssus* 'omesso'] **agg.** ● (*dir.*) Detto del dolo consistente nell'omissione di una azione dovuta.

ommatìdio [comp. del gr. *ómma*, genit. *ómmatos* 'occhio' (della stessa famiglia di *ophthalmós* 'occhio'. V. *oftalmo-*) e *-idio*] **s. m.** ● (*zool.*) Ciascuno degli elementi formanti gli occhi composti degli Insetti e di altri Artropodi.

†**omméttere** e *deriv.* ● V. *omettere* e *deriv.*

†**ommissióne** ● V. *omissione*.

òmni- ● V. *onni-*.

omnibus /*lat.* 'ɔmnibus/ [fr. *omnibus*, dal lat. *ŏmnibus* '(carrozza) per tutti', dat. pl. di *ŏmnis* 'ogni'] **A** **s. m.** **1** Grande carrozza pubblica a cavalli, per il trasporto di passeggeri nelle grandi città, prima dell'avvento del tram. **2** Termine ormai in disuso per designare un treno locale. **B** in funzione di **agg.** ● (*dir*) Che vincola una serie indeterminata di soggetti o per una serie indeterminata di obbligazioni: *legge o.*; *fideiussione o.*

omnidirezionàle o **onnidirezionàle** [comp. del lat. *ŏmnium*, genit. pl. di *ŏmnis* 'ogni', e *direzionale*] **s. m.** ● (*raro*) Orientato verso tutte le direzioni.

omnisciènza e *deriv.* ● V. *onniscienza* e *deriv.*

†**omnìscio** ● V. †*onniscio*.

omnium /*lat.* 'ɔmnjum/ [fr. *omnium*, dall'ingl. *omnium*, dal lat. *ŏmnium*, genit. pl. di *ŏmnis* 'ogni'] **s. m.** ● (*sport*) Gara di corsa cui sono ammessi concorrenti senza distinzione di provenienza, di età, di categoria | Nel ciclismo, corsa individuale o a squadre, su pista, comprendente più prove.

omnìvoro ● V. *onnivoro*.

òmo (1) ● V. *uomo*.

òmo (2) [ricavato da *omosessuale*] **s. m. inv.** ● (*gerg.*) Omosessuale maschile.

òmo- [dal gr. *homós* 'uguale, simile'] primo elemento ● In parole composte, significa 'uguale', 'simile', 'che ha lo stesso ...', o indica identità: *omofono, omogeneo, omografo, omonimo, omosessualità*.

omocèntrico [comp. di *omo-* e un deriv. di *centro*] **agg.** (**pl. m.** *-ci*) ● (*fis.*) Detto di un fascio di raggi luminosi passanti per uno stesso punto.

omocèrco [comp. di *omo-* e del gr. *kérkos* 'coda'] **agg.** (**pl. m.** *-chi*) ● (*zool.*) Detto della coda dei pesci, quando la pinna caudale è simmetrica.

omocìclico [comp. di *omo-* e *ciclico*] **agg.** (**pl. m.** *-ci*) ● (*chim.*) Detto di composto organico ciclico contenente un anello formato da atomi dello stesso elemento, in generale carbonio.

omocinètico [comp. di *omo-* e *cinetico*] **agg.** (**pl. m.** *-ci*) ● (*mecc.*) Detto di giunto che realizza l'uguaglianza nella trasmissione di movimento tra l'albero motore e l'albero condotto.

omocromìa [dal gr. *homóchrōmos* 'dello stesso colore', comp. di *homo-* 'omo-' e *chrôma* 'colore' (V. *cromo-*)] **s. f.** ● (*zool.*) Somiglianza del colore di un animale con quello dell'ambiente. **SIN.** Mimetismo.

omocròmo [vc. dotta, gr. *homóchrōmos*, comp. di *homo-* 'omo-' e *chrôma* 'colore'] **agg.** ● (*zool.*) Riferito a omocromia.

omodiegètico [fr. *homodiégétique*, comp. di *homo-* 'omo-' e *diégétique* 'diegetico'] **agg.** (**pl. m.** *-ci*) ● Detto di narrazione in cui il narratore compare come personaggio della storia che racconta.

omodónte [comp. di *omo-* e *-odonte*] **agg.** ● Detto di animale i cui denti sono tutti simili fra loro, non differenziati per svolgere varie funzioni. **CONTR.** Eterodonte.

omodontìa **s. f.** ● (*zool.*) Condizione dell'animale omodonte.

omoerotìsmo [comp. di *omo-* ed *erotismo*] **s. m.** ● (*raro*) Omosessualità.

omofagìa [vc. dotta, lat. tardo *omophăgia(m)*, dal gr. *ōmophagía*, comp. di *ōmós* 'crudo', di origine indeur., e *-phagía* '-fagia'] **s. f.** ● Uso di mangiare la carne cruda, sia come abitudine di popoli di natura, sia come rito religioso.

omòfago **agg.** (**pl. m.** *-gi*) ● Che pratica l'omofagia: *tribù omofaga*.

omofilìa [comp. di *omo-* e *-filia*] **s. f.** **1** (*euf.*) Omosessualità. **2** (*biol.*) Condizione di somiglianza tra strutture, organi o interi organismi, correlata a una comune origine.

omòfilo [comp. di *omo-* e *-filo*] **A** **agg.**; anche **s. m.** ● (*euf.*) Omosessuale. **B** **agg.** ● (*biol.*) Detto di struttura, di organo o di intero organismo che presenta omofilia.

omofobìa [comp. di *omo(sessuale)* e *-fobia*] **s. f.** ● Avversione per l'omosessualità e gli omosessuali.

omofonìa [vc. dotta, gr. *homophōnía*, comp. di *homo-* 'omo-' e *-phōnía* '-fonia'] **s. f.** **1** (*mus.*) Emissione della medesima nota da parte di due o più voci o strumenti | Tecnica di comporre a più voci, facendo coincidere in senso verticale le sillabe del canto. **2** (*ling.*) Identità fonica tra due o più unità significative, oppure tra due o più segni grafici.

omofònico **agg.** (**pl. m.** *-ci*) ● (*mus.*, *ling.*) Che si riferisce all'omofonia.

omòfono [vc. dotta, gr. *homóphōnos*, comp. di *homo-* 'omo-' e *-phōnos* '-fono'] **A** **agg.** ● (*mus.*) Detto di brano musicale o cantato che presenta omofonia. **B** **agg.**; anche **s. m.** ● (*ling.*) Detto di parola che presenta la stessa pronuncia di un'altra, ma significato diverso | Detto di segno grafico che trascrive lo stesso fonema di un altro, o di più altri (V. nota d'uso ACCENTO).

omogamìa [comp. di *omo-* e *-gamia*] **s. f.** **1** (*bot.*) In un fiore monoclino, contemporanea maturazione del polline e dello stigma. **2** (*biol.*) Nelle specie polimorfe, tendenza ad accoppiarsi con individui dai caratteri affini.

omogenàto [ingl. *homogenate* 'omogeneizzato' (V. *omogeneizzare*)] **s. m.** ● (*biol.*) Materiale ottenuto mediante omogeneizzazione, in particolare di un tessuto biologico. **CFR.** Omogeneizzato.

omogeneità **s. f.** ● Qualità o condizione di ciò che è omogeneo. **SIN.** Affinità. **CONTR.** Eterogeneità.

omogeneizzàre o **omogenizzàre** [comp. di *omogeneo* e *-izzare*] **v. tr.** ● Rendere omogeneo: *o. una soluzione*.

omogeneizzàto o **omogenizzàto** **A** **part. pass.** di *omogeneizzare*; anche **agg.** **1** Nel sign. del v. **2** *Latte o.*, latte i cui globuli di grasso sono stati suddivisi e dispersi uniformemente. **B** **s. m.** ● (*spec. al pl.*) Prodotto alimentare destinato spec. all'infanzia, ottenuto per intima mescolanza di alimenti diversi finemente suddivisi.

omogeneizzatóre o **omogenizzatóre** **s. m.** ● Apparecchio usato per omogeneizzare.

omogeneizzazióne o **omogenizzazióne** **s. f.** ● Atto, effetto dell'omogeneizzare.

omogèneo [vc. dotta, gr. *homogenḗs* 'della stessa famiglia, razza', comp. di *homo-* 'omo-' e *génos* 'razza', di origine indeur.] **agg.** **1** Dello stesso genere, specie o natura: *tessuti omogenei*; *materie omogenee*. **SIN.** Affine. **CONTR.** Eterogeneo. **2** Costituito da elementi tra loro affini e uniformi o uniformemente connessi: *composto o.*; *una pasta morbida e omogenea* | (*fig.*) Armonico: *insieme o. di colori e di suoni*. **3** (*mat.*) Detto di funzione di più variabili reali o complesse il cui valore, moltiplicando ciascuna di esse per un numero, resta moltiplicato per una potenza di quel numero | Detto di polinomio i cui monomi sono tutti di ugual grado. || **omogeneaménte**, **avv.**

omogenizzàre e *deriv.* ● V. *omogeneizzare* e *deriv.*

omogentisìnico [comp. di *omo-* e *gentisinico*] **agg.** (**pl. m.** *-ci*) ● (*chim.*) Detto di acido aromatico che costituisce un prodotto intermedio del metabolismo di alcuni aminoacidi, e che viene rapidamente metabolizzato dall'organismo umano.

omografìa [comp. di *omo-* e *-grafia*] **s. f.** **1** (*ling.*) Qualità di ciò che è omografo. **2** (*mat.*) Proiettività fra due forme geometriche fondamentali del medesimo tipo | Biiezione fra due spazi numerici omogenei, rappresentata dalle equazioni $x_i' = \Sigma a_{ki} x_k$.

omogràfico **agg.** (**pl. m.** *-ci*) ● (*ling.*, *mat.*) Che si riferisce all'omografia.

omògrafo [comp. di *omo-* e *-grafo*] **agg.**; anche **s. m.** ● (*ling.*) Detto di parola che presenta la stessa scrittura (e spesso anche la stessa pronuncia) di un'altra, rispetto alla quale ha però significato diverso (V. nota d'uso ACCENTO).

omogràmma [comp. di *omo-* e *-gramma*] **s. m.** (**pl.** *-i*) ● (*ling.*) Parola che ha la stessa grafia di un'altra di origine differente.

omoiotelèuto ● V. *omeoteleuto*.

omoiusìa [comp. del gr. *hómoios* 'simile' (V. *omeo-*) e *ousía* 'sostanza', da *ôusa*, part. pres. f. di *êinai* 'essere'] **s. f.** ● (*relig.*) Eresia ariana secondo cui il Padre e il Figlio avevano fra loro, nella Trinità, solo un rapporto di somiglianza e non natura identica. **CONTR.** Omousia.

omolìsi [comp. di *omo-* e *-lisi*] **s. f.** ● (*chim.*) Scissione di una molecola con conseguente formazione di radicali liberi.

omolìtico **agg.** (**pl. m.** *-ci*) ● (*chim.*) Di, relativo a, omolisi.

omologàbile **agg.** ● Che si può omologare: *un primato o.*

omologàre [vc. dotta, gr. *homologêin*, da *homólogos* 'omologo'] **v. tr.** (*io omòlogo, tu omòloghi*) **1** Emanare, da parte dell'autorità giudiziaria, un provvedimento di omologazione. **2** Riconoscere una prova o un risultato regolari e quindi ratificarli, renderli validi: *o. una partita, un primato.*

omologàto part. pass. di *omologare*; anche agg. **1** Nei sign. del v.: *casco o.*; *vittoria omologata.* **2** (*est., fig.*) Conforme ai modelli correnti, scarsamente autentico, appiattito: *comportamento o.*; *cultura omologata.*

omologazióne s. f. **1** (*dir.*) Approvazione da parte dell'autorità giudiziaria, con provvedimento emanato in camera di consiglio, di atti compiuti da altri soggetti, previo un controllo di legalità o di merito degli stessi: *sentenza di o.* **2** Atto, effetto dell'omologare: *o. di una partita, di un primato.*

omologìa [vc. dotta, gr. *homología*, da *homólogos* 'omologo'] s. f. (pl. *-gie*) **1** Qualità o condizione di ciò che è omologo. **2** (*mat.*) Omografia d'un piano, o d'uno spazio, proiettivo su se stesso, dotata d'una retta, o rispettivamente d'un piano, di punti uniti | Una delle relazioni d'equivalenza fondamentali della topologia algebrica. **3** (*biol.*) Corrispondenza fra strutture in organismi derivanti da una forma ancestrale comune, a prescindere dalla funzione.

omològico agg. (pl. m. *-ci*) ● (*raro*) Di, relativo a, omologia.

omòlogo [vc. dotta, gr. *homólogos*, comp. di *homo-* 'omo-' e *lógos* 'discorso' (V. *-logo*)] agg. (pl. m. *-ghi*) **1** (*bot., zool.*) Detto di organo o struttura avente la stessa origine embrionale di uno o più altri, anche se funzioni diverse. **2** (*mat.*) Associato nella relazione d'omologia. **3** (*est.*) Conforme, corrispondente: *dati, elementi omologhi.* || **omologaménte**, avv.

omomorfìa [da *omomorfo*] s. f. ● (*biol.*) Presenza di somiglianze tra strutture, organi, apparati od organismi appartenenti a gruppi sistematici non prossimi, dovuta ad adattamenti convergenti.

omomorfìsmo [comp. di *omo-* e *-morfismo*] s. m. ● (*mat.*) Morfismo di strutture algebriche | *O. iniettivo*, monomorfismo | *O. obiettivo*, isomorfismo.

omomòrfo [comp. di *omo-* e *-morfo*] agg. ● (*zool.*) Caratterizzato da omomorfia.

omomorfòsi [comp. di *omo-* e *morfosi*] s. f. ● (*biol.*) Peculiare processo di rigenerazione in seguito al quale la porzione rigenerata è uguale a quella perduta.

omonimìa [vc. dotta, lat. tardo *homonȳmia(m)*, nom. *homonȳmia*, dal gr. *homōnymía*, da *homṓnymos* 'omonimo'] s. f. **1** Situazione in cui si trovano due persone o due cose con lo stesso nome: *un caso di o.*; *l'o. dei due ristoranti genera confusione.* **2** (*ling.*) Identità fonica (omofonia) e/o identità grafica (omografia) di due morfemi che per altro non hanno lo stesso significato.

omonìmico agg. (pl. m. *-ci*) ● (*ling.*) Di, relativo a, omonimo.

omònimo [vc. dotta, lat. tardo *homōnymu(m)*, nom. *homōnymus*, dal gr. *homṓnymos*, comp. di *homo-* 'omo-' e *ónyma* (var. di *ónoma* 'nome')] agg.; anche s. m. (f. *-a* nel sign. 1) **1** Che, chi ha lo stesso nome, si chiama nello stesso modo, di un'altra, o altre, persone o cose: *due alberghi omonimi*; *in città ha molti omonimi.* **2** (*ling.*) Detto di parola che si pronuncia e si scrive, ovvero si pronuncia o scrive, come un'altra della quale non ha però lo stesso significato.

omoplasìa [comp. di *omo-* e *-plasia*] s. f. ● (*biol.*) Corrispondenza tra parti od organi, dovuta a fenomeni di convergenza.

omoplàta [vc. dotta, gr. *ōmoplátē*, comp. di *ômos* 'spalla', di origine indeur. e *platýs* 'largo', di origine indeur.] s. f. ● (*anat.*) Scapola.

omopolàre agg. **1** (*chim.*) V. *omeopolare.* **2** (*elettr.*) Unipolare.

†**omóre** ● V. *umore (1).*

omorgànico o **omòrgano** [comp. di *omo-* e *organo*] agg. (pl. m. *-ci*) ● (*ling.*) Detto di due o più suoni aventi uno stesso punto di articolazione, pur differendo per altri elementi.

omoritmìa [comp. di *omo-* e un deriv. di *ritmo*] s. f. ● (*mus.*) Uguaglianza di ritmo.

omosessuàle [ingl. *homosexual*, comp. del pref. *homo-* 'omo-' e *sexual* 'sessuale'] **A** agg. ● Relativo alla, proprio della, omosessualità: *tendenze omosessuali*; *rapporto, legame, amore o.* **B** agg.; anche s. m. e f. ● Che, chi pratica l'omosessualità.

omosessualità [ingl. *homosexuality*, da *homosexual* 'omosessuale'] s. f. ● Tendenza a trovare soddisfazione sessuale o erotica con persone dello stesso sesso. SIN. Omoerotismo.

omosèx agg.; anche s. m. e f. ● Omosessuale.

omosfèra [da *omo-*, sul modello di *atmosfera*] s. f. ● (*geogr.*) Regione dell'atmosfera compresa fra la superficie terrestre e gli 80-100 km di altezza.

omoteleùto ● V. *omeoteleuto.*

omotetìa [comp. di *omo-* e un deriv. del gr. *thetós* 'posto', part. pass. di *tithénai* 'porre', di origine indeur.] s. f. ● (*mat.*) Omologia fra due piani o spazi nella quale gli elementi impropri siano uniti | Dilatazione o contrazione intorno a un punto.

omotipìa [comp. di *omo-* e *-tipia*] s. f. ● (*anat.*) Condizione di identità tra due componenti del corpo disposte specularmente rispetto al piano di simmetria.

omotonìa [dal gr. *homótonos*, comp. di *homo-* 'omo-' e *tónos* 'tono (1)'] s. f. ● (*mus.*) Uguaglianza di suono.

omotònico [da *omotonia*] agg. (pl. m. *-ci*) ● (*mus.*) Che ha tono uguale.

omotopìa [comp. di *omo-* e un deriv. del gr. *tópos* 'luogo', di origine indeur.] s. f. ● (*mat.*) Relazione che associa due mappe continue trasformabili l'una nell'altra con continuità.

omotòpico agg. (pl. m. *-ci*) **1** (*mat.*) Associato nella relazione d'omotopia. **2** (*ling.*) Detto di articolazione che si realizza nello stesso luogo di un'altra.

omotrapiànto [comp. di *omo-* e *trapianto*] s. m. ● (*chir.*) Allotrapianto.

Omòtteri [vc. dotta, gr. *homópteros* 'ugualmente alato', comp. di *homo-* 'omo-' e *pterón* 'ala' (V. *-ttero*)] s. m. pl. ● Nella tassonomia animale, sottordine degli Emitteri con apparato boccale atto a pungere e succhiare, ali che in riposo sono disposte come i pendenti di un tetto, tegumento capace di secernere cera (*Homoptera*) | (al sing. *-o*) Ogni individuo di tale sottordine.

omousìa [comp. di *omo-* e del gr. *ousía* 'sostanza' (V. *omoiusia*)] s. f. ● (*relig.*) Identità di sostanza e di natura del Padre e del Figlio nella Trinità, affermata dai cattolici contro gli ariani. CONTR. Omoiusia.

omozigòsi [da *omozigote*] s. f. ● (*biol.*) Fenomeno per cui i caratteri degli individui si trasmettono identici alla discendenza.

omozigòte [comp. di *omo-* e *zigote*] s. m. ● (*biol.*) Individuo derivato dall'unione di gameti a fattori ereditari uguali.

omozigòtico agg. (pl. m. *-ci*) ● (*biol.*) Detto di individuo che produce gameti dello stesso tipo.

omùncolo [lat. *homŭnculu(m)*, dim. di *hŏmo*, genit. *hŏminis* 'uomo'] s. m. **1** Uomo dappoco, sia fisicamente che intellettualmente e moralmente. **2** Essere dotato di poteri straordinari o soprannaturali, che gli antichi alchimisti presumevano di ottenere per alchimia. **3** (*fisiol.*) Rappresentazione schematica proporzionale delle funzioni motorie o sensitive relative a varie regioni della corteccia cerebrale umana.

on /ingl. ɔn/ [vc. ingl., propr. 'su, sopra' (vc. germ. di origine indeur.)] agg. inv. ● In funzione, attivato, in diciture apposte su varie apparecchiature.

ònagro (1) o **onàgro** [vc. dotta, lat. *ŏnagru(m)*, nom. *ŏnagrus*, dal gr. *ónagros*, comp. di *ónos* 'asino', e *ágrios* 'selvatico', da *agrós* 'campo'] s. m. ● Asino selvatico asiatico, agile e veloce, probabile capostipite delle razze domestiche, che nelle zone fredde ha pelo lungo durante l'inverno (*Equus onager*).

ònagro (2) o **onàgro** [dal precedente (l'uso metaforico era già in lat. tardo), perché lancia sassi, come un asino quando tira calci] s. m. ● Macchina antica da guerra per lanciare grosse pietre, simile al mangano.

onanìsmo [da *Onan*, personaggio biblico punito da Dio perché spargeva il seme in terra] s. m. **1** Nella teologia cattolica, ogni pratica atta a consentire il rapporto sessuale tra uomo e donna evitando il concepimento. **2** Masturbazione maschile | (*est.*) Ogni forma o atto di masturbazione sia maschile che femminile. **3** (*fig., gener.*) Ogni attività personale o culturale priva di fini, fondamenti e risultati reali, posta in essere velleitariamente per autocompiacimento o artificioso soddisfacimento di un proprio bisogno ideologico o di una propria spinta emotiva.

onanìsta s. m. e f. (pl. m. *-i*) ● Chi pratica l'onanismo.

onatùra [dall'ingl. *honing* 'affilatura, lisciatura', ger. di *to hone* 'affilare' (vc. d'orig. germ.)] s. f. ● (*tecnol., gerg.*) Lisciatura.

óncia o †**ùncia**, **ónza (2)** [lat. *ŭncia(m)* 'dodicesima parte di un asse', da *ūnus* 'uno'] s. f. (pl. *-ce*) **1** Unità di misura di peso usata in Italia e in altri paesi, prima dell'adozione del sistema metrico decimale, con valori diversi, ma per lo più intorno ai 30 gr. SIMB. oz. **2** (*fig.*) Minima quantità: *non avere un'o. di giudizio* | *A o. a o.*, a poco a poco. **3** Unità ponderale romana uguale alla dodicesima parte della libbra | Moneta romana repubblicana di bronzo, dodicesima parte dell'asse con la testa di Bellona sul dritto | Moneta d'oro coniata da Carlo III di Borbone a Palermo dal XVIII sec. | Moneta d'argento del valore di 6 ducati coniata a Napoli dal XVIII sec. **4** (*fig.*) Minimo spazio: *S'io fossi pur di tanto ancor leggero / ch'i' potessi in cent'anni andare un'o.* (DANTE *Inf.* XXX, 82-83) | *Non cedere di un'o.*, di un passo. || **oncina**, dim..

onciàle o †**unciàle** [lat. *unciāle(m)* 'di un'oncia', agg. di *ŭncia* 'oncia'; la scrittura è detta così perché alta un'*oncia*] **A** agg. ● Detto di un tipo di scrittura a tracciato spiccatamente arrotondato, in uso dal sec. IV all'VIII in tutta l'Europa occidentale. **B** anche s. f.: *le eleganti onciali di un'iscrizione.*

onciàrio [da *oncia*, unità di misura secondo cui venivano stimati i terreni] s. m. ● Catasto nel Regno di Napoli sino al sec. XVIII.

†**oncino** e *deriv.* ● V. *uncino* e *deriv.*

ònco [vc. dotta, gr. *ónkos* 'mole, peso', da *enenkêin* 'portare', di origine indeur.] s. m. (pl. *-chi*) ● (*med.*) Tumore.

ònco- [dal gr. *ónkos* 'massa', 'tumore' (V. prec.)] primo elemento ● In parole composte della terminologia medica, significa 'tumore' o 'volume', 'massa': *oncologia, oncografo.*

oncocerchìaṣi s. f. ● Oncocercosi.

oncocercòsi [da *Onchocerc(a)* col suff. *-osi*] s. f. ● (*med.*) Malattia causata dal nematode *Onchocerca volvulus* e caratterizzata dalla presenza nella cute, nei tessuti sottocutanei e negli occhi di noduli fibrosi contenenti i parassiti adulti. SIN. Oncocerchiasi.

oncogène [comp. di *onco-* e *gene*] s. m. ● (*biol.*) Qualsiasi gene la cui attivazione può determinare la trasformazione neoplastica della cellula.

oncogènesi [comp. di *onco-* e *genesi*] s. f. ● (*med.*) Formazione e sviluppo dei tumori benigni o maligni. CFR. Cancerogenesi.

oncògeno [comp. di *onco-* e *-geno*] agg. ● (*med.*) Capace di generare tumore: *virus o.*, *radiazioni oncogene.*

oncologìa [comp. di *onco-* e *-logia*] s. f. (pl. *-gie*) ● (*med.*) Studio dei tumori.

oncològico agg. (pl. m. *-ci*) ● (*med.*) Di oncologia.

oncòlogo [comp. di *onco-* e *-logo*] s. m. (f. *-a*; pl. m. *-gi*, pop. *-ghi*) ● (*med.*) Studioso di oncologia.

oncosfèra [comp. di *onco-* e *sfera*] s. f. ● (*zool.*) Larva esacanta.

oncoterapìa [comp. di *onco-* e *terapia*] s. f. ● (*med.*) Cura dei tumori.

oncotomìa [comp. di *onco-* e *-tomia*] s. f. ● (*chir.*) Incisione di un tumore.

oncotròfico [comp. di *onco-* e *trofico*] agg. (pl. m. *-ci*) ● (*med.*) Che concerne l'accrescimento di un tumore.

ónda [lat. *ŭnda(m)*, di origine indeur.] s. f. **1** Oscillazione dell'acqua di mari, laghi e sim., prodotta da forza esterna turbatrice dell'equilibrio di livello, e con cui essa tende a recuperarlo: *o. lunga, alta*; *costa battuta dalle onde*; *l'o. che fugge e s'appressa* (DANTE *Purg.* X, 9) | Essere in balia delle onde, subirne la violenza senza potervisi opporre | *Seguire l'o.*, (*fig.*) adattarsi ad una situazione anche sgradevole, seguire l'andazzo generale | *All'o.*, (*fig.*) detto di piatto che va servito con salsa non troppo densa | *Essere sulla cresta dell'o.* | *O. lunga*, (*fig.*) fenomeno che si protrae nel tempo | (*est.*) *O. nera*, vastissima chiazza di nafta, petrolio o residui oleosi, fuoriusciti spesso illecitamente da petroliere o raffinerie, che galleggia sulla superficie delle onde con gravi effetti inquinanti sull'ambiente marino e costiero. SIN. Flutto. ➡ ILL. p. 821 SCIENZE DELLA TERRA ED ENERGIA. **2** (*lett.*) Acque marine, fluviali o lacustri | (*poet.*) Mare. **3** (*fig.*) Insieme agitato e incontrollabile di sentimenti e sim.: *l'o. dei ricordi lo sommerse*; *l'o. dei vizi, della superbia*; *un'o. di orgoglio gli gonfiò il petto* (SVEVO) | Grande quantità: *un'o. di popolo avanzava minacciosa*; *un'o. di pianto sommerse le sue ultime parole*. **4** (*fig.*) Linea o traccia sinuosa e serpeggiante, simile al profilo d'un'onda d'acqua: *distribuire il colore a onde*; *onde verdi e blu si sovrappongono creando un effetto cangiante* | *L'o. dei capelli*, piega morbida, più larga d'un ricciolo. **5** (*fig.*) Movimento fluttuante, simile a quello delle onde marine: *l'o. della folla*; *le verdi onde della prateria* | *Andare a onde*, barcollando. **6** (*fis., spec. al pl.*) Movimenti periodici oscillatori e vibratori propagati attraverso un mezzo continuo: *onde sonore, termiche, luminose* | *O. portante, o. vettrice*, nelle telecomunicazioni, onda elettromagnetica sinusoidale che si ha in assenza di modulazione e che, opportunamente modulata, costituisce il supporto usato per trasmettere a distanza le informazioni | *Onde sferiche*, che si propagano da ogni punto in ogni direzione | *Onde longitudinali*, con vibrazioni dirette nel senso della propagazione | *Onde trasversali*, in cui le vibrazioni sono perpendicolari alla direzione della propagazione | *Onde d'urto*, onde di compressione di grande ampiezza, caratterizzate da brusche variazioni di pressione, densità e velocità, generate da oggetti che si muovono a velocità supersonica | *Onde elettromagnetiche, hertziane*, oscillazioni elettriche e magnetiche che si propagano nello spazio con velocità finita | *Onde corte*, onde hertziane con frequenza compresa fra 1,5 e 30 MHz | *Onde medie*, onde hertziane con frequenza compresa fra 500 e 1500 kHz | *Onde lunghe*, onde hertziane con frequenza compresa fra 150 e 500 kHz | *Mettere, mandare in o.*, trasmettere con mezzi radiotelevisivi. **7** *O. verde*, sistema automatico per far scorrere il traffico urbano lungo un itinerario in cui i semafori siano sincronizzati in modo da assicurare ai veicoli un costante incontro con il verde. || **ondétta**, dim. | **ondicèlla**, dim. | **ondicìna**, dim. | **ondìna**, dim. | **ondóna**, accr.

†ondaménto [da *onda*] s. m. ● (*spec. al pl.*) Segno del pianto sul viso.

ondàmetro [comp. di *onda* e *-metro*] s. m. ● (*fis.*) Apparecchio per misurare la frequenza delle radioonde.

†ondànte part. pres. di *†ondare*; anche agg. **1** (*lett.*) Nei sign. del v. **2** Colmo di liquido fino a traboccarne.

†ondàre [lat. *undāre*, da *ŭnda* 'onda'] **A** v. tr. ● Inondare. **B** v. intr. ● (*lett.*) Ondeggiare.

ondàta [da *onda*] s. f. **1** Colpo di mare: *essere travolto da un'o.*; *le ondate flagellavano il molo*. **2** (*fig.*) Afflusso, effusione: *un'o. di sangue al cervello*; *un'o. di fumo*; *ondate di caldo, di freddo*; *o. di entusiasmo*. **3** (*fig.*) Insieme massiccio di persone o cose che si spostano o muovono in fasi successive e con una certa continuità: *ondate di folla* | *A ondate*, con movimenti ripetuti e regolari. **4** (*raro, spec. al pl.*) Motivo ornamentale a onde.

ondàto [lat. *undātu(m)*, da *undāre*. V. *†ondare*] agg. ● (*raro, lett.*) Ondulato.

ondàtra [vc. di origine amer.] s. f. ● Grosso rosicante con pelame finissimo e fitto che vive nelle zone d'acqua americane, ma è facilmente allevato (*Ondatra zibethica*). SIN. Topo muschiato.

†ondazióne [lat. tardo *undatiōne(m)* 'spuma', da *undātus* 'ondato'] s. f. ● Movimento ondeggiante: *le ondazioni dell'acqua, e le vibrazioni dell'aria non si rassomigliano in ogni cosa* (BARTOLI).

ónde o (*raro*) **†ùnde** [lat. *ŭnde* 'da dove', da avvicinare a *īnde* 'indi'] **A** avv. **1** (*lett.*) Da dove, da quale luogo (in prop. interr., dirette e indirette): *o. arrivate?*; *nessuno sa o. venissero* | (*est.*) Da chi, da quale fonte: *o. l'avete appreso?*; *non comprendo o. traggano tanti guadagni*; *o. gli viene tanta sicurezza?* **2** Dal quale, da cui, nel luogo da cui (con valore rel.): *c'è un'altura o. si ammira uno splendido panorama*; *ha una terrazza o. si domina buona parte della città*; *ritornate là o. siete venuti* | Attraverso cui, per dove: *rivedo i luoghi o. siamo passati* | *O. che sia*, da qualunque luogo | (*lett.*) *†Per o.*, attraverso cui. **3** Dalla qual cosa, da cui (con valore caus. per indicare una conseguenza): *o. avvenne che fui bandito dalla città*; *o. si deduce quanto fosse infelice* | *Avere o., averne ben o.*, (*ell.*) buone e fondate ragioni: *Or ti fa lieta, ché tu hai ben o.* (DANTE *Purg.* VI, 136). **4** (*poet.*) Di cui, da cui, con cui, per cui (con valore rel.): *sospiri ond'io nutriva il core* (PETRARCA); *le cose o. gioiamo sono poche*; *i molti mali o. siamo afflitti non sono incurabili*; *la materia o. l'universo è formato*. **B** cong. **1** Affinché, perché (introduce una prop. finale con il v. al congv. o (*fam.* e *bur.*) con il v. all'inf.): *vi ho voluto avvisare o. sappiate come comportarvi*; *te lo ripeto o. tu capisca bene*; *ho insistito o. tutti si convincessero*; *attendiamo vostre precise indicazioni o. provvedere alla consegna*; *chiedo consiglio o. regolarmi*; *non trovo il mezzo o. convincerlo*; *cercava un'apertura o. uscire*. **2** (*raro*) Per la qual cosa, sicché, cosicché (con valore concl.): *o. sovente / di me medesmo meco mi vergogno* (PETRARCA).

†ondeché o **†ónde che** [comp. di *onde* e *che* (2)] **A** avv. ● (*lett.*) Da qualunque luogo (con valore rel.). **B** cong. ● (*lett.*) Cosicché, per la qual cosa (con valore concl. e il v. all'indic.).

ondeggiaménto s. m. **1** Modo e atto dell'ondeggiare (*anche fig.*): *l'o. di un canotto, delle vesti, della moltitudine*; *mise nelle selve uno strepito sordo e profondo con un vasto o. delle loro cime* (LEOPARDI). **2** (*mus.*) Alternanza di piano e forte.

ondeggiànte part. pres. di *ondeggiare*; anche agg. ● Nei sign. del v.

ondeggiàre [da *onda*] v. intr. (*io ondéggio*; aus. *avere*) **1** Muoversi con l'onda: *l'acqua del mare ondeggia*; *la superficie del lago ondeggiava* | Seguire il movimento delle onde: *le barche ondeggiano alla fonda*. **2** (*fig.*) Muoversi come le onde: *le spighe ondeggiano al vento*; *alte lingue di fuoco ondeggiavano nell'oscurità* | Fluttuare: *veli, vesti che ondeggiano* | Agitarsi (*anche fig.*): *la folla ondeggiò paurosamente poi dilagò nella piazza*; *ne' petti ondeggia or questo or quel pensiero* (POLIZIANO). **3** (*fig.*) Barcollare, essere malfermo: *l'alto edificio ondeggiò un attimo prima di crollare a terra*; *camminava ondeggiando sulle gambe malferme*. **4** (*fig.*) Essere incerto, dubbioso: *o. tra opposti desideri*. SIN. Tentennare, titubare.

ondeggiàto part. pass. di *ondeggiare*; anche agg. **1** Nei sign. del v. **2** (*raro*) Ondulato.

†ondìfero [comp. di *onda* e *-fero*] agg. ● (*lett.*) Di nube che porta la pioggia.

ondifremènte [comp. di *onda* e *fremente*] agg. ● (*raro, poet.*) Che rumoreggia per le onde.

ondìna [ted. *Undine*, dal lat. umanistico di Paracelso *undina*, da *ŭnda* 'onda'] s. f. **1** Personaggio leggendario femminile delle tradizioni folcloriche germaniche, abitante di fiumi e laghi. **2** (*fig.*) Nuotatrice particolarmente brava.

†ondinatànte [comp. di *onda* e *natante*] agg. ● (*raro, poet.*) Che nuota sulle onde.

ondisonànte [comp. di *onda* e *sonante*] agg. ● (*raro, poet.*) Che rumoreggia per le onde.

ondìsono [vc. dotta, lat. *undĭsonu(m)*, comp. di *ŭnda* 'onda' e *-sonus*, da *sonāre* 'suonare'] agg. ● (*raro, lett.*) Che rumoreggia per le onde.

ondìvago [vc. dotta, lat. tardo *undĭvagu(m)*, comp. di *ŭnda* 'onda' e *văgus* 'vago'] agg. (pl. m. *-ghi*) **1** (*lett.*) Che erra sul mare, sulle onde: *noi ... promettiam ritorno / su l'ondivaghe prore al patrio lido* (MONTI). **2** (*raro, fig.*) Detto di persona che, nel parlare, rimane nel vago.

ondògrafo [comp. di *onda* nel sign. 6, e *-grafo*] s. m. ● (*fis.*) Strumento che disegna la forma d'onda di una tensione alternata mediante una successione di gradini.

†ondoleggiàre [ints. di *ondulare*] v. intr. ● Ondeggiare leggermente.

ondoscòpio [comp. di *onda* nel sign. 6, e *-scopio*] s. m. ● (*fis.*) Tubo a scarica a bagliore usato per rivelare la presenza di radiazione ad alta frequenza.

ondosità s. f. ● Qualità o condizione di ciò che è ondoso.

ondóso [lat. *undōsu(m)*, agg. di *ŭnda* 'onda'] agg. **1** Delle onde, relativo alle onde: *moto o.* **2** Pieno di onde (*anche fig.*): *mare o.*; *un giovine dalla bella chioma ondosa* (D'ANNUNZIO). **3** †Bagnato, asperso.

ondulànte part. pres. di *ondulare*; anche agg. **1** Nei sign. del v. **2** (*med.*) *Febbre o.*, in cui si alternano punte alte e basse, come nella febbre maltese.

ondulàre [dal lat. tardo *ŭndula*, dim. di *ŭnda* 'onda'] **A** v. tr. (*io óndulo* o *òndulo*) ● Incurvare a onda, dare sinuosità di onda: *o. la lamiera, i capelli*. **B** v. intr. (aus. *avere*) ● (*lett.*) Muoversi ondeggiando: *le spighe ondulavano al vento*.

ondulàto part. pass. di *ondulare*; anche agg. **1** Nei sign. del v. **2** (*est.*) Irregolare, mosso: *superficie ondulata*; *terreno o.* | Serpeggiante: *traiettoria ondulata*.

ondulatóre [da *ondulato*] s. m. **1** Apparecchio elettrico che trasforma una corrente continua in alternata. **2** Apparecchio che registra le correnti elettriche variabili.

ondulatòrio [da *ondulato*] agg. ● Che si propaga a onde: *movimento o.* | *Terremoto o.*, a scosse orizzontali | (*fis.*) *Teoria ondulatoria*, teoria sulla natura della luce che, in contrapposizione alla teoria corpuscolare, spiega i fenomeni ottici in base all'emissione e propagazione di onde, non di corpuscoli.

ondulazióne [da *ondulato*] s. f. **1** Oscillazione o vibrazione come di onde. **2** Disposizione a onde: *l'o. delle colline*. **3** Acconciatura dei capelli femminili piegati a onde: *o. a caldo, a freddo*; *o. permanente*.

†ondùnque [comp. di *onde* e *-unque*, ricavato da *dovunque*] avv. ● (*raro, lett.*) Dovunque.

onduré̀gno o **onduregno** ● V. *honduregno*.

-óne (1) [lat. *-one(m)*, suff. individualizzante, che indicava la qualità caratteristica di una persona] suff. **1** Entra nella formazione di sostantivi e aggettivi (sostantivati) alterati, con valore accrescitivo (con varie sfumature di tono): *pigrone, zoticone, cavallone, donnone, fanciullone*. **2** Assume valore derivativo in nomi di persona, che indicano abitudine o eccesso nel fare l'azione espressa dal verbo da cui sono tratti (*brontolone, chiacchierone, dormiglione, imbroglione, mangione, predone*) e in sostantivi comuni (*capellone, terrone*).

-óne (2) [gr. *-ṓnē*, patronimico f., assunto per i comp. derivati dal gruppo (*chet*)*one*] suff. ● In chimica organica, indica la presenza di un gruppo chetonico –CO–: *acetone, chetone*.

-óne (3) [gr. *-on*, desinenza del nt. degli agg. in *-os*] suff. ● In fisica, indica entità elementari (*bosone, elettrone, mesone*) e, in biologia, indica un'unità funzionale (*codone, neurone*).

onèiro- ● V. *oniro-*.

oneirologìa ● V. *onirologia*.

oneiromanzìa ● V. *oniromanzia*.

oneràre [vc. dotta, lat. *onerāre*, da *ŏnus*, genit. *ŏneris* 'onere'] v. tr. (*io ònero*) **1** Imporre un onere: *o. i cittadini di tasse*. **2** (*fig.*) Gravare di un obbligo o di una responsabilità.

oneràrio [vc. dotta, lat. *onerāriu(m)*, agg. di *ŏnus*, genit. *ŏneris* 'onere'] agg. ● Da carico, da trasporto, spec. in riferimento alle navi degli antichi romani.

oneràto A part. pass. di *onerare*; anche agg. ● Nei sign. del v. **B** s. m. ● (*dir.*) Donatario, erede o legatario in quanto tenuti all'adempimento di un modo | (*est.*) Erede o legatario in quanto tenuti all'adempimento di un legato.

†onerazióne s. f. ● Atto del porre carico, peso.

ònere [vc. dotta, lat. *ŏnere*, abl. di *ŏnus* 'peso', di origine indeur.] s. m. **1** (*dir.*) Comportamento imposto dalla legge a un soggetto per il conseguimento di effetti giuridici a lui favorevoli | *Oneri fiscali*, complesso dei tributi gravanti su un determinato soggetto o su determinati altri | *Oneri sociali*, complesso dei contributi previdenziali ed assicurativi che gravano in parte sul datore di lavoro ed in parte sul lavoratore | (*est.*) Obbligo, peso. **2** (*fig.*) Peso o responsabilità gravosa: *assumersi un o.* | *Avere gli oneri e non gli onori*, svolgere gratuitamente una carica gravosa.

onerosità [vc. dotta, lat. tardo *onerositāte(m)*, da *onerōsus* 'oneroso'] s. f. ● Qualità di ciò che è oneroso.

oneróso [vc. dotta, lat. *onerōsu(m)*, agg. di *ŏnus*, genit. *ŏneris* 'onere'] agg. **1** (*dir.*) Di negozio giuridico in cui ciascuna delle parti riceve una controprestazione. *2* (*fig.*) Pesante, grave, molesto: *pena onerosa*; *patto, contratto, obbligo o.* ‖ **onerosaménte**, avv.

onestà o †**onestàde** [vc. dotta, lat. *honestāte(m)*, da *honĕstus* 'onesto'] s. f. *1* Qualità di chi o di ciò che è onesto: *uomo di specchiata o.*; *o. di vita, di costumi, di intenzioni*; *l'o. di un magistrato, di un commerciante*. SIN. Dirittura, probità, rettitudine. *2* †Decoro: *atti ornati di tutte onestadi* (DANTE *Par.* XXXI, 51) | †Modestia.

onestàre [vc. dotta, lat. *honestāre* 'onorare', da *honĕstus* 'dignitoso, onesto'] v. tr. (*io onèsto*) *1* (*raro, lett.*) Far apparire onesto. *2* †Abbellire, ornare.

one-step /*ingl.* 'wʌn step/ [vc. ingl., propriamente 'un passo', comp. di *one* 'uno' e *step* 'passo', vc. germ. di origine indeur.] s. m. inv. ● Ballo di origine nordamericana, il cui movimento è simile a una marcia ritmica.

onèsto [vc. dotta, lat. *honĕstu(m)*, da *hŏnos*, genit. *honōris* 'onore'] **A** agg. *1* Che è incapace di compiere atti malvagi, illegali o illeciti, sia per osservanza di principi giuridici o morali, sia per radicato senso della giustizia: *è gente onesta*; *è un giovane povero ma o.* | *L'o. Iago*, (*iron., fig.*) persona pessima con apparenza e ostentazione di galantuomo. SIN. Probo, retto. *2* Consono alla rettitudine, conforme alla legge morale: *pensieri, propositi onesti*; *ho agito con intenzioni oneste* | Onorevole, onorato: *un'onesta morte*; *il suo è un o. desiderio*; *lavoro o.* *3* Casto, puro (riferito, spec. un tempo, a donna): *una fanciulla onesta*. SIN. Casto, puro. *4* Giusto, decoroso, conveniente, accettabile: *linguaggio o.*; *una politica onesta*; *mi sembra che offrano un prezzo molto o.* | *Critica onesta*, obiettiva e corretta | Discreto, lecito: *discorsi, piaceri, spettacoli, giochi onesti*. *5* (*raro*) Dignitoso: *colla chioma arruffata e polverosa, / e d'o. sudor bagnato il volto* (POLIZIANO). *6* †Bello d'aspetto. ‖ **onestaménte**, avv. *1* Con onore, rettitudine, probità: *vivere, lavorare onestamente*. *2* In tutta sincerità e franchezza, con amore e rispetto della verità: *onestamente, non so che decisione prendere*; *cerca di considerare onestamente la tua posizione*. *3* (*lett.*) Con decoro e decenza; †con eleganza e bellezza. **B** avv. ● †Onestamente | †Con nobile modestia: *O Tosco che per la città del foco / vivo ten vai così parlando o.* (DANTE *Inf.* X, 22-23). **C** s. m. (f. *-a* nel sign. 1) *1* Uomo che vive e agisce rettamente: *i giusti e gli onesti condanneranno le tue decisioni*. *2* Ciò che è conforme alla rettitudine, all'onestà: *mantenersi entro i limiti dell'o.* SIN. Giusto ‖ PROV. Chi non si accontenta dell'onesto perde il manico ed il cesto.

onestuòmo o **onest'uòmo** [comp. di *onest(o)* e *uomo*] s. m. ● Galantuomo, uomo per bene.

†**onestùra** [da *onesto*] s. f. ● Abbellimento.

onfalite [comp. di *onfalo-* e *-ite* (*1*)] s. f. ● (*med.*) Infiammazione dell'ombelico.

ònfalo [vc. dotta, gr. *omphalós* 'ombelico' (V. *onfalo-*)] s. m. ● (*anat.*) Ombelico.

onfalo- [dal gr. *omphalós* 'ombelico', di origine indeur.] primo elemento ● In parole composte della terminologia medica, significa 'ombelico': *onfalite, onfalocele, onfalorragia*.

onfalocèle [comp. di *onfalo-* e *-cele*] s. m. ● (*med.*) Ernia ombelicale.

onfalorragìa [comp. di *onfalo-* e *-ragia*] s. f. (pl. *-gie*) ● (*med.*) Emorragia proveniente dall'ombelico.

onfalorrèa [comp. di *onfalo-* e *-rea*] s. f. ● (*med.*) Fuoriuscita di sostanza sierosa dall'ombelico.

onfalotomìa [vc. dotta, gr. *omphalotomía*, comp. di *omphalós* 'ombelico' (V. *onfalo-*) e *-tomía* '-tomia'] s. f. ● (*med.*) Resezione del cordone ombelicale.

†**ongarése** ● V. *ungherese*.

†**óngaro** ● V. *ungaro*.

-óni [suff. di non chiara origine] suff. ● Entra nella formazione di avverbi indicanti modalità o condizione, spec. del corpo umano nella sua varia collocazione rispetto alla terra come *barcolloni, bocconi, bracaloni, carponi, cavalcioni, ciondoloni, gattoni, ginocchioni, penzoloni saltelloni, tastoni, tentoni*, e anche nelle forme locutive avverbiali *a cavalcioni, a tentoni* o raddoppiate *barcollon barcolloni, gatton gattoni*.

ònice [vc. dotta, lat. *ŏnycha*, nom. *ŏnyx*, dal gr. *ónyx* 'unghia', di origine indeur., per il colore simile a quello delle unghie] s. f. ● (*miner.*) Varietà di calcedonio zonato.

onichìa [da *onico-*] s. f. ● (*med.*) Onicosi.

ònico- [dal gr. *ónyx*, genit. *ónychos* 'unghia', di origine indeur.] primo elemento ● In parole composte della terminologia medica e zoologica, significa 'unghia': *onicofagia, onicofori, onicosi*.

onicofagìa [comp. di *onico-* e *-fagia*] s. f. ● (*med.*) Tendenza nevrotica a rosicchiarsi le unghie.

onicòfago agg.; anche s. m. (f. *-a*; pl. m. *-gi*) ● Che, chi soffre di onicofagia.

Onicòfori [comp. di *onico-* e *-foro*] s. m. pl. ● Nella tassonomia animale, gruppo di Metazoi metamerici con appendici ambulatorie non articolate e corpo molliccio, per molti aspetti intermedi fra gli Anellidi e gli Artropodi (*Onycophora*) | (al sing. *-o*) Ogni individuo di tale gruppo.

onicogrifòṣi [comp. di *onico-* e *grifosi*] s. f. ● (*med.*) Alterazione per cui la lamina dell'unghia s'ispessisce e si allunga notevolmente.

onicomicòṣi [comp. di *onico-* e *micosi*] s. f. *1* (*med.*) Malattia di una o più unghie, spec. delle mani, causata da funghi patogeni. *2* (*veter.*) Malattia dello zoccolo degli equini, per cui lo zoccolo perde resistenza, si deforma e non regge più la ferratura. SIN. Formicaio.

onicorrèssi [comp. del gr. *ónyx*, genit. *ónychos* 'unghia' e *réseis* 'frattura'] s. f. ● (*med.*) Alterazione per cui la lamina dell'unghia tende a sfaldarsi e a scheggiarsi.

onicòṣi [comp. di *onic(o)-* e *-osi*] s. f. ● (*med.*) Malattia delle unghie in generale.

-onimìa secondo elemento ● Forma sostantivi astratti corrispondenti alle parole in *-onimo*: *anonimia, omonimia*.

-ònimo [gr. *-ónymos*, da *ónyma*, variante dial. di *ónoma* 'nome'] secondo elemento ● In parole composte, significa 'nome': *anonimo, omonimo, pseudonimo, toponimo*.

oniomanìa [comp. del gr. *ōnêisthai* 'comperare', di origine indeur., e *-mania*] s. f. ● Impulso morboso agli acquisti.

oniomanìaco agg.; anche s. m. (f. *-a*; pl. m. *-ci*) ● Che, chi è affetto da oniomania.

†**onire** [ant. fr. *honnir*, dal francone *haunjan*] v. tr. ● Adontare, offendere.

onìrico [dal gr. *óneiros* 'sogno', di origine indeur.] agg. (pl. m. *-ci*) ● Relativo o simile ai sogni: *visione onirica*; *la sua avventura onirica gli risultava, al ricordo, piuttosto lunga e vasta* (MORANTE). ‖ **oniricaménte** avv.

onirìṣmo [dal gr. *óneiros* 'sogno' (V. *onirico*)] s. m. ● (*med.*) Stato alterato della coscienza caratterizzato da intensa produzione fantastica e perdita del senso di realtà.

oniro- o (*raro*) **oneiro-** [dal gr. *óneiros* 'sogno', di origine indeur.] primo elemento ● In parole composte dotte, significa 'sogno' o indica relazione con i sogni: *onirologia, oniromanzia*.

onirologìa o **oneirologìa** [comp. di *oniro-* e *-logia*] s. f. (pl. *-gie*) ● Scienza che tratta dei sogni.

oniromanzìa o **oneiromanzìa** [comp. di *oniro-* e *-manzia*] s. f. ● Tecnica divinatoria che trae presagi dall'interpretazione dei sogni.

onisco [vc. dotta, gr. *onískos* 'asinello', dim. di *ónos* 'asino', di origine straniera] s. m. (pl. *-schi*) ● Piccolo crostaceo isopode comune sotto i sassi e nel terriccio, che si avvolge a palla quando è toccato (*Oniscus murarius*).

Oniscoidèi [gr. *ónískos* 'millepiedi', da *ónos* 'asino' (di origine non indeur.)] s. m. pl. ● Nella tassonomia animale, sottordine di Crostacei degli Isopodi comprendente specie terrestri o anfibie, a segmenti toracici quasi tutti liberi (*Oniscoidea*) | (al sing. *-o*) Ogni individuo di tale sottordine.

onìssi [da *onico-*] s. f. ● (*med.*) Onicosi di origine infiammatoria.

on-line /*ingl.* 'ɔnlain/ [vc. ingl., propr. 'in linea', comp. di *on* 'su, in' (d'origine germ.) e *line* 'linea' (V. *off-line*)] loc. agg. ● (*elab.*) Di apparecchio collegato direttamente all'unità centrale di un elaboratore. CONTR. Off-line.

†**ònne** ● V. *ogni*.

†**ònni** ● V. *ogni*.

ònni- o (*raro*) **òmni-** [dal lat. *ŏmnis* 'tutto'] primo elemento ● In parole composte dotte, significa 'tutto', 'ogni cosa' o 'dappertutto': *onnicomprensivo, onnipossente, onnipresente, onnivoro*.

onnicomprensivo [comp. di *onni-* e *comprensivo*] agg. ● (*lett.*) Che comprende in sé ogni cosa | (*bur.*) Detto di edificio o centro scolastico che ospita scuole superiori di vari indirizzi.

onnidirezionàle ● V. *omnidirezionale*.

†**onnifecóndo** [comp. di *onni-* e *fecondo*] agg. ● (*poet.*) Che feconda ogni cosa.

onninaménte [dal lat. *omnīno* 'del tutto', da *ŏmnis* 'ogni'] avv. ● (*lett.*) Interamente, totalmente, in tutto e per tutto.

onnipossènte [comp. di *onni-* e *possente*, sul modello di *onnipotente*] agg. ● (*lett.*) Onnipotente.

onnipotènte [vc. dotta, lat. *omnipotĕnte(m)*, comp. di *ŏmnis* 'ogni' e *pŏtens*, genit. *potĕntis* 'potente'] **A** agg. ● Che può tutto, spec. riferito a Dio: *Dio o.* | (*est., iperb.*) Di persona che detiene un grande potere: *essere o. nel mondo dell'industria*; *riconoscere la mano o. di qc.* ‖ **onnipotenteménte**, avv. (*raro*) In modo onnipotente. **B** s. m. ● (*per anton.*) Dio: *pregare l'o.*

onnipotènza [vc. dotta, lat. tardo *omnipotĕntia(m)*, da *omnĭpotens*, genit. *omnipotĕntis* 'onnipotente'] s. f. ● Condizione o natura di chi, di ciò che è onnipotente: *l'o. di Dio*; *l'o. della ricchezza* | (*psicol.*) *Delirio di o.*, disturbo caratterizzato dal bisogno di controllare il mondo circostante con rituali di tipo magico.

onnipreṣènte [comp. di *onni-* e *presente*] agg. *1* Che è presente in ogni luogo, spec. riferito a Dio: *Dio è o.* *2* (*fig., scherz.*) Di persona che si incontra sempre e dovunque.

onnipreṣènza s. f. ● Il trovarsi o il potersi trovare contemporaneamente in più luoghi.

onnisciènte o (*raro*) **omnisciènte** [comp. del lat. *ŏmnis* 'ogni' e *sciĕns*, genit. *sciĕntis*, part. pres. di *scīre* 'sapere' (V. *sciente*)] agg. ● Che sa tutto riguardo a ogni cosa, spec. riferito a Dio: *Dio è o.*; *nessun uomo è o.*

onnisciènza o (*raro*) **omnisciènza** s. f. ● Conoscenza di tutte le cose.

†**onniscio** o †**omniscio** [vc. dotta, lat. tardo *omnīsciu(m)*, comp. di *ŏmnis* 'ogni' e *-scĭus*, da *scīre* (V. *onniscente*)] agg. ● Onnisciente.

onniveggènte [comp. di *onni-* e *veggente*] agg. ● Che vede o può vedere tutto.

onniveggènza s. f. ● Virtù di chi è onniveggente: *l'o. divina*.

onnìvoro o (*raro*) **omnìvoro** [vc. dotta, lat. *omnīvoru(m)*, comp. di *ŏmnis* 'ogni' e *-vorus*, da *vorāre* 'divorare'] agg. ● Che mangia di tutto: *un animale o.*

onnubilàre e *deriv.* ● V. *obnubilare* e *deriv.*

onocèfalo [vc. dotta, gr. *onoképhalos*, comp. di *ónos* 'asino' (V. *onisco*) e *-kēphalos* '-cefalo'] agg. ● (*lett.*) Che ha la testa di asino.

onomanzìa [comp. del gr. *ónoma* 'nome', di origine indeur., e *-manzia*] s. f. ● Tecnica divinatoria che trae presagi dall'interpretazione del valore etimologico, numerico o simbolico dei nomi delle persone.

onomaṣiologìa [comp. del gr. *onomasía* 'denominazione', da *onomázein* 'nominare' (V. *onomastico*) e *-logia*] s. f. (pl. *-gie*) ● (*ling.*) Disciplina che studia le diverse attuazioni lessicali di una stessa idea o immagine all'interno di una o più lingue.

onomaṣiològico agg. (pl. m. *-ci*) ● Di, relativo a, onomasiologia: *trattato o.*

onomaṣiòlogo s. m. (f. *-a*; pl. m. *-gi*, pop. *-ghi*) ● Studioso, esperto in onomasiologia.

onomàstica [vc. dotta, gr. *onomastikḗ*, f. sost. di *onomastikós* 'onomastico'] s. f. *1* (*ling.*) Insieme dei nomi propri di una lingua o di una regione. *2* Studio dell'origine di tali nomi: *o. dell'Italia, della Francia*.

onomàstico [vc. dotta, gr. *onomastikós* 'denominativo, atto a denominare', da *onomázein* 'nominare', da *ónoma* 'nome', di origine indeur.] **A** agg. (pl. m. *-ci*) *1* (*ling.*) Relativo all'onomastica: *lessico o.*; *ricerche onomastiche*. *2* Detto del giorno in cui si celebra la festa della santa o del santo di cui si porta il nome. **B** s. m. ● Giorno onomastico:

festeggiare il proprio o.; *oggi è il mio o.*

onomatomania [comp. del gr. *ónoma*, genit. *onómatos* 'nome', di origine indeur., e *-mania*] s. f. ● (*psicol.*) Fissazione morbosa su un nome o una parola.

onomatopèa o **onomatopèia** [vc. dotta, lat. *onomatopōeia*(*m*), nom. *onomatopōeia*, dal gr. *onomatopoiía*, comp. di *ónoma*, genit. *onómatos* 'nome' e *poiêin* 'fare' (V. *poeta*)] s. f. ● (*ling.*) Formazione di parole che riproducono o suggeriscono rumori e suoni naturali: *Nei campi / c'è un breve gre gre di ranelle* (PASCOLI) | Parola o gruppo di parole il suono delle quali richiama il loro significato: *Il tuo trillo sembra la brina / che sgrigiola, il vetro che incrina* (PASCOLI).

onomatopèico agg. (pl. m. *-ci*) ● (*ling.*) Di, relativo a onomatopea.

onomaturgia [dal gr. *onomatourgós* 'coniatore di parole', comp. di *ónoma*, genit. *onómatos* 'nome' (V. *onomanzia*) e un deriv. di *érgon* 'opera, lavoro' (di origine indeur.)] s. f. ● Studio linguistico che accerta la data e l'autore relativi alla coniazione di una parola | Coniazione di parole nuove, di neologismi.

onomatùrgo s. m. (f. *-a*; pl. m. *-gi*, pop. *-ghi*) ● Studioso di onomaturgia | Coniatore di parole nuove, di neologismi.

onònide [vc. dotta, gr. *onōnís*, genit. *onōnídos*, di etim. incerta] s. f. ● Pianta erbacea delle Papilionacee con rami spinosi e fiori ascellari di color rosa intenso (*Ononis spinosa*).

onoràbile [vc. dotta, lat. *honorābile*(*m*), da *honorāre* 'onorare'] agg. *1* Degno di essere onorato: *nome o.* *2* †Che fa onore: *esequie onorabili.* || **onorabilménte**, avv. Con onore.

onorabilità s. f. *1* Qualità di chi, di ciò che è onorabile: *la sua o. è fuori discussione.* *2* Buon nome, buona fama: *offendere*, *ledere l'o. di qc.*

onorando [vc. dotta, lat. *honorāndu*(*m*), gerundio di *honorāre* 'onorare'] agg. ● (*lett.*) Che deve essere onorato, che è degno di riverenza.

onorànza o †**onrànza**, †**orrànza** [da *onorante*] s. f. *1* (*raro*) Onore. *2* (*spec. al pl.*) Celebrazione o festeggiamento in onore di qc.: *gli furono tributate solenni onoranze* | *Estreme onoranze*, *onoranze funebri*, esequie, funerali.

onoràre o †**onràre**, †**orràre** [vc. dotta, lat. *honorāre*, da *hŏnos*, genit. *honōris* 'onore'] **A** v. tr. (*io onóro*) *1* Trattare con onore, celebrare od ossequiare con atti e comportamenti che dimostrino ammirazione, stima e sim.: *o. la memoria dei grandi*; *onorarono i caduti con un bellissimo monumento* | *O. il padre e la madre*, trattarli con particolare venerazione e rispetto | *O. qc. con*, *di un titolo*, *una nomina*, *un incarico di fiducia* e sim., conferirglieli in segno di massima stima e considerazione | *O. qc. della propria amicizia*, *di una visita*, *di una pronta risposta* e sim., dimostrargli con tali sentimenti o azioni la propria alta considerazione | *O. gli ospiti*, accoglierli od ospitarli con ogni cura e attenzione | *O. i defunti*, celebrarne con solennità la memoria | (*est.*, *lett.*) Accogliere in modo fastoso e deferente. *2* (*relig.*) Prestare culto esteriore, venerare e adorare con atti: *o. Dio*, *la Vergine*, *i santi.* *3* Rendere degno della massima stima e considerazione, rendere illustre e famoso: *le sue gesta onorano la patria*; *o. la scienza con opere di grande valore.* *4* Mandare a effetto, tenendo fede a precisi impegni assunti: *o. una promessa di pagamento* | *O. la propria firma*, pagare la somma stabilita | *O. una cambiale*, *una tratta*, pagarla. **B** v. rifl. ● Fregiarsi, pregiarsi: *mi onoro della vostra amicizia.*

onoràrio (1) [vc. dotta, lat. *honorāriu*(*m*), da *hŏnos*, genit. *honōris* 'onore'] agg. *1* Fatto o conferito a titolo d'onore: *monumento o.*; *cittadinanza onoraria* | *Colonna onoraria*, grande colonna eretta dagli antichi Romani per commemorare le gesta dei grandi imperatori, sul cui fusto si svolgono a spirale rilievi che esaltavano le imprese del personaggio. *2* Insignito di una carica, di un ufficio e sim., solo a titolo d'onore, senza gli obblighi e i diritti relativi alle stesse: *socio*, *membro*, *cittadino*, *professore o.* CONTR. Effettivo.

onoràrio (2) [vc. dotta, lat. tardo *honorāriu*(*m*). V. precedente] s. m. ● Corrispettivo spettante a un professionista per l'attività esplicata.

onoratézza [da *onorato*] s. f. ● (*raro*) Comprovata rettitudine, buona reputazione.

onoratìssimo agg. *1* Sup. di *onorato*. *2* Felicissimo, spec. in frasi o formule di cortesia: *o. di fare la sua conoscenza.*

†**onoratìvo** [da *onorato*] agg. ● Atto a fare o dare onore.

onoràto o †**onràto**, †**orràto**. part. pass. di *onorare*; anche agg. *1* Nei sign. del v. *2* *Povertà onorata*, onesta e dignitosa | *Sentirsi*, *reputarsi o. di o per q.c.*, trarne motivo di soddisfazione | *L'onorata società*, la camorra napoletana e (*est.*) la mafia o altre analoghe associazioni. *3* Onorevole: *morte*, *sepoltura onorata*; *è andato in pensione dopo vent'anni di o. servizio.* *4* In frasi di cortesia, molto felice: *o. di conoscerla.* || **onoratìssimo**, sup. (V.). || **onorataménte**, avv. In modo onorato, con onore: *vivere onoratamente.*

onoratóre agg. (f. *-trice*) ● (*raro*) Che onora o rende onore.

†**onorazióne** [vc. dotta, lat. tardo *honoratiōne*(*m*), da *honorātus* 'onorato'] s. f. ● Atto dell'onorare.

onóre [vc. dotta, lat. *honōre*(*m*), di etim. incerta] s. m. **I** Inteso come attributo intimo della personalità umana, considerato sia soggettivamente che oggettivamente. *1* Integrità di costumi, costante rispetto e pratica dei principi morali propri di una comunità, su cui si fonda la pubblica stima: *ledere l'o. di qc.*; *non transigerò mai sul mio o.*; *difendere a ogni costo il proprio o.* | *L'o. di una fanciulla*, la castità, la verginità | Buon nome, buona reputazione: *è gelosissimo dell'o. suo e della famiglia*; *è una questione d'o. e va risolta con molto tatto* | *Impegnarsi*, *giurare*, *garantire sul proprio o.*, dandolo come garanzia assoluta e indiscutibile di quanto si promette o si afferma | *Parola d'o.!*, detto per garantire sul proprio onore | *Ne va dell'o.*, *è in giuoco l'o.*, detto a proposito di situazioni che possono compromettere l'onorabilità di una persona | *Debito d'o.*, quello derivante da un obbligo non giuridico | (*dir.*) *Causa d'o.*, movente o scopo di taluni reati contro la persona, diretti a celare o vendicare offese all'onore sessuale, un tempo rilevante come circostanza attenuante per il colpevole. *2* Gloria, fama, vanto: *l'o. va al maestro e allo scolaro*; *un artista che è l'o. del nostro secolo*; *l'o. è 'l più nobile stimolo del valor militare* (VICO) | *Tenere alto l'o. della patria*, *della famiglia* e sim., comportarsi in modo da aumentarne la fama, da recar loro vanto e gloria. *3* Consapevolezza radicata della propria dignità personale e volontà di mantenerla intatta comportandosi come si conviene: *uomo d'o.*; *ho fatto ciò che l'o. mi imponeva* | *Punto d'o.*, sul quale non si può transigere, senza venir meno ai propri principi | Alta soddisfazione: *ho l'o. di proporvi un generoso intervento*; *ho l'o. di presentarvi il più famoso dei nostri letterati.* *4* Consapevolezza della dignità e del valore altrui e conseguente stima: *avere*, *tenere qc. in o.*, *in grande o.* **II** Inteso come elemento esterno della personalità, come fattore principale del decoro e del pregio esteriore di un individuo, di un gruppo o di una istituzione. *1* Tutto ciò che conferisce o può conferire dignità, maestà, decoro a qc. o a q.c.: *cercare*, *procurare*, *perseguire l'o. della patria*, *della famiglia*; *è meritevole di ogni o.* | Omaggio, ossequio: *col suo gesto ha inteso rendere o. alla memoria dei caduti* | *Onori funebri*, esequie | *O. di guerra*, *delle armi*, resi dal vincitore all'avversario vinto che ha dato prova di straordinario valore e al quale viene concesso di conservare insegne e armi | *Onori militari*, dovuti a determinati alti gradi o simboli, secondo le modalità prescritte dai regolamenti | *Compagnia d'o.*, assegnata a grandi personalità | *Scorta*, *guardia*, *picchetto d'o.*, concessi a dignitari, ministri e sim. | *Salve d'o.*, salve di artiglieria, quale solenne saluto ad altissime personalità o in occasione di particolari cerimonie celebrative | *Posto d'o.*, riservato alle persone di maggior riguardo | *Socio d'o.*, onorario | (*fig.*) *Ad o. del vero*, in verità, in omaggio alla verità. *2* Culto e rito di adorazione, di venerazione: *o. a Dio*, *ai Santi.* *3* Carica, dignità o ufficio molto elevato: *rifiutò ogni o. e si ritirò a vivere in campagna*; *fu elevato ad alti onori*; *è un arrivista e la sua sete d'onori è inestinguibile* | *Onori accademici*, titoli | *L'o. della porpora*, la dignità di cardinale | *L'o. della corona*, la dignità regale o imperiale | *L'o. degli altari*, la dichiarata santità | (*est.*) Condizione insigne, che suscita rispetto e procura distinzione: *dal nulla seppe pervenire a grande o.* | *Gli onori del mondo*, i successi mondani, destinati a perire. *4* Trattamento non comune, riservato a cose particolarmente pregevoli o a persone di grande fama e dignità: *il suo libro ebbe l'o. di numerose riedizioni*; *ricevette dovunque onori eccelsi*; *fu sepolto con grandi onori* | Ciò che è concesso come riconoscimento di tale pregio o dignità: *medaglia d'o.*; *menzione d'o.*; *un o. immeritato*; *banchetto in o. degli sposi* | *Vino d'o.*, bicchierata per festeggiare qc. e rallegrarsi con lui | *Piazza d'o.*, il secondo posto in una classifica, nell'arrivo di una gara e sim. | *Giro d'o.*, quello compiuto in pista dal vincitore di una gara, spec. ciclistica, alla fine della stessa. *5* Dignità, decoro: *mantenersi con o.*; *la situazione era scabrosa*, *ma ne è uscito con o.* *6* Ornamento esteriore: *l'alloro fu o. di imperatori e di poeti* | *L'o. del mento*, la barba | (*est.*) Pompa, gala: *fu accolto con onori regali.* *7* In unione con il v. *fare*, seguito da vari compl., dà origine a molte loc. | *Fare o.*, detto di qc. che dimostra le qualità, anche insospettate, di una persona, o di persona che si comporta in modo da essere per qc. motivo di vanto, di gloria, d'orgoglio | *Bell'o. s'è fatto!*, detto di persona che si comporta in modo tutt'altro che onorevole | *Farsi o. in q.c.*, comportarsi, agire o riuscire egregiamente in q.c. | (*raro*) *Farsi o. di q.c.*, regalarla | *Fare a qc. l'o. di*, onorarlo con atti o parole a lui dirette | *Non gli fa o.!*, di cosa che torna a scapito o a disonore di qc. | *Fare o. agli ospiti*, *agli invitati* e sim., accoglierli e trattarli con i dovuti riguardi | *Fare gli onori di casa*, di persona che riceve e intrattiene gli ospiti | *Fare o. al pranzo*, *alla festa* e sim., mostrare di gradirli molto | *Fare o. alla propria firma*, *al proprio nome*, *alla propria parola*, pagare puntualmente ciò che si deve o mantenere comunque ciò che s'è promesso. *8* Carta di valore particolare, nel gioco del tressette e del bridge. || †**onorétto**, dim. | **onorùccio**, **onorùzzo**, dim.

onorévole o †**orrévole** [da *onorabile*, con cambio di suff.] **A** agg. *1* Degno di onore: *famiglia*, *stirpe o.*; *il molto o. signor Tal dei Tali.* *2* Appellativo spettante ai parlamentari, spec. ai deputati: *l'o. ministro della Pubblica Istruzione.* *3* Che costituisce un onore, che fa onore: *gesta*, *imprese onorevoli* | Decoroso, dignitoso: *impiego o.*; *accettare condizioni e patti onorevoli*; *avete preso il solo partito o.*, *conveniente*, *che vi rimanesse* (MANZONI). || **onorevolménte**, †**onorevoleménte**, avv. *1* Con onore: *accogliere qc. onorevolmente*; *l'hanno sepolto onorevolmente.* *2* In modo degno, decoroso: *sono riusciti ad accordarsi onorevolmente.* **B** s. m. e f. ● Parlamentare, spec. deputato.

onorevolézza o †**orrevolézza** s. f. ● (*raro*) Qualità di chi, di ciò che è onorevole.

†**onorificàre** [vc. dotta, lat. tardo *honorificāre*, comp. di *hŏnos*, genit. *honōris* 'onore' e *-ficare* '-ficare'] v. tr. ● (*raro*) Onorare.

†**onorificatóre** agg.; anche s. m. (f. *-trice*) ● Chi, che rende onore.

†**onorificazióne** [vc. dotta, lat. tardo *honorificatiōne*(*m*), da *honorificare* 'onorificare'] s. f. ● Onoranza.

†**onorificènte** [da *onorificenza*] agg. ● Che rende onore.

onorificènza [vc. dotta, lat. tardo *honorificĕntia*(*m*), da *honorĭficus* 'onorifico'] s. f. ● Carica, titolo, decorazione e sim. concessa in segno d'onore: *o. cavalleresca*; *essere avido di onorificenze.*

onorìfico [vc. dotta, lat. *honorĭficu*(*m*), comp. di *hŏnos*, genit. *honōris* 'onore' e *-ficus* '-fico'] agg. (pl. m. *-ci*) ● Dato o fatto per onore: *carica*, *menzione onorifica* | *A titolo o.*, senza obblighi corrispondenti. || **onorificaménte**, avv. In modo onorifico; onorevolmente.

†**onorità** s. f. ● Onore.

†**onràre** e *deriv.* ● V. *onorare* e *deriv.*

ónta [ant. fr. *honte*, dal francone *haunitha*] s. f. *1* Vergogna, disonore, infamia: *un'o. incancellabile* | *Avere o.*, vergognarsi. *2* Affronto, oltraggio, ingiuria: *vendicare l'o. sofferta*; *cancellare l'o. col sangue* | *Ad o. di*, a dispetto di, malgrado | *In o. a*, contro.

ontanéta s. f. ● Bosco di ontani.

ontanéto s. m. ● Ontaneta.

ontàno [lat. tardo *alnetānu(m)*, da *alnētum* 'ontaneto', da *ālnus* 'alno, ontano'] s. m. ● Albero delle Betulacee, a foglie ovate, vischiose da giovani, comune nei luoghi umidi e paludosi, il cui legno è molto usato per costruzioni (*Alnus glutinosa*). SIN. Alno.

†**ontànza** [da *onta*] s. f. ● Vergogna.

†**ontàre** [ant. fr. *honter* 'svergognare', da *honte* 'onta'] v. tr. ● Adontare, schernire.

†**onteggiàre** [da *onta*] v. tr. ● Offendere, ingiuriare.

on the road /ingl. 'ɔn ðə 'roud/ [loc. ingl., propr. 'sulla strada', dal titolo di un romanzo del 1957 dello scrittore statunitense J. Kerouac] **A** loc. agg. inv. ● Detto di film o racconto che ha per tema un lungo viaggio compiuto da personaggi estranei a modi di vita tradizionali | (*est.*) Detto di stile di vita anticonformista, con aspirazioni libertarie. **B** anche loc. avv.: *vivere on the road*.

on the rocks /ɔnde'rɔks, *ingl.* ən ðə'rɔks/ [vc. anglo-amer., propriamente 'sulle rocce, sui sassi'; *rock* ha la stessa etim. dell'it. *roccia*] loc. avv. e agg. ● Detto di whisky, liquore, o vino, versato direttamente in un bicchiere sul cui fondo è stato posto uno o più cubetti di ghiaccio.

òntico [da *onto-*] agg. (pl. m. *-ci*) ● (*filos.*) Che concerne l'essere in quanto esistenza individuale e determinata nello spazio e nel tempo.

ónto- [gr. *ón*, genit. *óntos* 'ente', nel senso gramm. di part. pres. del v. *êinai* 'essere'] primo elemento ● In parole composte della terminologia filosofica, significa 'essere', 'esistenza', 'ente': *ontologia* | In biologia, significa 'organismo vivente': *ontogenesi*.

ontogènesi [comp. di *onto-* e *genesi*] s. f. ● (*biol.*) Il complesso dei processi di sviluppo dell'individuo, dall'uovo fecondato fino allo stadio di stato adulto.

ontogenètico agg. (pl. m. *-ci*) ● (*biol.*) Che concerne l'ontogenesi: *sviluppo o.*; *processo o.*

ontologìa [comp. di *onto-* e *-logia*] s. f. (pl. *-gie*) ● (*filos.*) Branca della filosofia che studia le modalità fondamentali dell'essere in quanto tale al di là delle sue determinazioni particolari o fenomeniche.

ontològico agg. (pl. m. *-ci*) ● Che concerne o interessa l'essere in quanto tale | *Prove ontologiche dell'esistenza di Dio*, fondate sull'idea della perfezione divina. || **ontologicaménte**, avv.

ontologìsmo [comp. di *ontologia* e *-ismo*] s. m. ● (*filos.*) Dottrina filosofica secondo la quale alla base di qualsiasi conoscenza umana si pone una intuizione immediata o diretta dell'Ente supremo o Dio.

ontologìsta **A** s. m. e f. (pl. m. *-i*) ● Chi segue o si ispira all'ontologismo. **B** agg. ● Che concerne o interessa l'ontologismo.

†**ontóso** [ant. fr. *honteux*, da *honte* 'onta'] agg. **1** Ingiurioso, offensivo: *gridandosi anche loro o. metro* (DANTE *Inf.* VII, 33). **2** Che prova, sente vergogna.

onùsto [vc. dotta, lat. *onŭstu(m)*, da *ŏnus*, genit. *ŏneris* 'onere'] agg. ● (*lett.*) Carico: *vecchio o. di anni*; *né dal gran peso è la persona onusta* (TASSO).

†**ónza** (1) [ant. fr. *once*, da *lonce* 'lonza', con la caduta della *l-* iniziale sentita come art. Cfr. *azzurro, usignolo* ecc.] s. f. ● Leopardo.

ónza (2) ● V. *oncia*.

-ònzolo [ampliamento di suff. dim. con l'infisso spreg. *-onzo-*] suff. alterativo ● Conferisce a sostantivi valore spregiativo: *mediconzolo, paperonzolo*.

òo- /'ɔo/ o (*raro*) **òvo-** [dal gr. *ō(i)ón* 'uovo'] primo elemento ● In parole composte della terminologia biologica e botanica, significa 'uovo', 'gamete femminile' o indica relazione o somiglianza di forma con l'uovo: *oomiceti, ooteca*.

ooblàsto [comp. di *oo-* e *-blasto*] s. m. ● (*biol.*) Uovo fecondato.

oocìsti [comp. di *oo-* e *cisti*] s. f. ● (*zool.*) Involucro contenente lo zigote presente in molti sporozoi.

oocìta o **oocìto**, **ovocìta**, **ovocìto** [comp. di *oo-* e *-cito*] s. m. (pl. *-i*) ● (*biol.*) Elemento precursore della cellula uovo degli animali, destinato a impegnarsi in processi meiotici ed eventualmente a completarli, di regola in seguito alla fecondazione.

ooforìte [comp. di *oo-* e un deriv. di *-foro*] s. f. ● (*med.*) Infiammazione dell'ovaio. SIN. Ovarite.

oòforo [comp. di *oo-* e *-foro*] **A** agg. ● (*zool.*) Che contiene, che porta le uova: *follicolo o.* **B** s. m. **1** (*anat.*) Ovaia. **2** (*bot.*) Ovario.

oogamìa o **ovogamìa** [comp. di *oo-* e *-gamia*] s. f. ● (*biol.*) Condizione di marcata eterogamia.

oogènesi [comp. di *oo-* e *genesi*] s. f. ● (*biol.*) Processo di formazione e maturazione delle cellule uovo nell'ovaio.

oogònio o **ovogònio** [comp. di *oo-* e *-gonio*] s. m. **1** (*biol.*) Cellula germinale che nei Vertebrati precede l'oocita nel processo di maturazione dei gameti femminili. **2** (*bot.*) Organo femminile delle Alghe e dei Funghi, che contiene l'oosfera.

oolìte [comp. di *oo-* e *-lite*] s. m. ● (*miner.*) Granulo sferico o non perfettamente sferico di diametro inferiore ai 2 mm, con un corpuscolo minerale od organogeno al nucleo rivestito da strati concentrici calcarei.

oologìa [comp. di *oo-* e *-logia*] s. f. ● Branca della zoologia che studia i caratteri delle uova degli uccelli, spec. a scopo di classificazione.

Oomicèti [comp. di *oo-* e del gr. *mýkēs*, genit. *mýkētos* 'fungo' (V. *micelio*)] s. m. pl. ● Nella tassonomia vegetale, ordine di Funghi dei Ficomiceti comprendente specie la cui riproduzione sessuata si compie mediante la formazione di oospore che germinano grazie alla fecondazione da parte degli anteridi (*Oomycetes*) | (al sing. *-e*) Ogni individuo di tale ordine.

ooplàsma o **ovoplàsma** [comp. di *oo-* e *plasma*] s. m. (pl. *-i*) ● (*biol.*) Citoplasma della cellula uovo dei Vertebrati.

oosfèra [comp. di *oo-* e *sfera*] s. f. ● (*bot.*) Cellula femminile aploide delle piante cormofite da cui dopo la fecondazione si sviluppa l'embrione. SIN. Gemmula.

oospòra [comp. di *oo-* e *spora*] s. f. ● (*bot.*) Spora che si forma nelle Tlalofite per copulazione di spermatozoidi o nuclei spermatici con cellule uovo.

ootèca o **ovotèca** [comp. di *oo-* e *teca*] s. f. **1** (*biol.*) Involucro che racchiude le uova in alcuni gruppi animali come nei Molluschi e negli Artropodi. **2** (*biol.*) Tratto dilatato dell'ovidotto degli Anfibi dell'ordine degli Anuri, destinato a raccogliere le uova prima dell'amplesso.

ootìpo [comp. di *oo-* e *tipo*] s. m. ● (*zool.*) Organo cavo di molti Platelminti nel quale le uova vengono circondate da un guscio.

Òpa [sigla di *o(fferta) p(ubblica)* (di) *a(cquisto)*] s. f. inv. ● (*borsa*) Comunicazione pubblica, effettuata da una persona fisica o giuridica agli azionisti di una società quotata in Borsa, dell'intenzione di comprare i loro titoli azionari a un prezzo superiore al valore corrente al fine di raggiungere o mantenere il controllo di tale società.

opacaménto s. m. ● (*raro*) Atto, effetto del divenire opaco.

opacìmetro [comp. di *opaci(tà)* e *-metro*] s. m. ● Strumento che misura l'opacità di un liquido o di un gas; è usato spec. per determinare il coefficiente di inquinamento dei gas di scarico dei motori.

opacità [vc. dotta, lat. *opacitāte(m)*, da *opācus* 'opaco'] s. f. **1** Qualità di ciò che è opaco: *la quale o. è atta a ricevere e ripercuotere il lume del sole* (GALILEI). **2** (*fig.*) Mancanza di vivacità, espressione e sim.: *l'o. degli occhi, dell'ingegno*; *discorsi, frasi di incredibile o.* **3** (*raro, lett.*) Ombrosità, frescura.

opacizzànte **A** part. pres. di *opacizzare*; anche agg. ● Nei sign. del v. **B** s. m. ● Sostanza che appanna la trasparenza di un corpo o di una superficie.

opacizzàre [comp. di *opac(o)* e *-izzare*] **A** v. tr. **1** Rendere opaco: *o. le fibre tessili*. **2** (*med.*) Rendere opaco ai raggi X: *o. lo stomaco*. **B** v. intr. pron. ● Diventare opaco: *il vetro si è opacizzato*.

opacizzazióne s. f. **1** Atto, effetto dell'opacizzare e dell'opacizzarsi: *l'o. dello stomaco, dell'intestino*. **2** Nell'industria tessile, operazione mediante la quale si rendono opache le fibre lucide e trasparenti.

opàco [vc. dotta, lat. *opācu(m)*, di origine indeur.] agg. (pl. m. *-chi*) **1** Che non lascia passare la luce: *vetro o.* CONTR. Trasparente. **2** Che non si lascia attraversare dalle radiazioni: *corpo o.* **3** Privo di lucentezza: *metallo o.*; *vernice opaca*; *sul lor capo era l'opaca notte / piena di stelle* (PASCOLI). CONTR. Lucido. **4** (*fig.*) Detto di ciò che manca di acutezza, chiarezza, espressività e sim.: *suono o.*; *voce opaca*; *sguardo o.* | *Gioco o., prova opaca*, di scarso livello tecnico e agonistico. **5** (*lett.*) Ombroso, oscuro. **6** (*ling.*) Demotivato. || **opacaménte**, avv. (*raro*) Ombrosamente.

opàla s. f. ● (*raro*) Opale.

opàle [fr. *opale*, dal lat. *ŏpalu(m)*, nom. *ŏpalus*, dal gr. *opállios*: dal sanscrito *upalas* 'pietra preziosa' (?)] s. m. o f. ● (*miner.*) Varietà di silice idrata amorfa, usata come pietra dura nei tipi più belli | *O. nobile*, di colore bianco azzurro, lattiginoso e ricco di iridescenze.

opalescènte [da *opale* sul modello di *iridescente*] agg. ● Che ha le iridescenze dell'opale nobile: *una luminosità o.*

opalescènza s. f. ● Aspetto latteo, talvolta anche iridescente, di una sostanza solida o liquida.

opalìna (1) [da *opale*, per il colore] s. f. **1** Tipo di vetro opalescente, translucido. **2** Tipo di cartoncino lucido. **3** Stoffa di cotone leggera e semitrasparente.

opalìna (2) [da *opale*, per il colore] s. f. ● Protozoo ciliato parassita nell'intestino posteriore degli Anfibi (*Opalina ranarum*).

opalìno agg. ● Di opale, simile all'opale: *biancore o.*; *riflessi opalini*.

opalizzàto [da *opale*] agg. ● Reso cangiante e iridescente come l'opale.

òpalo (1) s. m. ● Opale.

òpalo (2) [V. *oppio* (2)] s. m. ● (*bot.*) Oppio.

op art /ingl. 'ɔp a:t/ loc. sost. f. inv. ● Acrt. di *optical art*.

ope legis /lat. 'ɔpe 'lɛdʒis/ [loc. del lat. moderno, propr. 'in forza di legge', comp. dell'abl. di *ŏps*, genit. *ŏpis* 'ricchezza' (V. *inope*) e di *lēgis*, genit. di *lēx* 'legge'] loc. agg. e avv. ● Per effetto di una legge, in forza di una legge.

open /ingl. 'oupən/ [vc. ingl., propr. 'aperto' (vc. di origine germ.)] **A** agg. inv. **1** (*sport*) Detto di competizione sportiva cui possono partecipare sia i professionisti che i dilettanti: *torneo o. di golf, di tennis*. **2** Detto di biglietto di viaggio in cui la data di questo, al momento della vendita, non è ancora precisata. **B** anche s. m. inv. nel sign. 1: *iscriversi a un o.*

†**openióne** ● V. *opinione*.

open space /ingl. 'oupən 'speis/ [loc. ingl., propr. 'spazio aperto'] loc. sost. m. inv. ● (*arch.*) Ampio spazio aperto creato all'interno di uffici o abitazioni eliminando le pareti divisorie, in modo da favorire la vita in comune e il lavoro di gruppo.

òpera o (*poet.*) †**òpra**, †**òvera**, (*poet.*) †**òvra** [lat. *ŏpera(m)*, propriamente pl. di *ŏpus*, genit. *ŏperis* 'opera', di origine indeur.] s. f. **I** Con valore ampio e generico. **1** Attività posta in essere con un preciso intento, volta a un fine determinato o atta a produrre certi effetti: *la sua o. politica va giudicata con cautela*; *l'o. creatrice di Dio*; *l'o. educatrice della scuola, della famiglia*; *l'o. del vento e della pioggia ha modificato nei millenni la superficie terrestre* | *Fare o. di pace, di discordia*, e sim., agire per conservare e riportare la pace, la discordia e sim. | *Fare ogni o.*, adoperarsi in ogni modo | †*L'o. dei cieli, degli astri*, il loro influsso sulle vicende umane | *Per o. sua*, grazie a lui o per colpa sua | *Con l'o. di*, mediante | *L'o. delle api, delle formiche*, la loro attività quotidiana per la sopravvivenza della specie. SIN. Azione. **2** Azione umana moralmente rilevante: *fare, compiere, realizzare buone opere*; *giudicatelo dalle opere e non dalle parole*; *un'o. nefanda, meritoria* | *Compiere la propria o.*, realizzare quanto ci si è prefisso o raggiungere il proprio scopo o effetto | Nella teologia cristiana, ciascuno degli atti determinati dalla libera volontà umana, per il cattolicesimo concorrenti alla salvezza come produttori di meriti, per il protestantesimo irrilevanti ai fini della salvezza che è conseguenza del solo sacrificio di Cristo. **3** Risultato di un'attività genericamente intesa o di una specifica azione: *la distruzione dell'intero raccolto fu o. delle alluvioni*; *tut-*

ti questi guai sono o. della sua maldicenza; *non prendetevela con me, perché il danno non è o. mia* | Effetto, efficacia: *l'o. dei farmaci risulta troppo blanda.* **II** Con valore specifico e determinato. **1** Attività lavorativa in genere: *presterò la mia o. anche gratuitamente*; *valersi dell'o. di qc.* | *Vedere qc. all'o.*, mentre lavora | *Voglio vederlo all'o.*, aspetto a giudicarlo quando passerà all'attività pratica | *Mettersi all'o.*, cominciare a lavorare. SIN. Lavoro. **2** Lavoro materiale: *l'o. dello scalpellino, del meccanico* | *Opere servili*, i lavori più umili | *Opere fabbrili*, del muratore, falegname e sim. | *Mettersi a o.*, a lavorare o ad apprendere un mestiere | *Contratto d'o.*, quello per cui una persona si obbliga a compiere, in cambio di un corrispettivo, un'opera o un servizio con lavoro prevalentemente proprio e senza vincolo di subordinazione nei confronti del committente | (*raro*) *Mettere o. a q.c.*, mettervi mano | Lavoro a giornata: *stare a o.* | (*raro*) Giornata di lavoro: *le opere saranno pagate settimanalmente* | (*raro*) Chi lavora a giornata: *mancano le opere*; *stiamo cercando le opere per la zappatura* | *Mano d'o.*, V. *manodopera.* **3** Risultato concreto o prodotto di un lavoro materiale: *ecco l'o. delle mie mani*; *opere in legno, in muratura, in ferro*; *o. meccanica, idraulica, navale* | †*L'o. della scrittura*, lo scrivere. **4** Lavoro intellettuale: *la vostra o. non ha prezzo*; *è o. difficile analizzare tutti questi dati* | Fatica: *una lunga o. ci attende*; *non vedo il fine di quest'o. così gravosa* | *Meritare il pregio dell'o.*, valere la pena. **5** Risultato concreto di un lavoro intellettuale o di un'attività artistica: *l'o. loda il maestro*; *l'o. dello scultore, del pittore, del poeta, del musicista* | *O. dell'ingegno*, creazione letteraria e artistica oggetto del diritto d'autore | Libro, volume: *una raccolta di opere classiche*; *catalogo delle opere e degli autori*; *o. giuridica, medica, scientifica, matematica, filosofica.* **6** Ente di assistenza e beneficenza: *opere pie*; *o. nazionale mutilati e invalidi civili* | *O. universitaria*, ente che ha il compito di promuovere le varie forme di assistenza agli studenti universitari. **7** Fabbriceria: *è stata costituita una nuova o. destinata a una chiesa parrocchiale.* **8** Costruzione: *o. di muratura, legname, terra*; *o. in ferro, cemento* | *Mettere in o.*, collocare al posto giusto le parti, i pezzi della costruzione; montare impianti, macchine e sim. nel luogo stabilito in modo che siano in grado di poter funzionare | *A piè d'o.*, detto di materiali o macchinari portati sul luogo del montaggio | *In o., fuori o.*, detto di materiali o macchinari portati rispettivamente all'interno o all'esterno del luogo del montaggio | *Opere pubbliche*, quelle d'interesse pubblico, quali strade, ferrovie, sistemazioni idriche e sim., finanziate dallo Stato o da altri enti pubblici | *O. d'arte*, nelle costruzioni civili, qualunque lavoro che non sia movimento di terra | *O. morta*, nelle costruzioni navali, parte dello scafo situata sopra la linea di galleggiamento | *O. viva*, nelle costruzioni navali, parte dello scafo situata sotto la linea di galleggiamento | (*gener.*) Fortificazione: *o. interna, esterna, bassa, alta*; *opere campali.* **9** Figurazione geometrica, vegetale o animale su stoffa: *tessuto a o.* **10** (*mus.*) Composizione e rappresentazione teatrale il cui testo può essere interamente cantato o in parte parlato, con accompagnamento orchestrale: *o. lirica*; *le opere di Verdi, di Rossini*; *libretto d'o.* | *O. seria*, quella in voga nei secc. XVII e XVIII, ispirata all'epoca classica greco-romana | *O. buffa*, quella di carattere comico e buffonesco, in voga in Italia nei secc. XVIII e XIX, contrapposta all'opera seria | *O. dei pupi*, teatro delle marionette. **11** (*est.*) Teatro adibito alla rappresentazione di tali composizioni: *stasera andiamo all'Opera.* || **operèlla**, dim. | **operétta**, dim. (V.) | **operina**, dim. (V.) | **operóna**, accr. | **operóne**, accr. m.

operàbile agg. ● Che si può operare: *malato o.*; *tumore o.*

operabilità s. f. ● Qualità e condizione di chi, di ciò che è operabile.

†**operàggio** s. m. ● Opera.

operàio o †**operàrio** [lat. *operāriu(m)*, da *ŏpera* 'opera'] **A** s. m. (f. *-a*) **1** Chi esplica un'attività lavorativa manuale alle dipendenze di qc.: *operai agricoli, metalmeccanici, edili, tessili*; *un abilissimo o.*; *la disoccupazione degli operai*; *o. qualificato, specializzato.* **2** (*est.*) Lavoratore in genere | (*raro*) *Gli operai della penna, del pennello*, gli scrittori, i pittori | (*lett.*) Lavoratore agricolo. **3** †Soprintendente, amministratore di un'opera o fabbriceria. **B** agg. **1** Relativo agli, proprio degli, operai | *Classe operaia*, il proletariato industriale e, in genere, il complesso dei lavoratori dipendenti | *Partito o.*, organizzazione politica che rappresenta, difende e promuove gli interessi dei lavoratori in generale, e del proletariato industriale in particolare | *Massa operaia*, l'insieme degli operai considerati come classe sociale | *Azionariato o.*, partecipazione azionaria dei dipendenti di un'impresa | *Preti operai*, sacerdoti cattolici che, sperimentando nuove dottrine sociali cristiane, condividono la vita e le lotte della classe operaia. **2** (*zool.*) *Api, formiche operaie*, femmine non feconde che svolgono tutti i lavori necessari alla vita della società.

operaìsmo s. m. ● Tendenza che, all'interno del movimento operaio, propugna un'assoluta discriminazione a favore delle esigenze dei lavoratori dell'industria.

operaìsta s. m. e f.; anche agg. (pl. m. *-i*) ● Fautore, sostenitore dell'operaismo.

operaìstico agg. (pl. m. *-ci*) ● Proprio dell'operaismo.

†**operaménto** s. m. ● Modo e atto dell'operare.

operàndo [gerundio di *operare*] s. m. (f. *-a* nel sign. 1) **1** (*raro*) Chi sta per essere sottoposto a un intervento chirurgico. **2** (*elab.*) In un'operazione, dato da cui, per mezzo di determinati procedimenti, si ottiene il risultato.

operànte o (*poet.*) †**opránte**. **A** part. pres. di *operare*; anche agg. **1** Nei sign. del v. **2** Che produce i suoi effetti: *un farmaco o. anche in casi disperati* | *Divenire o.*, entrare nella fase della realizzazione pratica, dell'applicazione concreta. **B** s. m. e f. ● †Operaio, lavoratore.

opera omnia /lat. 'ɔpera 'ɔmnja/ [vc. lat., 'tutte le opere', V. *opera* e *ogni*] loc. sost. f. ● Il complesso delle opere di un solo autore, raccolte insieme: *pubblicare l'opera omnia del Foscolo.*

operàre o (*poet.*) †**opràre**, †**overàre**, (*poet.*) †**ovràre** [vc. dotta, lat. *operāri*, da *ŏpus*, genit. *ŏperis* 'opera'] **A** v. tr. (*io òpero*) **1** Fare, realizzare, porre in essere: *o. il bene, il male*; *o. miracoli*; *o. la rovina della patria, della famiglia*; *la natura non opera con molte cose quello che può operar con poche* (GALILEI) | †*O. lode, onore*, fare opera lodevole, onorevole. **2** Sottoporre a intervento chirurgico (*anche ass.*): *o. un malato*; *o. qc. d'urgenza*; *o. qc. ai reni, allo stomaco, al cuore*; *o. qc. di peritonite, di ernia*; *il chirurgo sta operando.* **3** †Manifatturare, lavorare: *o. l'oro, il rame.* **4** †Adoperare, usare: *o. malizia, ingegno* | †*o. la legge*, praticarla. **5** Tessere disegni su stoffa: *o. la seta, il velluto.* **B** v. intr. (aus. *avere*) **1** Agire, fare: *o. bene, male, lealmente, con sotterfugi*; *o. con la mano, con l'ingegno, con la parola*; *o. contro qc., a favore di qc.*; *sono solito o. secondo i dettami della coscienza* | Svolgere una determinata attività: *o. in borsa*; *la ditta opera nel settore dei trasporti.* **2** Influire, avere effetto: *è un clima che opera negativamente su certe coltivazioni*; *l'avvenimento operò in senso positivo sul suo animo.* **3** (*mil.*) Condurre operazioni belliche in campo tattico e strategico: *o. allo scoperto.* **4** (*mat., raro*) Eseguire operazioni, calcoli: *o. con le frazioni.* **C** v. intr. pron. **1** Realizzarsi, verificarsi: *un mutamento radicale si operò nella sua mente.* **2** Sottoporsi a intervento chirurgico: *operarsi allo stomaco, di prostata*; *mi opero domani.*

†**operàrio** ● V. *operaio.*

operativìsmo [comp. di *operativo* e *-ismo*] s. m. ● (*filos.*) Operazionismo.

operatività s. f. ● L'essere operativo | (*est.*) Possibilità di operare, di agire.

operatìvo [vc. dotta, lat. tardo *operatīvu(m)*, da *operātus*, part. pass. di *operāri* 'operare'] agg. **1** Atto a operare: *capacità operativa.* **2** Che ha fini pratici, di azioni concrete: *scienza operativa.* **3** Che opera, che produce i suoi effetti: *disposizione, ricerca, norma operativa* | *Ciclo o.*, periodo che trascorre tra la messa in moto di un processo produttivo e la realizzazione del prodotto finito | (*elab.*) *Sistema o.*, nei sistemi elettronici per l'elaborazione dei dati, programma o insieme di programmi che predispongono automaticamente la macchina all'esecuzione successiva delle varie elaborazioni nel corso della giornata. **4** (*mil.*) Che attiene alle operazioni | *Piano o.*, documento compilato dal comando di un'Armata o superiore, che tratta gli aspetti organizzativi del disegno di manovra del comandante per l'impiego delle forze nella battaglia | *Scacchiere o.*, parte di un teatro di operazioni con funzione strategica propria e nel quale le operazioni di guerra sono condotte unitariamente, lungo una linea di operazioni. **5** (*med.*) Operatorio: *atto o. del chirurgo.* || **operativaménte**, avv. Relativamente ai fini pratici, alle azioni concrete.

operàto **A** part. pass. di *operare*; anche agg. **1** Nei sign. del v. **2** Detto di tessuto a disegni, non stampati ma ottenuti con l'intreccio di fili | Detto di carta, cuoio o altro materiale, lavorati a disegni in rilievo: *cuoio o.* **B** s. m. **1** Opera, azione, comportamento: *render conto ad altri del proprio o.* **2** Chi è stato sottoposto a un intervento chirurgico.

operatóre [vc. dotta, lat. tardo *operatōre(m)*, da *operāri* 'operare'] **A** agg. (f. *-trice*) ● Che opera: *mano, carità operatrice.* **B** s. m. **1** Chi agisce, chi compie determinate azioni: *o. d'inganni, d'iniquità.* **2** †Operaio, lavoratore. **3** (*med.*) Chirurgo. **4** Chi è addetto al funzionamento, alla manovra, alla utilizzazione di macchine, impianti, congegni e sim.: *o. televisivo, cinematografico* | *O. del suono*, tecnico che si occupa della registrazione di suoni | (*tv, raro*) *O. di ripresa*, cameraman | Nei sistemi elettronici per l'elaborazione dei dati, tecnico addetto al funzionamento di essi. **5** (*econ.*) Chi interviene sul mercato come venditore o compratore per conto proprio o altrui: *o. economico.* **6** (*gener.*) Chi presta la propria opera in un determinato settore: *o. sanitario, scolastico* | *O. sociale*, persona che si occupa professionalmente di casi umani connessi a fenomeni di emarginazione e disadattamento sociale od organizza o coordina attività assistenziali, culturali, ricreative e sim. | (*euf.*) *O. carcerario*, secondino, guardia carceraria | *O. ecologico*, netturbino | *O. turistico*, tour operator. **7** (*mat.*) Funzione, applicazione | Funzione il cui argomento è costituito da una o più funzioni | *O. differenziale*, quello che si esprime attraverso derivate.

operatòrio [vc. dotta, lat. tardo *operatōriu(m)*, da *operāri* 'operare'] agg. **1** Relativo a un'operazione chirurgica: *letto o.*; *sala operatoria* | *Intervento o.*, operazione chirurgica. **2** (*mat.*) Relativo alle operazioni. **3** (*raro*) Operativo.

operazionàle [ingl. *operational*, da *operation* 'operazione', dal fr. *opération* (stessa etim. dell'it. *operazione*)] agg. **1** (*mat.*) Proprio d'una operazione o delle operazioni. **2** Operativo: *ricerca o.* || **operazionalménte**, avv. (*raro*) In modo operazionale.

operazionalìsmo s. m. ● (*filos.*) Operazionismo.

operazióne [vc. dotta, lat. tardo *operatiōne(m)*, da *operāri* 'operare'] s. f. **1** Atto, effetto dell'operare: *o. manuale, mentale.* **2** Azione che si prefigge uno scopo, che tende a produrre un effetto preciso: *un'abilissima o. diplomatica*; *o. bancaria.* **3** Intervento chirurgico: *una difficile o.*; *subire un'o.*; *o. allo stomaco*; *o. di ernia.* **4** (*mil.*) Insieme di attività e avvenimenti militari, sia in periodo bellico sia in tempo di pace: *o. militare*; *o. con mezzi corazzati*; *base di o.* | *Linea di o.*, complesso di vie di comunicazione, in sistema, lungo il quale operano le forze di uno scacchiere operativo | *Teatro di o.*, area geografica comprendente più scacchieri operativi e nella quale si svolgono operazioni di guerra sotto un unico comando e con un unico scopo strategico | *Zona di o.*, territorio in cui si svolgono operazioni belliche. **5** (*est.*) Serie di azioni o di iniziative coordinate di vasta portata: *o. 'prezzi ribassati'.* **6** (*mat.*) Legge che da uno o più enti noti permette di ottenerne un altro | *Operazioni fondamentali dell'aritmetica*, addizione, sottrazione, moltiplicazione, divisione su numeri | *O. in un insieme A*, applicazione del prodotto cartesiano $A \times A$ (o di un suo sottinsieme) in A. || **operazioncèlla**, dim. | **operazioncìna**, dim.

operazionismo [ingl. *operationism*, da *operation* 'operazione'] s. m. ● Dottrina filosofica secondo la quale un concetto scientifico è da intendersi come una serie di operazioni.

opercolàto [da *opercolo*] agg. ● Fornito di opercolo.

opèrcolo [vc. dotta, lat. *opĕrculu(m)* 'coperchio', da *operīre* 'coprire' (V.)] s. m. *1* (*bot.*) Coperchio di alcune cassule, che cade con la deiscenza | Lamina che chiude gli aschi | Membrana che chiude l'urna dei muschi. *2* (*zool.*) Lamina ossea che nei Pesci si trova a protezione della camera branchiale. *3* Strato sottile di cera che chiude ogni cella dell'alveare. *4* Sottile lamina che chiude l'orifizio dei tubetti di alluminio e che viene forata al momento dell'apertura. *5* (*anat.*) Struttura più o meno rigida che chiude come un coperchio aperture dell'organismo: *o. di muco che chiude l'utero gravido.* *6* (*farm.*) Capsula, spec. di materiale gelatinoso, contenente sostanze medicinali in polvere da assumere per via orale.

operétta s. f. *1* Dim. di *opera*. *2* Componimento letterario di breve estensione, in prosa o in versi. *3* Genere di teatro musicale di contenuto leggero e frivolo, costituito da dialoghi alternati a parti cantate, sorto nel XIX secolo | (*fig.*) *Da o.*, detto di avvenimento frivolo e ridicolo per lo sfarzo eccessivo o di personaggio frivolo, superficiale, privo di serietà e dignità: *matrimonio da o.*; *principe da o.*

operettìsta s. m. e f. (pl. m. *-i*) ● Attore di operette musicali.

operettìstico agg. (pl. m. *-ci*) *1* Dell'operetta musicale. *2* (*fig.*, *spreg.*) Frivolo, fatuo, superficiale.

operista s. m. e f. (pl. m. *-i*) ● Autore di opere musicali.

operìstico agg. (pl. m. *-ci*) ● Dell'opera musicale: *musica operistica.*

operóne [vc. ingl., da *oper(ator)* 'operatore'] s. m. ● (*biol.*) Entità operativa genetica costituita da uno o più geni (*geni strutturali*), associati a un gene operatore che ne controlla l'attività.

operosità [vc. dotta, lat. *operositāte(m)*, da *operōsus* 'operoso'] s. f. ● Qualità di chi, di ciò che è operoso: *o. costante, instancabile*; *sviluppare l'o. dei traffici*; *ammirare l'o. di un professionista.* SIN. Laboriosità. CONTR. Oziosità.

operóso [vc. dotta, lat. *operōsu(m)*, da *ŏpera* 'opera'] agg. ● Che svolge il proprio lavoro con grande impegno, con costante attività: *famiglia operosa*; *città operosa*; *abitudini operose e franche* (MANZONI). CONTR. Ozioso. || **operosaménte**, avv.

-opia [gr. *-ōpía*, da *ōps*, genit. *ōpós* 'occhio, vista, aspetto', di origine indeur.] secondo elemento ● In parole composte della terminologia medica, significa 'vista' o fa riferimento alla vista: *ambliopia, miopia, presbiopia.*

opiànico ● V. *oppianico.*

†**opifice** [vc. dotta, lat. *opĭfice(m)*, comp. di *ŏpus* 'opera' e *-fex*, da *făcere* 'fare'] s. m. ● Artefice, creatore.

opifìcio [vc. dotta, lat. *opifĭciu(m)*, da *ŏpifex*, genit. *opĭficis* 'opifice'] s. m. ● Stabilimento industriale, fabbrica.

Opiliònidi o **Opiliòni** [etim. incerta] s. m. pl. ● Nella tassonomia animale, ordine di Aracnidi con corpo compatto, prosoma fuso con l'opistosoma, quest'ultimo segmentato, muniti di organi copulatori maschili e femminili (*Opilionida*) | (al sing. *-e*) Ogni individuo di tale ordine.

opìmo [vc. dotta, lat. *opīmu(m)*, da avvicinare a *ŏps* 'ricchezza', di origine indeur.] agg. *1* (*lett.*) Grasso, pingue: *ci ungemmo i corpi di quel grasso o.* (ARIOSTO). *2* (*lett.*) Copioso, ricco | *Spoglie opime*, ricco bottino di guerra, spec. le spoglie del re nemico vinto da un condottiero romano. *3* (*fig.*, *lett.*) Fertile.

opinàbile [vc. dotta, lat. *opinābile(m)*, da *opinări* 'opinare'] **A** agg. ● Detto di ciò che comporta un'opinione personale, non un giudizio oggettivo: *soluzione o.* | Discutibile: *questa è materia o.*; *quello che dici è o.* || **opinabilménte**, avv. ● (*raro*) In modo opinabile. **B** s. m. ● Ciò che si può opinare, su cui si può avere ed esprimere un'opinione personale: *in campo scientifico l'o. dovrebbe ridursi al minimo.*

opinabilità s. f. ● (*raro*) Qualità di ciò che è opinabile.

†**opinaménto** s. m. ● Modo e atto dell'opinare.

opinàre [vc. dotta, lat. *opinări*: dalla stessa radice di *optāre* (?)] v. tr. e intr. (aus. *avere*) ● Essere di una certa opinione e manifestarla: *o. diversamente dagli altri*; *alcuni di noi opinano che si debba cambiare idea.*

opinativo [vc. dotta, lat. tardo *opinatīvu(m)*, da *opinātus* 'opinato'] agg. ● (*raro*, *lett.*) Atto a opinare | Relativo a opinione.

opinatóre [vc. dotta, lat. *opinatōre(m)*, da *opinātus* 'opinato'] agg.; anche s. m. (f. *-trice*) ● (*raro*) Che, chi opina.

opinióne o †**openióne**, †**oppenióne**, †**oppinióne** [vc. dotta, lat. *opiniōne(m)*, da *opinări* 'opinare'] s. f. o raro †m. *1* Idea, giudizio o convincimento soggettivo: *farsi un'o.*; *esprimere la propria o.*; *è mia precisa o. che tu stia sbagliando*; *è un uomo privo di opinioni* | *O. costante, inveterata*, espressa costantemente | *Essere dell'o. di*, pensare di | *La matematica non è un'o.*, è una cosa obiettivamente certa | *È o. che*, si crede, si pensa | *Parlare per opinioni*, secondo proprie congetture | *Non aver opinioni*, esser privo di idee personali su q.c. SIN. Avviso, parere. *2* Considerazione o stima sia pubblica che privata: *avere buona, cattiva o. di qc., di q.c.*; *scadere nell'o. dei più, degli uomini, del prossimo* | *Avere grande o. di sé*, stimarsi oltremodo, ritenersi gran cosa | *Godere buona o.*, essere stimato | *L'o. corrente*, dominante, generale, volgare, voce pubblica: *fu dunque il segretario dell'o. dominante, il poeta del buon successo* (DE SANCTIS) | *L'o. pubblica*, *la pubblica o.*, il giudizio che la maggioranza dei cittadini ha o dà di qc. o di q.c. e (*est.*) il pubblico e la collettività in quanto pensano e giudicano. || **opinionàccia**, pegg.

opinionìsta [da *opinione*] s. m. e f. (pl. m. *-i*) ● Autore di articoli giornalistici in cui vengono espressi opinioni e commenti su eventi politici.

opinion leader /ingl. ə'pinjən 'li:də*/ [loc. ingl., comp. di *opinion* 'opinione' e *leader* (V.)] loc. sost. m. e f. inv. (pl. ingl. *opinion leaders*) *1* Chi, per l'autorità, il prestigio e i mezzi di cui gode, ha una funzione di guida nei confronti dell'opinione pubblica. *2* Nel marketing, chi è in grado di orientare i consumatori nella scelta di un prodotto.

opinion-maker /ingl. ə'pinjən 'meikə*/ [vc. ingl., comp. di *opinion* 'opinione' e *maker* 'fabbricante, artefice' (di origine germ.)] s. m. e f. inv. (pl. ingl. *opinion-makers*) ● Chi, in virtù del proprio prestigio, esercita un'influenza determinante sull'opinione pubblica formandola e indirizzandola nelle scelte politiche, commerciali e sim.

opisto- [dal gr. *ópisthen* 'indietro', di origine straniera] primo elemento ● In parole composte della terminologia scientifica, significa 'che sta indietro, che sta nella parte posteriore': *opistosoma.*

Opistobrànchi [comp. di *opisto-* e del gr. *bránchion* 'branchia'] s. m. pl. ● Nella tassonomia animale, sottoclasse di Molluschi dei Gasteropodi marini dotati di una sola branchia posta dietro al cuore (*Opisthobranchia*) | (al sing. *-chio*) Ogni individuo di tale sottoclasse.

Opistòcomi [comp. di *opisto-* e del gr. *kómē* 'chioma'] s. m. pl. ● Nella tassonomia animale, ordine di Uccelli simili ai gallinacei, cui appartiene una sola specie, vivente lungo fiumi tropicali, che nidifica sulla vegetazione sovrastante l'acqua (*Opisthocomi*) | (al sing. *-o*) Ogni individuo di tale ordine.

opistòdomo [vc. dotta, gr. *opisthódomos*, comp. di *ópisthen* 'indietro' (V. *opisto-*) e *dómos* 'stanza, tempio', di origine indeur.] s. m. ● Parte posteriore del tempio greco opposta al pronao. ➡ ILL. p. 356 ARCHITETTURA.

opistògrafo [comp. di *opisto-* e *-grafo*] agg. ● Detto di papiro o di pergamena di cui siano state utilizzate per la scrittura entrambe le facciate.

opistosòma [comp. di *opisto-* e *-soma*] s. m. ● (*zool.*) Addome dei Chelicerati.

opistòtono [vc. dotta, gr. *opisthótonos* 'tirato indietro', comp. di *ópisthen* 'indietro' (V. *opisto-*) e *-tonos*, da *téinein* 'tendere'] s. m. ● (*med.*) Posizione supina con forte inarcamento del capo e del tronco per contrattura della muscolatura posteriore, caratteristica spec. del tetano diffuso.

op là /op'la*, ɔp'la*, op 'la*, ɔp 'la*/ o (*raro*) **hop là**, **hoplà**, **oplà**, (*raro*) **óppe là**, (*raro*) **oppelà**, (*raro*) **óppela**, **óppla**, **opplà** [comp. dell'ingl. *hop* 'salto' di origine germ., e dell'it. *là*] inter. ● Si usa per incitare a compiere un salto o come voce ritmica con cui se ne accompagna l'esecuzione | Si usa per incoraggiare un bimbo che cade a terra.

oplìte o **oplita** [vc. dotta, lat. *hoplīta(m)*, nom. *hoplītes*, dal gr. *hoplítēs*, da *hóplon* 'arma', da *hépein* 'preparare (le proprie armi)' di origine indeur.] s. m. (pl. *-i*) ● Nell'antica Grecia, soldato di fanteria provvisto di armatura pesante.

oplostèto [detto così perché ha il petto (gr. *stêthos*) armato (gr. *hóplon* 'arma') di aspre squame (?)] s. m. ● Pesce osseo di profondità, rosso, a muso arrotondato e grandi occhi rotondi (*Hoplostethus mediterraneus*).

opopònaco o **opopànaco** [vc. dotta, lat. *opopănace(m)*, nom. *opŏpanax*, dal gr. *opopánax*, comp. di *opós* 'succo', di origine indeur., e *pánax* 'panacea'] s. m. (pl. *-ci*) *1* Pianta rizomatosa delle Ombrellifere, contenente un succo giallastro (*Opopanax chironium*). *2* Gommoresina ricavata da tale pianta.

opòssum [ingl. *opossum*, dall'algonchino *āpăsūm*] s. m. *1* Marsupiale dell'America con coda prensile, arti brevi, bellissima pelliccia grigio-chiara (*Didelphis virginiana*). *2* (*est.*) La pelliccia conciata dell'animale omonimo: *una giacca, un collo di o.*

opoterapìa [comp. del gr. *opós* 'succo', di origine indeur., e *terapia*] s. f. ● (*med.*) Cura basata sulla somministrazione di estratti di organi animali, spec. di ghiandole endocrine. SIN. Organoterapia.

opoteràpico agg. (pl. m. *-ci*) ● (*med.*) Di opoterapia | *Preparato o.*, succo o estratto di organo animale.

oppegnoràre ● V. *oppignorare.*

óppela o **òppela** ● V. *op là.*

oppelà ● V. *op là.*

oppe là /'oppe la*, 'ɔppe la*/ ● V. *op là.*

†**oppenióne** ● V. *opinione.*

oppiàceo agg. ● Che contiene oppio o un suo derivato: *farmaco o.*

oppiànico o **opiànico** [da *oppio* (*1*)] agg. (pl. m. *-ci*) ● (*chim.*) Detto di acido monocarbossilico della serie aromatica ottenibile per ossidazione sia della idrastina che della narcotina.

oppiàre [da *oppio* (*1*)] v. tr. (*io òppio*) *1* Mescolare con oppio: *o. il vino.* *2* Drogare qc. somministrandogli oppio. *3* (*fig.*) Indebolire le facoltà mentali di qc., come per effetto di una droga.

oppiàto A part. pass. di *oppiare*; anche agg. ● Nei sign. del v. **B** s. m. ● Preparato farmaceutico contenente oppio.

†**òppido** [vc. dotta, lat. *ŏppidu(m)*: di origine indeur. (?)] s. m. ● (*raro*) Città fortificata.

oppignoràre o **oppegnoràre** [lat. *oppignerāre* 'dare in pegno', comp. di *ŏb-* 'contro, verso' e *pignerāre* 'dare in pegno' (V. *pignorare*)] v. tr. ● (*raro*) Pignorare.

oppilàre [vc. dotta, lat. *oppilāre*, comp. di *ŏb-* 'contro, verso' e *pilāre* 'calcare', da *pīla* 'pilastro'. V. *pila* (*1*)] v. tr. ● (*raro*) Ostruire, occludere.

oppilativo [da *oppilare*] agg. ● (*raro*) Atto a occludere.

†**oppilazióne** s. f. ● Occlusione.

†**oppinióne** ● V. *opinione.*

òppio (**1**) o †**allòppio** [vc. dotta, lat. *ŏpiu(m)*, dal gr. *ópion* 'succo di papavero', da *opós* 'succo', di origine indeur.] s. m. *1* Droga contenente numerosi alcaloidi con proprietà ipnotiche e stupefacenti, costituita dal latice che cola da incisioni praticate nelle capsule immature del papavero bianco. *2* (*fig.*) Ciò che ottenebra la mente, offusca le capacità intellettuali e sim., come la droga omonima.

òppio (**2**) [lat. *ŏpulu(m)*, di origine preindeur.] s. m. ● (*bot.*) Correntemente, acero campestre | (*tosc.*) Pioppo.

oppiofagìa [comp. di *oppio* (*1*) e *-fagia*] s. f. (pl. *-gie*) ● Abitudine di mangiare oppio.

oppiòfago [comp. di *oppio* (*1*) e *-fago*] s. m. (pl. *-gi*) ● Mangiatore d'oppio.

oppiòide [comp. di *oppio* (*1*) e *-oide*] **A** agg. ● (*farm.*) Detto di sostanza con effetti simili a quelli degli alcaloidi dell'oppio. **B** anche s. m.

oppiòmane [comp. di *oppio* (*1*) e *-mane*] agg.; anche s. m. e f. ● Che, chi è affetto da oppiomania.
oppiomanìa [comp. di *oppio* (*1*) e *-mania*] s. f. ● (*med.*) Vizio di mangiare o fumare oppio | Demenza terminale dei fumatori d'oppio.
óppla o **òppla** ● V. *op là*.
opplà ● V. *op là*.
opponènte A part. pres. di *opporre*; anche agg. ● Nei sign. del v. **B** s. m. e f. *1* Chi in dispute, discussioni e sim. è di parere contrario alle tesi propugnate dai più: *cercare invano di convincere gli opponenti*. SIN. Oppositore. *2* (*dir.*) Chi fa opposizione: *l'o. presenterà a suo tempo i documenti richiesti*. SIN. Oppositore.
†**oppónere** v. tr. intr. e intr. pron. ● (*lett.*) Opporre.
opponìbile agg. ● Che si può opporre | (*fisiol.*) *Dito o.*, caratterizzato dal fatto di potersi opporre alle altre dita.
†**opponiménto** [da †*opponere*] s. m. ● Opposizione.
oppórre [vc. dotta, lat. *oppōnere*, comp. di *ŏb-* 'contro' e *pōnere* 'porre'] **A** v. tr. (coniug. come *porre*) *1* Addurre, porre o presentare contro: *o. ragioni, dubbi, argomenti*; *oppose un netto rifiuto alle nostre proposte*; *contra la natura delle cose presumono d'o. il senno loro* (BOCCACCIO) | *Non aver nulla da o. contro, a, su qc. o q.c.*, non disporre di argomenti negativi, di opinioni contrarie e sim. | (*est.*) Presentare come scusa o come accusa: *alle nostre domande, oppose che non era stato testimone degli avvenimenti*; *non temete, ho vari dati da opporgli*. *2* Mettere o mandare contro qc.: *opponemmo ai nemici un esercito agguerrito*. *3* Innalzare o presentare per impedire, ostacolare e sim.: *o. una feroce resistenza*; *opposero alla piena numerosi argini di fortuna*. **B** v. intr. (aus. *avere*) ● (*raro*) Contraddire, obiettare. **C** v. intr. pron. *1* Fare opposizione, con gli atti o con le parole: *opporsi ai disegni, alle ambizioni di qc.*; *opporsi al nemico con tutte le proprie forze*. *2* (*raro*) Essere o stare di fronte, in opposizione: *archi che si oppongono a un lungo colonnato*; *il pollice si può o. alle altre dita*.
opportunìṣmo [fr. *opportunisme*, da *opportun* 'opportuno'] s. m. ● Comportamento o sistema per cui si agisce senza tener conto di principi o ideali, adattandosi alla situazione o alle esigenze del momento in modo da trarne il massimo utile: *o. politico*.
opportunìsta [fr. *opportuniste*, da *opportunisme* 'opportunismo'] **A** s. m. e f. (pl. m. *-i*) ● Chi agisce con opportunismo. **B** agg. ● (*raro*) Opportunistico.
opportunìstico agg. (pl. m. *-ci*) ● Di, da opportunista | Tipico dell'opportunismo | *Patogeno o.*, microrganismo ambientale o parassita scarsamente patogeno che può causare malattia infettiva in pazienti particolarmente deperiti o immunodepressi. || **opportunisticaménte**, avv.
opportunità [vc. dotta, lat. *opportunitāte(m)*, da *opportūnus* 'opportuno'] s. f. *1* Carattere o qualità di chi, di ciò che è opportuno: *è dubbia l'o. del nostro intervento* | (*raro*) L'essere comodo, vantaggioso: *chi non sa che cosa sia l'Italia? provincia regina di tutte le altre, per l'o. del sito* (GUICCIARDINI). *2* Circostanza od occasione favorevole, luogo e tempo adatto: *cogliere l'o.*; *approfittare dell'o.*; *avere il senso dell'o.* | *Politica d'o.*, opportunismo. *3* †Necessità, anche fisiologica.
opportùno [vc. dotta, lat. *opportūnu(m)*, propriamente 'che spinge verso il porto', comp. di *ŏb-* 'verso' e *portūnus*, agg. di *pŏrtus* 'porto'] agg. ● Adatto o conveniente a un certo momento, situazione, tempo, desiderio, persona, necessità e sim.: *mezzi, provvedimenti, ordini opportuni*; *prescrivere la cura più opportuna*; *scegliere il luogo e il momento o.*; *le tue parole non sono state opportune in quella circostanza* | *Tempo o. a, per q.c.*, momento adatto, favorevole | *A tempo o.*, a suo tempo, quando sarà il momento | *Arrivare o.*, a proposito, nel momento e nelle circostanze più adatte. SIN. Favorevole, propizio. || **opportunaménte**, avv.
oppoṣitìvo [da *opposito*] agg. ● Di opposizione, che fa opposizione: *rapporto, termine o.*
†**oppòṣito** [vc. dotta, lat. *oppŏsitu(m)*, part. pass. di *oppōnere* 'opporre'] agg. ● (*lett.*) Opposto. || †**oppositaménte**, avv. Oppostamente.
oppoṣitóre [da *opposito*] s. m.; anche agg. (f. *-trice*) ● Chi, che fa opposizione, spec. sostenendo idee, principi, dottrine, scelte e sim. contrarie a quelle di un altro: *fiero, accanito o.*; *i deputati oppositori*.
oppoṣizióne [vc. dotta, lat. tardo *oppositiōne(m)*, da *oppŏsitus* 'opposto'] s. f. *1* Posizione o situazione contraria, opposta, contrastante: *le nostre idee sono in netta o.*; *l'o. di due concetti*. *2* (*filos.*) Relazione di esclusione tra due enunciati o proposizioni. *3* (*astron.*) Posizione di due pianeti distanti tra loro 180°. *4* Atto, effetto del fare resistenza, del contrastare qc. o q.c.: *l'o. della famiglia al loro matrimonio sarà vinta difficilmente*; *una sterile, vana, inutile o.*; *una fortissima, ostinata o.* | *Muovere, fare o.*, opporsi. *5* (*polit.*) L'insieme delle forze politiche contrarie al Governo (o a una Giunta locale) e alla maggioranza che lo sostiene: *o. di destra, di sinistra*; *un deputato, un senatore, un consigliere dell'o.*; *i banchi dell'o.* | L'attività di tali forze: *essere, passare all'o.* CONTR. Maggioranza. *6* (*dir.*) Atto giudiziale o estragiudiziale con cui un soggetto manifesta una volontà di resistenza a un atto altrui tendendo a ostacolarne il compimento o a determinarne l'inefficacia: *o. alla costituzione della parte civile nel processo penale*. *7* (*ling.*) Rapporto che esiste fra due termini di uno stesso paradigma | Coppia di fonemi di uno stesso sistema linguistico | *O. fonologica*, differenza fra una o più unità distintive, suscettibile di servire alla differenziazione dei significati. || **opposizioncèlla**, dim.
oppostifòglio [comp. del lat. *oppŏsitus* e un deriv. di *foglia*] agg. ● (*bot.*) Detto di fiore o d'infiorescenza opposti alla foglia, come per es. il grappolo della vite.
oppostipètalo [comp. del lat. *oppŏsitus* e di *petalo*] agg. ● (*bot.*) Detto di fiore che presenta gli stami opposti ai petali.
oppostisèpalo [comp. del lat. *oppŏsitus* e di *sepalo*] agg. ● (*bot.*) Detto di fiore che presenta gli stami opposti ai sepali.
oppósto A part. pass. di *opporre*; anche agg. *1* Nei sign. del v. *2* Contrario: *idee, vedute opposte*; *si dibatteva tra opposti sentimenti* | *Diametralmente o.*, (*fig.*) totalmente contrario o divergente. *3* Messo di mezzo: *ostacoli, impedimenti opposti a qc., alla realizzazione di q.c.* *4* (*filos.*) Detto di enunciato o di proposizione che si pone in relazione di esclusione con altro enunciato o proposizione. *5* (*mat.*) Detto di ciascuno dei due angoli aventi il vertice in comune, e i lati a due a due opposti | Detto di elemento che, sommato al dato, dà per risultato zero. *6* (*bot.*) Detto di organo posto di fronte a un altro uguale o diverso: *foglie opposte*; *stami opposti ai petali*. || **oppostaménte**, avv. In modo opposto, contrario. **B** s. m. ● Cosa contraria: *accadde l'o. di ciò che avevamo previsto*; *la civiltà, che è l'o. delle barbarie* (LEOPARDI) | *Tutto l'o.*, cosa assolutamente contraria | *All'o.*, al contrario, invece.
†**oppressàre** [da *oppresso*] v. tr. ● Opprimere, soffocare.
†**oppressatóre** [da *oppressare*] s. m.; anche agg. ● Chi, che opprime.
oppressióne [vc. dotta, lat. *oppressiōne(m)*, da *opprĕssus* 'oppresso'] s. f. *1* Atto, effetto dell'opprimere o dell'essere oppresso, del sottoporre a vessazioni o del subirle: *la tirannica o. degli invasori*; *scuotere il giogo dell'o.*; *liberare qc. dall'o.* SIN. Giogo. *2* (*fig.*) Sensazione sgradevole di peso o impedimento fisico: *sentire una forte o. al petto* | Impressione angosciosa, senso di prostrazione: *i suoi nervi non sopporteranno ancora a lungo una simile o.*
oppressìvo [da *oppresso*] agg. ● Che opprime o serve a opprimere (*anche fig.*): *caldo o.*; *governo poliziesco e o.*
opprèsso A part. pass. di *opprimere*; anche agg. *1* Nei sign. del v. *2* Grave, faticoso: *avere il respiro o.* **B** s. m. (f. *-a*) ● Chi è costretto a subire imposizioni, vessazioni e sim., da chi è più forte o più potente: *difendere i deboli e gli oppressi*.
oppressóre [vc. dotta, lat. *oppressōre(m)*, da *opprĕssus* 'oppresso'] s. m.; anche agg. ● Chi, che opprime con vessazioni d'ogni sorta, chi impone con la forza il proprio dominio: *ribellarsi all'o.*; *scacciare gli oppressori*.
†**oppressùra** [da *oppresso*] s. f. ● Oppressione (*anche fig.*).
opprimènte part. pres. di *opprimere*; anche agg. *1* Nei sign. del v. *2* (*fig.*) Insopportabile: *caldo o.*; *che persona o.!*
opprìmere [vc. dotta, lat. *opprĭmere*, comp. di *ŏb-* 'contro, verso' e *prĕmere* 'premere, schiacciare'] v. tr. (pass. rem. *io opprèssi* o *opprimèi*, *tu opprimésti*; part. pass. *opprèsso*, †*oppremùto*) *1* Formare un peso, gravare in modo fastidioso (*anche fig.*): *un cibo che opprime lo stomaco*; *il gran carico lo opprimeva*; *mille doveri mi opprimono* | (*est.*) Estenuare, spossare: *il caldo mi opprime*. *2* Provocare disagio, fastidio, angoscia: *non opprimermi con questi discorsi*; *è una persona che opprime* | Sottoporre a vessazioni, tribolazioni, angustie, spec. di natura economica e sociale: *o. il popolo con imposte esose, con leggi inique*.
†**oppròbrio** ● V. *obbrobrio*.
oppugnàbile agg. ● Che si può oppugnare (*spec. fig.*).
oppugnabilità s. f. ● (*raro*) Condizione di ciò che è oppugnabile (*spec. fig.*).
oppugnàre [vc. dotta, lat. *oppugnāre*, comp. di *ŏb-* 'contro' e *pugnāre* 'pugnare, combattere'] v. tr. *1* (*letter.*) Assaltare, attaccare | Assediare di viva forza. *2* (*letter.*, *fig.*) Combattere o contrastare con argomenti, motivi, prove e sim.: *o. la dottrina degli avversari*; *quelli che lo oppugnavano non avendo via ordinaria a reprimerlo, pensarono alle vie straordinarie* (MACHIAVELLI).
oppugnatóre [vc. dotta, lat. *oppugnatōre(m)*, da *oppugnātus* 'oppugnato'] agg.; anche s. m. (f. *-trice*) *1* †Che, chi combatte. *2* (*fig.*) Che, chi si oppone.
oppugnazióne [vc. dotta, lat. *oppugnatiōne(m)*, da *oppugnātus* 'oppugnato'] s. f. *1* (*lett.*) Assalto, attacco. *2* (*fig.*) Opposizione, obiezione.
oppùre o †**o pùre** [comp. di *o* (*1*) e *pure*] cong. *1* O, o invece (con valore disgiuntivo): *o tu non ti spieghi chiaramente o. sono io che non capisco*; *vuoi farlo subito o. preferisci rimandare a domani?* *2* Se no, in caso contrario, altrimenti: *andate presto, o. non troverete più niente*; *se sei sicuro parla, o. taci*; *deve decidersi adesso o. sarà troppo tardi* | In principio di frase prospettando un'altra ipotesi o avanzando un'ulteriore proposta: *o. non potrei andare io da solo?*
†**òpra** ● V. *opera*.
†**opràre** e *deriv.* ● V. *operare* e *deriv.*
†**oprìre** [sovrapposizione di *coprire* ad *aprire*] v. tr. ● Aprire.
-opsìa [dal gr. *ópsis* 'vista' (di origine indeur.)] secondo elemento ● In parole composte della terminologia medica, fa riferimento alla vista o a disturbi visivi (*eritropsia*), o significa 'visione, esame visivo' (*necropsia*).
opsònico agg. (pl. m. *-ci*) ● (*med.*) Relativo alla opsonina | *Indice o.*, grado di immunità.
opsonìna [dal gr. *ópson* 'cibo', di etim. incerta] s. f. ● (*med.*, *spec. al pl.*) Sostanze iniettabili, estratte da sieri immuni, che hanno la capacità di attivare la fagocitosi di batteri da parte dei leucociti.
optacon® /'ɔptakon, *ingl.* 'ɔptəkən/ [vc. ingl., sigla di *op*(*tical*) *ta*(*ctile*) *con*(*verter*) 'convertitore da ottico a tattile'] s. m. inv. ● Nome commerciale di un apparecchio che, convertendo i segni grafici in segnali tattili, permette ai ciechi di leggere un testo stampato.
optàre o †**ottàre** [vc. dotta, lat. *optāre* 'scegliere, desiderare', di origine indeur.] v. intr. (*io òpto*; aus. *avere*) *1* Scegliere tra due possibili soluzioni, tra due vie e sim.: *optai per il liceo classico, visto che ero debole in matematica*. *2* (*borsa*) Acquistare con un'opzione. *3* †Desiderare.
optàto part. pass. di *optare*; anche agg. ● Nei sign. del v.
optical /*ingl.* 'ɔptikəl/ [vc. ingl., propr. 'ottico'] **A** agg. inv. *1* Relativo all'op-art. *2* Nel linguaggio della moda, detto di abbigliamento caratterizzato da linee e figure geometriche di colore bianco e nero che creano effetti di illusione ottica. **B** s. m. inv. ● Abbigliamento optical: *la moda dell'o.*
optical art /*ingl.* 'ɔptikəl 'a:t/ [loc. ingl., 'arte ottica'] loc. sost. f. inv. ● Forma artistica d'avanguardia che, sfruttando il fenomeno ottico della permanenza delle immagini sulla retina e l'uso di forme geometriche in pochi colori contrastanti, crea effetti ottici e illusioni percettive. ACRT. Op art.

optimum /*lat.* 'ɔptimum/ [vc. lat., propriamente 'ottimo'] s. m. inv. ● Il massimo livello a cui sia possibile pervenire in un dato settore: *l'atleta ha raggiunto l'o. della forma.*

òptional /'ɔpʃonal, *ingl.* 'ɔpʃənəl/ [vc. ingl., da *option* 'opzione, scelta'] s. m. inv. ● Accessorio o sim. che, in autoveicoli, imbarcazioni, o anche elettrodomestici, non è compreso nella dotazione di serie, ma viene fornito, previa maggiorazione del prezzo, a richiesta dell'acquirente | (*est.*) Scelta, possibilità ulteriore.

òpto- [dal gr. *optós* 'visibile' (V. *ottico*)] primo elemento ● In parole composte della terminologia medica e scientifica, indica relazione con l'occhio, con la vista: *optoelettronica, optografia, optometria, optotipo.*

optoelettrònica [comp. di *opto-* e *elettronica*] s. f. ● Parte dell'elettronica che si unisce all'ottica per la realizzazione di dispositivi di vario genere.

optoelettrònico agg. (pl. m. *-ci*) ● Della, relativo alla, optoelettronica: *dispositivi optoelettronici.*

optografìa [comp. di *opto-* e *-grafia*] s. f. ● (*med.*) Fissazione dell'immagine sulla retina.

optogràmma [comp. di *opto-* e *-gramma*] s. m. (pl. *-i*) ● (*med.*) Immagine sulla retina di un oggetto illuminato osservata attraverso la pupilla dilatata.

optometrìa [comp. di *opto-* e *-metria*] s. f. ● (*med.*) Misurazione dell'acuità visiva | Disciplina che analizza il processo visivo per mantenerne o rafforzarne l'efficienza in rapporto alle necessità dell'ambiente.

optomètrico agg. (pl. m. *-ci*) ● Relativo all'optometria: *esame o. della vista.*

optometrìsta s. m. e f. (pl. m. *-i*) ● Ottico diplomato autorizzato a misurare la vista.

optòmetro [comp. di *opto-* e *-metro*] s. m. ● (*med.*) Strumento per l'optometria.

optòtipo e *deriv.* ● V. *ottotipo* e *deriv.*

†**opulentàre** [vc. dotta, lat. *opulentāre*, da *opulĕntus* 'opulento'] v. tr. ● (*raro*) Rendere dovizioso.

opulènto [vc. dotta, lat. *opulĕntu(m)*, da *ŏps*, genit. *ŏpis* 'ricchezza'. V. *opimo*] agg. **1** (*lett.*) Abbondante, dovizioso, ricco | *Società opulenta*, quella in cui i consumi di beni durevoli hanno raggiunto alti livelli e diffusione in tutte le classi sociali. **2** (*fig.*) Eccessivamente carico od ornato: *stile o.* | *Donna opulenta*, formosa | *Forme opulente*, giunoniche. || **opulenteménte**, avv.

opulènza [vc. dotta, lat. *opulĕntia(m)*, da *ŏpulens*, genit. *opulĕntis*, forma secondaria di *opulĕntus* 'opulento'] s. f. ● Dovizia, ricchezza (*anche fig.*).

opùnzia [dal lat. *Opūntius*, dal gr. *Opóuntios*, da *Opôus*, genit. *Opôuntos* 'Opunte', capitale della Locride, in Grecia] s. f. **1** Genere di piante delle Cactacee, comprendente circa trecento specie con tipiche spine solitarie o riunite in mazzetti e fiori dai colori vistosi (*Opuntia*). **2** (*per anton.*) Fico d'India.

†**o pùre** ● V. *oppure.*

opus /*lat.* 'ɔpus/ [lat. *ŏpus*, nt. 'opera, lavoro'] s. m. inv. (pl. lat. *opera*) **1** Nell'architettura romana e medievale, paramento murario o superficie pavimentale con particolari caratteristiche: *o. caementicium, o. latericium, o. tassellatum* | *O. incertum*, muratura costituita di pezzi irregolari di pietra a vista | *O. reticulatum*, muratura rivestita di blocchetti squadrati di pietra disposti diagonalmente | *O. alexandrinum*, mosaico eseguito con frammenti di marmo di due soli colori, bianco e nero | *O. commissum*, intarsio eseguito con frammenti di marmi antichi, vetri colorati e dorati tagliati secondo forme preordinate, in uso nella tarda romanità e nel Medio Evo | *O. mixtum*, muratura a fasce di pietrame squadrato o no, o di ciotoli a spina di pesce, alternati a file di mattoni pieni | *O. musivum*, comune mosaico da pavimenti | *O. sectile*, mosaico fatto con piccole lastre regolari di marmo disposte in modo da formare disegni geometrici | *O. spicatum*, muratura a mattoni pieni o pietre di forma regolare disposti a spina di pesce | *O. tassellatum*, mosaico fatto con dadi regolari, detti tasselli o tessere musive, di diversi colori disposti per linee verticali e orizzontali | *O. vermiculatum*, mosaico eseguito con pezzi di pietra molto piccoli, di colori diversi, disposti secondo linee curve per far risaltare la forma dell'oggetto rappresentato simulando la pittura. **2** (*mus.*) Termine che, spesso abbreviato in *op.*, si usa nei cataloghi cronologici delle opere di un autore, accompagnato dal numero del posto occupato nella serie: *il numero d'o.*; *l'op. V di Corelli.* CFR. Opera omnia.

opùscolo [vc. dotta, lat. *opŭsculu(m)*, dim. di *ŏpus*, genit. *ŏperis* 'opera'] s. m. **1** Libro di poche pagine, gener. non più di 80, di carattere erudito o di divulgazione pubblicitaria. **2** (*raro*) Breve opera, spec. a carattere monografico. || **opuscolàccio**, pegg. | **opuscolétto**, dim. | **opuscolino**, dim.

opzionàle [ingl. *optional*, da *option* 'opzione', dal fr. *option* (stessa etim. dell'it. *opzione*)] agg. **1** Che è oggetto di opzione, che è affidato alla libera scelta: *diritto o.* **2** Che non è compreso nella dotazione di serie: *accessori opzionali.* || **opzionalménte**, avv.

opzionàre v. tr. (*io opzióno*) ● (*raro*) Sottoporre a una opzione o prelazione.

opzióne [vc. dotta, lat. *optiōne(m)*, dalla stessa radice di *optāre* 'optare'] s. f. **1** Atto, effetto dell'optare. **2** Libera scelta: *esercitare l'o.* | (*dir.*) *Patto di o.*, patto in base al quale una parte di un contratto rimane vincolata alla propria proposta mentre l'altra è libera di accettarla o meno | (*dir.*) *Diritto di o.*, diritto di prelazione degli azionisti ad acquistare entro un tempo determinato un certo numero di nuove azioni. **3** Nel diritto internazionale, in caso di cessione territoriale, potere del singolo abitante di scegliere tra la cittadinanza dello Stato cessionario e quella dello Stato cedente.

ór /'or/ avv. ● Forma tronca di 'ora (2)'.

óra (1) [lat. *hōra(m)*, nom. *hōra*, dal gr. *hṓra* 'stagione', di origine indeur.] s. f. **1** Ventiquattresima parte del giorno medio o del giorno siderale: *ora media*; *ora siderale, siderea* | *Ora solare vera*, di durata variabile nel corso dell'anno | *Ora locale*, riferita al meridiano del luogo in cui ci si trova o comunque che si considera | *Ora civile*, tempo medio del meridiano centrale del fuso orario in cui si trova l'osservatore | *Ora legale*, ora media determinata dal governo per ogni nazione. SIMB. h. **2** Correntemente, periodo di tempo di 60 minuti primi, corrispondente alla ventiquattresima parte del giorno: *un'ora di sole*; *con l'intervallo di un'ora*; *la proiezione dura un'ora e mezza* | *Un'ora d'orologio*, esatta e intera | *Segnare, battere, suonare le ore*, si dice di orologio o altro strumento che misuri il tempo | *La lancetta delle ore*, che indica le ore, in un orologio, cioè la più corta | *Ora lavorativa*, periodo di tempo riconosciuto legalmente, equivalente a un'ora ai fini della retribuzione | *Pagare a ora, a ore*, un tanto per ogni ora di lavoro e sim. | (*per anton.*) *Le 150 ore*, corsi sperimentali di scuola media per adulti | *Essere a un'ora di cammino, d'auto* e sim., da un luogo, dover attendere ancora un'ora prima di arrivare, distare tanti chilometri quanti se ne possono percorrere in un'ora, a seconda del mezzo di locomozione usato | (*est.*) Parte della giornata: *le prime ore del giorno, della notte*; *risonava la selva intorno / soavemente all'ôra mattutina* (POLIZIANO); *vediamoci alla solita ora*; *che ora è?* | *È l'una, sono le due, le quattro*, sottintendendo la parola ora | *Un'ora insolita*, inopportuna, una parte del giorno non indicata per q.c. | *Di buon'ora*, presto | *Alla buon'ora*, finalmente | *A tarda ora*, tardi | *L'ultima ora*, quella del tramonto o, detto di persona, quella della morte | *Essere alle 23 ore*, alle 11 di sera e (*fig.*) prossimo a morire | *Essere alle 23 ore e tre quarti*, (*fig.*) in punto di morte | *Ore piccole*, da mezzanotte alle tre circa del mattino | *Fare le ore piccole*, andare a letto tardi | *Non avere ora fissa*, di persona che non rispetta un preciso orario. **3** (*est.*) Momento: *l'ora della rivolta, della riscossa*; *non avere un'ora di pace* | *L'ora della verità*, il momento finale in cui, nella corrida, il torero si trova da solo a fronteggiare il toro per ucciderlo o rimanerne ucciso; (*fig.*) il momento in cui, in una vicenda umana, ogni infingimento elusivo o argomentazione capziosa viene meno di fronte all'ineluttabile realtà dei fatti, tale da comportare l'assunzione conclusiva e perentoria delle responsabilità di ciascuno | *Fare ora*, attendere il momento ingannando in qualche modo l'attesa | *Non veder l'ora*, attendere con ansia il verificarsi di una cosa gradita | *Cumpare a ore*, essere in balia di eventi imprevedibili | *È giunta l'ora*, è arrivato il momento | *Quando arriverà la sua ora*, quando sarà il momento di fare q.c. o, di persona, quando morirà | *All'ultima ora*, all'ultimo momento | *Notizie, avvenimenti* e sim. *dell'ultima ora*, recentissimi | *Di ora in ora*, da un momento all'altro | *Minuti che paiono ore*, momenti che sembrano lunghissimi a chi li vive | *L'ora X*, il momento in cui q.c. ha inizio | *Ore di punta*, quelle in cui attività, movimento, traffico cittadino, consumo di energia e sim. raggiungono la massima intensità | Tempo: *è ora di partire, di andarsene* | *Ogni ora*, sempre, continuamente | *Da un'ora all'altra*, in brevissimo tempo | *Anzi ora*, anzi tempo, prima del tempo | †*Ad ora ad ora*, di tempo in tempo | *Ore rubate al lavoro, alla famiglia* e sim., ritagli di tempo non dedicato, come si dovrebbe, al lavoro, alla famiglia e sim. | *In, alla mal'ora*, V. *malora* | *A un'ora, a una stessa ora*, contemporaneamente | *È un'ora che aspetto!*, escl. di chi è da troppo tempo in attesa | *Impiegare, metterci un'ora, per fare o dire q.c.*, impiegare troppo tempo. **4** (*relig.*) *Ora canonica*, ciascuna delle ore della giornata destinate dai canoni agli atti liturgici | *Ora media*, salmodia recitata durante le ore canoniche e suddivisa in terza, sesta, nona; (*est., fig.*) l'ora destinata per consuetudine al pranzo e, gener., ad altre faccende quotidiane; (*est.*) il momento opportuno | (*est.*) La preghiera da recitarsi in determinate ore: *dire le ore* | *Libro d'ore*, quello che conteneva le orazioni proprie delle varie ore. || **orétta**, dim. | †**orùccia**, **orùzza**, dim.

óra (2) [lat. *hōra*, abl. di *hōra* 'ora (1)'] **A** avv. (troncato in *or* in alcune loc. e nell'uso lett. e poet.: *or è un mese*; *or via*; *or dunque*; *or ora*) **1** In questo momento, adesso, prontamente: *ora non mi è possibile uscire*; *ora posso finalmente riposare*; *dovrebbe arrivare ora*; *ora sto meglio*; *ora, più che mai, dobbiamo stare attenti* | (*enf.*) *Ora stai fresco*; *ora arrivo io!*; *e ora, cosa succederà?* | Nel tempo, nell'epoca presente: *ora tutto sembra più facile che nel passato* | Poco fa (con riferimento a un passato vicinissimo): *l'ho lasciato ora*; *ho finito or ora* | Fra poco, tra un attimo (con riferimento a un futuro immediato): *ora vengo!*; *ora vedrà di cosa sono capace!*; *ora! aspetta un istante!* | *E ora?*, e adesso?, e a questo punto?: *e ora? cosa facciamo?* | *Per ora*, per il momento, attualmente: *per ora è sufficiente*; *grazie, per ora* | *Ora come ora*, date le circostanze, considerata la situazione: *ora come ora non possiamo decidere nulla* | *D'ora in poi, d'ora innanzi, d'ora in avanti*, a partire da questo momento: *d'ora in poi cambierò metodo* | *Fin d'ora, sin d'ora*, subito, fin da questo istante: *te lo devi mettere in testa fin d'ora* | *Prima d'ora*, prima di questo momento (spec. raff. da 'mai'): *mai prima d'ora avevo visto una cosa simile* | *Or è un anno, or sono otto giorni*, e sim., è passato un anno, son passati otto giorni | *Otto giorni, due mesi or sono*, e sim., otto giorni, due mesi fa | V. anche *finora* e *oramai.* **2** (con valore correl.) Un momento, ... un altro momento, una volta, ... un'altra volta: *ora vuole, ora disvuole*; *ora piange, ora ride*; *ora dice sì, ora no*; *vuole ora questo ora quello*; *è ora qui, ora lì* | *Or sì or no*, in modo alternativo: *il suono si sentiva or sì or no*; *per telefono la voce mi giungeva or sì, or no*; *la luce si vedeva or sì or no.* **B** cong. **1** Ma, invece (con valore avversativo): *tu credi a queste storie, ora io ti dimostrerò che sono assurdità.* **2** Dunque, allora (riprendendo o sviluppando un discorso o un racconto): *ora dovete sapere che il ragazzo era ammalato*; *ora avvenne che i due si incontrarono*; *ora, si consideri la mia posizione* | (*raff.*) Seguito da 'appunto', 'dunque', 'via', e sim.: *or via! non pensarci più!* | V. anche *orbene, orsù.* **C** Nella loc. cong. *ora che* ● Adesso che (introduce una prop. temp. o caus. con il v. all'indic.): *ora che mi ricordo, le cose stanno proprio così.*

†**òra (3)** ● V. *aura.*

oracolàre (1) [da *oracolo*] agg. ● (*raro*) Di, da oracolo: *tono o.*

†**oracolàre (2)** [da *oracolo*] v. intr. ● Pronunzia-

re oracoli.

oracoleggiàre [comp. di *oracol(o)* e *-eggiare*] v. intr. (*io oracoléggio*; aus. *avere*) ● (*iron.*) Sentenziare.

†**oracolìsta** s. m. e f. ● Chi dà oracoli.

oracolìstico agg. (pl. m. *-ci*) ● Relativo a un oracolo o alle sue profezie.

oràcolo [vc. dotta, lat. *ōrăculu(m)*, da *ōrāre* 'parlare' (V. *orare*)] s. m. *1* Nelle antiche religioni mediterranee, responso, spesso in forma breve e ambigua, che davano gli dèi, interrogati per conoscere il futuro | (*est.*) La stessa divinità che concedeva l'oracolo: *o. delfico, libico, di Apollo.* *2* (*fig., iron.*) Responso sentenzioso di persona che si ritiene molto saggia e sapiente: *le sue parole per me sono un o.* | (*est.*) La persona che dà questo responso: *avete consultato l'o. prima di decidere?* || **oracolóne**, accr.

oràda ● V. *orata.*

òrafo [lat. *āurifex*, nom. V. *orefice*] **A** s. m. *1* Artista o artefice che esegue oggetti di oreficeria. *2* (*lett.*) Orefice. **B** agg. ● Di, relativo a orefice od oreficeria: *arte orafa.*

oràle [dal lat. *ōs*, genit. *ōris* 'bocca', di origine indeur.] **A** agg. *1* Della bocca: *cavità o.* | *Per via o.*, per bocca: *medicina da somministrarsi per via o.* | (*anat.*) *Arco o.*, il complesso della mascella e della mandibola. *2* (*ling.*) Detto di suono la cui articolazione è limitata alla cavità orale. *3* Espresso con le parole, con la voce: *testimonianza o.*; *esame o.* | *Tradizione o.*, comunicata a voce da una generazione all'altra. CONTR. Scritto. *4* (*psicoan.*) *Fase o.*, la prima fase dello sviluppo psicosessuale del bambino, in cui la fonte principale del piacere è la bocca. || **oralménte**, avv. A voce. **B** s. m. ● Prova d'esame consistente in una serie di domande cui si deve rispondere a voce: *l'o. non mi preoccupa eccessivamente*; *quando finiranno gli orali?*

oralità s. f. ● Qualità o carattere di ciò che è orale.

oramài ● V. *ormai.*

oràngo o **uràngo** [ingl. *orang-outang*, dal malese *ōrange* 'creatura umana' e *ūtan* 'selvaggia'] s. m. (pl. *-ghi*) ● Scimmia antropomorfa vegetariana di Borneo e Sumatra con lunghi arti anteriori, bruno-rossiccia, faccia circondata, nei maschi, da due cuscinetti adiposi laterali (*Pongo pygmaeus*).

orangutàn o **orangutàno**, **rangutàn**, **rangutàno** s. m. ● (*zool.*) Orango.

orànte **A** part. pres. di *orare*; anche agg. ● (*lett.*) Nel sign. del v. **B** s. m. e f. ● (*lett.*) Chi prega.

oràre [vc. dotta, lat. *ōrāre* 'parlare', poi 'pregare', da *ōs*, genit. *ōris* 'bocca', di origine indeur.] **A** v. tr. e intr. (*io òro*; aus. *avere*) ● (*lett.*) Pregare: *udia gridar: 'Maria, òra per noi'* (DANTE *Purg.* XIII, 50) | (*raro*) Invitare, chiedere pregando. **B** v. intr. (aus. *avere*) ● †Tenere un discorso, pronunciare una arringa.

oràrio [da *ora* (*1*)] **A** agg. *1* Che si riferisce all'ora, alle ore o al tempo in generale: *tavola, tabella oraria* | *Velocità oraria*, calcolata all'unità di tempo di 1 ora | *Segnale o.*, mediante il quale si comunica, spec. con la radio, una determinata ora: *il segnale o. delle ore 13* | *Disco o.*, cartoncino munito di fori attraverso cui appaiono le ore di arrivo e di partenza, che gli automobilisti debbono esporre sul parabrezza, nella zona a sosta limitata. *2* Che avviene, si verifica e sim. ogni ora: *mutazioni orarie* | Che è calcolato a ore: *paga oraria.* *3* *Senso o.*, senso di rotazione delle lancette dell'orologio. CONTR. Antiorario. *4* (*astron.*) *Circolo o.*, circolo massimo della sfera celeste passante per i poli | *Angolo o.*, tra il circolo orario di una stella e il meridiano del luogo d'osservazione | *Linea oraria*, che indica l'ora negli orologi solari. **B** s. m. *1* Distribuzione organica di una serie di operazioni in un certo periodo di tempo: *seguire, rispettare l'o.* | Tempo previsto per l'inizio o lo svolgimento di q.c.: *fissare l'o. delle manifestazioni, delle lezioni*; *il mio o. d'ufficio è piuttosto pesante* | *O. flessibile*, sistema per cui, in un'azienda, i dipendenti hanno la possibilità di scegliere il momento d'inizio e di termine del lavoro entro limiti preventivamente concordati, fermo restando l'obbligo di effettuare le ore lavorative fissate dal contratto | *O. d'apertura, di chiusura*, ora in cui banche, negozi o luoghi pubblici in genere aprono e chiudono | *Essere in o.*, nella scadenza di tempo stabilita: *essere in anticipo, in ritardo sull'o.* | *Non avere o.*, non rispettare regolari scadenze di tempo nell'ambito della propria vita quotidiana. *2* Tabella che indica sistematicamente lo svolgimento di determinate attività in rapporto al tempo previsto per le stesse: *l'o. dei treni, delle corriere*; *o. ferroviario*; *consultare l'o.*

oràta o **oràda** [lat. *aurāta(m)*, f. sost. di *aurātus* 'dorato', da *āurum* 'oro'; detta così dalle strisce dorate che ha sul corpo] s. f. ● Pregiato pesce degli Sparidi con i fianchi dorati a strisce scure, vorace, predilige fondali ricchi di vegetazione (*Sparus auratus*).

†**oràto** ● V. *aurato.*

oratóre [vc. dotta, lat. *oratōre(m)*, da *ōrāre* 'parlare'. V. *orare*] s. m. (f. *-trice*) *1* Persona particolarmente eloquente, parlatore abile ed efficace: *un grande, un brillante o.* | Chi tiene un discorso in pubblico: *congratularsi con l'o.*; *applaudire, fischiare l'o.* | *O. sacro*, predicatore. *2* †Ambasciatore, messo: *gli oratori della repubblica fiorentina.* *3* †Retore. *4* †Chi prega.

oratòria [vc. dotta, lat. *oratōria(m)* 'arte oratoria', f. sost. di *oratōrius* 'oratorio (1)'] s. f. ● Arte del parlare in pubblico, e relativa tecnica: *o. greca, romana*; *o. sacra, politica, forense* | Insieme degli oratori di una determinata epoca: *l'o. latina del periodo aureo.*

oratoriàle [da *oratorio* (*3*)] agg. ● (*mus.*) Che concerne l'oratorio.

oratoriàno **A** agg. ● Che si riferisce all'ordine dell'Oratorio. **B** s. m. ● Frate dell'ordine dell'Oratorio, fondato da San Filippo Neri.

oratòrio (**1**) [vc. dotta, lat. *oratōriu(m)*, agg. di *orātor*, genit. *oratōris* 'oratore'] agg. *1* Dell'oratore, dell'eloquenza: *arte, forma oratoria* | *Genere o.*, eloquenza. *2* (*est.*) Retorico, ampolloso: *tono, stile o.* || **oratoriaménte**, avv. Da oratore, in modo eloquente.

oratòrio (**2**) [vc. dotta, lat. tardo *oratōriu(m)*, nt. sost. di *oratōrius* 'oratorio (1)'] s. m. *1* Edificio o piccolo edificio, spesso annesso a chiese o a conventi, per le riunioni dedicate alla preghiera | (*est.*) Denominazione di alcune associazioni religiose: *l'o. di S. Bernardino* | *I Padri dell'o.*, gli oratoriani. *2* Presso molte chiese parrocchiali, luogo, complesso di ambienti e sim. destinati alle attività ricreative di giovani e ragazzi.

oratòrio (**3**) [da *oratorio* (*2*)] s. m. ● (*mus.*) Composizione di musica o poesia di soggetto sacro, senza azione scenica, per chiesa e anche per teatro: *un o. di Carissimi, di Bach.*

†**oratùra** [vc. dotta, lat. *auratūra(m)*, da *aurātus* 'orato'] s. f. ● Doratura.

oraziàno [vc. dotta, lat. *Horatiānu(m)*, agg. di *Horātius* 'Orazio'] agg. ● Che è proprio del poeta latino Q. Orazio Flacco (65-8 a.C.): *odi oraziane.*

orazióne [vc. dotta, lat. *oratiōne(m)*, da *orāre* 'parlare, pregare'. V. *orare*] s. f. *1* Preghiera: *dire, recitare le orazioni* | *O. dominicale, del Signore*, il paternostro. *2* Discorso di stile eloquente, tenuto in pubblico: *o. politica, accademica*; *una commossa o.*; *le orazioni di Cicerone* | *O. sacra*, predica | *O. funebre*, elogio in onore di un defunto | (*raro, fig.*) *L'o. della bertuccia*, maldicenza o bestemmia. || **orazioncèlla**, dim. | **orazioncìna**, dim.

orbàce [stessa etim. di *albagio*] s. m. *1* Tessuto di lana grezza fatto a mano, tipico della Sardegna, usato spec. per i costumi locali. *2* La divisa fascista confezionata in orbace nero: *indossare l'o.*

orbàco [lat. *lāuri bāca(m)* 'bacca di alloro'; la *l*-iniziale fu sentita come articolo (**l'orbacca*; cfr. *azzurro* e *usignolo*)] s. m. (pl. *-chi*) ● (*lett.*) Alloro, lauro.

orbàre [vc. dotta, lat. *orbāre*, da *ŏrbus* 'privo'. V. *orbo*] v. tr. (*io òrbo*) *1* (*lett.*) Rendere per sempre privo di qc. o di q.c.: *la povera donna fu orbata del figlio.* *2* †Rendere cieco.

òrbe [vc. dotta, lat. *ŏrbe(m)* 'cerchio', poi 'mondo', di etim. incerta] s. m. *1* Cerchio, circolo, orbita: *essendo l'o. suo inferiore a quel di Saturno* (GALILEI). *2* Sfera, globo | *L'o. terracqueo, terrestre*, la Terra | (*fig.*) Mondo: *l'o. cattolico.*

orbèllo [dim. del lat. *ŏrbis* 'cerchio' (V. *orbe*), per la forma rotonda del manico] s. m. ● Arnese per spianare il cuoio a lama rettangolare con uno dei lati non tagliente e l'altro incassato in un manico cilindrico di legno.

orbène o **or bène** [comp. di *ora* (*2*) e *bene* (*1*)] cong. ● Dunque (con valore concl. o esortativo, sempre al principio di frase): *o. eccoli finalmente arrivati*; *o., vuoi deciderti?*

orbettìno [dim. di *orbo*, perché si credeva che fosse cieco] s. m. ● Rettile delle Lacerte, privo di zampe, rivestito di squamette lucidissime e brune, oviparo, innocuo (*Anguis fragilis*).

†**orbézza** [da *orbo*] s. f. ● Condizione o stato di chi è privo o mancante di q.c. o qc.

orbicolàre o †**orbiculàre** [vc. dotta, lat. tardo *orbiculāre(m)*, da *orbĭculus* 'orbicolo'] agg. *1* Che ha forma di cerchio, di circolo: *tracciato o.* | (*anat.*) *Muscolo o.*, simile per forma e funzione allo sfintere, ma situato intorno ad aperture più grandi, come la bocca e la rima oculare: *muscolo o. della bocca, delle palpebre.* *2* Che si muove in circolo o che determina un movimento circolare. *3* (*bot.*) Detto di organo vegetale laminare a contorno quasi circolare.

orbicolàto o †**orbiculàto** [vc. dotta, lat. *orbiculātu(m)*, da *orbĭculus* 'orbicolo'] agg. ● (*raro*) Circolare.

†**orbìcolo** [vc. dotta, lat. *orbĭculu(m)*, dim. di *ŏrbis* 'cerchio'. V. *orbe*] s. m. ● (*raro*) Cerchietto.

†**orbiculàre** e *deriv.* ● V. *orbicolare* e *deriv.*

†**òrbido** [sovrapposizione di *stupido* e *orbo*] agg. ● Orbo | (*fig.*) Stupido.

†**orbìlio** [dal n. di *Orbilio*, manesco istitutore di Orazio] s. m. ● Maestro severo che applica punizioni corporali.

òrbita [vc. dotta, lat. *ŏrbita(m)*, da *ŏrbis* 'cerchio'. V. *orbe*] s. f. *1* (*fis.*) Linea descritta da un punto nel suo movimento. SIN. Traiettoria. *2* (*astron.*) Traiettoria descritta da un astro intorno al suo centro di gravitazione | *O. di parcheggio*, nelle missioni spaziali, traiettoria percorsa più volte, in attesa di fasi successive | *Mettere, lanciare in o.*, (*fig.*) avviare a sicura realizzazione un'azione, un progetto e sim. *3* (*fig.*) Ambito, limite: *restare nella propria o.*; *uscire dall'o. delle istituzioni, della legalità, del lecito* | Zona d'influenza: *vivere nell'o. di un uomo politico.* *4* (*anat.*) Cavità piramidale nella parte antero-superiore del cranio, che contiene l'occhio e i suoi annessi | *Avere gli occhi fuori dalle orbite*, (*fig.*) spalancati per meraviglia, ira o emozione violenta in genere. *5* (*lett.*) †Linea tracciata da una ruota.

†**orbità** [vc. dotta, lat. *orbitāte(m)*, da *ŏrbus* 'orbo'] s. f. *1* Cecità. *2* L'essere orbato dei figli o di persone care.

orbitàle **A** agg. *1* (*fis.*) Relativo all'orbita di un punto, una particella, un corpo celeste: *moto, velocità o.* *2* (*anat.*) Orbitario. **B** s. m. ● (*chim., fis.*) La distribuzione della densità di carica creata da un elettrone intorno al nucleo in un atomo o in una molecola: *orbitali atomici, molecolari.*

orbitànte part. pres. di *orbitare*; anche agg. ● Nei sign. del v.

orbitàre [da *orbita*] v. intr. (*io òrbito*; aus. *essere*) *1* (*astron.*) Descrivere un'orbita. *2* (*fig.*) Gravitare.

orbitàrio agg. ● (*anat.*) Relativo all'orbita: *regione orbitaria* | *Cavità orbitaria*, l'orbita.

orbiter /ingl. 'ɔːbitə*/ [vc. ingl., da *orbit* 'orbita'] s. m. inv. ● (*aer.*) In una navetta spaziale, il veicolo alato pilotato da un equipaggio, che trasporta i passeggeri e il carico utile, ed è destinato a raggiungere e percorrere l'orbita programmata e a ritornare quindi a terra per essere riutilizzato in una missione successiva.

òrbo [vc. dotta, lat. *ŏrbu(m)*, di origine indeur. (cfr. *orfano*)] **A** agg. *1* (*lett.*) Privo: *stette la spoglia immemore / orba di tanto spiro* (MANZONI). *2* Privo della vista: *essere o. da un occhio* | (*est.*) Che vede poco o male, che ha la vista difettosa. **B** s. m. (f. *-a*) *1* Persona priva della vista: *un povero o.* | *Botte da orbi*, violentissime e date alla cieca. SIN. Cieco. *2* (*fig.*) Persona di scarsa intelligenza: *aver a che fare con degli orbi.* || **orbàccio**, pegg. | **orbétto**, dim. | **orbettino**, dim.

òrca (**1**) [vc. dotta, lat. *ŏrca(m)* 'balena', di origine preindeur.] s. f. *1* Mammifero dell'ordine dei Cetacei Odontoceti, diffuso in tutti gli oceani, di color bianco e nero, voracissimo e feroce carnivoro dotato di dentatura formidabile con la quale aggredisce anche le balene (*Orcinus orca*). *2* Favoloso mostro marino che esigeva vittime umane.

òrca (2) [ol. *hulk*] s. f. ● Veliero olandese largo e a fondo piatto, con tre alberi e bompresso usato per trasporto.

†**orcellerìa** [da *orcello*, dim. di *orcio*] s. f. ● Fabbrica di orci.

†**orceolàto** ● V. *urceolato*.

orchéssa [da *orco*] s. f. *1* Moglie dell'orco, nelle fiabe. *2* (*fig.*) Donna orribile.

orchèstica [vc. dotta, gr. *orchēstiké*, f. sost. di *orchēstikós* 'orchestico'] s. f. ● (*lett.*) Arte della danza.

orchèstico [vc. dotta, gr. *orchēstikós*, da *orchéisthai* 'danzare'. V. *orchestra*] agg. (pl. m. *-ci*) ● (*lett.*) Attinente alla danza.

orchèstra [vc. dotta, lat. *orchēstra(m)*, nom. *orchēstra*, dal gr. *orchḗstra* 'spazio per le evoluzioni del coro', da *orchéisthai* 'danzare'] s. f. *1* Nel teatro classico greco e romano, area trapezoidale adibita alle danze del coro. *2* Nei moderni teatri lirici, la parte della sala in cui sono sistemati gli strumentisti. *3* Complesso di strumentisti che eseguono un'opera sinfonica o accompagnano un'opera lirica | *O. d'archi*, comprendente violini, viole, violoncelli e contrabbassi | *O. sinfonica*, comprendente vari strumenti a fiato in legno e in ottone, strumenti a percussione e un gruppo di strumenti ad arco | *O. da camera*, comprendente strumenti ad arco e qualche strumento a fiato, soprattutto i legni. ➡ ILL. **musica**. *4* (*fig.*, *scherz.*) Insieme di voci e rumori, spec. poco gradevoli, che colpiscono con intensità: *senti che o.!* || **orchestrìna**, dim. (V.) | **orchestróna**, accr. | **orchestróne**, accr. m.

orchestràle A agg. ● Che concerne l'orchestra | *Massa o.*, dei suonatori. **B** s. m. e f. ● Chi suona in un'orchestra.

orchestràre [da *orchestra*] v. tr. (*io orchèstro*) *1* Scrivere le parti dei vari strumenti musicali che compongono un'orchestra: *o. un'opera lirica*. *2* (*fig.*) Organizzare q.c. predisponendone e prevedendone le modalità di svolgimento: *o. il gioco delle alleanze politiche*; *o. una campagna di stampa*.

orchestratóre agg.; anche s. m. (f. *-trice*) ● Che, chi orchestra (*anche fig.*).

orchestraziòne s. f. ● Atto, effetto dell'orchestrare.

orchestrìna s. f. *1* Dim. di *orchestra*. *2* Piccola orchestra di musica leggera: *una o. da caffè concerto*.

òrchi- [dal gr. *órchis*, genit. *órcheōs* 'testicolo', di origine indeur.] primo elemento ● In parole composte della terminologia medica, significa 'testicolo': *orchialgia*, *orchite*.

orchialgìa [comp. di *orchi-* e *-algia*] s. f. ● (*med.*) Qualsiasi dolore localizzato nella regione testicolare.

Orchidàcee [vc. dotta, comp. di *orchidea* e *-acee*] s. f. pl. ● Nella tassonomia vegetale, famiglia di piante erbacee delle Monocotiledoni, terrestri o epifite, con fiore asimmetrico a labello molto esteso e vistoso e particolari adattamenti per l'impollinazione entomofila (*Orchidaceae*) | (al sing. *-a*) Ogni individuo di tale famiglia. ➡ ILL. **piante** /10.

orchidèa [vc. dotta, gr. *orchídion* 'testicolo' e n. di pianta, dim. di *órchis* 'testicolo' (V. *orchi-*), per la forma delle radici a tubero] s. f. ● Correntemente, ogni pianta delle Orchidacee, con radici tuberose, foglie parallelinervie allungate o lobate, fiori di forma molto variabile e strana, generalmente coltivata in serre calde e ricercata per i grandi e variopinti fiori ornamentali.

orchidopessìa ● V. *orchiopessia*.

orchiectomìa [comp. di *orchi-* e del gr. *ektomḗ* 'amputazione' (V. *-tomia*)] s. f. ● (*chir.*) Asportazione del testicolo.

orchiepididimìte [comp. di *orchi-* ed *epididimite*] s. f. ● (*med.*) Processo infiammatorio che interessa contemporaneamente il testicolo e l'epididimo.

orchiopessìa o **orchidopessìa** [dal lat. *orchidopēxia*, dal gr. *órchis* 'testicolo' e *pêxis* 'fissaggio'] s. f. ● (*chir.*) Fissazione chirurgica in sede scrotale di un testicolo non disceso.

orchiotomìa [comp. di *orchi-* e *-tomia*] s. f. ● (*med.*) Incisione del testicolo.

orchìte [comp. di *orch(i)-* e *-ite (1)*] s. f. ● (*med.*) Qualsiasi processo infiammatorio di uno o ambedue i testicoli che si presentano dolenti e tumefatti: *o. da parotite*.

orciàia [da *orcio*] s. f. ● Locale dell'oleificio in cui si conservano gli orci pieni di olio di oliva appena estratto.

orciàio s. m. ● Vasaio che fa orci.

orciaiòlo s. m. ● Orciaio.

órcio [lat. *ŭrceu(m)*, di origine preindeur.] s. m. (pl. †*orcia*, f.) *1* Vaso di terracotta, talvolta anche smaltata e decorata, con corpo panciuto, generalmente a due manici e bocca ristretta. *2* Antica misura per liquidi, pari a un terzo di barile. || **orcétto**, dim. | **orciàccio**, pegg. | **orciòlo**, **orciuòlo**, dim. (V.).

orciolàio s. m. ● Vasaio che fa orcioli.

orciòlo o (*lett.*) **orciuòlo** [lat. parl. **urceŏlu(m)*, per il classico *urcĕolu(m)*, dim. di *ŭrceus* 'orcio'] s. m. *1* Dim. di *orcio* | *Far bocca d'o.*, (*fig.*) torcere la bocca. *2* Brocca, boccale | *Porre l'acqua negli orcioli fessi*, (*fig.*) fare una cosa inutile | *Esser come l'o. dei poveri*, (*fig.*) sudicio e sboccato. || **orciolétto**, dim. | **orciolino**, dim.

†**orcipòggia** [comp. di *orcia*, variante antica di *orza*, e *poggia*] s. f. inv. ● (*mar.*) Paranco tenuto a rispetto, per servizio eventuale o di orza o di poggia, nelle antiche imbarcazioni a vela latina.

orciuòlo ● V. *orciolo*.

òrco [lat. *Ŏrcu(m)* 'regione dei morti', poi 'dio dell'Averno', di etim. incerta] s. m. (f. *orchéssa*; pl. m. *-chi*) *1* Nella mitologia greco-romana, inferno, ade. *2* Nelle leggende popolari europee, mostro malvagio, gigantesco, divoratore di uomini e, in particolare, di bambini: *aver paura dell'o.*; *vattene, figlio, / che l'o. non ti senta, e non t'ingoi* (ARIOSTO). *3* (*fig.*) Persona brutta da far paura: *chi è quell'o.?*; *sembra un o.* | *Voce da o.*, cavernosa. *4* (*zool.*) *O. marino*, uccello nero degli Anseriformi, con un tubercolo sul becco, buon volatore, raro in Italia (*Melanitta fusca*).

òrda [turco *ordu* 'esercito'] s. f. *1* Temporaneo raggruppamento di persone unitesi per scopi di guerra, caccia o migrazione, anche senza legami di sangue: *le orde degli Unni*. *2* (*scherz.* o *spreg.*) Torma, frotta: *un'o. di ragazzini schiamazzanti*; *l'o. selvaggia dei rivoltosi*.

ordàlia o **ordalìa** [ant. ingl. *ordāl*, di origine germ.] s. f. ● Nel mondo medievale, prova fisica spesso cruenta, in uso spec. presso i popoli germanici, a cui era sottoposto un accusato e il cui esito veniva ritenuto un responso divino sulla sua innocenza o colpevolezza. SIN. Giudizio di Dio.

ordàlico agg. (pl. m. *-ci*) ● Che concerne l'ordalia.

ordigno o (*dial.*) †**ordégno** [lat. parl. **ordīniu(m)*, da *ōrdo*, genit. *ōrdinis* 'ordine'] s. m. *1* Arnese o congegno piuttosto complesso: *non riesco a capire come funzioni questo o.*; *o. esplosivo* | *O. diabolico*, *infernale*, (*fig.*) macchina complicatissima, o di cui non si riesce a capire il funzionamento | (*est.*) Oggetto strano, inadatto al luogo o al momento: *dove hai trovato questo o.?* | (*dial.*) Utensile: *gli ordigni del fabbro*. *2* (*raro*, *fig.*) Maneggio, intrigo.

ordiménto s. m. ● (*raro*) Modo e atto dell'ordire (*anche fig.*).

ordinàbile [vc. dotta, lat. tardo *ordinābile(m)* 'ordinato', da *ordināre* 'ordinare'] agg. ● Che si può ordinare.

ordinabilità s. f. ● Qualità di ciò che è ordinabile.

ordinàle [vc. dotta, lat. tardo *ordināle(m)*, da *ōrdo*, genit. *ōrdinis* 'ordine'] **A** agg. *1* (*mat.*) Detto di numero che indica la posizione d'un elemento in un insieme ben ordinato. *2* (*ling.*) *Aggettivi numerali ordinali*, gli aggettivi che esprimono il posto, l'ordine, degli esseri o degli oggetti. *3* †Ordinato. || **ordinalménte**, avv. Secondo un ordine. **B** s. m. *1* (*mat.*) Numero ordinale. *2* (*ling.*) Aggettivo numerale ordinale. *3* (*relig.*) Rituale della chiesa anglicana.

ordinaménto [da *ordinare*] s. m. *1* Disposizione ordinata, sistema coerente: *l'o. del mondo, dei cieli* | †Amministrazione. *2* Disposizione o complesso di disposizioni, leggi o norme in generale che reggono o regolano q.c.: *o. scolastico, giudiziario*; *l'o. degli studi, dei musei* | *Gli ordinamenti civili, militari* e sim., il complesso delle istituzioni su cui si fonda la vita civile, militare e sim. *3* Nell'elaborazione dei dati, tipica operazione consistente nell'ordinare i dati secondo una certa sequenza, crescente o decrescente, rispetto a determinati indicativi dei dati stessi.

ordinàndo [gerundio di *ordinare*] s. m. ● Chi deve ricevere gli ordini sacri.

ordinànte **A** part. pres. di *ordinare*; anche agg. ● (*raro*) Nei sign. del v. **B** s. m. e f. *1* (*raro*) Chi ordina, provvede, istituisce e sim. *2* Chi conferisce gli ordini sacri.

ordinànza [fr. *ordonnance*, da *ordonner* 'ordinare'] s. f. *1* (*dir.*) Tipo di provvedimento giurisdizionale che l'autorità giudiziaria emana nel corso del processo civile o penale. *2* (*dir.*) Atto normativo emanato da una autorità amministrativa: *o. prefettizia*; *potere di o. del Sindaco*. *3* Nell'ambiente militare, qualsiasi prescrizione | *Marciare in o.*, in schiera | *Ufficiale d'o.*, nell'ordinamento militare italiano, fino all'abolizione della mansione, quello che, al servizio di un generale o ammiraglio, espletava gli incarichi d'ufficio da questi affidatigli | *Soldato d'o.*, (*ell.*) *ordinanza*, quello designato giornalmente per mansioni di pulizia, riordino e sim. | *D'o.*, di tutto ciò che è in conformità alle norme: *uniforme d'o.* | *Fuori o.*, di tutto ciò che è eccezionale: *silenzio fuori o.* *4* †Schiera di soldati posta in ordine di battaglia | *Spiegare le ordinanze*, schierare le truppe | *Milizia d'o.*, un tempo, quella civile contrapposta alla stanziale o mercenaria. *5* †Ordine, disposizione: *l'o. del discorso*.

ordinàre [vc. dotta, lat. *ordināre*, da *ōrdo*, genit. *ōrdinis* 'ordine'] **A** v. tr. (*io órdino*) *1* Mettere in ordine, in regola, in assetto e sim.: *o. la biblioteca, la tavola, gli schedari, i libri sullo scaffale*; *o. la propria situazione finanziaria, l'organico della scuola, gli uffici*; *lasciatemi o. con precisione i concetti* | †Costituire o istituire fondando su determinate norme: *nello o. le repubbliche, nel mantenere li stati, nel governare e regni* (MACHIAVELLI). *2* (*mat.*) Dotare un insieme d'una relazione d'ordine. *3* (*lett.*) Disporre o predisporre a un fine | Concertare, ordire. *4* Comandare: *gli ordinarono di accertare i fatti e le responsabilità* | Prescrivere: *o. una medicina, una cura*; *il medico mi ha ordinato il riposo assoluto* | Disporre: *o. una serie di interventi finanziari in favore dell'agricoltura*; *Dio ordina e provvede* | Commissionare: *o. una partita di caffè, di carni congelate*; *siamo in attesa della merce ordinata* | In locali pubblici, chiedere agli addetti al servizio ciò che si desidera consumare (*anche ass.*): *o. un caffè, una birra*; *ho ordinato spaghetti per quattro*; *avete già ordinato?* *5* Conferire gli ordini sacri: *lo hanno ordinato sacerdote*. *6* †Investire di una carica, funzione od ufficio: *o. qc. ambasciatore, nunzio, magistrato*. SIN. Nominare, eleggere. **B** v. rifl. e intr. pron. *1* Disporsi secondo un certo ordine: *i soldati si ordinarono in due file*. *2* (*lett.*) Apparecchiarsi, prepararsi.

ordinariàto s. m. *1* Grado, ufficio di professore ordinario nei ruoli dello Stato: *ambire all'o.* | Concorso per il conseguimento di tale grado e ufficio. *2* Ufficio di vescovo.

ordinarietà s. f. ● Caratteristica di ciò che è ordinario: *o. di un provvedimento* | Qualità scadente.

ordinàrio [vc. dotta, lat. *ordināriu(m)*, da *ōrdo*, genit. *ōrdinis* 'ordine'] **A** agg. *1* Che è e rimane nell'ambito della norma, della consuetudine: *faccende, spese, preoccupazioni ordinarie* | *Sedute, riunioni ordinarie*, secondo l'ordine prestabilito | *Tariffa ordinaria*, normale, senza aggiunte né diminuzioni | *Imposta ordinaria*, che serve per procurare i mezzi necessari allo svolgimento dei normali servizi pubblici | *Bollo o.*, carta bollata | *Parte ordinaria del bilancio*, relativa alle spese consuete | *Ordinaria amministrazione*, quella che tende unicamente alla gestione di un complesso patrimoniale, senza intaccarne la consistenza | *Assemblea ordinaria*, che delibera su questioni di ordinaria amministrazione | *Cose di ordinaria amministrazione*, (*fig.*) che non eccedono la normalità, di tutti i giorni. SIN. Consueto, solito. CONTR. Straordinario. *2* Che non ha particolare valore, che rivela qualità scadente: *tessuto, materiale o.*; *è roba ordinaria*; *questa stoffa è troppo ordinaria per farne un vestito* | Di persona, che ha comportamento, modo di sentire e sim., rozzo e grossolano: *gente ordinaria*; *che modi ordinari!*; *il volgo ed ordinaria gente* (BRUNO). **3** Che è parte del ruolo organico: *assistente universitario o.*; *professore o.* **4** (*dir.*) Che è proponibile contro un provvedimento giurisdizionale non ancora passato in giudicato: *impugnazione ordinaria*; *mezzo o. d'impugnazione*. **5** (*relig.*) *Tempo o.*, il tempo liturgico che va dall'Epifania alla Quaresima, e dalla Pentecoste all'Avvento. || **ordinariaménte**, avv. **1** Di solito: *ordinariamente non ci sono obiezioni*; comunemente. **2** Nei modi e coi mezzi ordinari: *procedere, agire ordinariamente*. **B** s. m. **1** Consuetudine, normalità: *problemi che escono, che non escono dall'o.* | *Per l'o.*, di solito | *Pagare meno, più dell'o.*, meno o più del solito | *D'o.*, normalmente | Nelle trattorie, il menù fisso d'ogni giorno o di determinati giorni. **2** Professore di ruolo: *è diventato o. in un liceo*; *l'o. di medicina legale nella nostra università*. **3** Vescovo di una diocesi, come avente naturale giurisdizione sopra di essa | *O. militare*, vescovo cui compete l'alta direzione del servizio religioso nelle forze armate italiane. || **ordinariàccio**, pegg. | **ordinarióne**, accr.

ordinàta (1) [da *ordinare*] s. f. ● (*fam.*) Atto, effetto del mettere in ordine, a posto, spec. sommariamente: *dare un'o. alla casa*.

ordinàta (2) [f. sost. di *ordinato*] s. f. **1** (*mat.*) In un sistema di riferimento cartesiano, lunghezza del segmento perpendicolare all'asse x avente il primo estremo sull'asse x, o sul piano $x\,z$, se l'ambiente è lo spazio tridimensionale, ed il secondo nel punto. **2** (*aer.*) Elemento trasversale della struttura di una fusoliera, scafo e sim., con funzioni di forma e di forza: *o. di riferimento*; *o. maestra*; *o. rinforzata*. **3** (*mar.*) Ciascuno dei pezzi di costruzione a guisa di costole posti trasversalmente alla chiglia da prora a poppa a breve distanza fra loro.

ordinatàrio [da *ordinato*] s. m. (f. *-a*) ● Beneficiario di un titolo di credito all'ordine (per es. di una cambiale).

ordinatìvo [vc. dotta, lat. tardo *ordinatīvu(m)*, da *ordinātus* 'ordinato'] **A** agg. ● Che serve a ordinare, a regolare, a disporre: *principi ordinativi* | (*ling.*) *Nomi ordinativi*, aggettivi numerali ordinali. **B** s. m. ● Commissione, richiesta di merci | *O. di imbarco*, nel contratto di trasporto marittimo, documento che il vettore rilascia al caricatore come prova dell'avvenuta consegna delle merci.

ordinàto part. pass. di *ordinare*; anche agg. **1** Nei sign. del v. **2** Che agisce con ordine: *persona, famiglia ordinata* | Che si svolge con ordine: *vita ordinata*. **3** (*arald.*) Detto di figure simili, poste in fila secondo l'andamento di una pezza, specialmente fascia, banda, sbarra, palo. **4** (*mat.*) Detto di insieme nel quale sia assegnata una relazione d'ordine | *Ben o.*, di insieme totalmente ordinato, tale che ogni sottoinsieme ammetta un elemento minimo | *Parzialmente o.*, *totalmente o.*, dotato d'una relazione d'ordine parziale o totale. || **ordinataménte**, avv. Con ordine, secondo il giusto ordine: *parlare ordinatamente*; secondo la scala gerarchica: *procedere ordinatamente*.

ordinatóre [vc. dotta, lat. *ordinatōre(m)*, da *ordinātus* 'ordinato'; nel sign. B3, dal fr. *ordinateur*] **A** agg. (f. *-trice*) ● Che ordina: *il pensiero umano, o. dei concetti* | Che deve porre ordine, dare una sistemazione: *la commissione ordinatrice della pubblica amministrazione*. **B** s. m. (f. *-trice* nei sign. 1 e 2) **1** Chi ordina: *l'o. dello Stato, della finanza pubblica*. **2** Nelle biblioteche, impiegato addetto alla catalogazione dei libri. **3** (*raro*) Elaboratore elettronico.

ordinatòrio [da *ordinato*] agg. ● (*dir.*) Che contiene un ordine | *Provvedimento o.*, che disciplina lo svolgimento del processo e non ha carattere decisorio | *Termine o.*, che può essere abbreviato o prorogato prima della scadenza e la cui inosservanza non determina l'invalidità dell'atto compiuto in violazione dello stesso.

ordinazióne (1) [da *ordinare*] s. f. **1** (*raro*) Atto, effetto, dell'ordinare. **2** Incarico dato a una persona, una ditta e sim. di fornire una data quantità di merce o di eseguire un determinato lavoro: *quel falegname lavora solo su o.*; *fare, ricevere un'o.* || **ordinazioncèlla**, dim.

ordinazióne (2) [vc. dotta, lat. *ordinatiōne(m)*, da *ordinātus* 'ordinato'] s. f. ● Conferimento dell'ordine sacro.

órdine [lat. *ōrdine(m)* 'fila, disposizione', di etim. incerta] s. m. **1** Assetto, disposizione o sistemazione razionale e armonica di q.c. nello spazio o nel tempo secondo esigenze pratiche o ideali: *l'o. delle pagine, delle parti di un discorso*; *l'o. interno d'una famiglia, dello Stato*; *narrando ha variato qua e là l'o. dei fatti* | *O. diretto*, costruzione normale del periodo | *O. inverso*, costruzione anormale del periodo | *Narrare per o.*, rispettando una certa successione degli eventi | *Dire, esporre con o.*, adottando una certa disposizione o successione di cose e fatti | *Ovunque regna l'o.*, c'è pace dappertutto | *Persona d'o.*, che ama l'ordine, che è ordinata | *Ritirarsi in buon o.*, di truppe che si ritirano senza sbandamenti, (*fig.*) di persona che recede spontaneamente da un proposito e sim. | (*est.*) Condizione o stato di ciò che è in regolare e razionale assetto: *tenere, mantenere, mettere in o.*; *l'o. del mondo voluto da Dio*; *è nell'o. naturale delle cose* | *Essere in o.*, di cose ordinate o di persone vestite e acconciate con proprietà | *Essere bene, male in o.*, in arnese | *O. pubblico*, il normale svolgersi della vita sociale, nel rispetto delle leggi e delle istituzioni dello Stato: *turbare l'o. pubblico* | (*est.*) Criterio che ordina o coordina: *disporre gli oggetti con o. ascendente, discendente*; *andare, procedere per o. gerarchico*; *esporre i fatti secondo un o. cronologico* | *Con, per, in o.*, secondo tale criterio | *Fuori dall'o.*, si dice di ciò che eccede la norma, la normalità. **2** (*mil.*) Ordinanza, formazione, disposizione di forze: *in o. sparso, di battaglia, di marcia*; *o. sottile, profondo, aperto, serrato, retto, parallelo, obliquo* | *O. chiuso*, indica l'istruzione a piedi per l'addestramento ai movimenti di parata | *O. di battaglia*, rappresentazione sintetica della struttura organica e delle dipendenze dei comandi e delle unità costituenti l'esercito o un complesso di forze operative. **3** Complesso, serie o sistema di cose uguali e non (*anche fig.*): *il teatro è esaurito in ogni o. di posti*; *bisogna considerare vari ordini di fatti e le loro conseguenze*; *ciò non rientra nel nostro o. d'idee* | *O. architettonico*, o (*ass.*) *ordine*, fila di colonne che sorreggono la trabeazione: *o. ionico, dorico, corinzio* | *O. di denti*, fila | *O. di remi*, filiera | *O. di peri, meli*, e sim., filare | *O. di beati, di santi*, schiera | (*est.*) Successione, classifica: *l'o. d'arrivo dei corridori, dei cavalli* | *O. di battuta*, nel calcio, il susseguirsi regolarmente dei giocatori nella messa in gioco del pallone | *O. di beccata*, nel comportamento di alcuni animali, ordinamento gerarchico di precedenza secondo cui un individuo predominante sugli altri ha diritto a mangiare prima degli individui a lui sottomessi e a punire chi, di questi, tenti di opporglisi. **4** Ceto, classe: *l'o. dei magistrati, dei nobili, dei liberi professionisti*; *la società romana si componeva di due ordini, la plebe e il patriziato* | Categoria professionale e sue eventuali realizzazioni associative: *l'o. degli avvocati, dei medici, degli ingegneri*; *essere iscritto all'albo dell'o.* **5** Associazione di religiosi che pronunciano voti solenni di povertà, castità, obbedienza: *l'o. dei benedettini*; *gli ordini mendicanti*. **6** Gruppo sistematico usato nella classificazione degli organismi vegetali o animali e comprendente una o più famiglie affini. **7** (*fig.*) Piano, ambito, settore: *fenomeni che appartengono all'o. soprannaturale* | Carattere, natura, indole: *problemi, questioni d'o. pratico, tecnico* | Livello, importanza, qualità | *Di prim'o.*, di cosa eccellente, di persona abilissima, molto dotata o importante | *Albergo di prim'o.*, di lusso | *Di second'o.*, secondario quanto a importanza o rilievo, scadente per qualità | *Albergo di second'o.*, non troppo buono | *Di terz'o.*, di cattiva qualità, d'importanza pressoché nulla | *Albergo di terz'o.*, decisamente cattivo e mal frequentato | *Di quart'o.*, di alberghi o locali pubblici di bassissimo livello | *D'infimo o.*, pessimo per qualità o d'importanza nulla | *In o. a*, per quanto riguarda, relativamente a. **8** Comando orale o scritto: *o. dell'autorità*; *o. di mobilitazione generale*; *ubbidire agli ordini*; *gli ordini non si discutono*; *dare, impartire, emanare un o.*; *pretendere, ricevere, accettare ordini da qc.* | *O. di pagamento*, mandato | (*banca*) *O. permanente*, disposizione data dal cliente alla banca di effettuare per suo conto pagamenti ricorrenti, come affitti, canoni e sim. | *Fino a nuovo o.*, fino a che non saranno date nuove direttive | *Ai vostri ordini*, a vostra completa disposizione | *Parola d'o.*, segreta, di riconoscimento e (*fig.*) intesa o accordo segreto | Prescrizione: *l'o. del medico* | Disposizione, direttiva: *ho l'o. di non lasciare passare nessuno*; *è partito senza lasciare ordini precisi* | *O. del giorno*, elenco degli argomenti di cui si tratterà in una data seduta; nella terminologia militare, foglio giornaliero che il comandante di corpo compila per registrare e rendere noti i turni di servizio in caserma e quant'altro interessi i soldati | (*fig.*) *All'o. del giorno*, detto di ciò che è consueto, frequente: *i piccoli furti sono all'o. del giorno*; d'attualità: *le preoccupazioni per l'ambiente sono sempre all'o. del giorno*. **9** Commissione, ordinazione | *All'o.*, detto di titolo di credito trasferibile per girata | *Clausola all'o.*, accordo che consente il trasferimento del titolo mediante girata. **10** Nel cattolicesimo e in alcune altre confessioni cristiane, sacramento che conferisce la grazia e il carattere sacerdotale | Ogni singolo grado della gerarchia cattolica | *Ordini minori*, di ostiario, lettore, esorcista e accolito, dopo il Concilio Ecumenico Vaticano Secondo chiamati ministeri e ridotti soltanto al lettore e all'accolito, uffici affidati ora anche ai laici | *Ordini maggiori*, di suddiacono, soppresso dopo il Concilio Ecumenico Vaticano Secondo, diacono e prete | *O. episcopale*, quello che eleva all'ufficio e alla dignità di vescovo. **11** (*mat.*) Relazione riflessiva, transitiva e antisimmetrica. || **ordinétto**, dim. | **ordinùzzo**, pegg.

ordire [lat. *ordīri*, da avvicinare a *ōrdo*, genit. *ōrdinis* 'ordine'] v. tr. (*io ordisco, tu ordisci*) **1** Disporre su un telaio i fili dell'ordito | (*mar.*) *O. la cima tra due taglie*, passarla da un bozzello all'altro per formare potenza, paranco. **2** Porre mano a canestri, ceste, cavi, corde, distendendo in ordine i fili. **3** (*fig.*) Cominciare a disporre nelle sue linee principali, realizzare in modo schematico: *o. la trama d'un racconto*. SIN. Abbozzare. **4** (*fig.*) Preparare e organizzare in segreto q.c. di illecito, o comunque di dannoso per altri: *o. una congiura, un attacco improvviso, un colpo di stato*; *alcuna finzione alcuno inganno / ... ordisce e trama* (ARIOSTO).

ordito **A** part. pass. di *ordire*; anche agg. ● Nei sign. del v. **B** s. m. **1** (*tess.*) Insieme dei fili destinati a formare la larghezza o altezza di un tessuto, tesi orizzontalmente sul telaio, tra il subbio e il subbiello | *Piede dell'o.*, estremità ripiegata del filo, in cui s'infilza la bacchetta che lo ferma al telaio | *Croce dell'o.*, l'estremità opposta al piede, verso il subbiello | *Riempire l'o.*, con la trama. **2** (*fig.*) Intreccio di notizie, affermazioni e sim. non vere o non sincere: *un o. di menzogne, di favole* | Trama di una narrazione: *l'o. del Pulci è ridicolo in se stesso* (DE SANCTIS).

orditóio s. m. ● (*tess.*) Macchina che serve alla preparazione dell'ordito per la tessitura, generalmente composta da una rastrelliera portante le bobine o rocche di filo, e da un subbio sul quale si arrotola l'insieme dei fili tenuti a distanza mediante il passaggio tra i denti di un pettine.

orditóre s. m. (f. *-trice*, pop. *-tora*) **1** Operaio tessile addetto all'orditura. **2** (*fig.*) Chi trama inganni e sim.

orditùra s. f. **1** Operazione dell'ordire: *o. della tela* | Ordito. **2** (*edil.*) Complesso delle strutture che sostengono il materiale di copertura di un tetto. **3** (*fig.*) Schema o struttura fondamentale di un'opera: *l'o. del poema*. **4** (*fig.*) Trama, macchinazione. || **orditurétta**, dim.

†**òrdo** [lat. *hŏrridu(m)* 'orrido'] agg. ● Orribile, brutto.

Ordoviciàno [dal n. lat. della tribù degli *Ordŏvices*, stanziati in Britannia] s. m. ● (*geol.*) Secondo periodo del Paleozoico (500-440 milioni di anni fa).

†**ordùra** [da †*ordo*] s. f. ● Sozzura, bruttezza.

öre /*sved.* 'øːrə/ o **øre** /*dan.* 'øːrə, *norv.* 'øːrə/ [vc. sved., dan. e norv., dal lat. *āureu(m)* 'aureo' (V.)] s. m. inv. (pl. sved. inv.) ● Moneta divisionale svedese, danese e norvegese, pari alla centesima parte della corona.

oreàde [lat. *orēada*, nom. *ŏreas*, dal gr. *oreiás*, da *óros* 'monte' (V. *oro-*)] s. f. ● Nella mitologia greco-romana, ninfa dei monti.

orécchia o †**récchia** (2) [lat. *aurĭcula(m)*, propr. dim. di *āuris* 'orecchia', di origine indeur.] s. f. *1* Orecchio. *2* (*fig.*) Cosa prominente o sporgente, di forma che ricorda quella di un orecchio | *Le orecchie dell'anfora*, le anse | *Fare le orecchie alle pagine*, ripiegarne gli angoli o accartocciarli. *3* (*mus.*) Ognuna delle due caratteristiche aperture, a forma di ʃ o S, poste sulla cassa armonica degli strumenti ad arco, ai lati del ponticello. *4* (*zool.*) *O. marina, o. di mare*, aliotide. || **orecchièlla**, dim. | **orecchiétta**, dim. (V.) | **orecchina**, dim.

orecchiàbile [da *orecchiare*] agg. ● Detto di motivo musicale che si può imparare o ripetere facilmente: *musica, canzone o.*

orecchiabilità s. f. ● Qualità di ciò che è orecchiabile.

†**orecchiàgnolo** s. m. *1* (*scherz.*) Orecchio. *2* Manico, ansa, spec. di vaso.

orecchiàle s. m. ● Nell'aerofono, ciascuno degli amplificatori che si applicano alle orecchie.

orecchiànte agg.; anche s. m. e f. *1* Che, chi parla di q.c. senza conoscerla seriamente, limitandosi a ripetere ciò che ha sentito dire | Che, chi giudica senza approfondire, in base a nozioni o notizie superficiali. *2* (*raro, fig., scherz.*) Che, chi spia.

orecchiàre [da *orecchio*] v. intr. (*io orécchio*; aus. *avere*) ● (*raro*) Porgere l'orecchio per cercare d'ascoltare.

orecchiàto [da *orecchio*] agg. ● (*arald.*) Animale fornito di orecchie.

orecchiétta s. f. *1* Dim. di *orecchia*. *2* (*anat.*) Atrio del cuore: *o. destra, sinistra*. *3* Tipo di pasta alimentare di grano duro, di forma simile a quella di un piccolo orecchio, da fare asciutta: *le orecchiette baresi*. *4* Nome region. del fungo detto com. *gelone*.

orecchìno [da *orecchio*] s. m. *1* Monile che si porta alle orecchie: *orecchini d'oro, di brillanti, di platino*; *orecchini in rafia, in cristallo*. *2* (*mar., al pl.*) Bozzelli che pendono lateralmente da albero, pennone, antenna.

orécchio o †**urécchio** [lat. *aurĭcula(m)*, dim. di *āuris* 'orecchia', di origine indeur.] s. m. (pl. *orécchi*, m., *orécchie*, †*orécchia*, f. solo nei sign. 1, 2 e 4 spec. in alcune loc. fig.) *1* (*anat.*) Organo di senso recettore dei suoni: *l'o. destro e quello sinistro*; *gli esseri umani hanno due orecchie*; *essere sordo di, da un o.* | *O. esterno*, formato dal padiglione e dal condotto uditivo | *O. medio*, cavità scavata nell'osso temporale, contenente tre ossicini | *O. interno*, costituito dal labirinto | *Orecchie lunghe*, (*per anton.*) quelle dell'asino | *Avere le orecchie lunghe*, (*fig.*) essere un asino | *Fare le orecchie lunghe*, (*fig.*) diventare un asino | (*fig.*) *Stare con l'o. teso*, essere intento ad ascoltare | (*fig.*) *Aprire bene gli orecchi, le orecchie*, stare molto attenti | (*fig.*) *Porgere l'o.*, dare ascolto: *porgea gli orecchi al suon della tua voce* (LEOPARDI) | (*fig.*) *Dare, prestare o.*, ascoltare con attenzione | (*fig.*) *Avere gli orecchi a q.c.*, badarvi | *Turarsi le orecchie, gli orecchi*, chiuderli per non sentire e (*fig.*) non voler ascoltare | (*fig.*) *Essere tutt'orecchi*, prestare estrema attenzione | *Da questo o. non ci sento*, (*fig.*) non voglio sentir parlare di ciò, non ne voglio sapere | *Far campana all'o.*, con la mano, per sentire meglio | *Dire q.c. all'o.*, bisbigliarla per impedire che altri sentano | *Confidare q.c. in un o.*, dirlo in tutta segretezza | (*fig.*) *Mettere una pulce nell'o.*, insinuare dubbi, sospetti e sim. | (*fig.*) *Anche i muri hanno orecchi*, si dice di luogo o ambiente in cui vi siano spie e sim. pronte a carpire ogni confidenza o segreto | (*fig.*) *Entrare da un o. e uscire dall'altro*, si dice di cosa udita e subito cancellata dalla memoria | *Soffiare, zufolare negli orecchi*, (*fig.*) istigare o sobillare qc. | *Avere il cotone agli orecchi*, (*fig.*) non sentire o non voler sentire | (*fig.*) *Avere gli orecchi, le orecchie foderate di prosciutto*, non sentire o non voler sentire | (*fig.*) *Fare orecchi, orecchie da mercante*, fingere di non capire. ➡ ILL. p. 366 ANATOMIA UMANA. *2* (*est.*) Udito: *essere delicato, debole d'o.*; *suono gradito all'o.* | *Duro d'o.*, (*euf.*) sordo o che sente molto poco; (*fig.*) che non vuole capire | *Lacerare, straziare l'o., le orecchie*, di suono sgradevolissimo o troppo forte | *Stordire, intronare le orecchie, gli orecchi*, di suono o rumore rimbombante, intensissimo. *3* (*fig.*) Particolare sensibilità per la musica, capacità di sentirla e riprodurla esattamente: *avere molto, poco o.* | *Non avere o.*, essere stonato | *Suonare, cantare a o.*, senza conoscere la musica o senza leggerla. *4* (*per anton.*) Padiglione auricolare: *avere le orecchie grandi, piccole, a sventola*; *prendere qc. per un o.* | *Abbassare gli orecchi*, (*fig.*) in segno di mortificazione | *Piegare, inclinare le orecchie*, (*fig.*) ascoltare i consigli, o esaudire le richieste, di qc. | *Tirare le orecchie a qc.*, (*fig.*) rimproverarlo aspramente. *5* (*est.*) Oggetto o cosa la cui forma ricorda quella di un orecchio: *fare gli orecchi, le orecchie alle pagine di un libro* | (*bot.*) *O. d'orso*, auricola | *O. di topo, di sorcio*, (*pop.*) miotide | *O. di Giuda*, fungo dei Basidiomiceti, parassita su tronchi di sambuco, con gambo cortissimo e corpo fruttifero a forma di orecchio, lobato e viscido (*Auricularia auricola Judae*). *6* Versoio dell'aratro. || **orecchiàccio**, pegg. | **orecchióne**, accr. (V.).

orecchióne (1) o †**recchióne** nel sign. 2 s. m. *1* Accr. di *orecchio*. *2* Nelle fortificazioni, parte sporgente e arrotondata dei fianchi del bastione, destinata a riparare i difensori dal tiro delle artiglierie | In artiglieria, ciascuno dei due perni simmetrici sporgenti lateralmente dalla bocca da fuoco per darle appoggio sull'affusto. ➡ ILL. p. 361 ARCHITETTURA. *3* (*spec. al pl.*) Specie di guancialetti laterali, imbottiti, che fanno parte della spalliera di alcune poltrone per proteggere la persona seduta dalle correnti d'aria: *poltrona a orecchioni*. *4* (*region., volg.*) Omosessuale, pederasta. SIN. Recchione. *5* (*fig.*) †Zotico, villano. *6* Nome region. del fungo detto com. *gelone*.

orecchióne (2) [da *orecchio*] s. m. ● Mammifero dei Chirotteri, molto simile al pipistrello, dotato di enormi padiglioni auricolari che raggiungono la lunghezza del corpo (*Plecotus auritus*).

orecchióni [detti così perché fanno infiammare le ghiandole vicine agli *orecchi*] s. m. pl. ● (*med.*) Parotite epidemica.

orecchionièra [da *orecchione* (1)] s. f. ● (*mil.*) Ciascuno dei due incavi dell'affusto di una bocca da fuoco su cui girano i due perni cilindrici, detti orecchioni, che consentono la rotazione della bocca da fuoco rispetto all'affusto.

orecchiùto [da *orecchio*] agg. *1* Che ha grandi orecchie: *coniglio, asino o.* *2* (*raro, fig.*) Di persona molto ignorante.

oréfice [lat. *aurĭfice(m)*, comp. di *āurum* 'oro' e *-fex*, da *făcere* 'fare'] s. m. *1* Chi compra e vende oggetti di oreficeria. *2* Artigiano che lavora i metalli preziosi traendone spec. gioielli. *3* (*raro*) Oreficeria.

oreficerìa o †**orificerìa**. s. f. *1* Arte di lavorare metalli preziosi per farne oggetti di uso e di ornamento: *dedicarsi all'o.* *2* Negozio o laboratorio dell'orefice: *recarsi in un'o.* *3* Insieme di oggetti d'oro o d'altro metallo purché preziosamente lavorati: *negozio di o.*

†**oreggiàre** v. intr. ● Risplendere come oro.

†**oréglia** [fr. *oreille* (stessa etim. dell'it. *orecchia*)] s. f. ● Orecchia.

†**oréglio** s. m. ● Orecchio.

oremus /lat. o'remus/ [vc. lat., propriamente 'preghiamo', prima pers. congv. pres. di *orāre*] s. m. inv. ● Nella liturgia delle chiese cristiane occidentali, ogni orazione che comincia con l'invito *preghiamo* | Momento della messa in cui il sacerdote invita i fedeli alla preghiera.

oreòtrago [comp. del gr. *óros* 'monte' (V. *oro-*) e *trágos* 'capro', di etim. incerta] s. m. (pl. *-ghi*) ● (*zool.*) Saltarupe.

orerìa [da *oro*] s. f. *1* (*raro*) Lavorazione di oro o altri metalli preziosi. *2* (*spec. al pl.*) Complesso di oggetti in oro.

†**orézza** s. f. ● Rezzo.

†**orezzaménto** [da *orezzare*] s. m. ● Rezzo.

†**orezzàre** [lat. parl. **auridiāre*, da *āura* 'aura'] v. intr. *1* Soffiare dolcemente, del vento. *2* Stare al rezzo.

†**orézzo** ● V. *rezzo*.

orfanèllo s. m. (f. *-a*) *1* Dim. di *orfano*. *2* Bambino orfano.

orfanézza s. f. ● (*raro*) Condizione di chi è orfano.

†**orfanità** [vc. dotta, lat. tardo *orphanitāte(m)*, da *ŏrphanus* 'orfano'] s. f. *1* Orfanezza. *2* In apicoltura, condizione dell'alveare rimasto privo della regina.

òrfano [lat. tardo *ŏrphanu(m)*, nom. *ŏrphanus*, dal gr. *orphanós*, dalla stessa radice indeur. del lat. *ŏrbus* 'orbo'] **A** agg. *1* Che è privo di uno o di entrambi i genitori, detto spec. di fanciulli: *un bambino o.*; *essere o. di padre, di madre*. *2* In apicoltura, detto di alveare rimasto privo della regina. **B** s. m. (f. *-a*) *1* Chi, spec. fanciullo, è privo di uno o di entrambi i genitori: *gli orfani di guerra*; *collegio per orfani*. *2* (*fig.*) Chi è rimasto privo di guida o sostegno, spec. ideologico. || **orfanèllo**, dim. (V.) | **orfanìno**, dim.

orfanotròfio [vc. dotta, lat. tardo *orphanotrophīu(m)*, dal gr. *orphanotrophêion*, comp. di *orphanós* 'orfano' e *trophḗ* 'nutrimento', di origine indeur.] s. m. ● Istituto in cui vengono raccolti e allevati gli orfani.

òrfico [vc. dotta, lat. *Ŏrphicu(m)*, nom. *Ŏrphicus*, dal gr. *Orphikós*, da *Orphéus* 'Orfeo'] **A** agg. (pl. m. *-ci*) *1* Di Orfeo: *inni orfici*; *musica orfica*. *2* Che si riferisce all'orfismo. *3* (*fig.*) Misterioso. **B** s. m. ● Chi è iniziato ai misteri orfici.

orfismo [da *Orfeo*, ritenuto il fondatore di tale dottrina misterica] s. m. *1* Dottrina escatologica della Grecia antica e riti religiosi da essa derivati. *2* (*fig.*) Intensità lirica | *O. della parola*, creatività, forza evocativa della parola.

organàio ● V. *organaro*.

†**organàle** agg. ● (*mus., raro*) Di organo | Per organo.

organaménto s. m. ● (*raro*) Modo e atto dell'organare.

organàre [da *organo*] v. tr. (*io òrgano*) *1* (*raro*) Congegnare, formare o strutturare per una precisa funzione (*anche fig.*). *2* †Comporre, suonare con l'organo.

organàrio agg. ● Che si riferisce agli organi e a chi li costruisce: *arte organaria*.

organàro o (*raro*) **organàio**. s. m. ● Chi fabbrica o aggiusta organi.

†**organatóre** agg.; anche s. m. (f. *-trice*) ● Che, chi organa.

organdi o **organdis**, (*tosc.*) **organdisse** [fr. *organdi*: stessa etim. dell'it. *organzino*] s. m. ● Organza.

organétto (1) s. m. *1* Dim. di *organo*. *2* Strumento meccanico mobile, a canne e ad aria, azionato da una manovella: *o. di Barberia*; *suonare l'o. per le strade* | (*pop.*) Armonica a bocca | (*pop.*) Fisarmonica. ➡ ILL. musica.

organétto (2) [da *organetto* (1): detto così per il continuo canto che emette nel mese di maggio] s. m. ● Uccelletto dei Passeriformi, affine al cardellino ma più piccolo, di color rosso vivo al di sopra del capo (*Carduelis linaria*).

orgànica [f. sost. di *organico*] s. f. ● Branca dell'arte militare che tratta i criteri e le modalità per la raccolta e l'ordinamento del potenziale umano ai fini dell'organizzazione bellica delle forze armate e del Paese.

organicàre v. tr. (*io orgànico, tu orgànichi*) ● (*biol.*) Convertire mediante organicazione.

organicazióne s. f. ● (*biol., chim.*) Processo per cui organismi autotrofi trasformano elementi chimici inorganici in composti organici: *l'o. del carbonio nelle fotosintesi*.

organicismo [comp. di *organico* e *-ismo*] s. m. *1* Qualunque dottrina filosofica che interpreti il mondo fisico e sociale per analogia con quello vivente. *2* (*med.*) Teoria secondo la quale tutti i sintomi sono riconducibili a disturbi organici | (*psicol.*) Teoria secondo cui i disturbi psichici sono determinati da fattori somatici.

organicista s. m. e f. (pl. m. *-i*) ● Fautore, sostenitore dell'organicismo.

organicìstico agg. (pl. m. *-ci*) ● Relativo all'organicismo: *dottrine organicistiche*.

organicità s. f. ● Qualità di ciò che è organico | Connessione ordinaria ed efficace delle varie parti di un tutto.

orgànico [vc. dotta, lat. *orgănicu(m)*, nom. *orgănicus*, dal gr. *organikós*, agg. di *órganon* 'strumento'. V. *organo*] **A** agg. (pl. m. *-ci*) *1* Che dispone di organi, che è costituito da un insieme di organi: *corpo o.*; *struttura organica* | (*est.*) Che si riferisce al mondo animale o vegetale: *regno o.*; *natura o.* | *Composto o.*, costituito essenzialmente da carbonio e idrogeno, presente per lo più negli animali e nei vegetali | *Chimica organica*, riguardante lo studio di quasi tutti i composti del carbonio | *Acido o.*, caratterizzato da uno o più gruppi carbossilici. **2** Che si riferisce agli organi o agli organismi: *vizio, difetto o.*; *funzione, disfunzione organica.* **3** (*fig.*) Formato di più elementi o parti coordinate a uno stesso fine: *complesso o.*; *unità organica di lavoro* | (*est.*) Armonico, omogeneo: *la facciata costituisce un tutto o. di elementi architettonici ed ornamentali*; *la nostra attività rientra nel quadro o. degli aiuti alle zone depresse.* **4** (*ling.*) Detto di forma che ha incorporato in sé il grado comparativo o superlativo. **5** (*mil.*) Che si riferisce alla struttura di un'unità, di un reparto regolare e sim.: *tabella organica.* || **organicaménte**, avv. In modo organico. **B** s. m. ● Complesso di persone addette a determinate attività, funzioni e sim., in uffici, aziende, amministrazioni e sim.: *aumentare l'o.*; *l'o. è ormai insufficiente* | (*mil.*) Specificazione qualitativa e quantitativa del personale, delle armi, dei materiali e dei mezzi che costituiscono una determinata unità.

organigràmma o **organogràmma** [comp. di *organo* e *-gramma*] s. m. (pl. *-i*) ● Rappresentazione grafica delle funzioni dei singoli organi di un'azienda, di un partito e sim., con riferimento alla loro posizione gerarchica.

organigràmmico agg. (pl. m. *-ci*) ● Relativo all'organigramma.

organino s. m. **1** Dim. di *organo*. **2** Organetto: *o. di Barberia.*

organismo [fr. *organisme*, da *organe* 'organo'] s. m. **1** (*biol.*) Essere vivente pluricellulare, così detto in quanto costituito da organi: *o. vegetale, animale*; *gli organismi viventi* | (*per anton.*) Corpo umano: *o. sano, forte, robusto, malaticcio, debole.* **2** (*fig.*) Insieme di elementi o strutture organiche e organizzate: *l'o. statale*; *gli organismi amministrativi, sindacali.*

organista s. m. e f. (pl. m. *-i*) ● Suonatore di organo.

organistico agg. (pl. m. *-ci*) ● (*mus.*) Relativo all'organo o agli organisti: *concerto o.*

organistrum /lat. orga'nistrum/ [vc. lat. mediev., da *ŏrganum* 'organo'] s. m. ● Strumento medievale formato da corde tese su una cassa armonica piatta, nel quale il suono era ottenuto mediante lo sfregamento contro le corde di una ruota azionata da una manovella.

organizzaménto s. m. ● (*raro*) Modo e atto dell'organizzare.

organizzàre [comp. di *organ(o)* e *-izzare*] **A** v. tr. **1** (*biol.*) Indurre la formazione di organi e la loro differenziazione istologica e morfologica negli esseri viventi. **2** (*fig.*) Ordinare, disporre, preparare: *o. la propria azione politica*; *hanno organizzato leghe e società di mutuo soccorso*; *o. una partita di caccia* | *O. un'azienda*, occuparsi della sua ubicazione, dei mezzi di cui deve disporre, del personale da cui deve essere costituita e sim. **B** v. rifl. **1** (*biol.*) Formarsi, svilupparsi nel complesso dei propri organi in qualità di essere vivente. **2** (*fig.*) Disporsi o predisporsi a o per q.c., prendere una serie di misure opportune: *prima di dare inizio a tale attività dobbiamo organizzarci.*

organizzativo agg. ● Che organizza o è atto a organizzare: *capacità organizzative* | Di organizzazione: *fase organizzativa.*

organizzàto A part. pass. di *organizzare*; anche agg. ● Nei sign. del v. **B** s. m. ● Chi fa parte di un'organizzazione.

organizzatóre [fr. *organisateur*, da *organiser* 'organizzare'] **A** agg.; anche s. m. (f. *-trice*) ● Che, chi organizza: *principio, comitato o.*; *gli organizzatori della festa.* **B** s. m. ● (*biol.*) Ognuna delle parti di tessuto che, nelle prime fasi dello sviluppo embrionale, provocano il differenziarsi di altri tessuti.

organizzazióne [fr. *organisation*, da *organiser* 'organizzare'] s. f. **1** Modo, atto ed effetto dell'organizzare: *l'o. di una banca, dell'esercito, dell'attività amministrativa*; *chi si occuperà dell'o.?* | *O. aziendale*, impostazione dell'attività aziendale e relativo assetto organizzativo, sulla base di alcuni principi fondamentali e di un complesso di norme, procedure e modalità specifiche. **2** Complesso organizzato di persone e beni, dotato o meno di personalità giuridica: *organizzazioni sindacali, politiche, economiche* | *Organizzazioni di massa*, associazioni di cui fanno parte grandi masse di cittadini, che sostengono un certo programma | *O. internazionale*, associazione volontaria di soggetti di diritto internazionale, concretatasi in un ente a carattere stabile che attraverso l'attività dei propri organi attua finalità comuni a tutti i consociati: *l'ONU, l'OECE, la NATO sono organizzazioni internazionali.*

òrgano o **órgano** [vc. dotta, lat. *ŏrganu(m)*, dal gr. *órganon*, dalla stessa radice di *érgon* 'lavoro, opera', V. *erg* (*1*)] s. m. **1** (*anat.*) Ogni parte del corpo umano, animale, o vegetale, formata da più tessuti, con funzione particolare e definita: *o. di senso*; *organi sessuali*; *gli organi della locomozione* | *O. elettrico*, capace di emettere scariche elettriche anche molto potenti, caratteristico di alcuni pesci | *O. luminoso*, fotoforo. **2** (*est.*) Parte che, in un complesso, adempie a una precisa funzione coordinata con quella delle altre parti: *gli organi del motore* | (*mecc.*) *O. condotto*, organo di macchina al quale è applicata la resistenza utile e che riceve il moto dall'organo conduttore al quale è applicata l'azione motrice | (*mecc.*) *O. conduttore*, organo di macchina la cui azione motrice è applicata all'organo condotto. **3** (*fig., lett.*) Congegno. **4** Complesso di funzionari, mezzi, servizi e uffici preposto a funzioni specifiche nell'ambito dello Stato o di altro ente pubblico o privato: *o. individuale, collegiale*; *o. di controllo*; *organi direttivi*; *organi giurisdizionali, costituzionali, del partito, del parlamento, della magistratura* | *O. di vigilanza*, preposto al controllo delle attività bancarie | *Organi di leva*, per mezzo dei quali il ministero della difesa provvede e sovrintende a tutte le operazioni della leva | *Organi collegiali*, nell'ordinamento scolastico italiano, quelli creati al fine di realizzare la partecipazione degli studenti e delle loro famiglie alla gestione della scuola, quali il consiglio di classe o interclasse e il consiglio d'istituto. **5** (*fig.*) Pubblicazione periodica che espone e sostiene le idee di gruppi o correnti politiche, letterarie e sim.: *l'o. ufficiale del sindacato, della confederazione*; *è il principale o. dell'opposizione*; *l'o. dei neo-romantici* | *O. di stampa, della stampa*, giornale. **6** Strumento musicale costituito da una serie di canne metalliche verticali in cui viene immessa aria da un mantice, e funzionante mediante serie di tastiere e di pedali | *O. idraulico*, inventato e usato dagli antichi greci e azionato da un sistema idraulico | *O. elettrico, Hammond*, con tastiere agenti per mezzo di scariche elettromagnetiche | *O. elettronico*, funzionante per mezzo di oscillatori a tubo termoelettronico | (*fig.*) *Essere come le canne dell'o.*, di cose o persone che, accostate, presentano una graduale diminuzione d'altezza. ➡ ILL. **musica**. **7** Antica arma da fuoco a più canne, generalmente manesca, più raramente da posta o su affusto a ruote. || **organàccio**, pegg. | **organétto**, dim. (V.) | **organino**, dim. (V.) | **organùccio**, dim.

organogènesi [comp. di *organo* e *genesi*] s. f. ● (*biol.*) Studio della formazione embrionale e dello sviluppo dei vari organi.

organògeno [comp. di *organ(ico)* e *-geno*] agg. ● (*geol.*) Di origine organica: *sedimenti, frammenti organogeni.*

organografìa [comp. di *organo* e *-grafia*] s. f. ● (*biol.*) Descrizione morfologica o strutturale di organi di animali o piante.

organogràfico agg. (pl. m. *-ci*) ● (*biol.*) Relativo all'organografia.

organogràmma ● V. *organigramma.*

organolèttico [comp. di *organo* e del gr. *lēptós* 'che si può prendere', da *lambánein* 'prendere'] agg. (pl. m. *-ci*) ● Che può essere percepito e valutato dai sensi: *proprietà organolettiche* | *Esame o.*, compiuto per valutare la qualità degli alimenti, relativamente al sapore, all'odore, al colore e sim.

organologìa [comp. di *organo* e *-logia*] s. f. (pl. *-gie*) **1** (*anat.*) Studio della struttura e funzione degli organi. **2** Studio degli strumenti musicali.

organològico agg. (pl. m. *-ci*) ● Di, relativo a, organologia.

organòlogo s. m. (pl. *-gi*) ● Studioso, esperto di organologia.

organometàllico [comp. di *organ(ico)* e *metallico*] agg. (pl. m. *-ci*) ● Relativo a organometallo: *composto o.*

organometàllo [comp. di *organ(ico)* e *metallo*] s. m. ● (*chim.*) Composto nel quale un atomo di carbonio di un radicale organico è direttamente unito a un metallo.

organopatìa [comp. di *organo* e *-patia*] s. f. ● (*med.*) Malattia di un organo.

organopatismo [da *organopatia*] s. m. ● (*med.*) Dottrina che spiega le malattie come lesioni di organi.

organoplastìa [comp. di *organo* e *-plastia*, da *-plasto*] s. f. ● (*raro*) Terapia correttiva delle malformazioni organiche.

organoplàstico agg. (pl. m. *-ci*) ● Di, relativo a organoplastia.

organoscopìa [comp. di *organo* e *-scopia*] s. f. ● (*med.*) Esame diretto o indiretto con strumenti ottici degli organi.

organoterapìa [comp. di *organo* e *-terapia*] s. f. ● (*med.*) Opoterapia.

organùlo [dim. di *organo*] s. m. ● (*biol.*) Ognuna delle strutture contenute nel citoplasma, caratterizzate da autonomia funzionale e da morfologia definita, che concorrono all'attività cellulare.

organum /lat. 'ɔrganum/ [vc. lat. mediev. V. *organo*] s. m. inv. ● (*mus.*) Primitiva forma di polifonia, in cui la voce principale è accompagnata da un'altra voce che la segue parallelamente alla distanza di una quarta.

orgànza [stessa etim. di *organzino*] s. f. ● Tessuto leggero di cotone, trasparente e semirigido, più fino della mussola, usato spec. per abiti femminili e per guarnizioni.

organzino [dalla città di *Urgenc'* nel Turchestan, da dove proveniva] s. m. ● Filo di seta formato da due o più fili ritorti dapprima uno per uno e poi assieme | Tessuto fabbricato con filo di organzino.

orgasmàre [da *orgasmo*] v. intr. ● (*raro*) Raggiungere l'orgasmo durante l'atto sessuale.

orgàsmico [da *orgasmo*: prob. la vc. fu coniata in ted.] agg. (pl. m. *-ci*) ● Relativo all'orgasmo sessuale.

orgàsmo [vc. dotta, gr. *orgasmós*, da *orgân* 'essere pieno di desiderio', da *orgḗ* 'sentimento, passione', dalla stessa radice di *érgon* 'lavoro'. V. *erg* (*1*)] s. m. **1** Stato di massima eccitazione nel coito. SIN. Climax. **2** (*est.*) Stato di agitazione, ansia e sim.: *essere in o. per l'arrivo di qc.*; *vivere in continuo o.* SIN. Eccitazione, inquietudine.

orgàstico [da *orgasmo*: prob. la vc. fu coniata in ted.] agg. ● (*raro*) Relativo all'orgasmo.

òrgia (**1**) [vc. dotta, lat. *ŏrgia*, nt. pl., dal gr. *órgia*, nt. pl., dalla stessa radice di *orgḗ*. V. *orgasmo*] s. f. (pl. *-ge* o *-gie*) **1** Nel mondo greco-romano, festa in onore di Dioniso o Bacco, di Orfeo, di Cibele e di altre divinità misteriche | Nella tipologia generale religiosa, riunione festiva che conclude determinati cicli del calendario, e ha carattere di licenza sessuale e di infrazione volontaria degli interdetti sociali. **2** Correntemente, riunione di più persone in cui si dà libero sfogo a ogni istinto o desiderio sessuale, e ci si comporta in modo licenzioso e dissoluto: *fare un o.*; *darsi alle orge*; *notte di o.* **3** (*fig.*) Grande quantità di sensazioni molto intense o di fenomeni atti a provocarle, che stordisce l'uomo, ne sommerge la coscienza e sim.: *un'o. di colori, di suoni, di luci*; *o. di piaceri, di sangue.* || **orgétta**, dim.

†**òrgia** (**2**) [vc. dotta, gr. *órgyia* 'misura di due braccia distese', da *orégein* 'distendere', di origine indeur.] s. f. (pl. *-gie*) ● Misura di 6 piedi.

orgiàsta [vc. dotta, gr. *orgiastḗs*, da *orgiázein* 'celebrare le orge', deriv. di *órgia* 'orgia (1)'] s. m. e f. (pl. m. *-i*) ● Chi partecipa o ama partecipare a orge.

orgiàstico [vc. dotta, gr. *orgiastikós*, da *ŏrgia* 'orgia (1)'] agg. (pl. m. *-ci*) ● Di, relativo a orgia: *piaceri orgiastici*; *musica orgiastica*; *feste orgiastiche.*

†**orgogliaménto** [da †*orgogliare*] s. m. ● Atto dell'insuperbire.

†**orgogliànza** [da *orgoglio*] s. f. ● Arroganza, ostinazione.

†**orgogliàre** [da *orgoglio*] v. intr. e intr. pron. ● Inorgoglire, insuperbire.

orgóglio [provz. *orgolh*, dal francone *orgōlī*] s. m. *1* Esagerata valutazione dei propri meriti e qualità per cui ci si considera superiori agli altri in tutto e per tutto: *esser pieno d'o.*; *il suo o. è veramente smisurato*; *peccare d'o.* | (*est.*) Alterigia, baldanza: *l'o. dei nobili, dei potenti*. SIN. Boria, superbia. CONTR. Umiltà. *2* Coscienza e fierezza dei propri meriti, delle proprie capacità e sim.: *non nascondere il proprio legittimo o.* | (*est.*) Argomento o ragione di vanto: *essere l'o. della patria, della famiglia*. ‖ **orgogliàccio**, pegg. | **orgogliétto**, dim. | **orgogliùccio**, **orgogliùzzo**, dim.

†**orgogliosità** [da *orgoglioso*] s. f. ● Alterigia, arroganza.

orgoglióso agg. *1* Di chi è pieno d'orgoglio, fierezza o giusto vanto: *uomo o.*; *essere o. del proprio nome*; *sono o. di te* | †*Cavallo o.*, vivace. SIN. Fiero. *2* Di ciò che mostra orgoglio, fierezza o profonda soddisfazione: *parole, affermazioni, orgogliose* | †*Vino o.*, gagliardo. *3* Altero, superbo, borioso. CONTR. Umile. ‖ **orgogliosàccio**, pegg. | **orgogliosétto**, dim. ‖ **orgogliosaménte**, avv. Con orgoglio, arroganza e sim.

†**orgoglire** [da *orgoglio*] v. intr. e intr. pron. ● Inorgoglire.

orgóne [comp. di *org*(*asmo*) e (*orm*)*one*: prob. la vc. fu coniata in ted.] s. m. ● (*psicoan.*) Termine usato da W. Reich (1897-1957) per indicare l'energia cosmica presente in natura, che l'essere umano assorbe e scarica in ogni sua attività, spec. in quella sessuale.

orgònico [da *orgone*] agg. (pl. m. *-ci*) ● (*psicoan.*) Relativo all'orgone.

orgonomìa [comp. di *orgo*(*ne*) e *-nomia*] s. f. ● (*psicol.*) Teoria elaborata da W. Reich, fondata sulla scoperta dell'energia orgonica.

†**oriafiàmma** ● V. *orifiamma*.

orïàna [variante di un precedente *orellana*, detta così perché la pianta si trova nell'America tropicale esplorata da F. de *Orellana* (1511-1546)] s. f. ● Sostanza colorante rosso aranciato usata un tempo in tintura.

òribi [ingl. *oribi*, vc. di origine afric.] s. m. ● Piccola antilope africana, il cui maschio ha corna rivolte in avanti (*Ourebia ourebia*).

oricàlco [vc. dotta, lat. *orichălcu*(*m*), dal gr. *oréichalkos*, propriamente 'rame di monte', comp. di *óros* 'monte' (V. *oro-* (*2*)) e *chalkós* 'rame' (V. *calcografia*)] s. m. (pl. *-chi*) *1* Varietà di bronzo simile all'oro, composta principalmente di rame e da piccole quantità di stagno, piombo e zinco. SIN. Crisocalco. *2* (*lett.*) Ottone. *3* †Tromba.

†**oricànno** [etim. incerta] s. m. ● Bottiglina o vasetto, spec. di metallo prezioso, per profumi.

òrice (*1*) o **òrige** [vc. dotta, lat. *ŏrige*(*m*), nom. *ŏryx*, dal gr. *óryx*, di origine straniera, avvicinata a *óryx* 'zappa', da *orýssein* 'scavare, raspare', di etim. incerta] s. m. ● Antilope africana con lunghissime corna acute e diritte e lunga coda con ciuffo terminale (*Orix beisa*).

†**orìce** (*2*) [da *oricello* (*1*)] s. m. ● Cimosa.

oricèllo (*1*) [dim. del lat. *ōra* 'orlo'. V. *orlare*] s. m. ● (*raro*) Orliccio.

oricèllo (*2*) [etim. incerta] s. m. ● Sostanza colorante estratta dalla roccella.

orichìcco o **orochicco** [da *chicco* (*d'*)*oro*] s. m. (pl. *-chi*) ● (*raro*) Latice che stilla dalle Rosacee, usato nell'appretto dei tessuti.

†**orichiomàto** [comp. di *oro* e *chiomato*: calco sul lat. *aurĭcomus*, a sua volta calco sul gr. *chrysókomos*] agg. ● Che ha chioma simile all'oro nel colore.

†**oricrinìto** [comp. di *oro* e *crinito*. V. *orichiomato*] agg. ● Orichiomato.

orientàbile agg. ● Che si può orientare: *strumento o. in varie direzioni*.

orientàle [vc. dotta, lat. tardo *orientāle*(*m*), agg. di *ŏriens*, genit. *oriĕntis* 'oriente'] **A** agg. *1* Dell'oriente, della parte di oriente | Posto a oriente: *paesi, mari orientali* | *Venti orientali*, che soffiano da oriente. *2* Che proviene dai paesi dell'oriente: *perle, piante orientali*; *tappeto o.* | *Pietra o.*, varietà di corindone e di altre gemme | Che è proprio degli abitanti dei paesi orientali: *quella maschera d'indifferenza o. che è la dignità del contadino siciliano* (VERGA) | *Chiesa o.*, chiesa cattolica ortodossa | *Lingue orientali*, l'insieme delle lingue semitiche persiane, indiane, cinesi e giapponese | *Blocco o.*, quello che, fino al 1991, era costituito dai Paesi dell'Europa orientale aderenti al patto di Varsavia e soggetti all'influenza politica dell'Unione Sovietica. ‖ **orientalménte**, avv. A o da oriente. **B** s. m. e f. ● Abitante, nativo dei paesi orientali.

orientaleggiànte [da *orientale*, sul modello di *toscaneggiante* ecc.] agg. ● Che inclina verso forme o caratteri orientali: *gusto, stile o.*

orientalìsmo [fr. *orientalisme*, da *oriental* 'orientale'] s. m. ● Indirizzo pittorico caratterizzato dalla rappresentazione di soggetti orientali.

orientalìsta [fr. *orientaliste*, da *oriental* 'orientale'] s. m. e f. (pl. m. *-i*) *1* Studioso, esperto di orientalistica. *2* Chi, in pittura, segue l'orientalismo.

orientalìstica [f. sost. di *orientalistico*] s. f. ● Complesso di discipline aventi come oggetto lo studio scientifico delle lingue, delle letterature, delle civiltà e delle religioni orientali.

orientalìstico agg. (pl. m. *-ci*) *1* Che si riferisce ai popoli e ai paesi dell'oriente, alle loro lingue, religioni e letterature | Relativo all'orientalistica. *2* Che si riferisce all', che è proprio dell'orientalismo.

orientalizzànte part. pres. di *orientalizzare*; anche agg. *1* Nei sign. del v. *2* Orientaleggiante | *Arte o.*, l'arte greca e italica nel VII e VI sec. a.C., caratterizzata dalla produzione di oggetti che imitavano quelli importati dall'Oriente.

orientalizzàre [comp. di *oriental*(*e*) e *-izzare*] **A** v. tr. ● Arricchire di elementi o caratteristiche orientali, assimilare all'oriente: *o. una regione*. **B** v. intr. (aus. *avere*) ● (*raro*) Tendere a forme e caratteri propri dell'oriente. **C** v. intr. pron. ● Assumere elementi o caratteristiche orientali.

orientalizzazióne s. f. ● Atto, effetto dell'orientalizzare.

orientaménto s. m. *1* Modo, atto ed effetto dell'orientare o dell'orientarsi, spec. il procedimento che permette di trovare la posizione dei punti cardinali sull'orizzonte del luogo in cui ci si trova | (*sport*) Orienteering | *Senso di o.*, facoltà istintiva di orientarsi, tipica di molti animali. *2* (*fig.*) Indirizzo: *scuole di o. professionale, tecnico* | *O. scolastico*, quello volto a indirizzare l'allievo verso forme di insegnamento o tipi di scuola più consone alle sue reali attitudini, capacità e aspirazioni | *O. professionale*, quello volto ad aiutare l'individuo a scegliere l'attività professionale più consona sia alle sue attitudini, capacità e aspirazioni, sia alle possibilità e bisogni della società.

orientàre [da *oriente*] **A** v. tr. (*io oriènto*) *1* (*raro*) Rivolgere a oriente. *2* Situare in una certa posizione o direzione, avendo riguardo ai punti cardinali: *le finestre sono orientate a sud, a nord*. *3* (*mat.*) Dotare d'orientazione. *4* (*fig.*) Avviare a determinate scelte, decisioni, attività e sim.: *stiamo cercando di orientarlo verso un'occupazione interessante e redditizia*. **B** v. rifl. *1* Disporsi in un certo modo rispetto ai punti cardinali | (*est.*) Stabilire la propria esatta posizione (*anche fig.*): *non riesco a orientarmi*; *è una questione intricata in cui non è facile orientarsi*. *2* (*fig.*) Indirizzarsi: *penso di orientarmi verso un lavoro manuale*.

orientatìvo agg. ● Che ha la funzione di orientare (*spec. fig.*): *esame o. delle attitudini di q.c.* ‖ **orientativaménte**, avv. In modo orientativo, a mo' di orientamento.

orientàto part. pass. di *orientare*; anche agg. ● Nei sign. del v.

orientatóre **A** agg. (f. *-trice*) ● Che orienta, che dà l'orientamento. **B** s. m. *1* (*tecnol.*) Dispositivo per dare un determinato orientamento ai pezzi che entrano in una macchina ad alimentazione continua. *2* *O. magnetico*, organo del tacheometro, costituito da un cilindro contenente un ago magnetico, che serve per orientare lo strumento secondo il meridiano.

orientazióne s. f. *1* Atto, effetto dell'orientare o dell'orientarsi. *2* (*mat.*) In un insieme che si possa dotare di due ordinamenti totali fra loro opposti, la scelta d'uno di tali ordinamenti | *O. d'un piano*, scelta d'un verso di rotazione da considerarsi positivo.

oriènte [vc. dotta, lat. *oriĕnte*(*m*), part. pres. di *orīri* 'sorgere', di origine indeur.] **A** agg. ● (*lett.*) Che nasce, che sorge. **B** s. m. *1* Parte del cielo dove sorge il sole: *navigare verso o.*; *guardare a o.* SIN. Est, levante | (*est.*) Zona, luogo posto a est rispetto a un altro preso come riferimento: *l'Adriatico è a o. dell'Italia* | *Impero* (*romano*) *d'o.*, parte orientale dell'Impero romano che formò uno stato indipendente dal 395 d.C. *2* (*per anton.*) L'insieme dei paesi asiatici, in contrapposizione a quelli europei: *l'o. musulmano*; *i profumi dell'o.* | *Vicino o.*, l'insieme dei paesi dell'Asia occidentale, dal Mediterraneo all'Iran | *Medio o.*, vicino oriente; (*meno com.*) l'Asia centro-meridionale cioè Iran e subcontinente indiano | *Estremo o.*, Cina, Giappone e paesi limitrofi. *3* Zona dove opera una loggia massonica | *Grande o.*, loggia centrale costituita dai rappresentanti delle diverse logge di una nazione e presieduta da un gran maestro. *4* Caratteristica translucidità delle perle naturali, dovuta a un fenomeno di scomposizione della luce. *5* †Luogo di nascita.

orienteering /ingl. ɔːriən'tiəriŋ/ [vc. ingl., da *to orient* 'orientare'] s. m. inv. ● Sport nato nei Paesi scandinavi agli inizi del Novecento, nel quale i concorrenti, servendosi di una carta topografica e di una bussola, devono raggiungere nel minor tempo possibile un determinato luogo passando attraverso una serie di punti segnati su una cartina. SIN. Orientamento.

orifiàmma o †**oriafiàmma** [fr. *oriflamme*, comp. di *orie* 'd'oro' e *flamme* 'fiamma, giglio'] s. f. ● Gonfalone di seta rossa a due o tre punte, con stelle ricamate e fiamme d'oro dipinte, anticamente insegna dei re di Francia | (*est.*) Gonfalone, stendardo di parata.

orifìzio o **orifìcio** [vc. dotta, lat. tardo *orifĭciu*(*m*), comp. di *ōs*, genit. *ōris* 'bocca', di origine indeur., e *-fĭcium* '-ficio'] s. m. *1* Angusta apertura, spec. di vasi, tubi e sim. *2* (*anat.*) Foro di entrata o di uscita di un organo canaliforme: *o. anale*.

origàmi o **origami** [vc. giapp.] s. m. ● Arte e tecnica di ottenere figure varie (persone, animali, fiori, oggetti) piegando, secondo precisi schemi geometrici, dei fogli di carta di formato regolare, senza usare né forbici né colla.

origamìsta s. m. e f. (pl. m. *-i*) ● Esperto di origami.

orìgano [vc. dotta, lat. *orīganu*(*m*), dal gr. *orígano*n, di origine straniera] s. m. ● Erba aromatica perenne delle Labiate, mediterranea, pelosa e rossastra, con infiorescenze rosee, usata in culinaria (*Origanum vulgare*).

òrige ● V. *orice* (*1*).

origenìsta [vc. dotta, lat. tardo *Origenīsta*(*m*), da *Orīgenes* 'Origene' (183-253), filosofo cristiano del III sec.] s. m. (pl. *-i*) ● Seguace delle dottrine di Origene.

originàle [vc. dotta, lat. *originăle*(*m*), agg. di *orīgo*, genit. *orīginis* 'origine'] **A** agg. *1* (*raro*) Proprio delle origini, avvenuto alle origini | *Peccato o.*, quello di disobbedienza a Dio, compiuto da Adamo e da Eva e trasmesso a tutti gli uomini | *Edizione o.*, la prima pubblicata, indipendentemente dal paese e dalla lingua. *2* Proprio dell'autore di un'opera e sim.: *la lingua o. del poema è il catalano* | Scritto, composto o comunque realizzato direttamente dall'autore, di suo pugno o con le sue mani: *manoscritto, calco, spartito o.*; *una prima edizione con note e commenti originali a margine* | (*est.*) Proprio del luogo d'origine, di produzione: *tessuto o. americano*; *seta indiana o.* SIN. Autentico. *3* Che è nuovo e non si richiama a nulla di simile o di precedente: *teoria, musica o.* | *Impronta o.*, di novità | (*est.*) Strano, stravagante: *un tipo o. e un po' pazzo*; *si veste in maniera troppo o.*; *pettinatura, acconciatura o.* ‖ **originalménte**, avv. *1* In modo originale. *2* †Originariamente. **B** s. m. *1* Opera di mano dell'autore, da cui vengono tratte copie, riduzioni e sim.: *l'o. è andato perduto*; *riscontrare una copia con l'o.*; *una traduzione poco, molto fedele all'o.* | (*est.*) Esemplare di atto o documento, redatto in forma e materia genuina da una cancelleria, da un ufficio o da un notaio, per essere consegnato al destinatario: *l'o. è in carta bollata*; *o. autenticato*; *copia conforme all'o.* *2* Opera creata originariamente per le trasmissioni radiofoniche o televisive: *o. radiofonico, televisivo* | L'opera letteraria rispetto a sue riduzioni o adattamenti filmici o teatrali. *3* Lingua originale: *leggere l'Iliade in o.* *4* Modello reale riprodotto in un'opera d'arte: *l'o. è più* *bello del ritratto.* **5** Foglio, o insieme di fogli, manoscritti o dattiloscritti, che arrivano in tipografia da una redazione con tutte le indicazioni per la composizione di un giornale o di un libro. **C** s. m. e f. ● Persona di abitudini strane, di comportamento o idee singolari e stravaganti: *ve l'ho dato per un brav'uomo, ma non per un o., come si direbbe ora* (MANZONI).

originalità s. f. **1** Qualità di chi, di ciò che è originale: *idee che hanno il pregio dell'o.; è da sottolineare l'o. dell'opera; il marchio garantisce l'o. del tessuto.* **2** Atto, comportamento e sim., da originale: *abituarsi, assuefarsi alle originalità di qc.* | Oggetto nuovo, stravagante e sim.: *le originalità della moda.*

†**originaménto** s. m. ● Modo e atto dell'originare.

origináre [da *origine*] **A** v. tr. (*io orìgino*) **1** Dare origine, far nascere: *il suo intervento originò una serie di atti violenti e vendicativi.* SIN. Cagionare, produrre. **2** †Assegnare come origine. **B** v. intr. e intr. pron. (aus. *essere*) ● Essere cagionato, determinato, prodotto: *la lunga guerra originava da cause remote; il problema si origina da vecchie questioni rimaste insolute.* SIN. Dipendere, nascere.

originàrio [vc. dotta, lat. tardo *originăriu(m)*, da *orīgo*, genit. *orīginis* 'origine'] agg. **1** Che è nativo di, o proveniente da, un determinato luogo: *il gelso è o. della Cina; siamo tutti originari di Roma.* **2** Primitivo, proprio delle origini: *la facciata originaria è andata distrutta coi bombardamenti; il restauro ridarà al dipinto il suo o. splendore* | *Cittadinanza originaria*, che appartiene al singolo fin dalla nascita | *Acquisto o. di un diritto*, quando un diritto è acquisito da un soggetto indipendentemente dal fatto che esso spettasse ad altri | Autentico: *il testo o. è stato irrimediabilmente danneggiato.* **3** Che dà o ha dato origine: *il suo paese o.* || **originariaménte**, avv. In origine, dapprincipio.

†**originatóre** [da *originare*] s. m. (f. *-trice*) ● Chi, ciò che dà origine.

†**originazióne** [vc. dotta, lat. *originatiōne(m)* 'derivazione (delle parole)', da *orīgo*, genit. *orīginis* 'origine'] s. f. **1** Origine. **2** Etimologia.

orìgine o (*poet.*) †**órigo** [vc. dotta, lat. *orīgine(m)*, da *orīri* 'sorgere'. V. *oriente*] s. f. **1** Momento o fase iniziale di q.c., prima apparizione di q.c.: *l'o. del mondo, della vita vegetale, del linguaggio, dell'uomo; periodo delle origini di q.c.* | *L'o. di una città*, la sua fondazione | *Risalire alle origini*, indagare sulla fase iniziale di q.c., ricercandone cause, motivi e sim. | *In o.*, al principio | *Aver o.*, iniziare | *Dare o.*, far iniziare, provocare, causare. SIN. Nascita. **2** (*mat.*) Punto d'intersezione degli assi cartesiani | *O. di una semiretta, d'un semipiano, d'un semispazio*, il punto o, rispettivamente, la retta o il piano che individua la semiretta, il semipiano o il semispazio. **3** Punto in cui una cosa ha il suo inizio materiale: *l'o. di un'arteria, di un fascio muscolare, di un segmento* | *L'o. di un fiume*, la sua sorgente. **4** Provenienza, derivazione, discendenza: *luogo di o.; certificato di o.; l'o. di una famiglia; l'o. mitica, favolosa, leggendaria della stirpe umana; le misteriose origini di un fenomeno* | *Di dubbia o.*, di ciò di cui non si sa da dove o da cosa provenga, e che quindi dà adito a dubbi e sospetti | *L'o. delle parole*, la loro etimologia | *Di o. celtica, asiatica* e sim., di stirpe o razza celtica, asiatica e sim. **5** Insieme di elementi materiali o no, concreti o astratti, da cui q.c. discende come conseguenza più o meno logica: *non è facile chiarire le origini di questa annosa questione; le origini del problema meridionale.*

origliàre [ant. fr. *oreiller*, da *oreille* 'orecchia'] v. tr. e intr. (*io oríglio*; aus. *avere*) ● Ascoltare di nascosto: *o. alla porta; o. i discorsi di qc.* | Spiare: *passa la sua vita a o.*

origlière [ant. fr. *oreiller*, da *oreille* 'orecchia'] s. m. ● (*raro, lett.*) Guanciale: *postagli la testa sopra uno o.* (BOCCACCIO).

†**órigo** ● V. *origine.*

orìna o, spec. nell'uso med., **urìna** [lat. *urīna(m)*, di etim. incerta] s. f. ● (*fisiol.*) Prodotto dell'attività dell'emuntorio renale costituito da un liquido giallo citrino, di odore caratteristico, contenente numerose sostanze organiche (urea, acido urico, creatinina, urobilina) e inorganiche (sodio, potassio, magnesio, calcio, ammonio).

orinalàta s. f. **1** (*raro*) Colpo dato con un orinale. **2** (*raro*) Quantità di orina contenuta in un orinale.

orinàle o **urinàle** [da *orina*] s. m. **1** Recipiente usato per orinare, vaso da notte. **2** †Vaso a forma di orinale. || **orinalétto**, dim. | **orinalino**, dim.

orinalièra s. f. ● (*raro*) Cassetta in cui si tiene l'orinale.

orinàre o, spec. nell'uso med., **urinàre** [da *orina*] v. intr. e tr. (aus. *avere*) ● Emettere attraverso l'apparato urinario l'orina o altri secreti dal rene: *o. con dolore, con difficoltà; o. sangue, pus.* SIN. Mingere.

orinàrio ● V. *urinario.*

orinàta o (*raro*) **urinàta**. s. f. ● (*raro*) Atto del-l'orinare.

orinativo o †**urinativo** [da *orinare*] agg. ● (*raro*) Diuretico.

orinatóio s. m. ● Luogo appositamente attrezzato per orinare al riparo della vista altrui, a disposizione del pubblico, spec. dei soli uomini. SIN. Vespasiano.

orinazióne o **urinazióne**. s. f. ● (*raro*) Atto, effetto dell'urinare.

†**orìnci** [comp. di *ora* e *quinci*] vc. ● (*raro*) Solo nelle loc. *andare, mandare in o.*, lontanissimo.

†**orinóso** o †**urinóso** [da *orina*] agg. ● Di orina | Sudicio d'orina.

oriolàio [da *oriolo* (*1*)] s. m. ● (*raro, tosc.*) Orologiaio.

oriòlo (1) o †**oriuòlo**, (*raro*) †**orivòlo** [lat. parl. **horariōlu(m)*, dal lat. tardo *horārium* 'orologio', deriv. di *hōra* 'ora (1)'] s. m. ● (*tosc.*) Orologio. || **oriolàccio**, pegg. | **oriolétto**, dim. | **oriolino**, dim.

oriòlo (2) [lat. *aurĕolu(m)*, propriamente 'dorato', da *āurum* 'oro', per il colore delle penne] s. m. ● (*zool.*) Rigogolo.

oristanése **A** agg. ● Di Oristano. **B** s. m. e f. ● Abitante, nativo di Oristano.

oritteròpo [comp. del gr. *oryktḗr*, genit. *oryktêros* 'scavatore', da *orýssein* 'scavare' (V. *oritto-*), e *póus*, genit. *podós* 'piede' (V. *-podo*)] s. m. ● Mammifero africano dei Tubulidentati con corpo tozzo, muso lunghissimo, pelle spessa e bruna, vorace divoratore di termiti e formiche (*Orycteropus afer*).

orìtto- [dal gr. *oryktós* 'scavato', da *orýssein* 'scavare', di etim. incerta] primo elemento ● In parole composte della terminologia geologica, significa 'fossile', o indica relazione coi fossili: *orittogenia, orittognosia, orittologia.*

orittogenìa [comp. di *oritto-* e *-genia*] s. f. ● (*geol.*) Origine dei fossili.

orittognosìa [comp. di *oritto-* e del gr. *gnôsis* 'conoscenza' (V. *gnosi*)] s. f. ● (*geol.*) Studio scientifico dei fossili.

orittologìa [comp. di *oritto-* e *-logia*] s. f. (pl. *-gie*) ● (*geol.*) Orittognosia.

oriùndo [vc. dotta, lat. *oriŭndu(m)*, gerundio di *orīri* 'nascere'. V. *oriente*] agg.; anche s. m. (f. *-a*) **1** Che, chi è originario di un dato luogo: *o. di Napoli, dell'Africa equatoriale.* **2** Atleta, spec. giocatore di calcio, di nazionalità straniera ma di origine italiana, che gioca in una squadra italiana.

†**oriuòlo** ● V. *oriolo* (*1*).

†**orivòlo** ● V. *oriolo* (*1*).

†**orizzòn** ● V. *orizzonte.*

†**orizzónta** ● V. *orizzonte.*

orizzontàle [agg. di *orizzonte*] **A** agg. **1** Che è parallelo alla superficie terrestre o a un piano scelto convenzionalmente come orizzontale: *superficie o.; posizione o.* **2** (*fig.*) Che si riferisce a cosa o persona posta su uno stesso piano economico, politico, sociale e sim. | (*econ.*) *Concentrazione o.*, quella posta in essere da accordi tra imprese allo stesso stadio produttivo, per es. di prodotto finito, allo scopo di conseguire varie finalità quali la determinazione del prezzo di mercato, il riparto delle zone di vendita, la limitazione della concorrenza e sim. || **orizzontalménte**, avv. In posizione o in direzione orizzontale. **B** s. f. **1** (*spec. al pl.*) Parole di cruciverba collocate nelle caselle in senso orizzontale. **2** (*sport*) Posizione del ginnasta il cui asse longitudinale è parallelo al terreno: *o. in avanti; o. indietro.*

orizzontalità s. f. ● Condizione o posizione di orizzontale.

orizzontaménto s. m. **1** Modo e atto dell'orizzontare o dell'orizzontarsi. **2** (*edil.*) Qualunque struttura edilizia destinata a coprire un ambiente o parte di esso e a portare pavimenti o coperture.

orizzontàre [da *orizzonte*] **A** v. tr. (*io orizzónto*) ● Mettere in una certa posizione rispetto all'orizzonte | (*est.*) Orientare. **B** v. rifl. **1** Stabilire con sufficiente esattezza la propria posizione, rispetto ai quattro punti cardinali: *prima di ripartire cerchiamo di orizzontarci.* SIN. Orientarsi. **2** (*fig.*) Raccapezzarsi: *con tutta questa confusione non mi orizzonto più.*

orizzónte o (*poet.*) †**orizzòn**, (*poet.*) †**orizzónta** [vc. dotta, lat. *horizōnta*, nom. *hŏrizon*, dal gr. *horízōn* '(circolo) che delimita', part. pres. di *horízein* 'delimitare', da *hóros* 'confine', di etim. incerta] s. m. **1** Linea grossolanamente circolare che limita la zona visibile da un dato punto di osservazione, e lungo la quale sembra che il cielo si congiunga con la terra o con il mare: *apparire, profilarsi, scomparire all'o.* **2** (*astron.*) *O. celeste*, circolo massimo della sfera celeste che la divide in due emisferi, uno superiore (visibile da un determinato punto di osservazione) e uno inferiore (invisibile dallo stesso punto di osservazione). **3** (*geol.*) Ciascuno dei diversi livelli in cui può venire suddiviso un suolo in base alla pedogenesi. **4** (*archeol.*) Termine impiegato per indicare un'unità stratigrafica comprendente più strati: *o. neolitico* | *O. artificiale*, strumento che, in marina, serve a misurare l'altezza degli astri sull'orizzonte, e, in aeronautica, a controllare l'assetto di un aeromobile in voli senza visibilità. **5** (*fig.*) Ampiezza e natura delle conoscenze, delle aspirazioni e delle idee, di una persona o di un gruppo di persone: *un uomo di o. limitato; i nuovi orizzonti che si aprivano all'anima mia* (NIEVO). **6** (*fig.*) Quadro generale, complesso di fatti, situazioni e sim.: *gravi complicazioni turbano l'o. politico internazionale* | *Fare un giro d'o.*, (*fig.*) esaminare una situazione nel suo complesso ma toccando tutti gli elementi o i problemi di rilievo | *O. tecnico*, quadro generale dei progressi e dei problemi tecnologici in genere o specifici di un certo settore. **7** (*fig.*) Limite raggiunto o da raggiungere, ambito aperto alla ricerca e al progresso umano: *i vastissimi orizzonti della scienza moderna; nuovi orizzonti si aprono davanti a noi, grazie alla ricerca scientifica.*

orlanderìa [da *Orlando*, famoso paladino dei poemi cavallereschi] s. f. ● (*raro, scherz.*) Bravura, prodezza.

orlàre [lat. parl. **orulāre*, da **ōrula*, dim. di *ōra* 'orlo', da *ōs*, genit. *ōris* 'bocca', di origine indeur.] v. tr. (*io órlo*) ● Fornire di orlo: *o. un fazzoletto, la manica, la gonna* | †(*fig.*) *o. il cappello*, vituperare, far vergognare.

orlàto part. pass. di *orlare*; anche agg. **1** Nel sign. del v. **2** *Unghie orlate di nero*, sudice.

orlatóre [da *orlare*] s. m. (f. *-trice* (V.)) **1** Chi per mestiere esegue orli: *o. di scarpe.* **2** Accessorio della macchina da cucire che ripiega la stoffa da orlare. **3** Orlatrice nel sign. 3.

orlatrìce s. f. **1** Operaia che in un laboratorio di confezioni esegue gli orli. **2** Macchina per ripiegare il bordo di una lamiera. **3** Macchinetta a leva per fare l'orlo o la chiusura delle cartucce da caccia.

orlatùra s. f. **1** Atto, effetto dell'orlare. **2** Orlo | Striscia di tessuto o altro con cui si orla q.c.

orleanìsta [fr. *orléaniste* 'seguace della casa di Orléans'] **A** agg. (pl. m. *-i*) ● Proprio della casa d'Orléans e dei suoi membri: *politica o.* **B** s. m. e f. ● Sostenitore, fautore della casa d'Orléans.

orléans /fr. ɔrle'ɑ̃/ [vc. fr., dalla città di *Orléans*] s. m. inv. ● Tessuto leggero e lucido in mezza lana, con ordito di cotone, usato spec. per la confezione di giacche estive.

†**orlìccia** s. f. ● Orliccio.

orlìccio [da *orlo*] s. m. **1** (*tosc.*) Parte esterna della crosta del pane. **2** †Orlo, estremità | Bordo irregolare di oggetto spezzato.

†**orlìqua** ● V. *reliquia.*

†**orlìquia** ● V. *reliquia.*

órlo [lat. parl. **ōrulu(m)*, dim. di *ōra* 'orlo' (V. *orlare*)] s. m. **1** Margine estremo, punto o linea che inizia o termina q.c.: *l'o. del fosso, del burrone,* *del bicchiere* | *Pieno fino all'o.*, di recipiente colmo | (*fig.*) *Essere sull'o. della pazzia, della disperazione* e sim., avere raggiunto il limite estremo della sopportazione, essere in procinto di impazzire | *Essere, trovarsi sull'o. del precipizio*, (*fig.*) essere in condizioni disperate, in procinto di commettere gravissimi errori e sim. | *O. della vela*, ralinga. **2** Ripiegatura del tessuto prima di essere cucito | *O. a giorno*, sfilato per biancheria da casa | *O. arrotolato*, molto sottile, per fazzoletti, tovagliolini e sim. | *O. a festone*, ricamato a smerlo | (*est.*) Ripiegatura e ribattitura del bordo di una lamiera. **3** (*bot.*) Margine rilevato di una ferita cicatrizzata sul tronco di un vegetale. || **orlètto**, dim. | **orlìno**, dim. | **orlùccio**, **orlùzzo**, dim.

òrlon ® [nome commerciale] s. m. ● Fibra tessile sintetica resistente, ottenuta per polimerizzazione del nitrile acrilico.

órma [da *ormare*] s. f. **1** Pesta o pedata che l'uomo o gli animali lasciano sul terreno camminandovi: *seguirono le orme della pantera attraverso la boscaglia*; *sui terreni rocciosi non restano orme* | *Ricalcare le proprie orme*, tornare sui propri passi | *Segnare le prime orme*, fare i primi passi | *Fiutare le orme*, detto di cani che seguono una pista umana o animale | *Mettersi sulle orme di qc.*, cercarlo, seguendo i segni lasciati dalla sua presenza o dal suo passaggio. **2** (*fig.*) Impronta, segno, traccia: *lasciare, imprimere un'o. indelebile nel campo della ricerca scientifica*; *le tragiche esperienze hanno impresso un'o. dolorosa nella sua anima* | *Essere, mettersi sulle orme di qc.*, rifare ciò che ha fatto o ricercare i segni delle sue vicissitudini o seguirne l'esempio | *Ricalcare, seguire, le orme di qc.*, ripetere ciò che ha fatto | (*fig.*) Vestigia: *le orme romane nelle antiche colonie iberiche*.

ormài o (*pop.*) **oramài** [comp. di *or* e *mai*] avv. **1** Già, adesso (con valore enf.): *o. è tardi*; *o. è quasi buio*; *o. è un mese che aspetto*; *questo vestito è o. vecchio*; *ti sarai o. convinto* | Già, quasi (con riferimento a un futuro assai prossimo e certo): *siamo o. arrivati*; *o. ce l'hai fatta!*; *ancora un po' e o. abbiamo finito*. **2** Stando così le cose, giunti a questo punto (con valore concl.): *è solo questione di tempo o.*; *o. era da prevedere che sarebbe finita così!* **3** A questo punto, ora (esprimendo rinuncia o rassegnazione per l'irrimediabilità, l'inevitabilità di q.c.): *o. non c'è più niente da fare*; *o. non ci resta che ritirarci*; *o. quello che è fatto è fatto*; *nel declino o. dell'ora silenziosa / un sopore mi piega le palpebre* (MORANTE) | (*anche ass.*): *o.!, per quello che mi importa!*

ormàia [da *orma*] s. f. ● Impronta lasciata su una strada o su un terreno dalle ruote dei veicoli, spec. a trazione animale.

ormàre [dal gr. *osmân* 'odorare, fiutare', da *osmḗ* 'odore', da *ózein* 'mandare odore', di origine indeur.] v. tr. (*io órmo*) ● (*raro, est.*) Inseguire: *o. il nemico in fuga*.

ormeggiaménto (1) s. m. ● (*raro*) Modo e atto di ormeggiare, nel sign. (1).

ormeggiaménto (2) s. m. ● Modo e atto di ormeggiare, nel sign. (2).

ormeggiàre (1) [ints. di *ormare*] **A** v. tr. (*io orméggio*) ● (*raro, lett.*) Seguire le orme (*anche fig.*). **B** v. intr. ● (*raro*) †Imprimere la propria orma (*anche fig.*). **C** v. intr. pron. ● †Regolarsi sull'esempio altrui.

ormeggiàre (2) [gr. *hormízein*, da *hórmos* 'rada', di etim. incerta] **A** v. tr. ● Fermare un natante in un porto, impedendo con ancore, catene e cavi che venti, moto ondoso e correnti possano spostarlo dalla posizione scelta | Attaccare, assicurare alla riva, alla banchina, alle bitte. **B** v. intr. pron. ● Fissarsi con ormeggi, detto di un natante.

ormeggiatóre [da *ormeggiare (2)*] s. m. ● Marinaio addetto all'ormeggio.

orméggio [da *ormeggiare (2)*] s. m. **1** Atto, effetto dell'ormeggiare o dell'ormeggiarsi. **2** Luogo dove si ormeggia un natante: *andare all'o.* | Modo di ormeggiare: *o. di punta, affiancato, alla boa.* **3** (*al pl.*) Cavi e catene che servono per ormeggiare: *levare, mollare gli ormeggi*.

ormeṣìno ● V. *ermisino*.

†orminìaco [lat. *armenĭacu(m)*, nom. *armenĭacus*, dal gr. *armeniakós* 'dell'Armenia'] s. m. ● Mistura viscosa usata come mordente per dorare cuoio, drappi e sim.

†ormiṣìno ● V. *ermisino*.

ormonàle [da *ormone*, sul modello dell'ingl. *hormonal*] agg. ● (*biol., med.*) Di, relativo agli, ormoni: *equilibrio, disfunzione o.*; *terapia o.*

ormóne [ingl. *hormone*, dal gr. *hormôn* 'che eccita', part. pres. di *hormân* 'eccitare', da *hormḗ* 'attacco, impulso', di origine indeur.] s. m. ● (*biol.*) Sostanza elaborata da cellule viventi, spec. ghiandole a secrezione interna, dotata della proprietà di eccitare in modo specifico alcune funzioni o di regolare l'equilibrio di importanti fenomeni vitali.

ormònico agg. (pl. m. *-ci*) ● (*biol., med.*) Ormonale.

ormonoterapìa [comp. di *ormone* e *terapia*] s. f. ● (*med.*) Terapia a base di ormoni.

ornamentàle agg. ● Di ornamento: *disegno o.* | Che serve di ornamento: *fregi ornamentali*.

ornamentazióne [da *ornamento*] s. f. ● Atto, effetto dell'ornare | Insieme di elementi ornamentali.

ornaménto [vc. dotta, lat. *ornamēntu(m)*, da *ornāre* 'ornare'] s. m. (pl. lett. †*ornaménta*, f.) **1** Modo e atto dell'ornare: *occuparsi dell'o. di una sala*. SIN. Decorazione. **2** Tutto ciò che serve per ornare: *ornamenti muliebri, sacerdotali, architettonici, musicali*; *essere carico, sovraccarico di ornamenti* | *O. dello stile*, finezza linguistica. **3** (*fig.*) Dote spirituale o morale: *la bontà è il suo migliore o.*; *le virtù sono l'o. dei saggi*. || **ornamentìno**, dim.

ornàre [vc. dotta, lat. *ornāre*, da *ōrdo*, genit. *ōrdinis* 'ordine'] **A** v. tr. (*io órno*) **1** Rendere bello o più bello aggiungendo uno o più elementi decorativi: *o. i capelli e l'abito con nastri*; *o. una sala, la facciata d'un edificio con festoni e luminarie*. SIN. Abbellire, decorare. **2** (*fig.*) Rendere più ricco o più dotato di virtù e sim.: *o. la mente di cognizioni, il cuore di nobili sentimenti*. **B** v. rifl. ● Abbellirsi: *non ama ornarsi di troppi gioielli*.

ornatézza s. f. ● Condizione di ciò che è ornato | Eleganza: *l'o. dello stile*.

ornatìsta [da *ornato (2)*] s. m. e f. (pl. m. *-i*) ● Artista che esegue lavori di ornamentazione.

ornatìvo [vc. dotta, lat. tardo *ornatīvu(m)*, da *ornātus* 'ornato (1)'] agg. ● (*raro*) Esornativo.

ornàto (1) part. pass. di *ornare*; anche agg. **1** Nei sign. del v. **2** Elegante: *linguaggio, stile o.*; *prosa ornata*. || **ornataménte**, avv. Con ornamenti; con eleganza.

ornàto (2) [vc. dotta, lat. *ornātu(m)*, s. del part. pass. di *ornāre* 'ornare'] s. m. **1** (*arch.*) L'insieme di risalti che si usano in architettura e che si sovrappongono al corpo principale per abbellimento. **2** Nello studio del disegno, parte che insegna a eseguire ornati.

ornatóre [vc. dotta, lat. tardo *ornatōre(m)*, da *ornātus* 'ornato (2)'] s. m. (f. *-trice*) **1** Chi orna. **2** Operaio o artigiano specializzato nella confezione di oggetti ornamentali.

ornatùra [vc. dotta, lat. tardo *ornatūra(m)*, da *ornātus* 'ornato (2)'] s. f. ● Atto, effetto dell'ornare | Insieme di ornamenti.

orneblènda [ted. *Hornblende*, comp. di *Horn* 'corno' e *Blende* 'blenda', dalla forma dei cristalli] s. f. ● (*miner.*) Varietà molto diffusa di anfibolo in cristalli prismatici allungati di colore scuro.

ornèllo o **ornièllo** [dim. di *orno*] s. m. ● Pianta arborea delle Oleacee, con foglie composte e grandi corimbi di fiori odorosi, il cui tronco, se inciso, secerne la manna (*Fraxinus ornus*). SIN. Avorniello, laburno, orno.

ornìtico [vc. dotta, gr. *ornithikós*, agg. di *órnis*, genit. *órnithos* 'uccello'] agg. (pl. m. *-ci*) ● (*zool.*) Relativo agli Uccelli: *fauna ornitica* | *Arto o.*, il caratteristico arto inferiore degli Uccelli.

Ornitìschi [vc. dotta, comp. di *ornit(o)* e *ischio*] s. m. pl. ● Nella tassonomia animale, gruppo di Arcosauri estinti, caratterizzati da una cintura pelvica simile a quella degli Uccelli (*Ornithischia*) | (al sing. *-sco*) Ogni individuo di tale gruppo.

ornito- o **òrnito-** [dal gr. *órnis*, genit. *órnithos* 'uccello'] primo elemento ● In parole composte dotte o scientifiche, significa 'uccello' o fa riferimento agli uccelli: *ornitologia*.

ornitòfilo [comp. di *ornito-* e *-filo*] agg. ● Detto di piante in cui l'impollinazione avviene a opera degli uccelli.

ornitògalo [vc. dotta, gr. *ornithógalon*, comp. di *ornitho-* 'ornito-' e *gála* 'latte' (V. *galassia*): detto così perché il bulbo, di color latteo, viene adoperato come cibo per gli uccelli] s. m. ● Pianta erbacea delle Liliacee con infiorescenze bianche o gialle a grappolo (*Ornithogalum*).

ornitologìa [comp. di *ornito-* e *-logia*] s. f. (pl. *-gìe*) ● Parte della zoologia che studia gli uccelli.

ornitològico agg. (pl. m. *-ci*) ● Che riguarda l'ornitologia | *Stazione ornitologica*, per l'osservazione e lo studio degli uccelli.

ornitòlogo [vc. dotta, gr. *ornithológos*, comp. di *ornitho-* 'ornito-' e *-lógos* '-logo'] s. m. (f. *-a*; pl. m. *-gi*, pop. *-ghi*) ● Studioso di ornitologia.

ornitomanzìa [vc. dotta, gr. *ornithomantéia*, comp. di *ornitho-* 'ornito-' e *-mantéia* '-manzia'] s. f. ● Tecnica divinatoria che trae presagi dalla forma, dall'apparizione e dai movimenti degli uccelli.

ornitomìa [comp. di *ornito-* e del gr. *mýia* 'mosca', di origine indeur.] s. f. ● Dittero parassita di uccelli cui succhia sangue (*Ornithomya avicularia*).

ornitorìnco [comp. di *ornito-* e del gr. *rýnchos* 'becco', di origine indeur.: detto così perché ha il muso a *becco* d'uccello] s. m. (pl. *-chi*) ● Mammifero australiano dei Monotremi che rappresenta da solo un'intera famiglia: coperto di soffice pelo bruno, è dotato di un becco largo e depresso in cui si aprono le narici, ha arti molto brevi e piedi palmati, depone uova da cui nascono i piccoli i quali succhiano il latte che cola dal ventre materno (*Ornithorhynchus*).

ornitòṣi [comp. di *ornito-* e *-osi*] s. f. ● (*med.*) Malattia batterica causata da *Chlamydia psittaci*, tipica dei volatili, occasionalmente dell'uomo, nei quali si manifesta con infezioni generalizzate o respiratorie. CFR. Psittacosi.

órno [lat. *ŏrnu(m)*, di origine indeur.] s. m. ● (*bot.*) Ornello.

òro o (*lett.*) **†àuro** [lat. *āuru(m)*, di origine indeur.] **A** s. m. (poet. troncato in *or*) **1** Elemento chimico, metallo nobile giallo, duttile e malleabile, presente in natura spec. allo stato nativo, usato in lega col rame per monili e monete. SIMB. Au | *Oro bianco*, lega d'oro e palladio | *Oro falso*, lega imitante l'oro composta essenzialmente di rame | *Oro fino*, puro o quasi | *Oro musivo*, solfuro stannico in scagliette gialle splendenti usate per mosaici | *Oro rosso*, contenente forti quantità di rame | *Oro verde*, contenente molto argento | *Legare in oro*, incastonare in oro una pietra preziosa | *Lavaggio dell'oro*, per separare le pepite dalla sabbia | *Oro in foglia*, per indorare | *Dare l'oro*, indorare | *Tintura d'oro*, cloruro di oro sciolto per indorare | *Oro in polvere*, usato per dorature | *Oro falso, oro matto*, similoro | *D'oro, in oro*, fatto d'oro | *Occhiali d'oro*, con montatura in oro | *Medaglia d' oro*, (*ell.*) *oro*, quella data in premio al primo classificato in una competizione sportiva | *Bue d'oro*, (*fig.*) persona ricca ma stupida e ignorante | *Adoratori del vitello d'oro*, (*fig.*) persone cupide e avare | *D'oro*, (*fig.*) prezioso come l'oro; detto di un bene o servizio che viene pagato a un prezzo più elevato del dovuto perché le trattative relative forniscono occasione di profitti illeciti ad alcune delle persone in queste variamente interessate: *tre primari ortopedici coinvolti nello scandalo delle stampelle d'oro* | (*fig.*) *Cuore d'oro*, grande bontà e generosità | (*fig.*) *Parole d'oro*, di estrema saggezza | (*fig.*) *Consiglio d'oro*, prezioso e disinteressato | *È tutto oro colato*, (*fig.*) è verità sacrosanta | (*fig.*) *Prendere tutto per oro colato*, credere a tutto, essere credulo e ingenuo | *Vale tant'oro quanto pesa*, (*fig.*) di cosa molto preziosa o di persona dotata di grandi meriti, virtù o capacità | *Vendere q.c. a peso d'oro*, (*fig.*) a carissimo prezzo | *Oro nero*, (*fig.*) petrolio. **2** Moneta aurea: *pagare in oro* | (*est.*) Denaro, ricchezza: *la sua sete d'oro è inestinguibile*; *è schiavo dell'oro* | (*fig.*) *Per tutto l'oro del mondo*, a nessun prezzo, a nessun costo | (*fig.*) *Nuotare nell'oro*, essere ricchissimo. **3** Colore giallo brillante, tipico dell'oro: *capelli d'oro*; *mosca d'oro* **4** (*spec. al pl.*) Oggetti d'oro: *gli ori e gli argenti del museo*. **5** (*al pl.*) Seme delle carte da gioco napoletane. **B** in funzione di agg. inv. ● (posposto a un s.) Detto di una particolare tonalità di giallo che più si avvicina a quella dell'oro: *giallo oro* || PROV. Non è tutt'oro quel che luce.

òro- (**1**) [dal lat. *ōs, ōris* 'bocca', di origine indeur.] primo elemento ● In parole composte della terminologia scientifica, equivale a 'orale': *orofaringe*.

òro- (**2**) [dal gr. *óros* 'monte'] primo elemento ● In parole composte della terminologia geologica e geografica, significa 'monte', 'montagna', o fa comunque riferimento ai rilievi montuosi: *orogenesi, orografia*.

Orobancàcee [comp. di *orobanc(he)* e *-acee*] s. f. pl. ● Nella tassonomia vegetale, famiglia di piante dicotiledoni parassite, prive di clorofilla, con foglie squamiformi e vistosi fiori in spighe (*Orobanchaceae*) | (al sing. *-a*) Ogni individuo di tale famiglia.

orobànche [vc. dotta, lat. *orobănche(m)*, dal gr. *orobánchē*, propr. 'che stringe, soffoca i legumi', comp. di *órobos* 'legume' (prob. vc. mediterranea) e *ánchein* 'soffocare' (di origine indeur.)] s. f. ● Genere appartenente alle Orobancacee, parassita di piante superiori, spec. Leguminose (*Orobanche*).

oròbico [dagli *Orobii*, nome di una popolazione preromana] agg.; anche s. m. (f. *-a*, raro; pl. m. *-ci*) *1* (*lett.*) Della città di Bergamo. *2* Giocatore della squadra di calcio dell'Atalanta.

orochìcco ● V. *orichicco*.

orofarìnge [comp. di *oro-* (*1*) e *faringe*] s. f. ● (*anat.*) Porzione di faringe posta in corrispondenza con la cavità orale.

orofaringèo o (*raro*) **orofarìngeo** [comp. di *oro-* (*1*) e *faringeo*] agg. ● (*anat.*) Relativo all'orofaringe.

orogènesi [comp. di *oro-* (*2*) e *genesi*] s. f. ● (*geol.*) Processo di deformazione delle parti mobili della crosta terrestre che porta al corrugamento e al sollevamento delle catene montuose, degli archi insulari, delle dorsali.

orogenètico agg. (pl. m. *-ci*) ● Relativo o contemporaneo all'orogenesi | Causato dall'orogenesi.

orografìa [comp. di *oro-* (*2*) e *-grafia*] s. f. *1* Studio delle catene montuose. *2* Distribuzione delle catene montuose in una data regione. *3* Rappresentazione delle catene montuose sulle apposite carte.

orogràfico agg. (pl. m. *-ci*) ● Relativo all'orografia.

oroidrografìa [comp. di *oro-* (*2*) e *idrografia*] s. f. ● Descrizione delle catene montuose di una data regione e dei fiumi che da esse derivano.

oroidrogràfico agg. (pl. m. *-ci*) ● Che concerne l'oroidrografia.

orologerìa [da *orologio*] s. f. *1* Arte di costruire o riparare gli orologi. *2* Negozio in cui si vendono gli orologi. *3* *Bomba a o.*, dotata di dispositivo atto a provocarne la deflagrazione a tempo stabilito.

orologiàio o **orologiàro** s. m. ● Chi fabbrica, ripara o vende orologi.

orologièro agg. ● Concernente la fabbricazione o la vendita degli orologi: *industria orologiera*.

orològio [vc. dotta, lat. *horolŏgiu(m)*, dal gr. *hōrológion*, propriamente 'quello che dice l'ora', comp. di *hṓra* 'ora (1)' e *-lógion*, da *légein* 'dire'. V. *-logo*] s. m. *1* Apparecchio misuratore del tempo capace di segnare le ore e le frazioni di ora, costituito di solito da un meccanismo che fa ruotare delle lancette su un quadrante graduato | *O. numerico, digitale*, quello a cristalli liquidi in cui l'indicazione dell'ora e delle sue frazioni è visualizzata con successivi scatti di cifre | *O. solare*, meridiana | *O. ad acqua o a sabbia*, clessidra | *O. a ruote*, con meccanismo a più ruote dentate di diverso diametro che ingranano tra loro | *O. da torre*, a ruote con peso | *O. a pendolo*, a ruote con peso o con molla e un pendolo regolatore | *O. a ripetizione*, che a una pressione su di un gambo nella direzione del suo asse fa suonare le ore e i quarti appena trascorsi | *O. a sveglia*, con una suoneria che è messa in azione all'ora precedentemente segnata da una lancetta. SIN. Sveglia | *O. elettrico*, mosso da una elettrocalamita | *O. da tasca, da polso*, a molla, con la cassa metallica entro cui è il castello, e con il quadrante difeso da un cristallo | *O. di precisione*, cronometro | *O. da controllo, marcatempo*, che segna l'ora su una scheda permettendo così il controllo dell'ora di ingresso e di uscita del personale di una fabbrica o di un'azienda | *O. atomico*, strumento nel quale si utilizza il periodo di oscillazione delle molecole di ammoniaca come unità di tempo | *O. a scatto*, in cui l'ora è indicata direttamente da cifre impresse su lamina che scattano a intervalli periodici | *Un'ora di o.*, intera e precisa | *Stare con l'o. alla mano*, (*fig.*) essere puntualissimo o esigere estrema puntualità | (*fig.*) *Un o. che spacca il minuto*, precisissimo | (*fig.*) *Essere un o.*, metodico, preciso e puntuale all'eccesso | (*fig.*) *Funzionare come un o.*, detto di meccanismo precisissimo, di organo che funziona perfettamente e sim. *2* (*biol.*) *O. biologico*, fattore interno non identificato che nelle piante e negli animali regola il ritmo delle attività biologiche dell'organismo. *3* (*zool.*) *O. della morte*, il rumore ritmico d'un coleottero anobio, interpretato popolarmente come presagio di sventura. || **orologètto**, dim. | **orologino**, dim. | **orologióne**, accr.

oronasàle [comp. di *oro-* (*1*) e *nasale*] agg. ● (*anat.*) Relativo alla cavità orale e al naso.

oronimìa [da *oronimo*] s. f. ● (*ling.*) Branca della toponomastica che studia i nomi dei monti e delle catene montuose.

orònimo [da *oro-* (*2*), col suff. *-onimo*, sul modello di *pseudonimo, toponimo* ecc.] s. m. ● (*ling.*) Nome di monte o di catena montuosa.

oroscopìa [vc. dotta, gr. *hōroskopía*, da *hōroskópos* 'oroscopo'] s. f. ● Tecnica astrologica del trarre e scrivere oroscopi.

oroscòpico [vc. dotta, lat. tardo *horoscŏpicu(m)*, nom. *horoscŏpicus*, dal gr. *hōroskopikós*, da *hōroskópos* 'oroscopo'] agg. (pl. m. *-ci*) ● Relativo a oroscopo e a oroscopia.

oròscopo [vc. dotta, lat. tardo *horŏscopu(m)*, nom. *horŏscopus*, dal gr. *hōroskópos*, propriamente 'che osserva l'ora (della nascita)', comp. di *hṓra* 'ora (1)' e *-skópos*, da *skopêin* 'guardare'. V. *-scopio*] s. m. *1* Nell'astrologia, osservazione del cielo e della posizione degli astri nel momento della nascita di una persona, e predizione sulla vita e sul carattere di questa tratte da tale osservazione | Testo scritto o schema disegnato che contengono la predizione astrologica | *O. cinese*, quello caratteristico della cultura cinese in cui i segni astrologici, riferiti all'anno lunare e rappresentati da animali, influiscono sul carattere e sul destino dei nati durante l'anno, a differenza di quello occidentale in cui l'influsso si esercita sui nati durante il mese. *2* (*est.*) Pronostico, previsione.

orosolùbile [comp. di *oro-* (*1*) e *solubile*] agg. ● (*farm.*) Detto di medicinale che può sciogliersi in bocca.

†**orpellàio** [da *orpello*] s. m. ● Artefice che dorava i cuoi.

orpellaménto s. m. ● (*raro*) Modo e atto dell'orpellare (*spec. fig.*).

orpellàre [da *orpello*] **A** v. tr. (*io orpèllo*) *1* Coprire o ornare con foglia di orpello | Fare false dorature. *2* (*fig.*) Celare ciò che è brutto o sgradevole sotto false e gradevoli apparenze: *o. e coprir le sue colpe* (PULCI) | (*est.*) †Ingannare. **B** v. rifl. *1* Agghindarsi, truccarsi pesantemente, detto spec. di donna. *2* †Mascherarsi, dissimulare.

orpellatùra s. f. *1* Atto, effetto dell'orpellare o dell'orpellarsi. *2* (*raro, fig.*) Finzione.

orpèllo [provz. *auripel*, dal lat. *āurea(m) pĕlle(m)* 'pelle d'oro'] s. m. *1* Lega di rame, zinco, stagno in foglia, per false dorature. SIN. Oro falso, similoro. *2* (*fig.*) Falsa apparenza, esteriorità illusoria: *la sua onestà è solo un o.* *3* (*spec. al pl.*) Fronzoli (*anche fig.*): *s'è caricata d'orpelli credendo di essere elegante*; *stile gonfio e pieno d'orpelli*.

orpiménto [fr. *orpiment*, dal lat. *āuri pigmĕntu(m)* 'pigmento d'oro'] s. m. ● (*miner.*) Solfuro di arsenico in cristalli di color giallo oro.

†**orràre** e *deriv.* ● V. *onorare* e *deriv.*

orrèndo [vc. dotta, lat. *horrĕndu(m)*, gerundio di *horrēre* 'essere irto, inorridire', di origine indeur.] agg. *1* Che desta orrore e raccapriccio: *mostro o.*; *guerra, strage, visione orrenda*. SIN. Orribile, spaventoso, terribile. *2* (*est.*) Estremamente brutto: *una donna orrenda*; *una musica orrenda*. || **orrendaménte**, avv.

†**orrère** [vc. dotta, lat. *horrēre*. V. *orrendo*] **A** v. tr. ● Avere in odio. **B** v. intr. pron. ● Spaventarsi, terrorizzarsi.

orrettìzio ● V. *obrettizio*.

†**orrévole** e *deriv.* ● V. *onorevole* e *deriv.*

orrezióne ● V. *obrezione*.

orrìbile [vc. dotta, lat. *horrĭbile(m)*, da *horrēre* 'inorridire, aver orrore'. V. *orrendo*] agg. *1* Che fa inorridire, che causa tremendo turbamento: *mostro, delitto o.*; *Orribil furon li peccati miei* (DANTE *Purg.* III, 121); *fiera, ferocia o.*; *una scena o. si presentò ai nostri occhi* | *O. a dirsi*, che desta orrore in chi lo dice. SIN. Atroce, spaventoso, terribile. *2* (*fig.*) Pessimo: *fa un tempo o.*; *un odore o. emanava dalle fogne*. *3* Estremamente brutto: *corpo o.*; *viso o.* || **orribilménte**, †**orribileménte**, avv.

orribilità s. f. ● (*raro*) Qualità di ciò che è orribile | Cosa o azione orribile.

orridézza s. f. ● (*raro*) Qualità o condizione di chi, di ciò che è orrido | Orrore.

orridità [vc. dotta, lat. *horriditāte(m)*, da *hŏrridus* 'orrido'] s. f. ● (*raro*) Orridezza.

òrrido [vc. dotta, lat. *hŏrridu(m)*, da *horrēre* 'aver orrore'. V. *orrendo*] **A** agg. *1* Che fa orrore: *vista, visione orrida*; *fu gettato in un o. carcere*. SIN. Orribile, spaventoso. *2* (*est.*) Di luogo selvaggio ed estremamente pericoloso: *dirupo, precipizio, scoglio o.* *3* (*est.*) Sgradevolissimo alla vista, all'udito, al gusto e sim.: *aspetto, suono, sapore o.*; *da una nuova, e orrida voce svegliato* (L. DE' MEDICI) | (*lett.*) Irto: *la chioma rabbuffata orrida e mesta* (ARIOSTO). || **orridaménte**, avv. **B** s. m. ● Forra dirupata, spec. con caduta d'acqua: *l'o. di Bellano, del Verone*. || **orridètto**, dim.

orrìfico [comp. di *orri(do)* e *-fico*] agg. (pl. m. *-ci*) ● Orripilante.

orripilànte [vc. dotta, lat. tardo *horripilānte(m)*, part. pres. di *horripilāre* 'avere il pelo irto', poi 'essere preso da spavento', comp. di *horrēre* (V. *orrendo*) e *pĭlus* 'pelo'] agg. ● Che fa rizzare i capelli, che desta orrore o ribrezzo. SIN. Raccapricciante.

orripilazióne [vc. dotta, lat. tardo *horripilatiōne(m)* 'arricciamento dei peli (per lo spavento)', da *horripilāre*. V. *orripilante*] s. f. *1* (*med.*) Erezione dei peli con conseguente formazione di piccoli rilievi sulla pelle, in corrispondenza dei follicoli piliferi, causata dal freddo o da violente emozioni. *2* (*raro*) Raccapriccio.

†**orrìre** [V. †*orrere*] v. intr. e tr. ● Inorridire, avere in orrore.

†**orrisonànte** [rifacimento su *sonante* dal lat. *horrĭsonus* 'di orribil suono', comp. di *horrēre* (V. *orrendo*) e *sonāre* 'suonare'] agg. ● (*poet.*) Che fa orribile rumore.

orróre [vc. dotta, lat. *horrōre(m)*, da *horrēre*. V. *orrendo*] s. m. *1* Violenta sensazione di ribrezzo, ripugnanza o raccapriccio: *la sanguinosa strage ha destato profondo o. in tutti noi*; *sento o. per il sangue*; *ho o. del sangue* | *Avere in o. qc. o q.c.*, detestare | (*est.*) Ciò che provoca o può provocare tale sensazione, cosa abominevole o azione mostruosa: *gli orrori della guerra*; *un luogo pieno d'orrori* | *Film, romanzo dell'o.*, quello il cui contenuto è prevalentemente costituito da immagini, scene e situazioni che provochino violente sensazioni di paura, raccapriccio, ripugnanza. *2* (*lett.*) Timore profondo e quasi incontrollabile: *tremito d'o.*; *l'o. della morte*; *un o. superstizioso* | *Sacro o.*, reverenziale timore relativo alla divinità e a certe sue manifestazioni. *3* (*fig., fam.*) Enormità: *costa un o.* *4* (*poet.*) Tenebrosità, oscurità: *raro un silenzio, un solitario o. / d'ombrosa selva mai tanto mi piacque* (PETRARCA).

orroróso agg. ● (*lett.*) Pieno di scene, particolari, racconti e sim. che destano orrore.

órsa [lat. *ŭrsa(m)*. V. *orso*] s. f. (*Orsa* nel sign. 2) *1* Femmina dell'orso. *2* (*astron.*) *O. maggiore, o. minore*, costellazioni nell'emisfero celeste boreale.

orsacchiòtto s. m. *1* Dim. di *orso*. *2* Piccolo orso di stoffa, velluto o peluche, tradizionale giocattolo per bambini.

orsàggine [da *orso*, nel sign. 2] s. f. ● Carattere di chi è poco socievole e burbero.

†**orsàre** [da *orso* nel sign. 4] v. tr. ● (*raro*) Pulire i pavimenti con un arnese di pietra detto orso.

†**orsàta** [da *orso*] s. f. ● Borbottio incomprensibile di parole.

orsàtto s. m. *1* Dim. di *orso*. *2* (*lett.*) Cucciolo d'orso. *3* (*fig., poet.*) Membro della famiglia Orsini: *e veramente fui figliuol de l'orsa, / cupido sì* *per avanzar li orsatti, / che sù l'avere, e qui me misi in borsa* (DANTE *Inf.* XIX, 70-72).

orsétto s. m. *1* Dim. di *orso*. *2* Cucciolo dell'orso. *3* Pelliccia di gatto selvatico o stoffa che la ricorda. *4* (*zool.*) *O. lavatore*, procione.

†**orsièro** s. m. ● Chi doma e ha in custodia gli orsi.

Orsifórmi [comp. di *orso* e il pl. di *-forme*] s. m. pl. ● Nella tassonomia animale, sottordine di Carnivori cui appartengono i Canidi, i Mustelidi e gli Ursidi (*Arctoidea*). SIN. Arctoidi | (al sing. *-e*) Ogni individuo di tale sottordine.

orsìno [vc. dotta, lat. *ursīnu(m)*, agg. di *ŭrsus* 'orso'] agg. ● Di orso.

órso [lat. *ŭrsu(m)*, di origine indeur.] s. m. (f. *-a*) *1* Correntemente, ogni mammifero della famiglia degli Ursidi | *O. americano*, baribal | *O. bruno*, europeo e asiatico, con pelame folto e ispido, corpo tozzo e forte, ottimo corridore e arrampicatore, feroce, ma addomesticabile da giovane (*Ursus arctos*) | *O. bianco*, polare, ottimo nuotatore, con le dita riunite da una membrana (*Thalarctos maritimus*) | *O. del bambù*, panda gigante | *O. grigio*, del Nord America, grizzly | *O. lavatore*, procione | *O. malese*, a pelame raso, arrampicatore agilissimo sugli alberi, vivente in India e Indonesia (*Helarctos malayanus*) | *Il ballo dell'o.*, (*fig.*) goffo e sgraziato, eseguito da chi non sa ballare | *Pelare l'o.*, (*fig.*) fare una cosa molto difficile | (*raro, fig.*) *Menare l'o. a Modena*, mettersi in un'impresa poco vantaggiosa | *Vendere la pelle dell'o. prima di averlo ucciso*, (*fig.*) fare dei calcoli su qualcosa che ancora non si ha; (*est.*) confidare con leggerezza nel successo. *2* (*fig.*) Persona goffa e sgraziata: *ballare, muoversi come un o.* | (*raro, fig.*) *O. mal leccato*, persona deforme | (*fig.*) Persona burbera e poco socievole: *è un o. e non esce quasi mai di casa*; *non fare l'o. e cerca d'essere un po' gentile!* *3* (*gerg.*) Nel linguaggio di borsa, ribassista | (*gerg.*) Situazione del mercato azionario caratterizzata da una fase di continuo ribasso. CONTR. Toro. *4* Arnese di pietra immanicata per pulire pavimenti, spec. di stufe. || **orsacchiòtto**, dim. (V.) | **orsàccio**, pegg. | **orsàtto**, dim. (V.) | **orsétto**, dim. (V.) | **orsicèllo**, dim.

†**orsóio** [dal lat. *ŏrsus* 'trama, ordito', propriamente part. pass. di *ordīre* 'ordire, fare una trama'] s. m. ● Organzino.

orsolìna [da *S. Orsola*] s. f. ● Suora cattolica della congregazione fondata da sant'Angela Merici nel XVI sec.

orsù o (*raro*) **or su** [comp. di *or* e *su*] inter. ● Esprime esortazione, incitamento, incoraggiamento e sim.: *o., bisogna farsi coraggio!*; *o., animo! racconta!*; *o., andiamo!*

ortàggio [da *orto* (*1*)] s. m. ● Ogni pianta erbacea coltivata negli orti a scopo alimentare.

ortàglia s. f. *1* Terreno tenuto a orto. *2* (*raro*) Ortaggio.

ortagorìsco [vc. dotta, lat. *orthagorīscu(m)*, nom. *orthagorīscus*, dal gr. *orthagorískos* 'porcellino', di etim. incerta] s. m. (pl. *-schi*) ● (*zool.*) Mola.

†**ortàle** [da *orto* (*1*)] s. m. ● Orto, giardino.

†**ortàre** [vc. dotta, lat. *hortāri*. V. *esortare*] v. tr. ● (*raro*) Esortare.

ortatòria [vc. dotta, lat. tardo *hortatōria(m)*, agg. f., da *hortāri* 'esortare' (V.)] s. f. ● (*letter.*) Componimento esortativo.

ortènse [vc. dotta, lat. *hortēnse(m)*, agg. di *hŏrtus* 'giardino, orto'] agg. ● (*raro*) Di orto, che cresce negli orti: *pianta, coltura o.*

ortènsia [fr. *hortensia*, chiamata così in onore di *Hortense* Barré Lepeaute] s. f. ● Sassifragacea arbustiva a foglie larghe e fiori in infiorescenza globosa, azzurri o rosei, estesamente coltivata (*Hydrangea hortensia*).

ortèsi [dal gr. *orthós* 'diritto' (V. *orto-*), sul modello di *protesi*] s. f. ● (*med.*) Apparecchio applicabile al corpo come correttivo funzionale ma non sostitutivo di parti mancanti.

òrthicon /'ɔrtikon, *ingl.* 'ɔ:θikən/ ● V. *orticon*.

ortica o (*raro*) **urtica** [lat. *urtīca(m)*, di etim. incerta] s. f. *1* Erba bienne delle Urticacee, rizomatosa, a foglie dentellate, ricca di peli urticanti contenenti un liquido caustico, comunissima negli incolti (*Urtica dioica*) | *O. bianca*, ramiè | *Ci crescono le ortiche*, di luogo abbandonato | *Gettar la tonaca alle ortiche*, spretarsi | *Conosciuto come l'o.*, di persona nota per le sue malefatte. *2* Fibra tessile estratta dalla pianta omonima. *3* (*zool.*) *O. di mare*, acalefe.

Orticàcee ● V. *Urticacee*.

orticàio o (*raro*) **urticàio**. s. m ● Luogo pieno di ortiche.

orticànte ● V. *urticante*.

orticària o **urticària** [da *ortica*] s. f.● (*med.*) Affezione cutanea caratterizzata da fugace apparizione di piccoli noduli rilevati, bianco-rossastri, estesi e pruriginosi.

†**orticheggiàre** v. tr. ● (*raro*) Pungere con l'ortica.

†**orticheto** s. m. ● Orticaio.

†**ortichière** s. m. ● (*raro*) Orticheto.

orticino s. m. *1* Dim. di *orto* (*1*). *2* Vaso oblungo o cassetta di terra per coltivare qualche ortaggio.

orticolo [da *orto* (*1*), sul modello di *agricolo*] agg. ● Di orto, che riguarda l'orto: *mostra orticola*.

orticoltóre o **orticultóre** [da *orto* (*1*), sul modello di *agricoltore*] s. m. ● Chi si occupa di orticoltura.

orticoltùra o **orticultùra** [da *orto* (*1*), sul modello di *agricoltura*] s. f. ● Arte di coltivare gli orti.

òrticon o **òrthicon** [ricavato da *orticonoscopio*] s. m. ● (*elettr.*) Tubo elettronico da presa, che utilizza, per l'analisi dell'immagine, elettroni a bassa velocità.

orticonoscòpio [comp. di *ort(o)-* e *iconoscopio*] s. m. ● (*elettr.*) Orticon.

orticultóre ● V. *orticoltore*.

orticultùra ● V. *orticoltura*.

ortifrutticultóre ● V. *ortofrutticoltore*.

ortite [dal gr. *orthós* 'retto' (V. *orto-*), per la forma dei cristalli] s. f. ● (*miner.*) Varietà di epidoto contenente cerio e lantanio.

ortivo (**1**) [da *orto* (*1*)] agg. ● Coltivato a orto o prevalentemente a orto: *piante ortive*; *vaste zone ortive circondano l'abitato*.

ortivo (**2**) [vc. dotta, lat. tardo *ortīvu(m)*, agg. di *ŏrtus* 'il sorgere, lo spuntare'. V. *orto* (*2*)] agg. ● Relativo al sorgere del sole o di un astro.

òrto (**1**) [lat. *hŏrtu(m)*, di origine indeur.] s. m. (pl. raro †*ortora*, f.) ● Appezzamento di terreno, di solito cintato, dove si coltivano gli ortaggi | *O. familiare*, di limitata estensione per le necessità della famiglia | *O. industriale*, su grande superficie per venderne i prodotti sul mercato | *O. forestale*, vivaio per piante da rimboschimento | *O. botanico*, grande giardino con piante anche esotiche, serra, gabinetto e scuola, per lo studio della botanica | *O. secco*, erbario | *La via dell'o.*, (*fig.*) la più facile | *Coltivare il proprio o.*, (*fig.*) pensare agli affari propri | *Star coi frati a zappare l'o.*, (*fig.*) uniformarsi all'ambiente circostante, rinunciando a ogni iniziativa personale | *Non è erba del suo o.*, (*fig.*) non è farina del suo sacco | (*raro, est.*) Giardino: *o. pensile*. ➡ ILL. p. 353 AGRICOLTURA. || **ortàccio**, pegg. | **orticciòlo**, dim. | **orticèllo**, dim. | **orticino**, dim. (V.) | **ortino**, dim. | **ortóne**, accr.

òrto (**2**) [vc. dotta, lat. *ŏrtu(m)*, propriamente part. pass. di *orīri* 'sorgere'. V. *oriente*] s. m. ● (*lett.*) Il sorgere del sole o di un altro astro nel cielo: *dal che ne seguirebbe mutazione circa gli orti, e gli occasi delle stelle fisse* (GALILEI) | Oriente.

†**òrto** (**3**) [vc. dotta, lat. *ŏrtu(m)*, part. pass. di *orīri* 'sorgere, nascere'. V. *oriente*] agg. ● (*raro*) Nato.

òrto- [dal gr. *orthós* 'diritto'] primo elemento ● In parole composte della terminologia scientifica, significa 'corretto', 'esatto', 'giusto': *ortocromatico, ortodontia*.

ortocèntrico agg. (pl. m. *-ci*) ● (*mat.*) Relativo all'ortocentro.

ortocèntro [comp. di *orto-* e *centro*] s. m. ● (*mat.*) Punto d'intersezione delle altezze di un triangolo.

ortoclàsio [comp. di *orto-* e *-clasio*; detto così perché ha due piani di sfaldatura ortogonali fra loro] s. m. ● (*miner.*) Feldspato potassico in cristalli prismatici o tabulari bianchi, oppure rosei, costituente fondamentale di numerose rocce eruttive e metamorfiche.

ortoclinoscòpio [comp. di *orto-*, un deriv. del gr. *klínein* 'piegare, inclinare' (di origine indeur.) e *-scopio*] s. m. ● (*med.*) Parte dell'apparecchiatura radiografica consistente in una specie di tavolo orientabile in senso verticale e orizzontale, per consentire l'esame del paziente sia in piedi sia prono o supino.

ortocromàtico [comp. di *orto-* e *cromatico*] agg. (pl. m. *-ci*) ● (*fot.*) Detto di emulsione la cui sensibilità è estesa a tutti i colori escluso il rosso e, in parte, l'arancione.

ortodermia [comp. di *orto-* e *-dermia*] s. f. ● Trattamento della pelle secondo i princìpi della cosmetica.

ortodontìa ● V. *ortodonzia*.

ortodòntico agg. (pl. m. *-ci*) ● (*med.*) Che concerne l'ortodontia.

ortodontista s. m. e f. (pl. m. *-i*) ● Medico specialista in ortodontia.

ortodonzìa o **ortodontìa** [comp. di *orto-* e un deriv. di *-odonto*] s. f. ● (*med.*) Parte della stomatologia che si occupa della correzione delle malformazioni dentarie.

ortodossìa [vc. dotta, gr. *orthodoxía*, da *orthódoxos* 'ortodosso'] s. f. *1* (*relig.*) Retta credenza conforme ai dogmi ufficialmente insegnati | Nel cristianesimo, dottrina e confessione della chiesa ortodossa. *2* (*est.*) Adesione stretta e rigorosa ai principi teorici e alla prassi di una dottrina o corrente filosofica, politica, artistica o scientifica: *l'o. marxista, neopositivista, fenomenologica*. CONTR. Eterodossia.

ortodòsso [vc. dotta, lat. tardo *orthodŏxu(m)*, nom. *orthodŏxus*, dal gr. *orthódoxos*, comp. di *ortho-* 'orto-' e *dóxa* 'opinione' (V. *dossologia*)] **A** agg. *1* (*relig.*) Che aderisce integralmente ai dogmi ufficialmente insegnati | *Chiesa ortodossa*, l'insieme delle chiese orientali separatesi da Roma con lo scisma del 1054. *2* (*est.*) Che accetta integralmente i principi e la pratica di una dottrina: *posizione ortodossa*. CONTR. Eterodosso. **B** s. m. ● Chi appartiene alla Chiesa ortodossa.

ortodromìa [dal gr. *orthodromêin* 'correre diritto', comp. di *ortho-* 'orto-' e *drómos* 'corsa' (V. *dromografo*)] s. f. ● (*geogr.*) La più breve distanza fra due punti sulla superficie terrestre, misurata sull'arco di circolo massimo che li congiunge.

ortodròmica s. f. ● (*ell.*) Linea ortodromica.

ortodròmico agg. (pl. m. *-ci*) ● Che concerne l'ortodromia | *Linea ortodromica*, ortodromia.

ortoepìa [vc. dotta, gr. *orthoépeia* 'pronunzia corretta, lingua corretta', comp. di *ortho-* 'orto-' e *épos* 'parola' (V. *epos*)] s. f. ● (*ling.*) Scienza che definisce la pronuncia corretta di un suono.

ortoèpico agg. (pl. m. *-ci*) ● (*ling.*) Che concerne l'ortoepia | *Dizionario o.*, che indica l'esatta pronuncia delle parole.

ortofloricoltùra o **ortofloricultùra** [comp. di *orto* (*1*) e *floricoltura*] s. f. ● Coltivazione di ortaggi e fiori.

ortoflorofrutticolo [inserimento di *floricolo* in *ortofrutticolo*] agg. ● Che riguarda l'orticoltura, la floricoltura e la frutticoltura: *mercato o.*

ortoflorofrutticoltùra o **ortoflorofrutticultùra** [comp. di *ortoflorofrutti(colo)* e *-coltura*] s. f. ● Coltivazione di ortaggi, fiori e frutta.

ortofonìa [comp. di *orto-* e *-fonia*] s. f. *1* (*med.*) Correzione o riabilitazione delle anomalie nell'articolazione della parola. *2* (*ling.*) Pronuncia normale e corretta di un suono o di una parola. *3* (*fis.*) Riproduzione fedele del suono.

ortofònico agg. (pl. m. *-ci*) ● (*med., ling., fis.*) Che concerne l'ortofonia.

ortofonista s. m. e f. ● (*med.*) Specialista di ortofonia.

ortofrenìa [comp. di *orto-* e *-frenia* (V. *schizofrenia*)] s. f. ● (*pedag.*) Metodo didattico per soggetti affetti da ritardo mentale.

ortofrènico agg. (pl. m. *-ci*) ● (*pedag.*) Che si riferisce alla ortofrenia.

ortofrùtta [comp. di *orto* (*1*) e *frutta*] s. f. ● Insieme degli ortaggi e della frutta: *negozio di o.*; *il settore dell'o.*

ortofrutticolo [comp. di *orto* (*1*), *frutto* e *-colo* (V. *-cola*)] agg. ● Che riguarda sia l'orticoltura che la frutticoltura: *prodotti ortofrutticoli*, *mercato o.*

ortofrutticoltóre o **ortifrutticultóre**, **ortofrutticultóre** [comp. di *orto* (*1*), *frutto* e *coltore*] s. m. ● Chi coltiva ortaggi e frutta.

ortofrutticoltùra o **ortofrutticultùra** [comp. di *orto* (*1*), *frutto* e *coltura*] s. f. ● Coltivazione di ortaggi e frutta.

ortofrutticoltóre • V. *ortofrutticoltore.*

ortofrutticultùra • V. *ortofrutticoltura.*

ortogènesi [comp. di *orto-* e *genesi*] s. f. • (*biol.*) Rilievo sempre maggiore di certi caratteri organici tali che le generazioni di una specie vegetale o animale si modifichino sempre nella stessa direzione.

ortogenètico agg. (pl. m. *-ci*) • (*biol.*) Che concerne l'ortogenesi.

Ortognàti o *raro* **Ortògnati** [comp. di *orto-* e il pl. di *-gnato*] s. m. pl. • Nella tassonomia animale, sottordine di ragni comprendente le forme in cui gli artigli dei cheliceri sono fra loro paralleli (*Orthognatha*) | (al sing. *-o*) Ogni individuo di tale sottordine.

ortognatìsmo [da *ortognato*, sul modello di *prognatismo*] s. m. • (*antrop.*) Profilo facciale caratterizzato da notevole ampiezza dell'angolo mandibolare.

ortognàto o *raro* **ortògnato** [comp. di *orto-* e *-gnato*] agg. • (*antrop.*) Caratterizzato da ortognatismo.

ortognatodonzìa [comp. di *orto-* e *-gnato*, sul modello di *ortodonzia*] s. f. • (*med.*) Ortodontia.

ortognèiss /ortog'nɛis, ortoɲ'ɲeis/ [comp. di *orto-* e *gneiss*] s. m. • Roccia metamorfica costituita in prevalenza da quarzo, feldspato e mica, derivante da trasformazione di rocce eruttive intrusive o effusive.

ortogonàle [dal lat. tardo *orthogōnus* 'ad angoli retti', dal gr. *orthogṓnios*, comp. di *ortho-* 'orto-' e *gōnía* 'angolo' (V. *goniometria*)] agg. • (*mat.*) Che forma un angolo retto con qualche altro elemento: *rette, piani, direzioni, giaciture ortogonali.* SIN. Perpendicolare. || **ortogonalménte**, avv. In posizione ortogonale.

ortogonalità s. f. • (*mat.*) Proprietà di enti geometrici ortogonali.

†**ortografàre** v. tr. • (*raro*) Scrivere secondo ortografia.

ortografìa [vc. dotta, lat. *orthogrăphia(m)*, nom. *orthogrăphia*, dal gr. *orthographía*, comp. di *ortho-* 'orto-' e *-graphía* '-grafia'] s. f. *1* (*ling.*) Scrittura normale e corretta | Studio della scrittura corretta. *2* Maniera corretta di scrivere una lingua: *errori di o.*; *l'o. italiana, francese.*

ortogràfico agg. (pl. m. *-ci*) *1* Relativo all'ortografia | *Dizionario o.*, che indica la corretta scrittura delle parole. *2 Proiezione ortogràfica*, in una rappresentazione cartografica, proiezione geografica prospettica nella quale il punto di osservazione è supposto a distanza infinita. || **ortograficaménte**, avv. Dal punto di vista dell'ortografia.

†**ortografizzàre** [comp. di *ortografia* e *-izzare*] v. intr. • (*spreg.*) Seguire le regole dell'ortografia.

ortolàno [lat. tardo *hortulānu(m)*, da *hŏrtulus*, dim. di *hŏrtus* 'orto (1)'] **A** s. m. (f. *-a*) *1* Chi lavora e custodisce un orto: *l'o. del convento.* *2* Venditore di ortaggi. *3* Uccelletto dei Passeriformi di passo estivo in Italia, che ha canto armonioso ma monotono (*Emberiza hortulana*). **B** agg. • Di, relativo a orto: *prodotti ortolani* | (*raro*) Favorevole alle coltivazioni ortive.

ortomercàto [comp. di *orto(frutticolo)* e *mercato*] s. m. • Mercato ortofrutticolo.

ortomètrico [comp. di *orto(gonale)* e *-metrico*] agg. (pl. m. *-ci*) • (*scient.*) Riferito alla misura di una grandezza eseguita lungo linee perpendicolari a una superficie di riferimento: *livello o., quota ortometrica.*

Ortonèttidi [comp. di *orto-* e del gr. *nḗktēs* 'nuotatore' (V. *pleuronettidi*)] s. m. pl. • Nella tassonomia animale, gruppo di Mesozoi parassiti su vermi, molluschi ed echinodermi (*Orthonectida*) | (al sing. *-e*) Ogni individuo di tale gruppo.

ortopanoràmica s. f. • (*ell.*) Radiografia ortopanoramica.

ortopanoràmico [comp. di *orto-* e *panoramico*] agg. (pl. m. *-ci*) • (*med.*) In odontoiatria, detto di radiografia della cavità orale con cui si ottiene un'immagine completa dell'arcata dentaria.

ortopedìa [fr. *orthopédie*, comp. di *ortho-* 'orto-' e un deriv. del gr. *pâis*, genit. *paidós* 'bambino' (V. *pedagogia*)] s. f. *1* Branca della medicina che studia gli stati morbosi, e la relativa terapia, del sistema osseo. *2* Arte di costruire apparecchi per la correzione delle malformazioni articolari.

ortopèdico [fr. *orthopédique*, da *orthopédie* 'ortopedia'] **A** agg. (pl. m. *-ci*) • Che concerne l'ortopedia: *istituto o.* | *Scarpe ortopediche, busto o.*, apparecchi destinati a correggere particolari malformazioni. || **ortopedicaménte**, avv. Dal punto di vista dell'ortopedia. **B** s. m. *1* Medico specialista in ortopedia. *2* Chi fabbrica o vende apparecchi ortopedici.

ortopnèa [comp. di *orto-* e del gr. *pnêin* 'respirare', di origine indeur.] s. f. • (*med.*) Forma di dispnea che costringe il malato alla posizione eretta.

ortoròmbico [comp. di *orto-* e *rombico*] agg. (pl. m. *-ci*) • (*miner.*) *Sistema o.*, sistema cristallino del gruppo trimetrico.

ortoscopìa [comp. di *orto-* e *-scopia*] s. f. *1* (*med.*) Esame dell'occhio eseguito per mezzo dell'ortoscopio. *2* (*med.*) Esame radioscopico eseguito su paziente in posizione eretta. *3* (*ott.*) Proprietà di un sistema ottico che non presenta né distorsione né aberrazione sferica.

ortoscòpio [comp. di *orto-* e *-scopio*] s. m. *1* Strumento usato per valutare un'alterata percezione dell'immagine nei due occhi. *2* Strumento per la radioscopia con paziente in posizione eretta.

ortosimpàtico [comp. di *orto-* e *simpatico (2)*] s. m. (pl. *-ci*) • (*anat.*) Simpatico. SIN. Gran simpatico.

ortòsio [da *orto-*] s. m. • (*miner.*) Ortoclasio.

ortostàtico [dal gr. *orthóstatos* 'eretto', comp. di *ortho-* 'orto-' e *-statos* '-stato'] agg. (pl. m. *-ci*) • (*med.*) Detto di fenomeno che è in relazione con la posizione eretta del corpo.

ortostatìsmo [da *ortostatico*] s. m. • (*med.*) Posizione eretta del corpo. CONTR. Clinostatismo.

ortòstica [comp. di *orto-* e del gr. *stíchos* 'fila' (V. *distico*)] s. f. • (*bot.*) Linea retta, parallela all'organo sessile che porta le foglie, che congiunge i punti di inserzione delle foglie sovrapposte.

ortòtomo [dal gr. *orthotomêin* 'tagliare in linea retta', comp. di *ortho-* 'orto-' e *-tomêin*, da *-tomos* '-tomo'; detto così dal volo] s. m. • Uccelletto asiatico dei Passeriformi, color verde oliva, che si prepara il nido cucendo a cartoccio con fili vegetali una foglia grande e robusta (*Orthotomus sutorius*). SIN. Uccello sarto.

ortòtono [comp. di *orto-* e *-tono*] s. m. • (*med.*) Contrazione spasmodica o tetanica della muscolatura della colonna vertebrale che comporta un irrigidimento del corpo in linea retta.

Ortòtteri [comp. di *orto-* e *-ttero*] s. m. pl. • Nella tassonomia animale, ordine di Insetti degli Pterigoti diurni, con apparato boccale masticatore, zampe atte al salto, ali posteriori, se presenti, pieghettate a ventaglio (*Orthoptera*) | (al sing. *-o*) Ogni individuo di tale ordine.

ortòttica [comp. di *orto-* e *ottica*] s. f. • Parte dell'oculistica che si interessa della cura dello strabismo.

ortòttico (1) [comp. di *orto(gonale)* e *ottico*] agg. (pl. m. *-ci*) • Relativo a ortottica.

ortòttico (2) [comp. di *ort(ogonale)* e *ottico*] agg. (pl. m. *-ci*) • (*geom.*) Relativo al luogo dei punti del piano in cui le due tangenti a una curva data si intersecano formando un angolo retto.

ortottìsta [da *ortottica*, sul modello di *oculista*] s. m. e f. (pl. m. *-i*) • Studioso, specialista di ortottica.

ortovivaìsmo [comp. di *orto (1)* e *vivaismo*] s. m. • Attività combinata di coltivazione di ortaggi e di produzione di piante da trapiantare.

orvietàno **A** agg. • Della città di Orvieto. **B** s. m. (f. *-a*) • Abitante di Orvieto.

orvièto o **orviéto** [dal nome della città di *Orvieto*, che è dal lat. *ŭrbs vĕtus*, nom., 'città vecchia'. V. *urbe* e *vieto*] s. m. • Vino bianco, color paglierino, prodotto con uva di diversi vitigni coltivati nel comprensorio di Orvieto.

òrza o **òrza** [etim. incerta] s. f. *1* (*mar.*) Lato di sopravvento di una nave. *2* (*mar.*) Canapo che, attaccato come braccio all'antenna, serve per tirarla con la vela dal lato di sopravvento | *Andare all'o.*, orzare.

orzaiòlo o †**orzaiuòlo**, (*evit.*) **orzaròlo** [da (*chicco d'*)*orzo*, a cui assomiglia] s. m. • (*med.*) Suppurazione delle piccole ghiandole contenute nello spessore delle palpebre.

orzàre o **orzàre** [da *orza*] v. intr. (*io òrzo òrzo*; aus. *avere*) • (*mar.*) Spostare la prora verso la direzione da cui proviene il vento.

orzaròlo • V. *orzaiolo.*

orzàta (1) [da *orzo*] s. f. *1* Bevanda di farina d'orzo stemperata in acqua. *2* Bibita a base di sciroppo di latte di mandorla | Semata.

orzàta (2) o **orzàta** [da *orza*] s. f. • (*mar.*) Atto, effetto dell'orzare.

orzàto [da *orzo*] agg. • Fatto con farina d'orzo: *pane o.*

orzièro o **orzièro** [da *orza*] agg. • (*mar.*) Detto di nave che tende eccessivamente all'orza.

òrzo [lat. *hŏrdeu(m)*, di origine indeur.] s. m. • Graminacea annua a foglie ruvide e spiga con spighette disposte in quattro file verticali a resta molto lunga, utile per biada, per panificazione, per fabbricare la birra (*Hordeum vulgare*) | *O. nudo*, specie con cariossidi prive, a maturità, di glumelle | *O. mondo*, privato soltanto delle glumelle, usato per minestre | *O. perlato*, privato del pericarpo mediante brillatura | *O. abbrustolito*, usato come surrogato del caffè | *Dare l'o. a qc.*, (*fig.*) dargli ciò che si merita.

orzòla o **orzuòla** s. f. • Specie di orzo con i semi disposti su due file.

osànna [ebr. *hōshī'āh-nna* 'salvaci'] **A** inter. • (*raro*) Esprime grande gioia e esultanza: *il mio popolo, vedete, è in visibilio, / e canta Osanna o.!* (CARDUCCI). **B** in funzione di s. m. inv. • Grido di esultanza: *gli o. della folla.*

osannàre [da *osanna*] v. intr. (aus. *avere*) *1* (*lett.*) Cantare osanna: *Io sentiva osannar di coro in coro* (DANTE *Par.* XXVIII, 94). *2* (*est.*) Levare grandi lodi a qc. o a q.c., lodare grandemente qc. o q.c.: *o. al vincitore.*

osàre [lat. parl. **ausāre*, per il classico *audēre*, da *ăvidus* 'avido'] v. tr. e intr. (*io òso*; aus. *avere*) • Avere l'audacia, il coraggio: *o. di parlare, di presentarsi, di compiere un'azione*; *o. il tutto per tutto*; *non posso o. tanto* | (*est.*) Avere l'impudenza: *come osa parlarmi così?*; *come osate?* SIN. Ardire, azzardare.

†**osbèrgo** • V. *usbergo.*

òscar [da un equivoco: il segretario dell'Accademia, vedendo l'uomo che portava la statuetta, lo scambiò per il proprio zio, di nome Oscar, ch'egli in quel momento stava aspettando: un giornalista, sentendolo dire 'ecco *Oscar*', annunciò che i premi si chiamavano così] s. m. *1* Statuetta annualmente concessa come premio dall'Accademia statunitense delle arti e delle scienze cinematografiche ai migliori attori, registi, sceneggiatori, fotografi, ecc. *2* (*fig.*) Il primo premio di una qualunque manifestazione, culturale o non: *l'o. della danza*; *l'o. del commercio è stato assegnato a ....* *3* (*est., fig.*) Persona od oggetto di clamorosa rilevanza: *questo monile è un o. nel campo dell'alta gioielleria.*

oscenità [vc. dotta, lat. *obscenitāte(m)*, da *obscēnus* 'osceno'] s. f. *1* Qualità e condizione di ciò che è osceno: *l'o. di un atto* | Atto osceno, impudico: *compiere un'o.* SIN. Impudicizia, indecenza. *2* Opera molto brutta: *quel libro è veramente un'o.*

oscèno [vc. dotta, lat. *obscēnu(m)* 'di cattivo augurio'; poi 'sudicio, stomachevole', di etim. incerta] agg. *1* Che, secondo il comune sentimento, offende il pudore: *atto o.*; *pubblicazioni e spettacoli osceni.* SIN. Impudico, indecente. *2* Ripugnante per la sua bruttezza: *essere vestito in modo o.*; *un dipinto artisticamente o.* *3* Infausto, pessimo. || **oscenaménte**, avv.

oscillànte part. pres. di *oscillare*; anche agg. *1* Nei sign. del v. *2* (*elettr.*) *Corrente o.*, alternata, periodica | (*elettr.*) *Circuito o.*, percorso da correnti oscillanti.

oscillàre [vc. dotta, lat. tardo *oscillāre*, da *oscĭllum* 'maschera', dim. di *ōs*, genit. *ōris* 'bocca'; dal fatto che le maschere appese oscillavano] v. intr. (aus. *avere*) *1* Muoversi alternativamente in due opposte direzioni: *un ragno oscillava appeso al filo* | (*est.*) Vibrare. SIN. Dondolare, ondeggiare. *2* Variare le due estremità: *i prezzi oscillano*; *valori che oscillano.* *3* (*fig.*) Essere indeciso nello scegliere: *o. fra due possibilità.* SIN. Tentennare.

oscillatóre [da *oscillare*] s. m. • (*elettr.*) Apparecchio generatore di correnti elettriche oscillanti.

oscillatòria [dall'*oscillazione* dei loro filamenti nell'acqua] s. f. • Genere di Alghe azzurre in colonie pluricellulari filamentose con parete gelatinosa, comune nelle acque dolci stagnanti (*Oscillatoria*).

oscillatòrio [da *oscillare*] agg. ● Di oscillazione, relativo all'oscillazione | (*fis.*) *Moto o.*, consistente in uno spostamento che avviene alternativamente in due versi opposti.

oscillazióne [vc. dotta, lat. tardo *oscillatiōne(m)* 'altalena'. V. *oscillare*] s. f. **1** Variazione periodica di una grandezza fisica, matematica e sim.: *o. di forza, di frequenza; le oscillazioni della febbre, della temperatura, dei prezzi* | (*elettr.*) *Oscillazioni elettriche*, correnti e tensioni i cui valori variano con continuità e periodicità | (*geogr.*) *Oscillazioni glaciali*, alternanza di avanzate e ritiri dei ghiacciai dovuta a variazioni di clima. **2** Movimento che avviene alternativamente in due direzioni diverse: *le oscillazioni del pendolo, di una nave*. **3** Esercizio del ginnasta al cavallo con maniglie, consistente in oscillazioni pendolari del corpo: *o. frontale, o. dorsale*. **4** (*fig.*) Variazione di orientamento, di tendenza: *l'o. del gusto nell'arte* | Incertezza, esitazione.

oscillografìa [comp. di *oscill(azione)* e *-grafia*] s. f. ● Registrazione di fenomeni, spec. clinici, mediante l'oscillografo.

oscillogràfico agg. (pl. m. *-ci*) ● Relativo all'oscillografo | Compiuto mediante l'oscillografo: *esame o.*

oscillògrafo [comp. di *oscill(azione)* e *-grafo*] s. m. ● (*fis.*) Apparecchio per la registrazione continua di grandezze elettriche variabili.

oscillogràmma [comp. di *oscill(azione)* e *-gramma*] s. m. (pl. *-i*) ● Registrazione di una grandezza elettrica ottenuta mediante oscillografo.

oscillometrìa [comp. di *oscill(azione)* e *-metria*] s. f. ● (*med.*) Misurazione di vari tipi di oscillazioni, in particolare quelle delle pareti arteriose in relazione all'attività sistolica e diastolica del cuore.

oscillòmetro [comp. di *oscill(azione)* e *-metro*] s. m. **1** (*fis.*) Strumento elettronico impiegato per misurare vari tipi di oscillazione, in particolare quelle delle pareti arteriose. **2** (*mar.*) Rollometro.

oscilloscòpio [comp. di *oscill(azione)* e *-scopio*] s. m. ● (*fis.*) Apparato costituito da un tubo a raggi catodici sul cui schermo si può osservare l'andamento nel tempo di qualunque fenomeno elettrico.

Òscini [vc. dotta, tratta dal lat. *oscine(s)* 'uccelli, dal cui canto (dal v. *canĕre* preceduto dal pref. *obs-*) gli auguri traevano auspici'] s. m. pl. ● Nella tassonomia animale, vastissimo sottordine di Uccelli dei Passeriformi, caratterizzati per lo più da notevoli capacità di canto | (al sing. *-o*) Ogni individuo di tale sottordine.

oscitànte [vc. dotta, lat. *oscitānte(m)*, part. pres. di *oscitāre* 'sbadigliare', da *ōs*, genit. *ōris* 'bocca', di origine indeur.] agg. ● (*raro*) Negligente, trascurato.

oscitànza [da *oscitante*] s. f. ● (*raro*) Negligenza, trascuratezza.

oscitazióne [vc. dotta, lat. *oscitatiōne(m)*, da *oscitāre* 'sbadigliare'. V. *oscitante*] s. f. ● (*raro*) Oscitanza.

òsco [vc. dotta, lat. *Ōscu(m)*: adattamento del gr. *Opikói* 'Opici' (?)] **A** s. m. (f. *-a*; pl. m. *-sci* o *-schi*) ● Ogni appartenente a un'antica popolazione italica stanziatasi nella regione corrispondente all'odierna Campania. **B** s. m. solo sing. ● Lingua antica del gruppo italico, parlata dagli Osci. **C** agg. (pl. m. *-sci* o *-schi*) ● Degli, relativo agli, Osci.

òsco-ùmbro **A** agg. (pl. m. *òsco-ùmbri*) ● Detto di un gruppo linguistico indoeuropeo che comprende la lingua degli antichi Umbri, dei Sanniti e sim. **B** anche s. m. solo sing.: *iscrizione in osco-umbro*.

osculàre [vc. dotta, lat. *osculāri* 'baciare', da *ōsculum* 'bacio'. V. *osculo*] v. tr. e rifl. rec. (*io òsculo*) **1** (*lett.* o *scherz.*) Baciare. **2** (*mat.*) Avere un contatto multiplo d'intersezione non inferiore a 3: *un cerchio oscula una curva; superfici osculantisi*.

osculatóre [dal lat. *osculātus*, part. pass. di *osculāri* 'baciare', da *ōsculum* 'bacio'. V. *osculo*] agg. (f. *-trice*) ● (*mat.*) Che ha intersezione multipla e non inferiore a 3, con una curva, una superficie, un solido e sim., in un punto: *cerchio, piano o.; sfera osculatrice*.

osculazióne [vc. dotta, lat. *osculatiōne(m)* 'il baciare', da *osculātus*. V. *osculatore*] s. f. **1** †Bacio. **2** (*mat.*) Contatto di ordine superiore al primo, cioè con molteplicità d'intersezione non inferiore a 3: *tra una conica e un cerchio può esserci o.*

òsculo [vc. dotta, lat. *ōsculu(m)*, propriamente dim. di *ōs*, genit. *ōris* 'bocca', di origine indeur.] s. m. **1** (*raro*) †Bacio. **2** (*zool.*) Orifizio sulla superficie della spugna che costituisce sbocco della cavità gastrale. **3** (*bot.*, *raro*) Poro germinativo di una spora.

oscuràbile agg. ● Che si può oscurare.

oscuraménto s. m. ● Atto, effetto dell'oscurare o dell'oscurarsi (*anche fig.*) | In periodi bellici, eliminazione o diminuzione nelle ore della sera e notturne delle sorgenti luminose di una città, per proteggerla dagli attacchi nemici, spec. aerei.

oscurantìsmo [fr. *obscurantisme*, da *obscurant* 'oscurante'] s. m. **1** Nel XVIII sec., il complesso delle ideologie avverse all'Illuminismo. **2** (*spreg.*) Opposizione a qualunque forma di progresso sociale e di innovazione culturale.

oscurantìsta [fr. *obscurantiste*, da *obscurantisme* 'oscurantismo'] **A** s. m. e f. (pl. m. *-i*); *anche* agg. ● Seguace, fautore dell'oscurantismo. **B** agg. ● Oscurantistico.

oscurantìstico agg. (pl. m. *-ci*) ● Che concerne l'oscurantismo o gli oscurantisti.

oscuràre o †**scuràre** [vc. dotta, lat. *obscurāre*, da *obscūrus* 'oscuro'] **A** v. tr. **1** Rendere oscuro: *ammassi di nubi oscurano l'orizzonte* | Superare in luminosità: *il sole oscura la luna, durante il giorno* | Interrompere le trasmissioni o impedire la ricezione di un'emittente televisiva: *il sindaco ha oscurato alcune emittenti private*. **2** (*fig.*) Rendere poco chiaro: *si affanna a spiegare le sue parole ma in realtà le oscura sempre più*. **3** (*fig.*) Far impallidire: *o. la fama, la gloria di qc.* | Denigrare: *o. il buon nome di qc.* **B** v. intr. pron. e, lett., intr. (aus. *essere*) ● Divenire oscuro: *il sole si oscurò improvvisamente; pareami vedere lo sole oscurare* (DANTE) | *Oscurarsi in volto*, accigliarsi.

oscuràto part. pass. di *oscurare*; anche agg. ● Nei sign. del v. ‖ †**oscurataménte**, avv. In modo non chiaro.

oscuratóre **A** agg.; anche s. m. (f. *-trice*) ● Che, chi oscura. **B** s. m. ● (*mar.*) Portello interno dell'oblò che impedisce il passaggio della luce.

oscurazióne [vc. dotta, lat. *obscuratiōne(m)*, da *obscurātus* 'oscurato'] s. f. ● (*raro*) Oscuramento.

†**oscurézza** s. f. **1** Oscurità. **2** (*fig.*) Mancanza di chiarezza nelle idee o nel modo di esprimerle.

oscurità o †**scurità** [vc. dotta, lat. *obscuritāte(m)*, da *obscūrus* 'oscuro'] s. f. **1** Assenza di luce, buio, tenebre: *vedea per l'ampia o. scintille / balenar d'elmi e di cozzanti brandi* (FOSCOLO) | (*fig.*) Ottenebramento: *o. di mente, della vista*. **2** (*fig.*) Mancanza di intelligibilità, di perspicacia: *l'o. di un discorso*. CONTR. Chiarezza. **3** (*fig.*) Mancanza di notorietà, scarsa fama: *vivere nell'o.*

oscùro [vc. dotta, lat. *obscūru(m)*: di origine indeur. (?)] **A** agg. **1** Privo, completamente o parzialmente, di luce: *notte, selva, aria oscura* | Poco illuminato: *andito, passaggio, corridoio o.; una viuzza stretta e oscura*. SIN. Buio. CONTR. Chiaro. **2** Opaco: *l'ombra dei corpi oscuri*. CONTR. Trasparente. **3** (*raro*) Che ha colore carico o tendente al nero. SIN. Scuro. **4** (*fig.*) Di ciò che è difficile o impossibile da intendere, comprendere o verificare: *passo, testo, discorso o.; profezia oscura* | *Fatti oscuri*, difficilmente verificabili | *Secoli oscuri*, di cui non si riesce a capire o ad appurare gli avvenimenti e (*fig.*) periodi storici privi della luce del sapere e della ragione | *Verità oscura*, nascosta. CONTR. Chiaro. **5** (*fig.*) Privo di notorietà, indegno d'essere conosciuto: *uomo, nome o.; nato da oscuri parenti; vita, morte oscura* | *Oscure ragioni*, che si preferisce restino nascoste, che non sono note. SIN. Ignoto. **6** (*fig.*) Bieco, fosco, triste: *pensieri oscuri; gli si presenta un avvenire o.; partissi al fin con un sembiante o.* (TASSO) | (*fig.*) Cattivo, tristo: *propositi oscuri; anima oscura*. ‖ **oscuraménte**, avv. **1** In modo oscuro, poco chiaro: *scrivere oscuramente*. **2** In modo appartato, senza notorietà: *vivere oscuramente*. **B** s. m. **1** Buio: *camminare all'o.* **2** (*fig.*) Ignoranza | *Essere, tenere qc., all'o. di q.c.*, non esserne minimamente informato, essere nella più completa ignoranza al riguardo. ‖ **oscurétto**, dim. | **oscuriccio**, dim.

osé /fr. o'ze/ [vc. fr., propr. part. pass. di *oser* 'osare'] agg. inv. ● Spinto, audace, che può scandalizzare: *battuta, complimento osé; film osé*.

oṣèlla [f. del venez. *osèl* 'uccello', perché creata in sostituzione di un donativo in uccelli che si faceva prima] s. f. ● Medaglia veneziana d'argento o d'oro coniata dal 1521, con carattere commemorativo, e inviata all'inizio dell'anno dal doge ai membri della nobiltà veneziana.

osfialgìa [comp. del gr. *osphŷs* 'lombo', di etim. incerta, e *-algia*] s. f. (pl. *-gie*) ● (*med.*) Sciatica.

osfràdio [gr. tardo *osphrádion* 'di olfatto fine', da *osphráinesthai* 'percepire un odore' (di etim. incerta)] s. m. ● (*zool.*) Organo chemiorecettore dei Molluschi.

-òṣi [gr. *-ōsis*, orig. proprio di s. tratti da v. in *-ôun*, poi da altri s. e agg.] suff. ● Nella terminologia della medicina e della botanica, indica una condizione, uno stato (*ipnosi*) o una malattia (*dermatosi, nevrosi, clorosi*).

†**o sia** /o s'sia/ ● V. *ossia*.

†**o siano** /o s'siano/ ● V. *ossia*.

-òṣio o **-òṣo** (**2**) [dalla desin. di (*gluc*)*osio* (V.)] suff. ● In chimica organica, indica un carboidrato: *fruttosio, glucosio*.

oṣmànico [var. turca del n. ar. *'Othmān*. V. *ottomano*] agg. (pl. m. *-ci*) ● Dei Turchi ottomani.

oṣmànli [turco *osmanli*, dal n. ar. *'Othmān*. V. *ottomano*] **A** agg. ● Ottomano. **B** s. m. ● Turco dell'Anatolia. **C** s. m. solo sing. ● Lingua turca osmanica.

oṣmiàto s. m. ● (*chim.*) Sale ossigenato dell'osmio esavalente, ottenuto fondendo il metallo con alcali e nitrati.

oṣmidròṣi [comp. del gr. *osmḗ* 'odore' (V. *ormare*) e *hidrṓs*, genit. *hidrôtos* 'sudore', di origine indeur.] s. f. ● (*med.*) Secrezione di sudore con odore non gradevole.

òṣmio [dal gr. *osmḗ* 'odore' (V. *ormare*), perché l'ossido di questo metallo ha un odore pungente] s. m. ● Elemento chimico, metallo nobile che possiede la più alta densità conosciuta, usato in istologia per la sua proprietà di venir ridotto selettivamente dai grassi colorandoli in bruno, e per indurire leghe, spec. quelle del platino. SIMB. Os.

oṣmirìdio [comp. di *osmio* e *iridio*] s. m. ● (*miner.*) Lega naturale di osmio e iridio di color argenteo e lucentezza metallica.

oṣmòforo [comp. del gr. *osmḗ* 'odore', e *-foro*] agg. ● (*chim.*) Detto di raggruppamento atomico che, introdotto nella molecola di una sostanza organica, conferisce a questa particolare odore.

oṣmòmetro [comp. di *osmo(si)* e *-metro*] s. m. ● (*chim.*) Apparecchio atto a misurare la pressione osmotica.

oṣmòṣi [dal gr. *ōsmós* 'spinta', da *ōthêin* 'spingere', di origine indeur.] s. f. **1** (*fis.*) Fenomeno di diffusione tra due liquidi miscibili attraverso membrane semipermeabili. **2** (*fig.*) Passaggio reciproco di elementi, notizie e sim.: *tra i due uffici non vi è alcuna o.*

oṣmotattìṣmo [comp. del gr. *ōsmós* 'spinta' (V. *osmosi*) e *tattismo*] s. m. ● (*biol.*) Negli organismi inferiori, orientamento dovuto a stimoli di natura osmotica.

oṣmòtico agg. (pl. m. *-ci*) ● (*fis.*) Relativo a osmosi | *Pressione osmotica*, differenza tra i livelli di una soluzione e del solvente puro separati da una membrana semipermeabile.

oṣmùnda [fr. *osmonde*, di etim. incerta] s. f. ● Grande felce degli ambienti umidi, la più grande che si trovi in Italia, con grandi foglie composte a lobi oblunghi e picciolati, sori riuniti in pannocchia terminale (*Osmunda regalis*).

†**òṣo** [lat. *ausu(m)*, part. pass. di *audēre* 'osare' (V.)] agg. ● (*lett.*) Ardito, audace: *deh, figliuol mio, non essere tropp'oso* (D'ANNUNZIO).

-òso (**1**) [particolare applicazione tecnica di *-oso* (*3*)] suff. ● In chimica, indica quei composti di un elemento in cui l'elemento stesso compare con la, o le, valenze minori: *solforoso, ipocloroso*.

-òṣo (**2**) ● V. *-osio*.

-óso (**3**) [lat. *-ōsu(m)*; orig. col senso di 'avere

odore (*odos = ŏdor)' e poi 'essere pieno'] **suff.** ● Forma aggettivi di derivazione latina o tratti da nomi o da verbi, che indicano dotazione, abbondanza, pienezza, accentuata caratterizzazione: *amoroso, arioso, formoso, maestoso.*

òsol [da *o(ssidi) sol(furi)*] **s. m.** ● (*geol.*) Zona interna del globo terrestre, costituita da ossidi e solfuri avvolgente il nife.

ospedàle o †**ospitàle** (2), (*pop., tosc.*) **spedàle** [lat. *hospitāle(m)*, agg. di *hŏspes*, genit. *hŏspitis* 'ospite'] **A s. m.** ● Complesso di edifici e attrezzature destinati al ricovero e alla cura dei malati: *o. civile; o. militare; o. psichiatrico* | *O. da campo*, formazione sanitaria campale mobile, dotata di personale, attrezzature e mezzi propri per il ricovero e la cura dei feriti e ammalati delle truppe operanti | *O. delle bambole*, laboratorio per la riparazione di bambole e pupazzi rotti | *Mandare qc. all'o.*, causare a una persona ferite o sim. tali da rendere necessario il suo ricovero all'ospedale | (*fig.*) *È un o. ambulante*, di persona sempre piena di acciacchi. **B** in funzione di **agg. inv.** ● (posposto al s.) Detto di vari mezzi di locomozione o trasporto con attrezzatura ospedaliera: *nave o.*; *treno o.*

ospedalièro o **ospedalière**, †**ospitalière**, †**ospitalièro**, **spedalière**. **A agg.** ● Relativo all'ospedale, agli ospedali: *assistenza ospedaliera*; *inserviente o.* **B s. m.** *1* Dipendente di un ospedale: *clinici e ospedalieri.* *2* Regolare o laico ascritto a congregazione religiosa che si dedica alla cura dei malati e al servizio negli ospedali.

ospedalismo [da *ospedale*] **s. m.** ● (*psicol.*) Sindrome individuata da R. Spitz (1887-1974), presente nei bambini ricoverati in brefotrofio e caratterizzata da ritardo di sviluppo e disturbi dell'affettività | Insieme dei disturbi psicologici o delle malattie che possono insorgere durante un lungo ricovero in ospedale.

ospedalità ● V. *spedalità.*

ospedalizzàre o **spedalizzàre** [comp. di *ospedal(e)* e *-izzare*] **v. tr.** ● Ricoverare in un ospedale.

ospedalizzazióne o **spedalizzazióne** **s. f.** *1* Ricovero in ospedale. *2* Ospedalismo nel sign. 1.

†**ospitalàre** [da *ospitale (1)*] **v. intr.** ● Dare o ricevere ospitalità.

ospitàle (1) [vc. dotta, lat. *hospitāle(m)*, agg. di *hŏspes*, genit. *hŏspitis* 'ospite'] **agg.** ● Di persona che ospita cortesemente: *un amico o.* | Di luogo accogliente: *un paese o.* | (*euf.*) *Casa o.*, dove avvengono convegni amorosi illeciti. || **ospitalménte**, **avv.**

†**ospitàle (2)** ● V. *ospedale.*

†**ospitalière** ● V. *ospedaliero.*

†**ospitalièro** ● V. *ospedaliero.*

ospitalità [vc. dotta, lat. *hospitalitāte(m)*, da *hospitālis* 'ospitale'] **s. f.** *1* Qualità di chi è ospitale: *l'o. degli abitanti di quel paese è proverbiale.* *2* Atto, effetto dell'ospitare: *dare, offrire o. a un perseguitato politico; ringraziamo per la generosa o. offertaci* | *I doveri dell'o.*, il comportamento corretto cui è tenuto chi ospita e chi è ospitato. *3* Atto, effetto dell'accettare e pubblicare articoli e sim. in una rivista o giornale: *hanno concesso o. al nostro ultimo saggio.*

ospitànte A part. pres. di *ospitare*; anche **agg.** *1* Nei sign. del v. *2 Squadra o.*, nel gioco del calcio, quella nel cui campo si svolge l'incontro. **B s. m. e f.** ● Chi dà ospitalità.

ospitàre [vc. dotta, lat. *hospitāri*, da *hŏspes*, genit. *hŏspitis* 'ospite'] **v. tr.** (*io òspito*) *1* Accogliere qc. nella propria casa, città, paese e sim., fornendogli ciò di cui ha bisogno: *abbiamo ospitato tre studenti di passaggio; l'Italia ospita ogni anno milioni di turisti* | *O. una squadra, un avversario*, nel linguaggio sportivo, gareggiare contro di loro sul proprio campo di gioco, in una partita di calcio e sim. *2* Accogliere, dare ricetto: *la galleria ospita quadri molto pregiati.*

òspite [vc. dotta, lat. *hŏspite(m)*, di etim. incerta] **A s. m. e f.** *1* Persona che ospita: *un o. accogliente* | *Andarsene insalutato o.*, senza dir nulla a nessuno. *2* Persona che viene ospitata: *un o. importuno.* *3* (*raro*) Straniero. *4* (*biol.*) Nel parassitismo, l'organismo a spese del quale il parassita vive | *O. intermedio*, quello in cui un parassita si limita ad accrescersi o a raggiungere la maturità sessuale | *O. definitivo*, quello in cui un parassita si riproduce. **B agg.** *1* (*raro*) Forestiero, straniero: *in questo paese io sono o.* *2 Squadra o.*, nel linguaggio sportivo, quella che in un incontro di calcio e sim. gioca sul campo dell'avversario || **PROV.** L'ospite è come il pesce, dopo tre giorni puzza.

ospìzio [vc. dotta, lat. *hospĭtiu(m)*, da *hŏspes*, genit. *hŏspitis* 'ospite'] **s. m.** *1* Pia casa che ricovera infermi, pellegrini, indigenti, orfani, vecchi e sim.: *o. di mendicità, per orfanelli* | (*fig.*) *Finire all'o.*, ridursi alla miseria da vecchi, spec. dopo una vita di dissipatezze. *2* Luogo destinato un tempo ad accogliere pellegrini, viaggiatori e sim. che conserva, in qualche caso, lo stesso nome ancor oggi: *lungo le grandi vie di comunicazione sorsero gli ospizi; l'o. del Gran S. Bernardo.* *3* (*lett.*) Dimora, alloggio | *Doloroso o.*, (*fig.*) l'inferno | *O. di Cesare*, (*fig.*) la corte imperiale. *4* †Ospitalità: *offrire o.*

ospodaràto **s. m.** ● Titolo e dignità d'ospodaro.

ospodàro [slavo *gospodar* 'padrone'] **s. m.** ● Governatore degli antichi principati danubiani: *o. di Moldavia e Valacchia.*

ossalàto [comp. di *ossal(ico)* e *-ato*] **s. m.** ● (*chim.*) Sale o estere dell'acido ossalico | *O. di ferro*, usato come riducente in fotografia | *O. di potassio*, usato in tintoria e per togliere le macchie di ruggine | *O. di sodio*, usato in chimica analitica per titolare il permanganato.

ossàlico [fr. *oxalique*, dal lat. *ŏxalis* 'acetosella', dal gr. *oxalís*, genit. *oxalídos*, da *oxýs* 'acuto', di etim. incerta] **agg.** (**pl. m.** *-ci*) ● (*chim.*) Detto di acido organico bibasico, presente in natura come ossalato, usato in tintoria e nella stampa dei tessuti, in conceria, nella preparazione di inchiostri, nella sintesi di coloranti.

Ossalidàcee ● V. *Oxalidacee.*

ossàlide [vc. dotta, lat. *oxălide(m)*, nom. *ŏxalis*. V. *ossalico*] **s. f.** ● (*bot.*) Acetosella.

ossalìte [comp. di *ossal(ico)* e *-ite (2)*] **s. f.** ● (*miner.*) Ossalato ferrico idrato, generalmente in varietà fibrose di colore giallognolo.

ossalùria o **ossaluria** [comp. di *ossal(ico)* e *-uria*] **s. f.** ● (*med.*) Presenza di ossalati nelle urine.

ossàme [da *ossa*, pl. di *osso*] **s. m.** *1* (*lett.*) Mucchio di ossa. *2* (*mar.*) Corbame.

ossammide [comp. di *oss(alato)* e *ammide*] **s. f.** ● (*chim.*) Diammide dell'acido ossalico ottenuta per disidratazione dell'ossalato neutro d'ammonio.

ossàrio [vc. dotta, lat. tardo *ossāriu(m)*, da *ŏs*, genit. *ŏssis* 'osso'] **s. m.** *1* Luogo in cui si conservano le ossa dei defunti. *2* Costruzione funeraria per raccogliere e comporre le ossa di morti in una battaglia, generalmente di notevole imponenza architettonica: *l'o. di Redipuglia.*

ossatùra [da *ossa*, pl. di *osso*] **s. f.** *1* (*anat.*) Costruzione, forma e ordine delle ossa. *2* (*fig.*) Struttura fondamentale: *l'o. del ponte è in cemento armato precompresso; si debbe fare un'armadura di ferro, la quale serve per l'o. della statua* (CELLINI). *3* (*fig.*) Orditura di un'opera letteraria o artistica in genere: *l'o. di un romanzo, di un poema.* *4* (*raro*) †Ossame.

†**ossecràre** o †**obsecràre** [vc. dotta, lat. *obsecrāre* 'supplicare', comp. di *ŏb-* 'verso' e *sacrāre* 'consacrare'] **v. tr.** ● Scongiurare, supplicare.

†**ossecrazióne** o †**obsecrazióne** [vc. dotta, lat. *obsecratiōne(m)*, da *obsecrāre* 'ossecrare'] **s. f.** ● Fervida preghiera.

†**ossedére** [lat. *obsidēre* 'assediare'. V. *assedio*] **v. tr.** ● (*raro*) Assediare.

†**ossediàre** ● V. †*obsediare.*

†**ossèdio** [lat. *obsĭdiu(m)* 'assedio' (V.)] **s. m.** ● Assedio.

†**ossedióne** ● V. †*ossidione.*

osseìna [da *osseo*] **s. f.** ● (*biol.*) Sostanza proteica che entra come componente principale nella costituzione della parte organica delle ossa.

òsseo [vc. dotta, lat. *ŏsseum(m)*, agg. di *ŏs*, genit. *ŏssis* 'osso'] **agg.** *1* Di, dell'osso: *parti ossee; tessuto o.* *2* (*est.*) Simile a osso, duro come l'osso: *durezza, consistenza ossea.*

ossequènte o (*evit.*) **ossequiènte** [vc. dotta, lat. *obsequĕnte(m)*, part. pres. di *ŏbsequi* 'accondiscendere', comp. di *ŏb-* 'verso' e *sĕqui* 'seguire'] **agg.** ● Che porta ossequio o lo dimostra: *cittadino o. alle leggi; essere o. ai cenni, ai desideri, al volere di qc.* | Ubbidiente e rispettoso: *figlio o.*

ossequiàre **v. tr.** (*io ossèquio*) ● Rendere ossequio, riverire con atti o parole di ossequio: *un'immensa folla ossequiò le sue spoglie.*

ossequiènte ● V. *ossequente.*

ossèquio [vc. dotta, lat. *obsĕquiu(m)*, da *ŏbsequi* 'accondiscendere'. V. *ossequente*] **s. m.** *1* Condiscendenza, rispetto verso persone e istituzioni considerate di grande dignità e merito: *calorosa manifestazione di o.* | Atto o comportamento che dimostra o finge tale rispetto: *scoprirsi il capo in, per o. a qc.* | *In o. a q.c.*, in obbedienza. **SIN.** Deferenza. *2* (*spec. al pl.*) Riverente saluto: *gradiscano i miei profondi ossequi.* **SIN.** Omaggio. *3* †Esequie.

ossequiosità **s. f.** ● Qualità di chi è ossequioso: *l'o. di quell'impiegato* | Azione ossequiosa.

ossequióso [vc. dotta, lat. *obsequiōsu(m)*, da *obsĕquium* 'ossequio'] **agg.** ● Pieno di ossequio, che esprime o dimostra ossequio: *individuo o.*; *cerimonia ossequiosa.* **SIN.** Deferente, rispettoso, riverente. || **ossequiosaménte**, **avv.**

osservàbile [vc. dotta, lat. *observābile(m)*, da *observāre* 'osservare'] **A agg.** *1* Che si può osservare: *grandezza o. con strumenti appositi.* *2* (*raro*) Notevole, considerevole. || **osservabilménte**, **avv.** In modo notevole. **B s. f.** ● (*fis.*) Nella meccanica quantistica, grandezza fisica che può essere misurata.

†**osservaménto** **s. m.** ● Atto, effetto dell'osservare.

osservànte A part. pres. di *osservare*; anche **agg.** ● Nei sign. del v. || **osservanteménte**, **avv.** Con osservanza. **B s. m. e f.** ● Chi osserva fedelmente i precetti di una religione. **C agg.**; anche **s. m.** ● *Frati osservanti*, i frati minori francescani che seguono la stretta osservanza della prima regola di S. Francesco.

osservànza o †**osservànzia** [vc. dotta, lat. *observăntia(m)*, da *obsĕrvans*, genit. *observăntis* 'osservante'] **s. f.** *1* Riverente ubbidienza a q.c. o a qc.: *curare l'o. della legge, dei precetti religiosi; la o. delle buone leggi e buoni ordini* (GUICCIARDINI) | *Di stretta o.*, detto di ciò che, o di chi, è del tutto conforme alle norme codificate. *2* Ossequio, spec. in formule di corrispondenza: *con profonda o.* *3* †Osservazione. *4* (*al pl., raro*) Usanze religiose.

osservàre [vc. dotta, lat. *observāre*, comp. di *ŏb-* 'verso' e *servāre* 'serbare'] **v. tr.** (*io ossèrvo*) *1* Guardare o esaminare con attenzione, considerare con cura: *o. la struttura di un corpo, il corso degli astri, un frammento di roccia.* *2* Rilevare, obiettare: *osservammo che era un grossolano errore* | *Far o.*, avvertire. *3* Curare attentamente, mantenere con cura: *o. l'ordine, la disciplina, il silenzio; non avete osservato i patti; o. il riposo festivo, il digiuno prescritto.* *4* Mantenere, adempiere, non trasgredire: *o. un patto, una condizione, le legge, gli ordini.* *5* †Riverire, ossequiare.

osservatìvo **agg.** ● Che serve ad osservare.

osservàto **part. pass.** di *osservare*; anche **agg.** ● Nei sign. del v. || **osservataménte**, **avv.** Con particolare attenzione.

osservatóre [vc. dotta, lat. *observatōre(m)*, da *observātus* 'osservato'] **A agg.** (**f.** *-trice*) *1* Che osserva: *mente acuta e osservatrice* | *Ufficiale o.*, che effettua l'osservazione del tiro di artiglieria per aggiustarlo e dirigerlo | *Pilota o.*, aviatore addestrato a fare rilievi, osservazioni, segnali, fotografie in volo. *2* (*raro*) Che adempie | †Osservante, obbediente. **B s. m.** *1* Chi osserva: *l'o. degli astri; è un acuto o.* *2* Chi partecipa a convegni, congressi e sim. semplicemente osservando quanto vi accade, senza apportarvi comunicazioni: *intervenire a una conferenza come o., in veste di o.* | (*dir.*) Inviato o delegato di un soggetto di diritto internazionale presso una organizzazione o una conferenza internazionale di cui esso non è parte o presso uno Stato per assistere al compimento di fatti giuridici: *o. dell'O.N.U.* *3* (*raro*) Chi tiene fede alla parola data, all'impegno preso e sim.: *un fedele o. dei patti.*

osservatòrio **s. m.** *1* Luogo che permette di osservare e notare ciò che interessa | *O. astronomico, astrofisico*, istituto scientifico destinato allo studio dei fenomeni del cosmo. *2* (*mil.*) Località scelta e organizzata con personale e mezzi adeguati, per tenere sotto osservazione un determinato settore e riferirne i risultati | *O. di artiglieria,* per l'osservazione del tiro.

osservazióne [vc. dotta, lat. *observatiōne(m)*, da *observātus* 'osservato'] s. f. *1* Atto, effetto dell'osservare: *o. scientifica, accurata, diligente; la quotidiana o. degli astri* | *Tenere, trattenere in o.*, di ammalato che viene ricoverato al fine di eseguire esami e controlli i quali permettano di individuare l'affezione di cui soffre | Indagine, studio, ricerca: *strumenti d'o. clinica; il fenomeno è degno d'o.* *2* Complesso delle operazioni riguardanti lo studio di un fenomeno che, a differenza dell'esperienza, si svolge indipendentemente dalla volontà dell'osservatore | *O. meteorologica*, valutazione o misurazione effettuata a vista o a mezzo strumenti di uno o più elementi meteorologici. *3* Considerazione critica, espressione di giudizio relativa a qc. o q.c.: *le sue osservazioni su quel testo sono state assai acute; è un'o. molto intelligente.* SIN. Rilievo, riflessione. *4* Riprensione, rimprovero: *non tollerare osservazioni* | Obiezione: *il testo è approvato senza osservazioni.* *5* (*raro*) Adempimento, osservanza. || **osservazioncèlla**, dim. | **osservazioncina**, dim.

ossessionànte part. pres. di *ossessionare*; anche agg. *1* Nei sign. del v. *2* Che dà ossessione, che rappresenta un'ossessione: *ritmo, musica o.; idee ossessionanti.*

ossessionàre [da *ossessione*] v. tr. (*io ossessióno*) *1* Tormentare la coscienza di qc. producendo turbamenti, incubi e sim.: *quel ricordo lo ossessiona.* SIN. Perseguitare. *2* (*fig.*) Infastidire in modo assillante: *smetti di ossessionarmi con le tue lamentele.*

ossessióne [vc. dotta, lat. *obsessiōne(m)* 'assedio', da *obsĕssus* 'assediato'. V. *ossesso*] s. f. *1* Condizione di chi ha l'anima invasata dal demonio. *2* (*psicol.*) Idea prevalente, a contenuto per lo più assurdo, che disturba il corso normale del pensiero, accompagnata da ansia. SIN. Anancasmo. *3* (*est.*) Preoccupazione angosciosa e persistente: *ha l'o. di quel debito.* SIN. Incubo.

ossessività s. f. ● Condizione, stato di chi, di ciò che è ossessivo.

ossessìvo [da *ossessione*] agg. ● Che dà ossessione, che costituisce un'ossessione: *idea, paura ossessiva; manifestazioni ossessive; stati ossessivi.* || **ossessivaménte**, avv. In modo ossessivo.

ossèsso [vc. dotta, lat. *obsĕssu(m)*, part. pass. di *obsidēre* 'assediare'] agg.; anche s. m. (f. *-a*) *1* Che, chi è invasato dal demonio. SIN. Spiritato. *2* (*fig.*) Che, chi è preda di violente crisi di eccitazione, ira e sim.

ossèta [russo *Osetin*, dal n. georgiano della regione *Oset'i*] **A** agg. *1* Dell'Ossezia. *2* Relativo agli Osseti. **B** s. m. e f. (pl. m. *-i*) *1* Ogni appartenente a una popolazione di stirpe indoeuropea stanziata nel Caucaso centrale. *2* (*est.*) Abitante, nativo dell'Ossezia.

ossètico **A** agg. (pl. m. *-ci*) ● Relativo alla popolazione caucasica degli Osseti | *Lingua ossetica*, lingua indoeuropea della famiglia iranica. **B** s. m. solo sing. ● Lingua ossetica.

òssi- [dal gr. *oxýs* 'acuto' (di etim. incerta)] primo elemento di parole composte della terminologia chimica *1* In chimica inorganica, indica la presenza di ossigeno: *ossidrico.* *2* In chimica organica, indica la presenza di uno o più gruppi ossidrilici: *ossibenzene.*

ossìa o †**o sia**, †**o siano** davanti a un pl. [comp. di *o* (*1*) e *sia*] cong. ● Cioè, o per meglio dire, o per maggior precisione o chiarezza (introduce una spiegazione, un chiarimento e in gener. un elemento che meglio determina il primo): *ho spedito il pacco tre giorni fa, o. lunedì; la zoologia, o. la scienza che studia gli animali; Torquato Tasso, o. l'autore della 'Gerusalemme liberata'* | O meglio (per correggere quanto si è già detto): *parto subito, o. fra poche ore.* SIN. Ovvero.

ossiacànta [vc. dotta, gr. *oxyákantha*, comp. di *oxýs* 'acuto' (V. *ossalico*) e *ákantha* 'spina'] s. f. ● (*bot.*) Biancospino.

ossiacetilènico [comp. di *ossi-* e *acetilenico*] agg. (pl. m. *-ci*) ● (*chim.*) Che è composto di ossigeno e acetilene | *Fiamma ossiacetilenica*, ottenuta bruciando l'acetilene in corrente di ossigeno, prodotta dal cannello ossiacetilenico | *Cannello ossiacetilenico*, formato da due tubi concentrici alla cui estremità si mescolano acetilene e ossigeno che vengono fatti bruciare, usato per saldare.

ossiàcido [comp. di *ossi-* e *acido*] s. m. ● Nella chimica inorganica, ogni acido contenente ossigeno | Nella chimica organica, composto nelle cui molecole sono presenti gruppi carbossilici e uno o più gruppi ossidrilici alcolici o fenolici.

ossianésco [da *Ossian*, leggendario bardo dell'Alta Scozia del III sec. d.C., a cui furono attribuiti dei canti pubblicati dal Macpherson nel 1765] agg. (pl. m. *-schi*) ● Detto di ciò che ricorda la maniera del bardo scozzese Ossian.

ossiànico [V. *ossianesco*] agg. (pl. m. *-ci*) ● Che concerne il bardo scozzese Ossian.

ossibenzène [comp. di *ossi-* e *benzene*] s. m. ● (*chim.*) Fenolo.

ossicino s. m. *1* Dim. di *osso*. *2* (*anat.*) Ciascuna delle tre piccole ossa dell'orecchio medio.

ossidàbile [fr. *oxydable*, da *oxyder* 'ossidare'] agg. ● Di sostanza che può subire l'ossidazione.

ossidabilità s. f. ● Proprietà di poter essere ossidato.

ossidànte **A** part. pres. di *ossidare*; anche agg. ● Nel sign. del v. **B** s. m. ● (*chim.*) Sostanza o elemento capace di ossidarne altri.

ossidàre [fr. *oxyder*, da *oxyde* 'ossido'] **A** v. tr. (*io òssido*) ● Provocare ossidazione. **B** v. intr. pron. ● Subire un processo di ossidazione.

ossidàsi [da *ossido*] s. f. ● (*chim.*) Enzima che catalizza reazioni di ossidoriduzione in cui gli elettroni provenienti dall'ossidazione di un substrato vengono trasferiti direttamente sull'ossigeno molecolare.

ossidativo agg. ● (*raro*) Ossidante.

ossidàto part. pass. di *ossidare*; anche agg. ● Nel sign. del v.

ossidazióne [fr. *oxydation*, da *oxyder* 'ossidare'] s. f. ● Reazione chimica per la quale una sostanza o un elemento si combina con l'ossigeno | Reazione con la quale si sottrae idrogeno da un composto | Reazione nella quale un atomo di un elemento aumenta la sua valenza positiva o diminuisce quella negativa. CFR. Riduzione.

ossidiàna [fr. *obsidienne*, dal lat. *obsidiāna(m)* (*pĕtram*), lezione errata dei codici pliniani per *obsiāna(m)*, secondo Plinio da un certo *Obsio* che la avrebbe scoperta] s. f. ● Vetro vulcanico effusivo di colore nero lucente, con cui gli uomini preistorici fabbricarono arnesi taglientissimi.

ossidimetrìa [comp. di *ossido* e *-metria*] s. f. ● (*chim.*) Metodo analitico quantitativo basato su un processo di ossidazione.

ossidionàle [vc. dotta, lat. tardo *obsidionāle(m)*, agg. di *obsĭdio*, genit. *obsidiōnis* 'assedio'. V. †*ossidione*] agg. ● (*lett.*) Di, relativo ad assedio | *Corona o.*, quella che si donava al condottiero liberatore di un assedio | *Moneta o.*, coniata in tempo di assedio, provvisoria e da scambiare dopo con moneta buona | *Linee ossidionali*, lavori di circonvallazione e di contravallazione che si facevano nel porre assedio a una città o grande fortezza.

†**ossidióne** o †**obsidióne**, (*raro*) †**ossedióne** [vc. dotta, lat. *obsidiōne(m)*, da *obsidēre* 'assediare'. V. *assedio*] s. f. ● Assedio.

òssido [fr. *oxyde*, dal gr. *oxýs* 'acuto, acido' (V. *ossalico*)] s. m. ● (*chim.*) Combinazione di un metallo con l'ossigeno: *o. di nichel, di magnesio* | *O. salino*, ossisale | *O. di bario*, barite | *O. di calcio*, calce viva | *O. di carbonio*, si forma quando il carbonio, o suoi composti, brucia ad altissime temperature o in presenza di una quantità insufficiente di ossigeno.

ossidoriduzióne o **ossido-riduzióne** [comp. di *ossido* e *riduzione*] s. f. ● (*chim.*) Reazione chimica in cui si verifica l'ossidazione di una specie chimica e contemporaneamente la riduzione di una seconda specie.

ossìdrico [comp. di *ossi-* e *idr(ogeno)*] agg. (pl. m. *-ci*) ● (*chim.*) Che è composto di ossigeno e di idrogeno | *Fiamma ossidrica*, ottenuta bruciando l'idrogeno in un flusso di ossigeno | *Cannello o.*, formato da due tubi concentrici alle cui estremità si mescolano idrogeno e ossigeno che vengono fatti bruciare.

ossidrìle [comp. di *oss(igeno)* e *idr(ogeno)*] s. m. ● (*chim.*) Gruppo funzionale monovalente caratteristico degli alcoli, dei fenoli, degli idrossidi, degli ossiacidi, rappresentato con la formula –OH.

ossidrìlico agg. (pl. m. *-ci*) ● (*chim.*) Di, relativo a, ossidrile.

ossìdulo [comp. di *ossi(do)* e *(aci)dulo*] s. m. ● (*chim.*) Protossido.

ossiemoglobìna [comp. di *ossi-* ed *emoglobina*] s. f. ● (*biol.*) Emoglobina combinata con l'ossigeno.

ossìfero [comp. del lat. *ŏs*, genit. *ŏssis* 'osso' e *-fero*] agg. ● Che contiene ossa.

ossificàre [comp. del lat. *ŏs*, genit. *ŏssis* 'osso' e *-ficare*] **A** v. tr. (*io ossìfico, tu ossìfichi*) ● Trasformare in tessuto osseo. **B** v. intr. pron. ● Subire il processo di ossificazione.

ossificazióne [comp. del lat. *ŏs*, genit. *ŏssis* 'osso' e *-ficazione*] s. f. ● (*biol.*) Processo di trasformazione di un tessuto, spec. cartilagineo, in osso.

ossiflùènte [comp. di *osso* e il part. pres. di *fluire*] agg. ● (*med.*) Che si diffonde lungo le ossa o le fasce che le ricoprono | *Ascesso o.*, tipico delle forme di osteite tubercolare delle vertebre.

ossìfraga [vc. dotta, lat. *ossĭfraga(m)*, comp. di *ŏs*, genit. *ŏssis* 'osso' e *-fraga*, da *frăngere* 'rompere, spezzare'] s. f. ● Procellaria lunga fino a 90 cm, volatrice poderosa, vive sugli oceani antartici, cibandosi di pesci, carni di balene, rifiuti delle navi (*Macronectes giganteus*).

ossigenàre [fr. *oxygéner*, da *oxygène* 'ossigeno'] **A** v. tr. (*io ossìgeno*) *1* Trattare con ossigeno, arricchire di ossigeno. *2* Decolorare con acqua ossigenata: *o. i capelli.* *3* (*fig.*) Incrementare con forze nuove, aiutare con contributi finanziari: *o. un'azienda con un prestito.* **B** v. rifl. *1* Decolorarsi i capelli con l'acqua ossigenata. *2* Respirare aria ricca di ossigeno: *andare in montagna a o.*

ossigenàto part. pass. di *ossigenare*; anche agg. *1* Nei sign. del v. *2* Addizionato di ossigeno in misura superiore alla norma: *acqua ossigenata* | Di persona che ha i capelli decolorati con acqua ossigenata: *bionda ossigenata; ragazza ossigenata.*

ossigenatóre s. m. ● Apparecchio che eroga ossigeno.

ossigenatùra s. f. ● Decolorazione dei capelli con acqua ossigenata.

ossigenazióne [fr. *oxygénation*, da *oxygéner* 'ossigenare'] s. f. ● Atto ed effetto dell'ossigenare.

ossìgeno [fr. *oxygène*, comp. del gr. *oxýs* 'acuto, acido' (V. *ossalico*) e *-gène* '-geno', perché generatore di acidi] s. m. ● Elemento chimico, gas indispensabile alla vita organica, costituente un quinto dell'aria, ottimo ossidante, ottenuto per distillazione frazionata dell'aria liquida, usato in metallurgia, nell'industria chimica in genere e in medicina nelle difficoltà di respirazione. SIMB. O | *Tenda a o.*, apparato a mo' di tenda che crea attorno all'ammalato un ambiente ricco di ossigeno | *Somministrare o. a un malato*, facilitargli la respirazione | *Dare o.*, (*fig.*) confortare, sollevare o prestare aiuto finanziario | *Essere all'o.*, alla fine, allo stremo | *Aver bisogno di o.*, (*fig.*) di denaro.

ossigenoterapìa [comp. di *ossigeno* e *terapia*] s. f. ● (*med.*) Terapia dell'anossia con somministrazione di ossigeno ad alte concentrazioni.

ossìmetro [comp. di *ossi-* e *-metro*] s. m. ● (*med.*) Apparecchio per la misurazione della quantità di ossigeno legato all'emoglobina.

ossimòro o **ossìmoro** [vc. dotta, gr. *oxýmōron*, nt. sost. di *oxýmōros* 'acuto sotto un'apparenza di stupidità', comp. di *oxýs* 'acuto' (V. *ossalico*) e *mōrós* 'stupido' (di etim. incerta)] s. m. ● (*ling.*) Figura retorica che consiste nel riunire in modo paradossale due termini contraddittori in una stessa espressione: *con le braccia colme di nulla, / farò da guida alla felicità* (UNGARETTI).

ossìna [da *ossi(geno)*] s. f. ● (*chim.*) Perossido risultante dall'addizione di ossigeno sul doppio legame di un olio insaturo.

ossiopìa [vc. dotta, gr. *oxyōpía* 'vista acuta', comp. di *oxýs* 'acuto' (V. *ossalico*), e *-opia*] s. f. ● (*med.*) Emeralopia.

ossirìno [vc. dotta, comp. del gr. *oxýs* 'acuto' e del suff. *-rino*] s. m. ● (*zool.*) Pescecane dei Lamniformi, frequente nei mari italiani, di colore grigio scuro con ventre bianco, lungo fino a 4 m (*Isurus* *oxyrhyncus*).

ossisàle [comp. di *ossi-* e *sale*] s. m. ● (*chim.*) Ossido a carattere di sale, del tipo del minio.

ossitàglio [comp. di *ossi-* e *taglio*] s. m. ● Taglio di lamiera eseguito mediante il cannello ossiacetilenico.

ossitocìa ● V. *oxitocia*.

ossitòcico ● V. *oxitocico*.

ossitocìna ● V. *oxitocina*.

ossitonizzàre [da *ossitono*] v. tr. ● (*ling.*) Far cadere l'accento di intensità sull'ultima sillaba: *il francese ossitonizza le parole di altre lingue*.

ossìtono [vc. dotta, gr. *oxýtonos*, propriamente 'dall'accento acuto', comp. di *oxýs* 'acuto' (V. *ossalico*) e *tónos* 'accento' (V. *tono* (*1*))] agg. ● Nella grammatica greca, detto di parola con accento acuto sull'ultima sillaba | (*est.*) Detto di parola con accento sull'ultima sillaba, cioè tronca.

ossiurìaşi o **ossiuràşi** [comp. di *ossiuro* e *-iasi*] s. f. ● (*med.*) Infestione intestinale da ossiuri con intenso prurito anale.

ossiùro [comp. del gr. *oxýs* 'acuto' (V. *ossalico*) e *-uro* (*2*)] s. m. ● Piccolo verme filiforme dei Nematodi, parassita intestinale non pericoloso, ma molesto specie nei bambini (*Enterobius vermicularis*).

ossìvoro [da *ossa* sul modello di *carnivoro*, *idrovoro*, *onnivoro* ecc.] agg. ● Detto di strumento che rode le ossa: *pinza ossivora*.

†**ossizzàcchera** o †**ossizzàcchera** ● V. *suzzacchera*.

òsso [lat. tardo *ŏssu(m)*, per il classico *ŏs*, genit. *ŏssis*, di origine indeur.] s. m. (pl. *òssa*, †*òsse*, f. con riferimento a quelle del corpo e con sign. collettivo, *òssi*, m. con riferimento a parti ossee di animali o con sign. traslato o fig.) **1** (*anat.*) Organo costitutivo dello scheletro dell'uomo e degli altri Vertebrati, formato da un particolare tessuto di consistenza rigida, ricco di sali di calcio | *Ossa lunghe*, in cui prevale il diametro longitudinale, come in quelle degli arti | *Ossa piatte*, come quelle della volta cranica | *Ossa corte*, come quelle costituenti il polso | *Ridursi pelle e ossa*, dimagrire moltissimo, diventare scarno | *Avere le ossa rotte*, (*fig.*) essere stanchissimo | *Essere di carne e d'ossa*, essere, come ogni uomo, soggetto a passioni, errori e sim. | *In carne e ossa*, personalmente, di persona | *Un sacco d'ossa*, (*fig.*) di persona molto magra | *Rompersi l'o. del collo*, il collo | *Rimetterci l'o. del collo*, (*fig.*) rovinarsi | *Essere di buon o.*, (*fig.*) essere molto resistente | *O. duro da rodere*, ostacolo, difficoltà e sim. molto difficili da superare | *Aver le ossa peste*, (*fig.*) sentirsi indolenzito | *Farci l'o.*, (*fig.*) abituarsi a q.c. | *Avere qc. fitto nell'o.*, (*fig.*) profondamente penetrato nell'animo | *Una pioggerella che bagna fino all'o.*, (*fig.*) che inzuppa completamente | (*fig.*) *Essere guasto, corrotto nelle ossa*, essere completamente guasto | *Essere innamorato fino all'o.*, follemente | (*fig.*) *Fare economia fino all'o.*, vivere miseramente per avarizia | (*fig.*) *Essere, ridurre all'o.*, al minimo limite possibile. ➡ ILL. p. 362, 367 ANATOMIA UMANA. **2** Ciò che resta di un cadavere già decomposto: *le ossa biancheggianti nel deserto*; *qui giacciono le ossa dei caduti*. **3** Osso di bestia macellata | *O. buco*, V. *ossobuco* | *Carne senz'o.*, tutta polpa commestibile | *Posa l'o.!*, (*fig.*) esortazione a restituire ciò che si è preso indebitamente o a lasciare stare ciò che non ci spetta e sim. | *Un o. che va di traverso, che resta in gola*, (*fig.*) si dice di ciò che dà molto fastidio, che non si sopporta e sim. | *Ossi di morto*, dolcetti di pasta dura e croccante che si mangiano tradizionalmente il giorno dei Morti (2 novembre). **4** Osso animale lavorato: *bottoni d'o.*; *ombrello con manico d'o.* **5** Formazione o struttura con funzioni analoghe a quella dell'osso | *O. di seppia*, conchiglia interna | *O. di balena*, fanone. **6** Nocciolo: *l'o. della pesca, della prugna*. **7** Ossatura, armatura. || **ossàccio**, pegg. | **osserèllo**, dim. | **ossétto**, dim. | **ossicciuòlo**, dim. | **ossicèllo**, dim. | **ossicìno**, dim. (V.) | **ossùccio**, dim.

ossobùco o **òsso bùco** [adattamento del milan. *os büs* 'osso bucato'] s. m. (pl. *ossibùchi*) ● Taglio di carne bovina ricavato dal garretto, a forma di disco con tutto l'osso e il midollo, che si cucina in umido o con salsa a base di vino bianco e scorza di limone, talvolta con l'aggiunta di pomodoro: *o. alla milanese*.

ossonièrise ● V. *oxoniense*.

†**ossóso** agg. ● Ossuto.

ossuàrio [vc. dotta, lat. tardo *ossuāriu(m)*, nt. sostantivato dell'agg. *ossuārius* 'che concerne le ossa', da *ŏs*, genit. *ŏssis* 'osso'] s. m. ● (*archeol.*) Vaso funerario usato per contenere i resti cremati di una persona defunta: *o. biconico villanoviano*.

ossùto [da *osso*] agg. ● Di persona o animale che ha ossa prominenti e visibili: *un vecchio o.*; *mani ossute*.

†**òsta** [etim. incerta] s. f. ● (*mar.*) Ciascuna delle due manovre legate alla penna di ogni antenna latina per tenerla a segno nel navigare.

ostacolàre [da *ostacolo*] **A** v. tr. (*io ostàcolo*) ● Rendere difficile o laborioso, frapponendo ostacoli o impedimenti: *è inutile che ostacoliate i miei progetti*. SIN. Contrastare, impedire, intralciare. **B** v. rifl. rec. ● Intralciarsi, impacciarsi a vicenda.

ostacolista s. m. e f. (pl. m. *-i*) ● Atleta specialista nelle corse a ostacoli | Cavallo che gareggia nelle prove a ostacoli.

ostàcolo [vc. dotta, lat. *obstăculu(m)*, da *obstāre* 'stare davanti, opporsi', comp. di *ŏb-* 'davanti, contro' e *stāre* 'stare'] s. m. **1** Tutto ciò che intralcia o costituisce un impedimento (*anche fig.*): *il passaggio di quel sentiero richiese l'abbattimento di molti ostacoli*; *cercò di frapporre degli ostacoli alla nostra iniziativa*. SIN. Contrasto, difficoltà, inciampo. **2** (*mil.*) Elemento del terreno o apprestamento destinato a inibire o a ritardare il movimento del nemico. **3** Nell'atletica, ognuno dei cavalletti posti lungo la pista in alcune gare di corsa per aumentarne la difficoltà | Negli sport equestri, qualsiasi tipo di impedimento, naturale o artificiale, situato sulla pista o sul prato, che il cavallo deve superare saltando. ➡ ILL. p. 1282, 1288 SPORT.

ostàggio o †**stàggio** (**3**) [ant. fr. *hostage*, da *hôte* 'ospite'] s. m. **1** (*dir.*) Membro di una popolazione preso o dato in pegno e destinato a subire certe sanzioni qualora vengano commessi atti ostili nei confronti di un occupante o di un alleato che voglia garantirsi l'adempimento di determinati obblighi. **2** (*est.*) Persona presa o data in pegno e sulla quale si possono esercitare ritorsioni nell'eventualità che certe richieste non siano accolte: *i rapinatori si coprirono la fuga con un ostaggio*.

†**ostàle** [provz. *ostal*; stessa etim. dell'ant. fr. *ostel* 'ostello'] s. m. ● (*raro*) Ostello.

†**ostànte** part. pres. di *ostare*; anche agg. **1** Nel sign. del v. **2** V. anche *nonostante*.

†**ostànza** [vc. dotta, lat. *obstāntia(m)*, da *ŏbstans*, genit. *obstāntis* 'ostante', part. pres. di *obstāre* 'ostare'] s. f. ● Impedimento.

ostàre o †**obstàre** [vc. dotta, lat. *obstāre*. V. *ostacolo*] v. intr. (*io òsto*; dif. del pass. rem., del part. pass. e dei tempi composti) ● Essere d'ostacolo: *nulla osta al trasferimento dell'impiegato*; *nulla osta a che l'impiegato sia trasferito*.

†**ostàtico** [lat. parl. **hospitàticu(m)*, da *hŏspes*, genit. *hŏspitis* 'ospite'] s. m. ● Ostaggio.

ostatìvo [da *ostare*] agg. ● Che è d'impedimento | *Errore o.*, errore per cui un soggetto dichiara una cosa diversa da quella voluta.

†**ostatóre** [da *ostare*] agg.; anche s. m. ● (*raro*) Che, chi pone ostacoli.

òste (**1**) o (*raro*) †**òsto** [ant. fr. *oste*, dal lat. *hŏspite(m)* 'ospite'] s. m. (f. *-essa* (*V.*), raro †*-a*, nel sign. 1) **1** Gestore di un'osteria | *Domandare all'o. se il vino è buono*, fare una domanda inutile | *Fare i conti senza l'o.*, (*fig.*) fare piani senza considerare eventuali difficoltà, contrarietà e sim. **2** †Padrone del podere. **3** †Ospite.

òste (**2**) [lat. *hŏste(m)* 'nemico', di origine indeur.] s. f. o m. **1** (*raro, lett.*) Esercito schierato in campo | †*Bandire l'o.*, dichiarare la guerra | †*Stare a o.*, essere in guerra | †*Fare o.*, guerreggiare | †*Porre o.*, assediare. **2** †Nemico: *contro i crudeli osti, per lo bene della città, s'apparecchiavano con le taglienti spade d'aspramente combattere* (BOCCACCIO). **3** †Accampamento militare. **4** †Flotta militare.

ostealgìa [comp. di *osteo-* e *-algia*] s. f. (pl. *-gie*) ● (*med.*) Dolore di origine ossea.

†**osteggiamènto** [da *osteggiare*] s. m. **1** Attendamento militare. **2** Azione guerresca.

osteggiàre [da *oste* (*2*)] **A** v. tr. (*io ostéggio*) **1** Avversare, contrastare: *o. il ministero*, *la proposta delle minoranze*, *i tentativi di ribellione*. **2** †Assalire, attaccare. **B** v. intr. (aus. *avere*) **1** †Guerreggiare. **2** †Campeggiare con l'esercito.

osteggiatóre agg.; anche s. m. (f. *-trice*) ● (*raro*) Che, chi osteggia.

osteìte [comp. di *osteo-* e *-ite* (*1*)] s. f. ● (*med.*) Infiammazione dell'osso.

Osteìtti [comp. di *oste(o)-* e un der. del gr. *ichthýs* 'pesce' (V. *ittio-*)] s. m. pl. ● Nella tassonomia animale, classe di Pesci con scheletro osseo (*Osteichthyes*).

†**ostellàggio** [da *ostello*] s. m. **1** Alloggio. **2** Stallatico | Magazzinaggio.

†**ostellàno** [da *ostello*] s. m. ● Oste, albergatore.

†**ostellière** [ant. fr. *ostelier*, da *ostel* 'ostello'] s. m. ● Ostellano.

ostèllo [ant. fr. *ostel*, moderno *hôtel* (V.)] s. m. **1** (*lett.*) Alloggio, albergo | (*lett.*) *Il paterno o.*, la casa paterna: *d'in su i veroni del paterno o. / porgea gli orecchi al suon della tua voce* (LEOPARDI). **2** *O. della gioventù*, albergo che con modica spesa ospita i giovani turisti.

†**ostendàle** [da *ostendere*] s. m. ● Stendardo, insegna.

†**ostèndere** [vc. dotta, lat. *ostĕndere*, comp. di *ŏbs-* 'verso, contro' e *tĕndere* 'tendere'] v. tr. ● Mostrare, dimostrare.

ostensìbile [dal lat. *ostēnsus*, part. pass. di *ostĕndere* '†ostendere'] agg. ● Che si può mostrare, che si può far vedere. || **ostensibilménte**, avv.

ostensióne [vc. dotta, lat. tardo *ostensiōne(m)*, da *ostēnsus* (V. *ostensibile*)] s. f. ● Atto, effetto del mostrare, del presentare alla vista: *l'o. delle reliquie*.

ostensìvo [vc. dotta, lat. tardo *ostensīvu(m)*, da *ostēnsus* (V. *ostensibile*)] agg. **1** Che tende a mostrare o a dimostrare q.c. | Ostensibile. **2** (*filos.*) Di proposizione o dimostrazione che prova la verità di una tesi in modo diretto senza il bisogno di prove indirette o negative. **3** (*ling.*) Detto di definizione che consiste nel mostrare l'oggetto che la parola denota. || **ostensivaménte**, avv.

ostensóre [vc. dotta, lat. tardo *ostensōre(m)*, da *ostēnsus* (V. *ostensibile*)] s. m. ● Chi mostra o presenta q.c.: *l'o. del decreto*.

ostensòrio [da *ostensore*] s. m. ● Arredo liturgico in cui si mostra ai fedeli l'ostia consacrata.

ostentaménto s. m. ● (*raro*) Modo e atto dell'ostentare.

ostentàre [vc. dotta, lat. *ostentāre*, da *ostĕndere* '†ostendere'] v. tr. (*io ostènto*) ● Mostrare intenzionalmente con affettazione e sussiego all'attenzione altrui per vanteria, ambizione o altro: *o. le proprie ricchezze*; *o. superiorità, indifferenza, erudizione*.

ostentatìvo agg. ● (*raro*) Che usa ostentazione.

ostentàto part. pass. di *ostentare*; anche agg. **1** Nel sign. del v. **2** Detto di ciò che viene mostrato in modo intenzionalmente esagerato: *i suoi ostentati meriti*. || **ostentataménte**, avv. In modo ostentato, con ostentazione.

ostentatóre [vc. dotta, lat. *ostentatōre(m)*, da *ostentātus*, part. pass. di *ostentāre* 'ostentare'] agg.; anche s. m. (f. *-trice*) ● Che, chi ostenta.

ostentazióne [vc. dotta, lat. *ostentatiōne(m)*, da *ostentātus*, part. pass. di *ostentāre* 'ostentare'] s. f. **1** Atto, effetto dell'ostentare: *la sua religione è solo o.*; *le sue ridicole ostentazioni di ricchezza* | *Per o.*, per vanteria, per finta | *Con o.*, con sussiego e vanità. **2** †Dimostrazione di forza: *debbe uno quando ... assalta una città ... fare tutte le sue ostentazioni terribili* (MACHIAVELLI).

†**ostènto** [vc. dotta, lat. *ostēntu(m)*, propriamente part. pass. di *ostĕndere* '†ostendere'] s. m. ● Prodigio, miracolo.

†**ostentóso** [da *ostento*] agg. ● Millantatore, vanitoso.

òsteo- [dal gr. *ostéon* 'osso'] primo elemento ● In parole composte della terminologia medica, significa 'osso', 'osseo': *osteoclasia*, *osteologia*, *osteomielite*.

osteoarticolàre [comp. di *osteo-* e *articolare* (*2*)] agg. ● (*anat.*) Riferito alle strutture ossee e alle relative articolazioni.

osteoartrìte [comp. di *osteo-* e *artrite*] s. f. ● (*med.*) Affezione cronica delle articolazioni, caratterizzata da degenerazione della cartilagine articolare, formazione di osteofiti, alterazioni delle sinovie e limitazione funzionale dell'articolazione.

osteoblàsto [comp. di *osteo-* e *-blasto*] s. m. ● (*biol.*) Cellula del tessuto osseo che dà origine a nuova formazione di osso.

osteocita o **osteocito** [comp. di *osteo-* e *-cita*] s. m. (pl. *-i*) ● (*biol.*) Ognuno degli elementi cellulari caratteristici del tessuto osseo.

osteoclaṣia [comp. di *osteo-* e *-clasia*] s. f. ● (*chir.*) Frattura ossea attuata chirurgicamente per correggere deformità.

osteoclàste s. m. ● (*chir.*) Strumento per l'osteoclasia.

osteoclàsto [comp. di *osteo-* e del gr. *klastós* (V. *-clastia*)] s. m. ● (*biol.*) Grossa cellula del tessuto osseo avente la funzione di distruggere il tessuto osseo stesso nei processi fisiologici di rimaneggiamento e riassorbimento delle ossa.

osteocondrite [comp. di *osteo-* e *condrite* (*1*)] s. f. ● (*med.*) Processo infiammatorio che coinvolge sia l'osso che la cartilagine articolare.

osteodistrofia [comp. di *osteo-* e *distrofia*] s. f. ● (*med.*) Difettosa formazione del tessuto osseo con conseguenti deformità scheletriche.

osteòfita o **osteòfito** [comp. di *osteo-* e *-fita*] s. m. (pl. *-i*) ● (*med.*) Neoformazione ossea di natura benigna che rappresenta una reazione a processi degenerativi o irritativi cronici del tessuto osseo.

osteogèneṣi [comp. di *osteo-* e *genesi*] s. f. ● (*biol.*) Processo di costruzione del tessuto osseo. SIN. Osteosintesi.

Osteoglòssidi [comp. di *osteo-* e del gr. *glôssa* 'lingua' (V. *glossa* (*1*))] s. m. pl. ● Nella tassonomia animale, famiglia di Pesci d'acqua dolce, tropicali, carnivori, con pinne dorsali e anale simmetriche, talvolta di grandi dimensioni (*Osteoglossidae*) | (al sing. *-e*) Ogni individuo di tale famiglia.

osteoliṣi [comp. di *osteo-* e *lisi*] s. f. ● (*med.*) Processo di riassorbimento del tessuto osseo, spec. dei componenti minerali.

osteolite [comp. di *osteo-* e *-lite*] s. f. ● (*miner.*) Roccia sedimentaria costituita prevalentemente da fosfato calcico terroso.

osteologia [comp. di *osteo-* e *-logia*] s. f. ● Branca dell'anatomia che studia l'apparato osseo.

osteològico agg. (pl. m. *-ci*) ● Concernente l'osteologia.

osteòma [comp. di *osteo-* e *-oma*] s. m. (pl. *-i*) ● (*med.*) Tumore benigno del tessuto osseo.

osteomalacia [comp. di *osteo-* e *malacia*] s. f. (pl. *-cie*) ● (*med.*) Rammollimento per decalcificazione delle ossa.

osteomielite [comp. di *osteo-* e *mielite*] s. f. ● (*med.*) Infiammazione del midollo osseo con possibile diffusione all'osso circostante.

osteomielìtico agg. (pl. m. *-ci*) ● (*med.*) Di osteomielite.

osteóne [deriv. di *oste(o)-* col suff. *-one* (*3*)] s. m. ● (*anat.*) Unità morfologica e funzionale dell'osso lamellare compatto; di forma cilindrica, comprende componenti cellulari (osteociti) ed extracellulari (lamelle ossee).

osteopatia [comp. di *osteo-* e *-patia*] s. f. ● (*med.*) Qualunque processo morboso dell'apparato scheletrico.

osteoperiostite [comp. di *osteo-* e *periostite*] s. f. ● (*med.*) Processo infiammatorio dell'osso e del periostio.

osteoporòṣi [comp. di *osteo-*, del gr. *póros* 'passaggio' (V. *poro*) e *-osi*] s. f. ● (*med.*) Processo di rarefazione e indebolimento dell'osso, tipico spec. delle persone anziane.

osteoporòtico A agg. (pl. m. *-ci*) ● (*med.*) Pertinente alla osteoporosi. B agg.; anche s. m. (f. *-a*) ● (*med.*) Che, chi è affetto da osteoporosi.

osteopsatiròṣi [vc. dotta, comp. di *osteo-* e del gr. *psathyrós* 'fragile'] s. f. ● (*med.*) Malattia ereditaria del tessuto connettivo caratterizzata spec. da fragilità delle ossa che risultano soggette a fratture multiple.

osteosarcòma [comp. di *osteo-* e *sarcoma*] s. m. (pl. *-i*) ● (*med.*) Tumore maligno del tessuto osseo.

osteoscleròṣi [comp. di *osteo-* e *sclerosi*] s. f. ● (*med.*) Ispessimento del tessuto osseo.

osteòṣi [comp. di *oste(o)-* e del suff. *-osi*] s. f. ● (*med.*) Abnorme infiltrazione ossea del tessuto connettivale.

osteosìnteṣi [comp. di *osteo-* e *sintesi*] s. f. ● (*biol.*) Osteogenesi.

osteotomia [comp. di *osteo-* e *-tomia*] s. f. ● (*chir.*) Sezione chirurgica di un osso eseguita spec. per correggere un atteggiamento viziato: *o. nel ginocchio varo*.

osteotòmico agg. (pl. m. *-ci*) ● (*chir.*) Relativo a osteotomia: *intervento o.*

osteòtomo [comp. di *osteo-* e *-tomo*] s. m. ● (*chir.*) Strumento per praticare l'osteotomia.

osterìa [da *oste* (*1*)] s. f. **1** Locale pubblico con mescita di vino e servizio di trattoria: *mangiare all'o.* | Bettola, taverna: *passa le sue serate all'o.* | (*fig.*) †*O. dei cani*, pozza dove i cani vanno a bere | *Gioco delle osterie*, simile al gioco dell'oca. **2** †Albergo, locanda | *Alloggiare, fermarsi alla prima o.*, (*fig.*) accontentarsi di ciò che capita, senza concedersi possibilità di scelta | *O.!*, (*euf.*) esprime meraviglia, sorpresa, ammirazione e sim. | †*Levare di su l'o.*, (*fig.*) togliere il forestiero dall'albergo per alloggiarlo in casa propria. ‖ **osteriàccia**, pegg. | **osteriétta**, dim. | **osteriùccia**, pegg.

osteriggio [ingl. *steerage* 'alloggio di terza classe', da *to steer* 'dirigere, guidare'] s. m. ● (*mar.*) Copertura che protegge dal mare e dalla pioggia le aperture praticate sul ponte di una nave per dare luce alle stanze e ai corridoi sottoposti.

ostéssa [f. di *oste* (*1*)] s. f. **1** Donna che gestisce un'osteria. **2** Moglie dell'oste.

ostètrica [vc. dotta, lat. *obstetrīce(m)*, da *obstāre* 'stare davanti (alle partorienti per soccorrerle)'. V. *ostacolo*] s. f. ● Infermiera diplomata con particolare specializzazione nel campo ostetrico.

ostetrìcia [vc. dotta, lat. *obstetrīcia*, nt. pl. di *obstetrīcius*, agg. di *ŏbstetrix*, genit. *obstetrīcis* 'ostetrica'] s. f. (pl. *-cie*) **1** Ramo della medicina che si occupa dell'assistenza alla donna durante la gravidanza, il parto e il puerperio, e della cura delle relative malattie. **2** (*filos.*) *O. di Socrate*, maieutica.

ostètrico A agg. (pl. m. *-ci*) ● Di ostetricia: *clinica ostetrica*. B s. m. ● Medico specializzato in ostetricia.

òstia (**1**) [vc. dotta, lat. *hŏstia(m)* 'vittima', di etim. incerta. Il nome passò poi a indicare la particola che si trasforma in corpo di Cristo e successivamente qualsiasi dischetto di pasta] A s. f. **1** (*lett.*) Vittima sacrificale | Sacrificio: *fare o. d'un toro alla divinità della guerra*. **2** Nella terminologia cristiana, Gesù che si offre in sacrificio per redimere il genere umano | (*est.*) Disco sottile di farina azzima che il sacerdote consacra nella messa e dà in comunione ai fedeli | (*fig.*) *Non essere farina da o.*, di persona poco raccomandabile. **3** Pasta di fior di farina, in sottile sfoglia e in forma di disco o quadrata, in cui si chiudono polveri medicinali per favorirne la deglutizione. B in funzione di inter. ● (*volg.*) Esprime sorpresa, meraviglia o disappunto.

†**òstia** (**2**) [vc. dotta, lat. *ŏstia*, pl. di *ŏstium* 'imboccatura, porta' da *ōs*, genit. *ōris* 'bocca', di origine indeur.] s. f. ● Foce, bocca, spec. di fiume.

ostiariàto [da *ostiario*] s. m. ● (*relig.*) Uno degli ordini minori nella gerarchia sacerdotale cattolica, soppresso dopo il Concilio Ecumenico Vaticano Secondo.

ostiàrio [vc. dotta, lat. *ostiāriu(m)* 'portinaio', poi (lat. tardo) 'sagrestano', da *ōstium* 'porta'. V. †*ostia* (*2*)] s. m. **1** (*relig.*) Chierico che aveva ricevuto l'ostiariato e al quale era data facoltà di aprire e chiudere le porte della chiesa e custodirla. **2** Custode, portiere, usciere.

ostichézza s. f. ● (*raro*) Carattere di chi, di ciò che è ostico.

òstico [vc. dotta, lat. *hŏsticu(m)*, agg. di *hŏstis* 'nemico'. V. *oste* (*2*)] agg. (pl. m. *-ci*) **1** (*lett.*) Ripugnante al gusto, di sapore sgradevole. **2** (*fig.*) Duro, ingrato, spiacevole: *parole ostiche* | Difficile, spec. nell'apprendimento: *questa è una materia ostica per me*.

ostiènse agg. ● Di Ostia: *scavi ostiensi*.

†**ostière** (**1**) o †**ostièro** [da *oste* (*1*)] s. m. **1** Albergatore. **2** Ostello, palazzo.

†**ostière** (**2**) [da *oste* (*2*)] s. m. ● Accampamento nemico.

ostile [vc. dotta, lat. *hostīle(m)*, agg. di *hŏstis* 'nemico'. V. *oste* (*2*)] agg. **1** (*lett.*) Che si riferisce al nemico in guerra: *l'esercito o.*; *le macchine ostili* | Nemico: *le forze ostili erano superiori alle nostre*. **2** Avverso, contrario: *propositi ostili*; *mostrarsi o. a q.c., a qc.*; *tenere un atteggiamento o.* ‖ **ostilménte**, avv.

ostilità [vc. dotta, lat. tardo *hostilitāte(m)*, da *hostīlis* 'ostile'] s. f. **1** Avversione, inimicizia, malanimo: *vincere l'o. dell'ambiente*. **2** (*spec. al pl.*) Atto o comportamento da nemico, attività bellica: *le ostilità furono sospese per tre giorni* | *Inizio, scoppio delle o.*, della guerra.

ostinàre [vc. dotta, lat. *obstināre*, comp. di *ŏb-* 'contro', e **stanāre*, da *stāre* 'stare, resistere'] A v. tr. ● †Rendere ostinato. B v. intr. pron. ● Persistere in un proposito o in un atteggiamento con tenacia spesso irragionevole o inopportuna: *si ostina a sostenere quella tesi*. SIN. Impuntarsi, intestarsi.

ostinatézza s. f. ● Caparbietà, testardaggine: *non c'è modo di vincere la sua o.* | Insistenza ostinata e pervicace: *o. di propositi, di opinioni*.

ostinàto [vc. dotta, lat. *obstinātu(m)*, part. pass. di *obstināre*] A agg. **1** Di persona tenace e risoluta nei suoi propositi, ferma e irriducibile nella volontà: *individuo, nemico o.* | Caparbio, pervicace: *un peccatore o.* **2** Di ciò che dura e resiste tenacemente: *difesa, guerra, opposizione ostinata*; *si chiuse in un o. silenzio* | *Febbre, malattia ostinata*, che non cede a farmaci e rimedi. ‖ **ostinataménte**, avv. In modo ostinato, con ostinazione. B s. m. (f. *-a*) **1** Persona ostinata e caparbia: *non fare l'o. e ascolta i nostri consigli*. **2** (*mus.*) Breve figurazione melodica costantemente ripetuta nel corso di una composizione. ‖ **ostinatèllo**, dim. | **ostinatétto**, dim.

ostinazióne [vc. dotta, lat. *obstinatiōne(m)*, da *obstinātus* 'ostinato'] s. f. **1** Atto, effetto dell'ostinarsi, dell'essere ostinato: *perseguire i propri fini con o.* SIN. Caparbietà, cocciutaggine, perseveranza, pertinacia. **2** (*fig.*) Persistenza molesta di q.c.: *l'o. del maltempo*. ‖ **ostinazioncèlla**, dim.

òstio [vc. dotta, lat. *ōstiu(m)* 'porta' (V. †*ostia* (*2*))] s. m. ● (*anat.*) Orifizio: *o. vaginale* | *O. arterioso*, orifizio che fa comunicare il ventricolo destro del cuore con l'arteria polmonare, e il ventricolo sinistro con l'aorta.

ostìolo [vc. dotta, lat. *ostīolum*, dim. di *ōstium* 'porta'. V. *ostio*] s. m. ● (*bot.*) Apertura attraverso la quale gli organi riproduttori delle crittogame comunicano con l'esterno.

†**òsto** ● V. *oste* (*1*).

ostolàre ● V. *ustolare*.

Ostpolitik /ted. 'ɔstpolitik/ [vc. ted., comp. di *Ost(en)* 'oriente, est' e *Politik* 'politica'] s. m. inv. ● Politica avviata alla fine degli anni Sessanta dalla Repubblica Federale Tedesca (e poi perseguita anche da altri Paesi occidentali), tendente a migliorare i rapporti con i Paesi comunisti dell'Europa orientale.

ostracióne [dal gr. *ostrákion* 'piccola conchiglia', dim. di *óstrakon* 'conchiglia', di origine indeur.] s. m. ● Pesce di scogliera, tropicale, con corpo quadrangolare, rivestito di placche ossee rigide (*Ostracion*).

ostraciṣmo [vc. dotta, gr. *ostrakismós*, da *ostrakízein* 'bandire (con l'ostracismo)', da *óstrakon* 'coccio' (V. *ostracione*), su cui veniva scritto il nome del cittadino che si voleva mandare in esilio] s. m. **1** Esilio, della durata di 5 o 10 anni, cui potevano essere condannati nell'antica Atene i cittadini sospetti al popolo, il quale dava il voto nell'ecclesia scrivendo su di un coccio il nome del designato. **2** (*est.*) Esclusione di qc. o di q.c. da un certo ambiente, luogo e sim. | *Dare l'o.*, mettere al bando | *Fare o. a qc., a q.c.*, avversarlo, osteggiarlo.

ostracizzàre [vc. dotta, gr. *ostrakízein*. V. *ostracismo*] v. tr. ● (*lett.*) Dare l'ostracismo.

òstraco [gr. *óstrakon* 'conchiglia' (V. *ostracione*)] s. m. ● (*zool.*) Strato calcareo della conchiglia dei Molluschi.

Ostracòdi [gr. *ostrakṓdēs* 'che assomiglia a una conchiglia', comp. di *óstrakon* 'conchiglia' (V. *ostracione*) e *-oeidḗs* '-oide'] s. m. pl. ● Nella tassonomia animale, ordine di piccoli Crostacei marini o d'acqua dolce, con arti ridotti, muniti di un carapace bivalve (*Ostracoda*) | (al sing. *-e*) Ogni individuo di tale ordine.

òstrakon /*gr.* 'ɔstrakon/ o **óstracon** [vc. gr. (*óstrakon*), propr. 'conchiglia' e poi 'coccio'] s. m. (pl. gr. *ostraka*) ● (*archeol.*) Frammento di terracotta o di calcare usato anticamente come materiale per scrivere | Frammento di terracotta su cui gli Ateniesi scrivevano il nome del cittadino che intendevano condannare all'ostracismo.

ostràlega [comp. del lat. *ŏstrea* 'ostrica', dal gr. *óstreon* (V. *ostreaceo*) e *lĕgere* 'raccogliere'] s. f. ● (*zool.*) Beccaccia di mare.

ostreàceo [dal gr. *óstreon* 'ostrica', di origine indeur.] s. m. ● (*zool.*) Testaceo.

òstrega [vc. ven., propr. 'ostrica', occultatrice di *ostia*] inter. ● (*region.*) Esprime sorpresa, meraviglia, talora stizza o disappunto, ma anche affermazione o conferma.

òstrica o (*dial.*) **òstrega** (V.) [dal gr. *óstreon* 'ostrica' (V. *ostreaceo*)] s. f. *1* Mollusco lamellibranchio a conchiglia esternamente rugosa, privo di piede, frutto di mare pregiato (*Ostrea edulis*) | *O. perlifera*, mollusco lamellibranchio a valve grandi, piane, esternamente nerastre, noto con quattro specie per la produzione delle perle (*Meleagrina*) | *Stare attaccato a qc. o a q.c. come l'o. allo scoglio*, (*fig.*) non separarsene o non lasciarsene mai separare. *2* (*fig., volg.*) Sputo catarroso. || **ostrichétta**, dim. | **ostrichina**, dim. | **ostricóne**, accr. m.

ostricàio o (*dial.*) **ostricàro** s. m. *1* Venditore di ostriche. *2* Luogo dove si allevano ostriche.

†**òstrico** [da *ostro* (*1*)] agg. ● Purpureo.

ostricoltóre [comp. di *ostri(ca)* e *coltore*] s. m. ● Chi alleva ostriche.

ostricoltùra [comp. del gr. *óstreon* 'ostrica' (V. *ostreaceo*) e *coltura*] s. f. ● Allevamento di ostriche, a scopo alimentare o per la produzione di perle coltivate.

†**ostricóso** agg. ● Di luogo pieno d'ostriche o di gusci d'ostriche.

òstro (**1**) [vc. dotta, lat. *ŏstru(m)* 'porpora', dal gr. *óstreon* 'ostrica (V.), conchiglia', poi 'porpora', che si estrae da questa conchiglia] s. m. *1* (*lett.*) Porpora: *sempre il tuo sangue splende come l'o.* (D'ANNUNZIO) | (*est.*) Drappo tinto di porpora. *2* (*lett.*) Colore roseo della carnagione.

òstro (**2**) [stessa etim. di *austro*] s. m. *1* (*raro*) Austro. *2* (*raro*) Il sud, come punto cardinale.

ostrogòtico agg. (pl. m. *-ci*) ● Degli, relativo agli, Ostrogoti.

ostrogòto [comp. di un tema germ. **austra-* 'orientale' e *goto*] **A** s. m. (f. *-a*) ● Ogni appartenente alla popolazione dei Goti orientali. **B** s. m. solo sing. ● Lingua parlata dagli Ostrogoti | *Parlare o., in o.*, (*fig.*) in modo assolutamente incomprensibile. **C** agg. *1* Degli Ostrogoti. *2* (*fig.*) Barbaro, incivile: *usanze ostrogote*.

ostruènte **A** part. pres. di *ostruire*; anche agg. ● Nel sign. del v. **B** agg. e s. f. ● (*ling.*) Detto di consonante la cui articolazione presenta un grado di ostacolo maggiore di altre: *le occlusive sono ostruenti*.

†**ostrùere** ● V. *ostruire*.

†**ostruiménto** [da *ostruire*] s. m. ● Ostruzione.

ostruire o †**ostrùere** [lat. *obstrŭere*, comp. di *ŏb-* 'davanti' e *strŭere* 'costruire, innalzare'. V. *struttura*] **A** v. tr. (*io ostruìsco, tu ostruìsci*; part. pass. *ostruìto*, raro *ostrùtto*) ● Chiudere un passaggio, un condotto e sim.: *un mucchio di pietre ostruisce la strada*. SIN. Occludere. **B** v. intr. pron. ● Chiudersi, detto di passaggio, condotto e sim.

ostruìto part. pass. di *ostruire*; anche agg. ● Nel sign. del v.

ostruttìvo [da *ostrutto*] agg. ● Che serve a ostruire.

ostrùtto part. pass. di *ostruire*; anche agg. ● (*raro*) Nel sign. del v.

ostruzióne [vc. dotta, lat. *obstructiōne(m)*, da *obstrŭctus* 'ostruito'] s. f. *1* Atto, effetto dell'ostruire: *procedere all'o. di una strada, di un passaggio*. *2* Ciò che ostruisce, impedisce e sim. (*anche fig.*): *l'o. del porto è di origine ignota*; *la loro o. nei miei confronti dura ormai da anni* | (*sport*) *Fallo di o.*, nel calcio e in altri sport, ostruzionismo. *3* (*mil.*) Ostacolo artificiale costituito da accumulo di materiali vari, terra, pietrame e sim., eventualmente attivato con mine o trappole esplosive, per ostruire vie di comunicazione. *4* (*med.*) Occlusione di un condotto organico.

ostruzionìsmo [ingl. *obstructionism*, da *obstruction* 'ostruzione'] s. m. *1* Azione o comportamento che in modo voluto e sistematico intralcia e ostacola q.c.: *un industriale che si è affermato malgrado il feroce o. dei concorrenti*. *2* (*polit.*) Impedimento dell'attività di un'assemblea operato dalle minoranze con lunghi discorsi, incidenti continuati, e ogni sorta di mezzo regolamentare affinché riesca impossibile deliberare. *3* (*sport*) Nel rugby, irregolarità che consiste nel trattenere o sgambettare un avversario non in possesso del pallone | Nel calcio e in altri sport, opposizione irregolare volta a impedire che l'avversario giunga in possesso del pallone o svolga o prosegua la sua azione.

ostruzionìsta [ingl. *obstructionist*, da *obstruction* 'ostruzione'] **A** s. m. e f. (pl. m. *-i*) ● Chi fa ostruzionismo. **B** agg. ● Ostruzionistico: *politica o.*

ostruzionìstico agg. (pl. m. *-ci*) ● Di ostruzionismo, relativo all'ostruzionismo: *manovre ostruzionistiche*.

†**ostupefàre** [vc. dotta, lat. *obstupefăcere*, comp. di *ŏb-* rafforzativo e *stupefăcere* 'stupefare'] **A** v. tr. ● Stupefare, stupire. **B** v. intr. ● Rimanere stupefatti.

†**ostupefazióne** [da *ostupefare*] s. f. ● Stupore, meraviglia.

†**ostupéscere** [vc. dotta, lat. *obstupēscere*, comp. di *ŏb-* rafforzativo e *stupēscere*, incoativo di *stupēre* 'stupire'] v. intr. ● Stupire.

†**ostupìre** [dal lat. *obstupēscere*, rifatto su *stupire*] v. intr. ● Stupire.

†**osùra** ● V. *usura* (*1*).

otalgìa [vc. dotta, gr. *ōtalgía*, comp. di *ōto-* 'oto-' e *-algía* '-algia'] s. f. (pl. *-gie*) ● (*med.*) Dolore localizzato all'orecchio in assenza di lesioni dell'orecchio stesso.

otàlgico [vc. dotta, gr. *ōtalgikós*, da *ōtalgía* 'otalgia'] agg. (pl. m. *-ci*) ● (*med.*) Di otalgia.

otàrda o **ottàrda** [fr. *outarde*, dal lat. *ăve(m) tărda(m)* 'uccello lento'] s. f. ● Grosso uccello dei Gruiformi con becco corto, piede senza dito posteriore, piumaggio bruno-giallastro sul dorso e bianco sul ventre (*Otis tarda*).

otària [vc. dotta, gr. *ōtárion* 'piccola orecchia', dim. di *ôus*, genit. *ōtós* 'orecchio' (V. *oto-*), dalla forma caratteristica del padiglione dell'orecchio di questo animale] s. f. ● Mammifero pinnipede dell'emisfero australe che, a differenza delle foche, ha padiglioni auricolari e può usare le zampe posteriori per la locomozione (*Otaria*).

òtico [gr. *ōtikós*, da *ôus*, genit. *ōtós* 'orecchio' (V. *oto-*)] agg. (pl. m. *-ci*) ● (*anat.*) Che si riferisce all'orecchio: *ossa otiche*.

-òtico suff. ● Forma aggettivi derivati da sostantivi in *-osi*: *nevrotico, ipnotico*.

otiorìnco ● V. *oziorinco*.

otìte [comp. di *oto-* e *-ite* (*1*)] s. f. ● (*med.*) Processo infiammatorio dell'orecchio.

otìtico agg. (pl. m. *-ci*) ● (*med.*) Relativo all'otite.

òto- [dal gr. *ôus*, genit. *ōtós* 'orecchio'] primo elemento ● In parole composte della terminologia scientifica, spec. medica, significa 'orecchio' o fa riferimento all'orecchio: *otoiatra, otorinolaringoiatria, otoscopio*.

otoacùstico [comp. di *oto-* e *acustico*] agg. (pl. m. *-ci*) ● Che concerne la sordità: *centro o.*

otocióne [comp. di *oto-* e del gr. *kýōn*, genit. *kynós* 'cane' (V. *cinico*)] s. m. ● Mammifero carnivoro africano dei Canidi caratterizzato dalle orecchie sviluppatissime (*Otocyon megalotis*).

otocìsti [comp. di *oto-* e del gr. *kýstis* 'vescica' (V. *cisti*)] s. f. ● (*anat.*) Abbozzo embrionale del labirinto membranoso dell'orecchio interno.

otoematòma [comp. di *oto-* ed *ematoma*] s. m. (pl. *-i*) ● (*med.*) Raccolta di sangue e siero nello spessore del padiglione auricolare per trauma.

otògeno [comp. di *oto-* e *-geno*] agg. ● (*med.*) Che ha origine dall'orecchio: *ascesso o.*

otoiàtra [comp. di *oto-* e *-iatra*] s. m. e f. (pl. m. *-i*) ● Medico che cura le malattie dell'orecchio.

otoiatrìa [comp. di *oto-* e *-iatria*] s. f. ● Branca della medicina che si occupa delle malattie dell'orecchio e della loro cura.

otoiàtrico agg. (pl. m. *-ci*) ● Di, relativo a otoiatria: *visita otoiatrica*.

otolìte [comp. di *oto-* e *-lite*] s. m. ● (*med.*) Concrezione delle vie uditive.

otomeningìte [comp. di *oto-* e *meningite*] s. f. ● (*med.*) Meningite che consegue a processi infiammatori dell'orecchio.

otomicòsi [comp. di *oto-* e *micosi*] s. f. ● (*med.*) Infezione micotica a carico dell'orecchio, spec. del meato acustico esterno.

otopatìa [comp. di *oto-* e *-patia*] s. f. ● (*med.*) Qualsiasi affezione dell'orecchio.

otoplàstica [comp. di *oto-* e *plastica*] s. f. ● Chirurgia plastica riparatrice dell'orecchio esterno.

otorìno s. m. ● Acrt. fam. di *otorinolaringoiatra*.

otorinolaringoiàtra [comp. di *oto-*, *rino-*, *laringe* e *-iatra*] s. m. e f. (pl. m. *-i*) ● Medico specialista in otorinolaringoiatria.

otorinolaringoiatrìa [comp. di *oto-*, *rino-*, *laringe* e *-iatria*] s. f. ● Branca della medicina che studia le malattie dell'orecchio, del naso e della gola.

otorinolaringoiàtrico agg. (pl. m. *-ci*) ● Di, relativo a, otorinolaringoiatria.

otorragìa [comp. di *oto-* e *-ragia*] s. f. ● (*med.*) Fuoriuscita dall'orecchio di materiale liquido di tipo purulento.

otorrèa [comp. di *oto-* e *-rrea*] s. f. ● (*med.*) Fuoriuscita di materiale, soprattutto purulento, dall'orecchio.

otoscleròsi [comp. di *oto-* e *sclerosi*] s. f. ● (*med.*) Processo di sclerosi dell'apparato labirintico dell'orecchio che conduce a sordità.

otoscopìa [comp. di *oto-* e *-scopia*] s. f. ● (*med.*) Esame diretto del condotto uditivo esterno e della membrana del timpano mediante apparecchio ad illuminazione artificiale.

otoscòpio [comp. di *oto-* e *-scopio*] s. m. ● (*med.*) Apparecchio per l'otoscopia. ➡ ILL. **medicina e chirurgia**.

òtre o (*poet.*) †**òtro**, †**ùtre** [lat. *ŭtre(m)*: dal gr. *hydría* 'vaso per l'acqua', dalla stessa radice di *hýdōr* 'acqua' (V. *idrico*), attraverso l'etrusco (?)] s. m. ● Recipiente costituito da una pelle intera, spec. di capra, usato per portarvi liquidi: *un o. d'olio, di vino* | *L'o. della zampogna*, la parte su cui si innestano le canne | (*fig.*) *O. di vento*, persona boriosa | *Pieno come un o.*, di chi ha mangiato molto | *Essere un o. di vino*, di persona spesso ubriaca | *Gonfiarsi l'o.*, la pancia. || **otrèllo**, dim. | **otricciuòlo**, dim. | **otricèllo**, dim. (V.) | **otricìno**, dim.

†**otrìaca** ● V. *triaca*.

†**otriàre** ● V. †*ottriare*.

otricèllo s. m. *1* Dim. di *otre*. *2* †Zampogna. *3* (*bot.*) Otricolo.

otricolàre o **utricolàre** [da *otricolo*] agg. *1* (*anat.*) Relativo all'otricolo. *2* Che ha forma di otre.

otricolària [da *otricolo*] s. f. ● (*bot.*) Erba vescica.

otrìcolo o **utrìcolo** [vc. dotta, lat. *utrĭculu(m)*, dim. di *ŭter*, genit. *ŭtris* 'otre'] s. m. *1* (*anat.*) Cavità dell'orecchio interno, la cui forma ricorda quella di un piccolo otre. *2* (*bot.*) Achenio con pericarpo membranoso o per lo meno sottile. *3* (*bot.*) Ascidio di piante del genere utricularia munito di valvola e di tricomi per la cattura della preda. SIN. Otricello.

†**òtro** ● V. *otre*.

†**òtta** [etim. incerta] s. f. *1* Ora: *s'addormenta per le taverne, poscia torna a quest'o.* (BOCCACCIO). *2* Tempo | *A o. a o.*, di quando in quando | *A pazz'o.*, a tempo inopportuno | *A o.*, in tempo | *A un'o.*, al tempo stesso | *A bell'o.*, giusto in tempo | *Ogni o.*, ogni volta | *O. per vicenda*, ogni tanto.

òtta- o **òcta-** [gr. *okta-*, da *oktṓ* 'otto', di origine indeur., passato anche in comp. lat., come *octa-* e *octi-*] primo elemento ● In parole composte dotte o scientifiche, vale 'otto': *ottaedro, ottagono* | In chimica, indica la presenza di 8 atomi o raggruppamenti atomici uguali: *ottano*.

ottacòrdo [vc. dotta, gr. *oktáchordos* 'di otto corde', comp. di *oktṓ* 'otto' e *chordḗ* 'corda'] s. m. ● (*mus.*) Strumento a otto corde.

ottaèdrico agg. (pl. m. *-ci*) ● Che ha forma di ottaedro.

ottaedrìte [comp. di *ottaedro*, per la forma ottaedrica sotto cui si presenta, e *-ite* (*2*)] s. f. ● (*miner.*) Ossido di titanio in cristalli tetragonali.

ottaèdro [vc. dotta, lat. *octăhedru(m)*, dal gr. *oktáedros* 'a otto facce', comp. di *oktṓ* 'otto' e *hédra* 'base, faccia' (V. *poliedro*)] s. m. **1** (*mat.*) Poliedro con otto facce solitamente triangolari | *O. regolare*, poliedro le cui facce sono otto triangoli equilateri uguali, tali che da ciascun vertice ne escano quattro. **2** (*miner.*) Forma cristallina ottaedrica tipica del diamante.

ottagèṣimo [vc. dotta, lat. *octogēsimu(m)* 'ottantesimo', con la *-a-* di *quadragēsimus* 'quarantesimo', *quinquagēsimus* 'cinquantesimo' ecc.] agg. num. ord.; anche s. m. ● (*raro*, *lett.*) Ottantesimo.

ottagonàle agg. ● Che ha forma di ottagono.

ottàgono [vc. dotta, lat. *octagōno(n)*, dal gr. *oktágōnos*, comp. di *oktṓ* 'otto' e *gōnía* 'angolo' (V. *goniometro*)] s. m. ● (*mat.*) Poligono con otto vertici.

ottàmetro [vc. dotta, lat. *octămetru(m)*, nom. *octămeter*, dal gr. *oktámetros*, comp. di *oktṓ* 'otto' e *métron* 'metro, misura'] s. m. ● (*letter.*) Verso di otto piedi nella poesia classica.

ottàndria [comp. di *otto* e *-andria*] s. f. ● (*bot.*) Presenza di otto stami nel fiore.

ottangolàre agg. ● (*raro*) Ottagonale.

ottàngolo [vc. dotta, lat. tardo *octăngulu(m)*, comp. di *ŏcto* 'otto' e *ăngulus* 'angolo'] s. m. ● (*raro*) Ottagono.

ottànico agg. (pl. m. *-ci*) ● (*chim.*) Che si riferisce all'ottano | Che contiene ottano.

ottaniẓẓàre [comp. di *ottan(o)* e *-izzare*] v. tr. ● Aumentare, mediante adeguati trattamenti, il numero di ottano di una benzina.

†**ottannalità** [comp. di *otto* e un deriv. di *anno*] s. f. ● Periodo di tempo di otto anni.

†**ottannàta** [comp. di *otto* e *annata*] s. f. ● Spazio di tempo di otto anni.

ottàno [fr. *octane*, dal lat. *ŏcto* 'otto'; detto così dal numero degli atomi di carbonio] s. m. ● (*chim.*) Idrocarburo saturo con 8 atomi di carbonio | *Numero di o.*, valore numerico che indica il potere antidetonante, la stabilità alla compressione, di una benzina, considerato 100 per l'isoottano, e 0 per l'eptano.

ottànta [da *otto*, sul modello di *quaranta*] agg. num. card. inv.; anche s. m. inv. ● Otto volte dieci, otto decine, rappresentato da 80 nella numerazione araba, da LXXX in quella romana. **I** Come agg. ricorre nei seguenti usi. **1** Rispondendo o sottintendendo la domanda 'quanti?', indica la quantità numerica di ottanta unità (spec. preposto a un s.): *ha già compiuto gli o. anni*; *è distante da qui o. chilometri*; *ho o. probabilità su cento di riuscire*; *o. centesimi di secondo*. **2** Rispondendo o sottintendendo la domanda 'quale?', identifica q.c. in una pluralità, in una successione, in una sequenza (posposto a un s.): *leggi a pagina o.*; *l'anno o. a.C.*; *vai al numero o. di piazza Cavour* | *Gli anni o.*, in un secolo, spec. il XX, quelli compresi fra ottanta e ottantanove. **3** In composizione con altri numeri semplici o composti, forma i numeri superiori: *ottantuno*; *ottantadue*; *centottanta*, *ottantamila*; *novecentottanta*. **II** Come s. ricorre nei seguenti usi. **1** Il numero ottanta (per ell. di un s.): *il dieci nell'o. sta otto volte esatte*; *nell'o. a.C.*; *l'o. non esce da diverse settimane* | *Gli o.*, gli ottant'anni nell'età di un uomo | *Essere sugli o.*, avere circa ottant'anni di età. **2** Il segno che rappresenta il numero ottanta.

ottantamìla [comp. di *ottanta* e *mila*] agg. num. card. inv.; anche s. m. inv. ● Ottanta volte mille, ottanta migliaia, rappresentato da 80 000 nella numerazione araba, da $\overline{\text{LXXX}}$ in quella romana. **I** Come agg. ricorre nei seguenti usi. **1** Rispondendo o sottintendendo la domanda 'quanti?', indica la quantità numerica di ottantamila unità (spec. preposto a un s.): *una distanza di o. chilometri*; *una popolazione di o. abitanti*. **2** Rispondendo o sottintendendo la domanda 'quale?', identifica q.c. in una pluralità, in una successione, in una sequenza (posposto a un s.): *la macchina con targa o.* **II** Come s. ricorre nei seguenti usi. **1** Il numero ottantamila (per ell. di un s.): *moltiplicando l'o. per dieci si ha l'ottocentomila*. **2** Il segno che rappresenta il numero ottantamila.

ottantanòve **A** agg. numer. card. inv. ● Otto volte dieci, otto decine più nove unità, rappresentato da 89 nella numerazione araba, da LXXXIX in quella romana. **B** in funzione di s. m. inv. **1** Il numero ottantanove (per ell. di un s.) e il segno che lo rappresenta: *abito all'o. di via Veneto*. **2** Anno del 1789, in cui ebbe inizio la Rivoluzione francese | *I principi dell'o.*, quelli di libertà, uguaglianza e fraternità, proclamati appunto nel 1789.

ottànte [fr. *octant*, dal lat. *octānte(m)* 'ottava parte', da *ŏcto* 'otto'] s. m. **1** Strumento usato dai naviganti e munito di un cerchio graduato di 45° cioè pari ad un ottavo della circonferenza. **2** (*mat.*) Una delle otto regioni nelle quali tre piani, con un punto in comune, dividono lo spazio.

ottantènne [da *ottanta*, sul modello di *decenne*] **A** agg. **1** Che ha ottant'anni, detto di cose e di persone: *un vecchio o.* **2** (*raro*) Che dura da ottant'anni. **B** s. m. e f. ● Chi ha ottant'anni di età.

ottantènnio [comp. di *ottant(a)* e *-ennio*] s. m. ● Spazio di tempo di ottanta anni.

ottantèṣimo [da *ottanta*] **A** agg. num. ord. **1** Corrispondente al numero ottanta in una sequenza, in una successione (rappresentato da LXXX nella numerazione romana, da 80° in quella araba): *essere o. in una graduatoria*; *è stato celebrato l'o. anniversario della fondazione*; *l'ottantesima parte di un numero*. SIN. (*lett.*) Ottagesimo. **2** In composizione con altri numerali, semplici o composti, forma gli ordinali superiori: *ottantesimoprimo*; *centottantesimo*; *millecentottantesimo*. **B** in funzione di s. m. ● Ciascuna delle ottanta parti uguali di una stessa quantità: *un o. del totale*; *sette ottantesimi*.

ottantigrado agg. ● Diviso in ottanta gradi, detto spec. della scala termometrica Réaumur.

ottantìna [da *ottanta*] s. f. **1** Complesso, serie di ottanta o circa ottanta unità: *un'o. di chilometri*. **2** Gli ottant'anni nell'età dell'uomo: *ha passato l'o.*; *è sull'o.*

ottàrda ● V. *otarda*.

†**ottàre** [lat. *optāre*. V. *optare*] **A** v. tr. **1** Desiderare. **2** (*raro*) Chiedere, domandare. **B** v. intr. **1** Aspirare a q.c. **2** V. *optare*.

-ottàre [dal suff. nom., di valore attenuativo-iterativo, *-otto*] suff. ● Conferisce a verbi valore diminutivo e frequentativo: *borbottare*, *parlottare*, *pizzicottare*.

ottàstilo o **octàstilo** [vc. dotta, lat. *octastȳlu(m)*, nom. *octástylos*, dal gr. *oktástylos*, comp. di *oktṓ* 'otto' e *-stilo* (V. *stilobate*)] agg. ● (*archeol.*) Di edificio, spec. tempio, con otto colonne frontali.

ottatìvo [vc. dotta, lat. tardo *optatīvu(m)*, da *optātus*, part. pass. di *optāre* 'desiderare'. V. *optare*] **A** s. m. ● (*ling.*) Modo finito del verbo greco, e di altre lingue indoeuropee, che esprime il desiderio e la possibilità. **B** anche agg.: *modo o.*; *forma ottativa*.

Ottattìnie [comp. di *otto*, perché provviste di otto tentacoli, e *attinia*] s. f. pl. ● (*zool.*) Alcionari.

ottàva [propriamente f. di *ottavo*] s. f. **1** (*relig.*) Nella chiesa cattolica, serie delle cerimonie che, per otto giorni, precedono o seguono una solennità. **2** (*mus.*) Ottavo suono della scala | Intervallo di otto gradi della scala, comprendente i dodici semitoni del sistema temperato. **3** (*letter.*) Stanza di otto endecasillabi, i primi sei con rima alternata, gli ultimi con rima baciata. **4** Nel linguaggio di borsa, settimana: *o. di borsa*. **5** (*sport*) Atteggiamento schermistico: *invito*, *legamento di o.* ‖ **ottaverèlla**, dim. | **ottavìna**, dim. (V.) | **ottavùccia**, dim.

ottavàrio [da *ottava*] s. m. ● (*relig.*) Nella chiesa cattolica, serie di otto giorni dedicati a cerimonie e a preghiere prima o dopo una solennità religiosa.

ottavìna s. f. **1** Dim. di *ottava*. **2** (*letter.*) Componimento poetico formato da stanze di otto versi. **3** Nel gioco del biliardo, colpo che manda la palla dell'avversario in mezzo al castello dei birilli dopo aver toccato per otto volte le sponde.

ottavìno [dim. di *ottava*] s. m. **1** (*mus.*) Corto e piccolo flauto i cui suoni superano di un'ottava quelli corrispondenti del flauto. ➡ ILL. **musica**. **2** Nella terminologia commerciale, provvigione pari a un ottavo per cento.

ottàvo [lat. *octāvu(m)*, da *ŏcto* 'otto'] **A** agg. num. ord. **1** Corrispondente al numero otto in una sequenza, in una successione (rappresentato da VIII nella numerazione romana, da 8° in quella araba): *si è classificato o.*; *è all'o. mese di vita*; *Carlo VIII*; *Bonifacio VIII*; *due all'ottava*, (*ell.*) | *Ottava rima*, in metrica, l'ottava | *L'ottava meraviglia*, (*scherz.*) cosa eccezionalmente bella e grandiosa, con riferimento alle antiche celebri sette meraviglie del mondo. **2** In composizione con altri numerali, semplici o composti, forma gli ordinali superiori: *decimottavo*; *centesimottavo*. **B** s. m. **1** Ciascuna delle otto parti uguali di una stessa quantità: *ha diritto ai tre ottavi della somma* | *In o.*, detto del formato che si ricava piegando tre volte il foglio di carta disteso, convenzionato per usi bibliografici in circa 20 cm e di ogni edizione le cui dimensioni rientrano in tali limiti. **2** (*sport*) *Ottavi di finale*, nelle gare a eliminazione, quartultima fase della competizione che impegna i concorrenti che hanno superato i sedicesimi di finale e qualifica quelli che disputeranno i quarti: *entrare negli ottavi di finale*; *superare gli ottavi di finale*.

ottemperànte o †**obtemperànte** part. pres. di *ottemperare*; anche agg. ● Nel sign. del v. ‖ **ottemperantemènte**, avv. (*raro*) Con ottemperanza.

ottemperànza [da *ottemperante*] s. f. ● Obbedienza: *in o. a una disposizione*, *a un decreto*.

ottemperàre o †**obtemperàre** [vc. dotta, lat. *obtemperāre*, comp. di *ŏb-* 'davanti' e *temperāre* 'moderare, moderarsi'. V. *temperare*] v. intr. (*io ottèmpero*; aus. *avere*) ● Adempiere o ubbidire a ciò che è stato prescritto o richiesto: *o. a una disposizione*, *a una legge*.

ottenebramènto s. m. ● Atto, effetto dell'ottenebrare, dell'ottenebrarsi. SIN. Oscuramento.

ottenebràre o †**attenebràre** [vc. dotta, lat. tardo *obtenebrāre*, comp. di *ŏb-* 'davanti' e *tenebrāre*] **A** v. tr. (*io ottènebro*) ● Coprire o velare di tenebre (*spec. fig.*): *le superstizioni ottenebrano la mente*. **B** v. intr. pron. ● Oscurarsi, offuscarsi: *il cielo si ottenebrò d'improvviso*; *gli si è ottenebrata la vista*.

ottenebràto part. pass. di *ottenebrare*; anche agg. ● Nei sign. del v.

ottenebraziòne [vc. dotta, lat. tardo *obtenebratiōne(m)*, da *obtenebrāre* 'ottenebrare'] s. f. ● (*raro*) Ottenebramento.

ottenére [lat. *obtinēre*, propriamente 'tener fermo davanti', comp. di *ŏb-* 'davanti' e *tenēre* 'tenere'] v. tr. (coniug. come *tenere*) **1** Riuscire ad avere q.c. che si desidera o a cui si ha diritto: *o. un premio*, *la vittoria*, *un incarico*, *un permesso* | Conquistare: *o. con le armi*, *con la forza*. SIN. Conseguire, raggiungere. **2** Ricavare mediante lavorazioni apposite: *la benzina si ottiene dal petrolio*.

ottenìbile agg. ● Che si può ottenere.

ottenimènto s. m. ● Conseguimento, l'ottenere.

†**ottenitóre** s. m. (f. *-trice*) ● Chi ottiene.

ottènne [vc. dotta, lat. tardo *octĕnne(m)*, comp. di *ŏcto* 'otto' e *ănnus* 'anno'] agg. **1** Che ha otto anni, detto di cosa e di persona. **2** (*raro*) Che dura da otto anni.

ottènnio [vc. dotta, lat. tardo *octĕnniu(m)*, da *octĕnnis* 'ottenne'] s. m. ● (*raro*) Spazio di tempo di otto anni.

ottentòtto [ol. *hottentot*, n. di origine onomat. per indicare un popolo rozzo che non sa parlare (cfr. *barbaro*)] **A** s. m. (f. *-a*) **1** Appartenente a una popolazione indigena dell'Africa meridionale, di bassa statura e con pelle bruno-giallastra, un tempo assai numerosa (e ora ridotta a poche migliaia di individui). **2** (*fig.*, *spreg.*) Persona rozza e incivile (V. nota d'uso STEREOTIPO). **B** s. m. solo sing. ● Lingua africana parlata dagli ottentotti. **C** agg. ● Relativo agli ottentotti: *usanza ottentotta*.

†**ottestàre** [vc. dotta, lat. *obtestāri*, comp. di *ŏb-* 'davanti', e *testāri* 'chiamare a testimonio', da *tĕstis* 'testimonio'. V. *teste*] v. tr. ● Pregare caldamente.

ottétto [da *otto*, sul modello di *duetto*, *terzetto*, ecc.] s. m. **1** Combinazione musicale per otto strumenti d'arco o da fiato, o misti. **2** (*chim.*) Secondo certe teorie, gruppo di 8 elettroni che costituiscono o vengono a costituire, durante la formazione di molecole, lo strato elettronico più esterno di un atomo conferendogli stabilità.

òttica [vc. dotta, lat. *ŏptice(m)*, nom. *ŏptice*, dal gr. *optikḗ* (*téchnē*) 'arte ottica', f. di *optikós* 'ottico'] s. f. **1** Parte della fisica che studia i fenomeni luminosi | (*est.*) Parte della fisica che studia tutto ciò che è relativo alle radiazioni elettromagnetiche | *O. geometrica*, studia i fenomeni e le leggi relative alla propagazione rettilinea della luce | *O. fi-*

sica, studia i fenomeni associati alla natura ondulatoria della luce | *O. fisiologica*, studia l'anatomia e la fisiologia degli organi della vista | *O. elettronica*, studia l'interazione tra fasci di elettroni e campi elettrici e magnetici | *O. a fibre*, studia l'applicazione delle fibre ottiche. *2* Tecnica riguardante la fabbricazione degli strumenti ottici. *3* Complesso di lenti, specchi, prismi, diaframmi e sim. che fanno parte di un apparecchio ottico: *l'o. di una macchina da presa*. *4* (*fig.*) Modo di vedere, prospettiva, punto di vista: *il problema va considerato secondo una nuova o.*; *tutto ciò è valido in un'o. particolare*.

òttico [vc. dotta, gr. *optikós* 'visivo, ottico', da *optós* 'visibile', dal fut. di *horân* 'vedere', di origine indeur.] **A** agg. (pl. m. *-ci*) *1* (*anat.*) Relativo alla vista o agli organi della vista: *nervo o.* *2* (*fis.*) Che si riferisce alla, che è proprio dell'ottica | *Sistema o.*, insieme di lenti, specchi, prismi, diaframmi e sim. | *Strumento, apparecchio o.*, strumento, apparecchio destinato a produrre o a sfruttare particolari fenomeni ottici | *Sistema o. centrato*, in cui le superfici del sistema sono sferiche e con i centri allineati | *Asse o.*, la retta su cui sono allineati i centri di un sistema ottico centrato. || **otticaménte**, avv. Secondo i principi propri dell'ottica. **B** s. m. ● Chi confeziona e vende al pubblico occhiali e lenti.

ottìle [da *ott(ano)*, col suff. *-ile*] s. m. ● (*chim.*) Radicale alchilico monovalente derivante dall'ottano per perdita di un atomo d'idrogeno.

ottilùstre [comp. di *otto* e *lustro* (*3*)] agg. ● (*raro*, *lett.*) Quarantenne.

ottimàle [da *ottimo*] agg. ● Che rappresenta quanto di meglio si possa determinare relativamente a date esigenze: *temperatura o.*; *condizioni ottimali*.

ottimalizzàre [comp. di *ottimale* e *-izzare*] v. tr. ● In una organizzazione, una produzione, un impianto e sim., calcolare e raggiungere il modulo ottimale.

ottimalizzazióne s. f. ● Atto, effetto dell'ottimalizzare.

ottimàre [da *ottimo*] v. tr. (*io òttimo*) ● Portare una tecnica, un complesso produttivo, un procedimento e sim. al grado ottimo, relativamente ai risultati finali sia economici che tecnici.

ottimàte [vc. dotta, lat. *optimāte(m)*, da *ŏptimus* 'ottimo'] s. m. ● Nella Roma antica, l'appartenente al ceto nobiliare o a un gruppo familiare predominante in campo politico | (*est.*, *lett.*) Cittadino che eccelle per nobiltà, potenza e ricchezza | *Governo degli ottimati*, aristocrazia.

ottimazióne s. f. ● Ottimizzazione.

ottìmetro ® [comp. del gr. *optikós* 'visivo, ottico' (V. *ottico*) e *-metro*] s. m. ● Apparecchio per misurare la vista.

ottimìsmo [fr. *optimisme*, dal lat. *ŏptimus* 'ottimo', col suff. *-isme* '-ismo'] s. m. *1* Attitudine a giudicare favorevolmente lo stato e il divenire della realtà: *il suo o. rasenta l'ingenuità*. CONTR. Pessimismo. *2* Ogni dottrina filosofica che, fondandosi sull'accettazione di un finalismo universale, considera il male come relativo e apparente in un mondo in cui il bene domina assoluto e incontrastato.

ottimìsta [fr. *optimiste*, da *optimisme* 'ottimismo'] **A** s. m. e f. (pl. m. *-i*) ● Chi affronta e giudica le cose con ottimismo. CONTR. Pessimista. **B** agg. ● Ottimistico: *un ragazzo o.*; *carattere o.*

ottimìstico agg. (pl. m. *-ci*) ● Di ottimismo, che rivela ottimismo, spec. eccessivo: *valutazione ottimistica dei danni*. CONTR. Pessimistico. || **ottimisticaménte**, avv. In modo ottimistico, con ottimismo.

ottimizzàre [comp. di *ottim(o)* e *-izzare*, sul modello dell'ingl. *to optimize*] v. tr. ● Ricercare quella soluzione di un problema in cui siano ridotti al minimo i rischi e i fattori negativi ed esaltati al massimo i vantaggi e i fattori positivi.

ottimizzatóre [da *ottimizzare*] s. m. (f. *-trice*) ● Chi, in un'azienda, ha il compito di ricercare e trovare le soluzioni per utilizzare in modo ottimale i mezzi e le persone a disposizione.

ottimizzazióne s. f. ● Atto, effetto dell'ottimizzare.

òttimo [vc. dotta, lat. *ŏptimu(m)*, da *ŏps* 'ricchezza' (V. *opimo*)] **A** agg. (sup. di *buono*) *1* Buonissimo, eccellente, tanto in senso morale che materiale: *vino, cibo o.*; *o. legname da costruzione*; *godiamo ottima salute*; *un o. governo*; *un'ottima persona*; *le informazioni su di te sono ottime* | *O. lavoro*, fatto in modo perfetto. CONTR. Pessimo. *2* Bellissimo: *ha un o. aspetto*; *ha conservato un'ottima figura malgrado gli anni*. || **ottimaménte**, avv. Nel modo migliore; perfettamente. **B** s. m. *1* Ciò che è o viene considerato ottimo: *in quella zona vi è l'o. delle condizioni climatiche per la sua salute*; *l'o. della produzione granaria non è stato raggiunto*. *2* Massima qualifica di merito data spec. come valutazione scolastica.

-ottìno [doppio suff. alterativo comp. di *-otto* e *-ino*] suff. alterativo composto ● Conferisce ad aggettivi valore diminutivo e vezzeggiativo: *bassottino*, *pienottino*.

òtto [lat. *ŏcto*, di origine indeur.] agg. num. card. inv.; anche s. m. inv. ● Numero naturale successivo di sette, rappresentato da 8 nella numerazione araba, da VIII in quella romana. **I** Come agg. ricorre nei seguenti usi. *1* Rispondendo o sottintendendo la domanda 'quanti?', indica la quantità numerica di otto unità (spec. preposto a un s.): *lungo o. metri*; *distante o. chilometri*; *abito qui da o. anni*; *ha appena o. mesi*; *di qui a o. giorni*; *gli o. quinti di una somma* | *Dare gli o. giorni*, licenziarsi dando un preavviso di otto giorni secondo la legge | *In quattro e quattr'o.*, (*fig.*) prestissimo, molto velocemente e (*est.*) senza fatica: *faccio in quattro e quattr'o.!* *2* Rispondendo o sottintendendo la domanda 'quale?', identifica q.c. in una pluralità, in una successione, in una sequenza (posposto a un s.): *abito al numero o. di via Garibaldi*; *prendi l'autobus numero o.*; *le ore o. del mattino*; *le ore o. di sera* | *Corpo o.*, carattere la cui forza di corpo è di otto punti tipografici, usato per le intercalazioni o per composizioni richiedenti un occhio piccolo. *3* In composizione con altri numeri, semplici o composti, forma i numeri superiori: *ventotto*; *ottocento*; *ottomila*; *ottocentomila*; *ottomilaottocentotto*. **II** Come s. ricorre nei seguenti usi. *1* Il numero otto (per ell. di un s.): *pagamento all'o. del mese*; *uno sconto dell'o. per cento*; *ho giocato l'o. di fiori*; *l'o. nel sedici sta due volte*; *l'o. giugno*; *sono le o. del mattino* | (*fam.*) *Le o. di sera*, le ore venti | *Oggi a o.*, tra otto giorni, comprendendo quello in cui ci si trova fissando la data | Nella valutazione scolastica, voto molto buono, inferiore di soli due punti al massimo: *ha preso un o. in italiano*; *è stato promosso con la media dell'o.* *2* Il segno che rappresenta il numero otto: *scrivo l'o. e riporto il due*. *3* Percorso, tracciato a forma di otto | *O. volante*, nei luna park, gioco costituito da un'incastellatura a forma di otto orizzontale, con forti dislivelli, dotata di binari su cui corrono dei vagoncini. SIN. Montagne russe. *4* (*sport*) Tipo di imbarcazione impiegata nelle gare di canottaggio, con equipaggio di otto vogatori, che azionano un remo ciascuno, e da un timoniere.

-òtto [forma secondaria, con analogo valore dim., del suff. *-etto*] suff. alterativo ● Conferisce a nomi e aggettivi valori e toni vari: *aquilotto*, *leprotto*, *passerotto*; *contadinotto*, *giovanotto*, *ragazzotto*, *signorotto*, *anzianotto*, *bassotto*, *pienotto*, *semplicìotto*.

†**ottoagèno** [sovrapposizione del lat. *octogēni* 'a ottanta per volta' al lat. *octuagīnta*, var. di *octogīnta* 'ottanta'] agg. ● Ottuagenario.

ottobràta s. f. ● Scampagnata d'ottobre: *le ottobrate romane* | Giornata d'ottobre particolarmente mite e luminosa.

ottóbre [lat. *octōbre(m)*, da *ŏcto* 'otto', perché era l'ottavo mese del calendario romano arcaico] s. m. ● Decimo mese dell'anno nel calendario gregoriano, di 31 giorni.

ottobrìno agg. ● Di ottobre, che matura in ottobre.

ottocentésco [da *ottocento*] agg. (pl. m. *-schi*) ● Che è del secolo diciannovesimo o ne ha i caratteri: *poesia ottocentesca*; *gusto o.*

ottocentèsimo A agg. num. ord. ● Corrispondente al numero ottocento in una sequenza, in una successione (rappresentato da DCCC nella numerazione romana, da 800° in quella araba): *è stato l'o. iscritto*; *l'ottocentesima parte di mille*. **B** in funzione di s. m. ● Ciascuna delle ottocento parti uguali di una stessa quantità: *un o.*

ottocentìsta s. m. e f. (pl. m. *-i*) *1* Scrittore, artista del sec. XIX, dell'Ottocento. *2* Studioso specializzato in studi ottocenteschi. *3* Atleta che gareggia nella corsa degli 800 metri piani.

ottocentìstico agg. (pl. m. *-ci*) ● Che concerne l'Ottocento.

ottocènto [comp. di *otto* e *cento*] agg. num. card. inv.; anche s. m. inv. ● Otto volte cento, otto centinaia, rappresentato da 800 nella numerazione araba, da DCCC in quella romana. **I** Come agg. ricorre nei seguenti usi. *1* Rispondendo o sottintendendo la domanda 'quanti?', indica la quantità numerica di ottocento unità (spec. preposto a un s.): *un raggio di o. chilometri*; *spendere o. lire*; *una fabbrica con o. operai*. *2* Rispondendo o sottintendendo la domanda 'quale?', identifica q.c. in una pluralità, in una successione, in una sequenza (posposto a un s.): *l'anno o. dell'era volgare*. **II** Come s. ricorre nei seguenti usi. *1* Il numero ottocento (per ell. di un s.): *nell'o. circa a.C.* | *L'Ottocento*, (*per anton.*) il sec. XIX: *le rivoluzioni dell'Ottocento*; *i pittori dell'Ottocento*; *mentalità, idee dell'Ottocento* (*anche spreg.*). *2* Il segno che rappresenta il numero ottocento. *3* (*sport*, *ell. al pl.*) Distanza di ottocento metri piani su cui si sviluppa una classica corsa | (*est.*) La gara stessa: *correre gli o.*; *vincere gli o.*; *esordire negli o.*

ottocìfre [da avvicinare a *otto* per la forma (?)] s. m. inv. ● Arnese a forma di 8, tipico dell'orologiaio, ma talvolta usato anche dall'orafo, usato spec. per raddrizzare il bilanciere.

ottodràmma o **octodràmma** [rifacimento sull'it. *otto*, del gr. *oktádrachmos* 'di otto dramme', comp. di *oktṓ* 'otto' e *drachmḗ* 'dracma'] s. f. ● Moneta greca del valore di otto dramme coniata dai Tolomei in Egitto.

†**ottogenàrio** ● V. *ottuagenario*.

†**ottoleàre** [var. di †*ottriare* (?)] v. tr. ● (*raro*) Concedere.

ottomàna [fr. *ottomane*, detta così perchè usata dagli *Ottomani*] s. f. ● Divano alla turca con materasso o cuscini per spalliera, trasformabile in letto.

ottomàno [ar. *'othmānī*, da *'Othmān* (644-656), capostipite di una dinastia musulmana] agg.; anche s. m. ● Turco: *impero o.* | *Tessuto o.*, con armatura a larghe cannellature.

ottomìla [comp. di *otto* e *mila*] agg. num. card. inv.; anche s. m. inv. ● Otto volte mille, otto migliaia, rappresentato da 8 000 nella numerazione araba, da $\overline{\text{VIII}}$ in quella romana. **I** Come agg. ricorre nei seguenti usi. *1* Rispondendo o sottintendendo la domanda 'quanti?', indica la quantità numerica di ottomila unità (spec. preposto a un s.): *costa o. lire*; *possiede circa o. volumi*; *ha raggiunto gli o. metri di altezza*. *2* Rispondendo o sottolineando la domanda 'quale?', identifica q.c. in una pluralità, in una successione, in una sequenza (posposto a un s.): *abbonamento numero o.* **II** Come s. ricorre nei seguenti usi. *1* Il numero ottomila (per ell. di un s.). *2* Il segno che rappresenta il numero ottomila. *3* (*sport*) Ciascuna delle 14 cime di montagna che superano gli ottomila metri di quota e che, per le difficoltà logistiche, tecniche e fisiologiche che oppongono allo scalatore, costituiscono un obiettivo prestigioso dell'alpinismo himalayano.

ottonàio [da *ottone*] s. m. ● Artigiano od operaio che lavora l'ottone | Venditore di oggetti d'ottone.

ottonàme s. m. ● Lavori, oggetti in ottone.

ottonàre v. tr. (*io ottóno*) ● Ricoprire una superficie metallica con uno strato di ottone.

ottonàrio [vc. dotta, lat. *octonāriu(m)*, da *octōni* 'a otto a otto', da *ŏcto* 'otto'] s. m. ● Nella metrica classica, verso di otto piedi | Nella metrica romanza, verso di otto sillabe.

ottonatùra [da *ottonare*] s. f. ● Atto, effetto dell'ottonare.

ottóne [ar. *laṭūn* 'rame', con la caduta della *l-* iniziale sentita come articolo (*lottone* è diventato *l'ottone*)] s. m. *1* Lega contenente rame e zinco ed eventualmente, in quantità secondarie, altri metalli, assai impiegata nell'industria. *2* (*mus.*, *al pl.*) Strumenti a fiato in ottone, quali corni, trombe, tromboni, tube. *3* (*spec. al pl.*) Insieme di maniglie, bocchette per serrature, applicazioni metalliche per mobili e sim.: *pulire, lucidare gli ottoni*.

ottonìano agg. ● Relativo alla dinastia degli Ottoni, re di Germania e imperatori della casa di Sassonia | *Arte ottoniana*, arte promossa dagli Ottoni, caratterizzata dalla ripresa di elementi classicistici.

†ottonino agg. ● Di ottone | Simile all'ottone.

Ottòpodi [vc. dotta, gr. *oktṓpous*, genit. *oktṓpodos* 'che ha otto piedi', comp. di *oktṓ* 'otto' e *póus*, genit. *podós* 'piede' (V. *-pode*)] s. m. pl. ● Nella tassonomia animale, ordine di Molluschi dei Cefalopodi dotati di otto tentacoli muniti di ventose, privi di conchiglia, con bocca munita di robusti astucci cornei (*Octopoda*) | (al sing. *-e*) Ogni individuo di tale ordine.

ottosillabo [vc. dotta, lat. tardo *octosȳllabu*(*m*), da *ŏcto* 'otto', sul modello di *hendecasȳllabus* 'endecasillabo'] s. m. ● (*letter.*) Ottonario.

ottotipico o **optotipico** [da *ottotipo*] agg. (pl. m. *-ci*) ● Detto di tavola usata per la misurazione dell'acutezza visiva | *Tavola ottotipica*, ottotipo.

ottòtipo o **optòtipo** [comp. del gr. *optikós* 'visivo, ottico' (V. *ottico*) e *-tipo*] s. m. ● Cartellone o quadro luminoso su cui sono impressi caratteri neri di opportune forme e dimensioni, destinati alla misurazione della vista. ➡ ILL. **medicina e chirurgia**.

ottrelite [comp. di *Ottrez*, località del Belgio, e *-lite*] s. f. ● (*miner.*, *raro*) Silicato di ferro e alluminio di origine metamorfica.

†ottriàre o **†otriàre** [ant. fr. *otreier* (moderno *octroyer*), dal lat. parl. **auctoridiāre* 'accordare', da *ăuctor*, genit. *auctōris* 'garante'. V. *autore* e *autorizzare*] v. tr. ● Concedere, elargire una carta costituzionale e sim. da parte dell'autorità sovrana.

ottriàto part. pass. di *†ottriare*; anche agg. *1* †Nei sign. del v. *2* (*dir.*) Concesso dall'autorità sovrana: *costituzione ottriata.*

ottuagenàrio o **†ottogenàrio** [sovrapposizione di *settuagenario* al lat. *octogenārius* 'ottogenario', da *octogēni* 'a ottanta per volta'] agg.; anche s. m. (f. *-a*) ● Che, chi ha ottant'anni di età, detto di persona.

ottùndere [vc. dotta, lat. *obtŭndere*, comp. di *ŏb-* 'contro' e *tŭndere* 'colpire, percuotere', di origine indeur.] v. tr. e intr. pron. (pass. rem. *io ottùsi*, *tu ottundésti*; part. pass. *ottùso*) *1* (*lett.*) Arrotondare q.c. privandola della punta o del taglio. *2* (*fig.*) Rendere tardo, lento, inetto: *o. l'ingegno, la mente, la memoria.*

ottundiménto s. m. ● Modo e atto dell'ottundere (*anche fig.*).

†ottuplàre [da *ottuplo*] v. intr. ● (*raro*) Ottuplicare.

ottuplicàre [da *ottuplo*] v. tr. (*io ottùplico*, *tu ottùplichi*) ● Moltiplicare per otto, accrescere di otto volte.

ottùplice [vc. dotta, lat. tardo *octŭplice*(*m*), da *ŏcto* 'otto', sul modello di *dŭplex*, genit. *dŭplicis* 'duplice'] agg. ● (*raro*) Che si compone di otto parti, anche diverse fra loro.

òttuplo [vc. dotta, lat. *ŏctuplu*(*m*), da *ŏcto* 'otto', sul modello di *dŭplus* 'doppio'] **A** agg. ● Che è otto volte maggiore, relativamente ad altra cosa analoga: *rendimento o.* **B** s. m. ● Quantità, misura otto volte maggiore.

otturaménto [vc. dotta, lat. *obturamĕntu*(*m*), da *obturāre* 'otturare'] s. m. ● Modo e atto dell'otturare, dell'otturarsi.

otturàre [vc. dotta, lat. *obturāre*, comp. di *ŏb-* 'contro' e **turāre*, di etim. incerta] **A** v. tr. (coniug. come *turare*) ● Turare, chiudere, ostruire: *o. un'apertura, una cavità* | *O. un dente*, curarlo inserendo l'apposito amalgama nell'incavo prodotto dalla carie. **B** v. intr. pron. ● Chiudersi, intasarsi: *il condotto idraulico si è otturato.*

otturàto part. pass. di *otturare*; anche agg. ● Nei sign. del v.

otturatóre **A** agg. (f. *-trice*) ● Che ottura. **B** s. m. *1* Nelle macchine fotografiche, dispositivo che apre e richiude istantaneamente il passaggio della luce proveniente dal soggetto, la quale, passando attraverso l'obiettivo, va a formare l'immagine sulla pellicola | In cinematografia, apparecchio che si trova sia nella macchina da presa sia nel proiettore, avente la funzione di interrompere il fascio di raggi luminosi durante la fase di trasporto della pellicola. *2* Congegno mobile della culatta delle armi da fuoco a retrocarica, che consente l'introduzione del proiettile e la successiva chiusura ermetica della culatta per resistere all'espansione dei gas della carica di lancio. *3* (*idraul.*) Dispositivo che interrompe il flusso liquido in una condotta d'acqua. *4* Strumento del dentista usato nell'esecuzione delle otturazioni.

otturazióne [vc. dotta, lat. tardo *obturatiōne*(*m*), da *obturātus* 'otturato'] s. f. *1* Operazione ed effetto dell'otturare: *o. di una cavità.* *2* (*est.*) Il materiale con cui è stata otturata un'apertura | L'amalgama, o sim., con cui è stato curato un dente: *mi è saltata via l'o.*

ottusàngolo [vc. dotta, lat. tardo *obtusiăngulu*(*m*), comp. di *obtūsus* 'ottuso' e *ăngulus* 'angolo'] agg. ● Detto di triangolo che ha un angolo ottuso.

†ottusézza [da *ottuso*] s. f. ● Grossolanità, materialità.

†ottusióne [vc. dotta, lat. tardo *obtusiōne*(*m*), da *obtūsus* 'ottuso'] s. f. ● Ottusità.

ottusità [vc. dotta, lat. tardo *obtusitāte*(*m*), da *obtūsus* 'ottuso'] s. f. *1* Qualità o condizione di chi, di ciò che è ottuso (*spec. fig.*): *o. di mente* | *O. d'orecchio*, durezza, sordità. *2* (*raro*) Stordimento.

ottùso [vc. dotta, lat. *obtūsu*(*m*), part. pass. di *obtŭndere* 'ottundere'] agg. *1* (*raro*) Detto di ciò che non è tagliente, che ha perduto la punta o il filo: *spada ottusa*; *coltello o.* *2* (*fig.*) Che manca di acutezza mentale, che è lento e tardo nel comprendere: *ingegno o.*; *mente ottusa*; *sguardo o.* | (*est.*) Detto di organo di senso che ha perso in parte la sua capacità: *gusto, olfatto o.* *3* (*fig.*) Detto di suono sordo, dotato di poca risonanza: *voce ottusa* | (*raro*) Detto di ambiente privo di luminosità, di aria, e sim.: *stanza ottusa.* *4* (*mat.*) Detto di angolo maggiore di un angolo retto e minore di un angolo piatto. ‖ **ottusaménte**, avv. In modo ottuso, con ottusità.

ouguiya /u'gija/ [vc. ar.] s. f. inv. ● (*econ.*) Unità monetaria della Mauritania.

out /ingl. 'aut/ [vc. ingl., propriamente 'fuori', di origine indeur.] **A** avv. e agg. inv. ● Nella loc. *essere out*, di chi, o di ciò che, è ormai superato dal punto di vista della moda, del comportamento, dei modelli imperanti: *un personaggio ormai out*; *i termini che usi sono out.* **B** s. m. inv. *1* Nel tennis, lo spazio al di fuori del campo di gioco, compreso fra la riga bianca e la rete di recinzione. *2* La parola che l'arbitro di un incontro di pugilato pronuncia per annunciare il verdetto di fuori combattimento.

outdoor /ingl. 'autdɔ:*/ [vc. ingl., comp. di *out* 'fuori' (V. *out*) e *door* 'porta' (d'orig. germ.)] agg. inv. ● Detto di gare o incontro sportivo che si svolge all'aperto.

output /ingl. 'autput/ [vc. ingl., propriamente 'produzione, rendimento', poi specializzatosi in altri sign., comp. di *out* 'fuori' (V. *out*) e *to put* 'mettere, porre, callocare' (di origine germ.)] s. m. inv. *1* (*org. az.*) Ognuno degli elementi finali che concludono certi procedimenti quali dati, informazioni e sim. *2* (*elab.*) Trasferimento dei dati prodotti da un elaboratore elettronico a un apposito dispositivo, quale monitor, stampante, memoria di massa | L'insieme dei dati così prodotti.

outrigger /ingl. 'aut-rigə*/ [vc. ingl., comp. di *out* 'fuori' (V. *out*) e *to rig* 'attrezzare, allestire', di origine scandinava] s. m. inv. *1* Armatura metallica sporgente dal bordo di un'imbarcazione che all'estremità reca montata la scalmiera. *2* (*est.*) Nel canottaggio, imbarcazione con tale tipo di scalmiera in cui i vogatori, in numero pari, manovrano ciascuno un solo remo.

outsider /aut'saider, *ingl.* 'aut-saidə/ [vc. ingl., propriamente 'di fuori, esterno', comp. di *out* 'fuori' (V. *out*) e *side* 'parte, lato', di origine germ.] s. m. inv. ● In una competizione sportiva, concorrente che non risulta tra i favoriti | (*est.*) In campo politico, professionale e sim., chi è fuori dai giochi di potere.

ouverture /fr. uvɛr'tyr/ [vc. fr., dal lat. parl. **opertūra*(*m*), per il classico *apertūra*(*m*) 'apertura'] s. f. inv. ● (*mus.*) Composizione strumentale di introduzione a un melodramma, a una cantata, a un oratorio, formata a volte con temi dell'opera cui è preposta.

ovàia [lat. tardo *ōvariu*(*m*), da *ōvum* 'uovo'] s. f. ● (*anat.*) Ognuna delle due ghiandole a secrezione interna che costituiscono l'organo riproduttore femminile, nel quale si sviluppano le cellule uovo. SIN. Ovaio. ➡ ILL. p. 364, 365 ANATOMIA UMANA.

ovàio [lat. tardo *ovāriu*(*m*), da *ōvum* 'uovo'] **A** s. m. (f. *-a*) *1* (*anat.*) Ovaia. *2* †Venditore di uova. **B** agg. ● †Ovaiolo.

ovaiòlo o **†ovaiuòlo** [da *ovaio*] **A** agg. ● (*raro*) Di gallina che produce molte uova | Di stagione favorevole alla deposizione delle uova. **B** s. m. *1* (*raro*) Venditore di uova. *2* (*raro*) Portauovo.

ovalàre [da *ovale*] agg. ● (*biol.*, *med.*) Che ha forma ovale | Che ha forma simile a quella di un uovo: *area, zona o.*

ovàle [dalla forma a *ovo*] **A** agg. ● Detto di ciò che ha una forma ellittica simile a quella di un uovo di gallina: *linea o. del volto*; *tavolino o.* | *Palla o.*, rugby | *Foglia o.*, con forma quasi ellittica. **B** s. m. *1* Nicchia o sim., di forma ovale: *la parete è ornata di ovali dipinti.* *2* Conformazione del viso, spec. femminile: *un bell'o.*; *un o. perfetto.* *3* (*mat.*) Curva piana chiusa che sia incontrata da una retta qualsiasi in due punti al più.

ovalifórme [comp. di *ovale* e *-forme*] agg. ● Che ha forma ovale: *foglie ovaliformi.*

ovalizzàre [comp. di *ovale* e *-izzare*] **A** v. tr. ● Rendere ovale, dare forma ovale. **B** v. intr. pron. ● Diventare ovale | (*mecc.*) Subire ovalizzazione.

ovalizzàto part. pass. di *ovalizzare*; anche agg. ● Nei sign. del v.

ovalizzazióne s. f. ● Atto, effetto dell'ovalizzare o dell'ovalizzarsi | (*mecc.*) Deformazione delle camicie dei cilindri dei motori a combustione interna, dovuta a irregolare movimento del pistone a seguito di usure interne.

ovànte [vc. dotta, lat. *ovānte*(*m*), part. pres. di *ovāre* 'esultare, esser festante': di origine onomat. (?)] agg. ● (*lett.*) Esultante, trionfante.

ovarialgia [comp. del lat. tardo *ovārium* 'ovaia' e *-algia*] s. f. (pl. *-gie*) ● (*med.*) Sensazione dolorosa di origine ovarica.

ovàrico agg. (pl. m. *-ci*) *1* (*anat.*) Relativo all'ovaia: *cisti ovarica.* *2* (*bot.*) Relativo all'ovario.

ovariectomìa [comp. di *ovari*(*o*) e *-ectomia*] s. f. ● (*chir.*) Asportazione di una o di entrambe le ovaie.

ovariectomizzàre [da *ovariectomia*] v. tr. ● (*chir.*) Sottoporre a ovariectomia.

ovariectomizzàta [f. sost. del part. pass. di *ovariectomizzare*] agg. solo f.; anche s. f. ● (*med.*) Che, chi ha subìto un intervento di ovariectomia.

ovàrio [vc. dotta, lat. tardo *ovāriu*(*m*), da *ōvum* 'uovo'] s. m. *1* (*bot.*) Parte inferiore del pistillo a forma dilatata e contenente gli ovuli | *O. libero*, quando è separato dal calice | *O. aderente*, quando è saldato al calice. *2* (*anat.*) Ovaia.

ovariocèle [comp. del lat. tardo *ovārium* 'ovaia' e *-cele*] s. f. ● (*med.*) Ernia dell'ovaia.

ovariocisti [comp. del lat. tardo *ovārium* 'ovaia' e *cisti*] s. f. ● (*med.*) Cisti dell'ovaia.

ovariotomìa [comp. di *ovario* e *-tomia*] s. f. ● (*chir.*) Incisione dell'ovaia.

ovarite [da *ovario*, col suff. *-ite* (*1*)] s. f. ● (*med.*) Infiammazione di una o di entrambe le ovaie. SIN. Ooforite.

ovàto [vc. dotta, lat. *ovātu*(*m*) 'ovale', da *ōvum* 'uovo'] agg. ● (*raro*) Ovale | *Foglie ovate*, quasi tonde.

ovàtta [fr. *ouate*, di etim. incerta] s. f. ● Falda sottile di cotone cardato in fiocchi, usata per imbottiture e, dopo un'ulteriore lavorazione e sterilizzazione, anche per usi igienici e sanitari | *Vivere, tenere, allevare nell'o.*, (*fig.*) con ogni riguardo, nella mollezza | *D'o.*, (*fig.*) dall'aspetto soffice e leggero.

ovattàre [da *ovatta*] v. tr. *1* Imbottire o riempire di ovatta: *o. le spalle di una giacca.* *2* (*fig.*) Attutire, attenuare: *o. un rumore.*

ovattàto part. pass. di *ovattare*; anche agg. ● Nei sign. del v.

ovattatùra s. f. ● Imbottitura di ovatta.

ovazióne [vc. dotta, lat. tardo *ovatiōne*(*m*), da *ovāre*. V. *ovante*] s. f. *1* Nell'antica Roma, trionfo minore in cui il duce vittorioso aveva l'onore della corona di mirto, e sacrificava in Campidoglio, dove si recava a piedi o a cavallo. *2* Grido plaudente e prolungato: *una calorosa o.*; *le ovazioni della folla.*

óve o (*poet.*) **'ve** in proclisi [lat. *ŭbi*, di origine indeur.] **A** avv. *1* (*lett.*) Dove (indica stato in luogo o moto a luogo con valore rel. o in prop. interr. dirette e indirette): *do lode / alla ragion, ma corro ove al cor piace* (FOSCOLO); *ponmi / ove 'l Sole occide i fiori e l'erba* (PETRARCA); *vegno del loco ove tornar disio* (DANTE *Inf.* II, 71). *2* (*lett.*) Dovunque: *so che sempre, ove io sia, l'amerò morto* (PULCI) | Anche nella loc. avv. *ove che*: *tal la mi trova al petto, ove ch'io sia* (PETRARCA). **B** cong. *1* (*lett.*) Se mai, nel caso che, qualora (introduce una prop. condiz. con il v. al congv.): *ove fosse necessaria la mia presenza, telefonatemi*; *ove occoresse partirei immediatamente*. *2* (*lett.*) Mentre, invece (con valore avversativo): *volete agire precipitosamente ove, per contro, necessita molta riflessione*.

over /*ingl.* 'ouvə*/ [vc. ingl., da *over* (*arm*), propriamente 'sopra braccio', vc. germ. di origine indeur.] s. m. inv. ● Stile di nuoto che si esegue sul fianco, con la testa sopra il pelo dell'acqua, usando un braccio a pagaia, mentre le gambe si muovono a rana. SIN. Nuoto alla marinara.

over- /'ɔver, *ingl.* 'ouvə*/ [pref. ingl., da *over* 'sopra'] primo elemento ● In parole composte inglesi, entrate nella nostra lingua, significa 'sopra, che sta sopra' (*overcoat*) o 'che supera la norma, eccessivo, troppo' (*overbooking, overdose*).

†**òvera** ● V. *opera*.

†**overàre** ● V. *operare*.

overbooking /*ingl.* ouvə'bukiŋ/ [vc. ingl., da *to overbook* 'fare più prenotazioni dei posti disponibili', comp. di *over-* e *to book* 'registrare'] s. m. inv. ● Eccedenza di prenotazioni accettate da una compagnia aerea o da un albergo rispetto al numero dei posti effettivamente disponibili.

overboost /*ingl.* 'ouvəbu:st/ [vc. ingl., comp. di *over* 'sopra' e *boost* 'spinta'] s. m. inv. ● (*autom.*) Dispositivo che provvede a sovralimentare un motore turbo, potenziandolo in fase di accelerazione.

overcoat /*ingl.* 'ouvəkout/ [vc. ingl., comp. di *over-* e *coat* 'abito'] s. m. inv. ● Soprabito.

overdòse /over'dɔze, over'dɔz, *ingl.* 'ouvə dous/ [vc. ingl., comp. di *over-* 'troppo' e *dose* 'dose'] s. f. inv. ● Dose di droga, spec. di eroina, eccessiva rispetto alle capacità di assunzione dell'organismo, e quindi causa di morte: *morire per un'o.*; *uccidersi con un'o.* | (*est.*) Quantità eccessiva: *una o. di film*.

overdrive /over'draiv, *ingl.* 'ouvə draiv/ [vc. ingl., da *to overdrive* 'stancare con eccessivo lavoro, sfruttare troppo', comp. di *over-* 'troppo' e *to drive* 'trascinare, cacciare', di origine germ.] s. m. inv. ● (*mecc.*) Dispositivo interposto nella trasmissione di un'automobile per moltiplicare i giri delle ruote o ridurre quelli del motore, allo scopo di diminuire consumi e usure.

overfishing /over'fiʃin(g), *ingl.* 'ouvə-fiʃiŋ/ [vc. ingl., comp. di *over-* 'sopra' e *fishing* 'pesce' (da *to fish* 'pescare', vc. germ. d'origine indeur.)] s. m. inv. ● Eccesso di pesce pescato in un corso d'acqua o in mare tale da depauperare, spesso irrimediabilmente, le capacità riproduttive dell'ambiente ittico.

overflow /*ingl.* 'ouvə flou/ [vc. ingl., propr. 'straripamento', 'che scorre (*to flow*) sopra (*over*)'] s. m. inv. ● (*elab.*) Superamento delle capacità di una memoria o di un suo registro che determina uno stato di errore.

overlay /*ingl.* 'ouvə lei/ [vc. ingl., propr. 'sovrapposizione', 'che si pone (*to lay*) sopra (*over*)'] s. m. inv. ● (*elab.*) Modalità di gestione della memoria di un elaboratore elettronico nella quale vengono caricati successivamente in memoria centrale solo i moduli di programma necessari all'esecuzione.

overnight /*ingl.* 'ouvə nait/ [vc. ingl., propr. 'di notte'] agg. inv. ● (*econ.*) Detto di prestito contratto sul mercato monetario al termine della giornata e restituibile all'apertura della giornata successiva: *prestito, tasso o.* | (*est.*) Detto di operazione di durata inferiore alle ventiquattro ore o che si svolge nell'arco della nottata: *spedizioni o.*

†**o véro** ● V. *ovvero*.

oversize /*ingl.* 'ouvə saiz/ [vc. ingl., comp. di *over-* 'sopra' e *size* 'misura, dimensione' (d'origine incerta)] s. m. inv. ● Ogni capo di abbigliamento di taglia superiore a quella propria di chi lo indossa.

overtime /*ingl.* 'ouvə taim/ [vc. ingl., propr. 'tempo, lavoro straordinario', comp. di *over* 'oltre', di orig. germ., e *time* 'tempo', dall'anglosassone *tīma*] s. m. inv. ● (*sport*) Tempi supplementari.

òvest [fr. *ouest*, dall'ingl. *west*, dalla stessa radice del lat. *vĕsper* 'vespero'] s. m. *1* (*geogr.*) Punto cardinale nella cui direzione si vede tramontare il sole nei giorni degli equinozi. *2* (*est.*) Parte dell'orizzonte dove il sole tramonta | (*est.*) Territorio, paese e sim. situato in direzione dell'ovest rispetto a un punto stabilito: *l'o. dell'Europa*. *3* Nel bridge, posizione del giocatore che, al tavolo da gioco, si colloca di fronte al giocatore in posizione est con cui fa coppia.

òvi- ● V. *ovo-*.

o vìa ● V. *ovvia*.

ovidepórre [comp. di *ovo* e *deporre*] v. intr. (coniug. come *deporre*) ● (*zool.*) Deporre le uova.

ovideposizióne [comp. di *ovo* e *deposizione*] s. f. ● (*zool.*) Deposizione delle uova.

ovidótto o **ovidùtto** [da *ovo* sul modello di *acquedotto* ecc.] s. m. ● (*anat.*) Canale attraverso il quale le uova sono condotte dall'ovaia all'esterno o in un altro organo.

ovifórme [comp. di *ovo* e *-forme*] agg. ● (*lett.*) Che ha forma d'uovo.

ovìle [vc. dotta, lat. *ovīle*, da *ŏvis* 'pecora', di origine indeur.] s. m. ● Fabbricato rurale destinato al ricovero di pecore e capre | *Tornare all'o.*, (*fig.*) a casa o nel proprio ambito familiare o ambiente | *Ricondurre all'o.*, (*fig.*) riportare a casa, far rientrare nel proprio ambiente ideologico, sociale e sim. ➡ ILL. p. 353 AGRICOLTURA. ‖ **ovilùccio**, dim.

Ovìni s. m. pl. ● Nella tassonomia animale, sottofamiglia di Bovidi con specie caratterizzate da muso peloso e stretto, corna rugose e ricurve all'indietro nei maschi, più piccole o assenti nelle femmine, cui appartengono il camoscio, la capra e la pecora (*Ovinae*).

ovìno [vc. dotta, lat. tardo *ovīnu*(*m*), agg. di *ŏvis* 'pecora'. V. *ovile*] **A** agg. ● Di pecora: *carne ovina*. **B** s. m. ● (*zool.*) Ogni individuo appartenente alla sottofamiglia degli Ovini.

oviparìsmo [da *oviparo*] s. m. ● (*zool.*) Tipo di riproduzione che comporta la deposizione di uova e, conseguentemente, uno sviluppo embrionale al di fuori del corpo materno.

oviparità s. f. ● (*zool.*) Caratteristica degli animali ovipari.

ovìparo [vc. dotta, lat. tardo *ovĭparu*(*m*), comp. di *ōvum* 'uovo' e *-parus*, da *părere* 'partorire'. V. *parto*] **A** s. m. ● Animale che si riproduce per oviparismo. **B** anche agg.: *animale o.*

ovisàcco [comp. di *ovo* e *sacco*] s. m. (pl. *-chi*) ● (*anat.*) Epitelio che racchiude l'ovulo.

òvo ● V. *uovo*.

òvo- o **òvi-**, (*raro*) **òo-** [dal lat. *óvu*(*m*) 'uovo'] primo elemento ● In parole composte della terminologia scientifica, significa 'uovo': *ovidotto, ovopositore*.

ovocèllula [comp. di *ovo-* e *cellula*] s. f. ● (*biol.*) Gamete femminile.

ovocìta o **ovocìto** ● V. *oocita*.

ovodonazióne [comp. di *ovo-* e *donazione*] s. f. ● (*fisiol.*) Donazione, da parte di una femmina, di una cellula uovo destinata a essere fecondata artificialmente e impiantata nell'utero di un'altra femmina.

ovogamìa ● V. *oogamia*.

ovogènesi [comp. di *ovo-* e *genesi*] s. f. ● (*biol.*) Insieme dei fenomeni di maturazione dell'ovocellula.

ovoidàle agg. ● A forma di ovoide.

ovòide [comp. di *ovo-* e *-oide*] **A** agg. ● Che ha forma simile a quella di un uovo: *frutto o.* **B** s. m. ● Corpo che ha forma simile a quella di un uovo.

ovolàccio [da *ovolo*] s. m. ● Fungo velenoso delle Agaricacee dal cappello superiormente scarlatto con scagliette bianche e con lamelle bianche, che cresce nei boschi di conifere (*Amanita muscaria*). SIN. Ovolo malefico.

ovolàio s. m. ● Appezzamento di terreno dove si piantano in primavera gli ovoli degli olivi.

òvolo o **òvulo**, †**uòvolo**, †**vuòvolo** [dim. del lat. *ōvum* 'uovo', per la forma] s. m. *1* Oggetto di forma simile a un piccolo uovo. *2* Ingrossamento del ceppo dell'olivo usato per la moltiplicazione agamica. SIN. Puppola. *3* Elemento architettonico costituito da un ordine continuo di ornamenti ovoidali in aggetto, disposti lungo una membratura orizzontale rettilinea, per lo più accompagnati da listelli | Ciascun ornamento stesso dell'ovolo. *4* Fungo delle Agaricacee dal cappello superiormente giallo aranciato e con lamelle giallo uovo, edule e pregiato (*Amanita caesarea*) | *O. malefico*, ovolaccio. ➡ ILL. **fungo**. *5* V. *ovulo*.

ovònica [dall'ingl. *ovonics*, comp. del nome dello scopritore R. *Ov*(*shinsky*) e del suff. ingl. *-onics*, sul modello di *electronics*] s. m. ● Tecnica di commutazione elettronica basata sulle proprietà di strati sottili di elementi semiconduttori.

ovònico agg. (pl. m. *-ci*) ● Relativo all'ovonica.

ovoplàsma ● V. *ooplasma*.

ovopositóre [comp. di *ovo-* e *positore* 'che depone', da *pŏsitus*, part. pass. di *pōnere* 'porre'] s. m.; anche agg. ● (*zool.*) Organo addominale presente nelle femmine di alcuni insetti adibito alla deposizione delle uova.

ovotèca ● V. *ooteca*.

ovovìa [da *ovo-* (per la forma ovale), sul modello di *funivia*] s. f. ● Tipo di funivia continua caratterizzata da piccole cabine a due posti di forma ovale.

ovoviviparìsmo [da *ovoviviparo*] s. m. ● (*zool.*) Meccanismo di riproduzione con sviluppo della prole nel corpo materno; in assenza di qualsiasi tipo di placenta l'individuo in formazione utilizza le riserve dell'uovo, assimila i secreti materni o addirittura pratica il cannibalismo.

ovoviviparità s. f. ● (*zool.*) Caratteristica degli animali ovovivipari.

ovovivìparo [comp. di *ovo-* e *viviparo*] **A** agg. ● (*zool.*) Detto di animale che si riproduce per ovoviviparismo. **B** s. m. ● Animale ovoviviparo.

†**òvra** ● V. *opera*.

†**ovràre** ● V. *operare*.

†**ovrèro** o †**ovrière** [da †*ovra*] s. m. (f. *-a*) ● (*raro*) Operaio.

ovulàre (1) [da *ovulo*] agg. *1* (*bot.*) Relativo all'ovulo. *2* Che ha forma ovale.

ovulàre (2) [da *ovulo*] v. intr. (*io òvulo*; aus. *avere*) ● (*fisiol.*) Avere l'ovulazione.

ovulazióne [da *ovulo*] s. f. ● (*biol.*) Scoppio del follicolo ooforo, e messa in libertà dell'ovocellula in esso contenuta | (*est.*) Periodo in cui avviene tale fenomeno.

òvulo s. m. *1* V. *ovolo*. *2* (*anat.*) Gamete femminile, spec. nei Mammiferi. ➡ ILL. p. 364 ANATOMIA UMANA. *3* (*bot.*) Elemento riproduttore femminile contenuto nell'ovario del fiore, che a fecondazione avvenuta originerà il seme.

ovùnque [comp. del lat. *ŭbi* (V. *ove*) e *ŭnquam* 'talvolta'] avv. ● (*lett.*) Dovunque: *mi strugge 'l core o. sol mi trovo* (DANTE); *converrà che tu le faccia / compagnia sempre, o. andar le piaccia* (ARIOSTO); *o. il guardo giro, / immenso Iddio ti vedo* (METASTASIO).

ovvéro o †**o véro** [comp. di *o* (*1*) e *vero*] cong. *1* Ossia: *sarò da te fra quattro giorni, o. venerdì sera*. *2* Oppure (con valore disgiuntivo): *siasi questa o giustizia, ovver perdono* (TASSO).

ovverosìa o (*raro*) **ovverossìa** [comp. di *ovvero* e *sia* (V. *ossia*)] cong. ● (*raro*) Ossia.

ovvìa o **o vìa** [da *or via*] inter. ● Esprime esortazione, incoraggiamento, incitamento e sim.: *o., smettila!*; *o., andiamocene!*

ovviàre [vc. dotta, lat. tardo *obviāre* 'andare incontro, opporsi, ovviare', da *vĭa*, col pref. *ŏb-* 'contro'] **A** v. intr. (*io ovvìo* o *raro òvvio*; aus. *avere*) ● Rimediare, portare rimedio: *o. a una difficoltà, a un inconveniente, a un errore*. **B** v. tr. ● †Incontrare qc., spec. per onorarlo.

†**ovviazióne** s. f. ● Atto, effetto dell'ovviare | Rimedio.

ovvietà s. f. ● Qualità o condizione di ciò che è ovvio. SIN. Evidenza.

òvvio [vc. dotta, lat. *ŏbviu*(*m*) 'che va incontro', comp. di *ŏb-* 'contro, verso' e *vĭa*] agg. ● Che si presenta al pensiero, all'immaginazione in modo naturale e spontaneo: *una considerazione ovvia* | Logico, evidente: *è un fatto o.* | *È o.*, è cosa logica, normale | Anche come risposta affermativa: *'Verrai anche tu?' 'O.!'*. ‖ **ovviaménte**, avv. In modo ovvio; naturalmente, com'è ovvio.

Oxalidàcee o **Ossalidàcee** [da *oxalide*, variante dotta di *ossalide*] s. f. pl. ● Nella tassonomia vegetale, famiglia di piante dicotiledoni con fiori ermafroditi, le cui parti verdi hanno sapore più o meno acido (*Oxalidaceae*) | (al sing. *-a*) Ogni individuo di tale famiglia. ➡ ILL. **piante** /4.

oxer /*ingl.* 'ɔksə*/ [vc. ingl., propriamente 'staccionata di recinto per bovini', da *ox* 'bue', vc. germ. di origine indeur.] s. m. inv. ● Ostacolo artificiale dei concorsi ippici, costituito da una barriera di piccoli arbusti. ➡ ILL. p. 1288 SPORT.

oxford /*ingl.* 'ɔksfəd/ [vc. ingl., dalla città di *Oxford*] s. m. inv. ● Tessuto di cotone, usato spec. per camicie da uomo, i cui fili di trama e ordito hanno tinte diverse e creano col loro intreccio l'effetto di un fondo di colore puntinato.

oxitocìa o **ossitocìa** [dal gr. *oxýs* 'veloce' e *tókos* 'parto'] s. f. ● (*med.*) Parto che si verifica in modo rapido.

oxitòcico o **ossitòcico** [comp. del gr. *oxýs* 'acuto, rapido' (V. *ossalico*) e *tókos* 'parto' (della stessa famiglia di *tíktein* 'generare', di origine indeur.), con suff. agg.] **A** agg. (pl. m. *-ci*) ● (*med.*) Detto di sostanza che stimola le contrazioni espulsive della muscolatura uterina usata per accelerare il parto e controllare le emorragie post-parto: *farmaco o.* SIN. Ecbolico. **B** agg. ● Relativo a oxitocia: *parto o.*

oxitocìna o **ossitocìna** [da *oxitocico*] s. f. ● Ormone dell'ipofisi posteriore, che promuove le contrazioni uterine durante il parto e stimola la secrezione lattea da parte delle ghiandole mammarie.

oxonìano [adattamento dell'ingl. *Oxonian*, da *Oxonia*, antico nome lat. della città di Oxford] agg. ● (*lett.*) Della città di Oxford.

oxonièNse o **ossonièNse** [da *Oxonia*, V. prec.] agg. ● (*lett.*) Oxoniano.

ozelòt [vc. di origine azteca, attrav. lo sp. *ocelot*] s. m. inv. ● (*zool.*) Gattopardo americano.

ozèna [vc. dotta, gr. *ózaina*, da *ózein* 'mandare odore', di origine indeur.] s. f. ● Malattia cronica delle cavità nasali, con atrofia della mucosa e secrezione purulenta di intenso fetore.

†**ozìaco** [da *egiziaco* (V.), con accostamento pop. a *ozio*] agg. (pl. m. *-ci*) ● Infausto e malaugurato, spec. riferito a giorno.

oziàre [vc. dotta, lat. *otiāri*, da *ōtium* 'ozio'] v. intr. (*io òzio*; aus. *avere*) ● Stare in ozio, passare il tempo nell'ozio: *ha oziato tutto il giorno.* SIN. Bighellonare, ciondolare, poltrire.

ozieggiàre [comp. di *ozi(o)* e *-eggiare*] v. intr. (*io oziéggio*; aus. *avere*) ● (*raro*) Oziare.

òzio [vc. dotta, lat. *ōtiu(m)*, di etim. incerta] s. m. **1** Pigra inoperosità, abituale e infingarda: *poltrire, giacere nell'o.*; *chi nel diletto de la carne involto / s'affaticava e chi si dava a l'o.* (DANTE *Par.* XI, 8-9) | *In o.*, senza far nulla | Mancanza temporanea di attività: *o. forzato.* SIN. Inattività, poltroneria. **2** Tempo libero, periodo di riposo dalle attività quotidiane: *gli ozi estivi*; *godere un po' d'o* || PROV. L'ozio è il padre dei vizi. || **oziàccio**, pegg.

oziorinco o **otiorinco** [comp. del gr. *ōtíon*, dim. di *ôus*, genit. *ōtós* 'orecchio' e *rýnchos* 'muso'] s. m. (pl. *-chi*) ● Insetto dei Coleotteri che vive sulla vite e su alberi da frutta (*Otiorrhynchus corruptor*).

oziosàggine [da *ozioso*] s. f. ● Inerzia, pigrizia.

oziosità [vc. dotta, lat. tardo *otiositāte(m)*, da *otiōsus* 'ozioso'] s. f. **1** Carattere o natura di chi è ozioso. **2** Superfluità, inutilità.

ozióso [vc. dotta, lat. *otiōsu(m)*, da *ōtium* 'ozio'] **A** agg. **1** Che ama starsene in ozio, sfaccendato: *persona oziosa*; *molto è meglio o. stare, che male adoperare* (BOCCACCIO). SIN. Bighellone, fannullone, poltrone. **2** Inoperoso: *vita oziosa* | *Denaro o.*, che non frutta | (*lett.*) Pigro. **3** Di cosa vana, inutile, superflua: *parole oziose.* **4** (*mecc.*) *Ruota oziosa*, in una trasmissione con ruote dentate, quella che, inserita tra la ruota conduttrice e la ruota condotta, non altera il rapporto di trasmissione ma inverte il senso di rotazione dalla ruota condotta || **oziosaménte**, avv. In modo ozioso; senza far nulla. **B** s. m. ● Persona oziosa. || **oziosàccio**, pegg. | **oziosétto**, dim.

ozocerìte o **ozocherìte** [comp. del gr. *ózein* 'mandare odore' (V. *ozena*) e *kērós* 'cera (1)'] s. f. ● Cera fossile presente nelle località di giacimenti petroliferi, di colore giallo bruno, molle e plastica.

ozònico agg. (pl. m. *-ci*) ● Di ozono.

ozonizzàre [fr. *ozoniser*, da *ozone* 'ozono'] v. tr. ● Trattare con ozono | *O. l'acqua*, sterilizzarla con ozono per renderla potabile.

ozonizzatóre [da *ozonizzare*] s. m. ● Apparecchio nel quale mediante scariche elettriche o per irradiazione ultravioletta si produce ozono.

ozonizzazióne [fr. *ozonisation*, da *ozoniser* 'ozonizzare'] s. f. ● Atto, effetto dell'ozonizzare.

ozòno [dal gr. *ózein* 'mandare odore'. V. *ozena*] s. m. ● (*chim.*) Forma allotropica dell'ossigeno, ossidante energico, prodotto nell'atmosfera dalle scariche elettriche dei temporali o dai raggi ultravioletti, di odore caratteristico, usato specie per disinfettare e per conservare gli alimenti.

ozonometrìa [comp. di *ozono* e *-metria*] s. f. ● Determinazione quantitativa dell'ozono.

ozonomètrico agg. (pl. m. *-ci*) ● Pertinente all'ozonometria.

ozonòmetro [comp. di *ozono* e *-metro*] s. m. ● Apparecchio atto a determinare la percentuale di ozono presente nell'ossigeno dell'aria.

ozonosfèra [da *ozono*, sul modello di *atmosfera*] s. f. ● (*geogr.*) Regione della stratosfera posta a un'altezza dal suolo di circa 30 km, e anche più, caratterizzata dalla presenza di ozono.

ozonoterapìa [comp. di *ozono* e *terapia*] s. f. ● Uso dell'ozono nella cura e nella prevenzione di determinate malattie.

-ozzo [equivale al suff. *-occio*, secondo una variante sett.] suff. alterativo ● Conferisce a sostantivi valore accrescitivo attenuato e tono scherzoso: *gargarozzo, predicozzo.*

p, P

Il suono rappresentato in italiano dalla lettera *P* è quello della consonante esplosiva bilabiale sorda /p/. Questa consonante, quando è preceduta da una vocale e seguita da un'altra vocale, da una semiconsonante /j, w/ o da una liquida /l, r/, può essere, secondo i casi, di grado tenue (es. *rùpe* /'rupe/, *còpio* /'kɔpjo/, *reprìmere* /re'primere/, *in quànto possìbile* /in 'kwanto pos'sibile/) oppure di grado rafforzato (es. *rùppe* /'ruppe/, *scòppio* /'skɔppjo/, *opprìmere* /op'primere/, *purché possìbile* /pur'ke ppos'sibile/), mentre nelle altre posizioni è sempre di grado medio (es. *tèmpra* /'tɛmpra/, *possìbile* /pos'sibile/, *neppùr possìbile* /nep'pur pos'sibile/).

p, P /nome per esteso: *pi*, † e (*dial.*) *pe*/ **s. m.** o **f.** ● Quattordicesima lettera dell'alfabeto italiano: *p minuscolo, P maiuscola* | *P come Padova*, nella compitazione, spec. telefonica, delle parole | (*mat.*) π, *p greco*, simbolo con cui si rappresenta il numero 3,14159 ..., definito come rapporto fra la lunghezza della circonferenza e quella del proprio diametro | *Vitamina P, vitamina PP*, V. *vitamina*.

pa' **s. m.** ● (*dial.*) Forma tronca di 'papà'.

pàbbio [lat. *pābulu(m)*. V. *pabulo*] **s. m.** ● (*tosc.*) Pianta erbacea annua delle Graminacee, spontanea nei campi, con fiori riuniti in pannocchia (*Aira flexuosa*).

pàbulo [vc. dotta, lat. *pābulu(m)* 'pascolo', dalla stessa radice di *pāscere* 'pascere'] **s. m.** ***1*** (*lett., raro*) Pascolo, foraggio. ***2*** (*lett., raro*) Cibo, alimento (*anche fig.*). ***3*** (*biol.*) Pabulum.

†**pabulóso** **agg.** ***1*** Ricco di pascolo. ***2*** (*est.*) Ubertoso, ferace.

pàca [port. *paca*, dal tupì *paca*] **s. m. inv.** ● Roditore delle foreste dell'America centrale e meridionale, dotato di abitudini notturne, privo di coda e con pelame ispido (*Cuniculus paca*).

pacàre [vc. dotta, lat. *pacāre* 'pacificare', da *pāx*, genit. *pācis* 'pace'] **v. tr.** e **intr. pron.** (*io pàco, tu pàchi*) ● (*raro, lett.*) Acquietare, calmare.

pacatézza **s. f.** ● Qualità di pacato: *rispondere, replicare con p.*

pacàto **part. pass.** di *pacare*; anche **agg.** ***1*** Nel sign. del v. ***2*** Che dimostra calma e serenità, spec. nel modo di parlare: *tono, discorso p.; voce pacata.* || **pacataménte**, **avv.**

pàcca [vc. di origine onomat.] **s. f.** ***1*** Colpo amichevole dato a mano aperta: *gli diede una p. sulle spalle.* **SIN.** Manata. ***2*** Schiaffo, botta: *ha buscato certe pacche!; mi ha dato una p. da lasciare il segno.* ***3*** (*fig., fam.*) Danno, umiliazione: *dopo una p. del genere non credo che riuscirà a riprendersi* | (*fig., tosc.*) *Aver le pacche*, essere sconfitto al gioco e sim., buscarle. || **pacchìna**, **dim.**

pacchèo [da avvicinare a *babbeo* (?)] **s. m.** (f. *-a*, raro) ● (*tosc.*) Babbeo.

pacchétto **s. m.** ***1*** Dim. di *pacco*. ***2*** Piccola scatola o sacchetto: *un p. di sigarette, di noccioline americane* | Insieme di più parti o elementi affini considerati come unità: *p. di documentari sugli animali.* ***3*** Insieme di più parti o elementi affini considerati come unità: *p. di documentari sugli animali* | (*econ.*) *P. azionario*, complesso delle azioni di una società appartenenti allo stesso proprietario | (*est.*) In trattative o controversie, spec. politiche, complesso organico di soluzioni da accettare o rifiutare in blocco: *p. di richieste, di concessioni.* ***4*** Nel rugby, l'insieme degli otto avanti, quando effettuano la mischia. ***5*** (*tip.*) Blocco di un certo numero di righe tutte di uguale giustezza. ***6*** (*armi*) *Caricatore a p.*, speciale contenitore metallico di cartucce che consente di rifornire i serbatoi delle armi automatiche con un'unica operazione e che, una volta vuoto, viene espulso. || **pacchettino**, **dim.**

pàcchia [da *pacchiare*] **s. f.** ● (*fam.*) Situazione particolarmente felice, per la mancanza di difficoltà o preoccupazioni e l'abbondanza di beni materiali: *vivere così è una vera p.; che p., ragazzi!*

†**pacchiaménto** [da *pacchiare*] **s. m.** ● Ingorda mangiata.

pacchianàta **s. f.** ● Comportamento, discorso e sim. da pacchiano.

pacchianerìa **s. f.** ● Carattere di chi o di ciò che è pacchiano.

pacchiàno [etim. incerta] **A** **agg.** ***1*** †Balordo. ***2*** Privo di buon gusto, vistoso e volgare: *vestirsi in modo p.; un uomo di modi pacchiani.* || **pacchianaménte**, **avv.** **B** **s. m.** (f. *-a*) ● (*merid.*) Contadino che indossa il costume tradizionale, ricco di colori vistosi.

pacchiàre [vc. di origine onomat.] **v. intr.** (*io pàcchio*; aus. *avere*) ● (*fam.*) Mangiare ingordamente.

†**pacchiarìna** [vc. di origine espressiva] **s. f.** ● Fanghiglia, mota.

pacchiaróne [da *pacchiare*] **s. m.** (f. *-a*) tosc. ● Pacchierotto.

†**pacchiatóre** [da *pacchiare*] **s. m.** (f. *-trice*) ● Chi mangia ingordamente.

pacchieròtto [da *pacchiare*] **s. m.** ● (*tosc., scherz.*) Giovanotto paffuto.

†**pàcchio** **s. m.** ● Pacchia.

†**pacchióne** [da *pacchia*] **s. m.** ● (*raro*) Chi mangia molto e con ingordigia.

pacciamàre [den. di *pacciame*] **v. tr.** ● (*agr.*) Effettuare la pacciamatura di un terreno.

pacciamatùra [da *pacciame*] **s. f.** ● (*agr.*) Copertura del terreno realizzata in passato mediante materiali quali paglia, erba, strame, e sim., attualmente mediante film plastici, spec. di polietilene, o biodegradabili (cellulosa) di colore gener. nero, allo scopo di accelerare la vegetazione delle colture.

pacciàme o **paccìume** [vc. di origine onomat.] **s. m.** ● Ammasso di residui vegetali in decomposizione.

pàcco [ol. *pak*, originariamente 'balla di lana', di etim. incerta] **s. m.** (**pl.** *-chi*) ***1*** Insieme costituito da un involucro, generalmente di carta, cartone, plastica e sim., talvolta legato con corda o nastro, e dal suo contenuto: *fare, confezionare, disfare un p.; spedire, inviare, ricevere un p.; un p. di libri* | *P. postale*, collo, cassetta, involto da spedire a mezzo posta del peso non superiore a 20 kg | *P. viveri, dono*, distribuito con viveri e donativi da enti assistenziali o di beneficenza. ***2*** Corredo di oggetti destinato a una determinata funzione: *p. di medicazione.* ***3*** (*gerg.*) Fregatura, raggiro. || **paccàccio**, **pegg.** | **pacchétto**, **dim.** (V.) | **paccóne**, **accr.**

paccottìglia o (*raro*) **paccotìglia**, **pacotìglia** [fr. *pacotille*, dallo sp. *pacotilla*, della stessa etim. di *pacchetto*] **s. f.** ***1*** Merce scadente | (*est.*) Insieme di oggetti di pessimo gusto e di nessun valore. ***2*** (*mar.*) Piccola quantità di mercanzia che, un tempo, i membri dell'equipaggio di una nave potevano portare con sé come bagaglio e commerciare in proprio: *diritto di p.*

pàce [lat. *pāce(m)*, da una radice indeur. che significa 'pattuire, fissare'. V. *pala* (*1*)] **s. f.** ***1*** Assenza di lotte e conflitti armati tra popoli e nazioni, periodo di buon accordo internazionale: *una p. duratura; la p. è in pericolo; anelare, desiderare, volere la p.* | *Non volere né p. né tregua*, volere la guerra a ogni costo | (*est.*) Conclusione di una guerra: *gli sconfitti chiesero la p.; ai vinti fu imposta una p. gravosa* | *Firmare la p.*, l'atto che sancisce la fine delle ostilità | *Trattato di p.*, accordo internazionale con cui due o più Stati convengono di porre termine allo stato di guerra esistente tra di loro. **CONTR.** Guerra. ***2*** Buona concordia, serena tranquillità di rapporti: *in famiglia manca la p.; vivere, essere, stare, lavorare in p. con tutti* | *P. pubblica*, assenza di tensione o conflitti tra le diverse classi sociali | *Con tutta p.*, senza alcun contrasto | *Metter p.*, sanare un disaccordo tra due o più persone | *Far p. con qc.*, rappacificarsi | *Dare il buono per la p.*, essere remissivi per evitare discussioni o contrasti | (*raro, est.*) Segno di riconciliazione. **CONTR.** Disaccordo. ***3*** Tranquillità e serenità dello spirito, della coscienza e sim.: *avere nell'animo una p. infinita; ritrovare la propria p. dopo giorni d'angoscia* | *Darsi, non darsi p.*, rassegnarsi o non rassegnarsi | *Mettere, porre in p.*, appagare, tranquillizzare, rasserenare | *Sopportare in p.*, con equilibrio e forza d'animo | *Mettere, mettersi il cuore, l'animo in p.*, ritrovare serenità ed equilibrio, togliersi dalla mente ciò che era causa di turbamento | *Non trovare mai p.*, essere perennemente irrequieto e insoddisfatto | *Con vostra buona p., con buona p. di*, senza voler offendere | *Pigliarsela in santa p.*, con pazienza | *Santa p.!*, escl. d'impazienza. **CONTR.** Irrequietezza, turbamento. ***4*** (*lett.*) Felicità, beatitudine: *la p. eterna* | *Il regno della p.*, il Paradiso | *Essere nella p. di Cristo*, di chi muore santamente | *Riposi in p.*, di chi è defunto | *Andate in p.*, espressione di commiato con cui il sacerdote saluta i fedeli al termine della celebrazione della Messa; (*iron.* o *scherz.*) nel linguaggio com., espressione di commiato. ***5*** Stato di tranquillità e benessere fisico, assenza di fastidi e seccature: *amo starmene in p. in casa mia* | *Lasciare in p.*, non disturbare, non infastidire | *Non dare p.*, perseguitare, assillare | (*est.*) La morte, in quanto riposo eterno | *Dare p.*, (*iron.*) uccidere. ***6*** Patena d'oro o d'argento, spesso artisticamente decorata, che l'officiante della Messa dava a baciare al momento dell'Agnus Dei.

†**paceficàre** ● V. *pacificare*.

pacemaker /ingl. 'peismeikə*/ o **pace-maker**, **pace maker** [vc. ingl., propr. 'chi fa il passo', comp. di *pace* 'passo' (dal fr. *pas* 'passo') e *maker* 'che fa' (da *to make* 'fare', di origine germ.)] **s. m. inv.** ***1*** (*anat.*) La sede anatomica da cui si origina il ritmo cardiaco, rappresentata normalmente dal nodo seno-atriale. ***2*** (*med.*) Dispositivo elettronico, di piccole dimensioni che ne consentono l'inserzione sotto la pelle, destinato a mantenere regolare e costante la pulsatilità cardiaca negli individui in cui è compromessa | *P. nucleare*, in cui la sorgente di energia è un generatore termoelettrico costituito da una capsula sigillata contenente un isotopo radioattivo. ***3*** (*chim.*) Sostanza la cui velo-

cità di reazione regola quella di una catena di reazioni collegate.
†pacènza • V. *pazienza*.
†pacènzia • V. *pazienza*.
pacère • V. *paciere*.
pacfòng s. m. • Adattamento di *packfong* (V.).
pachanga /*sp.* pa'tʃanga/ [vc. sp. di etim. incerta] s. f. inv. • Ballo simile al cha-cha-cha, d'origine cubana.
pachidèrma o (*raro*) **pachidèrmo** [vc. dotta, gr. *pachýdermos* 'dalla pelle grossa', comp. di *pachýs* 'pingue', di origine indeur., e *dérma* 'pelle' (V. *derma*)] s. m. (pl. *-i*) **1** Denominazione generica, e non usata in zoologia, di tutti i Mammiferi a pelle molto spessa, come gli elefanti, i rinoceronti, gli ippopotami. **2** (*fig.*) Persona grossa e pesante di corpo o tarda di mente.
pachidermìa [vc. dotta, gr. *pachydermía* 'grossezza della pelle', da *pachýdermos*. V. *pachiderma*] s. f. • (*med.*) Abnorme ispessimento della cute.
pachidèrmico agg. (pl. m. *-ci*) • Di, da pachiderma.
pachidèrmo • V. *pachiderma*.
pachimenìnge [comp. del gr. *pachýs* 'pingue' (V. *pachiderma*) e *meninge*] s. f. • (*anat.*) Dura madre.
pachimeningìte [comp. del gr. *pachýs* 'pingue' e *meningite*] s. f. • (*med.*) Infiammazione della dura madre.
pachipleurìte [comp. del gr. *pachýs* 'pingue' e *pleurite*] s. f. • (*med.*) Infiammazione delle pleure con ispessimento fibroso e aderenze fra le superfici pleuriche.
pachistàno o **pakistàno** A agg. • Del Pakistan. **B** s. m. (f. *-a*) • Abitante del Pakistan.
†paciàle A agg. • Che porta pace | Pacifico. **B** s. m. • Paciere.
†paciàre [da *pace*] v. tr. • Conciliare, pacificare.
†paciàro s. m.; anche agg. • Paciere.
†paciènza • V. *pazienza*.
pacière o (*raro*) **pacère**. s. m. (f. *-a*) • Mediatore di pace: *far da p.* SIN. Conciliatore.
†pacìfero [vc. dotta, lat. *pacíferu(m)*, comp. di *pāx*, genit. *pācis* 'pace' e *-fer* '-fero'] agg. • Che porta pace, che simboleggia la pace.
pacificàbile agg. • Che si può pacificare: *controversia p.*
pacificaménto s. m. • Modo e atto del pacificare.
pacificàre o **†paceficàre** [vc. dotta, lat. *pacificā-re*, comp. di *pāx*, genit. *pācis* 'pace' e *-ficāre* '-ficare'] **A** v. tr. (*io pacìfico, tu pacìfichi*) **1** Riconciliare: *riuscì a p. i due nemici, i contendenti.* SIN. Amicare. **2** Mettere in pace, riportare alla pace: *p. gli animi, la nazione.* SIN. Calmare, sedare. **B** v. rifl. rec. • Riconciliarsi, rappacificarsi: *non vogliono assolutamente pacificarsi.* **C** v. intr. pron. **1** Trovare pace: *gli animi di tutti si sono pacificati.* **2** Fare pace: *mi sono pacificato con mio fratello.*
pacificatìvo [da *pacificato*] agg. • Che serve a calmare, a mettere pace.
pacificàto part. pass. di *pacificare*; anche agg. • Nei sign. del v.
pacificatóre [vc. dotta, lat. *pacificatōre(m)*, da *pacificātus* 'pacificato'] agg.; anche s. m. (f. *-trice*) • Che, chi pacifica: *agire con spirito p.*; *come p. non vale molto*; *potere in ogni occasione essere amico p.* (TASSO).
pacificazióne [vc. dotta, lat. *pacificatiōne(m)*, da *pacificātus* 'pacificato'] s. f. • Atto, effetto del pacificare, o del pacificarsi: *la p. degli animi*; *ottenere una completa p.*
pacìfico [vc. dotta, lat. *pacĭficu(m)*, comp. di *pāx*, genit. *pācis* 'pace' e *-ficus* '-fico'] **A** agg. (pl. m. *-ci*) **1** Di chi ha carattere affabile e tranquillo e rifugge da ogni litigio e violenza: *è un uomo p., che non farebbe male a una mosca.* | *Occupazione pacifica*, occupazione militare del territorio di uno Stato da parte di un altro, che non si fonda su un accordo tra i due Stati né avviene in dipendenza di una guerra tra gli stessi. CONTR. Violento. **2** Di ciò che dimostra tale carattere o tendenza: *vita pacifica*; *intenzioni pacifiche*; *aspetto p.* **3** (*fig.*) Accettato da tutti, non soggetto a discussione: *questa interpretazione del testo è ormai pacifica* | *È p. che*, è incontrovertibile, è ovvio che: *è p. che sarai nostro ospite.* || **pacificaménte**, avv. **B** s. m. (f. *-a*) • Persona pacifica.
pacifismo [fr. *pacifisme*, da *pacifique* 'pacifico'] s. m. **1** Atteggiamento di chi ama la pace. **2** Movimento a favore dell'abolizione della guerra come mezzo di soluzione delle controversie internazionali.
pacifista [fr. *pacifiste*, da *pacifique* 'pacifico'] **A** s. m. e f. (pl. m. *-i*) • Fautore, sostenitore del pacifismo. CONTR. Guerrafondaio. **B** agg. • Di, da pacifista: *teoria pacifista*; *atteggiamento p.*
pacifìstico agg. (pl. m. *-ci*) • Relativo al pacifismo o ai pacifisti: *concezioni pacifistiche*.
pacioccóne [da *pace*] **A** s. m. (f. *-a*) • (*fam.*) Persona grassoccia e di carattere gioviale e bonario. **B** in funzione di agg. • Bonario: *ha un fare p.* SIN. Bonaccione.
pacióne [da *pace*] **A** s. m. (f. *-a*) • Persona pacifica e amante del quieto vivere. **B** in funzione di agg. • Tranquillo, indolente: *è gente paciona.*
pacióso [da *pace*] agg. • (*dial.*) Pacifico e quieto.
†paciòzza [da *pace*] s. f. • Riconciliazione.
paciugàre [den. di *paciugo*] v. intr. (*io paciùgo, tu paciùghi*; aus. *avere*) **1** (*sett.*) Rigirare nel fango. **2** (*fig.*) Pasticciare.
paciùgo [prob. vc. di origine espressiva, da avvicinare a *spiaccicare*] s. m. (pl. *-ghi*) **1** (*dial., fam.*) Insieme appiccicoso di sostanze varie, liquide e semiliquide, mescolate fra loro disordinatamente: *guarda che p. hai fatto sul pavimento con le scarpe infangate!*; *il bambino quando mangia fa un gran p. nel piatto.* **2** Nome commerciale di una coppa di gelato con frutta mista.
paciulì s. m. • Adattamento di *patchouli* (V.).
pack /*ingl.* pæk/ [vc. ingl., abbr. di *pack-ice*, propriamente 'ghiaccio in pacco'; *pack* è di origine germ.: cfr. *pacco*] s. m. inv. • Distesa di frammenti della banchisa polare, galleggianti sul mare e sospinti dalle correnti e dal vento.
package /*ingl.* 'pækidʒ/ [vc. ingl., propriamente 'pacco, imballaggio', da *pack* 'pacco'] s. m. inv. • (*elab.*) Programma, o insieme di programmi, sviluppato per una particolare applicazione e utilizzabile da più utenti: *p. per il controllo della produzione, per la gestione delle scorte.*
packaging /*ingl.* 'pækidʒiŋ/ [vc. ingl., da *to package* 'impaccare'] s. m. inv. • Nel marketing, modalità di imballaggio e confezione di un prodotto, studiata per razionalizzare il trasporto e per attirare i consumatori | La confezione stessa.
packfòng o **pacfòng**, **packtòng**, **paktòng** [vc. ingl. *packfong*, var. di *paktong*, comp. del cin. *peh* 'bianco' e *t'ung* 'rame'] s. m. inv. • Argentone, alpacca.
pacotiglia • V. *paccottiglia*.
padanità [da *padano*] s. f. • Complesso di elementi distintivi della Valle padana e dei suoi abitanti.
padàno [vc. dotta, lat. *padānu(m)*, agg. di *Pădus* 'Po'] agg. • Del Po, della Valle del Po: *pianura padana.*
pàdda [ingl. *paddy* 'uccello che becca il riso', dal malese *pādī* 'riso'] s. m. inv. • Piccolo uccello malese dei Passeriformi, di colore grigio con capo nero (*Padda oryzivora*).
paddock /*ingl.* 'pædək/ [vc. ingl., propriamente 'recinto', di etim. incerta] s. m. inv. **1** (*zoot.*) Recinto esterno annesso a una stalla, in cui gli animali (bovini, suini ed equini) possono rimanere all'aperto. **2** Recinto all'interno dell'ippodromo, ove i fantini montano in sella e passeggiano coi loro cavalli prima della corsa. **3** (*autom.*) Negli autodromi, recinto dove i meccanici lavorano alle automobili da corsa.
padèlla [lat. *patĕlla(m)*, dim. di *pătera* 'tazza, coppa'. V. *patera*] s. f. **1** Utensile da cucina, costituito da un recipiente di forma circolare, poco profondo e munito di un lungo manico, usato spec. per friggere: *pesce, funghi in p.* | *P. da caldarroste*, bucherellata | (*est.*) Padellata: *una p. di patate fritte.* **2** Scaldaletto in rame, con manico e coperchio bucherellato. **3** Vaso di terracotta con sego e lucignolo, un tempo usato come lampada. **4** Recipiente di forma piatta, con manico, usato per far evacuare a letto i malati impossibilitati ad alzarsi. **5** Crogiuolo da vetraio. **6** (*sett.*) Macchia, spec. d'unto, su abiti e sim.: *una gonna piena di padelle.* **7** (*gerg.*) Colpo grossolanamente mancato da un cacciatore | *Fare p., fare una p.*, sbagliare il bersaglio || PROV. Un occhio alla padella e uno alla gatta. || **padellàccia**, pegg. | **padellétta**, dim. | **padellina**, dim. (V.) | **padellino**, dim. m. | **padellóne**, accr. m. (V.).
padellàio o **†padellàro**. s. m. • Chi fa o vende padelle.
padellàre v. tr. (*io padèllo*) **1** Nel linguaggio della gastronomia, ripassare un cibo, spec. pasta asciutta, in padella, velocemente e a fuoco vivo. **2** V. *spadellare*.
†padellàro • V. *padellaio*.
padellàta s. f. **1** Quantità di cibo che si cucina in una volta nella padella: *una p. di frittelle.* **2** Colpo dato con la padella: *si buscò una p. in testa.*
padellina s. f. **1** Dim. di *padella*. **2** Dischetto concavo di cristallo o metallo, che si applica a candelieri e sim. per evitare che la cera sgoccioli. **3** Vasetto di terracotta con sego e stoppino, per illuminazione. **4** (*raro*) Sputacchiera.
padellóne [da *padella*; i sign. fig. si riferiscono alla sua forma tondeggiante] **A** s. m. **1** Accr. di *padella*. **2** (*fig., gerg.*) Nel teatro e nel cinema, riflettore usato per illuminare la scena o il teatro di posa. **B** s. m. (f. *-a*) • (*fig., scherz.*) Persona che si macchia frequentemente gli abiti di unto, grasso e sim.
padiglióne o **†padiglióne** (1) [lat. *papiliōne(m)* 'farfalla' (V. *papiglione*), poi (lat. tardo) 'tenda militare' (per l'aspetto delle tende di un accampamento che viste dall'alto sembrano tante farfalle)] s. m. **1** Edificio isolato che fa parte di una serie di altri simili, intorno a uno principale: *i padiglioni della Fiera di Milano*; *il p. di un ospedale* | *Tetto a p.*, a quattro falde ugualmente inclinate su pianta rettangolare | Costruzione gener. elegante in parchi, giardini e sim. **2** Vasta e sontuosa tenda da campo, che anticamente s'innalzava negli accampamenti militari per alloggio o ritrovo dei capi e dei personaggi elevati. **3** (*raro*) †Accampamento: *far i padiglioni alla romana con steccati e fosse intorno* (CAMPANELLA). **4** Specie di baldacchino da letto: *letto a p.* | (*raro*) Baldacchino ornamentale di porte e finestre. **5** Il tetto dell'automobile con i suoi montanti. **6** (*anat.*) *P. auricolare*, parte esterna e visibile dell'orecchio dei mammiferi, fissa nell'uomo, generalmente mobile negli animali, destinata a raccogliere le onde sonore e a convogliarle nel condotto uditivo. **7** Parte inferiore, faccettata, delle pietre preziose. **8** (*mus.*) Campana. || **padiglioncino**, dim.
padina [etim. incerta] s. f. • Alga mediterranea delle Feoficee con tallo a forma di ventaglio, incrostato di calcare (*Padina pavonia*).
padiscià [fr. *padischah*, dal persiano *pādišāh*, comp. di *pād* 'protettore' (cfr. *pascià*) e *šāh* 're' (V. *scià*)] s. m. • Titolo dei sultani dell'impero ottomano.
padovàna o **paduàna** [f. sost. di *padovano*] s. f. • Danza del sec. XVI, a ritmo binario, simile alla pavana.
padovanèlla [da *padovano*] s. f. **1** Calessino monoposto a due ruote. **2** (*fig., gerg.*) In teatro, comportamento artificioso e studiato con il quale l'attore cerca di strappare gli applausi del pubblico. SIN. Carrettella.
padovàno A agg. • Di Padova | *Gallina padovana*, gallina caratterizzata da un abbondante ciuffo di penne in testa. **B** s. m. (f. *-a*) • Abitante, nativo di Padova. **C** s. m. solo sing. • Dialetto del gruppo veneto, parlato a Padova.
pàdre o (*raro*) **†pàte**, **†pàtre** [lat. *pătre(m)*, di origine onomat.] s. m. (dial. troncato in *pa'*) **1** Uomo che ha generato uno o più figli, considerato rispetto ai figli stessi: *essere, diventare p.*; *il p. e la madre*; *essere orfano di p.* | *Buon p.*, che adempie amorevolmente e con sollecitudine a tutti i suoi doveri | *Cattivo p.*, che trascura o non ama la prole | *P. adottivo*, che ha adottato un figlio | *P. putativo*, che è ritenuto, ma non è padre di qc. | *Di p. in figlio*, di generazione in generazione | *Rendere p.*, di una donna, dare un figlio a un uomo | *P. di famiglia*, uomo che ha moglie e figli, con tutte le responsabilità e i doveri connessi | *Fare da p.*, comportarsi come tale verso qc., pur non essendolo | *Amare, venerare, considerare qc. un p., come un p.*, detto di chi nutre sentimenti filiali per qc., che a lui ha dato assistenza, amore, cure

e sim. | *Per via di p.*, in linea paterna | *Fare le veci del p.*, sostituirlo in tutto o in parte nelle sue funzioni. *2* (*est.*) Uomo che assume e adempie, o più o meno consapevolmente ricopre nei confronti di qc., un ruolo di guida e protettore morale, spirituale, culturale e sim., fornendogli appoggi, insegnamenti e consigli e influenzandone così la formazione: *per me è stato un p.*; *in lui ha trovato un p.*; *è più un p. che un amico* | (*fig.*) *P. spirituale*, religioso che segue da vicino la vita spirituale di qc. facendogli da guida | (*fig.*) *P. della patria*, titolo concesso dai Romani a chi avesse grandi benemerenze politiche e usato successivamente in altre epoche: *Vittorio Emanuele II fu chiamato p. della Patria* | (*fig.*) *Padri della Chiesa*, scrittori dei primi secoli che hanno definito le dottrine fondamentali del cristianesimo. *3* Animale di sesso maschile che ha generato figli: *il p. del nostro cane è di razza purissima.* *4* (*spec. al pl.*) Antenati, progenitori: *i loro padri erano ancora nomadi*; *voi, palme e cipressi ... / proteggete i miei padri* (FOSCOLO) | Fondatore di una stirpe: *il p. Romolo* | *Il primo p.*, Adamo. *5* (*fig.*) Maestro, iniziatore di una disciplina, di un'arte: *è considerato il p. della fisica moderna.* *6* Titolo proprio di sacerdoti e regolari, spec. di frati: *reverendo p.*, *p. cappuccino*, *p. benedettino* | *P. del bel morire*, camillino | *P. del deserto*, anacoreta | *Santo*, *Beatissimo Padre*, il Papa | *Padri conciliari*, religiosi che partecipano a un concilio. *7* (*al pl.*) Denominazione di congregazioni religiose: *i Padri della Fede.* *8* (*fig.*) Creatore: *Dio è il Padre di tutti gli uomini*; *Dio Padre* | Nella teologia cattolica, la prima persona della Trinità: *il Padre, il Figlio e lo Spirito Santo* | *Padre nostro*, V. *Padrenostro.* *9* Nell'antica Roma, patrizio | *P. coscritto*, senatore. *10* *P. nobile*, nel teatro drammatico dell'Ottocento e del primo Novecento, ruolo di uomo maturo. *11* *P. padrone*, padre molto autoritario; (*est.*) persona dispotica o che esercita un potere quasi assoluto. || †**padrecciuòlo**, **padricciuòlo**, dim.

†**padrefamìglia** [lat. *pătre(m) famĭlias* 'padre della famiglia'] s. m. inv. ● Capo di famiglia.

padreggiàre [V. *patrizzare*] v. intr. (*io padréggio*; aus. *avere*) ● Somigliare al padre fisicamente e moralmente.

Padrenòstro o **Pàdre nòstro** s. m. (pl. *Padrenòstri*) ● Paternostro.

Padretèrno s. m. (*padretèrno* e pl. *padretèrni* nel sign. 2) *1* Padre Eterno, Dio. *2* (*fig.*) Persona molto potente, influente e importante: *nel suo ambiente è un p.*; *si crede un p.*

padrìgno ● V. *patrigno.*

padrinàggio [da *padrino* nel senso di 'capo mafioso'] s. m. ● Autorità esercitata sulle persone e sul territorio da capi mafiosi o da influenti personaggi conniventi con la mafia.

padrìno o **patrìno** [lat. mediev. *patrīnu(m)*, da *păter* 'padre'] s. m. *1* Nel cattolicesimo e in altre confessioni cristiane, chi presenta al sacerdote un battezzando in cerimonia solenne o un cresimando e, trovandosi nelle condizioni canoniche, contrae con lui la parentela spirituale. *2* Chi assiste qc. in una vertenza cavalleresca, in qualità di procuratore e testimone: *i padrini dei duellanti* | *Mandare a qc. i propri padrini*, sfidarlo a duello. SIN. Secondo. *3* (*gerg.*) Il capo supremo di una organizzazione mafiosa. *4* (*est.*, *spec. spreg.*) Personaggio che esercita un controllo assoluto su un determinato settore di attività.

†**padronàggio** s. m. ● Dominio, condizione di padrone.

padronàle [lat. tardo *patronāle(m)*, agg. di *patrōnus* 'patrono', rifatto su *padrone*] agg. ● Relativo al padrone: *casa*, *giardino*, *automobile p.* | Relativo al datore, o ai datori di lavoro: *sindacato p.*

padronànza s. f. *1* Autorità e diritto di padrone: *aver la p. di un bene.* *2* Controllo, dominio: *esercitare una certa p. su qc.*; *acquistare la p. dei propri nervi.* *3* Conoscenza profonda: *aver p. della lingua tedesca*; *ha una completa p. della materia trattata.*

†**padronàtico** s. m. ● Padronato.

padronàto [lat. tardo *patronātu(m)*, da *patrōnus* 'patrono'] s. m. *1* Qualità o stato di chi è padrone | *Di p.*, padronale. *2* Insieme dei padroni, dei datori di lavoro, considerati come classe sociale: *lotte contro il p.* *3* (*raro*, *tosc.*) Insieme dei beni rustici di una proprietà. *4* †Patronato | †Protezione.

padroncìno s. m. *1* Dim. di *padrone.* *2* Piccolo imprenditore, proprietario di una piccola azienda. *3* Chi è proprietario di un solo taxi, da lui stesso guidato. *4* Chi è proprietario di uno o più camion, con cui lavora in proprio nel settore del trasporto delle merci.

padróne [lat. *patrōnu(m)* 'patrono', rifatto sui s. in *-one*] **A** s. m. (f. *-a*) *1* Chi è proprietario di q.c.: *p. del podere*, *della vigna*, *di una casa*; *erano pochi i padroni di quel territorio* | (*scherz.*) *P. del vapore*, capo di una grande industria | *P. di casa*, il proprietario rispetto all'affittuario | *Salutare il p.*, *la padrona di casa*, accomiatarsi, detto degli ospiti. *2* Datore di lavoro, imprenditore: *gli operai hanno scioperato contro le imposizioni del p.* | *Andare a p.*, a servizio | *Cercar p.*, cercare lavoro, impiego | *Essere senza p.*, essere disoccupato | *P. di bottega*, il principale rispetto ai dipendenti | *Non aver p.*, *padroni*, essere libero, non dipendere da nessuno | *Essere a p.*, *lavorare sotto p.*, alle dipendenze di qc. *3* Assoluto dominatore, unico arbitro delle sorti di q.c. o di qc.: *è ormai p. di tutto il paese*; *Dio è p. del mondo* | *Credersi p. del mondo*, (*fig.*) presumere di sé, della propria importanza o potenza | *Essere*, *non essere p. in casa propria*, (*fig.*) potere o non potere disporre liberamente della propria vita privata | (*fig.*) *Essere*, *non essere p. di sé*, avere o non avere il controllo dei propri nervi, delle proprie reazioni e sim. | *Fare il p. in casa d'altri*, disporre e comandare come in casa propria | *Farla da p.*, comportarsi come tale | Chi è libero di agire come meglio crede: *sei p. di andartene o di restare.* *4* (*fig.*) Profondo conoscitore: *essere p. di una materia*, *di una lingua.* *5* (*scherz.*) Persona riverita: *mio caro p.* *6* (*mar.*) Marittimo abilitato al comando di nave di piccolo cabotaggio | Marinaio più anziano o più esperto, al comando di un peschereccio o di una qualsiasi imbarcazione con armamento | Armatore. *7* †Patrono, protettore. *8* †Modello, forma, stampo. **B** in funzione di agg. ● (posposto al s.) Nella loc. *serva padrona*, (*scherz.*) che ama comandare | *Padre p.*, padre eccessivamente autoritario; (*est.*) persona dispotica o che esercita un potere quasi assoluto || PROV. L'occhio del padrone ingrassa il cavallo. || **padronàccio**, pegg. | **padroncìno**, dim. (V.) | **padroncióne**, accr. | **padronèllo**, dim.

padroneggiàre [comp. di *padron(e)* e *-eggiare*] **A** v. tr. (*io padronéggio*) *1* Comandare, signoreggiare o controllare qc. o q.c. come un padrone (*spec. fig.*): *p. i propri sentimenti* | *P. la folla*, di oratore che la domina con le sue parole. *2* (*fig.*) Sapere, conoscere molto bene, con grande precisione, in profondità: *p. una materia*, *un'arte.* **B** v. rifl. ● Dominarsi, controllarsi: *è molto impulsivo e non sempre riesce a padroneggiarsi.*

†**padronerìa** [da *padrone*] s. f. ● (*raro*) Possedimento.

padronésco agg. (pl. m. *-schi*) ● (*spreg.*) Da padrone: *atteggiamenti padroneschi.*

padronìssimo [da *padrone*, col suff. *-issimo* dei sup.] s. m. (f. *-a*) ● (*fam.*) Chi può prendere qualunque decisione in modo del tutto autonomo: *sei p. di credermi*, *di andare*, *di restare.*

paduàna ● V. *padovana.*

padùle [metatesi di *palude*] s. m. o †f. *1* (*tosc.*) Palude, acquitrino. *2* †Fossa di letame. || **padulètto**, dim.

†**padulésco** ● V. †*paludesco.*

†**padulìngo** agg. ● Di palude.

†**padulóso** ● V. *paludoso.*

paella /sp. pa'eʎa/ [vc. sp., dall'ant. fr. *paele* (moderno *poele*): stessa etim. dell'it. *padella*] s. f. inv. ● Riso cucinato alla maniera di Valenza, con verdure, zafferano, pesce, pollo e maiale.

paeṣàggio [da *paese*, sul modello del fr. *paysage*] s. m. *1* Complesso di tutte le fattezze sensibili di una località: *p. alpino*, *lacustre*, *fluviale.* *2* Panorama: *restammo ad ammirare quell'incantevole p.* | (*est.*) Aspetto tipico di una regione ricca di bellezze naturali: *la difesa del p. costiero amalfitano.* *3* Pittura, foto e sim. che ritrae un paesaggio.

paeṣaggìṣmo [da *paesaggi(o)*, col suff. *-ismo*] s. m. ● Stile pittorico e letterario che predilige la rappresentazione di paesaggi.

paeṣaggìsta [da *paesaggio*] s. m. e f. (pl. m. *-i*) *1* (*raro*) Paesista. *2* Chi studia e progetta la creazione di giardini e parchi o il rimboschimento e la forestazione di un'area di territorio agricolo o arboricolo per conseguire sia effetti decorativi sia fini di equilibrio ottimale fra le piante già esistenti e quelle messe a dimora.

paeṣaggìstica [da *paesaggio*] s. f. ● Parte della pittura che si dedica in particolar modo ai paesaggi | (*est.*) L'insieme delle opere prodotte.

paeṣaggìstico [da *paesaggista*] agg. (pl. m. *-ci*) ● Relativo al paesaggio, spec. come soggetto di riproduzioni artistiche. || **paesaggisticaménte**, avv.

paeṣanìṣmo [comp. di *paesan(o)* e *-ismo*] s. m. ● Carattere di ciò che è paesano nel gusto o nel carattere: *il p. di uno scrittore*, *di un artista.*

paeṣàno **A** agg. ● Del paese, proprio o caratteristico di un paese: *usanze paesane*; *vino*, *formaggio*, *dialetto p.* | *Alla paesana*, (*ell.*) secondo l'usanza del paese. **B** s. m. (f. *-a*) *1* Abitante di un piccolo borgo: *sembra un cittadino*, *ma è un p.* | Contadino. *2* (*dial.*) Compaesano, compatriota: *i nostri paesani emigrarono agli inizi del secolo.*

†**paeṣànte** [da *paese*] s. m. ● Paesista.

†**paeṣàre** [da *paese*] v. intr. ● Vivere in paese.

paéṣe [lat. parl. **pagēnse(m)*, da *pāgus* 'villaggio', in origine 'cippo di confine fissato in terra', dalla stessa radice di *pāngere* 'ficcare'. V. *pala (1)*] s. m. *1* Grande estensione di terreno, gener. abitato e coltivato: *p. settentrionale*, *meridionale*; *p. fertile*, *arido*; *p. ricco*, *povero* | *Mandare qc. a quel p.*, mandarlo al diavolo. *2* (spesso scritto con iniziale maiuscola) Nazione, stato: *un grande P.*; *un P. libero*, *democratico*; *essere al servizio del P.*; *P. nemico*, *invasore*, *amico*, *alleato* | (*est.*) Il complesso dei cittadini di una nazione o di uno stato: *il P. quest'anno voterà due volte* | *P. legale*, il governo e la classe politica | *P. reale*, la grande maggioranza dei cittadini, tenuti lontani dalla vita pubblica | (*est.*) Patria: *amare il proprio P.*; *lottare*, *sacrificarsi*, *combattere per il proprio P.* *3* Centro abitato di limitate proporzioni: *il p. natio*; *gente di p.*; *usanze*, *storie*, *fiere di p.* | *Il p. della cuccagna*, luogo immaginario dove l'uomo vivrebbe nella più grande abbondanza | (*raro*) *Scoprir p.*, conoscere come stanno le cose, tastare il terreno || PROV. Tutto il mondo è paese; paese che vai, usanza che trovi. || **paesàccio**, pegg. | **paesèllo**, dim. | **paesettino**, dim. | **paesétto**, dim. | **paesìno**, dim. | **paesóne**, accr. | **paesòtto**, accr. | **paesùccio**, pegg. | **paesùcolo**, pegg.

paeṣìsta [da *paese*] s. m. e f. (pl. m. *-i*) ● Chi dipinge o disegna paesaggi.

paeṣìstico [da *paesista*] agg. (pl. m. *-ci*) *1* Relativo al paesaggio. *2* Relativo alla pittura o al disegno di paesaggi: *gusto p.* || **paesisticaménte**, avv. Per ciò che riguarda il paesaggio: *zone vincolate paesisticamente.*

paf o **pàffete** [vc. onomat.] inter. ● Riproduce il rumore di uno schiaffo o di un colpo battuto da q.c. o qc. che cade a terra | *Pif e paf*, *piffete e paffete*, riproducono il rumore di due schiaffi dati sonoramente spec. sulle gote.

paffutézza s. f. ● Qualità di chi è paffuto.

paffùto [vc. espressiva] agg. ● Florido e grassoccio: *viso*, *bambino p.* | †*Cotone p.*, morbido e gonfio | (*fig.*) †*Menzogna paffuta*, madornale | †Grosso, largo. || **paffutèllo**, dim. | **paffutóne**, accr.

pàga [da *pagare*] **A** s. f. *1* Salario, stipendio: *p. giornaliera*, *oraria*; *una buona p.*; *questo mese avremo doppia p.* | (*pop.*) *Tirare la p.*, riscuoterla | *Giorno di p.*, in cui lo stipendio è corrisposto | *Assicurarsi la p.*, (*fig.*, *scherz.*) andare in galera | *P. base*, compenso minimo, al netto di qualsiasi assegno integrativo, corrisposto a una data categoria di lavoratori, per una prestazione stabilita | †*P. morta*, di chi riceve un compenso senza aver lavorato. *2* (*fig.*) Ricompensa: *bella p. ho ricevuto dopo tanti sacrifici!* | *Mala p.*, castigo | (*fig.*, *fam.*) Quantità di percosse: *gli hanno dato una p. tremenda* | (*fam.*) Sconfitta al gioco | *Prendere la p.*, essere sconfitti | *Dare la p. a qc.*, batterlo al gioco o in una qualsiasi competizione. **B** s. m. e f. inv. ● Chi paga, spec. male | *Una mala p.*, un cattivo pagatore. **C** s. m. ● †Soldato. **D** in funzione di agg. inv. • (posposto al s.) Nelle loc. *libro p.*, registro in cui sono obbligatoriamente annotati i nominativi dei lavoratori impiegati nell'azienda e la retribuzione da essi percepita | *Ufficio p.*, ufficio dove vengono eseguiti i pagamenti | *Busta p.*, contenente la retribuzione di un lavoratore dipendente, insieme con l'indicazione delle varie trattenute. ‖ **pagàccia**, pegg. | **paghétta**, dim. (V.).

pagàbile agg. • Che si può o si deve pagare.

pagàia [fr. *pagaie*, dal malese *pengajoeh*] s. f. • Remo formato da un'asta facilmente impugnabile, terminante con una pala generalmente lanceolata od ovale, con il quale si voga senza appoggiarlo alla falchetta | *P. doppia*, remo con pale alle due estremità, con il quale si voga alternativamente sui due lati.

pagaiàre [da *pagaia*] v. intr. (*io pagàio*; aus. *avere*) • Vogare, remare con la pagaia.

pagaménto [da *pagare*] s. m. *1* Atto, effetto del pagare: *provvedere al p. di q.c.*; *pattuire diverse forme di p.*; *p. in contanti, in natura* | *Resta a p.*, deve ancora essere pagato. *2* Somma che si paga o si deve pagare: *ricevere, inviare il p.* *3* (*raro, fig.*) Ricompensa: *non credevo di meritare un simile p.*

paganeggiànte part. pres. di *paganeggiare*; anche agg. *1* Nel sign. del v. *2* Che si ispira al paganesimo, spec. alle sue caratteristiche edonistiche e materialistiche, in contrapposizione ai principi religiosi e morali del Cristianesimo.

paganeggiàre [comp. di *pagan(o)* e *-eggiare*] v. intr. (*io paganéggio*; aus. *avere*) • (*lett.*) Pensare e vivere secondo modi pagani.

paganèllo [forse da avvicinare a *pagano*, con passaggio semantico poco chiaro] s. m. • Specie di ghiozzo di color bruno giallastro comune sulle coste italiane (*Gobius paganellus*).

paganésco agg. (pl. m. *-schi*) • (*raro*) Da pagano: *atteggiamento p.*

paganésimo o †**paganésmo**, †**paganismo** [vc. dotta, lat. *paganĭsmu(m)*, da *pagānus* 'pagano'] **A** s. m. *1* Insieme delle religioni e della civiltà del mondo antico greco-romano, spec. nella sua opposizione al Cristianesimo. *2* (*est.*) Culto, religione, credenza non cristiani. **B** agg. • (*raro*) †Proprio di o dei pagani.

†**pagania** s. f. *1* Luoghi abitati da pagani | La gente pagana. *2* La religione dei pagani.

†**pagànico** agg. (pl. m. *-ci*) • Pagano. ‖ †**paganicaménte**, avv. Paganamente.

†**paganismo** • V. *paganesimo*.

paganità [vc. dotta, lat. tardo *paganitāte(m)*, da *pagānu(m)* 'pagano'] s. f. *1* Condizione di chi o di ciò che è pagano. *2* Insieme delle nazioni e delle genti pagane, spec. nel mondo antico.

paganizzàre [comp. di *pagano* e *-izzare*] **A** v. tr. • Ridurre al paganesimo. **B** v. intr. (aus. *avere*) • †Paganeggiare.

paganizzazióne s. f. • Atto, effetto del paganizzare.

pagàno [vc. dotta, lat. *pagānu(m)* 'abitante del villaggio', da *pāgus* 'villaggio' (V. *paese*); quelli che non aderirono al Cristianesimo vennero chiamati 'pagani' perché gli abitanti dei villaggi si convertirono molto dopo gli abitanti delle città] **A** agg. *1* Che si riferisce al paganesimo. *2* (*est.*) Che ignora i principi religiosi e morali del cristianesimo, o vi si oppone. ‖ **paganaménte** avv. Da pagano; in modo non cristiano. **B** s. m. (f. *-a*) *1* Ogni fedele di una religione pagana. *2* (*est.*) Chi respinge gli insegnamenti cristiani.

pagànte **A** part. pres. di *pagare*; anche agg. • Nei sign. del v. **B** s. m. e f. • Chi paga: *su cinquanta presenti i paganti sono venticinque.*

pagàre [lat. *pacāre* 'pacificare'. V. *pacare*] **A** v. tr. (*io pàgo, tu pàghi*) *1* Remunerare o retribuire qc. dandogli il denaro che gli spetta: *p. l'oste, il sarto, i propri dipendenti*; *p. bene, lautamente, profumatamente* | *P. in natura*, non con denaro, ma con beni di consumo, spec. prodotti agricoli | Soddisfare un impegno, un onere e sim., versando una somma di denaro: *p. un vaglia, una cambiale, un'indennità, le imposte, il dazio*; *ha l'abitudine di non p. i propri debiti* | (*fig.*) *P. il debito della natura*, morire. *2* Versare il prezzo pattuito per avere q.c.: *p. l'albergo, la merce, la consumazione* | *P. q.c. alla consegna*, quando si riceve la merce | *P. q.c. anticipato*, prima di avere la merce | (*fig.*) *P. q.c. sulla cavezza*, subito | *P. q.c. a rate*, a quote fisse, dilazionate nel tempo | *P. q.c. caro, un occhio, un occhio della testa, salato* e sim., a un prezzo elevatissimo | *P. q.c. a buon mercato*, ottenere q.c. per una cifra conveniente | (*fig.*) *Quanto pagherei per* ..., per esprimere il vivo desiderio di ottenere q.c. *3* †Adempiere: *p. il voto.* *4* (*fam.*) Offrire o donare q.c. a qc., addossandosi le spese: *p. un caffè, un libro*; *p. da bere a qc.* *5* (*fig.*) Ricompensare, rimeritare: *p. qc. di, con, la più nera ingratitudine* | *P. di mala moneta*, (*fig.*) essere ingrato | (*est.*) Castigare, punire. *6* (*ass.*) Portare utilità, vantaggio e sim.: *il delitto non paga*; *l'accordo fra i due partiti non ha pagato.* *7* (*fig.*) Scontare, espiare: *p. la pena*; *ha pagato cara la sua negligenza* | *P. il fio*, espiare una colpa | *Farla p. cara a qc.*, fargli espiare duramente errori e sim. | *P. di persona*, subire direttamente e personalmente le conseguenze negative di q.c. | *P. col sangue, col proprio sangue*, scontare con la vita | (*fig.*) *Paga Pantalone*, è il singolo cittadino, o la collettività dei cittadini a sopportare le conseguenze dannose dell'incapacità amministrativa dello Stato e della classe politica dirigente, spec. nel campo fiscale. *8* †Appagare, contentare. **B** v. intr. pron. • Trovar modo d'essere soddisfatto, remunerato (*anche fig.*): *s'è pagato con poco.*

†**pagarìa** [da *pagare*] s. f. • Mallevadoria.

pagàto part. pass. di *pagare*; anche agg. • Nei sign. del v.

pagatóre agg.; anche s. m. (f. *-trice*, raro *-tora*) *1* Che, chi paga | *Ufficiale p.*, graduato incaricato dei pagamenti presso la cassa dei corpi e (*fig.*) persona che sovvenziona le spese di qc. *2* †Mallevadore.

pagatorìa s. f. • Ufficio dei pagamenti a carico dell'erario.

†**pagatùra** s. f. • Pagamento.

pagèlla [vc. dotta, lat. *pagĕlla(m)*, dim. di *pāgina* 'pagina'] s. f. • Documento su cui si segnano i voti riportati da un alunno nel corso dei vari trimestri, quadrimestri o agli esami: *avere una buona, una cattiva p.* | Attualmente, nella scuola dell'obbligo, scheda di valutazione | (*est.*) Giudizio, valutazione espressa con voti, sul modello della pagella scolastica: *le pagelle dei calciatori.*

pagèllo [lat. parl. **pagĕllu(m)*, dim. di *phăger*, dal gr. *phágros*: da *phágros* 'pietra per affilare', di origine indeur., a cui assomiglierebbe (?)] s. m. • Pesce osseo dei Percoidi di colore argentato, che vive sui fondali rocciosi e sabbiosi e ha carni pregiate (*Pagellus acarne*).

†**paggerìa** s. f. *1* Quantità di paggi. *2* Insieme dei paggi di corte. *3* Stato o qualità di paggio.

paggétto s. m. (f. *-a*) *1* Dim. di *paggio*. *2* Ciascuno dei bambini che hanno il compito di sorreggere lo strascico della sposa in occasione di cerimonie nuziali solenni.

pàggio [etim. discussa: fr. *page*, dal lat. *pāthicu(m)*, nom. *pāthicus*, dal gr. *pathikós* 'cinedo', agg. di *páthos* 'ciò che si subisce' (V. *pathos*) (?)] s. m. *1* Giovane nobile che in passato veniva avviato ai gradi superiori della cavalleria e alle cariche di corte | *Capelli alla p.*, corti e con frangia. *2* Bambino che, nelle cerimonie nuziali, tiene sollevato lo strascico dell'abito della sposa. ‖ **paggétto**, dim. (V.).

†**pagherìa** [da *pagare*] s. f. • Mallevadoria.

pagherò [prima pers. fut. ind. di *pagare*] s. m. • Cambiale, titolo di credito all'ordine ed esecutivo, contenente la promessa di pagare una determinata somma alla scadenza a favore del legittimo portatore. SIN. Vaglia cambiario.

paghétta s. f. *1* Dim. di *paga*. *2* (*fam.*) Piccola somma di denaro corrisposta periodicamente dai genitori ai figli ancora bambini o adolescenti. SIN. Mancetta.

pàgina [vc. dotta, lat. *pāgina(m)*, che in origine significava 'pergolato di viti', poi 'colonna di scrittura, pagina', da *pāngere* 'ficcare'. V. *pala* (*1*)] s. f. *1* Ogni facciata di un foglio di libri, quaderni e sim.: *un volumetto di circa 100 pagine*; *numerare le pagine* | *Andare in p.*, essere stampato | *Licenziare una p.*, dare il nulla osta per la stampa | *Terza p.*, nei quotidiani, quella dedicata agli articoli di cultura | *Pagine gialle*, elenco degli abbonati telefonici ripartiti per categorie di attività lavorativa | (*est.*) Foglio: *mancano tre pagine* | *Voltare p.*, (*fig.*) cambiare discorso; apportare un cambiamento radicale. *2* Ciò che è scritto in una pagina: *una p. di musica, di calcoli* | (*est.*) Scritto o parte di un'opera scritta: *rilessi più volte le pagine migliori del romanzo*; *raccolta di pagine scelte.* SIN. Brano. *3* (*fig.*) Vicenda o episodio di particolare rilievo: *una p. gloriosa, indimenticabile del nostro Risorgimento*; *sarebbe ... una bella p. nella storia della famiglia* (MANZONI) | (*fig.*) *Scrivere una bella p.*, *una p. immortale* e sim., compiere un'azione gloriosa. *4* (*bot.*) Una delle due facce della lamina fogliare: *p. inferiore, p. superiore.* *5* (*elab.*) Blocco comprendente un determinato numero di informazioni che viene trasferito dalla memoria ausiliaria alla memoria principale o viceversa, oppure, più in generale, fra due qualsiasi unità di un elaboratore. ‖ **paginétta**, dim. | **paginóne**, accr. (V.) | **paginùccia**, dim.

paginaménto s. m. • (*elab.*) Impaginamento.

paginatùra s. f. • Numerazione delle pagine. SIN. Paginazione.

paginazióne [da *pagina*] s. f. *1* Paginatura. *2* (*raro*) Impaginazione.

paginóne s. m. *1* Accr. di *pagina*. *2* Nei quotidiani, pagina, talvolta doppia, interamente riservata a un unico argomento o settore: *p. della cultura, dei motori* | Nelle riviste, doppia pagina centrale, talora anche ripiegata, dedicata a servizi o ritratti fotografici.

pàglia [lat. *pălea(m)*, di origine indeur.] **A** s. f. *1* Stelo o insieme di steli di cereali e di leguminose dopo la trebbiatura: *balla di p.* | *P. di legno*, trucioli da imballaggio | *P. di ferro*, paglietta | *Pasta di p.*, usata per la fabbricazione di carta poco pregiata | *Sedie di p.*, impagliate | *P. e fieno*, mescolanza di tagliatelle gialle e verdi cotte insieme e variamente condite | *Leggero come la p.*, leggerissimo | (*fig.*) *È una p.*, di persona magra e minuta, che pesa pochissimo, o di cosa molto leggera | *Bruciare come la p.*, con gran facilità e con alte fiamme di breve durata | *Mettere p. al fuoco*, (*fig.*) esporre qc. a pericoli, tentazioni e sim. | *Fuoco di p.*, (*fig.*) passione molto intensa, ma di breve durata | (*fig.*) *Uomo di p.*, prestanome, comparsa | *Avere la coda di p.*, nascondere q.c., sentirsi colpevole di q.c. ed essere quindi sospettoso e suscettibile | *Aver p. in becco*, (*fig.*) sapere q.c. e non parlare. *2* Oggetto lavorato in paglia: *le paglie di Firenze.* *3* (*metall.*) Striatura alla superficie di un pezzo metallico, per cattiva cottura del lingotto. *4* (*mar.*) *P. di bitta*, barra posta attraverso la bitta per legare qualche corda a zig zag. **B** in funzione di agg. inv. • (posposto al s.) Detto di una tonalità chiara del giallo: *capelli color p.*; *biondo p.* ‖ **pagliàccia**, pegg. | **pagliétta**, dim. (V.) | **paglióne**, accr. m. (V.) | **pagliùzza**, dim. (V.).

pagliaccésco agg. (pl. m. *-schi*) • Da pagliaccio (*anche fig.*): *mosse pagliaccesche.*

pagliaccétto [der. di *pagliaccio*] s. m. *1* Indumento intimo femminile che riunisce in un pezzo solo corpetto e mutandine. *2* Indumento analogo portato dai bambini.

pagliacciàta s. f. • Azione poco seria, da pagliaccio: *lo pregammo di non fare pagliacciate.* SIN. Buffonata.

pagliàccio [da *paglia*, perché il vestito ricordava la fodera di un pagliericcio] s. m. (f. *-a*, raro, nei sign. 1 e 2) *1* Buffone di circo. *2* (*fig.*) Persona poco seria, che si comporta in modo ridicolo o sulla quale non si può fare affidamento: *fa sempre il p.*; *non vorrai dare un incarico del genere a quel p.!* SIN. Buffone. *3* †Paglericcio. *4* †Paglia trita | *Bruciare il p.*, (*fig.*) mancare a una promessa, a un appuntamento e sim. ‖ **pagliaccétto**, dim. (V.) | **pagliaccióne**, accr.

pagliàio o (*dial.*) **pagliàro** [lat. *paleāriu(m)*, da *pălea* 'paglia'] s. m. *1* Grande ammasso conico o tondeggiante di paglia, all'aperto | *Cane da p.*, (*fig.*) di nessun pregio, bastardo | *Dar fuoco al p.*, appiccare l'incendio (*anche fig.*) | *Carbone fatto a p.*, carbon dolce prodotto bruciando legna chiusa e sostenuta da una piramide di stecconi. *2* Capanna, ricovero di paglia, sostenuto da pertiche | Locale in cui si ammassa la paglia. ‖ **pagliaiétto**, dim.

pagliaiòlo o †**pagliaiuòlo** s. m. *1* (*raro*) Chi

vende paglia. *2* †Chi tiene stallaggio. *3* †Stallaggio.

†pagliàrdo [ant. fr. *paillard* 'vagabondo che dorme sulla paglia' (da *paille* 'paglia'), poi 'libertino, lussurioso'] s. m. *1* Miserabile: *p., e' ti convien morire* (PULCI). *2* Libertino.

pagliarèccia [dal colore giallo come un *pagliaio*] s. f. (pl. *-ce*) ● (*zool.*) Zigolo.

pagliarésco agg. (pl. m. *-schi*) ● (*lett.*) Di paglia, fatto di paglia: *le pagliaresche case* (SANNAZARO).

pagliàro ● V. *pagliaio*.

pagliaròlo [dal colore giallo come un *pagliaio*] s. m. ● Passeriforme che vive in mezzo alla densa vegetazione palustre, fulvo sul dorso, con una macchia nera per ogni penna (*Acrocephalus paludicola*).

pagliàta (**1**) [da *paglia*] s. f. ● Paglia tritata con altre erbe e data al bestiame.

pagliàta (**2**) [etim. incerta] s. f. ● La parte superiore dell'intestino di vitello, cotta in tegame con varie erbe aromatiche, oppure alla griglia, specialità della cucina romana.

pagliàto agg. ● Di color della paglia. SIN. Paglierino.

†paglierèccio s. m. ● Capanno di paglia.

paglierìccio [da *paglia*] s. m. ● Saccone riempito di paglia, foglie secche di mais e sim., usato come materasso. SIN. Paglione, stramazzo (2).

paglierìno agg. ● Di color giallo chiaro.

pagliétta s. f. *1* Dim. di *paglia*. *2* Cappello di paglia per uomo, con tesa e cupola rigida. *3* (*fig., spreg., merid.*) Legale cavilloso, di scarso valore. *4* Viluppo di lunghi trucioli metallici usato per pulire tegami, pavimenti in legno e sim. SIN. Paglia di ferro. *5* (*bot.*) Piccola brattea membranosa inserita sul peduncolo del fiore delle Graminacee. *6* Cristallo esile e lucente come festuca di paglia. *7* (*elettr.*) Particolare tipo di terminale, cui vengono saldati i fili nelle apparecchiature elettroniche.

pagliétto [dalla *paglia*, con cui era fatto: attraverso il fr. *paillet* (?)] s. m. *1* (*mar.*) Fodera grossolana di stuoia, stoppa o corde per proteggere dall'attrito e dagli urti gomene, pennoni e sim. | *P. penzolo*, pendente del bordo esterno. *2* (*al pl.*) Difese intorno a un bastimento formate di materiali, brande, cordami e sim. messi entro reti, graticci e cassettoni, in uso un tempo nella marina militare.

paglìno [da *paglia*] **A** s. m. ● Piano di paglia di una sedia. **B** agg. ● Paglierino.

pagliolàia [dal lat. *pălea* 'bargiglio', di etim. incerta] s. f. ● Giogaia dei bovini.

pagliolàto s. m. ● (*mar.*) Pavimento di tavole o lamiere che copre il fondo interno di un'imbarcazione.

pagliòlo o (*lett.*) **pagliuòlo** [detto così perché in origine era coperto di *paglia* (?)] s. m. *1* (*mar.*) Ciascuna delle tavole o lamiere che costituiscono il pagliolato | (*est.*) Il pagliolato stesso. *2* Pavimento di tavole o lamiere che copre il fondo delle stive | Pavimento dei locali macchina e caldaia | *Essere a p.*, (*fig.*) essere allo stremo delle forze, soprattutto per il mal di mare | (*raro*) *Nettare il p.*, (*fig.*) fuggire.

paglióne s. m. *1* Accr. di *paglia*. *2* (*raro*) Paglia tritata. *3* (*sett.*) Paglericcio | *Bruciare il p.*, (*fig.*) mancare a una promessa o a un appuntamento; (*est.*) andarsene alla chetichella.

pagliùca [sovrapposizione di *festuca* a *paglia*] s. f. ● (*raro*) Pagliuzza.

pagliuòlo ● V. *pagliolo*.

pagliùzza s. f. *1* Dim. di *paglia*. *2* Fuscellino di paglia: *un nido costruito con le pagliuzze*. *3* Minutissima particella d'oro o di altro metallo brillante presente in una massa di minerale o terrosa.

pagnòtta [provz. *panhota*, dal lat. *pānis* 'pane (1)'] s. f. *1* Pane di forma rotonda e di grandezza varia. *2* (*fig.*) Quanto serve per il mantenimento quotidiano: *lavorare per la p.* || **pagnottèlla**, dim. (V.) | **pagnottìna**, dim. | **pagnottóna**, accr.

pagnottèlla s. f. *1* Dim. di *pagnotta*. *2* (*rom.*) Panino, spec. ripieno.

pagnottista [da *pagnotta*] s. m. e f. (pl. m. *-i*) ● (*raro*) Chi compie un lavoro solo per la paga | Chi cerca impieghi comodi, lucri anche indecorosi e sim.

pàgo (**1**) [da *pagato*] agg. (pl. m. *-ghi*) ● Appagato, soddisfatto: *ritenersi p. di q.c.*; *di sé solo ei p. / lungi dall'aure popolar s'invola* (PARINI) | *Far p., rendere p.*, appagare.

†pàgo (**2**) [da *pagare*] s. m. (pl. *-ghi*) ● Pagamento, mercede, ricompensa.

pàgo (**3**) [vc. dotta, lat. *pāgu(m)* 'villaggio'. V. *paese*] s. m. (pl. *-gi*) ● Nell'antica Roma, distretto rurale.

pagòda [port. *pagode*, dal pracrito *bhagodī* 'divina', dal sanscrito *bhagavatī* 'beata'] s. f. *1* Monumento sacro, o edificio di culto buddista, avente generalmente l'aspetto di una torre che va gradatamente aumentando di ampiezza verso la base, divisa in vari piani, ognuno dei quali con tetto a falde spioventi: *le pagode indiane, birmane, cinesi, giapponesi* | *Tetto a p.*, a falde spioventi e a linee curve. *2* Statuina di porcellana cinese o indiana spesso con testa mobile. *3* Moneta d'oro indiana del XVIII sec.

†pagonàzzo ● V. *paonazzo*.

†pagóne ● V. *pavone*.

pàgro [vc. dotta, lat. *phăgru(m)*, nom. *phăger*, dal gr. *phágros*. V. *pagello*] s. m. ● Pesce osseo degli Sparidi di color rosa-argenteo, pinne rosate, carni bianche pregiatissime (*Pagrus pagrus*). SIN. Manfrone.

pagùro [vc. dotta, lat. *pagūru(m)*, nom. *pagūrus*, dal gr. *págouros*, propriamente 'la cui coda è composta di ghiaccio', con riferimento alla durezza della parte posteriore del corpo: comp. di *ourá* 'coda' (V. *-uro* (*2*)) e *págos* 'ghiaccio', da *pēgnýnai* 'rendere sodo', di origine indeur.] s. m. ● Crostaceo marino dei Decapodi con addome molle e ricurvo che l'animale infila nella conchiglia vuota di un gasteropode, mimetizzandosi poi con attinie o spugne (*Eupagurus bernhardus*). SIN. Bernardo l'eremita.

paidocentrìsmo e *deriv.* ● V. *pedocentrismo* e *deriv.*

paidofilìa ● V. *pedofilia*.

paidologìa ● V. *pedologia* (*1*).

paillard /*fr.* pa'jar/ [dal cognome del proprietario di un ristorante] s. f. inv. ● Fettina di vitello cotta ai ferri.

paillette /*fr.* pa'jɛt/ [vc. fr., propriamente dim. di *paille* 'paglia'] s. f. inv. ● Lustrino.

paino [etim. discussa: lat. *patavīnu(m)* 'padovano' (V. *patavino*) (?)] s. m. ● (*centr.*) Bellimbusto, damerino.

pàio o **†pàro**, fam. troncato in **par** [dal pl. *paia*, dal lat. *pāria*, nt. pl. di *pār* 'pari'] s. m. (pl. *pàia*, f.) ● Coppia di cose, persone o animali: *un p. d'amici, di buoi, di bicchieri*; *un par d'ore* | *Un p.*, (*fig.*) alcuni | *Un altro p. di maniche*, (*fig.*) un'altra cosa, tutt'altra cosa | *Una coppia e un p.*, di persone che vanno molto d'accordo | *Fare il p.*, di persone o cose che s'appaiano bene | (*est.*) Oggetto composto di due unità inscindibili: *un p. di occhiali, di scarpe, di guanti*. || **paiàccio**, pegg. | **paiétto**, dim. | **paiùccio**, dim.

paiòla o **paiuòla** [da *paio*] s. f. ● Insieme di più decine o dozzine di fili d'ordito, avvolti a spirale sul bindolo.

paiolàta o (*lett.*) **paiuolàta**. s. f. ● Quantità di cibo o altro contenuta in un paiolo: *una p. di polenta*.

paiolìna s. f. *1* Dim. di *paiolo*. *2* (*tosc.*) Pentolina.

paiolino s. m. *1* Dim. di *paiolo*. *2* (*tosc., scherz.*) Cappello di feltro che ricorda la forma di un paiolo.

paiòlo o **paiuòlo** [lat. parl. **pariŏlu(m)*, di origine gallica] s. m. *1* Recipiente da cucina in rame a forma di vaso tondo e fondo, con manico arcato e mobile, che si appende al gancio della catena del camino: *fare la polenta nel p.*; *essere nero come il p.* | *†Negare col p. in capo*, (*fig.*) non voler confessare, anche di fronte a prove concrete. *2* Paiolata. *3* Tavolato o lastricato usato un tempo sulla piazzuola di un pezzo d'artiglieria per facilitarne gli spostamenti e il servizio. || **paiolàccio**, pegg. | **paiolétto**, dim. | **paiolina**, dim. f. (V.) | **paiolino**, dim. (V.).

paisà /*nap.* pai'sa/ [vc. merid. '(com)paesano'] s. m. ● (*merid.*) Paesano, compaesano (forma vocativa).

paiuòlo e *deriv.* ● V. *paiolo* e *deriv.*

pakistàno ● V. *pachistano*.

paktòng ● V. *packfong*.

pàla (**1**) [lat. *pāla(m)*, propriamente 'quella che si pianta, si affonda', dalla stessa radice di *pāngere* 'conficcare' e di *pāx*, genit. *pācis* 'pace'] s. f. *1* Attrezzo a mano per smuovere, ammucchiare, caricare terra e materiali, costituito da un ferro piatto e largo con un bocciolo tondo in cui è fissato un lungo manico di legno | Attrezzo simile, in un sol pezzo di legno, per infornare e sfornare il pane | *P. meccanica, p. caricatrice*, veicolo a ruote o a cingoli, provvisto di una benna mobile, usato nei cantieri di costruzione per scavare e trasportare materiale terroso | *Con la p.*, (*fig.*) a palate, con eccessiva prodigalità o abbondanza. *2* (*est.*) Parte esterna, allargata e spianata, di diversi organi o attrezzi: *la p. del remo, del timone*. *3* (*est.*) Ciascuno degli elementi piani di varia forma e dimensione, fissati a un organo rotante e atti a imprimere un movimento: *ruota a pale*; *le pale dell'elica, della turbina*. ➡ ILL. p. 829 SCIENZE DELLA TERRA ED ENERGIA. *4* Parte terminale del bastone da cricket. || **palétta**, dim. (V.).

†pàla (**2**) [vc. dotta, lat. *pāla(m)* 'palesemente': di origine indeur. (?)] vc. ● (*raro*) Solo nella loc. *fare p.*, mostrare, palesare.

pàla (**3**) [vc. di origine preindeur.] s. f. ● Scoscesa formazione rocciosa dal largo sviluppo trasversale.

pàla (**4**) [uso metaforico di *pala* (*1*)] s. f. ● Composizione dipinta o scolpita che si pone sull'altare nelle chiese cattoliche.

palacongrèssi [da *pala(zzo per) congressi*] s. m. ● Edificio ideato per ospitare congressi.

paladinésco agg. (pl. m. *-schi*) ● (*scherz.* o *spreg.*) Di, da paladino.

paladìno (**1**) [lat. *palatīnu(m)* 'imperiale'. V. *palatino* (*1*)] **A** s. m. (f. *-a* nel sign. 2) *1* Cavaliere facente parte del gruppo di dodici nobili scelti da Carlo Magno come propria guardia del corpo. *2* (*fig.*) Difensore, sostenitore: *i paladini di quella dottrina religiosa* | *Farsi p.*, ergersi a difensore. **B** agg. ● †Generoso, intrepido: *cuore p.*

paladìno (**2**) [da *pala* (*1*) (di cui si servono per raccogliere la spazzatura), con accostamento scherzoso a *paladino* (*1*)] s. m. ● (*raro, tosc., scherz.*) Spazzino.

palafitta [part. pass. di **palafiggere*, comp. di *palo* e *figgere*] s. f. *1* Insieme di pali di legno, ferro o cemento armato, infissi nel terreno e collegati superiormente, usati spec. come fondazione. *2* (*est.*) Ogni costruzione su palafitte. *3* Capanna costruita su una piattaforma lignea sostenuta da pali conficcati nel terreno, spec. in zone paludose o lacustri: *villaggi preistorici di palafitte*.

palafittàre [da *palafitta*] v. tr. ● Rafforzare con palafitte.

palafittìcolo [comp. di *palafitta* e *-colo*] agg.; anche s. m. (f. *-a*) ● Che, chi abita in palafitte.

palafrenière o **palafreniéro** s. m. *1* Chi governava un palafreno | Staffiere, scudiero. *2* Chi addestrava all'equitazione allievi di scuole militari.

palafréno o **palafrèno** [lat. tardo *paraverēdu(m)* 'cavallo da posta' (comp. di *para-* e *verēdus* 'cavallo da posta', di origine gallica), con accostamento pop. a *freno*] s. m. ● Cavallo usato dai cavalieri medievali per viaggi e non per guerra o per corsa.

palaghiàccio [da *pala(zzo per gare su) ghiaccio*] s. m. ● Impianto sportivo coperto, dotato di tribune e di una pista ghiacciata per lo svolgimento di gare di hockey e pattinaggio, utilizzata saltuariamente anche da pattinatori dilettanti.

†palàgio ● V. *palazzo*.

palàia (**1**) [catalano *palaya*, dal gr. *pelagikós* 'marino', agg. di *pélagos* 'mare'. V. *pelago*] s. f. ● (*dial.*) Sogliola.

palàia (**2**) [lat. tardo *palāria*, nt. pl. di *palāris*, agg. di *pālus* 'palo'] s. f. ● Bosco ceduo, spec. di castagno, utilizzato per trarne pali.

palamedèa [da *Palamede*, eroe greco] s. f. ● Massiccio uccello anseriforme dell'Amazzonia con larga apertura alare, becco corto, fornito di un'appendice cornea sul capo (*Anhima cornuta*).

palaménto [da *palare* (*1*)] s. m. *1* Insieme di pale: *il p. dell'elica* | Complesso dei remi di una imbarcazione. *2* Modo e atto del palare.

palamidóne [etim. incerta] s. m. *1* (*scherz.*) Mantello o soprabito molto lungo e largo. *2* (*est.*) Chi di solito veste il palamidone. *3* (*fig.*) Uomo allampanato e sciocco.

palamìta [dal gr. *palamís*, genit. *palamídos*. Il n. del pesce era *pēlamýs*, comp. di *pēlós* 'melma' (di etim. incerta) e *amýs* 'tartaruga di acqua dolce' (contaminazione di *emýs* 'tartaruga di acqua dolce' e *amía* 'tonno', entrambi di etim. incerta), e poi per etim. pop. è diventato *palamís* che significava 'talpa'] s. f. ● Pesce osseo degli Sgombridi, predatore, con peduncolo caudale (*Sarda sarda*).

palàmito o **palàmite** [dal gr. *polýmitos* 'formato di molti fili', comp. di *polýs* 'molto' (V. *poli-*) e *mítos* 'filo', di etim. incerta] s. m. ● Attrezzo da pesca costituito da una lunga corda, cui sono attaccate cordicelle terminanti con un amo, usata sia nella pesca di superficie che in quella di fondo | (*est.*) La barca usata per tale tipo di pesca. SIN. Palangaro.

palànca (1) [lat. parl. **palănca(m)*, dal gr. *phálanga*, acc. di *phálanx* 'tronco, bastone', di etim. incerta] s. f. *1* Grossa trave o palo, in legno o metallo: *una p. di ferro; sollevare q.c. facendo leva con una p.* *2* Tavola che serve da ponte volante tra un natante e la terra, o tra due natanti contigui. *3* Sorta di riparo con travoni e terra, usato nell'antica fortificazione. || **palanchìno**, dim. m. (V.).

palànca (2) [prob. dallo sp. *blanca* 'bianca', nome di una moneta] s. f. *1* (*pop.*) Moneta da un soldo usata un tempo in alcune regioni italiane. *2* (*fig., spec. al pl.*) Soldi, quattrini: *far palanche.*

†**palancàre** v. tr. ● Fortificare o sostenere con palanche | Imbarcare mediante palanche.

palancàto [da *palanca* (*1*)] s. m. ● Steccato o riparo di tavole attorno a q.c.: *un robusto p. circonda l'edificio, il cantiere.*

palanchìno (1) s. m. *1* Dim. di *palanca* (*1*). *2* Leva di primo genere impiegata per sollevare pesi.

palanchìno (2) [dal port. *palanquim*] s. m. ● Portantina usata in Oriente per trasportare personaggi importanti.

palànco [da *paranco*] s. m. (pl. *-chi*) ● Argano.

palàncola [da *palanca* (*1*)] s. f. *1* Tavola di legno gettata come ponte rudimentale su fossato, canale e sim. *2* Specie di tavola o palo terminante a punta e piantata nel terreno a schiera, con altre uguali per formare paratie.

palàndra (1) s. f. ● Palandrana.

palàndra (2) [fr. *balandre*, dall'ol. *bijlander* per *binnenlander* '(imbarcazione per la navigazione) interna'] s. f. ● Grossa barca a vela con fondo piatto, per navigazione fluviale | Nave fiamminga del secolo XVI armata con bombarde.

palandràna [ant. fr. (*houp*)*pelande*, di etim. incerta] s. f. *1* Veste da camera per uomo ampia e lunga. *2* (*scherz.*) Veste lunga e larga. SIN. Gabbana.

palàngaro o †**palàngreso** [dal gr. *polyánkistron* 'che ha molti ami', comp. di *polýs* 'molto' (V. *poli-*) e *ánkistron* 'amo', da una radice indeur. che indica oggetti uncinati] s. m. ● (*pesca*) Palamito.

†**palànte** [vc. dotta, lat. *palănte(m)*, part. pres. di *palări* 'vagare, errare', di etim. incerta] agg. ● Vagante, vagabondo.

palàre (1) [vc. dotta, lat. *palăre*, da *pālus* 'palo'] v. tr. ● Munire di, rafforzare con pali: *p. le viti.*

palàre (2) [da *pala* (*1*)] v. tr. ● (*raro*) Rimuovere con la pala.

palaspòrt [comp. di *pala*(*zzo*) e *sport*] s. m. ● Palazzo dello sport.

palàta [da *pala* (*1*)] s. f. *1* Quanta roba sta nella pala | *A palate*, (*fig.*) in abbondanza, in grande quantità. *2* Colpo dato con la pala. *3* Nel canottaggio, colpo di remo di un singolo vogatore | Complesso dei colpi di un intero equipaggio | Azione utile sviluppata dalla remata.

palatàle A agg. *1* (*anat.*) Del palato: *volta p.* *2* (*ling.*) Detto di suono nella cui articolazione il dorso della lingua batte contro il palato duro. B s. f. ● Suono palatale.

palatalizzàre o **palatizzàre** [comp. di *palatal*(*e*) e *-izzare*] A v. tr. ● (*ling.*) Provocare la palatalizzazione di un suono. B v. intr. pron. ● (*ling.*) Divenire palatale.

palatalizzazióne o **palatizzazióne** [da *palatalizzare*] s. f. ● (*ling.*) Particolare fenomeno di assimilazione che subiscono alcune vocali o alcune consonanti a contatto con un fonema palatale.

†**palatìna** [fr. *palatine*, dal n. della principessa *Palatina*, cognata di Luigi XIV] s. f. ● Pelliccia da collo portata dalle donne nel XVI sec. in Francia.

palatìno (1) [vc. dotta, lat. *palatīnu(m)*, da *palātium* 'palazzo imperiale'] agg. ● Del palazzo o corte reale: *biblioteca palatina; chiese palatine* | *Cappelle palatine*, a Roma, nel palazzo del Quirinale | *Guardia palatina*, guardia d'onore del Papa | *Conte p., elettore p.*, titolo degli alti dignitari franchi, poi passato ai prìncipi del Sacro romano impero | (*est.*) Appellativo di luoghi o istituzioni che godevano del patrocinio del sovrano.

palatìno (2) [vc. dotta, lat. *Palatīnu(m)* da *Palātium* 'colle Palatino', a Roma, da **pala* 'rotondità'. V. *pala* (*3*)] agg. ● Del Palatino, colle di Roma: *edifici palatini.*

palatìno (3) [da *palato* (*2*)] agg. ● (*anat.*) Del palato.

palatìte [comp. di *palat*(*o*) (*2*) e *-ite* (*1*)] s. f. ● (*veter.*) Stomatite dei puledri.

palatizzàre e *deriv.* ● V. *palatalizzare* e *deriv.*

palàto (1) A part. pass. di *palare* (*1*); anche agg. ● Nel sign. del v. B s. m. ● †Palafitta.

palàto (2) [vc. dotta, lat. *palātu(m)*, di origine oscura] s. m. *1* (*anat.*) Parte superiore del cavo orale, tra la bocca e la cavità nasale | *P. molle*, la parte posteriore. SIN. Velopendulo, velo del palato | *P. duro*, la parte anteriore. ➡ ILL. p. 367 ANATOMIA UMANA. *2* (*fig.*) Senso del gusto, sensibilità ai sapori: *non ha p. e non distingue un cibo buono da uno mediocre* | *P. fine, delicato*, che sa assaporare e valutare i sapori.

palàto (3) [da *palo* nel sign. 6] agg. ● (*arald.*) Detto del campo di scudo, costituito da pali, di solito sei, a smalti alternati.

palatoalveolàre [comp. di *palat*(*ale*) e *alveolare*] agg. ● (*ling.*) Detto di suono con articolazione intermedia tra quella palatale propriamente detta e quella alveolare.

palatoglòsso [comp. di *palato* (*2*) e un deriv. di *glossa* (*2*)] agg. ● (*anat.*) Di, relativo alla zona compresa tra il palato e la lingua: *arco p.*

palatogràmma [comp. di *palato* (*2*) e *-gramma*] s. m. (pl. *-i*) ● Rappresentazione dei punti di contatto della lingua con il palato di un processo articolatorio.

palatoplàstica [comp. di *palato* (*2*) e *plastica*] s. f. ● Intervento correttivo delle malformazioni del palato.

palatoschìṣi [comp. di *palato* (*2*) e del gr. *schísis* 'fenditura', da *schízein* 'separare' (V. *scisma*)] s. f. ● (*med.*) Malformazione congenita con fessurazione del palato.

palatùra [da *palare* (*1*)] s. f. ● Operazione del piantare i pali a sostegno di fruttiferi, viti, piante da orto e da giardino.

palazzétto s. m. *1* Dim. di *palazzo*. *2* Edificio adibito a ospitare manifestazioni, gener. sportive: *p. dello sport.*

palazzìna s. f. *1* Dim. di *palazzo*. *2* Casa signorile, per lo più con giardino.

palazzinàro [da *palazzina*] s. m. ● (*spreg.*) Costruttore edile, generalmente venuto dal nulla, che è riuscito in pochi anni ad arricchirsi agendo con fini unicamente speculativi, senza preoccuparsi della salvaguardia dell'ambiente e violando spesso i regolamenti edilizi.

palàzzo o (*lett.*) †**palàgio** [lat. *Palātiu(m)* 'monte Palatino' poi 'palazzo imperiale' che ivi sorgeva. V. *palatino* (*2*)] s. m. *1* Edificio imponente per dimensioni e valore architettonico, un tempo adibito a residenza signorile, ora spesso sede di enti pubblici, musei e sim.: *p. Pitti.* *2* (*est.*) Corte principesca o reggia: *si tennero molte feste a p.* | *Congiura di p.*, ordita dagli uomini della corte | *Dama di p.*, dama di corte. *3* Sede di governo, di pubblici uffici e sim. | (*est.*) Simbolo del potere politico centrale: *voci provenienti dal Palazzo* | *P. Chigi*, (*per anton.*) la presidenza e il presidente del Consiglio dei Ministri italiano, che hanno sede in tale palazzo a Roma | *P. di giustizia*, luogo ove l'autorità giudiziaria esplica normalmente la propria funzione | *P. di vetro*, (*per anton.*) la sede dell'Organizzazione delle Nazioni Unite | *P. dello sport*, impianto sportivo per manifestazioni ginniche, atletiche, di pugilato e sim. *4* (*per anton.*) Palazzo di giustizia: *tutto pesto e tutto rotto il trassero dalle mani e menaronlo a p.* (BOCCACCIO). *5* Edificio piuttosto grande di civile abitazione: *un p. di dieci piani; i palazzi del centro, della periferia.* || **palazzàccio**, pegg. | **palazzétto**, dim. (V.) | **palazzìna**, dim. f. (V.) | **palazzóne**, accr. | **palazzòtto**, accr. (V.) | **palazzùccio**, dim. | †**palazzuòlo**, dim.

palazzòtto s. m. *1* Dim. di *palazzo*. *2* Palazzo non grande, ma solido e massiccio: *il p. di Don Rodrigo sorgeva isolato* (MANZONI).

palcàto [da *palco*] agg. ● (*raro*) Impalcato.

palchettìsta s. m. e f. (pl. *-i*) ● Chi occupa un palchetto a teatro per abbonamento o quale proprietario.

palchétto s. m. *1* Dim. di *palco* | Uno dei palchi teatrali posti nelle file superiori, di minor pregio rispetto a quelli situati vicino alla platea. *2* Ciascuna delle tavolette orizzontali disposte nell'altezza di uno scaffale, sulla quale si collocano libri o pezzi archivistici. *3* Nei giornali, pezzo incorniciato di non grandi proporzioni e impaginato in basso in modo da dargli rilievo.

palchìsta s. m. e f. (pl. m. *-i*) ● Chi occupa un palco a teatro per abbonamento o quale proprietario.

†**palchistuòlo** [sovrapposizione di *palco* e *faldistorio*] s. m. ● Tettoia.

pàlco [longob. *balk* 'trave'. V. *balcone*] s. m. (pl. *-chi*, raro †*pàlcora* f.) *1* Tavolato e sim. elevato da terra e destinato a vari usi: *rizzare un p.; la forca era posta su di un p.* | *P. di salita*, nelle palestre di ginnastica, impianto costituito da due mensole fissate al muro che sostengono un travone al quale sono unite funi e pertiche per gli esercizi di arrampicata | *Giardino in p.*, pensile | Scaffale. *2* Strato, piano: *disporre la frutta a palchi.* *3* Ciascuno dei vani aperti verso la sala teatrale su diversi piani, costruiti in modo da accogliere piccoli gruppi di spettatori. *4* (*mar.*) Coperta di parte del bastimento. *5* (*zool.*) Ciascuna delle ramificazioni delle corna dei Cervidi. || **palcàccio**, pegg. | **palchétto**, dim. (V.) | **palchettìno**, dim. | **palchettóne**, accr. | **palcùccio**, dim.

palcoscènico [comp. di *palco* e *scenico*] s. m. (pl. *-ci*) *1* Palco di assi di legno sul quale agiscono gli attori | Settore della sala teatrale occupato dal palco medesimo e dalla scena. *2* (*fig.*) Arte del teatro: *la passione del p.; darsi al p.; battere, calcare il p.*

†**palcùto** [da *palco*] agg. ● Fornito di ordini di corna: *cervo p.*

paleàntropo o **paleoàntropo** [comp. di *pale*(*o*)*-* e *-antropo*] s. m. ● Secondo una delle classificazioni antropologiche, ogni uomo fossile vissuto nel Pleistocene medio, corrispondente, secondo altre classificazioni, all'uomo di Neandertal.

paleàrtico o **paleoàrtico** [comp. di *paleo-* e *artico*] agg. (pl. m. *-ci*) ● (*geogr.*) Relativo alla regione geografica e biogeografica che si estende dalle terre artiche sino alle regioni mediterranea, arabica e siberiana e che corrisponde all'incirca alle aree conosciute nel mondo antico.

paleggiaménto s. m. ● (*raro*) Modo e atto del paleggiare.

paleggiàre [comp. di *pal*(*a*) (*1*) e *-eggiare*] v. tr. (*io paléggio*) ● (*raro*) Muovere con la pala: *p. il grano nell'aia.*

paléggio s. m. ● (*raro*) Paleggiamento.

paleìno [dim. di *paleo* (*2*)] s. m. ● Graminacea perenne comune anche nei prati di montagna, con fiori in spighe giallastre, profumata e ottima foraggera (*Anthoxanthum odoratum*).

palèlla [dim. di *pala* (*1*)] s. f. *1* Rilievo a forma di piccola pala su un pezzo di costruzione, per incastrarlo. *2* Ferro del calafato per pressare la stoppa senza tagliarla.

palellàre [da *palella*] v. tr. (*io palèllo*) *1* Calettare a palelle. *2* Spingere la stoppa con la palella.

palèmone o **palemóne** [da *Palemone*, divinità marina del mondo greco] s. m. ● Gamberetto marino e d'acqua dolce (*Palaemonetes varians*).

palèo (1) [etim. incerta] s. m. *1* Trottolo in uso fino al XVI sec. che si lanciava con una corda e si faceva girare con una sferza. *2* Nell'hockey su ghiaccio, disco.

palèo (2) [etim. incerta] s. m. ● Graminacea con infiorescenza allargata, comune nei prati (*Festuca pratensis*) | *P. peloso*, graminacea a foglie piatte e pelose ed infiorescenza a pannocchia (*Bromus mollis*). || **paleìno**, dim. (V.).

palèo- o **pàleo-** [dal gr. *palaiós* 'antico', da *pálai* 'un tempo, tempo fa' (di etim. incerta)] primo elemento ● In parole dotte composte significa 'antico' o fa riferimento a una fase antica, originaria, relativamente a ciò che è indicato dal secondo componente: *paleoantropo, paleocristiano, paleografia, paleolitico.*

paleoàntropo ● V. *paleantropo.*

paleoantropologìa [comp. di *paleo-* e *antropologia*] s. f. (pl. *-gie*) ● Scienza che studia i reperti fossili umani al fine di stabilire l'evoluzione e la distribuzione degli uomini sulla terra in epoche arcaiche.

paleoàrtico ● V. *paleartico.*

paleoasiàtico [comp. di *paleo-* e *asiatico*] agg. (pl. m. *-ci*) ● Detto di un gruppo di popolazioni mongoliche dell'Asia nord-orientale, caratterizzate dall'uso di lingue non associabili a una determinata famiglia linguistica.

paleoavanguàrdia [comp. di *paleo-* e *avanguardia*] s. f. ● Nome complessivo dato a quei movimenti artistici e culturali, spec. di inizio Novecento, che rompono con la tradizione del passato, facendosi portatori di nuove forme espressive | Avanguardia storica.

paleobiogeografìa [comp. di *paleo-* e *biogeografia*] s. f. ● Studio della distribuzione geografica degli organismi nelle varie epoche e nei vari periodi geologici.

paleobiologìa [comp. di *paleo-* e *biologia*] s. f. ● (*biol.*) Ramo della paleontologia che considera i fossili come vestigia di organismi piuttosto che come elementi della storia geologica.

paleobotànica [comp. di *paleo-* e *botanica*] s. f. ● Scienza che ha come oggetto di studio le piante fossili o estinte.

paleobotànico **A** agg. (pl. m. *-ci*) ● Che si riferisce alla paleobotanica. **B** s. m. ● Studioso di paleobotanica.

paleocapitalismo [comp. di *paleo-* e *capitalismo*] s. m. *1* La fase più antica del capitalismo, coincidente con la prima rivoluzione industriale. *2* (*spreg.*) Sistema capitalistico rozzo e poco efficiente, ancorato a schemi gestionali e produttivi antiquati.

paleocapitalista [comp. di *paleo-* e *capitalista*] **A** s. m. e f. (pl. m. *-i*) *1* Imprenditore che contribuì ad avviare e alimentare la fase del paleocapitalismo storico. *2* (*spreg.*) Capitalista che ha idee superate e anacronistiche in fatto di gestione aziendale e rifiuta programmaticamente ogni rinnovamento. **B** agg. ● Paleocapitalistico.

paleocapitalìstico [comp. di *paleo-* e *capitalistico*] agg. (pl. m. *-ci*) ● Relativo al paleocapitalismo o ai paleocapitalisti: *sistema p.*

Paleocène [comp. di *paleo-* e *-cene*] s. m. ● (*geol.*) Primo periodo e sistema del Paleogene.

paleoclimatologìa [comp. di *paleo-* e *climatologia*] s. f. ● (*geogr.*) Parte della paleogeografia che studia la distribuzione e la successione dei climi nel corso delle ere geologiche.

paleocortéccia [comp. di *paleo-* e *corteccia*] s. f. (pl. *-ce*) ● (*anat.*) Semplice organizzazione corticale che caratterizza il paleopallio e che rappresenta una stazione intermedia delle vie olfattive.

paleocristiàno [comp. di *paleo-* e *cristiano*] agg. ● Relativo al cristianesimo antico, dei primi secoli: *arte paleocristiana.*

paleoecologìa [comp. di *paleo-* ed *ecologia*] s. f. ● (*geol.*) Scienza che studia e ricostruisce gli ambienti del passato, sia per mezzo delle associazioni faunistiche e vegetali che vi si insediavano, sia attraverso l'interpretazione di minerali.

paleoecològico agg. (pl. m. *-ci*) ● Relativo alla paleoecologia.

paleoetnologìa ● V. *paletnologia.*

Paleògene [comp. di *paleo-* e del gr. *génos* 'generazione' (V. *-geno*)] s. m. ● (*geol.*) Prima parte dell'era cenozoica che comprende Paleocene, Eocene e Oligocene. SIN. Nummulitico.

paleogeografìa [comp. di *paleo-* e *geografia*] s. f. ● Scienza che studia le condizioni geografiche della Terra nei vari periodi della storia geologica.

paleogeogràfico agg. (pl. m. *-ci*) ● Relativo alla paleogeografia.

paleografìa [comp. di *paleo-* e *-grafia*] s. f. ● Scienza che studia le antiche scritture.

paleogràfico agg. (pl. m. *-ci*) ● Relativo alla paleografia.

paleògrafo [comp. di *paleo-* e *-grafo*] s. m. (f. *-a*) ● Studioso di paleografia.

paleoindustriàle [comp. di *paleo-* e *industriale*] agg. ● Relativo allo stadio arcaico del processo di industrializzazione, o comunque a fasi tecnologicamente superate di sviluppo industriale (*anche spreg.*): *opificio p.*

paleolìtico [comp. di *paleo-* e *-litico* (*1*)] **A** agg. (pl. m. *-ci*) ● Detto del periodo più antico dell'età della pietra, che termina con la fine dell'ultima glaciazione, caratterizzato dall'uso di materie prime quali pietra e osso nella fabbricazione di armi e strumenti. **B** s. m. ● Periodo paleolitico.

paleomagnetismo [comp. di *paleo-* e *magnetismo*] s. m. *1* (*geol.*) Studio dell'orientamento e dell'intensità del campo magnetico terrestre nel corso del tempo geologico, in base ai dati forniti dal magnetismo delle rocce vulcaniche. *2* Magnetismo delle rocce.

paleontogràfico [comp. di *paleo-*, *onto-* e *grafico*] agg. (pl. m. *-ci*) ● (*geol.*) Che si riferisce alla descrizione dei fossili.

paleontologìa [fr. *paléontologie*, comp. di *paléo-* 'paleo-', *onto-* 'onto-' e *-logie* '-logia'] s. f. (pl. *-gie*) ● Scienza che si occupa dello studio dei resti organici fossili, della loro origine, evoluzione e distribuzione sia geografica che temporale, stabilendone una classificazione. ➡ ILL. **paleontologia**.

paleontològico [fr. *paléontologique*, da *paléontologie* 'paleontologia'] agg. (pl. m. *-ci*) ● Relativo alla paleontologia.

paleontòlogo [fr. *paléontologue*, da *paléontologie* 'paleontologia'] s. m. (f. *-a*; pl. m.*-gi*, pop. *-ghi*) ● Studioso di paleontologia.

paleopàllio [comp. di *paleo-* e *pallio*] s. m. ● (*anat.*) Porzione dorsale e laterale del pallio, caratterizzata da un'elementare architettura corticale.

paleopatologìa [comp. di *paleo-* e *patologia*] s. f. (pl. *-gie*) ● Disciplina che si occupa dello studio delle patologie rintracciabili su reperti archeologici costituiti da resti umani, animali e vegetali.

paleoslàvo [comp. di *paleo-* e *slavo*] **A** s. m. solo sing. ● (*ling.*) Lingua slava meridionale attestata per la prima volta nella traduzione dei Vangeli operata da Cirillo e Metodio nel IX sec. d.C. **B** anche agg.: *lingua paleoslava.*

paleotettònica [comp. di *paleo-* e *tettonica*] s. f. ● (*geol.*) Studio delle strutture e dell'assetto tettonico di una regione in un determinato intervallo della sua storia geologica.

paleòttero [comp. di *paleo-* e *-ttero*] agg. ● (*zool.*) Detto di insetto primitivo, le cui ali durante il riposo non possono venire rivolte all'indietro e poggiate sul dorso.

paleozòico (*Paleozoico* come s. m.) [comp. di *paleo-* e *-zoico*] **A** s. m. (pl. *-ci*) ● Prima era della storia geologica, preceduta dalle ere precambriane, caratterizzata dalla comparsa delle prime forme di vita. **B** anche agg.: *era paleozoica.* SIN. Primario.

paleozoologìa [comp. di *paleo-* e *zoologia*] s. f. (pl. *-gie*) ● Disciplina che studia gli animali scomparsi nel corso delle ere geologiche.

palerìa [da *palo*] s. f. *1* Insieme, assortimento di pali di varia grossezza usati in agricoltura e in edilizia, ottenuti dalla potatura degli alberi nei boschi cedui. *2* (*gener.*) Insieme di pali di vario materiale e varia funzione.

paleontologia

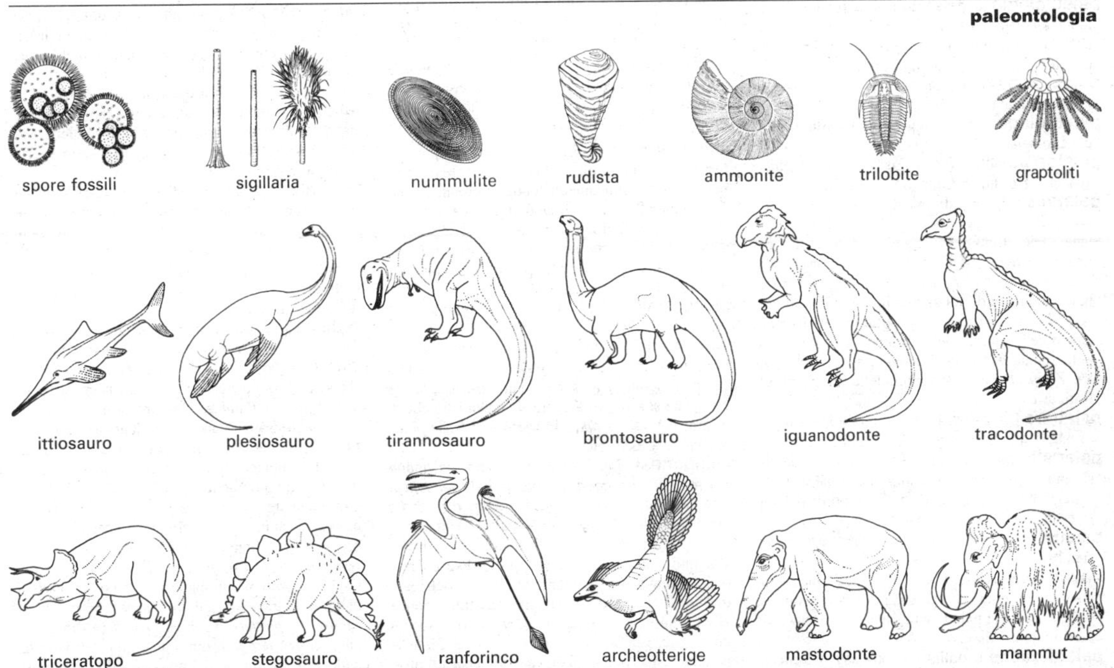

palermitàno **A** agg. • Di, relativo a, Palermo. **B** s. m. (f. *-a*) • Abitante, nativo di Palermo.

paleṣaménto s. m. • (*raro*) Atto, effetto del palesare o del palesarsi.

paleṣàre [da *palese*] **A** v. tr. (*io paléṣo*) • Manifestare, rendere palese: *p. un segreto*; *pensò di non p. ad alcuna persona chi fossero* (BOCCACCIO). SIN. Rivelare, svelare. CONTR. Celare, nascondere. **B** v. intr. pron. e rifl. • Manifestarsi o farsi vedere: *le difficoltà si palesarono più gravi del previsto*; *disse il conte a Perotto che era in pensiero di palesarsi* (BOCCACCIO).

†**paleṣatìvo** [da *palesato*] agg. • Atto a palesare.

paleṣàto part. pass. di *palesare*; anche agg. • Nei sign. del v.

paleṣatóre agg.; anche s. m. (f. *-trice*) • (*raro*) Che, chi palesa.

paléṣe [dal lat. *pălam* 'palesemente'. V. *pala* (*2*)] **A** agg. • Che si manifesta, appare e sim. in modo chiaro ed evidente: *errore p.*; *sei in p. contraddizione*; *la debolezza mia / p. almen non sia* (METASTASIO) | *Fare, rendere p.*, palesare | (*raro*) *In, di p.*, palesemente | †*Mostrare in p.*, palesare. CONTR. Celato, nascosto. ‖ **paleseménte**, avv. **B** avv. • (*lett.*) †In modo palese.

palestinése **A** agg. • Della Palestina. **B** s. m. e f. • Abitante, nativo della Palestina.

palèstra [vc. dotta, lat. *palāestra*(*m*), nom. *palāestra*, dal gr. *paláistra*, da *paláiein* 'lottare'] s. f. *1* Presso gli antichi Greci e Romani, luogo, spec. all'aperto, destinato agli esercizi ginnici. *2* Ampio locale chiuso, opportunamente attrezzato per l'esecuzione di esercizi ginnici, di allenamenti sportivi e sim. *3* (*est.*, *sport*) *P. di roccia*, breve tratto di parete rocciosa di comodo accesso, talora ricostruita artificialmente in locale chiuso, su cui sono tracciate, a scopo di allenamento o addestramento, vie di arrampicata munite degli opportuni chiodi di protezione. *4* (*est.*) Esercizio atletico che si può fare in una palestra: *gli ha detto di fare un po' di p.*; *fa ogni mattina un'ora di p.* *5* (*fig.*) Esercizio per rafforzare o provare le capacità intellettuali o morali: *la scuola è p. di vita* | (*fig.*) Gioco: *quanto è dubbioso nella p. d'amore entrare* (BOCCACCIO).

†**palestràle** agg. • (*raro*) Della palestra.

†**palèstrico** [vc. dotta, lat. *palāestricu*(*m*), nom. *palāestricus*, dal gr. *palaistrikós*, da *paláistra* 'palestra'] agg. • Della palestra.

†**palestrita** [vc. dotta, lat. *palaestrīta*(*m*), nom. *palaestrīta*, dal gr. *palaistrítēs*, da *paláistra* 'palestra'] s. m. (pl. *-i*) • (*lett.*) Lottatore | Addetto alla palestra.

†**palèstro** agg. • Della palestra.

paletnologìa o **paleoetnologìa** [comp. di *paleo-* e *etnologia*] s. f. (pl. *-gie*) • Scienza che studia le industrie e le culture di popoli o di tipi umani estinti in base a reperti archeologici.

paletnològico agg. (pl. m. *-ci*) • Che concerne la paletnologia.

paletnòlogo s. m. (f. *-a*; pl. m. *-gi*) • Studioso di paletnologia.

paletot /*fr.* pal'to/ [vc. fr., dall'ingl. medio *paltok* 'giacca'] s. m. inv. • Cappotto, soprabito.

palétta s. f. *1* Dim. di *pala* (*1*): *p. da gelato*, *da dolce*. *2* Arnese per il focolare, a forma di piccola pala | Giocattolo per bambini, di forma analoga: *una p. di legno*. *3* Disco con manico usato dal capostazione per dare il segnale di partenza ai treni o dalle forze di polizia per intimare l'alt ai veicoli. *4* (*mecc.*) Elemento costitutivo del distributore o della girante delle turbine. *5* (*anat.*) Scapola, rotula. *6* *P. di caricamento*, *p. di carico*, pallet. *7* (*sport*) Parte posteriore della sella. ‖ **palettìna**, dim.

palettàre [da *paletto*] v. tr. (*io palétto*) • Munire di paletti, per sostegno: *p. il vigneto*.

palettàta [da *paletta*] s. f. *1* Quantità di roba che sta in una paletta: *sollevò una p. di cenere*; *lo ha coperto con una p. di terra*. *2* Colpo di paletta: *ricevette una p. sulla nuca*.

palettàto part. pass. di *palettare*; anche agg. • Nel sign. del v.

palettatùra s. f. • (*mecc.*) Nelle macchine a fluido rotativo, quali compressori, turbine e sim., il complesso delle pale o delle palette disposte sulle parti mobili o fisse.

palettiẓẓàbile o **pallettiẓẓàbile** agg. • Detto di imballaggio di spedizione avente una forma parallelepipeda tale da permettere l'utilizzazione della superficie di carico di uno dei pallet unificati.

palettiẓẓàre o **pallettiẓẓàre** [da *paletta* (*2*)] v. tr. • Disporre in pila su pallet, detto di merci imballate.

palettiẓẓazióne o **pallettiẓẓazióne** s. f. • Atto, effetto del palettizzare.

palétto s. m. *1* Dim. di *palo*. *2* Leva di ferro o altro materiale, spec. da infiggere nel terreno per vari usi | Asta infissa nella neve per indicare il tracciato nelle gare di sci alpino: *inforcare un p.* | (*fig.*) Punto fermo: *indicare*, *mettere una serie di paletti*. *3* Spranga di ferro scorrevole entro staffette usata come chiavistello di porta o finestra.

paletuvière [fr. *palétuvier*, dal tupi *apareiba*, comp. di *apara* 'curvato' e *iba* 'albero'] s. m. • (*bot.*) Mangrovia.

pàli [sans. *pāli*, propr. 'linea, serie', con riferimento alla serie dei testi canonici] s. m.; anche agg. • (*ling.*) Lingua religiosa indoeuropea, medio-indiana, in cui è scritto il canone buddista di Ceylon.

pàli- • V. *palin-*.

palificàre [comp. di *palo* e *-ficare*] v. intr. (*io palìfico, tu palìfichi*; aus. *avere*) *1* (*raro*) Costruire palizzate. *2* Conficcare pali nel terreno.

palificàta [da *palificare*] s. f. • (*raro*) Palizzata: *se vuoi riparare all'argine ruinato, fa prima una p.* (LEONARDO).

palificazióne s. f. *1* Operazione del palificare | Insieme dei pali che consolidano le fondamenta di un edificio. *2* Insieme dei pali che sorreggono linee telegrafiche, telefoniche o elettriche.

paligrafìa [comp. di *pali-* e *-grafia*] s. f. • (*med.*) Disturbo del linguaggio scritto consistente nella ripetizione monotona di sillabe, parole o frasi.

palilalìa [comp. di *pali-* e *-lalia*] s. f. • (*med.*) Disturbo del linguaggio consistente nel ripetere spontaneamente, e più volte di seguito, le stesse sequenze di parole.

palilàlico agg. (pl. m. *-ci*) • (*med.*) Di, relativo a palilalia.

Palìlie [vc. dotta, lat. *Palīlia*, nt. pl., 'feste in onore della dea Pale' (lat. *Pāles*)] s. f. pl. • Presso gli antichi Romani, feste del Natale di Roma, in onore della dea Pale.

palilogìa [vc. dotta, lat. tardo *palillŏgia*(*m*), nom. *palillŏgia*, dal gr. *palillogía*, comp. di *pali-* e *-logia*] s. f. (pl. *-gìe*) • (*ling.*) Nella retorica, ripetizione.

palimbacchèo o **palimbacchio**, **palimbàcchio** [vc. dotta, lat. *palimbacchīu*(*m*), nom. *palimbacchīus*, dal gr. *palimbákcheios*, comp. di *palin-* e *bakchêios* 'baccheo'] s. m. • (*ling.*) Piede metrico della poesia greca e latina formato da due sillabe lunghe e da una breve.

palimpsèsto • V. *palinsesto*.

pàlin- o **pàli-** [dal gr. *pálin* 'all'indietro' e 'di nuovo'] primo elemento • In parole composte, indica ripetizione, ritorno o persistenza: *palilalia*, *palindromo*.

palìna [da *palo*] s. f. *1* Asta di legno con punta in ferro verniciata a tratti alternati bianchi e rossi, per tracciare allineamenti topografici sul terreno. *2* Asta metallica indicatrice di direzione. *3* (*raro*) Bosco ceduo di alberi da palo.

palinàre [da *palina* nel sign. 1] v. tr. • Rendere visibili a distanza, mediante paline, uno o più punti di riferimento sul terreno.

palindròmico agg. (pl. m. *-ci*) • Palindromo: *verso p.*

palìndromo [vc. dotta, gr. *palíndromos* 'che corre indietro, ritorna', comp. di *palin-* e *drómos* 'corsa' (V. *dromografo*)] **A** s. m. • Parola, frase, verso, cifra, che si possono leggere sia da sinistra che da destra: *''Anna'' è un p.* **B** anche agg.: *frase palindroma*. CFR. Bifronte.

palingèneṣi [vc. dotta, lat. tardo *palingenĕsia*(*m*), nom. *palingenĕsia*, dal gr. *palingenesía* 'ritorno alla vita, risurrezione, rinnovamento', comp. di *palin-* e *génesis* 'nascita' (V. *genesi*)] s. f. *1* Nelle religioni messianiche ed escatologiche, rinnovamento finale del mondo dopo la distruzione | Nel cristianesimo, restaurazione finale del regno di Dio. *2* (*est.*) Rinnovamento di istituti, concezioni, e sim.: *p. politica*. *3* (*geol.*) Formazione di un magma per fusione di rocce, dovuta alle temperature e alle pressioni elevate nelle parti profonde della crosta terrestre.

†**palingeneṣìaco** agg. • Palingenetico.

palingenètico agg. (pl. m. *-ci*) • Che concerne o interessa la palingenesi.

palinodìa [vc. dotta, lat. tardo *palinōdia*(*m*), nom. *palinōdia*, dal gr. *palinōidía*, comp. di *palin-* e *ōidḗ* 'canto' (V. *ode*)] s. f. *1* Componimento poetico scritto per ritrattare quanto affermato in opera precedente. *2* (*est.*) Scritto o discorso con cui si smentiscono precedenti affermazioni: *sta preparando una p.*

palinografìa [comp. del gr. *palýnein* 'spargere la farina' (da *pálē* 'fior di farina', d'etim. incerta) e *-grafia*] s. f. • (*bot.*) Descrizione dei pollini e delle spore.

palinologìa [comp. del gr. *palýnein* (V. *palinografia*) e *-logia*] s. f. • Disciplina che studia i pollini e le spore, la loro classificazione e la loro distribuzione verticale nei sedimenti.

palinsèsto o (*raro*) **palimpsèsto** [vc. dotta, lat. *palimpsēstu*(*m*), nom. *palimpsēstos*, dal gr. *palímpsēstos* 'raschiato di nuovo (per scrivervi ancora)', comp. di *palin-* e *psân* 'raschiare', di origine indeur.] s. m. *1* Manoscritto antico su pergamena, nel quale la scrittura sia stata sovrapposta ad altra precedente raschiata o comunque cancellata. *2* (*scherz.*) Vecchio scritto leggibile con difficoltà perché pieno di cancellature e correzioni. *3* (*tv*) Schema grafico delle trasmissioni radiofoniche e televisive previste in programmazione, suddiviso per ore, giorni e settimane.

palinùro [da *Palinuro*, n. del timoniere di Enea] s. m. • Genere di Crostacei Decapodi cui appartiene l'aragosta (*Palinurus*).

pàlio [V. *pallio*] s. m. • Drappo ricamato o dipinto che in epoca medievale si dava come premio al vincitore di una gara, in occasione di grandi feste pubbliche | La gara stessa: *correre il p.* | *P. di Siena*, gara equestre fra le contrade di questa città, che si corre fin dal sec. XIII | (*fig.*) *Mandare al p. q.c.*, palesarla | (*fig.*) †*Andare al p.*, scoprirsi | *Mettere q.c. in p.*, promettere come premio di gara e sim. ‖ **paliétto**, dim.

paliòtto [der. di *palio*] s. m. • Paramento che copre la parte anteriore dell'altare cristiano, in stoffa, legno, marmo, avorio o materiali preziosi variamente ornati.

paliscàrmo o **palischèrmo**, †**paliscàlmo** [vc. dotta, gr. *polýskalmos* 'dai molti remi', comp. di *polýs* 'molto' (V. *poli-*) e *skalmós* 'scalmo', con accostamento pop. a *palo* e *schermo*] s. m. *1* Un tempo, grossa imbarcazione a remi o a vela a servizio di un bastimento. *2* Barca che nelle tonnare è posta sui lati lunghi della camera della morte.

palissàndro [ol. *palissander*, da una vc. della Guiana] s. m. • Legno pregiato di color violaceo scuro, pesante, ricavato da alberi dell'America meridionale e dell'India orientale, usato per mobili e per lavori fini di ebanisteria.

paliùro [vc. dotta, lat. *paliūru*(*m*), nom. *paliūrus*, dal gr. *palíouros*, di etim. incerta] s. m. • Genere di arbusti delle Ramnacee, cui appartengono specie simili alla marruca (*Paliurus*).

palizzàta [da *palizzo*] s. f. *1* Serie di pali infissi nel terreno, per recingere, proteggere, rafforzare e sim.: *alzare una p.*; *rafforzare la p.* SIN. Steccato. *2* (*bot.*) *Tessuto a p.*, tessuto posto al di sotto dell'epidermide superiore nella foglia, formato da cellule ricche di clorofilla, allungate e ordinatamente affiancate.

†**palizzo** [da *palo*] s. m. • Palizzata: *la terra afforzarono di fossi e di palizzi* (COMPAGNI).

pàlla (**1**) [vc. longob. V. *balla*] **A** s. f. *1* Oggetto o corpo di forma sferica: *una p. di neve*; *sassi simili a palle* | *Palle marine*, masse sferiche, formate dagli avanzi macerati di alcune piante dicotiledoni marine, che vengono depositate dalle onde sulle spiagge mediterranee | (*fam.*) *P. del mondo*, globo terracqueo | (*fam.*) *P. dell'occhio*, globo oculare | *P. di piombo*, (*fig.*) cosa o persona pesantissima | *P. di lardo*, (*fig.*) persona molto grassa | Recipiente di forma sferica: *il liquore era contenuto in una p. di vetro*. *2* Sfera da gioco in gomma, cuoio o altro materiale | In particolare, il pallone nel gioco del calcio: *tenere p.*; *passare p.*; *rubare p.*; *perdere p.*; *p. al centro* (all'inizio di uno dei due tempi, o dopo un goal) | *P. vibrata*, pallone di vario peso di cuoio imbottito e con impugnatura, usato per esercizi di lancio | *P. basca*, pelota | *P. base*, V. anche *pallabase* | *P. a canestro*, V. anche *pallacanestro* | *P. a maglio*, V. anche *pallamaglio* | *P. a mano*, V. anche *pallamano* | *P. a muro*, V. anche *pallamuro* | *P. a nuoto*, V. anche *pallanuoto* | *P. ovale*, V. anche *pallovale* | *P. a volo*, V. anche *pallavolo* | *P. a sfratto*, V. anche *pallasfratto* | *P. buona*, *p. goal*, tale da poter essere facilmente convertita in punto all'attivo | *Mancare una p.*, mancare un'occasione favorevole (*anche fig.*) | *Non essere in p.*, (*fig.*) sbagliare molto, spec. nel gioco | *Sentirsi in p.*, (*fig.*) in forma | *A p. ferma*, (*fig.*) a cose finite | *Prendere la p. al balzo*, (*fig.*) cogliere l'occasione favorevole | *Porre la p. in mano a qc.*, (*fig.*) fornirgli il mezzo, l'opportunità | †*Rimettere la p.*, ripristinare le condizioni precedenti | †*Levare la p. di mano a qc.*, (*fig.*) togliergli potere, potestà | (*tosc.*) *Fare a palle e santi*, a testa e croce. ***3*** Peso che un tempo i carcerati portavano attaccato ai piedi con una catena: *p. del forzato* | *Mettere la p. al piede a qc.*, (*fig.*) ostacolarlo | *Essere una p. al piede per qc.*, rappresentare per lui un ostacolo, un grosso peso. ***4*** Proietto delle artiglierie antiche, di forma sferica, di varia grandezza e peso a seconda dei calibri e di varia composizione: *p. di pietra, di bronzo, di ferro* | Proietto proprio dei cannoni di grosso calibro, da costa e delle navi, destinato a perforare mezzi molto resistenti. ***5*** Correntemente, proiettile di arma da fuoco: *una p. di fucile, di pistola* | *Partire come una p. di schioppo*, (*fig.*) a tutta velocità. ***6*** Sferetta di legno, bianca o nera, per votazioni | *P. nera*, voto contrario | *P. bianca*, voto favorevole. ***7*** (*spec. al pl.*, *volg.*) Testicoli | (*fig.*) *Rompere le palle a qc.*, infastidirlo, seccarlo | *Che palle!*, che noia, che seccatura! **B** in funzione di agg. inv. ● (posposto al s.) Nella loc. *pesce p.*, V. *pesce*. || **pallétta**, dim. | **pallettina**, dim. | **pallina**, dim. (V.) | **pallino**, dim. m. (V.) | **pallóna**, accr. | **pallóne**, accr. m. (V.) | **pallòtta**, dim. (V.) | **pallòttola**, dim. (V.) | **pallùccia**, **pallùzza**, dim.

pàlla (2) [vc. dotta, lat. *pălla(m)*, di origine preindeur.] s. f. ● Veste ampia, talare, delle dame romane, delle divinità e degli attori e musicisti greci, costituita da un telo rettangolare.

pàlla (3) [da *palla* (2)] s. f. ● Quadrato di lino bianco che copre il calice o la patena durante la messa.

pallabàṣe o **pàlla bàṣe**, (*raro*) **pàlla a bàṣe** [calco sull'ingl. *baseball*] s. f. ● Baseball.

pallacanèstro o **pàlla a canèstro** [comp. di *palla* (*1*) e *canestro*; calco sull'ingl. *basket-ball*] s. f. ● Gioco di origine statunitense, basato sulla velocità, cui partecipano due squadre di cinque elementi ciascuna, che cercano di inviare la palla manovrata con le mani in un canestro di rete fissato ad un tabellone posto in alto all'estremità del settore avversario del campo. SIN. Basket.

pallacòrda o †**pallaccòrda** [comp. di *palla* (*1*) e *corda*] s. f. ***1*** Antico gioco d'origine italiana, da cui deriva il tennis, consistente nel lanciare la palla sopra una corda tesa sul terreno. ***2*** (*est.*) Luogo ove si praticava questo gioco.

palladiàna [f. sost. di *palladiano*] s. f. ● Pavimentazione a mosaico, di grandi lastre irregolari, in marmo o pietra.

palladiàno agg. ● Che è proprio dell'architetto A. Palladio (1508-1580) e del suo stile: *ville palladiane*.

pallàdico [da *palladio* (*3*)] agg. (pl. m. *-ci*) ● (*chim.*) Di composto del palladio tetravalente.

pallàdio (1) [vc. dotta, lat. *Pallădiu(m)*, dal gr. *Palládion* 'statua di Pallade', da *Pallás*, genit. *Palládos* 'Pallade'; la statua di Pallade che era venerata a Troia aveva il potere di rendere inespugnabile la città] s. m. ***1*** Statua che raffigura Pallade Atena: *il p. di Troia*. ***2*** (*fig.*, *lett.*) Ciò che rappresenta una difesa, una protezione e sim. per un paese, una società e sim.

pallàdio (2) [vc. dotta, lat. *Pallădiu(m)*, nom. *Pallădius*, dal gr. *Palládios*, agg. di *Pallás*, genit. *Palládos* 'Pallade'] agg. ● (*lett.*) Di Pallade Atena | (*lett.*) *La palladia fronda*, l'olivo.

pallàdio (3) [dal n. del pianetino *Pallade*] s. m. ● Elemento chimico, metallo nobile, bianco-argenteo, che può occludere notevoli quantità d'idrogeno, usato in reazioni catalitiche, per parti delicate di strumenti di precisione e, in lega con l'oro, per monili. SIMB. Pd.

pallàio [da *palla* (*1*)] s. m. ***1*** Campo delimitato per il gioco delle bocce. ***2*** Biscazziere del biliardo.

pallamàglio o **pàlla a màglio** [comp. di *palla* (*1*) e *maglio* (con cui si lanciava la palla)] s. m. o f. ● Antico gioco di origine rinascimentale, che si giocava con un maglio e una palla di legno.

pallamàno o **pàlla a màno** [comp. di *palla* (*1*) e *mano*] s. f. ● Gioco, simile al gioco del calcio, che si pratica fra due squadre di 7 giocatori l'una che però possono toccare la palla esclusivamente con le mani.

pallamùro o **pàlla a mùro** [da *palla* (*1*) *a muro*] s. f. ● Gioco di palla di antiche origini, che si pratica fra due squadre i cui componenti devono lanciare o ribattere una palla di gomma contro un muro, valendosi delle mani o di una paletta.

pallanuotista o **pallanotista** s. m. e f. (pl. m. *-i*) ● Chi pratica lo sport della pallanuoto.

pallanuòto o **pàlla a nuòto** [comp. di *palla* (*1*) e *nuoto*; calco sull'ingl. *water-polo*] s. f. ● Gioco che si pratica in acqua tra due squadre di sette elementi ciascuna che cercano di segnare punti inviando la palla nella porta avversaria.

†**pallàre** [da *palla* (*1*)] **A** v. intr. ● Palleggiare, agitare. **B** v. intr. ● Giocare a palla.

pallasfràtto o **pàlla a sfràtto** [da *palla* (*1*) *a sfratto*] s. f. ● Gioco in cui ciascuno dei cinque componenti la squadra deve lanciare la palla al di là della linea di sfratto che delimita il fondo del campo.

pallàta s. f. ● Colpo dato con una palla: *ha ricevuto una p. di neve nella schiena*.

†**pallatóio** s. m. ● Spazio per il gioco della palla.

pallavolista s. m. e f. (pl. m. *-i*) ● Chi pratica lo sport della pallavolo. SIN. Volleista.

pallavólo o **pàlla a vólo** [da *palla* (*1*) *a volo*] s. f. ● Gioco fra due squadre di sei elementi ciascuna, i quali devono, con le mani o qualsiasi altra parte del corpo fino alla cintura, rinviarsi al di sopra della rete sistemata sulla linea centrale del campo un pallone, colpendolo prima che tocchi terra, ciascun giocatore una sola volta e non più di tre volte nella stessa parte del campo a ogni rilancio. SIN. Volley-ball.

palleggiaménto s. m. ● Modo e atto del palleggiare o del palleggiarsi.

palleggiàre [comp. di *palla* (*1*) e *-eggiare*] **A** v. intr. (*io pallèggio*; aus. *avere*) ● Esercitarsi con la palla, facendola saltellare con le mani, con la testa o con i piedi, da soli o lanciandosela vicendevolmente tra due o più giocatori. **B** v. tr. (*io pallèggio*) ● Far oscillare morbidamente: *palleggiava la lancia prima di scagliarla*; *p. un fanciullo tenendolo fra le braccia* | *P. qc.*, (*fig.*, *raro*) burlarsene. **C** v. rifl. rec. ● (*fig.*) Attribuirsi scambievolmente colpe, responsabilità e sim.: *si stanno palleggiando il fastidio di redigere il verbale*.

palleggiatóre s. m. (f. *-trice*) ● Chi palleggia | Giocatore esperto nel palleggio | Nella pallavolo, alzatore.

pallèggio s. m. ● Atto, effetto del palleggiare: *esercizi di p.*

†**pallènte** [vc. dotta, lat. *pallĕnte(m)*, part. pres. di *pallēre* 'esser pallido', di origine indeur.] agg. ● (*poet.*) Pallido, smorto.

†**pallerìno** s. m. ● Chi gioca a palla.

†**pallésco** (1) [da *palla* (*1*)] agg. ● Di palla.

pallésco (2) [dalle *palle* dello stemma di casa Medici] **A** agg. (pl. m. *-schi*) ● A Firenze nei secc. XV-XVI, proprio della fazione medicea. **B** s. m. ● Partigiano dei Medici.

pallesteṣìa [comp. del gr. *pállein* 'vibrare' e *aísthēsis* 'sensibilità' col suff. *-ia* (*2*)] s. f. ● (*fisiol.*) Percezione delle vibrazioni.

pallet /'pallet, *ingl.* 'pælit/ [vc. ingl., propriamente 'piatto', dall'antico francese *palette* 'piccola pala', dim. di *pale* 'pala (1)'] s. m. inv. ● Piattaforma di legno, di metallo o di materiale plastico, trasportabile con carrelli elevatori, sopra la quale vengono disposti a pila imballaggi di spedizione o altri oggetti. SIN. Bancale.

pallético ● V. *parletico*.

pallettàta [da *palletta*, dim. di *palla* (*1*)] s. f. ● (*gerg.*) Nel tennis, colpo teso e veloce | *Prendersi a pallettate*, eseguire un tipo di gioco basato più sulla violenza dei colpi che sulla tecnica tennistica.

pallettiẓẓàre e *deriv.* ● V. *palettizzare* e *deriv.*

pallettóne [accr. di *palletta*, a sua volta der. di *palla* (*1*)] s. m. ● (*spec. al pl.*) Ciascuno dei grossi pallini di cartucce per fucili da caccia per selvaggina di una certa mole.

palliàle [da *pallio* col suff. *-ale* (*1*)] agg. ● (*anat.*, *biol.*) Riferito al pallio.

palliaménto [da *palliare*] s. m. ● (*raro*) Simulazione, scusa.

palliàre [vc. dotta, lat. tardo *palliāre* 'coprire (col pallio)', da *palliātus* 'palliato'] **A** v. tr. (*io pàllio*) ***1*** (*lett.*) Vestire di pallio. ***2*** (*fig.*) Dissimulare sotto falsa apparenza: *p. la propria invidia, una menzogna*; *riproduce la scuola dei trovatori ... in una forma eletta e vezzosa che li pallia* (DE SANCTIS). ***3*** †Velare. **B** v. rifl. ● †Cercare di scusarsi.

palliàta [vc. dotta, lat. *palliāta(m fābulam)*, f. sost. di *palliātus* (V. *palliato*): detta così perché gli attori la rappresentavano indossando il pallio] s. f. ● Commedia romana di derivazione greca.

palliatìvo [da *palliato*, part. pass. di *palliare* nel senso di 'mascherare, coprire', perché non guarisce il male ma si limita a mitigarlo] s. m. ***1*** Rimedio che attenua i sintomi della malattia, senza intervenire direttamente sulla causa. ***2*** (*fig.*) Rimedio momentaneo e apparente, che attenua gli effetti di q.c. lasciando intatte le cause: *cercarono di ovviare alla crisi con vari palliativi*.

palliàto part. pass. di *palliare*; anche agg. ● Nei sign. del v. || **palliataménte**, avv. (*raro*) Copertamente.

†**palliazióne** s. f. ● Atto, effetto del palliare.

pallidàstro [da *pallido*] agg. ● (*raro*) Di un pallore quasi livido.

pallidézza [da *pallido*] s. f. ● (*raro*) Pallore: *smarrisce il bel volto in un colore / che non è p., ma candore* (TASSO).

pallidiccio agg. (pl. f. *-ce*) ***1*** Pegg. di *pallido*. ***2*** Alquanto pallido.

†**pallidità** o †**palliditàde**, †**palliditàte** [da *pallido*] s. f. ● (*lett.*) Pallore.

pàllido [vc. dotta, lat. *păllidu(m)*, da *pallēre* 'esser pallido'. V. *pallente*] agg. ***1*** Privo del suo colorito naturale, sbiancato: *volto p.*; *faccia pallida* | *P. di timore, d'ira*, per il timore, per l'ira | *P. come un morto, un cadavere*, cereo, pallidissimo: *sconvolto ... p. come un cadavere, con le mani scarne e tremanti* (VERGA) | *Divenire p.*, impallidire. SIN. Bianco, cereo, smorto. CONTR. Colorito. ***2*** (*est.*) Tenue, scialbo: *blu, azzurro p.* CONTR. Intenso. ***3*** (*fig.*) Debole, evanescente: *luce pallida*; *una pallida immagine della realtà* | *Non avere la più pallida idea di q.c.*, non saperne assolutamente nulla. || **pallidàccio**, pegg. | **pallidétto**, dim. | **pallidiccio**, pegg. (V.) | **pallidino**, dim. | **pallidóne**, accr. | **pallidùccio**, dim. || **pallidaménte**, avv. In modo pallido (*anche fig.*).

†**pallidóre** [da *pallido*] s. m. ● Pallore: *il p. de' moribondi* (BARTOLI).

†**pallidùme** [da *pallido*] s. m. ● Livido pallore.

pallina s. f. ***1*** Dim. di *palla* (*1*). ***2*** Sferetta di vetro o terracotta con cui giocano i bambini. SIN. Bilia. ***3*** Elemento di scrittura, mobile e intercambiabile, di forma rotonda, per macchine da scrivere.

pallino s. m. ***1*** Dim. di *palla* (*1*). ***2*** La più piccola delle bilie da biliardo | Nel gioco delle bocce, boccino. ***3*** (*spec. al pl.*) Ciascuna delle piccole sfere di piombo con cui vengono caricate le cartucce per fucili da caccia. ***4*** Ciascuno dei dischi di varia grandezza e colore, stampati o tessuti su stoffa: *una camicetta a pallini*. SIN. Pois. ***5*** (*fig.*) Fissazione, mania: *ha il p. di viaggiare* | (*est.*) Forte inclinazione naturale: *ha il p. della fisica* | (*fam.*) *Andare a p.*, andare a vuoto o avere cattivo esito. ***6*** (*fig.*) †Nome comune ai cani da caccia | †*Sciogliere p.*, sciogliere i bracchi a caccia. || **pallinàccio**, pegg.

pàllio [vc. dotta, lat. *pălliu(m)*, di origine preindeur.] s. m. ***1*** Mantello di lana di forma quadrata o rettangolare portato dagli antichi Greci e Romani. ***2*** Sottile stola di lana d'agnello, ornata di sei croci e frange, che il papa impone agli arcivescovi metropoliti quale simbolo della potestà che essi, in comunione con la chiesa di Roma, acquisiscono nella propria provincia. ***3*** (*anat.*) Struttura nervosa di aspetto mantellare che delimita dorsalmente, medialmente e lateralmente ognuno dei due ventricoli del telencefalo nell'uomo e nella maggioranza dei Vertebrati.

pallonàio o (*dial.*) **pallonàro** [da *pallone*] s. m. *1* Fabbricante o venditore di palloni. *2* (*fig.*, *merid.*) Chi dice fandonie: *non credergli perché è un p.* SIN. Fanfarone. *3* Chi gonfia i palloni dei giocatori.

pallonàta s. f. *1* Colpo di pallone: *ricevette una p. in una gamba.* *2* (*fig.*) Bugia, esagerazione: *dice troppe pallonate.*

palloncino s. m. *1* Dim. di *pallone.* *2* Globo colorato di membrana elastica, gonfiato con gas più leggero dell'aria e attaccato a un filo, per il divertimento dei bambini | (*est.*) *Prova del p.*, alcoltest | Nel linguaggio dei giornali, etilometro. *3* Lampioncino di carta per illuminazione, spec. in occasioni festive: *aveva illuminato la sala con palloncini rossi.* *4* (*raro*) Frusta da cucina. *5* (*bot.*) Alchechengi.

pallóne s. m. *1* Accr. di *palla.* *2* Grossa palla vuota e rigonfia: *il pianto del bambino / a cui fugge il p. tra le case* (MONTALE) | *Gonfio come un p.*, di chi, o ciò che, è tondo o quasi per grassezza, gonfiore e sim. | *P. gonfiato*, (*fig.*) persona boriosa e di nessun valore | (*fig.*, *fam.*) *Avere, sentirsi la testa come un p.*, essere intontito per la stanchezza e sim. | (*fig.*, *fam.*) *Essere nel p.*, essere confuso e frastornato. *3* (*sport*) Palla di grosse dimensioni usata in vari giochi, costituita da un involucro esterno di materiale resistente, come il cuoio, e da una camera d'aria gonfiata a pressione all'interno | *Gioco del p.*, (*per anton.*) gioco del calcio | *P. elastico*, gioco che contrappone due squadre che si lanciano, secondo determinate regole, un pallone di gomma, colpendolo con la mano coperta da una fascia | *P. a bracciale*, in cui il pallone di cuoio viene colpito con un bracciale di legno che protegge mano e polso. *4* Aerostato a gas senza motore | *P. frenato*, ancorato con una o più funi al suolo per servire da osservatorio, segnale o altro | *P. libero*, privo di organi di direzione | *P. sonda*, che porta strumenti spesso riuniti in una radiosonda, per il rilevamento in quota di uno o più elementi meteorologici | *P. stratosferico*, con navicella a pressione, per ascensioni a scopo scientifico. *5* (*bot.*) *P. di maggio*, frutice delle Caprifoliacee con foglie trilobate e dentate e infiorescenze formate da fiori piccoli, giallastri, completi al centro, oppure grandi, bianchi e sterili alla periferia (*Viburnum opulus*). SIN. Viburno. *6* (*chim.*) Recipiente di vetro di forma sferica. *7* *Copertura a p.*, (*ell.*) *pallone*, grande cupola in tessuto plastificato, sostenuta dall'aria compressa immessa al suo interno, utilizzata per coprire piscine, campi da tennis e sim. || **pallonàccio**, pegg. | **palloncino**, dim. (V.) | **pallonétto**, dim. (V.).

pallonétto s. m. *1* Dim. di *pallone.* *2* Nel calcio, tiro spiovente non molto alto e forte, per mandare la palla nella rete avversaria, sorprendendo il portiere o per passarla a un compagno vicino, superando un avversario | Nel tennis, colpo che si dà alla palla colpita dal basso verso l'alto per imprimerle una traiettoria alta.

pallóre [vc. dotta, lat. *pallōre(m)*, da *pallēre* 'esser pallido', V. *pallente*] s. m. ● Colore smorto ed esangue, spec. del viso: *avea sul volto / il pallor della morte e la speranza* (FOSCOLO). SIN. Pallidezza.

pallosità s. f. ● (*gerg.*, *fam.*) Qualità di chi o di ciò che è palloso.

pallóso [da *palla* (*1*), prob. nel sign. di 'testicolo'] agg. ● (*gerg.*, *fam.*) Noioso, pesante da sopportare, detto di persona e di cosa: *che amici pallosi hai!*; *film, libro p.*

pallòtta s. f. *1* Dim. di *palla* (*1*). *2* (*raro*) †Palla di artiglieria. || †**pallottóne**, accr. m.

pallòttola s. f. *1* Dim. di *palla* (*1*). *2* Pallina di materiale solido: *una p. di carta*; *io mi trovo sotto il tavolo dove giuoco con delle pallottole* (SVEVO) | *Naso a p.*, con la punta rotonda e grossa. *3* Proiettile lanciato dalle armi da fuoco portatili: *p. di pistola*; *p. incendiaria, tracciante.* || **pallottolétta**, dim. | **pallottolina**, dim. | **pallottolino**, dim. m.

pallottolàio s. m. *1* Piano per giocare alle bocce. *2* †Chi fa o vende pallottole.

pallottolièra [da *pallottola*] s. f. ● Rinforzo nel mezzo della corda di arco o balestra dove s'incocca il dardo.

pallottolière [da *pallottola*] s. m. ● Arnese che porta pallottole di colore e materiale vario infilate in più ordini, utile per semplici operazioni aritmetiche.

pallottolóso [da *pallottola*] agg. *1* (*tosc.*) Pieno di pallottole, di grossi grumi: *crema pallottolosa.* *2* (*fig.*, *fam.*) Insistente, fastidioso: *su, non farla tanto pallottolosa!*

pallovàle o **pàlla ovàle** [comp. di *palla* (*1*) e *ovale*] s. f. ● Rugby.

pàlma (**1**) [lat. *pălma(m)*; V. *palma* (*2*)] s. f. ● La superficie interna della mano (opposta al *dorso*), compresa tra la fine del polso e l'attaccatura delle dita: *battere le palme*; *alta vittoria / che s'acquistò con l'una e l'altra p.* (DANTE *Par.* IX, 122-123) | *Giungere le palme*, in atto di preghiera | *Portare qc. in p. di mano*, (*fig.*) tenere caro, stimare moltissimo | *Mostrare q.c. in p. di mano*, (*fig.*) mostrare apertamente | †*Battersi a palme*, prendersi a, darsi schiaffi.

pàlma (**2**) [lat. *pălma(m)* 'palma della mano', poi 'parte del tronco' (in particolare dell'albero di palma), dalla stessa radice indeur. da cui *plănus* 'piano'] s. f. *1* Correntemente, pianta monocotiledone, per lo più a fusto non ramificato, con foglie grandi, laciniate o pennate o raggiate | *P. da datteri*, alta oltre 10 metri, con frutti a bacca bruna con un seme duro, utilissima nelle aree desertiche (*Phoenix dactylifera*) | *P. da cocco*, cocco | *P. dum*, comune in Eritrea, con stipite ramificato, utile per le foglie che forniscono una fibra tessile e per i semi da cui si ottiene l'avorio vegetale (*Hyphaene thebaica*). *2* Ramo di palma o d'ulivo che, benedetto nella domenica delle Palme, è distribuito ai fedeli, a memoria dell'entrata di Gesù in Gerusalemme e come segno di pace cristiana | *Domenica delle Palme*, quella che precede la domenica di Pasqua. *3* Corona o ramo di palma che gli antichi Greci e Romani assegnavano in segno di vittoria | (*fig.*) Premio, vittoria: *conseguire, riportare la p.*; *non lauro, o p., ma tranquilla oliva / Pietà mi manda* (PETRARCA) | *P. del martirio*, segno di gloria che Dio concede ai martiri per la fede. *4* (*mar.*) Ciascuna delle parti singolari e piane alle estremità delle marre. || **palmèlla**, dim. (V.) | **palmétta**, dim. (V.) | **palmettina**, dim.

palmàre [vc. dotta, lat. *palmāre(m)*, da *pălmus* 'palmo'] agg. *1* (*anat.*) Del palmo: *fascia p.*; *muscolo p.* *2* †Delle dimensioni di un palmo | †*Pera p.*, grossa da empire la palma di una mano. *3* (*fig.*) Che appare evidente senza necessità di essere provato: *errore p.*; *è incorso in una p. contraddizione.* SIN. Lampante.

palmarès /fr. palma'res/ [vc. fr., deriv. dal pl. (*palmāres*) del lat. *palmāre(m)* 'degno della palma della vittoria'] s. m. inv. *1* Elenco, classifica dei premiati in una gara, un concorso, un festival e sim.: *il p. del festival del cinema di Cannes '91* | (*est.*) Albo d'oro, lista completa dei vincitori passati di una competizione: *il p. del torneo di Wimbledon.* *2* (*fig.*) Ristretto gruppo di persone al vertice di un determinato settore: *entrare nel p. delle top model.* SIN. Gotha. *3* Elenco dei riconoscimenti e dei premi ottenuti nel corso di una carriera spec. sportiva o artistica: *avere un p. assai prestigioso.*

palmàrio [vc. dotta, lat. tardo *palmāriu(m)* 'onorario dell'avvocato che ha vinto la causa', da *pălma* 'palma (2)', simbolo di vittoria] s. m. ● (*raro*) Compenso corrisposto o promesso dal cliente all'avvocato per l'esito favorevole di una vertenza.

†**palmàta** [da *palma* (*1*)] s. f. *1* Percossa con riga e sim. sulla palma della mano che il maestro dava ai ragazzi indisciplinati: *maestro Conco ... che era vago delle femmine, come i fanciulli delle palmate* (SACCHETTI). *2* Regalo per corrompere. *3* Stretta di mano che sottolinea l'avvenuta conclusione di un contratto.

palmatìfido [comp. di *palmato* e *-fido* (dal lat. *-fidus*: V. *bifido*)] agg. ● (*bot.*) Detto di foglia palmata divisa fino a metà della distanza fra il margine e il picciolo.

palmàto [vc. dotta, lat. *palmātu(m)*, da *pălma* 'palma (1)'] agg. ● Che ha forma di palma | (*zool.*) *Piede p.*, che ha le dita unite da una membrana | (*bot.*) *Foglia palmata*, composta di foglioline tutte inserite a uno stesso livello e disposte a ventaglio.

palmatòria [detta così perché viene portata sulla *palma* della mano] s. f. ● Piccolo candelabro manuale usato, nelle funzioni e nella lettura dei libri liturgici, dai cardinali, dai vescovi e dagli abati.

palmatosètto [comp. di *palmato* e *-setto* (da *setto* (*2*))] agg. ● (*bot.*) Detto di foglia palmata divisa fino al picciolo.

Pàlme [pl. di *palma* (*2*)] s. f. pl. ● Nella tassonomia vegetale, famiglia di piante monocotiledoni, dioiche, con fiori in infiorescenze e frutto a bacca o a drupa (*Palmae*). ➡ ILL. **piante** /10.

†**palmeggiàre** [da *palma* (*1*). V. *impalmare*] v. tr. *1* Maritare. *2* Lisciare con la palma della mano.

palmèlla [dim. di *palma* (*2*)] s. f. *1* Alga delle Cloroficee che produce piccole masse mucose sulla terra e nell'acqua (*Palmella*). *2* †Lana corta.

palménto [etim. incerta] s. m. *1* Macina del mulino | Insieme delle macine, dell'attrezzatura di un mulino | *Macinare a due palmenti*, (*fig.*) mangiare con ingordigia e avidità | *Mangiare a quattro palmenti*, mangiare avidamente e (*fig.*) guadagnare o procurarsi guadagni, anche illeciti, da più fonti. *2* Ampia vasca per la pigiatura dell'uva e la fermentazione del mosto, in uso nell'Italia meridionale.

pàlmer (**1**) [dal n. dell'inventore] s. m. ● Micrometro.

pàlmer (**2**) [dal n. dell'inventore (?)] s. m. ● Speciale pneumatico per biciclette da corsa.

palméto [vc. dotta, lat. *palmētu(m)*, da *pălma*. V. *palma* (*2*)] s. m. ● Piantagione di palme.

palmétta s. f. *1* Dim. di *palma* (*2*). *2* Forma di potatura di piante da frutto per cui, in allevamenti a spalliera, si lasciano sviluppare i rami a destra e a sinistra del fusto principale. *3* Antico elemento decorativo di tipo vegetale costituito da lobi o petali variamente stilizzati e in numero dispari.

†**palmière** [ant. fr. *palmier*, da *palme* 'palma (2)', perché portava come insegne le palme della Terra Santa] s. m. ● Pellegrino di Terra Santa.

palmìfero [comp. di *palma* (*2*) e *-fero*] agg. ● (*lett.*) Che produce palme.

palminèrvio [comp. di *palma* (della mano) e *nervo*; dalle nervature che si diramano come le dita di una mano] agg. ● (*bot.*) Detto di foglia con le nervature che irradiano dalla base della lamina divergendo a ventaglio.

palmìpede [vc. dotta, lat. *palmīpede(m)*, comp. di *pălma* 'palma (1)' e *pēs*, genit. *pĕdis* 'piede'] **A** s. m. ● Denominazione generica di tutti gli uccelli dotati di piedi palmati, con abitudini più o meno acquatiche. **B** anche agg.: *uccello p.*

palmisti [fr. *palmiste*, da *palme* 'palma (2)'] s. m. ● Denominazione dei semi della palma da olio | *Olio di p.*, olio grasso estratto dai semi di palma, usato nell'industria alimentare e chimica.

palmitàto [da *palmitico*] s. m. ● (*chim.*) Sale o estere dell'acido palmitico.

pàlmite [vc. dotta, lat. *pălmite(m)*, da *pălma* 'palma (2)'] s. m. ● (*raro*) Tralcio di pianta rampicante.

palmìtico [da *palmitina*] agg. (pl. m. *-ci*) ● (*chim.*) Detto di acido organico o dei composti che ne derivano: *anidride palmitica* | *Acido p.*, acido grasso saturo monobasico, principale costituente degli acidi grassi dell'olio di palma, usato con l'acido stearico nella fabbricazione di candele.

palmitina [dall'(*olio di*) *palma*, da cui viene ricavata] s. f. ● (*chim.*) Gliceride dell'acido palmitico.

palmìzio [vc. dotta, lat. tardo *palmīceu(m)*, agg. di *pălma* 'palma (2)'] s. m. *1* Palma da datteri. *2* Ramo grande e intrecciato di palma o d'ulivo che si benedice in chiesa nella funzione della domenica delle Palme.

pàlmo [lat. *pălmu(m)*, da *pălma*. V. *palma* (*1*)] s. m. *1* Spazio e distanza compresa tra l'estremità del pollice e del mignolo della mano aperta e distesa | (*fig.*) *Restare con un p. di naso*, deluso | *Con un p. di lingua fuori*, di cane ansimante per la corsa | *Avere un p. di barba*, (*fig.*) di notizia vecchia e ripetuta | *Avere il muso lungo un p.*, (*fig.*) il broncio | *Conoscere a p. a p.*, alla perfezione, nei minimi particolari | (*fig.*) *Contrastare a p. a p.*, con grande accanimento. SIN. Spanna. *2* (*spec. tosc.*) Palma della mano | *Pulito come il p. della mano*, di cranio completamente calvo. *3* Antica misura di lunghezza corrispondente all'incirca a un quarto del metro, cioè a cm 25.

pàlmola [vc. dotta, lat. *pălmula(m)*, dim. di *pălma* 'palma (1)', per la forma] s. f. ● Forca a due o più rebbi, per paglia e strame.

†palmóso [vc. dotta, lat. *palmōsu(m)*, agg. di *pălma* 'palma (2)'] **agg.** ● Palmifero.

pàlo [lat. *pālu(m)*; stessa etim. di *pala (1)*] **s. m.** *1* Lungo legno tondeggiante, appuntito a un'estremità, che si conficca nel suolo per recingere, sostenere e sim.: *le piante giovani sono sostenute da pali* | *Dritto come un p.*, di persona che sta rigida e impettita | (*fig.*) *Ha ingoiato un p.*, di chi cammina o sta in posizione rigida | *Saltare di p. in frasca*, (*fig.*) cambiare argomento in modo del tutto illogico e imprevedibile | *Rimanere fermo al p. di partenza*, nell'ippica, detto di cavallo che, al momento del via, si rifiuta di partire; (*fig.*) detto di persona o situazione che non si evolve, che resta bloccata allo stadio iniziale. *2* Sostegno verticale o inclinato, in metallo, cemento armato e sim., di lunghezza grande rispetto alle dimensioni trasversali, usato in fondazioni o come struttura di linee elettriche | *P. trivellato*, elemento di una fondazione ottenuto eseguendo un getto di calcestruzzo in una profonda cavità praticata nel terreno. *3* (*fig.*, *gerg.*) Chi sta di guardia mentre i compagni compiono un furto, una rapina e sim.: *fare il p.*, *da p.* *4* Nel gioco del calcio, la traversa e l'una o l'altra delle due aste verticali che costituiscono la porta: *parare un tiro all'incrocio dei pali*. *5* (*mar.*) Albero a vele auriche, addizionale a quelli tradizionali di un determinato tipo di veliero: *nave a p.* *6* (*arald.*) Pezza che occupa verticalmente la terza parte dello scudo. || **palétto**, **dim.** (V.) | **palettino**, **dim.** | **palettóne**, **accr.** | **palettùccio**, **dim.** | **palicciuòlo**, **dim.** | **palùccio**, **paluzzo**, **dim.**

palómba [f. di *palombo* nel sign. 2] **s. f.** ● (*zool.*) Colombaccio.

palombàccio **s. m.** ● (*zool.*) Colombaccio.

palombàro [etim. incerta] **s. m.** ● Operaio specializzato che esegue lavori sott'acqua munito di scafandro e di apposite attrezzature.

palombèlla [da *palombo* nel sign. 2, per la somiglianza tra il volo di questo uccello e la traiettoria del colpo] **s. f.** ● (*sport*) Pallonetto dalla traiettoria molto arcuata e spiovente: *tiro a p.*

palómbo [vc. dotta, lat. *palŭmbu(m)*, di origine indeur.] **s. m.** *1* Squalo di piccole dimensioni, mediterraneo, snello, con piccola pinna caudale, pelle ruvida e senza squame, carni commestibili (*Mustelus*). *2* Colombo selvatico.

palpàbile [vc. dotta, lat. tardo *palpābile(m)*, da *palpāre* 'palpare'] **agg.** *1* Che si può palpare, toccare. **CONTR.** Impalpabile, intoccabile. *2* (*fig.*) Che è chiaro, manifesto: *un p. errore*; *ragioni tanto evidenti e tanto palpabili* (GUICCIARDINI). || **palpabilménte**, **avv.** In modo palpabile (*spec. fig.*).

palpabilità **s. f.** ● Qualità di ciò che è palpabile (*anche fig.*).

palpaménto [vc. dotta, lat. tardo *palpamĕntu(m)*, da *palpāre* 'palpare'] **s. m.** ● Modo e atto del palpare.

palpàre [lat. *palpāre*; stessa etim. di *pălpebra* 'palpebra'] **A** **v. tr.** *1* Tastare: *p. il collo, la schiena di un animale*; *p. un tessuto per accertarne la consistenza* | (*raro*) Accarezzare. *2* (*med.*) Esaminare con la palpazione. *3* (*fig.*) †Lusingare, adulare. **B** **v. intr.** (aus. *avere*) ● †Andare a tasto o a tastoni.

palpàta **s. f.** ● L'atto del palpare una volta e in fretta: *dare una p. a q.c.* || **palpatina**, **dim.**

†palpatìvo **agg.** ● Che serve a palpare.

palpatóre [vc. dotta, lat. *palpatōre(m)*, da *palpātus* 'palpato'] **agg.**; anche **s. m.** (f. *-trice*) ● (*raro*) Che, chi palpa | (*fig.*) †Lusingatore.

palpatòrio **agg.** ● (*med.*) Relativo alla palpazione, rilevabile alla palpazione.

palpazióne [vc. dotta, lat. *palpatiōne(m)*, da *palpātus* 'palpato'] **s. f.** *1* Atto, effetto del palpare. *2* (*med.*) Esame di un organo mediante le percezioni tattili e termiche delle mani.

pàlpebra o **†palpèbra** [vc. dotta, lat. *pălpebra(m)*, da un v. **pălpere* 'battere delle ciglia', di origine onomat. V. *palpare*] **s. f.** ● (*anat.*) Ognuna delle due pieghe cutaneo-mucose che ricoprono il bulbo oculare: *p. superiore*, *inferiore*. ➡ **ILL.** p. 367 ANATOMIA UMANA.

palpebràle [vc. dotta, lat. tardo *palpebrāle(m)*, da *pălpebra* 'palpebra'] **agg.** ● (*anat.*) Della palpebra | *Rima p.*, l'apertura fra le due palpebre.

†palpebràre [vc. dotta, lat. tardo *palpebrāre*, da *pălpebra* 'palpebra'] **v. intr.** (aus. *avere*) ● Muovere spesso le palpebre.

†palpebrazióne [vc. dotta, lat. tardo *palpebratiōne(m)*, da *palpebrāre* '†palpebrare'] **s. f.** ● Moto frequente delle palpebre.

†pàlpebro [vc. dotta, lat. tardo *pălpebru(m)*, per *pălpebra(m)*] **s. m.** ● Palpebra.

palpeggiaménto **s. m.** ● (*raro*) Modo e atto del palpeggiare.

palpeggiàre [ints. di *palpare*] **v. tr.** (*io palpéggio*) *1* Palpare a lungo e con insistenza, ma senza premere troppo: *non palpeggiate la frutta matura*. *2* (*fig.*) †Adulare.

palpeggiàta **s. f.** ● (*raro*) Atto del palpeggiare in una sola volta. || **palpeggiatina**, **dim.**

†palpévole **agg.** ● Palpabile.

†palpitaménto **s. m.** ● Modo e atto del palpitare.

palpitànte **part. pres.** di *palpitare*; anche **agg.** *1* Nei sign. del v. *2* (*fig.*) *Notizia di p. attualità*, di grande e vivo interesse.

palpitàre [vc. dotta, lat. *palpitāre*, ints. di *palpāre* 'palpare'] **v. intr.** (*io pàlpito*; aus. *avere*) *1* Sussultare per frequenti e irregolari movimenti: *il cuore gli palpitava violentemente*; *le carni delle vittime erano ancora calde e palpitavano*. **SIN.** Pulsare. *2* (*fig.*) Essere in preda a sentimenti o sensazioni molto intense: *p. di gioia, di timore, di angoscia*; *l'aure, che ascolto intorno, / mi fanno palpitar* (METASTASIO) | *P. per qc.*, essere in ansia per lui.

palpitatìvo **agg.** ● Di palpitazione.

palpitazióne [vc. dotta, lat. *palpitatiōne(m)*, da *palpitāre* 'palpitare'] **s. f.** *1* (*med.*) Aumento della frequenza dei battiti cardiaci con spiacevole sensazione precordiale di contrazione. *2* (*fig.*) Viva commozione o emozione: *che p. mi ha dato il rivederlo!*

pàlpito [da *palpitare*] **s. m.** *1* Singolo battito del cuore. *2* (*fig.*) Agitazione viva dovuta a intensi sentimenti o emozioni: *i palpiti dell'amore*; *avere un p. di odio*.

pàlpo [da *palpare*] **s. m.** ● (*zool.*) Appendice articolata con funzioni sensoriali, posta presso la bocca di molti Artropodi.

†palpóne [da *palpare*] **avv.** ● Tentoni | Anche nella loc. avv. *a palponi*.

pàlta [dalla stessa base prelatina *palta*, alla quale risale *pantano*] **s. f.** ● (*sett.*) Fanghiglia, melma, pantano.

paltò **s. m.** ● Adattamento di *paletot* (V.). || **paltoncino**, **dim.** (V.).

†paltonàre [da *†paltone*] **v. intr.** ● Fare il paltoniere.

paltoncìno **s. m.** *1* Dim. di *paltò*. *2* Cappotto per bambino | Soprabito per signora.

†paltóne [da *†paltoniere*] **s. m.** ● Chi andava in giro elemosinando.

†paltoneggiàre [comp. di *paltone* e *-eggiare*] **v. intr.** ● Commettere furfanterie.

†paltonerìa [da *†paltone*] **s. f.** ● Pitoccheria | Ribalderia.

†paltonière [ant. fr. *pautonier* 'uomo spregevole', di etim. incerta] **s. m.**; anche **agg.** (f. *-a*) ● (*lett.*) Mendico, accattone: *non è da maravigliarsi se volentier dimoran con paltonieri* (BOCCACCIO) | Ribaldo.

†paltonièro **agg.** ● Di, da paltoniere.

†paludàle [da *palude*] **agg.** ● Di palude.

paludaménto [vc. dotta, lat. *paludamĕntu(m)* 'mantello militare'; stessa etim. di *paludātus* 'paludato'] **s. m.** *1* Mantello militare usato spec. dai generali dell'antica Roma. *2* (*est.*) Abito ampio e regale | (*spreg.*) Abito di cattivo gusto, eccessivamente ornato o ricco: *aveva addosso uno strano p.* *3* (*fig.*, *spec. al pl.*) Fronzoli eccessivi: *paludamenti stilistici*.

†paludàno [da *palude*] **agg.** ● Di palude.

paludàre [ricavato da *paludato*] **A** **v. tr.** *1* Vestire con il paludamento | (*est.*) Ammantare | (*spreg.*) Vestire con abiti eccessivamente ricchi o ampi. *2* (*fig.*) Riempire di fronzoli. **B** **v. rifl.** ● (*fam.*) Vestirsi con abiti sontuosi ma di gusto discutibile: *vedessi come si è paludato per l'occasione!* | *Paludarsi a festa*, addobbarsi.

paludàto [vc. dotta, lat. *paludātu(m)*, da *Palūda*, epiteto di Minerva, di origine sconosciuta] **agg.** *1* Vestito con abiti importanti o comunque vistosi, spesso inadatti al luogo e alle circostanze: *usciva paludata in un mantello rosso*; *arrivano le signore tutte paludate a festa*. *2* (*fig.*) Solenne, importante: *stile, discorso p.*

palùde [vc. dotta, lat. *palūde(m)*, di origine indeur.] **s. f.** ● Area di terreno depresso di solito ricoperto di acqua stagnante e poco profonda.

†paludésco o **†padulésco** [da *palude*] **agg.** ● Palustre.

paludìcolo [comp. del lat. *pălus*, genit. *palūdis* 'palude' e *-colo*] **agg.** ● Detto di animale che vive, o di pianta che cresce, nei terreni paludosi.

paludìna [dalla *palude*, in cui vive] **s. f.** ● Mollusco gasteropode erbivoro di acqua dolce, con conchiglia bruna globosa (*Paludina vivipara*).

paludìsmo [fr. *paludisme*, da *palus* 'palude'] **s. m.** ● (*raro*) Malaria.

paludóso o **†padulóso** [vc. dotta, lat. *paludōsu(m)*, agg. di *pălus*, genit. *palūdis* 'palude'] **agg.** *1* Di palude: *acque paludose*. *2* Caratterizzato da paludi | Ricco di paludi: *terreno p.*; *zona paludosa*.

palùstre [vc. dotta, lat. *palūstre(m)*, agg. di *pălus*, genit. *palūdis* 'palude'] **agg.** *1* Di palude: *terreno, uccello, vegetazione p.* | *Febbre p.*, malaria. *2* †Paludoso: *valle ima e p.* (PETRARCA).

palvesàrio [da *†palvese*] **s. m.** ● Soldato medievale armato di grande scudo di vimini, detto palvese o pavese.

†palvése o **palvése** ● V. *pavese (1)*.

pam o **pàmfete** nel sign. 2 [vc. onomat.] **inter.** *1* Riproduce il suono di uno sparo di rivoltella o fucile | V. anche *pim*. *2* Riproduce il rumore prodotto da q.c. che sbatte violentemente o viene colpito con forza o cade a terra pesantemente.

pamèla [dal n. della protagonista dell'omonimo romanzo di Richardson] **s. f.** ● Tipo di cappello femminile di paglia.

pàmfete /ˈpanfete/ ● V. *pam*.

pàmpa [sp. *pampa*, dal quechua *pampa* 'pianura'] **s. f.** (**pl.** sp. *pampas*; **pl.** it. raro *-e*) ● Vasta pianura stepposa nel Perù, nella Bolivia e nell'Argentina.

pàmpana [var. di *pampano*] **s. f.** ● (*dial.* o *poet.*) Pampino (*anche fig.*) | (*fig.*) *†Far le cose a pampane*, con grande sfoggio.

pàmpano ● V. *pampino*.

pampeàno [sp. *pampeano*, da *pampa* 'pampa'] **agg.** ● Della pampa: *fauna pampeana*.

pampepàto ● V. *panpepato*.

pamphlet /fr. pãˈflɛ/ [vc. fr., dall'ingl. *pamphlet*, da *Pamphilet*, n. di una commedia pop. lat. in versi del sec. XII] **s. m. inv.** ● Scritto di tono polemico o satirico. **SIN.** Libello.

pampìneo [vc. dotta, lat. *pampĭneu(m)*, agg. di *pămpinus* 'pampino'] **agg.** ● (*lett.*) Di pampino, che ha molti pampini: *pur con pampinee fronde Apollo scaccia* (POLIZIANO).

pampinìfero [comp. di *pampino* e *-fero*] **agg.** ● (*lett.*) Che produce viti | (*est.*) Ornato di pampini: *giovine dio p.* (D'ANNUNZIO).

pàmpino o (*tosc.*) **pàmpano** [vc. dotta, lat. *pămpinu(m)*, di origine preindeur.] **s. m.** *1* Foglia della vite | *Assai pampini e poca uva*, (*fig.*) molte promesse e nessuna realizzazione concreta. *2* (*spec. al pl.*) Vite. *3* (*raro*, *fig.*) Fronzolo inutile.

pampinóso [vc. dotta, lat. *pampinōsu(m)*, agg. di *pămpinus* 'pampino'] **agg.** ● (*lett.*) Che è pieno, ricco o coronato di pampini | (*est.*) Pieno di viti.

†pampinùto **agg.** ● Folto di pampini.

pamplegìa [comp. di *pan-* e *-plegia*] **s. f.** ● (*med.*) Paralisi generale con particolare riferimento ai quattro arti.

pamporcìno ● V. *panporcino*.

pampsichìsmo ● V. *panpsichismo*.

pan- [gr. *pan-*, nt. (*pân*) dell'agg. *pâs* 'tutto', di origine incerta] primo elemento (*pam-*, davanti a parola che comincia per bilabiale) ● In parole dotte o scientifiche, significa 'tutto', 'interamente', con particolari determinazioni a seconda del termine cui è aggiunto: *panarabismo*, *pangermanesimo*, *panorama*, *panteismo*.

panàccia [var. di *panacea* (?)] **s. f.** (**pl.** *-ce*) ● Miscuglio di aloe, incenso, mirra, meliloto, spigonardo, amomo, anticamente usato per conservare i vini.

†pànace [vc. dotta, lat. *pānace(m)*, dal gr. *pánax*, genit. *pánakos*, var. di *panákeia* (V. *panacea*)] **s. m.** ● Panacea.

panacèa [vc. dotta, lat. *panacēa*(*m*), nom. *panacēa*, dal gr. *panákeia*, propriamente 'che cura tutti i mali', comp. di *pân* 'tutto' (V. *pan-*) e *akêisthai* 'curare, guarire'] **s. f.** ● Rimedio che guarisce tutti i mali (*anche fig.*): *un tempo certe erbe erano considerate panacee; credono d'aver trovato una p. per sanare la crisi dell'economia.* SIN. Toccasana.

panachage /*fr.* pana'ʃaʒ/ [vc. fr., deriv. di *panache* 'pennacchio di vari colori', dal lat. tardo *pinnăculu*(*m*) 'pinnacolo': il suo den. *panacher* ha così il sign. fig. di 'mettere in una lista elettorale nomi di appartenenti a diversi partiti'] **s. m. inv.** ● (*polit.*) Sistema di votazione che dà all'elettore la possibilità di esprimere preferenze anche per candidati appartenenti a liste diverse da quella prescelta.

panache /*fr.* pa'naʃ/ [vc. fr., propriamente 'pennacchio', dall'it. *pennacchio*] **s. m. inv.** ● Pennacchio | *Far p.*, nell'ippica, detto a proposito dell'incidente che si verifica quando il cavallo durante il salto dell'ostacolo inciampa capovolgendosi; nel ciclismo, si dice quando un corridore capitombola al di sopra del manubrio.

panafricanìșmo [comp. di *panafricano* e *-ismo*] **s. m.** ● Movimento politico che mira a riunire solidalmente tutti gli Stati e i popoli dell'Africa.

panafricanìsta **s. m. e f.** ● Seguace, sostenitore del panafricanismo.

panafricàno [comp. di *pan-* e *africano*] **agg.** ● Che concerne tutti i popoli dell'Africa in unione solidale.

†**panàggio (1)** [da *pane* (*1*)] **s. m.** ● Provvigione di pane.

†**panàggio (2)** ● V. *appannaggio*.

†**panàio** [da *pane* (*1*)] **A agg.** ● Attinente al pane. **B s. m.** ● Panettiere.

pànama [dal n. dello Stato di *Panama*] **s. m. inv.** ● Cappello maschile di paglia bianca pregiatissima intrecciato finemente con fibre di una palma dell'America centrale.

panamégno o **panamègno** **agg.**; anche **s. m.** ● Panamense.

panamènse A agg. ● Di Panama. **B s. m. e f.** ● Abitante, nativo di Panama.

panamericanìșmo [comp. di *panamericano* e *-ismo*] **s. m.** ● Movimento politico che mira a collegare sotto la direzione degli Stati Uniti, gli Stati e i popoli dell'intera America.

panamericàno [comp. di *pan-* e *americano*] **agg.** ● Che concerne l'intera America: *congresso p.*

panarabìșmo [comp. di *panarabo* e *-ismo*] **s. m.** ● Movimento tendente all'unificazione politica fra tutti i popoli arabi.

panàrabo [comp. di *pan-* e *arabo*] **agg.** ● Che concerne tutti i popoli arabi: *movimento p.*

panàre [da *pane* (*1*)] **v. tr.** ● Impanare: *p. carne da friggere.*

panarèccio ● V. *patereccio*.

panàrio [da *pane* (*1*)] **agg.** ● Del pane: *industria panaria.*

panartrìte [comp. di *pan-* e *artrite*] **s. f.** ● (*med.*) Infiammazione articolare con estensione alle parti molli circostanti e alle formazioni ossee.

panașiàtico [comp. di *pan-* e *asiatico*] **agg.** (**pl. m.** *-ci*) ● Che concerne tutti i popoli asiatici insieme uniti: *politica panasiatica.*

panașiatìșmo [comp. di *panasiatico* e *-ismo*] **s. m.** ● Movimento che tende alla unificazione dei popoli asiatici su basi politiche, economiche, culturali.

panàta [da *pane* (*1*)] **s. f.** *1* Sorta di minestra con pangrattato bollito in acqua con burro, cui talvolta si aggiunge un uovo. *2* (*raro*) Colpo dato con un pane o un pezzo di pane. ‖ **panatèlla**, **dim.**

panatenàico [vc. dotta, lat. *Panathenăicu*(*m*), nom. *Panathenăicus*, dal gr. *Panathēnaikós*, da *Panathḗnaia* 'Panatenee'] **agg.** (**pl. m.** *-ci*) ● Relativo a Panatenee.

panatenèe [vc. dotta, gr. *Panathḗnaia* 'Panatenee', comp. di *pan-* 'pan-' e *Athēnâ* 'Atena'] **s. f. pl.** ● Feste solenni, che nell'antica Atene si celebravano nei mesi di luglio e agosto in onore della dea Atena e che culminavano in una processione verso l'Acropoli.

panàtica [da *pane* (*1*)] **s. f.** *1* (*raro*) Provvigione di pane, per truppe, navi. *2* (*mar.*) Vitto fornito al marinaio di una nave mercantile, o l'equivalente in denaro. *3* (*est.*, *scherz.*) Vitto.

panàto **part. pass.** di *panare*; anche **agg.** ● Nel sign. del v.

†**panattièra** **s. f.** ● Vassoio per il pane.

†**panattière** e *deriv.* ● V. *panettiere* e *deriv.*

panbiscòtto [comp. di *pan*(*e*) e *biscotto*] **s. m.** ● Pane dalla consistenza simile a quella di un biscotto.

pànca [longob. *panka*. V. *banco*] **s. f.** *1* Sedile per più persone, solitamente costituito di un'asse orizzontale che poggia su quattro piedi | (*fig.*) *Far ridere, far scappare le panche*, dire o fare errori madornali | (*tosc.*) *Andare alle panche*, di bambino che comincia a camminare appoggiandosi qua e là | *Panche della scuola*, i banchi | *Scaldare le panche*, (*fig.*) stare in ozio o frequentare la scuola di mala voglia | *Consumare le panche dell'osteria*, (*fig.*) frequentarla troppo | Attrezzo ginnico costituito da una base imbottita su cui sedersi o sdraiarsi per effettuare degli esercizi. SIN. Scanno. *2* Parte della staffa su cui si appoggia il piede. ‖ **pancàccia**, **pegg.** (V.) | **pancàccio**, **pegg. m.** (V.) | **panchétta**, **dim.** (V.) | **panchétto**, **dim. m.** (V.) | **panchina**, **dim.** (V.) | **pancóne**, **accr. m.** (V.) | **pancùccia**, **dim.**

pancàccia **s. f.** (**pl.** *-ce*) ● Pegg. di *panca* | (*tosc.*) *Stare alle pancacce*, star seduti all'osteria, oziando e chiacchierando.

†**pancacciàio** **s. m.** ● (*tosc.*) Pancacciere.

pancaccière [detto così perché sta sempre seduto sulla *pancaccia*] **s. m.** ● (*raro*, *tosc.*) Ozioso, scioperato.

†**pancaccino** **s. m.** ● Pancacciere.

pancàccio **s. m.** *1* Pegg. di *panca*. *2* Tavolaccio: *i reclusi dormivano sul p.* ‖ **pancaccióne**, **accr.**

pancàio **s. m.** ● (*raro*) Chi dà a nolo le panche in certe occasioni.

pancake /*ingl.* 'pæn keik/ [vc. ingl., propriamente 'frittella', 'pasticcino piatto', comp. di *pan* 'tegame, padella' e *cake* 'tort(in)a', l'una e l'altra vc. di origine e area germ.] **s. m. inv.** *1* Frittella dolce o salata servita con limone e zucchero, marmellata o salse, tipica specialità anglosassone. *2* Cosmetico solido da spalmare sul viso per dare un colore e un aspetto uniforme alla pelle.

pancàle [da *panca*] **s. m.** ● (*raro*) Drappo con cui si ornavano le panche.

pancardite [comp. di *pan-* e *cardite*] **s. f.** ● (*med.*) Coinvolgimento infiammatorio di tutte le componenti cardiache.

pancarrè o **pancarré** [comp. di *pan*(*e*) (*1*) e del fr. *carré* 'quadrato', per la forma] **s. m. inv.** ● Pane in cassetta.

pancàta [da *panca*] **s. f.** *1* Colpo di panca. *2* (*raro*) Insieme di persone sedute su una panca.

pancèra ● V. *panciera*.

pancétta **s. f.** *1* Dim. di *pancia*. *2* (*fam.*) Ventre piuttosto pronunciato, per adipe | *Metter su la p.*, ingrassare. *3* Lardo striato di carne della regione ventrale del suino | *P. affumicata*, bacon | *P. di tonno*, ventresca. *4 P. di lepre*, pelliccia che si ottiene dal ventre delle lepri. ‖ **pancettina**, **dim.**

panchétta **s. f.** *1* Dim. di *panca*. *2* Sgabello, poggiapiedi. *3* (*raro*) Passerella. ‖ **panchettàccia**, **pegg.** | **panchettina**, **dim.**

panchettàta **s. f.** ● (*raro*) Colpo dato con una panchetta.

panchétto **s. m.** *1* Dim. di *panca*. *2* Sgabello. ‖ **panchettino**, **dim.**

panchina **s. f.** *1* Dim. di *panca*. *2* Sedile in ferro, legno o pietra per più persone: *le panchine della stazione, dei giardini; la p. dell'allenatore* | *Sedere, stare in p.*, (*fig.*) guidare una squadra calcistica come allenatore o commissario tecnico. *3* (*est.*, *gerg.*) Allenatore di calcio, pallacanestro e sim.: *le decisioni della p.* | Negli sport a squadre in cui si possono effettuare sostituzioni durante le partite, i giocatori di riserva che restano a disposizione. *4* (*miner.*) Varietà di calcare arenaceo misto a tritume di gusci di conchiglie. *5* †Lembo di via sterrata.

panchinàro [da *panchina* col suff. region. *-aro* (V. *-aio*)] **s. m.** (**f.** *-a*) ● (*gerg.*) Atleta di riserva, relegato abitualmente in panchina e impiegato solo occasionalmente.

pància o (*dial.*, *scherz.*) **pànza** [lat. *păntice*(*m*), di etim. incerta] **s. f.** (**pl.** *-ce*) *1* (*pop.*, *fam.*) Ventre: *aver male di, alla p.* | *Mettere, far p.*, ingrassare | *A p. piena, vuota*, dopo aver mangiato, senza mangiare | *A p. all'aria*, supino | *Grattarsi la p.*, (*fig.*) oziare | *Tutto per la p.*, (*fig.*) per mangiare, per vivere comodamente | *Pensare solo alla p.*, (*fig.*) preoccuparsi solo di mangiare e di star bene | *Tenersi la p. per le risa*, sbellicarsi per le risa | *Predicare il digiuno a p. piena*, (*fig.*) proporre sacrifici e rinunce ma solo agli altri | *Salvare la p. per i fichi*, mangiare poco alle prime portate di un pranzo, sapendo che le successive saranno particolarmente gustose; (*fig.*) tenere alla propria pelle, e quindi cercare di evitare ogni pericolo. *2* (*fig.*) Rigonfiamento che si forma su superfici lisce: *il muro ha fatto la p.* | (*fig.*) Parte rigonfia e tondeggiante di recipienti e sim.: *la p. del fiasco, della damigiana* | (*fig.*, *est.*) La parte arrotondata di alcune lettere dell'alfabeto, quali la *a*, la *d*, ecc. ‖ **panciàccia**, **pegg.** | **pancétta**, **dim.** (V.) | **pancina**, **dim.** | **pancinàccia**, **pegg.** | **pancino**, **dim. m.** | **pancióna**, **accr.** | **pancióne**, **accr. m.** (V.).

panciafichìșmo [da *panciafichista*] **s. m.** ● (*spreg.*) Neutralismo.

panciafichista [da *pacifista* con alterazione sarcastica suggerita dall'espressione 'salvare la *pancia* per i *fichi*'] **s. m. e f.** (**pl. m.** *-i*) ● (*spreg.*) Neutralista.

panciàta **s. f.** *1* Urto della pancia contro una superficie, per caduta o altro: *dare una p. in terra, in acqua.* *2* Scorpacciata.

pancièra o **pancèra**, †**panzièra** [da *pancia*] **s. f.** *1* Maglia tubolare in lana o tessuto elastico, per proteggere l'addome dal freddo o per contenere la parete addominale. *2* Parte dell'armatura che protegge il ventre. *3* †Pancia.

panciòlle [da *pancia*, col suff. *-olle* ricavato da molti nomi di luogo toscani] **vc.** ● (*tosc.*) Solo nella loc. avv. *in p.*, a pancia all'aria e (*est.*) a tutto agio, con tutta comodità e senza far nulla: *se ne sta in p. a guardare la televisione.*

pancióne o (*dial.*) **panzóne**. **s. m.** (**f.** *-a* nel sign. 2) *1* Accr. di *pancia*. *2* (*fam.*) Persona con una grossa pancia: *guarda quel p.* *3* (*zool.*) Rumine.

panciòtto [da *pancia*] **s. m.** ● Gilè.

panciùto **agg.** *1* Di persona che ha una grande pancia: *uomo p.* *2* (*est.*) Di cosa che ha forma arrotondata e sporgente: *vaso p.; bottiglia panciuta.*

panclastite [comp. di *pan-* e del gr. *klastós* 'spezzato' (V. *-clastia*), con suff. aggettivale] **s. f.** ● Miscela esplosiva, preparata al momento, formata da ipoazotide e sostanze combustibili quali petrolio, benzolo, olio di catrame, e sim.

pancóne **s. m.** *1* Accr. di *panca*. *2* Grossa asse di legno, spec. il ripiano del banco di falegname o altro artigiano. *3* Strato di terreno rado e compatto, situato a diversa profondità: *incontrare un p. durante lo sterro.* *4* (*mus.*) Somiere del pianoforte. ‖ †**panconella**, **dim. f.**

pancòtto [comp. di *pan*(*e*) (*1*) e *cotto*] **s. m.** ● Sorta di minestra preparata con pane bollito in acqua e condito con sale, burro, formaggio grattugiato e, talvolta, salsa di pomodoro | (*fig.*) *Avere del p. al posto del cervello*, essere poco accorto e intelligente | (*fig.*) *Essere di p.*, smidollato.

pancràtico [dal gr. *pankratḗs* 'signore di tutto, onnipotente', comp. di *pan-* 'pan-' e *krátos* 'forza' (V. *-crazia*)] **agg.** (**pl. m.** *-ci*) ● Detto di sistema ottico, realizzato con lenti, che permette di formare su di un piano fisso degli ingrandimenti variabili dell'immagine di un oggetto | *Cannocchiale p.*, cannocchiale terrestre a ingrandimento variabile con continuità.

pancraziàste [vc. dotta, lat. *pancratiăste*(*n*), nom. *pancratiăstes*, dal gr. *pankratiastḗs*, da *pankrátion* 'pancrazio'] **s. m.** ● Atleta partecipante al pancrazio.

pancràzio [vc. dotta, lat. *pancrătiu*(*m*), dal gr. *pankrátion*, comp. di *pan-* 'pan-' e *krátos* 'forza' (V. *-crazia*)] **s. m.** ● Presso gli antichi Greci, competizione che comprendeva la lotta e il pugilato.

pàncreas [vc. dotta, gr. *pánkreas*, comp. di *pan-* 'pan-' e *kréas* 'carne', di origine indeur.] **s. m.** ● (*anat.*) Ghiandola addominale annessa all'apparato digerente, situata nell'angolo duodenale, avente una secrezione esterna di succo pancreatico e una interna di insulina. ➡ ILL. p. 365 ANATOMIA UMANA.

pancreàtico **agg.** (**pl. m.** *-ci*) ● Del pancreas: *dotto p.* | *Succo p.*, contenente numerosi enzimi digestivi.

pancreatìna [dal gr. *pánkreas*, genit. *pánkreatos* (V. *pancreas*)] s. f. ● Ormone secreto dalla mucosa duodenale, che promuove la secrezione del pancreas.

pancreatìte [comp. di *pancreas* e *-ite* (*1*)] s. f. ● (*med.*) Infiammazione del pancreas.

pancristiàno [comp. di *pan-* e *cristiano*] agg. ● Detto di movimento che tende a ricostituire l'unità delle chiese cristiane.

pancromàtico [comp. di *pan-* e *cromatico*] agg. (pl. m. *-ci*) ● (*fot.*) Detto di emulsione sensibile a luce di tutte le lunghezze d'onda visibili dall'occhio umano.

pancronìa [comp. di *pan-* e un deriv. di *chrónos* 'tempo' (V. *crono-*)] s. f. ● (*ling.*) Carattere dei fatti considerati da un punto di vista universale, indipendentemente da limiti di spazio e di tempo in cui avvengono.

pancrònico [da *pancronia*] agg. (pl. m. *-ci*) ● Della pancronia | *Linguistica pancronica*, studio dei fatti linguistici nella pancronia.

pànda [vc. del Nepal] s. m. inv. ● Mammifero carnivoro delle montagne himalayane, simile a un grosso gatto, con pelliccia delicatissima e pregiata, nera sul ventre, ruggine sul dorso (*Ailurus fulgens*). SIN. Panda minore | *P. gigante*, panda tibetano, bianco e nero, grande quanto un orso e con coda brevissima, che si nutre in prevalenza di germogli e foglie di bambù (*Ailuropoda melanoleuca*). SIN. Orso del bambù.

Pandanàcee [vc. dotta, comp. di *pandano* e *-acee*] s. f. pl. ● Nella tassonomia vegetale, famiglia di piante monocotiledoni arboree e fruticose con foglie intere, spinose, inserite a elica (*Pandanaceae*) | (al sing. *-a*) Ogni individuo di tale famiglia.

pandàno [vc. malese] s. m. ● Genere di alberi delle Pandanacee coltivati nelle zone tropicali per i frutti simili ad ananas commestibili e per le fibre tessili che si ricavano dalle foglie (*Pandanus*).

pandemìa [vc. dotta, gr. *pandēmía* 'tutto il popolo', comp. di *pan-* 'pan' e *dēmos* 'popolo' (V. *democrazia*)] s. f. ● (*med.*) Epidemia a larghissima estensione, senza limiti di regione o di continente.

pandèmico agg. (pl. m. *-ci*) ● (*med.*) Detto di malattia epidemica che tende a diffondersi rapidamente e ovunque: *l'influenza, il colera, sono morbi pandemici*.

pandèmio [vc. dotta, gr. *pandḗmios* 'di tutto il popolo, comune', da *pandēmía* 'tutto il popolo'. V. *pandemia*] agg. ● (*raro, lett.*) Che appartiene a tutti | *Venere pandemia*, meretrice.

pandemònio [ingl. *pandemonium*, vc. creata da J. Milton, nel suo poema *Paradiso perduto*, per indicare la capitale dell'inferno, comp. del gr. *pân* (V. *pan-*) e *daimónion* 'demonio'] s. m. **1** (*raro, lett.*) Raduno di demoni. **2** (*fig.*) Grande e rumoroso disordine, tremenda confusione: *fare, scatenare un p.* SIN. Diavoleto, frastuono.

†**pàndere** [vc. dotta, lat. *pändere* 'stendere, spiegare', di etim. incerta] v. tr. (dif. usato solo al pres. indic. e raro nei tempi derivati dal pres.) ● Manifestare: *quando il colombo si pone / presso al compagno, l'uno a l'altro pande, / girando e mormorando l'affezione* (DANTE *Par.* XXV, 19-21).

pandètte o **pandétte** [vc. dotta, lat. tardo *Pandēctae*, nom. pl., dal gr. *pandéktai*, propriamente 'che comprendono tutto', comp. di *pan-* 'pan-' e *déchesthai* 'ricevere, accogliere', di origine indeur.] s. f. pl. **1** Ampie trattazioni di diritto romano pubblicate da antichi giureconsulti: *le p. di Ulpiano, di Modestino*. **2** (*per anton.*) Il Digesto di Giustiniano | Titolo tradizionale (non ufficiale) della materia universitaria avente per oggetto l'insegnamento dogmatico del diritto privato romano sulla base del Digesto.

pandettìsta s. m. e f. (pl. m. *-i*) ● (*dir.*) Autore o studioso di pandette.

pandettìstica s. f. ● (*dir.*) Studio delle pandette.

pandiculaziòne [ingl. *pandiculation*, dal lat. *pandiculāri* 'distendersi, allungarsi', da *pāndere* 'stendere, spiegarsi'. V. †*pandere*] s. f. ● (*med.*) Il complesso degli stiramenti muscolari che generalmente accompagnano lo sbadiglio.

pandispàgna o **pan di Spàgna** [da *Spagna*, luogo vero o presunto di provenienza del dolce] s. m. inv. ● Dolce a base di farina, fecola di patate, uova, zucchero e burro.

pàndit [indostano *paṇḍit*, dal sanscrito *paṇḍitáḥ*, di etim. incerta] s. m. inv. ● In India, titolo attribuito ai dotti, spec. agli studiosi di lingua e letteratura sanscrita.

pandólce [comp. di *pane* (*1*) e *dolce*] s. m. ● Dolce natalizio tipico di Genova, in forme tondeggianti, il cui impasto è simile a quello del panettone.

pandòra ● V. *pandura*.

pandorìna [dal n. mitico *Pandora*] s. f. ● Alga delle Cloroficee che forma colonie sferoidali con ciglia superficiali per il movimento (*Pandorina morum*).

pandòrio s. m. ● (*mus.*) Pandura.

pandòro [da *pan(e)* (*1*) *d'oro*] s. m. ● Dolce tipico di Verona, di color giallo dorato, a forma di tronco di cono molto lievitato.

pandùra o **pandòra** [vc. dotta, lat. *pandūra(m)*, nom. *pandūra*, dal gr. *pandôura*, di etim. incerta] s. f. ● (*mus.*) Specie di liuto a tre corde di origine mesopotamica, che fu accolto dalla civiltà greco-romana e in modelli similari è documentato anche nel Medio Evo.

pandùro [dal serbo croato *pàndūr*, n. di una milizia creata per difendere i confini della Croazia dai Turchi, forse dal lat. mediev. *bandēriu(m)* 'appartenente a una banda'] s. m. **1** Membro delle milizie dei signori feudali ungheresi | A partire dal sec. XVII, soldato di origine ungherese appartenente a speciali reparti delle truppe austro-ungariche schierati ai confini meridionali dell'Impero. **2** (*region., raro*) Persona rozza e violenta.

pàne (**1**) [lat. *pāne(m)*, dalla stessa radice di *pāscere* 'pascere'] s. m. **1** Alimento che si ottiene cuocendo al forno un impasto di farina, solitamente di frumento, e acqua, condito con sale e fatto lievitare: *impastare, lievitare, infornare, cuocere, sfornare il p.* | *P. caldo*, sfornato da poco | *P. fresco*, di giornata | *P. raffermo*, non fresco ma neppure stantio | *P. stantio*, duro e ammuffito | *P. bianco*, di farina di frumento | *P. di segale, avena, orzo*, di farina di tali cereali con aggiunta di farina di frumento | *P. misto, di mistura*, di una miscela di farine | *P. inferigno*, di farina di cruschello | *P. nero, integrale*, con farina non abburattata, contenente cioè anche la crusca | *P. militare*, con farina poco abburattata, un tempo destinato ai militari | *P. di semola*, di fior di farina | *P. di glutine*, di farina senz'amido, per diabetici | *P. giallo*, o *di meliga*, con farina di granturco e segale | *P. biscottato*, croccante anche nell'interno per lunga e lenta cottura | *P. azzimo*, senza lievito né sale | *P. condito*, all'olio, al burro, al latte | *Pan grattato*, V. anche *pangrattato* | *Pan unto*, V. anche *panunto* | *Mangiar p.*, (*fig.*) vivere, campare | *Stare, mettere qc. a p. e acqua*, punire qc. con tale limitazione del vitto | *Mancare il p.*, essere all'estremo limite della miseria | *Per un tozzo di p.*, (*fig.*) per pochissimo, a bassissimo prezzo | *P. duro*, (*fig.*) miseria | *Vivere di p. duro*, (*fig.*) in miseria | *Far cascare il pan di mano*, (*fig.*) demoralizzare e scoraggiare al massimo | *Buono come il p.*, (*fig.*) si dice di persona d'ottimo carattere | *Tirar su qc. a briciole di p.*, allevarlo con infinita cura | (*fig.*) *Lungo quanto un giorno senza p.*, lunghissimo | (*fig.*) *Essere p. e cacio*, essere legati da intima amicizia | *Essere una zuppa e un pan molle*, (*fig.*) essere la stessa cosa | (*fig.*) *Rendere pan per focaccia*, vendicarsi | (*fig.*) *Non è p. per i suoi denti*, è cosa superiore alle sue capacità o possibilità | (*fig.*) *Trovar p. per i propri denti*, avere dinanzi un ostacolo o un avversario molto duro | (*fig.*) *P. perso, perduto*, uomo pigro e scioperato | (*est.*) Vitto o mezzo di sostentamento: *il nostro p. quotidiano* | *Perdere il p.*, restare senza lavoro | *Mangiare il p. a ufo, a tradimento*, vivere facendosi mantenere e senza lavorare | *Il p. di casa stufa*, (*fig.*) di persona che non ama la casa | *Misurare il p.*, dar poco da mangiare; (*fig.*) essere avaro | *Guadagnarsi il p.*, lavorare per vivere. **2** Ciascuna delle forme in cui vien cotta la pasta lievitata: *un p. di due etti*; *mangiare tre pani* | *P. a, in cassetta, p. carré*, bianchissimo e soffice, con latte e burro, cotto a forma di parallelepipedo e usato per tramezzini e toast. **3** Tipo di pasta dolce variamente confezionata | *Pan di Spagna*, V. *pandispagna* | *Pan pepato*, V. anche *panpepato* | *Pan giallo*, V. anche *pangiallo* | *Pan santo*, certosino | *P. coi fichi*, di farina gialla impastata con fichi secchi, tipico del Milanese | *P. di miglio*, dolce milanese a base di farina di granoturco, uova, burro e zucchero | *Pan di ramerino*, di farina impastata con olio in cui è soffritto il rosmarino e con uva passa, preparato in Toscana durante la quaresima | *Pan schiavonesco*, dolce di mollica di pane, mosto cotto, miele, mandorle tritate e noci, tipico del Molise. **4** (*fig.*) Nutrimento spirituale: *il p. della scienza* | *Il p. degli angeli*, l'Eucarestia e (*fig.*) ogni nutrimento dell'anima | *Spezzare il p. della scienza*, insegnare | (*est.*) Ciò che alimenta q.c. | *Mangiare il p. pentito*, pentirsi. **5** (*est.*) Massa di sostanze, spec. alimentari, confezionata in forme parallelepipede: *un p. di burro, di cera* | *Pani di metallo*, lingotti | *Cappello a pan di zucchero*, a cono, tipico del costume di alcune regioni italiane. **6** Terra lasciata intorno alle radici di piante da trapiantare. **7** *Albero del p.*, albero tropicale delle Moracee coltivato per le infruttescenze commestibili (*Arctocarpus integrifolia*). SIN. Artocarpo | *Pan di cuculo*, orchidea comunissima nei prati con due tuberi radicali, foglie verde chiarissimo, fiori porporini con labello prolungato in uno sperone (*Orchis morio*) | *Pan di serpe*, gigaro italico | *Pan porcino*, V. anche *panporcino*. || **panàccio**, pegg. | **panèllo**, dim. (V.) | **panétto**, dim. (V.) | **panìno**, dim. (V.) | †**panóne**, accr. | †**panucciuòlo**, dim.

pàne (**2**) [lat. *pānu(m)* 'filo (del tessitore)', nom. *pānus*, dal gr. dorico **pânos*, attico *pênos*, di etim. incerta] s. m. ● (*mecc.*) Spira del maschio della vite, corrispondente al verme della femmina. SIN. Filetto.

panegìrico [vc. dotta, lat. *panegȳricu(m)*, nom. *panegȳricus*, dal gr. *panēgyrikós* (*lógos*) 'discorso per un'assemblea', agg. di *panḗgyris* 'adunanza di tutto il popolo, assemblea solenne', comp. di *pan-* 'pan-' e *ágyris* 'adunanza', da *agéirein* 'raccogliere', di etim. incerta] **A** s. m. (pl. *-ci*) **1** Opera in prosa o in poesia di tono oratorio e con fini celebrativi: *i panegirici di Claudiano, del Marino, di Bossuet*. **2** Scritto o discorso in lode di qc., spec. della Madonna o di un Santo, o sui misteri cristiani, con intenti glorificatori. **3** (*fig.*) Eccessiva esaltazione: *ha intessuto un p. attorno alla sua opera*. **B** agg. ● (*raro, fig.*) Eccessivamente elogiativo. || **panegiricaménte**, avv. (*raro*) Con toni e modi da panegirico.

panegirìsta [vc. dotta, lat. tardo *panegyrīsta(m)*, nom. *panegyrīsta*, dal gr. *panēgyristḗs*, che significava però 'che prende parte all'adunanza solenne', da *panḗgyris* 'adunanza di tutto il popolo'. V. *panegirico*] s. m. e f. (pl. m. *-i*) **1** Chi scrive o dice panegirici: *i panegiristi del Seicento*. **2** (*fig.*) Chi loda esageratamente.

pànel /'panel, *ingl.* 'pænəl/ [vc. ingl., propr. 'pannello'] s. m. inv. **1** (*stat.*) Campione rappresentativo di un universo, la cui composizione rimane invariata nel corso di successivi sondaggi, allo scopo di studiare l'evoluzione temporale del carattere osservato | *P. di consumatori*, gruppo di famiglie scelte secondo criteri di rappresentatività socio-economica, disposte a registrare giornalmente tutti i dati riguardanti i loro acquisti. **2** Gruppo di uomini d'affari in grado di fornire informazioni per prevedere l'andamento di un settore o dell'intera economia di un paese. **3** Riunione di dirigenti di un'azienda. **4** Tavola rotonda indetta per studiare un determinato problema.

panellènico [dal gr. *panellḗnios* 'di tutti i greci', comp. di *pan-* 'pan-' ed *ellḗnios* 'ellenico', rifatto su *ellenico*] agg. (pl. m. *-ci*) ● Che riguarda tutti i Greci uniti: *giochi panellenici*.

panellenìsmo s. m. ● Movimento tendente all'unificazione politica dei popoli di stirpe greca.

panèllo s. m. **1** Dim. di *pane* (*1*). **2** Residuo solido della spremitura di semi oleosi, usato in pani per l'alimentazione del bestiame.

panencefalìte [comp. di *pan-* ed *encefalite*] s. f. ● (*med.*) Infiammazione delle componenti (sostanza bianca e grigia) dell'encefalo.

panenteìsmo [ted. *Panentheismus*, dal gr. *pân en theô(i)* 'tutto in Dio', col suff. *-ismus* '-ismo'] s. m. ● Dottrina filosofica che si propone di conseguire una sintesi tra i principi del teismo e quelli del panteismo.

panerèccio ● V. *patereccio*.

panettàio [da *panetto*] s. m. (f. *-a*) ● Operaio di burrificio addetto alla panettatrice.

panettatrice [da *panetto*] s. f. ● Macchina che confeziona il burro in pani, nei burrifici.

panetterìa o (*dial.*) †**panatterìa** [da *panettiere*] s. f. ● Luogo dove si fa o si vende il pane.

panettière o (*dial.*) †**panattière** [ant. fr. *panetier*, dal lat. *pānis* 'pane (1)'] s. m. (f. *-a*) *1* Chi fa o vende pane. SIN. Fornaio. *2* Soldato della sussistenza addetto alla panificazione.

panétto s. m. *1* Dim. di *pane* (*1*). *2* Nel gergo teatrale, applauso a scena aperta.

panettóne [milan. *panettón*, da *pane* (*1*)] s. m. ● Tipico dolce milanese a forma di cupola, tradizionalmente consumato nelle feste natalizie, ottenuto facendo cuocere al forno un impasto di farina, uova, burro, zucchero, uva sultanina e dadetti di cedro candito: *I panettoni mezzo tagliati aprivano fauci gialle e occhiute* (CALVINO) || **panettoncino**, dim.

paneuropèo [comp. di *pan-* ed *europeo*] agg. ● Che comprende o riguarda tutta l'Europa.

pànfilo o †**pànfano**, †**panfilio** nel sign. 1 [vc. dotta, gr. *pámphylos* '(nave) della *Panfilia*'] s. m. *1* Nave a vela e a remi simile alla galera, ma più piccola, usata nel Mediterraneo nei secc. XIV e XV. *2* Unità navale pontata da diporto. SIN. Yacht.

panflettista [da *pamphlet*] s. m. e f. (pl. m. *-i*) ● Autore di pamphlet.

panflettistico agg. (pl. m. *-ci*) ● (*raro*) Che si riferisce ai pamphlet.

panfòrte [comp. di *pane* (*1*) e *forte* ('duro')] s. m. ● Tipico dolce senese, di forma tonda e schiacciata, a base di farina, mandorle, nocciole, canditi, zucchero, droghe, e cotto al forno.

pangermanésimo o **pangermanismo** [comp. di *pan-* e *germanesimo*] s. m. ● Movimento politico aspirante all'unità di tutti i popoli germanici.

pangermanista A s. m. e f. (pl. m. *-i*) ● Fautore del pangermanesimo. **B** anche agg.: *aspirazioni pangermaniste*.

pangermanìstico agg. (pl. m. *-ci*) ● Del pangermanesimo, dei pangermanisti.

pangiàllo o **pan giàllo** [comp. di *pan(e)* (*1*) e *giallo*] s. m. ● Dolce natalizio tipico di Roma, a base di farina di granturco, uva passa, mandorle, noci, pinoli, zucchero.

pangolìno [ingl. *pangolin*, dal malese *pang-goling*, propriamente 'colui che si arrotola'] s. m. ● Genere di mammiferi asiatici e africani dei Folidoti, privi di denti, con corpo rivestito di robuste squame cornee embricate, forti artigli e lunghissima lingua vischiosa per catturare gli insetti (*Manis*).

pangrattàto [comp. di *pane* (*1*) e *grattato*] s. m. ● Pane raffermo grattugiato, usato per impanare o per altre preparazioni.

pània [lat. *pāgina(m)* 'pergolato', da *pāngere* 'ficcare, fissare', di origine indeur. (?)] s. f. *1* Sostanza vischiosa estratta dalle bacche del vischio quercino e usata per catturare piccoli uccelli. *2* (*est.*) Qualunque sostanza appiccicosa. *3* (*fig.*) Lusinga, inganno, trappola: *cadere nella p.*; *chi mette il piè su l'amorosa p.*, / *cerchi ritrarlo, e non v'inveschi l'ale* (ARIOSTO). || **panióne**, accr. m. (V.).

paniàccio [da *pania*] s. m. *1* Pezzo di pelle, o incerato, col quale si ravvolgono le verghe impaniate, per uccellare. *2* (*fig.*) †Legame amoroso. *3* (*raro, scherz.*) Ombrello malridotto e grossolano.

panicastrèlla [da *panico* (*2*)] s. f. ● (*bot.*) Giavone.

panicàto [detto così per i muscoli che sembrano pieni di chicchi di *panico*] agg. ● Detto di carne bovina e suina che presenta panicatura.

panicatùra [da *panicato*] s. f. ● Malattia dei suini e dei bovini che presentano cisticerchi nei muscoli. SIN. Cisticercosi.

paniccia o **panizza** [lat. tardo *panĭciu(m)*, var. di *panĭcum* 'panico (2)'] s. f. (pl. *-ce*) ● In Piemonte, risotto con fagioli e cavoli | In Liguria, polentina di farina di ceci.

†**panichina** [etim. incerta] s. f. ● Meretrice.

panicità [da *panico* (*1*)] s. f. ● (*lett.*) Sentimento panico.

pànico (1) [vc. dotta, lat. *pānicu(m)*, nom. *pānicus*, dal gr. *panikós*, agg., 'del dio *Pan*', che incuteva timore ai viandanti] **A** agg. (pl. m. *-ci*) *1* Improvviso e intenso, nella loc. *timor p.* *2* (*lett.*) Della natura e del suo divenire, in quanto manifestazioni dirette della divinità: *sentimento p. della vita*. **B** s. m. ● Timore repentino che annulla la ragione e rende impossibile ogni reazione logica: *la folla era in preda al p.*; *i soldati fuggivano, assaliti dal p.*

panìco (2) [lat. *panīcu(m)*, da *pānus* 'spiga del miglio', prima 'tumore, ascesso': detto così perché ricorda per la forma una bobina (?). V. *pane* (*2*)] s. m. (pl. *-chi*) ● Pianta erbacea delle Graminacee con infiorescenze a pannocchia molto compatta, coltivata, come il miglio, per l'alimentazione degli uccelli da canto (*Setaria italica*).

†**panicòcolo** ● V. †*panicuocolo*.

panicolàio [da *panicola* (?). V. *panicolato*] s. m. ● (*tosc., raro*) Miscuglio confuso.

panicolàto [dall'ant. *panicola* 'pannocchia', dal lat. tardo *panĭcula(m)*, dim. di *pānus*. V. *panico* (*2*)] agg. ● (*bot.*) Che ha forma di pannocchia | *Fusto p.*, a rami profondamente suddivisi con fiori numerosi | *Ombrella panicolata*, con ramificazioni disposte a pannocchia.

†**panicuòcolo** o †**panicòcolo** [comp. dal lat. *pānis* 'pane (1)' e *cŏquere* 'cuocere'] s. m. (f. *-a*) ● Chi, un tempo, cuoceva il pane fatto da altri.

panièra [da *paniere*] s. f. *1* Cesta bassa di vimini, grande e con due manici: *riporre nella p. il bucato asciutto*. *2* Panierata. *3* (*tosc.*) Calessino, giardiniera. || **panieràccia**, pegg. | **panierétta**, dim. | **panierina**, dim. | †**panierùzzola**, dim.

panieràio s. m. *1* Chi fa o vende panieri o ceste. *2* Lavorante siciliano addetto alla raccolta degli agrumi. *3* †Venditore ambulante di grasce, in panieri.

panieràta s. f. ● Quanta roba sta nel paniere o nella paniera.

panière [fr. *panier*, dal lat. *panāriu(m)* 'cesta per il pane', da *pānis* 'pane (1)'] s. m. *1* Cesto di vimini, a fondo generalmente circolare, con un solo manico in cui si può infilare il braccio: *un p. di frutta, di uova* | *P. coperto*, senza manico e con un coperchio | *P. tondo*, con coperchio girevole attorno alla base del manico | *P. bislungo*, con due coperchi girevoli attorno alla base del manico | *Colare come un p.*, non trattenere il liquido, detto di recipienti | (*fig.*) *Far la zuppa nel p.*, fare q.c. di inutile | *P. sfondato*, (*fig.*) persona che mangia o spende moltissimo | *Rompere le uova nel p. a qc.*, (*fig.*) mandare all'aria i suoi piani, progetti e sim. *2* Panierata: *un p. di fichi, di fragole*. *3* (*econ.*) Insieme dei prodotti di largo consumo e di servizi in base ai quali viene calcolato l'indice del costo della vita | *P. della spesa*, insieme di prodotti di largo consumo venduti in una serie di negozi per un certo periodo a prezzi fissi, in base a un accordo fra autorità comunali e commercianti. || **panieràccio**, pegg. | **panierétto**, dim. | **panierino**, dim. (V.) | **panieróne**, accr. | **panieroncino**, dim. | **panierùccio**, dim. | **panierùzzo**, pegg. | †**panierùzzolo**, pegg.

panierino s. m. *1* Dim. di *paniere*. *2* Cestino che i bambini portano a scuola, con la colazione o la merenda.

panificàbile [da *panificare*] agg. ● Che è atto alla panificazione: *farina p.*

panificàre [vc. dotta, lat. tardo *panificāre*, comp. di *pānis* 'pane (1)' e *-ficāre* '-ficare'] **A** v. tr. (*io panìfico, tu panìfichi*) ● Trasformare in pane, usare per fare il pane: *p. la farina*. **B** v. intr. (aus. *avere*) ● Fare il pane: *oggi non si panifica*.

panificatóre [da *panificare*] s. m. (f. *-trice*) ● Chi fa il pane. SIN. Fornaio.

panificazióne [da *panificare*] s. f. ● Lavorazione del pane.

panifìcio [vc. dotta, lat. *panifĭciu(m)* 'fabbricazione del pane', comp. di *pānis* 'pane (1)' e *-fĭcium* '-ficio'] s. m. *1* (*raro*) Arte della fabbricazione del pane. *2* Luogo dove si fabbrica il pane | (*est.*) Negozio in cui si vende il pane.

panifòrte [rifatto dal pl. *paniforti*, comp. di *pani* 'pannelli' e il pl. di *forte*] s. m. ● Pannello ottenuto rivestendo un telaio di listelli con due fogli di compensato, usato spec. per infissi interni.

paninàro [dal bar *Panino* di Milano, luogo d'incontro di giovani] s. m. (f. *-a*) ● Negli anni '80, appartenente a gruppi di giovani frequentatori di paninoteche e fast-food, caratterizzati anche da capi d'abbigliamento e accessori ricercati.

paninerìa [da *panino* col suff. *-eria*] s. f. ● Paninoteca.

panìno s. m. *1* Dim. di *pane*. *2* Piccolo pane, solitamente di forma tonda | *P. imbottito, ripieno*, tagliato a metà e variamente farcito | *P. alla piastra*, panino imbottito e poi riscaldato su una piastra di cottura.

paninotèca [comp. di *panino* e *-teca*] s. f. ● (*fam.*) Locale pubblico specializzato nella preparazione e vendita di panini o tramezzini variamente farciti. SIN. Panineria.

panióne s. m. *1* Accr. di *pania*. *2* Grossa verga impaniata o invischiata, usata per prendere uccelli.

†**panióso** agg. ● Che ha caratteristiche simili alla pania.

panişlàmico agg. (pl. m. *-ci*) ● Del panislamismo.

panişlamişmo [comp. di *pan-* e *islamismo*] s. m. ● Movimento politico che aspira alla unità di tutti i popoli islamici.

panişmo [dal n. del dio *Pan* (V. *panico*) e *-ismo*] s. m. ● Senso o sentimento panico.

paniùzza [da *pania* con sovrapposizione di *pagliuzza*] s. f. ● Piccolo fuscello impaniato.

panizza ● V. *paniccia*.

panlògico agg. (pl. m. *-ci*) ● Del panlogismo.

panlogişmo [ted. *Panlogismus*, comp. del gr. *pân* 'tutto' (V. *pan-*) e *lógos* 'idea, ragione' (V. *-logo*)] s. m. ● Qualsiasi dottrina filosofica che postuli l'assoluta identità di razionale e di reale.

pànna (1) [da *panno*, perché copre il latte come un *panno* copre gli oggetti su cui è disteso. Cfr. *appannare*] s. f. ● Parte grassa del latte, ottenuta dal latte per affioramento spontaneo, quando viene lasciato in riposo | *P. montata*, sbattuta fino a conferirle aspetto e consistenza soffice e schiumosa.

pànna (2) [da *panno* (?)] s. f. ● (*mar.*) Manovra effettuata da un veliero orientando opportunamente la velatura, in modo da arrestare la nave e poterla poi rimettere in moto facilmente: *mettere in p.*; *essere in p.* | (*tecnol.*) Ostruzione galleggiante e amovibile impiegata per chiudere un bacino, per difendere dall'inquinamento specchi d'acqua e spiagge o per isolare fonti di dispersione di sostanze inquinanti.

pànna (3) s. f. ● Adattamento di *panne* (V.).

pannaiòlo [da *panno*] s. m. ● (*tosc.*) Venditore di stoffe.

†**pannaménto** [da *panno*] s. m. ● Stoffa per abito | *Negozio di pannamenti*, di tessuti.

pannàre [da *panna* (*1*)] v. intr. (aus. *avere*) ● Fare la panna, detto del latte.

pannaròla [da *pannare*] s. f. ● (*dial.*) Spannatoia.

pannaróne o **panneróne** [dal milan. *panera* 'panna (1)'] s. m. ● Formaggio grasso di pasta bianca, dal sapore forte, tipico della Lombardia.

panne /fr. pan/ [vc. fr. di etim. incerta] s. f. inv. ● Arresto nel funzionamento di un autoveicolo dovuto a un guasto al motore: *essere, rimanere in p.*; *ho la macchina in p.*

panneggiaménto s. m. ● Modo e atto del panneggiare.

panneggiàre [comp. di *panno* e *-eggiare*] **A** v. intr. (*io pannéggio*; aus. *avere*) *1* Drappeggiare. *2* †Lavorare il panno. **B** v. tr. ● (*raro*) Addobbare, parare.

panneggiàto A part. pass. di *panneggiare*; anche agg. ● Nei sign. del v. **B** s. m. ● Drappeggio.

pannéggio [da *panneggiare*] s. m. ● Drappeggio.

pannellàre [den. di *pannello*] v. tr. (*io pannèllo*) ● Inchiodare o incollare dei pannelli di legno o altro materiale su una superficie, per rivestirla, isolarla, ornarla e sim.

pannellatùra [da *pannellare*] s. f. *1* Atto, effetto del pannellare. *2* Serie di pannelli.

pannellista s. m. e f. (pl. m. *-i*) ● Tecnico o operaio esperto nell'installazione di pannelli.

pannèllo [lat. parl. **pannĕllu(m)*, dim. di *pănnulus*, dim. di *pănnus* 'panno'] s. m. *1* Panno sottile | Pezza di tessuto piuttosto piccola | Tela non troppo consistente. *2* Riquadro decorativo spec. di legno, spesso dipinto, scolpito, intarsiato, per porte, ante di mobili o pareti. *3* Qualsiasi elemento di chiusura o riparo racchiuso in un telaio portante | *P. isolante*, lastra di materiale vario che si applica alle pareti per isolarle dall'umidità o dai suoni |

P. radiante, negli impianti di riscaldamento degli edifici, elemento scaldante costituito spec. da una serpentina di tubi d'acciaio percorsi da acqua calda, che viene inglobata in pareti, soffitti o pavimenti | *P. solare*, V. *solare*. **4** (*elettr.*) Quadro sul quale vengono portati i comandi ed eventualmente gli strumenti indicatori di apparecchiature. **5** Lembo di tessuto fissato per un solo lato su un abito femminile di tono elegante. **6** Piccolo riquadro di carta trasparente che, nelle buste a finestrella, consente la lettura dell'indirizzo scritto sulla lettera.

panneróne • V. *pannarone*.

panneurìte [comp. di *pan-* e *neurite* (*1*)] s. f. • (*med.*) Neurite generalizzata | *P. endemica*, beri-beri.

pannicèllo s. m. **1** Dim. di *panno*. **2** (*spec. al pl.*) †Abiti leggeri o di poco valore. **3** (*fig.*) Rimedio insufficiente.

pannicolìte [comp. di *pannicol(o)* e del suff. *-ite*] s. f. • (*med.*) Infiammazione del tessuto adiposo sottocutaneo. SIN. Adiposite.

pannìcolo [vc. dotta, lat. *pannĭculu(m)*, dim. di *pānnus* 'panno'] s. m. **1** Pannicello. **2** (*anat.*) Membrana | *P. adiposo*, strato di grasso nel tessuto sottocutaneo.

†**pannicolàto** [dal lat. *pannĭculus*, dim. di *pānnus* 'panno'] agg. • Che ha apparenza di velo o panno.

†**pannicolazióne** s. f. • Aspetto di ciò che è panniculato.

†**pannière** s. m.; anche agg. • Chi, che fabbrica o vende panni.

pannilàno • V. *pannolano*.

pannilìno • V. *pannolino* (*2*).

pànno [lat. *pānnu(m)*, di etim. incerta] s. m. **1** Tessuto, stoffa: *una pezza di p.* | (*raro, tosc.*) *Tagliare secondo il p.*, *prendere il p. per il suo verso*, (*fig.*) saper trattare con qc. | *C'è p. da tagliare*, (*fig.*) c'è modo di far q.c. con buone prospettive di guadagno e sim. | *Tagliare il p. sugli altri*, (*fig.*) fare assegnamento sugli altri | *P. lano*, V. anche *pannolano* | *P. lino*, V. anche *pannolino* (*2*). **2** Tessuto di lana cardata, pesante, peloso, per cappotti, abiti pesanti, tappeti da biliardo e sim. | (*est.*) Pezza di lana grossa: *p. da stirare* | *P. funebre*, *mortuario*, il drappo steso sulla bara. **3** Parte o pezzo di tessuto, destinato a vari usi: *coprirsi con un p.*; *un bambino ravvolto in pochi panni* | *P. incerato*, tela incerata | *Essere bianco come un p. lavato*, (*fig.*) essere mortalmente pallido. **4** (*spec. al pl.*) Abiti, vesti: *panni leggeri, pesanti, estivi, invernali* | *Stare, stringersi, ai panni di qc.*, stargli sempre vicino o (*fig.*) fargli fretta | *Non stare, non entrare nei propri panni*, (*fig.*) essere contentissimo | *Mettersi nei panni di qc.*, (*fig.*) immaginare d'essere nelle sue stesse condizioni | *Stringere i panni addosso a qc.*, (*fig.*) metterlo alle strette, costringerlo a fare q.c. | *Portare i panni laceri*, (*fig.*) i segni dei danni subiti | †*Farsi stracciare i panni*, (*fig.*) pregare troppo | *Tagliare i panni addosso a qc.*, parlarne male, far della maldicenza | *Sapere di che panni qc. veste*, (*fig.*) conoscere ciò che pensa, desidera, vuole e sim. **5** (*fig.*) Pellicola che si forma alla superficie di alcuni liquidi, quando si raffreddano o se restano esposti all'aria: *il p. dell'inchiostro* | Membrana: *il p. dell'uovo*. **6** (*med.*) Superficie irregolare della cornea per infiltrazione cellulare e vascolare a seguito di processi infiammatori. || **pannèllo**, dim. | **pannétto**, dim. | **pannettino**, vezz. | **pannicciuòlo**, dim. | **pannicèllo**, dim. (V.) | **pannicino**, dim. | **pannolino**, dim. (V.) | **pannolóne**, accr. | †**pannóne**, accr.

pannòcchia (**1**) o (*pop.*) **spannòcchia** [lat. tardo *panŭcula(m)*, per il classico *panĭcula(m)*, da *pānus* 'spiga del miglio'. V. *panico* (*2*)] s. f. **1** (*bot.*) Infiorescenza a grappolo in cui ciascuno dei rami laterali forma a sua volta grappoli. SIN. Tirso. **2** Correntemente, spiga di mais, di miglio, di panico, e di altre Graminacee. || **pannocchìna**, dim. (V.).

pannòcchia (**2**) [detta così per la sua somiglianza con una *pannocchia*] s. f. • (*zool.*) Cicala di mare.

pannocchìna [dim. di *pannocchia* (*1*)] s. f. • Pianta erbacea perenne delle Graminacee, comune nei prati e nei boschi, ottima foraggera (*Dactylis glomerata*). SIN. Erba mazzolina, spiga bianca.

pannofix® [nome commerciale] s. m. • Pelliccia a pelo corto e rasato, ottenuta dalla pelliccia di agnello mediante una speciale lavorazione.

pannogràfico [comp. di *panno* e *-grafico*] agg. (pl. m. *-ci*) • Nella loc. *lavagna pannografica*, riquadro di panno su cui si possono disporre figure di cartone o di plastica, utilizzato come materiale didattico.

pannolàno o **pannilàno**, **pànno làno** [comp. di *panno* e *lana*] s. m. (pl. *pannilàni*) • Tessuto di lana morbido e fitto, usato spec. per coperte da letto.

pannolènci o **pànno lènci** [comp. di *panno* e *Lenci*, n. della fabbrica che per prima produsse bambole vestite con questo tipo di panno, a Torino nel 1921] s. m. • Panno leggero molto compatto, prodotto in una vasta gamma di colori brillanti: *bambole, cuscini di p.*

pannolinàio s. m. • Fabbricante di pannolini.

pannolìno (**1**) s. m. **1** Dim. di *panno*. **2** Piccola pezza di lino o cotone usata in passato per l'igiene femminile nel periodo mestruale (oggi gener. sostituita dagli assorbenti igienici) e per i neonati | Rettangolo di materiale particolarmente assorbente, gener. cellulosa, usato per i neonati | *p. mutandina*, sagomato a forma di mutandina, con uno strato esterno impermeabile.

pannolìno (**2**) o **pannilìno**, **pànno lìno** [da *panno* (*di*) *lino*] s. m. (pl. *pannilìni*) **1** Tessuto di lino. **2** (*al pl.*) †Mutandoni di lino o tela.

pannolóne [da *pannolino* con il suff. opposto *-one*] s. m. • Grosso assorbente igienico di lino, cotone o materiale sintetico, talora a forma di mutanda, usato per l'igiene intima degli adulti sofferenti di incontinenza.

pannóne s. m. • Abitante, originario della Pannonia.

pannònico [vc. dotta, lat. *Pannŏnicu(m)*, da *Pannŏnia*] agg. (pl. m. *-ci*) • Della Pannonia.

†**pannóso** [vc. dotta, lat. *pannōsu(m)*, da *pānnus* 'panno'] agg. **1** Cencioso. **2** (*raro*) Appannato.

pannùme [da *panno*, *panna* (*1*)] s. m. • (*raro*) Pellicola, spec. del vino.

panoftalmìte [comp. di *pan-*, *oftalmo-* e *-ite* (*1*)] s. f. • (*med.*) Processo infiammatorio suppurativo del bulbo oculare, interessante tutte le membrane.

panòplia [vc. dotta, gr. *panoplía*, comp. di *pan-* e *hóplon* 'arma' (V. *oplita*)] s. f. **1** Il complesso delle parti di un'armatura intera. **2** Trofeo d'armi appeso a un muro.

panoràma [comp. di *pan-* e del gr. *hórama* 'vista, spettacolo', da *horân* 'vedere', di origine indeur.] s. m. (pl. *-i*) **1** Veduta generale, complessiva di un luogo, una zona e sim.: *il p. della città*; *uno splendido p. di monti*. **2** (*fig.*) Complesso di dati, problemi e situazioni, insieme di elementi concreti e di motivi inerenti un settore dell'attività umana: *il p. politico, storico, scientifico*. **3** Nel gergo teatrale, grande fondale ricurvo, dipinto in tinta unita e neutra, atto a dare l'illusione del cielo.

panoràmica s. f. **1** Fotografia ripresa con apparecchio panoramico. **2** Ripresa cinematografica o televisiva ottenuta mediante il movimento orizzontale della macchina da presa ruotante su se stessa | (*est.*) Rassegna generale e sommaria: *fare una p. della situazione economica*. CFR. Carrellata. **3** Strada con vista panoramica.

panoramicàre [da *panoramica*] v. tr. e intr. (aus. *avere*) • (*cine, tv*) Effettuare una ripresa, ruotando la macchina in senso orizzontale | Effettuare una ripresa seguendo un soggetto in movimento.

panoramicità s. f. • Qualità di ciò che è panoramico.

panoràmico agg. (pl. m. *-ci*) **1** Di, relativo a panorama (*anche fig.*): *inquadratura panoramica*; *esame p. della situazione politica internazionale*. **2** Che consente di vedere un panorama: *strada panoramica*; *appartamento p.* | *Apparecchio p.*, apparecchio fotografico spec. con obiettivo rotante, che abbraccia un campo di presa molto ampio. || **panoramicaménte**, avv. Dal punto di vista del panorama.

panormìta [vc. dotta, gr. *Panormîta* dal n. della città, *Pánormos*] agg.; anche s. m. e f. (pl. m. *-i*) • (*lett.*) Palermitano | *Il P.*, (*per anton.*) l'umanista A. Beccadelli (1394-1471).

panòrpa [comp. di *pan-* e del gr. tardo *hórpe* 'falce', di etim. incerta, per la forma delle zampe] s. f. • Insetto dei Mecotteri, tipico dei prati umidi, in cui il maschio ha l'addome terminante a pinza tenuta sollevata e rivolta in avanti (*Panorpa communis*). SIN. Mosca scorpione.

panpepàto o **pampepàto**, **pan pepàto** [comp. di *pane* (*1*) e *pepato*] s. m. • Dolce a base di farina impastata con miele, mandorle, canditi, buccia d'arancia e spezie.

panporcìno o **pamporcìno**, **pan porcìno** [comp. di *pane* (*1*) e *porcino*, perché è cibo gradito ai porci] s. m. • (*pop.*) Ciclamino.

panpsichìsmo o **pampsichìsmo** [comp. di *pan-*, del gr. *psyché* 'anima' (V. *psiche*) e *-ismo*] s. m. • Dottrina filosofica secondo cui la realtà, ivi compresa la materia, si riduce a proprietà psichiche o attributi spirituali.

panromànzo [comp. di *pan-* e *romanzo* (*1*)] agg. • (*ling.*) Proprio di tutte le lingue neolatine.

pansé o **panzé**. s. f. • Adattamento di *pensée* (V.).

pansessuàle [comp. di *pan-* e *sessuale*] agg. • Ispirato a pansessualismo: *atmosfera p.*

pansessualìsmo [comp. di *pan-*, *sessual(e)* e *-ismo*] s. m. • (*psicol.*) Concezione che pone l'istinto sessuale alla base di ogni attività psichica.

panslavìsmo [comp. di *pan-* e *slavismo*] s. m. • Movimento politico aspirante alla unità di tutti i popoli slavi.

panslavìsta A s. m. e f. (pl. m. *-i*) • Fautore, seguace del panslavismo. **B** agg. • Relativo al panslavismo o ai panslavisti: *movimento p.*

panspezìale [comp. di *pan(e)* (*1*) e un deriv. di *spezie* (*2*), perché condito con alcune spezie] s. m. • Certosino, nel sign. B 4.

pànta s. m. inv. • Acrt. di *pantacollant*.

pantacàlza o **pantacàlze** (*pl.*) [da *panta(lone)* e *calza*] s. f. • Pantacollant.

pantacollànt /*semi-fr.* pantacol'lan/ [da *panta(lone)* e *collant*] s. m. inv. • Sorta di pantalone femminile elasticizzato e molto aderente. SIN. Fuseau, pantacalza.

pantagònna o **pantagónna** [comp. di *panta(loni)* e *gonna*] s. f. • Gonna pantaloni.

pantagruèlico [da *Pantagruel*, personaggio del romanzo *Gargantua et Pantagruel* di F. Rabelais, dotato di un appetito formidabile] agg. (pl. m. *-ci*) • Degno di Pantagruel | *Pranzo p.*, ricchissimo di cibi e bevande | *Appetito p.*, smodato, insaziabile.

pantalàssico [comp. di *pan-* e *talasso-*, con suff. aggettivale] agg. (pl. m. *-ci*) • (*biol.*) Detto di organismo capace di vivere in mare, sia vicino alla costa sia al largo.

pantaleóne • V. *pantalone* (*2*).

pantalonàio [da *pantalone* (*1*)] s. m. (f. *-a*) • Chi confeziona pantaloni.

pantalonàta [da *Pantalone*, maschera veneziana] s. f. **1** (*raro*) Idiotismo veneziano. **2** Azione propria, degna di Pantalone.

pantaloncìno [da *pantalone* col suff. dim. *-ino* e l'infisso analogico *-c-*] s. m. **1** Dim. di *pantalone* (*1*). **2** (*spec. al pl.*) Calzoni corti indossati da bambini e atleti, o usati come indumento estivo: *pantaloncini da tennis*.

pantalóne (**1**) [fr. *pantalons*, da *Pantalone*, la maschera veneziana che li indossava] **A** s. m. • (*spec. al pl.*) Calzone, nei sign. 1 e 2 | *Farsela nei pantaloni*, andare di corpo insudiciandosi; (*fig.*) avere molta paura. || **pantaloncìno**, dim. (V.). **B** in funzione di agg. inv. • (posposto al s.) Nella loc. *gonna p.*, detto di gonna sportiva tagliata a foggia di largo pantalone.

pantalóne (**2**) o **pantaleóne** [da *Pantaléon* Hebenstreit (1669-1750) che lo inventò] s. m. • (*mus.*) Strumento della famiglia del salterio a corde percosse con bacchette | (*raro*) Pianoforte verticale.

Pantalóne (**3**) [in ven. *Pantalón* 'Pantaleone', n. proprio molto diffuso, che, assegnato alla maschera del mercante ricco e avaro, finì per impersonare il popolo onesto, mite e sottomesso] s. m. **1** Maschera veneziana della commedia dell'arte che rappresenta un vecchio mercante ricco e avaro, spesso gabbato e, in fondo, bonario | Persona che indossa tale maschera. **2** (*fig.*, *per anton.*) Persona, spec. anziana, facoltosa e molto avara, vittima predestinata di beffe e ingiustizie | (*scherz.*) *Tanto paga P.*, espressione usata per indicare che sono sempre le stesse persone a far le spese di inefficienze e sperperi altrui.

pantàna [detto così perché sta nel *pantano*] s. f. ● Uccello dei Caradriformi, con lunghe zampe, bianco macchiato di nero, di passo e invernale in Italia, predilige zone d'acqua e si nutre di pesci (*Tringa nebularis*).

†**pantanésco** agg. ● Di, da pantano.

pantàno [vc. di origine preindeur.] **A** s. m. *1* Terreno con acqua bassa e stagnante | (*est.*) Palude. *2* (*fig.*) Intrigo, impiccio: *finire in un p.*; *un p. di guai*. || **pantanàccio**, pegg. **B** agg. ● †Fangoso.

pantanóso agg. ● Pieno d'acqua e di fango: *terreno p.* | *Erbe pantanose*, che crescono nei pantani.

pantedésco [comp. di *pan-* e *tedesco*] agg. (pl. m. *-schi*) ● Relativo ai Tedeschi o alle popolazioni di stirpe tedesca.

pantegàna [vc. ven., dal gr. *póntikos* 'topo', propr. 'del Ponto Eusino'] s. f. ● (*ven.*) Grosso topo di fogna.

panteìsmo [fr. *panthéisme*, dall'ingl. *pantheism*, comp. del gr. *pân* 'pan-', *théos* 'dio' (V. *teobroma*) e del suff. *-ism* '-ismo'] s. m. ● Dottrina filosofico-religiosa, secondo cui Dio, inteso come principio supremo di unificazione, viene identificato con la natura del mondo.

panteìsta [fr. *panthéiste*, dall'ingl. *pantheist*. V. *panteismo*] s. m. e f. (pl. m. *-i*) ● Chi segue o si ispira al panteismo.

panteìstico agg. (pl. m. *-ci*) ● Che concerne e interessa il panteismo. || **panteisticaménte**, avv. In modo panteistico; secondo i principi del panteismo.

pànteon ● V. *pantheon*.

pantèra [vc. dotta, lat. *panthēra*(*m*), nom. *panthēra*, dal gr. *pánthēr*, genit. *pánthēros*, vc. di origine orient.] s. f. *1* (*zool.*) Leopardo | *P. nera*, forma melanica di leopardo, frequente spec. nelle isole della Sonda | (*fig.*) Donna dal corpo flessuoso e dal carattere aggressivo. *2* (*gerg.*) Automobile veloce degli agenti della Polizia di Stato. *3 Pantere nere*, movimento politico rivoluzionario dei neri americani sviluppatosi negli Stati Uniti dopo il 1966. *4* Nel linguaggio giornalistico, movimento di protesta degli studenti universitari italiani sorto nel 1990.

pantésco [da *Pant*(*elleria*)] **A** agg. (pl. m. *-schi*) ● (*lett.*) Dell'isola di Pantelleria. **B** s. m. (f. *-a*) ● Abitante, nativo dell'isola di Pantelleria.

pàntheon /'panteon/ o **pànteon** [vc. dotta, gr. *pántheon* 'tempio di tutti gli dei', comp. di *pan-* 'pan-' e *théos* 'dio' (V. *teobroma*)] s. m. *1* Tempio dedicato a tutte le divinità: *il p. di Roma* | L'insieme delle divinità della religione greco-romana e (*est.*) di qualsiasi altra religione. *2* (*est.*) Tempio dove sono sepolti gli uomini illustri di una nazione.

pànto- [dal gr. *pâs*, genit. *pantós* 'tutto'] primo elemento ● In parole dotte composte significa 'tutto', 'ogni cosa': *pantoclastia, pantofobia, pantoptosi*.

pantoclastìa [da *panto-* sul modello di *iconoclastia*] s. f. ● Mania di distruzione.

pantocràtore [vc. dotta, gr. *pantokrátōr*, genit. *pantokrátoros* 'onnipotente', comp. di *panto-* 'panto-' e *krátos* 'forza, potere' (V. *-crazia*)] agg.; anche s. m. ● (*lett.*) Che, chi è onnipotente: *Giove p.*; *Dio, Cristo p.*

pantòfago [comp. di *panto-* e *-fago*] agg. (pl. m. *-gi*) ● (*zool.*) Detto di animale che si ciba di qualunque cosa.

pantofobìa [comp. di *panto-* e *-fobia*] s. f. ● (*med.*) Stato di grave apprensione per cui tutto suscita paura, che si riscontra in persone affette da disturbi psichici.

pantòfola [etim. incerta] s. f. ● Calzatura da casa, di morbida pelle, velluto, panno e sim., con suola pieghevole di pelle o di gomma, con o senza tacco | *In pantofole*, (*fig.*) in abito da casa, familiarmente. || **pantofolìna**, dim.

pantofolàio **A** s. m. (f. *-a*) *1* Chi confeziona o vende pantofole. *2* (*fig., spreg.*) Chi ama e ricerca innanzitutto il quieto vivere, spec. per indolenza. **B** agg. ● Indolente, inattivo: *carattere p.*

pantofolerìa s. f. ● Fabbrica di pantofole | Luogo in cui si vendono pantofole.

pantogràfico [da *pantografo*] agg. (pl. m. *-ci*) ● Di, relativo a, pantografo.

pantografista s. m. e f. (pl. m. *-i*) ● Operaio che esegue lavori di incisione su vetro o metallo con pantografo.

pantògrafo [fr. *pantographe*, comp. di *panto-* 'panto-' e *-graphe* '-grafo'] s. m. *1* Strumento per rimpicciolire o ingrandire disegni, basato su parallelogrammi articolati. *2* Dispositivo sul tetto degli elettromotori per la presa di corrente dalla linea aerea di alimentazione. ➡ ILL. p. 1752 TRASPORTI.

pantomìma [fr. *pantomime* 'pantomimo', poi 'pantomima'] s. f. *1* Azione scenica costituita da semplici gesti degli attori, talvolta accompagnata da musica, efficace per la stilizzazione dei movimenti degli interpreti. *2* (*fig.*) Comunicazione per via di gesti, spec. di chi vuol farsi intendere nascostamente: *basta con questa p.!* | *Fare la p.*, simulare atteggiamenti, sentimenti e sim. lontani dalla realtà.

pantomìmico [vc. dotta, lat. *pantomīmicu*(*m*), agg. di *pantomīmus* 'pantomimo' e 'pantomima'] agg. (pl. m. *-ci*) ● (*lett.*) Di pantomima: *rappresentazione pantomimica*.

pantomìmo [vc. dotta, lat. *pantomīmu*(*m*), nom. *pantomīmus* 'pantomimo' e 'pantomima', dal gr. *pantómimos*, comp. di *panto-* 'panto-' e *mîmos* 'mimo'] s. m. *1* Pantomima. *2* Attore che esegue una pantomima.

Pantòpodi [comp. di *panto-* e il pl. di *-pode*] s. m. pl. ● Nella tassonomia animale, classe di Chelicerati marini con corpo piccolissimo, zampe assai sviluppate, spesso con cheliceri e pedipalpi, e con una sorta di proboscide come apparato boccale (*Pantopoda*) | (al sing. *-e*) Ogni individuo di tale classe.

pantoptòsi [comp. di *panto-* e *ptosi*] s. f. ● (*med.*) Abbassamento generale dei visceri.

pantotènico [dal gr. *pántothen* 'ovunque, dappertutto' perché molto diffuso in natura] agg. (pl. m. *-ci*) ● (*chim.*) *Acido p.*, vitamina idrosolubile che partecipa alla costituzione del coenzima A; è un fattore di crescita per numerosi microrganismi, insetti e vertebrati.

pantràccola [vc. espressiva] s. f. ● (*raro*) Panzana.

pantropicàle [comp. di *pan-* e *tropicale*] agg. ● Detto di vegetale diffuso in tutte le zone tropicali.

pants /ingl. 'pænts/ [vc. ingl., acrt. di *pant*(*aloon*)*s* 'pantaloni'] s. m. pl. ● Pantaloni da donna, spec. corti.

panùnto o **pan ùnto** [comp. di *pane* (*1*) e *unto*] s. m. ● Pane su cui si fa cadere l'untume di salsiccia, arrosto e sim. | (*tosc.*) *Aver studiato i libri del p.*, pensare solo a mangiare | *Mastro p.*, il cuoco.

panùrgo [vc. dotta, gr. *panôurgos* 'scaltro, furbone', comp. di *pan-* 'pan-' ed *érgon* 'opera' (V. *ergo-*). Fu adoperato come n. proprio dal Rabelais per un personaggio del suo romanzo *Gargantua et Pantagruel*] s. m. (pl. *-ghi*) ● Furfante, imbroglione.

pànza e *deriv.* ● V. *pancia* e *deriv.*

panzàna [etim. incerta] s. f. ● Fandonia, frottola.

panzanèlla [etim. incerta] s. f. ● Vivanda rustica costituita da pane raffermo, bagnato e condito con olio, sale, aceto, pomodoro e basilico, talora cipolla.

panzaròtto o **panzeròtto** [vc. merid., da *panza* 'pancia', per la forma rigonfia] s. m. ● Grosso raviolo di pasta sfoglia, ripieno di formaggio, prosciutto, uova e altri ingredienti, fritto in olio bollente: è una specialità della cucina meridionale, spec. di quella pugliese.

panzé ● V. *pansé*.

panzer /ted. 'pantsər/ [ted., propriamente 'corazza', dall'it. *panciera*] s. m. inv. (pl. ted. inv.) *1* Carro corazzato. *2* (*fig.*) Persona dura e decisa che persegue i propri intenti travolgendo ogni ostacolo o difficoltà che le si presentino.

panzeròtto ● V. *panzarotto*.

†**panzièra** s. f. ● V. *panciera*.

paolinìsmo [comp. di *paolino* e *-ismo*] s. m. ● Dottrina cristiana secondo l'interpretazione data all'Evangelo nelle lettere di San Paolo.

paolino agg. *1* Relativo all'apostolo Paolo | Relativo a un pontefice di nome Paolo: *lettere paoline*; *predicazione paolina*. *2* †Sciocco, minchione.

pàolo s. m. *1* Moneta d'argento coniata da papa Paolo III (1468-1549), in sostituzione del giulio | Moneta d'argento dello Stato pontificio del valore di 10 baiocchi. *2* (*spec. al pl.*) †Denari. || **paolàccio**, pegg. | **paolétto**, dim. | **paolìno**, dim. | **paolùccio**, dim.

paolòtto s. m. (f. *-a*, raro) *1* Frate minimo dell'ordine fondato da San Francesco di Paola nel XV sec. | Membro della società di San Vincenzo de' Paoli, fondata nel XIX sec. da F. Ozanam. *2* (*fig., spreg.*) Clericale, bigotto.

paonàzzo o †**pagonàzzo**, (*raro*) **pavonàzzo** [lat. *pavonāceu*(*m*) 'simile alla coda del pavone', da *pāvo*, genit. *pavōnis* 'pavone'] **A** agg. ● Di colore bluastro o violaceo: *un sozzo bubbone d'un livido p.* (MANZONI) | *Abito p.*, quello dei vescovi. **B** s. m. *1* Il colore paonazzo. *2* Veste color paonazzo. || **paonazzìccio**, dim. spreg.

†**paóne** e *deriv.* ● V. *pavone* e *deriv.*

pàpa [lat. tardo *pāpa*(*m*), nom. *pāpa*, dal gr. *pápas* 'padre', vc. di origine infт.] s. m. (f. *-essa* (V.); pl. m. *-i*) *1* Capo e sommo sacerdote della chiesa cattolica, vicario di Gesù Cristo in terra e successore di Pietro: *p. Clemente VII*; *p. Giovanni*; *p. Roncalli, Montini* | *P. nero*, (*pop.*) il generale dei Gesuiti | *Andare a Roma e non vedere il p.*, tralasciare la parte più importante di una faccenda | *A ogni morte di p.*, (*fig.*) molto raramente | *Neanche il p. glielo può levare*, con riferimento spec. a ceffoni che, una volta dati, non si possono togliere | *Stare, vivere come un p.*, condurre vita comoda, agiata. *2* (*fig.*) Esponente principale di una corrente culturale e sim.: *il p. del simbolismo* | Appellativo di boss mafioso. *3* (*merid.*) Appellativo dato a un sacerdote: *p. Cosimo*. *4* Carta dei tarocchi, uno dei trionfi || PROV. Morto un papa se ne fa un altro.

papà [fr. *papa*, vc. infт.] s. m. ● (*fam.*) Padre, nel linguaggio fam. e come vocativo: *mi ha accompagnato p.*; *vieni dal tuo p.*; *andiamo, p.!*; *p., mi porti al cinema?* | (*spreg.*) *Figlio di p.*, chi vive sulle ricchezze e sul prestigio di famiglia. || **paparìno**, dim. | **papìno**, dim.

papàbile [da *papa*] agg.; anche s. m. *1* Di cardinale che può uscire eletto papa dal conclave. *2* (*est.*) Detto di persona che, candidata a un ufficio, a una carica e sim., ha buone probabilità di esservi eletta.

papàia o **papàya** [sp. *papaya*, vc. di origine caribica] s. f. ● Albero delle Caricacee dell'America centrale, coltivato nelle zone tropicali, con foglie palmate, infiorescenze ascellari e grosso frutto, detto melone dei tropici (*Carica papaya*).

papaìna [da *papaia*] s. f. ● (*chim.*) Enzima che si ricava dalla papaia, dotato di azione proteolitica, usato nell'industria alimentare e come farmaco dell'apparato digerente.

papàle [da *papa*] agg. *1* Di, relativo a, papa: *assoluzione, benedizione p.*; *corte p.*; *cappella p.* | *Croce p.*, lunga, con tre traverse | *Guardie papali*, guardie d'onore del pontefice romano. SIN. Pontificio. *2* Nella loc. avv. p. p., con assoluta franchezza, quasi bruscamente: *gli dissi p. p. che doveva andarsene*.

papalìna [f. di *papalino*, perché assomiglia allo zucchetto del *papa*] s. f. *1* Piccolo copricapo senz'ala, ornato spesso da una nappa, un tempo usato da uomini anziani spec. in casa, oggi usato come copricapo per bambini. *2* (*raro*) Popeline.

papalino **A** agg. ● (*iron., spreg.*) Papale, pontificio: *soldati papalini*. **B** s. m. *1* Soldato pontificio. *2* Chi militava politicamente a favore del potere temporale dei papi.

†**papalìsta** [da *papale*] s. m. ● Papista.

paparàzzo [dal cognome di un fotografo nel film *La dolce vita* di F. Fellini] s. m. ● Fotoreporter, spec. di eventi di grande risonanza politica, mondana, pubblicitaria.

papàsso [turco *papàz*, dal gr. biz. *papâs*, per il gr. classico *pápas* 'padre'. V. *papa*] s. m. *1* Prete orientale. *2* Prete ortodosso. *3* Titolo di monaco orientale. *4* (*fig., scherz.*) Caporione, capo: *fare il p.* | *Gioco del p.*, gioco di società, in cui tutti devono fare gli stessi gesti che fa il capogioco.

†**papàto** s. m. ● Papato.

papàto [da *papa*] s. m. *1* Titolo, carica e dignità di papa | Durata di tale carica. *2* Il governo papale: *regioni un tempo sottomesse al p.* *3* (*raro, fig.*) Vita comoda e agiata: *godersi il p.*

Papaveràcee [comp. di *papavero* e *-acee*] **s. f. pl.** ● Nella tassonomia vegetale, famiglia di piante dicotiledoni erbacee, ricche di latice, con fiore a quattro petali raggrinziti nel bocciolo e frutto a capsula (*Papaveraceae*) | (al sing. *-a*) Ogni individuo di tale famiglia. ➡ **ILL. piante** /4.

papaveràceo [da *papaver(o)* col suff. dotto *-aceo*] **agg.** ● Proprio del papavero o simile al papavero | Derivato, estratto dal papavero: *sostanza papaveracea*.

papavèrico **agg.** (pl. m. *-ci*) **1** Di papavero | *Acido p.*, miscuglio di acidi grassi tra cui prevale il linoleico, ottenuto per idrolisi dall'olio di semi di papavero. **2** (*fig., scherz.*) Detto di cosa o persona così noiosa da provocare il sonno: *conferenza paperica*.

papaverìna [da *papavero*] **s. f.** ● Alcaloide dell'oppio, usato in medicina per le proprietà antispastiche.

papàvero [lat. parl. **papāveru(m)*, per il classico *papāver*, di etim. incerta] **s. m.** **1** Genere di piante erbacee annue delle Papaveracee con foglie dentate, fiori grandi e solitari a quattro petali e frutto a capsula (*Papaver*) | *P. da oppio*, dal cui frutto si ricava l'oppio (*Papaver somniferum*) | *P. selvatico*, rosolaccio | *Gli alti papaveri*, (*fig.*) le persone di maggior importanza, i pezzi grossi. **2** (*raro, fig.*) Uomo noioso | Cosa noiosa.

papàya ● V. *papaia*.

†**pàpe** [vc. dotta, lat. *pāpae*, dal gr. *papâi*, vc. di origine espressiva] **inter.** ● (*raro*) Esprime meraviglia o ammirazione.

pàpera [f. di *papero*] **s. f.** **1** Femmina del papero. **2** (*fig., fam.*) Donna stupida. **SIN.** Oca. **3** (*fig.*) Errore involontario nel dire una parola, una frase o nel recitare una battuta: *prendere, fare una p.* | (*est.*) Errore grossolano: *il goal è stato facilitato da una p. del portiere*. || **paperétta**, **dim.** | **paperìna**, **dim.** (V.).

paperback /*ingl.* 'peipəbæk/ [vc. ingl., propr. 'dorso (*back*) di carta (*paper*)'] **s. m. inv.** ● Libro in brossura | (*est.*) Libro economico, spesso tascabile, venduto anche nelle edicole di giornali.

paperìna **s. f.** **1** Dim. di *papera*. **2** Scarpetta bassa da donna con suola flessibile. **SIN.** Ballerina.

paperìno [n. che vuole rendere l'ingl. *Donald Duck*] **s. m.** (f. *-a* nel sign. 1) **1** Dim. di *papero*. **2** Con iniziale maiuscola, nome italiano del papero dalla caratteristica voce stridula, protagonista di racconti a fumetti e disegni animati di Walt Disney (1901-1966) **3** (*fig.*) *Effetto p.*, in particolari condizioni di propagazione nei fluidi, fenomeno acustico consistente in una anomala ricezione di voci, suoni e rumori, percepiti più accelerati e acuti di quanto in realtà siano stati emessi, a causa della maggiore velocità e delle diverse modalità di diffusione delle onde sonore rispetto alle condizioni normali.

pàpero [vc. onomat.] **s. m.** (f. *-a* (V.)) **1** Oca maschio giovane | *I paperi menano a bere le oche*, (*fig.*) con riferimento al fatto che, spesso, chi ne sa di meno vuole insegnare a chi ne sa di più | *Buon p. e cattiva oca*, (*fig.*) di persona buona da giovane e trista in vecchiaia | (*fig.*) *La lattuga in guardia ai paperi*, i più deboli alla mercé dei più forti. **2** (*fig., fam.*) Uomo inetto e sciocco. || **paperèllo**, **dim.** | **paperìno**, **dim.** (V.) | **paperóne**, **accr.** (V.) | **paperòtto**, **dim.** | **paperòttolo**, **dim.**

paperóne [il senso fig. deriva dalla figura dello zio straricco, divulgata attraverso i fumetti] **A** **s. m.** (f. *-a*) **1** Accr. di *papero*. **2** Con iniziale maiuscola, nome italiano di un personaggio di Walt Disney ricchissimo e avaro | (*per anton.*) Persona ricchissima | In una categoria di persone, colui che possiede le maggiori disponibilità economiche: *il p. dei petrolieri*. **B** **agg.** ● (*fig.*) Ricchissimo: *una scuderia paperona*.

papésco [da *papa*] **agg.** (pl. m. *-schi*) ● (*raro*) Del papa, da papa (*spec. spreg.*).

papéssa **s. f.** **1** Donna che, secondo la leggenda, fu elevata al papato: *la p. Giovanna*. **2** (*scherz.*) Papa debole. **3** (*fig., scherz.*) Donna che vive nell'agiatezza. **4** Carta dei tarocchi, uno dei trionfi.

papier collé /*fr.* pa'pje kɔ'le/ [vc. fr., propriamente 'carta incollata', comp. di *papier* 'carta' (stessa etim. di *papiro*) e *collé*, part. pass. di *coller* 'incollare'] **loc. sost. m. inv.** (pl. fr. *papiers collés*) ● Rappresentazione artistica costituita, in genere, da quadri su cui vengono incollati pezzi di carta, vetro, stoffa e sim.

†**papiglióne** [lat. *papiliōne(m)* 'farfalla', vc. di origine onomat.] **s. m.** ● Farfalla.

papigliòtto [fr. *papillote*, dim. di *papillon* 'farfalla'. V. *papiglione*] **s. m.** ● (*spec. al pl.*) Bigodino, diavoletto per capelli.

Papilionàcee [comp. di *papiglione*, per la forma a *farfalla* della corolla, e *-acee*] **s. f. pl.** ● Nella tassonomia vegetale, famiglia di piante legnose o erbacee con fiori zigomorfi e frutto a legume (*Papilionaceae*) | (al sing. *-a*) Ogni individuo di tale famiglia. ➡ **ILL. piante** /6-7.

papilionàto [V. *Papilionacee*] **agg.** ● (*bot.*) Detto di corolla irregolare a cinque petali, di cui il superiore è più grande ed eretto, i due laterali simmetrici e i due inferiori uguali e saldati.

Papiliònidi [comp. di *papiglione* e *-idi*] **s. m. pl.** ● Nella tassonomia animale, famiglia di farfalle diurne con antenne brevi a clava, ali coloratissime, di cui le posteriori con un'espansione di forma varia (*Papilionidae*) | (al sing. *-e*) Ogni individuo di tale famiglia.

papìlla [vc. dotta, lat. *papĭlla(m)*, dim. di *păpula* 'pustola, bolla, bottoncino'. V. *papula*] **s. f.** **1** (*anat.*) Qualsiasi prominenza più o meno elevata | *P. ottica*, zona rilevata della retina dove il nervo ottico penetra nel bulbo oculare | *P. gustativa*, formazione sensitiva della lingua atta a percepire i sapori. ➡ **ILL.** p. 366 ANATOMIA UMANA. **2** (*bot.*) Piccola prominenza spesso data da una sola cellula, frequente nell'epidermide dei petali ai quali conferisce l'aspetto vellutato.

papillàre **agg.** ● (*anat.*) Di papilla | Che ha natura o forma di papilla | Caratterizzato dalla presenza di papille: *muscolo p.*

papillòma [comp. di *papilla* e *-oma*] **s. m.** (pl. *-i*) ● (*med.*) Piccolo tumore benigno di derivazione epiteliale, che si presenta sessile, peduncolato o digitiforme; è tipico della cute, della laringe, della lingua e della vescica.

papillomatòsi [comp. di *papilloma* e del suff. *-osi*] **s. f.** ● (*med.*) Condizione caratterizzata dalla presenza di numerosi papillomi spec. nella vescica e nella laringe.

papillon /*fr.* papi'jɔ̃/ [vc. fr., propriamente 'farfalla': stessa etim. dell'it. *papiglione*] **s. m. inv.** ● Cravatta annodata a farfallina.

papillóso [da *papilla*] **agg.** ● (*raro*) Dotato, rivestito di papille.

papìno [da *papa*] **s. m.** **1** La prima carta dei tarocchi. **2** (*fig.*) Nella loc. *fare un p.*, fare una stecca giocando a biliardo.

papiràceo [vc. dotta, lat. *papyrăceu(m)*, da *papўrus* 'papiro'] **agg.** **1** Di papiro: *codice, rotolo p.* **2** (*raro, est.*) Che ha consistenza dura e secca.

papìro [vc. dotta, lat. *papўru(m)*, nom. *papўrus*, dal gr. *pápyros*, di origine straniera] **s. m.** **1** Pianta erbacea perenne delle Ciperacee con rizoma strisciante, infiorescenze in spighe e alti fusti dal midollo dei quali gli antichi egiziani ottenevano fogli per scrivere (*Cyperus papyrus*). **SIN.** Giunco del Nilo. **2** Foglio ottenuto dalla lavorazione della pianta omonima in modo da poter ricevere la scrittura | Testo scritto su foglio di papiro: *i papiri di Ercolano*. **3** (*fig.*) Foglio o documento scritto o stampato | (*fam.*) Lettera o scritto prolisso | †Carta, foglio. **4** Nel gergo studentesco, foglio con scritte in latino maccheronico, disegni, caricature e sim. rilasciato, spec. un tempo, alle matricole dell'università dagli studenti più anziani. **5** †Lucignolo.

papirografìa [comp. di *papiro* nel sign. 2 e *-grafia*] **s. f.** ● Rappresentazione artistica costituita da ritagli di carta nera applicati su fondo bianco e chiusi tra due vetri.

papirologìa [comp. di *papiro* nel sign. 2 e *-logia*] **s. f.** (pl. *-gie*) ● Scienza che studia gli antichi papiri.

papirològico **agg.** (pl. m. *-ci*) ● Relativo alla papirologia.

papirologìsta **s. m. e f.** (pl. m. *-i*) ● Papirologo.

papiròlogo **s. m.** (f. *-a*; pl. m. *-gi*, pop. *-ghi*) ● Studioso di papirologia.

papìsmo [da *papa*] **s. m.** **1** Insieme delle istituzioni e delle dottrine cattoliche che riconoscono l'autorità del papa, spec. nella polemica protestante e anticattolica | Difesa partigiana del papa e della sua infallibilità. **2** (*est.*) Insieme dei papisti.

papìsta **s. m.** (pl. *-i*) ● Seguace del papismo | Cattolico, spec. nella polemica protestante | *Essere più papisti del Papa*, (*fig.*) essere più ligi alle norme tradizionali, più conservatori e sim., di chi rappresenta l'autorità costituita.

papìstico **agg.** (pl. m. *-ci*) ● Relativo al papismo.

papòcchio [da *papa* 'pappa' col suff. *-occhio*, orig. dim.] **s. m.** **1** (*region.*) Pasticcio, garbuglio. **2** (*est.*) Imbroglio, raggiro.

pàppa (**1**) [lat. *păppa(m)*, vc. inft.] **s. f.** **1** Alimento semiliquido a base di farinacei, spesso con l'aggiunta di carne appena frullata o di formaggi, adatta spec. per bambini appena slattati. **2** (*spreg.*) Minestra troppo cotta | *P. molle*, V. *pappamolle*. **3** (*gener.*) Cibo, spec. nel linguaggio infantile | *Mangiare la p. in capo a qc.*, (*fig.*) essere più alto, o più abile, o più furbo di lui | *Volere, trovare la p. fatta, scodellata*, volere, ottenere q.c. senza fare fatica | *Scodellare la p. a qc.*, (*fig.*) predisporgli particolareggiatamente il lavoro in modo da facilitarglielo | *Soffiare nella p.*, (*fig.*) fare la spia | (*fig.*) *Essere p. e ciccia con qc.*, in grande familiarità o in perfetto accordo. **4** *P. reale*, sostanza, prodotta dall'ape operaia, che serve da alimento alle larve destinate a diventare regine e alle api regine stesse, usata a scopi terapeutici e nella preparazione di cosmetici. || **pappétta**, **dim.** | **pappìna**, **dim.** (V.) | **pappóna**, **accr.**

pàppa (**2**) [ricavato da *pappare*, *pappone*] **s. m. inv.** ● (*dial.*) Protettore di prostitute.

pappacchióne [da *pappa* (*1*)] **s. m.** **1** Mangione, ghiottone. **2** Sciocco, balordo.

pappacéci o (*raro*) **pappacéce** [comp. di *pappa(re)* e il pl. di *cece*] **s. m.** ● Persona buona solo a mangiare: *non fidarti di quel p.* | *Mangiare a p.*, ingozzarsi e (*fig.*) essere credulone.

pappafìco [etim. incerta] **s. m.** (pl. *-chi*) **1** (*sett.*) Rigogolo, beccafico. **2** (*centr.*) Il pizzo della barba. **3** (*mar.*) Vela quadra più alta dell'albero di trinchetto. **SIN.** Velaccino. **4** †Cappuccio o cuffia per riparare il viso dalla pioggia o dal vento.

pappagallerìa [da *pappagallo*, in quanto imita le parole umane] **s. f.** ● (*raro*) Imitazione o ripetizione meccanica di q.c., spec. fatta per adulare qc.

pappagallésco **agg.** (pl. m. *-schi*) ● Da pappagallo, in senso fig.: *risposta pappagallesca*. || **pappagallescaménte**, **avv.** In modo pappagallesco.

†**pappagalléssa** **s. f.** **1** Femmina del pappagallo. **2** (*fig.*) Donna chiacchierona.

pappagallìno **s. m.** **1** Dim. di *pappagallo*. **2** (*zool.*) *P. ondulato*, melopsittaco.

pappagallìsmo [da *pappagallo*] **s. m.** **1** (*raro*) Inclinazione a ridire o rifare meccanicamente cose dette o fatte da altri: *lo irrita il p. di certe persone*. **2** (*fam.*) Contegno di chi importuna le donne per strada.

pappagàllo [biz. *papagâs*, dall'ar. *babaga*, con sovrapposizione di *gallo*] **s. m.** (f. *†-essa* (V.)) **1** Correntemente, uccello degli Psittaciformi, arrampicatore, con parte superiore del becco ricurva e inferiore corta, lingua carnosa e piumaggio dai colori vivaci. **2** (*fig.*) Persona che ripete meccanicamente o copia senza criterio le parole o i gesti altrui: *sembra colto, ma è solo un p.* | *A p.*, macchinalmente, meccanicamente: *ripetere, recitare q.c. a p.* **3** (*fig.*) Chi per strada rivolge complimenti alle donne, molestandole: *un p. l'ha seguita fino a casa*; *quel giovane è un volgare p.* **4** Recipiente di forma ricurva, e dall'imboccatura piuttosto larga, usato spec. negli ospedali per consentire agli uomini di orinare rimanendo a letto. **5** Ripetitore a nastro magnetofonico utilizzato per informare gli abbonati al telefono di un cambiamento di numero, dell'ora esatta e sim. **6** (*pop.*) Pinza regolabile dai manici piuttosto lunghi. || **pappagallétto**, **dim.** | **pappagallìno**, **dim.** (V.) | **pappagallùccio**, **dim.**

pappagòrgia [comp. di *pappa(re)* e *gorgia*] **s. f.** (pl. *-ge*) ● Cumulo di grasso che si forma tra il mento e la gola delle persone grasse.

pappalàrdo [comp. di *pappare* e *lardo*; nel sign. 3, sul modello del fr. *papelard*, perché i falsi devoti mangiano *lardo* di nascosto anche nei tempi proibiti] **s. m.** **1** Uomo balordo, credulone, sciocco. **2** (*raro*) Ghiottone. **3** †Ipocrita, baciapile.

†**pappalașàgne** [comp. di *pappa(re)* e il pl. di *lasagna*] s. m. e f. inv. • Persona buona a nulla | Mangione.

†**pappalécco** [comp. di *pappa(re)* e *lecco*] s. m. *1* Leccornia, ghiottoneria. *2* (*scherz.*) Pranzo succulento.

†**pappamillèșimi** [comp. di *pappa(re)* e il pl. di *millesimo* nel sign. di 'data apposta ai pubblici documenti, lettere ecc.', dal numero *mille* che fa parte della data] s. m. • Antiquario, erudito di cultura puntigliosa e sterile.

pappamòlle o **pàppa mòlle**, (*region.*) **pappamòlla** [comp. di *pappa* e *molle*, region. adattato alla normale uscita in *-a* del f.] s. m. e f. inv. • Persona indolente e del tutto priva di energia.

pappardèlla [da *pappare*] s. f. *1* (*spec. al pl.*) Lasagne cotte in acqua o brodo e condite con sugo di carne tritata, spec. di lepre | (*fig.*) †*Stare in pappardelle*, godere una felice vita. *2* (*fig.*) Tiritera, discorso o scritto lungo e noioso: *che p. mi sono sorbito!*

†**pappàrdo** [da *papavero*, con cambio di suff.] s. m. • (*raro*) Papavero.

pappàre [lat. *pappāre*, da *păppa* 'pappa'] v. tr. *1* Mangiare con grande ingordigia: *hai visto come pappa qualunque cosa gli diano?*; *s'è pappato tutto in un baleno.* SIN. Divorare. *2* (*fig.*) Lucrare illecitamente: *ha pappato anche i guadagni dei soci*; *s'è pappato tutti gli utili.*

pappàta s. f. • Mangiata (*anche fig.*): *farsi una bella p. di polenta*; *i più disonesti si sono fatti la loro p.*

pappatàci [comp. di *pappa(re)* e *tacere*] s. m. *1* (*zool.*) Flebotomo | *Febbre da p.*, malattia infettiva virale, ad andamento benigno, trasmessa dai pappataci. *2* (*fig.*) Persona che per proprio utile tollera in silenzio cose disonoranti, offensive, e sim.: *è un p. che non si ribella mai* | (*raro*) Marito che non reagisce alle infedeltà della moglie.

pappatóre s. m. (f. *-trice*) • Chi pensa solo a pappare (*anche fig.*): *è un ghiotto p.*; *guardate che non vi inganni: questi pappatori non sogliono avere molta fede* (MACHIAVELLI).

pappatòria s. f. *1* (*fam.*) Il mangiare abbondantemente e bene. *2* (*fig.*) Vantaggio effettivo, mangeria: *non lo interessano gli onori, ma solo la p.*

pappifórme [comp. di *pappo* (*1*) e *-forme*] agg. • (*bot.*) Che ha forma di pappo.

pappìna s. f. *1* Dim. di *pappa*. *2* Impiastro di semi di lino. *3* (*raro*) Infermiera. *4* (*fig.*, *fam.*) Ramanzina: *fare, ricevere una p.* *5* †Sorbetto di latte e altri ingredienti.

pappìno [da *pappa*, nel sign. di 'impiastro'] s. m. (f. *-a*) *1* (*pop.*) Infermiere. *2* (*gerg.*) Soldato della sanità.

pàppo (**1**) [vc. dotta, lat. *păppu(m)*, nom. *păppus*, dal gr. *páppos*, vc. di origine inft.] s. m. • (*bot.*) Appendice leggera e piumosa di alcuni frutti e semi, costituita dal calice persistente.

pàppo (**2**) [da *pappare*] s. m. • Nel linguaggio infantile, il pane, il cibo in genere: *il p. e 'l dindi* (DANTE *Purg.* XI, 105).

pappolàta [da *pappa*] s. f. *1* Vivanda molto tenera e quasi liquida: *come tornando da pastura al truogo / corrono i porci per la p.* (L. DE' MEDICI). *2* (*fig.*, *spreg.*) Discorso o scritto troppo lungo e sciocco: *ho dovuto ascoltare una lunghissima p.*

pappolóne [da *pappolata*] s. m. (f. *-a*) *1* (*raro*) Mangione: *un p. si è divorato tutto il dolce.* SIN. Ingordo. *2* (*raro*, *fig.*) Chi fa lunghi e sconclusionati discorsi.

pappóne [da *pappare*] s. m. (f. *-a*) *1* (*fam.*) Mangiatore, divoratore (*anche fig.*): *è un p. sempre presente dove ci sia da guadagnare*; *un p. di fumetti.* *2* (*dial.*) Protettore di prostitute.

pappóso (**1**) [da *pappo* (*1*)] agg. • (*bot.*) Che ha il pappo: *seme p.*

pappóso (**2**) agg. • Molle e inconsistente come la pappa: *neve papposa.*

pappùccia [pers. *pāpūsh*. V. *babbuccia*] s. f. (pl. *-ce*) • (*raro*) Pantofola.

pàprica o **pàprika** [serbo-croato *paprika*, dal lat. *pĭper* 'pepe'] s. f. • Droga alimentare ottenuta polverizzando dopo essiccamento i frutti lunghi, poco polposi e piccanti di alcune varietà di peperoni, usata anche come sostanza revulsiva.

pap-test /pap'test, *ingl.* 'pæp test/ [loc. ingl., da *Pap(anikolau) test*, dal n. di G. Papanikoláu (1883-1962), anatomista greco specializzato in oncologia] s. m. inv. (pl. ingl. *pap-tests*) • (*med.*) Metodo diagnostico dei tumori del collo dell'utero al primo stadio, consistente nell'esame citologico delle cellule di sfaldamento.

pàpua o **papùa** [dal malese *papuah*, *pĕpuah* 'arricciato' (nei capelli)] **A** s. m. e f. inv. • Appartenente a un gruppo di popolazioni stanziate in Nuova Guinea e in Melanesia, con statura bassa, capelli crespi e pelle scura. SIN. Papuano. **B** agg. inv. • Relativo ai Papua e al loro gruppo linguistico: *villaggio p.*; *dialetti p.* **C** s. m. solo sing. • Nome complessivo dato a un folto gruppo di lingue piuttosto differenziate tra loro, parlate dalle popolazioni non melanesiane in Nuova Guinea, isole Salomone e arcipelaghi circostanti.

papuàno o **papuàșo** [dai *Papua*, popolazione della Nuova Guinea] **A** agg. • Della, relativo alla popolazione Papua: *lingua papuana.* **B** s. m. (f. *-a*) • Papua.

pàpula [vc. dotta, lat. *păpula(m)*, di origine indeur.] s. f. *1* (*med.*) Lesione cutanea in forma di piccola prominenza ben circoscritta. *2* (*zool.*) Appendice filiforme a funzione respiratoria presente sulla faccia aborale delle stelle di mare.

papulàre agg. • (*med.*) Di papula.

papulòide [comp. di *papul(a)* e *-oide*] agg. • (*med.*) Di alterazione cutanea simile a una papula.

papulóso agg. • (*med.*) Di papula | Caratterizzato dalla presenza di papule: *dermatosi papulosa.*

par /'par, *ingl.* 'pa:*/ [vc. ingl., propr. 'parità', dal lat. *pār* 'pari, uguale', forse di orig. etrusca] s. m. inv. • (*sport*) Nel golf, numero teorico di colpi necessario a un campione per imbucare la pallina, variabile a seconda del percorso.

pàra [dalla città brasiliana di *Pará* dove la si produce] s. f. • Coagulo di caucciù ottenuto dal latice dell'albero della gomma, trasformato in gomma elastica mediante un processo di vulcanizzazione.

parà [fr. *para*, abbr. di *parachutiste* 'paracadutista'] s. m. • Paracadutista.

pàra- [dal gr. *pará* 'presso', 'accanto'] primo elemento *1* In numerose parole composte, indica 'vicinanza', 'somiglianza', 'affinità', o 'deviazione', 'alterazione', 'contrapposizione': *paramagnetismo*, *paramilitare*, *paratifo*. *2* In chimica, indica un composto che sia polimero, o abbia relazioni strutturali, rispetto a quello considerato: *paraldeide.*

parabancàrio [comp. di *para-* e *bancario*] **A** agg. • Detto di servizio offerto da banche non strettamente legato all'attività di intermediazione, come ad esempio il noleggio di cassette di sicurezza. **B** s. m. • Settore o insieme dei servizi parabancari.

paràbași o **paràbașe** [vc. dotta, gr. *parábasis* 'il camminare, l'incedere', da *parabáinein* 'camminare a fianco', comp. di *pará* 'para-' e *báinein* 'camminare'. La *parabasi* era l'avanzare del coro, poi il discorso tenuto dal capo del coro. V. *anabasi* e *catabasi*] s. f. • Parte della commedia greca in cui il coro si rivolge direttamente al pubblico e gli parla a nome del poeta.

parabèllum [dalla frase lat. (*Si vis pacem*) *para bellum* 'se vuoi la pace, prepara la guerra', sigla telegrafica del primo fabbricante, le *Deutsche Waffen- und Munitionsfabriken*] s. m. inv. *1* Pistola semiautomatica P08 adottata nel 1908 dall'esercito germanico. *2* Denominazione italiana del fucile PPSh con caricatore cilindrico, adottato nel 1941 dall'esercito sovietico. *3* Tipo di cartuccia per pistola con bossolo a bottiglia.

paràbile [da *parare*] agg. • Che si può parare: *tiro p.* CONTR. Imparabile.

parabiòși [comp. di *para-* e del gr. *bíosis* 'vita' (V. *bio-*)] s. f. • (*zool.*) Unione di due organismi animali ottenuta saldandone più o meno estesamente i tessuti o gli organi.

paràbola (**1**) [vc. dotta, gr. *parabolé* 'parabola, sezione conica', da *parabállein* 'mettere (un piano) in parallelo (col piano di una generatrice)'] s. f. *1* (*mat.*) Conica tangente alla retta impropria | Sezione d'un cono circolare retto ottenuta con un piano parallelo ad una generatrice | Luogo dei punti del piano equidistanti da un punto e da una retta. *2* (*fig.*) Modo di procedere di ogni avvenimento che comincia a decadere dopo avere raggiunto il suo massimo splendore: *fase ascendente, discendente della p.*; *attore al vertice della sua p. artistica.*

paràbola (**2**) [vc. dotta, lat. *parăbola(m)*, nom. *parăbola*, dal gr. *parabolḗ* 'avvicinamento, giustapposizione, paragone', da *parabállein* 'mettere vicino, confrontare'] s. f. *1* Discorso di Gesù in forma di racconto per stabilire paralleli ed esempi a fine morale: *p. evangelica*; *la p. di Lazzaro.* *2* (*raro*) †Favola, invenzione | †Parola.

parabolàno [da avvicinare a *parabola* (*2*) (?)] s. m.; anche agg. *1* (*raro*) Chiacchierone, spaccone: *l'uomo p. non è degno di fede.* SIN. Fanfarone. *2* †Addetto all'assistenza degli infermi negli ospedali.

parabòlico agg. (pl. m. *-ci*) *1* (*mat.*) A forma di parabola (*anche fig.*): *curva parabolica*; *discesa, caduta parabolica* | Paraboloidico: *specchio p.* | *Antenna parabolica*, V. *antenna*. *2* (*mat.*) Detto di espressione o configurazione nella quale compaia un elemento da contare due volte, o un'espressione che sia un quadrato perfetto. *3* (*bot.*) Detto di organo vegetale arrotondato alla sommità: *foglia parabolica.*

paraboloìde [comp. di *parabola* (*1*) e *-oide*] s. m. *1* (*mat.*) Quadrica che non sia né un cono né un cilindro, i cui punti impropri formino una conica degenere | Quadrica che non sia né un cono né un cilindro, e sia tangente al piano improprio | *P. di rotazione*, ottenuto facendo ruotare una parabola intorno al suo asse. *2* Particolare apparato elettromeccanico a forma di ombrello aperto, installato alla sommità di un'antenna radiofonica o telefonica, che permette la trasmissione a distanza di onde elettromagnetiche.

paraboloìdico o **paraboloidìco** agg. (pl. m. *-ci*) • (*mat.*) Che ha forma simile a quella di un paraboloide.

parabolóne [V. *parabolano*] s. m. • Chiacchierone, fanfarone: *non prestare fede ai racconti dei paraboloni.*

†**parabolóso** agg. • Ciarlone.

parabórdo [comp. di *para(re)* e *bordo*] s. m. • (*mar.*) Riparo di forma sferica o cilindrica che si pone esternamente ai fianchi di una nave o di una imbarcazione per attutire gli urti e gli sfregamenti eventuali.

parabràce [comp. di *para(re)* e *brace*] s. m. inv. • Riparo di ferro per contenere la brace nel focolare o nel caminetto.

parabrézza [comp. di *para(re)* e *brezza*; calco sul fr. *pare-brise*] s. m. inv. • Elemento trasparente anteriore, in vetro o materia plastica, che protegge il guidatore di un autoveicolo, motoveicolo, aeromobile e sim. dal vento e dalla pioggia, assicurandogli la visibilità | *P. avvolgente*, che si estende all'indietro sui fianchi per consentire una migliore visibilità laterale. ➡ ILL. p. 1746, 1748, 1758 TRASPORTI.

paracadutàre [da *paracadute*] **A** v. tr. • Lanciare dall'alto, spec. da un aereo, col paracadute: *p. uomini, viveri, armi, medicinali.* **B** v. rifl. • Lanciarsi con il paracadute: *le truppe si paracadutarono in mare.*

paracadùte [comp. di *para(re)* e il pl. di *caduta*; calco sul fr. *parachute*] s. m. inv. *1* (*aer.*) Dispositivo per frenare un corpo in caduta, costituito in genere da una grande calotta di tessuto che, aprendosi a mo' d'ombrello, trattiene il corpo in caduta, usato sugli aerei come mezzo di salvataggio o per lanciare truppe, armi, viveri e sim. | *P. pilota*, *p. estrattore*, pilotino | *P. freno, di coda*, applicato a velivoli per frenarli nell'atterraggio | (*fig.*) *Fare da p. a qc.*, fornirgli un espediente per evitare q.c. di pericoloso o sgradevole. ➡ ILL. p. 1293 SPORT. *2* (*est.*) In varie tecnologie, dispositivo atto ad arrestare la caduta di un corpo.

paracadutìșmo s. m. • Tecnica e attività che riguardano i paracadute e i lanci: *scuola di p.*

paracadutìsta **A** s. m. e f. (pl. m. *-i*) • Chi è addestrato a lanciarsi dall'aereo col paracadute, per scopi militari o come esercizio sportivo. ➡ ILL. p. 1293 SPORT. **B** in funzione di agg. • Detto degli speciali reparti militari destinati a intervenire sul campo di battaglia o in territorio nemico mediante lancio col paracadute: *reparti paracadutisti*; *brigata, divisione p.*

paracadutìstico agg. (pl. m. *-ci*) ● Relativo al paracadutismo e ai paracadutisti: *gare paracadutistiche.*

paracàlli [comp. di *para(re)* e il pl. di *callo*] s. m. ● Anello, in genere, di cotone che, applicato a un callo del piede, evita l'attrito con la scarpa.

paracamìno [comp. di *para(re)* e *camino*] s. m. ● Telaio con cui si chiude la bocca del camino o del caminetto, quando il fuoco è spento.

paracàrro [comp. di *para(re)* e *carro*] s. m. ● Piuolo di pietra, cemento, plastica posto a lato della strada per indicarne il margine.

paracénere [comp. di *para(re)* e *cenere*; calco sul fr. *garde-cendre*] s. m. inv. ● Basso ripiano metallico posto dinanzi alla fiamma del caminetto per contenere la cenere. SIN. Guardacenere.

paracentèṣi o **paracènteṣi** [vc. dotta, lat. *paracentēsi(m)*, nom. *paracentēsis*, dal gr. *parakéntēsis*, comp. di *pará* 'para-' e *kéntēsis* 'puntura', da *kentêin* 'forare', di origine indeur.] s. f. ● (*med.*) Puntura evacuativa di cavità naturali: *p. addominale*; *p. timpanica.*

paracéra [comp. di *para(re)* e *cera (1)*] s. m. *1* Piattello che accoglie i colaticci della candela o del cero, proteggendo la mano del portatore. *2* †Chi un tempo raccoglieva, nelle processioni, le colature dei ceri per rivenderle.

paracheratòṣi [comp. di *para-*, *cherat(o)-* e *-osi*] s. f. ● (*anat.*, *biol.*) Processo di corneificazione cutanea incompleto che non porta alla degenerazione nucleare nelle cellule del piano epidermico esterno.

paracièlo [comp. di *para(re)* e *cielo*] s. m. ● (*raro*) Tettuccio, tettoia: *p. del pulpito.*

paracineṣia [comp. di *para-* e del gr. *kínesis* 'movimento'. V. *cinesia*] s. f. ● (*med.*) Alterata coordinazione dei movimenti muscolari.

paracistìte [comp. di *para-* e *cistite*] s. f. ● (*med.*) Infiammazione del tessuto circostante la vescica.

paraclàṣi [comp. di *para-* e del gr. *klásis* 'frattura'] s. f. ● (*geol.*) Faglia.

paràclito o **paraclèto** [vc. dotta, lat. tardo *paraclētu(m)*, nom. *paraclētus*, dal gr. *paráklētos* 'invocato, chiamato', da *parakaléin* 'chiamare in aiuto', comp. di *para-* e *kalêin* 'chiamare', di origine indeur.] **A** agg. ● Consolatore, attributo dello Spirito Santo. **B** s. m. ● Lo Spirito Santo stesso.

paracóda [comp. di *para(re)* e *coda*] s. m. inv. ● (*sport*) Involucro, gener. di stoffa, usato per proteggere la coda del cavallo.

paracólpi [comp. di *para(re)* e il pl. di *colpo*] s. m. *1* Dischetto di gomma applicato a porta o finestra, che ne attutisce gli eventuali colpi contro il muro. *2* Paraurti.

paracomunista [comp. di *para-* e *comunista*] **A** agg. (pl. m. *-i*) ● Detto di chi sostiene e appoggia, senza esservi iscritto, il partito comunista e la sua linea. **B** anche s. m. e f.

paracoròlla o **paracorólla** [comp. di *para-* e *corolla*] s. f. ● (*bot.*) Collaretto di ampiezza e colore vario che in talune piante si aggiunge alla vera corolla.

paràcqua [comp. di *para(re)* e *acqua*] s. m. inv. ● (*dial.*) Ombrello, parapioggia.

paracromatopsìa [comp. di *para-*, del gr. *chrôma*, genit. *chrómatos* 'colore' (V. *cromo-*) e *-opsia*] s. f. ● (*med.*) Alterata percezione dei colori.

paracùlo [comp. di *para(re)* e *culo*] **A** s. m. (f. *-a* nel sign. 2) *1* (*region.*, *volg.*) Omosessuale passivo. *2* (*region.*, *volg.*) Persona scaltra e opportunista | Servile adulatore. **B** anche agg.

paracuòre [comp. di *para(re)* e *cuore* (?)] s. m. ● (*raro*, *tosc.*) Polmone degli animali | (*scherz.*) Polmone dell'uomo.

paracùṣi o **paracuṣìa** [comp. di *para-* e del gr. *ákousis* 'udizione', da *akóuein* 'ascoltare'. V. *acustico*] s. f. ● (*med.*) Abnorme sensibilità uditiva.

paracuṣìa [comp. di *para-*, del gr. *ákousis*, da *akoúō* 'io sento' e del suff. *-ia*] s. f. ● (*med.*) Condizione di alterata percezione uditiva con distorsione del tono e/o dell'intensità dei suoni.

paradenìte [comp. di *para-* e *adenite*] s. f. ● (*med.*) Infiammazione del tessuto attorno a una ghiandola.

paradentàle [comp. di *para-* e *dente* col suff. *-ale (1)*] agg. ● (*anat.*, *med.*) Riferito al paradenzio.

paradènti [comp. di *para(re)* e il pl. di *dente*] s. m. ● Tipo di apparecchio di gomma dura usato dai pugili a protezione dei denti.

paradentìte o **parodontìte** [comp. di *paradenzio* e *-ite (1)*] s. f. ● (*med.*) Infiammazione del paradenzio.

paradentòṣi o **paradontòṣi**, **parodontòṣi** [comp. di *para-*, *dente* e *-osi*] s. f. ● (*med.*) Peculiare tipo di piorrea alveolare, nella quale il processo degenerativo dei tessuti che circondano il dente prevale su quello infettivo. CFR. Piorrea alveolare.

paradènzio [comp. di *para-* e del lat. *dēns*, genit. *dĕntis* 'dente'] s. m. ● (*anat.*) Insieme dei tessuti che concorrono al sostegno e alla fissazione del dente rappresentati dalla gengiva, dall'osso alveolare, dal ligamento alveolo-dentario, dal cemento e dalla radice dentaria. SIN. Parodonto.

paradìgma [vc. dotta, lat. tardo *paradīgma*, dal gr. *parádeigma* 'modello, esempio', da *paradeiknýnai* 'mostrare, confrontare', comp. di *pará-* 'para-' e *deiknýnai* 'mostrare, indicare', di origine indeur.] s. m. (pl. *-i*) *1* (*ling.*) Insieme tipico delle forme flesse che assume un morfema lessicale combinato con le sue desinenze dei casi o verbali, secondo il tipo di rapporto che esso contrae con gli altri elementi della frase. *2* (*raro*) Esemplare, modello.

paradigmàtico [vc. dotta, lat. tardo *paradigmăticu(m)*, nom. *paradigmăticos*, dal gr. *paradeigmatikós*, agg. di *parádeigma*. V. *paradigma*] agg. (pl. m. *-ci*) *1* (*ling.*) Che è proprio delle unità di lingua considerate nel loro aspetto sistematico fuori dal contesto | *Rapporto p.*, relazione di compresenza tra gli elementi di un sistema fonologico, lessicale e sim. *2* (*est.*) Che serve di modello, di esempio. || **paradigmaticamènte**, avv.

paradìṣea [da *paradiso (1)*, per la grande bellezza] s. f. ● Genere di uccelli tropicali dei Passeriformi con vistoso piumaggio, il cui maschio (*Paradisea apoda*) è caratteristico per due ciuffi di penne allungatissime a barbe decomposte sui fianchi e per le due timoniere centrali filiformi (*Paradisea*). SIN. Uccello del Paradiso.

paradiṣìaco [vc. dotta, lat. tardo *paradisĭacu(m)*, agg. di *paradīsus* 'paradiso (1)'] agg. (pl. m. *-ci*) *1* Di, del paradiso. *2* (*est.*) Di qualunque cosa faccia pensare al paradiso per le sue caratteristiche di bellezza, perfezione, tranquillità e sim.: *estasi paradisiaca.*

†**paradiṣiàle** agg. ● Paradisiaco.

paradìṣo (1) [vc. dotta, lat. tardo *paradīsu(m)*, nom. *paradīsus*, dal gr. *parádeisos* 'giardino', dall'iran. *pairi-daēza* 'luogo recintato', comp. di *pairi* 'intorno' e *daēza* 'muro'] s. m. *1* Luogo o stato di felicità che compete a chi, dopo la morte, è chiamato da Dio o dagli dèi a gioie eterne | Nella teologia cattolica, condizione di eterna beatitudine dei giusti salvati che godono la visione di Dio. *2* Correntemente, luogo in cui si gode di tale beatitudine | *P. terrestre*, giardino nel quale, secondo il Genesi, Dio pose Adamo ed Eva prima del peccato originale | *La strada del p.*, (*fig.*) la via onesta e virtuosa | *Giocarsi il p.*, vivere peccando e senza ravvedersi | *Guadagnarsi il p.*, vivere virtuosamente, accettando sofferenze, dolori e sim. | *Andare in p.*, morire | *Volare in p.*, morire, spec. con riferimento a bambino innocente | (*fig.*) *Volere andare in p. in carrozza*, pretendere q.c. di assurdo senza fatica né sacrifici | (*fig.*) *Entrare, stare in p. a dispetto dei santi*, avere accesso e rimanere dove si è mal visti e indesiderati | (*fig.*) *Avere dei santi in p.*, avere amici particolarmente influenti e potenti. *3* (*fig.*) Luogo delizioso: *questo posto è un p.*; *villa che è un p.* | *Paradisi artificiali*, stati di beatitudine, di atarassia, prodotti da droghe | (*est.*, *fig.*) *P. fiscale*, nazione, paese in cui i redditi sono liberi da imposte o soggetti a imposte non gravose | (*est.*) Completa felicità: *è stata un'ora di p.* | *Sentirsi in p.*, essere oltremodo felice. *4* (*zool.*) *Uccello del p.*, paradisea. *5* †Nelle navi a vela dei secoli XVI e XVII, locale in coperta adibito ad alloggio. || **paradisétto**, dim. | **paradisino**, dim.

paradìṣo (2) [da *paradiso (1)*, per il gusto particolarmente gradevole] agg.; anche s. m. ● (*bot.*) Nella loc. *melo p.*, varietà di melo usata come portainnesto di varietà da allevare a forme basse (*Melus pumila paradisiaca*).

paradontologìa o **parodontologìa** [comp. di *paradonto* e *-logia*] s. f. ● (*med.*) Ramo dell'odontoiatria che si occupa delle affezioni a carico dei tessuti di sostegno dei denti.

paradontopatìa o **parodontopatìa** [comp. di *paradonto* e *-patia*] s. f. ● (*med.*) Qualsiasi affezione morbosa a carico del parodonto con carattere progressivo.

paradontòṣi ● V. *paradentosi.*

paradòrso o **paradórso** ● V. *paradosso (2).*

paradossàle [agg. di *paradosso (1)*] agg. ● Che è o pare assurdo, insensato, irragionevole: *idea, tesi p.* | (*est.*) Bizzarro, stravagante: *affermazione p.*; *linguaggio, individuo p.* || **paradossalménte**, avv.

paradossalità s. f. ● Qualità di ciò che è paradossale: *la p. di un'affermazione, di una circostanza.*

paradossàre [da *paradosso (1)*] v. intr. (*io paradòsso*; aus. *avere*) ● (*raro*) Far paradossi.

†**paradossàstico** agg. ● Paradossale.

†**paradosseggiàre** [comp. di *paradoss(o) (1)* e *-eggiare*] v. intr. ● Far paradossi.

†**paradòssico** agg. ● Che ha del paradosso.

paradossista s. m. e f.; raro, anche agg. (pl. m. *-i*) ● (*raro*) Chi, che fa paradossi.

paradòsso (1) [vc. dotta, gr. *parádoxon*, nt. sost. di *parádoxos* 'contrario alla comune opinione, all'aspettativa', comp. di *para-* 'para-' e *dóxa* 'opinione' (V. *dossologia*)] **A** s. m. *1* Legge fisica il cui enunciato, pur essendo esatto, apparentemente sembra errato: *p. idrostatico.* *2* (*est.*) Asserzione incredibile, in netto contrasto con la comune opinione: *è un p.*, *quello che dici* | (*est.*) Idea stravagante: *sembra un p. ma non lo è.* SIN. Assurdità. **B** agg. *1* (*med.*) Contrario al modo normale o usuale: *polso p.* *2* (*psicol.*) *Sonno p.*, V. *sonno.*

paradòsso (2) o **paradòrso** [comp. di *para(re)* e *dosso*] s. m. *1* Rilievo murario o in terra, nelle opere fortificate o nelle trincee, per protezione delle spalle dei difensori. *2* (*edil.*) Trave principale dell'orditura del tetto, disposta secondo la pendenza della falda.

paradossografìa [comp. di *paradosso (1)* e *-grafia*] s. f. ● Compilazione di raccolte di aneddoti storici e di eventi naturali paradossali, secondo una tendenza letteraria diffusa spec. in Grecia nel III sec. a.C.

paradossùro [comp. del gr. *parádoxos* 'straordinario' (V. *paradosso (1)*) e *-uro (2)*, perché ha una bellissima coda tutta anellata fino alla base] s. m. ● Genere di animali carnivori dei Viverridi (*Paradoxurus*) | *P. malese*, musanga.

paràfa o **paràffa** [fr. *paraphe*. V. *parafare*] s. f. ● Sigla da apporsi in calce a un documento, spec. diplomatico.

parafàngo [comp. di *para(re)* e *fango*] s. m. (pl. *-ghi*) ● Riparo metallico o di cuoio davanti o sulla ruota di un veicolo, o parte della carrozzeria dell'autoveicolo che copre la ruota e ripara dagli spruzzi. ➡ ILL. p. 353 AGRICOLTURA; p. 1745, 1746, 1748, 1749 TRASPORTI.

parafàre o **paraffàre** [fr. *parapher*, da *paraphe*, var. di *paragraphe* 'paragrafo'] v. tr. ● Siglare con la parafa.

parafarmacèutico [comp. di *para-* e *farmaceutico*] agg. (pl. m. *-ci*) ● Detto di prodotto che fa parte dei parafarmaci.

parafarmacìa [comp. di *para-* e *farmacia* nel senso di 'arte dei farmaci'] s. f. *1* Settore che si occupa della produzione di parafarmaci. *2* Insieme dei prodotti parafarmaceutici.

parafàrmaco [comp. di *para-* e *farmaco*] s. m. (pl. *-ci*) ● Prodotto non soggetto a prescrizione medica, venduto spec. in farmacia, usato come sostitutivo o coadiuvante delle terapie farmacologiche | Prodotto dietetico, cosmetico, igienico connesso alla salute.

parafaṣìa [comp. di *para-* e del gr. *phásis* 'voce'. V. *afasia*] s. f. ● (*psicol.*) Disturbo della formazione della parola nell'afasia, per cui si scambiano tra loro parole note e si formano parole nuove, ma non appropriate o impossibili.

parafatùra o **paraffatùra** [da *parafare*] s. f. ● (*raro*) Atto, effetto del parafare.

parafernàle [vc. dotta, dal gr. *parápherna*, nt. pl., comp. di *pará-* 'para-' e *phernḗ* 'dote', da *phérein* 'portare'] agg. *1* (*dir.*) Detto di bene escluso dalla comunione legale fra coniugi in quanto già appartenente al titolare prima del matrimonio. SIN. Estradotale. *2* (*al pl.*) Le connotazioni caratteristiche di un evento, di un fenomeno, di un personaggio.

paràffa *e deriv.* ● V. *parafa e deriv.*

paraffina [fr. *paraffine*, dal lat. *pă̆r(um) affīne(m)* 'poco affine', perché è scarsamente affine agli altri idrocarburi] s. f. *1* (*chim.*) Miscuglio di idrocarburi solidi, presente nel petrolio e nell'ozocerite, usato per candele, isolanti elettrici, creme da scarpe, lubrificanti e per unguenti in farmacia | *P. liquida, olio di p.*, prodotto secondario della fabbricazione della paraffina, liquido oleoso usato come lubrificante nell'industria, per fare unguenti in farmacia, e in medicina come protettivo cutaneo e lassativo | *Guanto di p., prova della p.*, mezzo di accertamento dell'uso di un'arma da fuoco, consistente nell'applicazione, sulle mani dell'indiziato, di uno strato di paraffina atto a trattenere e rivelare, con una successiva analisi chimica, eventuali tracce di polvere da sparo. *2* (*chim.*) Alcano.

paraffinàre [fr. *paraffiner*, da *paraffine* 'paraffina'] v. tr. ● Cospargere o impregnare di paraffina: *p. un tessuto.*

paraffinatùra s. f. ● Atto, effetto del paraffinare.

paraffìnico agg. (pl. m. *-ci*) ● (*chim.*) Relativo a paraffina.

paràffo [var. di *parafa*] s. m. ● (*raro*) Parafa.

parafiàmma [comp. di *para(re)* e *fiamma*] **A** agg. inv. ● Impermeabile alle fiamme: *paratia p.* **B** s. m. inv. *1* Tutto ciò che ha la proprietà di impedire il propagarsi di incendi. *2* Tratto di lamiera di forma tronco-conica applicato alla bocca di un'arma automatica per coprire la fiammata prodotta all'atto dello sparo.

parafilìa [ted. *Paraphilie*, comp. di *para-* 'para-' e *-philie* '-filia'] s. f. ● (*psicol.*) Attaccamento morboso a forme anormali o socialmente riprovate di soddisfazione dell'istinto, spec. di quello sessuale.

parafimòsi o **parafimosi** [comp. di *para-* e *fimosi*] s. m. ● (*med.*) Stenosi dell'anello del prepuzio che, una volta ritirato posteriormente al glande, non può più ritornare in posizione naturale, provocando uno strozzamento e una tumefazione molto dolorosi.

parafiscàle agg. ● (*econ.*) Relativo alla parafiscalità: *tributi parafiscali.*

parafiscalità [comp. di *para-* e *fiscalità*] s. f. ● (*econ.*) Imposizione e riscossione di tributi da parte di enti pubblici non territoriali quali gli enti di previdenza.

paràfisi [vc. dotta, gr. *paráphysis*, da *paraphýein* 'far crescere accanto, produrre germogli laterali', comp. di *pará-* 'para-' e *phýein* 'produrre, far nascere' (V. *fito-*)] s. f. *1* (*bot.*) Ciascuno degli elementi sterili, filiformi o clavati che si trovano frammisti agli anteridi e agli archegoni dei muschi, o agli aschi o ai basidi nei funghi. *2* (*zool.*) Nei Vertebrati inferiori, struttura di natura non nervosa al limite tra la parte dorsale del telencefalo e l'epitalamo.

†**paràfo** [fr. *paraphe* (V. *parafare*)] s. m. ● Paragrafo.

parafóndi [comp. di *para(re)* e il pl. di *fondo*] s. m. ● Burga.

parafrasàre [da *parafrasi*] v. tr. (*io paràfraso*) ● Esporre un testo con parole proprie atte a chiarirlo, ampliarlo e sim.: *p. un sonetto, un canto dell'Eneide* | (*spreg.*) Ripetere o copiare peggiorando: *non ha niente d'originale e si limita a p. le opere altrui.*

parafrasàto part. pass. di *parafrasare*; anche agg. ● Nei sign. del v.

paràfrasi o †**paràfrase** [vc. dotta, lat. *parăphrasi(n)*, nom. *parăphrasis*, dal gr. *paráphrasis*, propriamente 'frase posta vicino', comp. di *pará-* 'para-' e *phrásis* 'frase'] s. f. ● Ripetizione di un testo mediante circonlocuzione o aggiunte esplicative, talora anche traducendolo: *fare la p. di un'ode, di una cantica, di un articolo, di uno scritto.*

parafrasìa [comp. di *para-* e un deriv. del gr. *phrásis* 'espressione' (V. *frase*)] s. f. ● (*med., psicol.*) Incapacità parziale di pronunciare o comporre parole connesse in forma di frase.

parafràste [vc. dotta, lat. tardo *paraphrăsta(m)*, nom. *paraphrăstes*, dal gr. *paraphrastḗs*, da *paraphrázein* 'parafrasare', comp. di *pará-* 'para' e *phrázein* 'parlare'. V. *frase*] s. m. ● (*raro, lett.*) Chi parafrasa.

parafràstico [vc. dotta, gr. *paraphrastikós*, da *paraphrázein*. V. *parafraste*] agg. (pl. m. *-ci*) ● Che contiene o costituisce parafrasi: *gli è piaciuta la sua spiegazione parafrastica*; *scritto p.* ‖ **parafrasticamente**, avv. Mediante parafrasi.

parafrenìa [comp. di *para-* e *-frenia*] s. f. ● (*med., psicol.*) Disturbo mentale, di tipo schizofrenico, con delirio e allucinazioni, in cui viene mantenuto un certo contatto con il mondo esterno.

parafùlmine [comp. di *para(re)* e *fulmine*; calco sul fr. *parafoudre*] s. m. *1* Apparato per attirare la scarica del fulmine e renderne innocui gli effetti, consistente, in genere, in una asta di ferro, a punta non ossidabile, sistemata sul tetto e messa in comunicazione con la terra umida o con l'acqua di un pozzo. *2* (*fig.*) Riparo contro eventuali pericoli: *fare da p.*; *tener pronto il p.*

parafùmo [comp. di *para(re)* e *fumo*] s. m. inv. ● Vasetto o piattello capovolto sospeso sopra un lume a petrolio per raccogliere il fumo e difendere il soffitto.

parafuòco [comp. di *para(re)* e *fuoco*; calco sul fr. *pare-feu*] s. m. (pl. *-chi*) ● Pannello mobile, a volte artisticamente decorato, che si pone davanti al caminetto o alla stufa come riparo dal calore eccessivo.

paragarrétto [comp. di *para(re)* e *garretto*] s. m. ● (*sport*) Protezione in tela e cuoio per il garretto dei cavalli che evita la formazione dei cappelletti.

parageusìa [comp. di *para-* e del gr. *geûsis* 'gusto', sul modello di *ageusia*] s. f. ● (*psicol.*) Alterazione del gusto, sia come erronea interpretazione di una sensazione reale, sia come allucinazione gustativa.

paràggio (1) [etim. incerta] s. m. *1* (*spec. al pl.*) Tratto di mare vicino a un dato luogo: *ancorarsi nei paraggi del faro, dell'isola, di Viareggio.* *2* (*spec. al pl.*) Luoghi circostanti, dintorni, vicinanze: *è andato a fare una passeggiata nei paraggi*; *spero ci sia una farmacia nei paraggi.*

paràggio (2) [fr. *parage*, dal lat. *pār*, genit. *păris* 'pari'] s. m. *1* Condizione, grado: *di alto gran p.* *2* Casata, stirpe: *cavaliere di nobile p.* *3* (*dir.*) Nel mondo medievale, quota di beni familiari che il primogenito unico erede deve ai fratelli cadetti | *Dote di p.*, quella che il genitore o il fratello deve costituire a favore della figlia o sorella, in un ammontare proporzionato alla propria sostanza. *4* †Paragone, ragguaglio: *la beltà che è 'n voi senza p.* (DANTE).

paraglòmo [comp. di *para(re)* e *glomo*] s. m. ● (*sport, spec. al pl.*) Protezione in gomma o cuoio per i glomi dei cavalli. ➡ ILL. p. 1289 SPORT.

pàrago [da *pagro*, con epentesi (**pagaro*) e metatesi] s. m. (pl. *-ghi*) ● (*zool., tosc.*) Pagello.

paragócce [comp. di *para(re)* e il pl. di *goccia*] agg. inv. ● Detto di tappo con beccuccio, applicato a bottiglie di liquore, olio e sim., tale da impedire lo sgocciolio del liquido lungo il collo | *Anello p.*, anello di spugna posto attorno al collo di una bottiglia, con la stessa funzione.

paragòge [vc. dotta, lat. tardo *paragōge(m)*, nom. *paragōge*, dal gr. *paragōgḗ* 'il condurre a fianco, l'aggiungere', comp. di *pará-* 'para-' e *agōgḗ* 'il trasportare', da *ágein* 'spingere, condurre', di origine indeur.] s. f. ● (*ling.*) Epitesi.

paragògico agg. (pl. m. *-ci*) ● (*ling.*) Di, relativo a, paragoge.

paragonàbile agg. ● Che si può paragonare: *cose paragonabili tra loro*; *la tua perspicacia non è assolutamente p. alla sua.* CONTR. Incomparabile.

†**paragonànza** [da *paragonare*] s. f. ● Comparazione.

paragonàre [gr. *parakonân* 'affilare, aguzzare', comp. di *pará-* 'para-' e *akonân* 'aguzzare', da *akónē* 'cote, pomice', da una radice indeur. che indica 'punta, acutezza'] **A** v. tr. (*io paragóno*) *1* Mettere a paragone, a confronto: *p. un poeta con, a un altro*; *p. due scrittori tra loro*; *p. i prezzi con la qualità della merce.* SIN. Comparare, raffrontare. *2* Ritenere simile o analogo: *paragoniamo questa linea a una retta.* *3* Strofinare l'oggetto d'oro da esaminare sulla pietra di paragone e sottoporre a morsura con acido le sfregature per confrontare il titolo. *4* †Eguagliare, pareggiare: *nell'età nostra non è chi l'abbia paragonato* (VASARI). **B** v. rifl. ● Porsi a confronto: *vuole paragonarsi con lui.*

paragonàto part. pass. di *paragonare*; anche agg. ● Nei sign. del v.

paragóne [da *paragonare*] s. m. *1* Analisi o esame comparativo tra due o più persone o cose, che dà luogo a un giudizio o a una scelta: *fare un p.* | *Mettere, mettersi a p. di, con*, paragonare, paragonarsi | *Termini del p.*, i due elementi tra cui si stabilisce il confronto | *I paragoni sono sempre odiosi*, quanto alle persone che ne sono oggetto, perché impongono un giudizio spesso soggettivo, parziale e sgradevole | *Stare, reggere al p.*, poter essere paragonato a qc. o a q.c. senza sfigurare | *Non reggere al p.*, essere decisamente inferiore a qc. o a q.c. | *In p., a p. di*, in confronto a, di. *2* Esempio, confronto che si stabilisce fra due elementi analoghi: *portare un p.*; *un p. calzante, indovinato, che non regge.* *3* (*lett.*) Modello, perfetto esemplare: *di vera pudicizia è un p.* (ARIOSTO) | *Essere senza p., non avere paragoni*, detto di cosa unica nel suo genere, o di persona che eccelle sulle altre: *sì bello e sì gagliardo / che non ha paragon* (ARIOSTO). *4* (*chim.*) Pietra di paragone | *Oro di fine p.*, oro fino | *Pietra di p.*, (*fig.*) termine di comparazione e di confronto ‖ PROV. Al paragone si conosce l'oro.

paragonite [comp. del gr. *parágōn*, part. pres. di *parágein* 'sviare', comp. di *pará-* 'para-' e *ágein* 'condurre', di origine indeur., perché a volte la sostanza viene scambiata col talco, e *-ite* (2)] s. f. ● (*miner.*) Mica sodica in lamine minute, bianche e lucenti.

paragrafàre [da *paragrafo*] v. tr. (*io paràgrafo*) ● Spartire in paragrafi, ordinare, contrassegnare con paragrafi: *p. uno scritto, un documento, il dettato normativo.*

paragrafìa [comp. di *para-* e *-grafia*] s. f. ● (*psicol.*) Disturbo del linguaggio scritto, consistente nell'omissione o trasposizione di lettere, sillabe o parole, o nella loro erronea sostituzione.

paràgrafo [vc. dotta, lat. tardo *parăgraphu(m)*, nom. *parăgraphus*, dal gr. *parágraphos*, propriamente 'scritto accanto', comp. di *pará-* 'para-' e *-graphos* '-grafo'] s. m. *1* Ciascuna delle parti in cui è divisa la materia di un'opera, un documento, e sim.: *ha letto solo i primi paragrafi del secondo capitolo*; *molto interessante è il terzo p.* SIN. Comma. *2* Rappresentazione grafica di un paragrafo (§). ‖ **paragrafétto**, dim. | **paragrafùccio**, dim.

paragràmma [gr. *paragrámma*, comp. di *para-* 'para-' e *grámma* 'lettera dell'alfabeto'] s. m. (pl. *-i*) ● (*ling.*) Accostamento di due parole che divergono per un solo grafema (per es. *giada* e *giara*).

paragrammatìsmo [da *para-* sul modello di *agrammatismo*] s. m. ● (*psicol.*) Disturbo del linguaggio parlato, consistente in una disorganizzazione sintattica delle frasi, o in una sostituzione di forme grammaticali scorrette a quelle corrette.

paraguài [comp. di *para(re)* e il pl. di *guaio*] s. m. ● (*scherz.*) Mantello che ricopre un abito brutto o troppo usato.

paraguaiàno o **paraguayàno**. **A** agg. ● Del Paraguay. **B** s. m. (f. *-a*) ● Abitante, nativo del Paraguay.

†**paraguànto** [sp. *para guantes*, propriamente 'per guanti', cioè mancia per comperarsi un paio di guanti, vc. sorta nel periodo in cui anche le persone più umili adoperavano sempre i guanti] s. m. ● Mancia, obolo.

paraguayàno /paragwa'jano/ ● V. *paraguaiano.*

parainfluenzàle [comp. di *para-* e *influenzale*] agg. ● (*med.*) Relativo a virus simile a quello influenzale (*Paramyxovirus*) o a forme cliniche di tipo influenzale.

paraipotàssi [comp. di *para-* e *ipotassi*] s. f. ● (*ling.*) Procedimento sintattico nel quale a una proposizione subordinata segue la principale introdotta da un elemento coordinante: *S'io dissi falso, e tu falsasti il conio* (DANTE *Inf.* XXX, 115).

paralalìa [comp. di *para-* e *-lalia*] s. f. ● (*med.*) Disturbo del linguaggio parlato, consistente nella sostituzione di una lettera con un'altra o di una parola con una foneticamente simile.

paraldeìde [ingl. *paraldehyde*, comp. di *par(a)-* 'para-' e *aldehyde* 'aldeide'] s. f. ● (*chim.*) Sostanza organica derivata dall'unione di tre molecole di acetaldeide, usata in medicina come sedativo e ipnotico.

paralèssi [vc. dotta, gr. *paráleipsis* 'l'omettere, il trascurare', da *paraléipein* 'omettere', comp. di *pa-rá-* 'para-' e *léipein* 'lasciare', di origine indeur.] s. f. ● (*ling.*) Preterizione.

paralessìa [comp. di *para-* e *lessia*] s. f. ● (*med.*) Disturbo della lettura a voce alta per sostituzione delle parole del testo con altre senza senso.

paraletteràrio [comp. di *para-* e *letterario*] agg. ● Appartenente o relativo alla paraletteratura: *genere p.*

paraletteratùra [comp. di *para-* e *letteratura*] s. f. ● Letteratura di consumo.

paralinguìstica [comp. di *para-* e *linguistica*] s. f. ● (*ling.*) Studio delle intonazioni e inflessioni di voce che possono variare il significato di una parola o di una frase in base a convenzioni culturali precise.

paralipòmeni [vc. dotta, lat. tardo *Paralipŏmena*, nt. pl., dal gr. *Paraleipómena*, part. pres. passivo di *paraléipein* 'lasciare da parte, tralasciare' (V. *paralessi*)] s. m. pl. *1* Libri storici inclusi nel canone della Bibbia. *2* (*est.*, *raro*) Opera che costituisce la continuazione o il completamento di un'opera precedente.

paràlisi o †**paralìsia**, †**parlasìa**, †**parlesìa** [vc. dotta, lat. *parălysi(n)*, nom. *parălysis*, dal gr. *parálysis* 'dissolvimento, paralisi', da *paralýein* 'sciogliere, indebolire', comp. di *pará-* 'para-' e *lýein* 'sciogliere'. V. *-lisi*] s. f. *1* (*med.*) Soppressione permanente o transitoria della funzione motoria di uno o più muscoli, causata da lesioni delle vie motorie | *P. spastica* (*centrale*), con aumento del tono muscolare e dei riflessi tendinei | *P. flaccida* (*periferica*), con perdita completa del tono muscolare e dei riflessi tendinei profondi | *P. progressiva*, forma di sifilide terziaria | *P. infantile*, poliomielite | *P. agitante*, morbo di Parkinson. *2* (*fig.*) Totale arresto, impossibilità delle normali funzioni di q.c.: *la p. dell'industria, del commercio, delle attività belliche.*

†**paraliticàre** v. intr. e intr. pron. ● Ammalarsi di paralisi.

paralìtico [vc. dotta, lat. *paralўticu(m)*, nom. *paralўticus*, dal gr. *paralytikós*, da *parálysis* 'paralisi'] **A** agg. (pl. m. *-ci*) ● Che si riferisce alla, che è proprio della, paralisi. **B** agg.; anche s. m. (f. *-a*) ● Che, chi è colpito da paralisi.

paralizzàre [fr. *paralyser*, da *paralysie* 'paralisi'] v. tr. (*io paralìzzo*) *1* Rendere paralitico. *2* (*fig.*) Impedire definitivamente o momentaneamente l'andamento di q.c.: *la crisi economica paralizza il commercio*; *un incidente paralizzò i servizi ferroviari.*

paralizzàto part. pass. di *paralizzare*; anche agg. ● Nei sign. del v.

paralizzazióne s. f. ● Atto, effetto del paralizzare (*spec. fig.*): *p. dei servizi, del traffico.*

parallàsse [fr. *parallaxe*, dal gr. *parállaxis* 'alternazione, mutazione', da *parallássein* 'trasporre, scambiare', comp. di *pará-* 'para-' e *allássein* 'mutare, cambiare', da *állos* 'altro, diverso'] s. f. *1* (*fis.*) Spostamento apparente di un punto rispetto a un altro punto situato a distanza diversa dall'osservatore, che si verifica quando l'osservatore si sposta in direzione perpendicolare alla congiungente i due punti | *Errore di p.*, errore che si commette nella lettura su una scala graduata, quando, a causa di un punto di osservazione non opportuno, l'indice non si proietta ortogonalmente su di essa. *2* (*astron.*) *P. annua*, *p. diurna*, angoli sotto cui da un astro sono visti rispettivamente il semiasse maggiore dell'orbita della Terra e il raggio equatoriale terrestre.

parallàttico [vc. dotta, gr. *parallaktikós*, da *parállaxis*. V. *parallasse*] agg. (pl. m. *-ci*) ● Relativo alla parallasse | *Angolo p.*, angolo diastimometrico | *Macchina parallattica*, anticamente, telescopio equatoriale.

parallèla [f. sost. di *parallelo*] **A** s. f. *1* (*mat.*) Retta parallela. *2* (*spec. al pl.*) Linea di trinceramenti quasi parallela al fronte di attacco e dietro la quale si riparavano gli assalitori nelle operazioni di assedio di una fortezza | *Prima, seconda, terza p.*, le successive linee di trinceramenti. **B** s. f. pl. *1* Strumento, usato per tirare righe parallele, costituito da due righe collegate sullo stesso piano da due stanghette trasversali. *2* Attrezzo ginnico costituito da due sbarre o staggi orizzontali e paralleli di legno, sostenute da quattro supporti posti alle quattro estremità, graduabili in altezza: *esercitarsi alle parallele* | *Parallele asimmetriche*, con gli staggi posti ad altezze diverse, usate nella ginnastica femminile.

parallelepìpedo [vc. dotta, lat. tardo *parallelepĭpedu(m)*, dal gr. *parallēlepípedon*, comp. di *parállēlos* 'parallelo' ed *epípedon* 'superficie piana', nt. sost. di *epípedos* 'che sta sul piano', comp. di *epí* 'sopra' e *pédon* 'suolo, pianura', di origine indeur.] s. m. ● (*mat.*) Poliedro le cui facce sono sei parallelogrammi.

†**parallèlico** agg. ● Parallelo.

parallelinèrvio [dalle nervature (*nervi*) *parallele*] agg. ● (*bot.*) Detto di foglia con nervature parallele dall'inserzione all'apice.

parallelìsmo s. m. *1* (*mat.*) Qualità di enti paralleli. *2* (*fig.*) Procedimento simmetrico di fenomeni corrispondenti: *p. nello sviluppo economico di più Stati*; *vi è p. tra i due fatti.* *3* (*biol.*) *P. morfologico*, somiglianza di caratteri esterni in animali appartenenti a gruppi zoologici molto lontani o in organi diversi per origine e struttura. *4* (*psicol.*) *P. psicofisico*, dottrina secondo la quale per ogni fenomeno o processo della coscienza esiste un processo parallelo o corrispondente nel corpo. *5* (*ling.*) Figura retorica per la quale si dispongono nello stesso ordine le parole dei membri corrispondenti di un periodo: *il nobile cavaliere altamente premiando, l'amate giovinette laudevolmente onorando e se medesimo fortemente vincendo* (BOCCACCIO).

parallelizzàre v. tr. *1* (*tecnol.*) Rendere paralleli due o più elementi. *2* Organizzare due o più apparecchi uguali o dello stesso tipo in modo che svolgano simultaneamente le loro funzioni.

parallèlo o †*paralello* [vc. dotta, lat. *parallēlu(m)*, nom. *parallēlus*, dal gr. *parállēlos*, comp. di *pará-* 'para-' e *allḗlōn* 'l'un l'altro', da *állos* 'altro', di origine indeur.] **A** agg. *1* (*mat.*) Detto di rette complanari, o di piani, o di rette e piani dello spazio ordinario che non s'incontrano. *2* (*est.*) Detto di ciò che risulta sempre equidistante rispetto ad altra cosa analoga: *binari paralleli.* *3* (*fig.*) Che presenta analogie, corrispondenze e sim. con altri elementi o fenomeni: *le azioni parallele di due Stati*; *il fenomeno sociale rilevato è p. a quello economico*; *i due concetti non sono paralleli, ma divergenti.* *4* (*mus.*) *Moto p.*, successione parallela, ascendente o discendente, dei suoni di più voci. *5* (*elab.*) Detto di trattamento in cui tutti gli elementi che compongono un'informazione sono presi in considerazione contemporaneamente. || **parallelaménte**, avv. In modo parallelo; (*fig.*) nel contempo, simultaneamente. **B** s. m. *1* (*mat.*) *P. di una superficie di rotazione*, intersezione d'una superficie di rotazione con un piano perpendicolare all'asse di rotazione. *2* (*geogr.*) Ciascuno degli infiniti circoli minori della sfera terrestre idealmente tracciati parallelamente all'equatore | *P. celeste*, circolo minore della sfera celeste perpendicolare all'asse del mondo e quindi parallelo all'equatore celeste. *3* Comparazione, confronto: *istituire un p. tra due opere*; *fare un p. tra diversi modi di vivere.* *4* (*elettr.*) *Collegamento in p.*, quello di due o più utilizzatori elettrici quando ai loro capi è applicata la medesima differenza di potenziale, mentre vengono percorsi da correnti inversamente proporzionali alle singole resistenze interne. *5* (*sport*) Nello sci, curva a sci uniti.

parallelogràmma o **parallelogràmmo** [vc. dotta, lat. tardo *parallelogrămmu(m)*, dal gr. *parallēlógrammon*, comp. di *parállēlos* 'parallelo' e *grammḗ* 'linea' (V. *-gramma*)] s. m. (pl. *-i*) ● (*mat.*) Quadrilatero avente i lati opposti paralleli | (*fis.*) *P. delle forze*, parallelogramma che permette di determinare l'intensità e la direzione della risultante di due forze applicate a un punto.

paralogìa [comp. di *para-* e *-logia*] s. f. ● (*psicol.*, *med.*) Disturbo della struttura e dei processi del pensiero, per cui i contenuti del ragionamento vengono espressi in modo disordinato e illogico.

paralogìsmo [vc. dotta, gr. *paralogismós*, comp. di *pará-* 'para-' e *logismós* 'calcolo, ragionamento', da *lógos*. V. *-logo*] s. m. ● (*filos.*) Ragionamento errato dal punto di vista formale.

paralogìstico [vc. dotta, gr. *paralogistikós*, da *paralogismós* 'paralogismo'] agg. (pl. m. *-ci*) ● (*filos.*) Che concerne il paralogismo o ne ha le caratteristiche.

paralogizzàre [vc. dotta, gr. *paralogízesthai*, da *paralogismós* 'paralogismo'] v. intr. (aus. *avere*) ● (*filos.*) Argomentare in modo errato dal punto di vista formale | Far uso di paralogismi.

paralùce [comp. di *para(re)* e *luce*] s. m. inv. ● (*fot.*) Dispositivo applicabile all'obiettivo per difenderlo da raggi di luce diretti.

paralùme [comp. di *para(re)* e *lume*] s. m. ● Schermo di stoffa, vetro, carta colorata e sim. per attenuare la luce abbagliante di una lampada.

paralùrge [vc. dotta, gr. *paralourgḗs* 'orlato di porpora', comp. di *pará-* 'para-' e *halourgḗs* 'tinto in porpora', propriamente 'fatto col prodotto del mare' cioè 'la porpora', comp. di *háls* 'mare' (di origine indeur.) ed *érgon* 'opera' (V. *ergo-* e cfr. *chirurgo*)] s. m. ● Antica veste ornata lateralmente da chiodi purpurei.

paramagnètico [comp. di *para-* e *magnetico*] agg. (pl. m. *-ci*) ● Detto di sostanza o corpo che presenta il fenomeno del paramagnetismo.

paramagnetìsmo [comp. di *para-* e *magnetismo*] s. m. ● (*fis.*) Fenomeno per cui un materiale immerso in un campo magnetico esterno si magnetizza, orientando i suoi dipoli nel senso del campo.

paramàno [fr. *parement* 'paramento', avvicinato a *parare* e *mano*] s. m. *1* Risvolto della manica, anche di diversa stoffa o di pelliccia, spec. nei soprabiti. SIN. Manopola. *2* Mattone grande ad angoli regolari vivi, di terra più fine, per rivestimento ornamentale esterno | (*est.*) Rivestimento di facciate degli edifici, ottenuto con tali mattoni o con piastrelle ad essi simili.

paramècio [vc. dotta, gr. *paramḗkēs* 'oblungo', comp. di *pará-* 'para-' e *mḗkos* 'lunghezza'. V. *mecometro*] s. m. ● Genere di protozoi dei Ciliati, di acqua dolce, con corpo ovale rivestito di brevi ciglia (*Paramecium*).

paramèdico [comp. di *para-* e *medico*] agg.; anche s. m. (pl. m. *-ci*) ● Che, chi lavora nel settore della medicina con compiti che non richiedono il titolo di medico: *personale p.*; *sciopero dei paramedici.*

paraménto [dal lat. *parāre* 'preparare'. V. *parare*] s. m. *1* (*raro*) Modo e atto del parare. *2* Ciò che serve per ornare, addobbare e sim.: *mettere i paramenti alle finestre* | *Paramenti sacri*, gli oggetti posti sull'altare e i drappi con cui si addobba la chiesa. *3* Indumento, veste, ornamento usati dal sacerdote nelle funzioni sacre: *paramenti liturgici.* *4* (*edil.*) Ognuna delle superfici laterali di una struttura muraria. *5* †Qualunque abito ricco e ornato. *6* †Finimento di palafreno: *vedeansi i gran destrier con paramenti* (BOIARDO).

parametrazióne [da *parametro*] s. f. ● (*bur.*) Ripartizione in parametri del personale di un ente o di un'azienda ai fini retributivi: *p. dei dipendenti comunali.*

paramètrico [da *parametro*] agg. (pl. m. *-ci*) ● (*mat.*) Riguardante i parametri | Che ricorre all'uso di parametri: *tabella parametrica.*

paramètrio [comp. di *para-* e del gr. *mḗtra* 'utero' (V. *metro-* (*1*))] s. m. ● (*anat.*) Tessuto connettivo che circonda l'utero.

parametrite [comp. di *para-*, del gr. *mḗtra* 'utero' (V. *metro-* (*1*)) e *-ite* (*1*)] s. f. ● (*med.*) Infiammazione del parametrio.

parametrizzàre [da *parametro*] v. tr. ● (*mat.*) Dotare un ente di uno o più parametri.

parametrizzazióne s. f. ● (*mat.*) Atto, effetto del parametrizzare.

paràmetro [fr. *paramètre*, comp. di *para-* 'para-' e *-mètre* '-metro'] s. m. *1* (*mat.*) Grandezza che compare in un'espressione matematica o in una funzione, e il cui variare influenza altre variabili presenti o la natura della funzione o dell'ente matematico descritto dall'espressione | Variabile ausiliaria | *P. di una conica*, metà del segmento staccato dalla conica sulla retta passante per un fuoco e perpendicolare all'asse focale. *2* (*fig.*) Punto di riferimento, criterio di giudizio: *giudicare secondo un p.*; *mi manca un p. valido per fare confronti.* *3* Nel linguaggio sindacale, valore numerico simbolico cui corrispondono i livelli retributivi salariali che si riferiscono alle diverse mansioni. *4* Nel pubblico impiego, livello salariale.

paramezzàle [gr. biz. *paramesárion*, dal gr. *parámesos* 'presso il mezzo', comp. di *pará-* 'para-' e *mésos* 'mezzo (2)'] s. m. ● (*mar.*) Robusta trave longitudinale disposta all'interno della nave sul fondo dello scafo, connessa con i madieri, in modo da costituire una robusta intelaiatura.

paramilitàre [comp. di *para-* e *militare*] agg. ● Che segue principi, metodi, criteri e sim. uguali a quelli propri di un organismo militare: *educazione p.*; *addestramento p.*

paramìne [comp. di *para(re)* e il pl. di *mina (1)*] s. m. ● (*mar.*) Attrezzo che permette di evitare le mine subacquee, allontanandole e tagliandone l'ormeggio.

paramnesìa [da *para-* e *-mnesia*, sul modello di *amnesia*] s. f. ● (*psicol.*) Ricordo che si presenta alla mente in modo falsato.

paramorfismo [comp. di *para-* e *-morfismo*] s. m. ● (*med.*) Ogni deformazione dell'aspetto morfologico del corpo umano, spec. di scolari e studenti, dovuta a cattive abitudini o a situazioni ambientali e sociali depresse.

paramósche [comp. di *para(re)* e il pl. di *mosca*] s. m. inv. ● Arnese, spec. di rete metallica, usato per proteggere cibi e sim. dalle mosche.

paranasàle [comp. di *para-*, *nas(o)* e il suff. *-ale (1)*] agg. ● (*anat.*) Detto di struttura localizzata entro o presso la cavità nasale: *cavità p.*

parancàre [da *paranco*] v. intr. (*io parànco, tu parànchi*; aus *avere*) ● Lavorare con paranchi.

parànco [stessa etim. di *palanca (1)*] s. m. (pl. *-chi*) ● Sistema meccanico composto di due bozzelli, l'uno fisso l'altro mobile, e di un cavo che passa per le loro pulegge, usato per sollevare grossi pesi | *P. semplice*, in cui uno dei bozzelli è doppio | *P. a coda*, il cui bozzello fisso è guarnito di strappo a coda | *P. doppio*, formato di un cavo inferito in 2 bozzelli doppi | *P. differenziale*, a 2 pulegge disposte in modo da alzare una lunghezza di catena uguale alla differenza delle loro circonferenze | *Clausola sotto p.*, patto per cui il vettore marittimo si obbliga a ricevere e riconsegnare le merci sotto il bordo della nave.

paranèfrio [comp. di *para-* e del gr. *nephrós* 'rene'] s. m. ● (*anat.*) Tessuto connettivo che circonda il rene.

paranefrite [comp. di *paranefr(io)* e *-ite (1)*] s. f. ● (*med.*) Infiammazione del paranefrio.

paranéve [comp. dell'imperat. di *parare* 'riparare' e *neve*] s. m. inv. *1* Ogni dispositivo atto a riparare dalla neve linee stradali e ferroviarie mediante coperture o protezioni laterali. *2* Sorta di cavigliera applicata da sciatori e alpinisti per impedire che la neve penetri negli scarponi.

paranìnfo [vc. dotta, lat. tardo *paranўmphu(m)*, nom. *paranўmphus*, dal gr. *paránymphos*, comp. di *pará-* 'para-' e *nýmpha* 'sposa'. V. *ninfa*] s. m. (f. *-a*) *1* Presso gli antichi Greci, colui che accompagnava la sposa a casa del marito: *p. delle nozze*. SIN. Pronubo. *2* (*est.*) Mezzano di matrimoni. *3* (*raro*) Ruffiano.

paranòcche [comp. di *para(re)* e il pl. di *nocca*] s. m. inv. ● Strumento atto a proteggere i nodelli del cavallo.

paranòia [vc. dotta, gr. *paránoia*, da *paránoos* 'dissennato', comp. di *pará-* 'para-' e *nôus* 'mente'. V. *noumeno*] s. f. ● (*med.*, *psicol.*) Malattia mentale caratterizzata da idee deliranti, di persecuzione, di grandezza e sim., in personalità che, per il resto, sono normali | (*est.*, *fig.*, *gerg.*) Stato di crisi, di confusione mentale, di depressione: *essere, andare in p.*

paranòico A agg. (pl. m. *-ci*) ● Di, relativo a, paranoia: *sintomi paranoici*. B agg.; anche s. m. (f. *-a*) ● Che, chi è affetto da paranoia. || **paranoicaménte**, avv.

paranòide A agg. ● (*med.*) Che è simile a paranoia. B agg.; anche s. m. e f. ● Che, chi manifesta paranoia o sintomi paranoici.

paranormàle [comp. di *para-* e *normale*] A agg. *1* (*psicol.*) In parapsicologia, detto di fenomeni che si presentano non soggetti alle normali leggi fisiche e psichiche, propri di medianismo, telepatia, visione a distanza, spiritismo e sim. *2* (*est.*) Che non è del tutto normale: *individuo, reazione p.* B s. m. solo sing. ● L'insieme dei fenomeni non soggetti alle normali leggi fisiche e psichiche: *il mondo del p.*

paranormalità s. f. ● Carattere proprio dei fenomeni paranormali.

parànza [da †*paro* 'paio', perché vanno a due a due] s. f. *1* Barca simile alla tartana, ma più piccola, pontata, con un albero a vela latina e fiocco, usata spec. sul Tirreno per la pesca a coppie. ➡ ILL. **pesca**. *2* Rete da pesca a strascico, con sacco e ali tenute aperte da divaricatori, trainata dalla paranza. ➡ ILL. **pesca**. || **paranzèlla**, dim. (V.).

paranzèlla s. f. *1* Dim. di *paranza*. *2* Battello a vela latina e senza fiocco, non pontato.

paraòcchi o (*raro*) **paròcchi** [comp. di *para(re)* e il pl. di *occhio*] s. m. ● Ciascuno dei due pezzi di cuoio cuciti lateralmente alla testiera del cavallo affinché questo non si adombri | *Avere i paraocchi*, (*fig.*) ignorare più o meno volutamente cose evidenti | *Procedere con i paraocchi*, (*fig.*) fare q.c. senza tener conto di ciò che altri fanno nello stesso campo. ➡ ILL. p. 1289 SPORT.

paraòcchio [comp. dell'imperat. di *parare* 'difendere' e *occhio*] s. m. ● Accessorio in gomma o plastica montato sull'oculare di alcuni strumenti ottici per rendere più stabile l'appoggio dell'occhio ed eliminare dal campo visivo possibili riflessi laterali.

paraòlio [comp. dell'imperat. di *parare* e *olio*] s. m. inv. ● (*mecc.*) Guarnizione o anello di tenuta posto in corrispondenza del passaggio di un albero rotante attraverso la parete di una scatola, di un carter e sim., per impedire la perdita di lubrificante.

paraónde [comp. di *para(re)* e il pl. di *onda*] s. m. inv. ● (*mar.*) Lamiera sagomata in forma di settore circolare fissata trasversalmente in coperta a poca distanza dalla prora, per arrestare o attenuare l'effetto delle onde abbattutesi su di essa.

paraorécchie [comp. di *para(re)* e il pl. di *orecchio*] s. m. inv. *1* Casco imbottito usato dai giocatori di rugby per proteggere il capo e le orecchie durante il gioco. *2* Prolungamento laterale di berretti invernali che protegge le orecchie dal freddo.

paraormóne [comp. di *para-* e *ormone*] s. m. ● (*biol.*) Sostanza che si forma nell'organismo in seguito a processi disassimilativi (per es., anidride carbonica), e che può agire da eccitatore.

parapàlle [comp. di *para(re)* e il pl. di *palla*] s. m. inv. ● (*mil.*) Terrapieno usato nei poligoni per arrestare i proiettili dietro la linea dei bersagli impedendone i rimbalzi.

paraparèsi o **parapàresi** [comp. di *para-* e *paresi*] s. f. ● (*med.*) Paralisi incompleta limitata ai due arti superiori o più specificamente a quelli inferiori.

parapendio [comp. dell'imperat. di *parare* 'difendere, riparare' e *pendio*, sul modello di *paracadute*] s. m. inv. *1* Speciale paracadute rettangolare manovrabile, per mezzo del quale è possibile lanciarsi nel vuoto dalla vetta di una montagna e planare dolcemente a valle. *2* Sport praticato con tale paracadute. SPORT ➡ ILL. p. 1292.

†**parapettàre** v. tr. ● Munire di parapetto.

parapettàta [da *parapetto*] s. f. ● (*teat.*) Scena composta da tre telai e quindi chiusa su tre lati, spesso fornita di soffitto, rappresentante per lo più una camera.

parapettàto part. pass. di †*parapettare*; anche agg. ● Nel sign. del v.

parapètto [comp. di *para(re)* e *petto*] s. m. *1* Riparo di varia altezza ai bordi di terrazzi, balconi, ponti, e sim., per ragioni di sicurezza. SIN. Balaustra, ringhiera. *2* (*mar.*) Parte della murata dal ponte di coperta in su. *3* (*mil.*) Riparo in muratura nelle antiche fortezze e in terra nelle moderne trincee, posto a protezione dei soldati che ad esso si affacciano per far fuoco. ➡ ILL. p. 360 ARCHITETTURA.

parapiglia [comp. di *para(re)* e *piglia(re)*] s. m. inv. ● Confusione improvvisa di persone e di cose: *successe un gran p.* SIN. Tafferuglio.

parapiòggia [comp. di *para(re)* e *pioggia*; calco sul fr. *parapluie*] s. m. inv. ● Ombrello.

paraplegìa [vc. dotta, gr. *paraplēgíē* 'paralisi parziale', comp. di *pará-* 'para-' e *-plēgíē* '-plegia'] s. f. (pl. *-gie*) ● (*med.*) Paralisi totale di due arti, spec. di quelli inferiori.

paraplègico [vc. dotta, gr. *paraplēgikós*, da *paraplēgíē* 'paraplegia'] A agg. (pl. m. *-ci*) ● Di paraplegia. B agg.; anche s. m. (f. *-a*) ● Che, chi è affetto da paraplegia.

parapòdio [comp. di *para-* e un deriv. del gr. *póus*, genit. *podós* 'piede' (di origine indeur.)] s. m. ● (*zool.*) Appendice muscolare di locomozione dotata di setole e cirri tipica degli Anellidi Policheti.

parapolìtico [comp. di *para-* e *politico*] agg. (pl. m. *-ci*) ● Che ha caratteristiche e svolge attività simili o contigue a quelle politiche: *un movimento p.*

paraprassìa [comp. di *para-* e di un deriv. del gr. *práxis* 'azione'] s. f. ● (*psicol.*) Azione inadeguata alla situazione o sbagliata.

parapsìchico [comp. di *para-* e *psichico*] agg. (pl. m. *-ci*) ● (*psicol.*) Detto di fenomeno che appartiene alla sfera psichica ma non è spiegabile sulla base delle leggi della psicologia normale, costituendo, perciò, oggetto di studio della parapsicologia.

parapsicologìa [comp. di *para-* e *psicologia*] s. f. (pl. *-gie*) ● (*psicol.*) Studio dei fenomeni mentali e fisici non spiegabili con le conoscenze scientifiche comunemente accettate. SIN. Metapsichica.

parapsicològico agg. (pl. m. *-ci*) ● (*psicol.*) Relativo alla parapsicologia.

parapsicòlogo s. m. (f. *-a*; pl. m. *-gi*) ● (*psicol.*) Studioso, esperto di parapsicologia.

paràre [lat. *parāre* 'preparare', di origine indeur.] A v. tr. *1* Abbigliare qc. o addobbare q.c. con paramenti: *p. a festa la chiesa, la città*. *2* †Preparare: *p. il convito*. *3* (*raro*) Porgere, presentare: *p. la mano, il cappello*; *p. l'altra guancia a chi ci percuote*. *4* Mettere al riparo: *p. il corpo dal freddo eccessivo, la pelle dai raggi del sole, il gregge dalle intemperie* | (*est.*) Schermare: *p. la luce violenta*; *si parò gli occhi con una mano*. SIN. Proteggere. *5* Scansare difendendosi (*anche fig.*): *p. una stoccata, un pugno, un attacco* | *P. il colpo*, (*fig.*) difendersi o rispondere adeguatamente a critiche, attacchi e sim. | *P. lo scoglio*, (*fig.*) evitare la difficoltà, l'inconveniente | Nel calcio e sim., effettuare una parata (*anche ass.*): *p. un forte tiro in porta*; *non è riuscito a p.* *6* Spingere o mandare innanzi: *p. il branco, il gregge*; *parando via in quelle delicate circostanze tutti i testimoni importuni* (NIEVO). *7* (*raro*) Fermare, trattenere: *p. il cavallo, i fuggenti*. B v. intr. (aus. *avere*) ● Andare a finire: *non capimmo dove volessero p.* | *Dove, come andremo a p.?*, dove, come andremo a finire? e (*fig.*) cosa accadrà? C v. rifl. o intr. pron. *1* Presentarsi, opporsi: *gli si parò dinnanzi all'improvviso*; *è abituato a muovere qualunque ostacolo gli si pari davanti*. *2* Abbigliarsi con paramenti. *3* Difendersi, schermirsi: *pararsi da un ostacolo, dalla pioggia*.

parasalite [comp. dell'imperat. di *parare* 'difendere' e del pl. di *salita*] s. m. inv. ● Dispositivo di protezione, gener. costituito da punte metalliche rivolte verso il basso, che si applica ai tralicci delle linee elettriche ad alta tensione per impedirne la salita ai non addetti ai lavori.

parasànga [vc. dotta, lat. *parasănga(m)*, nom. *parasănga*, dal gr. *parasángēs*, dal pers. *farsang*] s. f. ● Antica misura persiana corrispondente a circa 6 km di lunghezza.

parasàrtie [comp. di *para(re)* e il pl. di *sartia*] s. m. inv. ● (*mar.*) Ciascuno dei panconi orizzontali posti fuori del bordo, a destra e a sinistra, sopra i quali sono stabilite le sartie degli alberi maggiori e i paterazzi dei minori.

parascènio [vc. dotta, gr. *paraskḗnion*, comp. di *pará-* 'para-' e *skēnḗ* 'scena'] s. m. ● Ognuna delle due parti laterali aggettanti della scena del teatro greco classico, che fingeva edifici o portici.

parascève [vc. dotta, lat. *parăsceue(m)*, nom. *parăsceue*, dal gr. *paraskeuḗ* 'preparazione', comp. di *pará-* 'para' e *skeuḗ* 'preparazione', di etim. incerta] s. f. ● (*relig.*) Il venerdì di ogni settimana, in cui gli Ebrei, secondo la legge levitica, preparavano il cibo per il sabato | Nella liturgia cristiana, il venerdì santo.

paraschégge [comp. di *para(re)* e il pl. di *scheggia*] s. m. inv. ● Riparo per proteggere dagli scoppi di proietti in arrivo i serventi dei pezzi d'artiglieria o i difensori delle trincee.

parascientìfico [comp. di *para-* e *scientifico*] agg. (pl. m. *-ci*) ● Che presume erroneamente di seguire metodi e procedimenti scientifici | Che ambisce a possedere carattere scientifico: *disciplina parascientifica.*

parascintille [comp. dell'imperat. di *parare* e del pl. di *scintilla*] **s. m. inv.** ***1*** (*elettr.*) Schermo che limita la formazione dell'arco elettrico negli interruttori industriali al momento dell'uso. ***2*** Griglia posta alla base del camino di una locomotiva a vapore per impedire l'uscita di carboni ardenti | Dispositivo per impedire l'uscita di particelle incandescenti all'estremità del tubo di scappamento dei grossi motori delle macchine agricole.

parascolàstico [comp. di *para-* e *scolastico*] **A agg.** (pl. m. *-ci*) ● Che ha funzione integrativa complementare rispetto alla scuola: *corso p.*; *istituzioni parascolastiche.* **B s. m.** (f. *-a* nel sign. 1) ***1*** Chi lavora nelle attività parascolastiche. ***2*** Prodotto editoriale complementare ai libri di testo scolastici.

paraselène o **paraselènio** [comp. di *para-* e del gr. *selḗnē* 'luna'] **s. m.** ● Effetto provocato dall'atmosfera terrestre per cui accanto alla Luna sono visibili una o più immagini lunari spostate.

parasilùri [comp. di *para(re)* e il pl. di *siluro*] **s. m.** ● (*mar.*) Apparecchiatura avente lo scopo di trattenere i siluri lontani da una nave.

parasimpàtico [comp. di *para-* e *simpatico* (*2*)] **A s. m.** (pl. *-ci*) ● (*anat.*) Componente del sistema nervoso autonomo controllata dal tratto cervicale e da quello sacrale del nevrasse. **B** anche **agg.**

parasimpaticolìtico [comp. di *parasimpatico* e *-litico* (*2*)] **A agg.** (pl. m. *-ci*) ● (*farm.*) Detto di sostanza che agisce da depressore del tono del sistema nervoso parasimpatico agendo come antagonista degli effetti di una stimolazione. **B** anche **s. m.**

parasimpaticomimètico [comp. di *parasimpatico* e *mimetico*] **A agg.** (pl. m. *-ci*) ● (*farm.*) Detto di sostanza che agisce provocando effetti analoghi a quelli conseguenti a una stimolazione del sistema nervoso simpatico. **B** anche **s. m. SIN.** Vagomimetico.

parasintètico [da *parasinteto*] **agg.** (pl. m. *-ci*) ● (*ling.*) Detto di vocabolo composto derivato da un nome con l'aggiunta di un prefisso e di un suffisso (per es. *desalinizzare*, *intavolare*).

parasìnteto [dal gr. *parasýnthetos* 'composto (o derivato) da altro composto (o derivato)', comp. di *pará-* 'para-' e *sýnthetos* 'composto', da *synthithénai* 'mettere insieme' (V. *sintesi*)] **s. m.** ● (*ling.*) Composto parasintetico.

†**parasìto** ● V. *parassita.*

paraski /paras'ki/ [comp. di *para(cadute)* e del fr. *ski* 'sci'] **s. m. inv.** ● (*sport*) Pratica consistente nel lanciarsi da un dirupo innevato muniti di paracadute e di un paio di sci, che vengono utilizzati per il decollo e l'atterraggio.

parasóle [comp. di *para(re)* e *sole*] **s. m. inv.** ***1*** Ombrello da sole. ***2*** Tendale. ***3*** (*fot.*) Nelle macchine professionali, aletta metallica che si fissa all'obiettivo per evitare che i raggi luminosi colpiscano direttamente le lenti. ***4*** (*autom.*) *Aletta p.*, piccolo accessorio posto nella parte interna, sopra il parabrezza, avente lo scopo di riparare dalla luce troppo viva gli occhi del guidatore.

paraspàlle [comp. di *para(re)* e il pl. di *spalla*] **s. m. inv.** ● Nell'hockey su ghiaccio e nel football americano, protezione di cuoio o di fibra imbottita, portata dal giocatore a difesa delle spalle e assicurata sotto le ascelle.

paraspìgolo [comp. di *para(re)* e *spigolo*] **s. m.** ● Elemento di ferro, legno o plastica, opportunamente sagomato, che serve a proteggere gli spigoli dei muri.

parassìta o †**parasìto**, †**parassìto** [vc. dotta, lat. *parasītu(m)*, nom. *parasītus*, dal gr. *parásitos*, propriamente 'commensale', comp. di *pará* 'presso' (V. *para-*) e *sîtos* 'cibo' (V. *sito-*)] **A agg.** (pl. m. *-i*) ***1*** (*biol.*) Detto di organismo animale o vegetale che vive utilizzando materiale organico di un altro essere vivente e causando danno a quest'ultimo | *P. permanente*, *obbligato*, che non può vivere separato dall'ospite | *P. temporaneo*, che, in una fase del proprio ciclo vitale, conduce vita libera. ***2*** (*fig.*) Che non produce, non è utile ma anzi è di peso a un gruppo, una società e sim.: *ente p.* ***3*** (*fis.*) Detto di fenomeno che perturba una trasmissione radio, telefonica e sim. | *Corrente p.*, quella che nasce in un materiale conduttore a causa delle variazioni di un flusso magnetico che investe tale materiale. ***4*** (*ling.*) Detto di elemento non etimologico inserito in una parola o in una frase. **B s. m.** ***1*** (*biol.*) Ogni organismo parassita, animale o vegetale. ***2*** (*fig.*) Chi vive nell'ozio, sfruttando il lavoro e la fatica altrui: *mi sono finalmente liberato di quel p.*; *si ha da fuggir ... di rassomigliarsi ai buffoni e parassiti* (CASTIGLIONE). || **parassitàccio**, **pegg.**

parassitàre [vc. dotta, lat. *parasitāri*, da *parasītus* 'parassita'] **v. tr.** ● (*biol.*) Vivere da parassita a spese di un organismo: *le pulci che parassitano i gatti.*

parassitàrio **agg.** ● Relativo ai parassiti (*anche fig.*): *vita parassitaria*; *ente p.* || **parassitariaménte**, **avv.**

parassiterìa **s. f.** ● (*raro*) L'essere parassita | Il vivere da parassita.

parassiticìda [comp. di *parassita* e *-cida*] **A s. m.** (pl. *-i*) ● Sostanza capace di distruggere i parassiti delle piante, degli animali e dell'uomo. **B** anche **agg.**: *sostanza p.*

parassìtico [vc. dotta, lat. *parasīticu(m)*, nom. *parasīticus*, dal gr. *parasitikós*, da *parásitos* 'parassita'] **agg.** (pl. m. *-ci*) ● Di, da parassita. || **parassiticaménte**, **avv.** (*raro*) In modo parassitico.

parassitìsmo [comp. di *parassita* e *-ismo*] **s. m.** ***1*** (*biol.*) Simbiosi tra un parassita e il suo ospite. ***2*** (*fig.*) Tendenza a vivere da parassita in seno alla società.

†**parassìto** ● V. *parassita.*

parassitologìa [comp. di *parassita* e *-logia*] **s. f.** (pl. *-gie*) ● (*biol.*) Branca della biologia che studia sia i macroparassiti (Artropodi ed Elminti) e i parassiti microscopici (Protozoi) sia gli effetti del parassitismo spec. nell'uomo e negli animali. **CFR.** Microbiologia.

parassitològico **agg.** (pl. m. *-ci*) ● Della, relativo alla, parassitologia.

parassitòlogo **s. m.** (f. *-a*; pl. m. *-gi*) ● Studioso, esperto di parassitologia.

parassitòsi [comp. di *parassita* e *-osi*] **s. f.** ● (*med.*) Malattia causata da parassiti.

paràsta [vc. dotta, lat. *parăstade(m)*, nom. *parăstas*, dal gr. *parastás*, da *paristánai* 'mettere accanto', comp. di *pará-* 'para' e *istánai* 'porre', di origine indeur.] **s. f.** ● (*arch.*) Pilastro portante incassato in una parete e da questa parzialmente sporgente.

parastatàle [comp. di *para-* e *statale*] **A agg.** ● Di ente pubblico di cui lo Stato si vale per servizi di carattere nazionale. **B s. m. e f.** ● Chi lavora in un ente parastatale.

parastàto [comp. di *para-* e *stato* (*2*)] **s. m.** ● Il complesso degli enti parastatali | L'insieme dei dipendenti parastatali.

parastìnchi [comp. di *para(re)* e il pl. di *stinco*] **s. m.** ● Tipo di cuscinetto usato dagli atleti in vari sport a protezione degli stinchi.

parastràppi [comp. di *para(re)* e il pl. di *strappo*] **s. m.** ● (*mecc.*) Giunto elastico tra due alberi, uno condotto l'altro conduttore, che assorbe le brusche variazioni di forza, non trasmettendole.

paràta (**1**) [da *parare*] **s. f.** ***1*** Atto, effetto del parare. ***2*** (*sport*) Nel calcio e sim., intervento del portiere per impedire che la palla o il disco entri nella propria porta: *p. alta*, *a terra*, *a tuffo*, *di pugno*; *compiere una bella*, *una difficile p.* | Nella scherma e nel pugilato, movimento che si esegue con l'arma, col pugno o altro, per difendersi dai colpi dell'avversario. ***3*** †Riparo, schermo, difesa | *Star sulle parate*, (*fig.*) sulla difensiva | *Mettersi in p.*, prepararsi a difendersi | *In p.*, attento. ***4*** Ogni ostacolo utilizzato per sbarrare strade e sim. in caso di lavori in corso. || **paratèlla**, **dim.**

paràta (**2**) [calco sullo sp. *parada*] **s. f.** ***1*** Situazione, risultato e sim., solo nella loc. *vista la mala p.*, visto il pericolo insito in q.c., l'impossibilità di realizzare ciò che ci si era prefisso, la piega sfavorevole assunta da una serie di avvenimenti. ***2*** Sfoggio, mostra | *Abito da p.*, di gala | *Pranzo di p.*, solenne | *Mettere in p.*, esporre. ***3*** Rivista militare, rassegna: *sfilare in p.* | *Passo da p.*, quello con cui i soldati sfilano. ***4*** (*mar.*) Schieramento dell'equipaggio sul ponte, per il saluto alla voce | †Serie di oggetti che pendono dal bordo esterno della nave per protezione contro urti, attriti e sim.

paratàsca [comp. di *para(re)* e *tasca*] **s. m.** ● Pezzo di stoffa cucito sulle tasche di abiti o soprabiti da uomo per coprire o rinforzare l'apertura.

paratàssi [comp. di *para-* e del gr. *táxis* 'disposizione'. V. *ipotassi*] **s. f.** ● (*ling.*) Procedimento sintattico col quale si pongono l'una accanto all'altra due proposizioni, lasciandole autonome. **SIN.** Coordinazione.

paratassìa [comp. di *para-* e di un deriv. del gr. *táxis* 'ordinamento, classificazione'] **s. f.** ● (*psicol.*, *med.*) Distorsione dei rapporti interpersonali, per cui gli altri vengono percepiti come diversi da quello che sono.

paratàttico **agg.** (pl. m. *-ci*) ● (*ling.*) Relativo a paratassi: *proposizione*, *costruzione paratattica.* **SIN.** Coordinato. || **paratatticaménte**, **avv.** In forma paratattica.

paratìa [da †*paretio*, con accostamento a *parato*] **s. f.** ***1*** (*mar.*) Ciascuno dei tramezzi posti all'interno di una nave per dividere gli ambienti della parte immersa | *Paratie stagne*, calafatate a tenuta di acqua, fornite di porte stagne che possono chiudersi prontamente in caso di falla per impedire l'allagamento di tutta la nave | *Paratie di collisione*, poste in prossimità della prora e trasversalmente da una murata all'altra per contenere l'acqua in caso di collisione. ***2*** (*edil.*) Specie di barriera impiegata per eseguire opere in muratura in presenza di acqua | Rivestimento delle sponde di un corso d'acqua con lastre o palancole di cemento armato per protezione dalle piene.

paràtico [detto così dall'uso dei membri di questa associazione, di mostrarsi in *parata*, col proprio vessillo, durante le cerimonie cittadine] **s. m.** (pl. *-ci*) ● Nei comuni medievali, arte di mercanti o artigiani.

paratìfico **agg.** ● (*med.*) Relativo al paratifo: *infezione paratifica.*

paratìfo [comp. di *para-* e *tifo*] **s. m.** ● (*med.*) Infezione simile al tifo, prodotta da un particolare tipo di salmonella.

paratìo [da †*paretio*] **s. m.** ***1*** †Riparo costruito per difesa. ***2*** Tramezzo.

paratìpo [comp. di *para-* e *tipo*] **s. m.** ● (*zool.*) Individuo facente parte di una serie di animali che è servita a descrivere una nuova specie.

paratiròide [comp. di *para-* e *tiroide*] **s. f.** ● (*anat.*, *spec. al pl.*) Ciascuna delle piccole ghiandole a secrezione interna poste in numero di quattro dietro i lobi tiroidei. ➡ **ILL.** p. 365 ANATOMIA UMANA.

paràto **A part. pass.** di *parare*; anche **agg.** ● Nei sign. del v. **B s. m.** ***1*** Cortinaggio: *il p. della culla*, *delle finestre* | *P. del letto*, padiglione, baldacchino | *P. fiorito*, dipinto o tessuto a fiori. ***2*** Rivestimento delle pareti di una stanza, in tessuto, carta e sim.: *cambiare*, *rinnovare il p.*; *carta da parati.* ***3*** (*mar.*) Ciascuno dei grossi pezzi di quercia posti di traverso e a uguale distanza su cui, in un cantiere, poggiano le longarine e i portavasi sul piano inclinato al momento del varo di una nave.

paratóia [lat. parl. **paratōria(m)* 'che para, arresta', da *parāre*, nel senso di 'difendere'] **s. f.** ● (*idraul.*) Saracinesca in legno, metallo o cemento che serve a regolare il deflusso dell'acqua attraverso canali o corsi d'acqua naturali. ➡ **ILL.** p. 826 SCIENZE DELLA TERRA ED ENERGIA.

†**paratóio** [V. *paratoia*] **s. m.** ● Ostacolo che impedisce la visuale.

paratóre [da *parare*] **s. m.** ● Chi fa addobbi di chiese o pubblici edifici.

paratormóne [ingl. *parathormone*, comp. di *parat(hyroid)* 'paratiroide' e *hormone* 'ormone'] **s. m.** ● (*biol.*) Ormone di natura proteica secreto dalle ghiandole paratiroidi.

paratùra [vc. dotta, lat. tardo *paratūra(m)*, da *parātus*, part. pass. di *parāre* 'parare'] **s. f.** ● (*raro*) Atto, effetto del parare: *p. di una chiesa*, *di una stanza* | Addobbo.

paraùrti [comp. di *para(re)* e il pl. di *urto*] **s. m.** ***1*** Traversa o altra struttura anteriore e posteriore che protegge dagli urti la carrozzeria di un autoveicolo. ➡ **ILL.** p. 1748 TRASPORTI. ***2*** (*ferr.*) Apparecchio montano alle estremità dei binari tronchi, provvisto di respingenti per l'arresto del materiale che erroneamente non si fosse arrestato al punto dovuto.

paravalànghe [comp. dell'imperat. di *parare* 'difendere' e del pl. di *valanga*] **s. m. inv.** ● Opera di sbarramento montano costituita da palizzate, muretti e gallerie a cielo aperto, che si predispone, in corrispondenza di insediamenti e vie di comunicazione, lungo i fianchi di una montagna allo scopo di prevenire la formazione di valanghe o di ostacolarne la discesa.

paravènto [comp. di *para(re)* e *vento*] s. m. • Arnese mobile costituito da due o più pannelli o spicchi collegati da cerniere, usato come divisorio di ambienti o come protezione dalla vista altrui: *un p. di legno, di tela*; *un p. cinese laccato* | (*fig.*) *Fare da p. a qc.*, coprire o dissimulare le malefatte altrui.

parazònio [vc. dotta, lat. *parazōniu(m)*, dal gr. *parazṓnion*, propriamente 'piccola spada, pugnale (da mettere vicino alla cintura)', da *parazṓnē* 'cintura', comp. di *para-* 'para-' e *zṓnē* 'cintura' (V. *zona*)] s. m. • (*archeol.*) Spada appesa a un cinturone.

parboiled /*ingl.* 'pa:bɔild/ [vc. ingl. *parboiled* (*rice*) '(riso) bollito (dal v. *to boil*) parzialmente (*par-*, confuso con 'per, attraverso')'] agg. inv. • Solo nella loc. *riso p.*, riso grezzo sottoposto a uno speciale processo di ammollo e trattamento con vapore in pressione che ne gelatinizza i chicchi, i quali, tramite una successiva essiccazione, si solidificano di nuovo mutando la composizione chimica originaria e acquistano il caratteristico colore giallo-oro e la capacità di resistere maggiormente alla cottura.

pàrca [vc. dotta, lat. *Părca(m)*, da avvicinare a *părere* 'partorire'. V. *parto*] s. f. (con la maiuscola nel sign. 1) *1* Ciascuna delle tre divinità che, nella mitologia greco-romana, presiedono al corso della vita umana. *2* (*lett.*, *fig.*) Morte.

parcaménto s. m. • Atto, effetto del parcare.

parcàre [fr. *parquer*, da *parc* 'parco'] v. tr. (*io pàrco, tu pàrchi*) *1* Disporre in un parco artiglierie, autoveicoli e sim. *2* (*raro*) Parcheggiare.

parcèlla [fr. *parcelle*, dal lat. parl. **particĕlla(m)*, dim. di *partĭcula*, dim. di *părs*, genit. *părtis* 'parte'] s. f. *1* Nota delle spese e competenze di un professionista relativa alle sue prestazioni professionali: *presentare al cliente la p.* *2* (*dir.*) Particella.

parcellàre [fr. *parcellaire*, da *parcelle* 'particella' (V. *parcella*)] agg. *1* Che è diviso in parcelle, detto di terreno spec. con riferimento alle suddivisioni catastali. *2* (*med.*) Relativo a una piccola parte, a un frammento: *frattura p.*

parcellazióne [da *parcellare*] s. f. • Divisione di un terreno di grandi dimensioni in piccoli appezzamenti per particolari fini agricoli.

parcellizzàre [fr. *parcelliser*, da *parcella* 'particella' (V. *parcella*)] v. tr. • Nelle aziende, dividere il lavoro in operazioni troppo minute e ridotte, con effetti alienanti sul lavoratore.

parcellizzazióne s. f. • Atto, effetto del parcellizzare.

†**pàrcere** [vc. dotta, lat. *părcere* 'trattenere, risparmiare', di etim. incerta] v. intr. (dif. usato solo al pres. indic. e congv. e all'imper.) • Risparmiare, perdonare.

parchè s. m. • Adattamento di *parquet* (V.).

parcheggiàre [comp. di *parco* (*1*) e *-eggiare*] v. tr. (*io parchéggio*) *1* Disporre un veicolo in sosta, spec. in un luogo a ciò appositamente destinato (*anche ass.*): *p. la macchina, la motocicletta*; *non si può p. in curva.* *2* Effettuare le manovre di parcheggio: *p. bene, male*; *imparare a p.* *3* (*fig.*) Sistemare provvisoriamente, riferito a persone: *p. un anziano in ospedale.*

parcheggiatóre [da *parcheggiare*] s. m. (f. *-trice*) *1* Chi esegue una manovra di parcheggio. *2* Custode di autoveicoli nei parcheggi: *p. abusivo.* *3* Negli aeroporti, addetto che coordina le operazioni di parcheggio dei velivoli.

parchéggio [dev. di *parcheggiare*] s. m. *1* Piazzale o parte di via urbana in cui si possono lasciare in sosta le automobili, entro appositi spazi delimitati da strisce: *p. a pagamento, a disco orario.* SIN. Posteggio. *2* Sosta di un veicolo in un parcheggio, e relativa manovra: *qui è vietato il p.* | (*est.*) Modo in cui i veicoli in sosta sono disposti: *p. in colonna, a pettine.* *3* (*fig.*) Sistemazione provvisoria (gener. con una connotazione negativa): *la scuola non è un p.!* | Nella loc. avv. *di p.*, di attesa, di transizione, provvisorio: *governo di p.*

parchettatùra [dal fr. *parquet* (V.)] s. f. • Copertura a parquet di un pavimento.

parchettista s. m. (pl. *-i*) • Chi fa parchettature.

parchézza [da *parco* (*2*)] s. f. • (*raro*) Sobrietà | Parsimonia.

parchìmetro o **parcòmetro** [comp. di *parco* (*1*) e *-metro*] s. m. • Apparecchio automatico destinato a misurare il tempo di sosta di un autoveicolo in un parcheggio a pagamento in relazione alla moneta introdottavi.

†**parcità** [vc. dotta, lat. *parcitāte(m)*, da *părcus* 'parco (2)'] s. f. • Parchezza, sobrietà.

pàrco (**1**) o (*dial.*) †**bàrco** (**3**) [vc. di origine preindeur. che sign. 'recinto' (?)] s. m. (pl. *-chi*) *1* Terreno boscoso e piuttosto esteso, spesso recintato ed adibito a usi particolari | Giardino molto grande, abbondantemente alberato, privato o pubblico: *i meravigliosi parchi delle ville settecentesche*; *una città ricca di parchi e di zone verdi* | *P. delle rimembranze*, dedicato ai caduti in guerra | *P. nazionale*, zona del territorio nazionale che, per i suoi caratteri geologici, floristici, faunistici e sim., è tutelata da apposite leggi per impedire che l'attività umana possa alterarla | *P. marino*, *p. blu*, riserva marina naturale. *2* Spazio adibito a deposito di determinati materiali, spec. automobili, artiglieria e sim. | *P. di divertimenti*, terreno attrezzato per divertimenti all'aperto, con giostre, ottovolanti, autoscontri e altre attrazioni | *P. acquatico*, area per giochi acquatici, con scivoli, piattaforme, palloni acquatici, piscine ecc. | *P. giochi*, area attrezzata per l'intrattenimento dei bambini all'aperto. *3* Complesso di determinati materiali o mezzi di uso bellico o pacifico: *p. del genio*; *p. d'artiglieria, d'assedio* | *P. mobile*, complesso di autoveicoli con funzioni di collegamento fra i reparti di grosse unità militari e i posti di rifornimento | *P. macchine*, *p. vetture*, insieme dei veicoli di cui dispone un ente, una ditta e sim. | *P. rotabile*, complesso del materiale mobile di cui è dotata una rete ferroviaria | *P. lampade*, complesso degli attrezzi per l'illuminazione di scene in dotazione a una troupe cinematografica. *4* (*raro*) Parcheggio per automobili.

pàrco (**2**) [vc. dotta, lat. *părcu(m)*, dalla stessa radice di *părcere* '†parcere'] agg. (pl. m. *-chi*) *1* Sobrio, frugale, parsimonioso: *essere p. nel bere, nel mangiare*; *riede alla sua parca mensa, / fischiando, il zappatore* (LEOPARDI). CONTR. Intemperante. *2* Avaro: *p. nello spendere* | Scarso: *p. nel discorrere*; *è p. di parole, di lodi.* || **parcaménte**, avv. In modo parco, parsimonioso.

parcòmetro • V. *parchimetro.*

pardalòto [vc. dotta, gr. *pardalōtós* 'macchiettato come un leopardo', da *párdalis* 'leopardo' (V. *leopardo*): detto così per le macchie delle sue penne] s. m. • Piccolo passeriforme australiano a penne screziate, che costruisce il nido in una galleria del terreno (*Pardalotus punctatus*).

pardìglio [sp. *pardillo*, dim. di *pardo* 'grigio', cioè colore del *pardo*] **A** agg. • †Di colore tendente al grigio. **B** s. m. • Bardiglio.

†**pardìno** agg. • Di pardo.

pàrdo [vc. dotta, lat. *pārdu(m)*, nom. *pārdus*, dal gr. *párdos*. V. *leopardo*] s. m. • Leopardo.

pardon /*fr.* par'dɔ̃/ [vc. fr., propriamente 'perdono'] inter. • Si usa come formula di cortesia per scusarsi di q.c. o, con valore attenuativo, per correggere un'affermazione.

†**pàre** • V. *pari* (*1*).

parécchio [lat. parl. **parĭculu(m)*, dim. di *pār*, genit. *păris* 'pari (1)'] **A** agg. indef. (pl. m. *parécchi*, †*parécchie*; pl. f. *parécchie*, †*parécchi*) *1* Che è in quantità, misura o numero più che sufficiente: *ho avuto parecchi guai*; *farò parecchie spese*; *si tratterrà parecchi giorni*; *ci vorrà p. tempo per finire*; *c'erano parecchi ragazzi*; *hanno invitato parecchia gente* | Con riferimento alla forza o all'intensità: *c'è p. vento oggi*; *ha fatto p. caldo.* SIN. Alquanto. *2* Con valore neutro in espressioni ellittiche: *mi fermerò p.*; *dovremo spendere p.*; *ho p. da fare*; *ci sarebbe p. da ridire*; *beve p.*; *sanno p. su di noi.* SIN. Alquanto. **B** pron. indef. • Chi, ciò che è in quantità, misura, numero più che sufficiente, notevole: *ci vuole volontà e io ne ho parecchia*; *l'hanno visto in parecchi*; *fra tutte le operaie, parecchie hanno aderito*; *parecchi di noi hanno protestato*; *'quanto terreno hai?' 'p'.* **C** avv. • Alquanto, in misura notevole: *mi sembri p. dimagrito*; *è migliorato p.*; *è p. generoso* | A lungo: *ho camminato p.*; *l'ho aspettato p.* **D** agg.; anche s. m. • †Pari, simile: *Come quando da l'acqua o da lo specchio / salta lo raggio a l'apposita parte, / salendo su per lo modo p. / a quel che scende* (DANTE *Purg.* XV, 16-19). || **parecchiétto**, dim. | **parecchino**, dim.

pareggiàbile agg. • Che si può pareggiare.

pareggiaménto s. m. • Modo e atto del pareggiare o del pareggiarsi. SIN. Uguagliamento.

pareggiàre [da *pari* (*1*)] **A** v. tr. (*io paréggio*) *1* Rendere pari, togliendo dislivelli, sporgenze e sim.: *p. il terreno, l'intonaco* | (*est.*) Far quadrare, mettere o rimettere nel giusto equilibrio: *p. il bilancio* | *P. i conti*, far sì che entrate e uscite coincidano | *P. i conti con qc.*, (*fig.*) rendergli la pariglia. SIN. Livellare. *2* (*lett.*) Rendere uguale: *p. i diritti e i doveri dei cittadini* | Uguagliare: *per senno pareggia Salomone*; *nessuno lo pareggia in astuzia.* **B** v. intr. e tr. (aus. intr. *avere*) • Conseguire, ottenere un pareggio in una partita: *le due squadre hanno pareggiato*; *p. con qc.*; *p. un incontro.* **C** v. rifl. • Adeguarsi, equipararsi | Farsi uguale: *stimolati ... dall'ambizione di pareggiarsi agli Dei* (LEOPARDI). **D** v. intr. pron. • Essere pari, uguagliarsi: *le entrate e le uscite si pareggiano.*

pareggiàto part. pass. di *pareggiare*; anche agg. *1* Nei sign. del v. *2* *Scuola pareggiata*, d'istruzione superiore, legalmente equiparata a una scuola statale.

pareggiatóre agg.; anche s. m. (f. *-trice*) • (*raro*) Che, chi pareggia.

pareggiatùra s. f. • Atto, effetto del pareggiare.

paréggio s. m. *1* Atto del pareggiare, condizione di uguaglianza | Nel bilancio, eguaglianza delle entrate con le uscite: *il bilancio si è chiuso in p.*; *raggiungere il p.* SIN. Livellamento. CONTR. Spareggio. *2* (*sport*) Risultato di parità conseguito dai due avversari al termine di una gara.

†**paréglio** (**1**) [provz. *parelh*; stessa etim. dell'it. *parecchio* (V.)] agg. e pron. indef. • Parecchio.

†**paréglio** (**2**) s. m. • Pareggio.

parèlio [vc. dotta, lat. *parēliu(n)*, dal gr. *parḗlion*, comp. di *pará-* 'para-' e *hḗlios* 'sole'. V. *elio*] s. m. • (*astron.*) Ognuna delle zone luminose colorate che appaiono ai lati del Sole in seguito a fenomeni di rifrazione dei raggi solari su cristalli minutissimi di ghiaccio sospesi ad alta quota.

paremìa [vc. dotta, lat. tardo *parōemia(m)*, nom. *parōemia*, dal gr. *paroimía*, comp. di *pará-* 'para-' e *ôimos* 'strada', di origine indeur.] s. f. • Proverbio, contenente talora l'enunciazione di un dogma giuridico.

paremiografìa [da *paremiografo*] s. f. • Raccolta di proverbi, adagi e sim.

paremiògrafo [comp. di *paremia* e *-grafo*] s. m. • Raccoglitore e studioso di proverbi.

paremiologìa [comp. di *paremia* e *-logia*] s. f. (pl. *-gie*) • Studio dei proverbi.

paremiòlogo s. m. (f. *-a*; pl. m. *-gi*, pop. *-ghi*) • Studioso di proverbi.

parencèfalo [comp. di *para-* ed *encefalo*] s. m. • (*anat.*, *raro*) Cervelletto.

parènchima o *evit.* **parenchìma** [vc. dotta, gr. *parénchyma*, da *parenchéin* 'spandere, infondere', comp. di *pará-* 'para-', *en* 'in' e *chéin* 'versare', di origine indeur.] s. m. (pl. *-i*) *1* (*anat.*) Sostanza propria, caratteristica di un organo: *p. epatico, polmonare.* *2* (*bot.*) Tessuto vegetale definitivo formato da cellule vive, che adempiono importanti funzioni: *p. clorofilliano*; *p. aerifero, acquifero.*

parenchimàtico agg. (pl. m. *-ci*) • Del parenchima.

parenchimatóso agg. • (*anat.*) Che si riferisce al parenchima.

parènesi [vc. dotta, lat. tardo *parāenesi(m)*, nom. *parāenesis*, dal gr. *paráinesis*, da *parainêin* 'ammonire, esortare', comp. di *pará-* 'para-' e *ainêin* 'approvare, raccomandare', da *âinos* 'racconto, lode', di etim. incerta] s. f. • (*lett.*) Esortazione, ammonizione.

parenètico [vc. dotta, gr. *parainetikós*, da *paráinesis* 'parenesi'] agg. (pl. m. *-ci*) • (*lett.*) Esortativo, ammonitorio: *la Commedia mette in atto un concetto morale ... a fine p.* (CARDUCCI).

parentàdo o (*raro*) **parentàto** [lat. parl. **parentātu(m)*, da *pārens*, genit. *parĕntis* 'genitore'. V. *parente*] s. m. *1* Legame di parentela: *un p. molto stretto* | Matrimonio: *la madre della fanciulla ... contro alla volontà degli altri conchiuse il p.*

(COMPAGNI). *2* Insieme dei parenti: *lo seppe tutto il p.* *3* (*scherz.*) Congiungimento sessuale.
†**parentàggio** [fr. *parentage*, da *parent* 'parente'] s. m. ● Parentato.
parentàle [vc. dotta, lat. *parentāle(m)*, agg. di *părens*, genit. *parĕntis* 'genitore'. V. *parente*] agg. ● Dei, relativo ai genitori o ai parenti: *autorità, cerimonia p.* | *Malattia p.*, ereditaria | †Paterno.
parentàli [vc. dotta, lat. *parentālia* 'cerimonia funebre in onore dei parenti defunti, feste annuali in onore dei morti', nt. pl. sost. di *parentālis* 'parentale'] s. m. pl. *1* Riti celebrati dagli antichi Romani per commemorare i defunti. *2* Celebrazione di ricorrenze familiari | Commemorazione dei propri morti. *3* Commemorazione del centenario della morte di un illustre personaggio.
parentàlie s. f. pl. ● Parentali.
†**parentànza** s. f. ● Parentado.
†**parentàre** [vc. dotta, lat. *parentāre*, da *părens*, genit. *parĕntis* 'genitore'. V. *parente* e *parentali*] v. intr. ● Rendere gli onori funebri.
parentàto ● V. *parentado*.
parènte [vc. dotta, lat. *parĕnte(m)* 'genitore', dalla stessa radice indeur. di *părere* 'generare'] s. m. e f. *1* Chi è unito ad altra persona da vincoli di parentela: *un vostro p.* | *Parenti stretti*, fratelli, zie, cugini e sim. | *P. acquisito*, quello che diviene tale in seguito a un matrimonio. SIN. Congiunto, consanguineo. *2* (*lett.*) Genitore | *L'uno e l'altro p.*, il padre e la madre. *3* (*fig.*) Cosa affine o molto simile: *l'appetito è p. della fame*; *Il sonno è veramente qual uom dice / p. de la morte* (PETRARCA).
parentèla [vc. dotta, lat. tardo *parentēla(m)*, da *părens*, genit. *părentis* 'genitore'. V. *parente*] s. f. *1* Vincolo di sangue che unisce persone discendenti l'una dall'altra o da un ascendente comune: *p. legittima, naturale*; *grado di p.* | (*est.*) *P. spirituale*, rapporto religioso che si instaura con la somministrazione del battesimo o della cresima fra il battezzato o il cresimato e il padrino. *2* L'insieme dei parenti: *tutta la p. fu presente.* *3* (*fig.*) Rapporto di affinità tra cose con origine comune o caratteristiche simili: *fra quei due concetti vi è una certa p.* | *P. linguistica*, qualità di due o più lingue che risultano da evoluzioni diverse di una medesima lingua madre.
†**parentènza** s. f. ● Parentela.
parenteràle [comp. di *para-* e del gr. *énteron* 'intestino', di origine indeur.] agg. ● (*med.*) Che non segue la via gastroenterica: *somministrare un farmaco per via p.* | *Introduzione p.*, per via intramuscolare, sottocutanea o endovenosa.
†**parenterìa** [da *parente*] s. f. ● Parentado.
†**parentésco** agg. ● Di parente.
parèntesi [vc. dotta, lat. tardo *parĕnthesi(m)*, nom. *parĕnthesis*, dal gr. *parénthesis* 'inserzione, interposizione, parentesi', da *parentithénai* 'inserire', comp. di *pará-* 'para-', *en* 'in' e *tithénai* 'porre', di origine indeur.] s. f. *1* Frase non legata al periodo principale, che serve a chiarirlo, ampliandone o precisandone il senso, a limitare la portata di un'affermazione e sim. | *Fra p.*, per inciso | (*est.*) Digressione: *dopo questa breve p., riprendiamo il nostro argomento.* *2* Segno grafico della parentesi: *aprire, chiudere la p.*; *p. tonda, quadra, graffa.* Le *parentesi tonde* si usano in coppia per racchiudere un inciso di commento, di spiegazione o di ampliamento in un discorso: *lo strano individuo* (*che poi era una spia*) *si comportava in modo sospetto.* L'eventuale segno di punteggiatura dove si apre la parentesi va posto dopo la parentesi di chiusura: *Mi disse: 'Ogni cosa a suo tempo'* (*è la sua frase preferita*). *Poi se ne andò.* Le parentesi tonde si usano da sole dopo una lettera o un numero in un elenco: *a*), *b*), *c*) oppure *1°*), *2°*), *3°*), ecc. Le *parentesi quadre* si usano in coppia come parentesi distinte dalla tonda per evitare sovrapposizioni, oppure per inserire indicazioni o precisazioni che non fanno parte del testo: *A Trieste* [*Joyce*] *conobbe Italo Svevo.* (V. nota d'uso PUNTEGGIATURA) *3* (*fig.*) Intervallo di tempo dotato di caratteristiche diverse da quelle dei periodi che lo precedono o lo seguono: *una breve p. di pace in un secolo di lotte*; *una p. di riposo.*
parentètico agg. (pl. m. *-ci*) ● Di parentesi, che costituisce una parentesi: *periodo p.*
†**parentévole** [da *parente*] agg. *1* Da parente. *2* Amichevole, familiare, domestico. || †**parentevolménte**, †**parentevoleménte**, avv. Familiarmente; amichevolmente.
†**parentézza** s. f. ● Condizione di parente | *Far p.*, sposare.
†**parentìccio** s. m. ● Lontano parente.
†**parenticìda** [vc. dotta, lat. tardo *parenticīda(m)*, comp. di *părens*, genit. *părentis* 'genitore' (V. *parente*) e *-cīda* '-cida'] s. m. e f. (pl. m. *-i*) ● (*raro*) Parricida.
†**parènza** s. f. ● Apparenza.
parèo [fr. *paréo*, vc. di origine tahitiana] s. m. ● Indumento tahitiano, consistente in un rettangolo di cotone stampato a vistosi motivi da avvolgere attorno al corpo.
parére [lat. *parēre* 'apparire', di etim. incerta] **A** v. intr. (pres. *io pàio*, †*pàro*, *tu pàri*, *egli pàre*, *noi paiàmo*, raro *pariàmo*, *voi paréte*, *essi pàiono*, †*pàrono*; pass. rem. *io pàrvi*, poet. *pàrsi*, *tu parésti*; fut. *io parrò*, †*parerò*; congv. pres. *io pàia*, †*pàra*, *noi paiàmo*, *voi paiàte*, *essi pàiano*; condiz. pres. *io parrèi*, †*parerèi*; part. pres. *parvènte*; part. pass. *pàrso*, †*parùto*; dif. dell'imper.; aus. *essere*) *1* Apparire, sembrare: *p. buono, cattivo, facile, difficile*; *pare impossibile ma è così*; *quel tuo amico non mi parve sincero*; *pareva un uomo onesto ma era un imbroglione*; *mi è parso che le trattative fossero a buon punto* | *Pare di sì, di no*, si dice per esprimere una impressione positiva o negativa | *Far p. bianco il nero*, (*fig.*) ingannare mostrando le cose diverse da come sono | (*fam.*) *Per p.*, *per ben p.*, per far bella figura, per mettersi in mostra | (*fam.*) *Per non p.*, per passare inosservato | *Pare e non pare*, per esprimere una impressione di dubbio circa qc. o q.c. | *Non pare gran che*, di cosa o persona d'apparenza piuttosto mediocre | *Mi pare, mi pareva di sognare!*, per esprimere stupore, incredulità e sim. | *Pare, mi pare ieri*, di avvenimento già lontano nel passato ma che sembra appena accaduto | *Mi pare mill'anni*, per esprimere intenso desiderio, grande impazienza e sim. | *Non mi pare vero!*, per esprimere grande soddisfazione, gioia e sim. *2* Essere dell'opinione di, pensare che: *ti pare di avere agito bene?*; *mi parve che fosse giunto il momento di intervenire* | *Che te ne pare?*, cosa ne pensi? | *Mi pareva! Mi pareva bene!*, lo pensavo, lo prevedevo | *Ti pare?*, *non ti pare?*, lo ritieni giusto, equo e sim.? | *Mi pare*, lo penso, lo credo giusto e sim. *3* (*raro, lett.*) Mostrarsi: *tanto gentile e tanto onesta pare / la donna mia* (DANTE) | Vedersi: *che non parea s'era laico o cherco* (DANTE *Inf.* XVIII, 117). *4* (*fam.*) Volere: *faccio quello che mi pare*; *se mi pare ci vado, se no resto a casa*; *è abituato a fare quel che gli pare e piace.* **B** v. intr. impers. (aus. *essere*) ● Sembrare: *pare che tu non capisca.* **C** v. intr. pron. ● (*raro, lett.*) Mostrarsi con evidenza: *Qui si parrà la tua nobilitate* (DANTE *Inf.* II, 9). **D** in funzione di s. m. *1* Opinione personale, soggettiva, ma non per questo arbitraria: *il mio p. è assolutamente negativo* | *A mio p.*, secondo me | *Mutar p.*, cambiare opinione, convinzione, idea | *Essere del p. di*, giudicare, stimare, pensare. SIN. Avviso. *2* Convincimento o idea personale che si dà o si richiede ad altri relativamente a certi fatti, situazioni, problemi e sim.: *qui è necessario il p. di un tecnico*; *andare dall'avvocato per un p.*; *dare p. favorevole, contrario*; *accetto di buon grado il vostro p.* SIN. Consiglio. *3* (*raro, lett.*) Apparenza | *Per un bel p.*, per semplice apparenza. || **pareràccio**, pegg. | **parerùccio**, dim. spreg.
parèrgo [vc. dotta, lat. tardo *parĕrgon* 'accessorio', dal gr. *párergon*, comp. di *pará-* 'para-' ed *érgon* 'opera, lavoro'. V. *ergo-*] s. m. (pl. *-ghi*) ● Appendice a opera letteraria.
parèsi o **parèsi** [vc. dotta, gr. *páresis* 'rilassamento, paralisi', da *pariénai* 'allentare', comp. di *pará-* 'para-' e *iénai* 'mandare'] s. f. ● (*med.*) Riduzione della motilità muscolare.
parestesìa [comp. di *para-* e del gr. *áisthēsis* 'percezione, sensazione'. V. *estetica*] s. f. ● (*med.*) Sensazione patologica spontanea non dolorosa quale formicolio o vellicamento.
paretàio [da *parete*] s. m. *1* Tesa stabile per uccelli, con appostamento in muratura e due grandi reti a scatto, che coprono un boschetto. *2* (*raro, fig.*) Trappola per individui inesperti, ingenui e sim.
paréte [lat. parl. **parēte(m)*, per il classico *pariete(m)*: di origine indeur. (?)] s. f. *1* (*arch.*) Muro interno di edifici, generalmente di piccolo spessore per dividere i vani, talvolta dotato di funzione portante: *p. divisoria*; *abbattere una p.*; *appendere un quadro alla p.* | *Nelle, tra le pareti domestiche*, in casa e (*fig.*) nell'ambito della famiglia | *Da p.*, detto di mobili e oggetti che hanno uno o due lati grezzi, privi di decorazione, destinati a essere accostati o appesi a una parete | *P. attrezzata*, struttura componibile in legno o metallo che riunisce le funzioni proprie del muro divisorio e del mobile o della scaffalatura. *2* Struttura che chiude o delimita uno spazio, una cavità e sim.: *le pareti di una grotta, di una scatola*; *p. carotidea, toracica, addominale* | (*biol.*) *P. cellulare*, struttura di natura cellulosica che circonda la cellula vegetale. *3* (*fig.*) Riparo, ostacolo: *frapporre una p. d'odio, d'incomprensione*; *una p. insormontabile.* SIN. Muro. *4* (*dial.*) †Muro di cinta, muricciolo. *5* Nell'alpinismo, fianco scosceso e ripido di un monte, anche coperto di ghiaccio: *la p. nord dell'Eiger, del Cervino.* *6* (*veter.*) Lamina cornea che ricopre la parte distale del dito dei Solipedi | Parte dello zoccolo. SIN. Muraglia. *7* Rete che si stendeva sul terreno per catturare uccelli. || †**paretèlla**, dim. | †**paretèllo**, dim. m.
parètico [da *paresi* sul modello di *ascesi-ascetico*, *cosmesi-cosmetico* ecc.] agg.; anche s. m. (f. *-a*; pl. m. *-ci*) ● (*med.*) Che, chi è affetto da paresi.
paretimologìa [comp. di *para-* ed *etimologia*] s. f. (pl. *-gie*) ● (*ling.*) Etimologia apparentemente esatta, ma senza fondamento scientifico.
paretimològico agg. (pl. m. *-ci*) ● Che concerne la, o è derivato dalla, paretimologia
†**parévole** [da *parere*] agg. *1* Che ha sembianza, aspetto. *2* Appariscente.
†**pargolarità** [da *pargolo*] s. f. ● Fanciullezza.
pargoleggiàre o †**parvoleggiàre** [comp. di *pargolo* e *-eggiare*] v. intr. (*io pargoléggio*; aus. *avere*) ● (*lett.*) Fare il bambino, atteggiarsi, comportarsi come un fanciullo.
pargolétta [f. di *pargoletto*] s. f. *1* (*lett.*) Bambina. *2* (*lett.*) †Fanciulla, ragazza.
pargolétto o †**parvolétto**. **A** s. m. (f. *-a* (V.)) ● (*lett.*) Dim. di *pargolo*. **B** agg. ● (*lett.*) Di fanciullo: *le pargolette membra* (PETRARCA).
†**pargolézza** [da *pargolo*] s. f. *1* Infanzia, fanciullezza. *2* Piccolezza.
†**pargolità** s. f. ● Fanciullezza, infanzia.
pàrgolo o (*lett.*) †**pàrvolo** [lat. *părvulu(m)*, dim. di *părvus* 'piccolo'. V. †*parvo*] **A** s. m. (f. *-a*) ● (*lett.*) Bambino, fanciullo. **B** agg. ● (*lett.*) Piccolo. || **pargolétto**, dim. (V.).
pàri (**1**) o †**pàre**, **pàro** (**2**) [lat. *păre(m)*: di origine etrusca (?)] **A** agg. *1* Uguale, che corrisponde esattamente: *essere p. di età, statura, grado*; *essere p. per condizione sociale*; *mostrò un coraggio p. alla sua astuzia*; *essere p. in bellezza, in bontà*; *avere p. diritti e p. doveri* | *Di p. passo*, con passo uguale e (*fig.*) contemporaneamente, all'unisono | (*raro*) *Andare a, di p.*, di conserva | Simile: *Lucifero volle farsi p. a Dio.* *2* Privo di sporgenze, rientranze, pendenza, dislivelli e sim.: *strada, superficie, linea p.*; *i piatti della bilancia non sono p.* | *Far la bocca p.*, stringere le labbra per reprimere un'espressione di dispiacere, disappunto e sim. | *A piè p.*, coi piedi uniti e a una stessa altezza e (*fig.*) del tutto, completamente: *saltare a piè p. un capitolo, il punto difficile di una versione.* *3* (*fig.*) Di giochi o scommesse che terminano con uno stesso punteggio; di giocatori che non vincono e non perdono: *la partita è p.*; *per ora siamo p.* | *Far p.*, impattare | *Far p. e patta*, terminare in parità | (*est.*) Di chi non ha debiti, né crediti o altre pendenze: *ho pagato l'ultima rata e sono p. con lui*; *gli ho restituito gli insulti, così sono p.* | *Conti p.*, pareggiati nel dare e nell'avere. *4* (*fig.*) Adeguato, sufficiente: *essere p. alla bisogna, alle necessità del momento.* CONTR. Impari. *5* (*mat.*) Detto di numero divisibile per due. *6* (*fis.*) Detto della parità di una funzione d'onda quando, cambiando segno alle coordinate spaziali, la funzione d'onda non cambia di segno. *7* (*anat.*) Detto di formazione, quale la retina, o di un organo, quale l'occhio, che è presente in una metà laterale del corpo e ha l'omologo simmetrico nell'altra metà. *8* Nella loc. agg. e avv.

alla p., detto di persona che svolge un lavoro, spec. di istitutrice, governante e sim., presso una famiglia senza ricevere da questa una retribuzione, ma soltanto il vitto e l'alloggio: *ragazza, studentessa alla p.*; *lavorare alla p.*; *stare alla p. presso una famiglia*; V. anche *au-pair*. || **pariménti**, †**pariménte**, avv. Ugualmente, similmente; (*raro*) unitamente. **B** avv. • In modo pari: *andare p.* | *Camminare p.*, (*fig.*) con affettata compostezza | (*iter.*) P. p., alla lettera, senza nessuna variazione, testualmente: *il tuo compito è copiato p. p. dal mio*; (*fam.*) direttamente, senza indugio: *è venuto p. p. da me a raccontare tutto.* **C** s. m. *1* Uguaglianza, parità: *essere in p.*; *mettere, mettersi in p.* | *Rendere p. a p.*, la pariglia | *A un p.*, allo stesso modo o nello stesso tempo | *Del p.*, ugualmente | *Al p. di*, come: *siamo abili al p. di lui* | †*Levarla, uscirne del p.*, senza scapito, danno o pregiudizio | *In p.*, sulla stessa linea, sullo stesso piano e (*fig.*) al corrente, in regola: *mettere in p. due mensole*; *mettersi in p. con le ultime notizie, coi programmi scolastici*; *tenere in p. un registro* | In una gara, risultato di parità: *un p. per gli azzurri nell'ultima partita.* *2* Numero pari | Complesso di numeri pari: *puntare sul p.*; *giocare a p. e dispari.* **D** s. m. e f. • Chi è dello stesso grado, livello o condizione: *è una nostra p.*; *tratta con i p. tuoi* | *Trattare qc. da p. a p.*, come se fosse della medesima condizione | *Da par suo*, come si addice a una persona del suo rango, della sua cultura, capacità e sim. | *Non avere, non trovare p.*, si dice di chi o di ciò che eccelle in q.c. e non ha uguali | (*borsa*) *Sopra la p., sotto la p.*, detto di titoli il cui corso è, rispettivamente, superiore o inferiore al valore nominale | *Senza p.*, incomparabile, eccellente | *Gruppo dei p.*, in sociologia, quello formato da coetanei, che condiziona lo sviluppo dell'individuo nell'età della preadolescenza.

pàri (2) [fr. *pair*, propr. 'pari, di pari grado'] s. m. *1* Titolo che si davano reciprocamente le persone di uguale condizione o i membri di una medesima associazione. *2* Ciascuno dei primi ufficiali della corona che insieme con il sovrano costituivano la corte suprema di giustizia. *3* Membro della camera alta del Parlamento britannico.

pària (1) [ingl. *pariah*, dal tamil *paraiyan*, propriamente 'tamburini', da *parai* 'tamburo'] s. m. inv. *1* In India, persona appartenente alla casta più bassa o esclusa da ogni casta. *2* (*est.*) Persona di infima condizione sociale: *i p. della società.*

parìa (2) [da *pari (2)*] s. f. • Dignità e titolo di pari | Il ceto dei pari.

paricòllo [comp. di *pari* 'eguale' e *collo*] **A** agg. inv. • Detto di capo di abbigliamento privo di colletto e con scollatura all'altezza della base del collo: *maglione p.* **B** anche s. m. inv.: *un p. di lana.*

Pàridi [dal lat. *pārus* 'cinciallegra', di etim. incerta, e *-idi*] s. m. pl. • Nella tassonomia animale, famiglia di Passeriformi con becco piccolo e complesso e lingua dall'apice setoloso cui appartengono le cince (*Paridae*) | (al sing. *-e*) Ogni individuo di tale famiglia.

Paridigitàti [comp. di *pari (1)* e un deriv. del lat. *dĭgitus* 'dito'] s. m. pl. • (*zool.*) Artiodattili.

parietàle [vc. dotta, lat. tardo *parietāle(m)*, agg. di *păries*, genit. *parĭetis* 'parete'] **A** agg. *1* Eseguito su parete di edifici, caserme, grotte e sim.: *disegni, graffiti parietali*; *arte p.* *2* (*anat.*) *Osso p.*, osso piatto, laterale della volta cranica | *Sutura p.*, che unisce le due ossa parietali. ➡ ILL. p. 362 ANATOMIA UMANA. *3* (*bot.*) *Ovulo p.*, inserito sulla parete del carpello. **B** s. m. • (*anat.*) Osso parietale.

parietària [vc. dotta, lat. tardo *hĕrba(m) parietāria(m)* '(erba che cresce) sulle pareti (in lat. *parĭetes*) rocciose o murarie'] s. f. • Genere di piante erbacee cespugliose delle Urticacee senza peli urticanti con foglie alterne e piccoli fiori verdastri, comprendente poche specie che crescono su muri e rocce (*Parietaria*). SIN. Erba vetriola.

parìfica s. f. • (*bur.*) Parificazione.

parificaménto s. m. • (*raro*) Modo e atto del parificare. SIN. Pareggiamento.

parificàre [comp. di *pari (1)* e *-ficare*] v. tr. (*io parìfico, tu parìfichi*) • Porre sullo stesso piano, rendere uguale: *p. gli oneri, gli obblighi e i diritti* | *P. una scuola privata*, riconoscere agli studi in essa compiuti ed ai titoli in essa conseguiti la stessa validità degli studi e dei titoli di una scuola statale. SIN. Pareggiare.

parificàto part. pass. di *parificare*; anche agg. *1* Nel sign. del v. *2 Scuola parificata*, d'istruzione primaria, legalmente equiparata a una scuola statale.

parificazióne s. f. • Atto, effetto del parificare.

parifórme [comp. di *pari (1)* e *-forme*] agg. • (*raro*) Che ha forma eguale a quella di altra cosa analoga.

parigìna [f. sost. di *parigino*] s. f. *1* Tipo di stufa economica, a combustione lenta. *2* Gioco di biliardo tra un numero illimitato di giocatori, ma con due sole palle e il pallino. *3* Nell'attrezzatura ferroviaria, sella di lancio per lo smistamento di vagoni. ➡ ILL. p. 1754 TRASPORTI.

parigìno A agg. • Di Parigi, caratteristico di Parigi: *accento parigino*; *moda parigina.* **B** s. m. (f. *-a*) • Abitante, nativo di Parigi.

pariglia [fr. *pareille*, dal lat. parl. **parĭcula(m)*, dim. di *pār*, genit. *pāris* 'pari (1)'. Cfr. *parecchio*] s. f. *1* Coppia o paio di oggetti uguali: *una p. di porcellana, di pistole antiche* | Coppia di carte da gioco uguali o combinazione di due dadi che, lanciati, danno lo stesso numero. *2* Coppia di cavalli da tiro uguali per statura e mantello. *3* Uguale trattamento, nella loc. *rendere la p.*, ricambiare allo stesso modo un torto, un'offesa e sim.

parigràdo o **pàri gràdo** [comp. di *pari (1)* e *grado*] s. m. e f. inv. • Chi è di grado uguale: *è un mio p.*

pariménti o (*raro*) **pariménte** [comp. di *pari (1)* e *-mente*] avv. • (*lett.*) Ugualmente, nello stesso modo: *sono p. belli* | (*raro*) Insieme, unitamente: *procedere p.*

pariniàno A agg. *1* Di, proprio del poeta G. Parini (1729-1799): *manoscritto, stile p.* *2* Che segue il Parini, quanto a stile, pensiero e sim. **B** s. m. • Seguace del Parini.

pàrio [vc. dotta, lat. *Păriu(m)*, nom. *Părius*, dal gr. *Pários*, agg. di *Páros* 'Paro', isola dell'Egeo] agg. • Dell'isola di Paro | *Marmo p.*, di color avorio e con grana minuta, usato nell'antichità per statue e sim.

pariolìno [da *Parioli*, quartiere residenziale di Roma] **A** agg. • Dei Parioli. **B** s. m. (f. *-a*) *1* Abitante dei Parioli, spec. giovane. *2* (*est.*) Giovane di buona famiglia con tendenze politiche di destra, dal comportamento spesso prepotente o facinoroso.

paripennàto [comp. di *pari (1)* e *pennato*] agg. solo f. • (*bot.*) Di foglia pennata composta, con numero pari di foglioline.

†**parìre** [V. *parere*] v. intr. • Apparire.

parisìllabo [comp. di *pari (1)* e *sillaba*, sul modello di *endecasillabo*, ecc.] **A** agg. • Che ha un numero pari di sillabe: *verso p.*; *declinazioni parisillabe.* CONTR. Imparisillabo. **B** s. m. • Nome, appartenente alla terza declinazione latina, che ha lo stesso numero di sillabe nel nominativo e nel genitivo.

parità o †**paritàde** [vc. dotta, lat. tardo *paritā-te(m)*, da *pār*, genit. *pāris* 'pari (1)'] s. f. *1* Condizione o stato di ciò che è pari, rapporto di uguaglianza o equivalenza: *aspirare alla p. dei diritti*; *rivendicare la p. di tutti i cittadini di fronte alla legge* | *P. salariale*, principio secondo il quale lavori uguali debbono essere egualmente retribuiti indipendentemente dall'età, dal sesso, dalla razza o religione di chi li esegue | *P. aurea*, contenuto in oro fino di una moneta o valore in oro del biglietto, fissato ufficialmente e utilizzato, anche come base per i cambi all'estero | *A, in p. di*, se e quando vi sia uguaglianza: *a p. di condizioni, di voti* | *A p. di merito*, a pari merito | *In p.*, in pareggio. CONTR. Disparità. *2* (*sport*) Punteggio uguale, ottenuto da due avversari in una competizione: *risultato di p.* | *In p.*, a pari punteggio: *portarsi in p.* *3* (*mat.*) L'esser pari o dispari | *P. della stessa parità*, entrambi pari o entrambi dispari. *4* (*fis.*) Proprietà di simmetria della funzione d'onda, rappresentante una particella o un sistema di particelle, consistente nel cambiare o meno il segno della funzione stessa cambiando il segno alle coordinate spaziali | *P. pari*, la funzione d'onda, nel suddetto cambiamento, non cambia | *P. dispari*, cambia.

paritàrio [da *parità*, sul modello del fr. *paritaire*] agg. • Che è realizzato secondo la parità, che è in condizioni di parità: *trattamento p.* || **paritariaménte**, avv.

pariteticità s. f. • Qualità, condizione di paritetico.

paritètico [ted. *paritätisch*, da *Parität* 'parità'] agg. (pl. m. *-ci*) • Di parità: *rapporto p.* | *Commissione paritetica*, formata di un ugual numero di rappresentanti delle varie parti e avente il potere di risolvere controversie. || **pariteticaménte**, avv. In modo paritetico, secondo un rapporto paritetico.

pàrka [da una vc. delle isole Aleutine] s. m. inv. • Indumento impermeabile con cappuccio, fatto in genere di pelle di foca, indossato dagli eschimesi | Indumento di forma analoga, spec. impermeabile, molto diffuso nell'abbigliamento sportivo.

parkerizzàre v. tr. • (*chim.*) Sottoporre a parkerizzazione.

parkerizzazióne [dal n. della ditta ingl. *Parker* (*Rust Proof Co.*) fondata da C.W. e W.C. *Parker*, che per prima adottò questa tecnica] s. f. • (*chim.*) Procedimento chimico a cui vengono sottoposti il ferro e le sue leghe per determinare la formazione di un rivestimento protettivo.

parkinsoniàno agg. • (*med.*) Relativo al morbo di Parkinson, malattia del sistema nervoso centrale, caratterizzata da rigidità muscolare e tremore diffuso | *Sindrome parkinsoniana*, parkinsonismo.

parkinsonìsmo [dal n. del medico ingl. J. *Parkinson* (1755-1824)] s. m. • (*med.*) Malattia con sintomi simili a quelli del morbo di Parkinson.

parlàbile agg. • Che si può parlare: *lingua p.*

parlachiàro [comp. di *parlare* e *chiaro*] s. m. e f. inv. • (*tosc.*) Chi si esprime senza riguardi, senza mezzi termini, chiamando le cose col loro nome.

parlàgio o **parlascio** [etim. incerta] s. m. • Località in cui nel Medioevo si tenevano assemblee di carattere politico, militare e sim.

†**parlagióne** s. f. • Atto, effetto del parlare.

parlamentàre (1) [da *parlamento* nel sign. 4] v. intr. (*io parlaménto*; aus. *avere*) *1* Trattare a voce con i rappresentanti di forze belligeranti per stabilire accordi su questioni di reciproco interesse: *p. per una tregua, per uno scambio di prigionieri* | Discutere con un avversario, con chi ha assunto un atteggiamento ostile, e sim. *2* (*est.*) Stare a colloquio con qc., spec. per iniziare, svolgere o concludere trattative, accordi e sim. *3* †Arringare. *4* (*mar.*) †Domandare a voce notizie da una nave all'altra.

parlamentàre (2) [da *parlamento* nel sign. 1] **A** agg. *1* Del parlamento, o a esso relativo: *commissione, iniziativa, dibattito, inchiesta p.* | *Linguaggio p.*, particolare terminologia tecnico-politica in uso presso i membri del parlamento | *Norme, usi parlamentari*, propri del parlamento | *Eloquenza p.*, da oratore politico abituato a parlare in parlamento o dinanzi ad altre assemblee | *Immunità p.*, di cui godono i membri del parlamento | *Governo p.*, sistema politico caratterizzato dal controllo esercitato dal parlamento che condiziona la vita e l'azione del governo | *Diritto p.*, complesso degli atti legislativi disciplinanti l'ordinamento interno e il funzionamento delle Camere | *Commissione p.*, complesso dei membri del Parlamento costituito in modo da rispecchiare la proporzione dei gruppi parlamentari per operare spec. nel corso di un procedimento legislativo | *Giornalista p.*, che segue i lavori del parlamento e delle relative commissioni e ne fa i resoconti. *2* (*fig.*) Pieno di tatto, correttezza e dignità (*anche scherz.*): *contegno p.* | *Poco p.*, scorretto, grossolano. || **parlamentarménte**, avv. **B** s. m. e f. *1* Membro del parlamento: *tanto i deputati che i senatori sono dei parlamentari.* *2* Chi è inviato per iniziare, svolgere o concludere trattative, accordi e sim.: *i parlamentari presentarono le credenziali.*

parlamentàrio agg.; anche s. m. • (*raro*) Parlamentare, nel sign. di *parlamentare (2)*.

parlamentarìsmo [fr. *parlementarisme*, da *parlementaire* 'parlamentare' (agg.)] s. m. *1* Sistema parlamentare. *2* (*spreg.*) Degenerazione del sistema parlamentare.

parlamentarista A s. m. e f. (pl. m. *-i*) • Sostenitore del parlamentarismo. **B** agg. • Parlamentaristico.

parlamentarìstico agg. (pl. m. *-ci*) • Del, relativo al, parlamentarismo.

parlamentatóre agg.; anche s. m. (f. *-trice*) ● (*raro*) Che, chi parlamenta.

parlamentìno s. m. *1* Dim. di *parlamento*. *2* Nella struttura organizzativa di un partito politico, movimento sindacale e sim., organo decisionale costituito da un vasto numero di membri.

parlaménto [da *parlare*] s. m. *1* (spesso scritto con iniziale maiuscola) Assemblea politica rappresentativa dello Stato moderno, mediante la quale il popolo, attraverso i suoi rappresentanti eletti, partecipa all'esercizio del potere per la formazione delle leggi e il controllo politico del governo. *2* Edificio ove si riunisce questa assemblea. *3* Assemblea, convegno: *invitare, recarsi a p.* | (*mil.*) Convegno tra rappresentanti di due forze belligeranti per stabilire trattative. *4* †Modo e atto del parlare | †Dono della parola | †Ragionamento, discorso. || **parlamentino**, dim. (V.).

parlànte **A** part. pres. di *parlare*; anche agg. *1* Nei sign. del v. *2* *Ben p.*, che si esprime bene, con facilità e ricchezza di linguaggio. *3* (*fig.*) Evidente, lampante: *prova p.*; *fatti parlanti*. *4* (*fig.*) Che è così intensamente espressivo da sembrare vivo: *ritratto p.*; *statua p.* *5* †Loquace, facondo: *una fresca e bella giovane, e parlante, e di gran cuore* (BOCCACCIO). **B** s. m. *1* Chi parla o è dotato di favella. *2* (*ling.*) Soggetto che produce gli enunciati | Soggetto che fa uso di una determinata lingua.

†**parlantière** [da *parlante*] s. m. ● Ciarlone, chiacchierone.

parlantìna [da *parlante*] s. f. ● (*fam.*) Grande facilità e scioltezza di parola. SIN. Loquacità.

†**parlantìno** [da *parlante*] agg. ● Loquace.

†**parlànza** [da *parlare*] s. f. *1* Discorso, ragionamento. *2* Diceria.

†**parlàrdo** [da *parlare*] s. m. ● (*raro*) Parlatore, oratore.

parlàre [lat. parl. **parabolāre*, da *parăbola* 'parabola', poi 'parola'] **A** v. intr. (aus. *avere*) **I** Con particolare riferimento all'attività fonica del soggetto. *1* Articolare dei suoni o emettere suoni articolati: *non sapere p.*; *i muti non parlano*; *un bambino che ha imparato a p. molto presto*; *non poter p. per l'emozione, lo spavento, la gioia*; *p. a voce bassa, in tono agitato, tra i denti, piano, forte* | *P. a fior di labbra*, sussurrando appena le parole | *P. nel, col naso*, con risonanza nasale | *P. in gola*, con risonanza gutturale | *P. di testa*, con voce impostata alta | *P. bene, male*, pronunciando con chiarezza o meno le parole. *2* Comunicare per mezzo delle parole, manifestare con le parole pensieri, sentimenti e sim.: *p. con chiarezza, con precisione, con proprietà di linguaggio*; *p. in modo astruso, sibillino, incomprensibile*; *p. senza timore, senza mezzi termini*; *p. chiaro, liberamente, apertamente, freddamente, con entusiasmo, con enfasi* | (*fig., scherz.*) *P. in punta di forchetta*, con affettazione | *Con rispetto parlando*, formula di scusa con cui si usa precedere o concludere un discorso non troppo conveniente | *P. grasso*, senza decenza | †*P. a ben piacere*, adulare | *P. a buona intenzione*, con retto fine | *P. da galantuomo, da svergognato, da matto*, esprimersi come un galantuomo, uno svergognato, un matto | *P. sul vero*, dire la verità | *P. a caso, a vanvera*, dire cose senza senso o estranee all'argomento di cui si tratta | *P. da solo*, rivolgendosi a sé stesso ad alta voce come a un immaginario interlocutore | *P. al plurale*, usando il noi maiestatico | *P. tra sé, tra sé e sé, dentro di sé*, ragionare da solo, in silenzio o sottovoce | *P. senza riflettere*, senza sapere quello che si dice, a sproposito | *P. bene di q.c. o di qc.*, esprimere giudizi positivi | *P. male di qc. o di q.c.*, sparlarne | (*fam.*) *P. perché si ha la bocca, perché si ha la lingua, per dar aria ai denti* e sim., dire delle sciocchezze | *Lasciami, lascialo p.!*, non interrompere continuamente | *Parla quando sei interrogato*, si dice a chi si intromette in cose che non lo riguardano | *È forse proibito p.?*, si dice a chi raccomanda silenzio, discrezione e sim. | *Questo si chiama p.!*, si dice approvando vivacemente discorsi franchi, aperti | *Ha parlato l'oracolo, così parlò Zarathustra*, (*iron., fig.*) si dice di persona saccente, sentenziosa | *Parlo sul serio*, non sto scherzando | *Badi a come parla*, stia attento a quel che dice | *Umanamente parlando*, da un punto di vista umano | *Generalmente parlando*, da un punto di vista generale o generalmente, di solito | (*fig.*) *P. come un libro stampato*, benissimo, propriamente, dicendo cose esatte, giuste. *3* Rivelare dati, notizie e sim. riservati o segreti: *il prigioniero ha parlato*; *bisogna farlo p. a tutti i costi* | Dire ciò che si sa su determinati fatti o avvenimenti: *il testimone non vuole p.* | Confessare: *il reo finalmente ha parlato*. *4* Pronunciarsi su q.c., dire la propria opinione in merito a q.c.: *io ti ho presentato le proposte, ora devi p. tu*; *parli, parli pure liberamente!* **II** Con particolare riferimento al contenuto delle parole o del discorso. *1* Intrattenersi conversando: *p. con qc. in tono confidenziale, su questioni delicate, delle ultime novità*; *parlavano tra loro da molto tempo*; *stanno parlando insieme al telefono* | *Con chi parlo?*, formula usata nelle conversazioni telefoniche | *Con chi ho l'onore di p.?*, formula di cortesia usata per chiedere il nome di qc. che non è stato presentato | *Con chi credi di p.?*, rivolgendosi a chi usa un tono troppo confidenziale, familiare o addirittura scorretto | *Senti chi parla!*, per sottolineare che la persona che sta dicendo determinate cose è proprio la meno adatta | *Non parlo, non sto parlando con te, con voi*, a chi si intromette in una conversazione senza esservi stato chiamato | Conferire: *vorrei p. con l'addetto all'ufficio reclami* | *P. coi morti, con gli spiriti*, ricorrendo a sedute spiritiche e sim. *2* Rivolgersi a qc.: *quando ti parlo, rispondimi*; *p. a un amico, ai colleghi* | (*fig.*) *P. al vento, al muro, al deserto*, a chi non vuole assolutamente ascoltare, parlare inutilmente | (*fig.*) *P. ai banchi*, a una scolaresca svogliata e disattenta | *P. a, con qc. a quattrocchi*, nella massima segretezza. *3* Tenere un discorso, una predica e sim.: *p. al popolo, ai rappresentanti degli Stati esteri, a un uditorio attento*; *p. in una riunione, in piazza, alla radio, dalla cattedra, dal pulpito*; *p. a favore, a carico, a discarico, in difesa di q.c. o di qc.*; *p. contro q.c. o qc.* | *P. a braccio, a braccia*, improvvisando. *4* Trattare, ragionare, discutere: *p. di letteratura, di filosofia, di moda*; *p. del presente e del futuro* | *Parliamo d'altro*, cambiamo argomento, discorso | *Non finirla più di p. di q.c. o di qc.*, insistere su un determinato argomento fino all'eccesso | *Non me ne p.!*, si dice a chi tocca argomenti che si preferisce ignorare o tralasciare | *P. del più e del meno, del vento e della pioggia*, intrattenersi conversando di cose anonime e banali | *Proprio lui ne parla!*, si dice di persona che pretende di trattare determinati argomenti, esprimendo critiche, giudizi e sim., non avendone assolutamente il diritto o la capacità | *Parlarne*, trattare o discutere di q.c. | *Non voglio più sentirne p.*, l'argomento è chiuso | *Per ora non se ne parla*, (*fig.*) non se ne fa nulla | *Ne ho sentito p.*, è argomento di cui molti chiacchierano | *In giro se ne parla*, è argomento trattato da molti | *Far p. di sé*, divenire oggetto di chiacchiere, critiche e sim. o divenire famoso | *Parlarsi addosso*, (*fig.*) parlare molto, o troppo, spec. di sé, con compiacimento o vanteria | *Si comincia a p. di ...*, si fanno ipotesi su ... *5* Rendere palese un'intenzione, un progetto e sim.: *p. di trasferirsi, di cambiar casa*; *da tempo quei due parlano di matrimonio* | *Gliene hai parlato?*, gli hai esposto i tuoi propositi? *6* Riferirsi, alludere: *mi hai frainteso, io parlavo d'altro*; *non parlavamo di voi*; *di cosa intendete p.?* | *Di chi, di cosa parlate?*, a chi, a cosa vi riferite? **III** Con valore estensivo o figurato anche con riferimento a cose inanimate. *1* Esporre per iscritto, narrare o trattare in un'opera scritta o in una parte di essa: *parlerò del problema nella prossima serie di articoli*; *il terzo volume ne parla alla pagina trenta*. *2* (*fig.*) Esprimersi con mezzi diversi dalla parola: *p. con gli occhi, a gesti*; *si dice che gli italiani parlino con le mani* | *P. coi piedi*, tirar calci e (fig.) dire spropositi. *3* Agire o influire sui sentimenti o sulla sensibilità di una persona: *racconti, atteggiamenti, azioni che parlano al cuore, all'anima, alla fantasia*; *ho cercato, ma invano, di p. alla sua coscienza* | Indurre al ricordo, al rimpianto, alla speranza e sim.: *tutto laggiù mi parla della nostra infanzia*; *quei pochi oggetti le parlano di lui*. *4* (*fig.*) Essere particolarmente vivace, espressivo e sim.: *occhi che parlano* | Avere importanza determinante, costituire una prova decisiva: *i fatti parlano da soli*; *sono cose che parlano chiaro* | *Lasciar p. i fatti*, attenersi a quanto essi provano o dimostrano | (*fig.*) *Le urne hanno parlato*, con riferimento al risultato di una votazione. *5* (*fig.*) Manifestarsi con discorsi o con atti umani, detto di cose e spec. di sentimenti personificati: *in lui parla l'odio*; *non lasciar p. il tuo risentimento*; *fare, lasciare p. la coscienza, l'onestà*. **B** v. tr. *1* Usare un determinato linguaggio: *p. un linguaggio franco, schietto, ambiguo*. *2* (*lett.*) Dire: *parlando cose che 'l tacere è bello* (DANTE *Inf.* IV, 104). *3* (*ling.*) Comunicare con altri parlanti secondo un sistema definito appartenente a una particolare comunità linguistica: *p. inglese, francese, tedesco*; *sa p. cinque lingue*; *scusi, lei parla tedesco?*; *parla un italiano perfetto* | *P. turco, arabo, ostrogoto*, (*fig.*) parlare in modo incomprensibile. **C** v. rifl. rec. *1* Rivolgersi la parola: *si parlarono senza conoscersi* | (*est.*) Essere in buoni rapporti: *non si parlano più da molto tempo*. *2* (*pop.*) Amoreggiare: *quei due si parlano da vari mesi*. **D** in funzione di s. m. *1* Discorso, parola: *un p. turpe, sconcio*. *2* Parlata: *il nostro p.*; *il p. umbro, toscano, lombardo* | (*raro*) Lingua, idioma, linguaggio: *i parlari volgari debbon esser i testimoni più gravi degli antichi costumi de' popoli* (VICO).

parlàscio ● V. *parlagio*.

†**parlașìa** ● V. *paralisi*.

parlàta [da *parlare*] s. f. *1* Modo del parlare, caratteristico quanto ad accento, forma e terminologia: *p. colta, popolare, dialettale*; *la p. lombarda*; *dalla p. si direbbe toscano* | Gergo: *la p. della malavita*. *2* (*pop.*) Discorso prolisso: *una p. che non finiva più*. || **parlatina**, dim.

parlàto (1) **A** part. pass. di *parlare*; anche agg. *1* Nei sign. del v. *2* Che appartiene al parlare corrente, quotidiano, popolare: *lingua parlata*; *uso p. della lingua*; *locuzioni, espressioni tipiche del linguaggio p.* CONTR. Scritto, letterario. *3* Detto di cinema, film e sim., dotato di colonna sonora. CONTR. Muto. **B** s. m. *1* (*fam.*) Cinema parlato: *l'era del p.*; *il p. soppiantò rapidamente il muto* | Commento parlato di un film | *Colonna del p.*, colonna sonora. *2* Tipo di recitazione teatrale piana e colloquiale. *3* Il linguaggio come mezzo espressivo vivo e quotidiano, in contrapposizione al linguaggio scritto o letterario. *4* †Discorso | †Parlamento.

parlàto (2) [da *pari* (*1*), perché è un nodo doppio] s. m. ● (*mar.*) Nodo eseguito unendo a doppia volta una cima intorno a un'asta o a un cavo.

parlatóre s. m. (f. *-trice*, pop. *-tora*) *1* Persona che parla bene, esprimendosi con scioltezza e proprietà: *un p. sottile e arguto* | Oratore. *2* †Chi parla.

parlatòrio [da *parlare*] s. m. *1* In conventi, collegi, carceri e sim., luogo in cui gli ospiti degli stessi possono incontrarsi e conversare con i visitatori esterni. *2* †Luogo di riunione, di convegno.

†**parlatùra** s. f. *1* Discorso, eloquio. *2* Parlata.

†**parleșìa** ● V. *paralisi*.

parlético o (*tosc.*) **pallético** [V. *paralitico*] s. m. (pl. *-ci*) ● (*raro, pop.*) Tremore corporeo, spec. delle mani e delle dita, causato da affezioni del sistema nervoso.

†**parlettière** [da *parlare*] s. m. ● Chiacchierone.

†**parlévole** agg. *1* Che parla. *2* Dicibile.

†**parlière** s. m.; anche agg. *1* Parlatore, oratore. *2* Ciarlone.

parlottàre [comp. di *parl(are)* e *-ottare*] v. intr. (*io parlòtto*; aus. *avere*) *1* Conversare o chiacchierare a voce bassa, anche animatamente o con aria di mistero: *stavano parlottando tra loro*; *parlottava con un amico chissà di cosa*. *2* (*fig.*) Mormorare: *tra gli scogli parlotta la maretta* (MONTALE).

parlottìo [da *parlottare*] s. m. ● Conversazione o chiacchierio animato e sommesso. SIN. Cicaleccio.

parlucchiàre v. tr. (*io parlùcchio*) ● Parlare una lingua alla meglio: *p. l'inglese, il tedesco*.

pàrma [vc. dotta, lat. *pārma(m)*, di etim. incerta] s. f. ● Nella Roma antica, piccolo scudo rotondo per leggera armatura, tipico della cavalleria e della fanteria leggera.

parmènse [vc. dotta, lat. *Parmēnse(m)*, agg. etnico di *Părma* 'Parma'] **A** agg. ● Di Parma: *dialetto p.* **B** s. m. e f. ● Abitante, nativo di Parma. **C** s. m. solo sing. ● Dialetto parlato a Parma.

parmigiàna s. f. • (*ell.*) Vivanda preparata alla parmigiana: *una p. di melanzane, di zucchine.*

parmigiàno A agg. • Di Parma | *Alla parmigiana*, (*ell.*) al modo dei parmigiani, spec. di preparazioni gastronomiche basate su verdure di una certa consistenza, le quali, affettate, infarinate e fritte, vengono poi disposte a strati e condite con sugo di pomodoro, molto parmigiano grattugiato e, talvolta, mozzarella: *melanzane, zucchine alla parmigiana.* **B** s. m. (f. *-a* nel sign. 1) ***1*** Abitante, nativo di Parma. ***2*** *P. reggiano*, (*ell.*) *parmigiano*, formaggio stagionato a pasta granulosa, prodotto nel Parmense e nel Reggiano.

parnàṣio o **parnàssio** (2) [vc. dotta, lat. *Parnāsiu(m)*, dal gr. *Parnásios* 'del Parnaso'] agg. ***1*** (*lett.*) Relativo al monte Parnaso, in Grecia. ***2*** (*fig.*) Relativo ad Apollo, alle Muse o alla poesia.

parnàṣo o (*lett.*) **parnàsso** [vc. dotta, lat. *Parnāsu(m)*, nom. *Parnāsus*, dal gr. *Parnasós*, monte della Grecia sacro a Febo e alle Muse] s. m. • Poesia: *il nostro p. rinascimentale*; *là corre il mondo ove più versi / di sue dolcezze il lusinghier Parnaso* (TASSO) | *Salire in p.*, far poesia | L'insieme dei poeti di una regione, nazione e sim.: *il p. italiano, spagnolo*; *entrare nel p.*

parnàssia [da *Parnasso*, per la sua bellezza] s. f. • Pianta erbacea delle Sassifragacee dei pascoli paludosi di montagna con foglie cuoriformi e fiori bianchi, usata nella medicina popolare (*Parnassia palustris*).

parnassianéṣimo o **parnassianiṣmo** [da *parnassiano*] s. m. • Corrente poetica della seconda metà del XIX sec., in Francia, che volle contrapporre all'arte sentimentale prevalente una nuova forma espressiva d'impeccabile e impassibile perfezione.

parnassiàno [fr. *parnassien*, da *Parnasse* 'Parnaso'] **A** agg. • Proprio del parnassianesimo. **B** s. m. • Seguace, fautore del parnassianesimo.

†**parnàssico** agg. • Del Parnaso.

parnàssio (1) [vc. dotta, lat. tardo *Parnassiu(m)*, var. di *Parnāsius*, dal gr. *Parnásios*] s. m. • Grande e bella farfalla diurna, comune sulle Alpi, con ali bianche macchiate di nero e rosso (*Parnassius apollo*). SIN. Apollo.

parnàssio (2) • V. *parnasio.*

parnàsso • V. *parnaso.*

†**pàro** (1) • V. *paio.*

pàro (2) • V. *pari* (*1*).

-paro [lat. *-păru(m)*, da *părere* 'partorire', etim. 'produrre', di origine indeur.] secondo elemento • In aggettivi composti, per lo più sostantivati, significa 'che genera', 'che partorisce', 'che ha partorito': *primipara, oviparo.*

parócchi • V. *paraocchi.*

†**parociṣmo** • V. *parossismo.*

parodìa [vc. dotta, gr. *parōidía*, comp. di *para-* 'para-' e *ōidḗ* 'canto' (V. *ode*)] s. f. ***1*** Versione caricaturale e burlesca di un'opera, un dramma, un film e sim., o di parti di essi: *fare la p. di una famosa canzone*; *mettere q.c. in p.* ***2*** (*mus.*) Denominazione di composizioni vocali del sec. XVI, per le quali una melodia esistente era servita da modello. ***3*** (*fig.*) Persona, organismo e sim. che rappresentano soltanto un'imitazione scadente e ridicola di quello che in realtà dovrebbero essere: *una p. di governo, di parlamento.*

parodiàre [da *parodia*] v. tr. (*io paròdio*) • Imitare q.c. o qc. malamente o in modo ridicolo.

paròdico [vc. dotta, gr. *parōidikós*, agg. da *parōidía* 'parodia'] agg., (pl. m. *-ci*) • Che concerne la parodia.

parodìsta s. m. e f. (pl. m. *-i*) • Autore o esecutore di parodie.

parodìstico agg. (pl. m. *-ci*) • Di, relativo a parodia: *composizione, interpretazione parodistica.* || **parodisticaménte**, avv.

pàrodo [vc. dotta, gr. *párodos*: da *para-*, sul modello di *éxodos* 'esodo'] s. m. ***1*** Canto di entrata del coro nella tragedia greca | Parte del dramma che veniva recitata dal coro dopo il prologo, al suo ingresso nell'orchestra. ***2*** Negli antichi teatri greci, ciascuno degli accessi che immettevano nell'orchestra.

parodònto [fr. *parodonte*, comp. di *par(a)-* 'para(a)-' e *-odonte* '-odonto'] s. m. • (*anat.*) Paradenzio.

parodontologìa • V. *paradontologia.*

parodontopatìa • V. *paradontopatia.*

parodontòṣi • V. *paradentosi.*

†**paròffia** o †**parròffia** [V. *parrocchia*] s. f. ***1*** (*raro*) Parrocchia. ***2*** (*raro*) Parte, regione. ***3*** Compagnia, seguito.

paròla [lat. *parăbola(m)*. V. *parabola*] s. f. **I** Insieme organico di suoni o di segni grafici con cui l'uomo riesce, parlando o scrivendo, a comunicare dei contenuti mentali. ***1*** Termine o vocabolo, in quanto singolo elemento d'espressione: *l'italiano è una lingua ricca di parole*; *una p. lunga, breve, semplice, composta, facile, difficile, letteraria, arcaica, disusata, nuova, errata, esatta*; *scrivete le venti nuove parole francesi che avete imparato*; *non dire parole sconce* | *Nel vero senso della p.*, secondo il suo preciso significato | *Nel senso più ampio della p.*, nella sua accezione più estesa | *Non capire una sola p.*, nulla | *Dire q.c. in, con una p.*, (*fig.*) brevemente | *Basta la p.*, si dice quando un solo vocabolo esprime compiutamente il senso di q.c. | *P. per p.*, letteralmente: *riferire, tradurre, copiare q.c. p. per p.* | *Giochi di parole*, freddure e sim. | *Giro di parole*, circonlocuzione | *Parole in libertà*, motto futurista che rivendicava l'assoluta libertà della lingua letteraria da ogni regola grammaticale | *Togliere, levare la p. di bocca a qc.*, dire una parola che qc. sta per dire | *Avere una p. sulla punta della lingua*, saperla ma non riuscire a dirla per momentanea amnesia | *Questione di parole*, (*fig.*) solo formale. ***2*** (*spec. al pl.*) Termine o vocabolo, in quanto elemento costitutivo di un discorso, ragionamento e sim.: *non capisco, non ricordo, non ho udito le vostre parole*; *parole magiche, insensate, ispirate, ambigue, audaci, offensive* | *Parole d'ira, di rabbia, di gioia* e sim., dettate da tali sentimenti o che li esprimono | *Parole sante!*, (*fig.*) per riconoscere apertamente o sottolineare la giustezza di un'affermazione, di un'opinione e sim. | *Non avere parole, non trovare le parole per*, non riuscire a esprimersi in maniera adeguata | *Non ci sono parole*, la realtà è superiore a ogni possibilità espressiva | *Non ho parole ...!*, escl. di ringraziamento, anche affettata o iron. | *Parole a caso, a vanvera*, discorsi privi di senso | (*fig.*) *Parole di fuoco*, accese da una passione: *lo ha bollato con parole di fuoco* | *Buone parole*, gentili, affettuose | *Male parole*, dure, offensive, sgarbate | *Parole grosse*, ingiuriose e gravi | *Venire a parole*, litigare | *Rivolgere*, †*muovere le p. a qc.*, parlargli | *Son corse gravi parole tra noi*, vi sono stati gravi scontri verbali | *Scambio di parole*, discussione o conversazione: *un vivace scambio di parole*; *un breve scambio di parole* | *In altre parole*, esprimendosi diversamente | *Parole di colore oscuro*, frasi incomprensibili, sibilline | *Uomo di poche parole*, *scarso, avaro di parole*, persona che parla poco | *Misurare, pesare le parole*, fare molta attenzione a quello che si dice | (*fig.*) *Buttare, gettare, sprecare le parole*, parlare inutilmente | *Levare, togliere la p. di bocca a qc.*, anticipare, parlando, i discorsi di un altro | (*lett.*) *Pigliare qc. nella p.*, volgere contro di lui ciò che egli stesso ha detto | *Ricacciare in gola la p. a qc.*, costringerlo a scusarsi per le offese pronunciate | *Ritira la p.!*, smentisci subito ciò che hai detto! ***3*** (*spec. al pl.*) Ragionamento, discorso: *sono parole per lo meno discutibili, che non convincono nessuno, che lasciano adito al dubbio* | (*est.*) Consiglio, insegnamento: *ascoltare, ignorare, seguire le parole di qc.*; *son parole sagge, le sue, non dimenticarlo* | *La p. di Dio*, i comandamenti dati da Dio e gli insegnamenti rivolti ai fedeli nella predicazione. ***4*** Espressione, frase, detto: *con una sola p. ho messo tutti a tacere*; *non ha avuto una sola p. di pentimento* | *Mettere, spendere una buona p. per qc.*, parlare con qc. in suo favore | *Metterci una buona p.*, intervenire a favore di qc. o di q.c.: *vedrò di metterci una buona p.* | (*fig.*) *In una p.*, per concludere | *In p.*, di cui si tratta: *la persona, l'oggetto in p.* | *L'ultima p.*, la frase conclusiva che chiude una discussione, risolve un problema, definisce una trattativa e sim. | *P. d'ordine*, quella usata per reciproco riconoscimento tra militari in particolari mansioni e (fig.) intesa o accordo in base al quale più persone tendono a uno stesso fine o motto che riassume l'essenza di un'azione comune; nelle biblioteche, la parola, costituita gener. dal cognome di un autore o stabilita secondo le regole di catalogazione, che viene scritta in testa alle schede bibliografiche allo scopo di ordinarle nel catalogo | (*est.*) Contenuto concettuale del discorso, insegnamento contenuto in ciò che si dice: *stando alla p. dei tecnici, la cosa è molto difficile*; *ascoltare, seguire la p. del maestro* | *Liturgia della p.*, prima parte della Messa in cui viene proclamata la parola di Dio attraverso la lettura del Vecchio e Nuovo Testamento e l'omelia | *Di p. in p.*, di argomento in argomento. ***5*** Nel gioco del poker, lo stesso che *parole.* **II** Mera espressione orale, non sempre e non necessariamente connessa all'azione o al concetto, ma anzi spesso a essi contrapposta. ***1*** (*spec. al pl.*) Chiacchiere, ciance: *basta con le parole*; *da te non ho avuto altro che parole*; *a parole sembra tutto facile*; *ci pasce di speme e di parole* (ARIOSTO) | *Esser buono, capace, abile e sim. solo a parole*, vantarsi molto ma non fare nulla | (*fig.*) *È una p.!*, è facile a dirsi, ma non a farsi | *Belle parole*, grandi promesse destinate a non essere mantenute, speranze che non si realizzeranno. CONTR. Fatto. ***2*** (*spec. al pl.*) Frase o discorso inutile, vacuo, inconsistente: *mi ha sommerso sotto un mare, un diluvio, un'infinità di parole* | *Quante parole!*, quanti discorsi inutili | *Parole, parole, parole!*, escl. spreg. con cui si è soliti sottolineare l'inutilità e la mancanza di idee che si cela dietro un discorso o uno scritto spec. lungo. ***3*** †Diceria. **III** Facoltà naturale dell'uomo di esprimersi mediante il meccanismo vocale o possibilità acquisita di manifestare oralmente ciò che pensa, crede o sente. ***1*** Favella: *avere, perdere, usare la p.* | *Il dono della p.*, la capacità innata di parlare, o una grande facilità di espressione | *Restare senza parole*, muto per stupore, sorpresa e sim. | *Gli manca solo la p.*, di animale molto intelligente o di ritratto, dipinto o scolpito, particolarmente espressivo. ***2*** Diritto di esprimersi, di parlare in un'assemblea e sim.: *chiedo la p.*; *mi hanno concesso, negata la p.* | *La p. all'accusato, alla difesa, al contraddittore*, e sim., formula con cui si concede il diritto di parlare. ***3*** Atto del parlare: *libertà di p.* | *Prendere la p.*, cominciare a parlare, spec. in pubblico | (*fig.*) *Troncare la p. in bocca a qc.*, interromperlo mentre parla. ***4*** Modo di parlare, forma del discorso: *p. elegante, ricercata, rozza* | *Avere la p. facile*, essere eloquente. **IV** Con valore più limitato e specifico. ***1*** Cenno, menzione: *non una p., mi raccomando!* | *Fare, non fare p. con qc. di q.c.*, accennare, non accennare con lui a un determinato argomento | †*Far parole di q.c.*, parlarne, trattarne. ***2*** Intesa, spec. nelle loc. *darsi la p.*, accordarsi e *passare la p.* o *passar p.*, trasmettere a varie persone, una dopo l'altra e spesso in segreto, un ordine, una decisione e sim.: *domani attaccheremo, passate la p.* ***3*** Promessa orale e solenne, garantita unicamente dall'onore di chi la pronuncia: *ti do la mia p. che ciò sarà fatto, di risolvere la questione*; *la tua p. mi basta*; *non mi fido più della sua p.*; *mantenere la p.*; *mancare, venir meno alla p.* | *Essere, non essere, mancare di p.*, mantenere o no ciò che si promette | *Avere una sola p.*, si dice di chi non modifica le proprie promesse, tentando di sottrarsi agli oneri o agli impegni che ne derivano | *P. d'onore!, p. mia!, p. di gentiluomo!* e sim., escl. con le quali ci si impegna a fare q.c. o si asserisce q.c. garantendo col proprio onore | *P. di re, di soldato* e sim., sul mio onore di re, di soldato | *Sulla p.*, fidandosi interamente della promessa orale, senza esigere alcuna garanzia scritta o prova comunque concreta: *prestare, dare q.c. sulla p.*; *ti credo sulla p.* | *Prendere, pigliare in p.*, attenersi a una promessa fatta e attenderne la realizzazione | (*est.*) Impegno, trattativa: *essere, entrare in p. con qc.*; *tenere qc. in p.* | *Riprendersi, rimangiarsi la p.*, annullare un impegno o interrompere una trattativa unilateralmente | *Restituire la p.*, ridare libertà di pattuizione | *Mezza p.*, pattuizione o trattativa ancora in corso, impegno non perfezionato. ***4*** †Licenza, permesso. ***5*** (*elab.*) Unità base d'informazione costituita da un dato numero di caratteri che vengono trattati come un'unica entità, rappresentino essi un dato o un'istruzione di programma | *P. chiave*, nei sistemi di ricerca automatica dell'informazione, parola significativa in una frase che viene estratta dal contesto e usata come descrittore del documento || PROV. La parola è d'argento, il silenzio è d'oro; le parole non fanno lividi. || **parolàccia**, pegg. (V.) | **parolétta**, dim. (V.) | **parolina**, dim. (V.) | **parolóna**, accr. (V.) | **parolóne**, accr. m. (V.) | **parolùccia**, **parolùzza**, dim.

parolàccia s. f. (pl. *-ce*) *1* Pegg. di *parola*. *2* Parola sconcia, volgare, offensiva.

parolàio **A** agg. • Che ciancia a vuoto, che abbonda di vuote parole: *oratore p.* | Che è costituito solo da parole, che è privo di sostanza o di contenuto: *discorso p.*; *moralità, onestà parolaia*. **B** s. m. (f. *-a*) • Chiacchierone, ciarlatano: *non vorrai dar credito ai racconti di quel p.*

parole /fr. pa'rɔl/ [fr. 'parola'] s. f. inv. *1* (*ling.*) Secondo F. de Saussure, è l'aspetto individuale del linguaggio che in singoli atti di discorso realizza le potenzialità del sistema della *langue* (V.). *2* Nel gioco del poker, espressione usata da un giocatore per passare al giocatore successivo la possibilità di proporre la puntata.

parolétta s. f. *1* Dim. di *parola*. *2* Parola breve: *una p. di due sillabe*. *3* Parola dolce, amorosa, affettuosa: *la si può convincere con quattro parolette*. *4* Motto arguto, vivace e sim. *5* (*spec. al pl.*) Ciance, lusinghe.

parolìbero [da *parola libera*, con aplologia] agg. • Detto degli scrittori futuristi, che usavano la tecnica delle 'parole in libertà', cioè sciolte da qualsiasi vincolo sintattico.

parolière s. m. (f. *-a*) • Autore delle parole di canzoni o di commedie musicali.

parolina s. f. *1* Dim. di *parola*. *2* Parola benevola, gentile e sim.: *un bimbo che dice paroline affettuose*; *paroline d'amore*. *3* Breve cenno o discorso spec. confidenziale, o di biasimo: *gli ha detto due paroline in un orecchio*; *devo dirti una p. circa quello che hai fatto*. || **parolinétta**, dim.

parolóna s. f. *1* Accr. di *parola*. *2* Parola molto lunga: *una p. che occupa mezza riga* | Termine enfatico, ampolloso e vuoto: *un discorso inconcludente, pieno di parolone*.

parolóne s. m. *1* Accr. di *parola*. *2* Parolona: *sono stanco di ascoltare promesse e vuoti paroloni*.

†**parolóso** [da *parola*] agg. • Ampolloso.

†**parolòzza** s. f. • Parola alla buona, rozza: *con molte buone e caute parolozze la domenica a pié dell'olmo ricreava i suoi popolani* (BOCCACCIO).

paronichìa [vc. dotta, lat. *paronȳchia*, nt. pl., dal gr. *parōnychía*, comp. di *para-* 'para-' e *ónyx*, genit. *ónychos* 'unghia' (V. *onice*)] s. f. • (*med.*) Patereccio.

paronimìa s. f. • (*ling.*) Rapporto fra due paronimi.

paronìmico agg. (pl. m. *-ci*) • (*ling.*) Che riguarda la paronimia.

parònimo [vc. dotta, gr. *parṓnymos*, comp. di *para-* 'para-' e *ónyma*, var. di *ónoma* 'nome' (V. *onomastico*)] s. m. • (*ling.*) Parola o sequenza di parole di significato diverso, ma di forma relativamente simile (per es., *collisione* e *collusione*).

paronomàsia [vc. dotta, lat. tardo *paronomăsia(m)*, nom. *paronomăsia*, dal gr. *paronomasía*, comp. di *para-* e *onomasía* 'denominazione', da *onomázein* 'chiamare per nome, nominare' (V. *onomastico*)] s. f. • (*ling.*) Figura retorica che consiste nell'accostare parole che presentano una somiglianza fonica e a volte anche una parentela etimologica o formale: *Trema un ricordo nel ricolmo secchio* (MONTALE). SIN. Annominazione, bisticcio.

paroressìa [comp. di *par(a)-* e di un deriv. del gr. *órexis* 'appetito', sul modello di *anoressia*] s. f. • (*med., psicol.*) Disturbo dell'appetito che comprende l'anoressia e la bulimia.

†**parosìsmo** • V. *parossismo*.

parosmìa [comp. di *par(a)-* e del gr. *osmḗ* 'odore'] s. f. • (*med.*) Alterazione del senso olfattivo per cui si dà un'interpretazione erronea a una qualità determinata di odore.

parossìsmo o †**parocìsmo**, †**parosìsmo** [vc. dotta, gr. *paroxysmós*, da *paroxýnein* 'eccitare', comp. di *para-* 'para-' e *oxýs* 'acuto' (V. *ossalico*)] s. m. *1* (*med.*) Acme di ogni manifestazione biologica. *2* (*geol.*) Fase di più violenta attività di una eruzione, generalmente esplosiva, con lancio di materiale piroclastico roccioso o lavico | *P. tettonico*, fase di più intensa e violenta deformazione nel formarsi di una catena montuosa. *3* (*fig.*) Massima intensità: *il p. dell'odio, dell'amore* | Intensissima e violenta esasperazione: *odiare, desiderare fino al p.*

parossìstico agg. (pl. m. *-ci*) *1* (*med.*) Che è caratterizzato da parossismo. *2* (*fig.*) Caratterizzato da estrema esacerbazione o da massima intensità: *grida parossistiche*; *ira parossistica*. || **parossisticaménte**, avv. In modo parossistico, con parossismo.

parossitònico agg. (pl. m. *-ci*) • (*ling.*) Detto di lingua in cui i parossitoni sono le parole più numerose: *l'italiano è una lingua parossitonica*.

parossìtono [vc. dotta, gr. *paroxýtonos*, comp. di *para-* 'para-' e *oxýtonos* 'ossitono'] agg.; anche s. m. (f. *-a*) *1* Nella grammatica greca, detto di parola che ha l'accento acuto sulla penultima sillaba. *2* (*est.*) Di parola che ha l'accento sulla penultima sillaba.

paròtide [vc. dotta, lat. *parōtide(m)*, nom. *parōtis*, dal gr. *parōtís*, comp. di *para-* 'para-' e *ôus*, genit. *ōtós* 'orecchio' (V. *oto-*)] **A** s. f. • (*anat.*) Ghiandola salivare situata bilateralmente alla superficie esterna del muscolo massetere. **B** anche agg.: *ghiandole parotidi*.

parotidèo agg. • Di, relativo a parotide.

parotìte [comp. di *parot(ide)* e *-ite* (*1*)] s. f. • (*med.*) Infiammazione delle ghiandole parotidi | *P. epidemica*, malattia da virus, molto contagiosa, che colpisce le ghiandole salivari, spec. la parotide. SIN. Orecchioni.

parotìtico agg. (pl. m. *-ci*) • (*med.*) Di, relativo o conseguente a parotite.

parovàrio [comp. di *para-* e del lat. tardo *ovārium*, da *ōvum* 'uovo'. V. *ovaia*] s. m. • (*anat.*) Insieme dei tessuti che circondano l'ovaio.

parpagliòla • V. *parpaiola*.

parpagliòne [deformazione di *papiglione*] s. m. • (*pop., raro*) Farfalla di grosse dimensioni.

parpaiòla o **parpagliòla** [provz. *parpalhola*: da avvicinare all'it. *perpero*, moneta bizantina, dal gr. *ypérpyron*, nt. sost. di *ypérpyros* 'ardente, infuocato', propriamente '(ardente) al di sopra del fuoco', comp. di *ypér* 'sopra' e *pŷr*, genit. *pyrós* 'fuoco' (?)] s. f. • Piccola moneta di mistura coniata nell'Italia settentrionale dal XIV sec.

parquet /fr. par'kɛ/ [vc. fr., dim. di *parc* 'parco (1)', propriamente 'parte di una sala di giustizia in cui si tengono le udienze'] s. m. inv. • Pavimento a listelli di legno, solitamente commessi a spina di pesce.

pàrra [vc. dotta, lat. *părra(m)* 'upupa, civetta', di etim. incerta] s. f. • Uccello africano dai bei colori con zampe lunghe e sottili, dita lunghissime e unghie sproporzionatamente lunghe, che riesce a correre sulla vegetazione galleggiante (*Actophilornis africanus*).

parràsio [vc. dotta, lat. *Parrhăsiu(m)*, nom. *Parrhăsius*, dal gr. *Parrásios*, agg. di *Parrásion* 'Parrasio', n. di un monte della Grecia] agg. • (*lett.*) Relativo alla Parrasia, regione dell'antica Arcadia | (*est.*) Arcadico.

parricìda [vc. dotta, lat. *parricīda(m)*, di etim. discussa: comp. di *pār*, genit. *păris* 'pari (1)' e *-cīda* '-cida', cioè propriamente 'uccisore di un uomo di pari condizione, appartenente allo stesso gruppo sociale' (?)] s. m. e f. (pl. m. *-i*) *1* Chi ha ucciso il proprio padre | (*raro*) Chi ha ucciso la propria madre o un parente prossimo. *2* (*fig., lett.*) Chi tradisce la patria.

parricìdio [vc. dotta, lat. *parricīdiu(m)*, da *parricīda* 'parricida'] s. m. *1* Omicidio commesso contro un ascendente, spec. il padre: *è stato imputato di p.* *2* (*fig., lett.*) Delitto contro la collettività, contro la patria.

parrocchétto [fr. *perroquet*, di etim. incerta; nel sign. 2, per la forma, che ricorda il trespolo dei pappagalli] s. m. *1* Correntemente, pappagallo | *P. della Carolina*, piccolo pappagallo verde e giallo con becco assai incurvato, un tempo comune e dannosissimo in tutti gli U.S.A. orientali (*Conuropsis carolinensis*) | *P. canoro*, melopsittaco | *P. dal collare*, pappagallino africano di forma slanciata ed elegante, verde azzurro e violetto con collare nero e rosa (*Psittacula krameri*). *2* (*mar.*) Vela quadra intermedia, semplice o doppia, dell'albero di trinchetto | (*est.*) Tratto dell'albero di trinchetto relativo a tale vela. ➡ ILL. p. 1756, 1757 TRASPORTI.

parròcchia [vc. dotta, lat. tardo *parŏchia(m)*, nom. *parŏchia*, dal gr. *paroikía*, propriamente 'abitazione vicina', comp. di *para-* 'para-' e *ôikos* 'casa' (V. *economia*)] s. f. *1* Nel diritto canonico, ciascuna delle porzioni di territorio di una diocesi, con assegnazione di un determinato popolo di fedeli e di un ecclesiastico che provvede alla cura delle anime. *2* Chiesa nella quale ha sede il parroco e sono tenuti i registri parrocchiali | Ufficio, dimora, edificio in cui il parroco svolge la sua attività. *3* (*est.*) Insieme dei fedeli che appartengono alla giurisdizione di un parroco. *4* (*fig.*) Insieme ristretto di persone legate fra loro da interessi settoriali: *la p. dei critici d'arte*.

parrocchiàle agg. *1* Relativo a parroco, a parrocchia: *libro, ufficio p.*; *chiesa p.* *2* (*est., raro, spreg.*) Settoriale, unilaterale.

parrocchialità s. f. • Qualità di chi, di ciò che è parrocchiale | Insieme dei diritti del parroco.

parrocchiàno s. m. (f. *-a* nel sign. 1) *1* Chi appartiene a una parrocchia o abita in essa. *2* †Parroco.

pàrroco [vc. dotta, lat. *părochu(m)*, nom. *părochus*, dal gr. *párochos* 'somministratore, fornitore', da *paréchein* 'porgere, somministrare', comp. di *para-* 'para-' ed *échein* 'avere', di origine indeur.] s. m. (pl. *-ci*, raro *-chi*) • Ecclesiastico cui viene canonicamente assegnata una parrocchia con cura di anime.

†**parròffia** • V. †*paroffia*.

parrùcca o (*dial.*) †**perrùcca** [etim. incerta] s. f. *1* Acconciatura di capelli posticci, portata per moda, per travestimento, per nascondere la calvizie e sim.: *portare la p.*; *p. incipriata* | *Parti in p.*, nelle commedie, di vecchio o padre nobile. *2* (*scherz.*) Capigliatura zazzeruta | †Zazzera. *3* (*fig., spec. al pl.*) Persona d'idee superate, antiquate, reazionarie: *un'assemblea piena di parrucche*; *tra di voi abbondano le parrucche*. *4* (*fig., dial.*) Sgridata. *5* (*fig., dial.*) Sbornia. || **parruccàccia**, pegg. | **parrucchétto**, dim. m. | **parrucchìna**, dim. | **parrucchìno**, dim. m. (V.) | **parruccóne**, accr. m.

parruccàio s. m. (f. *-a*) • Fabbricante o venditore di parrucche.

parrucchière [fr. *perruquier*, da *perruque* 'parrucca'] s. m. (f. *-a*) *1* Barbiere | *P. per signora*, chi acconcia i capelli delle donne. *2* Artigiano specializzato nella fabbricazione di parrucche.

parrucchìno s. m. *1* Dim. di *parrucca*. *2* Mezza parrucca che copre la metà anteriore o posteriore del capo.

parruccóne [dall'uso dei conservatori del XVII-XIX sec. di portare la *parrucca*] s. m. (f. *-a*) *1* Persona vecchia e di idee arretrate. SIN. Codino. *2* (*fig., scherz.* e *spreg.*) Persona vecchia, di modi gravi e autorevoli.

pàrsec [ingl. *parsec*, comp. di *par(allax)* 'parallasse' e *sec(ond)* 'secondo'] s. m. inv. • (*astron.*) Unità di misura delle distanze stellari, pari a 3,26 anni luce e a $3{,}086 \cdot 10^{16}$ m. SIMB. pc.

pàrsi [persiano *pārsī* 'persiano'] agg.; anche s. m. • Che, chi appartiene a un gruppo sociale di origine persiana, immigrato in India nel sec. VIII in conseguenza delle persecuzioni musulmane.

parsimònia [vc. dotta, lat. *parsimōnia(m)*, da *părsum*, supino di *părcere* 'parcere' (V.)] s. f. *1* Virtù di chi è parsimonioso: *usare p.* | Frugalità, economia: *vivere, spendere con p.* CONTR. Prodigalità. *2* (*fig.*) Moderazione, scarsità: *parlare con p.*; *usare con p. i termini tecnici*.

parsimonióso agg. *1* Parco, sobrio, frugale: *uomo p.*; *vita parsimoniosa*; *abitudini parsimoniose*. CONTR. Scialacquatore. *2* (*fig.*) Che evita l'eccesso, l'esagerazione: *linguaggio p.*; *poeta p. di aggettivi*. || **parsimoniosaménte**, avv. Con parsimonia.

parsìsmo [comp. di *parsi* e *-ismo*] s. m. • Religione mazdaica o zoroastriana dei parsi.

pàrso part. pass. di *parere* • Nei sign. del v.

partàccia s. f. (pl. *-ce*) *1* Pegg. di *parte*. *2* Brutto ruolo: *gli hanno affidato una p.* *3* Duro rimprovero: *buscarsi una p.* | *Fare una p. a qc.*, trattarlo malissimo. SIN. Scenata. *4* Figuraccia: *fare una p.*; *che p.!*

pàrte [lat. *pārte(m)*, della stessa radice indeur. di *pārere* 'generare'. V. *parente*] **A** s. f. **I** Ogni singola unità in cui si divide o si può dividere un tutto, e quindi ogni elemento che, riunito ad altri complementari o supplementari, costituisce un tutto, volendo sottolineare il concetto di divisione, scomposizione o distinzione, effettiva o ipotetica. **1** Pezzo, frazione, sezione: *le parti di una macchina, di un motore, di una statua, di un edificio*; *l'intera opera è divisa in quattro parti*; *gli hanno asportato una p. della gamba* | *P. prima, p. seconda*, forma tipica con cui, in un'opera scritta, si intitolano le varie suddivisioni | *Essere p. di q.c.*, esserne un elemento costitutivo | *Essere p. integrante di q.c.*, esserne elemento costitutivo e inscindibile | (*fig.*) *Essere gran p. di q.c.*, contribuirvi in modo determinante sia idealmente sia materialmente | *Far p. di q.c.*, essere un elemento di essa e, detto di persone, essere membro di q.c.: *questa vite dovrebbe far p. del motore*; *presto entrerò a far p. della vostra società* | *Farsi in quattro, in cento parti*, (*fig.*) fare molte cose contemporaneamente o dedicarsi a q.c. o a qc. con grande entusiasmo, volontà e sim. | *Prendere p. a q.c.*, intervenire, unirsi a, per q.c.: *prendere p. allo sciopero, alle proteste, alle sfilate* | (*fig.*) *Prendere p. al dolore, alla gioia* e sim., provare il dolore, la gioia che altri provano, soffrire o gioire insieme con qc. | (*fig.*) *Essere, mettere qc. a p. di q.c.*, sapere q.c. o farla sapere a qc. | *A p.*, separatamente, senza contare, in disparte: *questo problema va esaminato a p.*; *a p. la sua opposizione*; *la nostra casa è situata un po' a p.* | (*fig.*) *In p.*, non completamente, non del tutto: *è guarito solo in p.*; *in p. hai ragione* | (*raro*) *P. per p.*, una parte per volta, ogni parte per conto suo: *il meccanismo va controllato p. per p.*; *il dipinto sarà esaminato p. per p.* | Nella correlazione p ... p.: *pagherò p. in contanti, p. fra tre mesi*. **2** Con riferimento a esseri viventi: *le parti vegetanti di un albero*; *colpire un uomo, un animale nelle parti vitali* | *La p. vitale di q.c.*, (*fig.*) il suo nucleo essenziale, fondamentale | (*pop.*) *Parti vergognose*, organi genitali | (*fam., scherz.*) *Parti basse*, il sedere. **3** Paese, plaga, regione: *venire dalle parti d'oriente, d'occidente*; *andare in parti lontane* | *Le cinque parti del mondo*, le terre emerse | *Dalle parti di*, vicino, presso, nelle zone di: *mi trasferisco dalle parti di Napoli* | *Da queste, quelle parti*, in questo, quel luogo: *come mai da queste parti?*; *e da quelle parti che ci vai a fare?* | *Da ogni p.*, da ogni luogo, in ogni punto, tutt'attorno: *sono venuti da ogni p.*; *i nemici sbucavano da ogni p.* | *In ogni p.*, dappertutto: *vidi in ogni p. cianfrusaglie* | *Da questa, da quella p.*, di qui, di là: *i viaggiatori sono pregati di passare da questa p.* | *Da un'altra p.*, in altro luogo o punto. **4** Lato, banda, faccia: *la p. destra, sinistra, superiore, inferiore*; *un foglio da una p. bianco e rigato dall'altro* | *Passare da p. a p.*, trafiggere | *Da una p.*, in un canto e (*fig.*) in un certo senso, da un determinato punto di vista, considerando le cose in un certo modo: *è tutta la sera che se ne sta triste triste da una p.*; *da una p. sono contento che sia finita così* | *D'altra p.*, (*fig.*) d'altronde, del resto: *d'altra p. non saprei proprio come fare* | *Da p.*, in un canto e (*fig.*) in disparte: *gli piace starsene da p.*; *per il momento mettiamo da p. la proposta*; *spero di mettere da p. un gruzzoletto*; *i suoi colleghi lo hanno definitivamente messo da p.*; *ti lasceranno da p. se non ti farai sentire* | *Da che, da quale p.*, da dove (*anche fig.*): *non so da che p. cominciare* | *Non sapere da che p. voltarsi*, (*fig.*) non sapere che cosa fare, che cosa decidere e sim. | (*fig.*) *Da, per p. di*, per conto di o secondo la discendenza: *vengo da p. di tuo fratello*; *sono terzi cugini per p. di madre* | *Da qualche p.*, in qualche luogo: *deve pur essere da qualche p.!* | *A p.*, in una rappresentazione teatrale, le battute che un attore pronuncia fra sé, esprimendo il proprio nascosto pensiero, come se fossero udite solo dagli spettatori e non dagli altri attori presenti in scena. **5** Direzione, verso: *da che p. vieni?* *vado da quella p.* | *Dalla nostra, vostra p.*, nella nostra, vostra direzione, verso di noi, di voi: *sembra che vengano dalla nostra p.* | (*fig.*) *Da un anno, un mese a questa p.*, da un anno, da un mese a oggi | (*fig.*) *Da qualche tempo a questa p.*, da un po' di tempo in qua. **6** (*fig.*) †Qualità personale, dote morale: *avere molte buone parti* | †*Avere tutte le parti*, tutti i numeri. **II** Ogni singola unità in cui si divide o si può dividere un tutto, e quindi ogni elemento che, unito ad altri complementari o supplementari, costituisce un tutto considerando le parti e il tutto come entità non solo separate ma piuttosto contrapposte o contrapponibili, sia materialmente che idealmente. **1** Nucleo o settore qualitativamente determinato: *la p. sensitiva, razionale, fantastica dell'uomo*; *ha fatto appello alla p. più forte del suo carattere*; *la p. sana, guasta, corrotta della società*. **2** Tratto limitato e determinato di terreno, territorio, zona, paese, spazio e sim.: *questa p. della città sarà interamente demolita*; *la p. meridionale della regione*; *la p. settentrionale del paese*; *la p. alta, bassa, superficiale di q.c.* **3** Quantità limitata, numero determinato: *una p. di noi fu invitata alla cerimonia*; *depositare, ritirare una p. della somma, del materiale*; *solo una p. del pubblico ha protestato* | *In p.*, limitatamente a una certa quantità, a un certo numero | *In gran p., in piccola, minima p.* e sim., limitatamente a una grande, piccola, minima quantità, misura, entità e sim. | *La maggior p.*, il maggior numero | *La miglior p.*, le cose o persone migliori. **4** Periodo di tempo: *la prima, la seconda p. dell'anno, del mese, dell'estate, delle vacanze*. **5** Fazione, partito: *p. di destra, di sinistra*; *la p. guelfa, ghibellina*; *tutte le parti sono in lotta*; *l'alleanza di alcune parti concluse la rivolta* | *Lotte di p.*, tra due o più fazioni | *Spirito di p.*, parzialità (*anche fig., spreg.*): *lo difende per puro spirito di p., non perché sia convinto* | *Gare di p.*, sfida tra due o più fazioni | †*Metter p.*, far sorgere fazioni | *Far p. per se stesso*, badare solo al proprio tornaconto; considerarsi indipendente da altri | *Stare, mettersi, tenere dalla p. di qc., prendere le parti di qc.*, condividerne le idee, le rivendicazioni, le richieste e sim. | *Prendere p. tra due gruppi*, dichiararsi e agire in favore di uno | (*fig.*) *Stare, passare dalla p. della ragione, del torto*, di chi con le proprie azioni o parole si pone nell'ambito della ragione o del torto: *se rispondi alle sue offese, passi dalla p. del torto* | *Essere senz'arte né p.*, essere uno spiantato privo d'ogni risorsa | *Voti di p.*, favorevoli | *Non sapere a quale p. appigliarsi*, non sapere per quale partito tenere e (*fig.*) non sapersi decidere. **6** (*dir.*) Soggetto di un rapporto giuridico sostanziale: *le parti di un contratto* | Soggetto di un rapporto giuridico processuale diverso dall'autorità giudiziaria: *le parti in causa* | *P. civile*, persona fisica o giuridica che interviene nel processo penale per ottenere dall'imputato, ed eventualmente dal responsabile civile, la restituzione e il risarcimento del danno conseguente a un reato | *P. lesa*, la persona materialmente o moralmente offesa dal reato | *Essere p. in causa*, in un processo e (*fig.*) essere direttamente interessato a, in q.c. | *Essere giudice e p.*, (*fig.*) non poter esprimere giudizi obiettivi, opinioni disinteressate e sim., per essere direttamente coinvolti in q.c. **7** Combattente, belligerante: *nessuna delle parti desidera l'armistizio*; *le parti hanno iniziato le trattative*. **III** Quota o porzione materiale o ideale spettante, nell'ambito di una divisione, a un determinato soggetto. **1** Ciò che spetta a ciascuno (*anche fig.*): *ogni erede ha avuto la sua p.*; *voglio la mia p. di utili*; *devono riconoscergli la sua p. di merito*; *assumersi una p. delle responsabilità, la propria p. di colpa* | *Fare le parti*, dividere q.c. e distribuirne una parte a ciascuno | (*fig.*) *Farsi la p. del leone*, prendersi la quota maggiore, il pezzo migliore e sim., o addirittura tutto | (*fig.*) *Il cuore, l'occhio, l'orecchio vuole la sua p.*, è necessario soddisfare anche le esigenze del sentimento, estetiche, acustiche | (*fig.*) *Da, per p. mia*, far ciò che mi riguarda, limitatamente a quel che mi compete: *da p. mia non avrete noie* | *Mettersi a p. con qc.*, dividere q.c. con qc. | *Mettere qc. a p. di q.c.*, dividere con lui gli utili di un negozio, farlo entrare in q.c. o (*fig.*) fargli sapere q.c. | *Avere p. in q.c.*, esservi, entrarvi con diritto a una determinata quota o (*fig.*) fare q.c. svolgendo un determinato compito | *Prendere p. a q.c.*, parteciparvi | (*raro*) *Prendere in mala p.*, offendersi. **2** Azione scenica di un singolo attore, volta a dar vita al personaggio da rappresentare: *avere una p. importante, secondaria*; *fare la p. di Otello* | Complesso delle battute di un dramma recitate da un attore | *Far due parti in commedia*, (*fig.*) di persona doppia, falsa | *Fare la p. del diavolo*, (*fig.*) comportarsi in modo da spingere qc. al male, da indurlo in errore e sim. | *Supplire la p.*, (*fig.*) fare le veci di qc. **3** (*mus.*) Brano di una composizione musicale costituita da più pezzi o sezione di un pezzo formato di vari episodi distinti | Musica di un pezzo riservata a ogni singolo esecutore | Nel linguaggio armonico-contrappuntistico, voce. **4** (*fig.*) Compito, dovere, ruolo: *mi sono assunto la p. più ingrata, più onerosa, più difficile*; *non è una p. comoda, la tua* | *Fare una, la p.*, (*fig.*) svolgere il compito affidato: *ognuno di voi faccia la sua p., la p. che gli spetta* | (*fig., fam.*) Figura: *fare la p. dello stupido, dell'ingenuo* | *Voler fare la p. del furbo*, ostentare astuzia pur non avendone | *Fare la p. della vittima*, atteggiarsi a vittima. **5** (*fig.*) Modo di agire, di comportarsi, spec. sgradevole, riprovevole e sim.: *da te non mi sarei mai aspettato una simile p.* | *Fare una brutta p., una p. poco bella*, una partaccia, una figuraccia | (*raro, fig.*) Rabbuffo, sgridata. **6** (*raro, fig.*) Espressione di ossequio o di saluto: *fate.... le mie parti voi che siete un altro me* (LEOPARDI). **B** avv. **1** (*poet.*) †In parte. **2** †Frattanto, intanto. || **partàccia**, pegg. (V.) | **particciuòla**, dim. | **particèlla**, dim. (V.) | **particina**, dim. (V.).

†**parteché** [comp. di *parte* nel sign. B e *che* (2)] cong. ● (*raro*) Mentre (introduceva una prop. temp. con il v. all'indic.).

†**partécife** ● V. *partecipe*.

partecipàbile o (*raro*) †**participàbile** [vc. dotta, lat. tardo *participābile(m)*, da *participāre* 'partecipare'] agg. ● Che si può partecipare: *notizia p.*; *sentimento p.*

†**partecipaménto** o †**participaménto**. s. m. ● Modo e atto del partecipare.

partecipànte o (*raro*) †**participànte**. **A** part. pres. di *partecipare*; anche agg. **1** Nei sign. del v. **2** *Camerieri segreti partecipanti*, dignitari della curia ammessi a partecipare alla mensa pontificia, la cui carica è stata abolita nel 1968. **B** s. m. e f. **1** Chi partecipa a q.c.: *l'unico p. rimasto in gara*. SIN. Concorrente. **2** (*raro*) Compartecipante.

partecipànza o †**participànza**. s. f. **1** †Partecipazione. **2** (*dir.*) Appartenenza in proprietà del bene di uso civico alla stessa comunità dei beneficiari: *p. agraria*.

partecipàre o †**participàre** [vc. dotta, lat. *participāre*, da *părticeps*, genit. *partĭcipis* 'partecipe'] **A** v. intr. (*io partécipo*; aus. *avere*) **1** Essere presente a un qualsiasi avvenimento che interessi una cerchia più o meno ampia di persone: *p. a una cerimonia, a una festa, a un banchetto, a una congiura, a una manifestazione, alla rivoluzione, agli utili dell'azienda* | Manifestare interessamento e partecipazione ai sentimenti altrui: *p. al lutto, al dolore, alla gioia di qc.* **2** Essere o diventare partecipe, dividere con altri una condizione: *ogni uomo partecipa della natura animale*; *ognuno di noi partecipa già delle caratteristiche locali*. **3** †Conversare. **B** v. tr. **1** Rendere noto, fare oggetto di annunzio, comunicazione e sim.: *p. agli amici le nozze, il battesimo, la promozione*; *a suo tempo si parteciperà agli interessati l'esito del concorso*. **2** (*lett.*) Dare od ottenere in parte.

partecipativo agg. **1** (*raro*) Che partecipa. **2** Che consente la partecipazione o si esprime attraverso di essa | *Democrazia partecipativa*, forma di governo che prevede la partecipazione diretta dei cittadini alle vicende dello Stato. || **partecipativaménte**, avv. In forma partecipativa, in modo partecipe: *prendere p. la parola*.

partecipàto o †**participàto**. part. pass. di *partecipare*; anche agg. ● Nei sign. del v.

partecipatóre o †**participatóre**. agg.; anche s. m. (f. *-trice*, raro) ● Che, chi partecipa.

partecipazióne o †**participazióne** [vc. dotta, lat. tardo *participatiōne(m)*, da *participātus* 'partecipato'] s. f. **1** Atto, effetto del partecipare: *la sua p. alla cerimonia non ci è stata assicurata*; *p. a una banda armata*; *p. a giochi d'azzardo*. SIN. Adesione, intervento. **2** Annunzio, comunicazione: *vi ringraziamo per la gentile p.* | Biglietto con cui si è soliti comunicare a parenti e amici, matrimoni, nascite, battesimi, e sim.: *ho preparato duecento partecipazioni* | Lettera ufficiale: *p. di nomina, di trasferimento*. **3** (*econ.*) Cointeressenza in una società, possesso di quote o azioni di una società, da parte di altre società, di enti o di privati | *P. agli utili*, regime che, nella ripartizione degli utili dell'impresa, ne attribuisce un'aliquota ai dipendenti o agli amministratori, in aggiunta alla normale retribuzione | *P. incrociata*, che si verifica quando due società possiedono reciprocamente quote del capitale sociale l'una dell'altra | *P. statale*, proprietà parziale o totale dello Stato di aziende con statuto e gestione privatistica | *Ministero delle partecipazioni statali*, che esplica funzioni varie relativamente a enti e imprese con partecipazione statale.

partecipazionismo [da *partecipazione*] s. m. ● Tendenza a suffragare ogni forma di partecipazione, in particolare quella dei cittadini alle vicende politiche e sociali.

partécipe o †**partécife**, †**partéfice**, †**partìcipe** [vc. dotta, lat. *partĭcipe(m)*, comp. di *parte(m)*, acc. di *pārs*, genit. *pārtis* 'parte' e *căpere* 'prendere' (V. *capire*)] agg. ● Che fa parte, che prende parte: *essere p. dei beni della comunità, della gioia comune*; *sono p. del vostro dolore*.

†**partecipévole** agg. ● Partecipe.

†**partéfice** ● V. *partecipe*.

parteggiaménto s. m. ● (*raro*) Modo e atto del parteggiare.

parteggiànte **A** part. pres. di *parteggiare*; anche agg. ● (*raro*) Nei sign. del v. **B** s. m. e f. ● Fautore.

parteggiàre [comp. di *parte* e *-eggiare*] v. intr. (*io partéggio*; aus. *avere*) ● Essere o stare dalla parte di qc. o di q.c.: *p. per le correnti riformiste*.

parteggiatóre s. m. (f. *-trice*) ● (*raro*) Chi parteggia. SIN. Fautore, sostenitore.

†**partenènza** s. f. ● Appartenenza.

†**partenére** o (*raro*) †**pertenére** [lat. *pertinēre*. V. *pertinente*] v. intr. ● Appartenere, riguardare, spettare: *non veggendosi né chiamare, né richiedere a cosa, che a suo mestiere partenesse* (BOCCACCIO).

†**partenévole** agg.; anche s. m. ● Partecipe, complice.

partènio (**1**) [vc. dotta, lat. *parthĕniu(m)*, dal gr. *parthénion*, da *parthénos* 'vergine, fanciulla', di etim. incerta] s. m. ● (*letter.*) Canto corale eseguito da vergini in onore di una divinità.

partènio (**2**) [vc. dotta, lat. *parthĕniu(m)*, dal gr. *parthénion*: da *parthénos* 'vergine, fanciulla' (V. *partenio* (*1*)), forse perché usata per le affezioni ginecologiche] s. m. ● Pianta erbacea delle Composite con fiori giallastri di odore sgradevole, dotata di proprietà medicinali (*Chrysanthemum parthenium*).

partenocarpìa [comp. del gr. *parthénos* 'vergine' (V. *partenio* (*1*)) e un deriv. di *-carpo*] s. f. ● (*bot.*) Sviluppo del frutto senza impollinazione.

partenogènesi [comp. dal gr. *parthénos* 'vergine' (V. *partenio* (*1*)) e *genesi*] s. f. ● (*biol.*) Tipo di riproduzione sessuata, normale in alcuni invertebrati e piante inferiori, in cui l'uovo o l'oosfera si sviluppano senza fecondazione.

partenogenètico agg. (pl. m. *-ci*) ● (*biol.*) Che è nato o si riproduce mediante partenogenesi. || **partenogeneticaménte**, avv. Mediante partenogenesi.

partenopèo [vc. dotta, lat. *Parthenopēiu(m)*, da *Parthĕnope*, antico n. di Napoli, dalla sirena *Parthĕnope* che vi sarebbe stata sepolta] **A** agg. ● (*lett.*) Di Napoli, anticamente chiamata Partenope. **B** s. m. (f. *-a*) **1** Abitante, nativo di Napoli. **2** Giocatore, sostenitore della squadra di calcio del Napoli.

partènte (**1**) part. pres. di *partire* (*1*); anche agg. ● (*raro, lett.*) Nei sign. del v.

partènte (**2**) **A** part. pres. di *partire* (*2*); anche agg. ● Nei sign. del v. **B** s. m. e f. **1** Chi sta per partire: *numerosi partenti affollavano la stazione*. **2** Chi partecipa a una gara di corsa: *i partenti si allineano per il via*.

partènza [da *partire* (*2*)] s. f. **1** Atto del partire: *rimandare, anticipare la p.*; *la p. dei soldati per il fronte*; *una p. affrettata, dolorosa, allegra*; *tu vuoi ch'io senta / tutto il dolor d'una p. amara?* (METASTASIO) | (*raro*) *Far p.*, partire | *Essere in p.*, stare per partire | *Essere di p.*, dover partire entro breve tempo | *P. dal mondo, p. senza ritorno*, la morte | *Punto di p.*, in cui ha inizio il moto di q.c. o di qc. e (*fig.*) origine, principio: *per orizzontarci dobbiamo tornare al punto di p.*; *il punto di p. della nostra ricerca*. **2** (*sport*) Inizio di una gara di corsa: *dare il segnale di p. agli atleti, alle vetture, ai cavalli* | Azione, modo di iniziare la gara: *allineamento per la p.*; *linea di p.*; *p. irregolare* | *P. all'americana*, nelle corse veloci dell'atletica leggera, modo di partire con le mani appoggiate a terra | Luogo da cui si parte. **3** Principio o ripresa della corsa di un veicolo: *la p. del treno, dell'autobus*; *segnale, ordine di p.* **4** Luogo da cui si parte | (*al pl.*) Nelle stazioni ferroviarie, autostazioni e aeroporti, elenco degli orari dei mezzi in partenza. **5** Primo fotogramma di un film.

parterre /*fr.* par'tɛr/ [vc. fr., comp. di *par* 'per' e *terre* 'terra'] s. m. inv. **1** Insieme delle aiuole ornamentali di un giardino all'italiana | Aiuola di giardino. **2** Posto di platea nelle sale per spettacoli pubblici.

†**partévole** [V. *partibile*] agg. ● Spartibile.

†**partiàcqua** s. m. ● Spartiacqua.

†**partìbile** [vc. dotta, lat. tardo *partībile(m)*, da *partīri* 'dividere'. V. *partire* (*1*)] agg. ● Che si può spartire.

particèlla [lat. parl. **particĕlla(m)*. V. *parcella*] s. f. **1** Dim. di *parte*. **2** (*ling.*) Morfema grammaticale non autonomo, che forma con un morfema lessicale un'unità accentuativa o parola. **3** (*fis.*) *P. elementare*, costituente della materia privo di ulteriore struttura e indivisibile. **4** (*dir.*) *P. catastale*, nel catasto rurale, unità catastale costituita da una porzione continua di terreno appartenente allo stesso proprietario, situato in un solo comune e avente la medesima coltura, qualità e classe; nel catasto edilizio urbano, unità catastale di un centro abitato, costituita da uno o più appartamenti, appartenente ad un unico proprietario e debitamente classificata nelle varie categorie ai fini della tassazione.

particellàre agg. **1** (*dir.*) Costituito da particelle catastali: *mappa p.* **2** (*fis.*) Costituito da particelle.

particìna [da *parte* col suff. *-ina* ampliato in *-icina*] s. f. **1** Dim. di *parte*. **2** Ruolo di scarsa rilevanza in uno spettacolo: *recitare una p. in uno sceneggiato*.

†**participàre** e *deriv.* ● V. *partecipare* e *deriv.*

participiàle [vc. dotta, lat. tardo *participiāle(m)*, da *particĭpium* 'participio'] agg. ● (*ling.*) Che si riferisce al participio.

participio [vc. dotta, lat. *particĭpiu(m)* (calco sul gr. *metochikós*), propriamente 'che partecipa (delle caratteristiche del nome e di quelle del verbo)', da *participāre* 'partecipare'] s. m. ● Modo infinitivo che esprime l'idea verbale in funzione di attributo di un nome.

partìcola [vc. dotta, lat. *partĭcula(m)* 'particella'. V. *parcella*] s. f. **1** †Particella. **2** (*relig.*) Frammento dell'ostia nella celebrazione della messa | Piccola ostia per la comunione dei fedeli.

particolàre o †**particulàre** [vc. dotta, lat. tardo *particulāre(m)*, da *partĭcula* 'particella'. V. *parcella*] **A** agg. **1** Che si riferisce alle singole parti di un tutto, che è proprio di cosa o persona singola: *elementi particolari di un problema, di una questione*; *aspetto, interesse, colore, tono p.*; *ciò dipende dal suo p. modo di vedere le cose* | Rivolto o diretto a una sola cosa o persona: *lode p.*; *affetto p.* CONTR. Generale. **2** Che ha caratteristiche proprie, non comuni ad altre cose o persone, che si distingue o si differenza dagli altri: *significato p.*; *è un caso p.*; *è in una p. condizione* | *Con p. riguardo a*, con speciale interesse o considerazione | *Nulla di p.*, di preciso, di rilevante | *In p.*, in particolar modo, particolarmente. **3** Che è fuori dal comune, dall'ordinario: *è dotato di p. ingegno*; *ce ne siamo occupati con attenzione p.*; *ha grazia e bellezza p.* | *Amicizie particolari*, legami affettivi o erotici a sfondo omosessuale. **4** †Privato: *casa, abitazione, lettera p.* CONTR. Pubblico. || **particolarménte**, avv. Nei particolari; in modo particolare, speciale. **B** s. m. **1** Ciò che attiene alle singole parti di un tutto o a cosa o persona singola: *tu badi troppo al p.*; *curare il p. e trascurare il generale*. **2** Ogni elemento, anche minuto, che fa parte di un tutto: *conoscere, riferire i particolari di un avvenimento, di una notizia*; *è al corrente della questione nei suoi più minuti particolari*; *un p. insignificante, ridicolo, banale* | Singola parte: *riprodurre alcuni particolari di un dipinto, di un testo*. **3** †Privato cittadino. **4** †Interesse privato: *il grado che ho avuto con più pontefici m'ha necessitato ad amare per el particulare mio la grandezza loro* (GUICCIARDINI).

particolareggiaménto s. m. ● (*raro*) Modo e atto del particolareggiare.

particolareggiàre [comp. di *particolare* e *-eggiare*] v. tr. e intr. (*io particolaréggio*; aus. *avere*) ● Dare grande rilievo o importanza ai particolari, curare molto i particolari di q.c.: *non p. tanto e vai al nocciolo della questione*; *p. un racconto, una descrizione*. SIN. Dettagliare. CONTR. Riassumere.

particolareggiàto part. pass. di *particolareggiare*; anche agg. **1** Nel sign. del v. **2** Dettagliato e minuzioso nei particolari: *un piano molto p.* || **particolareggiataménte**, avv.

particolarismo [comp. di *particolare* e *-ismo*] s. m. ● Tendenza a favorire con parzialità determinate persone, enti o gruppi.

particolarista [comp. di *particolar(e)* e *-ista*] agg.; anche s. m. (pl. m. *-i*) ● Che, chi è esperto nello studio e nella riproduzione grafica di particolari, spec. nel disegno industriale.

particolarìstico agg. (pl. m. *-ci*) ● Che dimostra particolarismo o che a esso è proprio: *atteggiamento p.*; *soluzione particolaristica*.

particolarità s. f. **1** Qualità di ciò che è particolare: *ci ha stupito la p. della sua richiesta*; *data la p. del caso, faremo un'eccezione*. **2** Elemento, fatto o circostanza particolare: *descrivere, notare ogni p., la benché minima p.* **3** Specifica caratteristica: *ogni elemento chimico ha la sua p.* **4** †Parzialità.

particolarizzàre [comp. di *particolare* e *-izzare*] v. tr. **1** (*raro*) Particolareggiare. **2** (*filos.*) Riportare, applicare un principio universale a un caso particolare.

particolarizzazióne s. f. **1** †Atto, effetto del particolarizzare. **2** (*filos.*) Applicazione di un principio universale a un caso particolare.

particolàto [da *particola* nel senso ant. di 'particella'] s. m. **1** (*scient.*) Complesso delle particelle di una sostanza, disperse in un mezzo omogeneo. **2** Parte delle emissioni di scarico, spec. di automezzi, costituita da particelle di residui carboniosi incombusti, ossidi metallici e sim., che, restando sospesi nell'atmosfera, causano inquinamento.

†**particulàre** ● V. *particolare*.

partigiàna [da *partigiano* nel sign. di 'appartenente ad una fazione armata', con passaggio semantico analogo a quello che troviamo in *carabina*] s. f. ● Antica arma in asta di media lunghezza, il cui ferro a lama di daga è fornito di due fili, con o senza uncini taglienti ai lati.

partigianàta s. f. ● (*raro*) Colpo di partigiana.

partigianerìa [da *partigiano*] s. f. ● Faziosità, parzialità: *peccare di p.*

partigianésco agg. (pl. m. *-schi*) ● Di, da partigiano, fazioso (*spec. spreg.*): *animo p.*

partigiàno [da *parte*, sul modello di *artigiano, cortigiano*] **A** agg. **1** Di parte: *spirito p.* | Che è pronto a favorire una parte, che manca di obiettività e imparzialità: *legge partigiana*; *giudice, giudizio p.* SIN. Fazioso. CONTR. Imparziale. **2** Dei partigiani: *lotte partigiane*; *guerra, azione partigiana*. **B** s. m. (f. *-a*) **1** Fautore, seguace o difensore di una parte, di un partito: *i partigiani del riformismo*; *farsi p. dei poveri*. **2** Appartenente a formazione armata irregolare che svolge azioni di guerriglia nel territorio nazionale invaso dal nemico | Durante la seconda guerra mondiale, chi appartenne ai movimenti di resistenza contro le forze nazifasciste: *organizzazione clandestina dei partigiani*. || **partigianèllo**, dim. | **partigianétto**, dim.

partiménto (**1**) [da *partire* (*1*)] s. m. **1** †Modo e atto del dividere | (*est.*) †Divisione in due o più parti | †(*est.*) Ogni parte risultante da una suddivisione. **2** †Separazione | (*est.*) Discordia. **3** (*mus.*) Basso numerato.

†**partiménto** (**2**) [da *partire* (*2*)] s. m. ● Partenza.

partire (**1**) [vc. dotta, lat. *partīri* 'dividere, separare', da *pārs*, genit. *pārtis* 'parte'] **A** v. tr. (*io partìsco*, lett. *pàrto*, *tu partìsci*, lett. *pàrti*) **1** (*lett.*) Tagliare in varie parti, dividere in due o più parti: *il* *bel paese / ch'Appennin parte e 'l mar circonda e l'Alpe* (PETRARCA). **2** (*lett.*) Suddividere tra due o più persone | Spartire con qc.: *con te partisco l'acqua, il pane e il sale* (D'ANNUNZIO). **3** (*lett.*) Allontanare o separare persone o cose le une dalle altre: *Macra, che per cammin corto / parte lo Genovese dal Toscano* (DANTE *Par.* IX, 89-90); *egli aveva l'anello assai caro, né mai de sé il partiva* (BOCCACCIO) | (*tosc.*) *P. la zuffa*, separare i contendenti | (*tosc.*) *P. la famiglia*, portarvi il disaccordo, la discordia. **4** †Fondere i metalli. **5** (*fig.*) †Distinguere | †*P. la voce*, articolarla. **B** v. intr. pron. **1** (*lett.*) Separarsi. **2** (*lett.*) Allontanarsi, distaccarsi | *Partirsi dal mondo, di questa vita*, morire. **3** †Astenersi, cessare: *partirsi dal fare q.c.*

partìre (2) [lat. *partīri* 'dividere, separare', da *pārs*, genit. *pārtis* 'parte'. Il sign. di 'muovere per andar lontano' passa attraverso quello di 'divider(-si)', quindi 'allontanarsi'] v. intr. (*io pàrto*; aus. *essere*) **1** Allontanarsi da q.c. o da qc., mettersi in viaggio o in cammino verso una determinata destinazione: *p. da casa*; *partì da noi con grande tristezza*; *p. per Roma, per le vacanze*; *p. in treno, a piedi, con la nave*; *p. di sera, all'alba, nottetempo*; *da qui partono molti treni al giorno* | *P. in guerra*, andare soldato o andare all'assalto e (*fig., iron.*) assumere un atteggiamento sdegnato e iracondo | (*est.*) Andarsene: *ho deciso di p. domani*; *partiremo tra pochi giorni* | *P. per la tangente*, (*fig.*) divagare all'improvviso o, detto di situazioni, sfuggire al controllo | *P. in quarta*, (*fig.*) a tutta velocità, con la massima energia fin dall'inizio. **2** (*fig.*) Avere inizio: *il muro e il bastione partono dalla torre grande* | (*fig.*) Trarre origine, prendere le mosse: *p. da un principio, da un'idea*; *tutti i guai son partiti da ciò*. **3** Prendere il via in una gara di corsa: *i corridori sono partiti velocissimi*. **4** Dare inizio alla proiezione di un film. **5** (*fig., fam.*) Guastarsi, rompersi: *è partito il televisore*. **6** (*fig., fam.*) Ubriacarsi, prendersi una sbronza: *non fatelo bere, gli basta poco per p.*

partita (1) [da *partire* (*1*)] s. f. **1** †Parte: *la maggior p. furono morti e tagliati* (VILLANI). **2** Elemento o sezione in cui si possono suddividere usci, finestre, coperchi di casse e sim.: *porta, finestra a due partite* | *P. davanti, di dietro del carro*, parte anteriore o posteriore, con le sale, le ruote e i ferramenti. **3** Quantità di merce comprata o venduta in blocco: *una p. di grano, di caffè* | *In p.*, all'ingrosso. **4** (*rag.*) Ogni registrazione scritta in un conto | *P. semplice*, quando le registrazioni vengono effettuate con la rilevazione di un solo aspetto di un fenomeno | *P. doppia*, metodo contabile fondato sul principio che ogni registrazione deve apparire a debito di un conto e a credito di un altro | Numero di registrazione: *p. catastale*; *p. tavolare* | *Saldare una p.*, (*fig.*) dare o ricevere ciò che si deve o si merita | *Aggiustare, regolare ogni p.*, (*fig.*) non lasciare nulla in sospeso, mettersi in regola con la propria coscienza | (*fig.*) *Giocare a p. doppia*, seguire contemporaneamente due correnti, fazioni e sim., tenere il piede in due staffe. **5** (*fig.*) Sfida, cimento, competizione: *una p. difficile, rischiosa* | *Abbandonare la p.*, rinunciare alla competizione | *P. d'onore*, duello | *P. d'armi*, duello combattuto solo per dimostrare il proprio coraggio. **6** Competizione fra due giocatori o due squadre: *una p. di ping-pong*; *una p. di calcio* | (*per anton.*) Partita di calcio: *andare alla p.*; *assistere alla p.*; *vedere la p. per televisione*. **7** (*fig.*) Azione collettiva, spec. di svago o divertimento: *p. di caccia* | *P. di piacere*, gita, scampagnata, escursione | *Essere della p.*, prender parte con gli altri all'escursione, all'impresa e sim. **8** (*mus.*) Serie di variazioni | Composizione affine alla suite. **9** †Fazione, setta | Nel XVII e XVIII sec., corpo di soldati irregolari che guerreggiavano fuori dei ranghi dell'esercito operando scorrerie e sorprese sui fianchi e alle spalle del nemico | Corpo di soldati distaccato dal grosso di truppe in sosta, a guardia degli accampamenti. **10** †Divisa, livrea. || **partitàccia**, pegg. | **partitèlla**, dim. (V.) | **partitìna**, dim. | **partitóna**, accr. (V.) | **partitóne**, accr. m. (V.).

†**partita (2)** [da *partito*, part. pass. di *partire* (*2*)] s. f. ● (*lett.*) Partenza: *lecito sia dianzi la mia p. / d'alcun tuo caro bacio io mi console* (TASSO) | *L'ultima p.*, (*fig.*) la morte.

partitànte [da *partito* (*1*)] agg.; anche s. m. e f. ● Fautore o sostenitore di una parte, di un partito.

partitàrio (1) [da *partito* (*1*)] agg. ● (*raro*) Di partito.

partitàrio (2) [da *partita* (*1*) nel sign. 4] s. m. ● (*rag.*) Prospetto in cui vengono registrati i movimenti dei rapporti coi vari debitori e creditori.

partitèlla s. f. **1** Dim. di *partita* (*1*). **2** (*sport*) Incontro di calcio e sim. di modesto livello, o tra squadre minori, o anche di allenamento.

partìtico agg. (pl. m. *-ci*) ● Di, relativo a uno o più partiti.

partitìno [dim. di *partito* (*1*)] s. m. ● Partito politico di scarsa forza numerica, spesso non rappresentato in Parlamento.

partitìsmo [comp. di *partito* (*1*) e *-ismo*] s. m. ● Tendenza a risolvere i problemi del Paese nell'ambito dei partiti.

partitìssima [da *partita* (*1*) con il suff. *-issimo* dei sup.] s. f. ● Incontro, spec. di calcio, di grande attesa e importanza o di alto livello agonistico e tecnico.

partitìvo [fr. *partitif*, dal lat. *partītus*, part. pass. di *partīri* 'dividere'. V. *partire* (*1*)] agg. ● (*ling.*) Che esprime la parte di un tutto: *caso p.* | *Genitivo p.*, quello che indica il tutto di cui si prende una parte.

partitizzazióne s. f. ● Indebita attribuzione ai partiti politici di poteri spettanti alle istituzioni rappresentative dello Stato | Estensione dell'influenza dei partiti a campi che istituzionalmente non sono di loro competenza: *p. di un Ministero*.

partìto (1) **A** part. pass. di *partire* (*1*); anche agg. **1** Nei sign. del v. **2** (*lett., fig.*) Discorde. **3** (*arald.*) Detto di scudo o figura divisi verticalmente in due parti uguali. || **partitaménte**, avv. **1** (*lett.*) Punto per punto; sistematicamente. **2** In modo particolareggiato. **B** s. m. **1** Organizzazione politica di più persone, caratterizzata da una sua propria ideologia e volta al raggiungimento di fini comuni per la conquista e l'esercizio del potere politico: *fondare un p.*; *iscriversi a un p.*; *p. di destra, di centro, di sinistra*; *p. di governo*; *p. di opposizione* | *P. di massa*, che ha un largo seguito nel paese | *P. unico*, nei regimi totalitari che non ammettono una pluralità di partiti | *P. d'azione*, quello che nel Risorgimento faceva capo a G. Mazzini oppure quello sorto nel 1942 e sciolto nel 1947, che si proponeva genericamente la modernizzazione della società italiana, da attuarsi con riforme graduali e circoscritte. **2** †Alternativa di scelta | †*Mandare, fare un p.*, proporre o imporre una scelta. **3** †Dubbio, rischio. **4** Decisione, determinazione, risoluzione: *un p. pericoloso* | *Prendere un p.*, decidere, scegliere | *Non sapere che p. prendere*, essere indeciso, dubbioso | *Per p. preso*, perché si è già deciso così, indipendentemente da considerazioni obiettive | (*raro*) *Ingannarsi a p.*, decisamente e totalmente | *Mettere il cervello, la testa a p.*, ravvedersi in base a sagge risoluzioni | †*Votazione, deliberazione* | †*Porre a p.*, mettere ai voti | †*Andare a p.*, mettersi ai voti | †*Ottenere, vincere il p.*, avere la maggioranza dei voti. **5** Offerta od occasione di matrimonio: *un buon p.*; *avere molti partiti* | (*est.*) Persona che costituisce un'ottima occasione di matrimonio, spec. per ricchezza: *ha sposato il miglior p. della città*; *hai rifiutato un simile p.?* **6** Condizione, stato: *ridursi, trovarsi a mal p.*; *un p. disperato* | *All'estremo p.*, alla disperazione, in condizioni disperate | †*A nessun p.*, a nessuna condizione o fatto | †*A ogni p.*, ad ogni modo. **7** Mezzo, espediente, risorsa: *è il solo p. che ci resta*; *appigliarsi a un p.* | †*Avere buon p.*, disporre di una situazione favorevole | *Trarre p. da q.c.*, trarne vantaggio o utilità, saperne approfittare | (*tosc.*) *Dar p.*, lasciare qualche vantaggio all'avversario. **8** †Patto, contratto, negozio | †*Far p.*, proporre un patto | †*Femmina di p.*, donna venale o prostituta. || **partitàccio**, pegg. | **partitìno**, dim. | **partitóne**, accr. | **partitùccio**, **partitùzzo**, dim.

partìto (2) part. pass. di *partire* (*2*); anche agg. ● Nei sign. del v.

partitocràtico agg. (pl. m. *-ci*) ● Della, relativo alla, partitocrazia.

partitocrazìa [comp. di *partito* e *-crazia*] s. f. ● Governo dei partiti, predominio o strapotere dei sistema dei partiti che si sostituiscono alle istituzioni rappresentative nella direzione della vita politica nazionale.

partitóna s. f. **1** Accr. di *partita* (*1*). **2** (*sport*) Incontro spettacolare e di buon livello agonistico e tecnico.

partitóne s. m. **1** Accr. di *partita* (*1*). **2** (*sport*) Notevole gara disputata da un giocatore: *la mezzala ha giocato un p.*

partitóre (1) [vc. dotta, lat. tardo *partitōre(m)*, da *partīri* 'dividere'. V. *partire* (*1*)] **A** s. m. ● Opera idraulica consistente in un canale che ha lo scopo di suddividere la sua portata secondo un rapporto determinato. **B** anche agg.: *canale p.*

partitóre (2) [da *partire* (*1*)] **A** s. m.; anche agg. (f. *-trice*) ● (*lett.*) Chi, che divide, fa le parti e distribuisce. **B** s. m. **1** †Artigiano che separava i metalli dalle leghe durante la fusione. **2** (*tecnol.*) Apparecchio o impianto mediante il quale si può effettuare una ripartizione di grandezze fisiche, energia, materia e sim.

partitùra [da *partire* (*1*)] s. f. **1** (*raro*) Spartizione | (*tosc.*) Divisione del grano fra padrone e contadino. **2** (*mus.*) Complesso di pentagrammi, posti l'uno sotto l'altro, su ciascuno dei quali è scritta la parte che una voce o strumento deve eseguire simultaneamente agli altri in un brano non solistico: *p. della sinfonia, di una messa* | *Leggere in p.*, intendere un pezzo leggendolo, ed eseguirlo nei suoi tratti principali al piano.

partizióne [vc. dotta, lat. *partitiōne(m)*, da *partīri* 'dividere'. V. *partire* (*1*)] s. f. **1** Atto, effetto del dividere, del suddividere in due o più parti: *procedere alla p. del patrimonio tra gli eredi*; *p. di un trattato in capitoli e paragrafi*. SIN. Divisione, spartizione. **2** Parte, sezione: *le partizioni di un testo*.

partner /'partner, *ingl.* 'pa:tnə*/ [vc. ingl., alterazione di *parcener*, dall'ant. fr. *parçonier*, dal lat. *pārs*, genit. *pārtis* 'parte, divisione'] s. m. e f. inv. **1** Chi fa coppia con altra persona nel teatro, nello sport, nella danza e in qualunque altra attività da svolgersi in coppia. **2** Ognuna delle due persone legate fra loro da un rapporto amoroso o sessuale. **3** Socio, alleato, interlocutore privilegiato, spec. nel campo economico e commerciale.

partnership /*ingl.* 'pa:tnəʃip/ [vc. ingl., comp. di *partner* (V.) e *-ship* (V. *leadership*)] s. f. inv. ● Accordo di natura politica, economica, militare e sim. esistente fra due o più nazioni.

pàrto (1) [vc. dotta, lat. *pārtu(m)*, da *pārere* 'partorire', dalla stessa radice indeur. di *pārens*, genit. *pārentis* 'genitore'. V. *parente*] s. m. **1** (*fisiol.*) Espulsione spontanea o provocata del prodotto del concepimento dall'organismo materno al termine della gravidanza | *P. eutocico*, che avviene in modo naturale e spontaneo | *P. distocico*, che presenta difficoltà tali da richiedere l'intervento attivo dell'ostetrico | *P. cesareo*, per via addominale, con intervento chirurgico | *P. precoce*, che avviene fra il 265° e il 275° giorno di gravidanza | *P. prematuro*, che avviene fra il 180° e il 265° giorno di gravidanza | *P. serotino*, se tardivo oltre il 295° giorno di gravidanza | *P. abortivo*, quando avviene prima del 180° giorno di gravidanza | *P. precipitoso*, che avviene così rapidamente da rappresentare un rischio per la madre o il feto | *P. pilotato*, in cui le contrazioni vengono accelerate mediante farmaci (ossitocina) nella fase del travaglio | *P. indolore*, che elimina la sofferenza al momento del travaglio mediante varie tecniche | *P. podalico*, in cui il feto si presenta nel canale del parto con i piedi | *P. gemellare*, in cui si verifica la fuoriuscita di due o più feti. **2** Creatura partorita | (*poet.*) Figlio. **3** (*fig.*) Opera: *p. dell'ingegno*; *p. poetico* | *P. della fantasia*, fandonia. **4** †Cova.

pàrto (2) [vc. dotta, lat. *Pārthu(m)* 'abitante della *Pārthia*', n. di una regione della Persia] s. m. ● Appartenente a un'antica popolazione di stirpe iranica stanziatasi nei pressi del mar Caspio | (*fig.*) *Freccia del p.*, quella che i Parti usavano scagliare da cavallo, a tradimento, mentre erano in fuga, volgendosi indietro; (*fig.*) allusione offensiva, battuta insolente, parola mordace e sim., che giunge inaspettata e traditrice.

partóne [dall'ingl. *parton*, sul modello di *elettrone*] s. m. ● (*fis.*) Ciascuna delle particelle elementari puntiformi, identificabili con i quark, di cui si propone l'esistenza come costituenti dei nucleoni per interpretarne il comportamento nelle collisioni ad alta energia.

partoriènte **A** part. pres. di *partorire*; anche agg. ● Nei sign. del v. **B** s. f. ● Donna che sta partorendo o che deve partorire.

partoriménto s. m. ● (*raro*) Modo e atto del partorire.

partorire o †**parturire** [vc. dotta, lat. *parturīre*, da *pārere* 'partorire'. V. *parto* (*1*)] v. tr. (*io partorisco, tu partorisci*) **1** (*fisiol.*) Espellere in modo spontaneo o strumentale il feto e i suoi annessi, detto della donna gravida (*anche ass.*): *ha partorito un maschio, una femmina, due gemelli*; *stare per p.*; *ha appena partorito* | (*est.*) Figliare: *la cavalla ha partorito un puledro* | (*fig.*) *La montagna ha partorito un topo*, di avvenimenti o situazioni che portano, contro ogni aspettativa, a risultati banali e meschini. **2** (*raro, lett.*) Produrre foglie e frutta, detto di pianta. **3** (*fig.*) Produrre con la mente, con l'ingegno (*spec. scherz.*): *ha partorito una nuova invenzione*. **4** (*fig.*) Cagionare, causare: *p. odio, danno, biasimo*.

†**partoritrice** s. f. ● Partoriente.

partouze /*fr.* par'tu:z/ o **partouse** [vc. fr. (Parigi), da *partie* 'incontro' e dal suff. pop. *-ouze*, come *paradouze* da *paradis* 'paradiso'] s. f. inv. ● Orgia, gioco erotico tra coppie basato sullo scambio dei partner.

part time /par'taim, *ingl.* 'pa:t taim/ [vc. ingl., propriamente 'mezzo (*part*, cfr. *parte*) tempo (*time*, dall'anglosassone *tīma*)'] **A** loc. agg. inv. e avv. ● Detto di lavoro svolto in orario ridotto rispetto al normale orario lavorativo: *lavoro, occupazione part time*; *lavorare, occuparsi* (*a*) *part time* | Detto di lavoratore che svolge tale tipo di lavoro: *segretaria part time*. **B** loc. sost. m. inv. ● Il lavoro stesso: *scegliere, accettare il part time*.

†**parturire** ● V. *partorire*.

†**parturizióne** [vc. dotta, lat. tardo *parturitiō-ne(m)*, da *parturīre* 'partorire'] s. f. ● Parto.

party /'parti, *ingl.* 'pa:ti/ [vc. ingl., dal fr. *partie* 'partita'] s. m. inv. (pl. ingl. *parties*) ● Trattenimento, ricevimento.

parure /*fr.* pa'ryr/ [vc. fr., da *parer* 'preparare'. V. *parare*] s. f. inv. **1** Completo di biancheria femminile | Insieme coordinato di lenzuola e federe: *p. da letto*. **2** Insieme di gioielli, orecchini, collana, bracciale e anello realizzati sullo stesso disegno.

parușia [vc. dotta, gr. *parousía* 'presenza', da *parṓn* 'presente', da *paréinai* 'essere presente', comp. di *para-* 'para-' ed *êinai* 'essere' (V. *onto-*)] s. f. **1** (*relig.*) Ritorno del Cristo sulla terra, atteso dai fedeli, soprattutto nei primi secoli cristiani, come prossimo, secondo la promessa degli Evangeli. **2** Nella filosofia di Platone, principio in base al quale le idee sono presenti nelle cose sensibili.

†**parùta** [da †*paruto*] s. f. ● Apparenza, sembianza, aspetto | *Far p.*, fingere | *In umile p.*, in apparenza dimessa.

†**parùto** part. pass. di *parere*; anche agg. ● Nei sign. del v.

parvènte **A** part. pres. di *parere*; anche agg. ● (*raro, lett.*) Nei sign. del v. **B** s. m. **1** †Avviso, parere. **2** (*lett.*) †Aspetto.

parvenu /*fr.* parvə'ny/ [vc. fr., part. pass. di *parvenir* 'pervenire'] s. m. inv. ● Persona di non elevato grado sociale, arricchitasi rapidamente, che mostra atteggiamenti propri dello stato raggiunto, ma conservando mentalità della primitiva condizione.

parvènza [da *parvente*] s. f. **1** (*lett.*) Apparenza: *tante parvenze / che s'ammirano al mondo* (SABA). **2** (*fig.*) Ombra, velo: *non c'è p. di giustizia nelle sue decisioni*; *una p. di bontà maschera il suo egoismo*. **3** (*raro*) Mostra: *per p.*; *fare p.*

†**parvificàre** [comp. di †*parvo* e *-ficare*] v. tr. ● Rimpicciolire, diminuire (*spec. fig.*).

†**parvificazióne** s. f. ● Rimpicciolimento.

†**parvificènza** [da †*parvo*, sul modello di *magnificenza*] s. f. ● (*raro*) Grettezza.

†**pàrvo** [vc. dotta, lat. *pārvu(m)*, di origine indeur., dalla stessa radice di *pāucus* 'poco' e *pāuper* 'povero'] agg. ● (*lett.*) Piccolo: *non mi sarian chiuse / le tue cogitazion, quantunque parve* (DANTE *Purg.* XV, 128-129).

†**pàrvolo** e *deriv.* ● V. *pargolo* e *deriv.*

†**parzenévole** ● V. †*parzionevole*.

parziàle [vc. dotta, lat. tardo *partiāle(m)*, da *pārs*, genit. *pārtis* 'parte'] agg. **1** Di, relativo a, una o più parti, elementi, settori: *esame p. della situazione*; *eclisse p.*; *risultati parziali* | *Successo p.*, limitato | *Elezioni parziali*, concernenti un numero limitato di candidati e di circoscrizioni | *Sentenza p.*, sentenza interlocutoria. **2** (*est.*) Che propende per una determinata parte, che tende a favorire, fra tante, una o più determinate persone, mancando così di obiettività: *giudice, esaminatore p.*; *sentenza ingiusta e p.*; *voi siete purtroppo p. a queste donne* (CASTIGLIONE). CONTR. Imparziale. ‖ **parzialménte**, avv. **1** In parte: *provvedere solo p. a q.c.* **2** Con parzialità: *giudicare p.*

†**parzialeggiàre** v. intr. ● Mostrare parzialità.

parzialità s. f. **1** Carattere di chi, di ciò che è parziale | Tendenza a favorire una parte, spec. in gare, contese e sim.: *peccare di p.*; *è stato accusato di p.* CONTR. Equità, imparzialità. **2** Azione o comportamento che favorisce una parte, favore accordato in particolare a qc. in confronto di altri: *una ingiusta p.*; *la p. dei giudici sportivi ha falsato l'esito della gara*. **3** †Fazione: *nelle p. sanguinosissime che ebbe Italia de' ghibellini e de' guelfi* (GUICCIARDINI).

parzializzàbile agg. ● Che si può parzializzare.

parzializzàre [comp. di *parziale* e *-izzare*] **A** v. tr. (*io parzializzo*) **1** Dividere in due o più parti. **2** (*tecnol.*) Sottoporre a parzializzazione: *p. una turbina a vapore*; *p. la sezione di una trave*. **B** v. intr. pron. ● (*tecnol.*) Subire la parzializzazione: *la sezione della trave si parzializza*.

parzializzàto agg. ● Che è stato sottoposto a, che ha subìto parzializzazione: *turbina a vapore parzializzata*; *sezione parzializzata di una trave*.

parzializzatóre s. m. ● (*tecnol.*) Dispositivo destinato a variare la portata di un fluido variando la sezione del condotto percorso dal fluido stesso | L'insieme degli organi destinati a effettuare la parzializzazione di una turbomacchina.

parzializzazióne s. f. **1** Atto, effetto del parzializzare. **2** (*tecnol.*) Operazione con cui si varia la portata di un fluido variando la sezione del condotto percorso dal fluido stesso | Operazione con cui si riduce il numero dei condotti che inviano il fluido motore alla girante di una turbomacchina allo scopo di variarne la potenza: *regolazione per p.* | (*est.*) Operazione con cui si introduce il fluido motore in una macchina motrice alternativa durante una parte variabile della corsa. **3** (*edil.*) *P. della sezione*, ipotesi che la sezione resistente di un elemento strutturale, gener. di calcestruzzo armato, sia costituita dalla parte compressa, potendosi trascurare la resistenza a trazione. **4** (*tel.*) Limitazione della possibilità di collegamento posta a alcune categorie di utenti telefonici.

parziarietà s. f. ● (*dir.*) Qualità di ciò che è parziario.

parziàrio [fr. *partiaire*, dal lat. tardo *partiāriu(m)*, da *pārs*, genit. *pārtis* 'parte'] agg. ● (*dir.*) Detto di obbligazione con più soggetti, ciascuno dei quali può chiedere o rispettivamente eseguire solo la propria quota di prestazione.

†**parzionàbile** o †**parzionàvole**, †**parzonàvole** [da †*parzoniere*] agg.; anche s. m. ● Che, chi partecipa.

†**parzionàle** [da †*parzoniere*] agg. **1** Partecipe, consapevole. **2** (*raro*) Fautore, partigiano.

parzionària [deriv. del lat. *pārs*, genit. *pārtis* 'parte'] s. f. ● (*dir.*) Nel mondo medievale, contratto a termine con cui un proprietario concedeva a un coltivatore terreni sterili da ridurre a coltura promettendogliene una metà in proprietà.

†**parzionàvole** ● V. †*parzionabile*.

†**parzionévole** o †**parzenévole**, †**parzonévole** [da †*parzoniere*] agg.; anche s. m. **1** Partecipe. **2** (*dial.*) Socio.

†**parzonàvole** ● V. †*parzionabile*.

†**parzonévole** ● V. †*parzionevole*.

†**parzonière** [ant. fr. *parçonier*. V. *partner*] agg. ● Partigiano, fautore.

pascal /*fr.* pas'kal/ [dal n. del filosofo e scienziato fr. B. *Pascal* (1623-1662)] s. m. inv. ● (*fis.*) Unità di pressione del Sistema Internazionale, uguale alla pressione esercitata dalla forza di 1 N agente perpendicolarmente su una superficie di 1 m^2. SIMB. Pa.

pascàle ● V. *pasquale*.

pascalìano agg. ● Di, relativo a B. Pascal, filosofo e scienziato francese.

pascènte part. pres. di *pascere*; anche agg. ● (*raro*) Nei sign. del v.

pàscere [vc. dotta, lat. *pāscere*, di origine indeur. Cfr. †*pabulo*] **A** v. tr. (pres. *io pàsco, tu pàsci*; pass. rem. *io pascètti* o *pascéi, tu pascésti*; part. pass. *pasciùto*) **1** Mangiare, detto di animali erbivori: *p. l'erba, la biada*. **2** Condurre al pascolo, alla pastura: *p. gli armenti, il gregge sui monti, nei prati* | (*est.*) Nutrire, riferito a esseri umani: *p. i propri figli*. **3** (*fig.*) Alimentare: *p. la mente con la lettura, di nuove conoscenze* | (*raro*) *P. le mole del mulino*, fornirle continuamente di materiale da macinare | (*est.*) Saziare, appagare: *p. l'animo, la vista*. **B** v. intr. (aus. *avere* nel sign. 1, *essere* nel sign. 2) **1** Pascolare: *le greggi pascevano nei campi*; *portare le pecore a p.* **2** (*lett.*) Nutrirsi: *l'Arpie, pascendo poi de le sue foglie, / fanno dolore, e al dolor fenestra* (DANTE *Inf.* XIII, 101-102). **C** v. rifl. **1** Prendere alimento, nutrimento: *pascersi di ghiande, di cibi raffinati*; *qualsivoglia bestia che si pasca sul dorso della terra* (BRUNO) | (*fig.*) *Pascersi d'aria*, di illusioni e apparenze vane | (*fig.*) *Pascersi di vento*, di chiacchiere inutili | (*fig.*) *Pascersi di dolore, di lacrime* e sim., vivere immersi nel dolore. **2** (*fig.*) Appagarsi, dilettarsi: *pascersi di ragionamenti*; *i suoi occhi si pascevano di tale meraviglioso spettacolo*.

pascià o †**bascià**, †**bassà** [turco *pašā*] s. m. ● Titolo degli alti dignitari dell'Impero ottomano, che veniva posposto al nome proprio | *Fare il p.*, (*fig.*) godersela | *Stare come un p.*, (*fig.*) immerso nel lusso, nella comodità.

pascialàto s. m. ● Carica e dignità di pascià | La durata di tale carica.

†**pascibiètola** [comp. di *pascere* (nel senso di 'mangiare') e *bietola*] s. m. e f. inv. ● Persona sciocca e stupida.

†**pascigréppi** [comp. di *pascere* e il pl. di *greppo*; propriamente '(animale) che pasce nei greppi'] s. m. **1** Bestia che si pasce nei greppi. **2** (*fig.*) Uomo semplice e stolto.

†**pasciménto** s. m. **1** Modo e atto del pascere. **2** Ciò che pasce, che serve di alimento.

pascióna [lat. *pastiōne(m)*, da *pāscere* 'pascere'] s. f. **1** (*raro*) Abbondante produzione di prodotti agricoli destinati a nutrire animali o uomini | (*est.*) Abbondanza di viveri o di guadagni | *Stare alla p.*, vivere nell'agio, nella ricchezza | (*gener.*) Abbondanza: *rimpiangere il tempo della p.* **2** (*tosc.*) Erba dei prati dopo l'ultimo taglio del fieno | Luogo grasso e fresco per pascolo estivo.

†**pascitóre** agg.; anche s. m. (f. *-trice*) ● Che, chi pasce (*anche fig.*).

pasciulì s. m. ● Adattamento di *patchouli* (V.).

pasciùto part. pass. di *pascere*; anche agg. **1** Nei sign. del v. **2** *Ben p.*, grasso, rubicondo.

†**pàsco** [lat. *pāscuu(m)*, da *pāscere* 'pascere'] s. m. (pl. *-schi*) ● (*lett.*) Pascolo (*anche fig.*).

†**pascolàme** s. m. ● Ciò che serve di pascolo.

pascolàre [da *pascolo*] **A** v. tr. (*io pàscolo*) ● Guidare alla pastura gli animali erbivori domestici, controllandoli mentre si nutrono: *p. i buoi, le pecore*. **B** v. intr. (aus. *avere*) **1** Brucare o cibarsi nei pascoli, riferito agli animali: *un folto gregge pascolava ai limiti del bosco*. **2** (*raro, fig.*) Nutrire: *p. di speranze*.

pascolativo agg. ● Detto di terreno da pascolo.

pascolìano agg. ● Che concerne il poeta G. Pascoli (1855-1912): *stile, verso p.*

pascolișmo s. m. ● Imitazione di modi ed espressioni proprie del poeta G. Pascoli.

pascolìvo agg. ● (*raro*) Pascolativo.

pàscolo [lat. *pāscuu(m)*, da *pāscere* 'pascere'] s. m. **1** Distesa erbosa su cui pasturano gli animali: *p. montano, alpino*; *i verdi pascoli* | (*est.*) Erba di pastura: *p. grasso*. ➡ ILL. p. 353 AGRICOLTURA. **2** Atto, effetto del pascere, del pascolare: *mandare, condurre i buoi al p.*; *servitù di p.* **3** (*fig.*) Alimento o nutrimento spirituale: *trovare gradito p. nella lettura* | (*raro, fig.*) *Dare in p.*, porgere materia di maldicenza.

†**pascóre** s. m. ● (*lett.*) Primavera: *nella ... primavera / ti vidi, al novel tempo del p.* (D'ANNUNZIO).

pasdaràn [persiano *pāsdārān*, pl. di *pāsdār* 'custode, guardiano (della rivoluzione)', da *pās* 'vigilanza'] s. m. inv. **1** (*spec. al pl.*) Componente di uno speciale corpo paramilitare iraniano creato dal regime khomeinista a protezione delle istituzioni islamiche e impiegato anche in azioni di guerriglia contro obiettivi stranieri. *2* (*fig.*) Persona fanaticamente intransigente.

paşigrafìa [fr. *pasigraphie*, comp. del gr. *pasi-*, da *pâs*, genit. *pantós* 'tutto' (V. *panto-*) e del fr. *-graphie* '-grafia'] s. f. ● (*ling.*) Lingua artificiale di carattere universale consistente in un codice numerico scritto, da cui sia possibile trarre delle corrispondenze con le parole di una data lingua.

paşilalìa [fr. *pasilalie*, comp. del gr. *pasi-* (V. *pasigrafia*) e del fr. *-lalie* '-lalia'] s. f. ● (*ling.*) Pasigrafia in cui i segni scritti convenzionalmente corrispondono a lettere e sono quindi pronunziabili.

pasionària [vc. sp. (da *pasión* 'passione'), epiteto della rivoluzionaria sp. Dolores Gómez Ibárruri (1895-1989)] s. f. *1* Donna che propugna appassionatamente idee rivoluzionarie. *2* (*fig.*) Donna che difende tenacemente le proprie idee e i valori morali e ideologici in cui crede.

†**paşmàre** [ant. fr. *pasmer*, da *pasme* 'pasmo'] v. intr. ● Cadere in deliquio, svenire.

†**paşmaşóne** [ant. fr. *pasmaison*, da *pasmer* 'pasmare'] s. m. ● Svenimento.

†**pàşmo** [ant. fr. *pasme*, dissimilazione di *spasme* 'spasmo'] s. m. *1* Spasimo. *2* Svenimento, deliquio.

paso doble /*sp.* 'paso 'doble/ [vc. sp., propriamente 'passo doppio'] loc. sost. m. inv. ● Danza spagnola a coppie, vivace, nata all'inizio del Novecento e parzialmente simile alla passacaglia.

paşolinìàno agg. ● Che si riferisce allo scrittore e regista P. P. Pasolini (1922-1975), al suo stile e alle sue opere: *poetica, filmografia pasoliniana.*

Pàsqua [lat. crist. *Păscha*, dal gr. *páscha*, dall'ebr. *pésah* 'passaggio' (la pasqua ebraica era stata istituita per commemorare l'uscita degli ebrei dall'Egitto). La vc. dovette poi essere accostata al lat. *pāscua* 'pascoli'] s. f. (*pàsqua* nel sign. 3) *1* Nell'ebraismo, festa che commemora la liberazione dalla schiavitù d'Egitto | Nel cristianesimo, solennità della resurrezione di Cristo. *2* Festa liturgica cattolica e di altre confessioni cristiane, che cade nella domenica seguente al primo plenilunio ecclesiastico dopo il 21 marzo: *P. di Resurrezione* | *P. epifania*, la festa dell'Epifania | *P. fiorita*, Domenica delle Palme | *P. delle rose, rosa, rosata*, Pentecoste | *P. alta*, che è in ritardo rispetto al tempo in cui ricorre normalmente | *P. bassa*, che è in anticipo rispetto al tempo in cui ricorre normalmente | (*fig.*) *Venire la P. in domenica*, si dice di ciò che si verifica al momento opportuno | (*pop.*) *Celebrare, fare la P.*, comunicarsi nel periodo pasquale | *Augurare la buona P.*, porgere auguri nel giorno di Pasqua. *3* (*raro*) Festa: *far P.* | *Essere contento come una P.*, contentissimo | *Dare, augurare la mala P.*, guastare una festa, arrecare dolore e sim. | *A te la mala P.!*, (*pop., merid.*) imprecazione d'ira e sim. || **pasquétta**, dim. (V.).

pasquàle o †**pascàle** [lat. tardo *paschāle(m)*, da *Păscha* 'Pasqua', rifatto su *Pasqua*] agg. ● Di, della Pasqua: *agnello p.* | *Precetto p.*, della comunione a Pasqua.

pasqualìna [da *pasquale*] s. f. ● (*cuc.*) Tipica torta salata della cucina genovese, un tempo preparata per Pasqua, costituita da un particolare tipo di sfoglia con ripieno di bietole e altre verdure, uova e formaggio.

†**pasquàre** [da *pasqua*] v. intr. ● Celebrare la Pasqua.

†**pasquàta** [da *pasqua*] s. f. ● (*raro*) Solenne festività.

†**pasqueggiàre** [ints. di *pasquare*] v. intr. ● Celebrare la pasqua.

†**pasqueréccio** agg. ● Pasquale | †*Convito p.*, (*fig.*) canto.

pasquétta s. f. *1* Dim. di *pasqua*. *2* (*pop., dial.*) Il primo lunedì dopo la Pasqua | L'Epifania | La Pentecoste. *3* (*est.*) Gita che si usa fare il primo lunedì dopo la Pasqua.

†**pasquìllo** [da *Pasquino*] s. m. ● Pasquinata.

†**pasquinàre** [da *Pasquino*] v. intr. ● Far pasquinate.

pasquinàta [da *Pasquino*] s. f. *1* Satira, spec. a contenuto politico, che si affiggeva a Roma fra i secc. XVI e XIX alla statua di Pasquino. *2* (*est.*) Satira breve, arguta o ingiuriosa, spec. di contenuto politico.

†**pasquìno** [etim. discussa: dal nome di qualcuno che abitava o aveva bottega presso l'omonima statua ove si affiggevano le satire (?)] s. m. ● Pasquinata.

pàssa [imperat. di *passare* nel sign. A I 8] vc. ● Nella loc. avv. *e p.* (preceduta da un numerale), e oltre, e più: *avrà trent'anni e p.*; *un milione e p.*

passàbile [fr. *passable*, da *passer* 'passare'] agg. ● Accettabile, mediocre, discreto: *grado p. di educazione*; *accoglienza p.*; *libro, racconto, film p.* || **passabilménte**, avv. In modo tollerabile; discretamente; piuttosto bene.

passacàglia [sp. *pasacalle*, comp. di *pasar* 'passare' e *calle* 'strada' (V. *calle*), perché in origine la si ballava passando per le strade] s. f. ● Antica danza a basso ostinato e con variazioni, scritta in misura ternaria semplice ed eseguita in movimento grave.

passacàrte [comp. di *passare* e il pl. di *carta*] s. m. inv. ● (*spreg.*) Impiegato, burocrate e sim., considerati nell'aspetto meramente formale del loro lavoro.

passacàvo [comp. di *passa(re)* e *cavo*] s. m. ● (*mar.*) Pezzo di metallo sagomato e fissato sulla coperta delle imbarcazioni da diporto, destinato ad accogliere i cavi d'ormeggio o di rimorchio.

passadièci [comp. di *passa(re)* e *dieci*: detto così perché chi tiene il banco getta i dadi e vince se supera il numero dieci] s. m. ● Antico gioco a dadi.

†**passadóndolo** [comp. di *passa(re)* e *dondolare*] s. m. ● Gingillo, ninnolo.

passafièno [comp. di *passa(re)* e *fieno*] s. m. inv. ● Botola tra il fienile e la sottostante stalla.

passafìli [comp. di *passa(re)* e il pl. di *filo*] s. m. ● Strumento usato in chirurgia per infilare il filo negli aghi per sutura. ➡ ILL. **medicina e chirurgia**.

passafìna s. f. ● Passafino.

passafìno [comp. di *passa(re)* e *fino*] s. m. ● Nastro sottile e leggero di cotone con cui si rinforzano orli e cuciture. SIN. Passafina, passamano.

passafuòri [comp. di *passa(re)* e *fuori*] s. m. ● (*edil.*) Travetto, fissato a un puntone, che si protende oltre il filo del muro a sorreggere la gronda.

passagàllo o †**passagàglio** [V. *passacaglia*] s. m. *1* †Passacaglia. *2* (*est.*) Accompagnamento di chitarre o di voci a serenate, canti di strada, di osteria e sim.

†**passaggère** o †**passaggière** [ant. fr. *passagier*, da *passage* 'passaggio'] s. m. *1* Gabelliere. *2* Passeggero.

passàggio [ant. fr. *passage*, da *passer* 'passare'] s. m. *1* Atto, effetto del passare per un luogo o in uno spazio, percorrendolo, attraversandolo e sim.: *il p. dei turisti in, per la città*; *assistere, fare ala al p. di un corteo*; *scoprirsi al p. della bandiera, di un feretro*; *guardo / il p. quieto / delle nuvole sulla luna* (UNGARETTI) | *Il p. di uno stretto, di un valico* e sim., transito attraverso di essi | *Il p. di una strada*, il suo attraversamento | *Il p. dell'uomo sulla terra, nel mondo*, e sim., la vita umana, considerata come un cammino che si percorre per giungere all'aldilà | Con riferimento alle persone, agli animali e ai veicoli che passano per, o attraverso, un dato luogo: *nella zona c'è un notevole p. di colombacci*; *un intenso p. di automobili.* *2* Nella loc. avv. e agg. *di p.*, senza soffermarsi, di sfuggita: *ho visto la città solo di p.*; *mi ha detto due parole così, di p.*; (*est.*) di luogo attraverso cui si è soliti soltanto passare: *stanza, locale di p.*; (*est.*) detto di chi si ferma in un luogo solo per poco tempo: *turista, clienti, gente di p.* *3* Luogo per cui si passa, apertura o varco che consente a uomini, animali o cose di passare: *un p. stretto, largo, facile, comodo*; *aspettare qc. al p.*; *chiudere, impedire, controllare ogni p.* | *P. pedonale*, zona della carreggiata, gener. contrassegnata da zebratura, ove i pedoni possono attraversare la strada | *P. a livello*, intersezione della ferrovia con una strada allo stesso livello | Canale, stretto: *il p. dei Dardanelli*. ➡ ILL. p. 1752 TRASPORTI. *4* Traversata in nave, viaggio marittimo, di persone o cose e relativo prezzo, dazio e sim.: *un lungo p.*; *il p. è piuttosto caro* | †Traversata dei crociati in Terra Santa | (*est.*) †Esercito di crociati. *5* Ospitalità offerta su di un veicolo, per un determinato tragitto: *dare, chiedere, offrire un p.* *6* (*fig.*) Cambiamento, mutamento da una condizione a un'altra: *il p. dal caldo al freddo, dal giorno alla notte, dalla primavera all'estate*; *punto, momento, fase di p.* | *Il p. da questa vita all'altra*, la morte | (*raro*) Morte: *il suo prematuro p.* *7* (*fig.*) Brano o passo di un testo, di un autore e sim.: *notare i passaggi più belli del romanzo.* *8* (*mus.*) Episodio nel corso di un pezzo | Complesso di più note sopra una sillaba. *9* (*astron.*) Transito. *10* Nella ginnastica, il movimento per cui l'atleta fa passare una gamba o ambedue sopra o sotto l'attrezzo a cui sta facendo un esercizio. *11* Nel calcio e sim., invio del pallone a un compagno di squadra: *p. di piede, di testa*; *p. lungo, corto.* *12* Nel linguaggio alpinistico, ciascuno dei tratti di una via di scalata | Ciascuna delle azioni elementari di arrampicata di cui è composta un'ascensione. *13* †Tassa di entrata in società, circolo e sim. || **passaggétto**, dim.

passamanerìa [fr. *passementerie*, da *passement* 'passamano'] s. f. *1* Complesso dei vari passamani. *2* Fabbrica o negozio di passamani.

passamàno (1) [comp. di *passa(re)* e *mano*] s. m. *1* Passaggio di cose per le mani di più persone disposte come a catena: *scaricare le pietre col sistema del p.* *2* (*sett.*) Corrimano.

passamàno (2) [fr. *passement*, da *passer* 'passare', per i fili che *passano*, cioè 'si intrecciano'] s. m. ● Pizzo, merletto, spighetta, nastro, cordone, treccia per guarnizione di abiti, tappezzerie, tendaggi e sim. SIN. Passafino.

†**passamanterìa** o †**passamenterìa** s. f. ● Passamaneria.

†**passaménto** s. m. *1* Passaggio | (*euf.*) Morte, trapasso. *2* (*raro*) Superiorità.

passamèzzo o **passemèzzo** [da *passo* e *mezzo (2)*, con accostamento a *passare*] s. m. ● Antica danza in misura binaria e movimento moderato.

passamontàgna [calco sul fr. *passemontagne*; detto così perché usato in *montagna*] s. m. inv. ● Berretto in maglia di lana ai ferri, con alto risvolto che, abbassato, protegge il volto lasciando solo una fessura per gli occhi, usato spec. dagli alpinisti.

passanàstro [comp. di *passa(re)* e *nastro*] s. m. *1* Tramezzo di ricamo o pizzo con occhielli in cui si passa il nastro per guarnizione. *2* Infilanastri.

pàssa-non pàssa [da *passare*] loc. sost. m. inv. ● (*mecc.*) Calibro differenziale (o a doppia tolleranza) per controllare che le dimensioni dei pezzi prodotti siano comprese entro i limiti di tolleranza prefissati.

passànte **A** part. pres. di *passare*; anche agg. *1* Nei sign. del v. *2* *Colpo p.*, nel tennis, quello che manda la palla verso il fondo del campo facendola passare sulla destra o sulla sinistra dell'avversario sceso a rete per un attacco. *3* (*ferr.*) *Stazione p.*, di transito. *4* (*arald.*) Detto dei quadrupedi raffigurati in atto di camminare. *5* (*enol.*) Detto di vino non ruvido, flessibile, che non urta il palato. **B** s. m. e f. ● Persona che passa, che cammina per la strada: *richiamare l'attenzione dei passanti*; *un p. solitario.* **C** s. m. *1* Sottile striscia di tessuto o di cuoio sotto la quale passa una cinghia o una cintura. *2* Anello in cuoio o in metallo situato dopo la fibbia, per sostenere la cinghia. *3* Collegamento stradale rapido che attraversa una determinata zona | *P. ferroviario*, collegamento sotterraneo tra stazioni ferroviarie in una grande città.

passapàlle [comp. di *passa(re)* e il pl. di *palla*] s. m. inv. ● Tavola o piastra metallica forata che anticamente serviva per misurare o verificare il calibro delle palle da cannone.

passaparòla [comp. di *passa(re)* e *parola*] s. m. ● Modo di trasmettere rapidamente e sottovoce un ordine da un capo all'altro di una fila di soldati facendolo ripetere da ciascuno di essi al vicino successivo.

passapatàte [comp. di *passa(re)* e il pl. di *patata*] s. m. inv. ● Schiacciapatate.

passapiède [calco sul fr. *passe-pied*] s. m. ● Antica danza vivace in misura ternaria.

passapòrto [comp. di *passa(re)* e *porto* ('luogo di passaggio')] s. m. ● Documento personale che conferisce al cittadino la facoltà di uscire dal territorio nazionale per entrare in uno o più altri Stati: *p. valido, scaduto*; *rinnovare il p.*; *chiedere, concedere il p.* | *Richiesta, consegna del p. diplomatico*, atto di estinzione della missione diplomatica di un dato agente o delle relazioni diplomatiche tra due Stati | (*fig.*, *scherz.*) *Avere il p. per l'altro mondo*, essere in punto di morte.

passàre [lat. parl. **passāre*, da *pāssus* 'passo'] **A** v. intr. (aus. *essere*) **I** Percorrere il tratto o lo spazio che separa due luoghi, andando dall'uno all'altro. Un primo gruppo di significati coglie l'azione nella sua fase intermedia e ruota quindi prevalentemente attorno al concetto di moto per o attraverso luogo, sia in senso proprio che traslato o figurato. **1** Transitare, spec. senza fermarsi: *p. per la strada, attraverso i campi*; *l'aria passa per i bronchi*; *p. adagio, di corsa, a piedi, in macchina*; *è appena passato*; *l'ho visto p. or ora* | (*fam.*) *Non passa un cane, non passa anima viva*, nessuno passa | *Di qui, di là non si passa*, attraverso questo luogo o zona non è possibile il transito | *P. inosservato*, non farsi notare o non essere notato (*spec. fig.*): *l'errore passò inosservato* | *P. prima di qc.*, precederlo | *P. al largo*, piuttosto lontano (*anche fig.*) | *P. davanti, avanti a qc.*, sorpassarlo mentre cammina e (*fig.*) ottenere risultati migliori di lui negli studi, nel lavoro e sim. | *P. davanti a q.c.*, attraversare lo spazio antistante q.c. | *P. dietro q.c. o qc.*, attraversare lo spazio retrostante | *P. di fianco a qc., a q.c.*, percorrere o attraversare lo spazio e il tratto laterale | *P. sopra q.c.*, percorrere il tratto superiore o superficiale e (*fig.*) lasciar correre, considerare con indulgenza: *le truppe passarono sopra il ponte*; *è una piccola svista e possiamo passarci sopra* | *P. sopra il corpo, il cadavere di qc.*, (*fig.*) superarne ogni resistenza, ogni opposizione, anche con mezzi violenti | *P. sotto q.c.*, percorrere lo spazio sottostante: *l'acqua passa sotto il ponte* | *Ne è passata di acqua sotto i ponti!*, (*fig.*) molte cose sono accadute, molto è cambiato da allora | *P. oltre, p. via*, andare avanti senza fermarsi (*anche fig.*) | (*fam.*) *Passa via, passa là*, escl. per allontanare o scacciare un animale | *P. in un luogo*, entrarvi. **2** Muoversi, snodarsi o scorrere attraverso o in mezzo a qc., nel mezzo di q.c.: *presto passeranno per la nostra regione nuove strade*; *il corteo passò tra due ali di folla silenziosa*; *il nuovo tronco ferroviario passa proprio tra i due paesi*; *un canale passa tra i due poderi*; *un corso d'acqua passa attraverso i boschi*. **3** Andare o venire a trovarsi momentaneamente, mentre si viaggia, ci si sposta e sim., in un punto determinato del proprio percorso: *se passeremo per la vostra città, verremo a trovarvi*; *non so se avrò occasione di passare da te*; *vedrò di p. a salutarvi* | Circolare: *è un libello destinato a p. per le mani di tutti* | (*fig.*) *P. per la mente, il capo, la testa*, di idea che si presenta all'improvviso | (*fig.*) *Non mi passa neanche per l'anticamera del cervello*, non ci penso neppure lontanamente, me ne guardo dal pensarci. **4** (*fig.*) Esistere, esserci, intercorrere, aver luogo: *tra noi non passano più le relazioni amichevoli di prima*; *le trattative che passano tra le parti*; *tra questo e quello passa, ci passa una bella differenza* | (*fam.*) *Ci passa*, c'è una bella differenza. **5** Entrare o uscire attraverso un'apertura, un orifizio e sim.: *p. per la porta, per la finestra, per l'entrata di servizio*; *il vino passa lentamente attraverso i filtri*; *per le fenditure passano l'acqua e il vento* | (*fig.*) *P. per il rotto della cuffia*, cavarsela per un pelo, farcela a malapena. **6** (*fig.*) Vivere, svolgersi, svilupparsi, e sim. attraverso ostacoli di vario genere, con riferimento a persone o cose: *p. attraverso dispiaceri*; *è passato per vicissitudini d'ogni sorta*; *un affare che è passato per ogni genere di complicazioni*. **7** Andare oltre, proseguire senza fermarsi: *non ragioniam di lor, ma guarda e passa* (DANTE *Inf.* III, 51) | *Passo*, in alcuni giochi di carte, espressione con cui il giocatore dichiara di non prendere parte a una mano del gioco, per mancanza di buone carte | *E passa* (preceduto da un numerale), e oltre: *avrà trent'anni e passa*; *un milione e passa*. **8** (*fig.*) Eccedere in q.c., superare un limite determinato: *p. di cottura, di maturazione*. **II** In un secondo gruppo di significati, il movimento è colto o nella sua fase iniziale, o in quella finale o in entrambe. Il verbo esprime allora (in modo espresso o sottinteso, e anche figuratamente) o il moto da luogo, o il moto a luogo o entrambi contemporaneamente. **1** Andare altrove, mutare sede, residenza e sim.: *passiamo in giardino, se non vi spiace*; *non vorreste p. in una casa più comoda?*; *passano da una regione all'altra, dall'una all'altra città* | (*fig.*) *P. al nemico*, tradire i propri compagni, disertare il proprio posto | (*fig.*) *P. alla parte avversa, al partito avversario*, aderirvi, dopo aver lasciato il proprio. **2** (*fig.*) Essere trasferito da una persona a una o più altre: *p. dal produttore al consumatore, di padre in figlio, di casa in casa, di città in città* | *P. di mano in mano*, di cosa maneggiata successivamente da più persone | *P. di bocca in bocca*, di cosa detta da più persone, una dopo l'altra | Essere tramandato: *tradizioni che passano da una generazione all'altra*; *passerà ai posteri, alla storia*. **3** (*fig.*) Mutare da uno ad altro stato, condizione, attività, maniera e sim.: *elevando la temperatura la miscela passa dallo stato liquido a quello gassoso*; *p. dalla gentilezza alla scortesia, dalla vita alla morte, dalla veglia al sonno, dal pianto al riso*; *presto passerò a un nuovo lavoro* | *P. a miglior vita*, (*euf.*) morire | *P. in cavalleria*, (*fig.*) di cosa a suo tempo convenuta, non farne più nulla o, di oggetto materiale, sparire, essere sottratto o non reso | *P. a nozze, a nuove nozze*, sposarsi, risposarsi | (*fam.*) *P. a Cresima, a Comunione*, ricevere il sacramento della Cresima e per la prima volta quello dell'Eucarestia. **4** (*fig.*) Allontanarsi, non essere o non esserci più: *p. di mente, di moda* | (*lett.*) *P. di vita*, morire | (*poet.*) Morire: *passa la bella donna e par che dorma* (TASSO). **5** (*fig.*) Andare avanti, cambiando argomento: *passa a parlare d'altro, per favore*; *passeremo a trattare, a esaminare, a esporre un nuovo aspetto del problema*. **6** (*fig.*) Essere promosso a un livello superiore: *p. in terza, in quarta*; *p. di grado*; *p. capitano, colonnello* | *P. agli esami*, (*fam.*, *ell.*) passare, essere promosso. **7** (*fig.*) Essere approvato, accettato: *la legge è passata*. **8** (*fig.*) Essere ammesso, accettato, tollerato e sim.: *abito, parola, comportamento che può p.*; *il film non è niente di speciale, ma può p.* | *Per questa volta, passi!*, per questa volta saremo tolleranti, perdoneremo. **9** (*fig.*) Essere considerato, ritenuto, giudicato: *p. per un genio, per un uomo di mondo*; *passa per essere il miglior partito della città* | *Far p. qc. per, da stupido*, e sim., fargli fare la figura dello stupido | *Farsi p. per tonto*, e sim., comportarsi in modo da farsi ritenere tale. **III** Considerato in relazione al tempo, il verbo viene a esprimere sia il fluire del tempo stesso che il divenire in esso della realtà. **1** Trascorrere: *gli anni, i mesi, i giorni passano veloci*; *quanto tempo è passato da allora!* | (*scherz.*) *Passò quel tempo!*, detto di situazione che muta sfavorevolmente. **2** Esaurirsi, venir meno, finire: *la bellezza e la gioventù passano presto*; *anche la brutta stagione passerà*; *finalmente mi è passato il mal di testa* | (*fam.*) *P. la paura, la sbronza, il capriccio, la voglia* e sim., non avere più paura, non essere più ubriaco, non desiderare più q.c. e sim. | (*fam.*) *Gli passerà!*, prima o poi ritornerà tranquillo, di persona adirata, addolorata e sim., spec. per cose da nulla | *Canta che ti passa*, (*scherz.*) invito a non preoccuparsi, a non dar troppo peso a fatti o avvenimenti spiacevoli, a non aver paura e sim. **3** (*lett.*) Accadere, svolgersi: *non crediate che con Don Abbondio le cose passassero freddamente* (MANZONI). **B** v. tr. **1** Attraversare: *p. il fiume a guado, lo stretto a nuoto, il confine a piedi* | *P. il Rubicone*, (*fig.*) prendere una grave decisione, spec. in campo politico. **2** (*raro*) Percorrere | *P. in rassegna, in rivista*, scorrere con gli occhi un gruppo di militari allineati, camminando davanti a loro e (*fig.*) analizzare o esaminare q.c. in modo ampio e completo: *p. in rassegna la stampa estera, le ultime scoperte scientifiche* | *P. per le armi*, †*per le picche*, uccidere, riferito a nemici catturati | (*fig.*) Leggere rapidamente: *è la terza volta che passo il giornale, ma non vedo l'articolo che dici*. **3** Far entrare o uscire q.c. attraverso un'apertura e sim.: *p. il cavo negli anelli di sostegno*; *passami la chiave per la finestra*; *gli passò un foglietto di sotto la porta* | *P. le acque*, bere acque termali per ragioni terapeutiche, fare la cura delle acque | *P. da parte a parte*, trapassare: *la spada gli passò il petto da parte a parte*. **4** Ridurre in poltiglia con apposito arnese da cucina: *p. le patate, la verdura*. **5** Strofinare con o applicare q.c. su di una superficie: *p. una spugna umida, un cencio sui mobili*; *p. una mano di vernice, di bianco sulle pareti*. **6** Trasferire, spostare: *lo passano in un nuovo ufficio, a un'altra filiale*; *voglio p. queste tende in sala da pranzo* | *P. agli atti*, collocare tra gli altri documenti relativi alla medesima questione | *P. agli archivi, in archivio*, archiviare | (*fig.*) *P. ai voti*, sottoporre a votazione | (*fig.*) *P. in bella copia*, copiare in bella | (*fig.*) *P. qc.*, al telefono, farlo parlare con chi chiede di lui: *ti passo subito mio padre*. **7** Dare o porgere q.c.: *passami quel libro*; *per favore, passami il pane*; *p. il pallone* | Assegnare periodicamente: *gli passa un pingue assegno mensile* | (*fig.*, *fam.*) *Quel che passa il convento*, con riferimento al normale e semplice vitto quotidiano: *non posso offrirti se non quel che passa il convento*. **8** Comunicare, trasmettere: *p. a qc. una notizia, un'indiscrezione, un'ambasciata, la parola d'ordine* | (*fig.*) *P. la voce*, far sapere | (*fig.*) *P. parola*, comunicare a chi di dovere | (*ass.*) *Passo!*, parlando per radio o per radiotelefono, formula in uso per segnalare a chi ascolta che gli si cede la linea | (*ass.*) *Passo e chiudo!*, si dice per segnalare che si è finito di parlare e si chiude la linea. **9** Oltrepassare, sorpassare (*anche fig.*): *l'ha passato di corsa, in curva, sul rettilineo*; *p. qc. in altezza, in peso*; *credo che abbia già passato la cinquantina* | *P. il segno, la misura*, (*fig.*) eccedere in q.c., spec. in difetti, vizi e sim. | *P. ogni limite*, essere eccessivo, spec. nel male. **10** (*lett.*) Omettere, non menzionare. **11** Affrontare e riuscire a superare: *p. gli esami, il controllo della polizia* | *P. un guaio, un grosso guaio*, essere alle prese con una situazione molto critica | *P. una gran paura, una bella paura*, e sim., prendere paura | *Passarla*, scamparla: *l'ha passata bella*; *non credo che la passerà liscia* | (*est.*) Subire, soffrire, sopportare: *ho passato una grande umiliazione*; *gli ha fatto p. un mucchio di dispiaceri, di amarezze* | *Passarne*, avere molte esperienze dolorose: *quante ne ha passate, poveraccio!* | *Passarne d'ogni fatta, di tutti i colori, di cotte e di crude*, e sim., avere esperienze d'ogni genere. **12** Accettare, tollerare, perdonare: *posso passargli tutto, ma le menzogne no*; *te ne ho passate già troppe* | *Passarla a qc.*, perdonargli q.c. di mal fatto: *questa non te la passo proprio* | *P. q.c. sotto silenzio*, accettarla, tollerarla senza parlarne. **13** Promuovere, approvare: *mi hanno passato in quinta*; *non credo che passeranno la tua proposta*. **14** Trascorrere il proprio tempo o una parte di esso in qualche modo o luogo: *p. le vacanze al mare, il fine settimana in città*; *ho passato l'inverno in riviera*; *gli piace passare in casa le sue serate*; *ho passato un mese terribile*; *passammo qualche ora in loro compagnia* | *P. un brutto quarto d'ora*, (*fig.*) venire a trovarsi in una pessima situazione | *Passarsela*, vivere, spec. con riferimento alle condizioni economiche: *come te la passi?*; *se la passa bene, male, da gran signore*. **C** in funzione di **s. m.** solo **sing.** ● Decorso: *il lento p. delle stagioni*; *col p. del tempo il dolore si attenuerà*.

passascòtte [comp. dell'imperat. di *passare* e del pl. di *scotta*] **s. m. inv.** ● (*mar.*) Ciascuno dei rinvii fissi o dei bozzelli fissati ai due lati dello scafo di un'imbarcazione a vela, destinati ad accogliere le scotte del fiocco, dello spinnaker e del gennaker.

passàta s. f. **1** (*raro, lett.*) Passaggio | (*lett.*) *Far le passate*, andare avanti e indietro: *Incominciò a far la p. dinnanzi alla casa di costei* (BOCCACCIO) | †*A tutta p.*, di continuo, del tutto. **2** †Avanzamento, promozione. **3** Avvenimento di breve durata | *Una p. di dolore*, trafittura | *Una p. di pioggia*, breve scroscio | *Una p. di collera*, una sfuriata. **4** Passo di selvaggina. **5** †Posta nel gioco. **6** Breve occhiata, rapida lettura: *dare una p. al giornale* | *Di p.*, rapidamente, di sfuggita. **7** Lo scorrere in fretta con q.c. sulla superficie di un oggetto, con vari scopi: *dare una p. di straccio per pulire*; *il muro ha bisogno di una p. di vernice*. **8** Breve rosolatura, scottatura: *dare una p. alla verdura in padella*. **9** Operazione del filtrare: *acquavite di prima p.* **10** (*pop.*) Giro, nel gioco delle carte: *facciamo un'altra p.* **11** (*region.*) Minestra di verdura o legumi passati: *p. di ceci*. **12** Salsa, succo di pomodoro confezionato gener. in barattolo. ***13*** †Cessazione, tralasciamento | †*Far p.*, tralasciare. ***14*** (*mil.*) †Effetto di penetrazione di un proiettile nel corpo del bersaglio. || **passatèlla**, dim. (V.) | **passatina**, dim.

passatèlla s. f. ***1*** Dim. di *passata*. ***2*** Gioco d'osteria i cui partecipanti acquistano collettivamente del vino, che poi viene distribuito in modo disuguale secondo l'arbitrio di due persone scelte a sorte o favorite da una combinazione vincente in un gioco di carte.

passatèllo A s. m. ***1*** Dim. di *passato*. ***2*** (*al pl.*) Pasta di pangrattato, uova, formaggio e spezie, passata attraverso i fori di uno staccio e cotta in brodo. **B** agg. ● (*scherz.*) Alquanto sciupato | Piuttosto vecchiotto.

passatèmpo [comp. di *passa(re)* e *tempo*; calco sul fr. *passetemps*] s. m. ● Occupazione svolta con l'unico scopo di passare gradevolmente il tempo, di distrarsi: *un piacevole p.*; *il mio p. preferito* | *Per p.*, per sfuggire la noia, per fare qualcosa: *lavorare per p.* SIN. Diversivo, svago.

passatismo s. m. ● Atteggiamento caratteristico dei passatisti.

passatista [comp. di *passat(o)* e *-ista*] s. m. e f. (pl. m. *-i*) ● Chi rifiuta ogni innovazione rispetto alle tradizioni del passato, spec. in campo sociale, politico, artistico.

passatistico agg. (pl. m. *-ci*) ● Relativo al passatismo o ai passatisti.

passato [part. pass. di *passare*] **A** agg. ***1*** Detto di tempo che è ormai lontano rispetto al momento attuale: *giorni, mesi, anni, secoli passati*; *epoche passate* | Precedente, scorso (sempre posposto al nome): *l'estate passata*; *l'anno p. siamo stati in montagna*. ***2*** Che si riferisce a, si è verificato in, epoche trascorse: *le generazioni passate*; *gioie passate*; *un amore p.*; *sono cose ormai passate* | (*est.*) Che è superato, che ha perduto la propria attualità: *moda passata*; *usanze passate* | (*fig.*) *È acqua passata*, di avvenimento già trascorso e ormai privo di importanza. ***3*** (*est.*) Che ha superato i limiti fissati per una buona riuscita: *questa pasta è passata di cottura* | *Carne, frutta* e sim. *passata*, non più fresca | (*fig.*) *Bellezza passata*, che non ha più la freschezza della gioventù. **B** s. m. ***1*** Tempo già trascorso, più o meno recente: *la memoria, la gloria del p.* | Ciò che in tale tempo si è verificato: *rievocare, rimpiangere il p.* | (*est.*) Insieme di azioni ed esperienze individuali che risalgono agli anni già vissuti: *il mio p. m'afferrava con la violenza dell'ultimo addio* (SVEVO) | *Avere un p.*, avere avuto molte esperienze | *Avere un brutto p.*, *un p. burrascoso* e sim., aver tenuto una condotta criticabile, non corretta. ***2*** (*lett.*) Chi è vissuto prima di noi: *gli uomini di oggidì procedono e vivono più meccanicamente di tutti i passati* (LEOPARDI) | (*est., lett.*) Morto. ***3*** (*ling.*) Tempo del verbo che colloca l'enunciato in un momento che precede l'istante presente: *p. prossimo*; *p. remoto*. ***4*** Minestra a base di verdura o legumi ridotti in poltiglia mediante un apposito arnese da cucina: *p. di verdura*; *p. di patate, di piselli*. || **passatèllo**, dim. (V.) | **passatétto**, dim. | **passatino**, dim. | **passatòtto**, accr.

passatóia [da *passare*] s. f. ***1*** Striscia di tappeto o stuoia stesa lungo un corridoio, su una scala, da uscio a uscio. ***2*** Colatoio. ***3*** Passerella, spec. nel sign. 2.

passatóio [da *passare*] **A** s. m. ***1*** La pietra o l'insieme delle pietre che permettono di attraversare a piedi asciutti un piccolo corso d'acqua. ***2*** (*mil.*) †Tutto ciò che veniva lanciato con macchine da guerra e armi da fuoco. **B** agg. ***1*** †Transitorio, passeggero. ***2*** †Agevole a passare.

passatóre [da *passare*] s. m. ***1*** Chi, spec. un tempo, traghettava i viaggiatori da una sponda all'altra dei fiumi. SIN. Traghettatore | *Il P.*, (*per anton.*) Stefano Pelloni (1824-1851), traghettatore e poi brigante romagnolo. ***2*** Persona che guida chi passa clandestinamente una frontiera. ***3*** †Chi passa o viaggia attraverso un luogo | †*P. di mare*, colui che va oltremare. ***4*** †Trasgressore. ***5*** (*mil.*) †Passatoio.

†**passatòrio** [da *passare*] agg. ● Transitorio.

passatrice [da *passato*, part. pass. di *passare*] s. f. ● Macchina per ridurre in poltiglia prodotti alimentari, mediante setacci.

passatùra [da *passare*] s. f. ***1*** (*tess.*) Operazione dell'infilare a mano con la passetta i fili dell'ordito nei denti del pettine. ***2*** Tipo di rammendo eseguito su tessuto logoro.

passatùtto [comp. di *passa(re)* e *tutto*] s. m. inv. ● Utensile da cucina per passare verdure, patate, legumi.

passavànti [comp. di *passa(re)* e *avanti*; calco sul fr. *passavant*] s. m. ***1*** Nel diritto della navigazione, documento provvisorio, sostitutivo dell'atto di nazionalità, che fa parte delle carte di bordo. ***2*** (*mar.*) Ciascuno dei due tavolati che mettevano in comunicazione il cassero di poppa e il castello di prua degli antichi velieri | Nei cabinati, ciascuno dei due passaggi laterali del ponte che uniscono la poppa alla prua.

passaverdùra o **passaverdùre** [comp. di *passa(re)* e *verdura*] s. m. inv. ● Utensile di cucina per passare verdure, legumi e sim.

passavia [comp. di *passa(re)* e *via*] s. m. inv. ● (*raro*) Cavalcavia.

passavivànde [comp. di *passa(re)* e il pl. di *vivanda*] s. m. inv. ● Apertura alta circa 1 metro da terra per il passaggio dei cibi dal luogo in cui vengono preparati a quello in cui gli stessi vengono consumati.

passavogàre [comp. di *passa(re)* e *voga(re)*] v. intr. (usato solo nell'imper. *passavóga*) ● Vogare a ritmo serrato: *passa vo' / passa vo' / passavoga, arranca, arranca* (REDI).

passavolànte [comp. di *passa(re)* e *volante* (*1*)] s. m. ***1*** Colubrina a lunga gittata in uso nei secc. XV e XVI. ***2*** †Chi va all'avventura.

passe /fr. pas/ [vc. fr., propr. '(luogo di) passaggio'] s. m. inv. (fr., s. f., pl. *passes*) ● Nel gioco della roulette, combinazione costituita dai numeri dal 19 al 36, su cui si può puntare.

passeggèro o †**passeggère** nei sign. B, †**passeggière** nei sign. B, (*raro*) **passeggièro** [ant. fr. *passager*, da *passage* 'passaggio'] **A** agg. ***1*** Che passa, che è di passaggio | Che dura poco, che passa presto (*spec. fig.*): *dolori passeggeri*; *un capriccio p.* | *Fortificazione passeggera*, provvisoria. SIN. Temporaneo. CONTR. Duraturo. ***2*** †Di naviglio o altro mezzo destinato al trasporto di persone. **B** s. m. (f. *-a* nel sign. 1) ***1*** Chi viaggia, spec. a bordo di una nave o di un aereo: *imbarcare i passeggeri*; *i signori passeggeri sono pregati di allacciare le cinture* | (*est.*) Viandante, passante: *su la via spargendo / al passeggiere inutile lamento* (PARINI). ***2*** †Gabelliere, daziere. ***3*** †Traghettatore, barcaiolo.

passeggiaménto o (*raro, pop.*) **spasseggiaménto** s. m. ● (*raro*) Modo e atto del passeggiare.

passeggiàre o (*raro, pop.*) **spasseggiàre** [ints. di *passare*] **A** v. intr. (*io passéggio*; aus. *avere*) ***1*** Andare a spasso o a passeggio, per lo più a piedi: *p. da solo, con qc., sottobraccio a un amico, in compagnia di qc.*; *p. piano piano, per la spiaggia, in galleria, sulla riva d'un fiume* | (*est.*) Andare su e giù, camminare avanti e indietro: *p. nervosamente, sul marciapiede, nel corridoio*. ***2*** (*raro*) Nuotare. **B** v. tr. ***1*** (*raro, lett.*) Percorrere: *Ben si poria con lei tornare in giuso / e passeggiar la costa intorno errando* (DANTE *Purg.* VII, 58-59). ***2*** (*raro*) Condurre a mano un animale facendolo camminare: *p. il cavallo*. ***3*** (*raro, fig.*) Canzonare o menare per il naso qc.: *lo passeggiano come vogliono*.

passeggiàta o (*raro, pop.*) **spasseggiàta**. s. f. ***1*** Atto del passeggiare a piedi o con un veicolo, spec. per svago, e relativo percorso: *una bella p. attraverso i campi*; *tornare da una p. in bicicletta, sulle colline, in riva al mare* | *È una p.*, di tratto di strada piuttosto breve, percorribile a piedi senza sforzo | *È stata una p.*, (*fig.*) di opera o iniziativa compiuta o realizzata con relativa facilità | *P. militare*, marcia dei soldati per esercizio e (*fig.*) azione bellica condotta con grande facilità, senza colpo ferire. ***2*** Luogo o via destinati o adatti al passeggio: *una città ricca di belle passeggiate*. || **passeggiatàccia**, pegg. | **passeggiatèlla**, dim. | **passeggiatina**, vezz. | **passeggiatùccia**, dim. spreg.

passeggiàto part. pass. di *passeggiare*; anche agg. ● Nei sign. del v.

†**passeggiatóio** s. m. ● Luogo destinato al passeggio.

passeggiatóre s. m. (f. *-trice* (V.), pop. *-tora*) ● Chi passeggia | Chi ama passeggiare.

passeggiatrice [da *passeggiare*] s. f. ● (*euf.*) Peripatetica, prostituta di strada.

†**passeggière** ● V. *passeggero*.

passeggièro ● V. *passeggero*.

passeggino s. m. ● Seggiolino montato su ruote, per portare a passeggio i bambini.

passéggio o (*raro, pop.*) **spasséggio** [da *passeggiare*] s. m. ***1*** Atto, effetto del camminare senza affrettarsi e senza prefiggersi una meta particolare, per fare un po' di moto, svagarsi e sim.: *l'ora del p.* | *Andare a p.*, passeggiare. ***2*** Luogo destinato al pubblico passeggio: *p. ombroso, tranquillo*; *il p. più frequentato dalla gente elegante*. SIN. Passeggiata. ***3*** (*est.*) L'insieme delle persone che passeggiano: *osservare il p. sul corso*.

passemèzzo /passe'mɛddzo, passem'meddzo/ ● V. *passamezzo*.

passe-partout /fr. pas par'tu/ [vc. fr., propriamente 'che passa dappertutto'] s. m. inv. (pl. fr. inv.) ***1*** Chiave che può aprire più serrature diverse. SIN. Comunella. ***2*** (*fig.*) Soluzione idonea a ogni problema. ***3*** Riquadro di cartone o tessuto messo fra la cornice e il margine esterno di un dipinto, un disegno e sim. per dar loro maggior risalto.

pàssera [f. di *passero*] s. f. ***1*** (*pop.*) Uccello dei Passeriformi | *P. scopaiola*, dalla gola grigia, comune d'inverno nel sottobosco (*Prunella modularis*) | *P. solitaria*, passero solitario. ***2*** (*volg.*) Vulva. ***3*** *P. di mare*, pesce osseo marino dei Pleuronettiformi con corpo ovale, appiattito, e i due occhi sul lato destro (*Pleuronectes platessa*). SIN. Pianuzza. || **passerétta**, dim. | **passerina**, dim. (V.).

Passeràcei [da *passero*] s. m. pl. ● (*zool.*) Passeriformi.

passeràio s. m. ***1*** Pigolio di molti passeri. ***2*** (*fig.*) Cicaleccio.

passerèlla [fr. *passerelle*, da *passer* 'passare'] s. f. ***1*** Piccolo ponte fisso o mobile di legno o di acciaio, destinato al passaggio di pedoni o veicoli leggeri | (*aer.*) *P. telescopica, d'imbarco*, struttura coperta, allungabile e mobile, che consente il transito diretto da un'aerostazione all'entrata di un aeromobile e viceversa. ➡ ILL. p. 1760 TRASPORTI. ***2*** Struttura, spec. in legno, per l'attraversamento dei binari a raso, destinata ai viaggiatori, nelle stazioni sprovviste di sottopassaggi, e al trasporto dei bagagli. ***3*** Sorta di pedana che, all'altezza del piano scenico, circonda l'orchestra o si spinge lungo il corridoio centrale della platea nei teatri di rivista dove si svolge l'esibizione finale degli attori e del corpo di ballo | Lunga pedana su cui le indossatrici presentano i modelli di una collezione di moda | (*est.*) L'insieme di personaggi noti che presenziano a cerimonie, festeggiamenti o manifestazioni, per pubblicizzarle o conferire loro lustro: *all'inaugurazione della mostra si è vista una p. dei più bei nomi del mondo dell'arte*.

Passerifórmi [comp. di *passero* e il pl. di *-forme*] s. m. pl. ● Nella tassonomia animale, ordine di Uccelli a voce armoniosa con becco di forma varia, piedi con alluce volto all'indietro (*Passeriformes*). SIN. Passeracei | (al sing. *-e*) Ogni individuo di tale ordine.

passerina s. f. ***1*** (*volg.*) Vulva. ***2*** Francesina, nel sign. 1.

passerinàio s. m. ● (*raro*) Passeraio.

passerino [da *passare*] s. m. ● (*mar.*) Cavetto che aiuta persone o cose a passare: *p. di tempesta* | *P. dell'argano*, corda che allaccia le punte delle manovelle.

passerio [da *passero*] s. m. ● Cicaleccio intenso e continuato.

pàssero [lat. *pàssere(m)*, di etim. incerta] s. m. (f. *-a*) ● Uccello dei Passeriformi dal piumaggio grigio, misto di bruno e nero, becco corto conico, insettivoro ma anche granivoro (*Passer Italiae*) | *P. domestico*, quasi cosmopolita, manca in Italia, molto simile al precedente (*Passer domesticus*) | *P. mattugio*, con gola nera, vive lontano dalle abitazioni e d'inverno migra nel mezzogiorno europeo (*Passer montanus*) | *P. repubblicano*, dell'Africa australe, i cui nidi sono costruzioni comunitarie caratteristiche, coperte da un tetto conico a camino (*Philetairus socius*) | *P. solitario*, tordo dal piumaggio blu-grigio e dal canto melodioso (*Monticola solitarius*). || **passerino**, dim. | **pas-**

serétto, dim. | **passerótto**, dim. (V.).

passerótto s. m. *1* Dim. di *passero*. *2* Passero giovane. *3* (*fig.*) Sproposito, svarione | *A p.*, sconsideratamente. *4* (*fig.*) Indovinello a prima vista complicato o difficile, ma poi di facile soluzione.

passétta [fr. *passette*, da *passer* 'passare'] s. f. ● (*tess.*) Attrezzo usato dalle operaie che compiono la passatura dei fili nelle maglie dei licci.

passétto s. m. *1* Dim. di *passo* (*2*). *2* Antica unità di misura italiana. || **passettino**, dim.

pàssi [propr., terza persona pres. del congv. di *passare*] s. m. ● Autorizzazione all'ingresso, permesso di passare, rilasciato dall'usciere di ministeri e uffici pubblici ai visitatori che ne facciano richiesta.

passìbile [fr. *passible*, dal lat. tardo *passĭbile*(*m*), da *pāssus*, part. pass. di *pāti* 'sopportare, patire'] agg. *1* Che può essere oggetto di condanna o gravame: *l'imputato è p. dell'ergastolo* | Che può subire modifiche, alterazioni e sim.: *prezzi passibili d'aumento*. *2* †Soggetto a soffrire. || †**passibilménte**, avv. Con possibilità di soffrire.

†**passibilità** [fr. *passibilité*, dal lat. tardo *passibilitāte*(*m*), da *passĭbilis* 'passibile'] s. f. ● Condizione di chi, di ciò che è passibile.

passiflòra [comp. del lat. tardo *pāssio*, genit. *passiōnis* 'passione' e *flōs*, genit. *flōris* 'fiore'; propriamente 'fiore della passione (di Cristo)', perché le sue diverse parti ricordano i chiodi e la corona della passione di Cristo] s. f. ● Pianta rampicante delle Passifloracee con foglie persistenti verde gaio, bellissimi fiori di forma insolita e frutto a bacca (*Passiflora coerulea*). SIN. Fior di passione.

Passifloràcee [comp. di *passiflora* e *-acee*] s. f. pl. ● Nella tassonomia vegetale, famiglia di piante dicotiledoni tropicali e subtropicali con foglie intere, stipolate e fiori vistosi (*Passifloraceae*) | (al sing. *-a*) Ogni individuo di tale famiglia. ➡ ILL. piante /3.

passim /*lat.* 'passim/ [lat. 'qua e là', da *pāndere* 'stendere'. V. †*pandere*] avv. ● Nella terminologia bibliografica, indica che una data citazione è presente in vari punti del testo in oggetto.

passìno (*1*) s. m. *1* Dim. di *passo* (*2*) | *Passin p.*, pianino pianino. *2* Larghezza della pezza di stoffa, corrispondente alla lunghezza dell'ordito.

passìno (*2*) [da *passare*] s. m. ● Colino di rete di metallo o di plastica.

passio /*lat.* 'passjo/ [vc. dotta, lat. tardo *pāssio*, nom., 'passione'; dalla prima parola della frase che annuncia la lettura del Vangelo nella domenica di Passione (*Passio Domini nostri Jesu Christi secundum Matthaeum* 'passione di nostro Signor Gesù Cristo secondo Matteo')] s. m. solo sing. ● Parte dei Vangeli che si riferiscono alla passione e morte di Gesù e che sono cantati o letti nelle cerimonie della settimana santa: *cantare, leggere il p.* | *Lungo quanto il p.*, (*fig.*) di cosa interminabile.

passionàle [vc. dotta, lat. tardo *passionāle*(*m*), da *pāssio*, genit. *passiōnis* 'passione'] A agg. ● Di passione: *una forte carica p.* | Che subisce profondamente la passione, spec. amorosa: *individuo, carattere, temperamento p.* | *Delitto p.*, commesso per passione amorosa | *Dramma p.*, in cui si rappresentano violente passioni d'amore. || **passionalménte**, avv. In modo passionale, con passione. B s. m. e f. ● Persona passionale.

passionalità s. f. ● Carattere o qualità di chi, di ciò che è passionale.

†**passionàre** [da *passione*] v. tr. *1* Appassionare. *2* Tormentare, affliggere.

passionàrio (*1*) [da *passione*] s. m. ● Antico libro liturgico cattolico contenente le narrazioni evangeliche della passione da cantare nella liturgia della settimana santa.

passionàrio (*2*) [da *passione*] agg.; anche s. m. (f. *-a*) ● (*raro*) Che, chi si lascia facilmente travolgere dalle passioni, spec. amorose.

passionàto part. pass. di †*passionare*; anche agg. *1* Nei sign. del v. *2* †Afflitto, mesto | †Patetico. || **passionataménte**, avv. (*raro*) Con passione, risentimento, parzialità.

passióne [vc. dotta, lat. tardo *passiōne*(*m*), da *pāssus*, part. pass. di *pāti* 'sopportare, patire'] s. f. *1* Sofferenza del corpo, dolore o tormento fisico | *Passione di Gesù Cristo*, patimenti e morte di Gesù | *Passione secondo San Giovanni, San Luca*, narrazione della Passione nei singoli Evangeli | *Settimana di Passione*, quella che precede la settimana santa | *Le passioni dei santi*, vite dei santi che furono sottoposti a martirio | †Noia, molestia. *2* Intima e profonda pena, sofferenza dello spirito: *avere il cuore, l'animo colmo di p.*; *morire di p.*; *quella p. di vederlo tanto ispesso mi toglieva il sonno* (CELLINI) | †*Dare p.*, affliggere | †*Darsi p.*, affliggersi | (*pop.*) *È una p.!*, di persona o situazione che addolora | Compassione, pietà: *sentire, provare p. per qc.* *3* (*lett.*) Sentimento, impressione o sensazione più o meno forte ma che influisce in modo determinante su pensieri, azioni o atteggiamenti dell'uomo: *viveva anche lui in quell'opinione o in quella p. comune che la scarsezza del pane fosse cagionata dagl'incettatori e da' fornai* (MANZONI). *4* Sentimento intenso e veemente d'attrazione o di ripulsa che può dominare l'uomo inducendolo a compiere azioni degne di biasimo: *la p. dell'ira, della gelosia*; *saper frenare le proprie passioni*; *essere accecato dalla p.*; *agire nell'impulso della p.* *5* Violento amore sensuale: *una p. folle, torbida, inconfessabile*; *una p. che non gli dà pace* | Persona oggetto di tale amore: *è stata la sua grande p.* *6* (*est.*) Interesse, inclinazione o predilezione molto spiccata, quasi esclusiva: *la p. della pesca, della caccia, del gioco, del vino*; *ha una grande p. per la botanica, per l'archeologia* | Ciò che è oggetto di tale predilezione: *la politica è la sua p.*; *non ho altra p. che l'arte* | *Non aver p. a niente*, essere indifferente a tutto | *Con p.*, con dedizione totale: *esercitare con p. la medicina*; *studiare con p.* | *Per p.*, per puro diletto, disinteressatamente. *7* Parzialità nel sentire, nell'agire, nel giudicare e sim.: *la p. traspare in ogni suo scritto* | *Per p.*, per spirito di parte | *Senza p.*, spassionatamente. *8* Grande composizione musicale che ha a base il testo di uno o altro evangelo: *le passioni di Heinrich Schütz e di Johann Sebastian Bach*. *9* (*letter.*) Mistero. || **passionàccia**, pegg. | **passioncèlla**, dim.

†**passionévole** agg. ● Passionale.

passionìsta [da *passione*] s. m. (pl. *-i*) ● Chierico regolare della congregazione fondata da San Paolo della Croce e approvata da Benedetto XIV nel XVIII sec.

†**passìre** [da *passo* (*1*)] v. intr. ● Appassire, avvizzire.

passìsta [da *passo* (*2*)] s. m. (pl. *-i*) ● Corridore ciclista dotato di attitudini speciali per percorsi pianeggianti e gare a cronometro.

passìto [da (*uva*) *passa*] A agg. ● Detto di vino amabile fatto con uva passa. B anche s. m.: *una bottiglia di p.*

passivànte part. pres. di *passivare*; anche agg. *1* Nel sign. del v. *2* (*ling.*) Che rende passivo il verbo: *si p.*

passivàre [da *passivo*] v. tr. ● (*chim.*) Trattare una superficie metallica con opportune sostanze al fine di renderla meno aggredibile da agenti chimici.

passivàto part. pass. di *passivare*; anche agg. ● Nel sign. del v.

passivazióne s. f. ● (*chim.*) Operazione del passivare.

passivìsmo [comp. di *passivo* e *-ismo*] s. m. *1* Atteggiamento passivo. *2* (*psicol.*) Sottomissione ai voleri di un altro in pratiche sessuali anormali.

passività [vc. dotta, lat. tardo *passivitāte*(*m*), da *passīvus* 'passivo', prob. attraverso il fr. *passivité*] s. f. *1* Condizione e qualità di chi è, di ciò che è passivo | Inerzia, indifferenza, apatia. *2* Insieme dei valori inscritti nel passivo di un bilancio. CONTR. Attività. *3* (*chim.*) Proprietà che hanno determinate sostanze di resistere alla corrosione grazie alla formazione di un sottilissimo velo superficiale di ossido, o di altro composto, che le protegge.

passìvo [vc. dotta, lat. tardo *passīvu*(*m*), da *pāssus*, part. pass. di *pāti* 'patire, subire'] A agg. *1* Che subisce l'azione o è atto unicamente a subirla: *organo p.* | *Fumo p.*, V. *fumo* | (*est.*) Di chi è o si dimostra privo di volontà o di iniziativa e di ciò che manifesta tale attitudine o da essa deriva: *individuo p.*; *atteggiamento, temperamento, comportamento p.* | *Resistenza passiva*, di chi si limita a non collaborare. CONTR. Attivo. *2* (*ling.*) Detto di forma verbale, quando il soggetto subisce l'azione. *3* (*econ.*) Di impresa, gestione in cui le uscite superano le entrate | *Conto corrente p.*, quello che presenta un saldo debitore per il cliente e creditore per la banca. *4* (*dir.*) Che concerne il soggetto passivo di un rapporto giuridico obbligatorio: *delegazione passiva*; *estradizione passiva* | *Soggetto p.*, il titolare del dovere in un rapporto obbligatorio. || **passivaménte**, avv. In modo passivo, senza alcuna reazione: *sopportare, accettare passivamente le ingiurie*. B s. m. *1* Forma verbale passiva: *coniugare un verbo al p.* *2* (*econ.*) L'insieme degli elementi negativi del patrimonio di un'azienda | *Bilancio in p.*, se gli elementi negativi superano gli attivi | *P. ereditario*, complesso dei debiti e dei legati che gravano su un'eredità | *P. sociale ideale*, nel bilancio delle società per azioni, l'insieme delle partite rappresentative di somme accantonate | *P. sociale reale*, nel bilancio delle società per azioni, il complesso dei debiti della società verso i terzi | *Segnare, registrare q.c. al proprio p., al p. di qc.*, (*fig.*) considerarlo negativamente, annoverarlo fra i propri insuccessi.

†**pàsso** (*1*) [lat. *pāssu*(*m*), part. pass. di *pāndere* 'stendere' (V. *pandere*), perché l'uva o le frutta vengono distese al sole ad asciugare] agg. ● Appassito: *un turbine vasto ... va a cercare negli angoli le foglie passe* (MANZONI) | *Uva passa*, quella rimasta sulla pianta dopo la maturazione o raccolta e fatta appassire.

pàsso (*2*) [lat. *pāssu*(*m*), da *pāndere* 'stendere, aprire'] s. m. *1* Ognuno dei movimenti che l'uomo o gli animali compiono, con gli arti inferiori, per camminare: *p. cadenzato, di corsa, di carica*; *passi uguali, regolari, incerti, malfermi, sicuri*; *andare, camminare, muoversi a, con passi veloci, rapidi, lenti, affrettati* | *P. dell'oca*, con gambe mantenute rigide, tipico delle armate della Germania nazista | *A gran passi*, con passi molto lunghi e (*fig.*) rapidamente | (*fig.*) *A passi da gigante*, realizzando notevoli e rapidi progressi | *Allungare il p.*, camminare più in fretta | *Fermare i passi*, sostare (*anche fig.*) | *Senza muovere un p.*, stando fermi e (*fig.*) senza far nulla | *Dare un p. avanti, indietro*, avanzare, indietreggiare | *Fare il p. secondo la gamba*, (*fig.*) misurare la propria forza, le proprie possibilità e regolarsi di conseguenza | *Fare il p. più lungo della gamba*, (*fig.*) comportarsi in modo sproporzionato alle proprie possibilità | *Primi passi*, quelli che il bambino fa imparando a camminare e (*fig.*) gli inizi in una attività, arte e sim. | *Un primo p. verso q.c.*, (*fig.*) conquista iniziale: *un primo p. verso la libertà, l'indipendenza* | *A ogni p.*, (*fig.*) spessissimo | *Passo passo, p. a p., un p. dopo l'altro*, piano piano, lentamente (*anche fig.*) | *Fare due, quattro passi*, (*fig.*) passeggiare | *Guidare, reggere i passi di qc.*, aiutarlo mentre cammina e (*fig.*) essergli di aiuto, di sostegno materiale o morale | †*Mutare il p.*, avanzare camminando | *Segnare il p.*, alzare e abbassare i piedi alternativamente, come quando si cammina, ma restando fermi e (*fig.*) non progredire più in q.c. | *Seguire i passi di qc.*, fare o percorrere la sua stessa strada e (*fig.*) seguirne l'esempio, imitarlo e sim. | *Tornare sui propri passi*, retrocedere e (*fig.*) ricominciare q.c. dal principio o rivedere e correggere q.c. | *Rifarsi, tornare un p. addietro*, (*fig.*) riprendere un argomento che si era tralasciato | *Fare un p. avanti*, (*fig.*) anticipare un fatto, un argomento e sim., spec. narrando o scrivendo | (*fig.*) *Fare qualche p. avanti in q.c.*, migliorare, avanzare verso un risultato e sim. | *Fare un p. indietro*, (*fig.*) rifarsi a o richiamare q.c. che già si è detto o scritto | (*lett.*) *Volgere i passi a*, dirigersi verso qc. o q.c. | *Sala, corridoio dei passi perduti*, anticamera di un pubblico ufficio o edificio, dove si perde molto tempo aspettando | *Di p. in p.*, (*fig.*) successivamente. *2* Breve spazio che si può misurare o percorrere con un passo: *non c'è che un p.*; *mancano pochi passi per arrivare*; *è a pochi passi da qui*; *basta fare qualche p. in più* | *Essere a un p. da q.c.*, (*fig.*) essere sul punto di ottenere un risultato. *3* Andatura: *avanzare, andare con p. spedito, franco, claudicante, strascicato*; *il suo p. è inconfondibile* | Nel ciclismo, andatura che un corridore è in grado di tenere in pianura: *un ciclista forte* *sul p.* | *Di p.*, secondo il normale ritmo dei passi umani e (*est.*) lentamente, detto spec. di veicoli | *Di buon p.*, con andatura sostenuta, piuttosto veloce | *A p. d'uomo*, con la stessa velocità di un uomo che cammina, detto spec. di veicoli | (*fig.*) *A p. di lumaca, di tartaruga*, molto lentamente | *Prendere un p.*, assumere una certa andatura | *Tenere, mantenere il p.*, conservare un certo ritmo nel camminare | *Perdere il p.*, il ritmo, la cadenza delle marce | *Andare al p.*, camminare tutti con la stessa andatura | *Andare dello stesso p. con qc.*, con la stessa andatura e (*fig.*) comportarsi in modo uguale | *Di pari p., d'un p., a un p.*, con la stessa andatura e (*fig.*) all'unisono, in modo simile | *Di questo p.*, (*fig.*) se si continua così: *di questo p. non so dove andremo a finire* | (*fig., fam.*) *E via di questo p.*, e così di seguito | *Al p. con*, (*fig.*) in accordo, all'unisono | *Mettersi al p. con i tempi, con le novità*, aggiornarsi | (*est.*) Rumore prodotto dal passo: *ho udito dei passi; lo riconosco dal p.* | (*est.*) Orma, impronta: *seguiremo i loro passi.* ***4*** Movimento dei piedi nel ballo: *p. di danza; p. doppio; p. strisciato* | (*est.*) Il movimento caratteristico di un ballo: *p. di valzer* | Danza: *p. doppio.* ***5*** (*fig.*) Attività o iniziativa posta in essere per uno scopo determinato: *fare, compiere un p. presso qc.; sono stati fatti passi diplomatici per la soluzione della crisi* | Mossa, risoluzione, decisione: *un p. audace, rischioso, temerario* | *Fare un p. falso*, una mossa sbagliata | (*fig.*) *Fare il gran p.*, decidersi a fare q.c. di molto importante | †*Pigliare il p. innanzi*, provvedersi anzitempo | Tentativo: *ha fatto qualche timido p. per ottenere un miglioramento.* ***6*** (*fig.*) Brano: *un p. di Tacito, di Livio; leggere, tradurre, commentare alcuni passi d'un poema; antologia di passi scelti* | (*mus.*) Passaggio. ***7*** Antica unità di misura lineare, corrispondente alla lunghezza del passo umano e variabile, nel tempo e nel luogo, da circa m 1,50 a m 2. ***8*** Nel linguaggio tecnico, la distanza costante fra due elementi di una successione qualsiasi | *P. della vite*, distanza tra due filetti successivi | *P. della ruota dentata*, distanza fra due denti successivi della stessa ruota, misurata sulla circonferenza primitiva | *P. della rigatura*, proporzione balistica della rigatura elicoidale delle canne che varia a seconda dell'impulso che si vuol dare al proietto | *P. polare*, distanza periferica tra gli assi di due poli omonimi successivi di una macchina elettrica. ***9*** Nei veicoli stradali, distanza intercorrente fra l'asse delle ruote anteriori e quello delle ruote posteriori | Nelle locomotive, distanza intercorrente fra gli assi estremi che si mantengono rigorosamente paralleli. ***10*** Nella ginnastica, la distanza tra le due impugnature effettuate sullo stesso corrente di un attrezzo: *p. largo, p. normale, p. stretto, p. unito, p. incrociato.* ***11*** (*cine*) Distanza intercorrente fra i centri di due interlinee successive di una pellicola cinematografica: *film a p. normale, a p. ridotto* | *P. uno*, ripresa cinematografica eseguita un fotogramma alla volta. || **passàccio**, pegg. | **passétto**, dim. (V.) | **passino**, dim. (V.) | †**passolino**, dim. | **passóne**, accr.

pàsso (3) [da *passare*] s. m. ***1*** Passaggio: *essere di p.; il p. della frontiera; fermare le merci al p. della dogana; il p. dei colombacci* | (*lett.*) *Il dubbio, difficile, arduo, doloroso p.*, la morte | *Barca da p.*, per traghettare merci o passeggeri da una riva all'altra | *Uccelli di p.*, che si vedono in una data regione solo quando la attraversano durante le loro migrazioni stagionali. ***2*** Luogo attraverso il quale si passa o si può passare: *bloccare, ingombrare, impedire il p.; ogni p. è guardato a vista; lasciare libero il p.* | *P. carraio, p. carrabile*, accesso di un fondo privato alla via pubblica | *P. coattivo*, passaggio coattivo. ***3*** Valico: *p. del Cenisio, del Pordoi.* ➡ ILL. p. 820 SCIENZE DELLA TERRA ED ENERGIA. ***4*** Varco: *aprirsi il p. con la forza; contendere il p. a qc.* ***5*** Facoltà o diritto di passare: *dare, permettere, negare, proibire il p.* | *Cedere il p.*, far passare qc. per primo, in segno di rispetto, per cortesia e sim. ***6*** (*fig., lett.*) Impresa, iniziativa o azione difficile e rischiosa: *guarda la mia virtù s'ell'è possente, / prima ch'a l'alto p. tu mi fidi* (DANTE *Inf.* II, 11-12).

pàssola [da *passo* (*1*)] **A** s. f. ● Uva passa. **B** anche agg.: *uva p.*

†**pàssulo** [V. *passola*] agg. ● Passo, appassito.

†**passùro** [vc. dotta, lat. *passūru(m)*, part. fut. di *păti* 'patire'] agg. ● (*lett.*) Che è per patire.

password /'pasword, *ingl.* 'pa:swɔ:d/ [vc. ingl., propr. 'parola d'ordine', 'parola (*word*) per passare (*to pass*)'] s. f. inv. ● (*elab.*) Codice costituito da una sequenza di caratteri che l'utente deve digitare per poter accedere a un sistema informatico o a un programma.

pàsta [lat. tardo *păsta(m)*, nom. *păsta*, dal gr. *pastái*, pl., 'farina con salsa', da *pássein* 'impastare', di etim. incerta] s. f. ***1*** Massa molle di materia, plasmabile, molto viscosa, ottenuta da solidi stemperati in liquidi o riscaldati sino a ottenerne il rammollimento: *p. di vetro, di argilla* | *P. di stracci, di legno, di paglia*, usata nella fabbricazione della carta. ***2*** Farina stemperata in acqua, rimestata e ridotta in una massa soda e duttile: *fare, spianare la p.* | *P. cresciuta*, trattata con il lievito | *P. alimentare*, impasto di semolino e farina di grano, non fermentato, essiccato in forme varie, da cuocersi per essere consumato in brodo o asciutto | *P. glutinata*, con aggiunta di glutine | *Avere le mani in p.*, (*fig.*) essere pratico, a conoscenza di q.c. | †*Prendere la p.*, abboccare all'amo. ***3*** Correntemente, pasta alimentare: *p. comune, all'uovo, verde; pasta corta, lunga, bucata; p. al sugo, al burro; buttare, colare, condire la p.* | *Pasta asciutta*, V. anche *pastasciutta.* ***4*** Impasto per dolce o torta | *P. sfoglia, sfogliata*, a base di farina e burro, lavorata in maniera tale che, una volta cotta, si divide in sfoglia | *P. frolla*, V. *pastafrolla* | *Essere fatto di p. frolla*, (*fig.*) essere fiacco, debole | *Avere le mani di p. frolla*, (*fig.*) lasciarsi sfuggire tutto di mano | *P. reale*, a base di mandorle pestate, zucchero, bianco d'uovo e poca farina. ***5*** (*fig.*) Indole: *essere di buona p.* | (*fig.*) *Essere di grossa p.*, di carattere grossolano, materiale: *uomo idiota era e di grossa p.* (BOCCACCIO) | (*fig.*) *Essere di p. zucchero*, di carattere amabile | (*fig.*) *Essere tutti della stessa p.*, della stessa natura, dello stesso tipo | (*fig.*) *Di che p. sei fatto?*, quale è la tua natura, il tuo carattere? | (*fig.*) *Essere d'un'altra p.*, essere diverso | (*fig.*) *Essere una p. d'uomo*, avere un ottimo carattere. ***6*** Dolce di piccole dimensioni, a base di farina, di forma varia, gener. farcito con crema, cioccolato e sim.: *p. alla crema, allo zabaione.* ***7*** Preparazione, prodotto di consistenza molle: *p. dentifricia; p. d'acciughe.* || **pastàccia**, pegg. | †**pastàccio**, pegg. m. (V.) | **pastarélla, pasterélla**, dim. | **pastèlla**, dim. (V.) | **pastétta**, dim. (V.) | **pastina**, dim. (V.) | **pastóne**, accr. m. (V.).

†**pastàccio** s. m. ● Pegg. di *pasta* | (*fig.*) *Buon p.*, persona goffa e tarda.

pastafròlla o **pàsta fròlla** [comp. di *pasta* e del f. dell'agg. *frollo*] s. f. ● Impasto per dolci e torte a base di fior di farina, burro, zucchero e tuorli d'uovo | *P. reale*, dolce a base di mandorle pestate, zucchero, bianco d'uovo e poca farina | *Essere fatto di p.*, (*fig., fam.*) essere fiacco, debole, anche di carattere | *Avere le mani di p.*, (*fig., fam.*) lasciarsi sfuggire tutto di mano.

pastàio s. m. (f. *-a*) ***1*** Chi fabbrica o vende paste alimentari. ***2*** (*raro, scherz.*) Chi è ghiotto di pasta.

pastasciùtta o **pàsta asciùtta** [comp. di *pasta* e il f. di *asciutto*] s. f. (pl. *pastasciùtte* o *pàste asciùtte*) ● Pasta alimentare, di varie fogge, cotta con sale in acqua bollente, scolata e variamente condita: *p. al pomodoro, al ragù, al burro e parmigiano; un bel piatto di p.*

pastasciuttàio s. m.; anche agg. (f. *-a*) ● (*fam., scherz.*) Chi, che ama molto la pastasciutta.

pastècca [etim. incerta] s. f. ● (*mar.*) Particolare bozzello con le carrucole racchiuse in scatole aventi un fianco a cerniera per introdurvi le funi.

†**pastèco** [deformazione pop. della formula del lat. crist. *pax tecum* 'la pace (sia) con te'] s. m. ● (*raro*) Cosa sciocca e grossolana.

pasteggiàbile [da *pasteggiare*] agg. ● Che è adatto a essere consumato durante il pasto, detto di vino.

†**pasteggiaménto** s. m. ● Modo e atto del pasteggiare.

pasteggiàre [da *pasto*] **A** v. intr. (*io pastéggio*; aus. *avere*) ● Cenare o pranzare, spec. con una vivanda abituale: *p. a bistecche, a polenta; p. con vino, con acqua minerale* | *Vino da p.*, adatto a essere bevuto durante il pasto | †Sedere a convito. **B** v. tr. ***1*** †Invitare a pranzi, banchetti e sim. ***2*** (*raro*) Consumare un cibo o una bevanda godendone interamente il sapore. ***3*** (*raro, tosc.*) Bere durante il pasto: *p. il vino.*

pastèlla s. f. ***1*** Dim. di *pasta.* ***2*** Impasto semiliquido di farina e acqua, dolce o salato, usato per preparare fritture.

†**pastellière** [da *pastello* 'pasticcio'] s. m. ● Pasticciere.

pastellìsta s. m. e f. (pl. m. *-i*) ● Chi dipinge usando il pastello.

pastèllo [da *pasta*] **A** s. m. ***1*** †Massa di consistenza simile alla pasta. ***2*** Cannello costituito da un impasto solido di colori usato per dipingere gener. su carta. ***3*** Dipinto eseguito a pastello: *un delicato p. del Settecento.* || **pastellétto**, dim. | †**pastellino**, dim. (**B** in funzione di agg. inv. ● (posposto al s.) Detto di tonalità di colore chiara e tenue: *verde p.; rosa p.; tinta p.*

pastènula [etim. incerta] s. f. ● Pesce osseo dei Gadiformi, commestibile, con lunga pinna dorsale (*Phycis blennioides*).

pastétta s. f. ***1*** Dim. di *pasta.* ***2*** Pastella. ***3*** (*fig.*) Broglio elettorale | (*est.*) Imbroglio, frode, raggiro: *le sue solite pastette.*

pasteurèlla /paste'rɛlla, pastø'rɛlla/ [lat. scient. *Pasteurella*, n. dato ad alcuni batteri in onore di L. *Pasteur*] s. f. ● (*biol.*) Microrganismo visibile al microscopio ottico, avente la proprietà di moltiplicarsi anche in terreni batteriologici del tutto privi di cellule.

pasteurellòsi /pasterel'lɔzi, pastørel'lɔzi/ [comp. di *pasteurella* e *-osi*] s. f. ● (*veter.*) Grave malattia setticemica sostenuta da pasteurelle.

pasteurizzàre /pasterid'dzare, pastørid'dzare/ e *deriv.* ● V. *pastorizzare* e *deriv.*

pasticca [da *pasta*] s. f. ● Pastiglia: *p. di menta, medicinale, per la tosse.*

pasticcère ● V. *pasticciere.*

pasticcerìa [da *pasticcere*] s. f. ***1*** Arte della preparazione dei dolciumi. ***2*** Laboratorio o negozio di dolciumi. ***3*** Quantità assortita di paste dolci: *una scatola di p. da tè.*

pasticciàccio s. m. ***1*** Pegg. di *pasticcio.* ***2*** Affare molto ingarbugliato e apparentemente privo di soluzione | Misterioso fatto di sangue che costituisce un vero e proprio caso poliziesco, arrivando ad appassionare l'opinione pubblica: *il p. dell'assassinio della contessa.*

pasticciàno ● V. *pastricciano.*

pasticciàre [da *pasticcio*] v. tr. (*io pastìccio*) ● Fare q.c. in modo errato, disordinato e confuso, spec. per incapacità, trascuratezza o faciloneria: *p. un disegno, un compito, un lavoro a maglia* | (*ass.*) Fare pasticci: *smetti di p. e ricomincia con ordine il tuo lavoro.*

pasticciàto [da *pasticcio*] agg. ● Detto di vivanda cucinata con formaggio, burro e sugo di carne: *maccheroni pasticciati; polenta pasticciata.*

pasticcière o **pasticcère** [da *pasticcio*] **A** s. m. (f. *-a*) ***1*** Chi fa o vende dolciumi | *Bottega, negozio di p.*, pasticceria. ***2*** †Oste, trattore. **B** in funzione di agg. ● Nella loc.: *crema pasticciera*, a base di latte, tuorli d'uovo, zucchero e poca farina mescolati e fatti rapprendere sul fuoco.

†**pasticcinàio** [da *pasticcino*] s. m. ● (*raro*) Pasticciere.

pasticcino [da *pasticcio*] s. m. ● Piccola pasta dolce, specie per il tè.

pasticcio [lat. parl. **pastīciu(m)*, da *păsta* 'pasta'] s. m. ***1*** Vivanda ricoperta di pasta e cotta al forno: *p. di fegato d'oca, di lepre, di maccheroni.* ***2*** (*fig.*) Lavoro, discorso o scritto confuso e disordinato sia nella sostanza che nella forma: *sta tentando di riparare la macchina, ma prevedo che farà il solito p.; questo disegno è un p. incomprensibile; le sue spiegazioni sono un vero p.* SIN. Guazzabuglio. ***3*** (*fig.*) Faccenda imbrogliata e confusa, situazione difficile e compromettente: *un p. amoroso; togliere qc. dai pasticci* | *Cacciarsi, mettersi, trovarsi nei pasticci*, nei guai | *Combinare dei pasticci*, dei guai. SIN. Imbroglio. ***4*** (*mus.*) Opera teatrale o pezzo strumentale scritto in collaborazione da diversi compositori. || **pasticciàccio**, pegg. (V.) | **pasticcióne**, accr. (V.).

pasticcióne A s. m. (f. *-a* nel sign. 2) ***1*** Accr. di *pasticcio.* 2 Persona che è solita far pasticci: *non ci si può fidare di lui, è un p.* **B** agg. ● Detto di chi è solito lavorare, parlare o scrivere in modo confuso, disordinato e sim.: *uno scolaro, un impiegato p.*

pasticcionerìa [da *pasticcione* col suff. *-eria*] s. f. 1 Tendenza a comportarsi da pasticcione. 2 (*raro*) Azione da pasticcione.

†**pasticco** s. m. ● Pasticca.

pastiche /fr. pas'tiʃ/ [vc. fr., propriamente 'pasticcio', dall'it. *pasticcio*] s. m. inv. ● Opera letteraria o artistica il cui autore ha imitato lo stile di altri autori, o vi si è ispirato.

pastièra [da *pasta*] s. f. ● Torta napoletana, tipica delle festività pasquali, a base di pasta frolla ripiena di grano bollito, ricotta, canditi e aroma di arancia.

pastificàre [comp. di *pasta* e *-ficare*] v. tr. (*io pastìfico, tu pastìfichi*) ● Preparare paste alimentari.

pastificatóre s. m. ● Operaio addetto alla lavorazione delle paste alimentari.

pastificazióne s. f. ● Operazione del trasformare la farina in pasta.

pastifìcio [comp. di *pasta* e *-ficio*] s. m. ● Fabbrica di paste alimentari | (*est.*) Negozio in cui viene preparata e venduta la pasta fresca.

pastìglia [sp. *pastilla*, dim. di *pasta*] s. f. 1 Blocchetto, generalmente discoidale, di materiale incoerente pulverulento reso coerente e compatto mediante compressione in pastigliatrici: *pastiglie per la tosse*; *pastiglie di menta, all'anice.* SIN. Pasticca. 2 Impasto di gesso e colla molto usato un tempo per decorare mobili o oggetti con motivi di solito a bassorilievo impressi o incisi a stampo. 3 Miscuglio di resina, carbone, nitro, un tempo usato per profumare i locali. 4 (*mecc.*) Qualsiasi parte avente forma di un disco di piccolo spessore | Nei freni a disco, blocchetto costruito in materiale d'attrito atto a resistere all'usura e al calore. 5 †Piccola porzione di zucchero o sostanza odorosa. 6 Nell'industria della carta, grumo fibroso presente nelle soluzioni acquose di fibre di cellulosa. || **pastiglìna**, dim.

pastigliàre [da *pastiglia*] v. tr. (*io pastìglio*) ● (*raro*) Confezionare in pastiglie.

pastigliatrìce s. f. ● Macchina per confezionare pastiglie mediante compressione di polveri incoerenti.

†**pastiglièra** [da *pastiglia*] s. f. ● Vaso per bruciarvi pasticche profumate.

†**pastìglio** s. m. ● Pastiglia.

pastìna s. f. 1 Dim. di *pasta.* 2 Pasta per brodo, di formato minuto e delle più varie fogge | *P. glutinata*, con aggiunta di glutine. 3 Pasticcino, piccola pasta dolce: *pastine da tè.*

pastinàca [vc. dotta, lat. *pastināca(m)*, di etim. incerta] s. f. 1 Ombrellifera spontanea nelle zone umide, con ombrelle composte di fiori gialli, radice carnosa commestibile (*Pastinaca sativa*). SIN. Sisaro. 2 Pesce cartilagineo dei Raiformi, con corpo a forma di rombo e coda lunga e sottile munita di un aculeo velenifero (*Dasyatis pastinaca*).

†**pàsto (1)** [vc. dotta, lat. *pāstu(m)*, agg. da *pāscere* 'pascere'] agg. ● Pasciuto.

pàsto (2) [vc. dotta, lat. *pāstu(m)*, s. da *pāscere* 'pascere'] s. m. 1 Atto del nutrirsi quotidianamente e a ore determinate, detto dell'uomo e degli animali: *l'ora del p.*; *prima, dopo, durante il p.*; *fare due o più pasti al giorno* | *Pasti principali*, il pranzo e la cena, di solito i più abbondanti | *Saltare il p.*, non mangiare | *Il p. delle belve*, nei serragli e giardini zoologici | *Il p. della belva*, (*fig., scherz.*) si dice vedendo mangiare una persona molto vorace | *Vino da p.*, adatto per pasteggiare | (*raro, fig.*) *A tutto p.*, continuamente, a tutto spiano. SIN. Desinare. 2 (*est.*) L'insieme dei cibi che si consumano in un pasto: *p. buono, abbondante, scarso, frugale, sostanzioso* | *Prendere, consumare il p., i pasti*, mangiare | †*Dar p.*, raccontare frottole | *Dare q.c. in p. a qc.*, (*fig.*) mettergliela a disposizione | *Dare in p. al pubblico*, (*fig.*) rendere di pubblico dominio, esporre alla curiosità di tutti | (*fig.*) †*p. gonfio*, persona grassa e colorita. 3 (*pop., tosc.*) Polmone o corata di animali macellati.

pastòcchia [da *pasta*] s. f. ● Garbuglio, pasticcio | (*fig.*) Imbroglio.

†**pastocchiàta** [da *pastocchia*] s. f. ● Scempiaggine.

pastocchióne [da *pastocchia*] s. m. (f. *-a*) ● Persona grassoccia, di forme abbondanti ma non brutte.

pastóia o †**pastóra (2)** [da *pāstus* 'pascolo' (V. *pasto (2)*), perché si metteva ai piedi delle bestie che pascolavano] s. f. 1 Fune che si applica al pastorale per fare apprendere l'ambio ai cavalli o ad altri animali tenuti al pascolo, onde limitarne gli spostamenti. 2 (*fig.*) Impedimento, impaccio: *mettere le pastoie*; *liberarsi dalle pastoie.* 3 (*veter.*) Parte della zampa di alcuni Ungulati compresa fra il nodello e la corona.

pastóne s. m. 1 Accr. di *pasta.* 2 Miscuglio di acqua e farina di vario tipo con cui si nutrono vari animali: *fare il p. per i polli*; *dare il p. ai maiali* | (*est., spreg.*) Cibo, spec. a base di pasta, troppo cotto: *un p. immangiabile.* 3 (*fig., spreg.*) Disordinata mescolanza: *un p. d'idee*; *di tutte le nozioni che ha appreso, ha fatto un gran p.* SIN. Guazzabuglio. 4 Massa di pasta lievitata, da suddividere per fare i pani. 5 Residuo di olive macinate. 6 (*gerg.*) Servizio che la redazione di un giornale elabora mettendo insieme informazioni di varie fonti e spec. di agenzie, riguardanti uno stesso argomento.

pastonìsta s. m. e f. (pl. m. *-i*) ● (*gerg.*) Giornalista che redige il pastone.

pastóra (1) [f. di *pastore*] s. f. ● Donna o fanciulla che porta al pascolo le greggi. || **pastorèlla**, dim. (V.).

†**pastóra (2)** ● V. *pastoia.*

pastoràle (1) [vc. dotta, lat. *pastorāle(m)*, da *pāstor*, genit. *pastōris* 'pastore' (anche nel senso cristiano di 'vescovo')] **A** agg. 1 Di, da pastore: *abito, zampogna p.* | *Alla p.*, al modo dei pastori | *Poesia p.*, che si finge composta da pastori, o che ne rappresenta la vita | *Musica p.*, di carattere semplice, tenero ed evocativo di scene campestri. SIN. Bucolico. 2 (*est.*) Sacerdotale, del sacerdote in quanto pastore d'anime: *l'ufficio, il ministero p.* | *Teologia p.*, quella che studia i mezzi migliori per il governo spirituale dei fedeli. 3 (*est.*) Episcopale, del vescovo: *visita p.* | *Anello p.*, quello che il vescovo porta all'anulare destro, quale segno di autorità e simbolo dell'unione con la diocesi | *Lettera p.*, quella che il vescovo invia ai parroci, agli ecclesiastici, ai fedeli di una diocesi esponendo verità di fede o rivolgendo esortazioni su vari argomenti religiosi, morali, sociali. || **pastoralménte**, avv. (*raro*) In modo pastorale. **B** s. f. 1 Lettera pastorale. 2 La missione di evangelizzazione globale della chiesa cattolica e l'insieme delle norme che la ispirano, quando si esplichi in circostanze determinate o si rivolga a temi determinati di vita sociale: *la p. della famiglia*; *la p. dei lavoratori.*

pastoràle (2) [detta così perché imita il suono delle zampogne dei *pastori*] s. f. ● Musica di carattere dolce e idillico ispirata alle melodie suonate dai pastori con le zampogne.

pastoràle (3) o **pasturàle (1)** [da *pastore*, nel senso di 'vescovo'] s. m. ● Bastone alto, con manico ricurvo, insegna della dignità vescovile, portato nella mano sinistra nelle cerimonie solenni.

pastoràle (4) o **pasturàle (2)** [da *pastora (2)*] s. m. ● (*veter.*) Osso del piede del cavallo che costituisce la prima falange.

pastoràre ● V. *pasturare.*

pastóre [lat. *pastōre(m)*, da *pāscere* 'pascolare'. V. *pascere*] s. m. (f. *-a* (V.)) 1 Chi custodisce e pastura le greggi: *un p. di capre, di pecore*; *cane da p.* 2 (*fig.*) Uomo rozzo, impacciato e sim. 3 (*fig.*) Socio, membro dell'Accademia dell'Arcadia. 4 (*fig.*) Guida, spec. spirituale, di popoli, nazioni e sim. | Chi ha cura di anime e giurisdizione spirituale | Nelle comunità riformate, ecclesiastico o laico designato dalla comunità al governo di essa: *p. evangelico, battista, metodista* | *Il buon Pastore*, Gesù Cristo. 5 (*zool.*) Nome generico dato a un elevato numero di razze canine spec. da gregge e da difesa: *p. bergamasco* | *P. scozzese*, collie | *P. tedesco*, molto diffuso e apprezzato per le attitudini e la facilità di addestramento e utile, quindi, nei servizi di polizia e per la guida dei ciechi. SIN. Cane lupo, lupo d'Alsazia | *P. belga*, dal caratteristico pelame nero. || **pastorèllo**, dim. | **pastorétto**, dim.

†**pastoréccio** [lat. *pastorīciu(m)*, da *pāstor*, genit. *pastōris* 'pastore'] agg. ● Pastorale, nel sign. di *pastorale (1).*

pastorèlla (1) s. f. 1 Dim. di *pastora (1).* 2 Poetessa membro dell'Arcadia. 3 Un tempo, cappello femminile di paglia ad ala ampia.

pastorèlla (2) [da *pastore*: cfr. *pastorale (2)*] s. f. 1 Componimento di più stanze, di origine provenzale, in cui si rappresenta un dialogo amoroso tra un poeta e una pastorella. 2 (*fam., tosc.*) Poesia o sermone che i bambini recitano dinnanzi al presepe.

pastorellerìa [da *pastorella (2)*] s. f. ● (*spreg.*) Poesia, brano svenevole e sdolcinato tipico degli Arcadi.

pastorìzia [vc. dotta, lat. (*ārtem*) *pastorīcia(m)* 'arte del pastore'. V. *pastorizio*] s. f. ● Arte di allevare e utilizzare gli animali domestici, spec. gli ovini | Attività del pastore.

pastorìzio [vc. dotta, lat. *pastorīciu(m)*, agg. di *pāstor*, genit. *pastōris* 'pastore'] agg. ● Concernente la pastorizia: *i prodotti pastorizi* | *Sale p.*, sale denaturato, che si mescola al mangime delle bestie, spec. da latte.

pastoriẓẓàre o **pasteuriẓẓàre** [fr. *pasteuriser*, da L. *Pasteur* (1822-1895) che inventò il metodo di sterilizzare il latte e gli altri liquidi] v. tr. ● Sottoporre a pastorizzazione: *p. il latte.*

pastoriẓẓàto part. pass. di *pastorizzare*; anche agg. ● Nel sign. del v.

pastoriẓẓatóre o **pasteuriẓẓatóre**. s. m. 1 Apparecchio per pastorizzare. 2 Operaio addetto alla pastorizzazione del latte o altro liquido.

pastoriẓẓazióne o **pasteuriẓẓazióne** [fr. *pasteurisation*, da *pasteuriser* 'pastorizzare'] s. f. ● Processo di riscaldamento a bassa temperatura (60-70 °C circa) per la disinfezione e conservazione di alimenti liquidi; permette di eliminare i microrganismi patogeni, ridurre la popolazione microbica ed evitare il deterioramento dell'alimento.

pastosità s. f. ● Qualità di ciò che è pastoso (*anche fig.*).

pastóso [da *pasta*] agg. 1 Che ha la morbidezza della pasta: *materia pastosa.* SIN. Morbido. 2 (*fig.*) Privo di elementi contrastanti, sgradevoli e sim.: *colore, stile p.*; *una maniera assai dolce e pastosa, e tutto lontana da certe crudezze* (VASARI) | *Voce pastosa*, carezzevole e calda | *Vino p.*, il cui gusto dolce è netto ma non sovrasta ogni altro.

†**pastràna** s. f. ● Pastrano. || **pastranèlla**, dim. (V.).

pastranèlla s. f. 1 Dim. di *pastrana.* 2 Pastrano, a due o tre baveri, portato un tempo da cocchieri, servitori e sim.

pastràno [dal n. del duca di *Pastrana*, città della Spagna (?)] s. m. ● Cappotto maschile pesante, usato spec. da militari: *passarono per il guardaroba rigurgitante di pastrani numerati* (MORAVIA) || **pastranàccio**, pegg. | **pastranìno**, dim. | **pastranóne**, accr. | **pastranùccio**, dim. | **pastranùcolo**, pegg.

pastricciàno o **pasticciàno** [alterazione del lat. tardo *pastinācu(m)*, da *pastināca*] s. m. 1 (*bot., raro*) Trigone. 2 (*tosc.*) Uomo ingenuo e bonario.

pastròcchio [adattamento del veneto *pastròcio*, da avvicinare a *pasticcio*] s. m. ● (*dial.*) Pasticcio (*anche fig.*).

pastùme [da *pasta*] s. m. ● (*raro*) Pastone per polli | (*raro, spreg.*) Vivanda di pasta scotta e collosa.

pastùra [lat. tardo *pastūra(m)*, da *pāstus* 'pascolo'. V. *pasto (2)*] s. f. 1 Il pascolare | Pascolo, luogo ove le bestie trovano da nutrirsi: *condurre le pecore alla p.* | Cibo per bestiame: *p. per i polli* | *Trovare buona p.*, (*fig.*) fare buoni guadagni, scovare il mezzo per guadagnare bene | (*fig.*) *Tenere qc. in p.*, tenerlo a bada. 2 (*pesca*) Insieme di esche animali e vegetali gettate in acqua dal pescatore allo scopo di attirare e trattenere il pesce. 3 (*fig.*) †Alimento spirituale: *dar p. alla mente.* 4 (*fig.*) †Burla | †*Dar p. a qc.*, raggirarlo con fandonie, con panzane.

pasturàle (1) ● V. *pastorale (3).*

pasturàle (2) ● V. *pastorale (4).*

pasturàre o **pastoràre** [da *pastura*] **A** v. tr. 1 Condurre e tenere al pascolo: *p. le greggi, gli* *armenti* | (*fig.*, *lett.*) Alimentare, nutrire. **2** *P. i pesci*, gettare loro la pastura. **B** v. rifl. ● (*fig.*, *lett.*) Alimentarsi. **C** v. intr. (aus. *avere*) ● (*raro*) Stare o andare al pascolo (*anche fig.*).

pasturazióne [da *pastura*, nel sign. 2] s. f. ● (*pesca*) Somministrazione della pastura ai pesci.

†**pasturévole** [da *pasturare*] agg. **1** Che va alla pastura. **2** Abbondante di pascoli.

patàcca [etim. incerta] s. f. **1** Moneta grande ma di scarsissimo valore. **2** (*fig.*) Cosa o persona di nessun pregio o valore | Oggetto privo di valore venduto a caro prezzo ad acquirenti sprovveduti: *i soliti turisti che comprano patacche*. **3** (*fig.*, *scherz.*) Distintivo, medaglia: *ha un debole per le uniformi e le patacche*. **4** (*fig.*, *fam.*) Macchia di sudiciume, spec. di grasso: *un abito pieno di patacche*. SIN. Padella. || **patacchìna**, dim. | **pataccóne**, accr. (V.).

pataccàro [da *patacca*] s. m. ● (*pop.*) Chi vende monete o altri oggetti falsi, facendoli credere rari, antichi e preziosi | (*est.*) Truffatore.

pataccóne (1) s. m. **1** Accr. di *patacca*. **2** (*fig.*, *spreg.*, *fam.*) Orologio da tasca grosso e vecchio.

pataccóne (2) [der. di *patacca*] s. m. (f. *-a*) **1** (*fam.*) Persona grossa e goffa. **2** (*fam.*) Chi è solito riempirsi gli abiti di patacche.

pataffióne o **patanfióne** [etim. incerta] s. m. (f. *-a*) **1** †Persona boriosa e autoritaria. **2** (*dial.*) Persona grassa e grossolana.

patafìṣica [calco sul fr. *pataphysique*, vc. coniata dallo scrittore surrealista fr. A. Jarry, comp. di *pata-* (pref. arbitrario prob. suggerito da *meta-*) e *fisica*, sul modello di *metafisica*] s. f. ● Scienza immaginaria del nonsenso astruso e bizzarro, intesa come parodia del pensiero scientifico e accademico.

patàgio [vc. dotta, lat. *patăgiu*(*m*) 'frangia', dal gr. **patagêion*; da *patássein* 'percuotere' (V. *patassio*), perché batte sulla spalla (?)] s. m. ● (*zool.*) Membrana cutanea che nei pipistrelli è tesa fra il tronco, gli arti e le dita, mentre in altri mammiferi funge da ala o da paracadute. SIN. Membrana alare.

patagóne [sp. d'America *patagones*, pl.; furono chiamati così dagli spagnoli per la grandezza dei loro *piedi* (sp. *pata*, di etim. incerta)] **A** s. m. ● Indigeno della popolazione abitante la Patagonia. **B** agg. ● Relativo ai Patagoni.

patagònico [dallo sp. ant. *patagon* 'piedone, piedaccio' n. dato a una tribù indiana dell'America meridionale] agg. (pl. m. *-ci*) ● Relativo alla Patagonia: *cordigliera patagonica*.

patanfióne ● V. *pataffione*.

†**patàno** [fr. *patent*, dal lat. *patĕnte*(*m*) 'patente'] agg. ● (*raro*) Patente, manifesto, palmare.

patapùm o **patapùnfete** [vc. onomat.] inter. ● Riproduce il rumore di uno scoppio, di un tonfo o di un forte colpo battuto da qc. o q.c. che cade a terra.

pataràcchio ● V. *pateracchio*.

pataràccia [etim. incerta] s. f. (pl. *-ce*) ● (*dial.*) Pesce simile alla sogliola.

pataràsso ● V. *paterazzo*.

pataràzzo ● V. *paterazzo*.

patarìa [V. *patarino*] s. f. ● Movimento religioso e sociale riformistico, che si oppose alla decadenza e alla corruzione del costume ecclesiastico nel sec. XI.

patarìnico agg. (pl. m. *-ci*) ● Relativo a patarino, a patarinismo, a pataria.

patarinìṣmo [comp. di *patarino* e *-ismo*] s. m. ● L'insieme delle dottrine e delle iniziative riformatrici proprie dei patarini.

patarìno o **paterìno** [dal milan. *patée* 'rigattiere' (?)] **A** s. m. ● Seguace del movimento della pataria. **B** agg. ● Dei, relativo ai, patarini.

patàssio [da un ant. *patassare*, dal lat. parl. **pataxāre*, dal gr. *patássein* 'battere, percuotere', da *pátagos* 'rumore di due corpi battuti fra di loro', di origine onomat.] s. m. ● (*tosc.*) Frastuono, chiasso, clamore: *c'era un gran p.* | Lite, tafferuglio: *per un futile motivo è successo un violento p.*

patàta [sp. *patata*, comp. del quechua *papa* 'patata' e dello haitiano *batata* 'batata'] s. f. **1** Pianta delle Solanacee con fiori in corimbi bianco-rossi o violetti, frutti a bacca giallastri e tuberi commestibili (*Solanum tuberosum*) | *P. americana*, *p. dolce*, batata. **2** Tubero commestibile di tale pianta, ricco di amido: *patate lesse*, *arrosto*, *fritte*; *spezzatino con le patate* | *P. bollente*, (*fig.*) argomento, situazione e sim. che scotta, e quindi necessita di un'urgente soluzione: *passare la p. bollente* | *Spirito di p.*, (*fig.*) battuta, scherzo e sim. che vorrebbe essere spiritoso ma risulta insulso e di cattivo gusto | *Sacco di patate*, (*fig.*) persona goffa e inelegante | *Naso a p.*, (*fig.*, *fam.*) di naso corto e tondeggiante. **3** (*pop.*, *fig.*) Grossa callosità del piede. || **patatìna**, dim. (V.) | **patatóna**, accr. | **patatóne**, accr. m. (V.).

patatàio s. m. ● Venditore di patate.

patatàta s. f. ● (*raro*) Colpo dato con una patata, spec. lanciandola.

pataticoltóre [da *patata*, sul modello di *agricoltore*] s. m. ● Coltivatore di patate.

pataticoltùra [da *patata*, sul modello di *agricoltura*] s. f. ● Coltivazione delle patate.

patatìna s. f. **1** Dim. di *patata*. **2** Patata novella | *A p.*, (*fig.*, *fam.*) di naso corto e tondeggiante. **3** (*fig.*, *fam.*) Bambina o giovinetta piccola, graziosa e grassottella.

patatóne s. m. (f. *-a*) **1** Accr. di *patata*. **2** (*fam.*, *spreg.*) Persona grossa e sgraziata, spesso imbambolata.

patatràc [vc. onomat.] **A** inter. ● Riproduce il rumore di q.c. che crolla o si sfascia. **B** s. m. ● Crollo rovinoso, disastro (*anche fig.*): *giù succede un p.*; *la pagella è stata un p.* | (*fig.*) Fallimento, dissesto economico: *un improvviso p. lo ha costretto a svendere tutto*.

patatùcco [da *patata*, con la terminazione di *mammalucco*] s. m. (f. *-a*; pl. m. *-chi*) ● Persona goffa e stupida.

patavinità [vc. dotta, lat. *Patavinitāte*(*m*), da *Patavīnus* 'patavino'] s. f. ● Colorito particolare del dialetto padovano.

patavìno [vc. dotta, lat. *Patavīnu*(*m*), etnico di *Patăvium* 'Padova'] **A** agg. ● (*lett.*) Di Padova: *università patavina*. **B** s. m. (f. *-a*) ● (*lett.*) Abitante di Padova.

patchouli /fr. pat-ʃu'li/ [fr., da una vc. indigena della provincia di Madras] s. m. inv. ● Pianta indomalese delle Labiate, da cui si ottiene un'essenza usata in profumeria, cosmetica e sim. (*Pogostemum patchuli*).

patchwork /ingl. 'pætʃ wɔːk/ [vc. ingl., comp. di *patch* 'pezza' (di origine incerta) e *work* 'opera' (di origine germ.)] **A** s. m. inv. ● Lavoro consistente nel cucire insieme ai lati vari quadrati di stoffa o di maglia, di qualità e colori diversi, in modo da ottenere un risultato composito e multicolore. **B** agg. inv. ● Detto di capo di abbigliamento o d'arredamento ottenuto con tale tecnica: *gonna*, *vestito p.*; *una coperta*, *un tappeto p.*

pâté /fr. pa'te/ [vc. fr., da *pâte* 'pasta'] s. m. inv. **1** Preparazione gastronomica fredda a base di carni o di altro, racchiusa in un involucro di pasta salata. **2** In Italia, correntemente, preparazioni a base di carni o altro, crema e salsa vellutata, passata al setaccio. SIN. Mousse, spuma.

†**pàte** ● V. *padre*.

†**patefàtto** [vc. dotta, lat. *patefăctu*(*m*), part. pass. di *patefăcere* 'aprire', comp. di *patēre* 'essere aperto' (V. *patente*) e *făcere* 'fare'] agg. ● (*raro*) Aperto, manifesto.

patèlla [lat. *patĕlla*(*m*) 'piatto, vassoio' (V. *padella*), poi anche 'rotula', per la forma] s. f. **1** Mollusco gasteropode commestibile, con conchiglia a cono molto basso, che aderisce alle rocce litorali mediante il piede funzionante come una ventosa (*Patella coerulea*). **2** (*anat.*) Rotula.

patellàre [da *patella*] agg. ● (*anat.*) Della rotula: *riflesso p.*

patèma [vc. dotta, gr. *páthēma* 'affezione, sofferenza', da *páthos*. V. *pathos*] s. m. (pl. *-i*) ● Sofferenza morale, accorato cordoglio | *P. d'animo*, stato d'ansia, di timore.

patèna [fr. *patène*, dal lat. *pătena*(*m*), *pătina*(*m*) 'piatto, scodella', dal gr. *patánē*, da *petannýnai* 'spiegare, aprire', di origine indeur.] s. f. ● Piccolo disco d'oro o di argento con il quale il celebrante cattolico copre il calice e sul quale deposita le particole dell'ostia consacrata.

patentàre **A** v. tr. (*io patènto*) **1** Munire di una qualsiasi patente, spec. quella di guida. **2** (*fig.*, *scherz.*) Qualificare, riconoscere pubblicamente: *p. la furfanteria di qc.* **B** v. intr. pron. ● Conseguire una patente.

patentàto part. pass. di *patentare*; anche agg. **1** Nei sign. del v. **2** Munito di patente: *medico p.* **3** (*fig.*, *scherz.*) Qualificato, matricolato: *ladro*, *furfante p.*

patènte (1) [vc. dotta, lat. *patĕnte*(*m*), part. pres. di *patēre* 'essere aperto, essere manifesto', di origine indeur.] agg. **1** Chiaro, evidente, manifesto: *una p. ingiustizia* | (*raro*) Grande: *fattomi un p. crocione sopra la mia figura, mi disse che mi benediva* (CELLINI). **2** †Aperto: *luogo p. a tutti*. **3** (*dir.*) *Lettera p.*, documento conferito dallo Stato invitante al console, mediante cui quest'ultimo è legittimato ad agire in qualità di organo. **4** (*bot.*) Di foglia disposta orizzontalmente ad angolo retto col fusto. **5** (*arald.*) *Croce p.*, con i bracci che si allargano verso le estremità. || **patenteménte**, avv. In modo evidente, manifesto.

patènte (2) [da (*lettera*) *patente*] s. f. **1** Concessione amministrativa a esercitare una data attività o professione | Documento che certifica tale concessione: *p. di guida di un autoveicolo*; *p. di ufficiale della marina mercantile* | *P. di sanità*, certificato attestante lo stato sanitario del luogo da cui proviene la nave. **2** (*per anton.*) Patente di guida: *prendere la p.*; *l'esame per la p.*; *rinnovare la p.*; *avere la p. scaduta*. **3** (*fig.*) Pubblica qualifica: *dare a qc. la p. di asino*, *di stupido*. || **patentìno**, dim. m. (V.).

patentìno s. m. **1** Dim. di *patente* (2). **2** Patente provvisoria, foglio rosa | Patente per la guida di motoveicoli. **3** Autorizzazione a esercitare una determinata attività e sim.

pater /lat. 'pater/ [abbr. di *paternoster*] s. m. inv. ● (*pop.*) Paternoster: *dire*, *recitare un p.*

pàtera (1) [vc. dotta, lat. *pătera*(*m*), da avvicinare a *pătina*. V. *patena*] s. f. ● Bassa ciotola o tazza priva di manici usata nel mondo antico greco-romano per libagioni alle divinità.

pàtera (2) [fr. *patère*, dal lat. *pătera*(*m*) 'patera (1)', per la forma] s. f. ● (*raro*) Tipo di attaccapanni a muro.

pateràcchio o **pataràcchio** [alterazione di †*pataffio* nel senso di 'scrittura di contratto'] s. m. **1** (*pop.*, *tosc.*) Accordo o contratto, spec. matrimoniale. **2** (*est.*, *spreg.*) Patto, accordo poco chiaro raggiunto mediante compromessi, opportunismi e sim., spec. in campo politico.

pateràzzo o **pataràsso**, **pataràzzo**, **pateràsso** [fr. *pataras*, dal provz. *pato* 'zampa', di origine onomat.] s. m. ● (*mar.*) Cavo, spec. metallico, fissato simmetricamente sui bordi del ponte di coperta, per assicurare, insieme alle sartie, la posizione verticale dell'albero. ➡ ILL. p. 1756 TRASPORTI.

†**pàtere** [vc. dotta, lat. *patēre*, V. *patente* (1)] v. intr. (oggi dif. usato solo nella terza pers. sing. del pres. indic. *pate* e nell'inf. pres.) ● Essere chiaro, manifesto.

pateréccio o (*pop.*) **panaréccio**, **paneréccio** [lat. tardo *panarīciu*(*m*), metatesi di *parōnychia*, nt. pl., dal gr. *parōnychía*, f. sing., comp. di *para-* 'para-' e *ónyx*, genit. *ónychos* 'unghia' (V. *onice*)] s. m. ● (*med.*) Processo infiammatorio acuto circoscritto delle dita, più spesso della regione periungueale. SIN. Paronichia.

paterfamilias /lat. paterfa'miljas/ o **pater familias** [vc. lat., propr. 'padre di famiglia'] s. m. inv. (pl. lat. raro *patres familias* o *patres familiarum*) **1** Nell'antica Roma, chi, non avendo più ascendenti vivi in linea maschile, era il capo indiscusso della famiglia ed esercitava su di essa numerosi poteri. **2** (*est.*) Nella società attuale, capo di un nucleo familiare, padre di famiglia, spec. con una particolare predisposizione all'autoritarismo (*anche scherz.* o *iron.*): *un p. un po' all'antica*.

paterìno ● V. *patarino*.

†**paterliàre** [da *pater*(*nostro*)] v. intr. ● (*raro*) Recitare paternostri.

paternàle [da (*sgridata*) *paternale* 'sgridata del padre'] **A** s. f. ● Solenne e severo rimprovero: *è molto sensibile alle sue paternali*. SIN. Ramanzina. **B** agg. ● †Paterno.

paternalìṣmo [ingl. *paternalism*, da *paternal* 'paternale'] s. m. **1** Forma di governo in cui il potere è nelle mani di un sovrano assoluto i cui provvedimenti in favore del popolo sono considerati atti di personale benevolenza che prescindono dal riconoscimento di diritti al popolo stesso. **2** (*est.*) Atteggiamento benevolo e protettivo da parte del datore di lavoro nei confronti dei suoi dipendenti.

paternalista A s. m. (pl. *-i*) ● Fautore del paternalismo. B agg. ● Paternalistico.
paternalistico agg. (pl. m. *-ci*) ● Relativo a paternalismo. || **paternalisticamente**, avv.
paternità [vc. dotta, lat. tardo *paternitāte(m)*, da *patĕrnus* 'paterno'] s. f. *1* Condizione di padre: *gli obblighi della p.*; *p. naturale, legale, putativa.* *2* (*bur.*) Indicazione del nome e delle generalità paterne: *il documento presentato reca la p. e la maternità del richiedente.* *3* (*fig.*) Condizione di autore, inventore e sim.: *vantare la p. di un'opera famosa* | Appartenenza di un'opera, invenzione e sim. a una determinata persona: *a tutti è nota la p. di simili libelli.* *4* Titolo che si dà ai religiosi, spec. a monaci e abati: *Vostra p.*
patèrno [vc. dotta, lat. *patĕrnu(m)*, da *pāter* 'padre', sul modello di *matĕrnus* 'materno'] agg. *1* Di, del padre: *casa, eredità paterna*; *le punizioni paterne* | *Zio p.*, da parte di padre | *Nonni paterni*, i genitori del padre. *2* Da padre, simile a un padre: *l'ha guidato con affetto p.*; *non ha voluto ascoltare i suoi paterni consigli.* || **paternaménte**, avv.
Paternoster /*lat.* pater'nɔster/ s. m. inv. ● Orazione fondamentale dei cristiani, insegnata dallo stesso Gesù Cristo.
Paternòstro [lat. *pāter nŏster*, nom., 'padre nostro'] s. m. *1* Adattamento di *Paternoster* (V.) | *Sapere q.c. come il P.*, (*fig.*) saperla a memoria | (*raro*) *P. della bertuccia*, bestemmia. *2* (*fig.*) Grano più grosso della corona del rosario, inserito ogni dieci grani più piccoli, e corrispondente alla recitazione di un paternostro. *3* (*fig.*) Tipo di pasta corta da minestra, a forma di cilindretti forati. *4* (*bot.*) *Albero dei paternostri*, abro.
pateticità s. f. ● Caratteristica di chi, di ciò che è patetico.
patètico [vc. dotta, lat. tardo *pathēticu(m)*, nom. *pathēticus*, dal gr. *pathētikós*, da *páthos*. V. *pathos*] A agg. (pl. m. *-ci*) *1* Che è mesto e malinconico e desta tristezza, commozione e sim.: *caso, dramma p.*; *ci fissava con uno sguardo p.*; *una fantasia, accompagnata di particolari patetici e drammatici* (DE SANCTIS) | (*ling.*) †*Punto p.*, punto esclamativo. *2* Che vuole commuovere, che affetta malinconia e mestizia: *scuoteva il capo in un cenno p.* *3* (*anat.*) *Nervo p.*, quarto paio di nervi cranici, che innerva il muscolo grande obliquo dell'occhio. || **pateticaménte**, avv. B s. m. (f. *-a* nel sign. 2) *1* Caso, situazione o genere commovente: *rifuggire dal p.*; *cascare nel p.*; *ricercare il p.* *2* Chi assume atteggiamenti svenevoli e sentimentali.
pateticóne s. m. (f. *-a*) ● Chi abusa di mezzi o atteggiamenti atti a commuovere.
pateticùme s. m. ● (*spreg.*) Sentimentalismo eccessivo, affettazione svenevole | Discorso o scritto che ricerca l'effetto patetico.
patetiṣmo [fr. *pathétisme*, da *pathétique* 'patetico'] s. m. ● Sentimentalismo languido: *il p. di un melodramma, di una sinfonia.*
†**patévole** agg. *1* Che si può patire. *2* Passivo, inerte.
pàthos /'patos/ o **pàtos** [vc. dotta, lat. tardo *pāthos*, dal gr. *páthos* 'patimento, commozione, affetto', da *páschein* 'soffrire', di origine indeur.] s. m. *1* Particolare intensità di sentimento, alta liricità di un'opera d'arte per mezzo della quale si realizza una forte potenza drammatica. *2* Passione, viva commozione presente spec. nella tragedia antica.
-patìa [gr. *-pátheia*, da *páthos* 'sofferenza', legato a *páschein* 'soffrire', di origine incerta] secondo elemento *1* In parole composte, fa riferimento a determinati sentimenti o passioni: *antipatia, apatia, simpatia, telepatia.* *2* Nella terminologia medica, si riferisce a disturbi, affezioni relative a quanto indicato dal primo componente: *angiopatia, cardiopatia, osteopatia.*
patìbile [vc. dotta, lat. *patĭbile(m)*, da *pătī*. V. *patire*] agg. *1* Che si può patire. *2* †Atto a patire, a soffrire. SIN. Passibile.
patibolàre [fr. *patibulaire*, dal lat. *patĭbulum* 'patibolo'] agg. ● Degno del patibolo | *Faccia p.*, da delinquente.
patìbolo [vc. dotta, lat. *patĭbulu(m)*, da *patēre* 'essere aperto, manifesto' (V. *patente* (*1*)), perché il *patibolo* era il luogo dove veniva esposto il condannato] s. m. *1* Luogo d'esecuzione capitale | *Faccia da p.*, patibolare | (*est.*) Palco su cui s'innalzano la forca, la ghigliottina e sim.: *andare al p.*; *mandare qc. al p.* | *Pare che vada al p.*, di chi fa q.c. contro la propria volontà, lasciandolo capire dall'espressione del viso. *2* (*fig.*, *raro*) Tormento, sofferenza.
-pàtico secondo elemento ● Forma gli aggettivi derivati dai sostantivi in *-patia*: *antipatico, cardiopatico.*
patiménto [da *patire*] s. m. *1* Modo e atto del patire. *2* Dolore, privazione, sofferenza: *sopporto indicibili patimenti*; *al peso de' troppo gran patimenti non resse altro che un mese* (BARTOLI).
pàtina [vc. dotta, lat. *pătina(m)* 'scodella' (V. *patena*), con evoluzione semantica non chiara] s. f. *1* Strato verdastro o d'altro colore prodottosi per ossidazione su oggetti metallici antichi | (*fig.*) *P. del tempo*, impressione suscitata da q.c. di superato o appartenente a tempi ormai lontani. *2* Vernice o colore dato artificialmente, per contraffazione o imitazione dell'antico, a bronzi, medaglie e sim. | Sospensione di cariche minerali, colle adesive, allume e sim. spalmata sulla carta da stampare per darle lucentezza e levigatezza. *3* (*med.*) *P. linguale*, strato bianco-giallastro che ricopre la superficie della lingua, come segno di cattiva digestione o malattie dell'apparato digerente.
patinàre [da *patina*] v. tr. (*io pàtino*) ● Dar la patina a q.c. | Preparare patinate.
†**patinàrio** [vc. dotta, lat. *patināriu(m)*, da *pătina* 'scodella' (V. *patena*)] agg. ● Ghiotto, goloso.
patinàta [f. sost. di *patinato*] s. f. ● Prova di stampa per riproduzione fotomeccanica eseguita su carta patinata.
patinàto part. pass. di *patinare*; anche agg. ● Nel sign. del v.
patinatóre s. m.; anche agg. (f. *-trice*) ● Addetto alla patinatura della carta.
patinatùra s. f. ● Atto, effetto del patinare.
patìno ● V. *pattino* (*2*).
patinóso [da *patina*] agg. *1* Simile a patina. *2* Coperto da patina.
patio /*sp.* 'patjo/ [vc. sp., di etim. incerta] s. m. ● Cortile interno di case spagnole, o in stile spagnolo, delimitato da un porticato, e sistemato a giardino, con vasche e fontane.
patìre (*1*) [lat. parl. **patīre*, per il classico *pătī* 'sopportare, soffrire', di etim. incerta] A v. tr. (*io patìsco, tu patìsci*) *1* (*raro*) Subire l'effetto di q.c.: *la regola non patisce eccezioni.* *2* Provare, sentire q.c. di spiacevole, molesto, doloroso e sim.: *p. ingiurie, offese, angherie*; *p. il freddo, la fame, la sete*; *p. indicibili tormenti fisici e spirituali* | *P. le pene dell'inferno*, (*fig.*) soffrire moltissimo | *Far p. q.c. a qc.*, costringerlo o indurlo a subire dolori e sim. SIN. Soffrire. *3* Sopportare, tollerare: *non p. l'arroganza, la superbia, l'incomprensione* | *Non potersi p.*, essere insopportabile a se stesso. B v. intr. (aus. *avere*) *1* Soffrire: *p. di fegato, di cuore*; *p. ai polmoni*; *p. per le gravi umiliazioni ricevute*; *il giusto patisce per il reo*; *invan patisco ... / sempre errore accrescendo / a me stesso* (CAMPANELLA) | *P. di gelosia, di avarizia* e sim., essere geloso, avaro e sim. | †*P. di qc.*, soffrire per la sua mancanza | *Finire di p.*, morire, dopo una lunga e dolorosa infermità. *2* Guastarsi, sciuparsi, deteriorarsi: *il fieno patisce per l'eccessiva umidità*; *la campagna patisce per la stagione avversa.* *3* (*raro*) Essere danneggiato: *p. nella borsa, nella tasca, nei propri averi.* *4* †Mancare: *p. di acqua, di vettovaglie.*
†**patìre** (*2*) [etim. incerta] v. tr. ● Smaltire, digerire (*anche fig.*): *questi prendano la mia vivanda col pane, che la farà loro gustare e p.* (DANTE).
patìte [dal gr. *páthos* 'affezione', quindi 'malattia' (V. *pathos*) e *-ite* (*1*)] s. f. ● (*med.*) Processo infiammatorio in genere.
patìto A part. pass. di *patire* (*1*); anche agg. *1* Nei sign. del v. *2* Sofferente, deperito: *organismo p.* | *Faccia patita*, smunta. B s. m. (f. *-a*) *1* (*raro*) Innamorato. *2* Chi prova un'attrazione quasi fanatica verso persone, cose o forme di attività: *i patiti della partita di calcio, delle corse automobilistiche, di un divo della canzone.* SIN. Tifoso.
†**patitóre** s. m.; anche agg. (f. *-trice*) ● Chi, che patisce.
pàto- [dal gr. *páthos* 'affezione', 'sofferenza' (V. *pathos*)] primo elemento ● In parole composte della terminologia medica significa 'malattia': *patofobia, patologia.*
patofobìa [comp. di *pato-* e *-fobia*] s. f. ● (*med.*, *psicol.*) Paura morbosa di contrarre una malattia.
patòfobo [comp. di *pato-* e *-fobo*] agg.; anche s. m. (f. *-a*) ● Che, chi è affetto da patofobia.
patogèneṣi [comp. di *pato-* e *genesi*] s. f. ● (*med.*) Modalità d'insorgenza di una malattia. SIN. Nosogenesi.
patogenètico agg. (pl. m. *-ci*) ● Che concerne la patogenesi.
patogenicità s. f. ● (*biol.*) Capacità di alcuni microrganismi di indurre un processo morboso negli animali recettivi.
patogènico agg. (pl. m. *-ci*) ● (*raro*) Patogeno.
patògeno [comp. di *pato-* e *-geno*] agg. ● Che genera malattia: *germe p.* | *Potere p.*, patogenicità.
patognomònico [dal gr. *pathognōmonikós*, comp. di *patho-* 'pato-' e *gnōmonikós* 'abile a giudicare' (V. *gnome*)] agg. (pl. m. *-ci*) ● (*med.*) Che identifica una determinata patologia o ne consente la diagnosi.
patografìa [comp. di *pato-* e *-grafia*] s. f. ● (*med.*, *psicol.*) Ricostruzione dei disturbi psichici di uno scrittore o sim. attraverso la sua biografia e le sue opere.
patois /*fr.* pa'twa/ [vc. fr., da *patte* 'zampa' (di etim. incerta), per indicare la grossolanità delle persone che lo parlano (?)] s. m. inv. ● Dialetto sociale, derivante da un dialetto regionale o da mutamenti subiti dalla lingua ufficiale, utilizzato soltanto in un'area ristretta e in una determinata comunità, spec. rurale.
patologìa [comp. di *pato-* e *-logia*] s. f. (pl. *-gie*) *1* Parte della medicina che studia le cause e l'evoluzione delle malattie. *2* (*est.*) Malattia: *una p. avanzata.* *3* (*fig.*) Insieme di condizioni atipiche o degenerate rispetto alla norma nel funzionamento di un ente, nel comportamento di una persona e sim.: *la p. delle aziende a partecipazione statale.*
patològico [vc. dotta, gr. *pathologikós*, comp. di *páthos* 'affezione' (V. *pato-*) e *-logikós*, da *-logos* '-logo'] agg. (pl. m. *-ci*) ● Di patologia | *Fenomeno p.*, morboso | *Caso p.*, (*fig.*, *scherz.*) persona strana, situazione anormale e bizzarra, e sim. || **patologicaménte**, avv. Dal punto di vista della patologia; in modo patologico.
patòlogo [comp. di *pato-* e *-logo*] s. m. (f. *-a*; pl. m. *-gi*, pop. *-ghi*) ● Studioso di patologia.
pàtos ● V. *pathos.*
patòṣi [comp. di *pato-* e *-osi*] s. f. ● (*gener.*) Malattia di tipo degenerativo.
Patràsso [dalla loc. biblica *īre ăd pătres* 'andare dagli antenati' (cioè 'morire'), con deformazione scherz. (o euf.?) sulla base del n. della città gr. di *Patrasso*] s. m. ● (*fig.*) Solo nelle loc. *mandare, andare a P.*, uccidere, morire e (*est.*) mandare, andare in rovina.
†**pàtre** ● V. *padre.*
pàtria [vc. dotta, lat. (*tĕrram*) *pătria(m)* 'terra dei padri', f. di *pătrius*. V. *patrio*] s. f. *1* Paese comune ai componenti di una nazione, cui essi si sentono legati come individui e come collettività, sia per nascita sia per motivi psicologici, storici, culturali e sim.: *ogni uomo ama la propria p.* | Città e luogo natale: *un piccolo paese montano fu la sua p.* | *P. celeste*, Paradiso. *2* (*est.*) Luogo o punto d'origine: *l'Australia è la p. dei canguri*; *la foresta tropicale è la p. delle orchidee.*
†**patriàle** agg. ● Patrio.
patrịàrca [vc. dotta, lat. tardo *patriărcha(m)*, nom. *patriărcha*, dal gr. *patriárchēs*, comp. di *patriá* 'stirpe, tribù, famiglia', da *patḗr*, genit. *patrós* 'padre', e *-árchēs* '-arca'] s. m. (pl. *-chi*) *1* Capo di una grande famiglia, dotato di poteri assoluti sui propri discendenti, presso antiche popolazioni e popoli di natura. *2* (*est.*) Vecchio capofamiglia, dotato di numerose discendenze: *fra tanti figli, nipoti e pronipoti sedeva il p.* *3* Ciascuno degli antenati e capi di famiglie e di tribù che, nelle genealogie dell'Antico Testamento, vissero nei tempi anteriori a Mosè. SIN. Capostipite. *4* Capo di ciascuna delle chiese ortodosse: *p. di Costantinopoli, della chiesa russo-ortodossa* | Capo di ciascuna delle chiese orientali riunite alla chiesa cattolica: *p. degli unia-*

ti. *5* Nella chiesa cattolica, titolo onorifico attribuito in origine al vescovo di Aquileia, poi di Venezia e per tradizione ad altri (di Roma, Lisbona, Gerusalemme, Indie Occidentali e Orientali).

patriarcàle [vc. dotta, lat. tardo *patriarchāle(m)*, da *patriărcha* 'patriarca'] **agg.** *1* Di, da patriarca: *aspetto p.*; *figura p.*; *dignità p.* *2* Detto di sistema familiare o sociale che faccia capo al padre di famiglia, secondo le antiche usanze, e abbia un regime di vita semplice e austero: *famiglia, vita p.* | Che si fonda sul patriarcato: *società p.* *3 Economia p.*, sistema economico basato su classi familiari in cui vige il patriarcato. || **patriarcalménte**, **avv.**

patriarcàto [da *patriarca*] **s. m.** *1* Organizzazione della famiglia basata sull'autorità paterna e sulla trasmissione dei diritti ai membri maschili. *2* Dignità, funzione, territorio, sede del patriarca: *p. di Aquileia, di Mosca, di Alessandria.*

†**patriarchìa** [vc. dotta, gr. *patriarchía*, da *patriárchēs* 'patriarca'] **s. f.** ● Patriarcato, dignità di patriarca.

patriarchìo [vc. dotta, gr. *patriarchêion*, da *patriárchēs* 'patriarca'] **s. m.** ● Palazzo e residenza del patriarca.

patricìda [vc. dotta, lat. *patricīda(m)*, da *păter*, genit. *pătris* 'padre', sul modello di *parricīda* 'parricida'] **s. m. e f.** (**pl. m.** *-i*) ● (*lett.*) Parricida.

patricìdio [da *patricida*] **s. m.** ● (*lett.*) Parricidio.

†**patrìcio** ● V. *patrizio.*

patrìgno o **padrigno** [lat. parl. **patrĭgnu(m)* da *păter*, genit. *pătris* 'padre', sul modello di *matrĭgna* 'matrigna'] **s. m.** ● Il nuovo marito della madre rispetto a chi è orfano di padre.

patrilineàre **agg.** ● (*etn.*) Che riguarda la patrilinearità | Che discende per via maschile.

patrilinearità [da *patrilineare*] **s. f.** ● (*etn.*) Criterio atto a stabilire la discendenza o l'attribuzione di prerogative sociali per via maschile e in linea paterna.

patrilìneo **agg.** ● (*etn.*) Patrilineare.

patrilocàle [comp. del lat. *păter*, genit. *pătris* 'padre' e dell'it. *locale* (*1*)] **agg.** ● (*etn.*) Di, relativo a patrilocalità. **SIN.** Virilocale.

patrilocalità **s. f.** ● (*etn.*) In varie popolazioni, costume secondo cui una coppia sposata vive con il gruppo del padre dello sposo. **SIN.** Virilocalità.

patrimoniàle [vc. dotta, lat. tardo *patrimoniāle(m)*, da *patrimōnium* 'patrimonio'] **A** **agg.** ● Di patrimonio, attinente a patrimonio: *rendita p.* | (*dir.*) *Imposta p.*, il cui presupposto è la titolarità di un bene, e non la percezione di un reddito. || **patrimonialménte**, **avv.** Per quanto riguarda il patrimonio. **B** **s. f.** ● (*per anton.*) Imposta patrimoniale.

patrimonializzàre [da *patrimonio*] **v. tr.** ● (*econ.*) Rafforzare con aumenti di capitale il patrimonio netto di un'azienda.

patrimonializzazióne **s. f.** ● (*econ.*) Atto o effetto del patrimonializzare | *Indice di p.*, rapporto fra mezzi propri e indebitamento di un'azienda.

patrimònio [vc. dotta, lat. *patrimōniu(m)*, da *păter*, genit. *pătris* 'padre'] **s. m.** *1* (*dir.*) Insieme dei rapporti giuridici, attivi e passivi, di una persona fisica o giuridica, aventi valore economico | *P. pubblico*, complesso dei beni appartenenti allo Stato o ad altro ente pubblico che non rientrano nella categoria dei beni demaniali. *2* Complesso dei beni o notevole quantità di denaro appartenente a una medesima persona: *disporre di un grosso p.* | *Mangiarsi un p.*, dilapidarlo | (*est., fig.*) Somma ingente o spropositata: *quel vestito mi è costato un p.* **SIN.** Capitale. *3* (*fig.*) Complesso di elementi materiali e non materiali, di valori e sim., aventi origini più o meno lontane nel tempo, peculiari di una persona, una collettività, una nazione: *p. culturale, artistico, linguistico.* || **patrimoniétto**, **dim.** | **patrimonino**, **dim.** | **patrimonióne**, **accr.** | **patrimoniùccio**, **dim.**

patrìno ● V. *padrino.*

pàtrio [vc. dotta, lat. *pătriu(m)*, agg. di *păter*, genit. *pătris* 'padre'] **agg.** *1* Del padre | (*dir.*) *Patria potestà*, complesso di poteri e doveri spettanti per legge a entrambi i genitori sui propri figli minorenni non emancipati. *2* Della patria: *leggi patrie*; *amor p.*; *Irato a' patrii Numi, errava muto / ove Arno è più deserto* (FOSCOLO).

patriòta o **patriòtta**, (*raro*) **patriòtto** [fr. *patriote*, dal lat. tardo *patriōta(m)*, nom. *patriōta*, dal gr. *patriṓtēs* 'compatriota', da *pátrios* 'patrio'] **s. m. e f.** (**pl. m.** *-i*) *1* Chi ama la patria e lo dimostra, spec. lottando e sacrificandosi per essa. *2* (*spec. al pl.*) Partigiani: *l'esercito regolare catturò un gruppetto di patrioti.* *3* (*pop.*) Compatriota.

patriotàrdo ● V. *patriottardo.*

patriòtico ● V. *patriottico.*

patriòtta ● V. *patriota.*

patriottàrdo o (*raro*) **patriotàrdo** [fr. *patriotard*, da *patriote* 'patriota', col suff. spreg. *-ard*] **agg.**; anche **s. m.** (**f.** *-a*) ● Che, chi ostenta un patriottismo esagerato e fanatico.

patriòttico o (*poet.*) **patriòtico** [fr. *patriotique*, dal lat. tardo *patriōticu(m)*, nom. *patriōticus*, dal gr. *patriōtikós* 'della patria', da *patriṓtēs*. V. *patriota*] **agg.** (**pl. m.** *-ci*) ● Di, da patriota: *dimostrazione, commemorazione patriottica*; *discorso, inno p.*; *un mondo vuoto di motivi religiosi, patriottici e morali* (DE SANCTIS). || **patriotticaménte**, **avv.**

patriottìsmo [fr. *patriotisme*, da *patriote* 'patriota'] **s. m.** ● Sentimento di vivo amore e devozione verso la patria.

patriòtto ● V. *patriota.*

patrìstica [dal lat. *păter*, genit. *pătris* 'padre (della Chiesa)'] **s. f.** ● (*relig.*) Patrologia.

patrìstico **agg.** (**pl. m.** *-ci*) ● Che si riferisce a patristica, ai Padri della Chiesa.

patriziàle **agg.** ● (*raro*) Di patrizio: *dignità p.*

patriziàto [vc. dotta, lat. *patriciātu(m)*, da *patrĭcius* 'patrizio'] **s. m.** *1* Nell'antica Roma, dignità di patrizio | Classe dei patrizi. *2* (*est.*) Aristocrazia: *il p. romano.*

patrìzio o (*poet.*) †**patrìcio** [vc. dotta, lat. *patrĭciu(m)*, da *pătres* 'padri, senatori'] **agg.**; anche **s. m.** (**f.** *-a*) *1* Nella Roma antica, cittadino appartenente all'ordine senatorio | Nella tarda età imperiale, titolo onorifico, non trasmissibile agli eredi, concesso dall'imperatore. *2* (*est.*) Di nobile stirpe: *gente, famiglia patrizia*; *il dotto e il ricco ed il p. vulgo* (FOSCOLO).

patrizzàre [vc. dotta, lat. tardo *patrizāre*, da *păter*, genit. *pătris* 'padre'] **v. intr.** (aus. *avere*) ● Padreggiare.

patrocinànte **A** **part. pres.** di *patrocinare*; anche **agg.** ● Nei sign. del v. **B** **s. m.** ● (*dir.*) Il rappresentante tecnico processuale di una parte in giudizio.

patrocinàre [vc. dotta, lat. *patrocināri*, da *patrocĭnium* 'patrocinio'] **v. tr.** (*io patrocìno*) *1* (*dir.*) Difendere, assistere e rappresentare un cliente in giudizio: *p. una parte*; *p. una causa.* *2* (*est.*) Proteggere, sostenere: *p. la candidatura di qc.*

patrocinàto **part. pass.** di *patrocinare*; anche **agg.** ● Nei sign. del v.

patrocinatóre **s. m.** (**f.** *-trice*) *1* (*dir.*) Chi è abilitato dalla legge a esercitare il patrocinio | Chi esercita il patrocinio. *2* (*est.*) Protettore, sostenitore: *p. delle arti, delle lettere.*

patrocìnio [vc. dotta, lat. *patrocĭniu(m)*, da *patrōnus*, sul modello di *tirocĭnium* 'tirocinio'] **s. m.** *1* Nella Roma antica, protezione del patrono al cliente. *2* (*dir.*) Difesa, assistenza e rappresentanza in giudizio: *svolgere un p.* *3* Protezione della Madonna o di un santo, cui il fedele cattolico si affida, o cui affida un'opera, una città, un'istituzione | (*est.*) Protezione, sostegno di alte personalità, istituzioni e sim.: *una mostra sotto il p. della Provincia.*

patrologìa [comp. del gr. *patḗr*, genit. *patrós* 'padre (della Chiesa)' e *-logia*] **s. f.** (**pl.** *-gie*) *1* Studio storico, filologico e teologico delle opere dei Padri della Chiesa e delle loro dottrine. *2* Raccolta delle opere dei Santi Padri: *la p. greca e latina del Migne.*

patrològico **agg.** (**pl. m.** *-ci*) ● Di, relativo a patrologia: *studi patrologici.*

patròlogo **s. m.** (**f.** *-a*; **pl. m.** *-gi*) ● Studioso di patrologia.

patron /fr. pa'trɔ̃/ [vc. fr., propriamente 'patrono', poi 'modello': stessa etim. dell'it. *patrono*] **s. m. inv.** *1* (*gener.*) Capo, padrone | (*sport*) Organizzatore di un giro ciclistico: *il p. del giro di Francia, del giro d'Italia.* *2* (*raro*) Cartamodello.

patròna [f. di *patrono*] **s. f.** ● Santa protettrice: *la p. della città, del paese*; *la p. delle sarte.*

patronage /fr. patrɔ'naʒ/ [vc. fr., 'patrocinio'] **s. m. inv.** ● (*econ.*) Sostegno, spec. finanziario | *Lettera di p.*, lettera di conforto.

†**patronàggio** [ant. fr. *patronage*, da *patron* 'patrono'] **s. m.** ● Patronato.

patronàle [vc. dotta, lat. tardo *patronāle(m)*, da *patrōnus* 'patrono'] **agg.** ● Di patrono, spec. in riferimento al Santo patrono: *festa p.*

patronàto [vc. dotta, lat. tardo *patronātu(m)*, da *patrōnus* 'patrono'] **s. m.** *1* (*lett.*) Dominio, padronanza | (*est.*) Protezione, sostegno da parte di una personalità, di un'istituzione e sim.: *la manifestazione si svolgerà sotto l'alto p. della Croce Rossa.* *2* Ogni Ente istituito da un sindacato con lo scopo di assistere gratuitamente i lavoratori, i pensionati e categorie di persone bisognose, come i disoccupati e gli invalidi civili, in materia di lavoro e di previdenza, in materia giudiziaria e nell'espletamento delle pratiche amministrative. *3* Nel diritto romano, rapporto giuridico che si instaura tra il padrone e lo schiavo liberato mediante manomissione, creando per quest'ultimo una serie di doveri e obblighi verso l'antico padrone e i suoi eredi. *4* Istituto canonico che riconosce al patrono la facoltà di presentare un chierico perché sia immesso dall'autorità ecclesiastica in una chiesa o in un beneficio vacanti | *Diritto di p.*, complesso dei privilegi e degli oneri che, secondo il diritto canonico, competono ai fondatori di chiese, di cappelle e di benefici e ai loro eredi.

patronéssa **s. f.** ● Signora che fa parte di istituti assistenziali e sim. | Signora dedita a opere di beneficenza.

†**patronìa** [da *patrono*] **s. f.** ● Padronanza.

patronimìa [ricavato da *patronimico*, secondo il rapporto *metonimia- metonimico*] **s. f.** ● Norma o istituzione sociale secondo cui i figli derivano il loro nome dal padre.

patronìmico [vc. dotta, lat. tardo *patronўmicu(m)*, nom. *patronўmicus*, dal gr. *patrōnymikós*, comp. di *patḗr*, genit. *patrós* 'padre' e *ónyma*, var. di *ónoma* 'nome', di origine indeur.] **A** **s. m.** (**pl.** *-ci*) ● Nome derivato da quello del padre o dell'avo. **B** anche **agg.**: *nome p.* || **patronimicaménte**, **avv.** A modo di patronimico.

patròno [vc. dotta, lat. *patrōnu(m)*, da *păter*, genit. *pătris* 'padre'] **s. m.** (**f.** *-essa* (V.) nel sign. 4) *1* Protettore, difensore in giudizio: *il p. della difesa.* *2* Nel diritto romano, il titolare del diritto di patronato nei confronti del liberto o il signore nei confronti del cliente | Nel diritto canonico, chi esercita il patronato. *3* Santo che è scelto a protettore particolare di una chiesa, di una nazione, di una città, di un'istituzione, di un'impresa: *San Francesco p. d'Italia.* *4* Promotore o socio benemerito di una istituzione di beneficenza.

pàtta (**1**) [longob. *paita* 'veste' (?)] **s. f.** *1* Striscia di tessuto che a volte ricopre l'abbottonatura di una giacca o di un cappotto. *2* Lembo di tessuto che ricade a ricoprire l'apertura della tasca. *3* Presina. || **pattìna**, **dim.** (V.).

pàtta (**2**) [lat. *păcta*, pl. di *păctum* 'patto' (?)] **s. f.** ● Pareggio nel gioco: *far p.* | *Far pari e p.*, (*fig.*) pareggiare una situazione, un debito con un credito.

pàtta (**3**) [fr. *patte* 'zampa', di origine onomat.] **s. f.** *1* (*mar.*) Palma. *2* (*mar.*) *P. d'oca*, unione di due o tre elementi di cavo o catena a un unico anello su cui è fissato il cavo o la catena destinato a subire una trazione | *Ormeggio a p. d'oca*, quello realizzato con tre ancore di prora in direzioni diverse, o con due ancore di prora e una cima di poppa.

pattàre [da *patta* (*2*)] **v. intr.** (aus. *avere*) ● Impattare, pareggiare.

patteggiàbile [da *patteggiare*] **agg.** ● (*raro*) Che può essere discusso, trattato, pattuito.

patteggiaménto [da *patteggiare*] **s. m.** *1* Atto, effetto del patteggiare. *2* (*dir.*) Nel processo penale, procedimento speciale con il quale, prima dell'apertura del dibattimento, l'imputato o il pubblico ministero possono chiedere l'applicazione di una pena in misura inferiore a quella prevista dalla legge, rinunciando così al proseguimento del giudizio.

patteggiàre [comp. di *patto* e *-eggiare*] **A** **v. tr.** (*io pattéggio*) ● Trattare o discutere q.c. per giungere a patti o accordi risolutivi: *p. la resa, l'armistizio, l'entrata in guerra* | (*dir.*) Trattare mediante patteggiamento. **SIN.** Negoziare. **B** **v. intr.**

(aus. *avere*) *1* Essere in trattative, fare accordi: *p. con i nemici*; *quando mai gli uomini patteggiarono co' lioni, o i lupi e l'agnelle ebbero uniformità di voleri?* (VICO). *2* Scendere a patti, a compromessi e sim.: *fu costretto a p. coi ricattatori*; *non p. con la tua coscienza*. *3* †Assoldare. **C** v. rifl. ● †Accordarsi: *il vescovo d'Arezzo, come savio uomo, ... cercava patteggiarsi coi Fiorentini* (COMPAGNI).

patteggiatóre s. m. (f. *-trice*) ● (*raro*) Chi patteggia.

pattern /*ingl.* 'pætən/ [vc. ingl., propr. 'campione, modello', che risale, in ultima analisi, al lat. mediev. *patrōnu(m)* 'patrono'] s. m. inv. *1* Schema, modello di riferimento. *2* Struttura, sistema | *P. culturale*, sistema stabile di valori al quale fanno riferimento tutti gli individui appartenenti a un medesimo gruppo sociale.

pattìna s. f. *1* Dim. di *patta* (*1*). *2* Finta, nel sign. 4.

pattinàggio [fr. *patinage*, da *patin* 'pattino (1)'] s. m. *1* Sport praticato mediante l'impiego dei pattini da ghiaccio o a rotelle su superfici ghiacciate, piste o strade: *p. su ghiaccio*; *p. a rotelle*; *pista di p.* | *P. artistico*, consistente nell'esecuzione di determinate figure, con massima precisione, grazia ed eleganza di movimento | *P. di velocità*, lo sport delle corse con pattini che si svolgono su piste ghiacciate o, con i pattini a rotelle, su pista o su strada. *2* (*est.*) L'esercizio, la pratica del pattinare.

pattinaménto [da *pattinare* 'slittare'] s. m. ● (*mecc.*) Perdita di aderenza fra le ruote di un autoveicolo e la superficie di contatto del terreno.

pattinàre [fr. *patiner*, da *patin* 'pattino'] v. intr. (aus. *avere*) *1* Scivolare coi pattini da ghiaccio o correre con i pattini a rotelle. *2* (*est.*) Scivolare in modo alternato sull'uno o sull'altro sci. *3* Slittare a causa di un'accelerazione eccessiva, detto di autovettura.

pattinàto part. pass. di *pattinare*; anche agg. *1* Nei sign. del v. *2* (*sport*) *Passo p.*, nello sci di fondo, andatura ottenuta sollevando alternativamente gli sci, divaricandone le punte, in modo tale da procedere spingendo sugli spigoli interni oltre che sui bastoncini.

pattinatóio [da *pattinare*] s. m. ● Pista da pattinaggio.

pattinatóre [da *pattinare*] s. m. (f. *-trice*) ● Chi pratica il pattinaggio, per diletto o agonisticamente.

pàttino (1) o †**pattìno** [fr. *patin*, da *patte* 'zampa', di origine onomat.] s. m. *1* Ciascuno dei due attrezzi che si applicano alle scarpe di chi pratica lo sport del pattinaggio | *P. da ghiaccio*, costituito da una lama d'acciaio durissimo leggermente incurvata | *P. a rotelle*, costituito da una piastra metallica montata su quattro ruote. *2* (*mecc.*) Elemento, dotato di moto rotatorio o traslatorio, che striscia su una superficie, generalmente fissa, per guidare il moto di un dato organo. *3* (*aer.*) Elemento destinato a strisciare sul terreno a scopo protettivo, di scivolamento nell'atterraggio o sostitutivo delle ruote su ghiaccio, neve, sabbia: *p. d'estremità alare, di coda*; *velivolo a pattini*.

pattìno (2) o **patìno** [dal precedente, perché i galleggianti assomigliano ai pattini per il ghiaccio] s. m. ● (*mar.*) Moscone, nel sign. 4.

pattinòdromo [comp. di *pattin(o)* (*1*) e *-dromo*] s. m. ● Impianto sportivo realizzato per la pratica del pattinaggio.

pattìzio [vc. dotta, lat. tardo *pactīciu(m)*, da *păctum* 'patto'] agg. ● (*dir.*) Detto di ciò che è basato su, o ha origine da, un patto: *norme pattizie*. || **pattiziaménte**, avv. (*raro*) Attraverso un patto.

pàtto [lat. *păctu(m)*, dalla stessa famiglia di *pāx*, genit. *pācis* 'pace'] s. m. *1* Accordo o convenzione stabilita tra due o più parti: *fare patti giusti, iniqui, vantaggiosi*; *stabilire un p. di guerra*; *rispettare il p.* | *Stare ai patti*, rispettare ogni elemento di un accordo | *Non stare ai patti*, non accettarli o non rispettarli | †*Tenere il p.*, osservarlo: *pensa poi di non tenere il p., / perché non ha timor né riverenzia / di Dio e di santi* (ARIOSTO) | *Sciogliere il p.*, annullarlo, spec. di comune accordo | *Rompere il p.*, non tenervi fede | *Venire, scendere a patti*, trattare, transigere (*anche fig.*) | *Rendersi a patti*, capitolare | *Fare i patti col diavolo*, (*fig.*) accordarsi con chiunque, pur di ottenere ciò che si vuole | (*est.*) Promessa: *p. nuziale, d'amicizia, d'onore*. *2* Legge: *essere stretti da un unico p.* *3* Condizione: *a questi patti non accetto*; *comprare a buon p.* | *A nessun p.*, a nessuna condizione | *A p. che*, *col p. di*, a condizione che, di | (*raro*) Modo: *a ogni p.* *4* (*filos.*) Accordo volontario tra individui che, secondo i filosofi del XVII e del XVIII sec., era all'origine della società || PROV. Patti chiari amici cari.

pattóna [dal lat. *păctus* 'congiunto, unito', part. pass. di *păngere*, propriamente 'conficcare', di origine indeur.] s. f. ● (*tosc.*) Polenta di farina di castagne | Minestra sfatta perché stracotta.

pattonàio s. m. (f. *-a*) *1* (*tosc.*) Chi fa e vende pattona. *2* (*tosc.*) Chi è goloso di pattona. *3* (*fig.*, *tosc.*) Persona grossa, goffa e rozza.

†**pattovìre** e deriv. ● V. *pattuire* e *deriv.*

pattùglia [fr. *patrouille*, da *patrouiller* 'guazzare nel fango', var. di *patouiller*, da *patte* 'zampa', di origine onomat.] s. f. ● Piccolo complesso di soldati o agenti dell'ordine pubblico incaricati di compiti operativi particolari e temporanei: *p. di ricognizione, di collegamento, di combattimento* | *Essere di p.*, farne parte | *P. stradale*, motociclisti della Polizia Stradale in servizio di sorveglianza | *P. aerea*, uno o più aerei distaccati da un reparto per ricognizione, caccia, protezione, scorta e sim. | *P. acrobatica*, insieme di aerei i cui piloti sono particolarmente addestrati e affiatati per compiere insieme acrobazie a scopo spettacolare. || **pattuglióne**, accr. m.

pattugliaménto [da *pattugliare*] s. m. ● Azione svolta da una pattuglia incaricata di compiti di vigilanza.

pattugliànte A part. pres. di *pattugliare*; anche agg. ● Nei sign. del v. **B** s. m. ● Chi compie un servizio di pattuglia.

pattugliàre [da *pattuglia*] **A** v. intr. (*io pattùglio*; aus. *avere*) ● Andare in pattuglia: *furono scelti alcuni uomini per p.* **B** v. tr. ● Ispezionare, sorvegliare con una pattuglia: *pattugliarono i confini per molte ore*.

pattugliatóre s. m. *1* Chi è in servizio di pattuglia. *2* *P. veloce*, nella marina militare, piccola nave del tipo vedetta, spesso dotata di missili.

pattuìre o †**pattovìre** [da *patto*] v. tr. (*io pattuìsco, tu pattuìsci*) *1* Patteggiare (*anche ass.*): *p. la resa, la vendita, il tradimento*. SIN. Contrattare. *2* (*raro*) Affittare, noleggiare: *p. la carrozza* | *P. il trasporto*, stabilire il prezzo e la modalità.

pattuìto o †**pattovìto**. **A** part. pass. di *pattuire*; anche agg. ● Nei sign. del v. **B** s. m. ● Ciò che si è deciso: *versare il p.*

pattuizióne s. f. ● Atto, effetto del pattuire.

†**pattumàio** [da *pattume*] s. m. ● Chi raccoglieva l'immondizia delle case.

pattùme [dal lat. *păctus*. V. *pattona*] s. m. *1* Immondizia, sudiciume, spazzatura. *2* (*raro*) Fango, melma: *un monte / di ghiaia immenso e di p. intorno / gli verserò* (MONTI).

pattumièra [da *pattume*] s. f. ● Cassetta o altro recipiente per la spazzatura.

patullàre [etim. incerta] **A** v. tr. *1* Canzonare qc. divertendosi alle sue spalle. SIN. Beffare. *2* †Cullare, dondolare. **B** v. intr. pron. ● Bearsi o godersela frivolmente: *p. nell'ozio*.

pàtulo [vc. dotta, lat. *pătulu(m)*, da *patēre* 'essere aperto, disteso, patente'] agg. ● (*raro*) Largo, ampio.

patùrnia o **patùrna** [etim. incerta] s. f. ● (*spec. al pl.*, *pop.*) Malumore, stizza: *avere le paturnie*.

†**paucità** [vc. dotta, lat. *paucitāte(m)*, da *pāucus* 'poco'] s. f. ● Scarsezza, pochezza (*anche fig.*).

paulìsta [vc. port., dal n. dello stato e della città di (S.) *Paulo* 'San Paolo'] **A** agg. (pl. m. *-i*) ● Della città o dello Stato di San Paolo, in Brasile. **B** s. m. e f. ● Abitante, nativo di San Paolo.

paulònia [chiamata così in onore di Anna *Paulovna* figlia di Paolo I, zar di Russia] s. f. ● Scrofulariacea arborea giapponese coltivata nei giardini per i grossi grappoli di fiori azzurro-violacei e il legno leggero (*Paulownia tomentosa*).

†**paupèrie** [vc. dotta, lat. *paupĕrie(m)*, da *pāuper*, genit. *pāuperis* 'povero'] s. f. ● Povertà, miseria.

pauperìsmo [fr. *paupérisme*, dall'ingl. *pauperism*, dal lat. *pāuper*, genit. *pāuperis* 'povero'] s. m. *1* Fenomeno economico e sociale per cui, mancando risorse naturali e capitali, o spirito d'iniziativa, o in conseguenza di guerre, carestie, crisi economiche, si ha una larga diffusione della miseria negli strati meno abbienti di una popolazione. *2* Ideale e condizione concreta di assoluta povertà propri di alcuni ordini religiosi cristiani.

pauperìstico agg. (pl. m. *-ci*) ● Relativo al pauperismo.

pauperizzazióne [dall'ingl. *pauperization* 'impoverimento'] s. f. *1* Considerevole abbassamento del tenore di vita generale di una società | Impoverimento di una classe sociale rispetto al resto della popolazione. *2* Riduzione della capacità di uno Stato di regolamentare le vicende economiche.

paupulàre [vc. dotta, lat. *paupulāre*, di origine onomat.] v. intr. ● (*lett.*) Emettere il grido caratteristico del pavone.

paùra [lat. *pavōre(m)*. V. *pavore*] s. f. *1* Intenso turbamento misto a preoccupazione ed inquietudine per q.c. di reale o di immaginario che è o sembra atto a produrre gravi danni o a costituire un pericolo attuale o futuro: *p. della morte, della guerra, del fulmine*; *prima degli esami mi entra addosso una tremenda p.*; *tremare, impallidire, battere i denti di, per la p.*; *l'invecchiamento mi faceva p. solo perché mi avvicinava alla morte* (SVEVO) | *Aver p.*, temere grandemente | *Fare, mettere p. a qc.*, spaventarlo | (*fig.*) *Aver p. anche della propria ombra*, essere molto pauroso | *Essere morto, mezzo morto di p.*, essere spaventatissimo | *Brutto da far p.*, bruttissimo | *Niente p.!*, *non aver p.!*, escl. di incoraggiamento. *2* Batticuore, timore, preoccupazione | *Aver p. che, di*, temere che, di. || **paurétta**, dim. | †**pauríccia**, dim. | **paurùccia**, dim.

†**pauràre** [da *paura*] v. tr. ● Impaurire, spaventare.

†**paurévole** agg. ● Che incute paura.

†**paurézza** s. f. ● Paura.

†**paurìre** v. tr. ● Impaurire.

†**pàuro** [detto così perché incute *paura*] s. m. ● (*tosc.*) Brigante.

paurometàbolo [comp. del gr. *pâuros* 'poco' (della stessa famiglia del lat. *pāucus* 'poco') e un deriv. di *metabolḗ* 'cambiamento' (V. *metabole*)] agg. ● (*zool.*) Detto di insetto con metamorfosi incompleta.

pauróso [da *paura*] agg. *1* Che incute paura: *incidente p.* | (*est.*, *fam.*) Straordinario: *ha una memoria paurosa*. *2* Che ha sempre paura: *è p. come una lepre* | Spaventato, impaurito: *se ne stava tutto p. in un angolo*. CONTR. Animoso, coraggioso. || **paurosaménte**, avv. *1* Con paura. *2* In modo pauroso: *sbandare paurosamente in curva*.

pàusa [vc. dotta, lat. *pāusa(m)*, da **pausāre* 'pausare'] s. f. *1* Breve intervallo, momento di sosta: *il suo periodare è ricco di pause*; *ogni tanto facciamo una p. perché il lavoro è molto faticoso*; *con la spada senza indugio e p. / fende ogn'elmo* (ARIOSTO) | (*anat.*) *P. diastolica del cuore*, intervallo di riposo del muscolo cardiaco, tra una contrazione e l'altra. *2* (*lett.*) Lentezza nel parlare, nel camminare, nel fare q.c. *3* (*ling.*) Cessazione temporanea dell'attività fonatoria. *4* (*mus.*) Interruzione del suonare e cantare per un periodo più o meno lungo | Segno corrispondente a ciascuno dei 7 valori principali delle note: *p. di semibreve*.

-pàusa [da *pausa* nel senso di 'arresto, cessazione'] secondo elemento ● In parole composte della terminologia scientifica significa 'cessazione': *andropausa, menopausa, tropopausa*.

†**pausàbile** [vc. dotta, lat. tardo *pausābile(m)* 'intermittente', da *pausāre* 'cessare'. V. *pausare*] agg. ● Che può avere posa, quiete.

pauṣàre [lat. parl. **pausāre*, dal gr. *pâusai* 'fermati', imperat. aoristo di *pâuein* 'fermarsi, cessare', di etim. incerta] **A** v. tr. (*io pàuṣo*) ● (*lett.*) Intervallare con pause. **B** v. intr. (aus. *avere*) ● (*lett.*) Sostare, far pausa | (*fig.*) Aver pace: *Lo rege per cui questo regno pausa / in tanto amore e in tanto diletto* (DANTE *Par.* XXXII, 61-62).

pausàrio [vc. dotta, lat. *pausāriu(m)*, da *pāusa* 'pausa'] s. m. ● Capo dei rematori che, sulle navi romane, segnava il tempo stando a poppa.

†**pauṣazióne** [vc. dotta, lat. tardo *pausatiōne(m)*, da *pausāre* 'pausare'] s. f. ● Atto, effetto del pausare.

pavàna [da (*danza*) *pavana* 'danza pa(do)vana'] s. f. ● Danza italiana nobile e cerimoniosa, in quattro tempi, tipica dell'età barocca.

pavaniglia [sp. *pavanilla*, dim. di *pavana* 'pavana'] s. f. ● Pavana.

pavàno [forma dial. di *padovano*] agg. ● Dialetto rustico padovano.

pavé /*fr*. pa've/ [vc. fr., propriamente part. pass. di *paver* 'lastricare', dal lat. parl. **pavāre*, per il classico *pavīre* 'battere, colpire' (V. *pavimento*)] s. m. inv. ● Strada lastricata, selciato.

†**pavefàtto** [vc. dotta, lat. *pavefăctu(m)*, comp. di *pavēre* 'aver paura' (V. *pavere*) e *făctus* 'fatto'] agg. ● Spaventato, terrorizzato.

paventaménto s. m. ● Modo e atto del paventare. SIN. Timore, trepidazione.

paventàre [lat. parl. **paventāre*, da *păvens*, genit. *pavĕntis*, part. pres. di *pavēre*. V. *pavere*] **A** v. tr. (*io pavènto*) ● (*lett.*) Temere: *paventò la morte chi la vita aborria* (LEOPARDI). **B** v. intr. (aus. *avere*) **1** (*lett.*) Aver paura. **2** Adombrarsi, spaventarsi, detto spec. di animali.

†**pavènto** [da *paventare*] s. m. ● Timore, paura: *suo divin portamento / ritral tu, amor, ch'io per me n'ho p.* (POLIZIANO).

paventóso [da *pavento*] agg. **1** (*lett.*) Che prova spavento, timore: *popolo ignudo, p. e lento* (PETRARCA). **2** (*lett.*) Che incute spavento. ‖ **paventosaménte**, avv.

†**pavènza** [dal lat. *păvens*, genit. *pavĕntis*, part. pres. di *pavēre*. V. *pavere*] s. f. ● (*raro*) Timore.

pavére [vc. dotta, lat. *pavēre* 'essere colpito dallo spavento, aver paura', di etim. incerta] v. tr. e intr. (dif. usato solo nella terza pers. sing. del pres. indic. *pàve*) ● (*raro*, *lett.*) Aver paura, timore.

paveṣàre [da *pavese* (1)] v. tr. (*io pavéṣo*) **1** Ornare la nave con pavese. **2** (*est.*) Abbellire con tappeti, arazzi, e sim.: *p. i balconi a festa.*

paveṣàta s. f. **1** (*mar.*) Tela dipinta con cui si coprono le reti delle coffe o le balaustrate, le battagliole o i cassoni. **2** Gala di bandiere sulle navi.

pavése (1) o **pavéṣe**, †**palvése** [da (*scudo*) *pavese*] s. m. **1** Grande scudo rettangolare largo circa un metro e alto il doppio, usato nelle milizie medievali | (*est.*) †Scudo in genere. **2** (*raro*) Palvesario. **3** (*mar.*) Gala di bandiere: *gran p.* | Anticamente, riparo di legno dipinto a scudo che si metteva sul capo di banda, in battaglia.

pavése (2) /pa'vese, pa'veze/ **A** agg. ● Di Pavia | *Zuppa alla p.*, *zuppa p.*, costituita da brodo bollente versato su uova crude, fette di pane gener. tostate e formaggio grattugiato. **B** s. m. e f. ● Abitante, nativo di Pavia.

pàvia [dal n. del botanico ol. P. *Paw*] s. f. ● Ippocastano di origine americana coltivato nei viali e nei parchi, che ha bei racemi di fiori rossi o gialli (*Aesculus pavia*).

pavidità s. f. ● Carattere di chi, di ciò che è pavido.

pàvido [vc. dotta, lat. *păvidu(m)*, da *pavēre* 'aver paura'. V. *pavere*] **A** agg. ● Pauroso: *animo p.* | Pieno di paura: *sguardo p.*; *la tua mente pavida assicura* (BOIARDO). CONTR. Coraggioso. ‖ **pavidaménte**, avv. **B** s. m. (f. *-a*) ● Persona pavida.

†**paviglióne** (1) ● V. *padiglione*.

†**paviglióne** (2) [fr. *pavillon* 'tenda, bandiera': stessa etim. dell'it. *padiglione*] s. m. ● Bandiera navale.

pavimentàle agg. ● Del pavimento: *mosaico p.*

pavimentàre [vc. dotta, lat. *pavimentāre* 'battere, spianare', da *pavimĕntum*. V. *pavimento*] v. tr. (*io paviménto*) ● Dotare di pavimento: *p. un locale, una strada.*

pavimentàto part. pass. di *pavimentare*; anche agg. ● Nel sign. del v.

pavimentatóre s. m. ● Operaio che mette in opera pavimenti.

pavimentazióne s. f. **1** Modo, atto del pavimentare. **2** Lastricato stradale | Pavimento.

pavimentista s. m. (pl. *-i*) ● Operaio che esegue lavori di pavimentazione.

paviménto [vc. dotta, lat. *pavimĕntu(m)* 'terra battuta, pavimento', da *pavīre* 'battere, colpire', di etim. incerta] s. m. **1** Copertura del suolo di un locale con materiali vari come mattonelle, marmo, linoleum, tasselli di legno e sim., scelti a seconda del tipo di ambiente al quale sono destinati. **2** (*anat.*) *P. della bocca*, parte inferiore della cavità boccale, su cui si adagia la lingua.

pavimentóso [da *pavimento*, per la forma] agg. ● (*anat.*) Detto di tessuto epiteliale formato da cellule piatte.

pavloviàno agg. ● Che è proprio del fisiologo russo I. P. Pavlov (1849-1936) e delle sue teorie sui riflessi condizionati.

pavonàzzo ● V. *paonazzo*.

pavoncèlla [da *pavone*] s. f. ● Uccello dei Caradriformi caratterizzato da un ciuffo di penne sottili all'occipite (*Vanellus vanellus*).

pavóne o (*dial.*) †**pagóne**, (*dial.*) †**paóne** [lat. *pavōne(m)*, di origine orient.] **A** s. m. (f. *-a* o *-essa*) **1** Uccello dei Galliformi, originario dell'India e di Ceylon, con capo adorno di un ciuffo di piume erette e forte dimorfismo sessuale; il maschio ha un magnifico piumaggio blu, con ali picchiettate di grigio e, nella parte posteriore, un lungo strascico di piume verdi con occhi multicolori (*Pavo cristatus*) | (*fig.*) *Fare il p.*, pavoneggiarsi, gloriarsi e sim. | (*fig.*) *Farsi bello con le penne del p.*, attribuirsi i meriti altrui e gloriarsene. **2** (*fig.*) Persona fatua e vanagloriosa. **B** in funzione di agg. inv. ● (posposto a un s.) Solo nelle loc. *azzurro, verde p.*, detto di varietà cromatiche brillanti di questi colori.

pavoneggiàrsi o †**paoneggiàrsi** [da *pavone*] v. intr. pron. (*io mi pavonéggio*) ● Compiacersi eccessivamente di se stesso: *io intanto non poteva resistere al piacere di pavoneggiarmi dinanzi alla Pisana* (NIEVO).

pavònia [dai colori che ricordano quelli del *pavone*] s. f. ● Farfalla notturna i cui maschi, bruno-giallastri, hanno antenne pennate e appariscenti e le femmine sono di colore grigio-roseo (*Eudia pavonia*).

†**pavonìccio** agg. ● Paonazzo.

†**pavóre** [lat. *pavōre(m)*, da *pavēre* 'aver paura'. V. *pavere*] s. m. ● (*raro*) Paura, terrore.

payèna /pa'jɛna/ [chiamata così in onore di un certo *Payen* (?)] s. f. ● Albero delle Sapotacee, indomalese, che fornisce guttaperca (*Payena Leeri*).

pay-off /pei'ɔf o 'pɛi 'ɔf, *ingl*. 'peiɔ:f/ o **payoff** [vc. ingl., propr. 'pagamento', ma anche 'conclusione'] s. m. inv. **1** Parte conclusiva dei messaggi pubblicitari, scritta con molta evidenza e destinata a fare presa sui potenziali acquirenti. **2** Risultato economico, realizzato o previsto, di una determinata operazione. **3** (*raro*) Giorno di paga. **4** (*sport*) Obiettivo che si spera di conseguire adottando la tattica di gioco stabilita.

pay-out /*ingl*. 'pei aut/ [vc. ingl., acrt. di *pay-out ratio* 'rapporto di esborso'] s. m. inv. ● (*econ.*) Rapporto fra utile distribuito ai soci e utile netto totale.

pay-tv /*ingl*. 'pei ti:'vi/ [vc. ingl. composta da *to pay* 'pagare' e *tv*] loc. sost. f. inv. ● Emittente televisiva commerciale i cui programmi sono totalmente o in parte accessibili solo mediante l'acquisto o il noleggio di un apposito decodificatore.

pazientàre [da *paziente*] **A** v. intr. (*io paziènto*; aus. *avere*) ● Avere pazienza: *vi prego di p. ancora un poco.* **B** v. tr. ● (*raro*) †Aspettare con pazienza.

paziènte [vc. dotta, lat. *patiĕnte(m)* 'che sopporta, che tollera', da *păti* 'sopportare, soffrire'. V. *patire*] **A** agg. **1** Che sa accettare, con serenità e senza lamentarsi, avversità, contrattempi, dolori e sim.: *un uomo, un padre, un marito p.* | (*est.*) Che sa attendere, senza insofferenza e nervosismo: *un impiegato p.* | Che esprime pazienza: *tu co 'l lento / giro de' pazienti occhi rispondi* (CARDUCCI). CONTR. Impaziente, insofferente. **2** Che è fatto con pazienza, che richiede pazienza: *lavoro, studio p.*; *lunghe e pazienti indagini.* **3** (*ling.*) †Che riceve l'azione dell'agente. ‖ **pazienteménte**, avv. Con pazienza: *aspettare, attendere pazientemente.* **B** s. m. e f. **1** Chi è affetto da una malattia, e quindi sottoposto a cure mediche, analisi, interventi chirurgici e sim.: *ricovero di un p. in clinica.* **2** (*ling.*) †Elemento passivo dell'azione.

paziènza o †**pacènza**, †**pacènzia**, †**paciènza** [vc. dotta, lat. *patiĕntia(m)*, da *pătiens*, genit. *patiĕntis*, part. pres. di *păti*. V. *paziente* e *patire*] s. f. **1** Virtù di chi sa tollerare a lungo e serenamente tutto ciò che, in minore o maggiore misura, risulta sgradevole, irritante o doloroso: *avere, non avere p.*; *una infinita p.*; *coi vecchi e coi bambini ci vuole p.*; *la longanimità e p. sta bene a tutti* (BRUNO) | *P.!*, *Ci vuol p.!*, esclamazione che esprime rassegnazione, sopportazione e sim. | *Abbi p.!*, escl. per esortare alla calma, all'obiettività e sim. o escl. di scusa | *Perdere la p.*, irritarsi | *Scappare la p.*, arrabbiarsi | *Santa p.!*, esclamazione di chi sta per perderla | *La p. di Giobbe*, la massima pazienza di cui un essere umano è capace | (*est.*) Precisione e meticolosità, assoluta mancanza di fretta, di approssimazione e sim.: *un lavoro di abilità e di p.* | *La p. di un certosino*, massima calma e precisione in un lavoro | *Giuoco di p.*, in cui occorrono calma, riflessione e diligenza. CONTR. Impazienza, insofferenza. **2** †Sofferenza, dolore. **3** Abito, privo di maniche e aperto lateralmente, dei membri di alcuni ordini e congregazioni religiose cattoliche | Cordone dei frati. **4** (*mar.*) Rastrelliera di caviglie.

†**pazienzióso** agg. ● Che è abituato alla pazienza.

pazzarèllo ● V. *pazzerello*.

pazzarièllo [nap., da *pazziare*] s. m. ● A Napoli, banditore che va per le strade seguito da suonatori di grancassa, tamburo e zufolo, vestito con abito secentesco o comunque variopinto, e con mazza fornita di pomo.

†**pazzarìno** [da *pazzo*] s. m.; anche agg. ● Sciocco, scimunito.

†**pazzeggiaménto** s. m. ● Modo e atto del pazzeggiare.

pazzeggiàre [comp. di *pazzo* e *-eggiare*] v. intr. (*io pazzéggio*; aus. *avere*) ● Fare pazzie, spec. esprimendo la propria gioia in modo chiassoso e stravagante.

pazzerèllo o (*dial.*) **pazzarèllo**. **A** agg. **1** Dim. di *pazzo*. **2** Alquanto pazzo. **3** (*fig.*, *scherz.*) Capriccioso: *vento, carattere p.* **B** s. m. (f. *-a*) ● Persona bizzarra e capricciosa. ‖ **pazzerellino**, dim. | **pazzerellóne**, accr. (V.).

pazzerellóne agg.; anche s. m. (f. *-a*) **1** Accr. di *pazzerello*. **2** Che, chi è allegro, spensierato e scherza volentieri.

†**pazzerésco** agg. ● Pazzesco.

†**pazzerìa** s. f. ● Pazzia.

pazzésco agg. (pl. m. *-schi*) **1** Di, da pazzo: *comportamento p.* | (*fam.*) Incredibile, straordinario: *ha una cultura pazzesca.* **2** (*fig.*) Assurdo, irragionevole: *una spiegazione incredibile, addirittura pazzesca.* ‖ **pazzescaménte**, avv.

pazzìa [da *pazzo*] s. f. **1** Alterazione delle facoltà mentali: *dare segni di p.*; *è una vera forma di p.*; *un pazzo la cui p. consisteva nell'illusione di avere un rapporto con la realtà* (MORAVIA). **2** (*est.*) Stravaganza, stranezza | *Avere un ramo di p.*, essere stravagante. **3** Azione stravagante, comportamento strano: *una delle sue solite pazzie*; *far pazzie.* **4** (*fig.*) Cosa assurda e irragionevole: *pretendere di convincerlo sarebbe una p.* **5** (*merid.*) Gioco, scherzo. ‖ **pazziòla**, **pazziuòla**, dim.

pazzìare [da *pazzo*] v. intr. ● (*merid.*) Fare pazzie, follie, stranezze.

†**pazzìccio** agg. **1** Dim. di *pazzo*. **2** Alquanto pazzo.

†**pazzicóne** [da *pazzo*] s. m. ● (*scherz.*) Folle, bizzarro.

pàzzo [lat. *pătiens*, nom., 'paziente' (in senso medico) (?)] **A** agg.; anche s. m. (f. *-a*) **1** Che, chi mostra alterazione nelle proprie facoltà mentali: *diventare p.*; *p. furioso*; *p. da legare*; *una povera pazza*; *urlare, smaniare come un p.* **2** (*est.*) Che, chi si comporta in modo insensato, come se fosse fuori di sé: *mi sembri p.*; *è corso via come un p.*; *un discorso da p.*; *cose da pazzi!* | con valore raff.: *essere innamorato, geloso p.* | Nella loc. *essere p. di*, seguita da un sost., ha valore iperb.: *essere p. d'amore, di gioia, di felicità, di disperazione* | *Andare p. per q.c.*, esserne particolarmente attratto: *va pazza per il ballo* | (*est.*) Che, chi mostra un comportamento particolarmente bizzarro: *è sempre stato un po' p.*; *che p. a vestirsi in quel modo!* ‖ **pazzàccio**, pegg. | **pazzarèllo**, **pazzerèllo**, dim. (V.) | †**pazzìccio**, dim. (V.). **B** agg. ● Degno di un pazzo, cioè particolarmente strano e stravagante: *discorsi pazzi*; *un gesto veramente p.* | Eccessivo: *fare spese pazze*; *correre a pazza velocità* | *Provare un gusto p. a, nel, fare q.c.*, divertirsi moltissimo | *Darsi alla pazza gioia*, abbandonarsi ai divertimenti più sfrenati | *Tempo p.*, incostante | (*raro*) *Acqua pazza*, brodo lungo e insipido, o latte misto ad acqua. ‖ **pazzaménte**, avv. **1** Da pazzo, come un pazzo. **2** (*fig.*) In modo eccessivo, violento e sim.: *amare, desiderare pazzamente qc.*, *divertirsi pazzamente.*

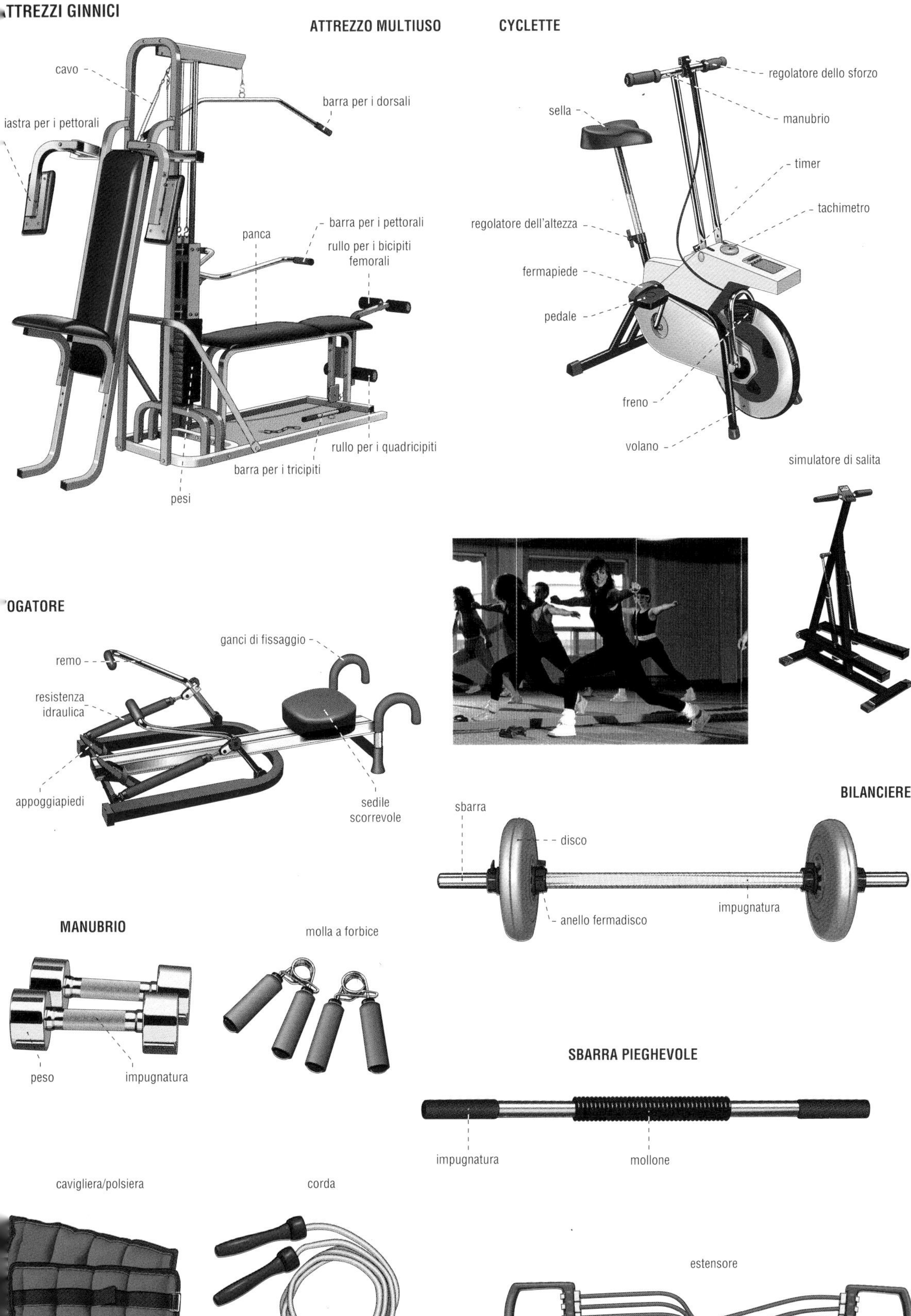
TTREZZI GINNICI
ATTREZZO MULTIUSO
cavo
iastra per i pettorali
barra per i dorsali
panca
barra per i pettorali
rullo per i bicipiti femorali
rullo per i quadricipiti
barra per i tricipiti
pesi
CYCLETTE
regolatore dello sforzo
sella
manubrio
timer
tachimetro
regolatore dell'altezza
fermapiede
pedale
freno
volano
simulatore di salita
OGATORE
ganci di fissaggio
remo
resistenza idraulica
appoggiapiedi
sedile scorrevole
BILANCIERE
sbarra
disco
anello fermadisco
impugnatura
MANUBRIO
molla a forbice
peso
impugnatura
SBARRA PIEGHEVOLE
impugnatura
mollone
cavigliera/polsiera
corda
estensore

ATLETICA LEGGERA

STADIO

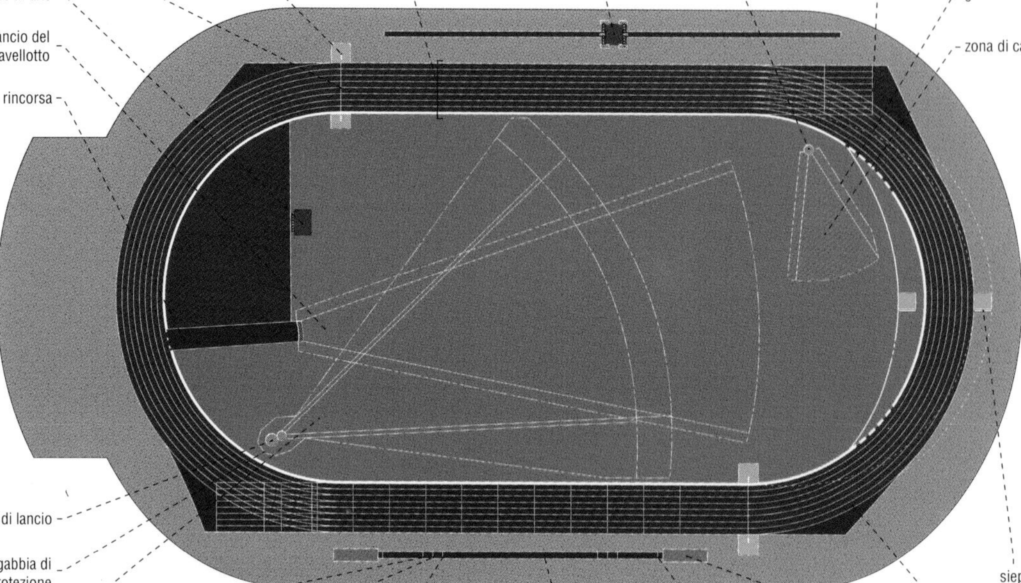

linea del traguardo
traguardo
pista per corsa
salto con l'asta
pedana di lancio
linea di partenza
salto in alto
getto del peso
lancio del giavellotto
zona di caduta
pista di rincorsa
pedana di lancio
gabbia di protezione
lancio del disco e del martello
asse di battuta del salto triplo
linea di stacco del salto triplo
tabellone dei salti
pista di rincorsa
asse di battuta del salto in lungo
area di atterraggio
corsia
siepe

BLOCCO DI PARTENZA

maglietta
numero
pantaloncini
scarpetta
ancoraggio
linea di partenza
cremagliera
base
linea della corsia
tacca
pedale
chiodo
blocco

ostacolo per corsa siepi

ostacolo

1009
1133
'92
UCS

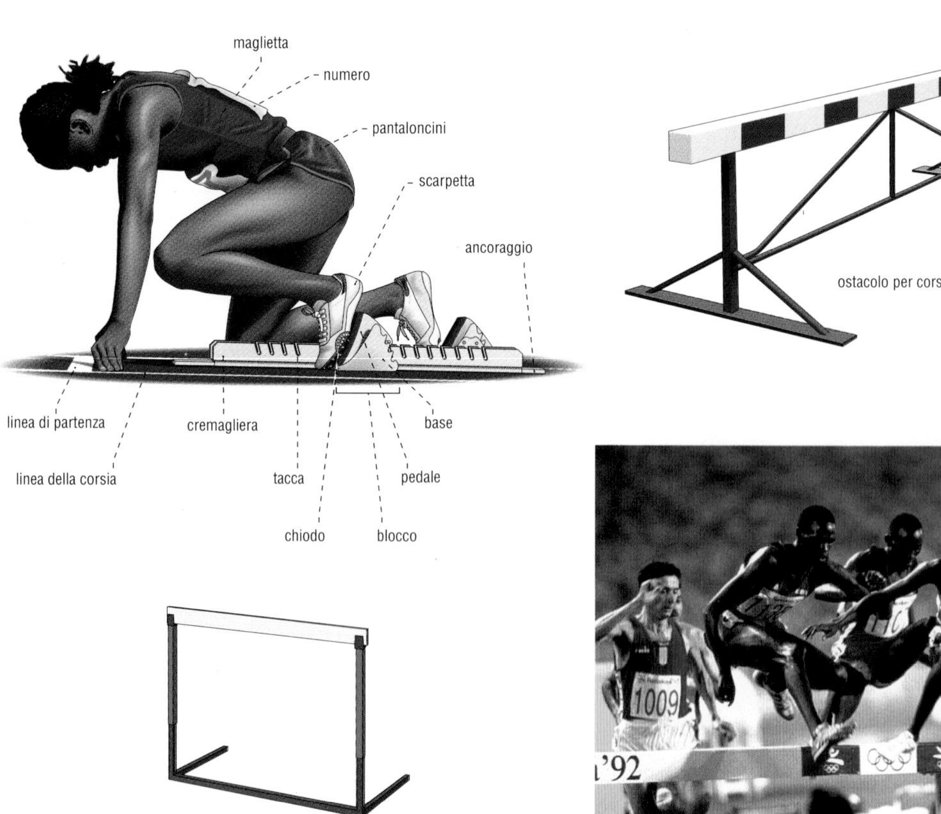

3000 metri siepi.

SALTO IN ALTO

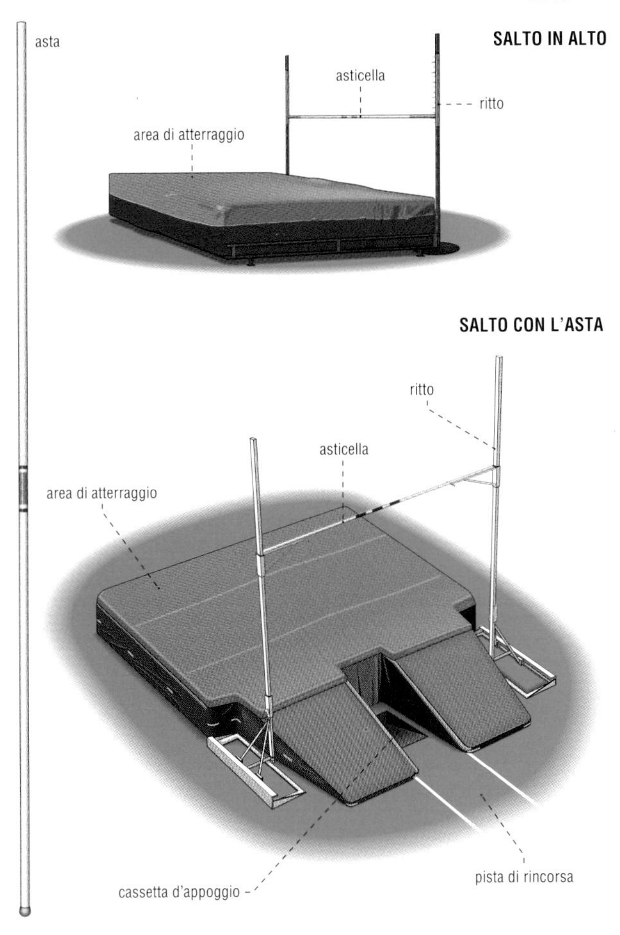
asta
asticella
ritto
area di atterraggio
SALTO CON L'ASTA
ritto
asticella
area di atterraggio
cassetta d'appoggio
pista di rincorsa

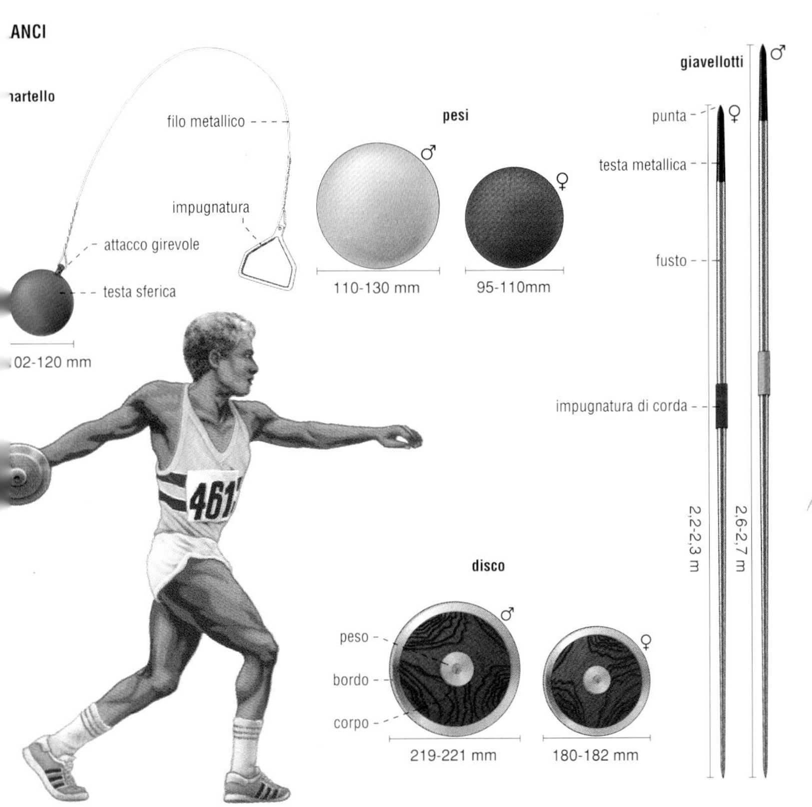
ANCI
nartello
filo metallico
impugnatura
attacco girevole
testa sferica
02-120 mm
pesi
♂
♀
110-130 mm
95-110mm
disco
♂
♀
peso
bordo
corpo
219-221 mm
180-182 mm
461

giavellotti
♂
♀
punta
testa metallica
fusto
impugnatura di corda
2,2-2,3 m
2,6-2,7 m
191

NUOTO

PISCINA OLIMPICA

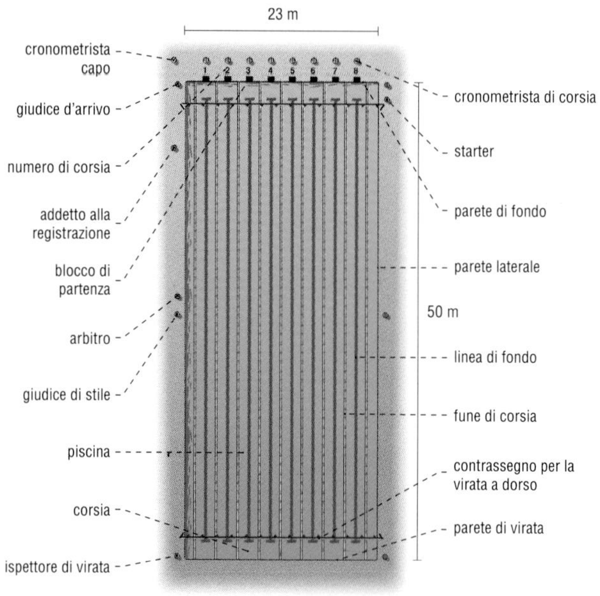

23 m
cronometrista capo
giudice d'arrivo
numero di corsia
addetto alla registrazione
blocco di partenza
arbitro
giudice di stile
piscina
corsia
ispettore di virata
cronometrista di corsia
starter
parete di fondo
parete laterale
50 m
linea di fondo
fune di corsia
contrassegno per la virata a dorso
parete di virata

BLOCCO DI PARTENZA

piattaforma
colonna
barra di partenza (dorso)
muro di partenza

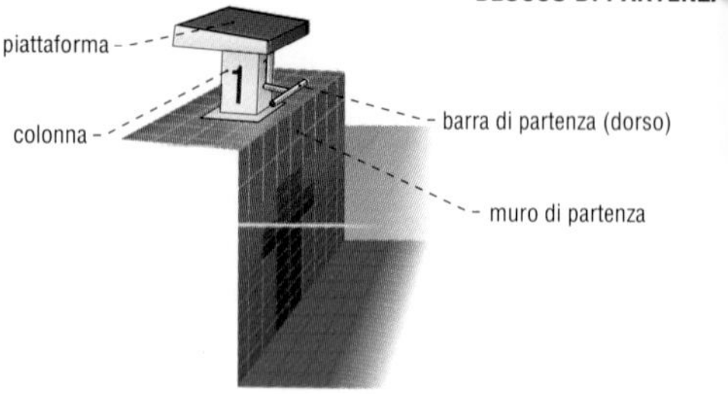

STILI DI NUOTO

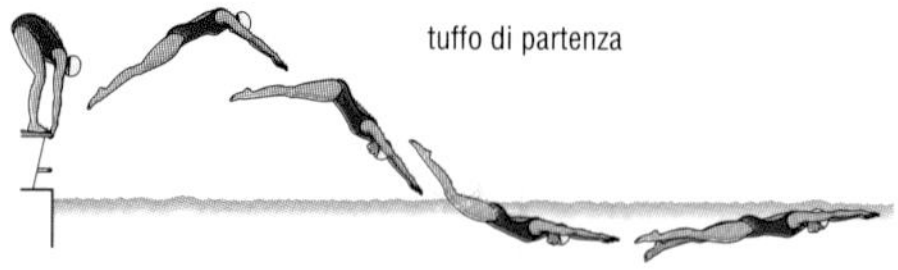

tuffo di partenza

STILE LIBERO O CRAWL

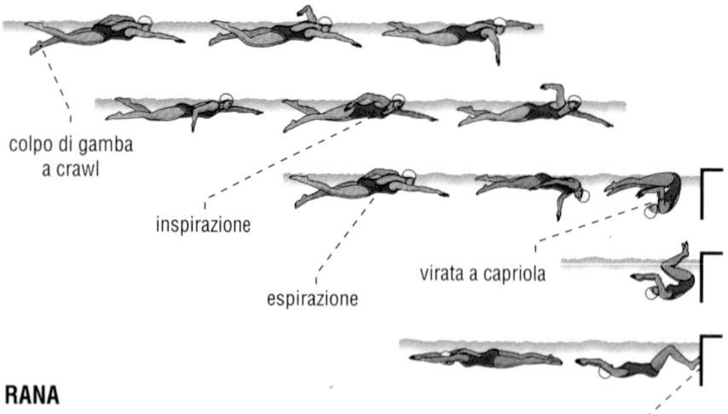

colpo di gamba a crawl
inspirazione
espirazione
virata a capriola
parete della virata

RANA

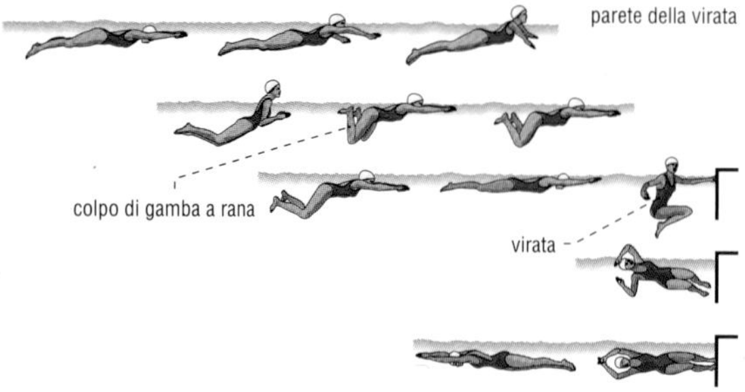

colpo di gamba a rana
virata

FARFALLA

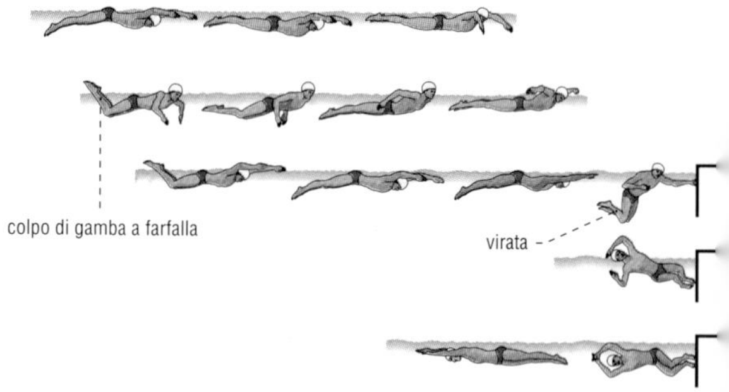

colpo di gamba a farfalla
virata

DORSO

partenza a dorso
virata a capriola

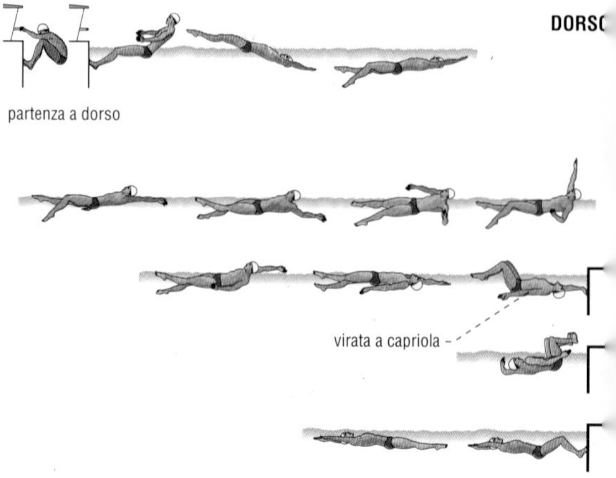

TUFFI

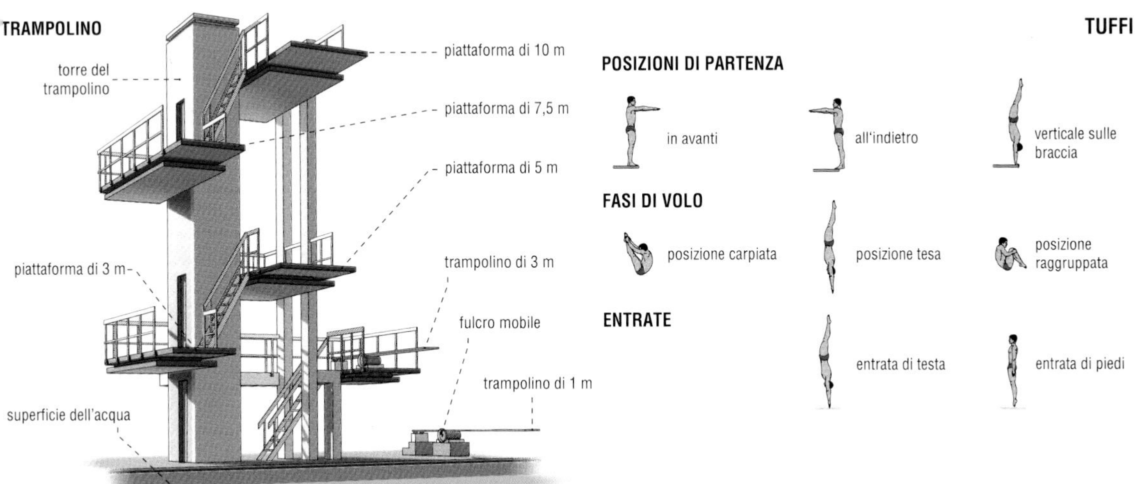

Tuffo dalla piattaforma di 10 metri.

TUFFO IN AVANTI

posizione delle gambe

posizione delle braccia

entrata

TUFFO ALL'INDIETRO

posizione di partenza

TUFFO VERTICALE SULLE BRACCIA

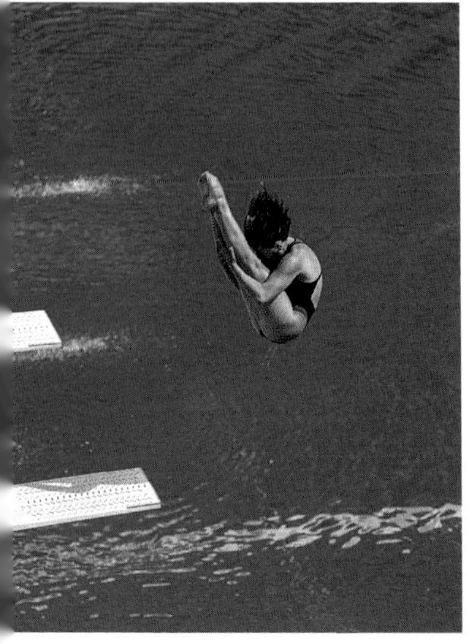

Tuffo dal trampolino di 3 metri.

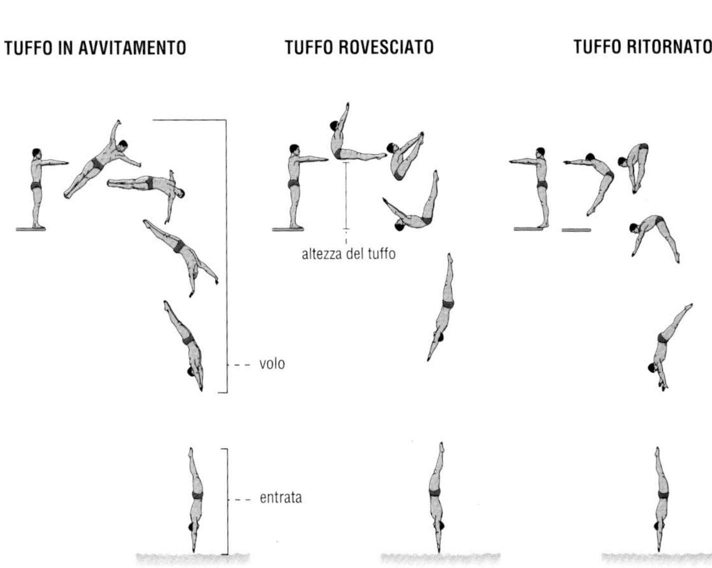

SCHERMA

ARMI DELLA SCHERMA

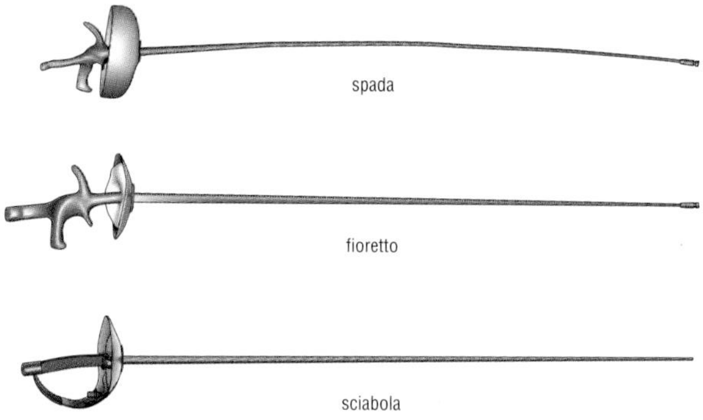

spada

fioretto

sciabola

SCHERMIDOR

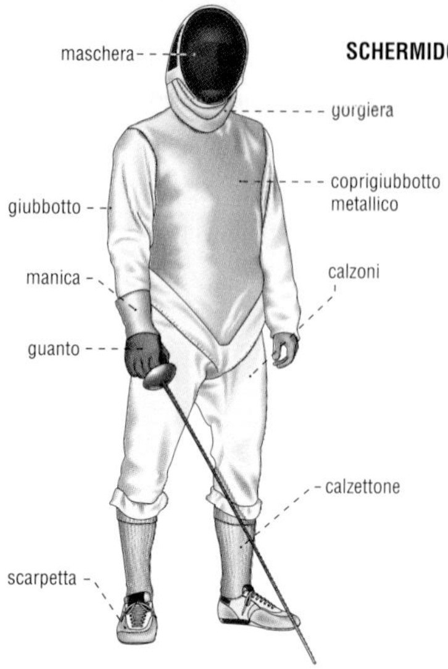

maschera
gorgiera
giubbotto
coprigiubbotto metallico
manica
calzoni
guanto
calzettone
scarpetta

PARTI DELL'ARMA

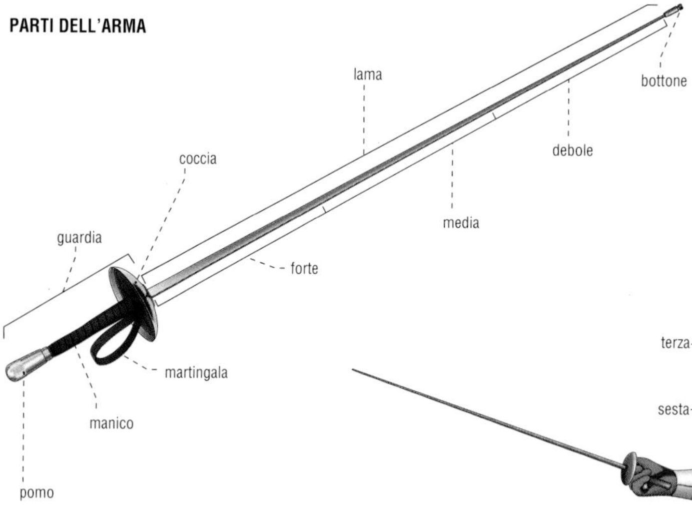

POSIZION

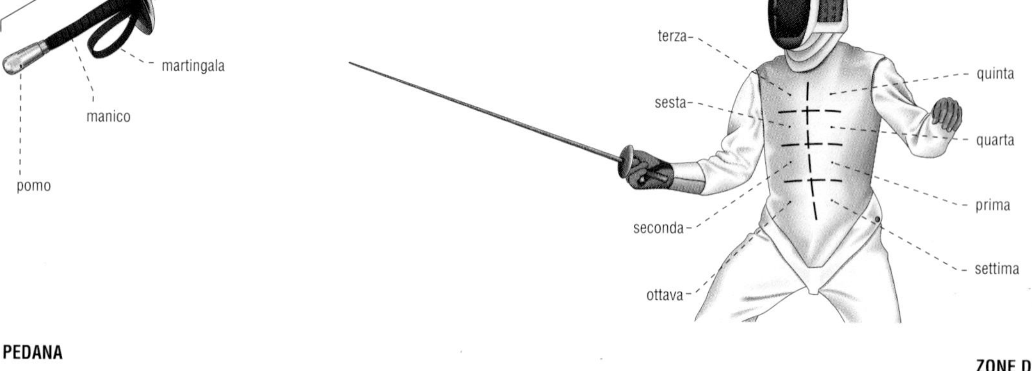

PEDANA

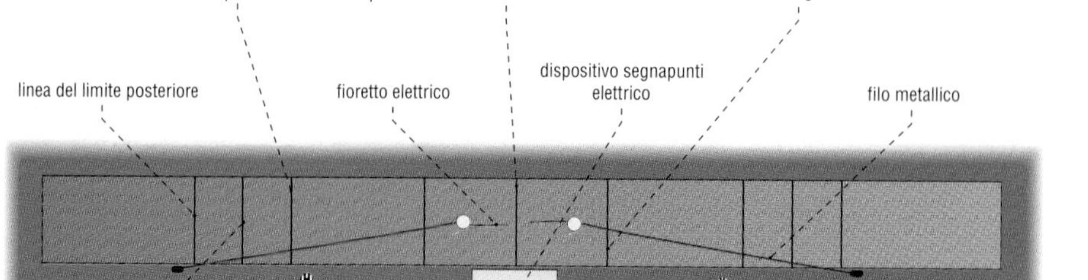

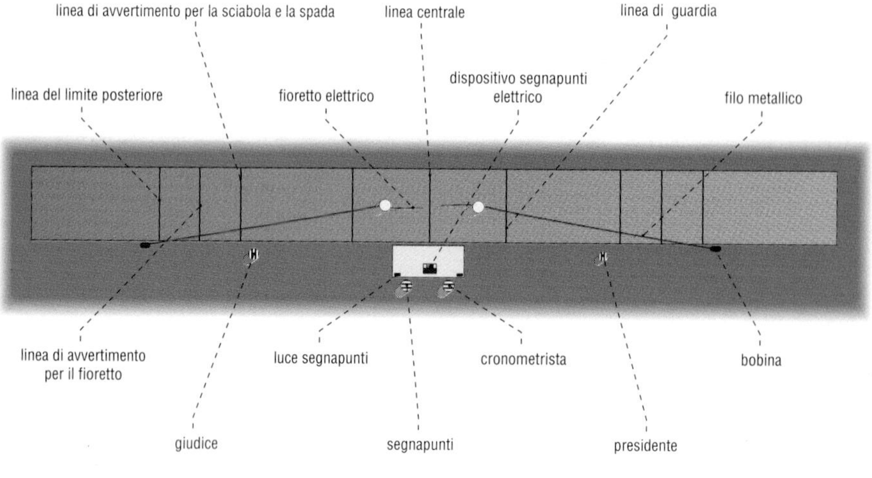

ZONE DI BERSAGLIO

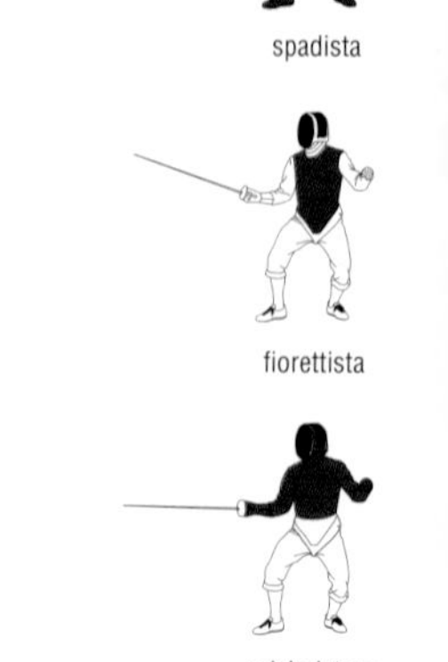

TIRO CON L'ARCO

FRECCIA

asta
cocca
punta
impennaggio

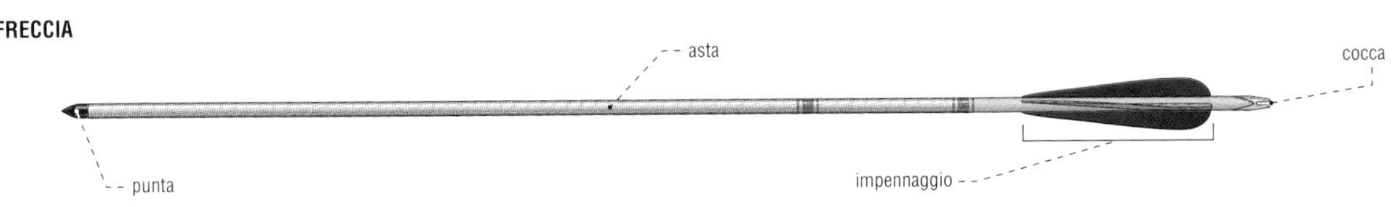

ARCIERE

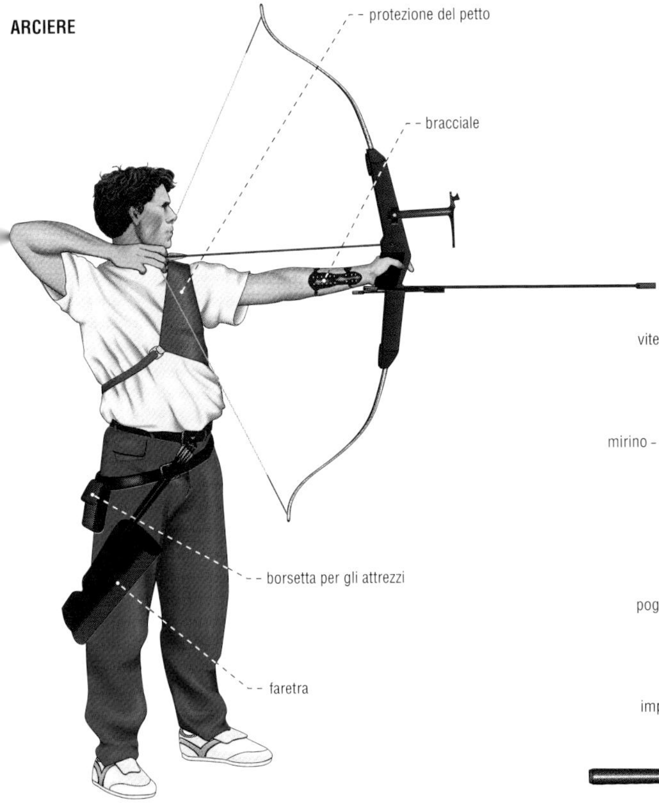

protezione del petto
bracciale
borsetta per gli attrezzi
faretra

ARCO COMPOUND

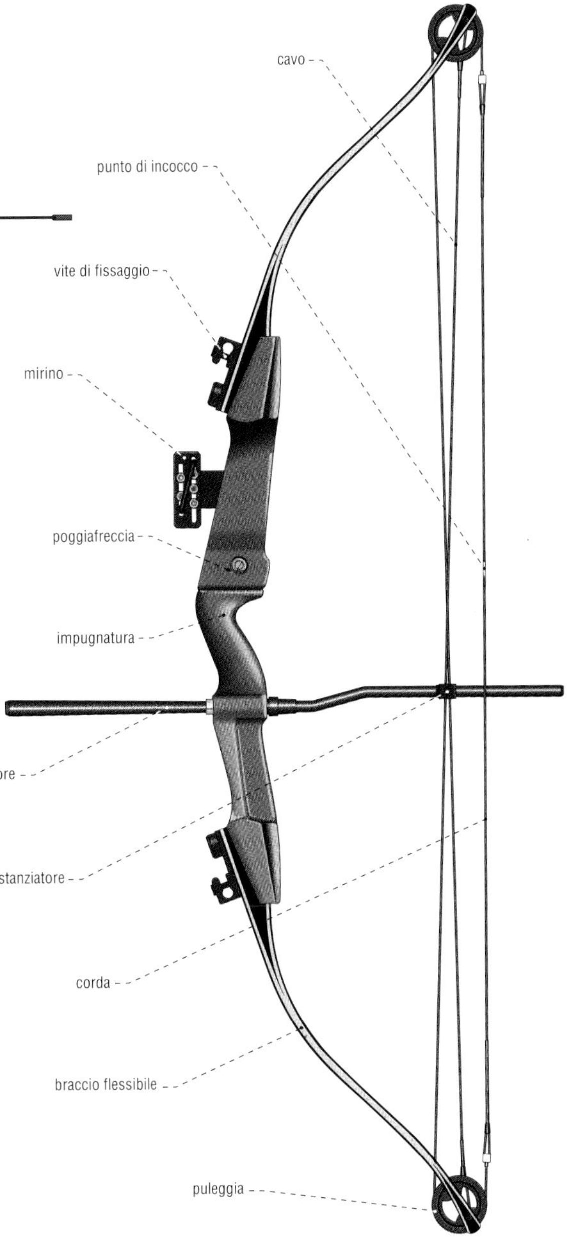

cavo
punto di incocco
vite di fissaggio
mirino
poggiafreccia
impugnatura
stabilizzatore
distanziatore
corda
braccio flessibile
puleggia

BERSAGLIO

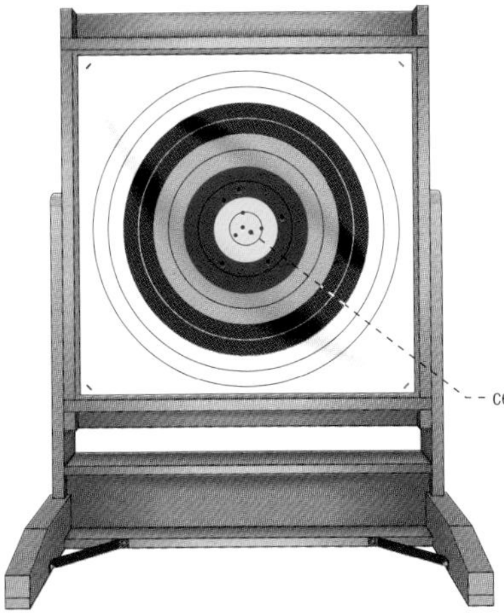

centro

EQUITAZIONE

CAVALIERE

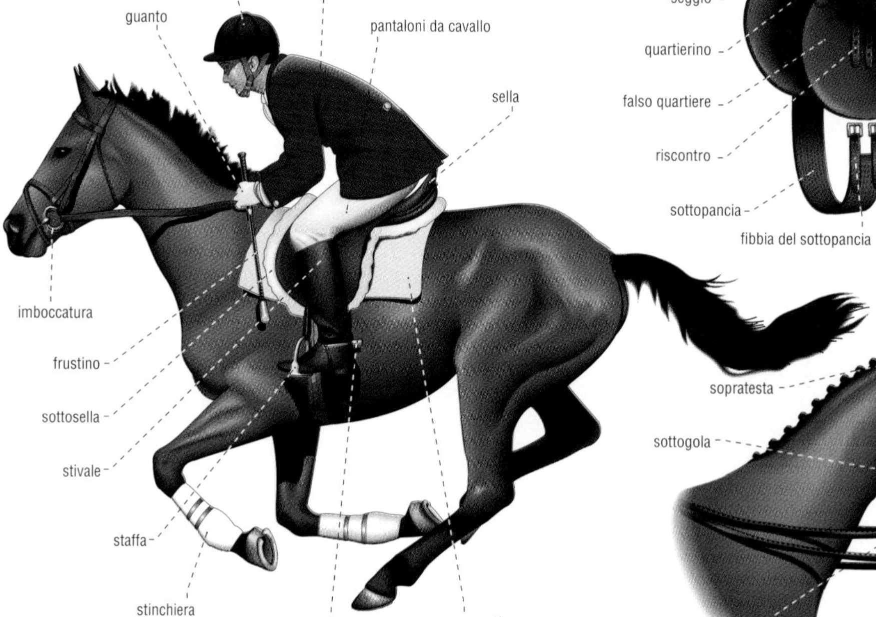

cap
giacca da cavallo
guanto
pantaloni da cavallo
sella
imboccatura
frustino
sottosella
stivale
staffa
stinchiera
sperone
copertina

SELLA

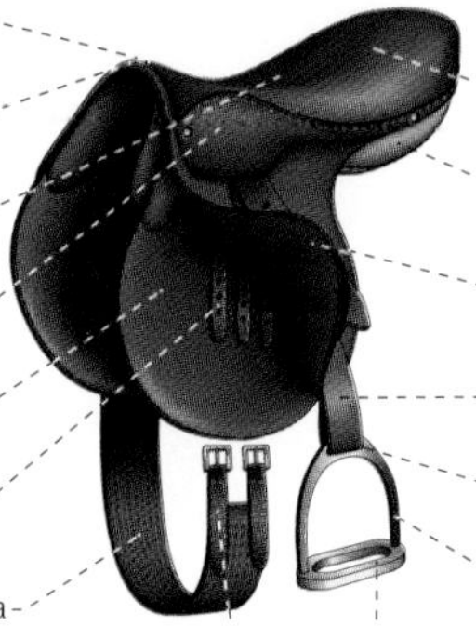

pomo
arco
seggio
quartierino
falso quartiere
riscontro
sottopancia
fibbia del sottopancia
panca
paletta
cuscino
quartiere
staffile
occhio
arco

BRIGLIA

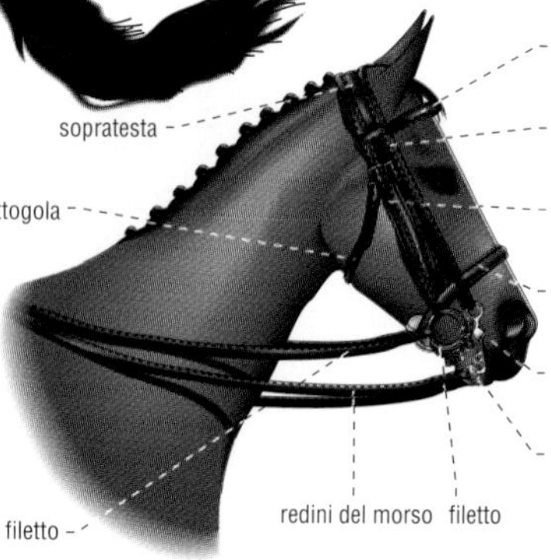

frontale
sopratesta
montante del morso
sottogola
montante del filetto
capezzina
morso
barbozzale
redini del filetto
redini del morso
filetto

CAMPO DI GARA

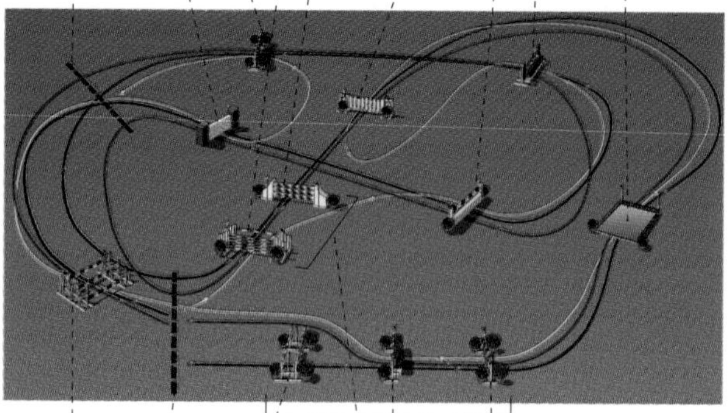

dritto: barriere
oxer
muro con barriere
muro
dritto di tavole
siepe con barriere
arrivo
cancello
riviera
triplice
largo di barriere
muro
partenza e arrivo
gabbia
doppia gabbia
siepe con barriere

percorso avanzato
percorso principianti
percorso di velocità

OSTACOLI

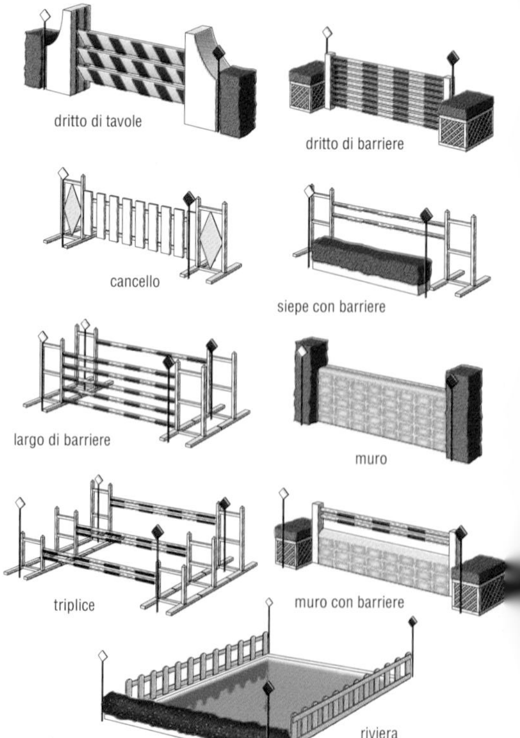

dritto di tavole
dritto di barriere
cancello
siepe con barriere
largo di barriere
muro
triplice
muro con barriere
riviera

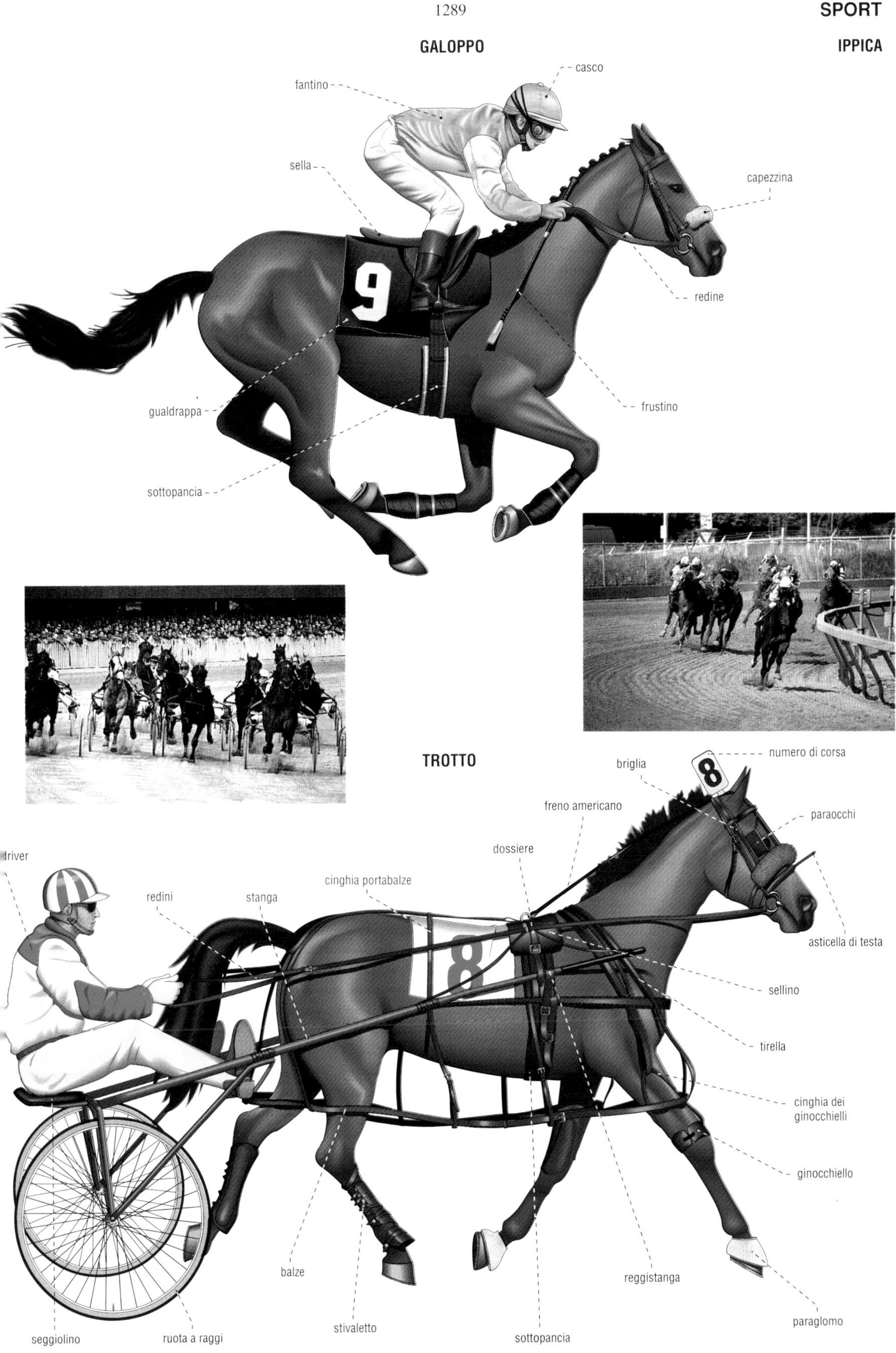
GALOPPO
casco
fantino
sella
capezzina
redine
frustino
gualdrappa
sottopancia
TROTTO
numero di corsa
briglia
freno americano
paraocchi
driver
dossiere
cinghia portabalze
redini
stanga
asticella di testa
sellino
tirella
cinghia dei ginocchielli
ginocchiello
balze
reggistanga
paraglomo
seggiolino
ruota a raggi
stivaletto
sottopancia

GOLF

PERCORSO

stradina del golf cart
green
buca
circolo
green di pratica
fairway
rough
ostacolo d'acqua
ruscello
bunker
alberi
piazzola di partenza

guanto
coprilegno
scarpa da golf
carrello
SACC
porta ombrello
maniglia
tracolla
tasca
portasacca
GOLF CAR

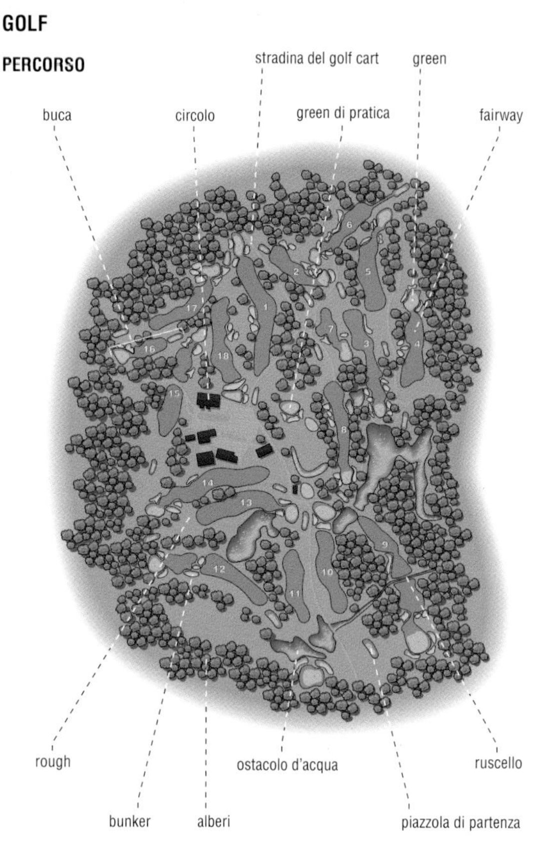

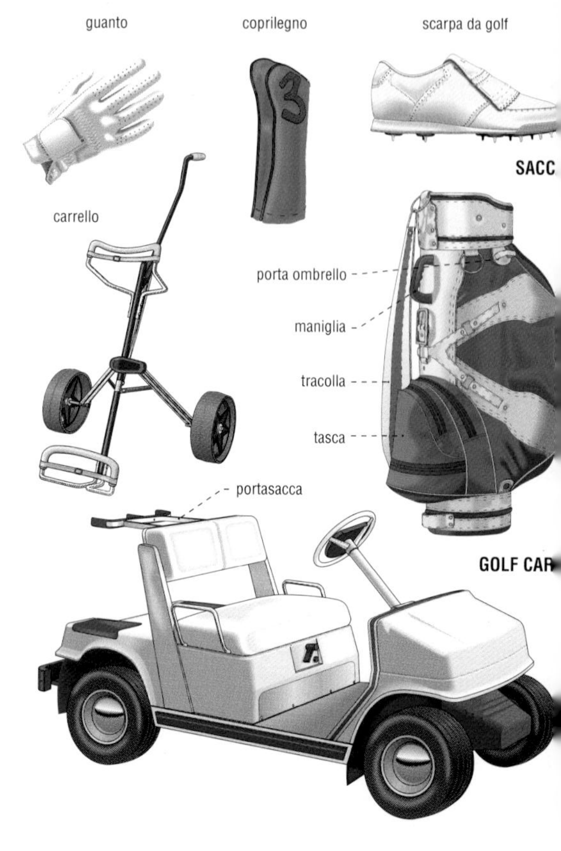

SEZIONE DI UNA PALLA DA GOLF

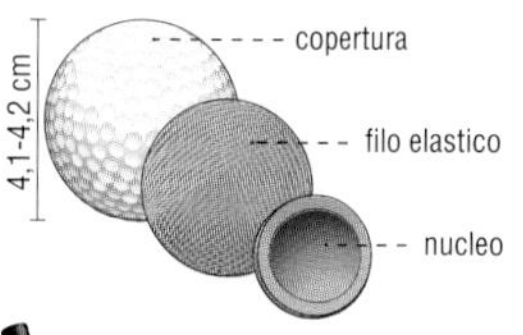

4,1-4,2 cm
copertura
filo elastico
nucleo

PALLA DA GOLF

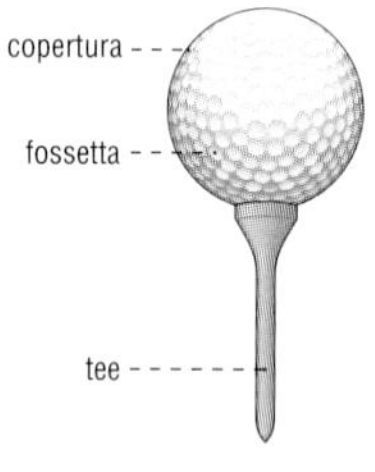

copertura
fossetta
tee

TIPI DI BASTONI DA GOLF

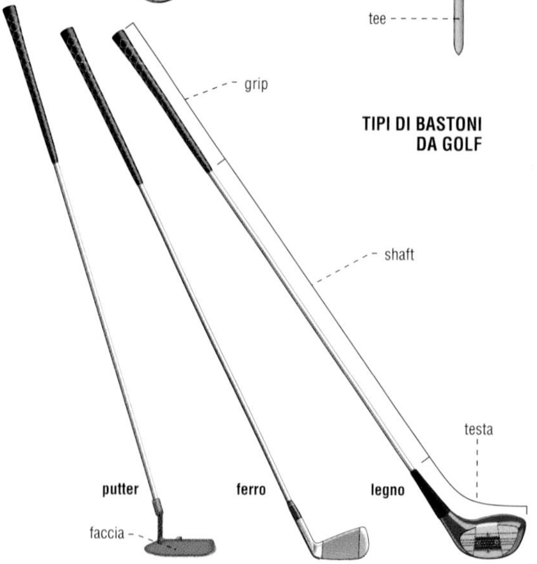

grip
shaft
testa
putter
ferro
legno
faccia

LEGNO

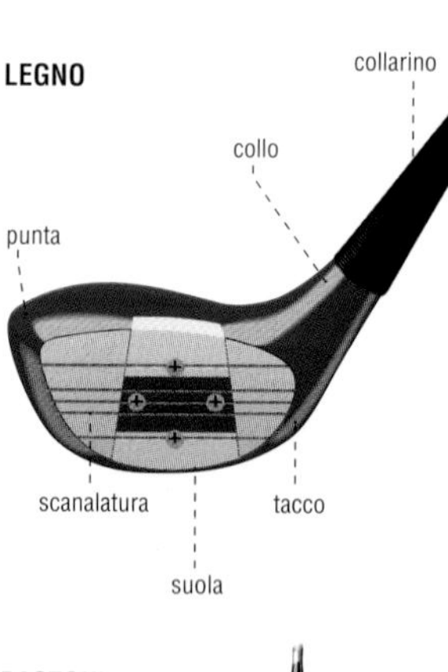

collarino
collo
punta
scanalatura
tacco
suola

FERRO

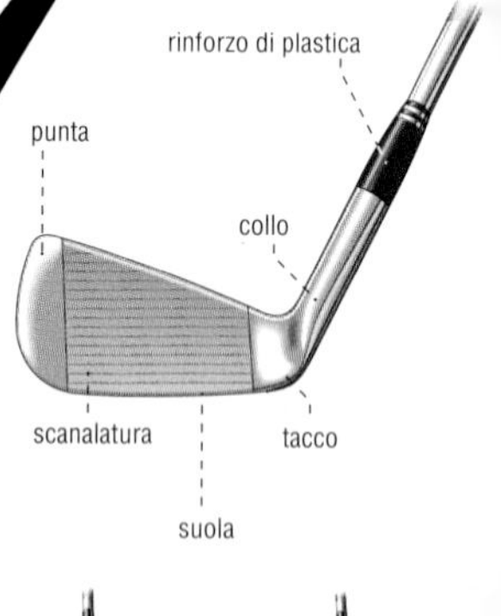

rinforzo di plastica
punta
collo
scanalatura
tacco
suola

BASTONI DA GOLF

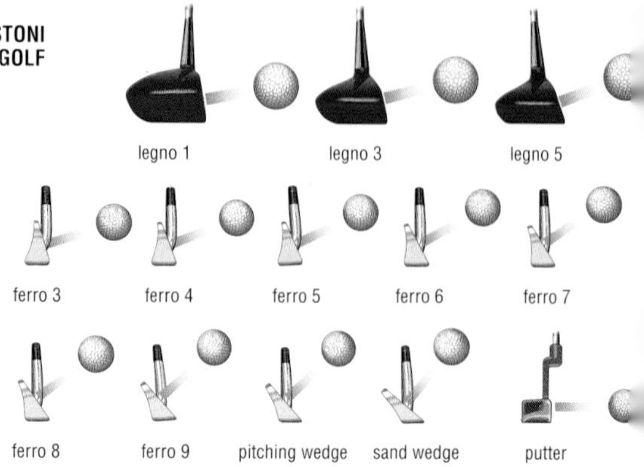

legno 1
legno 3
legno 5
ferro 3
ferro 4
ferro 5
ferro 6
ferro 7
ferro 8
ferro 9
pitching wedge
sand wedge
putter

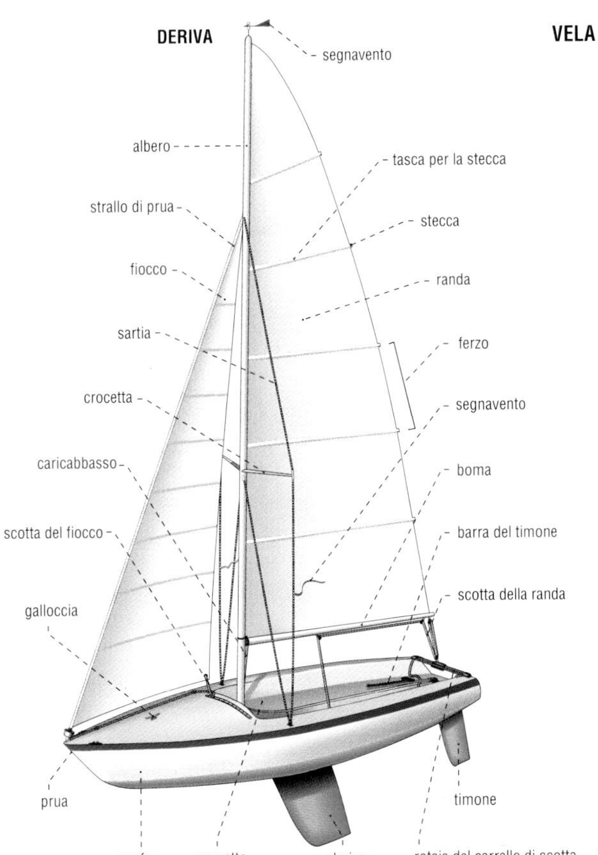
DERIVA
segnavento
albero
tasca per la stecca
strallo di prua
stecca
fiocco
randa
sartia
ferzo
crocetta
segnavento
caricabbasso
boma
scotta del fiocco
barra del timone
galloccia
scotta della randa
prua
timone
scafo
pozzetto
deriva
rotaia del carrello di scotta

VELA

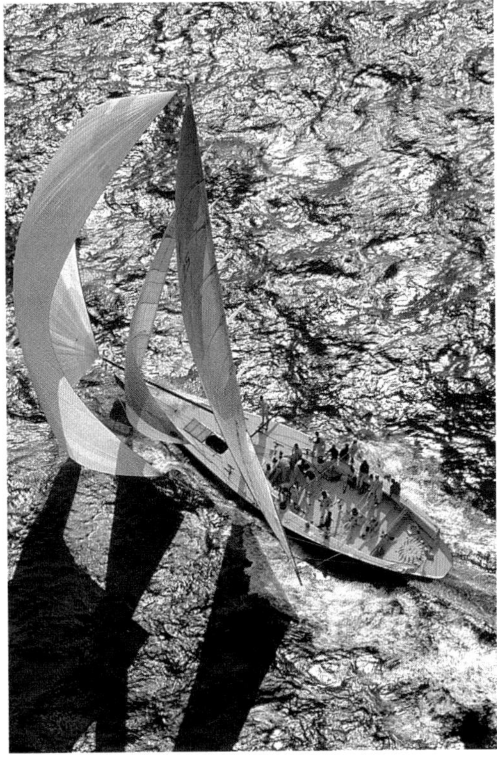

Il Moro di Venezia durante lo svolgimento della coppa America del 1992.

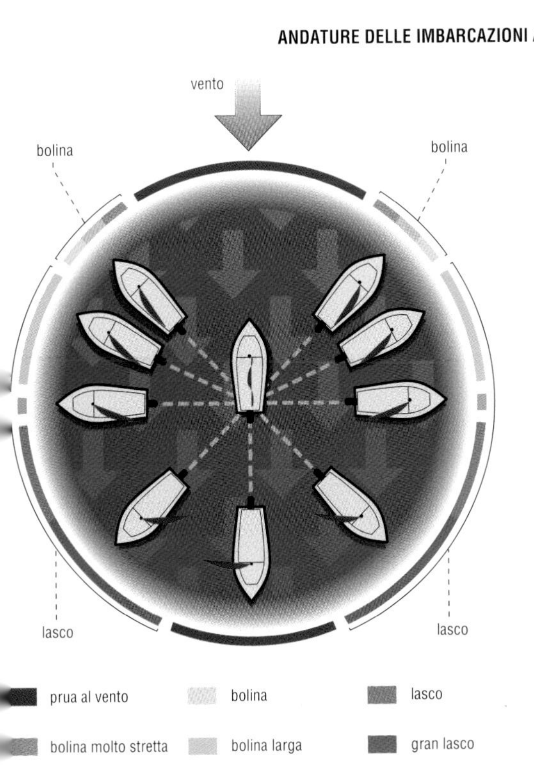
ANDATURE DELLE IMBARCAZIONI A VELA
vento
bolina
bolina
lasco
lasco
prua al vento
bolina
lasco
bolina molto stretta
bolina larga
gran lasco
bolina stretta
vento al traverso
in poppa

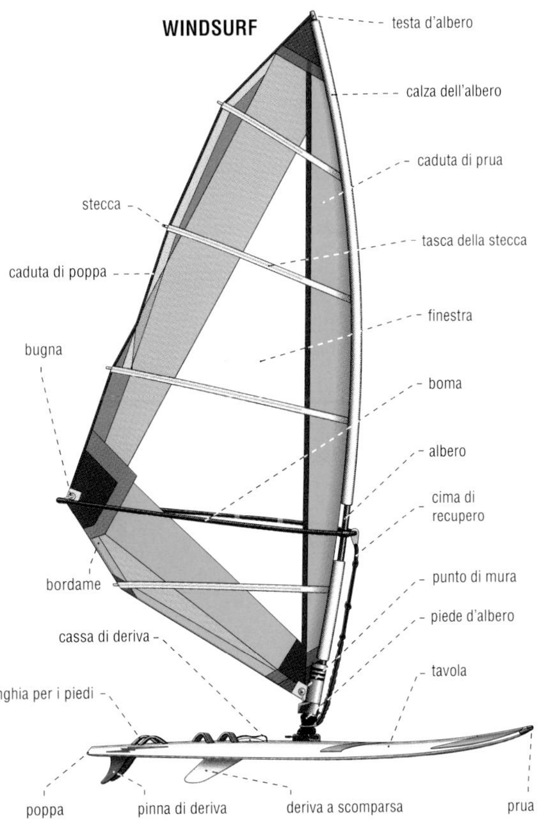
WINDSURF
testa d'albero
calza dell'albero
caduta di prua
stecca
tasca della stecca
caduta di poppa
finestra
bugna
boma
albero
cima di recupero
bordame
punto di mura
piede d'albero
cassa di deriva
tavola
cinghia per i piedi
poppa
pinna di deriva
deriva a scomparsa
prua

MONGOLFIERA

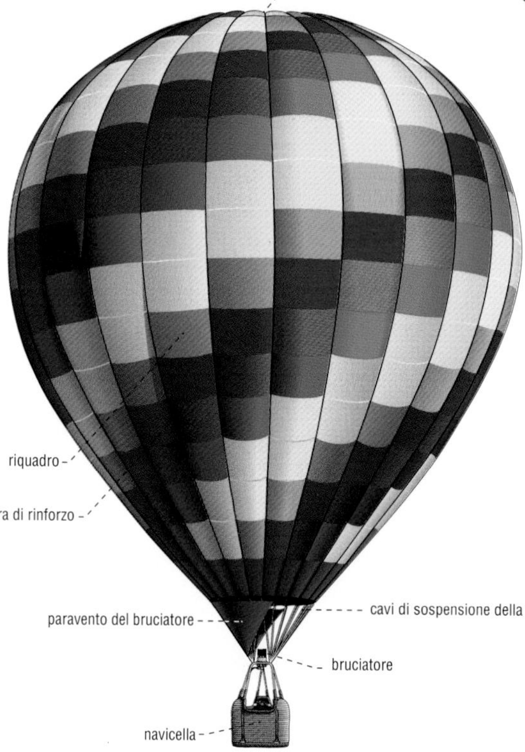

valvola del paracadute
riquadro
sutura di rinforzo
paravento del bruciatore
cavi di sospensione della navicella
bruciatore
navicella

DELTAPLANO

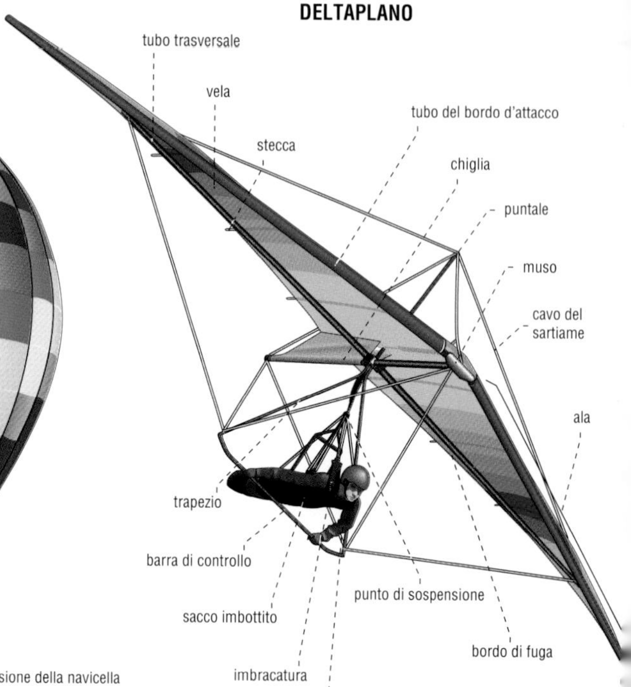

tubo trasversale
vela
stecca
tubo del bordo d'attacco
chiglia
puntale
muso
cavo del sartiame
ala
trapezio
barra di controllo
sacco imbottito
punto di sospensione
bordo di fuga
imbracatura
pilota

PARAPENDIO

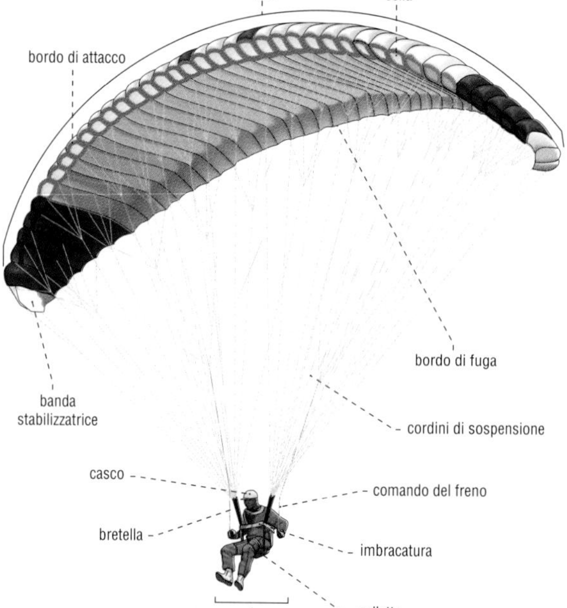

vela
cella
bordo di attacco
bordo di fuga
banda stabilizzatrice
cordini di sospensione
casco
comando del freno
bretella
imbracatura
selletta
pilota

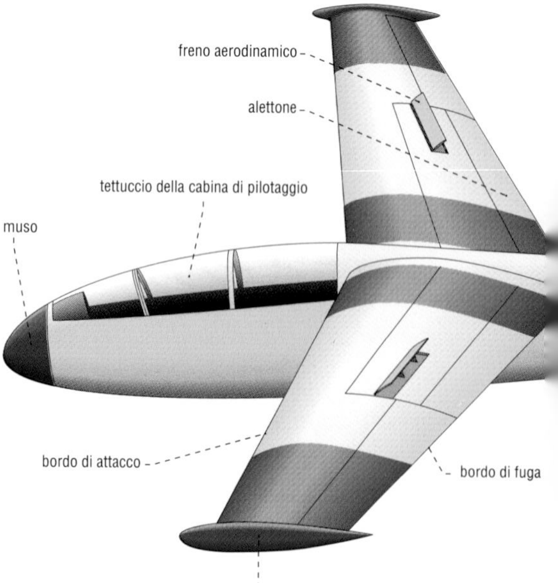

freno aerodinamico
alettone
tettuccio della cabina di pilotaggio
muso
bordo di attacco
bordo di fuga
punta dell'ala

A sinistra: Il paracadute a profilo alare, l'unico attualmente usato nello sport, applica gli stessi principi aerodinamici dell'ala dell'aereo, ha una velocità propria di circa 15 m/s e permette una precisione in atterraggio eccezionale. Per direzionarlo il paracadutista agisce su due funi collegate con la coda dell'ala.
In alto: paracadute a calotta rientrante. Vola per sostentamento, ha una serie di fenditure nella calotta che gli permettono un avanzamento di circa 5 m/s; due comandi posti su due fenditure consentono di ruotare a destra o a sinistra.

PARACADUTISMO IN CADUTA LIBERA

PARACADUTISTA

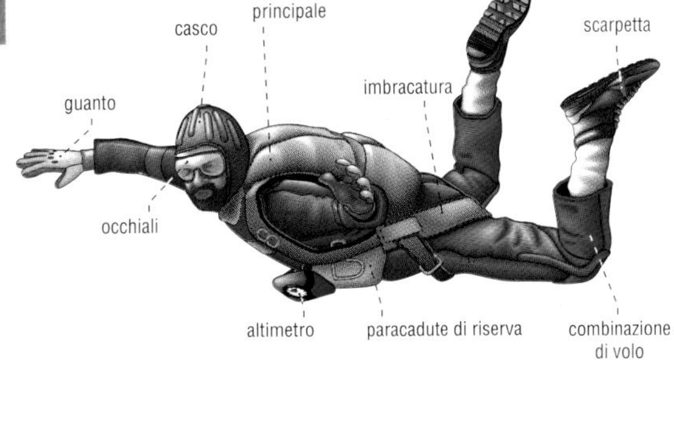

VOLO A VELA

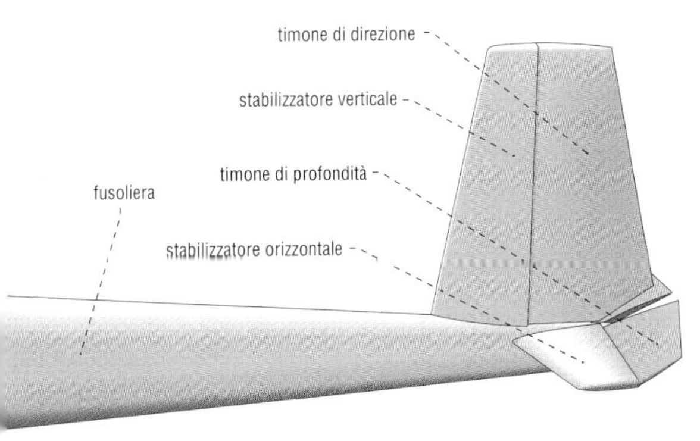

ALIANTE

CABINA DI PILOTAGGIO

SCI ALPINO

SCIATORE

berretto
occhiali
completo da sci
guanto
impugnatura
cappio
racchetta da sci
rotella
coda
scanalatura
sci
ski stop
soletta
spatola
lamina
talloniera di sicurezza
scarpone
punta
puntale

PORTE

PALETTI

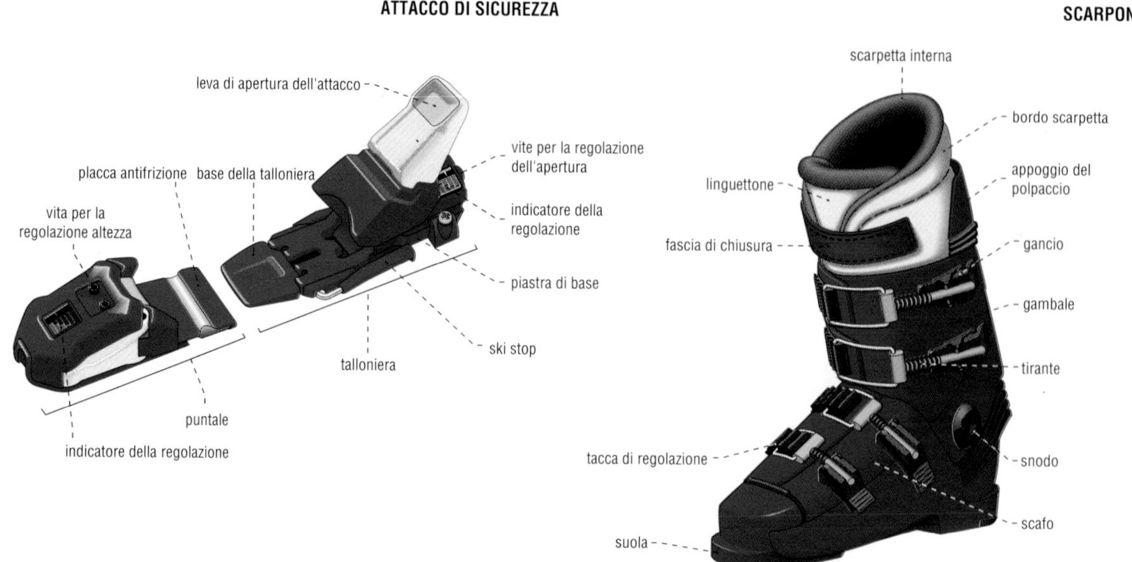

ONDISTA

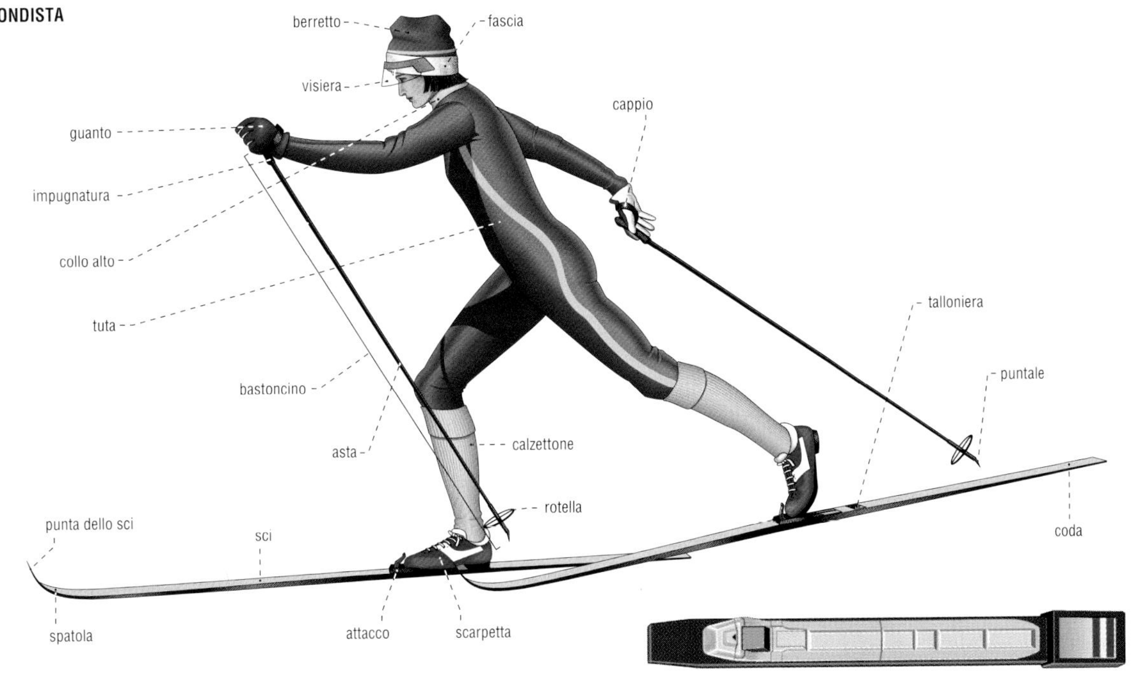

ATTACCO DA SCI DI FONDO

SCI DA FONDO

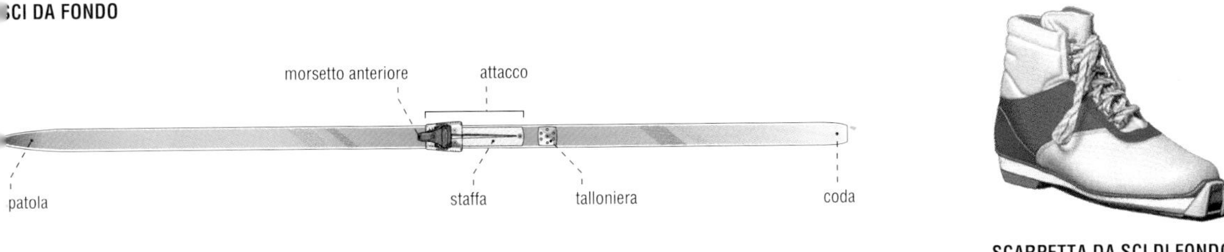

SCARPETTA DA SCI DI FONDO

SNOWBOARD

SCARPONI DA SNOWBOARD

SNOWBOARD

ALPINISMO
casco
lampada frontale
passamontagna
zaino
corda
giacca a vento
moschettone
imbracatura da scalata
portachiodi
blocco da incastro
pala da neve
manopola
martello-piccozza
chiodo da roccia
piccozza
vite da ghiaccio
pantaloni
cinghia per i ramponi
ghetta
punta
scarpone
MARTELLO-PICCOZZA
testa del martello
becca
VITE DA GHIACCIO
anello
CORDINO
PICCOZZA
testa
paletta
becca
cinturino
manico
punta
DISCENSORE
DISSIPATORE
BLOCCO DA INCASTRO
cavo d'acciaio
MOSCHETTONE
tenone
dito a molla
ghiera di bloccaggio
ZAINO
CHIODO DA ROCCIA
lama
occhiello
SCARPONE
PEDULA
SCARPETTA DA ARRAMPICATA

pazzòide [comp. di *pazzo* e *-oide*] agg.; anche s. m. e f. ● Che, chi è alquanto strano e stravagante: *carattere p.*; *è un p.*

†**pazzombròglio** [comp. di *pazzo* e *imbroglio*] s. m. ● (*raro*) Solo nella loc. avv. *a p.*, in modo molto confuso.

PC /pit'tsi*/ s. m. inv. ● Sigla di *personal computer* (V.).

†**pe** /pe*/ ● V. *pi*.

pe' /pe/ prep. art. m. pl. ● (*tosc., poet.*) Forma tronca della prep. art. 'pei'.

peak time /pik'taim, *ingl.* 'pi:ktaim/ o **peaktime** [loc. ingl., propr. 'tempo (*time*) del picco (*peak*) più alto'] loc. sost. m. inv. ● (*rad., tv*) Fascia oraria nella quale l'ascolto raggiunge i valori più alti, gener. quella compresa tra le 20,30 e le 23.

peàna [vc. dotta, lat. *Paeāna*, nom. *Pāean*, dal gr. *Paián*, epiteto di Apollo, propriamente 'il risanatore', di etim. incerta] s. m. (pl. *-i*) **1** Canto corale in onore di Apollo o altra divinità. **2** (*fig.*) Discorso, scritto e sim. di vittoria o di esaltazione per q.c.

peàta [vc. venez., dal lat. parl. **plătta(m)*, perché di fondo piatto. V. *piatto*] s. f. ● (*mar.*) Barca a fondo piatto già in uso nella laguna veneta.

pebrìna [fr. *pébrine*, dal provz. *pebrino*, da *pebre* 'pepe', per le piccole macchie scure, simili a granelli di *pepe*, che caratterizzano questa malattia] s. f. ● Malattia del baco da seta provocata da un protozoo parassita, il nosema.

pecàn [vc. d'origine algonchina] s. m. ● Albero delle Iuglandacee, diffuso spec. nell'America settentrionale, con frutto a noce a sezione tetrangolare e il cui seme commestibile ha sapore di mandorla (*Carya pecan*) | *Noce p.*, il frutto di tale albero.

pècari [vc. di origine caribica] s. m. ● Mammifero suiforme americano con pelame ispido, rossiccio, collare bianco e denti canini molto sviluppati rivolti in basso (*Tayassu tajacu*).

pècca [da *peccare*] s. f. **1** Vizio, difetto, menda: *conoscere le pecche di qc.*; *qualche magagna, qualche p. nascosta la doveva avere* (MANZONI). **2** Errore, imperfezione, mancanza: *il suo operato non è immune da pecche*.

peccàbile agg. ● (*lett.*) Che è soggetto a peccare.

peccabilità s. f. ● (*raro*) Caratteristica o natura di chi, di ciò che è peccabile.

†**peccadìglio** [sp. *pecadillo*, dim. di *pecado* 'peccato'] s. m. ● Peccatuccio.

peccaminosità s. f. ● (*raro*) Natura di chi, di ciò che è peccaminoso.

peccaminóso [comp. del lat. tardo *peccāmen*, genit. *peccāminis* 'peccato', da *peccāre* 'peccare', e *-oso* (3)] agg. **1** Che ha in sé il peccato: *pensiero p.* | Che è pieno di peccato o di peccati: *un passato p.* **2** Che spinge al peccato: *letture peccaminose*. || **peccaminosaménte**, avv.

peccànte A part. pres. di *peccare*; anche agg. **1** Nei sign. del v. **2** (*raro*) Difettoso | †*Umori peccanti*, che causano malattia. **B** s. m. e f. ● Peccatore.

peccàre [lat. *peccāre*: da **pĕccus* 'difettoso nel piede', da *pēs*, genit. *pĕdis* 'piede'] **A** v. intr. (*io pècco, tu pècchi*; aus. *avere*) **1** Trasgredire i precetti religiosi, commettere peccato: *p. di superbia, di invidia*. **2** (*est.*) Commettere errori: *p. di leggerezza, per troppa bontà, contro la grammatica* | *P. nel più*, eccedere | *P. nel meno*, mancare | (*raro*) Esagerare: *p. in severità, in durezza*. **B** v. tr. ● (*raro*) †Nella loc. *p. un peccato*, commetterlo.

peccàto [vc. dotta, lat. *peccātum*, da *peccāre* 'peccare'] s. m. (pl. †*-a*, f.) **1** Comportamento umano che costituisce violazione della legge etica e divina | Nella dottrina cattolica, libera o volontaria trasgressione della legge divina, in pensieri, parole, opere, omissioni | *P. capitale, mortale*, che è punito con la dannazione eterna | *I sette peccati capitali*, accidia, avarizia, gola, invidia, ira, lussuria, superbia | *P. veniale*, che non comporta la perdita della grazia | *P. originale*, commesso da Adamo e da Eva, è trasferito a tutti gli uomini e si redime con il battesimo | *Brutto come il p.*, (*fig.*) di persona o cosa bruttissima | (*est.*) Vita peccaminosa: *vivere nel p.* **2** (*fig.*) Errore, fallo: *un p. da correggere, da riparare*; *l'orgoglio è il mio più buon p. umano* (SABA) | *P. di gioventù*, qualunque colpa addebitabile all'inesperienza giovanile (*anche scherz.*). **3** In numerose loc., spesso escl., esprime rammarico, dispiacere, rincrescimento: *è un vero p. che il vetro si sia rotto*; *che p. che tu non sia qui!*; *p. che sia così giovane!* | †*Prendere p. di*, aver compassione di. || **peccatàccio**, pegg. | **peccatìno**, dim. | **peccatùccio**, **peccatùzzo**, dim.

peccatóre [lat. tardo *peccatōre(m)*, da *peccātum* 'peccato'] s. m. (f. *-trice*, raro *-tora*) ● Chi pecca o ha peccato: *di gran peccatori si possono fare gran santi* (BARTOLI) | *Un p. indurito, incallito*, che non si ravvede | *P. impenitente*, che non si corregge; (*scherz.*) persona che ama divertirsi | *Pubblica peccatrice*, prostituta. || **peccatoràccio**, pegg.

peccéta [da *peccia* (2) col suff. *-eta*, dal lat. *-ēta*, pl. collettivo di *-ētu(m)*, proprio di luoghi dove crescono determinati alberi] s. f. ● (*sett.*) Bosco di pecce.

†**pécchero** [longob. *behhari* 'bicchiere' (cfr. ted. *Becher*)] s. m. ● Sorta di grosso bicchiere.

pécchia [lat. *apĭcula(m)*, dim. di *ăpis* 'ape'] s. f. **1** Ape. **2** †Caldaia dei tintori. || **pecchióne**, accr. m. (V.).

pecchiaiuòlo o **pecchiaiòlo** [dalle *pecchie*, di cui si ciba] s. m. ● Uccello rapace degli Accipitridi di passo in Italia, con becco poco uncinato, si ciba volentieri di imenotteri (*Pernis apivorus*).

†**pecchiàre** [da *pecchia*] v. tr. e intr. ● (*raro, scherz.*) Bere succhiando golosamente come un'ape.

pecchióne s. m. **1** Accr. di *pecchia*. **2** Fuco. **3** (*tosc.*) †Beone.

†**péccia** (1) [etim. incerta] s. f. ● Pancia, trippa.

péccia (2) [dal lat. *pĭcea(m)* 'pino silvestre' (V. *picea*)] s. f. (pl. *-ce*) ● (*sett.*) Picea.

†**pecciàta** s. f. ● (*raro*) Colpo nella pancia.

péccio [dal lat. *piceum* 'pece'] s. m. ● (*bot.*) Abete rosso.

†**pecciùto** agg. ● Panciuto.

péce [lat. *pĭce(m)*, di origine indeur.] s. f. ● Massa nera di varia consistenza e di aspetto bituminoso, ottenuta come residuo della distillazione dei catrami, usata nella pavimentazione di strade, nella copertura di tetti e terrazze, per cartoni e copertoni catramati e altro | *P. greca*, colofonia | *P. liquida*, catrame | *P. nera*, residuo della distillazione del catrame vegetale, usata per calafatare navi e per impermeabilizzare tessuti e tele | (*fig.*) *Nero come la p.*, molto nero | (*lett.*) *Essere macchiati della stessa o d'una p.*, (*fig.*) avere gli stessi difetti o colpe: *che tutti siam macchiati d'una p.* (PETRARCA).

pecétta [da *pece*] s. f. **1** (*tosc.*) Cerotto | (*est.*) Toppa che si pone per riparare q.c. | *Mettere una p.*, rattoppare e (*fig.*) rimediare in qualche modo q.c. **2** (*fig.*) Cosa o persona molesta o noiosa. SIN. Impiastro. **3** (*fig., raro*) Macchia di sudiciume. **4** (*fam.*) Etichetta. **5** Piccola striscia nera sovrimpressa in una fotografia e sim. con la funzione di nascondere certe parti del corpo o di impedire l'identificazione di una persona.

pechblènda /pek'blɛnda/ [ted. *Pechblend*, comp. di *Pech* 'pece' e *Blende* 'blenda', per il suo aspetto scuro come la *pece*] s. f. ● Importante minerale dell'uranio. SIN. Uraninite.

pechinése A agg. ● Di Pechino. **B** s. m. e f. **1** Abitante, nativo di Pechino. **2** Cagnolino di lusso con pelo lungo e setoso.

pècia [variante di *pezza*] s. f. (pl. *-cie*) ● Nel Medioevo, ciascun foglio scritto piegato in quattro, che formava il fascicolo modello di un libro e più specificatamente di un testo ufficiale universitario.

peciaiòlo o **peciaiuòlo** [da *pece*] s. m. ● Vasetto di latta con beccuccio, con la pece in polvere per le saldature.

peciàrio [da *pecia*] s. m. ● Nelle università del Medioevo, chi custodiva le pecie.

pecilandrìa [comp. di *pecil(o)-* e *-andria*] s. f. ● (*biol.*) Fenomeno per cui, nella stessa specie, esistono differenti tipi di maschi.

Pecìlidi o **Peciliìdi** [dal gr. *poikílos* 'variopinto', prob. da una vc. indeur. che indica 'ornamento', e *-idi*] s. m. pl. ● Nella tassonomia animale, famiglia di Pesci ossei dei Ciprinodontiformi comprendente specie di piccole dimensioni, vivacemente colorate, cui appartiene la gambusia (*Poeciliidae*) | (al sing. *-e*) Ogni individuo di tale famiglia.

pècilo- [dal gr. *poikílos* 'variopinto' (V. *pecilidi*)] primo elemento ● In parole composte della terminologia scientifica, significa 'variegato, variopinto': *pecilandria, pecilosmotico*.

peciloginìa [comp. di *pecilo-* e *-ginia*] s. f. ● (*biol.*) Fenomeno per cui, nella stessa specie, esistono differenti tipi di femmine.

pecilogonìa [comp. di *pecilo-* e *-gonia*] s. f. ● (*zool.*) Fenomeno caratteristico di alcuni gruppi invertebrati; i piccoli sgusciano dalle uova in uno stadio di sviluppo variabile a seconda della quantità delle sostanze di riserva che esse contengono.

pecilosmòtico [comp. di *pecil(o)-* e *osmotico*] agg. (pl. m. *-ci*) ● (*zool.*) Detto di animale la cui concentrazione salina interna corrisponde a quella dell'ambiente esterno.

pecilotermìa [comp. di *pecilo-* e *-termia*] s. f. ● Condizione propria dei pecilotermi.

pecilotèrmico [comp. di *pecilo-* e *-termico*] agg. (pl. m. *-ci*) ● Riferito ai pecilotermi.

pecilotèrmo [comp. di *pecilo-* e *-termo*] s. m. ● (*zool.*) Organismo animale che adegua la propria temperatura corporea a quella ambientale.

pecionàta [da *pecione*] s. f. ● (*rom.*) Lavoro malfatto, abborracciato.

pecióne [da *pece*: propriamente 'calzolaio di poco valore che fa largo uso della pece'] s. m. (f. *-a*) ● (*centr.*) Chi esegue q.c. in modo affrettato e inesatto.

pecióso agg. ● Che ha aspetto e qualità della pece.

peciòtto [da *pecione*] s. m. ● (*centr.*) Cosa mal fatta | Cosa sudicia, pasticciata.

peck /*ingl.* pek/ [vc. ingl., di etim. incerta] s. m. inv. ● Unità di misura inglese di capacità per liquidi, pari a 9,09 litri. SIMB. pk.

†**pèco** s. f. ● Pecora.

pècora [lat. *pĕcora*, pl. di *pĕcus* 'bestiame', di origine indeur.] s. f. **1** Ruminante della famiglia degli Ovini diffuso con molte razze in tutto il mondo e allevato spec. per la lana, la carne, la pelle, il latte (*Ovis aries*) | *P. delle montagne rocciose*, con corna nei due sessi, imponenti nei maschi, mantello bruniccio di peli duri (*Ovis canadensis*) | *P. selvatica del Pamir*, argalì | *P. bianca*, (*fig.*) chi gode di particolari privilegi nell'ambito di un gruppo, una comunità e sim. | *P. nera*, (*fig.*) chi spicca negativamente in una famiglia, gruppo, comunità e sim. | *P. segnata*, (*fig.*) persona pregiudicata o che sembra predestinata a una condanna e sim. | *Conoscere bene le proprie pecore*, (*fig.*) sapere con chi si tratta, con chi si ha a che fare | (*est.*) Animale: *trattare i popoli come pecore*; *uomini siate, e non pecore matte* (DANTE *Par.* V, 80). **2** (*fig.*) Persona debole, eccessivamente sottomessa e priva di volontà: *se ti lasci trattare così, sei una p.*; *non fare la p.* | (*est.*) Animale docile: *un cavallo che è una p* || PROV. Chi pecora si fa, il lupo se la mangia. || **pecoràccia**, pegg. | **pecorèlla**, dim. (V.) | **pecorétta**, dim. | **pecorìna**, dim. (V.) | **pecoróne**, accr. m. (V.) | **pecorùccia**, dim.

pecoràggine [da *pecora*] s. f. **1** Sottomissione dovuta a viltà e a mancanza d'intelligenza. **2** †Stupidità, melensaggine.

pecoràio o (*dial.*) **pecoràro**. s. m. (f. *-a*) **1** Guardiano di pecore. **2** (*fig.*) Persona rozza e maleducata.

pecoràme s. m. **1** Quantità di pecore. **2** (*fig.*) Moltitudine di persone che si comportano come pecore.

†**pecoràrio** agg. ● Di pecora.

pecoràro ● V. *pecoraio*.

pecoréccio A s. m. **1** (*raro*) Letamaio delle pecore. **2** (*fig., raro*) Situazione confusa e intricata da cui non si riesce a liberarsi: *cadere nel p.* **B** agg. (pl. f. *-ce*) **1** (*raro*) Pecorino. **2** (*est.*) Licenzioso, sboccato: *film pecorecci*.

pecorèlla s. f. **1** Dim. di *pecora*. **2** Piccola pecora, particolarmente timida e mansueta. **3** (*fig.*) Nuvoletta bianca, che nella forma ricorda una pecorella: *cielo a pecorelle*.

pecorésco agg. (pl. m. *-schi*) ● (*raro*) Sciocco e pauroso come una pecora. || **pecorescaménte**, avv. In modo pecoresco, vile.

pecorìle A agg. ● (*raro*) Di, attinente a pecora. **B** s. m. ● Ovile.

pecorìna s. f. **1** Dim. di *pecora*. **2** Letame di pecora.

pecorino [vc. dotta, lat. tardo *pecorīnu(m)*, agg. di *pĕcus*, genit. *pĕcoris* 'bestiame', poi 'pecora'] **A** agg. ● Di pecora: *pelle pecorina* | *Formaggio p.*, di latte di pecora. **B** s. m. ● Formaggio salato di latte intero di pecora: *p. romano, sardo.*

pècoro s. m. *1* (*raro*) Pecora grossa e brutta. *2* (*fig.*) Pecorone.

pecoróne **A** s. m. (f. *-a*, raro) *1* Accr. di *pecora*. *2* (*fig.*) Uomo debole, che accetta senza reagire imposizioni, violenze, soprusi e sim. SIN. Minchione. **B** agg. ● (*raro*) Inetto, vile: *gente pecorona.*

pecoróso [vc. dotta, lat. *pecorōsu(m)*, da *pĕcus*, genit. *pĕcoris* 'bestiame', poi 'pecora'] agg. ● (*raro, lett.*) Di paese o zona ricca di pecore: *giunto ai campi / della feconda, pecorosa Ftia* (MONTI).

pecorùme [comp. di *pecor(a)* e *-ume*] s. m. *1* Quantità di persone che si comportano in modo vile e servile. *2* (*raro, lett.*) Servilismo, viltà.

pècten [vc. lat. (nom.), che vale 'pettine', d'uso corrente in ingl.] s. m. inv. ● (*anat.*) Cresta ossea che forma il bordo superiore del pube.

pèctico o **pèttico** [vc. dotta, gr. *pēktikós* 'atto a congelare', da *pēktós* 'condensato', da *pēgnýnai* 'fissare, rendere compatto', di origine indeur.] agg. (pl. m. *-ci*) ● (*chim.*) Che ha relazione con la pectina | *Acido p.*, acido organico complesso ottenuto per idrolisi enzimatica delle pectine.

pèctide ● V. *pettide*.

pectìna o **pettìna** [dal gr. *pēktós* 'condensato'. V. *pectico*] s. f. ● (*chim.*) Sostanza organica complessa contenuta spec. nella frutta, usata per formare gelatine nell'industria dolciaria e in farmacologia.

pectis /*lat.* 'pɛktis/ ● V. *pettide*.

peculàto [vc. dotta, lat. *peculātu(m)*, da *peculāri* 'rubare il pubblico denaro', da *pecūlium* 'peculio'] s. m. ● (*dir.*) Reato del pubblico ufficiale o dell'incaricato di un pubblico servizio che, avendo per ragione del suo ufficio o servizio il possesso o comunque la disponibilità di denaro o di altra cosa mobile altrui, se ne appropria.

peculiàre [vc. dotta, lat. *peculiāre(m)* 'relativo al peculio, appartenente alla proprietà privata, proprio', da *pecūlium* 'peculio'] agg. ● Che è proprio o particolare di q.c. o di qc.: *la duttilità è una caratteristica p. di questo metallo* | Singolare, caratteristico: *non ci è sfuggito il carattere p. delle teorie esposte.* || **peculiarménte**, avv.

peculiarità s. f. ● Qualità di ciò che è peculiare | (*est.*) Cosa, carattere peculiare: *è una p. grammaticale del latino.* SIN. Caratteristica.

pecùlio [vc. dotta, lat. *pecūliu(m)* 'parte del gregge lasciata in proprietà allo schiavo' che questi normalmente rivendeva per comperarsi la libertà, poi 'risparmi, denaro', da *pĕcus* 'bestiame'. V. *pecora*] s. m. *1* Nel diritto romano, somma di denaro che il capofamiglia affidava in amministrazione e godimento al proprio figlio o al proprio schiavo. *2* (*est., scherz.*) Somma di denaro, gruzzolo: *nascondere il p.* *3* †Gregge, mandria. || **peculiétto**, dim.

pecùnia [vc. dotta, lat. *pecūnia(m)*, da *pĕcus* 'bestiame' (V. *pecora*), perché in origine la ricchezza consisteva nel bestiame] s. f. ● (*lett.* o *scherz.*) Denaro: *la p. è reggimento di tutte le cose* (ALBERTI).

†**pecuniàle** [vc. dotta, lat. tardo *pecuniāle(m)*, da *pecūnia* 'pecunia'] agg. ● Pecuniario: *sopra poveri impotenti tosto si dà indizio e corporale e p.* (SACCHETTI).

pecuniàrio [vc. dotta, lat. tardo *pecuniāriu(m)*, da *pecūnia* 'pecunia'] agg. ● Relativo al denaro: *questione pecuniaria* | Valutabile in denaro: *danno, guadagno p.* || **pecuniariaménte**, avv. Relativamente al denaro.

†**pecuniatìvo** agg. ● Che serve ad acquistare denaro.

†**pecunióso** [vc. dotta, lat. *pecuniōsu(m)*, da *pecūnia* 'pecunia'] agg. ● Danaroso, ricco | Avaro.

†**pedaggière** o †**pedagière**. s. m. ● Chi riscuoteva il pedaggio.

pedàggio [fr. *péage* 'diritto di mettere piede', dal lat. *pēs*, genit. *pĕdis* 'piede', rifatto sull'it. *piede*] s. m. *1* Tassa corrisposta per il transito di veicoli in determinati luoghi: *p. autostradale.* *2* †Dazio, gabella.

†**pedagière** ● V. †*pedaggiere*.

pedàgna [lat. tardo *pedānea(m)*, agg. f., 'che riguarda il piede', da *pēs*, genit. *pĕdis* 'piede'] s. f. *1* (*mar.*) Traversa di legno sulla quale i rematori posano i piedi vogando. SIN. Puntapiedi. *2* (*dial.*) Pedana.

pedàgnolo [dal lat. tardo *pedāneus* 'che riguarda il piede', da *pēs*, genit. *pĕdis* 'piede'] s. m. ● (*raro*) Fusto d'albero giovane | Carbone dolce in cannelli tondi.

pedagogherìa [da *pedagogo*] s. f. ● (*raro*) Pedanteria.

pedagogìa [vc. dotta, gr. *paidagōgía*, da *paidagōgós* 'pedagogo'] s. f. (pl. *-gie*) ● Teoria dell'educazione mirante a determinare i fini del processo educativo e i modi più atti a conseguirli.

pedagògico [vc. dotta, gr. *paidagōgikós*, agg. di *paidagōgía* 'pedagogia'] agg. (pl. m. *-ci*) ● Che concerne o interessa la pedagogia. || **pedagogicaménte**, avv. In modo pedagogico, secondo i criteri della pedagogia.

pedagogìsmo s. m. *1* Tendenza a teorizzare in misura eccessiva sui problemi della pedagogia. *2* L'uniformarsi ciecamente a un determinato metodo pedagogico.

pedagogìsta s. m. e f. (pl. m. *-i*) ● Chi si dedica allo studio dei problemi della pedagogia.

pedagogizzàre v. intr. (aus. *avere*) *1* Esplicare la propria opera di pedagogista. *2* (*spreg.*) Atteggiarsi a pedagogista in ogni luogo o situazione.

pedagògo [vc. dotta, lat. *paedagōgu(m)*, nom. *paedagōgus*, dal gr. *paidagōgós*, propriamente 'colui che conduce i fanciulli', comp. di *pâis*, genit. *paidós* 'fanciullo', di origine indeur. e *ágein* 'condurre', di origine indeur.] s. m. (f. *-a*; pl. m. *-ghi*) *1* Istitutore o precettore di fanciulli | (*lett.*) Guida intellettuale. *2* (*raro, scherz.*) Pedante.

pedalàbile [da *pedalare*] agg. ● Di strada percorribile in bicicletta senza eccessivo sforzo | Di salita non troppo ripida, che non costringa il ciclista a scendere dalla bicicletta.

pedalàre [da *pedale*] v. intr. (aus. *avere*) *1* Azionare un congegno o una macchina a pedali, spec. una bicicletta: *p. con fatica, a tutta forza* | (*est.*) Andare in bicicletta. *2* (*fig., fam.*) Camminare molto velocemente | (*est.*) Nel calcio, svolgere una gran mole di gioco, correre molto | (*est.*) *Pedala! Pedalare!*, incitazione a darsi da fare, a sbrigarsi.

pedalàta s. f. *1* Spinta data col piede sul pedale della bicicletta: *raggiunse l'angolo con quattro robuste pedalate.* *2* Colpo di pedale. *3* Modo di pedalare: *una p. sciolta, vigorosa.*

pedalatóre s. m. (f. *-trice*) ● Chi pedala. SIN. Ciclista.

pedàle [lat. *pedāle(m)* 'che riguarda il piede', da *pēs*, genit. *pĕdis* 'piede'] **A** s. m. *1* Qualsiasi organo azionato col piede per il comando di meccanismi vari | Parte della bicicletta su cui il ciclista preme con il piede per muovere il veicolo | *Sport del p.*, ciclismo. ➡ ILL. p. 1281 SPORT; p. 1745 TRASPORTI. *2* Meccanismo applicato ad alcuni strumenti musicali per ottenere determinati suoni, per prolungare o arrestare la risonanza e sim.: *il p. dell'organo, del clavicembalo, del pianoforte.* *3* (*mus.*) In armonia, nota grave che si prolunga sotto una variata serie d'accordi senza esserne necessariamente parte integrante. *4* Striscia di cuoio cucita ai due capi in cui il calzolaio introduce il piede tenendola in modo da tener ferma la scarpa in lavorazione sulle ginocchia. *5* Parte inferiore di un tronco d'albero: *non è possibile né naturale che uno p. sottile sostenga uno ramo grosso* (MACHIAVELLI). *6* †Falda, piede di un monte. *7* (*dial.*) Calzino. || **pedalìno**, dim. (V.). **B** agg. ● (*zool.*) Relativo al piede dei Molluschi o alla porzione basale del corpo con cui altri animali invertebrati si ancorano al substrato.

pedaleggiàre [ints. di *pedalare*] v. intr. (*io pedaléggio*; aus. *avere*) *1* (*raro*) Pedalare. *2* (*mus.*) Usare i pedali.

Pedaliàcee [dal gr. *pēdálion*, n. di una pianta, metafora di *pēdálion* 'timone', per la forma delle foglie. *Pēdálion* deriva da *pēdón* 'pala del remo', da *póus*, genit. *podós* 'piede' (V. *-pode*)] s. f. pl. ● Nella tassonomia vegetale, famiglia di piante erbacee dicotiledoni tropicali, generalmente litoranee, cui appartiene il sesamo (*Pedaliaceae*) | (al sing. *-a*) Ogni individuo di tale famiglia. ➡ ILL. **piante** /9.

pedalièra s. f. *1* Ruota dentata collegata ai pedali della bicicletta. *2* (*aer.*) Dispositivo su cui agiscono i piedi del pilota per il governo direzionale dell'aereo. *3* (*mus.*) Tastiera dell'organo azionata dai piedi | In un pianoforte, l'insieme dei pedali e del loro sostegno.

pedalìna [da *pedale*] s. f. ● Piccola macchina tipografica azionata a pedale.

pedalìno s. m. *1* Dim. di *pedale*. *2* (*dial.*) Calzino, spec. da uomo.

pedalizzàre [comp. di *pedale* e *-izzare*] v. intr. (aus. *avere*) ● (*raro*) Pedaleggiare.

pedalò ® [fr. *pédalo*, da *pédale* 'pedale', sul modello di *mécano* 'meccanico'] s. m. inv. ● Moscone, pattino a pedali.

pedalóne [adattamento di *pedalò*, per analogia con *moscone*] s. m. ● Pedalò.

pedàna [lat. parl. **pedāna(m)*, da *pēs*, genit. *pĕdis* 'piede'] s. f. *1* Struttura per appoggiarvi i piedi: *la p. di un tavolo.* *2* (*sport*) Attrezzo costituito da una tavola inclinata di legno su cui si batte il piede per prendere lo slancio nel salto in alto | Spazio in terra battuta o in polvere di mattone su cui l'atleta prende la rincorsa per eseguire la prova nelle gare di lancio e di salto: *la p. per il lancio del disco* | Ripiano di legno o di altri materiali su cui vengono disputati gli incontri di scherma | Nel baseball, zona del campo dove sta il lanciatore. ➡ ILL. p. 1286 SPORT. *3* Tappeto | *P. da letto*, scendiletto. *4* Striscia di panno che si cuce intorno a un indumento.

pedàneo [vc. dotta, lat. *pedāneu(m)*, da *pēs*, genit. *pĕdis* 'piede', perché camminavano a piedi] agg. ● Nel diritto romano, detto del giudice delegato dal funzionario imperiale per decidere le cause di minore importanza.

pedàno [lat. parl. **pedānu(m)*, da *pēs*, genit. *pĕdis* 'piede'] s. m. ● Scalpello da falegname per tagliare in direzione trasversale rispetto alle fibre.

pedantàggine s. f. ● (*raro*) Pedanteria.

pedànte (*1*) [dal lat. *pēs*, genit. *pĕdis* 'piede', cioè 'colui che accompagnava a piedi gli scolari' (?)] **A** agg. *1* (*spreg.*) Che cura eccessivamente il rispetto delle regole e della precisione formale: *un professore p.* | (*est.*) Che si preoccupa delle minuzie, che parla, scrive o lavora con esasperata minuziosità: *un tono p. pieno di tranquilla sufficienza* (MORAVIA). SIN. Cavilloso, pignolo. *2* (*spreg.*) Che imita servilmente i classici negli scritti e sim.: *un verseggiatore p.* || **pedanteménte**, avv. In modo pedante. **B** s. m. e f. *1* (*spreg.*) Chi è eccessivamente ligio alle regole grammaticali o alle norme che reggono un determinato lavoro, ed è pronto a correggere gli errori altrui, mostrando con presunzione il proprio sapere. *2* (*spreg.*) Chi nello scrivere imita pedissequamente i classici: *è un p. del tutto privo di originalità.* **C** s. m. *1* †Istitutore, pedagogo. *2* (*raro*) Pedanteria: *cadere nel p.* || **pedantèllo**, dim. | **pedantìno**, dim. | **pedantóne**, accr. | **pedantùccio**, **pedantùzzo**, dim. | **pedantùcolo**, dim.

†**pedànte** (*2*) [da *piede*, sul modello di *cavalcante*] s. m. ● (*raro*) Pedone.

pedanteggiàre [comp. di *pedante* (*1*) e *-eggiare*] v. intr. (*io pedantéggio*; aus. *avere*) ● Fare il pedante.

pedanterìa [da *pedante* (*1*)] s. f. ● Caratteristica di chi, di ciò che è pedante: *la sua p. è insopportabile*; *una p. che soffoca* | Minuzia o sottigliezza da pedante: *mi perseguita con le sue pedanterie.* SIN. Cavillosità, sofisticaggine.

pedantésco agg. (pl. m. *-schi*) *1* †Di, da pedante o istitutore. *2* (*spreg.*) Eccessivamente minuzioso e sottile, che trascura gli elementi più importanti e si perde in piccolezze: *insegnamento p.*; *critica pedantesca* | *Lingua pedantesca*, venuta in uso nel sec. XVI, e che consisteva in un latino con desinenze italiane, impiegato in componimenti burleschi. || **pedantescaménte**, avv. In modo pedantesco, con pedanteria.

pedantéssa s. f. ● (*raro*) Donna pedante.

†**pedantizzàre** v. intr. ● Pedanteggiare.

pedàrio [vc. dotta, lat. *pedāriu(m)*; stessa etim. di *pedaneo*] agg. ● Detto di senatore o di decurione che non avesse avuto mai ufficio od onori curuli nella Roma antica.

pedàta [dal lat. *pēs*, genit. *pĕdis* 'piede'] s. f. *1* Impronta lasciata dal piede, spec. dell'uomo | *Seguire le pedate di qc.*, seguirne le orme o (*fig.*) l'esempio | (*raro, est.*) Rumore di passi: *lo riconob-*

be alle pedate (MACHIAVELLI). SIN. Orma. **2** Colpo dato col piede: *prendere a pedate qc.* SIN. Calcio. **3** Parte orizzontale di un gradino, ampia abbastanza da permettere l'appoggio del piede.

pedatóre [da *pedata*] s. m. (f. *-trice*) ● (*iron.*) Calciatore.

pedatòrio [da *pedata*] agg. ● (*iron.*) Calcistico.

pedecollìna [comp. del lat. *pēs*, genit. *pĕdis* 'piede' e dell'it. *collina*] s. f. ● (*geogr.*) Zona pedecollinare.

pedecollinàre [comp. del lat. *pēs*, genit. *pĕdis* 'piede', e dell'it. *collinare*] agg. ● Che si trova ai piedi di una collina: *strada p.*

pedemontàno [comp. del lat. *pēs*, genit. *pĕdis* 'piede' e *montānus* 'montano', cioè 'che sta ai piedi dei monti'] agg. ● Che si trova ai margini di catene o massicci montuosi: *ghiacciaio p.*; *strada pedemontana.*

pedemónte [comp. del lat. *pēs*, genit. *pĕdis* 'piede' e dell'it. *monte*] s. m. ● (*geogr.*) Zona pedemontana.

pederàsta [vc. dotta, gr. *paiderastḗs*, comp. di *pâis*, genit. *paidós* 'fanciullo' (V. *pedagogo*), ed *erastḗs* 'amatore', da *erân* 'amare' (V. *erotico*)] s. m. (pl. *-i*) ● Chi pratica la pederastia.

pederastìa [vc. dotta, gr. *paiderastía*, da *paiderastḗs* 'pederasta'] s. f. ● Omosessualità maschile, spec. verso i fanciulli.

pederàstico agg. (pl. m. *-ci*) ● Relativo alla pederastia o al pederasta: *rapporto p.*

pedèstre o †**pedèstro** [vc. dotta, lat. *pedĕstre(m)*, da *pĕdes*, genit. *pĕditis* 'fante', a sua volta da *pēs*, genit. *pĕdis* 'piede'] agg. **1** (*raro*) Che va a piedi: *milizia p.* | *Statua p.*, che raffigura la persona in piedi | (*est.*) Che è fatto a piedi: *viaggio p.* **2** (*fig.*) Qualitativamente poco pregevole, di tono e stile banale: *discorso p.*; *l'azione è p. e borghese, di una prosaica chiarezza* (DE SANCTIS). SIN. Ordinario. || **pedestreménte**, avv. In modo pedestre, povero, banale: *esporre pedestremente le proprie idee*; *imitare pedestremente*, pedissequamente.

pedète [vc. dotta, gr. *pēdḗtēs* 'saltatore', da *pēdân* 'saltare', di origine indeur.] s. m. ● Roditore africano di mole notevole con arti posteriori simili a quelli del canguro, morbida pelliccia e carni gustose (*Pedetes cafer*).

†**pedìa** [vc. dotta, gr. *paidéia* 'educazione dei fanciulli', da *pâis*, genit. *paidós* 'fanciullo'. V. *pedagogo*] s. f. ● (*raro*) Pedagogia.

pediàtra [comp. del gr. *pâis*, genit. *paidós* 'fanciullo' (V. *pedagogo*) e *-iatra*] s. m. e f. (pl. m. *-i*) ● Medico specialista in pediatria.

pediatrìa [comp. del gr. *pâis*, genit. *paidós* 'fanciullo' (V. *pedagogo*) e *-iatria*] s. f. ● (*med.*) Ramo della medicina che si occupa dello sviluppo fisico e mentale del bambino e dello studio e terapia delle malattie infantili.

pediàtrico agg. (pl. m. *-ci*) ● Di pediatria: *clinica pediatrica.*

pediàtro s. m. ● (*raro*) Pediatra.

pedibus calcantibus /*lat.* 'pɛdibus kal'kantibus/ [loc. lat., propr. 'con i piedi che calcano il terreno'] loc. avv. ● (*scherz.*) A piedi: *non ho la macchina, quindi verrò pedibus calcantibus.*

†**pèdica** [lat. parl. **pĕdica(m)*, da *pēs*, genit. *pĕdis* 'piede'] s. f. ● Orma di piede.

pèdice [dal lat. *pēs*, genit. *pĕdis* 'piede', sul modello di *indice*] s. m. ● In espressioni matematiche, formule chimiche e sim., numero, lettera o simbolo che viene aggiunto ad altra lettera in basso, gener. a destra e in corpo più piccolo. SIN. Deponente.

pedicellàrìa [comp. di *pedicell(o)* (*1*) e del suff. *-aria*, pl. nt. del lat. *-ariu(m)* '-aio'] s. f. ● (*zool.*) Appendice scheletrica degli Echinodermi in grado di catturare e trattenere corpi od organismi.

pedicellàto [da *pedicello* (*1*)] agg. ● (*bot.*) Detto di fiore fornito di pedicello.

pedicèllo (**1**) [vc. dotta, lat. parl. **pedicĕllu(m)*, dim. di *pedĭculus* 'piedino', dim. di *pēs*, genit. *pĕdis* 'piede'] s. m. **1** Singolo gambo del fiore. **2** (*zool.*) *P. ambulacrale*, organo di locomozione o di adesione degli Echinodermi.

pedicèllo (**2**) [lat. parl. **pedicĕllu(m)*, dim. di *pedīculus* 'pidocchio' (V.)] s. m. **1** Piccolo verme | Pidocchio. **2** (*region.*) Piccolo foruncolo.

pedicolàre [vc. dotta, lat. *peduculāre(m)*, da *pedīculus* 'pidocchio'] agg. ● (*med.*) Di pidocchio | *Morbo p.*, pediculosi.

Pedicolàti [dal lat. *pedĭculus* 'piedino', dim. di *pēs*, genit. *pĕdis* 'piede', detti così perché hanno i raggi delle pinne peduncolati e mobili] s. m. pl. ● (*zool.*) Lofiformi.

pedìculo [vc. dotta, lat. *pedīculu(m)* 'pidocchio' (V.)] s. m. ● Pidocchio.

pediculòṣi [comp. di *pedicul(o)* e *-osi*] s. f. ● (*med.*) Ftiriasi.

pedicùre [fr. *pédicure*, comp. del lat. *pēs*, genit. *pĕdis* 'piede' e *curāre* 'curare'] **A** s. m. e f. inv. ● Chi, per mestiere, è specializzato nell'igiene e nella cosmesi dei piedi. **B** s. m. ● (*impr.*) Trattamento curativo o estetico dei piedi: *farsi il p.*

pedìdio [vc. dotta, deriv. del gr. *pedíon* 'pianta del piede'] agg. ● (*anat.*, *zool.*) Riferito al piede dei Vertebrati | *Muscolo p.*, muscolo inserito sulle prime quattro dita del piede.

pedignóne [sovrapposizione del lat. *pĕde(m)* 'piede' a *perniōne(m)* 'gelone', da *pĕrna* 'coscia, gamba', di origine indeur.] s. m. ● Gelone.

pedigree /*ingl.* 'pedigri:/ [vc. ingl., dal fr. *pied de grue* 'piede di gru', dal segno di cui ci si serviva nei registri ufficiali inglesi per indicare i gradi o le ramificazioni di una genealogia] s. m. inv. ● Genealogia di un animale di razza | Certificato genealogico.

pedilùvio [comp. del lat. *pēs*, genit. *pĕdis* 'piede' e *-lŭvium*, da *lăvere* 'lavare'] s. m. ● Immersione dei piedi in acqua calda, fredda o medicata, per cura.

pedìna [dal lat. *pēs*, genit. *pĕdis* 'piede'] s. f. **1** Ciascuno dei dischetti di legno, avorio, osso, plastica e sim. (dodici bianchi e dodici neri), con cui si gioca a dama: *mangiare, soffiare una p.* | *Muovere una p.*, spostarla da una all'altra casella secondo le regole del gioco e (*fig.*) utilizzare per i propri fini una situazione, far intervenire una persona importante e sim. **2** (*fig.*) Persona di scarsa importanza o rilievo, che agisce per impulso o volontà altrui: *non è l'organizzatore del complotto, è solo una p.* | (*fig.*) *Essere una p. nelle mani di qc.*, essere solo un suo strumento.

pedinaménto s. m. ● Modo e atto del pedinare.

pedinàre [lat. parl. **pedināre*, da *pēs*, genit. *pĕdis* 'piede'] **A** v. tr. ● Seguire una persona con circospezione, allo scopo di spiarne le mosse: *i carabinieri lo hanno pedinato a lungo*; *ha fatto p. la moglie.* **B** v. intr. (aus. *avere*) **1** Con riferimento a uccelli selvatici, camminare velocemente e al coperto, per piccoli tratti, spec. allo scopo di allontanarsi da un cane in ferma. **2** †Camminare passo passo.

pedipàlpo [comp. del lat. *pēs*, genit. *pĕdis* 'piede' (qui 'base'), e di *palpo*] s. m. ● (*zool.*) Nei Chelicerati, ciascuno degli arti del secondo paio, simile a una zampa o a una chela, a funzione tattile, prensile o copulatoria.

pedìsséquo [vc. dotta, lat. *pedĭsequu(m)* 'servo che accompagna a piedi il padrone', comp. di *pēs*, genit. *pĕdis* 'piede' e *sĕqui* 'seguire'] agg.; anche s. m. (f. *-a*, raro) ● Che, chi si adegua passivamente e senza alcun contributo personale od originale alle idee, ai metodi, allo stile e sim., di qc.: *un imitatore p. dei classici* | *Traduttore p.*, letterale. || **pedissequaménte**, avv. In modo pedissequo: *seguire pedissequamente le idee di qc.*

†**peditàto** [vc. dotta, lat. *peditātu(m)*, da *pĕdes*, genit. *pĕditis* 'fante'] s. m. ● Fanteria.

pedivèlla [dal lat. *pēs*, genit. *pĕdis* 'piede', sul modello di *manovella*] s. f. ● Braccio di leva che unisce il pedale della bicicletta al perno di movimento.

pèdo [vc. dotta, lat. *pĕdu(m)*, da *pēs*, genit. *pĕdis* 'piede'] s. m. **1** Bastone nodoso usato dai pastori per guidare le greggi. **2** Bastone diritto sormontato da un crocifisso, una delle insegne del pontefice.

pedocèntrico o **paidocèntrico** [comp. del gr. *pâis*, genit. *paidós* 'bambino, fanciullo' (V. *pedagogo*) e *centro*, con suff. aggettivale] agg. (pl. m. *-ci*) ● Relativo a, caratterizzato da pedocentrismo: *sistema educativo p.*; *società pedocentrica.*

pedocentrìṣmo o **paidocentrìṣmo** [comp. del gr. *pâis*, genit. *paidós* 'bambino, fanciullo' (V. *pedagogo*) e *centrismo*] s. m. ● Dottrina pedagogica che considera come punto di partenza di ogni azione educativa il bambino, le sue esigenze, i suoi interessi e lo sviluppo della sua personalità.

pedoclìma [comp. del gr. *pédon* 'terreno' e di *clima* nel senso di 'climax'] s. m. (pl. *-i*) ● Complesso delle condizioni fisiche e chimiche che presenta lo strato più superficiale di un terreno, per influenza dei fattori climatici.

pedoclimàtico agg. (pl. m. *-ci*) ● Relativo al pedoclima: *ambiente p.*

pedofilìa o **paidofilìa** [comp. del gr. *pâis*, genit. *paidós* 'bambino, fanciullo' (V. *pedagogo*), e *-filia*] s. f. ● Attrazione erotica, spec. omosessuale, verso bambini e giovinetti.

pedòfilo [da *pedofilia*] s. m. ● Chi ha propensione alla pedofilia.

pedogamìa [comp. del gr. *pâis*, genit. *paidós* 'bambino' (V. *pedagogo*), e *-gamia*] s. f. ● (*biol.*) Tipo di riproduzione in cui lo zigote deriva dall'unione di due gameti prodotti da individui nati per scissione da uno stesso progenitore.

pedogèneṣi (**1**) [comp. del gr. *pâis*, genit. *paidós* 'bambino, fanciullo' (V. *pedagogo*) e *genesi*] s. f. ● (*biol.*) Partenogenesi in individui allo stato larvale.

pedogèneṣi (**2**) [comp. del gr. *pédon* 'pianura', di origine indeur., e *genesi*] s. f. ● (*geol.*) Processo di formazione dei suoli naturali, vegetali e agrari.

pedologìa (**1**) o **paidologìa** [comp. del gr. *pâis*, genit. *paidós* 'fanciullo', (V. *pedagogo*) e *-logia*] s. f. (pl. *-gie*) ● Scienza che studia i rapporti tra i bambini o gli adolescenti e le istituzioni come la famiglia, la scuola e la società.

pedologìa (**2**) [comp. del gr. *pédon* 'pianura', di origine indeur., e *-logia*] s. f. (pl. *-gie*) ● Scienza che studia i terreni naturali, vegetali e agrari.

pedològico agg. (pl. m. *-ci*) ● Relativo alla pedologia agraria: *condizioni pedologiche.*

pedòlogo s. m. (pl. *-gi*) ● Studioso, esperto di pedologia agraria.

pedòmetro [comp. del lat. *pēs*, genit. *pĕdis* 'piede', e *-metro*] s. m. ● Strumento di aspetto simile a un orologio, che segna il numero di passi compiuti da una persona. SIN. Contapassi, odometro.

pedóna [dal lat. *pēs*, genit. *pĕdis* 'piede'] **A** agg. solo f. ● (*raro*) Di strada che si può percorrere solo a piedi: *strada p.* **B** s. f. ● †Pedina degli scacchi. || †**pedoncina**, dim.

†**pedonàggio** [da *pedone*] s. m. ● Fanteria.

†**pedonàglia** [da *pedone*] s. f. ● L'insieme dei soldati a piedi.

pedonàle agg. ● Detto di strada, spazio e sim. riservato ai pedoni: *passaggio p.*; *isola p.* | Di, relativo a pedone: *traffico p.*

pedonalità s. f. ● Caratteristica di ciò che è pedonale o ha subìto pedonalizzazione.

pedonalizzàre [comp. di *pedonal(e)* e *-izzare*] v. tr. (*io pedonalìzzo, tu pedonalìzzi*) ● Riservare un quartiere, una strada urbana e sim. al transito pedonale, escludendone automezzi, motociclette e sim.

pedonalizzazióne s. f. ● Atto, effetto del pedonalizzare.

pedóne [dal lat. *pēs*, genit. *pĕdis* 'piede'] **A** s. m. (f. *-a* nel sign. 1) **1** Chi cammina a piedi, spec. contrapposto a chi si sposta con un veicolo: *viale riservato ai pedoni.* **2** Ciascuno dei 16 pezzi minori del gioco degli scacchi, che si collocano innanzi agli altri. **3** †Fante, soldato a piedi. **B** agg. ● (*raro*) Che va a piedi: *soldato p.*; *l'esercito p.* (TASSO).

†**pedóni** avv. ● (*raro*) A piedi.

†**pedóta** o †**pedòto**, †**pedòtta**, †**pedòtto** [da *piede*; il sign. originario doveva essere quello di 'guida'] s. m. ● (*raro*) Pilota.

pedùccio s. m. **1** Dim. di *piede* | †*Far p.*, (*fig.*) dare aiuto, sostenere. **2** Zampetto di maiale, agnello, capretto, lepre. **3** (*arch.*) Parte più bassa dell'imposta delle volte a vela o a crociera | *Arco a p. rialzato*, arco generalmente semicircolare con prolungamento verticale dei lati. **4** Presa di corrente di lampada elettrica o valvola termoionica. || **peduccìno**, dim.

pedùla [V. *pedule*] s. f. ● In alpinismo, calzatura con suola leggera e flessibile di gomma (in passato in feltro o tela), usata nell'arrampicata pura su roccia | (*est.*) Calzatura rinforzata per escursioni in montagna. ➡ ILL. p. 1296 SPORT.

pedùle [vc. dotta, lat. tardo *pedūle*, nt. sost. dell'agg. *pedūlis* 'per i piedi', da *pēs*, genit. *pĕdis* 'piede'] **A** s. m. ● La parte della calza o del calzino che ricopre il piede. **B** agg. ● †Del piede | †*In peduli*, a piedi nudi e (*fig.*) in miseria.

peduncolàre agg. ● Di peduncolo.

Peduncolàti [da *peduncolo*] s. m. pl. ● Nella tassonomia animale, gruppo di Cirripedi muniti di un lungo peduncolo mediante cui l'animale si fissa al substrato.

peduncolàto **A** agg. ● Fornito di peduncolo. **B** s. m. ● (*zool.*) Ogni individuo appartenente al gruppo dei Peduncolati.

pedùncolo [dal lat. *pēs*, genit. *pĕdis* 'piede'] s. m. *1* (*bot.*) Struttura più o meno sottile che sostiene un organo, spec. la porzione terminale del ramo che porta il fiore. SIN. Pedicello. *2* (*zool.*) Organo generalmente di forma sottile e allungata che sostiene un corpo o parti di esso. *3* (*anat.*) Parte allungata, prominente di un organo | *Peduncoli cerebrali*, porzione ventrale del mesencefalo in forma di due tronchi nervosi cilindrici costituiti da importanti fasci di fibre nervose.

peeling /'pilin(g), *ingl.* 'pi:liŋ/ [vc. ingl., propriamente 'sbucciatura', 'togliere la buccia (*to peel*, dal fr. *peler*, di origine lat.: *pilāre* 'togliere i peli')'] s. m. inv. ● Procedimento di abrasione degli strati superficiali della pelle del viso | (*est.*) Trattamento cosmetico eseguito con apposite sostanze per ottenere, mediante frizionamento, una leggerissima abrasione della pelle del viso.

peep-show /*ingl.* 'pip ʃou/ o **peep show** [vc. ingl., propr. 'mostra (*show*) da vedere rapidamente (*peep*)'] s. m. inv. *1* Apparecchio nel quale si possono vedere immagini attraverso una semplice feritoia, talvolta munita di lente. *2* Specchio-vetro che permette di vedere una scena senza essere visti. *3* All'interno di locali porno, esibizione di ragazze nude o seminude dietro un vetro | Locale che ospita questi spettacoli.

pegamòide ® [nome commerciale] s. m. o f. ● Tipo di finto cuoio ottenuto industrialmente ricoprendo un tessuto con un prodotto a base di celluloide.

pegasèo [vc. dotta, lat. *Pegasēu(m)*, nom. *Pegasēus*, dal gr. *Pēgáseios*, agg. di *Pḗgasos* 'Pegaso'] agg. ● Di, relativo a Pegaso, cavallo alato nella mitologia greco-romana | *La fonte pegasea*, quella che Pegaso fece sgorgare, con un colpo di zoccolo, sull'Elicona, soggiorno delle Muse | *Montar sul cavallo p.*, (*fig.*) comporre poesie.

Pegasifórmi [comp. di *pegaso* e *-forme*] s. m. pl. ● Nella tassonomia animale, ordine di Pesci ossei dei mari tropicali con corpo rivestito di placche ossee e grandi pinne pettorali orizzontali (*Pegasiformes*) | (al sing. *-e*) Ogni individuo di tale ordine.

pègaso [da *Pegaso*, il cavallo alato della mitologia: detto così perché ha le pinne che assomigliano ad ali] s. m. ● Pesce osseo degli Attinopterigi con corpo depresso rivestito di piastre ossee, pinne pettorali espanse come ali e naso prolungato in un rostro (*Pegasus volans*).

pèggio [lat. *pēius*, avv., dal nt. di *pēior* 'peggiore'] **A** avv. *1* In modo peggiore (con riferimento a qualità e valori morali, intellettuali): *questa volta ti sei comportato ancora p.*; *cambia sempre in p.* CONTR. Meglio. *2* In modo meno soddisfacente, meno adeguato: *più lo rimproveri e p. fa*; *li tratta p. delle bestie*; *oggi mi sento p.*; *gli affari vanno sempre p.*; *p. di così non potrebbe essere* | *Cambiare in p.*, peggiorare | *Andare di male in p.*, peggiorare sempre più | *O, p.*, correggendo per inciso un'affermazione precedente: *potrebbe essere rimandato a settembre o, p., bocciato* | (*pop.*) *P. di così si crepa!*, non potrebbe andare in un modo peggiore. CONTR. Meglio. *3* Meno chiaramente, meno distintamente: *senza occhiali vedo p.*; *da qui si sente p.* CONTR. Meglio. *4* Meno (davanti a un part. pass. forma un compar. di minoranza, mentre, preceduto dall'art. det., forma un sup. rel.): *sei p. preparato di ieri*; *questo è il lavoro riuscito p.*; *è il ragazzo p. educato ch'io conosca*. **B** in funzione di agg. inv. *1* Peggiore (spec. come predicato di 'essere', 'parere', 'sembrare' e sim.): *questa soluzione è p. della prima*; *mi sembri p. di tuo fratello*; *lei è mille volte p. di suo marito* | (*pop.*) Preceduto dall'art. det., forma il sup. rel.: *è la p. donna che io conosca*; *è la p. cosa che tu potessi fare*; *mi è toccata in sorte la roba p.* | Come attributo seguito da un s.: *una casa p. non la potevi trovare* | Con ellissi del s.: *è gentaglia ma ce n'è della p.*; *ne conosco uno p. di lui*. CONTR. Meglio. *2* Meno opportuno, meno preferibile (con valore neutro): *tacere in questo caso è p.*; *se non te ne vai subito domani sarà p.*; *tenergli nascosta la verità è ancora p.* | *P. che p.*, *p. che mai*, *p. che andar di notte*, meno che mai opportuno, conveniente e sim. | *P. per me*, *per te*, con riferimento a cosa che si risolverà a mio, tuo danno: *se sarò bocciato, p. per me!*; *tanto p. per voi se gli date ascolto!* | In espressioni partitive: *potrebbe fare di p.* CONTR. Meglio. **C** in funzione di s. m. inv. ● La cosa, la parte e sim. peggiore (con valore neutro): *questo è il p. che mi potesse capitare*; *il p. buttalo via* | *Per il p.*, nel modo peggiore, meno vantaggioso: *le cose vanno per il p.*; *gli affari si stanno mettendo per il p.* **D** in funzione di s. f. inv. ● La cosa, la parte e sim. peggiore (con valore neutro) | *Avere la p.*, avere la sorte peggiore, restare battuto | *Alla p.*, *alla meno p.*, nella peggiore delle ipotesi e (*est.*) come si può, in qualche modo, più male che bene: *alla p. dormiremo in macchina*; *un lavoro fatto alla p.*

peggioraménto o †**piggioraménto**. s. m. ● Atto, effetto del peggiorare: *p. del tempo*, *delle condizioni di salute*, *della situazione economica*. CONTR. Miglioramento.

peggioràre o †**piggioràre** [lat. tardo *peiorāre*, da *pēior*, genit. *peiōris* 'peggiore'] **A** v. tr. (*io peggióro* o *pop. tosc. pèggioro*) *1* Rendere peggiore: *comportandoti così, peggiorerai la tua situazione*. CONTR. Migliorare. *2* †Danneggiare. **B** v. intr. (aus. *essere* se si riferisce a un oggetto, *essere* o *avere* se si riferisce a persona) ● Diventare peggiore: *si informarono se l'allievo aveva peggiorato nel profitto e nella condotta*; *le condizioni atmosferiche peggiorano ogni giorno*. **C** in funzione di s. m. solo sing. ● Peggioramento: *il p. della malattia*; *il continuo p. delle relazioni internazionali*.

peggiorativo **A** agg. ● Atto a peggiorare. || **peggiorativaménte**, avv. In modo peggiorativo. **B** s. m. ● (*ling.*) Affisso o morfema lessicale che implica un giudizio negativo, una sfumatura spregiativa.

peggioràto o †**piggioràto**. part. pass. di *peggiorare*; anche agg. ● Nei sign. del v.

peggioratóre agg.; anche s. m. (f. *-trice*) ● Che, chi rende peggiore, produce un peggioramento.

peggióre o †**piggióre** [lat. *peiōre(m)*, da una radice indeur. che indica 'cadere'] **A** agg. (preceduto dall'art. det. forma il sup. rel.) *1* Compar. di *cattivo*. *2* Inferiore per qualità, pregio, condizione, capacità e sim.: *è il peggior consigliere che potesse trovare*; *ha scelto il tessuto p.*; *moralmente è il p. individuo ch'io abbia conosciuto*; *sei il p. di tutti gli alunni* | *Rendere p.*, peggiorare. *3* Meno utile, vantaggioso, comodo e sim.: *ridursi nel p. stato*; *nel p. dei casi*; *ho conosciuto tempi peggiori*. || †**peggiorménte**, avv. **B** s. m. e f. ● Persona più cattiva moralmente, meno pregevole, meno bella e sim.: *i peggiori sembrano avere maggior fortuna*; *quanto a bellezza è la p. fra tutte voi*. CONTR. Migliore. **C** s. m. ● †Peggio: *veggio 'l meglio et al peggior m'appiglio* (PETRARCA).

†**peghèsce** [ted. *Pekesche*, dal polacco *bekiesza* 'mantello di pelliccia', dall'ungherese *bekecs* 'pelliccia'] s. m. ● Soprabito a lunghe falde.

†**pégli** [comp. di *per* e *gli*] prep. art. m. pl. poet. ● V. *gli* per gli usi ortografici.

pegmatite [dal gr. *pêgma*, genit. *pḗgmatos* 'condensamento', da *pēgnýnai* 'ficcare, rendere compatto'. V. *pectico*] s. f. ● (*miner.*) Roccia eruttiva a giacitura filoniana, caratterizzata da cristalli molto grossi, particolarmente pregiati per uso industriale.

pégno [lat. *pĭgnus*, dalla radice di *pĭngere* 'dipingere'; il *pĭgnus* doveva essere in origine un segno fatto per ricordare un impegno preso] s. m. (pl. †*pégnora*, f.) *1* (*dir.*) Diritto reale costituito su un bene mobile, del debitore o di un terzo, che viene consegnato al creditore o a un terzo designato dalle parti a garanzia dell'adempimento dell'obbligazione | *P. irregolare*, il cui oggetto è costituito da cose fungibili che, pertanto, diventano di proprietà del creditore pignoratizio. *2* Bene mobile oggetto di tale diritto reale | Nei giochi di società, oggettino depositato da chi perde e riscattabile solo a penitenza effettuata. *3* (*fig.*) Segno, testimonianza o garanzia di q.c.: *un p. d'amore*, *d'amicizia*, *di fedeltà*; *le sue opere sono p. di libertà per le generazioni future*; *gli dedicò il libro come p. di stima e d'affetto*. *4* (*raro*) Scommessa: *vincere il p.* | *Metter p.*, scommettere. || **pegnùccio**, **pegnùzzo**, dim.

pegnoràre ● V. *pignorare*.

pégola [lat. tardo *pĭcula(m)*, dim. di *pĭx*, genit. *pĭcis* 'pece'] s. f. *1* (*raro*) Pece, spec. liquida: *laghi di p.*, *addensata / di serpenti di mostri e dimon duri* (CARDUCCI). *2* (*fig.*, *dial.*) Sfortuna, disdetta.

pegolièra [da *pegola*] s. f. *1* Grossa barca munita di caldaia ove bolle la pece per lavori di calafato. *2* Tettoia sotto cui nell'arsenale si bolle pece, catrame, bitume.

péi [comp. di *per* e *i* (*1*)] prep. art. m. pl. poet. ● V. *i* per gli usi ortografici. Si usa, nel linguaggio lett., davanti a parole m. pl. che cominciano per consonante che non sia *gn*, *ps*, *s impura*, *x*, *z*; (*tosc.*, *poet.*) troncato in *pe'*: *pei campi*; *pei semplici*; *un mormorio / pe' dubitanti vertici ondeggiò* (CARDUCCI).

peignoir /*fr.* pɛ'ɲwar/ [vc. fr., da *peigner* 'pettinare', da *pigne* 'pettine'] s. m. inv. ● Mantellina usata dalle donne per coprire le spalle durante la pettinatura.

pel /pel/ o (*raro*, *poet.*) **pe 'l** [comp. di *per* e *il*] prep. art. m. s. poet. ● V. *il* per gli usi ortografici.

†**pelacàni** [comp. di *pela(re)* e il pl. di *cane*] s. m. ● Conciatore di pelli.

pelacchiàre [ints. di *pelare*] v. tr. (*io pelàcchio*) *1* (*raro*) Spelacchiare. *2* (*fig.*) Derubare, sfruttare.

†**pelagàtti** [comp. di *pela(re)* e il pl. di *gatto*] s. m. ● Truffatore.

pelàgia [vc. dotta, gr. *pelágia*, f. di *pelágios* 'marino', agg. di *pélagos* 'mare'. V. *pelago*] s. f. (pl. *-gie*) ● Medusa degli Scifozoi, con ombrella dotata di otto lunghi tentacoli marginali, di colore bruno, luminosa di notte, se sfiorata (*Pelagia noctiluca*).

pelagianismo [comp. di *pelagiano* e *-ismo*] s. m. ● Dottrina eretica di Pelagio che negava il peccato originale e affermava la possibilità di salvarsi con le sole opere senza la necessità della grazia, affermatasi nel V sec.

pelagiàno **A** agg. ● Relativo a Pelagio, al pelagianismo. **B** s. m. ● Seguace di Pelagio, del pelagianismo.

pelàgico [vc. dotta, lat. *pelăgicu(m)*, nom. *pelăgicus*, dal gr. *pelagikós*, agg. di *pélagos* 'mare'. V. *pelago*] agg. (pl. m. *-ci*) ● Che vive o si trova in alto mare: *flora*, *fauna pelagica*.

Pelàgidi [comp. di *pelagi(a)* e *-idi*] s. m. pl. ● Nella tassonomia animale, famiglia di meduse del Mediterraneo cui appartiene la pelagia (*Pelagiidae*) | (al sing. *-e*) Ogni individuo di tale famiglia.

pèlago [vc. dotta, lat. *pĕlagu(s)*, nt., dal gr. *pélagos*, di origine indeur.] s. m. (pl. *-ghi*) *1* (*lett.*) Alto mare: *uscito fuor del p. a la riva / si volge a l'acqua perigliosa e guata* (DANTE *Inf.* I, 23-24) | Vasta distesa d'acqua. *2* (*fig.*) †Passione, spec. amorosa, in cui l'animo si perde. *3* (*fig.*) Insieme di cose fastidiose e spiacevoli in cui si resta intricati: *si è invischiato in un p. di impegni inutili*. SIN. Ginepraio. || **pelaghétto**, dim.

pelagrilli [comp. di *pela(re)* e il pl. di *grillo*] s. m. ● (*raro*) Avaro.

†**pelamantèlli** [comp. di *pela(re)* e il pl. di *mantello*] s. m.; anche agg. *1* Furfante. *2* Rigattiere.

†**pelamàtti** [comp. di *pela(re)* e il pl. di *matto*] s. m.; anche agg. ● Imbroglione.

pelàme [da *pelo*] s. m. ● Mantello, vello: *il pregiato p. dell'ermellino* | *Essere d'uno stesso p.*, (*fig.*) della stessa risma. SIN. Mantello.

pelaménto s. m. ● (*raro*) Modo e atto del pelare.

pelàmide [vc. dotta, lat. *pelămyde(m)*, nom. *pēlamys*, dal gr. *pēlamýs*; da *pēlós* 'fango', in cui vive (?)] s. f. ● Serpente velenoso degli Idrofidi scuro sul dorso, aranciato sul ventre, che vive negli oceani tropicali cibandosi di pesci (*Pelamydrus platurus*).

pelànda [da *pelare*, sul modello di *filanda*] s. f. *1* Pelatoio. *2* V. *pellanda*.

pelandróne [etim. incerta] s. m. (f. *-a*) ● Scansafatiche, fannullone, poltrone: *un tardo e sbadato p.* (BACCHELLI).

pelandronite [comp. scherz. di *pelandrone* e *-ite*

(*1*)] s. f. • (*fam.*, *scherz.*) Il vizio d'essere fannullone e scansafatiche, inteso quasi come una malattia: *non c'è cura per la sua p.* SIN. Pigrizia.

†**pelanìbbi** [comp. di *pela(re)* e il pl. di *nibbio*] s. m. • Aggiratore, truffatore.

pelapatàte [comp. di *pela(re)* e il pl. di *patata*] s. m. inv. *1* Sorta di coltello da cucina per sbucciare le patate. SIN. Sbucciapatate. *2* Macchina per pelare le patate.

†**pelapièdi** [comp. di *pela(re)* e il pl. di *piede*] s. m. • Imbroglione.

pelapólli [comp. di *pela(re)* e il pl. di *pollo*] s. m. e f. inv. *1* Chi per mestiere pela i polli: *fa il p. al pollaiolo.* *2* (*fig.*) Persona dappoco.

pelàre [lat. *pilāre*, da *pĭlus* 'pelo'] **A** v. tr. (*io pélo*) *1* Privare dei peli, delle penne e sim.: *p. la pelle di un animale dopo averlo scuoiato*; *p. un pollo, un'anatra, la selvaggina*; *il re ... si straziava il manto / e via pelava sua barba canuta* (BOIARDO) | *P. le viti, un ramo*, strapparne le foglie | *P. un campo, una radura, un prato*, renderli totalmente privi di vegetazione | *Gatta da p.*, faccenda, impresa, questione e sim. difficile, problematica, pericolosa | (*scherz.*) Radere a zero: *gli hanno pelato il cranio a rasoio.* *2* Privare della pelle, della buccia e sim.: *p. castagne, patate*; *strisciando sull'asfalto mi sono pelato un braccio.* SIN. Sbucciare. *3* (*fig.*) Levare quasi la pelle per troppo calore o per troppo freddo (*anche ass.*): *un vento gelido che pela la faccia*; *fa un freddo che pela!* *4* (*fig.*) Esaurire, quanto a risorse finanziarie, chiedendo continuamente denari, praticando prezzi troppo alti e sim.: *p. il proprio padre, i clienti, i villeggianti.* **B** v. intr. pron. *1* Perdere i capelli: *nonostante la giovane età ha già cominciato a pelarsi.* *2* (*fig.*) Disperarsi: *si pela dalla rabbia.* *3* †Far pelo, creparsi, detto di muro e sim. **C** v. rifl. rec. • Strapparsi i capelli, i peli, le penne: *lottando i due animali si pelavano poco a poco.*

†**pelarèlla** s. f. • Pelatina.

pelargonàto [da *pelargonico*] s. m. • (*chim.*) Sale o estere dell'acido pelargonico.

pelargònico [da *pelargonio*] agg. (pl. m. *-ci*) • (*chim.*) Detto di composto estratto da alcune Geraniacee o di composti da queste derivabili | *Acido p.*, acido grasso saturo monobasico, contenuto nell'olio essenziale di geranio e adoperato sotto forma di estere etilico nella preparazione di essenze per cognac.

pelargònio [dal gr. *pelargós* 'cicogna' (di etim. incerta), dalla forma del fiore che ricorda il becco di una *cicogna*. Cfr. *geranio*] s. m. • Genere di piante delle Geraniacee, erbacee o fruticose, cui appartengono le varietà coltivate note come gerani (*Pelargonium*).

pelàsgico [vc. dotta, lat. *Pelăsgicu(m)*, nom. *Pelăsgicus*, dal gr. *Pelasgikós*, agg. di *Pelasgói* 'Pelasgi'] agg. (pl. m. *-ci*) • Che è proprio dei Pelasgi, antico popolo che abitò una parte della Tessaglia.

pelàta s. f. *1* Atto, effetto del pelare (*anche fig.*): *diede una p. al pollo e lo infilò sullo spiedo*; *in quel locale gli hanno dato una p. spaventosa* | (*scherz.*) Rasatura dei capelli: *una bella p.* *2* Testa parzialmente o totalmente calva | Zona calva della testa: *una p. che pare una chierica.* SIN. Calvizie. || **pelatina**, dim. (V.).

pelatìna s. f. *1* Dim. di *pelata*. *2* †Tigna.

pelàto A part. pass. di *pelare*; anche agg. *1* Nei sign. del v. *2* *Testa pelata*, calva | *Pomodori pelati*, interi e senza buccia. **B** s. m. *1* (*fam.*) Uomo calvo. *2* (*spec. al pl.*) Pomodoro pelato: *una scatola di pelati*; *fare il sugo coi pelati.*

pelatóio s. m. *1* Locale del mattatoio ove i maiali macellati vengono depilati. *2* Arnese per pelare.

pelatóre agg.; anche s. m. (f. *-trice*) • Che, chi pela (*anche fig.*).

pelatrìce s. f. *1* Operaia addetta alla pelatura spec. di frutta, verdura e sim. *2* Macchina che pela frutta, verdura e sim.

pelatùra s. f. • Atto, effetto del pelare.

Pelecanifórmi [comp. del lat. tardo *pelecānus* 'pellicano', e *-forme*] s. m. pl. • Nella tassonomia animale, ordine di Uccelli con larghi piedi palmati, becco robusto e allungato, spesso con sacco membranoso sul ramo mandibolare (*Pelecaniformes*). SIN. Steganopodi | (al sing. *-e*) Ogni individuo di tale ordine.

†**pelèggio** • V. †*pileggio*.

†**pelégro** [lat. *pĕregre(m)*, ricavato da *peregrīnus*. V. *pellegrino*] s. m. • (*raro*) Pellegrino.

pelìaco [vc. dotta, lat. *Pelĭacu(m)* 'proprio del monte *Pēlion*'] agg. (pl. m. *-ci*) *1* (*lett.*) Relativo al monte Pelio, in Grecia. *2* (*fig.*) Relativo all'eroe omerico Achille.

pelìfero • V. *pilifero*.

pelìgno [vc. dotta, lat. *Paelīgnu(m)*: da avvicinare a *pāelex* 'concubina', di etim. incerta] **A** agg. • Degli antichi Peligni | Relativo a zone abitate dagli antichi Peligni. **B** s. m. (f. *-a*) • Chi faceva parte dell'antica popolazione dei Peligni, abitante alcune zone dell'Abruzzo. **C** s. m. solo sing. • Antico dialetto indoeuropeo del gruppo italico.

peliòsi [vc. dotta, gr. *pelíōsis* 'lividura', da *peliós* 'livido'] s. f. • (*med.*) Porpora.

pelittóne [dal n. dell'inventore G. *Pelitti*] s. m. • (*mus.*) Bombardone contrabbasso.

†**pélla** [comp. di *per* e *la*] prep. art. poet. • V. *la* per gli usi ortografici.

pellàccia s. f. (pl. *-ce*) *1* Pegg. di *pelle* (*1*). *2* (*fig.*) Persona molto resistente a fatiche, dolori, avversità e sim. | (*fig.*, *spreg.*) Persona rotta a tutte le astuzie: *non vorrai trattare con quella p.*

pellàgra [da *pelle* (*1*), sul modello di *podagra*] s. f. • Malattia da carenza di vitamina PP, che colpisce spec. i bambini e gli adolescenti provocando lesioni cutanee desquamanti nelle parti esposte al sole e disturbi nervosi. SIN. Maidismo, zeismo.

pellagróso agg.; anche s. m. (f. *-a*) • Che, chi è affetto da pellagra.

pellàio o (*dial.*) **pellàro** [lat. tardo *pellāriu(m)*, da *pĕllis* 'pelle (1)'] s. m. *1* Conciatore o venditore di pelli. *2* (*raro*, *fig.*) Chi è particolarmente esoso o particolarmente spendaccione.

pellàme [da *pelle* (*1*)] s. m. *1* Pelli conciate: *commerciante in pellami*; *p. di prima scelta.* *2* (*spreg.*) Pelle floscia, cascante.

pellànda o **pelànda** [fr. *houppelande*, di etim. incerta] s. f. • Ampia veste aperta da indossare sulle altre, usata spec. nei secc. XIV e XV.

pellàro • V. *pellaio*.

pèlle (**1**) [lat. *pĕlle(m)*, di origine indeur.] **A** s. f. *1* Cute: *una p. bianca e vellutata* | *Non stare più nella p.*, (*fig.*) non potersi contenere per l'allegrezza o l'impazienza | *Avere la p. dura*, (*fig.*) resistere alle fatiche, agli strapazzi, a uno scompenso fisico o morale | *Avere la p. d'oca*, irruvidita, accapponata per emozione, freddo e sim. | *A fior di p.*, superficialmente | *Avere i nervi a fior di p.*, (*fig.*) essere in condizioni di estrema tensione nervosa | *Fare la p. lustra*, (*fig.*) ingrassare | *Essere p. e ossa*, molto magro | *Levar la p. a qc.*, (*fig.*) avvilirlo con acerbe critiche | *Fare la p. a qc.*, (*fig.*) ucciderlo | *Non voler essere nella p. di qc.*, nella sua situazione | *Tra p. e p.*, in superficie | *Buona p.*, (*fig.*) pellaccia. *2* (*est.*) Buccia: *la p. del fico, della mela* | *Levare la p.*, pelare, sbucciare. *3* Pelle conciata d'animale: *guanti, borsa, cinghia di p.* | *Scarpe di p. lucida*, verniciate. SIN. Pellame | Pelle da conciare | *P. fresca, verde*, tratta da poco dall'animale | *Mettere in carne la p.*, farla rinvenire nell'acqua | *P. da tamburo*, comunemente di capra, non concia e (*fig.*) di persona senza scrupoli. *4* Tonaca, crosta, rivestimento o strato superficiale di q.c.: *la p. del muro*; *il metallo fuso raffreddandosi fa la p.* | *P. d'uovo*, mussola finissima, per biancheria | *P. di diavolo*, tela ruvida di cotone | *P. di seta*, tessuto di seta greggia, morbido ma poco lucente | *P. d'angelo*, varietà di corallo di un rosa molto chiaro | *P. di prato*, formata dalle zolle erbose | *Dare la prima p.*, la prima mano di vernice e sim. | (*fig.*) Superficie | (*fig.*) *In p.*, alla superficie | (*fig.*) Pelle pelle, alla superficie, senza approfondire, con facilità. *5* (*fig.*, *fam.*) Vita, corpo: *lasciarci, salvare la p.* | *Far la p.*, uccidere | *Amici per la p.*, per la vita, inseparabili anche in situazioni critiche | *Riportare la p. a casa*, ritornare vivo dopo aver corso un pericolo | *Giocare sulla, con la p. di qc.*, mettere a repentaglio la vita di qc. con leggerezza. **B** in funzione di agg. inv. • (posposto a un s.) Solo nella loc. *effetto p.*, effetto pellicolare. || **pellàccia**, pegg. (V.) | **pellétta**, dim. | **pellicìna**, dim. | †**pelliciuòla**, dim. | **pellolìna**, dim. | **pellùzza**, pegg.

†**pèlle** (**2**) [comp. di *per* e *le*] prep. art. f. pl. poet. • V. *le* per gli usi ortografici.

pellegrìna [calco sul fr. *pèlerine* 'colletto del mantello dei pellegrini', da *pèlerin* 'pellegrino'] s. f. • Corta mantellina o cappa che copre appena le spalle, fissata in genere alla giacca.

pellegrinàggio o †**peregrinàggio** [da *pellegrino*] s. m. *1* (*raro*) Peregrinazione, esilio: *il nostro p. sulla terra.* *2* (*est.*) Viaggio di penitenza e devozione ai luoghi santi | (*est.*) Viaggio e visita a persone e luoghi celebri, famosi: *partecipare a un p. a Caprera.* *3* Insieme di pellegrini che viaggiano: *un numeroso p.*

†**pellegrinàio** s. m. • Ospizio per pellegrini.

pellegrinànte A part. pres. di *pellegrinare*; anche agg. • (*raro*) Nel sign. del v. **B** s. m. • Viandante, errante.

pellegrinàre o †**peregrinàre** [lat. tardo *peregrināre*, per il classico *peregrinārī*, da *peregrīnus* (V. *peregrino*), rifatto sull'it. *pellegrino*] v. intr. (aus. *avere*) *1* (*lett.*) Andare in pellegrinaggio. *2* V. *peregrinare.*

†**pellegrinatóre** [lat. *peregrinatōre(m)*, da *peregrinārī* 'pellegrinare', rifatto su *pellegrino*] agg.; anche s. m. (f. *-trice*) • Pellegrino, viaggiatore.

pellegrinazióne [lat. *peregrinatiōne(m)*, da *peregrinārī* 'pellegrinare', rifatto su *pellegrino*] s. f. *1* (*raro*) Pellegrinaggio. *2* V. *peregrinazione.*

†**pellegrinière** s. m. • Pellegrinaio.

†**pellegrinità** • V. *peregrinità*.

pellegrìno o (*lett.*) †**peregrino** [lat. *peregrīnu(m)* 'straniero' (V. *peregrino*), con dissimilazione] **A** agg. *1* Che viaggia: *falcone p.* *2* (*lett.*) Forestiero, straniero: *che fan qui tante pellegrine spade?* (PETRARCA). *3* V. *peregrino.* || **pellegrinaménte**, avv. *1* Da pellegrino, viandante. *2* (*raro*) In modo peregrino. **B** s. m. (f. *-a* nei sign. 1 e 2) *1* (*raro*) Viandante, viaggiatore: *assistere, rifocillare i pellegrini*; *l'ospizio dei pellegrini*; *l'uomo è un p. sulla terra.* *2* Chi viaggia per visitare luoghi santi: *i pellegrini lasciarono Roma diretti a Loreto*; *assistere all'arrivo, al passaggio dei pellegrini*; *si presentò in abito di p.*; *le strade dei pellegrini* | (*est.*) Chi si reca a visitare località celebri per motivi storici, letterari e sim.: *numerosi pellegrini visitano la tomba di Dante.* *3* (*fig.*, *fam.*, *scherz.*) Pidocchio. || **pellegrinétto**, dim. | **pellegrinìno**, dim.

pelleróssa o **pellirόssa** [dal pl. *pellirosse*, comp. di *pelle* (*1*) e il f. di *rosso*, calco sul fr. *peaux-rouges*, detti così per l'uso di tingersi il viso con l'ocra rossa] s. m. e f. (pl. *pellirósse*) • Indigeno del Nord America.

pellet /ingl. 'pelit/ [vc. ingl., propr. 'piccola palla, grano', dal fr. ant. *pelote*, in lat. mediev. *pelōta(m)*, *pilōta(m)* 'piccola palla (*pĭla(m)*)'] s. m. inv. • (*tecnol.*) Prodotto industriale granulare ottenuto attraverso la pellettizzazione.

pellética [sovrapposizione di *cotica* a *pelle*] s. f. *1* (*pop.*) Carnaccia macellata con attaccati pezzi di pelle. *2* (*spreg.*) Pelle umana floscia e cascante.

pellétta s. f. *1* Dim. di *pelle*. *2* Parte dello stomaco di vitello da latte, ricco di enzimi, che dopo essere stato essiccato e stagionato è impiegato come caglio coagulante nella produzione di formaggio.

pelletterìa [da *pellettiere*] s. f. *1* Produzione e commercio di oggetti in pelle, quali valigie, borsette, cinture, guanti e sim. *2* Insieme di oggetti di pelle lavorata. *3* Negozio in cui si vendono tali oggetti.

pellettière [fr. *pelletier*, dall'ant. fr. *pel* 'pelle (1)'] s. m. • Chi produce o vende oggetti di pelletteria.

pellettizzàre [da *pellet*, sul modello dell'ingl. *to pelletize*] v. tr. • (*tecnol.*) Sottoporre a pellettizzazione.

pellettizzazióne [da *pellettizzare*] s. f. • (*tecnol.*) Procedimento industriale attraverso il quale dei materiali inizialmente polverulenti (fertilizzanti, mangimi, ecc.) vengono trasformati in prodotti agglomerati granulari, gener. sferici o cilindrici.

pellicàno [lat. tardo *pelecānu(m)*, dal lat. *pelecānus*, dal gr. *pelekán*, genit. *pelekânos*, da *pélekys* 'ascia' (di origine indeur.) per la forma del becco] s. m. *1* Grosso uccello tropicale dei Pelecaniformi con enorme becco munito inferiormente di un sacco dilatabile per immagazzinare il cibo (*Pelecanus onocrotalus*). *2* Nella tradizione medievale, simbolo di Cristo redentore dell'umanità (dalla credenza che il pellicano si laceri il petto per nutrire i piccoli). 3 (*med.*) Leva dentaria.

pellicceria s. f. 1 Negozio e laboratorio di pellicciaio. 2 Quantità di pellicce confezionate.

pelliccia [dal lat. tardo *pellīcius* 'di pelle', da *pĕllis* 'pelle (1)'] s. f. (pl. *-ce*) 1 Il mantello di un animale formato da peli folti e piuttosto lunghi. 2 Pelle di animale conciata, col suo pelo morbido e lucente: *p. di ermellino, martora, lontra, visone, astrakan.* 3 Indumento realizzato con pelliccia o foderato di pelliccia conciata e lavorata: *la signora si avvolse nella p.*; *sciarpa, collo, cappello di p.* 4 (*arald.*) Campo dello scudo caratterizzato sia dal colore che dal metallo. ➡ ILL. **araldica**. ‖ **pelliccétta**, dim. | **pellicciòna**, accr. | **pelliccióne**, accr. m. (V.) | **pelliccióotto**, dim. m. (V.).

pellicciàio A s. m. (f. *-a* nel sign. 1) 1 Chi lavora o vende pellicce. 2 Conciatore di pelli per pellicce. 3 Insetto dei Coleotteri le cui larve sono molto dannose a lane, pellicce e sim. (*Attagenus pellio*). **B** agg. ● (*anat.*) Della pelle | *Muscolo p.*, contenuto nello spessore della pelle, di cui determina, con la contrazione, il corrugamento.

†**pellicciaiuòlo** s. m. ● Pellicciaio.

pellicciàme s. m. ● (*raro*) Quantità di pellicce.

†**pellicciàre** [da *pelliccia*] v. tr. ● Foderare di pelliccia.

†**pelliccière** s. m. ● Pellicciaio.

†**pelliccio** [lat. tardo *pellīciu(m)* 'di pelle', da *pĕllis* 'pelle (1)'] agg. ● Fatto di pelle.

pelliccióne s. m. 1 Accr. di *pelliccia.* 2 Antica veste, di foggia ampia, foderata di pelliccia. 3 Pastrano foderato di pelliccia dei mandriani | *Scuotere il p.*, (*fig.*) bastonare.

pelliccióotto s. m. 1 Dim. di *pelliccia.* 2 Giacca o giubbotto di pelliccia.

pellicèlla s. f. ● Pellicola.

†**pellicèllo** [da *pedicello* (2), con accostamento pop. a *pelle* (1)] s. m. ● Piccolo foruncolo.

†**pellìceo** [vc. dotta, lat. tardo *pellīceu(m)*, da *pĕllis* 'pelle (1)'] agg. ● Di pelle.

†**pellicino** [lat. *pedĭcinu(m)* 'piede del torchio', da *pēs*, genit. *pĕdis* 'piede', con accostamento pop. a *pelle* (1)] s. m. 1 Ciascuna delle estremità angolari cucite di un sacco, una balla e sim. | *Prendere, pigliare il sacco per i pellicini*, vuotarlo completamente | *Ridurre nei pellicini*, (*fig.*) stare per concludere una trattativa e sim. 2 (*est., raro*) Sacco, otre: *questo romito molti pesci prese / ed empiene la zucca e 'l p.* (PULCI). 3 Pedicello.

pellìcola [vc. dotta, lat. *pellīcula(m)*, dim. di *pĕllis* 'pelle (1)'] s. f. 1 Pelle o membrana molto sottile | Squama. 2 Striscia di celluloide, di acetato di cellulosa o di un altro supporto con una delle facce cosparse di un'emulsione fotosensibile, atta a registrare le immagini raccolte dall'obiettivo della macchina fotografica o cinematografica | *P. vergine*, non ancora impressionata | *P. piana*, in fogli separati, da sostituire a ogni posa | *P. in rotolo*, avvolta su una bobina o su un caricatore opportuno, utilizzabile per un certo numero di fotografie | *Piano p.*, posizione in cui viene a trovarsi la pellicola, in una macchina fotografica o cinematografica, al momento dell'esposizione. 3 (*est.*) Film, racconto cinematografico. ‖ **pellicolina**, dim.

pellicolàre agg. 1 Di pellicola, che ha forma di pellicola: *strato p.* 2 (*elettr.*) *Effetto p.*, fenomeno per il quale la corrente elettrica ad alta frequenza passa principalmente nella zona più esterna del conduttore.

pellirossa ● V. *pellerossa.*

†**pèllo** [comp. di *per* e *lo*] prep. art. m. s. poet. ● V. *lo* per gli usi ortografici.

pellucidità s. f. ● Qualità di ciò che è pellucido.

pellùcido [vc. dotta, lat. *pellūcidu(m)*, comp. di *pĕr* 'per, attraverso' e *lūcidus* 'trasparente' (V. *lucido*)] agg. ● Detto di corpo semitrasparente, diafano: *membrana pellucida*; *setto p.* | (*biol.*) *Zona pellucida*, membrana che circonda l'uovo dei Mammiferi al momento della sua uscita dall'ovaio.

Pelmatozòi [comp. del gr. *pélma*, genit. *pélmatos* 'pianta del piede' (di origine indeur.), e *-zoo*] s. m. pl. ● Nella tassonomia animale, classe di Echinodermi cui appartengono le forme che, almeno allo stadio giovanile, sono fisse al substrato mediante un peduncolo più o meno lungo (*Pelmatozoa*) | (al sing. *-zoo*) Ogni individuo di tale classe.

pélo [lat. *pĭlu(m)*, di etim. incerta] s. m. 1 (*anat.*) Ciascuna delle formazioni cornee filiformi di origine epidermica presenti sul corpo dell'uomo e di molti animali mammiferi: *i peli della barba, delle ascelle, del naso*; *radersi i peli superflui* | L'insieme dei peli di una persona o di un animale | *Fare il p. e il contropelo*, radersi per un verso poi per il contrario e (*fig.*) sparlare di, criticare spietatamente qc. | *Cavalcare a p.*, senza sella | *A p.*, secondo la piega del pelo | *Andare contro p.*, in senso opposto alla piega del pelo | *Di primo p.*, di ragazzo al quale comincia a spuntare la barba e (fig.) di persona inesperta, ingenua e sim. | *Non torcere un p. a qc.*, (*fig.*) non fargli il minimo male | (*fig.*) *Essere di un p. e di una buccia*, della stessa indole, della stessa risma | *Lasciarci il p.*, (*fig.*) pagar salato q.c., farsi pelare | *Rivedere il p.*, (*fig.*) criticare aspramente o percuotere duramente | *Lisciare il p.*, (*fig.*) adulare e (*antifr., scherz.*) picchiare di santa ragione | (*fig.*) *Avere il p. al cuore, sullo stomaco*, essere crudeli, insensibili, senza scrupoli | (*fig.*) *Non avere peli sulla lingua*, parlare liberamente, con assoluta sincerità e senza mezzi termini | *Levare il p.*, con bastonate, frustate e (fig.) con castighi o rimproveri severissimi | (*fig.*) *Levare il p. a un bue*, fare q.c. di assurdo, di impossibile | (*fig.*) *Cercare il p. nell'uovo*, essere minuziosi e pignoli fino all'assurdo | (*lett.*) Capigliatura: *un vecchio, bianco per antico p.* (DANTE *Inf.* III, 83). 2 (*bot.*) Cellula allungata dell'epidermide vegetale: *p. unicellulare, p. pluricellulare* | *P. urticante*, a forma di fiasco a lungo collo che espelle sotto pressione un liquido irritante | *P. radicale*, sottilissima estensione di una radice, con funzione di assorbimento. 3 Fibra tessile ricavata dal pelo di diversi animali | Filo ritorto di seta greggia, per tulle | Borra di seta, cimatura di lana | *Cotone in p.*, cardato. 4 Peluria dei panni di lana | *Dare il p. ai panni*, mediante la garzatura. 5 Pelliccia: *un cappotto col collo di p.*; *guanti foderati di p.* | *P. morto*, il pelo di coniglio, di cammello, che si accoppia al filato di lana durante la tessitura. 6 La superficie, il massimo livello superiore di un liquido: *galleggiare a p. d'acqua* | *P. libero*, superficie libera di un liquido. 7 Crepa di muro che appare sottilissima sull'intonaco ma penetra in profondità: *fare, gettare p.* | Sottile fessura, o anche piano di minore resistenza, della roccia. 8 (*fig.*) Minima frazione di tempo, minima cosa e sim.: *per un p. non ho perduto il treno*; *c'è mancato un p. che cadessi*; *non aggiungeremo né muteremo un p. alla vostra esposizione* | *Essere a un p. da*, essere lì lì per | *Non ci corre un p.*, non c'è la minima differenza. ‖ **pelàccio**, pegg. | **pelétto**, dim. | **pelino**, dim. | **pelolino**, dim. | **pelóne**, accr. | **pelùzzo**, dim.

pèlo- [dal gr. *pēlós* 'fango', di etim. incerta] primo elemento ● In parole composte della terminologia scientifica significa 'fango': *pelobio, pelofilo.*

pelòbate [comp. di *pelo-* e del gr. *-bátēs*, da *báinein* 'andare', di origine indeur.] s. m. ● Anfibio anuro notturno e inoffensivo simile a un rospo, che emana odore agliaceo (*Pelobates fuscus*).

pelòbio [comp. di *pelo-* e *-bio*] agg. ● (*biol.*) Detto di organismo acquatico vivente nel fango.

pelòfilo [comp. di *pelo-* e *-filo*] agg. ● (*biol.*) Pelobio.

pelóne [da *pelo* con suff. accr.] s. m. ● (*tess.*) Tessuto peloso di lana ruvida e pesante.

peloponnesìaco [vc. dotta, lat. *Peloponnesĭacu(m)*, nom. *Peloponnesĭacus*, dal gr. *Peloponnēsiakós*, da *Pelopónnēsos* 'Peloponneso', propriamente 'isola di Pelope', dal n. del personaggio mitico che estese il suo dominio su quella regione] **A** agg. (pl. m. *-ci*) ● Del Peloponneso. **B** s. m. (f. *-a*) ● Abitante del Peloponneso.

peloritàno [vc. dotta, lat. *Peloritānu(m)*, dal gr. *Pélōron*, n. del promontorio di Messina, da *pélōros* 'enorme', di origine non del tutto chiara] **A** agg. ● Relativo al promontorio Peloro, in Sicilia. **B** agg.; anche s. m. (f. *-a*) ● (*lett.*) Abitante della provincia di Messina.

pelosèlla [dim. f. di *peloso*, perché è coperta di *pelo*] s. f. ● Erba delle Crocifere, comune nei luoghi sabbiosi, pelosa, con piccolissimi fiori bianchi (*Arabis thaliana*) | Crocifera di luoghi secchi con foglie a rosetta, fiore a quattro petali profondamente divisi in due (*Draba verna*) | Erba delle Composite, comunissima, con capolini giallo zolfo e foglie a rosetta bianco-cotonose (*Hieracium pilosella*).

pelosina [da *peloso*] s. f. ● Prima dormita dei bachi da seta.

pelosità s. f. ● Qualità di chi, di ciò che è peloso: *la p. di un animale.*

pelóso o †**pilóso** [lat. *pilōsu(m)*, da *pĭlus* 'pelo'] agg. ● Che ha molto pelo, ricoperto di peli: *uomo p.*; *mani pelose*; *le orecchie pelose e stracche delle mule* (VERGA) | (*fig.*) *Carità pelosa*, fatta per interesse. ‖ **pelosétto**, dim. | **pelosino**, dim.

pelòta /pe'lɔta, *sp.* pe'lota/ [sp. *pelota*, dall'ant. fr. *pelote*, dal lat. *pīla* 'palla', di etim. incerta] s. f. ● Gioco di origine basca, cui partecipano due squadre di tre giocatori ciascuna, che, con un attrezzo di vimini adattato a una mano per mezzo di un guanto di cuoio, cercano di rinviare la palla lanciata contro un muro dagli avversari. SIN. Palla basca.

pelotàro s. m. ● Chi pratica il gioco della pelota.

pelòxeno [comp. di *pelo-* e *-xeno*] agg. ● (*biol.*) Detto di organismo acquatico che fugge i fondali melmosi.

pèlta [vc. dotta, lat. *pĕlta(m)*, nom. *pĕlta*, dal gr. *péltē*; da avvicinare a *pélma* 'piante dei piedi' (?)] s. f. ● Nell'antica Grecia, scudo leggero con anima di legno o di vimini, a forma di mezzaluna o semicircolare, recante due incavi nella parte diametrale.

peltàsta o **peltàste** [vc. dotta, lat. *peltăstae*, nom. pl., dal gr. *peltastái*, da *péltē* 'pelta'] s. m. (pl. *-i*) ● Nell'antica Grecia, soldato di armatura leggera con pelta e arco o fionda o giavellotto.

peltàto [vc. dotta, lat. *peltātu(m)*, da *pĕlta* 'pelta'] agg. 1 Armato di pelta. 2 (*bot.*) Detto di organo vegetale, spec. foglia, che ha forma di scudo.

Peltigeràcee [comp. di *pelta*, del tema del lat. *gĕrere* 'portare' (V. *gestione*), perché hanno il tallo a forma di pelta, e *-acee*] s. f. pl. ● Nella tassonomia vegetale, famiglia di licheni aderenti al terreno per mezzo di rizoidi (*Peltigeraceae*) | (al sing. *-a*) Ogni individuo di tale famiglia.

peltinèrvio [comp. di *pelta* (per la forma della foglia) e *nervo*] agg. ● (*bot.*) Detto di foglia con picciuolo inserito nel mezzo della lamina e nervature disposte come i raggi di una ruota.

peltràio s. m. ● Artigiano che lavora il peltro.

péltro [vc. di origine preindeur.] s. m. 1 Lega di stagno con piombo e antimonio o con zinco e mercurio, d'aspetto simile all'argento, per vasellame da tavola e oggetti decorativi. 2 †Metallo, ricchezza.

peluche /pe'luʃ, *fr.* pə'lyʃ/ [vc. fr., dev. di un ant. *peluchier* 'tagliare i peli', che continua il lat. parl. **piluccāre*, der. di *pilāre* 'tagliare i peli'] s. f. inv. ● Tessuto con pelo lungo e morbido, usato spec. per confezionare pupazzi e sim.

pelùria [da *pelo*] s. f. ● Minuta villosità, insieme di peli sottili e morbidi: *ha le braccia ricoperte di p.*; *non ha barba né baffi ma solo una fitta p.*; *la p. dei pulcini.* SIN. Calugine, lanugine.

†**pelùto** agg. ● Che ha molti peli.

†**pelùzza** [da *pelo*] s. f. ● Striglia, spazzola per cavalli.

pèlvi [vc. dotta, lat. *pĕlvi(m)* 'catino, bacino', di origine indeur.] s. f. ● (*anat.*) Bacino | *P. renale*, bacinetto. ➡ ILL. p. 365 ANATOMIA UMANA.

pèlvico agg. (pl. m. *-ci*) ● (*anat.*) Di, relativo alla pelvi.

pelvimetrìa [comp. di *pelvi* e *-metria*] s. f. ● (*med.*) Misurazione dei diametri del bacino, spec. della donna in rapporto al parto.

pèmfigo /'pɛnfigo/ o **pènfigo** [vc. dotta, gr. *pémphix*, genit. *pémphigos* 'soffio di vento, pustola', di origine espressiva] s. m. (pl. *-gi*) ● (*med.*) Dermatite bollosa, spesso a contenuto purulento.

pemmican /*ingl.* 'pemikən/ [algonchino *pimekan*, da *pime* 'grasso'] s. m. inv. ● Cibo a base di carne di renna o di pesce, seccata e affumicata, tipico dei pellirosse | Carne seccata, compressa o polverizzata, di manzo o caccia, usata spec. nelle spedizioni polari.

péna [lat. *pōena(m)*, nom. *pōena*, dal gr. *poiné*, da una radice indeur. che significa 'pagare'] s. f. 1 Danno fisico o morale sancito dalla legge come specifica conseguenza del reato e irrogato dall'autorità giudiziaria mediante processo: *infliggere una p.*; *p. capitale, di morte* | *P. principale*, quella inflitta dal giudice con provvedimento di condanna | *P. accessoria*, quella conseguente di diritto alla condanna a una pena principale quale effetto penale della stessa | *P. detentiva*, restrittiva della libertà personale | *P. pecuniaria*, sanzione fiscale che varia da un minimo ad un massimo; nel diritto penale, la multa o l'ammenda | *P. disciplinare*, sanzione applicabile dalla pubblica amministrazione con procedimento amministrativo a individui su cui essa ha uno speciale potere di supremazia per avere trasgredito a dati doveri di comportamento. *2* Castigo dell'anima, temporale o perpetuo, per i peccati commessi: *p. dell'inferno, del purgatorio* | Castigo inflitto dalla chiesa al fedele o al sacerdote per delitto commesso: *pene canoniche*; *pene spirituali, temporali*. *3* (*est.*) Punizione in genere: *noi siamo contrari alle pene corporali*; *è una p. ingiusta, crudele, immeritata*; *fra le speranze di fuggir la p. una è quella di correggersi* (SARPI) | *A, sotto p. di*, (*fig.*) con minaccia di: *a p. di nullità*; *sotto p. di morte*. *4* (*est.*) Sofferenza fisica o morale: *mi ha raccontato i suoi guai e le sue pene*; *gli hanno inflitto pene indicibili*; *io ti ringrazio, Amore, / d'ogni p. e tormento* (POLIZIANO) | *Dar p.*, tormentare | *Soffrire le pene dell'inferno*, (*fig.*) essere in preda a tormenti indicibili. *5* Angoscia e pietà dovute alle sofferenze altrui: *è una p. vederlo soffrire così* | *Far p.*, muovere a pietà | *Essere in p.*, essere angosciati o preoccupati per q.c. o qc. | *Anima in p.*, persona rosa da interno tormento, da continua irrequietezza e sim. *6* Stento, fatica: *li vedemmo inerpicarsi con gran p. sulle pendici scoscese del monte*; *ci è costato p. e sacrifici* | *Prendersi, darsi p. di*, affaticarsi | *Valere, non valere la p.*, mettere, non mettere conto | *A p., a gran p., a mala p.*, con grande stento e difficoltà | *A p.*, V. *appena*. || **penarèlla**, dim.

†penàce o (*raro*) **†pennàce**. agg. ● Che dà pena.

penàle [vc. dotta, lat. *poenāle(m)*, da *pōena* 'pena'] **A** agg. ● (*dir.*) Che concerne le pene giudiziarie, il diritto penale: *azione p.*; *certificato p.* | *Processo p.*, complesso di atti preordinato alla pronuncia circa la fondatezza di un'imputazione | *Diritto p.*, complesso di atti legislativi alla cui inosservanza è ricollegata l'applicabilità di una pena o di una misura di sicurezza | *Norma p.*, disposizione di legge che fa parte del diritto penale | *Clausola p.*, patto con cui le parti stabiliscono preventivamente l'ammontare del danno conseguente all'inadempimento o al ritardo nell'adempimento di un'obbligazione. || **penalménte**, avv. Secondo le norme e i procedimenti del diritto penale. **B** s. f. ● (*ell.*) Clausola penale | Correntemente, somma stabilita da tale clausola: *pagare una p.*

penalìsta s. m. e f. (pl. m. *-i*) ● Esperto di diritto penale | Avvocato che si occupa di cause penali.

penalìstico agg. (pl. m. *-ci*) ● Relativo ai penalisti, al diritto penale.

penalità o **†penalitàde**, **†penalitàte** [da *penale*; nel sign. 2, calco sull'ingl. *penalty*] s. f. *1* Atto, effetto del penalizzare. *2* L'entità della penalizzazione, in punti o in secondi, per un errore compiuto in una gara sportiva. *3* †Il provare pena.

penalizzànte part. pres. di *penalizzare*; anche agg. *1* Nei sign. del v. *2* Che reca svantaggio: *espulsione p.* *3* Non costruttivo: *critica p.*

penalizzàre [da *penalità*] v. tr. *1* Punire con una penalizzazione un concorrente che ha commesso un'infrazione o un'irregolarità: *il vincitore di tappa è stato penalizzato di un minuto*. *2* (*est., fig.*) Danneggiare: *i rincari dei prezzi penalizzano soprattutto i pensionati* | Trascurare qc. o q.c.: *p. la famiglia rispetto al lavoro*.

penalizzazióne s. f. ● Svantaggio inflitto a un concorrente in una gara sportiva per condotta irregolare.

penalty /ingl. 'penəlti/ [vc. ingl., dal fr. *pénalité*: stessa etim. dell'it. *penalità*] s. m. o f. inv. (pl. ingl. *penalties*) ● (*sport*) Punizione | Nel calcio, rigore.

penànte part. pres. di *penare*; anche agg. ● (*raro*) Nei sign. del v.

†penànza [da *penante*] s. f. ● Pena, afflizione.

penàre [da *pena*] **A** v. intr. (*io péno*; aus. *avere*) *1* Patire, soffrire: *p. in carcere, in esilio* | *Finir di p.*, morire. *2* Durare fatica: *penarono molto a uscire da quella situazione*; *risolsero ogni cosa senza troppo p.* **B** v. intr. pron. ● †Darsi pena, ingegnarsi.

penàti [vc. dotta, lat. *penātes*, da *pĕnus* 'parte interna della casa' (poi 'provviste, vettovaglie'), di origine indeur.] s. m. pl. *1* Presso gli antichi Romani, divinità che proteggevano la famiglia, la casa, la patria. *2* (*fig.*) Casa, patria: *tornare ai propri p.* | *Trasportare altrove i propri p.*, cambiare domicilio, residenza.

penchant /fr. pã'ʃã/ [vc. fr., propr. part. pres. di *pencher* 'pendere', dal lat. parl. **pendicāre*, deriv. di *pendēre* 'pendere'] s. m. inv. ● Inclinazione, simpatia | *Avere un p. per qc.* o *q.c.*, avere un debole, una simpatia particolare.

pencolaménto [da *pencolare*] s. m. ● Tentennamento, ondeggiamento.

pencolànte part. pres. di *pencolare*; anche agg. ● Nei sign. del v.

pencolàre [lat. parl. **pendiculāre*, ints. di *pendēre* 'pendere'] v. intr. (*io pèncolo*; aus. *avere*) *1* Pendere di qua e di là, non stare saldo: *l'ubriaco camminava pencolando*; *un masso pencolava sull'orlo del burrone*. SIN. Oscillare, vacillare. *2* (*fig.*) Essere indeciso, irresoluto: *p. fra due opposte soluzioni*. SIN. Tentennare.

pencolìo s. m. ● Il pencolare continuato. SIN. Tentennio.

pencolóne s. m. (f. *-a*) ● Chi pencola camminando.

†pendàglia s. f. ● Pendaglio.

pendàglio [da *pendere*] s. m. *1* Oggetto che pende | Ciondolo, monile | (*fig.*) *P. da forca*, delinquente. *2* Cinghia di cuoio, semplice o doppia, per sostegno della sciabola o della spada. || **†pendaglióne**, accr.

pendant /fr. pã'dã/ [vc. fr., propriamente 'pendente'] s. m. inv. ● Corrispondenza, riscontro di cose, mobili, oggetti in coppia, disposti simmetricamente o in modo complementare: *fare da p. a q.c.*; *essere il p. di q.c.*; *questa consolle è il p. di quell'altra*.

pendènte A part. pres. di *pendere*; anche agg. *1* Nei sign. del v. *2* (*dir.*) *Frutto p.*, frutto naturale che non ha ancora una esistenza autonoma rispetto alla cosa che lo produce: *divieto di caccia per frutti pendenti* | (*dir.*) *Carichi pendenti*, procedimenti penali a carico | *†Passato p.*, imperfetto. || **pendenteménte**, avv. Con pendenza. **B** s. m. *1* Ciondolo, orecchino. *2* †Pendio, declivio.

pendentif /fr. pãdã'tif/ [vc. fr., dal lat. *pĕndens*, genit. *pendĕntis*, part. pres. di *pendēre* 'pendere'] s. m. inv. ● Gioiello portato per ornamento al collo, appeso a un nastro o a una catena.

pendènza s. f. *1* Condizione di ciò che è pendente o inclinato: *la p. di una torre, della scrittura*. SIN. Inclinazione. *2* (*mat.*) Tangente trigonometrica dell'angolo formato da una retta, o da un piano, con il piano orizzontale | *P. d'una curva in un punto*, pendenza della tangente alla curva nel punto | *P. d'una superficie in un punto*, pendenza del piano tangente alla superficie nel punto | *P. stradale*, la tangente dell'angolo compreso tra la livelletta stradale e l'orizzontale | *P. di un canale*, tangente dell'angolo di inclinazione della linea piana o sghemba che costituisce l'asse del fondo. *3* (*dir.*) Situazione in cui si trova un processo in stato di litispendenza | *P. di una condizione*, quando l'evento che ne costituisce il contenuto non si è ancora verificato e si ignora se si verificherà | *P. di un rapporto giuridico*, allorché sussiste la possibilità della retroattiva eliminazione di un rapporto attualmente esistente. *4* Partita non pareggiata, conto non liquidato: *definire, sistemare una p.* *5* (*fig.*) Conto aperto, da liquidare: *avere molte pendenze da sistemare*. *6* (*ling.*) †Condizione di tempo imperfetto.

pèndere [lat. parl. **pĕndere*, per il classico *pendēre*: di origine indeur. (?)] **A** v. intr. (pass. rem. *io pendéi* o *pendètti, tu pendésti*; part. pass. *pendùto*, raro; aus. *avere*) *1* Essere appeso, sospeso o attaccato a q.c., gravitando verso il basso: *il quadro pende dal chiodo*; *una pesante spada gli pendeva dal fianco*; *frutti dorati pendevano dai rami*; *p. dal capestro, dalla croce* | (*fig.*) *P. dalle labbra, dalle parole, dai cenni di qc.*, essere estremamente attento | (*fig.*) *P. dal volere di qc.*, essere del tutto obbediente. *2* Essere inclinato o piegato rispetto al proprio asse: *p. a destra, a sinistra*; *la torre di Pisa pende* | (*raro, fig.*) Avvicinarsi, tendere: *p. al bianco*; *e' capegli suoi pendevano in rosso* (MACHIAVELLI). *3* Essere più o meno spostato verso il basso: *p. per il peso eccessivo* | (*raro, est.*) Essere declive: *la costa pende verso il mare*. *4* (*fig.*) Incombere: *una terribile minaccia pende su di noi*; *sul suo capo pendeva una grossa taglia*. *5* (*fig.*) Essere in attesa di decisione e sim.: *la causa pende dinanzi ai giudici di primo grado*; *la questione pende tuttora* | Tentennare: *pende, pende e non si decide mai*. *6* (*raro, fig.*) Dipendere: *p. dalla volontà altrui*; *pende dal mio voler ch'altri infelice / perda in prigione eterna il ciel sereno* (TASSO). *7* (*fig.*) Propendere: *è indeciso, ma credo penda verso la nostra soluzione* | *P. dalla parte di qc.*, essere incline a favorirlo | *La bilancia pende dalla sua parte*, la situazione gli è favorevole. **B** v. tr. ● (*raro*) †Far pendere: *p. la spalla da una parte*.

pendévole agg. ● (*raro*) Che pende.

pendìce [lat. parl. **pendīce(m)*, da *pendēre* 'pendere'] s. f. ● Parte di terreno in pendio: *le pendici del monte*.

pendigóne [vc. di origine sp. (?)] s. m. ● Grosso pallino da schioppo.

pendìno [da *pendere*] s. m. *1* (*elettr.*) Nelle linee elettriche di alimentazione aerea, spec. in quelle usate per trazione ferrofilotranviaria, ciascuno dei tiranti verticali d'acciaio che collegano il conduttore di contatto alla fune portante. *2* (*mecc.*) Nelle sospensioni dei veicoli ferroviari, organo che sostiene le leve di comando dei freni. *3* (*mecc.*) Negli orologi meccanici, organo che collega lo scappamento con l'asta dell'àncora o del bilanciere. *4* (*edil.*) Tirante in tondino d'acciaio che sporge dalla superficie inferiore di un solaio a sostegno degli elementi di soffittatura.

pendìo [da *pendere*] s. m. *1* Pendenza: *essere in p.* *2* Luogo in pendenza, piano di pendenza: *l'acqua scorre seguendo il p.*; *un p. ripido, dolce, erto, scosceso*. *3* (*fig., lett.*) China: *e giunta in sul p., precipita l'età* (PARINI).

†pèndita s. f. ● Pendenza.

pèndola [da *pendolo*] s. f. ● Orologio a pendolo.

pendolaménto s. m. ● Atto, effetto del pendolare.

pendolàre (1) [da *pendolo*] v. intr. (*io pèndolo*; aus. *avere*) ● Muoversi in modo simile all'oscillazione del pendolo. SIN. Oscillare.

pendolàre (2) [da *pendolo*] **A** agg. ● Detto di ogni movimento che assomiglia a quello del pendolo: *moto p.* || **pendolarménte**, avv. Con movimento pendolare. **B** agg.; anche s. m. e f. ● Che, chi abitando in un luogo diverso da quello in cui svolge il proprio lavoro, si sposta giornalmente e con regolarità, utilizzando mezzi di trasporto spec. pubblici: *lavoratori pendolari*; *metropolitana zeppa di pendolari*.

pendolarìsmo s. m. *1* Qualità, caratteristica di ciò che è pendolare | (*fig.*) Atteggiamento di chi è solito oscillare tra posizioni contrastanti. *2* Il fenomeno sociale relativo ai lavoratori e agli studenti pendolari: *p. urbano*.

pendolarità s. f. ● Condizione, situazione dei lavoratori pendolari | (*est.*) Il complesso dei fenomeni legati a tale situazione.

pendolinìsta [da *pendolino (1)*] s. m. e f. (pl. m. *-i*) ● Chi pratica la radioestesia e la rabdomanzia usando un pendolino.

pendolìno (1) s. m. *1* Dim. di *pendolo*. *2* Pendolo usato da rabdomanti e radioestesisti per i loro esperimenti. *3* Nome di un elettrotreno ad alta velocità attualmente in servizio in Italia.

pendolìno (2) [detto così perché il suo nido *pende* dai rami cui è legato da un filo sottilissimo] s. m. ● Piccolo uccello dei Passeriformi, tipico delle zone umide anche italiane, che costruisce un nido a forma di fiasco appeso a un ramo (*Anthoscopus pendulinus*). SIN. Fiaschettone.

pèndolo [lat. *pĕndulu(m)* 'pendente', da *pendēre* 'pendere'] **A** s. m. *1* Correntemente, solido girevole intorno a un asse fisso orizzontale e soggetto solo all'azione del peso | *P. semplice, matematico*, punto sospeso a un filo flessibile inestensibile di massa trascurabile | *P. composto, fisico*, corpo rigido sospeso per un asse orizzontale non passante per il suo baricentro | *P. geodetico*, pendolo che permette di determinare il valore dell'accelerazione di gravità, mediante misurazione del periodo di oscillazione del pendolo | *P. sismico*, usato in sismologia per determinare vibrazioni della crosta terrestre. *2* Peso pendente dalla pendola, misuratore del tempo con le sue oscillazioni. *3* Pendola, orologio a pendolo. *4* Peso pendente da un filo per stabilire il perpendicolo | Filo a piombo. *5* In alpinismo, manovra oscillante di corda necessaria quando occorre eseguire una traversata lungo un tratto di parete non percorribile in arrampicata. *6* (*raro*) Parte pendente di monile, vezzo e sim. || **pendolino**, dim. (V.). **B** agg. ● V. *pendulo*.

pendolóne o **pendolóni** [da *pendolo*] avv. ● (*raro*) Penzoloni.

pendóne [da *pendere*] s. m. ● Drappeggio di tessuto pendente a festone.

pèndulo o (*raro*) **pèndolo** [V. *pendolo*] agg. *1* (*lett.*) Che pende: *e par ch'al vento muovasi / la triste Filli esanimata e pendola* (SANNAZARO). *2* (*anat.*) *Velo p.*, plica muscolo-mucosa all'estremità posteriore del palato molle, tra la cavità orale e quella faringea. SIN. Velo palatino.

pendùto part. pass. di *pendere*; anche agg. ● (*raro*) Nei sign. del v.

pène [vc. dotta, lat. *pēne(m)* 'coda', poi 'membro virile', di origine indeur.] s. m. ● (*anat.*) Organo esterno, erettile, dell'apparato urogenitale maschile. ➡ ILL. p. 364 ANATOMIA UMANA.

penèio [vc. dotta, lat. *Penēiu(m)*, agg. di *Penēus*, dal gr. *Pēneiós* 'Peneo', padre di Dafne] agg. ● Di Peneo, padre di Dafne.

†**penèllo** ● V. *pennello* (*1*).

penèlope (**1**) [vc. dotta, lat. *penělope(m)*, nom. *pēnelops*, dal gr. *pēnélops*, di origine preindeur.] s. f. ● (*zool.*) Fischione.

Penèlope (**2**) [vc. dotta, lat. *Penělope(n)*, dal gr. *Pēnelópē*, già in gr. e lat. in senso fig.] s. f. ● (*per anton.*) Donna, sposa paziente e fedele | *Tela di P.*, quella che la sposa di Ulisse tesseva di giorno e disfaceva di notte; (*fig.*) lavoro interminabile, eseguito tra molte indecisioni e ripensamenti.

penèo [dal n. del dio del fiume *Peneo*] s. m. ● Genere di Crostacei Decapodi cui appartengono la mazzancolla e lo spannocchio (*Penaeus*).

penepiàno [ingl. *peneplain*, comp. del lat. *pāene* 'quasi' (V. *penisola*) e *plānus* 'piano'] s. m. ● (*geogr.*) Regione leggermente ondulata o quasi pianeggiante modellata dall'azione degli agenti esogeni protrattasi per lunghe ere geologiche.

peneràta s. f. ● (*raro*) Penero | Orlatura di penero.

pènero [lat. parl. **pědinu(m)*: da *pēs*, genit. *pědis* 'piede' (?)] s. m. ● Lembo dell'ordito non tessuto, lasciato come frangia ornamentale: *asciugamano, scialle, tappeto, coperta col p.*

penetràbile [vc. dotta, lat. *penetrābile(m)*, da *penetrāre* 'penetrare'] agg. *1* Che si può facilmente penetrare (*anche fig.*). CONTR. Impenetrabile. *2* †Penetrativo, penetrante.

penetrabilità s. f. ● Condizione, qualità di ciò che è penetrabile. CONTR. Impenetrabilità.

penetràle (**1**) [vc. dotta, lat. *penetrāle*, nt. sost. di *penetrālis* 'interiore, interno', da *penetrāre* 'penetrare'] s. m. *1* Nell'antica Roma, la parte più interna e nascosta della casa o del tempio in cui si conservavano i simulacri dei penati o degli dèi. *2* (*fig., spec. al pl.*) La parte più intima, più riposta: *i penetrali dell'animo, della coscienza.*

†**penetràle** (**2**) [V. *penetrale* (*1*)] agg. ● (*raro*) Interiore, intimo.

penetraménto s. m. ● Modo e atto del penetrare.

penetrànte part. pres. di *penetrare*; anche agg. *1* Nei sign. del v. *2 Odore p.*, acuto | *Ferita p.*, profonda | *Freddo p.*, molto intenso. *3* (*fig.*) Che giunge o indaga in profondità: *parole penetranti; osservazione p.* || **penetranteménte**, avv. (*raro*) In modo penetrante.

penetrànza s. f. ● Penetrazione | Attitudine di un corpo a penetrare in un mezzo fluido.

penetràre [vc. dotta, lat. *penetrāre*, dall'avv. *pĕnitus* 'nell'intimo', 'in fondo a', da *pĕnus*. V. *penati*] **A** v. intr. (*io pènetro* o *poet. penètro*; aus. *essere* e *avere*) *1* Riuscire a entrare, a spingersi dentro un materiale duro e compatto, o un luogo chiuso: *il chiodo penetra nella parete, nel legno; l'aria penetrava nella stanza attraverso qualche spiraglio; penetrarono sempre più profondamente nella giungla; la lama penetrò a fondo nelle carni; nei corpi trasparenti penetrano i raggi e negli specchi vengono riflessi* (SARPI). *2* Introdursi: *i ladri sono penetrati nottetempo nella banca.* **B** v. tr. *1* Trapassare (*anche fig.*): *pareva volesse penetrarlo con quello sguardo acuto.* *2* Arrivare a conoscere, a comprendere perfettamente: *p. il significato di un'allegoria.* **C** v. intr. pron. ● (*raro*) Convincersi, compenetrarsi.

penetratìvo agg. ● Atto a penetrare, che ha la forza di penetrare (*anche fig.*): *dando varii colori a' legni, con acque e tinte bollite, e con oli penetrativi* (VASARI) | *Ingegno p.*, acuto.

penetràto part. pass. di *penetrare*; anche agg. ● Nei sign. del v.

penetratóre [vc. dotta, lat. tardo *penetratōre(m)*, da *penetrātus* 'penetrato'] agg.; anche s. m. (f. *-trice*) ● (*raro*) Che, chi penetra o che ha forza di penetrare.

penetrazióne [vc. dotta, lat. *penetratiōne(m)*, da *penetrātus* 'penetrato'] s. f. *1* Atto, effetto del penetrare (*anche fig.*): *la p. di un cuneo nel legno; la p. di un prodotto sul mercato.* *2* (*fig.*) Attitudine a capire, a intendere: *è dotato di una singolare capacità di p.*

†**penetrévole** agg. *1* Penetrativo, penetrante. *2* Acuto, spec. di intelletto e sim. || †**penetrevolménte**, avv. In modo penetrante.

†**penetrevolézza** s. f. ● Qualità di penetrevole.

†**penetróso** agg. ● Penetrevole.

pènfigo ● V. *pemfigo*.

-penìa [dal gr. *penía* 'povertà, indigenza', di orig. indeur.] secondo elemento ● In parole composte della terminologia medica, indica mancanza o carenza rispetto ai valori normali di ciò che è designato dalla prima parte della parola: *leucopenia.*

penìce [fr. *péniche*, dall'ingl. *pinnace*, a sua volta dal fr. *pinace*, dallo sp. *pinaza*, da *pino* 'pino'] s. f. ● Chiatta per il trasporto di materiali nell'interno del porto.

penicillìna [da *penicillio*] s. f. ● Antibiotico isolato dal fungo *Penicillum notatum*, molto usato in terapia.

penicillìnico agg. (pl. m. *-ci*) ● Di penicillina.

penicìllio [dal lat. *penicĭllum* 'pennello', dim. di *penĭculus*, propriamente 'piccola coda', poi 'spazzola, pennello', a sua volta dim. di *pēnis* (V. *pene*), detto così perché caratterizzato da filamenti che formano una specie di pennello] s. m. ● Muffa delle Aspergillacee a forma di minuti cespi da cui si innalzano ife a ciuffo, alcune patogene, altre utili per l'estrazione della penicillina (*Penicillium*).

penicìllo [vc. dotta, lat. *penicĭllu(m)* 'pennello'. V. *penicillio*] s. m. ● (*biol.*) Parte di organo in forma di filamento.

penièno [vc. dotta, deriv. di *pene*] agg. ● (*anat.*) Relativo al pene: *protesi peniena.*

peninsulàre [dal lat. *paenīnsula* 'penisola'] agg. ● Relativo a una penisola.

†**pènio** [da *pena*] s. m. ● Indugio.

penìsola [lat. *paenīnsula(m)*, propriamente 'quasi isola', comp. di *pāene* 'quasi', di etim. incerta e *īnsula* 'isola'] s. f. ● Terra circondata dalle acque eccetto una parte che è unita al continente: *l'Italia è una grande p.* || **penisolétta**, dim. | **penisolóna**, accr.

penitènte [vc. dotta, lat. *paenitĕnte(m)*, part. pres. di *paenitēre* 'pentirsi' (V.)] **A** agg. ● Che si pente dei propri peccati. CONTR. Impenitente. **B** s. m. e f. *1* Chi fa penitenza. *2* Cristiano che, per peccati commessi, è soggetto a pene penitenziali che lo escludono dalla funzione di alcuni sacramenti e dalla piena partecipazione alla vita della comunità dei fedeli. *3* Chi accede al sacramento della penitenza.

penitènza o †**penitènzia** [vc. dotta, lat. *paenitĕntia(m)*, da *pāenitens*, genit. *paenitĕntis* 'penitente'] s. f. *1* Pentimento e dolore per il male commesso: *disconforto / ne sentii poscia e p. al core* (TASSO) | *Recare a p.*, indurre al pentimento. SIN. Contrizione. *2* Qualunque privazione, punizione o mortificazione cui ci si sottopone coscientemente e liberamente, a scopo riparatorio e sim.: *imporsi dure penitenze; vivere in continua p.; per p. si fustigava* | *Fare p.*, sottoporsi volontariamente a tali privazioni, punizioni e sim. *3* (*relig.*) Uno dei Sette Sacramenti, secondo la dottrina cattolica istituito da Gesù Cristo per rimettere i peccati commessi dopo il battesimo, denominato anche, dopo il Concilio Ecumenico Vaticano Secondo, Sacramento della riconciliazione | *P. sacramentale*, opera buona o preghiera imposta dal confessore a castigo e a correzione del peccatore e a sconto della pena temporanea meritata peccando | *Opera di p.*, digiuni, mortificazioni, atti di misericordia spirituale e corporale, preghiere, uso pio delle cerimonie e dei sacramentali, che suppliscono e integrano la penitenza sacramentale. *4* Correntemente, penitenza sacramentale: *dire, recitare dieci avemaria per p.* *5* Castigo o punizione che si dà, spec. ai fanciulli: *per p. gli fece copiare più volte quelle pagine.* *6* In giochi infantili o di società, prova d'abilità o ridicola imposta al perdente. || **penitenziùccia**, **penitenzùccia**, dim.

penitenziàle [dal lat. *paenitĕntia* 'penitenza'] **A** agg. *1* Di penitenza: *proponimento p.* | *Salmi penitenziali*, salmi che si recitano nella settimana santa | *Atto p.*, riconoscimento dei propri peccati, fatto dal celebrante e dai fedeli all'inizio della messa. *2* †Che fa penitenza. **B** s. m. e f. ● †Chi fa penitenza.

†**penitenziàre** [da *penitenza*] v. tr. ● Sottoporre a penitenza.

penitenziàrio [da *penitenza*] **A** agg. *1* Che concerne l'organizzazione delle istituzioni carcerarie. *2* Relativo all'espiazione di una pena detentiva. **B** s. m. ● (*gener.*) Stabilimento carcerario.

penitenzière [da *penitenza*] s. m. ● Confessore che, nelle cattedrali, ha autorità di assolvere dai peccati i casi riservati al vescovo | *P. maggiore*, cardinale che presiede alla Sacra Penitenzieria.

penitenzierìa [da *penitenziere*] s. f. *1* In alcune chiese, parte della sacrestia riservata ai confessionali per uomini. *2* (*dir.*) Primo tribunale della curia romana che ha giurisdizione sul foro interno, anche non sacramentale, e concede grazie, assoluzioni, dispense, condoni e sanatorie.

†**penitére** o †**pentére** [vc. dotta, lat. *paenitēre*. V. *pentire*] v. intr. e intr. pron. ● Pentirsi.

pénna [lat. *pĕnna(m)* 'penna' e *pĭnna(m)* 'penna', dalla stessa radice di *pĕtere* 'dirigersi' (V. *petere*)] s. f. *1* (*zool.*) Formazione cornea della pelle caratteristica degli uccelli, costituita da un asse centrale, la cui parte basale (*calamo*) è inserita sulla pelle, mentre la parte rimanente (*rachide*) porta il vessillo, formato di tante appendici laterali sfrangiate | *Penne remiganti*, quelle principali delle ali, costituenti la superficie portante del volo | *Penne timoniere*, quelle della coda, con funzione di timone nel volo | *Penne copritrici*, le penne corte che, nelle ali, ricoprono alla base le penne più grandi | *Cane da p.*, da caccia, il cui compito è fermare o puntare selvaggina alata | *Lasciarci, rimetterci le penne*, (*fig.*) morire o subire danni gravissimi | (*fig.*) *Cosa che non vale una p.*, che non vale nulla | *Essere tutto voce e penne*, di uccellino che canta molto e (*fig.*) di persona piccola, piena di brio | (*est.*) Piuma: *un cuscino pieno di p.* | *Leggero come una p.*, leggerissimo. ➡ ILL. **zoologia generale**. *2* Ornamento del cappello alpino | *Penne nere*, gli alpini | *Penne mozze*, gli alpini caduti in guerra. *3* Strumento per scrivere rappresentato un tempo da una penna d'oca opportunamente lavorata, quindi sostituito da un'asticciola di materiale vario munita di pennino di metallo, anch'essa oggi disusata | *P. stilografica*, dotata di un serbatoio per l'inchiostro che alimenta direttamente il pennino | *P. a sfera*, munita di un serbatoio con inchiostro semisolido e di una sferetta scorrevole al posto del pennino | *P. a feltro*, costituita da un cilindretto di feltro, che sostituisce il pennino, e da una carica d'inchiostro | *P. elettronica*, in un sistema di telescrittura, dispositivo con cui si scrive o si disegna su un foglio di misure unificate | *P. luminosa, p. ottica*, dispositivo recante all'estremità una fotocellula, usato per individuare informazioni alfanumeriche o grafiche sullo schermo di un visualizzatore ottico interattivo. SIN. Light pen | *Un frego, un tratto di p.*, un segno tracciato per cancellare | *Dar di p.*, cancellare | *Aver la p. in carta*, stare scrivendo | *Testo a p.*, manoscritto | *Scorsa di p.*, errore materiale di scrittura | (*fig.*) *Come la p. getta*, senza troppo studio | (*fig.*) *Lasciare q.c. nella p.*, tralasciare o dimenticare di scrivere q.c. | *Saper tenere la p. in mano*, (*fig.*) sapere scrivere | *Uomo di p.*, letterato | (*fig.*) *Avere la p. intinta nel fiele*, di chi scrive con acrimonia, astio e sim. | *Rompere la p.*, (*fig.*) non volere più scrivere | (*est.*) Scrittore: *è una buona p.*; *una grande, gloriosa p.*; *una p. venduta*. **4** (*mar.*) Estremità superiore dell'antenna o del picco, e anche l'estremità della vela latina o aurica | *Occhio alla p.*, avvertimento dato al timoniere di non far perdere il vento alle vele e (*fig.*) stare attento, vigilare. **5** (*fig.*) †Cima, sommità, vetta: *le tre penne di S. Marino*. **6** Parte assottigliata del martello, opposta alla bocca. **7** Parte della freccia opposta alla punta. **8** (*mus.*) Plettro. **9** (*spec. al pl.*) Pasta alimentare in forma romboidale, corta e bucata: *penne al sugo*; *penne all'arrabbiata* || PROV. A penna a penna si pela l'oca. || **pennàccia**, pegg. | **pennétta**, dim. | **pennìna**, dim. (V.) | **pennìno**, dim. m. (V.) | **pennolìna**, dim. | **pennùccia**, **pennùzza**, dim.

pennacchièra [da *pennacchio*] s. f. • Ornamento di penne che si poneva sull'elmo o sulla testiera della briglia dei cavalli durante cerimonie e solennità.

pennàcchio o (*pop.*) †**spennàcchio** [lat. tardo *pinnāculu(m)* 'pinnacolo'] s. m. **1** Ciuffo o mazzo di penne, per ornamento: *il p. del cimiero, del cappello dei bersaglieri*; *cadde col p. in sul terreno* (PULCI). **2** (*fig.*) Fiocco di fumo e sim.: *un lungo p. di fumo usciva dalla ciminiera*. || **pennacchiétto**, dim. | **pennacchìno**, dim. | **pennacchiùccio**, dim. | **pennacchiuòlo**, dim.

pennacchiùto agg. • Ornato o fornito di pennacchio.

pennaccìno [genov. *pennaccin*: propriamente 'piccolo pennacchio' (?)] s. m. • (*mar.*) Puntone di rinforzo del bompresso, posto inferiormente e perpendicolarmente a questo e contro cui fa forza la catena di briglia.

†**pennàce** • V. †*penace*.

pennàio s. m. (f. *-a*) • Addetto alla lavorazione delle penne per ornamento.

pennaiòlo o **pennaiuòlo** [da *penna*] s. m. **1** Astuccio portatile o contenitore da tavolo in cui si tenevano un tempo le penne d'oca e altri oggetti per scrivere. **2** (*raro*) Chi vende penne. **3** (*fig.*, *spreg.*) Scrittore che mira unicamente al guadagno.

pennarèllo® [nome commerciale] s. m. • Tipo di penna a feltro, con tratto piuttosto spesso.

pennàta s. f. **1** Quantità d'inchiostro raccolta dal pennino intinto nel calamaio. **2** (*raro*) Colpo dato con la penna | Frego di penna.

pennatifìdo [comp. di *pennato* (agg.) e *-fido* (dal lat. *-fidus*: V. *bifido*)] agg. • (*bot.*) Detto di foglia pennata divisa fino a metà della distanza fra il margine e il nervo mediano.

pennàto [vc. dotta, lat. *pennātu(m)*, da *pĕnna* 'penna'] **A** agg. **1** Pennuto. **2** (*bot.*) Detto di foglia composta formata da foglioline disposte ai lati di un asse. **B** s. m. • Attrezzo adunco di ferro per potare le viti, provvisto sul dorso di una cresta o penna tagliente, per i rami più grossi.

pennatopartìto [comp. di *pennato* (agg.) e *partito* (1)] agg. • (*bot.*) Detto di foglia divisa fino a più della metà della distanza esistente fra il margine e il nervo mediano.

pennatosètto [comp. di *pennato* (agg.) e *-sotto* (V. *palmatosetto*)] agg. • (*bot.*) Detto di foglia pennata le cui foglioline sono disposte a destra e a sinistra del rachide.

pennàtula [dim. del lat. *pennātus* 'fornito di penne'. V. *pennato*] s. f. • Celenterato marino che forma colonie a forma di penna infissa sul fondo emananti una tenue luce (*Pennatula phosphorea*).

pennécchio [lat. *penĭculu(m)* 'piccola coda', dim. di *pēnis* 'coda'. V. *pene*] s. m. • Quantità di lana, lino, canapa da filare che si vuol mettere in una sola volta sulla rocca. SIN. Roccata.

pennellàre [da *pennello*] v. tr. e intr. (*io pennèllo*; aus. *avere*) • Lavorare col pennello, passare il pennello su una superficie: *p. le persiane, gli infissi*; *ha passato tutto il pomeriggio a p.*

pennellàta s. f. **1** Tratto, tocco, colpo di pennello | Maniera di usare il pennello. **2** (*fig.*) Elemento descrittivo di particolare vigore e vivacità: *con poche pennellate ha tracciato un profilo compiuto del personaggio*. || **pennellatìna**, dim.

pennellatùra s. f. • Distribuzione di farmaci liquidi su cute o mucose, mediante pennello.

pennelleggiàre [ints. di *pennellare*] **A** v. tr. (*io pennelléggio*) • (*raro*) Dipingere col pennello: *più ridon le carte / che pennelleggia Franco Bolognese* (DANTE *Purg.* XI, 82-83). **B** v. intr. (aus. *avere*) • (*raro*) Lavorare di pennello.

pennelleggiatóre s. m. (f. *-trice*) • (*raro*) Chi dipinge col pennello o come col pennello.

pennellèssa s. f. • Grosso pennello piatto, usato da imbianchini, attacchini, e anche da pittori.

pennellifìcio [comp. di *pennello* e *-ficio*] s. m. • Fabbrica di pennelli.

pennèllo (**1**) o †**penèllo** [lat. parl. **penĕllu(m)*, dim. di *pēnis* 'coda'. V. *pene*] s. m. **1** Mazzetto di peli animali fissati all'estremità di un'asticciola o di un manico per dipingere, imbiancare, verniciare e sim.: *p. di martora, di tasso*; *p. da pittore, da imbianchino* | *P. per la barba*, corto e tozzo, per insaponarsi prima di radersi | *P. per labbra, per occhi, per ritocco*, piccolo pennello per vari tipi di maquillage femminile | (*fig.*) *A p.*, perfettamente: *il vestito mi va a p.*; *queste scarpe calzano a p.* **2** (*idraul.*) Struttura appoggiata alla sponda di un corso d'acqua e sporgente nell'alveo per allontanare la corrente dalla sponda stessa, ovvero costruita in prossimità della riva del mare per proteggere la spiaggia dall'azione erosiva delle onde. **3** (*mar.*) Ancorotto che serve ad appennellare un'ancora. **4** (*fis.*) Fascio di raggi luminosi, uscenti da una sorgente luminosa puntiforme, che passano attraverso un'apertura piccolissima | *P. elettronico*, sottile fascetto di elettroni in un tubo catodico.

pennèllo (**2**) [ant. fr. *penel*, da avvicinare a *penon* 'pennone'] s. m. **1** (*mar.*) Bandiera da segnalazione a forma di triangolo isoscele molto allungato | †*A p.*, a bandiera spiegata | †*Ad un p.*, sotto la stessa insegna. **2** †Stendardo. || **pennellétto**, dim. | **pennellìno**, dim. | **pennellóne**, accr.

pennése [etim. incerta] s. m. • Marinaio destinato alla custodia del materiale di riserva conservato nelle cale.

pennichèlla [dal lat. parl. **pendicāre* 'pendolare' (V. *penchant*)] s. f. • (*dial.*, *rom.*) Sonnellino, spec. pomeridiano: *fare, farsi, la p. dopo mangiato*.

†**pennièra** [da *penna*] s. f. • Pennacchiera.

pennifórme [comp. di *penna* e *-forme*] agg. • Che ha forma di penna.

pennìna (**1**) s. f. **1** Dim. di *penna*. **2** (*bot.*) *P. del paradiso*, graminacea tipica degli ambienti calcarei con infiorescenza formata da spighette con glume lunghissime e sericee (*Stipa pennata*).

pennìna (**2**) [dalle *Alpi Pennine*, in cui si trova] s. f. • (*miner.*) Varietà di clorite contenente magnesio e alluminio.

penninèrvio [comp. di *penna* e *nervo*] agg. • (*bot.*) Detto di foglia con una nervatura centrale da cui se ne staccano altre disposte come le barbe di una penna.

pennìno s. m. **1** Dim. di *penna*. **2** Laminetta metallica opportunamente sagomata per scrivere, innestata al cannello della penna.

pennivéndolo [da *penna*, sul modello di *fruttivendolo*, *pescivendolo* ecc.] s. m. (f. *-a*) • (*spreg.*) Scrittore o giornalista mercenario, che sostiene chi lo ricompensa meglio in guadagni o vantaggi personali.

pennòla [da *penna*] s. f. • (*mar.*) Antenna delle piccole vele delle imbarcazioni.

pennoncèllo s. m. **1** Dim. di *pennone*. **2** Piccolo pennacchio del cimiero. **3** Piccolo stendardo fissato in prossimità della punta della lancia.

pennóne [propriamente accr. di *penna*] s. m. **1** Stendardo molto lungo usato dalla cavalleria fino alla metà del sec. XVIII | Bandiera di grandi dimensioni e di forma allungata | †Formazione di soldati sotto l'insegna di un pennone. **2** (*mar.*) Antenna orizzontale di legno o di ferro, cui è inferito il lato superiore delle vele quadre: *p. di maestra, di parrocchetto*. ➡ ILL. p. 1756, 1757 TRASPORTI. **3** Asta di bandiera. || **pennoncèllo**, dim. (V.).

pennonière s. m. **1** Marinaio addetto a un pennone. **2** Portinsegna.

†**pennóso** agg. • Pieno di penne.

pennùto [da *penna*] **A** agg. • Fornito di penne: *animali pennuti* | (*raro*, *lett.*) Di freccia fornita di penne a un'estremità: *vola il p. stral per l'aria e stride* (TASSO). **B** s. m. • Uccello, volatile: *uccidere, cucinare, mangiare un p.*; *andare a caccia di pennuti*.

penny /'penni, *ingl.* 'peni/ [vc. ingl., V. *pfennig*] s. m. inv. (pl. ingl. *pence*) • Moneta inglese un tempo pari a 1/12 di scellino, e attualmente alla centesima parte di una sterlina.

penómbra [comp. del lat. *pāene* 'quasi' (V. *penisola*) e *ombra*] s. f. **1** Scarsità di luce: *una stanza in p.*; *stare, riposare, celarsi nella p.* **2** (*fis.*) Zona parzialmente illuminata, compresa fra quella completamente illuminata e quella in ombra, che si forma quando la sorgente luminosa non è puntiforme.

penosità s. f. • Qualità di chi, di ciò che è penoso.

penóso [da *pena*] agg. **1** Che dà pena, che muove a compassione, a pietà: *una penosa situazione familiare*; *problema p.* CONTR. Lieto. **2** Molesto, faticoso, sgradevole: *viaggio, lavoro p.*; *conversazione povera e penosa*. CONTR. Allettante. **3** (*raro*, *lett.*) Tormentato: *felice agnello a la penosa mandra / mi giacqui un tempo* (PETRARCA). || **penosaménte**, avv. Con pena, a fatica.

pensàbile agg. • Che si può pensare, meditare, immaginare. CONTR. Impensabile.

pensabilità s. f. • (*raro*) Condizione di ciò che è pensabile.

pensacchiàre [ints. di *pensare*] v. intr. (*io pensàcchio*; aus. *avere*) • (*raro*) Andar pensando di tanto in tanto.

†**pensagióne** o †**pensazióne** [vc. dotta, lat. tardo *pensatiōne(m)* 'compenso, risarcimento', da *pensāre*. V. *pensare*] s. f. • Pensiero.

pensaménto s. m. **1** (*raro*) Modo e atto del pensare | Meditazione. **2** Disegno, idea, proposito. **3** †Affanno, cura.

pensànte **A** part. pres. di *pensare*; anche agg. • Nei sign. del v. || †**pensanteménte**, avv. Deliberatamente. **B** s. m. e f. • Chi pensa e ragiona | *Ben p.*, V. *benpensante*.

pensàre [vc. dotta, lat. *pensāre* 'pesare con cura', ints. di *pĕndere* 'pesare'. V. *pendere*] **A** v. intr. (*io pènso*; aus. *avere*) **1** Possedere e utilizzare precise facoltà mentali, razionali: *gli esseri umani pensano* | (*est.*) Riflettere, meditare: *da molto tempo sto pensando alla possibilità di intervenire*; *è bene p. prima di agire*; *p. tra sé, in cuor suo*; *sono cose che fanno p.*; *quella è gente che pensa* | *Pensa e ripensa*, dopo lunga riflessione | *Pensarci su*, riflettere attentamente su q.c. | *P. con la propria testa*, non lasciarsi influenzare dagli altri | All'imperativo, si usa, anche come inciso, per richiamare l'attenzione su q.c. di notevole: *pensa che ci conosciamo fin da piccoli*; *lui era già partito e io, pensa, lo credevo ancora in città*. **2** Tenere il pensiero fisso su q.c. o qc.: *penso sempre a voi*; *pensava continuamente al domani* | *P. al regno, alla presidenza, alla direzione della ditta*, aspirarvi, desiderarli | *Pensarci*, non allontanare il pensiero o la memoria da q.c. o da qc. | *Non posso pensarci*, mi ripugna o mi spaventa fermarmi su ciò col pensiero | (*est.*) Ricordare: *penso ai bei giorni trascorsi*. **3** Badare a q.c., occuparsi di qc. o di q.c.: *pensa ai fatti tuoi*; *pensa ai tuoi amici invece di criticare i miei* | Provvedere: *non si preoccupi, alla spedizione penseremo noi*; *ci penso io*. **4** Ragionare in base a determinati criteri, opinioni, convincimenti e sim.: *p. bene, male*; *non tutti parlano come pensano* | *P. male di qc.*, averne una cattiva opinione | *P. bene di qc.*, averne una buona opinione. **5** Considerare o esaminare con la fantasia, con l'immaginazione: *penso al meraviglioso viaggio che farei, se potessi*; *pensa come sarebbe bello!* **B** v. tr. **1** Esaminare col pensiero, raffigurarsi nella mente: *cosa stai pensando?*; *è più facile pensarle, certe cose, che dirle*; *vi lascio p. la mia paura*; *chi avrebbe potuto p. una cosa simile?* | Figurarsi: *pensa che io non avevo ancora aperto bocca, e lui già stava andandosene*; *pensate che figura mi avete fatto fare!* **2** Considerare con attenzione: *non pensa che dai suoi atti deriva un gran male a tutti noi*; *pensa quale terribile esperienza è stata la sua* | Tenere a mente o richiamare alla mente: *penso che la punizione sarà durissima.* ***3*** Escogitare, inventare: *ne pensa sempre una nuova* | *Una ne fa e una (o cento) ne pensa*, detto di chi riesce sempre a trovare nuovi trucchi, astuzie e sim. ***4*** Credere, supporre, ritenere: *penso che sbagli*; *non penso che sia facile risolvere questa situazione*; *pensa quello che vuoi, io resto della mia idea.* ***5*** Avere in animo: *pensavo di rientrare in città*; *cosa pensi di fare?* **C** v. intr. pron. ● (*fam.*) Credersi: *chi ti pensi d'essere?* **D** s. m. ● Facoltà del pensiero: *il p. è facoltà umana per eccellenza.*

pensàta [f. sost. di *pensato*] s. f. ● Idea, trovata: *una p. piuttosto balorda*; *che bella p.!* | †*Fuori di ogni p.*, contrariamente a ciò che si prevede | †*Alla p.*, in modo pensato, meditato.

†pensatìvo agg. ● Pensoso, riflessivo.

pensàto A part. pass. di *pensare*; anche agg. ***1*** Nei sign. del v. ***2*** †Assennato, savio. || **pensataménte**, avv. (*raro*) Consideratamente; deliberatamente. **B** s. m. ● †Pensiero, riflessione.

pensatóio [da *pensato*] **A** s. m. ***1*** (*scherz.*) Luogo in cui ci si ritira a meditare, a pensare. ***2*** (*fig.*) †Preoccupazione, sospetto | †*Entrare nel p.*, preoccuparsi. **B** agg. ● †Che dà a pensare, che preoccupa.

pensatóre A agg. (f. *-trice*) ● Che pensa: *mente pensatrice.* **B** s. m. (f. *-trice*) ***1*** Chi si dedica sistematicamente all'attività del pensare, riflettere, elaborare con la mente | *Libero p.*, chi sostiene la piena libertà di coscienza in campo religioso. ***2*** Filosofo: *Croce è uno dei più discussi pensatori del Novecento.*

†pensazióne ● V. †*pensagione.*

pensée /fr. pã'se/ [vc. fr., propriamente 'pensata', perché ritenuta simbolo del ricordo] s. f. inv. ● (*bot.*) Viola del pensiero.

†pensèro ● V. *pensiero.*

†pensévole agg. ● Pensabile.

†pensieràto agg. ● Pensieroso.

†pensière ● V. *pensiero.*

†pensièri ● V. *pensiero.*

pensierìno s. m. ***1*** Dim. di *pensiero.* ***2*** Piccolo e superficiale pensiero | *Fare un p. su q.c., farci un p.*, desiderarla. ***3*** (*fam.*) Attenzione delicata che si manifesta con doni e sim.: *è un p. delizioso*; *è burbero, ma a volte ha pensierini commoventi.* ***4*** Primo esercizio di composizione per gli alunni delle scuole elementari, molto breve e limitato a un solo argomento: *scrivete cinque pensierini sulla primavera.*

pensièro o †**pensèro**, (*poet.*) †**pensière**, †**pensièri** [provz. *pensier*, dal lat. *pensāre*. V. *pensare*] s. m. ***1*** Atto e facoltà del pensare: *il p. è proprio degli esseri razionali*; *le leggi del p.*; *chiedere, esigere libertà di p. e di coscienza* | (*fig.*) *Rapido come il p.*, rapidissimo | *Andare col p. a q.c., a qc.*, pensare a q.c., a qc. | Riandare col p., ricordare | *Fermare il p. su q.c., su qc.*, fissare la mente su q.c., su qc. | *Essere sopra p.*, distratto | *Leggere il p.*, riuscire a indovinare ciò che gli altri pensano | (*est.*) Atto e facoltà del riflettere, immaginare, giudicare, supporre: *nel p. sta la nostra vera grandezza*; *corsi col p. alle possibili conseguenze del mio atto*; *era assorto in profondi pensieri.* ***2*** Effetto del pensare, riflettere, immaginare e sim.: *uno strano p.*; *pensieri ricorrenti, preoccupanti, assurdi, angosciosi*; *un dolce, un cattivo p.*; *il mare solitario i miei pensieri / culla con le sue lunghe onde grigiastre* (SABA) | Ciò che si pensa: *modificare, esprimere, tacere il proprio p.*; *tutto il suo p. si sviluppa in una sola direzione* | *Travisare il p. di qc.*, interpretarlo male | Intenzione, proposito, disegno: *un p. audacissimo*; *lascia da parte simili pensieri!* SIN. Idea. ***3*** Modo di pensare, giudicare e sim.: *il p. dei classici è stato di guida a molte generazioni* | Espressione o manifestazione di un certo modo di pensare: *i suoi pensieri sono raccolti in un volume.* ***4*** (*filos.*) Qualunque attività spirituale in senso lato. ***5*** Oggetto e fine del pensare, desiderare, e sim.: *la vostra salute è nostro costante p.*; *il bene della patria fu il suo unico, grande p.* ***6*** Ansia, preoccupazione: *essere, stare in p. per qc., per l'esito di q.c.*; *un p. che non mi lascia dormire*; *vita oberata di pensieri e di guai* | *Dar pensieri a qc.*, causargli preoccupazioni | *Non darsi p. di q.c., di qc.*, non preoccuparsene | *Senza pensieri*, spensieratamente | (*fig.*) *Attaccare i pensieri alla campanella dell'uscio*, scacciare dalla mente ogni preoccupazione quando si entra in casa | *Non dà p.*, detto di cosa facile, agevole, che non desta apprensioni. ***7*** (*raro*) Cura: *sarà mio p. fare ciò che desiderate* | (*fam.*) Atto, comportamento e sim. particolarmente attento: *un p. gentile, delicato, commovente* | (*fam.*) Dono: *che grazioso p.!* ***8*** (*raro*) Soggetto o ispirazione, spec. di opere artistiche: *il p. di un dramma.* ***9*** Nel linguaggio giornalistico, posposto a un nome proprio: *il Gorbaciov-pensiero.* || **pensierétto**, dim. | **pensierìno**, dim. (V.) | **pensieróne**, accr. | **pensierùzzo**, dim.

pensierosità s. f. ● (*raro*) Qualità o condizione di chi è pensieroso.

pensieróso agg. ● Pieno di pensieri, assorto nei propri pensieri: *essere, starsene p.* SIN. Cogitabondo. CONTR. Spensierato. || **pensierosaménte**, avv. In modo, con atteggiamento, pensieroso.

pènsile [vc. dotta, lat. *pēnsile(m)*, da *pendēre* 'pendere'] **A** agg. ***1*** (*lett.*) Che sta sospeso nell'aria: *la Terra, corpo p. e librato sopra 'l suo centro* (GALILEI). ***2*** Che è sollevato da terra mediante sostegni vari: *mobili, scaffali pensili* | *Giardini pensili*, sostenuti in alto da archi o colonne e (*est.*) collocati su terrazzo. ***3*** (*dir., raro*) Pendente. **B** s. m. ● Mobiletto pensile: *i pensili della cucina*; *un p. di formica, di legno.*

pensilìna [da *pensile*] s. f. ● Struttura sporgente da un edificio oppure isolata e poggiante su colonne, costruita per riparare dalla pioggia, dal sole o sim. persone e cose: *il treno cominciava a scorrere tra i pilastri delle pensiline* (CALVINO).

pensionàbile [da *pensionare*] agg. ***1*** Che può essere collocato in pensione: *impiegato p.* | Che consente di andare in pensione: *età p.* ***2*** Che si prende come base ai fini del computo della pensione: *quota p. dello stipendio* | Che si può computare ai fini della pensione: *anni non pensionabili.*

pensionabilità [da *pensionabile*] s. f. ● Condizione di chi ha i requisiti per essere collocato in pensione.

pensionaménto [da *pensionare*] s. m. ● Collocamento a riposo di un lavoratore con corresponsione del relativo trattamento pensionistico.

pensionànte [da *pensione*] s. m. e f. ***1*** Persona che vive stabilmente o periodicamente in una casa, albergo e sim., pagando una somma fissa per vitto, alloggio ed eventuali servizi aggiunti. ***2*** Degente a pagamento, in un ospedale.

pensionàre [da *pensione*, sul modello del fr. *pensionner*] v. tr. (*io pensióno*) ● Collocare a riposo un lavoratore e corrispondergli la pensione.

†pensionàrio [fr. *pensionnaire*, da *pension* 'pensione'] s. m. ***1*** Pensionante | Pensionato. ***2*** Tributario. ***3*** Chi deve pagare una pensione o canone su un beneficio goduto.

pensionàtico [da *pensione*] s. m. (pl. *-ci*) ● Anticamente, diritto di pascolo su terreni altrui, in cambio di un corrispettivo annuale.

pensionàto A part. pass. di *pensionare*; anche agg. ● Nel sign. del v. **B** s. m. (f. *-a* nel sign. 1) ***1*** Chi riceve una pensione: *p. dello Stato, della Previdenza Sociale.* ***2*** Istituto che accoglie persone spec. sole, fornendo loro vitto, alloggio ed eventuali servizi connessi, dietro il pagamento di una somma stabilita: *p. per studenti, per anziani.*

pensióne [vc. dotta, lat. *pensiōne(m)* 'pesatura', poi 'pagamento', da *pĕndere* 'pesare, pagare'. V. *pendere*] s. f. ***1*** Attribuzione obbligatoria al prestatore di lavoro da parte dello Stato o di altri enti pubblici o privati, di una somma periodica di indennità in seguito alla cessazione del rapporto di lavoro per sopraggiunti limiti di età o di servizio o per invalidità o ai familiari aventi diritto per morte dello stesso: *p. di anzianità, di invalidità*; *avere diritto alla p.*; *maturare il diritto alla p.* | (*est.*) Condizione in cui si trova il prestatore di lavoro cui viene concessa tale attribuzione: *essere, andare in p.*; *mettere, mettersi in p.* ***2*** Importo da pagarsi per vitto e alloggio in alberghi e sim.: *la p. è piuttosto elevata.* SIN. Retta. ***3*** Fornitura di vitto e alloggio, dietro pagamento di un importo stabilito: *questo albergo non fa p.*; *stare a p. da qc.*; *tenere qc. a p.* | (*est.*) Locanda o casa privata che ospita pensionanti: *una p. a buon mercato.* ***4*** †Salario, stipendio. || **pensioncèlla**, dim. | **pensioncìna**, dim. | **pensionùccia**, dim.

pensionìstico agg. (pl. m. *-ci*) ● (*bur.*) Che riguarda le pensioni: *sistema, trattamento p.*

†pensìvo [fr. *pensif*, da *penser* 'pensare'] agg. ● Pensoso, dubbioso, preoccupato.

†pènso [vc. dotta, lat. *pēnsu(m)* 'quantità di lana che la schiava doveva filare in un giorno', propriamente part. pass. nt. sost. di *pĕndere* 'pesare'] s. m. ***1*** Quantità di lana data giornalmente alla schiava romana da filare. ***2*** Lavoro scolastico assegnato per punizione.

pensosità s. f. ● Carattere, condizione o attitudine di chi è pensoso.

pensóso [da *pensare*] agg. ***1*** Assorto in pensieri, meditazioni, considerazioni: *siede per ore p. nella sua stanza* | Propenso alla meditazione: *anima pensosa*; *carattere p.* SIN. Meditabondo. CONTR. Distratto. ***2*** (*raro*) Che rimpiange e desidera: *essere p. della presenza di qc.* ***3*** (*lett.*) Che pensa con sollecitudine e premura, che si preoccupa per qc. o per q.c.: *p. più d'altrui che di se stesso* (PETRARCA). || **pensosaménte**, avv.

pensucchiàre [ints. di *pensare*] v. intr. (*io pensùcchio*; aus. *avere*) ● (*raro*) Pensacchiare.

pènta- [dal gr. *pénte* 'cinque', di origine indeur.] primo elemento ● In parole composte della terminologia scientifica significa 'cinque', 'costituito da cinque': *pentagono, pentagramma* | In chimica, indica la presenza di 5 atomi o raggruppamenti atomici uguali (*pentano*) o il ripetersi per 5 volte di una proprietà (*pentavalente*).

pentàbraco [vc. dotta, gr. *pentábrachys*, comp. di *pénte* 'cinque' (V. *penta-*) e *brachýs* 'breve' (V. *brachi-*)] s. m. (pl. *-chi*) ● (*ling.*) Piede metrico della poesia greca e latina formato da cinque sillabe brevi.

pentàcolo o **pentàculo** [etim. incerta] s. m. ● Stella a cinque punte o formula magica disegnata su moneta, pietra, pezzetto di pergamena e portata come amuleto.

pentacòrdo [vc. dotta, lat. tardo *pentachŏrdon*, nom. *pentachŏrdos*, dal gr. *pentáchordos*, comp. di *pénte* 'cinque' (V. *penta-*) e *chordḗ* 'corda'] s. m. ● (*mus.*) Lira a cinque corde | Sistema di cinque suoni e di quattro intervalli.

pentàculo ● V. *pentacolo.*

pentadàttilo [vc. dotta, lat. *pentadăctylu(m)*, nom. *pentadăctylus*, dal gr. *pentadáktylos*, comp. di *pénte* 'cinque' (V. *penta-*) e *dáktylos* 'dito' (V. *dattilografia*)] agg. ● Detto di arto con cinque dita.

pentàde [vc. dotta, gr. *pentás*, genit. *pentádos*, da *pénte* 'cinque', di origine indeur.] s. f. ● (*raro*) Serie di cinque cose uguali.

pentadecàgono [comp. di *penta-* e *deca-* sul modello di *pentagono, decagono*] s. m. ● Poligono con quindici lati.

pentàdico [da *pentade*] agg. (pl. m. *-ci*) ● Detto del sistema di numerazione che si fonda sul numero cinque.

pentaèdro [dal gr. *pénte* 'cinque' (V. *penta-*), sul modello di *tetraedro*] s. m. ● (*mat.*) Poliedro a cinque facce.

pentaeritrìte [comp. di *penta-* e *eritrite*] s. f. ● Composto chimico ottenuto condensando acetaldeide con formaldeide, usato nell'industria delle vernici e sim.

pentafìllo [vc. dotta, lat. tardo *pentaphўllo(n)*, dal gr. *pentáphyllon*, comp. di *pénte* 'cinque', di origine indeur. e *phýllon* 'foglia'] s. m. ● (*bot.*) Cinquefoglie.

pentafònico [comp. di *penta-* e *-fonico*] agg. (pl. m. *-ci*) ● Pentatonico.

pentagonàle agg. ● (*mat.*) A forma di pentagono | Relativo a un pentagono.

pentàgono [vc. dotta, lat. *pentagōnu(m)*, dal gr. *pentágōnon*, comp. di *pénte* 'cinque', di origine indeur. e *gōnía* 'angolo' (V. *goniometro*)] s. m. ***1*** (*mat.*) Poligono con cinque vertici. ***2*** (*per anton.*) Complesso di edifici concentrici a pianta pentagonale in cui ha sede il Dipartimento della Difesa degli Stati Uniti | (*est.*) Insieme delle autorità militari degli Stati Uniti.

pentagràmma [comp. di *penta-* e *-gramma*] s. m. (pl. *-i*) ● (*mus.*) Insieme delle cinque righe orizzontali parallele e degli spazi fra esse compresi su cui si scrivono le note e le pause musicali; al suo inizio è posta una chiave con le eventuali alterazioni e l'indicazione del tempo.

pentagrammàto agg. ● Detto di foglio di carta coperto da pentagrammi.

pentalìneo [comp. di *penta-* e *linea*, sul modello di *rettilineo*] agg. ● (*mus.*) Composto di cinque linee: *rigo p.*

pentàmero [gr. *pentamerḗs* 'di cinque parti', comp. di *penta-* e *méros* 'parte' (di origine indeur.)] **A** agg. ● (*bot.*) Detto di fiore a cinque petali e cinque sepali. **B** s. m. ● (*chim.*) Polimero formato dall'unione di cinque molecole uguali.

pentàmetro [vc. dotta, lat. *pentămetru(m)*, nom. *pentămeter*, dal gr. *pentámetros*, comp. di *pénte* 'cinque' (V. *penta-*) e *métron* 'misura' (V. *metro*)] s. m. ● Verso della poesia greca e latina formato da due commi ognuno dei quali consta di due dattili e di una sillaba lunga.

pentàno [comp. di *penta-* e *-ano* (2)] s. m. ● (*chim.*) Idrocarburo alifatico a cinque atomi di carbonio, presente nel petrolio greggio.

pentapartìto [comp. di *penta-* e *partito* (*1*)] **A** s. m. ● Governo basato sulla partecipazione, o sull'accordo, di cinque partiti. **B** anche agg.: *accordo p.*

pentapodìa [da *penta-*, sul modello di *tripodia*] s. f. ● (*letter.*) Successione di cinque piedi.

pentàpoli [vc. dotta, gr. *Pentápolis*, comp. di *pénte* 'cinque', di origine indeur. e *pólis* 'città' (V. *politico*)] s. f. ● Unione politica di cinque città, spec. nell'antichità classica e medievale.

pentaprìṣma [comp. di *penta-* e *prisma*] s. m. (pl. *-i*) ● Nelle macchine fotografiche reflex, prisma ottico a cinque facce che permette di vedere in modo corretto nel mirino l'immagine riflessa dallo specchio, che altrimenti risulterebbe con i lati invertiti.

pentàrca [ricavato da *pentarchia*, secondo il rapporto *monarca-monarchia, tetrarca-tetrarchia*] s. m. (pl. *-chi*) ● Ognuno dei cinque membri di una pentarchia.

pentarchìa [vc. dotta, gr. *pentarchía*, comp. di *pénte* 'cinque', di origine indeur., e *-archia* '-archia'] s. f. ● Nell'antica Cartagine, magistratura composta di cinque membri, cui spettava il compito di amministrare la giustizia.

pentasìllabo [vc. dotta, lat. *pentasўllabo(n)*, nom. *pentasўllabos*, dal gr. *pentasýllabos*, comp. di *pénte* 'cinque', di origine indeur., e *syllabḗ* 'sillaba'] **A** s. m. ● Verso di cinque sillabe. SIN. Quinario. **B** agg. ● Che è composto di cinque sillabe: *verso p.*; *parola pentasillaba.*

pentàstico [vc. dotta, gr. *pentástichos* 'di cinque (*pénte*) linee (*stíchos*)'] agg. (pl. m. *-ci*) **1** (*raro*) Detto di strofa formata da cinque versi. **2** (*est.*) Che è composto di cinque parti, detto spec. di struttura architettonica o di polittico.

pentastòma [vc. dotta, gr. *pentástomos* 'che ha cinque bocche', comp. di *pénte* 'cinque', di origine indeur., e *stóma* 'bocca' (V. *stoma*): detta così per i suoi cinque orifizi] s. f. ● (*zool.*) Linguatula.

Pentatèuco [vc. dotta, lat. tardo *Pentatĕuchu(m)*, nom. *Pentatĕuchus*, dal gr. *Pentáteuchos*, comp. di *pénte* 'cinque', di origine indeur., e *tēuchos* 'astuccio per libri', da *téuchein* 'fabbricare', di origine indeur.] s. m. solo sing. ● L'insieme dei primi cinque libri dell'Antico Testamento, ispirati da Dio a Mosè: Genesi, Esodo, Levitico, Numeri, Deuteronomio.

pèntathlon /'pentatlon/ o **pèntatlo, pèntatlon** [vc. dotta, lat. tardo *pentăthlu(m)*, dal gr. *péntathlon*, comp. di *pénte* 'cinque', di origine indeur., e *âthlon* 'lotta' (V. *atleta*)] s. m. inv. ● Gara atletica in cinque prove | *P. antico*, nell'antichità, complesso di cinque prove di cinque sport diversi, e cioè corsa, salto, lancio del giavellotto (o pugilato), lancio del disco, lotta | *P. moderno*, complesso di cinque prove di cinque sport diversi, e cioè equitazione, scherma, tiro, nuoto e corsa campestre.

pentatlèta s. m. e f. (pl. m. *-i*) ● Atleta specialista di pentathlon.

pèntatlo ● V. *pentathlon.*

pèntatlon ● V. *pentathlon.*

pentatòmico [comp. di *penta-* e *atomico*] agg. (pl. m. *-ci*) **1** (*chim.*) Detto di ione, raggruppamento atomico o molecola formato da cinque atomi. **2** (*chim.*) Detto di composto ciclico formato per chiusura di una catena di cinque atomi.

pentatònico [comp. di *penta-* e *-tonico*] agg. (pl. m. *-ci*) ● (*mus.*) Detto dell'antica scala di cinque suoni o gradi, particolarmente coltivata dalla musica cinese ma d'accertato uso mondiale (Fa Sol La Do Re). SIN. Pentafonico.

pentavalènte [comp. di *penta-* e *valente*] agg. **1** (*chim.*) Detto di atomo o raggruppamento atomico che può combinarsi con cinque atomi d'idrogeno. **2** (*chim.*) Detto di sostanza che presenta nella sua molecola cinque identici gruppi funzionali.

pentecòntoro [vc. dotta, gr. *pentēkóntoros*, da *pentḗkonta* 'cinquanta' (V. *pentecoste*)] s. m. ● (*mar.*) Antica imbarcazione greca da guerra, mossa da cinquanta remi disposti sulle due fiancate in numero di venticinque per lato.

pentecostàle (**1**) [vc. dotta, lat. tardo *pentecostāle(m)*, da *Pentecŏste* 'pentecoste'] agg. ● Relativo alla Pentecoste.

pentecostàle (**2**) [dall'ingl. *pentecostal*; così detti perché danno grande importanza alla festa di Pentecoste] s. m. ● (*spec. al pl.*) Membro di una delle sette o chiese cristiane di origine americana che ritengono possibile rinnovare, nelle assemblee dei fedeli, il miracolo dell'ispirazione e della trasformazione santificante che si verificò nei riguardi degli apostoli nel giorno della Pentecoste.

pentecostalìṣmo s. m. ● Dottrina e predicazione proprie dei pentecostali.

Pentecòste [vc. dotta, lat. tardo *Pentecŏste(m)*, nom. *Pentecŏste*, dal gr. *pentēkostḗ* (*hēméra*) 'cinquantesimo (giorno)' (dopo Pasqua), f. sost. di *pentēkostós* 'cinquantesimo', da *pentḗkonta* 'cinquanta', da *pénte* 'cinque', di origine indeur.] s. f. **1** Festa ebraica che si celebra cinquanta giorni dopo la Pasqua. **2** Solennità cristiana che cade cinquanta giorni dopo la Pasqua, a commemorazione della discesa dello Spirito Santo, in forma di lingue di fuoco, sugli apostoli riuniti nel cenacolo.

pentèlico [vc. dotta, lat. *Pentēlicu(m)*, nom. *Pentēlicus*, dal gr. *Pentelikós* '(monte, marmo) Pentelico'] agg. (pl. m. *-ci*) ● (*lett.*) Detto di un tipo di marmo greco di colore bianco.

pentemìmera [vc. dotta, gr. *penthēmimerḗs*, comp. di *pénte* 'cinque', di origine indeur., ed *hēmimḗres* 'mezzo', comp. a sua volta di *hēmi-* 'emi-' e *méros* 'parte'] agg. solo f. ● (*letter.*) Detto di cesura metrica che si trova dopo due piedi e mezzo. SIN. Semiquinaria.

†**pentére** ● V. †*penitere.*

†**pentigióne** s. f. ● Pentimento.

pentiménto [da *pentirsi*] s. m. **1** Dolore o rimorso che si prova per ciò che si è o non si è fatto: *un p. sincero, profondo, che nasce dalla coscienza*; *mostrare p.* **2** Cambiamento di idee, propositi, opinioni: *i tuoi pentimenti improvvisi riescono a sconvolgere tutti i nostri piani* | (*est.*) Ripensamento dell'autore e conseguente correzione di un'opera: *i pentimenti del Tasso.*

pentìrsi [lat. *paenitēre* 'provare rammarico, essere scontento', da avvicinare a *pāene* 'quasi', di etim. incerta] v. intr. pron. (*io mi pènto*) **1** Provare dolore, sentire rimorso per ciò che si è o non si è fatto: *p. dei propri peccati*; *mi pento di averti offeso*; *mi pento di non essere venuto con voi* | *Ve ne pentirete!*, escl. di minaccia. **2** Essere scontento, insoddisfatto di q.c.: *mi pento di aver seguito i tuoi stupidi consigli* | *Non avrai a pentirtene*, ne sarai contento. SIN. Rammaricarsi. **3** Mutare d'avviso, cambiare parere: *mi sono pentito all'ultimo momento, e ho deciso di rinunciare al viaggio.*

pentitìṣmo [da *pentito*, nel sign. B] s. m. ● Fenomeno relativo al comportamento dei criminali pentiti.

pentìto o †**pentùto** **A** part. pass. di *pentirsi*; anche agg. ● Nei sign. del v. **B** s. m.; anche agg. (f. *-a*) ● Terrorista o altro criminale, disposto a collaborare con la giustizia ottenendo attenuanti, benefici e riduzioni di pena: *un altro p. è stato scarcerato ieri.*

pentlandìte [dal n. dell'esploratore inglese J. B. *Pentland*, con *-ite* (*2*)] s. f. ● Minerale monometrico, solfuro di ferro e nichel, di color giallo chiaro a lucentezza metallica.

pèntodo o *evit.* **pentòdo** [dal gr. *pénte* 'cinque', di origine indeur., sul modello di *elettrodo*] s. m. ● (*fis.*) Tubo elettronico a cinque elettrodi con fattore di amplificazione in genere superiore a quello del triodo.

péntola [dim. del lat. parl. **pĭnta*, per il classico *pĭcta* 'dipinta'; propriamente 'vaso dipinto'] s. f. **1** Recipiente di metallo, coccio o porcellana, fornito di coperchio e di due manici laterali, in cui cuociono le vivande | *P. a pressione*, munita di chiusura ermetica e valvola di sicurezza, per abbreviare notevolmente i tempi di cottura dei cibi | *P. di fuoco*, antico ordigno costituito da una pentola ordinaria riempita di materie esplosive e incendiarie, cui dava fuoco una miccia incorporata e che veniva impiegata a difesa delle mura contro gli assalitori | *Mettere q.c. in p.*, metterla a bollire, a cuocere | *Avere la p. al fuoco*, (*fig.*) avere di che sostentarsi | *Qualcosa bolle in p.*, (*fig.*) qualcosa si sta segretamente preparando | *Sapere, immaginare ciò che bolle in p.*, (*fig.*) essere al corrente o supporre ciò che si sta preparando | (*raro, fig.*) *Portare q.c.* o *qc. a pentole*, a cavalcioni sul collo | (*fig.*) *Far la p. a due manici*, tenere le mani sui fianchi. **2** Quantità di cibo e sim. che è o può esser contenuta in una pentola: *una p. di fagioli, di patate* | *Bollire come una p. di fagioli*, (*fig.*) parlare continuamente | *Cavare gli occhi della p.*, schiumarla e (*fig.*) prendere per sé la parte migliore di q.c. || **pentolàccia**, pegg. (V.) | **pentolàccio**, pegg. m. | **pentolétta**, dim. | **pentolìna**, dim. | **pentolìno**, dim. m. (V.) | **pentolóna**, accr. | **pentolóne**, accr. m. (V.) | **pentolùccia**, dim.

pentolàccia s. f. (pl. *-ce*) **1** Pegg. di *pentola.* **2** Gara carnevalesca in cui i partecipanti bendati cercano di colpire con un bastone una pentola di coccio piena di regali che sta sospesa in alto, tra altre piene d'acqua o cenere.

pentolàio o †**pentolàro**. s. m. (f. *-a*) ● Chi fa o vende pentole | (*fig.*) *Fare come l'asino del p.*, fermarsi a chiacchierare per strada ogni momento.

pentolàme [da *pentol(a)* col suff. *-ame*] s. m. ● Insieme di pentole da cucina di varie dimensioni: *p. in acciaio inox.*

pentolàre [da *pentola*, per la forma] **A** agg. ● Detto di elmo medievale, cilindrico, a forma di pentola rovesciata. **B** anche s. m.: *armatura con p.*

†**pentolàro** ● V. *pentolaio.*

pentolàta s. f. **1** Quantità di roba che sta in una pentola. **2** Colpo di pentola: *dare una p. in testa.*

pentolìno s. m. **1** Dim. di *pentola.* **2** Quantità di cibo o altro che è o può essere contenuto in un pentolino: *un p. di minestra, di colla* | (*tosc.*) *Accozzare i pentolini*, far tavola in comune, portando ognuno il suo pasto | (*fig.*) *Tornare al p.*, alla sobrietà dopo avere gozzovigliato o scialato. **3** (*raro, fig.*) Gruzzolo risparmiato per fare una festicciola in comune. **4** (*fig., scherz.*) Berretto, chepì.

pentolóne s. m. (f. *-a* nel sign. 2) **1** Accr. di *pentola.* **2** (*raro, fig.*) Persona sciocca, grossa e tarda.

pentoṣàno [da *pentosio*] s. m. ● (*chim.*) Gruppo di polisaccaridi presenti anche nei vegetali, dai quali, per idrolisi, si ricavano i pentosi.

pentòṣio o **pentòṣo** [ted. *Pentose*, comp. del gr. *pénte* 'cinque' e del suff. *-ose* '-oso (1)'] s. m. ● (*chim.*) Sostanza della famiglia degli zuccheri, contenente cinque atomi di carbonio nella molecola.

pentotàl o **pentothàl** [nome commerciale] s. m. inv. ● Derivato dell'acido tiobarbiturico, usato come anestetico generale per via endovenosa.

pentrìte [da *pent(aerit)rite*] s. f. ● (*chim.*) Estere nitrico della pentaeritrite, adoperato come potente esplosivo dirompente.

†**pentùta** [f. sost. di †*pentuto*] s. f. ● Pentimento.

†**pentùto** ● V. *pentito.*

pènula [vc. dotta, lat. *pāenula(m)*, nom. *pāenula*, dal gr. *phainólēs*, di origine preindeur.] s. f. ● Lunga cappa che i romani indossavano in viaggio.

penùltimo [vc. dotta, lat. tardo *paenŭltimu(m)*, comp. di *pāene* 'quasi', di etim. incerta, e *ŭltimus* 'ultimo'] agg.; anche s. m. (f. *-a*) ● Che, chi precede immediatamente l'ultimo: *il p. giorno della settimana.* || **penultimaménte**, avv. (*raro*) In penultimo luogo.

penùria [vc. dotta, lat. *paenūria(m)*, da *pāene* 'quasi', di etim. incerta] s. f. ● Mancanza, scarsità, quantità insufficiente: *p. di grano, di beni di consumo*; *una preoccupante p. di persone oneste.* CONTR. Abbondanza.

†**penuriàre** [da *penuria*] v. intr. ● Avere penuria,

scarsità.

†penurióso agg. *1* Povero, scarso. *2* Sterile.

penzigliàre [ant. fr. *pendiller* 'penzolare'] v. intr. (*io penzìglio*; aus. *avere*) ● (*raro*) Penzolare.

penzolànte part. pres. di *penzolare*; anche agg. ● Nel sign. del v.

penzolàre [da *penzolo*] **A** v. intr. (*io pènzolo*; aus. intr. *avere*) ● Pendere, spec. oscillando: *p. dai rami, da una corda*. **B** v. intr. pron. ● (*raro*) Spenzolarsi: *si penzolava dal balcone*.

pènzolo [lat. parl. **pendiŏlu(m)*, da *pendēre* 'pendere'] **A** agg. ● Che sta sospeso, che pende: *si volse per prendere la scala penzola* (D'ANNUNZIO). **B** s. m. *1* Cosa che penzola, spec. grappolo o serie di grappoli pendenti da un tralcio. *2* (*mar.*) Pezzo di cavo di canapa o metallico, terminante alle due estremità con un occhio, usato per vari scopi nell'attrezzatura navale.

penzolóni o **penzolóne** [da *penzolo*] avv. ● Sospeso in alto, in maniera da pendere nel vuoto: *stare p.* | Dondoloni: *starsene con le braccia p. lungo i fianchi* | Anche nella loc. avv. *a p.*

peòcio [vc. venez., propr. 'pidocchio'] s. m. ● (*zool., dial.*) Cozza, mitilo.

peón /*sp.* pe'on/ [vc. sp., propriamente 'pedone', da *pie* 'piede'] s. m. (pl. *peones* /*sp.* pe'ones/) *1* Lavoratore giornaliero non qualificato, meticcio o indiano, dell'America centro-meridionale, in condizione servile o comunque poverissima. *2* (*al pl., polit.*) L'insieme dei parlamentari appartenenti ai grandi partiti, privi di una precisa collocazione all'interno degli stessi e quindi esclusi dalle scelte più importanti: *i peones democristiani*.

peóne (1) [vc. dotta, lat. *paeōne(m)*, nom. *pāeon*, dal gr. *paiṓn*, da *Paián*, epiteto di Apollo. V. *peana*] s. m. ● (*ling.*) Piede della metrica classica formato da quattro sillabe, di cui tre brevi e una lunga, collocabile in prima o seconda o terza o quarta posizione.

peóne (2) s. m. ● Adattamento di *peón* (V.).

peònia [vc. dotta, lat. *paeōnia(m)*, nom. *paeōnia*, dal gr. *paiōnía*, f. sost. di *paiṓnios* 'che guarisce, salutare' (V. *peana*)] s. f. ● Pianta perenne delle Ranuncolacee con corto rizoma e radici a tubero, fiori grandissimi e solitari a cinque petali, spontanea sui monti e coltivata ovunque con varietà a fiori doppi (*Paeonia officinalis*).

peonìna [detta così perché tinge di un color roseo simile a quello dei fiori di *peonia*] s. f. ● (*chim.*) Antocianina della peonia.

peònio [vc. dotta, lat. *paeōniu(m)*, nom. *paeōnius*, dal gr. *paiṓnios*. V. *peonia* e *peana*] agg. ● (*lett.*) Di Apollo | (*lett.*) *Arte peonia*, la medicina | (*letter.*) *Piede p.*, peone (1).

peòta [vc. dial. ven., propr. '(barca) pilota'] s. f. ● (*mar.*) Barca di medie dimensioni, a vela e a remo, usata nella laguna veneta e nell'Adriatico.

pepaiòla o **†pepaiuòla**, (*dial.*) **peparòla**. s. f. ● Vasetto di legno o vetro in cui si tiene il pepe | Macinino da tavola per il pepe.

pepàre [da *pepe*] v. tr. (*io pépo*) ● Condire con pepe.

peparòla ● V. *pepaiola*.

pepàto part. pass. di *pepare*; anche agg. *1* Nel sign. del v. *2* Piccante: *sapore troppo p.* *3* (*fig.*) Che è caratterizzato da una vivacità acre e pungente: *una risposta pepata*; *un caratterino p.*

pépe o **†pévere** [lat. *pĭper*, dal gr. *péperi*, di origine orient.] s. m. *1* Arbusto rampicante delle Piperacee con foglie ovate e coriacee, infiorescenza a spiga e frutti dai quali si ricava la spezie omonima (*Piper nigrum*). ➡ ILL. **spezie**. *2* Spezie dal caratteristico sapore piccante, fornita dalla pianta omonima: *p. in grani*; *p. macinato*; *condire con olio, sale e p.* | *P. nero*, costituito dai piccolissimi frutti immaturi ed essiccati del *Piper nigrum* | *P. bianco*, ottenuto dai semi maturi, liberati dal pericarpio, del *Piper nigrum* | *Non metterci né sale né p.*, (*fig.*) non mischiarsi in q.c. | (*fig.*) *Rispondere col sale e col p.*, in modo pungente, senza riguardi | *Non sapere né di sale né di p.*, essere insipido e (*fig.*) insignificante, sciocco | *Essere tutto p.*, molto brioso e vivace | *Essere un grano di p.*, di persona piccola e vivacissima. *3* (*est.*) Sostanza aromatica di sapore molto piccante | *P. di Caienna*, paprica | *P. di Giamaica*, pimento | *Falso p., p. del Perù*, schino. ➡ ILL. **spezie**. *4* Nelle loc. *p. e sale*, *sale e p.*, di ciò che ha un colore marrone grigiastro simile a quello del pepe macinato mescolato al sale: *vestito, stoffa sale e p.* | *Capelli sale e p.*, brizzolati. || **pepìno**, dim. (V.).

peperìni [dal lat. *pĭper* 'pepe'] s. m. pl. ● Pastina da brodo, simile a granelli di pepe.

peperìno (1) o **piperìno** [lat. tardo *piperīnu(m)*, da *pĭper*, genit. *pĭperis* 'pepe', per le macchioline nere che ricordano i granelli di *pepe*] s. m. ● Roccia effusiva di colore grigio, di composizione variabile, dall'aspetto macchiettato per la presenza di proietti vulcanici.

peperìno (2) [dall'ant., ma più vicino al lat. *pĭpere(m)* 'pepe'] s. m. (f. *-a*) ● (*fam.*) Persona molto briosa e vivace.

peperìta ● V. *piperita*.

peperòmia [comp. del gr. *péperi* 'pepe' e *hómoios* 'simile' (V. *omeo-*)] s. f. ● Genere di piante erbacee ornamentali delle Piperacee con foglie variegate, cuoriformi (*Peperomia*).

peperonàta s. f. ● Pietanza di peperoni cotti a pezzi in padella con olio, pomodori, cipolla e aglio.

peperoncìno s. m. *1* Dim. di *peperone*. *2* Varietà di peperone piccante i cui frutti, tondi o sottili e allungati, vengono usati come spezie: *p. rosso*.

peperóne [dal lat. *pĭper* 'pepe', per il sapore piccante che ricorda quello del *pepe*] s. m. *1* Genere di piante erbacee delle Solanacee, con fusto eretto, foglie ovate e glabre, frutto a bacca, estesamente coltivate in molte varietà (*Capsicum*). *2* Frutto commestibile a bacca di tale pianta, carnoso, di varia grandezza, dal caratteristico sapore forte: *peperoni verdi, gialli, rossi*; *peperoni sott'aceto, sott'olio*; *peperoni ripieni* | *Avere il naso come un p.*, rosso e carnoso | *Diventare rosso come un p.*, arrossire violentemente. || **peperonàccio**, pegg. | **peperoncìno**, dim. (V.).

pepièra [da *pepe*] s. f. ● Piccolo recipiente nel quale si tiene il pepe in polvere a tavola.

pepìna [da *pepe*] s. f. ● (*bot.*) Ulmaria.

pepinièra [dal fr. *pépinière*, da una base *pep-* 'piccolo'] s. f. ● Vivaio, semenzaio.

pepìno (1) s. m. *1* Dim. di *pepe*. *2* (*fig.*) Bambino vivace e brioso. *3* *Far p.*, riunire le punte delle dita e soffiarci sopra per riscaldarle.

pepìno (2) [dallo sp. *pepino* 'cetriolo', dal gr. *pepón*] s. m. ● (*bot.*) Erba perenne delle Solanacee, originaria delle Ande peruviane e coltivata nei climi caldi per la sua bacca edule (*Solanum muricatum*) | Il frutto di tale pianta.

pepìta [sp. *pepita* 'seme'] s. f. ● Piccola massa levigata di metallo nobile, che si è staccata dal primitivo giacimento per rotolare in sabbie alluvionali: *una p. d'oro*.

pèplo [vc. dotta, lat. *pĕplu(m)*, nom. *pĕplus*, dal gr. *péplos*: di origine indeur. (?)] s. m. ● Abito femminile dell'antica Grecia, costituito da un lungo e largo lembo di tessuto, passato sotto il braccio destro e fissato con una fibbia metallica sulla spalla sinistra in modo da formare un drappeggio.

pepolìno [etim. incerta] s. m. ● (*bot., dial.*) Timo.

pepònide o **pepònio** [dal gr. *pépōn* 'popone'] s. m. ● (*bot.*) Frutto carnoso con pericarpo duro, nel cui interno sono sparsi numerosi semi, caratteristico delle Cucurbitacee (melone, zucca, cetriolo e sim.).

pèppola [vc. di origine onomat.] s. f. ● Passeriforme simile al fringuello ma con capo nero, ali fulve e dorso bianco e nero (*Fringilla montifringilla*).

pèpsi [vc. dotta, gr. *pépsis* 'cottura, digestione', da *péssein* 'cuocere', di origine indeur.] s. f. ● (*med.*) Digestione.

pepsìna [da *pepsi*] s. f. ● Enzima proteolitico prodotto dallo stomaco.

pèptico [vc. dotta, lat. *pĕpticu(m)*, nom. *pĕpticus*, dal gr. *peptikós*, da *péssein* 'cuocere'. V. *pepsi*] agg. (pl. m. *-ci*) ● (*med.*) Che concerne la digestione | Della pepsina: *secrezione peptica*.

peptide [dal gr. *peptós* 'cotto', deriv. di *péssein* 'cuocere' (V. *pepsi*)] s. m. ● (*chim.*) Qualsiasi composto costituito da amminoacidi legati tra loro attraverso legami peptidici.

peptidico agg. (pl. m. *-ci*) ● (*chim.*) Riferito a peptide | *Legame p.*, il legame che unisce due amminoacidi in un peptide o in una proteina.

peptizzazióne [dal gr. *peptós*. V. *peptide*] s. f. ● (*chim.*) Trasformazione di un gel in una soluzione colloidale.

peptògeno [ingl. *peptogen*, comp. del gr. *peptós* (V. *peptide*) e dell'ingl. *-gen* '-geno'] agg. ● (*med.*) Detto di sostanza in grado di aumentare la secrezione di pepsina della mucosa gastrica.

peptóne [ted. *Pepton*, dal gr. *peptós* 'cotto' (V. *peptide*)] s. m. *1* (*biol.*) Prodotto della digestione delle sostanze proteiche. *2* Sostanza ottenuta per idrolisi enzimatica delle proteine, usata come nutrimento facilmente assimilabile per diete speciali.

peptonizzazióne [ingl. *peptonization*, da *peptone* 'peptone'] s. f. ● (*biol.*) Trasformazione delle proteine in peptoni, a opera di fermenti proteolitici.

per /per/ [lat. *pĕr*, di origine indeur.] prep. propria semplice. (Fondendosi con gli art. det., dà origine alle prep. art. lett. o poet. m. sing. *pel*, *†pello*; m. pl. *pei*, *†pegli*; f. sing. *†pella*; f. pl. *†pelle*). **I** Stabilisce diverse relazioni dando luogo a molti complementi. *1* Compl. di moto attraverso luogo (*anche fig.*): *durante il viaggio passerò per Torino*; *entrare, uscire per la porta*; *passare per i campi*; *guardare per il buco della serratura*; *sfilare per le vie*; *medicina da prendersi per bocca, per via orale*; *entrare per la finestra*; *un dubbio atroce mi è passato per la testa*; *cosa ti passa per il cervello?* | Indica movimento attraverso un luogo circoscritto senza un preciso riferimento di direzione o meta (*anche fig.*): *gironzolare per la campagna*; *cercare qc. per mare e per terra, per monti e per valli*; *viaggiare per tutta l'Europa*; *sentirsi i brividi per la schiena*; *avere dei dolori per le ossa*; *sono comparse delle macchie per tutto il corpo* | Lungo, secondo (indica il senso, la modalità di un movimento): *lasciarsi andare per la corrente*; *scendere per la china*; *precipitare per la scarpata*; *capitombolare giù per le scale*; *arrampicarsi su per i muri*; *correre giù per i boschi*. *2* Compl. di moto a luogo: *prendo l'aereo per Parigi*; *parto per il mare*; *prendere l'autobus per la stazione*; *il convoglio prosegue per Roma* | (*fig.*) Verso (indica inclinazione): *ha ammirazione per suo fratello*; *sente un grande affetto per uno zio*; *si sente portato per gli studi classici*; *ha una passione per il gioco e per la musica*. *3* Compl. di stato in luogo (*anche fig.*): *sdraiatevi per terra*; *starsene con il naso per aria*; *cos'hai per la testa?* | Fra, in mezzo a: *passò per le file distribuendo viveri*; *passerò per i banchi a ritirare i quaderni*; *ho per le mani un grosso affare*. *4* Compl. di tempo continuato: *ha piovuto per tutta la notte*; *ho aspettato per anni questo momento*; *mi occorre un permesso per tre giorni*; *lo ricorderò per tutta la vita*; *per secoli e secoli nessuno si è avventurato negli oceani*; *ho lavorato per lungo tempo con lui*; *per questa sera ho un impegno*. *5* Compl. di tempo determinato (indicando un termine nel tempo futuro): *sarò di nuovo con te per la prossima estate*; *sarò di ritorno per il venti del mese*; *ci rivedremo per Natale*; *mi alzo per l'alba*; *ho differito l'incontro per domani*. *6* Compl. di mezzo: *spediscilo per corriere*; *l'ho ricevuto per posta*; *me l'ha detto per telefono*; *posta per via aerea*; *si è salvato per tutte le cure che gli hanno fatto*; *l'ha capito per intuito*; *procederemo per vie legali*; *ci sono arrivato per deduzione*; *si intendono per cenni*. *7* Compl. di causa: *è rimasto stecchito per il freddo*; *è diventato livido per la rabbia*; *ho sbagliato per la fretta*; *non stare in pena per me*; *gridava per il dolore*; *non lo faccio per te ma per ragioni di lavoro*; *mi assenterò per motivi di salute*; *per amore o per forza dovrà venire*; *sono contento per voi*; *lo faccio per riconoscenza*; *lamentarsi per q.c.*; *per quale ragione non vieni?* *8* Compl. di scopo o fine: *fare q.c. per divertimento*; *equipaggiarsi per la montagna*; *preparare il necessario per il viaggio*; *lavorare per il benessere*; *mandare per un dottore*; *andare per funghi*; *costume per il mare*; *macchina per scrivere*; *fare le cose solo per denaro*; *tu, per esempio, non sei sincero*; *sono, per così dire, imbarazzato*. *9* Compl. di vantaggio e svantaggio: *bisogna sacrificarsi per i figli*; *pensa solo per sé*; *farei qualsiasi cosa per lui*; *non si studia per la scuola, ma per la vita*; *pregate per i vostri defunti*; *intercedo per mio fratello*; *questo lavoro non fa per te*; *peggio per loro*; *non è pane per i vostri denti*; *vota per il partito che preferisci*; *la partita si è conclusa con il punteggio di quattro a due per la nostra squadra*; *tu per chi tieni?* |

Indica, più genericamente, destinazione: *c'è una lettera per te; ho fatto fare un cappotto per mio figlio; devo acquistare i mobili per il salotto.* **10** Compl. di modo o maniera: *fingeva per scherzo; ho parlato per celia; facevano per gioco; procediamo per ordine alfabetico; chiamami per nome; viaggiare per mare, per aria, per terra* | *Per filo e per segno*, in modo particolareggiato, minutamente: *raccontami tutto per filo e per segno* | (*est.*) Indica il modo in cui si prende, si afferra qc. o q.c.: *mi ha preso per un braccio; ha afferrato la fortuna per i capelli; afferrare qc. per il bavero* | *Menare qc. per il naso*, (*fig.*) ingannarlo. **11** Compl. di prezzo: *l'ho comprato per centomila lire; è in vendita per due milioni di lire; l'ho avuto per pochi soldi; te lo cedo per poco; ho venduto quest'anno merce per vari milioni di lire; non lo farebbe per tutto l'oro del mondo.* **12** Compl. di stima: *ha valutato il quadro per due milioni; la villa è stata stimata per una somma enorme.* **13** Compl. di misura o estensione: *la strada è interrotta per dieci kilometri; la torre s'innalza per cento metri; la caverna sprofonda per vari metri; la landa si estende per molti kilometri intorno.* **14** Compl. di limitazione: *è molto ammirata per la sua bellezza; io ti supero per la memoria; per quanto sta in me, non mi opporrò; per quello che ne so io dovrebbe essere a casa; per conto mio non sollevo obiezioni; questo lavoro è troppo difficile per me; per questa volta ti perdono.* **15** Compl. distributivo: *entrate uno per uno; uno per volta; distribuisci gli opuscoli uno per persona; mettetevi uno per parte; disponetevi in fila per tre; il testo è corredato di un'illustrazione per pagina; le persone vengono divise per età e per sesso; confidenza per confidenza, nemmeno io sono ricco!; giorno per giorno, faticosamente ho risparmiato una bella somma; hanno perquisito l'abitazione stanza per stanza* | (*est.*) Indica la percentuale: *ho un interesse del sedici per cento; guadagna il cento per cento* | Indica le operazioni matematiche della moltiplicazione e divisione: *dieci per dieci è uguale a cento; dieci diviso per dieci è uguale a uno; moltiplicare un numero per un suo multiplo.* **16** Compl. di colpa: *è stato processato per alto tradimento; saranno processati per furto aggravato; è stato accusato per abigeato.* **17** Compl. di pena: *è stato multato per vari milioni.* **18** Compl. predicativo: *ha preso per moglie una straniera; ho avuto per maestro tuo fratello; è stato dato per morto, per disperso; tengo per certo che nessuno abbia tradito; do per dimostrata la prima parte del teorema.* **19** Compl. escl. e vocativo: *per Giove!; per Bacco!; per tutti i diavoli!* | In nome di (introduce un'invocazione, un giuramento, una promessa e sim.): *per l'amor del cielo!, non dire nulla; per amor di Dio, aiutami; per carità! che nessuno sappia niente!; ve lo giuro per l'anima mia; lo prometto per quanto di più caro ho al mondo.* **20** Indica scambio o sostituzione: *ti avevo scambiato per un altro; bisogna rendere bene per male; parlerò io per te; rendere pan per focaccia; occhio per occhio, dente per dente.* **21** (*raro*) Compl. di origine e provenienza: *venire per ponente; parenti per parte di madre; tanti saluti per parte mia.* **22** †Compl. d'agente: *fur l'ossa mie per Ottavian sepolte* (DANTE *Purg.* VII, 6). **II** Introduce varie specie di proposizioni. **1** Prop. finale con il v. all'inf.: *sono venuto per parlarti; c'è voluto del bello e del buono per convincerlo; dicevo così per scherzare; lo facevo per aiutarti; l'ho detto per fargli piacere; esco per prendere un po' d'aria; cammina piano per non dare nell'occhio; fatti non foste a viver come bruti, / ma per seguir virtute e canoscenza* (DANTE *Inf.* XXVI, 119-120); *io parlo per ver dire* (PETRARCA). **2** Prop. causale con il v. all'inf.: *è stato assolto per non aver commesso il fatto; è rimasta intossicata per aver mangiato cibi guasti.* **3** Prop. consecutiva con il v. all'inf.: *è troppo buona per odiare; sono troppo furbi per cascarci; è abbastanza grande per andare a scuola; è troppo bello per essere vero.* **4** Prop. concessiva con il v. al cong. o (*raro o lett.*) all'inf.: *per quanto si sforzi non riesce; per poco che sia è meglio che niente; per bravi che siate non potrete indovinare; per piangere che tu faccia, non soddisferò i tuoi capricci; né per esser battuta ancor si pente* (DANTE *Par.* IX, 45). **III** Ricorre nella formazione di molte loc. **1** Nelle loc. *essere, stare per*, essere in procinto di: *stavo per rispondergli a tono, ma sono riuscito a trattenermi; stavo per uscire; ero quasi per picchiarlo.* **2** Loc. avv.: *per tempo; per intanto; per ora; per il momento; per lungo; per largo; per diritto; per traverso; per di più; per certo; per fermo; per l'appunto; per contro; per caso; per poco; per altro; per di qui; per di là; per di fuori; per di sopra; per sempre.* **3** Loc. cong.: *per il che; per la qual cosa; per il fatto che; per via che; per ciò che; per ciò.*

per- /per/ [dalla prep. lat. *pĕr* 'attraverso', di origine indeur., applicata anche a forme sup.] **pref.** **1** In parole della terminologia scientifica ha valore rafforzativo: *pertosse.* **2** In chimica, indica, tra i composti ossigenati di un elemento che ha più di due valenze, quelli a valenza maggiore (*acido perclorico, anidride perclorica, perclorato*) o un composto contenente il gruppo bivalente –O–O– (*peracido, perossido*).

péra (1) [lat. *pĭra*, pl. di *pĭrum* 'pera', di origine preindeur.] **s. f.** **1** Frutto carnoso commestibile del pero | (*tosc.*) *Dar le pere*, (*fig.*) licenziare | *Cascare come le pere, come una p. cotta, matura*, con grande facilità e (*fig.*) innamorarsi subito | *Essere come una p. cotta*, essere molle, fiacco (*spec. fig.*). **2** Oggetto di forma oblunga, simile a una pera | *P. del battaglio*, estremità inferiore. **3** (*scherz.*) Testa: *grattarsi la p.* **4** (*fig., fam.*) Nella loc. agg. e avv. *a p.*, di ciò che è malfatto e sconclusionato: *lavoro, discorso a p.*; anche, di ciò che non ha alcuna attinenza con quanto si sta facendo o dicendo: *intervento a p.; parlare a p.* **5** (*gerg., fig.*) Iniezione di sostanze stupefacenti, spec. eroina: *farsi una p.*, iniettarsi una dose di eroina ‖ **PROV.** Quando la pera è matura casca. ‖ **peràccia**, **pegg.** | **perétta**, **dim.** (V.) | **perìna**, **dim.** | **peróna**, **accr.** | **perùccia**, **dim.**

†**pèra (2)** [vc. dotta, lat. *pēra(m)*, nom. *pēra*, dal gr. *péra*, di etim. incerta] **s. f.** ● Tasca, bisaccia.

peràcido [comp. di *per-* e *acido*] **s. m.** ● (*chim.*) Acido ossigenato in cui sono presenti atomi di ossigeno legati fra di loro oltreché con gli altri atomi.

peracottàio o **peracottàro** [dalle *pere cotte* che egli vende] **s. m.** ● (*tosc.*) Venditore di pere cotte | (*fig.*) *Fare una figura da p., fare la figura del p.*, una figura meschina.

†**peragràre** [vc. dotta, lat. *peragrāre*, comp. di *pĕr* 'attraverso' (V. *per*) e *āger* 'campo' (V. *agro (2)*)] **v. tr.** ● Percorrere, visitare viaggiando: *lasciate tutte l'altre parti d'Europa ch'egli avea peragrate ... pose la sua abitazione in Firenze* (MACHIAVELLI).

peràltro o **per àltro** [comp. di *per* e *altro*] **avv.** ● Del resto, d'altra parte, però, tuttavia: *non vorrei p. ingannarmi; potremmo p. decidere subito.*

peramèle [comp. del lat. *pēra* 'sacca' (V. *pera (2)*) e *mēles* 'martora, tasso' (di etim. incerta), perché porta il marsupio] **s. m.** ● Genere di Marsupiali australiani grossi come un ratto, con pelliccia morbida e muso appuntito (*Perameles*).

perànco o **perànche**, **per ànco** [comp. di *per* e *anco*] **avv.** ● (*lett.*) Ancora, finora: *non si è p. veduto* | Con valore raff.: *Non sono p. contenti.*

peràstro [da *pera (1)* col suff. pegg. *-astro*] **s. m.** ● (*bot.*) Pero selvatico (*Pyrus pyraster*).

perbàcco o **per bàcco**, **per Bàcco** [comp. di *per* e *Bacco*] **inter.** ● (*fam.*) Esprime disappunto, meraviglia e sim.: *p. questa è bella!* | V. anche *bacco.*

perbène o **per bène** [comp. di *per* e *bene*] **A agg. inv.** ● Onesto, probo, costumato: *un giovane p.; una famiglia p.; sono persone p.* **SIN.** Ammodo. **B avv.** ● In maniera esatta, ordinata, con cura e scrupolo: *agisci p.; fate le cose p., mi raccomando.* ‖ **perbenìno**, **dim.**

perbenìsmo [comp. di *perbene* e *-ismo*] **s. m.** ● Desiderio di apparire onesti, costumati e ligi alla morale sociale comune, e l'atteggiamento che ne deriva (*anche spreg.*).

perbenìsta [da (persona) *per bene*] **A s. m. e f.** (**pl. m.** *-i*) ● (*spreg.*) Persona che impronta il proprio comportamento al perbenismo. **B agg.** ● Perbenistico.

perbenìstico **agg.** (**pl. m.** *-ci*) ● Relativo a perbenismo | Caratterizzato da perbenismo: *atteggiamento p.*

†**pèrbio** [lat. *pĕrviu(m)* 'passaggio', da *pĕrvius* 'accessibile'. V. *pervio*] **s. m.** ● Pergamo, pulpito.

perboràto [comp. di *per-* e *borato*] **s. m.** ● (*chim.*) Sale ottenuto in generale per azione dell'acqua ossigenata o dei perossidi alcalini sui borati | *P. di sodio*, usato come sbiancante, deodorante e disinfettante.

pèrca [vc. dotta, lat. *pĕrca(m)*, nom. *pĕrca*, dal gr. *pérkē*, di origine indeur.] **s. f.** ● Genere di pesci dei Perciformi cui appartiene il pesce persico (*Perca*).

percàlle o (*raro*) **percàllo** [fr. *percale*, dal persiano *pargālè* 'pezzo di tessuto'] **s. m.** ● Tessuto di cotone molto leggero, per grembiuli, vestaglie, camicie da uomo. ‖ **percallìno**, **dim.** (V.).

percallìno **s. m.** **1** Dim. di *percalle.* **2** Percalle molto leggero per fodere.

percàllo ● V. *percalle.*

percentìle [da *percento*] **A s. m.** ● (*stat.*) In un insieme di valori ordinati in senso non decrescente, ciascuno dei quantili che lo ripartiscono in cento sottoinsiemi successivi, ciascuno contenente un ugual numero di dati. **B** anche **agg.**: *dato p.*

percènto o **per cènto** **A s. m. inv.** ● (*raro*) Percentuale: *il p. degli aventi diritto.* **B avv.** ● Posto dopo un numero, indica che per ogni cento parti vengono considerate soltanto quelle rappresentate da quel numero (simbolo: %): *interesse del 7 p.* (o *del 7%*).

percentuàle [da *per cento*] **A agg.** ● Che è stabilito in proporzione a cento: *interesse p.* ‖ **percentualménte**, **avv.** **B s. f.** **1** Rapporto tra due grandezze espresso in centesimi. Normalmente i numeri che indicano valori percentuali si scrivono in cifre seguite dal simbolo %: *20% di sconto; i prezzi sono aumentati mediamente del 7%.* Talvolta, in contesti più discorsivi, si usa l'espressione 'per cento': *il 90 per cento degli alunni; un successo al cento per cento.* (V. nota d'uso NUMERO) **2** Provvigione.

percentualizzàre [comp. di *percentual(e)* e *-izzare*] **v. tr.** ● Ricavare percentuali da elaborazione di dati matematici o statistici.

percentualizzazióne **s. f.** ● Atto, effetto del percentualizzare.

†**percepènza** [da *percepire*] **s. f.** ● Intelligenza, conoscenza.

†**percépere** o †**percìpere**. **v. tr.** ● Percepire.

percepìbile [vc. dotta, lat. tardo *percipĭbile(m)*, da *percĭpere* 'percepire'] **agg.** ● Che si può percepire: *sensazioni chiaramente percepibili; la somma sarà p. entro quindici giorni.*

percepibilità **s. f.** ● (*raro*) Qualità di ciò che è percepibile.

percepìre [lat. *percĭpere*, comp. di *pĕr* e *căpere* 'prendere' (V. *captare*)] **v. tr.** (*io percepìsco, tu percepìsci*) **1** Assumere i dati della realtà esterna mediante i sensi o l'intuito: *p. con gli occhi, con l'udito; percepì un leggero mutamento nella loro amicizia.* **2** Ricevere, riscuotere: *p. un compenso adeguato, un modesto stipendio, un premio di produzione.*

percepìto **part. pass.** di *percepire*; anche **agg.** ● Nei sign. del v.

†**percepùto** **part. pass.** di †*percepere*; anche **agg.** ● Nei sign. del v.

percettìbile [vc. dotta, lat. tardo *perceptĭbile(m)*, da *percĕptus*, part. pass. di *percĭpere* 'percepire'] **agg.** ● Che si può percepire, distinguere e apprendere: *suoni percettibili; concetto p. alla mente umana.* **CONTR.** Impercettibile. ‖ **percettibilménte**, **avv.**

percettibilità **s. f.** ● Condizione o qualità di ciò che è percettibile.

percettività [da *percettivo*] **s. f.** ● Possibilità, facoltà di percepire.

percettìvo [fr. *perceptif*, dal lat. *percĕptus*, part. pass. di *percĭpere* 'percepire'] **agg.** **1** Atto a percepire. **2** Che concerne o interessa la percezione: *facoltà percettiva.*

percètto [vc. dotta, lat. *percĕptu(m)*, part. pass. di *percĭpere* 'percepire'] **A agg.** ● (*raro*) Che è stato percepito. **B s. m.** ● (*filos.*) L'oggetto, il contenuto della percezione.

percettóre [vc. dotta, lat. tardo *perceptōre(m)*, da *percĕptus*, part. pass. di *percĭpere* 'percepire'] agg.; anche s. m. (f. *-trice*) ● Che, chi percepisce.

percezióne [vc. dotta, lat. *perceptiōne(m)*, da *percēptus*, part. pass. di *percīpere* 'percepire'] s. f. **1** (*psicol.*) Processo mediante il quale l'individuo riceve attraverso gli organi di senso ed elabora le informazioni provenienti dall'esterno e dal proprio corpo: *secondo i realisti la esistenza non si può conoscere se non con la p.* (DE SANCTIS) | (*est.*) Sensazione, impressione: *la p. del calore*; *ebbe l'esatta p. di un pericolo.* **2** (*bur.*) Riscossione di una somma.

percezionìsmo s. m. ● Teoria filosofica che ammette, nella percezione, la conoscenza della struttura delle cose.

perché o †**per che** nel sign. A 2 [comp. di *per* e *che* (2)] **A** avv. **1** Per quale ragione (in prop. interr. dirette o indirette con valore causale o finale): *p. ti ostini tanto?*; *p. corri?*; *p. non sei venuto ieri?*; *chissà p. si agita tanto*; *vorrei sapere p. non rispondono*; *spiegami p. lo fai*; *agisce senza sapere p.*; *mi domando p. nessuno sia contento della sua sorte* | Seguito da un v. all'inf. in interr. retoriche: *p. impedirgli di pensare?*; *p. farla piangere?* | (*ass.*) In espressioni ellittiche: *'domani non partirò' 'p.?'* | Preceduto dalle cong. 'e', 'ma', 'o': *e p. gli rispondi?*; *ma p. ci vai?* | Rafforzato da 'mai': *p. mai arriverò sempre così in ritardo?*; *non capisco p. mai ti ostini così* | Seguito dalla negazione 'non' in espressioni interr. che equivalgono a un invito a fare q.c.: *p. mai non esci con questo bel sole?*; *p. non restate a cena con noi?* **2** Per cui (con valore rel. e causale): *non sono riuscito a capire il motivo p. abbia fatto così*; *cominciò a riscuotere e fare quello per che andato v'era* (BOCCACCIO) | (*lett.*) †Per la qual cosa (con valore neutro rel.) | †*Il p.*, per il che, per la qual cosa (al principio di frase): *il p. comprender si può alla sua potenza esser ogni cosa suggetta* (BOCCACCIO). **B** cong. **1** Poiché, per la ragione che, per il fatto che (introduce una prop. caus. con il v. all'indic. o al cong.): *non sono venuto p. s'era fatto tardi*; *non l'ho comprato p. non mi piaceva* | (*fam.*) *P. sì, p. no, p. due non fa tre*, risposte evasive a una domanda: *' p. non vuoi venire?' ' p. no!'* | (*lett.*) In correlazione con 'perciò' e 'così': *p. non riuscivo a dormire, così sono uscito in giardino.* **2** Affinché (introduce una prop. finale con il v. al cong.): *le leggi sono state fatte p. siano applicate*; *te lo dico e ripeto p. tu non lo dimentichi*; *ha dato ordini precisi proprio p. non sbagliassero.* **3** Cosicché, talché, che (introduce una prop. consecutiva con il v. al cong.): *il muro era troppo alto p. potesse essere superato*; *è troppo forte p. gli altri possano batterlo.* **4** (*lett.*) †Sebbene, quantunque (introduce una prop. concessiva con il v. al cong.): *p. tu mi dischiomi, / né ti dirò ch'io sia* (DANTE *Inf.* XXXII, 100-101). **5** †Se (introduce una prop. ipotetica con il v. al cong.): *e voi non gravi / perch'io un poco a ragionar m'inveschi* (DANTE *Inf.* XIII, 56-57). **6** †Che (introduce una prop. dichiarativa con il v. al cong.): *Che val p. ti racconciasse il freno / Iustiniano, se la sella è vota?* (DANTE *Purg.* VI, 88-89). **C** in funzione di s. m. **1** Motivo, causa, scopo, ragione: *dimmi il p. di questo tuo comportamento*; *l'ha fatto senza un p.*; *il p. non si è mai saputo*; *i p. sono tanti*; *venduto ad un duce venduto / con lui pugna e non chiede il p.* (MANZONI) | (*fam.*) *Il p. e il percome*, tutte le ragioni, dettagliatamente: *voglio sapere il p. e il percome.* **2** Interrogativo, incertezza, dubbio: *i p. della vita*; *è un uomo dai mille p.*

Perciformi [comp. di *perca* e il pl. di *-forme*] s. m. pl. ● Nella tassonomia animale, ordine dei Teleostei, il più vasto esistente, comprendente forme prevalentemente marine provviste di pinne con spine (*Perciformes*) | (al sing. *-e*) Ogni individuo di tale ordine.

perciò o **per ciò** [comp. di *per* e *ciò*] cong. ● Per questa ragione (con valore concl.): *sono arrabbiato, p. me ne vado* | Con valore raff. preceduto da 'e': *non hai voluto ascoltarmi e p. hai sbagliato* | *E che p.?*, e con ciò?, e questo che importa?, e allora?: *non vuoi saperne dunque: e che p.?* | (*raro*) *Non p.*, nondimeno. SIN. Pertanto.

†**perciocché** o †**perciò che**, †**per ciò che** [comp. di *per*, *ciò* e *che* (2)] cong. ● (*lett.*) Perché (introduce una prop. causale con il v. all'indic. o al congv. o una prop. finale con il v. al congv.).

†**percìpere** ● V. †*percepere.*

percipièndo [vc. dotta, lat. *percipiĕndu(m)*, gerundio di *percīpere* 'percepire'] agg. ● (*dir.*) Solo nella loc. *frutti percipiendi*, quelli che sarebbero dovuti esser raccolti, mentre non lo sono stati.

percloràto s. m. ● (*chim.*) Sale dell'acido perclorico, usato spec. in pirotecnica e nella preparazione di alcuni esplosivi.

perclòrico [comp. di *per-* e *cloro*] agg. (pl. m. *-ci*) ● (*chim.*) Detto di acido del cloro, a grado massimo di ossidazione, ottenuto distillando nel vuoto un perclorato con acido solforico, usato in chimica analitica e in galvanoplastica.

percloruro [comp. di *per-* e *cloruro*] s. m. ● (*chim.*) Cloruro contenente una quantità di cloro superiore a quella presente nel corrispondente cloruro normale dell'elemento.

percolàre [vc. dotta, lat. *percolāre* 'filtrare'. V. *percolazione*] v. tr. e intr. (aus. intr. *essere*) ● Eseguire la percolazione.

percolatóre [da *percolazione*, sul rapporto di tutti i nomi in *-tore e -zione* (*istitutore-istituzione*, *salvatore-salvazione* ecc.)] s. m. ● Recipiente usato per eseguire le operazioni chimiche di percolazione.

percolazióne [vc. dotta, lat. *percolatiōne(m)* 'filtrazione', da *percolātus*, part. pass. di *percolāre* 'filtrare', comp. di *pĕr* 'attraverso' e *colāre* 'filtrare' (V. *colare*)] s. f. ● (*chim.*) Passaggio lento di un liquido dall'alto verso il basso attraverso una massa filtrante solida.

percóme o **per cóme** [comp. di *per* e *come*] s. m. inv. ● (*fam.*) Solo nella loc. *perché e p.*, *il perché e il p.*, tutte le ragioni dettagliatamente: *so che sei uscito ma voglio sapere perché e p.*; *raccontagli il perché e il p. della tua decisione.*

percorrènte part. pres. di *percorrere*; anche agg. ● Nei sign. del v.

percorrènza [da *percorrente*] s. f. ● Spazio, tempo e prezzo di un percorso coperto da pubblici mezzi di trasporto: *le percorrenze dei treni speciali*; *una lunga p.*

percórrere [vc. dotta, lat. *percŭrrere*, comp. di *pĕr* 'attraverso' e *cŭrrere* 'correre'] v. tr. (coniug. come *correre*) **1** Compiere un determinato tragitto: *p. una strada in automobile, in bicicletta*; *ha percorso 10 kilometri a piedi, a nuoto*; *percorremmo a fatica gli ultimi kilometri* | (*fig.*) *P. una brillante carriera*, passando attraverso le varie fasi. **2** Attraversare una determinata estensione, o un tratto di essa: *p. una regione*; *abbiamo percorso la Francia in lungo e in largo*; *la strada percorre tutto il paese.*

percorrìbile agg. ● Che si può percorrere (*anche fig.*): *è l'unica strada p.*

percorribilità s. f. **1** Condizione di ciò che è percorribile, con particolare riferimento alla praticabilità stradale: *servizio p. strade.* **2** (*fig.*) Possibilità di seguire vantaggiosamente una certa ipotesi o un dato progetto: *la p. di una strategia elettorale.* CONTR. Impercorribilità.

percórso A part. pass. di *percorrere*; anche agg. ● Nei sign. del v. **B** s. m. **1** Tratto percorso o da percorrere: *seguire il p. più breve*; *tracciare il p. della nuova autostrada* | Tempo impiegato per attraversare tale tratto: *ho dormito durante tutto il p.* SIN. Tragitto. **2** (*sport*) Itinerario con caratteristiche particolari che i concorrenti di una gara sportiva, spec. una corsa, devono compiere a piedi, a cavallo, in bicicletta o con altro mezzo. **3** *P. di guerra*, tratto di terreno in cui sono riprodotte le principali difficoltà di una qualunque azione bellica, usato per allenare soldati.

percòssa [da *percuotere*] s. f. **1** Colpo violento dato o ricevuto: *dure percosse al viso e al corpo*; *le violente percosse delle onde scuotevano la nave* | (*raro, est.*) Segno lasciato dal colpo: *non notò alcuna p.* SIN. Botta. **2** (*raro, fig.*) Colpo avverso: *subire le percosse della sventura.*

percossióne ● V. *percussione.*

percòsso part. pass. di *percuotere*; anche agg. **1** Nei sign. del v. **2** (*dir.*) *Contribuente p.*, che è legalmente tenuto a pagare l'imposta.

†**percossùra** o †**percussùra** [vc. dotta, lat. tardo *percussūra(m)*, da *percŭssus* 'percosso'] s. f. ● Atto, effetto del percuotere.

percòtere ● V. *percuotere.*

†**percotiménto** s. m. ● Modo e atto del percuotere | Colpo, percossa.

percotitóre o (*raro*) **percuotitóre**. agg.; anche s. m. (f. *-trice*) ● (*raro*) Che, chi percuote | (*est.*) Feritore, uccisore.

percuòtere o (*pop., poet.*) **percòtere** [lat. *percŭtere*, comp. di *per-* e *quătere* 'scuotere'. V. *scuotere*] **A** v. tr. (pass. rem. *io percòssi, tu percuotésti*; part. pass. *percòsso*; in tutta la coniug. la *o* può dittongare in *uo* anche se tonica) **1** Colpire violentemente e ripetutamente con le mani o con un oggetto contundente, allo scopo di far male, ferire e sim.: *p. q.c. con una mazza, con un martello, con un bastone*; *percuoteva coi pugni le pareti gridando aiuto*; *me non nato a percotere / le dure illustri porte* (PARINI) | *P. i piatti, il tamburo* e sim., suonarli | *Percuotersi il petto*, battersi il petto in segno di pentimento, dolore e sim. | Colpire con violenza, rovinosamente: *la folgore percosse la quercia incendiandola* | Urtare violentemente: *percosse il tronco col capo e cadde privo di sensi.* **2** Ferire (*anche fig.*): *lo percosse con la spada*; *quei suoni stridenti mi percuotono l'orecchio* | *P. mortalmente*, uccidere | Dardeggiare: *il sole, la luce gli percuotevano gli occhi.* **3** (*fig.*) Affliggere, perseguitare, tormentare: *Dio, irato, percosse la Terra col diluvio*; *una terribile pestilenza percosse l'Europa nel XIV secolo.* **4** (*raro, fig.*) Addolorare, commuovere: *le sventure altrui percuotono l'animo dei buoni* | Agitare con sensazioni o sentimenti molto intensi: *quelle immagini allucinanti percossero la sua fantasia.* **5** †Offendere. **6** †Abbattere | †*P. a terra*, sbattere qc. a terra | †Uccidere. **7** (*raro*) †Imbattersi. **B** v. intr. (aus. *avere*) ● (*raro*) Dare in, contro: *p. in una secca, contro un sasso.* SIN. Cozzare. **C** v. rifl. rec. ● Picchiarsi l'un l'altro | Combattersi.

percuotitóre ● V. *percotitore.*

†**percùrvo** [comp. di *per-* e *curvo*] agg. ● (*raro*) Curvo.

†**percussàre** [dal lat. *percŭssus* 'percosso'] v. tr. ● Percuotere, battere.

percussióne o (*raro*) **percossióne** [vc. dotta, lat. *percussiōne(m)*, da *percŭssus* 'percosso'] s. f. **1** Atto, effetto del percuotere | *Fucile a p.*, fornito di percussore | *Strumenti musicali a p.* (o, ass., *le percussioni*), strumenti che si suonano mediante percussione o scuotimento. **2** (*med.*) Parte della semeiotica che consiste nello studio dei suoni prodotti percuotendo la superficie del corpo. **3** (*dir.*) *P. dell'imposta*, momento in cui l'imposta è legalmente dovuta da un dato contribuente. **4** †Ferita.

percussionìsta s. m. e f. (pl. m. *-i*) ● Chi suona uno strumento musicale a percussione.

†**percussìvo** [dal lat. *percŭssus* 'percosso'] agg. ● (*raro*) Atto a percuotere.

percussóre [vc. dotta, lat. *percussōre(m)*, da *percŭssus* 'percosso'] s. m. **1** (*raro*) Chi percuote. **2** Congegno che nelle armi da fuoco serve per agire sulla capsula del bossolo del proiettile, provocando l'esplosione della miscela fulminante e quindi la deflagrazione della carica di lancio. **3** (*paletnologia*) Utensile di pietra o altro materiale duro, usato dagli uomini primitivi per lavorare le selci.

†**percussùra** ● V. †*percossura.*

percutàneo [comp. di *per* e *cutaneo*] agg. ● (*med.*) Effettuato attraverso la cute | *Via p.*, modalità di somministrazione di un farmaco attraverso la cute.

percuziènte [vc. dotta, lat. *percutiĕnte(m)*, part. pres. di *percŭtere* 'percuotere'] agg.; anche s. m. ● (*raro, lett.*) Che, chi o ciò che percuote.

†**perdànza** [da *perdere*] s. f. ● (*raro*) Perdita.

perdèndosi s. m. inv. ● (*mus.*) Morendo.

perdènte A part. pres. di *perdere*; anche agg. ● Nei sign. del v. **B** s. m. e f. ● Chi perde o soccombe, spec. in gare o competizioni: *ai perdenti spettano vari premi di consolazione* | Vinto, sconfitto: *i perdenti fuggirono.* CONTR. Vincente.

†**perdènza** [da *perdente*] s. f. **1** Perdita. **2** Dannazione, perdizione.

pèrdere [lat. *pĕrdere* 'mandare in rovina, consumare, perdere', comp. di *pĕr* 'al di là' e *dăre*] **A** v. tr. (pass. rem. *io pèrsi* o *perdéi* o *perdètti, tu perdésti*; part. pass. *pèrso* o *perdùto*) **1** Cessare di avere, di possedere q.c. che prima si aveva o si possedeva: *p. in pochi anni l'intero patrimonio familiare*;

durante la guerra ha perso tutta la famiglia; *abbiamo perduto anche l'ultima speranza di salvezza* | *P. la persona, la vita*, morire | *Non avere nulla da p.*, non possedere nulla e quindi non correre rischi patrimoniali e (*fig.*) non doversi preoccupare per la propria reputazione e sim., in quanto è già da tempo compromessa | (*est.*) Non avere più, definitivamente o temporaneamente, restare senza q.c.: *p. un braccio, la vista, i denti, l'appetito*; *in autunno le piante perdono le foglie*; *ho perso il sonno per colpa sua* | *Bottiglia, vuoto, sacco a p.*, che si può gettare via dopo averne consumato il contenuto | *P. i contatti con qc.*, non avere più, non intrattenere relazioni con qc. | *P. la bussola*, l'orientamento e (*fig.*) il raziocinio | *P. l'anima*, (*fig.*) dannarsi | *P. le staffe*, (*fig.*) non riuscire più a controllare le proprie reazioni per ira e sim. | *P. la tramontana, il lume degli occhi*, (*fig.*) non essere più padrone di sé | *P. la voce*, divenire rauco | *P. la favella*, diventare muto | *P. la memoria*, non riuscire più a ricordare, ricordare poco e male | *P. il colore*, sbiadire o impallidire o stingere | *P. la freschezza*, appassire (*anche fig.*) | *P. il vigore, l'energia*, indebolirsi sia fisicamente sia moralmente | *P. i capelli*, diventare calvo | *P. l'abitudine*, non essere più avvezzo a q.c. | *P. qc. di vista, di mira*, non vederlo più (*anche fig.*) | *P. di traccia*, smarrire le tracce | *P. di naso*, detto di cane, non sentire più l'usta della selvaggina | *P. il credito, la stima, la fiducia di qc.* o *presso qc.*, non stimare più qc. o non esserne più stimati | *P. l'onore*, essere disonorato | (*fig.*) *P. il cuore, l'animo*, sbigottirsi | *P. il rispetto*, non rispettare più qc. | *P. il filo del discorso*, smarrire il nesso, deviare da un ragionamento e non riuscire più a tornarvi | *P. la virtù, le buone qualità*, divenire vizioso | *P. la vergogna*, diventare impudente | (*fig.*) *P. la faccia*, fare una pessima figura | *P. la ragione, l'uso della ragione*, impazzire (*anche fig.*) | *P. la testa*, diventare come pazzo per amore, timore, dolore e sim. | *P. la pazienza*, inquietarsi e reagire | *P. la fede*, non credere più | *P. il dominio, il controllo di sé*, dare in escandescenze, passare a violenti insulti, reagire con violenza. ***2*** Con compl. ogg. di persona, non avere più, a causa di morte: *p. un figlio in guerra*; *p. il marito, la moglie*; *ha perso la madre in tenera età*. ***3*** Smarrire: *p. il cappello, gli occhiali* | *P. ogni cosa*, (*fig.*) detto di persona cui gli abiti sembrano cascare di dosso. CONTR. Trovare. ***4*** Lasciarsi sfuggire q.c. per ritardo, negligenza o altro: *p. il treno, la corsa, la messa, la lezione*; *sapessi quanto mi dispiace di aver perduto quel film!* | *Non p. una sillaba*, stare attentissimi alle parole di qc. ***5*** Rimetterci, scapitare: *vendendo a questo prezzo io ci perdo*; *ho perso la caparra per una vera sciocchezza* | *P. al paragone*, risultare inferiore, peggiore e sim. | *P. la medaglietta*, (*fig.*, *iron.*) non essere rieletto al parlamento | *P. terreno*, ritirarsi di fronte al nemico cedendogli le proprie posizioni e (*fig.*) venirsi a trovare in difficoltà. CONTR. Guadagnare. ***6*** Sciupare, sprecare: *perde il suo tempo bighellonando*; *non intendo p. per voi un'intera giornata* | *P. colpi*, detto di motore a scoppio difettoso, in cui lo scoppio di quando in quando non avviene per mancanza di scintilla o per altra causa; (*fig.*) dar segni di crisi: *il suo cervello ha cominciato a p. colpi*; *l'agricoltura perde colpi*. ***7*** Mandare in rovina: *cercavano di perderlo con ogni mezzo*; *la sua dabbenaggine ha perduto lui e i suoi soci*. SIN. Rovinare. ***8*** Concludere con risultati assolutamente negativi, con danni e sim. (*anche ass.*): *ho perso la scommessa e devo pagare*; *p. una battaglia non significa p. la guerra*; *hai perso ancora?* CONTR. Vincere. ***9*** Lasciare uscire, sfuggire o scorrere q.c., per lesione, spacco, ferita e sim. (*anche ass.*): *perde molto sangue dalla ferita*; *il tubo del gas perde*. ***10*** Nella loc. *lasciare p. qc.* o *q.c.*, non curare più, ignorare: *lascia p. le sue chiacchiere e tienti ai fatti*; *devi lasciar p. quell'uomo* | *Lasciamo p.!*, non parliamone, non occupiamocene. **B** v. intr. (aus. *avere*) ● Scendere a un piano o livello inferiore: *la faccenda ha perso d'importanza*; *è un metallo che perde rapidamente di valore*; *p. di stima, dignità, rispetto*. **C** v. intr. pron. ***1*** Non riuscire più a trovare, o a ritrovare, la strada (*anche fig.*): *perdersi per Milano, alla stazione, nella boscaglia, tra la folla*; *ama perdersi nelle sue fantasie* | (*fig.*) *Perdersi in un bicchier d'acqua*, spaventarsi o preoccuparsi per nulla | *Perdersi d'animo*, scoraggiarsi | *Perdersi nei misteri di q.c.*, non riuscire a comprenderli, a chiarirli | *Perdersi in mare*, detto di nave o naviganti, affondare, naufragare | *Perdersi in, dietro una persona*, esserne innamorato e corteggiarla con la massima assiduità. ***2*** Svanire: *lentamente le luci si persero nella nebbia*; *il suono lieve si perde nell'aria* | Confondersi in una massa: *ogni goccia si perde nel mare* | *Perdersi alla vista*, non essere più visibile | Dileguarsi: *fuggì rapidissimo perdendosi tra l'erba*. ***3*** Estinguersi: *una specie rarissima che si sta perdendo*. ***4*** Rovinarsi, sprecarsi: *s'è perduto per la sua maledetta testardaggine*; *per quella donna si perderà*; *guarda con chi si perde!*; *se ti perdi in sciocchezze un giorno lo rimpiangerai*. ***5*** (*ass.*) Dannarsi: *se continui così la tua anima si perderà* ‖ PROV. Il lupo perde il pelo, ma non il vizio.

perdiàna /per'djana, perdi'ana/ o **per Diàna** [da *per Diana*: euf. per *perdio*] inter. ● (*euf.*) Esprime disappunto, impazienza, meraviglia e sim. o serve a rafforzare una minaccia: *p.! me la pagherà*. SIN. (*euf.*) Perdinci, (*pop.*) perdio.

perdìbile [da *perdere*] agg. ● (*raro*) Che si può perdere. CONTR. Imperdibile.

perdifiàto [comp. di *perdere* e *fiato*] vc. ● Solo nella loc. avv. *a p.*, a più non posso, fino a esaurire tutto il fiato che si ha in corpo: *chiamare, gridare a p.*; *correre, fuggire a p.*

†**perdigiornàta** [comp. di *perdere* e *giornata*] s. m. e f. inv. ● Perdigiorno.

perdigiórno [comp. di *perdere* e *giorno*] s. m. e f. inv. ● Chi ama starsene in ozio, chi non ha voglia di far nulla e passa il suo tempo bighellonando. SIN. Bighellone, ozioso.

perdilégno [comp. di *perdere* e *legno*] s. m. ● (*zool.*) Rodilegno.

perdiménto s. m. ***1*** (*raro*) Perdita. ***2*** (*fig.*) Rovina e dannazione spirituale: *questo è luogo di corporal morte e p. d'anima* (BOCCACCIO).

perdìna inter. ● (*euf.*) Perdinci.

perdìnci [euf. per *perdio*] inter. ● (*euf.*) Esprime disappunto, impazienza, meraviglia e sim. SIN. (*euf.*) Perdiana, (*euf.*) perdina, (*pop.*) perdio, (*euf.*) perdindirindina.

perdindirindìna [euf. per *per Dio*] inter. ● (*euf.*) Perdinci.

perdìo o **per Dìo** [comp. di *per* e *Dio*] inter. ● (*pop.*) Esprime disappunto, ira, impazienza, meraviglia e sim. o rafforza una minaccia. SIN. (*euf.*) Perdiana, (*euf.*) perdina, (*euf.*) perdinci, (*euf.*) perdindirindina.

pèrdita [f. sost. del lat. *pĕrditus*, part. pass. di *pĕrdere* 'mandare in rovina, consumare'. V. *perdere*] s. f. ***1*** Atto, effetto del perdere: *la p. del patrimonio, dell'amicizia, della vita*; *l'esercito subì perdite irreparabili*; *la p. di Como, significata a Milano, generò ... sollevazione nel popolo* (GUICCIARDINI) | Morte: *piangere la p. di un caro amico, dei genitori*. CONTR. Acquisto. ***2*** Diminuzione, esaurimento: *la malattia gli procura una progressiva p. delle forze* | (*fig.*) *A p. d'occhio*, fin dove la vista può arrivare. CONTR. Aumento. ***3*** Eccedenza dei costi sui ricavi in qualsiasi operazione economica. ***4*** (*raro, fig.*) Svantaggio: *rispetto a lui siamo in p.* | Sconfitta: *subire una grave p.*; *una p. al gioco*. ***5*** Fuoriuscita irregolare di fluidi: *una p. di gas, di acqua* | (*med.*) *Perdite bianche*, leucorrea.

perditèmpo [comp. di *perdere* e *tempo*] **A** s. m. inv. ● Opera o attività che causa inutile perdita di tempo. **B** s. m. e f. inv. ● Persona che non combina nulla, che non lavora o lo fa svogliatamente. SIN. Bighellone.

perditóre [vc. dotta, lat. *perditōre(m)* 'distruttore', da *pĕrditus*. V. *perdita*] s. m. (f. *-trice*) ***1*** †Chi perde, disperde, sciupa: *p. delle proprie sostanze*. ***2*** (*raro*) Perdente in una battaglia, competizione, gara e sim.: *di vincitori diventare perditori* (MACHIAVELLI).

†**perditòrio** agg. ● (*raro*) Che si perde.

perdizióne [vc. dotta, lat. tardo *perditiōne(m)*, da *pĕrditus*. V. *perdita*] s. f. ***1*** Rovina spec. morale, dannazione dell'anima: *il vizio lo condurrà alla p.*; *gli amici lo trascinano alla p.* ***2*** †Perdita, spreco.

†**perdòmito** [vc. dotta, lat. *perdŏmitu(m)*, part. pass. di *perdomāre*, comp. di *per-* e *domāre* 'domare'] agg. ● (*raro*) Interamente domato.

perdonàbile agg. ● Degno di perdono, che merita il perdono: *errore p.*; *distrazione p.* CONTR. Imperdonabile.

†**perdonaménto** s. m. ● Perdono, condono.

†**perdonànza** s. f. ***1*** Perdono: *p. al fin mi riserbasti* (CAMPANELLA). ***2*** (*raro*) Penitenza. ***3*** Licenza, permesso.

perdonàre [lat. mediev. *perdonāre*, dal class. *condonāre*, con cambio di pref.] **A** v. tr. (*io perdóno*) ***1*** Assolvere qc. dalla colpa commessa, condonare a qc. l'errore, il fallo compiuto: *ti perdono perché sei stato sincero*; *perdoneranno la tua mancanza, la tua distrazione* | *Dio lo perdoni!*, *Dio gli perdoni*, Dio abbia pietà di lui e non tenga conto della sua malvagità | *Non gliela perdono*, prima o poi gliela farò pagare | *Non gliela perdonerò mai*, gli serberò sempre rancore per ciò che ha fatto | (*raro*) *P. la pena, il castigo*, condonarlo, non applicarlo | *P. la testa, la vita*, non dare la morte | *P. il debito*, rimetterlo. ***2*** Trattare o considerare con indulgenza e comprensione: *bisogna p. all'età certe piccole manie* | *P. a se stesso*, indulgere | Risparmiare: *né le infermità mi hanno perdonato* (LEOPARDI). ***3*** Scusare: *perdonate il disturbo*; *perdonami il disordine*; *mi perdoni se le telefono a quest'ora*. **B** v. intr. (aus. *avere*) ● Concedere il perdono: *sono vent'anni che ha lasciato la casa e i suoi non gli hanno ancora perdonato* | *Non perdona*, riferito a persona molto dura, o a male fisico mortale, inesorabile: *una malattia che non perdona*. **C** v. rifl. rec. ● Assolversi vicendevolmente: *si perdonarono e tutto finì in un abbraccio*.

perdonàto part. pass. di *perdonare*; anche agg. ● Nei sign. del v.

perdonatóre agg.; anche s. m. (f. *-trice*) ● (*raro*) Che, chi perdona o è solito perdonare.

†**perdonazióne** s. f. ● Atto, effetto del perdonare.

†**perdonévole** agg. ● Disposto, pronto a perdonare.

perdonìsmo s. m. ● Atteggiamento che privilegia il perdono giudiziario e sociale degli autori di reati, spec. terroristici.

perdonìsta **A** s. m. e f. (pl. m. *-i*) ● Sostenitore, fautore del perdonismo. **B** agg. ● Relativo al perdonismo.

perdóno [da *perdonare*] s. m. ***1*** Remissione di una colpa e del relativo castigo: *ti chiedo p.*; *domandare p. alla persona offesa* | *P.!*, escl. di chi invoca d'essere perdonato | *Dare il p.*, perdonare | *Trovare p.*, essere perdonato | *Per simili colpe non c'è p.*, simili nefandezze non si possono perdonare. ***2*** Remissione dei peccati, indulgenza concessa dalla Chiesa a chi si reca in determinati santuari e si trovi in determinate condizioni per fruirne | (*est.*) Il luogo in cui si accorda l'indulgenza: *il p. di Assisi*. ***3*** Scusa: *ti chiedo p. per il ritardo, del modo in cui ti ho trattato*. ***4*** (*dir.*) *P. giudiziale*, beneficio previsto per i minori degli anni 18 consistente nella rinuncia da parte del giudice alla condanna che il soggetto avrebbe meritato per avere commesso un reato, allorché questo non sia grave e il minore non sia stato altra volta condannato.

†**perdùcere** ● V. †*perdurre*.

perduellióne [lat. *perduelliōne(m)*, da *perduĕllis* 'nemico pubblico'] s. f. ● In diritto romano, crimine di alto tradimento; attentato alla sicurezza del popolo romano.

†**perduràbile** [da *perdurare*] agg. ***1*** Lungamente durevole. ***2*** Eterno. ‖ †**perdurabilménte**, †**perdurabileménte**, avv. ***1*** Perpetuamente. ***2*** Ostinatamente.

†**perdurabilità** s. f. ● Qualità o condizione di ciò che è perdurabile.

†**perdurànza** [da *perdurare*] s. f. ● Persistenza.

perduràre [vc. dotta, lat. *perdurāre*, comp. di *per-* e *durāre* 'resistere'. V. *durare*] v. intr. (aus. *essere* o *avere* nel sign. 1, *avere* nel sign. 2) ***1*** Durare a lungo, ancora: *il maltempo perdura*; *la tosse perdura*; *se il disagio perdura non so cosa faremo*. SIN. Continuare. ***2*** Persistere, perseverare: *p. nei propositi di vendetta*.

perdurévole [da *perdurare*] agg. ● (*raro, lett.*)

Durevole | Continuo.

†**perdùrre** o †**perdùcere** [lat. *perdūcere*, comp. di *per-* e *dūcere* 'condurre' (V.)] v. tr. ● Condurre, guidare: *la fortuna fu favorevole, e loro perdusse in un piccolo seno di mare* (BOCCACCIO).

perdùto part. pass. di *perdere*; anche agg. *1* Nei sign. del v. *2* Che non serve più: *orecchio p.*; *braccio p.* *3* (*fig.*) Che è smarrito, sbigottito: *sentirsi p.* | *Vedersi p.*, senza scampo | (*raro*) *Essere, andare p. di qc.*, amarlo intensamente | †*Navigare per p.*, abbandonarsi alla sorte nell'estremo pericolo. *4* Corrotto, dissoluto: *uomo p.* | *Una donna perduta*, una prostituta | *Anima perduta*, dannata | †*Uomo di perdute speranze*, da cui non si può sperare niente di buono. *5* †*Fante p.*, soldato che negli antichi eserciti affrontava le imprese più rischiose e temerarie. || **perdutaménte**, avv. Appassionatamente: *amare perdutamente una donna*.

†**peregrinàggio** ● V. *pellegrinaggio*.

peregrinàre o (*lett.*) **pellegrinàre** [vc. dotta, lat. *peregrināri*, da *peregrīnus*. V. *peregrino*] v. intr. (aus. *avere*) *1* Vagare: *p. senza sosta, senza meta*. *2* †V. *pellegrinare*.

peregrinazióne o (*raro*) **pellegrinazióne** [vc. dotta, lat. *peregrinatiōne(m)*, da *peregrināri* 'peregrinare'] s. f. *1* Vagabondaggio: *le nostre peregrinazioni non avranno mai fine*. *2* (*raro, fig.*) Divagazione su argomenti scientifici o letterari: *peregrinazioni filosofiche*.

peregrinità o †**pellegrinità** [vc. dotta, lat. *peregrinitāte(m)*, da *peregrīnus*. V. *peregrino*] s. f. *1* (*raro, lett.*) Condizione di chi è pellegrino, straniero, forestiero. *2* (*fig.*) Rarità, singolarità a volte eccessiva: *notate la p. delle immagini e dei colori*.

peregrìno o (*raro*) **pellegrìno** [vc. dotta, lat. *peregrīnu(m)* 'straniero', dall'avv. *pĕregre* 'fuori della città', comp. di *pĕr* 'al di là' e *ăger* 'campo'. V. *agro*] **A** agg. *1* Singolare, fuori del comune (*anche iron.*): *parole, idee peregrine*; *ma che trovata peregrina hai avuto!* *2* †V. *pellegrino*. **B** s. m. (f. *-a*) ● (*raro, lett.*) V. *pellegrino*.

†**perennàre** [vc. dotta, lat. *perennāre*, da *perĕnnis* 'perenne'] v. tr. e intr. pron. ● (*lett.*) Perpetuare, eternare.

perènne [vc. dotta, lat. *perĕnne(m)* 'che dura tutto l'anno', comp. di *pĕr* 'attraverso' e *ănnus* 'anno'] agg. *1* Che dura da tempo e durerà per sempre: *fama p.*; *monumento eretto a p. ricordo dei caduti* | *Fonte p.*, che non cessa di scorrere, di fornire acqua (*anche fig.*) | (*est.*) Eterno: *nevi perenni*; *il moto p. del mare* | Continuo, senza interruzioni: *di quelle cene ricordo principalmente la mia p. indigestione* (SVEVO). SIN. Perpetuo. *2* (*bot.*) Detto di vegetale che vive più di due anni. || **perenneménte**, avv.

perennità [vc. dotta, lat. *perennitāte(m)*, da *perĕnnis* 'perenne'] s. f. ● Perpetuità.

perènto [vc. dotta, lat. *perĕmptu(m)*, part. pass. di *perĭmere* 'distruggere, render vano', comp. di *pĕr* 'al di là' ed *ĕmere* 'comprare, acquistare' (V. *redimere*)] agg. ● (*dir.*) Annullato, estinto: *contratto, credito p.*

perentorietà s. f. ● Natura o qualità di ciò che è perentorio.

perentòrio [vc. dotta, lat. tardo *peremptōriu(m)* 'che apporta morte, perentorio', da *perĕmptus* 'perento'] agg. *1* Che non ammette discussioni, obiezioni e sim.: *ordine, tono p.*; *risposta perentoria*. *2* Che non ammette dilazione: *termine p.* CONTR. Dilazionabile. || **perentoriaménte**, avv.

perenzióne [vc. dotta, lat. tardo *peremptiōne(m)*, da *perĕmptus* 'perento'] s. f. ● (*dir.*) Provvedimento amministrativo che elimina dall'elenco dei residui i debiti anteriori ai due, tre anni ancora da pagare | Perdita di efficacia di un altro avente rilevanza processuale: *p. del precetto, del pignoramento*.

perepepè [vc. onomat.] inter. ● Riproduce il suono di una trombetta.

perequàre [vc. dotta, lat. tardo *peraequāre*, comp. di *per-* ed *aequāre* 'pareggiare'. V. *equare*] v. tr. (*io perèquo*) *1* Pareggiare, distribuire equamente: *p. le imposte*. CONTR. Sperequare. *2* (*stat.*) Effettuare una perequazione.

perequatìvo [da *perequare*] agg. ● Che tende a perequare.

perequazióne [vc. dotta, lat. tardo *peraequatiōne(m)*, da *peraequātus* 'perequato'] s. f. *1* Atto, effetto del perequare. CONTR. Sperequazione. *2* (*stat.*) Procedimento per livellare le irregolarità nelle distribuzioni statistiche | *P. grafica*, tracciamento di una curva continua sostitutiva della spezzata | *P. meccanica, aritmetica*, consistente nel sostituire a ciascun termine della successione la media aritmetica dei tre, cinque termini, rispetto ai quali quel termine è centrale.

perestrojka /peres'trɔika, *russo* pjiris'trɔika/ o **perestròika**, **perestròica** [vc. russa, propr. 'ristrutturazione', comp. di *pere-* 'ri-' e di un deriv. del v. *stroit'* 'costruire'] s. f. ● Radicale opera di riorganizzazione politico-economica dell'Unione Sovietica avviata dallo statista M. S. Gorbaciov a partire dal 1985, basata soprattutto sul rinnovamento ai vertici del partito comunista, sulla lotta alla burocrazia e su moderate aperture al libero mercato | (*est.*) Rinnovamento totale, ricostruzione radicale.

perèto [da *pera* (*1*)] s. m. ● Terreno piantato a peri.

perètta [dim. di *pera* (*1*)] s. f. *1* Piccola pera. *2* Interruttore a pulsante, di forma allungata, appeso a un filo elettrico, usato per accendere e spegnere lampade, suonare campanelli e sim. *3* Piccolo apparecchio igienico di gomma, a forma di pera, terminante con una cannula, usato per clisteri e irrigazioni | (*est.*) Clistere fatto con tale apparecchio.

†**perfàre** [comp. di *per-* e *fare*] v. tr. *1* Condurre a compimento. *2* Rifondere, compensare.

†**perfettàre** [da *perfetto*] v. tr. ● Rendere perfetto.

perfettìbile [da *perfetto*] agg. ● Che è in grado di migliorarsi o di essere migliorato fino a raggiungere la perfezione: *l'uomo è un essere moralmente p.*

perfettibilità s. f. ● (*lett.*) L'essere perfettibile.

perfettìvo [vc. dotta, lat. tardo *perfectīvu(m)*, da *perfĕctus* 'compiuto'. V. *perfetto*] agg. *1* (*lett.*) Che tende o è atto a rendere perfetto. *2* (*ling.*) *Aspetto p.*, aspetto del verbo che indica, in rapporto al soggetto dell'enunciato, il risultato di un'azione compiuta precedentemente. CFR. Imperfettivo, durativo.

perfètto [vc. dotta, lat. *perfĕctu(m)* 'compiuto', part. pass. di *perfĭcere* 'compiere', comp. di *per-* e *făcere* 'fare'] **A** agg. *1* Condotto o giunto a compimento, completo in ogni suo elemento: *quando l'opera sarà perfetta potremo giudicarla* | (*zool.*) *Insetto p.*, immagine | (*mus.*) *Accordo p.*, d'una nota con la sua terza e con la quinta | (*est.*) Totale, completo: *silenzio p.*; *senza amor non è beltà perfetta, / né mai p. amor senza virtude* (MONTI) | †Perfezionato. CONTR. Imperfetto. *2* Privo di difetti, errori, mancanze, lacune e sim.: *esecuzione, conoscenza, descrizione, relazione perfetta*; *è un p. galantuomo*; *sono in perfetta salute* | *Vita perfetta*, assolutamente virtuosa, secondo l'ideale morale e pratico che si prende a modello | (*fig., iron.*) *Cretino, asino p.*, persona completamente cretina, ignorante. *3* (*fis.*) *Gas p.*, quello, non esistente in realtà, al quale i gas reali tanto più si avvicinano quanto più alta è la loro temperatura e più bassa la loro pressione | *Dielettrico p.*, quello in cui tutta l'energia necessaria per stabilire in esso un campo elettrico viene restituita alla sorgente quando il campo scompare. || **perfettaménte**, avv. *1* In modo perfetto: *conoscere qc. perfettamente*; *guarire perfettamente*. *2* In modo totale; completamente, del tutto: *è perfettamente inutile che tu insista*. **B** s. m. ● (*ling.*) Tempo del verbo che esprime un'azione compiuta nel passato.

†**perfettuóso** agg. ● Perfetto.

perfezionàbile agg. ● Che si può perfezionare.

perfezionabilità s. f. ● (*raro*) Qualità di ciò che è perfezionabile.

†**perfezionàle** agg. ● Di perfezione.

perfezionaménto s. m. ● Modo e atto del perfezionare o del perfezionarsi: *p. di un lavoro, di un'invenzione* | *Corso di p.*, nel quale si approfondisce qualche ramo speciale degli studi già compiuti | *Borsa di p.*, sussidio dato per compiere studi di perfezionamento.

perfezionàndo agg.; anche s. m. (f. *-a*) ● (*raro*) Che, chi segue studi o corsi di perfezionamento.

perfezionàre [da *perfezione*] **A** v. tr. (*io perfezióno*) *1* Rendere perfetto: *p. un lavoro, una invenzione*; *sta perfezionando la sua preparazione teorica e pratica*. *2* Portare a compimento | *P. un contratto*, renderlo perfetto dal punto di vista giuridico. **B** v. rifl. o intr. pron. *1* Diventare perfetto: *le mie nozioni in materia si sono ormai perfezionate* | (*est.*) Migliorarsi o procedere verso una maggiore completezza, conoscenza e sim.: *la scienza si perfeziona continuamente*. SIN. Affinarsi. *2* Compiere studi o frequentare corsi di perfezionamento: *perfezionarsi nel francese, in diritto amministrativo*.

perfezionatìvo agg. ● Atto a perfezionare.

perfezionàto part. pass. di *perfezionare*; anche agg. ● Nei sign. del v.

perfezionatóre agg.; anche s. m. (f. *-trice*) ● Che, chi perfeziona.

perfezióne [vc. dotta, lat. *perfectiōne(m)*, da *perfĕctus* 'perfetto'] s. f. *1* Stato o condizione di ciò che è perfetto, mancanza di lacune, errori, difetti e sim.: *bisogna tendere alla p. morale*; *non è possibile raggiungere la p.* | *A p.*, in modo perfetto. CONTR. Imperfezione. *2* Compimento o realizzazione totale e completa: *l'insetto si evolve per giungere alla p. delle sue strutture vitali*. *3* Eccellenza in doti e qualità, spec. morali: *mi ha decantato ogni sua p.* | *P. cristiana, evangelica*, quella che si realizza nell'adempimento completo dei doveri cristiani, con l'aiuto della grazia.

perfezionìsmo [comp. di *perfezione* e *-ismo*] s. m. ● Aspirazione a raggiungere, nell'ambito della propria attività o del proprio lavoro, un impossibile ideale di perfezione.

perfezionìsta s. m. e f. (pl. m. *-i*) ● Chi pecca di perfezionismo.

perfezionìstico agg. (pl. m. *-ci*) ● Ispirato o caratterizzato da perfezionismo.

†**perfiatàre** [comp. di *per-* e *fiatare*] v. intr. ● (*raro*) Soffiare, spirare, spec. di vento.

†**perfìcere** [vc. dotta, lat. *perfĭcere*. V. *perfetto*] v. tr. (oggi dif. usato solo nella terza pers. sing. del pass. rem. *perféce*, nel part. pass. *perfètto*, nel part. pres. *perficiènte*, nell'inf. pres. e nei tempi composti) ● Rendere perfetto.

†**perficitóre** [dal lat. *perfĭcere*. V. *perfetto*] s. m.; anche agg. ● Chi, che rende perfetto.

†**perfidézza** s. f. ● Qualità di chi è perfido.

perfìdia [vc. dotta, lat. *perfĭdia(m)*, da *pĕrfidus*. V. *perfido*] s. f. *1* Malvagità sleale e ostinata: *la p. del nemico*. *2* Atto o azione perfida: *tradirlo così è stata una vera p.* *3* †Caparbietà, ostinazione.

perfidiàre [da *perfidia*] v. intr. (*io perfidio*; aus. *avere*) *1* (*raro*) Essere perfido, negli atti o nelle parole. *2* †Ostinarsi in malafede, spec. nel sostenere un'opinione in sé errata.

perfidióso [vc. dotta, lat. *perfidiōsu(m)*, da *perfĭdia* 'perfidia'] agg. *1* (*raro*) Ostinato e caparbio. *2* (*fig.*) †Duro: *il p. porfido* (CELLINI). || **perfidiosaménte**, avv. (*raro*) In modo perfidioso.

pèrfido [vc. dotta, lat. *pĕrfidu(m)*, 'sleale, perfido', comp. di *pĕr-* 'al di là di' e *fĭdes* 'fedeltà, lealtà'. V. *fede*] agg. ● Di persona che agisce con subdola e sleale malvagità: *un p. traditore*; *animo p.* | Che denota perfidia: *perfide intenzioni*; *un p. consiglio*; *è stato un p. inganno* | (*fig.*) Molto cattivo (*anche scherz.*): *che tempo p.!*; *stagione perfida*. || **perfidaménte**, avv.

perfìne [comp. di *per* e *fine* (*1*)] vc. ● (*raro*) Solo nella loc. avv. *alla p.*, finalmente, alla fin fine: *alla p. l'ha spuntata*.

perfinìre [comp. di *per* e *finire*] s. m. inv. ● (*raro*) Breve e divertente conclusione di scritto o discorso, motto finale.

perfìno o †**per fìno** [comp. di *per* e *fino* (*1*)] avv. ● Finanche, addirittura (esprime un limite massimo di possibilità): *p. suo fratello lo respinge*; *lo ha ammesso p. lui*; *p. un bambino lo capisce* | Anche, solamente: *è vergogna p. pensarlo*.

perforàbile agg. ● Che si può perforare.

perforabilità [da *perforare*] s. f. ● Qualità di ciò che è perforabile.

perforaménto s. m. ● Modo e atto del perforare.

perforànte part. pres. di *perforare*; anche agg. *1* Nei sign. del v. *2* (*anat.*) *Arteria, vena p.*, che attraversano organi o cavità.

perforàre [vc. dotta, lat. *perforāre*, comp. di *pĕr* 'attraverso' e *forāre* 'forare'] **A** v. tr. (*io perfóro*) *1* Forare da parte a parte: *p. la pelle, il tessuto, la* *corazza, una montagna* | Forare in profondità: *perforarono la roccia cercando il petrolio.* **2** (*elab.*) Eseguire la perforazione di schede o bande. **B** v. intr. pron. ● Bucarsi, subire una perforazione: *lo stomaco si è perforato a causa dell'ulcera.*

Perforàti [pl. sost. di *perforato*] s. m. pl. ● Nella tassonomia animale, gruppo di Foraminiferi con guscio munito di un'apertura principale e di numerose altre accessorie, più piccole.

perforàto A part. pass. di *perforare*; anche agg. **1** Nei sign. del v. **2** (*elab.*) *Nastro p.*, *scheda perforata*, su cui vengono registrati dati mediante fori; sempre più in disuso per la diffusione dei supporti magnetici e dei videoterminali. **B** s. m. ● (*zool.*) Ogni individuo appartenente al gruppo dei Perforati.

perforatóre [vc. dotta, lat. *perforatōre(m)*, da *perforātus* 'perforato'] **A** agg. (f. *-trice*) ● Che perfora: *strumento, oggetto p.* **B** s. m. (f. *-trice* nel sign. 3) **1** Utensile usato per eseguire fori | *P. a corona*, utensile atto a eseguire fori di grande diametro col quale solo una corona anulare viene asportata, separando così un nocciolo centrale cilindrico che può essere recuperato. **2** (*elab.*) *P. di schede*, unità di uscita di un elaboratore che trasforma in perforazioni su schede i segnali ricevuti dall'unità centrale | *P. di banda*, unità di uscita di un elaboratore che converte automaticamente in perforazioni su banda i segnali ricevuti. **3** Persona addetta, in un centro meccanografico, all'uso di perforatrici o verificatrici manuali di schede.

perforatrìce [f. di *perforatore*] s. f. **1** Macchina per eseguire nella roccia i fori da mina o, se più potente, per aprire gallerie. **2** (*elab.*) Macchina che consente la perforazione di schede o banda, gener. manualmente, per mezzo di una tastiera.

perforatùra s. f. ● (*raro*) Perforazione.

perforazióne [vc. dotta, lat. tardo *perforatiōne(m)*, da *perforātus* 'perforato'] s. f. **1** Atto, effetto del perforare. **2** (*elab.*) Nei sistemi a schede perforate, operazione preventiva all'elaborazione consistente nella conversione, per mezzo delle perforatrici o dei perforatori, dei dati da elaborare sotto forma di perforazioni sulle schede. **3** Serie di fori regolari ai bordi di alcune pellicole, che ne permettono il regolare avanzamento nella macchina fotografica, nella cinepresa o nel proiettore. **4** (*med.*) Condizione patologica di rottura di un organo cavo.

performance /*ingl.* pə'fɔːməns/ [vc. ingl., dall'ant. fr. *parformance*, da *parformer* 'compiere', dal lat. tardo *performāre*, comp. di *per-* e *formāre* 'formare'] s. f. inv. **1** Nel linguaggio sportivo, prova, prestazione fornita, risultato conseguito da un atleta o da un cavallo, che determina il valore dell'atleta e del cavallo stessi | (*est.*) Risultato conseguito spec. nell'ambito artistico: *l'attore ha dato un'ottima p., una p. di alto livello* | (*est.*) Rendimento: *la Borsa mantiene buone possibilità di p.* **2** Forma di produzione teatrale, pittorica e gener. artistica, fiorita negli anni '70, che persegue intenti di dissacrazione estetica e protesta sociale, basandosi spesso sull'improvvisazione degli artisti, il coinvolgimento del pubblico, l'uso sofisticato di particolari mezzi ed effetti tecnici. **3** (*ling.*) Esecuzione.

performatìvo [ingl. *performative* 'esecutivo', da *to perform* 'eseguire' (dal lat. tardo *performāre* 'dare forma, conformare': V. *performance*)] agg. ● (*ling.*) Detto di verbo che descrive una determinata azione del soggetto parlante, e la cui enunciazione consiste nel realizzare l'azione che il verbo stesso esprime (per es., dire, promettere, giurare).

performer /*ingl.* pə'fɔːmə*/ [vc. ingl., dal v. *to perform* 'eseguire, compiere'] s. m. e f. inv. **1** (*sport*) Atleta o cavallo autore di eccellenti prestazioni. **2** Artista, interprete, esecutore.

perfosfàto [comp. di *per-* e *fosfato*] s. m. ● Fertilizzante chimico artificiale ottenuto per attacco con acido solforico di apatiti o di fosforiti.

†**perfràngere** [comp. di *per-* e *frangere*, sul modello del lat. *perfrīngere*] **A** v. tr. ● Spezzare, infrangere. **B** v. intr. pron. ● Rifrangersi, riflettersi.

†**perfràtto** part. pass. di †*perfrangere*; anche agg. ● Nei sign. del v.

†**perfrazióne** s. f. ● Rifrazione.

perfrigeràre [vc. dotta, lat. tardo *perfrigerāre* 'raffreddare completamente', comp. di *per-* e *frigerāre* 'rinfrescare', da *frīgus*, genit. *frīgoris* 'freddo'. V. *frigo*] v. tr. ● Sottoporre a perfrigerazione.

perfrigeràto part. pass. di *perfrigerare*; anche agg. ● Nel sign. del v.

perfrigerazióne [da *perfrigerare*] s. f. **1** Forte e rapido raffreddamento di prodotti alimentari per conservarne a lungo le proprietà commestibili. **2** (*med.*) Condizione patologica determinata nell'organismo dall'azione del freddo.

†**perfuntoriaménte** [dal lat. tardo *perfunctōrie* '(eseguito) in modo negligente, tanto per fare', da *perfūnctus*, part. pass. di *perfūngi* 'eseguire', comp. di *per-* e *fūngi* 'eseguire'. V. *fungere*] avv. ● Superficialmente, negligentemente.

perfusióne [vc. dotta, lat. *perfusiōne(m)*, da *perfūsus* 'perfuso'] s. f. ● (*med.*) Introduzione di sostanze medicamentose in un distretto isolato dell'organismo.

†**perfùso** [vc. dotta, lat. *perfūsu(m)*, part. pass. di *perfūndere* 'versar sopra', comp. di *per-* e *fūndere*. V. *fondere*] agg. ● (*lett.*) Asperso, cosparso.

pergaména [vc. dotta, lat. (*chărtam*) *pergamēna(m)*, f. sost. di *pergamēnus*, agg. di *Pĕrgamus* 'Pergamo', detta così perché l'uso di essa venne introdotto da Eumene II, re di *Pergamo* (157 ca.-159 ca. a.C.)] s. f. **1** Pelle di agnello, pecora o capra macerata in calce, indi seccata e levigata, usata un tempo per scrivervi sopra e ora per rilegature di lusso, diplomi, paralumi. SIN. Cartapecora. **2** (*est.*) Documento, attestato e sim. scritto su pergamena: *le pergamene degli archivi*; *gli donarono una p. in occasione dei trent'anni d'insegnamento.*

pergamenàceo agg. ● Di pergamena: *documento p.* | Simile a pergamena: *materiale p.*

†**pergamenàio** s. m. ● Chi fa pergamene.

pergamenàto agg. ● Solo nella loc. *carta pergamenata*, carta che imita la pergamena, dotata di particolari caratteristiche di pesantezza e resistenza.

†**pergaméno** [vc. dotta, lat. *pergamēnu(m)*. V. *pergamena*] s. m. **1** Pergamena. **2** (*est.*) Libro in pergamena.

pèrgamo [sovrapposizione del lat. *pĕrgula* 'loggetta' (V. *pergola (1)*) a *Pĕrgamum*, n. della rocca di Troia] s. m. **1** Nelle chiese cattoliche, costruzione di legno o pietra costituita da un palco sostenuto da colonne, spesso scolpita o ricca di ornamenti, destinata alla predicazione. SIN. Pulpito. **2** †Palco, tavolato: *il p. dei condannati.* ‖ **pergamétto**, dim.

†**pèrgere** [vc. dotta, lat. *pĕrgere*, comp. di *pĕr* e *rĕgere* 'dirigere'. V. *reggere*] v. intr. ● (*raro*) Andare.

†**pergiùngere** [comp. di *per-* e *giungere*] v. intr. ● (*raro*) Pervenire.

†**pergiuràre** [vc. dotta, lat. *periurāre*, comp. di *pĕr-* 'oltre' e *iurāre* 'giurare'] v. intr. ● Spergiurare.

†**pergiùro (1)** o †**periùro** [vc. dotta, lat. *periūru(m)*, da *periurāre* 'pergiurare'] agg.; anche s. m. ● Spergiuro.

†**pergiùro (2)** [vc. dotta, lat. *periūriu(m)*, da *periurāre* 'pergiurare'] s. m. ● Giuramento falso.

pèrgola (1) [vc. dotta, lat. *pĕrgula(m)* 'loggetta, ballatoio', di origine preindeur.] s. f. **1** Intreccio di sostegni formati da intelaiature o graticciati a foggia di tetti o volte per allevare piante arboree, erbacee o rampicanti: *una p. di vite, di rosa, di glicine.* **2** Nella basilica cristiana, colonnato posto su un parapetto.

pèrgola (2) [da avvicinare al fr. *pairle*, di etim. incerta] s. f. ● (*arald.*) Pezza risultante dalla combinazione di un palo abbassato e di uno scaglione rovesciato riunentisi al centro dello scudo, in forma di Y.

pergolàto [da *pergola (1)*] s. m. **1** Pergola grande o serie di pergole: *il p. del giardino*; *prendere il fresco sotto il p.* **2** Sistema di allevamento della vite i cui tralci vengono collocati su sostegni e intelaiature, a copertura di superfici più o meno estese: *p. domestico, industriale.*

†**pèrgolo** [da *pergola (1)*] s. m. **1** Palco teatrale. **2** Pulpito, pergamo.

pèri- [dal gr. *perí* 'intorno'] pref. **1** In parole composte derivate dal greco o formate modernamente, significa 'intorno', 'giro', o indica movimento circolare o all'intorno: *periartrite, pericardio, perifrasi, perimetro.* **2** In astronomia, indica il punto di maggiore vicinanza a un astro: *perielio.*

periadenìte [comp. di *peri-* e *adenite*] s. f. ● (*med.*) Infiammazione del tessuto che circonda una ghiandola.

periàmbo [vc. dotta, lat. *periămbu(m)*, comp. del gr. *perí* 'peri-' e del lat. *iămbus* 'giambo'] s. m. ● (*letter.*) Pirrichio.

perianàle [comp. di *peri-* e *anale*] agg. ● (*anat.*) Che è situato intorno all'orifizio anale: *ghiandole perianali.*

periantàrtico [comp. di *peri-* e *antartico*] agg. (pl. m. *-ci*) ● (*geogr.*) Che è situato intorno alla regione antartica: *mari periantartici.*

periànzio [vc. dotta, gr. *perianthés* 'che fiorisce intorno', comp. di *perí* 'peri-' e *ánthos* 'fiore' (V. *antologia*)] s. m. ● (*bot.*) Involucro, spesso appariscente e colorato, che circonda le parti fertili del fiore | *P. eteroclamidato*, formato da calice e corolla | *P. omoclamidato*, formato da elementi simili per forma e colore, detti tepali. SIN. Perigonio.

periarterìte [comp. di *peri-* e *arterite*] s. f. ● (*med.*) Infiammazione della tunica esterna della parete arteriosa.

periàrtico [comp. di *peri-* e *artico*] agg. (pl. m. *-ci*) ● (*geogr.*) Che è situato intorno alla regione artica: *mari periartici.*

periartrìte [comp. di *peri-* e *artrite*] s. f. ● (*med.*) Infiammazione dei tessuti fibrosi e capsulari attorno all'articolazione: *p. scapolo-omerale.*

periàstro [comp. di *peri-* e *astro*] s. m. ● (*astron.*) Il punto più vicino a una stella dell'orbita che un corpo descrive attorno a essa.

perìbolo [vc. dotta, lat. tardo *perĭbolu(m)*, nom. *perĭbolus*, dal gr. *períbolos*, da *peribállein* 'gettare intorno'] s. m. ● (*archeol.*) Muro di cinta.

pericàrdico agg. (pl. m. *-ci*) ● (*anat.*) Del pericardio: *cavità pericardica*; *liquido p.*

pericàrdio [comp. di *peri-* e *-cardio*] s. m. ● (*anat.*) Membrana fibro-sierosa che avvolge il cuore. ➡ ILL. p. 365 ANATOMIA UMANA.

pericardìte [comp. di *pericardio* e *-ite (1)*] s. f. ● (*med.*) Infiammazione del pericardio.

pericàrpo o **pericàrpio** [vc. dotta, gr. *perikárpion*, comp. di *perí* 'peri-' e *karpós* 'frutto' (V. *-carpo*)] s. m. ● (*bot.*) Parte del frutto che circonda i semi.

periclàsio [comp. di *peri-* e un deriv. del gr. *klásis* 'rottura' (V. *anaclasi*)] s. m. ● (*miner.*) Ossido di magnesio in cristalli cubici, trasparenti.

periclitànte part. pres. di *periclitare*; anche agg. ● (*raro, lett.*) Nei sign. del v.

periclitàre [vc. dotta, lat. *periclitāri*, ints. di *periculāri* 'pericolare'] **A** v. intr. e †intr. pron. (*io perìclito*; aus. intr. *avere*) ● (*lett.*) Essere in pericolo. **B** v. tr. ● (*lett.*) Mettere alla prova.

†**perìclo** ● V. *pericolo.*

†**pericolaménto** [da *pericolare*] s. m. ● Pericolo.

pericolànte part. pres. di *pericolare*; anche agg. **1** Nei sign. del v. **2** Che minaccia di crollare: *edificio p.*; *case pericolanti* | (*fig.*) *Situazione economica, economia p.*, che si trova sull'orlo di una crisi, all'inizio di una crisi.

pericolàre [vc. dotta, lat. *periculāri*, da *perīculum* 'pericolo'] **A** v. intr. (*io perìcolo*; aus. *avere*) **1** (*raro*) Trovarsi o essere in pericolo: *p. di morire, di affogare*; *p. nella tempesta, nelle avversità della vita.* **2** Minacciare di crollare: *la casa pericola* | (*fig.*) Essere in procinto di finire, di esaurirsi: *la sua fiducia in te sta pericolando.* **B** v. tr. ● †Mandare in rovina, in perdizione.

pericolàto part. pass. di *pericolare*; anche agg. ● Nei sign del v.

†**pericolatóre** s. m. ● Chi mette in pericolo.

†**pericolazióne** s. f. ● Pericolamento.

perìcolo o †**perìclo**, †**perìculo** [vc. dotta, lat. *perīculu(m)* 'tentativo, prova', poi, 'rischio, pericolo', stessa etim. di *perītus* 'perito (2)'] s. m. **1** Circostanza, situazione o complesso di circostanze che possono provocare un grave danno: *essere, trovarsi in p.*; *p. grave, imminente, lontano, serio, immaginario*; *c'è p. di morte, di polmonite*; *bestiale è quello che, non conoscendo e pericoli, vi entra dentro inconsideratamente* (GUICCIARDINI) | *Non c'è p., non c'è alcun p.*, non v'è nulla da temere | *Essere in p. di vita*, nella situazione di poter morire da un momento all'altro | *Essere fuori* *p.*, aver superato la fase o il momento critico, spec. di una malattia | *A tuo, a mio rischio e p.*, sotto la tua, la mia piena responsabilità. SIN. Azzardo. **2** (*est.*) Fatto o persona pericolosa: *evitare, scansare, scongiurare il p.*; *non perdiamo la calma di fronte al p.* | *P. pubblico*, persona pericolosa per l'intera società. **3** (*fig., fam.*) Probabilità, possibilità: *non c'è p. ch'io vinca*; *c'è p. che venga.*

pericolóne s. m. (f. *-a*) ● (*raro*) Chi vede pericoli dappertutto.

pericolosità s. f. ● Qualità di ciò che è pericoloso | *P. sociale, p. criminale*, stato o qualità personale del reo che, per l'intensa capacità a delinquere, probabilmente commetterà altri reati.

pericolóso [vc. dotta, lat. *periculōsu(m)*, da *perīculum* 'pericolo'] agg. **1** Che comporta rischi e pericoli: *viaggio, affare p.*; *battaglia, situazione, operazione pericolosa*; *strada, curva pericolosa* | †*P. di morte, di cadere*, in pericolo di. SIN. Malsicuro. **2** Che può fare del male, e da cui è quindi bene guardarsi: *un uomo subdolo e p.*; *amicizia pericolosa* | *Età pericolosa*, in cui è facile commettere irreparabili errori o in cui, per ragioni fisiologiche, è facile ammalarsi | *Gioco p.*, nel calcio, intervento irregolare compiuto a gamba tesa o comunque in modo da poter danneggiare l'avversario con cui si viene a contatto. || **pericolosaménte**, avv. In modo pericoloso, con pericolo: *vivere pericolosamente.*

pericòndrio [comp. di *peri-* e del gr. *chóndros* 'cartilagine'. V. *condrina*] s. m. ● (*anat.*) Tessuto fibroso che avvolge la cartilagine.

pericondrite [comp. di *pericondr(io)* e del suff. *-ite*] s. f. ● (*med.*) Infiammazione del pericondrio.

pericope [vc. dotta, gr. *perikopḗ* 'amputazione', da *perikóptein* 'tagliare intorno', comp. di *perí* 'peri-' e *kóptein* 'tagliare', di origine indeur.] s. f. **1** Brano delle Sacre Scritture, spec. se inserito nella liturgia della messa. **2** Nella retorica, definizione precisa.

†**perìculo** ● V. *pericolo.*

peridentàrio [comp. di *peri-* e *dentario*] agg. ● (*anat.*) Riferito al periodonto.

peridèrma [comp. di *peri-* e *derma*] s. m. (pl. *-i*) ● (*bot.*) Insieme delle cellule sugherose di protezione nel fusto.

perìdidimo [vc. dotta, comp. di *peri-* e del gr. *dídymos* 'testicolo' (letteralmente 'gemello'. V. *didimo*)] s. m. ● (*anat.*) La tunica vaginale del testicolo.

peridio [dal gr. *pērídion*, dim. di *pḗra* 'sacca'. V. *pera (2)*] s. m. ● (*bot.*) Involucro esterno dei Gasteromiceti contenente la gleba.

peridotite [comp. di *peridoto* e *-ite (2)*] s. f. ● (*miner.*) Roccia eruttiva molto basica costituita in prevalenza da peridoto.

peridòto [fr. *péridot*, di etim. incerta] s. m. ● (*miner.*) Olivina.

peridròlo [comp. di *per-* e *idrolo*] s. m. ● (*chim.*) Soluzione di acqua ossigenata al 30%.

periduodenite [comp. di *peri-* e *duodeno*, col suff. *-ite (2)*] s. f. ● Infiammazione dei tessuti circostanti il duodeno, frequente nell'ulcera.

peridurale [comp. di *peri-* e *dura(madre)* col suff. *-ale (1)*, sul modello dell'ingl. *peridural*] agg. ● (*anat.*) Relativo allo spazio che circonda la duramadre del midollo spinale.

perièco [vc. dotta, gr. *períoikos* 'che abita intorno', comp. di *perí* 'peri-' e *ôikos* 'casa' (V. *eco-*)] s. m. (pl. *-ci*) ● Presso gli antichi Greci, abitante della Laconia e della Messenia sottomesso dagli Spartani e privato dei diritti politici.

periegèsi [vc. dotta, gr. *periḗgēsis*, propr. 'giro (*hḗgēsis*) intorno (*perí*)', 'descrizione'] s. f. ● (*letter.*) Nell'antica Grecia, opera riguardante la descrizione topografica di un territorio, quasi sempre corredata da notizie storiche e informazioni su usi e tradizioni degli abitanti | (*est.*) Qualsiasi descrizione topografica con notizie sulla storia e sui costumi degli abitanti.

perieliaco agg. (pl. m. *-ci*) ● Del perielio.

perièlio [comp. di *peri-* e del gr. *hḗlios* 'sole'. V. *elio*] s. m. ● (*astron.*) Il punto più vicino al Sole nell'orbita che un corpo descrive attorno a esso. CONTR. Afelio.

periferìa [fr. *périphérie*, dal lat. tardo *periphería(m)*, nom. *periphería*, dal gr. *periphéreia* 'circonferenza', da *periphérein* 'portare intorno', comp. di *perí* 'peri-' e *phérein* 'portare'. V. *-fero*] s. f. **1** Circonferenza, perimetro. **2** Parte o zona più esterna rispetto a un centro: *il sangue va dal cuore alla p.*; *la p. della città si ingrandisce di giorno in giorno.*

perifèrica [sostantivazione al f. dell'agg. *periferico*] s. f. ● (*elab.*) Ciascuno dei dispositivi collegati all'unità centrale di un elaboratore elettronico e dedicati all'input/output dei dati.

perifèrico agg. (pl. m. *-ci*) **1** Di periferia, posto in periferia: *zona periferica*; *canali periferici* | (*anat.*) *Sistema nervoso p.*, formato dai nervi e dalle terminazioni nervose. **2** (*fig.*) Marginale, rispetto a un argomento principale: *annotazioni periferiche*; *critiche periferiche che non toccano il nucleo della questione.* **3** (*elab.*) *Unità periferica*, V. *periferica.* || **perifericaménte**, avv. Nella parte periferica.

perifrasàre [fr. *périphraser*, da *périphrase* 'perifrasi'] v. tr. (*io perìfraso*) ● (*raro*) Usare perifrasi.

perìfrasi [fr. *périphrase*, dal lat. *periphrasi(n)*, nom. *periphrasis*, dal gr. *períphrasis*, da *periphrázein* 'parlare con circonlocuzione', comp. di *perí* 'peri-' e *phrázein* 'parlare' (V. *frase*)] s. f. ● (*ling.*) Giro di parole per mezzo del quale si definisce una cosa o si vuole cercare di non esprimerla direttamente: *labbro mai non attinse il rubicondo / umor del tralcio* (MONTI). SIN. Circonlocuzione.

perifràstico [fr. *périphrastique*, dal gr. *periphrastikós*, da *períphrasis* 'perifrasi'] agg. (pl. m. *-ci*) ● Espresso con perifrasi | (*ling.*) *Coniugazione, forma perifrastica*, formata sulla combinazione di un verbo e di un ausiliare. || **perifrasticaménte**, avv. Per mezzo di una perifrasi.

perigàstrico [comp. di *peri-* e *gastrico*] agg. (pl. m. *-ci*) ● (*anat.*) Che circonda lo stomaco: *tessuti perigastrici.*

perigastrite [comp. di *peri-* e *gastrite*] s. f. ● (*med.*) Infiammazione dei tessuti che circondano lo stomaco.

perigèo [vc. dotta, gr. *perígeios* 'intorno alla terra', comp. di *perí* 'peri-' e *gê* 'terra' (V. *geografia*)] **A** s. m. ● (*astron.*) Il punto più vicino alla Terra di un corpo che descrive un'orbita attorno a essa. **B** agg. ● (*astron.*) Che si trova nel punto più vicino alla Terra, detto di un corpo che descrive un'orbita intorno a essa. CONTR. Apogeo.

perigliàre [da †*periglio*] v. intr. e tr. (*io perìglio*; aus. *avere*) ● (*raro, lett.*) Pericolare.

†**perìglio** [dal provz. *perilh*, dal lat. *perīculum* 'pericolo'] s. m. ● (*lett.*) Pericolo: *sia ... ben remeritato / della fatica e del p. grande* (BOIARDO).

periglióso agg. ● (*lett.*) Pericoloso.

perigònio [comp. di *peri-* e *-gonio*] s. m. ● (*bot.*) Perianzio omoclamidato.

periménto [da *perire*] s. m. **1** †Modo e atto del perire. **2** (*dir.*) Il venire materialmente meno di una cosa oggetto di un diritto.

perimetràle agg. ● Relativo al perimetro: *misura p.* | Che è posto lungo il perimetro: *muro p.*

perimetrìa [comp. di *peri-* e *-metria*] s. f. ● (*med.*) Indagine e misurazione del campo visivo.

perimètrico [da *perimetro*] agg. (pl. m. *-ci*) **1** (*raro*) Perimetrale: *linea perimetrica.* **2** (*med.*) In oculistica, eseguito o misurato con il perimetro: *esame p.*

perìmetro [fr. *périmètre*, dal lat. *perimetro(n)*, nom. *perimetros*, dal gr. *perímetron*, comp. di *perí* 'peri-' e *-métron* 'misura'; propriamente 'misura intorno'] s. m. **1** (*mat.*) Somma delle lunghezze dei lati d'un multilatero | Insieme dei suoi lati, intesi come segmenti. **2** (*est.*) Fascia esterna, linea di contorno: *hanno costruito sul p. del campo.* **3** (*med.*) Strumento usato per calcolare l'ampiezza del campo visivo.

perinatàle [da *peri-* sul modello di *prenatale*] agg. ● (*med.*) Di, relativo al periodo che precede e segue immediatamente la nascita, in particolare quello fra la ventottesima settimana di gestazione e il settimo giorno di vita neonatale.

perinatalità s. f. ● (*med.*) Periodo perinatale e insieme dei fenomeni a esso connessi.

perinatologìa s. f. ● Parte della medicina volta a ridurre la morbilità e la mortalità perinatali.

perineàle agg. ● (*anat.*) Del, relativo al, perineo.

perinèo [dal gr. *períneos*, attraverso il fr. *périnée*] s. m. ● (*anat.*) Insieme delle parti molli, fibromuscolari, che chiudono in basso il bacino e quindi l'addome.

perìoca [vc. dotta, lat. tardo *periŏcha(m)*, nom. *periŏcha*, dal gr. *periochḗ* 'sommario', da *periéchein* 'circondare, comprendere', comp. di *perí* 'peri-' ed *échein* 'avere', di origine indeur.] s. f. ● Sommario, riassunto di opera letteraria compilato nell'antichità classica: *una p. dei libri di Livio.*

periodàre [da *periodo*] **A** v. intr. (*io perìodo*; aus. *avere*) ● Costruire i periodi nel parlare o nello scrivere. **B** in funzione di s. m. ● Modo di scrivere: *un p. ampolloso, retorico, conciso.*

periodeggiàre [ints. di *periodare*] v. intr. (*io periodéggio*; aus. *avere*) ● (*raro*) Costruire periodi, spec. in modo artificioso.

periodicista [comp. di *periodico* e *-ista*] s. m. e f. (pl. m. *-i*) ● Redattore o collaboratore di periodici.

periodicità s. f. ● Natura o qualità di ciò che è periodico | Regolare ripetizione nel tempo: *fenomeni che si ripetono con p.*

periòdico [vc. dotta, lat. *periŏdicu(m)*, nom. *periŏdicus*, dal gr. *periodikós*, da *períodos* 'periodo'] **A** agg. (pl. m. *-ci*) **1** Di, relativo a periodo: *misura periodica.* **2** Che avviene o appare a regolari intervalli di tempo o di spazio: *le crisi periodiche della malattia, dell'economia nazionale*; *i periodici attacchi di un male*; *bisognerebbe tor via una delle due alterazioni periodiche* (GALILEI) | (*chim.*) *Sistema p.*, classificazione degli elementi secondo valori crescenti di numero atomico e disposizione degli stessi in serie orizzontali e verticali | (*mat.*) *Funzione periodica*, che ammetta un periodo | *Numero p.*, numero nella cui rappresentazione decimale le cifre, dopo la virgola, si ripetono periodicamente da un certo punto in poi. || **periodicaménte**, avv. A periodi, in modo periodico. **B** s. m. ● Qualsiasi pubblicazione che esca a intervalli di tempo regolari: *un p. di storia dell'arte, di caccia.*

periodizzaménto s. m. ● Atto del periodizzare | La divisione del tempo in periodi.

periodizzàre v. tr. ● Dividere il corso del tempo in periodi: *p. la storia.*

periodizzazióne s. f. ● Periodizzamento.

periodo [vc. dotta, lat. *perĭodu(m)*, nom. *perĭodus*, dal gr. *períodos* 'circuito, giro', comp. di *perí* 'peri-' e *hodós* 'strada' (V. *odeporico*)] s. m. **1** Spazio di tempo qualificato da fatti e caratteri particolari: *il p. bellico, della resistenza, critico*; *è cominciato il p. delle piogge*; *un p. storico molto interessante* | *P. di tempo*, parte di tempo, serie di ore, giorni e sim. **2** (*ling.*) Unione di due o più proposizioni con un senso compiuto | *P. ritmico*, porzione definita di testo poetico, per lo più di significato compiuto. **3** (*geol.*) Intervallo di tempo geologico in cui è suddivisa un'era. ➡ TAV. **geologia**. **4** (*mus.*) Frase musicale composta da due gruppi di proposizioni corrispondenti tra loro. **5** (*fis.*) Tempo nel corso del quale una certa grandezza soggetta a variazioni periodiche compie un ciclo completo. **6** (*mat.*) Quantità minima che, aggiunta alla variabile indipendente, non altera il valore della funzione. **7** (*chim.*) Ciascuna delle serie orizzontali del sistema periodico nelle quali gli elementi si susseguono secondo la loro periodicità. **8** (*med.*) Fase di una malattia o di un fenomeno biologico: *p. dell'induzione polmonitica*; *p. dilatante, espulsivo del parto* | *P. fecondo*, in cui più facilmente può avvenire la fecondazione della cellula uovo. **9** (*astron.*) *P. di rivoluzione*, intervallo di tempo tra due successivi passaggi di un astro a uno stesso punto della sua orbita | *P. di rotazione*, tempo che un astro impiega a fare un giro intorno a un asse passante per il suo baricentro. || **periodàccio**, pegg. | **periodétto**, dim. | **periodino**, dim. | **periodóne**, accr. | **periodùccio**, dim.

periodontàle [da *periodonto*] agg. ● (*anat.*) Di, relativo a periodonto.

periodontite [comp. di *periodonto* e *-ite (1)*] s. f. ● (*med.*) Infiammazione dei tessuti alveolo-dentari.

periodònto o **periodònzio** [comp. di *peri-* e del gr. *odóus*, genit. *odóntos* 'dente'] s. m. ● (*anat.*) Tessuto che circonda la radice dentaria.

periodontopatia [comp. di *periodonto* e *-patia*] s. f. ● (*med.*) Patologia dei tessuti alveolo-dentari a carattere progressivo.

periodontòsi [comp. di *periodont(o)*- e del suff. *-osi*] s. f. ● (*med.*) Alterazione degenerativa del periodonto caratterizzata da perdita dell'osso alveolare adiacente agli incisivi e ai primi molari, con conseguente spostamento dei denti.

periodònzio ● V. *periodonto*.

perioftàlmo [comp. di *peri-* e del gr. *ophthalmós* 'occhio', detto così da una speciale palpebra di cui è fornito] s. m. ● Pesce dei Perciformi delle coste fangose tropicali che, usando le pinne pettorali come zampe, risale sulla riva fra le mangrovie e respira in ambiente aereo (*Periophthalmus koelreuteri*).

periostàle agg. ● (*anat.*) Relativo al periostio.

periòstio o †**periòsteo** [vc. dotta, lat. tardo *periŏsteon*, dal gr. *perióstеon*, nt. sost. di *perióstеos* 'che circonda le ossa', comp. di *perí* 'peri-' e *ostéon* 'osso'; V. *osteo-*] s. m. ● (*anat.*) Strato fibroso che riveste le ossa.

periostìte [comp. di *periostio* e *-ite* (*1*)] s. f. ● (*med.*) Infiammazione del periostio.

periòstraco [comp. di *peri-* e del gr. *óstrakon* 'conchiglia'. V. *ostracione*] s. m. (pl. *-chi*, o *-ci*) ● (*zool.*) Lo strato più esterno, formato da conchiolina, dei tre che costituiscono la conchiglia dei Lamellibranchi.

peripatètica [calco sul fr. *péripatéticienne*, f. di *péripatéticien* 'peripatetico'] s. f. ● Prostituta che batte il marciapiede.

peripatètico [vc. dotta, lat. *peripatēticu(m)*, dal gr. *peripatētikós*, deriv. di *perípatos* 'passeggio' (comp. di *perí* 'peri-' e *pátos* 'cammino, sentiero' da *pateîn* 'camminare', di origine sconosciuta): i seguaci di Aristotele furono chiamati così perché studiavano e insegnavano passeggiando al Liceo] agg.; anche s. m. (pl. m. *-ci*) ● (*filos.*) Aristotelico.

peripatetismo [fr. *péripatétisme*, da *péripatétique* 'peripatetico'] s. m. ● (*filos.*, *raro*) Aristotelismo.

peripezìa [vc. dotta, gr. *peripéteia* 'evento imprevisto', da *peripetḗs* 'che cade sopra, dentro', comp. di *perí* 'peri-' e *-petḗs*, da *píptein* 'cadere', di origine indeur.] s. f. *1* Nel dramma antico, mutazione per inopinato accidente di fortuna. *2* (*spec. al pl.*) Vicenda fortunosa: *non ti ho ancora raccontato tutte le mie peripezie?*; *dopo molte peripezie riuscì a fuggire*.

pèriplo o *poet.* **perìplo** [fr. *périple*, dal lat. *pĕriplu(m)*, nom. *pĕriplus*, dal gr. *períplous* 'che naviga intorno', comp. di *perí* 'peri-' e *plóus* 'navigazione', da *plêin* 'navigare', di origine indeur.] s. m. *1* Circumnavigazione: *il p. di Magellano*. *2* (*letter.*) Descrizione di un viaggio marittimo, tipica della letteratura greco-latina: *il p. di Arriano*, *di Avieno*.

perìptero o **perìttero** [vc. dotta, lat. *perĭptero(n)*, nom. *perĭpteros*, dal gr. *perípteros* 'cinto da ali, colonne', comp. di *perí-* 'peri-' e *pterón* 'ala'. V. *-ptero*] agg. ● (*archeol.*) Detto di tempio con cella circondata da colonne.

perìre [lat. *perīre*, comp. di *pĕr* 'al di là' e *īre* 'andare'. V. *ire*] **A** v. intr. (pres. *io perìsco*, poet. †*pèro*, *tu perìsci*, poet. †*pèri*; congv. pres. *io perìsca*, poet. †*pèra*; dif. del part. pass.; aus. *essere*) *1* (*lett.*) Essere distrutto, andare in rovina: *nella discordia le nazioni periscono*; *l'intero carico perì nel naufragio*. SIN. Soccombere. *2* Morire, spec. di morte non naturale: *p. in un disastro aereo*, *in un incendio*, *in un naufragio*; *tutto l'equipaggio perì miseramente* | (*est.*) Finire, estinguersi (*anche fig.*): *una razza che perirà*; *fama, nome che non periranno*; *Anche peria fra poco / la speranza mia dolce* (LEOPARDI). *3* (*fig.*) Languire: *p. per amore*. **B** v. tr. ● †Far perire.

periscòpico agg. (pl. m. *-ci*) ● Del, relativo al, periscopio | *Quota periscopica*, nei sommergibili, quella necessaria e sufficiente per esaminare col periscopio la superficie del mare, stando in immersione | *Lente periscopica*, lente da occhiali di debole curvatura.

periscòpio [comp. di *peri-* e *-scopio*] s. m. ● Strumento ottico a riflessione che consente l'osservazione dell'intero orizzonte, senza che l'occhio dell'osservatore cambi posizione, usato spec. nei sommergibili immersi o nei carri armati.

perispèrma [comp. di *peri-* e *sperma*] s. m. (pl. *-i*) ● (*bot.*) Insieme di materiali nutritivi che nel seme di alcune piante si formano dalla nocella, sostituendo l'albume.

perispòmeno [vc. dotta, lat. tardo *perispōmeno(n)*, dal gr. *perispṓmenon*, part. pres. passivo di *perispân* 'segnare con l'accento circonflesso' (propriamente 'strappare, togliere'), comp. di *perí* 'peri-' e *spân* 'tirare', di etim. incerta] agg.; anche s. m. (f. *-a*) ● Nella grammatica greca, detto di parola con l'accento circonflesso sull'ultima sillaba.

Perisporiàcee [vc. dotta, dal gr. *perispéirein* 'spargere intorno' (perché sparge intorno le spore), comp. di *perí* 'peri-', *spéirein* 'spargere, seminare', di origine indeur., e *-acee*] s. f. pl. ● Nella tassonomia vegetale, famiglia di Funghi comprendenti le specie che provocano la fumaggine (*Perisporiaceae*) | (al sing. *-a*) Ogni individuo di tale famiglia.

†**perissèma** [vc. dotta, lat. tardo *peripsēma*, dal gr. *perípsēma*, da *peripsên* 'stropicciare, pulire, forbire', comp. di *perí* 'peri-' e *psên* 'raschiare', di origine indeur.] s. m. ● Feccia, escremento.

Perissodàttili [vc. dotta, comp. del gr. *perissós* 'superfluo, dispari' (da *perí*, V. *peri-*), e *dáktylos* 'dito' (V. *dattilografia*)] s. m. pl. ● Nella tassonomia animale, ordine di Mammiferi erbivori degli Ungulati, gener. di grandi dimensioni, con dita in numero dispari di cui il terzo è il più sviluppato e può anche essere l'unico (*Perissodactyla*) | (al sing. *-o*) Ogni individuo di tale ordine.

perissologìa [vc. dotta, lat. tardo *perissolŏgia(m)*, nom. *perissolŏgia*, dal gr. *perissología*, comp. di *perissós* 'smisurato, superfluo' (V. *Perissodattili*) e *-logía* '-logia'] s. f. (pl. *-gie*) ● (*ling.*) Nella retorica, espressione sovrabbondante che va al di là di quello che è richiesto dalla semplice enunciazione di un concetto: *L'amor d'ogni altra donna il cor dispreza, / il cor ch'a tal piacer mai non dà loco* (POLIZIANO).

peristàlsi [ricavato da *peristaltico*] s. f. ● (*anat.*) Movimento di contrazione e rilassamento dei visceri muscolari cavi con effetto di avanzamento progressivo del contenuto.

peristàltico [vc. dotta, gr. *peristaltikós*, da *peristéllein* 'avvolgere, essere contratto', comp. di *perí* 'peri-' e *stéllein* 'porre', di origine indeur.] agg. (pl. m. *-ci*) ● (*anat.*) Di peristalsi: *movimento p.*

peristèdio [dal gr. *peristḗthion* 'corazza', comp. di *perí-* 'peri' e *stêthos* 'petto', di origine indeur.; detto così perché è protetto da una corazza] s. m. ● Pesce di profondità dei Perciformi, tutto corazzato, con muso molto lungo, forcuto, e bocca priva di denti che si apre inferiormente (*Peristedion cataphractum*).

peristìlio [vc. dotta, lat. *peristȳliu(m)*, dal gr. *peristýlion*, comp. di *perí* 'peri-' e *stŷlos* 'colonna'. V. *stilobate*] s. m. ● Cortile con portici e colonne, posto all'interno della casa greca e romana. ➡ ILL. p. 356 ARCHITETTURA.

peristòma [comp. di *peri-* e *stoma*] s. m. (pl. *-i*) ● (*zool.*) Negli animali invertebrati, area che circonda l'apertura orale.

peritàle agg. ● (*dir.*) Di un perito, che fa parte di una perizia: *relazione*, *accertamento p.*

peritànza [da *peritarsi*] s. f. ● (*raro*, *lett.*) Esitazione, timidezza nel fare o dire q.c. CONTR. Decisione, risoluzione.

peritàrsi [lat. tardo *pigritāri* 'essere molto pigro', ints. di *pigrāre* 'esser pigro, indugiare', da *pĭger*, genit. *pĭgri* 'pigro'] v. intr. pron. (*io mi pèrito*) *1* Non osare, per timidezza o altro: *mi peritavo a disturbarti* | *Non p.*, osare. *2* (*raro*) Vergognarsi.

peritècio [comp. di *peri-* e del gr. *thḗkē* 'cassa'. V. *teca*] s. m. ● (*bot.*) Corpo fruttifero dei funghi ascomiceti che si apre per un foro apicale.

peritèro [comp. di *peri-* e del gr. *tērós* 'che guarda, custodisce', da *terêin* 'vegliare su qualcuno, osservare, spiare', di origine indeur.] s. m. ● Ecogoniometro piezoelettrico con proiettore-ricevitore di ultrasuoni orientabile, sistemato su navi e sommergibili per la ricerca di oggetti sommersi.

perìto (1) part. pass. di *perire*; anche agg. ● Nei sign. del v.

perìto (2) [vc. dotta, lat. *perītu(m)*, da un v. **perīri* 'fare esperienza, provare', di origine indeur.] **A** agg. ● Che è particolarmente esperto in un'arte o scienza: *diventare p. nella meccanica*. **B** s. m. (f. *-a*; V. anche nota d'uso FEMMINILE) *1* Chi, per la profonda conoscenza di un'arte o scienza, può pronunciare pareri, giudizi e sim.: *un p. calligrafo*. SIN. Esperto. *2* Titolo di studio conferito mediante diploma da vari istituti tecnici: *p. chimico*, *agrario*.

peritoneàle agg. ● (*anat.*) Di peritoneo: *cavità*, *liquido p.*

peritonèo [vc. dotta, lat. tardo *peritonāeu(m)*, dal gr. *peritónaion*, propriamente 'teso intorno', da *peritéinein* 'tendere intorno', comp. di *perí* 'peri-' e *téinein* 'tendere' di origine indeur.] s. m. ● (*anat.*) Membrana sierosa che riveste le pareti interne dell'addome e avvolge quasi tutti gli organi addominali.

peritonìte [comp. di *peritoneo* e *-ite* (*1*)] s. f. ● (*med.*) Infiammazione del peritoneo con tipica reazione dolorosa e contrattura dei muscoli soprastanti.

peritóso [da *peritarsi*] agg. *1* (*raro*, *lett.*) Timido. *2* †Debole, fiacco.

perìttero ● V. *periptero*.

peritùro [vc. dotta, lat. *perităru(m)*, part. fut. di *perīre* 'perire'] agg. ● (*lett.*) Destinato a perire (*anche fig.*). CONTR. Imperituro.

periungueàle [comp. di *peri-* e del lat. *ŭnguis* 'unghia'] agg. ● Che è collocato intorno all'unghia: *regione p.*

perìzia [vc. dotta, lat. *perītia(m)*, da *perītus* 'perito (2)'] s. f. *1* Grande e comprovata abilità in q.c.: *la sua p. di scrittore è fuor di dubbio*; *hai notato con quale p. ha deviato il discorso?* SIN. Maestria. CONTR. Imperizia. *2* (*dir.*) Nella procedura civile o penale, consulenza, giudizio tecnico di un perito su una data questione: *p. calligrafica*, *balistica*; *chiedere*, *disporre*, *ordinare una p.*

perizìale agg. ● (*raro*) Peritale.

periziàre [da *perizia*] v. tr. (*io perìzio*) ● Fare la perizia di q.c.: *p. una tenuta agricola*.

periziàto part. pass. di *periziare*; anche agg. ● Nel sign. del v.

periziatóre [da *periziare*] s. m. (f. *-trice*) ● (*sport*) Nelle corse a handicap, chi assegna i vantaggi o gli svantaggi ai concorrenti.

perizòma [vc. dotta, lat. tardo *perizōma*, dal gr. *perízōma*, da *perizōnnýnai* 'cingere', comp. di *perí* 'peri-' e *zōnnýnai* 'cingersi', di origine indeur.] s. m. (pl. *-i*) ● Fascia che cinge i fianchi e scende a coprire i genitali, portata dalle popolazioni primitive | (*est.*) Indumento intimo maschile o femminile, anche da bagno; tanga.

pèrla [lat. parl. **pĕrnula(m)*, propriamente dim. di *pĕrna* 'coscia di maiale', poi 'mollusco, conchiglia', di origine indeur.] **A** s. f. *1* Globuletto di vario colore e forma generalmente sferica che si forma all'interno di certi molluschi, spec. dell'ostrica perlifera, prezioso come ornamento: *p. naturale*, *orientale*; *collana di perle nere* | *P. barocca*, scaramazza | *P. coltivata*, ottenuta dall'uomo con l'introduzione di un corpo estraneo nella conchiglia | *P. artificiale*, *falsa*, ottenuta con vari metodi a imitazione di quella vera | *Acqua della p.*, insieme dello splendore, della lucentezza e dell'oriente | *Colore di p.*, lattescente | *P. giapponese*, (*fig.*, *iron.*) errore madornale o grossolano. *2* (*fig.*) Cosa che ha la forma o il colore della perla, o che è bella e preziosa come una perla: *le perle della rugiada*; *quando sorride mostra una fila di candide perle*; *Portofino, la p. della Liguria* | *Essere la p. di q.c.*, l'oggetto o l'elemento più bello e prezioso. *3* (*fig.*) Persona eccellente per qualità e doti: *una p. di galantuomo*; *quel ragazzo è una vera p.* | (*iron.*) *Una p. di ladro*, *di briccone*, un ladro abilissimo, un briccone molto dotato. *4* (*fig.*, *antifr.*) Errore grossolano. *5* Piccola sfera di gelatina indurita contenente sostanze medicamentose. *6* Insetto dei Plecotteri con addome munito di due lunghi cerci, che vive in vicinanza di fiumi e torrenti e ha larve acquatiche e carnivore (*Perla maxima*). || **perlétta**, dim. | **perlìna**, dim. (V.) | **perlìno**, dim. m. | **perlóna**, accr. | **perlóne**, accr. m. (V.) | †**perlòtta**, accr. **B** in funzione di agg. inv. ● (posposto al s.) Spec. nella loc. *grigio p.*, di colore grigio chiaro piuttosto opalescente: *un tessuto*, *un abito grigio p.*

perlàceo agg. ● Di perla, come di perla: *candore*, *riflesso p.*

perlage /fr. pɛr'laʒ/ [vc. fr., riferita genericamente a liquido che si presenta a bollicine, come perle (*perles*)] s. m. inv. ● (*enol.*) L'insieme delle bollicine di anidride carbonica che si sviluppano nello champagne e nei vini spumanti.

perlagióne s. f. • (*raro*) Riflesso, baluginio del colore cangiante della perla.

perlàio s. m. • Chi lavora o vende perle.

perlaquàle o **per la quàle** [da dividersi *per la quale* e da sottintendersi *cosa*, a volte espressa] **A** in funzione di agg. inv. • (*fam.*) Raccomandabile, per bene: *è un ragazzo p.*; *è un tipo poco p.* | Ottimo, apprezzabile sotto ogni punto di vista: *una macchina veramente p.*; *ho fatto un pranzetto p.* **B** in funzione di avv. • (*fam.*) In maniera soddisfacente, bene: *la cosa non è andata troppo p.*

perlària [da *perla*: per il suo pregio (?)] s. f. • (*bot.*) Avena maggiore.

perlàto agg. *1* Che ha il colore, la lucentezza della perla: *nel mattin p. e freddo* (CARDUCCI) | *Riso, orzo p.*, mondato, ridotto liscio e bianco | *Cotone p.*, per ricamo, di particolare lucentezza. *2* Che è ornato di perle: *diadema p.* | (*fig.*) *Note perlate*, eleganti e graziose.

perlé /fr. pɛr'le/ [vc. fr., propriamente 'perlato', da *perle* 'perla'] agg. inv. • Perlato, solo nella loc. *cotone p.*

perlìfero [comp. di *perla* e *-fero*] agg. • Che produce perle: *ostriche perlifere*.

perlìna s. f. *1* Dim. di *perla*. *2* Oggetto di vetro o altro a forma di perla adoperato spec. per fare collane e sim. *3* (*edil.*) Ciascuna delle tavolette di legno che, congiunte tra loro a maschio e femmina, costituiscono un perlinato. *4* (*numism.*) Ciascuno dei piccoli rilievi tondi disposti a corona lungo il margine di certe monete: *un cerchio di perline*.

perlinàto A agg. • Detto di schermo sottoposto a perlinatura. **B** s. m. *1* (*numism.*) Cerchio di perline che delimita il campo della moneta o della medaglia. *2* Nelle costruzioni edili, tavolato di rivestimento formato di perline.

perlinatùra s. f. • Applicazione sulla superficie degli schermi cinematografici di uno strato di microscopiche perline di speciale vetro, in modo da ottenere il massimo potere riflettente.

perlinguàle [comp. di *per* e *lingua*, con suff. agg.] agg. • Che avviene attraverso la mucosa linguale: *assorbimento p. di un farmaco*.

†**perlişmaltàto** [comp. di *perla* e *smaltato*] agg. • (*poet.*) Che ha smalto di perle.

perlìte [detta così perché formata da una massa vetrosa contenente concrezioni simili a *perle*] s. f. *1* (*miner.*) Vetro vulcanico a struttura formata di piccole sfere. *2* (*metall.*) Eutettoide formato da ferrite e cementite, presente negli acciai raffreddati lentamente.

†**perloché** o †**per lo che**. cong. • Per la qual cosa, per la qual ragione (con valore concl.).

perlocutivo agg. • Perlocutorio.

perlocutòrio [ingl. *perlocutionary*, da *perlocution*, comp. di *per-* 'mediante, attraverso' e *locution* 'locuzione'] agg. • (*ling.*) Relativo all'enunciato di un parlante, considerato dal punto di vista degli effetti determinati sull'ascoltatore | *Atto p.*, azione linguistica che tende a provocare nel destinatario un effetto pratico di convincimento, minaccia, invito e sim. SIN. Perlocutivo.

perlométo o **per lo méno**. avv. • A dir poco (con valore restrittivo): *ci saranno ancora p. venti kilometri*; *vale p. un milione* | Almeno (con valore limitativo): *la cosa si è svolta come ho detto, p. per quello che ne so io*; *potevi p. chiedermelo*.

perlóne s. m. *1* Accr. di *perla*. *2* (*raro, fig.*) †Poltrone, scioperato. ‖ **perlonàccio**, pegg.

perlopiù o **per lo più**. avv. • Nella maggioranza dei casi, quasi sempre, in genere: *p. noi pranziamo presto*; *p. a quest'ora è già rientrato a casa*; *faccio p. le compere al supermercato*.

perlucènte [comp. di *per-* e *lucente*] agg. • (*raro*) Molto lucente.

†**perlungàre** [da *prolungare*, con cambio di pref.] v. tr. • (*raro*) Prolungare.

perlustràre [vc. dotta, lat. *perlustrāre* 'percorrere con l'occhio, con lo sguardo', comp. di *per-* e *lustrāre* 'purificare', poi 'passare in rivista, percorrere', da *lūstrum* 'purificazione'. V. *lustrale*] v. tr. • Percorrere un luogo ispezionandolo sistematicamente e attentamente: *p. la città, la campagna*; *hanno perlustrato tutta la zona alla ricerca dei banditi*.

perlustratóre agg.; anche s. m. (f. *-trice*) • Che, chi perlustra.

perlustrazióne s. f. • Atto, effetto del perlustrare | Giro di attenta ispezione e vigilanza: *andare in p.*; *mandare una squadra in p.*

permafrost /'permafrost, *ingl.* 'pə:məfrɔst/ [vc. ingl., comp. di *perma(nent)* 'permanente' e *frost* 'gelato' (di origine germ.)] s. m. inv. • (*geol.*) Suolo dei climi freddi, perennemente gelato in profondità. SIN. Permagelo.

permagèlo [parziale calco dell'ingl. *permafrost* 'gelo (*frost*) permanente (*perma(nent)*)'] s. m. • (*geol.*) Permafrost.

permàle o (*dial.*) **permàlo** [da (*aversene*) *per male*] s. m. • (*tosc.*) Risentimento, screzio nato da un equivoco, da un malinteso.

permalloy /ingl. pə:mə'lɔi, 'pə:məlɔi/ [vc. ingl., comp. di *perm(eable)* 'permeabile' e *alloy* 'lega' (dal fr. ant. *aloi* 'lega'), con riferimento alla permeabilità magnetica] s. m. inv. • Lega composta di ferro e nichelio, caratterizzata da un'alta permeabilità magnetica.

permalosità s. f. • Qualità di chi è permaloso: *la sua p. è insopportabile*. SIN. Ombrosità.

permalóso [da *permale*] agg.; anche s. m. (f. *-a*) • Che, chi s'impermalisce anche per parole o atti in sé insignificanti. SIN. Ombroso. ‖ **permalosétto**, dim.

permanènte A part. pres. di *permanere*; anche agg. *1* Nei sign. del v. *2 Esposizione p.*, che non viene chiusa mai | *Fortificazione p.*, quella relativa alle fortezze e opere fortificate | *Carta p.*, che dà diritto di viaggiare, per la durata della sua validità, su tutte le linee ferroviarie o parte di esse a seconda dell'estensione | *Dentizione p.*, eruzione di denti stabili, successiva a quella caduca infantile | *Commissione parlamentare p.*, costituita per esplicare in modo durevole le proprie funzioni | (*dir.*) *Reato p.*, quando la condotta del reo perdura nel tempo. ‖ **permanenteménte**, avv. **B** s. f. • Ondulazione duratura dei capelli, eseguita con vari sistemi: *p. a caldo, a freddo, elettrica*; *p. riccia, morbida*; *farsi la p.*

permanènza [da *permanente*] s. f. *1* Continua e durevole esistenza o presenza: *la p. della crisi economica*. *2* Soggiorno continuato: *la mia p. in città sarà piuttosto breve* | *Essere di p.*, dimorare stabilmente | *Buona p.!*, augurio fatto da chi parte a chi resta, spec. in località di villeggiatura e sim.

permanére [vc. dotta, lat. *permanēre*, comp. di *per-* e *manēre* 'rimanere'. V. *rimanere*] v. intr. (pres. *io permàngo, tu permàni, egli permàne, noi permaniàmo, voi permanéte, essi permàngono*; pass. rem. *io permàsi* o *permàşi*, †*permànsi, tu permanésti, egli permàse* o *permàşe*, †*permànse*, †*permanètte*; fut. *io permarrò*; congv. pres. *io permànga, noi permaniàmo, voi permaniàte, essi permàngano*; condiz. pres. *io permarrèi*; part. pass. *permàso* o *permàşo*, †*permànso*, †*permàsto*; aus. *essere*) *1* Continuare a essere, durare: *le condizioni del paziente permangono gravi*. SIN. Perdurare. *2* (*raro*) Continuare a stare: *p. in un luogo*.

†**permanévole** agg. • Permanente, durevole.

permanganàto [comp. di *per-* e *manganato*] s. m. • (*chim.*) Sale dell'acido permanganico | *P. di potassio*, energico ossidante, usato come antisettico nell'analisi volumetrica, nell'industria organica, in metallurgia. SIN. Camaleonte minerale.

permangànico agg. (pl. m. *-ci*) • (*chim.*) Detto di composto del manganese eptavalente: *anidride permanganica* | *Acido p.*, acido del manganese contenente la maggior percentuale di ossigeno.

†**permansivo** [dal lat. *permānsum*, supino di *permanēre* 'permanere'] agg. • Durevole, duraturo.

†**permànso** • V. *permaso*.

permansùro [vc. dotta, lat. *permansūru(m)*, part. fut. di *permanēre* 'permanere'] agg. • (*raro, lett.*) Duraturo.

permàso o †**permànso**, †**permàsto** part. pass. di *permanere*; anche agg. • (*lett.*) Nei sign. del v.

permeàbile [vc. dotta, lat. tardo *permeābile(m)* 'per dove si può passare', da *permeāre* 'attraversare'. V. *permeare*] agg. • Che si può permeare, che assorbe: *corpo p.* CONTR. Impermeabile.

permeabilità s. f. • Condizione o qualità di ciò che è permeabile | *P. magnetica di una sostanza*, rapporto tra l'intensità del campo magnetico nell'interno di quella sostanza, e l'intensità del campo magnetico che si formerebbe nel vuoto. CONTR. Impermeabilità.

permeànza [da *permeare*, col suff. *-anza* di *induttanza*, ecc.] s. f. • (*fis.*) Inverso della riluttanza.

permeàre [vc. dotta, lat. *permeāre* 'attraversare, passare', comp. di *pĕr* 'attraverso' e *meāre* 'passare'. V. *meare*] v. tr. (*io pèrmeo*) *1* Passare attraverso un corpo, diffondendosi profondamente in esso, riferito a liquidi, gas e sim.: *l'acqua ha permeato il terreno*; *il gas permea l'aria*. *2* (*fig.*) Penetrare profondamente determinando influenze su qc. o q.c.: *la cultura greca ha permeato quella latina*.

permeàşi [comp. di *perme(are)* e *-asi*] s. f. • (*biol.*) Proteina deputata al trasporto attivo di sostanze attraverso le membrane, legata alle strutture superficiali delle cellule batteriche.

permeatóre [da *permeare*] s. m. • Apparecchio per la dissalazione dell'acqua, usato in industria e nelle ricerche di laboratorio.

permeazióne s. f. • (*raro*) Il permeare.

†**permessióne** • V. *permissione*.

†**permessivo** • V. *permissivo*.

perméssо (1) part. pass. di *permettere*; anche agg. *1* Nei sign. del v. *2 p.?, è p.?*, formule di cortesia con cui si chiede di entrare o di passare.

perméssо (2) [lat. *permĭssu(m)*, part. pass. di *permĭttere* 'permettere'] s. m. *1* Atto del permettere | Atto, frase e sim. con cui a qc. viene concesso di fare q.c.: *bisogna chiedere il p. prima di entrare* | *Col vostro p.*, con vostra licenza. SIN. Autorizzazione, consenso. CONTR. Divieto, proibizione. *2* Breve licenza concessa a militari, impiegati e sim. di star lontano dall'ufficio, dal reparto e sim.: *chiedere, ottenere, concedere un p.*; *un p. di otto giorni*; *essere a casa in p.*; *è scaduto il suo p.*

permettènte part. pres. di *permettere*; anche agg. *1* Nei sign. del v. *2 Tempo p.*, se non è cattivo tempo | *Dio p.*, se Dio vorrà.

perméttere [lat. *permĭttere*, comp. di *per-* e *mĭttere* 'mandare, lasciar andare'. V. *mettere*] v. tr. (coniug. come *mettere*) *1* Dare facoltà o licenza, concedere il permesso di fare q.c.: *p. di dire, di rispondere*; *permettete che entriamo?* | Rendere possibile: *p. l'entrata e l'uscita del corteo* | Autorizzare: *p. il comizio, il corteo, la manifestazione di protesta* | *Non p.*, impedire, vietare: *l'età non mi permette lunghi viaggi* | *Permetti?, Permettete?* e sim., formula di cortesia con cui si chiede il permesso di fare o dire q.c. CONTR. Proibire, vietare. *2* Con il pron. rifl. in funzione di compl. di termine, prendersi la libertà: *mi permetto di dirle che ha agito male*; *permettersi il lusso di fare una spesa superflua*. *3* (*lett.*) Affidare.

†**permettiménto** [da *permettere*] s. m. • Permesso, licenza.

permettività [da *permettere*] s. f. • (*fis.*) Rapporto tra l'induzione e il campo elettrico | Costante dielettrica.

permiàno agg.; anche s. m. • (*geol.*) Permico.

pèrmico [dalla provincia russa di *Perm*] **A** s. m. (pl. *-ci*) • (*geol.*) Ultimo periodo del Paleozoico. **B** anche agg.: *periodo p.*

per mille loc. avv. • Posto dopo un numero, indica che per ogni mille parti vengono considerate soltanto quelle rappresentate da quel numero (simbolo: ‰): *salinità del 43 per mille* (o *del 43 ‰*).

†**permischiaménto** s. m. • Commistione.

†**permischiànza** s. f. • Mescolanza.

†**permischiàre** [comp. di *per-* e *mischiare*] v. tr. e intr. pron. • Mischiare, mescolare (*anche fig.*): *voglionsi, come ognun sa, p. il piacere e l'utile* (BARTOLI).

permissìbile [dal lat. *permĭssus* 'permesso'] agg. • (*raro*) Che si può permettere.

permissionàrio [fr. *permissionaire*, da *permission* 'permesso' (V. *permissione*)] s. m. (f. *-a*) • (*dir.*) Chi ha ottenuto un permesso, da parte della pubblica autorità, per lo svolgimento di una determinata attività.

permissióne o †**permessióne** [vc. dotta, lat. *permissiōne(m)*, da *permĭssus* 'permesso'] s. f. • (*lett.*) Permesso, concessione: *gran somma di danaro aveano ... sborsato ... per ottenere la p.* (MURATORI).

permissivişmo s. m. • Atteggiamento eccessivamente permissivo, spec. in campo educativo.

permissività s. f. • Qualità di chi, di ciò che è permissivo.

permissivo o †**permessivo** [dal lat. *permĭssus* 'permesso'] agg. *1* Che permette, atto a permettere

| (*dir.*) *Norma permissiva*, che non contiene un comando di fare o non fare, ma consente certi atti la cui esecuzione trova quindi in essa una particolare tutela. *2* Che concede molta libertà, che mostra una notevole tolleranza nei confronti di comportamenti tradizionalmente considerati da disapprovare: *educazione, scuola, società permissiva*; *genitori troppo permissivi*. || **permissivaménte**, avv.

†**permistióne** [vc. dotta, lat. *permixtiōne(m)*, da *permĭxtus* 'permisto'] s. f. ● Miscuglio.

†**permisto** agg. ● Misto, mescolato.

†**permotóre** [dal lat. *permōtus*, part. pass. di *permovēre* 'permuovere'] s. m. ● (*filos.*) Intelligenza, forza che muove ogni essere verso il fine che gli è proprio.

†**permuòvere** [lat. *permovēre*, comp. di *per-* e *movēre* 'muovere'] v. tr. ● Muovere.

pèrmuta o †**permùta** [da *permutare*] s. f. *1* (*dir.*) Contratto avente per oggetto il reciproco trasferimento della proprietà di cose, o di altri diritti, da un contraente all'altro. SIN. Baratto. *2* †Cambiamento, commutazione, trasferimento.

permutàbile [vc. dotta, lat. tardo *permutābile(m)*, da *permutāre* 'permutare'] agg. ● Che si può permutare, scambiare: *merce non p.*

permutabilità s. f. ● Condizione di ciò che è permutabile | Commutabilità.

permutaménto s. m. ● (*raro*) Modo e atto del permutare.

permutànte A part. pres. di *permutare*; anche agg. ● Nei sign. del v. **B** s. m. ● (*dir.*) Parte di un contratto di permuta.

†**permutànza** s. f. ● Permutazione, cambio.

permutàre [vc. dotta, lat. *permutāre* 'cambiare completamente', comp. di *per-* e *mutāre* 'cambiare'] **A** v. tr. (*io pèrmuto* o †*permùto*) *1* Fare una permuta, barattare: *p. merci, valori*. *2* (*mat.*) Scambiare di posto. *3* †Far passare da uno ad altro o da luogo a luogo. **B** v. intr. pron. *1* †Spostarsi. *2* (*raro*) Tramutarsi.

†**permutatìvo** agg. ● Atto a permutare.

permutàto part. pass. di *permutare*; anche agg. ● Nei sign. del v. || †**permutataménte**, avv. Scambievolmente.

permutatóre agg.; anche s. m. (f. *-trice*) ● Che, chi permuta | (*tel.*) *P. telefonico*, dispositivo che realizza il collegamento fra la centrale telefonica e la rete degli abbonati.

permutazióne [vc. dotta, lat. *permutatiōne(m)*, da *permutātus* 'permutato'] s. f. *1* Atto, effetto del permutare. *2* (*ling.*) Commutazione. *3* (*mat.*) Uno degli ordinamenti totali che si possono dare su un insieme di *n* elementi.

permutite ® [nome commerciale] s. f. ● (*chim.*) Sostanza organica o inorganica, naturale o artificiale, capace di sottrarre uno ione da una soluzione sostituendolo con un altro ione ceduto da essa stessa | Sostanza inorganica artificiale, ottenuta per fusione di un miscuglio di silicato di alluminio, soda e silice, usata come setaccio molecolare in operazioni di separazione e come sostanza scambiatrice di ioni nella depurazione delle acque: *p. sodica, potassica, ferrica*.

pernàcchia [lat. *vernăculu(m)* 'relativo agli schiavi, da *schiavo*' (quindi 'volgare'), da *vĕrna* 'schiavo nato in casa': di origine etrusca (?). V. *vernacolo*] s. f. ● Rumore volgare che esprime disprezzo e derisione, eseguito con la bocca e talvolta anche premendo le mani sulla bocca: *fare una p. a qc.*; *prendere qc. a pernacchie*. || **pernacchiétta**, dim. | **pernacchino**, dim. m. | **pernacchióna**, accr. | **pernacchióne**, accr. m.

pernàcchio s. m. ● (*merid.*) Pernacchia.

pernice [vc. dotta, lat. *perdīce(m)*, nom. *pĕrdix*, dal gr. *pérdix*, da *pérdomai* 'emettere rumori', di origine indeur., per il rumore che fa volando] s. f. *1* Denominazione di varie specie di uccelli dei Galliformi | *P. grigia*, starna | *P. bianca*, con piumaggio bianco nell'inverno e bruno macchiettato sul dorso nell'estate (*Lagopus mutus*) | *P. rossa*, con becco e zampe rosse e dorso bruno rossiccio (*Alectoris rufa*) | *P. del deserto*, pterocle. *2 Occhio di p.*, V. *occhio*. || **pernicióne**, accr. m. | **perniciòtto**, dim. m.

perniciósa [da (*febbre*) *perniciosa*] s. f. ● Febbre malarica violenta con alta temperatura e delirio.

perniciosità s. f. ● (*raro*) Natura o qualità di ciò che è pernicioso.

pernicióso o †**perniziòso** [vc. dotta, lat. *perniciōsu(m)*, agg. di *pernĭcies* 'pernizie'] agg. ● Che porta con sé gravi danni, conseguenze funeste e sim.: *consiglio, errore p.*; *fuggi da tanto / p. influsso* (PARINI) | (*med.*) *Anemia perniciosa*, malattia caratterizzata da una forte diminuzione dei globuli rossi e presenza nel sangue circolante di voluminose cellule progenitrici dei globuli rossi | (*med.*) *Malaria perniciosa*, forma particolarmente grave di malaria. || **perniciosaménte**, avv.

pèrnio ● V. *perno*.

pernióne [vc. dotta, lat. *perniōne(m)* 'gelone', da *pĕrna* 'gamba' (V. *perla*)] s. m. ● (*med.*) Gelone.

†**pernìzie** [vc. dotta, lat. *pernīcie(m)*, comp. di *pĕr* e *nĕx*, genit. *nĕcis* 'morte'. V. †*necare*] s. f. *1* Grave danno. *2* Rovina, sterminio.

†**perniziòso** ● V. *pernicioso*.

pèrno o **pèrnio** [lat. *pĕrna(m)* 'coscia' (V. *perla*), per la forma] **A** s. m. *1* (*mecc.*) Organo d'accoppiamento che permette a una parte di macchina di ruotare rispetto all'altra: *p. della bilancia, dell'orologio* | *P. di contrabbasso*, codolo. *2* (*fig.*) Sostegno principale: *il p. del racconto, della famiglia*; *essere il p. della faccenda*. SIN. Fulcro. **B** in funzione di agg. inv. ● (posposto a un s.) Solo nella loc. *nave p.*, attorno a cui cambia la formazione delle altre con manovre evolutive.

pernottaménto s. m. ● Atto, effetto del pernottare.

pernottànte A part. pres. di *pernottare*; anche agg. ● Nel sign. del v. **B** s. m. e f. ● Chi pernotta.

pernottàre [vc. dotta, lat. *pernoctāre*, comp. di *pĕr* 'attraverso' e *nŏx*, genit. *nŏctis* 'notte', con suff. verbale] v. intr. (*io pernòtto*; aus. *avere*) ● Trascorrere la notte: *p. da un amico, in albergo*; *ieri ho pernottato a Roma*.

pernòtto [dev. di *pernottare*] s. m. *1* (*bur.*) Pernottamento. *2* (*mil.*) Permesso, sporadico o continuativo, di trascorrere la notte fuori dalla caserma, rientrandovi il mattino seguente.

péro [lat. *pĭru(m)*, di origine preindeur.] s. m. ● Pianta delle Rosacee arborea e arbustiva allo stato selvatico, con foglie glabre che compaiono insieme ai fiori bianchi in corimbi e frutto commestibile (*Pirus communis*) | *P. selvatico*, perastro | *P. di terra*, topinambur | *Andare su pei peri*, (*fig.*, *tosc.*) esprimersi con enfasi | *Far p.*, (*fig.*) reggersi ritto sopra un piede solo.

però [lat. *pĕr hŏc* 'per questo'] cong. *1* Ma (con più forte valore avversativo): *quel quadro è bello, p. non mi convince*; *ciò non ti sarà gradito, p. è giusto*; *sarà vantaggioso, non giusto p.*; *non vorrete p. negare che si sia impegnato a fondo*; *sono stanco, non tanto p. da non poter terminare il lavoro* | (*fam.*) Rafforzato da 'ma'; *questa volta lo scuso ma p. deve stare più attento* | Rafforzato da 'nondimeno', 'tuttavia' e sim.: *sono cose spiacevoli nondimeno p. necessarie* | (*iter.*) Si usa per avanzare una critica, un'obiezione: *va bene, p. p. mi sembra che si potrebbe far meglio*. *2* Tuttavia, nondimeno (con valore concessivo): *se non puoi andarci di persona, devi p. provvedere in qualche modo*. *3* (*lett.* o *pop.*) Perciò (con valore concl.) | V. anche †*epperò* e †*perocché*.

perobràchio [comp. del gr. *péros* 'storpio, mutilo', di etim. incerta, e *brachíōn* 'braccio'] agg.; anche s. m. ● (*med.*) Che, chi ha arti deformi o mancanti di qualche segmento.

†**perocché** o **però che** /pe'rɔ k'ke*/ [comp. di *però* e *che* (*2*)] cong. *1* (*lett.*) Poiché (introduce una prop. causale con il v. all'indic. o al congv.). *2* (*lett.*) Affinché (introduce una prop. finale con il v. al congv.). *3* (*lett.*) Sebbene, per quanto (introduce una prop. concessiva con il v. al congv.).

perodàttilo [comp. del gr. *pêros* 'storpio, mutilo' e *dáktylos* 'dito' (V. *dattilografia*)] agg.; anche s. m. ● (*med.*) Che ha dita storpie o in numero inferiore alla norma.

perondino [etim. incerta] s. m. ● (*tosc.*, *scherz.*) Giovanotto elegante e affettato. SIN. Damerino, zerbinotto.

peróne o **pèrone** [vc. dotta, gr. *perónē* 'spilla, fibbia', poi 'perone', per la forma, da *péirein* 'trafiggere', di origine indeur. Cfr. *fibula*] s. m. ● (*anat.*) Osso esterno della gamba. SIN. Fibula. ➡ ILL. p. 362 ANATOMIA UMANA.

peronèo agg. ● (*anat.*) Del, relativo al perone.

peronièro agg. ● (*anat.*) Peroneo.

peronìsmo [dal n. di J. D. *Perón* (1895-1974)] s. m. ● Regime di impronta socialista-nazionalista instaurato in Argentina da J. D. Perón | L'ideologia, dal contenuto populista, caratteristica di tale regime.

peronista s. m. e f. (pl. m. *-i*) ● Seguace, fautore del peronismo.

peronòspora o (*evit.*) **peronòspera** [comp. del gr. *perónē* 'punta, spilla' (V. *perone*) e *sporá* 'seme' (V. *spora*); detta così perché ha le spore a punta] s. f. *1* Fungo delle Peronosporacee che si sviluppa con un micelio ramificato entro i tessuti delle foglie (*Peronospora*) | Correntemente, fungo delle Peronosporacee, parassita della vite di cui colpisce le foglie e i frutti che presentano macchie bianche (*Plasmopara viticola*) | *P. della patata*, di origine americana in forma di muffa bianca sulle foglie (*Phytophtora infestans*). *2* Malattia causata da tale fungo.

Peronosporàcee [vc. dotta, comp. di *peronospora* e *-acee*] s. f. pl. ● Nella tassonomia vegetale, famiglia di Funghi dei Ficomiceti parassiti di piante coltivate (*Peronosporaceae*) | (al sing. *-a*) Ogni individuo di tale famiglia.

peroràre [vc. dotta, lat. *perorāre*, comp. di *per-* e *orāre* 'pregare'. V. *orare*] **A** v. tr. (*io pèroro* o *peròro*) ● Difendere una persona o un'idea con particolare calore: *il canonico ... perorava la causa dell'amico* (VERGA). **B** v. intr. (aus. *avere*) ● Fare o pronunciare una perorazione.

peroràto part. pass. di *perorare*; anche agg. ● Nei sign. del v.

perorazióne [vc. dotta, lat. *peroratiōne(m)*, da *perorātus* 'perorato'] s. f. *1* Discorso in difesa: *una p. appassionata e convincente*. *2* Parte conclusiva di un'orazione che cerca di suscitare commozione in chi ascolta. CONTR. Esordio.

perossìdico agg. (pl. m. *-ci*) ● (*chim.*) Detto di legame covalente fra due atomi di ossigeno caratteristico dei perossidi.

peròssido [fr. *peroxyde*, comp. di *per-* 'per-' e *oxyde* 'ossido'] s. m. ● (*chim.*) Composto contenente due atomi di ossigeno legati fra loro da un legame covalente, con effetto disinfettante, deodorante, decolorante | *P. d'idrogeno*, acqua ossigenata.

†**perpèndere** [vc. dotta, lat. *perpĕndere*, comp. di *per-* e *pĕndere* 'pesare'. V. *pendere*] v. tr. ● Pesare, valutare (*spec. fig.*).

perpendìcola [da *perpendicolo*] s. f. ● Linea perpendicolare.

perpendicolàre [vc. dotta, lat. tardo *perpendiculāre(m)*, da *perpendĭculum* 'perpendicolo'] **A** agg. *1* Che segue la direzione del filo a piombo. *2* (*mat.*) Che forma angolo retto: *rette perpendicolari*. SIN. Ortogonale. || **perpendicolarménte**, avv. In direzione perpendicolare. **B** s. f. ● Retta perpendicolare: *tracciare la p. a un piano*.

perpendicolarità s. f. ● (*raro*) Condizione, posizione o direzione perpendicolare: *la p. di un muro, di una retta*.

perpendìcolo [vc. dotta, lat. *perpendĭculu(m)*, da *perpĕndere* 'pesare esattamente, esaminare, calcolare'. V. †*perpendere*] s. m. *1* †Filo a piombo | Archipendolo. *2* Linea segnata dal filo a piombo | *A p.*, secondo la perpendicolare.

perpetràre [vc. dotta, lat. *perpetrāre*, comp. di *per-* e *patrāre* 'compiere'. V. *impetrare*] v. tr. (*io pèrpetro* o *poet. perpètro*) ● Commettere o mandare a effetto, spec. azioni illecite o disoneste: *p. un misfatto, un delitto, un falso*.

perpetratóre [vc. dotta, lat. tardo *perpetratōre(m)*, da *perpetrātus* 'perpetrato'] agg.; anche s. m. (f. *-trice*) ● (*raro*) Che, chi perpetra.

perpetrazióne [vc. dotta, lat. tardo *perpetratiōne(m)*, da *perpetrātus* 'perpetrato'] s. f. ● (*raro*) Il perpetrare.

perpètua [dal nome di *Perpetua*, la serva di don Abbondio nei 'Promessi Sposi' del Manzoni] s. f. ● Domestica di un sacerdote | (*est.*) Donna di servizio vecchia e ciarliera.

perpetuàbile agg. ● Che si può o si deve perpetuare.

†**perpetuàle** [vc. dotta, lat. *perpetuāle(m)*, nel sign. però di 'generale, universale', da *perpĕtuus* 'perpetuo'] agg. ● Perpetuo. || †**perpetualménte**, †**perpetualeménte**, avv. In perpetuo.

†**perpetualità** s. f. • Perpetuità.
†**perpetuanza** s. f. • Perpetuità.
perpetuare A v. tr. (*io perpètuo*) • Rendere perpetuo: *p. il ricordo, la gloria, la memoria, la fama* | Rendere durevole: *p. l'opera di un benefattore*. SIN. Eternare, immortalare. B v. intr. pron. • Eternarsi.
perpetuato part. pass. di *perpetuare*; anche agg. • Nei sign. del v.
perpetuatore agg.; anche s. m. (f. *-trice*) • Che, chi perpetua: *p. di tradizioni popolari*.
perpetuazione s. f. • Atto, effetto del perpetuare o del perpetuarsi: *la p. di una razza*; *la p. del nome suo* (GUICCIARDINI).
perpetuino [da *perpetuo*, perché conserva molto a lungo i colori. Cfr. *sempreverde, semprevivo*] s. m. • (*bot.*) Semprevivo.
perpetuità o †**perpetuitade**, †**perpetuitate** [vc. dotta, lat. *perpetuitāte(m)*, da *perpĕtuus* 'perpetuo'] s. f. • Durata ininterrotta e perenne: *la p. del tempo, della fama*; *la p. della storia universale* (VICO). SIN. Perennità.
perpètuo [vc. dotta, lat. *perpĕtuu(m)*, comp. di *per-* e *pĕtere* 'dirigersi, avanzare' (V. *petere*), propriamente 'che avanza ininterrottamente'] agg. 1 Che dura sempre, che è destinato a non finire mai: *dannazione, felicità perpetua* | *A perpetua memoria*, in perenne ricordo | *Carcere, esilio p.*, che dura tutta la vita | *Dittatore p.*, a vita | *Socio p. di un'accademia*, a vita | *In p.*, perpetuamente | (*dir.*) *Rendita perpetua*, diritto di esigere in perpetuo la prestazione periodica di danaro o altre cose fungibili come corrispettivo dell'alienazione di un immobile. SIN. Perenne. CONTR. Transitorio. 2 Continuo, ininterrotto: *la sua perpetua indecisione ci ha danneggiato gravemente* | *Lampada perpetua*, tenuta accesa giorno e notte su una tomba o davanti a una sacra immagine. CONTR. Provvisorio. 3 (*mecc.*) *Leva perpetua*, puleggia | *Vite perpetua*, vite senza fine, che per ogni giro sposta di un dente la ruota in cui si ingrana. || **perpetuaménte**, avv.
†**perplessióne** [vc. dotta, lat. tardo *perplexiōne(m)* 'aggrovigliamento', da *perplĕxus*. V. *perplesso*] s. f. • Perplessità.
perplessità [vc. dotta, lat. tardo *perplexitāte(m)* 'aggrovigliamento', da *perplĕxus* 'perplesso'] s. f. • Condizione o stato di chi, di ciò che è perplesso: *notai con meraviglia la sua p.*; *dopo alcuni giorni di angosciosa p., le nozze furono stabilite* (PIRANDELLO). SIN. Incertezza, irresolutezza. CONTR. Decisione, risolutezza.
perplèsso [vc. dotta, lat. *perplĕxu(m)* 'intricato, confuso', part. pass. di *perplĕctere* 'intrecciare', comp. di *per-* e *plĕctere* 'intrecciare'. V. *plesso*] agg. 1 Incerto, titubante, irresoluto: *atteggiamento p.*; *ore perplesse ... brividi / d'una vita che fugge* (MONTALE). CONTR. Deciso, risoluto. 2 (*raro, lett.*) Ambiguo, complicato. 3 †Inviluppato, avviticchiato. || **perplessaménte**, avv. In modo perplesso.
†**perquìrere** [vc. dotta, lat. *perquīrere*, comp. di *per-* e *quaerere* 'cercare'. V. *chiedere*] v. tr. • Ricercare con diligenza. SIN. Investigare.
perquisire [ricavato da *perquisizione*] v. tr. (*io perquisisco, tu perquisisci*) • Cercare frugando o rovistando in un luogo, su una persona e sim., allo scopo di trovare cose nascoste, spec. riguardanti un reato: *p. una stanza*; *p. qc. alla dogana*.
†**perquisitivo** agg. • Atto a perquisire.
perquisizióne [vc. dotta, lat. tardo *perquisitiōne(m)*, da *perquisītus* 'ricercato'] s. f. • Atto, effetto del perquisire: *p. personale, domiciliare*; *mandato di p.*; *fare, operare, eseguire una p.*; *una p. molto accurata*.
†**perrùcca** • V. *parrucca*.
perscrutàbile agg. • (*lett.*) Che si può perscrutare. CONTR. Imperscrutabile.
perscrutàre [vc. dotta, lat. *perscrutāri*, comp. di *per-* e *scrutāri* 'scrutare'] v. tr. • (*raro, lett.*) Investigare, scrutare: *p. i fini dell'esistenza*.
perscrutazióne [vc. dotta, lat. *perscrutatiōne(m)*, da *perscrutātus*, part. pass. di *perscrutāri* 'perscrutare'] s. f. • (*raro, lett.*) Investigazione, ricerca.
pèrsea [vc. dotta, lat. *pĕrsea(m)*, nom. *pĕrsea*, dal gr. *perséa*, perché ritenuta di origine persiana] s. f. • (*bot.*) Avocado.
persecutivo [formato da *persecut(orio)* con altro suff.] agg. 1 (*lett.*) Persecutorio. 2 (*psicol.*) Proprio di chi si sente perseguitato: *mania persecutiva*.
persecutóre [vc. dotta, lat. tardo *persecutōre(m)*, da *persecūtus*, part. pass. di *pĕrsequi* 'perseguire'] agg.; anche s. m. (f. *-trice*) • Che, chi perseguita: *p. degli ebrei*; *setta intollerante e persecutrice*.
persecutòrio agg. • Caratteristico, tipico di chi perseguita: *metodo p.*
persecuzióne [vc. dotta, lat. *persecutiōne(m)* 'inseguimento', poi (lat. tardo) 'persecuzione', da *persecūtus*, part. pass. di *pĕrsequi* 'perseguire'] s. f. 1 Vessazione od oppressione implacabile: *fare qc. oggetto di p.*; *la p. degli ebrei*. 2 (*fig.*) Chi, o ciò che, costituisce un disturbo continuo ed esasperante: *le sue visite sono una vera p.*; *non sarebbe stato serio prestar fede alla p. di un certo spirito maligno* (PIRANDELLO). 3 (*med., psicol.*) *Delirio, mania di p.*, credenza, non giustificata dalla realtà, di essere vittima di persecuzioni a opera di altre persone. || **persecuzioncèlla**, dim.
perseguènte part. pres. di *perseguire*; anche agg. • Nei sign. del v.
perseguìbile agg. 1 Che può essere perseguito, conseguito: *un fine difficilmente p.* 2 (*dir.*) Che può essere causa di un'azione penale.
perseguiménto s. m. • Atto, effetto del perseguire.
perseguire [vc. dotta, lat. *pĕrsequi*, comp. di *per-* e *sĕqui* 'seguire'] v. tr. (pres. *io perséguo*; pass. rem. *io perseguìi*, †*perseguètti*, *tu perseguìsti*) 1 Cercare di raggiungere, di ottenere: *p. uno scopo, un intento* | *P. in giudizio*, chiedere in giudizio. 2 (*raro*) Perseguitare: *p. con odio*; *tu me proscritto / barbaramente perseguivi a morte* (ALFIERI). 3 †Proseguire, continuare.
perseguitaménto s. m. • (*raro*) Modo e atto del perseguitare.
perseguitàre [sovrapposizione di *seguitare* a *persecuzione*] v. tr. (*io perséguito*) 1 Fare oggetto di persecuzione: *p. i nemici, i deboli, gli indifesi* | Cercare di catturare: *p. il reo, i fuggiaschi*. 2 (*fig.*) Infastidire o molestare senza sosta e in modo insopportabile: *mi perseguitano con le loro pressanti richieste*. 3 †Continuare, proseguire.
perseguitàto A part. pass. di *perseguitare*; anche agg. • Nei sign. del v. B s. m. (f. *-a*) • Chi subisce o ha subito una persecuzione: *i perseguitati politici*.
†**perseguitatóre** agg.; anche s. m. (f. *-trice*) 1 Persecutore | Insidiatore. 2 †Seguace, prosecutore.
†**perseguitazióne** s. f. 1 Persecuzione. 2 Proseguimento, continuazione.
perseguìto A part. pass. di *perseguire*; anche agg. • Nei sign. del v. B s. m. • †Persecuzione.
†**perseguitóre** agg.; anche s. m. (f. *-trice*) • Nemico, persecutore.
†**perseguizióne** s. f. 1 Persecuzione. 2 Proseguimento.
persèidi [da *Perseo*, vc. dotta, lat. *Pĕrseu(m)*, nom. *Pĕrseus*, dal gr. *Perséus*, figlio di Zeus e di Danae, poi n. di una costellazione] s. f. pl. • (*astron.*) Sciame meteoritico radiante dalla costellazione del Perseo, che si può osservare, di notte, tra il 9 e l'11 di agosto. SIN. Lacrime di San Lorenzo.
†**perseveràbile** [vc. dotta, lat. tardo *perseverābile(m)*, da *perseverāre* 'perseverare'] agg. • Continuo.
†**perseveraménto** s. m. • Atto, effetto del perseverare.
perseverànte part. pres. di *perseverare*; anche agg. • Nei sign. del v. || **perseveranteménte**, avv. Con perseveranza.
perseverànza [vc. dotta, lat. *perseverāntia(m)*, da *persevērans*, genit. *perseverāntis* 'perseverante'] s. f. • Fermezza e costanza di propositi, opinioni e opere: *la sua p. è degna di lode*; *mostrare p. nei propri ideali*. SIN. Pertinacia, tenacia. CONTR. Incostanza, mutevolezza.
perseveràre [vc. dotta, lat. *perseverāre*, comp. di *per-* e *sevērus* 'rigoroso, severo', con suff. verbale] A v. intr. (*io persèvero*; aus. *avere*) • Persistere con costanza e fermezza nei propri propositi: *è deciso a p. nell'impresa*; *p. nel male, nel vizio*; *persevera in trovare ... cose per quali il tuo ingegno ... s'acquista perpetua fama* (ALBERTI). SIN. Insistere. CONTR. Desistere. B v. tr. • †Mantenere costantemente.
perseveràto part. pass. di *perseverare*; anche agg. • Nei sign. del v. || †**perseverataménte**, avv. Con perseveranza.
†**perseverazióne** [vc. dotta, lat. tardo *perseveratiōne(m)*, da *perseverātus* 'perseverato'] s. f. • Perseveranza.
†**perseverévole** agg. • Durevole.
persiàna [fr. *persienne*, f. sost. di *persien* 'persiano', perché ritenuta originaria della *Persia*] s. f. • Imposta esterna di finestra, formata da stecche intelaiate trasversalmente e inclinate in modo da lasciar passare l'aria e difendere dalla luce troppo forte | *P. a saracinesca, avvolgibile*, a un solo battente, alzabile e abbassabile | *P. incanalata*, scorrevole entro incassi laterali fatti nel muro.
persianista s. m. e f. (pl. m. *-i*) • Chi si occupa di lingua e letteratura persiana moderna.
persianìstica [da *persiano*, sul modello di *germanistica* ecc.] s. f. • Disciplina relativa allo studio della lingua e della letteratura persiana moderna.
persiàno A agg. 1 Della Persia: *l'impero p.*; *l'antica arte persiana*. 2 (*est.*) Originario della Persia: *pecora persiana* | *Gatto p.*, con corpo massiccio, arti corti e robusti, testa larga, pelo soffice e abbondante di color bianco, grigio o grigio-azzurro. B s. m. (f. *-a* nel sign. 1) 1 Abitante, nativo della Persia. 2 Pelle conciata degli agnelli di razza karakul | (*est.*) Pelliccia confezionata con tale pelle: *un p. grigio, marrone, nero*. 3 (*ell.*) Gatto persiano. C s. m. solo sing. • Lingua della famiglia indoeuropea parlata in Persia: *p. antico, medievale, moderno*.
pèrsica • V. *pesca* (*1*).
persicària [da *persica*, perché le foglie ricordano, per la forma, quelle del *pesco*] s. f. • Pianta erbacea annua delle Poligonacee comune nei fossi e in luoghi umidi con fiori rosei raccolti in spiga (*Polygonum persicaria*).
†**persichino** [da *persico* (*3*)] agg. • Che ha il colore del fior di pesco.
pèrsico (1) [vc. dotta, lat. *Pĕrsicu(m)*, nom. *Pĕrsicus*, dal gr. *Persikós*, da *Persía* 'Persia'] agg. (pl. m. *-ci*) • Persiano, spec. in termini geografici: *golfo p.*; *mar p.*
pèrsico (2) [etim. incerta: forse longob. **parsik*] agg.; anche s. m. • Pesce d'acqua dolce dei Perciformi con corpo compresso di color verdastro a strisce nere verticali sui fianchi (*Perca fluviatilis*).
pèrsico (3) [V. *pesco* (*1*)] s. m. • (*dial., lett.*) Albero del pesco.
persino [comp. di *per* e *sino*] avv. • Perfino.
persistènte part. pres. di *persistere*; anche agg. 1 Nei sign. del v. 2 (*bot.*) Detto di organo vegetale che permane sulla pianta per un periodo più lungo del normale. || **persistenteménte**, avv.
persistènza [da *persistente*] s. f. 1 Continua durata: *la p. del cattivo tempo* | (*fis.*) *P. delle immagini*, il permanere, per circa un decimo di secondo, della sensazione luminosa provocata da un'eccitazione, per cui, anche se questa s'interrompe con una frequenza elevata, si ha la sensazione di un'eccitazione continua. 2 Perseveranza, ostinazione. CONTR. Incostanza.
persistere [vc. dotta, lat. *persĭstere*, comp. di *per-* e *sĭstere* 'far fermare', da *stāre* 'stare'] v. intr. (pass. rem. *io persistéi* o *persistètti*, *tu persistésti*; part. pass. *persistito*; aus. *avere*) 1 Continuare con fermezza e costanza, quasi con ostinazione: *p. in una opinione, nell'errore*; *p. a credere, a negare, a sostenere q.c.* SIN. Perseverare, insistere. CONTR. Desistere. 2 Durare a lungo, essere tenace: *la febbre persiste*; *il mal tempo persiste*.
persistito part. pass. di *persistere* • Nei sign. del v.
pèrso (1) part. pass. di *perdere*; anche agg. 1 Nei sign. del v. 2 *Tempo p.*, impiegato male | *Darsi per p.*, per vinto | *Mettere, dare q.c. per p.*, considerare come perduto | *Anima persa*, smarrita | *Spendere a fondo p.*, senza pensare a un guadagno o a un rimborso | *Avvocato, difensore delle cause perse*, chi si ostina a difendere chi o ciò che è ormai inutile difendere | Loc. avv. *p. per p.*, con riferimento a tentativi che si fanno comunque, an-

che senza speranza, per mancanza di altre alternative.

†**pèrso** (**2**) [lat. mediev. *pĕrsu(m)* 'persiano': dal colore di stoffe che provenivano dalla *Persia* (?)] **A** agg. ● Di colore bruno che tende al rossiccio. **B** s. m. ● Panno di colore perso.

persolfàto [comp. di *per-* e *solfato*] s. m. ● (*chim.*) Sale dell'acido persolforico, dotato di azione ossidante, usato spec. sotto forma alcalina nell'imbianchimento di fibre, come disinfettante e in molte operazioni industriali.

persolfòrico [comp. di *per-* e *solforico*] agg. (pl. m. *-ci*) ● (*chim.*) Detto di composto dello zolfo esavalente che contiene un gruppo perossidico: *anidride persolforica* | *Acido p.*, peracido dello zolfo, con potere ossidante, la cui soluzione a caldo si decompone in acido solforico e acqua ossigenata.

persolfùro [comp. di *per-* e *solfuro*] s. m. ● (*chim.*) Solfuro contenente una quantità di zolfo superiore a quella necessaria a saturare la massima valenza del metallo.

persóna [lat. *persōna(m)*, dall'etrusco *phersu* 'maschera'] s. f. **1** Essere umano in quanto tale: *una p. per bene, onesta, disonesta, ben nota, illustre, sconosciuta*; *una p. di sesso maschile, femminile*; *una riunione di persone* | *Per interposta p.*, per mezzo di un intermediario | *In p.*, *di p.*, personalmente | *In p. di qc.*, in sua vece. **2** Essere umano in quanto membro della società, dotato di particolari qualità, investito di specifiche funzioni e sim.: *la p. del re è sacra e inviolabile*; *ogni ordine di persone* | *P. di servizio*, domestico, domestica | *Delitti contro la p.*, che ledono l'essere umano fisicamente o moralmente. **3** Corpo e figura umana: *è un abito non adatto alla sua p.*; *avere cura della propria p.* | *La propria p.*, se stesso | *Far forza nella p.*, usare la violenza fisica | *Conoscere di p.*, direttamente | *In p.*, personificato, che ha assunto l'aspetto umano | *È il diavolo in p.*, (*fig.*) persona estremamente malvagia. **4** (*dir.*) Soggetto di diritto: *concorso di persone nel reato* | *P. fisica*, singolo individuo | *P. giuridica*, organismo unitario costituito da un complesso di persone fisiche e di beni cui lo Stato riconosce capacità giuridica e d'agire per il perseguimento di uno scopo lecito e determinato. **5** †Vita | *Togliere la p.*, uccidere | *Perdere la p.*, morire | *Pena la p.*, con pena di morte. **6** Designazione con cui si indicano separatamente il Padre, il Figlio e lo Spirito Santo nella Trinità: *le tre persone della Trinità*; *un solo Dio in tre persone*. **7** (*ling.*) Categoria grammaticale basata sul riferimento ai partecipanti alla comunicazione e all'enunciato prodotto | *Prima p.*, quella che parla | *Seconda p.*, quella a cui si parla | *Terza p.*, quella di cui si parla | (*fig.*) *In prima p.*, direttamente: *dramma vissuto in prima p.* **8** (*raro*) Personaggio: *le persone del dramma*. || **personàccia**, pegg. | **personcèlla**, dim. | **personcina**, dim. | **personcino**, dim. m. | **personcióne**, accr. m.

personàggio [fr. *personnage*, da *personne* 'persona'] s. m. **1** Persona assai rappresentativa e ragguardevole: *un p. politico di primo piano*. **2** (*fig.*, *scherz.*) Tipo: *uno strano p.*; *un p. buffissimo*. **3** (*est.*) Persona che agisce o che è rappresentata in un'opera teatrale, letteraria, cinematografica e sim.: *i personaggi di un film, di una commedia, di un originale televisivo*; *i caratteri dei personaggi non sono altro ... che le note stesse ... dell'anima del poeta* (CROCE). **4** †Persona mascherata.

pèrsonal /'pɛrsonal, *ingl.* 'pəːsənəl/ s. m. inv. ● Acrt. di *personal computer*.

personal computer /'personal kom'pjuter, *ingl.* 'pəːsənəl kəm'pjuːtə*/ [vc. ingl., comp. di *personal* 'personale, individuale' e *computer* (V.)] loc. sost. m. inv. (pl. ingl. *personal computers*) ● Elaboratore elettronico di piccole dimensioni, la cui unità centrale è costituita gener. da uno o più microprocessori, di relativo basso costo, buona capacità di calcolo e bassa capacità di memorizzazione di archivi, utilizzato spec. per calcoli professionali, contabilità domestica o di piccole aziende e sim.

personàle [vc. dotta, lat. tardo *personāle(m)*, da *persōna* 'persona'] **A** agg. **1** Della persona, relativo alla persona, all'individuo: *libertà, interesse, opinione p.* | *Motivi personali*, che riguardano esclusivamente se stessi | *Piacere p.*, fatto a una data persona per favorirla oltre la norma | *Carte personali*, documenti relativi a una persona | *Di uso p.*, proprio | *Biglietto p.*, che vale solo per chi lo possiede | *Lettera p.*, *strettamente p.*, di carattere del tutto privato | *Fatto p.*, che riguarda una certa persona | *Voto p.*, dato di persona e non a mezzo di altro soggetto a ciò delegato | (*sport*) *Fallo p.*, nella pallacanestro, quello compiuto da un giocatore ai danni di un avversario. **2** (*ling.*) *Pronome p.*, che rappresenta una delle tre persone grammaticali | *Costruzione p.*, con un soggetto determinato | *Modi personali*, modi del verbo che comportano flessioni indicanti il tempo e la persona, e cioè l'indicativo, il congiuntivo, il condizionale, l'ottativo e l'imperativo. || **personalménte**, avv. **1** Con la propria persona: *assistere, intervenire, decidere personalmente*. **2** Per quanto concerne qc.: *noi personalmente non l'intendiamo così*. **B** s. m. **1** Il complesso delle persone occupate in un servizio, un'azienda, un ufficio e sim.: *il p. di un ministero, di una fabbrica, di un albergo*; *il p. medico*; *il p. è in assemblea*; *sciopero del p.*; *p. dipendente* | *P. direttivo*, gli addetti con funzioni direttive di un'impresa | *P. di fatica*, gli addetti di un'impresa aventi mansioni di fatica | *P. avventizio*, insieme di lavoratori non previsti nel ruolo organico di un'impresa. **2** Figura fisica, in quanto forma e aspetto della persona: *avere un bel p.*; *un p. slanciato, aggraziato*. SIN. Complessione. **3** L'insieme di tutti gli elementi che costituiscono la sfera individuale di una persona: *il p. e il politico*; *parlare del proprio p.* **4** (*tosc.*) Entrata o provento individuale. **5** (*sport*) Nella pallacanestro, fallo personale. **C** s. f. ● Esposizione delle opere di un singolo artista vivente. || **personalino**, dim.

personalìsmo [fr. *personalisme*, dall'ingl. *personalism*, da *personal* 'personale'] s. m. **1** Dottrina etico-politica che asserisce il primato dei valori spirituali della persona in opposizione sia all'individualismo che allo statalismo. **2** (*est.*) Tendenza ad agire o a giudicare in base all'interesse proprio o ai sentimenti che si nutrono verso una determinata persona | Favoritismo personale: *basta con i personalismi*.

personalìsta [da *personalismo*] agg.; anche s. m. e f. (pl. m. *-i*) ● Che, chi persegue esclusivamente interessi personali.

personalìstico agg. (pl. m. *-ci*) ● Di, da personalista.

personalità [vc. dotta, lat. tardo *personalitāte(m)*, da *persōnālis* 'personale'] s. f. **1** Qualità e condizione di ciò che è personale: *sottolineo la p. delle opinioni esposte*. **2** (*psicol.*) Insieme dei tratti psicologici caratteristici di un individuo, integrati fra loro in modo da costituire quell'unità tipica che si manifesta nelle varie situazioni ambientali | *P. multipla*, disturbo della personalità in cui nell'individuo esistono due o più personalità distinte, che emergono alternativamente. **3** Persona che occupa una posizione di rilievo in un dato campo, gode di particolare stima, fiducia, considerazione, notorietà e sim., grazie ai propri meriti, qualità, capacità e sim.: *una p. della cultura, dello sport*. **4** Il fatto di essere persona giuridica: *p. dello Stato*; *p. giuridica privata, pubblica*.

personalizzàre v. tr. ● Dare un'impronta personale | Adattare ai gusti, alle necessità e sim. di una persona o di una categoria di persone: *p. un arredamento, un ambiente*.

personalizzàto part. pass. di *personalizzare*; anche agg. ● Nei sign. del v.

personalizzazióne s. f. ● Atto, effetto del personalizzare.

personàta [vc. dotta, lat. *personāta(m)*, agg. f. di *persōna* 'maschera teatrale, dall'aspetto della corolla'] agg. solo f. ● (*bot.*) Detto di corolla gamopetala irregolare a due labbra, l'inferiore con una sporgenza che chiude la gola.

personeggiàre [da *persona*] v. intr. (*io personéggio*; aus. *avere*) ● (*raro*) Rappresentare la parte di un personaggio per finzione scenica o altro.

†**personevolménte** avv. ● Personalmente.

personificàre [fr. *personnifier*, comp. di *personne* 'persona' e *-fier* '-ficare'] v. tr. (*io personìfico, tu personìfichi*) **1** Rappresentare concretamente, a guisa di persona, q.c. di astratto: *p. l'avarizia*. **2** Essere simbolo di q.c.: *il Presidente della Repubblica personifica lo Stato*.

personificàto part. pass. di *personificare*; anche agg. ● Nei sign. del v.

personificazióne [fr. *personnification*, da *personnifier* 'personificare'; calco sul gr. *prosōpopoiía*. V. *prosopopea*] s. f. **1** Atto, effetto del personificare | Figurazione concreta: *è la p. dell'avarizia*. **2** (*ling.*) Prosopopea nel sign. 1.

†**perspettìva** [vc. dotta, lat. tardo *perspectīva(m)*, da *perspĕctus*, part. pass. di *perspìcere* 'penetrare con lo sguardo', comp. di *per-* e *spĕcere* 'guardare'. V. *spettacolo*] s. f. ● Prospettiva.

Perspex® /'pɛrspeks/ [nome commerciale ICI] s. m. inv. ● (*chim.*) Nome commerciale del polimetilmetacrilato.

perspicàce [vc. dotta, lat. *perspicāce(m)*, da *perspĭcere*. V. †*perspettiva*] agg. **1** Che sa penetrare con la vista o con l'intelligenza nell'intimo delle cose: *un giovanotto p.*; *ingegno, mente p.* SIN. Sagace. **2** (*est.*) Lungimirante: *provvedimento p.* || **perspicaceménte**, avv. In modo perspicace, con perspicacia.

perspicàcia [vc. dotta, lat. *perspicācia(m)*, da *pĕrspicax*, genit. *perspicācis* 'perspicace'] s. f. (pl. *-cie*) ● Natura o qualità di chi è perspicace | Intelligenza acuta e pronta: *è dotato di grande p.* SIN. Sagacia.

†**perspicacità** [vc. dotta, lat. tardo *perspicacitāte(m)*, da *pĕrspicax*, genit. *perspicācis* 'perspicace'] s. f. ● Perspicacia.

perspicuità o †**perspicuitàde**, †**perspicuitàte** [vc. dotta, lat. *perspicuitāte(m)*, da *perspĭcuus* 'perspicuo'] s. f. ● Qualità di chi è perspicuo. SIN. Chiarezza, evidenza.

perspìcuo [vc. dotta, lat. *perspĭcuu(m)*, da *perspĭcere*. V. †*perspettiva*] agg. **1** †Chiaro, trasparente: *le parti della Luna irregolarmente opache e perspicue* (GALILEI). **2** (*fig.*) Evidente, aperto: *ragionamento, discorso p.* || **perspicuaménte**, avv.

perspirazióne [fr. *perspiration*, dal lat. *perspirāre* 'traspirare' (comp. di *pĕr* 'attraverso' e *spirāre* 'spirare (1)')] s. f. ● (*med.*) Eliminazione di acqua dal corpo attraverso la cute indipendentemente dalla sudorazione.

persuadènte part. pres. di *persuadere*; anche agg. ● Nei sign. del v.

persuadére [vc. dotta, lat. *persuadēre*, comp. di *per-* e *suadēre*. V. *suadere*] **A** v. tr. (pass. rem. *io persuàsi, tu persuadésti*; part. pass. *persuàso*) **1** Indurre qc. a credere, dire o fare q.c.: *lo persuasero a partire, a restare, a rispondere*; *mi hanno persuaso del contrario, della verità* | *Persuade poco*, di cosa o persona che non garba, non ispira fiducia | (*raro*) *P. il falso, la verità*, far credere il falso, la verità. CONTR. Dissuadere. **2** Muovere all'assenso, ottenere un consenso: *non siamo riusciti a persuaderlo*. SIN. Convincere. **B** v. rifl. **1** Indursi a credere, a fare e sim.: *infine si persuase a intervenire* | Convincersi: *ti sei persuaso che ho ragione?* **2** Capacitarsi: *non riesco a persuadermi di quanto mi dite* | (*raro*) *Si persuada! Persuadiamoci!*, si rassegni, rassegnamoci.

†**persuadévole** agg. ● Atto a persuadere.

persuadìbile [da *persuadere*] agg. ● (*raro*) Persuasibile.

persuaditóre agg.; anche s. m. (f. *-trice*) ● (*raro*) Persuasore.

persuasìbile [vc. dotta, lat. *persuasībile(m)*, da *persuāsus* 'persuaso'] agg. **1** Di persona che si può persuadere con facilità. **2** (*raro*) Di ciò che si può far credere: *storia non p.* || **persuasibilménte**, avv. In modo da persuadere.

persuasióne [vc. dotta, lat. *persuasiōne(m)*, da *persuāsus* 'persuaso'] s. f. **1** Atto, effetto del persuadere o del persuadersi: *è bene procedere con la p.*; *la forza della p.* | *A p.*, per l'opera persuasiva di qc., su istigazione altrui | *Di facile p.*, che si persuade facilmente. CONTR. Dissuasione. **2** Opinione, credenza, convinzione: *le proprie persuasioni*; *p. ragionevole, errata* | (*raro*) *P. di sé*, presunzione, vanagloria: *quella falsa p. che l'uom piglia di se stesso* (CASTIGLIONE).

persuasìva [f. sost. di *persuasivo*] s. f. ● Facoltà o capacità di persuadere.

persuasìvo [da *persuaso*] agg. **1** Atto a persuadere: *parole persuasive* | (*scherz.*) *Modi, argomenti* e sim. *persuasivi*, minacciosi e violenti.

CONTR. Dissuasivo. *2* Che ottiene consenso e successo: *un'esecuzione musicale libera ma persuasiva*. SIN. Convincente. ‖ **persuasivaménte**, avv.

persuàṣo part. pass. di *persuadere*; anche agg. *1* Nei sign. del v. *2* Rassegnato.

persuaṣóre [vc. dotta, lat. tardo *persuasōre(m)*, da *persuāsus* 'persuaso'] s. m. (come f. *persuaditrìce*) ● Chi persuade o è abile nel persuadere | (*est.*) Istigatore: *o p. / orribile di mali* (PARINI) | *Persuasori occulti*, nella tecnica pubblicitaria, quegli esperti che, influenzando i consumatori con adeguati meccanismi psicologici, ne condizionano le scelte.

persuaṣòrio [vc. dotta, lat. tardo *persuasōriu(m)*, da *persuāsus* 'persuaso'] agg. ● (*raro*) Di, relativo a persuasione.

persùtto ● V. *prosciutto*.

pertànto o (*raro*) **per tànto** [comp. di *per* e *tanto*] cong. *1* Perciò, quindi (con valore concl.): *sono molto occupato in questo periodo, p. dovremo rinviare il nostro incontro*; *sarebbe p. opportuno che non usciste*. *2* Tuttavia (con valore concessivo e sempre preceduto dalla negazione): *so che lei è molto impegnato, ciò non p. la prego di dedicarmi cinque minuti*; *anche se ritengo inutili i miei sforzi, non p. desisterò*.

†**pertenére** o †**partenére** [dal lat. *pertinēre* 'concernere'] v. intr. (coniug. come *tenere*; aus. *essere*) ● (*raro*) Riguardare, concernere.

†**pertèrrito** [vc. dotta, lat. *pertĕrritu(m)*, part. pass. di *perterrēre* 'atterrire', comp. di *per-* e *terrēre* 'atterrire', dalla stessa radice indeur. di *trĕmere* 'tremare'] agg. ● (*raro*) Atterrito, sbigottito.

pèrtica [lat. *pĕrtica(m)* 'lungo bastone', poi 'canna per misurare', di etim. incerta] s. f. *1* Stanga, lungo bastone, palo sottile: *bacchiare le noci con la p.*; *le pertiche per le corde del bucato*. *2* Attrezzo ginnico per gli esercizi di arrampicata, consistente in un'asta di legno liscia e rotonda fissata a terra e al soffitto o a una speciale impalcatura. *3* Misura agraria romana di dieci piedi. *4* (*fig.*, *fam.*) Persona molto alta e magra. SIN. Spilungone. ‖ **pertichèlla**, dim. | **pertichétta**, dim. | **perticóne**, accr. m. (V.).

perticàre [da *pertica*] v. tr. (*io pèrtico, tu pèrtichi*) *1* (*raro*) Percuotere, battere con la pertica. *2* †Misurare con la pertica.

perticàta s. f. ● (*raro*) Colpo di pertica.

perticóne s. m. (f. *-a* nel sign. 2) *1* Accr. di *pertica*. *2* (*fig.*, *fam.*) Uomo magrissimo e di alta statura. SIN. Spilungone.

pertinàce [vc. dotta, lat. *pertinăce(m)*, comp. di *per-* e *tĕnax*, genit. *tenăcis*, 'tenace'] agg. *1* Molto tenace e costante: *carattere p.*; *volontà p.* | Che dimostra pertinacia: *insistenza p.*; *animo p. a correr prima ogni pericolo* (GUICCIARDINI). SIN. Protervo. CONTR. Incostante. *2* Pervicace: *peccatore p.* ‖ **pertinaceménte**, avv.

pertinàcia [vc. dotta, lat. *pertinăcia(m)*, da *pĕrtinax*, genit. *pertinăcis* 'pertinace'] s. f. (pl. *-cie*) ● Qualità di chi è pertinace | Grande fermezza e costanza in propositi, idee, azioni: *difendere con p. le proprie idee*. SIN. Ostinazione.

†**pertinacità** s. f. ● Pertinacia, ostinazione.

pertinènte [vc. dotta, lat. *pertinĕnte(m)* 'appartenente', da *pertinēre*. V. *pertenere*] agg. *1* Che riguarda direttamente un determinato argomento: *la risposta non è p. al tema che stiamo trattando*. SIN. Concernente, spettante. *2* (*ling.*) *Tratto p.*, caratteristica fonica la cui presenza o assenza nella realizzazione di un fonema provoca un mutamento di significato e permette di distinguere un'unità di significato da un'altra. ‖ **pertinenteménte**, avv. (*raro*) In modo pertinente.

pertinènza s. f. *1* Condizione o qualità di pertinente: *rilevare la p. di un'osservazione, di una critica*. *2* (*dir.*, *raro*) Competenza: *p. per materia, valore, territorio*. *3* (*dir.*, *spec. al pl.*) Cose accessorie destinate in modo durevole a servizio o a ornamento di un'altra cosa principale | *P. mobiliare*, cosa mobile che è pertinenza di un immobile o di un'altra cosa mobile.

pertinenziàle agg. ● (*dir.*) Di pertinenza: *vincolo p.* | *Unità p.*, complesso di elementi che fanno capo alla cosa principale come elementi accessori.

†**pertìngere** [lat. *pertĭngere* 'raggiungere', comp. di *per-* e *tăngere* 'toccare'. V. *tangere*] v. intr. ● Arrivare, giungere.

pertite [dalla città di *Pert(h)*, nel Canada, da dove è originaria, e *-ite (2)*] s. f. ● (*miner.*) Concrescimento regolare e parallelo di ortoclasio e plagioclasio.

pertósse [comp. di *per-* e *tosse*] s. f. ● Malattia infettiva epidemica acuta delle vie respiratorie, provocata dal batterio *Bordetella pertussis*, caratterizzata da accessi di tosse convulsiva. SIN. Tosse asinina, tosse canina, tosse cattiva.

†**pertràrre** [lat. *pertrăhere*, comp. di *per-* e *trăhere* 'trarre'] v. tr. ● Trarre con forza, con violenza.

pertrattàre [vc. dotta, lat. *pertractāre* 'tastare, considerare', comp. di *per-* e *tractāre* 'toccare, trattare'] v. tr. *1* (*lett.*) Trattare a fondo, esaminare compiutamente. *2* †Maneggiare.

pertrattazióne [vc. dotta, lat. *pertractatiōne(m)*, da *pertractātus* 'pertrattato'] s. f. ● (*lett.*) Approfondita trattazione.

pertugiàre [lat. parl. **pertusiāre*, da *pertūsus*, part. pass. di *pertŭndere* 'forare', comp. di *pĕr* 'attraverso' e *tŭndere* 'battere'. V. *ottundere*] v. tr. (*io pertùgio*) ● (*raro*) Bucare, forare: *p. un muro*.

pertùgio o (*dial.*) †**pertùṣo** [da *pertugiare*] s. m. ● Buco, foro: *p. della serratura* | (*est.*) Apertura o passaggio estremamente angusti: *cacciarsi, infilarsi, nascondersi in un p.* ‖ **pertugétto**, dim.

perturbaménto s. m. ● Perturbazione.

perturbàre [vc. dotta, lat. *perturbāre*, comp. di *per-* e *turbāre* 'turbare'] A v. tr. ● Sconvolgere profondamente, apportare grande turbamento, agitazione, squilibrio (*anche fig.*): *p. l'intera città, l'ordine pubblico, l'animo di qc.*; *perturbar ed attossicare tutto quel che si trova di bello e buono nell'amore* (BRUNO). B v. intr. pron. ● Agitarsi o turbarsi gravemente (*spec. fig.*): *il tempo si sta perturbando*; *il suo animo si perturbò a quelle parole*.

perturbatìvo agg. ● Atto a perturbare, a sconvolgere.

perturbàto part. pass. di *perturbare*; anche agg. *1* Nei sign. del v. *2* †Distratto, distolto. ‖ **perturbataménte**, avv. Con perturbazione.

perturbatóre [vc. dotta, lat. tardo *perturbatōre(m)*, da *perturbātus* 'perturbato'] agg.; anche s. m. (f. *-trice*) ● Che, chi perturba o è causa di perturbazione: *elemento p.*; *p. della quiete pubblica*.

perturbazióne [vc. dotta, lat. *perturbatiōne(m)*, da *perturbātus* 'perturbato'] s. f. *1* Stato di grande agitazione, confusione e disordine: *le gravi perturbazioni sociali del secolo*. *2* (*fig.*) Intenso turbamento dell'animo. *3* (*astron.*) Scostamento del moto di un pianeta da un'orbita ellittica intorno al Sole, per effetto del campo gravitazionale degli altri pianeti. *4* (*meteor.*) *P. atmosferica*, o (*ass.*) *perturbazione*, turbamento, dovuto a cause varie, di uno stato di equilibrio dell'atmosfera; correntemente depressione, cattivo tempo, complesso delle condizioni meteorologiche legate allo sviluppo di un ciclone. *5* (*mat.*) Piccola variazione arbitraria di una funzione, per calcolare soluzioni approssimate di equazioni che non ammettono soluzioni esatte.

†**pertùṣo** ● V. *pertugio*.

Perù [dalla fama del *Perù*, come paese ricco d'oro] s. m. ● Solo nelle loc. *valere, spendere, costare un P.*, valere, spendere, costare moltissimo | (*raro*) *Essere un P.*, essere di grande pregio o valore, detto di persona o cosa.

perugìno A agg. ● Di, relativo a, Perugia. B s. m. (f. *-a*) ● Abitante, nativo di Perugia.

pèrula [lat. *pērula(m)* 'piccola bisaccia', dim. di *pēra* 'sacca'. V. *pera (2)*] s. f. ● (*bot.*) Fogliolina modificata che riveste la gemma.

†**perùsto** [vc. dotta, lat. *perūstu(m)*, part. pass. di *perūrere* 'bruciare', comp. di *per-* e *ūrere* 'bruciare'. V. *urente*] agg. ● Arso, torrido.

peruviàno A agg. ● Del Perù. B s. m. (f. *-a*) ● Abitante, nativo del Perù.

pervàdere [vc. dotta, lat. *pervādere*, comp. di *pĕr* 'attraverso' e *vādere* 'andare'] v. tr. (pass. rem. *io pervàṣi, tu pervadésti*; part. pass. *pervàṣo*) ● Invadere diffondendosi ovunque (*anche fig.*): *il terrore pervase l'animo di molti*.

†**pervagàre** [vc. dotta, lat. *pervagāri*, comp. di *pĕr* 'attraverso' e *vagāri* 'vagare'] A v. tr. ● Scorrere, percorrere. B v. intr. ● Vagare, errare.

pervaṣìvo [ingl. *pervasive*, dal lat. *pervāsus*, part. pass. di *pervādere* 'pervadere'] agg. ● Che pervade, che tende a diffondersi ovunque.

pervàṣo part. pass. di *pervadere*; anche agg. ● Nel sign. del v.

pervenìre [vc. dotta, lat. *pervenīre*, comp. di *pĕr* 'attraverso' e *venīre* 'venire'] v. intr. (coniug. come *venire*, aus. *essere*) *1* Giungere, arrivare (*anche fig.*): *ogni giorno pervengono al nostro indirizzo migliaia di lettere e di reclami*; *essere ... al mondo per niun altro ultimo fine, che di p. alla beatitudine eterna* (BARTOLI) | Riuscire ad arrivare: *pervennero infine alle coste dell'Africa* | *P. in fama*, divenire famoso. *2* Venire in proprietà: *gli pervennero un podere e una rendita consistente*. SIN. Spettare, toccare. *3* †Accadere, avvenire.

pervenùto part. pass. di *pervenire*; anche agg. ● Nei sign. del v.

†**perversàre** [vc. dotta, lat. tardo *perversāre*, da *pervĕrsus* 'rovesciato, stravolto'. V. *perverso*] A v. tr. ● Rimproverare, rampognare, vessare. B v. intr. ● Imperversare, infuriare.

†**perversazióne** s. f. ● Atto, effetto del perversare.

perversióne [vc. dotta, lat. *perversiōne(m)* 'inversione', da *pervĕrsus*, part. pass. di *pervĕrtere* 'stravolgere'. V. *pervertire*] s. f. ● (*psicol.*) Comportamento anormale e socialmente condannato, spec. nella sfera sessuale.

perversità o †**perversitàde**, †**perversitàte** [vc. dotta, lat. *perversitāte(m)*, da *pervĕrsus* 'perverso'] s. f. *1* Natura o carattere di chi, di ciò che è perverso: *p. d'animo, delle intenzioni*; *un uomo di inumana p.* *2* Azione perversa: *le sue perversità furono punite*. SIN. Iniquità.

pervèrso [vc. dotta, lat. *pervĕrsu(m)* 'stravolto, perverso', part. pass. di *pervĕrtere* 'pervertire'] agg. *1* Molto malvagio, inclinato profondamente al male: *uomo p.*; *istinti, sentimenti perversi*; *intenzioni perverse* | Degenerato, vizioso: *atti perversi*. *2* (*fig.*) Avverso, ostile: *stagione perversa*; *quando la perversa fortuna ... toglie a perseguitare un uomo, non gli manca mai modi nuovi da mettere in campo contro a lui* (CELLINI). *3* Stravolto, guastato, alterato: *gli effetti perversi della riforma sanitaria, della scala mobile*. ‖ **perversaménte**, avv. In modo perverso, iniquo.

†**perversóre** [vc. dotta, lat. tardo *perversōre(m)*, da *pervĕrsus* 'perverso'] s. m.; anche agg. (come f. *pervertitrìce*) ● Chi, che perverte.

†**pervèrtere** v. tr. e intr. pron. ● Pervertire.

pervertiménto [da *pervertire*] s. m. ● Depravazione, perversione: *p. del gusto*; *p. morale*.

pervertìre [vc. dotta, lat. *pervĕrtere* 'sconvolgere', comp. di *per-* 'al di là' e *vĕrtere* 'volgere'] A v. tr. (*io pervèrto*) *1* †Stravolgere, guastare, alterare: *p. l'ordine, la struttura, il gusto* | †*P. da q.c.*, rimuovere, alienare. *2* Rendere corrotto, depravato: *p. i cuori, gli animi, la giustizia*; *le cattive amicizie l'hanno pervertito*. SIN. Corrompere. B v. intr. pron. ● Divenire corrotto e depravato.

pervertìto A part. pass. di *pervertire*; anche agg. ● Nei sign. del v. B s. m. (f. *-a*) ● Chi manifesta perversione.

pervertitóre agg.; anche s. m. (f. *-trice*) ● Che, chi perverte, corrompe: *discorso p.*; *p. dei giovani*.

pervicàce [vc. dotta, lat. *pervicāce(m)*, da *pervĭncere* 'vincere completamente', comp. di *per-* e *vĭncere* 'vincere'] agg. ● Che insiste o si accanisce con ostinazione e caparbietà: *peccatore p.* SIN. Ostinato, protervo. ‖ **pervicaceménte**, avv.

pervicàcia [vc. dotta, lat. *pervicācia(m)*, da *pĕrvicax*, genit. *pervicācis* 'pervicace'] s. f. (pl. *-cie*) ● Natura o carattere di chi, di ciò che è pervicace. SIN. Ostinazione, protervia.

perviẹtà [da *pervio*] s. f. ● (*anat.*) Condizione di un organo cavo quando il suo lume è libero: *p. di un'arteria*.

†**pervìgile** [vc. dotta, lat. *pervĭgile(m)*, comp. di *per-* e *vĭgil*, genit. *vĭgilis* 'vigile'] agg. ● (*raro*) Assai vigile.

pervìnca [vc. dotta, lat. *pervĭnca(m)*, di etim. incerta] A s. f. ● Pianta erbacea perenne delle Apocinacee con foglie scure e lucenti e fiori celesti lungamente picciolati, comunissima nelle boscaglie e sotto le siepi (*Vinca minor*) | *P. maggiore*, a fiori violacei (*Vinca maior*). B in funzione di agg. inv. ● (posposto al s.) Che ha il colore azzurro-violaceo caratteristico dei fiori della pianta omonima: *occhi p.*; *camicetta p.* **C** s. m. inv. ● Il colore pervinca.

pèrvio [vc. dotta, lat. *pĕrviu(m)*, comp. di *pĕr* 'attraverso' e *vĭa* 'via, strada'] agg. *1* (*lett.*) Facilmente accessibile, che permette il passaggio: *luogo p.* SIN. Accessibile, praticabile. CONTR. Impervio. *2* (*anat.*) Caratterizzato da pervietà.

†**perzàre** [ant. fr. *percier*, da avvicinare a *pertuisier* 'pertugiare'] v. tr. ● Perforare, trafiggere, bucare.

pésa [da *pesare*] s. f. *1* Operazione del pesare: *la p. delle merci.* *2* Luogo dove si compiono le operazioni di peso | *P. pubblica*, a disposizione del pubblico | Strumento usato per pesare. *3* †Peso, gravezza.

pesabambìni [comp. di *pesa(re)* e il pl. di *bambino*; calco sul fr. *pèse-bébé*] **A** s. m. ● Bilancia per pesare i bambini, spec. neonati. **B** in funzione di agg. inv. ● Solo nella loc. *bilancia p.*

pesàbile agg. ● Che si può pesare.

pesafiltro [comp. di *pesa(re)* e *filtro*] s. m. ● Recipiente cilindrico di piccole dimensioni, a chiusura ermetica, usato in chimica analitica spec. per pesare ed essiccare sostanze spesso poste su filtro.

pesage /fr. pəˈzaʒ/ [vc. fr., da *peser* 'pesare'] s. m. inv. ● Negli ippodromi, il recinto ove si pesano i fantini per le corse al galoppo.

pesalàtte [comp. di *pesa(re)* e *latte*; calco sul fr. *pèse-lait*] s. m. inv. ● Densimetro per il latte.

pesalèttere o **pesalèttere** [comp. di *pesa(re)* e il pl. di *lettera*; calco sul fr. *pèse-lettre*] s. m. inv. ● Bilancina per pesare lettere e plichi e regolarne l'affrancatura.

†**pesàme** [da *pesare*] s. m. ● Peso, gravezza.

†**pesaménto** s. m. ● (*raro*) Modo e atto del pesare.

†**pesamóndo** o †**pesamóndi** [comp. di *pesa(re)* e *mondo*] s. m. inv. ● (*scherz.*) Sapientone, sputasentenze.

pesànte part. pres. di *pesare*; anche agg. *1* Nei sign. del v. *2* Detto di cosa il cui peso è elevato o superiore alla media: *gas pesanti* | (*mil.*) *Artiglieria p.*, costituita dalle bocche da fuoco di grosso calibro | (*autom.*) *Trasporto p.*, i camion, gli autotreni e gli autoarticolati | *Industria p.*, complesso delle industrie meccaniche, metallurgiche e siderurgiche | *Abiti pesanti*, spessi e caldi | (*chim.*) *Acqua p.*, ossido di deuterio. *3* Detto di unità monetaria nuova il cui valore nominale è pari a un multiplo della precedente: *franco p.*; *lira p.* (unità monetaria italiana corrispondente alle attuali 1000 lire, proposta a più riprese ma non attuata). *4* (*est.*) Che agisce con forza e violenza | *Gioco p.*, nel calcio e sim., falloso e scorretto | *Avere la mano p.*, colpire, punire duramente e (*fig.*) mancare di misura, esagerare. *5* (*est.*) Che impaccia od ostacola provocando un'impressione di pesantezza: *testa p.*; *stomaco p.* | *Sonno p.*, profondo, che è difficile da interrompere | *Cibo p.*, difficile da digerire | *Occhi, palpebre pesanti*, appesantiti dalla fatica, dal sonno. *6* Che esige un notevole sforzo, molta fatica, grande resistenza fisica e sim.: *lavoro p.* | (*sport*) *Atletica p.*, quella che comprende lotta e sollevamento pesi | (*sport*) *Terreno p.*, quello di un campo di gioco o di corsa, che ostacola i movimenti in quanto bagnato e molle. *7* (*fig.*) Che opprime, grava, annoia, molesta e sim.: *silenzio p.*; *persona p.* | *Aria p.*, afosa, greve | *Battuta p.*, priva di gusto, di spirito, volgare | *Droghe pesanti*, quelle che, come l'eroina, la morfina e la cocaina, producono notevoli alterazioni dell'equilibrio psicofisico e/o dipendenza fisica o psichica. *8* (*fig.*) Tardo nei movimenti, privo di agilità: *corpo massiccio e p.*; *andatura, passo p.*; *è molto p. nel muoversi* | (*est.*) Greve, sovraccarico: *stile p.*; *prosa p.* *9* (*fig.*) Grande, con riferimento a ciò che si sopporta: *pesanti responsabilità*; *p. eredità* | Grave, preoccupante: *una situazione economica p.*; *danno p.* || **pesanteménte**, avv. In modo pesante; con tutto il peso del corpo: *cadde pesantemente a terra.*

pesantézza s. f. *1* Natura di ciò che è pesante (*anche fig.*): *la p. di una valigia, di uno stile, di un discorso.* SIN. Gravosità. CONTR. Leggerezza. *2* Senso di peso, dovuto a varie cause: *p. di stomaco, di testa.*

†**pesantùra** s. f. ● Pesantezza.

†**pesànza** s. f. ● Peso, gravezza (*anche fig.*).

pesapersóne [comp. di *pesa(re)* e il pl. di *persona*] **A** s. m. inv. ● Bilancia di piccole dimensioni, oppure automatica, che fornisce il valore del peso di una persona. **B** in funzione di agg. inv. ● Solo nella loc. *bilancia p.*

pesàre [lat. *pensāre*. V. *pensare*] **A** v. tr. (*io péso*) *1* Sottoporre qc. o q.c. ad apposite misurazioni per stabilirne il peso: *p. alla, con la stadera*; *p. un bambino, una partita di merci, una cassa.* *2* (*fig.*) Sottoporre q.c. ad attenta analisi, per valutarne l'importanza, il significato e sim.: *bisogna p. accuratamente il pro e il contro della sua proposta* | *P. le parole*, pensarci bene prima di pronunciarle | *P. le persone*, giudicarle | *P. con la bilancia del farmacista, dell'orefice*, considerare con eccessivo scrupolo o minuziosità | *Far p. la propria fama, la propria autorità e sim.*, (*fig.*) servirsene come di un forte mezzo di persuasione o di coercizione o gloriarsene. **B** v. intr. (aus. *avere* o *essere*) *1* Avere un determinato peso: *p. un kilogrammo, pochi grammi, una tonnellata* | *P. quanto un masso, come piombo e sim.*, pesare molto, essere di notevole peso | *P. quanto una piuma*, essere leggero, pesare poco | (*est.*) Essere pesante: *come pesa questa valigia!* *2* (*fig.*) Essere o riuscire gravoso, duro, spiacevole e sim.: *tu sapessi come, quanto mi pesa scrivere!*; *gli anni cominciano a p.* | *P. sulle spalle di qc.*, detto di persona, farsi mantenere; detto di cosa, gravare | *P. sullo stomaco*, (*fig.*) di cibo indigesto | *P. sulla coscienza*, di rimorso che non si cancella, di cattiva azione che produce continuo rimorso e sim. | (*est.*) Dispiacere, rincrescere: *i tuoi affanni mi pesano.* *3* (*fig.*) Essere importante, essere in grado di influire su q.c. in modo determinante: *in sede di voto la sua notorietà peserà molto*; *decisioni che peseranno sul nostro futuro.* *4* (*fig.*) Incombere: *una grave minaccia pesava su di lui.* **C** v. rifl. ● Sottoporsi alle necessarie misurazioni per conoscere il proprio peso: *mi sono pesata ieri in farmacia.*

pesarése **A** agg. ● Di Pesaro. **B** s. m. e f. ● Abitante, nativo di Pesaro.

pesàta s. f. *1* Atto, effetto del pesare. *2* Quantità di roba pesata in una volta. || **pesatìna**, dim.

pesàto part. pass. di *pesare*; anche agg. ● Nei sign. del v. || **pesataménte**, avv. (*raro*) Consideratamente.

pesatóre s. m. (f. *-trice*) ● Chi pesa, chi è addetto alle operazioni di pesatura | *P. pubblico*, un tempo, verificatore municipale del peso nei mercati alimentari.

pesatùra s. f. *1* Atto, effetto del pesare. *2* †Gabella del peso.

pèsca (1) o (*lett., dial.*) **pèrsica** [lat. *pĕrsica*, nt. pl. di *pĕrsicum* 'pesca', propriamente '(frutto) della Persia', da *Pĕrsia* 'Persia'] s. f. *1* Frutto del pesco | *P. noce*, V. *nocepesca* | *Volere la p. monda*, (*fig.*) volere i frutti di q.c. senza faticare per ottenerli. *2* (*tosc.*) Lividura di percosse | Percossa che lascia il segno. *3* (*fig., fam.*) Occhiaia, borsa sotto gli occhi: *la ragazza così gracile, così pallidina, con quelle pesche sotto gli occhi* (VERGA). || **peschétta**, dim. | **peschìna**, dim. | **pescùccia**, dim.

pésca (2) [da *pescare*] s. f. *1* Azione del pescare: *andare a p.*; *p. d'alto mare, professionale, di frodo, abusiva* | *P. subacquea*, effettuata nuotando sotto il pelo dell'acqua con particolari tecniche e attrezzature | *P. a strascico*, effettuata radendo il fondo con reti a strascico | *P. sportiva*, attività agonistica regolamentata da una apposita federazione; (*est.*) quella svolta a pagamento in specchi d'acqua appositamente riforniti di pesci. ➡ ILL. **pesca**. *2* (*est.*) L'insieme dei pesci e sim. presi in un'unica spedizione o uscita: *p. abbondante, ricca, scarsa, povera, magra*; *vendere la p. della giornata.* *3* (*raro, est.*) Ricerca di cosa o persona caduta in acqua. *4* (*fig.*) Specie di lotteria con biglietti in parte bianchi e in parte recanti un numero cui corrisponde un premio: *p. di beneficenza.*

pescàggio [da *pescare*] s. m. ● Immersione di una nave, misurata in metri o in piedi dal pelo dell'acqua alla chiglia.

pescagióne [vc. dotta, lat. tardo *piscatiōne(m)*, da *piscāri* 'pescare'] s. f. *1* Pésca. *2* (*mar.*) Pescaggio.

pescàia [lat. *piscāria(m)*, nel sign. di 'pescheria', f. sost. di *piscārius* 'relativo ai pesci', da *pĭscis* 'pesce'] s. f. ● Sbarramento collocato lungo il corso di un fiume, fatto di legno, pietre o sim. | (*est.*) Chiusa.

pescàio [da *pesca* (1)] agg. ● (*raro*) Che produce o fa maturare le pesche: *agosto p.*

pescaiòlo o †**pescaiuòlo** [da *pescaia*] s. m. ● Palizzata, muratura o altra struttura posta trasversalmente in un fiume per sollevarne il livello dell'acqua | Sbarramento utilizzato per la pesca.

pescanóce s. f. ● (*bot.*) Nocepesca.

pescànte part. pres. di *pescare*; anche agg. ● Nei sign. del v.

pescàre [lat. *piscāri*, da *pĭscis* 'pesce'] **A** v. tr. (*io pésco, tu péschi*) *1* Tendere insidie ai pesci o altri animali acquatici con rete, amo, nassa, fiocina e sim., allo scopo di catturarli: *p. tonni, anguille, polpi, granchi* | *P. nel torbido*, (*fig.*) intorbidare le cose per trarne profitto | *P. nelle stesse acque*, (*fig.*) fare le stesse cose di altri | (*fig.*) *P. in aria*, non concludere niente | *P. per sé*, (*fig.*) fare per sé | *P. un granchio*, (*fig.*) prendere un granchio, commettere un errore | (*est.*) Recuperare o tirar fuori dall'acqua: *p. un annegato*; *ho pescato il mio orologio.* *2* (*fig.*) Riuscire a trovare, a reperire e sim.: *ho pescato la notizia nelle sue vecchie carte*; *p. una citazione*; *dove hai pescato quel libro?*; *ha pescato la persona adatta.* *3* (*fig.*) Cogliere, sorprendere qc. in flagrante: *fu pescato con le mani nel sacco.* *4* Prendere a caso una carta da gioco dal mazzo, un pezzo di domino dal mucchio e sim. *5* Tirare a sorte biglietti di lotteria: *p. nell'urna.* **B** v. intr. (aus. *avere*) ● Detto di qualsiasi natante, avere lo scafo immerso nell'acqua per una certa altezza: *il motoscafo pesca due metri.*

†**pescarèccio** ● V. *peschereccio.*

pescarése **A** agg. ● Di, relativo a, Pescara. **B** s. m. e f. ● Abitante, nativo di Pescara.

†**pescarìa** ● V. *pescheria.*

pescàta s. f. ● Atto del pescare | Quantità di pesce pescato in una sola volta.

pescàtico [da *pescare*] s. m. (pl. *-ci*) ● Anticamente, tributo in denaro o in natura che la persona ammessa a pescare doveva al signore del luogo.

pescàto **A** part. pass. di *pescare*; anche agg. ● Nei sign. del v. **B** s. m. ● Quantità di pesce pescata in un dato periodo di tempo.

pescatóre [lat. *piscatōre(m)*, da *piscāri* 'pescare'] **A** s. m. (f. *-trice*, raro *-tora*, nel sign. 1) *1* Chi esercita la pesca: *p. professionale*; *villaggio di pescatori.* *2* (*per anton.*) San Pietro | *Anello del p.*, sigillo dei brevi pontifici che porta l'immagine di San Pietro pescatore. *3* (*mar.*) Grosso gancio che veniva incocciato alla varea del pennone di trinchetto ovvero a una piccola gru in coperta, per recuperare l'ancora con ceppo dopo salpata e presentarla sulla scarpa. *4* (*min.*) Attrezzo con cui si estraggono dai fori di sonda oggetti che vi siano accidentalmente caduti. *5* Nella loc. agg. e avv. *alla pescatora*, secondo l'uso dei pescatori | *Risotto alla p.*, con frutti di mare. || **pescatorèllo**, pegg. | **pescatorùccio**, pegg. **B** agg. ● Detto di animali che si nutrono prevalentemente di pesci: *martin p.*, V. *martino*; *rana pescatrice*, V. *rana.*

pescatòrio ● V. *piscatorio.*

pésce [lat. *pĭsce(m)*, di origine indeur.] s. m. *1* Ogni animale vertebrato acquatico appartenente alla classe dei Pesci | *P. ago*, singnatiforme a corpo sottilissimo bruno verdastro, comune lungo le coste mediterranee (*Syngnathus acus*) | *P. angelo*, squadro | *P. cane*, squalo | *P. cappone*, V. *cappone* (*1*) | *P. chitarra*, rinobato | *P. combattente*, betta | *P. farfalla*, pteroide | *P. gatto*, siluriforme delle acque dolci americane ed europee, caratterizzato dal capo tozzo, appiattito e da lunghi barbigli impiantati attorno alla bocca (*Ameiurus nebulosus*) | *P. imperatore*, luvaro | *P. istrice*, diodonte | *P. lucerna*, perciforme grigio brunastro, con occhi nella parte superiore del capo, che può rigonfiare fortemente l'addome (*Uranoscopus scaber*). SIN. Uranoscopo | *P. luna*, lampridiforme a corpo compresso dai magnifici colori rosso, azzurro, rosa e argento, comune nei mari caldi (*Lampris regius*) | *P. lupo*, spigola | *P. martello*, squalo con capo arrotondato estendentesi lateralmente con due lobi alle cui estremità stanno gli occhi, viviparo presente nel Mediterraneo (*Sphyrna zygaena*) | *P. palla*, tetrodontiforme del Mediterraneo, massiccio e spinoso, con grossi caratteristici denti e capacità di rigonfiarsi a palla (*Ephippion maculatum*). SIN. Tetraodonte | *P. pappagallo*, scaro | *P. persico*, V. *persico* | *P. pilota*, perciforme comune nel Mediterraneo, grigiastro a fasce trasversali scure, che ha l'abitudine di accompagnare i grandi squali e le navi (*Naucrates ductor*) | *P. pipistrello*, teleosteo marino con grosso capo subtriangolare che si prolunga anteriormente con un corno, rivestito lungo il capo e il corpo di protuberanze ossee (*Oncocephalus vespertilio*) | *P. porco*, squalo del Mediterraneo, tozzo, grigio nerastro, a muso ottuso (*Oxynotus centrina*) | *P. prete*, uranoscopo, pesce lucerna | *P. ragno*, trachino | *P. rondine*, dattilottero. SIN. Rondine di mare | *P. rosso*, carassio dorato | *P. San Pietro*, *p. sampietro*, zeiforme comune nel Mediterraneo con capo compresso e piastre ossee al margine dorsale e ventrale (*Zeus faber*) | *P. sega*, selacio con caratteristico rostro cartilagineo munito ai lati di robusti denti, raro nel Mediterraneo (*Pristis pristis*) | *P. siluro*, V. *siluro* (*1*) | *P. spada*, perciforme lungo fino a 5 m, privo di squame, nero, con il muso allungato in una spada appuntita, nuotatore velocissimo, pescato nei mari dell'Italia merid. per le carni molto pregiate (*Xiphias gladius*) | *P. tamburo*, mola, pesce luna | *P. tigre*, piranha | *P. trombetta*, pesciolino a corpo ellissoidale e allungato, con muso tubulare e occhi sviluppatissimi (*Centriscus scolopax*) | *P. violino*, rinobato | *P. vela*, *p. ventaglio*, istioforo | *P. volante*, esoceto | (*fig.*) *P. d'aprile*, burla che si usa fare il primo giorno d'aprile | (*fig.*) *Essere sano come un p.*, essere in perfetta salute | (*fig.*) *Muto come un p.*, detto di chi tace ostinatamente | (*fig.*) *Nuotare come un p.*, molto bene | (*fig.*) *Non sapere che pesci prendere*, non sapere come agire per risolvere q.c. | (*fig.*) *Sentirsi un p. fuor d'acqua*, detto di chi si trova a disagio in una data situazione o ambiente | (*fig.*) *Non essere né carne né p.*, non essere ben definito né definibile, detto di persona o cosa | (*fig.*) *Fare il p. in barile*, mostrare indifferenza, comportarsi con neutralità | (*fig.*) *Buttarsi a p. su q.c.*, accoglierla con entusiasmo | (*fig.*) *P. nuovo*, di persona che si fa notare per la sua ingenuità o stravaganza | (*fig.*) *Pesci piccoli, grossi*, persone rispettivamente di scarso o forte potere | *Prendere a pesci in faccia*, (*fig.*) trattare qc. in modo villano e umiliante | †*Andare a bastonare i pesci*, (*fig.*) essere condannato al remo. ➡ ILL. **animali 5-7**; **zoologia generale**. **2** La carne degli animali vertebrati acquatici | *P. bianco*, con carne bianca | *P. azzurro*, acciughe, sardine, sgombri | *P. a carne rossa*, tonno, salmone e storione | *P. da taglio*, carne di pesce senza lisca, come pescecane, rombo e sim. | *P. grasso*, anguilla, salmone, aringa | *P. magro*, merluzzo, luccio, sogliola | *P. sott'olio*, conservato in bagno d'olio | *P. affumicato*, conservato mediante affumicamento | *P. salato*, seccato e salato. **3** Pietanza di pesce: *p. fritto*, *lesso*, *in umido*; *p. con maionese*, *marinato*, *salato*. **4** In varie loc. indicanti prodotti ottenuti mediante lavorazione del pesce | *Colla di p.*, ittiocolla | *Olio di p.*, ottenuto per ebollizione in acqua di alcuni pesci, impiegato nella concia delle pelli, nella fabbricazione di saponi, nella preparazione di oli idrogenati | *Farina*, *polvere di p.*, ottenuta da pesci non commestibili, cotti, seccati e sbriciolati, usata come concime o alimento di animali domestici. **5** In tipografia, salto di composizione. || **pescerèllo**, dim. | **pescétto**, dim. (V.) | **pesciàccio**, pegg. | **pesciarèllo**, dim. | **pesciatèllo**, dim. | **pescìno**, dim. (V.) | **pesciolìno**, dim. (V.) | **pescióne**, accr. | **pesciòtto**, dim. | **pescitèllo**, dim. | †**pesciuòlo**, dim. | †pe-

pesca

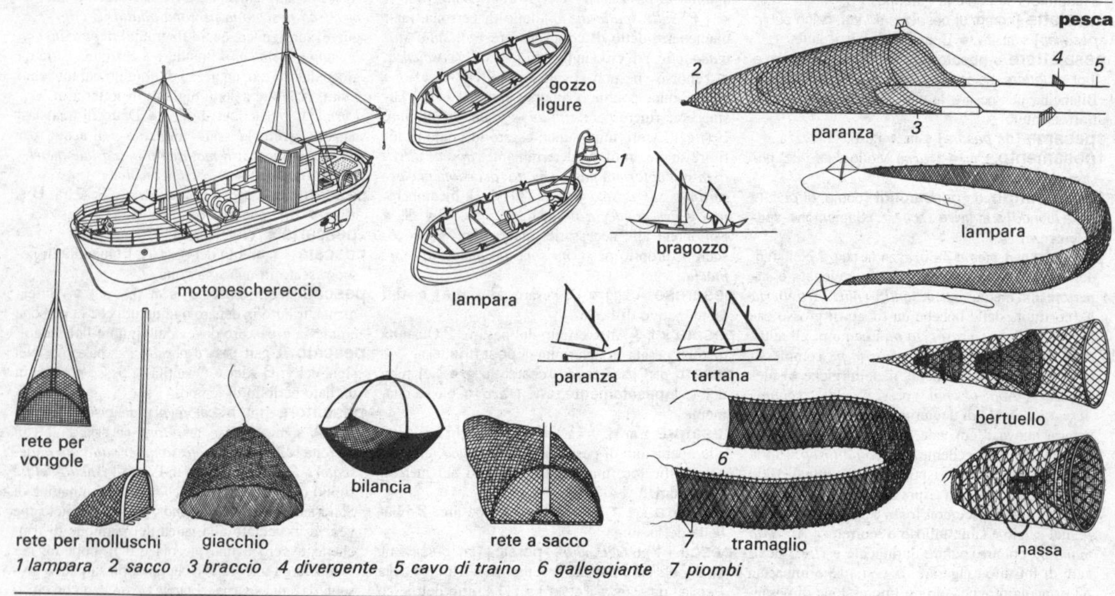

1 lampara 2 sacco 3 braccio 4 divergente 5 cavo di traino 6 galleggiante 7 piombi

pesca sportiva

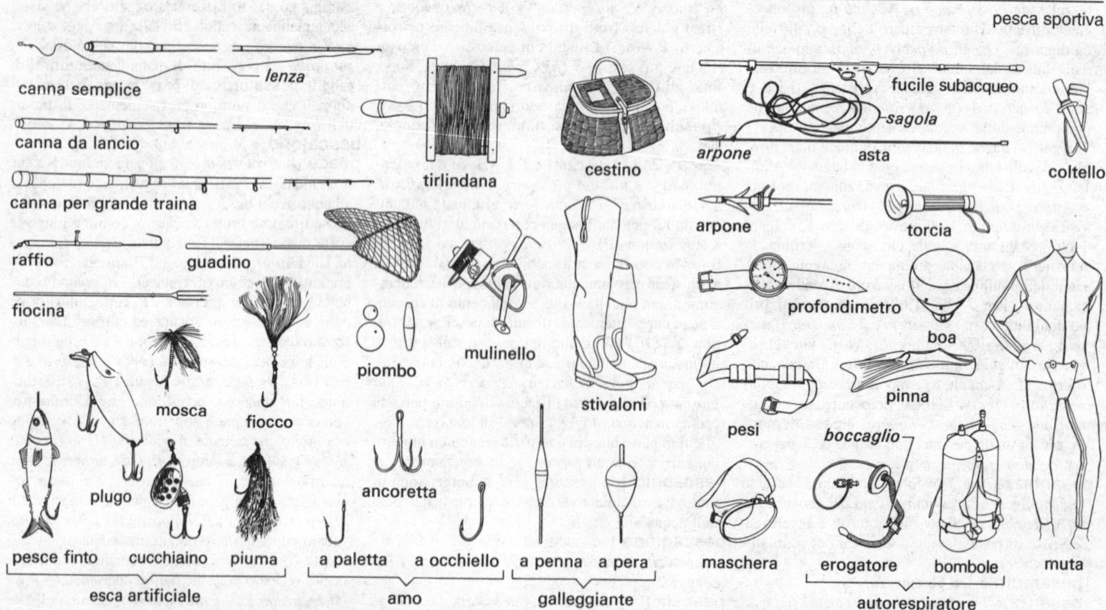

sciuzzo, dim.

pescecàne o (*raro*) **pésce càne** [comp. di *pesce* e *cane*] s. m. (pl. *pescicàni* o *pescecàni*) *1* Correntemente, squalo. *2* (*fig.*) Commerciante, industriale e sim. che si è arricchito rapidamente, spec. approfittando, in situazione di guerra o dopoguerra.

†**pesceduòvo** o **pésce d'uòvo** [detto così perché consiste in una frittata d'*uova* in forma di *pesce*] s. m. ● Frittata arrotolata, dalla vaga forma di pesce.

pescèra ● V. *pesciera*.

pescétto s. m. *1* Dim. di *pesce*. *2* Pasta dolce in forma di piccolo pesce.

pescheréccio o †**pescaréccio** [da *pescare*] **A** agg. (pl. f. *-ce*) *1* Relativo alla pesca: *industria peschereccia*. *2* †Pescoso. **B** s. m. ● Imbarcazione piuttosto grossa attrezzata per la pesca.

pescherìa o †**pescarìa** [dal lat. *piscāria* (V. *pescaia*), sul modello di *drogheria*] s. f. *1* Negozio in cui si vende pesce. *2* (*sett.*) Misto di pesciolini, per frittura. SIN. Minutaglia. *3* †Pesca.

peschéto [da *pesco*] s. m. ● Piantagione di peschi.

peschìcolo [comp. di *pesco* e *-colo*] agg. ● Relativo alla coltivazione del pesco: *regione peschicola*.

peschicoltóre [comp. di *pesco* e *-coltore*] s. m. (f. *-trice*, raro) ● Chi si dedica alla peschicoltura.

peschicoltùra [comp. di *pesco* e *coltura*] s. f. ● Coltivazione del pesco.

peschièra [da *pescare*] s. f. *1* Vivaio per pesci. *2* †Luogo di pesca.

†**pèschio (1)** [lat. *pĕssulu(m)*, nom. *pĕssulus*, dal gr. *pássolos*, di origine indeur.] s. m. ● Chiavistello.

pèschio (2) [etim. discussa: dal precedente, in quanto la roccia, il sasso, è visto come un chiavistello, cioè un ostacolo al passaggio (?)] s. m. ● (*dial.*) Grosso ciottolo.

Pésci s. m. pl. *1* Nella tassonomia animale, classe di Vertebrati acquatici forniti di pinne, con corpo generalmente fusiforme rivestito di squame o scaglie, respirazione branchiale, scheletro cartilagineo o osseo (*Pisces*) | *P. cartilaginei*, classe di Pesci con scheletro cartilagineo | *P. ossei*, classe di Pesci con scheletro osseo. ➡ ILL. **animali** /5-7. *2* (*astron.*) Ultima costellazione dello zodiaco, nella quale cade l'equinozio di primavera. *3* (*astrol.*) Dodicesimo e ultimo segno dello zodiaco, compreso fra i 330 e i 360 gradi dell'anello zodiacale, che domina il periodo compreso fra il 19 febbraio e il 20 marzo | (*est.*) Persona nata sotto il segno dei Pesci. ➡ ILL. **zodiaco**.

pesciaiòla o (*raro*) **pesciaiuòla** [da *pesce*] s. f. *1* Venditrice di pesce. *2* Pesciera. *3* (*zool.*) Monaca.

pesciaiòlo o (*raro*) **pesciaiuòlo**. s. m. (f. *-a*) ● Venditore di pesce. SIN. Pescivendolo.

pesciaiuòla ● V. *pesciaiola*.

pesciaiuòlo ● V. *pesciaiolo*.

pescicoltóre ● V. *piscicoltore*.

pescicoltùra ● V. *piscicoltura*.

pescièra o **pescèra** [da *pesce*] s. f. ● Recipiente ovale per lessarvi il pesce, con un secondo fondo sollevabile | Vassoio per servire in tavola il pesce.

pescino A s. m. *1* Dim. di *pesce*. *2* Imbarcazione piccola e leggera per una sola persona, usata nella caccia in palude. **B** agg. ● †Di pesce.

†**péscio** [da *pesce*, per la forma] s. m. ● (*mar.*) Incavalcatura della cucitura dei ferzi della vela, che pone i lembi dell'uno sopra i lembi dell'altro, perché la vela sia più forte e, facendo un po' di sacco, pigli meglio il vento.

pesciolino s. m. *1* Dim. di *pesce*. *2* (*raro, fig.*) Ragazzetto vispo. *3* (*zool.*) *P. d'argento*, lepisma.

†**pescióso** agg. ● Di pesce.

pescivéndolo [comp. di *pesce* e *-vendolo*, ricavato da *vendere*] s. m. (f. *-a*) ● Venditore di pesce al mercato o in una bottega.

pèsco [lat. *pĕrsicu(m)*. V. *pesca* (*1*)] s. m. (pl. *-schi*) *1* Alberetto delle Rosacee a foglie lanceolate e seghettate, fiori rosei che appaiono prima delle foglie, frutti commestibili (*Amygdalus persica*). *2* †Pesca.

pescosità s. f. ● Caratteristica di mari, fiumi, laghi e sim. ricchi di pesce.

pescóso (1) o †**piscóso** [vc. dotta, lat. *piscō-su(m)*, agg. di *pĭscis* 'pesce'] agg. ● Abbondante, ricco di pesce: *vuotate le chiuse pescose fra graticci di canne* (BACCHELLI).

†**pescóso (2)** [da *pesca* (*1*), nel sign. 3] agg. ● (*raro*) Che ha le pesche o borse sotto gli occhi.

peṣèta /pe'zɛta, *sp.* pe'seta/ [sp., dim. di *peso* (*3*) (V.)] s. f. (pl. *-e*; pl. sp. pesetas /pe'setas/) ● Unità monetaria circolante in Spagna e anche in Andorra, Ceuta e Melilla.

peṣézza [da *peso* (*1*)] s. f. ● (*raro*) Pesantezza | Senso di peso.

peṣièra s. f. ● Cassetta contenente una serie completa di pesi per la bilancia | La serie stessa.

peṣista s. m. e f. (pl. m. *-i*) ● Chi pratica la specialità atletica del sollevamento pesi | Chi lancia il peso.

peṣìstica s. f. ● Sollevamento pesi.

peṣìstico agg. (pl. m. *-ci*) ● Relativo alla pesistica e ai pesisti.

péṣo (1) [lat. *pēnsu(m)*. V. *penso*] s. m. *1* Forza di attrazione della Terra sui corpi posti in prossimità della sua superficie, proporzionale alla loro massa, dipendente dalla latitudine e dall'altezza sul livello del mare | *P. atomico assoluto*, peso dell'atomo di un elemento chimico | *P. atomico relativo*, rapporto fra la massa di un dato elemento e 1/12 della massa atomica del Carbonio-12 | *P. molecolare*, somma dei pesi atomici degli elementi che fanno parte della molecola | *P. specifico assoluto*, rapporto fra il peso e il volume di un corpo o peso dell'unità di volume di esso | *P. specifico relativo*, rapporto tra il peso del corpo e il peso di un volume uguale di una sostanza di riferimento | *P. lordo*, complessivo della merce e dell'imballaggio | *P. netto*, della sola merce | *P. condizionato*, quello che avrebbe la merce se in essa fosse contenuta una percentuale fissa prestabilita di umidità | *Far p.*, essere pesante | *P. morto*, quanto pesa un animale ucciso o, trattandosi di merci, la tara o (*fig.*) persona che non ha iniziative né autonomia e si appoggia totalmente a qc. | *Pigliare, sollevare di p.*, alzare qc. o q.c. da terra di slancio, in un solo sforzo | *Prendere di p.*, (*fig.*) copiare integralmente, senza apportare alcuna modifica | *Buon p.*, abbondante e vantaggioso per chi compra | *Rubare sul p.*, di venditore che inganna il compratore diminuendo il peso di ciò che vende | *Passare il p.*, eccederlo e (*fig.*) eccedere la giusta misura | *A p.*, secondo quanto una cosa pesa: *comperare, pagare a p.* | *A p. d'oro*, (*fig.*) a carissimo prezzo | (*est.*) Senso di pesantezza: *sentire un p. alla testa, allo stomaco*. *2* Oggetto metallico graduato che serve nelle operazioni di pesatura: *un p. di un etto, di un kilogrammo* | *Unità di p.*, kilogrammo | *P. pubblico*, luogo in cui si verifica la giustezza del peso delle cose comperate. *3* Corpo od oggetto molto pesante: *però, è un bel p.!* | (*est.*) Carico, fardello: *portare pesi*; *un p. eccessivo, enorme*. *4* (*sport*) Attrezzo sferico impiegato in gare di lancio, del peso di 7,257 kg per gli uomini e di 4 kg per le donne. ➡ ILL. p. 1283 SPORT. *5* (*sport*) Ciascuna delle categorie specificate da una determinazione in cui sono suddivisi pugili, lottatori e gli atleti che praticano il sollevamento pesi: *pesi mosca, pesi gallo, pesi medi, pesi medileggeri, pesi massimi*. *6* (*sport*) Nell'ippica, handicap. *7* (*fig.*) Autorità, rilievo, valore: *il p. delle sue parole è notevole*; *sono cose di nessun p., di gran p.* | *Di p.*, rilevante, importante | *Dare p.*, attribuire importanza | *Non bisogna dargli p.*, non ci si deve far caso, non se ne deve tener conto. *8* (*fig.*) Tutto ciò che grava sull'uomo o sulla sua attività, opprimendolo e causandogli angosce e preoccupazioni: *il p. della famiglia, della fatica, degli anni*; *avere un p. sulla coscienza*; *liberarsi di un p.* | *Essere un p. per qc., essere di p. a qc.*, arrecargli noia, fastidi e preoccupazioni, anche di natura economica: *non vuole essere di p. ai figli* | (*est.*) Onere od obbligo finanziario: *il p. di un'ipoteca*; *il p. delle imposte*. || **peṣétto**, dim. | **peṣino**, dim. | **peṣóne**, accr. | **peṣùccio**, **peṣùzzo**, dim.

péṣo (2) [da *pesare*] agg. ● (*dial., fam.*) Pesante: *oggetto molto p.* | (*fig.*) Noioso: *quella donna è proprio pesa* | *Aria pesa*, soffocante e afosa.

peso (3) /*sp.* 'peso/ [vc. sp., propr. 'peso'] s. m. (pl. *pesos* /*sp.* 'pesos/) ● Unità monetaria circolante in Argentina, Bolivia, Cile, Colombia, Cuba, Repubblica Dominicana, Filippine, Guinea Bissau, Messico e Uruguay.

†**péṣolo** [lat. *pēnsile(m)* 'pensile'] agg. ● Pendulo, pendente: *'l capo tronco tenea per le chiome, / pesol con mano a guisa di lanterna* (DANTE *Inf.* XXVIII, 121-122).

peṣsàrio [vc. dotta, lat. tardo *pessāriu(m)*, da *pēssum*, dal gr. *pessós* 'dado', di etim. incerta] s. m. *1* (*med.*) Protesi di materiale e forma varia, per lo più ad anello, per sostenere visceri soggetti a prolasso. *2* Contraccettivo meccanico di forma tondeggiante applicato in corrispondenza del collo dell'utero. SIN. Diaframma.

pessarizzàre v. tr. ● (*raro*) Trattare con pessario.

-pessìa o **-pèssi** [dal gr. *pêxis* 'unione, fissazione', dal v. *pēgnýnai* 'fissare, far stare fermo' di orig. indeur.] secondo elemento ● In parole composte della terminologia medica, indica l'operazione chirurgica volta a riportare e fissare nella sua sede naturale l'organo designato dal primo elemento: *nefropessi*.

pessimiṣmo [fr. *pessimisme*, dal lat. *pĕssimus* 'pessimo', in opposizione a *optimisme* 'ottimismo'] s. m. *1* Dottrina filosofica, basata sulla convinzione della costante prevalenza del male sul bene, che, pur ammettendo il finalismo dell'universo, nega qualsiasi possibilità di progresso e di miglioramento. CONTR. Ottimismo. *2* Correntemente, tendenza a giudicare le cose dal loro lato peggiore giungendo sempre a previsioni negative: *un p. frutto dell'esperienza*; *p. inguaribile, insopportabile*; *p ... è la consapevole impossibilità per l'uomo di conseguire mai il fine che la sua stessa natura lo spinge a proporsi* (CROCE).

pessimista [fr. *pessimiste*, da *pessimisme* 'pessimismo'] **A** s. m. e f. (pl. m. *-i*) *1* Chi giudica negativamente, con pessimismo: *essere un p.* *2* Chi segue il, o si ispira al, pessimismo. CONTR. Ottimista. **B** agg. ● Che è portato al pessimismo: *è un ragazzo p. su tutto*.

pessimìstico agg. (pl. m. *-ci*) ● Di, da pessimista: *considerazioni pessimistiche*. || **pessimisticaménte**, avv.

†**pessimità** s. f. *1* Qualità di ciò che è pessimo. *2* Azione pessima.

pèssimo [vc. dotta, lat. *pĕssimu(m)*, sup. di *pēior* 'peggiore'] agg. (sup. di *cattivo*) *1* Che è il peggiore fra tutti, il più cattivo di tutti: *un vino p.*; *alloggiare in un p. albergo*; *fare un p. viaggio*; *essere di p. umore* | *Un p. lavoro*, fatto malissimo | *Essere in pessimi rapporti con qc.*, essere quasi nemici. *2* Che è assolutamente riprovevole, sotto ogni punto di vista: *una pessima vita*; *un uomo p.* | *Un p. elemento*, persona totalmente priva di buone qualità | *Un p. acquisto*, per nulla conveniente (*anche fig.*). *3* Molto brutto: *oggi hai un p. aspetto, una pessima cera*. || **pessimaménte**, avv.

pésta [da *pestare*] s. f. *1* (*raro*) Strada battuta, con orme d'uomini o d'animali: *seguire la p.* *2* (*spec. al pl.*) Orme, tracce: *seguire le peste di qc., della selvaggina*. *3* †Calca. *4* (*fig., al pl.*) Situazione complicata, da cui è difficile tirarsi fuori: *trovarsi, essere, rimanere nelle peste*; *mettere, lasciare qc. nelle peste*. *5* Nell'ippica, successione delle orme che il cavallo lascia sul terreno, dalla cui disposizione si ricava l'andatura.

pestàggio [da *pestare*: calco sul fr. *pilage*] s. m. ● Violenta bastonatura: *subire un p.*; *squadracce che eseguono pestaggi intimidatori* | Rissa, zuffa.

pestaménto s. m. ● (*raro*) Modo e atto del pestare.

pestapépe [comp. di *pesta(re)* e *pepe*] s. m. e f. inv. ● (*raro*) Chi, nelle drogherie, era addetto a pestare il pepe.

pestàre [lat. tardo *pistāre*, ints. di *pīnsere* 'pestare', di origine indeur.] v. tr. (*io pésto*) *1* Sottoporre alla pressione del piede: *p. le erbe, i fiori, le foglie*; *gli ho pestato inavvertitamente un piede* | *P. i piedi*, batterli a terra, per ira o sim. | *P. i piedi a qc.*, (*fig.*) fare q.c. che lo molesti o lo danneggi, fargli dispetto | *P. le orme di qc.*, seguirlo | *P. l'uva*, pigiarla. SIN. Calpestare. *2* Ridurre q.c. in frantumi o in polvere mediante colpi continui e ripetuti, con il pestello o con altro arnese adatto: *p. il sale, il pepe*; *p. le erbe nel mortaio* | *P. la carne*, tritarla finemente | (*fig.*) *P. l'acqua nel* *mortaio*, fare una inutile fatica. SIN. Frantumare, sminuzzare. **3** (*est.*) Riempire di botte: *l'hanno pestato con pugni e calci*; *gli hanno pestato la faccia* | (*scherz.*) *P. il pianoforte*, suonarlo male.

pestaròla o **pestaruòla** s. f. ● Sorta di mannaia per pestare la carne di maiale e fare salsicce.

pestàta s. f. **1** Atto del pestare (*anche fig.*) | Colpo che si dà o si riceve pestando: *dare, ricevere una p. su un piede*. **2** Pestaggio, rissa. || **pestatìna**, dim. | †**pestatóna**, accr.

pestàto part. pass. di *pestare*; anche agg. ● Nei sign. del v.

pestatóio [da *pestato*] s. m. ● (*raro*) Pestello.

pestatóre s. m. (f. *-trice*) ● (*raro*) Chi pesta o picchia | Chi esegue un pestaggio.

pestatùra s. f. ● Atto, effetto del pestare: *la p. del sale*.

pèste [lat. *pĕste(m)*, di etim. incerta] s. f. **1** (*med.*) Malattia infettiva epidemica degli animali (roditori) e dell'uomo, causata dal batterio *Yersinia pestis*, che si manifesta in forma bubbonica o polmonare | *P. aviaria*, malattia infettiva dei Gallinacei sostenuta da un virus | *P. bovina*, malattia infettiva dei Bovini a decorso acuto febbrile setticemico sostenuta da un virus | *P. suina*, malattia infettiva e contagiosa caratterizzata da setticemie a carattere emorragico | (*fig.*) *Le sette pesti*, tutto ciò che vi è di peggiore. **2** (*fig.*) Fetore, puzzo: *che p. in questo locale fumoso!* **3** (*fig.*) Calamità, rovina: *la corruzione è la p. della nostra società* | (*fig.*) *Dire p. e corna di qc.*, parlarne malissimo. **4** (*fig.*) Persona, spec. bambino, molto vivace e turbolenta: *guardati da lui, perché è una p.*; *quel ragazzino è una vera p.* **5** (*bot.*) *P. d'acqua*, elodea. || **pesterèlla**, dim. | †**pesticciuòla**, dim.

pestellàta s. f. ● (*raro*) Colpo di pestello.

pestèllo [lat. *pistĭllu(m)*, da *pīnsere* 'pestare'. V. *pestare*] s. m. **1** Arnese col quale si pesta nel mortaio: *p. di ottone, di vetro*. **2** (*impr.*) Batticarne.

pesticciàre [ints. di *pestare*] v. tr. (*io pesticcio*) ● Calpestare con insistenza.

pesticìda [ingl. *pesticide*, comp. di *pest* 'peste, pianta o animale dannoso' e *-cide* '-cida'] s. m. (pl. *-i*) ● Prodotto naturale o sintetico usato nella lotta chimica contro gli organismi nocivi alle colture agricole.

pestìfero [vc. dotta, lat. *pestĭferu(m)*, comp. di *pĕstis* 'peste' e *-fer* '-fero'] agg. **1** Che porta, che trasmette la peste. **2** (*fig.*) Che ammorba l'aria di fetore: *palude pestifera*; *esalazioni pestifere*. **3** (*fig.*) Dannoso, esiziale, funesto: *morbo, animale p.*; *nebbia pestifera per la campagna*; *nulla si truova tanto alle cose pubbliche e private nocivo e p. quanto sono i cittadini ignavi e inerti* (ALBERTI) | Estremamente noioso e molesto: *un ragazzino p.*

pestilènte [vc. dotta, lat. *pestilĕnte(m)*, da *pĕstis* 'peste'] **A** agg. ● (*raro*) Pestifero (*anche fig.*). **B** s. m. e f. ● †Appestato.

pestilènza o †**pestilènzia**, †**pistolènza**, †**pistolènzia** [vc. dotta, lat. *pestilĕntia(m)*, da *pĕstilens*, genit. *pestilĕntis* 'pestilente'] s. f. **1** Morbo della peste, epidemia di peste: *nella egregia città di Fiorenza ... pervenne la mortifera p.* (BOCCACCIO). **2** (*fig.*) Calamità, rovina, flagello. **3** (*fig.*) Fetore insopportabile.

pestilenziàle agg. **1** Di, relativo a pestilenza. **2** (*fig.*) Estremamente dannoso: *il tuo intervento è stato proprio p.* **3** (*fig.*) Che emana un odore nauseabondo: *miasmi, esalazioni pestilenziali*. || **pestilenzialménte**, avv.

†**pestilenzióso** [vc. dotta, lat. tardo *pestilentiōsu(m)*, da *pestilĕntia* 'pestilenza'] agg. ● Pestilenziale (*spec. fig.*).

pestìo [da *pestare*] s. m. ● (*tosc.*) Un pestare continuo e frequente.

pésto [da *pestato*] **A** agg. ● Che ha subito ammaccature, pestature (*anche fig.*): *carne pesta*; *è tutto p. per le percosse* | *Occhio p.*, livido per un colpo ricevuto o cerchiato da profonde occhiaie | (*fig.*) *Buio p.*, fitto, totale. **B** s. m. **1** Poltiglia o insieme di cose pestate. **2** Salsa di basilico, aglio e pinoli pestati, con aggiunta di formaggio pecorino e olio, condimento tipico della cucina genovese: *trenette col p.*; *ravioli al p.*

pestóne [da *pestare*] s. m. **1** Violenta pestata, spec. su un piede. **2** Pestello grande e pesante in ferro per pestare carbone, salnitro e zolfo nelle polveriere.

pestóso [da *peste*] agg. ● (*med.*) Della, relativo alla peste.

PET /pɛt/ [sigla di *PoliEtilenTereftalato*] s. m. inv. ● (*chim.*) Sigla del polietilentereftalato.

pèta- [prefissoide ingl., che pare stia per *penta-*, sul modello di *tera-/tetra-* e parallelo a *exa-*] primo elemento ● Anteposto a un'unità di misura la moltiplica per 10^{15}, cioè per un milione di miliardi. SIMB. P.

petàcchio [fr. *patache*, dello sp. *patache*: dall'ar. *batāš* 'nave a due alberi'] s. m. ● Bastimento da guerra del sec. XV, dei mari del nord, di solito con compiti ausiliari, attrezzato con due alberi a vele quadre.

petacciòla o (*lett.*) **petacciuòla** [lat. *pittăciu(m)* 'impiastro' perché le foglie vengono usate come impiastri] s. f. ● (*bot.*) Piantaggine.

petalifórme [comp. di *petalo* e *-forme*] agg. ● (*bot.*) Che ha forma di petalo.

pètalo [vc. dotta, gr. *pétalon*, da *petannýnai* 'aprire', di origine indeur.] s. m. ● (*bot.*) Ognuno degli elementi del fiore, costituiti da foglie modificate con funzione vessillare, che costituiscono la corolla.

petaloidèo [der. di *petalo*, con il suff. *-oide*] agg. ● (*bot.*) Che è simile a petalo, detto spec. di parti del fiore.

petàrdo [fr. *pétard*, da *pet* 'peto'] s. m. **1** Antico mortaio da attaccare direttamente alla porta o al muro da abbattere. **2** Rudimentale bombetta di carta, che si fa esplodere durante feste e sim. **3** Detonante, posto sulle rotaie, che esplode al passaggio del treno per richiamare l'attenzione del macchinista o segnalare pericoli imminenti.

pètaso [vc. dotta, lat. *pĕtasu(m)*, nom. *pĕtasus*, dal gr. *pétasos*, da *petannýnai* 'aprire'. V. *petalo*] s. m. ● (*archeol.*) Cappello a falda larga proprio dei viaggiatori e dei cacciatori.

petàuro [dal lat. classico *petaurĭstes*, dal gr. *petauristḗs* 'acrobata, funambolo' (da *pétauron* 'bilanciere da funamboli', di etim. incerta), per l'abilità di saltatore di questo animale] s. m. ● Genere di Marsupiali australiani notturni, la cui pelle si estende a guisa di patagio fra gli arti anteriori e quelli posteriori permettendo voli planati (*Petaurus*).

petécchia [lat. parl. *(im)petĭcula(m)*, dim. del lat. *impetīgo*, genit. *impetīginis* 'impetigine'] s. f. **1** (*med.*) Piccola emorragia puntiforme. **2** (*raro*, *fig.*) Persona spilorcia e taccagna.

petecchiàle agg. ● (*med.*) Che è caratterizzato da petecchie: *tifo p.*

†**pètere** [vc. dotta, lat. *pĕtere* 'cercare di giungere a', poi 'chiedere', di origine indeur.] v. tr. ● Chiedere, domandare.

†**petìre** [cfr. †*petere*] v. tr. ● (*lett.*) Chiedere.

petit-beurre /fr. pəti'bœ:r/ [vc. fr., propr. 'piccolo burro'] s. m. inv. ● Piccolo biscotto al burro, spec. di forma rettangolare.

petit-four /fr. pə'ti 'fur/ [vc. fr., propriamente 'piccolo (*petit*) dolce al forno (*four*)'] s. m. inv. (pl. fr. *petits-fours*) ● Pasticcino da tè, a base di pasta di mandorle.

petit-gris /fr. pə'ti 'gri/ [vc. fr., propriamente 'piccolo (*petit*) grigio (*gris*)'] s. m. inv. (pl. fr. *petits-gris*) ● Tipo di pelliccia molto morbida, confezionata con pelli di scoiattoli siberiani.

petitòrio [vc. dotta, lat. tardo *petitōriu(m)*, da *petītor*, genit. *petitōris* 'petitore'] agg. ● (*dir.*) Di giudizio in cui l'attore rivendica il diritto di proprietà su di un bene o di azione esperibile a difesa della proprietà.

petitum /lat. pe'titum/ [vc. lat., propriamente 'ciò che è richiesto'] s. m. inv. ● (*dir.*) Ciò che la parte chiede in giudizio | Oggetto della pretesa vantata in giudizio.

petizióne [vc. dotta, lat. *petitiōne(m)*, da *petītus* 'richiesto'. V. *petitum*] s. f. **1** Domanda, istanza, supplica. **2** (*dir.*) Richiesta avanzata ai massimi organi dello Stato da un congruo numero di cittadini elettori. **3** (*filos.*) *P. di principio*, fallacia logica consistente nel considerare come premessa di un argomento la conclusione che si intende dimostrare. || †**petizioncèlla**, dim.

péto [lat. *pēditu(m)*, da *pēdere* 'tirar peti', di origine indeur. V. *podice*] s. m. ● Fuoriuscita di gas dall'intestino.

-peto [lat. *-pĕtu(m)*, da *pĕtere* 'dirigersi', 'tendere verso', di origine indeur.] secondo elemento ● In parole composte, indica movimento, tendenza, sviluppo verso q.c.: *centripeto*. CONTR. *-fugo*.

petonciàno o **petronciàno** [deform. dell'ar. *bādinğan*, V. *melanzana*] s. m. ● (*bot.*) Melanzana.

†**pètra** ● V. *pietra*.

†**petrafàtto** [da *fatto* ('diventato') *pietra*] agg. ● Impietrito, pietrificato.

petràia ● V. *pietraia*.

petrarcheggiàre v. intr. (*io petrarchéggio*; aus. *avere*) ● Imitare il Petrarca nelle composizioni poetiche.

petrarcherìa s. f. ● (*spreg.*) Maniera cattiva d'imitare il Petrarca.

petrarchésco agg. (pl. m. *-schi*) **1** Che è proprio del poeta F. Petrarca (1304-1374): *canzone petrarchesca*; *il Canzoniere petrarchesco*. **2** Che imita il Petrarca: *stile p.* || **petrarchescaménte**, avv. Alla maniera del Petrarca.

†**petrarchévole** agg. ● Che petrarcheggia.

petrarchìsmo s. m. **1** Imitazione dello stile del Petrarca. **2** Corrente poetica diffusa per secoli in Europa, che s'ispira alla lirica del Petrarca.

petrarchìsta **A** s. m. e f. (pl. m. *-i*) **1** Poeta imitatore del Petrarca: *i petrarchisti del Cinquecento*. **2** (*raro*) Studioso del Petrarca. **B** agg. ● Del, relativo al, petrarchismo.

petrarchìstico agg. (pl. m. *-ci*) ● (*spreg.*) Che imita o cerca di riprodurre lo stile del Petrarca: *rimeria petrarchistica*.

†**petràta** ● V. *pietrata*.

petrière o **petrièro** [dal lat. *pĕtra* 'pietra'] **A** s. m. ● (*mil.*) Specie di antico mortaio per lanciare proiettili di pietra di varie specie e dimensioni. **B** anche agg.: *cannone p.*

†**petrificàre** e deriv. ● V. *pietrificare* e deriv.

petrìgno ● V. *pietrigno*.

†**petrìna** [dim. del lat. *pĕtra* 'pietra'] s. f. ● Pietra: *Era ... / d'una p. ruvida e arsiccia* (DANTE *Purg.* IX, 97-98).

†**petrìno** ● V. *pietrigno*.

pètro- [dal gr. *petro-*, da *pétra* 'pietra'] primo elemento ● In parole composte della terminologia scientifica significa 'pietra', 'roccia': *petroglifo*, *petrografia*.

petrochìmica (1) ● V. *petrolchimica*.

petrochìmica (2) [comp. di *petro-* e *chimica*] s. f. ● (*miner.*) Branca della petrografia che studia la composizione chimica delle rocce.

petrochìmico (1) ● V. *petrolchimico*.

petrochìmico (2) agg. (pl. m. *-ci*) ● Di, relativo alla petrochimica.

petrodòllaro o **petroldòllaro** [comp. di *petro(lio)* e *dollaro*] s. m. ● (*spec. al pl.*) Fondi in dollari, accumulati dai Paesi produttori di petrolio, depositati presso banche europee.

petrogènesi [comp. di *petro-* e *genesi*] s. f. ● (*geol.*) Origine e processo di formazione delle rocce, spec. eruttive e metamorfiche.

petròglifo [comp. di *petro-* e del gr. *glýphein* 'intagliare'. V. *glifografia*] s. m. ● (*archeol.*) Figura incisa su una roccia.

petrografìa [comp. di *petro-* e *-grafia*] s. f. ● Scienza che studia la composizione, la tessitura e la struttura delle rocce.

petrogràfico agg. (pl. m. *-ci*) ● Relativo alla petrografia: *analisi petrografica*.

petrògrafo s. m. ● Chi si dedica allo studio della petrografia.

petrolchìmica o (*evit.*) **petrochìmica** [comp. di *petrol(io)* e *chimica*] s. f. ● Ramo dell'industria chimica che utilizza come materie prime il petrolio grezzo, o sue frazioni, e i gas naturali del sottosuolo.

petrolchìmico o (*evit.*) **petrochìmico**. agg. (pl. m. *-ci*) ● Della, relativo alla petrolchimica.

petroldòllaro ● V. *petrodollaro*.

petrolièra [da (*nave*) *petroliera*] s. f. ● Nave per il trasporto dei combustibili liquidi.

petrolière (1) [da *petrolio*] s. m. **1** Addetto alla lavorazione del petrolio. **2** (*pop.*) Industriale petrolifero: *i petrolieri del Texas*.

petrolière (2) [fr. *pétroleur* 'colui che incendia con il petrolio', da *pétrole* 'petrolio'] s. m. ● (*raro*) Rivoluzionario incendiario e devastatore.

petrolièro agg. ● Che riguarda l'estrazione, la lavorazione e il trasporto del petrolio.

petrolìfero [fr. *pétrolifère*, comp. di *pétrole* 'petrolio' e *-fère* '-fero'] **agg.** ● Che contiene petrolio: *giacimento p.* | Che lavora e distribuisce petrolio e prodotti derivati: *industria petrolifera* | (*est.*) Attinente al petrolio: *crisi petrolifera*.

petròlio [fr. *pétrole*, propriamente 'olio di pietra', comp. del lat. *pĕtra* 'pietra' e *ŏleum* 'olio'] **s. m.** ● Miscuglio oleoso di idrocarburi gassosi liquidi e solidi, estratto dal sottosuolo e sottoposto a distillazione e ad altri trattamenti per ottenere benzine e prodotti vari quali oli combustibili, lubrificanti, e intermedi per molte industrie organiche | *Etere di p.*, benzina leggera che bolle tra 40° e 60°, usata come solvente | *P. da illuminazione*, *p. lampante*, cherosene. ➡ **ILL.** p. 824 SCIENZE DELLA TERRA ED ENERGIA.

petrologìa [comp. di *petro-* e *-logia*] **s. f.** (pl. *-gie*) ● (*raro*) Petrografia.

Petromizònti [comp. di *petro-* e un deriv. del gr. *mýzein* 'succhiare' (di origine espressiva)] **s. m. pl.** ● Nella tassonomia animale, classe di Ciclostomi con pinna dorsale ben sviluppata e bocca munita di numerosi denti cornei, cui appartiene la lampreda (*Petromyzontidae*) | (al sing. *-e*) Ogni individuo di tale classe.

petronciàno ● V. *petonciano*.

petroniàno [dal n. di S. *Petronio* (sec. V), patrono di Bologna] **A agg.** ● (*lett.*) Relativo a Bologna. **B s. m.** (f. *-a*) **1** Abitante, nativo di Bologna. **2** Giocatore, sostenitore della squadra di calcio del Bologna.

†**petròsa** [vc. dotta, lat. *petrōsa*, nt. pl. sost. dell'agg. *petrōsus* 'petroso'] **s. f.** ● Terra sassosa e asciutta.

petrosèllo o **petrosìllo**, **petrosìno** [V. *prezzemolo*] **s. m.** ● (*bot.*, *dial.*) Prezzemolo.

petrosità ● V. *pietrosità*.

petróso ● V. *pietroso*.

pettàta [da *petto*; nel sign. 2 perché un cavallo per percorrerla deve fare gran forza col petto] **s. f.** **1** (*raro*) Colpo dato col petto. **2** Salita ripida e faticosa | (*raro*, *est.*) Sforzo, fatica.

pettazzùrro o **pètto azzùrro** [detto così dal colore *azzurro* del *petto*] **s. m.** ● Uccello passeriforme africano con guance, petto e sottocoda azzurri (*Uraeginthus ianthinogaster*).

pettégola [f. di *pettegolo*] **s. f.** ● Uccello di palude dei Caradriformi con becco molto lungo e zampe alte e sottili (*Tringa totanus*).

pettegolàre [veneto *petegolàr*, da *petegolo* 'pettegolo'] **v. intr.** (*io pettégolo*; aus. *avere*) ● Fare pettegolezzi.

pettegolàta **s. f.** ● (*raro*) Chiacchierata pettegola.

pettegoleggiàre **v. intr.** (*io pettegoléggio*; aus. *avere*) ● (*raro*) Pettegolare.

†**pettegolésco** **agg.** ● Da pettegolo.

†**pettegolézza** o **pettegolèzza** **s. f.** ● Pettegolezzo.

pettegolézzo o **pettegolèzzo** **s. m.** **1** Ciarla da pettegolo: *i soliti pettegolezzi* | Discorso malizioso e indiscreto su qc., spec. sulla sua condotta: *riportare, fare dei pettegolezzi su qc.*; *dare adito a pettegolezzi*. **2** (*raro*) Battibecco fra pettegoli.

pettegolìo **s. m.** ● Frequente e insistente pettegolare | (*est.*) Chiacchierio noioso e rumoroso: *basta con questo p.*

pettégolo [veneto *petegolo*, di etim. incerta] **A agg.** **1** Che fa chiacchiere e commenti maliziosi sugli altri, per leggerezza o fatuità: *è una donna sciocca e pettegola*; *un visitatore p.* | (*scherz.*) *Bambina molto pettegola*, chiacchierina, vispa. **2** Di ciò che è proprio di persone pettegole: *conversazione pettegola*. **B s. m.** (f. *-a*) ● Chi fa chiacchiere sciocche o maliziose su qc. || **pettegolàccio**, **pegg.** | **pettegolìno**, **dim.** | **pettegolóne**, **accr.** | **pettegolùccio**, **pettegolùzzo**, **dim.**

pettegolùme **s. m.** ● Insieme di pettegolezzi o di persone pettegole.

pèttico ● V. *pectico*.

pèttide o **pèctide**, **pectis** [vc. dotta, gr. *pēktís*, genit. *pēktídos*, propriamente 'oggetto composto di parti', da *pēgnýnai* 'fissare insieme', di origine indeur.] **s. f.** ● (*archeol.*) Strumento a corde della Grecia antica.

pettièra [da *petto*] **s. f.** ● Pettorale del cavallo.

pettignóne [lat. parl. **pectiniōne*(*m*), dal lat. classico *pĕcten*, genit. *pĕctinis* 'pettine'; detto così perché i peli che lo ricoprono ricordano i denti di un *pettine*] **s. m.** ● (*lett.*) Pube.

pettìna ● V. *pectina*.

†**pettinàgnolo** [da *pettinare*] **s. m.** ● Chi pettina la lana.

pettinàio **s. m.** ● Chi fabbrica pettini.

pettinàre [lat. *pectināre*, da *pĕcten*, genit. *pĕctinis* 'pettine'] **A v. tr.** (*io pèttino*) **1** Ravviare o riordinare i capelli col pettine o con la spazzola: *p. i bambini prima di mandarli a scuola* | (*fig.*) †*p. col pettine e col cardo*, mangiare e bere molto | (*fig.*) *P. la tigna*, favorire un ingrato. **2** Acconciare i capelli secondo una determinata foggia o i dettami della moda: *quel parrucchiere pettina molto bene*; *vorrei pettinarti con le trecce*. **3** Sottoporre le fibre tessili alla pettinatura. **4** (*fig.*) Conciare male qc. con percosse e altro: *l'ho pettinato per bene*. **5** (*fig.*) Criticare severamente o rimproverare in modo aspro. **B v. rifl.** ● Riordinarsi i capelli: *devo ancora pettinarmi* | Avere una determinata acconciatura: *pettinarsi con la riga in mezzo, senza riga, con i capelli raccolti*.

pettinàta **s. f.** **1** Atto del pettinare e del pettinarsi: *darsi una rapida p.* **2** (*fig.*) Strapazzata. || **pettinatìna**, **dim.**

pettinàto **A** **part. pass.** di *pettinare*; anche **agg.** **1** Nei sign. del v. **2** *Filato p.*, ottenuto seguendo il ciclo di lavorazione della filatura a pettine. **B s. m.** ● Tessuto di lana ottenuto con filati pettinati.

pettinatóio [da *pettinato*] **s. m.** ● Peignoir.

pettinatóre **s. m.** ● Chi pettina fibre tessili.

pettinatrìce **s. f.** **1** Donna che pettina e acconcia i capelli femminili. **2** Macchina tessile che esegue la pettinatura.

pettinatùra **s. f.** **1** Atto, modo ed effetto del pettinare e del pettinarsi | (*est.*) Acconciatura dei capelli. **2** (*tess.*) Trasformazione della lana greggia in nastro di pettinato attraverso varie fasi di lavorazione | (*est.*) Opificio in cui si effettua tale trasformazione.

pèttine [lat. *pĕctine*(*m*), di origine indeur.] **s. m.** **1** Arnese di corno, osso, legno, plastica e sim., usato per ravviare o tenere fermi i capelli, costituito da una fila di denti più o meno lunghi e fitti tenuti insieme da una costola | *Mascelle del p.*, i due denti più robusti, alle estremità della fila | *P. da donna* o *da testa*, per tenere in sesto la crocchia, arcuato, a costola larga e denti radi ma lunghi | *P. a coda*, con manico lungo e sottile | *Parcheggio a p.*, quello in cui le auto si dispongono perpendicolari al marciapiede. **2** Organo del telaio formato da un riquadro di fitte stecche parallele tra cui passano i fili dell'ordito | Barretta metallica portante punte d'acciaio più o meno grosse e spaziate, montate sulle macchine di preparazione alla filatura. **3** Ferro a sei denti che simboleggia i sestieri della città, posto come ornamento sulla prua delle gondole veneziane. **4** Utensile di quattro parti montato sulla filiera automatica per filettare. **5** (*region.*, *cuc.*) Piccolo attrezzo costituito da un telaio rettangolare su cui sono tesi fili metallici o cannelli, usato per rigare la sfoglia: *maccheroni al p.* **6** (*bot.*) *P. di Venere*, acicula. **7** (*mus.*) Plettro. **8** (*zool.*) Mollusco lamellibranco a conchiglia tondeggiante con rilievi irradianti dalla cerniera con una valva convessa e l'altra piana (*Pecten jacobaeus*). **SIN.** Ventaglio || **PROV.** Tutti i nodi vengono al pettine. || **pettinèlla**, **dim. f.** (V.) | **pettinìcchia**, **dim. f.** (V.) | **pettinìna**, **dim. f.** (V.) | **pettinìno**, **dim.** (V.).

pettinèlla **s. f.** **1** Dim. di *pettine*. **2** Pettine fitto per la pulizia della testa. **3** Piccola fiocina con rebbi fitti e numerosi per la cattura di piccoli pesci. **4** Arnese in legno sagomato, usato dallo scultore per modellare la creta.

pettìneo [da *pettine* col suff. dotto *-eo*, sul modello dell'ingl. *pectineus*] **agg.** ● (*anat.*) Riferito al pecten del pube: *muscolo p.*

petting /ingl. 'petiŋ/ [vc. dell'ingl. d'America, da *to pet* 'vezzeggiare' (di origine sconosciuta)] **s. m. inv.** ● Complesso di pratiche amorose ed erotiche che non giungono all'atto sessuale completo.

Pettinibrànchi [così detti dalle *branchie* a forma di *pettine*] **s. m. pl.** ● (*zool.*) Monotocardi.

pettinìcchia **s. f.** **1** Dim. di *pettine*. **2** Pettine a denti minuti e fitti. **3** Piccola sega a mano per eseguire tagli minuti sopra un piano.

pettinièra **s. f.** **1** Scatola per riporvi i pettini. **2** Tavolino da toilette per signora.

pettinìna **s. f.** **1** Dim. di *pettine*. **2** Pettinella, nel sign. 2.

pettinìno **s. m.** **1** Dim. di *pettine*. **2** Pettine tascabile.

pettìno **s. m.** **1** Dim. di *petto*. **2** Parte del grembiule che risale sul petto | Davantino di abito femminile in tessuto contrastante | Petto staccabile e inamidato della camicia maschile.

pettirósso [detto così dal colore *rosso* del *petto*] **s. m.** ● Piccolo e vivace passeriforme buon cantore, con piumaggio abbondantissimo elegantemente colorato (*Erithacus rubecola*).

pètto [lat. *pĕctus*, di origine indeur.] **s. m.** **1** Parte anteriore del torace umano, compresa fra il collo e l'addome: *p. ampio, robusto, gracile, scarno* | *P. da calzolaio*, incavato a livello dello sterno | *Battersi il p.*, con le mani, in segno di dolore, pentimento e sim. | *Mettersi una mano sul p.*, per dimostrare la propria lealtà e sim. | (*fig.*) *Prendere qc. di p.*, affrontarlo in modo duro e deciso | *Prendere q.c. di p.*, dedicarvisi con grande impegno ed energia. **2** (*est.*) L'insieme degli organi racchiusi nella gabbia toracica, spec. i polmoni | *Debole di p.*, che si ammala facilmente di bronchite e sim. | *Male di p.*, polmonite, pleurite, tisi | *Malato di p.*, tisico | *Do di p.*, il più acuto che può emettere un tenore | *Voce di p.*, la più naturale. **3** (*est.*) L'insieme delle mammelle femminili: *avere un p. forte, prosperoso*; *il p. materno* | *Non avere p.*, di donna che ha scarso seno | *Tenere, avere al p. un bambino*, allattarlo. **4** Negli animali, parte del corpo compresa fra l'attaccatura del collo e l'inizio del ventre | Nelle bestie da tiro, parte anteriore del tronco sotto l'accollatura. **5** Carne bovina o equina della regione toracica | *Punta di p.*, taglio di carne bovina usata per il bollito | Negli uccelli commestibili, carne che copre lo sterno: *p. di tacchino, di pollo*. **6** Parte dell'abito che ricopre il petto: *p. della camicia* | *Giacca, cappotto a doppio p.*, con una parte sovrapposta all'altra e due file di bottoni; V. anche *doppiopetto* | *Prendere qc. per il p.*, agguantarlo per la parte anteriore dell'abito e (*fig.*) costringerlo con la forza, fargli violenza. **7** Nelle antiche armature, elemento che proteggeva la parte anteriore del busto. **8** (*fig.*) Fronte o parte anteriore in genere: *ricevere q.c. di p.* | *Dar di p.*, urtare frontalmente | *A p.*, al confronto | *A p. a p.*, a fronte a fronte | (*raro*) *In p. di qc.*, al suo posto. **9** (*fig.*) Cuore, animo: *tenere in p. molti segreti*; *p. magnanimo, generoso*; *avere q.c. in p.*; *invece di ritrarre ... la commozione che gli riempie il p., ricorre al ragionamento oratorio* (CROCE) | Coraggio: *con forte p.* || **petticciuòlo**, **dim.** | **pettìno**, **dim.** (V.) | **pettóne**, **accr.** | †**pettùcolo**, **dim.**

pètto azzùrro ● V. *pettazzurro*.

†**pettòccio** **s. m.** ● Seno femminile piuttosto formoso.

pettoràle [vc. dotta, lat. *pectorāle*(*m*), agg. di *pĕctus*, genit. *pĕctoris* 'petto'] **A agg.** ● Del petto: *muscolo gran p.* | *Croce p.*, in oro o in altro metallo portata dal vescovo sul petto | (*zool.*) *Pinne pettorali*, le due pinne dei pesci che sono articolate col cinto toracico. || †**pettoralménte**, **avv.** In modo avventato e impulsivo. **B s. m.** **1** Striscia di cuoio o di tela che passa davanti al petto del cavallo, parte del suo finimento. **2** Quadrato di stoffa con su impresso un numero, che i concorrenti a gare sportive, spec. di sci e di marcia, portano appuntato sul petto. **3** Muscolo gran pettorale. **4** †Parapetto.

†**pettoreggiàre** [dal lat. *pĕctus*, genit. *pĕctoris* 'petto'] **A v. tr.** **1** Urtare col petto sul petto di qc. **2** (*fig.*) Contrastare. **B v. rifl.** ● Urtarsi nella mischia.

pettorìna o †**petturìna** [dal lat. *pĕctus*, genit. *pĕctoris* 'petto'] **s. f.** **1** Lembo di tessuto con cui le donne usavano coprire il seno. **2** Pettino.

pettorùto [dal lat. *pĕctus*, genit. *pĕctoris* 'petto'] **agg.** ● Che ha petto forte e robusto: *donna formosa e pettoruta* | (*est.*) Che ha un portamento impettito: *se ne andava gonfio, tronfio e p.* || **pettorutaménte**, **avv.** (*raro*) In modo impettito.

pettrinàle [fr. *pétrinal*, dallo sp. *pedernal* 'pietra focaia', dal lat. *pĕtra* 'pietra'] **s. m.** ● Grossa pistola usata dalla cavalleria nel sec. XVI, che si appoggiava al petto per sparare.

†petturina • V. *pettorina.*

petulànte [vc. dotta, lat. *petulănte(m)*, part. pass. di **petulāre* 'chiedere insistentemente', da *pĕtere* 'chiedere'. V. *†petere*] agg. *1* Che usa toni o modi insolenti, arroganti, impertinenti: *un individuo sciocco e p.* | Che dimostra petulanza: *discorso, atteggiamento p.* SIN. Impudente. *2* Noioso: *che donna p.!* *3* (*scherz.*) Prominente: *il notaro Nesi, piccolo, calvo, rotondo ... col ventre p.* (VERGA). || **petulanteménte**, avv.

petulànza [vc. dotta, lat. *petulăntia(m)*, da *pĕtulans*, genit. *petulāntis* 'petulante'] s. f. • Atteggiamento insolente, arrogante e sfacciato: *non sopporto più la sua p.; certi personaggi ... s'impongono con ... p. e prepotenza* (PIRANDELLO) | Indiscrezione, importunità.

petùlco [vc. dotta, lat. *petŭlcu(m)*, da *pĕtere* 'dirigersi verso, attaccare' (V. *†petere*)] agg. (pl. m. -*ci*) • (*lett.*) Aggressivo, bizzoso, detto spec. di capretto.

petùnia [fr. *petun* 'tabacco', di origine tupì] s. f. • Genere di piante erbacee delle Solanacee di origine sudamericana, molto coltivate per i bei fiori campanulati (*Petunia*).

peucèdano [vc. dotta, lat. *peucĕdanu(m)*, dal gr. *peukédanon*, da *péukē* 'pino', di etim. discussa: da **peukós* 'pungente, aguzzo' (?)] s. m. • Pianta erbacea delle Ombrellifere caratteristica delle zone paludose, con fusto glabro, fistoloso alla base e ombrello di fiorellini bianchi (*Peucedanum palustre*).

pévera [etim. incerta] s. f. • Grande imbuto di legno per riempire le botti. SIN. Imbottavino. || **†pevérétta**, dim. | **†peverino**, dim. m.

peveràccia • V. *poveraccia.*

peveràccio [da *†pevere*, per il sapore pepato della polpa] s. m. • Fungo delle Agaricacee, con cappello a imbuto, commestibile, di sapore piccante, usato nei condimenti (*Lactarius piperatus*).

peveràda o **peveràta** [lat. *piperāta(m)* 'pepata', agg. f. di *pīper* 'pepe'] s. f. • Salsa piccante, a base di pepe, mollica di pane, midollo, tipica della cucina veneta | Salsa o intingolo a base di peperoni.

†pévere • V. *pepe.*

peverèlla [da *†pevere*, per il sapore piccante] s. f. • (*pop.*) Origano.

peyote /*sp.* pe'jote/ o **peyotl** /*sp.* pe'jotl/ [vc. di origine azteca] s. m. • Pianta delle Cactacee, originaria dei deserti messicani, il cui fusto fornisce una droga medicinale contenente diversi alcaloidi, fra cui la mescalina (*Lophophora williamsii*).

peziza [vc. dotta, lat. *pĕzicae*, nom. pl., 'funghi senza radice', dal gr. *pézis*, n. di un fungo, da avvicinare a *póus*, genit. *podós* 'piede'. V. *-podo*] s. f. • Fungo dei Discomiceti a forma di piccola scodella color rosso aranciato (*Peziza aurantiaca*).

pèzza [lat. parl. **pĕttia(m)*, di origine celtica] s. f. *1* Pezzo di tessuto, in genere: *una piccola p. di lino, di flanella, di lana; filtrare un liquido con una p.; pulire i pavimenti con pezze bagnate; chiesa ornata con pezze rosse* | *Pezze da piedi*, con cui un tempo i soldati si fasciavano i piedi, usandole al posto delle calze | (*fig.*) *Essere una p. da piedi*, una nullità, un individuo trascurabile | *Trattare qc. come una p. da piedi*, maltrattare qc. umiliandolo | (*raro*) Benda | (*raro, pop.*) Tovagliolo da barbiere. *2* Pezzo di tessuto o altro usato per riparare q.c. di rotto: *mettere una p. nei calzoni, nelle scarpe* | *Abito con le pezze*, rattoppato, rappezzato | *Mettere una p.*, rappezzare e (*fig.*) rimediare alla meno peggio una situazione e sim. SIN. Toppa. *3* Avvolgimento di molti metri di tessuto così come viene dalla fabbrica al commerciante: *una p. di cotone, di lana; p. per abiti* | (*est.*) Stoffa, tessuto: *bambola di p.* *4* Appezzamento, tratto di terra coltivata. *5* (*raro, lett.*) Tratto di spazio o di tempo | *Da gran p.*, da molto tempo | *È buona p. che*, è molto tempo che. *6* Carta, documento | *Pezze d'appoggio*, documenti giustificativi (*anche fig.*). *7* (*arald.*) *Pezze onorevoli*, le varie figure sullo scudo come il palo, la fascia, la croce e sim. | *P. gagliarda*, che attraversa l'arme. ➡ ILL. **araldica**. *8* *P. d'arme*, (*gener.*) ogni singolo elemento che costituiva l'armatura antica. *9* Chiazza colorata sul manto degli animali: *leopardo con pezze nere.* *10* Nel XVI-XVIII sec., grossa moneta d'oro e d'argento multipla dell'unità monetaria. *11* A Roma, taglio di carne bovina, nella regione della coda. *12* Misura romana di superficie, di are 26,40. || **pezzàccia**, pegg. | **pezzétta**, dim. (V.) | **pezzettina**, dim.

†pezzàio [detto così perché vende il cuoio tagliato in *pezzi*] s. m. • Venditore di pezzi di cuoio per suole e sim.

pezzàme s. m. *1* (*raro*) Insieme o quantità di pezzi. *2* (*al pl.*) Parti o pezzi di lana che si ricavano durante l'operazione di scarto dai vari velli e che vengono catalogati e venduti in lotti separati dai velli.

pezzàto [da *pezza*] **A** agg. *1* Detto di tipo di mantello di animale che presenta pezzature. *2* (*raro*) Che ha macchie, chiazze: *viso p. di rosso* | (*est.*) Variamente colorato. **B** s. m. • Cavallo pezzato.

pezzatùra (1) [da *pezzato*] s. f. • Chiazza bianca su mantello di animale di colore diverso e viceversa.

pezzatùra (2) [da *pezzo*] s. f. • Divisione in pezzi e dimensione degli stessi: *la p. del carbone; legname di piccola, grossa, media p.*

pezzènte [lat. parl. **petiĕnte(m)*, part. pres. di **petīre* per il classico *pĕtere* 'chiedere'. V. *†petere*] s. m. e f. • Chi vive d'elemosina, andando all'accatto: *una vecchia p.; lacero e sudicio come un p.* | (*est.*) Persona miserabile e meschina: *comportarsi da p.* SIN. Straccione. || **pezzentèllo**, dim. | **pezzentóne**, accr. | **pezzentùccio**, pegg.

†pezzenterìa s. f. • (*raro*) Condizione di pezzente | (*est.*) Azione, comportamento da pezzente | Insieme di pezzenti.

pezzétta s. f. *1* Dim. di *pezza*. *2* Moneta di mistura dei Grimaldi di Monaco coniata nel XVII-XVIII sec. *3* *†p. di levante*, panno bambagino che soffregato tinge in rosso, un tempo usato nel maquillage femminile.

pèzzo [da *pezza*] s. m. *1* Parte di materiale solido separata o staccata da un tutto: *un p. di pane, di ghiaccio, di torta, di stoffa; un buon p. di carne da brodo* | *P. anatomico*, qualsiasi parte del corpo umano | Brandello, frammento: *un p. di cartone, di vetro; rompere q.c. a, in pezzi* | *Rompere, mandare in pezzi, in cento pezzi, in mille pezzi*, frantumare | *Andare in pezzi, in cento, mille pezzi*, frantumarsi | *Fare a pezzi q.c.*, romperla | *Fare a pezzi qc.*, ucciderlo o (*fig.*) denigrarlo, distruggerlo | *Far due pezzi di q.c.*, dividerla in due | *Tagliare a pezzi*, (*fig.*) di persona, fare un macello, una strage | *Cadere a, in pezzi*, di cosa vecchia e malandata che minaccia di rompersi, disfarsi, crollare e sim. | *A pezzi e a bocconi*, (*fig.*) di cosa fatta un po' per volta e alla meno peggio | *Essere un p. di legno*, (*fig.*) essere insensibile | *Essere tutto d'un p.*, (*fig.*) di persona moralmente inflessibile e incorruttibile | (*fam.*) *P. di carta*, il titolo di studio, diploma o laurea, considerato esclusivamente nei suoi eventuali effetti pratici: *studiare per il p. di carta; con un p. di carta trovare lavoro è più facile.* *2* Ogni elemento costitutivo di una macchina, arnese, serie di oggetti e sim.: *i vari pezzi del motore; pezzi di ricambio; un p. dell'orologio; cambiare cinquemila lire con cinque pezzi da mille* | (*est.*) Oggetto lavorato: *un p. di porcellana, di cristallo; il servizio si compone di 48 pezzi; la merce fu venduta in blocco a mille lire il p.* | *P. raro, da museo*, rarità. *3* Brano di opera musicale, letteraria e sim.: *un p. della Traviata, dei Promessi Sposi; è un bel p.* | *P. forte*, il brano migliore del repertorio d'un artista, spec. teatrale. *4* (*fig.*) Tratto di spazio o di tempo: *bisogna aspettare un p.; c'è ancora un bel p. di strada prima di arrivare* | *P. di terra*, appezzamento | *P. di cielo*, tratto visibile da finestre e sim. *5* In alcune loc., persona | *P. grosso*, persona molto influente: *un p. grosso del ministero, della polizia* | *P. da novanta*, in un'organizzazione mafiosa, chi gode di grande autorità e prestigio; (*est.*) persona importante e potente | (*pleon.*) *Un bel p. di donna, di giovanotto* e sim., una donna, un giovanotto e sim. piuttosto robusti e particolarmente ben fatti | *Un p. d'uomo*, un uomo grande e grosso | *P. d'asino, di somaro, d'imbecille* e sim., espressioni o esclamazioni di insulto riferite a persona. *6* Ciascuna parte di un capo di abbigliamento che si compone di più elementi: *completo a tre pezzi; il p. superiore del tailleur; il p. inferiore del bikini* | V. anche *due pezzi*. *7* Qualunque arma di artiglieria: *p. da 75 mm, da 149 mm* | *P. base*, quello che effettua l'aggiustamento del tiro e ai cui dati di puntamento e di aggiustamento vengono riferiti i dati degli altri pezzi della batteria | *†p. reale*, di grosso calibro, nelle artiglierie antiche | *†P. traditore*, quello che nelle fortificazioni antiche si poneva nei fianchi rientranti del bastione, nascosto alla vista degli assalitori, così da agire di sorpresa su di essi. *8* Articolo di giornale: *un p. di cronaca; fare, scrivere un p.* *9* Ciascun veicolo che compone un treno, esclusa la locomotiva. *10* Ciascuno dei 32 elementi con cui si gioca agli scacchi: *mangiare un p.* | *Pezzi maggiori*, la donna e le torri | *Pezzi minori*, i cavalli e gli alfieri. || **pezzàccio**, pegg. | **pezzettino**, dim. | **pezzétto**, dim. | **pezzettùccio**, dim. | **pezzóne**, accr. | **pezzùccio**, pegg.

pezzòla • V. *pezzuola.*

pezzolàio s. m. • (*raro, tosc.*) Chi vende pezzuole, fazzoletti e sim.

†pezzolàme s. m. • Pezzame.

pezzolàta s. f. • (*raro, tosc.*) Quantità di cose contenute in una pezzuola | Porzione, pezzo.

pezzóne [da *pezzo*] s. m. • Telaio con tavole orizzontali per allevare bachi da seta nel Friuli.

pezzòtto [da *pezzo*] s. m. • Tappeto rustico della Valtellina eseguito con ritagli di svariati tessuti a motivi geometrici, rigati e fiammati.

pezzùllo [vc. merid., dim. di *pezzo*] s. m. • (*merid., gerg.*) Breve articolo di giornale.

pezzuòla o **pezzòla** [da *pezza*] s. f. • Piccolo pezzo di tessuto | (*est.*) Fazzoletto, da naso, da testa e sim. | (*est.*) Cencio. || **pezzuolétta**, dim. | **pezzuolina**, dim. | **pezzuolùccia**, dim.

†pezzuòlo s. m. • Pezzo, frammento.

Pfennig /*ted.* 'pfɛnix/ [vc. ted., da avvicinare all'ingl. *penny* (V.)] s. m. inv. (pl. ted. *Pfennige*) *1* Piccola moneta d'argento medioevale tedesca corrispondente al denaro italiano. *2* Moneta divisionale tedesca corrispondente alla centesima parte del marco.

pfùi [vc. espressiva] **A** inter. • Esprime disprezzo, scherno e sim. **B** in funzione di s. m. • Esclamazione di disprezzo, scherno e sim.: *si udì qualche p.*

pH /pi'akka/ [sigla ted., comp. di *P(otenz)* 'potenza, potere' e *H(ydrogen)* 'idrogeno'] s. m. inv. • (*chim.*) Indice dell'acidità o alcalinità di una soluzione acquosa, espressa come l'esponente cambiato di segno della concentrazione degli ioni positivi idrogeno, in grammoioni per litro | *pH neutro*, con valore pari a 7 | *pH acido* o *basico*, con valori rispettivamente inferiori o superiori a 7 | *Detergente a pH naturale o fisiologico*, pari a un valore di 5,5, equivalente a quello medio della pelle umana.

phaéton /*fr.* fae'tɔ̃/ [vc. fr. dal lat. *Phaĕton*, gr. *Phaéthōn* 'Fetonte', figlio del Sole, che morì per voler guidare il carro del Sole] s. m. inv. • Tipo di carrozza e di antica automobile molto alta, scoperta, a quattro posti. ➡ ILL. **carro e carrozza**.

phi /fi*/ • V. *fi (1).*

phillipsite /fillip'site/ • V. *fillipsite.*

phmètro • V. *piaccametro.*

phon /fɔn/ o (*evit.*) **fon (2)** s. m. inv. • (*fis.*) Unità di misura del livello di intensità sonora soggettiva.

phonokit /fɔno'kit, *ingl.* 'founəkit/ [comp. di *phono-* e (*identi*)*kit*] s. m. inv. • Procedimento di analisi elettronica usato spec. dalle forze dell'ordine per identificare la voce di un ricercato o di un indiziato.

phot /fɔt/ • V. *fot.*

photo finish /fɔto'finiʃ, *ingl.* foutə'finiʃ/ [vc. ingl., comp. di *photo* (abbr. di *photograph* 'fotografia') e *finish* 'fine'] loc. sost. m. inv. • (*sport*) Fotografia o ripresa filmata automatica della conclusione delle gare di corsa, nelle quali l'arrivo è spesso così serrato da rendere necessario un accertamento che dia massima sicurezza al fine di stabilire l'ordine con cui è stato tagliato il traguardo.

photofit /fɔto'fit, *ingl.* 'foutoufit/ [vc. ingl., comp. di *photo* (V. *photo finish*) e *to fit* 'allestire, preparare' (di origine incerta)] s. m. inv. • Sistema di identificazione criminale che consente di ricostruire il viso dell'autore di un delitto mediante il montaggio di particolari del volto presi da fotografie di gente comune, conservate in appositi schedari, sulla base delle testimonianze dei presenti al delitto stesso.

photoflood /*ingl.* 'foutəflʌd/ [vc. ingl., comp. di *photo* (V. *photo finish*) e *flood* 'inondazione'] **s. m. inv.** ● Lampada fotografica con specchio incorporato che permette di ottenere una luce uniforme su un'ampia superficie.

phylum /*lat.* 'filum/ [vc. del lat. scient., dal gr. *phylḗ* 'tribù'] **s. m. inv.** (**pl.** lat. *phyla*) **1** Nella sistematica zoologica, suddivisione inferiore al regno che raggruppa classi fra loro affini, corrispondente al tipo. **2** (*raro*) In botanica, suddivisione inferiore al regno che raggruppa classi fra loro affini, corrispondente alla divisione.

physique du rôle /*fr.* fi'zik dy 'rol/ [loc. fr., propr. '(il) fisico del ruolo, della parte'] **loc. sost. m. inv.** ● Aspetto esteriore adatto alla parte che uno interpreta e (*est.*) alla professione che esercita, alla situazione in cui si trova e sim.: *ha il physique du rôle del seduttore*; *non ha certamente il physique du rôle dell'indossatrice*; *per fare certe cose ti manca il physique du rôle*.

pi o †dial. **pe. s. f. o m. inv.** (solo **m.** nel sign. 2) **1** Nome della lettera italiana *p*. **2** Nome della sedicesima lettera dell'alfabeto greco.

piaccàmetro o **phmetro** [comp. della lettura delle lettere di *pH* e *-metro*] **s. m.** ● (*chim.*) Strumento per la determinazione del pH.

†**piacciaddio** [da *piaccia a Dio*] **s. m.** ● (*tosc.*) Rammarico, timore.

†**piacciantèo** [deformazione scherz. di *piacentiere*] **s. m.**; anche **agg.** (**f.** *-a*) ● (*tosc.*) Stolto, melenso.

piaccichìccio [vc. onomat. come *spiaccicare*] **s. m.** ● (*raro*) Fanghiglia, melma.

piaccicóne [V. *piaccichiccio*] **s. m.** (**f.** *-a*) ● (*raro*) Chi s'incaglia o è lento in ciò che fa.

piaccicóso [da *piaccicone*] **agg.** ● (*raro*) Sudicio, spec. di materiale appiccicaticcio.

piaccicòtto [da *piaccicone*] **s. m. 1** (*pop.*, *tosc.*) Parte sudicia e appiccicaticcia di q.c. **2** (*fig.*) Lavoro eseguito malamente, pasticciandolo.

†**piacentàre v. intr.** ● Riuscire piacente.

piacènte [part. pres. di *piacere*] **agg.** ● Che piace | Di persona che, anche se non bella in senso assoluto, esercita tuttavia una certa attrazione: *donna, uomo p.*; *nonostante l'età è ancora p.* || †**piacentemènte**, **avv.** Con piacevolezza, in modo gradevole.

piacenterìa s. f. ● (*raro*) Adulazione, piaggeria: *avea saputo renderlesi sopportabile e quasi cara, a forza di p.* (NIEVO).

†**piacentière** o †**piacentèro**, †**piacentièro**, †**piasentière** [da *piacente*] **s. m.**; anche **agg. 1** Chi, che dà o prova piacere. **2** Adulatore, lusingatore. **3** Piacente, simpatico.

piacentìno A agg. ● Di Piacenza. **B s. m.** (**f.** *-a*) ● Abitante, nativo di Piacenza.

†**piacènza** [lat. *placĕntia(m)*, da *plācens*, genit. *placĕntis* 'piacente'] **s. f. 1** Piacere, soddisfazione | (*est.*) L'oggetto del piacere. **2** Amabilità, bellezza, graziosità. **3** Compiacenza.

†**piacenzàre** [da †*piacenza*] **v. intr.** ● Piacere.

piacére [lat. *placēre*, di origine indeur.] **A v. intr.** (**pres.** *io piàccio, tu piàci, egli piàce, noi piacciàmo, voi piacéte, essi piàcciono*; **pass. rem.** *io piàcqui, tu piacésti*; **congv. pres.** *io piàccia*; **part. pass.** *piaciùto*; aus. *essere*) **1** Andare a genio, corrispondere ai propri gusti, riuscire gradito ai sensi o alla mente: *è un piatto che piace molto*; *mi piace la musica*; *la fatica non gli piace*; *sembra che tua sorella gli piaccia molto* | *Non finire di p.*, non riuscire mai noioso o sgradevole o non soddisfare interamente | *P. al mondo, a un amico*, compiacerli | †*A ben p.*, al fine di compiacere | *Non p.*, lasciare in dubbio, destare sospetto, non soddisfare interamente | *Cera, colorito, aspetto che non piace*, che desta preoccupazione, che lascia supporre disturbi o malattie. **2** Desiderare, volere: *sia come vi piace* | *Se piace a Dio, a Dio piacendo*, se Dio vorrà | *Piaccia a Dio!*, così fosse | *Se vi piace*, se volete | *Così mi piace*, così voglio | *Piaccia o non piaccia*, si voglia o no | *Vi piaccia dirmi, rispondermi, riferirmi* e sim., vogliate per cortesia dirmi, rispondermi, riferirmi. **3** Sembrare giusto, lodevole, opportuno: *ci piacque ricordare pubblicamente il loro eroico comportamento*; *piacque al Senato che la guerra continuasse*. **B v. intr. pron.** ● (*raro, lett.*) Compiacersi. **C** in funzione di **s. m. 1** Godimento fisico o spirituale: *dare, provare p.*; *i piaceri della tavola, dello studio, della campagna*; *sapere apprezzare il p. di una simpatica conversazione*; *ogni piacer sperato / è maggiore che ottenuto* (METASTASIO) | *Falsi piaceri*, che deludono, che lasciano insoddisfatti | Voluttà: *essere inebriato dal p.*; *i piaceri della carne*; *piaceri illeciti, disonesti* | (*lett.*) Cosa che piace, che è causa di godimento. **2** Divertimento, distrazione: *gita, viaggio di p.*; *i piaceri del mondo*; *alternare il lavoro col p.*; *prima il dovere, poi il p.* | *Minuti piaceri*, le piccole distrazioni, i normali passatempi quotidiani | *Non è un p.!*, non mi diverte affatto. **3** Onore, soddisfazione: *è per me un immenso p. conoscerla*; *ve lo presento con grande p.* | *Quale p.!*, come sono contento di conoscerti, rivederti e sim. | *P.!*, escl. in uso nelle presentazioni | *Con p.*, formula di cortesia con cui si accetta q.c., si acconsente a q.c. e sim. | Gusto, gradimento: *ne provo un vero p.* **4** Favore, servigio: *fare un p.*; *ricevere molti piaceri da qc.* | *Per p.!*, escl. con cui si chiede un favore, un servigio | *Fammi il p.!*, (*iron.*) smettila, finiscila | *Fammi il famoso, il grande p. di*, (*iron.*) ti prego di. **5** Desiderio, volontà: *contro il suo p.*; *esporre, dire il proprio p.*; *siamo pronti al suo p.* | *A p.*, a volontà, e (*est.*) secondo i gusti personali | Talento, capriccio: *il p. mutevole degli uomini*; *a vostro p.* || **piacerétto**, **dim.** | **piacerìno**, **dim.** | **piaceróne**, **accr.** | **piaceruccio**, **dim.** | **piacerùcolo**, **dim.** | **piaceruzzo**, **dim. pegg.**

†**piaceróso agg.** ● Che fa piaceri.

†**piacevolàre** [da *piacevole*] **v. intr.** ● Piacevoleggiare.

piacévole [V. *piacibile*] **agg. 1** Che procura piacere, che dà diletto: *un pomeriggio, una serata p.*; *stare in p. compagnia*; *venticello p.* | Faceto, brillante: *discorso, conversazione p.* **SIN.** Ameno, amabile, gradevole. **CONTR.** Spiacevole. **2** †Compiacente, favorevole: *egli che p. uomo era* (BOCCACCIO). **CONTR.** Scontroso. **3** †Caro, amato. || **piacevolàccio**, **pegg.** | **piacevolétto**, **dim.** | **piacevolìno**, **dim.** | **piacevolóne**, **accr.** || **piacevolménte**, †**piacevoleménte**, **avv.** In modo piacevole: *restare piacevolmente sorpreso*.

piacevoleggiàre [comp. di *piacevole* e *-eggiare*] **A v. intr.** (*io piacevoléggio*; aus. *avere*) ● (*raro*) Dire o fare piacevolezze. **B v. intr.** ● †Trattare con modi gentili.

piacevolézza s. f. 1 Qualità di chi o di ciò che è piacevole: *la p. di una compagnia*. **SIN.** Amabilità. **2** Espressione spiritosa o scherzosa: *dire delle piacevolezze*; *una ... natura atta a tutte le sorti di piacevolezze* (CASTIGLIONI) | (*spreg.*) Battuta volgare. **3** †Pacatezza d'animo.

†**piacìbile** [lat. tardo *placibile(m)*, da *placēre* 'piacere'] **agg.** ● Grazioso, piacevole.

†**piacibilità** [da *piacibile*] **s. f.** ● Piacere.

piaciménto s. m. ● Piacere | *A p.*, a volontà.

piaciucchiàre v. intr. (*io piaciùcchio*; aus. *essere*) ● (*raro*) Piacere alquanto.

piaciùto part. pass. di *piacere*; anche **agg** ● Nei sign. del v.

piada [dal gr. *pláthanon* 'scodella', da *plássein* 'forgiare', di etim. incerta] **s. f.** ● Sottile focaccia di pane azzimo che in Emilia-Romagna si suole cuocere su una lastra di pietra arroventata. || **piadina**, **dim.**

piàga [lat. *plāga(m)*, nom. *plāga*, 'colpo, percossa', poi 'ferita', dal gr. dorico *plagá* 'colpo, percossa', da una radice indeur. di origine onomat. che troviamo anche nel lat. *plāngere*. V. *piangere*] **s. f. 1** (*med.*) Lesione del tessuto con perdita di sostanza e scarsa tendenza alla guarigione: *essere coperto di piaghe* | *Essere tutto una p.*, di persona coperta di ferite. **2** (*fig.*) Afflizione che rode l'animo: *sanare le vecchie piaghe*; *è una p. che non si rimargina* | *Riaprire una p.*, risvegliare memorie dolorose | *Mettere il dito sulla p.*, (*fig.*) trattare un argomento particolarmente scottante e doloroso per qc. **3** (*fig.*) Danno, rovina: *la p. della grandine* | (*est.*) Grave male sociale: *la p. dell'analfabetismo*; *la corruzione è la nostra più grave p.* **4** (*fig., fam., scherz.*) Persona noiosissima, insopportabile: *quella p. non fa altro che lamentarsi!* || **piagàccia**, **pegg.** | **piaghétta**, **dim.** | **piaghettìna**, **dim.** | **piagùccia**, **piagùzza**, **dim.**

piagàre [lat. tardo *plagāre* 'battere, colpire, ferire', da *plāga* 'colpo'. V. *piaga*] **v. tr.** (*io piàgo, tu piàghi*) **1** Coprire di piaghe o di ferite: *le scarpe nuove mi hanno piagato i piedi*. **2** (*raro, fig.*) Fare innamorare perdutamente: *... andate in schiere belle, / a guisa d'amoretti / che vanno ardendo i cuor, piagando i petti* (TASSO).

piagàto part. pass. di *piagare*; anche **agg.** ● Nel sign. del v.

†**piagentàre** [da *piagente*, sul modello dell'ant. provz. *plazen*] **v. tr.** ● (*poet.*) Secondare, piaggiare.

†**piagènte** o †**plagènte part. pres.** di †*piagere*; anche **agg.** ● (*poet.*) Nel sign. del v.

†**piagènza** o †**plagènza**. **s. f.** ● (*poet.*) Avvenenza.

†**piagére** o †**plagére A v. intr.** ● (*poet.*) Piacere. **B s. m.** ● (*poet.*) Piacere.

piagetiàno agg. ● Che concerne o interessa lo psicologo svizzero J. Piaget (1896-1980) e le sue teorie.

†**piaggellàre** [ints. di *piaggiare*] **v. tr.** ● (*raro, tosc.*) Adulare o lusingare con insistenza.

piaggerìa [da *piaggiare*] **s. f.** ● Blandizia, lusinga | Vizio dell'adulare: *fare q.c. per p.*; *è molto sensibile alla p.*

piàggia [sovrapposizione del lat. *plăga* 'plaga' (V.) al gr. *plágios* 'obliquo, laterale', di origine indeur.] **s. f.** (**pl.** *-ge*) **1** (*raro, lett.*) Terreno in declivio: *folta nebbia / occupando le piagge imbruna i colli* (MARINO). **2** †Spiaggia, costa. **3** (*poet.*) Territorio, paese. || **piaggerèlla**, **dim.** | **piaggétta**, **dim.** | **piaggettìna**, **dim.** | **piaggióne**, **accr. m.**

piaggiaménto s. m. ● (*raro*) Modo e atto del piaggiare.

piaggiàre [lat. tardo *plagiāre* 'rubare', da *plăgium*. V. *plagio*] **A v. tr.** (*io piàggio*) ● (*lett.*) Lusingare e adulare qc. per esserne favoriti e avvantaggiati. **B v. intr.** (aus. *avere*) **1** (*raro*) Assumere una posizione neutrale tra due contendenti. **2** †Lusingare: *p. a uno*.

†**piaggiàta** [da *piaggia*] **s. f.** ● Parte costiera.

piaggiatóre [da *piaggiare*] **agg.**; anche **s. m.** (**f.** *-trice*) ● (*raro*) Adulatore.

†**piàgnere** ● V. *piangere*.

piagnistèo [da *piagnere*] **s. m. 1** †Pianto per il morto. **2** Lungo pianto noioso e lamentoso, spec. di bambini: *se ne andò a fare il soldato senza tanti piagnistei* (VERGA) | (*est.*) Discorso lamentevole: *non sopporto i suoi continui piagnistei*.

piagnolóso ● V. *piangoloso*.

piagnóne [da *piagnere*; i seguaci del Savonarola erano detti così perché si lamentavano continuamente] **s. m.** (**f.** *-a*) **1** (*fam.*) Chi piange o si lamenta in continuazione: *è un p. insopportabile*. **2** (*spec. al pl.*) I seguaci del Savonarola in Firenze nella seconda metà del Quattrocento.

piagnucolaménto s. m. ● Modo e atto del piagnucolare.

piagnucolàre [da †*piagnere*] **A v. intr.** (*io piagnùcolo*; aus. *avere*) ● Piangere sommessamente a lungo: *un bambino che piagnucola*. **SIN.** Frignare. **B v. tr.** ● (*raro*) Dire piangendo: *cosa piagnucola quel bambino?*

piagnucolìo s. m. ● Un continuo piagnucolare.

piagnucolóne s. m. (**f.** *-a*) ● Chi è solito piagnucolare, chi piagnucola molto.

piagnucolóso agg. ● Che piagnucola, che è solito piagnucolare: *bambino p.* | Di chi piagnucola: *viso p.*; *voce piagnucolosa*. || **piagnucolosaménte**, **avv.** (*raro*) In modo, e con tono, piagnucoloso.

piagóso [lat. *plagōsu(m)*, da *plāga* 'colpo, ferita'] **agg.** ● (*raro*) Pieno di piaghe, di ferite.

piàlla [lat. parl. **plānula(m)*, dim. f. dell'agg. *plānus* 'piano', perché spiana il legno] **s. f.** ● Arnese del falegname per spianare, assottigliare, lisciare, formato di un ceppo di legno dalla cui feritoia centrale sporge il ferro a scalpello, che vi sta incassato obliquamente | *P. a due ferri*, con un controferro smussato sovrapposto al ferro normale, per evitare lo scheggiarsi del legno | *Come se ci fosse passata sopra la p.*, (*pop.*) con riferimento a donna che ha poco seno. || **piallétta**, **dim.** | **piallétto**, **dim. m.** (V.) | **piallóne**, **accr. m.** (V.).

piallàccio [da *pialla*] **s. m.** ● Sottile foglio di legno pregiato che si incolla come rivestimento di un legno di qualità inferiore.

piallàre [da *pialla*] v. tr. ● Lavorare, spianare e assottigliare con la pialla | *P. per il diritto*, nel senso delle fibre del legno | *P. a ritroso*, in senso contrario | *P. in tralice*, di traverso.

piallàta s. f. *1* Atto del piallare rapidamente: *dare una p. al tavolo*. *2* Colpo di pialla. || **piallatìna**, dim.

piallàto **A** part. pass. di *piallare*; anche agg. ● Nel sign. del v. **B** s. m. ● †Legno piallato.

piallatóre s. m.; anche agg. (f. *-trice*) ● Chi, che pialla.

piallatrìce s. f. ● Macchina per piallare.

piallatùra s. f. *1* Lavoro ed effetto del piallare. *2* L'insieme dei trucioli tolti piallando.

piallettàre v. tr. (*io piallétto*) ● Spianare col pialletto.

piallétto s. m. *1* Dim. di *pialla*. *2* Piccola pialla maneggiabile anche con una sola mano. *3* Utensile da cucina per affettare i tartufi. *4* Assicella quadrata fornita di manico usata dai muratori per spianare e lisciare l'intonaco | *P. tondo*, per gli spigoli delle volte. SIN. Frettazzo.

piallóne **A** s. m. *1* Accr. di *pialla*. *2* Pialla con ceppo lungo, per spianare superfici già sgrossate. **B** agg. ● †Malfatto, grossolano.

piamàdre o **pia màdre** [detta così perché protegge il cervello come una madre protegge il figlio; calco sull'ar. *umm aldimagh-al-raqiqah*'] s. f. ● (*anat.*) La più interna delle tre meningi, sottile, aderente all'encefalo e al midollo spinale.

piàna [f. sost. di *piano* (*1*)] s. f. *1* Pietra squadrata per stipiti di finestra. *2* Travicello più grosso del corrente. *3* Aiola di orto. *4* Terreno pianeggiante. *5* (*mar.*) †Madiere.

pianàle [da *piano* (*1*)] s. m. *1* (*agr.*) Ripiano. *2* Piano di carico di un autocarro, un carro ferroviario, e sim. *3* Carro con o senza sponde basse mobili.

pianàre [lat. tardo *planāre*, da *plānus* 'piano (1)'] v. tr. ● (*raro*) Rendere piano, liscio. SIN. Levigare, spianare.

pianatóio o **pianatóre** [da *pianare*] s. m. ● Tipo di cesello con la cima piatta.

pianatùra s. f. ● Operazione di spianare, appiattire, stendere i cuoi da suola, prima di essiccarli.

piancìto o **piantìto** [dal fr. *plancher* 'impiantito', da *planche* 'lastra', dal lat. tardo *plănca*(*m*) 'asse', da *plăncus* 'dai piedi piatti' (da avvicinare a *plānus* 'piano (1)')] s. m. ● (*dial.*) Pavimento.

pianeggiànte part. pres. di *pianeggiare*; anche agg. ● Nei sign. del v.

pianeggiàre [da *piano* (*2*)] **A** v. intr. (*io pianéggio*; aus. *avere*) ● Essere o tendere a essere piano: *declivio che pianeggia*. **B** v. tr. ● Rendere piano: *p. il suolo stradale*.

pianèlla [da *piano* (*2*)] s. f. *1* Pantofola senza tacco | *Stare in pianelle*, (*fig.*) stare in libertà. *2* Mattone sottile per pavimentazione e copertura di tetti. *3* (*mar.*) Galera a fondo piano. *4* (*bot.*) *P. della Madonna*, cipripedio. *5* †Specie di elmo di acciaio, sottile e piatto. || **pianellétta**, dim. | **pianellìna**, dim. | **pianellìno**, dim. m. | **pianellóne**, accr. m. | **pianellùccia**, **pianellùzza**, dim.

pianellàio s. m. (f. *-a*) ● Chi fa o vende pianelle.

pianellàta s. f. ● (*raro*) Colpo di pianella.

pianèllo [dim. di *piano* (*2*)] s. m. ● Striscia di terreno tra due filari di viti.

pianeròttolo [da *piano* (*2*)] s. m. *1* Struttura orizzontale che collega due rampe di una scala e può dare accesso a un piano di un edificio se situato alla sua altezza | *P. di sosta*, quello situato fra piano e piano | *P. di arrivo*, quello situato all'altezza di ciascun piano. *2* In alpinismo, spiazzo su rocce ripide.

pianéta (**1**) o †**pianéto** [lat. *planēta*(*m*), nom. *planēta*, dal gr. *planḗtēs* 'errante, vagante', da *planân* 'deviare dalla retta strada', di etim. incerta] s. m. (pl. *-i*) *1* (*astron.*) Corpo celeste che descrive orbite ellittiche intorno al Sole, privo di luce propria ma luminoso perché riflette la luce solare | *Pianeti interni* o *inferiori*, quelli che distano dal Sole meno di quanto vi disti la Terra | *Pianeti esterni* o *superiori*, distanti dal Sole più della Terra | *Pianeti medicei*, satelliti galileiani. ➡ ILL. p. 830 SISTEMA SOLARE. *2* (*fig.*) Nel linguaggio giornalistico, complesso di problematiche, o fatti, considerati come un mondo a sé: *p. donna*, *p. calcio*. *3* (*raro*, *fig.*) Destino, sorte. *4* Foglietto recante stampato l'oroscopo. || **pianetìno**, dim. (V.) | **pianetóne**, accr.

pianéta (**2**) [gr. *planḗtēs* 'che vaga, gira' (V. precedente), perché poteva girare intorno alla persona] s. f. ● Paramento che il celebrante cattolico indossa durante la messa e nelle processioni, al di sopra del camice, aperto ai fianchi, di colore variabile in rapporto alla dedicazione del giorno o alla natura della cerimonia nella liturgia.

pianetàio [da *pianeta* (*2*)] s. m. ● (*raro*) Chi fa le pianete.

pianetìno s. m. *1* Dim. di *pianeta* (*1*). *2* (*astron.*) Asteroide.

†**pianéto** ● V. *pianeta* (*1*).

pianétto agg. ● Abbastanza piano. || †**pianettaménte**, avv. Pian piano, con voce assai bassa.

pianézza [lat. *planĭtia*(*m*), da *plānus* 'piano (1)'] s. f. *1* (*raro*) Qualità di ciò che è piano: *la p. di una superficie*. *2* (*raro*) Agevolezza, facilità. *3* (*raro*) Placidezza, mansuetudine.

piangènte part. pres. di *piangere*; anche agg. *1* Nei sign. del v. *2* (*bot.*) *Salice p.*, pianta delle Salicacee caratterizzata dall'ampia chioma con lunghissimi rami ricadenti di color verde tenero (*Salix babylonica*).

piàngere o (*dial.*) †**piàgnere**, (*raro*) †**piàngere** [lat. *plăngere* 'battere, percuotere, battersi il petto'. V. *piaga*] **A** v. intr. (pres. *io piàngo, tu piàngi*; pass. rem. *io piànsi, tu piangésti*; part. pass. *piànto*; aus. *avere*) *1* Versare lacrime per dolore, commozione o altri sentimenti: *p. dirottamente, amaramente, in silenzio, singhiozzando, a calde lacrime*; *se ci penso mi viene da p.*; *p. alla notizia di q.c.*, *alla morte di qc.*; *p. per i mali sofferti, delle ingiustizie patite*; *p. sul morto, sulle sventure della nazione*; *teneramente di paterno amore / pianse* (ALFIERI) | *P. dietro a qc.*, rimpiangerlo perché ci ha lasciati | *P. di gioia, rabbia, dispetto* e sim., versare lacrime per tali sentimenti | *P. sul latte versato*, (*fig.*) rammaricarsi di q.c. quando è ormai troppo tardi | *Far p. i sassi*, essere molto commovente | (*fig.*) *P. da un occhio solo*, fingere di piangere | (*raro, fig.*) *P. con la penna, in canzoni, sonetti, versi*, mostrare dolore scrivendo, componendo e sim. | (*fig.*) *Abiti che gli piangono in dosso*, che gli stanno malissimo | (*raro, est.*) Lamentarsi, mandare gemiti: *l'usignuolo piangeva nella notte*; *senti la tortorella che piange sul greto del fiume*. *2* Soffrire molto: *p. dentro di sé, sotto la tirannia* | (*fig.*) *Mi piange il cuore*, ne soffro moltissimo | *Beati coloro che piangono*, beati i sofferenti. *3* Gocciolare, stillare: *la linfa piangeva dai rami spezzati* | (*fig.*) *P. come una vite tagliata*, versare un fiume di lacrime | (*raro, est.*) Piovere. **B** v. intr. pron. ● †Affliggersi, dolersi. **C** v. tr. *1* Versare, emettere: *p. lacrime d'odio, d'ira, di rabbia*; *ha ormai pianto tutte le sue lacrime*; *quante lacrime ho pianto per la sua partenza* | Esprimere con voce di pianto: *p. versi, querele, parole*. *2* Deplorare, lamentare: *p. la morte di qc.*, *i danni subiti*, *le offese patite* | *P. q.c. con qc.*, condolersi | *P. miseria*, ostentarla | *P. guai*, mostrare a tutti i propri guai | (*est.*) Rimpiangere: *p. il bene perduto*. *3* Espiare con pianto: *p. i propri peccati, la colpa, l'avarizia*. **D** in funzione di s. m. solo sing. ● Pianto: *quanto p. ha fatto!*; *avere gli occhi rossi dal p.*; *fiume che spesso del mio pianger cresci* (PETRARCA).

piangévole agg. *1* †Di pianto | Flebile, lamentoso. *2* (*raro*) Che piange, spec. con facilità. *3* †Che fa piangere, lacrimevole: *lo p. caso* (VILLANI). || †**piangevolménte**, avv. Con pianto.

†**piangiménto** s. m. ● Pianto.

†**piangitìzio** agg. ● Triste, doloroso.

piangitóre s. m. (f. *-trice*, raro *-tora*) ● (*raro*) Chi piange.

piangiucchiàre [da *piangere*] v. intr. (*io piangiùcchio*; aus. *avere*) ● Piangere sommessamente o a tratti.

piangolàre v. intr. (*io piàngolo*; aus. *avere*) ● (*raro*) Piagnucolare.

†**piangolènte** agg. ● Piangente.

piangolóne [da *piangolare*] s. m. (f. *-a*) ● (*fam.*) Piagnucolone.

piangolóso o (*lett.*) **piagnolóso**, (*lett.*) **pianguóso**, agg. ● (*raro*) Piagnucoloso.

†**piangóso** agg. ● Piangoloso.

pianguloso ● V. *piangoloso*.

pianificàbile agg. ● Che si può o si deve pianificare.

pianificabilità s. f. ● Qualità di ciò che è pianificabile.

pianificàre [comp. di *piano* (*3*) e *-ficare*] v. tr. (*io pianìfico, tu pianìfichi*) *1* (*raro*) Pareggiare, livellare. *2* Progettare e organizzare q.c. mediante un piano preciso: *p. un'attività, un intervento* | (*est.*) Regolare secondo criteri di pianificazione: *p. la produzione industriale*.

pianificàto part. pass. di *pianificare*; anche agg. ● Nei sign. del v.

pianificatóre s. m. (f. *-trice*) ● Chi fa un piano economico | Sostenitore della politica di pianificazione.

pianificazióne s. f. ● Atto, effetto del pianificare | *P. familiare*, controllo delle nascite | (*econ.*) *P. concertata*, realizzata in accordo con le categorie economiche interessate | *P. indicativa*, che lascia ampio margine alle scelte degli operatori privati | *P. coercitiva*, determinata dall'alto e resa obbligatoria nei confronti dei singoli operatori economici.

pianigiàno [da *piano* (*2*)] agg.; anche s. m. (f. *-a*) ● Che, chi abita in pianura.

pianìno (**1**) [dim. di *piano* (*1*) nel sign. B] avv. ● (*fam.*) Adagio, senza fretta (*spec. iter.*): *pianin p. siamo arrivati quassù*; *pian p. si riesce a fare tutto*.

pianìno (**2**) s. m. *1* Dim. di *piano* (*4*). *2* Organino, organetto.

pianismo (**1**) [da *piano* (*3*)] s. m. ● Tendenza alla pianificazione economica.

pianismo (**2**) [da *piano* (*4*)] s. m. ● (*mus.*) Arte di trattare il pianoforte, sia nella composizione sia nell'esecuzione.

pianissimo [propr., sup. di *piano* (*1*)] s. m. ● (*mus.*) Minimo grado di sonorità con cui si esegue un passaggio.

pianista [da *piano* (*4*)] s. m. e f. (pl. m. *-i*) ● Chi suona il pianoforte, spec. professionalmente.

pianistico [da *pianista*] agg. (pl. m. *-ci*) *1* Di, da pianista: *attività pianistica*. *2* Che si riferisce alla musica per pianoforte: *concerto p.*; *composizione pianistica*.

piàno (**1**) [lat. *plānu*(*m*), di origine indeur.] **A** agg. *1* Piatto e disteso secondo la linea orizzontale: *una strada lunga e piana* | *Biancheria piana*, da letto, da bagno, da tavola | Privo di rilievi, senza sporgenze o rientranze: *tavola piana*; *terreno p.* | †*Capelli piani*, lisci | *Fronte piana*, né prominente né schiacciata | *Restare in piana terra*, (*fig.*) nella miseria | †*Piè p.*, terreno piano | †*A piè p.*, a piano terra. *2* (*fig.*) Agevole, facile: *faccenda piana* | Chiaro, intelligibile: *scrittura piana*; *esprimersi in lingua piana*. *3* Detto di parola con l'accento sulla penultima sillaba | Detto di verso che finisce con una parola piana (V. nota d'uso ACCENTO). *4* †Modesto, umile, dimesso | *Alla piana*, (*ell.*) alla buona, con semplicità | *Messa piana*, non cantata. *5* Sommesso: *un parlare p.* | (*lett.*) Quieto, tranquillo. || **pianaménte**, avv. *1* Senza far rumore; a bassa voce. *2* In modo modesto, umile. *3* Con lentezza. **B** avv. *1* Adagio, senza fretta: *cammina p.* | (*fig.*) Con prudenza e cautela: *posalo p.*; *p., potresti romperlo!* | (*fig.*) *Andarci p.*, agire prudentemente: *bisogna andarci p. con certa gente* | Con valore raff., iter.: *p. p. siamo arrivati fino quassù*; *p. p. abbiamo fatto quello che hanno fatto gli altri*. *2* Sommessamente, a voce bassa: *non gridare così, parla più p.* CONTR. Forte. || **pianétto**, dim. (V.) | **pianìno**, dim. (V.).

piàno (**2**) [lat. *plānu*(*m*), nt. sost. dell'agg. *plānus* 'piano (1)'] s. m. (pl. †*piànora*, f.) *1* (*mat.*) Uno degli enti primitivi della geometria, il cui significato è circoscritto dai postulati scelti nel particolare tipo di geometria | In uno spazio numerico tridimensionale, luogo dei punti le cui coordinate soddisfano a un'equazione algebrica di 1° grado | (*astron.*) *P. fondamentale*, il piano che contiene il circolo massimo, preso come riferimento di un sistema di coordinate sferiche celesti | (*fis.*) *P. di incidenza*, piano contenente la direzione di propagazione di un'onda che incide su una superficie e la normale condotta alla superficie nel punto di incidenza | (*fis.*) *P. di polarizzazione*, piano contenente il vettore elettrico e la direzione di propagazione di un'onda elettromagnetica | (*fis.*) *P. di* *riflessione*, piano contenente la direzione di propagazione di un'onda riflessa da una superficie e la normale alla superficie condotta nel punto di riflessione. ***2*** (*gener.*) Superficie piana: *un p. di marmo, di legno*; *p. di lavoro* | *Per p.*, secondo la faccia più ampia | *In p.*, orizzontalmente | *A p.*, a terra | (*raro*) *Mettere, recare al p.*, demolire, diroccare | *P. stradale*, la superficie stradale su cui transitano i veicoli | (*tecnol.*) *P. di controllo*, piattaforma, generalmente quadrata o rettangolare, di ghisa o di granito, sulla cui superficie superiore vengono appoggiati i pezzi per operazioni di tracciatura e controllo prima e durante la lavorazione | *P. caricatore*, piazzale sopraelevato sul piano stradale, posto davanti alle aperture di entrata e uscita delle merci in mercati, officine e industrie, destinato a facilitare il carico e lo scarico degli autocarri. ***3*** Terreno pianeggiante, zona di pianura: *paesi posti al p.*; *la strada scendeva al p. con molte curve*; *guardavano ... per i piani sterminati sotto la gran vampa del sole* (PIRANDELLO). ***4*** Livello: *p. di caricamento*; *il p. delle acque* | *Porre sullo stesso p.*, allo stesso livello (*anche fig.*) | *Porre su un altro p.*, a un livello più alto o più basso e (*fig.*) esaminare q.c. da un diverso punto di vista | (*est.*) Strato: *disporre su diversi piani la merce.* ***5*** (*cine, fot.*) *Primo p.*, parte del soggetto che nell'immagine è più vicina all'obiettivo o all'osservatore | *Primissimo p.*, inquadratura comprendente il solo volto, o particolari del volto, di un personaggio | *Secondo p.*, parte del soggetto che nell'immagine è più distante del primo piano dall'obiettivo o dall'osservatore | (*cine*) *P. americano*, inquadratura compresa fra la figura intera e la mezza figura | *P. medio*, inquadratura comprendente mezza figura, o uno spazio corrispondente | *P. sequenza*, lunga inquadratura senza stacchi | *Di primo p.*, (*fig.*) detto di chi o di ciò che riveste grande importanza o rilievo: *una figura, un personaggio di primo p.* | *Di secondo p.*, (*fig.*) detto di chi o di ciò che ha un'importanza relativa: *una figura, un personaggio di secondo p.*; *sono questioni di secondo p.* ***6*** (*aer.*) Corpo molto appiattito rispetto alla sua estensione usato per ottenerne azioni aerodinamiche | *P. alare*, che schematizza un'ala | *P. fisso*, deriva, stabilizzatore e sim. | *P. mobile, di governo*, V. *governo* | *P. centrale*, tronco centrale di un'ala cui si innestano le semiali | *P. di coda*, impennaggio | *Piani fissi e mobili*, governali. ***7*** (*geol.*) Unità stratigrafica in cui si suddivide la serie comprendente tutte le rocce formatesi durante un'età | *P. di faglia*, il piano o la superficie lungo la quale due lembi rocciosi si spostano l'uno relativamente all'altro. ***8*** (*miner.*) *P. di sfaldatura*, lungo cui si manifesta la rottura di cristalli sfaldabili | *P. di geminazione*, lungo cui due individui cristallini geminati vengono a contatto | *P. di simmetria*, tale da dividere un cristallo in due parti speculari e simmetriche. ***9*** (*ferr.*) *P. del ferro, di rotolamento*, piano tangente al fungo delle due rotaie di un binario | *P. di steccatura*, nelle rotaie, zona in cui aderiscono le ganasce della giunzione | *P. di regolamento*, sul quale viene posto lo strato di materiali costituenti la massicciata. ***10*** Ciascuno degli ordini sovrapposti in cui si divide un edificio secondo l'altezza: *primo, terzo p.*; *un palazzo di dieci piani*; *abitare al primo p.* | *Pian terreno*, (*fam.*) *p. terra*, quello posto a livello della strada | *P. nobile*, in un palazzo, quello padronale | *Aver appigionato l'ultimo p.*, (*fig.*, *scherz.*) aver perso la testa. ***11*** Palco, costruzione di tavole o altro in piano: *p. d'assi*; *p. lastricato, mattonato* | *P. scenico*, superficie del palcoscenico dove agiscono gli attori. ***12*** In legatoria, quadrante.

piàno (3) [fr. *plan*, da *planter* 'piantare'] **s. m.** ***1*** Disegno industriale rappresentante un oggetto, una macchina, una costruzione e sim. in proiezione su di una superficie piana. ***2*** Programma che determina i mezzi, i compiti e i tempi per conseguire alla scadenza un determinato risultato | *P. regolatore*, atto amministrativo che ha lo scopo di determinare la futura configurazione di una zona di insediamento o di un nucleo urbano preesistente e di stabilire i vincoli ai beni privati necessari per attuarla | *P. di sviluppo economico*, complesso delle previsioni e dei provvedimenti elaborati dallo Stato allo scopo di determinare e garantire uno sviluppo equilibrato dell'economia | *P. di studi*, progetto delle discipline da seguire e dei relativi esami da sostenere, che lo studente universitario sottopone all'accettazione di un'apposita commissione | (*mil.*) *P. operativo*, documento che tratta gli aspetti organizzativi del disegno di manovra secondo cui il comandante di un complesso di forze intende impiegarle nella battaglia o manovra strategica | *P. di difesa*, comprende tutte le predisposizioni per l'organizzazione e la condotta della difesa | *P. di fuoco d'artiglieria*, complesso di documenti grafici e descrittivi che definiscono gli interventi di artiglieria predisposti per una determinata azione | *P. di volo*, i vari elementi, come itinerario, quote, tempi, e sim., previsti per un volo che il pilota, in partenza, fornisce al servizio della circolazione aerea, compilando l'apposito modulo. ***3*** (*est.*) Progetto, proposito, programma: *p. d'azione*; *avere un p. ambizioso*; *mandare a monte i piani di qc.*; *i piani per le vacanze*.

piàno (4) **s. m.** solo **sing.** ● Acrt. di *pianoforte*. || **pianino**, **dim.** (V.).

piàno-bar /'pjano bar, pjano'bar/ [comp. di *piano (4)* e *bar*] **s. m. inv.** ● Locale pubblico con musica di sottofondo eseguita da un pianista, aperto spec. nelle ore serali e notturne.

pianocòncavo o **piano-còncavo** [comp. di *piano (1)* e *concavo*] **agg.** ● (*fis.*) Detto di lente avente una faccia piana e una concava.

pianoconvèsso o **piano-convèsso** [comp. di *piano (1)* e *convesso*] **agg.** ● (*fis.*) Detto di lente avente una faccia piana e una convessa.

pianofòrte [comp. di *piano (1)* e *forte*, propriamente 'clavicembalo con il piano e il forte'] **s. m.** ***1*** Grande strumento musicale a corde metalliche messe in vibrazione da martelletti azionati da una tastiera | *P. a coda*, orizzontale | *P. verticale*, con cassa verticale a tastiera sporgente. ➡ **ILL. musica**. ***2*** (*est.*) Tecnica di musica da eseguire al pianoforte, spec. come materia di studio: *studiare, insegnare p.*; *maestro di p.*; *diplomarsi in p.* | *P. preparato*, capace di nuove e inedite sonorità derivate dall'inserimento di piccoli oggetti estranei fra una corda e l'altra.

pianòla [da *piano (4)*] **s. f.** ● Pianoforte meccanico in cui il movimento di due pedali fa svolgere un rotolo di carta con fori corrispondenti alle varie note.

pianòro [da *piano (2)*] **s. m.** ● Pianura situata in una zona elevata, fra altura e altura.

pianotèrra o (*raro*) **piàno tèrra** [comp. di *piano (2)* e *terra*] **s. m. inv.** ● (*fam.*) Pianterreno.

pianoterréno ● V. *pianterreno*.

pianòtto [da *piano (2)*] **s. m.** ● Pelle di agnello castrato, ottima da conciare.

pianparallèlo [comp. di *pian(o) (1)* e *parallelo*] **agg.** ● (*ott.*) A facce piane e parallele, detto di elemento rifrangente, quale una lamina di vetro.

piànta [lat. *plănta(m)*, da *plantāre* 'piantare'] **s. f.** ***1*** Denominazione generica di ogni organismo vegetale, spec. erbaceo, arbustivo o arboreo | *P. officinale*, che contiene sostanze suscettibili di essere usate in medicina per la loro azione terapeutica | *P. carnivora, insettivora*, quella che con vari dispositivi cattura e digerisce i piccoli animali, spec. insetti. ➡ **ILL. piante** /1-11. ***2*** (*fig.*) †Stirpe, schiatta. ***3*** Parte inferiore del piede | †*Piante ignude*, piedi scalzi | *Muovere le piante*, camminare | (*est.*) Parte inferiore della scarpa: *stivali a p. larga, stretta*. ***4*** Rappresentazione grafica in scala, ottenuta sezionando con un piano orizzontale, o proiettando verticalmente sul piano orizzontale, oggetti, pezzi meccanici, costruzioni, terreni e sim.: *la p. di un edificio* | *P. a croce greca*, in cui i corpi di fabbrica, ortogonali, sono di uguale lunghezza, spesso con cupola sull'incrocio | *P. a croce latina*, in cui i corpi di fabbrica ortogonali sono di diversa lunghezza e il più breve interseca l'altro a circa due terzi della sua lunghezza | (*est.*) Carta topografica: *la p. di una città* | (*est.*) Disegno che rappresenta la disposizione di cose o persone in un dato luogo: *la p. di una classe, di un ufficio*. ***5*** (*bur.*) Ruolo, organico: *essere assunto in p. stabile*; *la p. del Ministero*. ***6*** (*fig.*) Nella loc. avv. *di p.*, dalla radice, dal principio | *Di sana p.*, totalmente, integralmente. || **piantàccia**, **spreg.** | **pianterèlla**, **dim.** | **pianterellina**, **dim.** | **piantétta**, **dim.** | **piantettina**, **dim.** | **pianticèlla**, **dim.** | **piantìcina**, **dim.** | **piantina**, **dim.** (V.) | **piantolina**, **dim.** | **piantóna**, **accr.** | **piantùccia**, **dim.**

piantàbile **agg.** ***1*** Che si può coltivare con piante: *terreno p.* ***2*** (*raro*) Che si può piantare: *albero p.*

piantacaròte [comp. di *pianta(re)* e il pl. di *carota*] **s. m. e f. inv.** ● (*scherz.*) Chi racconta fandonie.

piantàggine [lat. *plantāgine(m)*, da *plănta* 'pianta (dei piedi)', per la forma delle sue foglie con la pianta dei piedi] **s. f.** ● Pianta erbacea delle Plantaginacee comune nei prati e nei terreni incolti, con foglie picciolate a rosetta e fiori verdognoli in spighe (*Plantago major*). **SIN.** Lanciola.

piantagióne [lat. *plantatiōne(m)*, da *plantātus* 'piantato'] **s. f.** ***1*** (*raro*) Lavoro del piantare, del mettere a dimora piante arboree. ***2*** Area di terreno occupata da piante coltivate della stessa specie: *p. di caffè, di tabacco* | L'insieme di alberi o piante coltivati | *P. di peschi, peri*, e sim., frutteto | Azienda agricola caratterizzata da grande estensione e monocoltura, tipica delle regioni tropicali.

piantagràne [comp. di *pianta(re)* e il pl. di *grana (1)*] **s. m. e f. inv.** ● Persona pedante e puntigliosa che procura fastidiose complicazioni.

piantaménto **s. m.** ● Modo e atto del piantare.

piantàna [da *pianta*] **s. f.** ***1*** Sostegno verticale, spec. metallico, per librerie e scaffalature | *P. di segnale*, struttura di sostegno di un segnale. ***2*** (*edil.*) Sostegno tubolare metallico. ***3*** Lampada a stelo.

†**piantanimàle** [comp. di *pianta* e *animale*] **s. f.** ● Zoofito.

piantàre [lat. *plantāre*, da *plănta* 'pianta (del piede)'; si diceva degli ortaggi che si piantavano calcando con la *pianta* del piede] **A v. tr.** ***1*** Mettere nel terreno semi, germogli e altri organi vegetali atti a svilupparsi in pianta: *p. semi, talee*; *p. fiori, ortaggi, alberi da frutto*; *p. un terreno a vigna*; *p. a buca, a trincea* | *P. a fessura*, a scopo di rimboschimento | *P. carote*, (*fig.*, *fam.*) dire fandonie | *Andare a p. cavoli*, (*fig.*) ritirarsi a vita privata | †*P. porri*, (*fig.*) pensare molto a fare q.c. ***2*** Conficcare profondamente nel terreno o in qualunque altro materiale solido: *p. un'asta, la bandiera, i pali del telegrafo*; *gli piantò un pugnale nel petto* | *P. chiodi*, (*fig.*) fare debiti | (*est.*) Collocare o posare saldamente: *p. l'accampamento, le fondamenta, le batterie antiaeree* | *P. le tende*, accamparsi, fermarsi a lungo in un luogo | *P. le calcagna*, fermarsi | (*fig.*) *P. bugie, spropositi*, dirli | (*fig.*) *P. una grana*, sollevare questioni noiose e spiacevoli | (*fig.*) *P. gli occhi addosso a qc.*, fissarlo intensamente. ***3*** (*raro, fig.*) Iniziare, fondare: *p. un negozio, un'azienda* | *P. bene, male una questione*, porla bene, male. **SIN.** Impiantare. ***4*** (*fig.*) Abbandonare, lasciare in modo improvviso: *p. la fidanzata, il marito*; *ha piantato tutto e se n'è andato* | *P. la partita*, smettere di giocare | *P. in asso qc.*, abbandonarlo a sé stesso | *P. baracca e burattini*, (*fig.*) abbandonare ogni cosa e non volerne più sapere | *Piantarla*, finirla | *Piantala!*, finiscila, smetti di dire o fare q.c. | (*raro*) *Piantarla a uno*, ingannarlo. **B v. intr. pron.** ● Conficcarsi: *la freccia si piantò lontano dal bersaglio*; *mi si è piantata una spina nel dito* | *Piantarsi nel fango* e sim., impantanarsi. **C v. rifl.** ● Fermarsi in un luogo senza accennare ad andarsene: *mi si è piantato in casa e nessuno lo muove più* | *Piantarsi davanti, di fronte a qc.*, fronteggiarlo con aria risoluta: *mi si piantarono davanti due energumeni, e dovetti tornare indietro*.

†**piantaròla** [da *piantare*, con evoluzione semantica poco chiara] **s. f.** ● Antico ballo contadinesco.

piantàta **s. f.** ***1*** Atto del piantare. ***2*** L'insieme delle piante della stessa specie che occupano una certa zona di terreno | Terreno piantato. ***3*** Filare di viti maritate comune nelle pianure dell'Emilia, in Toscana e in Campania.

piantàto **part. pass.** di *piantare*; anche **agg.** ***1*** Nei sign. del v. ***2*** Solido, robusto: *un uomo, un ragazzo ben p.* | (*raro, fig.*) *P. in buona luna*, di persona nata sotto una buona stella. ***3*** (*fig.*) Di persona che sta immobile e impettita: *cosa fai p. lì come un palo?*

piantatóio [da *piantato*] **s. m.** ● Cavicchio, piolo, foraterra.

piantatóre [lat. tardo *plantatōre(m)*, da *plantātus* 'piantato'] **s. m.** (**f.** *-trice*, raro *-tora*) ***1*** Chi pianta. ***2*** Proprietario di una o più piantagioni: *un p. di caffè, di cotone*.

Atlante delle piante (elenco delle piante più importanti e relativo numero di pagina)

Divisione: BRIOFITE
Classe: MUSCHI

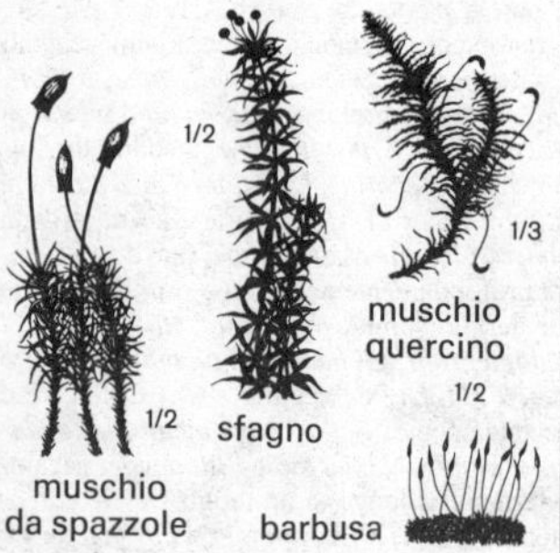

1/2
1/3
muschio quercino
1/2
sfagno
1/2
muschio da spazzole
barbusa

Divisione: PTERIDOFITE
Classe: ARTICOLATE

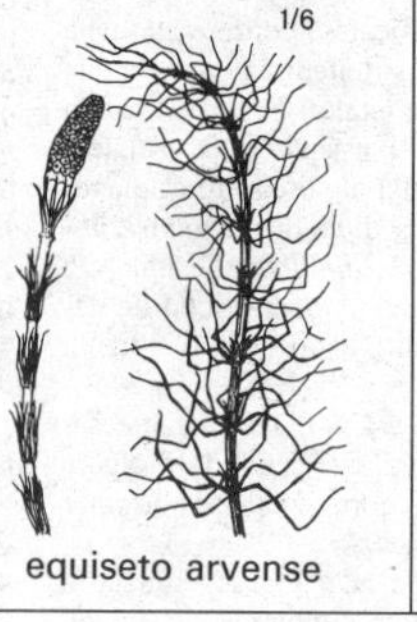

1/6
equiseto arvense

Divisione: PTERIDOFITE
Classe: FELCI

1/60
1/50
felce aquilina
felce maschio
1/15
lingua cervina
capelvenere
1/25
1/15
ruta di muro

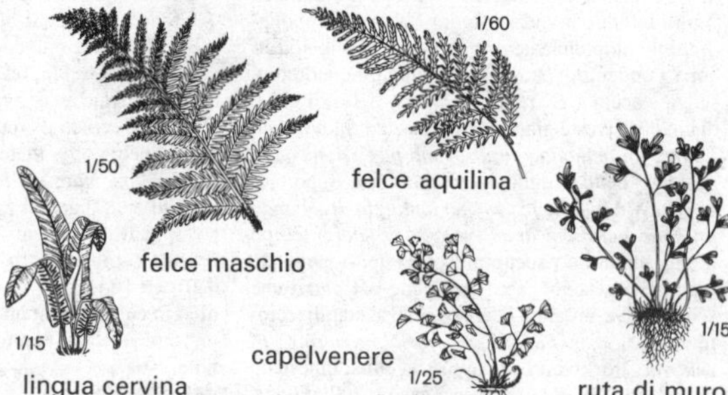

Divisione: GIMNOSPERME
Classe: CONIFERE

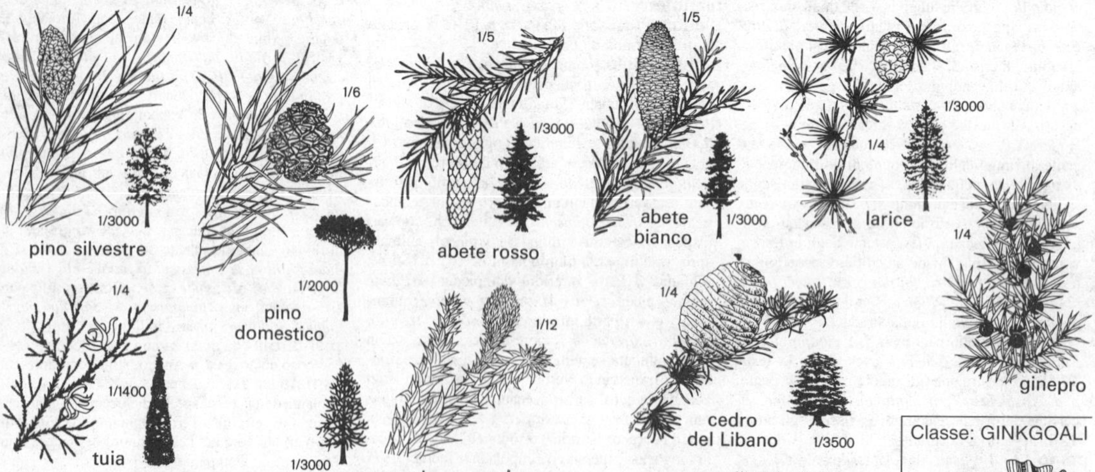

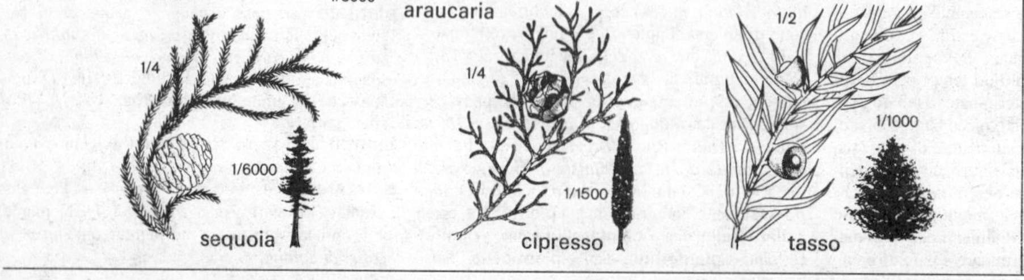

1/4
1/3000
pino silvestre
1/6
1/2000
pino domestico
1/5
1/3000
abete rosso
1/5
abete bianco
1/3000
1/3000
1/4
larice
1/4
ginepro
1/4
1/1400
tuia
1/12
1/3000
araucaria
1/4
cedro del Libano
1/3500

1/4
1/6000
sequoia
1/4
1/1500
cipresso
1/2
1/1000
tasso

Classe: GINKGOALI

1/4
ginkgo
1/2000

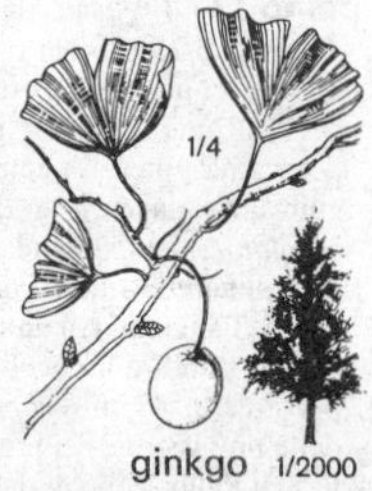

Divisione: ANGIOSPERME Classe: DICOTILEDONI

Ordine FAGALI

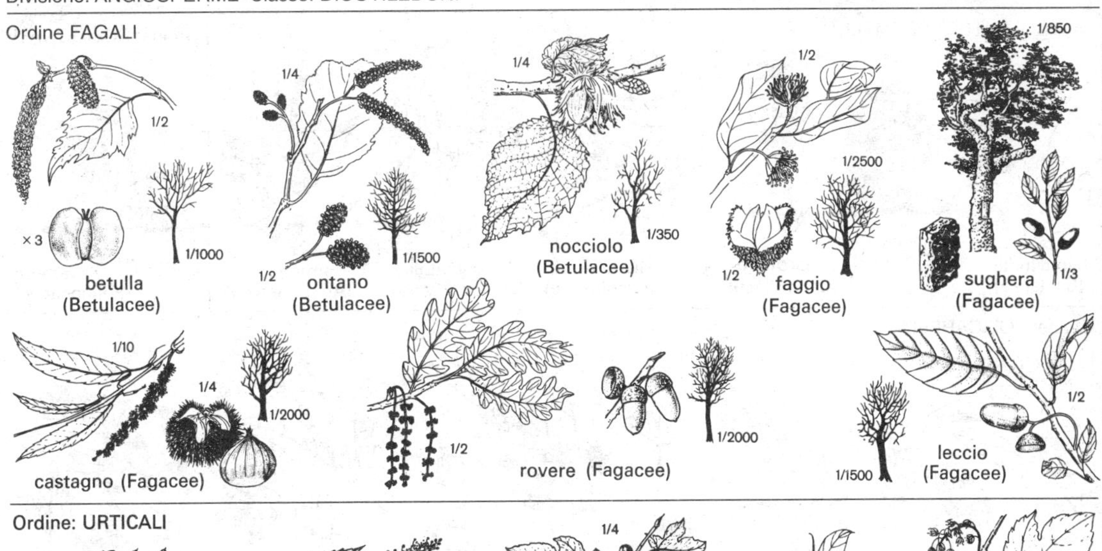

Ordine: URTICALI

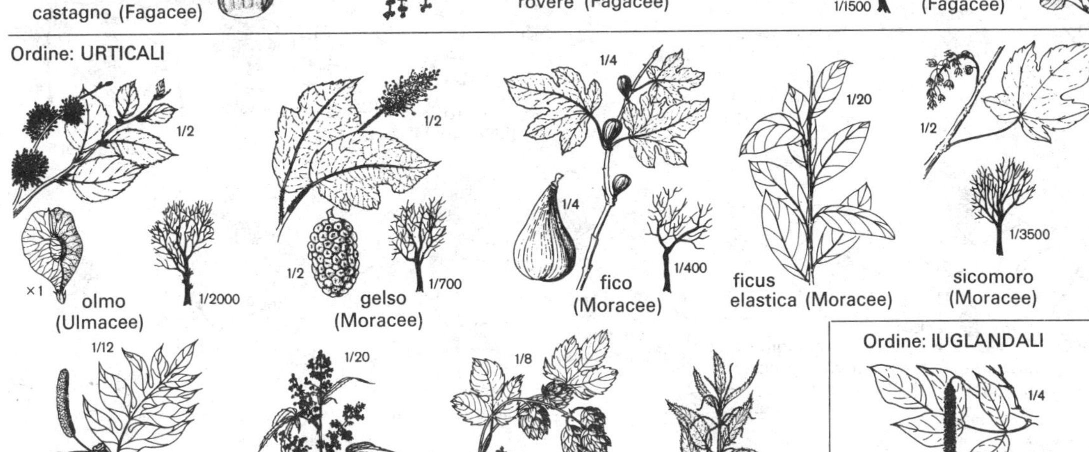

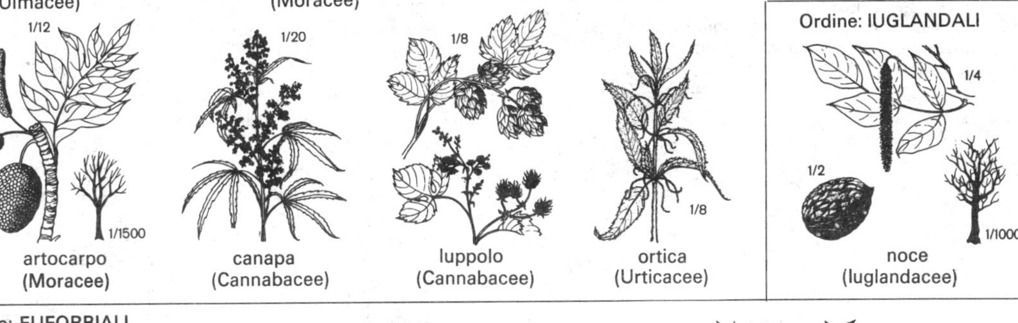

Ordine: EUFORBIALI

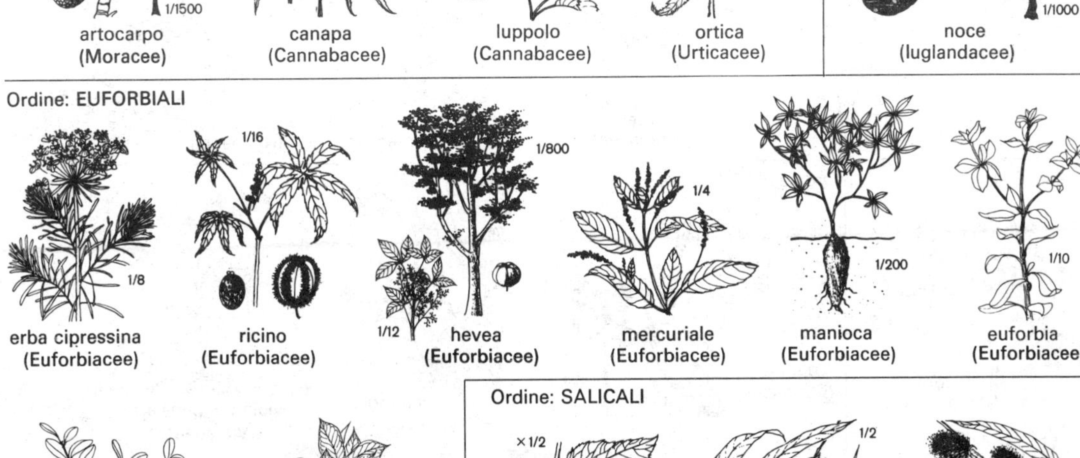

bosso
(Euforbiacee)

croton dei giardinieri
(Euforbiacee)

Ordine: SALICALI

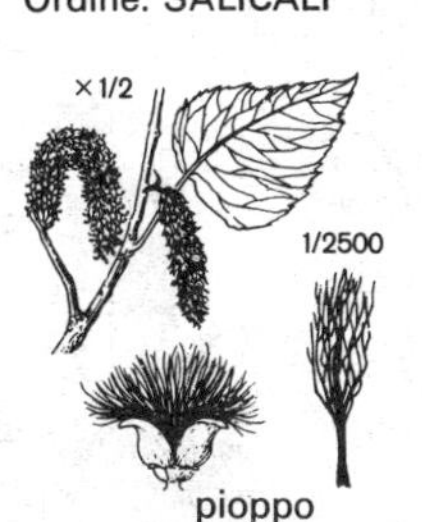

pioppo
(Salicacee)

salice piangente
(Salicacee)

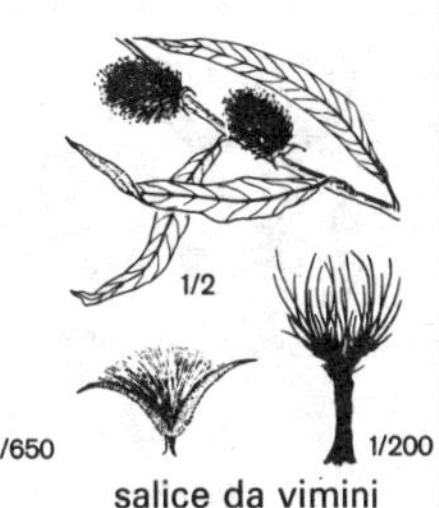

salice da vimini
(Salicacee)

Divisione: ANGIOSPERME Classe: DICOTILEDONI

Ordine: CENTROSPERMALI

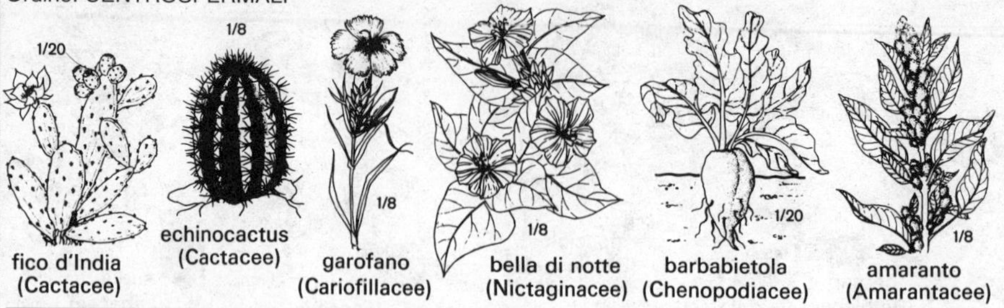

1/20 fico d'India (Cactacee)

1/8 echinocactus (Cactacee)

1/8 garofano (Cariofillacee)

1/8 bella di notte (Nictaginacee)

1/20 barbabietola (Chenopodiacee)

1/8 amaranto (Amarantacee)

Ordine: POLIGONALI

1/80 rabarbaro (Poligonacee)

Ordine: POLICARPALI

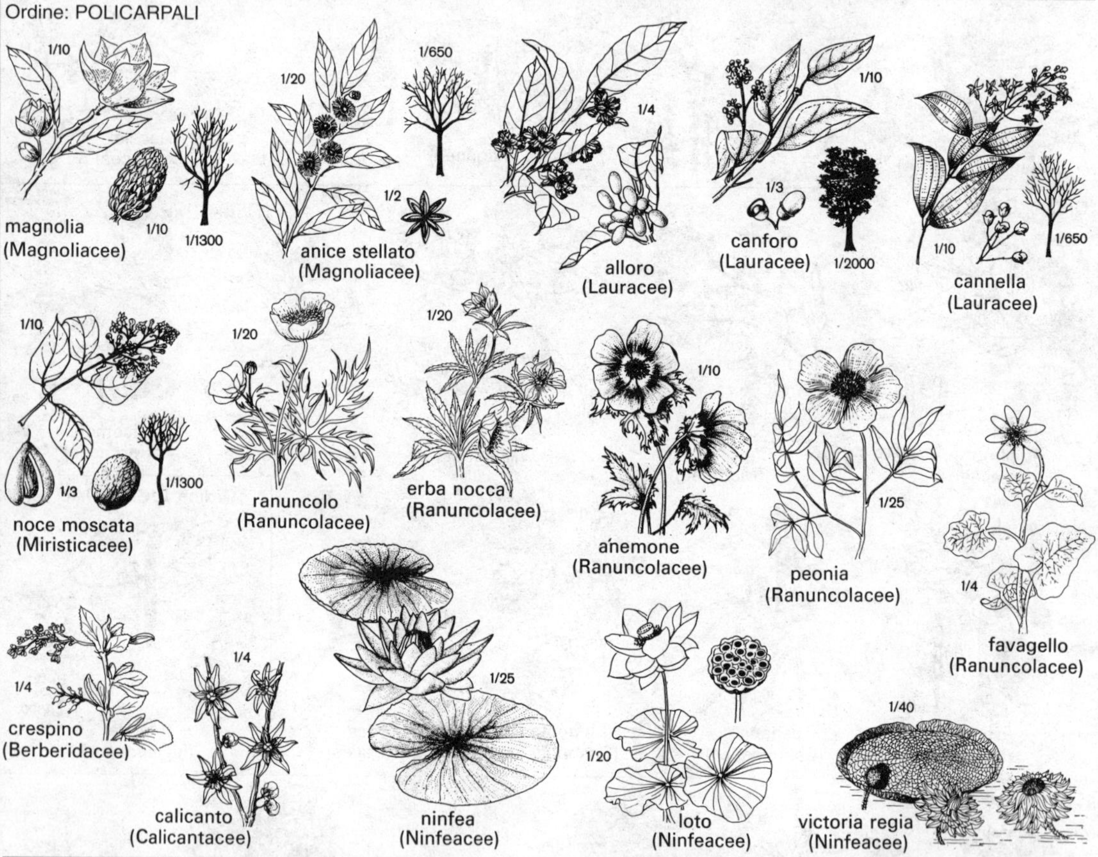

1/10 1/10 1/1300 magnolia (Magnoliacee)

1/20 1/650 1/2 anice stellato (Magnoliacee)

1/4 alloro (Lauracee)

1/10 1/3 1/2000 canforo (Lauracee)

1/10 1/650 cannella (Lauracee)

1/10 1/3 1/1300 noce moscata (Miristicacee)

1/20 ranuncolo (Ranuncolacee)

1/20 erba nocca (Ranuncolacee)

1/10 anemone (Ranuncolacee)

1/25 peonia (Ranuncolacee)

1/4 favagello (Ranuncolacee)

1/4 crespino (Berberidacee)

1/4 calicanto (Calicantacee)

1/25 ninfea (Ninfeacee)

1/20 loto (Ninfeacee)

1/40 victoria regia (Ninfeacee)

Ordine: SANTALALI

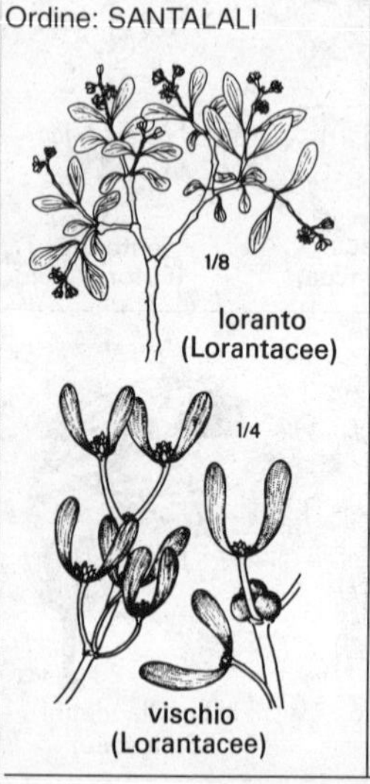

1/8 loranto (Lorantacee)

1/4 vischio (Lorantacee)

Ordine: PARIETALI

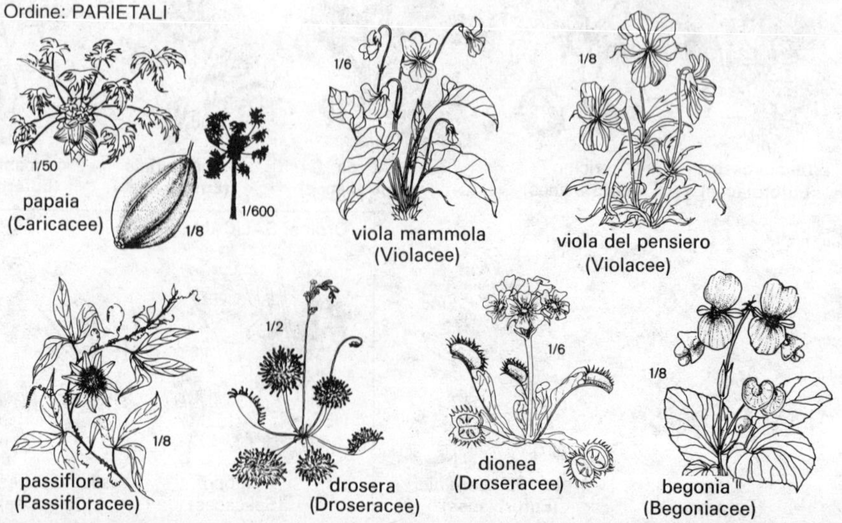

1/50 1/8 1/600 papaia (Caricacee)

1/6 viola mammola (Violacee)

1/8 viola del pensiero (Violacee)

1/8 passiflora (Passifloracee)

1/2 drosera (Droseracee)

1/6 dionea (Droseracee)

1/8 begonia (Begoniacee)

Divisione: ANGIOSPERME Classe: DICOTILEDONI

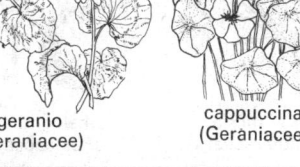

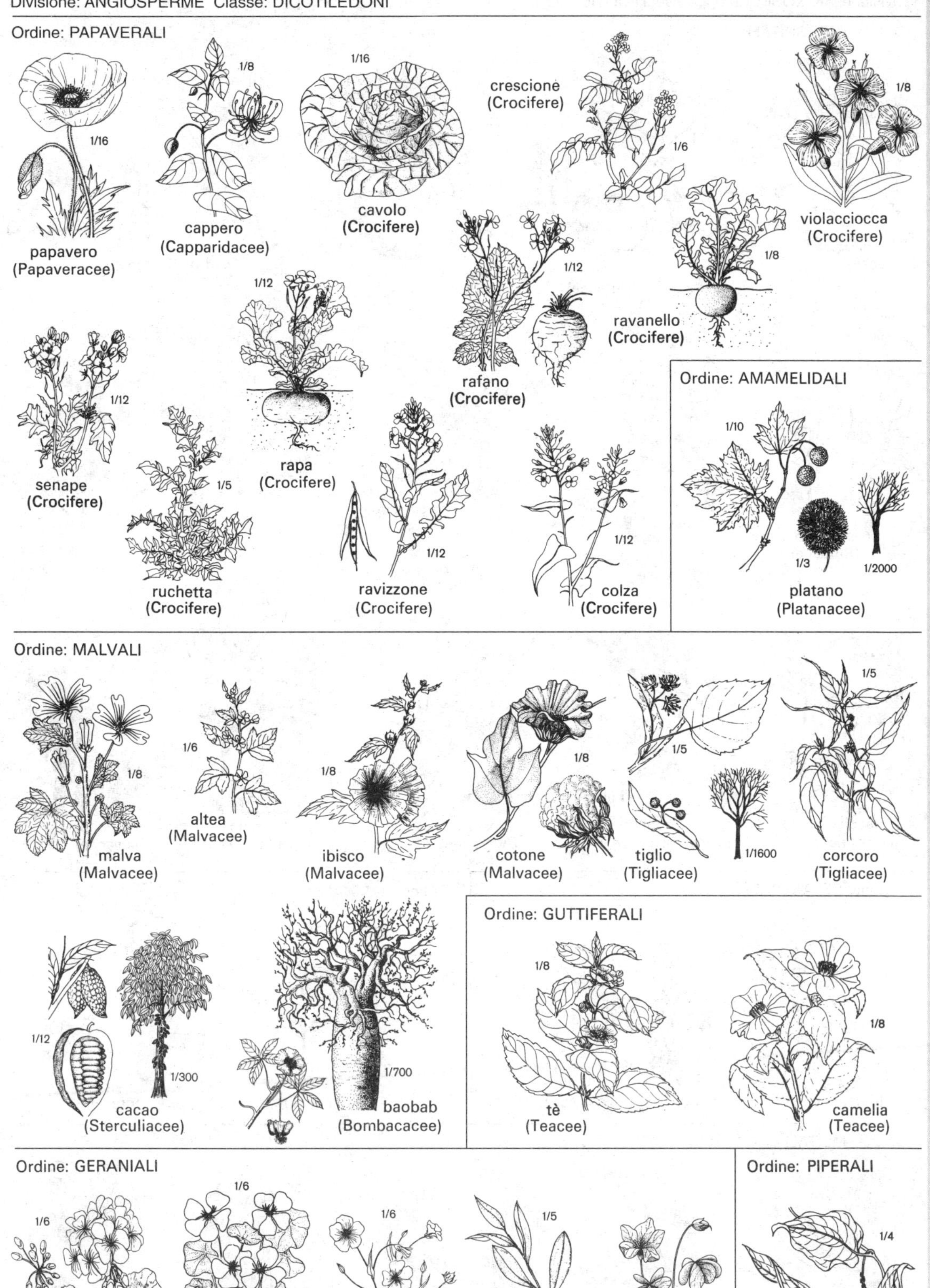

Divisione: ANGIOSPERME Classe: DICOTILEDONI

Ordine: TEREBINTALI

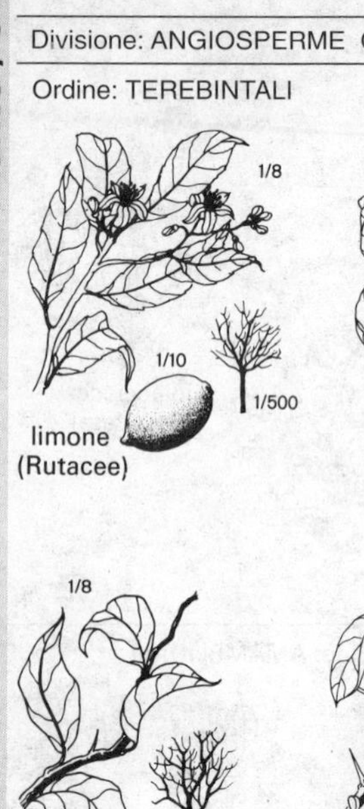

limone
(Rutacee)

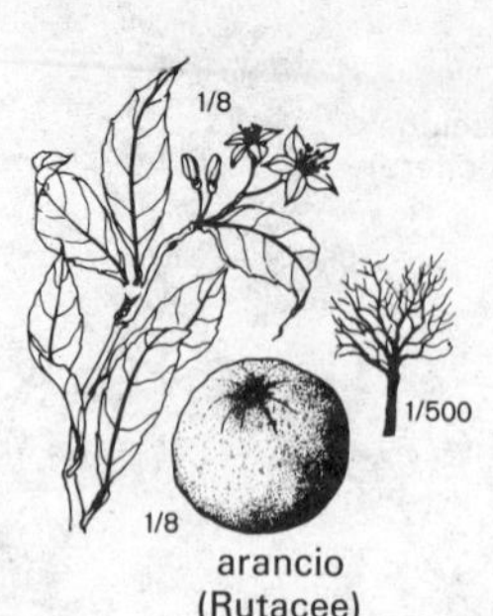

arancio
(Rutacee)

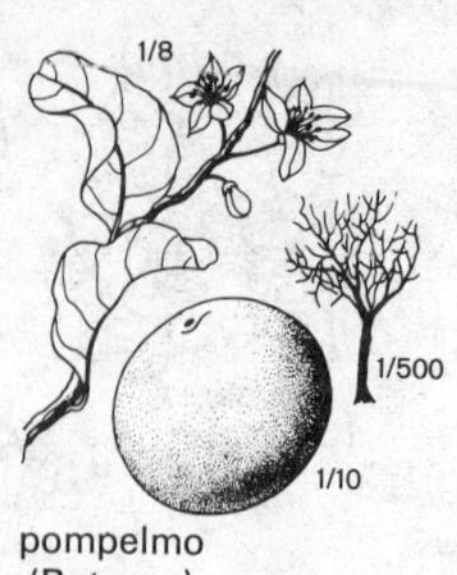

pompelmo
(Rutacee)

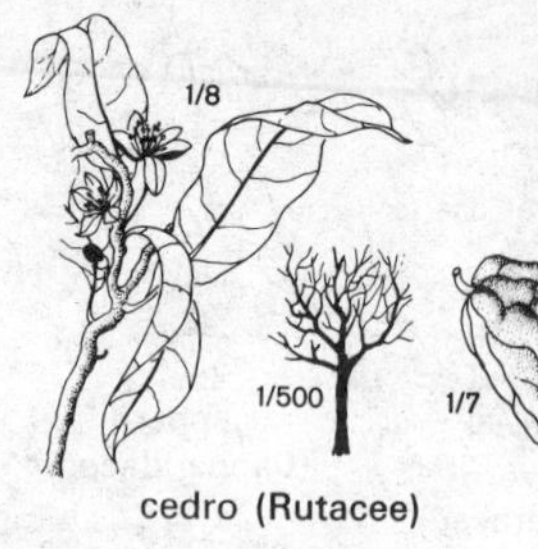

cedro (Rutacee)

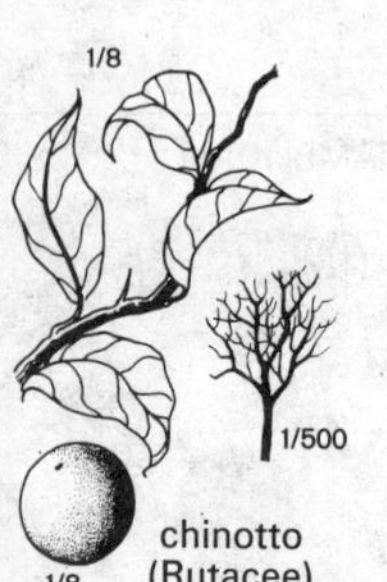

chinotto
(Rutacee)

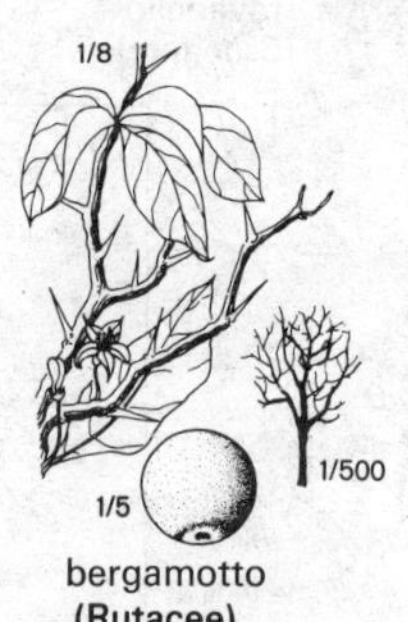

bergamotto
(Rutacee)

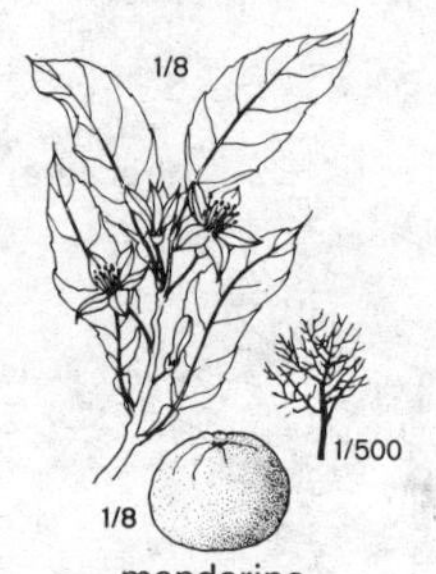

mandarino
(Rutacee)

ruta
(Rutacee)

lentisco
(Anacardiacee)

pistacchio
(Anacardiacee)

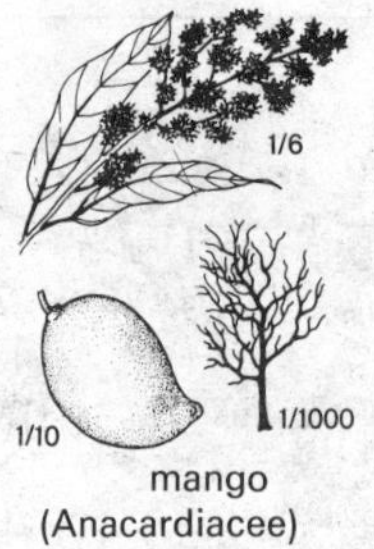

mango
(Anacardiacee)

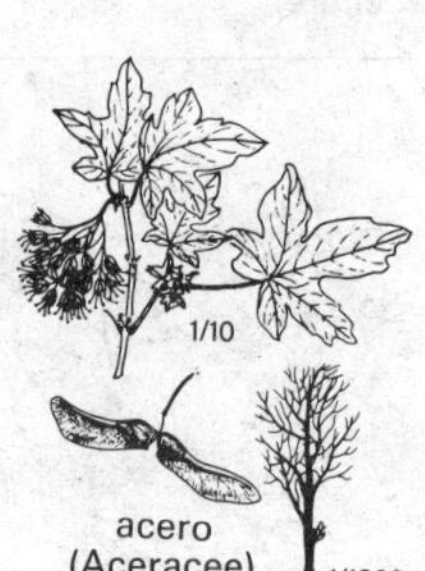

acero
(Aceracee)

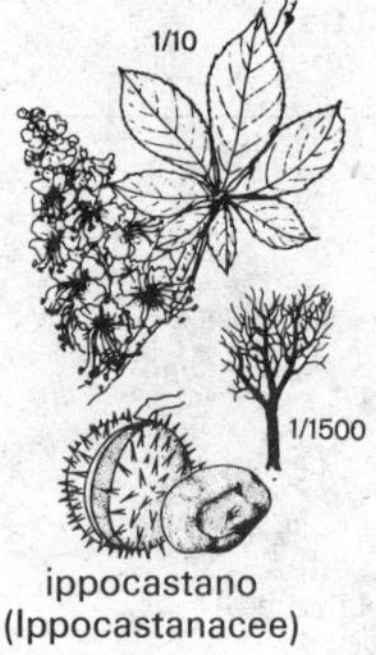

ippocastano
(Ippocastanacee)

mogano
(Meliacee)

Ordine: CELASTRALI

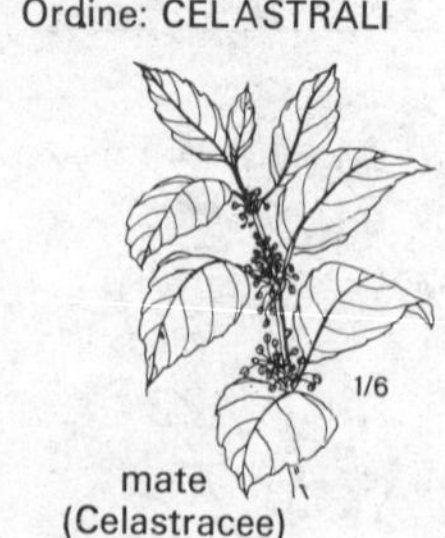

mate
(Celastracee)

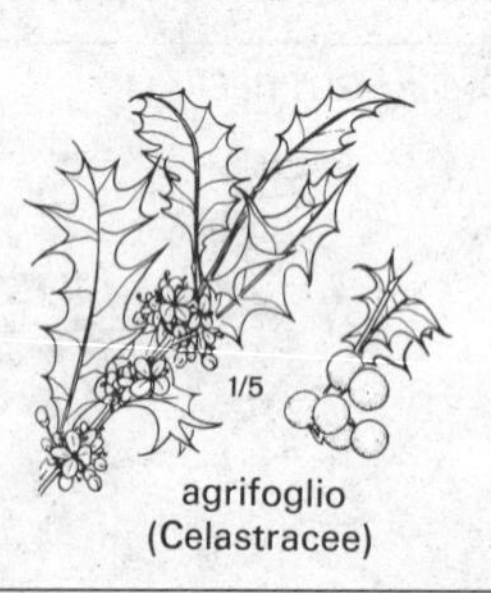

agrifoglio
(Celastracee)

Ordine: RAMNALI

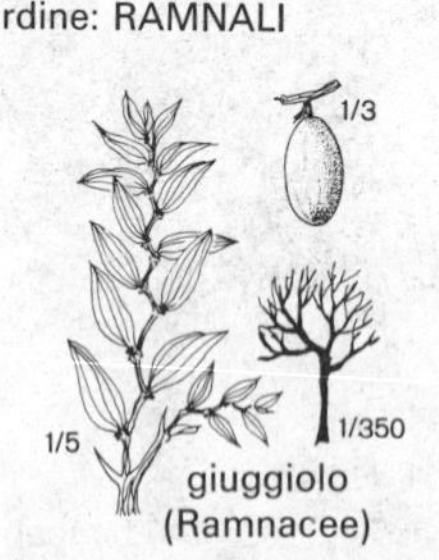

giuggiolo
(Ramnacee)

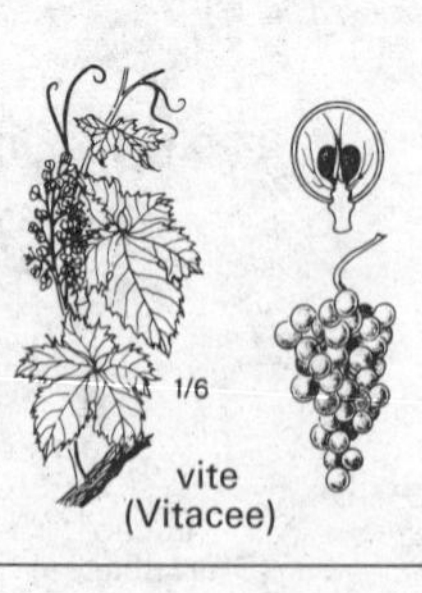

vite
(Vitacee)

Ordine: MIRTALI

eucalipto
(Mirtacee)

mirto
(Mirtacee)

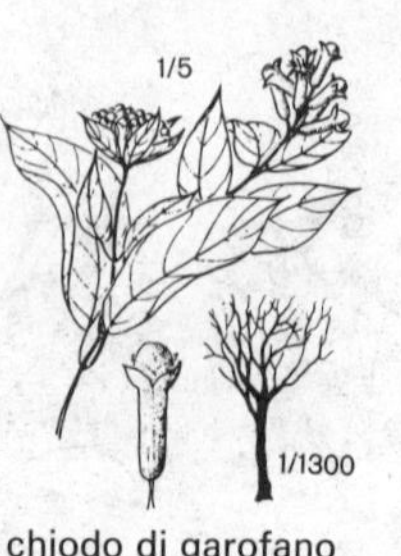

chiodo di garofano
(Mirtacee)

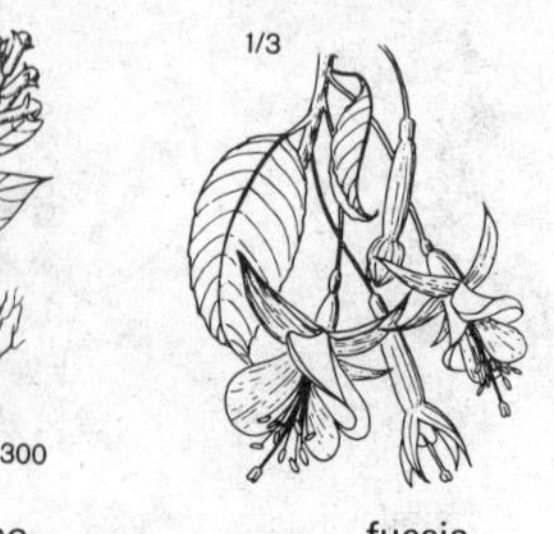

fucsia
(Enoteracee)

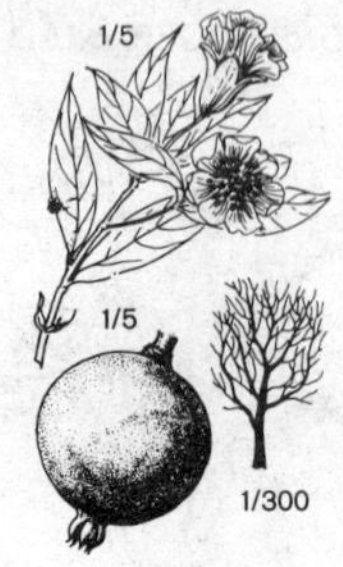

melograno
(Punicacee)

Divisione: ANGIOSPERME Classe: DICOTILEDONI

Ordine: ROSALI

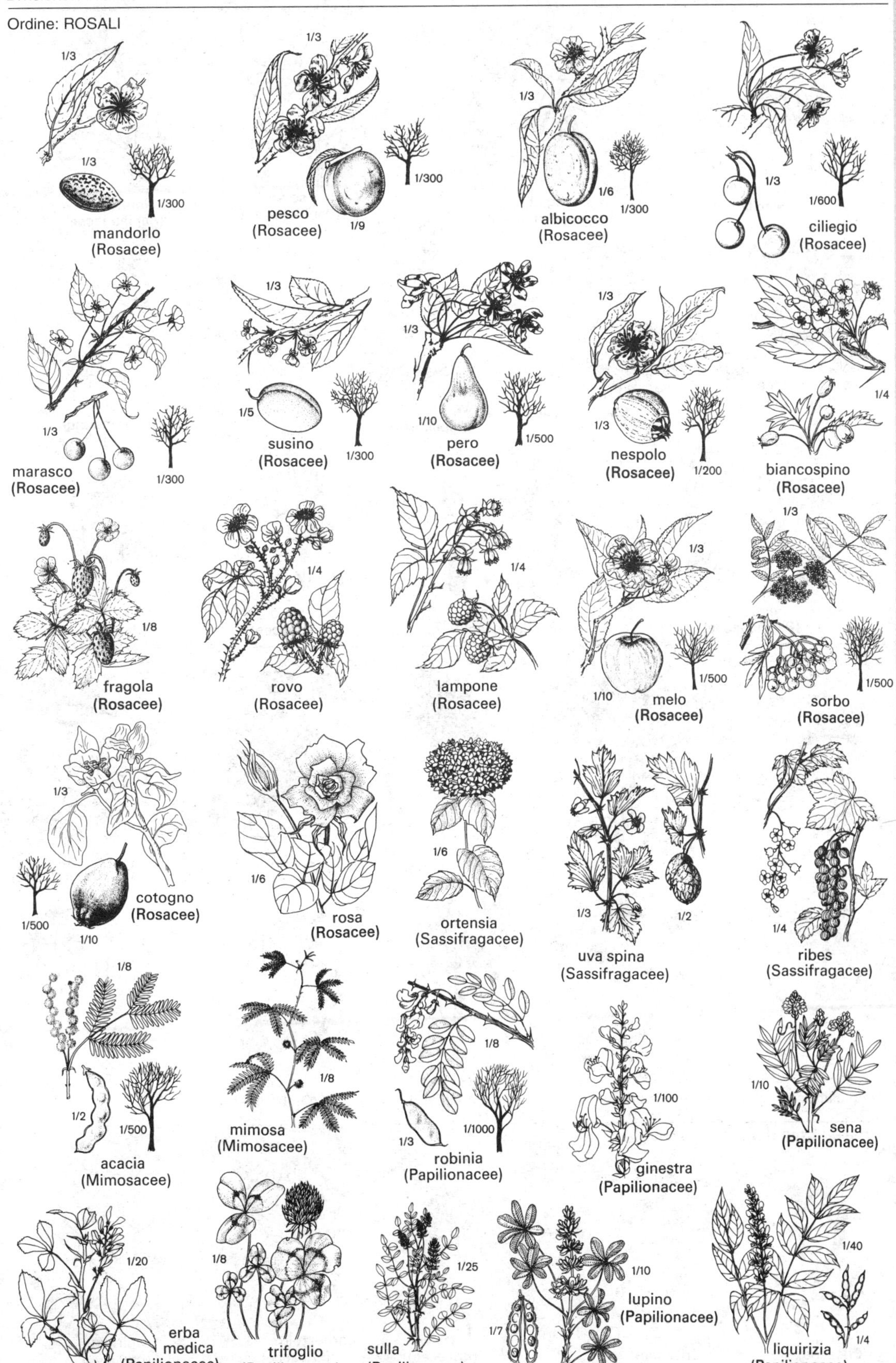

segue

Divisione: ANGIOSPERME Classe: DICOTILEDONI

segue Ordine: ROSALI

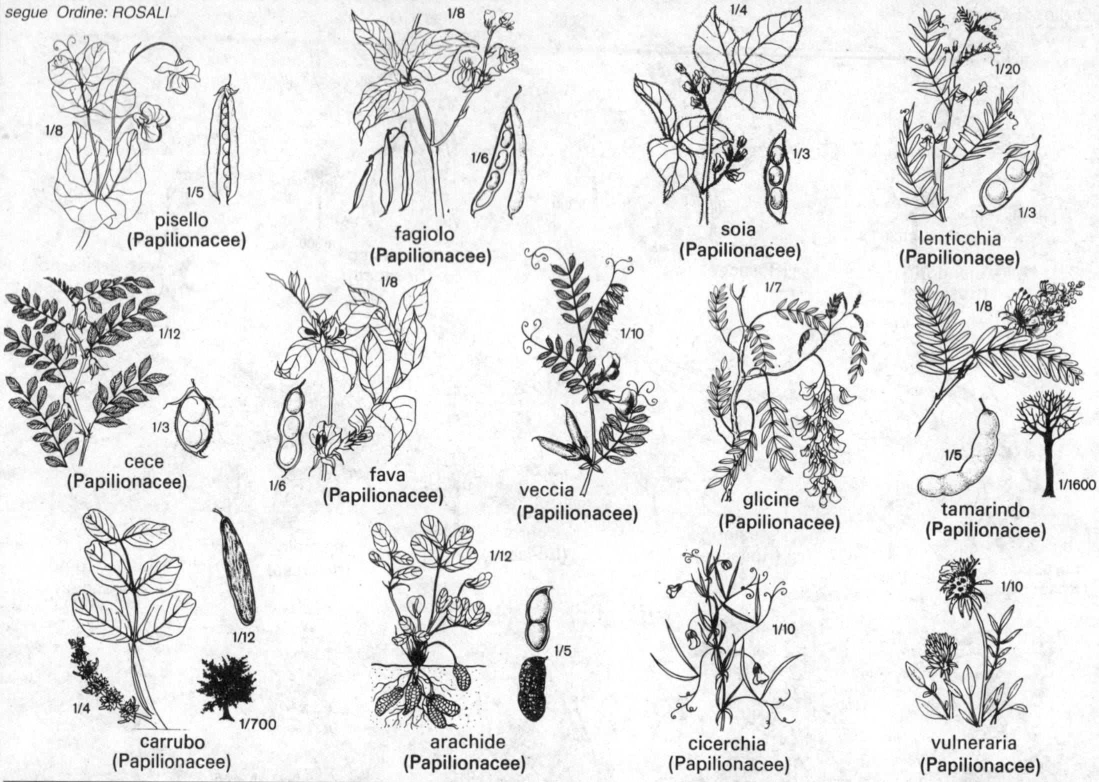

pisello (Papilionacee)

fagiolo (Papilionacee)

soia (Papilionacee)

lenticchia (Papilionacee)

cece (Papilionacee)

fava (Papilionacee)

veccia (Papilionacee)

glicine (Papilionacee)

tamarindo (Papilionacee)

carrubo (Papilionacee)

arachide (Papilionacee)

cicerchia (Papilionacee)

vulneraria (Papilionacee)

Ordine: UMBELLALI

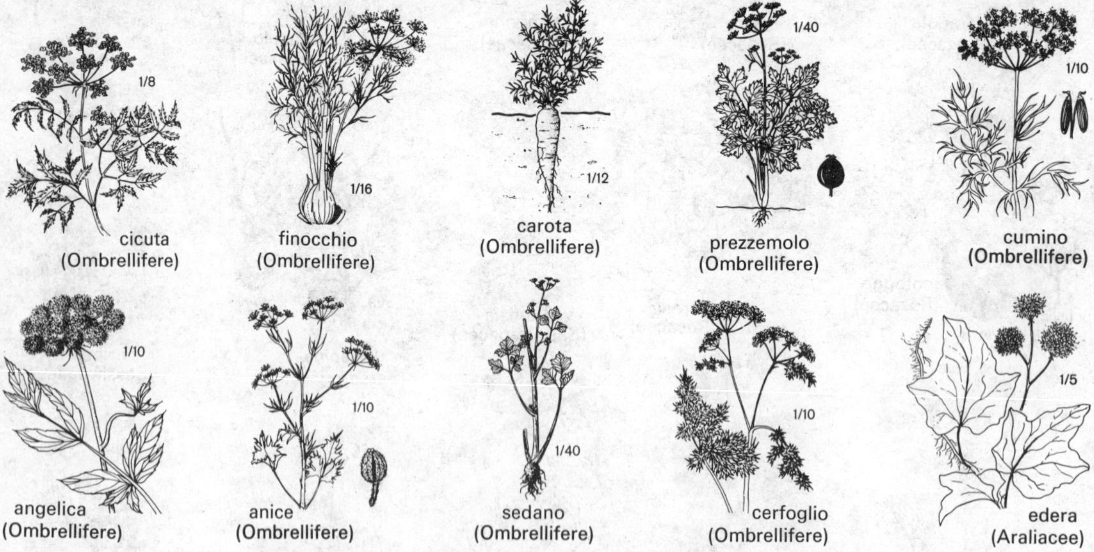

cicuta (Ombrellifere)

finocchio (Ombrellifere)

carota (Ombrellifere)

prezzemolo (Ombrellifere)

cumino (Ombrellifere)

angelica (Ombrellifere)

anice (Ombrellifere)

sedano (Ombrellifere)

cerfoglio (Ombrellifere)

edera (Araliacee)

Ordine: ERICALI

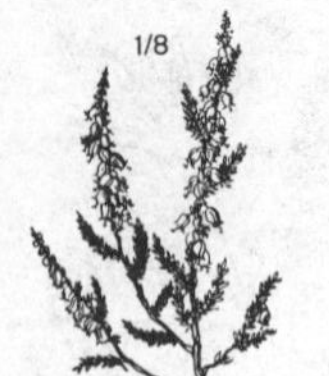

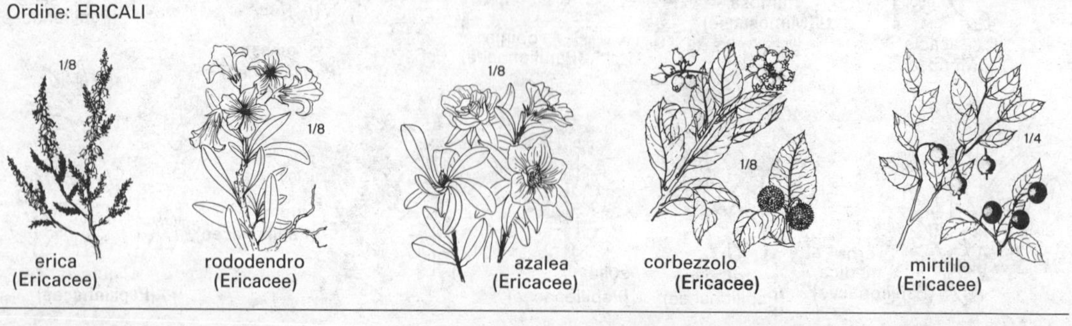

erica (Ericacee)

rododendro (Ericacee)

azalea (Ericacee)

corbezzolo (Ericacee)

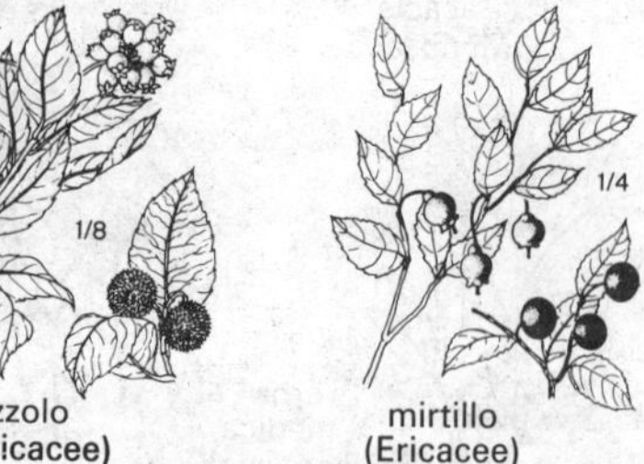

mirtillo (Ericacee)

Divisione: ANGIOSPERME Classe: DICOTILEDONI

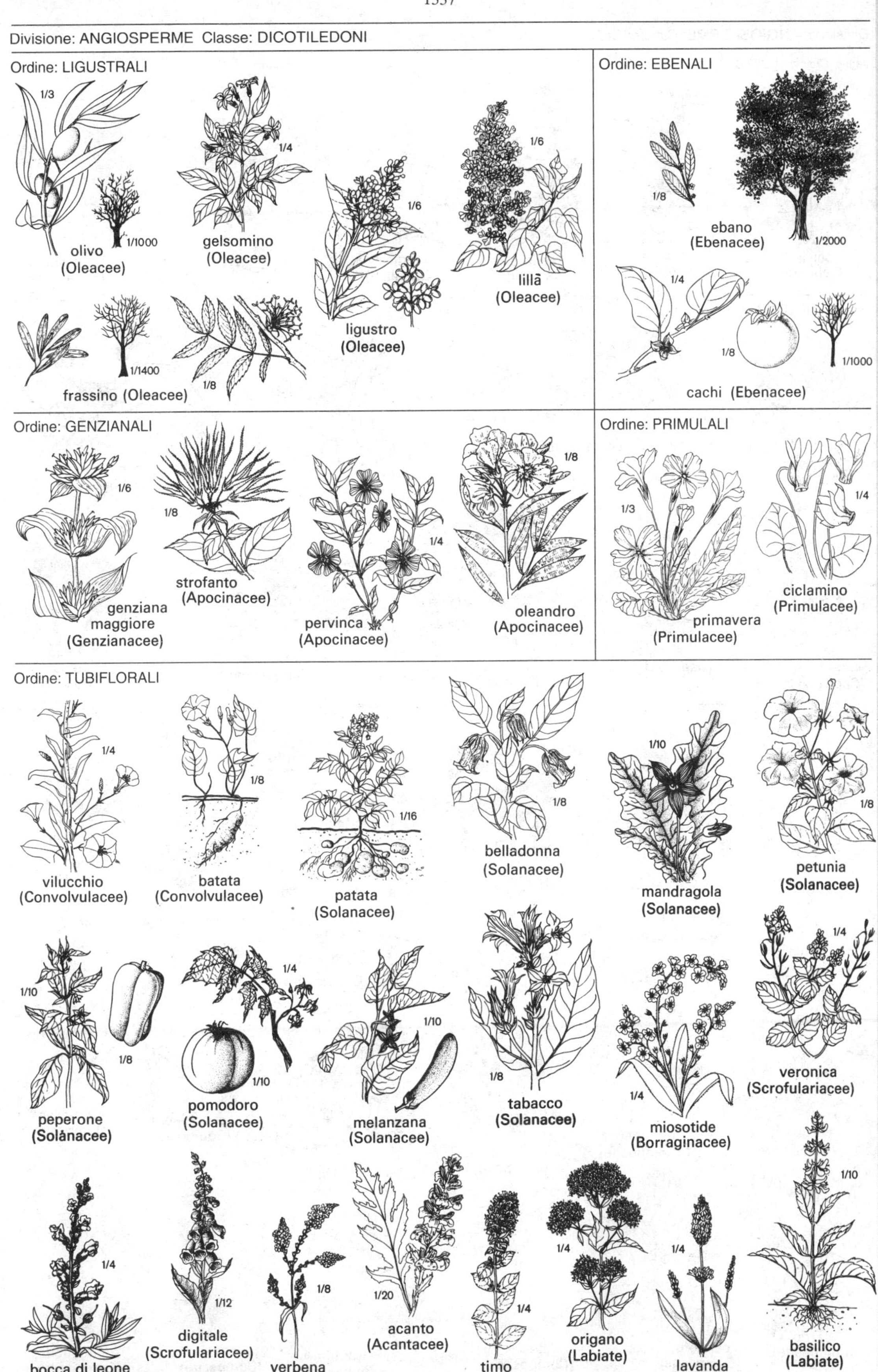

segue

Divisione: ANGIOSPERME Classe: DICOTILEDONI

segue Ordine: TUBIFLORALI

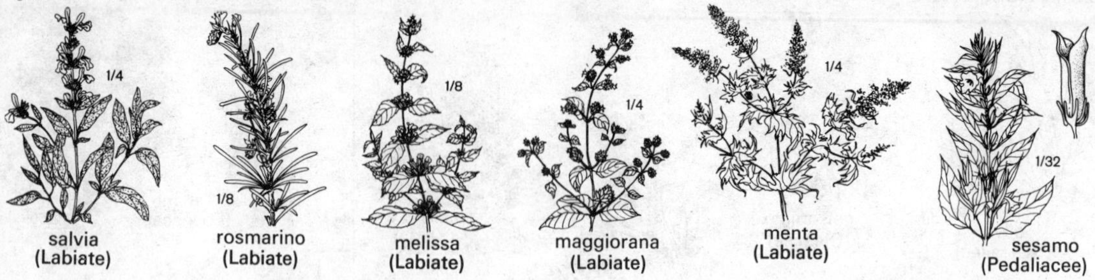

1/4 salvia (Labiate)
1/8 rosmarino (Labiate)
1/8 melissa (Labiate)
1/4 maggiorana (Labiate)
1/4 menta (Labiate)
1/32 sesamo (Pedaliacee)

Ordine: RUBIALI

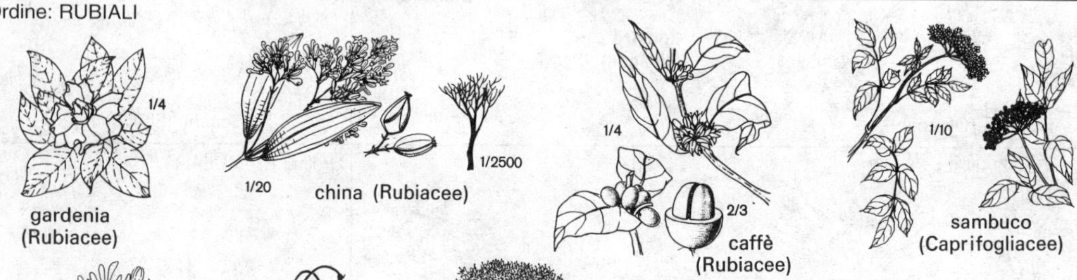

1/4 gardenia (Rubiacee)
1/20 1/2500 china (Rubiacee)
1/4 2/3 caffè (Rubiacee)
1/10 sambuco (Caprifogliacee)
1/4 caprifoglio (Caprifogliacee)
1/15 linnea (Caprifogliacee)
1/6 valeriana (Valerianacee)
1/2 valerianella (Valerianacee)
1/10 cardo dei lanaioli (Dipsacacee)

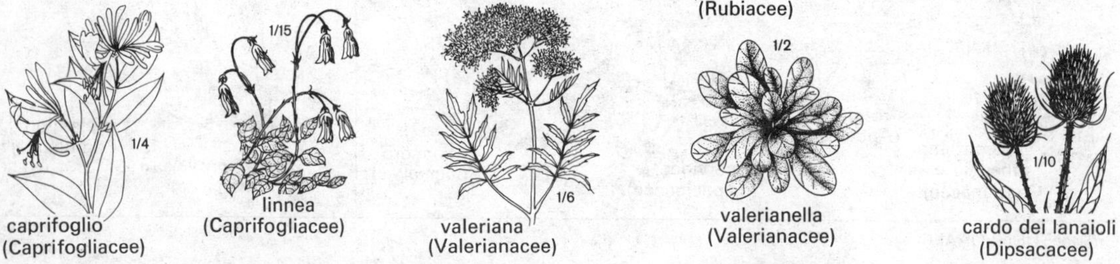

Ordine: SINANDRALI

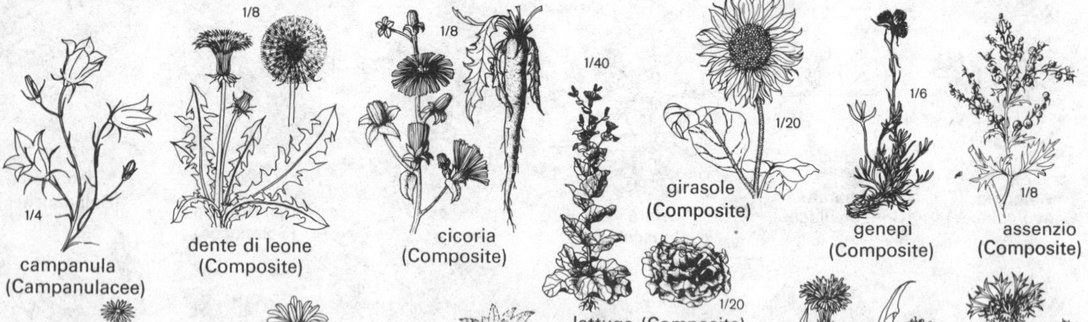

1/4 campanula (Campanulacee)
1/8 dente di leone (Composite)
1/8 cicoria (Composite)
1/40 1/20 lattuga (Composite)
1/20 girasole (Composite)
1/6 genepì (Composite)
1/8 assenzio (Composite)
1/4 margheritina (Composite)
1/16 margherita (Composite)
1/4 stella alpina (Composite)
1/8 camomilla (Composite)
1/6 scorzonera (Composite)
1/4 fiordaliso (Composite)
1/12 1/24 cardo (Composite)
1/12 carciofo (Composite)
1/12 dalia (Composite)
1/8 crisantemo (Composite)
1/4 gerbera (Composite)
1/60 topinambur (Composite)

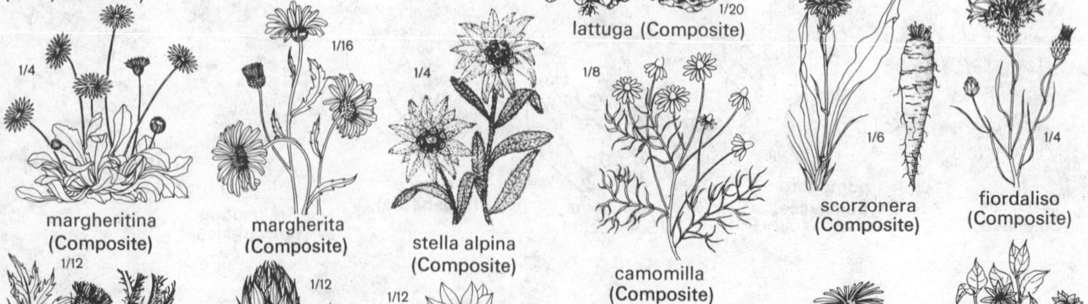

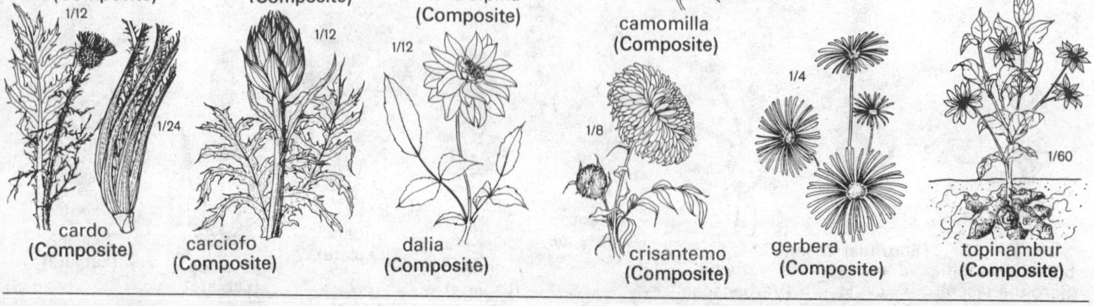

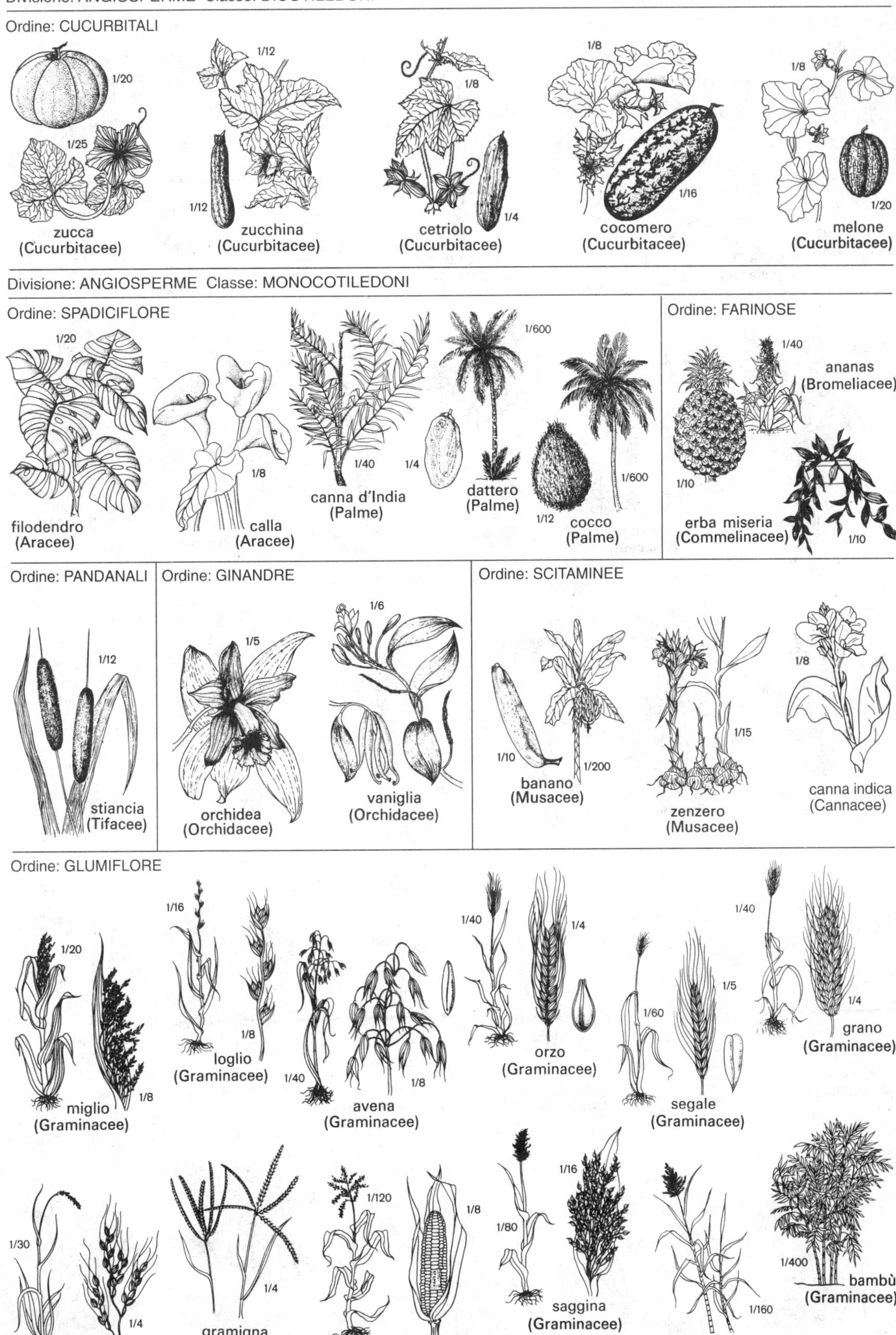
Divisione: ANGIOSPERME Classe: DICOTILEDONI
Ordine: CUCURBITALI
1/20
1/25
zucca
(Cucurbitacee)
1/12
1/12
zucchina
(Cucurbitacee)
1/8
1/4
cetriolo
(Cucurbitacee)
1/8
1/16
cocomero
(Cucurbitacee)
1/8
1/20
melone
(Cucurbitacee)
Divisione: ANGIOSPERME Classe: MONOCOTILEDONI
Ordine: SPADICIFLORE
1/20
filodendro
(Aracee)
1/8
calla
(Aracee)
1/40
canna d'India
(Palme)
1/600
1/4
dattero
(Palme)
1/12
1/600
cocco
(Palme)
Ordine: FARINOSE
1/40
1/10
ananas
(Bromeliacee)
erba miseria
(Commelinacee)
1/10
Ordine: PANDANALI
1/12
stiancia
(Tifacee)
Ordine: GINANDRE
1/5
orchidea
(Orchidacee)
1/6
vaniglia
(Orchidacee)
Ordine: SCITAMINEE
1/10
1/200
banano
(Musacee)
1/15
zenzero
(Musacee)
1/8
canna indica
(Cannacee)
Ordine: GLUMIFLORE
1/20
1/8
miglio
(Graminacee)
1/16
1/8
loglio
(Graminacee)
1/40
1/8
avena
(Graminacee)
1/40
1/4
orzo
(Graminacee)
1/60
1/5
segale
(Graminacee)
1/40
1/4
grano
(Graminacee)
1/30
1/4
riso
(Graminacee)
1/4
gramigna
(Graminacee)
1/120
1/8
granturco
(Graminacee)
1/80
1/16
saggina
(Graminacee)
1/160
canna da zucchero
(Graminacee)
1/400
bambù
(Graminacee)

Divisione: ANGIOSPERME Classe: MONOCOTILEDONI

Ordine: LILIFLORE

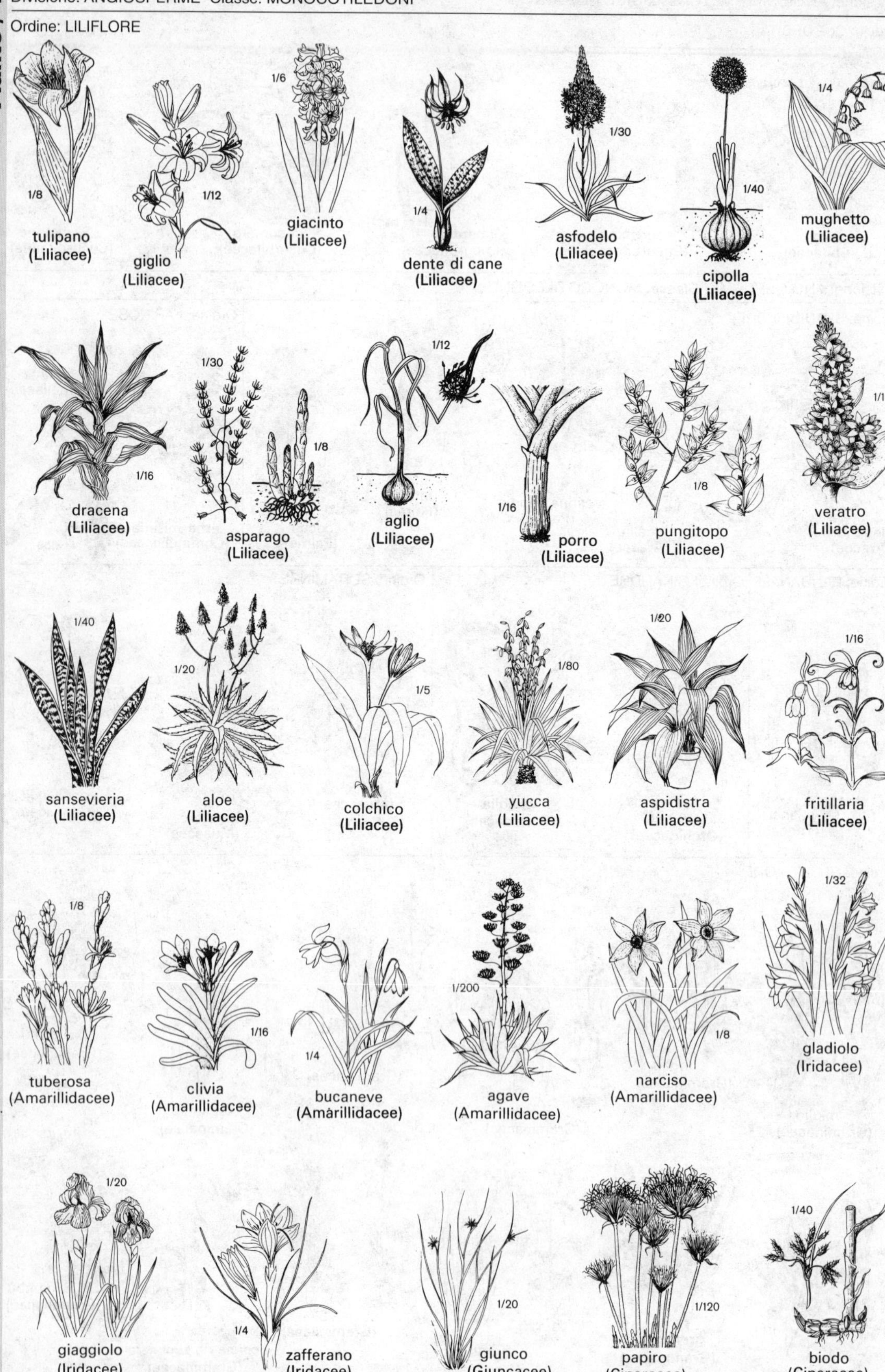

piantatrìce s. f. ● Macchina per piantare bulbi e tuberi, spec. patate.

piantatùra s. f. ● Atto, effetto del piantare.

pianterréno o **pianoterréno**, **piàn terréno** [comp. di *pian(o)* (*2*) e *terreno*] s. m. ● Piano di casa a livello del suolo stradale o quasi.

piantìme [da *pianta*] s. m. ● Pianticella nata da seme, pronta per il trapianto.

piantìna s. f. *1* Dim. di *pianta*. *2* (*fig.*, *gerg.*) Guardia che sta di piantone.

piantìto ● V. *piancito*.

piànto (**1**) part. pass. di *piangere*; anche agg. ● Nei sign. del v.

piànto (**2**) [lat. *plănctu(m)* 'il battersi il petto', da *plăngere* 'piangere'] s. m. *1* Versamento di lacrime per sfogo di dolore o altri sentimenti: *p. dirotto, irrefrenabile, disperato*; *rompere, scoppiare in p.*; *misera me! sollievo a me non resta / altro che il p.* (ALFIERI) | †*Fare il p.*, piangere un defunto | *Levare il p.*, cominciare a piangere | *Avere il p. facile*, piangere facilmente per nulla | Lacrime: *un p. di gioia, d'ira, di tenerezza, di commozione*; *viso rigato di p.*; *occhi molli, bagnati di p.* | *Sciogliersi in p.*, versare abbondantissime lacrime. *2* Afflizione, dolore, lutto: *tutta la nazione è in p.*; *avere il p. nel cuore* | (*lett.*) Tormento. *3* (*fig.*) Cosa, persona, avvenimento e sim. che è causa di grande dolore e tristezza: *quella povera gente fa una vita ch'è un p.*; *è un p. vederla ridursi a quel modo* | (*scherz.*) Cosa o persona noiosa, deludente, fastidiosa e sim.: *che p. quel film!* *4* (*letter.*, *raro*) Epicedio. *5* Fuoruscita di liquido da ferite prodotte sulle radici o sul fusto di un vegetale. || **pianterèllo**, dim.

piantonàia [da *piantone*] s. f. ● Piantonaio.

piantonàio s. m. ● (*agr.*) Parte del vivaio dove vengono poste le piante già innestate prima di essere trapiantate a dimora.

piantonaménto s. m. ● Modo e atto del piantonare.

piantonàre [da *piantone*] v. tr. (*io piantóno*) ● Sottoporre a vigilanza esercitata da un piantone: *p. una casa, la caserma*; *p. i prigionieri*; *il fermato è piantonato in ospedale*.

piantóne [da *piantare*] s. m. *1* (*agr.*) Pollone radicato staccato dal ceppo della pianta, posto direttamente a dimora. *2* Soldato, normalmente disarmato, comandato per servizi interni di caserma, d'ufficio, di vigilanza e sim.: *p. alle camerate, alla porta*; *stare di p. alla mensa*. *3* (*est.*) Chiunque stia fermo a vigilare qc. o q.c.: *stare, mettersi di p.* *4* (*mecc.*) Negli autoveicoli, asse che collega il volante agli organi dello sterzo: *p. di guida*, o *di sterzo* o *del volante*. *5* Ognuna delle colonnine delle finestre di stile gotico, per dividerle in più parti. *6* (*mar.*) †Fusto d'albero reciso, grosso e lungo da potersi segare e ridurre in assi. || **piantoncèllo**, dim. | **piantoncìno**, dim.

†**piantorìso** [comp. di *pianto* (*2*) e *riso*] s. m. ● Misto di riso e pianto.

piantumazióne [da *piant(a)* coi suffissi *-um(e)* e *-zione*] s. f. ● Collocazione a dimora di alberi di alto fusto, spec. per formare alberate lungo strade, corsi d'acqua, ecc.

pianùra [da *piano* (*2*)] s. f. ● Ampia estensione di terreno pianeggiante: *la p. Padana* | *Alta p.*, terreno pianeggiante di natura alluvionale, molto permeabile | *Bassa p.*, terreno piano a pochi metri sul livello del mare, impermeabile per la prevalente costituzione argillosa | *P. alluvionale*, costituita da depositi fluviali. ➡ ILL. p. 821 SCIENZE DELLA TERRA ED ENERGIA.

pianùzza [catalano *platussa*, dal lat. tardo *platĕssa(m)*: dal gr. *platýs* 'largo, piatto'. V. *piatto*] s. f. ● (*zool.*) Passera di mare.

pịàre [vc. onomat.] v. intr. (aus. *avere*) ● (*raro*) Pigolare.

†**piaṣentière** ● V. †*piacentiere*.

piassàva [vc. di origine tupì] s. f. ● Fibra tessile molto robusta, ricavata dalle foglie di alcune palme, usata per fabbricare corde, scope, spazzole.

piàstra [da (*im*)*piastro*] s. f. *1* Lastra di legno, metallo, pietra, calcestruzzo, vetro o altro, di vario spessore, adibita a usi diversi: *p. di rivestimento, di rinforzo, di protezione* | *P. della serratura*, la parte piana, visibile, della serratura | (*est.*) Fornello elettrico inserito nel piano di cottura di una cucina | (*mar.*) Pezzo della corazza delle navi, rettangolare, di ferro o di acciaio. *2* Parte costitutiva delle antiche armature | (*est.*, *raro*) Armatura. *3* Insieme dei congegni di accensione delle antiche armi da fuoco portatili ad avancarica: *p. a serpentino, a ruota, ad acciarino* | Lastra metallica che costituisce sostegno e ancoraggio del mortaio. *4* Parte dell'orologio in cui sono collocati i vari meccanismi. *5* *P. di registrazione*, (*ell.*) *piastra*, in un impianto per la riproduzione del suono, il componente per la registrazione e la lettura di nastri magnetici. *6* (*elettr.*) Nell'accumulatore elettrico, la parte che reca il materiale attivo destinato alle reazioni chimiche. *7* (*zool.*) Parte dorsale, sempre più sviluppata, dell'unghia dei Mammiferi. *8* (*med.*) Preparazione batteriologica di terreno colturale solido per l'insemenzamento dei germi: *p. di agar* | (*raro*) Crosta della scabbia. *9* Antica moneta d'argento coniata in Italia nel XVI sec. | Moneta turca ed egiziana del XVII sec. | Moneta divisionale avente corso in Libano, Egitto, Siria e Sudan. || **piastrèlla**, dim. (V.) | **piastrèllo**, dim. m. | **piastrétta**, dim. | **piastricìna**, dim. | **piastrìna**, dim. (V.) | **piastrìno**, dim. m. (V.) | **piastróne**, accr. m. (V.).

†**piastràio** s. m. ● Chi faceva armature a piastre.

piastrèlla s. f. *1* Dim. di *piastra*. *2* Laterizio di cemento smaltato, maiolica, marmo artificiale, porcellana o altro per coprire pavimenti o rivestire muri. SIN. Mattonella. *3* Sasso spianato di cui si servono i ragazzi per certi giochi: *fare, giocare alle piastrelle*. SIN. Muriella. || **piatrellìna**, dim.

piastrellàio s. m. ● Piastrellista.

piastrellaménto s. m. ● Atto, effetto del piastrellare, nel sign. di piastrellare B.

piastrellàre [da *piastrella*] A v. tr. (*io piastrèllo*) ● Coprire, rivestire con piastrelle: *p. un bagno, una cucina*. B v. intr. (aus. *avere*) ● Rimbalzare su terreno o acqua come una piastrella lanciatavi in direzione tangenziale, per errore di manovra, eccesso di velocità o altro, detto di aereo in fase di decollo, atterraggio o ammaraggio e (*est.*) di motoscafo in corsa.

piastrellàto part. pass. di *piastrellare*; anche agg. ● Nei sign. del v.

piastrellìsta s. m. (pl. *-i*) ● Operaio che fabbrica o mette in opera piastrelle. SIN. Piastrellaio.

piastrìccio [da (*im*)*piastricciare*] s. m. ● (*fam.*) Miscuglio di sostanze impiastricciate | (*fig.*) Imbroglio, pasticcio.

piastrìna s. f. *1* Dim. di *piastra*. *2* *P. di riconoscimento*, targhetta di metallo che i combattenti portano al collo e che contiene, incisi, i dati necessari all'identificazione in caso di morte o di ferimento. *3* (*biol.*) Elemento corpuscolato del sangue senza nucleo, con funzione importante nel meccanismo della coagulazione; deriva dalla frammentazione del citoplasma di un megacariocita. *4* Medaglietta che si appende al collare dei cani per comprovare l'avvenuto pagamento dell'imposta relativa.

†**piastrìngolo** s. m. ● Piastriccio.

piastrìnico agg. (pl. m. *-ci*) ● (*med.*) Relativo a piastrina.

piastrìno (**1**) s. m. *1* Dim. di *piastra*. *2* *P. di riconoscimento*, V. *Piastrina*.

†**piastrìno** (**2**) agg. ● Fatto di piastre di metallo.

piastrinoaferèṣi [comp. di *piastrin(a)* e del gr. *apháiresis* 'sottrazione' (V. *aferesi*)] s. f. ● (*med.*) Tecnica di separazione mediante centrifugazione delle piastrine dal sangue di un donatore, impiegata a scopi trasfusionali o eseguita a scopi terapeutici.

piastróne s. m. *1* Accr. di *piastra*. *2* (*zool.*) Parte ventrale della corazza dei Cheloni.

†**piateggiàre** v. intr. ● Piatire.

piatìre [da *piato*] A v. intr. (*io piatìsco, tu piatìsci*; aus. *avere*) *1* (*lett.*) Far causa | Litigare. *2* (*fig.*, *fam.*) Chiedere con insistenza, quasi mendicando: *p. un favore, un prestito*. B v. tr. *1* †Reclamare giudiziariamente. *2* †Contendere, reclamare | *P. coi cimiteri*, (*scherz.*) essere vicino alla morte.

†**piatitóre** s. m.; anche agg. (f. *-trice*) *1* Chi, che piatisce. *2* Uso a piati, litigi.

piàto [lat. *plăcitu(m)* 'sentenza'. V. *placito*] s. m. *1* (*raro*) Litigio, diverbio, discussione: *d'orribil p. risonar s'udìo / già la corte d'Amore* (PARINI). *2* †Briga, pensiero, fastidio. *3* †Affare, faccenda.

†**piatóso** ● V. *pietoso*.

piàtta [f. sost. di *piatto* (*1*)] s. f. ● (*raro*) Chiatta.

piattabànda [calco sul fr. *plate-bande* 'banda piatta'] s. f. (pl. *piattebànde*) ● (*arch.*) Arco a intradosso quasi rettilineo costruito di mattoni o conci di pietra su luci piccole.

piattafórma [calco sul fr. *plate-forme* 'forma piatta'] s. f. (pl. *piattafórme, piatteforme*) *1* Superficie piana di varia estensione, formata da terreno spianato e battuto: *una p. rocciosa* | *P. stradale*, parte della strada limitata dalla massicciata, dai due cigli e dalle eventuali scarpate | (*geogr.*) *P. continentale*, area sommersa che va da 0 a 200 m di profondità e circonda i continenti. ➡ ILL. p. 818, 821 SCIENZE DELLA TERRA ED ENERGIA. *2* Struttura piana, fissa o mobile, di dimensioni variabili, generalmente elevata da terra: *collocare i missili sulla p. di lancio* | *P. di tiro*, piazzola di tiro | *P. girevole*, dispositivo per far girare carri, locomotive o altro. *3* Parte anteriore e posteriore delle vetture tranviarie e sim. per il manovratore e per posti in piedi | Vestibolo, nelle carrozze ferroviarie. *4* (*tecnol.*) Organo di macchina utensile con moto di taglio rotatorio, fissato al mandrino e usato per il montaggio del pezzo mediante griffe o bulloni | *P. autocentrante*, a spostamento radiale simultaneo di tutte le griffe, per il montaggio di pezzi a sezione circolare o poligonale regolare. *5* (*sport*) Incastellatura in materiale rigido per l'esecuzione di gare di tuffi: *tuffi dalla p.* ➡ ILL. p. 1285 SPORT. *6* (*mar.*) Chiusura di forma spianata sulle coffe o sullo sperone. *7* (*mil.*) †Opera fortificata simile al bastione | †Parte superiore della muraglia di cinta sulla quale si ponevano i difensori. *8* (*fig.*) Programma politico di base che ispira l'azione di un movimento, un partito, un governo e sim. | Base di partenza per una discussione, una trattativa e sim., spec. nell'ambito sindacale | *P. rivendicativa*, l'insieme delle richieste di una determinata categoria di lavoratori.

piattàia [da *piatto*] s. f. *1* (*raro*) Scolapiatti. *2* Specie di ripiano di credenze e sim. su cui esporre piatti o vasellame.

piattàio s. m. (f. *-a*) ● Operaio che fabbrica piatti | Venditore di piatti.

†**piattàre** (**1**) [da *piatto*] v. tr. ● Nascondere, celare.

piattàre (**2**) [da *piatto*] v. intr. (aus. *avere*) ● Piastrellare.

piattellàta s. f. ● Colpo di piattello.

piattèllo s. m. *1* Dim. di *piatto*. *2* †Desinare tra più persone che portano ognuno una pietanza | *Fare p.*, mettere in comune le cibarie. *3* Disco a forma di piatto per vari usi: *il p. del candeliere* | *P. labiale*, dischetto di legno o avorio che perfora il labbro, usato come ornamento presso alcuni popoli dell'Africa e del Sud America. *4* Bersaglio mobile di forma appiattita e tondeggiante che viene lanciato in aria da un'apposita macchina e al quale si spara col fucile in prove di tiro eseguite per divertimento o gara: *tiro al p.* *5* Gioco d'azzardo. SIN. Pitocchetto. || **piattellétto**, dim. | **piattellìno**, dim. | **piattellóne**, accr.

piatterìa s. f. ● Assortimento di piatti | Bottega dove si vendono i piatti.

piattézza s. f. ● (*raro*) Qualità di chi, di ciò che è piatto (*spec. fig.*).

piattìna [da *piatto*] s. f. *1* Carrello piatto per il trasporto degli utensili, in miniera o in cantiere edile. *2* Negli impianti elettrici, conduttore elettrico piatto e sottile | Negli impianti radio e televisivi, coppia di conduttori elettrici isolati tra loro da una striscia di politene, usata come discesa d'antenna. *3* Nastro metallico per rinforzo, guarnizione e sim.

piattìno s. m. *1* Dim. di *piatto*. *2* Sottocoppa per bicchierino, tazzina e sim. *3* (*est.*) Manicaretto: *un p. ghiotto, squisito*; *sapessi che piattini aveva preparato!*

piattitùdine s. f. ● (*lett.*) Piattezza, monotonia.

piàtto [lat. parl. **plăttu(m)*, dal gr. *platýs* 'largo', di origine indeur.] A agg. *1* Di ciò che ha superficie piana e liscia, priva di rilievi e concavità: *corpo, oggetto, sasso, coperchio p.* | *Barca piatta, a fondo p.*, chiatta | *Paesaggio p.*, privo di rilievi | *Motore p.*, motore a combustione interna, a cilindri orizzontali e contrapposti. *2* (*mat.*) *Angolo p.*, di

180°, avente i lati giacenti sulla stessa retta, ma da bande opposte rispetto al vertice. ***3*** Detto di diagramma costituito da una linea uniforme pressoché orizzontale, che sta a significare la mancanza di qualsiasi variazione nell'andamento del fenomeno rappresentato graficamente dal diagramma stesso: *tracciato, diagramma p.* | *Elettroencefalogramma p.*, che registra la scomparsa dei ritmi bioelettrici del cervello. ***4*** (*fig.*) Fiacco, inespressivo, privo di rilievo e originalità: *discorso, stile p.*; *libro, film p.*; *conversazione, vita piatta.* ***5*** (*fig.*) Detto di vino molle e acquoso. ***6*** †Appiattato, nascosto. ‖ **piattaménte**, avv. In modo piatto, scialbo: *si esprime piuttosto piattamente.* **B** s. m. ***1*** Recipiente quasi piano, solitamente tondo, in porcellana o ceramica, nel quale si servono e si mangiano le vivande: *l'acciottolio dei piatti*; *cambiare i piatti a ogni portata*; *lavare, asciugare i piatti*; *p. di ceramica, di porcellana, d'argento*; *piatti di plastica* | *P. fondo*, per la minestra | *P. da portata*, per portare in tavola le vivande | *P. dipinto*, per tavola o per ornamento, appeso alla parete. ***2*** (*est.*) Quantità di cibo contenuta in un piatto: *un p. di riso, di carne, di pasta* | Cibo, vivanda: *piatti ricercati, raffinati, casalinghi*; *piatti freddi, caldi* | *P. tipico*, vivanda caratteristica di una regione, città, paese e sim. ***3*** Ciascuna portata di un pranzo | *Primo p.*, minestra | *Secondo p.*, pietanza | *P. unico*, che, per i principi nutritivi che contiene, costituisce da solo un pasto completo ed equilibrato (ad es. la pasta e fagioli, lo spezzatino con polenta ecc.) | *P. forte*, quello più sostanzioso e (*fig.*) parte migliore di uno spettacolo, del repertorio di un artista e sim. | *P. del giorno*, al ristorante, la portata già pronta o consigliata dal cuoco | *P. di complimento*, per festeggiare un invitato. ***4*** Parte piana di q.c.: *il p. della lama* | *Colpire di p.*, con la parte piatta della spada e sim. | *Tenere il pugnale di p.*, tenendo il pollice nel mezzo | *Calcio di p.*, colpo dato al pallone con l'interno del piede. ***5*** (*est.*) Qualsiasi oggetto di forma spianata e tondeggiante: *il p. della bilancia*; *il p. del respingente* | *P. idrostatico*, scorrente a stantuffo in un cilindro ed equilibrato da una molla tarata per la pressione dell'acqua a una determinata profondità, usato unitamente a un pendolo per regolare l'assetto e la quota d'immersione del siluro. ***6*** *P. giradischi*, (*ell.*) *piatto*, parte rotante di un apparecchio giradischi; (*est.*) in un impianto per la riproduzione del suono, il componente per la lettura di dischi. ***7*** (*ott.*) Nel microscopio ottico, la parte su cui viene appoggiato l'oggetto da osservare. ***8*** (*mus., spec. al pl.*) Ciascuno dei due dischi di ottone o bronzo, incavati nella faccia interna, con due prese esterne centrali, che si suonano battendoli fra loro a colpi striscianti alternati. ➡ ILL. **musica**. ***9*** In legatoria, quadrante. ***10*** In vari giochi di carte e non, il denaro della posta che i giocatori mettono in un apposito recipiente e il recipiente stesso | (*fig.*) *Il p. piange*, le poste sono misere, scarse o mancano del tutto | *Mancare al p.*, nel gioco del poker, puntare una determinata cifra senza versarla materialmente. ***11*** †Provvigione, appannaggio. ‖ **piattàccio**, pegg. | **piattèllo**, dim. (V.) | **piatterellino**, dim. | **piatterèllo**, dim. | **piattino**, dim. (V.) | **piattóne**, accr.

piàttola [lat. parl. *blăttula(m), dim. di *blătta*, accostata per etim. pop. a *piatto*] s. f. ***1*** Pidocchio del pube (*Phthirus pubis*). SIN. Piattone. ***2*** (*fig.*) Persona noiosa, importuna | *Avere il sangue di p.*, detto di persona vile. ***3*** (*tosc.*) Blatta, scarafaggio. ‖ **piattolàccia**, pegg. | **piattolóne**, accr. m.

†**piattolóso** agg. ● Pieno di piattole.

piattonàre [da *piatto*] v. tr. (*io piattóno*) ● Colpire di piatto, con la parte piatta della spada e sim.

piattonàta s. f. ● Colpo di sciabola o di spada dato col piatto della lama.

piattóne [da *piattola*, con cambio di suff.] s. m. ● Piattola.

piàzza [lat. *plătea(m)*, nom. *plătea*, dal gr. *platêia*, f. sost. di *platýs* 'largo, ampio, vasto'. V. *piatto*] s. f. ***1*** Elemento della città originato dall'allargamento di una via, con funzione di nodo nella rete stradale, svariate funzioni urbanistiche e importanza architettonica: *p. del Duomo*; *le piazze di Roma*; *la p. del mercato* | *P. del Gesù*, (*per anton.*) gli organi direttivi nazionali del partito della Democrazia Cristiana, che hanno sede in tale piazza, a Roma | *Scendere in p.*, dimostrare pubblicamente, manifestare | *Fare p. pulita*, sgomberare totalmente e (*fig.*) spazzare via chi o ciò che è molesto, nocivo: *fare p. pulita dei propri nemici* | (*est., raro*) Area, spazio libero | *Fare p.*, fare spazio, fare largo | *Andare in p.*, (*fig., scherz.*) diventare calvo. ***2*** Luogo in cui si svolgono operazioni commerciali, affari e sim.: *p. commerciale*; *la p. di Milano, di Genova*; *un'ottima p.*; *una p. di prim'ordine*; *essere ben introdotto in una p.* | *Rovinare la p. a qc.*, rovinargli la reputazione (*anche scherz.*) | Località fornita di servizi bancari | *Assegno fuori p.*, pagabile in una località diversa da quella in cui ha sede la banca che lo ha emesso | Nel linguaggio teatrale, città provvista di teatro. ***3*** Posto | *Piazze d'onore*, nella classifica di una gara, il secondo, il terzo e, talvolta, il quarto posto | *Letto a una p.*, singolo | *Letto a due piazze*, matrimoniale. ***4*** (*fig.*) Gente radunata in una piazza: *la p. fu presa dal panico* | *Mettere in p.*, far conoscere a tutti, rendere di pubblico dominio | (*est.*) Folla: *governo di p.* ***5*** (*mar.*) Negli antichi velieri, spianata della tolda. ***6*** (*mil.*) Fortezza, campo trincerato: *p. da guerra*; *assediare, espugnare, conquistare una p.*; *il governatore, il comandante della p.* | *P. d'armi*, luogo spazioso per le esercitazioni delle truppe di presidio | *Essere, sembrare una p. d'armi*, di luogo, spec. stanza, particolarmente grande | *P. bassa*, batteria scoperta posta anticamente in vari punti delle fortezze e al suo stesso livello | *P. forte*, V. anche *piazzaforte* | *P. di frontiera*, fortificazione ai confini. ➡ ILL. p. 360 ARCHITETTURA. ‖ **piazzétta**, dim. | **piazzettina**, dim. | **piazzóna**, accr. | **piazzóne**, accr. m. | **piazzòtta**, dim. | **piazzùcola**, dim. | **piazzòla**, **piazzuòla**, dim. (V.).

piazzafòrte o (*raro*) **piàzza fòrte** [calco sul fr. *place forte*] s. f. (pl. *piazzefòrti*) ***1*** (*mil.*) Città o cittadina fortificata, che serve spec. come base per un corpo di operazioni. ***2*** (*est., fig.*) Luogo, centro, zona e sim. in cui si trova raccolto il nucleo quantitativamente più importante e qualitativamente più attivo di una corrente, un movimento, un partito e sim.

piazzaiolàta s. f. ● Scenata da piazzaiolo.

piazzaiòlo o (*lett.*) **piazzaiuòlo** **A** agg. ● (*spreg.*) Da piazza: *modi piazzaioli.* **B** s. m. (f. *-a*) ● Persona che ha modi chiassosi e grossolani.

piazzàle [da *piazza*] s. m. ***1*** Piazza con almeno un lato non edificato e dal quale si domina una vista panoramica: *p. Michelangelo a Firenze.* ***2*** Area recintata contenente gli impianti d'esercizio e i servizi di una stazione, di un'autostazione o di un'aerostazione.

piazzaménto [da *piazzare*] s. m. ***1*** (*raro*) Modo e atto del piazzare. ***2*** Posto ottenuto in una classifica, una graduatoria e sim.: *ottenere un ottimo p.*

piazzàre [fr. *placer*, da *place* 'posto'. V. *piazza*] **A** v. tr. ***1*** Collocare, situare in un luogo o in una posizione determinata: *p. la mitragliatrice in posizione di tiro.* ***2*** Vendere un prodotto su una piazza commerciale | *P. la merce*, collocarla, farla accettare. **B** v. rifl. ***1*** Conquistare una piazza, un posto, in gare e sim.: *piazzarsi bene, male, onorevolmente* | Conquistare una piazza d'onore. ***2*** Collocarsi in una buona posizione: *è riuscito a piazzarsi nel posto desiderato* | (*fam.*) Porsi in un luogo con sfacciataggine: *si piazzò lì davanti senza badare a nessuno.* ***3*** Nel calcio, collocarsi nell'opportuna posizione di gioco per ricevere la palla.

piazzaròlo o **piazzaruòlo** [da *piazza*] s. m. ● (*raro*) Operaio di salina o allumiera.

piazzàta [da *piazza*] s. f. ***1*** Scenata rumorosa e volgare: *Che strepito è questo? Che piazzate sono queste?* (GOLDONI). ***2*** (*raro*) Radura. ***3*** (*raro*) Macchia di diverso colore nel fondo di un tessuto.

piazzàto **A** part. pass. di *piazzare*; anche agg. ***1*** Nei sign. del v. ***2*** (*raro*) Chiazzato | Detto di chi ha un fisico robusto: *un ragazzo ben p.* SIN. Piantato. ***3*** Detto di chi ha una solida posizione economica, professionale e sim.: *ormai è p.*; *negli affari è ben p.* ***4*** Nell'ippica, detto di cavallo che occupa una posizione premiata nell'ordine di arrivo, generalmente il secondo e il terzo posto. ***5*** Nel rugby e nel calcio, tiro effettuato con la palla ferma sul terreno. **B** s. m. ● Cavallo piazzato.

piazzatóre [da *piazzare*] s. m. ● (*sport*) Nel rugby, giocatore che ha il compito di sostenere in posizione verticale il pallone sul terreno, così da consentire a un compagno la battuta di un calcio piazzato.

†**piazzeggiàre** [da *piazza*] v. intr. ● Andare a zonzo bighellonando, passeggiare per le piazze.

†**piazzése** [da *piazza*] s. m. ● Persona oziosa e sfaccendata.

piazzìno s. m. ● (*raro*) Piazzaiolo.

piazzìsta [da *piazza*] s. m. e f. (pl. m. *-i*) ***1*** Intermediario alla compravendita incaricato di promuovere vendite in una piazza commerciale. ***2*** Correntemente, commesso viaggiatore.

piazzòla o **piazzuòla** s. f. ***1*** Dim. di *piazza*. ***2*** Spiazzo per la sosta, il parcheggio e sim. ai lati di una strada o di un'autostrada. ***3*** Nel golf, settore di terreno circostante la buca per un raggio di diciotto metri | *P. di partenza*, area rettangolare da cui viene effettuato il tiro d'inizio di gara. ➡ ILL. p. 1290 SPORT. ***4*** (*mil.*) Tratto di terrapieno di un'opera opportunamente sistemato per reggere il peso dell'artiglieria posta su di esso | Tratto di terreno spianato per postarvi un pezzo d'artiglieria e consentirne i necessari spostamenti durante il tiro.

pìca [lat. *pīca(m)*, di etim. incerta] s. f. ***1*** (*zool.*) Gazza. ***2*** (*med.*) Perversione del gusto per anomalie nervose e talvolta durante la gravidanza.

picacìsmo [da *pica* 'gazza', perché come la gazza ruba vari oggetti, così la donna incinta cerca di appropriarsi di sostanze (anche non commestibili)] s. m. ● (*med.*) Pica nel sign. 2.

picador /sp. pika'dor/ [vc. sp., da *picar* 'pungere', vc. di origine espressiva] s. m. inv. ● Cavaliere che, nella corrida, attacca il toro con una picca.

picarésco [sp. *picaresco*, da *picaro*] agg. (pl. m. *-schi*) ● Detto di genere letterario, spec. romanzo o novella in cui siano rappresentate avventure di picari, tipico della letteratura spagnola.

pìcaro [sp. *pícaro* 'imbroglione', di etim. incerta] s. m. ***1*** Popolano sfrontato, astuto, buffo e furfante, che figura in opere letterarie spagnole. ***2*** (*fig.*) Vagabondo, mascalzone.

†**picàto** [vc. dotta, lat. *picātu(m)* 'impeciato, che ha gusto di pece', part. pass. di *picāre* 'impeciare', da *pĭx*, genit. *pĭcis* 'pece'] agg. ● Che sa di pece | *Vino p.*, conciato con pece.

pìcca (1) [vc. di origine onomat.] s. f. ***1*** Arma in asta terminante con punta acuta di ferro, usata anticamente dai soldati di fanteria | (*est.*) Soldato armato di picca. ***2*** (*al pl.*) Seme delle carte da gioco francesi | *Contare quanto il re o il fante di picche*, nulla | *Rispondere picche*, negativamente | *Fante di picche*, (*fig.*) persona presuntuosa.

pìcca (2) [fr. *pique*, da *piquer* 'punzecchiare', di origine onomat.] s. f. ● Puntiglio, risentimento, ostinazione: *fare q.c. per p.*

piccamàrra [comp. di *picca (1)* e *marra*] s. f. (pl. *picchemàrre*) ● Strumento per lavorare il terreno con una zappa da una parte e una punta dall'altra.

piccànte [fr. *piquant*, part. pres. di *piquer* '†piccare'] agg. ***1*** Che ha sapore e odore molto forti e pungenti: *salsa, formaggio p.*; *peperoni piccanti.* ***2*** (*fig.*) Un po' spinto, piuttosto audace: *barzelletta, battuta, storiella p.*; *particolari piccanti.* ‖ **piccantino**, dim.

piccàrdo **A** agg. ● Della Piccardia, regione della Francia nord-orientale. **B** s. m. (f. *-a*) ● Abitante, nativo della Piccardia. **C** s. m. solo sing. ● Dialetto francese parlato in Piccardia.

†**piccàre** [fr. *piquer*. V. *picca (1)*] **A** v. tr. ● Ferire di picca | Pungere | (*fig.*) Stimolare. **B** v. intr. ● Essere frizzante, detto di vino.

piccàrsi [da *picca (2)*] v. intr. pron. (*io mi pìcco, tu ti pìcchi*) ***1*** Presumere o pretendere puntigliosamente: *si picca di saperne più di voi.* ***2*** Impermalirsi, risentirsi: *p. con qc.*; *si picca per un nonnulla.*

†**piccasórci** [comp. di *piccare* 'pungere' e il pl. di *sorcio*] s. m. ● (*bot.*) Pungitopo.

piccàta (1) [da *picca (1)*] s. f. ● (*raro*) Colpo di picca.

piccàta (2) [fr. *piqué* 'lardellato', propr. part. pass. di *piquer* (cfr. *piccante*)] s. f. ● Fettina di vitello cotta in padella con prezzemolo tritato e limone spremuto. ‖ **piccatina**, dim.

piccatìglio [sp. *picadillo*, da *picar* 'piccare'] s. m. • Piatto di carne tritata con spezie e salsa d'aceto.

piccàto (1) part. pass. di *piccarsi*; anche agg. • Nei sign. del v.

piccàto (2) s. m. • Adattamento di *piqué* (V.).

picchè s. m. • Adattamento di *piqué* (V.).

†**piccheggiàrsi** [ints. di *piccarsi*] v. rifl. rec. • (*raro*) Rimbeccarsi, punzecchiarsi con battute, motti, risposte pungenti.

picchettàggio [da *picchettare*] s. m. • Attività di sorveglianza volta a impedire il crumiraggio, esercitata da gruppi di lavoratori o da rappresentanti sindacali davanti agli ingressi di stabilimenti industriali in occasione di scioperi o di altre manifestazioni sindacali.

picchettaménto s. m. *1* Modo e atto del picchettare. *2* Picchettaggio.

picchettàre [da *picchetto* (*1*)] v. tr. (*io picchétto*) *1* Piantare nel terreno picchetti, per delimitare confini, segnare il tracciato di lavori da eseguire e sim. *2* Formare una smerlatura seghettata sul bordo di un tessuto compatto come panno o fustagno. *3* (*mus.*) Picchiettare. *4* Esercitare il picchettaggio: *gli operai picchettarono la fabbrica per tutta la durata dello sciopero.*

picchettatóre [da *picchettare*] s. m. • Chi pianta i picchetti.

picchettatùra s. f. • Operazione, modo ed effetto del picchettare.

picchettazióne s. f. • Operazione con la quale si esegue il tracciamento di una poligonale, che potrà rappresentare l'asse di una strada, di un canale, e sim. infiggendo sul terreno dei picchetti.

picchétto (1) [fr. *piquet*, da *piquer* 'piccare'; nel sign. 3, perché i soldati che costituivano questo drappello tenevano i cavalli, pronti per la partenza, legati a un *picchetto*] s. m. *1* Paletto che si conficca nel terreno per vari usi. SIN. Piolo. *2* (*mar.*) †Bastoncello di alberatura. *3* (*mil.*) Gruppo di soldati a cavallo o a piedi che in tempo di guerra era tenuto pronto nel campo per intervenire in armi al primo comando | *P. armato*, drappello di uomini di servizio in ogni caserma per la durata di ventiquattro ore, pronto a essere impiegato in qualunque momento per esigenze immediate di ordine pubblico o di calamità | *P. d'onore*, reparto comandato per rendere gli onori ad alte personalità militari o civili in occasione del loro arrivo o partenza, in località sedi di presidio militare | *Ufficiale di p.*, comandato a turno fra i subalterni del reggimento, allo scopo di sovrintendere per ventiquattro ore ai servizi e alle operazioni comuni di caserma. *4* Gruppo di scioperanti o di rappresentanti sindacali che sostano davanti alle entrate dei luoghi di lavoro per impedire l'accesso ai crumiri.

picchétto (2) [fr. *piquet*, uso metaforico del precedente] s. m. • Gioco di carte diffuso in Francia, giocato da due persone con un mazzo di trentadue carte.

picchiaménto s. m. • (*raro*) Modo e atto del picchiare.

picchiànte A part. pres. di *picchiare* (*1*); anche agg. • Nei sign. del v. B s. m. *1* (*raro*) Picchiotto. *2* (*raro*) †Manicaretto di carne battuta.

picchiapadèlle [comp. di *picchia(re)* (*1*) e il pl. di *padella*] s. m. inv. • (*scherz.*) Calderaio.

picchiapètto [comp. di *picchia(re)* (*1*) e *petto*] A s. m. e f. • Chi ostenta devozione, religiosità anche per ipocrisia. SIN. Bigotto. B s. m. • †Ciondolo.

picchiàre (1) [vc. di origine onomat.] A v. tr. (*io pìcchio*) *1* Colpire o battere ripetutamente: *p. i pugni sul tavolo*; *p. l'incudine col martello* | *Picchiarsi il petto*, battersi il petto. SIN. Bussare. *2* Percuotere, dare botte: *la madre picchia il bambino*; *l'hanno picchiato selvaggiamente*. B v. intr. (aus. *avere*) *1* Dare o battere colpi: *p. alla porta, all'uscio* | (*fig.*) *Il bisogno picchia all'uscio*, si fa avanti, si presenta | *P. sodo*, percuotere, battere con forza e accanimento | *P. in testa*, battere in testa, detto di motore a scoppio. *2* (*fig.*) Insistere: *picchia e ripicchia, è riuscito a spuntarla.* C v. rifl. rec. • Percuotersi l'un l'altro, darsele: *si avvoltolavano nel fango, picchiandosi e mordendosi* (VERGA).

picchiàre (2) [prob. fr. *piquer* 'trafiggere con una punta', poi 'effettuare bruscamente un movimento in discesa verticale o quasi' (da una radice onomat. che esprime un movimento rapido seguito da un rumore secco)] v. intr. (aus. *avere*) • (*aer.*) Abbassare la prora, rispetto al pilota, con variazione di assetto e di traiettoria: *l'aereo picchiò, poi tornò ad alzarsi.*

picchiàta (1) s. f. *1* Atto del picchiare in una sola volta: *una p. all'uscio*. *2* Quantità di percosse: *gli hanno dato una solenne p.* | (*raro, fig.*) Grave danno o disgrazia: *subire una dura p.* *3* †Richiesta. || **picchiatèlla**, dim. | **picchiatìna**, dim.

picchiàta (2) [da *picchiare* (*2*)] s. f. • (*aer.*) Volo veloce con prora verso il basso su traiettoria più o meno ripida: *abbassarsi, scendere in p.*

picchiatèllo [dim. di *picchiato*, cioè 'che ha picchiato la testa' (ed è quindi rimasto fuori di senno): vc. creata nel 1936 da T. Gramantieri per tradurre l'amer. scherz. *pixilated*, nel film *È arrivata la felicità*] agg.; anche s. m. (f. *-a*) • (*scherz.*) Che, chi è un po' strambo, stravagante.

picchiàto part. pass. di *picchiare* (*1*); anche agg. *1* Nei sign. del v. *2* (*mus.*) *Corde picchiate*, percosse da un corpo sodo, come nel pianoforte. *3* (*fig., scherz.*) Strambo, stravagante. *4* †Picchiettato | (*raro*) †Butterato.

picchiatóre A agg. (f. *-trice*) • Che picchia. B s. m. *1* Chi picchia | Uomo forte e robusto che, dietro pagamento, compie, a scopo di intimidazione, atti di violenza fisica sugli avversari, spec. politici, del pagante: *un p. ben addestrato*; *p. fascista.* *2* Pugile dotato di molta forza e aggressività.

picchiatùra s. f. *1* Atto, effetto del picchiare. *2* †Picchiettatura.

picchière [da *picca* (*1*)] s. m. • Soldato armato di picca che dal XVI al XVIII sec. costituì il nerbo delle fanterie.

picchierellàre [da *picchiare* (*1*)] v. tr. e intr. (*io picchierèllo*; aus. *avere*) *1* Battere col picchierello. *2* (*est.*) Battere con colpi piccoli e fitti: *lo pregai di smettere di p. sul pavimento.*

picchierèllo [da *picchiare* (*1*)] s. m. • Martelletto a scalpello per picchiettare il porfido.

picchiettàre [ints. di *picchiare* (*1*)] A v. tr. e intr. (*io picchiétto*; aus. *avere*) *1* Picchiare frequentemente con colpi piccoli e leggeri: *p. sul muro per comunicare un messaggio.* *2* (*mus.*) Eseguire, con lo stesso colpo d'arco, una serie di note musicali brevi e staccate su uno strumento ad arco. *3* (*mar.*) Raschiare dalle lamiere la vernice e la ruggine prima di procedere a nuova verniciatura. B v. tr. • Punteggiare con piccoli tocchi di colore: *p. una parete di rosso.*

picchiettàto A part. pass. di *picchiettare*; anche agg. • Nei sign. del v. B s. m. • (*mus.*) Serie di note eseguite picchiettando.

picchiettatùra s. f. *1* Atto, effetto del picchiettare. *2* L'insieme delle macchie di cui una cosa è picchiettata.

picchiettìno [doppio dim. di *picchio* (*1*)] s. m. • (*mar.*) Operaio che picchietta.

picchiettìo s. m. • Il picchiettare continuo, spec. con colpi piccoli e leggeri: *il p. della pioggia sui tetti.*

picchiétto [dim. di *picchio* (*2*)] s. m. • (*zool.*) Picchio rosso minore.

pìcchio (1) [da *picchiare* (*1*)] s. m. • Colpo dato picchiando, e rumore che ne deriva: *due discreti picchi alla porta lo fecero saltare dallo sgabello* (PIRANDELLO) | *D'un p.*, di colpo | (*fig.*) *Avere un p.*, un rovescio di fortuna. || **picchiétto**, dim. | **picchiettìno**, dim. (V.).

pìcchio (2) [lat. parl. **pīculu(m)*, dim. di *pīcus* 'picchio (1)', di etim. incerta] s. m. • Denominazione di vari uccelli dei Piciformi caratterizzati da becco robustissimo e lunga lingua, specializzati nell'arrampicarsi sui tronchi | *P. verde*, vive nei boschi europei e si nutre di insetti o larve che cattura anche sotto le cortecce degli alberi dopo averle perforate col becco (*Picus viridis*) | *P. nero*, di color nero con corto ciuffetto rosso sul capo dei maschi, vivente nelle foreste di conifere (*Pryocopus martius*) | *P. rosso minore*, il più piccolo fra gli esemplari italiani, con occhi rosso ciliegia e corpo nero a strie bianche (*Dryobates minor*) | *P. muratore*, V. *muratore*. || **picchiétto**, dim. (V.).

picchìo (3) s. m. • Frequente picchiare, serie continua di colpi.

picchiolàre [da *picchio* (*1*)] v. tr. (*io pìcchiolo*) • (*raro*) Picchiettare.

picchiolettàre [ints. di *picchiolare*] v. tr. (*io picchiolétto*) • (*raro*) Picchiettare a puntolini fitti.

picchióne [da *picchiare*] s. m. • (*fam.*) Persona manesca.

picchiottàre v. tr. e intr. (*io picchiòtto*; aus. *avere*) • Battere con il picchiotto.

picchiòtto (1) [da *picchiare*] s. m. • Battiporta di forme diverse, spesso artisticamente lavorato in bronzo o ferro. SIN. Battente, batacchio.

picchiòtto (2) [propr., dim. di *picchio* (*2*)] s. m. • (*zool.*) Picchio muratore.

picchiottolàre [da *picchiottolo*] v. intr. (*io picchiòttolo*; aus. *avere*) • (*raro*) Battere col picchiottolo.

picchiottolìo s. m. • (*raro*) Serie continua di colpi di picchiottolo.

picchiòttolo s. m. • Picchiotto.

piccia [da (*ap*)*piccia(re)*] s. f. (pl. *-ce*) • (*tosc.*) Coppia o paio, spec. di pani o fichi secchi | *A picce*, in gran quantità.

†**piccinàco** [da *piccino*] s. m. (f. *-a*; pl. m. *-chi*) • Nano: *li denari erano presti, purché ella vedesse che questo suo figliuolo non fosse un p.* (SACCHETTI).

†**piccinàcolo** s. m. (f. *-a*) • Nano.

piccinerìa [da *piccino*] s. f. • Meschinità di mente, di sentimenti: *la sua p. è senza limiti* | Azione meschina e gretta: *è una ridicola p.*

piccinìna s. f. *1* Dim. di *piccino*. *2* (*sett.*) Ragazzina che fa le commissioni per modiste o sarte.

piccìno [da *piccolo*] A agg. *1* Piccolo, spec. di età o dimensioni: *un bambino p.*; *è ancora troppo p. per capire*; *una casetta piccina piccina* | *Farsi p., farsi p. p.*, cercare di passare inosservato, per umiltà, vergogna e sim. | *Sentirsi p. di fronte a qc.*, riconoscerne la superiorità. *2* (*fig., spreg.*) Meschino, gretto: *una mente piccina*; *uomo p. di mente.* B s. m. (f. *-a*) • Bambino: *a quest'ora i piccini devono dormire* | Neonato: *perché piange il p.?* | (*est.*) Cucciolo di animale: *i piccini della nostra gatta sono deliziosi.* || **piccinàccio**, pegg. | **piccinétto**, dim. | **piccinìna**, dim. f. (V.) | **piccinìno**, dim.

†**picciolànza** s. f. • Piccolezza.

picciolàto [da *picciolo* (*2*)] agg. • (*bot.*) Detto di organo vegetale, spec. foglia, provvisto di picciolo.

†**picciolézza** s. f. • Piccolezza, pochezza.

picciolo (1) [var. di *piccolo*] A agg. *1* (*raro, lett.*) Piccolo, breve, scarso | Di lieve entità. *2* (*fig., lett.*) Umile. B s. m. (f. *-a* nel sign. *1*) *1* (*raro, lett.*) Bambino, fanciullo. *2* (*numism.*) Piccolo | (*tosc.*) Monetina, spicciolo | *Non avere un p.*, nemmeno una monetina | *Sino all'ultimo p.*, fino all'ultimo centesimo | *Non valere un p.*, nulla. || **picciolétto**, dim. | **picciolìno**, dim.

picciòlo (2) o (*lett.*) **picciuòlo** [lat. parl. **pecĭolu(m)*, per il classico *petĭolu(m)* 'piccolo piede', poi 'picciuolo', da *pēs*, genit. *pĕdis* 'piede'] s. m. • (*bot.*) Asse che sostiene il lembo fogliare e lo collega al fusto | (*est.*) Correntemente, il gambo del frutto, il peduncolo.

piccionàia [da *piccione*] s. f. *1* Luogo, locale o piccola torre ove si tengono i piccioni | *Tirare sassi in p.*, (*fig.*) agire in modo da danneggiare sé e gli altri. SIN. Colombaia. *2* Sottotetto, soffitta: *salire a piedi fino in p.* *3* (*scherz.*) Loggione del teatro: *andare in p.* | (*est.*) L'insieme dei frequentatori del loggione: *gli applausi della p.*

piccioncìno s. m. (f. *-a*) *1* Dim. di *piccione*. *2* Cucciolo di piccione | Piccione giovane. *3* (*fig.*) Persona teneramente innamorata: *guarda come tubano quei due piccioncini!*

piccióne [lat. tardo *pipiōne(m)*, da *pipiāre* (pigolare), di origine onomat.] s. m. (f. *-a*) *1* Uccello dei Colombiformi con piumaggio grigio-azzurro con iridescenze sul collo, due fasce nere sulle ali e una macchia bianca sulla parte posteriore del dorso (*Columba livia*) | *Tiro al p.*, gara di tiro al volo nella quale i partecipanti cercano di abbattere con un colpo di fucile un piccione fatto uscire da una cassetta | *P. d'argilla*, bersaglio rappresentato da un piccione artificiale usato in gara o in prove di tiro eseguite per divertimento, e lanciato in aria da un apposito apparecchio | *P. di gesso*, messo come richiamo sulla colombaia | *Prendere due piccioni con una fava*, (*fig.*) raggiungere due scopi, ottenere due risultati, con un solo mezzo | *I* *due piccioni*, (*fig.*) coppia d'innamorati | *Piccioni della stessa colombaia*, (*fig.*) due innamorati che sono vicini di casa. SIN. Colombo. *2* (*fig.*) Persona ingenua e semplice. *3* Taglio di carne del bue o del vitello macellati, posto sotto la coscia fra il lombo e la rosa. || **piccioncèllo**, dim. | **piccioncino**, dim. (V.).

picciòtto [siciliano *picciottu* 'piccolo'] s. m. *1* (*dial.*) In Sicilia, giovanotto | Ognuno dei componenti le bande siciliane che, nel 1860, appoggiarono la spedizione dei Mille. *2* Nella gerarchia della mafia, il grado più basso.

piccirillo [vc. nap., propriamente 'piccino'] s. m. (f. *-a*) ● A Napoli, bambino, fanciullo.

picciuòlo ● V. *picciòlo* (*2*).

pìcco [vc. di origine onomat. Cfr. *picca* (*1*)] s. m. (pl. *-chi*) *1* Cima di monte in posizione isolata, dalla punta acuminata e a fianchi scoscesi | *A p.*, a perpendicolo, con direzione verticale: *roccia a p. sul mare* | *Andare, colare a p.*, affondare, detto di nave e (*fig.*) andare in rovina | *Tirarsi a p.*, nel linguaggio dei marinai, virarsi sull'ancora immersa fintanto che la catena sia perpendicolare alla superficie dell'acqua. ➡ ILL. p. 820 SCIENZE DELLA TERRA ED ENERGIA. *2* In un diagramma rappresentativo di un fenomeno, punto, o insieme di punti, che indica il valore massimo di una grandezza variabile | (*fis.*) Valore massimo istantaneo raggiunto da una grandezza variabile in un intervallo di tempo: *p. di corrente, di tensione* | (*est.*) Momento di maggiore intensità di un fenomeno: *il p. di ascolto si verifica durante il telegiornale*. *3* (*mar.*) Asta rastremata, inclinata verso l'alto sulla faccia poppiera di un albero, che serve a sostenere la randa e, quando è sull'albero di poppa, porta all'estremità la sagola per la bandiera nazionale | *P. di carico*, robusto trave cilindrico incernierato alla base di un albero verticale, munito di sistemi funicolari che serve come braccio mobile per l'imbarco di grossi pesi. ➡ ILL. p. 1756 TRASPORTI. *4* †Puntiglio | †Frizzo o battuta pungente.

piccolézza s. f. *1* Condizione e qualità di chi o di ciò che è piccolo: *la p. di un oggetto, di una casa*. *2* Insufficienza, pochezza: *vogliate scusare la p. del dono* | (*est.*) Inezia, sciocchezza: *sono piccolezze alle quali non bisogna dare peso*. *3* (*fig.*) Grettezza, meschinità: *p. d'animo, di mente*.

pìccolo [dalla stessa radice di *picca* (*1*)] **A** agg. (compar. di magg. *minóre* o *più piccolo*; sup. *mìnimo* o *piccolìssimo*) *1* Che è inferiore alla misura ordinaria per altezza, larghezza, numero, estensione, vastità, intensità o per più dimensioni insieme: *oggetto p.*; *naso p.*; *piccola statura*; *p. esercito*; *una piccola città*; *abitare in una piccola casa* | *Lettera piccola*, minuscola | *P. formato*, detto della fotografia eseguita su pellicola perforata da 35 mm | *P. commercio*, al minuto | (*fisiol.*) *Polso p.*, di ampiezza ridotta, quanto a pulsazioni. *2* Che è scarso, esiguo, insufficiente e sim.: *una piccola somma*; *lasciare una piccola eredità*. *3* Che è minore rispetto a ciò che si assume come termine implicito di confronto: *passare dalla porta piccola*; *abito di misura piccola, di piccola taglia*; *il Piccolo San Bernardo*; *p. imprenditore, p. industriale* | *Piccola industria*, V. *industria* | (*anat.*) *P. bacino*, la parte inferiore del bacino | *Piccola pubblicità*, gli avvisi economici pubblicati nei giornali | *Piccola posta*, rubrica nella quale vengono pubblicate le lettere inviate al direttore di un giornale o ad altra persona a ciò incaricata, e le relative risposte | *Piccola cronaca*, rubrica del giornale quotidiano contenente annunci di riunioni, conferenze e sim. | *P. teatro*, teatro stabile, nato con orientamenti artistici e culturali d'avanguardia, in contrapposizione ai grandi teatri. *4* Di breve durata: *p. viaggio*; *piccola sosta*; *una piccola introduzione*. *5* Di giovane età: *avere un figlio p.*; *sei ancora p. per uscire da solo*. *6* Di poco conto, di scarsa importanza e sim.: *un p. errore*; *una piccola svista*; *sollevare una piccola obiezione* | (*est.*) Modesto: *domani daremo una piccola festa*. *7* Di modeste condizioni economiche, di basso livello sociale e sim.: *gente piccola*; *un p. impiegato*; *la piccola borghesia* | *P. borghese*, appartenente alla piccola borghesia; (*est.*) persona di corte vedute, di opinioni meschine, di comportamenti banali e sim. *8* (*fig.*) Gretto, insignificante, meschino: *animo, cervello p.*; *gente piccola e vile*. || †**piccolménte**, avv. In modo meschino, umile, basso. **B** s. m. (f. *-a* nei sign. 1 e 3) *1* Bambino: *libri, giochi, spettacoli per i piccoli*; *la camerata dei piccoli*; *da p. era molto bello* | (*est.*) Cucciolo di animale: *il p. di un gatto, di un cane*. *2* (*pop.*) Ragazzo aiutante del cameriere in un caffè. *3* (*fam.*) Persona piccola di statura: *non mi piacciono i piccoli*. *4* (*numism.*) Piccola moneta italiana medievale del valore di un denaro. SIN. Picciolo. *5* Nelle loc. avv. *in p.*, in proporzioni ridotte | *Nel mio, tuo, suo p.*, nell'ambito delle mie, tue, sue, limitate possibilità: *nel mio p. vedrò di aiutarti*. || †**piccolèllo**, dim. | **piccolétto**, dim. | **piccolino**, dim. | **piccolòtto**, accr. (V.).

piccolòtto agg.; anche s. m. (f. *-a*) *1* Accr. di *piccolo*. *2* Che, chi è piuttosto piccolo di statura.

†**picconàio** o †**picconàro** [da *piccone*] s. m. *1* Picconiere | Guastatore. *2* Soldato armato di picca o sim.

picconàre v. tr. e intr. (*io piccóno*; aus. *avere*) ● (*raro*) Rompere col piccone, dar colpi di piccone | (*fig.*) Assestare colpi demolitori, polemici.

†**picconàro** ● V. †*picconaio*.

picconàta s. f. ● Colpo di piccone | (*fig.*) Attacco demolitore, aspra critica.

piccóne [da una radice espressiva che indica 'punta'] s. m. ● Attrezzo a mano con ferro a due punte e lungo manico, per cavar minerali, rompere il suolo duro, abbattere muri | *Dare il primo colpo di p.*, iniziare un lavoro di demolizione o di fondazione | (*raro*) Zappa a dente appuntito.

picconière s. m. ● Qualunque operaio che lavori di piccone.

piccosàggine s. f. ● (*raro*) Piccosità.

piccosità s. f. ● (*raro*) Carattere di chi è puntiglioso e permaloso.

piccóso [da *picca* (*2*)] agg. ● Che è permaloso, puntiglioso: *è un tipo molto p.* || **piccosétto**, dim. | **piccosùccio**, dim.

piccòzza [V. *piccone*] s. f. ● Attrezzo a forma di piccone usato in alpinismo, spec. nelle ascensioni su ghiaccio, come bastone d'appoggio, per gradinare e come mezzo di progressione e di assicurazione. ➡ ILL. p. 1296 SPORT. || **piccozzino**, dim. m.

piccòzzo ● V. *picozzo*.

pìcea [vc. dotta, dal lat. *pĭcea(m)* 'di pece' per la sua corteccia resinosa] s. f. ● (*bot.*) Abete rosso.

picèno [vc. dotta, lat. *Picēnu(m)*, di orig. discussa] **A** s. m. (f. *-a*) *1* Ogni appartenente a un'antica popolazione preitalica stanziata nella parte meridionale delle odierne Marche. *2* (*est.*) Abitante dell'antica regione del Piceno. *3* (*lett.*) Abitante, nativo di Ascoli Piceno. **B** agg. *1* Relativo al popolo dei Piceni. *2* Relativo all'antico Piceno | *Cultura picena*, quella sbocciata in tale regione tra il IX e il VI sec. a.C., corrispondente a una fase della cultura del ferro. *3* (*lett.*) Di Ascoli Piceno.

pìceo [vc. dotta, lat. *pĭceu(m)*, agg. di *pĭx*, genit. *pĭcis* 'pece'] agg. ● (*lett.*) Di pece | In tutto simile alla pece.

Picifórmi [vc. dotta, comp. del lat. *pīcus* 'picchio (2)' e del pl. di *-forme*] s. m. pl. ● Nella tassonomia animale, ordine di Uccelli viventi di norma nelle foreste, cattivi volatori, con becco robusto e piedi zigodattili per cui si arrampicano facilmente (*Piciformes*) | (al sing. *-e*) Ogni individuo di tale ordine.

pick-up /*ingl.* 'pik ʌp/ [vc. ingl., propriamente 'raccoglitore (di vibrazioni)'. Letteralmente *pick up* significa 'piglia su', comp. di *to pick* 'prendere' (stessa etim. di *picca* (*1*)) e *up* 'su', di origine indeur.] s. m. inv. (pl. ingl. *pick-ups*) *1* Dispositivo, costituito da una puntina e da un trasduttore, usato come rivelatore del suono inciso su un disco fonografico. *2* (*tecnol.*) Trasduttore destinato a convertire segnali meccanici, sonori, luminosi e sim. in segnali elettrici: *il pick-up della chitarra elettrica*. *3* (*agr.*) Organo raccoglitore di una macchina di raccolta. *4* (*autom.*) Furgone, spesso fuoristrada, con cabina da tre o sei persone, cassone aperto con sponde laterali fisse e quella posteriore ribaltabile. ➡ ILL. p. 1751 TRASPORTI.

picnic /pik'nik, *ingl.* 'piknik/ [vc. ingl. dal fr. *piquenique*, comp. di *piquer* 'rubacchiare', di origine espressiva e *nique* 'cosa di nessun valore', di origine espressiva] s. m. inv. ● Colazione o merenda fatta all'aperto, durante una scampagnata: *un p. sull'erba* | (*est.*) La scampagnata stessa: *andare a fare un p.*

picnìdio [dal gr. *pyknós* 'denso' (V. *picno-*), con riferimento allo spessore dei conidi] s. m. ● (*bot.*) Piccola cavità rivestita di ife che producono conidi, in alcuni funghi ascomiceti.

picno- [dal gr. *pyknós* 'denso', di origine oscura] primo elemento ● In parole composte della terminologia scientifica indica densità, intensità o fittezza: *picnometro, picnostilo*.

picnòmetro [comp. di *picno-* e *-metro*] s. m. ● (*fis.*) Piccolo vaso di vetro di volume ben determinato, usato per la determinazione della densità di liquidi e solidi.

picnòsi [vc. dotta, gr. *pýknōsis* 'condensazione', da *pyknós* 'denso' (V. *picno-*)] s. f. ● (*biol.*) Stato di contrazione del nucleo cellulare che appare al microscopio come una massa colorata irregolare, sintomo di degenerazione.

picnòstilo [vc. dotta, lat. *pycnostȳlo(n)*, nom. *pycnostȳlos*, dal gr. *pyknóstylos* 'a fitte colonne', comp. di *pyknós* 'denso, fitto' (V. *picno-*) e *-stilo*] **A** agg. ● Detto di tempio i cui intercolumni corrispondano a una volta e mezzo il diametro delle colonne. **B** anche s. m.

picnòtico agg. (pl. m. *-ci*) ● (*biol.*) Di, relativo a, picnosi.

pico- [da *piccolo* (?)] primo elemento ● Anteposto a un'unità di misura la divide per mille miliardi, cioè la moltiplica per 10^{-12}: *picofarad*. SIMB. p.

picofàrad [comp. di *pico-* e *farad*] s. m. inv. ● Unità di capacità elettrica, pari a un trilionesimo di farad. SIMB. pF.

picornavìrus [comp. di *pico-*, *RNA* e *virus*] s. m. ● (*biol.*) Nome comune di ciascun virus appartenente alla famiglia *Picornaviridae* comprendente virus RNA come quelli del raffreddore, dell'epatite A e della poliomielite.

picòzzo o **piccòzzo** [da *picco*] s. m. ● (*veter.*) Ciascuno dei due denti che si trovano al centro dell'arcata incisiva.

pìcrico [dal gr. *pikrós* 'amaro', di origine indeur.] agg. (pl. m. *-ci*) ● (*chim.*) Detto di acido giallo cristallino, impiegato come esplosivo, in pirotecnia, nell'analisi chimica e in medicina contro le scottature. SIN. Trinitrofenolo.

picrina [dal gr. *pikrós* 'amaro' (V. *picrico*) e *-ina*] s. f. ● Sostanza amara che si estrae dalla pianta digitale purpurea.

picùra [etim. incerta] s. f. ● Rientranza più o meno accentuata sul fondo di alcune bottiglie, spec. da vino.

pidgin /*ingl.* 'pidʒin/ [vc. ingl. che rappresenta la prn. cin. dell'ingl. *business* 'affari' (V. *business*)] s. m. inv. ● (*ling.*) Lingua ausiliaria nata dal contatto dell'inglese con diverse lingue dell'Estremo Oriente.

pidgin-english /*ingl.* 'pidʒin 'iŋgliʃ/ [loc. ingl., comp. di *pidgin* (V.) e *english* 'inglese'] s. m. inv. ● (*ling.*) Lingua composita con base grammaticale cinese e lessico inglese.

pidiessino /piddies'sino/ [dalla lettura della sigla del Partito Democratico della Sinistra: *pi, di, esse*] **A** agg. ● Relativo o appartenente al Partito Democratico della Sinistra: *congresso p.* **B** s. m. (f. *-a*) ● Militante o sostenitore del Partito Democratico della Sinistra.

pidocchierìa [da *pidocchio*] s. f. ● Avarizia o meschinità sordida | Azione indegna per taccagneria o grettezza: *è stata una vera p.* SIN. Spilorceria.

pidocchiétto [da *pidocchio* nel senso di 'miserabile'] s. m. ● (*dial.*) Piccolo locale cinematografico, dall'aspetto piuttosto squallido e non troppo pulito.

pidòcchio [lat. *pedŭculu(m)* (normalmente *pedĭculum*), dim. di *pēdis* 'pidocchio', di etim. incerta] s. m. *1* Genere di piccoli insetti degli Anopluri, atteri, con arti muniti di uncini e apparato boccale pungitore e succhiatore | *P. dell'uomo*, di colore chiaro, infesta il capo e il corpo deponendo i lendini nei capelli o sugli abiti (*Pediculus humanus*) | *P. del pube*, piattola | *P. dei libri*, insetto degli Psocotteri che vive tra i libri e le vecchie carte (*Liposcelis divinatorius*). *2* (*est., gener.*) Insetto parassita di animali e piante: *le rose hanno i pidocchi* | *P. dei polli, pollino*, insetto dei Mallofagi ectoparassita di uccelli (*Menopon*) | *P. dell'olivo*, insetto parassita dei Tisanotteri (*Liothrips oleae*). **3** (*fig.*, *spreg.*) Persona avara e meschina | *P. rifatto*, *risalito*, chi, da miserevoli origini, ha raggiunto l'agiatezza, ma senza acquistare nulla in educazione. || **pidocchiàccio**, pegg. | **pidocchiétto**, dim. | **pidocchino**, dim. | **pidocchióne**, accr.

pidocchióso agg. **1** Pieno di pidocchi. **2** (*fig.*) Taccagno e sordido: *un individuo p.*

piduista /piddu'ista/ [dalla lettura della sigla P2: *pi*, *due*] **A** s. m. e f. (pl. m. *-i*) ● Persona affiliata alla loggia massonica segreta P2. **B** agg. ● Relativo alla loggia P2 o ai suoi affiliati: *strategia p.*

piè s. m. **1** (*lett.*) Forma tronca di 'piede': *ferma il piè, ninfa, sovra la campagna / ch'io non ti seguo per farti morire* (POLIZIANO) | *A ogni piè sospinto*, in ogni momento, spesso | *Saltare a piè pari q.c.*, saltare a piedi uniti e (*fig.*) tralasciare intenzionalmente di fare q.c. **2** Nella loc. *a piè di*, in fondo, nella parte inferiore: *a piè del monte*; *le case stanno a piè del colle*; *note a piè di pagina* | *Indennità, rimborso* e sim. *a piè di lista*, in cui si rimborsano tutte le spese sostenute previa esibizione dei documenti giustificativi delle stesse. **3** *Piè di capra*, strumento consistente in una spranga di ferro ricurva e fessurata a un lato. **4** (*aer.*) *Piè d'oca*, negli aerostati e nei dirigibili, insieme di funi che si dipartono da un nodo per suddividere una tensione fra vari punti d'attacco.

pièce /fr. pjɛs/ [vc. fr. di origine celtica (cfr. it. *pezza*)] s. f. inv. ● Opera teatrale: *una p. in prosa*, *in versi*; *p. comica*, *drammatica*.

piedàrm o **pied'arm** [abbr. del comando (*le*) *arm(i)* (*al*) *pied(e)?*] **A** inter. ● Si usa come comando di esecuzione a militari schierati perché portino il fucile lungo il fianco destro con la canna rivolta verso l'alto, reggendolo con la mano destra. **B** anche s. m. **1** Il comando stesso. **2** La posizione stessa.

pied-à-terre /fr. pjeta'tɛr/ [vc. fr., propriamente 'piede a terra'] s. m. inv. (pl. fr. inv.) ● Piccolo appartamento che si tiene in un luogo diverso da quello in cui abitualmente si vive per recapito o per dimora occasionale.

piedattèrra s. m. inv. ● Adattamento di *pied-à-terre* (V.).

pied-de-poule /fr. 'pjɛ d(ə) 'pul/ [vc. fr., propriamente 'piede di gallina', per l'aspetto] s. m. inv. (pl. fr. *pieds-de-poule*) ● Stoffa per abbigliamento con disegno a quadrettini irregolari, di due o più colori, imitanti l'impronta della zampa di pollo.

piède [lat. *pĕde(m)*, di origine indeur.] s. m. (raro o lett. troncato in *piè* (V.)) **1** (*anat.*) Segmento distale dell'arto inferiore del corpo umano: *il dorso*, *il collo*, *la pianta del p.*; *avere piedi grandi*, *piccoli*; *p. piatto*, *torto*, *equino* | *P. d'atleta*, micosi del piede umano la cui cute si macera e si desquama favorendo infezioni batteriche | (*fig.*, *pop.*) *Piedi dolci*, delicati o piatti | *Avere i piedi buoni*, detto di un calciatore, essere dotato di notevoli abilità tecniche | *Camminare in punta di piedi*, per non fare rumore | *Darsi la zappa sui piedi*, (*fig.*) danneggiarsi da sé volendo danneggiare gli altri | *Sentirsi mancare il terreno*, *la terra sotto i piedi*, (*fig.*) sentirsi in pericolo | *Attraversare un torrente a p. asciutto*, senza bagnarsi | (*fig.*) *Andare con le ali ai piedi*, correre con grande velocità | *Mettere un p. in fallo*, perdere l'equilibrio e (*fig.*) commettere un errore | (*fig.*) *Andare coi piedi di piombo*, con estrema cautela | *Mettersi*, *venire*, *essere tra i piedi di qc.*, (*fig.*) seccarlo con la propria insistenza, invadenza e sim. | *Levarsi*, *togliersi dai piedi*, (*pop.*) andarsene | *Levarsi qc. dai piedi*, liberarsene | *Non riuscire a cavare i piedi da q.c.*, (*fig.*) non riuscire a concluderla o a liberarsene | *Porre il p. avanti*, (*fig.*) prevenire | *Andare coi propri piedi*, (*fig.*) detto di cosa che procede bene per proprio conto | *Volgere il p.*, andarsene | (*fig.*) *Tenere il p. in due staffe*, barcamenarsi senza decidere, tenersi aperte due strade, due possibilità e sim. | *Mettere i piedi nel piatto*, (*fig.*) agire, parlare senza ambagi o riguardi | (*fig.*) *Prendere p.*, rafforzarsi, diffondersi | *Essere con un p. nella fossa*, (*fig.*) stare per morire | *Essere*, *stare in piedi*, in posizione eretta | *Mettere in piedi*, (*fig.*) allestire, impiantare, preparare | *Tenere in piedi*, (*fig.*) mantenere, sostenere, conservare | *Cadere in piedi*, (*fig.*) uscire senza danno da situazioni pericolose e sim. | *Cena*, *pranzo* e sim. *in piedi*, in cui non ci sono posti a tavola rigidamente fissati, e gli invitati, generalmente numerosi, si servono da sé a un buffet, sedendosi poi dove vogliono | *Da capo a piedi*, da cima a fondo | *Ai piedi del letto*, in fondo, nella parte opposta a quella in cui si posa il capo | *Andare p. innanzi p.*, passo passo | *Metter p. in un luogo*, entrarvi | *Mettersi la via tra i piedi*, (*fig.*) percorrerla | (*fig.*) *Mettersi i piedi in capo*, darsela a gambe | *Mettersi qc. sotto i piedi*, (*fig.*) umiliarlo, maltrattarlo | *Mettere i piedi sul collo a qc.*, imporgli con la forza, con la violenza, la propria volontà | *Mettere i piedi al muro*, (*fig.*) ostinarsi in una decisione | *Non sapere dove mettere i piedi*, (*fig.*) dove stare, dove fermarsi e sim. | *Porre i piedi dietro qc.*, *sulle orme di qc.*, seguirlo, seguirle | *Saltare a piedi pari*, coi piedi uniti e (*fig.*) evitare totalmente q.c. | *Andare*, *gettarsi*, *prostrarsi ai piedi di qc.*, (*fig.*) umiliarsi dinnanzi a lui | *Vedere il nemico ai propri piedi*, (*fig.*) sconfitto e umiliato | *Battere*, *pestare i piedi*, per stizza, ira e sim. | *Puntare i piedi*, (*fig.*) incaponirsi, ostinarsi, volere q.c. a ogni costo | *Con le mani e coi piedi*, (*fig.*) con ogni mezzo disponibile | (*fig.*) *Consegnarsi a qc. mani e piedi*, arrendersi incondizionatamente | (*fig.*) *Fatto coi piedi*, detto di cosa fatta malissimo | *Avere tutti ai propri piedi*, (*fig.*) di persona molto corteggiata o amata | *Andare a piedi*, camminando | *Essere*, *restare a piedi*, (*fig.*) senza risorse o aiuti | (*fig.*) *Su due piedi*, subito, all'improvviso. **2** (*zool.*) Negli animali a due o quattro zampe, parte estrema di ciascuna di queste, che, nella deambulazione, poggia sul terreno | Nei Molluschi, porzione del tronco a funzione locomotoria, di forma variabile nelle singole classi | *P. mascellare*, massillipede. **3** (*est.*) Oggetto la cui forma ricorda quella di un piede | *P. di porco*, palo di ferro leggermente ricurvo a un'estremità per spostare grossi pesi; ferro con un'estremità divaricata, usato come attrezzo da scasso | *P. d'elefante*, in alpinismo, tipo di sacco da bivacco, in semplice tessuto di fibra sintetica o imbottito di piumino, che protegge solo le estremità inferiori del corpo | *P. di ruota*, sulle navi, pezzo ricurvo che raccorda la ruota di prora alla chiglia | *P. di pollo*, nodo di forma sferica che si fa all'estremità di una corda. **4** (*fig.*) Parte o estremità inferiore di q.c.: *ai piedi della montagna l'abitato si infittisce* | *I piedi del compasso*, le due punte | *P. di una pianta*, la base del fusto | *P. del fungo*, il gambo | (*mar.*) *P. d'albero*, parte dell'albero immediatamente sopra la coperta e il tratto di questa dove sono le pazienze | (*mat.*) *P. della perpendicolare*, punto in cui la perpendicolare condotta ad una retta o ad un piano l'incontra | (*mecc.*) *P. di biella*, estremità di una biella, collegata al perno, che si muove di moto rettilineo alternativo. **5** Base o sostegno di q.c.: *i piedi della tavola*, *del divano*, *della sedia*; *la catinella poggia su un p. metallico* | Base di una lettera o di un carattere tipografico. **6** (*fig.*) Condizione, stato: *porre su un p. di parità* | *Essere sul p. di pace*, *di guerra*, detto di esercito a seconda che sia costituito dalla sola forza bilanciata prevista per il tempo di pace ovvero dalla forza totale comprendente le riserve mobilitate per la guerra | *Essere sul p. di guerra*, (*fig.*) pronto a combattere, lottare e sim. **7** Unità di misura di lunghezza inglese corrispondente a 12 pollici e a un terzo di yard, ed equivalente a 30,48 cm. SIMB. ft | *P. quadrato*, unità di misura di superficie inglese equivalente a 929,03 cm^2 | *P. cubico*, unità di misura di volume inglese equivalente a 28 316,85 cm^3. **8** (*ling.*) In metrica, combinazione di due o più sillabe brevi e lunghe che può essere unità di misura del verso quantitativo o elemento costitutivo dell'unità di misura, detta metro: *p. dattilico* | Nella versificazione italiana, ciascuna delle due parti in cui può essere divisa la fronte nelle strofe di canzone. **9** (*bot.*) *P. vitellino*, gigaro | *P. di leone*, stellaria | *P. di oca*, pianta erbacea delle Rosacee con fusto stolonifero e foglie composte di dieci foglioline inferiormente sericee (*Potentilla anserina*). || **peduccio**, dim. (V.) | **piedaccio**, pegg. | **piedino**, dim. (V.) | **piedóne**, accr. | **pieduccio**, dim. | **pieduccino**, dim..

piedestallo ● V. *piedistallo*.

†**piedimpennàto** [propriamente 'che ha le ali (*penne*) ai (*in*) *piedi*'] agg. ● (*poet.*) Che ha le ali ai piedi.

piedìno s. m. **1** Dim. di *piede* | *Fare p.*, *farsi p.*, toccarsi con i piedi sotto il tavolo, come segno d'intesa, spec. amoroso. **2** (*giorn.*) Brano finale di un articolo o pezzo collocato in fondo alla vicina colonna di destra, sotto un intero filetto che lo separa dalla composizione sovrastante. **3** Dispositivo della macchina da cucire che tiene fermo il tessuto mentre si cuce. **4** (*elettron.*) Nei circuiti elettronici, contatto.

piedipiàtti [comp. del pl. di *piede* e *piatto* (agg.): calco sull'ingl. d'America *flatfoot*] s. m. ● (*spreg.*) Poliziotto.

piedistàllo o **piedestallo** [comp. di *piede* e *stallo* 'appoggio'] s. m. ● Elemento architettonico, talora interposto tra la colonna e il suolo, composto da una parte prismatica e da modanature inferiori e superiori | (*fig.*) *Fare da p. a qc.*, essergli di sostegno, aiutarlo a salire, ad affermarsi | *Mettere qc. su un p.*, (*fig.*) idealizzarlo, esaltarlo.

piedritto [comp. di *piede* e *ritto*] s. m. ● (*arch.*) Qualunque elemento verticale con funzione portante nelle costruzioni. ➡ ILL. p. 358 ARCHITETTURA.

pièga [da *piegare*] s. f. **1** Effetto del piegare, punto in cui q.c. si piega: *gonna*, *abito a pieghe*; *la p. del braccio*, *del ginocchio* | (*raro*) Curva, gomito. **2** Segno che resta quando si piega q.c.: *la p. del fazzoletto*, *del tovagliolo*; *i calzoni hanno la p. mal fatta* | *Messa in p.*, ondulazione artificiale dei capelli. **3** (*geol.*) Curvatura o inflessione più o meno serrata di rocce stratificate o scistose | *P. diritta*, a piano assiale verticale | *P. coricata*, a piano assiale orizzontale | *Pieghe isoclinali*, serie di pieghe che inclinano verso la stessa direzione con angoli uguali o sim. **4** (*fig.*) Sinuosità: *le pieghe del discorso* | (*fig.*) *Ragionamento che non fa una p.*, dritto, chiaro | (*est.*) Intima fibra, anfratto nascosto: *nelle pieghe della coscienza*, *della mente*. **5** (*fig.*, *fam.*) Andamento: *la faccenda ha una p. che non mi piace* | *Prendere una brutta*, *una cattiva p.*, volgere verso un esito sfavorevole o negativo. **6** (*anat.*) Plica. || **piegàccia**, pegg. | **pieghétta**, dim. | **pieghettina**, dim. | **pieghina**, dim. | **piegolina**, dim. | **piegóna**, accr. | **piegóne**, accr. m. | **pieguccia**, dim.

piegabàffi [comp. di *piega(re)* e il pl. di *baffo*] s. m. ● Mascherina di tela legata dietro la nuca, usata un tempo per tenere in piega i baffi, spec. durante il sonno.

piegàbile agg. ● Che si può piegare.

piegacìglia [comp. di *piega(re)* e *ciglia*] s. m. inv. ● Arnese usato per voltare in su le ciglia.

piegafèrro [comp. di *piega(re)* e *ferro*] s. m. inv. **1** (*edil.*) Mordiglione. **2** Operaio addetto a sagomare e piegare le barre di ferro per le strutture in cemento armato.

piegaménto s. m. ● Modo e atto del piegare o del piegarsi: *p. di un tubo*, *di una sbarra*; *p. sulle gambe*.

piegànte part. pres. di *piegare*; anche agg. ● Nei sign. del v.

piegàre [lat. *plicāre*, da una radice indeur. che indica 'intrecciare'] **A** v. tr. (*io piègo*, *tu pièghi*) **1** Rendere curvo, arcuato, spigoloso e sim.: *p. un giunco*, *un filo di ferro*, *una sbarra di ferro* | *P. le gambe*, *le braccia*, fletterle | *P. ad angolo retto*, *ad arco*, *a gomito* e sim., far assumere a q.c. simili forme. CONTR. Raddrizzare. **2** Avvolgere con ordine, accostando un capo o un lembo di q.c. al capo o lembo opposto, anche più volte: *p. un tovagliolo*, *un abito*, *una camicia*; *piegate il foglio in quattro parti uguali*. **3** Inchinare, curvare (*anche fig.*): *p. la testa*, *il capo*; *p. il corpo in avanti*, *all'indietro* | *P. la fronte*, in segno di reverenza, umiltà e sim. | *P. il groppone*, mettersi a lavorare, sottoporsi alla fatica. **4** (*fig.*) Indurre, persuadere, domare: *p. qc. alla propria volontà*; *piegarono il suo animo fiero e la sua ostinazione* | (*raro*) *P. l'orecchio*, dare ascolto. **5** †Cambiare. **B** v. intr. (aus. *avere*) **1** Essere o divenire curvo (*anche fig.*): *p. sotto un peso*; *p. sotto il peso della responsabilità*. **2** Avere o assumere una certa direzione, curvatura, pendenza e sim.: *p. a destra*, *a sinistra*, *in avanti*, *di fianco*; *la strada*, *nei pressi del fiume*, *piega a nord*. **C** v. rifl. e intr. pron. **1** Incurvarsi, pendere, abbassarsi: *l'edificio parve pie-*

garsi in avanti, poi crollò in una nube di polvere. **2** (*fig.*) Arrendersi, cedere, condiscendere: *si piegò alle nostre preghiere, alla nostra volontà; piegarsi al male, alla violenza.* CONTR. Irrigidirsi.

piegàta s. f. **1** Atto del piegare una sola volta e in fretta: *dare una p. ai lenzuoli.* **2** Nella ginnastica, posizione degli arti in appoggio | Nell'ippica, curva della pista dell'ippodromo. || **piegatìna**, dim.

piegàto part. pass. di *piegare*; anche agg. ● Nei sign. del v.

piegatondìno [comp. di *piega(re)* e *tondino*] s. m. ● Macchina edile che piega i tondini per il cemento armato.

piegatóre **A** s. m. (f. *-trice*) **1** Chi piega. **2** Doppiatore. **B** agg. ● Che piega.

piegatrìce [f. di *piegatore*] s. f. ● In varie tecnologie, macchina per piegare materiali o prodotti più vari, quali lamiere e profilati metallici, tessuti, fogli di carta stampata e altro.

piegatùra s. f. **1** Atto, effetto del piegare o del piegarsi | *P. del corpo, di un arto*, flessione | *P. delle ruote*, curvatura | (*est.*) Punto in cui q.c. si piega o è piegato e segno che ne resta: *tagliare il foglio lungo la p.* **2** In legatoria, l'operazione con cui il foglio disteso di ciascuna segnatura viene trasformato in fascicolo. || **piegaturìna**, dim.

†**pièggio** [dal germ. **plewi* 'responsabilità'] s. m. ● Mallevadore.

pieghettàre [da *piegare*] v. tr. (*io pieghétto*) ● Eseguire pieghe minute e ravvicinate su un tessuto e sim.: *p. una gonna, il davanti di una camicetta.*

pieghettàto part. pass. di *pieghettare*; anche agg. ● Nel sign. del v.

pieghettatóre s. m. (f. *-trice*) ● Chi è addetto alla pieghettatura delle stoffe.

pieghettatùra s. f. ● Atto, effetto del pieghettare | (*est.*) Insieme di piccole pieghe: *stirare la p.*

pieghévole **A** agg. **1** Che si piega o si può piegare con facilità: *giunco, ramo, metallo p.* | (*raro, fig.*) Versatile: *il suo ingegno tanto vivace, p., svegliato* (NIEVO). SIN. Flessibile. **2** Che si può ripiegare su sé stesso: *tavolo, sedia p.* | *Fucile p.*, fuciletto da caccia, a una canna, che si può ripiegare in due parti. **3** (*fig.*) Arrendevole, cedevole: *animo, carattere p.* CONTR. Rigido. || **pieghevolménte**, avv. **B** s. m. ● Stampato composto di poche facciate, recante un messaggio pubblicitario, un'offerta di vendita e sim.

pieghevolézza s. f. ● (*raro*) Qualità di chi o di ciò che è pieghevole (*anche fig.*). CONTR. Rigidezza.

piègo [da *piegare*] s. m. (pl. *-ghi*) ● Plico, pacco: *ricevere, spedire un p.* || **pieghétto**, dim. | **piegùccio**, dim.

†**piegóso** agg. ● Pieno di pieghe.

pielìte [da *pielo-* col suff. *-ite* (*1*)] s. f. ● (*med.*) Infiammazione del bacinetto renale.

pièlo- [dal gr. *pýelos* 'bacino', forma dissimilata di *plýelos*, da *plýnein* 'lavare' (di origine indeur.)] primo elemento ● In parole composte della terminologia medica significa 'bacinetto, pelvi renale': *pielite, pielografia, pielonefrite.*

pielografìa [comp. di *pielo-* e *-grafia*] s. f. ● (*med.*) Indagine radiologica del rene e delle vie urinarie mediante sostanza radiopaca iniettata in vena e poi secreta dal rene o direttamente introdotta nell'uretere.

pielogràmma [comp. di *pielo-* e *-gramma*] s. m. (pl. *-i*) ● (*med.*) Immagine radiografica del rene e delle vie urinarie ottenuta con la pielografia.

pielonefrìte [comp. di *pielo-* e *nefrite*] s. f. ● (*med.*) Infiammazione del rene e del bacinetto renale.

piemìa o **pioemìa** [comp. di *pio-* ed *-emia*] s. f. ● (*med.*) Infezione generalizzata con penetrazione nel sangue di batteri piogeni da un focolaio suppurativo.

piemontése [da *Piemonte*, da *piè* (*di*) *monte*; propriamente 'che sta ai piedi di un monte'] **A** agg. ● Del Piemonte. **B** s. m. e f. ● Abitante, nativo del Piemonte. **C** s. m. solo sing. ● Dialetto gallo-italico, parlato in Piemonte: *il mio p ... così educato e languido* (LEVI).

piemontesìsmo s. m. ● Forma linguistica tipica del dialetto piemontese.

piemontìte [da *Piemonte*, la regione cui un tempo apparteneva amministrativamente il luogo del principale giacimento, San Marcello di Val d'Aosta] s. f. ● (*miner.*) Epidoto manganesifero di color violetto.

pièna [f. sost. di *pieno*] s. f. **1** Fase di massima portata di un corso d'acqua. CONTR. Magra. **2** (*fig.*) Impetuosa abbondanza o intensità: *la p. del suo discorso; la p. incontenibile degli affetti; qui tutta verso di dolor la piena* (FOSCOLO) | (*est.*) Massa d'acqua di un corso d'acqua in piena: *i casolari furono sommersi dalla p.* **3** (*raro*) Riempimento, colmo | *Dar la p. alle botti*, colmarle di vino. **4** (*fig.*) Gran folla, calca di gente che occupa e riempie un luogo: *p. di popolo; p. teatrale.* || **pienerèlla**, dim. | **pienóne**, accr. m. (V.).

†**pienàre** v. intr. ● Essere in piena.

pienézza s. f. **1** Condizione o stato di ciò che è pieno (*anche fig.*): *la p. della luna, delle forze.* **2** (*fig.*) Impeto, foga: *un sentimento espresso in tutta la sua p.*

†**pienitùdine** ● V. *plenitudine.*

pièno [lat. *plēnu(m)*, da una radice indeur. che significa 'riempire'] **A** agg. **1** Che contiene tutta la quantità di cui è capace: *vaso, piatto, bicchiere p.; teatro p. in ogni ordine di posti* | *Con la bocca piena*, mentre si mangia e prima di avere ingoiato il cibo | *Spugna piena*, completamente inzuppata | (*fig.*) *Otre p. di vento*, persona boriosa | *Respirare a pieni polmoni*, gonfiandoli d'aria al massimo | *A piene vele*, con le vele gonfie di vento | *Pagina piena*, completamente scritta | *La misura è piena*, (*fig.*) la sopportazione, la pazienza e sim. sta per esaurirsi | *Averne piene le tasche*, (*fig., pop.*) averne abbastanza di q.c. o di qc. | *P. come un uovo*, zeppo | *A piene mani*, (*fig.*) con grande abbondanza | *In piena assemblea, in piena camera* e sim., nel bel mezzo del consesso, mentre tutti sono presenti | (*est.*) Completamente ingombro, occupato e sim.: *tavolo p. di carte; terreno p. di buche, di sassi.* **2** Che abbonda di q.c., che ha grande quantità di q.c. (*anche fig.*): *un uomo p. di denari, di vizi, di manie; casa piena d'ogni ben di Dio; un compito p. di errori; essere p. di dolori, di guai, di noie* | Invaso, pervaso: *p. di gioia, d'amore, di speranza; avere l'animo p. di tristezza, di nostalgia; mi guardò con occhi pieni di stupore* | (*fam.*) Sazio: *a pancia piena; a stomaco p.* | *P. fino agli occhi, fino alla gola*, completamente sazio | (*fig.*) *Esser p. di qc., di q.c.*, averne abbastanza, non poterne più. **3** Non vuoto: *muro p.; gomme piene; noci piene* | *Colpo p.*, che raggiunge il bersaglio, che non va a vuoto | (*est.*) Sodo, massiccio, paffuto: *gote piene; petto p.; fianchi pieni* | (*est., pop.*) Gravido: *pecora piena.* **4** *Punto p.*, ricamo che si esegue ricoprendo con punti fitti una leggera imbottitura che riempie il motivo da ricamare. **5** (*fig.*) Che costituisce il massimo livello, il grado più completo e perfetto di una situazione, un fenomeno e sim.: *con p. rispetto dell'autorità; ottenere una piena guarigione; una risposta piena ed esauriente; essere in piena efficienza, in piena regola, nel p. possesso delle proprie facoltà, nel p. vigore della giovinezza* | *Giorno p.*, fatto | *In piena notte*, nelle ore più buie, a notte fonda | *Luna piena*, che si vede per intero | *In p. inverno*, nei mesi più freddi | *A piena voce*, a tutta voce. **6** (*fig.*) Detto di vino che possiede ricchezza e corposità. **7** (*fig.*) †Adempiuto, soddisfatto | †*Andar p.*, adempiersi. **8** (*mus.*) *Accordo p.*, complesso | *Nota piena*, accompagnata con le proprie consonanze | *Stile p.*, concertato, a quattro, otto voci. || **pienaménte**, avv. In modo pieno, completo, perfetto: *essere pienamente soddisfatto.* **B** s. m. **1** Parte piena o massiccia di q.c.: *il p. della statua termina all'altezza del torace; il vuoto risuona, il p. no.* **2** Fase o momento culminante: *nel p. dell'estate, della notte, dell'uragano* | *A p.*, V. *appieno* | *In p.*, del tutto, completamente. **3** Carico completo, spec. di carburante: *dare il p. di nafta, di carbone; fare il p. di benzina* | *Fare il p.*, (*fig., fam., scherz.*) bere troppo; (*fig., est.*) ottenere il massimo risultato possibile. **4** (*fig.*) Gran folla, calca di gente che occupa e riempie un luogo. **5** (*mus.*) *P. dell'organo*, suono di tutte le sue voci insieme. **6** (*arald.*) Scudo costituito dal solo campo di un unico smalto. **7** †Compimento, adempimento. || **pienóne**, accr. (V.) | **pienòtto**, accr. (V.).

pienóne s. m. **1** Accr. di *piena.* **2** Folla di spettatori e sim.: *c'era un p. da non dirsi ieri sera a teatro.*

pienòtto agg. **1** Dim. di *pieno.* **2** Che è piuttosto grasso e abbondante di forme: *viso p.; guance pienotte; ragazza pienotta.*

Pìeridi [vc. dotta, comp. del lat. *Pĭeride(m)*, nom. *Pĭeris*, dal gr. *Pierís*, e *-idi*] s. f. pl. ● Nella tassonomia animale, famiglia di farfalle diurne con spiccato dimorfismo sessuale (*Pieridae*) | (al sing. *-e*) Ogni individuo di tale famiglia.

Pierìno [n. consolidato nelle storielle incentrate sui fatti e misfatti dell'inventato *Pierino*] s. m. ● Bambino, ragazzo molto vivace e impertinente.

pièrio [vc. dotta, lat. *Pĭeriu(m)* 'della Pieria'] agg. ● (*lett.*) Della Pieria, regione della Grecia, mitica patria delle Muse.

pierre /pi'erre/ [dalla lettura della sigla PR (*pubbliche relazioni* o, all'ingl., *public relations*): *pi, erre*] s. m. e f. inv. ● Persona incaricata delle relazioni esterne di un'azienda o di un ente.

pierrot /fr. pje'ro/ [vc. fr., n. di una maschera del teatro francese, propr. 'Pierino', dall'it. *Pedrolino*, personaggio di commedie] s. m. inv. ● Persona mascherata con un caratteristico costume bianco, costituito di ampi pantaloni e casacca con grossi bottoni neri, e calottina nera in testa.

†**pièta** [dal lat. *pĭetas* con spostamento dell'accento] s. f. ● (*lett.*) Senso di angoscia, smarrimento e sim.: *la notte ch'i' passai con tanta p.* (DANTE *Inf.* I, 21).

pietà o †**pièta** o †**pietàde**, †**pietàte** [dal lat. *pietāte(m)*, da *pĭus* 'pio'] s. f. **1** Sentimento di compassione e commossa commiserazione che si prova dinnanzi alle sofferenze altrui: *avere, nutrire, provare, sentire p.; muovere qc. a p.; guardare con occhio di p.; invocare p. e perdono; se non lo fate per dovere, fatelo almeno per p.; la p. s'insinua a' fanciulli col timore d'una qualche divinità* (VICO) | *Senza p., senz'alcuna p., senz'ombra di p.*, spietatamente | *Opere di p.*, che tendono ad alleviare le sofferenze altrui | *Avere p. di sé stesso*, autocompassionarsi | *Fare p.*, (*fam.*) di cosa o persona particolarmente sgraziata, poco attraente, poco piacevole, o di lavoro malfatto e sim. | (*est.*) Cosa o spettacolo miserando: *che p. quella casa!* **2** (*relig.*) Uno dei sette doni dello Spirito Santo, per il quale si sviluppa e perfeziona la virtù della giustizia. **3** (*lett.*) Rispetto e amore verso qc.: *p. filiale; dimostrare p. verso la patria.* SIN. Venerazione. **4** Devozione, culto: *pratiche di p.; libri di p.* **5** Nelle arti figurative, composizione rappresentante la Madonna che tiene in grembo il Cristo morto: *la p. di Michelangelo.*

pietànza [da *pietà*, perché era il cibo che si dava ai poveri] s. f. **1** Vivanda servita a tavola, spec. come secondo piatto: *p. di carne, di pesce; minestra, una p. e frutta.* SIN. Secondo. **2** (*fig., tosc.*) Paga, pagnotta. **3** †Convito | *Fare p.*, dare da mangiare. || **pietanzétta**, dim. | **pietanzìna**, dim. | **pietanzùccia**, dim.

pietanzièra [da *pietanza*] s. f. ● (*raro*) Piccolo recipiente metallico a chiusura ermetica, atto a contenere vivande che si devono consumare fuori casa.

pietas /lat. 'pietas/ [nom. lat., *pĭetas*] s. f. inv. **1** Sentimento, atteggiamento di doveroso rispetto e devozione, spec. verso famiglia, patria e religione. **2** Pietà, compassione, misericordia: *un senso di umana p.*

†**pietàte** ● V. *pietà.*

piètica [sovrapposizione di *pertica* al lat. *pĕdica* 'trappola, ceppi', da *pēs*, genit. *pĕdis* 'piede'] s. f. ● Arnese costituito di due stanghe imperniate a compasso, nel quale s'incastra inclinata, poggiando su di una traversa, la trave che dev'essere segata in assi.

pietìsmo [fr. *piétisme*, da *piétiste* 'pietista'] s. m. **1** Corrente religiosa protestante dei secc. XVII e XVIII che professa la preminenza della vita interiore e del raccoglimento su ogni altra manifestazione religiosa. **2** (*spreg.*) Sentimento di religiosità affettata e soltanto apparente. **3** Atteggiamento di ostentata pietà spesso insincero e ipocrita.

pietìsta [fr. *piétiste*, dal ted. *Pietist*, dal lat. *pĭetas*, genit. *pietātis* 'pietà'] s. m. e f. (pl. m. *-i*) **1** Seguace del pietismo. **2** (*spreg.*) Bigotto, bacchettone.

3 Chi fa del pietismo.

pietìstico agg. (pl. m. *-ci*) *1* Relativo a pietismo e a pietista. *2* (*spreg.*) Da bigotto. *3* Improntato a pietismo: *atteggiamento p.* || **pietisticaménte**, avv.

pietóso o (*poet.*) †**piatóso** [da *pietà*] agg. *1* Che sente pietà, compassione: *essere p. verso il prossimo, nei confronti di chi soffre*; *grave oltraggio al tiranno è un cor p.* (ALFIERI). SIN. Compassionevole. CONTR. Impietoso. *2* Che muove a pietà: *storia pietosa*; *racconto p.*; *sfogava ... in suon p. / un solitario amante il suo cordoglio* (MARINO) | (*fam.*) Di ciò che è fatto così male, in modo così meschino e sim., da destare compassione: *spettacolo p.*; *la festa è stata una cosa veramente pietosa*; *hai fatto una figura pietosa* | *Essere ridotto in uno stato p.*, estremamente trascurato o malridotto. *3* Che dimostra pietà: *opera pietosa* | *Menzogna, bugia pietosa*, dette non con l'intenzione di nuocere, ma per evitare un dolore e sim. | *Cogliere qc. in atto p.*, mentre fa del bene | *Mano pietosa*, che compie opere di misericordia. *4* Pieno di rispetto e tenerezza: *un figlio p. verso i genitori* | *Uomo p.*, mite e buono. *5* Pio, devoto: *animo p.* | (*raro*) *Guerra pietosa*, guerra santa || PROV. Il medico pietoso fa la piaga verminosa. || **pietosaménte**, avv. In modo pietoso: *curare, assistere pietosamente*; *parlare, piangere pietosamente*; *pregare pietosamente*.

piètra o (*poet.*) †**pètra** [lat. *pĕtra(m)*, nom. *pĕtra*, dal gr. *pétra*, di etim. incerta] s. f. *1* Frantume di roccia, usato come materiale da costruzione o per ornamento: *cava di pietre*; *muro di p.* | *P. concia*, blocco di pietra impiegato in una costruzione, sommariamente lavorato sul lato che rimane in vista | *P. da taglio*, blocco di pietra impiegato in una costruzione, squadrato a forma regolare | *P. da calce*, roccia calcarea che si utilizza nella fabbricazione della calce viva | *P. da sarto*, pezzo di steatite usato dai sarti per fare segni sulla stoffa | *P. preziosa*, tutte le gemme dell'oreficeria di maggior valore | *P. semipreziosa*, di medio valore | *P. dura*, con apparenza simile al marmo ma di maggior durezza | *P. focaia*, V. *focaia* | *P. fine*, vera, naturale | *P. sintetica*, simile alla vera ma ottenuta in laboratorio | *P. chimica*, fatta a imitazione della vera | *P. artificiale*, ottenuta con vari materiali e sistemi | *P. falsa*, di vetro o altra imitazione | *P. litografica*, pietra calcarea usata per il disegno e la stampa litografica | *P. molare*, pietra di forma circolare, dura, che serve per macinare cereali, olive e semi vari | *P. infernale*, nitrato di argento | *P. sacra*, *p. dell'altare*, quella che, nell'altare cattolico, contiene o copre le reliquie di santi o di martiri | *P. filosofale*, essenza prima, cercata dagli alchimisti, per mezzo della quale, secondo credenze medievali, si trasformavano i metalli in oro e si otteneva l'elisir di lunga vita | *P. miliare*, cippo che ai bordi delle strade indica il kilometraggio e le distanze e (*fig.*) fatto o data di importanza storica | *P. sepolcrale*, lapide sepolcrale, coperchio, in marmo o altro, di tomba | *P. serena*, in Toscana e in Umbria, varietà di arenaria, di colore grigio-azzurrognolo, usata spec. per costruzioni edilizie | *P. di paragone*, varietà di diaspro nero schistoso usata, spec. in passato, per riconoscere il titolo dell'oro | *Di p.*, duro come la roccia (*anche fig.*): *avere un cuore di p.* | *Avere una p. sullo stomaco*, (*fig.*) sentire un gran peso per cattiva digestione | *Porre la prima p.*, iniziare una costruzione di un edificio con particolari festeggiamenti e (*fig.*) dare inizio a q.c. | *Non lasciare p. su p.*, distruggere dalle fondamenta, demolire completamente | *Portare la propria p. all'edificio*, (*fig.*) cooperare all'edificazione o alla realizzazione di q.c. | *Metterci una p. sopra*, (*fig.*) non parlarne più | *Gettare, scagliare, tirare una p.*, un sasso | *P. d'inciampo*, (*fig.*) persona o cosa molesta, che costituisce un ostacolo | (*fig.*) *P. dello scandalo*, chi è causa di scandalo, discordia e sim. | (*fig.*) *Fare piangere, ridere le pietre*, essere estremamente commovente o estremamente comico | (*fig.*) *Cavare sangue da una p.*, fare q.c. di impossibile; sfruttare tutto al massimo. *2* (*med., raro*) Calcolo | *Mal della p.*, calcolosi vescicale. || **pietràccia**, pegg. | **pietrèlla**, dim. | **pietrétta**, dim. | **pietrìna**, dim. (V.) | **pietrìno**, dim. m. (V.) | **pietrolìna**, dim. | **pietróne**, accr. m. | **pietrùccia**, **pietrùzza**, dim. | **pietrùccola**, **pietrùzzola**, dim. | **pietruzzolétta**, dim. | **pietruzzolìna**, dim.

pietràia o (*lett.*) **petràia**. s. f. *1* Massa o mucchio di pietre | (*est.*) Luogo sassoso, terreno pietroso: *vidi l'ombra vasta / palpitar su la torrida petraia* (D'ANNUNZIO). *2* Cava di pietre.

†**pietràio** [da *pietra*] s. m. ● Scalpellino.

pietràme s. m. ● Cumulo di pietre.

pietràta o †**petràta**. s. f. ● (*raro*) Colpo di pietra.

pietrificàre o †**petrificàre** [comp. di *pietra* e *-ficare*] **A** v. tr. (*io pietrìfico, tu pietrìfichi*) *1* Rendere di pietra o simile a pietra: *pianta che i millenni hanno pietrificata*. *2* (*fig.*) Irrigidire per timore, stupore o altro: *lo pietrificò con una sola risposta*. **B** v. intr. pron. *1* Divenire di pietra o simile alla pietra. *2* (*fig.*) Rimanere di stucco, di sasso: *pietrificarsi per lo stupore*.

pietrificàto o †**petrificàto**. part. pass. di *pietrificare*; anche agg. ● Nei sign. del v.

pietrificazióne o †**petrificazióne** s. f. ● Atto, effetto del pietrificare o del pietrificarsi (*anche fig.*).

†**pietrìfico** o †**petrìfico** [comp. di *pietra* e *-fico*] agg. ● Che pietrifica.

pietrìgno o (*raro*) **petrìgno**, †**petrìno**, (*raro, lett.*) **pietrìno** (1) [dal lat. *pĕtra* 'pietra'] agg. ● (*raro*) Di pietra (*anche fig.*): *muro p.*; *il corallo esser arbore petrigno in mare ognun vede* (CAMPANELLA).

pietrìna s. f. *1* Dim. di *pietra*. *2* Cilindretto di cerio e ferro che provoca scintille negli accenditori automatici.

pietrìno (1) ● V. *pietrigno*.

pietrìno (2) s. m. *1* Dim. di *pietra*. *2* Mattonella, spec. per rivestimenti: *una stanza da bagno in pietrini azzurri e bianchi*.

pietrìsco [da *pietra*] s. m. (pl. *-schi*) ● Materiale sciolto composto di frammenti irregolari di roccia naturale frantumata, usato come materiale inerte nel conglomerato cementizio, per massicciate, terrapieni e sim.

pietrìsta s. m. (pl. *-i*) *1* Operaio specializzato nella fabbricazione di pietre artificiali. *2* Verniciatore di serramenti e pareti a imitazione della pietra o del legno.

pietroburghése **A** agg. ● Della città di San Pietroburgo. **B** s. m. e f. ● Abitante, nativo di San Pietroburgo.

pietrosità o (*lett.*) **petrosità** s. f. ● (*raro, lett.*) Qualità o natura di ciò che è pietroso (*anche fig.*).

pietróso o (*lett.*) **petróso** [lat. *petrōsu(m)*, da *pĕtra* 'pietra'] agg. *1* Di pietra: *tana pietrosa* | Simile alla pietra: *materiale p.* | *Acque pietrose*, che sgorgano tra le pietre. *2* Pieno di pietre: *terreno p.* SIN. Sassoso. *3* (*fig., lett.*) Duro o aspro come la pietra. SIN. Insensibile.

pievanìa s. f. *1* Giurisdizione del pievano. *2* (*raro*) Pieve.

pievàno o **piovàno** (2) s. m. ● Sacerdote rettore di una pieve.

piève [lat. *plēbe(m)* 'plebe', poi 'parrocchia di campagna'] s. f. *1* Chiesa parrocchiale dalla quale dipendevano altre chiese e filiali. *2* Giurisdizione del pievano.

pievelóce /pjeve'lotʃe, pjevve'lotʃe/ o **piè velóce** [comp. di *piè* 'piede' e *veloce*; calco sul gr. *okýpous*] agg.; anche s. m. ● (*lett.*) Che corre velocemente, attributo di Achille, l'eroe omerico.

pieviàle ● V. *piviale*.

pièzo- [dal gr. *piézein* 'premere, stringere'] primo elemento ● In parole composte della terminologia scientifica e tecnica significa 'pressione': *piezometro*.

piezoelettricità [comp. di *piezo-* ed *elettricità*, perché i corpi dotati di questa proprietà si elettrizzano per compressione] s. f. ● (*fis.*) Generazione di cariche elettriche sulla superficie di alcuni cristalli, come il quarzo, per compressione o dilatazione meccanica in alcune direzioni.

piezoelèttrico agg. (pl. m. *-ci*) ● (*fis.*) Relativo alla piezoelettricità | Che presenta piezoelettricità: *accendigas p.*

piezomagnètico agg. (pl. m. *-ci*) ● (*fis.*) Relativo al piezomagnetismo.

piezomagnetìsmo [comp. di *piezo-* e *magnetismo*] s. m. ● (*fis.*) Insieme dei fenomeni magnetici provocati dalla deformazione o compressione di determinate sostanze.

piezometrìa [comp. di *piezo-* e *-metria*] s. f. ● (*fis.*) Misurazione della compressibilità dei liquidi.

piezomètrico agg. (pl. m. *-ci*) ● (*fis.*) Relativo alla piezometria | *Energia piezometrica*, energia interna di un fluido soggetto a pressione.

piezòmetro [V. *piezometria*] s. m. ● Strumento di misura della compressibilità dei solidi e dei liquidi.

piezooscillatóre [comp. di *piezo-* e *oscillatore*] s. m. ● Oscillatore elettronico che impiega come elemento risonante un cristallo di quarzo.

pif o **pìffete** [vc. onomat.] inter. ● Riproduce il rumore di un colpo leggero cui segue immediatamente un altro più forte e sonoro: *eccoti due ceffoni*: *pif e paf!*

†**Pifanìa** ● V. *Epifania*.

pìffera s. f. ● (*raro*) Piffero.

pifferàio o (*dial.*) **pifferàro**. s. m. ● Suonatore di piffero.

pifferàre [da *piffero*] v. intr. (*io pìffero*; aus. *avere*) ● (*raro*) Suonare il piffero.

pifferàro ● V. *pifferaio*.

pìffero [medio alto ted. *pīfer* 'suonatore di piffero', da *pfeiffen* 'fischiare', di origine onomat.] s. m. *1* (*mus.*) Specie di ottavino senza chiavi, lungo poco più di un palmo, comunemente tutto d'un pezzo. *2* Suonatore di piffero.

pìffete ● V. *pif*.

†**piggioràre** e *deriv.* ● V. *peggiorare* e *deriv.*

†**piggióre** ● V. *peggiore*.

pigiadiraspatrìce [comp. di *pigia(trice)* e *diraspatrice*] s. f. ● Macchina per pigiare l'uva e separare i raspi dal mosto e dalle bucce.

pigiàma [ingl. *pyjamas*, dal persiano *pāy jāmè*, propriamente 'vestito da gamba', comp. di *pāy* 'piede, gamba' e *jāmè* 'vestito'] s. m. (pl. *pigiàma* o *pigiàmi*) ● Indumento da letto o da casa maschile e femminile, composto da giacca e pantaloni di linea morbida | *P. palazzo*, abito da sera femminile con amplissimi pantaloni. || **pigiamètto**, dim. | **pigiamìno**, dim. | **pigiamóne**, accr.

pigiaménto s. m. ● (*raro*) Atto, effetto del pigiare.

pìgia pìgia [imperat. raddoppiato di *pigiare*] s. m. inv. ● Calca, folla: *un pigia pigia che non vi dico*; *uscire dal pigia pigia*.

pigiàre [lat. parl. **pinsiāre*, per il classico *pīnsere*. V. *pestare*] v. tr. (*io pìgio*) ● Sottoporre a pressione di varia intensità e durata: *p. col pollice il tabacco nella pipa*; *p. la terra coi piedi* | *P. l'uva*, pestarla per fare il mosto | (*raro*) *P. la penna*, (*fig.*) ingrossare il conto | Di persone, spingere, premere (*anche ass.*): *la folla mi pigia*; *per favore, non pigiate!*

pigiàta s. f. ● Atto, effetto del pigiare una sola volta | *Dare una p.*, pigiare in fretta. || **pigiatìna**, dim.

pigiàto part. pass. di *pigiare*; anche agg. ● Nei sign. del v.

†**pigiatóia** s. f. ● Strumento per pestare, ammaccare.

pigiatóio s. m. ● Arnese per pigiare a mano l'uva.

pigiatóre s. m.; anche agg. (f. *-trice*) ● Chi, che pigia, spec. l'uva.

pigiatrìce s. f. ● Macchina per schiacciare l'uva facendola passare fra due rulli | *P. elicoidale*, che in un solo passaggio provvede alla pigiatura, separazione del mosto e parziale torchiatura delle vinacce. ➡ ILL. **vino**.

pigiatùra s. f. *1* Atto, effetto del pigiare. *2* (*fig.*) †Gravezza, peso.

pigìdio [gr. *pygídion*, dim. di *pygḗ* 'deretano' (V. *uropigio*)] s. m. ● (*zool.*) Telson.

pìgio (1) [da *pigiare*] s. m. ● (*raro*) Calca: *entrare nel p.* | †*Stare al p.*, (*fig.*) negli impicci, nei guai.

pìgio (2) [da *pigiare*] s. m. ● (*raro, tosc.*) Pigia pigia continuo.

†**pigionàbile** agg.; anche s. m. e f. ● Pigionale.

pigionàle [da *pigione*] s. m. e f. ● Pigionante.

pigionànte s. m. e f. ● Chi abita in una casa presa in affitto, oppure sta a pigione presso qc.

pigióne [stessa etim. di *pensione*] s. f. *1* (*dir.*) Corrispettivo della locazione di un immobile: *garanzie per il pagamento della p.*; *i crediti per fitti* *e pigioni non producono interessi se non dalla costituzione in mora.* **2** Correntemente, locazione di un bene immobile | *Stare a p.*, abitare in una casa o in una stanza affittata | *Prendere, tenere a p.*, ospitare pensionanti | *Pigliare a p. un luogo*, (*fig.*) frequentarlo come se lo si fosse affittato | (*fig.*) *Avere il cervello a p.*, essere scriteriato.

piglia [da *pigliare*] s. m. inv. **1** Chi piglia, arraffa. **2** †Sbirro. **3** (*raro*) Situazione in cui chi può arraffare q.c. lo fa: *è un p. p. generale.*

pigliàbile agg. ● (*raro*) Che si può pigliare.

†pigliagióne s. f. ● Atto, effetto del pigliare.

pigliaménto s. m. ● (*raro*) Modo e atto del pigliare.

pigliamósche [comp. di *piglia(re)* e il pl. di *mosca*] s. m. inv. **1** Piccolo uccello dei Passeriformi con piumaggio bruno grigio superiormente e biancastro inferiormente (*Muscicapa striata*). **2** (*bot.*) Dionea. SIN. Acchiappamosche.

piglia-pìglia [imperat. iter. del v. *pigliare*] s. m. inv. ● Incetta, accaparramento irrazionale e generalizzato: *un gran piglia-piglia di generi alimentari.*

pigliàre [lat. parl. **piliāre*, per il lat. tardo *pilāre* 'rubare' (precedentemente 'calcare fortemente, piantare'), da *pīla* 'pila (1)'] **A** v. tr. (*io pìglio*) ● (*fam.*) Prendere, spec. in modo energico. **B** v. intr. (aus. *avere*) ● Attecchire, detto di un vegetale.

pigliasciàmi [comp. di *piglia(re)* e il pl. di *sciame*] s. m. ● Sacco tenuto aperto da quattro cerchi di canna o di fil di ferro, che viene utilizzato per catturare uno sciame d'api.

†pigliatóre agg.; anche s. m. (f. *-trice*) ● Che, chi piglia.

pigliatùtto [comp. di *piglia(re)* e *tutto*] **A** agg. inv. ● In una varietà del gioco della scopa, detto di asso che prende tutte le carte in tavola. **B** s. m. e f. inv. ● (*fig.*) Persona abile che, inserendosi tempestivamente in un affare, in una trattativa e sim., riesce a trarne ogni massimo vantaggio a scapito di altri.

†pigliavènto [comp. di *piglia(re)* e *vento*] s. m. ● Ventiera, ventilatore.

†piglieréccio agg. ● Che si può pigliare.

†pigliévole agg. ● Facile a pigliare.

piglio (1) [da *pigliare*] s. m. **1** Modo e atto del pigliare | *Dar di p.*, afferrare q.c. e (*fig.*) incominciare q.c. **2** †Guadagno.

piglio (2) [da *cipiglio*] s. m. **1** Espressione del viso, atteggiamento: *mi parlò con p. severo, arguto; si rivolse con p. grave e collo sguardo terribile* (ALBERTI). **2** (*fig.*) Tono: *novella dal p. colorito e allegro.*

pigmalióne [dal n. del mitico re di Cipro, innamoratosi di una statua muliebre da lui stesso fatta, che poi, una volta divenuta viva, egli sposò] s. m. ● Chi ammaestra e indirizza qc., spec. una donna, affinandone e sviluppandone le facoltà intellettuali e il comportamento.

pigmentàle agg. ● (*biol.*) *Cellula p.*, cromatoforo.

pigmentàre [da *pigmento*] **A** v. tr. (*io pigménto*) ● Far assumere un dato colore, per l'azione di pigmenti. **B** v. intr. pron. ● Assumere un dato colore per l'azione di pigmenti.

pigmentàrio [vc. dotta, lat. *pigmentāriu(m)*, da *pigmĕntum* 'pigmento'] agg. ● Concernente il pigmento.

pigmentàto part. pass. di *pigmentare*; anche agg. ● Nel sign. del v.

pigmentazióne s. f. **1** (*biol.*) Distribuzione del pigmento in un organo o in un animale. **2** Metodo di tintura delle fibre tessili con coloranti insolubili.

pigmentìfero agg. ● (*biol.*) Che contiene pigmenti | *Cellula pigmentifera*, cromatoforo.

pigménto [vc. dotta, lat. *pigmĕntu(m)* 'tinta', da *pĭngere* 'colorare'. V. *pingere (1)*] s. m. **1** (*biol.*) Sostanza organica di vario colore, presente nelle cellule dei tessuti animali e vegetali, ai quali conferisce la colorazione caratteristica. **2** (*chim.*) Sostanza colorata naturale e artificiale insolubile in acqua e in solventi organici, usata in polvere finissima come base di pitture e vernici.

pigmèo o **†pimmèo** [vc. dotta, lat. *Pygmăeu(m)*, nom. *Pygmăeus*, dal gr. *pygmâios* 'alto un cubito', da *pygmḗ* 'pugno, cubito', dalla stessa radice del lat. *pŭgnus* 'pugno'] **A** s. m. (f. *-a*) **1** Aborigeno della foresta equatoriale caratterizzato da statura molto bassa e cultura materiale rudimentale. **2** (*fig.*) Chi è molto basso di statura. **B** anche agg.: *popolazione pigmea.*

pigna o (*tosc.*) **pina** [lat. *pīnea(m)*, f. sost. di *pīneus*, agg. di *pīnus* 'pino'] s. f. **1** Il cono dei pini e, spesso, di qualsiasi conifera, quando è legnoso e allungato | (*tosc.*) *Sodo come una p.*, di chi ha carni sode | *Largo come una p. verde*, (*fig.*) tirchio, avaro | *Avere le pigne in testa*, (*fig.*) avere idee strane e bizzarre | (*est.*) Oggetto o cumulo di oggetti a forma di pigna: *una p. di caramelle* | *P. d'uva*, grappolo. **2** (*mar.*) Specie di bottone alla punta dei cavi | Ornamento conico o sferico in cima di balaustri e sim. **3** (*arch.*) Parte del muro che si eleva a triangolo per reggere gli spioventi del tetto | Fastigio a forma di pigna. **4** Coperchio bucherellato all'estremo di un tubo aspirante per evitare l'assorbimento di materiali solidi. **5** *P. di mare*, ascidiaceo marino di color bianco latteo con tunica consistente e vistosamente mammellonata (*Phallusia mammillata*).

pignàtta [da *pigna*, per la forma] s. f. **1** Pentola, spec. grande. **2** Mattone forato per solaio. || **pignattèlla**, dim. | **pignattèllo**, dim. m. | **pignattìna**, dim. | **pignattìno**, dim. m.

pignattàio o **†pignattàro** s. m. ● Pentolaio | Vasaio.

†pignàtto s. m. ● Pignatta.

†pignere (1) ● V. *pingere (1)*.

†pignere (2) ● V. *spingere (1)*.

†pignéta [sovrapposizione di *pigna* e *pineta*] s. f. ● Pineta.

pignoccàta [da *†pignocco*] s. f. ● Dolce siciliano fatto di farina fritta in olio, pistacchi e miele, in forma di pigna | Dolce di miele e pinoli.

†pignòcco ● V. *pinocchio*.

pignolàggine s. f. ● Pignoleria.

pignolàta [da *pignolo*] s. f. ● Pignolaggine.

pignoleggiàre [comp. di *pignolo* e *-eggiare*] v. intr. (*io pignoléggio*; aus. *avere*) ● Fare il pignolo.

pignolerìa s. f. ● Carattere o natura di chi, di ciò che è pignolo | Azione o comportamento da pignolo: *finiamola con queste pignolerie.* SIN. Pedanteria.

pignolésco agg. (pl. m. *-schi*) ● Di, da pignolo: *atteggiamento, comportamento p.* SIN. Pedantesco. || **pignolescaménte**, avv.

pignòlo o (*lett.*) **pignuòlo** [V. *pinolo*; nel sign. B con evoluzione semantica di discussa interpretazione (di chi va a cercare il *pinolo* (cfr. *cercare il pel nell'uovo*) (?)] **A** s. m. ● V. *pinolo*. **B** agg.; anche s. m. (f. *-a*) ● Che, chi eccede in meticolosità e precisione, diventando per ciò pedante e molesto: *impiegato, professore p.*; *non sopporto i pignoli.* || **pignolàccio**, pegg. | **pignolétto**, dim. | **pignolóne**, accr.

pignóne (1) [lat. parl. **pinniōne(m)*, da *pĭnna* 'merlo delle mura, pala'. V. *penna*] s. m. **1** In costruzioni idrauliche, punta degli argini trasversali, esposta all'azione della corrente dei corsi d'acqua, spesso sagomata a forma di tronco di cono per ridurre i vortici. **2** (*archit.*) Coronamento triangolare della facciata di un edificio, spec. romanico o gotico.

pignóne (2) [fr. *pignon*: stessa etim. di *pignone (1)*] s. m. ● (*mecc.*) In un sistema di ingranaggi, la ruota dentata di diametro minore che ingrana in una ruota più grande: *p. del differenziale.*

pignoràbile agg. ● (*dir.*) Che può essere sottoposto a pignoramento.

pignorabilità s. f. ● (*dir.*) Condizione di ciò che è pignorabile.

pignoraménto s. m. ● (*dir.*) Atto con cui si inizia l'espropriazione forzata processuale, consistente in un'ingiunzione che l'ufficiale giudiziario fa al debitore di astenersi da atti che possano sottrarre alla garanzia di uno o più creditori dati beni | *Beni suscettibili di p.*, che possono essere sottoposti a espropriazione forzata processuale.

pignorànte **A** part. pres. di *pignorare*; anche agg. ● Nel sign. del v. **B** s. m. e f. ● (*dir.*) Il creditore sulla cui istanza l'ufficiale giudiziario ha compiuto un pignoramento.

pignoràre o **pegnoràre** [vc. dotta, lat. *pignorāre*, var. di *pignerāre* 'impegnare, dare in pegno', da *pĭgnus*, genit. *pĭgnoris* 'pegno'] v. tr. (*io pìgnoro* o *evit. pignòro*) ● (*dir.*) Sottoporre a pignoramento: *p. un immobile*; *p. beni mobili.*

pignoratìzio [da *pignorato*] agg. ● (*dir.*) Garantito da pegno: *creditore p.*; *credito p.*

pignoràto part. pass. di *pignorare*; anche agg. ● Nel sign. del v.

pignuòlo ● V. *pignolo*.

pìgo [etim. incerta] s. m. (pl. *-ghi*) ● Pesce lacustre dei Ciprinidi con dorso verdastro e fianchi giallo oro (*Leuciscus pigus*).

pìgola [da avvicinare a *spigolo*] s. f. ● Appezzamento di terreno di forma irregolare.

pigolaménto s. m. ● Modo e atto del pigolare, spec. con insistenza.

pigolàre [lat. parl. **piulāre*, di origine onomat.] v. intr. (*io pìgolo*; aus. *avere*) **1** Emettere pigolii: *gli uccelletti e i pulcini pigolano.* SIN. Pipiare. **2** (*fig.*) Lamentarsi, piagnucolare in modo insistente: *piantala di p. in quel modo.*

pigolìo [da *pigolare*] s. m. ● Verso breve, sommesso e ripetuto, di piccoli animali pennuti.

pigolóne [da *pigolare*] s. m. (f. *-a*) ● (*raro*) Persona piagnucolosa, noiosa, insistente.

Pigopòdidi [comp. del gr. *pygḗ* 'natiche' (di origine sconosciuta) e *-pode*, detti così dalla posizione in cui si trovano i loro piedi] s. m. pl. ● Nella tassonomia animale, famiglia di Rettili dei Sauri privi di arti anteriori e con quelli posteriori brevissimi simili a pinne (*Pygopodidae*) | (al sing. *-e*) Ogni individuo di tale famiglia.

pigostìlo [comp. del gr. *pygḗ* 'natiche' (V. *Pigopodidi*) e *-stilo*] s. m. ● (*zool.*) Piccolo osso caratteristico degli Uccelli, di cui costituisce l'estremità posteriore della colonna vertebrale, essendo formato dalle ultime vertebre coccigee saldate insieme.

pigrézza s. f. ● Pigrizia.

pigrìzia [vc. dotta, lat. *pigrĭtia(m)*, da *pĭger*, genit. *pĭgri* 'pigro'] s. f. ● Carattere o natura di chi, di ciò che è pigro: *la sua incorreggibile p.* SIN. Infingardaggine, neghittosità. CONTR. Operosità, solerzia.

†pigrizióso agg. ● Pigro.

†pigrizìre v. intr. ● Impigrire.

pìgro [vc. dotta, lat. *pĭgru(m)*, di etim. incerta] agg. **1** Di persona che per natura è restia ad agire, a muoversi, a prendere decisioni, e sim.: *ragazzo, studente p.*; *essere p. nello studio, nel lavoro*; *è così p. che la mattina non si alzerebbe mai* | Proprio di persona pigra: *un gesto p.*; *movimenti pigri.* **2** (*est.*) Che rende pigri, torpidi, sonnolenti: *il p. inverno.* **3** (*est., fig.*) Lento, tardo: *mente, intelligenza pigra*; *intestino p.* | *Acque pigre*, quasi stagnanti. || **pigràccio**, pegg. | **pigrétto**, dim. | **pigróne**, accr. || **pigraménte**, avv. In modo pigro; lentamente: *acque che defluiscono pigramente.*

†pigróso agg. ● Pigro.

PIL /pil/ [sigla di *P(rodotto) I(nterno) L(ordo)*] s. m. inv. ● (*econ.*) Valore monetario dell'insieme di beni e servizi prodotti in un anno nel territorio nazionale, al lordo degli ammortamenti dei beni durevoli e al netto del valore dei beni intermedi consumati nel medesimo periodo.

pila (1) [lat. *pīla(m)*, di etim. incerta] s. f. **1** Serie di vari oggetti, sovrapposti l'uno all'altro: *una p. di libri, di camicie, di piatti.* **2** (*fis.*) Sorgente di forza elettromotrice costituita da una cellula elettrolitica fra gli elettrodi della quale si stabilisce una differenza di potenziale in virtù delle reazioni chimiche che avvengono nell'interno: *p. tascabile*; *batteria di pile* | *P. di Volta, voltaica*, colonna formata di lamine di rame e di zinco alternate con rotelle di panno inzuppate di acido solforico | *P. a secco*, portatile, di piccole dimensioni, in cui il liquido elettrolitico è immobilizzato da sostanze porose | *P. atomica, p. nucleare*, reattore nucleare. **3** (*edil.*) Piedritto intermedio di un ponte. || **pilèlla**, dim. | **pilétta**, dim. | **pilettìna**, dim. | **pilóne**, accr. m. (V.) | **pilùccia**, dim.

pila (2) [lat. *pīla(m)* 'mortaio', da *pīnsere*. V. *pestare*] s. f. **1** Recipiente fisso per acqua o altri liquidi: *la p. della fontanella, dell'acquaio*; *alla marmorea p. / succiano l'acque* (PASCOLI). **2** Vaschetta di pietra o marmo posta all'ingresso delle chiese, per contenere l'acqua benedetta con la quale i fedeli si segnano. **3** Grande recipiente delle cartiere nel quale vengono triturati e ridotti in pasta gli stracci. **4** Mortaio, spec. quello un tempo usato per pilare il riso. **5** (*dial.*) Pentola.

pilàf [turco *pilaw*, dal persiano *pilāu*] **A** s. m. inv. ●

Riso cotto in forno con burro, cipolla e poco brodo, in modo che riesca sgranato. **B** anche **agg.**: *riso p.*

pilàre [fr. *piler*, dal lat. *pīla* 'mortaio'. V. *pila* (*2*)] **v. tr.** ● Liberare il riso dalla pula, mediante pilatura.

pilastràta **s. f.** ● Ordine di pilastri.

pilastrino **s. m.** *1* Dim. di *pilastro*. *2* (*arch.*) Piedistallo interposto tra i balaustri di una lunga balaustrata.

pilàstro [da *pila* (*1*)] **s. m.** *1* Elemento costruttivo di pietra, mattoni, cemento armato, acciaio, di sezione generalmente quadrangolare, destinato a sostenere archi, architravi, travi e sim. ➡ **ILL.** p. 359 ARCHITETTURA. *2* (*anat.*) *P. delle fauci*, piega mucosa che delimita lateralmente l'istmo delle fauci | *P. del diaframma*, propaggine delle due strutture tendinee del diaframma che si unisce al legamento anteriore della colonna vertebrale. *3* (*geol.*) *P. tettonico*, zolla, generalmente allungata, di terreni che sono stati sopraelevati, rispetto ai circostanti, da faglie parallele disposte a gradinata. *4* (*fig.*) Chi, o ciò che, costituisce la base, il fondamento, l'elemento di stabilità in un dato contesto: *fare, fungere da p. nei confronti di qc.*; *princìpi che sono i pilastri su cui poggia la nostra società*; *quell'atleta è il p. della sua squadra.* ‖ **pilastràccio**, **pegg.** | **pilastrèllo**, **dim.** | **pilastrétto**, **dim.** | **pilastrino**, **dim.** (V.) | **pilastróne**, **accr.**

pilàta **s. f.** *1* Quantità di roba contenuta in una pila: *una p. d'acqua*, *di piatti*. *2* Pasta di olive posta sotto il torchio per la spremitura. *3* †Quanta stoffa sta sotto lo strettoio della gualchiera.

pilatésco [da Ponzio *Pilato*] **agg.** (**pl. m.** *-schi*) ● (*spreg.*) Ispirato al pilatismo: *atteggiamento, comportamento p.*

pilatismo [dal n. di Ponzio *Pilato* (sec. I)] **s. m.** ● (*raro*) Atteggiamento di chi rifiuta di assumersi le proprie responsabilità, di operare delle scelte.

pilatóio [da *pilare*] **s. m.** ● Apparecchio usato per pilare il riso.

pilatro [V. *piretro*] **s. m.** ● (*bot.*) Iperico.

pilatùra [da *pilare*] **s. f.** ● Operazione con cui si trasforma il risone in riso mercantile, spogliandolo con macchine apposite del pericarpo e del tegumento.

pile /*ingl.* pail/ [prob. dall'ingl. *pile* 'pelo'] **s. m. inv.** ● (*tess.*) Tessuto sintetico morbido, idrorepellente e fortemente isolante, costituito da un supporto a maglia sul quale sono fissati peli più o meno fitti.

pileàto [vc. dotta, lat. *pileātu(m)*, da *pīleus* 'pileo'] **agg.** ● Che porta il pileo.

†**pileggiàre** [V. *pileggio*] **v. intr.** ● Navigare.

†**piléggio** o †**pelèggio** [etim. incerta] **s. m.** ● Percorso, rotta da navigare: *io ho veduto ... nave correr lungo p. con vento prospero* (BOCCACCIO).

pìleo [vc. dotta, lat. *pīleu(m)*, di etim. incerta] **s. m.** *1* Presso gli antichi Romani, berretto emisferico | *P. frigio*, a calotta e terminante a punta. *2* (*zool.*) Parte superiore del capo degli uccelli. *3* (*bot.*) Cappella dei funghi.

pileoriza o **piloriza** [comp. di *pileo* e del gr. *rìza* 'radice' (V. *rizo-*)] **s. f.** ● (*bot.*) Guaina cellulare che incappuccia l'apice della radice proteggendolo e facilitando la penetrazione nel terreno.

pileria [da *pilare*] **s. f.** ● Stabilimento per la pilatura del riso, brillatoio.

pilière [fr. *pilier*, dal lat. *pīla* 'pilastro'. V. *pila* (*1*)] **s. m.** *1* Pilone, pila, spec. di ponte. *2* Pilastretto, paracarro. *3* Ciascuno dei due pali usati nel maneggio per addestrare i cavalli, infissi nel terreno a due passi di distanza l'uno dall'altro.

pilìfero o **pelìfero** [comp. del lat. *pĭlus* 'pelo' e *-fero*] **agg.** *1* (*anat.*) Del pelo: *apparato p.* *2* Che è ricoperto di peli: *zona pilifera*.

pillàcchera [etim. incerta] **s. f.** *1* (*tosc.*) Schizzo di fango che macchia l'abito: *essere pieno di pillacchere* | †Sterco appallottolato fra la lana delle pecore. *2* (*raro, fig.*) Macchia, magagna: *avere una p. sulla coscienza*. *3* (*fig.*) †Persona gretta e spilorcia. ‖ **pillaccheràccia**, **pegg.**

pillaccheróso **agg.** ● (*tosc.*) Pieno di pillacchere: *abito p.*

pillàre [lat. tardo *pilāre* 'calcare fortemente, piantare', da *pīla* 'pilastro'. V. *pila* (*1*)] **v. tr.** ● Calcare, premere, battere col pillo.

pillàto **agg.** ● Detto di zucchero grossolanamente cristallizzato, pestato col pillo mentre è ancora umido e poi essiccato.

pilling /*ingl.* 'piliŋ/ [vc. ingl., da *to pill* 'sfaldarsi, squamarsi', dal lat. *pilāre* 'togliere il pelo'] **s. m. inv.** ● Fenomeno per il quale sullo strato superficiale di maglie e tessuti si genera una leggera peluria destinata ad ammassarsi in bioccoli.

pillo [lat. *pīlu(m)* 'pestello', da *pīnsere*. V. *pestare*] **s. m.** *1* Tipo di mazzeranga di legno che serve a battere e calcare la terra, per fare massicciate e sim. *2* Pestello.

pìllola o (*pop., tosc.*) †**pillora** [lat. *pĭlula(m)* 'pallottolina', dim. di *pīla* 'palla', di etim. incerta] **s. f.** *1* Preparazione farmaceutica di forma tondeggiante, per uso orale, ottenuta mescolando al farmaco un eccipiente, ricoperta da uno strato di gelatina, cheratina o polvere inerte per preservarla dall'umidità e tenerla isolata: *vitamine in pillole*; *pillole purgative, diuretiche, anticoncezionali* | *Prendere q.c. in, a pillole*, (*fig.*) a piccole dosi, un poco per volta | (*raro, fig., scherz.*) *Pillole di gallina e sciroppo di cantina*, carne e vino | (*raro, est.*) Oggetto o frutto di forma rotonda. *2* (*per anton.*) Pillola anticoncezionale: *prendere la p.*; *la p. fa male?* *3* (*fig.*) Cosa spiacevole, situazione difficile da sopportare, da accettare e sim.: *una p. amara* | (*fig.*) *Indorare la p.*, cercare di rendere meno gravoso qualcosa di spiacevole | *Inghiottire la p.*, (*fig.*) accettare di malavoglia ciò che non si vorrebbe. *4* (*gerg.*) Pallottola d'arma da fuoco. ‖ **pillolétta**, **dim.** | **pillolina**, **dim.** | **pillolóna**, **accr.** | **pillolóne**, **accr. m.**

pillolièra [da *pillola*] **s. f.** ● Nell'industria farmaceutica, utensile usato per confezionare prodotti medicinali in pillole.

pìllolo [da *pillola* col genere gramm. adeguato al destinatario] **s. m.** ● (*scherz.*) Pillola antifecondativa destinata all'uomo.

†**pillora** ● V. *pillola*.

†**pilloràta** [da *pillora*] **s. f.** ● Sassata.

†**pillòtta** [fr. *pelote*, dal lat. *pīla* 'palla'. V. *pillola*] **s. f.** ● Palla da gioco, soda e rivestita di cuoio, simile alla pelota.

pillottàre o **pilottàre** [etim. incerta] **v. tr.** (*io pillòtto*) ● Versare a gocce sulle carni allo spiedo il grasso che si è raccolto nella ghiotta, mediante il pillotto.

pillòtto o **pilòtto** [etim. incerta] **s. m.** ● Mestolo con beccuccio per pillottare l'arrosto.

pìlo [lat. *pīlu(m)* 'dardo', di etim. incerta] **s. m.** ● Giavellotto in legno della fanteria romana, provvisto di una punta in ferro.

pilocarpina [da *pilocarpo*, con *-ina*] **s. f.** ● (*chim.*) Alcaloide costituente il principio attivo delle foglie di jaborandi, usato in medicina.

pilocàrpo [comp. del gr. *pîlos* 'berretto' (di origine oscura) e *-carpo*: detto così dalla forma del frutto] **s. m.** ● Genere di piante arboree o arbustive delle Rutacee, cui appartiene lo jaborandi (*Pilocarpus*).

pilóne **s. m.** *1* Accr. di *pila* (*1*). *2* (*edil.*) Pila alta e robusta, in grado di resistere a forze notevoli, spec. per sostegno di cupola o arcata di ponte | *P. d'ormeggio*, a cui nei porti si attraccano le navi e negli aeroporti, spec. un tempo, i dirigibili | *P. di lancio*, usato ai primordi dell'aviazione per sospendervi un forte peso il cui cavo, opportunamente rinviato, forniva la trazione di lancio a velivoli o alianti | *P. di rotore*, castello per sostenere il rotore o i rotori principali di un elicottero, autogiro e sim. | *P. di virata*, per segnalare, in prove, gare, e sim., dove virare. *3* Traliccio metallico di sostegno delle funi delle teleferiche e sim. *4* Mazzeranga, mazzapicchio, pistone. *5* Nel rugby, ciascuno dei due giocatori della prima linea, ai quali si appoggia il tallonatore nella mischia chiusa.

†**pilórcio** (**1**) [etim. incerta] **s. m.** ● Ritaglio di pelle o cuoio usato spec. per concime.

†**pilórcio** (**2**) [etim. incerta] **agg.** ● Spilorcio.

pilorectomìa [comp. di *pilor(o)* e *-ectomia*] **s. f.** ● (*med.*) Asportazione chirurgica del piloro.

pilòrico [da *piloro*] **agg.** (**pl. m.** *-ci*) ● (*anat.*) Che concerne il piloro.

piloriza ● V. *pileoriza*.

pilòro [vc. dotta, lat. tardo *pylōru(m)*, nom. *pylōrus*, dal gr. *pylōrós*, propriamente 'guardiano della porta', comp. di *pýlē* 'porta', di etim. incerta, e *horân* 'vedere' (V. *panorama*)] **s. m.** ● (*anat.*) Anello terminale dello stomaco con funzione di sfintere, tra lo stomaco e il duodeno.

piloroplàstica [comp. di *piloro* e *plastica*] **s. f.** ● (*chir.*) Intervento sul piloro per dilatarne il lume.

†**pilóso** ● V. *peloso*.

pilòta o †**pilòto** [da *pedota*] **A** **s. m. e f.** (**pl. m.** *-i*) *1* (*mar.*) Chi dirigeva la navigazione anche senza esercitare il comando della nave | Attualmente, chi ha un'approfondita conoscenza dei luoghi ed è in possesso dei titoli che lo autorizzano a dirigere la manovra di entrata e uscita nei porti, canali e passi dove sia necessaria o obbligatoria la sua opera. *2* Chi manovra un'automobile o un aeromobile | *P. collaudatore*, che prova aerei o automobili | *P. in seconda, secondo p.*, chi si alterna ai comandi con il comandante nei grandi aerei | *P. automatico*, autopilota. **B** in funzione di **agg. inv.** (posposto al **s.**) *1* Detto di ciò che funge o può fungere da guida: *luce p.* | *Pesce p.*, V. *pesce*. *2* Detto di ciò che costituisce una prima applicazione pratica di nuovi metodi, mezzi e sim., destinata a comprovarne la validità e a servire di modello per successive realizzazioni in serie: *stabilimento, classe p.*; *impianto p.* ‖ **pilotino**, **dim.** (V.).

pilotàbile **agg.** ● Che può essere pilotato (*anche fig.*): *giudice, inchiesta p.*

pilotàggio [fr. *pilotage*, da *piloter* 'pilotare'] **s. m.** ● Tecnica e attività riguardanti la condotta delle automobili, degli aerei e delle navi | *Contratto di p.*, quello che l'armatore conclude con la corporazione dei piloti di nave per usufruire del servizio di pilotaggio in cambio di un dato corrispettivo.

pilotàre [fr. *piloter*, da *pilote* 'pilota'] **v. tr.** (*io pilòto*) *1* Guidare come pilota: *p. una nave, un aereo, una macchina da corsa*. *2* (*est., fig.*) Orientare, indirizzare verso l'esito desiderato: *p. una crisi politica*.

pilotàto **part. pass.** di *pilotare*; anche **agg.** *1* Nei sign. del v. *2* (*fig.*) Manovrato, guidato, opportunamente indirizzato, spec. da una strategia occulta: *indagine pilotata*. *3* Che avviene in modo non totalmente spontaneo e naturale | *Parto p.*, V. *parto* (*1*).

pilotina [propriamente dim. di *pilota*] **s. f.** ● Battello che guida le navi nei porti, attraverso passaggi difficili e sim. | Imbarcazione che porta il pilota a bordo della nave | Battello da diporto a motore con caratteristiche spiccatamente marine.

pilotino **s. m.** *1* Dim. di *pilota*. *2* (*aer.*) Piccolo paracadute ausiliario, contenuto in una sacca situata al di sopra della custodia del paracadute principale, di cui facilita l'apertura. *3* (*mar.*) †Mozzo incaricato dei servizi di poppa | Allievo pilota.

pilotis /*fr.* pilɔ'ti/ [dal fr. *pilotis* 'palafitte', insieme di *pilots* 'pali'] **s. m. inv.** ● Insieme di pilastri di sostegno di un edificio in cemento armato che costituiscono uno spazio aperto adibito a portico, posti-macchina e sim.

†**pilòto** ● V. *pilota*.

pilottàre ● V. *pillottare*.

pilòtto ● V. *pillotto*.

piluccàre [lat. parl. **piluccāre*, ints. di *pilāre* 'pelare'] **v. tr.** (*io pilùcco, tu pilùcchi*) *1* Spiccare e mangiare uno per volta gli acini di un grappolo d'uva | (*est.*) Mangiare sbocconcellando, a pezzettini: *p. un biscotto*. *2* (*fig.*) Spillare quattrini | (*est.*) Arraffare qua e là quel che si può: *è un tipo che riesce a p. sempre qualcosa*. *3* †Consumare lentamente.

piluccatóre **s. m.** (**f.** *-trice*) ● (*raro*) Chi pilucca (*anche fig.*).

piluccóne **s. m.** (**f.** *-a* nel sign. 1) *1* Chi è abituato a piluccare (*anche fig.*). *2* †Dentata, morso.

pim o **pìmfete** nel sign. 2 [vc. onomat.] **inter.** *1* Riproduce il rumore di uno sparo di rivoltella o fucile cui seguono altri più vicini e più forti: *pim, pam, pum!* *2* Riproduce il rumore prodotto da q.c. che viene colpito | *Pim e pam, pimfete e pamfete*, riproduce il rumore di due colpi, spec. due schiaffi, che si susseguono rapidamente.

pimèlia [dal gr. *pimelḗs* 'grasso' (V. *pimelodo*), detta così dal suo addome rigonfio] **s. f.** ● Coleottero nero, tozzo, peloso, notturno, frequentissimo nelle zone subdesertiche dell'Africa (*Pimelia grandis*).

pimelòdo [vc. dotta, gr. *pimelṓdēs* 'grasso', da *pimelḗs* 'grasso' di origine indeur.] **s. m.** ● Pesce dei Siluriformi proprio dei mari tropicali, allevato in acquario per la livrea dorata a macchie e i lunghi barbigli (*Pimelodus clarias*).

pimelòsi [dal gr. *pimelḗs* 'grasso'. V. *pimelodo*] s. f. ● (*med.*) Obesità.

pimentàre [da *pimento*] v. tr. (*io piménto*) ● Condire una vivanda con pimento.

piménto [lat. *pigmĕntu(m)* 'materia colorante, droghe, succhi'. V. *pigmento*] s. m. *1* Droga alimentare piccante, affine al pepe, ricavata dal frutto immaturo, seccato al sole, della pianta *Pimenta officinalis* dell'America tropicale. SIN. Pepe della Giamaica. *2* (*fig.*) Ciò che produce sensazioni eccitanti.

pìmfete /'pinfete/ ● V. *pim*.

†pimmèo ● V. *pigmeo*.

pimpànte [fr. *pimpant*, della stessa fam. di *pimper* 'vestire in modo ridicolo, agghindare', vc. di origine espressiva] agg. ● (*fam.*) Sgargiante, vistoso | (*est.*) Detto di persona, pieno di allegria, di vivacità e di entusiasmo: *una ragazza tutta p.*

pimperimpèra o **pimperimpàra**, **pimpirimpì** [gr. *dià triōn peperéōn* '(sostanza fatta) di tre spezie'] s. m. ● (*scherz.*) Solo nella loc. *polvere del p.*, polvere magica usata dagli illusionisti e (*fig.*, *raro*) illusione.

pimpinèlla [lat. tardo *pimpinĕlla(m)*, forse da avvicinare a *pēpo*, genit. *pepōnis* 'popone', per la forma dei frutti che ricorda quella dei poponi] s. f. *1* Anice. *2* Pianta erbacea delle Rosacee, usata per insaporire le insalate. SIN. Salvastrella.

pimpirimpì ● V. *pimperimpera*.

pimpla [dal gr. *pimplân* 'riempire', di origine indeur.] s. f. ● Insetto degli Imenotteri nerastro a zampe gialle, che depone le uova nel corpo delle ninfe di lepidotteri parassiti delle piante (*Pimpla instigator*).

pin /*ingl.* pin/ [vc. ingl., propr. 'spillo' di area soprattutto germ.] s. m. inv. *1* Spilletta che reca scritte o immagini spiritose (di cantanti, attori, personaggi dei fumetti e sim.) e che spec. i giovani fissano al bavero della giacca. *2* (*elettron.*) Nei circuiti elettronici, contatto.

pina ● V. *pigna*.

pinàccia [fr. *pinace*, da *pin* 'pino', perché costruita con legno di pino] s. f. (pl. *-ce*) ● Piccolo naviglio a vela e a remo, agile e veloce, usato un tempo spec. per guardia delle coste e del porto.

pinàce (1) o **pinace** [dal gr. *pínax*, genit. *pínakos* 'tavola, carta geografica', di origine indeur.] s. m. ● (*archeol.*) Tavoletta votiva di legno o terracotta con scene scolpite.

pinàce (2) [V. *pinace (1)*] s. m. ● (*mar.*) Rosa dei venti girevole.

Pinàcee [vc. dotta, comp. di *pino* e *-acee*] s. f. pl. ● Nella tassonomia vegetale, famiglia delle Conifere comprendente alberi a foglie aciculari inserite a spirale e strobili legnosi (*Pinaceae*) | (al sing. *-a*) Ogni individuo di tale famiglia.

pinacòide [vc. dotta, gr. *pinakoeidḗs* 'in forma di tavola', comp. di *pínax*, genit. *pínakos* 'tavola' (V. *pinace (1)*) ed *-eidḗs* '-oide'] **A** s. m. ● (*miner.*) Forma cristallografica costituita da due facce parallele. **B** anche agg.: *forma p.*

pinacotèca [vc. dotta, lat. *pinacothēca(m)*, nom. *pinacothēca*, dal gr. *pinakothḗkē*, comp. di *pínax*, genit. *pínakos* 'quadro' (V. *pinace (1)*) e *-thḗkē* '-teca'] s. f. ● Museo, edificio destinato a conservare, raccogliere ed esporre opere pittoriche.

pinaiòlo [da *pina*] s. m. ● (*raro*) Venditore di pigne.

pinàstro [vc. dotta, lat. *pinăstru(m)*, da *pīnus* 'pino'] s. m. ● (*bot.*) Pino marittimo.

pinàto [da *pina*] agg. ● (*tosc.*) Che è compatto e sodo come una pigna.

pinca [etim. incerta; nel sign. 2, dal sign. di 'cetriolo', per la forma (?)] s. f. *1* (*tosc.*) Specie di cetriolo. *2* Membro virile.

pince /*fr.* pɛ̃s/ [vc. fr., da *pincer* 'pizzicare, stringere': stessa etim. dell'it. *pinzare*] s. f. inv. ● Piccola piega che si fa per riprendere l'ampiezza del tessuto o per meglio modellarlo sulla persona.

pince-nez /*fr.* pɛ̃s(ə) 'ne/ [vc. fr., 'stringi-naso', comp. di *pincer* 'pinzare' e *nez* 'naso'] s. m. inv. (pl. fr. inv.) ● Occhiali privi di stanghetta che una molla tiene fissi al naso.

†pincèrna [vc. dotta, lat. tardo *pincĕrna(m)*, nom. *pincĕrna*, dal gr. *pinkérnēs*, comp. di *pínein* 'bere' (di origine indeur.) e *kerannýnai* 'versare, mescolare' (V. *crasi*)] s. m. ● (*raro*) Coppiere.

†pincióne [lat. tardo *pinciōne(m)*, di etim. incerta] s. m. ● Fringuello.

pinco (1) [cfr. *pinca*] s. m. (pl. *-chi*) *1* (*dial.*) Membro virile. *2* (*fig.*) Sciocco, minchione. *3* (*fig.*) Designazione di persona qualsiasi, anche ipotetica, che per qualche ragione non si vuole o non si può nominare: *accetterebbe i consigli di Pinco Pallino, ma non i nostri.* || **pincàccio**, pegg. | **pinchellóne**, accr. | **pincóne**, accr. (V.).

pinco (2) [ol. *pinke*, di etim. incerta] s. m. (pl. *-chi*) ● Bastimento barbaresco, a tre alberi con vele latine, trinchetto molto inclinato in avanti, usato nel Mediterraneo nel XVIII e XIX sec.

pinconàggine [da *pincone*] s. f. ● (*raro*) Stupidità | Stupidaggine.

pincóne s. m. *1* Accr. di *pinco (1)*. *2* (*raro, spreg.*) Persona sciocca e sprovveduta | *Pincon pinconi*, mogio mogio.

pindarésco agg. (pl. m *-schi*) ● Proprio di Pindaro, poeta lirico dell'antica Grecia.

pindàrico [vc. dotta, lat. *pindăricu(m)*, nom. *Pindăricus*, dal gr. *Pindarikós*, da *Píndaros* 'Pindaro'] agg. (pl. m. *-ci*) ● Del poeta greco Pindaro (518-438 a.C.): *ode pindarica* | Che è fatto a imitazione di Pindaro: *stile p.* | *Volo, estro p.*, brusco passaggio, in uno scritto o discorso, da un argomento a un altro. || **pindaricaménte**, avv. (*raro*) Alla maniera di Pindaro.

pineàle [dal lat. *pīnea* 'pigna'] agg. ● Che ha forma di pigna | (*anat.*) *Ghiandola, corpo p.*, epifisi.

pinèlla [etim. incerta] s. f. ● Carta del due di qualsiasi seme nel gioco della canasta.

pinène [comp. di *pin(o)*, in quanto si ricava dall'olio di trementina, con suff. *-ene* per analogia con *benzene*] s. m. ● (*chim.*) Idrocarburo terpenico ottenuto distillando l'olio di trementina dalla frazione fra 150 e 160 °C, liquido oleoso, incolore, dall'odore caratteristico.

pinéta [vc. dotta, lat. *pinēta(m)*, pl. di *pinētum* 'pineto'] s. f. ● Bosco di pini: *la p. di Ravenna.*

pinéto [vc. dotta, lat. *pinētu(m)*, da *pīnus* 'pino'] s. m. ● Pineta.

pìngere (1) o **†pignere (1)** [vc. dotta, lat. *pĭngere*, da una radice indeur. che significa 'colorire'] v. tr. (pres. *io pìngo, tu pìngi*; pass. rem. *io pìnsi, tu pingésti*; part. pass. *pìnto*) ● (*poet.*) Dipingere (*anche fig.*): *al re non oso / pinger suo stato orribile* (ALFIERI).

pìngere (2) ● V. *spingere (1)*.

†pingitóre [da *pingere (1)*] s. m. ● (*poet.*) Pittore.

ping-pòng ® /ping 'pɔng, *ingl.* 'piŋ pɔŋ/ [nome commerciale] s. m. inv. ● Gioco simile al tennis che si svolge su un tavolo diviso da una reticella tra due singoli contendenti, o tra due coppie di contendenti, i quali si rinviano una pallina colpendola con una racchetta spec. di legno compensato ricoperto di gomma. SIN. Tennis da tavolo | (*fig.*) Scambio di battute, di dichiarazioni: *ping-pong diplomatico.*

pìngue [vc. dotta, lat. *pĭngue(m)*, di origine indeur.] agg. *1* Che ha molto tessuto adiposo: *corpo p.*; *le pingui rotondità del corpo.* *2* (*est., fig.*) Fertile, ricco di vegetazione: *la p. pianura padana*; *la terra nera e p. delle valli.* *3* (*fig.*) Lauto, ricco, abbondante: *un guadagno, un patrimonio p.*; *le pingui messi.* || **pingueménte**, avv.

pinguèdine [vc. dotta, lat. *pinguēdine(m)*, da *pĭnguis* 'pingue'] s. f. *1* Eccessiva grassezza: *una p. malsana*; *vecchio, gigantesco, calvo, sbarbato, dalla p. floscia* (PIRANDELLO). SIN. Obesità. *2* (*fig.*) †Lentezza e ottusità di mente.

†pinguézza [vc. dotta, lat. tardo *pinguĭtia(m)*, da *pĭnguis* 'pingue'] s. f. ● Grassezza, pinguedine.

pinguìcola [lat. tardo *pinguĭculu(m)* 'grassoccio' (detto di piante), da *pĭnguis* 'pingue'] s. f. ● Pianta erbacea carnivora delle Lentibulariacee, con foglie a rosetta dai margini forniti di ghiandole a secreto vischioso, che cresce nei luoghi umidi sulle Alpi (*Pinguicula vulgaris*).

pinguìno [fr. *pingouin*, dall'ol. *pinguin*, di origine sconosciuta] s. m. *1* Denominazione di varie specie di uccelli dell'ordine Sfenisciformi, tipici delle regioni fredde australi, con corpo piuttosto grande di colore nero o grigio-bruno sul dorso, bianco sul ventre, portamento eretto, ali ridotte a moncherini, per cui sono inadatti al volo ma ottimi nuotatori. *2* (*fig.*) Gelato da passeggio, di panna rivestita di cioccolato.

pinìfero [vc. dotta, lat. *pinĭferu(m)*, comp. di *pīnus* 'pino' e *-fer* '-fero'] agg. ● Che produce pini o pigne.

pinite (1) [comp. di *pin(o)* e *-ite (2)*] s. f. ● Particolare zucchero che si ottiene dalle essudazioni di un pino californiano.

pinite (2) [detto così perché trovata per la prima volta nella miniera *Pini* in Sassonia] s. f. ● (*miner.*) Prodotto di alterazione del minerale dicroite.

pìnna (1) [vc. dotta, lat. *pĭnna(m)*, variante di *pĕnna(m)*. V. *penna*] s. f. *1* (*zool.*) Organo atto al nuoto e alla stabilizzazione degli animali acquatici | *P. dei pesci*, arto pari o impari formato da una lamina membranosa sostenuta da raggi cartilaginei, cornei o ossei | *Pinne dei cetacei*, due pettorali, che rappresentano l'arto anteriore a scheletro pentadattilo molto modificato per adattamento al nuoto, una caudale e una dorsale, formate entrambe da lobi carnosi. *2* Arnese di gomma a forma di spatola più o meno lunga che il nuotatore, spec. subacqueo, applica ai piedi per agevolare il nuoto. *3* (*aer., mar.*) Piccolo piano sporgente da un corpo con funzioni di stabilità e, raramente, di portanza o governo | (*mar.*) *P. stabilizzatrice*, costituita da uno o più timoni orizzontali, avente lo scopo di frenare le oscillazioni di rollio e di beccheggio di una nave. ➡ ILL. p. 1756 TRASPORTI. *4* (*anat.*) Ala o aletta del naso: *p. nasale.*

pìnna (2) [vc. dotta, lat. *pĭnna(m)*, var. di *pīna(m)*, nom. *pīna*, dal gr. *pîna*, di origine preindeur.] s. f. ● Mollusco lamellibranco a conchiglia triangolare allungatissima, bruno marrone, con carni dure e bisso molto ricercato (*Pinna nobilis*).

pinnàcolo (1) [vc. dotta, lat. tardo *pinnăculu(m)*, dim. di *pĭnna* 'ala'. V. *pinna (1)*] s. m. *1* Guglia di forma piramidale o conica caratteristica dello stile gotico | Sommità di edificio. ➡ ILL. p. 358 ARCHITETTURA. *2* (*est.*) Sottile vetta di montagna.

pinnàcolo (2) [dall'ingl. *pinocle*, d'orig. sconosciuta, deformato sul modello di *pinnacolo (1)*] s. m. ● Gioco affine al ramino, eseguito con un mazzo di 52 carte.

pinnàto [da *pinna (1)* nel sign. 2] agg. ● Nella loc. *nuoto p.*, eseguito mediante l'aiuto delle pinne.

pinneggiàre v. intr. (*io pinnéggio*) ● Nuotare usando le pinne.

Pinnìpedi [vc. dotta, lat. *pinnĭpede(m)* 'dalle ali ai piedi', comp. di *pĭnna* 'pinna (1)' e *pēs*, genit. *pĕdis* 'piede'] s. m. pl. ● Nella tassonomia animale, sottordine di Mammiferi dei Carnivori adattati alla vita acquatica, con arti brevi a forma di pinna e dita palmate, caratteristici delle regioni fredde (*Pinnipedis*) | (al sing. *-e*) Ogni individuo di tale sottordine.

pinnotèro [vc. dotta, lat. *pinnotēre(m)*, nom. *pinotēres*, dal gr. *pinnotḗrēs*, comp. del gr. *pîna* 'pinna (2)' e *terêin* 'guardare, proteggere', da una radice indeur. che significa 'guardare'. V. *guardapinna*] s. m. ● (*zool.*) Guardapinna.

pìnnula [vc. dotta, lat. *pĭnnula(m)*, dim. di *pĭnna* 'pinna (1)'] s. f. *1* (*zool.*) Ciascuna delle piccole pinne che si trovano dietro la pinna dorsale e anale di certi pesci. *2* (*bot.*) Suddivisione di una fogliolina nelle foglie composte. *3* (*bot.*) Ognuna delle ultime ramificazioni del tallo di alcune alghe.

pino [lat. *pīnu(m)*, di origine indeur.] s. m. *1* Genere di alberi delle Conifere con foglie aghiformi in numero da due a sette sui brachiblasti e infiorescenze coniche persistenti (*Pinus*) | *P. comune silvestre*, di montagna, fornisce legno, balsamo dalle gemme, trementina e catrame vegetale (*Pinus silvestris*) | *P. domestico, italico, da pinoli*, della regione mediterranea, con chioma a ombrella e pigne grandi con semi commestibili (*Pinus pinea*) | *P. di Aleppo*, delle regioni mediterranee, con foglie sottili e lunghe, rami tortuosi e fusto in genere contorto (*Pinus halepensis*) | *P. marittimo*, a fusto slanciato e chioma espansa, fornitore di buon legname (*Pinus maritima*) | *Gemme di p.*, gemme degli alberi della famiglia delle Pinacee, preparate sotto forma di idrolito o sciroppo, impiegate come espettorante e balsamico delle vie respiratorie | *Olio di p.*, essenza aromatica oleosa ricavata da conifere. *2* Il legno di tale albero, usato per costruzioni: *un tavolo di p.* ***3*** (*poet.*) Albero della nave | (*est.*) La nave stessa. ***4*** *P. vulcanico*, nube a forma di pino mediterraneo, di gas, ceneri e vapori, emessa da un cratere. ***5*** (*fig.*) †Fiaccola.

pinocchiàta [da *pinocchio*] s. f. ● Pasta dolce fatta di bianchi d'uova montati, pinoli e zucchero.

pinocchìna [da *pinocchio*] s. f. ***1*** (*tosc.*) Pollastrina piccola e grassa. ***2*** (*fig.*) Donnina grassoccia.

pinocchìno s. m. ***1*** Dim. di *pinocchio*. ***2*** (*edil.*) Insieme di frammenti di sassi, di dimensioni fra i 10 e i 25 mm, di uso analogo alla ghiaia. SIN. Ghiaietto.

pinòcchio o (*raro*) †**pignòcco** [lat. parl. **pinŭculu(m)*, dim. di *pīnus* 'pino'] s. m. ● Pinolo. || **pinocchìno**, dim. (V.).

pinocitòsi [comp. del gr. *pínein* 'bere' (di origine indeur.) e *-cito*, sul modello di *fagocitosi*] s. f. ● (*biol.*) Forma di assunzione di gocciole liquide contenenti sostanze disciolte, tipica di alcuni protozoi e di cellule in coltura.

pinòlo o **pignòlo** [da *pina*] s. m. ● Seme commestibile dei pini, spec. del pino domestico: *raccogliere, schiacciare, mangiare i pinoli*; *torta con i pinoli*.

pinot /fr. pi'no/ [fr., da *pin* 'pino', perché il grappolo assomiglia a una *pigna*] s. m. inv. ● Vino giallo paglierino chiaro, asciutto, leggermente amarognolo, di 11°-14°, prodotto in alcune zone delle Tre Venezie dal vitigno omonimo | *P. chardonnay*, V. *chardonnay*.

pìnta (1) [fr. *pinte*, di etim. incerta] s. f. ● Antica misura di volume per fluidi, usata in numerose province italiane (a Milano 1,57 l, a Modena 2,26 l, a Genova 1,76 l), impiegata attualmente in Inghilterra, ove equivale a 0,5682 l, e in America ove equivale per solidi a 0,5508 l e per liquidi a 0,4732 l. SIMB. pt.

†**pìnta (2)** ● V. *spinta*.

†**pintàta** [da *pinta (2)*] s. f. ● Spintone.

†**pintecchiàto** o †**pinticchiàto** [da *pinto*] agg. ● Chiazzato, picchiettato.

pìnto part. pass. di *pingere (1)*; anche agg. ● (*lett.*) Nel sign. del v.

†**pintóre** s. m. ● Pittore.

†**pintùra** s. f. ● Pittura | Arte del dipingere.

pin-up /ingl. 'pin ʌp/ s. f. (pl. ingl. *pin-ups*) ● Acrt. di *pin-up girl* (V.).

pin-up girl /ingl. 'pin ʌp 'gə:l/ [vc. ingl., propriamente 'ragazza da appuntare su', comp. di *to pin* 'attaccare con uno spillo' (vc. germ. di origine indeur.), *up* 'su, sopra' (vc. germ. di origine indeur.) e *girl* 'ragazza'. dal basso ted. *göre* 'fanciulla', di etim. incerta] loc. sost. f. inv. (pl. ingl. *pin-up girls*) ● Ragazza dall'aspetto seducente la cui immagine viene riprodotta spec. su riviste, rotocalchi, materiale pubblicitario e sim.

pinyin /ingl. pin'jin/ [vc. cin., *pīn-yīn*, propr. 'costruzione fonetica'] **A** s. m. inv. ● Sistema ufficiale di traslitterazione dei caratteri cinesi nell'alfabeto latino, adottato dalla Repubblica popolare di Cina nel 1958 e basato sulla pronuncia del mandarino del nord. **B** anche agg.: *sistema p.*

pìnza [fr. *pince*, da *pincer* 'pinzare'] s. f. ***1*** (*spec. al pl.*) Utensile costituito da due branche d'acciaio, unite da una cerniera, usato per afferrare, stringere, strappare e sim.: *la p. del meccanico, dell'elettricista* | *P. da minatore*, quella di bronzo con cui si tagliano le micce e si serrano i detonatori attorno alle loro estremità e con cui si forano le cartucce di esplosivo | *P. a tormaline*, polarimetro rudimentale costituito da due tormaline funzionanti l'una da polarizzatore e l'altra da analizzatore della luce verde, usato spec. per esperienze di birifrangenza | *P. da chimico*, usata per sostenere burette, crogioli, provette e sim. ***2*** (*med.*) Strumento di presa a due branche dentate o meno: *p. chirurgica*; *p. anatomica*; *p. emostatica*. ➡ ILL. **medicina e chirurgia**. ***3*** (*pop.*) Ciascuna delle chele dei crostacei e degli scorpioni. ***4*** Piccolo strumento manuale a forma di molla per stringere o afferrare: *la p. dello zucchero*. ***5*** (*gerg.*) Apparecchio da illuminazione per usi scenografici, composto da una lampada a luce diffusa contenuta entro un cappuccio paraboloide saldato a una pinza. || **pinzétta**, dim. (V.).

pinzàre [lat. parl. **pinctiāre*, di origine espressiva] v. tr. ***1*** (*pop.*) Mordere con le pinze o col pungiglione: *le vespe, le api, i granchi pinzano*. ***2*** (*raro*) Prendere e stringere con le pinze.

pinzàta s. f. ● Atto del pinzare | (*est., pop.*) Puntura d'insetto.

pinzatrìce s. f. ● Attrezzo usato negli uffici per unire a fascicolo più fogli per mezzo di punti metallici. SIN. Cucitrice.

pinzatùra [da *pinzato*, part. pass. di *pinzare*] s. f. ● Atto, effetto del pinzare.

pinzétta s. f. ***1*** Dim. di *pinza*. ***2*** Piccolo strumento a forma di molla, usato spec. dai filatelici, dagli orologiai e in cosmetica. || **pinzettìna**, dim.

pinzillàcchera [etim. incerta] s. f. ● (*scherz.*) Inezia, quisquilia.

pinzimònio [da *pinzare*, col suff. di *matrimonio* ecc. adoperato scherz.] s. m. ● Condimento di olio, pepe e sale in cui s'intingono sedani, carciofi, peperoni crudi e sim.: *verdure in p.*

pìnzo (1) [da *pinzare*] s. m. ● (*tosc.*) Puntura o morso d'insetto.

†**pìnzo (2)** [da avvicinare a *pizzo* (?)] s. m. ● Cocca, punta.

pìnzo (3) [dal part. pass. di *impinzare*] agg. ● (*tosc.*) Zeppo: *pieno p.*

†**pinzocheràto** agg. ● Che vive o veste a modo di pinzochero.

pinzòchero [da avvicinare a *bizzoco*] s. m. (f. *-a*) ***1*** Appartenente a un movimento trecentesco, condannato dalla Chiesa, di terziari francescani che rifiutavano l'obbedienza all'autorità ecclesiastica. ***2*** (*spreg.*) Bigotto, bacchettone.

pìo (1) [vc. dotta, lat. *pĭu(m)*, di etim. incerta] agg. ***1*** Che è profondamente devoto alla propria religione e la pratica: *fanciulla pia* | (*est.*) Che concerne la religione, che manifesta religiosità, devozione e sim.: *pie leggende*; *atteggiamento pio* | *Luoghi pii*, santuari, chiese e sim. CONTR. Empio. ***2*** Pietoso, caritatevole, misericordioso: *opere pie*; *animo pio* | *Mano pia*, che fa il bene, che compie opere di misericordia | *Il pio padre*, Dio | *Le pie donne*, le tre Marie ai piedi della croce | *Pia fondazione*, persona giuridica caratterizzata da un patrimonio destinato stabilmente al conseguimento di finalità religiose o di culto | *Pia unione*, congregazione | (*dir.*) *Frode pia*, lascito testamentario apparentemente a favore di un ente religioso riconosciuto, ma con l'intento di beneficiare un'associazione monastica non riconosciuta che per legge non può ricevere. ***3*** Profondamente buono e magnanimo: *cuore pio*; *il pio Enea* | (*lett.*) Placido: *t'amo, o pio bove* (CARDUCCI). ***4*** (*fig.*) Vano, irrealizzabile: *un pio desiderio*; *una pia illusione*. || **piaménte**, avv. In modo pio, con devozione e pietà.

pìo (2) ● V. *pio pio*.

pìo- [dal gr. *pýon* 'pus', da *pýthesthai* 'putrefarsi', di origine indeur.] primo elemento ● In parole composte della terminologia medica significa 'pus', 'putrefazione': *piemia, piodermite, piogeno*.

piocèle [comp. di *pio-* e *-cele*] s. m. ● (*med.*) Raccolta di pus in una cavità preformata del corpo umano, come si può verificare nello scroto o nei seni para-nasali.

piociàneo [da *pio-* e *ciano-*, per il colore blu del pus delle infezioni] s. m. ● (*biol.*) Termine comunemente impiegato per indicare il batterio *Pseudomonas aeruginosa*, patogeno opportunistico causa di infezioni ospedaliere.

piòda [vc. lombarda, di etim. incerta] s. f. ***1*** Nel linguaggio alpinistico, lastrone di roccia privo di appigli. ***2*** (*geol.*) Direzione lungo la quale è più facile la divisibilità di una roccia.

piodermìte [comp. di *pio-* e *dermite*] s. f. ● Malattia della pelle provocata da germi piogeni.

pioemìa ● V. *piemia*.

pioftalmìa [comp. di *pio-* e *(o)ftalmia*] s. f. ● Infezione dell'occhio con presenza di pus.

piogènico agg. (pl. m. *-ci*) ● (*med.*) Relativo a piogeno.

piògeno [comp. di *pio-* e *-geno*] agg. ● (*med.*) Che produce pus | *Germe p.*, che provoca reazioni infiammatorie purulente.

pioggerèlla s. f. ***1*** Dim. di *pioggia*. ***2*** Pioggia uniforme, minuta e sottile. SIN. Acquerugiola. || **pioggerellìna**, dim.

piòggia [lat. parl. **plŏvia(m)*, per il classico *plŭvia(m)*, da *plŭere* 'piovere'] s. f. (pl. *-ge*) ***1*** Precipitazione atmosferica di particelle di acqua sotto forma di gocce con diametro superiore a mezzo millimetro | *P. equinoziale*, che cade sulla fascia equatoriale durante gli equinozi | *P. zenitale*, pioggia torrenziale allo passaggio del sole allo zenit nella fascia intertropicale | *p. acida*, acqua piovana inquinata dai residui di combustione contenuti nei fumi industriali, dannosa spec. per colture e vegetazione | *Parlare della p. e del bel tempo*, (*fig.*) fare discorsi vaghi, intrattenere qc. con una conversazione del tutto generica | (*fig.*) *Fare la p. e il bel tempo*, dettare legge in un certo ambiente, luogo e sim. ***2*** (*est.*) Grande quantità di cose che scendono dall'alto: *una p. di fiori, di sabbia* | (*astron.*) *P. di stelle cadenti*, sciame meteorico particolarmente denso | (*est.*) Gran numero: *una p. d'errori, di spropositi*; *ha subito una violenta p. d'improperi* | (*fig.*) Nella loc. *a p.*, detto di ciò che si verifica in modo del tutto casuale e indiscriminato: *interventi a p.*; *misure che colpiscono a p. tutti i settori*. ***3*** (*cine, gerg.*) Difetto che si verifica in una pellicola, rigata a causa dei troppi passaggi nella macchina di proiezione. || **pioggerèlla**, dim. (V.) | †**pioggétta**, dim. | **pioggettìna**, dim. | **pioggiolìna**, dim.

†**pioggióso** [da *pioggia*] agg. ● Piovoso.

piòla [vc. piemontese, dal fr. *piaule* 'taverna', dalla vc. d'argot *pier* 'bere' (d'origine incerta: dal gr. *pínein* 'bere'?)] s. f. ● (*sett.*) Osteria.

piolet-traction /fr. pjɔ'lɛ trak'sjɔ̃/ [vc. fr., propr. 'trazione (*traction*) esercitata per mezzo della piccozza (*piolet*)'] s. f. inv. ● (*sport*) Nell'alpinismo, tecnica che consente di arrampicarsi su pareti ghiacciate con il solo aiuto dei ramponi e di due piccozze piantate alternativamente.

piòlo o †**piuòlo** [etim. discussa: da avvicinare al gr. *péirein* 'infilzare, trapassare' (?). V. *pirone*] s. m. ***1*** Piccolo legno cilindrico, aguzzo a un'estremità, che si conficca in terra, nel muro, in asse, trave e sim., per legarvi o appendervi qualcosa: *il p. dell'attaccapanni* | *Scala a pioli*, con gli scalini costituiti da pioli trasversali tenuti insieme da due staggi | *Star piantato come un p.*, (*fig.*) starsene ritto, fermo e impalato. SIN. Paletto. ***2*** (*agr.*) Cavicchio con cui si fanno i buchi per le piantine. SIN. Piantatoio. ***3*** Pilastrino di pietra o bronzo davanti a portone di palazzo o monumento, per delimitazione, riparo, ornamento. ***4*** (*elettr.*) Piccolo cilindro di metallo che costituisce la parte maschio di una connessione elettrica.

piombagginàre [da *piombaggine*] v. tr. (*io piombàggino*) ● Dare la piombaggine | Strofinare con la piombaggine.

piombàggine [lat. *plumbāgine(m)*, da *plŭmbum* 'piombo'] s. f. ***1*** Minerale di carbonio, spec. grafite impura, usato per dare lucentezza ai pallini da caccia. ***2*** Pianta erbacea perenne delle Plumbaginacee a fusto eretto e fiore a corolla violacea (*Plumbago europaea*).

piombàggio [da *piombare (2)*] s. m. ● Chiusura mediante sigilli di piombo: *il p. di un vagone ferroviario*.

†**piombàio** [lat. *plumbāriu(m)*, da *plŭmbum* 'piombo'] agg. ● Che contiene piombo.

†**piombaiuòla** s. f. ● Palla di piombo posta sulla punta di una verga o di una sfera.

piombànte part. pres. di *piombare (1)*; anche agg. ● Nei sign. del v.

piombàre (1) [da (*cadere a*) *piombo*] **A** v. intr. (*io piómbo*; aus. *essere*) ***1*** Cadere a piombo, essere perfettamente perpendicolare: *l'abito piomba benissimo*. ***2*** Cadere dall'alto, di peso o all'improvviso, con violenza: *la folgore piombò sulla quercia schiantandola*; *un meteorite piombò nel lago* | (*raro*) *P. dalle nuvole*, (*fig.*) meravigliarsi, stupirsi | (*fig.*) Sprofondare: *è piombato nella più nera disperazione*. ***3*** Gettarsi con impeto: *i poliziotti piombarono sui ladri in fuga*. ***4*** (*fig.*) Giungere, arrivare all'improvviso: *mi è piombato in casa in piena notte*. **B** v. tr. ● Far cadere, gettare improvvisamente in una data situazione: *quando Morgante il battaglio giù piomba* (PULCI); *il guasto piombò nel buio tutta la città*.

piombàre (2) [lat. *plumbāre*, da *plŭmbum* 'piombo'] v. tr. (*piómbo*) ● Chiudere o sigillare con il piombo: *p. i carri ferroviari, un pacco postale* | Otturare una carie dentaria mediante amalgama di mercurio, argento e stagno.

†**piombària** s. f. ● Materia che contiene o produce piombo.

†**piombaruòla** s. f. ● (*raro*) Crogiuolo per il piombo.

piombàto (1) part. pass. di *piombare (1)*; anche agg. ● Nei sign. del v.

piombàto (2) A part. pass. di *piombare (2)*; anche agg. *1* Nei sign. del v. *2* Ricoperto o appesantito col piombo: *mazze piombate*. *3* (*raro*) Duro o pesante come piombo. **B** s. m. ● †Mazza ferrata | †Palla di piombo da scagliare a mano o con la fionda.

piombàto (3) [da *piombo*] s. m. ● (*chim.*) Sale o estere dell'acido piombico.

piombatóia s. f. ● Piombatoio.

piombatóio [da *piombare*] s. m. ● (*mil.*) Caditoia.

piombatùra s. f. *1* Atto, effetto del piombare: *la p. delle merci*; *la p. di un dente cariato*. *2* Quantità di piombo usata per appesantire q.c., chiudere una cavità e sim.: *la p. della lenza*; *la p. di un dente*. *3* (*agr.*, *raro*) Mal del piombo.

piombemìa [comp. di *piomb(o)* ed *-emia*] s. f. ● (*med.*) Concentrazione di piombo nel sangue | Presenza di piombo nel sangue; si riscontra in casi di avvelenamento da composti del piombo. CFR. Saturnismo.

piómbico agg. (pl. m. *-ci*) ● Detto di composto del piombo tetravalente | *Acido p.*, tetrabasico, non conosciuto allo stato libero, ma sotto forma di sali.

piombìfero [comp. di *piombo* e *-fero*] agg. ● Che dà piombo.

piombìno (1) s. m. *1* Dim. di *piombo*. *2* Pezzetto di piombo di forma varia, utilizzato per scopi diversi | *P. della lenza*, per mantenere la lenza verticalmente in acqua | *P. della rete*, ciascuno dei pezzi di piombo che si assicurano all'orlo inferiore della rete per tenerla tesa verso il basso | *Il p. della stadera*, il romano | *Mettere i piombini a una giacca, a una gonna*, appesantirne la parte inferiore con appositi pezzetti di piombo, perché cadano bene. *3* Cilindretto di piombo appeso alla cordicella del filo a piombo. SIN. Piombo. *4* Scandaglio a mano, formato da una sagola graduata che termina con un cilindretto di piombo. *5* Dischetto di piombo usato per sigillare pacchi e sim. *6* Piccolo proiettile per armi ad aria compressa. *7* Arnese costituito da una palla di piombo fissata a una catena, usato un tempo per sturare condotti di scarico, spec. di servizi igienici. *8* (*zool.*) Martin pescatore.

piombìno (2) [da *piombo*] agg. ● (*raro*) Che ha il colore del piombo.

piómbo [lat. *plŭmbu(m)*, di origine preindeur.] **A** s. m. *1* Elemento chimico, metallo, molle, di colore grigio, diffuso in natura spec. come solfuro, dal quale viene ricavato, usato per accumulatori, per antidetonanti e per leghe speciali. SIMB. Pb | *Ossido salino di p.*, minio | *Acetato basico di p.*, costituente dell'acqua vegeto-minerale | *Biossido di p.*, corrispondente al piombo tetravalente, polvere bruna usata per le piastre degli accumulatori, come ossidante e nell'analisi chimica | *P. tetraetile*, sostanza che, aggiunta alla benzina, ne aumenta la resistenza alla detonazione | *Camere di p.*, grandi camere parallelepipede in lamiera di piombo, alte anche 18-20 metri, usate nell'omonimo processo industriale di fabbricazione dell'acido solforico | *Di p.*, fatto in piombo e (*fig.*) di peso: *lo sollevarono di p.* | *Cadere di p.*, di schianto, di colpo | (*fig.*) *Avanzare, andare, procedere coi piedi di p.*, con estrema cautela e prudenza | (*fig.*) *Avere, sentirsi addosso una cappa di p.*, sentirsi oppressi, schiacciati da q.c. che impedisce spec. moralmente | (*fig.*) *Cielo, mare* e sim. *di p.*, di color grigio scuro. *2* (*fig.*, *fam.*) Cosa molto pesante: *la sera certi cibi sono p. per lo stomaco*. *3* (*est.*) Oggetto fatto di piombo: *antichi piombi* | *Filo a p.*, filo al quale è attaccato un corpo pesante, impiegato per avere una linea di riferimento verticale | *Piombi di palombaro*, per aumentarne il peso | *A p.*, perpendicolarmente: *essere, cadere a p.* | Sigillo in piombo: *il p. della dogana*. *4* Proiettile d'arma da fuoco: *risponderemo col p.*; *faremo assaggiare loro il nostro p.*; *cadere sotto il p. nemico* | *Anni di p.*, nel linguaggio giornalistico, gli anni Settanta in Italia, segnati dal terrorismo. *5* (*spec. al pl.*) Lastre, lamine e sim. usate per rivestimenti, intelaiature e sim.: *i piombi del tetto, di una vetrata*. *6* Lega tipografica | La composizione tipografica stessa. || **piombìno**, dim. (V.) | **piombóne**, accr. (V.). **B** in funzione di agg. inv. ● (posposto al s.) Nelle loc. *color p.*, *grigio p.*, detto di una tonalità di grigio piuttosto scuro, a riflessi cupi.

piombóne s. m. *1* Accr. di *piombo*. *2* (*fig.*) †Pigraccio.

†**piombosità** s. f. ● Qualità di ciò che è piomboso.

piombóso [lat. *plumbōsu(m)*, da *plŭmbum* 'piombo'] agg. *1* Che contiene piombo o che ha il colore del piombo. *2* (*chim.*) Detto di composto del piombo bivalente. *3* (*raro*) Che è pesante come piombo.

pióne [da *pi* (*greco*), col suff. *-one (3)*] s. m. ● (*fis. nucl.*) Tipo di mesone, soggetto a interazione forte.

pionefròsi [comp. di *pio-* e *nefrosi*] s. f. ● (*med.*) Raccolta purulenta nel bacinetto renale.

pionière o **pionière** [fr. *pionnier* 'fante', da *pion* 'pedone'] s. m. (f. *-a*, nei sign. 2 e 3) *1* Guastatore | Zappatore | Soldato del Genio. *2* (*fig.*) Chi per primo si dedica con coraggio e abnegazione a nuove scoperte o ricerche, aprendo agli altri nuove terre, nuove vie, nuovi metodi di studio e sim.: *i pionieri americani che conquistarono il West*; *un grande p. dell'automobilismo, della scienza, della civiltà*. *3* Un tempo, e spec. nell'Unione Sovietica, iscritto a un'organizzazione giovanile comunista.

pionierìsmo s. m. ● Atteggiamento o attività di pioniere.

pionierìstico agg. (pl. m. *-ci*) ● Di, da pioniere.

pionièro agg. ● Da pioniere.

pio pio o **pio (2)**, **pi pi** [vc. onomat.] **A** inter. ● Riproduce il pigolio dei pulcini e degli uccellini di nido | Si usa come richiamo quando si distribuisce il mangime ai pulcini o si vuole comunque radunarli | (*merid.*, *fig.*) *Piove a pio pio*, in modo lento, ma continuo. **B** in funzione di s. m. inv. ● Pigolio: *un sommesso pio pio*.

piopneumotoràce [comp. di *pio-* e *pneumotorace*] s. m. ● (*med.*) Raccolta di aria e pus nelle cavità pleuriche.

piòppa s. f. ● (*bot.*) Pioppo nero.

pioppàia s. f. ● Piantagione di pioppi.

piopparèllo [da *pioppo*] s. m. ● Fungo delle Agaricacee, commestibile, con cappello di color nocciola e gambo bianco, che cresce vicino ai tronchi di pioppi, salici e sim. (*Pholiota aegerita*). SIN. Pioppino.

pioppèlla s. f. ● Giovane pianta di pioppo.

pioppéto [da *pioppo*, sul modello del lat. *populētum*] s. m. ● Luogo piantato a pioppi, bosco di pioppi.

pioppìcolo [comp. di *pioppo* e *-colo*] agg. ● Relativo alla pioppicoltura o ai pioppicoltori.

pioppicoltóre [da *pioppo*, sul modello di *agricoltore*] s. m. ● Chi si dedica alla coltivazione del pioppo.

pioppicoltùra [da *pioppo*, sul modello di *agricoltura*] s. f. ● Razionale coltivazione del pioppo, su larga scala.

pioppìno A agg. ● (*raro*) Di pioppo: *legname p.* **B** s. m. *1* (*bot.*) Piopparello. *2* (*tosc.*) Sorta di cappello a cencio.

piòppo (1) [lat. parl. **plŏppu(m)*, per il classico *pōpulu(m)*, di etim. incerta] s. m. ● Genere di alberi d'alto fusto delle Salicacee cui appartengono varie specie, caratterizzate da chioma snella, con foglie espanse, lungo picciolo e amenti maschili penduli (*Populus*) | *P. bianco*, con foglie bianche nella pagina inferiore per una densa pelosità (*Populus alba*). SIN. Gattice | *P. canadese*, ibrido, con numerose cultivar, tra il pioppo nero e il pioppo nordamericano *Populus deltoides*, coltivato per la cellulosa su suoli molto umidi (*Populus canadensis*) | *P. italico*, cultivar di pioppo nero con chioma allungata e piramidale (*Populus nigra*, cultivar *italica*). SIN. Pioppo cipressino | *P. canescente*, probabile ibrido naturale tra pioppo bianco e pioppo tremulo, con foglie debolmente biancastre nella pagina inferiore (*Populus canescens*) | *P. cipressino*, pioppo italico | *P. nero*, con corteccia di colore scuro (*Populus nigra*) | *P. tremulo*, con foglie tremolanti al vento per il picciolo appiattito ortogonalmente alla lamina (*Populus tremula*) | (*raro*, *fig.*) *Dormire come un p.*, come un ghiro. || **pioppétto**, dim.

†**piòppo (2)** [etim. incerta] s. m. ● Gruppo: *un p. di case*.

†**piòppo (3)** [uso metaforico di *pioppo (1)*] agg. ● Babbeo, sciocco | †*Prete p.*, ignorante.

†**piórno** ● V. *piovorno*.

piorrèa [vc. dotta, gr. *pyórroia*, comp. di *pýon* 'pus' (V. *pio-*) e *-rroia* '-rea'] s. f. ● (*med.*) Scolo di pus | *P. alveolare*, infiammazione cronica-degenerativa dei tessuti che circondano la radice dentale, con fuoriuscita di pus dal bordo gengivale, periostite e, nei casi gravi, espulsione del dente.

piorròico agg. (pl. m. *-ci*) ● (*med.*) Relativo alla piorrea.

piosalpìnge [comp. di *pio-* e *salpinge*] s. f. ● (*med.*) Raccolta di pus nella salpinge.

piòta [lat. *plăutu(m)* 'piatto, largo', di etim. incerta] s. f. *1* (*lett.*) Piede o pianta del piede. *2* Zolla di terra coperta d'erba, zolla erbosa. *3* (*fig.*, *lett.*) †Origine di una stirpe.

piotàre [da *piota*] v. tr. (*io piòto*) ● Ricoprire, rivestire con zolle erbose: *p. un terrapieno*.

piòtta [forse da *piotta*, n. di un pesce] s. f. ● (*gerg.*) Moneta da cento lire.

†**piòva** [da *piovere*] s. f. ● (*lett.*) Pioggia: *vien fuor la femminetta a cor dell'acqua / della novella p.* (LEOPARDI).

†**piovanàtico** [da *piovano (2)*] s. m. ● Pievania.

piovanàto [da *piovano (2)*] s. m. ● Titolo, grado e dignità di piovano.

piovanèllo [etim. incerta] s. m. ● Uccello dei Caradriformi con ali lunghe, piede palmato, di doppio passo in Italia (*Calidris ferruginea*) | *P. maggiore*, a becco diritto, di passo in Italia (*Calidris canutus*).

piovàno (1) [da *piova*] **A** agg. ● Di pioggia, solo nella loc. *acqua piovana*. **B** s. m. ● (*mar.*) †Cappellaccio usato spec. dai rematori durante il cattivo tempo.

piovàno (2) ● V. *pievano*.

piovàsco [da *piova*] s. m. (pl. *-schi*) ● Rovescio di pioggia, spec. accompagnato da raffiche di vento.

piovènte A part. pres. di *piovere*; anche agg. ● (*raro*) Nei sign. del v. **B** s. m. ● (*raro*) Spiovente.

piòvere [lat. tardo **plŏvere*, per il classico *plŭere*, di origine indeur.] **A** v. intr. impers. (pass. rem. *piòvve*, †*piové*; part. pass. *piovùto*; aus. *essere* o *avere*) *1* Cadere, venire giù, detto della pioggia: *p. a dirotto, a scrosci, a catinelle*; *sta per p.*; *è piovuto tutta la notte*; *ha finito di piovere* | *Tanto tonò che piovve*, (*fig.*) con riferimento al verificarsi di q.c. che è stata minacciata per molto tempo | *Piove sul bagnato*, si dice quando un elemento positivo giunge a migliorare una situazione già positiva, o quando un elemento negativo giunge a peggiorare una situazione già negativa | (*fig.*, *fam.*) *Non ci piove*, con riferimento a ciò che è assolutamente certo, su cui non si discute. *2* Gocciolare o trapelare della pioggia: *in questa casa ci piove*; *p. dal tetto*. **B** v. intr. (aus. *essere*) *1* Scendere dall'alto come pioggia (*anche fig.*): *piovevano tutt'attorno cenere e lapilli*; *la luce piove dall'abbaino*; *un malefico influsso pareva p. dagli astri* | *P. dal cielo*, (*fig.*) detto di cosa che si desidera e che ci giunge senza alcuno sforzo da parte nostra: *cosa aspetti, che la soluzione ti piova dal cielo?* *2* Arrivare con impeto e all'improvviso, affluire in gran numero, in quantità: *piovono telegrammi e notizie*; *non ci vedeva dagli occhi dalla disperazione, per tutte le disgrazie che gli piovevano addosso* (VERGA) | *Gli è piovuto addosso un seccatore*, gli è arrivato, piombato in casa. *3* Essere spiovente, in pendenza: *il tetto piove verso il cortile* | *Capelli che piovono*, spioventi. **C** v. tr. ● (*lett.*) Far fluire, cadere, scendere (*anche fig.*).

†**pioverèccio** agg. ● Alquanto piovoso.

†**piovévole** agg. ● Piovoso.

pioviccicàre v. intr. impers. (*piovìccica*; aus. *essere* o *avere*) ● Piovigginare.

†**piovicolàre** v. intr. impers. ● Piovigginare.

†**piovière** ● V. †*piviere (2)*.

†**piovìfero** [comp. di *piova* e *-fero*] agg. ● (*poet.*) Che porta pioggia.

†**pioviggìnàia** [da *piovigginare*] s. f. ● Pioggia

minuta, sottile.

piovigginàre [da *piovere*] v. intr. impers. (*piovìggina*; aus. *essere* o *avere*) ● Piovere minutamente e leggermente.

piovìggine [da *piovigginare*] s. f. ● (*meteor.*) Precipitazione abbastanza uniforme di particelle di acqua sotto forma di gocce con diametro inferiore a mezzo millimetro.

piovigginóso agg. ● Detto di tempo, cielo, periodo e sim. in cui pioviggina: *un p. pomeriggio d'ottobre*.

piovìschio [da *piova*, sul modello di *nevischio*] s. m. ● Pioggia leggera.

pioviscolàre v. intr. impers. (*piovìscola*; aus. *essere* o *avere*) ● (*raro*) Piovigginare, spec. a tratti.

†**piovitìvo** agg. ● Piovoso.

†**piovitóio** s. m. ● Spazio di terra dove cola l'acqua dai tetti.

†**piovitùra** s. f. ● Stagione di pioggia | Abbondante pioggia.

piovórno o †**piórno** [da *piova*] agg. ● (*raro*, *lett.*) Piovoso: *le tue bianche torri / attediate per lo ciel p.* (CARDUCCI).

piovosità s. f. *1* Qualità di piovoso: *la p. dei mesi autunnali*. *2* Quantità di precipitazioni meteoriche cadute in una data regione in un determinato periodo: *calcolare la p. media estiva nell'Italia centrale*.

piovóso (1) [da *piova*, sul modello del lat. *pluviōsus*] agg. *1* Che è caratterizzato da piogge frequenti: *estate, stagione piovosa*; *il fine ormai di quel p. inverno / ..., lunge non era* (TASSO). *2* Che porta o minaccia pioggia: *tempo p.*

piovóso (2) [da *piovoso (1)*, sul modello del fr. *pluviôse*] s. m. ● Quinto mese del calendario rivoluzionario francese, il cui inizio corrispondeva al 20 gennaio e il termine al 18 febbraio.

piòvra [fr. *pieuvre*, forma dial., dal lat. *pōlypu(m)* 'polipo'] s. f. *1* Correntemente, mollusco marino dei Cefalopodi di grandi dimensioni, provvisto di 10 tentacoli. *2* (*fig.*) Individuo od organizzazione che sfrutta sistematicamente q.c. o qc. fino a esaurirne le risorse: *c'è qualche avvocataccio manipolatore di grandi nomi, e tante piovre industriali e bancarie del bene pubblico* (BACCHELLI). *3* (*est.*) Organizzazione criminosa, spec. mafiosa, che si diffonde in modo capillare nella società.

pipa (1) o (*ant.*, *region.*) **pìppa (1)** [fr. *pipe* 'cannuccia, pipa', da *piper* 'emettere un grido, un fischio', dal lat. parl. **pippāre*, per il classico *pipāre* 'pigolare', di origine onomat.] s. f. *1* Arnese per fumare, formato di un piccolo recipiente di forma generalmente tondeggiante (fornello) di legno, schiuma, creta, nel quale si calca il tabacco, e di un cannello per aspirare: *caricare, fumare la p.*; *una p. di radica, di gesso, di legno*; *caminetto, cannuccia della p.* *2* Quantità di tabacco contenuta nel fornello della pipa: *una p. di trinciato*. SIN. Pipata. *3* (*est.*) Oggetto che per la forma ricorda una pipa: *la p. del vetraio*. *4* (*fig.*, *scherz.*) Naso, spec. grosso. *5* (*gerg.*) Rimprovero. *6* (*volg.*) Masturbazione maschile | (*est.*, *fig.*) Persona di poco conto | (*est.*, *fig.*) Cosa noiosa o inutile. *7* (*mil.*, *gerg.*) Mostrina con una sola punta, e variamente colorata, che contraddistingue l'artiglieria, il genio e taluni servizi. *8* (*ling.*) Segno diacritico che, sovrapposto a una lettera, indica un'articolazione palatale. SIN. Pipetta (1). || **pipàccia**, pegg. | **pipétta**, dim. (V.) | **pipóna**, accr.

pipa (2) [vc. di origine amer.] s. f. ● Anfibio anuro privo di denti e di lingua, le cui uova si sviluppano in alveoli cutanei sul dorso della femmina (*Pipa americana*).

pipàio s. m. ● Fabbricante di pipe e articoli per fumatore.

pipàre [da *pipa (1)*] v. intr. (aus. *avere*) ● Fumare la pipa.

pipàta s. f. *1* Atto, effetto del fumare la pipa, consumando senza interrompersi tutto il tabacco che essa contiene: *una buona p.* *2* Quantità di tabacco che sta in una pipa. || **pipatìna**, dim.

pipatóre s. m. ● (*scherz.*) Fumatore di pipa.

pipeline /ingl. 'paip lain/ [vc. ingl., propriamente 'linea (*line*) di tubi (*pipe*)'] s. f. inv. ● Oleodotto.

Piperàcee [vc. dotta, comp. del lat. *pīper* 'pepe' e *-acee*] s. f. pl. ● Nella tassonomia vegetale, famiglia di piante dicotiledoni con fiori aclamidi, frutto a drupa o a bacca (*Piperaceae*) | (al sing. *-a*) Ogni individuo di tale famiglia. ➡ ILL. **piante** /4.

piperazìna [comp. del lat. *pīper* 'pepe', *az(oto)* e *-ina*] s. f. ● (*chim.*) Molecola organica eterociclica formata da quattro atomi di carbonio e due di azoto.

piperìno ● V. *peperino*.

piperìta o **peperìta** [dal lat. *pīper*, genit. *pīperis*, 'pepe', per il suo sapore piccante] agg. f. ● Detto di una varietà di menta.

pipèrno [da *Piperno*, località del Lazio] s. m. ● (*miner.*) Trachite usata come pietrisco per strade e ferrovie.

pipétta (1) [propr., dim. di *pipa (1)*] s. f. ● (*ling.*) Pipa.

pipétta (2) [fr. *pipette*, dim. di *pipe* 'cannuccia'. V. *pipa (1)*] s. f. ● Tubo di vetro, semplice o con graduazione, mediante il quale è possibile prelevare per aspirazione una certa quantità di liquido.

pipì [vc. onomat., da avvicinare a *pisciare*] **A** s. f. ● (*inft.*) Orina: *fare p.*, *fare la p.*; *mi scappa la p.* **B** s. m. *1* (*inft.*) Pene. *2* Gioco simile a quello dell'oca.

pi pi /pi 'pi*/ ● V. *pio pio*.

pipiàre [lat. *pipilāre*, di origine onomat.] v. intr. (*io pipìo*; aus. *avere*) ● Pigolare.

pipilàre [V. *pipiare*] v. intr. (*io pìpilo*; aus. *avere*) ● (*lett.*) Pigolare.

pipinàra [di orig. onomat., sia che si rifaccia al dial. *pipino* 'pidocchio', sia che rifletta il fr. *pépinière* 'vivaio'] s. f. *1* (*rom.*) Frotta di ragazzini vocianti. *2* Chiasso prodotto da più persone.

†**pipìre** [lat. *pipīre*, di origine onomat.] v. intr. ● Pigolare.

†**pipistrèllico** agg. (pl. m. *-ci*) ● Di, da pipistrello.

pipistrèllo o †**vespistrèllo**, †**vespritèllo**, †**vilpistrèllo**, †**vipistrèllo**, **vispistrèllo** [lat. *vespertīlio*, nom. sing., da *vĕsper* 'sera' (V. *vespro*), perché è un animale notturno] **A** s. m. *1* Correntemente, ogni mammifero dei Chirotteri, di color bruno scuro, caratterizzato da abitudini crepuscolari | *P. comune*, poco più lungo di 4 cm, ma con ampia apertura alare, bruno, con ali nerastre, utilissimo divoratore di insetti (*Pipistrellus kuhlii*). *2* Mantello maschile da sera, senza maniche e con mantellina, in uso nell'Ottocento. **B** in funzione di agg. inv. ● (posposto al s.) Nella loc. *pesce p.*, V. *pesce*.

pipìta [lat. tardo *pipīta(m)*, per il classico *pituīta(m)* 'pituita', per l'aspetto filamentoso] s. f. *1* Malattia degli uccelli e spec. dei polli che si manifesta con una pellicola bianca sulla punta della lingua | *Avere la p.*, (*scherz.*, *fig.*) detto di persona che non può o non vuole parlare. *2* Pellicola cutanea che si solleva ai bordi delle unghie della mano: *tagliare le pipite*.

pìppa (1) ● V. *pipa (1)*.

pìppa (2) [var. dial. di *pipa*, che, tra l'altro, può significare anche 'membro virile', con un passaggio semantico poco chiaro] s. f. *1* (*rom.*, *pop.*) Masturbazione maschile | *Farsi le pippe*, (*fig.*) perdere tempo. *2* (*fig.*) Persona senza alcuna capacità.

pippiolìno [da *pippolo*] s. m. ● Puntina che limita a volte un merletto o un ricamo.

†**pippionàta** [da *pippione*] s. f. ● (*tosc.*) Insulsaggine.

pippióne [lat. tardo *pipiōne(m)* 'piccione'] s. m. *1* (*tosc.*) Piccione giovane | †*Aver uova e pippioni*, (*fig.*) brigare in più faccende | †*Tremare i pippioni*, (*fig.*) avere una gran paura. *2* (*fig.*, *tosc.*) Sciocco. || †**pippionàccio**, pegg. | †**pippioncìno**, dim. | †**pippionòtto**, accr.

pìppolo [vc. espressiva] s. m. ● (*tosc.*) Chicco o grano d'uva o altro | (*est.*) Escrescenza, spec. tondeggiante | *Il p. di una mela*, il gambo.

pìpra [vc. dotta, gr. *pípra*, var. di *pipṓ* 'picchio', di origine onomat.] s. f. ● Grazioso uccello dei Passeriformi delle foreste calde americane, con piumaggio nero, rosso e giallo (*Pipra aureola*).

piqué /fr. pi'ke/ [da *piquer* 'trapuntare'. V. *piccare*] s. m. inv. ● Stoffa di cotone in cui il tipo di tessitura, a due trame e due orditi diversi, crea un effetto di piccole coste o di disegni geometrici.

pìra [vc. dotta, lat. *pȳra(m)*, nom. *pȳra*, dal gr. *pyrá*, da *pŷr*, genit. *pyrós* 'fuoco'. V. *piro-*] s. f. ● (*lett.*) Catasta di legno innalzata per bruciare i cadaveri o per mettere a morte col fuoco i condannati al rogo: *la p. / dov' Etèocle col fratel fu miso?* (DANTE *Inf.* XXVI, 53-54). SIN. Rogo.

piràgna s. m. ● Adattamento di *piranha* (V.).

piràlide [vc. dotta, lat. *pyrăllide(m)*, nom. *pyrăllis*, dal gr. *pyrallís*, da *pŷr*, genit. *pyrós* 'fuoco', detta così perché si credeva vivesse anche nel fuoco] s. f. ● Genere di farfalle notturne di modeste dimensioni le cui larve danneggiano numerose piante (*Pyralis*) | *P. del granoturco*, piccola farfalla cosmopolita le cui larve danneggiano fusti e frutti spec. del mais (*Pyrausta nubilalis*) | *P. degli alveari*, le cui larve si sviluppano negli alveari scavando gallerie nella cera e danneggiando gravemente l'allevamento (*Galleria mellonella*). SIN. Tignola degli alveari.

piramidàle [vc. dotta, lat. tardo *pyramidāle(m)*, da *pȳramis*, genit. *pyrămidis* 'piramide'] agg. *1* Che ha forma di piramide: *corpo*, *masso*, *guglia p.* *2* (*anat.*) *Cellula p.*, cellula della corteccia cerebrale | *Fascio p.*, insieme di fibre nervose provenienti dalle cellule piramidali di alcuni settori della corteccia cerebrale, che trasmettono gli impulsi nervosi volontari | *Sistema p.*, insieme delle cellule dei fasci piramidali | *Osso p.*, osso del carpo. *3* (*fig.*) Detto di organizzazione, struttura e sim. che, partendo da una base molto larga, si restringe sempre più verso il vertice. *4* (*fig.*) Madornale: *sproposito p.* || **piramidalménte**, avv. A forma piramidale; in modo piramidale.

piramidàto agg. ● Fatto a forma di piramide.

piràmide [vc. dotta, lat. *pyrămide(m)*, nom. *pȳramis*, dal gr. *pyramís* 'torta', poi 'piramide', da *pyrós* 'grano', di origine indeur.: le piramidi sarebbero state chiamate così dalla forma che ricordava quella delle torte] s. f. *1* (*mat.*) Poliedro che ha una faccia poligonale, mentre le altre sono triangoli che, da un punto, vertice, fuori del suo piano, proiettano i suoi lati | *A p.*, a forma di piramide. *2* Monumento sepolcrale a forma di piramide, di proporzioni grandiose, riservato spec. ai faraoni, nell'antico Egitto | *P. precolombiana*, di dimensioni spesso maggiori di quella egiziana, costruita a gradini, con la sommità piatta, su cui sorgeva un tempio, tipica delle antiche civiltà dell'America Centrale. ➡ ILL. **archeologia**. *3* Oggetto o catasta di oggetti a forma di piramide: *una p. di libri, di proiettili* | *P. umana*, gruppo di persone poste le une sulle spalle delle altre a forma di piramide, secondo un sistema adottato talvolta in alpinismo per vincere un tratto di parete senza fessure o appigli o per superare la crepaccia terminale di un ghiacciaio | *P. sociale*, figura della società, il cui vertice rappresenta il ceto meno numeroso e più ricco e la base quello meno abbiente e più numeroso. *4* Formazione, struttura e sim., la cui forma ricorda quella di una piramide | (*geol.*) *P. di erosione*, massa rocciosa piramidale, colonnare o conica, scolpita dall'erosione in rocce compatte | (*anat.*) *Piramidi del Malpighi*, formazioni piramidali nell'interno del rene | Nell'orologio, cono d'ottone nelle cui spire si avvolge la catena quando si dà la carica. || **piramidétta**, dim.

piramidóne® [nome commerciale] s. m. ● Derivato dell'antipirina ad azione analgesica e antipiretica.

pirandelliàno agg. ● Dello scrittore L. Pirandello (1867-1936): *le novelle pirandelliane* | (*est.*) Che ricorda le situazioni angosciose e problematiche caratteristiche dell'opera di Pirandello: *dilemma p.*

pirandellìsmo s. m. ● Il sistema ideologico di Pirandello e il modo con cui fu attivato scenicamente.

piranha /port. pi'raɲa/ [vc. port. di origine tupì] s. m. inv. (pl. port. *piranhas*) ● Pesce osseo dei Cipriniformi delle acque dolci sudamericane, che vive in branchi, ha denti affilati e robusti ed è aggressivo e voracissimo (*Serrasalmo rhombeus*). SIN. Pesce tigre.

pirargirìte [comp. di *piro-* e *argirite*] s. f. ● (*miner.*) Solfuro di antimonio e argento in cristalli di color rosso fuoco e dalla lucentezza metallica.

piràta o †**piràto** [vc. dotta, lat. *pirāta(m)*, nom. *pirāta*, dal gr. *peiratḗs*, da *peirân* 'tentare, assalire', da *pêira* 'tentativo', di origine indeur.] **A** s. m. (pl. *-i*, †*-e*) *1* Chi si dedica alla pirateria: *scorrerie dei pirati* | (*est.*) *P. della strada*, chi, dopo aver investito qc., non lo soccorre; (*est.*) automobilista dal comportamento aggressivo e scorretto | *P. dell'aria, del cielo*, dirottatore di aerei. **2** (*fig.*) Chi sfrutta ogni situazione a proprio vantaggio, estorce con ogni mezzo denaro agli altri, e sim.: *quell'industriale è un vero p.; i pirati dell'industria, della finanza.* **B** in funzione di agg. inv. (posposto al s.) **1** Che esercita la pirateria: *vascello p.; nave p.* **2** (*fig.*) Che sfrutta e depreda il prossimo. **3** Detto di emittente radiofonica o televisiva che trasmette abusivamente, contravvenendo a precisi divieti, inserendosi su normali circuiti nazionali di ricezione, e delle trasmissioni stesse: *radio p.; trasmissione p.* | (*est.*) Detto di materiale sonoro o audiovisivo riprodotto illegalmente: *una videocassetta p.* | *Copia p.*, copia di un'opera dell'ingegno soggetta a copyright, duplicata o commercializzata senza autorizzazione.

pirateggiàre [comp. di *pirata* e *-eggiare*] v. intr. (*io piratéggio*; aus. *avere*) **1** Esercitare la pirateria: *p. sui mari.* **2** (*fig.*) Fare ruberie, sfruttare gli altri.

piraterìa s. f. **1** Qualsiasi atto illegittimo di violenza, di detenzione o di depredazione, commesso ai fini personali dall'equipaggio o dai passeggeri di una nave o di un'aeronave. **2** (*fig.*) Ruberia, sfruttamento: *i prezzi di quel ristorante sono una vera p.* | *P. letteraria*, plagio.

piratésco agg. (pl. m. *-schi*) • Di, da pirata (*anche fig.*): *comportamento p.* || **piratescaménte**, avv.

†**piràtica** [vc. dotta, lat. *pirātica(m)*, f. sost. di *pirāticus* 'piratico'] s. f. • Mestiere, vita del pirata.

piràtico [vc. dotta, lat. *pirāticu(m)*, nom. *pirāticus*, dal gr. *peiratikós*, da *peiratḗs* 'pirata'] agg. (pl. m. *-ci*) • (*lett.*) Attinente ai pirati | *Guerra piratica*, nella storia romana antica, quella condotta da Gneo Pompeo contro i pirati. || **piraticaménte**, avv. Da pirata.

†**piràto** • V. *pirata*.

pirazòlo [ted. *Pyrazol* comp. di *pyr-* 'piro' e *-azol* 'azo-' e '-olo' (1)] s. m. • (*chim.*) Molecola organica eterociclica formata da tre atomi di carbonio e due di azoto adiacenti.

pirazolóne [da *pirazol(o)* e *-one* (2)] s. m. • (*chim.*) Ogni derivato del pirazolo portante un gruppo chetonico.

†**pìrchio** [da avvicinare a *tirchio* (?)] agg.; anche s. m. (f. *-a*) • (*dial.*) Avaro, tirchio.

pireliògrafo o **piroeliògrafo** [comp. di *piro-*, *elio-* e *-grafo*] s. m. • Pireliometro registratore.

pireliòmetro o **piroeliòmetro** [comp. di *piro-*, *elio-* e *-metro*] s. m. • Strumento misuratore dell'intensità della radiazione solare giunta effettivamente al suolo.

pirenàico [vc. dotta, lat. tardo *Pyrenāicu(m)* 'dei Pirenei'] agg. (pl. m. *-ci*) • Dei, relativo ai Pirenei.

pirène [comp. di *piro-* e *-ene*] s. m. • (*chim.*) Idrocarburo aromatico, formato dalla fusione angolare di quattro anelli benzenici, contenuto nel catrame di carbon fossile.

pirenòforo [comp. del gr. *pyrḗn*, genit. *pyrênos* 'nocciolo' (V. *Pirenomiceti*) e *-foro*] s. m. • (*anat.*) Corpo della cellula nervosa, distinto dai suoi processi citoplasmatici.

Pirenomicèti [comp. del gr. *pyrḗn*, genit. *pyrênos* 'nocciolo, seme' (di origine preindeur.) e *mýkēs*, genit. *mýkētos* 'fungo' (V. *micelio*); detti così perché hanno gli aschi contenuti in sacchi completamente chiusi] s. m. pl. • Nella tassonomia vegetale, gruppo di Funghi superiori con peritecio a forma di fiasco (*Pyrenomycetales*) | (al sing. *-e*) Ogni individuo di tale gruppo.

piressìa [dal gr. *pyréssein* 'aver la febbre', da *pyretós* 'febbre' (V. *piretico*)] s. f. • (*med.*) Febbre.

pirètico [dal gr. *pyretós* 'febbre', da *pŷr*, genit. *pyrós* 'fuoco'. V. *piro-*] agg. (pl. m. *-ci*) • Di febbre.

piretrìna [da *piretro*] s. f. • Composto chimico, presente nel piretro, dotato di forte potere insetticida.

pirètro o **piretro** [vc. dotta, lat. *pýrethron*, dal gr. *pýrethron*, da *pŷr*, genit. *pyrós* 'fuoco' (V. *piro-*), per le sue qualità riscaldanti] s. m. • Pianta cespugliosa perenne delle Composite, con capolini bianco-giallastri che, polverizzati, sono usati come insetticida (*Chrysanthemum cinerariaefolium*).

pirex o **pyrex**® [nome commerciale] s. m. inv. • Tipo di vetro molto resistente agli sbalzi di temperatura, usato per recipienti da laboratorio e per uso domestico.

pìrico [dal gr. *pŷr*, genit. *pyrós* 'fuoco'. V. *piro-*] agg. (pl. m. *-ci*) • Che ha relazione col fuoco, che produce fuoco | *Spettacolo p.*, spettacolo pirotecnico | *Polvere pirica*, da sparo.

piridìna [fr. *pyridine*, dal gr. *pŷr*, genit. *pyrós* 'fuoco'. V. *piro-*] s. f. • (*chim.*) Composto organico eterociclico che si estrae dagli oli leggeri del catrame di carbon fossile, impiegato come prodotto di partenza per molte sintesi organiche e come medicamento nei casi in cui si vuole un'azione sedativa sul centro respiratorio.

piridossìna o **piridoxìna** [comp. di *pirid(ina)* e *ossi-*, col suff. *-ina*] s. f. • (*chim.*) Uno dei composti con attività di vitamina B_6.

pirifórme [comp. del lat. *pĭrum* 'pera' e *-forme*] agg. • Che ha forma allungata, simile a quella di una pera: *muscolo p.*

pirimidìna [da *piridina*, con inserimento di (*am*)*mide*] s. f. • (*chim.*) Composto eterociclico a due atomi di azoto, sostanza cristallina ottenibile per sintesi.

pirimidìnico agg. (pl. m. *-ci*) • (*chim.*) Detto di sostanza derivata dalla pirimidina | *Basi pirimidiniche*, derivati amminici della pirimidina, che partecipano alla costituzione dei nucleosidi e dei nucleotidi.

pirìte [vc. dotta, lat. *pyrīte(m)*, nom. *pyrītes*, dal gr. *pyrítēs*, da *pŷr*, genit. *pyrós* 'fuoco' (V. *piro-*)] s. f. • (*miner.*) Bisolfuro di ferro in cristalli cubici dalla lucentezza metallica e dal colore giallo chiaro.

pirìtico agg. (pl. m. *-ci*) • Di pirite, che contiene pirite.

pirla [prob. dev. di *pirlare* 'girare come una trottola' (var. di *prillare*)] s. m. (pl. *-i*) **1** (*volg., sett.*) Pene. **2** (*est., volg., sett.*) Uomo tonto e goffo, facile da raggirare e imbrogliare: *fare la figura del p.; Prima di chiudere gli occhi mi hai detto pirla, / una parola gergale non traducibile* (MONTALE).

piro [etim. incerta] s. m. • Grosso palo di legno confitto saldamente nel suolo, attorno al quale si avvolge la fune che trattiene il blocco di marmo durante la lizzatura.

piro- [gr. *pyro-*, da *pŷr*, genit. *pyrós* 'fuoco', di origine indeur.] primo elemento **1** In parole composte, significa 'fuoco', 'calore', 'combustione' (*pirografia, pirotecnica*) o 'che funziona a vapore' (*piroscafo*). **2** Nella terminologia medica, significa 'febbre': *pirogeno*.

pirobazìa [comp. di *piro-* e di un deriv. di *-bato*] s. f. • Capacità di camminare sulle braci ardenti senza scottarsi.

pirocatechìna [comp. di *piro(lisi)* e *catechina*] s. f. • (*chim.*) Composto costituito dall'anello aromatico benzenico sostituito con due radicali ossidrilici su carboni adiacenti; si presenta come polvere cristallina bianca solubile in acqua ed è impiegata nello sviluppo delle fotografie.

piroclàṣi [comp. di *piro-* e *-clasi*] s. f. • (*miner.*) Piroscissione.

piroclàstico [comp. di *piro-* e *clastico*] agg. (pl. m. *-ci*) • (*miner.*) Relativo all'emissione di materiali solidi nell'atmosfera da parte di un vulcano: *attività piroclastica* | Detto dei materiali stessi: *rocce piroclastiche* | Detto di deposito formato da tali materiali.

piroclastìte [da *piroclast(ico)*, col suff. *-ite* (2)] s. f. • Roccia formata da elementi piroclastici.

piroconducibilità [comp. di *piro-* e *conducibilità*] s. f. • Proprietà caratteristica di certe sostanze, consistente nel presentare un cambiamento nella conducibilità elettrica al variare della temperatura.

pirocorvétta [comp. di *piro-* e *corvetta*] s. f. • Nave da guerra del XIX sec. a vele quadre e macchina a vapore con propulsore a ruote o a elica, armata come una corvetta.

piroelettricità [comp. di *piro-* ed *elettricità*] s. f. • Fenomeno di polarizzazione dielettrica, provocato in certi cristalli da variazioni di temperatura.

piroelèttrico [comp. di *piro-* ed *elettrico*] agg. (pl. m. *-ci*) • Relativo alla, o che presenta, piroelettricità | *Effetto p.*, sviluppo di cariche elettriche da parte di taluni cristalli, quando essi subiscono delle variazioni di temperatura.

piroeliògrafo • V. *pireliografo*.

piroeliòmetro • V. *pireliometro*.

piroétta o (*tosc.*) **pirolétta**, (*raro*) **piruétta** [fr. *pirouette*, prob. rifacimento (sul modello di *girouette* 'banderuola') del fr. ant. *pirouelle* 'trottola', da una forma espressiva *pir-*, che si trova in parole significanti 'cavicchio, perno, paletto'] s. f. **1** Nella danza, figura che il ballerino esegue ruotando su se stesso e appoggiandosi su un solo piede. **2** Rotazione del ginnasta che parte e arriva nella stessa posizione, eseguita appoggiandosi su un braccio o al volo | In equitazione, figura delle arie basse. **3** (*est.*) Capriola, giravolta: *fare piroette per la gioia* | Movimento agile.

piroettàre o (*tosc.*) **pirolettàre** [fr. *pirouetter*, da *pirouette* 'piroetta'] v. intr. (*io piroétto*; aus. *avere*) • Far piroette: *piroettava sulla corda con grande abilità.*

piròfila [f. sost. di *pirofilo*] s. f. • Tegame da cucina fabbricato con materiale pirofilo.

piròfilo [comp. di *piro-* e *-filo*] agg. • Detto di sostanza, spec. vetro, che non si altera a contatto col fuoco.

pirofobìa [comp. di *piro-* e *-fobia*] s. f. • (*psicol.*) Timore ossessivo del fuoco.

piròfobo [da *pirofobia*] agg.; anche s. m. (f. *-a*) • Che, chi manifesta pirofobia.

piròforico [dal gr. *pyrophóros* 'che porta fuoco', comp. di *pyro-* 'piro-' e *-phóros* '-foro'] agg. (pl. m. *-ci*) • Detto di sostanza che a contatto con l'aria s'infiamma spontaneamente o dà scintille per semplice sfregamento | *Lega piroforica*, usata come pietrina per accendituri automatici | *Ferro p.*, estremamente suddiviso che s'incendia a contatto con l'aria.

piròforo [vc. dotta, gr. *pyrophóros* 'che porta fuoco'. V. *piroforico*] s. m. • Grosso coleottero asiatico che emette un'intensa luce rossa dall'addome e bluastra dal corsaletto (*Pyrophorus noctilucus*).

pirofregàta [comp. di *piro-* e *fregata*] s. f. • Nave da guerra del XIX sec. a vele quadre e macchine a vapore, con dimensioni e armamento da fregata.

piròga [fr. *pirogue*, dallo sp. *pirogua*, da una lingua caribica] s. f. • Imbarcazione scavata in un tronco o fatta con cortecce cucite, con liane, con pelli e sim., costruita da varie popolazioni antiche e moderne, spec. extraeuropee.

pirogàllico [comp. di *piro-* e *gallico* (2)] agg. (pl. m. *-ci*) • (*chim.*) *Acido p.*, pirogallolo.

pirogallòlo [comp. di *pirogall(ico)* e *-olo* (1)] s. m. • (*chim.*) Fenolo trivalente ottenuto per decarbossilazione dell'acido gallico, usato come rivelatore fotografico, come assorbitore d'ossigeno nell'analisi dei gas e in medicina.

pirogenàre [comp. di *piro-* e *-geno*, con suff. verbale] v. tr. (*io pirògeno*) • Sottoporre un composto chimico a pirogenazione.

pirogenazióne [da *pirogenare*] s. f. • Decomposizione di un composto chimico per opera del calore.

pirògeno [comp. di *piro-* e *-geno*] **A** agg. • Detto di farmaco che provoca una reazione febbrile, usato in terapia per combattere germi sensibili a temperature intorno ai 40 °C o per stimolare la difesa dell'organismo. **B** anche s. m.

pirografàre [da *pirografia*] v. tr. (*io pirògrafo*) • Incidere mediante pirografia.

pirografìa [comp. di *piro-* e *-grafia*] s. f. • Incisione su legno, cuoio, cartone, eseguita con una punta metallica arroventata | (*est.*) Il disegno ottenuto con tale tecnica.

pirogràfico agg. (pl. m. *-ci*) • Che riguarda la pirografia | Che è eseguito mediante pirografia.

pirografìsta s. m. e f. (pl. m. *-i*) • Specialista di pirografia.

pirògrafo s. m. • Apparecchio usato per eseguire la pirografia.

piroincisióne [comp. di *piro-* e *incisione*] s. f. • Pirografia.

Pirolàcee [vc. dotta, comp. del lat. *pĭrus* 'pero', per la somiglianza delle foglie, e *-acee*] s. f. pl. • Nella tassonomia vegetale, famiglia di piante erbacee perenni con foglie sempreverdi che possono mancare se la pianta è saprofita, e fiori solitari o in grappolo (*Pirolaceae*) | (al sing. *-a*) Ogni individuo di tale famiglia.

pirolegnóso [comp. di *piro-* e *legnoso*] agg. • Relativo alla, ottenuto dalla, distillazione del legno | *Acido p.*, liquido contenente acido acetico, alcol metilico e quantità minima di acetone.

pirolétta e *deriv.* • V. *piroetta* e *deriv.*

pirolisi [comp. di *piro-* e *lisi*] s. f. ● (*chim.*) Piroscissione.
pirolitico agg. (pl. m. *-ci*) ● Di, relativo a, pirolisi.
piròlo [var. sett. di *piuolo*] s. m. *1* (*raro*) Piolo, cavicchio. *2* (*fam.*) Aggeggio, o parte di esso, di cui non si conosce il nome esatto: *per aprire lo sportello prova a spingere quel p.* *3* (*mus.*) Bischero. || **pirolino**, dim.
pirolusite [comp. di *piro-* e del gr. *lôusis* 'lavaggio', da *lóuein* 'lavare', di origine indeur.; detta così per la sua proprietà di scolorire i vetri verdi] s. f. ● (*miner.*) Biossido di manganese in masse fibrose di color grigio acciaio o nerastro.
piromagnetismo [comp. di *piro-* e *magnetismo*] s. m. ● Fenomeno relativo alla variazione delle proprietà magnetiche dei corpi al variare della loro temperatura.
piròmane agg.; anche s. m. e f. ● Che, chi è affetto da piromania.
piromanìa [fr. *pyromanie*, comp. di *pyro-* 'piro-' e *-manie* '-mania'] s. f. ● (*psicol.*) Impulso ossessivo e irresistibile ad appiccare il fuoco.
piromànte [vc. dotta, lat. *pyromănte(m)*, nom. *pyromăntis*, dal gr. *pyrómantis*, comp. di *pyro-* 'piro-' e *-mantis* '-mante'] s. m. e f. ● Chi pratica la piromanzia.
piromanzìa [vc. dotta, lat. tardo *pyromantīa(m)*, nom. *pyromantīa*, dal gr. *pyromantéia*, comp. di *pyro-* 'piro-' e *-mantéia* '-manzia'] s. f. ● Tecnica divinatoria per trarre presagi dall'osservazione del fuoco e delle fiamme.
pirometallurgìa [comp. di *piro-* e *metallurgia*] s. f. ● (*metall.*) Parte della metallurgia estrattiva, che comprende tutti i processi che impiegano energia termica per produrre metalli.
pirometrìa [comp. di *piro-* e *-metria*] s. f. ● Parte della fisica tecnica che studia i metodi per la misurazione delle elevate temperature.
pirométrico agg. (pl. m. *-ci*) ● Relativo alla pirometria.
pirometrìsta [da *pirometro*] s. m. (pl. *-i*) ● Operaio addetto, nelle industrie siderurgiche, al controllo delle temperature dei forni.
piròmetro [fr. *pyromètre*, comp. di *pyro-* 'piro-' e *-mètre* '-metro'] s. m. ● Strumento per la misurazione delle alte temperature della fiamma e dei corpi incandescenti: *p. elettrico*, *p. ottico*.
piromorfite [comp. di *piro-*, *-morfo* e *-ite* (*2*); detto così perché cambia forma in seguito a riscaldamento] s. f. ● (*miner.*) Fosfato di piombo con cloruro di piombo in prismi esagonali color verde, bruno oppure rossastro.
piróne [dal gr. *péirein* 'infilzare, trapassare', di origine indeur.] s. m. *1* (*raro*) Cavicchio, piolo, pernо: *il p. della lanterna* | Manovella di mulinello e sim. *2* (*mus.*) Specie di codolo di viola, violoncello e sim., che serve di puntello sul pavimento. || †**pironcino**, dim. | †**pironétto**, dim.
piro piro [vc. onomat.] s. m. inv. ● Uccello dei Caradriformi con zampe e becco sottili, piumaggio di color grigio o bruno e bianco inferiormente (*Tringa*) | *Piro piro culbianco*, prevalentemente bruno con sopraccoda candido, di passo in Italia, frequenta i luoghi d'acqua (*Tringa ocbropus*) | *Piro piro piccolo*, uccelletto a volte stazionario in Italia, che vive sulle rive di laghi e fiumi (*Tringa hypoleucos*).
piroplàsma [comp. del lat. *pĭrum* 'pera' e *plasma*; detto così dalla forma a pera] s. m. (pl. *-i*) ● Genere di Sporozoi parassiti del sangue di animali domestici (*Piroplasma*).
piroplasmòsi [da *piroplasm(a)*, col suff. *-osi*] s. f. ● Malattia infettiva di vari animali, a decorso generalmente acuto, dovuta alla presenza nel sangue di piroplasmi.
piròpo [vc. dotta, lat. *pyrōpu(m)*, nom. *pyrōpus*, dal gr. *pyrōpós*, propriamente 'che ha aspetto di fuoco', comp. di *pyro-* 'piro-' e *ṓps*, genit. *ōpós* 'vista, aspetto' (V. *-opsia*)] s. m. ● (*miner.*) Varietà di granato di color rosso sangue.
piròscafo [comp. di *piro-* e *scafo*] s. m. ● Nave mercantile con apparato motore a vapore: *p. da, per passeggeri*; *p. da, per carico*.
piroscìndere [comp. di *piro-* e *scindere*] v. tr. (coniug. come *scindere*) ● Operare la piroscissione.
piroscissióne [comp. di *piro-* e *scissione*] s. f. ● Processo di trasformazione dei composti e dei materiali costituiti da grandi molecole in prodotti più semplici per mezzo dell'alta temperatura. SIN. Cracking, piroclasi, pirolisi.
pirosfèra [comp. di *piro-* e *sfera*] s. f. ● (*geol.*) Involucro concentrico del globo terrestre, sottostante alla litosfera, allo stato fisico di un fluido di silicati molto viscoso.
piròsi [vc. dotta, gr. *pýrōsis* 'bruciamento', da *pyrôun* 'bruciare', da *pŷr*, genit. *pyrós* 'fuoco'. V. *piro-*] s. f. ● (*med.*) Sensazione di bruciore all'epigastrio e al retrobocca per eccesso di acidità gastrica.
pirosolfàto [comp. di *piro-* e *solfato*] s. m. ● Sale dell'acido pirosolforico.
pirosolfito [comp. di *piro-* e *solfito*] s. m. ● (*chim.*) Sale dell'acido pirosolforoso.
pirosolfòrico [comp. di *piro-* e *solforico*] agg. (pl. m. *-ci*) ● (*chim.*) Disolforico.
pirosolforóso [comp. di *piro-* e *solforoso*] agg. ● (*chim.*) Detto di acido inorganico, bibasico, non noto allo stato libero, ma solo sotto forma di sali.
pirossenite [comp. di *pirosseno* e *-ite* (*2*)] s. f. ● (*miner.*) Roccia formata in prevalenza da pirosseni.
piròsseno [comp. di *piro-* e del gr. *xénos* 'straniero, estraneo' (V. *xenofobia*); detto così perché si riteneva che non fosse presente nelle rocce ignee] s. m. ● Denominazione di vari minerali costituiti da silicati di alluminio, ferro, calcio, magnesio, generalmente in cristalli prismatici, che entrano nella composizione di rocce eruttive.
†**piròssilo** [comp. di *piro-* e del gr. *xýlon* 'legno'] s. m. ● Cotone fulminante.
pirotècnica o **pirotecnìa** [comp. di *piro-* e del gr. *téchnē* 'arte'. V. *tecnico*] s. f. ● Arte e tecnica della fabbricazione dei fuochi artificiali.
pirotècnico [comp. di *piro-* e *tecnico*] **A** agg. (pl. m. *-ci*) ● Concernente la pirotecnica o i fuochi d'artificio: *arte pirotecnica*; *spettacolo p.* | (*fig.*) Sorprendente, spumeggiante. **B** s. m. *1* Chi prepara i fuochi artificiali. *2* Stabilimento militare in cui si preparano bossoli, spolette, inneschi, munizioni e sim.
†**piròtico** [vc. dotta, gr. *pyrōtikós*, da *pýrōsis* 'bruciamento'. V. *pirosi*] agg. ● Caustico.
pirottino [etim. incerta] s. m. ● Involucro di carta oleata con bordo pieghettato usato in pasticceria come contenitore singolo di pasticcini, cioccolatini, paste e sim.
pìrrica [vc. dotta, lat. *pўrricha(m)*, nom. *pўrricha*, dal gr. *pyrríchē* '(danza) pirrica', da *Pýrrichos* 'Pirrico' che, secondo la leggenda, ne fu l'inventore] s. f. ● Antica danza guerresca dei soldati spartani e ateniesi.
pìrrichio [vc. dotta, lat. *pyrrĭchiu(m)*, nom. *pyrrĭchius*, dal gr. *pyrríchios* '(piede) della danza pirrica', da *pyrríchē* 'pirrica'] s. m. ● (*ling.*) Nella poesia greca e latina, successione di due sillabe brevi.
pirro- [dal gr. *pyrrós* 'rosso' (forse da avvicinare a *pŷr* 'fuoco')] primo elemento ● In parole composte della terminologia scientifica, spec. chimica, significa 'rosso, di color rosso': *pirrofillina*.
pirrofillina [comp. di *pirro-*, (*cloro*)*filla* e *-ina*] s. f. ● (*chim.*) Acido organico che rappresenta un prodotto di scissione della clorofilla.
Pirrofite [comp. di *pirro-* e *-fita*] s. f. pl. ● Nella tassonomia vegetale, gruppo di organismi unicellulari, con membrana, forniti di due flagelli diseguali, facenti parte della flora planctonica del mare e delle acque dolci, contenenti amido e grassi (*Pyrrhophyta*) | (al sing. *-a*) Ogni organismo di tale gruppo.
pirròlico agg. (pl. m. *-ci*) ● (*chim.*) Di, relativo a, pirrolo: *nucleo p.*
pirròlo [ted. *Pyrrol*, dal gr. *pyrrós* 'rosso' (V. *pirro-*), col suff. *-ol* '-olo (2)'] s. m. ● Composto chimico eterociclico pentatomico contenente un atomo di azoto, liquido oleoso presente nel catrame di carbon fossile, ottenibile dalla scissione di molti composti naturali e dalla distillazione secca delle ossa sgrassate.
pirronìsmo [fr. *pyrrhonisme*, da *Pyrrhon* 'Pirrone', filosofo greco, fondatore della scuola scettica] s. m. ● (*filos.*) Forma di scetticismo radicale teorizzata da Pirrone di Elide (360 ca.-270 ca. a.C.), la cui proposizione fondamentale consiste nella sospensione dell'assenso.
pirronista s. m. e f. (pl. m. *-i*) ● (*filos.*) Chi segue o si ispira al pirronismo scettico.
pirronìstico agg. (pl. m. *-ci*) ● Che concerne o interessa la filosofia di Pirrone di Elide o quella della scuola da lui fondata.
pirrotina s. f. ● (*miner.*) Pirrotite.
pirrotite [comp. del gr. *pyrrótēs* 'colore rosso', da *pyrrós* 'rosso', forse da avvicinare a *pŷr*, genit. *pyrós* 'fuoco' (V. *piro-*), e *-ite* (*2*)] s. f. ● (*miner.*) Solfuro di ferro con eccesso di zolfo in rari cristalli lamellari di color giallo bronzo.
piruètta ● V. *piroetta*.
piruvàto s. m. ● (*chim.*) Sale o estere dell'acido piruvico.
pirùvico [comp. di *piro-* e *uva*: detto così perché è un prodotto intermedio della fermentazione alcolica] agg. (pl. m. *-ci*) ● (*chim.*) Detto di composto derivato, almeno originariamente, dalla distillazione secca dell'uva mediante successive trasformazioni: *alcol p.*; *aldeide piruvica* | *Acido p.*, acido organico monobasico, liquido, importante in biochimica come intermedio di reazioni enzimatiche e di fermentazioni.
pisàno **A** agg. ● Di, relativo a, Pisa | (*arald.*) *Croce pisana*, i cui bracci si dipartono dal centro e terminano in punte decorate ognuna da tre palline. **B** s. m. (f. *-a*) ● Abitante, nativo di Pisa.
piscatòrio o (*raro*) **pescatòrio** [vc. dotta, lat. *piscatōriu(m)*, da *piscātor*, genit. *piscatōris* 'pescatore'] agg. ● (*lett.*) Relativo ai pescatori o alla pesca | *Anello p.*, nella religione cattolica, quello usato da un Papa come sigillo durante gli anni del proprio pontificato, recante l'immagine di S. Pietro pescatore di anime e che si distrugge alla sua morte.
†**piscatùra** [vc. dotta, lat. tardo *piscatūra(m)*, da *piscāri* 'pescare'] s. f. ● Pesca.
pischèllo [dal gerg. *pischella*, deriv. di *pisca* 'vaso'] s. m. (f. *-a*) *1* (*rom.*) Ragazzino. *2* (*rom.*) Pivello. || **pischellétto**, dim.
pìscia [da *pisciare*] s. f. (pl. *-sce*) ● (*volg.*) Orina.
pisciacàne [comp. di *piscia(re)* e *cane* (*1*)] s. m. ● (*bot.*) Nome popolare attribuito a molte piante erbacee con proprietà diuretiche, come il dente di leone.
†**pisciadùra** ● V. *pisciatura*.
†**pisciagióne** s. f. ● Piscia.
†**pisciàia** [da *piscia*] s. f. ● (*spreg.*) Cosa da nulla.
piscialètto o **piscialètto** [da *pisciare a letto*] s. m. e f. inv. *1* Bambino piccolo | (*est.*, *spreg.*) Ragazzetto imberbe. *2* (*bot.*, *dial.*) *Tarassaco*.
pisciàre [vc. di origine onomat.] v. intr. e tr. (*io piscio*; aus. *avere*) *1* (*volg.*) Mingere, orinare | *Pisciarci sopra*, (*fig.*) disprezzare | *Pisciarsi sotto, pisciarsi addosso*, (*fig.*) avere una gran paura | (*fig.*) *Pisciarsi sotto dal ridere*, ridere in modo irrefrenabile | (*volg.*, *est.*) Perdere: *un recipiente che piscia acqua da ogni parte*. *2* (*fig.*, *volg.*) Versare o dare, spec. poco a poco: *p. denari*.
pisciarèlla [da *pisciare*] s. f. ● (*fam.*) Bisogno continuo e irrefrenabile di orinare: *avere la p.*
pisciasàngue [comp. di *piscia(re)* e *sangue*] s. m. ● (*veter.*) Piroplasmosi bovina.
pisciàta [da *pisciare*] s. f. ● (*volg.*) Atto dell'orinare | Quantità di orina che si emette in una volta. || **pisciatina**, dim. | **pisciatóna**, accr.
pisciatóio [da *pisciare*] s. m. ● (*volg.*) Orinatoio.
pisciatùra o †**pisciadùra**. s. f. ● (*volg.*) Atto, effetto del pisciare.
piscìcolo [comp. del lat. *pĭscis* 'pesce' e *-colo*] agg. ● Che si riferisce all'allevamento dei pesci.
piscicoltóre o **pescicoltóre** [dal lat. *pĭscis* 'pesce', sul modello di *agricoltore*] s. m. ● Chi si occupa di piscicoltura.
piscicoltùra o **pescicoltùra** [comp. del lat. *pĭscis* 'pesce' e *coltura*] s. f. ● Tecnica dell'allevamento dei pesci, sia a scopo di ripopolamento dei fiumi sia a scopo commerciale. SIN. Itticoltura.
pisciforme [comp. del lat. *pĭscis* 'pesce' e *-forme*] agg. ● Che ha forma di pesce: *figura p.*
piscìna [vc. dotta, lat. *piscīna(m)*, propriamente 'peschiera', da *pĭscis* 'pesce'] s. f. *1* Vasca di dimensioni medie o grandi, con acqua calda o fredda, stagnante o corrente, usata per fare il bagno e per nuotare: *fare il bagno, un tuffo, in p.* | (*est.*) Il complesso di opere che serve per l'esercizio del nuoto e che comprende, oltre la vasca natatoria, tutti i servizi accessori: *p. coperta, scoperta*; *an-*

dare in p.; *prendere il sole in p.* **2** †Vivaio di pesci. || **piscinétta**, dim.

piscio [da *pisciare*] s. m. ● (*volg.*) Orina, spec. quando sia emessa.

piscióne [da *pisciare*] s. m. (f. *-a*) ● (*volg.*) Chi piscia spesso e in abbondanza.

piscióso [da *piscia*] agg. ● (*volg.*) Imbrattato d'orina.

piscivoro [comp. del lat. *pĭscis* 'pesce' e *-voro*] agg. ● Detto di animale che si nutre di pesci.

†**piscopo** ● V. *vescovo*.

†**piscóso** ● V. *pescoso* (*1*).

†**pisculènto** [vc. dotta, lat. *piscŭlĕntu(m)*, da *pĭscis* 'pesce'] agg. ● Che puzza di pesce.

pisellàia o **pișellàia** s. f. ● Piantagione di piselli.

pisellàio o **pișellàio** s. m. ● Pisellaia.

pisellàta o **pișellàta** s. f. ● (*raro, tosc.*) Mangiata di piselli | Vivanda di piselli pestati o passati.

pisèllo o **pișèllo** [lat. parl. *pisĕllu(m)*, dim. di *pīsum*, dal gr. *píson*, di origine straniera] **A** s. m. **1** Pianta annua rampicante delle Leguminose, con fusto angoloso, foglie composte terminate da viticci, grandi fiori bianchi, frutti con semi commestibili (*Pisum sativum*). **2** Legume della pianta omonima, lungo fino a 12 cm e contenente numerosi semi commestibili: *un kilo di piselli*; *sgranare, sgusciare i piselli*; *la buccia dei piselli* | (*est.*) Seme commestibile della pianta omonima, di forma rotonda e di color verde chiaro: *riso e piselli*; *piselli al prosciutto*; *crema di piselli*. **3** (*pop.*) Pene. **4** (*fig.*) Uomo semplice e sciocco. || **pisellàccio**, pegg. | **pisellétto**, dim. | **pisellino**, dim. | **pisellóne**, accr. (V.) | **pisellùccio**, dim. **B** in funzione di agg. inv. ● (posposto al s.) Detto di una tonalità di verde piuttosto pallido: *vestito verde p.*

pisellóne o **pișellóne** s. m. (f. *-a* nel sign. 2) **1** Accr. di *pisello*. **2** (*fig.*) Gran babbeo.

pișifórme o **pisifórme** [comp. del lat. *pīsum* 'pisello' e *-forme*] s. m. ● (*anat.*) Osso del carpo.

pișolàre [vc. di origine onomat.] v. intr. (*io pìsolo*; aus. *avere*) ● (*fam.*) Dormicchiare un poco: *starsene a p. all'ombra, al fresco*. SIN. Sonnecchiare.

pișolino s. m. **1** Dim. di *pisolo*. **2** Dormita molto breve e leggera, spec. pomeridiana: *schiacciare un p.*

pișolite o **pisolite** [comp. del gr. *píson* 'pisello' (V.) e *-lite*, per la forma] s. f. ● (*geol.*) Sferula minerale, generalmente di calcite, costituita da un nucleo rivestito di involucri concentrici.

pìsolo [da *pisolare*] s. m. ● (*fam.*) Sonno leggerissimo e di breve durata. || **pisolino**, dim. (V.).

pispigliàre [vc. di origine onomat.] v. intr. (*io pispiglio*; aus. *avere*) ● (*raro*) Bisbigliare.

pispiglio (**1**) [da *pispigliare*] s. m. ● (*raro*) Bisbiglio.

pispiglio (**2**) o **pispillio** [da *pispigliare*] s. m. ● Bisbiglio.

pispillòria [vc. di origine onomat.] s. f. ● (*raro*) Discorso lungo e noioso | Cicalio di più voci.

pispinàre [vc. di origine onomat.] v. intr. (*io pìspino*; aus. *essere*) ● (*tosc.*) Zampillare.

pispino [vc. di origine onomat.] s. m. ● (*tosc.*) Zampillo: *io dovrei tener le labbra al p. del fonte ...?* (PASCOLI).

pispola o (*dial.*) **spipola**, **spippola** [vc. di origine onomat.] s. f. **1** Uccello dei Passeriformi, facilmente addomesticabile, con piumaggio olivastro e giallo, stazionario sui monti italiani (*Anthus pratensis*) | *Uccellare a pispole*, (*raro, fig.*) cercare piccoli guadagni. **2** (*fig.*) Frottola: *raccontare pispole*. **3** Fischietto d'osso, o metallo, usato per imitare il fischio di vari uccelli. **4** (*fig.*) Donnina vivace e piacente. **5** †Fistola. || **pispolétta**, dim. | **pispolina**, dim. | **pispolóne**, accr. m. (V.) | **pispolùccia**, dim.

pispolàre [vc. di origine onomat.] v. intr. (*io pìspolo*; aus. *avere*) ● Fischiare con la pispola.

pispolóne s. m. **1** Accr. di *pispola*. **2** Uccello dei Passeriformi, con piumaggio giallo-bruno e strie scure, che vive nell'Italia settentrionale (*Anthus trivialis*).

pissétta [fr. *pissette*, da *pisser* 'orinare' (stessa etim. dell'it. *pisciare*)] s. f. ● (*raro*) Spruzzetto.

pissidàto agg. ● (*bot.*) Nella loc. *lichene p.*, lichene con tallo ricco di ramificazioni.

pisside [vc. dotta, lat. *pȳxide(m)*, nom. *pȳxis*, dal gr. *pyxís* 'vasetto', da *pýxos* 'bosso' (di origine straniera), perché in origine era fatto di bosso] s. f. **1** Vaso, usato nella liturgia cattolica, di argento o di altro metallo, dorato all'interno, con coperchio, nel quale si conservano le particole consacrate. **2** (*bot.*) Frutto secco, deiscente, in cui la parte superiore si apre a coperchio, mentre quella inferiore è a forma di coppa.

†**pissipissàre** [vc. onomat.] v. intr. ● Far pissi pissi.

pissi pissi [vc. onomat.] **A** inter. ● Riproduce il sibilo e il bisbiglio che si fanno con le labbra parlottando piano. **B** in funzione di s. m. ● Bisbiglìo, parlottio: *si sentiva dalla strada un pissi pissi continuato* | *Stare a pissi pissi*, *fare pissi pissi*, confabulare, discorrere segretamente con qc. | †*Dire il pissi pissi*, recitare i paternostri.

pissòde [vc. dotta, gr. *pissṓdēs* 'simile a pece' (per il colore), da *píssa* 'pece'] s. m. ● Insetto coleottero dei Curculionidi che vive nei tronchi di varie conifere (*Pissodes notatus*).

pista [fr. *piste*, dall'it. *pista*, variante di *pesta* 'orma'] s. f. **1** Traccia, orma: *seguire le piste di qc.*; *essere sulla p. buona, giusta* | Insieme di circostanze, tracce, indizi che contribuiscono alla soluzione di q.c.: *seguire una nuova p. in un'indagine*. **2** Impianto sportivo costituito da un circuito in genere ellissoidale su cui si svolgono corse atletiche, ciclistiche, ippiche, automobilistiche: *p. coperta*; *p. scoperta*; *correre in p.*, *su p.*; *fare un giro di p.* | *P. di collaudo, di prova*, pista con tratti di diverse caratteristiche che si fa percorrere agli autoveicoli o motocicli per collaudarli. **3** (*sport*) Percorso su neve battuta per la pratica dello sci da fondo o da discesa | *P. nera, rossa, blu, verde*, denominazioni convenzionali che contraddistinguono i vari gradi di difficoltà di percorso, in ordine decrescente | *P.!*, escl. con cui si invita qualcuno a lasciare libero il passaggio, a far largo. **4** Spazio libero di forma per lo più circolare, variamente pavimentato, adibito a passatempi di vario genere: *p. da ballo*; *p. di pattinaggio* | *P. del circo*, arena in cui ha luogo lo spettacolo. **5** (*aer.*) Striscia pavimentata per il decollo e l'atterraggio tangenziale di aerei: *p. di volo* | *P. di rullaggio*, pista che collega la pista di volo con l'aerostazione | *P. ciclabile*, parte della strada riservata al transito delle biciclette. **6** Ciascuna delle linee lungo cui avviene la registrazione degli impulsi elettrici corrispondenti a suoni, caratteri, ecc., in nastri magnetici per registratori ed elaboratori, pellicole cinematografiche sonore, ecc.

pistacchiàta s. f. ● Dolce con pistacchi.

pistàcchio [lat. *pistăciu(m)*, dal gr. *pistákion*, di origine orient.] **A** s. m. **1** Albero delle Anacardiacee con foglie imparipennate rosse e frutto simile a un'oliva con seme commestibile (*Pistacia vera*). ➡ ILL. **spezie**. **2** Il seme del frutto della pianta omonima, verde e tenero, di delicato aroma | (*fig.*) *Non valere un p.*, nulla. **B** in funzione di agg. inv. ● (posposto al s.) Che ha il colore verde tenero e delicato caratteristico dei semi di pistacchio: *verde p.*; *color p.*

pistacite [dal colore verde come il *pistacchio*] s. f. ● (*miner.*) Varietà di epidoto con elevato contenuto in ferro.

pistàgna [sp. *pestaña* 'orlo'; di etim. incerta] s. f. ● Piccola striscia di tessuto su cui si fissa il colletto o il polsino | Filetto colorato che orna i calzoni, il collo e i polsi di certe uniformi militari. || **pistagnina**, dim.

pistaiòlo [da *pista*] s. m. ● (*raro*) Pistard.

pistard /fr. pis'tar/ [vc. fr., da *piste* 'pista'] s. m. inv. ● Corridore ciclista specialista delle gare in pista.

pistillifero [comp. di *pistillo* e *-fero*] agg. ● (*bot.*) Che porta pistilli.

pistillo [vc. dotta, lat. *pistĭllu(m)* 'pestello', per la forma] s. m. ● (*bot.*) Organo femminile del fiore formato dall'ovario, dallo stilo e dallo stigma.

pistòcco [ted. *Alpenstock*] s. m. (pl. *-chi*) ● (*gerg., sett.*) Alpenstock.

pistoiése **A** agg. ● Di Pistoia. **B** s. m. e f. ● Abitante, nativo di Pistoia. **C** s. m. solo sing. ● Dialetto del gruppo toscano, parlato a Pistoia.

pistòla (**1**) [fr. *pistole*, dal ted. *Pistole*, dal ceco *pištal* 'canna, tubo'] **A** s. f. **1** Arma da fuoco portatile individuale, a canna corta, di peso e ingombro limitati, impugnata generalmente con una mano sola e usata contro bersagli ravvicinati: *un colpo di p.*; *puntare la p. contro qc.* | *P. a tamburo rotante*, a caricamento multiplo, il cui caricatore è costituito da un certo numero di alveoli in cui vengono inserite manualmente le cartucce | *P. mitragliatrice*, provvista di selettori del tiro a colpo singolo o a raffica di colpi | *P. da segnalazione*, usata per lanciare piccoli razzi che segnalano pericoli | *Stare con la p. alla mano*, (*fig.*) costringere con minacce, con la violenza. **2** *P. a spruzzo*, arnese a forma di pistola per verniciatura uniforme mediante aria compressa. SIN. Aerografo. **B** s. m. inv. ● (*sett., pop.*) Persona sciocca o ingenua, che si lascia ingannare facilmente. || **pistolàccia**, pegg. | **pistolétta**, dim. | **pistolétto**, dim. m. (V.) | **pistolino**, dim. m. (V.) | **pistolóne**, accr. m.

pistòla (**2**) [fr. *pistole*: gli scudi di Spagna furono chiamati così perché più piccoli di quelli di Francia, come la pistola era più piccola dell'archibugio] s. f. ● Moneta d'oro spagnola del valore di due scudi coniata da Filippo II nel XVI sec.

†**pistola** (**3**) ● V. *epistola*.

†**pistolàre** ● V. *epistolare*.

†**pistolènza** ● V. *pestilenza*.

†**pistolènzia** ● V. *pestilenza*.

pistolèro [sp. *pistolero*, da *pistola* 'pistola'] s. m. ● Abile tiratore di pistola, spec. in film o narrazioni di avventure.

pistolése [dalla città di *Pistoia*, da dove si diffuse] s. m. ● Sorta di corto pugnale a doppio taglio.

pistolettàta s. f. ● Colpo di pistola: *ricevette una p. nella gamba destra*.

pistolétto s. m. **1** Dim. di *pistola*. **2** Pistola lunga, da fonda, usata un tempo dalla cavalleria.

†**pistolière** s. m. ● Soldato di cavalleria leggera armato di pistola.

pistolino s. m. **1** Dim. di *pistola*. **2** (*fam.*) Pene.

pistolóne o (*raro*) **epistolóne** [da *pistola* (*3*)] s. m. ● Pistolotto.

pistolòtto [da *pistola* (*3*)] s. m. **1** Scritto o discorso esortatorio o che esprime enfasi e retorica: *ci fece il solito p. sulla morale*. SIN. Fervorino. **2** (*teat.*) Battuta lunga ed enfatica di un dialogo.

pistóne [fr. *piston*, dall'it. ant. *pistone* 'pestone' (nel sign. 2)] s. m. **1** Stantuffo, spec. di motore a combustione interna. **2** (*mus.*) Meccanismo che, negli ottoni, permette di abbassare un suono, prolungando la colonna d'aria in vibrazione. **3** Schioppetto corto, di grosso calibro, caricato con pallettoni o quadrettoni, un tempo usato dai privati in viaggio, o da milizie speciali, nelle fortezze, sulle navi, dagli aguzzini nelle prigioni e galere. || **pistoncino**, dim.

†**pistóre** [lat. *pistōre(m)* 'pestatore, mugnaio, fornaio', da *pĭnsere* 'pestare'. V. *pestare*] s. m. ● Fornaio, panettiere.

†**pistrinàio** o **prestinàio** [lat. tardo *pistrīnāriu(m)* 'mugnaio', da *pistrīnum* 'mulino'. V. *pistrino*] s. m. (f. *-a*) ● (*sett.*) Mugnaio.

†**pistrino** o **prestino** [lat. *pistrīnu(m)*, da *pĭnsere* 'pestare'. V. *pestare*] s. m. ● (*sett.*) Forno, mulino.

†**pistùra** [lat. *pistūra(m)* 'macinazione', da *pĭnsere* 'pestare'. V. *pestare*] s. f. **1** Macinatura. **2** Castagne in frantumi.

pita [dallo sp. *pita*, vc. diffusa dall'America merid., ma non necessariamente di orig. indigena] s. f. ● Fibra tessile ottenuta dalle foglie di diverse specie di agavi e impiegata spec. per la fabbricazione di tessuti grossolani.

†**pitàffio** ● V. *epitaffio*.

pitagoreișmo ● V. *pitagorismo*.

pitagorèo [vc. dotta, lat. *Pythagorēu(m)*, nom. *Pythagorēus*, dal gr. *Pythagóreios*, agg. di *Pythagóras* 'Pitagora'] agg. ● Pitagorico.

pitagoricișmo s. m. ● (*filos.*) Pitagorismo.

pitagòrico [vc. dotta, lat. *Pythagŏricu(m)*, nom. *Pythagŏricus*, dal gr. *Pythagóras* 'Pitagora'] **A** agg. (pl. m. *-ci*) ● Di Pitagora (570 ca.-496 a.C.) o della scuola filosofica da lui fondata | *Tavola pitagorica*, tabella per la moltiplicazione dei primi dieci numeri naturali. **B** s. m. ● Seguace della dottrina di Pitagora.

pitagorișmo o **pitagoreișmo** [vc. dotta, gr. *Pythagorismós*, da *Pythagóras* 'Pitagora'] s. m. ● Il complesso delle dottrine filosofiche, scientifiche e religiose professate dai pitagorici antichi.

†**pitagorista** [vc. dotta, gr. *Pythagoristḗs*, da *Pythagóras* 'Pitagora'] s. m. e f. ● Chi segue o si ispira alle teorie del pitagorismo antico.

pitàle [sovrapposizione di *orinale* al gr. *pithárion*, dim. di *píthos* 'orcio', di etim. incerta] s. m. ● (*pop.*) Orinale.

pitcher /*ingl.* 'pitʃə*/ [vc. ingl., 'lanciatore', da *to pitch* 'gettare, lanciare', da avvicinare a *to pick* 'perforare', vc. germ. di origine espressiva] s. m. inv. ● Nel gioco del baseball, lanciatore.

pitch pine /*ingl.* 'pitʃ pain/ [vc. ingl., propr. 'pino pece'] loc. sost. m. inv. ● (*bot.*) Nome popolare nordamericano di alcune specie di pino dell'America settentrionale e centrale, il cui legno è usato per mobili e costruzioni.

pitecàntropo [comp. del gr. *píthēkos* 'scimmia' (V. *pitecia*) e *ánthrōpos* 'uomo' (V. *antropo-*)] s. m. ● Tipo fossile, partecipe delle caratteristiche fisiche delle scimmie antropomorfe e dell'uomo, i cui resti furono rinvenuti in isole dell'Indonesia.

pitècia [dal gr. *píthēkos* 'scimmia', di origine indeur.] s. f. (pl. *-cie*) ● Scimmia dell'Amazzonia con lunga coda non prensile, pelame abbondantissimo e ondulato (*Pithecia monachus*).

pitecòide [comp. del gr. *píthēkos* 'scimmia' e *-oide*] agg. ● (*lett.*) Che mostra somiglianza con le scimmie.

†**pìteto** ● V. *epiteto*.

pìtia ● V. *pizia*.

pitiàmbico o **piziàmbico** [comp. del gr. *pýthios* 'pizio' e *iambikós* 'giambico'] agg. (pl. m. *-ci*) ● Detto di sistema strofico della poesia classica, formato da un esametro dattilico e da un dimetro o trimetro giambico.

pìtico [vc. dotta, lat. *Pȳthicu(m)*, nom. *Pȳthicus*, dal gr. *Pythikós*, da *Pythṓ*, ant. n. di Delfo ove sorgeva il santuario di Apollo] agg. (pl. m. *-ci*) ● Relativo ad Apollo Pizio.

pitirìași [vc. dotta, gr. *pityríasis*, da *pítyra* 'crusca', di etim. incerta, per il suo aspetto] s. f. ● (*med.*) Affezione della pelle caratterizzata da chiazze rosa o rosse e abbondante desquamazione.

pitoccàre [da *pitocco*] v. tr. e intr. (*io pitòcco, tu pitòcchi*; aus. *avere*) **1** Mendicare, accattare. **2** (*fig.*) Chiedere con insistenza, piangendo miseria e umiliandosi: *p. un favore, una raccomandazione*.

pitoccherìa s. f. **1** (*spreg.*) Condizione di chi è pitocco. **2** Azione o comportamento da pitocco.

pitocchétto [da *pitocco*, perché si punta poco per volta (?)] s. m. ● Gioco a carte in cui vince chi fa 35 punti dello stesso colore.

pitòcco [gr. *ptōchós* 'mendicante, povero'; di etim. incerta] s. m.; anche agg. (f. *-a*; pl. m. *-chi*) **1** (*raro*) Pezzente, mendicante, accattone. **2** (*fig.*) Tirchio, taccagno: *fare il p.*; *essere un p.* ‖ **pitocchétto**, dim. | **pitocchìno**, dim. | **pitoccóne**, accr.

pitòmetro [dal n. dell'ideatore H. *Pitot* (1695-1771) con il suff. *-metro*] s. m. ● (*fis.*) Strumento composto di due tubi, uno diretto nella direzione del moto di un fluido e uno perpendicolare a esso; serve a determinare la velocità del fluido tramite la misura della differenza di pressione fra i due tubi.

pitóne (**1**) [vc. dotta, lat. *Pythōne(m)*, nom. *Pȳthon*, dal gr. *Pýthōn*, n. di un serpente ucciso da Apollo, di etim. incerta] s. m. **1** Genere di serpenti dei Pitonidi arboricoli e non velenosi, lunghi fino a 10 m, di cui sono note diverse specie viventi nei paesi tropicali (*Python*). **2** (*est.*) Pelle conciata del serpente omonimo, usata per confezionare articoli di abbigliamento: *scarpe, borsetta di p.*

†**pitóne** (**2**) [vc. dotta, lat. tardo *pythōne(m)*, detto così perché ispirato da Apollo *Pizio* (V. *pizio*)] s. m. (f. *-essa*) ● Indovino | Ossesso.

pitonéssa o †**pitonìssa** [vc. dotta, lat. tardo *pythonīssa(m)*, f. di *pȳthon* 'indovino', detto così perché ispirato da Apollo *Pizio* (V. *pizio*)] s. f. **1** Pizia, sacerdotessa di Apollo. **2** (*fig.*) Chiromante, indovina.

pitònico [vc. dotta, lat. tardo *pythōnicu(m)*, agg. di *pȳthon* 'indovino'. V. *pitonessa*] agg. (pl. m. *-ci*) **1** Relativo alla Pizia, profetessa di Apollo. **2** (*est.*, *raro*) Divinatore: *spiriti pitonici*.

Pitònidi [vc. dotta, comp. di *piton(e)* e *-idi*] s. m. pl. ● Nella tassonomia animale, famiglia di Ofidi, affini ai Boidi, comprendenti anche specie gigantesche, le cui femmine incubano le loro uova acciambellandosi attorno a esse (*Pythonidae*) | (al sing. *-e*) Ogni individuo di tale famiglia.

†**pitonìssa** ● V. *pitonessa*.

pitòsforo ● V. *pittosporo*.

pitressìna [var. di (*vaso*)*pressina* (di non chiara identificazione la prima parte del composto)] s. m. ● (*biol.*) Vasopressina.

pit stop /*ingl.* 'pit stɔp/ [loc. ingl., propr. 'arresto (*stop*) in una fossa (*pit*)'] loc. sost. m. inv. (pl. ingl. *pit stops*) ● (*sport*) Nelle competizioni motoristiche, fermata ai box.

pittàre (**1**) [lat. parl. **pictāre*, da *pĭctus* (V. *pittura*)] v. tr. ● (*merid.*) Dipingere, pitturare.

pittàre (**2**) [vc. di origine genov.: 'beccare'] v. tr. ● (*dial.*) Riferito ai pesci, dare strappi all'amo senza abboccare.

pittière [da *petto*] s. m. ● (*raro*, *lett.*) Pettirosso.

pìttima (**1**) [etim. incerta] s. f. ● Uccello dei Caradriformi con lunghe zampe ed esile becco diritto (*Limosa limosa*).

pìttima (**2**) [stessa etim. di *epitema*] s. f. **1** Impiastro, cataplasma. **2** (*fig.*) Persona importuna, lagnosa, insistente o petulante | *P. veneziana*, persona incaricata di rammentare spesso il debito al debitore | (*est.*) Persona avara.

pittografìa [ingl. *pictography*, comp. del lat. *pĭctus*, part. pass. di *pĭngere* 'dipingere' e *-graphy* '-grafia'] s. f. ● Sistema di scrittura che utilizza disegni figurativi al fine della comunicazione scritta.

pittogràfico agg. (pl. m. *-ci*) ● Detto di scrittura i cui segni figurativi comunicano contenuti o descrivono oggetti senza ricorrere alla forma fonetica della frase. ‖ **pittograficaménte**, avv. Mediante la pittografia.

pittogràmma [comp. del lat. *pĭctus*, part. pass. di *pĭngere* 'dipingere' e *-gramma*] s. m. (pl. *-i*) ● Disegno di vario tipo, in uno o più colori, che riproduce il contenuto di un messaggio senza riferirsi ad alcuna forma linguistica parlata.

pittóre [lat. *pictōre(m)*, da *pĭctus*, part. pass. di *pĭngere* 'dipingere'] s. m. (f. *-trice*, †*-essa*, spreg.) **1** Chi conosce ed esercita l'arte del dipingere, come attività professionale o per diletto: *p. di ritratti, di paesaggi, di nature morte*; *p. delicato, originale, di maniera*; *p. astrattista, futurista, informale, figurativo*. **2** Decoratore, imbianchino. **3** (*fig.*) Scrittore che dà descrizioni molto vive ed efficaci. ‖ **pittorèllo**, dim. | **pittorìno**, dim. | **pittorùccio**, dim. | **pittorùcolo**, spreg.

pittorésco A agg. (pl. m. *-schi*) **1** (*raro*) Di pittore. **2** (*est.*) Di paesaggio, scena, veduta e sim. aventi caratteristiche di colore e di composizione particolarmente vivaci ed espressive: *panorama, luogo p.* **3** (*fig.*) Di qualsiasi espressione, anche non pittorica, che ha caratteristiche di efficace vivacità ed evidenza: *stile, linguaggio p.*; *modo di parlare p.*; *si esprime con frasi pittoresche*. ‖ **pittorescaménte**, avv. **B** s. m. solo sing. ● Ciò che è pittoresco: *ricerca del p.*

pittorialìșmo [ingl. *pictorialism*, deriv. di *pictorial* 'pittorico'] s. m. ● Tendenza caratteristica dei primi anni di diffusione della fotografia, che punta all'imitazione, mediante vari effetti, dei ritratti pittorici.

pittoricìșmo s. m. **1** Ricerca del pittoresco, spec. in letteratura. **2** In pittura, la prevalenza espressiva del colore e delle immagini sulle altre componenti dell'opera: *il p. veneziano del Cinquecento*. CONTR. Linearismo.

pittoricità s. f. ● Qualità di ciò che è pittorico.

pittòrico [da *pittore*] agg. (pl. m. *-ci*) **1** Di pittura, relativo alla pittura: *stile p.* **2** (*fig.*) Che ha potenza o tecnica espressiva analoga a quella della pittura, che ottiene effetti di pittura: *linguaggio, stile p.*; *efficacia, vivacità pittorica*. ‖ **pittoricaménte**, avv. Per quanto si riferisce alla pittura.

pittòsporo o (*evit.*) **pitòsforo** [comp. del gr. *pítta* 'pece' (di origine indeur.) e *-sporo*: detto così dalla polpa resinosa che racchiude i semi] s. m. ● Pianta ornamentale, arbusto con foglie persistenti lucide e fiori bianchi molto profumati, resistente alla salsedine, molto diffuso nei centri balneari (*Pittosporum tobira*).

pittùra [lat. *pictūra(m)*, da *pĭctus*, part. pass. di *pĭngere* 'dipingere'] s. f. **1** Arte, tecnica, attività del dipingere: *studiare, insegnare p.*; *corso, scuola di p.*; *p. a olio, a tempera, a guazzo, ad acquerello*; *p. su tela, legno, ceramica* | *P. di genere*, rappresentazione pittorica a carattere profano che illustra, senza intenzioni simboliche o celebrative, scene ed episodi della vita quotidiana | (*est.*) Scuola pittorica: *la p. italiana del Trecento*; *p. astratta, figurativa* | (*est.*) Opera pittorica: *ha esposto le sue pitture*; *una p. del Caravaggio*. **2** (*fig.*) Descrizione o rappresentazione non pittorica, ricca di colore, di vivacità e di espressività: *ciò che colpisce nel romanzo è la p. dei caratteri*; *una fedele p. dei costumi dell'epoca*. **3** (*pop.*) Vernice: *dare una mano di p. a q.c.* **4** (*fam.*) Belletto, trucco: *faccia piena di p.* ‖ **pitturàccia**, pegg. | **pitturétta**, dim.

pitturàre [da *pittura*] **A** v. tr. **1** Dipingere: *p. un quadro* | (*fam.*) *Pitturarsi il viso, gli occhi* e sim., truccarsi. **2** Ricoprire di vernice o di tinta: *p. una carrozza, lo steccato, le pareti di una stanza*. **B** v. rifl. ● (*fam.*) Truccarsi, imbellettarsi.

pitturazióne [da *pitturare*] s. f. ● Tinteggiatura, verniciatura.

pitùita o **pituìta** [lat. *pituīta(m)* 'gomma, resina', poi 'muco', da *pīnus* 'pino'] s. f. ● (*raro*) Flusso, catarro.

pituitàrio agg. ● (*anat.*) Della pituita | *Ghiandola pituitaria*, ipofisi.

più o (*pop.*, *tosc.*) †**piùe** [lat. *plūs*, dalla stessa radice di *plēnus* 'pieno'] **A** avv. **1** In maggiore quantità, in maggiore misura o grado (se posposto al v. può introdurre una prop. compar., se è seguito da un agg. o da un avv. forma il compar. di maggioranza, mentre, se in tali condizioni è preceduto dall'art. det., forma il superl. rel.; il secondo termine di paragone può essere espresso o sottinteso): *ciò è quello che più interessa*; *queste sono le cose che più amo*; *devi studiare più di quanto tu ora non faccia*; *questo ragazzo si è fatto più maturo*; *l'estate è stata quest'anno più calda*; *sarà un'impresa più difficile*; *cerca di fare più rapidamente*; *verrò più raramente*; *è più tardi di quanto pensassi*; *il diamante è più duro di ogni altra pietra*; *è il più intelligente dei miei collaboratori*; *tu sei il più abile di tutti*; *è il più buono degli uomini*; *torna il più presto possibile* | *Più che*, premesso ad agg. e avv. dà loro valore di superl. ass.: *è più che onesto*; *hai fatto più che tardi* | *Più o meno*, *poco più poco meno*, quasi, circa: *può riuscire più o meno simpatico*; *costerà due milioni, poco più, poco meno* | In correl. con 'meno': *più insisti e meno ottieni*; *più ci penso e meno mi convinco*; *chi più, chi meno, daranno tutti la loro offerta* | Con altri avv. di quantità: *pesa poco più di un quintale*; *costa molto più* | *Di più*, in maggior misura: *costa molto di più*; *lavora di più e parla di meno*; *l'ho pagato di più* | *Né più né meno*, proprio, per l'appunto: *è accaduto né più né meno quello che avevo previsto* | *Tanto più*, *molto più*, *ancor più*, a maggior ragione: *ho sempre diffidato di lui, tanto più ora, dopo quanto è accaduto* | †*Senza più*, senza indugio | In espressioni correl.: *più la guardo e più mi piace*; *più ci penso e meno mi ricordo*. CONTR. Meno. **2** Oltre (in frasi negative indica cessazione, fine, esaurimento di q.c., di un'azione, di un fatto): *non parlo più*; *non disse più niente*; *non voglio più vederlo*; *non lo incontrerò più* | (con valore raff.) *Mai più*: *non parlarne mai più* | *Non poterne più*, essere all'estremo della sopportazione: *ho camminato tanto che non ne posso più* | *Niente* (*di*) *più*, nient'altro: *è un amico e niente più* | *Per di più*, inoltre: *è antipatico e per di più maleducato* | *A più non posso*, (*fam.*) quanto più è possibile: *correre, gridare a più non posso*. **3** Indica addizione nell'operazione matematica: *due più tre fa cinque*; *quattro più tre è uguale a sette* | Indica aggiunta, sovrappiù nelle misurazioni: *due kilogrammi più due etti* | Nelle misurazioni della temperatura, indica temperature superiori a zero gradi centigradi: *la minima registrata nella notte è di più uno* | Nelle votazioni scolastiche indica eccedenza: *nell'ultima prova scritta ha preso sette più* | *In più*, *di più*, indica eccedenza rispetto all'aspettativa: *ha avuto una carta di più*; *mi ha dato cento lire in più di resto* | Contrapposto a 'meno': *uno più, uno meno non cambia niente*; *starò via un mese, giorno più giorno meno*. CONTR. Meno. **B** prep. ● Oltre a, con l'aggiunta di: *questa volta verremo io e mia moglie più mio figlio*; *il suo stipendio è di lire ottocentomila più gli straordinari*. **C** agg. **1** Maggiore in quantità: *ha fatto più punti di te*; *ci vuole più denaro*; *ho impiegato più tempo del* *previsto*; *oggi ho più lavoro del solito*. CONTR. Meno. **2** Maggiore in numero o misura: *oggi c'è più gente*; *più persone vengono e meglio è*; *mi ha trattato con più gentilezza*; *ormai lui ha più pratica di te* | *La più parte*, la maggior parte: *la più parte degli interpellati è stata contraria* | *A più tardi!*, formula di saluto che si rivolge a persona che si prevede di incontrare in giornata. **3** Più di uno, parecchi, molti: *ho viaggiato più mesi*; *si è discusso per più giorni*; *l'ho ripetuto più e più volte*; *la febbre mi ha tenuto a letto più giorni*. **4** Con valore neutro in espressioni ellittiche: *ho riscosso più di te*; *ci vorrà un'ora e più*; *tutto sarà pronto entro due settimane, non più*; *più di così non potevo fare* | *Essere da più*, essere superiore: *io sono da più di te*. CONTR. Meno. **D** in funzione di s. m. **1** La maggior cosa (con valore neutro): *cerca di ottenere il più possibile*; *il più è incominciare* | La maggior parte (spec. contrapposto a 'meno'): *il più è fatto*; *il più delle volte ho sbagliato* | *Il di più*, il superfluo, quello che avanza | *Parlare del più e del meno*, di cose non importanti, passando da un argomento ad un altro senza impegno | *Dal più al meno*, all'incirca: *saranno dal più al meno tre settimane* | †*Il numero del più*, il plurale | *Al più, tutt'al più*, al massimo: *saranno al più duemila lire* | V. anche *perlopiù, tutt'al più*. CONTR. Meno. **2** Il simbolo dell'addizione o di una quantità positiva: *premetti il segno del più*. CONTR. Meno. **3** La maggioranza (sempre preceduto dall'art. det. pl.): *i più non sono d'accordo*; *questa è l'opinione dei più*; *i più si sono astenuti* | (*pop.*) *Passare nel numero dei più*, (*euf.*) morire. CONTR. Meno || PROV. Il più conosce il meno.

piuccheperfètto [da *più che perfetto*: calco sul lat. tardo *plūs quăm perfĕctum*] s. m. ● (*ling.*) Tempo verbale esprimente un'azione del passato anteriore a un'altra espressa in una forma del passato.

†piùe ● V. *più*.

piùma [lat. *plūma(m)*, di origine indeur.] **A** s. f. **1** Penna più corta e più morbida, che riveste gli uccelli: *materasso, guanciale di p.* | *Leggero come una p.*, leggerissimo | (*est.*) Ala, penna (*anche fig.*): *le piume del desiderio*. **2** Lanugine, peluria | *Mettere le prime piume*, la prima barba. **3** (*al pl., lett.*) Letto, cuscino di piume: *stendersi, adagiarsi sulle piume*. **4** (*fig., poet.*) Comodità, agi: *seggendo in p., / in fama non si vien* (DANTE *Inf.* XXIV, 47-48). **B** in funzione di agg. inv. ● (posposto al s.) Solo nella loc. *peso p.*, nel pugilato, nella lotta, nella pesistica, una delle categorie di peso più leggere in cui sono suddivisi gli atleti. **C** s. m. inv. ● (*sport*) Peso piuma. || **piumétta**, dim. (V.) | **piumettìna**, dim. | **piumolìna**, dim.

†piumàccio o **†primàccio** [lat. tardo *plumācĭu(m)*, detto così perché riempito di piume (lat. *plūma*)] s. m. **1** Guanciale di piume. **2** (*mar.*) Paglietto turafalle. || **†piumaccétto**, dim. | **†piumacciuòlo**, dim.

piumàggio [fr. *plumage*, da *plume* 'piuma'] s. m. ● Insieme delle penne e delle piume che rivestono un uccello.

piumàio s. m. ● Chi lavora la piuma da letto o da ornamento.

†piumàre v. tr. ● Privare delle piume.

piumàto agg. ● Coperto od ornato di piume: *cappello p.*

piumétta s. f. **1** Dim. di *piuma*. **2** Porzione superiore della piantina nell'embrione vegetale.

piumìno [da *piuma*] s. m. **1** Negli uccelli, l'insieme delle piume, più piccole delle penne di contorno e con barbe libere, che limitano la dispersione del calore. **2** Grosso guanciale imbottito di piume, che si pone sulla coperta ai piedi del letto | Saccone di piume che, spec. nei paesi nordici, viene usato come coperta. **3** Giubbotto di materiale gener. impermeabile, imbottito di piuma d'oca. **4** Specie di batuffolo di piume di cigno o d'oca usato per darsi la cipria. **5** Ciuffo di piume fissate a un sottile bastone, usato per spolverare i mobili. **6** Proiettile per fucile ad aria compressa, con punta metallica e minuscolo ciuffo di piume posteriore.

piumóne [da *piuma*] s. m. **1** Nome commerciale di una trapunta imbottita di materiale sintetico o di piume, da infilarsi in un'apposita fodera che sostituisce il lenzuolo. **2** Specie di cappotto o giaccone di materiale gener. impermeabile, imbottito di piuma d'oca.

piumosità s. f. ● Qualità di ciò che è piumoso.

piumóso [vc. dotta, lat. *plumōsu(m)*, da *plūma* 'piuma'] agg. ● Coperto o pieno di piume | (*fig.*) Leggero o soffice o morbido come piuma.

piumòtto [da *piuma* col suff. di (*giubb*)*otto*] s. m. ● Giubbotto, giaccone impermeabile imbottito di piume d'oca o di materiale sintetico.

†piuòlo ● V. *piolo*.

piùria o **piurìa** [comp. di *pi(o)*- e -*uria*] s. f. ● (*med.*) Emissione di pus con le urine.

piuttòsto o **più tòsto** nel sign. A 3 [comp. di *più* e *tosto* 'presto'] **A** avv. **1** Più facilmente, più spesso: *qui piove p. in primavera che in autunno*; *fa p. caldo che freddo* | A preferenza, più volentieri: *prenderei p. una bevanda calda* | *O p.*, o meglio: *ti scriverò per informarti, o p. verrò io direttamente*; *facciamo così, o p. in quest'altro modo*. **2** Alquanto: *oggi mi sento p. stanco*; *ha dei gusti p. discutibili*; *è un uomo p. irascibile* | Abbastanza: *p. bene*; *p. male*. **3** †Più presto. **B** nelle loc. cong. *p. di, p. che* ● Anziché (introduce una prop. compar. con il v. al congv. o all'inf.): *preferisco che muoia p. che tradisca*; *fa mille cose p. che studiare*; *p. di cedere voglio andare in rovina!* | Con ell. del v.: *p. la morte*; *p. la miseria!*

†piuvicàre [dal lat. parl. **plubicāre*, metatesi di *publicāre* 'pubblicare'] v. tr. ● Pubblicare.

†piuvicatóre [lat. parl. **plubicatōre(m)*, per il lat. tardo *publicatōre(m)*. V. *pubblicatore*] s. m. ● Pubblicatore.

†piùvico [lat. parl. **plūbicu(m)*, per il classico *pūblicu(m)* 'pubblico'] agg. ● Pubblico.

piva [lat. parl. **pīpa(m)*, da *pipīre* 'pigolare', di origine onomat.] s. f. ● Cornamusa | *Tornarsene con le pive nel sacco*, (*fig.*) avendo concluso poco, delusi e scornati. || **pivétta**, dim.

pivèllo [dim. di †*pivo* (V.)] s. m. (f. -*a*) **1** Novellino, principiante. **2** Giovincello pretenzioso e vanesio. || **pivellìno**, dim.

piviàle o **pievìale** [lat. mediev. *pluviāle*, propriamente '(mantello) da pioggia', nt. sost. del lat. *pluviālis*, agg. di *plŭvia* 'pioggia'] s. m. ● Paramento sacro cattolico costituito da un lungo mantello aperto davanti e trattenuto sul petto da un fermaglio, usato nella benedizione e in altre cerimonie.

pivière (1) [dal lat. *plŭvia* 'pioggia', perché arriva verso la stagione delle piogge] s. m. ● Uccello dei Caradriformi di piccole dimensioni con becco corto e lunghe ali a punta (*Charadrius*) | *P. dorato*, bruno a macchie dorate, ottimo volatore (*Charadrius apricarius*).

†pivière (2) o **†piovière** [da *pieve*] s. m. ● (*tosc.*) Pieve | Popolo o giurisdizione di una pieve.

pivierèssa [f. di *piviere (1)*] s. f. ● Piccolo uccello dei Caradriformi che vive lungo le coste del mare e delle lagune, volatore molto resistente, di passo in Italia (*Squatarola squatarola*). SIN. Squatarola.

†pìvo [da *piva*, nell'uso metaforico di 'membro virile'] s. m. (f. -*a* nel sign. 1) **1** Giovane azzimato. **2** Invertito, cinedo. || **†pivétto**, dim. | **pivèllo**, dim. (V.).

pivot /*fr.* pi'vo/ [fr., uso metaforico di *pivot* 'perno' (di etim. incerta) perché questo giocatore fa perno su un piede per passare o tirare] s. m. inv. ● Nella pallacanestro, giocatore che costituisce il perno dell'attacco, col compito principale di andare a canestro o conquistare la palla sui rimbalzi.

pivotànte [fr. *pivotant*, part. pres. di *pivoter* 'girare intorno a un perno', da *pivot* 'perno' (V. *pivot*)] agg. ● (*tecnol.*) Detto di organo che può girare in tutte le direzioni in quanto montato su un perno.

pixel /'piksel, *ingl.* 'piksəl/ [vc. ingl., comp. di *pix* (pl. di *pic*, abbr. di *pic(ture)* 'immagine') ed *el(ement)*] s. m. inv. ● (*elab.*) In un dispositivo di visualizzazione digitale, ciascuno dei punti elementari che compongono l'immagine.

pìzia o **pitia** [vc. dotta, lat. *Pȳthia(m)*, nom. *Pȳthia*, dal gr. *Pythía* (*iéreia*) 'sacerdotessa di Apollo Pizio', f. sost. di *Pýthios* 'pizio'] s. f. ● Sacerdotessa e profetessa di Apollo in Delfi.

piziàmbico ● V. *pitiambico*.

pìzio [vc. dotta, lat. *Pȳthiu(m)*, nom. *Pȳthius*, dal gr. *Pýthios*, da *Pythṓ*, ant. n. di Delfi, ove sorgeva il santuario di Apollo] agg. ● Epiteto di Apollo.

pizza [etim. incerta] s. f. **1** Sottile focaccia di pasta lievitata, condita con olio, mozzarella, pomodoro, alici o altro e cotta in forno, specialità napoletana oggi diffusissima ovunque: *p. margherita, capricciosa, quattro stagioni*; *p. al prosciutto, ai funghi* | *P. a taglio*, venduta in porzioni rettangolari | (*est.*) Specie di focaccia rustica o di schiacciata, cotta in forno, con caratteristiche diverse a seconda del luogo di origine. **2** (*fig.*) Cosa o persona estremamente noiosa e monotona: *quel film è una p.*; *oggi sei proprio una p.* **3** (*gerg.*) Pellicola cinematografica custodita in una apposita scatola rotonda e piatta. || **pizzétta**, dim. | **pizzettìna**, dim.

pizzacchèrino [da *pizzo* 'becco'. Cfr. *beccaccia*] s. m. ● (*zool., dial.*) Beccaccino reale.

†pizzaguèrra [comp. di *pizzare* 'urtare' e *guerra*] s. m. ● Attaccabrighe.

pizzaiòlo [da *pizza*] s. m. (f. -*a*) **1** Chi fa le pizze | Gestore di pizzeria. **2** Loc. avv. *alla pizzaiola*, di carne cotta in intingolo di pomodoro, aglio e origano.

pizzàrda [da *pizzo* 'punta, becco'. Cfr. *beccaccia*] s. f. **1** (*zool., dial.*) Beccaccia. **2** Cappello a due punte, portato dalle guardie municipali romane nell'Ottocento.

pizzardóne [da *pizzarda*] s. m. ● (*rom.*) Vigile urbano (*spec. scherz.*).

pizzàre [da avvicinare a *pizzo* 'punta, becco'] v. tr. e intr. (aus. *avere*) **1** †Pungere, pizzicare, pinzare. **2** (*mar.*) Urtare, investire per errata manovra contro un'altra nave o contro una banchina.

pizzerìa [da *pizza*] s. f. ● Locale pubblico in cui si preparano e si servono pizze e, spesso, altri piatti freddi o caldi.

pizzicàgnolo [detto così perché vende cibi *pizzicanti*] s. m. (f. -*a*) ● Venditore al minuto di salumi, formaggi, e sim. SIN. Salumiere.

pizzicaiòlo ● V. *pizzicarolo*.

pizzicaménto s. m. ● Modo e atto del pizzicare.

†pizzicamòrto [comp. di *pizzica(re)* e *morto*. V. *beccamorto*] s. m. ● Beccamorto.

pizzicànte part. pres. di *pizzicare*; anche agg. ● Nei sign. del v.

†pizzicaquistióni [comp. di *pizzica(re)* e il pl. di *questione*] s. m. ● Attaccabrighe.

pizzicàre [ints. di *pizzare*] **A** v. tr. (*io pìzzico, tu pìzzichi*) **1** Stimolare col proprio sapore piccante o frizzante: *le bevande gassate pizzicano la lingua* | (*raro, est.*) Solleticare: *un cibo che pizzica il palato*. **2** Prendere o stringere, accostando la punta del pollice e dell'indice: *p. l'uva chicco a chicco* | *P. un braccio, il collo*, dare un pizzicotto sul braccio, sul collo | (*est.*) Prendere e stringere col becco: *il pappagallo mi ha pizzicato un dito*. **3** Pungere, pinzare: *le zanzare mi hanno pizzicato una guancia*; *l'ha pizzicato una vespa*. **4** (*mus.*) Far vibrare la corda, stringendola tra il pollice e le due dita vicine. **5** (*pop.*) Cogliere sul fatto: *i carabinieri lo hanno pizzicato mentre fuggiva con la refurtiva* | Catturare: *sono riusciti a pizzicarlo*. **6** (*fig.*) Punzecchiare, stuzzicare: *p. qc. con parole ironiche, motti salaci*. **B** v. intr. (aus. *avere*) **1** Sentire prurito, pizzicore: *mi pizzica il palato* | *Sentirsi p. le mani*, (*fig.*) aver voglia di picchiare qc. **2** Essere piccante: *formaggio che pizzica*. **3** (*fig.*) Avere sentore: *questo discorso pizzica di insolenza*. **C** v. rifl. rec. ● Punzecchiarsi, scambiarsi frasi pungenti: *quei due si pizzicano di continuo*.

pizzicaròlo o (*raro*) **pizzicaiòlo**, **pizzicaruòlo** [V. *pizzicagnolo*] s. m. (f. -*a*) **1** †Droghiere, speziale. **2** (*merid.*) Pizzicagnolo, salumiere.

pizzicàta [da *pizzicare*] s. f. ● Pizzico: *dare una p.*; *prendere una p. di tabacco*.

pizzicàto **A** part. pass. di *pizzicare*; anche agg. ● Nei sign. del v. **B** s. m. ● (*mus.*) Modo di suonare strumenti a corde facendole vibrare con la punta delle dita | Brano di musica eseguito col pizzicare.

pizzicherìa [V. *pizzicagnolo*] s. f. ● Bottega del pizzicagnolo | Generi di salumeria.

pizzichìno [da *pizzicare*] agg. ● (*fam.*) Frizzante: *acqua pizzichina* | Piccante: *salsa pizzichina*.

pìzzico [da *pizzicare*] s. m. (pl. -*chi*) **1** Atto, effetto del prendere e stringere q.c., spec. una parte molle del corpo, tra la punta delle dita: *dare un p. sulla gota*. **2** Quantità di roba, spec. in polvere, che si può prendere in una volta con la punta delle dita ravvicinate: *un p. di sale, di tabacco, di farina* | (*est.*) Piccola quantità (*anche fig.*): *mettici poco* *zucchero, appena un p.*; *avere solo un p. d'erudizione* | *Non avere un p. di buon senso*, esserne del tutto sprovvisti. *3* Morso o pinzata d'insetto e il segno che ne resta: *il p. dell'ape è molto doloroso*; *sono pieno di pizzichi di zanzare*. || **pizzicòtto**, accr. (V.).

pizzicóre [da *pizzicare*] s. m. *1* Sensazione prodotta da ciò che è piccante, frizzante e sim.: *lo spumante mi dà p. al naso* | Senso di prurito: *sentire un forte p.* | *P. alle mani*, (*fig.*) voglia di menar botte a qc. SIN. Prurigine. *2* (*fig.*) Desiderio o voglia improvvisa e capricciosa: *il p. di conoscere cose nuove* | (*euf.*) Stimolo sensuale. SIN. Capriccio, uzzolo. || **pizzicorino**, dim.

pizzicottàre [da *pizzicotto*] **A** v. tr. (*io pizzicòtto*) ● Prendere a pizzicotti: *p. un bambino paffuto* | (*raro*) *P. il cavallo*, con la frusta. **B** v. rifl. rec. ● (*raro*) Darsi pizzicotti.

pizzicòtto s. m. *1* Accr. di *pizzico*. *2* Forte pizzico, dato con le dita, con intenzione affettuosa, per grossolano complimento e sim.: *i pizzicotti mi danno fastidio*. || **pizzicottino**, dim.

pìzzo [vc. di origine espressiva] s. m. *1* Punta o estremità appuntita di q.c.: *p. dello scialle* | (*dial.*) Sommità di una montagna: *il Pizzo dei Tre Signori*. *2* Merletto, trina: *il p. di una camicetta*; *sottoveste col p.* *3* Barbetta a punta, sul solo mento | (*al pl.*) Basette a punta. *4* (*merid.*) Forma di tangente estorta dalle organizzazioni mafiose e camorristiche a negozianti, imprenditori ecc. || **pizzétto**, dim. | **pizzóne**, accr.

pizzòcchero [etim. incerta] s. m. (f. *-a* nel sign. 1) *1* (*dial.*) Pinzochero. *2* (*spec. al pl.*) Tagliatelle a base di farina di grano saraceno, specialità della Valtellina.

pizzutèllo [da *pizzo* 'punta', per la forma allungata degli acini] s. m. ● Varietà di uva da tavola di media maturazione con acini lunghi, arcuati, molto dolci. SIN. Uva corniola.

pizzùto [da *pizzo*] agg. ● (*merid.*) Aguzzo, appuntito | *Viso p.*, imbronciato.

placàbile [vc. dotta, lat. *placābile(m)*, da *placāre* 'placare'] agg. *1* Che si può o si deve placare. CONTR. Implacabile. *2* (*lett.*) Che placa, che è atto a pacificare, a mitigare. || **placabilménte**, avv.

placabilità [vc. dotta, lat. *placabilitāte(m)*, da *placābilis* 'placabile'] s. m. ● (*raro*) Qualità di chi, di ciò che è placabile.

placaménto [vc. dotta, lat. *placamĕntu(m)*, da *placāre* 'placare'] s. m. ● (*raro*) Modo e atto del placare.

placàre [vc. dotta, lat. *placāre*, di etim. incerta] **A** v. tr. (*io plàco, tu plàchi*) ● Rendere calmo, quieto, tranquillo: *p. l'ira di qc.*; *p. la tempesta* | Mitigare, sedare: *p. gli stimoli della fame, gli accessi di pianto*. CONTR. Eccitare, irritare. **B** v. intr. pron. *1* Farsi calmo, ricondursi alla tranquillità: *dagli il tempo di placarsi, poi riprenderai la discussione*. SIN. Quetarsi, tranquillarsi. *2* Diventare calmo e tranquillo: *le onde si placarono e il sole splendette di nuovo* | Mitigarsi: *spero che il dolore si placherà perché è veramente insopportabile*.

placativo agg. ● (*raro*) Atto a placare. SIN. Sedativo.

placàto part. pass. di *placare*; anche agg. ● Nei sign. del v.

placatóre agg.; anche s. m. (f. *-trice*) ● (*raro*) Che, chi placa.

†**placazióne** [vc. dotta, lat. *placatiōne(m)*, da *placātus* 'placato'] s. f. ● Atto, effetto del placare.

plàcca [fr. *plaque*, dev. di *plaquer* 'placcare'] s. f. *1* Lastra o lamina sottile di metallo, di varia dimensione, adatta a usi diversi: *ricoprire q.c. con una p. d'argento, d'oro*; *incidere il proprio nome su una p. cromata*. *2* Piastra metallica, recante incise varie indicazioni, usata come stemma, mezzo di riconoscimento e sim. *3* Piastra di un accumulatore. *4* Elettrodo o potenziale positivo in un tubo termoelettronico. *5* Nel linguaggio alpinistico, tratto di parete rocciosa privo di appigli. *6* (*region.*) Teglia rettangolare: *una p. di lasagne al forno*. *7* (*med.*) Formazione cutanea o mucosa, spec. di forma tondeggiante | *P. motrice*, formazione neuromuscolare con cui il nervo trasmette gli impulsi alla fibra muscolare striata | *P. del Peyer*, ammasso linfatico nella parete dell'intestino tenue | *P. batterica, dentaria*, materiale di origine spec. alimentare che, se non asportato regolarmente, si accumula sulla superficie dei denti favorendo la crescita dei batteri della carie. ➡ ILL. p. 364 ANATOMIA UMANA. *8* (*geol.*) Zolla: *tettonica a placche*. || **placchétta**, dim. (V.).

placcàggio [fr. *placage*, da *plaquer* 'placcare' (V. *placcare*)] s. m. ● Nel rugby, l'azione di arrestare un avversario in corsa e in possesso della palla, afferrandolo alle gambe o alla cintura.

placcàre [fr. *plaquer*, dal medio ol. *placken* 'rattoppare, incollare', da *plak* 'toppa, colpo', di origine espressiva] v. tr. (*io plàcco, tu plàcchi*) *1* Rivestire di una lamina sottile d'oro o d'argento un metallo meno prezioso o comune. *2* Nel rugby, arrestare mediante placcaggio: *p. un avversario*.

placcàto part. pass. di *placcare*; anche agg. ● Nei sign. del v.

placcatùra [da *placcato*] s. f. ● Rivestimento di un metallo comune con una lamina sottile d'oro o d'argento.

placchétta s. f. *1* Dim. di *placca*. *2* Bassorilievo di piccole dimensioni generalmente in bronzo e di forma rettangolare, con figure e ornamentazioni. *3* Nelle montature di occhiali, ciascuna delle due alette che poggiano ai lati del naso.

placèbo /*lat.* pla'tʃɛbo/ [prima pers. fut. del lat. *placēre* 'piacere': 'io piacerò'] **A** s. m. inv. ● (*farm.*) Ogni preparato privo di sostanze attive somministrato a un paziente con disturbi di origine non organica per suggestionarlo facendogli credere che si tratta di una cura reale, ovvero usato in sostituzione di un farmaco per misurarne l'azione farmacologica. **B** anche agg. inv. ● Nella loc. *effetto p.*, effetto psicologico o psicofisiologico prodotto da un placebo.

placènta [vc. dotta, lat. *placĕnta(m)* 'focaccia', dal gr. *plakôunta*, acc. di *plakôus*, da *plakóeis* 'in forma di vassoio', a sua volta da *pláx*, genit. *plakós* 'ogni superficie larga e piatta'] s. f. *1* (*anat.*) Annesso embrionale tipico degli Euteri; di forma variabile (nella specie umana è simile a un cilindro appiattito), garantisce i rapporti funzionali tra embrione e parete uterina | (*med.*) *P. previa*, V. *previo*. *2* (*bot.*) La parete più interna dell'ovario formita di nervatura nutritizia, alla quale sono attaccati gli ovuli.

placentàre agg. ● (*anat., bot.*) Di, relativo a, placenta.

Placentàti s. m. pl. ● (*zool.*) Euteri.

placentazióne s. f. *1* (*anat.*) Processo di formazione della placenta. *2* (*bot.*) Disposizione degli ovuli sulla placenta: *p. assile, marginale, mediana, parietale, centrale*.

placentifórme [comp. di *placenta* e *-forme*] agg. ● (*biol.*) Che ha forma di placenta.

placet /*lat.* 'platʃet/ [vc. lat., propriamente terza pers. sing. dell'indic. pres. di *placēre* 'piacere'] s. m. inv. ● (*dir.*) Formula con la quale negli Stati giurisdizionalisti si approvava la pubblicazione di documenti ecclesiastici o si concedeva l'esecuzione agli atti di provvista dei templi minori | (*est.*) Approvazione, beneplacito.

placidézza s. f. ● (*raro*) Placidità, spec. momentanea. CONTR. Irrequietezza.

placidità [vc. dotta, lat. *placiditāte(m)*, da *plăcidus* 'placido'] s. f. ● Qualità di chi o di ciò che è placido.

plàcido [vc. dotta, lat. *plăcidu(m)*, propriamente 'che piace', da *placēre* 'piacere'] agg. ● Completamente calmo e tranquillo: *mare p.*; *tono, carattere p.*; *un uomo p. e mite*; *distaccarsi dalle placide consuetudini di lunghi anni* (CROCE) | Libero da preoccupazioni o turbamenti: *ho trascorso una placida serata in famiglia*; *se ne stava p. in poltrona a leggere il giornale* | *P. tramonto*, (*fig.*) vecchiaia serena | *Vento p.*, leggero | *Morte placida*, senza agonia, non violenta. CONTR. Agitato, irrequieto. || **placidaménte**, avv.

†**placitàre** [da *placito*] v. tr. ● Intimare con decreto.

placitazióne [da *placet*] s. f. ● Nel diritto preconcordatario, istituto per cui era richiesto l'assenso dell'autorità civile, al fine di conferire efficacia nello Stato agli atti emessi dall'autorità ecclesiastica.

plàcito [vc. dotta, lat. *plăcitu(m)*, propriamente 'ciò che piace', poi 'parere, massima, precetto', da *placēre* 'piacere'] s. m. *1* Nell'epoca feudale, sentenza emanata da un'autorità giudiziaria | (*est.*) Pubblico giudizio concluso con una sentenza | (*est.*) Assemblea partecipante al giudizio | (*est.*) Documento contenente il verbale del giudizio e il testo della sentenza. *2* Opinione espressa da persona autorevole in materia di filosofia.

plàco- [dal gr. *pláx*, genit. *plakós* 'piastra' (V. *placenta*)] primo elemento ● In parole composte della terminologia scientifica significa 'piastra, squama': *placoide, placoforo*.

placodàle [da *placod(e)* col suff. *-ale (1)*] agg. ● (*anat.*) Relativo a placode.

placòde [vc. dotta, gr. *plakṓdēs* 'piatto'] s. m. ● (*anat.*) Ispessimento dell'ectoderma dal quale derivano strutture sensoriali e gangliari: *p. otico*.

Placodèrmi [comp. di *placo-* e *-derma*] s. m. pl. ● Nella tassonomia animale, classe di Pesci fossili paleozoici con dermascheletro che ricopre la metà anteriore del corpo (*Placodermi*).

Placòfori [comp. di *placo-* e *-foro*] s. m. pl. ● Nella tassonomia animale, classe di Molluschi marini con corpo depresso e conchiglia formata da otto piastre calcaree articolate fra loro (*Placophora*). SIN. Loricati | (al sing. *-o*) Ogni individuo di tale classe.

placòide [comp. di *placo-* e *-oide*] agg. ● Che ha forma di piastra | (*zool.*) *Squame placoidi*, formazioni dell'esoscheletro caratteristiche dei pesci Elasmobranchi.

plafonatùra s. f. ● Costruzione di un plafone | Il plafone stesso.

plafond /*fr.* pla'fɔ̃/ [vc. fr., 'soffitto, volta', propriamente 'fondo piatto', comp. di *plat* 'piatto' e *fond* 'fondo'] s. m. inv. *1* (*raro*) Soffitto. *2* (*aer.*) Tangenza. *3* (*fig.*) Limite massimo, massima capacità raggiungibile: *il p. del credito*; *il p. di un atleta*.

plafóne s. m. ● Adattamento di *plafond* (V.).

plafonièra s. f. ● Adattamento di *plafonnier* (V.).

plafonnier /*fr.* plafɔ'nje/ [da *plafond* 'soffitto'. V. *plafond*] s. m. inv. ● Lampada applicata contro il soffitto o in esso incassata.

plàga [vc. dotta, lat. *plăga(m)*, dalla stessa radice del gr. *pélagos* 'mare'. V. *pelago*] s. f. (pl. *†-ge*) *1* (*lett.*) Regione, zona della terra: *una p. fredda, calda, deserta, inospitale* | †Parte del cielo: *quindici stelle che 'n diverse plage / lo ciel avvivan di tanto sereno* (DANTE *Par.* XIII, 4-5). *2* †Spiaggia, lido.

plagàle [vc. dotta, lat. tardo *plagāle(m)*, da avvicinare al gr. *plágios* 'obliquo, degradante'] **A** agg. ● (*mus.*) Di modo o di tono collaterale di ciascun modo autentico nella musica liturgica | *Cadenza p.*, dal 4° grado alla tonica. **B** s. m. ● (*mus.*) Divisione dell'ottava in una quarta nel grave e in una quinta nell'acuto, come *do sol sol*.

plagère e *deriv.* ● V. *†piagere* e *deriv.*

plagiàre [vc. dotta, lat. tardo *plagiāre* 'rubare', da *plăgium* 'plagio'] v. tr. (*io plàgio*) *1* Assumere e spacciare come proprio, con plagio: *p. un verso di Orazio, un poema*. SIN. Copiare, contraffare. *2* (*dir.*) Commettere plagio su qualcuno: *è stata plagiata da quell'uomo*.

plagiàrio [fr. *plagiaire*, lat. *plagiāriu(m)* 'ladro di persone', poi 'plagiario', dal gr. *plágios*. V. *plagio*] agg.; anche s. m. (f. *-a*) ● Che, chi commette plagio.

plagiàto A part. pass. di *plagiare*; anche agg. ● Nei sign. del v. **B** s. m. (f. *-a*) ● Colui sul quale è stato commesso plagio.

plàgio [vc. dotta, lat. tardo *plăgiu(m)*, dal gr. *plágion*, nt. di *plágios* 'obliquo'] s. m. *1* Appropriazione, totale o parziale, di lavoro altrui, letterario, artistico e sim., che si voglia spacciare per proprio | (*est.*) Ciò che viene spacciato per proprio: *questo libro è un p.* *2* Nel diritto romano, comportamento criminoso di chi si impossessa dolosamente o fa commercio di un uomo libero o di uno schiavo altrui | Nel diritto penale moderno, illecito penale di chi assoggetta qc. al proprio potere, privandolo di ogni libertà di giudizio e di iniziativa; dal 1981 non costituisce più reato.

plàgio- [dal gr. *plágios* 'obliquo', di origine incerta] primo elemento ● In parole composte della terminologia scientifica indica posizione obliqua: *plagiocefalia, plagiotropismo*.

plagiocefalìa [comp. di *plagio-* e *-cefalia*] s. f. ● (*med.*) Malformazione del cranio dovuta a obliquità dell'asse principale.

plagioclàṣio [comp. di *plagio-* e del gr. *klásis* 'rottura'] s. m. • (*miner.*) Silicato alluminifero contenente sodio o potassio, in cristalli tabulari o prismatici di colore bianco o grigio, frequentemente geminati.

plagionite [ted. *Plagionit*, dal gr. *plágion*, nt. di *plágios* 'obliquo' (V. *plagio-*)] s. f. • (*miner.*) Solfuro doppio di piombo e antimonio, in rari cristalli di color grigio.

Plagiòstomi [comp. di *plagio-* e del gr. *stóma*, genit. *stómatos* 'bocca'] s. m. pl. (sing. *-a*) • (*zool.*) Selaci.

plagiotropiṣmo [comp. di *plagio-* e *tropismo*] s. m. • (*bot.*) Incurvamento di un organo vegetale dovuto spec. a stimoli luminosi.

plaid /pleid, *ingl.* plæd/ [vc. ingl., dallo scozzese *plaide*, di etim. incerta] s. m. inv. • Coperta o scialle di lana, a superficie morbida e pelosa con disegni a grandi quadri e a colori vivaci.

planaménto [da *planare* (*2*)] s. m. • (*aer.*) Atto del planare.

planàre (**1**) [vc. dotta, lat. tardo *planāre*(*m*), da *plānus* 'piano (1)'] agg. • Di forma piana.

planàre (**2**) [fr. *planer*, dal lat. *plānus* 'piano (1)'] v. intr. (aus. *avere*) **1** (*aer.*) Volare in discesa rispetto all'aria. **2** (*mar.*) Procedere, scivolando sul pelo dell'acqua per effetto della forte velocità, con una esigua parte della carena immersa, detto di imbarcazioni a vela o a motore dotate di speciale tipo di scafo.

planària [dal lat. *plānus* 'piano, piatto'] s. f. • Denominazione generica di animali invertebrati dei Platelminti, con corpo appiattito, che vivono nelle acque dolci e marine.

planarità [da *planare* (*1*)] s. f. • Qualità o condizione di ciò che è planare.

planàta s. f. • (*aer.*) Volo planante | *Traiettoria di p.*, quella percorsa da un aeromobile in discesa, spec. in avvicinamento e atterraggio.

planàto part. pass. di *planare*; anche agg. • Nei sign. del v.

plància [fr. *planche*, dal lat. tardo *plănca*(*m*) 'tavola, asse', f. di *plăncus* 'dai piedi piatti', da *plānus* 'piano (1)'] s. f. (pl. *-ce*) **1** Ponte di comando di una nave: *p. scoperta, coperta, corazzata* | *P. ammiraglia*, dove sta l'ammiraglio con il suo stato maggiore | *P. di comando*, dove stanno il comandante e l'ufficiale di guardia. **2** Passerella che permette di caricare o scaricare, salire o scendere, da una nave attraccata alla banchina. **3** (*tip.*) Copertina in carta stampata che viene incollata al cartone nella rilegatura dei libri.

plàncton o **plànkton** [fr. *plancton*, dal gr. *planktón*, nt. di *planktós* 'errante', da *plázein* 'andare errando', di origine indeur.] s. m. inv. • (*biol.*) L'insieme degli esseri viventi, animali e vegetali, fluttuanti nelle acque marine o dolci e incapaci di contrastare il movimento dell'acqua.

planctònico agg. (pl. m. *-ci*) • (*biol.*) Relativo al plancton: *vita planctonica* | Che costituisce il plancton: *organismo p.*

planetàrio [dal lat. *planēta* 'pianeta (1)'] **A** agg. **1** (*astron.*) Di pianeta, attinente ai pianeti | *Sistema p.*, l'insieme di tutti i pianeti. **2** (*mecc.*) Detto di moto risultante dalla composizione di una rotazione di un organo intorno al proprio asse e di una simultanea rotazione di tale organo intorno a un altro asse parallelo al proprio | *Ruota planetaria*, satellite | *Treno p.*, rotismo epicicloidale. **B** s. m. **1** Macchina che proietta la sfera celeste e i fenomeni che vi si possono osservare sulla parte interna di una cupola raffigurante la volta celeste | (*est.*) Locale in cui si fa tale proiezione. **2** (*mecc.*) Ingranaggio del differenziale negli autoveicoli.

planetòide [comp. del lat. *planēta* 'pianeta (1)' e *-oide*] s. m. **1** Piccolo pianeta ruotante intorno al Sole. **2** Pianeta artificiale.

planetologìa [comp. del lat. *planēta* 'pianeta (1)' e *-logia*] s. f. • (*astron.*) Studio dei pianeti, spec. delle loro caratteristiche superficiali.

planetològico agg. (pl. m. *-ci*) • (*astron.*) Di, relativo a, planetologia.

†**plàngere** • V. *piangere*.

plàni- o **plàno-** [dal lat. *plānus* 'piano (1)'] primo elemento • In parole composte della terminologia scientifica indica figura piana o rappresentazione in piano di cose (*planimetria, planisfero, planografia*), o aspetto piano, se si riferisce a organi animali e vegetali (*planipenni, planogamete*).

planigrafìa o **planografìa** nel sign. 2 [comp. di *plani-* e *grafia*] s. f. • (*med.*) Stratigrafia (2), tomografia.

planigràmma [comp. di *plani-* e *gramma*] s. m. (pl. *-i*) • (*med.*) Stratigramma, tomogramma.

planimetrìa [comp. di *plani-* e *-metria*] s. f. **1** Parte della geometria che tratta delle figure piane. **2** Parte della topografia che studia strumenti e metodi atti a rappresentare la proiezione di una zona di superficie terrestre su un piano. **3** Rappresentazione grafica in pianta di terreni o nuclei di fabbricati, ridotti in opportuna scala.

planimètrico agg. (pl. m. *-ci*) • Di, relativo a planimetria.

planìmetro [comp. di *plani-* e *-metro*] s. m. • Strumento che permette di misurare l'area di una figura piana, percorrendone il contorno con una punta.

Planipènni [comp. di *plani-* e *penna*] s. m. pl. • Nella tassonomia animale, ordine di Insetti degli Pterigoti i cui individui presentano metamorfosi completa, e le larve conducono vita terrestre (*Planipennia*) | (al sing. *-e*) Ogni individuo di tale ordine.

planiròstro [comp. di *plani-* e *rostro*] agg. • (*zool.*) Che ha il becco appiattito: *uccello p.*

planisfèro o †**planisfèrio** [comp. di *plani-* ed (*emi*)*sfero*] s. m. • Rappresentazione grafica piana di tutta la superficie terrestre in un solo disegno ottenuto con una proiezione di sviluppo, a scala da 1:20 milioni a 1:100 milioni.

planitùdine [vc. dotta, lat. tardo *planitūdine*(*m*), da *plānus* 'piano (1)', sul modello di *altitūdo*, genit. *altitūdinis* 'altitudine', *longitūdo*, genit. *longitūdinis* 'lunghezza' (V. *longitudine*) ecc.] s. f. • Condizione di una superficie piana.

planivolumètrico [comp. di *plani*(*metrico*) e *volumetrico*] agg. (pl. m. *-ci*) • Che riguarda contemporaneamente la planimetria e il volume: *rilievo p.*

†**planìzie** [vc. dotta, lat. *planĭtie*(*m*), da *plānus* 'piano (1)'] s. f. • Planitudine.

plànkton • V. *plancton*.

planning /*ingl.* 'plæniŋ/ [dal v. *to plan* 'progettare', den. di *plan* 'piano, disegno'] s. m. inv. **1** (*econ.*) Piano di lavoro molto dettagliato, che programma il raggiungimento di determinati obiettivi, tenendo conto delle risorse e dei tempi occorrenti. **2** (*est.*) Pianificazione, previsione attuata per raggiungere degli obiettivi prefissati | *P. familiare*, serie di misure prese per evitare gravidanze indesiderate.

plàno- • V. *plani-*.

planoconìdio [comp. di *plano-* e *conidio*] s. m. • (*bot.*) Zooconidio.

planogamète [comp. di *plano-* e *gamete*] s. m. • (*bot.*) Gamete mobile mediante ciglia o altri organi. SIN. Zoogamete.

planografìa [comp. di *plano-* e *grafia*] s. f. **1** (*tip.*) Procedimento di stampa mediante matrici piane. **2** V. *planigrafia*.

planogràfico agg. • (*tip.*) Relativo alla planografia.

plantagenèto [ingl. *plantagenet*: dal n. di una pianta raffigurata nello stemma del capostipite (?)] agg. • Appartenente o relativo all'antica dinastia inglese dei Plantageneti.

Plantaginàcee [vc. dotta, comp. del lat. *plantāgo*, genit. *plantāginis* 'piantaggine', e *-acee*] s. f. pl. • Nella tassonomia vegetale, famiglia di piante erbacee delle Dicotiledoni con foglie intere, fiori ermafroditi in spighe e semi mucillaginosi (*Plantaginaceae*) | (al sing. *-a*) Ogni individuo di tale famiglia.

plantàre [vc. dotta, lat. *plantāre*(*m*), agg. di *plănta* 'pianta'] **A** agg. • Relativo alla pianta del piede: *volta, arcata p.* **B** s. m. • Protesi ortopedica per correggere la curvatura della pianta del piede.

plantigrado [comp. del lat. *plănta* 'pianta (del piede)', su cui cammina, e *-grado*] s. m. (f. *-a*) **1** Mammifero che, nel camminare, poggia sul terreno metacarpo o metatarso e dita. **2** (*fig., fam., spreg.*) Persona di movimenti lenti o pesanti o di mente tarda e un po' ottusa.

plàntula [lat. scient. *plăntula*, dim. del lat. *plănta* 'pianta'] s. f. • (*bot.*) Piantina germinata dall'embrione.

plànula [dal lat. *plānus* 'piano, piatto'] s. f. • (*zool.*) Larva ciliata pelagica dei Celenterati.

plaquette /*fr.* pla'kɛt/ [vc. fr., propr. dim. di *plaque* 'placca'] s. f. inv. • Opuscolo stampato, piuttosto raro e con poche pagine.

-plaṣìa [dal gr. *plásis* 'formazione'] secondo elemento • In parole composte della terminologia scientifica, spec. medica, indica alterazioni di tessuti, animali o vegetali: *neoplasia*.

plàṣma [vc. dotta, lat. tardo *plăsma* 'creatura, finzione poetica, modulazione della voce', dal gr. *plásma* 'cosa plasmata, forma', da *plássein* 'formare, modellare', di etim. incerta] s. m. (pl. *-i*) **1** (*biol.*) Parte liquida del sangue, di colore giallognolo, trasparente, costituita da acqua, sali, proteine, lipidi e glucosio. **2** (*fis.*) Gas ionizzato le cui cariche negative sono in numero circa uguale alle positive | *P. stellare*, gas costituito da atomi totalmente ionizzati che si suppone esista all'interno delle stelle. **3** (*miner.*) Varietà di calcedonio verde. **4** (*mus.*) †Desinenza aggraziata di voce, suono.

plaṣmàbile [vc. dotta, lat. tardo *plasmābile*(*m*), da *plasmāre* 'plasmare'] agg. • Che si può plasmare, formare (*anche fig.*): *creta p.*; *carattere p.* SIN. Malleabile.

plaṣmabilità s. f. • Qualità o condizione di ciò che è plasmabile. SIN. Malleabilità.

plaṣmacèllula [comp. di (*cito*)*plasma* e *cellula*, sul modello del ted. *Plasmazell*] s. f. • (*biol.*) Cellula voluminosa del sistema reticoloendoteliale implicata nella produzione degli anticorpi. SIN. Plasmocita.

plaṣmacellulàre agg. • (*biol.*) Di, relativo a, plasmacellula.

plaṣmafèreṣi [vc. dotta, comp. di *plasma* e (*a*)*feresi*] s. f. • (*med.*) Tecnica di separazione del plasma sanguigno dagli altri elementi del sangue mediante centrifugazione, usata a scopi terapeutici quali la cura di particolari anemie, per arricchire il sangue di cellule (nella autodonazione) e per la preparazione di plasma da impiegare nelle trasfusioni.

plaṣmalèmma [comp. di *plasma* e del gr. *lémma* nel senso di 'scorza'] s. m. (pl. *-i*) • (*biol.*) Membrana plasmatica.

plaṣmàre [vc. dotta, lat. tardo *plasmāre*, da *plăsma* 'plasma' (V.)] v. tr. **1** Lavorare secondo il modello voluto una materia informe e morbida: *plasmava il blocco di creta con rapidi tocchi delle dita* | (*est.*) Fare, realizzare, anche con parole o immagini: *il mondo fu plasmato attraverso i millenni; ha plasmato il suo personaggio con rara maestria.* SIN. Modellare. **2** (*fig.*) Formare con l'esempio, l'insegnamento, l'educazione: *p. il carattere, i gusti, la sensibilità dei giovani.* SIN. Educare.

plaṣmàtico [vc. dotta, gr. *plasmatikós*, agg. di *plásma*, genit. *plásmatos*. V. *plasma*] agg. (pl. m. *-ci*) • (*biol.*) Relativo al plasma.

plaṣmàto part. pass. di *plasmare*; anche agg. • Nei sign. del v.

plaṣmatóre [vc. dotta, lat. tardo *plasmatōre*(*m*), da *plasmātus* 'plasmato'] agg.; anche s. m. (f. *-trice*) • Che, chi plasma (*spec. fig.*).

†**plaṣmazióne** [vc. dotta, lat. tardo *plasmatiōne*(*m*), da *plasmātus* 'plasmato'] s. f. • Atto, effetto del plasmare.

plaṣmide • V. *plasmidio*.

plaṣmìdio o **plaṣmide** [comp. di (*cito*)*plasma* e *-idio*] s. m. • (*biol.*) Piccola molecola di DNA extra-cromosomico presente spec. nei batteri, dotata di autoreplicazione e responsabile della resistenza batterica a molte sostanze (es. antibiotici); trova impiego in ingegneria genetica come vettore di clonazione.

plaṣmocìta o **plaṣmocìto** [comp. di *plasmo-* 'plasma' e *-cita*] s. m. (pl. *-i*) • (*biol.*) Plasmacellula.

plaṣmocitòṣi [da *plasmocit*(*a*) col suff. *-osi*] s. f. • (*biol., med.*) Presenza di plasmacellule in sedi non consuete o in numero eccessivo in sedi consuete.

plaṣmodiàle agg. • (*biol.*) Di, relativo a, plasmodio.

plaṣmòdio [ingl. *plasmodium*, da (*proto*)*plasm*

'protoplasma' col suff. lat. scient. *-odium* '-oide'] s. m. *1* (*biol.*) Massa citoplasmatica contenente molti nuclei, derivata da una cellula iniziale, in seguito alla ripetuta divisione del nucleo non seguita da divisione del citoplasma. *2* (*zool.*) Genere di Protozoi della classe degli Sporozoi, cui appartengono tre specie che sono agenti della malaria (*Plasmodium*).

plasmodiòfora [comp. di *plasmodio* e *-foro*] s. f. ● Genere di funghi dei Ficomiceti, parassiti presenti nelle cellule di altri vegetali (*Plasmodiophora*).

Plasmodioforàcee [vc. dotta, comp. di *plasmodiofora* e *-acee*] s. f. pl. ● Nella tassonomia vegetale, famiglia di Funghi degli Archimiceti, cui appartiene la plasmodiofora (*Plasmodiophoraceae*) | (al sing. *-a*) Ogni individuo di tale famiglia.

plàstica [vc. dotta, lat. *plăstica(m)*, nom. *plăstica*, dal gr. *plastikḗ* (*téchnē*) 'arte plastica', f. sost. di *plastikós* 'plastico'] s. f. *1* Arte di modellare, plasmare oggetti o figure in rilievo. *2* (*chir.*) Intervento correttivo di lesioni o malformazioni organiche: *p. facciale*; *farsi la p. al naso*. *3* Sostanza organica ad alto peso molecolare, che per riscaldamento diventa pastosa e può venir stampata a formare oggetti vari, i quali, raffreddandosi, induriscono mantenendo la forma ricevuta. *4* †Forma o figura in rilievo.

plasticàre [da *plastica*] **A** v. tr. (*io plàstico, tu plàstichi*) *1* Modellare materie plastiche, quali la creta e la cera | Formare immagini in rilievo. *2* Impregnare o rivestire di materia plastica. **B** v. intr. ● (*gerg.*) Compiere un attentato con bombe al plastico.

plasticatóre [vc. dotta, lat. tardo *plasticatōre(m)*, da *plăstica* 'plastica'] s. m. (f. *-trice*) *1* Chi modella oggetti o figure in creta, cartapesta, stucco. *2* (*gerg.*) Chi compie attentati con bombe al plastico.

plasticìsmo s. m. ● Nel linguaggio artistico, ricerca o raggiungimento di effetti di rilievo.

plasticità s. f. *1* Condizione o qualità di ciò che è plastico, morbido, lavorabile: *è necessario un materiale di notevole p.* SIN. Duttilità. *2* Risalto o messa in evidenza degli elementi plastici di un'opera, spec. nelle arti figurative: *p. delle figure umane in un dipinto*. *3* (*psicol.*) Capacità di modificarsi al fine di adattarsi sempre meglio alle variazioni dell'ambiente interno ed esterno.

plasticizzànte [da *plastica*] agg.; anche s. m. ● (*chim.*) Plastificante.

plàstico [vc. dotta, lat. tardo *plăsticu(m)*, nom. *plăsticus*, dal gr. *plastikós*, da *plássein* 'plasmare'. V. *plasma*] **A** agg. (pl. m. *-ci*) *1* Atto a essere plasmato, che ha morbida consistenza: *la plastica creta* | *Materie plastiche*, sostanze naturali, o artificiali, deformabili per effetto di una forza meccanica, termica, e sim., e capaci di mantenere la nuova forma acquisita | *Esplosivo p.*, insieme di materiali esplosivi tali da costituire una massa plastica. *2* Che plasma o che è atto a plasmare: *arti plastiche* | *Chirurgia plastica*, che utilizza tessuti viventi per sostituirne altri mancanti o per ricostruire parti malformate o deformate del corpo. *3* Che è plasmato o modellato in rilievo: *idrografia di una regione in rappresentazione plastica*. *4* (*est.*) Che è formato o plasmato in modo elegante e armonioso: *corpo p.* *5* (*est.*) Che crea, ottiene o suggerisce con i propri mezzi l'idea del rilievo, della pienezza delle forme, del movimento armonico e sim.: *effetto p.*; *atteggiamento p. del corpo*; *valore p. delle parole*; *descrizione plastica*; *distribuzione plastica del colore*. ‖ **plasticaménte**, avv. Con plasticità, in modo plastico. **B** s. m. *1* Rappresentazione topografica in rilievo su scala ridotta | Modello, in gesso o altro materiale, di una costruzione: *il p. di una città*. *2* Tipo di esplosivo plastico: *ordigno al p.*

plastìdio [dal gr. *plastós* 'plasmato', da *plássein* 'plasmare', V. *plasma*] s. m. ● (*biol.*) Organulo caratteristico presente nelle cellule vegetali, intimamente legato ai processi metabolici cellulari.

plastificànte **A** part. pres. di *plastificare*; anche agg. *1* Nei sign. del v. *2* (*chim.*) Detto di sostanza usata per plastificare un materiale polimerico. **B** s. m. ● (*chim.*) Sostanza organica, gener. di basso peso molecolare, addizionata a una materia plastica per ridurne la rigidità e aumentarne la flessibilità. SIN. Plasticizzante.

plastificàre [comp. di *plasti(ca)* e *-ficare*] v. tr. (*io plastìfico, tu plastìfichi*) *1* Portare allo stato plastico un materiale solido. *2* Rivestire con uno strato di plastica.

plastificàto part. pass. di *plastificare*; anche agg. ● Nei sign. del v.

plastificazióne s. f. ● Atto ed effetto del plastificare.

plastilìna® [nome commerciale; da *plasti(ca)*] s. f. ● Prodotto plastico, variamente colorato, composto di zinco, zolfo, caolino, cera e olio, usato per modellare in scultura.

plastisòl [comp. di *plasti(ca)* e *sol* (*2*)] s. m. inv. ● (*chim.*) Liquido viscoso costituito da un polimero disperso in un plastificante liquido utilizzato per rivestimenti o per la fabbricazione di pelli sintetiche.

-plàsto [dal gr. *plastós* 'formato'] secondo elemento ● In parole composte della terminologia scientifica significa 'plastidio': *cloroplasto*, *leucoplasto*.

plastron /fr. plas'trɔ̃/ [vc. fr., dall'it. *piastrone*] s. m. inv. ● Larga cravatta maschile annodata piatta e fermata da una spilla che si portava ai primi del Novecento con alcuni abiti da cerimonia | Sparato.

Platanàcee [vc. dotta, comp. di *platano* e *-acee*] s. f. pl. ● Nella tassonomia vegetale, famiglia di piante dicotiledoni arboree con infiorescenze sferoidali e frutto ad achenio (*Platanaceae*) | (al sing. *-a*) Ogni individuo di tale famiglia. ➡ ILL. **piante** /4.

platanària [da *platano*] s. f. ● (*bot.*) Acero riccio.

platanéto s. m. ● Bosco di platani o terreno piantato a platani.

plàtano [vc. dotta, lat. *plătanu(m)*, nom. *plătanus*, dal gr. *plátanos*, di etim. incerta] s. m. ● Albero delle Platanacee con grandi foglie palmatolobate e infruttescenza globose pendule avvolte da peluria (*Platanus orientalis*) | *P. falso*, *selvatico*, acero bianco.

platèa [vc. dotta, lat. tardo *platēa(m)*, nom. *platēa* 'piazza', dal gr. *platêia*, f. sost. di *platýs* 'largo, ampio, vasto'. V. *piatto*] s. f. *1* Settore piano e più basso della sala teatrale, posto davanti al palcoscenico e riservato al pubblico. *2* (*est.*) L'insieme degli spettatori che occupano la platea: *tutta la p. era in piedi e applaudiva freneticamente* | (*gener.*) Pubblico: *cercare gli applausi della p.*; *la televisione ha una p. di milioni di persone*. *3* (*mar.*) Il fondo del bacino di carenaggio dove poggiano le taccate che sostengono la nave a secco. *4* (*edil.*) Blocco di muratura, costituito da archi e volte rovesce, oppure da una grossa soletta con nervature in cemento armato, esteso a tutta la base sulla costruzione soprastante. *5* (*geol.*) Zona marina con rilievo a sommità pianeggiante: *p. continentale*, *abissale*.

plateàle [dal lat. tardo *platēa* 'piazza'. V. *platea*] agg. *1* (*raro*) Volgare, triviale: *scenata p.*; *insulti*, *offese plateali*. *2* Di estrema evidenza, fatto quasi con ostentazione: *gesto*, *offesa p.*; *fallo p. di un calciatore*. ‖ **platealménte**, avv. In modo plateale: *insultare qc. platealmente*.

platealità s. f. ● (*raro*) Qualità, caratteristica di ciò che è plateale.

plateàtico [dal lat. tardo *platēa* 'piazza'. V. *platea*] s. m. (pl. *-ci*) ● Antica tassa che si pagava al Comune per l'utilizzazione del suolo pubblico.

plateau /fr. pla'to/ [vc. fr., da *plat* 'piatto'] s. m. inv. (pl. fr. *plateaux*) *1* Vassoio | *P. da gioielli*, di velluto scuro, per dare risalto ai gioielli presentati dal gioielliere al cliente. *2* Cassetta aperta in legno o cartone per l'imballaggio di prodotti ortofrutticoli. *3* In un diagramma rappresentativo di un fenomeno, ogni tratto del diagramma stesso approssimativamente parallelo all'asse delle ascisse. *4* (*geogr.*) Altipiano. *5* (*geol.*) Platea.

Platelmìnti [comp. del gr. *platýs* 'largo' (V. *piatto*) ed *elminti*] s. m. pl. ● Nella tassonomia animale, tipo di Invertebrati vermiformi a corpo appiattito, non metamerico, spesso parassiti (*Plathelminthes*) | (al sing. *-a*) Ogni individuo di tale tipo. ➡ ILL. **animali** /1; **zoologia generale**.

platènse [sp. *platense*, da (*Rio de la*) *Plata*] agg. ● (*geogr.*) Relativo alla zona corrispondente al bacino del Rio de la Plata.

platerésco [sp. *plateresco*, da *platero* 'argentiere', da *plata* 'argento'. V. *platino*] agg. (pl. m. *-schi*) ● Detto di stile architettonico ricco d'ornati gotici e rinascimentali fiorito in Spagna nel XVI secolo.

platéssa [vc. dotta, lat. *platĕssa* 'pesce piatto' (in gr. *platýs*)] s. f. ● (*zool.*) Passera di mare.

platforming /ingl. 'plæt-fɔ:miŋ/ [vc. ingl., comp. di *platinum* 'platino' e (*re*)*forming* (V.)] s. m. inv. ● (*chim.*) Processo industriale che consente di trattare alcune frazioni petrolifere particolari, migliorandone le proprietà antidetonanti, mediante catalizzatori al platino.

platicèrco [comp. del gr. *platýs* 'largo' (V. *piatto*) e *-cerco* 'coda' (V. *cercopiteco*): detto così perché ha la coda larga] s. m. (pl. *-chi*) ● Pappagallo australiano molto variopinto (*Platycercus*).

platidàttilo [comp. del gr. *platýs* 'largo' (V. *piatto*) e *-dattilo*] s. m. ● Genere di Rettili di colore variabile dal grigio al giallastro, dotati di cuscinetti adesivi sulla parte inferiore delle dita (*Platydactylus*) | *P. muraiolo*, geco.

plàtina (**1**) o **platìna** [fr. *platine* 'placca di metallo', da *plat* 'piatto'] s. f. ● Specie di macchina tipografica piana | Il piano di pressione, mobile, che fa parte della macchina omonima.

plàtina (**2**) s. f. ● Platino.

platinàggio [da *platinare*] s. m. ● Platinatura.

platinàre [da *platino*] v. tr. (*io plàtino*) *1* Ricoprire una superficie, spec. metallica, con platino. *2* Dare il colore e la lucentezza del platino ai capelli, decolorandoli chimicamente.

platinàto part. pass. di *platinare*; anche agg. *1* Nei sign. del v. *2* Che ha il colore e la lucentezza del platino: *capelli platinati* | (*est.*) Che ha i capelli platinati: *bionda platinata*.

platinatùra s. f. ● Atto, effetto del platinare.

platìnico agg. (pl. m. *-ci*) ● (*chim.*) Di composto del platino tetravalente.

platinìfero [comp. di *platino* e *-fero*] agg. ● Che contiene platino: *miniera platinifera*.

platinìte [da *platino*, con *-ite* (*2*)] s. f. ● Lega metallica contenente elevate quantità di nichel.

plàtino [sp. *platina*, da *plata* 'argento', propriamente 'lamina di argento' (stessa etim. dell'it. *piatto*), per il colore che assomiglia a quello dell'argento] **A** s. m. ● Elemento chimico, metallo nobile bianco-argenteo presente in natura allo stato nativo, molto duttile e malleabile, usato in gioielleria, per leghe speciali, per apparecchiature scientifiche e nell'industria. SIMB. Pt | *Nero di p.*, platino finemente diviso con forti proprietà catalitiche | *Spugna di p.*, platino in massa porosa leggerissima. **B** in funzione di agg. inv. ● (posposto al s.) Nella loc. *biondo p.*, detto di una tonalità di biondo, spec. artificiale, chiarissimo e luminoso: *capelli biondo p.*

Platirrìne [vc. dotta, gr. *platýrrinos* 'dalle larghe narici', comp. di *platýs* 'largo' (V. *piatto*) e *rís*, genit. *rinós* 'narici' (V. *rino-*)] s. f. pl. ● Nella tassonomia animale, sottordine di scimmie americane con setto nasale largo, narici laterali e lunga coda prensile (*Platyrrhina*) | (al sing. *-a*) Ogni individuo di tale sottordine.

platònico [vc. dotta, lat. *Platōnicu(m)*, nom. *Platōnicus*, dal gr. *Platōnikós*, agg. di *Plátōn*, genit. *Plátōnos* 'Platone'] **A** agg. (pl. m. *-ci*) *1* Che si riferisce al filosofo greco Platone (427-347 a.C.), al suo pensiero, alle sue opere: *dialoghi*, *scritti platonici*; *filosofia platonica* | *Amore p.*, nella filosofia di Platone, forza che promuove il passaggio dal bello delle cose sensibili al bello eterno e immutabile. *2* (*est.*) Detto di sentimento nobile, elevato, scevro d'ogni sensualità: *amore p.*; *amicizia platonica*. *3* (*fig.*) Che è concepito nella mente e non si traduce nella realtà: *un desiderio p.* ‖ **platonicaménte**, avv. In modo platonico: *amare platonicamente*; *un progetto espresso platonicamente*. **B** s. m. ● Chi segue i, o si ispira ai, capisaldi della filosofia di Platone.

platonìsmo s. m. *1* La dottrina filosofica di Platone. *2* (*est.*) Ogni atteggiamento filosofico che assume a proprio fondamento i capisaldi della filosofia di Platone.

†**platonista** s. m. e f. ● Studioso, seguace della filosofia di Platone.

†**plàtta** [sp. *plata* 'argento'. V. *platino*] s. f. ● Massa

o somma di denaro.

plaudènte part. pres. di *plaudire*; anche agg. ● Nei sign. del v.

plàudere v. intr. ● (*lett.*) Plaudire.

plaudire [lat. *plāudere*, di etim. incerta] v. intr. (*io plàudo*; aus. *avere*; raro nei tempi composti) *1* (*lett.*) Applaudire. *2* (*fig.*) Manifestare consenso, approvazione: *p. a un progetto, a un'iniziativa.* CONTR. Disapprovare.

plauṣìbile [vc. dotta, lat. *plausĭbile(m)*, da *plāusus* 'plauso'] agg. *1* (*lett.*) Che merita applausi, approvazione, consensi. *2* (*est.*) Che si può accettare in quanto sembra logico, giusto, razionale: *ragioni plausibili*; *argomento abbastanza p.* SIN. Ammissibile. CONTR. Inaccettabile. ‖ **plausibilménte**, avv.

plauṣibilità s. f. ● Qualità di ciò che è plausibile. SIN. Tollerabilità. CONTR. Inaccettabilità.

plàuṣo [vc. dotta, lat. *plāusu(m)*, da *plāudere* 'plaudire'] s. m. *1* (*lett.*) Applauso. *2* (*fig.*) Approvazione, lode: *meritare il p. dell'intera nazione*; *grande fu il giubilo e il p. del popolo di Pavia per le fortune dell'imperatore* (MURATORI) | Concreta manifestazione di lode: *mendicare il p. degli astanti.* *3* †Rumore d'ali battute dagli uccelli.

plàustro [vc. dotta, lat. *plāustru(m)*, di etim. incerta] s. m. *1* Carro anticamente usato dai Romani. *2* (*lett.*) Carro. *3* (*poet.*) Orsa maggiore.

plautino [vc. dotta, lat. *Plautīnu(m)*, agg. di *Plāutus* 'Plauto'] agg. ● Che è proprio del commediografo latino T. M. Plauto (254 ca.-184 a.C.): *il teatro p.*; *le commedie plautine*; *la metrica plautina.* ‖ **plautinaménte**, avv. Alla maniera di Plauto.

play /ingl. plei/ [vc. ingl., da *to play* 'giocare, recitare, suonare', di orig. germ.] **A** s. m. inv. *1* Spettacolo, rappresentazione teatrale, spec. di carattere drammatico. *2* Tasto che negli apparecchi riproduttori consente l'avvio dell'ascolto. *3* (*sport*) Acrt. di *playmaker*. **B** inter. ● (*sport*) Nel tennis, richiamo che il battitore rivolge al ricevitore per avvertirlo dell'inizio del gioco.

playback /ingl. 'plei bæk/ [vc. ingl., propriamente 'gioca, recita di nuovo', comp. di *to play* 'giocare, recitare' (di origine germ.) e *back* 'di nuovo' (di origine germ.)] s. m. inv. *1* Sincronizzazione di una ripresa cinematografica o televisiva con una colonna sonora creata in sala di doppiaggio. *2* Nelle trasmissioni televisive, sistema che consiste nel mandare in onda un brano musicale registrato in precedenza, mentre il cantante simula un'esecuzione in diretta.

playboy /ingl. 'plei bɔi/ [vc. ingl., comp. di *to play* 'recitare, giocare, scherzare' (V. *playback*) e *boy* 'ragazzo' (vc. germ. di origine infantile)] s. m. inv. ● Uomo ricco e piacente che ama e pratica la vita mondana.

player /ingl. 'pleiə*/ [vc. ingl., propr. 'giocatore', da *to play* 'giocare' di area germ.] **A** s. m. e f. inv. *1* (*sport*) Giocatore. *2* (*teatr.*) Attore. *3* (*mus.*) Interprete, esecutore. **B** s. m. inv. ● (*tecnol.*) Apparecchio che riproduce suoni.

playgirl /plei'gerl, *ingl.* 'pleigə:l/ o **play girl**, **play-girl** [vc. ingl., propr. 'ragazza (*girl*), che ama divertirsi (*to play*)'] s. f. inv. ● Ragazza avvenente e disinibita, che ama divertirsi e condurre vita mondana, spec. come accompagnatrice di uomini.

playmaker /ingl. 'plei-meikə*/ [vc. ingl., comp. di *play* 'gioco' (V. *playback*) e *maker* 'colui che fa' (da *to make* 'fare', di origine germ.)] s. m. inv. ● (*sport*) Nella pallacanestro, nell'hockey e sim., giocatore con compiti di regia spec. nel gioco d'attacco.

play-off /ingl. 'plei ɔf/ [vc. ingl., deriv. di (*to*) *play off* 'finire, concludere' (una competizione interrotta o differita)] s. m. inv. ● In un campionato a squadre (di pallacanestro, pallavolo e sim.), serie di incontri a eliminazione diretta tra le squadre meglio classificate, per l'assegnazione del titolo di campione.

play-out /plei'aut, *ingl.* 'plei aut/ [vc. ingl., da *to play out* 'giocare fino in fondo'] s. m. inv. ● (*sport*) In alcuni sport di squadra, spec. nella pallacanestro, fase finale di campionato strutturata in vari gironi all'italiana, ai quali partecipano le rappresentative di due serie successive non ammesse ai play-off e non retrocesse direttamente, disputata per stabilire quali squadre prenderanno parte l'anno successivo alla serie maggiore.

plebàglia s. f. ● (*spreg.*) La parte meno evoluta della plebe: *gli insulti, le grida della p.* | (*est.*) Accozzaglia di gente spregevole: *una p. cenciosa.* SIN. Gentaglia, marmaglia.

plebàno [vc. dotta, lat. mediev. *plebānu(m)*, da *plēbs*, genit. *plēbis* 'plebe', poi 'parrocchia di campagna'] agg. ● (*raro*) Detto di territorio o edificio sottoposto alla giurisdizione di una pieve.

plèbe [vc. dotta, lat. *plēbe(m)*, di etim. incerta] s. f. *1* Nell'antica Roma, il complesso dei cittadini sprovvisti di privilegi | (*est.*) Il popolo in contrapposizione ai nobili. CONTR. Nobiltà, patriziato. *2* Insieme delle classi economicamente e socialmente meno evolute di una nazione o città: *la miseria della p.*; *nelle repubbliche ... i nobili giuravano d'esser eterni nimici alla p.* (VICO). *3* (*fig.*, *lett.*) Folla, moltitudine, volgo. ‖ **plebàccia**, pegg. | **plebùccia**, pegg.

†**plebeàggine** [da *plebeo*] s. f. ● Comportamento, espressione triviale.

†**plebèio** ● V. *plebeo*.

plebeiṣmo [comp. di *plebeo* e *-ismo*] s. m. ● (*spreg.*) Forma, espressione linguistica plebea.

†**plebeiẓẓàre** [comp. di *plebeo* e *-izzare*] v. intr. ● Usare plebeismi.

plebèo o †**plebèio** [vc. dotta, lat. *plebēiu(m)*, da *plēbs*, genit. *plēbis* 'plebe'] **A** agg. *1* Della plebe, che appartiene alla plebe: *famiglia plebea* | Proprio della plebe o del popolo: *termini, vocaboli plebei*; *usanza plebea.* CONTR. Nobile. *2* (*fig.*) Volgare, triviale: *insulto p.*; *esclamazione plebea.* CONTR. Eletto. ‖ **plebeaménte**, †**plebeiaménte**, avv. In modo plebeo; da plebeo. **B** s. m. (f. *-a*, raro) *1* Nell'antica Roma, cittadino appartenente alla plebe. CONTR. Patrizio. *2* Chi appartiene alla classe popolare: *non a guisa di plebeio ma di signore ...* (BOCCACCIO). ‖ **plebeàccio**, pegg. | **plebeùccio**, pegg.

†**plebésco** agg. ● Plebeo.

†**plebeuscito** [detto così perché *uscito* dalla *plebe*] agg.; anche s. m. ● Di origine plebea.

†**plebìcola** [vc. dotta, lat. *plebĭcula(m)*, dim. di *plēbs*, genit. *plēbis* 'plebe'] s. f. ● (*spreg.*) Plebe minuta.

plebiscitàre [da *plebiscito*] v. tr. (*io plebiscìto*) ● Votare all'unanimità.

plebiscitàrio agg. *1* Del plebiscito. *2* (*fig.*) Unanime, generale: *approvazione, riprovazione plebiscitaria.* ‖ **plebiscitariaménte**, avv.

plebiscìto [vc. dotta, lat. *plebiscītu(m)* 'decisione del popolo', comp. di *plēbs*, genit. *plēbis* 'plebe' e *scītum* 'ordine', part. pass. di *scīscere* 'deliberare', incoativo di *scīre* 'sapere'. V. *scibile*] s. m. *1* Presso gli antichi Romani, decreto fatto dall'assemblea della plebe. *2* (*dir.*) Istituto con cui il popolo è chiamato ad approvare o disapprovare un fatto che riguarda la struttura dello Stato o del governo. *3* (*fig.*) Consenso unanime: *un vero p. di consensi, di lodi.*

Plecòtteri [comp. del gr. *plékein* 'intrecciare', di origine indeur., e *-ttero*] s. m. pl. ● Nella tassonomia animale, ordine di Insetti a metamorfosi incompleta con quattro ali trasparenti e ricche di nervature, piegate sul dorso e con larve acquatiche (*Plecoptera*) | (al sing. *-o*) Ogni individuo di tale ordine.

-plegìa [gr. *plēgía*, da *plēgḗ* 'percossa', dalla radice di *pléssein* 'colpire', di origine indeur.] secondo elemento ● In parole composte della terminologia medica significa 'paralisi': *cerebroplegia, emiplegia.*

-plègico secondo elemento ● In aggettivi derivati dalle parole composte in *-plegia*: *emiplegico.*

plèiade [vc. dotta, lat. *Plēiades*, nom. pl., dal gr. *Plēïádes*, propriamente 'figlie di Pleione (*Plēïónē*)'] **A** s. f. pl. ● (*astron.*) Caratteristica formazione di sette stelle nella costellazione del Toro. **B** s. f. ● (*fig.*) Gruppo eletto di persone dotate di caratteristiche analoghe e peculiari: *una p. di poeti, di scienziati, di ricercatori*; *era circondato da una p. di promettenti allievi.*

pleiotropìa [comp. del gr. *plêion* 'più' (compar. di *polýs* 'molto', di origine indeur.), e *-tropia*] s. f. ● (*biol.*) Condizione per cui un gene concorre alla determinazione di due o più caratteri fenotipici, apparentemente non correlati fra loro.

pleiotròpico agg. (pl. m. *-ci*) ● (*biol.*) Che presenta pleiotropia: *gene p.*

Pleistocène o **Plistocène** [comp. del gr. *pleîstos*, superl. di *polýs* 'molto' (V. *poli-*) e *-cene*] s. m. ● (*geol.*) Primo periodo dell'era quaternaria, nel quale sono comprese le glaciazioni.

pleistocènico agg. (pl. m. *-ci*) ● (*geol.*) Del, relativo al, Pleistocene.

plenàrio [vc. dotta, lat. tardo *plenāriu(m)*, da *plēnus* 'pieno'] agg. *1* Pieno o compiuto in ogni sua parte, che raggiunge la completezza numerica: *seduta, assemblea plenaria* | *Adunanza plenaria*, di tutti i membri di una associazione e sim. *2* Totale: *consenso p.* | *Indulgenza plenaria*, nella teologia cattolica, remissione dell'intera pena temporale dovuta per i peccati già rimessi in quanto alla colpa, e concessa dalla Chiesa ai vivi, a titolo di assoluzione, ai defunti, a titolo di suffragio. ‖ **plenariaménte**, avv.

Plenicòrni [comp. del lat. *plēnus* 'pieno' e del pl. di *corno*] s. m. pl. ● Nella tassonomia animale, i Mammiferi dei Ruminanti a corna piene (*Plenicorni*).

plenilunàre agg. ● Di, del plenilunio: *notte, luce p.*

plenilùnio [vc. dotta, lat. *plenilūniu(m)*, comp. di *plēnus* 'pieno' e *lūna* 'luna'] s. m. ● Fase della Luna che, trovandosi in opposizione al Sole, è tutta illuminata.

†**plenipotenziàle** [dal lat. tardo *plenĭpotens*. V. *plenipotenziario*] agg. ● Che ha pieno potere.

plenipotenziàrio [vc. dotta, lat. mediev. *plenipotentiāriu(m)*, dal lat. tardo *plenĭpotens* 'che ha pieno potere' (comp. di *plēnus* 'pieno' e *pŏtens* 'che può, potente')] **A** agg. ● Detto di chi è investito di pieni poteri relativamente alle trattative e alla conclusione di un accordo, spec. nell'ambito della politica internazionale: *agente, negoziatore p.* | *Ministro p.*, agente diplomatico di grado immediatamente inferiore a quello di ambasciatore posto a capo di una legazione. **B** anche s. m.: *l'arrivo dei plenipotenziari nemici.*

plenitùdine o †**pienitùdine** [vc. dotta, lat. tardo *plenitūdine(m)*, da *plēnus* 'pieno'] s. f. *1* (*lett.*) Compiutezza, pienezza, perfezione | *P. dei tempi*, nell'escatologia cristiana, l'epoca in cui il mondo è maturo per la fine e per il giudizio universale. *2* (*lett.*) Gran numero di persone, moltitudine.

plenum /lat. 'plɛnum/ [vc. lat., propriamente nt., con valore di s., dell'agg. *plēnus* 'pieno' (V.)] s. m. inv. ● Riunione plenaria di organi rappresentativi statuali e di partito, in vari Stati.

pleocroiṣmo [comp. del gr. *pléon* 'più', di origine indeur., e *chróa* 'colore', di origine indeur.] s. m. ● (*miner.*) Diversa colorazione assunta da un cristallo birifrangente col variare della rotazione a cui è sottoposto.

pleonàṣmo [vc. dotta, lat. tardo *pleonăsmu(m)*, nom. *pleonăsmus*, dal gr. *pleonasmós* 'eccesso, pleonasmo', da *pleonázein* 'sovrabbondare', da *pléon* 'più' (V. *pleocroismo*)] s. m. ● (*ling.*) Presenza di parole, in genere pronomi o aggettivi, del tutto superflue alla comprensione di una frase, spesso con valore rafforzativo: *E quantunque a te queste ciance omai non ti stean bene* (BOCCACCIO).

pleonàstico agg. (pl. m. *-ci*) ● Di pleonasmo, che costituisce un pleonasmo: *espressione pleonastica* | (*est.*) Superfluo. ‖ **pleonasticaménte**, avv.

pleonàsto [dal gr. *pleonastós* 'numeroso' (V. *pleonasmo*), perché i cristalli sono dotati di moltissime facce] s. m. ● (*miner.*) Varietà di spinello ferromagnesiaco dal colore verde scuro.

pleròma (1) [vc. dotta, lat. tardo *plerōma* 'pienezza, completezza', dal gr. *plḗrōma*, da *plērôun* 'riempire', da *plḗrēs* 'pieno', da *pimplánai* 'riempire', di origine indeur.] s. m. ● Nella filosofia degli gnostici, la pienezza e la perfezione della vita divina.

pleròma (2) [dal gr. *plḗrēs* 'pieno'. V. precedente] s. m. (pl. *-i*) ● (*bot.*) Cellula meristematica dell'apice della radice e del fusto delle angiosperme destinata a costituire il cilindro centrale.

pleṣiosàuro [comp. del gr. *plēsíos* 'vicino' e *sâuros* 'lucertola' (V. *Sauri*)] s. m. ● Rettile fossile marino, con collo lungo e arti a forma di pinne, vissuto dal Trias al Cretaceo (*Plesiosaurus*). ➡ ILL. **paleontologia**.

plessìmetro [comp. del gr. *plêxis* 'percossa, colpo', da *plêssein* 'battere', di origine indeur., e *-metro*] s. m. *1* (*med.*) Strumento di corno, plastica o metallo per la percussione indiretta. *2* (*mus.*) Metronomo.

plèsso [vc. dotta, lat. *plĕxu(m)*, propriamente part. pass. di *plĕctere* 'intrecciare', di origine indeur.] s. m. *1* (*anat.*) Formazione anatomica a reticolo: *p. nervoso*, *p. venoso*; *p. lombare* | *P. celiaco*, grosso plesso viscerale posto davanti all'ultima vertebra toracica e alla parte superiore della prima lombare. ➡ ILL. p. 363 ANATOMIA UMANA. *2* (*bur.*) Complesso di organizzazioni affini e coordinate | (*est.*) Nell'ordinamento scolastico, ogni scuola elementare compresa in un circolo didattico, ma che non sia sede della direzione di questa | (*est.*) Qualsiasi istituto scolastico, di insegnamento elementare o secondario, con sede propria.

pletiṣmografìa [dal gr. *pletismos* 'accrescimento' col suff. *-grafìa*] s. f. ● (*med.*) Registrazione grafica delle variazioni di volume del corpo o di una sua parte.

pletiṣmògrafo [da *pletismografìa*] s. m. ● (*med.*) Apparecchio elettromedicale impiegato per la pletismografia.

plètora [vc. dotta, gr. *plēthṓra* 'pienezza', poi 'pletora', da *plḗthein* 'essere pieno', dalla stessa radice di *pimplánai* 'riempire' (V. *pleroma*)] s. f. *1* (*med.*) Abito costituzionale caratterizzato da corpulenza, aspetto sanguigno e dinamismo. *2* (*fig.*) Eccessiva abbondanza che determina conseguenze negative: *una p. di impiegati*. CONTR. Deficienza. *3* (*bot.*) Eccesso anormale di succhi in una pianta.

pletòrico [vc. dotta, gr. *plēthōrikós*, da *plēthṓra* 'pletora'] agg. (pl. m. *-ci*) *1* Che è affetto da pletora | Di pletora. *2* (*fig.*) Sovraccarico, sovrabbondante: *un esercito p.*; *una burocrazia pletorica*. CONTR. Deficiente. || **pletoricaménte**, avv.

Plettognàti o *raro* **Plettògnati** [comp. del gr. *plektós* 'attorto' (da *plékein* 'intrecciare': V. *Plecotteri*) e *gnáthos* 'mascella' (V. *ganascia*)] s. m. pl. ● (*zool.*) Tetrodontiformi.

plèttro [vc. dotta, lat. *plēctru(m)*, dal gr. *plêktron*, da *plḗssein* 'colpire, percuotere' (V. *-plegia*)] s. m. *1* Strumento usato anticamente dai Greci per fare vibrare le corde della lira | (*fig.*) Ispirazione o facoltà poetica: *il p. d'Orazio*. *2* Minuscola lamina d'avorio, osso, metallo o celluloide in forma di mandorla atta a far risuonare le corde tese su di una cassa armonica | *Strumenti a p.*, chitarra, mandolino e affini. SIN. Penna.

plèura [vc. dotta, gr. *pleurá*, propriamente 'fianco', di etim. incerta] s. f. ● (*anat.*) Membrana sierosa che riveste i polmoni e le pareti toraciche. ➡ ILL. p. 365 ANATOMIA UMANA.

pleuràle agg. ● (*anat.*) Relativo alla pleura.

plèurico [vc. dotta, lat. tardo *plĕuricu(m)*, nom. *plĕuricus* 'laterale', dal gr. *pleurikós* 'laterale', da *pleurá* 'fianco'. V. *pleura*] agg. (pl. m. *-ci*) ● (*anat.*, *med.*) Della, relativo alla, pleura: *cavo p.*; *lesione pleurica*.

pleurìte [vc. dotta, lat. *pleurītide(m)*, nom. *pleurītis*, dal gr. *pleurítis*, da *pleurá* 'fianco'. V. *pleura*] s. f. ● (*med.*) Infiammazione della pleura: *p. essudativa*, *secca*.

pleurìtico [vc. dotta, lat. tardo *pleurīticu(m)*, nom. *pleurīticus*, dal gr. *pleuritikós*, da *pleurítis* 'pleurite'] **A** agg. (pl. m. *-ci*) ● Della pleurite. **B** agg.; anche s. m. (f. *-a*) ● Che, chi è affetto da pleurite.

plèuro- [dal gr. *pleurá* 'fianco', di etim. incerta] primo elemento ● In parole composte della terminologia medica significa 'pleura' o 'pleurico' (*pleurocentesi*) o indica, in parole composte scientifiche, posizione su un fianco di un corpo e sim. (*Pleuronettidi*).

pleurocentèṣi o **pleurocènteṣi** [comp. di *pleuro-* e del gr. *kéntēsis* 'puntura', da *kentêin* 'pungere', di origine indeur.] s. f. ● (*med.*) Puntura evacuativa del cavo pleurico. SIN. Toracentesi.

pleurocèntro [comp. di *pleuro-* e *centro* (della vertebra)] s. m. ● (*zool.*) Negli Anfibi estinti, il segmento posteriore, della terna degli elementi scheletrici che, complessivamente, corrispondono a un corpo vertebrale.

pleurodinìa [comp. di *pleur(o)-* e *-odinia*] s. f. ● (*med.*) Dolore al torace, simile a quello della pleurite.

Pleuronèttidi [comp. di *pleuro-* e del gr. *nḗktēs* 'nuotatore', da *nêin* 'nuotare', di origine indeur.; detti così perché nuotano di fianco] s. m. pl. ● Nella tassonomia animale, famiglia di Pesci ossei con i due occhi sul lato destro pigmentato (*Pleuronectidae*) | (al sing. *-e*) Ogni individuo di tale famiglia.

Pleuronettifórmi [comp. di *pleuronetti(di)* e il pl. di *-forme*] s. m. pl. ● Nella tassonomia animale, ordine di Pesci ossei a corpo asimmetrico, fortemente appiattito lateralmente e pigmentato solo da un lato (*Pleuronectiformes*) | (al sing. *-e*) Ogni individuo di tale ordine.

pleuroperitonìte [comp. di *pleuro-* e *peritonite*] s. f. ● (*med.*) Pleurite associata a peritonite.

pleuropolmonàre [comp. di *pleuro-* e *polmone*, con suff. agg.] agg. ● (*anat.*) Relativo alla pleura e al polmone.

pleuropolmonìte [comp. di *pleuro-* e *polmonite*] s. f. ● (*med.*) Pleurite associata a polmonite.

pleurorragìa [comp. di *pleuro-* e *-ragia*] s. f. (pl. *-gie*) ● (*med.*) Emorragia della pleura.

pleuroscopìa [comp. di *pleuro-* e *-scopia*] s. f. ● (*med.*) Toracoscopia.

pleurotomìa [comp. di *pleuro-* e *-tomia*] s. f. ● (*chir.*) Incisione della pleura.

plèuston [dal gr. *plêin* 'navigare', di origine indeur.] s. m. inv. ● (*biol.*) Insieme degli organismi che si trovano sul pelo dell'acqua formando tappeti verdi.

plexiglàs ® o **plèxiglas** [nome commerciale] s. m. ● Materia plastica succedanea del vetro, ottenuta per poliaddizione di esteri dell'acido metacrilico.

plìca [vc. dotta, lat. parl. **plĭca(m)* 'piega', da *plĕctere* 'intrecciare', di origine indeur.] s. f. *1* (*anat.*) Ripiegamento della cute o di una mucosa: *p. ascellare*. *2* (*mus.*) Nella scrittura medievale, trattino verticale che richiede all'esecutore una sorta di appoggiatura.

plìco [dal lat. *plicāre* 'piegare'] s. m. (pl. *-chi*) ● Insieme di lettere, documenti e sim. racchiusi in un involucro, spec. sigillato: *aprire un p.*; *spedire un p.* || **plichétto**, dim.

plicòmetro [comp. di *plic(a)* e *-metro*] s. m. ● (*med.*) Strumento impiegato per misurare lo spessore delle pliche cutanee e, quindi, valutare lo spessore del tessuto adiposo presente nel sottocute.

plinìano [vc. dotta, lat. *Pliniānu(m)*, agg. di *Plīnius* 'Plinio'] **A** agg. ● Di, relativo agli, scrittori latini Plinio il Vecchio (23-79) o Plinio il Giovane (61 o 62-113 ca.): *i trattati pliniani*; *l'epistolario p.* | (*geol.*) *Fase pliniana*, prima fase dell'eruzione vulcanica | *Eruzione di tipo p.*, esplosione iniziale della sommità di un vulcano quiescente e successiva emissione mista di lava e prodotti piroclastici. **B** s. m. ● Seguace di Plinio il Vecchio o di Plinio il Giovane.

plìnto [vc. dotta, lat. *plīnthu(m)*, nom. *plīnthus*, dal gr. *plínthos* 'mattone', di etim. incerta] s. m. *1* (*arch.*) Parte inferiore della base della colonna o del pilastro, a base quadrata o poligonale | Piastra di fondazione di un pilastro di cemento armato. *2* Attrezzo ginnico costituito da una serie di cassoni di grandezza graduata sovrapposti a piramide, per esercizi spec. di salto e volteggio. *3* (*arald.*) Piccolo quadrilatero di metallo o colorato. *4* (*mil.*) Nei pezzi d'artiglieria, fascia della culatta.

Pliocène [comp. del gr. *pléon* 'più', di origine indeur., e *-cene*] s. m. ● (*geol.*) Ultimo periodo dell'era cenozoica o terziaria.

pliocènico agg. (pl. m. *-ci*) ● (*geol.*) Del Pliocene.

pliopòlio [da *monopolio* con sostituzione del pref. *mono-* con *plio-* 'più'] s. m. ● (*econ.*) Situazione di mercato caratterizzata da un'alta probabilità che compaia un maggior numero di venditori di un determinato bene, quando l'industria che produce quel bene diventa particolarmente redditizia.

pliopsònio [da *monopsonio* con sostituzione del pref. *mono-* con *plio-* 'più'] s. m. ● (*econ.*) Situazione di mercato caratterizzata da un'alta probabilità che compaia un maggior numero di compratori di un fattore della produzione, quando l'industria che utilizza quel fattore diventa particolarmente redditizia.

plissé /fr. pli'se/ [vc. fr., part. pass. di *plisser* 'increspare, pieghettare', da *pli* 'piega'] **A** agg. inv. ● Di tessuto pieghettato a macchina, con pieghe ravvicinate e ben marcate. **B** s. m. inv. ● Tessuto plissé.

plissettàre [ricavato da *plissettato*] v. tr. (*io plissétto*) ● Lavorare a plissé: *p. una gonna*.

plissettàto agg. ● Adattamento di *plissé* (V.).

plissettatrìce [da *plissettare*] s. f. ● Macchina che esegue la plissettatura.

plissettatùra s. f. ● Atto, effetto del plissettare | Lavorazione a plissé.

Plistocène ● V. *Pleistocene*.

-plo [lat. *-plus*, parallelo di *-plēx*, da una radice indeur. **plēk* 'piegare (due, tre, quattro ... volte)'] suff. ● Forma gli aggettivi numerali moltiplicativi: *triplo*, *sestuplo*, *multiplo*.

Plocèidi [vc. dotta, gr. *plokéus* 'che intreccia' (perché sono abilissimi nell'intrecciare il nido), da *plékein* 'intrecciare', di origine indeur.] s. m. pl. ● Famiglia di uccelli dei Passeriformi che costruiscono ammirevoli nidi, per cui sono detti anche Tessitori, i cui maschi hanno livrea nuziale a colori vivaci.

†**plòia** [provz. *ploja* 'pioggia': stessa etim. dell'it. *pioggia*] s. f. ● Pioggia (*spec. fig.*): *La larga p. / de lo Spirito Santo* (DANTE *Par.* XXIV, 91-92).

plop /ingl. plɔp/ [vc. onomat.] inter. ● Riproduce il tonfo di un corpo che cade in un liquido.

ploràre [vc. dotta, lat. *plorāre* 'piangere', di origine onomat.] **A** v. intr. (*io plòro*; aus. *avere*) ● (*poet.*) Piangere, gemere: *e prega e plora, / come usignuol cui 'l villan duro involve / dal nido i figli* (TASSO). **B** v. tr. ● (*poet.*) Compiangere qc. o q.c.

†**plòro** [da *plorare*] s. m. ● Pianto, lamento.

†**ploróso** [da *plorare*] agg. ● Piangente, lacrimoso.

plot /ingl. plɔt/ [vc. ingl. di origine sconosciuta] s. m. inv. ● Trama, materia narrativa di un film.

plòto [vc. dotta, gr. *plōtós* 'che nuota', da *plṓein* 'navigare', di origine indeur.] s. m. ● Genere di uccelli dei Pelecaniformi, tropicali, con collo lungo, slanciato e nudo (*Anhinga*).

plotóne [fr. *peloton* 'gruppo di soldati', da *pelote* 'gomitolo'. V. *pillotta*] s. m. *1* Suddivisione organica della compagnia di talune armi e specialità: *p. di fanteria*, *di cavalleria*; *p. del genio* | *P. di esecuzione*, reparto militare o di polizia incaricato dell'esecuzione di un condannato a morte per mezzo della fucilazione. *2* Nel ciclismo, gruppo di corridori: *p. di testa*; *p. degli inseguitori*. || **plotoncìno**, dim.

plotter /'plɔtter, ingl. 'plɔtə*/ [vc. ingl., 'tracciatore', da *to plot* 'disegnare, tracciare'] s. m. inv. ● (*elab.*) Periferica dedicata al tracciamento di diagrammi e grafici, anche complessi, mediante il movimento relativo della carta e dei pennini. SIN. Diagrammatore, tracciatore.

pluf [vc. onomat.] inter. ● Riproduce il tonfo leggero di un corpo che cade in un liquido.

plùgo [dall'ingl. *plug* 'tappo, turacciolo', vc. di origine germ.] s. m. (pl. *-ghi*) ● Esca artificiale con corpo in legno composto da due o più elementi snodati a forma di piccolo pesce. ➡ ILL. **pesca**.

Plumbaginàcee [dal lat. scient. *plumbāgo* 'piombaggine', n. di una pianta, detta così dal colore di piombo (*plŭmbum*)] s. f. pl. ● Nella tassonomia vegetale, famiglia di piante dicotiledoni erbacee, a foglie semplici e intere e frutto a capsula con un solo seme (*Plumbaginaceae*) | (al sing. *-a*) Ogni individuo di tale famiglia.

plùmbeo [vc. dotta, lat. *plŭmbeu(m)*, agg. di *plŭmbum* 'piombo'] agg. *1* (*raro*) Di piombo: *vaso p.* *2* (*est.*) Simile al piombo, spec. per il colore grigio scuro: *cielo p.*; *nubi plumbee*. *3* (*fig.*) Oltremodo noioso e pesante: *una trattazione plumbea e prolissa* | *Atmosfera plumbea*, opprimente, soffocante. SIN. Greve. CONTR. Limpido.

plum-cake /ingl. 'plʌm keik/ [vc. ingl., comp. di *plum* 'prugna' (V.) e *cake* 'dolce', di origine germ.] s. m. inv. (pl. ingl. *plum-cakes*) ● Dolce a base di farina, uova, burro e uva passa, cotto al forno in stampo rettangolare.

pluràle [vc. dotta, lat. *plurāle(m)*, da *plūs*, genit. *plūris* 'più'] **A** agg. ● Che si riferisce a, o indica, più persone o cose. **B** s. m. ● (*ling.*) Caso grammaticale della categoria del numero che esprime la pluralità dei nomi numerabili: *aggettivo, sostantivo, verbo al p.*

pluralis maiestatis /*lat.* plu'ralis majes'tatis/ [vc. lat., 'plurale maiestatico'] loc. sost. m. inv. ● Prima persona plurale usata di solito nei discorsi ufficiali di personaggi eminenti.

pluralismo [ted. *Pluralismus*, dal lat. *plurālis* 'plurale'] s. m. *1* Qualsiasi dottrina filosofica asserente che la pluralità delle sostanze che costituiscono il mondo è irriducibile a una sostanza unica. *2* Dottrina politica che si oppone a una concezione totalitaria dello Stato, dando invece rilievo ai diritti e ai compiti di comunità e associazioni intermedie fra l'individuo e la comunità statale | (*est.*) Condizione per cui, in una data situazione o struttura, coesistono legittimamente molteplici tendenze ideali od organizzative: *il p. all'interno della scuola pubblica*; *salvaguardare il p. dell'informazione*.

pluralis modestiae /*lat.* plu'ralis mo'dɛstje/ [loc. lat., propr. 'plurale di modestia'] loc. sost. m. inv. ● Impiego stilistico della prima persona plurale, in luogo della corrispondente singolare, al quale si ricorre per evitare frequenti ripetizioni, dissimulare artificiosamente l'importanza del locutore o rendere maggiormente partecipi i destinatari.

pluralista s. m. e f. (pl. m. *-i*) ● Chi segue il, o si ispira al, pluralismo.

pluralistico agg. (pl. m. *-ci*) ● Che concerne o interessa il pluralismo, o che ne ha i caratteri. || **pluralisticamente**, avv. In modo pluralistico.

pluralità [vc. dotta, lat. tardo *pluralitāte(m)*, da *plurālis* 'plurale'] s. f. *1* (*filos.*) Molteplicità. CONTR. Unicità. *2* Numero o quantità maggiore: *la p. dei presenti emise un parere favorevole*; *ottenere la p. dei voti*.

pluralizzare [comp. di *plural(e)* e *-izzare*] v. tr. ● (*ling.*) Mettere al plurale: *p. un aggettivo*.

plùri- [lat. *plūri-*, dal genit. (*plūris*) di *plūs* 'più'] primo elemento ● In parole composte significa 'in numero maggiore di uno' (*pluriaggravato, pluridecorato, plurilingue, plurivalente*) o indica quantità superiore al normale (*pluriatomico, pluriclasse*).

pluriaggravato [comp. di *pluri-* e *aggravato*] agg. ● (*dir.*) Detto di reato aggravato da più circostanze aggravanti: *furto p.*

pluriarma [comp. di *pluri-* e *arma*] agg. inv. ● (*mil.*) Che si riferisce a due o più armi dell'esercito.

pluriarticolato [comp. di *pluri-* e *articolo*, con suff. agg.] agg. ● (*bot., zool.*) Costituito da più articoli. SIN. Multiarticolato.

pluriatomico [comp. di *pluri-* e *atomo*, con suff. agg.] agg. (pl. m. *-ci*) ● (*fis.*) Detto di molecola costituita da più atomi e di sostanze costituite da tali molecole.

pluricellulare [comp. di *pluri-* e *cellula*, con suff. agg.] agg. ● (*biol.*) Di essere vivente formato da più cellule. CONTR. Unicellulare.

pluriclasse [comp. di *pluri-* e *classe*] **A** s. f. ● Insieme di classi elementari riunite insieme e affidate a un unico maestro. **B** anche agg.: *scuola p.*

pluricolore [comp. di *pluri-* e *colore*] agg. ● (*raro*) Multicolore.

pluricoltura [comp. di *pluri-* e *coltura*] s. f. ● (*agr.*) Ordinamento colturale comprendente più piante in una stessa azienda agricola.

pluridecorato [comp. di *pluri-* e *decorato*] agg.; anche s. m. ● Che, chi è stato insignito di più decorazioni: *un militare p.*

pluridimensionale [comp. di *pluri-* e *dimensione*, con suff. agg.] agg. ● Che ha più dimensioni.

pluridimensionalità [da *pluridimensionale*] s. f. ● Proprietà di ciò che è pluridimensionale.

pluridirezionale [comp. di *pluri-* e di un deriv. di *direzione*] agg. ● Orientato, esteso in varie direzioni: *sistema viario p.*

pluridisciplinare [comp. di *pluri-* e di un deriv. di *disciplina*] agg. ● Che interessa più discipline o campi di indagine: *ricerca p.*

pluriennale [da *pluri-* sul modello di *biennale, triennale* ecc.] agg. ● Che ha la durata di molti anni: *corso p. di studi.*

pluriènne [comp. di *pluri-* e *-enne*] agg. ● (*bot.*) Detto di pianta che fiorisce dopo alcuni anni di sviluppo vegetativo.

plurifase [comp. di *pluri-* e *fase*] agg. inv. ● Relativo a più fasi, costituito da più fasi | *Sistema p. di correnti*, insieme di correnti elettriche aventi uguale frequenza ma fase diversa.

plurigemellare [comp. di *pluri-* e *gemello*, con suff. agg.] agg. ● Detto di parto in cui vengono alla luce più di due figli | *Gravidanza p.*, precedente a tale parto.

plurigèmino [comp. di *pluri-* e *gemino*] agg. ● Plurigemellare.

plurilaterale [comp. di *pluri-* e un deriv. del lat. *lătus*, genit. *lăteris* 'lato'] agg. ● Multilaterale.

plurilateralità [da *plurilaterale*] s. f. ● Multilateralità.

plurilingue [da *pluri-*, sul modello di *bilingue*] agg. ● (*ling.*) Che usa o parla correntemente più lingue.

plurilinguismo [comp. di *pluri-*, che sostituisce *bi-* di (*bi*)*linguismo*] s. m. *1* Condizione di chi è plurilingue. *2* Situazione di una zona o di una comunità, al cui interno i soggetti parlanti siano in grado di servirsi alternativamente di lingue diverse a seconda delle circostanze: *p. altoatesino* | Situazione di un territorio o di uno Stato nel quale siano state adottate varie lingue ufficiali: *p. svizzero*. *3* Compresenza di più livelli linguistici all'interno di uno stesso testo o nella produzione di un autore: *il p. di Gadda*.

plurilinguistico [da *plurilinguismo*] agg. (pl. m. *-ci*) ● Relativo al plurilinguismo.

pluriloculare [comp. di *pluri-* e del lat. *lŏculus*, dim. di *lŏcus* 'luogo', con suff. agg.] agg. ● (*bot.*) Di ovario che ha più caselle.

plurimandatario [comp. di *pluri-* e *mandatario*] agg. ● (*org. az.*) Detto di agente di vendita che opera per più aziende non in concorrenza tra loro.

plurimiliardario [comp. di *pluri-* e *miliardario*] agg.; anche s. m. (f. *-a*) ● Che, chi possiede molti miliardi.

plurimilionario [comp. di *pluri-* e *milionario*] agg.; anche s. m. (f. *-a*) ● Che, chi possiede molti milioni.

plurimillenario [comp. di *pluri-* e *millennio*, con suff. agg.] agg. ● Che ha, o dura da, più millenni: *un'antica civiltà plurimillenaria.*

plùrimo [vc. dotta, lat. *plūrimu(m)*, sup. di *plūs*, genit. *plūris* 'più'] agg. ● Molteplice | *Voto p.*, quello di un elettore che può disporre di più voti di altri elettori | *Elezione plurima*, elezione di un deputato avvenuta in più collegi. CONTR. Unico.

plurimotore [comp. di *pluri-* e *motore*] **A** s. m. ● (*aer.*) Aereo con più motori. **B** anche agg.: *aereo p.*

plurinazionale [comp. di *pluri-* e *nazione*, con suff. agg.] agg. ● Che comprende più nazioni o nazionalità: *organizzazione p.*

plurinominale [da *pluri-*, sul modello di *uninominale*] agg. ● (*dir.*) Detto di sistema elettorale basato su collegi elettorali ciascuno dei quali elegge più rappresentanti popolari: *scrutinio p.*; *collegio elettorale p.* CONTR. Uninominale.

plurinucleato [comp. di *pluri-* e *nucleo*, con suff. agg.] agg. ● (*biol.*) Detto di cellula fornita di più nuclei.

pluriomicida [comp. di *pluri-* e *omicida*] s. m. e f. (pl. m. *-i*) ● Chi ha commesso più di un omicidio.

pluripara [comp. di *pluri-* e il f. di *-paro*] **A** agg. solo f. ● Detto di donna che abbia precedentemente partorito almeno due volte. **B** anche s. f.

pluripartitico [comp. di *pluri-* e *partito* (*1*), con suff. agg.] agg. (pl. m. *-ci*) ● Che concerne più partiti | *Stato p.*, che ammette la legittimità di organizzazione di partiti politici con libertà di orientamenti ideologici e di tutela di interessi diversi.

pluripartitismo [comp. di *pluri-* e *partito* (*1*), con suff. sost., sul modello di *bipartitismo*] s. m. ● Sistema politico caratterizzato dall'esistenza di più partiti, alcuni dei quali concorrono a formare il governo e gli altri l'opposizione. SIN. Multipartitismo.

pluripennato [comp. di *pluri-* e *pennato*] agg. ● (*bot.*) Detto di foglia composta di varie foglie a loro volta formate da più foglioline disposte ai lati di un asse.

pluriplano [da *pluri-*, sul modello di *biplano*] **A** agg. ● (*aer.*) Caratterizzato da più piani aerodinamici solitamente orizzontali | *Velivolo p.*, con più ali sovrapposte. **B** s. m. ● Velivolo pluriplano.

pluripòlide [comp. di *pluri-* e del gr. *pólis* 'città, stato'] agg.; anche s. m. e f. ● (*dir.*) Che, chi possiede più cittadinanze.

pluripósto [comp. di *pluri-* e *posto*] **A** agg. inv. ● Detto di velivolo dotato di più posti. **B** anche s. m.

pluripotente [comp. di *pluri-* e *potente*] agg. ● (*biol.*) In embriologia, detto di cellula, tessuto, abbozzo embrionale e sim. che presenta una vasta gamma di possibili destini.

pluripotenza [comp. di *pluri-* e *potenza*] s. f. ● (*biol.*) In embriologia, la condizione di ciò che è pluripotente.

plurireattore [comp. di *pluri-* e *reattore*] **A** s. m. ● Velivolo con più reattori. **B** anche agg.: *velivoli plurireattori*.

plurirèddito [comp. di *pluri-* e *reddito*] agg. inv. ● Che dispone di più di un reddito: *famiglia p.*

plurisecolare [comp. di *pluri-* e *secolo*, con suff. agg.] agg. ● Che dura da, o che ha avuto una durata di, molti secoli: *impero p.*

plurisettimanale [comp. di *pluri-* e di un deriv. di *settimana*] agg. ● Che avviene più volte ogni settimana: *pubblicazione, partenza p.*

plurisettoriale [comp. di *pluri-* e di un deriv. di *settore*] agg. ● Riguardante o comprendente più settori: *investimenti plurisettoriali*. SIN. Polisettoriale.

plurisillabo [da *pluri-*, sul modello di *polisillabo*] agg. ● Detto di parola formata da più sillabe.

pluristadio [comp. di *pluri-* e *stadio*] agg. inv. ● (*aer.*) Che ha più di uno stadio | (*mil.*) *Missile p.*, quello costituito da più stadi, ciascuno dei quali si distacca dopo aver esaurito la propria carica di propellenti.

pluristilismo [comp. di *pluri-* e di un deriv. di *stile*] s. m. ● Compresenza di vari registri espressivi in uno stesso testo o nella produzione di un autore: *il p. di Lorenzo il Magnifico*.

pluristilistico agg. (pl. m. *-ci*) ● Relativo al pluristilismo, che manifesta pluristilismo: *opera pluristilistica*.

pluriuso [comp. di *pluri-* e *uso*] agg. inv. ● Che si può adibire a vari usi: *mobile p.*

plurivalente [comp. di *pluri-* e *valente*] agg. ● Che ha più valori.

plurivalutario [comp. di *pluri-* e *valutario*] agg. ● (*econ.*) Detto di un finanziamento rinnovabile in più valute o di un prestito obbligazionario rimborsabile in valute diverse da quella di emissione.

plurivoco [da *pluri-*, sul modello di *univoco*] agg. (pl. m. *-ci*) ● (*mat.*) *Funzione plurivoca*, funzione che assume più valori in corrispondenza di ogni scelta della o delle variabili indipendenti nel proprio campo di definizione.

plùsia [dal gr. *plóusios* 'ricco', da *plôutos* 'ricchezza', di origine indeur., per le macchie d'oro e d'argento che ha sulle ali] s. f. ● Farfalla cosmopolita, non vistosa, crepuscolare e notturna, che attacca piante erbacee di vario tipo (*Plusia gamma*).

plusvalenza [comp. di *plus* 'più' e *valenza*; calco sul fr. *plus-value*] s. f. ● Aumento di valore di un bene rispetto al suo costo o al suo precedente valore: *p. tassabile*.

plusvalore [comp. di *plus* 'più' e *valore*; calco sul ted. *Mehrwert*] s. m. ● Nella teoria marxista, la differenza, di cui si appropria il capitalista, fra il valore della merce prodotta dal lavoratore e il valore della retribuzione corrisposta a quest'ultimo.

plùteo (1) [vc. dotta, lat. *plŭteu(m)* 'parete di difesa, riparo', di etim. incerta] s. m. *1* Antica macchina guerresca a forma di paravento semicircolare usata per riparare gli assedianti durante l'attacco alle mura assediate. *2* Pannello in marmo o legno, spesso decorato a bassorilievo, che unito ad altri forma un parapetto, tipico delle chiese per recinzioni di altari, presbiterio o coro. *3* Specie di leggio o armadio usato in alcune biblioteche per conservare codici preziosi.

plùteo (2) [lat. scient. *pluteus*, dal lat. *plŭteus* 'parete di difesa, riparo' (V. *pluteo* (*1*)); detto così dalla forma] s. m. ● (*zool.*) Stadio larvale pelagico di alcuni Echinodermi.

plutòcrate [ingl. *plutocrat*, dal gr. *ploutokratía* 'plutocrazia'] s. m. e f. ● Nella società capitalistica, persona che, grazie alla propria ampia disponibilità di capitali, influisce in misura determinante sulla vita politica e sociale.

plutocràtico [ingl. *plutocratic*, da *plutocrat* 'plutocrate'] agg. (pl. m. *-ci*) ● Relativo a plutocrazia o ai plutocrati. || **plutocraticaménte**, avv.

plutocrazìa [ingl. *plutocracy*, dal gr. *ploutokratía*, comp. di *plôutos* 'ricchezza' (V. *plusia*) e *-kratía* '-crazia'] s. f. *1* Predominio politico di individui o gruppi detentori di grandi ricchezze. *2* L'insieme dei plutocrati.

plutodemocrazìa [comp. di *pluto(crazia)* e *democrazia*] s. f. ● Demoplutocrazia.

plutóne [vc. dotta, lat. *Plutōne(m)*, nom. *Plūton*, dal gr. *Plôuton*, da *plôutos* 'ricchezza' (V. *plusia*)] s. m. (*Plutóne* nel sign. 1) *1* (*astron.*) Nono e ultimo pianeta in ordine di distanza dal Sole, dal quale in media dista circa 6 miliardi di kilometri, la cui massa è ritenuta da 0,1 a 0,8 volte quella della Terra e al quale si conosce un satellite | (*astrol.*) Pianeta che domina il segno zodiacale dello Scorpione. ➡ ILL. p. 831 SISTEMA SOLARE; **zodiaco**. *2* (*geol.*) Corpo geologico intrusivo, di varia forma e dimensioni, che si forma entro la crosta terrestre per cristallizzazione di un magma.

plutonìàno agg. *1* Relativo al pianeta Plutone. *2* (*geol.*) Detto di processo intrusivo profondo | Detto di roccia consolidata da un magma entro la crosta terrestre.

plutònico [dal n. del dio degli Inferi, *Plutone*] agg. (pl. m. *-ci*) *1* Plutoniano. *2* (*lett.*) Infernale, oltretombale | (*est.*) Sotterraneo. *3* (*fig.*) Buio, scuro: *antro p.*

plutònio [vc. dotta, lat. scient. *Plutōniu(m)*, da *Plūton*, genit. *Plutōnis* 'Plutone'] s. m. ● Elemento chimico, metallico, artificiale, esistente solo in forma radioattiva, usato per generare energia nucleare. SIMB. Pu.

plutonìsmo [da *Plutone*] s. m. ● Teoria geologica secondo la quale tutte le rocce deriverebbero dal consolidamento dei magmi | Complesso dei fenomeni causati dai magmi entro la crosta terrestre.

†**plùvia** [vc. dotta, lat. *plŭvia(m)* 'pioggia'] s. f. ● Pioggia.

pluviàle [vc. dotta, lat. *pluviāle(m)*, da *plŭvia* 'pioggia'] **A** agg. ● Della pioggia | *Acqua p.*, piovana | *Foresta p.*, quella equatoriale, caratterizzata dal clima costantemente caldo e umido che favorisce una vegetazione rigogliosissima e sempreverde. **B** s. m. ● (*edil.*) Tubo verticale che raccoglie l'acqua dalla grondaia per scaricarla a terra o nelle fognature.

plùvio [vc. dotta, lat. *plŭviu(m)*, da *plŭere* 'piovere'] agg. ● (*lett.*) Piovoso | *Giove p.*, che sparge pioggia, che fa piovere.

plùvio- [dal lat. *plŭvia* 'pioggia'] primo elemento ● In parole composte scientifiche significa 'pioggia': *pluviometro*.

pluviògrafo [comp. di *pluvio-* e *-grafo*] s. m. ● Pluviometro con dispositivo per la registrazione cronologica, su di una striscia di carta avvolta attorno a un cilindro che ruota con movimento uniforme, della quantità di acqua delle precipitazioni. SIN. Ietografo.

pluviometrìa s. f. ● Misurazione della pioggia tramite il pluviometro.

pluviomètrico agg. (pl. m. *-ci*) ● Di pluviometro: *osservazioni pluviometriche* | *Indice p. di un bacino idrografico*, il rapporto tra il volume d'acqua caduto annualmente e la superficie del bacino.

pluviòmetro [fr. *pluviomètre*, comp. del lat. *plŭvia* 'pioggia' (V. *pluvio-*), e *-mètre* '-metro'] s. m. ● Strumento per la misura della quantità di acqua caduta come precipitazione in un determinato intervallo di tempo, espressa in millimetri per m^2 | *P. registratore*, pluviografo.

pluvioscòpio [comp. di *pluvio-* e *-scopio*] s. m. ● Strumento usato per misurare la durata di una precipitazione atmosferica.

pluvióso [vc. dotta, lat. *pluviōsu(m)*, da *plŭvia* 'pioggia'] agg. ● (*lett.*) Piovoso: *dal ciel p. / vide un suo vago viso lacrimevole* (D'ANNUNZIO).

pnèuma [vc. dotta, lat. tardo *pnēuma*, dal gr. *pnêuma*, genit. *pnéumatos* 'soffio', da *pnêin* 'soffiare', di origine indeur.] s. m. (pl. *-i*) *1* Nella filosofia degli stoici, lo spirito divino che anima il mondo ordinandolo e dirigendolo. *2* (*mus.*) Nel canto gregoriano, passo melismatico da eseguire su una sillaba alla fine di un passo melodico.

pneumàtico (1) [gr. *pneumatikós* (V. *pneumatico (2)*)] agg. ● (*filos.*) Che si riferisce allo pneuma.

pneumàtico (2) [vc. dotta, lat. *pneumătĭcu(m)*, nom. *pneumăticus*, dal gr. *pneumatikós*, agg. di *pnêuma*, genit. *pnéumatos* 'soffio'. V. *pneuma*] **A** agg. (pl. m. *-ci*) ● Che si può gonfiare immettendo aria: *canotto, materassino p.* | *Macchina pneumatica*, strumento per rarefare l'aria in un recipiente | *Campana pneumatica*, cassone ad aria compressa usato per fondazioni subacquee pneumatiche | *Copertura pneumatica*, grande rivestimento in plastica che ripara piscine, campi da tennis e sim. SIN. Copertura a pallone | *Freno p.*, ad aria, la quale costituisce il fluido intermediario per ottenere meccanicamente l'azione frenante | *Posta pneumatica*, V. *posta (1)*. **B** s. m. ● Parte della ruota del veicolo, costituita dal copertone con o senza la camera d'aria. ➡ ILL. p. 1745, 1750 TRASPORTI.

pnèumato- [dal gr. *pnêuma*, genit. *pnéumatos* 'soffio, aria' (V. *pneuma* e *pneumo- (1)*)] primo elemento ● In parole composte scientifiche, indica presenza di aria o gas: *pneumatoforo, pneumatologia*.

pneumatòforo [comp. di *pneumato-* e *-foro*] s. m. *1* (*bot.*) Particolare radice respirante, emergente verticalmente dall'acqua, che nelle piante delle paludi tropicali, spec. nelle mangrovie, ha il compito di portare l'ossigeno alle radici immerse. *2* (*zool.*) Vescicola contenente gas, a funzione di sostegno, tipica di alcuni Celenterati Sifonofori.

pneumatologìa [comp. di *pneumato-* e *-logia*] s. f. (pl. *-gie*) ● (*filos.*) La scienza delle cose spirituali in quanto indagine relativa al principio vitale.

pneumatòmetro [comp. di *pneumato-* e *-metro*] s. m. ● (*med.*) Spirometro.

pneumectomìa [comp. di *pneumo- (2)* ed *-ectomia*] s. f. ● (*chir.*) Asportazione chirurgica di un polmone. SIN. Pneumonectomia.

pnèumico [da *pneumo- (2)*] agg. (pl. m. *-ci*) ● (*med.*) Polmonare.

pnèumo- (1) [gr. *pnêuma* 'soffio, respiro', da *pnêin* 'respirare, alitare', di origine indeur.] primo elemento ● In parole composte della terminologia scientifica indica presenza di aria o gas, o fa riferimento alla funzione respiratoria: *pneumografia, pneumotorace*.

pnèumo- (2) [gr. *pneumo-*, da *pnéumōn* 'polmone', di origine indeur.] primo elemento ● In parole composte della terminologia medica, significa 'polmone' o 'polmonite': *pneumopatia*.

pneumocèle [comp. di *pneumo- (2)* e *-cele*] s. m. ● (*med.*) Tumefazione prodotta dalla protrusione di una porzione di polmone attraverso uno spazio intercostale.

pneumocòcco [comp. di *pneumo- (2)* e *cocco (4)*] s. m. (pl. *-chi*) ● Batterio a forma di minutissimi granuli riuniti per lo più a coppie, avvolti da una capsula, agente della polmonite (*Diplococcus pneumoniae*).

pneumoconiòsi [comp. di *pneumo- (2)* e del gr. *kónis* 'polvere', di origine indeur.] s. f. ● Malattia polmonare da accumulo di polveri assorbite per inalazione.

pneumoencèfalo [comp. di *pneumo- (1)* ed *encefalo*] s. m. ● (*med.*) Introduzione di aria nelle cavità cerebrali.

pneumoencefalografìa [comp. di *pneumoencefalo* e *-grafia*] s. f. ● (*med.*) Studio radiologico delle cavità cerebrali mediante introduzione di aria in esse.

pneumografìa [comp. di *pneumo- (1)* e *-grafia*] s. f. ● (*med.*) Registrazione dei movimenti respiratori.

pneumògrafo [comp. di *pneumo- (1)* e *-grafo*] s. m. ● (*med.*) Apparecchio per la registrazione grafica dei movimenti respiratori.

pneumologìa [vc. dotta, comp. di *pneumo- (2)* e *-logia*] s. f. ● (*med.*) Scienza che studia la struttura, la funzione, la patologia dei polmoni.

pneumometrìa [comp. di *pneumo- (1)* e *-metria*] s. f. ● (*med.*) Spirometria.

pneumòmetro [comp. di *pneumo- (1)* e *-metro*] s. m. ● (*med.*) Spirometro.

pneumonectomìa [comp. del gr. *pnéumōn* 'polmone' (V. *pneumo- (2)*) ed *-ectomia*] s. f. ● (*chir.*) Pneumectomia.

pneumonìa [vc. dotta, gr. *pneumonía*, da *pnéumōn* 'polmone' (V. *pneumo- (2)*)] s. f. ● (*med., raro*) Polmonite.

pneumònico [vc. dotta, gr. *pneumonikós*, da *pneumonía* 'pneumonia'] agg. (pl. m. *-ci*) ● (*raro*) Polmonare.

pneumonìte [comp. di *pneumo- (2)* e *-ite (1)*] s. f. ● (*raro*) Polmonite.

pneumopatìa [comp. di *pneumo- (2)* e *-patia*] s. f. ● (*gener.*) Malattia del polmone.

pneumopericàrdio [comp. di *pneumo- (1)* e *pericardio*] s. m. ● (*med.*) Raccolta di aria nel pericardio.

pneumoperitonèo [comp. di *pneumo- (1)* e *peritoneo*] s. m. ● (*med.*) Presenza di gas nel cavo peritoneale.

pneumorragìa [comp. di *pneumo- (2)* e *-ragia*] s. f. (pl. *-gie*) ● (*med.*) Emorragia dal polmone.

pneumotomìa [comp. di *pneumo- (2)* e *-tomia*] s. f. ● (*chir.*) Incisione del parenchima polmonare.

pneumotoràce [comp. di *pneumo- (1)* e *torace*] s. m. ● (*med.*) Raccolta di aria nella cavità pleurica | *P. artificiale*, cura della tubercolosi polmonare consistente nell'immobilizzare il polmone mediante immissione di azoto o aria filtrata nel cavo pleurico fino a cicatrizzazione delle lesioni tubercolari | *P. spontaneo*, presenza di aria nel cavo pleurico, penetrata per rottura o ferita della pleura viscerale o costale.

po' (1) /pɔ/ pron. indef. ● Forma tronca di 'poco' (V. nota d'uso ELISIONE e TRONCAMENTO).

po' (2) /pɔ/ avv. ● (*poet.*) Forma tronca di 'poi'.

pòa [gr. *póa* 'erba, foraggio', di origine indeur.] s. f. ● Genere di piante erbacee delle Graminacee comuni in luoghi erbosi, buone foraggere (*Poa*).

poàna ● V. *poiana*.

†**pocànza** [da *poco*] s. f. ● Pochezza.

poc'ànzi [comp. di *poc(o)* e *anzi*] avv. ● (*lett.*) Prima, poco fa: *come dicevo poc'anzi*.

póccia [sovrapposizione di *ciucciare* a *poppa*] s. f. (pl. *-ce*) ● (*tosc.*) Mammella, poppa. || **poccióne**, accr. m.

pocciàre [da *poccia*] v. tr. (*io póccio*) *1* (*tosc.*) Poppare. *2* †Ubriacarsi.

†**poccióso** [da *poccia*] agg. *1* Grasso, paffuto. *2* Viscido. *3* Vile.

pochade /fr. pɔ'ʃad/ [fr., propriamente 'abbozzo', in origine termine di pittura, da *pocher* 'far gonfiare come una tasca', poi 'rappresentare con un disegno', da *poche* 'tasca', di origine francone] s. f. inv. ● Genere teatrale leggero simile al vaudeville, ma senza musica, con una trama comica di vicende intricate.

pòcher s. m. ● Adattamento di *poker* (V.). || **pocherìno**, dim. (V.).

pocherìno ● V. *pokerino*.

pochette /fr. pɔ'ʃɛt/ [fr., propriamente dim. di *poche* 'tasca' (di origine francone), perché di dimensioni tali da poter stare in tasca] s. f. inv. *1* Borsetta femminile di piccole dimensioni, da portarsi in mano: *una p. di velluto, di camoscio*. *2* (*mus.*) Sorta di piccolo violino apparso in Francia sul finire del XVI secolo.

pochézza [da *poco*] s. f. *1* Scarsezza: *p. di mezzi*. *2* (*fig.*) Povertà, meschinità: *p. di cuore, d'ingegno* | *Nella, secondo la mia p.*, modestamente.

†**pochità** s. f. ● Pochezza.

pocket /'pɔket, *ingl.* 'pɔkit/ [vc. ingl., propr. 'tasca'] **A** agg. inv. ● (posposto al s.) Tascabile: *edizione p.* **B** s. m. o f. inv. ● Qualunque oggetto di formato tascabile o che può essere contenuto in una tasca.

pocket book /*ingl.* 'pɔkit buk/ [vc. ingl., propriamente 'libro tascabile', comp. di *pocket* 'tasca' (vc. di origine germ.) e *book* 'libro' (vc. di origine germ.)] loc. sost. m. inv. (pl. ingl. *pocket books*) ● Volume in brossura, in edizione economica, di formato adatto a entrare nelle tasche.

pòco [lat. *pāucu(m)*, di origine indeur.] **A** avv. (troncato in *po'*; si elide nella loc. *poc'anzi* e, raro lett., davanti a parole che cominciano per vocale). *1* In piccola misura, scarsamente: *parla p. ma è molto furbo*; *il suo aiuto mi è servito ben p.*; *hai dormito troppo p.*; *leggete p.*; *questa faccenda mi piace p.*; *ci vede e sente p.* | Non molto (seguito da un agg., da un avv. o loc. avv., da un agg. o avv. compar. ne attenua il sign. e il valore); *è p. simpatico*; *sei p. educato*; *sta p. bene*; *lo faccio p. volentieri*; *sono arrivato p. dopo*; *è accaduto poc'anzi*; *abito p. lontano*; *è p. meno di un kilo*; *ha p. più di due anni*; *sono p. superiori alla media* | *P. male!*, non è poi una cosa grave | Per breve tempo: *mi tratterrò p.*; *è uno spettacolo che dura p.* | (*enf.*, *iter.*) Pochissimo: *lo vedo p., ma p.*; *è stato qui p. p.* | *P. o molto, p. o tanto*, sia quanto sia: *p. o tanto questo è quello che so* | *Né molto né p.*, affatto, per nulla: *ciò non mi garba né molto né p.* | *Non p.*, parecchio, assai: *mi piace non p.* | *P. o nulla*, pochissimo | *A p. a p.*, piano piano, gradatamente. *2* (*antifr.*) Molto, assai: *e dico p.!* *3* Nelle loc: *un poco, un po'*, alquanto, non molto (con valore attenuativo): *abbiamo parlato un po'*; *ho dovuto attendere un po'*; *vorrei stare un po' in pace*; *sono un po' in collera*; *fammi un po' ridere!* | (con valore raff.) *Un bel po'*: *ho dormito un bel po'* | *Un po' per ... un po' per*, in parte per ... in parte per: *era fuori di sé, un po' per la rabbia e un po' per il dispiacere* | (*enf.*) Dunque (in espressioni di incoraggiamento, di minaccia, di comando e sim.): *senti un po' quello che devo dirti*; *dimmi un po' quello che sai*; *vedi un po' di combinare qualcosa*; *guardate un po' qui che razza d'imbroglio!*; *guarda un po' se devi farti imbrogliare in questo modo!* **B** agg. indef. *1* Che è in piccola quantità o misura o in numero scarso: *spende p. denaro*; *bevo p. vino*; *c'è p. lavoro*; *ho incontrato poche persone*; *inviterò poca gente*; *solo pochi amici ne sono al corrente*; *ne traggo p. vantaggio*; *in pochi minuti risolverò la questione*; *cerca di dire tutto in poche parole* | Scarso, debole (con riferimento alla forza o all'intensità): *ha poca pazienza con i bambini*; *parli con poca convinzione*; *oggi fa p. caldo*; *vado, ma con p. entusiasmo* | *Essere di poche parole*, essere molto riservato. CONTR. Molto. *2* Piccolo: *lo aggiusterai con poca spesa*; *hanno acquistato una casa a p. prezzo*; *mi è stato di p. aiuto* | *È poca cosa*, (*fig.*) di scarsa o nessuna importanza | Insufficiente, inadeguato: *ha poca salute*; *è persona di p. ingegno*; *lavora con p. impegno* | Breve, corto (con riferimento a tempo e a spazio): *ha fatto poca strada*; *ci ha messo p. tempo*; *abbiamo p. spazio*. *3* Con valore neutro in espressioni ellittiche: *mi tratterrò p.*; *hanno speso p.*; *mangia e dorme p.*; *è arrivato da p.*; *ne avrò ancora per p.*; *arrivederci fra p.*; *c'è p. da dire su di lui*; *si può anche vivere con p.*; *mangi troppo p.*; *ci vuole p. a capirlo*; *oggi ho p. da fare*; *non arrabbiarti per così p.*; *bisogna accontentarsi di p.*; *e questo ti pare p.?* | *A ogni p.*, con molta frequenza: *a ogni p. si fermava* | *Ci corre p.*, c'è poca distanza e (*fig.*) c'è poca differenza | *A dir p.*, almeno, come minimo: *ci vorrà, a dir p., un'ora di cammino* | *Per p. non*, quasi: *per p. non cadevo* | *C'è p. da ridere, da scherzare* e sim., non è proprio il caso, non c'è motivo di ridere, scherzare e sim. | *Da p.*, di poco conto, di scarsa importanza: *è un lavoro da p.*; *è una ferita da p.* | *Sapere di p.*, essere insipido (*anche fig.*): *la minestra sa di p.*; *è una ragazza che sa di p.* | *Ci vuol p. a*, è facile: *ci vuol p. a capirlo*. *4* Parecchio, alquanto, nella loc. *un poco, un po'*: *questa sottana sembra un po' corta*; *sto un po' meglio*; *lavora un p. meno*; *sono un p. stanco*; *adesso va un po' meglio*; *cerca di venire un po' prima*; *è già un p. tardi*; *vieni un po' più vicino*. **C** pron. indef. ● Chi, ciò che è in piccola quantità o misura o numero, o è piccolo: *ci vorrebbe pazienza e io ne ho poca*; *non so esattamente quanti anni ha, ma ne ha pochi*; *pochi sanno quello che hai fatto*; *pochi di noi possono vantare una simile saggezza*; *poche, fra le persone presenti, si sono accorte in tempo del pericolo*; *pochi ma buoni*; *ha tanto dilapidato che gliene sono rimasti pochi* | (*scherz.*) *Pochi ma subito*; *pochi, maledetti e subito!*, di chi ha fretta di avere soldi. CONTR. Molto. **D** in funzione di s. m. solo sing. *1* Piccola quantità: *il p. che guadagna gli basta*; *bisogna distinguere tra il molto e il p.* CONTR. Molto. | *Un p. di*, una piccola quantità, una piccola dose di (seguito da un compl. partitivo): *versami un po' d'acqua*; *bisogna avere un po' di buon senso*; *abbiamo avuto un bel po' di paura*; *fa un po' di tutto*; *c'è di tutto un po'* | (*ass.*) *Un po' per volta entreremo tutti*; *teniamolo un po' per uno*. *2* Nella loc. *po' po' di*, (*enf.*) quantità di misura notevole: *che po' po' di coraggio a ripresentarsi*; *quel po' po' di imbroglione me la pagherà* | *Niente po' po' di meno che*, nientemeno che, addirittura: *è venuta niente po' po' di meno che la contessa!* **E** in funzione di s. m. e f. inv. ● Nelle loc. *un p.*, *una p.*, *di buono*, un cattivo soggetto, una persona disonesta e poco raccomandabile: *non perderti con quella p. di buono*; *sono dei p. di buono, non devi fidarti*. || **pochettino**, dim. | **pochétto**, dim. | **pochinino**, dim. | **pochissimo**, dim. | **pochino**, dim. | **pocolino**, dim.

pòculo o **pòcolo** [vc. dotta, lat. *pōculu(m)*, di origine indeur.] s. m. ● (*lett.*) Calice, bicchiere, boccale.

podàgra [vc. dotta, lat. *pŏdagra(m)*, nom. *pŏdagra*, dal gr. *podágra*, propriamente 'laccio per prendere l'animale ai piedi', comp. di *póus*, genit. *podós* 'piede' (V. *podo-*) e *ágra* 'caccia, preda', di origine indeur.] s. f. ● (*med.*) Gotta del piede.

podàgrico [vc. dotta, lat. *podăgricu(m)*, nom. *podăgricus*, dal gr. *podagrikós*, da *podágra* 'podagra'] **A** agg. (pl. m. *-ci*) ● (*med.*) Relativo a podagra. **B** s. m. (f. *-a*; pl. m. *-ci*) ● Chi è affetto da podagra.

podagróso [vc. dotta, lat. *podagrōsu(m)*, da *pŏdagra* 'podagra'] **A** agg. ● Di podagra | Che soffre di podagra. **B** s. m. (f. *-a*) ● Chi è affetto da podagra.

podàlico [fr. *podalique*, dal gr. *póus*, genit. *podós* 'piede' (V. *podo-*)] agg. (pl. m. *-ci*) ● (*med.*) Che concerne il podice | *Parto p.*, che avviene con presentazione di podice del feto.

podalìrio [da *Podalirio*, figlio di Esculapio] s. m. ● Farfalla di color giallo a strisce nere con un prolungamento su ciascuna delle due ali posteriori (*Papilio podalirius*).

podàrgo [dal gr. *pódargos* 'dai piedi agili', comp. di *póus*, genit. *podós* 'piede' (V. *podo-*) e *argós* 'leggero, snello', di origine indeur.] s. m. (pl. *-ghi*) ● Uccello australiano dei Caprimulgiformi, notturno e molto torpido, con becco uncinato e lunga coda (*Podargus papuensis*).

podària [da *podo-*, in quanto è il luogo dei piedi delle perpendicolari] s. f. ● (*mat.*) D'una curva rispetto a un punto, è il luogo dei piedi delle perpendicolari condotte dal punto alle tangenti alla curva.

-pode o **-podo** [dal gr. *póus*, genit. *podós* 'piede' (V. *podo-*)] secondo elemento ● In parole composte della terminologia scientifica, spec. zoologica, significa 'piede' o 'che ha piedi': *diplopodi*, *miriapodi*.

†poderàio [da *podere* (*1*)] s. m. ● Colono, fattore.

poderàle [da *podere* (*1*)] agg. ● Del, relativo al, podere: *casa p.* | *Strada p.*, che traversa o collega vari poderi.

†poderàno [da *podere* (*1*)] agg. ● Contadino.

poderànte **A** agg. ● Che coltiva e conduce un podere: *colono p.* **B** s. m. e f. *1* Chi è padrone di uno o più poderi. *2* Chi coltiva e conduce un podere.

podére (**1**) [vc. sett., da *potere* 'possesso, mezzi economici'] s. m. ● Fondo agricolo di qualche ampiezza con casa colonica | *Rendere quanto un p.*, di cosa che rende bene | *Un p. in piano*, (*fig.*) di cosa che procura buoni guadagni senza troppa fatica | *Aver trovato un p.*, (*fig.*) un'attività lucrosa, redditizia | (*raro*, *fig.*) *Fare a lascia p.*, alla peggio. || **poderàccio**, pegg. | **poderétto**, dim. | **poderino**, dim. | **poderóne**, accr. | **poderùccio**, **poderùzzo**, dim. | **poderùcolo**, dim.

†podére (**2**) ● V. *potere*.

poderóso o **†poteróso** [da *podere* (*2*)] agg. *1* Che ha forza, nerbo e gagliardia sia materiale che intellettuale: *esercito p.*; *avere un fisico p.*; *muscolatura, voce, memoria poderosa*; *ingegno p.*; *la bara scricchiolava sotto lo sforzo p. di quel paio di braccia* (VERGA). SIN. Gagliardo, potente. CONTR. Debole. *2* †Bastante, sufficiente. || **poderosaménte**, avv.

†podestà (**1**) ● V. *potestà* (*1*).

podestà (**2**) o **potestà** (**2**) [da *podestà* (*1*)] s. m. *1* Capo del comune medievale, che rendeva giustizia e guidava l'esercito in guerra. *2* Capo dell'amministrazione municipale, durante il regime fascista.

†podestàde ● V. *potestà* (*1*).

podestarèssa s. f. ● (*raro*, *scherz.*) Moglie del podestà.

†podestariàto s. m. ● Ufficio, potere e dignità di podestà.

podestarìle agg. ● Di, del podestà.

†podestàte ● V. *potestà* (*1*).

podesterìa (**1**) o (*lett.*) **potesterìa** [da *podestà* (*2*)] s. f. ● Palazzo del podestà, sede del suo ufficio.

†podesterìa (**2**) [da *podestà* (*1*)] s. f. ● Possesso.

†podiàtra [comp. di *podo-* e *-iatra*] s. m. ● Medico che cura le affezioni del piede.

pòdice [vc. dotta, lat. *pōdice(m)*, dalla stessa radice indeur. di *pēdere* 'tirar peti'. V. *peto*] s. m. *1* (*anat.*) Parte inferiore del tronco, nel feto. *2* †Deretano, sedere.

pòdio [vc. dotta, lat. *pŏdiu(m)*, dal gr. *pódion*, propr. dim. di *póus*, genit. *podós* 'piede' (V. *podo-*)] s. m. *1* Muro dell'anfiteatro romano, recingente l'arena, al disopra del quale prendevano posto i principali magistrati e l'imperatore | Basamento di templi e di edifici in genere. *2* Palco provvisorio e sopraelevato eretto per oratori, personalità e sim.: *salire sul p.*; *arringare la folla dal p.* *3* Piano di legno rialzato su cui sta in piedi il direttore d'orchestra.

podìsmo [dal gr. *póus*, genit. *podós* 'piede' (V. *podo-*)] s. m. ● Parte dell'atletica leggera che comprende ogni tipo di corsa, veloce, di fondo e campestre e ogni tipo di marcia su qualsiasi distanza e percorso.

podìsta s. m. e f. (pl. m. *-i*) ● Atleta che pratica la marcia o è specializzato nei vari tipi di corsa a piedi.

podìstico agg. (pl. m. *-ci*) ● Che si riferisce al podismo o ai podisti: *gara podistica di marcia*; *corsa podistica*.

pòdo- [dal gr. *póus*, genit. *podós* 'piede', di origine indeur.] primo elemento *1* In parole composte della terminologia scientifica, significa 'piede', 'zoccolo': *podologia*. *2* Nella terminologia botanica, significa 'peduncolo': *podocarpo*.

-podo ● V. *-pode*.

podocàrpo [comp. di *podo-* e *-carpo*] s. m. ● Genere di piante conifere delle regioni tropicali, con foglie lineari e fiori solitari sostenuti da un peduncolo che diventa carnoso (*Podocarpus*).

Podòcopi [comp. di *podo-* e del gr. *kopḗ* 'taglio, incisione' (da *kóptein* 'tagliare': V. *pericope*); detti così dalle incisioni che hanno sulle valve] s. m. pl. ● Nella tassonomia animale, sottordine di Crostacei degli Ostracodi, marini o d'acqua dolce, con valve non incise | (al sing. *-e*) Ogni individuo di tale sottordine.

podofillìna s. f. ● Resina estratta dal rizoma del podofillo ad azione purgativa.

podofìllo [comp. di *podo-* e del gr. *phýllon* 'foglia'; detto così perché le sue *foglie* assomigliano al *piede* di un'anitra] s. m. ● Erba americana perenne delle Berberidacee con fiori a otto petali bianchi e rizoma medicinale (*Podophyllum peltatum*).

podoflemmatìte [comp. di *podo-*, del gr. *phlégma*, genit. *phlégmatos* 'infiammazione' (V. *flemma*), e *-ite* (*1*)] s. f. ● (*veter.*) Infiammazione del tessuto cheratogeno del piede, con deformazione dolorosa dello zoccolo.

podoftàlmo [comp. di *pod(o)-* e *-oftalmo*] agg. ● (*zool.*) Detto di crostaceo munito di occhi peduncolati.

podologìa [comp. di *podo-* e *-logia*] s. f. (pl. *-gie*) *1* Parte della veterinaria che studia l'anatomia, la fisiologia, l'igiene ecc. del piede degli animali, spec. del cavallo. *2* Attività professionale del podologo.

podològico agg. (pl. m. *-ci*) ● Relativo alla podologia: *cura podologica*.

podòlogo [comp. di *podo-* e *-logo*] s. m. (f. *-a*; pl. m. *-gi*, pop. *-ghi*) ● Specialista nella cura delle affezioni esterne, della funzionalità e dell'estetica del piede.

podòmetro [comp. di *podo-* e *-metro*] s. m. *1* Strumento atto alla misurazione del piede del cavallo per la ferratura. *2* Pedometro.

podùra [comp. di *podo-* e *-ura*] s. f. ● Minuscolo insetto dei Collemboli comunissimo in ogni pozza d'acqua (*Podura acquatica*).

poèma [vc. dotta, lat. *poēma*, dal gr. *póiēma*, da *poiêin* 'fare, creare'. V. *poeta*] s. m. (pl. *-i*, †*poèmati*) **1** Composizione poetica di ampie dimensioni e di carattere narrativo o didascalico: *i poemi di Omero e Virgilio* | *P. in prosa*, genere letterario di contenuto lirico, ma in forma di narrazione prosastica, spesso breve e frammentaria | *P. sinfonico*, composizione sinfonica ispirata spec. a temi letterari: *i poemi sinfonici di F. Liszt e di R. Strauss.* **2** (*est.*) Scritto estremamente lungo e prolisso: *non fate dei poemi, siate concisi.* **3** (*fig.*) Cosa mirabile, straordinaria, per bellezza, bontà e sim.: *questo paesaggio è un p., un vero p.*; *un vino che è un p.* | (*fig., scherz.*) Persona o cosa eccessivamente ridicola, stravagante e sim.: *dovevi vedere quel vestito, era un p.*; *conciato così, sei un p.* || **poemàccio**, pegg. | **poemétto**, dim. (V.) | **poemóne**, accr. | **poemùccio**, dim.

†**poeméssa** s. f. ● (*scherz.*) Cattivo poema.

poemétto s. m. **1** Dim. di *poema*. **2** Poema di piccole dimensioni e di vario argomento: *i poemetti didascalici del Settecento.*

poeṣìa o (*poet.*) †**poeṣì** [lat. *poēsi(m)*, nom. *poēsis*, dal gr. *póiēsis* 'produzione, poesia', da *poiêin* 'fare'. V. *poeta*] s. f. **1** Arte e tecnica di esprimere in versi, con estrema attenzione all'aspetto fonico, ritmico e timbrico del linguaggio, esperienze, idee, emozioni, fantasie e sim., nelle quali si condensa una visione soggettiva, e talvolta anche universale, di sé e della realtà circostante: *esprimersi in p.*; *p. e prosa*; *p. epica, drammatica, lirica, didascalica, satirica*; *p. dialettale, sentimentale* | *P. visiva*, componimento poetico che utilizza i caratteri grafici di stampa disponendoli in modo tale da delineare le linee di un oggetto, un ritratto e sim. **2** Maniera caratteristica di un poeta o di una scuola di praticare tale arte: *la p. di Leopardi, del Petrarca, di Baudelaire*; *la p. del romanticismo, del surrealismo* | (*est.*) Il complesso della produzione poetica di una determinata epoca o tradizione culturale: *la p. italiana del Duecento*; *la p. moderna, contemporanea*; *la p. greca, latina, inglese, russa, negra.* **3** Singolo componimento in versi, spec. di breve estensione: *dire, recitare una p.*; *la p. di Natale*; *imparare una p. a memoria*; *scelta, raccolta di poesie*; *scrivere poesie.* **4** (*gener.*) Forma metrica: *scrivere in p.*; *mettere, volgere in p.* **5** (*est.*) Senso di elevata tensione spirituale che si può manifestare in qualsiasi opera d'arte: *un quadro pieno di p.*; *una sonata ricca di p.*; *la p. di certe inquadrature cinematografiche.* **6** (*fig.*) Capacità di muovere l'animo e di suscitare emozioni, sentimenti, fantasie: *la p. della notte, dell'alba sul mare*; *sentire tutta la p. di un incontro* | Capacità di una persona di provare in alto grado emozioni, sentimenti e sim.: *un animo ricco di p.*; *generazione, giovani senza p.* **7** (*fig.*) Evasione dalla realtà, abbandono a sogni e utopie: *non si può vivere di p.*; *lascia perdere, questa è solo p.* || **poesiàccia**, pegg. | **poesiétta**, dim. | **poesiòla**, **poesiuòla**, dim. | **poesiùccia**, dim.

poèta [vc. dotta, lat. *poēta(m)*, nom. *poēta*, dal gr. *poiētés* 'che fa, creatore', da *poiêin* 'fare', di origine indeur.] s. m. (f. *-essa* (V.); pl. m. *-i*, †*-e*) **1** Chi compone poesie: *p. dialettale, classico, ermetico* | *Il divino p.*, Dante | (*est.*) Chi, scrivendo in prosa o in versi, sa interpretare poeticamente la realtà: *è un vero p.*; *è un verseggiatore e non un p.* **2** (*est., fig.*) Persona dotata di grande sensibilità e immaginazione, che ricerca e coltiva ciò che è bello, nobile, ideale, spesso trascurando la realtà: *avere un animo di p.*; *essere un p.* | (*pop.*) Persona strana e bizzarra: *vivere da p.* | (*pop., spreg.*) Persona priva di doti e capacità pratiche, che persegue ideali ritenuti utopistici dai più: *non combinerai mai niente, se continui a fare il p.* || **poetàccio**, pegg. | **poetàstro**, pegg. | **poetarèllo**, dim. | **poetèllo**, dim. | **poetìno**, dim. | **poetóne**, accr. | **poetónzolo**, pegg. | **poetùccio**, **poetùzzo**, pegg. | **poetùcolo**, pegg.

poetàbile agg. ● (*raro*) Che si può trattare in versi: *argomento p.*

†**poetànte A** part. pres. di *poetare*; anche agg. ● (*raro*) Nei sign. del v. **B** s. m. ● Chi compone poesie.

poetàre [vc. dotta, lat. *poetāri*, da *poēta* 'poeta'] **A** v. intr. (*io poèto*; aus. *avere*) ● Comporre in versi, scrivere poesie. **B** v. tr. ● †Mettere in poesia un argomento: *Quelli ch'anticamente poetaro / l'età de l'oro* (DANTE *Purg.* XXVIII, 139-140). **C** v. intr. pron. ● †Laurearsi poeta.

poetàstro [da *poeta*, col suff. *-astro*] s. m. (f. *-a*) ● (*spreg.*) Pessimo poeta.

poeteggiàre [comp. di *poeta(re)* e *-eggiare*] v. intr. (*io poetéggio*; aus. *avere*) **1** (*raro*) Fare, scrivere versi, spec. di tanto in tanto e occasionalmente. **2** (*raro, spreg.*) Atteggiarsi a poeta.

†**poetésco** agg. ● Poetico.

poetéssa [f. di *poeta*] s. f. **1** Donna che compone poesie: *le poetesse del Cinquecento.* **2** (*raro*) †Indovina, sibilla.

†**poetévole** agg. ● Poetico.

poètica [vc. dotta, lat. *poētica(m)*, nom. *poētica*, dal gr. *poiētikḗ (téchnē)* 'arte poetica', f. sost. di *poiētikós* 'poetico'] s. f. **1** Arte del poetare | Trattato sull'arte della poesia. **2** Insieme delle concezioni e idealità artistiche proprie di uno scrittore, un movimento, un'epoca: *la p. del Petrarca*; *le poetiche del Novecento.*

†**poeticàre** [da *poetico*] v. intr. ● Poetare.

poeticherìa [da *poetico*] s. f. ● (*raro, spreg.*) Bizzarria o stranezza di, da poeta.

poeticità s. f. ● (*raro*) Qualità di ciò che è poetico: *la p. del linguaggio, di una immagine.*

poeticiẓẓàre [comp. di *poetic(o)* e *-izzare*] v. tr. ● Arricchire di poesia, rendere poetico: *p. un episodio della propria vita.*

poètico [vc. dotta, lat. *poēticu(m)*, nom. *poēticus*, dal gr. *poiētikós*, da *poiētḗs* 'poeta'] **A** agg. (pl. m. *-ci*) **1** Di, del poeta: *estro p.*; *facoltà, fantasia, creazione poetica* | (*est.*) Che nasce o deriva dalla immaginazione del poeta, creato dal poeta: *un personaggio p. e non storico.* **2** Di, della poesia: *esigenze poetiche*; *licenza poetica* | (*est.*) Che ha carattere di poesia, che è ricco di poesia, che esprime poesia: *prosa poetica*; *pagine poetiche*; *visione poetica.* **3** (*fig.*) Da poeta: *animo p.*; *sensibilità poetica* | (*fig., scherz.*) Eccessivamente fantasioso o sentimentale | (*antifr.*) Grossolano, volgare: *come sei p.*; *che discorsi poetici!* || **poeticaménte**, avv. In modo poetico. **B** s. m. **1** Ciò che contiene, manifesta o esprime poesia. **2** †Chi insegna o professa poesia.

†**poetìfico** [comp. di *poeta* e *-fico*] agg. ● (*scherz.*) Atto a produrre poesia.

†**poetìre** v. intr. ● Poetare.

poetiẓẓàre [comp. di *poeta* e *-izzare*] **A** v. tr. **1** (*raro*) Mettere in poesia, in versi: *p. un fatto di cronaca.* **2** (*fig.*) Rendere poetico: *p. un luogo nel ricordo*; *p. un episodio reale.* **B** v. intr. (aus. *avere*) ● †Poetare.

†**poètria** [vc. dotta, lat. *poētria(m)*, nom. *poētria*, dal gr. *poiḗtria* (che però significava 'poetessa'), f. di *poiētḗs* 'poeta'] s. f. **1** Poetica. **2** Trattato di poetica, spec. in riferimento al mondo medievale.

poffarbàcco [da *può far Bacco*: euf. per *poffardio*] inter. ● (*euf., scherz.*) Esprime grande meraviglia. SIN. Poffardio, poffare.

poffardìo [da *può fare Dio*] inter. ● (*raro*) Esprime grande meraviglia. SIN. (*euf.*) Poffarbacco, poffare.

poffàre [da *può fare* (sottinteso *il cielo*, *Iddio* ecc.)] inter. ● (*raro* o *scherz.*) Esprime grande meraviglia | Anche nelle loc. inter. †*p. Iddio!*, †*p. il cielo!*, †*p. il mondo!* | V. anche *poffarbacco*, *poffardio*.

pòggia o **pùggia** [lat. tardo *pŏdia(m)*, nom. *pŏdia*, dal gr. *podía*, da *póus*, genit. *podós* 'piede' (V. *podo-*), perché indicava gli angoli più bassi della vela] s. f. (pl. *-ge*) **1** (*mar.*) Lato di sottovento di una nave | *P.!*, ordine che si dà al timoniere perché metta barra per allargare la prora dalla direzione del vento. **2** (*mar.*) Lato di sottovento della cima o paranco che, fissato all'estremità inferiore dell'antenna, serviva a orientare opportunamente la vela latina.

poggiacàpo [comp. di *poggia(re)* (*1*) e *capo*] s. m. inv. ● Appoggiacapo.

poggiafèrro [comp. dell'imperat. di *poggiare* e *ferro*] s. m. inv. ● Appoggiaferro.

poggiaiòlo o (*lett.*) **poggiaiuòlo** [da *poggio*] s. m.; anche agg. (f. *-a*) ● (*raro*) Abitante dei poggi.

poggiamàno [comp. di *poggia(re)* (*1*) e *mano*] s. m. inv. ● Appoggiamano.

poggiapièdi [comp. di *poggia(re)* (*1*) e il pl. di *piede*] s. m. ● Piccolo sgabello su cui appoggiare i piedi, spec. posto sotto una scrivania.

poggiàre (**1**) [lat. parl. **podiāre*, da *pŏdium* 'piedistallo', V. *podio*] **A** v. tr. (*io pòggio*) **1** Appoggiare: *p. la mano sul braccio a qc.* | Posare: *p. il piede sul gradino.* **2** †Salire: *cominciammo pian piano a p. il non aspro monte* (SANNAZARO). **B** v. intr. (aus. *avere*) **1** Sostenersi, basarsi (*anche fig.*): *l'edificio poggia su solide fondamenta*; *le tue affermazioni poggiano su presupposti errati.* **2** (*fig., lett.*) Elevarsi, innalzarsi.

poggiàre (**2**) o **puggiàre** [da *poggia*] v. intr. (*io pòggio*; aus. *avere*) **1** (*mar.*) Allargare la prora dalla direzione del vento, per prenderlo più favorevolmente nelle vele | Assumere una rotta che allontana dalla tempesta. **2** Rifugiarsi in un porto o in una rada per sfuggire al maltempo. **3** (*est.*) Effettuare uno spostamento laterale, accostandosi a q.c.: *p. a destra, a sinistra*; *l'automobile poggiò verso il marciapiede.* **4** (*lett.*) †Soffiare, detto del vento.

†**poggiastrèlla** [da *poggia*] s. f. ● (*mar.*) Cima fissata all'estremità inferiore dell'antenna della vela latina, per orientarla.

poggiàta (**1**) [da *poggiare* (*1*)] s. f. ● (*raro*) Tratto di terreno che sale: *salire lungo la p.*

poggiàta (**2**) [da *poggiare* (*2*)] s. f. ● (*mar.*) Modo, atto del poggiare.

poggiatèsta [comp. di *poggia(re)* (*1*) e *testa*] s. m. inv. **1** Accessorio automobilistico che, applicato alla sommità dei sedili spec. anteriori di un'autovettura, permette a chi siede di tenere il capo poggiato. **2** (*etn.*) Arnese di legno o di bambù, variamente sagomato, usato da molte popolazioni extra-europee per appoggiarvi il capo durante il sonno.

poggièro o **puggièro** [da *poggia* nel sign. 2] agg. ● (*mar.*) Detto di natante che tende a venire spontaneamente alla poggia.

pòggio [lat. *pŏdiu(m)* 'piedistallo'. V. *podio*] s. m. **1** Piccola altura: *in cima al p.*; *di vaga fera le vestigia sparse / cercai per poggi solitari et ermi* (PETRARCA). SIN. Collina. **2** †Terrazzino, balaustra. || **poggerèllo**, dim. | **poggétto**, dim.

poggiòlo o (*lett.*) **poggiuòlo** [lat. parl. **podiŏlu(m)*, dim. di *pŏdium* 'podio, poggio'] s. m. **1** Terrazzino. **2** †Monticello di rena sulla spiaggia del mare. || **poggiolìno**, dim.

†**poggióso** [da *poggio*] agg. ● Di terreno sopraelevato o collinoso.

†**poggiuòla** s. f. ● Poggiuolo.

poggiuòlo ● V. *poggiolo*.

pògrom /ˈpɔgrom, *russo* paˈgrɔm/ [vc. russa, propriamente 'distruzione', comp. del pref. *po-* 'sopra' e *gromit'* 'devastare, saccheggiare'] s. m. inv. ● Sommossa popolare antisemita, sfociante generalmente in saccheggi e massacri.

poh /pɔ/ [vc. espressiva] inter. ● Esprime disprezzo o disgusto: *poh!, che farabutto!*; *poh!, è davvero un ipocrita*; *poh!, che minestra cattiva!*

pòi o (*poet.*) †**pùi** [lat. *pŏst* 'dietro, dopo', di origine indeur.] **A** avv. (poet. troncato in *po'*) **1** In seguito, in un tempo o in un momento successivo: *se ne riparlerà poi*; *poi si vedrà meglio*; *il resto verrà poi*; *voleva partire ma poi rinunciò*; *lavora adesso perché poi ti mancherà il tempo*; *poi poi, ripassate più tardi* | In contrapposizione con 'prima': *passa prima tu, poi passerò io*; *prima uno e poi l'altro*; *pensaci prima per non pentirti poi*; *o prima o poi non fa differenza* | *Prima o poi*, un giorno o l'altro, una volta o l'altra: *prima o poi avremo soddisfazione* | (con valore pleon. o raff.) Con altri avv. di tempo: *adesso facciamo così, poi dopo si vedrà*; *intanto io incomincio, in seguito poi continuerai tu* | *A poi*, a un'altra volta, a più tardi: *a poi! ci rivediamo fra due ore!* | *In poi*, in avanti nel tempo: *d'ora in poi le cose cambiano*; *riprenderò il lavoro da giovedì in poi*; *da oggi in poi sono a tua disposizione*; *da quel giorno in poi la sfortuna l'ha perseguitato* | *Per poi*, per dopo: *conviene lasciarlo per poi* | *Poco, molto, non molto poi*, poco, molto, non molto più tardi: *lo rividi non molto poi* | *Il giorno, la settimana, il mese, l'anno poi*, seguente. CONTR. Prima. **2** In un luogo più lontano, in un punto seguente nello spazio: *prima c'è il cinema, poi la casa* | In una posizione successiva relativamente a una serie, una graduatoria e sim.: *prima c'è il due, poi il tre.* **3** Inoltre, in secondo luogo: *poi considera che il tempo è ristrettissimo*; *prima di tutto non voglio e poi non ci guadagnerei niente* | Posposto, si usa per introdurre il seguito di un discorso o un altro argomento: *quanto poi al compenso, se ne parlerà un'altra volta*; *devi poi sapere che oltretutto è un bugiardo*; *quando poi me ne sono accorto, era già tardi*. **4** Dunque, infine (sempre posposto ad altre parole): *ti decidi poi a venire via?*; *che cosa ho detto poi di male?*; *cosa ti viene in mente poi di piantarmi così?* | (*enf.*) *E poi?*, e allora, e in seguito? | Con valore avversativo: *lei, poi, che c'entra?*; *così mi hanno raccontato, ma poi se sia vero non lo so*; *perché poi non dovevo farlo?*; *tutto, ma questo poi no!* | (*enf.*) Con valore ints.: *questa poi è bella!*; *questa poi è grossa veramente!*; *e poi avremo ben altro cui pensare*; *e poi hanno il coraggio di lamentarsi!*; *e poi dicono che le donne sono chiacchierone!* | (con valore raff.) Ancora: *bisogna lavorare e poi lavorare*; *e giù acqua e poi acqua!*; *ti ringrazio tanto e poi tanto*; *no e poi no!* **B** prep. **1** †Dopo | †Anche nelle loc. prep. *poi a*, *poi di*, di lì a. **2** (*raro*) †Dietro. **C** cong. **1** †Poiché (introduce una prop. caus. con il v. all'indic.). **2** †Dopoché (introduce una prop. temp. con il v. all'indic.): *poi fummo dentro al soglio de la porta / ... / sonando la senti' esser richiusa* (DANTE *Purg.* X, 1-4). **D** in funzione di s. m. ● Il tempo futuro, l'avvenire: *bisogna sempre pensare al poi*; *il prima e il poi*; *il senno del poi* | *C'è sempre un prima e un poi*, (*est.*) una causa e un effetto | (*fig.*, *scherz.*) *Il giorno del poi*, mai, in un futuro tanto remoto da non realizzarsi mai: *rischiamo di rivederlo il giorno del poi*.

poiàna o **poàna**, **pòia**, **pùia**, **puiàna** [lat. parl. **pulliāna(m)*, dim. f. di *pŭllus* 'piccolo (di ogni animale)'. V. *pollo*] s. f. ● Uccello rapace diurno, comunissimo, con occhi ben sviluppati, ali lunghe, non appuntite e carattere timido (*Buteo buteo*).

poiché o **poi che** /pɔi 'ke*, 'pɔi ke*/ spec. nel sign. 2 [comp. di *poi* e *che* (*2*)] cong. **1** Dato che, dal momento che, per il fatto che (introduce una prop. caus. con il v. all'indic.): *p. avete già deciso, non ci resta che accettare le cose come stanno*; *p. è tardi rimandiamo a domani la conclusione*. **2** (*lett.*) Dopo che (introduce una prop. temp. con il v. all'indic.): *poi che ebbe detto ciò che doveva, se ne andò*; *Ma poi ch'i' fui al piè d'un colle giunto, / ... / guardai in alto* (DANTE *Inf.* I, 13-16) | Dal giorno in cui: *va, sanza riposo, / poi che morì* (DANTE *Purg.* XI, 124-125).

poichilocita o **poichilocito** [comp. del gr. *poikílos* 'variopinto, vario', e *-cito*] s. m. (pl. *-i*) ● (*med.*) Globulo rosso deformato.

poichilocitòsi [comp. di *poichilocit(a)* e *-osi*] s. f. ● (*med.*) Alterazione nella forma dei globuli rossi.

poièsi [vc. dotta, gr. *póiēsis* 'produzione'. V. *poesia*] s. f. ● (*filos.*) Il momento creativo di un fatto artistico.

-poièsi [gr. *-póiēsis*, da *póiēsis* 'produzione', deriv. del v. *poiêin* 'fare', di origine indeur.] secondo elemento ● In parole composte della terminologia scientifica significa 'formazione', 'produzione': *emopoiesi*.

poiètico [da *poiesi*] agg. (pl. m. *-ci*) ● (*filos.*) Di, relativo a poiesi: *momento p.*; *attività poietica*.

-poiètico secondo elemento ● Usato in aggettivi derivati dalle parole composte in *-poiesi*: *emopoietico*.

poinsèttia [dal n. del diplomatico inglese R. *Poinsett* (1779-1851)] s. f. ● (*bot.*) Genere di piante erbacee perenni delle Euforbiacee con infiorescenze circondati da grandi brattee colorate (*Poinsettia*).

poinsèzia [V. *poinsettia*] s. f. ● (*bot.*) Stella di Natale.

pointer /ingl. 'pɔintə*/ [vc. ingl., propr. '(cane) da punta', da *to point* 'puntare', dal fr. ant. *pointer* 'puntare'] s. m. inv. ● Cane inglese da ferma dal tipico mantello bianco macchiato di nero o di marrone, caratterizzato da ottime doti di forza, di fondo, di eleganza e di leggerezza.

pointillisme /fr. pwɛ̃ti'jism/ s. m. inv. ● Puntinismo, divisionismo.

pois /fr. pwa/ [vc. fr., propriamente 'pisello', dal lat. *pĭsu(m)* 'pisello'] s. m. inv. ● Pallino: *stoffa a p.*

poise /fr. pwaz/ [dal n. del fisiologo fr. J. L. M. *Poiseuille* (1799-1869)] s. m. inv. ● (*fis.*) Unità di misura della viscosità nel sistema CGS equivalente a un grammo al centimetro e al secondo. SIMB. P.

pòker /'pɔker, ingl. 'poukə*/ [vc. ingl., di etim. incerta] s. m. inv. ● Gioco d'azzardo a carte d'origine americana, in cui vince chi ha la combinazione di valore maggiore e più alta: *giocare a p.*; *una partita di p.*; *perdere al p.* | Nel gioco omonimo, la combinazione di quattro carte uguali: *fare p.*; *p. d'assi*. || **pokerino**, dim. (V.).

pokerino o **pocherino** s. m. **1** Dim. di *poker*. **2** Partita a poker giocata in famiglia o tra amici, gener. con poste molto basse.

pokerista s. m. e f. (pl. m. *-i*) ● Giocatore di poker.

pòla [vc. veneta, lat. *Păula(m)* 'Paola', n. proprio di pers.] s. f. ● (*zool.*) Cornacchia.

polàcca (1) [detta così perché di origine *polacca*] s. f. **1** Antica danza polacca, moderata e ternaria, d'uso prima popolare e poi anche aristocratico, che si trasformò in forma musicale stilizzata e prosperò nel pianismo romantico: *le 19 polacche di Chopin*. SIN. Polonaise, polonese. **2** Stivaletto femminile, allacciato con stringhe. **3** Giacca con alamari e bordure di pelliccia, in uso nell'Ottocento. || **polacchino**, dim. (V.).

polàcca (2) [etim. discussa: lat. (*nāvem*) *pelăgica(m)* 'nave di alto mare', da *pĕlagus* 'mare'. V. *pelago* (?)] s. f. ● Veliero mediterraneo in uso nel sec. XIX, simile al pinco, ma usato solo come mercantile.

polacchìno [dim. di *polacca* (*1*), nel sign. 2] s. m. ● (*spec. al pl.*) Calzatura con gambale piuttosto alto, allacciato.

polàcco [polacco *polak* 'della Polonia'] **A** agg. (pl. m. *-chi*) ● Della Polonia: *lingua polacca*; *gli antichi re polacchi*. **B** s. m. (f. *-a* nel sign. 1) **1** Abitante, nativo della Polonia. **2** (*spec. al pl.*) Polacchino. **C** s. m. solo sing. ● Lingua del gruppo slavo, parlata in Polonia.

polaccóne [da *polacca* (*2*)] s. m. ● (*mar.*) Vela triangolare simile al fiocco, ma più ampia.

polàre [da *polo* (*1*)] **A** agg. **1** Del polo, che si riferisce al polo, ai poli: *terre, ghiacci polari*; *freddo p.* | (*fig.*) *Oggi fa un freddo p.*, molto intenso | *Calotta p.*, porzione di superficie terrestre limitata da uno dei due circoli polari con al centro uno dei due poli | (*astron.*) *Stella p.*, la stella più vicina al polo nord celeste, l'ultima della coda dell'Orsa Minore. **2** (*chim.*) Detto di composto nel quale i legami tra gli atomi sono di tipo polare | *Legame p.*, legame ionico, eteropolare. **3** (*mat.*) Detto di rappresentazione in coordinate polari | *Coordinate polari di punto nel piano*, la distanza del punto da un punto fisso *O*, e l'angolo che la congiungente con *O* forma con una retta fissa | *Coordinate polari d'un punto nello spazio*, la distanza del punto da un punto fisso, l'angolo che la congiungente con questo forma con una retta fissa, e l'angolo che il piano di questa e del punto in questione forma con un piano passante per la retta fissa | *Rilevamento p.*, in marina, rilevamento di un punto qualsiasi posto entro 180° a dritta e 180° a sinistra dell'asse longitudinale della nave. || **polarménte**, avv. (*raro*) In modo completo e totale: *il tuo punto di vista è polarmente opposto al mio*. **B** s. f. ● (*mat.*) *p. d'un punto rispetto a una conica*, (*ass.*) *polare*, luogo dei punti coniugati del punto rispetto alla conica.

polària o **Polària** [comp. di *pol(izia)* e *aria*, come in analoghe formazioni] s. f. inv. ● Polizia che presta servizio negli aeroporti.

polarimetria [da *polarimetro*] s. f. ● (*fis.*) Misura della rotazione del piano di polarizzazione della luce nell'attraversare una sostanza.

polarimètrico agg. (pl. m. *-ci*) ● Relativo alla polarimetria o al polarimetro.

polarìmetro [comp. di *polare* e *-metro*] s. m. ● (*fis.*) Strumento di misura del grado di polarizzazione della luce e della rotazione del piano di polarizzazione.

polarità [da *polare*] s. f. **1** (*fis.*) Proprietà di un corpo, un sistema materiale, un apparecchio, di presentare poli | Il polo stesso: *la p. positiva* | *P. elettrica*, proprietà di un corpo elettrizzato o di una sorgente di forza elettromotrice di presentare un accumulo di cariche elettriche di segno contrario sulle estremità opposte o sui due elettrodi | *P. magnetica*, proprietà di un magnete di presentare un accumulo di masse magnetiche di segno contrario alle estremità opposte. **2** (*fig.*) Convergenza verso poli d'attrazione totalmente opposti, antitetici: *sottolineare, notare la p. di due teorie, ipotesi, affermazioni*. **3** (*mat.*) Correlazione che a ogni punto d'un piano associa la sua polare rispetto a una conica fissata.

polarizzabilità s. f. ● (*fis.*) Proprietà di un sistema fisico (atomo, molecola, materiale ecc.) di potere essere polarizzato.

polarizzàre [fr. *polariser*, da *polaire* 'polare'] **A** v. tr. **1** (*fis.*) Ottenere una polarizzazione. **2** (*fig.*) Attrarre o far convergere totalmente su di sé o su q.c.: *p. l'attenzione, gli interessi, le menti, la fantasia*. SIN. Accentrare. **B** v. intr. pron. ● (*fig.*) Volgersi, orientarsi decisamente verso una data direzione: *la mia attenzione si polarizzò su di loro*.

polarizzàto part. pass. di *polarizzare*; anche agg. ● Nei sign. del v.

polarizzatóre [fr. *polarisateur*, da *polariser* 'polarizzare'] **A** s. m. ● Ciò che provoca la polarizzazione della luce. **B** anche agg.: *cristallo, strumento p.*

polarizzazióne [fr. *polarisation*, da *polariser* 'polarizzare'] s. f. **1** (*fis.*) Fenomeno capace di determinare in un certo ente fisico una polarità di qualche tipo o una scelta tra varie orientazioni o condizioni possibili | *P. della luce*, o (*ass.*) *polarizzazione*, trasformazione della luce naturale non polarizzata che si propaga con vibrazioni trasversali in tutte le direzioni perpendicolari a quelle di propagazione, in luce polarizzata, che si diffonde con vibrazioni trasversali in direzione costante o variabile con continuità: *p. lineare, circolare, ellittica* | *P. delle onde elettromagnetiche*, la direzione dell'inclinazione delle componenti l'onda | *P. dielettrica*, fenomeno di separazione delle cariche elettriche eteronome in un corpo dielettrico sotto l'influenza di un campo elettrico | *P. elettrolitica*, variazione del potenziale elettrico di un elettrodo di un voltametro, pila, accumulatore, dovuta al depositarsi, su di esso, dei prodotti della dissociazione liberati dalla corrente | *P. magnetica*, fenomeno di orientamento delle molecole sotto l'azione di un campo magnetico | *P. dei tubi elettronici e transistor*, operazione che consente di dare particolari valori costanti alle tensioni o alle correnti di uno o più elettrodi allo scopo di conseguire determinate caratteristiche di funzionamento. **2** (*fig.*) Atto, effetto dell'attrarre o dell'orientarsi verso qc. o q.c.

polarografia [comp. di *polare* e *-grafia*] s. f. ● (*chim.*) Metodo di analisi elettrolitica usato spec. nello studio di composti o di fenomeni di ossidazione e riduzione.

polaròid® [nome commerciale] **A** s. m. inv. ● Materiale polarizzatore costituito, in genere, da sostanze trasparenti e da sali di chinino opportunamente orientati, usato spec. per lenti e vetri speciali. **B** s. f. inv. ● Nome commerciale di un tipo di macchina fotografica che fornisce direttamente il positivo alcuni secondi dopo aver scattato la foto. **C** anche agg. inv.: *macchina p.*; *foto p.*

polaròide s. m. ● Adattamento di *polaroid* (V.).

pòlca o **pòlka** [ceco *polka*, propriamente 'mezzo passo', da *pul* 'mezzo'] s. f. ● Danza d'origine boema, rapida e di cadenza marcata, in voga sino ai primi anni del Novecento | *Par che balli la p.*, (*fig.*, *scherz.*) di persona che cammina saltellando.

†polcinèlla ● V. *pulcinella*.

pòlder /'pɔlder, ol. 'pɔldər/ [vc. ol., di etim. incerta] s. m. inv. ● In Olanda, terreno bonificato, sotto il livello del mare, difeso da argini.

polédro ● V. *puledro*.

polemàrco [vc. dotta, gr. *polémarchos*, comp. di *pólemos* 'battaglia', di origine indeur., e *-archos* (V. *-arca*)] s. m. (pl. *-chi*) ● Nell'antica Atene, uno dei nove arconti con funzioni in origine militari e successivamente amministrative, sacrali e giurisdizionali.

polèmica [f. sost. di *polemico*] s. f. **1** Vivace controversia orale o scritta: *p. di letterati, di giornalisti*; *aprire una p.*; *entrare in p. con qc. su q.c.* SIN. Diatriba, disputa. **2** Discussione animosa, priva di obiettività, sovente fine a se stessa: *finitela* *con le vostre polemiche; fare delle polemiche per un nonnulla.*

polemicità s. f. ● Natura o qualità di chi è polemico.

polèmico [vc. dotta, gr. *polemikós*, agg. di *pólemos* 'battaglia'. V. *polemarco*] agg. (pl. m. *-ci*) **1** Che ha atteggiamenti battaglieri ed esprime in modo deciso e aggressivo le proprie idee: *è uno scrittore, uno spirito p.* **2** Tipico o caratteristico della polemica: *argomento, tono p.* | (*est., spreg.*) Volutamente provocatorio, che tende a far nascere una discussione fine a se stessa: *intervento p.*; *una presa di posizione assurda e polemica.* || **polemicaménte**, avv. In modo e con tono polemico.

polemista [vc. dotta, gr. *polemistḗs* 'combattente, lottatore', da *polemízein* 'combattere, lottare'. V. *polemizzare*] s. m. e f. (pl. m. *-i*) **1** Scrittore di opere polemiche | (*est.*) Chi sostiene con audacia e combattività le proprie idee. **2** Chi predilige la polemica, la discussione anche inutile o fine a se stessa.

polemizzàre [ingl. *to polemize*, dal gr. *polemízein* 'combattere, lottare', deriv. di *pólemos* 'battaglia'. V. *polemarco*] v. intr. (aus. *avere*) **1** Intrattenere una vivace contesa: *p. sull'interpretazione di un testo.* SIN. Disputare. **2** Discutere animosamente, spesso per partito preso o per amore di controversia: *non può fare a meno di p. su ogni cosa.* SIN. Cavillare.

polemologia [comp. del gr. *pólemos* 'guerra' e *-logia*] s. f. ● Studio sull'arte della guerra | (*est.*) Studio della guerra e delle sue cause in relazione a fenomeni sociologici.

polemòlogo s. m. (f. *-a*; pl. m. *-gi*) ● Studioso di polemologia.

Polemoniàcee [dal gr. *polemṓnion*, nome di una pianta, e *-acee*] s. f. pl. ● Nella tassonomia vegetale, famiglia di piante dicotiledoni erbacee americane coltivate nei giardini con parecchi generi (*Polemoniaceae*) | (al sing. *-a*) Ogni individuo di tale famiglia.

polèna [fr. *poulaine*, per la somiglianza di forma con i *souliers à la poulaine* 'scarpe alla polacca' (dette così perché originarie della Polonia)] s. f. ● Immagine di animale, o di figura statuaria sacra o profana, scolpita per ornamento alla prua di una imbarcazione.

†**polènda** e *deriv.* ● V. *polenta* e *deriv.*

polènta o †**polènda**, (*tosc.*) **pulènda** [lat. *polĕnta(m)* 'farina d'orzo abbrustolito, polenta', da avvicinare a *pŏllis* 'polline' e *pŭlvis* 'polvere'] s. f. **1** Cibo preparato con farina di granturco cotta a lungo in acqua e resa consistente col continuo rimestare: *versare la p.*; *p. al sugo*; *p. con gli uccelletti*; *una fetta di p.*; *p. fritta* | *P. concia*, che si prepara unendo a metà cottura dei formaggi teneri e si serve per lo più cosparsa di parmigiano grattugiato. **2** (*est., spreg.*) Miscuglio pastoso e appiccicoso, simile alla polenta: *questo risotto è diventato una p.* || **polentàccia**, pegg. | **polentina**, dim. (V.) | **polentóna**, accr. | **polentóne**, accr.

polentàio s. m. (f. *-a*) **1** Chi fa o vende polenta. **2** Chi mangia molta polenta.

polentàta s. f. ● Mangiata di polenta.

polentina o †**polendina**, (*tosc.*) **pulendina**. s. f. **1** Dim. di *polenta*. **2** (*fam.*) Impiastro di farina di lino.

polentóne o †**polendóne**, (*tosc.*) **pulendóne** [da *polenta*] s. m. (f. *-a*) **1** Persona lenta e pigra. **2** Mangiatore di polenta, come epiteto spreg. o scherz. dato dagli abitanti dell'Italia meridionale a quelli dell'Italia settentrionale (V. nota d'uso STEREOTIPO).

poleografia [comp. del gr. *pólis*, genit. *póleōs* 'città' (V. *polis*) e *-grafia*] s. f. ● Disciplina geografica che studia la genesi e lo sviluppo delle città.

poleògrafo s. m. (f. *-a*) ● Studioso di poleografia.

pole position /polpo'ziʃʃon, *ingl.* 'poul pə'ziʃən/ [vc. ingl., comp. di *pole* 'palo' e *position* 'posizione'] loc. sost. f. inv. (pl. ingl. *pole positions*) ● Nelle competizioni motoristiche, la posizione di partenza in prima fila e nella corsia più vantaggiosa, assegnata a chi ha conseguito il miglior tempo nelle prove | (*fig.*) Posizione più vantaggiosa, davanti ad altri concorrenti: *il film di X è in pole position per l'assegnazione del Leone d'oro.*

polesàno A agg. ● Del Polesine. **B** s. m. (f. *-a*) ● Abitante, nativo del Polesine. **C** s. m. solo sing. ● Dialetto del gruppo veneto, parlato nel Polesine.

polése A agg. ● Di Pola. **B** s. m. e f. ● Abitante, nativo di Pola.

polèsine o **polèsine** [gr. biz. *polýkenos* 'che ha molti vuoti, poroso', comp. di *polýs* 'molto' (V. *poli-*) e *kenós* 'vuoto' (V. *cenotafio*)] s. m. ● Terreno pianeggiante, d'aspetto insulare, con flora arbustiva, costituito fra i due rami di un fiume o tra due fiumi, per accumulo dei detriti di questi: *nei polesini e nelle valli qui nostrane* (BACCHELLI) | (*est., per anton.*) Il territorio della provincia di Rovigo, situato tra i corsi inferiori del Po e dell'Adige.

polfèr o **Polfèr** [comp. di *pol(izia)* e *fer(roviaria)*] s. f. inv. ● Polizia che presta servizio sui treni e nelle stazioni ferroviarie.

pòli- [dal gr. *polýs* 'molto'] primo elemento ● In parole composte della terminologia scientifica indica molteplicità numerica o quantitativa: *policentro, policlinico, policromia, poliestere, politeismo.*

-poli [dal gr. *pólis* 'città'. V. *polis*] secondo elemento ● In parole composte significa 'città': *acropoli, metropoli, pentapoli, tendopoli.*

poliaccoppiàto [comp. di *poli-* e *accoppiato*] s. m. ● Materiale costituito da tre o quattro strati di sostanze diverse, impiegato spec. per la fabbricazione di recipienti adatti a contenere generi alimentari.

poliachènio [comp. di *poli-* e *achenio*] s. m. ● (*bot.*) Frutto secco indeiscente sincarpico, che a maturità si separa in due o più logge.

poliacrilàto [comp. di *poli-* e *acrilato*] s. m. ● (*chim.*) Materia plastica ottenuta per polimerizzazione di monomeri acrilici.

poliacrìlico [comp. di *poli-* e *acrilico*] agg. (pl. m. *-ci*) ● Detto di prodotto di polimerizzazione di composti acrilici | *Fibre poliacriliche*, costituite da polimeri sintetici.

poliaddizióne s. f. ● (*chim.*) Tipo di reazione consistente nell'addizione di due o più gruppi attivi di composti diversi senza liberazione di nessun componente.

pòliade (**1**) [da *poli-* sul modello di *monade, triade*] s. f. ● (*scient.*) Insieme di più enti o elementi.

pòliade (**2**) [vc. dotta, gr. *poliádēs*, da *pólis* 'città'] agg. ● Nell'antica Grecia, attributo della divinità protettrice della città: *Atena p.*

Poliadèlfia [comp. di *poli-* e del gr. *adelphós* 'fratello' (V. *adelfo*), perché hanno gli stami concresciuti in più fasci] s. f. ● Nella vecchia tassonomia di Linneo, classe comprendente piante con fiori riuniti in fascetti.

poliàdico [da *poli-* sul modello di *monade, triade* ecc., con suff. agg.] agg. (pl. m. *-ci*) ● (*filos.*) Nella logica contemporanea, detto di enunciato costituito da più di due termini.

polialite [comp. di *poli-* e del gr. *háls*, genit. *halós* 'sale'] s. f. ● (*miner.*) Solfato idrato di potassio, calcio e magnesio frequente nei giacimenti salini.

poliambulànza [comp. di *poli-* e *ambulanza*] s. f. ● (*raro*) Poliambulatorio.

poliambulatòrio [comp. di *poli-* e *ambulatorio* nel sign. B1] s. m. ● Luogo di visita e di prima cura, dotato di più ambulatori per le diverse specialità mediche e chirurgiche.

poliammìde [comp. di *poli-* e *-ammide*] s. f. ● (*chim.*) Polimero caratterizzato dalla ricorrenza del gruppo ammidico nella catena principale della macromolecola; gener. usato per la produzione di fibre o, rinforzato con fibre di vetro, come tecnopolimero.

poliammìdico agg. (pl. m. *-ci*) ● (*chim.*) Che ha la composizione chimica della poliammide: *fibra poliammidica.*

poliammìna [comp. di *poli-* e *ammina*] s. f. ● (*chim.*) Polimero nella cui molecola sono presenti molti gruppi amminici.

Poliàndria (**1**) [lat. scient. *polyandria*, comp. di *poly-* 'poli-' e del gr. *anḗr*, genit. *andrós* 'maschio'] s. f. ● Nella vecchia tassonomia di Linneo, classe comprendente piante con fiori aventi oltre venti stami.

poliandrìa (**2**) [dal gr. *polýandros* 'che ha molti mariti', comp. di *poly-* 'poli-' e *-andros* '-andro'] s. f. **1** Istituzione sociale per cui una donna ha contemporaneamente più mariti. **2** (*zool.*) Poligamia femminile | (*zool.*) Condizione per cui una specie presenta maschi con varia morfologia e femmine del medesimo aspetto.

poliàndro [comp. di *poli-* e *-andro*] agg. ● (*bot.*) Detto di fiore con un numero molto grande di stami.

polianìte [dal gr. *poliáinesthai* 'essere biancheggiante', da *poliós* 'biancastro, canuto', di origine indeur.] s. f. ● (*miner.*) Pirolusite.

†**poliantèa** [vc. dotta, gr. *polyánthea* 'ricca di fiori', comp. di *poly-* 'poli-' e *ánthos* 'fiore'. V. *antologia*] s. f. ● Antologia, florilegio.

poliarchìa [vc. dotta, gr. *polyarchía*, comp. di *poly-* 'poli-' e *-archía* '-archia'] s. f. ● Governo di molti.

poliàrchico agg. (pl. m. *-ci*) ● Di poliarchia: *governo p.*

poliartrìte [comp. di *poli-* e *artrite*] s. f. ● (*med.*) Infiammazione di più articolazioni contemporaneamente: *p. cronica, acuta.*

poliatòmico [comp. di *poli-* e *atomo*, con suff. agg.] agg. (pl. m. *-ci*) ● Formato dall'unione di più atomi, che contiene più atomi: *molecola poliatomica.*

polibasìte [comp. di *poli-*, *base* e *-ite* (*2*)] s. f. ● (*miner.*) Solfuro di argento e antimonio in cristalli tabulari.

polìboro [vc. dotta, gr. *polybóros* 'molto vorace', comp. di *poly-* 'poli-' e *borós* 'vorace', da *borá* 'cibo per gli animali', di origine indeur.] s. m. ● Uccello rapace diurno sudamericano simile al falco, pericoloso anche per agnelli e animali domestici (*Polyborus plancus*).

polibutadiène [comp. di *poli-* e *butadiene*] s. m. ● (*chim.*) Polimero ottenuto per polimerizzazione del butadiene; usato, dopo vulcanizzazione, come elastomero.

policaprolattàme [comp. di *poli-* e *caprolattame*] s. m. ● (*chim.*) Polimero della famiglia delle poliammidi, ottenuto per polimerizzazione del caprolattame, usato per la produzione di fibre e oggetti vari di elevata resistenza.

policarbonàto [comp. di *poli-* e *carbonato*] s. m. ● (*chim.*) Polimero contenente nella catena principale il gruppo carbonato, caratterizzato da buone proprietà di resistenza agli urti, elevata rigidità e trasparenza e usato in lastre in sostituzione del vetro, per caschi da motociclista e sim.; in sigla PC.

policàrpico [comp. di *poli-* e *-carpo*, con suff. agg.] agg. (pl. m. *-ci*) ● (*bot.*) Detto di gineceo formato da due o più carpelli liberi.

policàrpio [comp. di *poli-* e *-carpo*] s. m. ● (*bot.*) Frutto indeiscente formato da più carpelli.

policeman /*ingl.* pə'li:smən/ [vc. ingl., comp. di *police* 'polizia' (dal fr. *police* 'polizia') e *man* 'uomo' (di origine germ.)] s. m. inv. (pl. ingl. *policemen*) ● Agente di polizia, nei paesi anglosassoni.

policèntrico [comp. di *poli-* e *centro*, con suff. agg.] agg. (pl. m. *-ci*) ● Che ha più centri.

policentrìsmo [da *policentri(co)* e *-ismo*] s. m. ● Esistenza di più centri autonomi di potere o di decisione.

Polichèti [vc. dotta, gr. *polychaítēs* 'che ha molti capelli', comp. di *poly-* 'poli-' e *chaítē* 'chioma', di origine indeur.] s. m. pl. ● Nella tassonomia animale, classe di Anellidi con metameria evidente e parapodi sviluppati, per lo più marini (*Polychaeta*) | (al sing. *-e*) Ogni individuo di tale classe.

policitemìa [comp. di *poli-*, *cito-*, ed *-emia*] s. f. ● (*med.*) Aumento numerico dei globuli rossi del sangue. SIN. Poliglobulia.

Policladi [vc. dotta, dal gr. *polýklados* 'dai molti (*poly-*) rami (*kládos*, sing.)'] s. m. pl. ● Nella tassonomia animale, ordine di Turbellari prevalentemente abitatori dei mari caldi e caratterizzati da eterogeneità di forme larvali, alcune delle quali sono componenti del plancton (*Polyclada*) | (al sing. *-e*) Ogni individuo di tale ordine.

policlìnica [comp. di *poli-* e *clinica*, sul modello del fr. *polyclinique*] s. f. ● Clinica di diverse specialità mediche e chirurgiche ove si ricoverano ammalati.

policlìnico [fr. *policlinique* 'clinica della città', comp. del gr. *pólis* 'città' (V. *polis*) e del fr. *clinique* 'clinica'] s. m. (pl. *-ci*) ● Istituto ospedaliero a più padiglioni per le diverse specialità mediche e chirurgiche.

policlonàle [comp. di *poli-* e *clonale*] agg.

1 (*biol.*) Che deriva da diverse cellule. 2 (*biol.*) Relativo a vari cloni.

policòcco [comp. di *poli-* e *cocco* (*4*)] s. m. (pl. *-chi*) ● (*bot.*) Frutto secco dirompente.

policoltùra [comp. di *poli-* e *coltura*] s. f. ● (*agr.*) Coltivazione di diverse specie o varietà di piante effettuata in una stessa regione o in una stessa azienda.

policondensazióne [comp. di *poli-* e *condensazione*] s. f. ● (*chim.*) Polimerizzazione che si realizza attraverso più reazioni consecutive di condensazione con eliminazione di acqua o di altre sostanze di basso peso molecolare.

policoràle [comp. di *poli-* e *coro*, con suff. agg.] agg. ● (*mus.*) Di, relativo a, composizione corale in cui il coro è diviso in due o più gruppi.

policòrdo [vc. dotta, gr. *polýchordos* 'che ha molte corde', comp. di *poly-* 'poli-' e *chordḗ* 'corda'] s. m. ● (*mus.*) Strumento con molte corde.

policristallino [da *policristallo*] agg. 1 (*miner.*) Costituito da, relativo a un policristallo. 2 Detto di aggregato formato da un solo minerale, ma in moltissimi granuli diversamente orientati. 3 Detto di roccia composta da granuli di molte specie minerali diverse.

policristàllo [comp. di *poli-* e *-cristallo*] s. m. ● (*miner.*) Cristallo apparentemente unico, ma composto in realtà da una stretta associazione di moltissimi individui della stessa specie che tutti insieme simulano la forma esterna del monocristallo.

policromàre [da *policromo*] v. tr. (*io polìcromo* o *policròmo*) ● Rendere policromo | Decorare con policromia.

policromàtico [dal gr. *polychrṓmatos* 'dai molti colori', comp. di *poly-* 'poli-' e *chrôma*, genit. *chrṓmatos* 'colore'. V. *cromo-*] agg. (pl. m. *-ci*) 1 Di molti colori: *effetto p.* SIN. Multicolore. 2 (*fis.*) Detto di luce composta di più componenti monocromatiche.

policromìa [da *policromo*] s. f. 1 Varietà di colori. 2 Arte di dipingere o decorare statue, edifici e sim. con colori vari.

polìcromo o **policròmo** [vc. dotta, gr. *polýchrōmos* 'dai molti colori', comp. di *poly-* 'poli-' e *-chrṓmos* '-cromo'] agg. ● Di più colori: *facciata policroma.* SIN. Multicolore. CONTR. Monocromatico.

polidattilìa [dal gr. *polydáktylos* 'dalle molte dita', comp. di *poly-* 'poli-' e *dáktylos* 'dito' (V. *dattilografia*)] s. f. ● (*med.*) Malformazione congenita delle mani e dei piedi, consistente nella presenza di dita in soprannumero. SIN. Polidattilismo.

polidattilismo s. m. ● (*med.*) Polidattilia.

polidàttilo [vc. dotta, gr. *polydáktylos* 'dalle molte dita'. V. *polidattilia*] agg.; anche s. m. (f. *-a*) ● Che, chi è affetto da polidattilia.

polidemonismo [comp. di *poli-*, *demone* e *-ismo*] s. m. ● Carattere di alcune religioni primitive che presumono l'universo popolato e animato da molteplici forze demoniache.

polidipsìa [comp. di *poli-*, del gr. *dípsa* 'sete', di orig. sconosciuta, e del suff. *-ia*] s. f. ● (*med.*) Eccessivo bisogno di bere; può essere di origine psicogena o dovuto a stati di disidratazione o a disturbi endocrini (diabete).

polidromìa s. f. ● (*mat.*) L'essere polidromo.

polìdromo [comp. di *poli-* e *-dromo*] agg. ● (*mat.*) Nella loc. *funzione polidroma*, relazione fra spazi numerici che ad un punto del primo ne associ più d'uno del secondo.

poliedricità s. f. ● Qualità, o natura di poliedrico (*spec. fig.*).

polièdrico agg. (pl. m. *-ci*) 1 (*mat.*) Di poliedro, proprio del poliedro: *figura poliedrica.* 2 (*fig.*) Che ha molteplici aspetti, facce, attività, interessi e sim.: *individuo, ingegno p.* | Multiforme: *interessi poliedrici.* SIN. Versatile. || **poliedricaménte**, avv. (*fig.*) In modo poliedrico.

polièdro [vc. dotta, gr. *polýedros*, propriamente 'dai molti sedili', comp. di *poly-* 'poli-' ed *hédra* 'base, faccia, sedile', di etim. incerta] s. m. 1 (*mat.*) Figura spaziale individuata da poligoni, non tutti complanari, in modo che i loro lati siano comuni esattamente a due facce: solitamente si suppone che due facce non siano mai complanari, e che non abbiano punti comuni fuori degli spigoli | Solido determinato dalle facce del poliedro | *P. regolare*, tale che le facce siano poligoni regolari uguali, in modo che i diedri e gli angoloidi da essi determinati siano uguali. 2 In topologia algebrica, luogo dei punti appartenenti a un complesso geometrico.

poliembrionìa [comp. di *poli-* e un deriv. di *embrione*] s. f. ● (*biol.*) Fenomeno per cui dalla segmentazione di un solo uovo fecondato si formano più embrioni.

poliennàle [da *poli-*, sul modello di *biennale, triennale* ecc.] agg. ● Che dura più anni: *buono p. del Tesoro.*

polièra [vc. dotta, gr. *polyḗres* 'con molti remi', comp. di *poly-* 'poli-' ed *-ḗres*, da una radice che significa 'remare' (V. *triere*)] s. f. ● (*mar.*) Polireme.

polièstere [comp. di *poli-* ed *estere*] **A** s. m. ● (*chim.*) Polimero contenente gruppi estere nella catena principale, gener. ottenuto per policondensazione di acidi bicarbossilici e glicoli e usato per produrre fibre, film, vernici, adesivi e sim. | *P. insaturo*, copolimero ottenuto per polimerizzazione di una miscela di glicoli, acidi bicarbossilici e anidride maleica, che può essere reticolato con stirene per formare polimeri termoindurenti; è usato insieme a fibre di vetro per preparare scafi di barche, grandi serbatoi, parti di carrozzeria e sim. **B** anche agg.: *prodotto p.*

poliestesìa [da *poli-*, sul modello di *anestesia* ecc.] s. f. ● (*med.*) Alterazione della sensibilità cutanea per cui il contatto di una punta viene avvertito come se fosse multiplo.

polièterе [comp. di *poli-* ed *etere*] s. m. ● (*chim.*) Polimero contenente gruppi etere nella catena principale.

polietilène [comp. di *poli-* ed *etilene*] s. m. ● (*chim.*) Materia plastica ottenuta per polimerizzazione di etilene esistente nelle forme ad alta densità e a bassa densità; usata per materiali elettrici, per confezionare prodotti alimentari e per la fabbricazione di svariati oggetti. SIN. Politene.

polietilentereftalàto [comp. di *poli-*, *etilen(e)* e *tereftalato*] s. m. ● (*chim.*) Poliestere ottenuto per policondensazione di glicol etilenico con acido tereftalico o suoi derivati; di eccellenti proprietà meccaniche e impermeabile all'anidride carbonica, è usato per la produzione di fibre, film per pellicole fotografiche, nastri per registrazione, bottiglie per liquidi; in sigla PET.

polifagìa [vc. dotta, comp. di *poli-* e *-fagia*; nel sign. 2 dal gr. *polyphagía* 'voracità'] s. f. 1 (*biol.*) Condizione degli organismi polifagi | (*est.*) Nutrizione a base di più sostanze. 2 (*med.*) Bulimia.

polìfago [vc. dotta, comp. di *poli-* e *-fago*; nel sign. 2 dal lat. *polyphăgus*, gr. *polyphágos* 'che mangia molto'] agg.; anche s. m. (f. *-a*; pl. m. *-gi*) 1 (*biol.*) Detto di organismo che può cibarsi di varie sostanze: *parassiti polifagi.* 2 (*med., raro*) Affetto da bulimia.

polifàse [comp. di *poli-* e *fase*] agg. inv. ● (*elettr.*) Di grandezze alternate come tensioni o correnti elettriche, che presentano fasi diverse pur avendo lo stesso periodo.

polifilìa [vc. dotta, comp. di *poli-* e *-filo*; nel sign. 2, dal gr. *polyphilía* 'moltitudine di amici', da *polýphilos* 'dai molti amici', comp. di *poly-* 'poli-' e *-philos* '-filo'] s. f. 1 (*biol.*) Poligenesi. 2 †Amicizia con molte persone.

polifìllo [vc. dotta, gr. *polýphyllos* 'che ha molte foglie', comp. di *poly-* 'poli-' e *-fillo*] agg. ● (*bot.*) Che ha più foglie.

polifiodónte [comp. del gr. *polyphyḗs* 'che si divide in più parti' (a sua volta comp. di *poly-* 'poli-' e *phýein* 'nascere, far nascere', di origine indeur.), e *-odonte* (V. *odonto-*)] agg. ● (*zool.*) Detto di animale vertebrato che presenta polifiodontia.

polifiodontìa [da *polifiodonte*] s. f. ● (*zool.*) Successione di un notevole numero di dentizioni, quale si osserva nella maggior parte dei Vertebrati Gnatostomi.

polìfito [comp. di *poli-* e *-fito*] agg. ● (*agr.*) Detto di area coltivata con un numero elevato di specie vegetali.

polifonìa [vc. dotta, gr. *polyphōnía*, da *polýphōnos* 'dalle molte voci', comp. di *poly-* 'poli-' e *-phōnos* '-fono'] s. f. ● (*mus.*) Molteplicità di suoni | Componimento a molte voci o strumenti: *le polifonie del Palestrina* | Musica vocale o strumentale con più parti o voci che esprimono ciascuna una speciale melodia.

polifònico agg. (pl. m. *-ci*) ● (*mus.*) Della polifonia: *brano p.* || **polifonicaménte**, avv. Secondo la polifonia.

polifonismo s. m. ● (*mus.*) Tecnica e uso della polifonia.

polifonista s. m. e f. (pl. m. *-i*) ● Compositore di musica polifonica.

polifosfàto [ingl. *polyphosphate*, comp. di *poly-* 'poli-' e *phosphate* 'fosfato'] s. m. ● (*chim.*) Composto appartenente a una classe di derivati dell'acido fosforico, usati nella depurazione delle acque, nella composizione di detersivi per lavatrici e come conservanti.

polifunzionàle [comp. di *poli-* e *funzionale*] agg. 1 Che è in grado di svolgere più funzioni: *impianto sportivo p.* 2 (*chim.*) Detto di composto che contiene più gruppi funzionali: *acido p.* | Polivalente.

polìgala [vc. dotta, lat. *polўgala(m)*, nom. *polўgala*, dal gr. *polýgalon*, comp. di *poly-* 'poli-' e *gála* 'latte' (V. *galassia*), per le sue proprietà lattifere] s. f. ● Pianticella cespugliosa americana delle Poligalacee con fusti sottili, foglie lanceolate e fiori in grappoli biancastri terminali, usata in medicina (*Polygala senega*).

Poligalàcee [vc. dotta, comp. di *poligala* e *-acee*] s. f. pl. ● Nella tassonomia vegetale, famiglia di piante dicotiledoni con fiori a cinque sepali saldati alla base e formanti due labbra alla sommità (*Poligalaceae*) | (al sing. *-a*) Ogni individuo di tale famiglia.

poligamìa [vc. dotta, lat. tardo *polygămia(m)*, nom. *polygămia*, dal gr. *polygamía*, da *polýgamos* 'poligamo'] s. f. 1 Unione coniugale di un uomo con più donne o di una donna con più uomini. 2 (*zool.*) Abitudine del maschio di molti animali di accoppiarsi con parecchie femmine o viceversa. CONTR. Monogamia. 3 (*bot.*) Presenza di fiori ermafroditi e unisessuati sullo stesso individuo vegetale.

poligàmico agg. (pl. m. *-ci*) ● Che riguarda la poligamia.

polìgamo [vc. dotta, gr. *polýgamos*, comp. di *poly-* 'poli-' e *-gamos* '-gamo'] **A** agg. 1 Che pratica la poligamia: *tribù poligama.* 2 (*bot.*) Che è caratterizzato da poligamia. **B** s. m. (f. *-a*) 1 Chi pratica la poligamia. 2 (*bot.*) Individuo vegetale portante fiori unisessuati e fiori ermafroditi.

poligène [comp. di *poli-* e *gene*] s. m. ● (*biol.*) Ognuno dei geni che, in grande numero, producono manifestazioni fenotipiche molto simili tra loro, sì da restare di solito mascherate.

poligènesi [comp. di *poli-* e *genesi*] s. f. ● Origine molteplice: *p. del linguaggio, delle razze.* CONTR. Monogenesi.

poligenètico agg. (pl. m. *-ci*) ● Che si riferisce alla poligenesi | Che si è originato per poligenesi. || **poligeneticaménte**, avv. In seguito a poligenesi.

poligènico agg. (pl. m. *-ci*) ● (*biol.*) Di, relativo a, poligene.

poligenismo [comp. di *poligen(esi)* e *-ismo*] s. m. ● Dottrina che attribuisce origine molteplice alle razze umane. CONTR. Monogenismo.

poliginìa [comp. di *poli-* e del gr. *gynḗ* 'donna'. V. *poliginio*] s. f. 1 (*etn.*) Istituzione sociale per cui un uomo ha contemporaneamente più mogli. 2 (*zool.*) Poligamia maschile.

poligìnio [vc. dotta, gr. *polygýnaios* 'dalle molte mogli', comp. di *poly-* 'poli-' e *gynḗ* 'donna' (V. *-gino*)] agg. ● Detto di pianta o fiore con più carpelli.

poliglobulìa [comp. di *poli-* e un deriv. di *globulo*] s. f. ● (*med.*) Policitemia.

poliglòtta [vc. dotta, gr. *polýglōttos* 'dalle molte lingue', comp. di *poly-* 'poli-' e *glṓtta* 'lingua' (V. *glotta*)] agg.; anche s. m. e f. (pl. m. *-i*) ● Che, chi parla molte lingue: *un archeologo p.*; *una p.* | *Libro p.*, stampato in più lingue.

poliglòttico [da *poliglotta*] agg. (pl. m. *-ci*) ● Che concerne più lingue: *fenomeno p.* | Che è caratterizzato da poliglottismo: *area, zona poliglottica.*

poliglottismo [da *poliglotta*] s. m. ● Conoscenza e uso di più lingue | Coesistenza di più lingue.

poliglòtto agg.; anche s. m. (f. *-a*) ● Poliglotta.

Poligonàcee [vc. dotta, comp. di *poligono* (*2*) e *-acee*] s. f. pl. ● Nella tassonomia vegetale, famiglia di piante dicotiledoni erbacee, con una stipola a forma di guaina abbracciante il fusto all'inserzione della foglia (*Polygonaceae*) | (al sing. *-a*) Ogni individuo di tale famiglia. ➡ ILL. **piante** /3.

poligonàle [da *poligono* (*1*)] **A** agg. ● Che ha forma o sezione a guisa di poligono. **B** s. f. *1* (*mat.*) Sequenza di segmenti tali che il secondo estremo di ciascuno coincida con il primo estremo del successivo. *2* Linea spezzata che collega i punti che servono di base in un rilevamento topografico e geodetico | *P. chiusa*, se il punto di partenza coincide col punto di arrivo | *P. aperta*, se i due punti non coincidono.

poligonàto [vc. dotta, lat. *polygŏnato(n)*, nom. *polygŏnatos*, dal gr. *polygónaton*, comp. di *poly-* 'poli-' e *góny*, genit. *gónatos* 'ginocchio' (V. *gonalgia*); detto così dalla forma del rizoma] s. m. ● Pianta delle Liliacee, tipica dei luoghi ombrosi, con fiori bianchi penduli dalla parte opposta rispetto alla foglia (*Polygonatum multiflorum*).

poligonazióne [da *poligonale*] s. f. ● In geodesia e topografia, rilevamento e misurazione di una poligonale.

poligono (1) [vc. dotta, lat. tardo *polygōnu(m)*, dal gr. *polýgōnon*, comp. di *poly-* 'poli-' e *gōnía* 'angolo' (V. *gonio-*)] s. m. *1* (*mat.*) Figura piana costituita da un numero finito di punti presi in un certo ordine circolare, e dai segmenti che congiungono coppie di vertici consecutivi | Regione del piano interna all'insieme dei lati d'un poligono: *p. convesso, concavo* | *P. intrecciato*, tale che due lati non consecutivi abbiano dei punti comuni | *P. regolare*, con i lati uguali e gli angoli uguali. *2* Figura geometrica piana di più lati sulla quale o dentro la quale si costruiscono i vari fronti di un'opera fortificatoria: *p. regolare, irregolare, esterno, interno* | *P. di tiro*, zona adibita a esercitazioni di tiro per armi portatili o per artiglierie | *P. di lancio*, installazione, costruita sulla Terra o in un'orbita circumterrestre mediante parti staccate ivi trasportate con una navetta spaziale, dotata di attrezzature idonee al lancio di missili e veicoli spaziali per impieghi militari o civili. SIN. Spazioporto.

polìgono (2) [vc. dotta, lat. *polўgonu(m)*, nom. *polўgonus*, dal gr. *polýgonon*, propriamente 'dai molti frutti', comp. di *poly-* 'poli-' e *gónos* 'seme, prodotto, frutto' (V. *gono-*)] s. m. ● Genere di piante erbacee o suffruticose delle Poligonacee con piccoli fiori colorati (*Polygonum*).

poligrafàre [da *poligrafo*] v. tr. (*io polìgrafo*) ● Trarre copie col poligrafo.

poligrafìa [vc. dotta, gr. *polygraphía* 'lo scrivere di vari soggetti', da *polygráphos* 'che scrive molto, che scrive di vari soggetti'. V. *poligrafo*] s. f. *1* Riproduzione, in varie copie, di scritti o disegni | (*est.*) La copia stessa. *2* (*raro*) Scrittura su soggetti vari.

poligràfico A agg. (pl. m. *-ci*) *1* Che concerne la poligrafia. *2* Che esegue opere a stampa valendosi di vari sistemi di composizione, impressione e sim.: *stabilimento, istituto p.*; *officina poligrafica*. **B** s. m. ● Operaio di uno stabilimento poligrafico.

polìgrafo [vc. dotta, comp. di *poli-* e *-grafo*; nel sign. B dal gr. *polygráphos* 'che scrive molto, che scrive di vari soggetti', comp. di *poly-* 'poli-' e *-gráphos* '-grafo'] **A** s. m. *1* Apparecchio usato un tempo per ottenere riproduzioni di scritti e disegni, in cui la matrice di gelatina e colla di pesce reca un decalco eseguito con inchiostro copiativo. *2* (*med.*) Apparecchio, costituito da un registratore a carta e alcuni elettrodi, in grado di registrare contemporaneamente diversi parametri fisiologici come pressione arteriosa, ritmo cardiaco, frequenza respiratoria, tono muscolare e sim. **B** agg.; anche s. m. (f. *-a*, raro) ● Che, chi scrive su molti argomenti: *uno scrittore p.*; *è un p.*

poliìbrido [comp. di *poli-* e *ibrido*] s. m. ● (*biol.*) Individuo nato da genitori che differiscono per due o più caratteri.

poliisoprène [comp. di *poli-* e *isoprene*] s. m. ● (*chim.*) Polimero con struttura chimica uguale a quella della gomma naturale, ottenuto industrialmente per polimerizzazione dell'isoprene e usato per produrre elastomeri.

polimastìa [comp. di *poli-* e del gr. *mastós* 'mammella' (di origine incerta)] s. f. ● (*med.*) Anomalia ereditaria consistente nella presenza, spec. nella donna, di più mammelle oltre le due normali.

polimatèrico [comp. di *poli-* e *materia*, con suff. agg.] agg. (pl. m. *-ci*) ● Costituito di più materiali, detto spec. di creazione artistica.

polimaterìsmo [comp. di *poli-*, *materia* e *-ismo*] s. m. ● Utilizzazione di più materiali all'interno di un'opera d'arte, spec. plastica o pittorica.

polimelìa [dal gr. *polymelês* 'di molti toni', comp. di *poly-* 'poli-' e *mélos* 'canto, melodia' (V. *melos*)] s. f. ● (*mus.*) Unione di più melodie.

poliménto ● V. *pulimento*.

polimerìa s. f. *1* (*biol.*) Concorso di più geni alla determinazione di un solo carattere. *2* (*chim.*) Polimerismo.

polimèrico agg. (pl. m. *-ci*) *1* (*biol.*) Caratterizzato da polimeria: *sistema p.* *2* (*chim.*) Proprio di un polimero | Costituito di polimeri: *composto p.*

polimerìsmo s. m. ● (*chim.*) Condizione di polimero.

polimerizzàre [comp. di *polimer(o)* e *-izzare*] **A** v. tr. ● (*chim.*) Sottoporre a polimerizzazione. **B** v. intr. pron. ● (*chim.*) Subire la polimerizzazione.

polimerizzazióne s. f. ● (*chim.*) Reazione che avviene tra molte molecole di monomero con formazione di molecole di grandi dimensioni (macromolecole).

polìmero [vc. dotta, gr. *polymerês* 'di molte parti', comp. di *poly-* 'poli-' e *méros* 'parte' (da *méiresthai* 'ottenere in sorte, dividersi', di origine indeur.)] **A** s. m. ● (*chim.*) Composto chimico, gener. di natura organica, di elevato peso molecolare, ottenuto partendo da un monomero per mezzo di reazioni di polimerizzazione. **B** anche agg.: *composto p.*

polimetilmetacrilàto [comp. di *poli-*, *metil-* e *metacrilato*] s. m. ● (*chim.*) Polimero ottenuto per polimerizzazione dell'acrilato di metile; materiale plastico rigido e trasparente, è prevalentemente utilizzato in lastre in sostituzione del vetro; in sigla PMMA. CFR. Plexiglas.

polimetrìa [da *polimetro*] s. f. ● Successione di vari metri in uno stesso componimento poetico.

polimètrico [da *polimetria*] agg. (pl. m. *-ci*) ● Detto di componimento poetico che contiene metri diversi.

polìmetro [vc. dotta, gr. *polýmetros*, comp. di *poly-* 'poli-' e *métron* 'misura' (V. *metro*)] **A** s. m.; anche agg. ● Componimento poetico in metri diversi. **B** s. m. ● Apparecchio atto alla misura di varie grandezze come temperatura, grado igrometrico, tensione di vapore e punto di rugiada dell'aria atmosferica.

polimorfìa [vc. dotta, gr. *polymorphía*, comp. di *poly-* 'poli-' e *-morphía* '-morfia' (V.)] s. f. ● Polimorfismo.

polimòrfico agg. (pl. m. *-ci*) ● Di, relativo a, polimorfismo.

polimorfìsmo [comp. di *polimorfo* e *-ismo*] s. m. *1* (*chim., miner.*) Proprietà di una sostanza chimicamente definita di dare origine a differenti tipi di reticoli cristallini. *2* (*biol.*) Variabilità discontinua a basi ereditarie esistente in una popolazione animale o vegetale.

polimòrfo [vc. dotta, gr. *polýmorphos*, comp. di *poly-* 'poli-' e *-morphos* '-morfo'] agg. ● Di elemento o composto chimico che presenta il fenomeno del polimorfismo.

polinesiàno [da *Polinesia*, comp. di *poli-* e del gr. *nêsos* 'isola' (di etim. incerta)] **A** agg. ● Della Polinesia: *lingua polinesiana*; *isola polinesiana*. **B** s. m. (f. *-a*) ● Abitante, nativo della Polinesia. **C** s. m. solo sing. ● Gruppo di lingue della famiglia maleo-polinesiaca, parlate nella Polinesia.

polinevrite o **polineurite** [comp. di *poli-* e *nevrite*] s. f. ● (*med.*) Affezione infiammatoria che colpisce più nervi.

polinomiàle [da *polinomio*, sul modello dell'ingl. *polynomial*] agg. ● (*mat.*) Che concerne un polinomio o ne ripete la forma.

polinòmio [da *poli-*, sul modello di *binomio*] s. m. ● (*mat.*) Somma di monomi.

polinsàturo [comp. di *pol(i)-* e *insaturo*] agg. ● (*chim.*) Detto di composto organico ciclico o lineare con più di un legame multiplo nella catena carboniosa.

polinucleàto [comp. di *poli-* e *nucleo*, con suff. agg.] agg. ● (*biol.*) Che è provvisto di numerosi nuclei.

pòlio (1) [vc. dotta, lat. *pŏliu(m)*, dal gr. *pólion*, da *poliós* 'biancastro, grigio' (V. *polianite*); detto così dal colore] s. m. ● Pianta delle Labiate che caratterizza un ambiente arido di steppa circummediterranea (*Teucrium polio*).

pòlio (2) s. f. inv. ● Acrt. di *poliomielite*.

poliolefìna [comp. di *poli-* e *olefina*] s. f. ● (*chim.*) Composto polimerico ottenuto per polimerizzazione di un'olefina.

poliomielìte [comp. del gr. *poliós* 'grigio' (V. *polianite*) e *mielite*; detta così dalla infiammazione della materia grigia del midollo spinale] s. f. ● Malattia infettiva acuta virale che colpisce i centri motori del midollo spinale con conseguente paralisi muscolare.

poliomielìtico agg.; anche s. m. (f. *-a*; pl. m. *-ci*) ● Che, chi è affetto da poliomielite | Che, chi subisce i postumi della poliomielite.

poliopìa o **poliopsìa** [comp. di *poli-* e *-opia*] s. f. ● (*med.*) Visione di molteplici oggetti, che si verifica spec. nello stigmatismo.

poliopsònio [da *monopsonio* con sostituzione del pref. *mono-* con *poli-*] s. m. ● (*econ.*) Situazione di mercato caratterizzata dalla presenza di un numero di compratori limitato, la cui singola influenza sul mercato non è tale da rendere alcuno di loro certo degli effetti che le proprie decisioni produrranno sulla condotta degli altri compratori.

poliorcètica [f. sost. di *poliorcetico*] s. f. ● Arte di assediare ed espugnare città.

poliorcètico [vc. dotta, gr. *poliorkētikós*, da *poliorkētḗs* 'assediatore', da *poliorkêin* 'cingere d'assedio una città', comp. di *pólis* 'città' ed *hérkos* 'recinto, muro', di etim. incerta] agg. (pl. m. *-ci*) ● Concernente la poliorcetica.

poliossimetilène [comp. di *poli-*, *ossi-* e *metilene*] s. m. ● (*chim.*) Tecnopolimero ottenuto per polimerizzazione della formaldeide, con elevata rigidità e buone proprietà meccaniche.

poliovìrus [comp. di *polio* (*2*) e *virus*] s. m. ● (*biol.*) Specie virale del genere *Enterovirus*, agente eziologico della poliomielite, che si localizza sui neuroni motori del midollo spinale dell'uomo.

polipàio [da *polipo*] s. m. *1* Colonia di polipi. *2* Scheletro di sostegno delle colonie di Celenterati, secreto dagli stessi polipi.

polipeptìde [comp. di *poli-* e *peptide*] s. m. ● (*chim.*) Sostanza costituita da un certo numero di amminoacidi uniti mediante legame peptidico.

polipeptìdico agg. (pl. m. *-ci*) ● (*chim.*) Di, riferito a polipeptide.

polipètalo [comp. di *poli-* e *petalo*] agg. ● (*bot.*) Che ha più petali.

poliplòide [da *poli-*, sul modello di *aploide*] agg. ● (*biol.*) Detto di cellula dotata di cromosomi in numero superiore a quello normale della specie, e precisamente multiplo del numero aploide.

poliploidìa [da *poliploide*] s. f. ● (*biol.*) Condizione di cellula poliploide.

polipnèa [da *poli-*, sul modello di *apnea*] s. f. ● (*med.*) Aumento di frequenza degli atti respiratori.

polipnòico [da *polipnea*] agg. (pl. m. *-ci*) ● (*med.*) Relativo a polipnea.

pòlipo [vc. dotta, lat. *pōlypu(m)*, nom. *pōlypus*, dal gr. *polýpous* 'dai molti piedi', comp. di *poly-* 'poli-' e *póus* 'piede' (V. *-pode*)] s. m. *1* (*zool.*) Denominazione di una forma di individui del tipo dei Celenterati con corpo simile a un cilindro o a un sacco, fisso alla base, che all'estremità opposta, cioè a quella superiore, ha la bocca circondata da tentacoli. *2* (*med.*) Tumore benigno delle mucose, in forma di escrescenza tondeggiante. || **polipétto**, dim.

polipòdio [vc. dotta, lat. *polypŏdiu(m)*, dal gr. *polypódion*, comp. di *poly-* 'poli-' e *póus*, genit. *podós* 'piede' (V. *-pode*)] s. m. ● (*bot.*) Felce dolce.

polipòide [comp. di *polipo* e *-oide*] agg. ● (*biol.*) Che ha struttura simile a quella di un polipo: *organismo p.*

polipòlio [da *poli-*, in opposizione a *monopolio*] s. m. ● Forma di mercato caratterizzato dalla esistenza di un numero imprecisato di venditori dello stesso bene o servizio.

polipolista s. m. e f. (pl. m. *-i*) ● (*econ.*) Venditore che opera in un sistema di polipolio.

Poliporàcee [vc. dotta, comp. di *poliporo* e *-acee*] s. f. pl. ● Nella tassonomia vegetale, famiglia di Funghi degli Imenomiceti, con numerosi tubuli rivestiti internamente dall'imenio sotto il cappello (*Poliporaceae*) | (al sing. *-a*) Ogni individuo di tale famiglia.

polipòro [comp. di *poli-* e *poro*, perché molto poroso] s. m. ● Genere di funghi delle Poliporacee che crescono sui tronchi, vivi o morti (*Polyporus*). ➡ ILL. **fungo**.

polipòsi [comp. di *polipo* e *-osi*] s. f. ● Malattia caratterizzata dalla presenza di numerosi polipi: *p. intestinale*.

polipóso agg. ● (*med.*) Simile a polipo | Caratterizzato da polipi.

polipropilène [comp. di *poli-* e *propilene*] s. m. ● (*chim.*) Polimero ottenuto per polimerizzazione del propilene, utilizzato nella forma isotattica per produrre oggetti vari, film e fibre, e nella forma atattica, mescolato ai bitumi, per l'impermeabilizzazione di costruzioni.

polipsònio [da *poli-*, in opposizione a *monopsonio*] s. m. ● Forma di mercato caratterizzata dalla esistenza di un numero imprecisato di compratori dello stesso bene o servizio.

polipsonista s. m. e f. (pl. m. *-i*) ● (*econ.*) Compratore che opera in un sistema di polipsonio.

Polipterifórmi [vc. dotta, comp. di *poliptero* e il pl. di *-forme*] s. m. pl. ● Nella tassonomia animale, famiglia di Pesci ossei africani con corpo corazzato e pinna dorsale suddivisa in corte pinnule (*Polypteriformes*) | (al sing. *-e*) Ogni individuo di tale famiglia.

polìptero o **polìttero** [vc. dotta, gr. *polýpteros* 'che ha molte penne', comp. di *poly-* 'poli-' e *-pteros* '-ptero'] s. m. ● Pesce africano dei Polipteriformi a corpo subcilindrico, che nella stagione arida si sprofonda nel fango e respira per polmoni (*Polypterus bichir*).

poliptòto o **polittòto** [vc. dotta, lat. tardo *polyptōto(n)*, dal gr. *polýptōtos* 'di molti casi', comp. di *poly-* 'poli-' e *ptōtós*, propriamente 'che è caduto', agg. verbale di *píptein* 'cadere' (V. *ptosi*)] s. m. ● (*ling.*) Figura retorica per la quale uno stesso vocabolo è usato in funzioni diverse a breve distanza (pur conservando il medesimo significato lessicale): *era, è e sarà sempre così*; *Cred'ïo ch'ei credette ch'io credesse* (DANTE *Inf.* XIII, 25).

polìre o (*raro*) **pulìre** [vc. dotta, lat. *polīre* 'pulire'] v. tr. (*io polìsco, tu polìsci*) **1** Levigare, rendere liscio: *p. la superficie di q.c.* **2** (*fig.*) Perfezionare: *p. una pagina, una frase, un verso*. **3** †V. *pulire*.

polirème [da *poli-*, sul modello di *bireme* e *trireme*] s. f. ● Nave a più ordini di remi sovrapposti.

poliritmìa s. f. ● (*mus.*) Utilizzazione simultanea di strutture ritmiche diverse in una composizione musicale.

poliritmico [comp. di *poli-* e *ritmo*, con suff. agg.] agg. (pl. m. *-ci*) ● (*mus.*) Caratterizzato da poliritmia: *composizione poliritmica*.

polis /*gr.* 'pɔlis/ [vc. gr., *pólis* 'città', di origine indeur.] s. f. inv. (pl. gr. *poleis*) ● Struttura politica tipica dell'antica civiltà greca, caratterizzata dalla partecipazione di tutti i cittadini al governo della città.

polisaccàride [comp. di *poli-* e *saccaride*] s. m. ● (*chim.*) Glucide formato da più molecole di zuccheri semplici.

polisemàntico [comp. di *poli-* e *semantico*] agg. (pl. m. *-ci*) ● (*ling.*) Polisemico.

polisemìa [vc. dotta, deriv. del gr. *polýsēmos* 'che ha molti significati', comp. di *poly-* 'poli-' e *sēma* 'segno' (V. *semantica*)] s. f. ● (*ling.*) Proprietà di un segno linguistico di avere più significati.

polisèmico agg. (pl. m. *-ci*) ● (*ling.*) Di unità linguistica che ha più significati. SIN. Polisemantico. CONTR. Monosemico.

polisènso [comp. di *poli-* e *senso*] **A** agg. ● Che ha più significati. **B** s. m. ● Gioco enigmistico incentrato su un vocabolo o su una frase che ha più significati.

polisettoriàle [comp. di *poli-* e *settoriale*] agg. ● Plurisettoriale.

polisillàbico [comp. di *poli-* e *sillabico*] agg. (pl. m. *-ci*) ● (*ling.*) Detto di parola costituita da due o più sillabe.

polisìllabo [vc. dotta, lat. tardo *polysyllabu(m)*, nom. *polysyllabus*, dal gr. *polysýllabos*, comp. di *poly-* 'poli-' e *syllabḗ* 'sillaba'] **A** s. m. ● (*ling.*) Parola costituita da più di una sillaba. CONTR. Monosillabo. **B** anche agg.: *parola polisillaba*. SIN. Polisillabico.

polisillogìsmo [comp. di *poli-* e *sillogismo*] s. m. ● Sillogismo composto da una catena di sillogismi disposti in modo tale che la conclusione del primo funga da premessa maggiore al secondo e così via.

polisilossàno [comp. di *poli-*, *sil(icio)*, *oss(igeno)* e *-ano* (*2*)] s. m. ● Silicone.

polisìndeto [vc. dotta, gr. *polysýndetos*, comp. di *poly-* 'poli-' e un deriv. di *syndéin* 'legare insieme', comp. di *sýn* 'con' (V. *sin-*) e *déin* 'legare', di origine indeur.] s. m. ● (*ling.*) Figura retorica che consiste nell'accostare fra loro più membri di un'enumerazione con congiunzioni ripetute: *tra ombrosi mirti e pini e fagi e abeti* (BOIARDO).

polisolfùro [comp. di *poli-* e *solfuro*] s. m. ● (*chim.*) Composto contenente atomi di zolfo in numero superiore alla massima valenza del metallo con cui sono combinati | *P. di sodio*, usato per fabbricare colori allo zolfo e come riducente in chimica organica.

polispecialìstico [comp. di *poli-* e *specialistico*] agg. (pl. m. *-ci*) ● Che comprende o interessa varie specializzazioni mediche e diversi specialisti: *studio medico p.*

polispermìa [comp. di *poli-* e un deriv. di *sperma*] s. f. **1** (*biol.*) Penetrazione di numerosi spermatozoi nel gamete femminile. **2** (*biol.*) Eccessivo numero di spermatozoi nell'eiaculato. CONTR. Oligospermia.

polisportìva [comp. di *poli-* e (*società*) *sportiva*] s. f. ● Società, associazione che svolge la propria attività in diverse discipline sportive.

polisportìvo [comp. di *poli-* e *sportivo*] agg. ● Relativo a più sport | *Società polisportiva*, V. *polisportiva* | *Campo p.*, attrezzato per la pratica di diversi sport.

polista [da *polo* (*2*)] s. m. (pl. *-i*) ● Chi pratica lo sport del polo.

polistàdio [comp. di *poli-* e *stadio*] agg. inv. ● Di apparecchio a più stadi: *turbina p.* | (*mil.*) *Missile p.*, quello costituito da più stadi, ciascuno dei quali si distacca dopo aver esaurito la propria carica di propellenti.

polìste [vc. dotta, gr. *polistḗs* 'costruttore di città', da *polízein* 'costruire città', da *pólis* 'città'. V. *polis*] s. f. ● Vespa gialla e nera che costruisce il nido, destinato a ospitare società sempre annuali, con legno masticato (*Polistes gallicus*).

polìstico [da *polo* (*2*)] agg. (pl. m. *-ci*) ● Relativo allo sport del polo e ai polisti.

polìstilo [vc. dotta, gr. *polýstylos* 'dalle molte colonne', comp. di *poly-* 'poli-' e *-stilo*] agg. ● (*arch.*) Detto di pilastro costituito o contornato da un fascio di colonne, caratteristico dell'architettura gotica.

polistirène [comp. di *poli-* e *stirene*] s. m. ● (*chim.*) Polimero ottenuto per polimerizzazione dello stirene e usato per la fabbricazione di oggetti vari e, in forma espansa, per l'imballaggio di oggetti fragili; in sigla PS. SIN. Polistirolo.

polistiròlico agg. (pl. m. *-ci*) ● (*chim.*) Di, relativo al, polistirolo: *resine polistiroliche*.

polistiròlo [comp. di *poli-* e *stirolo*] s. m. ● (*chim.*) Polistirene.

politeàma [comp. di *poli-* e del gr. *théama* 'spettacolo', da *théa* 'sguardo', di origine indeur. (cfr. *teatro*)] s. m. (pl. *-i*) ● Costruzione destinata a vari tipi di spettacolo, dalla prosa al circo, al varietà e sim.

politècnico [fr. *polytechnique*, dal gr. *polýtechnos* 'abile in molte arti', comp. di *poly-* 'poli-' e *téchnē* 'arte' (V. *tecnica*)] **A** agg. (pl. m. *-ci*) ● Che concerne o tratta più scienze od arti applicate. **B** s. m. ● Istituto ove s'insegnano vari rami delle scienze fisiche, chimiche e matematiche e le loro applicazioni | Scuola d'applicazione per gli ingegneri.

politeìsmo [fr. *polythéisme*, dal gr. *polýtheos* 'politeista', comp. di *poly-* 'poli-' e *theós* 'dio' (V. *teocrazia*), col suff. *-isme* '-ismo'] s. m. ● Carattere delle religioni fondate sulla credenza in più dèi. CONTR. Monoteismo.

politeista [fr. *polythéiste*, da *polythéisme* 'politeismo'] s. m. e f.; anche agg. (pl. m. *-i*) ● Chi, che segue una religione caratterizzata dal politeismo. CONTR. Monoteista.

politeìstico agg. (pl. m. *-ci*) ● Relativo al politeismo. CONTR. Monoteistico. || **politeisticaménte**, avv. Secondo il politeismo.

politemàtico [comp. di *poli-* e *tema*, sul modello di *tematico*] agg. (pl. m. *-ci*) ● (*mus.*) Detto di componimento costruito su molti temi.

politène [da *poli(e)t(il)ene*] s. m. ● (*chim.*) Polietilene.

politetrafluoroetilène [comp. di *poli-*, *tetra-*, *fluoro-* ed *etilene*] s. m. ● (*chim.*) Polimero derivato dal tetrafluoro etilene, molto resistente agli agenti chimici e alla temperatura, caratterizzato da un basso coefficiente di attrito e da scarsa adesione con altri materiali; è usato per guarnizioni idrauliche, come rivestimento antiaderente spec. per pentolame da cucina, nell'industria elettrica, in apparecchiature chimiche; è noto con il nome commerciale di Teflon; in sigla PTFE.

politézza (**1**) o (*raro*) **pulitézza** [da *polito* (*1*)] s. f. **1** Qualità di ciò che è polito, levigato: *la p. dell'onice*. **2** (*fig.*) Perfezione, raffinatezza: *poeta di estrema p. formale*. **3** †V. *pulitezza*.

politézza (**2**) [da *politezza* (*1*) sul modello del fr. *politesse*] s. f. ● Cortesia, educazione.

polìtica [vc. dotta, gr. *politikḗ* (*téchnē*) 'arte politica', f. sost. di *politikós* 'politico'] s. f. **1** Scienza e arte di governare lo Stato | *P. interna*, indirizzo dato dal governo a tutte le forme di attività statuale esercitate entro i confini dello Stato | *P. estera*, indirizzo dato dal governo all'attività statuale di relazione con gli altri soggetti di diritto internazionale | *P. dei redditi*, politica economica che tende a una più equa ripartizione del reddito nazionale, commisurando l'incremento dei salari all'incremento della produttività | *P. criminale*, scienza che studia e ricerca i mezzi più idonei per combattere il fenomeno della delinquenza. **2** Modo di agire di chi partecipa al governo della vita pubblica: *la p. di Napoleone*; *p. spregiudicata, machiavellica, ingenua*; *darsi alla p.* | *P. della foglia di carciofo*, che cerca di ottenere una cosa alla volta | *P. delle mani nette*, moralmente, ma non concretamente efficace | *P. da caffè*, dilettantistica | *P. militante*, dei partiti. **3** (*est.*) Atteggiamento, condotta mantenuta in vista del raggiungimento di determinati fini: *per me ha adottato una p. sbagliata*; *la sua p. pecca d'ingenuità*; *p. aziendale*; *p. dei prezzi*. **4** (*fig.*) Accortezza, astuzia o furberia nell'agire o nel parlare: *con la sua p. saprà trarsi d'impaccio*.

politicànte agg.; anche s. m. e f. **1** (*spreg.*) Che, chi si dedica alla attività politica senza disporre della necessaria preparazione: *non è un uomo politico, ma un p. da strapazzo*. **2** Che, chi si occupa di politica unicamente per soddisfare le proprie mire e ambizioni, o per trarne vantaggi materiali: *è un volgare p.*

politicàstro [da *politica* con suff. pegg.] s. m. ● (*spreg.*) Intrigante di politica, politico da strapazzo.

politichése [da *politica* col suff. di linguaggio settoriale *-ese*] s. m. ● (*spreg.*) Linguaggio, gergo dei politici, volutamente reso astruso dal frequente ricorso a formule stereotipate e a tecnicismi burocratici, spesso gratuiti.

politichìno s. m. **1** Dim. di *politico*. **2** (*raro*, *spreg.*) Politico meschino ed intrigante. **3** (*fig.*, *fam.*) Chi sa usare garbo e tatto per ottenere q.c.

politicìsmo [comp. di *politico* e *-ismo*] s. m. ● La tendenza a politicizzare.

politicità s. f. ● Qualità di ciò che è politico.

politicizzàre [da *politico*, sul modello dell'ingl. *to politicize*] **A** v. tr. ● Imporre una finalità politica a un qualunque atto o discorso: *p. una lezione di filosofia, uno sciopero salariale* | Sensibilizzare qc. dal punto di vista politico, renderlo consapevole degli aspetti o delle implicazioni politiche di una questione. **B** v. rifl. ● Sensibilizzarsi dal punto di vista politico. **C** v. intr. pron. ● Assumere connotazioni politiche: *la vertenza si è politicizzata*.

politicizzàto part. pass. di *politicizzare*; anche agg. ● Nei sign. del v.

politicizzazióne s. f. ● Atto, effetto del politicizzare.

polìtico [vc. dotta, lat. *polītĭcu(m)*, nom. *polītĭcus*, dal gr. *politikós*, agg. di *polítēs* 'cittadino', da *pólis* 'città'. V. *polis*] **A** agg. (pl. m. *-ci*) **1** Che concerne la politica: *partito, libro, giornale p.*; *regime p. a partito unico*; *dottrina politica* | *Diritti politici*, di partecipare alla formazione degli organi statali e al loro funzionamento | *Elezioni politiche*, dei deputati e dei senatori al Parlamento | *Sciopero p.*, che non ha per fine vantaggi economici, ma vuole agire sulle istituzioni e il governo | *Delitto p.*, quello che offende un interesse politico dello Stato o un diritto politico del cittadino o è determinato in tutto o in parte da motivi politici | *Equilibrio p.*, dei vari Stati nella loro potenza | *Scienze politiche*, la legislazione, l'economia, l'amministrazione | *Storia politica*, che indaga spec. lo sviluppo degli organi civili e delle istituzioni | *Geografia politica*, quella che si occupa delle condizioni geografiche dei gruppi umani organizzati | *Economia politica*, che si occupa dell'attività umana dal punto di vista economico | *Prezzo p.*, fissato dallo Stato per finalità sociali ed economiche, e diverso (gener. inferiore) da quello di mercato | *Uomo p.*, chi si dedica professionalmente all'attività politica | *Senso p.*, intuito dei bisogni e occorrenze dello Stato. ***2*** (*raro*) Che tende per natura a organizzarsi socialmente: *l'uomo è animale p.* || **politicaménte**, avv. Dal punto di vista politico; (*fig.*) con accortezza, sagacia, furberia: *agire politicamente*. **B** s. m. ***1*** Uomo politico: *è un p. abilissimo*. ***2*** (*fig.*) Persona che sa parlare e agire con astuzia e tatto in ogni tipo di situazione. **C** s. m. solo sing. ● Sfera pubblica, sociale e sim. di una persona: *il privato e il p.* || **politichìno**, dim. (V.) | **politicóne**, accr. (V.) | **politicùccio**, **politicùzzo**, dim.

politicóne s. m. (f. *-a*) ***1*** Accr. di *politico*. ***2*** (*fam.*) Persona molto abile e accorta nel parlare e nell'agire, che sa insinuarsi e destreggiarsi in modo da ottenere vantaggi e utili personali: *quel p. arriva sempre dove vuole*.

polìtipo [comp. di *poli-* e *tipo A1*] s. m. ● (*tip.*) Logotipo.

†**politizzàre** [comp. di *politi(co)* e *-izzare*] v. intr. ● Governare, amministrare lo Stato.

polìto (1) o (*raro*) **pulìto** part. pass. di *polire (1)*; anche agg. ● Nei sign. del v.

polìto (2) [da *polito (1)*, sul modello del fr. *poli*] agg. ● (*raro*) Bene educato.

politologìa [comp. di *polit(ica)* e *-logia*] s. f. ● Disciplina che studia i sistemi politici.

politològico agg. (pl. m. *-ci*) ● Relativo alla politologia. || **politologicaménte**, avv. Dal punto di vista politologico.

politòlogo [comp. di *polit(ica)* e *-logo*] s. m. (f. *-a*; pl. m. *-gi* o *-ghi*) ● Studioso di politologia | (*est.*) Esperto di problemi politici.

politonàle [comp. di *poli-* e *tono (1)*, con suff. agg.] agg. ***1*** (*mus.*) Detto di composizione musicale moderna che ammette diverse tonalità simultanee e indipendenti. ***2*** (*fig.*) Detto di opera letteraria individuata da più toni stilistici, culturali e sim.

politonalità s. f. ● Qualità di ciò che è politonale.

politòpico [comp. di *poli-* e del gr. *tópos* 'luogo', con suff. agg.] agg. (pl. m. *-ci*) ● (*biol.*) Detto di specie originatesi in più località, lontane l'una dall'altra.

polìtopo [vc. dotta, comp. di *poli-* e del gr. *tópos* 'luogo'] s. m. ● (*geom.*) Figura dello spazio a *n* dimensioni, analoga a un poliedro.

politrasfùso [comp. di *poli-* e *trasfuso*] agg.; anche s. m. (f. *-a*) ● Che, chi ha subìto diverse trasfusioni di sangue.

polìtrico [vc. dotta, lat. *polýtricho(n)*, dal gr. *polýtrichon* 'folto di peli', comp. di *poly-* 'poli-' e *thríx*, genit. *trichós* 'pelo, capello' (V. *trichiasi*)] s. m. (pl. *-chi*) ● Muschio non molto comune che forma piccoli cespi nei boschi (*Polytricum commune*).

polìtrofo [comp. di *poli-* e *-trofo*] agg. ● (*biol.*) Detto di organismo in grado di assimilare diversi tipi di nutrimento.

polìtropo [vc. dotta, gr. *polýtropos* 'molteplice', comp. di *poly-* 'poli-' e *-tropos* '-tropo'] agg. ● (*lett.*) Che ha un ingegno ricco di risorse e di espedienti: *il p. Ulisse* (D'ANNUNZIO).

polìttero ● V. *poliptero*.

polìttico [vc. dotta, gr. *polýptychos* 'con molte piegature', comp. di *poly-* 'poli-' e *ptýx*, genit. *ptychós* 'piega', da *ptýssein* 'piegare', di etim. incerta] s. m. (pl. *-ci*) ● Dipinto o rilievo in avorio, terracotta, alabastro e sim., suddiviso architettonicamente in più pannelli, destinato all'altare di una chiesa.

polittòto ● V. *poliptoto*.

politùra ● V. *pulitura*.

poliuretànico agg. (pl. m. *-ci*) ● (*chim.*) Di, relativo ai, poliuretani | *Resina poliuretanica*, poliuretano.

poliuretàno [comp. di *poli-* e *uretano*] s. m. ● (*chim.*) Materia plastica contenente nella catena principale il gruppo uretano; è usato nella preparazione di vernici, adesivi e pelli sintetiche | *P. espanso*, usato per imbottitura di poltrone, nell'imballaggio e come isolante termico e acustico.

poliùria o **poliurìa** [comp. di *poli-* e *-uria*] s. f. ● (*med.*) Aumento della diuresi.

poliurònico [comp. di *poli-* e *uronico*] agg. (pl. m. *-ci*) ● (*chim.*) Detto di acido risultante dall'unione di più molecole di acido uronico.

polivalènte [comp. di *poli-* e *valente*] agg. ***1*** Detto di elemento chimico che presenta più stati di valenza, quindi può combinarsi con uno stesso elemento in proporzioni diverse, dando origine a composti diversi | Di composto che ha più gruppi funzionali: *acido, alcol, ammina p.* ***2*** (*fig.*) Che vale per più usi, che determina vari effetti: *espressione p.*

polivalènza s. f. ***1*** Proprietà degli elementi polivalenti. ***2*** (*fig.*) Qualità di ciò che è polivalente.

polivinilclorùro [comp. di *poli-* e *vinilcloruro*] s. m. ● (*chim.*) Polimero del cloruro di vinile, insapore, inodore, insolubile nella maggior parte dei solventi organici, utilizzato in pellicole sottili per avvolgere alimenti oppure come prodotto rigido per la fabbricazione di tubi, fibre e sim. SIN. Cloruro di polivinile; in sigla PVC.

polivinìle [comp. di *poli-* e *vinile*] s. m. ● (*chim.*) Prodotto di polimerizzazione del vinile | *Cloruro di p.*, polivinilcloruro.

polivinìlico agg. (pl. m. *-ci*) ● (*chim.*) Detto di materiale polimerico ottenuto per polimerizzazione di monomeri vinilici.

polìzia [vc. dotta, lat. *polītīa(m)*, nom. *polītīa*, dal gr. *politéia* 'modo di governare, forma di governo', da *polítēs* 'cittadino'. V. *politico*] s. f. ***1*** Attività amministrativa diretta alla tutela del tutto sociale o delle sue parti, mediante una funzione volta a volta di osservazione, di prevenzione e di repressione, contro i danni che potrebbero derivare dall'attività degli individui. ***2*** Il complesso degli organi e degli individui con cui è esercitata tale attività: *chiedere l'intervento della p.*; *chiamare la p.*; *essere ricercato dalla p.* | *Autorizzazione di p.*, autorizzazione in materia di polizia | *Agente di p.*, agente della polizia di Stato| *P. amministrativa*, che ha la finalità generica della tutela di interessi di varia natura riferentisi ai vari rami dell'amministrazione | *P. giudiziaria*, organo dello Stato incaricato di prendere notizia dei reati, assicurarne le prove, ricercarne i colpevoli e raccogliere quanto altro possa servire alla applicazione della legge penale | *P. sanitaria*, che ha per fine la tutela della pubblica sanità | *P. tributaria*, con compiti di rilevamento sulle evasioni fiscali e di repressione verso il contrabbando | *P. municipale*, corpo dei vigili urbani| *P. stradale*, corpo il cui compito è di disciplinare il traffico stradale e di reprimere le infrazioni al Codice della Strada | *P. penitenziaria*, con prevalenti funzioni di cura e custodia dei detenuti | *P. segreta*, quella costituita da agenti la cui identità resta occulta, che si prefigge di mantenere l'ordine e la sicurezza di uno stato, mediante l'organizzazione di attività spionistiche e sovversive all'estero e la repressione di attività sovversive all'interno. ***3*** (*pop.*) Questura, commissariato: *andare alla p.*

polizïàno [da Castellum *Politianum*, n. mediev. di Montepulciano] **A** agg. ● (*lett.*) Di Montepulciano. **B** s. m. (f. *-a*) ● (*lett.*) Abitante, nativo di Montepulciano | *Il Poliziano*, (*per anton.*) Agnolo Ambrogini, poeta del Quattrocento italiano.

polizièsco [da *polizia*] agg. (pl. m. *-schi*) ***1*** Della polizia: *indagine poliziesca* | *Romanzo p.*, il cui intreccio è costituito da indagini della polizia su crimini o delitti. ***2*** (*spreg.*) Che si fonda sulla violenza, la prepotenza, l'arbitrio: *maniere, misure poliziesche*; *metodi polizieschi*. || **poliziescaménte**, avv. Con metodi polizieschi.

poliziottésco agg. (pl. m. *-schi*) ***1*** (*raro*) Poliziesco. ***2*** (*est., iron.*) Di, da poliziotto: *una risposta poliziottesca*.

poliziòtto A s. m. (f. *-a*) ***1*** Agente di polizia. ***2*** (*spreg.*) Sbirro: *modi da p.* **B** in funzione di agg. inv. (posposto al s.) ***1*** Detto di cane ammaestrato per aiuto e difesa dei poliziotti. ***2*** *Donna p.*, che presta servizio nella Polizia.

pòlizza [dal gr. *apódeixis* 'dimostrazione, prova', da *apodeiknýnai* 'dimostrare', comp. di *apó* 'da' e *deiknýnai* 'mostrare, indicare', di origine indeur.] s. f. ***1*** Scrittura privata contenente l'obbligazione di una parte a pagare una data somma o consegnare una data quantità di cose alla controparte: *rilasciare, firmare la p.* | *P. di assicurazione*, documento che prova l'esistenza di un contratto di assicurazione e legittima l'assicurato a richiedere l'indennizzo dei rischi assicurati | *P. di pegno*, documento rilasciato dal Monte di credito su pegno, che contiene la descrizione delle cose date in pegno e legittima alla restituzione delle stesse dopo soddisfatto il credito. ***2*** (*tip.*) Elenco, di solito redatto dalle fonderie di caratteri, del quantitativo delle lettere dell'alfabeto e dei segni tipografici di un dato carattere di cui ci si serve come base per le ordinazioni | (*est.*) Numero di caratteri disponibile su una fonditrice per righe | (*est.*) Numero di caratteri entro una griglia o una sezione di disco per una fotocompositrice. ***3*** †Biglietto. || **polizzétta**, dim. | **polizzìna**, dim. | **polizzìno**, dim. m. (V.) | **polizzòtto**, accr. m.

†**polizzàme** s. m. ● Quantità di polizze diverse.

†**polizzàrio** s. m. ***1*** Registro di polizze. ***2*** Registratore di polizze.

polizzìno s. m. ***1*** Dim. di *polizza*. ***2*** Fede di credito.

pòlka ● V. *polca*.

pólla [da *pollare*] s. f. ***1*** Vena d'acqua sorgiva. ***2*** (*fig.*) Fonte: *una limpida p. di poesia*.

pollachiùria o **pollachiurìa** [comp. del gr. *pollákis* 'spesso, molte volte', da *polýs* 'molto' (V. *poli-*), e *-uria*] s. f. ● (*med.*) Aumento di frequenza delle emissioni di urina.

†**pollàggio** [ant. fr. *poulage*, dal lat. *pŭlla*, f. di *pŭllus* 'pollo'] s. m. ● Pollame.

pollàio [da *pollo*] s. m. ***1*** Edificio o recinto per polli: *un p. pieno di galline*; *raccogliere le uova nel p.* | *Bastone da p.*, (*fig., pop.*) di cosa o persona estremamente sudicia | *Essere a p.*, (*pop., fig.*) a letto, a dormire | *Andare a p.*, (*pop., fig.*) a dormire | †*Scopare il p.*, (*fig.*) rubare | (*raro*) *Tenere i piedi a p.*, (*fig.*) appoggiarli ad uno sgabello, su un'asticciola e sim. | (*est.*) Selva o macchia dove vanno gli uccelli a dormire. ➡ ILL. p. 353 AGRICOLTURA. ***2*** (*fig., fam.*) Luogo sporco, disordinato e chiassoso: *mi hanno ridotto la casa un p.*; *della stanza hanno fatto un p.* | (*est., fam.*) Confusione, chiasso: *fare un gran p.*; *basta con questo p.!* || **pollaiàccio**, pegg. | **pollaiétto**, dim. | **pollaióne**, accr.

pollaiòlo o †**pollaiuòlo**, (*dial.*) **pollaròlo**. s. m. (f. *-a*) ● Chi compra e vende polli.

pollàme [da *pollo*] s. m. ● Animali pennuti da cortile: *allevatore di p.*; *il p. fornisce carni pregiate*.

pollànca [nap. *pullanca*, da *pollo*] s. f. (m. †*-o* (V.)) ***1*** (*dial.*) Pollastra | Tacchina giovane. ***2*** (*fig., scherz.*) Donna di facili costumi. || **pollanchétta**, dim.

†**pollànco** [m. di *pollanca*] s. m. ● Tacchinotto.

†**pollàre** [lat. tardo *pullāre* 'germogliare', da *pŭllus* 'piccolo di ogni animale'. V. *pollo*] v. intr. (*io póllo*; aus. *essere*) ● Rampollare, scaturire.

pollàrio o †**pullàrio** [vc. dotta, lat. *pullāriu(m)*, da *pŭllus* 'pollo'] s. m. ● Nella Roma antica, chi custodiva e nutriva i polli e gli uccelli per gli auspici.

pollaròlo ● V. *pollaiolo*.

pollàstra [lat. *pullăstra(m)*, da *pŭllus* 'pollo'] s. f. ***1*** Gallina giovane. ***2*** (*fig., scherz.*) Ragazzotta piacente e ingenua. || **pollastràccia**, pegg. | **pollastrèlla**, dim. | **pollastrìna**, dim. | **pollastróna**, accr.

†**pollastrière** [da *pollastra*] s. m. (f. *-a*) ● Ruffiano, mezzano.

pollàstro [tratto da *pollastra*] s. m. ***1*** Pollo giovane. SIN. Galletto. ***2*** (*fig., scherz.*) Uomo ingenuo, semplicione e credulone | (*fig.*) *Pelare, spennare il p.*, fargli perdere o sottrargli tutto ciò che possiede, approfittando della sua ingenuità e inesperienza, spec. giocando a carte e sim. || **pollastràccio**, pegg. | **pollastrèllo**, dim. | **pollastrìno**, dim. | **pollastróne**, accr. (V.) | **pollastròtto**, dim.

(V.).

pollastróne s. m. (f. *-a*) **1** Accr. di *pollastro*. **2** (*raro, fig., fam.*) Uomo non più giovane ma ancora ingenuo come un fanciullo.

pollastròtto s. m. (f. *-a*) **1** Dim. di *pollastro*. **2** (*fig., fam.*) Sempliciotto.

pollédro ● V. *puledro*.

pollerìa [da *pollo*] s. f. ● Negozio di polli e altri pennuti commestibili.

†**pollézzola** ● V. †*polluzzola*.

pòllice [vc. dotta, lat. *pŏllice(m)*, di origine indeur.] s. m. **1** Primo dito della mano, dalla parte del radio | *Non cedere, non mollare di un p.*, (*fig.*) resistere, non concedere nulla all'avversario | *Avere il p. verde*, (*fig.*) essere particolarmente abile nel giardinaggio | *P. verso*, col pollice volto in basso, in segno di condanna. **2** Misura di lunghezza inglese pari alla trentaseiesima parte della yard, cioè a cm 2,54. SIMB. in.

pollicoltóre o **pollicultóre** [comp. di *pollo* e *coltore*] s. m. (f. *-trice*) ● Chi si dedica all'allevamento dei polli.

pollicoltùra o **pollicultùra** [comp. di *pollo* e *coltura*] s. f. ● Allevamento razionale dei polli.

pollicultóre ● V. *pollicoltore*.

pollicultùra ● V. *pollicoltura*.

pollìna [da (*merda*) *pollina*, f. sost. di *pollino* (*1*)] s. f. ● Sterco del pollame usato per concime.

†**pollinàro** [da *pollo*] s. m. ● Pollaiolo.

pòlline [vc. dotta, lat. *pŏlline(m)*, della stessa famiglia di *pŭlvis* 'polvere'] s. m. ● (*bot.*) Elemento fecondatore delle piante fanerogame che si presenta come una polvere per lo più gialla formata da minutissimi granuli.

†**pollinèlla** [dal lat. *pŭllus* 'germoglio, pollone'. V. *pollo*] s. f. ● Foruncolo.

pollìnico [da *polline*] agg. (pl. m. *-ci*) ● (*bot.*) Che riguarda il polline.

pollìno (1) [da *pollo*] **A** agg. ● Di, dei polli: *sterco p.* | *Occhio p.*, formazione callosa tra due dita dei piedi. **B** s. m. ● (*dial.*) Tacchino.

pollìno (2) [lat. *pŭllu(m)* 'scuro, nerastro', da avvicinare a *pallēre* 'essere pallido' (V. *pallido*)] s. m. **1** (*raro*) Terreno paludoso, ricco di polle d'acqua. **2** (*raro*) Isolotto tra paludi.

pollinòdio [da *polline*] s. m. ● (*bot.*) Estremità rigonfia delle ife dei funghi ficomiceti che si addossa agli oogoni e li feconda.

pollinòsi [comp. di *polline* e *-osi*] s. f. ● Malattia allergica provocata da pollini, caratterizzata da infiammazione agli occhi e all'apparato respiratorio.

pollivéndolo [comp. di *pollo* e *-vendolo*, ricavato da *vendere*] s. m. (f. *-a*) ● Venditore di pollame.

pòllo o (*raro*) †**pùllo** (2) [lat. *pŭllu(m)* 'piccolo (di ogni animale)', di origine indeur.] s. m. **1** Gallinaceo considerato sotto l'aspetto culinario: *p. arrosto, lesso, alla diavola*; *brodo di p.* | *P. pesto*, per ammalati | *Essere a p. pesto*, (*fig.*) essere ammalato | *P. d'India*, tacchino | *P. sultano*, uccello dei Gruiformi, presente nell'ambiente mediterraneo, simile a un pollo, ma con becco alto e molto forte, piedi di lunghezza sproporzionata e ali brevissime (*Porphyrio porphyrio*). SIN. Porfirione | *Conoscere i propri polli*, (*fig.*) sapere molto bene con chi si ha a che fare | (*fig.*) *Far ridere i polli*, dire o combinare delle enormità; di cosa, risultare balorda e ridicola | *Alzarsi, andare a letto coi polli*, (*fig.*) alzarsi o coricarsi molto presto | †*Portar polli*, (*fig.*) far il mezzano in amori. **2** †Il nato di un qualunque animale. **3** (*fig.*) Individuo inesperto e credulone, che si può ingannare e raggirare molto facilmente: *fare il p.*; *ha trovato il p. che fa per lei* | *Pelare, spennare il p.*, togliere a qc. tutto ciò che possiede, spec. con giochi, scommesse e sim. SIN. Merlo. ‖ **pollétto**, dim.

pollóne [dal lat. *pŭllus* 'germoglio'. V. *pollo*] s. m. **1** (*bot.*) Giovane germoglio che si sviluppa da un ramo o dal rizoma di una pianta. **2** (*fig., lett.*) Rampollo. ‖ **polloncèllo**, dim.

pollonéto [da *pollone*] s. m. ● Vivaio di polloni.

pollùto [vc. dotta, lat. *pollūtu(m)*, part. pass. di *pollŭere* 'macchiare, insozzare', comp. di *por-* (= *pĕr*) e **lŭere* 'macchiare', da avvicinare a *lŭtum* 'fango' (V. *loto*)] agg. ● (*lett.*) Imbrattato, lordato, contaminato.

polluzióne (1) [vc. dotta, lat. tardo *pollutiō-ne(m)*, da *pollūtus* 'polluto'] s. f. ● (*med.*) Emissione episodica, involontaria, di sperma durante il sonno.

polluzióne (2) [vc. dotta, lat. tardo *pollutiō-ne(m)* 'inquinamento' (V. *polluzione* (*1*)), sul modello dell'ingl. *pollution*] s. f. ● Inquinamento ambientale.

†**pollùzzola** o †**pollèzzola** [dal lat. *pŭllus*. V. †*pollare*] s. f. **1** Punta tenera di pollone prematuro. **2** (*tosc.*) Broccolo di rapa.

polmonàre agg. ● (*anat., med.*) Del polmone: *arteria, ascesso p.* | *Circolazione p.*, circolazione del sangue venoso dal ventricolo destro all'atrio sinistro, attraverso le arterie e le vene polmonari.

polmonària o **pulmonària** [detta così perché si credeva utile nelle malattie del *polmone*] s. f. ● Erba delle Borraginacee che cresce nei boschi, con foglie verdi a macchie bianche e fiori violacei in grappoli scorpioidi (*Pulmonaria officinalis*).

Polmonàti s. m. pl. ● Nella tassonomia animale, sottoclasse di Molluschi dei Gasteropodi acquatici e terrestri, con sacco polmonare e capo distinto dal tronco e conchiglia a forme diverse (*Pulmonata*) | (al sing. *-o*) Ogni individuo di tale sottoclasse.

polmóne [lat. *pulmōne(m)*, di origine indeur.] s. m. **1** (*anat.*) Ciascuno dei due organi respiratori presenti nei vertebrati a respirazione aerea, contenuto nella cavità toracica | *Avere buoni polmoni*, (*fig.*) detto di chi parla o canta con voce molto alta, gridando | *A pieni polmoni*, gonfiandoli al massimo d'aria e (*fig.*) con tutta la forza del proprio respiro: *respirare a pieni polmoni*; *gridare a pieni polmoni* | *Rimetterci un'ala di p., i polmoni*, sgolarsi e faticarsi inutilmente | (*fam.*) *Sputare i polmoni*, parlare forte e per molto tempo: *prima di capire quel che volevo mi ha fatto sputare i polmoni* | (*fig.*) *Allargarsi i polmoni*, riprendere fiato o rilassarsi dopo ansia o angustia prolungata. ➡ ILL. p. 363, 365 ANATOMIA UMANA. **2** Recipiente cilindrico con parete sottile ondulata deformabile, chiuso a tenuta di vuoto, la cui deformazione viene utilizzata per misurare pressioni e temperature | *P. d'acciaio*, respiratore automatico che determina movimenti passivi della parete toracica quando esiste paralisi dei muscoli respiratori. ➡ ILL. **medicina e chirurgia**. **3** (*fig.*) Ciò che permette un continuo e regolare ricambio dell'ossigeno: *zone verdi che sono il p. della città*. **4** (*fig.*) Ciò che fornisce continue risorse e quindi stimola la vita e lo sviluppo di q.c.: *il turismo è un p. della nostra economia*; *un porto che è il p. della città*. ‖ **polmonàccio**, pegg. | **polmoncino**, dim.

polmonìte [comp. di *polmone* e *-ite* (*1*)] s. f. ● (*med.*) Infiammazione di un polmone, o di entrambi i polmoni | *P. lobare*, che interessa un lobo.

polmonìtico agg. (pl. m. *-ci*) ● (*med.*) Di, relativo a, polmonite.

pòlo (1) [vc. dotta, lat. *pŏlu(m)*, nom. *pŏlus*, dal gr. *pólos* 'perno, asse (della terra)', da avvicinare a *pélesthai* 'girare', di origine indeur.] s. m. **1** Ciascuno dei due punti di una sfera equidistanti da tutti i punti di un circolo massimo | *Poli celesti*, i punti in cui l'asse di rotazione della Terra incontra la sfera celeste, equidistanti da tutti i punti dell'equatore celeste. **2** Ciascuno dei due punti estremi dell'asse sul quale la Terra ruota da ponente a levante nelle 24 ore: *p. nord, sud*. **3** (*est.*) Regione polare | *Dall'uno all'altro p.*, (*fig.*) in ogni parte della terra. **4** (*fig.*) Estremità, spec. molto lontana o antitetica: *quanto a principi morali noi due siamo ai poli opposti*. **5** (*fis.*) Uno dei due punti di un sistema materiale nei quali sono concentrate quantità fisiche opposte o che ivi presentano la massima o la minima intensità | *P. positivo, negativo*, ciascuna delle due terminazioni di un magnete, di un conduttore elettrizzato, di una pila elettrica | *P. d'eccitazione*, del circuito magnetico d'eccitazione di una macchina elettrica | *P. ausiliario, di commutazione*, disposto tra i poli di eccitazione di una dinamo per consentire la commutazione senza scintilla sul collettore. **6** (*fig.*) Punto o elemento centrale, d'attrazione e di guida: *quella regione è il p. di sviluppo industriale del paese*. **7** (*mat.*) Punto su cui si basa un sistema di coordinate polari | *P. d'una retta rispetto a una conica*, punto del quale la retta data è la polare.

pòlo (2) [ingl. *polo*, dal tibetano *pulu* 'palla'] s. m. ● Gioco praticato da due squadre di quattro cavalieri ciascuna, che cercano di fare punti inviando con una mazza una piccola palla di legno o di cacciù nella porta avversaria, in incontri di otto tempi di sette minuti e mezzo.

pòlo (3) [vc. fr.; detta così perché imita la casacca dei giocatori di *polo* (*2*)] **A** s. f. inv. ● Indumento di maglia simile alla camicia, con breve allacciatura a tre o quattro bottoni. **B** anche agg. inv.: *maglietta p.*

polonaise /fr. pɔlɔ'nɛz/ [vc. fr., f. di *polonais* 'polacco'] s. f. inv. ● (*mus.*) Polacca.

polonése [fr. *polonaise*, f. di *polonais* 'polacco'] **A** s. m.; anche agg. ● Tessuto per tappezzeria, con righe trasversali in rilievo. **B** s. f. ● (*mus.*) Adattamento di *polonaise* (V.).

polònico [da *Polonia*] agg. (pl. m. *-ci*) ● (*raro*) Polacco | (*med.*) *Influenza polonica*, morbo infettivo trasmesso dai pidocchi.

polònio [da *Polonia*, paese di origine di Marie Sklodowska Curie, che lo scoprì] s. m. ● Elemento chimico, metallo molto più radioattivo del radio, presente in piccolissime quantità nei minerali uraniferi. SIMB. Po.

polòno [da *Polonia*] agg. ● (*raro*) Polacco.

pólpa [lat. *pŭlpa(m)*, di etim. incerta] s. f. **1** Parte carnosa di un frutto: *la p. dell'ananas*. **2** Carne muscolosa senza osso e senza grasso: *un pezzo di manzo tutto p.*; *p. di vitello*. **3** (*anat.*) Tessuto molle | *P. dentaria*, insieme dei tessuti connettivo, nervoso e vascolare contenuti nella cavità del dente | (*fig.*) *Lasciare la p. e l'ossa in q.c.*, rovinarsi completamente. ➡ ILL. p. 367 ANATOMIA UMANA. **4** (*pop., spec. al pl.*) Parte più carnosa delle gambe | (*fig.*) *Aver lasciato le polpe in Fiandra*, avere gambe sottili. **5** Preparato farmaceutico di consistenza molle formato dalla parte carnosa di sostanze vegetali, macerate in acqua e passate al setaccio. **6** (*fig.*) Nucleo sostanziale o essenziale di teorie, discorsi, ragionamenti e sim. SIN. Succo, nocciolo.

†**polpàccia** [da *polpa*] s. f. ● Polpetta.

polpàccio [da *polpa*] s. m. **1** Gruppo muscolare posteriore della gamba sotto il ginocchio. **2** (*raro*) Polpastrello. **3** Pezzo di carne magra: *un p. di vitello*. ‖ **polpacciòlo, polpacciuòlo**, dim. (V.).

polpacciòlo o (*lett.*) **polpacciuòlo** s. m. **1** Dim. di *polpaccio*. **2** (*raro*) Polpastrello. **3** (*raro, tosc.*) Polpa di carne di bestia.

polpacciùto agg. **1** Polposo. **2** Che ha grossi polpacci: *gambe polpacciute*.

polpàra ● V. *pulpara*.

polpastrèllo [da *polpa*] s. m. ● Parte carnosa della falange distale delle dita della mano. ➡ ILL. p. 366 ANATOMIA UMANA.

polpétta [da *polpa*] s. f. **1** Vivanda di carne tritata, condita con ingredienti vari e ridotta in piccole forme tonde o schiacciate, fritta o cotta in tegame | *P. di mare*, in Romagna, vivanda di polpo ripieno di fegatini di pesci, arrostita a fuoco vivo | (*fig., scherz.*) *Fare polpette di qc.*, conciarlo male, ucciderlo, farne scempio. **2** Boccone avvelenato per cani o altri animali. **3** (*tosc.*) Rabbuffo, sgridata. ‖ **polpettina**, dim. | **polpettóna**, accr. | **polpettóne**, accr. m. (V.).

polpettóne s. m. **1** Accr. di *polpetta*. **2** Impasto di carne tritata condito e cucinato, di forma oblunga, variamente, da tagliarsi poi a fette. **3** (*fig.*) Discorso, opera, scritto e sim. che comprende elementi eterogenei, messi insieme in modo confuso e incoerente: *che p. quel romanzo!*; *quel film è un p. storico*. **4** (*raro*) Severa sgridata, violento rabuffo.

polpite ● V. *pulpite*.

pólpo [lat. *pŭlpu(m)*, sovrapposizione di *pōlypus* 'polipo' a *pŭlpa* 'polpa'] s. m. ● Mollusco marino dei Cefalopodi,commestibile, con otto tentacoli muniti di due serie di ventose (*Octopus vulgaris*).

polpóso [lat. *pulpōsu(m)*, agg. di *pŭlpa* 'polpa'] agg. **1** Detto di frutta, ricco di polpa: *albicocche polpose*. **2** Che ha la consistenza della polpa: *sostanza polposa*.

polpùto agg. **1** Detto del corpo umano o di sue parti, ricco di polpa: *gambe polpute*. **2** (*fig.*) †Detto di terreno, grasso, fertile. **3** (*fig.*) †Detto di vino, gagliardo e saporoso. ‖ **polputèllo**, dim.

†**polseggiàre** [da *polso*] v. intr. ● Pulsare, detto del polso.

polsino s. m. *1* Dim. di *polso*. *2* Fascia liscia in cui viene ripresa l'ampiezza della manica nella camicia da uomo, chiusa con bottoni o gemelli: *polsini inamidati* | Finitura della manica nelle camicette femminili. *3* Ciascuno dei bottoni in oro, argento o altro materiale per fermare i polsini della camicia.

pólso [lat. *pŭlsu(m)* 'battito', da *pĕllere* 'battere', di origine indeur.] s. m. *1* (*anat.*) Regione compresa tra avambraccio e mano. *2* (*fisiol., med.*) Dilatazione ritmica dei vasi sanguigni determinata dalla contrazione cardiaca rilevabile in particolare dall'arteria radiale; in una persona sana e adulta ha una frequenza di 65-75 battiti al minuto: *p. regolare, debole, frequente* | *Tastare il p. a qc.*, (*fig.*) cercare di conoscerne intenzioni, capacità e sim. con domande abili e apparentemente insignificanti. *3* (*raro*) Salute fisica. *4* (*fig.*) Forza di carattere, energia morale e spirituale: *uomo, dirigente, comandante di p.*; *è uno smidollato privo di p.* | *P. ferreo, fermo*, estrema decisione e severità | *Poeta, scrittore, critico di p.*, di schietta e gagliarda ispirazione, che usa toni e linguaggio energico | *Lavoro di p.*, che esige, in chi lo compie, volontà, capacità ed energia | †*Vino di p.*, gagliardo. || †**polsétto**, dim. | **polsino**, dim. (V.).

polsonétto [etim. incerta] s. m. ● Recipiente emisferico di rame non stagnato, con manico, per cuocervi salse e creme.

polstràda o **Polstràda** [comp. di *pol(izia)* e *strada*] s. f. inv. ● Polizia stradale.

pólta [lat. *pŭlte(m)* 'polenta', da avvicinare al gr. *póltos* 'polenta', di etim. incerta] s. f. ● Polenta di farina bianca o di fave, già cibo ordinario degli schiavi romani e preparata ora per i polli.

poltàceo o †**pultàceo** [da *polta*] agg. ● Detto di ciò che è simile, per consistenza, alla polenta.

Poltergeist /'pɔltergaist/ [vc. ted., comp. del v. *polter(n)* 'far chiasso, strepitare' e *Geist* 'spirito'] s. m. inv. (pl. ted. *Poltergeister*) ● (*psicol.*) In parapsicologia, fenomeno inspiegabile (rumore improvviso, movimento di oggetti) che si verifica in presenza di un individuo, spesso adolescente, con facoltà medianiche.

poltìglia o †**pultìglia** [ant. fr. *poltille*, dal lat. tardo *pultĭcula(m)*, dim. di *pŭls*, genit. *pŭltis* 'polenta'. V. *polta*] s. f. *1* Composto piuttosto liquido di sostanze, anche commestibili, farinose o in polvere: *una p. di crusca*; *preparare la p. per l'impiastro* | (*est.*) Cibo divenuto colloso e molliccio, per eccesso di cottura: *la carne sbriciolata col sugo formava una p.* | *Ridursi in p.*, (*fig.*) guastarsi | (*fig.*) *Ridurre qc. in p.*, conciarlo per le feste. *2* Fango liquido: *camminare nella p.* SIN. Mota.

poltiglióso agg. ● Che ha l'apparenza o la consistenza della poltiglia: *composto, miscuglio p.* | Sudicio di poltiglia: *scarpe poltigliose*.

†**poltràcchio** [da †*poltro*] s. m. ● Puledro.

†**poltrìccio** [da †*poltro*] s. m. ● Lettaccio, cuccia.

poltrìre [da †*poltro*] v. intr. (*io poltrìsco, tu poltrìsci*; aus. *avere*) *1* Starsene in pigro riposo: *p. nel letto, sotto le coltri*. *2* Vivere neghittosamente: *p. nell'ozio*. SIN. Oziare.

†**póltro** [lat. parl. **pŭllitru(m)*, da *pŭllus* 'piccolo (di ogni animale)'. V. *pollo*] **A** agg. *1* Indomito, brado: *bestie spaventate e poltre* (DANTE *Purg.* XXIV, 123). *2* Pigro: *mi piace di posar le poltre / membra* (ARIOSTO). **B** s. m. ● (*raro*) Letto, giaciglio.

poltróna [da †*poltro*] s. f. *1* Ampia seggiola a braccioli, imbottita, per starvi con comodità: *p. di cuoio, con le rotelle, a sdraio*; *un divano e due poltrone* | *P. letto*, trasformabile in letto | *Starsene in p.*, (*fig.*) oziare. *2* Posto, in teatro, nelle prime file della platea: *prenotare una p.* *3* (*fig.*) Ufficio, carica o impiego, spec. di grado elevato, che si suppone comporti un lavoro poco faticoso e molto redditizio: *ambire alla p. di direttore generale*; *non ha nessuna voglia di lasciare la p. di ministro*; *per conservarsi la p. farebbe qualsiasi cosa*. || **poltronàccia**, pegg. | **poltroncìna**, dim. (V.).

poltronàggine s. f. ● Abituale pigrizia, vizio di chi è poltrone.

poltroncìna s. f. *1* Dim. di *poltrona*. *2* Posto a sedere, in una platea teatrale, d'ordine arretrato rispetto alle poltrone.

poltróne [da †*poltro*] s. m. (f. *-a*) *1* Persona neghittosa, che predilige l'ozio e la vita comoda: *svegliati p., che è tardi!*; *muoviti, non fare il p.!* *2* †Persona vile e paurosa. *3* †Persona di umile nascita e condizione. *4* (*zool.*) Bradipo. || **poltroncèllo**, dim. | **poltroncióne**, accr.

poltroneggiàre [comp. di *poltron(e)* e *-eggiare*] v. intr. (*io poltronéggio*; aus. *avere*) ● (*raro*) Vivere, comportarsi da poltrone.

poltronerìa s. f. *1* Vizio di chi è poltrone | Atteggiamento da poltrone: *una riprovevole p.* *2* †Vigliaccheria.

poltronésco agg. (pl. m. *-schi*) ● (*raro*) Da, di poltrone: *quella poltronesca setta di pedanti* (BRUNO). || **poltronescaménte**, avv.

†**poltronièro** o †**poltronière** [da *poltrone*] s. m. *1* Poltrone | Vigliacco. *2* Uomo di vile condizione.

poltronìssima [da *poltrona*, col suff. *-issimo* dei sup.] s. f. ● Nei teatri, poltrona di primissima fila.

poltronìte [comp. di *poltrone* e *-ite* (*1*) usato scherz.] s. f. ● (*fam., scherz.*) Poltroneria, intesa quasi come una malattia: *è affetto da p. acuta e cronica*.

pólve ● V. *polvere*.

†**polvènto** [da *po'* ('poi, dietro') *'l vento*] vc. ● (*raro*) Solo nella loc. avv. *a p.*, in luogo difeso dal vento.

polveràccio s. m. *1* (*raro*) Polverume. *2* Letame seccato e ridotto in polvere grossolana, mescolato alla terra, per concime.

†**polveràia** s. f. ● Polverio.

polveràio agg. ● Che solleva molta polvere, perché secco e ventoso, solo nel prov. *gennaio p. empie il granaio*.

†**polveràre** [lat. *pulverāre*, da *pŭlvis*, genit. *pŭlveris* 'polvere'] v. tr. ● Impolverare.

†**polveràta** s. f. ● Polverio.

pólvere o (*poet.*) **pólve** [lat. *pŭlvere(m)*. V. *polline*] s. f. o raro †m. *1* Terra arida scomposta in minutissimi frammenti che, per la sua leggerezza, può sollevarsi dal suolo, fluttuare nell'aria e ricadere depositandosi su persone e cose: *la p. delle strade non asfaltate*; *sollevare, passando, una nuvola di p.*; *siepi, mobili, abiti, libri coperti di p.*; *una fitta p. che acceca, che toglie il respiro* | *Mangiare la p.*, respirarla restando in un luogo polveroso e (*fig.*) essere superati da qc. in q.c. | *Far mangiare la p. a qc.*, superarlo in velocità e (*fig.*) avere la meglio su di lui in attività, iniziative e sim. | *Scuotere la p. di dosso a qc.*, toglierla via dagli abiti o dalla persona e (*fig.*) bastonarlo | *Scuotersi la p. di dosso*, togliersela di dosso e (*fig.*) liberarsi da noie, fastidi e sim. | *Spegnere la p.*, spruzzando d'acqua il suolo | *Buttare, gettare la p. negli occhi a qc.*, (*fig.*) illuderlo | *Mordere la p.*, di chi muore sul campo di battaglia, torcendosi al suolo nell'agonia e (*fig.*) di chi resta sconfitto e umiliato. *2* Qualsiasi materiale solido scomposto in minutissimi frammenti, spesso adibito a vari usi: *p. di carbone, d'oro, di vetro, di caffè, di cacao*; *polveri farmaceutiche, cosmetiche* | *P. di Cipro*, cipria | *In p.*, ridotto in minutissime particelle: *cioccolato, zucchero in p.* | *Ridurre q.c. in p.*, macinarla e (*fig.*) distruggerla completamente | (*fig.*) *Ridurre qc. in p.*, annientarlo | *Mulino di p.*, per la triturazione e la miscela di determinate sostanze solide | †Sabbia con cui si asciugava la scrittura fresca. *3* Polvere pirica o da sparo | *P. nera*, primo e unico esplosivo usato alle origini delle armi da fuoco, composta di carbone, salnitro e zolfo | *P. senza fumo*, esplosivo da lancio che bruciando produce pochissimo fumo, facilmente dissipabile, e che non lascia residuo solido | *Sentire odore di p.*, percepire il caratteristico odore della polvere pirica bruciata e (*fig.*) presentire imminenti battaglie, lotte e sim. | *Avere p., molta p. da sparare*, (*fig.*) disporre di buone risorse | *Avere le polveri bagnate*, essere nell'impossibilità di usare validamente le proprie risorse | *Tenere asciutte le polveri*, (*fig.*) stare pronto alla lotta, mantenersi sempre sul chi vive | *Dar fuoco alle polveri*, iniziare le ostilità (*anche fig.*): *ho pazientato parecchio, ma ora sto dando fuoco alle polveri*. *4* (*raro*) Tabacco da fiuto. *5* La terra con cui, secondo il racconto biblico, fu plasmato il primo uomo, e ciò che dell'uomo resta dopo il disfacimento del suo cadavere: *fummo fatti di p. e in p. ritorneremo* | (*est.*) Ultime vestigia di un lontanissimo passato, tracce mute e insignificanti di antichi mondi e civiltà: *interrogare la p. dei ruderi*; *di tutto quello splendore, ora non resta che p.* || **polveràccia**, pegg. | **polverina**, dim. (V.) | **polverino**, dim. m. (V.) | **polveróne**, accr. m. (V.) | **polverùzza**, dim.

†**polvereggiàre** v. tr. ● Polverizzare.

†**polverènte** agg. ● Polveroso.

polverièra [calco sul fr. *poudrière*, da *poudre* 'polvere'] s. f. *1* Magazzino adibito a deposito di munizioni, esplosivi, artifizi vari, costruito e dislocato con particolari criteri al fine di evitare o ridurre i pericoli di eventuali scoppi | (*fig.*) *Stare, essere seduti su una p.*, di chi si trova in una situazione pericolosissima, che può precipitare da un momento all'altro. *2* (*fig.*) Paese o zona in cui esiste uno stato di guerra latente che può sfociare, da un momento all'altro, in eventi bellici veri e propri: *il Medio Oriente è una p.* *3* †Polverio.

polverifìcio [comp. di *polvere* e *-ficio*] s. m. ● Stabilimento in cui si fabbricano esplosivi.

polverìna s. f. *1* Dim. di *polvere*. *2* Sostanza medicinale in polvere. *3* (*gerg.*) Stupefacente in polvere, spec. cocaina: *fiutare la p.*

polverìno s. m. *1* Dim. di *polvere*. *2* Polvere molto fine di materiali vari, spec. quella che serviva per innescare le armi da fuoco ad avancarica | (*est.*) Astuccio metallico a forma di piccolo fiasco, per tale polvere. *3* Sabbia o polvere di varie sostanze, usate un tempo per asciugare la scrittura fresca | *Mettere il p.*, (*raro, fig.*) approvare ciò che qc. ha scritto o fatto senza modificare o aggiungere nulla | (*est.*) Recipiente che conteneva tale polvere. *4* †Orologio a polvere.

polverìo s. m. ● Quantità di polvere che si solleva per il vento o altra causa: *il p. dei viottoli*; *con tutto questo p. non riesco a vedere niente* | (*est.*) Quantità di polvere non terrosa, che fluttua o turbina nell'aria per varie cause: *nella stanza era tutto un p. di farina*.

polverizzàbile agg. ● Che si può polverizzare.

polverizzaménto s. m. ● (*raro*) Modo o atto del polverizzare | (*raro*) Materiale polverizzato.

polverizzàre [lat. tardo *pulverizāre*, da *pŭlvis*, genit. *pŭlveris* 'polvere'] **A** v. tr. *1* Macinare o frantumare in minutissime particelle: *p. il ferro, il legno, il sale*. *2* (*est.*) Ridurre in goccioline minutissime: *p. un anticrittogamico*. SIN. Nebulizzare. *3* Cospargere di polvere: *polverizzate il dolce con abbondante zucchero vanigliato* | (*est.*) Spruzzare o irrorare con un liquido polverizzato. *4* (*fig.*) Annientare, annullare, distruggere: *p. gli avversari*; *se lo vedo ancora, giuro che lo polverizzo* | (*est.*) Superare con molta larghezza: *p. un record*. **B** v. intr. pron. ● Ridursi in polvere, divenire polvere.

polverizzàto part. pass. di *polverizzare*; anche agg. ● Nei sign. del v.

polverizzatóre **A** agg. (f. *-trice*) ● Che polverizza: *dispositivo p.*; *macchina polverizzatrice*. **B** s. m. ● Apparecchio impiegato per polverizzare una sostanza solida o liquida: *p. per motori Diesel*.

polverizzazióne s. f. ● Atto, effetto del polverizzare.

†**polverizzévole** agg. ● Polverizzabile.

polveróne s. m. *1* Accr. di *polvere*. *2* Grande quantità di polvere sollevata dal vento, da numerose persone o animali che camminano o da veicoli in transito: *con questo p. si va alla cieca* | *Alzare, sollevare un gran p.*, (*fig.*) comportarsi in modo da confondere la situazione.

polveróso agg. *1* Pieno o coperto di polvere: *libro, scaffale p.*; *strada sassosa e polverosa*; *di sudor pieno e p.* (ARIOSTO). *2* (*lett.*) Che solleva e fa volare la polvere, detto di vento o di stagione ventosa. *3* Polverulento: *neve polverosa*.

polverulènto o **pulverulènto** [vc. dotta, lat. *pulverulĕntu(m)*, da *pŭlvis*, genit. *pŭlveris* 'polvere'] agg. *1* Che ha forma o consistenza di polvere | Ridotto in polvere. *2* (*lett.*) Che è coperto di polvere, che la solleva o la porta con sé: *il baglior pulverulento d'un sole d'agosto* (PIRANDELLO).

polverùme s. m. *1* Quantità di polvere molesta, che ricopre luoghi od oggetti lasciati in abbandono: *ripulire dal p.* *2* (*spreg.*) Oggetti polverosi, cose vecchie e abbandonate (*anche fig.*). SIN. Vecchiume.

polvìglio [sp. *polvillo*, dim. di *polvo* 'polvere'] s. m. *1* Cuscinetto pieno di spigo tritato, per profumare la biancheria. *2* Polvere cosmetica.

polvìscolo ● V. *pulviscolo*.

póma [lat. *pōma*, nt. pl. di *pōmum* 'pomo'] s. f. ● Pomo | *Tocca p.*, gioco fanciullesco in cui si deve tentare di soffiare il posto a uno dei compagni, posti in cerchio | *P. piatta*, rimpiattino. || †**pométta**, dim.

Pomàcee [vc. dotta, comp. di *pomo* e *-acee*] s. f. pl. ● Nella tassonomia vegetale, famiglia di piante fruttifere che hanno come frutto il pomo (*Pomaceae*) | (al sing. *-a*) Ogni individuo di tale famiglia.

†**pomàceo** agg. ● Di pomo.

pomàio o **pomàrio** [lat. *pomāriu(m)*, da *pōmum* 'pomo'] s. m. ● Frutteto, pometo.

†**pomaràncio** [comp. di *pomo* e *arancio*] s. m. ● (*raro*) Melarancio.

pomàrio ● V. *pomaio*.

pomàta [da *pomo*, con cui si profumavano gli unguenti] s. f. ● Preparazione farmaceutica o cosmetica per uso esterno, di consistenza molle: *p. alla penicillina*; *p. per capelli*. SIN. Unguento, crema.

pomàto [da *pomo*] agg. *1* Piantato ad alberi da frutto: *terreno, campo p.* *2* (*raro*) Pomellato.

póme ● V. *pomo*.

†**pomèlla** s. f. ● Pomello.

pomellàto [da *pomello*] agg. ● Detto di mantello equino che presenta pomellature.

pomellatùra [da *pomellato*] s. f. ● Insieme di peli neri riuniti in listerelle di forma vagamente tondeggiante, su mantelli equini di fondo bianco.

pomèllo s. m. *1* Dim. di *pomo*. *2* Piccolo pomo, per impugnatura od ornamento: *maniglia, mobile, cornice con pomelli dorati*; *il bastone ha un p. d'avorio*. *3* Parte rilevata e tondeggiante della gota, corrispondente allo zigomo: *avere i pomelli arrossati dal freddo*.

pomèlo [vc. ingl., dall'ol. *pompelmoes* 'pompelmo', deformato secondo *pome* 'pomo' (?)] s. m. ● (*bot.*) Pompelmo.

pomeràno A agg. ● Della Pomerania. B s. m. (f. *-a*) ● Abitante della Pomerania.

pomeridiàno [vc. dotta, lat. *pomeridiānu(m)*, da *pōst merīdiem* 'dopo il mezzogiorno'. V. *meriggio*] agg. ● Di, del pomeriggio: *ore pomeridiane* | Che ha luogo nel pomeriggio: *sedute, lezioni pomeridiane* | *Giornale p.*, che esce nel pomeriggio.

pomerìggio [da *pomeridiano*, sul modello di *meriggio*] s. m. ● Parte del giorno compresa tra il mezzogiorno e la sera: *nel primo, nel tardo p.*; *esce tutti i pomeriggi*; *ci vediamo sabato p.*; *verremo domani p.*; *andiamo al cinema tutte le domeniche p.*

pomèrio [vc. dotta, lat. *pomēriu(m)*, da *pōst mūrum* 'dietro le mura'] s. m. *1* In Roma antica, spazio sacro intorno alle mura sul quale era vietato arare e costruire abitazioni. *2* Spazio intorno a una fortezza fuori e dentro le mura, nel quale non si poteva fabbricare.

pómero [ted. *Pommer*, da *Pommern* 'Pomerania'] s. m. *1* (*zool.*) Volpino di Pomerania. *2* (*scherz.*) Persona di bassa statura.

pométo [vc. dotta, lat. tardo *pomētu(m)*, da *pōmum* 'pomo'] s. m. ● Piantagione razionale di pomi | (*raro*) Frutteto.

pomettàto [da *pometto*, dim. di *pomo*] agg. ● A forma di piccolo pomo | (*arald.*) *Croce pomettata*, con tre globetti a ogni estremità.

pòmfo /'pɔnfo/ o **pònfo** [vc. dotta, gr. *pomphós* 'bolla', vc. di origine espressiva] s. m. ● (*med.*) Rilievo cutaneo circoscritto, tondeggiante, pruriginoso, di color roseo, caratteristico di alcune malattie della pelle.

pomfòide /pon'fɔide/ o **ponfòide**. agg. ● (*med.*) Che ha l'aspetto, l'apparenza, le caratteristiche di un pomfo.

pómice [lat. tardo *pōmice(m)*, per il classico *pūmice(m)*, da avvicinare a *spuma*] s. f. ● Roccia effusiva a pasta vitrea, composta di silicati di allumina, soda e potassa, assai porosa e leggera, usata come abrasivo in polvere o come inerte in agglomerati artificiali con doti di leggerezza e coibenza.

pomiciàre (1) [da *pomice*] v. tr. (*io pómicio*) ● (*raro*) Pulire, lucidare o levigare con la pomice.

pomiciàre (2) [dallo strofinarsi, alle donne, come la pomice alle stoviglie] v. intr. (*io pómicio*; aus. *avere*) ● (*pop., scherz.*) Abbandonarsi a effusioni amorose spec. in luogo pubblico: *quei due hanno pomiciato per tutta la sera*.

pomiciàta [da *pomiciare* (2)] s. f. ● (*pop., scherz.*) Atto, effetto del pomiciare.

pomiciatùra [da *pomiciare* (1)] s. f. ● Atto, effetto del levigare o pulire q.c. con la pomice.

pomicióne [da *pomiciare* (2)] s. m. (f. *-a*) ● (*pop.*) Chi si abbandona a effusioni e carezze amorose in luogo pubblico | Uomo che fa, o tenta di fare, il galante, con le parole e con i gesti: *non sopporto quel vecchio p.*

pomicióso [da *pomice*] agg. ● (*raro*) Simile alla pomice.

pomicoltóre o **pomicultóre** [comp. di *pomo* e *coltore*] s. m. ● Coltivatore di alberi da frutto.

pomicoltùra o **pomicultùra** [comp. di *pomo* e *coltura*] s. f. ● Arte del coltivare le piante da frutto. SIN. Frutticoltura.

pomicultóre ● V. *pomicoltore*.

pomicultùra ● V. *pomicoltura*.

pomidòro e *deriv.* ● V. *pomodoro* e *deriv.*

†**pomière** o †**pomièro** [fr. *pommier*, da *pomme* 'pomo'] s. m. ● Pometo.

†**pomìfero** [vc. dotta, lat. *pomĭferu(m)*, comp. di *pōmum* 'pomo' e *-fer* '-fero'] agg. ● (*lett.*) Che produce pomi.

pommaròla ● V. *pummarola*.

pómo o (*poet.*) **póme**, nel sign. 1 [lat. *pōmu(m)*, di etim. incerta] s. m. (pl. †*poma*, f., raro †*pomora*, f.) *1* (*lett.*) Mela: *una cesta di pomi* | (*est., pop.*) Melo: *un frutteto di pomi*. *2* (*est.*) Ogni frutto simile a una mela: *veder la terra di pomi coperta* (POLIZIANO) | *Il p. vietato*, il frutto proibito | *P. della discordia*, quello che, gettato dalla Discordia alla più bella tra Giunone, Minerva e Venere, fu da Paride, invitato a giudicare, assegnato a Venere, onde le ire delle altre due dee che provocarono la rovina di Troia; (*fig.*) ciò che è causa di discordia fra varie persone. *3* (*bot.*) Falso frutto indeiscente, edule, la cui parte carnosa deriva dal ricettacolo rigonfiato | *P. di terra*, patata | *P. granato*, V. *pomogranato* | *P. di acagiù*, frutto dell'anacardio. *4* Oggetto simile per forma a una mela, destinato a vari usi o anche solo ornamentale: *il manico del bastone è ornato da un p. d'avorio, d'argento*; *il p. del fioretto e della spada*. *5* Pezzo di legno tornito di forma sferoidale molto schiacciata posto sugli alberi delle navi, tra la puleggia per la bandiera e il foro per l'asticciuola del parafulmine o del paravento. *6* (*anat.*) *P. d'Adamo*, prominenza della cartilagine tiroidea della laringe nella parte anteriore del collo. || **pomèllo**, dim. (V.) | **pomùccio**, dim.

pomodoràta o (*pop.*) **pomidoràta**. s. f. ● Colpo inferto con uno o più pomodori lanciati contro qc. spec. in segno di disprezzo: *prendere qc. a pomodorate*.

pomodòro o (*pop.*) **pomidòro** [da *pomo d'oro*, inizialmente riferito al frutto dalla buccia gialla dorata] s. m. (pl. *pomodòri*, pop. *pomidòri*, dial. *pomidòro*) *1* Pianta erbacea annua delle Solanacee, originaria dell'America, con fusto rampicante, piccoli fiori gialli in grappoli e frutto a bacca (*Solanum lycopersicum*). *2* Frutto di tale pianta, costituito da una bacca rossa carnosa e sugosa, commestibile, contenente molti piccoli semi: *pomodori in insalata*; *insalata di pomodori*; *pomodori col riso, col tonno* | *Conserva, salsa di p.*, usata come condimento | *Succo di p.*, usato come bevanda, spec. come aperitivo | *Diventare rosso come un p.*, arrossire violentemente | *Avere il naso rosso come un p.*, per raffreddore o ubriachezza. *3* (*zool.*) *P. di mare*, attinia. || **pomodoràccio**, pegg. | **pomodorétto**, dim. | **pomodorino**, dim. | **pomodoróne**, accr.

pomogranàto o **pómo granàto** [da *pomo*, sul modello di *melograno*] s. m. ● (*bot., dial.*) Melograno.

pòmolo [lat. tardo *pōmulu(m)*, dim. di *pōmum* 'frutto' (V. *pomo*), per la forma rotonda] s. m. ● Impugnatura tondeggiante di porta, cassetto, bastone e sim.

pomologìa [comp. di *pomo* e *-logia*] s. f. (pl. *-gie*) ● Studio della frutta e della sua coltivazione.

pomològico agg. (pl. m. *-ci*) ● Concernente la pomologia.

pomòlogo s. m. (f. *-a*; pl. m. *-gi*) ● Studioso di pomologia.

pomóso [vc. dotta, lat. *pomōsu(m)*, da *pōmum* 'pomo'] agg. ● (*lett.*) Che è abbondante, ricco di frutti.

pómpa (1) [vc. dotta, lat. *pŏmpa(m)*, nom. *pŏmpa* 'processione, parata, pompa', dal gr. *pompḗ*, da *pémpein* 'mandare, condurre', di etim. incerta] s. f. *1* Dimostrazione di magnificenza e grandiosità in occasione di avvenimenti pubblici e privati importanti o a cui si vuole dare particolare risalto: *la cerimonia si svolse con grande p.*; *p. accademica*. *2* Sfarzosa manifestazione di ricchezza: *vestire con p.*; *ricevere, accogliere, ospitare con gran p.*; *una p. veramente regale*; *ciascun s'adorna, inteso / con ricca p. a comparirti avanti* (METASTASIO) | *In p. magna*, (*scherz.*) con eleganza e lusso eccessivi e vistosi, spesso sproporzionati al momento o all'occasione | *A p.*, pomposamente. *3* (*fig.*) Sfoggio vanaglorioso, sfarzo: *far p. di sé, della propria ricchezza, cultura, erudizione* | (*lett.*) Vanagloria, superbia: *il duca ne montò in gran p.* (VILLANI). *4* †Corteo, processione.

pómpa (2) [fr. *pompe*, dall'ol. *pompe*, di origine onomat.] A s. f. *1* Macchina destinata a effettuare lo spostamento di sostanze liquide, gassose o solide allo stato granulare o polverulento: *p. aspirante, premente, aspirante-premente* | *P. centrifuga*, per liquidi, in cui il movimento del fluido è ottenuto mediante l'azione di palette rotanti | *P. volumetrica*, che sviluppa la propria azione attraverso l'alternativo riempimento e svuotamento di un volume chiuso | *P. per vuoto*, atta a estrarre l'aria da un recipiente chiuso e crearvi il vuoto | *P. di calore*, circuito frigorifero a ciclo invertito, usato cioè per riscaldare, anziché per raffreddare. *2* Tubo ripiegato e mobile negli strumenti musicali a fiato, che si può alzare e abbassare per allungare o accorciarne il corpo. *3* (*fam.*) Distributore di benzina o altri carburanti, presso le autorimesse e lungo le strade: *alla prima p. fermati*. B in funzione di agg. inv. ● (posposto al s.) Solo nella loc. *carro p.*, autopompa. || **pompétta**, dim. (V.).

pompàggio [fr. *pompage*, da *pomper* 'pompare (1)'] s. m. ● Atto, effetto del pompare, nel sign. di *pompare (1)*.

pompàre (1) [fr. *pomper*, da *pompe* 'pompa (2)'] v. tr. (*io pómpo*) *1* Trarre o immettere un liquido con una pompa: *p. l'acqua dalla cantina allagata*; *p. la benzina nel serbatoio*. *2* Gonfiare d'aria: *p. uno pneumatico*. *3* (*ass.*) Azionare una pompa: *p. è faticoso*. *4* (*fig.*) Esagerare la portata, il significato e sim. di q.c.: *p. una notizia*. *5* (*volg.*) Possedere sessualmente.

†**pompàre** (2) [vc. dotta, lat. tardo *pompāre* 'fare con pompa, con enfasi', da *pŏmpa* 'pompa (1)'] v. intr. ● Far pompa, ostentare.

pompàta [da *pompare (1)*] s. f. ● Atto, effetto del pompare in una volta e rapidamente | (*est.*) Quantità di liquido o di gas immesso o estratto in una sola volta con una pompa. || **pompatina**, dim.

†**pompàtico** [vc. dotta, lat. tardo *pompāticu(m)*, da *pŏmpa* 'pompa (1)'] agg. (pl. m. *-ci*) ● Pomposo. || **pompaticaménte**, avv. Pomposamente.

pompàto part. pass. di *pompare (1)*; anche agg. *1* Nei sign. del v. *2* (*fam., gerg.*) Che, chi si è montato la testa.

pompeàno ● V. *pompeiano (2)*.

pompeggiàre [da *pompa (1)*] A v. intr. (*io pompéggio*; aus. *avere*) ● Far pompa di q.c. | Vivere con gran lusso. B v. rifl. e intr. pron. ● Ornarsi, vestirsi con grande sfarzo | (*est.*) Pavoneggiarsi.

pompeiàno (1) [vc. dotta, lat. *Pompeiānu(m)*, etnico di *Pompēi* 'Pompei'] agg. ● Della città di Pompei: *scavi pompeiani* | *Rosso p.*, tonalità di rosso molto vivo, apparso negli affreschi di Pompei riportati alla luce | *Vasca pompeiana*, piccola vasca da bagno in cui si sta seduti.

pompeiàno (2) o **pompeàno** [vc. dotta, lat. *Pompeiānu(m)*, agg. di *Pompēius* 'Pompeo'] A agg. ● Di Gneo Pompeo: *le milizie pompeiane*. B s. m. ● Soldato o sostenitore di G. Pompeo.

pompèlmo [ol. *pompelmo(es)*, comp. di *pompel* 'grosso' e del giavanese *limoes* 'limone'] s. m. *1* Albero delle Rutacee, alto fino a 7 m, con foglie sempreverdi coriacee, fiori bianchi simili a quelli del limone, frutti a grappolo (*Citrus paradisi*). *2* Frutto commestibile di tale pianta, grosso, di colore giallo canarino, con buccia liscia e polpa biancastra: *spremuta di p.*

pompétta s. f. *1* Dim. di *pompa* (2). *2* Nome generico attribuito a numerosi piccoli arnesi, spesso a forma di peretta, basati su un funzionamento aspirante o premente e azionabili con la pressione delle dita: *p. vaporizzatrice, lavavetro.*

pompière [fr. *pompier*, da *pompe* 'pompa (per l'incendio)'; nel sign. 3 dall'epiteto attribuito, in origine in Francia, a pittori neoclassici e accademici, capaci solo di sfoggiare nelle tele eroi con elmi appariscenti simili a quelli dei *pompieri*] s. m. *1* Vigile del fuoco. *2* (*est.*) Chi cerca di spegnere l'ira altrui, placare una lite, raffreddare gli animi esasperati. *3* (*fig.*) Chi, in arte, si compiace di effetti appariscenti o grossolanamente emotivi.

pompierìsmo [dal fr. *pompiérisme*, da *pompier* 'pompiere' in senso art.] s. m. ● (*raro*) Tendenza di artisti e scrittori a ricercare facili effetti mediante il ricorso ad artifici dozzinali.

pompierìstico agg. (pl. m. *-ci*) ● (*raro*) Di, da pompiere (*spec. fig.*).

Pompìlidi [comp. di *pompilo* (2) e *-idi*] s. m. pl. ● Nella tassonomia animale, famiglia di Imenotteri aculeati, veloci corridori e cacciatori aggressivi (*Pompilidae*) | (al sing. *-e*) Ogni individuo di tale famiglia.

pòmpilo (1) [vc. dotta, lat. *pŏmpilu(m)*, nom. *pŏmpilus*, dal gr. *pompílos*, da *pompḗ* 'accompagnamento' (V. *pompa* (1)): detto così perché segue le navi] s. m. ● (*zool.*, *sett.*) Tonno.

pòmpilo (2) [dal precedente: il n. sarebbe stato dato loro per l'abitudine di spostarsi rapidamente] s. m. ● Genere di Imenotteri di notevoli dimensioni, agilissimi cacciatori di ragni i quali, paralizzati dalla puntura, servono a nutrire le sue larve (*Pompilus*).

pompìno [da *pompare*] s. m. ● (*volg.*) Fellatio.

pompìsta [da *pompa* (2)] s. m. e f. (pl. m. *-i*) ● Addetto a un distributore o pompa di benzina.

pompòn /pom'pɔn, *fr.* pɔ̃'pɔ̃/ [fr., vc. di origine espressiva] s. m. inv. ● Fiocco o nappa in seta, lana o altro, per ornamento.

pomposità s. f. ● Caratteristica di chi, di ciò che è pomposo (*anche fig.*): *la p. di certe manifestazioni pubbliche*; *p. di stile, di modi.*

pompóso [vc. dotta, lat. tardo *pompōsu(m)*, da *pŏmpa* 'pompa (1)'] agg. *1* Solenne e fastoso: *festa, cerimonia pomposa.* *2* Sfarzoso e appariscente: *vesti pompose.* *3* (*mus.*) Maestoso, grave, solenne. *4* (*fig.*) Vanaglorioso e ostentatamente solenne: *sedeva in atteggiamento p.*; *parlare con tono p.*; *una pomposa dimostrazione di sapere.* || **pomposaménte**, avv. In modo pomposo, con pompa.

pònce s. m. ● Adattamento di *punch* (V.).

poncho /*sp.* 'pontʃo/ [di etim. incerta] s. m. inv. ● Indumento tipico dell'America latina costituito da un grande quadrato di lana, usato anche come coperta, con apertura centrale formata da una fessura in cui passa la testa.

poncif /*fr.* pɔ̃'sif/ [vc. fr., ant. *poncis*, 'relativo alla pomice (*ponce*)', dal lat. tardo *pōmice(m)* per il class. *pūmice(m)*] s. m. inv. *1* (*tecnol.*) Spolvero, nel sign. 6. *2* (*fig.*) Lavoro, opera poco originale. *3* (*fig.*) Idea banale | Luogo comune.

pòncio o **póncio**, **pùncio**. s. m. ● Adattamento di *poncho* (V.).

†**pondàre** v. tr. e intr. ● (*raro*) Ponderare.

ponderàbile [vc. dotta, lat. tardo *ponderābile(m)*, da *ponderāre* 'ponderare'] agg. *1* Che si può pesare: *materia p.* *2* (*fig.*) Che si può o si deve ponderare: *decisione p.* CONTR. Imponderabile.

ponderabilità s. f. ● Qualità di ciò che è ponderabile (*anche fig.*): *la p. dell'aria, di un'affermazione.* CONTR. Imponderabilità.

ponderàle [ingl. *ponderal*, dal lat. *pŏndus*, genit. *pŏnderis* 'peso' (V. *pondo*)] agg. ● Del, relativo al, peso: *aumento, diminuzione p.*; *esame p.*

ponderàre [vc. dotta, lat. *ponderāre*, da *pŏndus*, genit. *pŏnderis* 'peso'. V. *pondo*] v. tr. e intr. (*io pòndero*; aus. *avere*) *1* (*raro*) Pesare. *2* (*fig.*) Considerare q.c. con attenzione e cura, valutandone vantaggi, svantaggi e conseguenze, prima di giudicare, agire, decidere o parlare: *è abituato a p. ogni sua iniziativa*; *segga / altri a consiglio, e ponderi, e discuta, / e ondeggi, e indugi, infin che manchi il tempo* (ALFIERI). SIN. Soppesare, valutare. *3* (*stat.*) Nel calcolo dei valori medi, attribuire a ciascun termine un peso, cioè un proprio coefficiente d'importanza proporzionale alla frequenza del termine stesso.

ponderatézza s. f. ● Qualità o caratteristica di chi è solito riflettere seriamente, prima di giudicare, decidere, agire o parlare: *la sua p. è davvero encomiabile*; *manca di p., è impulsivo e avventato.* SIN. Riflessione. CONTR. Impulsività.

ponderàto part. pass. di *ponderare*; anche agg. *1* Nei sign. del v. *2* Ben vagliato e giudicato: *decisione ponderata* | *Tutto p.*, dopo aver ben valutato ogni elemento. || **ponderataménte**, avv. Con ponderatezza, dopo matura riflessione: *parlare, agire, giudicare ponderatamente.*

ponderatóre [vc. dotta, lat. tardo *ponderatō re(m)*, da *ponderātus* 'ponderato'] agg.; anche s. m. (f. *-trice*) ● (*raro*, *lett.*) Che, chi pondera.

ponderazióne [vc. dotta, lat. tardo *ponderatiō ne(m)*, da *ponderātus* 'ponderato'] s. f. ● Matura riflessione, attenta considerazione: *un problema da trattare con p. e tatto.*

ponderosità s. f. ● (*raro*) Qualità di ciò che è ponderoso.

ponderóso [vc. dotta, lat. *ponderōsu(m)*, da *pŏndus*, genit. *pŏnderis* 'peso'. V. *pondo*] agg. *1* Di grave peso, pesante: *carico p.*; *portava un baston duro e p.* (PULCI) | (*est.*) Che richiede sforzo e fatica fisica. *2* (*fig.*) Di grande mole o importanza: *volume, trattato p.* | (*lett.*, *est.*) Arduo da trattare, da comprendere e sim. || **ponderosaménte**, avv.

pòndo [vc. dotta, lat. *pŏndus*, da *pĕndere* 'pesare'. V. *pendere*] s. m. *1* (*lett.*) Peso, gravezza (*anche fig.*): *di libertà portando il p.* (CAMPANELLA) | (*fig.*) Importanza, gravità. *2* (*lett.*) Ciò che pesa | (*fig.*) Ciò che richiede impegno e fatica, che comporta responsabilità e sim. *3* †Libbra.

ponènte [nel sign. B, da (*sole*) *ponente* 'sole che tramonta'] **A** part. pres. di *porre*; anche agg. ● (*raro*) Nei sign. del v. **B** s. m. *1* Parte dell'orizzonte ove si vede tramontare il Sole. SIN. Occidente, ovest. *2* Vento fresco che spira da ovest. *3* (*raro*) I paesi occidentali: *il p. partecipò alle crociate.*

ponentìno **A** agg. ● (*raro*) Che proviene da ponente. **B** s. m. ● Fresca brezza di mare, che spira nei pomeriggi e nelle sere estive, a Roma.

ponèra [gr. *ponērós* 'misero, faticoso', da *pónos* 'fatica', da *pénesthai* 'affaticarsi', di etim. incerta] s. f. ● Gigantesca formica delle foreste brasiliane con aculeo velenoso che provoca punture molto dolorose (*Dinoponera gigantea*).

†**pónere** ● V. *porre.*

pònfo e *deriv.* ● V. *pomfo* e *deriv.*

ponghìsta ● V. *pongista.*

Pòngidi [comp. di *pong(o)* e *-idi*] s. m. pl. ● Nella tassonomia animale, famiglia di scimmie antropomorfe generalmente di grandi dimensioni, senza coda e con arti anteriori lunghi (*Pongidae*) | (al sing. *-e*) Ogni individuo di tale famiglia.

pongìsta o **ponghìsta** [da (*ping*)*-pong*] s. m. e f. (pl. m. *-i*) ● (*raro*) Giocatore di ping-pong.

pòngo (1) [dal congolese *mpungu* 'scimmia'] s. m. ● Genere di scimmie antropomorfe dei Pongidi, di grandi dimensioni, cui appartiene l'orango (*Pongo*).

póngo® (2) o **pòngo** s. m. inv. ● Materiale plastico usato in attività ricreative da bambini e ragazzi per comporre e modellare figure.

poniménto [dal lat. *pōnere* 'porre'] s. m. ● (*raro*) Modo e atto del porre | †*P. del sole*, tramonto.

†**ponitóre** [dal lat. *pōnere* 'porre'] s. m. ● Chi pone | *P. di ragione*, giudice | *P. di leggi*, legislatore.

†**ponitùra** [dal lat. *pōnere* 'porre'] s. f. ● Atto, effetto del porre.

ponsò [fr. *ponceau*, da *paon* 'pavone' (cfr. *paonazzo*), secondo la prn. fr.] s. m. ● (*raro*) Colore rosso vivissimo.

pontàggio [ant. fr. *pontage*, da *pont* 'ponte'] s. m. ● (*dir.*) Pontatico.

pontàio **A** s. m. ● (*tosc.*) Operaio che fa i ponti per le costruzioni. **B** agg. ● Nelle antiche costruzioni, detto di ciò che era predisposto per sostenere ponteggi: *buche pontaie.*

pontaiòlo s. m. ● Ponteggiatore.

†**pontàre** ● V. *puntare* (1).

pontàtico [da *ponte*] s. m. (pl. *-ci*) ● Pedaggio pagato, spec. in età medievale, per passare su alcuni ponti.

pontàto agg. ● Detto di imbarcazione munita del ponte di coperta: *chiatta pontata.*

pontatóre s. m. ● Ponteggiatore.

pónte [lat. *pŏnte(m)*, di origine indeur.] **A** s. m. *1* Manufatto tramite il quale una via di comunicazione può superare un corso d'acqua, una vallata, una via preesistente: *p. ad arco*; *p. di legno, pietra, calcestruzzo, acciaio*; *p. mobile, girevole* | *P. d'equipaggio*, militare, per il superamento di corsi d'acqua, scomponibile in elementi autotrasportabili | *Gettare un p.*, costruirlo e (*fig.*) istituire un collegamento, realizzare un contatto, una relazione e sim. | *Tagliare un p.*, interromperne il transito, renderlo inutilizzabile | (*fig.*) *Tagliare, rompere i ponti con qc.*, troncare ogni rapporto | *Fare p.*, *fare da p.*, (*fig.*) fungere da sostegno | *Tenere in p.*, in sospeso: *ha tenuta la cosa in p. più settimane* (MACHIAVELLI) | *Fare a qc. i ponti d'oro*, promettergli o procurargli grandi vantaggi. ➡ ILL. **ponte**. *2* Qualunque struttura di collegamento | *P. radio*, collegamento radio fra due stazioni a portata ottica per la trasmissione di comunicazioni telefoniche, programmi televisivi e sim. | *P. aereo*, rapida successione di aerei che trasportano uomini o cose fra punti altrimenti irraggiungibili, per condizioni di emergenza | *Testa di p.*, insieme delle forze e degli apprestamenti schierati e organizzati oltre la sponda nemica di un corso d'acqua o al di là di una fascia di ostacolo. *3* (*mar.*) Ciascuno dei pavimenti di legno o di lamiera di ferro che dividono l'interno dello scafo di una nave nel senso dell'altezza | *P. di manovra*, coperta | *P. di corridoio, di batteria*, ogni ponte successivo al principale | *P. di passeggio*, con balaustra, nei piroscafi per passeggeri | *P. di protezione*, corazzato, nelle navi da guerra | *P. di volo, di lancio, di appontaggio*, pista di portaerei | *P. di rimessa*, sotto il ponte di volo di una portaerei per il ricovero degli aerei imbarcati. *4* Impalcatura provvisoria sulla quale salgono i muratori per continuare l'innalzamento della fabbrica o per farvi restauri, o altri operai per lavori decorativi, pulizia, e sim. | *P. di cavalletti*, con trespoli e tavoloni sovrapposti | *P. di corda*, con canapi pendenti dall'alto e sostenenti una tavola | *P. di ferro*, tavolato sostenuto da elementi tubolari metallici. *5* (*mecc.*) Parte posteriore e talvolta anteriore di un autoveicolo che trasmette il moto delle ruote tramite il differenziale. *6* *P. a bilico*, stadera a ponte. *7* (*med.*) Apparecchio di protesi dentaria sorretto da denti naturali. *8* Posizione arcuata che assume a terra un atleta, spec. il lottatore in difficoltà, per evitare di essere messo con le spalle al tappeto: *essere in p.*; *schiacciare il p.* *9* Nell'orologio, sostegno degli alberi delle ruote. *10* (*anat.*) *P. di Varolio*, parte dell'encefalo situata al di sopra del bulbo e ventralmente al cervelletto. ➡ ILL. p. 364 ANATOMIA UMANA. *11* (*raro*) Bridge: *gioco del p.*; *giocare a p.* *12* Vacanza di tre o più giorni consecutivi che si ha quando un giorno lavorativo viene a trovarsi fra due giorni festivi, ed è considerato festivo anch'esso: *fare il p.*; *per il p. di Capodanno andremo in montagna*; *per i Santi c'è un lungo p.* *13* (*chim.*) Atomo, o raggruppamento atomico, che ha funzione di collegamento fra due molecole o due parti di molecole. **B** in funzione di agg. inv. ● (posposto a un s.) Detto di ciò che, spec. nel campo politico o legislativo, ha funzione di collegamento provvisorio, di soluzione transitoria: *governo p.*; *soluzione p.*; *legge p.*; *finanziamento p.* || **ponticèllo**, dim. (V.) | **ponticìno**, dim.

†**pontefìcale** ● V. *pontificale.*

†**pontefìcato** ● V. *pontificato.*

pontéfice [vc. dotta, lat. *pontĭfice(m)*, propriamente 'colui che faceva costruire il ponte sul fiume', comp. di *pōns*, genit. *pŏntis*, 'ponte' e *-fex*, da *făcere* 'fare'] s. m. *1* Nell'ordinamento religioso degli antichi Romani, sacerdote di uno dei collegi che presiedevano al culto | *P. massimo*, capo del collegio dei pontefici, titolo, poi, assunto dall'imperatore. *2* Nel cattolicesimo, il Papa: *Sommo p.*

ponteggiatóre s. m. ● Operaio edile che mette in opera i ponti o ponteggi.

pontéggio [da *ponte*] s. m. ● Complesso delle opere provvisorie di legno o di acciaio, per sostenere operai e materiali durante la costruzione di un'opera.

ponticèllo [lat. parl. *ponticĕllu(m), dim. di *ponticulus*, dim. di *pōns*, genit. *pŏntis* 'ponte'] s. m. *1* Piccolo ponte. *2* (*mus.*) Negli strumenti ad arco, tavoletta di legno collocata sulla tavola armonica che, mediante le tacche, regge le corde delimitandone la sezione vibrante e trasmettendone le vibrazioni alla cassa armonica. *3* Parte di una montatura da occhiali che unisce tra loro i due cerchi portalenti. *4* Lastrina metallica curva, a protezione del grilletto delle armi da fuoco portatili. *5* Parte dell'impugnatura della spada tra coccia e pomo. *6* Elemento di collegamento, fisso o mobile, fra due punti di un circuito elettrico.

†**ponticità** [da †*pontico* (*2*)] s. f. ● Asprezza.

pòntico (**1**) [vc. dotta, lat. *Pŏnticu(m)*, nom. *Pŏnticus*, dal gr. *Pontikós*, da *Póntos* 'mare, il Ponto', di origine indeur.] agg. (pl. m. *-ci*) ● Del Ponto, del Mar Nero.

†**pòntico** (**2**) [dal precedente, con evoluzione semantica non chiara] agg. ● Aspro, brusco, acido (*anche fig.*): *son li suoi frutti amari e pontici* (SANNAZARO).

pontière [da *ponte*] s. m. *1* Soldato del genio appartenente alla specialità che provvede alla costruzione e al riattamento di ponti. *2* Tecnico addetto al ponte radio. *3* †Pontonaio.

pontificàle o †**ponteficale** [vc. dotta, lat. *pontificāle(m)*, da *pŏntifex*, genit. *pontĭficis* 'pontefice'] **A** agg. *1* Nell'antica Roma, di pontefice, attinente al pontefice | *Pomerio p.*, parte del pomerio dove i pontefici traevano gli auspici | *Giochi pontificali*, concessi dal pontefice al popolo. *2* Nel mondo cattolico, del Papa o del vescovo: *paramenti pontificali*. *3* (*scherz.*) Volutamente maestoso e solenne, pieno di sussiego: *assumere un'aria p.*; *si rivolse a noi con fare p.* ‖ **pontificalménte**, avv. (*scherz.*) In modo sussiegoso. **B** s. m. *1* Cerimonia liturgica celebrata da un vescovo o da un prelato con abiti pontificali. *2* Libro del rituale proprio del vescovo.

pontificànte part. pres. di *pontificare*; anche agg. ● Nei sign. del v.

pontificàre [dal lat. *pŏntifex*, genit. *pontĭficis* 'pontefice'] v. intr. (*io pontìfico, tu pontìfichi*; aus. *avere*) *1* Celebrare il pontificale. *2* (*fig.*, *iron.* o *scherz.*) Assumere, spec. parlando, modi e toni solenni e autoritari: *quando comincia a p., non lo sopporto più*.

pontificàto o †**ponteficàto** [vc. dotta, lat. *pontificātu(m)*, da *pŏntifex*, genit. *pontĭficis* 'pontefice'] s. m. *1* Nell'antica Roma, dignità e carica di pontefice. *2* Nel mondo cattolico, papato: *il p. di Giovanni XXIII*.

pontifìcio [vc. dotta, lat. *pontifĭciu(m)*, da *pŏntifex*, genit. *pontĭficis* 'pontefice'] agg. (pl. f. *-cie*) *1* Nell'antica Roma, del collegio dei pontefici | *Libri pontifici*, nei quali era esposto lo *ius sacrum*, concernente la religione, l'elenco delle divinità, i riti, le cerimonie | *Commentari pontifici*, contenenti la giurisprudenza dei pontefici. *2* Nel mondo cattolico, del Papa: *stato, governo p.*; *stemmi pontifici*; *Università pontificia*.

pontìle [lat. tardo *pontīle(m)*, agg. di *pōns*, genit. *pŏntis* 'ponte'] s. m. ● Struttura portuale radicata alla riva per consentire l'ormeggio di natanti, costituita da un impalcato sorretto da pali.

pontìno [vc. dotta, lat. *Pomptīnu(m)*, n. di una regione del Lazio] agg. ● Che appartiene alla regione Pontina, nel Lazio: *paludi pontine*.

pontìsta [da *ponte*] s. m. (pl. *-i*) ● Ponteggiatore.

pònto [V. *pontico* (*1*)] s. m. ● (*lett.*) Mare.

pontoàle [detto così perché serve a sostenere i tavolati dei *ponti* (?)] s. m. ● (*mar.*) Pezzo di costruzione delle navi in legno, sul quale poggia il baglio all'altezza del ponte.

pontonàio s. m. *1* Traghettatore con pontone. *2* †Chi era addetto alla custodia di un ponte.

pontóne [vc. dotta, lat. *pontōne(m)*, da *pōns*, genit. *pŏntis* 'ponte'] s. m. *1* Barcone con solida coperta o con una sola parte di essa, prora e poppa quasi quadra, per trasportare gravi pesi e, spec. un tempo, per traghetto | *P. da alberare*, atto a trasportare la macchina o gru per alberare | *P. armato*, portante cannoni. *2* Barca di fondo piatto con la quale si gettano i ponti.

pontonière [fr. *pontonnier*, da *ponton* 'pontone'] s. m. *1* Marinaio di pontoni. *2* Pontiere.

pontuale [da *ponte*] agg. ● (*raro*) Di ponte.

pony /'pɔni, *ingl.* 'pouni/ [vc. ingl., dallo scozzese *powney*, dal fr. *poulenet*, dim. di *poulain* 'puledro', dal lat. parl. *pullānu(m), da *pŭllus* 'piccolo di ogni animale' (V. *pollo*)] s. m. inv. (pl. ingl. *ponies*) *1* Cavallo originario della Scozia e dell'Irlanda, piccolo e con lungo pelo. *2* Acrt. di *pony express*.

pony express /'pɔni 'ɛkspres, 'pɔni eks'pres, *ingl.* 'pouni iks'pres/ [loc. ingl., orig. 'cavallino (*pony*) che fa da corriere (*express*)'] **A** loc. sost. m. inv. ● Servizio privato di recapito rapido della corrispondenza, attivo spec. nelle grandi aree urbane | Agenzia che fornisce tale servizio. **B** loc. sost. m. e f. inv. ● Fattorino, gener. munito di un mezzo a due ruote, che lavora per un'agenzia di pony express.

ponzaménto s. m. ● (*raro*) Modo e atto del ponzare.

ponzàre [lat. parl. *punctiāre, ints. di *pŭngere*] **A** v. intr. (*io pónzo*; aus. *avere*) *1* †Spingere con sforzo | (*tosc.*) Sostenere uno sforzo prolungato e intenso, spec. nel partorire. *2* (*fig.*, *scherz.*) Meditare o pensare intensamente: *da stamattina, sta ponzando*. **B** v. tr. ● (*fig.*, *scherz.*) Elucubrare, macchinare: *cosa stai ponzando?* | (*est.*) Produrre dopo lunga fatica mentale, con risultati deplorevoli.

ponzatóre agg.; anche s. m. (f. *-trice*) ● (*raro*) Che, chi ponza (*spec. fig.*).

ponzatùra s. f. ● (*raro*) Atto, effetto del ponzare.

ponzése [da *Ponza* col suff. proprio degli etnici *-ese*] **A** agg. ● Dell'isola di Ponza. **B** s. m. e f. ● Abitante, nativo di Ponza.

ponziàno [vc. dotta, lat. *Pontiānu(m)* 'ponzese'] agg. ● Appartenente, relativo all'isola di Ponza: *arcipelago p.*

pool /*ingl.* pu:l/ [vc. ingl., dal fr. *poule*, propriamente 'gallina'. V. *puglia*] s. m. inv. *1* Accordo tra imprese operanti nello stesso settore economico, o in settori economici complementari, allo scopo di stabilire i prezzi, la politica e le zone di vendita per monopolizzare il mercato | Consorzio fra le imprese stesse costituito in seguito all'accordo. *2* Organismo internazionale costituito per gestire in comune materie prime essenziali per ridurre i costi e razionalizzare la produzione: *il p. dell'oro*. *3* Gruppo di persone operanti insieme per uno stesso fine o in uno stesso settore: *p. antimafia*; *p. sportivo*. *4* (*biol.*) *P. genetico*, *p. genico*, l'insieme dei geni di una popolazione.

pop /*ingl.* pɔp/ [vc. ingl., acrt. di *popular* 'popolare'] agg. inv. ● Detto di genere artistico che, per i suoi contenuti sociologici, culturali e di costume, trova ampia diffusione spec. tra i giovani: *musica, cantanti pop*; *cultura pop*.

popart /*ingl.* 'pɔp a:t/ [vc. ingl., da *pop(ular) art* 'arte popolare'] s. f. inv. ● Forma artistica, di origine americana, che trae ispirazione dagli aspetti più immediati della civiltà dei consumi, presentandoli nella loro assurda oggettività o combinandoli in messaggi provocatori e surrealistici.

popcorn /*ingl.* 'pɔp kɔ:n/ [vc. anglo-amer., comp. di *pop* 'scoppiato' (di origine espressiva) e *corn* 'granoturco' (vc. germ. di origine indeur.)] s. m. inv. ● Chicchi di granoturco fatti scoppiare su fuoco vivace.

pòpe [russo *pop*, dal gr. *pápas* 'padre', vc. di origine inft.] s. m. (pl. *-i* o *-e*) ● Nella religione greco-ortodossa, prete.

pòpelin s. m. ● Adattamento di *popeline* (V.).

popelina s. f. ● Adattamento di *popeline* (V.).

popeline /*fr.* pɔp(ə)'lin/ [vc. fr., dall'ingl. *poplin*, a sua volta dall'ant. fr. *papeline*, di etim. incerta] s. f. inv. ● Tessuto di qualsiasi fibra caratterizzato dall'ordito più fine della trama: *p. di cotone*.

pop-jazz /*ingl.* 'pɔp dʒæz/ [vc. ingl., comp. di *pop(ular)* e *jazz* 'jazz popolare'] s. m. inv. ● (*mus.*) Jazz che accoglie elementi della pop-music, diventando più accessibile e popolare.

pòplite [vc. dotta, lat. *pŏplite(m)*, di etim. incerta] s. m. ● (*anat.*) Regione posteriore del ginocchio, a forma di losanga.

poplitèo agg. ● (*anat.*) Del poplite: *arteria, vena poplitea*.

pop-music /'pɔp 'mjuzik, *ingl.* 'pɔp mju:zik/ [vc. ingl., comp. di *pop(ular)* e *music* 'musica popolare'] s. f. inv. ● (*mus.*) Musica commerciale di natura molto varia, affermata spec. nei paesi anglosassoni e diffusa tra i giovani.

popò [vc. inft.] **A** s. f. ● (*inft.*) Escremento, cacca.

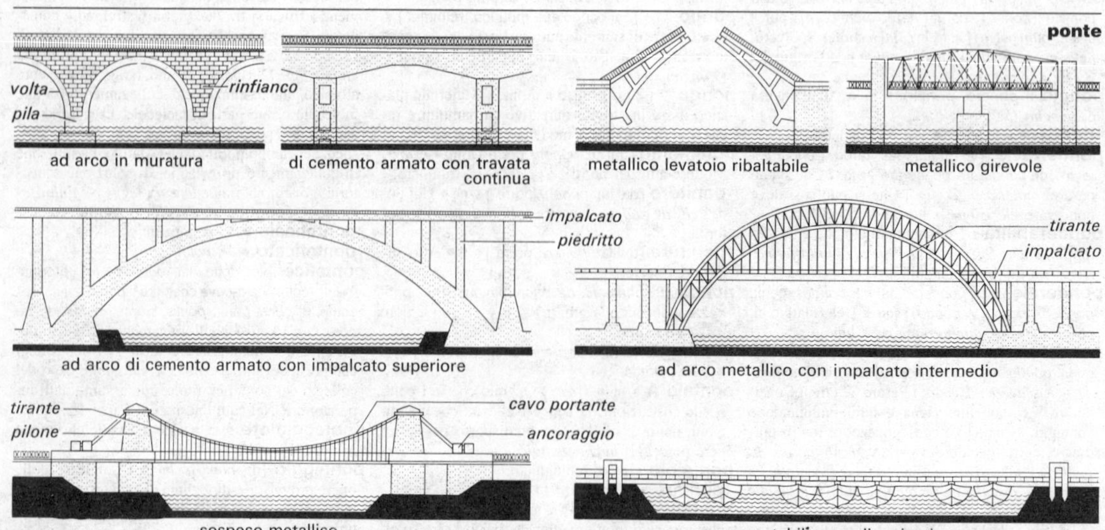

B s. m. ● (*inft.*) Il sedere.

popolàglia [da *popolo (1)*] s. f. ● (*raro, spreg.*) Plebaglia.

popolaménto s. m. ● Atto, effetto del popolare: *il p. delle zone periferiche.*

popolàno A agg. *1* Che fa parte del popolo: *una ragazza popolana.* *2* Tipico del popolo: *la saggezza popolana.* *3* †Che appoggia e sostiene il popolo: *politica popolana.* **B** s. m. (f. *-a*) *1* Chi, per condizione, fa parte delle classi popolari. *2* (*raro*) Chi fa parte del popolo, della cittadinanza: *chiamare a raccolta i popolani.* *3* (*raro*) Fautore politico del popolo, sostenitore delle sue richieste, rivendicazioni e sim.

†**popolànza** s. f. ● Popolo, popolazione.

popolàre (1) [da *popolo (1)*] **A** v. tr. (*io pòpolo*) *1* Rendere abitato, fornire di popolazione: *p. una terra incolta e deserta; un immenso paese da p.* | Abitare: *gli animali che popolano la foresta; le tribù che un tempo popolavano la zona.* *2* Riempire di gente: *p. un teatro, le carceri.* **B** v. intr. pron. *1* Diventare popolato o popoloso: *la regione si sta rapidamente popolando.* *2* Riempirsi o affollarsi di gente: *le spiagge si popolano di turisti.*

popolàre (2) o †**populàre** [vc. dotta, lat. *populāre(m)*, da *pŏpulus* 'popolo (1)'] **A** agg. *1* Del, relativo al popolo, inteso come moltitudine di cittadini: *favore, plauso p.; manifestazione p.; ridea del popular giudicio vano* (ARIOSTO) | *Lingua p.*, comunemente usata | *Voce p.*, notizia o chiacchiera ripetuta da molti, molto conosciuta | (*dir.*) *Giudice p.*, privato cittadino chiamato eccezionalmente a svolgere funzioni giurisdizionali in processi civili o, nella corte d'assise, in processi penali. *2* Del, relativo al popolo, inteso come classe socialmente ed economicamente meno elevata: *interessi popolari; rivendicazioni popolari* | *Partito p. italiano*, partito fondato nel 1919 da L. Sturzo e A. De Gasperi per organizzare una rappresentanza autonoma dei cattolici; fu sciolto dal fascismo nel 1926 e i suoi orientamenti furono ripresi nel secondo dopoguerra dalla Democrazia cristiana. *3* Che proviene dal popolo, che vive ed è diffuso tra il popolo: *canzone, musica p.; antiche leggende popolari.* *4* Fatto o realizzato per il popolo o per i meno abbienti, tenendo conto delle sue necessità, dei suoi gusti e sim.: *case popolari; spettacolo, festa p.; prezzi popolari.* *5* Che gode il favore e le simpatie del popolo, che è largamente conosciuto o diffuso: *ministro, attore, romanzo p.* CONTR. Impopolare. *6* *Democrazia p.*, V. *democrazia.* *7* Democratico: *governo p.* || **popolarménte**, avv. In modo popolare, con popolarità; comunemente. **B** s. m. e f. ● Aderente, sostenitore del Partito popolare italiano.

popolareggiànte [da *popolare (2)*] agg. ● Detto di stile artistico che imita la semplicità delle forme popolari: *musica, poesia p.*

popolarésco [da *popolare (2)*] agg. (pl. m. *-schi*) ● Del popolo, conforme ai suoi gusti e mentalità: *uso p.; la franchezza popolaresca.* || **popolarescaménte**, avv. In modo popolaresco.

popolarità [vc. dotta, lat. *popularitāte(m)*, da *populāris* 'popolare (2)'] s. f. *1* Qualità di chi, di ciò che è popolare: *è evidente la p. del tema.* *2* Favore che qc. o q.c. gode presso il popolo: *essere avido di p.; acquistare p.; attore di grande p.* SIN. Notorietà. *3* (*raro*) Stato e condizione di popolano.

popolarizzàre [fr. *populariser*, dal lat. *populāris* 'popolare (2)'] v. tr. ● (*raro*) Rendere popolare, diffondere tra il popolo: *p. la scienza, l'istruzione.* SIN. Divulgare.

popolàto part. pass. di *popolare (1)*; anche agg. *1* Nei sign. del v. *2* (*lett., fig.*) Pieno, disseminato: *le convalli / popolate di case e d'oliveti* (FOSCOLO).

popolatóre agg.; anche s. m. (f. *-trice*) ● (*raro*) Che, chi popola o ha popolato un luogo: *gli antichi popolatori dell'America.*

popolazióne o †**populazióne** [vc. dotta, lat. tardo *populatiōne(m)*, da *pŏpulus* 'popolo (1)'] s. f. *1* Insieme delle persone che abitano un luogo: *la p. della campagna, della città; p. mite, laboriosa, combattiva; densità della p.* | (*fig.*) Insieme di animali o cose che caratterizzano un luogo: *la p. della giungla; p. marina, degli abissi* | *Popolazioni stellari*, le due grandi famiglie in cui vengono suddivise le stelle in base al tempo di formazione. *2* Complesso di individui aventi caratteristiche comuni: *le antiche popolazioni italiche* | (*est.*) Nazione, popolo: *una p. civile, progredita; queste populazioni furono quelle che distrussero lo imperio romano* (MACHIAVELLI). *3* (*stat.*) Aggregato composto da un numero finito o infinito di unità statistiche ciascuna delle quali è caratterizzata dalla determinazione di una stessa variabile.

popolazionismo ● V. *populazionismo.*

popolazionista ● V. *populazionista.*

†**popolésco** [da *popolo (1)*] agg. (pl. m. *-schi*) ● Popolare. || †**popolescaménte**, avv. In modo popolaresco.

†**popolézza** [da *popolo (1)*] s. f. ● Condizione di chi è popolano.

popolìno s. m. *1* Dim. di *popolo (1)*. *2* (*spreg.*) Infima parte del popolo, costituita da individui sprovvisti di cultura, e quindi creduloni, superstiziosi e sim.: *le chiacchiere del p.*

pòpolo (1) o †**pòpulo (1)** [lat. *pŏpulu(m)*, di origine preindeur.] s. m. *1* Il complesso degli abitanti di uno Stato, di una zona o di una città che costituisce un'unità etnica regolamentata da ordinamenti civili: *il p. italiano, francese; il p. di Firenze; il p. bolognese; parlare solo per il p. più colto, più ricco* | *A voce di p.*, per unanime richiesta dei cittadini | *A furor di p.*, per unanime volontà dei cittadini | *P. sovrano*, arbitro delle sue sorti. *2* L'insieme dei cittadini che costituiscono le classi economicamente e socialmente meno elevate: *appartenere al p.; provenire dal p.; la lingua usata dal p.; gente del p.* | *Figlio del p.*, nato da genitori popolani | *Donna del p.*, popolana | (*spreg.*) *P. bue*, ottuso, privo di capacità critiche e facilmente influenzabile. *3* Insieme di uomini accomunati da caratteristiche o elementi comuni anche molto generici: *tutti i popoli della terra hanno miti e leggende; un p. barbaro, civile, preistorico; un p. di costruttori, di matematici; il p. dei santi, degli eroi, dei poeti* | *P. di natura*, popolazione primitiva | *P. di Dio*, l'insieme dei cristiani accomunati nella chiesa | (*est.*) Insieme di esseri viventi, di cose: *il p. delle api, delle spighe; Giove creò similmente il p. dei sogni* (LEOPARDI). *4* Moltitudine, folla: *una piazza gremita di p.* || **popolàccio**, pegg. | **popolàzzo**, spreg. | **popolétto**, dim. | **popolìno**, dim. (V.) | **popolùccio**, dim. spreg.

pòpolo (2) o **pòpulo (2)** [vc. dotta, lat. *pōpulu(m)*. V. *pioppo*] s. m. ● (*bot.*) Pioppo.

popolóso [vc. dotta, lat. *populōsu(m)*, da *pŏpulus* 'popolo (1)'] agg. *1* Ricco di popolazione, molto popolato: *città popolosa; quartiere p.* *2* Numeroso: *famiglia popolosa.*

poponàia s. f. ● Campo piantato a poponi.

poponàio s. m. ● Venditore di poponi.

popóne [lat. parl. **pepōne(m)*, per il classico *pĕpone(m)*, nom. *pĕpo*, dal gr. *pépōn*, dapprima 'cotto al sole, maturo', poi 'popone': da una radice indeur. che significa 'cuocere'] s. m. *1* (*bot.*) Melone. *2* (*fig., scherz.*) Gobba. || **poponcìno**, dim.

†**poponéto** s. m. ● Poponaia.

póppa (1) [lat. parl. **pŭppa(m)*, dal classico *pūpa* 'fanciulla'. V. *pupa*] s. f. *1* Mammella | (*fig.*) Latte: *il neonato vuole la p.* | *Togliere, levare la p.*, divezzare un bambino | *Dare la p.*, allattare | *Bimbo da p.*, lattante | *Volere ancora la p.*, (*fig.*) far moine da fanciullo. *2* (*poet.*) Petto. || **poppàccia**, pegg. | **poppellìna**, dim. | **poppétta**, dim. | **poppìna**, dim. | **poppùccia**, dim.

póppa (2) [lat. *pŭppi(m)*, di etim. incerta] s. f. *1* Parte posteriore di una nave o di una imbarcazione | *Avere il vento in p.*, *andare col vento in p.*, (*fig.*) procedere bene in q.c., avere fortuna | *Dare la p.*, (*raro, fig.*) volgere in fuga. CONTR. Prua. ➡ ILL. p. 1291 SPORT; p. 1756 TRASPORTI. *2* (*poet.*) Nave. || **poppàccia**, pegg. | **poppétta**, dim. (V.).

poppaiòla s. f. ● (*raro*) Poppatoio.

poppànte A part. pres. di *poppare*; anche agg. ● Nei sign. del v. **B** s. m. e f. *1* Lattante. *2* (*fig., scherz.*) Giovane inesperto che assume un'aria esperta e vissuta.

poppàre [da *poppa (1)*] v. tr. (*io póppo*) *1* Prendere il latte dalla poppa o dal poppatoio, succhiando (*anche ass.*): *p. con avidità* | (*est.*) Succhiare q.c. come quando si prende il latte: *ha il vizio di popparsi un dito.* *2* (*fig.*) Bere golosamente, assaporando: *p. il vino; s'è poppato un fiasco, quel beone.* *3* (*raro, fig.*) Assorbire: *p. l'acqua, l'olio.*

poppàta s. f. *1* Atto del poppare: *dà una p. e poi s'addormenta.* *2* Pasto a base di latte assunto dal neonato: *una p. ogni 3 o 4 ore.* || **poppatìna**, dim.

poppatóio [da *poppare*] s. m. ● Recipiente in vetro o materiale plastico, usato per l'allattamento artificiale.

poppatóre agg.; anche s. m. (f. *-trice*) ● (*raro*) Che, chi poppa.

poppavìa [comp. di *poppa (2)* e *via*] s. f. ● (*mar.*) Direzione relativa verso la parte di poppa: *a p.* CONTR. Proravia.

poppétta s. f. *1* Dim. di *poppa (2)*. *2* Su una barca, parte esterna a poppa dove sta il timoniere.

poppière s. m. ● Rematore di poppa | Marinaio addetto a operare nella poppa o a poppavia.

poppièro agg. ● Attinente al lato o alla parte di poppa | *Nave poppiera*, in una fila di bastimenti, quella che segue immediatamente ciascuna nave.

poppóne [da *poppare*] agg.; anche s. m. (f. *-a*) ● (*raro*) Che, chi poppa volentieri.

poppùto [da *poppa (1)*] agg. ● (*lett., scherz.*) Che ha grosse poppe.

pop star /ˈpɔp ˈstar, *ingl.* ˈpɔpsta:*/ [vc. ingl., comp. di *pop* e *star*] loc. sost. f. inv. (pl. ingl. *pop stars*) ● Cantante di successo di musica pop.

†**populàre** ● V. *popolare (2)*.

†**populazióne** ● V. *popolazione.*

populazionismo o **popolazionismo** [dal lat. tardo *populātio*, genit. *populatiōnis* 'popolazione', e *-ismo*] s. m. ● Dottrina politica e sociale favorevole a incrementi demografici.

populazionista o **popolazionista** [da *populazionismo*, sul modello dell'ingl. *populationist*] **A** s. m. e f. (pl. m. *-i*) *1* Studioso del populazionismo. *2* Fautore del populazionismo. **B** agg. ● Relativo al populazionismo: *teoria p.*

popùleo [vc. dotta, lat. *popŭleu(m)*, agg. di *pōpulus* 'pioppo'] agg. *1* (*lett.*) Di pioppo. *2* (*lett.*) Ornato di pioppi, coltivato o piantato a pioppi.

populismo [ingl. *populism*, dal lat. *pŏpulus* 'popolo (1)' col suff. *-ism* '-ismo'] s. m. *1* Movimento politico russo della fine del XIX sec., che aspirava alla formazione di una società socialista di tipo contadino, contraria all'industrialismo occidentale. *2* (*est.*) Ideologia caratteristica di movimento politico o artistico che vede nel popolo un modello etico e sociale.

populìsta [ingl. *populist*, dal lat. *pŏpulus* 'popolo (1)', col suff. *-ist* '-ista'] s. m. e f.; anche agg. (pl. m. *-i*) ● Seguace, fautore del populismo.

populìstico agg. (pl. m. *-ci*) ● Concernente il populismo.

populit® o **pòpulit** [nome commerciale] s. m. inv. ● Isolante termico e acustico, a base di fibre di legno e di materiale agglomerante cementizio, usato per soffitti, rivestimenti di pareti e sim.

†**pòpulo (1)** ● V. *popolo (1)*.

pòpulo (2) ● V. *popolo (2)*.

pòrca [lat. *pŏrca(m)*, di origine indeur.] s. f. ● (*agr.*) Striscia di terreno piuttosto stretta e più o meno rilevata fra due solchi.

porcaccióne [da *porco*] s. m. (f. *-a*) ● Persona sudicia (*spec. fig.*).

porcàggine [da *porco* in senso fig.] s. f. ● Atto o discorso offensivo del pudore | Immoralità.

porcàio (1) o **porcàro** [lat. tardo *porcāriu(m)*, da *pŏrcus* 'porco'] s. m. ● Guardiano di porci. || **porcaiuòlo**, dim.

porcàio (2) [da *porco*] s. m. *1* Luogo sudicio, immondo. *2* (*fig.*) Luogo, ambiente o complesso di circostanze profondamente immorali: *devi tirarti fuori da quel p.*

porcaréccia o **porcheréccia** [lat. parl. **porcarīcia(m)*, da *pŏrcus* 'porco'] s. f. (pl. *-ce*) ● Fattoria o parte di essa dove si allevano i maiali.

porcàro ● V. *porcaio (1)*.

porcàta [da *porco*] s. f. *1* Azione vile e indegna: *fare una p. a qc.* *2* Discorso, parola, atto che offende il pudore altrui: *non fa altro che dire porcate.* SIN. Porcheria. *3* (*fam.*) Ciò che è di bassissimo livello: *quel film è una autentica p.* SIN. Boiata, schifezza.

porcellàna (1) [da *porcella*, perché assomiglia alla vulva di una scrofa; nel sign. 2, per la lucidezza della superficie, simile alle conchiglie] s. f. *1* Piccolo artropode marino di color rosso giallastro con chele setolose (*Porcellana platycheles*). **2** Materiale ceramico, a pasta vetrificata, impermeabile, traslucida, a fine struttura granulosa, usato per lavori artistici, stoviglie, crogiuoli, isolanti elettrici e sim. **3** (*est.*) Oggetto fatto di porcellana: *una p. di Sèvres, di Capodimonte, di Sassonia.* **4** Mantello di cavallo di colore bianco con riflessi azzurrognoli.

porcellàna (2) [lat. parl. *porcillāna(m)*, per il classico *porcillāca(m)*, da avvicinare a *portulāca* 'portulaca'] s. f. • Pianta erbacea delle Portulacacee, con fusto sdraiato, piccoli fiori gialli e foglie carnose (*Portulaca oleracea*) | *P. di mare*, pianta arbustiva delle Chenopodiacee, molto ramosa, con foglie grasse, che vive lungo le spiagge mediterranee (*Atriplex halimus*).

porcellanàre [den. di *porcellana*] v. tr. • Rivestire con una patina smaltata vetrosa simile a porcellana: *p. una pentola, una vasca da bagno.*

porcellanàto part. pass. di *porcellanare*; anche agg. • Nel sign. del v.

porcellino s. m. (f. *-a* nei sign. 1 e 2) **1** Dim. di *porcello* | *Star fermo e cheto come un p. grattato*, (*raro, fig.*) lasciarsi far tutto. **2** (*fig.*) Bambino sporco. **3** (*zool.*) *P. d'India*, cavia | *P. di terra*, (*pop.*) isopode terrestre. **4** Stufa di ferro portatile.

porcèllo [lat. *porcĕllu(m)*, dim. di *pŏrculus*, a sua volta dim. di *pŏrcus* 'porco'] s. m. (f. *-a* nei sign. 1 e 2) **1** Maiale di pochi mesi. **2** (*fig., scherz.*) Persona sudicia o di costumi riprovevoli. **3** (*zool.*) *P. acquatico*, capibara. || **porcellétto**, dim. | **porcellino**, dim. (V.) | **porcellóne**, accr. (V.) | **porcellòtto**, accr.

porcellóne s. m. (f. *-a*) **1** Accr. di *porcello*. **2** (*fig., scherz.*) Persona sudicia, o dal contegno moralmente riprovevole.

†**porcheggiàre** v. intr. • Comportarsi da porco.

porcherèccia • V. *porcareccia*.

†**porcheréccio** agg. • Di porco | *Spiedo p.*, per ferire, a caccia, il cinghiale.

porcherìa [da *porco*] s. f. **1** Sporcizia, sudiciume: *raccogli questa p. da terra.* **2** (*fig.*) Cosa fatta in modo pessimo: *che p. quel film!*; *la traduzione che hai fatto è una vera p.* | (*est.*) Cibo, bevanda e sim. sporchi o preparati male: *il caffè così lungo è una p.* **3** (*fig.*) Azione disonesta e sleale: *fare, combinare una p. a qc.* **4** (*fig.*) Discorso, parola, atto, che offende il pudore altrui: *non fa altro che dire porcherie*; *non fate porcherie davanti ai bambini!* || **porcherìola**, dim.

porchétta s. f. **1** Dim. f. di *porco*. **2** Maialino cotto intero al forno o allo spiedo con ripieno di lardo, erbe aromatiche e droghe.

porchettàio o (*rom.*) **porchettàro**. s. m. • Chi vende porchetta arrostita.

†**porchettàme** s. m. • (*raro*) Quantità di porchette.

porchettàro • V. *porchettaio*.

porciglióne [da *porcello*] s. m. • Uccello dei Ralliformi di taglia modesta, con becco lungo e piumaggio denso (*Rallus aquaticus*).

porcilàia s. f. • Porcile.

porcile [da *porco*, sul modello di *ovile*] **A** s. m. **1** Fabbricato rurale destinato al ricovero dei suini. ➡ ILL. p. 353 AGRICOLTURA. **2** (*fig.*) Luogo estremamente sudicio: *la stanza era un p.* **B** agg. • †Di porco.

†**porcinàglia** [da *porcino*] s. f. **1** Bestiame porcino. **2** Costume, azione da porco.

porcinèllo s. m. **1** Dim. di *porcino*. **2** Fungo delle Boletacee con cappello carnoso grigio bruno, gambo a squamette nerastre, commestibile (*Boletus scaber*).

porcino [lat. *porcīnu(m)*, agg. di *pŏrcus* 'porco'] **A** agg. **1** Di porco: *carne porcina*; *animali porcini* | *Occhio p.*, piccolo e incassato, come gli occhi del porco. SIN. Suino. **2** (*raro, fig.*) Da porco: *lussuria porcina.* **3** (*bot.*) *Pan p.*, ciclamino. **B** s. m. • Fungo commestibile delle Boletacee con micelio in simbiosi con castagno, quercia, pino, cappello bruno o rossiccio (*Boletus edulis*) | *P. lurido, p. livido*, fungo commestibile purché cotto, con cappello di colore variabile dal giallo al marrone, tubuli a pori arancio-rossi, la cui carne diviene azzurra all'aria (*Boletus luridus*). ➡ ILL. fungo. || **porcinèllo**, dim. (V.).

†**porcinóso** [da *porcino*] agg. • Laido, sozzo.

pòrco [lat. *pŏrcu(m)*, di origine indeur.] **A** s. m. (f. *-a*, raro; pl. m. *-ci*) **1** (*pop.*) Maiale | *P. selvatico*, cinghiale | *P. spino*, V. *porcospino* | *Essere grasso come un p.*, di persona grassissima | *Essere sudicio come un p.*, di persona estremamente sporca | *Fare la vita del beato p.*, di persona oziosa, che pensa solo a mangiare | (*fig.*) *Fare l'occhio del p.*, guardare con la coda dell'occhio | *Mangiare come un p.*, di persona avida o golosa, che si rimpinza all'eccesso. **2** Carne di maiale macellato: *p. salato.* **3** (*fig., spreg.*) Persona moralmente sudicia, viziosa e volgare: *fare il p.*; *parlare come un p.* **B** in funzione di agg. (inv. nel sign. 3) **1** (*spreg.*) Indecente, schifoso: *un p. lavoro*; *avere fatto una porca fatica*; *questa porca vita.* **2** (*volg.*) Esprime ira, rabbia, disappunto, impazienza, e sim. nelle loc. inter.: *p. mondo!*; *p. cane!*; *p. Giuda!*; *porca miseria!*; *porca l'oca!* e sim. **3** Nella loc. *pesce p.*, V. *pesce*. || **porcàccio**, pegg. | **porcacciàccio**, pegg. | †**porcacchióne**, **porcaccióne**, accr. | †**porcacchiuòlo**, **porcacciuòlo**, dim. | **porcèllo**, dim. (V.) | **porchétta**, dim. f. (V.) | **porchétto**, dim. | **porchettóne**, accr. | **porchettuòlo**, pegg. | **porconcèllo**, dim. | **porcóne**, accr. || **porcaménte**, avv. Da porco, in modo schifoso.

porcospino o (*raro*) **pòrco spino** [comp. di *porco* e *spino*] s. m. (pl. *porcospìni*, †*pòrci spìni*) **1** (*zool.*) Istrice | (*pop.*) Impropriamente, riccio | *P. americano*, ursone. **2** (*fig.*) Persona burbera e chiusa nei rapporti con gli altri. **3** (*mar., gerg.*) Istrice.

porcùme [comp. di *porco* e *-ume*] s. m. **1** (*raro*) Insieme di cose sudicie, immonde (*anche fig.*): *ripulire q.c. dal p.*; *quell'ambiente è un p.* **2** (*raro*) Porcheria, porcata.

pordenonése **A** agg. • Di Pordenone. **B** s. m. e f. • Abitante, nativo di Pordenone.

pòrfido o †**pòrfiro** [fr. *porfire*, dal gr. *porphýreos* (V. *porfireo*), con la dissimilazione della seconda *r* in *d*, come in *rado* e *armadio*] s. m. • (*miner.*) Roccia eruttiva effusiva composta in prevalenza da quarzo e ortoclasio in una massa microcristallina e usata per monumenti, pavimentazioni e sim. | (*tosc., fig.*) *Leccare il p.*, affaticarsi in imprese impossibili | (*fig., raro*) *Cuore di p.*, di pietra.

porfìna [ricavato da *porfirina*] s. f. • Composto chimico che costituisce il nucleo essenziale delle porfirine, risultante da quattro gruppi pirrolici.

porfìreo [vc. dotta, gr. *porphýreos* 'di porpora'. V. *porfiro*] agg. • (*lett.*) Di porfido.

porfirìa s. f. • Malattia, spec. costituzionale, dovuta a un alterato metabolismo delle porfirine, di cui esistono varie forme: *p. congenita*; *p. epatica*; *p. cronica.*

porfìrico (1) [da †*porfiro*] agg. (pl. m. *-ci*) • (*miner.*) Di roccia caratterizzata da fenocristalli immersi in una massa microcristallina: *struttura porfirica.*

porfìrico (2) [da *porfiria*] agg. (pl. m. *-ci*) • (*med.*) Della, relativo alla, porfiria: *sindrome porfirica.*

porfirìna [dal gr. *porphýra* 'porpora'] s. f. • Composto chimico derivato dalla porfina, diffuso in natura come pigmento essenziale per la vita delle cellule animali e vegetali.

porfirióne [vc. dotta, lat. *porphyriōne(m)*, nom. *porphy̆rio*, dal gr. *porphyríōn*, da *porphýra* 'porpora', per il colore rosso del rostro] s. m. • (*zool.*) Pollo sultano.

porfirìte [vc. dotta, lat. *porphyrīte(m)*, nom. *porphyrītes*, dal gr. *porphyrítēs*, da *porphýra* 'porpora'] s. f. • (*miner.*) Roccia eruttiva effusiva di tinta verdastra o rossastra, composta in prevalenza da grossi cristalli di plagioclasio in una massa di fondo più scura.

porfirizzàre [comp. di †*porfir(o)* e *-izzare*] v. tr. • Ridurre una sostanza solida in polvere impalpabile.

porfirizzazióne [da *porfirizzare*] s. f. • Operazione del porfirizzare.

†**pòrfiro** • V. *porfido*.

porfiròide [vc. dotta, gr. *porphyroeidḗs* 'purpureo', comp. di *porphýra* 'porpora' ed *-eidḗs* '-oide'] **A** agg. • Che ha aspetto di porfido. **B** s. m. • (*miner.*) Roccia metamorfica finemente scistosa, di color grigio verdognolo, derivante da originari graniti e sieniti.

pòrgere [lat. *porrĭgere*, comp. di *pŏr*, var. di *pro-* 'davanti' (V. *pro*) e *rĕgere* 'dirigere' (V. *reggere*)] **A** v. tr. (pres. *io pòrgo, tu pòrgi*; pass. rem. *io pòrsi, tu porgésti*; part. pass. *pòrto*) **1** Tendere q.c. a qc. perché possa afferrarla, impadronirsene, stringerla e sim.: *gli porse il foglio, un bicchiere, alcuni fiori*; *mi porse amichevolmente la mano* | *P. la mano*, (*fig.*) aiutare, soccorrere | *P. orecchio*, ascoltare | *P. ascolto*, prestare attenzione | (*fig., lett.*) *P. gli occhi*, fissare lo sguardo. **2** (*fig.*) Offrire, dare: *p. l'occasione* | *P. il destro*, l'opportunità | *P. fede*, credere | Apportare, recare: *p. diletto, noia, refrigerio* | (*lett.*) *P. il colpo*, colpire | (*lett.*) *P. la morte*, uccidere. **3** (*fig., lett.*) Riferire, dire | Suggerire. **B** v. intr. (aus. *avere*) **1** Declamare, recitare: *sa p. con garbo ed eleganza*; *un modo di p. inconfondibile.* **2** †Sporgere. **C** v. rifl. • (*lett.*) Mostrarsi: *l'ombra d'Anchise si porse* (DANTE *Par.* XV, 25).

porgiménto s. m. • (*raro*) Modo e atto di porgere.

porgitóre s. m. (f. *-trice*) • (*raro*) Chi porge, cioè parla accompagnandosi coi gesti: *è un abile p.*

Porìferi [vc. dotta, comp. di *poro-* e *-fero*] s. m. pl. • Nella tassonomia animale, tipo di Metazoi acquatici con corpo sacciforme sostenuto da un'impalcatura cornea, silicea o calcarea (*Porifera*) | (al sing. *-o*) Ogni individuo di tale tipo. SIN. Spongiari.

pòrno [fr. *porno*, ricavato da *pornographique* 'pornografico'] **A** agg. inv. • Pornografico: *film, stampa, riviste p.* **B** s. m. inv. • Pornografia, intesa spec. come produzione e smercio di materiale pornografico: *la capitale, la centrale del p.*

pòrno- [ricavato da *pornografico*] primo elemento • In parole composte significa 'pornografico', o indica relazione con la pornografia: *pornofilm, pornorivista, pornostar.*

pornoattóre [comp. di *porno-* e *attore*] s. m. (f. *-trice*) • Attore specializzato in film o spettacoli pornografici.

pornocassétta [comp. di *porno-* e *cassetta*] s. f. • Videocassetta in cui sono registrati film o spettacoli pornografici.

pornodivo [comp. di *porno-* e *divo*] s. m. (f. *-a*) • Attore molto famoso di film o spettacoli pornografici.

pornofilm [comp. di *porno-* e *film*] s. m. • Film di contenuto pornografico.

pornofumétto [comp. di *porno-* e *fumetto*] s. m. • Fumetto pornografico.

pornografìa [fr. *pornographie*, da *pornographe* 'pornografo'] s. f. **1** Descrizione e rappresentazione in opere letterarie, artistiche, cinematografiche e sim. di cose oscene. **2** †Scritto intorno alla prostituzione.

pornogràfico [da *pornografia*] agg. (pl. m. *-ci*) • Relativo a pornografia, basato sulla pornografia: *materiale p.*; *libro p.*; *fotografie pornografiche.* || **pornograficaménte**, avv.

pornògrafo [fr. *pornographe*, dal gr. *pornográphos*, propriamente 'che scrive intorno alle meretrici' comp. di *pórnē* 'meretrice', (dal v. difettivo *pérnēmi* 'io vendo', di origine indeur.) e *-gráphos* '-grafo'] s. m. (f. *-a*) • Chi scrive, disegna o rappresenta soggetti pornografici.

pornolocàle [comp. di *porno-* e *locale* (2)] s. m. • Sala pubblica che ospita spettacoli pornografici.

pornorivìsta [comp. di *porno-* e *rivista*] s. f. • Rivista di contenuto pornografico.

pornoshop /porno'ʃɔp, *ingl.* 'pɔ:nəʃɔp/ [comp. di *porno-* e dell'ingl. *shop* 'negozio'] s. m. inv. • Negozio specializzato nella vendita di materiale pornografico.

pornoshow /porno'ʃo, *ingl.* 'pɔ:nəʃou/ [comp. di *porno-* e *show*] s. m. inv. • Spettacolo pornografico.

pornostàmpa [comp. di *porno-* e *stampa*] s. f. • Il complesso delle pubblicazioni aventi carattere pornografico.

pornostar /porno'star, *ingl.* 'pɔ:nəsta:*/ [comp. di *porno-* e *star*] s. f. inv. • Attore o attrice molto famosi di film o spettacoli pornografici.

pornovìdeo [comp. di *porno-* e *video(-clip)*] s. m. inv. • Videoclip che contiene immagini pornografiche | Insieme delle immagini contenute in una pornocassetta.

pòro [vc. dotta, lat. tardo *pŏru(m)*, nom. *pŏrus*, dal gr. *póros* 'passaggio', da *péirein* 'passare', di origine indeur.] **s. m.** *1* (*anat.*) Ognuno degli orifizi del condotto escretore della ghiandola sudoripara sulla cute | (*bot.*) *Pori germinativi*, punti attraverso i quali dai granuli di polline esce il budello pollinico | (*fig.*) *Sprizzare rabbia, veleno, invidia da ogni p., da tutti i pori*, essere incattivito o invidioso | (*fig.*) *Sprizzare salute, felicità da ogni p., da tutti i pori*, essere sanissimo, felicissimo e sim. ➡ **ILL.** p. 366 ANATOMIA UMANA. *2* Ognuno dei piccoli forellini riscontrabili nei corpi solidi: *i pori del legno, della roccia*. *3* (*astron.*) *P. solare*, area scura e quasi puntiforme che appare sulla fotosfera del Sole e che, espandendosi, produce una macchia. || **porétto**, **dim.**

pòro-, -poro [dal gr. *póros* 'passaggio'; V. *poro*] primo o secondo elemento ● In parole composte della terminologia scientifica significa 'passaggio, orifizio': *poriferi, poroforo, blastoporo*.

poroadenite [comp. di *poro-* e *adenite*] **s. f.** ● (*med.*) Adenite.

poròforo [comp. di *poro-* e *-foro*] **agg.** ● Detto di sostanza capace di generare porosità.

porosità **s. f.** *1* Natura o qualità di ciò che è poroso. **CONTR.** Compattezza, densità. *2* (*fis.*) Proprietà generale dei corpi di essere forniti di spazi o distanze fra le molecole che li compongono.

poróso [da *poro*] **agg.** ● Ricco di pori: *pelle porosa; pietra porosa*.

porpezite [da *Porpez*, località del Brasile ove fu trovata] **s. f.** ● Lega naturale di oro e palladio.

pórpora [vc. dotta, lat. *pŭrpura(m)*, nom. *pŭrpura*, dal gr. *porphýra*, di etim. incerta] **s. f.** *1* Sostanza colorante rossa usata dagli antichi, secreta da ghiandole del tegumento di gasteropodi marini del genere *Purpura* e *Murex*. *2* Colore vermiglio: *cielo di p.* | *Essere, diventare, farsi di p.*, (*fig.*) arrossire violentemente. *3* Drappo, tessuto tinto con la porpora | (*est.*) Veste realizzata con tale tessuto: *la p. regia, prelatizia* | (*est.*) La dignità e il titolo di cardinale: *aspirare alla p.*; *essere innalzato alla p.* | *Indossare la p.*, essere eletto cardinale. *4* (*med.*) Macula rosso-violacea della pelle dovuta a una piccola emorragia: *p. emorragica* | *P. retinica*, rodopsina.

†**porporàio** [vc. dotta, lat. *purpurāriu(m)*, agg. di *pŭrpura* 'porpora'] **s. m.** ● Fabbricante, venditore di porpora.

porporàto [vc. dotta, lat. *purpurātu(m)*, da *pŭrpura* 'porpora'] **A agg.** ● Vestito, ornato di porpora: *senatori porporati*. **B s. m.** ● Cardinale | Chi ha diritto alla dignità della porpora.

porporeggiàre o **purpureggiàre** [da *porpora*, sul modello del gr. *porphyrízein*, da *porphýra* 'porpora'] **A v. intr.** (*io porporéggio*; aus. *avere*) ● (*lett.*) Rosseggiare come porpora, tendere al color porpora. **B v. tr.** ● †Tingere nel colore della porpora.

porporina [da *porporino*] **s. f.** *1* Sostanza colorante rossa. *2* Polvere metallica finissima usata per ricoprire oggetti di varia natura e per ottenere effetti particolari.

porporino [da *porpora*] **agg.** ● Purpureo, vermiglio: *guance, labbra porporine*; *un fiore p.*; *il muto cielo / saettato da sprazzi porporini* (D'ANNUNZIO).

†**pórporo** **s. m.** ● Porpora.

†**porràccia** [detta così perché vi si trovano i *porracci*] **s. f.** ● (*tosc.*) Pantano, acquitrino.

porràccio [da *porro*] **s. m.** ● (*bot.*) Asfodelo.

pórre o †**pónere** [lat. *pōnere*, comp. di *po-* (che indica allontanamento) e *sĭnere* 'lasciare' (di etim. incerta)] **A v. tr.** (**pres.** *io póngo, tu póni, egli póne, noi poniàmo*, †*pognàmo*, †*pogniàmo*, *voi ponéte, essi póngono*; **pass. rem.** *io pósi*, †*puòsi*, *tu ponésti, egli póse*, †*puòse*, *noi ponémmo, voi ponéste, essi pósero*, †*puòsero*; **fut.** *io porrò*, †*ponerò*; **congv. pres.** *io pónga*, †*pógna*, *noi poniàmo*, †*pognàmo*, †*pogniàmo*, †*ponghiàmo*, *voi poniàte*, †*pognàte*, †*pogniàte*, †*ponghiàte*, *essi póngano*; **condiz.** *io porrèi*, †*ponerèi*; **ger.** *ponèndo*, †*pognèndo*; **part. pass.** *pósto*, †*pòsito*, †*ponùto*) *1* Mettere: *p. a tavola, in un cassetto, da parte, in disparte, al coperto, al riparo*; *posero a confronto i due imputati, le due tesi*; *p. a frutto, a interesse un capitale, una somma*; *p. il piede in fallo* | *P. agguati, insidie*, disseminarli sul cammino di qc. (*anche fig.*) | *P. in croce*, (*fig.*) tormentare | *Por fine, por termine*, concludere questioni, diatribe, discussioni e sim. | *P. giù*, lasciar cadere, depositare a terra e (*fig.*) abbandonare. *2* Collocare, posare: *gli pose una mano sul capo*; *mi pose un foglio tra le mani*; *p. le basi, le fondamenta di un edificio, di una costruzione* | *P. la prima pietra*, dare inizio a una costruzione edile | Stabilire, piantare (*anche fig.*): *p. il campo, le tende*; *ha posto a vigna tutto il terreno*; *p. le basi di una società migliore, le fondamenta di una nuova cultura* | *P. confini, limiti*, limitare, contenere (*anche fig.*). *3* (*fig.*) †Deporre, smettere | *P. giù*, (*fig., lett.*) mettere da parte: *Pon giù omai, pon giù ogni temenza* (DANTE *Purg.* XXVII, 31). *4* Dedicare, spec. in iscrizioni tombali o commemorative: *gli amici riconoscenti posero*. *5* (*lett.*) Innalzare, erigere: *i templi ... l'arte non pose a questo fine* (PARINI). *6* (*fig.*) Ritenere, sostenere come ipotesi, e sim.: *Democrito, che 'l mondo a caso pone* (DANTE *Inf.* IV, 136). *7* In molti casi il significato del verbo è determinato dal complemento che lo segue | *P. una domanda*, rivolgerla | *P. un quesito*, prospettarlo | *P. una questione, un problema*, impostarli | †*P. l'animo a q.c.*, interessarsene | *P. mente a q.c.*, considerarla con attenzione | *P. la mira*, mirare (*spec. fig.*) | *P. gli occhi, lo sguardo*, fissarli o appuntarli su q.c. o qc. e (*fig.*) guardare con palese interesse o desiderio: *da tempo ha posto gli occhi su quel podere* | (*fig.*) *P. freno*, contenere, limitare, frenare | *P. silenzio*, imporlo ed ottenerlo | *P. il tempo in q.c.*, dedicare a q.c. il proprio tempo | *P. in essere*, realizzare | *P. a consiglio*, sottoporre a un consiglio | *P. in esecuzione*, cominciare a realizzare | *P. a effetto*, mandare a effetto | †*P. a oro*, indorare | *Porsi q.c. in animo, in mente, in cuore*, decidere, stabilire. *8* (*raro*) Attribuire: *p. q.c. a colpa di qc.* *9* (*raro*) Aggiungere | (*raro*) *Né pon né leva*, di cosa che non aggiunge e non toglie nulla a quanto si è già detto, scritto e sim. *10* †Esporre: *p. la propria persona, la vita*. **B v. intr.** *1* †Tramontare, detto del sole. *2* †Scendere a terra, detto degli uccelli. *3* †Approdare. **C v. rifl.** ● Mettersi: *porsi a sedere, in marcia, in cammino*; *i commensali si posero a tavola*; *la fanciulla si pone accanto al fuoco*; *porsi in difesa di qc., di q.c.*; *porsi in posizione eretta, supina*; *poniamoci in orazione*.

porridge /ingl. 'pɔridʒ/ [vc. ingl., dal fr. *potage* 'minestra'] **s. m. inv.** ● Piatto a base di farina d'avena non abburattata, bollita in acqua o latte zuccherati, tipico della cucina inglese.

porrina [vc. dotta, lat. *porrīna(m)*, che aveva però il sign. di 'aiuola di porri', da *pŏrrum* 'porro'] **s. f.** ● Pianta di castagno allevata per farne pali o legname da opera.

pòrro [lat. *pŏrru(m)*, di origine preindeur.] **s. m.** *1* Pianta erbacea delle Liliacee con bulbo a tuniche biancastre, piccolo e ovoide, usata come ortaggio (*Allium porrum*) | (*raro, fig.*) *Non valere una buccia di p.*, nulla | (*fig.*) †*Piantare un p. a uno*, ingannarlo | (*fig.*) †*Predicare ai porri*, a chi non intende | †*Dire a uno il padre del p.*, rimproverarlo. *2* (*med.*) Piccola escrescenza cutanea, dura, tondeggiante, indolore. **SIN.** Verruca. *3* (*veter.*) Cancro del fettone. || †**porrétta**, **dim. f.** | **porrétto**, **dim.** | **porrino**, **dim.** | **porróne**, **accr.**

porróso **agg.** ● Pieno di porri, di bitorzoli: *mani porrose*.

pòrta (1) [lat. *pŏrta(m)*, propriamente 'passaggio', di origine indeur.] **A s. f.** *1* Apertura praticata in una parete o in una recinzione per crearvi un passaggio | Serramento che si applica all'apertura per aprirla o chiuderla a piacere: *p. interna, esterna, di sicurezza, a uno o due battenti* | *P. maestra*, di città, castello, fortezza | *P. pretoria*, porta principale dell'accampamento romano, volta verso il nemico | *P. decumana*, opposta alla pretoria | *P. di servizio*, in alberghi e palazzi, quella riservata ai fornitori e ai domestici | *P. di sicurezza*, in pubblici locali, vano che in caso d'incendio permette un rapido sfollamento | *P. a comando pneumatico, a pannelli ripiegabili, a fisarmonica*, nei tram, autobus, automotrici, e sim. | *P. stagna*, nelle paratie stagne navali, chiusura pronta ed ermetica aperta nel passaggio da un locale a un altro | *P. finestra*, V. anche *portafinestra* | *Fuori di p., fuori p.*, alla periferia di una città | *Essere alle porte*, (*fig.*) molto vicino, nel tempo e nello spazio | *Mettere qc. alla p.*, scacciarlo | *Prendere la p.*, andarsene | *Chiudere la p.*, (*fig.*) mettere fine a q.c. | *Andare di p. in p.*, mendicare | *Vendita p. a p.*, tipo di vendita al dettaglio in cui il prodotto, con metodica azione distributiva, viene offerto direttamente al domicilio di ogni eventuale acquirente | *Chiudere la p. in faccia a qc.*, (*fig.*) rifiutargli ogni aiuto | *Battere a tutte le porte*, (*fig.*) domandare a tutti spec. aiuto materiale | *Trovare la p. chiusa, tutte le porte chiuse*, (*fig.*) ottenere solo rifiuti | *Indicare la p. a qc.*, (*fig.*) invitarlo ad andarsene | *Dare la p.*, permettere l'entrata | *Aprire le porte*, concedere a qc. di entrare in particolari ambienti, gruppi e sim.: *quella conoscenza gli aprirà tutte le porte* | (*fig.*) *Sfondare una p. aperta*, tentare cose già fatte da altri o sostenere tesi e opinioni che nessuno contesta o discute | *P. aperta a chi porta, e chi non porta, parta*, libero accesso a chi reca doni, e chi viene a mani vuote, se ne vada (scioglilingua) | (*dir.*) *A porte chiuse*, a cui il pubblico non può assistere: *udienza, dibattimento a porte chiuse*. *2* (*al pl.*) Imposte, battenti: *le porte bronzee del Battistero*. *3* Sportello: *la p. dell'armadio, del forno, della caldaia*. *4* In vari giochi della palla, struttura di grandezza varia posta alle due estremità del campo, entro la quale i giocatori delle due squadre contrapposte cercano vicendevolmente di mandare la palla o il disco per ottenere un punto a proprio vantaggio: *tirare in p.* | Nello sci, passaggio obbligato per i concorrenti delle gare di slalom gigante, costituito da due paletti di uguale colore muniti di bandierine e di un telo teso fra essi. ➡ **ILL.** p. 1294 SPORT. *5* (*geogr.*) Valico di montagna, passo | *P. del ghiacciaio, p. glaciale*, bocca del ghiacciaio. *6* (*st.*) *Sublime P.*, il governo e la corte dell'impero ottomano; (*est.*) l'impero stesso. *7* (*anat.*) *P. erniaria*, apertura della parete addominale attraverso cui esce l'ernia. *8* (*est.*) †Apertura, voragine: *la p. / del bassissimo pozzo* (DANTE *Inf.* XXIV, 37-38). || **portàccia**, **pegg.** | **portèlla**, **dim.** | **portellino**, **dim. m.** | **portèllo**, **dim. m.** (V.) | **porticciuòla**, **dim.** | **porticèlla**, **dim.** | **porticina**, **dim.** | **portóne**, **accr.** (V.). **B** in funzione di **agg. inv.** (posposto a un **s.**) ● (*anat.*) Solo nella loc. *vena p.*, vena che raccoglie il sangue dallo stomaco, dall'intestino e dalla milza convogliandolo al fegato.

†**pòrta (2)** [da *portare*] **s. m. inv.** ● Facchino, portatore.

pòrta- [dall'imperat. del v. *portare*] primo elemento ● In parole composte, indica trasporto (*portacontainers*), contenimento (*portacenere*), custodia (*portagioie*), sostegno (*portasciugamano*) o anche propiziazione (*portafortuna*) di ciò che è indicato dalla seconda parte del termine.

portaàcqua o **portàcqua** [comp. di *porta-* e *acqua*] **s. m. e f. inv.** *1* Acquaiolo. *2* Portaborracce.

portaàghi [comp. di *porta-* e il pl. di *ago*] **s. m.** ● Strumento chirurgico a forma di pinza per manovrare gli aghi da sutura.

portaamàlgama ● V. *portamalgama*.

portaattrézzi ● V. *portattrezzi*.

portabagàgli o **portabagàglio** nel sign. A2 [comp. di *porta-* e il pl. di *bagaglio*; calco sul fr. *porte-bagages*] **A s. m.** *1* Facchino. *2* Struttura metallica che si applica al tettuccio degli autoveicoli per il trasporto di valigie, pacchi e sim. | Nelle vetture ferroviarie, nelle autocorriere e sim., ripiano su cui si appoggiano bagagli e soprabiti | (*fam.*) Bagagliaio di un'auto. **B** anche **agg.**: *carrello p.* | *Vano p.*, bagaglieria.

portabandièra [comp. di *porta-* e *bandiera*; calco sul fr. *porte-bannière*] **A s. m. e f. inv.** *1* Chi ha il compito di portare la bandiera. **SIN.** Alfiere. *2* (*fig.*) Chi è alla testa dei difensori di una dottrina, il primo e migliore sostenitore di una teoria e sim.: *fu per lunghi anni il p. del surrealismo*. **B** anche **agg. inv.**: *sottotenente p.*

portabastóni [comp. di *porta-* e il pl. di *bastone*] **A s. m.** *1* Arnese di legno composto da sostegni laterali e da assicelle che presentano una serie di buchi nei quali erano infilati i bastoni da passeggio. *2* Nel golf, il ragazzo che porta la sacca con i bastoni e le mazze, segnala la posizione raggiunta dalla palla e svolge altri servizi. **B** anche **agg.**: *mobiletto p.*

portabianchería [comp. di *porta-* e *biancheria*] **A** s. m. inv. ● Mobiletto o custodia di varia forma e materia, usato per contenere la biancheria da lavare. **B** anche agg. inv.: *mobile p.*

portabigliétti [comp. di *porta-* e il pl. di *biglietto*; calco sul fr. *porte-billets*] **A** s. m. ● Custodia di pelle o altro, simile a un portafogli, per tenervi biglietti da visita. **B** anche agg.: *custodia p.*

portàbile [vc. dotta, lat. tardo *portābile(m)*, da *portāre* 'portare'] agg. *1* Che si può portare: *carico p.* *2* Che si può indossare: *abito difficilmente p.* CONTR. Importabile.

portabilità s. f. *1* Qualità di ciò che è portabile, detto spec. di capi di abbigliamento. *2* (*tecnol.*) Caratteristica di determinati prodotti di adattarsi facilmente e senza alcuna modifica a condizioni di impiego diverse da quelle previste in sede progettuale: *p. di un sistema operativo.* *3* (*est.*) Versatilità | Integrabilità.

portàbiti o **portàbito** [comp. di *port(a)-* e il pl. di *abito*] **A** s. m. ● Arnese per appendervi gli abiti ed evitare che si sgualciscano. **B** anche agg.: *gruccia p.*

portabóllo [comp. di *porta-* e *bollo*] **A** s. m. inv. ● Oggetto di diversa forma e materiale, in cui è messo il bollo attestante la licenza di circolazione per motoveicoli e autoveicoli. **B** anche agg. inv.: *bustina p.*

portabómbe [comp. di *porta-* e il pl. di *bomba*] **A** s. m. inv. ● Apparato che in un aeromobile è atto a contenere o a tenere agganciate le bombe predisposte per il lancio o lo sgancio: *p. ventrale.* **B** anche agg. inv.: *vano p.*

portaborràcce [comp. di *porta-* e il pl. di *borraccia*] s. m. inv. ● Nelle gare ciclistiche, gregario addetto al rifornimento di bevanda per il capitano. SIN. Acquaiolo nel sign. 3.

portabórse [comp. di *porta-* e il pl. di *borsa* (*1*)] s. m. inv. ● (*spreg.*) Chi, lavorando spec. come segretario di un personaggio importante o comunque potente, si mostra, nei confronti di questi, disponibile fino al servilismo.

portabottiglie [comp. di *porta-* e il pl. di *bottiglia*: calco sul fr. *porte-bouteilles*] **A** s. m. inv. ● Arnese a scaffali di legno o metallo, atto a riporvi e conservarvi orizzontalmente le bottiglie. SIN. Bottigliere, cantinetta. **B** anche agg. inv.: *scaffale, ripiano, cestello p.*

portabùrro [comp. di *porta-* e *burro*] **A** s. m. inv. ● Burriera. **B** anche agg. inv.: *vassoio p.*

portacappèlli [comp. di *porta-* e il pl. di *cappello*; calco sul fr. *porte-chapeaux*] **A** s. m. ● (*raro*) Cappelliera. **B** anche agg.: *valigetta p.*

portacaràtteri [comp. di *porta-* e il pl. di *carattere*] agg. ● Detto di elemento amovibile, sferoidale o cilindrico, che, nelle macchine da scrivere elettriche a elemento singolo, porta i caratteri.

portacàrta [comp. di *porta-* e *carta*] s. m. inv. *1* Contenitore per carta igienica in rismette. *2* Portarotolo.

portacàrte [comp. di *porta-* e il pl. di *carta*; calco sul fr. *porte-cartes*] **A** s. m. inv. ● Borsa di pelle o altro per mettervi carte, documenti, libri: *un p. in cuoio.* **B** anche agg. inv.: *una cartella p.*

portacassétte [comp. di *porta-* e del pl. di *cassetta*] s. m. inv. ● Contenitore, gener. di plastica rigida, nel quale si possono riporre ordinatamente cassette audio o video.

portacatìno [comp. di *porta-* e *catino*] **A** s. m. inv. ● Supporto di ferro del catino. **B** anche agg. inv.: *supporto p.*

portacénere [comp. di *porta-* e *cenere*] **A** s. m. inv. ● Vasetto o piattino per deporvi la cenere delle sigarette e dei sigari, i mozziconi, i fiammiferi spenti. SIN. Ceneriera, posacenere. **B** anche agg. inv.: *vasetto p.*

portacéste o **portacésta** [comp. di *porta-* e il pl. di *cesta*] s. m. e f. inv. ● Uomo di fatica addetto al trasporto del bagaglio personale degli attori.

portachiàtte [comp. di *porta-* e *chiatte*] s. f. inv. ● Nave adibita al trasporto di altura di chiatte.

portachiàvi [comp. di *porta-* e il pl. di *chiave*; calco sul fr. *porte-clefs*] **A** s. m. ● Piccolo arnese di varia foggia e materiale, per riporre le chiavi e portarle con sé. **B** anche agg.: *anello p.*

portacìcche [comp. di *porta-* e il pl. di *cicca*] s. m. inv. ● (*gerg.*) Giberna.

portacìpria [comp. di *porta-* e *cipria*] s. m. inv. ● Scatoletta con piumino e specchietto, tenuta in borsetta dalle donne.

portacolóri [comp. di *porta-* e il pl. di *colore*] s. m. ● Atleta o fantino che gareggia per i colori di una società, di una casa industriale e sim.

portacontainers /portakon'teiner(s)/ [comp. di *porta-* e il pl. di *container*] **A** agg. ● Detto di mezzo di trasporto, spec. nave, appositamente costruito per portare containers. **B** s. f. ● Nave portacontainers.

portacontenitóri [comp. di *porta-* e il pl. di *contenitore*] agg. ● Portacontainers.

portacovóni [comp. di *porta-* e il pl. di *covone*] s. m. ● Tipo di telaio destinato a ricevere i covoni dalla mietilegatrice, quando non vengono scaricati direttamente a terra.

portàcqua ● V. *portaacqua*.

portacravàtte [comp. di *porta-* e il pl. di *cravatta*] s. m. inv. ● Arnese per tenere appese le cravatte, generalmente collocato all'interno di un armadio.

portadìschi [comp. di *porta-* e il pl. di *disco*] **A** s. m. ● Album o mobiletto per dischi fonografici. **B** anche agg.: *mobile p.* | *Piatto p.*, parte del giradischi su cui viene posto il disco.

portadocuménti [comp. di *porta-* e del pl. di *documento*] **A** s. m. inv. *1* Portacarte. *2* Custodia di piccolo formato e di svariati materiali, destinata a contenere documenti personali e carte di credito. **B** anche agg. inv.: *cartella p.*

portadólci [comp. di *porta-* e il pl. di *dolce*] s. m. ● Arnese da tavola composto da piatti di materiale diverso e disposto concentricamente rispetto a un'asticciola che funge da sostegno, usato per servire dolci: *p. di maiolica, d'argento.*

portaelicòtteri [comp. di *porta-* e il pl. di *elicottero*] **A** s. f. ● Nave attrezzata per consentire l'involo e l'appoggio degli elicotteri usati per operazioni di sbarco o caccia ai sommergibili. **B** anche agg.: *nave, fregata, incrociatore p.*

portaèrei [comp. di *port(a)-* e il pl. di *aereo*] **A** agg. ● Che è atto a portare aerei e a farli partire in volo, detto spec. di grandi veicoli attrezzati allo scopo: *nave p.*; *aereo p.* **B** s. f. ● Grande nave da guerra, con ampio ponte di volo dal quale partono e sul quale atterrano gli aerei imbarcati sulla nave stessa con compiti di scorta, esplorazione, attacco. SIN. Portaeromobili. **C** s. m. ● Aereo portaerei.

portaeromòbili [comp. di *porta-* e il pl. di *aeromobile*] s. f. ● (*mil.*) Portaerei.

†**portafacèlle** [comp. di *porta-* e il pl. di *facella*; calco sul gr. *lampadēphóros*] s. m. inv. ● Portatore di fiaccole, lumi.

†**portafàsci** [adattamento del fr. *portefaix*, in cui però *faix* (dal lat. *făsce(m)* 'fascio') significa 'peso, carico, soma', non 'fascio' (in fr. *faisceau*)] s. m. ● (*raro*) Facchino.

portaferiti [comp. di *porta-* e il pl. di *ferito*] s. m. ● Soldato addetto al trasporto dei feriti dal campo di battaglia al posto di medicazione.

portafiàccole [comp. di *porta-* e il pl. di *fiaccola*] s. m. inv. ● Braccio di bronzo o ferro battuto fissato al muro esterno di un palazzo, per sostenere fiaccole o torce.

portafiammìferi [comp. di *porta-* e il pl. di *fiammifero*; calco sul fr. *porte-allumettes*] **A** s. m. ● Scatoletta o vasetto per tenervi i fiammiferi. **B** anche agg.: *scatoletta p.*

portafiàschi [comp. di *porta-* e il pl. di *fiasco*] **A** s. m. ● Paniere per più fiaschi o bottiglie | Cestino per tenere un fiasco in tavola. **B** anche agg.: *paniere p.*

portafilo o **portafili** [comp. di *porta-* e *filo*] **A** s. m. inv. ● Dispositivo del telaio tessile che mantiene l'ordito nella posizione voluta. **B** anche agg. inv.: *dispositivo p.*

portafinèstra o **pòrta finèstra** [comp. di *porta* (*1*) e *finestra*: calco sul fr. *porte-fenêtre*] s. f. ● Finestra da balcone o terrazzo apribile fino al pavimento.

portafióri [comp. di *porta-* e il pl. di *fiore*] **A** s. m. ● Vaso o sostegno per fiori recisi. **B** anche agg.: *recipiente, cassetta p.*

portafògli s. m. ● Portafoglio, nei sign. 1 e 2.

portafòglio [comp. di *porta-* e *foglio*; calco sul fr. *porte-feuille*] s. m. *1* Busta di pelle per banconote e sim.: *il p. è vuoto* | *Mettere mano al p.*, accingersi a pagare | *Alleggerire qc. del p.*, rubarglielo | *Avere il p. gonfio, ben fornito e sim.*, essere ricco | *Gonna a p.*, aperta e sovrapposta largamente sul davanti o sul dietro. *2* (*est.*) Borsa per documenti e sim., usata da uomini d'affari o politici. *3* (*fig.*) Funzione o carica di ministro: *il p. degli Esteri, degli Interni* | *Senza p.*, detto di membro del governo che abbia dignità o titolo di ministro, senza essere preposto ad alcun dicastero particolare. *4* Complesso delle cambiali esistenti presso una banca in attesa di riscossione, e dei titoli che rappresentano un investimento dell'istituto stesso | *P. estero*, complesso di titoli o divise estere posseduti da una banca o da un'impresa | Complesso delle azioni, dei depositi, dei titoli, dei fondi comuni e di altre obbligazioni possedute da una persona o da un ente in un certo momento | Complesso delle polizze emesse da una compagnia d'assicurazione in una certa data. ‖ **portafoglino**, dim.

portafortùna [comp. di *porta-* e *fortuna*] **A** s. m. inv. ● Amuleto | Persona, animale che si ritiene porti fortuna. **B** anche agg. inv.: *un ciondolo p.*

portafòto [comp. di *porta-* e *foto*] s. m. inv. ● Acrt. di *portafotografie*.

portafotografie [comp. di *porta-* e il pl. di *fotografia*] s. m. inv. ● Accessorio di forma e materiale vari, in cui inserire una o più fotografie.

portafrùtta [comp. di *porta-* e *frutta*] **A** s. m. inv. ● Fruttiera. **B** anche agg. inv.: *recipiente p.*

portafusìbili [comp. di *porta-* e il pl. di (*valvola*) *fusibile*] s. m. ● (*elettr.*) Dispositivo di porcellana, bachelite o altro materiale isolante, che contiene uno o più fusibili.

portaghiàccio [comp. di *porta-* e *ghiaccio*] **A** s. m. inv. ● Contenitore per cubetti di ghiaccio. **B** anche agg. inv.: *secchiello p.*

portagiòie [comp. di *porta-* e il pl. di *gioia*] **A** s. m. inv. ● Cofanetto spesso artisticamente lavorato in cui si pongono e conservano i gioielli. **B** anche agg. inv.: *scrigno p.*

portagioièlli [comp. di *porta-* e il pl. di *gioiello*] **A** s. m. ● Portagioie. **B** anche agg.: *cofanetto p.*

portagomìtoli o **portagomìtolo** [comp. di *porta-* e il pl. di *gomitolo*] **A** s. m. ● Scatoletta cilindrica per chiudervi uno o più gomitoli di lana, spago o altro, il cui capo viene fuori da un buco. **B** anche agg.: *scatola p.*

portaguidóne [comp. di *porta-* e *guidone*] s. m. ● Soldato che, nell'esercito di un tempo, portava il guidone.

portaimmondìzie [comp. di *porta-* e il pl. di *immondizia*] s. m. inv. ● Pattumiera.

portaimprónta [comp. di *porta-* e *impronta*] s. m. inv. ● Strumento del dentista usato per prendere l'impronta necessaria per le protesi.

portaincènso o **portincènso** [comp. di *porta-* e *incenso*] s. m. inv. ● Navicella.

portainnèsto ● V. *portinnesto*.

portainségna o **portinségna** [comp. di *porta-* e *insegna*; calco sul fr. *porte-enseigne*] s. m. e f. (pl. m. *portainségna*; pl. f. *portainségne*) *1* Soldato che portava la bandiera in sostituzione dell'alfiere, al quale si accompagnava. *2* (*fig.*) Alfiere: *un p. del surrealismo.*

portalàmpada o **portalàmpade** [comp. di *porta-* e *lampada*] **A** s. m. inv. ● Dispositivo cilindrico cavo di metallo e porcellana in cui si avvita il peduccio della lampadina elettrica. **B** anche agg. inv.: *dispositivo p.*

portalàndre [comp. di *porta-* e il pl. di *landra*] s. m. inv. ● (*mar.*) Asse di legno che sostiene le landre delle coffe.

portalàpis [comp. di *porta-* e *lapis*; calco sul fr. *porte-crayon*] **A** s. m. inv. *1* Cannello spec. metallico dentro il quale è posto il lapis di cui sporge una parte. SIN. Portamatita. *2* Portamatite. **B** anche agg. inv.: *astuccio p.*

portàle (1) [da (*vena*) *porta*] agg. ● (*anat.*) Della vena porta.

portàle (2) [da *porta* (*1*)] s. m. *1* Grande porta di chiese e palazzi con decorazioni e ornati. ➡ ILL. p. 358 ARCHITETTURA. *2* (*tecnol.*) Struttura sporgente costituita da una traversa rettilinea, orizzontale o arcuata, sorretta da piedritti ad asse verticale o inclinato, rigidamente collegati a essa.

portalèttere o **portalèttere** [comp. di *porta-* e il pl. di *lettera*] s. m. e f. inv. ● Chi ha il compito di recapitare lettere a domicilio.

portaliquóri [comp. di *porta-* e il pl. di *liquore*] s.

m. ● Vassoio su cui si dispongono la bottiglia di liquore e i bicchieri.

portamàlgama o **portaamàlgama** [comp. di *port(a)-* e *amalgama*] s. m. inv. ● Strumento del dentista usato per le otturazioni.

†**portamantèllo** [comp. di *porta-* e *mantello*; calco sul fr. *portemanteau*] **A** s. m. inv. ● Specie di sacca per vestiario che il soldato di cavalleria un tempo portava legata all'arcione posteriore della sella | Sacca analoga, usata dai civili. **B** anche agg. inv.: *sacca p.*

portamatita [comp. di *porta-* e *matita*] s. m. ● Cannello spec. metallico dentro il quale è posta la matita o lapis di cui sporge una parte.

portamatite [comp. di *porta-* e il pl. di *matita*] **A** s. m. inv. ● Astuccio a forma di cilindro aperto per contenere matite. **B** anche agg. inv.: *astuccio p.*

portaménto s. m. **1** †Modo e atto del portare | (*est.*) †Arnese, cosa che si porta. **2** Modo di camminare, di muoversi e di atteggiare la persona: *un p. altero, nobile*; *avere un bel p.* **3** (*fig.*) Modo di procedere, di comportarsi: *un p. buono, lodevole*. SIN. Condotta. **4** (*mus.*) Passaggio della voce o di uno strumento ad arco da una nota a un'altra sfiorando rapidamente tutti i suoni intermedi.

†**portamìccia** [comp. di *porta-* e *miccia*; calco sul fr. *porte-mèche*] s. m. inv. ● Asta intorno alla quale si arrotolava la miccia usata per accendere artiglierie, archibugi e sim.

portamina o **portamine** [comp. di *porta-* e *mina*] s. m. inv. ● Tipo di matita automatica costituita da un cannello nel cui interno è contenuta una mina che si fa uscire premendo un pulsante | Nel compasso, parte in cui si inserisce la mina.

portamissili [comp. di *porta-* e il pl. di *missile*] **A** agg. ● Che è atto a portare missili e a farli partire, detto di veicoli o d'altri mezzi attrezzati allo scopo: *nave p.*; *aereo p.* **B** s. m. ● Aereo portamissili. **C** s. f. ● Nave portamissili.

portamonéte [comp. di *porta-* e il pl. di *moneta*; calco sul fr. *porte-monnaie*] s. m. inv. ● Oggetto in pelle o altro materiale morbido, a forma di taschino o di piccolo sacchetto, spesso con vari scompartimenti e con cerniere, per riporre monete spicciole e sim.: *un p. in velluto, in plastica* | *Vuotare il p.*, spendere tutto il denaro che si ha con sé. SIN. Borsellino.

portamòrso [comp. di *porta-* e *morso*; calco sul fr. *porte-mors*] s. m. inv. ● Ognuna delle cinghiette di cuoio che reggono il morso del cavallo, collegandolo alla testiera.

portampólle [comp. di *port(a)-* e il pl. di *ampolla*] s. m. inv. ● Ampolliera, oliera.

portamunizióni [comp. di *porta-* e il pl. di *munizione*] s. m. ● Soldato che ha il compito di portare le cassette di munizioni al seguito dell'arma di reparto che le usa.

portamùṣica [comp. di *porta-* e *musica*] **A** s. m. inv. ● (*raro*) Mobiletto per fogli e libri di musica. **B** anche agg. inv.: *mobiletto p.*

portànte A part. pres. di *portare*; anche agg. **1** Nei sign. del v. **2** (*edil.*) Detto di struttura avente funzioni di sostegno | *Muro p.*, che regge il peso di una costruzione. **3** (*aer.*) *Piano, superficie p.*, superficie alare di un aereo su cui agisce la portanza. **4** (*fis.*) *Onda p.*, V. *onda*. **B** s. m. **1** Ambio del cavallo | *Andare di p., di buon p.*, (*fig.*) detto di chi cammina a passi piccoli e veloci. **2** †Vettura.

portantìna [da (*sedia*) *portante*] s. f. **1** Sedia da viaggio spesso coperta da un baldacchino, con stanghe laterali per i portatori, in uso nei secoli scorsi. **2** Lettiga per ammalati, barella per feriti.

portantìno [da *portare*] s. m. (f. *-a* nel sign. 2) **1** Chi reggeva la portantina. **2** Negli ospedali, inserviente addetto al trasporto degli ammalati, ai lavori di fatica e sim. **3** Garzone di vetreria che porta l'oggetto di vetro appena lavorato dallo scagno di lavorazione al forno di raffreddamento.

portànza [ant. fr. *portance*, da *porter* 'portare'] s. f. **1** Portata massima di q.c. **2** (*aer.*) Componente della resistenza dell'aria sull'ala di un velivolo, diretta verso l'alto, tale da sorreggere il velivolo stesso.

portaobiettìvi [comp. di *porta-* e il pl. di *obiettivo*] agg. ● Detto di dispositivo cui sono applicati obiettivi cinematografici, microscopici e sim.

portaocchiàli [comp. di *porta-* e del pl. di *occhiale*] **A** s. m. inv. ● Custodia in pelle o materiale sintetico nella quale si ripongono gli occhiali. **B** agg. inv. ● Detto di accessorio di cuoio o metallo che si applica, tramite due anellini, alla parte ricurva delle stanghette degli occhiali, per assicurare questi ultimi al collo di chi li porta, impedendo così che essi possano cadere o smarrirsi quando non sono inforcati: *catenella p.*

portaoggètti [comp. di *porta-* e il pl. di *oggetto*] **A** agg. ● Che serve a contenere oggetti vari: *vano p.* | *Vetrino p.*, vetrino su cui si appoggiano i preparati da osservare al microscopio. **B** s. m. ● Vetrino portaoggetti.

portaòlio [comp. di *porta-* e *olio*] s. m. inv. **1** Oliera: *un p. di ceramica*. **2** Piccolo strumento appuntito dell'orologiaio, usato per lubrificare meccanismi.

portaombrèlli o **portombrèlli** [comp. di *porta-* e il pl. di *ombrello*; calco sul fr. *porte-parapluies*] **A** s. m. ● Supporto fornito di vaschetta ove si raccoglie l'acqua che gocciola dall'ombrello | Vaso di forma allungata ove porre l'ombrello. **B** anche agg.: *vaso p.*

portaórdini [comp. di *porta-* e il pl. di *ordine*] s. m. ● Soldato incaricato del recapito di dispacci a mano.

portaòvo ● V. *portauovo*.

portapàcchi [comp. di *porta-* e il pl. di *pacco*] s. m. **1** Portabagagli, spec. per cicli e moto. **2** Chi in un negozio, magazzino e sim. è addetto alla consegna a domicilio di pacchi.

portaparòla [comp. di *porta-* e *parola*] s. m. e f. inv. ● (*raro*) Portavoce.

portapénne [comp. di *porta-* e il pl. di *penna*; calco sul fr. *porte-plume*] **A** s. m. inv. **1** Asticciola, cannello per infilarvi il pennino. **2** Astuccio o contenitore per le penne. **B** anche agg. inv.: *astuccio p.*

portapennóni [comp. di *porta-* e il pl. di *pennone*] s. m. pl. ● (*mar.*) Sostegno di legno sopra la murata, con una larga intaccatura nella quale vengono a posarsi i pennoni maggiori ammainati.

portapèzzo [comp. di *porta-* e *pezzo*] agg. inv. ● Nelle macchine utensili, detto di piano regolabile su cui viene montato il pezzo da lavorare: *tavola p.*

portapiàtti [comp. di *porta-* e il pl. di *piatto*; calco sul fr. *porte-plat*] **A** s. m. **1** Rastrelliera o cestello di filo metallico in cui si fanno scolare i piatti. **2** Grande vassoio in uso spec. nei collegi per portare i piatti in tavola. **B** anche agg.: *vassoio, rastrelliera p.*

portapillole [comp. di *porta-* e del pl. di *pillola*] s. m. inv. ● Piccolo contenitore, di varie fogge e materiali, per pillole.

portapìpe [comp. di *porta-* e il pl. di *pipa*] s. m. inv. ● Oggetto in legno, da muro o da tavolo, per reggere le pipe.

†**portapólli** [comp. di *porta-* e il pl. di *pollo*] s. m. e f. ● Mezzano, ruffiano.

portaposàte [comp. di *porta-* e il pl. di *posata*] **A** s. m. inv. ● Sorta di vassoio a bordi rialzati e diviso in più scomparti contenente, separati, i vari tipi di posate. **B** anche agg. inv.: *vassoio p.*

portapràn̦zi o **portapràn̦zo** [comp. di *porta-* e il pl. di *pranzo*] **A** s. m. ● Portavivande. **B** anche agg.: *cesta p.*

portapùnta [comp. di *porta-* e *punta*] **A** agg. ● Detto di mandrino in cui viene fissata la punta di un trapano. **B** anche s. m.

portaràẓẓi [comp. di *porta-* e il pl. di *razzo*] **A** agg. ● Che è atto a portare razzi e a farli partire, detto di veicoli o altri mezzi adatti allo scopo. **B** s. m. ● Veicolo, supporto e sim. portarazzi.

portàre [vc. dotta, lat. *portāre*, da *pŏrta*, il cui sign. originario era 'passaggio'] **A** v. tr. (*io pòrto*) **I** Quando l'idea del movimento, in senso proprio o figurato, è prevalente, il verbo assume i seguenti sign.: **1** Sostenere su di sé un oggetto, un peso e sim. per muoverlo, spostarlo e sim.: *p. un pacco, un vassoio, un involto*; *p. i libri in mano*; *p. lo zaino sulle spalle, un sacco sulla schiena*; *p. un fanciullo in braccio, in collo, a cavalluccio*; *p. la borraccia ad armacollo, il fucile in spalla, la bandoliera a tracolla*; *il vecchio cavallo portava faticosamente un grosso carico*; *portatemi il bagaglio al deposito*; *abbiamo portato in solaio molte vecchie cose* | *P. in seno un fanciullo*, detto di donna incinta durante la gestazione | *P. qc. in trionfo*, sollevarlo in alto sulle braccia, al di sopra di tutti, per festeggiarlo: *dopo la vittoria l'hanno portato in trionfo per le vie della città* | (*fig.*) *P. legna al bosco, acqua al mare, vasi a Samo, nottole ad Atene, cavoli a Legnaia*, fare cose inutili, sprecare tempo e fatica per nulla | *P. in tavola*, servire le vivande ai commensali | *P. qc. in palma di mano*, (*fig.*) stimarlo moltissimo | (*fig.*) *P. alle stelle, sugli scudi*, esaltare. **2** Consegnare, recare, dare (*anche fig.*): *mi hanno portato adesso questo regalo*; *portatemi il conto, la lista delle vivande*; *p. q.c. in dono, in dote*; *vi porto la sua risposta, le ultime notizie, i suoi saluti* | *P. q.c. a casa*, guadagnare e dare per le spese familiari determinate somme | (*fig.*) *P. aiuto, soccorso*, aiutare, soccorrere | (*fig.*) *P. guerra*, farla, dichiararla | (*fig.*) *P. q.c. a conoscenza di qc.*, rendergliela nota, informare qc. di q.c. **3** Prendere o tenere con sé, spec. quando si viaggia o comunque ci si trasferisce: *portarsi le provviste, un abito pesante*; *ho pensato di portare anche mia moglie*; *si è portato dietro un sacco di cianfrusaglie*. **4** (*fig.*) Proporre o designare e fornire di adeguati appoggi: *p. qc. come candidato*; *hanno deciso di portarti come loro unico rappresentante* | (*est., fig.*) Addurre, presentare: *p. un esempio, un paragone fuori luogo*; *temo che porteranno molte prove contro di noi*; *in appoggio alla sua tesi porta l'autorità di Aristotele*. **5** Condurre: *p. i bambini a spasso, ai giardini pubblici*; *mi ha portato al cinema*; *la strada che porta al mio paese, a casa mia*; *ecco l'autobus che porta fino al centro* | *P. la voce*, guidarla senza staccare le note. **6** Fare arrivare: *hanno portato l'acquedotto fino a qui*; *dicono che porteranno presto l'elettricità anche da noi* | (*fig.*) *Qual buon vento ti porta?*, quale felice circostanza ti ha fatto giungere fin qui? | *P. l'acqua al proprio mulino*, (*fig.*) badare al proprio utile | *P. a maturazione, a compimento, a conclusione e sim.*, (*fig.*) far sì che q.c. si compia, si concluda, giunga agli effetti che si volevano | *P. avanti*, (*fig.*) far procedere, progredire: *p. avanti una pratica* | *P. avanti il discorso*, rendere d'interesse generale un determinato argomento; (*est.*) impegnarsi in un certo tipo di attività, di lavoro e sim. | *P. in lungo*, (*fig.*) tirare in lungo | *P. in alto*, sollevare e (*fig.*) innalzare: *portate le braccia in alto e flettete il busto in avanti*; *la sua abilità lo sta portando molto in alto* | *P. su*, (*fig.*) fare aumentare: *p. su i prezzi*. **7** Trascinare con sé: *la corrente portava tronchi, rami e relitti d'ogni genere*; *una violenta ondata li travolse e li portò sulla secca* | *Che il diavolo ti porti, se lo porti!*, escl. di stizza, ira e sim. | *P. via*, detto di cosa, asportare, strappare o rubare: *l'ingranaggio gli ha portato via una mano*; *una folata di vento gli portò via il cappello*; *mi hanno portato via il portafogli* | *P. via*, detto di persona, allontanarla, impadronirsene o farla morire: *portatelo via di qui, non lo voglio vedere*; *i carabinieri l'hanno portato via con le manette*; *un male terribile lo sta portando via* | *Portarsi via*, detto di cose, conquistarle, acquistarle o rubarle: *s'è portata via i premi migliori, i pezzi più belli*; *si sono portati via la mia automobile*. **8** Guidare manovrando: *p. l'automobile, un autotreno, una barca*; *sono abituato a p. solo piccole cilindrate* | *P. in porto*, detto di nave, condurla all'attracco e (*fig.*) far giungere q.c. alla conclusione voluta: *p. in porto un affare, una trattativa*. **9** (*fig.*) Indurre: *ecco a cosa ti ha portato l'ambizione*; *ciò porta a considerazioni d'altro genere*; *dopo aver esaminato la faccenda, sono portato a credere alla sua innocenza*. **10** (*lett.*) Avere come conseguenza, esigere: *la natura, almeno quella degli uomini, porta che vita e infelicità non si possono scompagnare* (LEOPARDI). **11** (*fig.*) Causare, generare, produrre: *la tua iniziativa ha portato ottimi frutti*; *p. la neve, la pioggia*; *p. danno, lutti, rovine*; *p. fortuna, disgrazia* | (*fam.*) *P. scalogna, iella*, portare disgrazia | (*fam.*) *P. bene, male*, portare fortuna, sfortuna. **II** Quando l'idea del movimento si attenua fino a scomparire del tutto, il verbo assume i seguenti sign.: **1** Reggere o sostenere su di sé: *ogni colonna porta il suo capitello*; *le travi portano il tetto*; *ognuno porti il proprio carico* | *P. il basto*, (*fig.*) avere un padrone, non essere libero | (*est.*) Riuscire a reggere, avere la forza di sostenere: *è un* *animale robusto e porta carichi molto pesanti; quella vite non può p. tutti i suoi grappoli.* **2** Avere indosso: *p. un abito elegante, un fiore all'occhiello, la pelliccia* | Usare abitualmente: *p. gli occhiali, la parrucca* | *P. i calzoni*, (*fig., scherz.*) con riferimento a donna che comanda | Tenere: *p. i capelli lunghi, il pizzo, i baffi; ha sempre portato le trecce* | *P. alta la testa*, andare a testa alta | *P. il viso basso*, andare o restare a testa china. **3** Avere: *p. un braccio al collo, una vistosa fasciatura; il libro porta sulla copertina la fotografia dell'autore; noi portiamo un nome onorato; p. il titolo di cavaliere* | *P. scritto in fronte*, (*fig.*) lasciar vedere chiaramente agli altri: *porta scritta in fronte la sua dabbenaggine.* **4** (*fig.*) Provare, nutrire sentimenti nei confronti di qc.: *p. odio, amicizia; mi hai offeso ma non ti porto rancore; te ne prego, per l'amore che ti porto* | (*fig.*) *P. in cuore*, serbare, racchiudere nell'intimità dei propri sentimenti e pensieri | *P. rispetto*, rispettare | *P. pazienza*, pazientare | †*P. dolore*, soffrire | †*p. opinione*, credere, ritenere | †*P. fede*, mantenerla | †*P. speranza*, sperare. **5** (*raro*) Sopportare: *p. con dignità il proprio dolore, una gran pena, la delusione; tu hai sbagliato, tu dovrai portarne le conseguenze; è un vino che non porta l'acqua* | *P. bene, male il vino, l'alcol*, essere un buono, un cattivo bevitore | *P. bene gli anni*, conservarsi bene, quanto all'aspetto e alle forze, in rapporto alla propria età | (*fig.*) *P. la propria croce*, sopportare dignitosamente i propri dispiaceri. **6** (*raro, fig.*) Comportare, permettere: *secondo porta la stagione; agire come porta il dovere.* **7** (*est., ass.*) Nella navigazione a vela, prendere il vento in modo favorevole alla rotta | *Le vele portano*, quando sono ben gonfie di vento. **8** †Importare: *O frate, l'andar in sù che porta?* (DANTE *Purg.* IV, 127) | (*fig.*) †*p. la spesa*, mettere conto, valere la pena. **B** v. intr. pron. **1** Trasferirsi, recarsi: *cercate di portarvi un poco più in alto; portarsi sul luogo del disastro, sulla scena della tragedia* | Spostarsi: *la vettura si portò sulla destra, sul ciglio della strada, in una zona d'ombra.* **2** Comportarsi, agire: *portarsi con grande signorilità e cortesia; con noi si è sempre portato da galantuomo.* **3** Stare, di salute: *come ti porti?; portarsi abbastanza bene, benino, maluccio, così così.*

†**portarèca** [comp. di *porta(re)* e *recare*] s. m. inv. **1** Garzone di mugnaio che fa la spola tra il mulino e i clienti fornitori di grano da macinare. **2** Galoppino.

portareliquie [comp. di *porta-* e del pl. di *reliquia*] s. m. inv. • Contenitore per la conservazione e la custodia di reliquie.

portarifiùti [comp. di *porta-* e del pl. di *rifiuto*] **A** s. m. inv. • Recipiente in materiale sintetico rigido, gener. contenente all'interno un sacchetto di plastica, nel quale si getta la spazzatura domestica. **B** anche agg. inv.: *secchio p.*

portarinfùse [comp. dell'imperat. di *portare* e della loc. sost. (*alla*) *rinfusa*] s. f. inv. • (*mar.*) Cargo mercantile per il trasporto di materiali incoerenti.

portaritràtti [comp. di *porta-* e il pl. di *ritratto*] s. m. • Cornice o custodia per mettere in vista fotografie o ritratti.

portariviste [comp. di *porta-* e il pl. di *rivista*] **A** s. m. inv. • Mobiletto di forma e materia varia, nel quale si conservano giornali e riviste. **B** anche agg. inv.: *mobile p.*

portarocchétto [comp. di *porta-* e *rocchetto*] s. m. • Piccola asta della macchina da cucire, dove si pone il rocchetto.

portarossétto [comp. di *porta-* e *rossetto*] **A** s. m. inv. • Custodia metallica per il rossetto. **B** anche agg. inv.: *astuccio p.*

portaròtolo o **portaròtoli** [comp. di *porta-* e *rotolo*] s. m. inv. • Utensile che, fissato al muro, sostiene un rotolo di carta igienica o da cucina, in modo tale che lo stesso rotolo possa svolgersi agevolmente consentendo lo strappo dei singoli fogli staccabili di cui è composto.

portasapóne [comp. di *porta-* e *sapone*; calco sul fr. *porte-savon*] **A** s. m. inv. • Vaschetta, scatoletta, supporto e sim. per mettervi il sapone. **B** anche agg. inv.: *scatoletta p.*

portascàlmo [comp. di *porta-* e *scalmo*] s. m. • (*mar.*) Tavoletta di legno duro fissata sulla falchetta delle imbarcazioni dove si fissa lo scalmo.

portascì [comp. di *porta-* e *sci*] s. m. • Attrezzo metallico che si monta sul tetto degli autoveicoli per trasportare e sostenere gli sci.

portasciugamàno o **portasciugamàni** [comp. di *port(a)-* e *asciugamano*] s. m. inv. • Accessorio fissato al muro o montato su una base mobile, che serve per appendervi o sostenere asciugamani.

portascopìno [comp. di *porta-* e *scopino*] s. m. • Piccolo contenitore nel quale si ripone lo scopino del water dopo l'uso.

portasigarétte [comp. di *porta-* e il pl. di *sigaretta*; calco sul fr. *porte-cigarettes*] **A** s. m. inv. • Astuccio di varia foggia e materiale, per tenervi le sigarette: *un p. d'oro, di pelle; p. da tasca, da tavolo.* **B** anche agg. inv.: *astuccio p.*

portasìgari [comp. di *porta-* e il pl. di *sigaro*; calco sul fr. *porte-cigares*] **A** s. m. • Astuccio in cuoio o altro, per sigari. **B** anche agg.: *scatola p.*

portaspàda [comp. di *porta-* e *spada*] s. m. inv. • Allacciatura che pende dal cinturone e sostiene la spada.

portaspazzolini [comp. di *porta-* e il pl. di *spazzolino*] s. m. • Accessorio del bagno adatto a contenere gli spazzolini da denti ed eventualmente il dentifricio.

portaspazzolino [comp. di *porta-* e *spazzolino*] **A** s. m. inv. • Astuccio di varia forma e materia per riporre lo spazzolino da denti. **B** anche agg.: *astuccio p.*

portaspilli [comp. di *porta-* e il pl. di *spillo*] **A** s. m. • Cuscinetto sul quale si appuntano gli spilli. **B** anche agg.: *cuscinetto p.*

portastànghe [comp. di *porta-* e il pl. di *stanga*] s. m. inv. **1** Ciascuna delle due cinghie di cuoio con fibbia che sostengono le stanghe ai fianchi dell'animale da tiro. **2** (*fig.*) †Ruffiano.

portastecchini [comp. di *porta-* e il pl. di *stecchino*; calco sul fr. *portecuredent*] s. m. • Piccolo oggetto di forma e materia varia nel quale si tengono sulla tavola gli stuzzicadenti.

portastendàrdo [comp. di *porta-* e *stendardo*] **A** s. m. e f. • Persona che ha il compito di portare uno stendardo. **B** s. m. • Supporto o braccio metallico fissato gener. sulla facciata di antichi palazzi, al quale un tempo veniva appeso uno stendardo.

portastuzzicadènti [comp. di *porta-* e *stuzzicadenti*] s. m. • Portastecchini.

portàta [da *portare*] s. f. **1** Ciascuna delle diverse vivande che si servono in un pranzo: *banchetto di otto portate; la p. del pesce; due portate di carne.* **2** Capacità di carico di un veicolo o mezzo di trasporto: *verificare la p. di un autotreno.* **3** (*raro*) Prodotto, produzione | (*est.*) Entrata, rendita. **4** (*mil.*) Gittata. **5** (*fig.*) Limite, livello o punto cui si può arrivare con determinati mezzi: *il prezzo non è alla nostra p.* | *Alla p. di tutti*, accessibile a tutti | *A p. di mano*, di cosa che si tiene a disposizione, reperibile in ogni momento. **6** (*fig.*) Capacità, calibro, potenza: *il loro ingegno è di uguale p.; sono tutti della stessa p.* **7** (*fig.*) Importanza, valore, rilievo: *evento di grande p.; la p. storica dei fatti* | *Di prima p.*, di prim'ordine. **8** (*fis.*) Volume di acqua che passa in una sezione di un corso d'acqua in un minuto secondo: *fiume con una grande p. d'acqua.* **9** (*arch.*) Corda di un arco.

portatèssere o **portatéssera** [comp. di *porta-* e il pl. di *tessera*] **A** s. m. inv. • Busta, spec. trasparente, per custodirvi tessere o documenti in genere. **B** anche agg. inv.: *busta p.*

portatìccio agg. (pl. f. *-ce*) • (*raro*) Portato da altra parte o luogo, detto spec. di terreno.

portàtico [da *porta* (*1*)] s. m. (pl. *-ci*) • In epoca medievale, tributo che si doveva pagare all'entrata in una città o in un porto.

portàtile [da *portato*, sul modello di *portabile*] **A** agg. • Che si può trasportare: *cucina, farmacia, arma p.* | *Sedia p.* portantina. **B** s. m. o f. • (*ell.*) Televisore, computer, macchina per scrivere e sim. portatile.

†**portativo** [fr. *portatif*, da *porter* 'portare'] agg. • Che si può portare, portatile | (*mus.*) *Organo p.* o (*ell.*) *portativo*, organo di piccole dimensioni che, un tempo, si metteva a tracolla.

portàto **A** part. pass. di *portare*; anche agg. **1** Nei sign. del v. **2** Che è già stato usato: *abito p. e non nuovo.* **3** Che è per natura incline a q.c.: *essere p. allo studio, alla vita attiva; sono poco p. per il disegno.* **4** (*mus.*) *Note portate*, né staccate né legate, ma quasi appoggiate, eseguite tutte in un'arcata senza alzare l'arco dalle corde, ma dando a ogni nota un piccolo colpo d'arco. **B** s. m. **1** (*lett.*) Parto. **2** Prodotto, frutto: *il p. del progresso tecnico.* **3** †Portamento.

portatóre [vc. dotta, lat. *portatōre(m)*, da *portātus* 'portato'] **A** s. m. (f. *-trice*) **1** Chi porta o trasporta: *consegnare la valigia al p.* **2** Chi trasporta, spec. a mano o a spalla, carichi, anche pesanti, in zone selvagge, d'alta montagna o disabitate. **3** Latore (*anche fig.*): *consegnerete la risposta al p. della presente; p. di lieta notizia.* **4** (*med.*) Persona o animale che ospita germi patogeni e li può eliminare pur senza manifestare sintomi evidenti di malattia infettiva, rappresentando una potenziale fonte di infezione | *P. sano*, se contagioso e asintomatico. **5** (*banca*) Chi detiene titoli nominativi così da poter esercitare i diritti in essi incorporati | *Al p.*, detto di titolo pagabile a chi lo presenta. **6** (*fis.*) *P. di carica*, ciascuno degli enti responsabili della conduzione elettrica, quali gli elettroni nei conduttori metallici, gli ioni nei conduttori elettrolitici, gli elettroni nei semiconduttori | *P. di maggioranza, maggioritario*, in un semiconduttore, quello costituente più della metà di tutti i portatori di carica | *P. di minoranza, minoritario*, in un semiconduttore, quello costituente meno della metà di tutti i portatori di carica. **7** (*zool.*) *P. di spada*, pesce osseo dei Peciliidi che vive nel Messico, la cui pinna caudale ha un lungo prolungamento scintillante a forma di spada (*Xiphophorus helleri*). **8** *p. di handicap*, handicappato. **9** *p. d'acqua*, nel ciclismo, portaborracce; nel gergo politico, chi porta voti al proprio partito senza ricevere nulla in cambio. **B** agg. • (*biol.*) *Femmina portatrice*, individuo di sesso femminile che porta e sviluppa nel proprio utero un embrione estraneo.

portatovagliòlo [comp. di *porta-* e *tovagliolo*: calco sul fr. *porte-serviettes*] s. m. • Busta o anello di materiale vario in cui si ripone il tovagliolo.

portatrèno [comp. di *porta-* e *treno* nel sign. 6] s. m. • (*mecc.*) In un rotismo epicicloidale, la parte rotante intorno a un asse fisso e recante i perni dei satelliti.

portattrézzi o **portaattrézzi** [comp. di *port(a)-* e del pl. di *attrezzo*] **A** s. m. inv. **1** Cassetta metallica a più scomparti nei quali si possono riporre, razionalmente disposti, numerosi attrezzi e utensili da lavoro. **2** Trattrice congegnata in modo da consentire l'applicazione e il traino, anche contemporaneo, di vari macchinari agricoli. **B** anche agg.: *cassetta p.; veicolo p.*

portatùra [da *portato*] s. f. **1** (*raro*) Modo, atto ed effetto del portare. **2** †Modo di acconciarsi abiti, barba, capelli e sim. **3** †Portamento.

portauòva [comp. di *porta-* e il pl. di *uovo*] s. m. inv. • Recipiente per trasportare uova senza romperle o per conservarle nel frigorifero.

portauòvo o **portaòvo** [comp. di *porta-* e *uovo*] s. m. inv. • Piccolo calice per presentare in tavola e consumare uova con il guscio.

portautensili o (*raro*) **portautènsili** [comp. di *porta-* e il pl. di *utensile*] **A** s. m. • Nelle macchine utensili, supporto a cui si fissa l'utensile. **B** anche agg.: *barra p.*

portavalóri [comp. di *porta-* e il pl. di *valore*] **A** s. m. e f. • Presso banche e agenzie di credito, persona incaricata del trasporto di denaro liquido, assegni e sim. **B** agg. • Adibito al trasporto o alla protezione di denaro, valori e sim.: *furgone, cassetta p.*

portavàṣi [comp. di *porta-* e il pl. di *vaso*] s. m. **1** Sostegno per vasi da fiori | Vaso ornamentale di ceramica, metallo e sim., che ne nasconde uno di terracotta con fiori o piante. **2** (*mar.*) Lunga trave che s'incastra sui parati a fianco delle longarine per sostenere l'invasatura del bastimento durante il varo.

portavènto [comp. di *porta-* e *vento*; calco sul fr. *porte-vent*] s. m. • Tubo che soffia aria in fucina, fornello, organetto.

portavivànde [comp. di *porta-* e il pl. di *vivanda*] **A** s. m. inv. • Cesta, carrello e sim. atto a trasportare, conservandoli caldi, cibi già pronti. **B** anche agg. inv.: *carrello p.*

portavóce [comp. di *porta-* e *voce*; calco sul fr. *porte-voix*] **A** s. m. inv. ● (*mar.*) Megafono | Tubo metallico con imboccatura concava alle due estremità per trasmettere la voce da un punto all'altro, dalla plancia alle macchine e sim. **B** s. m. e f. inv. ● (*fig.*) Chi espone e rende noto il pensiero di altri, parlando in sua vece: *il p. del governo, del ministero, della presidenza* | (*fig., spreg.*) Chi ripete ciò che altri hanno detto: *un p. di calunnie e pettegolezzi.*

porte-enfant /fr. 'pɔrt ã'fã/ [pseudo-francesismo, comp. del fr. *porte(r)* 'portare' e *enfant* 'bambino' (V. *infante*)] s. m. inv. ● Sorta di sacco in stoffa, con la parte posteriore imbottita, nel quale si poneva il neonato per tenerlo in braccio.

portégno [sp. *porteño*, n. comune di abitanti di città con 'porto' (*puerto*)] agg.; anche s. m. (f. *-a*) ● Bonaerense.

portèlla [lat. tardo *portĕlla(m)*, dim. di *pŏrtula*, a sua volta dim. di *pŏrta* 'porta (1)'] s. f. *1* Sportello, portello. *2* (*geogr.*) Porta.

portellerìa s. f. ● (*mar.*) Insieme dei finestrini e dei portelli di una nave.

portellìno s. m. *1* Dim. di *portello*. *2* (*mar.*) Finestrino circolare realizzato nella murata di una nave per dare luce e aria all'interno.

portèllo s. m. *1* Dim. di *porta* (*1*). *2* Piccola porta tagliata in un portone di strada. *3* (*est.*) Apertura chiusa da battenti: *p. di nave, di aereo.* ➡ ILL. p. 1758 TRASPORTI. *4* Sportello, imposta di armadio. || **portellino**, dim. (V.) | **portellóne**, accr. (V.).

portellóne s. m. *1* Accr. di *portello*. *2* (*aer.*) Ampio sportello nella fusoliera di un velivolo, a chiusura di un vano destinato a contenere merci o ad alloggiare elementi retrattili. *3* (*mar.*) Ampia apertura, gener. provvista di chiusura stagna, praticata nel fianco di una nave per l'imbarco o lo sbarco di materiali o persone. ➡ ILL. p. 1757 TRASPORTI. *4* Nelle automobili, sportello posteriore.

†**portenàio** ● V. *portinaio*.

†**portèndere** [vc. dotta, lat. *portĕndere* 'preannunziare, presagire', comp. di *por-* 'avanti' (= *prō*) e *tĕndere* 'tendere'] **A** v. tr. ● Presagire, pronosticare. **B** v. intr. pron. ● (*lett.*) Preannunziarsi.

portènto [vc. dotta, lat. *portĕntu(m)*, da *portĕndere*. V. precedente] s. m. ● Avvenimento o fatto straordinario, del tutto al di fuori della norma: *operare portenti*; *era apparito in que' dì gran prodigi / portenti* (PULCI) | Ciò che ha effetti eccezionali, quasi miracolosi: *questa medicina è un p.* | Persona prodigiosamente dotata: *è un p. di scienza, di memoria, d'ingegno.*

portentóso [vc. dotta, lat. *portentōsu(m)*, da *portĕntum* 'portento'] agg. *1* Che costituisce un portento: *fatto, avvenimento, risultato p.*; *guarigione portentosa* | Molto valido, eccezionale: *atleta p.*; *medicina portentosa*. *2* †Mostruoso. || **portentosaménte**, avv.

†**porterìa** [da *porta* (*1*)] s. f. ● Portineria.

†**portévole** [da *portare*] agg. ● Portabile, sopportabile.

portfòlio /port'fɔljo, ingl. pɔ:t'fouljou/ [vc. ingl., dall'it. *portafoglio*] s. m. inv. (pl. ingl. *portfolios*) ● Cartella in cui è raccolto e presentato, spec. con intento dimostrativo e di campione, materiale scritto e illustrato relativo a un nuovo prodotto, a una nuova attività commerciale, a una campagna pubblicitaria | (*est.*) Inserto illustrato a carattere monografico di un quotidiano o di un settimanale | (*est.*) Cartella in cui sono raccolte le fotografie che costituiscono il curriculum professionale di indossatori, fotomodelli e sim.

†**porticàle** s. m. ● Portico, porticato.

porticàto [da *portico*] **A** s. m. ● Serie di portici con carattere essenzialmente monumentale: *un p. del Bernini*. **B** agg. ● Coperto, costituito da portici: *cortile p.*

porticciòlo o **porticciuòlo** [da *porto* col doppio suff. *-icci(o)* e *-olo*] s. m. *1* Dim. di *porto* (*3*). *2* Darsena di un porto attrezzata per il ricovero di piccole imbarcazioni disarmate. *3* Specchio d'acqua protetto, idoneo all'attracco, ricovero e rimessaggio di imbarcazioni da diporto: *p. turistico.*

pòrtico [lat. *pŏrticu(m)*, da *pŏrta* 'porta (1)'] s. m. (pl. *-ci*, †*-chi*) *1* Luogo di passaggio o sosta, ampiamente aperto all'esterno con colonne di sostegno della copertura o dell'edificio sovrastante | *Fare il p. dietro la casa*, (*fig.*) agire in modo contrario agli usi o alla convenienza. *2* Sorta di riparo tipico delle case rurali per animali o attrezzi, costituito da un tetto poggiante su colonne. || **portichétto**, dim.

portièra [fr. *portière*, f. di *portier* 'portiere'] s. f. *1* Porta, sportello di autoveicolo. *2* Tenda pesante disposta davanti alle porte per riparo o per ornamento.

portieràto s. m. ● Incarico o mansione di portiere in un caseggiato.

portière [fr. *portier*, dal lat. tardo *portāriu(m)*, da *pŏrta* 'porta (1)'] s. m. (f. *-a*) *1* Portinaio, spec. di edifici pubblici, alberghi e sim.: *il p. dell'ufficio, dell'albergo, del ministero*; *dare la mancia al p.* *2* Nel calcio e sim., il giocatore che ha il compito di difendere la porta della propria squadra dagli attacchi degli avversari. || **portierino**, dim. | **portieróne**, accr.

portinàia [f. di *portinaio*] s. f. *1* Donna che tiene una portineria. *2* Moglie del portinaio.

portinàio o †**portenàio**, †**portinàro**, †**portonàio** [da *porta* (*1*)] **A** s. m. (f. *-a* (V.)) ● Chi esercita mansioni di custode e sorvegliante alla porta di abitazioni e ha talvolta incarichi di pulizia. **B** agg. ● Che custodisce e sorveglia la porta di un convento: *frate p.*; *suora portinaia.*

portincènso ● V. *portaincenso*.

portinerìa [lombardo *portinarìa*, da *portinàr* 'portinaio'] s. f. ● Locale o appartamento posto all'ingresso di uno stabile, destinato al portiere.

portinfànte s. m. ● Adattamento di *porte-enfant* (V.).

portinnèsto o **portainnèsto** [comp. di *port(a)-* e *innesto*] s. m. ● (*agr.*) Pianta o parte di essa che riceve l'innesto.

portinségna ● V. *portainsegna*.

portland /'pɔrtland, ingl. 'pɔ:tlənd/ [dall'ingl. *Portland cement* 'cemento di Portland' per il suo aspetto simile alle pietre dell'isola di Portland] s. m. inv. ● (*edil.*) Tipo di cemento a lenta presa ottenuto per cottura da calcari marnosi o da miscele di calcare e argilla.

pòrto (**1**) [da *portare*] s. m. *1* Modo e atto del portare, solo nella loc. *p. d'armi*, il portare armi con sé e (*est.*) il documento che comprova l'autorizzazione a ciò necessaria: *chiedere, ottenere, mostrare il p. d'armi.* *2* Spesa del trasporto di cose: *p. a carico del mittente*; *pagare il p. della merce* | *P. assegnato*, che dev'essere pagato dal destinatario | *Franco di p., p. affrancato*, quando il prezzo del trasporto è stato pagato dal mittente.

pòrto (**2**) part. pass. di *porgere*; anche agg. ● Nei sign. del v.

pòrto (**3**) [lat. *pŏrtu(m)*, di origine indeur.] s. m. *1* Spazio di mare protetto, dove le navi possono sostare con sicurezza al riparo dalle onde e dalle correnti, compiere agevolmente le operazioni di sbarco e di imbarco dei passeggeri, effettuare rifornimenti e riparazioni: *p. marittimo* | (*est.*) La relativa città: *Taranto è un p. militare* | *P. naturale*, quello che, per conformazione della costa e andamento dei fondali, si presta a essere utilizzato anche senza il lavoro dell'uomo | *P. artificiale*, quello ricavato con dighe, moli, frangiflutti, lavori di dragaggio e sim. | *P. canale*, formato da banchine poste lungo la parte terminale di piccoli corsi d'acqua, fino alla foce, utilizzato da imbarcazioni di piccolo tonnellaggio | *P. prefabbricato*, costituito da elementi approntati in altre località come cassoni di ferro o cemento, che vengono rimorchiati e messi in opera nel posto prescelto | *P. fluviale*, situato nel corso superiore di un fiume | *P. d'estuario*, situato sull'estuario di un fiume | *P. militare*, riservato alle navi da guerra | *P. d'armamento*, dove le navi mercantili hanno i materiali per le riparazioni e manutenzioni e dove imbarcano l'equipaggio | *P. a bacini*, scalo marittimo in cui, a causa delle forti maree, le navi devono essere ormeggiate in bacini a livello costante e l'entrata e l'uscita avvengono solo durante l'alta marea | *P. d'immatricolazione*, domicilio legale dell'armatore, riportato sotto il nome della nave a poppa | *P. d'imbarco, di sbarco*, quelli in cui rispettivamente s'imbarcano o si sbarcano merci e passeggeri | *P. di scalo*, previsto nell'itinerario di un viaggio per mare | *P. di rilascio forzato*, dove si entra per riparo o emergenza | *P. di mare*, (*fig.*) luogo chiassoso e disordinato, pieno di gente d'ogni tipo che va e viene: *la tua casa è un p. di mare* | Nella laguna veneta, ciascuno dei tre passaggi che mettono in comunicazione il mare con la laguna: *il p. di Malamocco.* ➡ ILL. p. 1755 TRASPORTI. *2* (*fig.*) Meta ultima, conclusione auspicata e desiderata: *giungere in p.*; *condurre in p. un affare* | *Essere a buon p.*, a buon punto | *Fare naufragio in p.*, (*fig.*) fallire proprio in fase conclusiva | Rifugio sicuro e tranquillo: *p. di salvezza.* || **porticciòlo**, **porticciuòlo**, dim. (V.) | **porticino**, dim.

pòrto (**4**) [dal n. della località portoghese di *Oporto* (da *o porto* 'il porto')] s. m. inv. ● Vino liquoroso portoghese, di colore brillante, dal sottile profumo di mammola, asciutto e aromatico.

portogàllo [dal *Portogallo*, da cui proviene] s. m. ● (*dial.*) Arancia.

portoghése [port. *portuguez*; nel sign. B 2 l'espressione deriva dal fatto che a Roma nel sec. XVIII in occasione di un avvenimento i portoghesi poterono partecipare a una rappresentazione al Teatro Argentina senza pagare il biglietto] **A** agg. ● Del Portogallo: *lingua p.* **B** s. m. e f. *1* Abitante, nativo del Portogallo. *2* (*fig.*) Chi entra in teatro o in altro luogo di pubblico spettacolo senza pagare il biglietto. **C** s. m. solo sing. ● Lingua del gruppo romanzo, parlata in Portogallo.

portolanìa s. f. ● (*mar.*) Anticamente, a Napoli, ufficio del portolano.

portolàno o †**portulàno** [da *porto* (*3*), sul modello di *ortolano*] s. m. *1* (*mar.*) Libro che descrive minuziosamente le caratteristiche di una costa sotto l'aspetto idrografico, meteorologico, nautico, fornendo notizie sui porti, ancoraggi, ridossi, punti pericolosi e sim. *2* Anticamente, guardiano del porto, incaricato di riscuotere i dazi e di sovraintendere al traffico delle merci.

portolàta s. f. ● (*mar.*) Portolato.

portolàto o **portolàtto** [etim. incerta] s. m. ● (*mar.*) Imbarcazione motorizzata che giornalmente raccoglie e porta sul mercato il pesce catturato dai pescherecci al largo. SIN. Portolata.

portombrèlli ● V. *portaombrelli*.

†**portonàio** ● V. *portinaio*.

portoncìno [da *portone* con il suff. *-ino* e l'infisso *-c-*] s. m. *1* Dim. di *portone*. *2* Porticina ritagliata nella sagoma di un grande portone e apribile indipendentemente da quest'ultimo.

portóne s. m. *1* Accr. di *porta* (*1*). *2* Grande porta di palazzo o casamento, che dà sulla strada. || **portoncino**, dim. (V.).

portorealista [fr. *port-royaliste*, da *Port-Royal*, n. della celebre abbazia francese, centro del giansenismo] s. m. (pl. *-i*) ● Ecclesiastico, laico, uomo di studio, scrittore appartenente alla comunità giansenistica di Port-Royal-des-Champs fiorita in Francia nel sec. XVII.

portoricàno A agg. ● Di Portorico. **B** s. m. (f. *-a*) ● Abitante di Portorico.

portòrio [vc. dotta, lat. *portōriu(m)*, da un precedente **portitōriu(m)*, da *pŏrtitor*, genit. *portitōris* 'doganiere (del porto)', da *pŏrtus* 'porto'] s. m. ● Nel diritto romano, imposizione fiscale gravante sulle merci importate o esportate, in transito in determinati luoghi.

portòro [comp. di *port(a)-* e *oro*, per il colore delle sue venature (?)] s. m. ● Marmo giallo e nero di Portovenere.

portuàle [dal lat. *pŏrtus* 'porto (3)'] **A** agg. ● Del, relativo al, porto: *zona p.* **B** s. m. ● Lavoratore del porto: *sciopero dei portuali.*

portualità s. f. ● L'insieme delle caratteristiche di un porto.

portuàrio agg. ● Di porto: *lavori portuari.*

portuènse [lat. *portuēnse(m)*] agg. ● Della, relativo all'antica città di Porto, presso le foci del Tevere: *via p.*

portulàca [vc. dotta, lat. *portulāca(m)*, da avvicinare (almeno paretimologicamente) a *pŏrcus* (nel senso di 'genitali femminili') perché adoperata dalla medicina antica per i lochi dopo il parto] s. f. ● Genere di piante erbacee delle regioni calde, con fusto prostrato, foglie opposte e carnose, fiori grandi di colore rosso, bianco o giallo (*Portulaca*).

Portulacàcee [vc. dotta, comp. di *portulaca* e *-acee*] s. f. pl. ● Nella tassonomia vegetale, famiglia di piante erbacee o fruticose con foglie carnose e frutto a capsula (*Portulacaceae*) | (al sing. -*a*) Ogni individuo di tale famiglia.

†**portulàno** ● V. *portolano*.

portuóso [vc. dotta, lat. *portuōsu(m)*, da *pŏrtus* 'porto (3)'] **agg.** ● Dotato o fornito di porti: *regione portuosa; sulle spiagge portuose dei mari* (NIEVO).

porzàna [da *porcella*, dim. f. di *porco*: detta così perché si avvoltola nel fango] **s. f.** ● Genere di Uccelli dei Ralliformi di piccole dimensioni, cui appartiene il voltolino, comune nelle regioni paludose (*Porzana*).

porzióne [vc. dotta, lat. *portiōne(m)*, di etim. incerta] **s. f.** *1* Parte, quota (*anche fig.*): *una p. dell'eredità; dividere q.c. in porzioni uguali; ho anch'io la mia p. di guai.* *2* Quantità di cibo servita, destinata o prevista per ogni commensale: *p. scarsa, abbondante; una p. di minestra, di frutta.* *3* (*anat.*) Parte di un organo anatomico caratterizzata da una determinata struttura: *p. membranosa dei muscoli.* ‖ **porzioncèlla**, dim. | **porzioncìna**, dim. | **porzioncióna**, accr.

†**porzionière** [ant. fr. *portionnier*, da *portion* 'porzione'] **s. m.** ● Azionista.

pòsa [lat. *pāusa(m)*. V. *pausa*] **s. f.** *1* Atto, effetto del posare: *la p. della prima pietra.* *2* Quiete, riposo: *non avere p.; senza p.; ora è tempo di p.* (PARINI). *3* (*fot.*) Tempo necessario alla corretta esposizione di una pellicola: *p. lunga, breve* | Unità di prestazione professionale di un attore del cinema | *Teatro di p.*, studio cinematografico, dove esistono le attrezzature per le pose degli attori. *4* Atteggiamento assunto da chi deve essere ritratto: *stare in p.; mettersi in p.; una p. di due ore* | Atteggiamento o comportamento innaturale e affettato: *assumere pose da intellettuale* | *Per p.*, per ostentazione. *5* (*raro*) Sedimento lasciato da un liquido in un recipiente. *6* (*mus.*) Pausa, fermata.

posacàvi [comp. di *posa(re)* e il pl. di *cavo (2)*] **A s. f.** ● Nave specialmente attrezzata per deporre cavi elettrici sottomarini. **B** in funzione di **agg. inv.**: *nave p.*

posacénere [comp. di *posa(re)* e *cenere*] **s. m. inv.** ● Portacenere.

posafèrro [comp. di *posa(re)* e *ferro*] **s. m. inv.** ● Supporto per posarvi il ferro da stiro caldo.

†**posalùme** [comp. di *posa(re)* e *lume*] **s. m.** ● Basamento, spec. di panno, per posarvi il lume a olio o petrolio.

posaménto **s. m.** *1* (*raro*) Modo e atto del posare. *2* (*raro*) †Dimora.

posamìne [comp. di *posa(re)* e il pl. di *mina*] **A s. m. e f. inv.** ● Nave da guerra attrezzata per collocare mine in mare. **B** in funzione di **agg. inv.**: *nave p.*

posamòlle [comp. di *posa(re)* e il pl. di *molla*] **s. m. inv.** ● Arnese per posarvi sopra le molle, la paletta e l'attizzatoio del focolare.

posànte **part. pres.** di *posare*; anche **agg.** ● Nei sign. del v.

†**posànza** [da *posante*] **s. f.** ● Posa, riposo.

posapiàno [comp. di *posa(re)* e *piano (1)*] **s. m. e f. inv.** ● (*scherz.*) Persona estremamente lenta in ogni suo atto.

posàre [lat. parl. **pausāre*. V. *pausare*; nel sign. B3, calco sul fr. *poser*] **A v. tr.** (*io pòso*) *1* Mettere giù, appoggiare: *p. la penna, il cappello; posò il carico a terra; posa subito quel fucile!* | *P. le armi*, (*fig.*) cessare le ostilità, non combattere più | *P. il capo su q.c.*, adagiarlo. *2* †Porre, depositare. *3* (*fig., lett.*) Acquietare, calmare, sedare: *p. l'ira, il desiderio.* **B v. intr.** (aus. *essere*) *1* Avere come base, come fondamento (*anche fig.*): *la casa posa sulla roccia; la nostra tesi posa sui fatti.* *2* (*lett.*) Ristare, sostare | (*poet.*) Riposare, giacere: *il monumento / vidi ove posa il corpo di quel grande* (FOSCOLO) | †Oziare. *3* Stare in posa: *p. per un ritratto* | (*est., fig.*) Assumere atteggiamenti affettati e ostentati allo scopo di farsi notare: *p. a grande uomo, a donna fatale.* *4* Detto di liquidi, depositare sul fondo del recipiente le particelle più pesanti: *lascia che il caffè posi prima di berlo.* **C v. intr. pron.** *1* Appoggiarsi o sostare su q.c. (*anche fig.*): *l'ape si posa sui fiori; le sue mani si posarono sulle mie spalle; non so dove si posasse il suo sguardo* | Scendere e adagiarsi mollemente: *le foglie appassite si posano sui prati.* *2* (*lett.*) Stare o mettersi fermo | †Coricarsi, riposarsi.

posaréti [comp. di *posa(re)* e il pl. di *rete*] **s. f.** ● (*mar.*) Nave militare adibita al trasporto e alla posa di ostruzioni, spec. reti, a difesa di forze navali.

posàta (1) [da *posare*] **s. f.** *1* (*raro*) Atto, effetto del posare, del posarsi | Sosta, fermata. *2* (*raro*) Posatura, sedimento. *3* (*sport*) Nell'equitazione, posizione del cavallo che solleva le zampe anteriori restando appoggiato a quelle posteriori.

posàta (2) [da *posato*] **s. f.** *1* Denominazione generica di ciascuno degli utensili che si posano in tavola davanti al commensale per prendere, dividere, portare alla bocca le vivande, come cucchiaio, coltello, forchetta e sim.: *ho perso una p. d'argento; un servizio di posate; lavare, asciugare le posate; mettere le posate in tavola.* *2* Posto apparecchiato a tavola: *aggiungere una p.* SIN. Coperto. ‖ **posatàccia**, pegg. | **posatìna**, dim. | **posatóna**, accr. | **posatùccia**, dim.

†**posàta (3)** [sp. *posada*, da *posar* 'posare'] **s. f.** ● Albergo, locanda.

posaterìa [da *posata (2)*] **s. f.** ● Assortimento, insieme di posate.

posatézza **s. f.** ● Qualità di chi è posato, calmo, riflessivo: *la p. di un ragionamento, di una persona.* SIN. Ponderazione, riflessione. CONTR. Avventatezza, impulsività.

posàto **A part. pass.** di *posare*; anche **agg.** *1* Nei sign. del v. *2* Grave, lento: *un andare p.* *3* (*fig.*) Di persona che agisce con accortezza e ponderazione: *uomo, carattere p.* SIN. Riflessivo. CONTR. Impulsivo. ‖ **posataménte**, avv. In modo posato: *parlare posatamente.* **B avv.** ● (*raro*) †Posatamente.

posatóio **s. m.** *1* Luogo od oggetto su cui si può posare q.c. o ci si può appoggiare. *2* Ogni ramo, o verghetta, ove si posa un uccello in gabbia o un pollo nel pollaio.

posatóre [da *posare*; nel sign. 2, dal fr. *poseur* 'persona affettata'] **s. m.** (f. *-trice* nel sign. 2) *1* Chi è addetto alla messa in opera di cavi, tubi e sim. *2* (*fig.*) Chi è affettato nei modi allo scopo di darsi importanza e di farsi notare.

posatùbi [comp. di *posa(re)* e del pl. di *tubo*] **A agg. inv.** ● Detto di mezzo navale o terrestre atto alla posa di condutture e tubazioni: *nave p.* **B** anche **s. m. o f. inv.**: *un moderno p.*

posatùra [da *posato*] **s. f.** ● Fondo, deposito, sedimento: *la p. del vino, del caffè.*

posbèllico ● V. *postbellico*.

†**pòsca** [vc. dotta, lat. *pōsca(m)*, sovrapposizione di *ēsca* 'cibo' (V. *esca*) a *pōtus* 'che ha bevuto' (V. *pozione*)] **s. f.** *1* Acqua mescolata con aceto. *2* (*dial.*) Bagnolo medicamentoso di acqua e aceto.

pòscia [lat. *pŏstea* 'dopo', da *pŏst ĕa* 'dopo di essa'. Per *pŏst* V. *post-*; *ĕa* è l'abl. sing. f. di *ĭs* 'egli'] **avv.** ● (*lett.*) Dopo, poi: *p., più che 'l dolor poté 'l digiuno* (DANTE *Inf.* XXXIII, 75) | V. anche †*posciaché*.

†**posciaché** o †**pòscia che** [comp. di *poscia* e *che (2)*] **cong.** *1* Dopoché (introduce una prop. temp. con il v. all'indic.). *2* Poiché (introduce una prop. caus. con il v. all'indic.).

posciadésco [da *pochade*] **agg.** (pl. m. *-chi*) ● Che ha il tono proprio della pochade.

posciadìstico **agg.** (pl. m. *-ci*) ● (*raro*) Posciadesco.

†**poscóndola** [comp. di *po(s)*- nel senso di 'dietro' e di un deriv. del lat. *cŏndere* 'riporre, porre a riparo'] **s. f.** ● Piccola radura tra le macchie, nei boschi.

posconsonàntico ● V. *postconsonantico*.

†**poscrài** [comp. del lat. *pŏst* 'dopo' (V. *post-*) e *crai*] **avv.** ● (*dial., merid.*) Dopodomani.

†**poscrìtta** **s. f.** ● Poscritto.

poscrìtto [lat. *pŏst scrīptu(m)* 'dopo lo scritto'. V. *post-* e *scritto*] **s. m.** ● Ciò che si aggiunge a una lettera e sim., dopo averla già conclusa e firmata.

posdatàre e *deriv.* ● V. *postdatare* e *deriv.*

posdentàle ● V. *postdentale*.

posdiluviàno ● V. *postdiluviano*.

posdomàni o †**posdomàne** [comp. di *pos-* e *domani*] **avv.** ● (*lett.*) Dopodomani.

posdomattìna [comp. di *pos-* e *domattina*] **avv.** ● (*raro*) Nella mattina di dopodomani.

posidònia [dal gr. *Poseidṓnios*, agg. di *Poseidôn*, genit. *Poseidônos* 'Posidone', dio del mare: detta così perché pianta marina] **s. f.** ● Pianta delle Potamogetonacee che forma presso le spiagge estese praterie sottomarine a foglie nastriformi e coriacee (*Posidonia caulini*).

positìva [f. sost. di *positivo*, sul modello del fr. *positive*] **s. f.** ● Immagine fotografica su supporto di carta, cartoncino o altri materiali non trasparenti ottenuta dal negativo mediante stampa. CONTR. Negativa.

positivìsmo [fr. *positivisme*, da *positif* 'positivo'] **s. m.** *1* Indirizzo filosofico della seconda metà del XIX secolo che, fondando la conoscenza sui fatti e rigettando ogni forma di metafisica, intendeva estendere il metodo delle scienze positive a tutti i settori dell'attività umana. *2* (*est.*) Attitudine o tendenza a preoccuparsi solo degli aspetti e dei problemi pratici della vita.

positivìsta [fr. *positiviste*, da *positif* 'positivo'] **s. m. e f.** (pl. m. *-i*) *1* Chi segue il, o si ispira al, positivismo. *2* (*est.*) Persona che bada al concreto, che si attiene alla realtà, per realizzare il proprio tornaconto.

positivìstico **agg.** (pl. m. *-ci*) ● Che concerne o interessa il positivismo. ‖ **positivisticaménte**, avv. In modo positivistico; dal punto di vista del positivismo.

positività **s. f.** ● Condizione o qualità di chi, di ciò che è positivo: *la p. del suo carattere* | Risultato positivo, utile.

positìvo [vc. dotta, lat. tardo *positīvu(m)* 'che viene posto', da *pŏsitus* 'posto'] **A agg.** *1* Che è posto, stabilito da qc. o da q.c., che risale a un'iniziativa, a un'azione storicamente individuabile | *Diritto p.*, complesso degli atti legislativi vigenti in una determinata epoca, in un dato Stato | *Religione positiva*, storicamente istituita, con propri riti e credenze, distinta dalle religioni naturali. CONTR. Naturale. *2* Affermativo: *termine p.; giudizio p.* | *Teologia positiva*, fondata sul principio della definibilità concettuale degli attributi divini. *3* Che ordina o consente di fare q.c.: *comando p.* *4* Che è reale, concreto o comunque si fonda su elementi concreti e sperimentabili: *dato p.; conoscenza positiva; scuola positiva del diritto penale* | *Scienze positive*, matematica, fisica e scienze naturali | (*est.*) Certo, incontrovertibile, sicuro: *notizia positiva; questo per ora è l'unico elemento p. della faccenda; un fatto è p., che voi non eravate presenti.* *5* Che bada alla realtà, alla concretezza, lasciando da parte sogni, fantasie, immaginazioni e sim.: *uomo p.; mente positiva; ragionamenti positivi* | (*est., spreg.*) Che, nelle proprie azioni, iniziative e sim., è mosso prevalentemente dal calcolo, dall'interesse, da prospettive di utilità materiale: *è un individuo p., non certo un idealista.* *6* Che conferma, comprova, fornisce una definitiva certezza su ciò che prima si supponeva, si immaginava, si riteneva possibile, probabile e sim.: *risposta positiva; l'indagine si è conclusa in modo p.* | (*med.*) Detto di analisi di laboratorio, il cui risultato conferma una diagnosi. CONTR. Negativo. *7* Che agisce e opera nel modo voluto, che ottiene l'effetto sperato, che è comunque buono, favorevole, vantaggioso e sim.: *intervento, esito, risultato p.; questo è l'unico lato p. della faccenda; gli aspetti positivi di una questione; la positiva conquista della scienza* | *Critica positiva*, che non si limita a porre in risalto gli aspetti negativi di q.c., ma suggerisce e propone miglioramenti e sim. CONTR. Negativo. *8* In varie scienze e tecnologie, detto convenzionalmente di q.c. in opposizione a ciò che, altrettanto convenzionalmente, è definito negativo: *cariche elettriche positive; polo p.; ione p.* | *Catalizzatore p.*, che accelera il compiersi della reazione. *9* (*mat.*) Detto di numero maggiore di zero. *10* (*fot.*) Detto di immagine fotografica, ottenuta dal negativo mediante stampa, nella quale la disposizione delle luci e delle ombre è uguale a quella dell'oggetto fotografato. *11* (*ling.*) Detto di aggettivo o avverbio che non esprime gradazione maggiore o minore. *12* (*mus.*) Detto di piccolo organo fisso, non portatile, usato nei secc. XV e XVI. ‖ **positivaménte**, avv. *1* In modo positivo. *2* Con sicurezza: *sapere positivamente q.c.* *3* †Con moderazione. **B s. m.** *1* Ciò che concretamente esiste: *il p. e l'eventuale.* *2* Ciò che è sicuro, certo: *hai saputo q.c. di p.?; per ora sono solo voci, ma non c'è nulla di p.* | *Di p.*, con certezza: *lo so di p.* **C avv.** ● Certamente, sicuramente, senza dubbio: *'credi proprio di poterlo convincere?' 'p.!'*

positóne ● V. *positrone*.

positònio ● V. *positronio*.

positróne o **positóne** [da *positivo*, sul modello di *elettrone*] s. m. ● (*fis.*) Antiparticella dell'elettrone, caratterizzata da una massa uguale a quella dell'elettrone e da una carica elettrica unitaria positiva.

positrònio o (*raro*) **positònio** [da *positrone*] s. m. ● (*fis.*) Corpuscolo instabile, costituito da un elettrone e da un positrone.

positùra [vc. dotta, lat. *positūra(m)*, da *pŏsitus* 'posto'] s. f. *1* Modo di stare, di essere collocato: *la p. di un oggetto* | Atteggiamento, posa: *la p. innaturale degli arti*. *2* (*raro*) Collocazione, posizione: *p. geologica, geografica, astronomica*. || **posituràccia**, pegg.

posizionàle agg. *1* (*ling.*) Che concerne la posizione dei suoni. *2* (*fis.*) Che dipende dalla posizione: *energia, forza p.*

posizionaménto s. m. *1* (*tecnol.*) Atto, effetto del posizionare. *2* In una campagna pubblicitaria, stretta relazione che dev'essere stabilita fra ciascun prodotto e un bisogno del consumatore.

posizionàre [da *posizione*] v. tr. (*io posizióno*) *1* (*tecnol.*) Fare assumere a un oggetto una posizione determinata, voluta o corretta: *p. un pezzo su una macchina utensile*. *2* (*tecnol.*) Determinare la posizione di un oggetto. *3* (*elab.*) Registrare un determinato valore in una posizione di memoria.

posizionàto part. pass. di *posizionare*; anche agg. *1* Nei sign. del v. *2* Nel linguaggio delle inserzioni, detto di persona che si trova in una determinata condizione sociale, economica o professionale, gener. vantaggiosa: *32enne (ben) p. conoscerebbe laureata max. 28enne scopo matrimonio* | Che è situato in una particolare posizione, gener. favorevole: *attico (ben) p. vendesi*.

posizionatóre [da *posizionare*] s. m. ● (*tecnol.*) Dispositivo destinato a far assumere a un oggetto una determinata posizione | (*aer.*) *P. automatico di lancio*, nelle portaerei, dispositivo che colloca automaticamente i velivoli nella posizione corretta sulle catapulte di lancio.

posizióne [vc. dotta, lat. *positiōne(m)*, da *pŏsitus* 'posto'] s. f. *1* Luogo in cui una cosa è situata o si trova, spec. in relazione alla realtà circostante: *una p. ridente, amena, soleggiata*; *la p. di una casa, di un porto, di un astro*; *non è questa la p. che volevamo per il nostro locale* | (*sport*) Posto in cui ci si trova nel corso di una gara: *prime, ultime posizioni*; *posizioni di testa, di coda* | (*autom.*) *Luci di p.*, che segnalano la presenza e la posizione di un veicolo. *2* (*mil.*) Luogo difeso o da conquistare | *P. chiave*, luogo la cui difesa o conquista sono determinanti ai fini dello scopo operativo che si vuole conseguire | *Guerra di p.*, quella che si svolge fra avversari fermi nelle rispettive trincee, limitata ad azioni locali non risolutive. *3* Atteggiamento del corpo, della persona, di un arto e sim.: *prendere, assumere una p. comoda, scomoda, sbagliata, viziata, rilassante*; *il braccio deve stare in questa p.*; *l'uomo cammina in p. eretta* | *P. fetale*, modo di situarsi del feto rispetto al bacino della madre al momento del parto. *4* (*fig.*) Modo di atteggiare il proprio spirito, ingegno, volontà e sim. di fronte alla realtà, alle circostanze: *la sua p. politica è nettissima*; *ho assunto una p. cosciente e intendo mantenerla* | *Prendere p.*, assumere un atteggiamento deciso: *devi prendere p. o a favore o contro di me* | Modo di essere o di trovarsi nell'ambito di, o in relazione a, un complesso di fatti o di circostanze: *la mia p. nei suoi confronti si fa più difficile*; *è una p. insostenibile, sgradevole, imbarazzante*; *venire a trovarsi in una buona, ottima, favorevole p.* *5* (*fig.*) Condizione economica e sociale: *ha un'ottima, una florida p.*; *la sua p. è poco solida* | *Farsi una p.*, raggiungere l'agiatezza. *6* (*astron.*) *P. astronomica di un astro*, quella determinata dalle sue coordinate celesti | *P. apparente di un astro*, quella in cui è osservato apparentemente nel cielo, differente da quella vera per fenomeni di parallasse, rifrazione, aberrazione e sim. *7* (*elab.*) *P. di memoria*, nei sistemi elettronici per l'elaborazione dei dati, ciascuna delle parti elementari atte a contenere una singola unità d'informazione in cui è divisa una memoria di elaboratore elettronico. *8* (*ling.*) Collocazione di un suono rispetto ad altri in una sequenza | *P. debole*, tempo debole | *P. forte*, tempo forte. *9* (*mus.*) Ordine dei suoni con cui si presenta un accordo | *P. stretta, lata, latissima*, secondo la vicinanza dei suoni | *P. divisa*, negli strumenti a tastiera, quando gli accordi sono disposti in modo da poter essere suonati in parte con la mano destra e in parte con la sinistra. *10* (*banca*) Stato debitorio o creditorio di un singolo cliente nei confronti di una banca. *11* (*filos.*) Assunto non dimostrato.

poslimìnio ● V. *postliminio*.

poslùdio o **postlùdio** [da *pos-*, in opposizione a *preludio*] s. m. ● (*mus.*) Pezzo suonato sull'organo alla conclusione dell'uffizio o che fa seguito a un componimento a uso di perorazione.

†**pòso** [da *posare*] s. m. ● Riposo, quiete.

pòsola [etim. incerta] s. f. *1* Striscia doppia di cuoio che nel finimento per la bestia da tiro collega la braca al collare | Cinghia che assicura lo straccale alla sella. *2* (*raro, tosc.*) Danno, molestia | (*raro, tosc., scherz.*) Ciò che capita all'improvviso, di male o di bene. || **posolìno**, dim. m. (V.).

posolìno s. m. *1* Dim. di *posola*. *2* Nei finimenti del cavallo, cinghia doppia che, dalla sella, scende sulla groppa e passa sotto la coda. SIN. Sottocoda.

posologìa [comp. del gr. *pósos* 'quanto', di origine indeur., e *-logia*] s. f. (pl. *-gie*) ● (*farm., med.*) Prescrizione della quantità di farmaci da somministrare.

†**pospàsto** [lat. *pŏst pāstu(m)* 'dopo il pasto'. V. *pos-* e *pasto*] s. m. ● Portata servita al termine del pasto.

posponiménto s. m. ● (*raro*) Posposizione.

pospórre [vc. dotta, lat. *postpōnere* 'porre dietro', comp. di *pŏst* (V. *post-*) e *pōnere* 'porre'] v. tr. (coniug. come *porre*) *1* Porre o collocare dopo, di seguito (*anche fig.*): *p. i fogli già scritti*; *p. un articolo di cronaca a uno di politica*; *p. la virtù e l'onestà al proprio utile*. CONTR. Anteporre, preporre. *2* Rimandare o rinviare a un momento successivo: *p. un viaggio, una visita, una decisione*. SIN. Differire, posticipare. CONTR. Anticipare.

pospositìvo [vc. dotta, lat. tardo *postpositī-vu(m)*, da *postpŏsitus* 'posposto'] agg. ● (*ling.*) Che si pospone: *pronome p.*; *particella pospositiva*.

posposizióne [dal lat. *postpŏsitus* 'posposto'] s. f. ● Atto, effetto del posporre.

pospósto part. pass. di *posporre*; anche agg. ● Nei sign. del v.

pòssa [da *possa*, prob. prima pers. del cong. pres. di *potere*] s. f. ● (*lett.*) Forza, potere, potenza | *A tutta p.*, con tutte le forze disponibili. CONTR. Debolezza, fiacchezza.

†**possànza** [ant. fr. *poissance* (mod. *puissance*), da *poissant* 'possente'] s. f. *1* (*lett.*) Potenza, potere: *Quivi è la sapienza e la p.* (DANTE *Par.* XXIII, 37) | Facoltà. *2* Forza, vigore, virtù.

possedére [lat. *possidēre*, comp. di *pŏtis* 'padrone' (propriamente 'che può', di origine indeur.) e *sedēre* 'risiedere' (V. *sedere*)] v. tr. (coniug. come *sedere*) *1* Avere in proprietà, dominio o signoria: *p. campi, case, automobili*; *a quei tempi possedevano molte colonie*; *quelle due città ... le possedè pacificamente* (GUICCIARDINI) | *P. una donna*, detto di uomo, congiungersi con lei carnalmente | (*fig.*) Avere in sé: *possiede molte virtù*. *2* (*ass.*) Essere ricco: *p. per eredità*. *3* (*lett.*) Occupare, popolare: *p. la terra, il deserto*. *4* (*fig.*) Dominare totalmente: *non lasciarti p. dall'ira, dall'invidia*; *dicevano che fosse posseduto dal demonio*. *5* (*fig.*) Conoscere a fondo: *possiede tutte le lingue neolatine*.

possediménto s. m. *1* (*raro*) Modo e atto del possedere. *2* Ciò che si possiede, spec. in terreni o territori: *ha venduto tutti i suoi possedimenti*; *credo abbia vasti possedimenti nell'Italia meridionale*; *l'Olanda ha perduto ogni suo p. nelle Indie*. *3* Territorio extra-metropolitano sottoposto alla sovranità di uno Stato.

possseditóre [da *possedere*, sul modello di *possessore*] s. m. (f. *-trice*) ● (*raro*) Possessore.

possedùto A part. pass. di *possedere*; anche agg. *1* Nei sign. del v. *2* Invasato: *giovane p. dal demonio*. **B** s. m. (f. *-a*) ● Indemoniato: *pareva un p.*

possènte [ant. fr. *poissant* (moderno *puissant*) formato sul lat. *pŏsse* 'potere'] agg. *1* Che ha grande forza o potere (*anche fig.*): *muscolatura, voce, ingegno p.*; *la mano p. di Dio*; *la p. poesia dantesca* | (*raro*) *Vino p.*, gagliardo | †*p. di*, forte di | †*P. a*, capace di | *Essere p.*, potere. *2* †Che gode credito e autorità o per ricchezza o per virtù. || **possenteménte**, avv.

possessióne [vc. dotta, lat. *possessiōne(m)*, da *possĕssus*, part. pass. di *possidēre* 'possedere'] s. f. *1* (*raro*) Possesso: *entrare in p. di un bene, dell'eredità*. *2* (*raro*) Possedimento: *vaste possessioni*. *3* (*raro, fig.*) Dote, proprietà: *la virtù è sicura p.* *4* Presunta invasione del corpo da parte di demoni o spiriti | (*med., psicol.*) Convinzione di essere stato invaso da entità estranee al proprio Io: *delirio di p.*

possessività s. f. ● Caratteristica di chi è possessivo.

possessìvo [vc. dotta, lat. *possessīvu(m)*, da *possĕssus* 'possesso'] agg. *1* (*ling.*) Che indica l'appartenenza a persona o a cosa: *aggettivi, pronomi possessivi*. *2* Di possesso, che esprime possesso: *tono, istinto, atteggiamento p.* | Che ha tendenza a dominare in campo affettivo, limitando la libertà altrui: *amore p.*; *è molto p. nei confronti dei figli*. || **possessivaménte**, avv.

possèsso [vc. dotta, lat. *possĕssu(m)*, da *possidēre* 'possedere'] s. m. *1* Atto, effetto del possedere, godere, disporre pienamente di q.c.: *il p. della libertà* | (*est.*) Padronanza: *essere nel pieno p. delle proprie facoltà mentali*; *vantare il completo p. d'una lingua*. SIN. Dominio, padronanza. *2* (*dir.*) Potere su una cosa che si manifesta in un'attività corrispondente all'esercizio della proprietà o di altro diritto reale: *p. di buona fede, di mala fede*; *azioni a difesa del p.*; *legge regolatrice del p.* *3* (*spec. al pl.*) Possedimenti terrieri: *visitare i possessi di qc.* SIN. Proprietà.

possessóre [vc. dotta, lat. *possessōre(m)*, da *possĕssus*, part. pass. di *possidēre* 'possedere'] s. m. (come f. *posseditrice*, raro *-sora*) ● Chi ha q.c. in possesso.

possessòrio [vc. dotta, lat. tardo *possessō-riu(m)*, da *possĕssor*, genit. *possessōris* 'possessore'] agg. ● (*dir.*) Che concerne il possesso | *Azione possessoria*, che, esercitata dinanzi al pretore, assicura una tutela di carattere provvisorio al possessore spogliato o molestato nel suo possesso | *Giudizio p.*, procedimento speciale che sorge con l'esperimento di un'azione possessoria.

possìbile [vc. dotta, lat. *possĭbile(m)*, da *pŏsse* 'potere'] **A** agg. *1* Che può essere, accadere o verificarsi: *cose possibili ma non probabili*; *prospettare ogni ipotesi p.* | *Come è p.?*, come può essere? | Che si pensa possa essere, accadere, verificarsi: *viaggio, ritorno p.*; *guarigione, promozione p.* CONTR. Impossibile. *2* Che si può realizzare, che si può fare o porre in essere: *bisogna fare ogni sforzo p.*; *con la maggior diligenza p.*; *credete non essere p. ad altri quel ch'è impossibile a voi* (BRUNO) | Seguito da un inf. preceduto dalla prep. *a*: *p. a vedersi, a farsi, a ripetersi*. *3* (*raro*) Che si può accettare, ammettere, tollerare: *questo non è un pranzo p.*; *era un film appena p.* || **possibilménte**, avv. Se si può: *telefonami, possibilmente appena sarai arrivato*. **B** s. m. *1* Ciò che può essere, accadere, verificarsi: *restiamo nell'ambito del p., nei limiti del p.* | (*raro*) *Fra i possibili*, fra le cose possibili | *Fuori dei possibili*, al di là di ciò che può ragionevolmente accadere. *2* Ciò che si può fare: *faremo tutto il p. per aiutarvi*.

possibilìsmo [fr. *possibilisme*, dal lat. *possĭbilis* 'possibile', col suff. *-isme* '-ismo'] s. m. ● Atteggiamento, spec. politico, che consente più di uno sviluppo, che non rifiuta aprioristicamente nessuna soluzione o possibilità.

possibilista [fr. *possibiliste*, dal lat. *possĭbilis* 'possibile', col suff. *-iste* '-ista'] agg.; anche s. m. e f. (pl. m. *-i*) ● Che, chi dà prova di possibilismo.

possibilìstico agg. (pl. m. *-ci*) ● Di, da possibilista.

possibilità [vc. dotta, lat. tardo *possibilitāte(m)*, da *possĭbilis* 'possibile'] s. f. *1* Condizione o qualità di chi, di ciò che è possibile: *discutere sulla p. di q.c.* CONTR. Impossibilità, inattuabilità. *2* Capacità, facoltà: *non ho la p. di aiutarti* | Opportunità: *ver-*

rò quando se ne presenti la p. **3** (*spec. al pl.*) Mezzi materiali o morali di cui si dispone: *le mie p. sono limitate*; *nel limite delle nostre p.*

possidènte [vc. dotta, lat. *possidĕnte(m)*, part. pres. di *possidēre* 'possedere'] s. m. e f.; anche **agg.** • Chi, che dispone di proprietà immobiliari: *un ricco p.*; *un p. terriero.* CONTR. Nullatenente.

possidènza [da *possidente*] s. f. **1** (*raro*) Il fatto di possedere q.c. **2** (*raro*) Proprietà, possedimento. **3** (*raro*) Ceto dei possidenti.

post /ingl. poust/ [vc. ingl., propr. 'pilastro, puntello'] s. m. inv. • Nella pallacanestro, posizione d'attacco | (*est.*) Giocatore che gioca in tale posizione | Pivot.

post- [lat. *post-*, di origine indeur., con senso di posteriorità ('dopo')] pref. (anche *pos-*, davanti a parola che incomincia per consonante) **1** Con valore temporale, in parole di origine latina o di moderna formazione, significa 'posteriore', 'successivo', 'dopo': *postmoderno, postbellico.* **2** Nella terminologia anatomica e fonologica, con valore locale, significa 'dietro', 'posteriore', 'situato posteriormente': *postdentale.*

pòsta (1) [lat. *pŏsita*, nt. pl., '(luoghi) posti, fissati'] s. f. **1** Punto o posto determinato, assegnato per una sosta | In una stalla, il compartimento dove l'animale viene trattenuto e può riposarsi e mangiare | †Luogo, sito, posizione topografica | *Non tenere p. ferma*, non avere dimora stabile | *Non aver p. di qc.*, non sapere dove possa trovarsi: *p. di lui non si potea avere* (SACCHETTI). **2** Luogo in cui il cacciatore attende da fermo la selvaggina | *P. reale*, luogo situato a un incrocio di sentieri, donde la preda dovrebbe passare quasi sicuramente | *Stare, mettersi alla p.*, (*fig.*) spiare qc. | *Fare la p. a qc.*, cercare di sorprenderlo, attenderlo anche con propositi ostili | *Arma da p.*, non portatile, impiegata su navi o nelle fortezze. **3** Fermata, stazione, tappa per carrozze, viaggiatori o corrieri, collocata un tempo sulle grandi strade di comunicazione: *p. ogni 25 o 30 miglia*; *cambiare i cavalli alle poste*; *compiere un viaggio in due o tre poste* | (*relig.*) Stazione della Via Crucis | Ciascuna delle parti della recita del rosario | †*Andare in p.*, viaggiare | †*Correre le poste*, andare di gran carriera | †*Per le poste*, in fretta e furia. **4** Servizio pubblico per la spedizione e il recapito della corrispondenza: *spedire per p.* | *P. aerea*, aeroposta | *P. elettronica*, sistema di scambio e memorizzazione di messaggi tra utenti di terminali collegati a una rete telematica | *P. pneumatica*, in banche, uffici e sim., recapito basato su spedizione all'interno di tubi percorsi da aria compressa | *Spese di p.*, per francobolli e sim. | *Fermo p., ferma in p.*, dicitura scritta sulla corrispondenza che il destinatario ritirerà all'ufficio postale del luogo di residenza | *Piccola p.*, rubrica giornalistica formata da lettere dei lettori, a cui la redazione del giornale fornisce una risposta. **5** (*al pl.*) Amministrazione che cura il servizio postale e luogo ove ha sede | Organizzazione del servizio postale: *Ministero delle poste e telecomunicazioni.* **6** Corrispondenza: *la p. del giorno*; *ritirare, firmare, spedire la p.* | *Levare la p.*, prelevarla dalla cassetta in cui è stata imbucata. **7** Somma che si punta al gioco o che si impegna in una scommessa: *raddoppiare la p.*; *fissare la p. massima e quella minima* | *Giocare, rischiare una p. molto alta*, (*fig.*) azzardare molto | *La p. in gioco è alta*, (*fig.*) il rischio è molto grande. **8** †Punto di bersaglio, di mira. **9** †Imposta, battente. **10** †Notazione a registro, a conto. SIN. Partita. **11** (*raro, lett.*) Piacere, volontà: *a sua p.* | *A p.*, apposta | †*A cui p.*, apposta per cui | *A bella p.*, deliberatamente | †*Da sua p.*, di propria volontà | †*A p. fatta*, di proposito. **12** (*raro*) Maniera, fatta: *di questa p.* || **posticciuòla**, dim.

pòsta (2) [f. sost. di *posto* (*1*)] s. f. **1** (*raro*) Atto, effetto del porre: *curare la p. in opera di un edificio.* **2** †Traccia, vestigio, orma: *mi parti' / dietro a le poste de le care piante* (DANTE *Inf.* XXIII, 147-148).

postacèlere [comp. di *posta* e *celere*] s. m. (pl. *postecèleri* o *postacèlere*) • Servizio offerto dall'Amministrazione postale, in grado di assicurare il recapito di lettere, plichi e pacchi nell'arco delle 48 ore.

postagìro [comp. di *posta* (*1*) nel sign. 4 e *giro*] s. m. (pl. *-o* e *-i*) • Operazione mediante la quale chi dispone di conto corrente postale fa trasferire ad altro correntista una data somma.

postàle [da *posta* (*1*) nel sign. 4] **A** agg. • Della posta, attinente al servizio delle poste: *corrispondenza p.*; *servizio p.* | *Cartolina, biglietto p.*, che si vendono già affrancati con francobollo stampato | *Pacco p.*, spedito per posta. **B** s. m. • Nave, treno o altro mezzo di comunicazione adibito al servizio postale.

postalizzàre [da *postale*] v. tr. • Inoltrare raccomandate, espressi o telegrammi con il sistema postale ordinario, qualora essi non abbiano potuto essere recapitati più celermente.

postàre [da *posto*] **A** v. tr. (*io pòsto*) • (*raro*) Collocare a posto, mettere al suo posto | Disporre sul terreno per l'impiego armi, soldati o artiglierie | *P. le sentinelle*, dislocarle nei punti in cui devono svolgere il servizio. **B** v. intr. pron. • Collocarsi, fermarsi | Appostarsi.

postatòmico [comp. di *post-* e *atomico*] agg. (pl. m. *-ci*) **1** Successivo alla scoperta e all'impiego dell'energia nucleare: *era postatomica.* **2** Successivo a un'ipotetica catastrofe atomica finale: *scenario p.* **3** (*fig.*) Desolato, irreale: *paesaggio p.*

postavanguàrdia [comp. di *post-* e *avanguardia*] s. f. • Movimento artistico e letterario successivo a precedenti correnti di avanguardia.

postazióne [da *postare*] s. f. • (*mil.*) Tratto di terreno occupato da un'arma pesante o da un pezzo di artiglieria, organizzato per assicurare le migliori condizioni di tiro e la protezione del personale | *P. di lancio*, area temporaneamente occupata da un pezzo di artiglieria o missili per eseguire una missione di fuoco | (*est.*) Luogo dove si colloca un impianto di ripresa o di registrazione: *p. microfonica.*

postbèllico o (*pop.*) **posbèllico** [dall'espressione lat. *pŏst bĕllum* 'dopo la guerra'. V. *post-* e *bellico*] agg. (pl. m. *-ci*) • Proprio dell'epoca susseguente a una guerra: *crisi postbellica*; *mentalità postbellica.* CONTR. Prebellico.

postbruciatóre [comp. di *post-* e *bruciatore*] s. m. • Dispositivo che inietta combustibile nell'effusore di un turboreattore per aumentare l'energia del gas uscente e quindi la spinta.

postcommotìvo [comp. di *post-* e *commotivo*] agg. • (*med.*) Che segue a una commozione cerebrale: *sindrome postcommotiva.*

postcommùnio [comp. del lat. *post* 'dopo' (V. *post-*) e *commūnio* (nom.) 'comunione' (in senso religioso)] s. m. • Orazione che il celebrante cattolico recita, nella messa, dopo la comunione.

postcomunìsmo o **post-comunìsmo** [comp. di *post-* e *comunismo*] s. m. **1** Periodo successivo alla crisi su scala mondiale dell'ideologia comunista, avvenuta a partire dalla fine degli anni Ottanta. **2** Condizione politico-economica posteriore al crollo dei regimi comunisti dell'Est europeo, con particolare riferimento all'ex Unione Sovietica e ai Paesi satelliti.

postconciliàre [comp. di *post-* e *concilio*, con suff. agg.] agg. • Posteriore a un concilio, spec. al Concilio Vaticano II: *spirito, atteggiamento p.*

postcongressuàle [comp. di *post-* e *congresso*, con suff. agg.] agg. • Posteriore a un congresso: *riunione p.*

postconsonàntico o **posconsonàntico** [comp. di *post-* e *consonante*, con suff. agg.] agg. (pl. m. *-ci*) • (*ling.*) Detto di suono che viene dopo una consonante.

postdatàre o (*pop.*) **posdatàre** [comp. di *post-* e *datare*] v. tr. **1** Segnare su una lettera o documento una data posteriore a quella reale. **2** Mutare la data generalmente attribuita a certi fatti o avvenimenti in seguito a indagini, esami critici e sim. stabilendone una posteriore.

postdatàto o (*pop.*) **posdatàto**. part. pass. di *postdatare*; anche agg. • Nei sign. del v.

postdatazióne s. f. • Atto, effetto del postdatare.

postdentàle o **posdentàle** [comp. di *post-* e *dentale*] agg. • (*ling.*) Detto di suono nella cui articolazione la lingua batte contro la superficie interna dei denti incisivi.

postdibattimentàle agg. • (*dir.*) Relativo al postdibattimento.

postdibattiménto [comp. di *post-* e *dibattimento*] s. m. • (*dir.*) Fase del processo penale successiva alla fase dibattimentale.

postdiluviàle [comp. di *post-* e *diluviale*] agg.; anche s. m. • (*geol., raro*) Olocenico, Olocene.

postdiluviàno o (*raro*) **posdiluviàno** [comp. di *post-*, *diluvi(o)* e *-ano* (*1*), in opposizione ad *antidiluviano*] agg. • Posteriore al diluvio.

posteggiàre (1) [da *posta* (*1*)] v. tr. (*io postéggio*) • (*raro*) Fare la posta a qc., spec. per coglierlo alla sprovvista.

posteggiàre (2) [da *posto*] v. tr. e intr. (*io postéggio*; aus. *avere*) • Sistemare in un posteggio: *p. l'auto*; *non so dove p.*; *in questa zona è impossibile trovare da p.* SIN. Parcheggiare.

posteggiatóre [da *posteggiare* (*2*)] s. m. (f. *-trice*) **1** Custode delle automobili nei posteggi. **2** A Napoli, suonatore girovago. **3** A Roma, venditore che occupa un determinato posto in mercati e sim., pagando il relativo posteggio.

postéggio [da *posteggiare* (*2*)] s. m. **1** Luogo in cui i veicoli in servizio pubblico sostano, in attesa di clienti | Luogo in cui si lasciano in custodia veicoli | Parcheggio custodito. **2** Posto spettante dietro pagamento a un rivenditore e alla sua merce, in una piazza, un mercato e sim.: *è il p. migliore*; *il p. costa parecchio.*

postelegràfico [comp. di *pos(tale)* e *telegrafico*] **A** agg. (pl. m. *-ci*) • Che concerne i servizi postale e telegrafico. **B** s. m. (f. *-a*) • Chi è addetto a tali servizi.

postelegrafònico [comp. di *pos(tale)*, *telegra(-fico)* e *(tele)fonico*] **A** agg. (pl. m. *-ci*) • Che concerne i servizi postali, telegrafici, telefonici. **B** s. m. (f. *-a*) • Chi è addetto a tali servizi.

postelementàre [comp. di *post-* ed *elementare*] agg. • Detto dei corsi di studio che seguono quelli elementari.

postèma [aferesi di *apostema*] s. f. **1** †Ascesso. **2** (*fig.*) †Magagna. **3** (*raro*) Cibo indigesto che provoca un senso di peso allo stomaco. **4** †Borsa piena di denaro.

pòster /'pɔster, ingl. 'poustə*/ [vc. ingl. 'manifesto, affisso', da *to post* 'piazzare, collocare', da *post* 'posto'] s. m. inv. • Riproduzione a stampa, della grandezza di un manifesto, di opere d'arte, fotografie di personaggi celebri e no, paesaggi e sim., da appendere alle pareti come oggetto di arredamento.

postergàre [dall'espressione lat. *pŏst tĕrgu(m)* 'dietro il dorso'. V. *post-* e *tergo*] v. tr. (*io postèrgo, tu postèrghi*) **1** (*lett.*) Gettare q.c. dietro le proprie spalle. **2** (*fig.*) Trascurare, disprezzare: *così le invidie / de' pastor neghittosi si postergano* (SANNAZARO). **3** (*fig.*) Postillare con note a tergo. **4** (*dir., econ.*) Permutare, posporre nel grado i creditori ipotecari.

postergazióne s. f. • Atto, effetto del postergare.

posterìa [vc. milan., da *posta* (*1*), nel senso di 'parte del suolo di una piazza o di un mercato assegnato ai singoli venditori'] s. f. • (*sett.*) Negozio di alimentari.

posterióre [vc. dotta, lat. *posteriōre(m)*, compar. di *pŏsterus*. V. *postero*] **A** agg. **1** Che sta dietro: *la parte p. di un oggetto.* CONTR. Anteriore. **2** Che viene dopo: *scritto p.*; *opera di molto, di poco p. alla maturità* | *Testamento p.*, successivo a un altro che viene in tal modo revocato in quanto incompatibile. **3** (*ling.*) Detto di vocale o consonante il cui punto di articolazione è situato nella parte posteriore della cavità orale. CONTR. Anteriore. || **posteriorménte**, avv. **1** Nella parte posteriore. **2** In un tempo, in un periodo successivo. **B** s. m. • (*euf.*) Deretano.

posteriorità s. f. • Condizione o qualità di ciò che è posteriore: *la p. di un evento, di un luogo.* CONTR. Anteriorità.

posterità [vc. dotta, lat. *posteritāte(m)*, da *pŏsterus* 'postero'] s. f. **1** Discendenza: *pensare alla p.* **2** L'insieme di coloro che nasceranno e vivranno dopo di noi: *il giudizio della p.* | *Passare alla p.*, acquistare una fama duratura. **3** (*raro*) I tempi che verranno.

postèrla • V. *postierla.*

pòstero [vc. dotta, lat. *pŏsteru(m)* 'che viene dopo, che viene dietro', comp. di *pŏst* 'dietro, poi' (V. *post-*) e il suff. **-tero*, che indica opposizione tra due (cfr. *maestro*)] **A** agg. • (*raro, lett.*) Che viene o che verrà dopo. **B** s. m. • (*spec. al pl.*) Discendente lontano, uomo di epoche successive a quella a cui ci si riferisce: *il giudizio dei posteri*; *i nostri posteri* | *Passare ai posteri*, divenire famoso, acquistare durevole fama.

pòstero- [tratto da *posteriore*] primo elemento • In aggettivi composti della terminologia anatomica indica posizione posteriore: *posterolaterale*.

posteroanterióre [comp. di *postero-* e *anteriore*] agg. • (*anat.*) Che ha direzione dal dietro verso la parte anteriore del corpo: *proiezione p.*

posterolateràle [comp. di *postero-* e *laterale*] agg. • (*anat.*) Che ha direzione dal dietro verso un lato del corpo.

posteromediàle [comp. di *postero-* e *mediale*] agg. • (*anat.*) Che ha direzione dal dietro verso la linea mediana del corpo.

postfascìsta o **post-fascìsta** [comp. di *post-* e *fascista*] agg. (pl. m. *-i*) • Relativo al periodo successivo alla fine del regime fascista: *le prime elezioni postfasciste*.

postfazióne [da *post-*, sul modello di *prefazione*] s. f. • Scritto che si pone a conclusione di un libro, generalmente a opera di persona diversa dall'autore del libro stesso.

postglaciàle [comp. di *post-* e *glaciale*] agg.; anche s. m. • (*geol.*) Olocene.

postìccia [f. sost. di *posticcio*] s. f. (pl. *-ce*) • Insieme di piante arboree, spec. per la difesa di argini.

posticciàre [da *posticcia*] v. tr. (*io postìccio*) • (*raro*) Piantare filari d'alberi.

†**posticciàta** [da *posticcia*] s. f. • Piantata di alberi a difesa di argini.

†**posticciatùra** s. f. • Lavoro del posticciare.

postìccio [lat. tardo *appositīciu(m)*, da *appŏsitus*, part. pass. di *appōnere* 'porre a fianco' (V. *apporre*)] **A** agg. (pl. f. *-ce*) **1** Detto di ciò che è artificiale, finto, e sostituisce q.c. di naturale che manca: *capelli posticci*; *mi farò accomodare una barba posticcia che sii a proposito* (BRUNO). **2** (*raro*) Provvisorio: *ponte p.* || **posticciaménte**, avv. In modo posticcio, provvisorio, illegittimo. **B** s. m. **1** Toupet. **2** Appezzamento di terreno dove si pongono provvisoriamente le piante prima del trapianto. **3** (*mar.*) Nelle galere, palco che sporgeva sul fondo come passaggio laterale e posto di combattimento.

posticìno [da *posto* col suff. *-ino* e l'infisso *-c-*] s. m. **1** Dim. di *posto* (*2*). **2** Luogo ameno e tranquillo, gener. fuori mano (*anche iron.*): *finalmente un bel p.!* **3** Posto di lavoro non eccelso ma sicuro: *un p. statale*. **4** Locale pubblico accogliente e non pretenzioso, spec. nel campo della ristorazione: *cenare in un p. niente male*.

posticipàre [vc. dotta, lat. tardo *posticipāre* 'seguire a', da *pŏst* (V. *post-*), in opposizione ad *anticipāre* 'anticipare'] **A** v. tr. (*io postìcipo*) • Fare una cosa dopo il tempo precedentemente fissato: *p. l'appuntamento di un'ora*; *p. il matrimonio*. CONTR. Anticipare. **B** v. intr. (aus. *avere*) • (*raro*) Verificarsi o venire più tardi del dovuto.

posticipàto part. pass. di *posticipare*; anche agg. • Nei sign. del v. || **posticipataménte**, avv. Dopo il tempo fissato in precedenza.

posticipazióne s. f. • Atto, effetto del posticipare.

postìco [vc. dotta, lat. *postīcu(m)*, nt. sost. di *postīcus* 'posteriore', da *pŏst* 'dietro' (V. *post-*)] agg. (pl. m. *-chi*) • (*arch.*) Che è nella parte posteriore di un edificio.

postière [da *posta* (*1*)] s. m. **1** Nei tempi antichi, organizzatore di un servizio di diligenze. **2** †Postiglione. **3** †Postino.

†**postièri** [lat. *pŏst hĕri*, propriamente 'dietro a ieri'. V. *post-* e *ieri*] avv. • Ieri l'altro.

postièrla o **postèrla**, **pustièrla** [lat. tardo *postĕrula(m)* (*pŏrtam*), dim. f. di *pŏsterus* 'che viene dietro'. V. *postero*] s. f. • Piccola porta di torri, mura, castelli e sim. per il passaggio di una persona per volta. ➡ ILL. p. 361 ARCHITETTURA.

postiglióne [da *posta* (*1*) nel sign. 3] s. m. • Chi guidava i cavalli delle vetture di posta, montando quello di sinistra | Cocchiere di carrozza signorile, che guidava cavalcando un cavallo della pariglia.

postìlla [lat. *pŏst īlla* 'dopo quelle (parole)'. V. *post-* e *egli*] s. f. • Breve annotazione, collocata di solito nel margine esterno delle pagine di un libro, di un atto o documento scritto in genere. SIN. Chiosa, glossa.

postillàre [da *postilla*] v. tr. • Far postille, annotare. SIN. Chiosare, glossare.

postillàto part. pass. di *postillare*; anche agg. • Nei sign. del v.

postillatóre s. m. (f. *-trice*) • Chi fa postille. SIN. Chiosatore, glossatore.

postillatùra s. f. • Atto, effetto del postillare | Complesso di postille.

postìme [da *posto*] s. m. • (*agr.*) Pianticella da trapiantarsi allevata in vivaio: *p. di abeti* | Appezzamento dove sono piante da trapiantare.

postimpressionìsmo [comp. di *post-* e *impressionismo*] s. m. • Movimento artistico successivo all'impressionismo, caratterizzato dalla semplificazione del disegno, dalla soppressione del modellato e dalla ricerca di uno stile squisitamente illustrativo.

postindustriàle [comp. di *post-* e *industriale*] agg. • Relativo allo stadio evolutivo dell'economia di un paese in cui le attività terziarie predominano sulle attività industriali e agricole.

postinfartuàle [comp. di *post-* e *infartuale*] agg. • (*med.*) Che è conseguente a infarto, spec. miocardico: *decorso p.*

postinfluenzàle [comp. di *post-* e *influenzale*] agg. • (*med.*) Che si manifesta dopo o come conseguenza di una influenza: *sintomo p.*

postìno [da *posta* (*1*)] s. m. (f. *-a*) **1** Portalettere. **2** (*gener.*) Vettore di messaggi: *il p. dei rapitori*.

†**postióne** [lat. parl. **posteriōne(m)*, da *pŏsterus* (V. *postero*)] s. m. • (*raro*) Deretano.

post-it ® /ˈpɔstit, *ingl.* ˈpoustit/ [nome commerciale] s. m. inv. • Foglietto autoadesivo rimovibile, sul quale si può scrivere un promemoria o un messaggio e che può essere attaccato in evidenza su qualsiasi superficie.

postìte [comp. del gr. *pósthē* 'prepuzio' e *-ite* (*1*)] s. f. • (*med.*) Infiammazione del prepuzio.

postlimìnio o **poslimìnio** [vc. dotta, lat. *postlimĭniu(m)*, comp. di *pŏst* 'dopo' (V. *post-*) e *līmen*, genit. *līminis* 'frontiera, confine' (V. *liminare*)] s. m. • Nel diritto romano, diritto riconosciuto al cittadino, caduto in prigionia di guerra e poi rientrato in patria, di recuperare l'antecedente stato giuridico.

postlùdio • V. *posludio*.

postmatùro [comp. di *post-* e *maturo*] agg. • (*med.*) Detto di neonato che permane nell'utero oltre il normale periodo di gestazione di 42 settimane.

postmilitàre [comp. di *post-* e *militare*] agg. • Successivo al servizio militare.

postmodernìsmo o **post-modernìsmo** [comp. di *post-* e *modernismo*] s. m. • Indirizzo o atteggiamento caratterizzato dall'adesione alle esperienze culturali postmoderne.

postmodèrno o **post-modèrno** [comp. di *post-* e *moderno*, calco sulla vc. ingl. *post-modern*, usata per la prima volta in campo architettonico da C. Jencks in un'opera del 1977] agg. **1** (*arch.*) Detto di ciascuna delle correnti fiorite alla fine degli anni '70, che tendono al superamento degli schemi funzionali e dei modelli formali del cosiddetto "movimento moderno", cioè dell'architettura razionalistica e dei suoi epigoni. **2** (*est.*) Detto di ogni comportamento o atteggiamento di costume che tende al recupero, in chiave sentimentalistica e formalistica, dei valori del passato.

pósto (**1**) [lat. *pŏsitu(m)*, part. pass. di *pōnere* 'porre'] part. pass. di *porre*; anche agg. **1** Nei sign. del v. **2** *p. che*, dato che | *P. ciò*, premesso questo.

pósto (**2**) [V. precedente] s. m. **1** Luogo determinato, assegnato a qc. o a q.c.: *prendere il proprio p.*; *mettere ogni cosa al suo p.* | *Essere a p.*, in ordine | *Mettere a p.*, riordinare e (*fig.*) richiamare, redarguire qc.: *un giorno o l'altro ti metto a p. io!* | *Mettere le cose a p.*, (*fig.*) sistemare una questione controversa, una situazione difficile, chiarire un equivoco e sim. | *Essere, sentirsi a p. con la coscienza*, avere la coscienza tranquilla, non avere rimorsi e sim. | *Tenere le mani a p.*, stare fermo con le mani, non toccare ciò che non si deve | *Tenere la lingua a p.*, non parlare fuori luogo, controllare il proprio linguaggio | (*fig.*) *Avere la testa a p.*, essere saggio, equilibrato | (*fig.*) *Essere una persona a p.*, degna di stima e di fiducia | *Al p. di*, in vece, in sostituzione di. **2** Spazio libero: *questo mobile occupa troppo p.*; *fate, lasciate un po' di p.*; *non ho p. per mettere la mia roba*; *esci, qui non c'è più p. per nessuno* | (*est.*) Spazio circoscritto destinato o riservato a un determinato fine | *P. telefonico pubblico*, locale dove sono installati un apparecchio telefonico e i suoi eventuali accessori, a disposizione del pubblico per conversazioni telefoniche | *P. di blocco ferroviario*, cabina situata lungo un tracciato ferroviario, contenente i comandi degli apparecchi di segnalazione e protezione installati lungo un tratto di linea | *P. letto*, ognuna delle stanze, o dei letti, disponibili in alberghi, ospedali e sim. | *P. macchina*, in autorimesse, parcheggi e sim., zona, spec. delimitata da strisce, destinata alla sosta di un autoveicolo | *P. barca*, zona destinata all'ormeggio di un natante in porticcioli turistici e sim. | (*est.*) Sedile, sedia o sim. che una persona occupa in luoghi, locali e mezzi pubblici: *stadio con centomila posti*; *automobile a cinque posti*; *prenotare due posti di platea*; *scusi, è libero questo p.?*; *cedi il tuo p. alla signora*; *i posti a sedere sono esauriti* | *Posti in piedi*, quando tutti i posti a sedere di un locale pubblico sono occupati | *P. d'onore*, quello tradizionalmente riservato, spec. a tavola, alla persona più importante | *P. in Parlamento*, seggio | Con riferimento ad aule scolastiche: *assegnare i posti agli alunni*; *torna al tuo p.*; *interrogare qc. dal p.*; *rispondere dal p.* **3** (*mil.*) Luogo assegnato a ogni soldato nei ranghi del reparto | *P. di guardia*, luogo dove risiede una guardia, dal quale vengono distaccate le sentinelle in turno di servizio | *P. di comando*, dove è dislocato il comandante di una unità in azione, con il proprio personale | *P. di medicazione*, luogo prossimo ai reparti in prima linea per il primo soccorso ai feriti | *P. di blocco*, lungo una via di comunicazione, luogo dove vengono collocati sbarramenti, per permettere, spec. da parte di forze dell'ordine, un controllo su persone e mezzi in transito. **4** Incarico, impiego, ufficio: *un p. di segretario, magistrato, professore, cuoco*; *cercare un p. nelle ferrovie, nell'amministrazione statale, in un ente*; *ha trovato un ottimo p.*; *spero di non perdere il p.* | *Essere a p.*, avere un buon lavoro | *Mettere, mettersi a p.*, procurare ad altri o trovare per sé una buona sistemazione. **5** Località, luogo, posizione: *un p. ignorato dai turisti*; *sono posti ameni*; *non ho mai visto questo p.*; *gente, usanze del p.*; *la casa si trova in uno splendido p.* | *Sul p.*, in quella determinata località di cui si parla, in cui ci si trova o ci si deve recare: *completeremo l'equipaggiamento sul p.*; *recarsi, accorrere sul p.*; *mi trovavo sul p. quando è successa la disgrazia* | *Conquistare un p. al sole*, di nazione, espandersi conquistando nuovi territori e (*fig.*) di persona, raggiungere una buona posizione sociale, e quindi l'agiatezza | (*est.*) Locale pubblico, in genere: *conosco un p. dove si mangia bene*; *non dovresti frequentare posti del genere* | (*euf.*) *Quel p.*, *quel certo p.*, il gabinetto: *devo andare in quel p.*; *dov'è quel p.?* || **postàccio**, pegg. | **posticìno**, dim. (V.) | **postùccio**, dim.

postònico [comp. di *post-* e *tonico*] agg. (pl. m. *-ci*) • (*ling.*) Detto di sillaba che segue quella accentata.

postoperatòrio [comp. parasintetico di *post-* e *operazione*, secondo il rapporto *operazione-operatorio*] agg. • Che segue a una operazione chirurgica: *decorso p.*

post partum /*lat.* ˈpɔst ˈpartum/ [loc. lat., 'dopo (*pŏst*) il parto (*părtu(m)*)'] **A** loc. sost. m. inv. • (*med.*) Il periodo di poche ore immediatamente successivo al parto. **B** loc. agg. inv. • Che si riferisce a tale periodo: *pediatria post partum*.

postprandiàle [dal lat. *pŏst prăndium* 'dopo pranzo' (V. *post-* e *pranzo*), con suff. agg.] agg. • (*lett.*) Successivo al pranzo: *passeggiata p.*

postraumàtico [comp. parasintetico di *post-* e *trauma*, secondo il rapporto *trauma-traumatico*] agg. (pl. m. *-ci*) • (*med.*) Successivo a un trauma, causato da un trauma.

postrèmo [vc. dotta, lat. *postrēmu(m)*, da *pŏsterus* (V. *postero*), sul modello di *extrēmus* 'estremo' e *suprēmus* 'supremo'] agg. • (*lett.*) Ultimo: *gli*

Achivi insegue Ettorre, e sempre / uccidendo il p., li disperde (MONTI).

postribolàre agg. ● Di, da postribolo.

postribolo [vc. dotta, lat. *prostĭbulu(m)*, con dissimilazione. *Prostĭbulum* è da *prostāre* 'stare davanti, essere esposto in pubblico, in vendita', poi anche 'prostituirsi', comp. di *prō* 'davanti' (V. *pro*) e *stāre* 'stare'] s. m. ● (*lett.*) Casa di meretricio, di prostituzione. SIN. Bordello.

postridentino [comp. di *post-* e *tridentino*] agg. ● Che avviene dopo il Concilio di Trento.

postrisorgimentàle /post-risordʒimen'tale/ [comp. di *post-* e *risorgimentale*] agg. ● Che è tipico del periodo immediatamente seguente al Risorgimento o che lo concerne.

post scriptum /lat. post 'skriptum/ [loc. lat., V. *poscritto*] loc. sost. m. inv. (pl. lat. *post scripta*) ● Poscritto.

postulànte **A** part. pres. di *postulare*; anche agg. ● Nei sign. del v. **B** s. m. e f. *1* Chi postula: *la turba dei postulanti*. *2* Nella regola di alcuni ordini religiosi, chi chiede di essere ammesso come novizio ed è nel periodo del postulato.

postulàre [vc. dotta, lat. *postulāre*, di origine indeur., avvicinato poi a *pōscere* 'chiedere'] v. tr. (*io pòstulo*) *1* Chiedere con insistenza: *p. cariche, benefici*. *2* Chiedere l'ammissione a un ordine religioso | Difendere la causa di canonizzazione di un beato. *3* (*filos.*) Considerare come vera, per ragioni particolari, una proposizione non evidente né dimostrata.

postulàto (1) [part. pass. di *postulare*] s. m. ● (*filos., mat.*) Proposizione priva di evidenza e non dimostrata ma ammessa ugualmente come vera in quanto necessaria per fondare un procedimento o una dimostrazione.

postulàto (2) [da *postulare* nel sign. 2, sul modello di *noviziato*] s. m. ● Periodo di prova cui è sottoposto chi aspira ad entrare in un ordine religioso.

postulatóre [vc. dotta, lat. *postulatōre(m)*, da *postulātus*, part. pass. di *postulāre* 'postulare'] s. m. (f. *-trice*) *1* (*raro*) Chi postula. *2* Nel diritto canonico, sacerdote secolare o religioso che tratta presso il tribunale della Sacra Congregazione dei riti la causa di beatificazione di un servo di Dio o quella di santificazione di un beato.

postulatòrio [vc. dotta, lat. *postulatōriu(m)*, da *postulātor*, genit. *postulatōris* 'postulatore'] agg. ● (*raro*) Che attiene o riguarda il postulare.

postulazióne [vc. dotta, lat. *postulatiōne(m)*, da *postulātus*, part. pass. di *postulāre* 'postulare'] s. f. *1* (*raro*) Atto, effetto del postulare. *2* †Domanda, preghiera.

pòstumo [vc. dotta, lat. *pŏstumu(m)*, da *pŏst* 'dietro, poi' (V. *post-*)] **A** agg. *1* Che è nato dopo la morte del padre: *figlio p.* *2* Di opera pubblicata dopo la morte dell'autore: *gli scritti linguistici postumi del Manzoni* | (*est.*) Detto di ciò che avviene tardi: *gloria postuma*. **B** s. m. *1* Effetto tardivo o conseguenza di una malattia. *2* (*spec. al pl.*) I fatti conseguenti a qc.: *i postumi della congiuntura economica*.

postunitàrio o **post-unitàrio** [comp. di *post-* e *unitario*] agg. ● Successivo all'unificazione politica di una nazione, con particolare riferimento a quella italiana: *governi postunitari*.

postuniversitàrio o **post-universitàrio** [comp. di *post-* e *universitario*] agg. ● Successivo al conseguimento della laurea universitaria: *corso p. di perfezionamento*.

postùra [V. *positura*] s. f. *1* (*raro*) Posizione | Disposizione di un campo o di un esercito sul terreno. *2* (*fisiol.*) Atteggiamento abituale del corpo umano o animale, dovuto alla contrazione di muscoli scheletrici che agiscono contro la gravità. *3* †Congiura, accordo segreto, intesa fraudolenta.

posturàle agg. ● (*fisiol.*) Di postura | *Riflessi posturali*, riflessi muscolari che dipendono dalla posizione del corpo nello spazio, o di una determinata parte del corpo rispetto al resto.

postùtto [comp. di *post-* e *tutto*] avv. ● Solo nella loc. avv. *al p.*, alla fine, alla fin fine, insomma.

postvocàlico [comp. di *post-* e *vocale*, con suff. agg.] agg. (pl. m. *-ci*) ● (*ling.*) Detto di suono che viene dopo una vocale.

postvulcànico [comp. di *post-* e *vulcanico*] agg. (pl. m. *-ci*) ● (*geol.*) Detto di fenomeni conseguenti ad attività vulcanica e che continuano a verificarsi anche nei periodi di quiescenza, come emanazioni di gas o sorgenti termali.

potàbile [vc. dotta, lat. tardo *potābile(m)*, da *potāre* 'bere'. V. *pozione*] agg. ● Che si può bere senza pregiudizio per la salute: *acqua p.*

potabilità s. f. ● Qualità di ciò che è potabile.

potabilizzàre [comp. di *potabile* e *-izzare*] v. tr. ● Rendere potabile.

potabilizzazióne s. f. ● Atto, effetto del potabilizzare.

potage /fr. pɔ'taʒ/ [vc. fr., da *pot* 'vaso, pentola' (forse di origine preceltica): propr. 'ciò che si mette in pentola'] s. m. inv. ● Minestra passata, normalmente di verdura.

potàggio o **pottàggio** [adattamento del fr. *potage* (V.)] s. m. ● (*gener.*) Pietanza di carne in umido.

†**potagióne** ● V. †*potazione (2)*.

potaiòlo [da *potare*] s. m. ● Potatoio.

pòtamo-, -pòtamo [dal gr. *potamós* 'fiume', di origine incerta] primo e secondo elemento ● In parole composte, per lo più della terminologia scientifica, significa 'fiume', 'di fiume': *potamologia, miopotamo*.

potamochèro [comp. di *potamo-* e del gr. *chôiros* 'porco' (di origine indeur.): detto così perché vive vicino ai fiumi] s. m. ● Mammifero africano dei Suidi, rossiccio, con orecchie appuntite e munite di un ciuffo all'estremità (*Potamochoerus porcus*). SIN. Cinghiale rosso.

Potamogetonàcee [vc. dotta, comp. del gr. *potamogéitōn*, propriamente '(erba che nasce) vicino al fiume', comp. di *potamós* 'fiume' (V. *potamo-*) e *géitōn* 'vicino' (di etim. incerta), e *-acee*] s. f. pl. ● Nella tassonomia vegetale, famiglia di piante acquatiche monocotiledoni erbacee delle Elobie a foglie nastriformi o filiformi su cauli articolati e nodosi (*Potamogetonaceae*) | (al sing. *-a*) Ogni individuo di tale famiglia.

potamologìa [comp. di *potamo-* e *-logia*] s. f. (pl. *-gie*) ● Settore dell'idrografia che si occupa dello studio dei fiumi.

Potamònidi [dal gr. *potamós* 'fiume' (V. *potamo-*) e *-idi*] s. m. pl. ● Nella tassonomia animale, famiglia di Crostacei dei Brachiuri cui appartengono i granchi d'acqua dolce, più comuni nella regione mediterranea (*Potamonidae*) | (al sing. *-e*) Ogni individuo di tale famiglia.

potamòtoco [comp. del gr. *potamós* 'fiume' (V. *potamo-*) e *-tókos* 'che genera' (della stessa famiglia di *tíktein* 'generare', di origine incerta)] agg. (pl. m. *-chi*) ● (*zool.*) Detto di pesce che, dal mare, risale i fiumi per riprodurvisi, come, per es., il salmone e lo storione.

potàre [lat. *putāre* 'nettare, ripulire, potare', poi 'ritenere, credere', di origine indeur.] v. tr. (*io póto*) *1* Tagliare ad arte rami di alberi per scopi diversi, spec. per conferire una determinata forma alla pianta, regolare la produzione dei frutti, sfoltire la chioma, e sim. (*anche ass.*) | *P. lungo, corto*, lasciare rami lunghi, corti | *P. a corona*, tagliando i rami a uguale altezza. *2* (*fig.*) Tagliare: *a chi tagliava sbergo, a chi potando / venir le mani, e cascono i monconi* (PULCI) | *P. un autore*, (*fig.*) ridurlo, amputarne l'opera.

potàssa [ted. *Pottasche*, propriamente 'cenere di vaso', cioè 'cenere di vegetali cotti in un vaso', comp. di *Pott* 'vaso' (dal fr. *pot*. V. *potaggio*) e *Asche* 'cenere', di origine indeur.] s. f. ● (*chim.*) Carbonato di potassio usato nella fabbricazione di alcuni vetri, di saponi molli, nella preparazione di altri sali potassici e nell'analisi chimica | *P. caustica*, idrossido di potassio, alcali caustico forte, ottenuto per elettrolisi del cloruro potassico, usato per fabbricare saponi molli e in molte altre industrie, oltre che in farmacia e nell'analisi chimica.

potàssico agg. (pl. m. *-ci*) ● (*chim.*) Di composto del potassio: *cloruro, solfato, nitrato p.* | *Carbonato p.*, potassa | *Idrossido p.*, potassa caustica.

potassiemìa [comp. di *potassi(o)* ed *-emia*] s. f. ● (*med.*) Concentrazione di potassio nel sangue.

potàssio [da *potassa*] s. m. ● Elemento chimico, metallo alcalino bianco-argenteo che reagisce violentemente con l'acqua formando idrossido, molto diffuso in natura nei suoi composti che sono usati per fertilizzanti, in farmacia, in fotografia, in enologia. SIMB. K | *Carbonato di p.*, potassa | *Ioduro di p.*, usato in molte sintesi organiche e in medicina come espettorante | *Bromuro di p.*, sedativo del sistema nervoso con azione depressiva sul cuore | *Permanganato di p.*, ad azione disinfettante | *Clorato di p.*, usato spec. per la disinfezione del cavo orale nelle faringiti e stomatiti.

potàto part. pass. di *potare*; anche agg. ● Nei sign. del v.

potatóio [lat. tardo *putatōriu(m)* 'che serve a potare', da *putātus* 'potato'] s. m. ● Strumento per potare di forma e dimensioni diverse. SIN. Ronchetto, roncola.

potatóre [vc. dotta, lat. *putatōre(m)*, da *putātus* 'potato'] s. m. (f. *-trice*) ● Chi fa la potatura.

potatrìce [da *porta(re)* col suff. *-trice*] s. f. ● (*agr.*) Macchina agricola per potare.

potatùra s. f. ● Atto e modo del potare: *la stagione della p.*; *p. a cordone, a piramide* | Insieme di rami tagliati.

pot-au-feu /fr. pɔto'fø/ [vc. fr., propriamente 'pentola al fuoco'. V. *potage*] s. m. inv. (pl. fr. inv.) ● Lesso, bollito di manzo alla francese.

†**potazióne (1)** [vc. dotta, lat. *potatiōne(m)*, da *potāre* 'bere'. V. *pozione*] s. f. *1* Bevuta, libazione. *2* Bevanda.

†**potazióne (2)** o †**potagióne** [lat. *putatiōne(m)*, da *putātus* 'potato'] s. f. ● Potatura.

†**potentàrio** [da *potente*] s. m.; anche agg. ● Signore, dominatore. || †**potentariaménte**, avv. Da dominatore.

potentàto [vc. dotta, lat. *potentātu(m)*, da *pŏtens*, genit. *potĕntis* 'potente'] s. m. *1* Dominio, stato potente. *2* (*est.*) Sovrano, principe di uno Stato.

potènte [vc. dotta, lat. *potĕnte(m)*, da un ant. **pŏtere* (poi sostituito da *pŏsse*): da avvicinare a *pĕtere* 'chiedere' (V. †*petere*) (?)] **A** agg. *1* Che può molto, in senso fisico o morale: *esercito, nazione p.*; *un uomo p. presso il Ministero, nell'ambiente sportivo*; *un uomo p. per ricchezza, armi* | *Ingegno p.*, di grande capacità | *Fantasia p.*, ricca e sviluppata. *2* Pieno di forza, energia, gagliardia: *volontà, muscolatura, voce p.*; *un vento p. squassava gli alberi* | *Sberla, pugno p.*, dati con grande forza | *Vino, liquore p.*, molto alcolico | *Caffè p.*, molto concentrato | *Odore p.*, molto intenso. *3* Che sviluppa grande potenza: *i potenti aviogetti* | Di grande efficacia: *carburante, veleno, medicamento p.* *4* (*raro*) Particolarmente atto o dotato: *p. a fare, a dire, a vincere*. *5* †Eminente. || **potenteménte**, avv. In modo potente, con potenza. **B** s. m. ● Chi ha grande potere e influenza: *i potenti della terra*.

potentìlla [dim., con suff. latineggiante, del lat. *potĕntia* 'potenza, potere', nel sign. di 'piccola virtù (medicinale)'] s. f. ● (*bot.*) Cinquefoglie.

potentìno **A** agg. ● Di, relativo a, Potenza. **B** s. m. (f. *-a*) ● Abitante, nativo di Potenza.

potènza o †**potènzia** [vc. dotta, lat. *potĕntia(m)*, da *pŏtens*, genit. *potĕntis* 'potente'] s. f. *1* Il fatto di potere molto, natura o qualità di chi, di ciò che è potente: *è fiero della sua p.*; *nulla può opporsi alla vostra p. economica*; *la loro p. militare è preoccupante*; *p. di dire, di fare*. *2* Grande forza, energia o intensità: *ha provato la p. dei suoi pugni*; *la p. di quel cavallo è incredibile*; *roccia sbriciolata dalla p. delle onde* | Grande capacità: *la p. della sua mente, della vostra fantasia* | (*med.*) *P. sessuale*, capacità dell'uomo di avere rapporti sessuali completi con una donna. CONTR. Impotenza. *3* Capacità di produrre effetti concreti su q.c. o su qc.: *le armi moderne hanno una p. terrificante*; *ignoro la p. dell'odio*; *oratore di grande p.* *4* Grande autorità, influenza determinante: *la p. delle banche, della stampa*; *tu mostri di non conoscere la p. della moda* (LEOPARDI). *5* Individuo, gruppo, categoria o stato che dispone di qualità, capacità e mezzi eccezionali ed è in grado di imporsi agli altri: *non metterti contro di lui, è una p.* | *Grandi potenze*, gli stati che eccellono in campo economico e militare. *6* (*filos.*) Possibilità di produrre o di subire mutamenti: *p. attiva, passiva* | *In p.*, allo stato di possibilità | *Potenze dell'anima*, facoltà. *7* (*fis.*) Lavoro compiuto nell'unità di tempo: *p. di un motore, di un alternatore* | *P. al freno, di un motore*, misurata al freno dinamometrico | *P. fiscale*, valore convenzionale ottenuto dal calcolo di una formula matematica in cui figurano la cilindrata e il numero dei cilindri dei motori a scoppio, per classificare gli autoveicoli agli effetti fiscali | *P. elettrica*, lavoro prodotto nell'unità di tempo da una corrente elettrica | Nella leva e nelle macchine semplici, la forza attiva che deve equilibrare o superare la resistenza. ***8*** (*mat.*) Il numero che si ottiene elevando a un certo esponente quello dato | *Seconda p. d'un numero*, il quadrato del numero, il numero per se stesso | *All'ennesima p.*, (*fig.*) massimamente, estremamente: *è odioso all'ennesima p.* ***9*** (*geol.*) Spessore di un giacimento stratiforme di minerale | *P. ridotta*, quella del solo minerale utile contenuto.

potenziàle [dal lat. *potĕntia* 'potenza'] **A** agg. ***1*** Che dispone della possibilità di realizzarsi: *dati, attitudini potenziali* | (*fis.*) *Energia p.*, quella posseduta da un corpo che si trova in posizione tale da poter effettuare un lavoro senza l'intervento di forze esterne. ***2*** (*ling.*) Di forma verbale che esprime una possibilità. || **potenzialménte**, avv. In potenza. **B** s. m. ***1*** (*fis.*) Grandezza caratteristica di particolari campi di forza il cui valore dipende dalla posizione | *P. elettrico, magnetico in un punto*, lavoro delle forze nel trasporto dell'unità di massa elettrica, magnetica, da quel punto all'infinito | *Differenza di p.*, rapporto fra il lavoro compiuto per spostare una carica da un punto all'altro di un campo elettrico e la carica elettrica. ***2*** Correntemente, tensione elettrica, differenza di potenziale. ***3*** (*fig.*) Il complesso delle possibilità disponibili in un ente, organismo e sim.: *p. nucleare di uno Stato.*

potenzialità [da *potenziale*] s. f. ***1*** Caratteristica fondamentale di tutto ciò che è in potenza e che non è ancora in atto. ***2*** (*mecc.*) Produzione di lavoro di una macchina, di un impianto e sim. nell'unità di tempo.

potenziaménto s. m. ***1*** Atto, effetto del potenziare: *il p. delle industrie meccaniche, chimiche.* ***2*** (*farm.*) Fenomeno di interazione tra due farmaci che consiste principalmente in un reciproco aumento di attività e che permette la somministrazione di dosi inferiori a quelle usate per gli stessi farmaci presi singolarmente, con il conseguente vantaggio della diminuzione di eventuali effetti collaterali.

potenziàre [dal lat. *potĕntia* 'potenza'] v. tr. (*io potènzio*) ***1*** Portare a un alto grado di efficienza o di sviluppo: *p. un'attività economica, il turismo.* SIN. Incrementare. ***2*** (*farm.*) Provocare il potenziamento: *p. gli effetti di un farmaco.*

potenziàto part. pass. di *potenziare*; anche agg. ***1*** Nei sign. del v. ***2*** (*arald.*) *Croce potenziata*, con i bracci a forma di T | †Dominato, signoreggiato.

potenzintèrra [da *potenz*(*a di Dio*) *in terra*] inter. ● (*raro*) Esprime meraviglia, sdegno e sim.

potenziòmetro [comp. del lat. *potĕntia* 'potenza' e *-metro*] s. m. ***1*** (*elettr.*) Strumento per misurare le differenze di potenziale tra punti diversi di un circuito elettrico. ***2*** Reostato.

potére o †**podére** (**2**) [lat. parl. **potēre*, rifatto su *pŏtens*, genit. *potĕntis* 'potente' e sulle altre forme (*pŏtes* 'tu puoi', *pŏtui* 'io potei' ecc.) inizianti per *pot-*. Il classico *pŏsse* è comp. di *pŏtis* 'signore, che può', di origine indeur., ed *ĕsse* 'essere'] **A** v. intr. (pres. *io pòsso, tu puòi*, pop. *pòi, egli può*, pop. *pò*, poet. †*pòte*, poet. †*puòte*, pop. tosc. *pòle*, pop. †*puòle*, *noi possiàmo*, pop. †*potiàmo*, dial. †*potémo, voi potéte*, †*posséte, essi pòssono*, dial. †*pònno*, †*puònno*; imperf. *io potévo, noi potevàmo*, dial. †*potavàmo, essi potévano*, †*possévano*, poet. †*potièno*, poet. †*potiènò*; pass. rem. *io potéi*, raro *potètti*, †*possètti, tu potésti, essi potérono*, raro *potèttero*, †*poténno*; fut. *io potrò*, †*poterò*, †*porò*; condiz. pres. *io potrèi*, †*poterèi*, †*porèi*, poet. †*potrìa*, poet. †*porìa, tu potrésti, egli potrèbbe*, poet. *potrìa*, poet. †*porìa, essi potrèbbero*, poet. †*potrìano*, poet. †*potrièno*, †*porìano*; congv. pres. *io pòssa, tu pòssa*, pop. *pòssi, essi pòssano*, pop. *pòssino*; congv. imperf. *io potéssi*; ger. *potèndo*, †*possèndo*; part. pres. *potènte*, lett. *possènte*; part. pass. *potùto*, †*possùto*; aus. *avere* se usato ass.; come v. servile ha l'aus. del v. a cui si accompagna: *sono potuto partire*; *ho potuto mangiare*). **I** In un primo gruppo di significati, seguito sempre da un infinito espresso o sottinteso, serve ad esprimere i modi e i gradi della possibilità, l'ipotesi, il desiderio e sim. rispetto all'azione espressa dall'inf. stesso. ***1*** Avere la possibilità di, essere capace o in grado di: *p. fare, non fare q.c.*; *posso andare e venire quando voglio*; *possiamo controllare dall'alto l'intera rete stradale*; *ti risponderei se potessi leggere nel futuro*; *con le armi di cui dispongono, gli uomini possono autodistruggersi*; *come ha potuto fare una cosa simile?*; *non avrei mai pensato che tu potessi commettere azioni così ignobili!* | *Non p.*, essere nella impossibilità di, non essere capace o in grado di: *non posso muovere il braccio*; *non ti posso aiutare, eppure lo vorrei*; *non potevate intervenire prima?* ***2*** Avere il diritto o la facoltà di, essere autorizzato a: *solo io posso rimproverarlo*; *voi non potete parlare adesso, dovete attendere che vi si conceda la parola*; *in casa mia non puoi entrarci*; *non puoi affermare ciò se non ne sei assolutamente certo*; *lui può venire quando vuole, ma io non lo riceverò* | Avere il permesso di: *posso sedermi? posso prendere per favore un bicchiere d'acqua?*; *in casa mia puoi fare ciò che ti piace*; *non posso alzarmi da letto ancora per due giorni*; *non può mangiare cibi troppo pesanti.* ***3*** Essere possibile, probabile, credibile: *tutto può accadere*; *posso anche avere sbagliato, ma non sta a te giudicarmi*; *si possono fare molte cose in una situazione come questa*; *non si poteva verificare nulla di più imbarazzante* | *Può essere che, può darsi che*, è possibile che: *può essere che sia già rientrato*; *potrebbe darsi che la febbre aumenti.* ***4*** Essere ammissibile, lecito, consentito e sim.: *non si può agire così*; *si può essere egoisti, ma non fino a questo punto*; *non si può accusare un uomo se mancano le prove della sua colpevolezza* | *Si può entrare?*, è permesso entrare? | (*ell.*) *Si può?*, si può entrare? ***5*** Essere augurabile, desiderabile: *possa il cielo punirti come meriti!*; *potessimo finalmente trovare un po' di pace!* ***6*** Disporre dei mezzi per, essere in condizione di: *mi ha chiesto di aiutarlo ma non posso*; *si salvi chi può* (*salvarsi*); *fare ciò che si può* (*fare*); *mi faresti un favore? certo, se posso* (*farlo*) | *Colui che tutto può* (*fare*), Dio | *Si fa quel che si può* (*fare*), espressione con cui si esprime un certo rammarico e si chiede comprensione per la limitatezza dei propri mezzi. **II** In un secondo gruppo di significati, il verbo è usato solo ellitticamente e acquista valori più determinati. ***1*** Riuscire a reggere, a portare, o sopportare e sim.: *camminando con la cavalla che molto male potea quella soma* (SACCHETTI). ***2*** Avere forza, vigore, impeto: *in che paese ti trovasti e quando / a poter più di me con l'arme in mano?* (ARIOSTO) | (*raro*) Battere: *uno pratello nel quale l'erba era verde e grande né vi poteva d'alcuna parte il sole* (BOCCACCIO). ***3*** Essere efficace, raggiungere l'effetto voluto: *l'esempio può più della parola*; *spesso dove non può la legge, può la forza* | Avere autorità, essere influente e importante: *p. molto, poco*; *tu puoi molto più di me presso il Ministro.* ***4*** Riuscire a fare, a ottenere, a conseguire e sim.: *l'amore può tutto*; *cosa non può la solidarietà umana?* **III** Ricorre in alcune loc. ● *A più non posso*, con la massima forza, con il maggior impegno possibile, con gran impeto: *guidare, lavorare, correre a più non posso* | *Non poterne più*, non essere più in grado di sopportare, di resistere e sim.: *non ne posso più di tutte queste chiacchiere*; *il dolore era intensissimo e non ne potevo più* | *Non potercela con qc.*, non reggere al confronto. **B** in funzione di s. m. ***1*** Possibilità concreta di fare qc.: *in questa faccenda il mio p. è piuttosto limitato*; *non ho poteri per risolvere il problema* | *A mio p.*, per quanto posso | *Fare ogni suo p.*, tutto ciò che si può fare, ogni sforzo possibile | *A tutto p.*, con ogni mezzo disponibile | Virtù, potenza, forza: *poteri magici, soprannaturali*; *il p. di Dio.* ***2*** Attitudine o capacità di influenzare in modo determinante persone o situazioni: *ha il p. di convincermi con poche parole*; *avere, esercitare un incredibile p. di corruzione* | (*psicol.*) *P. inibitorio*, capacità di bloccare alcune funzioni dell'organismo. ***3*** Balia, possesso, potestà: *ormai il nemico era in nostro p.*; *avevo finalmente in mio p. quell'oggetto tanto desiderato.* ***4*** Facoltà di operare oppure no, a propria discrezione, secondo la propria volontà: *non ha il p. di muoversi*; *questo non è in mio p.*; *i suoi poteri sono limitati*; *il p. spirituale, temporale del Papa* | *P. dissuadente, deterrente*, armamento nucleare che dissuade un potenziale aggressore dall'attaccare | *P. contrattuale*, forza in base alla quale in una trattativa si ha la possibilità di fare accogliere il proprio punto di vista. ***5*** Autorità suprema nell'ambito di una comunità o di uno Stato: *la sete del p.*; *ambire, giungere al p.*; *usare il p. per i propri utili personali.* ***6*** (*dir.*) Capacità accordata dall'ordinamento a un soggetto di diritto, di modificare la propria o l'altrui sfera giuridica: *p. di disporre*; *p. di impulso processuale*; *p. di gravame*; *p. discrezionale*; *p. disciplinare*; *p. legislativo, esecutivo, giudiziario* | *Pieni poteri*, detto dei documenti ufficiali di cui sono muniti gli agenti diplomatici segreti e quelli inviati a conferenze, congressi e sim., che determinano lo scopo della missione | *Assumere pieni poteri*, disporre di autorità assoluta | *Il quarto p.*, la stampa, perché capace di influenzare l'opinione pubblica | *Il quinto p.*, la televisione e la radio | *Divisione dei poteri*, il fatto che i poteri legislativo, esecutivo e giudiziario facciano capo a organi specifici e operino separatamente, ciascuno nella propria sfera di competenza, senza reciproche sovrapposizioni o interferenze. ***7*** (*fis.*) Proprietà di un corpo o di un sistema | *P. rotatorio*, proprietà di alcune sostanze di provocare la rotazione del piano di polarizzazione di una luce polarizzata che le attraversi | *P. calorifico*, quantità di calore sviluppata dalla combustione completa di un kg di combustibile liquido o solido o di un m^3 di combustibile gassoso | *P. risolutivo*, possibilità di separare visualmente due punti o due linee molto vicini di un originale fotografico | *P. antidetonante*, facoltà di un carburante di sopportare alti valori della compressione | *P. emissivo*, flusso luminoso per unità di superficie | *P. delle punte*, proprietà di un corpo appuntito di scaricare elettricità. ***8*** Possibilità, capacità | *P. d'acquisto*, quantità di beni e servizi che può essere acquistata con una unità monetaria.

†**poteróso** ● V. *poderoso.*

potestà (**1**) o (*lett.*) †**podestà** (**1**), †**podestàde**, †**podestàte**, †**potestàde**, †**potestàte** [vc. dotta, lat. *potestāte*(*m*), da *pŏtis* 'signore, che può' (V. *potere*)] s. f. ***1*** Potere: *avere p. di vita e di morte su qc.*; *avere in p. q.c.* | *Mettersi alla p. di qc.*, nelle sue mani, in suo potere | *P. di sciogliere e di legare*, nella teologia cattolica, il potere di assolvere e di condannare che deriva al pontefice, ai vescovi e ai sacerdoti dall'autorità apostolica. ***2*** (*lett.*) Potenza: *la divina podestate* (DANTE *Inf.* III, 5). ***3*** (*dir.*) Capacità, riconosciuta dall'ordinamento, di compiere atti giuridici nell'interesse altrui: *p. dei genitori.* ***4*** (*lett.*) Chi è investito di un potere. ***5*** (*al pl.*) Angeli della terza gerarchia.

potestà (**2**) ● V. *podestà* (*2*).

potestatìvo [vc. dotta, lat. tardo *potestatīvu*(*m*), da *potĕstas*, genit. *potestātis* 'potestà (1)'] agg. ● (*dir.*) Detto di diritto il cui esercizio dipende dalla scelta del titolare, senza necessità di cooperazione da parte del soggetto passivo.

potesterìa ● V. *podesteria* (*1*).

pòthos /'pɔtos/ [vc. dell'isola di Sri Lanka] s. m. inv. ● (*bot.*) Genere di piante delle Aracee, arbustive sempreverdi, rampicanti o volubili, originarie del Madagascar e delle isole comprese tra Asia e Australia (*Pothos*).

†**potiménto** s. m. ● Potere.

†**potìre** [vc. dotta, lat. *potīri*, da *pŏtis* 'signore' (V. *potere*)] **A** v. tr. ● Possedere. **B** v. intr. ● Impadronirsi.

†**potìssimo** [vc. dotta, lat. *potĭssimu*(*m*), sup. di *pŏtis* 'signore' (V. *potere*)] agg. ● (*lett.*) Principalissimo, assolutamente determinante. || †**potissimaménte**, avv. (*lett.*) In modo assolutamente determinante.

†**pòto** (**1**) [vc. dotta, lat. *pōtu*(*m*), da *potāre* 'bere' (V. *pozione*)] s. m. ● Il bere: *nel cibo e nel p. fu modestissimo* (BOCCACCIO).

pòto (**2**) [da una vc. dell'isola di Ceylon] s. m. ● Genere di piante legnose e rampicanti delle Aracee con foglie lineari o lanceolate, fiori piccoli e frutto a bacca (*Pothos*).

potòrio [vc. dotta, lat. *potōriu*(*m*), da *pōtor*, genit. *potōris* 'bevitore', da *pōtum*, supino di *potāre* 'bere'. V. *pozione*] agg. ● (*lett.*) Attinente al bere (*anche scherz.*): *gara potoria.*

pòtos [da *pothos*] s. m. inv. ● (*bot.*) Nome popolare delle specie coltivate del genere *Pothos*.

pot-pourri /fr. po pu'ri/ [vc. fr., propriamente 'pentola putrida', calco sullo sp. *olla podrida* (V.)] s. m. inv. (pl. fr. *pots-pourris*) **1** Piatto di carni e verdure varie cotte insieme alla rinfusa. **2** (*fig.*) Scelta di arie musicali o passi letterari e sim., tratti da composizioni eterogenee. **3** (*est.*) Accozzaglia, guazzabuglio.

pòtta [etim. incerta] s. f. **1** (*volg.*) Vulva. **2** (*tosc.*, *fig.*) Persona stupida e spaccona.

pottàggio • V. *potaggio*.

pottaióne [da *potta*, nel sign. 2] s. m. (f. *-a*) • (*volg.*, *tosc.*) Spaccone.

pottàta [da *potta*, nel sign. 2] s. f. • (*volg.*, *tosc.*) Spacconata.

pottinìccio [da avvicinare a *poltiglia*] s. m. **1** (*pop.*) Fanghiglia, mota. **2** (*fig.*) Guazzabuglio | Pasticcio.

pouf /fr. puf/ [vc. fr., di origine onomat.] s. m. inv. • Grosso sgabello cilindrico tutto imbottito.

poujadìsmo /puʒa'dizmo/ o **pugiadìsmo** [dal n. dell'uomo politico fr. P. *Poujad*, che si pose a capo del movimento di protesta] s. m. **1** Movimento politico sviluppatosi in Francia tra il 1953 e il 1956, basato sulla rivolta fiscale e sulla difesa degli interessi corporativi di piccoli commercianti e artigiani. **2** (*est.*) Ogni movimento politico tendente a esprimere una protesta fiscale o a privilegiare qualunquisticamente determinate fasce contributive.

poujadìsta /puʒa'dista/ o **pugiadìsta** **A** s. m. e f. (pl. m. *-i*) • Fautore, sostenitore del poujadismo. **B** agg. • Relativo al poujadismo: *politica p.*

poulain /fr. pu'lɛ̃/ [vc. fr., propriamente 'puledro'. V. *pony*] s. m. inv. • Atleta a cui i tecnici o l'allenatore dedicano attenzioni particolari per le sue doti | Allievo che si allena a una determinata competizione.

poule /fr. pul/ [vc. fr., propriamente 'gallina', dal lat. *pŭlla(m)*, f. di *pŭllus* 'pollo', con evoluzione semantica non chiara] s. f. inv. **1** Puntata al gioco, posta | Insieme delle puntate dei giocatori. **2** Gioco di biliardo, senza birilli, con le sole buche. **3** Nell'ippica, tipo di corsa nella quale il vincitore incassa il complesso delle tasse d'iscrizione e dei ritiri. **4** (*sport*) Gruppo di squadre o atleti che partecipano a una competizione.

pouponnière /fr. pupɔ'njɛr/ [vc. fr., da *poupon* 'bamboccio', che risale al lat. *pūpa* (V. *pupa* (*1*))] s. f. inv. • Asilo nido.

pour cause /fr. pur 'koz/ [loc. fr., propr. 'per causa'] loc. avv. • A causa di motivi fondati, con buone ragioni: *non ho voluto vederlo, e pour cause.*

pourparler /fr. pourpar'le/ [vc. fr., dal v. ant. *purparler* 'discutere', comp. di *pour* 'per' (ma usato qui con valore intensivo) e *parler* 'parlare'] s. m. inv. (pl. fr. *pourparlers*) • Colloquio, conversazione preliminare per arrivare a un accordo: *avere un p. con qc.*

povènta o (*raro*) **appovènta** [da *po'* ('dopo, dietro') *vento*] s. f. • (*centr.*) Luogo riparato dal vento. | *A p.*, in posizione riparata dal vento.

poveràccia o **peveràccia** [da †*pevere* 'pepe', per il sapore, con accostamento per etim. pop. a *povero*] s. f. (pl. *-ce*) • Denominazione di vari molluschi lamellibranchi appartenenti al genere *Venere*.

poveràccio s. m. (f. *-a*) **1** Pegg. di *povero*. **2** Persona che suscita compassione per la situazione disgraziata in cui si ritrova: *il p. tossì, si soffiò il naso, ma non trovò ... le parole da rispondere* (VERGA).

poveràglia [comp. di *povero* e *-aglia*] s. f. • (*spreg.*) Moltitudine di poveri, di mendicanti.

poverèllo s. m.; anche agg. (f. *-a*) **1** Dim. di *povero*. **2** Persona povera ma umile e buona: *è un p.*; *aiutare i poverelli* | *Il p. d'Assisi*, (*per anton.*) S. Francesco | (*lett.*) *La gente poverella*, i frati mendicanti di S. Francesco. ‖ **poverellaménte**, avv. (*raro*) Da poverello.

poverétto s. m.; anche agg. (f. *-a*) **1** Dim. di *povero*. **2** Infelice degno di compassione: *quel p. è ridotto proprio male*; *p., come mi dispiace!* ‖ †**poverettaménte**, avv. Da poveretto.

poverìno s. m.; anche agg. (f. *-a*) **1** Dim. di *povero*. **2** Persona da commiserare per infelicità, sfortuna e sim.: *io non posso più essere moglie di quel p.!* (MANZONI).

pòvero [lat. *pāuperu(m)* (normalmente *pāuperem*), comp. di *pau-* (da cui *pāucus* 'poco' (V.)) e *-per*, da *părere* 'generare' (V. *partorire*)] **A** agg. **1** Di persona o gruppo che dispone di scarsi mezzi di sussistenza, che non ha sufficienti risorse economiche: *un giovane, un uomo, uno studente p.*; *famiglia, società, nazione povera*; *è diventato molto p. in pochi anni*; *è morto p.* | *P. in canna, come Giobbe*, poverissimo | *Alla povera*, al modo dei poveri, poveramente. **2** Che dimostra indigenza, miseria, povertà, che è misero, di scarso pregio o valore: *un dono p.*; *casa povera e disadorna*; *era vestito di poveri panni*. **3** Che manca, scarseggia o è privo di q.c.: *fiume p. di acqua*; *città, regione povera di abitanti*; *abito p. d'ornamenti*; *mente povera d'ingegno, di fantasia, di vivacità* | Sterile, misero: *terreno, ingegno p.*; *fantasia, mente povera* | *Stile p.*, disadorno, meschino | *Lingua povera*, che manca dei vocaboli appropriati per ogni concetto e sfumatura, che non ha possibilità espressive | *Parole povere*, prive di eleganza o scarse di contenuto | *In parole povere*, parlando senza perifrasi o metafore, volendo dire le cose semplicemente, come stanno: *in parole povere, questa è una vera porcheria* | *Cervello p.*, scarso quanto a risorse intellettuali. **4** Detto di chi, di ciò che desta pietà e commiserazione per la sua indigenza, deformità, infelicità, sfortuna e sim.: *un p. storpio, gobbo, sciancato*; *quel p. ragazzo non guarirà più*; *è ben povera cosa ciò che posso offrirti*; *va, va p. untorello ... non sarai tu quello che spianti Milano* (MANZONI) | *Un p. uomo*, V. anche *poveruomo* | (*fig.*, *fam.*) *Un p. diavolo, un p. Cristo*, un poveraccio, un infelice | Di chi desta compassione e disprezzo al tempo stesso: *sei un p. stupido che non sa quel che dice*; *p. ingenuo, cosa credi di fare?* | (*iron.*) *P. martire!*, *povera vittima!*, si dice di chi assume atteggiamenti da perseguitato, del tutto fuori luogo | *P. me, te, lui*, guai a me, a te, a lui: *se entro domani non avrai riparato al mal fatto, p. te.* **5** (*fam.*) Defunto: *la povera nonna lo ripeteva sempre*; *il tuo p. zio era un'ottima persona*. **6** Detto di ciò che è realizzato con materiali, componenti o ingredienti poco costosi o tradizionali o molto elementari: *cucina povera* | *Arte povera*, tendenza dell'arte figurativa propria degli ultimi anni Sessanta, che usa materiali poveri quali stracci, legno, gesso, paglia e sim., e considera manifestazioni artistiche la semplice esposizione di animali o il gesto dell'essere umano. ‖ **poveraménte**, avv. Da povero, con povertà: *essere poveramente vestito*; *vivere poveramente*. **B** s. m. (f. *-a*) • Chi non ha ricchezze, o dispone a malapena dello stretto necessario per vivere o scarseggia anche di questo: *i ricchi e i poveri*; *aiutare i poveri* | *I poveri di spirito*, secondo il Vangelo, gli umili, coloro che non desiderano la ricchezza e (*est.*) gli stupidi | (*est.*) Mendico, mendicante: *un p. tendeva la mano*; *ospizio, ricovero per i poveri*. ‖ **poveràccio**, pegg. (V.) | **poverèllo**, dim. (V.) | **poverétto**, dim. (V.) | **poverìno**, dim. (V.) | **poveróne**, accr. | **poverùccio**, dim. (V. nota d'uso ELISIONE e TRONCAMENTO).

poveròmo • V. *poveruomo*.

povertà o †**povertàde**, †**povertàte** [lat. *paupertāte(m)*, da *pāuper*, genit. *pāuperis* 'povero'] s. f. **1** Qualità e condizione di povero, miseria: *essere in p.* | *Voto di p.*, pronunziato dai religiosi e consistente nella rinunzia a ogni bene personale, a ogni agio e a ogni possesso. CONTR. Abbondanza, ricchezza. **2** Difetto, scarsezza: *p. d'acqua, di vegetazione, di idee* | (*fig.*) Meschinità: *p. di mente, di spirito*. **3** (*raro*) Ceto dei poveri. **4** (*raro*, *antifr.*) Ricchezza, capacità: *ha la p. di vari milioni*.

poveruòmo o (*pop.*) **poveròmo**, **pover'uòmo**, **pòver uòmo** [comp. di *povero* e *uomo*] s. m. (pl. raro *poveruòmini*) • Uomo che ispira compassione e commiserazione: *quel p. è disperato* | (*spreg.*) Persona senza importanza e valore: *comportarsi da p.*

powellite /povel'lite/ [dal n. del geologo amer. J. W. *Powell* e *-ite* (*2*)] s. f. • (*miner.*) Molibdato di calcio, in cristalli di colore giallo bruno.

†**pozionàre** [da *pozione*] v. tr. • Dare una pozione.

pozióne [vc. dotta, lat. *potiōne(m)*, dalla stessa radice indeur. di *potāre* 'bere'] s. f. **1** Bevanda medicamentosa. **2** (*fig.*) Bevanda dall'effetto prodigioso.

pozióre o **poziòre** [vc. dotta, lat. *potiōre(m)*, compar. di *pŏtis* 'signore, che può' (V. *potere*)] agg. • (*dir.*, *raro*) Che conferisce un diritto di prelazione: *titolo p.*; *credito p.*

pózza [da *pozzo*] s. f. **1** Piccolo fosso o conca piena d'acqua: *una p. fangosa*; *strada piena di pozze*. **2** Quantità di liquido caduto o versato a terra e raccolto in un solo punto: *una p. di sangue, d'olio*. ‖ **pozzàccia**, pegg. | **pozzétta**, dim. (V.).

pozzànghera [da avvicinare a *pozza*, ma la composizione della parola rimane poco chiara] s. f. • Pozza fangosa d'acqua spec. piovana: *cadere in una p.*

pozzétta s. f. **1** Dim. di *pozza*. **2** (*est.*) Piccola cavità praticata in q.c. di solido o di consistente e destinata a contenere liquidi: *praticate una p. nella farina e versatevi il latte*. **3** Fossetta nelle gote, nel mento o sul dorso della mano. ‖ **pozzettìna**, dim.

pozzétto s. m. **1** Dim. di *pozzo* | *Sedia, poltroncina a p.*, il cui schienale concavo forma coi braccioli un semicerchio. **2** (*mar.*) Nelle imbarcazioni da diporto, spazio a poppa con ponte su cui si sta seduti | Nei kayak, apertura ovale, nella parte centrale dello scafo, in fondo alla quale si trova il seggiolino del rematore. ➡ ILL. p. 1291 SPORT. **3** Apertura di accesso a una fognatura. **4** (*fot.*) Tipo di mirino per fotocamere che consente l'inquadratura dall'alto, generalmente dotato di alette laterali aventi la funzione di parare la luce.

pózzo [lat. *pŭteu(m)* 'fossa, buca', poi 'pozzo', di etim. incerta] s. m. **1** Scavo più o meno profondo, per lo più verticale e a sezione circolare, eseguito nel suolo e rivestito di muratura o legnami, per raggiungere falde idriche o giacimenti minerari | *P. d'acqua*, pozzo per raggiungere le falde sotterranee di acqua e utilizzarle per irrigazione e usi civili | *P. artesiano*, pozzo in cui la pressione della vena d'acqua è sufficiente a far zampillare questa fino al livello del suolo e oltre | *P. trivellato*, pozzi di piccola sezione, per lo più con parete di tubo di acciaio e non accessibili, ottenuti con trivelle o sonde | *P. petrolifero*, trivellato, di grande profondità per raggiungere sacche petrolifere. ➡ ILL. p. 824 SCIENZE DELLA TERRA ED ENERGIA. **2** Buca o cavità naturale o artificiale molto profonda: *lo speleologo ha esplorato il p. prima di esaminare la grotta* | *P. nero*, cella sotterranea in cui si raccolgono i liquami provenienti dalle latrine e dagli scarichi quando non c'è fognatura | *P. della scala*, spazio residuo che può rimanere nel mezzo di una scala a pianta rettangolare o quadrata, fra le rampe e i pianerottoli, e che può essere lasciato vuoto, essere occupato totalmente o parzialmente da strutture di sostegno della scala stessa in aiuto alla gabbia, o essere utilizzato per l'installazione dell'ascensore | (*mar.*) *P. di bordo*, cassone di ferro per le provviste d'acqua sulle navi | *P. delle catene*, foro posto ai lati della prua entro cui scorrono le catene delle ancore | *P. della sentina*, la parte più bassa della nave dove calano e si raccolgono le acque. ➡ ILL. p. 818 SCIENZE DELLA TERRA ED ENERGIA. **3** (*fig.*) Grandissima quantità: *avere, spendere, guadagnare un p. di soldi, di quattrini* | (*fig.*) *P. di scienza*, persona estremamente colta | (*fig.*) *P. senza fondo*, persona insaziabile; attività che richiede continuamente del denaro | (*fig.*) *Essere, volerci il p. di S. Patrizio*, disporre o abbisognare di inesauribili ricchezze. ‖ **pozzàccio**, pegg. | **pozzétto**, dim. (V.) | **pozzettìno**, dim. | **pozzìno**, dim.

pozzolàna [lat. *Puteolānu(m)* (*pŭlverem*) '(polvere) di Pozzuoli', da *Putĕoli* 'Pozzuoli' (stessa etim. di †*pozzuolo*)] s. f. • (*miner.*) Tufo recente, poco cementato, di colore grigio o rossastro, usato per fare malte idrauliche.

pozzolànico agg. (pl. m. *-ci*) • Che ha proprietà di pozzolana, che contiene pozzolana.

†**pozzuòlo** [lat. parl. **puteŏlu(m)*, dim. di *pŭteus* 'pozzo'] s. m. • Piccolo pozzo.

pracrìtico agg. • (*ling.*) Pracrito.

pràcrito [sanscrito *prākrta* 'naturale, volgare', comp. di *pra* 'prima, davanti' (di origine indeur.) e *krta-* 'fatto, preparato' (di origine indeur.)] **A** agg. • (*ling.*) Relativo ai dialetti medio-indiani sviluppatisi accanto al sanscrito. **B** s. m. • Ciascuno di tali dialetti.

praghése A agg. • Di, relativo a, Praga. **B** s. m. e f. • Abitante, nativo di Praga.

pragmàtica [ingl. *pragmatics*, da *pragmatic* 'pragmatico'] s. f. • (*filos.*) Parte della semiotica che studia le relazioni intercorrenti tra il linguaggio e chi lo usa.

pragmàtico o **prammàtico** [vc. dotta, lat. *pragmăticu(m)*, nom. *pragmăticus*, dal gr. *pragmatikós* 'che riguarda i fatti, le cose', da *prâgma*, genit. *prágmatos* 'fatto', da *prássein* 'fare', di origine indeur.] agg. (pl. m. *-ci*) **1** Che si riferisce all'attività pratica, all'azione: *il suo è un atteggiamento p. e realistico.* **2** V. *prammatico.* || **pragmaticaménte**, avv.

pragmatismo o **prammatismo** [ingl. *pragmatism*, dal gr. *prâgma*, genit. *prágmatos* 'fatto' (V. *pragmatico*)] s. m. • Indirizzo filosofico contemporaneo per il quale la funzione fondamentale dell'intelletto non è quella di consentire una conoscenza della realtà, ma quella di consentire una azione efficace su di essa.

pragmatista o **prammatista** [ingl. *pragmatist*, da *pragmatism* 'pragmatismo'] **A** s. m. e f. (pl. m. *-i*) • Chi segue la, o si ispira alla, filosofia del pragmatismo. **B** agg. • Pragmatistico.

pragmatìstico o **prammatìstico**. agg. (pl. m. *-ci*) • Che concerne o interessa il pragmatismo. || **pragmatisticaménte**, avv. Secondo le teorie del pragmatismo.

pràho /'prao/ [vc. di origine malese] s. m. inv. • Nave a vela e a remi di vario tipo o foggia e lunghezza, maneggevole, veloce, di origine malese.

pràia [stessa etim. di *piaggia*] s. f. • (*dial.*) Riva, spiaggia.

pralìna [fr. *praline*, perché inventata dal cuoco del maresciallo du Plessis-*Praslin* (1598-1675)] s. f. • Specie di confetto, costituito da una mandorla tostata e passata nello zucchero.

pralinàre [da *pralina*] v. tr. • Rivestire una preparazione dolciaria di uno strato esterno di zucchero caramellato o di cioccolata: *p. le mandorle.*

pralinàto part. pass. di *pralinare*; anche agg. • Nel sign. del v.

prammàtica [vc. dotta, lat. tardo *pragmătica(m)* (*sanctiōnem*) '(sanzione) prammatica', rescritto imperiale su questioni di diritto pubblico; f. sost. di *pragmăticus* 'pragmatico'] s. f. **1** Prammatica sanzione (V. *prammatico*). **2** Pratica prescritta e seguita per consuetudini stabili in materia di relazioni civili e sociali, spec. nella loc. *essere di p.*: *in questi casi è di p. un ringraziamento scritto.*

prammàtico [V. *pragmatico*] agg. (pl. m. *-ci*) **1** (*raro*) V. *pragmatico.* **2** *Prammatica sanzione*, nel tardo impero romano, costituzione imperiale di applicazione generale emanata normalmente dietro richiesta di alti funzionari; nel Medioevo e nell'età moderna, disposizione di carattere generale emanata dai sovrani.

prammatismo e *deriv.* • V. *pragmatismo* e *deriv.*

pràna [dal sans. *prāṇa**, propr. 'soffio, respiro', comp. di *pra-* 'davanti' e *aniti* 'egli respira'] s. m. inv. • Nell'induismo, la forza vitale dell'universo presente in tutti gli esseri.

†**pràndere** [vc. dotta, lat. *prandēre*, da *prăndium* 'pranzo'] **A** v. intr. (oggi dif. usato solo alla terza persona sing. del pres. indic. *prànde*, nel part. pass. *prànso* e nei tempi composti; aus. *avere*) • Pranzare, mangiare. **B** v. tr. • Nutrire (*spec. fig.*): *laudando il cibo che là sù li prande* (DANTE *Par.* XXV, 24).

†**pràndio** [vc. dotta, lat. *prăndiu(m)* 'pranzo'] s. m. • Pranzo, convito solenne: *celebrar con lieti inviti i prandi* (TASSO).

pranoterapèuta s. m. e f. (pl. m. *-i*) • Pranoterapista.

pranoterapèutico agg. (pl. m. *-ci*) • Relativo alla pranoterapia o ai pranoterapisti: *seduta pranoterapeutica.* SIN. Pranoterapico.

pranoterapìa [comp. di *prana*, vc. sans. che significa 'soffio vitale', e *terapia*] s. f. • Terapia, a forte componente psicologica, consistente nell'imposizione delle mani sulla parte malata di una persona.

pranoteràpico agg. (pl. m. *-ci*) • Pranoterapeutico.

pranoterapista [da *pranoterapia*] s. m. e f. (pl. m. *-i*) • Chi pratica la pranoterapia. SIN. Pranoterapeuta.

†**prànso** [vc. dotta, lat. *prānsu(m)* 'che ha fatto colazione', part. pass. con valore attivo di *prandēre* 'far colazione' (V. *prandere*)] agg. • (*lett.*) Che ha pranzato, mangiato.

pranzàre v. intr. (aus. *avere*) • Consumare il pranzo: *p. in trattoria, a casa, presso amici, da un parente.*

†**pranzatóre** s. m.; anche agg. (f. *-trice*) • (*raro*) Chi, che pranza | (*scherz.* o *spreg.*) Chi, che scrocca pranzi.

pranzétto s. m. **1** Dim. di *pranzo.* **2** Pranzo non particolarmente impegnativo: *un p. tra amici.* **3** Pranzo ricco di leccornie: *amare i pranzetti*; *è stato un p. delizioso.* || **pranzettìno**, dim. | **pranzettùccio**, dim.

prànzo [lat. *prăndiu(m)*, di origine indeur.; il sign. originario doveva essere quello di 'primo pasto'] s. m. **1** Pasto principale del giorno: *è l'ora di p.* | *Sala da p.*, dove si consumano i pasti. **2** Lauto ed elegante banchetto cui partecipano numerosi convitati: *p. ufficiale*; *p. di gala, di beneficenza, di nozze*; *un p. a Corte, all'Ambasciata*; *dare, offrire un p.* SIN. Convito. **3** L'ora in cui normalmente si va a tavola: *ci vediamo dopo p.*; *telefonami prima di p.* || **pranzàccio**, pegg. | **pranzétto**, dim. (V.) | **pranzóne**, accr. | **pranzùccio**, dim.

praseodìmio [comp. del gr. *prasêios* (lezione errata di *prásios* 'verdastro', propriamente 'color del pozzo', da *práson* 'pozzo'. V. *prasino*) e (*di*)*dimo*, da cui venne isolato] s. m. • Elemento chimico, metallo del gruppo delle terre rare. SIMB. Pr.

pràsino [vc. dotta, lat. *prăsinu(m)*, nom. *prăsinus*, dal gr. *prásinos* 'verde, color del pozzo', da *práson* 'pozzo'] agg. • (*lett.*) Di colore verde scuro.

pràssi [vc. dotta, gr. *prâxis* 'azione', da *prássein* 'agire', di origine indeur.] s. f. **1** (*filos.*) Secondo il materialismo dialettico, il complesso delle attività che si propongono una radicale trasformazione dell'organizzazione sociale. **2** Procedura corrente, normale modo di comportarsi in determinati casi: *seguire la p.*; *conformarsi alla p.*; *secondo la p.*; *in questi casi la p. prevede che ...*

prassìa [vc. dotta, dal gr. *prâxis* 'azione' (V. *prassi*)] s. f. • (*med.*) Capacità di eseguire movimenti finalizzati per la coordinazione della motilità.

pràssine [dal gr. *prásinos* 'verde, color del pozzo', da *práson* 'pozzo', di origine indeur.] s. f. • Pietra ornamentale preziosa di color verde con chiazze rossastre o con venature bianche e nere.

†**pratàglia** [lat. parl. **pratālia*, nt. pl., nom. *pratalis*, da *prātum* 'prato'] s. f. • Prateria.

prataiòla [da *prato*] s. f. • (*bot.*) Margheritina.

prataiòlo o (*lett.*) **prataiuòlo A** agg. • Dei prati: *gallina prataiola.* **B** s. m. • Fungo delle Agaricacee a cappello prima bianco e poi bruno, comune, commestibile e anche coltivato su terreno concimato (*Psalliota campestris*). SIN. Pratolino. ➡ ILL. **fungo.**

pratellìna [da *prato*] s. f. • (*bot.*) Margheritina.

pratènse [vc. dotta, lat. *pratēnse(m)*, da *prātum* 'prato'] agg. • (*bot.*) Di prato, che cresce in un prato: *fiore p.*

praterìa [da *prato*] s. f. **1** Associazione vegetale tipica di climi continentali caratterizzata da erba, per lo più graminacee e leguminose, con un periodo di riposo invernale. **2** Vasto terreno erboso.

pratése A agg. • Di Prato. **B** s. m. e f. • Abitante, nativo di Prato.

pràtica [f. sost. di *pratico*] s. f. **1** (*filos.*) Il complesso delle azioni che si propongono la realizzazione dell'utile e del bene morale. **2** Correntemente, attività rivolta a operare, eseguire o effettuare concretamente q.c.: *la teoria è ottima ma la p. lascia a desiderare*; *la scienza è il capitano e la p. sono i soldati* (LEONARDO) | *Mettere in p.*, attuare | *In, per p.*, praticamente | †*A, di p.*, per pratica. **3** Esercizio concreto di un'attività e l'abilità con esso conseguita: *la p. di un'arte, di una professione*; *è dedito alla p. del bene, della virtù*; *avere una lunga p.*; *avere molta, poca p.* | *P. religiosa, devota*, atto di devozione consueto nelle persone pie | Tirocinio professionale: *i neolaureati devono fare la p. richiesta.* **4** Esperienza: *i giovani non hanno p. della vita*; *io non ho p. di queste cose* | Conoscenza: *avere p. di un luogo, di un ambiente, degli usi locali.* **5** Familiarità o continuata relazione con qc.: *ho una certa p. con lui*; *questa p. non mi piace* (GOLDONI) | (*raro*) Tresca: *una brutta p.* **6** (*spec. al pl.*) Trattative o procedimenti necessari per conseguire un particolare scopo o raggiungere un risultato: *sono in corso le pratiche per l'acquisto della casa*; *sto facendo le pratiche per ottenere il passaporto* | *Pratiche illecite*, (*per anton.*) abortive | *Pratiche occulte*, che riguardano lo spiritismo | (*est.*) Insieme di documenti e sim., relativi a un determinato affare: *cercare una p. in archivio* | (*est.*) L'affare stesso: *chi si è occupato di questa p.?* **7** (*raro*) Cliente, avventore. **8** (*mar.*) Facoltà di attraccare e di far scendere i marinai data dall'ufficiale sanitario || PROV. Val più la pratica che la grammatica. || **praticàccia**, pegg. (V.) | **pratichétta**, dim. | **pratichìna**, dim. | **praticóna**, accr. | **praticùccia**, dim.

praticàbile A agg. **1** Che può essere messo in pratica: *cura p.*; *attività p.* **2** Di luogo dove si può andare e passare facilmente: *un sentiero poco p.* CONTR. Impraticabile. || **praticabilménte**, avv. **B** s. m. • Piano, passerella mobile o fissa, usata per collocarvi parti della scenografia o sulla quale possono stare gli attori durante l'azione scenica.

praticabilità s. f. • Condizione e qualità di ciò che è praticabile. CONTR. Impraticabilità.

praticàccia s. f. (pl. *-ce*) **1** Pegg. di *pratica.* **2** Pratica difficile, complessa e sim. **3** (*fam.*) Limitata conoscenza di un'attività, ottenuta unicamente con il suo esercizio pratico e priva di ogni base teorica o culturale: *scrive grazie alla sua p. del giornalismo*; *ha una certa p. dei lavori d'ufficio.*

†**praticàle** agg. • Che si fa per semplice pratica.

praticantàto [da *praticante*, sul modello di *noviziato*, *apprendistato*] s. m. • (*raro*) L'esercizio pratico di una professione precedente a quello effettivo.

praticànte A part. pres. di *praticare*; anche agg. **1** Nei sign. del v. **2** Che pratica attivamente una religione e ne frequenta le cerimonie cultuali: *cattolico p.*; *sono credente, ma non p.* **B** s. m. e f. **1** Chi fa un tirocinio professionale: *i praticanti dell'avvocato*; *p. giornalista.* **2** (*spreg.*) Chi sa fare q.c. solo per averne acquisito la pratica, ma senza alcuna base teorica e culturale.

praticàre [da *pratico*] **A** v. tr. (*io pràtico, tu pràtichi*) **1** Mettere in pratica: *p. la legge, la giustizia, il bene, una cura.* SIN. Attuare. **2** Esercitare, (*anche assol.*): *p. la professione legale, forense*; *p. l'insegnamento* | *P. il cannibalismo, la poligamia, la schiavitù*, osservarli in quanto usi sociali di un determinato gruppo, ambiente, nazione. **3** Frequentare: *p. un ambiente, un luogo, una persona*; *pratica gente che non mi piace.* **4** (*raro*) Trattare, negoziare: *p. la pace* | †Contrattare. **5** Eseguire, fare: *p. un'incisione, un'iniezione, uno sconto* | *P. un passaggio, un'apertura*, aprirli. **B** v. intr. (aus. *avere*) • Essere in rapporti d'amicizia o intrattenere relazioni con qc.: *vorrei sapere con quali farabutti stai praticando* | Essere assiduo frequentatore di un luogo: *p. in una città, in un locale* || PROV. Chi pratica con lo zoppo impara a zoppicare; dimmi con chi pratichi e ti dirò chi sei.

†**praticazióne** s. f. • Pratica.

†**pratichézza** s. f. • Pratica.

praticismo [da *pratico*] s. m. **1** Atteggiamento proprio di chi agisce sulla base di esperienze pratiche piuttosto che di teorie. **2** Caratteristica di metodi e sistemi non totalmente fondati su presupposti scientifici.

praticìstico agg. (pl. m. *-ci*) • (*raro*) Derivante o caratterizzato da praticismo: *comportamento, procedimento p.*

praticità s. f. • Qualità di ciò che è pratico, comodo, semplice: *la p. di un metodo*; *la scarsa p. di una macchina.*

pràtico [vc. dotta, lat. tardo *prăcticu(m)*, nom. *prăcticus*, dal gr. *praktikós*, agg. di *prâxis* 'azione' (V. *prassi*)] **A** agg. (pl. m. *-ci*, pop. †*-chi*) **1** Che si riferisce a cose e attuazioni concrete: *problema p.* | *Metodo p.*, nell'insegnamento, quello che insiste più sulle applicazioni concrete dei principi di una disciplina che sulla loro enunciazione teorica: *apprendere una lingua, la matematica, con un metodo p.* CONTR. Teorico. **2** Che è aderente alla realtà e tende a realizzazioni concrete, che inclina all'azione ed è abile in essa: *ingegno, carattere* *consiglio p.*; *una mente pratica*; *avere uno spiccato senso p.*; *è un uomo essenzialmente p.* | *All'atto p.*, in pratica. ***3*** Che è adatto a essere usato facilmente e utilmente: *un abito, un utensile p.*; *vettura maneggevole e pratica.* ***4*** Ricco di esperienza e abilità in un lavoro o professione: *operaio p. del mestiere*; *è giovane ma molto p.* | Conoscitore: *non temere, io sono p. della città, della zona, degli usi di questa gente*; *p. di una lingua, di un'arte.* ***5*** (*filos.*) Che concerne o interessa la prassi. || **praticaménte**, avv. ***1*** In modo pratico: *insegnare praticamente una lingua.* ***2*** In realtà, in sostanza: *essere praticamente sicuro di avere vinto.* **B** s. m. ***1*** Persona che tende alle attuazioni pratiche, alla vita fattiva: *è un p., non un teorico.* ***2*** Persona esperta in q.c. SIN. Perito. || **praticóne**, accr. (V.).

pratìcolo [comp. di *prato* e *-colo*] agg. ● Di animale che vive spec. in praterie.

praticoltùra [da *prato*, sul modello di *agricoltura*] s. f. ● Coltivazione scientifica dei prati.

praticóna s. f. ● Levatrice, o sim., che presta illecitamente la sua opera per pratiche abortive.

praticóne [accr. di *pratico*] s. m. (f. *-a* (V.)) ● Chi esercita un'arte o una professione ignorandone i principi teorici e valendosi solo della pratica. || **praticonàccio**, pegg.

pratile [da *prato*: calco sul fr. *prairial*] s. m. ● Nono mese del calendario rivoluzionario francese, il cui inizio corrispondeva al 20 maggio e il termine al 18 giugno.

pratio agg. ● (*raro, lett.*) Prativo.

pratito agg. ● Tenuto a prato.

prativo agg. ***1*** Tenuto a prato. ***2*** Che cresce nei prati: *erbe prative.*

pràto [lat. *prātu(m)*, di etim. incerta] s. m. (pl. †*pràta* o *pràtora*, f.) ***1*** Estensione di terra non coltivata e ricoperta d'erba: *giocare, correre in un p.*; *la fonte discorrea per mezzo un p.* (ARIOSTO). ➡ ILL. p. 353 AGRICOLTURA. ***2*** Terreno investito a colture foraggiere | *P. monofito*, di una sola specie | *P. polifito*, di più specie | *A p.*, terreno messo o tenuto a prato | *Rompere un p.*, ararlo per seminarvi un'altra coltura. || **pratàccio**, pegg. | **pratèllo**, dim. | **pratellétto**, dim. | **pratellino**, dim. | **praterèllo**, dim. | **praticèllo**, dim. | **praticino**, dim.

pratolina [f. sost. di *pratolino*] s. f. ● (*bot.*) Margheritina.

pratolino [da *prato*] **A** agg. ● (*raro*) Dei prati. **B** s. m. ● (*bot.*) Prataiolo.

†**pratóso** agg. ● Ricco di prati.

pravità [vc. dotta, lat. *pravitāte(m)*, da *prāvus* 'pravo'] s. f. ● (*raro, lett.*) Perversità, malvagità | Azione perversa.

pràvo [vc. dotta, lat. *prāvu(m)*, di etim. incerta] **A** agg. ● (*lett.*) Malvagio, perverso: *Guai a voi, anime prave!* (DANTE *Inf.* III, 84). || **pravaménte**, avv. (*lett.*) In modo pravo. **B** s. m. ● (*lett.*) Persona crudele o spietata: *ad onta nostra, i pravi si vantan* (CAMPANELLA).

pre- /pre/ [lat. *prae-* 'prima', di origine indeur., con senso di anteriorità o di rafforzamento] pref. ***1*** In parole composte di origine latina e di moderna formazione, indica un rapporto di anteriorità nel tempo, o un fatto che precede nel tempo: *preannunciare, prevedere, preavviso, preistoria.* ***2*** Nella terminologia geografica e anatomica, significa 'prima', 'davanti': *Prealpi, prefrontale.* ***3*** Nella terminologia scientifica, indica forma evoluta: *preominide.* ***4*** Indica preferenza, eccellenza, superiorità su altri: *prediletto, predominio, prevolere.* ***5*** In alcuni latinismi, conferisce valore di superlativo all'agg.: *preclaro.*

preaccennàre [comp. di *pre-* e *accennare*] v. tr. (*io preaccénno*) ● Accennare o menzionare prima.

preaccennàto part. pass. di *preaccennare*; anche agg. ● Nel sign. del v.

preaccensióne [comp. di *pre-* e *accensione*] s. f. ● (*autom.*) Combustione anomala nei motori a carburazione dovuta all'innesco della combustione della miscela prima dello scoccare della scintilla della candela, per effetto della temperatura troppo elevata delle superfici dei cilindri.

preaccòrdo [comp. di *pre-* e *accordo*] s. m. ● Accordo preliminare dal carattere non vincolante rispetto a quello definitivo.

preadamìta [comp. di *pre-* e *Adamo*, con suff. agg.] s. m. (pl. *-i*) ● Secondo alcune leggende ebraiche e alcune eresie cristiane, uomo appartenente a una razza vissuta prima di Adamo.

preadamìtico [da *preadamita*] agg. (pl. m. *-ci*) ● Che risale a tempi anteriori ad Adamo | (*fig., scherz.*) Vecchissimo, vieto e disusato: *teorie, idee preadamitiche.*

preadattaménto [comp. di *pre-* e *adattamento*] s. m. ● (*biol.*) Condizione che si verifica quando una specie animale o vegetale ha caratteri tali da essere in grado di vivere in un ambiente simile, se non identico, a quello in cui vive.

preadolescènte [comp. di *pre-* e *adolescente*] s. m. e f. ● Chi ha un'età compresa fra gli 11 e i 14 anni.

preadolescènza [comp. di *pre-* e *adolescenza*] s. f. ● La prima parte dell'adolescenza, compresa fra gli 11 e i 14 anni.

preadolescenziàle [comp. di *pre-* e *adolescenziale*] agg. ● Relativo alla preadolescenza: *sviluppo p.*

preagònico [comp. di *pre-* e *agonia*, con suff. agg.] agg. (pl. m. *-ci*) ● Che precede l'agonia: *stato p.*

preallàrme [comp. di *pre-* e *allarme*] s. m. ● (*mil.*) Segnale che precede e preannunzia il segnale di allarme | *Stato di p.*, quello in cui si adottano le predisposizioni necessarie per passare rapidamente allo stato di allarme: *l'esercito è in stato di p.*

prealpéggio [comp. di *pre-* e *alpeggio*] s. m. ● Periodo di riadattamento al pascolo alpino, degli animali che hanno svernato nelle stalle.

prealpìno agg. ● Delle, relativo alle, Prealpi.

†**preambolàre** [da *preambolo*] v. intr. ● Fare preamboli (*spec. scherz.*).

preàmbolo o †**preàmbulo** [vc. dotta, lat. tardo *praeămbulu(m)* 'che cammina davanti', da *praeambulāre* 'camminare davanti', comp. di *prae-* 'pre-' e *ambulāre* 'camminare'] s. m. ***1*** L'insieme delle parole introduttive di un discorso, di una trattazione, di un'opera. SIN. Esordio, preliminare. ***2*** (*fam.*) Premessa cerimoniosa e inutile: *lasciar da parte i preamboli.* || **preambolàccio**, pegg. | **preambolétto**, dim. | **preambolóne**, accr. | **preambolùccio**, dim.

preamplificatóre [comp. di *pre-* e *amplificatore*] s. m. ● (*elettron.*) Amplificatore di tensione posto tra la sorgente del segnale e l'amplificatore di potenza.

preanestesia [comp. di *pre-* e *anestesia*] s. f. ● (*med.*) Somministrazione di specifici medicamenti come preparazione a una anestesia totale o locale.

preannunciàre e *deriv.* ● V. *preannunziare* e *deriv.*

preannunziàre o **preannunciàre** [comp. di *pre-* e *annunziare*] v. tr. (*io preannùnzio*) ● Annunziare prima, precedentemente: *la lettera preannunzia il suo arrivo.* SIN. Preavvertire, preavvisare.

preannunziàto o **preannunciàto**. part. pass. di *preannunziare*; anche agg. ● Nel sign. del v.

preannunziatóre o **preannunciatóre**. agg.; anche s. m. (f. *-trice*) ● Che, chi preannunzia.

preannùnzio o **preannùncio** [comp. di *pre-* e *annunzio*] s. m. ● Annuncio dato in precedenza. SIN. Preavvertimento, preavviso.

†**preanticipàre** [comp. di *pre-* e *anticipare*] v. tr. ● Anticipare.

preappèllo [comp. di *pre-* e *appello*] s. m. ● Convocazione universitaria anticipata rispetto all'inizio della sessione di esami previsto per legge.

preappenninico agg. (pl. m. *-ci*) ● Relativo ai Preappennini.

preàrio [comp. di *pre-* e *ario* (V. *ariano* (*2*))] agg. ● (*ling.*) Detto di fatto linguistico precedente alle lingue indoeuropee.

preatlètica [comp. di *pre-* e *atletica*] s. f. ● Ginnastica preatletica.

preatlètico [comp. di *pre-* e *atletico*] agg. (pl. m. *-ci*) ● Relativo alla preparazione che si compie prima di iniziare una disciplina sportiva o di disputare una gara: *ginnastica preatletica.*

preavvertiménto [comp. di *pre-* e *avvertimento*] s. m. ● Avvertimento dato prima | Premonizione.

preavvertire [comp. di *pre-* e *avvertire*] v. tr. (*io preavvèrto*) ● Avvertire in precedenza: *p. qc. del proprio arrivo.* SIN. Preannunziare.

preavvertito part. pass. di *preavvertire*; anche agg. ● Nel sign. del v.

preavvisàre [comp. di *pre-* e *avvisare*] v. tr. ● Avvisare prima: *p. il cliente della spedizione.* SIN. Preavvertire.

preavviso [comp. di *pre-* e *avviso*, sul modello del fr. *préavis*] s. m. ***1*** Avviso o avvertimento preventivo: *ricevere un p.*; *p. di pagamento*; *è venuto senza p.* | *P. telefonico*, consente di stabilire una conversazione interurbana con una persona preventivamente avvertita presso un apparecchio telefonico normale. ***2*** (*dir.*) Comunicazione anticipata della volontà di una delle parti di recedere dal contratto, spec. di lavoro, a tempo indeterminato | Periodo di tempo che intercorre tra tale comunicazione e la cessazione del contratto | *Indennità di p.*, in caso di licenziamento, corresponsione dovuta al lavoratore, equivalente al periodo di preavviso non lavorato.

prebàrba [comp. di *pre-* e *barba* (*1*)] **A** s. m. inv. ● Preparato che si applica sul viso prima della rasatura. **B** anche agg. inv.: *lozione, crema p.*

prebaròcco [comp. di *pre-* e *barocco*] **A** agg. ● Detto di arte, stile, periodo che precede il barocco. **B** anche s. m.

prebèllico [comp. di *pre-*, sul modello di *postbellico* e *antebellico*] agg. (pl. m. *-ci*) ● Che precede immediatamente una guerra: *periodo p.*; *economia prebellica.* CONTR. Postbellico.

prebènda [vc. dotta, lat. tardo *praebĕnda(m)*, gerundio di *praebēre* 'offrire', comp. di *prae-* 'pre-' e *habēre* 'avere'] s. f. ***1*** Rendita stabile di un beneficio ecclesiastico | (*est.*) Il beneficio stesso. ***2*** (*est.*) Guadagno, lucro.

prebendàrio s. m. ● Chi gode di una prebenda ecclesiastica.

prebendàto s. m.; anche agg. ● Chi, che gode di una prebenda ecclesiastica.

prebiòtico [comp. di *pre-* e del gr. *biotikós* 'relativo alla vita'] agg. (pl. m. *-ci*) ● (*biol.*) Riferito al periodo in cui la vita non era ancora comparsa sulla terra.

Precambriàno [comp. di *pre-* e *cambriano*] s. m. ● (*geol.*) Era, o gruppo di ere, precedenti il Cambriano.

precàmbrico s. m. ● Precambriano.

precampionàto [comp. di *pre-* e *campionato*] **A** agg. inv. ● Detto di partita di calcio amichevole disputata da squadre che partecipano allo stesso campionato nel periodo che precede l'inizio di esso, allo scopo di valutare le nuove formazioni e per allenamento. **B** s. m. inv. ● Partita, incontro precampionato.

precanceróso [comp. di *pre-* e *canceroso*] agg. ● (*med.*) Che precede la comparsa di un tumore maligno | Che è suscettibile di trasformarsi in tumore maligno.

†**precàre** ● V. *pregare.*

precària [f. sost. di *precario* (*1*)] s. f. ● In epoca medievale, benevola concessione di beni immobili in godimento temporaneo e dietro pagamento di un corrispettivo.

precariàto s. m. ● Stato, condizione di lavoratore precario, spec. nell'ambito scolastico.

precarietà s. f. ● Natura o condizione di chi, di ciò che è precario: *p. di salute*; *la p. di una situazione.* SIN. Incertezza, instabilità. CONTR. Durevolezza, stabilità.

precàrio (**1**) [vc. dotta, lat. *precāriu(m)* 'ottenuto con preghiere, che si concede per grazia', da *prĕx*, genit. *prĕcis* 'preghiera' (V. *prece*)] **A** agg. ***1*** Temporaneo, incerto, provvisorio: *domicilio p.* | Malsicuro, instabile: *situazione economica alquanto precaria* | *Salute precaria*, cagionevole. CONTR. Stabile. ***2*** Detto di lavoratore, spec. dipendente di amministrazioni pubbliche, assunto con contratto a termine, e quindi privo di garanzie per il futuro: *personale p.*; *lavoratori precari.* || **precariaménte**, avv. **B** s. m. (f. *-a*) ● Lavoratore precario | Nella scuola, laureato che svolge attività didattica e scientifica con un servizio non riconosciuto di ruolo e con un seguito amministrativo assai limitato.

precàrio (**2**) [vc. dotta, lat. tardo *precāriu(m)*, nt. sost. di *precārius* 'precario (1)'] s. m. ● (*dir.*) Comodato senza determinazione di durata in cui il comodante può chiedere la restituzione della cosa in qualunque momento.

precauzionàle agg. • Che ha valore di precauzione o finalità preventive: *provvedimento p.* ‖ **precauzionalménte**, avv. Come misura precauzionale.

precauzióne [vc. dotta, lat. tardo *praecautiōne(m)*, da *praecavēre* 'usar cautela, precauzione', comp. di *prae-* 'pre-' e *cavēre* 'guardarsi' (V. *cauto*), sul modello del fr. *précaution*] s. f. *1* Cautela, circospezione: *agire, parlare con p.* CONTR. Avventatezza. *2* Misura di previdenza, particolare cautela: *con le dovute precauzioni*; *ho preso le mie precauzioni*; *una fondamentale p. sanitaria.*

†**precazióne** [vc. dotta, lat. *precatiōne(m)*, da *precātus*, part. pass. di *precāri* 'pregare'] s. f. • Preghiera.

prèce [vc. dotta, lat. *prĕce(m)*, di origine indeur.] s. f. *1* (*lett.*) Preghiera, supplica: *se di preci o di vittime neglette / il Dio m'incolpa* (MONTI) | *P. eucaristica*, nella liturgia cattolica, quella centrale della messa. *2* (*fig.*, *antifr.*) Imprecazione.

precedènte A part. pres. di *precedere*; anche agg. • Nei sign. del v. ‖ **precedentemènte**, avv. In precedenza. **B** s. m. *1* Atto o avvenimento che apre la via ad altri, analoghi ma successivi nel tempo: *un p. che desta qualche preoccupazione* | *Senza precedenti*, si dice di cosa mai verificatasi prima | *Creare, stabilire un p.*, fare q.c. che in futuro può giustificare cose analoghe. SIN. Antefatto. *2* Ogni dato relativo alla vita di un individuo, anteriore rispetto a un certo momento: *desidero conoscere ogni suo p.*; *mi interessano i suoi precedenti familiari* | *Precedenti penali*, condanne per reati riportate da chi è attualmente imputato. *3* †Predecessore.

precedènza [vc. dotta, lat. tardo *praecedĕntia(m)* (che aveva però il sign. astronomico di 'precessione'), da *praecēdens*, genit. *praecedĕntis* 'precedente'] s. f. *1* Il precedere q.c. o qc.: *rispettare tutta una serie di precedenze.* SIN. Antecedenza. *2* Diritto di passare per primo rispetto ad altri, nella circolazione spec. stradale: *dare, avere, concedere la p.*; *le autorità hanno la p. nel corteo* | *Strada con diritto di p.*, ove chi circola gode di precedenza assoluta nei confronti dei veicoli provenienti da altre strade. *3* Priorità: *questioni che vanno discusse con p. assoluta*; *dare la p. ai problemi economici* | *In p.*, prima di q.c., anteriormente a q.c.

precèdere [vc. dotta, lat. *praecēdere*, comp. di *prae-* 'pre-' e *cēdere* 'avanzare' (V. *cedere*)] v. tr. e intr. (pres. *io precèdo*; pass. rem. *io precedètti* o *precedéi*, †*precèssi*, *tu precedésti*; part. pass. *precedùto*, †*precèsso*; aus. *avere*) *1* Andare innanzi: *la guida ci precedeva*; *ecco i gruppi che precedono* | *Far p.*, mandare o porre innanzi | *Farsi p.*, inviare prima di sé q.c. o qc.: *si è fatta p. da un mazzo di fiori.* CONTR. Seguire, seguitare. *2* Essere anteriore, accadere prima: *il lampo precede il tuono*; *è il giorno che precede il matrimonio.* *3* (*raro*, *fig.*) Superare in dignità, potere, autorità, sapere e sim.: *è indubbio che ci precede tutti.*

precedùto part. pass. di *precedere*; anche agg. • Nei sign. del v.

†**precellènte** [vc. dotta, lat. *praecellĕnte(m)*, propriamente part. pres. di *praecĕllere* 'eccellere, primeggiare', comp. di *prae-* 'pre-' e **cĕllere* (V. *eccellente*)] agg. • Che eccelle sopra tutti.

†**precellènza** [vc. dotta, lat. tardo *praecellĕntia(m)*, da *praecĕllens*, genit. *praecellĕntis* 'precellente'] s. f. • Assoluta superiorità.

†**precèlso** [vc. dotta, lat. *praecĕlsu(m)*, comp. di *prae-* 'pre-' e *cĕlsus* 'elevato' (V. *eccelso*)] agg. • Eccelso su tutti.

precèltico [comp. di *pre-* e *celtico*] agg. (pl. m. *-ci*) • Che è anteriore ai Celti, spec. nell'ambito linguistico.

†**precentóre** [vc. dotta, lat. *praecentōre(m)*, da *praecentāre* 'pronunziare (preventivamente) una formula magica', comp. di *prae-* 'pre-' e *cantāre* 'cantare'] s. m. • Primo cantore | Maestro del coro.

†**precentòrio** [vc. dotta, lat. tardo *praecentōriu(m)*, da *praecĕntor*, genit. *praecentōris* 'precentore'] agg. • Attinente all'intonazione del canto e ai precentori.

†**precenzióne** [vc. dotta, lat. *praecentiōne(m)* 'preludio', da *praecĭnere* 'preludiare col canto (o col suono)', comp. di *prae-* 'pre-' e *cănere* 'cantare' (V.)] s. f. • Musica che iniziava o accompagnava un sacrificio.

precessióne [vc. dotta, lat. tardo *praecessiōne(m)*, da *praecēdere* 'precedere'] s. f. *1* Movimento di rotazione dell'asse giroscopico di un giroscopio, di una trottola, e sim. *2* (*astron.*) Fenomeno per cui i punti equinoziali descrivono tutta l'eclittica in circa 26 000 anni. *3* †Precedenza.

†**precèsso** part. pass. di *precedere*; anche agg. • Nei sign. del v.

†**precessóre** [vc. dotta, lat. tardo *praecessōre(m)*, da *praecēdere* 'precedere'] s. m. *1* Precursore, antecessore. *2* Antenato.

precettànte part. pres. di *precettare*; anche agg. *1* Nei sign. del v. *2* (*raro*) Che insegna, ammaestra.

precettàre [vc. dotta, lat. *praeceptāre* 'raccomandare ripetutamente', ints. di *praecĭpere* (V. *precetto*)] v. tr. (*io precètto*) *1* (*raro*) Comandare con un precetto scritto. *2* Richiamare alle armi con ordine scritto i militari in congedo, ovvero disporre per la requisizione di automezzi, quadrupedi e altri mezzi occorrenti per l'esercito in guerra | (*est.*) Richiamare in servizio, da parte dell'autorità competente, gli addetti a servizi di pubblica utilità, nell'ambito di scioperi o agitazioni sindacali: *il ministro ha precettato i piloti, i medici ospedalieri.* *3* (*dir.*, *raro*) Richiedere o eseguire la notificazione di un precetto a qc.

precettàto part. pass. di *precettare*; anche agg. • Nei sign. del v.

†**precettatóre** s. m. • Chi dà precetti, regole.

precettazióne s. f. *1* Atto, effetto del precettare. *2* Complesso delle operazioni necessarie per precettare uomini e mezzi.

†**precettìbile** agg. • Che si può insegnare, ridurre a precetto.

precettìsta s. m. e f. (pl. m. *-i*) • (*raro*) Chi dà precetti | (*spreg.*) Chi limita il proprio insegnamento all'enunciazione di regole, formule e precetti.

precettìstica s. f. *1* Insieme di regole e precetti inerenti una determinata disciplina. *2* Insegnamento per formule e precetti.

precettìstico agg. (pl. m. *-ci*) • Di, da precettista: *sistema p.*

precettìvo [vc. dotta, lat. *praeceptīvu(m)*, da *praecĕptum* 'precetto'] agg. • (*raro*) Che serve a insegnare, che contiene insegnamenti o precetti: *libro p.* | (*dir.*) *Norma precettiva*, norma, spec. costituzionale, che contiene un preciso comando sufficiente per l'effettiva regolamentazione di un istituto o di un rapporto. ‖ **precettivamènte**, avv. *1* (*raro*) In forma di precetto, di insegnamento. *2* Tassativamente.

precètto [vc. dotta, lat. *praecĕptu(m)*, part. pass. sost. di *praecĭpere* 'prendere prima', poi 'prescrivere, ordinare', comp. di *prae-* 'pre-' e *căpere* 'prendere' (V. *cattura*)] **A** s. m. (pl. †*precètta*, f.) *1* (*relig.*) Nella dottrina cattolica, legge con cui la Chiesa, applicando i comandamenti di Dio e per autorità di istituzione divina, prescrive ai fedeli alcuni atti di religione e determinate astinenze: *i cinque precetti generali della Chiesa* | *P. pasquale*, terzo fra i precetti generali, che impone al cristiano di confessarsi almeno una volta all'anno e di comunicarsi almeno a Pasqua | *Festa di p.*, con obbligo della Messa e dell'astensione dal lavoro | *È di p.*, di ciò che è obbligatorio per il cristiano, in quanto imposto dai precetti generali della Chiesa. *2* Insegnamento, norma, regola: *precetti morali, civili, religiosi*; *un p. igienico.* *3* Consiglio, massima: *i saggi precetti dei nostri anziani.* *4* Regola di condotta stabilita da una norma, spec. penale. *5* (*dir.*) Atto consistente nell'intimazione di adempiere l'obbligo risultante da un titolo esecutivo entro un dato termine con l'avvertimento che, in mancanza di adempimento, si procederà a esecuzione forzata. *6* Ordine di richiamo alle armi per mobilitazione o per un periodo di istruzione. **B** in funzione di agg. inv. • (posposto al s.) Nella loc. *cartolina p.*, documento contenente l'ordine individuale di chiamata alle armi delle reclute o di richiamo dei militari in congedo da mobilitare.

precettóre [vc. dotta, lat. *praeceptōre(m)*, da *praecĕptus*, part. pass. di *praecĭpere* (V. *precetto*)] s. m. (f. *-trice*, raro) • Chi cura l'istruzione e l'educazione dei giovani, privatamente. SIN. Aio, istitutore, pedagogo. ‖ **precettorèllo**, dim.

†**precettorìa** [da *precettore*] s. f. • Rettoria, governo, prefettura.

precìdere [vc. dotta, lat. *praecīdere* 'tagliar via', comp. di *prae-* 'pre-' e *cāedere* 'tagliare' (V. *cesura*)] v. tr. (pass. rem. *io precìsi*, *tu precidésti*; part. pass. *precìso*) *1* (*raro*, *lett.*) Mozzare, troncare, tagliare. *2* (*raro*, *fig.*, *lett.*) Impedire, interrompere: *quando l'unica strada / di libertà mi fu precisa e tolta* (PETRARCA).

precìngere [vc. dotta, lat. *praecĭngere*, comp. di *prae-* 'pre-' e *cĭngere* 'cingere'] **A** v. tr. (coniug. come *cingere*) • (*raro*, *lett.*) Cingere intorno. **B** v. rifl. • (*raro*, *lett.*) Mettersi la cintura. **C** v. intr. pron. • †Accingersi.

precìnto A part. pass. di *precingere*; anche agg. • (*raro*) Nei sign. del v. **B** s. m. • (*raro*) †Recinto.

precinzióne [vc. dotta, lat. *praecinctiōne(m)*, da *praecĭnctus* 'precinto'] s. f. *1* (*lett.*) †Atto, effetto del precingere o del precingersi. *2* (*archeol.*) Spazio tra un ordine di gradini e l'altro nel teatro o nell'anfiteatro.

precipitàbile [da *precipitare*] agg. • (*chim.*) Detto di uno ione, di un composto e sim. che può precipitare.

precipitabilità s. f. • (*raro*) Disposizione a precipitare.

precipitaménto s. m. • Modo e atto del precipitare | Precipizio.

precipitàndo [propriamente gerundio di *precipitare*] s. m. inv. • (*mus.*) Indicazione agogica che prescrive un'esecuzione acceleratissima.

precipitànte A part. pres. di *precipitare*; anche agg. • Nei sign. del v. **B** s. m. • (*chim.*) Composto che aggiunto a una soluzione provoca in questa la formazione di un precipitato.

†**precipitànza** [vc. dotta, lat. *praecipitāntia(m)*, da *praecĭpitans*, genit. *praecipitāntis* 'precipitante'] s. f. • Precipizio.

precipitàre [vc. dotta, lat. *praecipitāre*, da *prāeceps*, genit. *praecĭpitis* 'precipite'] **A** v. tr. (*io precìpito*) *1* Gettare con impeto dall'alto in basso: *p. i traditori dalla rupe Tarpea*; *p. in mare la zavorra.* *2* (*fig.*) Affrettare troppo, fare q.c. in gran fretta e senza riflettere: *p. un giudizio, una decisione*; *cerca di non p. la cosa* | (*mus.*) Affrettare troppo il movimento. *3* (*raro*, *fig.*) Mandare in rovina: *a forza di spendere in corbellerie ha precipitata la casa* (GOLDONI). *4* (*chim.*) Separare sostanze da soluzioni mediante aggiunta di opportuni reattivi. **B** v. intr. (aus. *essere*) *1* Cadere con velocità e violenza verso il basso: *p. da una rupe, dall'alto.* *2* (*fig.*) Piombare in miseria, andare in rovina: *dalla situazione in cui era è precipitato all'improvviso.* *3* (*fig.*) Susseguirsi precipitosamente, evolvere verso una conclusione rapida e affrettata: *la situazione economica sta precipitando*; *gli eventi precipitano.* *4* (*chim.*) Separarsi dalla soluzione e depositarsi sul fondo. **C** v. rifl. • Gettarsi dall'alto: *precipitarsi nel vuoto, da uno scoglio.* **D** v. intr. pron. • Recarsi con gran fretta: *precipitarsi al lavoro, in casa.*

precipitàto A part. pass. di *precipitare*; anche agg. • Nei sign. del v. **B** s. m. *1* (*mus.*) Notazione di movimento molto veloce. *2* (*chim.*) Sostanza solida, insolubile, che si separa da una soluzione per aggiunta di un reattivo precipitante e si deposita sul fondo del recipiente.

precipitatóre s. m. • Apparecchio elettrostatico per liberare l'aria da polvere e fumi.

precipitazióne [vc. dotta, lat. *praecipitatiōne(m)*, da *praecipitātus* 'precipitato'] s. f. *1* Atto, effetto del precipitare | *P. atmosferica*, particelle di acqua cristallizzate o amorfe che cadono da nubi e raggiungono la superficie terrestre. ➡ ILL. p. 823 SCIENZE DELLA TERRA ED ENERGIA. *2* (*fig.*) Fretta eccessiva nel fare o dire q.c.: *parlare con troppa p.*; *decidere q.c. con p.* | (*raro*) Azione o risoluzione troppo affrettata. *3* (*chim.*) Precipitato.

precìpite [vc. dotta, lat. *praecĭpite(m)* 'col capo all'ingiù, a capo fitto', comp. di *prae-* 'pre-' e *căput*, genit. *căpitis* 'capo'] agg. *1* (*lett.*) Che cade col capo all'ingiù | (*est.*, *lett.*) Che cade con impeto. *2* (*lett.*) Ripido, scosceso. *3* (*raro*, *lett.*) Che va a precipizio (*anche fig.*): *quelli che son troppo precipiti ... si avventurano presuntuosamente* (CASTIGLIONE).

precipitévole [da *precipitare*] agg. • (*raro*, *lett.*)

Precipitoso (*anche fig.*). || **precipitevolménte**, avv.

precipitevolissimevolménte [sup. di *precipitevolmente*] avv. ● (*scherz.*) A gran precipizio: *chi troppo in alto sale, cade sovente p.*

precipitóso [da *precipitare*] agg. *1* Che cade o corre con impeto: *pioggia precipitosa*; *fiume p.* | (*est.*) Velocissimo: *corsa precipitosa.* SIN. Rovinoso. *2* (*fig.*) Che agisce con troppa fretta e senza ponderazione: *un giovanotto p. e temerario* | Che è fatto con precipitazione, in modo affrettato e senza cura: *lavoro p.*; *fuga, decisione precipitosa.* SIN. Avventato. CONTR. Prudente. *3* (*lett.*) Ripido, scosceso. || **precipitosaménte**, avv. In modo precipitoso, con troppa fretta.

†**precipiziàre** [da *precipizio*] v. intr. ● Precipitare.

precipìzio [vc. dotta, lat. *praecipĭtiu(m)*, da *prāeceps*, genit. *praecĭpitis* 'precipite'] s. m. *1* Luogo dirupato dal quale si può facilmente cadere: *regione montana piena di precipizi* | *A p.*, con fortissima pendenza: *roccia a p. sul mare*; (*fig.*) con grande fretta e impeto: *correre a p.*; *parlare a p.* | *Un p.*, (*fig.*) una grande quantità. SIN. Burrone, dirupo. *2* (*fig.*) Baratro, rovina, perdizione: *essere sull'orlo del p.*

precìpuo [vc. dotta, lat. *praecĭpuu(m)*, propriamente 'che si prende prima', comp. di *prae-* 'pre-' e *căpere* 'prendere' (V. *cattura*)] agg. ● Primo in ordine d'importanza: *lo scopo p. della nostra ricerca* | (*est.*) Particolare: *i caratteri precipui dell'epoca.* || **precipuaménte**, avv.

precisàbile agg. ● Che può essere precisato o definito: *dotato di ben precisabili caratteristiche.* CONTR. Imprecisabile.

precisàre [da *preciso* (*2*), sul modello del fr. *préciser*] v. tr. ● Rendere preciso con dati di fatto, determinazioni di luogo, tempo o significato: *p. il giorno del proprio arrivo*; *p. i termini di una controversia*; *sarebbe bene p. il senso del termine.* SIN. Definire, determinare.

precisàto part. pass. di *precisare*; anche agg. ● Nel sign. del v.

precisazióne s. f. *1* Atto, effetto del precisare. *2* Nel linguaggio politico, forma di smentita che limita la portata di una notizia o ne pone in una luce diversa le motivazioni.

precisióne [vc. dotta, lat. *praecisiōne(m)* (che aveva però il sign. di 'recisione, parte tagliata'), da *praecīsus* (V. *preciso* (*2*))] s. f. ● Qualità di chi, di ciò che è preciso | Assoluta esattezza: *la p. dei termini, delle idee*; *curare la, tenere alla p.* | *P. di stile*, modo di esporre nitidamente, senza alcuna superficialità o difetto | *P. del tiro*, caratterizza la qualità di un'arma o di una bocca da fuoco, tanto più elevata quanto minore è la dispersione dei colpi sparati | *Arma di p.*, che realizza un tiro molto preciso. CONTR. Imprecisione.

†**precisità** s. f. ● Precisione, sottigliezza.

†**precisìvo** [da *precisare*] agg. ● Che serve alla distinzione.

preciso (**1**) part. pass. di *precidere*; anche agg. *1* Nei sign. del v. *2* †Tagliato a scalpello.

preciso (**2**) [vc. dotta, lat. *praecīsu(m)* 'tagliato a picco', part. pass. di *praecīdere* 'precidere'] **A** agg. *1* Esatto: *orologio p.*; *sono le dieci precise* | Ben determinato in ogni elemento, in ogni particolare, privo di incertezze o approssimazioni: *parole, idee precise*; *un comando, un ordine p.*; *mira precisa*; *tiro p.* | *È mio dovere p.*, lo devo fare proprio io | (*est.*) Privo di elementi superflui: *stile p.* CONTR. Impreciso. *2* Detto di persona che fa le cose con esattezza: *un uomo, un impiegato p.* CONTR. Inesatto. *3* Perfettamente uguale: *due abiti precisi*; *questo quaderno è p. al mio.* || **precisino**, dim. || **precisaménte**, avv. *1* In modo preciso: *lavorare precisamente.* *2* Esattamente, proprio: *è precisamente quello che desideravo*; per l'appunto: '*Volevi me?*' '*precisamente!*' **B** avv. ● (*lett.*) †In modo esatto: *spiegarsi, parlare p.*

precitàto [comp. di *pre-* e *citato*] agg. ● Citato in precedenza.

preclarità [vc. dotta, lat. *praeclaritāte(m)*, da *praeclārus* 'preclaro'] s. f. ● (*raro, lett.*) Qualità di preclaro.

preclàro [vc. dotta, lat. *praeclāru(m)*, comp. di *prae-* 'pre-' e *clārus* 'famoso' (V. *chiaro*)] agg. *1* †Splendente. *2* (*fig., lett.*) Illustre, insigne: *la preclara memoria virtù di qc.* || **preclaraménte**, avv. (*raro*) In modo preclaro.

preclùdere [vc. dotta, lat. *praeclūdere*, comp. di *prae-* 'pre-' e *clāudere* 'chiudere'] v. tr. (pass. rem. *io preclùsi, tu precludésti*; part. pass. *preclùso*) ● Impedire o vietare totalmente: *p. il cammino, la fuga*; *si è precluso ogni scampo*; *ha un titolo che gli preclude ogni promozione.* SIN. Ostacolare. CONTR. Agevolare.

preclusióne [vc. dotta, lat. tardo *praeclusiōne(m)*, da *praeclūsus* 'precluso'] s. f. *1* Atto, effetto del precludere. *2* (*dir.*) Nell'ambito del processo, impedimento a esercitare una facoltà, dovuto al precedente compimento, o mancato compimento, di un atto.

preclusìvo [da *precluso*] agg. ● Che preclude | Che è atto a precludere.

preclùso part. pass. di *precludere*; anche agg. ● Nel sign. del v.

†**prèco** ● V. *prego* (*1*).

precòce [vc. dotta, lat. *prāecoce(m)*, propriamente 'che è cotto prima', comp. di *prae-* 'pre-' e *cŏquere* 'cuocere'] agg. ● Che matura innanzi tempo: *frutti precoci* | Che avviene, si manifesta e sim. prima del tempo normale, prevedibile, opportuno e sim.: *ingegno p.*; *pubertà, vecchiaia p.* CONTR. Tardivo. || **precoceménte**, avv.

precocità s. f. ● Qualità di chi, di ciò che è precoce: *p. del raccolto*; *la sua p. mentale.* CONTR. Tardività.

†**precogitàre** [vc. dotta, lat. *praecogitāre*, comp. di *prae-* 'pre-' e *cogitāre* 'meditare'] v. tr. ● Premeditare.

†**precogitazióne** [vc. dotta, lat. tardo *praecogitatiōne(m)*, da *praecogitātus*, part. pass. di *praecogitāre* 'precogitare'] s. f. ● Atro, effetto del precogitare.

precognitìvo agg. ● Relativo alla precognizione.

precògnito [vc. dotta, lat. *praecŏgnitu(m)*, part. pass. di *praecognōscere* 'preconoscere'] agg. ● (*lett.*) Conosciuto prima.

precognizióne [vc. dotta, lat. tardo *praecognitiōne(m)*, da *praecŏgnitus* 'precognito'] s. f. ● Percezione anticipata di fatti o fenomeni futuri.

†**precognóscere** e *deriv.* ● V. *preconoscere* e *deriv.*

precòio ● V. *procoio.*

precolombiàno [comp. di *pre-* e (*Cristoforo*) *Colombo*, con suff. agg.] agg. ● Detto di ciò che in America è anteriore alla scoperta di C. Colombo, nel 1492: *civiltà precolombiane.*

precompressióne [comp. di *pre-* e *compressione*] s. f. ● Compressione preventiva | Sistema costruttivo consistente nel provocare in travi di calcestruzzo una preventiva sollecitazione mediante cavi tesi di acciaio.

precomprèsso **A** part. pass. di *precomprimere*; anche agg. ● Nel sign. del v. **B** s. m. ● Cemento, calcestruzzo che ha subìto precompressione.

precomprimere [comp. di *pre-* e *comprimere*] v. tr. (coniug. come *comprimere*) ● Applicare la tecnica della precompressione.

preconcètto [comp. di *pre-* e *concetto* (*2*); calco sul fr. *préconçu*] **A** agg. ● Di idea, persuasione o concetto che ci si forma su q.c. o qc. prima di conoscerli direttamente e che vieta giudizi sereni e spassionati: *giudicare, operare senza idee preconcette*; *antipatia preconcetta.* **B** s. m. ● Idea o convinzione preconcetta: *lasciare da parte i preconcetti.* SIN. Pregiudizio.

preconciliàre [comp. di *pre-* e *concilio*, con suff. agg.] agg. ● Anteriore a un concilio, spec. al Concilio Vaticano II.

preconcordatàrio [comp. di *pre-* e *concordato*, con suff. agg.] agg. ● Detto di ciò che è anteriore a un concordato.

precondizióne [comp. di *pre-* e *condizione*] s. f. ● Condizione preliminare, determinante per il verificarsi di un successivo evento: *porre una p.*

†**precóne** [vc. dotta, lat. *praecōne(m)*, di origine indeur.] s. m. ● Banditore, araldo.

preconfezionaménto [comp. di *pre-* e *confezionamento*] s. m. ● Atto, effetto del preconfezionare.

preconfezionàre [comp. di *pre-* e *confezionare*] v. tr. (*io preconfezióno*) ● Confezionare in anticipo, secondo certi modelli, presupponendo una data richiesta sul mercato: *p. abiti.*

preconfezionàto [comp. di *pre-* e *confezionato*] **A** part. pass. di *preconfezionare*; anche agg. *1* Nel sign. del v. *2* (*est.*) Concepito e portato a termine con lo scopo prevalente di ottenere facile e immediata presa sui fruitori: *spettacolo, romanzo p.* **B** s. m. ● Settore industriale che produce merci preconfezionate | Insieme dei prodotti preconfezionati.

precongressuàle [comp. di *pre-* e *congresso*, con suff. agg.] agg. ● Anteriore, precedente a un congresso: *accordi precongressuali.*

precònio [vc. dotta, lat. *praecōniu(m)* 'bando', da *prāeco*, genit. *praecōnis* 'banditore, araldo'] s. m. *1* Annunzio delle nomine di vescovi e cardinali dato dal Papa in concistoro | †Bando | Preghiera per la benedizione del cero pasquale. *2* (*raro*) Lode pubblica e solenne.

preconizzàre [dal lat. *praeconāri* 'annunziare, proclamare', da *praecōnium* 'bando' (V. *preconio*), sul modello del fr. *préconiser*] v. tr. *1* (*lett.*) Annunciare pubblicamente. *2* Annunciare la nomina di vescovi e di cardinali fatta dal papa in concistoro. *3* Presagire e preannunziare in base a indizi indicativi: *gli hanno preconizzato una folgorante carriera.*

preconizzatóre agg.; anche s. m. (f. *-trice*) ● Che, chi preconizza.

preconizzazióne s. f. ● (*lett.*) Atto, effetto del preconizzare.

preconoscènza o †**precognoscènza** [comp. di *pre-* e *conoscenza*] s. f. ● (*lett.*) Conoscenza anteriore, visione anticipata. SIN. Antiveggenza, prescienza.

preconóscere o †**precognóscere** [vc. dotta, lat. *praecognōscere*, comp. di *prae-* 'pre-' e *cognōscere* 'conoscere'] v. tr. (coniug. come *conoscere*) ● Conoscere q.c. prima del suo verificarsi: *l'uomo non può p. il futuro.* SIN. Antivedere, prevedere.

preconosciménto o †**precognosciménto**. s. m. ● (*lett.*) Modo e atto del preconoscere.

preconosciùto o †**precognosciùto**. part. pass. di *preconoscere*; anche agg. ● Nel sign. del v.

precònscio [comp. di *pre-* e *conscio*] s. m. ● (*psicoan.*) Contenuto mentale non presente alla coscienza in un dato momento, ma che può essere richiamato alla coscienza quando si vuole.

preconsonàntico [comp. di *pre-* e *consonantico*] agg. (pl. m. *-ci*) ● (*ling.*) Detto di un fonema la cui articolazione si realizza prima di una consonante.

preconsuntìvo [comp. di *pre-* e *consuntivo*] s. m. ● Consuntivo provvisorio.

precontrattuàle [comp. di *pre-* e *contrattuale*] agg. *1* Relativo agli accordi aziendali preliminari rispetto al contratto nazionale di lavoro: *trattativa p.* *2* (*dir.*) Pertinente al periodo di formazione del contratto: *responsabilità p.*

†**precòrdia** s. f. pl. ● Precordi.

precordiàle agg. *1* (*anat., med.*) Proprio del precordio: *dolore p.* | *Regione p.*, il precordio. *2* †Che è proprio dei precordi.

precòrdio [vc. dotta, lat. *praecŏrdia*, nt. pl., comp. di *prae-* 'pre-' e *cŏr*, genit. *cŏrdis* 'cuore'] s. m. *1* (*anat.*) Regione della parte anteriore del torace, in corrispondenza del cuore. *2* (*al pl., lett.*) Petto, cuore, inteso come sede dei sentimenti e degli affetti: *gli intimi precordi.*

precorrènte part. pres. di *precorrere*; anche agg. ● Nei sign. del v.

precórrere [vc. dotta, lat. *praecŭrrere*, comp. di *prae-* 'pre-' e *cŭrrere* 'correre'] **A** v. tr. (coniug. come *correre*) *1* (*lett.*) Superare nella corsa. *2* Prevenire, anticipare: *avvenimenti che precorrono i tempi* | *Non voler p. gli eventi*, attendere il momento opportuno per agire. CONTR. Procrastinare. **B** v. intr. (aus. *essere*) *1* (*lett.*) Correre avanti a qc.: *tre de' compagni ... precorsero a recarne avviso alla nave* (BARTOLI). *2* (*fig., lett.*) Essere prima, nel tempo.

precorritóre agg.; anche s. m. (f. *-trice*) ● Che, chi precorre: *l'alba è precorritrice del giorno*; *annuncio p. di sventure.*

precórso part. pass. di *precorrere*; anche agg. ● Nei sign. del v.

precostituìre [comp. di *pre-* e *costituire*] v. tr. (coniug. come *costituire*) ● Costituire, approntare in precedenza: *precostituirsi un alibi.*

precostituìto part. pass. di *precostituire*; anche agg. *1* Nel sign. del v. *2* (*dir.*) *Prova precostituita*, che si forma al di fuori del processo, come le prove documentali | *Maggioranza precostituita*, assicurata da accordi anteriori a una votazione.

precòtto [comp. di *pre-* e *cotto*] **A** agg. ● Detto di alimento o vivanda sottoposti a cottura, gener. parziale, per assicurarne la lunga conservazione e ridurre il tempo di preparazione al momento del consumo: *cotechino, zampone p.* SIN. Precucinato. **B** s. m. ● Alimento o vivanda precotti.

precottùra [comp. di *pre-* e *cottura*] s. f. *1* Nella preparazione delle conserve alimentari, trattamento, eseguito con vapore acqueo o acqua calda, inteso ad aumentare la resa del prodotto o a rendere inattivi gli enzimi pectici in esso presenti. *2* L'insieme delle operazioni per preparare vivande o alimenti precotti.

precristiàno [comp. di *pre-* e *cristiano*] agg. ● Relativo a tutto ciò che precede il sorgere e la diffusione del Cristianesimo.

precrìtico [comp. di *pre-* e *critico*] agg. (pl. m. *-ci*) ● Detto del periodo della filosofia di Kant che precede il criticismo.

precucinàto [comp. di *pre-* e *cucinato*] agg.; anche s. m. ● Precotto.

precuòio ● V. *procoio.*

precursóre [vc. dotta, lat. *praecursōre(m)*, da *praecŭrrere* 'precorrere'] **A** agg. (come f. *precorritrìce*) ● Che precorre, precede e fa presagire: *un lampo p. del tuono* | (*med.*) *Segni precursori*, quelli che precedono la comparsa conclamata di una malattia. SIN. Anticipatore. **B** s. m. (f. raro *precorritrice* nel sign. 1) *1* Antesignano: *un p. delle teorie psicoanalitiche.* CONTR. Epigono. *2* (*st.*) Soldato delle pattuglie d'avanguardia dell'esercito romano. *3* (*chim., biol.*) Composto che precede la formazione di un altro composto lungo una via metabolica.

prèda [lat. *prāeda(m)*, comp. di *prae-* 'pre-' e la stessa radice di *prehĕndere* 'prendere'] s. f. *1* Ciò che si toglie ad altri con la forza e le armi, durante rapine, saccheggi e sim.: *pirati in cerca, a caccia di p.* | *Fare p.*, impadronirsi con la violenza di q.c. di proprietà altrui | *Porre in p.*, saccheggiare. *2* (*dir.*) Bene di proprietà del nemico di cui uno Stato belligerante si può appropriare nel corso di operazioni militari per mare o per terra: *prede marittime, belliche*; *diritto di p.* *3* Animale preso durante la caccia: *tornare col carniere ricco di p.*; *una p. ambita dai cacciatori*; *uccelli da p.* *4* (*fig.*) Balìa, potere | *Dare in p.*, lasciare in balìa di q.c. o di qc. | *Darsi in p. a q.c.*, abbandonarvisi senza reagire: *si diede in p. alla disperazione* | *Essere in p. a q.c.*, esserne violentemente dominato: *era in p. all'alcol*; *la casa è in p. alle fiamme*; *sono in p. alla più nera disperazione* | *Essere p. di qc. o di q.c.*, cadere in suo potere: *il poveretto fu p. di un terribile male* | *Lasciare qc.* o *q.c. in p. a q.c.*, abbandonare in un determinato stato: *lasciarono la casa in p. al fuoco*; *lo lasciai in p. al rimorso.* *5* †Pegno.

†**predàce** [da *preda*, sul modello di *rapace*] agg. ● (*lett.*) Che fa preda | (*fig.*) Rapace, avido.

predaménto s. m. ● (*raro*) Modo e atto del predare.

predàre [vc. dotta, lat. *praedāre* (più comunemente *praedāri*), da *prāeda* 'preda'] v. tr. (*io prèdo*) *1* Sottrarre o strappare con la violenza: *p. oggetti preziosi* | Mettere a sacco: *p. la città* | (*fig., lett.*) Svuotare: *l'ingegnosa pecchia ... / giva predando or uno, or altro fiore* (POLIZIANO). *2* (*ass.*) Vivere di saccheggi, piraterie e sim. *3* Catturare durante la caccia. *4* †Pignorare.

predàto part. pass. di *predare*; anche agg. ● Nei sign. del v.

predatóre [vc. dotta, lat. *praedatōre(m)*, da *praedātus* 'predato'] **A** agg. (f. *-trice*) *1* Che preda: *eserciti predatori*; *gli arabi predatori* (TASSO). *2* Detto di animale rapace, appartenente ai mammiferi o agli uccelli, che vive predando altri animali. **B** s. m. *1* Predone: *i predatori del mare, del deserto.* *2* Animale predatore.

predatòrio [vc. dotta, lat. *praedatōriu(m)*, da *praedātor*, genit. *praedatōris* 'predatore'] agg. ● Del predare, del predatore: *attività predatoria.*

predazióne [vc. dotta, lat. *praedatiōne(m)*, da *praedātus* 'predato'] s. f. *1* †Atto, effetto del predare. *2* (*biol.*) Processo per cui un determinato gruppo di organismi costituisce l'alimentazione di un altro gruppo.

predecessóre [vc. dotta, lat. tardo *praedecessōre(m)*, comp. di *prae-* 'pre-' e *decēssor*, genit. *decessōris* 'predecessore, magistrato che esce di carica', da *decēdere* 'andar via, ritirarsi' (V. *decedere*)] s. m. (f. *-a*) *1* Chi ha preceduto altri in un ufficio, una carica, un'attività e sim.: *il mio p. in questa occupazione*; *ha intrapreso una ricerca nuovissima e non può contare sull'opera dei predecessori.* *2* (*spec. al pl.*) Chi è vissuto prima dell'attuale generazione: *i nostri predecessori non potevano immaginarlo.* SIN. Antenati.

predefinìre o †**prediffinìre** [comp. di *pre-* e *definire*] v. tr. (coniug. come *definire*) ● (*raro*) Definire prima.

predefinizióne o †**prediffinizióne** [comp. di *pre-* e *definizione*] s. f. ● (*raro*) Atto, effetto del predefinire.

predefùnto [comp. di *pre-* e *defunto*] s. m. ● (*raro*) Premorto.

predèlla (1) [longob. *pretil* 'assicella, tavola'] s. f. *1* Largo gradino di legno che fa da base a un mobile: *la p. della cattedra* | Gradino ampio dell'altare, su cui sta il sacerdote. *2* Parte inferiore del polittico e della pala d'altare, divisa in più parti e contenente storie in relazione al soggetto d'altare. *3* †Sgabello per sedersi o per posare i piedi | (*fig.*) *Suonare la p. dietro a uno*, dirne male. *4* †Seggetta. || **predellétta**, dim. | **predellìna**, dim. | **predellìno**, dim. m. (V.) | **predellóne**, accr. m. | **predellùccia**, dim.

†**predèlla (2)** [longob. *pridel* 'redine'] s. f. ● Briglia, redine | La parte del morso che si impugna quando si conduce a mano il cavallo.

predellìno s. m. *1* Dim. di *predella* (*1*). *2* Nelle vetture ferroviarie, tranviarie e sim., gradino che serve ad agevolare la salita o la discesa. SIN. Montatoio | *Fare il p.*, intrecciando per gioco le mani in due e mettendovi a sedere un bambino. ➡ ILL. p. 353 AGRICOLTURA.

†**prederìa** [da *predare*] s. f. ● Roba trafugata.

predestinàre [vc. dotta, lat. *praedestināre*, comp. di *prae-* 'pre-' e *destināre* 'destinare'] v. tr. (*io predestìno*, raro *predèstino*) *1* Predisporre provvidenzialmente il corso della vita umana e degli avvenimenti della storia, che è proprio di Dio. *2* (*lett.*) Destinare in precedenza: *si sente predestinato a grandi imprese.*

predestinatìvo agg. ● (*raro*) Atto a predestinare, che serve a predestinare.

predestinàto part. pass. di *predestinare*; anche agg. ● Nei sign. del v.

predestinaziàno [da *predestinazione*] **A** agg. ● Relativo al predestinazionismo. **B** s. m. ● Seguace dell'eresia predestinazionistica del V sec.

predestinazióne [vc. dotta, lat. tardo *praedestinatiōne(m)*, da *praedestinātus* 'predestinato'] s. f. *1* Atto, effetto del predestinare | L'essere predestinato. *2* Ordine stabilito da Dio, come eternamente presente a sé medesimo, per lo sviluppo futuro della vita di ogni uomo e di tutta la storia, ai fini della salvezza, con effetti necessitanti per la condotta umana secondo il Calvinismo, o condizionati dalla libera adesione della volontà secondo il Cattolicesimo. *3* †Predizione, profezia.

predestinazionìsmo s. m. ● Dottrina cristiana sorta nel V sec. e accettata poi, con varie interpretazioni, dai Luterani, dai Calvinisti e dai Giansenisti, secondo la quale ogni uomo è predestinato da Dio alla salvezza o alla dannazione.

†**predestìno** s. m. ● Predestinazione.

predeterminàre [comp. di *pre-* e *determinare*] v. tr. (*io predetèrmino*) ● Determinare anticipatamente.

predeterminàto part. pass. di *predeterminare*; anche agg. ● Nel sign. del v. || **predeterminataménte**, avv. (*raro*) In modo predeterminato.

predeterminazióne [comp. di *pre-* e *determinazione*] s. f. ● (*raro*) Determinazione o decisione anticipata.

predétto part. pass. di *predire*; anche agg. *1* Nei sign. del v. *2* Di cui si è parlato o scritto in precedenza: *nel p. libro*; *per i predetti motivi.*

prediàle [dal lat. *prāedium* 'predio'] **A** agg. ● Che concerne i terreni, i fondi: *imposta p.*; *servitù p.* **B** s. f. ● Tassa, imposta sopra terreni, fondi.

†**prediatòrio** [vc. dotta, lat. *praediatōriu(m)*, da *prāedium* 'predio'] agg. ● Prediale.

predibattimentàle agg. ● (*dir.*) Relativo al predibattimento.

predibattiménto [comp. di *pre-* e *dibattimento*] s. m. ● (*dir.*) Fase del procedimento penale anteriore all'apertura del dibattimento.

prèdica [da *predicare*] s. f. *1* Sermone, discorso rivolto dal sacerdote ai fedeli, in genere dal pulpito, su argomento sacro | *P. a braccio*, improvvisata | *Da che pulpito viene la p.!*, (*fig., iron.*) detto di persona che elargisce consigli e esortazioni moraleggianti, totalmente in contrasto col suo modo normale d'agire | *Aver preso posto alla p.*, (*fig.*) avere acquistato fama, autorità | *Suonare la p.*, suonare le campane che la annunciano | (*tosc., fig.*) *Picchiare qc. come suonare la p.*, suonargliele sode. *2* (*fig.*) Ramanzina, rimprovero | (*est., fam.*) Lungo e noioso discorso di esortazione al bene, di ammonizione e sim.: *finiscila con le prediche*; *non voglio farvi la p.* | *È sempre la solita p.*, riferito a qc. che si ripete nei discorsi o nelle ammonizioni. *3* †Gente che ascolta la predica: *il frate e tutta la p. guatavano come smemorati* (SACCHETTI). || **predichétta**, dim. | **predichìna**, dim. | **predichìno**, dim. m. | **predicóna**, accr. | **predicóne**, accr. m. | **predicùccia**, dim.

predicàbile [vc. dotta, lat. tardo *praedicābile(m)* 'degno di lode', da *praedicāre* 'lodare' (V. *predicare*)] **A** agg. ● Che si può predicare, che può essere argomento di predica. **B** s. m. ● (*filos.*) Ciò che si può attribuire a un determinato soggetto | (*al pl.*) Gli universali in quanto possono essere predicati di più cose.

†**predicamentàle** [da *predicamento*] agg. ● (*filos.*) Categoriale.

predicaménto [vc. dotta, lat. tardo *praedicamĕntu(m)* 'predizione', da *praedicāre* 'annunziare' (V. *predicare*)] s. m. *1* Modo e atto del predicare | Predica. *2* Stima, considerazione: *essere in buon, in cattivo p.* *3* (*filos.*) Categoria.

predicànte part. pres. di *predicare*; anche agg. ● (*raro*) Nei sign. del v.

†**predicànza** s. f. ● Predica, discorso.

predicàre [vc. dotta, lat. *praedicāre* 'annunziare, lodare, celebrare', comp. di *prae-* 'pre-' e *dicāre* 'annunziare', ints. di *dīcere* 'dire'] **A** v. tr. (*io prèdico, tu prèdichi*) *1* Rivolgere la predica ai fedeli | Dare l'annuncio pubblico, a mezzo di predicazione, di una verità, di un'impresa: *p. la Crociata, l'Evangelo, la Guerra Santa.* *2* Andare insegnando a molti o pubblicamente: *p. la pace, la verità*; *p. il falso* | (*fig.*) *P. il digiuno a stomaco pieno*, invitare gli altri a sacrifici e rinunce, ma comportarsi ben diversamente per quanto riguarda sé stessi. *3* Esaltare e lodare pubblicamente: *p. la grandezza e i meriti di qc.* | (*est.*) Esagerare. *4* (*filos.*) Attribuire una qualità o un attributo a un soggetto. **B** v. intr. (aus. *avere*) *1* Parlare esortando, insegnando e sim.: *p. a molti, a una piazza gremita* | (*fig.*) *P. al deserto, ai porri, al vento* e sim., sprecare la propria parola con chi non vuole ascoltare | *P. ai convertiti*, (*fig.*) fare q.c. che già possiede in anticipo tutte le garanzie di una buona riuscita. *2* Discorrere come un predicatore o un oratore, con affettata solennità, tono oratorio e accenti moraleggianti: *ha la mania di p.* *3* Comunicare agli altri un insegnamento e sim., senza parlare: *lui predica con l'esempio.* *4* †Rivolgere parole o preghiere a, in favore di qc.

predicatìvo [vc. dotta, lat. tardo *praedicatīvu(m)*, da *praedicātus* (V. *predicato (2)*)] agg. *1* (*ling.*) Che concerne il predicato | Che ha funzione di predicato. *2* (*ling.*) Detto del verbo *essere* quando è usato, non già nel suo significato di esistenza, ma semplicemente come copula di una proposizione. *3* (*filos.*) Che afferma in modo assoluto e definitivo.

predicàto (1) part. pass. di *predicare*; anche agg. ● Nei sign. del v.

predicàto (2) [vc. dotta, lat. tardo *praedicātu(m)*, nt. sost. di *praedicātus*, part. pass. di *praedicāre* (V. *predicare*): calco sul gr. *katēgoróumenon*] s. m. *1* (*ling.*) Parte della proposizione che indica ciò che si dice del soggetto | *P. verbale*, costituito da una forma verbale | *P. nominale*, costituito da una forma nominale e da una copula. *2* (*filos.*) In logica, ciò che si afferma o si nega di un soggetto. *3* Qualificazione onorifica, corrispondente a una dignità, a una carica, a un grado, a un ufficio | *P. di nobiltà*, denominazione di luogo, aggiunta a un titolo nobiliare e indicante per lo più la giurisdizione feudale una volta competente al titolo stesso (per es., conte di Ventimiglia) | *Essere in p. di, per*, essere fra coloro che hanno le maggiori possibilità per ottenere una carica, una dignità e sim.

predicatóre [vc. dotta, lat. *praedicatōre(m)*, da *praedicātus*, part. pass. di *praedicāre* (V. *predicare*)] **A** agg. (f. *-trice*, pop. *-tora*) ● Che predica: *ordini predicatori* | *Frate p.*, dell'Ordine dei Domenicani. **B** s. m. **1** Sacerdote che predica. **2** Sostenitore, banditore di un'idea | (*fig., scherz.*) Chi fa sermoni o prediche di tono moraleggiante: *avere un tono da p.* **3** (*raro*) Lodatore.

predicatòrio [vc. dotta, lat. tardo *praedicatōriu(m)*, da *praedicātor*, genit. *praedicatōris* 'predicatore'] agg. ● Di, da predicatore o predica (*anche spreg.*): *abilità predicatoria; tono p.*

predicazióne [vc. dotta, lat. *praedicatiōne(m)*, da *praedicātus*, part. pass. di *praedicāre* (V. *predicare*)] s. f. **1** Atto, effetto del predicare. **2** (*filos.*) Atto del predicare, ossia dell'attribuire una qualità o un attributo a un soggetto, in una proposizione. **3** (*raro*) Predica. **4** (*raro*) Ammonizione, ramanzina.

predicènte part. pres. di *predire* ● (*raro*) Nei sign. del v.

†**predicere** [vc. dotta, lat. *praedīcere*. V. *predire*] v. tr. ● (*lett.*) Predire.

prediciménto s. m. ● (*raro*) Modo e atto del predire.

predicitóre A agg. (f. *-trice*) ● (*raro, lett.*) Che predice. **B** s. m. **1** (*raro*) Chi predice **2** †Preopinante.

predicòzzo [da *predica*] s. m. ● (*fam., scherz.*) Ammonizione o esortazione di tono amichevole: *fare un p. a qc.*

†**prediffinire** e *deriv.* ● V. *predefinire* e *deriv.*

predigerito [comp. di *pre-* e *digerito*] agg. ● Detto di alimento sottoposto a predigestione: *biscotti predigeriti.*

predigestióne [comp. di *pre-* e *digestione*] s. f. **1** Trattamento consistente nel sottoporre determinati alimenti, spec. destinati all'infanzia, all'azione di enzimi che decompongono gli amidi e le proteine complesse in sostanze più semplici. **2** (*raro*) L'insieme delle prime fasi della digestione.

predilètto A part. pass. di *prediligere*; anche agg. ● Nel sign. del v. **B** s. m. (f. *-a*) ● Chi è amato più degli altri, preferito a tutti gli altri. SIN. Beniamino.

predilezióne [comp. di *pre-* e *dilezione*] s. f. **1** Spiccata preferenza: *non può nascondere la sua p. per te; ha una vera p. per la musica classica.* **2** Ciò che si predilige: *è la sua p.; la nostra p. è la caccia.*

prediligere [comp. di *pre-* e *diligere*] v. tr. (dif. del part. pres.; coniug. come *diligere*) ● Amare qc. o q.c. più d'ogni altra persona o cosa: *non prediligo nessuno e mi sforzo d'essere imparziale; predilige la lettura dei classici.* SIN. Preferire.

predimostrazióne [comp. di *pre-* e *dimostrazione*] s. f. ● (*lett.*) Precedente dimostrazione.

prèdio [vc. dotta, lat. *prāediu(m)*, da *prāes*, genit. *prāedis* 'garanzia', comp. di *prae-* 'pre-' e la radice di *vās*, genit. *vădis* 'mallevadore, garante'. Il *prāedium* era ogni bene immobile che si potesse dare come cauzione] s. m. ● Podere, fondo: *p. rustico, urbano.*

predire [lat. *praedīcere*, comp. di *prae-* 'pre-' e *dīcere* 'dire'] v. tr. (coniug. come *dire*) **1** Dire o annunciare in anticipo eventi futuri: *gli predisse molte sventure; l'ufficio meteorologico predice tempo bello; tutti questi eventi fanno p. la guerra* | Indicare in anticipo: *si diceva che le comete predicessero grandi calamità.* SIN. Preannunziare, preconizzare. **2** †Esporre una cosa prima di altre. **3** †Prestabilire.

predisponènte part. pres. di *predisporre*; anche agg. ● Nei sign. del v.

predispórre [comp. di *pre-* e *disporre*] **A** v. tr. (coniug. come *porre*) **1** Disporre e sistemare anticipatamente ciò che serve a q.c.: *p. tutto per la partenza.* **2** (*med.*) Favorire l'insorgere delle malattie. **3** Rendere psicologicamente capace di accettare e sostenere eventi, notizie e sim. capaci di provocare violente emozioni: *p. qc. a una tremenda disgrazia; p. l'animo alla gioia.* **B** v. rifl. ● Prepararsi spiritualmente, psicologicamente a q.c.: *predisporsi alle novità, a un lieto evento, a una grave decisione.*

predisposizióne [comp. di *pre-* e *disposizione*] s. f. **1** Atto, effetto del predisporre e del predisporsi: *curare la p. d'ogni cosa.* **2** (*med.*) Insieme delle caratteristiche dell'organismo che favoriscono l'insorgere di una malattia. **3** Inclinazione, attitudine: *avere p. al disegno, alla musica.*

predispósto part. pass. di *predisporre*; anche agg. ● Nei sign. del v.

predistinguere [comp. di *pre-* e *distinguere*] v. tr. (coniug. come *distinguere*) ● (*raro*) Distinguere o preferire, tra altre persone o cose.

predistinto part. pass. di *predistinguere*. ● Nei sign. del v.

prèdito [vc. dotta, lat. *prāeditu(m)*, comp. di *prae-* 'pre-' e di una radice indeur. che indica 'porre'] agg. ● Fornito, dotato.

predittivo [fr. *prédictif*, vc. dotta che si rifà al lat. tardo *praedictīvu(m)* 'che predice', da *praedīctus*, part. pass. di *praedīcere* 'predire'] agg. **1** Nelle scienze umane, detto di una cosa che consente di prevederne altre sulla base degli elementi che essa stessa già contiene. **2** (*ling.*) Detto di grammatica che, partendo da un sistema di regole stabilite sul campione di una lingua, può descrivere di questa non solo le frasi realizzate ma anche quelle potenzialmente realizzabili.

predizióne [vc. dotta, lat. *praedictiōne(m)*, da *praedīctus* 'predetto'] s. f. ● Atto, effetto del predire: *verificare l'esattezza, la veridicità di una p.* | Ciò che si predice: *ascolta le mie predizioni.* SIN. Profezia, vaticinio.

prednisolóne [da *prednisone*] s. m. ● (*chim.*) Molecola organica ricavata dal cortisolo per introduzione di un secondo doppio legame; utilizzato per la preparazione di farmaci con proprietà antinfiammatorie.

prednisóne [prob. comp. di *pre(gno)*, *di(ene)* e *(cortis)one*] s. m. ● (*chim.*) Molecola organica preparata per introduzione di un secondo doppio legame nella molecola del cortisone.

predominànte part. pres. di *predominare*; anche agg. ● Nei sign. del v.

predominànza [da *predominante*] s. f. ● Predominio, prevalenza.

predominàre [comp. di *pre-* e *dominare*] **A** v. intr. (*io predòmino*; aus. *avere*) **1** Essere prevalente e imporsi su altre cose o persone: *nel suo carattere predominano l'impulso e la fantasia; è abituato a p. su tutti.* SIN. Emergere. **2** Preponderare: *in questa regione predominano i vigneti.* **B** v. tr. ● (*raro*) Vincere, sopraffare.

predominàto part. pass. di *predominare*; anche agg. ● Nei sign. del v.

predominazióne s. f. ● (*raro*) Predominio.

predomìnio [da *predominare*] s. m. **1** Atto del predominare, supremazia: *paese soggetto al p. straniero; il p. della ragione sull'istinto.* **2** Preponderanza.

predóne [lat. *praedōne(m)*, da *praedāri* 'predare'] s. m. (f. *-a*, raro) ● Chi vive di saccheggi e ruberie, chi è solito strappare agli altri o conquistare con la violenza ciò che gli serve.

†**preelèggere** [vc. dotta, lat. tardo *praelĭgere*, comp. di *prae-* 'pre-' ed *elĭgere* 'scegliere' (V. *eleggere*)] v. tr. ● Preferire, scegliere fra diverse possibilità: *preelesse di stare in esilio* (BOCCACCIO).

†**preelètto** part. pass. di †*preeleggere*; anche agg. ● (*raro*) Nei sign. del v.

preelettoràle o **pre-elettoràle** [comp. di *pre-* ed *elettorale*] agg. ● Che precede o lascia presagire un'imminente elezione pubblica, spec. a carattere politico nazionale: *clima p.*

†**preelezióne** [vc. dotta, lat. tardo *praeelectiōne(m)* 'scelta anteriore', comp. di *prae-* 'pre-' ed *elēctio*, genit. *electiōnis* 'scelta' (V. *elezione*)] s. f. ● Atto del preeleggere.

preellènico [comp. di *pre-* ed *ellenico*] agg. (pl. m. *-ci*) ● Detto di tutto ciò che ha preceduto il sorgere della civiltà greca nelle sue sedi storiche.

preeminènza ● V. *preminenza.*

preeṣàme o **pre-eṣàme** [comp. di *pre-* ed *esame*] s. m. ● Prova, spec. universitaria, che precede e determina l'ammissione all'esame vero e proprio.

preeṣistènte part. pres. di *preesistere*; anche agg. ● Nel sign. del v.

preeṣistènza [vc. dotta, lat. tardo *praeexistĕntia(m)*, da *praeexĭstens*, genit. *praeexistĕntis* 'preesistente'] s. f. ● Il fatto di preesistere.

preeṣistere [vc. dotta, lat. tardo *praeexĭstere*, comp. di *prae-* 'pre-' ed *exĭstere* 'esistere' (V. *esistere*)] v. intr. (coniug. come *esistere*; aus. *essere*) ● Esistere prima di altre cose.

preeṣistito part. pass. di *preesistere*; anche agg. ● Nel sign. del v.

†**preèssere** [lat. *praeĕsse*, comp. di *prae-* 'pre-' ed *ĕsse* 'essere'] v. intr. ● Essere a capo.

prefabbricàre [comp. di *pre-* e *fabbricare*: calco sull'ingl. *to prefabricate*] v. tr. (*io prefàbbrico, tu prefàbbrichi*) **1** (*edil.*) Costruire secondo il procedimento e la tecnica della prefabbricazione: *p. case, scuole, ospedali.* **2** (*fig.*) Precostituire q.c. ad arte per ottenere poi un certo risultato: *p. prove.*

prefabbricàto A part. pass. di *prefabbricare*; anche agg. **1** Nel sign. del v. **2** *Casa prefabbricata*, montata in sede con elementi prefabbricati. **B** s. m. ● Unità prefabbricata.

prefabbricazióne [comp. di *pre-* e *fabbricazione*; calco sull'ingl. *prefabrication*] s. f. ● Procedimento industriale applicato all'edilizia, consistente nel preparare a parte, in officine specializzate, i vari elementi costitutivi di un edificio, come serramenti, pannelli di chiusura, travi di solaio, rampe di scale e sim., e di montarli poi sul posto.

prefascista [comp. di *pre-* e *fascista*] agg. (pl. m. *-i*) **1** Precedente all'ascesa del fascismo: *governi prefascisti.* **2** (*est.*) Che ricorda il clima politico-sociale che ha portato all'avvento del fascismo: *situazione p.*

prefàto [vc. dotta, lat. *praefātu(m)*, part. pass. di *praefāri* 'dire prima', comp. di *prae-* 'pre-' e *fāri* 'dire, parlare' (V. *fato*). *Praefātus* assume sign. passivo nel lat. tardo] agg. ● (*raro, lett.*) Menzionato o citato in precedenza: *questo voglio basti quanto a' prefati popoli* (MACHIAVELLI).

prefatóre [da *prefazione*, sul rapporto di tutti i nomi in *-tore/-zione* (V. *percolatore*)] s. m. ● (*lett.*) Autore di una prefazione.

prefàzio [vc. dotta, lat. *praefātio*, nom. V. *prefazione*] s. m. **1** Orazione alternata fra celebrante e fedeli, che precedeva il canone della messa | (*fig.*) *Piantare sul bel del p.*, piantare in asso nel momento culminante, più interessante e sim. **2** Musica che accompagna tale orazione. **3** †Preambolo, prefazione. || †**prefaziuòlo**, dim.

prefazionàre [da *prefazione*] v. tr. (*io prefazióno*) ● Fare una prefazione.

prefazióne [vc. dotta, lat. *praefatiōne(m)*, da *praefāri*. V. *prefato*] s. f. ● Scritto che si premette a un libro per dichiararne gli intendimenti, a opera di persona generalmente diversa dall'autore del libro stesso.

preferènza [da *preferire*] s. f. ● Opinione o atto di chi preferisce, presceglie o antepone qc. o q.c. ad altro: *la sua p. per te è palese* | *Dare la p. a qc. o q.c.*, preferire qc., q.c. | *A, di, con p.*, preferibilmente, piuttosto | *Titolo di p.*, quello che, a parità di meriti, può far sì che una persona venga legittimamente anteposta ad altra in una graduatoria, una classifica e sim. | *Voto di p.*, (*ell.*) *preferenza*, voto dato a uno o più candidati della lista prescelta.

preferenziàle [da *preferenza*; calco sul fr. *préférenciel*] agg. ● Di preferenza: *trattamento, titolo p.* | *Voto p.*, che individua un candidato prescelto | *Itinerario p.*, in un grande centro urbano, percorso studiato e attrezzato per rendere il trasporto pubblico più veloce di quello privato | *Corsia p.*, quella che nelle vie urbane è riservata ai soli mezzi di trasporto pubblico per accelerarne, facilitandola, la circolazione.

preferìbile [da *preferire*] agg. ● Da preferire, degno di essere preferito: *questa è la soluzione p.* | *È p.*, è meglio: *è p. partire.* || **preferibilménte**, avv. Più volentieri, piuttosto, meglio se: *preferibilmente partirei di mattina; usate abiti scuri e preferibilmente neri.*

preferibilità s. f. ● (*raro*) Condizione di chi, di ciò che è preferibile.

preferìcolo [vc. dotta, lat. tardo *praeferĭculu(m)*, comp. di *prae-* 'pre-' e *fĕrculum* 'piatto per portar cibi sulla mensa', di origine indeur. (cfr. *fĕrre* 'portare'. V. *-fero*)] s. m. ● (*archeol.*) Specie di bacinella in metallo per i sacrifici.

†**preferiménto** s. m. ● Preferenza.

preferìre [lat. *praefĕrre*, propriamente 'portare avanti', comp. di *prae-* 'pre-' e *fĕrre* 'portare' (V. *-fero*)] v. tr. (*io preferìsco, tu preferìsci*) ● Anteporre ad altro nella valutazione e nella scelta: *p. il tabacco biondo, il vino bianco, la cucina italiana; al mare preferisco la montagna; ho sempre detto di p. l'onestà alla ricchezza* | Volere piuttosto: *p. la morte al disonore; preferisco morire piuttosto che cedere.* SIN. Preporre. CONTR. Posporre.

preferìto A part. pass. di *preferire*; anche agg. ● Nei sign. del v. **B** s. m. (f. *-a*) ● Prediletto, favorito: *dei tre figli il minore è il mio p.* SIN. Beniamino.

†**preferitóre** agg.; anche s. m. (f. *-trice*) ● (*raro*) Che, chi preferisce.

prefestìvo [comp. di *pre-* e *festivo*] agg. ● Che viene prima di una festa: *giorno p.*

prefettéssa s. f. **1** Moglie del prefetto (*anche scherz.*). **2** Donna investita d'una prefettura.

prefettìzia [da (veste) *prefettizia*, perché usata dai *prefetti*] s. f. ● (*sett.*) Redingote, finanziera.

prefettìzio agg. ● Del, relativo al prefetto nel sign. 2: *palazzo p.; carica prefettizia* | *Di nomina prefettizia*, nominato dal prefetto: *funzionario di nomina prefettizia* | *Commissario p.*, funzionario che, per vari motivi, il prefetto incarica della temporanea amministrazione di un comune.

prefètto [vc. dotta, lat. *praefĕctu(m)*, part. pass. di *praefĭcere* 'mettere a capo', comp. di *prae-* 'pre-' e *făcere* 'fare'] s. m. **1** Nell'antica Roma, magistrato repubblicano o funzionario imperiale o dell'antica Roma con competenze amministrative, politiche o militari: *p. del pretorio.* **2** Pubblico funzionario rappresentante del governo nella provincia. **3** Titolo di ciascuno dei cardinali che presiedono le Sacre Congregazioni della curia romana, che non siano sotto la diretta giurisdizione del Pontefice | Regolare che, in alcuni ordini religiosi, ha particolari incombenze | *P. apostolico*, ecclesiastico che, nominato dalla Sacra Congregazione per l'evangelizzazione dei popoli, è a capo di missioni e di fedeli, con diritti e facoltà di vescovo, in territori di missione non eretti in diocesi. **4** Chi è a capo di una camerata in collegi, seminari e sim. | *P. degli studi*, chi è a capo dell'insegnamento nei collegi. **5** (*raro*) Istitutore.

prefettùra [vc. dotta, lat. *praefectūra(m)*, da *praefĕctus* 'prefetto'] s. f. **1** Titolo, ufficio, dignità del prefetto. **2** Circoscrizione su cui un prefetto esercita il proprio ufficio: *esercitare la p.* | (*est.*) Sede di tale circoscrizione: *andare in p.; la p. è in via Roma* | *P. apostolica*, circoscrizione territoriale che, nei territori di missione, è retta dal prefetto apostolico. **3** Organo statale complesso di amministrazione diretta nell'ambito di una provincia | *Consiglio di p.*, organo della prefettura con funzioni giurisdizionali in materia di responsabilità contabile e consultive in materia tecnico-amministrativa. **4** (*st.*) Nell'età di Diocleziano, ciascuna delle quattro suddivisioni amministrative dell'impero romano.

prèfica [vc. dotta, lat. *prāefica(m)*, da *praefĭcere* 'mettere a capo' (V. *prefetto*). La *prāefica* era colei che era posta a capo delle ancelle per dirigere il lamento funebre] s. f. **1** Donna pagata per piangere e lodare un morto. **2** (*fig., scherz.*) Chi piange disgrazie presenti o future.

prefìggere [vc. dotta, lat. *praefīgere* 'ficcare in cima', comp. di *prae-* 'pre-' e *fīgere* 'figgere'] v. tr. (coniug. come *figgere*) **1** Fissare o stabilire prima di agire, per altri o per sé: *p. un termine, un limite; prefiggersi uno scopo nella vita.* **2** Premettere.

prefiggiménto [da *prefiggere*] s. m. ● (*raro*) Determinazione, proposito | La cosa prefissa.

prefiguraménto s. m. ● (*raro*) Prefigurazione.

prefiguránte part. pres. di *prefigurare*; anche agg. ● Nel sign. del v.

prefiguràre [vc. dotta, lat. tardo *praefigurāre*, comp. di *prae-* 'pre-' e *figurāre* 'figurare'] v. tr. ● Simboleggiare in figura cose, persone o eventi futuri: *Abele prefigura Cristo.*

prefigurativo [comp. di *pre-* e *figurativo*] agg. ● Detto dei dipinti e dei tracciati eseguiti dall'uomo in età preistorica, in cui non compaiono raffigurazioni naturalistiche.

prefiguràto part. pass. di *prefigurare*; anche agg. ● Nel sign. del v.

prefigurazióne [vc. dotta, lat. tardo *praefiguratiōne(m)*, da *praefigurātus* 'prefigurato'] s. f. ● Figurazione simbolica di cose, persone o eventi futuri: *una p. del Messia.*

prefinanziaménto s. m. ● Atto, effetto del prefinanziare | L'importo di tale operazione.

prefinanziàre [comp. di *pre-* e *finanziare*] v. tr. (*io prefinànzio*) ● Anticipare l'importo di un finanziamento a medio o a lungo termine che sta per essere concesso.

prefinìre [vc. dotta, lat. *praefinīre*, comp. di *prae-* 'pre-' e *finīre* 'finire'] v. tr. (*io prefinìsco, tu prefinìsci*) ● (*lett.*) Predestinare, prestabilire.

prefinìto [comp. di *pre-* e *finito*] agg. ● Detto di elementi in legno che abbiano già subìto un processo di levigatura, lucidatura e laccatura, tale da renderli idonei alla posa in opera senza ulteriori trattamenti: *listone, pavimento p.*

prefinizióne [vc. dotta, lat. tardo *praefinitiōne(m)*, da *praefinītus* 'prefinito'] s. f. ● (*lett.*) Predeterminazione.

prefiorìre [comp. di *pre-* e *fiorire*] v. intr. (*io prefiorìsco, tu prefiorìsci*) ● Fiorire in anticipo.

prefiorìtùra [comp. di *pre-* e *fioritura*] s. f. ● Fioritura anticipata rispetto all'epoca normale: *la p. della barbabietola da zucchero, della canapa, del mandorlo.*

prefissàle [da *prefisso*] agg. ● (*ling.*) Di, relativo a prefisso.

prefissàre (**1**) [comp. di *pre-* e *fissare*] v. tr. ● Fissare, stabilire in precedenza.

prefissàre (**2**) [da *prefisso*] v. tr. ● (*ling.*) Nella derivazione delle parole, aggiungere un prefisso a un'unità lessicale.

prefissàto A part. pass. di *prefissare*; anche agg. ● Nei sign. del v. **B** s. m. ● (*ling.*) Unità lessicale formata mediante un prefisso.

prefissazióne [da *prefissare*] s. f. ● (*ling.*) Operazione con la quale si aggiunge un prefisso ad una unità lessicale, ottenendone una nuova.

prefissióne [da *prefisso*] s. f. ● (*raro, lett.*) Atto, effetto del prefiggere o del prefiggersi.

prefìsso A part. pass. di *prefiggere*; anche agg. ● Nei sign. del v. **B** s. m. **1** (*ling.*) Morfema della classe degli affissi che compare in posizione iniziale in un'unità lessicale. **2** Particella che precede alcuni cognomi e che si considera parte integrante di essi, eccettuate le preposizioni designanti l'appartenenza a famiglie nobili, il titolo signorile o il luogo di origine. **3** (*tel.*) Serie di cifre che precedono l'indicativo e il numero dell'utente nelle chiamate in teleselezione: *il p. internazionale dall'Italia è 00*| est. Correntemente, l'insieme del prefisso e dell'indicativo: *il p. di Milano è 02.*

prefissòide [comp. di *prefisso* e *-oide*] s. m. ● (*ling.*) Elemento formativo usato come primo membro di parole composte.

prefloraziòne [comp. di *pre-* e un deriv. del lat. *flōs*, genit. *flōris* 'fiore'] s. f. ● (*bot.*) Disposizione che assumono gli elementi fiorali nel bocciolo. SIN. Estivazione.

prefogliazióne [comp. di *pre-* e un deriv. di *foglia*] s. f. ● (*bot.*) Posizione delle foglie nell'interno delle gemme. SIN. Vernazione.

preformàre [vc. dotta, lat. *praeformāre*, comp. di *prae-* 'pre-' e *formāre* 'formare'] v. tr. (*io prefórmo*) ● Formare in anticipo.

preformazióne [vc. dotta, lat. tardo *praeformatiōne(m)*, da *praeformātus* 'preformato'] s. f. **1** Atto, effetto del preformare. **2** (*biol.*) Ipotetico processo di sviluppo che porterebbe alla formazione dell'individuo mediante accrescimento di un organismo, microscopico ma già completo, contenuto in un gamete.

preformìsmo [vc. dotta, ingl. *preformism*, dal v. *to preform* 'preformare'] s. m. ● (*biol.*) Teoria che spiega lo sviluppo dell'individuo mediante accrescimento di un organismo in scala microscopica ma già completamente strutturato.

prefrontàle [comp. di *pre-* e *fronte*, con suff. agg.] agg. ● (*anat.*) Detto della parte del lobo frontale del cervello situata anteriormente alle aree motorie.

†**prèga** s. f. ● Preghiera.

pregadìo /prega'dio, pregad'dio/ o **pregaddìo**, **prèga Dio** [comp. di *pregare* e *Dio*] s. m. inv. **1** Inginocchiatoio. **2** (*zool., pop.*) Mantide religiosa.

pregàdo [vc. veneta, propriamente 'pregato'; i *pregadi* erano così chiamati perché venivano pregati dal doge di esprimere il proprio parere] s. m. ● Ciascuno dei membri del senato della Repubblica Veneta.

pregànte part. pres. di *pregare*; anche agg. ● (*lett.*) Nei sign. del v.

†**pregànza** [da *pregante*] s. f. ● Preghiera.

pregàre o (*lett.*) †**precàre** [lat. *precāri*, da *prĕx*, genit. *prĕcis* 'prece'] v. tr. (*io prègo*, poet. †*priègo*, *tu prèghi*, poet. †*prièghi*; in tutta la coniug. poet. †la *e* può dittongare in *ie* se tonica) **1** Rivolgersi a qc. chiedendo q.c. con umiltà e sottomissione: *ti prego di restare; di una sola cosa, ti prego; pregalo perché dica di sì; vi prego per carità, per amor nostro, nel nome di Dio, per ciò che avete di più caro al mondo; pregò suo padre di aiutarlo* | *P. per q.c.*, per ottenerla | *P. per qc.*, intercedere a suo favore | *P. e supplicare, p. e scongiurare*, pregare con particolare intensità, fervore e sim. | *Farsi p.*, non concedere facilmente ciò che viene chiesto | *Non farsi p.*, acconsentire facilmente. SIN. Impetrare, implorare, supplicare. CONTR. Comandare, ordinare. **2** Rivolgersi a Dio, alla divinità, con le parole o il pensiero, come atto di devozione o per chiedere aiuto, assistenza, protezione: *p. Dio, la Madonna, i Santi; prega Dio per me; p. per i propri cari, per i defunti* | (*ass.*) Dire preghiere: *è in chiesa a p.; la donna era inginocchiata a p.* **3** (*lett.*) Domandare o invocare q.c. implorando: *indarno / sul tuo poeta, o Dea, preghi rugiade* (FOSCOLO). **4** Invitare cortesemente: *la prego di non giudicare; vi pregherei di soprassedere; siete pregati di tacere; stia comodo, non si disturbi, la prego!* **5** †Augurare, desiderare | †Imprecare.

†**pregatìvo** [lat. tardo *precatīvu(m)*, da *precātus*, part. pass. di *precāri* 'pregare'] agg. ● Atto a pregare, che esprime preghiera.

pregatóre [lat. *precatōre(m)*, da *precātus*, part. pass. di *precāri* 'pregare'] agg.; anche s. m. (f. *-trice*) ● (*raro*) Che, chi prega.

†**pregatòrio** [lat. tardo *precatōriu(m)*, da *precātus*, part. pass. di *precāri* 'pregare'] agg. ● Attinente al pregare.

pregévole [da *pregio*] agg. **1** Di valore, di pregio: *un oggetto p.; un'opera p.* CONTR. Dozzinale. **2** Degno di stima, di considerazione: *è una persona p. sotto ogni punto di vista.* CONTR. Spregevole. || **pregevolménte**, avv.

pregevolézza s. f. ● (*lett., raro*) Qualità di chi, di ciò che è pregevole: *p. di un lavoro d'oreficeria.*

†**preghería** s. f. ● (*raro*) Preghiera.

preghièra [provz. *preguiera*, dal lat. parl. **precāria(m)*, f. sost. di *precārius*. V. *precario (1)*] s. f. **1** Manifestazione fondamentale della vita religiosa, consistente nel rivolgersi a Dio o al mondo divino, con la parola o con la mente per chiedere, ringraziare o glorificare | Forma orale o scritta in cui si prega | *P. liturgica*, quella destinata al servizio cultuale di una comunità religiosa | *P. personale*, quella libera da moduli obbligati e ispirata al personale sentimento | *Tappeto di p.*, piccolo tappeto usato dai musulmani per inginocchiarvisi durante le preghiere giornaliere | (*mus.*) Composizione musicale di intonazione religiosa. **2** Nella dottrina cattolica, atto intelligente e cosciente della vita umana con il quale l'uomo si eleva a Dio | *P. mistica*, di coloro che vivono nell'esperienza mistica | *P. dominicale*, il Paternostro, come orazione rivolta al Signore. **3** (*est.*) Domanda umile e pressante: *ascoltate la mia p.; è una p. quella che vi rivolgo.* **4** (*est.*) Cortese invito: *disattendere le preghiere di qc.* | *A p. di, dietro p. di*, su istanza di. || **preghierina**, dim.

†**preghièro** s. m. ● Preghiera.

pregiàbile [da *pregiare*] agg. ● (*lett.*) Pregevole.

pregiabilità s. f. ● (*raro*) Qualità di ciò che è pregiabile.

pregiàre [lat. tardo *pretiāre*, da *prĕtium* 'prezzo'] **A** v. tr. (*io prègio*) **1** (*lett.*) Considerare, stimare. CONTR. Disprezzare, spregiare. **2** (*raro, lett.*) Celebrare, encomiare, lodare. **3** †Apprezzare, valutare. **B** v. rifl. **1** Sentirsi onorato: *mi pregio di farle sapere che ho accolto la sua richiesta.* **2** (*raro*) Vantarsi.

pregiatìssimo agg. **1** Sup. di *pregiato.* **2** Molto stimato, nelle intestazioni epistolari: *p. sig.*;

p. avv.

pregiàto part. pass. di *pregiare*; anche agg. *1* Nei sign. del v. *2* Che è tenuto in pregio, che ha valore: *un'opera pregiata*. || **pregiatissimo**, sup. (V.).

pregiatóre [da *pregiato*] agg.; anche s. m. (f. *-trice*) • (*raro*) Che, chi apprezza e stima q.c. o qc. nel suo giusto valore.

prègio [lat. *prĕtiu(m)* 'prezzo'] s. m. *1* Valore, qualità: *oggetto di p.*; *riconoscere tutto il p. di una persona, di un'opera*; *avere molti pregi personali*; *pregi stilistici, oratori, artistici*. *2* Decoro, onore, stima: *acquistare, perdere p.* | *Avere gran p.*, essere grandemente stimato | *Salire, venire in p.*, conquistarlo | *Tenere in p.*, stimare | *Farsi un p.*, *farsi p., di q.c.*, sentirsi onorato, pregiarsi | (*est.*) Ciò che conferisce pregio: *il p. della casa*; *questo è il p. della verità*. *3* †Premio. *4* †V. *prezzo*.

†**pregióne** e *deriv.* • V. *prigione* (*1*) e *deriv.*

†**pregióso** [sovrapposizione di *pregio* a *prezioso*] agg. • Di pregio.

pregiudicànte part. pres. di *pregiudicare*; anche agg. • Nei sign. del v.

pregiudicàre [vc. dotta, lat. *praeiudicāre*, comp. di *prae-* 'pre-' e *iudicāre* 'giudicare'] **A** v. tr. (*io pregiùdico, tu pregiùdichi*) *1* †Giudicare prima, anticipatamente. *2* Compromettere, nuocere, danneggiare: *p. l'avvenire, gli interessi di qc., l'esito di q.c.* **B** v. intr. (aus. *avere*) • (*lett.*) †Recare pregiudizio: *alieno da tutte le cose che pregiudicano al terzo* (GUICCIARDINI).

pregiudicatìvo agg. • (*raro*) Atto a pregiudicare.

pregiudicàto A part. pass. di *pregiudicare*; anche agg. *1* Nei sign. del v. *2* (*raro*) Pieno di pregiudizi: *mente pregiudicata*. **B** s. m. (f. *-a*) • Persona che ha riportato condanne penali, o che è stata comunque sottoposta a pene detentive. CONTR. Incensurato.

†**pregiudìcio** e *deriv.* • V. *pregiudizio* e *deriv.*

pregiudiziàle o †**pregiudiciàle** [vc. dotta, lat. tardo *praeiudiciāle(m)*, da *praeiudĭcium* 'pregiudizio'] **A** agg. *1* (*raro*) Che reca pregiudizio, danno: *cosa p. all'onore, alla salute*. *2* (*dir.*) Detto di ciò che dev'essere esaminato e deciso prima di ogni ulteriore azione o decisione | *Questione p.*, questione su cui la stessa autorità giudiziaria nel processo civile, la stessa o altra autorità giudiziaria nel processo penale, deve pronunciarsi con precedenza logica su altre questioni. **B** s. f. • (*dir.*) Questione, condizione pregiudiziale: *porre una p.*; *porre un argomento come p.* || **pregiudizialménte**, avv. In via pregiudiziale.

pregiudizialità s. f. • (*dir.*) Rapporto d'ordine logico che lega le questioni pregiudiziali alle questioni che possono essere decise nel processo dopo la soluzione di quelle.

†**pregiudiziànte** agg. • Pregiudizievole.

pregiudiziévole o (*raro*) †**pregiudiciévole** agg. • Che può portare pregiudizio, danno: *un discorso p.* CONTR. Favorevole, utile. || **pregiudizievolménte**, avv. (*raro*) Con danno o pregiudizio.

pregiudìzio o †**pregiudìcio** [vc. dotta, lat. *praeiudĭciu(m)*, comp. di *prae-* 'pre-' e *iudĭcium* 'giudizio'] s. m. *1* Idea od opinione errata, anteriore alla diretta conoscenza di determinati fatti o persone, fondata su convincimenti tradizionali e comuni ai più, atta a impedire un giudizio retto e spassionato: *essere pieno di pregiudizi*; *avere pregiudizi verso, contro, nei confronti di qc. o di q.c.* | (*est.*) Superstizione: *vecchi pregiudizi popolari*. *2* Danno: *recare p. a qc., a q.c.*; *essere di p., di grave p. per la salute, l'onore*; *ciò avverrà con p. del tuo buon nome*. || **pregiudiziàccio**, pegg.

†**pregiudizióso** agg. • Pregiudizievole.

pregnànte [vc. dotta, lat. *praegnănte(m)*, comp. di *prae-* 'pre-' e il tema di *gĭgnere* 'generare'] **A** agg. *1* (*lett.*) Pregno, gravido. *2* (*ling.*) Detto di termine o costruzione che contengono un senso che non è esplicitamente enunciato. *3* (*est., fig.*) Ricco di significati: *frasi pregnanti*. || **pregnanteménte**, avv. (*fig.*) In modo pregnante. **B** s. f. • (*lett.*) Femmina gravida.

pregnànza [da *pregnante*] s. f. *1* (*raro*) Gravidanza. *2* (*ling.*) Ricchezza di significati.

pregnézza [da *pregno*] s. f. • (*lett.*) Gravidanza.

prégno [da *pregnante*] agg. *1* Gravido, riferito a donna o a femmina di mammifero in genere. *2* (*fig.*) Saturo, impregnato: *muro p. d'umidità*; *animo p. d'odio*; *sentimento p. di passione*.

prègo (**1**) o (*lett.*) †**prèco**, †**priègo** [da *pregare*] s. m. (pl. *-ghi*) • (*lett.*) Preghiera.

prègo (**2**) [prima pers. dell'indic. pres. di *pregare*] inter. • Si usa come formula di cortesia, rispondendo a chi ringrazia o chiede scusa o invitando qc. ad accomodarsi, a entrare, ad accettare q.c., e, in genere, attenuando un comando o sollecitando q.c. a qc.: *'Grazie' 'p.!'*; *'scusi tanto!' 'p., non c'è di che'*; *p., sedetevi*; *signori, restate calmi, p.!* | Con tono interrogativo per invitare qc. a ripetere ciò che non si è capito: *p.?, vuol ripetere?*

pregrafiṣmo [comp. di *pre-* e *grafia* con il suff. *-ismo*] s. m. • Situazione, condizione che precede l'apprendimento della scrittura.

pregrammaticàle [comp. di *pre-* e *grammaticale*] agg. *1* (*ling.*) Che viene prima della grammatica, che precede lo studio della grammatica: *studio p. di una lingua*. *2* (*ling.*) Detto di un atto linguistico non ancora strutturato secondo un sistema grammaticale. *3* (*ling.*) Detto di voci che non fanno parte della lingua come sistema codificato e come norma, e non hanno una chiara valenza semantica, come le onomatopee. *4* (*ling.*) Detto della funzione originaria di una unità lessicale che per la sua posizione sintattica si è successivamente trasformata in un elemento grammaticale: *'durante' come part. pres. ha valore p. rispetto al suo uso preposizionale in 'durante la giornata'*.

pregrèco [comp. di *pre-* e *greco*] agg. (pl. m. *-ci*) • Anteriore agli antichi Greci, ai loro stanziamenti e alla loro civiltà: *popolazioni, iscrizioni pregreche* | Anteriore al greco: *vocaboli pregreci, di origine pregreca*.

pregrèsso [vc. dotta, lat. *praegrĕssu(m)*, da *praegredi* 'andare avanti', comp. di *prae-* 'pre-' e *grădi* 'avanzare' (di origine indeur.)] agg. • (*lett.*) Detto di ciò che si è verificato nel passato, o comunque in un momento precedente rispetto a quello attuale: *epoche pregresse*; *anzianità pregressa*; *malattia pregressa*.

pregustaménto s. m. • (*raro*) Modo e atto del pregustare.

pregustàre [vc. dotta, lat. *praegustāre*, comp. di *prae-* 'pre-' e *gustāre* 'gustare'] v. tr. • Gustare già col pensiero q.c. che si presenta come molto gradevole e desiderabile: *p. le vacanze*; *p. il piacere della vendetta*; *pregustava le risate che avrebbero accolto il suo racconto* (PIRANDELLO).

pregustatóre [vc. dotta, lat. *praegustatōre(m)*, da *praegustātus*, part. pass. di *praegustāre* 'pregustare'] agg.; anche s. m. (f. *-trice*) *1* Che, chi pregusta. *2* Anticamente, chi era destinato ad assaggiare le vivande per assicurare ai commensali l'assenza di veleni.

pregustazióne s. f. • (*lett.*) Atto, effetto del pregustare.

†**pregùsto** s. m. • Pregustazione.

preincàrico [comp. di *pre-* e *incarico*] s. m. (pl. *-chi*) • Mandato conferito dal Presidente della Repubblica a un uomo politico durante una crisi di governo, allo scopo di saggiare la possibilità di ricomporre una maggioranza parlamentare stabile.

preindeuropèo o **preindoeuropèo** [comp. di *pre-* e *indeuropeo*] **A** agg. *1* (*ling.*) Detto di fenomeno linguistico presente in un'area prima della diffusione di una lingua indoeuropea. *2* Detto di gruppi etnici esistiti in determinati territori prima della comparsa delle popolazioni indoeuropee. **B** s. m. (f. *-a*) • Ogni individuo delle popolazioni preindeuropee.

preindicàto [comp. di *pre-* e *indicato*] agg. • (*raro*) Sopraindicato.

preindoeuropèo • V. *preindeuropeo*.

preindustriàle [comp. di *pre-* e *industriale*] agg. • Che precede o non ha ancora conosciuto il processo di industrializzazione: *stadio, civiltà p.*

†**preintrodótto** part. pass. di †*preintrodurre* • (*raro*) Nel sign. del v.

†**preintrodùrre** [comp. di *pre-* e *introdurre*] v. tr. • Introdurre prima.

†**preire** [vc. dotta, lat. *praeīre*, comp. di *prae-* 'pre-' e *īre* 'andare'] v. tr. • Precedere: *costoro preiva più davanti un poco Aconzio* (BOCCACCIO).

preiscrizióne [comp. di *pre-* e *iscrizione*] s. f. • Richiesta anticipata di iscrizione, spec. scolastica, dovuta all'esigenza di raccogliere dati statistici.

preistòria [comp. di *pre-* e del lat. *histŏria* 'storia'] s. f. *1* Periodo della evoluzione e dello stabilirsi delle razze e delle culture umane di cui non rimangono documenti scritti, ma di cui si possono comporre i fenomeni e gli avvenimenti in base a reperti archeologici. *2* (*raro*) Scienza che studia tale periodo. *3* (*est., fig.*) L'insieme delle prime e remote origini di un fenomeno, di un evento, di una disciplina e sim.: *la p. delle trattative, della dichiarazione di neutralità*; *la p. della sociologia*.

preistòrico [da *preistoria*] agg. (pl. m. *-ci*) *1* Della preistoria, relativo alla preistoria: *età preistorica*; *popolazioni preistoriche*. *2* (*fig., scherz.*) Molto vecchio e fuori moda: *un'automobile preistorica*. SIN. Antidiluviano. || **preistoricaménte**, avv. Relativamente alla preistoria.

prelatésco agg. (pl. m. *-schi*) • (*scherz.*) Di, da prelato: *tono, fare p.*

prelatìa [da *prelato*] s. f. • Prelatura | †Signoria, dignità.

prelatìno [comp. di *pre-* e *latino*] agg. • Anteriore ai Latini, ai loro stanziamenti e alla loro civiltà: *popolazioni prelatine* | Anteriore al latino: *vocaboli prelatini, di origine prelatina*.

prelatìzio (**1**) [dal lat. *praelātus* (V. *prelazione*)] agg. • (*dir.*) Relativo alla prelazione.

prelatìzio (**2**) [da *prelato*] agg. • Di, da, prelato: *titolo p.*; *abito p.*; *dignità prelatizia*.

prelàto [vc. dotta, lat. *praelātu(m)*, part. pass. di *praefĕrre* 'mettere innanzi', comp. di *prae-* 'pre-' e *fĕrre* 'portare' (V. *-fero*)] s. m. *1* Dignitario ecclesiastico con giurisdizione ordinaria ovvero con titolo soltanto onorifico | *P. domestico*, ecclesiastico che, con tale titolo onorifico e senza giurisdizione, fa parte della famiglia pontificia. *2* †Superiore, maggiore. *3* †Governatore, vicario regio.

prelatùra s. f. *1* Carica, ufficio, dignità di prelato. *2* Circoscrizione su cui il prelato ha giurisdizione. *3* L'insieme dei prelati. *4* †Superiorità, maggioranza.

prelavàggio [comp. di *pre-* e *lavaggio*] s. m. • Lavaggio preliminare di breve durata, spec. in macchina lavabiancheria e lavastoviglie.

prelazióne [vc. dotta, lat. *praelatiōne(m)*, da *praelātus*, part. pass. di *praefĕrre* 'mettere innanzi' (V. *preferire*)] s. f. *1* †Preferenza, privilegio. *2* (*dir.*) Preferenza accordata per legge o per convenzione a parità di condizioni a un dato soggetto nell'esercizio del diritto di acquisto di un dato bene: *avere, esercitare la p. su un bene*; *diritto di p.* | (*est.*) Diritto di uno o più creditori di precedere gli altri creditori in sede di riparto del ricavato dalla espropriazione del comune debitore. *3* †Superiorità.

prelegàto [vc. dotta, lat. *praelegātu(m)*, part. pass. di *praelegāre* 'lasciare per testamento con privilegio di antiparte', comp. di *prae-* 'pre-' e *legāre* 'legare (2)'] s. m. • (*dir.*) Legato fatto all'erede.

prelèggi [comp. di *pre-* e il pl. di *legge*] s. f. pl. • Complesso di disposizioni sulla legge in generale che precedono il codice civile.

preletteràrio [comp. di *pre-* e *letterario*] agg. • Che precede la formazione della civiltà letteraria di un popolo.

prelevaménto s. m. *1* Modo e atto del prelevare | Operazione bancaria con cui si ottiene, dalla banca stessa, la disponibilità di una somma depositata: *fare, effettuare un p.* *2* (*est.*) Somma di denaro prelevata dalla banca: *un grosso p.*

prelevàre [vc. dotta, lat. tardo *praelevāre* 'levare prima', comp. di *prae-* 'pre-' e *levāre* 'levare'] v. tr. (*io prelèvo*) *1* Detrarre somme o beni da una massa o deposito di denari o cose: *p. 500 000 lire dal proprio conto in banca*; *domani verranno a p. le merci vendute*; *p. dal magazzino*. SIN. Ritirare. CONTR. Depositare. *2* Prendere e portare via qc. da un luogo, con la forza o d'autorità: *i carabinieri l'hanno prelevato da casa sua* | (*scherz., fam.*) Andare a prendere: *passerò a prelevarti alle sei*. *3* (*med.*) Raccogliere materiale biologico da sottoporre a esame.

prelevazióne s. f. • (*raro*) Atto, effetto del prelevare.

†**prelezióne** [vc. dotta, lat. *praelectiōne(m)* 'lettura esplicativa, spiegazione', comp. di *prae-* 'pre-' e *lĕctio*, genit. *lectiōnis* 'lettura' (V. *lezione*)] s. f. •

Prima lezione di un corso accademico o universario: *le prelezioni del Poliziano.*

†**preliàre** [vc. dotta, lat. *proeliāri*, da *proēlium* 'battaglia', di etim. incerta] **v. intr.** ● Combattere, contendere: *oggi qui non si canta, anzi si prelia: / cessate omai ... cessate alquanto* (SANNAZARO).

prelibàre [vc. dotta, lat. *praelibāre* 'pregustare', comp. di *prae-* 'pre-' e *libāre* 'gustare'] **v. tr.** *1* (*lett.*) Assaggiare o degustare anticipatamente. *2* (*raro, fig., lett.*) Trattare brevemente, in via preliminare.

prelibatézza **s. f.** ● Gusto prelibato: *p. di un vino.*

prelibàto **part. pass.** di *prelibare*; anche **agg.** *1* Nei sign. del v. *2* Eccellente, squisito: *vino, cibo, sapore p.* ‖ **prelibataménte**, **avv.**

prelièvo [dev. di *prelevare*] **s. m.** *1* Atto, effetto del prelevare. *2* (*med.*) Sottrazione di una parte di tessuto o di liquido organico per ricerca, analisi o terapia. *3* (*banca*) Prelevamento. *4 P. fiscale*, decurtazione operata dallo Stato sui redditi dei contribuenti.

preliminàre [comp. di *pre-* e del lat. *līmen*, genit. *līminis* 'soglia' (V. *liminare*), con suff. agg.; propriamente 'ciò che è davanti alla soglia'] **A** **agg.** ● Iniziale, introduttivo, preparatorio: *discussione p.*; *notizie, dati preliminari*; *avvertimento p.*; *istruzione p.*; *atti preliminari all'istruzione, al dibattimento* | *Contratto p.*, accordo con cui due o più persone si impegnano a concludere in futuro un contratto definitivo. ‖ **preliminarménte**, **avv.** In modo preliminare, prima di addentrarsi nei particolari. **B** **s. m.** ● Elemento, momento o parte iniziale, introduttiva o preparatoria di q.c.: *preoccuparsi dei preliminari*; *è un p. che va chiarito immediatamente*; *i preliminari della pace, del trattato.* CONTR. Conclusione.

prelodàto [comp. di *pre-* e *lodato*] **agg.** ● (*lett.*) Predetto, suddetto, sullodato.

prelògico [comp. di *pre-* e *logico*] **agg.** (pl. m. *-ci*) ● (*psicol.*) Detto di un tipo di pensiero che non segue le normali regole della logica e che, secondo alcuni autori, caratterizzerebbe i bambini, i cosiddetti popoli primitivi e certi psicotici.

prelogìsmo [comp. di *pre-* e del gr. *logismós* 'ragionamento'] **s. m.** ● (*psicol.*) Modo di pensare basato su schemi molto semplici ed estranei alle categorie della logica, attribuito da alcuni studiosi alle mentalità primitiva e infantile.

†**prelùcere** [vc. dotta, lat. *praelucēre*, comp. di *prae-* 'pre-' e *lucēre* 'risplendere', da *lūx*, genit. *lūcis* 'luce'] **v. intr.** ● Rilucere innanzi o di più.

preludènte **part. pres.** di *preludere*; anche **agg.** ● Nei sign. del v.

prelùdere [vc. dotta, lat. *praelūdere* 'far prove, esercitarsi per', comp. di *prae-* 'pre-' e *lūdere* 'giocare', da *lūdus* 'gioco' (V. *ludo*)] **v. intr.** (**pass. rem.** *io prelùsi, tu preludésti*; **part. pass.** *prelùso*; aus. *avere*) *1* Preannunciare con segni indicatori: *tutto ciò preludeva ormai alla guerra*; *un brontolio lontano prelude al temporale.* *2* Preparare e introdurre, mediante discorsi o altro che costituiscano una premessa: *la musica preludeva direttamente al dramma*; *i suoi brevi accenni preludono a un più ampio dibattito.*

preludiàre [da *preludio*] **v. intr.** (*io prelùdio*; aus. *avere*) *1* (*mus.*) Far preludio. *2* Preludere.

prelùdio [da *preludere*] **s. m.** *1* (*mus.*) Pezzo strumentale di forma e uso molto vari, che tra l'altro introduce la suite del Seicento, la fuga del Settecento, l'opera lirica dell'Ottocento, ma nel pianismo romantico è libero e autonomo da altri pezzi: *il p. del Tristano e Isotta*; *i preludi di Chopin e Debussy.* *2* (*fig.*) Segno foriero e premonitore, azione o atto che prepara a q.c.: *il p. della burrasca, di una rivolta*; *è il p. del matrimonio.* *3* Discorso di introduzione e di preparazione: *questo è il p. al mio intervento di domani* | Proemio, inizio: *il p. del poema.*

prelùso **part. pass.** di *preludere* ● Nei sign. del v.

pre-maman ® /fr. pre ma'mã/ [nome commerciale; propriamente 'pre-mamma'] **A** **s. m. inv.** ● Abito, indumento di taglio molto ampio, tale da poter essere indossato dalle donne in stato di avanzata gravidanza. **B** anche **agg. inv.**: *abito, cappotto pre-maman.*

prematrimoniàle [comp. di *pre-* e *matrimonio*, con suff. agg.] **agg.** ● Che precede il matrimonio: *periodo p.*; *accertamenti, rapporti prematrimoniali.*

prematurità **s. f.** ● Qualità di chi, di ciò che è prematuro.

prematùro [vc. dotta, lat. *praematūru(m)*, comp. di *prae-* 'pre-' e *matūrus* 'maturo'] **A** **agg.** ● Che si verifica o è fatto prima del tempo giusto, in anticipo sui termini normali o comunque troppo presto: *domanda prematura*; *conclusioni premature*; *parto, neonato p.* | *Notizie premature*, relative a fatti non ancora accertati | *È p. fare, dire* e sim., è troppo presto per fare, dire e sim. CONTR. Tardivo. **B** **s. m.** (f. *-a*) ● Neonato venuto alla luce tra la ventisettesima settimana e il termine della gestazione | Correntemente, neonato che pesa meno di 2,500 kg alla nascita. ‖ **prematuraménte**, **avv.** Prima del tempo.

premeditàre [vc. dotta, lat. *praemeditāri*, comp. di *prae-* 'pre-' e *meditāri* 'meditare'] **v. tr.** (*io premèdito*) ● Preparare q.c. nella mente, prima di effettuarla, meditandola a lungo: *p. un delitto, una rapina*; *il suo intervento è stato premeditato.*

premeditàto **A** **part. pass.** di *premeditare*; anche **agg.** ● Nel sign. del v. ‖ **premeditataménte**, **avv.** **B** **avv.** ● (*raro*) †Premeditatamente.

premeditazióne [vc. dotta, lat. *praemeditatiōne(m)*, da *praemeditātus*, part. pass. di *praemeditāri* 'premeditare'] **s. f.** *1* Atto, effetto del premeditare. *2* (*dir.*) Il premeditare, costituente una circostanza aggravante speciale dei reati di omicidio e di lesioni personali: *omicidio commesso con p.*

premenopàusa [comp. di *pre-* e *menopausa*] **s. f.** ● (*anat.*) Periodo della vita della donna che precede la fine dell'età feconda.

premènte **part. pres.** di *premere*; anche **agg.** *1* Nei sign. del v. *2* (*fig., raro*) Impellente, pressante: *necessità p.*

prementovàto [comp. di *pre-* e *mentovato*] **agg.** ● (*raro, lett.*) Ricordato prima, anteriormente.

prèmere [lat. *prĕmere*, da una radice indeur. che significa 'schiacciare'] **A** **v. tr.** (**pass. rem.** *io preméi* o *premètti*, †*prèssi*, *tu preméstì*; **part. pass.** *premùto*, †*prèsso*) *1* Comprimere o schiacciare col peso o con la forza: *p. q.c. con le mani, coi piedi*; *p. il pedale del freno*; *premi forte il campanello se vuoi che suoni* | (*poet.*) *P. il dorso*, cavalcare | †*P. la pedata*, calcare le orme (*anche fig.*). SIN. Pigiare, pressare. *2* (*raro*) Stringere: *p. q.c. tra le mani, tra i denti* | (*raro, est.*) Spremere: *p. il succo, il limone.* *3* (*fig.*) Opprimere, gravare: *p. qc. con imposte, usure, vessazioni*; *disperato dolor che 'l cor mi preme* (DANTE *Inf.* XXXIII, 5). *4* (*fig.*) Inseguire incalzando: *p. il nemico in fuga.* *5* †Nascondere. **B** **v. intr.** (aus. *avere*) *1* Esercitare una pressione: *p. sulla ferita, sul coperchio di q.c.* | (*fig.*) *P. su qc.*, cercare di indurlo a q.c. con pressioni morali. *2* Gravare, scaricarsi (*anche fig.*): *l'onere delle tasse preme su di noi.* *3* (*fig.*) Importare, stare a cuore: *è una faccenda che mi preme molto.* *4* (*raro*) Essere urgente | †*Preme!*, scritta apposta un tempo su lettere e sim. per dimostrarne l'urgenza. *5* †Aver cura, premura.

preméssa [f. sost. di *premesso*] **s. f.** *1* Enunciazione, idea che serve d'introduzione e chiarimento a ciò che si dirà in seguito: *dopo le necessarie premesse, daremo inizio alla discussione.* SIN. Preliminare. *2* (*filos.*) In un sillogismo, ciascuna delle prime due proposizioni, maggiore e minore, da cui si inferisce la terza che rappresenta la conclusione del sillogismo stesso. *3* Breve scritto in cui l'autore informa il lettore dei presupposti da cui è partito. CONTR. Conclusione.

premésso **part. pass.** di *premettere*; anche **agg.** *1* Nei sign. del v. *2 Ciò p.*, dopo aver detto ciò | *P. che*, dopo aver esposto, considerato che.

premestruàle [comp. di *pre-* e *mestruo*, con suff. agg.] **agg.** ● Che precede la mestruazione: *disturbi premestruali.*

premèttere [vc. dotta, lat. *praemĭttere*, comp. di *prae-* 'pre-' e *mĭttere* 'mandare' (V. *mettere*)] **v. tr.** (coniug. come *mettere*) ● Dire o porre prima: *desidero p. alcune considerazioni generali*; *p. una prefazione, un preambolo, una breve introduzione a un'opera* | *Premetto che*, in primo luogo faccio presente che. SIN. Anteporre. CONTR. Posporre.

premiàbile **agg.** ● (*raro*) Che si può premiare.

premiàle **agg.** ● Che ha carattere di premio, con particolare riferimento alle norme di legge che prevedono sconti di pena o altri benefici in favore di imputati e condannati che collaborino con la giustizia.

premiàndo [gerundio di *premiare*] **s. m.** (f. *-a*) ● (*raro*) Persona designata per un premio: *i premiandi sono tutti presenti.*

premiàre [vc. dotta, lat. tardo *praemiāre*, da *praemium* 'premio'] **v. tr.** (*io prèmio*) ● Riconoscere e ricompensare con un premio il valore o la validità di qc. o di q.c.: *p. un romanzo, un poeta*; *il merito e l'onestà devono essere premiati.*

†**premiatìvo** **agg.** ● Che serve a premiare.

premiàto **A** **part. pass.** di *premiare*; anche **agg.** ● Nel sign. del v. **B** **s. m.** (f. *-a*) ● Chi ha ricevuto un premio: *l'elenco dei premiati.*

premiatóre [vc. dotta, lat. tardo *praemiatōre(m)*, da *praemiāre* 'premiare'] **agg.**; anche **s. m.** (f. *-trice*) ● (*raro*) Che, chi premia.

premiazióne **s. f.** ● Azione di premiare | (*est.*) La cerimonia della distribuzione dei premi: *assistere alla p.*

prèmice [da *premere*: sul modello di *soffice* (?)] **agg.** ● Che si schiaccia premendo tra le dita: *nocciola p.*

premier /'prɛmjer, *ingl.* 'premjə/ [vc. ingl., dal fr. *premier*, dal lat. *primāriu(m)* 'primario'] **s. m. inv.** ● Primo ministro inglese e (*est.*) di altre nazioni.

première /fr. prə'mjɛr/ [vc. fr., propriamente 'prima', f. di *premier* 'primo' (V. *premier*)] **s. f. inv.** *1* Prima rappresentazione di uno spettacolo. *2* Sarta che dirige un laboratorio di sartoria.

premilitàre [comp. di *pre-* e *militare*] **A** **agg.** ● Un tempo, detto di istruzione intesa a preparare moralmente e fisicamente alla vita delle armi i giovani prossimi al servizio di leva. **B** **s. f.** ● Istruzione premilitare. **C** **s. m.** ● Giovane che partecipava alla premilitare.

†**premiménto** [da *premere*] **s. m.** ● (*raro*) Modo e atto del premere.

preminènte [vc. dotta, lat. *praeeminĕnte(m)*, part. pres. di *praeeminēre* 'star sopra', comp. di *prae-* 'pre-' ed *eminēre* 'sporgere' (V. *eminente*)] **agg.** ● Di preminenza: *posizione p.* | Che è in posizione di preminenza, di spicco, rispetto ad altri: *il problema è di p. importanza.* ‖ **preminenteménte**, **avv.** In modo preminente, soprattutto.

preminènza o †**preeminènza**, †**preminènzia** [vc. dotta, lat. tardo *praeeminĕntia(m)*, da *praeĕminens*, genit. *praeeminĕntis* 'preminente'] **s. f.** ● Superiorità rispetto ad altre cose o persone: *essere, trovarsi in posizione di p.*; *raggiungere e difendere la propria p. in un ambiente*; *la p. della vita contemplativa* (DE SANCTIS).

prèmio [vc. dotta, lat. *prāemiu(m)*, comp. di *prae-* 'pre-' ed *ĕmere* 'comperare', di origine indeur.] **A** **s. m.** *1* Esplicito riconoscimento del valore o del merito di q.c. o di qc.: *meritare, desiderare un p.*; *assegnare, attribuire un p.*; *vincere un p.* | (*est.*) Segno tangibile di tale riconoscimento: *il primo, secondo, terzo p.*; *consegnare, distribuire i premi*; *ritirare il p.* *2* Competizione in cui si premiano i vincitori: *p. di atletica leggera, di motonautica*; *istituire un p. letterario, di pittura* | Denominazione di varie competizioni o sim.: *p. Nobel, Campiello, Viareggio.* *3* Vincita di lotterie, estrazioni a sorte e sim.: *il primo p. è di un miliardo*; *premi in denaro, in oggetti d'arte* | *P. di consolazione*, concesso a chi, pur essendo rimasto escluso dai premi principali, abbia determinati requisiti. *4* Nei contratti a termine di borsa, somma pagata da uno dei contraenti per riservarsi la facoltà di eseguire o risolvere il contratto | *P. di emissione*, somma pagata in più, al momento della sottoscrizione di azioni, rispetto al loro valore nominale | *P. di assicurazione*, quota che il sottoscrittore della polizza paga per ottenere la copertura di un rischio. *5* Indennità speciale concessa da un ente pubblico o privato ai propri dipendenti | *Retribuzione a p.*, quando viene stabilito un compenso aggiuntivo al salario a tempo | *P. di produzione*, maggiorazione della retribuzione di un lavoratore corrisposta in seguito all'incremento di produzione di un'impresa | *P. d'ingaggio*, somma di denaro corrisposta a un atleta professionista alla firma del contratto che lo vincola a una società o a una casa industriale | Agevolazione o contributo finanziario concesso dallo Stato per stimolare attività e sim. *6* (*econ.*) Aggio: *la moneta aurea fa p. su quella cartacea.* ‖ **premiùccio**, **dim.** **B** in funzione di **agg. inv.** ● (posposto al s.) Detto di ciò che è concesso a titolo di premio: *busta p.*; *viaggio, licenza p.*; *bolli p.*

†**premissióne** [vc. dotta, lat. tardo *praemissiō-ne(m)*, da *praemĭssus* 'premesso'] s. f. ● Atto, effetto del premettere.

premistóffa [comp. di *premere* e *stoffa*] **A** s. m. inv. ● (*mecc.*) Pezzo della macchina da cucire che preme la stoffa e la fa scorrere. **B** anche agg. inv.: *piedino p.*

premistóppa [comp. di *premere* e *stoppa*] s. m. inv. ● (*mecc.*) Dispositivo che comprime le guarnizioni avvolgenti parti di macchine in movimento per renderne ermetica la tenuta: *p. di una pompa, di una valvola.*

prèmito [da *premere*: sul modello di *fremito* (?)] s. m. ● Contrazione della muscolatura addominale, intestinale o uterina.

premitùra s. f. ● Pressione, pigiatura.

premolàre [comp. di *pre-* e *molare* (agg.)] **A** agg. ● (*anat.*) Che è situato davanti ai molari. **B** s. m. ● (*anat.*) Dente compreso tra i canini e i molari. ➡ ILL. p. 367 ANATOMIA UMANA.

†**premonìre** [vc. dotta, lat. *praemonēre*, comp. di *prae-* 'pre-' e *monēre* 'ammonire, avvertire' (V. *monito*)] v. tr. ● Ammonire anticipatamente.

premonitóre [vc. dotta, lat. *praemonitōre(m)*, da *praemŏnitus*, part. pass. di *praemonēre* 'premonire'] agg.; anche s. m. (f. *-trice*) ● Che, chi avverte in anticipo | Che, chi mette o deve mettere sull'avviso: *segni, sintomi, indizi premonitori.*

premonitòrio [vc. dotta, lat. tardo *praemonitō-riu(m)*, da *praemŏnitus*, part. pass. di *praemonēre* 'premonire'] agg. ● Che premonisce, che costituisce un avvertimento, una premonizione.

premonizióne [vc. dotta, lat. tardo *praemonitiō-ne(m)*, da *praemŏnitus*, part. pass. di *praemonēre* 'premonire'] s. f. *1* †Ammonizione anticipata. *2* In metapsichica, informazione paranormale concernente il verificarsi di eventi futuri.

premonstratènse [dalla località di *Prémontré* (lat. *Praemonstrātu(m)*, propriamente '(luogo) mostrato prima', part. pass. di *praemonstrāre* 'premostrare', perché il luogo era stato indicato profeticamente da S. Norberto), dove l'ordine fu fondato] s. m. ● Canonico regolare di un ordine agostiniano fondato nel XII sec., in Francia.

premorièNza [da *premorire*] s. f. ● Il morire prima di un'altra persona o prima di un determinato termine, precedentemente fissato, spec. con riferimento a effetti giuridici, assicurativi o pensionistici.

premorìre [vc. dotta, lat. *prāemori*, comp. di *prae-* 'pre-' e *mŏri* 'morire'] v. intr. (coniug. come *morire*; aus. *essere*) ● Morire prima di un altro o prima di un dato termine.

premòrte [comp. di *pre-* e *morte*] s. f. ● (*raro*) Atto, effetto del premorire.

premòrto part. pass. di *premorire*; anche agg. ● (*raro*) Nei sign. del v.

premostràre [vc. dotta, lat. *praemonstrāre*, comp. di *prae-* 'pre-' e *monstrāre* 'mostrare'] v. tr. (*io premóstro*) ● (*lett.*) Mostrare prima.

premunièNte part. pres. di *premunire*; anche agg. ● (*raro, lett.*) Nei sign. del v.

premunire [vc. dotta, lat. *praemunīre*, comp. di *prae-* 'pre-' e *munīre* 'munire'] **A** v. tr. (*io premunìsco, tu premunìsci*) ● Predisporre o preparare con mezzi atti alla difesa, alla resistenza e sim. (*anche fig.*): *p. il campo, una fortezza*; *p. qc. dalle offese, contro i danni.* **B** v. rifl. ● Armarsi o provvedersi di q.c. (*anche fig.*): *premunirsi di, con, un bastone*; *premunirsi di un titolo, contro gli imprevisti.*

premunito part. pass. di *premunire*; anche agg. ● Nei sign. del v.

premunizióne [vc. dotta, lat. *praemunitiōne(m)*, da *praemunītus* 'premunito'; calco sul gr. *prokatálēpsis, protherapéia*] s. f. *1* (*raro*) Atto, effetto del premunire o del premunirsi. *2* (*med.*) Aumentata resistenza organica verso una malattia infettiva: *p. contro la tubercolosi.*

premùra [da *premere*, sul modello di *pressura*] s. f. *1* Fretta, urgenza: *avere p. di fare q.c.* | *Far p. a qc.*, sollecitarlo, raccomandargli di far presto. CONTR. Calma, flemma. *2* Cura, sollecitudine nei confronti di qc. o di q.c.: *sarà mia p. scriverti* | *Darsi p.*, prendersi cura | (*raro*) *Affare di p.*, che sta molto a cuore. *3* (*spec. al pl.*) Atto gentile e sollecito, riguardo affettuoso: *circondare qc. di premure, di tutte le premure*; *usare ogni p. nei riguardi di qc.*; *sorpreso, intontito da tanta p. silenziosa* (PIRANDELLO).

premuràre [da *premura*] **A** v. tr. ● Sollecitare: *p. qc. perché faccia, dica, concluda q.c.* **B** v. intr. pron. ● Darsi premura: *mi premurerò di sbrigare ogni cosa al più presto.*

premurosità s. f. ● Qualità di premuroso.

premuróso agg. *1* (*raro*) Che ha premura, fretta, sollecito desiderio: *c'era un uomo troppo p. di aver notizie d'una di loro* (MANZONI). *2* Pieno di premure, attenzioni, riguardi: *amico, padre, marito p.* ‖ **premurosaménte**, avv. In modo premuroso, con premura.

premùto part. pass. di *premere*; anche agg. ● Nei sign. del v.

†**prenarràre** [vc. dotta, lat. *praenarrāre*, comp. di *prae-* 'pre-' e *narrāre* 'narrare'] v. tr. ● Narrare prima.

†**prenarrazióne** [comp. di *pre-* e *narrazione*] s. f. ● Narrazione che precede.

prenàscere [vc. dotta, lat. tardo *praenāsci*, comp. di *prae-* 'pre-' e *nāsci* 'nascere'] v. intr. (coniug. come *nascere*; aus. *essere*) ● (*raro*) Nascere prima di un altro.

prenatàle [comp. di *pre-* e *natale* (agg.)] agg. ● Precedente alla nascita: *diagnosi p.*

prenàto part. pass. di *prenascere*; anche agg. ● (*raro*) Nel sign. del v.

†**prènce** o (*raro*) †**prénze**, †**prince** [ant. fr. *prince* 'principe'] s. m. (f. *-essa*) ● (*lett.*) Principe.

†**prèncipe** ● V. *principe.*

prèndere [lat. *prehĕndere*, comp. di *prae-* 'pre-' ed **hĕndere*, della stessa famiglia di *prāeda* 'preda'] **A** v. tr. (pass. rem. *io présì*, †*prendéi*, †*prendètti*, *tu prendésti*; part. pass. *préso*, †*prìso*) **I** Porre le mani, le zampe, o vari strumenti sopra o attorno a cose, persone, animali, sia in senso proprio che traslato o figurato, per tenerli, sollevarli, far loro assumere una determinata posizione, appropriarsene, trarne un utile, farne uso o determinarne le caratteristiche esterne. Entro tale concetto generale che vede il soggetto in posizione o funzione attiva, da un punto di vista logico, si distinguono le seguenti accezioni. *1* Afferrare: *p. con, tra i denti, le mani, le molle, le tenaglie, il becco, gli artigli*; *p. qc. per le braccia, per le falde dell'abito, per la mano*; *p. il cavallo per le briglie*; *p. q.c. per il manico* | *P. in braccio, in grembo, in spalla un bambino*; *p. acqua dal rubinetto*; *prendi il vino dalla terza botte a sinistra* | *P. il toro per le corna*, (*fig.*) affrontare direttamente e con decisione una persona o una situazione problematica | *P. qc. per il bavero*, in un impeto d'ira o durante un litigio e (*fig.*) burlarsene | *P. qc. per il naso*, (*fig.*) canzonarlo | *P. qc. per il collo*, (*fig.*) approfittare, a proprio vantaggio, della sua condizione o della situazione in cui si trova | *P. qc. per il sedere, per il culo, per il fondo dei calzoni, per i fondelli*, prenderlo in giro e (*est.*) ingannarlo, imbrogliarlo | *di mira qc.*, (*fig.*) bersagliarlo coi propri scherzi o cercare di nuocergli | *P. di peso*, afferrare q.c. o qc. e tenerlo sollevato | *P. q.c. di punta*, (*fig.*) direttamente, con puntiglio | (*fig.*) *P. qc. di punta*, affrontarlo bruscamente, aggressivamente o contrastarlo con decisione | *P. q.c. sopra di sé*, (*fig.*) assumere un onere, una responsabilità | *Da p. con le molle*, (*fig.*) da trattare con precauzione perché irascibile, inattendibile, poco raccomandabile o sim.: *è un tipo da p. con le molle* | (*est.*) Afferrare con forza o con decisione, dar di piglio: *p. le armi in pugno*; *prese il coltello e lo lanciò.* *2* Procurarsi, acquistare: *bisogna p. qualche metro di stoffa in più*; *se esci non dimenticare di p. le sigarette.* *3* Ricevere, accettare: *p. uno stipendio misero*; *non ha preso nulla di quel che gli abbiamo offerto* | *Prenda, prenda pure*, formula di cortesia con cui si invita qc. ad accettare ciò che gli si offre | *O p. o lasciare*, formula usata per sottolineare la definitività di un'offerta o di una proposta | Ottenere mediante pattuizioni: *p. una casa in affitto*; *p. un oggetto in prestito*; *p. lezioni private* | *P. esempio, ammaestramento da qc., da q.c.*, adeguare la propria condotta all'esempio o all'insegnamento che si riceve. *4* Portare con sé: *ho deciso di p. solo pochi bagagli*; *per la vacanza prenderò una somma non troppo elevata.* *5* Utilizzare o usare, spec. come mezzo di locomozione: *p. il tram, il treno, la bicicletta.* *6* Ritirare q.c.: *passa dal sarto a p. l'abito finito*; *la merce è pronta, dobbiamo solo andare a prenderla* | *Andare, passare a p. qc.*, recarsi nel luogo in cui qc. si trova e ritornarne insieme: *vado a p. mia madre.* *7* Rubare: *mi hanno preso tutto.* *8* Catturare: *hanno preso il fuggitivo*; *non sono ancora riusciti a prenderlo*; *è difficile p. pesci in questa zona*; *è andato a caccia ma non ha preso niente* | *P. due piccioni con una fava*, (*fig.*) ottenere due vantaggi in una volta sola | *P. un granchio*, (*fig.*) sbagliarsi in modo grossolano | *P. all'amo*, (*fig.*) adescare o allettare con inganni o lusinghe | *P. nella rete*, (*fig.*) irretire con inganni e sim. | Nel gioco degli scacchi, catturare un pezzo avversario. *9* Cogliere, raggiungere, sorprendere, detto di persona o di cosa: *l'ho preso mentre tentava di forzare la serratura*; *la sassata lo prese in una gamba* | *P. qc. in fallo, con le mani nel sacco, in flagrante*, sorprenderlo proprio mentre fa q.c. di male | *P. qc. in castagna*, coglierlo mentre sbaglia | *Se ti ci prendo ancora!* ..., se ti colgo, non la passerai liscia. *10* Conquistare: *p. un forte, una città* | *P. per fame*, costringendo gli assediati alla resa per mancanza di viveri | *P. una donna*, possederla | *P. d'assedio*, assediare | *P. d'assalto*, conquistare con un assalto. *11* (*fig.*) Pervadere, impadronirsi: *un freddo mortale lo prese*; *mi prese il sonno, la paura, l'ansia*; *si lasciò prendere dal desiderio di vendetta, dall'odio.* *12* (*fig.*) Occupare: *p. molto, troppo, poco spazio*; *gran ciel prendea con negre ombre un'incolta / selva di lauri* (FOSCOLO). *13* (*fig.*) Ritrarre, fotografare: *cerca di prendermi bene, alla giusta distanza, in buona luce*; *ho preso una splendida inquadratura.* *14* Misurare, calcolare, valutare: *credo di avere preso esattamente le dimensioni dell'oggetto*; *p. la distanza, l'altezza, la lunghezza di q.c.* *15* (*fig.*) Trattare: *non sa p. le persone* | *P. qc. per il suo verso, per il verso giusto*, nel modo e col tono più adatto | *P. qc. con le buone, con le cattive*, trattarlo con modi gentili, con modi scortesi o violenti | *P. qc. a contropelo*, con maniere brusche, scortesi e sim. | *P. qc. di petto*, affrontarlo con decisione. **II** Sempre ponendo in rilievo la posizione o funzione attiva del soggetto, individuare q.c. o qc., e assumerlo in sé o nel proprio ambito, nella propria sfera d'azione, mediante un atto materiale o un'operazione dell'intelletto. Entro tale concetto generale si distinguono i seguenti significati. *1* Scegliere qc. come compagno, collaboratore, dipendente e sim.: *penso di p. qualche nuovo operaio*; *dovremo p. una domestica* | *P. qc. con sé*, farsi accompagnare da lui in viaggi e sim. | *P. qc. in casa*, sceglierlo come ospite | *P. a bordo*, imbarcare | *P. in forza*, includere tra gli effettivi, detto di militari e (*est.*) di altri dipendenti | *P. alle proprie dipendenze, a servizio*, assumere | *P. sotto la propria protezione*, proteggere | *P. una donna in moglie, p. un uomo per marito*, sposarsi. *2* Scegliere un cammino, una via, una direzione e incamminarvisi (*anche fig.*): *presero la scorciatoia che attraversava i campi*; *non so quale strada p.*; *p. una direzione sbagliata, la direzione giusta* | *P. la montagna*, la strada che porta in montagna | *P. la discesa*, incamminarsi lungo la discesa | (*fig.*) *P. un dirizzone*, sbagliare in maniera grossolana ed evidente. *3* Immettere nel proprio corpo, mangiando, bevendo o respirando: *p. un po' di cibo*; *prendo solo un po' d'acqua*; *non prendo mai nulla fuori pasto, fuori ora*; *ha bisogno di p. aria, una boccata d'aria*; *prendersi un'aspirina, un tè caldo* | *Prende q.c.?*, formula di cortesia con cui si offre q.c. da bere o da mangiare a un ospite. *4* Assumere: *p. le forme, l'aspetto, le sembianze di qc., di q.c.*; *egli prese il nome dalla città in cui visse*; *p. un titolo, una carica*; *p. odore, sapore di q.c.*; *il bello e il brutto non hanno esistenza reale, ma son opinioni che gli uomini prendono* (SARPI) | *P. di*, acquistare odore o sapore di: *p. di fumo, di bruciato.* *5* (*fig.*) Derivare: *abbiamo preso molte abitudini dai nostri ospiti*; *è un'abitudine che abbiamo preso da voi* | *P. tutto, q.c. da qc.*, somigliargli totalmente o in q.c. *6* Intendere, interpretare: *ha preso le mie parole per, come, un'offesa* | *P. alla lettera*, interpretare letteralmente | *P. in senso buono, cattivo*, interpretare bene, male, detto di atti, discorsi e sim. | *P. per buono*, interpretare positivamente: *prendo per buone le tue affermazioni* | *P. q.c. in esame*, esaminarla | *P. q.c. in considerazione*, considerarla attentamente, tenerla presente. ***7*** Credere, ritenere, giudicare: *ti avevo preso per un uomo serio* | (*fig.*) *P. tutto per oro colato*, credere a tutto | (*fig.*) *P. per buona moneta*, ritenere q.c. degna di stima, fiducia, considerazione | (*est.*) Scambiare: *ti avevo preso per mio fratello* | (*fig.*) *P. fischi per fiaschi, lucciole per lanterne*, scambiare tra loro due cose | *Per chi mi prendi?*, chi credi ch'io sia, cosa pensi di me, per giudicarmi capace di tanto? ***8*** Giungere a una risoluzione, a una decisione e sim.: *ho preso ormai le mie decisioni*; *ha preso il partito di tacere*; *qui bisogna p. dei provvedimenti* | †Decidere: *la giovane ... seco aveva preso di compiacergli in ogni suo desiderio* (BOCCACCIO). **III** Considerando i casi in cui il soggetto (talvolta costituito da una cosa) subisce l'azione di agenti esterni, trovandosi così in posizione passiva, si distinguono i seguenti significati. ***1*** Ricevere: *la cella prendeva luce da una stretta finestra.* ***2*** Subire: *p. un colpo di freddo, di caldo, d'aria*; *ho preso uno spavento che non ti dico* | *P. la febbre, il raffreddore* e sim., avere o cominciare ad avere la febbre, il raffreddore e sim., subire il contagio di una determinata malattia, l'azione di un microbo e sim. ***3*** Buscarsi: *p. un pugno, un paio di schiaffi, un sacco di legnate*; *p. le botte* | *Prenderle, prenderne*, essere picchiato. ***4*** Procacciarsi, procurarsi: *prendersi il gusto, la soddisfazione, il piacere di fare, dire q.c.* ***5*** Darsi, spec. seguito da un compl. che ne determina il significato | *Prendersi cura di qc., di q.c.*, occuparsene con grande attenzione | *Prendersi pensiero di qc. o di q.c.*, preoccuparsene | *Prendersi gioco di qc. o di q.c.*, burlarsene. ***IV*** Nei casi seguenti assume significati diversi determinati dal complemento diretto, preceduto o no dall'articolo | *P. il vento*, gonfiarsi di vento, detto delle vele | *P. le armi*, armarsi | *P. il velo*, farsi monaca | *P. l'abito, l'abito religioso, la tonaca*, intraprendere la vita monastica o ecclesiastica | *P. l'avvio*, iniziare | *P. l'aire*, slanciarsi, avviarsi | *P. abbaglio, un abbaglio*, sbagliarsi | *P. una decisione*, decidere | *P. albergo, alloggio*, alloggiare | *P. appunto*, annotare | *P. casa, domicilio* e sim., abitare, stabilirsi | *P. argomento da*, argomentare da | †*P. campo*, prepararsi allo scontro | *P. cappello*, risentirsi, adirarsi | *P. colore*, colorirsi | *P. comando, il comando*, assumerlo | *P. carne*, detto del Verbo divino che si fa carne | *P. commiato*, accomiatarsi | *P. consiglio*, consigliarsi | *P. copia*, copiare | *P. cura di*, preoccuparsi di | *P. fiato*, riposarsi, spec. dopo uno sforzo notevole o prolungato | (*fig., lett.*) *P. frutto da*, trarre vantaggio da | *P. forza*, rafforzarsi | *P. la fuga*, fuggire | *P. fuoco*, accendersi, incendiarsi (*anche fig.*) | *P. imbarco*, imbarcarsi | *P. il mare*, cominciare a navigare, mettersi in mare | *P. terra*, approdare | *P. il largo*, andare verso il mare aperto, navigando e (*fig.*) fuggire | *P. informazioni*, informarsi | *P. impegno, un impegno*, impegnarsi a | *P. il lutto*, vestirsi a lutto | *P. la mano a qc.*, detto di cavallo, sfuggire al controllo di chi guida e (*fig.*) sfuggire alla disciplina di qc. | *P. la mossa*, cominciare, iniziare | *P. nota*, annotare | *P. origine*, derivare, cominciare | *P. parte a q.c.*, parteciparvi | (*fig.*) *P. piede*, affermarsi, aver successo, fortuna e sim. | *P. posizione*, (*fig.*) decidere in un senso piuttosto che in un altro | *P. possesso di*, impossessarsi, appropriarsi, venire a disporre | *P. posto*, sedersi | *P. pratica*, impratichirsi | *P. atto*, accettare e rammentare | *P. quota*, innalzarsi | *P. la rincorsa*, cominciare di lontano a correre per acquistare velocità | *P. riparo*, ripararsi | *P. riposo*, riposarsi | *P. sonno*, addormentarsi | *P. servizio*, cominciare a lavorare in un luogo, presso qc. | *P. stanza*, domiciliarsi, stabilirsi | *P. tempo*, indugiare | *P. la testa*, mettersi al primo posto in gare e sim. (*anche fig.*) | *P. vendetta*, vendicarsi | *P. amore*, innamorarsi | *P. odio*, cominciare a odiare | *P. affezione*, cominciare ad affezionarsi | *P. una cotta*, innamorarsi | *P. una sbornia*, ubriacarsi | *P. coraggio, animo, cuore, p. ardire, baldanza*, rincuorarsi | *P. paura*, spaventarsi | *P. gusto, piacere a q.c.*, goderne | *P. un malanno*, ammalarsi | *P. vigore*, rafforzarsi, invigorirsi | *P., prendersi le vacanze*, andare in vacanza | *P., prendersi le ferie*, andare in ferie | *P. la voga*, cominciare a vogare | (*fig.*) *P. voga*, diffondersi, affermarsi | *P. il volo*, involarsi (*anche fig.*) | *P. principio*, cominciare | *P. forma*, formarsi | *P. un bagno*, bagnarsi | *P. il sole*, fare la cura del sole. ***V*** Nei casi segg. assume significati diversi determinati dal complemento indiretto: *p. in giro, in gioco, in canzonella*, burlarsi di qc., canzonare qc. | *P. in parola*, credere a ciò che qc. dice o promette e attenderne la realizzazione | *P. a gabbo*, beffare, burlare. ***VI*** Unito al pronome *la* indeterminato, indica varie reazioni emotive | *Prenderla in mala parte*, offendersi, interpretare come offesa atti e parole altrui | *Prenderla in buona parte*, interpretare bene | *Non so come la prenderà*, come reagirà | *Prendersela, prenderla, con qc.*, sfogare su di lui la propria ira, il proprio risentimento, adirarsi, risentirsi, irritarsi e sim. | *Prenderla larga, alla lontana, da lontano* e sim., parlare molto prima di giungere alla sostanza, al punto importante che si vuole esporre | *Prendersela*, preoccuparsi: *se la prende troppo*; *non te la prendere.* **B** v. intr. (aus. *avere* nei sign. 1, 2, 3, 4 e 5; aus. *essere* o *avere* nel sign. 6) ***1*** Muoversi andando in una certa direzione: *p. a destra, a sinistra*; *fuggendo prese per i campi e riuscì a dileguarsi.* ***2*** Seguito dalla prep. *a* e da un infinito, incominciare, dare inizio a q.c.: *p. a dire, a fare, a scrivere, a dipingere, a narrare.* ***3*** Detto di piante, attecchire: *il rampicante trapiantato non ha preso*; *non so se la talea prenderà.* ***4*** Detto del fuoco, appiccarsi: *la fiamma non prende* | (*fam., est.*) Detto di arnesi o strumenti attinenti al fuoco, bruciare: *la stufa ha preso bene.* ***5*** Detto di colla o altri materiali che devono indurire, rapprendersi o solidificarsi spec. fissando o sostenendo q.c.: *il cemento, la malta non prende*; *è una colla che prende benissimo.* ***6*** (*fig.*) Capitare addosso all'improvviso: *gli prese una febbre altissima*; *ma che ti prende?* | (*pop.*) *Che ti, gli, prenda un accidente!*, escl. di malaugurio. **C** v. intr. pron. ● Afferrarsi, appigliarsi: *prenditi al mio braccio.* **D** v. rifl. rec. ***1*** Andare d'accordo o mettersi d'accordo: *quei due non si prendono*; *è difficile che ci prendiamo sul prezzo.* ***2*** Azzuffarsi, attaccarsi: *prendersi a parole, a botte, a pugni, a calci.* ***3*** Afferrarsi: *prendersi per i capelli, per i risvolti della giacca.* ***4*** Cominciare reciprocamente a nutrire un determinato sentimento: *prendersi in uggia, a benvolere, a noia, in antipatia.*

prendìbile agg. ● Che si può prendere, catturare, conquistare: *la fortezza non è p.* CONTR. Imprendibile.

prendibilità s. f. ● (*raro*) Qualità o condizione di ciò che è prendibile.

†**prendiménto** s. m. ● Modo e atto del prendere.

prendinòta [comp. dell'imperat. di *prendere* e *nota*] s. m. inv. ***1*** Blocco composto da foglietti staccabili, gener. di forma quadrangolare, usati per rapide annotazioni. ***2*** Taccuino con custodia, spec. in pelle, corredata di alloggiamento per penna o matita.

prendisóle [comp. di *prendere* e *sole*] **A** s. m. inv. ● Abito femminile estivo, privo di maniche e molto scollato: *un p. di cotone, di spugna, di seta.* **B** anche agg. inv.: *abito p.*

prenditóre s. m. (f. *-trice*) ***1*** Chi o ciò che prende. ***2*** (*sport*) Nel baseball, ricevitore. ***3*** All'atto dell'emissione di una cambiale, persona all'ordine della quale la stessa dovrà essere pagata | (*gener.*) Chi prende denaro in prestito da una banca. ***4*** (*tosc.*) †Ricevitore del lotto.

prenditorìa [da *prenditore*] s. f. ● (*raro, tosc.*) Banco o botteghino del lotto.

prenìte [comp. del n. del colonnello *von Prehn* (sec. XVIII), che la scoprì, e *-ite* (*2*)] s. f. ● (*miner.*) Silicato calcico alluminifero in cristalli aggregati di color verde o in piccole masse tondeggianti.

prenóme [vc. dotta, lat. *praenōmen*, comp. di *prae-* 'pre-' e *nōmen* 'nome'] s. m. ***1*** Nell'antica Roma, nome personale che si prepone a quello della famiglia. ***2*** Nome proprio di una persona che viene unito al cognome e serve a meglio individuare la stessa. SIN. Nome di battesimo. ***3*** †Cognome.

prenominàto [comp. di *pre-* e *nominato*] agg. ***1*** (*lett.*) Suddetto, predetto. ***2*** †Soprannominato.

prenotàre [vc. dotta, lat. *praenotāre*, comp. di *prae-* 'pre-' e *notāre* 'notare'] **A** v. tr. (*io prenòto*) ● Fissare in precedenza, annotando o facendo annotare: *le ho prenotato il posto in treno*; *devo p. una camera.* **B** v. rifl. ● Mettersi in nota per ottenere q.c. prima di un altro: *prenotarsi per un palco, una poltrona a teatro.*

prenotàto part. pass. di *prenotare*; anche agg. ● Nei sign. del v.

prenotazióne [vc. dotta, lat. tardo *praenotatiōne(m)*, da *praenotātus* 'prenotato'] s. f. ● Atto, effetto del prenotare e del prenotarsi: *fare, disdire, annullare una p.*; *tenere al sicuro la p. per il teatro.*

prènsile [dal lat. *prehēnsus* 'preso'] agg. ● (*zool.*) Detto di organo animale atto ad afferrare: *coda p.*

prensióne [vc. dotta, lat. *prehensiōne(m)*, da *prehēnsus* 'preso'] s. f. ● Presa | Azione del prendere | *Organo di p.*, organo prensile.

†**prenunciàre** e *deriv.* ● V. *prenunziare* e *deriv.*

prenunziàre o †**prenunciàre** [vc. dotta, lat. *praenuntiāre*, comp. di *prae-* 'pre-' e *nuntiāre* 'nunziare'] v. tr. (*io prenùnzio*) ***1*** (*raro*) Preannunziare. ***2*** (*raro*) Prestabilire.

prenunziatóre [vc. dotta, lat. tardo *praenuntiatōre(m)*, da *praenuntiātus* 'prenunziato'] agg.; anche s. m. (f. *-trice*) ● (*raro*) Preannunziatore.

prenunziazióne [vc. dotta, lat. tardo *praenuntiatiōne(m)*, da *praenuntiātus* 'prenunziato'] s. f. ● (*raro*) Atto, effetto del preannunziare.

prenùnzio o †**prenùncio** [vc. dotta, lat. *praenūntiu(m)*, comp. di *prae-* 'pre-' e *nūntius* 'nunzio'] **A** s. m. ● (*raro*) Preannuncio. **B** agg.; anche s. m. (f. *-a*) ● Preannunziatore.

†**prénze** ● V. †*prence.*

preoccupànte part. pres. di *preoccupare*; anche agg. ● Nei sign. del v.

preoccupàre [vc. dotta, lat. *praeoccupāre* 'occupare prima', comp. di *prae-* 'pre-' e *occupāre* 'occupare'] **A** v. tr. (*io preòccupo*) ***1*** Mettere o tenere in apprensione, in pensiero: *la sua assenza mi preoccupa.* CONTR. Rassicurare. ***2*** †Occupare anticipatamente: *la velocità ... fa atto a p. i luoghi al nemico* (MACHIAVELLI) | †*P. il movimento*, rubare le mosse. ***3*** (*fig.*) †Prevenire con insinuazioni, persuasione e sim.: *p. l'animo, la mente di qc.* **B** v. intr. pron. ● Stare in pensiero, in ansia: *preoccuparsi per la salute di qc.*

preoccupàto part. pass. di *preoccupare*; anche agg. ● Nei sign. del v.

preoccupazióne [vc. dotta, lat. *praeoccupatiōne(m)* 'precedente occupazione', da *praeoccupātus* (V. *preoccupato*)] s. f. ***1*** Atto, effetto del preoccupare o del preoccuparsi: *mostrare a tutti la propria p.*; *p. eccessiva, esagerata*; *vivere in preda a continua p.* | Pensiero che provoca timore, ansietà e sim.: *la sua salute desta qualche p.* SIN. Apprensione, inquietudine. ***2*** Persona, cosa o fatto che preoccupa: *il suo futuro è la mia p.* ***3*** †Precedente occupazione. ***4*** (*fig.*) †Preconcetto, pregiudizio.

preolìmpico [comp. di *pre-* e *olimpico*] agg. (pl. m. *-ci*) ● Che precede un'olimpiade, detto spec. di gara o raduno che ha lo scopo di qualificare squadre o selezionare atleti in vista della loro partecipazione olimpica: *torneo p. di basket.* SIN. Preolimpionico.

preolimpiònico [comp. di *pre-* e *olimpionico*] agg. (pl. m. *-ci*) ● Preolimpico.

preomèrico [comp. di *pre-* e *omerico*] agg. (pl. m. *-ci*) ● Anteriore a Omero: *civiltà preomeriche.*

Preomìnidi [vc. dotta, comp. di *pre-* e il pl. di *ominide*] s. m. pl. ● Nella tassonomia animale, famiglia di Primati estinti con caratteristiche umanoidi (*Prehominidae*) | (al sing. *-e*) Ogni individuo di tale famiglia.

†**preonoràto** [comp. di *pre-* e *onorato*] agg. ● Onorato più degli altri.

preopinànte [vc. dotta, lat. tardo *praeopinānte(m)*, part. pres. di *praeopinārī* 'congetturare prima', comp. di *prae-* 'pre-' e *opinārī* 'opinare'] agg.; anche s. m. e f. ● (*raro*) Che, chi manifesta la propria opinione prima di altri, in una assemblea e sim.

preoràle [comp. di *pre-* e *orale*] agg. ● (*zool.*) Detto di organo situato anteriormente alla bocca: *appendice p.*

preordinaménto s. m. ● Modo e atto del preordinare.

preordinàre [vc. dotta, lat. tardo *praeordināre*, comp. di *prae-* 'pre-' e *ordināre* 'ordinare'] **v. tr.** (*io preórdino*) **1** Organizzare o preparare q.c. in anticipo, rispetto al fine che si intende raggiungere: *a tale scopo abbiamo già preordinato tutti i documenti.* **SIN.** Predisporre, prestabilire. **2** Predestinare.

preordinàto **part. pass.** di *preordinare*; anche **agg.** ● Nei sign. del v. || **preordinataménte**, **avv.**

preordinazióne [vc. dotta, lat. tardo *praeordinatiōne(m)*, da *praeordinātus* 'preordinato'] **s. f.** ● Atto, effetto del preordinare.

†**preostèndere** [vc. dotta, lat. tardo *praeostĕndere*, comp. di *prae-* 'pre-' e *ostĕndere* 'mostrare' (V. †*ostendere*)] **v. tr.** ● Premostrare.

prepagaménto [comp. di *pre-* e *pagamento*] **s. m.** ● Pagamento anticipato: *apparecchio telefonico a p.*

prepagàto [comp. di *pre-* e *pagato*] **agg.** ● Pagato in anticipo: *abbonamento p.*

prepalatàle [comp. di *pre-* e *palatale*] **A agg.** ● (*ling.*) In fonetica, detto di suono nella cui articolazione il dorso della lingua tocca o s'avvicina alla parte anteriore del palato duro. **B s. f.** ● (*ling.*) Suono prepalatale.

preparaménto **s. m.** ● (*raro*) Preparazione | †Preparativo: *mostrare i preparamenti ... fatti per potere ridurre la milizia negli antichi suoi ordini* (MACHIAVELLI).

preparànte **part. pres.** di *preparare*; anche **agg.** ● Nei sign. del v.

preparàre [vc. dotta, lat. *praeparāre*, comp. di *prae-* 'pre-' e *parāre* 'preparare'] **A v. tr.** **1** Rendere q.c. pronta all'uso, fornendola di tutto il necessario o lavorandola nel modo dovuto: *p. il letto, la tavola, il pasto*; *ha preparato un pranzetto coi fiocchi*; *p. la cantina per la vendemmia, il terreno per la semina*; *p. una soluzione, una medicina.* **2** (*fig.*) Mettere q.c. o qc. nelle condizioni necessarie ad affrontare una determinata situazione: *p. l'animo a una pessima notizia*; *ho cercato di prepararlo alla tua richiesta*; *p. un paziente per un intervento chirurgico*; *p. un ragazzo agli esami* | *P. il terreno*, (*fig.*) agire su qc. o in un determinato ambiente in modo da favorire iniziative, impedire polemiche o contrasti e sim. **3** Predisporre, con opere e iniziative adeguate: *p. la guerra, il contrattacco, una offensiva diplomatica*; *hanno preparato per te accoglienze incredibili*; *stanno preparando varie pubblicazioni di estremo interesse* | *P. un esame, un concorso*, studiare in vista di un esame, di un concorso. **4** Elaborare: *p. un testo di storia, un saggio critico*; *sta preparando alcune opere di divulgazione scientifica.* **5** (*fig.*) Tenere in serbo per qc.: *solo Dio sa cosa ci preparano gli anni a venire.* **B v. rifl.** **1** Predisporsi a q.c. (*anche fig.*): *prepararsi a un viaggio*; *preparatevi a partire entro un'ora.* **SIN.** Accingersi. **2** Mettersi in grado di, nelle condizioni migliori per: *prepararsi seriamente a una difficile prova*; *si sta preparando per andare a teatro*; *su, preparati!*; *prepararsi a sostenere uno scontro, un esame.* **C v. intr. pron.** ● Essere in procinto di manifestarsi: *si preparano annate di carestia*; *quando il cielo è così scuro si prepara una tempesta.*

preparativo **A agg.** ● (*raro*) Preparatorio. **B s. m.** ● (*spec. al pl.*) Tutto ciò che è necessario fare o preparare per realizzare q.c.: *i preparativi del viaggio, di una festa.*

preparàto **A** **part. pass.** di *preparare*; anche **agg.** **1** Nei sign. del v. **2** Che conosce e sa svolgere alla perfezione una data attività: *un tecnico serio e p.*; *è uno studioso molto p. nel suo campo.* **B s. m.** **1** Prodotto, per scopi sperimentali o terapeutici, ottenuto manipolando opportunamente varie sostanze. **2** *P. anatomico*, dissezione sul cadavere o su parti di esso per accertarne le caratteristiche anatomiche.

preparatóre [vc. dotta, lat. tardo *praeparatōre(m)*, da *praeparātus* 'preparato'] **agg.**; anche **s. m.** (f. *-trice*) ● Che, chi prepara.

preparatòrio [vc. dotta, lat. tardo *praeparatōriu(m)*, da *praeparātor*, genit. *praeparatōris* 'preparatore'] **agg.** ● Che prepara, che è atto a preparare: *attività preparatoria di q.c.*; *lezioni preparatorie* | *Adunanza preparatoria*, preliminare, in cui si definisce ciò che si dovrà dire o fare nella successiva | (*dir.*) *Lavori preparatori*, nella prassi parlamentare, il complesso degli atti che precedono e accompagnano l'elaborazione di un testo di legge.

preparazióne [vc. dotta, lat. *praeparatiōne(m)*, da *praeparātus* 'preparato'] **s. f.** **1** Atto, effetto del preparare e del prepararsi: *iniziare, completare la p. di q.c.* | *P. alla messa*, preghiere che il sacerdote cattolico recita prima di celebrare la messa. **2** Complesso di nozioni teoriche acquisite che permettono di fare q.c.: *un giovane dotato di ottima p. tecnica, letteraria, giuridica*; *essere privo della necessaria p.* **3** Addestramento cui ci si sottopone o al quale si è sottoposti in previsione di una determinata attività: *la p. agli esami, a un concorso*; *provvedere alla p. atletica dei giovani.* **4** *P. anatomica*, dissezione di un organo o apparato a scopo didattico. **5** (*mil.*) Fase della battaglia offensiva relativa alle operazioni e attività dirette a creare le migliori condizioni per lo sviluppo dell'attacco | *P. del tiro*, insieme delle operazioni che si effettuano per poter intervenire col fuoco su qualunque obiettivo raggiungibile | *P. balistica*, parte della preparazione del tiro che riguarda il calcolo delle condizioni meteorologiche che possono influire sul tiro | *P. d'artiglieria*, azione di fuoco complessa effettuata prima dell'inizio dell'attacco per diminuire la capacità difensiva del nemico. **6** Fase iniziale delle lavorazioni industriali.

preparucchiàre **v. tr.** (*io preparùcchio*) ● (*raro*) Preparare alla meglio e poco per volta: *p. un po' di pranzo.*

†**prepensaménto** **s. m.** ● Atto, effetto del prepensare.

†**prepensàre** [comp. di *pre-* e *pensare*] **v. tr.** e **intr.** ● Pensare prima.

prepensionaménto [comp. di *pre-* e *pensionamento*] **s. m.** ● Pensionamento anticipato.

preponderànte **part. pres.** di *preponderare*; anche **agg.** ● Nei sign. del v.

preponderànza [da *preponderante*] **s. f.** ● Maggioranza, prevalenza, superiorità: *la p. dei voti*; *notare una certa p. delle parole straniere*; *la p. del nemico*; *qui è chiara la p. della passione sulla riflessione.*

preponderàre [vc. dotta, lat. *praeponderāre* 'pesare di più', comp. di *prae-* 'pre-' e *ponderāre* 'pesare' (V. *ponderare*)] **v. intr.** (*io prepòndero*; aus. *avere*) ● (*raro*) Prevalere.

preponderazióne [vc. dotta, lat. tardo *praeponderatiōne(m)*, da *praeponderāre* 'preponderare'] **s. f.** ● (*raro*) Preponderanza.

prepórre [lat. *praepōnere*, comp. di *prae-* 'pre-' e *pōnere* 'porre'] **v. tr.** (coniug. come *porre*) **1** Porre innanzi: *p. un cognome a un altro in ordine alfabetico.* **2** (*lett.*) Mettere a capo: *p. un ufficiale al comando di un reggimento*; *p. qc. all'amministrazione della città, al governo dello stato.* **SIN.** Premettere. **3** (*fig.*) Preferire: *p. qc. ad altri*; *p. la lettura a ogni altro passatempo.*

prepositàle **agg.** ● Di preposito, di prepositura.

prepositivo [vc. dotta, lat. tardo *praepositīvu(m)*, da *praepŏsitus* 'preposto'] **agg.** ● (*ling.*) Detto di parte del discorso che si prepone a un'altra | *Locuzione prepositiva*, che funge da preposizione.

prepòsito **A** †**part. pass.** di *preporre*; anche **agg.** ● (*raro*) Nei sign. del v. **B s. m.** **1** Nella Roma imperiale, rappresentante di un potere superiore posto temporaneamente a capo di una collettività o di uno speciale servizio, al di fuori dei quadri generali dell'amministrazione o dell'esercito. **2** (*relig.*) Ecclesiastico che regge una prepositura. **SIN.** Preposto, prevosto. **3** †Capo, guida.

prepositùra [vc. dotta, lat. tardo *praepositūra(m)*, da *praepŏsitus* 'preposto'] **s. f.** ● (*relig.*) Ufficio, dignità, sede di parroco con speciali privilegi, in alcuni luoghi | Dignità canonicale in alcuni capitoli | Ufficio di superiore in alcune congregazioni religiose.

preposituràle **agg.** ● Di, relativo a prepositura: *chiesa p.*

preposizionàle **agg.** ● (*ling.*) Di, relativo a, preposizione.

preposizióne [vc. dotta, lat. *praepositiōne(m)*, da *praepŏsitus* 'preposto'] **s. f.** **1** (*raro*) Atto, effetto del preporre. **2** (*ling.*) Parte invariabile del discorso che indica la relazione di una parola con un'altra | *Preposizioni improprie* o *avverbiali*, che possono fungere da avverbi | *Preposizioni articolate*, congiunte con l'articolo.

prepossènte [comp. di *pre-* e *possente*, sul modello di *prepotente*] **agg.** ● (*lett.*) Di estremo potere.

†**preposterìa** [da *preposto*] **s. f.** ● Governo di una provincia.

†**prepòstero** [vc. dotta, lat. *praepŏsteru(m)*, comp. di *prae-* 'pre-' e *pŏsterus* (V. *postero*)] **agg.** **1** Inverso, rovescio. **2** (*fig.*) Inopportuno. || †**preposteraménte**, **avv.** A rovescio.

prepósto **A** **part. pass.** di *preporre*; anche **agg.** ● Nei sign. del v. **B s. m.** **1** (*relig.*) Chi ha dignità o ufficio di prepositura. **SIN.** Prevosto, preposito. **2** (*raro*) Sovrintendente. **3** †Governatore di città o provincia.

prepotènte [vc. dotta, lat. *praepotĕnte(m)*, comp. di *prae-* 'pre-' e *pŏtens*, genit. *potĕntis* 'potente'] **A agg.** **1** (*lett.*) Che è superiore ad altri per potenza: *non ... havere rispetto a Francia o a Spagna ... né di alcun altro che fosse p. in Italia* (MACHIAVELLI). **2** (*fig.*) Violento e irresistibile: *bisogno, desiderio p.*; *superare gli altri con slancio p., con uno scatto p.* || **prepotenteménte**, **avv.** In modo prepotente. **B agg.**; anche **s. m.** e **f.** ● Che, chi agisce di forza in modo da soverchiare la volontà e i desideri altrui a proprio vantaggio: *ragazzo capriccioso e p.*; *smetti di fare il p.* **SIN.** Autocrate, soverchiatore. || **prepotentàccio**, **pegg.** | **prepotentèllo**, **dim.** | **prepotentóne**, **accr.** | **prepotentùccio**, **dim.**

prepotènza [vc. dotta, lat. tardo *praepotĕntia(m)*, nel senso di 'onnipotenza', da *prāepotens*, genit. *praepotĕntis* 'prepotente'] **s. f.** **1** Carattere, natura di prepotente: *la sua p. non ha limiti*; *agire con p.*; *strappare q.c. a qc. con p.*; *i suoi sentimenti si manifestano sempre con grande p.* **SIN.** Arroganza, braveria. **CONTR.** Mitezza. **2** Atto, comportamento e sim. da prepotente: *è una p. bella e buona*; *prepotenze e orrendi crimini per parte di signorotti e dei loro bravi* (CROCE). **SIN.** Soperchieria, sopruso.

prepotére [comp. di *pre-* e *potere*] **s. m.** ● Potere esagerato: *il p. dei dominatori, delle classi ricche, del capitale.*

preppy /'preppi, *ingl.* 'prepi/ [vc. dello slang studentesco statunitense, da *prep(aratory)* (*school*) '(scuola) preparatoria' col suff. *-y*] **A s. m.** e **f. inv.** (**pl.** ingl. *preppies*) **1** Studente che, in alcuni Paesi anglosassoni, prepara privatamente l'ammissione ai livelli successivi della scuola pubblica. **2** (*est.*) Giovane economicamente agiato, che ama distinguersi per atteggiamenti perbenistici e capi di abbigliamento sobri e classici, spesso firmati. **B agg. inv.** ● Relativo ai preppy e ai loro gusti: *moda p.*

preprint /*ingl.* 'pri:print/ [vc. ingl., propr. 'prestampa'] **s. m. inv.** ● Estratto provvisorio e parziale di un'opera a stampa, diffuso in anticipo rispetto alla pubblicazione definitiva dell'opera stessa.

prepùbere o **prepuberàle** [comp. di *pre-* e *pubere*] **agg.** ● Relativo alla prepubertà.

prepubertà [comp. di *pre-* e *pubertà*] **s. f.** ● Periodo precedente la pubertà.

prepuziàle [da *prepuzio*] **agg.** ● (*anat.*) Del prepuzio.

prepùzio [vc. dotta, lat. *praepūtiu(m)*, da *prae-* 'pre-'; la seconda parte del n. non è facilmente analizzabile] **s. m.** ● (*anat.*) Piega epiteliale che ricopre il glande. ➡ ILL. p. 364 ANATOMIA UMANA.

prequòio ● V. *procoio.*

preraffaellìsmo [da *preraffaellita*] **s. m.** ● La corrente artistica dei preraffaelliti.

preraffaellìta o **preraffaellista** [ingl. *Pre-Raphaelite*, comp. di *pre-* 'pre-' e *Raphael* 'Raffaello', con suff. agg.] **A agg.** (**pl. m.** *-i*) ● Relativo ai preraffaelliti e al preraffaellismo. **B s. m.** e **f.** ● Appartenente a un gruppo di pittori e poeti inglesi della metà del sec. XIX, che prediligevano e imitavano l'arte prerinascimentale per la sua semplicità.

preraffreddaménto [comp. di *pre-* e *raffreddamento*] **s. m.** ● Operazione consistente nel raffreddare, in appositi magazzini frigoriferi, sostanze deperibili, spec. alimentari, allo scopo di prepararne il trasporto frigorifero.

preraffreddàre [comp. di *pre-* e *raffreddare*] **v. tr.** (*io preraffréddo*) ● Sottoporre a preraffreddamento.

preregistràre [comp. di *pre-* e *registrare*] v. tr. ● Registrare un programma radiofonico o televisivo per mandarlo in onda in un momento successivo.

preregistràto [comp. di *pre-* e *registrato*] part. pass. di *preregistrare*; anche agg. ● Nel sign. del v.

prerequiṣìto [comp. di *pre-* e *requisito*] s. m. ● Qualità, condizione o conoscenza minima di base che si ritiene indispensabile ma non sufficiente per aspirare a un obiettivo, spec. scolastico: *verifica dei prerequisiti per l'apprendimento della matematica nella prima media.*

prerinascimentàle [comp. di *pre-* e *rinascimentale*] agg. ● Che precede il Rinascimento.

preriscaldaménto [comp. di *pre-* e *riscaldamento*] s. m. ● Primo riscaldamento parziale, cui vengono sottoposte certe sostanze in generale sfruttando il calore di liquidi o gas caldi che debbono venir raffreddati | *P. dell'acqua o dell'aria*, nelle caldaie col calore dei fumi | *P. di sostanze alimentari*, prima che siano chiuse in scatola e sterilizzate.

preriscaldàre [comp. di *pre-* e *riscaldare*] v. tr. ● Sottoporre a preriscaldamento.

preriscaldatóre [da *preriscaldare*] s. m. ● Apparecchio per il preriscaldamento.

prerogatìva [vc. dotta, lat. *praerogatīva(m)* 'centuria che votava per prima nei comizi centuriati', poi 'preferenza, scelta', perché normalmente le altre centurie si uniformavano alla scelta fatta dalla prima; f. sost. di *praerogatīvus* 'interrogato del proprio parere prima degli altri', da *prāe rogātus* 'interrogato prima' (V. *pre-* e *rogato*)] s. f. *1* Nel diritto romano, centuria che, nei comizi centuriati, votava per prima. *2* Vantaggio singolare concesso per legge alla carica, qualità, posizione della persona: *prerogative parlamentari, diplomatiche.* *3* (*est.*) Caratteristica singolare e tipica di qc. o q.c.: *elencare le prerogative di un nuovo medicinale*; *la rettitudine è la sua principale p.* *4* †Prosopopea, arroganza.

prerogativaménte avv. ● (*raro*) Per prerogativa.

preromànico [comp. di *pre-* e *romanico*] agg. (pl. m. *-ci*) ● Detto delle forme artistiche che precedettero la fioritura dello stile romanico: *chiesa con elementi architettonici preromanici.*

preromàno [comp. di *pre-* e *romano*] agg. ● Detto di manifestazioni culturali, politiche, sociali e sim., anteriori, in una data regione, alla conquista romana: *studi sui reperti archeologici preromani della Provenza.*

preromanticiṣmo [comp. di *pre-* e *romanticismo*] s. m. ● Insieme di tendenze intellettuali e artistiche che nella seconda metà del XVIII sec. anticiparono atteggiamenti tipici del romanticismo.

preromàntico [comp. di *pre-* e *romantico*] **A** agg. (pl. m. *-ci*) ● Del, relativo al preromanticismo. **B** s. m. (f. *-a*) ● Artista che prelude al romanticismo.

preromànzo [comp. di *pre-* e *romanzo*] agg. ● Detto di fatto linguistico antecedente alla nascita della lingua romanza. SIN. Protoromanzo.

preruòlo [comp. di *pre-* e *ruolo*] **A** s. m. inv. ● Nella pubblica amministrazione, periodo o condizione precedente all'entrata in ruolo. **B** anche agg. inv.: *servizio p.*

†**prerùtto** [vc. dotta, lat. *praerūptu(m)* 'scosceso, dirupato', part. pass. di *praerŭmpere* 'rompere, spezzare', comp. di *prae-* 'pre-' e *rŭmpere* 'rompere'] agg. ● Dirupato: *dalla sommità de' monti si scendeva per precipizii molto prerutti* (GUICCIARDINI).

présa [f. sost. di *preso*] s. f. *1* Modo e atto del prendere, dell'afferrare: *una forte p.*; *allentare, lasciare la p.* | *Venire alle prese con qc.*, (*fig.*) venire a contesa | (*fig.*) *Essere alle prese con q.c.*, cimentarsi con q.c. di particolarmente difficile o impegnativo | †*Di prima p.*, (*fig.*) a prima vista. *2* Atto con cui il cane da caccia, spec. da seguito, immobilizza un selvatico coi denti: *cane da p.* *3* Effetto del prendere: *cemento a lenta p.*, *a p. rapida*; *la p. delle tenaglie è fortissima*; *allentare la p. delle pinze* | *Far p.*, detto di determinati oggetti, mordere: *l'ancora fa p. sul fondo*; detto di materiali che devono indurire, rapprendersi, stringendo o unendo vari corpi: *la colata comincia a far p.*; detto di piante, attecchire: *i nuovi innesti non hanno fatto p.*; (*fig.*) colpire: *notizie che fanno p. sul grosso pubblico.* *4* Tutto ciò che serve per prendere, per afferrare: *la p. del coperchio, del catenaccio* | (*est.*) Appiglio: *cercare con la mano una buona, una solida p.* | *Dar p.*, (*fig.*) fornire l'occasione e il pretesto a, per q.c.: *dar p. alle critiche.* *5* Quadratino di stoffa imbottita usato per maneggiare recipienti o oggetti vari quando sono molto caldi. *6* Atto, effetto del deviare in parte, da un condotto principale a uno secondario, liquidi, gas o energia: *p. d'acqua, di luce* | Ciò che permette e regola tale derivazione: *chiudere la p. del gas* | *P. d'aria*, l'imboccatura, protetta o no da un filtro o da una grata, attraverso cui un motore a combustione interna o un compressore preleva l'aria; l'apertura a grata nel muso degli autoveicoli o altrove, attraverso cui l'aria entra nel vano motore o nell'abitacolo | (*mecc.*) *P. diretta*, condizione del cambio di velocità in cui il moto passa direttamente dall'albero d'entrata a quello d'uscita senza riduzione a opera degli ingranaggi. *7* (*elettr.*) Dispositivo, spec. fissato al muro, entro il quale viene inserita una o più spine | *P. di corrente elettrica*, punto di un circuito elettrico di alimentazione predisposto per eseguire un collegamento scomponibile con un apparecchio utilizzatore | *P. di terra*, conduttore mediante il quale si realizza il collegamento a terra di un'apparecchiatura elettrica. *8* Piccola quantità di una sostanza, spec. in polvere, che si può prendere in una volta con la punta delle dita: *una p. di sale, di origano, di tabacco* | †*P. di liquore*, bicchierino | †*P. di cibo*, boccone | †*P. di persone*, gruppetto. *9* Nel calcio, l'azione del portiere che blocca con le mani il pallone tirato in porta da un avversario: *p. alta, a terra, al volo* | Nella lotta, l'azione di un atleta che afferra l'avversario con le mani o lo serra con le braccia per eseguire un colpo. *10* In alcuni giochi a carte, atto di prendere una o più carte in tavola calando la propria | Nel gioco della dama o degli scacchi, cattura di una pedina, di un pezzo dell'avversario. *11* Occupazione, espugnazione, conquista: *la p. della Bastiglia, di Sebastopoli* | (*raro*) Cattura: *la p. dei prigionieri.* *12* (*raro*) Preda: *fare una buona p.* *13* Nei casi seguenti, il sign. del termine è determinato dal complemento che lo accompagna: *p. in giro*, *p. di bavero*, canzonatura | *P. di posizione*, (*fig.*) l'assumere un determinato atteggiamento favorevole o sfavorevole a qc. o a q.c. | *P. di possesso*, l'atto con cui si acquista la disponibilità materiale di q.c. *14* (*cine*) Complesso delle operazioni con cui, mediante apposite macchine, vengono fissate sulla pellicola le scene di un film: *macchina da p.* | *P. diretta dei suoni*, registrazione sonora contemporanea alla ripresa cinematografica | *In p. diretta*, detto di ciò che viene ripreso, spec. con mezzi televisivi, nel corso del suo svolgimento: *l'incontro sarà trasmesso in p. diretta.* || **presèlla**, dim. | **presina**, dim. (V.) | **presino**, dim. m. | **presolina**, dim. | **presòna**, accr.

preṣagìbile agg. ● (*raro*) Che si può presagire.

preṣagiménto s. m. ● (*raro*) Modo e atto del presagire.

preṣàgio [vc. dotta, lat. *praesāgiu(m)*, da *praesāgus* 'presago'] s. m. *1* Segno premonitore: *tristi presagi di guerra* | Presentimento: *avere il cuore colmo di cattivi presagi.* *2* Previsione, profezia: *trarre i presagi dal volo degli uccelli.*

preṣagìre [vc. dotta, lat. *praesagīre*, comp. di *prae-* 'pre-' e *sagīre* 'avere fine odorato' (V. *sagace*)] v. tr. (*io preṣagìsco, tu preṣagìsci*) *1* Presentire: *p. una tragedia, un disastro*; *mi pare di p. q.c. di nuovo.* *2* Prevedere, pronosticare: *p. il futuro*; *tutto lasciava p. la crisi.*

preṣàgo [vc. dotta, lat. *praesāgu(m)*, comp. di *prae-* 'pre-' e *sāgus* 'presago' (V. *saga (2)*)] agg. (pl. m. *-ghi*) ● Che ha presentimento degli eventi futuri, che sente e prevede l'avvenire: *cuore p.*; *egli era quasi p. della sua sorte*; *presaga e certa ormai di sua fortuna* (ARIOSTO).

presalàrio [comp. di *pre-* e *salario*] s. m. ● Somma che lo Stato corrisponde allo studente universitario, meritevole e in disagiate condizioni economiche, al fine di consentirgli il proseguimento degli studi.

presàme [da *preso*, perché fa *rapprendere* il latte] s. m. *1* Caglio. *2* Carciofo selvatico.

presantificàto [comp. di *pre-* e *santificato*] agg. ● Santificato prima, detto spec. delle ostie che si consacrano nei giorni precedenti il venerdì santo e con le quali si comunicano i fedeli nella messa celebrata il venerdì santo.

†**presapére** [comp. di *pre-* e *sapere*; calco sul lat. *praescīre* (V. †*prescire*)] v. tr. ● Preconoscere, presentire.

presbịacuṣìa o **presbịacùṣi** [comp. del gr. *présbys* 'vecchio' (di orig. indeur.) e *ákousis* 'udito' (da *akóuein* 'udire'. V. *acustico*) col suff. *-ia*] s. f. ● (*med.*) Diminuzione progressiva delle capacità uditive tipica della senescenza.

preṣbịofrenìa [comp. del gr. *présbys* 'vecchio' (V. precedente) e *phrḗn*, genit. *phrenós* 'mente' (V. *frenesia*)] s. f. ● (*med.*) Demenza senile in cui predominano i disturbi della memoria.

preṣbịopìa [comp. del gr. *présbys* 'vecchio' (V. *presbiacusi*) e *-opia*] s. f. ● (*med.*) Difetto del potere di accomodazione dell'occhio dovuto a perdita di elasticità del cristallino, comunemente per vecchiaia, per cui si vedono gli oggetti lontani meglio dei vicini. SIN. Presbitismo.

preṣbìte [vc. dotta, gr. *presbýtēs* 'vecchio', poi 'presbite', da *présbys* 'vecchio' (V. *presbiacusi*); perché è un difetto tipico delle persone anziane] agg.; anche s. m. e f. ● Che, chi è affetto da presbiopia.

preṣbiteràle [dal lat. tardo *prĕsbyter* 'prete' (V.)] agg. ● Concernente il presbitero, il presbiterato.

preṣbiteràto [vc. dotta, lat. tardo *presbyterātu(m)*, da *prĕsbyter* 'prete' (V.)] s. m. ● Sacerdozio cattolico | Ultimo ordine maggiore consistente nell'ordinazione sacerdotale, nella gerarchia ecclesiastica cattolica | Ordine dei cardinali preti.

preṣbiterianéṣimo o **preṣbiterianiṣmo** [ingl. *Presbyterianism*, da *Presbyterian* 'presbiteriano'] s. m. ● Dottrina e carattere organizzativo delle chiese protestanti di origine calvinista e puritana, nelle quali il governo è affidato al consiglio di laici e di ecclesiastici.

preṣbiteriàno [ingl. *Presbyterian*, da *presbytery* 'presbiterio' (V.), nel senso di 'collegio dei preti'] **A** agg. ● Relativo al presbiterianesimo: *chiesa presbiteriana.* **B** s. m. (f. *-a*) ● Seguace della chiesa presbiteriana.

preṣbitèrio [vc. dotta, lat. tardo *presbytēriu(m)* 'collegio dei preti', dal gr. *presbytérion* 'consiglio degli anziani', da *présbys* 'vecchio' (V. *presbiacusi*)] s. m. *1* (*arch.*) Parte della chiesa circostante l'altare maggiore, sopraelevata di alcuni gradini e recintata da balaustra, riservata al clero officiante. *2* (*est.*) Casa parrocchiale contigua alla chiesa. *3* Nell'antico linguaggio ecclesiastico, dignità sacerdotale, sacerdozio | Collegio presbiterale di una chiesa, retto dal vescovo e trasformatosi in capitolo nelle varie chiese, in collegio cardinalizio in Roma. *4* Nell'organizzazione delle chiese presbiteriane, raggruppamento di membri della chiesa, superiore alla congregazione locale e inferiore al sinodo e all'assemblea generale.

preṣbìtero [vc. dotta, gr. *presbýteros*. V. *prete*] s. m. ● In origine, ciascuno degli anziani, che, secondo gli Atti degli Apostoli, reggevano e amministravano le prime comunità cristiane; in seguito, prete, sacerdote, ministro, anche nelle comunità cristiane riformate ed evangeliche.

preṣbitìṣmo [comp. di *presbite* e *-ismo*] s. m. ● (*med.*) Presbiopia.

prescégliere [comp. di *pre-* e *scegliere*; calco sul lat. tardo *praeelĭgere* (V. †*preeleggere*)] v. tr. (coniug. come *scegliere*) ● Scegliere a preferenza, preferire a qc. o a q.c.: *abbiamo prescelto la vostra ditta per le nostre forniture*; *lo hanno prescelto per una carica direttiva, a un ufficio, come dirigente.* SIN. Anteporre, preeleggere.

prescegliménto s. m. ● (*raro*) Modo e atto del prescegliere.

prescélto **A** part. pass. di *prescegliere*; anche agg. ● Nel sign. del v. **B** s. m. (f. *-a*) ● Chi è stato preferito ad altri o ad altro: *i prescelti dovranno ripresentarsi tra dieci giorni.*

prèscia [lat. parl. **prĕssia(m)* 'fretta', da *pressāre* 'premere' (V. *pressare*)] s. f. (pl. *-sce*, raro) ● (*dial.*) Fretta | (*centr.*) *Andare di p.*, avere molta fretta.

presciènte /preʃˈʃɛnte, preʃʃiˈɛnte/ [vc. dotta, lat. *praesciĕnte(m)*, part. pres. di *praescīre* 'prescire'] agg. ● (*lett.*) Che conosce il futuro.

presciènza /preʃ'ʃɛntsa, preʃʃi'ɛntsa/ o †**presciènzia** /preʃ'ʃɛntsja, preʃʃi'ɛntsja/ [lat. tardo *praesciĕntia(m)*, da *prāesciens*, genit. *praesciĕntis* 'presciente'] s. f. *1* Cognizione che Dio, esente da ogni limite di tempo, ha del futuro. *2* Conoscenza anticipata del futuro, capacità di prevedere l'avvenire: *l'accordo della p. col libero arbitrio è una delle concezioni più difficili e astruse* (DE SANCTIS).

presciìstica [comp. di *pre-* e del f. sost. di *sciistico*] s. f. ● Insieme delle attività fisiche preparatorie alla pratica dello sci.

presciìstico [comp. di *pre-* e *sciistico*] agg. (pl. m. *-ci*) ● Relativo alla presciistica: *esercizio p.*

prescìndere [vc. dotta, lat. *praescĭndere* 'tagliare davanti, separare', comp. di *prae-* 'pre-' e *scĭndere* 'dividere, separare'] v. intr. (pass. rem. *io prescindéi* o *prescindètti*, raro *prescìssi*, *tu prescindésti*; part. pass. *prescisso*, raro; aus. *avere*) ● Fare astrazione da ciò che non si ritiene rilevante: *p. dai commenti, dalle critiche, dalle osservazioni banali* | *Prescindendo da, a p. da*, lasciando da parte, non considerando: *a p. dalla morale; prescindendo dalle sue opinioni personali.* SIN. Eccettuare. CONTR. Includere.

†**prescìre** [vc. dotta, lat. *praescīre*, comp. di *prae-* 'pre-' e *scīre* 'sapere' (V. *scienza*)] v. tr. (dif. usato solo all'inf., al part. pres. *presciènte* /preʃ'ʃɛnte, preʃʃi'ɛnte/, al part. pass. *prescito* e al ger. *prescièndo* /preʃ'ʃɛndo, preʃʃi'ɛndo/) ● Sapere anticipatamente | *P. il futuro*, presagirlo.

prescìsso part. pass. di *prescindere* ● (*raro*) Nel sign. del v.

presciùtto ● V. *prosciutto*.

prescolàre [comp. di *pre-* e *scolare* (*2*)] agg. ● Prescolastico.

prescolàstico [comp. di *pre-* e *scolastico*] agg. (pl. m. *-ci*) ● Che precede l'età scolare: *età, istruzione prescolastica*.

prescrittìbile [da *prescritto*] agg. ● (*dir.*) Che può essere soggetto a prescrizione: *diritto p.*

prescrittibilità s. f. ● (*dir.*) Condizione di ciò che è prescrittibile.

prescrìtto part. pass. di *prescrivere*; anche agg. *1* Nei sign. del v. *2* (*raro*) Vieto, invecchiato: *usanza ormai prescritta*. *3* †Scritto sopra o prima.

prescrìvere [vc. dotta, lat. *praescrībere*, comp. di *prae-* 'pre-' e *scrībere* 'scrivere'] **A** v. tr. e †intr. (coniug. come *scrivere*) *1* Ordinare, disporre secondo certi criteri o certe norme: *p. una medicina, una cura, una dieta; la legge prescrive che ...; il regolamento non prescrive questo.* *2* (*lett.*) Imporre: *a noi prescrisse / il fato illacrimata sepoltura* (FOSCOLO). *3* (*dir.*) Mandare in prescrizione: *p. un diritto, una pena.* **B** v. intr. pron. ● (*dir.*) Cadere in prescrizione: *il reato si prescrive dopo 10 anni*.

prescrivìbile agg. *1* Che può essere prescritto, spec. in campo medico: *medicina p.* *2* (*raro*) Prescrittibile.

†**prescriviménto** s. m. ● Modo e atto del prescrivere.

prescrizionàle agg. ● (*dir.*) Di prescrizione, spec. nella loc. *termine p.*, termine entro il quale un delitto o una pena cadono in prescrizione.

prescrizióne [vc. dotta, lat. *praescriptiōne(m)*, da *praescrīptus* 'prescritto'] s. f. *1* Atto, effetto del prescrivere. *2* Norma, regola, precetto: *le prescrizioni della chiesa, della morale.* *3* In una ricetta medica, l'elenco dei vari medicinali prescritti e della relativa posologia. *4* (*dir.*) In materia civile, estinzione di un diritto quando il titolare non lo esercita per il tempo determinato dalla legge: *cadere in p.* | *P. acquisitiva*, usucapione | In materia penale, decorso del tempo che opera come causa estintiva del reato o della pena a seconda che il termine indicato dalla legge si compia prima o dopo il passaggio in giudicato della sentenza di condanna. ‖ **prescrizioncèlla**, dim.

†**presedére** e *deriv.* ● V. *presiedere* e *deriv.*

†**preseggènza** [da *presidenza*, rifatto su *seggio*] s. f. ● Presidenza.

presegnalàre [comp. di *pre-* e *segnalare*] v. tr. ● Segnalare in precedenza | (*est.*) Segnalare con opportuno anticipo: *p. una macchina ferma a una curva*.

presegnalazióne [comp. di *pre-* e *segnalazione*] s. f. ● Segnalazione anticipata.

presegnàle [comp. di *pre-* e *segnale*] s. m. ● Qualsiasi segnale che, nel tempo o nello spazio, ne precede un altro e avverte dell'approssimarsi di questo.

preselettóre [comp. di *pre-* e *selettore*] s. m. ● (*tecnol.*) Dispositivo che compie o che serve a compiere una preselezione.

preselezionàre [comp. di *pre-* e *selezionare*] v. tr. (*io preseleziόno*) ● Selezionare in precedenza.

preselezióne [comp. di *pre-* e *selezione*] s. f. *1* Selezione preliminare: *la p. dei concorrenti; gare di p.* *2* (*tecnol.*) Sistema che permette di selezionare anticipatamente una delle diverse operazioni che un apparecchio può compiere, affinché tale operazione si compia automaticamente a tempo debito | In alcuni tipi di cambi di velocità per autoveicoli, predisposizione del cambiamento di rapporto mediante lo spostamento della leva di comando; la manovra vera e propria avviene automaticamente al successivo azionamento del pedale della frizione. *3* (*tel.*) Nella commutazione automatica, la scelta preventiva operata dall'organo di selezione per accedere ai primi selettori di gruppo che identificano in successione l'utenza chiamata. *4* *P. delle correnti di traffico*, instradamento del traffico veicolare lungo corsie differenziate a seconda della destinazione.

presèlla [da *presa*] s. f. *1* Parte della briglia che nel cavalcare si tiene stretta in mano. *2* Arnese di ferro o acciaio, a bocca smussa o a taglio, sul quale si batte da un capo col martello, in modo da portare il colpo ove altrimenti non potrebbe giungere. *3* Giunto di due cavi presi tra due piastre scanalate internamente e serrate fortemente con bulloni. *4* †Piccolo appezzamento di terreno messo a coltura.

presellàre v. tr. ● Cianfrinare.

presellatùra [da *presella*] s. f. ● Cianfrinatura.

presèmina [comp. di *pre-* e *semina*] s. f. ● (*agr.*) Insieme delle attività agricole che vengono svolte in preparazione della semina.

presenìle [comp. di *pre-* e *senile*] agg. ● (*med.*) Che si manifesta prima dell'età senile.

preşentàbile [da *presentare*, sul modello del fr. *présentable*] agg. ● Che si può presentare | (*est.*) Che si può mostrare o esibire senza vergognarsene: *un abito povero ma p.* | *Appena p.*, appena decente | *Non p.*, indecoroso.

preşentabilità s. f. ● (*raro*) Qualità o condizione di chi, di ciò che è presentabile.

†**preşentàneo** [vc. dotta, lat. *praesentāneu(m)*, da *prāesens*, genit. *praesĕntis* 'presente'] agg. ● Rapido, istantaneo. ‖ †**presentaneaménte**, avv. In modo presentaneo.

preşentàre [vc. dotta, lat. *praesentāre*, da *prāesens*, genit. *praesĕntis* 'presente'] **A** v. tr. (*io preşènto*) *1* Far vedere a qc., sottoporre alla vista, all'esame o al giudizio di qc. (*anche fig.*): *p. una lettera, un documento, un saggio; presentarono al ministro un ordine del giorno; presenterò la vostra proposta all'assemblea; il critico ti dèe p. il mondo poetico rifatto ed illuminato da lui con piena coscienza* (DE SANCTIS) | Consegnare: *p. la sfida, una citazione.* *2* (*fig.*) Prospettare: *la soluzione del problema presenta varie difficoltà; è un affare che presenta numerosi vantaggi, svantaggi, rischi.* *3* Offrire, porgere (*anche fig.*): *p. un dono; p. gli ossequi, i saluti, gli omaggi* | *P. le armi*, sulla posizione di attenti, portare l'arma verticalmente davanti al corpo, col braccio sinistro disteso e il destro piegato, in segno di onore | *Presenterò!*, riferirò a chi di dovere i saluti e sim. | †*P. battaglia*, mettere le schiere in ordine di combattimento, provocando il nemico | †Regalare | †*p. alcuno di q.c.*, fargli un dono, un presente. *4* Esporre, volgere: *p. il viso al sole; la nave presentava alle onde la prua* | *P. un bersaglio, un facile bersaglio*, esporsi ai colpi dei nemici (*anche fig.*). *5* Mostrare al pubblico: *p. un nuovo modello d'automobile, le ultime novità librarie; p. q.c. in una esposizione, alla fiera campionaria* | *P. la moda*, mostrare con una sfilata i modelli più recenti | Esibire in pubblico, spec. per dare spettacolo: *il domatore presenta quattro nuovi leoni; p. il nuovo corpo di ballo; p. uno spettacolo.* *6* Proporre: *p. la propria candidatura.* *7* Far conoscere qc. ad altra persona: *le presento mio cugino; ho il piacere di presentarle il direttore generale; presentami ai tuoi amici; desidero essere presentato a tua sorella* | (*est.*) Introdurre in un ambiente, raccomandare a qc.: *p. qc. in società, in famiglia, al circolo.* **B** v. rifl. *1* Recarsi di persona: *presentarsi al generale, al distretto, in comune, in questura, al magistrato, in tribunale.* *2* Comparire in giudizio, venire alla presenza di un organo giudiziario. *3* Farsi vedere: *si è presentato vestito in modo indecente; non ti vergogni a presentarti così?* | *Presentarsi favorevolmente, sfavorevolmente, bene, male* e sim., di persona che, stando all'apparenza, produce buona o cattiva impressione. *4* Offrirsi: *si è presentato per sostituire un dipendente malato.* *5* Farsi conoscere, dicendo il proprio nome: *permetta che prima io mi presenti.* **C** v. intr. pron. *1* Capitare, occorrere, accadere: *si presentò un caso stranissimo.* *2* Offrirsi, prospettarsi: *non so se mi si presenterà ancora una simile occasione; la decisione dipende da come si presenteranno le cose* | *Presentarsi alla mente*, di idea o pensiero che sboccia inaspettato. *3* Apparire, mostrarsi: *il problema si presenta grave; l'affare non si presenta troppo bene* | *Presentarsi favorevolmente, sfavorevolmente*, di cosa che sembra o non sembra, a prima vista, vantaggiosa.

†**preşentàrio** [vc. dotta, lat. *praesentāriu(m)*, da *prāesens*, genit. *praesĕntis* 'presente'] agg. ● Presente.

†**preşentàta** s. f. ● Atto, effetto del presentare.

preşentat'àrm o **preşentatàrm** [da *presenta-t(e le) arm(i)*] loc. sost. m. inv. ● Ordine impartito ai soldati perché presentino le armi in segno di onore | Posizione assunta in seguito a tale ordine.

preşentàto **A** part. pass. di *presentare*; anche agg. ● Nei sign. del v. **B** s. m. (f. *-a*) *1* †Persona alla quale si fa un dono. *2* (*raro*) Persona che si è fatta conoscere ad altra.

preşentatóre s. m. (f. *-trice*) *1* Chi presenta: *il p. di un assegno, di una richiesta, dei nuovi modelli invernali.* *2* Chi, in teatro o in trasmissioni televisive, presenta al pubblico uno spettacolo e lo intrattiene con brevi interventi: *il p. del festival; fare da p. a un concorso; p. radiofonico, televisivo; le battute, le gaffe del presentatore.*

preşentazióne s. f. *1* Modo, atto ed effetto del mostrare o esibire q.c. a qc.: *p. di una domanda, di titoli, di documenti, di certificati; la p. dei modelli al pubblico* | (*raro*) Dono, offerta. *2* Discorso o nota introduttiva con cui si presenta al pubblico q.c. o qc.: *una bella p.; la p. dello spettacolo è stata affidata a un noto attore; la breve p. è stata scritta da un famoso critico* | (*est.*) Breve sequenza di scene tratte da un film di imminente programmazione. *3* Modo, atto ed effetto del far conoscere una persona ad altre: *non ho capito il suo nome durante la p.* | *P. di Maria Vergine*, festa cattolica del 21 novembre, che commemora l'entrata della Vergine nel tempio di Gerusalemme | *Fare le presentazioni*, presentare fra loro persone che ancora non si conoscono | Introduzione, raccomandazione: *la p. in società, a corte; una lettera di p. per il ministro.* *4* Proposta di nomina, elezione e sim. *5* (*fisiol.*) Nel parto, posizione assunta dal feto nei confronti del canale del parto: *p. cefalica; p. podalica.*

preşènte (1) [vc. dotta, lat. *praesĕnte(m)*, da *prae-* 'pre-', sul modello di *ăbsens*, genit. *absĕntis* 'assente'] **A** agg. *1* Che è nel luogo di cui si parla o al quale ci si riferisce, che si trova nello stesso luogo di chi parla o scrive, spec. in relazione ad avvenimenti ai quali si partecipa o si assiste: *gli alunni presenti alle lezioni; i deputati presenti alla seduta; il pubblico p.* | *Essere p.*, essere proprio al cospetto di qc., assistere direttamente a q.c.: *era p. al fatto e quindi è un testimone oculare* | *Non essere p.*, non esserci, mancare | *P.!*, formula di risposta positiva a un appello | (*fig.*) *Essere p. a se stesso*, avere sempre la completa padronanza dei propri pensieri, delle proprie azioni e reazioni | (*fig.*) *Aver p. qc., q.c.*, ricordarsene, non trascurarla | (*fig.*) *Tener p. qc., q.c.*, tenerne conto, farvi assegnamento | *Far p. q.c. a qc.*, proporla all'attenzione, farla notare | (*ass.*) *Lui p., p. il padre* e sim., mentre lui era lì, proprio al cospetto del padre e sim. CONTR. Assente. *2* Di ciò che è, accade o è in corso di svolgimento proprio ora, oggi, di chi vive adesso, nella nostra epoca: *nel p. mese,* *giorno, anno*; *la p. generazione*; *i miei protesti / udrà il mondo p., udrà il futuro* (TASSO) | *Tempo p.*, l'oggi | Attuale: *la p. situazione è complessa*; *le sue presenti condizioni di salute*; *la moda p.*; *gli usi presenti*. CONTR. Passato. **3** Che è immediatamente vicino nel tempo o nello spazio: *nel caso p. non so come agire*; *il p. libro*; *la p. lettera*. SIN. Questo. **4** (*ling.*) Detto di tempo del verbo che colloca l'enunciato nel momento della produzione del discorso, nell'"adesso". **5** †Pronto, istantaneo | †*Di p.*, adesso | †*In p.*, subito. **6** †Propizio, favorevole. || **presentemènte**, avv. **1** Ora, in questo momento. **2** †Immediatamente. **3** †In persona. **B** avv. **1** (*raro*) †Al presente | †Subito. **2** (*raro*) †Personalmente. **C** s. m. e f. ● Chi è presente: *i presenti possono intervenire nel dibattito*; *tutti i presenti sono d'accordo* | *Esclusi i presenti*, si dice per lasciare fuori da critiche e sim. la persona con cui si sta parlando. **D** s. m. **1** Tempo, epoca, momento attuale: *adeguarsi al p.*; *dimenticare il p. rifugiandosi nel passato* | *Al p.*, attualmente: *la quale si ritiene che fosse la miglior donna che sia stata insino al p.* (LEOPARDI). **2** (*ling.*) Tempo presente.

presènte (2) [fr. *présent*, da *présenter* 'presentare, offrire'] s. m. ● Dono, regalo: *fare un p.*, *un piccolo p., a qc.*; *voglia gradire questo mio p.* || **presentino**, dim. | **presentùccio**, **presentùzzo**, dim.

presentiménto [da *presentire*] s. m. ● Sensazione anticipata e confusa, vago presagio: *un p. di vittoria, di sciagure imminenti*; *il p. / di te m'empiva l'anima* (MONTALE) | *Avere un p.*, presentire. SIN. Antiveggenza, preveggenza.

presentìre [vc. dotta, lat. *praesentīre*, comp. di *prae-* 'pre-' e *sentīre* 'sentire'] v. tr. e intr. (*io presènto*; aus. *avere*) ● Prevedere confusamente, intuire in modo vago, in base a sensazioni o impressioni soggettive: *presentivo il suo rifiuto*; *come presentivo non si è fatto più vedere*.

presentìto part. pass. di *presentire*; anche agg. ● Nel sign. del v.

presènza o †**presènzia** [vc. dotta, lat. *praesĕntia(m)*, da *prāesens*, genit. *praesĕntis*, 'presente'] s. f. **1** Lo stare, l'essere in un determinato luogo: *fu notata la sua p.*; *non è gradita la p. di estranei* | *Fare atto di p.*, recarsi in un luogo, intervenire a q.c. e sim. per semplice formalità | *Di p.*, personalmente. CONTR. Assenza. **2** Esistenza: *l'analisi chimica ha rilevato la p. di ferro*; *notare la p. di grassi*. **3** Cospetto, spec. nelle loc. *alla p. di*, *in p. di*: *lo ha schiaffeggiato in p. di testimoni*; *fu ammesso alla p. del Papa* | *In mia, tua p.*, al mio, al tuo, cospetto, dinanzi a me, a te | †*Nella p. di qc.*, al suo cospetto. **4** (*fig.*) Prontezza: *p. di spirito*. **5** Aspetto esteriore: *una ragazza di bella p.* | *Non avere p.*, essere di aspetto sgradevole.

presenziàle [dal lat. *praesĕntia* 'presenza'] agg. ● (*raro*) Di, relativo a, presenza. || †**presenzialménte**, avv. (*raro*) Di persona: *assistere p. a q.c.*

presenzialìsmo [da *presenziale*] s. m. ● Impegno nell'essere presente a ogni tipo di avvenimento, cerimonia e sim., spec. da parte di persone importanti: *peccare di p.*; *il p. del ministro*.

presenzialìsta agg.; anche s. m. e f. ● Che, chi dà prova di presenzialismo.

presenzialità s. f. ● (*raro*) Qualità o condizione di chi è presenziale.

presenziàre [dal lat. *praesĕntia* 'presenza'] v. tr. e intr. (*io presènzio*; aus. *avere*) ● Assistere di persona, essere presente: *p. la cerimonia*; *p. al rito*.

†**presenzióne** [vc. dotta, lat. *praesensiōne(m)*, da *praesēnsus*, part. pass. di *praesentīre* 'presentire'] s. f. ● Presentimento.

presèpe [vc. dotta, lat. *praesāepe* 'greppia, mangiatoia, stalla', propriamente 'ogni recinto chiuso', comp. di *prae-* 'pre-' e *saepīre* 'cingere, circondare (con una siepe)', da *sāepes* 'siepe'] s. m. ● Presepio.

presèpio [vc. dotta, lat. *praesāepiu(m)*, var. di *praesāepe* 'presepe' (V.)] s. m. **1** (*lett.*) Stalla, mangiatoia, spec. quella in cui fu posto Gesù. **2** Ricostruzione tradizionale della nascita di Gesù, fatta nelle case e nelle chiese durante il periodo di Natale, con la grotta e con figure di materiale vario che rappresentano i protagonisti della narrazione evangelica della natività e quelli della leggenda popolare a essa connessa: *fare il p.*; *le figurine del p.*; *un p. di legno, di ceramica, di terracotta*; *un p. napoletano, siciliano* | (*fam.*) *Parere, sembrare il p.*, di casa in cui vengono tenuti molti animali. **3** (*est.*) Qualsiasi rappresentazione iconografica della natività di Gesù. **4** †Asilo, nido.

preservaménto s. m. ● Modo e atto del preservare.

preservàre [vc. dotta, lat. tardo *praeservāre*, comp. di *prae-* 'pre-' e *servāre* 'serbare'] v. tr. (*io presèrvo*) ● Tenere lontano, difendere da danni, pericoli e sim.: *p. la salute*; *p. i giovani dalla corruzione* | Conservare integro, intatto: *p. l'arto*.

preservatìvo **A** agg. ● Che è atto a preservare, a proteggere. **B** s. m. **1** Ogni mezzo fisico, chimico e meccanico usato a scopo antifecondativo o profilattico nel coito umano | (*per anton.*) Sottile guaina di gomma che si applica al pene durante il coito come mezzo profilattico e anticoncezionale. **2** (*raro*) Rimedio preventivo a q.c.

preservàto part. pass. di *preservare*; anche agg. ● Nei sign. del v.

preservatóre agg.; anche s. m. (f. *-trice*) ● (*raro*) Che, chi preserva o tende a preservare: *cura preservatrice*.

preservazióne s. f. ● Atto, effetto del preservare.

prèside [vc. dotta, lat. *prāeside(m)* 'difensore, governatore', da *praesidēre* 'proteggere, difendere' (V. *presiedere*)] **A** s. m. e f. ● Capo di un istituto d'istruzione secondaria | *P. di facoltà*, professore universitario che presiede le adunanze del consiglio di facoltà e la rappresenta. **B** s. m. ● Nei primi secoli dell'Impero romano, governatore di una provincia.

presidentàto s. m. ● (*raro*) Carica, dignità di presidente | Durata della presidenza.

presidènte [vc. dotta, lat. *praesidĕnte(m)*, part. pres. di *praesidēre* 'proteggere, governare' (V. *presiedere*)] s. m. e f. (f. anche *-essa* (V.); V. anche nota d'uso FEMMINILE) ● Chi sovraintende, coordina e dirige l'attività di un'assemblea, di un consiglio, di un seggio elettorale, di un ente pubblico o privato, di un organo collegiale | *P. della Repubblica*, capo di uno Stato retto a repubblica | *P. della regione*, chi ha la rappresentanza dell'ente regione, ne promulga le leggi e i regolamenti e ne dirige le funzioni amministrative | *P. della provincia*, chi ha la rappresentanza dell'ente provincia, ne dirige e coordina l'amministrazione, ne stipula i contratti deliberati dal consiglio o dalla Giunta.

presidentéssa s. f. **1** Donna investita della presidenza. **2** (*pop.*) Moglie del presidente.

presidènza s. f. **1** Ufficio, carica di preside o di presidente: *assumere la p.* | Durata di tale carica | *Ufficio di p.*, *consiglio di p.*, il complesso del presidente e dei vice presidenti. **2** Sede di chi ricopre la carica di preside o di presidente: *la p. è chiusa*. **3** Personale che assiste e aiuta il preside o il presidente nelle sue funzioni.

presidenziàle [da *presidente*, sul modello del fr. *présidentiel*] agg. **1** Del preside o del presidente, della presidenza: *seggio p.*; *dignità p.*; *prerogative presidenziali*. **2** Correntemente, del presidente della Repubblica: *decreto p.* | *Repubblica p.*, quella in cui il Presidente della Repubblica, oltreché essere capo dello Stato, dispone in misura determinante di poteri esecutivi e viene eletto direttamente a suffragio universale dagli elettori.

presidenzialìsmo s. m. **1** Sistema politico-costituzionale di una Repubblica caratterizzato da una forte preponderanza dei poteri personali del Presidente della Repubblica | Tendenza favorevole a tale sistema. **2** Tendenza favorevole all'elezione diretta a suffragio universale del Presidente della Repubblica o del Presidente del Consiglio.

presidenzialìsta s. m. e f. (pl. m. *-i*) ● Fautore, sostenitore del presidenzialismo.

presidenzialìstico agg. (pl. m. *-ci*) ● Relativo al presidenzialismo o ai presidenzialisti: *simpatie presidenzialistiche*.

presidiàle agg. ● (*raro*) Di, del presidio (*anche fig.*).

presidiàre [vc. dotta, lat. tardo *praesidiāri*, da *praesĭdium* 'presidio'] v. tr. (*io presìdio*) **1** Occupare con truppe un luogo a scopo di difesa: *p. una fortezza, una città, un caposaldo* | (*est.*) Sorvegliare, proteggere: *picchetti di operai presidiano l'ingresso della fabbrica*. CONTR. Sguarnire. **2** (*fig.*) Difendere, proteggere, tutelare: *p. la pace interna con leggi eque*.

presidiàrio [vc. dotta, lat. *praesidiāriu(m)*, da *praesĭdium* 'presidio'] agg. ● Detto di truppe, servizi e cose inerenti a un presidio.

presìdio [vc. dotta, lat. *praesĭdiu(m)*, da *praesidēre* (V. *presidente* e *presiedere*)] s. m. **1** Complesso di truppe poste a guardia o a difesa di una località, di un'opera fortificata, di un caposaldo e luogo ove risiedono: *truppe del p.*; *comandante del p.*; *porre a p.* | *Servizi di p.*, quelli svolti per assicurare la vita e la disciplina delle truppe di un presidio | (*est.*) Occupazione di un luogo pubblico a fini di controllo e sorveglianza o anche solo di propaganda: *p. sindacale nella piazza*. SIN. Guarnigione. **2** Circoscrizione territoriale sottoposta a un'unica autorità militare. **3** (*bur.*) Complesso delle strutture tecnico-terapeutiche preposte in un dato territorio all'espletamento del servizio sanitario nazionale: *presidi ospedalieri*, *presidi periferici*. **4** (*fig.*) Difesa, protezione, tutela: *essere il p. delle istituzioni democratiche*; *porre a p. del proprio nome*. **5** (*med.*) *Presidi terapeutici*, le sostanze medicamentose | *Presidi diagnostici*, il complesso dei mezzi di indagine | *Presidi medici e chirurgici*, strumenti e prodotti usati nella pratica medica e chirurgica (per es., apparecchi di protesi e di contenzione, irrigatori, siringhe e sim., disinfettanti, insetticidi, prodotti dietetici e sim.).

presìdium [adattamento del russo *prezidium*, di origine lat. (da *praesĭdium* 'presidio, guarnigione'), usata anche in ted. (*Präsidium*)] s. m. inv. ● Presidenza, ufficio di presidenza in organi rappresentativi statuali o di partito in alcuni paesi comunisti europei.

presièdere o †**presedére** [lat. *praesidēre*, propriamente 'sedere davanti' (comp. di *prae-* 'pre-' e *sedēre* 'sedere')] **A** v. tr. (pres. *io presièdo*; pass. rem. *io presiedéi* o *presiedètti*, *tu presiedésti*) **1** Reggere con ufficio e funzioni di presidente: *p. un'adunanza, la Camera dei Deputati, un dibattito*. **2** Dirigere con ufficio e funzioni di preside: *p. un liceo, una facoltà*. **B** v. intr. (aus. *avere*) **1** Stare a capo, come presidente o come preside: *p. a un ufficio, a una scuola*. **2** (*fig.*) Essere di guida: *p. alla realizzazione di un piano* | Svolgere un ruolo primario in una determinata funzione fisiologica: *i polmoni presiedono alla respirazione*.

presiedùto o †**presedùto**. part. pass. di *presiedere*; anche agg. ● Nei sign. del v.

†**presignàre** [vc. dotta, lat. *praesignāre* 'segnare prima', comp. di *prae-* 'pre-' e *signāre* 'segnare'] v. tr. ● Prefigurare.

presìna s. f. **1** Dim. di *presa*. **2** Cuscinetto di stoffa imbottita, o materiale simile, usato in cucina per afferrare oggetti molto caldi. **3** Piccolo involucro di carta preparato in farmacia, contenente polvere medicamentosa da assumersi per via orale | La dose di medicamento in esso contenuto. SIN. Cartina.

†**presistimazióne** [comp. di *pre-* e del lat. *existimātio*, genit. *existimatiōnis* 'stima', da *existimātus*, part. pass. di *existimāre* 'stimare' (V. *esistimare*)] s. f. ● Preferenza.

presìstole [comp. di *pre-* e *sistole*] s. f. ● (*anat.*) Contrazione degli atri del cuore che precede la sistole ventricolare e segue alla diastole.

presistòlico agg. (pl. m. *-ci*) ● (*anat.*) Che si riferisce alla presistole.

préso part. pass. di *prendere*; anche agg. ● Nei sign. del v.

presocràtico [comp. di *pre-* e *Socrate*, con suff. agg.] **A** agg. (pl. m. *-ci*) ● Anteriore a Socrate e alla sua filosofia: *dottrina presocratica*. **B** s. m. ● Filosofo greco vissuto prima di Socrate.

†**presontuóso** o **presontuóso** ● V. *presuntuoso*.

†**presonzióne** o **presonzióne** ● V. *presunzione*.

prèssa [da *pressare*] s. f. **1** Atto, effetto del pressare. **2** Calca o ressa di più persone: *il pubblico faceva p. attorno al grande attore*; *Orlando nella p. si mettea* (PULCI). **3** (*raro, dial., merid.*) Premura, fretta: *avere p.*; *fare q.c. in p.* **4** Macchina atta a comprimere un materiale in lavorazione fino a ridurlo alla forma desiderata: *p. idraulica*, *meccanica*.

pressacàrte [comp. di *pressa(re)* e il pl. di *carta*; calco sul fr. *presse-papiers*] s. m. inv. ● Fermacarte.

pressafièno [comp. di *pressa(re)* e *fieno*] s. m. inv. ● Pressaforaggio.

pressaforàggio o **pressaforàggi** [comp. di *pressa(re)* e *foraggio*] s. m. inv. ● Macchina agricola da raccolta che comprime e lega il foraggio in balle.

press-agent /*ingl.* 'pres-eidʒənt/ [loc. ingl., propr. 'agente per la stampa', comp. di *press* 'stampa' (dal fr. *presse* 'stampa', dev. di *presser* 'pressare') e *agent* 'agente'] loc. sost. m. e f. inv. (pl. ingl. *press-agents*) ● Chi cura le relazioni con la stampa a scopo pubblicitario per conto di una persona in vista, un ente, un'organizzazione e sim.

pressainsilatrice [comp. di *pressa(trice)* e *insilatrice*] s. f. ● (*agr.*) Macchina agricola che pressa e confeziona il foraggio in sacchi di film plastico.

pressànte part. pres. di *pressare*; anche agg. *1* Nei sign. del v. *2* Urgente, impellente: *necessità pressanti*. || **pressantemènte**, avv. In modo pressante; con premura.

pressapàglia [comp. di *pressa(re)* e *paglia*] s. m. inv. ● Macchina agricola da raccolta che comprime e lega la paglia in balle regolari.

pressapòco ● V. *pressappoco*.

pressappocàggine [da *pressappoco* col suff. *-aggine* di qualità astratte] s. f. ● (*raro*) Pressappochismo.

pressappochìsmo [da *pressappoco*] s. m. ● Comportamento o tendenza di chi, nel lavoro, nel modo di comportarsi e sim., si accontenta di risultati approssimativi o scarsi: *peccare di p.*

pressappochista s. m. e f. (pl. m. *-i*) ● Chi tende al pressappochismo, chi agisce con pressappochismo.

pressappochìstico agg. (pl. m. *-ci*) ● Che manifesta pressappochismo: *opinione pressappochistica*.

pressappòco o **pressapòco** [comp. di *presso*, *a* e *poco*] **A** avv. ● All'incirca, a un dipresso, approssimativamente: *sono p. uguali*; *hanno p. la medesima età*; *manca p. un'ora all'arrivo del treno* | (*fam.*) Anche nella loc. avv. *a un p.*: *non bisogna fare le cose a un p.* **B** s. m. (pl. *-chi*) ● (*raro*) Approssimazione: *ha adottato il p. come metodo di lavoro*; *occorre diffidare del quasi-uguale ... del pressapoco, dell'oppure* (LEVI).

pressàre [vc. dotta, lat. *pressāre*, ints. di *prĕmere* 'premere'] **A** v. tr. (*io prèsso*) *1* Premere forte, schiacciando: *p. carta, tessuti in una cassa* | Premere con la pressa. *2* †Urtare: *pinto da un altro questo fanciullo, il detto Guido pressò* (SACCHETTI). *3* (*fig.*) Incalzare o sollecitare in modo continuo e insistente: *p. qc. con richieste di aiuti, denaro, raccomandazioni*. **B** v. intr. pron. ● †Portarsi vicino.

pressaschède [comp. di *pressa(re)* e il pl. di *scheda*] s. m. inv. ● Negli schedari verticali, dispositivo che comprime le schede, evitandone il deterioramento.

pressàto part. pass. di *pressare*; anche agg. *1* Nei sign. del v. *2* Sottoposto a pressatura: *cartone p.*

pressatóre s. m. ● Operaio addetto alla pressatura.

pressatrice [da *pressare*] s. f. ● Macchina per orticoltura atta a costipare la terra in piccole zolle a forma di cubetti e a inserirvi un seme, predisponendole così per il trapianto nel terreno. SIN. Pressazolle.

pressatùra s. f. ● Atto, effetto del comprimere, spec. mediante pressa.

pressazòlle [comp. di *pressa(re)* e il pl. di *zolla*] s. f. inv. ● (*raro*) Pressatrice.

pressèlla [da *pressare*] s. f. ● Arnese del fabbro ferraio usato per premere, schiacciare e sim.

†pressézza [da *presso*] s. f. ● Vicinità.

pressìbile [dal lat. *prĕssus*, part. pass. di *prĕmere* 'premere'] agg. ● Che si può pressare, che cede alla pressione.

pressibilità s. f. ● (*raro*) Qualità di ciò che è pressibile.

prèssing /'pressin(g)*, ingl.* 'presiŋ/ [vc. ingl., gerundio di *to press* 'premere, incalzare'] s. m. inv. ● (*sport*) In vari giochi di palla, azione incalzante e insistente di contrasto sull'avversario per sottrargli la palla.

pressìno [da *pressare*] s. m. ● Nel macinadosatore, arnese che preme la quantità di caffè da macinare.

pressióne [vc. dotta, lat. *pressiōne(m)*, da *prĕssus*, part. pass. di *prĕmere* 'premere'] s. f. *1* Atto, effetto del premere: *esercitare una forte, una debole p.*; *alla minima p. può scoppiare*. *2* (*fis.*) Grandezza fisica definita come rapporto fra la componente normale della forza premente su una superficie e la superficie stessa | *P. atmosferica*, forza esercitata dall'atmosfera, in virtù del suo peso, su di una superficie determinata | *P. idrodinamica*, pressione in un punto qualsiasi di un liquido in moto | *P. idrostatica*, pressione in un punto qualsiasi di un liquido in quiete. *3* (*med.*) *P. sanguigna*, forza esercitata dal sangue sulle pareti del sistema sanguifero: *p. capillare*, *p. venosa*, *p. arteriosa* | (*per anton.*) Pressione arteriosa: *misurare, misurarsi la p.*; *avere la p. alta, bassa*; *avere disturbi di p.* *4* (*fig.*) Insistenza incalzante per indurre qc. a fare q.c. o ad agire in un modo piuttosto che in un altro: *subire forti pressioni politiche* | *Far p. su qc.*, insistere con forza per costringerlo o indurlo a q.c. | (*fig.*) *Essere sotto p.*, essere costretto a un'attività continua e molto impegnativa: *essere sotto p. per gli esami* | *P. tributaria, fiscale*, rapporto fra il reddito nazionale e la parte di esso che viene prelevata dallo Stato come imposta | *Gruppo di p.*, che esercita pressioni politiche sul Governo e sul Parlamento spec. a favore dei propri interessi economici. || **pressioncèlla**, dim.

prèsso [lat. *prĕsse* 'strettamente', da *prĕssus*, part. pass. di *prĕmere* 'premere'] **A** avv. ● Nelle vicinanze (spec. preceduto da altri avv.): *abitava qui p.*; *non trovava il martello, e lo aveva lì p.*; *venite più p.*; *fatevi p. se volete vedere bene* | *Di, da p.*, da vicino: *ormai gli inseguitori incalzano da p.*; *è una questione da esaminare più da p.* | *A un di p.*, pressappoco: *saranno a un di p. tre metri* | V. anche *dappresso, dipresso, pressappoco, pressoché*. SIN. Vicino. **B** prep. *1* Vicino a, accanto a (con v. di stato e di moto): *arriva fin p. il fiume*; *ha una villa p. Napoli*; *siediti p. la finestra*; *stare p. il caminetto*; *erano giunti fin p. gli avamposti avversari* | Anche nelle loc. *p. a*, (*lett.*) *p. di*: *si fermò p. a un ruscello*; *p. della torricella nascoso s'era* (BOCCACCIO) | (*est.*) In casa di: *abita ancora p. i genitori*; *vivono p. i nonni*; *i bambini sono p. una zia* | Nella loc. avv. *p. di* (davanti a un pron. pers. atono): *lo accolse p. di sé*; *p. di loro ti troverai bene* | (*lett.*) Nelle loc. avv. *p. a, p. di*, (*fig.*) a paragone di, in confronto a | †*P. a, p. di*, circa. *2* (*est., fig.*) Indica un rapporto o una relazione, spec. di dipendenza, con una persona o un ambiente: *ha lavorato p. di noi per molti anni*; *è impiegato p. una ditta commerciale*; *farà pratica p. questo ufficio*; *è stato già ambasciatore p. la Santa Sede*; *fu segretario p. un principe romano* | Nell'opinione di (indica relazioni sociali): *ha molto prestigio p. la corte*; *ha trovato favore p. un ricco mecenate*; *gode fama, p. il popolo, di uomo democratico* | Nelle opere di, nel pensiero di, nel linguaggio di, e sim.: *troviamo qualche riferimento a questo fatto p. alcuni antichi scrittori*; *p. i toscani sono comuni alcune locuzioni altrove sconosciute* | Nell'ambiente, nella cerchia di: *questa moda si è diffusa velocemente p. i giovani*; *ho assunto informazioni p. la parrocchia* | Nella civiltà di: *p. alcune tribù primitive è d'uso il sacrificio cruento*; *p. i Greci veniva praticato l'ostracismo*. *3* Intorno, vicino a (con valore temp.): *mi svegliai p. il mattino* | Anche nella loc. *p. a*: *essere p. alla meta, alla morte* | Sul punto di: *essere p. a morire*. *4* (*raro*) †Dopo. **C** agg. ● (*lett.*) †Vicino. **D** s. m. *1* (*spec. al pl.*) Luoghi vicini, dintorni: *la mia villa nei pressi di Roma*; *si aggirava nei pressi di casa mia* | (*raro*) †Prossimità, vicinanza (con valore temporale): *sul p. del mattino*. *2* (*fig.*) †Gravezza, affezione: *noi ... cenammo, ridendoci di quei gran pressi che fa la fortuna* (CELLINI).

pressoché o **prèsso che** /'presso 'ke*/ [comp. di *presso* e *che* (*2*)] avv. ● (*lett.*) Quasi, circa: *ci siamo ormai p. abituati*; *la sala è p. piena*; *il lavoro è p. terminato*.

pressoflessióne [comp. di *press(ione)* e *flessione*] s. f. ● (*mecc.*) Sollecitazione composta di pressione assiale e di flessione, sia dovuta a momento flettente inerziale, sia come conseguenza del carico di punta.

pressofonditóre s. m. ● Operaio che esegue lavori di pressofusione.

pressofusióne [comp. di *press(iono)* e *fusione*] s. f. ● (*metall.*) Operazione che consiste nell'iniettare sotto pressione il metallo fuso nella forma.

pressofùso agg. ● Prodotto con il metodo industriale della pressofusione.

pressoiniezióne [comp. di *press(i)o(ne)* e *iniezione*] s. f. ● Processo per la formatura di oggetti in materiali termoplastici che, portati alla temperatura di fusione, sono iniettati sotto pressione in uno stampo ove vengono pressati fino alla solidificazione. SIN. Stampaggio a iniezione.

pressóio [lat. tardo *pressōriu(m)*, da *prĕssus*, part. pass. di *prĕmere* 'premere'] s. m. ● Arnese per pressare. SIN. Pressa.

pressóre [vc. dotta, lat. tardo *pressōre(m)*, che aveva però il sign. di 'cacciatore, battitore di caccia', da *prĕssus*, part. pass. di *prĕmere* 'premere'] agg.; anche s. m. (f. *†-sora*) ● Che, chi preme.

pressòrio [vc. dotta, lat. *pressōriu(m)*, da *prĕmere*, ma col senso sconosciuto al lat. di 'relativo a pressione (sanguigna)'] agg. ● (*fisiol.*) Riferito a pressione, specialmente a ciò che incrementa la pressione sanguigna: *riflesso p.*

pressostatàre [da *pressostato*] v. tr. (*io pressòstato*) *1* (*tecnol.*) Mantenere costante la pressione di un aeriforme in un ambiente o impedirle di superare valori limiti prestabiliti. *2* Impiegare un pressostato a tale scopo.

pressostàtico agg. (pl. m. *-ci*) ● (*tecnol.*) Relativo al pressostato.

pressòstato [comp. di *press(ione)* e *-stato*] s. m. ● (*tecnol.*) Dispositivo misuratore e regolatore automatico della pressione, destinato a mantenere costante la pressione di un aeriforme in un ambiente o a impedirle di superare valori limiti prestabiliti.

pressoterapia [comp. di *press(ione)* e *terapia*] s. f. ● (*med.*) Metodica fisioterapica impiegata per ridurre il ristagno venoso e linfatico degli arti inferiori; utilizzata spec. per il trattamento della cellulite delle gambe.

†pressovàrio [comp. di *presso* 'quasi' e *vario* 'vaio'] agg. ● Di colore simile al vaio.

pressùra [vc. dotta, lat. *pressūra(m)*, da *prĕssus*, part. pass. di *prĕmere* 'premere'] s. f. *1* (*lett., raro*) Pressione. *2* (*raro, lett., fig.*) Oppressione; aggravio, afflizione.

pressurizzàre [ingl. *to pressurize*, da *pressure* 'pressione' (stessa etim. dell'it. *pressura*)] v. tr. ● Sottoporre a pressurizzazione.

pressurizzàto part. pass. di *pressurizzare*; anche agg. ● Nel sign. del v.

pressurizzatóre [da *pressurizzare*] s. m. ● (*tecnol.*) Dispositivo atto a mantenere in pressione una parte di un impianto.

pressurizzazióne s. f. ● (*tecnol., aer.*) Operazione con cui un ambiente o un impianto contenente un fluido viene mantenuto a una pressione interna regolata, superiore a quella esterna, allo scopo, nel caso delle cabine degli aeromobili e dei veicoli spaziali, di assicurarne l'abitabilità a qualsiasi quota.

†prèsta [da *prestare*] s. f. ● Pagamento anticipato che si faceva ai soldati d'una parte del loro soldo.

prestabilìre [comp. di *pre-* e *stabilire*] v. tr. (*io prestabilisco, tu prestabilisci*) ● Stabilire prima: *p. le condizioni*; *p. la data di un viaggio*.

prestabilìto part. pass. di *prestabilire*; anche agg. ● Nel sign. del v.

prestaménto s. m. ● (*raro*) Modo e atto del prestare.

prestampàto [comp. di *pre-* e *stampato*] **A** agg. *1* Detto di modulo, bollettino e sim., fornito di indicazioni generali precedentemente stampate in vista di una definitiva compilazione da parte dell'utente. *2* Che risulta da una precedente operazione industriale di stampaggio: *pneumatico p.* **B** s. m. ● Modulo, bollettino prestampato.

prestanóme [comp. di *prestare* e *nome*; calco sul fr. *prête-nom*] s. m. e f. inv. ● Chi permette l'uso del proprio nome per firmare opere, scritti, contratti e sim. in luogo della persona realmente interessata, che vuole o deve rimanere incognita.

prestànte (1) part. pres. di *prestare*; anche agg. ● Nei sign. del v.

prestànte (2) [vc. dotta, lat. *praestănte(m)*, part. pres. di *praestāre* 'essere superiore' (V. *prestare*)] agg. *1* Di bella presenza, di aspetto piacente e gagliardo: *una figura, un uomo p.* CONTR. Mingherlino, sparuto. *2* †Eccellente, che si distingue sugli altri: *noi siam tutti baron de' più prestanti* (PULCI). || **prestanteménte**, avv.

prestantìno [da *prestante* 'che eccelle, che emerge'] s. m. ● (*mar.*) Parte del paramezzale che si rialza verso prora e verso poppa.

prestànza (1) o †**prestànzia** [vc. dotta, lat. *praestāntia(m)*, da *praestans*, genit. *praestāntis* 'prestante (2)'] s. f. *1* Gagliarda bellezza: *un giovane di notevole p. fisica.* CONTR. Esilità, gracilità. *2* †Eccellenza, superiorità, singolarità.

†**prestànza** (2) [da *prestare*] s. f. *1* Prestito. *2* Tributo, prestazione.

†**prestanziàre** [da *prestanza* (2)] v. tr. ● Mettere nel ruolo delle imposte, fra i contribuenti.

†**prestanzóne** [da *prestanza* (2)] s. m. ● Balzello, imposta, tributo.

prestàre [vc. dotta, lat. *praestāre* 'essere al disopra, esser garante, accordare': da avvicinare a *prāesto* (V. *presto* (1))] **A** v. tr. (*io prèsto*; part. pass. *prestàto*, †*prèsto*) *1* Dare denaro o altro con patto di restituzione: *p. un libro*; *p. diecimila lire a qc.*; *p. a usura, a interesse*; *p. con, sopra, senza pegno*; *p. sulla parola.* *2* Concedere, porgere, dare: *p. a qc. gratuitamente la propria opera* | *P. fede*, credere | *P. obbedienza*, obbedire | *P. giuramento*, giurare solennemente | *P. orecchio*, ascoltare | *P. attenzione*, fare attenzione, stare attento a q.c. o a qc. | *P. aiuto*, aiutare | *P. assistenza*, assistere | *P. a qc. le cure del caso*, curarlo come si deve | *P. omaggio*, riverire | *P. culto*, adorare o venerare | (*fig.*) *P. man forte*, dare aiuto | *P. mallevadoria*, farsi mallevadore, garante. **B** v. rifl. e intr. pron. *1* Offrirsi, adoperarsi: *prestarsi a fare, a dire q.c.*; *mi presto volentieri.* *2* Essere adatto per q.c.: *le mie gambe non si prestano più a tali fatiche*; *il marmo di Carrara si presta molto alla statuaria*; *questo è il tessuto che si presta di più per tale abito* || PROV. Chi presta perde l'amico e il denaro.

prestària [da *prestare*] s. f. ● In epoca medievale, documento con cui si concedeva la precaria.

prestasòldi [comp. dell'imperat. di *prestare* e del pl. di *soldo*] s. m. e f. inv. *1* Persona che fornisce denaro contante a chi ne ha bisogno immediato (p. es. ai giocatori nei casinò) in cambio di un assegno con importo maggiorato del 10-20%, riscotibile il giorno successivo. *2* (*est.*) Usuraio, strozzino.

prestàto part. pass. di *prestare*; anche agg. ● Nei sign. del v.

prestatóre s. m. (f. *-trice*, pop. *-tora*) ● Chi presta | *P. di lavoro, p. d'opera*, lavoratore subordinato.

†**prestatùra** s. f. *1* Atto, effetto del prestare. *2* Prestanza.

prestavóce [comp. di *presta(re)* e *voce*] s. m. e f. inv. ● Chi presta la propria voce per doppiare film e sim.

prestazionàle agg. ● Di, relativo a prestazione: *livello p.* | (*med.*) *Deficit p.*, diminuzione della capacità funzionale o del rendimento di uno o più organi.

prestazióne [vc. dotta, lat. *praestatiōne(m)* 'garanzia, responsabilità, pagamento', da *praestāre* 'garantire' (V. *prestare*)] s. f. *1* Opera o attività fornita da persone, animali o cose: *le prestazioni atletiche di un corridore*; *purosangue che dà ottime prestazioni* | Rendimento di una macchina: *le prestazioni del motore sono di altissimo livello.* *2* (*dir.*) Il contenuto dell'obbligazione costituito dal contegno del debitore: *la p. deve essere suscettibile di valutazione economica.* *3* †Tassa, tributo.

prestévole [da *prestare*] agg. ● (*raro*) Di chi si presta facilmente a q.c. SIN. Servizievole.

prestézza [da *presto* (1)] s. f. ● (*raro*) Prontezza, sollecitudine, celerità: *non correva con quella p. che ci soleva fare* (CELLINI). CONTR. Lentezza.

prestidigitatóre [comp. di *presto* (1) e un deriv. del lat. *dĭgitus* 'dito'] s. m. (f. *-trice*) ● Prestigiatore.

prestidigitazióne s. f. ● Arte del prestigiatore.

†**prestigiàre** [vc. dotta, lat. tardo *praestigiāre*, da *praestīgiae* (V. *prestigio*)] v. tr. e intr. ● Ingannare illudendo o mostrando false apparenze.

prestigiatóre [vc. dotta, lat. *praestigiatōre(m)*, da *praestīgiae* (V. *prestigio*)] s. m. (f. *-trice*) *1* Chi fa giochi di prestigio. SIN. Illusionista. *2* (*fig.*) Chi è abile e sicuro nell'inganno, come un illusionista nei giochi di prestigio.

prestigiazióne [da †*prestigiare*] s. f. ● Prestidigitazione.

prestìgio [lat. tardo *praestīgiu(m)*, per il classico *praestīgiae*, nom. pl., 'illusione, inganno, gherminella', da *praestrīngere* 'stringere forte, abbagliare, offuscare', comp. di *prae-* 'pre-' e *strīngere* 'stringere'] s. m. *1* Capacità di incutere riverenza, rispetto e sim. per le proprie qualità o la propria fama: *il p. dell'autorità, del nome, del titolo*; *godere di grande p.*; *perdere, veder diminuire il proprio p.* *2* Illusione ottenuta con destrezza o altri trucchi ingegnosi | *Giochi di p.*, di destrezza manuale, con trucchi ingegnosi.

prestigióso [vc. dotta, lat. *praestigiōsu(m)*, da *praestīgiae* (V. *prestigio*)] agg. *1* Che colpisce grandemente, per importanza, fascino, lusso e sim.: *successo p.*; *personalità prestigiosa*; *appartamento p.*; *villa prestigiosa.* *2* (*raro, lett.*) Illusorio, ingannevole. || **prestigiosaménte**, avv. In modo prestigioso.

prestimònio [propriamente 'prestazione', da *praestāre* (V. *prestare*)] s. m. ● Rendita ecclesiastica senza titolo di beneficio in dote a un chierico che deve compiere gli studi in seminario, ovvero a un prete perché ne tragga i mezzi di sussistenza.

prestinàio ● V. *pistrinaio.*

prestìno ● V. *pistrino.*

prèstito [vc. dotta, lat. *prāestitu(m)*, part. pass. di *praestāre* 'prestare'] s. m. *1* Atto, effetto del prestare: *proporre un p.*; *fare un p.* | *Dare in, a p.*, prestare | *Prendere in, a p.*, farsi prestare q.c. e (*fig.*) assumere e utilizzare q.c. che è proprio di altri: *prendere a p. dall'inglese molti termini tecnici.* *2* Quantità od oggetto che si dà ad altri o si prende da altri con patto di restituzione: *un piccolo, ingente p. in, di, denaro*; *il volume non è mio, è un p.* *3* Denaro dato a prestito: *ottenere, concedere un p.* | *P. pubblico*, quello contratto dallo Stato con emissioni di titoli | (*dir.*) *P. partecipativo*, mutuo erogato da istituti di credito o società finanziarie per la realizzazione di programmi innovativi e di sviluppo delle piccole imprese | (*dir.*) *P. d'onore*, mutuo erogato da aziende o istituti di credito a studenti per sopperire ad esigenze connesse alla frequenza degli studi. *4* *P. linguistico*, adozione di elementi di tradizione linguistica diversa.

prèsto (1) [lat. *prāesto*, avv. 'presente, alla mano', di etim. incerta. Cfr. *prestare*] **A** avv. *1* Fra poco, entro breve tempo: *ritorneremo p.*; *mi stanco p.*; *se spende così, andrà p. in rovina*; *arrivederci a p.!*; *a p.!*; *torna il più p. possibile a trovarmi* | *P. o tardi*, prima o poi: *p. o tardi si pentirà.* CONTR. Tardi. *2* Rapidamente, in fretta, con sollecitudine: *bisogna fare p.*; *venite p. al dunque*; *fai più p. che puoi*; *hanno finito proprio p.*; *s'è spicciato p.*; *p.! sbrigatevi!*; *accorrete p.!*; *p.! ci vuole un medico!* | *Al più p.*, nel più breve tempo possibile: *te lo restituirò al più p.*; (*est.*) non prima: *fra una settimana al più p. lo riceverai* | (*est., fig.*) Facilmente: *è p. detto*; *è p. fatto*; *si fa p. a criticare*; *si fa p. a dire, ma poi ...!* *3* In anticipo, prima del tempo stabilito o conveniente: *è meglio arrivare p. alla stazione*; *sono arrivato p. all'appuntamento*; *è ancora p. per dare un giudizio*; *aspettami un altro poco, è troppo p.*; *'che ore sono?' 'è p. ancora'* | (*est.*) Di buon'ora: *partiremo domattina p.*; *alzati più p. al mattino.* CONTR. Tardi. **B** agg. *1* (*lett.*) Sollecito, rapido, spedito: *artefice p.*; *pronto e p.*; *p. di, con mano*; *Quell'anima gentil fu così presta, / ... / di fare al cittadin suo quivi festa* (DANTE *Purg.* VI, 79-81). *2* (*lett.*) Pronto, acconcio, preparato. *3* (*raro, lett.*) Favorevole, propizio: *sorte amica e presta* || PROV. Presto e bene raro avviene. || †**prestétto**, dim. | **prestìno**, dim. || **prestaménte**, avv. Con prestezza, prontezza, sollecitudine.

†**prèsto** (2) part. pass. di *prestare* ● (*raro*) Nei sign. del v.

†**prèsto** (3) [da *prestato*] s. m. *1* Prestito, prestanza. *2* Monte di pietà.

prèsule [vc. dotta, lat. *prāesule(m)*, propriamente 'chi danza davanti, il capo dei danzatori', poi particolarmente 'il capo dei sacerdoti Salii'; nel lat. tardo 'presule, vescovo'. *Prāesul* è comp. di *prae-* 'pre-' e *-sul*, dalla stessa radice di *salīre* 'saltare' (V. *salire*)] s. m. ● Vescovo, prelato.

†**presumènza** o **presumènza** [da *presumere*] s. f. ● Presuntuosità.

presùmere o **presùmere**, †**presùmmere**, †**prosùmere** [vc. dotta, lat. *praesūmere* 'prendere prima', comp. di *prae-* 'pre-' e *sūmere* 'prendere' (V. *sunto*)] v. tr. (pass. rem. *io presùnsi* o *presùnsi*, *tu presuméstì* o *presuméstì*; part. pass. *presùnto* o *presùnto*) *1* Opinare, ritenere, credere, in base a elementi vaghi e generici: *presumo che adesso adotterai un altro sistema.* *2* (*dir.*) Argomentare logicamente da un fatto noto per risalire a un fatto ignoto. *3* Avere la pretesa, l'ardire di: *presume di poterci giudicare*; *presume di sapere tutto*; *p. di essere un grand'uomo, un genio.* *4* Nutrire una ingiustificata ed esagerata stima in sé stesso e nelle proprie capacità: *presume troppo di sé, della sua intelligenza.*

presumìbile o **presumìbile** agg. ● Che si può presumere: *dati, elementi presumibili* | *È p. che*, si può supporre che. || **presumibilménte**, avv. Per quello che si può congetturare: *il risultato è presumibilmente esatto.*

presumibilità o **presumibilità** s. f. ● (*raro*) Qualità di ciò che è presumibile.

†**presumìre** o **presumìre** v. tr. e intr. ● Presumere.

†**presumitóre** o **presumitóre** agg.; anche s. m. (f. *-trice*) ● Che, chi presume.

†**presùmmere** o **presùmmere** ● V. *presumere.*

presuntìvo o **presuntìvo** [vc. dotta, lat. tardo *praesumptīvu(m)*, da *praesūmptus* 'presunto'] agg. *1* Di presunzione: *giudizio p.* *2* Previsto e prevedibile in base a ricerche, analisi o considerazioni preventive: *la somma presuntiva per completare l'opera è troppo elevata.* || **presuntivaménte**, avv.

presùnto o **presùnto** part. pass. di *presumere*; anche agg. *1* Nei sign. del v. *2* *Spesa presunta, conto p.*, previsti | (*dir.*) *Morte presunta*, quella non derivante da dati certi, ma dichiarata con sentenza del tribunale, su istanza del pubblico ministero o di alcune persone specificamente indicate dalla legge, nei confronti di un assente del quale non si abbiano notizie da almeno dieci anni.

†**presuntóre** o **presuntóre** [vc. dotta, lat. tardo *praesumptōre(m)*, da *praesūmptus* 'presunto'] agg.; anche s. m. (f. *-trice*) ● Che, chi presume.

†**presuntuosàggine** s. f. ● (*raro*) Presuntuosità.

presuntuosità o (*pop.*) †**prosontuosità**, (*pop.*) †**prosuntuosità**. s. f. ● Qualità di chi è presuntuoso | Arroganza, presunzione.

presuntuóso o (*pop.*) †**presontuóso**, (*pop.*) †**prosontuóso**, (*pop.*) †**prosuntuóso** [vc. dotta, lat. tardo *praesumptuōsu(m)*, da *praesūmptus* 'presunto'] **A** agg. *1* Che pecca di presunzione: *un giovane sciocco e p.*; *Dante per lo suo savere fu alquanto p.* (VILLANI). SIN. Orgoglioso, superbo. CONTR. Modesto, schivo. *2* (*raro, lett.*) Audace, ardito. || **presuntuosaménte**, avv. *1* Con presunzione. *2* (*raro, lett.*) Con audacia. **B** s. m. (f. *-a*) ● Persona presuntuosa. || **presuntuosèllo**, dim. | **presuntuosétto**, dim. | **presuntuosino**, dim.

presunzióne o **presunzióne**, (*pop.*) †**presonzióne**, (*pop.*) †**prosunzióne** [vc. dotta, lat. *praesumptiōne(m)*, da *praesūmptus* 'presunto'] s. f. *1* Opinione, congettura: *è solo una p.*; *presunzioni non convalidate da prove.* *2* Opinione esagerata del proprio valore e della propria importanza: *la sua p. non ha limiti*; *peccare di p.* SIN. Burbanza, orgoglio, superbia. CONTR. Modestia, umiltà. *3* (*dir.*) Conseguenza che la legge o il giudice traggono da un fatto noto per risalire a un fatto ignorato: *p. di paternità* | *P. legale*, stabilita dalla legge. || **presunzioncèlla**, dim.

†**presunzióso** o **presunzióso** [vc. dotta, lat. tardo *praesumptiōsu(m)*, da *praesūmptus* 'presunto'] agg. ● Presuntuoso.

presuòla [V. *presame*] s. f. ● (*bot.*) Caglio.

presuppórre [comp. di *pre-* e *supporre*] v. tr. (coniug. come *porre*) *1* Immaginare o prevedere in anticipo: *presuppongo che questa faccenda finirà male*; *è un risultato che avevamo presupposto*; *presuppongo di sì, di no.* SIN. Supporre. *2* Implicare come premessa: *il tuo intervento presuppone una totale conoscenza dei fatti.*

presuppositivo [da *presupporre*, sul modello di *suppositivo*] **agg.** ● (*raro*) Atto a presupporre o a fare presupporre.

presupposizióne [comp. di *pre-* e *supposizione*] **s. f.** *1* Congettura o supposizione anteriore: *sono presupposizioni del tutto personali; certe presupposizioni vanno espresse con cautela.* SIN. Supposizione. *2* Ciò che si presuppone: *la p. si è dimostrata erronea* | (*ling.*) Parte del significato di una frase che permane invariata se la frase viene trasformata in negativa o in interrogativa. *3* (*dir.*) Istituto giuridico di creazione giurisprudenziale secondo cui può assumere rilevanza, ai fini della validità di un contratto, una determinata circostanza di fatto o di diritto che le parti hanno dato come presupposta, e che risulta essere invece inesistente.

presuppósto **A** **part. pass.** di *presupporre*; anche **agg.** ● Nei sign. del v. **B** **s. m.** *1* Presupposizione, ipotesi: *questi sono meri presupposti; è solo un mio p.* *2* Premessa: *ignoro i presupposti del problema; mancare dei presupposti necessari; fondare q.c. su un errato p.*

†**presùra** [da *preso*] **s. f.** *1* Atto del prendere | Arresto, cattura: *fu preso e menato allo Imperadore, della cui p. molto si rallegrò* (COMPAGNI) | (*est.*) Diritto che si pagava per la cattura. *2* Conquista, occupazione.

†**prèsvite** [lat. *prĕsbyter*, nom., 'prete'] **s. m.** ● (*raro*) Prete.

pretàglia [da *prete*, sul modello del fr. *prêtraille*] **s. f.** ● (*spreg.*) Quantità di preti.

†**pretàio** **agg.** ● Pretaiolo.

pretaiòlo o †**pretaiuòlo** **agg.** ● (*raro, spreg.*) Che frequenta molto i preti e se l'intende con loro.

prêt-à-porter /fr. 'prɛt a pɔr'te/ [loc. fr., propriamente 'pronto a essere indossato'] **A** **s. m. inv.** ● Capo di abbigliamento firmato da uno stilista, che può essere confezionato in serie in un'ampia gamma di taglie | Settore della moda che produce tali capi: *successi del prêt-à-porter italiano.* **B** anche **agg. inv.**: *abito prêt-à-porter.*

†**pretarìa** o †**preterìa** [da *prete*] **s. f.** ● (*spreg.*) Quantità di preti | Clero.

pretàttica [comp. di *pre-* e *tattica*] **s. f.** ● Nel linguaggio sportivo, atteggiamento di voluta vaghezza e reticenza tenuto da un allenatore alla vigilia di una gara circa la scelta degli atleti da impegnare o la formazione della squadra: *fare p.*

prète [lat. tardo *presbўteru(m)*, nom. *prĕsbyter*, dal gr. *presbýteros* 'più vecchio', compar. di *présbys* 'vecchio' (V. *presbiacusi*)] **A** **s. m.** *1* Sacerdote secolare cattolico o di altre chiese cristiane e, talvolta, di altre confessioni religiose | *Farsi p.*, ricevere gli ordini | *Chiamare il p.*, al capezzale di un malato grave spec. per impartirgli l'unzione degli infermi | *Morire senza il p.*, senza i sacramenti | *Boccone da p.*, (*fig., scherz.*) ghiotto | *Scherzo da p.*, (*pop.*) inaspettato e di cattivo gusto | *Governo di preti*, clericale. *2* Intelaiatura di legno che si infila nel letto fra le lenzuola e regge lo scaldino. **B** in funzione di **agg. inv.** ● (posposto al s.) Nella loc. *pesce p.*, pesce lucerna. ‖ **pretacchióne**, **accr.** | **pretàccio**, **pegg.** | **pretazzòlo**, **dim.** | **pretino**, **dim.** (V.) | **pretóne**, **accr.** (V.) | **pretónzolo**, **pegg.** | **pretùcolo**, **dim.**

pretèlla [dim. di *pietra*, con metatesi] **s. f.** ● Forma di pietra nella quale si gettano i metalli fusi | *Gettare in pretelle*, (*fig.*) fare alla svelta.

pretendènte **A** **part. pres.** di *pretendere* ● Nei sign. del v. **B** **s. m. e f.** ● Chi vuole per sé q.c. o qc.: *un p. al trono* | Corteggiatore: *avere molti pretendenti.*

†**pretendènza** [da *pretendente*] **s. f.** ● Pretensione.

pretèndere [vc. dotta, lat. *praetĕndere* 'tendere dinanzi a sé, stendere innanzi', comp. di *prae-* 'pre-' e *tĕndere* 'tendere'] **A** **v. tr.** (coniug. come *tendere*) *1* Esigere o reclamare in base a un preciso diritto: *p. la propria parte, una giusta retribuzione, un lavoro onesto; dopo tutto quello che ho fatto, pretendo almeno un po' di riconoscenza; p. il rispetto di qc.* *2* Volere per forza, a ogni costo e spesso ingiustamente: *p. onori, omaggi, privilegi; non ha fatto nulla e pretende di essere pagato; p. di fare i propri comodi, la bella vita, l'impossibile; ciò che pretendi è assurdo; p. un prezzo eccessivo.* *3* Presumere: *p. di avere sempre ragione, di arrivare a tutto, di sapere tutto, di non sbagliare mai, di essere infallibile.* *4* Voler far credere, sostenere per forza: *p. che Omero non sia mai esistito; p. di avere ragione quando i fatti dimostrano il contrario* | †*P. modestia*, ostentarla | *Pretenderla a*, atteggiarsi a. *5* †Addurre a pretesto. **B** **v. intr.** (aus. *avere*) ● Ambire, aspirare: *p. al trono, alla corona, all'eredità* | *P. alla mano di una donna*, desiderarla in moglie | *P. nell'eredità*, volerne una parte, accampare diritti su di essa.

pretensionatóre [comp. di *pre-* e un deriv. di *tensione*] **s. m.** ● (*autom.*) Dispositivo di sicurezza azionato da un sensore che, in caso di urto frontale, sposta rapidamente indietro il punto di aggancio della cintura di sicurezza, mettendola in tensione e perciò riducendo lo spostamento in avanti di chi la indossa.

pretensióne [dal lat. *praetēnsus*, part. pass. di *praetĕndere* 'pretendere'] **s. f.** *1* Pretesa, esigenza, necessità: *pretensioni audaci, esagerate; un uomo che non ha pretensioni* | *Senza p.*, senza pretese | *Pieno di pretensioni*, pretenzioso. *2* Prepotenza, arroganza, alterigia: *parlare con p.* *3* Ricchezza e ricercatezza ostentate, molto appariscenti ma prive di gusto: *in quell'arredamento c'è troppa p.* *4* (*raro*) Prezzo richiesto per q.c.: *una p. eccessiva, esagerata.*

pretensionóso ● V. *pretenzionoso.*

pretensióso e *deriv.* ● V. *pretenzioso* e *deriv.*

pretenzionóso o **pretensionóso**. **agg.** ● (*tosc.*) Pretenzioso.

pretenziosità o **pretensiosità**. **s. f.** ● Natura o carattere di ciò che è pretenzioso.

pretenzióso o **pretensióso** [fr. *prétentieux*, da *prétention* 'pretensione'] **agg.** ● Pieno di pretese: *uomo p.; arredamento p.; tono, discorso p.* ‖ **pretenziosaménte**, **avv.**

prèter- [lat. *prāeter* 'oltre', ottenuto con l'ampliamento comparativo (**ter*) della prep. *prāe* 'pre-'] **pref.** ● In parole composte dotte, aggettivi e sostantivi significa 'oltre', 'al di là': *preterintenzionale, preternaturale.*

†**preterìa** ● V. †*pretaria.*

preteribile [da *preterire*] **agg.** ● (*raro, lett.*) Che si può omettere o tralasciare.

preterintenzionàle [dal lat. *prāeter intentiōne(m)* 'al di là dell'intenzione (V.)', con suff. agg. *prāeter* è da *prae-* 'pre-', col suff. **-tero* che indica opposizione (V. *maestro*)] **agg.** ● (*dir.*) Detto di delitto in cui l'evento dannoso è andato oltre l'intenzione dell'autore: *omicidio p.*

preterintenzionalità **s. f.** ● (*dir.*) L'essere preterintenzionale: *sostenere la p. dell'omicidio.*

preterire [vc. dotta, lat. *praeterīre* 'passare oltre', comp. di *prāeter* 'al di là' (V. *preterintenzionale*) e *īre* 'andare'] **A** **v. tr.** (*io preterisco, tu preterisci*) *1* (*lett.*) Omettere: *non preterisco il vero* (ARIOSTO). *2* (*lett.*) Trasgredire. **B** **v. intr.** (aus. *essere*) ● †Passare, trascorrere.

pretèrito (**1**) **A** **agg.** ● (*lett.*) Passato, trascorso. **B** **s. m.** *1* (*ling.*) Forma verbale che esprime il passato in quelle lingue, come le germaniche, che non distinguono tra perfetto e imperfetto. *2* (*fam., scherz.*) Deretano, sedere.

preterito (**2**) **part. pass.** di *preterire*; anche **agg.** ● Nei sign. del v.

preterizióne [vc. dotta, lat. tardo *praeteritiōne(m)*, da *praetĕritus*, part. pass. di *praeterīre* (V. *preterire*)] **s. f.** ● (*ling.*) Figura retorica con la quale si dichiara di non volere dire una cosa nel momento stesso in cui la si dice: *Cesare taccio che per ogni piaggia / fece l'erbe sanguigne* (PETRARCA).

pretermésso **part. pass.** di *pretermettere*; anche **agg.** ● (*lett.*) Nei sign. del v.

pretermèttere [vc. dotta, lat. *praetermĭttere*, comp. di *prāeter* 'oltre' (V. *preterintenzionale*) e *mĭttere* 'mandare' (V. *mettere*)] **v. tr.** (coniug. come *mettere*) ● (*lett.*) Omettere, tralasciare: *né pare in questo luogo da p. quel che argutamente rispose a Piero de Medici Lodovico Sforza* (GUICCIARDINI).

†**pretermissióne** [vc. dotta, lat. *praetermissiōne(m)*, da *praetermĭssus*, part. pass. di *praetermĭttere* 'pretermettere'] **s. f.** ● Omissione.

preternaturàle [comp. di *preter-* e *naturale*] **agg.** *1* Che non si comporta secondo le leggi di natura | Nella teologia cattolica, detto di ciò che è superiore alla natura umana senza per questo essere soprannaturale e partecipare del divino: *doni preternaturali.* *2* (*med.*) Non fisiologico | *Ano p.*, apertura anomala che funge da ano; può essere congenita, chirurgica o conseguente a lesione o malattia.

pretésa [da *preteso*] **s. f.** *1* Richiesta energica e legittima: *avanzare una p.; le mie pretese non sono eccessive* | Bisogno o esigenza di agi, comodità e sim.: *io non ho pretese; ha troppe pretese e non è facile accontentarlo; un ospite di grandi pretese* | *Essere senza pretese*, essere modesto, sapersi adattare a tutto. *2* Esigenza eccessiva e ingiustificata: *è pieno di pretese; ignora i suoi doveri ma è sempre pronto ad avanzare pretese; queste sono pretese assurde* | *Avere la p. di*, pretendere di: *avresti la p. di essere infallibile?; non avrai la p. di farmi credere simili fandonie!* *3* (*fig.*) Presunzione: *ha la p. di sapere tutto.* *4* (*fig.*) Ricerca di effetti estetici eleganti e raffinati che si risolve in un'esagerata ostentazione di ricchezza, di sfarzo e sim.: *abito pieno di pretese; casa di grandi pretese.*

pretésco [da *prete*] **agg.** (pl. m. *-schi*) ● (*spreg.*) Di, da prete.

pretéso **part. pass.** di *pretendere*; anche **agg.** *1* Nei sign. del v. *2* Supposto, ritenuto tale: *il p. errore di qc.* | Dubbio, incerto e opinabile: *la sua pretesa nobiltà d'animo* | *Le pretese rime dantesche*, quelle apocrife.

†**pretèssere** [vc. dotta, lat. *praetĕxere*, propriamente 'tessere davanti', comp. di *prae-* 'pre-' e *tĕxere* 'tessere'] **v. tr.** ● Addurre come pretesto: *pretessendo alla sua cupidità varii colori* (GUICCIARDINI).

pretèsta [vc. dotta, lat. *praetĕxta(m)*, f. sost. di *praetĕxtus*, part. pass. di *praetĕxere* 'tessere davanti, fregiare' (V. *pretessere*); detta così perché era listata di porpora] **s. f.** ● Nell'antica Roma, toga listata di porpora portata dai giovani e dai magistrati | *Lasciare la p.*, entrare nella maggiore età, a 18 anni per i maschi, col matrimonio per le femmine.

pretestàre [da *pretesto*] **v. tr.** (*io pretèsto*) *1* (*raro*) Addurre come pretesto. *2* In medicina legale, attribuire intenzionalmente a una causa non vera un fenomeno morboso reale, spec. per ricavarne un vantaggio.

pretestàta [vc. dotta, lat. tardo (*fābulam*) *praetextāta(m)*, f. sost. di *praetextātus* 'pretestato'; il dramma (*fābula*: V. *fiaba*) era detto così perché i personaggi indossavano la pretesta (*praetĕxta*)] **s. f.** ● Tragedia romana di argomento nazionale.

pretestàto [vc. dotta, lat. *praetextātu(m)*, da *praetĕxta* 'pretesta'] **agg.** ● (*lett.*) Vestito con la pretesta.

pretèsto [vc. dotta, lat. *praetĕxtu(m)* 'fregio, ornamento', poi per metafora 'scusa'; propriamente part. pass. di *praetĕxere* 'tessere davanti, fregiare' (V. *pretessere*)] **s. m.** *1* Scusa addotta per giustificare q.c. che si è fatto o per nascondere la verità: *cercare, addurre, trovare dei pretesti; un p. futile, ridicolo, assurdo* | *Col p. di*, con la scusa di: *col p. di controllare i conti compì un grosso furto.* SIN. Cavillo, ripiego, scappatoia. *2* Appiglio, motivo, occasione: *dare, fornire un valido p. di critica; questo è un ottimo p. per intervenire.*

pretestuosità **s. f.** ● Qualità di chi, di ciò che è pretestuoso.

pretestuóso **agg.** *1* Addotto come pretesto: *motivo p.* *2* (*raro*) Che si avvale di pretesti, che si fonda su pretesti: *individuo p.; un comportamento p.* ‖ **pretestuosaménte**, **avv.**

pretino **A** **s. m.** *1* Dim. di *prete.* *2* Chierichetto. *3* (*spreg.*) Prete di poco conto. *4* (*tosc.*) Intelaiatura di legno che si infila nel letto fra le lenzuola e regge lo scaldino. **B** **agg.** ● (*raro*) Pretesco.

pretismo [da *prete*] **s. m.** ● (*raro, spreg.*) Condizione, comportamento o mentalità da prete.

pretóne **s. m.** *1* Accr. di *prete.* *2* (*spreg.*) Bacchettone, baciapile.

pretònico [da *pre-*, sul modello di *protonico* (*1*)] **agg.** (pl. m. *-ci*) ● (*ling.*) Protonico.

pretóre [vc. dotta, lat. *praetōre(m)*, da *praeīre* 'andare avanti', comp. di *prae-* 'pre-' e *īre* 'andare'] **s.**

m. (V. nota d'uso FEMMINILE) *1* Nel diritto romano, magistrato a cui veniva affidato il compito di amministrare la giustizia | *P. urbano*, che amministrava la giustizia tra cittadini romani | *P. peregrino*, quello competente per le controversie tra romani e stranieri. *2* (*dir.*) Nell'ordinamento giudiziario italiano, magistrato che nel proprio mandamento esplica funzioni giurisdizionali in materia civile e penale, con limiti di competenza stabiliti dalla legge.

†**pretorìa** [da *pretore*] s. f. ● Pretura.

†**pretoriàle** agg. ● Pretorio.

pretoriàno [vc. dotta, lat. *praetoriānu(m)*, da *praetōrium* 'pretorio (2)'] s. m. *1* Chi apparteneva alla coorte pretoria. *2* (*spec. al pl.*) Soldati che componevano la guardia del corpo degli imperatori romani. *3* (*spec. al pl., fig., spreg.*) Giannizzeri: *è sempre circondato dai suoi pretoriani*; *una squadraccia di pretoriani è pronta a difenderlo.*

pretorìle agg. ● (*dir.*) Di pretore.

pretòrio (1) [vc. dotta, agg. lat. *praetōriu(m)*, da *prāetor*, genit. *praetōris*, 'pretore'] agg. *1* (*dir.*) Del pretore: *decisione, sentenza pretoria.* *2* Del municipio, nelle loc. *albo p.*, albo che espone al pubblico atti ufficiali; *palazzo p.*, in cui aveva sede il podestà. *3* Del pretore, come magistrato dell'antica Roma: *editto p.* | *Coorte pretoria*, gruppo di armati che costituivano la guardia del corpo dell'imperatore.

pretòrio (2) [vc. dotta, sost. lat. *praetōriu(m)*, s. da *prāetor*, genit. *praetōris* 'pretore'] s. m. *1* Nell'accampamento romano, tenda del comandante generale. *2* Edificio ove il pretore rendeva ragione. *3* Ordine dei soldati pretoriani e luogo ove risiedevano.

pretrattàre [comp. di *pre-* e *trattare*] v. tr. ● Sottoporre a trattamento preliminare.

prètto [sovrapposizione di *schietto* a *puretto*, dim. di *puro*] agg. *1* Schietto: *vino p.*; *l'idea dell'omicidio gli cagionò un orrore p. e immediato* (MANZONI). *2* (*fig.*) Puro e tipico: *parlare in p. romanesco, con p. accento toscano.* || **prettaménte**, avv. Schiettamente e tipicamente: *pronuncia prettamente italiana.*

pretùra [vc. dotta, lat. *praetūra(m)*, da *prāetor*, genit. *praetōris* 'pretore'] s. f. *1* Nel diritto romano, ufficio del pretore. *2* La magistratura impersonata nel pretore | La sede ove il pretore esplica normalmente la propria funzione.

preumanésimo [comp. di *pre-* e *umanesimo*] s. m. ● Corrente culturale, affermatasi spec. nella seconda metà del XIV sec., che preannuncia certi aspetti dell'umanesimo: *il p. padovano.*

preunitàrio [comp. di *pre-* e *unitario*] agg. ● Che è anteriore all'unità d'Italia.

prevalènte part. pres. di *prevalere*; anche agg. ● Nei sign. del v. || **prevalenteménte**, avv. In prevalenza, più che altro.

prevalènza [vc. dotta, lat. tardo *praevalĕntia(m)*, da *prāevalens*, genit. *praevalĕntis* 'prevalente'] s. f. *1* Maggioranza, preponderanza, superiorità: *ottenere la p.*; *essere in p. numerica*; *lottare contro la p. delle passioni*; *stimolare la p. della fantasia* | *In p.*, per la maggior parte: *popolazione in p. cattolica.* *2* (*idraul.*) Altezza alla quale si può sollevare un liquido mediante una pompa.

prevalére [vc. dotta, lat. *praevalēre* 'essere molto forte, avere il sopravvento', comp. di *prae-* 'pre-' e *valēre* 'valere'] **A** v. intr. (coniug. come *valere*; aus. *essere* o *avere*) *1* Valere di più, avere maggiore importanza, forza, capacità, seguito e sim.: *prevale su tutti per dottrina e virtù*; *questa è l'opinione che prevale fra le tante.* SIN. Predominare. *2* Vincere: *le forze dell'inferno non prevarranno*; *il nemico prevalse, dopo una furiosa battaglia.* **B** v. intr. pron. ● (*raro*) Servirsi senza discrezione di qc. o di q.c.: *prevalersi dell'appoggio di una persona autorevole*; *prevalersi dell'occasione propizia*; *egli ... si prevalse della mia debolezza, si rese padrone del mio cuore* (GOLDONI). **C** v. tr. ● †Sopravanzare.

†**prevalicàre** ● V. *prevaricare.*

†**prevàlido** [vc. dotta, lat. *praevălidu(m)*, comp. di *prae-* 'pre-' e *vălidus* 'valido'] agg. ● Molto forte, robusto.

prevàlso part. pass. di *prevalere*; anche agg. ● Nei sign. del v.

prevaricaménto s. m. ● (*raro*) Modo e atto del prevaricare.

prevaricànte part. pres. di *prevaricare*; anche agg. ● Nei sign. del v.

prevaricàre o †**prevalicàre** [vc. dotta, lat. tardo *praevaricāre*, per il classico *praevaricāri*, propriamente 'oltrepassare allargando le gambe', comp. di *prae-* 'pre-' e *varicāre* 'allargare le gambe' (V. *valicare*)] **A** v. intr. (*io prevàrico, tu prevàrichi*; aus. *avere*) *1* Agire contrariamente all'onestà, all'onore, eccedere i limiti del lecito. SIN. Trasgredire. *2* Abusare del potere e sim., per trarne vantaggi personali. *3* (*raro, lett.*) Deviare, scostarsi. **B** v. tr. ● †Trasgredire.

prevaricatóre [vc. dotta, lat. *praevaricatōre(m)*, da *praevaricātus*, part. pass. di *praevaricāri* 'prevaricare'] agg.; anche s. m. (f. *-trice*) ● (*raro*) Che, chi prevarica | *Ufficiale p.*, malversatore, concussionario.

prevaricazióne [vc. dotta, lat. *praevaricatiōne(m)*, da *praevaricātus*, part. pass. di *praevaricāri* 'prevaricare'] s. f. *1* Atto, effetto del prevaricare. *2* (*dir.*) Figura di reato avente per contenuto il comportamento infedele dei consulenti tecnici e dei patrocinatori, nonché il millantato credito di questi ultimi.

prevedére [vc. dotta, lat. *praevidēre*, comp. di *prae-* 'pre-' e *vidēre* 'vedere'] v. tr. (coniug. come *vedere*; fut. *prevederò* o *prevedrò*) *1* Vedere in anticipo con la mente: *non sono in grado di p. il futuro*; *bisogna p. tutte le possibili soluzioni.* SIN. Anticonoscere, antivedere. *2* Ritenere possibile, probabile o certo un evento prima che si verifichi: *p. la guerra, la carestia*; *per domani si prevede tempo bello su tutta la penisola* | *Era da p.!*, bisognava pensarci, era facile immaginarlo, era inevitabile. SIN. Intuire, presagire. *3* (*bur.*) Considerare e disciplinare: *lo statuto della società non prevede aumenti di capitale*; *anche questa clausola è prevista nel trattato*; *il caso non è previsto dalla legge.*

prevedìbile agg. ● Che si può prevedere: *esito p.*; *risposta facilmente p.* CONTR. Imprevedibile. || **prevedibilménte**, avv. In modo prevedibile, con possibilità di previsione.

prevedibilità s. f. ● Qualità di ciò che è prevedibile. CONTR. Imprevedibilità.

prevediménto s. m. ● (*raro*) Modo e atto del prevedere. SIN. Preveggenza.

†**preveditóre** agg.; anche s. m. (f. *-trice*) ● Chi prevede.

prevedùto part. pass. di *prevedere*; anche agg. ● Nei sign. del v.

preveggènte [da *prevedente*, rifatto su *veggente*] agg. ● (*lett.*) Cauto, previdente. CONTR. Incauto.

preveggènza s. f. ● (*lett.*) Qualità di chi è preveggente. SIN. Presentimento, prevedimento. CONTR. Imprevidenza.

prevelàre [comp. di *pre-* e *velare* (*3*)] **A** agg. ● (*ling.*) In fonetica, detto di suono nella cui articolazione il dorso della lingua tocca o s'avvicina alla parte anteriore del velo pendulo o palato molle. **B** s. f. ● (*ling.*) Suono prevelare.

prevéndita [comp. di *pre-* e *vendita*] s. f. ● Vendita anticipata, spec. di biglietti per spettacoli o avvenimenti sportivi.

prevenìbile agg. ● Che si può prevenire: *infortunio p.*

preveniènte part. pres. di *prevenire*; anche agg. ● (*lett.*) Nei sign. del v.

preveniménto s. m. ● (*raro*) Modo e atto del prevenire.

prevenìre [vc. dotta, lat. *praevenīre*, comp. di *prae-* 'pre-' e *venīre* 'venire'] **A** v. tr. (coniug. come *venire*) *1* Precedere qc. giungendo prima di lui: *p. l'avversario sul traguardo.* *2* Anticipare qc. o q.c. agendo o parlando prima di altri: *volevo aiutarti ma mi hanno prevenuto*; *p. la risposta, una domanda, una obiezione.* *3* Impedire che q.c. avvenga o si manifesti, provvedendo adeguatamente in anticipo: *p. il desiderio di qc.*; *tentarono inutilmente di p. l'epidemia, il danno, la disgrazia*; *p. un reato, la delinquenza*; *prevenirò questi empi / disegni loro* (TASSO). *4* Preavvertire, preavvisare: *p. qc. con un telegramma*; *vi prevenni del nostro arrivo, della sua partenza improvvisa* | Mettere sull'avviso: *è chiaro che ti hanno prevenuto contro di me.* **B** v. rifl. rec. ● (*raro*) Fare a chi arriva prima, gareggiare a far prima.

preventivàbile agg. ● Che può essere preventivato: *spese fisse preventivabili.*

preventivàre [da *preventivo*] v. tr. ● Calcolare o notare una spesa prima che si manifesti | Fare il preventivo, stanziare in bilancio: *p. una somma.*

preventivàto part. pass. di *preventivare*; anche agg. ● Nei sign. del v.

preventivazióne s. f. ● (*bur.*) Calcolo e stesura di preventivi.

preventivìsta s. m. e f. (pl. m. *-i*) ● Chi è addetto al calcolo dei preventivi.

preventìvo [dal lat. *praevĕntus*, part. pass. di *praevenīre* 'prevenire'] **A** agg. ● Che previene o serve a prevenire: *consiglio, intervento p.* | *Carcere p.*, anteriore alla sentenza, prima e durante il processo | *Censura preventiva*, esercitata sugli scritti da pubblicare, per prevenire la violazione delle leggi | *Cura preventiva*, atta a prevenire una malattia. || **preventivaménte**, avv. In modo preventivo; anticipatamente, prima: *pensare preventivamente alle possibili complicazioni.* **B** s. m. ● Calcolo presuntivo di una spesa fatto al principio di un esercizio o anno finanziario o prima d'iniziare un lavoro o di costituire un'azienda: *p. finanziario, economico, tecnico.*

preventòrio [da *prevenire*, sul modello di *sanatorio*] s. m. ● Istituto specializzato in esami e cure preventive contro la tubercolosi o altre malattie.

prevenùto **A** part. pass. di *prevenire*; anche agg. *1* Nei sign. del v. *2* (*est.*) Che ha dei preconcetti, delle prevenzioni su q.c. o qc.: *è p. contro tutto ciò che è moderno.* **B** s. m. ● (*raro*) Imputato.

prevenzióne [vc. dotta, lat. tardo *praeventiōne(m)*, da *praevĕntus*, part. pass. di *praevenīre* 'prevenire'] s. f. *1* Atto, effetto del prevenire: *p. dei disordini, dei reati.* *2* Giudizio preventivo o anticipata disposizione d'animo, spec. negativa: *essere pieno di prevenzioni verso, nei confronti di qc., di q.c.*; *questa è una assurda p. contro di me.* SIN. Preconcetto. *3* (*raro, lett.*) Preavviso. *4* In diritto del lavoro, complesso di regole che i datori di lavoro devono osservare dirette a impedire il verificarsi di infortuni sul luogo di lavoro: *ente nazionale per la p. degli infortuni sul lavoro.*

prevenzionìstico agg. (pl. m. *-ci*) ● Relativo alla prevenzione di malattie e infortuni.

preverbazióne [da *preverbo*] s. f. ● (*ling.*) Operazione con la quale si aggiunge un prefisso o preverbo a un verbo.

prevèrbo o **prevèrbio** [vc. dotta, lat. *praevĕrbiu(m)*, comp. di *prae-* 'pre-' e un deriv. di *vĕrbum* 'parola' (V. *verbo*)] s. m. ● (*ling.*) Elemento componente di una forma verbale.

†**prevèrtere** [vc. dotta, lat. *praevĕrtere*. V. *prevertire*] v. tr. ● Sconvolgere.

†**prevertiménto** s. m. ● Atto, effetto del prevertire.

†**prevertìre** [vc. dotta, lat. *praevĕrtere* 'anteporre', comp. di *prae-* 'pre-' e *vĕrtere* 'volgere' (V. *versione*)] v. tr. ● Rivoltare, sconvolgere, mutare: *la deliberazione d'andare innanzi coll'esercito fu prevertita dal duca d'Urbino* (GUICCIARDINI).

previdènte [vc. dotta, lat. *praevidĕnte(m)*, part. pres. di *praevidēre* 'prevedere'] agg. ● Che prevede e provvede in anticipo per evitare conseguenze dannose: *persona p.*; *agire con p. cura*; *essere, dimostrarsi p.* SIN. Provvido. CONTR. Imprevidente. || **previdenteménte**, avv.

previdènza o †**previdènzia** [vc. dotta, lat. tardo *praevidĕntia(m)*, da *prāevidens*, genit. *praevidĕntis* 'previdente'] s. f. *1* Qualità di chi è previdente: *la proverbiale p. della formica*; *nessuno dubita della tua p.*; *mancare di p.* SIN. Prudenza. CONTR. Imprevidenza. *2* Insieme di provvedimenti a carattere assistenziale disposti a favore di una categoria di persone | *P. sociale*, complesso di istituti giuridici che tendono a prevenire o riparare i danni fisici ed economici che possono derivare ai lavoratori | *P. integrativa*, quella ottenuta dai lavoratori mediante contratti aziendali in aggiunta a quella sociale.

previdenziàle agg. ● Relativo alla previdenza sociale: *contributo p.*; *oneri previdenziali.*

†**previlègio** ● V. *privilegio.*

prèvio [vc. dotta, lat. *prāeviu(m)* 'che va innanzi', comp. di *prae-* 'pre-' e *vĭa* 'via'] agg. *1* Precedente: *l'esame p. del documento non ha dato l'esito spe-*

rato | (*ass.*) Detto di atto, fatto e sim., spec. di natura burocratica, che è necessario avvenga prima di un altro atto o fatto: *p. esame, accordo, pagamento, consenso* e sim.; *vi rilasceremo il certificato, previa domanda in carta da bollo*; *p. versamento della soprattassa.* **2** (*med.*) *Placenta previa*, collocata in posizione anormale, in modo da ostruire l'orifizio cervicale provocando complicazioni nel parto. ‖ **previaménte**, avv. In anticipo, prima.

previșìbile [da *prevedibile*, sul modello di *visibile*] agg. ● (*raro*) Prevedibile.

previșionàle agg. ● Concernente la previsione, proprio di una previsione: *studio p.*

previșióne [vc. dotta, lat. tardo *praevisiōne(m)*, da *praevīsus* 'previsto' (V. †*previso*)] s. f. **1** Atto, effetto del prevedere: *la p. del danno, della spesa*; *una difficile, facile p.*; *l'esito ha superato ogni p.*, *le più ottimistiche previsioni* | *In p. di*, prevedendo: *in p. di simile eventualità, abbiamo provveduto per tempo.* **2** Ciò che si prevede: *non sempre le tue previsioni sono esatte*; *una p. che speriamo non si avveri* | *P. meteorologica*, esposizione verbale o scritta delle condizioni atmosferiche previste su un luogo o su una regione della superficie terrestre per un determinato periodo di tempo.

†**previșo** [vc. dotta, lat. *praevīsu(m)*, part. pass. di *praevidēre* 'prevedere'] agg. ● Previsto: *saetta previsa vien più lenta* (DANTE *Par.* XVII, 27).

previssùto [comp. di *pre-* e *vissuto*] agg. ● (*raro*, *lett.*) Vissuto prima di altri.

prevìsto A part. pass. di *prevedere*; anche agg. ● Nei sign. del v. **B** s. m. **1** Entità o quantità prevista: *il p. e l'imprevisto*; *spendere meno del p.*; *guadagnare più del p.* **2** Tempo o momento previsto: *agire, intervenire, decidere, parlare, accadere prima del p.*; *protrarsi oltre il p.*

prevocàlico [comp. di *pre-* e *vocalico*] agg. (pl. m. *-ci*) ● (*ling.*) Detto di suono collocato davanti a una vocale.

prevòsto [ant. fr. *prevost*, dal lat. *praepŏsitu(m)*. V. *preposto*] s. m. **1** (*relig.*) Ecclesiastico che ha ufficio, dignità di prepositura | (*gener.*) Parroco. SIN. Preposito, preposto. **2** Funzionario di alto grado, con incarichi di varia natura amministrativa e giudiziaria, nella antica monarchia francese fino ai primi dell'Ottocento.

prevostùra [da *prevosto*, sul modello del lat. tardo *praepositūra* 'prepositura'] s. f. ● Carica e ufficio del prevosto.

†**preziàre** ● V. *prezzare*.

preziàrio A agg. ● Relativo al prezzo, di prezzi. **B** s. m. ● Prezzario.

†**prèzio** ● V. *prezzo*.

preziosìsmo [comp. di *prezioso* e *-ismo*] s. m. **1** Ricercatezza, preziosità. **2** Nel Seicento francese, corrente letteraria caratterizzata da una esasperata ricerca formale.

preziosità [vc. dotta, lat. tardo *pretiositāte(m)*, da *pretiōsus* 'prezioso'] s. f. **1** Qualità di ciò che è prezioso: *la p. di un dono, di una gemma.* **2** Eleganza ricercata e piena di affettazione: *la p. di un arredamento* | (*raro*) Preziosismo stilistico: *la p. dei secentisti.* **3** (*raro*) Oggetto prezioso, opera d'arte preziosa: *museo pieno di p.* SIN. Rarità.

prezióso [vc. dotta, lat. *pretiōsu(m)*, da *prĕtium* 'prezzo'] **A** agg. **1** Che ha molto valore e pregio, che ha prezzo molto elevato: *metallo p.*; *pietre preziose*; *un p. scrigno* | (*lett.*) Fatto con materia preziosa: *preziosi / vasi accogliean le lacrime votive* (FOSCOLO). **2** (*fig.*) Di ciò che è caro per la sua bellezza, la sua rarità, il pregio o l'utilità: *un manoscritto p.*; *la preziosa libertà*; *consigli preziosi* | *Cibo, vino p.*, finissimo, squisito. **3** (*fig.*) Ricercato, affettato: *ha modi preziosi*; *eleganza preziosa* | *Stile p.*, di una raffinatezza artificiosa. **4** (*fig., fam.*) Detto di persona che si fa desiderare, che non si fa vedere o trovare con facilità: *farsi, diventare p.* ‖ **preziosaménte**, avv. **1** In modo prezioso: *addobbare preziosamente*; *vestire preziosamente.* **2** (*fig.*) Come cosa rara e preziosa: *conservare, custodire preziosamente.* SIN. Gelosamente. **B** s. m. (f. *-a* nel sign. 2) **1** Oggetto d'oro, di pietre o altri metalli preziosi: furto di preziosi. SIN. Gioiello. **2** (*fam.*) Chi si fa desiderare, chi non concede facilmente la propria amicizia. ‖ **preziosètto**, dim. | **preziosino**, dim.

†**prèzza** [da *prezzare*] s. f. ● Apprezzamento.

prezzàbile [da *prezzare*] agg. ● (*raro*) Apprezzabile.

†**prezzaiuòlo** [da *prezzare*] s. m. ● Mercenario.

prezzàre o †**preziàre** [lat. tardo *pretiāre*, da *prĕtium* 'prezzo'] **A** v. tr. (*io prèzzo*) **1** †Giudicare il prezzo di q.c., farne la stima. SIN. Apprezzare. **2** (*fig., lett.*) Prendere in considerazione, curare: *poco prezzando quel ch'ogn'uom disia* (PETRARCA). **3** Applicare a una merce esposta il cartellino recante l'indicazione del prezzo | (*est.*) Fissare, attribuire un prezzo. **B** v. intr. pron. **1** †Fare conto. **2** †Pregiarsi.

prezzàrio [da *prezzo*] s. m. ● Catalogo degli articoli in vendita, ciascuno corredato del proprio prezzo | Elenco dei prezzi di servizi, prestazioni professionali e sim.

prezzàto part. pass. di *prezzare*; anche agg. ● Nei sign. del v.

†**prezzatóre** [da *prezzato*] s. m. (f. *-trice*) ● Chi apprezza.

prezzatrìce [da *prezzare*] s. f. ● Attrezzo usato per imprimere l'indicazione del prezzo su merci e prodotti vari.

prezzatùra s. f. ● Atto, effetto del prezzare la merce in vendita.

prezzémolo [gr. *petrosélinon*, propriamente 'sedano che nasce tra le pietre', comp. di *pétra* 'pietra' e *sélinon* 'sedano'] s. m. ● Pianta erbacea delle Ombrellifere, bienne, selvatica e coltivata, con foglie frastagliate e lobate, utili in cucina (*Petroselinum hortense*) | *Essere come il p., il p. di ogni minestra*, (*fig.*) intrufolarsi dappertutto, detto spec. di persona.

†**prezzévole** [da *prezzare*] agg. ● Pregiabile.

prèzzo o (*lett.*) †**prègio**, †**prèzio** [lat. *prĕtiu(m)*, di etim. incerta] s. m. **1** Valore di scambio delle merci | Somma di denaro necessaria per acquistare un bene | Nella vendita, corrispettivo in denaro dovuto dal compratore al venditore: *pagò il p. senza discutere.* **2** (*est.*) Ciò che si dà o si deve in cambio di q.c.: *il p. della libertà*; *non curo il tuo dono, / quando è p. d'ingiusto favor* (METASTASIO) | *Pagare, acquistare a caro p.*, con grandi sacrifici, dolori | *Non avere p.*, detto di ciò che ha un valore inestimabile | (*raro*) *Mettere a p. q.c.*, farne oggetto di scambio. **3** (*est.*) Cartellino con l'indicazione del prezzo: *collocare i prezzi sulla merce.* **4** (*raro, fig.*) Pregio, stima: *avere in grande p.* **5** †Lucro. ‖ **prezzàccio**, pegg.

†**prezzolaiuòlo** [da *prezzolare*] s. m. ● Mercenario.

prezzolàre [da *prezzo*] v. tr. (*io prèzzolo*) ● Pagare qc., assoldare qc. spec. per fini malvagi: *p. sicari.*

prezzolàto part. pass. di *prezzolare*; anche agg. **1** Nel sign. del v. **2** *Soldato p.*, mercenario | *Stampa prezzolata*, che difende interessi particolari e in genere le idee di chi sia disposto a pagarla.

pria [lat. *prĭus*, nt. di *prĭor* (V. *priore*); la *-a* è dovuta all'influsso di *prima*] avv. ● (*poet.*) Prima: *dopo 'l pasto ha più fame che p.* (DANTE *Inf.* I, 99) | Anche nelle loc. avv. †*di, in p.*: *lo spirto che di p. parlommi / ricominciò* (DANTE *Purg.* XIV, 76-77); *di sedere in p. avrai distretta!* (DANTE *Purg.* IV, 99).

prìamo [dal n. del re di Troia] s. m. ● Bella e colorata farfalla dell'Asia tropicale, diurna, con forte dimorfismo sessuale (*Papilio priamus*).

priapèo [vc. dotta, lat. tardo *priapēu(m)*, nom. *priapēus*, dal gr. *priápeios*, agg. di *Príapos* 'Priapo'] **A** agg. ● Relativo a Priapo, dio romano della fecondità sessuale e agricola. **B** s. m. **1** Verso greco e latino, considerato giustapposizione di un gliconeo e di un ferecrateo. **2** Componimento poetico della letteratura greca e latina, caratterizzato dal contenuto osceno o licenzioso: *i priapei dell'età di Augusto.*

priapìșmo [vc. dotta, lat. tardo *priapīsmu(m)*, nom. *priapīsmus*, dal gr. *priapismós*, da *Príapos* 'Priapo'] s. m. ● (*med.*) Erezione persistente e dolorosa del pene senza eccitamento sessuale né eiaculazione.

Priapùlidi [dal gr. *Príapos* 'Priapo': detti così da un'appendice della regione anale] s. m. pl. ● Nella tassonomia animale, gruppo di animali marini a corpo quasi cilindrico, fornito di una proboscide retrattile (*Priapulida*) | (al sing. *-e*) Ogni individuo di tale gruppo.

price-earning /*ingl.* 'prais-ə:niŋ/ [loc. ingl., acrt. di *price-earning ratio* 'rapporto prezzo profitti'] s. m. inv. ● (*econ.*) Rapporto tra prezzo di mercato di un'azione e dividendo pagato nell'ultimo esercizio.

†**priègo** ● V. *prego* (*1*).

†**prigionàre** v. tr. ● Imprigionare.

prigióne (**1**) o †**pregióne** [lat. *prehensiōne(m)*. V. *prensione*] s. f. **1** Luogo adibito alla custodia dei condannati che espiano la pena o degli imputati in attesa di giudizio | *Marcire in p.*, esservi rinchiuso da molto tempo | (*spec. al pl.*) L'edificio o il complesso di edifici adibiti a prigione: *hanno ricostruito le prigioni.* SIN. Carcere, galera. **2** (*fig.*) Stanza buia e stretta: *quel solaio è una p.* | (*fig.*) Luogo in cui ci si sente oppressi per mancanza di libertà o eccessiva disciplina: *il collegio per lui era una p.* | (*poet., fig.*) *La p. eterna*, l'inferno. **3** In giochi di ragazzi, luogo ove sosta chi è fatto prigioniero | Nel gioco dell'oca, casella cadendo nella quale si resta bloccati per una mano o più. ‖ **prigionàccia**, pegg. | **prigioncèlla**, dim. | **prigionétta**, dim.

†**prigióne** (**2**) [da *prigione* (*1*)] s. m. ● Prigioniero: *molti altri servitori del re ... furono per prigioni dati* (BOCCACCIO).

†**prigionerìa** s. f. ● Prigionia.

prigionìa o †**pregionìa** [da *prigione* (*1*)] s. f. **1** Condizione, stato di chi è prigioniero. SIN. Cattività, detenzione. **2** (*fig.*) Stato di soggezione, di asservimento morale: *la p. del vizio.*

prigionièro o †**pregionière**, †**prigionière** [da *prigione* (*1*)] **A** agg.; anche s. m. (f. *-a*) **1** Che, chi è stato rinchiuso in un luogo, ed è quindi privo della libertà: *essere, rimanere p. di qc.*; *far p. qc.*; *uccello p. in gabbia*; *i prigionieri sono fuggiti.* **2** Che, chi, durante operazioni di guerra, è stato catturato dal nemico: *militari prigionieri*; *prigionieri di guerra*; *campo dei prigionieri*; *restituzione, riscatto dei prigionieri.* **B** agg. **1** Che, per vari motivi, subisce limitazioni nella sua libertà di movimento: *il marito la tiene prigioniera in casa*; *a causa di uno sciopero aereo sono qui p.* | (*est.*) Che non è moralmente libero nei confronti di qc. o di q.c.: *è p. delle sue idee, delle convenzioni sociali.* **2** *Vite prigioniera*, V. *vite* (*2*). **C** s. m. **1** In giochi di ragazzi, chi è stato catturato ed è perciò escluso dal gioco sino a che non venga liberato da un altro. **2** †Custode di una prigione.

prillàre [vc. di origine onomat.] v. intr. (aus. *avere*) ● (*dial.*) Girare attorno a sé stesso | Far girare il fuso: *le donne ripresero a filare ... / tiravano prillavano accoccavano* (PASCOLI).

prillo s. m. ● (*dial.*) Atto, effetto del prillare: *ad or ad or lo sputo / dava alle dite e due prilli alla cocca* (PASCOLI).

prìma (**1**) [lat. tardo *prīma*, da *prīmus* 'primo', con avvicinamento a *pŏstea* 'poi'] **A** avv. **1** Nel tempo anteriore, in precedenza, per l'addietro: *p. ignoravo il fatto*; *bisognava provvedere p.*; *p. ero riuscito ad aprire la scatola, ma ora non sono più capace*; *l'ho conosciuto molto p.*; *tanto tempo p. abitavano in campagna*; *l'ho visto un momento p.*; *sono arrivato due giorni p.* | Per ell. in luogo di una prop. compar. o rel.: *ne so quanto p.*; *saremo amici come p.*; *sono gli stessi discorsi di p.*; *non sembra più l'uomo di p.*; *allora, amici come p.!* | *Le cose, le usanze di p.*, di una volta, di un tempo | In contrapposizione con 'dopo' o con 'poi': *p. finisci il lavoro p. usciremo*; *p. o dopo, per me è la stessa cosa* | *P. o poi*, una volta o l'altra: *p. o poi si ricorderà* | V. anche *dapprima*. CONTR. Poi. **2** (*fam.*) Più presto, più rapidamente: *credevo di fare p.*; *chi arriva p. al treno occupi i posti anche per gli altri* | *Quanto p.*, fra non molto, il più presto possibile: *ti scriverò quanto p.* **3** In un luogo, in un punto che precede: *leggi una pagina p.*; *troverai p. un grande palazzo*; *p. veniva la bandiera, poi il reggimento*; *il distributore era tre kilometri p.* SIN. Avanti. **4** In primo luogo, per prima cosa (contrapposto a 'poi' o a 'dopo'): *p. bisogna pensare, poi agire*; *p. il dovere e poi il piacere*; *non ti credo, p. perché sei un bugiardo, e poi perché quanto dici è assurdo.* **5** (*lett.*) †Per la prima volta. **B** nella loc. prep. *p. di* **1** Indica anteriorità nel tempo: *ti telefonerò p. della partenza per salutarti*; *arriverò certo p. di te*; *lo avrai p. di sera*; *ti aspetto p. di domani*; *p. d'ora non me n'ero reso* *conto*; *ho finito il lavoro p. del tempo fissato* | *Invecchiare, morire p. del tempo*, prematuramente | *P. di tutto*, in primo luogo: *p. di tutto l'onestà*; *p. di tutto devo provvedere alla loro sicurezza.* CONTR. Dopo. ***2*** Indica precedenza nello spazio: *p. della mia casa c'è un'autorimessa*; *c'è una galleria p. del bivio.* CONTR. Dopo. **C** nelle **loc. cong.** *p. di, p. che* ***1*** Introduce una prop. temp. che indica anteriorità con il v. all'inf., se impl., al congv. se espl.: *rifletti bene p. di decidere*; *avvertimi p. di muoverti*; *p. che sia troppo tardi, decidiamo*; *ha saputo la notizia p. che fosse resa pubblica* | *P. che posso, p. che potrò, p. che ho potuto* e sim., appena sia possibile (con il v. all'indic.): *è venuto p. che ha potuto* | (*lett.*) †*Non, né p. che*, appena, appena che | Anche nella loc. lett. †*come p.*, appena. ***2*** Piuttosto di, piuttosto che (introduce una prop. compar. con il v. all'inf.): *si sarebbe fatto uccidere p. di tradirlo*; *p. morire che cedere!* | Con ell. del v.: *p. la miseria che il disonore!*

prìma (2) [f. sost. di *primo*] **s. f.** ***1*** Prima classe di una scuola, spec. elementare: *andare in p.*; *frequentare la p.*; *i bambini di p.*; *p. media, p. liceo.* ***2*** Nella divisione della giornata canonica, la prima ora del giorno, al sorgere del sole. ***3*** Prima rappresentazione di uno spettacolo teatrale o cinematografico: *andare a una p.*; *i biglietti per la p.* ***4*** Prima marcia nel cambio degli autoveicoli: *ingranare la p.*; *passare dalla p. alla terza.* ***5*** (*sport*) Atteggiamento schermistico: *invito, legamento di p.* | Azione difensiva: *parata di p.* | *Giocare di p.*, nel calcio, colpire la palla al volo, prima che tocchi terra. ***6*** Prima scalata alpinistica di una parete: *p. invernale.* ***7*** Nella danza classica, una delle posizioni fondamentali in cui le gambe sono unite, i talloni si toccano senza sovrapporsi e i piedi sono girati completamente in fuori a formare una sola linea diritta.

†primàccio ● V. †*piumaccio.*

primadònna o **prima dònna** [da *prima donna* 'attrice'] **s. f.** (**pl.** *primedònne*) ***1*** La protagonista di un'opera lirica o di uno spettacolo artistico: *ruolo di p.* ***2*** (*fig.*) Personaggio di particolare rilievo e carisma, al quale viene riconosciuto un ruolo preminente in un determinato settore: *la p. del tennis, della finanza.* ***3*** (*fig.*) Persona invadente e saccente, che si compiace di atteggiamenti a effetto: *darsi arie da p.*; *fare la p.*

†primàio [lat. *primāriu(m)*. V. *primario*] **agg. num. ord.** ● Primo: *lo scaglion p. / bianco marmo era* (DANTE *Purg.* IX, 94-95).

primàle [da *primo*] **agg.** ● (*raro*) Principale, primario.

primalità [da *primale*] **s. f.** ● Nella filosofia di T. Campanella (1568-1639), ciascuno dei principi primi dell'essere, quali la potenza, la sapienza, l'amore, compiutamente realizzati in Dio e limitati dai loro contrari nelle cose corporee.

†primànte **agg.** ● Primo, primiero.

primariàto **s. m.** ● Ufficio, incarico di medico primario.

primàrio [vc. dotta, lat. *primāriu(m)*, da *prīmus* 'primo'] **A agg.** ***1*** Che precede gli altri in una successione | *Scuola primaria*, quella comprensiva di scuola materna e scuola elementare | *Attività primaria, settore p.*, nel linguaggio economico, quello che produce beni di primo consumo o materie prime, come l'agricoltura, l'allevamento e sim. | (*geol.*) *Era primaria*, era paleozoica | *Elezioni primarie*, o (*ell.*) *le primarie*, nel sistema elettorale degli USA, quelle per designare il candidato alla presidenza o i candidati alla Camera e al Senato. ***2*** Che è primo o fra i primi per importanza, valore o per i suoi meriti: *il motivo p.*; *uno dei primari avvocati della città* | Fondamentale, essenziale: *il valore p. della cultura.* SIN. Principale. CONTR. Secondario. ***3*** (*chim.*) Detto di atomo di carbonio che, in un composto alifatico, sta al termine di una catena di più atomi di carbonio o è legato a un solo atomo di carbonio | Detto di composto ottenuto introducendo un gruppo funzionale nel gruppo contenente l'atomo di carbonio primario | *Ammina primaria*, quella che contiene un gruppo amminico –NH_2 su un atomo di carbonio primario. ***4*** (*psicoan.*) *Processo p.*, V. *processo.* || **primariaménte**, **avv.** ***1*** In primo luogo, primamente. ***2*** Principalmente. **B s. m.** ***1*** Medico che dirige un reparto ospedaliero. ***2*** (*econ.*) Attività, settore primario.

primàte [vc. dotta, lat. *primāte(m)* da *prīmus* 'primo'] **s. m.** ● Vescovo o arcivescovo che gode di prerogative onorifiche e di diritto di precedenza sui vescovi e arcivescovi di una regione, senza speciale giurisdizione che derivi dal titolo.

Primàti [da *primate* 'primo' (V. precedente); detti così perché costituiscono il più importante ordine di Mammiferi] **s. m. pl.** ● Nella tassonomia animale, ordine di Mammiferi i cui rappresentanti hanno arti plantigradi, muso con pochi peli o glabro, occhi rivolti in avanti, dentatura completa (*Primates*) | (al sing. *-e*) Ogni individuo di tale ordine. ➡ ILL. **animali** /14.

primatìccio [dal lat. *primĭtiae*, nom. pl., 'primizie'] **agg.** (**pl. f.** *-ce*) ***1*** Detto di frutto che matura prima di altri della stessa specie: *pesche primaticce.* ***2*** †Che viene, comincia troppo presto: *freddo, inverno p.* SIN. Precoce, prematuro. || †**primaticciaménte**, **avv.** Per tempo.

†primàtico [da *primate*] **agg.** ● Primario.

primatìsta **s. m. e f.** (**pl. m.** *-i*) ● (*sport*) Chi detiene un primato: *p. del salto in alto*; *p. italiano, mondiale.*

primàto [vc. dotta, lat. *primātu(m)*, da *prīmus* 'primo'] **s. m.** ***1*** Superiorità assoluta di qc. o q.c. in un determinato campo o una particolare attività: *conquistare, tenere, esercitare un p.*; *p. artistico, letterario, scientifico.* ***2*** Risultato massimo ottenuto in una specialità sportiva: *p. del salto in alto, dei cento metri*; *p. italiano, europeo, mondiale, olimpionico*; *conquistare, migliorare, battere un p.*; *p. personale, nazionale.* SIN. Record.

primatologìa [comp. di *Primati* e *-logia*] **s. f.** ● (*biol.*) Ramo della biologia che tratta i Primati in rapporto alle loro affinità con l'uomo.

primatòlogo [comp. di *Primati* e *-logo*] **s. m.** (**f.** *-a*; **pl. m.** *-gi*) ● (*biol.*) Studioso di primatologia.

primattóre o **primo attóre** [da *prim(o)* 'principale' e *attore*] **s. m.** (**f.** *-trice*) ***1*** L'attore più importante di una compagnia teatrale | Attore che ricopre il ruolo di protagonista in una rappresentazione teatrale | (*est.*) Chi ama essere in primo piano, al centro dell'attenzione generale. ***2*** Ruolo, parte ricoperta dall'attore principale.

primavèra (1) [lat. parl. **primavēra(m)*, dal classico *prīmo vēre* 'all'iniziare della primavera'. Per *prīmus* V. *primo*; *vēr* è di origine indeur.] **s. f.** ***1*** Stagione dell'anno che dura 92 giorni e 21 ore, dall'equinozio di primavera (21 marzo) al solstizio d'estate (22 giugno), corrispondente all'autunno nell'emisfero australe. ***2*** (*est.*) Clima mite e particolarmente benigno: *l'eterna p. di certe regioni.* ***3*** (*fig.*) Inizio favorevole, giovinezza: *la p. della vita*; *passo del viver mio la p.* (LEOPARDI). ***4*** (*fig., scherz.*) Periodo di un anno: *avere molte primavere*; *ormai ho quaranta primavere.*

primavèra (2) [da *primavera (1)*; detta così per la fioritura precoce] **s. f.** ● Pianta erbacea spontanea priva di caule, con foglie rugose e fiori, spec. gialli, dal calice a tubo (*Primula acaulis*). || **primaverìna**, **dim.**

†primaverésco [da *primavera (1)*] **agg.** ● Primaverile.

primaverìle [da *primavera (1)*] **agg.** ● Di, della primavera: *vento p.*; *stagione p.* | (*lett., fig.*) Fresco, giovanile: *gli azzurrini occhi primaverili dei suoi diciott'anni* (PIRANDELLO).

primazìa [da *primate*, sul rapporto *abate-abbazia*] **s. f.** ***1*** Dignità e prerogative di primate. ***2*** †Supremazia, primato: *questa p. delle lettere ... su tutte le cose grandi e grandissime che gli uomini possono eseguire* (ALFIERI).

primaziàle [da *primazia*] **agg.** ● Di primate: *chiesa p.*

primeggiàre [comp. di *primo* e *-eggiare*] **v. intr.** (*io priméggio*; aus. *avere*) ***1*** Essere, apparire primo o tra i primi: *primeggia su tutti.* SIN. Emergere, spiccare. ***2*** Avere il primato in q.c.: *p. nelle arti.*

prime rate /ingl. 'praim reit/ [loc. ingl., propr. 'tasso (*rate*) primario (*prime*)'] **loc. sost. m. inv.** (**pl.** ingl. *prime rates*) ● (*banca*) Tasso minimo d'interesse che le banche praticano alla migliore clientela su prestiti a breve termine.

prime time /ingl. 'praim 'taim/ [loc. ingl., propr. 'primo tempo' nel senso di 'momento del giorno, nel quale si attende il massimo ascolto'] **loc. sost. m. inv.** ● (*tv*) Prima serata.

primèvo [vc. dotta, lat. *primāevu(m)* 'nella prima età, molto giovane', comp. di *prīmus* 'primo' ed *āevum* 'età' (V. *evo*)] **agg.** ***1*** (*raro, lett.*) Dei primi tempi del mondo. ***2*** (*raro, lett.*) Dell'età giovanile.

primicerìale **agg.** ● Di primicerio.

primicerìato **s. m.** ● Dignità, ufficio e carica di primicerio.

primicèrio [vc. dotta, lat. tardo *primicērium*, propriamente 'colui il cui nome si trova in capo alle tavolette cerate', comp. di *prīmus* 'primo' e *cēra* 'cera (1)'] **s. m.** ● Capo del clero minore in capitoli e collegiate | Chi è a capo di alcune confraternite e congregazioni | Titolo di antichi dignitari della corte pontificia.

primièra [f. di *primiero*, perché formata dalle prime carte di ogni seme] **s. f.** ● Antico gioco a carte, italiano, d'azzardo | Nel gioco della scopa e dello scopone, combinazione di carte dei quattro semi che dà diritto a un punto.

†primierànte **agg.**; anche **s. m. e f.** ● Che, chi gioca a primiera.

†primierésco **agg.** ● Attinente al gioco della primiera.

primièro [ant. fr. *premier*, dal lat. *primāriu(m)* (V. *primario*)] **A agg. num. ord.** ● (*poet.*) Primo. **B agg.** ● (*raro, lett.*) Primitivo: *la ... primiera semplicità del primo mondo de' popoli* (VICO) | *Usanza primiera*, del tempo antico | †*In p.*, primieramente. || **primieraménte**, **avv.** ***1*** Prima, in principio, dapprima. ***2*** In primo luogo, anzitutto. ***3*** †Per la prima volta. **C avv.** ● †In primo luogo | †Per la prima volta. **D s. m.** ● La prima parte della parola nel gioco enigmistico della sciarada.

primigènio [vc. dotta, lat. *primigĕniu(m)*, comp. di *prīmus* 'primo' e *-gĕnius*, dalla stessa radice di *gĭgnere* 'generare' (V.)] **agg.** ***1*** Che è stato generato per primo: *lingua primigenia* | (*est.*) Che ha origine oscura, misteriosa, inspiegabile: *le forze primigenie della natura.* ***2*** Che risale all'origine del mondo, ai tempi primitivi: *uomo p.* | *Elefante p.*, elefante fossile.

primìna (1) [da *primo*] **s. f.** ● (*biol.*) Tegumento interno dell'ovulo delle piante angiosperme.

primìna (2) [dim. di *prima (2)* (V.)] **s. f.** ● (*fam.*) La prima classe della scuola elementare, quando sia frequentata privatamente da un alunno che non abbia ancora compiuto sei anni di età.

primìpara [vc. dotta, lat. *primĭpara(m)*, comp. di *prīmus* 'primo' e *-para*, da *pārere* 'generare' (V. *partorire*)] **s. f.** ● Donna che è al primo parto.

primipilàre [vc. dotta, lat. *primipilāre(m)*, da *primipīlus* 'primipilo'] **agg.** ● Di, relativo a primipilo: *dignità p.*

primipìlo [vc. dotta, lat. *primipīlu(m)*, comp. di *prīmus* 'primo' e *pīlus* 'manipolo di triarii', poi 'centurione dei triarii', di etim. incerta] **s. m.** ● Nell'esercito romano, capo della prima centuria dei triari.

primitivìsmo [comp. di *primitiv(o)* e *-ismo*] **s. m.** ● Tendenza alla rivalutazione dei modi di vita materiali e spirituali dei primitivi.

primitività **s. f.** ● L'essere primitivo.

primitivo [vc. dotta, lat. *primitīvu(m)*, dall'avv. *prīmitus* 'da principio', da *prīmus* 'primo'] **A agg.** ***1*** Originario, proprio di un periodo iniziale: *significato p.*; *forma primitiva*; *i colori primitivi del dipinto.* ***2*** (*lett.*) Che si riferisce a un periodo anteriore a quello attuale: *faccendo della sua primitiva vita comparazione alla presente* (BOCCACCIO). ***3*** (*fig.*) Detto di ciò che è rozzo e rudimentale: *tecniche primitive*; *che metodi primitivi usi!* ***4*** (*ling.*) *Nome p.*, dal quale si formano i derivati e i composti. ***5*** (*mat.*) *Funzione primitiva*, quella la cui derivata è una funzione data. || **primitivaménte**, **avv.** ***1*** In modo primitivo. ***2*** †Per tempo, di buon'ora. **B agg.**; anche **s. m.** (**f.** *-a*) ***1*** Che, chi appartiene alle popolazioni della preistoria, o a una civiltà ritenuta arcaica nei confronti di quelle più progredite: *tribù, popolazioni primitive*; *costumi primitivi*; *i primitivi dell'Oceania, della Nuova Zelanda.* ***2*** (*fig.*) Che, chi si dimostra eccessivamente semplice e credulone, o anche rozzo e grossolano. **C s. m.** ● Artista figurativo operante fra il Duecento e i primi del Quattrocento, in Italia e in Europa: *i primitivi toscani, senesi, fiamminghi.*

primìzia [vc. dotta, lat. *primĭtiae*, nom. pl., da *prīmus* 'primo'] **s. f.** ***1*** Frutto, ortaggio, fiore ottenuto con anticipo rispetto alla stagione mediante particolari tecniche di coltura. *2* Anticamente, quota dei frutti della terra che i fedeli offrivano ogni anno alla propria chiesa. *3* (*est.*) Notizia molto fresca, non ancora divulgata: *articolo pieno di primizie* | Rarità, opera d'arte fatta conoscere per la prima volta: *questa sinfonia è una p.* *4* †Capostipite di una schiatta, primogenito di una famiglia.

primiziàle agg. • Relativo alle primizie offerte: *sacrificio p.*

†primìzio s. m. • Primizia.

prìmo [lat. *prīmu(m)*, superlativo di *prī*, avv. di senso locale e temporale, da avvicinare a *prō*. V. *pro* (*1*)] **A** agg. num. ord. *1* Corrispondente al numero uno in una successione, in una classificazione, in una serie (rappresentato da I nella numerazione romana, da 1° in quella araba): *il p. piano di un edificio*; *il p. volume di un'opera*; *il p. uomo fu Adamo, la prima donna Eva*; *nel p. anno di vita il bambino è delicato*; *il p. figlio*; *il p. secolo dopo Cristo*; *il p. capitolo serve da introduzione*; *arrivare, classificarsi p. in una gara*; *Napoleone I*; *Leone I*; *Carlo I*; *questa è la prima volta che lo vedo*; *che sia la prima e l'ultima volta che succede un fatto simile!* | *Per p.*, con funzione appositiva: *l'ho saputo per p.*; *il presidente ha parlato per p.*; *sono stata interrogata per prima* | *Il p. caso*, il nominativo, il caso del soggetto | *Di p. grado*, del grado più basso, inferiore: *ustioni di p. grado*; *esercizi di p. grado* | *Minuto p.*, la sessantesima parte di un'ora. *2* Che è al principio di q.c. nell'ordine di tempo: *le prime ore del giorno sono le più fredde*; *i primi passi di un bambino*; *i primi uomini abitavano le caverne*; *mi sveglio alle prime luci dell'alba*; *i primi ricordi della fanciullezza*; *la prima giovinezza*; *i primi secoli di Roma* | *Il p. dopoguerra*, il periodo successivo alla prima guerra mondiale | *In un p. tempo*, *in un p. momento*, dapprima, da principio, sul momento: *in un p. tempo non ti avevo riconosciuto* | *A prima vista*, subito, alla prima occhiata: *me ne sono accorto a prima vista* | *Alla prima*, (*raro*) *a bella prima*, (*ell.*) alla prima volta, subito, immediatamente: *riuscire, farcela alla prima* | *A tutta prima, sulle prime*, (*ell.*) dapprima, in un primo momento: *a tutta prima non gli ho creduto*; *sulle prime non me ne ero accorto* | *Prima maniera*, identico per modi e qualità a come qc. o q.c. si presenta alle origini, all'inizio di una carriera e sim.: *un Picasso prima maniera*. *3* Principale, fondamentale: *il tuo p. dovere è quello di studiare*; *la sua prima preoccupazione è la famiglia*; *la prima causa del fallimento è stato il disordine amministrativo*; *la prima prova di colpevolezza l'ha data contraddicendosi* | *In p. luogo, per prima cosa*, principalmente, primamente, per introdurre argomenti che si considerano d'importanza fondamentale. *4* Che è in posizione di superiorità assoluta per importanza, valore, prestigio e sim.: *viaggiare in prima classe*; *vincere il p. premio*; *albergo di prima categoria*; *merce di prima scelta* | Con valore superl.: *il p. albergo, il p. ristorante, il p. sarto, il p. parrucchiere della città*, il migliore | *P. cittadino*, il presidente della Repubblica, o anche il sindaco | *Prima donna*, V. *primadonna* | *Di prim'ordine, di prima qualità*, eccellente: *articoli di prima qualità* | (*fig.*) *Di prima mano*, di cosa non passata per altri venditori o di notizia che proviene direttamente dalla fonte. *5* (*econ.*) *Costo p.*, parte del costo generata dalle voci di spesa relative a materia prima, materiali di consumo e manodopera diretta. *6* (*mat.*) Detto di numero intero che non ha altri divisori oltre sé stesso e il numero 1. || **primaménte**, avv. (*lett.*) Anzitutto: *primamente devi imparare a ubbidire*; (*poet.*) prima, per primo: *o voce di colui che primamente / conosce il tremolar della marina* (D'ANNUNZIO). **B** s. m. (f. *-a* nei sign. 1 e 6) *1* Chi o ciò che è primo in una successione, in una classificazione, in una serie (per ell. di un s.): *il p. che vedi è mio fratello*; *è il p. che riesce in quest'impresa*; *sono arrivato fra i primi nella gara di ciclismo* | *P. della classe*, l'allievo che ottiene dagli insegnanti le migliori votazioni o valutazioni di profitto scolastico; (*fig.*) persona che, per merito o rendimento professionale, eccelle sui colleghi, spesso destando invidia o gelosia | *Il p. che capita*, una persona qualsiasi che si incontra per caso | *Il p. venuto*, una persona qualsiasi, sconosciuta o estranea: *non sono il p. venuto* | †*Sul p.*, sul principio. CONTR. Ultimo. *2* (*ell.*) Prima portata di un pasto, consistente in una minestra in brodo o asciutta: *la lista dei primi*; *per p. prenderò il risotto*; *oggi salterò il p.* *3* Il primo giorno di una settimana, di un mese, di un anno (per ell. del s.): *il p. di luglio*; *andrò in vacanza ai primi del mese*; *partirò il p.* | I primi anni di un secolo: *sui primi del Novecento*. CONTR. Ultimo. *4* (*ell.*) Unità di misura del tempo, equivalente a 60 secondi: *sono le cinque e dieci primi*; *quattro primi e dieci secondi*. *5* Unità di misura degli angoli equivalente a 1/60 di grado. *6* (*raro, lett.*) Antenato: *Fieramente furo avversi / a me e a miei primi e a mia parte* (DANTE *Inf.* X, 46-47).

†primogenitàto [da *primogenito*] s. m. • Primogenitura.

primogènito [vc. dotta, lat. tardo *primogĕnitu(m)*, comp. di *prīmus* 'primo' e *gĕnitus*, part. pass. di *gīgnere* 'generare' (V. *genito*)] **A** agg. (pl. m. *primogèniti*, †*primigèniti*) *1* Che è stato generato per primo: *figlio p.* | *Ramo p. della famiglia*, quello dei discendenti del figlio primogenito. *2* (*est., raro*) Prediletto: *Israele p. del Signore*. **B** s. m. (f. *-a*) • Figlio nato per primo: *il loro p. è un maschio*.

primogenitóre [comp. di *primo* e *genitore*, sul modello di *primogenito*] s. m. (f. *-trice*; pl. m. *primogenitóri* o *primigenitóri*) *1* Primo genitore, secondo la Bibbia: *Adamo ed Eva sono i nostri primigenitori*. *2* (*raro, spec. al pl.*) Avo, antenato.

primogenitùra s. f. • Condizione del figlio primogenito. SIN. Maggiorascato, maggiorasco.

prìmola • V. *primula*.

primordiàle [vc. dotta, lat. tardo *primordiāle(m)*, da *primōrdium* 'primordio'] agg. • Di primordio, dei primordi: *manifestazione p.* | Primitivo, originario, iniziale: *ricostruire la forma p.* | (*est., fig.*) Arretrato, non sviluppato: *vivere allo stato p.*; *tecniche primordiali*. || **primordialménte**, avv. (*raro*) In modo primordiale.

primòrdio [vc. dotta, lat. *primōrdiu(m)*, comp. di *prīmus* 'primo' e *ordīri* 'ordire'] s. m. *1* (*spec. al pl.*) Inizio, prima manifestazione di un fenomeno, un movimento, un'epoca: *i primordi della letteratura, della civiltà occidentale*. SIN. Origine, principio. *2* Fase iniziale dello sviluppo di una pianta.

prìmula o **prìmola** [lat. *prīmulu(m)*, dim. di *prīmus* 'primo': detta così dalla precoce fioritura] s. f. *1* Genere di piante erbacee delle Primulacee, spontanee nelle regioni temperate, con foglie semplici, calice e corolla divisi in cinque parti saldate alla base, coltivate per ornamento in diverse varietà dai bellissimi colori (*Primula*). *2* (*fig.*) *P. rossa*, persona inafferrabile a cui, peraltro, non si smette di dare la caccia.

Primulàcee [vc. dotta, comp. di *primula* e *-acee*] s. f. pl. • Nella tassonomia vegetale, famiglia di piante dicotiledoni erbacee con calice a cinque denti e corolla regolare gamopetala (*Primulaceae*) | (al sing. *-a*) Ogni individuo di tale famiglia. ➡ ILL. **piante** /8.

primus inter pares /*lat.* 'primus 'inter 'pares/ [loc. lat., propr. 'primo tra pari grado, tra uguali'] loc. sost. m. inv. (f. lat. *prima inter pares*) • Chi è considerato il capo gerarchico fra persone di uguale prestigio, dignità e sim.

†prince • V. †*prence*.

princesse /*fr.* prẽ'ses/ [vc. fr., propriamente 'principessa'; detta così per la particolare eleganza] s. f. inv. • Abito femminile di linea semplice, tagliato in un solo pezzo.

principàle [vc. dotta, lat. *principāle(m)*, da *prīnceps*, genit. *prīncipis* 'primo' (V. *principe*)] **A** agg. • Che è primo per grado, importanza, autorità: *la città, la regione p.*; *le principali famiglie*; *nella divina bontà conviene avere la p. speranza* (SARPI) | *Porta p.*, la maggiore | *Via p.*, la più importante | *I principali caffè, alberghi*, quelli di prim'ordine o di prima categoria | *Venti principali*, cardinali | (*ling.*) *Proposizione p.*, da cui dipendono una o più proposizioni. SIN. Precipuo, primario. CONTR. Accessorio, secondario. || **principalménte**, avv. Per primo motivo, soprattutto, massimamente. **B** s. m. e f. • (*raro*) Chi ha più importanza e autorità di tutti gli altri | (*fam.*) Padrone di un negozio, un'azienda, una ditta, dal quale dipendono varie persone. **C** s. m. • La cosa più importante: *il p. è capirsi*.

†principalità [vc. dotta, lat. tardo *principalitāte(m)*, da *principālis* 'principale'] s. f. • L'essere principale.

principàto [vc. dotta, lat. *principātu(m)*, da *prīnceps*, genit. *prīncipis* 'principe'] s. m. *1* Nobiltà e titolo di principe | Stato retto da chi ha titolo principesco: *il p. di Monaco*. *2* Signoria, monarchia: *il p. di Augusto* | *P. civile*, di un cittadino che diventa sovrano | *P. ecclesiastico*, tenuto da un vescovo e sim. | *P. temporale*, governo politico del papa. *3* (*raro, fig.*) Preminenza, primato. *4* (*al pl.*) Quarta gerarchia degli angeli.

prìncipe o (*raro*) †**prèncipe** [vc. dotta, lat. *prīncipe(m)*, propriamente 'colui che prende il primo posto', comp. di *prīmus* 'primo' e *căpere* 'prendere' (V. *cattura*)] **A** s. m. (f. *-essa* (*V.*)) *1* (*gener.*) Sovrano, colui che regna a titolo personale ed ereditario: *la corte, i cortigiani del p.* | (*est.*) Colui che esercita il potere sovrano in uno Stato, e lo Stato stesso: *funzionario del p.* | (*dir.*) *Fatto del p.*, atto d'autorità che, rendendo giuridicamente impossibile una prestazione, libera l'obbligato da ogni responsabilità per l'inadempimento dell'obbligazione | *Il p. della Repubblica di Venezia*, il doge | (*est.*) *Il p. delle tenebre*, (*per anton.*) Lucifero. *2* Sovrano di un principato: *il p. di Monaco*. *3* Membro non regnante di una famiglia reale: *il p. Eugenio di Savoia Carignano* | Figlio di sovrano regnante | *Principi del sangue*, i parenti stretti del sovrano | *P. ereditario*, destinato alla successione del trono per diritto ereditario | *P. consorte*, marito di una sovrana regnante | *P. di Galles*, (*per anton.*) il principe ereditario del Regno Unito di Gran Bretagna e Irlanda del Nord; (*fig., est.*) tipo di tessuto a quadri di varia grandezza, formati da linee incrociate | (*est.*) *P. della Chiesa*, cardinale della Chiesa cattolica | *P. azzurro*, (*per anton.*) personaggio delle fiabe, nobile di stirpe e d'animo, che sposa, salva, redime la giovane protagonista femminile; (*est.*) lo sposo ideale per le sue doti fisiche e morali: *sognare il p. azzurro*. *4* Persona insignita del grado di nobiltà superiore a quello di duca, il più alto nella gerarchia araldica: *Alessandro Torlonia, p. di Civitella Cesi* | *Stare, vivere da p., come un p.*, lautamente, negli agi | *Comportarsi da, essere un p.*, distinguersi per la nobiltà e la generosità d'animo. *5* (*fig.*) Chi eccelle fra tutti per i suoi meriti o le sue qualità: *il p. dei poeti* | *Il p. degli apostoli*, (*per anton.*) S. Pietro | *P. del foro*, avvocato che si distingue fra i colleghi per la sua abilità, spec. oratoria. *6* (*spec. al pl.*) Soldati che, nello schieramento della legione romana, combattevano originariamente in prima e, in seguito, in seconda fila. *7* †Capo, maestro. || **principétto**, dim. | **principino**, dim. (V.) | **principòtto**, accr. | **principùccio**, dim. **B** agg. *1* (*raro*) Principale, primario. *2* (*edit.*) Nella loc. *edizione p.*, la prima di un'opera letteraria, spec. classica o stampata nei secoli XV e XVI.

principésco agg. (pl. m. *-schi*) • Attinente al principe, del principe: *dignità principesca*; *palazzo p.* | (*est.*) Lussuoso: *un'abitazione principesca*. || **principescaménte**, avv. In modo principesco, da principe: *accogliere qc. principescamente*.

principéssa s. f. *1* Sovrana di un principato: *Elisa Baciocchi, p. di Piombino*. *2* Moglie o figlia di un principe | Figlia di un sovrano regnante. *3* (*fig.*) Donna di grande agiatezza: *vivere da p., come una p.* | Donna altezzosa o che affetta atteggiamenti signorili non corrispondenti alla realtà: *crede di essere una p.* || **principessina**, dim. (V.).

principessìna s. f. *1* Dim. di *principessa*. *2* Figlia, giovane o nubile, di un principe.

principiaménto s. m. • (*raro*) Il principiare. SIN. Cominciamento.

principiànte **A** part. pres. di *principiare*; anche agg. • Nei sign. del v. **B** s. m. e f. • Chi è agli inizi nell'apprendimento di una scienza, un'arte, una disciplina. SIN. Esordiente, novizio.

principiàre [vc. dotta, lat. tardo *principiāre*, da *princĭpium* 'principio'] **A** v. tr. (*io princìpio*) • Cominciare, dare inizio: *p. un lavoro, un discorso*; *p. a parlare, a leggere, a camminare*. **B** v. intr. (aus. *avere* se il sogg. è una persona, *essere* se il sogg. è inanimato) ● Avere principio: *se principiamo così, finiremo male*; *è principiato il brutto tempo*.

principiatóre s. m. (f. *-trice*) ● (*raro*) Chi principia, inizia, fonda q.c.

principino s. m. *1* Dim. di *principe*. *2* Figlio, spec. giovane, di un principe.

princìpio [vc. dotta, lat. *princĭpiu(m)*, da *prīnceps*, genit. *prīncipis* 'primo' (V. *principe*)] s. m. *1* Atto del cominciare, del principiare: *il p. dell'operazione bellica* | *Prendere p.*, cominciare | *Dare p.*, avviare. CONTR. Fine. *2* Tempo, fase iniziale, prime mosse di q.c.: *il p. dell'anno*; *un p. di raffreddore*; *il p. dello spettacolo* | *I principi della civiltà*, i primordi | *In, al p.*, inizialmente, prima | *Dal p.*, dall'inizio | (*raro*) *A p.*, prima | Primo tratto di q.c.: *il p. della strada*. SIN. Inizio. *3* Origine, causa: *il p. di ogni vostro male* | (*lett.*) *Il p. dell'universo*, Dio. *4* (*spec. al pl.*) Concetto fondamentale, prima proposizione di una dottrina, una scienza, una disciplina: *i principi della logica*; *un p. della retorica* | (*est., raro*) Primi rudimenti, cognizioni elementari: *nessun studio mi avrebbe rapito ... più l'animo che questo, se io avessi avuto i debiti principii per proseguirlo* (ALFIERI). *5* Idea originaria, criterio dal quale deriva un sistema di idee o sul quale si basano gli elementi di una speculazione: *il p. di Archimede*; *p. di identità*; *partire da un p. giusto* | Massima, norma generale scaturita dal ragionamento e che informa tutta la pratica: *ognuno ha i suoi principi*; *un uomo di saldi principi morali* | *Questione di p.*, che tocca le convinzioni più profonde e (*est.*) vitale, fondamentale. *6* (*chim.*) *P. attivo*, il componente principale di miscele e sim. *7* †Autore, inventore. *8* (*al pl.*) †Antipasti.

princisbécco [dal n. dell'inventore Ch. *Pinchbeck* (1670-1732), con accostamento per etim. pop. a *principe* e *becco*] s. m. (pl. *-chi*) ● Lega di rame, stagno e zinco, simile d'aspetto all'oro: *fili da ricamo di p.* | *Di p.*, falso | *Restare, rimanere di p.*, di stucco, male o sorpreso: *io rimasi, come si dice, di p.* (NIEVO).

prióne (1) o **prióno** [dal gr. *príōn* 'sega', detto così dalla forma delle antenne] s. m. ● Coleottero notturno la cui tozza femmina depone le uova nelle crepe delle cortecce di tronchi vecchi o secchi (*Prionus coriarius*).

prióne (2) [ingl. *prion*, propr. *proteinaceous infectious particle* 'particella infettiva costituita da proteine'] s. m. ● (*biol.*) Qualsiasi particella infettiva sostanzialmente costituita da proteine e priva di acido nucleico.

prióra [da *priore*] s. f. ● Superiora di un convento di suore. SIN. Badessa.

prioràle agg. ● Relativo a priore o priora: *dignità, chiesa p.*

prioràto [vc. dotta, lat. tardo *priorātu(m)* 'primato, preminenza', da *prĭor*, genit. *priōris* (V. *priore*)] s. m. ● Ufficio, dignità, sede di priore.

prióre [vc. dotta, lat. *priōre(m)* 'che sta innanzi, anteriore', compar. di *prī*. V. *primo*] s. m. (f. *-a* (V.)) *1* Superiore di monastero in alcuni ordini religiosi | *P. generale*, superiore generale di alcuni ordini monastici come Serviti, Agostiniani, Certosini | (*pop., scherz.*) *Stare come un p.*, mangiare bene e faticare poco. *2* Capo di confraternita. *3* Primo cardinale dell'ordine dei diaconi. *4* Superiore o alto dignitario in alcuni ordini cavallereschi e militari-religiosi. *5* Nell'età comunale, titolo talora attribuito a uno dei consoli cui era affidato collegialmente il governo della città | Nel comune di Firenze, ciascuno dei rappresentanti delle arti o corporazioni cittadine.

prioria [da *priore*] s. f. ● Titolo, dignità di priore.

priorità [dal lat. *prĭor*, genit. *priōris* (V. *priore*)] s. f. *1* Anteriorità, precedenza nel tempo: *la p. della sua scoperta* | *Avere la p.*, avere diritto di precedenza. CONTR. Posteriorità. *2* Precedenza ideale per motivi di maggior validità, importanza e urgenza: *le esigenze dei popoli sottosviluppati dovrebbero avere la p.*

prioritàrio agg. ● Che deve avere, che ha, la priorità: *scelta prioritaria*; *interessi prioritari*. || **prioritariaménte**, avv. Con priorità.

priscillianésimo s. m. ● Movimento cristiano eretico del IV sec., ispirato alle dottrine rigoriste di Priscilliano, che predicava l'assoluta separazione fra il bene e il male, la necessità di ricorrere all'ascesi e la resurrezione della sola anima.

priscillianista s. m. e f.; anche agg. (pl. m. *-i*) ● Seguace del priscillianesimo.

prìsco [vc. dotta, lat. *prīscu(m)*, da **prīs*. Cfr. *prī* alla vc. *primo*] agg. (pl. m. *-schi*) ● (*poet.*) Di tempi antichissimi: *lo stil de' moderni e 'l sermon p.* (PETRARCA). SIN. Antico, vetusto. || †**priscaménte**, avv. Anticamente.

prìsma [vc. dotta, lat. tardo *prīsma*, dal gr. *prísma*, da *príein* 'segare', perché da tutti i lati è tagliato dai piani differenti] s. m. (pl. *-i*) *1* (*mat.*) Poliedro avente per basi due poligoni uguali, giacenti su piani paralleli, con i lati a due a due paralleli e per facce laterali i parallelogrammi ottenuti congiungendo i vertici corrispondenti delle due basi | *P. retto*, prisma le cui facce laterali sono dei rettangoli. *2* (*miner.*) Cristallo a forma di prisma | (*fis.*) Solido trasparente di uguale forma, utilizzato per produrre rifrazione o riflessione della luce. *3* (*fig.*) Mezzo ideale attraverso il quale si può scrutare il proprio animo o una realtà esterna: *il p. delle illusioni*. *4* (*geol.*) Conoide di deiezione. || **prismettino**, dim. | **prisméttо**, dim.

prismàtico agg. (pl. m. *-ci*) *1* (*mat.*) Di, relativo a un prisma | *Accoppiamento p.*, unione di due elementi che non consente rotazione relativa dell'uno rispetto all'altro, ma solo scorrimento | *Lente prismatica*, lente in cui il centro ottico è spostato rispetto al centro geometrico. *2* Che ha forma di prisma: *cristalli prismatici*.

prismòide [comp. di *prisma* e *-oide*] s. m. ● Figura simile a un prisma.

prìstino [vc. dotta, lat. *prīstinu(m)*, da **prīs*. V. *prisco*] agg. ● (*raro*) Di prima, anteriore nel tempo: *nel p. stato, vigore*; *la tua pristina gioia in volto chiama* (ALFIERI) | *Rimettere in p.*, nello stato di prima. || **prestinaménte**, avv. (*raro*) Primieramente.

pritanèo [vc. dotta, lat. *prytanēu(m)*, dal gr. *prytanêion*, da *prýtanis* 'signore', di origine preindeur.] s. m. ● Nell'antica Grecia, edificio delle città dove si custodiva il fuoco sacro.

pritanìa [vc. dotta, gr. *prýtanis* 'pritano'] s. f. ● Nell'antico diritto greco, periodo di tempo durante il quale una delle dieci tribù attiche esercitava il potere nella bulè.

pritàno o **prìtano** [vc. dotta, lat. *prўtani(n)*, nom. *prўtanis*, dal gr. *prýtanis* 'signore', di origine preindeur.] **A** agg. ● Nell'antico diritto greco, detto di tribù al potere nella bulè. **B** s. m. ● (*spec. al pl.*) Nell'antico diritto greco, membro della bulè facente parte della tribù al potere.

privacy /ingl. 'praivəsi/ [vc. ingl., da *private* 'privato'] s. f. inv. (pl. ingl. *privacies*) ● La vita personale e privata, spec. con riferimento a personaggi importanti o comunque in vista: *difendere la propria p.*; *violare la p. di qc.*

†**privàdo** (1) [sp., propriamente 'privato'] agg. ● Intimo, familiare.

†**privàdo** (2) ● V. †*privato* (2).

†**privaménto** s. m. ● Privazione.

†**privànza** [sp. *privanza*, da *privar* 'godere il favore del re', propriamente 'appartare' (stessa etim. dell'it. *privare*)] s. f. ● Familiarità, dimestichezza.

privàre [vc. dotta, lat. *privāre*, da *prīvus* 'che sta da sé, singolo' (V. *privo*)] **A** v. tr. ● Rendere qc. privo di q.c.: *p. della libertà, della compagnia, di un diritto* | *P. della vita*, uccidere | *P. della vista*, accecare. SIN. Levare, togliere. CONTR. Concedere, donare. **B** v. rifl. ● Togliere a se stesso q.c., impedirsi di possedere q.c.: *privarsi del necessario*. CONTR. Concedersi.

†**privàta** (1) [f. sost. di *privato*] s. f. ● Scala segreta.

†**privàta** (2) s. f. ● Latrina, privato.

privatézza s. f. ● Intimità, vita privata: *diritto alla p.*

privatista **A** s. m. e f. (pl. m. *-i*) *1* Studente che frequenta una scuola privata o che compie privatamente gli studi. *2* (*dir.*) Studioso di diritto privato. **B** anche agg.: *studente p.*

privatìstico agg. (pl. m. *-ci*) *1* Che si riferisce all'economia fondata sull'iniziativa privata. *2* Relativo al diritto privato.

privatìva [da *privativo*] s. f. ● Facoltà esclusiva di godere vantaggi di fabbricare o vendere prodotti, che lo Stato riserva a sé o attribuisce ad altri mediante concessione: *lo Stato ha la p. del tabacco* | *P. industriale, piccola p.*, diritto dell'inventore di attuare, sfruttare commercialmente e alienare la propria invenzione.

privatìvo [vc. dotta, lat. *privatīvu(m)*, da *privātus* 'privato'] agg. *1* Che ha potere di privare | Che denota privazione. *2* (*ling.*) Detto di elemento componente di parola che serve a esprimere la mancanza di una qualità | *Opposizione privativa*, i cui fenomeni sono caratterizzati rispettivamente dalla presenza o dall'assenza di una particolarità. *3* †Negativo. || **privativaménte**, avv. (*raro*) Con esclusione di altri.

privatizzàre v. tr. ● Trasferire ai privati un'impresa già pubblica.

privatizzazióne s. f. ● Atto, effetto del privatizzare.

privàto (1) [vc. dotta, lat. *privātu(m)*, part. pass. di *privāre* 'privare'] **A** agg. *1* Che è proprio della persona in sé o della persona singola: *interessi privati* | *Diritto p.*, complesso degli atti legislativi che disciplinano i rapporti tra cittadini o enti privati | *Accusa privata*, attività con cui un privato attribuisce un illecito, davanti all'autorità giudiziaria, ad altra persona di cui chiede la condanna. *2* Non pubblico o comune ad altre persone: *vita privata*; *faccende private* | Comune a poche persone: *colloquio p.*; *cappella privata* | *Passioni private*, personali | *In via privata, in forma privata, in p.*, privatamente. *3* Detto di emittente radiofonica o televisiva di proprietà privata, che utilizza frequenze diverse da quelle della radiotelevisione statale. *4* †Speciale, particolare. *5* †Segreto, nascosto. || **privataménte**, avv. *1* Da privato: *vivere privatamente*; (*raro*) *lavorare privatamente*, in casa. CONTR. Pubblicamente. *2* In maniera, in forma privata: *matrimonio celebrato privatamente*; segretamente: *lo ha ammesso solo privatamente*. **B** s. m. (f. *-a*) *1* Semplice cittadino, non investito di cariche pubbliche: *associazione di privati*. *2* Persona singola: *è un'azienda che non vuole trattare con i privati*. **C** s. m. solo sing. ● Tutto ciò che si riferisce alla vita privata, e talvolta anche intima, di una persona: *la sfera del p.*; *interferire nel p.*; *narrare il proprio p.*; *il politico e il p.*

†**privàto** (2) o †**privàdo** (2) [sost. di *privato* (1)] s. m. ● Latrina, ritirata, fogna.

privàto (3) part. pass. di *privare*; anche agg. ● Nei sign. del v.

privatóre agg.; anche s. m. (f. *-trice*) ● (*raro*) Che, chi priva di q.c.

privazióne [vc. dotta, lat. *privatiōne(m)*, da *privātus* 'privato (1)'] s. f. *1* Atto, effetto del privare o dell'essere privato di q.c.: *la p. di ogni diritto*; *la p. dell'amico*. *2* Il privarsi, spec. volontariamente, di q.c. di necessario, di utile o di gradito: *imporsi molte privazioni per vivere*; *una vita di stenti e di privazioni*. SIN. Sacrificio. *3* (*raro, lett.*) Mancanza, assenza: *la p. dell'infelicità è ... meglio dell'infelicità* (LEOPARDI).

†**privìgno** [vc. dotta, lat. *privĭgnu(m)*, comp. di *prīvus* 'singolo, isolato' (V. *privo*) e la radice di *gĭgnere* 'generare'] s. m. (f. *-a*) ● Figliastro.

privilegiàre o †**brivilegiàre** [da *privilegio*] v. tr. (*io privilègio*) *1* Concedere un privilegio. *2* (*est.*) Concedere a qc. un favore, un vantaggio speciale: *p. una categoria nei confronti delle altre* | (*est.*) Preferire rispetto ad altro: *ha sempre privilegiato il lavoro rispetto alla famiglia*.

†**privilegiatìvo** agg. ● Atto a conferire privilegio.

privilegiàto o †**brivilegiàto**. **A** part. pass. di *privilegiare* ● Nei sign. del v. **B** agg. *1* Che è favorito da, o insignito di, un privilegio | *Altare p.*, quello che, nelle chiese cattoliche, gode di speciali indulgenze | (*dir.*) *Credito, creditore p.*, che ha diritto di prelazione sugli altri. *2* (*est.*) Che gode di uno o più privilegi, facilitazioni, favori e sim.: *trattamento p.*; *classi privilegiate*; *individui privilegiati* | (*est.*) Che è migliore, più favorevole, più favorito e sim., rispetto ad altri: *situazione, posizione, condizione privilegiata*. **C** s. m. (f. *-a*) ● Chi è fornito di particolari privilegi: *si credono dei privilegiati*.

privilègio o †**brivilègio**, †**previlègio** [vc. dotta, lat. *privilēgiu(m)* 'legge eccezionale', cioè che riguarda una singola persona, comp. di *prīvus* 'singolo, isolato' (V. *privo*) e un deriv. di *lēx*, genit. *lēgis* 'legge'] s. m. *1* Documento sovrano o pontificio medioevale di concessione, donazione di diritti o prerogative, di immunità o di esenzione da tributi e prestazioni. *2* (*dir.*) Prelazione legale accordata a dati crediti rispetto ad altri | *P. generale*, prelazione su tutti i beni mobili del debitore che si attua in sede di espropriazione degli stessi | *P. speciale*, prelazione che si instaura su dati beni del debitore | *Privilegi diplomatici*, immunità diplomatiche. *3* Correntemente, esenzione, immunità, franchigia. *4* (*est.*) Distinzione, onore speciale: *non a tutti capita il p. di conoscerlo* | Merito, caratteristica positiva: *il libro ha il p. della chiarezza*; *ha il p. di essere sempre calmo*.

privo [vc. dotta, lat. *prīvu(m)*, propr. 'che sta davanti, isolato', da avvicinare a *prae-* 'pre-'] **agg.** ● (sempre seguito dalla prep. *di*) Che manca di q.c. che è, o sarebbe, opportuno avere: *essere p. di denaro, di mezzi, di possibilità*; *bambino p. dei genitori*; *casa priva di riscaldamento*; *discorsi privi di senso* | *Essere p. di sensi*, essere svenuto | *Essere p. della vista, dell'udito*, essere cieco, sordo | *Camera priva di luce*, buia.

†prizzàto [V. *brizzolato*] **agg.** ● Cosparso di macchie: *come smeraldo quasi è verde suo colore, bench'ell'è prizzata di sanguigno* (SACCHETTI).

prm /prm/ o **prr** [vc. onomat.] **inter.** ● Riproduce il rumore del motore di una motocicletta spec. quando accelera o va a forte velocità.

pro (1) /prɔ, *lat.* prɔ/ [lat. *prō* 'davanti, a difesa, in favore di', di origine indeur.] **prep.** ● In favore di: *lotteria pro mutilati*; *sottoscrizione pro infanzia abbandonata*; *sei pro o contro la proposta?* **CONTR.** Contro.

pro (2) /prɔ*/ o (*raro*) **prò** [da *prode*, nel sign. di 'utilità'] **s. m.** solo **sing.** ● Utilità, vantaggio, giovamento: *andrà tutto a nostro pro*; *a che pro?*; *Che pro sarebbe stato per voi, se avessero taciuto?* (MANZONI) | *Il pro e il contro*, ciò che è in favore e ciò che è contrario: *valutare, pesare, considerare il pro e il contro di q.c.* | *Tornare in, a pro, †tornare pro*, riuscire utile | *Senza pro*, invano | *Fa pro, buon pro*, giova alla salute, detto di cibo o bevanda | *Buon pro ti faccia!*, ti giovi! | (*raro*) *Dare, augurare il buon pro*, congratularsi con qc. in seguito a un evento fortunato | *†Andare, recare a pro*, a buon fine.

pro (3) /prɔ*/ o **prof (2)** **s. m. e f. inv.**; anche **agg. inv.** ● Nel linguaggio sportivo, acrt. di *professionista*: *le finali del torneo di p.*

†pro' /prɔ*, prɔ/ o **†prò**, **†pro.** **A agg.** ● (*lett.*) Forma tronca di 'prode': *uomo savio ..., di gran lealtà, pro' d'arme, di nobile schiatta* (COMPAGNI). **B avv.** ● (*raro*) Valorosamente.

pro- (1) /prɔ/ [lat. *prō-* col sign. di 'che sta davanti' o anche, nella lingua amministrativa, 'al posto di'] **pref.** *1* In parole di origine latina o di moderna formazione, significa 'fuori' o 'davanti' o indica estensione nello spazio e nel tempo: *proclamare, procedere, progredire*. *2* Indica gli ascendenti o i discendenti, in nomi di parentela: *progenitori, prozio, pronipote*. *3* Significa 'invece di', 'in luogo di', 'che fa le veci di', in casi come: *proconsole, prodittatore, prorettore, prosindaco*.

pro- (2) /prɔ/ [dal gr. *pró* 'davanti, in favore'] **pref.** *1* In parole composte di origine greca o di moderna formazione, con valore spaziale o temporale, significa 'davanti', 'primo', esprimendo quindi anteriorità, priorità: *proboscide, profeta, prognosi, prologo*. *2* Nella terminologia biologica, indica struttura più primitiva: *proscimmie*.

proàvo [vc. dotta, lat. *prŏavu(m)*, propriamente 'che viene prima dell'avo', comp. di *prō* (V. *pro-* (*1*)) e *ăvus* 'avo'] **s. m.** (f. *-a*) *1* (*lett.*) Bisnonno, bisavolo. *2* (*spec. al pl.*) Gli antenati in generale: *i nostri proavi*.

†proàvolo **s. m.** (f. *-a*) ● Proavo.

probàbile [vc. dotta, lat. *probābile(m)* 'degno di approvazione, verosimile', da *probāre* 'provare'] **agg.** *1* Che si può approvare: *ragione p.* | Credibile, verosimile, ammissibile in base a motivi e argomenti abbastanza sicuri: *è una congettura molto p.*; *è p. che ci vedremo presto* | *Opinione p.*, nella morale e nel diritto cattolico, quella che ha a suo favore buon fondamento, ragioni e autorità. **CONTR.** Improbabile. *2* †Degno d'approvazione: *condotta p.* || **probabilménte**, **avv.** Con probabilità, in modo probabile, forse: *probabilmente è la risposta più adatta*; *probabilmente pioverà*.

probabiliorìsmo [vc. dotta, dal lat. *probābilĭor*, compar. di *probābilis* 'probabile'] **s. m.** ● Sistema cattolico di teologia morale, secondo il quale non si è obbligati a osservare la legge quando la sua non esistenza sia più probabile della sua esistenza.

probabilìsmo **s. m.** *1* Dottrina filosofica secondo la quale non esistono proposizioni assolutamente certe, ma soltanto opinioni più o meno plausibili, probabili e verosimili | *P. scientifico*, dottrina secondo la quale le leggi scientifiche, fondandosi su un carattere puramente statistico, non hanno per i fatti singoli che un valore di probabilità. *2* Sistema cattolico di teologia morale sviluppato nei secc. XVI-XVII, secondo il quale, quando esiste conflitto fra norma e libertà o quando sia incerta l'esistenza o l'interpretazione della norma, un'azione è lecita anche contro la legge, se a favore di essa vi sia un'opinione tale da meritare il consenso di una persona prudente.

probabilìsta **s. m. e f.** (**pl. m.** *-i*) ● Chi segue il, o si ispira al, probabilismo.

probabilìstico **agg.** (**pl. m.** *-ci*) *1* Che concerne o interessa il probabilismo. *2* Detto di fenomeno il cui verificarsi dipende dal caso.

probabilità [vc. dotta, lat. *probabilitāte(m)*, da *probābilis* 'probabile'] **s. f.** *1* Condizione, carattere di ciò che è probabile: *la p. di un avvenimento, di un fatto*. **CONTR.** Improbabilità. *2* (*mat.*) In relazione al verificarsi d'un certo evento, il rapporto fra il numero dei casi favorevoli e quello dei casi possibili. *3* La misura in cui si giudica che un avvenimento sia realizzabile o probabile: *hanno una sola p. di salvarsi*; *ci sono pochissime p. di successo*; *con molta p. sarò qui domani*.

probandàto [da *probando*, sul modello di *noviziato*] **s. m.** ● Periodo di prova cui è sottoposto l'aspirante alla vita religiosa in alcuni ordini e congregazioni.

probàndo [vc. dotta, lat. *probăndu(m)*, gerundio di *probāre* 'provare'] **s. m.** (f. *-a*) ● Chi desidera di essere accolto in un ordine religioso.

probànte [vc. dotta, lat. *probănte(m)*, part. pres. di *probāre* 'provare'] **agg.** ● Che prova, che costituisce una prova: *argomento poco p.*; *ragioni probanti*. **SIN.** Convincente, dimostrativo.

probàtico [vc. dotta, lat. tardo *probăticu(m)*, nom. *probăticus*, dal gr. *probatikós*, agg. di *próbaton* 'pecora' (da *proibánein* 'avanzare', comp. di *pró* 'davanti' (V. *pro-* (*2*)) e *báinein* 'andare'); la *piscina probātica* (lat. tardo, dal gr. *probatikḗ kolymbḗthra*) era quella dove si lavavano le pecore destinate al sacrificio] **agg.** (**pl. m.** *-ci*) ● Detto della piscina nella quale si lavavano gli animali per il sacrificio in Gerusalemme e della porta dell'angolo nord-orientale della città.

probatìvo [vc. dotta, lat. tardo *probatīvu(m)*, da *probātus* 'provato'] **agg.** ● Che serve, è atto o tende a provare: *argomentazione probativa*.

probatòrio [vc. dotta, lat. tardo *probatōriu(m)*, da *probātus* 'provato'] **agg.** ● Che costituisce elemento di prova: *documenti, mezzi probatori* | (*dir.*) *Istruzione probatoria*, complesso di attività dirette all'assunzione delle prove.

†probazióne [vc. dotta, lat. tardo *probatiōne(m)*, da *probātus* 'provato'] **s. f.** ● Probandato.

probiónte [comp. di *pro-* (*2*) e *bionte*, dal gr. *biôn*, genit. *biôntos* 'vivente'] **s. m.** ● (*biol.*) Ognuno degli organismi che vive in una simbiosi mutualistica.

probità [vc. dotta, lat. *probitāte(m)*, da *prŏbus* 'probo'] **s. f.** ● Virtù di chi è probo: *uomo di specchiata p.*

problèma [vc. dotta, lat. *problēma*, dal gr. *próblēma*, da *probállein* 'mettere innanzi, proporre', comp. di *pró-* (V. *pro-* (*2*)) e *bállein* 'gettare' (V. *pirobolia*)] **s. m.** o raro **†f.** (**pl. m.** *-i*) *1* Ogni ordine di difficoltà, la cui soluzione incerta implica la possibilità di un'alternativa: *un p. logico, matematico*; *impostare, formulare, risolvere un p.* | Quesito nel cui enunciato si forniscono i dati necessari per giungere, mediante calcoli o elaborazioni, alla soluzione richiesta nell'enunciato stesso: *p. di geometria, di fisica* | In particolare, esercizio scolastico costituito da tale quesito. *2* (*fig.*) Questione complicata, situazione difficile da affrontare e da risolvere: *il p. della scuola*; *è un p. riuscire a stare un po' insieme*; *la sua venuta mi crea molti problemi* | *Non c'è p.*, va bene, non ci sono difficoltà. *3* (*fig.*) Persona della quale non si riesce a conoscere i pensieri o a spiegare le azioni e che perciò crea dubbi e preoccupazioni: *quel bambino è diventato un p. per tutti*. || **problemino**, **dim.** | **problemóne**, **accr.** | **problemùccio**, **dim.**

problemàtica [da *problematico*] **s. f.** ● Il complesso dei problemi di una scienza, di una questione o di un periodo storico: *la p. filosofica*; *la p. dell'illuminismo*.

problematicìsmo **s. m.** ● Nella filosofia contemporanea, indirizzo di pensiero che tende a non assolutizzare alcuna posizione filosofica e a considerare la vita come continua ricerca sempre aperta alla proposizione di nuovi problemi.

problematicità **s. f.** ● Qualità di ciò che è problematico.

problemàtico [vc. dotta, lat. tardo *problemătĭcu(m)*, dal gr. *problēmatikós*, da *próblēma*, genit. *problḗmatos* 'problema'] **agg.** (**pl. m.** *-ci*) *1* (*raro*) Attinente al problema: *i dati problematici*. *2* (*fig.*) Non facile a intendersi e a spiegare, tanto da rappresentare un problema: *teoria problematica* | Che dev'essere messo in discussione per i lati dubbi e oscuri che presenta: *una conclusione molto problematica*. **SIN.** Dubbio, incerto. || **problematicaménte**, **avv.**

problematizzàre **v. tr.** ● Rendere problematico, di difficile soluzione, spec. con riferimento a situazioni o eventi che, di per sé, non sono tali.

pròbo [vc. dotta, lat. *prŏbu(m)*, di origine indeur.] **agg.** *1* (*lett.*) Detto di persona che dà prova di grande integrità morale e onestà di coscienza: *cittadino p.* *2* †Prode, valoroso. || **probaménte**, **avv.** Con probità, in modo probo.

pro bono pacis /*lat.* prɔ 'bɔno 'patʃis/ [loc. lat., propr. 'per il bene della pace'] **loc. avv.** ● Per amor di pace, per non turbare la tranquillità generale: *ti consiglio, pro bono pacis, di non replicare*.

Proboscidàti **s. m. pl.** ● Nella tassonomia animale, ordine di Mammiferi, comprendente oggi solo gli elefanti, con dentatura incompleta, proboscide, zampe a 4-5 dita munite di zoccoletti e pelle spessa (*Proboscidea*).

proboscidàto **A agg.** ● Fornito di proboscide. **B s. m.** ● (*zool.*) Ogni individuo appartenente all'ordine dei Proboscidati.

probòscide [vc. dotta, lat. *probŏscide(m)*, nom. *probŏscis*, dal gr. *proboskís*, da *bóskein* 'nutrire', di origine indeur., con *pro-* (*2*)] **s. f.** *1* Appendice muscolosa prensile tipica degli elefanti, alla cui estremità si trovano le narici. *2* Organo pungitore-succhiatore di alcuni insetti, risultante dalla modificazione dei vari pezzi boccali. *3* (*fam.*, *scherz.*) Grosso naso.

probovìro [sing. ricavato dal pl. *probiviri*, dalla loc. lat. *probi viri* 'uomini onesti'] **s. m.** (**pl.** *probiviri*) *1* Un tempo, arbitro esplicante funzioni di conciliazione in materia di diritto del lavoro: *collegio dei probiviri*. *2* (*est.*) Attualmente, persona di particolare fama e prestigio, chiamata per ciò stesso a esercitare, in giurie, commissioni, collegi e sim., funzioni consultive, di controllo, di conciliazione e sim.: *il collegio dei probiviri*; *deferire qc. ai probiviri*.

procaccévole **agg.** ● Sollecito a procacciare. **SIN.** Industrioso.

procàccia [da *procacciare*] **s. m. e f. inv.** ● Chi, spec. un tempo, si incaricava, dietro compenso, di fare commissioni o di trasportare merci, lettere, pacchi da un luogo all'altro.

procacciaménto **s. m.** ● (*raro*) Modo, atto del procacciare o del procacciarsi q.c.: *il p. del necessario*.

procacciànte **part. pres.** di *procacciare*; anche **agg.** *1* Nei sign. del v. *2* (*spreg.*) Che è sempre in cerca di guadagni. **SIN.** Faccendiere, trafficone.

procacciàre [sovrapposizione di *cacciare* a *procurare*] **v. tr.** (*io procàccio*) ● Trovare il modo di avere, di procurare q.c. a sé o ad altri: *p. il pane alla famiglia*; *funesta necessità di doversi servilmente p. il vitto* (ALFIERI) | *†P. di, che*, cercare di, che | *Procacciarsi q.c.*, studiarsi, ingegnarsi, sforzarsi con ogni mezzo per ottenere q.c. **SIN.** Cercare, procurare, provvedere.

procacciatóre **agg.**; anche **s. m.** (f. *-trice*) ● Che, chi procaccia q.c. per sé o per altri: *p. di affari*.

procaccìno [da *procacciare*] **s. m.** (f. *-a*) **1** Chi porta ambasciate, lettere, pacchi e sim. per guadagno. **SIN.** Procaccia. **2** (*spreg.*) †Chi cerca di guadagnare, di far affari in ogni modo.

†**procàccio** **s. m.** **1** Atto, effetto del procacciare. **2** Acquisto, guadagno, utile. **3** Sollecitazione, premura, cura.

procàce [vc. dotta, lat. *procāce(m)*, da *procāri* 'domandare, esigere', da *prŏcus* 'pretendente (alla mano di una donna)' (V. *proco*)] **agg.** ● (*lett.*) Protervo, sfacciato nel manifestare le proprie intenzioni | (*raro*) *Lingua, discorso p.*, arrogante, audace o petulante | Licenzioso, sfrontato, provocante: *occhiata, donna p.* ‖ †**procacétto**, **dim.** ‖ **procaceménte**, **avv.** In modo procace, insistente e licenzioso.

procàcia [vc. dotta, lat. tardo *procācia(m)*, da *prŏcax*, genit. *procācis* 'procace'] **s. f.** (**pl.** *-cie*) ● (*raro, lett.*) Procacità.

procacità [vc. dotta, lat. *procacitāte(m)*, da *prŏcax*, genit. *procācis* 'procace'] **s. f.** ● (*lett.*) Qualità di chi o di ciò che è procace.

procaìna ® [nome commerciale] **s. f.** ● Composto chimico sintetico, succedaneo della più tossica cocaina, usato come anestetico locale oppure come antidolorifico per via endovenosa.

procànico [etim. sconosciuta] **s. m.** (**pl.** *-ci*) ● (*enol.*) Vitigno della Toscana e in particolare dell'isola d'Elba da cui si ricava il vino bianco omonimo.

pro capite /*lat.* prɔ 'kapite/ [vc. lat., propriamente 'a testa'] **loc. agg. inv.** e **avv.** ● A testa: *assegnare una somma pro capite.*

procarióte [comp. di *pro(to)-* e del gr. *káryon* 'nucleo' (di origine sconosciuta)] **A** **s. m.** ● (*biol.*) Organismo unicellulare il cui nucleo non appare morfologicamente distinto, in quanto mancante di membrana nucleare, come i batteri e le alghe azzurre. **B** anche **agg.** **CONTR.** Eucariote.

procariòtico **agg.** (**pl. m.** *-ci*) ● (*biol.*) Di, relativo a, procariote. **CONTR.** Eucariotico.

†**proccuràre** e *deriv.* ● V. *procurare* e *deriv.*

procedènza **s. f.** ● (*raro*) Atto del procedere.

procèdere [lat. *procēdere*, comp. di *prō-* 'avanti' (V. *pro-* (*1*)) e *cēdere* 'avanzare' (V. *cedere*)] **v. intr.** (**pass. rem.** *io procedètti* o *procedéi*, †*procèssi*, *tu procedésti*; **part. pass.** *procedùto*, †*procèsso*; aus. *essere* nei sign. 1, 3, 5; aus. *avere* nei sign. 2, 4, 6 e 7) **1** Andare avanti, camminare avanzando: *p. cautamente, lentamente*; *p. a passo lento, a passo svelto, a passo d'uomo* | *P. oltre*, seguitare il cammino | *P. contro*, muovere contro. **CONTR.** Retrocedere. **2** (*fig.*) Seguitare, continuare, progredire in ciò che si è intrapreso: *p. nel discorso*; *procediamo per esclusione*; *gli studi procedono di pari passo*; *procediamo con ordine.* **3** (*fig.*) Essere condotto a termine, seguire il proprio corso, detto di cosa: *gli affari procedono bene*; *tutto procede a gonfie vele*; *le cose procedono con lentezza.* **4** Comportarsi, condursi, operare: *p. con onestà, da galantuomo, da gran signore* | *P. con la violenza*, agire con la violenza. **5** Derivare, provenire: *tutto ciò procede dalla vostra ignoranza*; *un fiume che procede da un lago.* **6** Dare inizio a: *p. all'esame del progetto*; *p. all'esecuzione di q.c.* **7** (*dir.*) Esercitare un'azione in giudizio od operare per lo svolgimento di un dato processo: *p. contro qc.* | *Non luogo a p.*, quando non sussistono le condizioni per avviare un procedimento.

procedìbile [da *procedere*] **agg.** ● (*dir.*) Di giudizio che può essere o può avere corso ulteriore: *appello p.*

procedibilità **s. f.** ● (*dir.*) Qualità di ciò che è procedibile: *p. dell'appello* | *Condizione di p.*, nel diritto processuale penale, requisito necessario per il promovimento dell'azione penale.

procediménto **s. m.** **1** Modo, atto del procedere | *Il p. dei fatti*, il loro corso, lo svolgimento. **2** Maniera, metodo di condurre e trattare un'operazione, o di risolvere un problema: *usare un p. troppo complicato.* **3** Nel diritto processuale, modello legale del processo.

procedùra [fr. *procédure*, dal lat. *procēdere* 'procedere'] **s. f.** **1** (*raro*) Modo di procedere, di operare | (*scherz.*) Procedimento: *la p. per avvicinarlo è lunghissima.* **2** Complesso delle formalità che debbono osservare, nel caso dei procedimenti spec. giudiziari, tutti coloro che comunque operano negli stessi: *seguire la p. normale*; *osservare la p.* **3** Nella prassi giuridica, diritto processuale: *norme di p.*; *errore di p.*; *codice di p. civile*; *codice di p. penale.* **4** (*elab.*) L'insieme delle elaborazioni destinate alla risoluzione di un problema complesso, spec. per quanto riguarda i problemi di gestione aziendale.

proceduràle **agg.** ● (*dir.*) Che concerne la procedura: *sollevare una eccezione p.*; *incidente p.* ‖ **proceduralménte**, **avv.** Relativamente alla procedura.

procedurìsta **s. m.** (**pl.** *-i*) **1** Giurista particolarmente esperto di diritto processuale. **2** Esperto di procedura nei lavori d'ufficio.

proceleuṣmàtico o **proceleumàtico** [vc. dotta, lat. tardo *proceleusmăticu(m)*, nom. *proceleusmăticus*, dal gr. *prokeleusmatikós*, da *prokéleusma* 'incitamento', da *prokeléuein* 'incitare', comp. di *pró* 'avanti' (cfr. *pro-* (*2*)) e *keléuein* 'incitare' (da avvicinare a *kélēs* 'che corre', di origine indeur.)] **s. m.** (**pl.** *-ci*) ● (*ling.*) Piede metrico della poesia greca e latina, formato da quattro sillabe brevi.

procèlla [vc. dotta, lat. *procĕlla(m)*, comp. di *prō-* 'avanti' (V. *pro-* (*1*)) e un deriv. di **cĕllere* 'battere, percuotere', di origine indeur.] **s. f.** **1** (*lett.*) Impetuosa tempesta, burrasca: *nave in balia della p.* **CONTR.** Bonaccia, calma. **2** (*fig., lett.*) Serie di avvenimenti calamitosi o dolorosi: *la guerra è una tremenda p.*; *seppi ... ch'al clero soprasta gran p. di sangue* (CAMPANELLA).

procellària [da *procella*; detta così perché vola anche in mezzo alle tempeste] **s. f.** ● Uccello pelagico dei Procellariformi, poco più grande di un passero, nero e bianco, che vola sfiorando le onde (*Hydrobates pelagicus*). **SIN.** Uccello delle tempeste.

Procellarifórmi [vc. dotta, comp. di *procellaria* e il pl. di *-forme*] **s. m. pl.** ● Nella tassonomia animale, ordine di Uccelli oceanici con ali sviluppatissime e strette, capaci di volare anche nelle tempeste, zampe palmate, abbondante piumaggio (*Procellariiformes*) | (al sing. *-e*) Ogni individuo di tale ordine.

†**procellìpede** [comp. di *procella* e *-pede*, ricavato da *alipede* ecc.] **agg.** ● (*poet.*) Veloce come la procella.

procellóso [vc. dotta, lat. *procellōsu(m)*, da *procĕlla* 'procella'] **agg.** **1** (*lett.*) Tempestoso, burrascoso (*anche fig.*): *stagione procellosa*; *La procellosa e trepida / gioia d'un gran disegno* (MANZONI). **2** (*fig., lett.*) Sconvolto, agitato da discordie, tumulti, gravi disordini: *tempi procellosi.* ‖ **procellosaménte**, **avv.** (*raro, lett.*) In modo procelloso.

pròceri [vc. dotta, lat. *prŏceres*, di etim. incerta] **s. m. pl.** ● (*raro, lett.*) Nel mondo classico, i cittadini più importanti.

†**procerità** [vc. dotta, lat. *proceritāte(m)*, da *procērus* 'alto' (V. †*procero*)] **s. f.** ● Altezza, grandezza.

†**procèro** [vc. dotta, lat. *procēru(m)*, da avvicinare a *crēscere* 'crescere'] **agg.** ● Alto, lungo.

processàbile **agg.** ● Che si può processare.

processàre (**1**) [da *processo*] **v. tr.** (*io procèsso*) ● Sottoporre a processo, spec. penale: *p. qc. per rapina.*

processàre (**2**) [da *processo* in senso tecnologico, come l'ingl. *to process*] **v. tr.** (*io procèsso*) ● (*tecnol.*) Trattare sistematicamente, analizzare, elaborare: *p. dei dati.*

processionàle **agg.** ● Che riguarda la processione, le processioni. ‖ **processionalménte**, **avv.** **1** In processione. **2** (*est.*) In corteo.

processionàre [da *processione*] **v. intr.** (*io processióno*; oggi dif. usato solo all'**indic. pres.**, al **ger.** *processionàndo* e al **part. pres.** *processionànte*) ● (*raro*) Andare in processione: *il gruppo andava processionando.*

processionària [detta così perché i bruchi si muovono in lunga fila, come in *processione*] **s. f.** ● Denominazione di farfalle notturne appartenenti a varie specie, i cui bruchi, gregari, si spostano in ordinate processioni quando escono dai nidi per portarsi sugli alberi e divorare le foglie | *P. del pino*, vivente su pini e cedri (*Thaumatopoea pityocampa*).

processióne o (*pop.*) †**procissióne** [vc. dotta, lat. *processiōne(m)* 'l'avanzarsi, l'avanzata (di un esercito)', poi (lat. tardo) 'corteo, processione', da *procĕssum*, supino di *procēdere* 'procedere'] **s. f.** **1** Cerimonia liturgica consistente in un corteo di sacerdoti e di laici che procedono in fila, a passo piuttosto lento, per le strade o all'interno di una chiesa, portando immagini sacre, reliquie e sim.: *la p. del Venerdì Santo*; *portare una statua in p.* | (*est.*) Le persone facenti parte di una processione: *passa la p.*; *la p. si è sciolta.* **2** (*est.*) Corteo, fila più o meno lunga di gente o automezzi che vanno nella stessa direzione: *una p. di creditori, di dimostranti*; *la p. delle macchine al casello dell'autostrada* | *Andare, camminare in p.*, in fila e lentamente | *Mandare in p.*, in giro per le strade. **3** (*raro*) Atto del procedere. **4** Nella teologia cristiana, relazione intercorrente fra le tre persone della Trinità. ‖ **processioncèlla**, **dim.** | **processioncìna**, **dim.**

processìsta **agg.**; anche **s. m.** e **f.** (**pl. m.** *-i*) ● (*tecnol.*) Che, chi si occupa della progettazione o elaborazione di schemi di processi tecnici: *ingegnere p. di sistemi energetici.*

†**processìvo** [da *processo*] **agg.** ● Che ha forza di procedere.

procèsso [vc. dotta, lat. *procĕssu(m)*, da *procĕssum*, supino di *procēdere* 'procedere'] **s. m.** **1** (*raro*) Atto del procedere, dell'avanzare | Successione di fenomeni legati fra di loro, che si determini con una certa regolarità: *un p. storico*; *il p. evolutivo del linguaggio*; *p. di evoluzione, di involuzione*; *p. di conoscenza*; *p. spirituale, mentale* | †Proseguimento, seguito | †*In p. di tempo*, con l'andar del tempo. **2** Metodo da seguire, operazione o serie di operazioni da compiere per ottenere un determinato scopo, una data sostanza o uno speciale trattamento: *un semplice p. logico*; *p. di fabbricazione*; *p. di laboratorio*; *p. siderurgico, chimico, elettrolitico*; *il p. della cardatura della lana* | *P. Bessemer*, processo di affinazione o decarburazione della ghisa, che conduce all'acciaio | *P. alla viscosa*, processo che conduce a una fibra artificiale dall'aspetto lucente, nota col nome di raion, partendo dalla cellula naturale | *P. delle camere di piombo*, quello che porta alla preparazione industriale dell'acido solforico | *P. analogico*, quello che avviene nei trasduttori elettrici in cui un segnale viene trasformato, per es., da elettrico in acustico | *P. industriale*, procedimento industriale di produzione, estrazione o lavorazione, basato su una serie di reazioni chimiche e fisiche concatenate fra loro | *Ingegnere di p.*, che si occupa dello studio di processi industriali. **3** (*dir.*) Svolgimento pratico di attività tese alla formazione di provvedimenti giurisdizionali: *p. civile, penale, amministrativo*; *istruire, chiudere un p.*; *mettere qc. sotto p.* | Correntemente, pubblico dibattito, udienza: *assistere a un p.*; *rinviare un p.* | (*est.*) Il complesso degli incartamenti relativi a un dato processo: *esaminare il p.* | *P. verbale*, atto generalmente redatto da un pubblico ufficiale, in cui sono descritte e documentate attività giuridicamente rilevanti | *P. di esecuzione*, procedura giudiziaria tendente a dare concreta applicazione a un atto, giudiziale o stragiudiziale, avente efficacia autoritaria | *Fare il p. addosso a qc.*, (*fig.*) muovergli accuse, biasimare energicamente la sua condotta | *Fare il p. alle intenzioni*, (*fig.*) giudicare qc. basandosi su ciò che si suppone volesse dire o fare e non sui fatti obiettivi. **4** (*anat.*) Formazione sporgente cartilaginea o ossea: *p. osseo.* **5** (*psicoan.*) *P. primario*, modalità di funzionamento dell'inconscio, che tende alla gratificazione immediata delle pulsioni | *P. secondario*, modalità di funzionamento del pensiero cosciente, che tende a rinviare la gratificazione delle pulsioni in base alle esigenze della situazione. **6** †Costume di vita, condotta morale. ‖ **processétto**, **dim.** | **processóne**, **accr.**

processóre [vc. ingl., da *process* 'processo, procedimento'] **s. m.** ● (*elab.*) Unità di elaborazione.

processuàle [dal lat. *procĕssus* 'processo'] **agg.** ● (*dir.*) Che concerne un processo: *atto p.* | *Questione p.*, problema di procedura discusso in giudizio, facente parte della causa | *Spese processuali*, il costo del processo | *Danni processuali*, pregiudizi causati da una parte all'altra o alle altre nel caso del processo civile per un comportamento colposo o per avere intentato temerariamente lo stesso | *Diritto p.*, complesso degli atti legislativi che disciplinano il processo. || **processualménte**, avv. Dal punto di vista del diritto processuale.

processualista s. m. e f. (pl. m. *-i*) ● Studioso di diritto processuale.

prochèilo [vc. dotta, gr. *prócheilos* 'con le labbra sporgenti', comp. di *pró-* 'pro- (2)' e *chêilos* 'labbro'] agg. ● (*ling.*) Detto di suono pronunciato con le labbra arrotondate e spinte in avanti.

procidènza [vc. dotta, lat. *procidĕntia(m)*, da *prōcidens*, genit. *procedĕntis* part. pres. di *procĭdere* 'cadere in avanti', comp. di *prō* 'davanti' (V. *pro- (1)*) e *cădere* 'cadere'] s. f. *1* (*med.*) Termine usato in ostetricia per indicare la fuoriuscita prematura dall'utero del cordone ombelicale e di un braccio del feto. *2* (*med.*) Fuoriuscita di un viscere dalla cavità in cui normalmente è contenuto non rivestito dai tegumenti.

procìma [comp. di *pro- (1)* e *cima*] s. f. ● (*agr.*) Ramo laterale che supera in sviluppo la cima del fusto.

procìnto (1) [vc. dotta, lat. *procīnctu(m)* 'assetto di guerra', comp. di *prō* 'davanti, in difesa' (V. *pro- (1)*) e un deriv. di *cīngere* (sottinteso *ărma* 'le armi')] s. m. ● Solo nella loc. *in p. di*, sul punto di: *Si vedevano alcuni con torchi accesi, in p. di porle il fuoco* (LEOPARDI).

†**procìnto (2)** [ant. fr. *porceint*, da *porceindre* 'cingere intorno', dal lat. *percĭngere* 'cingere intorno', comp. di *pĕr* 'intorno' e *cĭngere* 'cingere'] s. m. ● Spazio, circuito, recinto.

procióne [dal gr. *prokýōn* 'cane latrante', comp. di *pró* 'davanti' e *kýōn* 'cane' (di origine indeur.)] s. m. ● Carnivoro nordamericano grande come un cagnolino, grigio con coda anellata bianca e nera, notturno, che bagna il cibo prima di mangiarlo (*Procyon lotor*). SIN. Orsetto lavatore.

†**procissióne** ● V. *processione*.

proclàma [da *proclamare*] s. m. o †f. (pl. m. *-i*) ● Appello, bando solenne: *p. al popolo, all'esercito.*

proclamàre [vc. dotta, lat. *proclamāre* 'gridare ad alta voce, protestare', comp. di *prō* 'davanti' (V. *pro- (1)*) e *clamāre* 'gridare' (V. *chiamare*)] **A** v. tr. *1* Rendere pubblico solennemente, promulgare: *p. una legge.* *2* (*est.*) Affermare decisamente: *p. l'innocenza di qc.* **B** v. rifl. ● Dichiararsi, affermarsi in pubblico: *si è proclamato vincitore.*

proclamàto part. pass. di *proclamare*; anche agg. ● Nei sign. del v.

proclamatóre [vc. dotta, lat. *proclamatōre(m)* (che è però lezione incerta), da *proclamātus*, part. pass. di *proclamāre* 'proclamare'] s. m.; anche agg. (f. *-trice*) ● (*raro*) Chi, che proclama.

proclamazióne [vc. dotta, lat. tardo *proclamatiōne(m)*, da *proclamātus*, part. pass. di *proclamāre* 'proclamare'] s. f. *1* Atto del proclamare. *2* Riconoscimento solenne: *la p. dei nostri diritti.*

pròclisi [da *pro- (1)* sul modello di *enclisi*] s. f. ● (*ling.*) Processo per il quale una parola atona si appoggia alla parola tonica seguente.

proclìtico agg. (pl. m. *-ci*) ● (*ling.*) Detto di parola soggetta a proclisi (V. nota d'uso ACCENTO).

proclìve [vc. dotta, lat. *proclīve(m)* 'inclinato all'ingiù', comp. di *prō* 'in avanti' (V. *pro- (1)*) e *clīvus* 'clivo'] agg. ● (*lett.*) Disposto, incline, propenso: *essere p. all'indulgenza*; *uomo p. al vizio, all'alcol.*

proclività [vc. dotta, lat. *proclivitāte(m)*, da *proclīvis* 'proclive'] s. f. ● (*raro, lett.*) L'essere proclive. SIN. Inclinazione, propensione.

pròco [vc. dotta, lat. *prŏcu(m)* 'pretendente', dalla stessa radice di *prĕx*, genit. *prĕcis*, 'preghiera' (V. *prece*)] s. m. (pl. *-ci*, †*-chi*) ● (*raro, lett.*) Pretendente, innamorato.

procòio o **precòio**, **precuòio**, **prequòio**, **proquòio**, [etim. incerta] s. m. ● (*centr.*) Luogo recintato, destinato ad accogliere bestiame, spec. ovino.

procombènte part. pres. di *procombere*; anche agg. *1* (*lett.*) Nei sign. del v. *2* (*bot.*) Detto di stelo, ramo, fusto e sim. che si piega verso terra senza mettervi radici.

procómbere [vc. dotta, lat. *procŭmbere*, comp. di *prō* 'avanti' (V. *pro- (1)*) e **cŭmbere* (V. *incombere*)] v. intr. (pass. rem. *io procombètti* o *procombéi, tu procombésti*; oggi dif. del part. pass. e dei tempi composti) ● (*lett.*) Cadere bocconi, in avanti | (*est.*) Cadere, morire in battaglia, con il viso rivolto intrepidamente al nemico: *io solo / combatterò, procomberò sol io* (LEOPARDI).

proconsolàre [vc. dotta, lat. *proconsulāre(m)*, da *procōnsul* 'proconsole'] agg. ● Del proconsole, che appartiene al proconsole | *Provincia p.*, governata da un proconsole.

proconsolàto [vc. dotta, lat. *proconsulātu(m)*, da *procōnsul* 'proconsole'] s. m. ● Titolo, ufficio del proconsole e sua durata.

procònsole o †**procònsolo** [vc. dotta, lat. *procōnsule(m)*, comp. di *prō-* (V. *pro- (1)*) e *cōnsul*, genit. *cōnsulis* 'console'] s. m. *1* (*st.*) Nell'ordinamento statale di Roma antica, alto magistrato con funzioni di governo amministrativo e militare in una o più provincie, nominato dal Senato, originariamente nella persona di un console, a cui la carica veniva eccezionalmente prorogata dopo la scadenza del mandato annuale, e poi di un privato cittadino investito di incarichi straordinari. *2* (*est.*) Personaggio che esercita in una provincia, in una colonia e, gener., in un territorio periferico di uno Stato, un potere assoluto e privo di controllo da parte degli organi di governo centrale.

procònsolo [var. antica di *proconsole*] s. m. *1* (*st.*) Nell'ordinamento di alcuni comuni medievali italiani, il capo dei consoli o il capo dell'arte dei giudici e notai. *2* †Proconsole, nel sign. 1.

procrastinàbile agg. ● (*raro*) Che si può procrastinare.

procrastinaménto s. m. ● (*raro*) Modo, atto del procrastinare. SIN. Rinvio.

procrastinàre [vc. dotta, lat. *procrastināre*, da *crāstinus* (V. *crastino*), con *prō* 'davanti' (V. *pro- (1)*)] **A** v. tr. (*io procràstino*) ● Rimandare al domani o ad altro giorno, allo scopo di guadagnare tempo, di rinviare una decisione e sim.: *p. i pagamenti, una decisione.* SIN. Differire, rimandare. CONTR. Anticipare, prevenire. **B** v. intr. (aus. *avere*) *1* (*raro*) Indugiare, temporeggiare. *2* †Ritardare ad avere effetto.

procrastinatóre agg.; anche s. m. (f. *-trice*) ● (*raro*) Che, chi procrastina.

procrastinazióne [vc. dotta, lat. *procrastinatiōne(m)*, da *procrastinātus* 'procrastinato'] s. f. ● (*raro*) Atto, effetto del procrastinare. SIN. Dilazione. CONTR. Anticipazione.

procreàbile [vc. dotta, lat. tardo *procreābile(m)*, da *procreāre* 'procreare'] agg. ● Che può essere procreato.

procreaménto s. m. ● (*raro*) Procreazione.

procreàre [vc. dotta, lat. *procreāre*, comp. di *prō* 'in favore di' (V. *pro- (1)*) e *creāre* 'creare'] v. tr. (*io procrèo*) ● Generare, partorire: *ciascuno procrea volontieri quegli figliuoli che crede poter nutrire* (MACHIAVELLI).

procreatóre [vc. dotta, lat. *procreatōre(m)*, da *procreātus* 'procreato'] agg.; anche s. m. (f. *-trice*) ● Che, chi procrea. SIN. Genitore.

procreazióne [vc. dotta, lat. *procreatiōne(m)*, da *procreātus* 'procreato'] s. f. ● Modo, atto del procreare.

proctalgìa [comp. di *procto-* e *-algia*] s. f. (pl. *-gie*) ● (*med.*) Dolore del retto.

proctìte [comp. di *procto-* e *-ite (1)*] s. f. ● (*med.*) Infiammazione del retto.

pròcto- [dal gr. *prōktós* 'ano, deretano', di origine indeur.] primo elemento ● In parole composte della terminologia medica significa 'ano', o indica relazione con l'intestino retto: *proctalgia, proctocele, proctologo.*

proctocèle [comp. di *procto-* e *-cele*] s. m. ● (*med.*) Rettocele.

proctodèo o **prottodèo** [da *proct(o)-* e della terminazione lat. *-od(a)eum*, dal gr. *hodaîos* 'sulla via (*hodós*)'] s. m. ● (*anat., zool.*) Porzione posteriore del retto, formatasi in epoca embrionale per invaginazione dell'ectoderma.

proctologìa [comp. di *procto-* e *-logia*] s. f. ● Ramo della medicina che studia le affezioni dell'intestino retto.

proctològico agg. (pl. m. *-ci*) ● Della, relativo alla, proctologia.

proctòlogo [comp. di *procto-* e *-logo*] s. m. (pl. *-gi*, pop. *-ghi*) ● Medico specialista in proctologia.

proctorragìa [comp. di *procto-* ed *(emo)rragia*] s. f. (pl. *-gie*) ● (*med.*) Emorragia dal retto.

proctoscopìa [comp. di *procto-* e *-scopia*] s. f. ● (*med.*) Rettoscopia.

procùra [da *procurare*] s. f. *1* (*dir.*) Negozio giuridico con cui si conferisce ad altri il potere di rappresentanza | *P. generale*, relativa a una serie determinata di affari | *P. speciale*, relativa a un singolo, determinato affare | *P. alle liti*, procura generale che concerne tutti i processi di cui il rappresentato sia o stia per essere parte | *P. per la lite*, procura speciale che si riferisce a un certo processo o a una certa fase di un processo di cui il rappresentato sia o stia per essere parte | *Matrimonio per p.*, quello in cui uno o entrambi i contraenti si fanno rappresentare alla celebrazione dello stesso | (*est.*) Documento che testimonia il conferimento di una procura: *p. notarile*; *firmare una p.* | (*est.*) Atto notarile con cui si conferisce una procura: *firmare una p.* *2* Titolo, ufficio di procuratore, spec. quelli di procuratore della Repubblica. *3* Sede di una procura della Repubblica.

†**procuragióne** ● V. *procurazione*.

procurànte part. pres. di *procurare*; anche agg. ● (*raro*) Nei sign. del v.

procuràre o †**proccuràre** [vc. dotta, lat. *procurāre* 'aver cura di', comp. di *prō* 'in favore di' (V. *pro- (1)*) e *curāre* 'curare'] **A** v. tr. *1* Fare in modo che si faccia q.c., agire in modo da ottenere determinati risultati: *procura di svegliarti presto*; *procurate che non avvengano disordini* | Cercare di avere, di ottenere: *p. un impiego, i biglietti per lo spettacolo.* SIN. Procacciare. *2* (*impr.*) Provocare, causare: *p. guai, malanni.* *3* †Curare: *gran biasimo a una donna stare tutto il dì cicalando e procurando più le cose fuori di casa che quelle di casa* (ALBERTI). *4* †Amministrare, governare, reggere. *5* †Cercare, investigare. **B** v. intr. (aus. *avere*) ● †Adoperarsi in favore di qc.: *procurando per lui, ... il feciono lasciare* (SACCHETTI).

†**procurarerìa** ● V. †*procureria*.

procuratèla [da *procura*; sul modello di *curatela*] s. f. ● (*raro*) Carica e funzione di procuratore.

procuratéssa [da *procurat(ore)*] s. f. ● Nella repubblica veneta, la moglie del procuratore di S. Marco.

procuratìa [vc. venez., da *procurare, procuratore*] s. f. *1* Carica, ufficio di procuratore di S. Marco, nella Repubblica di Venezia. *2* La residenza del procuratore di S. Marco, a Venezia: *procuratie vecchie, procuratie nuove.*

procuràto o †**proccuràto**. part. pass. di *procurare*; anche agg. ● Nei sign. del v.

procuratoràto s. m. ● Ufficio e dignità del procuratore | La durata di tale ufficio.

procuratóre o †**proccuratóre** [vc. dotta, lat. *procuratōre(m)*, da *procurātus*, part. pass. di *procurāre* 'aver cura di' (V. *procurare*)] **A** s. m. (f. *-trice*; V. nota d'uso FEMMINILE) *1* (*gener.*) Chi fa le veci di qc., chi rappresenta qc. | (*dir.*) Chi è munito di una procura | *P. legale*, laureato in giurisprudenza che, dopo un periodo di pratica professionale e un esame di idoneità, è abilitato a rappresentare una parte nei giudizi civili e nei giudizi penali, con esclusione di quelli che si svolgono avanti alla Corte di Cassazione | (*banca*) *P. alle grida*, rappresentante di un agente di cambio in borsa | *P. di banca*, funzionario direttivo di grado inferiore preposto a una branca di servizio di un istituto bancario | (*relig.*) Nell'ordinamento cattolico, rappresentante di un ordine religioso presso la Santa Sede, nominato per il disbrigo degli affari relativi all'ordine stesso | (*relig.*) Postulatore di una causa di santificazione e beatificazione | (*sport*) Manager, impresario, spec. di un pugile. *2* *P. della Repubblica*, ogni magistrato che esercita le funzioni di pubblico ministero rappresentando le prerogative e i diritti dello Stato presso l'autorità giudiziaria penale: *p. generale*; *p. presso la Corte d'Appello, presso la Corte di Cassazione*; *sostituto p.* | (*per anton.*) Il magistrato che esercita le funzioni di pubblico ministero presso il tribunale. *3* (*gener.*) Chi amministra un bene pubblico | Nell'ordinamento di Roma antica, alto funzionario dell'imperatore con compiti amministrativi e finanziari o governatore di una provincia minore | *P. di S. Marco*, nell'antica Repubblica di Venezia, titolare della magistratura, prima singola e poi di nove membri, preposta originariamente alla gestione dei beni della basilica di S. Marco, poi all'amministrazione delle entrate pubbliche e alla sorveglianza in alcune materie giuridiche | *P. del registro*, nell'attuale ordinamento finanziario italiano, funzionario dell'intendenza di finanza che dirige un ufficio del registro. *4* (*raro*) Chi procura o causa q.c.: *sollecito p. della tua morte* (BOCCACCIO). **B** agg. ● (*raro*) Che procura. || **procuratorèllo**, dim.

procuratorìa [da *procuratore*] s. f. ● (*dir.*) Voce della tariffa per la determinazione dei compensi che spettano agli esercenti la professione forense iscritti agli albi.

procuratòrio [vc. dotta, lat. tardo *procuratōriu(m)*, da *procurātor*, genit. *procuratōris* 'procuratore'] agg. ● Di procuratore: *dignità procuratoria*.

procurazióne o †**proccuragióne**, †**proccurazióne**, †**procuragióne** [vc. dotta, lat. *procuratiōne(m)*, da *procurātus*, part. pass. di *procurāre* 'aver cura di' (V. *procurare*)] s. f. *1* †Il procurare q.c. per qc. SIN. Intercessione, mediazione. *2* Vitto che i parroci sono obbligati a fornire ai vescovi in visita pastorale presso la loro parrocchia.

†**procurerìa** o †**procurarerìa** [da *procur(atore)*] s. f. ● Negozio.

†**procùro** s. m. ● Il procurare.

pròda [da *prora*, con dissimilazione] s. f. *1* Sponda, riva: *toccare la p.*; *lungo la p.* *2* Striscia di terreno lungo il lato maggiore del campo: *vangare la p.* SIN. Rivale. *3* †Orlo, estremità, margine: *la p. che 'l pozzo circonda* (DANTE *Inf.* XXXI, 42). *4* †Prora, prua. || **prodicèlla**, dim. | **prodìna**, dim. | **prodóna**, accr.

†**prodàno** [gr. *prótonos* 'corda', da *protéinein* 'tendere innanzi', comp. di *pró* 'davanti' (V. *pro-* (2)) e *téinein* 'tendere', di origine indeur.] s. m. ● (*mar.*) Cavo che serviva a montare e smontare l'albero.

pròde [lat. tardo *prōde* (indeclinabile), da *prōdest*, terza prs. indic. pres. di *prodĕsse* 'giovare, essere utile', comp. di *ĕsse* 'essere', col pref. *prod-* (= *prō*. V. *pro-* (1))] **A** agg. ● (*lett.*) Valoroso: *uomo, guerriero p.* CONTR. Codardo, vile. || **prodeménte**, avv. (*raro*) Da prode. SIN. Valorosamente. **B** s. m. *1* Chi è valoroso, eroico: *in Maratona / ove Atene sacrò tombe a' suoi prodi* (FOSCOLO). *2* †Utilità.

prodecàno [comp. di *pro-* (1) e *decano*] s. m. ● Vicedecano.

†**prodeggiàre** o †**proeggiàre** [da *proda*] v. intr. ● Costeggiare.

prodése o **provése** [da *proda*] s. m. ● (*mar.*) Cavo disteso dalla prora per ormeggio o tonneggio.

prodézza [da *prode*] s. f. *1* Qualità di chi è prode | †*P. di virtù*, valore militare. SIN. Valore. CONTR. Viltà. *2* Impresa, opera da prode: *fare grandi prodezze*; *raccontare le proprie prodezze*; *le prodezze de' ... paladini, / che sono in terra tanto conosciute* (BOIARDO) | (*est., fam.*) Sforzo, rischio eccessivo affrontato per imprudenza, vanteria o esagerata fiducia nelle proprie possibilità: *sono prodezze che nelle sue condizioni potrebbe evitare* | (*iron.*) *Bella p.!*, bella bravata.

pro die /*lat.* prɔ 'die/ [loc. lat., 'per (*prō*) giorno (*die(m)*)'] loc. avv. ● Al giorno, ogni giorno, quasi esclusivamente nella posologia farmacologica e medica: *due grammi pro die*.

prodière [da *proda*] s. m. ● Marinaio cui è affidato il servizio, il remo o le manovre di prua | Nel canottaggio e nella vela, il componente dell'equipaggio che sta a prua dell'imbarcazione.

prodièro [da *proda*] agg. *1* Che sta a prua: *cannone p.* | *Onda prodiera*, che si forma davanti al tagliamare durante la navigazione. *2* Di bastimento che in linea di fila ne precede un altro.

prodigalità [vc. dotta, lat. *prodigalitāte(m)*, da *prōdigus* 'prodigo', sul modello di altri s. in *-ālitas*, come *liberālitas* 'liberalità' ecc.] s. f. *1* Qualità di chi è prodigo. SIN. Profusione. CONTR. Avarizia. *2* Atto, comportamento da persona prodiga.

†**prodigalizzàre** [comp. di *prodigale* e *-izzare*] v. tr. e intr. ● Usare prodigalità.

prodigalménte avv. ● Con prodigalità: *donare p.*

prodigàre [da *prodigo*, sul modello del fr. *prodiguer*] **A** v. tr. (*io pròdigo, tu pròdighi*) *1* Spendere largamente, donare con grande generosità: *p. tutte le proprie sostanze*. CONTR. Economizzare, lesinare. *2* (*fig.*) Dare, profondere con eccessiva larghezza: *p. lodi, carezze, complimenti*. SIN. Largire. **B** v. rifl. ● Darsi completamente, adoperarsi con ogni mezzo, fino al sacrificio: *prodigarsi per i propri cari, per soccorrere i bisognosi*.

prodìgio [vc. dotta, lat. *prodĭgiu(m)*, di etim. discussa; comp. di *prod-* 'avanti' (V. *prode*) e un deriv. di *āio* 'io affermo', di origine indeur. (?)] **A** s. m. *1* Fenomeno che non rientra nell'ordine naturale delle cose: *uno strano p. dell'atmosfera*; *io sono come quella foglia ... / sul nudo ramo, che un p. ancora / tiene attaccata* (SABA). SIN. Miracolo, portento. *2* (*fig.*) Fatto, manifestazione, opera e sim. che è oggetto, per le sue caratteristiche, di stupore, meraviglia, ammirazione e sim.: *i prodigi della scienza, della tecnica*; *il medico ha fatto prodigi*; *quel film è un p. di stile* | (*est.*) Persona eccezionalmente dotata: *quel bambino è un p. d'intelligenza*. **B** in funzione di agg. inv. (pospósto al s.) ● Nella loc. *bambino, bambina p.*, che mostra eccezionali doti intellettuali o artistiche.

prodigiosità s. f. ● Qualità di ciò che è prodigioso.

prodigióso [vc. dotta, lat. *prodigiōsu(m)*, da *prodĭgium* 'prodigio'] agg. *1* Che ha del prodigio, e quindi suscita grande meraviglia: *effetti prodigiosi*; *invenzione prodigiosa*. SIN. Miracoloso, portentoso. *2* Raro, straordinario, eccezionale: *memoria prodigiosa*; *velocità prodigiosa*. *3* †Mostruoso. || **prodigiosaménte**, avv.

pròdigo [vc. dotta, lat. *prōdigu(m)*, da *prodĭgere* 'spingere avanti a sé', poi metaforicamente 'sperperare', comp. di *prōd-* 'avanti' (V. *prode*) e *ăgere* 'spingere' (V. *agro*)] **A** agg. (pl. m. *-ghi*) *1* Che dà o spende senza misura: *essere p. dei propri averi* | *Figliol p.*, (*fig.*) chi, dopo un periodo di dissipazioni o traviamento, si ravvede e torna sulla buona strada. SIN. Dissipatore, scialacquatore. CONTR. Avaro. *2* (*fig.*) Generoso, largo, liberale: *essere p. di premure* | *P. di parole*, parolaio, chiacchierone. || **prodigaménte**, avv. Da prodigo, con prodigalità: *vivere, dare prodigamente*. **B** s. m. (f. *-a*) ● Chi dona o spende con eccessiva larghezza.

†**proditóre** [vc. dotta, lat. *proditōre(m)*, da *prōditus*, part. pass. di *prōdere* 'consegnare', comp. di *prō* 'davanti' (V. *pro-* (1)) e *dăre* 'dare'] s. m. ● Traditore.

proditòrio [vc. dotta, lat. tardo *proditōriu(m)*, da *prōditor*, genit. *proditōris* 'traditore' (V. *proditore*)] agg. ● Da traditore: *azione proditoria* | Compiuto a tradimento: *omicidio p.* || **proditoriaménte**, avv.

prodittatóre [vc. dotta, lat. *prō dictatōre* 'al posto del dittatore'. V. *pro-* (1) e *dittatore*] s. m. ● Vicario del dittatore.

†**prodizióne** [vc. dotta, lat. *proditiōne(m)*, da *prōditus*, part. pass. di *prōdere* 'consegnare' (V. *proditore*)] s. f. ● (*lett.*) Tradimento.

pròdomo [vc. dotta, gr. *pródomos*, comp. di *pró* 'davanti' (V. *pro-* (2)) e *dómos* 'casa', di origine indeur.] s. m. ● (*arch.*) Pronao.

prodótto **A** part. pass. di *produrre*; anche agg. ● Nei sign. del v. **B** s. m. *1* (*gener.*) Tutto ciò che la terra produce, o che deriva da un'attività umana: *i prodotti dell'agricoltura, della caccia, della pesca*; *i prodotti del sottosuolo*; *i prodotti dell'industria, dell'artigianato*; *prodotti alimentari* | *Prodotti di bellezza*, cosmetici. *2* Ciò che costituisce il risultato di attività e operazioni varie: *un p. della sua sfiducia*; *prodotti dell'ingegno, della fantasia*; *il p. del concepimento* | (*econ.*) Risultato del processo di produzione | *P. interno lordo*, valore globale dei beni e servizi prodotti in un anno sul territorio nazionale. *3* (*mat.*) Moltiplicazione | Risultato di un'operazione | *P. cartesiano degli insiemi A x B*, insieme delle coppie ordinate (a x b), con a in A e b in B.

prodròmico agg. (pl. m. *-ci*) ● (*raro*) Di prodromo.

pròdromo [vc. dotta, lat. *prŏdromu(m)*, nom. *prŏdromus*, dal gr. *pródromos* 'che corre avanti', comp. di *pró* 'avanti' (V. *pro-* (2)) e *drómos* 'corsa' (V. *aerodromo*)] **A** s. m. *1* Segno precorrente, principio di q.c.: *i prodromi della guerra*. CONTR. Postumo. *2* (*spec. al pl.*) Sintomo che precede l'insorgenza di una malattia. *3* †Discorso preliminare, introduzione. *4* (*arch.*) Porta principale collocata nella facciata di un edificio monumentale. **B** agg. ● †Precedente, previo.

producènte part. pres. di *produrre*; anche agg. ● Nei sign. del v.

†**prodùcere** v. tr. e rifl. ● Produrre.

producìbile [da *produrre*] agg. *1* Che si può produrre. *2* †Atto a produrre.

producibilità s. f. ● Condizione di ciò che è producibile.

produciménto s. m. ● (*raro*) Il produrre.

†**producitóre** agg.; anche s. m. (f. *-trice*) ● Produttore.

product manager /'prɔdakt 'manadʒer, *ingl.* 'prɔdəkt 'mænidʒə*/ [vc. ingl., comp. di *product* 'prodotto' e *manager* (V.)] loc. sost. m. e f. inv. (pl. ingl. *product managers*) ● (*org. az.*) Dirigente responsabile della promozione e vendita di un determinato prodotto.

prodùrre [lat. *prodūcere* 'condurre innanzi, portar fuori', comp. di *prō* 'avanti' (V. *pro-* (1)) e *dūcere* 'condurre' (V.)] **A** v. tr. (pres. *io prodùco, tu prodùci*; pass. rem. *io prodùssi, tu producésti*; fut. *io produrrò*, †*producerò*; congv. pres. *io prodùca*; condiz. pres. *io produrrèi*, †*producerèi, tu produrrésti*; part. pres. *producènte*; part. pass. *prodótto*) *1* Far nascere, dare frutto, in seguito a un processo naturale: *albero che produce molti frutti*; *un terreno che produce solo grano*; *la regione produce vino e olio*; *qui la terra produce poco* | (*raro*) Generare, spec. riferito ad animali: *questa pecora ha prodotto molti agnelli* | (*est.*) Fornire le condizioni ideali per la nascita e lo sviluppo di persone o animali: *la Grecia ha prodotto grandi uomini*; *la Spagna produce pregiate razze di ovini*. *2* Dare, fornire, come risultato di una serie di lavorazioni o trasformazioni operate dall'uomo: *la miniera produce molto ferro*; *il vino è prodotto dalla cantina sociale*; *p. artificialmente* | (*est.*) Fabbricare: *la ditta produce mobili da giardino*; *la fabbrica produce cento automobili al giorno*; *non produciamo più questo articolo*. *3* Dare vita, porre in essere, con riferimento a creazioni intellettuali: *il suo ingegno produsse grandi opere*; *pittore, musicista che non produce più*. *4* Causare un determinato fenomeno, comportare una determinata conseguenza: *le sue parole produssero stupore fra i presenti*; *l'esplosione ha prodotto gravi danni*; *cadendo si è prodotto un bernoccolo in fronte*; *la malattia gli produce strani effetti*; *uomini ignoranti delle naturali cagioni che producono le cose* (VICO). *5* Presentare, esporre, mostrare: *p. un documento, una tessera*; *proposi di p. quel certificato alla piccola Annuccia* (SVEVO) | Addurre: *p. validi argomenti*; *p. scuse, pretesti* | *P. in pubblico*, presentare al pubblico | *P. sulle scene*, rappresentare in teatro. **B** v. rifl. ● Esibirsi: *prodursi in uno spettacolo, in pubblico, in teatro, sulle scene*.

produttìbile [dal lat. *prodūctus*, part. pass. di *prodūcere* (V. *produrre*)] agg. *1* (*raro*) Producibile. *2* †Allungabile, prolungabile: *la linea retta, ed in conseguenza il moto per essa, è p. in infinito* (GALILEI).

produttivìstico [da *produttivo*] agg. (pl. m. *-ci*) ● Che riguarda la produzione e tende ad incrementarla.

produttività [da *produttivo*] s. f. *1* Potere, possibilità di produrre | (*stat.*) *P. matrimoniale*, frequenza dei nati in seno a una popolazione, compresi i nati morti e gli aborti. *2* (*econ.*) Rapporto tra i fattori di produzione e il prodotto ottenuto che indica il grado di efficienza dei fattori impiegati in un processo produttivo.

produttìvo [vc. dotta, lat. tardo *productīvu(m)*, che significava però 'da essere allungato', da *prodūctus*, part. pass. di *prodūcere* (V. *produrre*)] agg. *1* Che produce | Atto a produrre: *campo p.*; *investimento p.* CONTR. Improduttivo. *2* Che riguarda la produzione: *i moderni metodi produttivi* | *Ciclo p.*, periodo di tempo in cui si effettua una produzione; (*est.*) l'insieme delle fasi operative di una lavorazione. *3* Che dà un utile, un vantaggio: *un'impresa produttiva*. SIN. Fruttifero. || **produttivaménte**, avv. In modo produttivo; dal punto di vista della produttività.

produttóre [dal lat. *prodūctus* 'prodotto'] **A** s. m. (f. *-trice*) *1* Chi produce: *i produttori di vino*. *2* Impresario cinematografico, finanziatore e organizzatore della produzione di film. *3* Chi è incaricato di procurare ordini e clienti a un'impresa. **B** anche agg. ● Che produce: *paese p. di caffè*; *so-*

cietà produttrice di film.

produzióne [vc. dotta, lat. *productiōne(m)* 'prolungamento', poi (lat. tardo) 'il far avanzare, far uscire', da *prodūctus*, part. pass. da *prodūcere* (V. *produrre*)] s. f. **1** (*raro*) Generazione, procreazione: *la p. delle piante, degli animali.* **2** Tutto ciò che si fa o si produce in ogni ramo dell'umana attività: *la p. del ferro è aumentata.* **3** (*est.*) Qualsiasi opera dell'ingegno o di un'attività creatrice: *la p. dei surrealisti; una p. letteraria di alto livello.* **4** L'organizzazione produttiva di un film, o anche l'insieme dei finanziatori e dirigenti che sovraintendono alla produzione del film stesso | Messinscena teatrale o cinematografica. **5** (*dir.*) Atto del produrre in giudizio: *p. di scritture, di documenti, di memorie; p. di testimoni* | *P. giuridica*, formazione di leggi. **6** †Prolungamento.

proedrìa [vc. dotta, gr. *proedría*, comp. di *pró* 'davanti' (V. *pro-* (2)) ed *hédra* 'seggio' (V. *cattedra*)] s. f. **1** Nel teatro greco, la prima fila di posti. **2** Il diritto di sedere nei primi posti in un teatro.

†**proeggiàre** • V. *†prodeggiare.*

proemiàle agg. **1** Di proemio, che serve da proemio. **2** (*est.*) Introduttivo. || **proemialménte**, avv. (*raro*) Come proemio.

proemiàre [vc. dotta, lat. *prooemiāri*, da *prooēmiu(m)* 'proemio'] v. intr. (*io proèmio*; aus. *avere*) • Fare un proemio.

proèmio [vc. dotta, lat. *prooēmiu(m)*, dal gr. *prooímion* 'preludio', comp. di *pró* 'prima, davanti' (V. *pro-* (2)) e *ôimos* 'strada', poi 'melodia', di origine indeur.] s. m. **1** Introduzione, esordio, prefazione. **2** (*raro, poet.*) Preambolo: *dopo un verisimil suo p., / gli disse che Zerbin fatto avea questo* (ARIOSTO). || **proemiétto**, dim.

proemizzàre v. intr. (aus. *avere*) • Proemiare.

proenzima [comp. di *pro-* nel sign. 2 ed *enzima*] s. m. (pl. *-i*) • (*chim.*) Precursore di un enzima generalmente privo di attività catalitica.

prof (1) /prɔf/ [abbr. di *professore*] s. m. e f. inv. • (*fam., gerg.*) Professore, professoressa: *il p. di latino; la p. di matematica mi ha interrogato; oggi c'è sciopero dei p.*

prof (2) /prɔf/ • V. *pro* (3).

pròfago [comp. di *pro-* (2) e *-fago*] agg. (pl. m. *-gi*) • (*biol.*) Detto di un fago presente all'interno di un batterio lisogeno, unito al cromosoma batterico.

profanaménto s. m. • (*raro*) Profanazione.

profanàre [vc. dotta, lat. *profanāre*, da *profānus* 'profano'] v. tr. **1** Privare della santità cose, persone o luoghi sacri: *p. un altare, un tempio.* SIN. Sconsacrare. **2** (*est.*) Contaminare, macchiare (*anche fig.*): *ha profanato la casa di suo padre; p. il ricordo di qc.* | *P. una tomba*, violarla | (*fig.*) *P. un nome*, comprometterlo, usarlo indegnamente.

profanàto part. pass. di *profanare*; anche agg. • Nei sign. del v.

profanatóre [vc. dotta, lat. tardo *profanatōre(m)*, da *profanātus* 'profanato'] s. m.; anche agg. (f. *-trice*) • Chi, che profana: *un p. di tombe; atto p.*

profanazióne [vc. dotta, lat. tardo *profanatiōne(m)*, da *profanātus* 'profanato'] s. f. **1** Il profanare: *commettere una p.; la p. dei luoghi sacri.* SIN. Sacrilegio. **2** (*fig.*) Violazione, contaminazione, grave offesa: *la p. dei nostri ideali.*

profanità [vc. dotta, lat. *profanitāte(m)*, da *profānus* 'profano'] s. f. **1** Carattere di ciò che è profano. **2** (*raro*) Atto profano.

profàno [vc. dotta, lat. *profānu(m)*, propriamente 'che deve stare fuori (davanti) del tempio', comp. di *prō* 'davanti' (V. *pro-* (1)) e *fānum* 'tempio' (V. *fano*)] **A** agg. **1** Che non è sacro, bensì mondano, terreno: *studi profani; storia sacra e profana; tutte l'antiche storie profane hanno favolosi principi* (VICO) | *Musica profana*, che utilizza strumenti e forme non legati all'uso liturgico. CONTR. Sacro. **2** Che viola la santità, la religiosità di q.c.: *mano profana.* **3** Che non è degno di sentire o toccare ciò che è sacro: *orecchio p.* SIN. Empio, sacrilego, scellerato. **4** †Sconsacrato: *chiesa profana.* || **profanaménte**, avv. (*raro*) In modo profano. **B** s. m. (f. *-a* nei sign. 2 e 3) **1** Cosa non sacra: *mescolare il sacro al p.* **2** Chi non è consacrato, chi non è iniziato alla vita religiosa o, in particolare, ai misteri. **3** Chi non ha competenza e preparazione in un determinato settore: *siamo dei profani in arte greca.*

profàse [comp. di *pro-* (1) e *fase*] s. f. • (*biol.*) Prima fase della mitosi, in cui i cromosomi si mettono in evidenza e si dividono in una coppia di cromatidi.

profènda [deform. di *prebenda*, attrav. *prefenda*] s. f. • Razione di biada a cavalli e sim.

†**profendàre** v. tr. • Dare la profenda.

†**proferènza** [dal lat. *prōferens*, genit. *proferĕntis*, part. pres. di *profĕrre* (V. *proferire*)] s. f. • Offerta, presentazione.

†**profèrere** o †**proffèrere**, v. tr. e rifl. • Proferire.

proferìbile agg. • Che può essere proferito | *Parole non proferibili*, sconvenienti.

proferibilità s. f. • (*raro*) Qualità di ciò che è proferibile.

proferiménto s. m. • (*raro*) Modo, atto del proferire.

proferìre o **profferìre** spec. nei sign. A 2 e B [lat. *profĕrre* 'portare innanzi, trarre fuori', comp. di *prō* 'davanti' (V. *pro-* (1)) e *fĕrre* 'portare' (V. *-fero*)] **A** v. tr. (pres. *io proferìsco, †pròfero, tu proferisci, †pròferi*; pass. rem. *io proferìi* o *proffèrsi, tu proferìsti*; part. pass. *proferìto* o *proffèrto, †profèrto*) **1** Pronunziare: *p. un nome* | Dire, esprimere, spec. in tono solenne: *p. parole; p. un voto, un giudizio* | *Non p. sillaba*, rimanere in silenzio | Manifestare, palesare: *p. un desiderio.* **2** (*lett.*) Offrire, presentare, esibire: *il servigio che tu mi profferi* (BOCCACCIO). **B** v. rifl. • Offrirsi.

proferitóre o **profferitóre**. s. m. (f. *-trice*) • (*raro*) Chi proferisce.

†**profèrta** • V. *profferta.*

†**profèrto** • V. *profferto.*

professànte part. pres. di *professare*; anche agg. • Nei sign. del v.

professàre [da *professo*] **A** v. tr. (*io profèsso*) **1** Dichiarare pubblicamente un determinato sentimento: *p. gratitudine verso qc.; p. il proprio amore a qc.* | Manifestare apertamente, far conoscere con atti o parole di aderire a un'idea, una credenza: *p. la propria opinione; p. il socialismo, il buddismo.* SIN. Dimostrare. **2** Esercitare una professione (*anche ass.*): *p. la medicina; quell'avvocato non professa più.* **B** v. rifl. • Dichiararsi, mostrarsi apertamente: *professarsi grato verso qc., amico di qc.*

professàto part. pass. di *professare*; anche agg. **1** Nei sign. del v. **2** †Confesso. || **professataménte**, avv. (*raro*) Per professione.

†**professatóre** s. m.; anche agg. (f. *-trice*) • Chi, che professa.

professionàle agg. **1** Che concerne la professione, spec. la professione che si esercita: *diritti, doveri professionali; esperienza p.; preparazione, competenza p.; correttezza p.* | *Gelosia, rivalità p.*, quella che nasce fra chi esercita la medesima professione | *Segreto p.*, quello al quale sono tenuti alcuni professionisti | *Malattia p.*, causata dal tipo di lavoro o dalle condizioni in cui si svolge | *Scuola, istituto p.*, che, al termine degli studi, offrono una preparazione qualificata in vari rami di discipline tecniche | *Ordine p.*, persona giuridica pubblica istituita obbligatoriamente per legge a tutela del decoro e dell'autonomia di una specifica professione liberale. **2** Che costituisce una professione: *attività p.* **3** Detto di attrezzatura avente prestazioni piuttosto elevate, e destinata a essere usata nell'esercizio di una professione anziché in contesti generici o dilettanteschi: *macchina fotografica, registratore p.* **4** (*dir.*) Di reo che vive abitualmente, anche in parte soltanto, dei proventi del reato: *delinquente p.; contravventore p.* || **professionalménte**, avv. Come professione; in modo professionale.

professionalità s. f. **1** Carattere professionale di un'attività. **2** Condizione personale di chi svolge una professione | (*est.*) Capacità di svolgere il proprio lavoro o la propria professione a un buon livello di competenza e di efficienza: *avere, non avere p.; mancare di p.; mostrare una notevole p.* **3** (*dir.*) *P. nel reato*, condizione personale del delinquente o del contravventore professionale.

professionalizzàre **A** v. tr. • Rendere professionale, ispirare a criteri di professionalità, detto di qc. e di una sua attività. **B** v. intr. pron. • Acquistare professionalità.

professionalizzazióne s. f. • Atto, effetto del professionalizzare.

professióne [vc. dotta, lat. *professiōne(m)* 'dichiarazione, manifestazione, mestiere, professione (pubblicamente dichiarata)', da *profĕssus* (V. *professo*)] s. f. **1** Pubblica dimostrazione di un sentimento, una credenza, un'opinione: *p. di amicizia, di lealtà verso qc.; far p. della propria fede* | *†Prendere di p.*, obbligarsi. **2** Solenne e pubblica promessa con la quale i religiosi si impegnano all'osservanza dei voti di castità, povertà e obbedienza e delle regole proprie dell'ordine o della congregazione. **3** Attività manuale o intellettuale dalla quale si ricava un certo guadagno: *imparare, esercitare una p.; la p. dell'avvocato, del medico* | *Vivere della propria p.*, con i proventi del proprio lavoro | *P. ereditaria*, esercitata in una famiglia di padre in figlio | *Fare q.c. di p.*, esercitare una data attività traendone i principali mezzi di sostentamento (*anche scherz.*): *fare il ladro di p.* | *Libera p.*, che si esercita senza dipendere da altri | (*iron.*) *La p. più antica del mondo*, la prostituzione | *†Di p.*, di proposito. SIN. Lavoro, mestiere.

professionìsmo s. m. **1** Stato, condizione di chi è professionista. **2** Nel linguaggio sportivo, l'esercizio di sport per professione. CONTR. Dilettantismo.

professionìsta s. m. e f. (pl. m. *-i*) **1** Chi esercita una professione: *associazione di professionisti.* **2** Chi pratica una specialità sportiva come professione retribuita. SIN. Pro, prof. CONTR. Dilettante. **3** (*est.*) Persona molto abile in q.c.: *il furto è opera di professionisti* | (*scherz., euf.*) *P. del sesso*, prostituta.

professionìstico agg. (pl. m. *-ci*) **1** Di, dei professionisti. **2** Relativo al professionismo sportivo.

profèsso [vc. dotta, lat. *profĕssu(m)*, part. pass. di *profitēri* 'dichiarare apertamente', comp. di *prō* 'davanti' (V. *pro-* (1)) e *fatēri* 'confessare, riconoscere', ints. di *fāri* 'parlare' (V. *fato*)] **A** s. m. (f. *-a*) • Religioso che ha fatto professione solenne. **B** anche agg.: *frate p.*

professoràle agg. • Di, da professore: *dignità p.* | (*spreg.*) Pedantesco, saccente: *tono, aria p.* || **professoralménte**, avv.

professoràto s. m. • (*raro*) Carica di professore | (*est.*) Durata di tale carica.

professóre [vc. dotta, lat. *professōre(m)*, da *profĕssus* (V. *professo*)] s. m. (f. *-essa*, pop. *-sora*) **1** Chi possiede i titoli necessari per insegnare nelle scuole di istruzione secondaria o nelle università: *p. di latino, di greco, di matematica; p. associato, ordinario, straordinario* | *P. di ruolo*, insegnante che ricopre la cattedra di una disciplina in seguito a vincita di un concorso pubblico | *P. a contratto*, studioso cui una facoltà universitaria conferisce per contratto l'incarico di svolgere un numero limitato di lezioni su un argomento particolare di sua competenza. **2** Componente di un'orchestra sinfonica: *p. d'orchestra.* **3** (*pop., gener.*) Chi impartisce un qualsiasi insegnamento | (*est.*) Persona molto colta: *parlare come un p.; saperne quanto un p.* | (*est., spreg.*) Persona saccente e pedante: *eh, quante arie da p.!* **4** †Chi professa una disciplina, un'arte e sim. || **professorétto**, dim. | **professorino**, dim. (V.) | **professoróne**, accr. (V.) | **professorùccio**, dim. | **professorùcolo**, spreg.

professorino s. m. **1** Dim. di *professore.* **2** Professore giovane e poco esperto.

professòrio [vc. dotta, lat. *professōriu(m)*, da *profēssor*, genit. *professōris* 'professore'] agg. • (*raro*) Professorale.

professoróne s. m. (f. *-a*) **1** Accr. di *professore.* **2** Professore dotto e noto (*anche iron.*).

profèta [vc. dotta, lat. *prophēta(m)*, nom. *prophēta*, dal gr. *prophḗtēs*, da *prophánai* 'predire', comp. di *pró* 'prima, davanti' (V. *pro-* (2)) e *phánai* 'parlare', di origine indeur.] s. m. (f. *-essa* (V.); pl. *-i, †-e*) **1** Chi, parlando per ispirazione divina, predice o prevede gli avvenimenti futuri: *i profeti dell'Antico Testamento* | *Il p. di Allah*, Maometto. **2** (*est.*) Chi prevede o pretende di rivelare il futuro | *Cattivo p.*, chi predice avvenimenti che poi non si realizzano | *P. di sciagure*, chi prevede solo catastrofi. SIN. Indovino, veggente.

†**profetàle** [vc. dotta, lat. tardo *prophetāle(m)*, da *prophēta* 'profeta'] agg. • Di profeta.

profetàre [vc. dotta, lat. tardo *prophetāre*, da *prophēta* 'profeta'] v. tr. e intr. (*io profèto*; aus. *ave-*

re) *1* Parlare in nome di Dio per divina ispirazione. *2* (*est.*) Prevedere, predire, annunziare il futuro: *p. la rovina*; *ha smesso di p.*

†**profetazióne** [vc. dotta, lat. tardo *prophetatiōne(m)*, da *prophetātus* 'profetato'] s. f. ● Profezia.

profeteggiàre [comp. di *profeta* e *-eggiare*] v. tr. e intr. (*io profetéggio*; aus. *avere*) ● (*raro, lett.*) Profetizzare.

profetéssa [vc. dotta, lat. tardo *prophetīssa(m)*, f. di *prophēta* 'profeta'] s. f. *1* Donna indovina. *2* (*lett.*) Sibilla.

profètico [vc. dotta, lat. tardo *prophēticu(m)*, nom. *prophēticus*, dal gr. *prophētikós*, da *prophḗtēs* 'profeta'] agg. (pl. m. *-ci*) ● Di, da profeta: *spirito p.*; *parola profetica.* || **profeticaménte**, avv. Con spirito profetico.

profetismo [da *profeta*, sul modello dell'ingl. *prophetism*] s. m. *1* Carattere dei movimenti religiosi in cui assume importanza il profetare. *2* Carattere dell'ispirazione profetica: *il p. di Gioacchino da Fiore.*

†**profetizzaménto** s. m. ● Atto, effetto del profetizzare.

profetizzàre [vc. dotta, lat. tardo *prophetizāre*, dal gr. *prophētízein*, da *prophḗtēs* 'profeta'] v. tr. e intr. (aus. *avere*) *1* Parlare per ispirazione divina. *2* (*est.*) Fare profezie, predire il futuro.

profettìzio [vc. dotta, lat. tardo *profectīciu(m)*, da *profĕctus*, part. pass. di *proficīsci* 'partire', perché è la dote che proviene dal padre] agg. ● (*dir.*) Di dote proveniente dal padre o da altro ascendente.

†**profètto** ● V. *profitto.*

†**profettóso** [da *profetto*] agg. ● (*raro*) Utile, giovevole.

profezìa [vc. dotta, lat. tardo *prophetīa(m)*, nom. *prophetīa*, dal gr. *prophētéia*, da *prophḗtēs* 'profeta'] s. f. *1* Rivelazione fatta dal profeta, annunzio di avvenimento futuro per ispirazione divina: *le profezie dell'Antico Testamento*; *la p. della Sibilla.* *2* (*est.*) Predizione, pronostico, vaticinio: *le infauste profezie, nunzie di sciagure* (DE SANCTIS).

†**proffèrere** ● V. †*proferere.*

profferìre ● V. *proferire.*

profferitóre ● V. *proferitore.*

proffèrta o †**profèrta** [da *profferire*] s. f. ● Offerta, proposta: *profferte amorose* | (*raro*) Esibizione. || **proffertàccia**, pegg.

proffèrto o †**profèrto**. part. pass. di *proferire*; anche agg. ● Nei sign. del v.

†**proffilàre** e *deriv.* ● V. *profilare* e *deriv.*

proficiènte [vc. dotta, lat. *proficiĕnte(m)*, part. pass. di *profĭcere* 'giovare', 'avanzare', comp. di *prō* 'avanti' (V. *pro-* (*1*)) e *făcere* 'fare'] agg. ● (*raro*) Che fa profitto, che progredisce.

proficuità s. f. ● (*raro*) Qualità di ciò che è proficuo.

profìcuo [vc. dotta, lat. tardo *profĭcuu(m)*, da *profĭcere* 'giovare' (V. *proficiente*)] agg. ● Che dà profitto, utilità, giovamento: *studi proficui*; *attività poco proficua*; *lavoro che ora non si tiene p. nemmeno come esercizio scolastico* (CROCE). || **proficuaménte**, avv. In modo proficuo, con profitto.

†**profiguràto** [comp. di *pro-* (*2*) e *figurato*] agg. ● Figurato, simboleggiato.

profilaménto s. m. ● (*raro*) Il profilare o il profilarsi.

profilàre o †**proffilàre** [comp. di *pro-* (*1*) e *filo*] **A** v. tr. *1* Delineare i contorni di q.c. | (*fig.*) Annotare o porre in rilievo i tratti caratteristici o essenziali di q.c. *2* Ornare un vestito o un mantello con una sottile bordatura in contrasto di colore o di tessuto: *un abito profilato di velluto.* *3* Nel lavoro di cesello, ornare, tracciare linee e disegni col profilo. *4* Passare una trave o una barra metallica al laminatoio così che in sezione trasversale assuma una forma o un profilo determinati. *5* (*aer.*) Dare forma di buona penetrazione aerodinamica: *p. una carenatura.* **B** v. intr. pron. *1* Disegnarsi, mostrarsi di profilo. *2* (*fig.*) Apparire imminente o possibile: *si profila una nuova crisi politica.*

profilàssi [vc. dotta, gr. *prophýlaxis*, da *prophylássein* 'custodire', comp. di *pró* 'davanti' (V. *pro-* (*2*)) e *phylássein* 'custodire', da *phýlax*, genit. *phýlakos* 'guardiano', di origine indeur.] s. f. ● (*med.*) Insieme dei provvedimenti atti a prevenire la diffusione delle malattie, in particolare di quelle infettive.

profilàto o †**proffilàto** **A** part. pass. di *profilare*; anche agg. *1* Nei sign. del v. *2* *Naso p.*, affilato, sottile. **B** s. m. ● Trave a sbarra metallica ottenuta al laminatoio, e la cui sezione trasversale presenta una forma o profilo determinato.

profilatóio [da *profilato*] s. m. ● Cesello a bordi arrotondati e non taglienti, usato nella tecnica dell'incisione su metallo. SIN. Profilo.

profilatrìce s. f. *1* Macchina atta a piegare a freddo nastri e lamiere per produrre profilati. *2* Macchina per la lavorazione del legno che esegue sul pezzo una o più operazioni simultanee in un unico passaggio del pezzo stesso.

profilàttico [vc. dotta, gr. *prophylaktikós*, da *prophýlaxis* 'profilassi'] **A** agg. (pl. m. *-ci*) ● Di profilassi: *tecniche profilattiche* | Che previene le malattie: *cura profilattica.* || **profilatticaménte**, avv. (*raro*) Secondo profilassi. **B** s. m. ● Preservativo.

profilatùra [da *profilare*] s. f. ● Atto, effetto del profilare.

profillo [comp. di *pro-* (*1*) e *-fillo*] s. m. ● (*bot.*) Bratteola.

profìlo o †**proffìlo** [da *profilare*] s. m. *1* Linea di contorno: *il p. delle montagne*; *il p. del viso, del naso.* *2* Linea di contorno o sagoma di un corpo, ottenuta in genere sezionando il corpo stesso | *P. alare*, contorno di una qualsiasi sezione alare fatto parallelamente al piano di simmetria dell'ala | *P. geologico*, rappresentazione diagrammatica di una sezione verticale ideale attraverso un'area per indicare la disposizione delle rocce in profondità | *P. fluviale*, diagramma che rappresenta la lunghezza di un fiume e le successive altezze attraverso le quali il fiume passa, dalla sorgente alla foce. *3* (*ass.*) Linea del volto osservato di fianco: *avere un bel p.*; *il p. angoloso ... ingentilito dalla pettinatura allora di moda* (VERGA) | *Figura di p.*, presentata di fianco e non di fronte o dal dietro | (*ell.*) Disegno, quadro, fotografia e sim. che rappresenta una persona vista di profilo: *eseguire un p.* *4* (*letter., fig.*) Breve studio critico e biografico: *ha pubblicato un p. del Leopardi.* *5* (*fig.*) Sommaria descrizione delle caratteristiche di q.c. o delle qualità di qc.: *annotare i profili dei propri dipendenti* | *Di basso p.*, modesto, mediocre, di scarso valore | *Sotto il p.*, per quanto riguarda, in relazione a, con riguardo a, rispetto a: *sotto il p. morale*; *sotto il p. professionale*; *sotto il p. della correttezza è una persona poco raccomandabile.* *6* Sottile bordatura in colore o tessuto diverso per guarnire un indumento. *7* Profilatoio.

profìme [lat. parl. **provīme(n)*, comp. di *prō* 'davanti' (V. *pro-* (*1*)) e *viēre* 'legare' (V. *vimine*)] s. m. ● Pezzo che nell'aratro unisce lo zoccolo con la bure.

profitènte [vc. dotta, lat. *profitĕnte(m)*, part. pres. di *profitēri* 'dichiarare apertamente' (V. *professo*)] s. m. e f. ● Religioso in procinto di pronunziare i voti.

profiterole /fr. prɔfit(ə)'rɔl/ [fr., da *profiter* 'profittare'] s. f. inv. ● Sorta di piccolo bignè | Dolce formato da tali bignè ricoperti di cioccolato fuso.

profittàbile agg. ● (*raro*) Profittevole. || **profittabilménte**, avv. (*raro*) Profittevolmente.

profittàre [ant. fr. *profiter*, da *profit* 'profitto'] v. intr. (aus. *avere*) *1* Fare profitto: *p. negli studi.* SIN. Avvantaggiarsi, progredire. *2* Trarre, ricavare profitto: *p. dell'amicizia di qc.*; *p. di un'occasione.* SIN. Approfittare.

profittatóre [da *profittare*] s. m. (f. *-trice*) ● Chi sfrutta persone o circostanze per ricavarne il proprio vantaggio | *P. di guerra*, chi approfitta della guerra per arricchirsi con operazioni commerciali o speculative riprovevoli. SIN. Approfittatore, sfruttatore.

profittévole [da *profittare*] agg. ● Che è utile e fruttuoso materialmente o spiritualmente: *una speculazione p.*; *incontro p.*; *poter far uso p. della cognizione di questa indubitata verità* (METASTASIO). SIN. Vantaggioso. || **profittevolménte**, avv. (*raro*) In modo profittevole, con profitto.

profìtto o †**profètto** [ant. fr. *profit*, dal lat. *profĕctu(m)*, da *profĭcere* 'giovare' (V. *proficiente*)] s. m. *1* Utile, vantaggio, giovamento materiale o spirituale: *trarre p. da una cura* | *Sentire p. di q.c.*, provarne giovamento | (*fig.*) *Mettere a p. il tempo*, utilizzarlo razionalmente | (*raro*) *Non fare p.*, non raggiungere lo scopo | (*raro*) *Venire a p.*, tornare utile, vantaggioso. CONTR. Danno, perdita, svantaggio. *2* (*fig.*) Progresso in un campo del sapere, in un'arte, una disciplina e sim.: *far p. negli studi*; *il fine delle leggi non è tanto di cercar la verità delle cose ..., quanto la bontà de' costumi, p. della civiltà* (BRUNO). SIN. Avanzamento. *3* (*econ.*) Eccedenza del ricavo lordo delle vendite sul costo totale di produzione | *Conto profitti e perdite*, in cui vengono registrate tutte le componenti positive e negative del reddito d'esercizio di una azienda | Utile tratto da un'attività economica. *4* (*econ.*) Rimunerazione spettante all'imprenditore, quale compenso delle prestazioni a carattere organizzativo svolte nell'impresa.

†**profligàre** [vc. dotta, lat. *profligāre*, comp. di *prō* 'avanti' (V. *pro-* (*1*)) e *flīgāre* 'battere', di origine espressiva] v. tr. ● Vincere, disperdere, abbattere.

†**profligàta** [da *profligato*, part. pass. di *profligare*] s. f. ● Sconfitta, rotta.

†**profligatóre** [vc. dotta, lat. *profligatōre(m)*, da *profligātus*, part. pass. di *profligāre* 'profligare'] s. m.; anche agg. (f. *-trice*) *1* Chi, che sconfigge, disperde. *2* (*fig.*) Dissipatore.

proflùvio [vc. dotta, lat. *proflŭviu(m)*, da *proflŭere* 'scorrere avanti', comp. di *prō* 'avanti' (V. *pro-* (*1*)) e *flŭere* 'fluire'] s. m. *1* (*lett.*) Abbondante flusso di umori o di sostanze liquide. *2* (*fig.*) Grande quantità di cose che si susseguono senza interruzione: *un p. di lacrime, di lamentele.*

profondaménto s. m. ● (*raro*) Il profondare. SIN. Sprofondamento.

profondàre [da *profondo*] **A** v. tr. (*io profóndo*) *1* (*raro*) Mandare, mettere, cacciare a fondo: *p. le radici* | *P. l'aratro*, affondarlo bene | (*fig.*) †Mandare in rovina. SIN. Affondare. *2* Rendere più profondo: *p. il canale.* **B** v. rifl. e intr. pron. *1* Immergersi, andare a fondo: *la nave si è profondata nel mare.* *2* (*fig.*) Addentrarsi con la mente, l'animo: *io mi profondo quanto io posso nelle cogitazioni di questo subietto* (MACHIAVELLI). **C** v. intr. (aus. *essere*) ● (*raro*) Cadere a fondo. SIN. Rovinare, sprofondare.

profondàto part. pass. di *profondare*; anche agg. ● Nei sign. del v. || †**profondataménte**, avv. Molto a fondo.

†**profondazióne** s. f. ● Atto, effetto del profondare.

profóndere [vc. dotta, lat. *profŭndere* 'versare', comp. di *prō* 'avanti' (V. *pro-* (*1*)) e *fŭndere* 'versare' (V. *fondere*)] **A** v. tr. (coniug. come *fondere*) ● Spargere copiosamente: *p. lodi* | *P. sostanze, denaro*, scialacquare. **B** v. intr. pron. ● Esprimersi con grande calore, effusione o ricchezza di parole: *si profuse in ringraziamenti.*

†**profondézza** s. f. ● Profondità.

profondìmetro [comp. di *profondi(tà)* e *-metro*] s. m. ● Apparecchio per misurare la profondità, usato dai subacquei.

profondità [vc. dotta, lat. tardo *profunditāte(m)*, da *profŭndus* 'profondo'] s. f. *1* Qualità, condizione di ciò che è profondo (*anche fig.*): *la p. di uno scavo, di una grotta*; *p. di pensiero, di concetti*; *la p. di un sentimento* | *In p.*, nel profondo: *scendere, immergersi in p.* *2* (*spec. al pl.*) Luogo profondo: *le profondità marine, degli abissi, della Terra* | (*fig.*) Parte più intima e segreta: *le profondità del cuore, dell'animo umano.* *3* Distanza, calcolata lungo la verticale, tra il limite superiore di un corpo o di una massa e il suo fondo: *misurare la p. di un pozzo, del mare, di un lago.* *4* Spazio prospettico offerto da una rappresentazione figurativa: *i quadri del periodo barocco sono ricchi di p.*; *la p. offerta dal cinemascope.* *5* (*fot., cine*) *P. di campo*, per una determinata distanza di messa a fuoco e per un determinato diaframma di un obiettivo, intervallo tra le due distanze estreme entro le quali gli oggetti ripresi dall'obiettivo risultano praticamente a fuoco | *P. di fuoco*, intervallo entro cui è possibile variare il piano focale mantenendo a fuoco l'immagine data da un obiettivo.

profonditóre agg.; anche s. m. (f. *-trice*) ● (*raro*) Che, chi profonde, scialacqua.

profóndo [lat. *profŭndu(m)*, da *fŭndus* 'fondo'] **A** agg. *1* Di ciò che presenta una notevole distanza, calcolata lungo la verticale, tra il limite superiore e il fondo: *lago p.*; *acque profonde*; *valle, voragine profonda.* *2* (*est.*) Che penetra molto addentro: *profonde radici* | *Ferita profonda*, che s'interna molto | (*fig.*) *Sguardo p.*, che cerca di penetrare nell'intimo dell'interlocutore | *Respiro p.*, con cui si inspira molta aria | *Sospiro p.*, che viene dal fondo del petto | *Colore p.*, carico | *Buio p.*, cupo | *Notte profonda*, avanzata | *Sonno p.*, pesante | *Silenzio p.*, totale | Che costituisce la parte più fonda di q.c.: *nel p. inferno*. *3* (*est.*) Detto della parte più interna, o più meridionale, di regioni geografiche: *nell'Africa profonda*; *il p. Sud*. *4* (*fig.*) Detto di manifestazione intellettuale caratterizzata da grande vastità di dottrina: *sapere p.*; *concetti, studi profondi* | (*est.*) Detto di persona, che conosce a fondo l'argomento di cui si tratta: *essere p. in una scienza, in un'arte*; *teologo p.*; *è un p. conoscitore della materia*. *5* (*fig.*) Di sentimento o affetto molto intenso, sentito, radicato: *nutrire un amore, un odio p. verso qc.*; *ho per te un p. rispetto*; *sento un p. dolore*. *6* †Difficile a capire, a intendere. SIN. Arcano, oscuro. *7* (*mus.*) Grave: *basso p.* | *Voce profonda*, che viene dal fondo del petto. || **profondaménte**, avv. *1* Molto addentro, a fondo: *piantare q.c. profondamente*; (*est.*) *dormire profondamente*, con un sonno molto sodo; (*est.*) *inchinarsi profondamente*, fino a terra; (*fig.*) *conoscere profondamente*, intimamente. *2* Intensamente, fortemente, grandemente: *essere profondamente addolorato, turbato*. **B** avv. ● (*raro, lett.*) Profondamente: *arare p.*; *parlare p.*; *mettere p. le radici*. **C** s. m. *1* Profondità, fondo (*anche fig.*): *nel p. dell'Oceano*; *nel p. dell'animo*; *dal p. del cuore* | (*raro*) *Nel suo p.*, nel suo intimo | †*Mandare a p.*, in rovina. *2* (*psicol.*) L'inconscio: *psicoanalisi del p.*

pro fórma o **profórma** [lat., propriamente 'per la forma'] **A** loc. avv.; anche loc. agg. inv. ● Per la sola forma, per pura formalità: *esame, controllo pro forma*. **B** anche loc. sost. m. inv. ● Formalità: *è un semplice pro forma*.

pròfugo [vc. dotta, lat. *prŏfugu(m)*, da *profŭgere* 'fuggire via' (propriamente 'fuggire avanti'), comp. di *prō* 'avanti' (V. *pro-* (*1*)) e *fŭgere* 'fuggire'] agg.; anche s. m. (f. *-a*; pl. m. *-ghi*) ● Che, chi è costretto ad allontanarsi dalla propria patria e a cercare rifugio altrove: *Enea, p. da Troia*; *p. politico, religioso*. SIN. Fuoruscito.

†**profumaménto** s. m. ● Atto, effetto del profumare.

profumàre [prob. da *pro-* (var. di *per-*) e *fumare* 'esalare vapori, aromi'] **A** v. tr. ● Spargere, dare il profumo: *p. un fazzoletto*; *profumarsi i capelli*. **B** v. rifl. ● Aspergersi la pelle o i capelli di profumo o spargersi di profumo le vesti: *si profuma di lavanda*. **C** v. intr. (aus. *avere*) ● Mandare buon odore: *l'aria profuma*.

profumàto part. pass. di *profumare*; anche agg. *1* Nei sign. del v. *2* (*fig.*) Generoso, lauto: *paga profumata*. || **profumataménte**, avv. (*fig.*) Generosamente, lautamente: *compensare, pagare profumatamente*.

profumatóre s. m. (f. *-trice*) ● (*raro*) Chi profuma.

profumazióne s. f. *1* Atto, effetto del profumare. *2* Essenza odorosa, gener. artificiale, aggiunta a un prodotto che naturalmente ne è privo: *insetticida con p. al (di) pino*; *saponetta disponibile in tre profumazioni*.

profumerìa s. f. *1* Arte del preparare i profumi | Il laboratorio o il negozio del profumiere. *2* (*spec. al pl.*) Assortimento di profumi e cosmetici.

†**profùmico** s. m. ● Profumo di sostanza bruciata.

profumièra s. f. ● Vaso per custodirvi o bruciarvi profumi.

profumière s. m. (f. *-a*) ● Fabbricante o venditore di profumi e cosmetici.

profumièro agg. ● Concernente i profumi: *commercio p.*

profumista s. m. e f. (pl. m. *-i*) ● Chi lavora in una fabbrica di profumi e cosmetici.

profùmo [dev. di *profumare*] s. m. *1* Esalazione odorosa gradevole, naturale o artificiale: *nell'aria c'è un delizioso p.*; *i fiori mandano p.*; *che buon p. hai!*; *il p. dell'erba, delle rose, delle viole*; *p. di pulito*; *p. delicato, forte, acuto, sottile, penetrante*. SIN. Fragranza, olezzo. CONTR. Puzzo. *2* Soluzione più o meno concentrata di essenze odorose variamente combinate: *p. francese*; *mettersi il p.*; *regalare un p., una bottiglia di p.* *3* (*fig.*) Senso gradito, sottile, delicato: *il p. dell'innocenza, della poesia*. *4* (*fig.*) †Adulazione, incenso.

†**profumóso** agg. ● Che odora di profumi.

profusióne [vc. dotta, lat. *profusiōne(m)*, da *profūsus* 'profuso'] s. f. *1* Atto, effetto del profondere. SIN. Effusione, spargimento, sperpero. *2* (*fig.*) Larga abbondanza: *una p. di parole, di ringraziamenti* | Scialacquamento: *la p. di tutti i suoi averi* | *A p.*, con eccessiva prodigalità: *spendere a p.*

profùso part. pass. di *profondere*; anche agg. *1* Nei sign. del v. *2* (*med.*) Detto di secrezione molto abbondante: *sudorazione profusa*. *3* Distribuito prodigalmente: *tesori profusi* | †*Andare p. dietro q.c.*, darsi completamente a q.c. SIN. Dissipato. *4* (*raro, fig.*) *Discorso p.*, prolisso, diffuso. || **profusaménte**, avv. *1* Con profusione, in abbondanza. *2* Prodigalmente. *3* (*raro*) Diffusamente, largamente: *dilungarsi profusamente su un argomento*.

progeneràre [vc. dotta, lat. *progenerāre*, comp. di *prō* 'a favore' (V. *pro-* (*1*)) e *generāre* 'generare'] v. tr. (*io progènero*) ● (*raro, lett.*) Generare, procreare.

progènie [vc. dotta, lat. *progĕnie(m)*, da *progĭgnere* 'generare, produrre', comp. di *prō* 'avanti' (V. *pro-* (*1*)) e *gĭgnere* 'generare' (V. *generare*)] s. f. inv. *1* (*lett.*) Stirpe, prole, discendenza: *la p. dei Longobardi*. SIN. Generazione, schiatta. *2* (*spreg.*) Genia, gentaglia. *3* (*scherz.*) Il figlio o i figli: *ho conosciuto la sua p.* *4* (*biol., zool.*) I discendenti di un animale o di una pianta | (*biol., zoot.*) *Esame della p.*, valutazione del genotipo di un animale attraverso lo studio della sua progenie in condizioni controllate.

†**progènito** [vc. dotta, lat. *progĕnitu(m)*, part. pass. di *progĭgnere* 'generare, produrre' (V. *progenie*)] agg. ● Generato.

progenitóre [vc. dotta, lat. *progenitōre(m)*, comp. di *prō* 'avanti, prima' (V. *pro-* (*1*)) e *gĕnitor*, genit. *genitōris* 'genitore'] s. m. (f. *-trice*) ● Capostipite di una famiglia, una stirpe: *Adamo è il nostro p.* | Avo, antenato: *conservare la memoria dei progenitori* | †Fondatore.

progerìa [comp. di *pro-*, *ger(o)-* (*1*) e del suff. *-ia*] s. f. ● (*med.*) Sindrome rara caratterizzata da senilità precoce che si manifesta con nanismo e malformazioni cranio-facciali.

progesteróne [comp. di *pro-* (*1*), *gest(azione)* e *ster(olo)*, con il suff. *-one* degli ormoni] s. m. ● (*biol.*) Ormone secreto dal corpo luteo dell'ovaio, dalla placenta e dal corticosurrene, che mantiene intatta la mucosa uterina durante la gravidanza.

progestìna [comp. di *pro-* (*1*) e *gest(azione)*] s. f. ● (*farm.*) Sostanza sintetica con attività simile a quella del progesterone che, unita a piccole dosi di estrogeni e somministrata per bocca, esplica azione antifecondativa.

progestìnico agg. (pl. m. *-ci*) *1* Di, relativo a, progestina. *2* (*biol.*) *Fase progestinica*, quella che, nel secondo periodo del ciclo mestruale, è caratterizzata dalla produzione di progesterone.

progettàre [fr. *projeter*, dal lat. *proiectāre* 'biasimare', poi 'esporre', ints. di *proĭcere* 'gettare avanti', comp. di *prō* 'avanti' (V. *pro-* (*1*)) e *iăcere* 'gettare' (V.)] v. tr. (*io progètto*) *1* Immaginare, ideare q.c. e proporre il modo di attuarla: *p. un viaggio, una spedizione*; *progetta già di andarsene*. *2* Ideare una qualsiasi costruzione, compiendo i relativi calcoli e disegni per la sua realizzazione: *p. un palazzo, un ponte, una ferrovia*.

progettazióne s. f. ● Il progettare q.c.

progettista [comp. di *progetto* e *-ista*] s. m. e f. (pl. m. *-i*) *1* Autore di un progetto. *2* Chi prepara progetti, spec. industriali, per professione. *3* (*raro, fig.*) Chi facilmente idea piani o disegni di difficile o impossibile attuazione.

progettìstica [da *progettista*] s. f. ● Attività di ideare e realizzare progetti industriali.

progettìstico agg. (pl. m. *-ci*) ● Che riguarda i progetti.

progètto [fr. *projet*, da *projeter* 'progettare'] s. m. *1* Piano di lavoro, ordinato e particolareggiato, per eseguire q.c.: *il p. di una rete di canali* | *P. di legge*, schema di una futura legge presentato al Parlamento per la discussione e l'eventuale approvazione | *Essere in p.*, essere in fase di realizzazione. *2* Idea, proposito, anche vago, bizzarro o difficilmente attuabile: *ho in p. un viaggio all'estero*; *fare progetti*; *che progetti hai per le vacanze?*; *per ora non ho nessun p.*; *progetti di matrimonio*. *3* (*edil.*) Insieme di calcoli, disegni, elaborati necessari a definire inequivocabilmente l'idea in base alla quale realizzare una qualsiasi costruzione: *il p. di una strada, della nuova università* | *P. di massima*, indicante la soluzione non particolareggiata, con analisi sommaria dei costi | *P. esecutivo*, completo di tutti i calcoli, disegni e particolari tecnici, preventivi e capitolati. || **progettàccio**, pegg. | **progettìno**, dim. | **progettóne**, accr.

progettuàle agg. ● Di progetto | Relativo a un progetto e alla sua elaborazione.

progettualità s. f. ● Qualità di ciò che è progettuale.

proginnàsma [vc. dotta, lat. *progȳmnasma*, dal gr. *progýmnasma* 'esercizio preparatorio', da *progymnázein* 'esercitare prima', comp. di *pró* 'prima' (V. *pro-* (*2*)) e *gymnázein* 'esercitare', da *gymnás* 'esercitato, atleta' (V. *ginnasta*)] s. m. (pl. *-i*) ● Esercitazione letteraria, oratoria.

†**proginnàstico** [dal gr. *progymnastḗs* 'chi esercita prima, preparatore', da *progýmnasma* 'esercizio preparatorio' (V. *proginnasma*)] agg. ● Che riguarda il proginnasma.

proglòttide [vc. dotta, gr. *proglōssís*, genit. *proglōssídos* 'punta della lingua', comp. di *pró* 'davanti' (V. *pro-* (*2*)) e *glôssa* 'lingua' (V. *glossa* (*2*))] s. f. ● (*zool.*) Ciascuno dei segmenti in cui è diviso il corpo di alcuni vermi Cestodi.

prognatìsmo [comp. di *prognat(o)* e *-ismo*] s. m. ● (*antrop.*) Sporgenza in avanti della mandibola.

prognàto o (*raro*) **prògnato** [comp. di *pro-* (*2*) 'in avanti' e del gr. *gnáthos* 'mascella' (V. *gnato-*)] agg.; anche s. m. (f. *-a*) ● (*antrop., med.*) Che, chi presenta prognatismo.

prògne [dal n. della figlia di Pandione che, secondo la leggenda mitologica, fu trasformata in rondine] s. f. ● (*poet.*) Rondine.

prògnosi [vc. dotta, lat. tardo *prognōsi(m)*, nom. *prognōsis*, dal gr. *prógnōsis* 'previsione', da *progignṓskein* 'prevedere, giudicare prima', comp. di *pró* 'prima' (V. *pro-* (*2*)) e *gignṓskein* 'conoscere', di origine indeur.] s. f. ● (*med.*) Giudizio clinico sulla evoluzione futura della malattia in esame.

prognosticàre e deriv. ● V. *pronosticare* e deriv.

prognòstico [vc. dotta, gr. *prognōstikón* 'pronostico', nt. sost. di *prognōstikós* 'atto a conoscere', da *prógnōsis* 'previsione' (V. *pronostico*)] **A** agg. (pl. m. *-ci*) ● Di prognosi: *giudizio p.* **B** s. m. *1* (*raro*) Pronostico. *2* (*raro*) Prognosi.

progràmma [vc. dotta, lat. tardo *progrămma*, dal gr. *prógramma* 'pubblico avviso, programma', da *prográphein* 'scrivere prima', comp. di *pró* 'prima' (V. *pro-* (*2*)) e *gráphein* 'scrivere' (V. *grafo-*)] s. m. (pl. *-i*) *1* Esposizione, enunciazione verbale o scritta di ciò che è necessario o che ci si propone di fare: *p. di lavoro*; *p. politico, economico*; *il p. della manifestazione*; *attenersi al p. fissato* | (*est.*) Proposito, progetto: *non avere programmi*; *ha fatto un p. per la serata* | Trasmissione radiofonica o televisiva: *un buon p.*; *i programmi della serata*. *2* Piano di lavoro e di studi da realizzare entro un certo periodo scolastico: *p. d'esame*; *svolgere il p.*; *prepararsi su tutto il p.* *3* Opuscolo contenente le informazioni essenziali su uno spettacolo, nonché una breve presentazione critica del medesimo, distribuito all'ingresso del teatro o della sala di concerto | *Fuori p.*, (*fig.*) cosa inaspettata e imprevista. *4* (*elab.*) Sequenza di istruzioni codificate secondo un determinato linguaggio che, inserite in un computer, lo abilitano a eseguire un ciclo completo di operazioni: *p. di scrittura*. || **programmàccio**, pegg. | **programmino**, dim. | **programmóne**, accr.

programmàbile agg. ● Che si può programmare.

programmàre [da *programma*] v. tr. *1* Ideare e concretare un programma: *p. un'azione comune*; *p. un viaggio* | Mettere, includere in un programma: *p. uno spettacolo*. *2* (*elab.*) Redigere un programma di elaborazione per un sistema elettronico. *3* Formulare un programma economico ed enunciare i mezzi di attuazione.

programmàtico agg. (pl. m. *-ci*) ● Relativo a un programma: *dichiarazioni programmatiche* | Ispirato a un programma. || **programmaticaménte**, avv.

programmàto part. pass. di *programmare*; anche agg. *1* Nei sign. del v. *2 Istruzione programmata*, tecnica didattica consistente spec. in una serie di spiegazioni e di relative domande, coordinate scientificamente, intesa a facilitare all'allievo l'apprendimento delle nozioni fondamentali di una data materia.

programmatóre s. m. (f. *-trice*) *1* (*elab.*) Chi è addetto alla redazione dei programmi in base ai quali operano i sistemi elettronici per l'elaborazione dei dati. *2* Chi enuncia, attua o sostiene la programmazione economica.

programmatòrio agg. ● Di programmazione, relativo alla programmazione: *capacità programmatorie.*

programmazióne s. f. *1* Atto, effetto del programmare. *2* Impostazione di un'attività economica, industriale o commerciale sulla base di direttive e piani stabiliti in conformità degli obiettivi che si vogliono raggiungere, e creazione di un sistema atto a controllare che i risultati corrispondano ai programmi. *3* (*elab.*) Sequenza di istruzioni fornite a un elaboratore elettronico per l'esecuzione di una determinata elaborazione | *P. automatica*, ogni tecnica che permetta di farsi aiutare dall'elaboratore nel lavoro di programmazione. *4* (*mat.*) *P. lineare*, tecnica di ricerca dei massimi (o minimi) di una funzione lineare di più variabili, sottoposte a vincoli anch'essi lineari. *5* (*pedag.*) *P. educativa, didattica*, nel sistema della scuola dell'obbligo italiana, progetto organico per l'insegnamento-apprendimento che, individuando le esigenze del contesto socio-culturale e le condizioni di partenza degli alunni, definisce gli obiettivi finali, intermedi e immediati dell'azione didattica, organizza i contenuti in relazione agli obiettivi stabiliti, determina metodi, materiali, attività adeguati, procede a costanti verifiche dei risultati conseguiti.

programmìsta s. m. e f. (pl. m. *-i*) *1* Chi è addetto alla preparazione di programmi. *2* Chi espone, commentandoli, i programmi radio-televisivi.

progrediménto s. m. ● (*raro*) Il progredire.

progredìre [vc. dotta, lat. *prōgredi*, comp. di *prō* 'avanti' (V. *pro-* (*1*)) e *grădi* 'camminare' (V. *grado*)] v. intr. (*io progredìsco, tu progredisci*; aus. *avere* con sogg. di persona, *essere* o raro *avere* con sogg. di cosa) *1* Andare avanti, procedere verso il compimento di q.c.: *il lavoro progredisce*; *p. negli studi*. SIN. Avanzare. CONTR. Regredire. *2* (*fig.*) Fare progressi: *le tecniche sono molto progredite*. SIN. Migliorare.

progredìto part. pass. di *progredire*; anche agg. *1* Nei sign. del v. *2* Che ha raggiunto un alto livello civile, sociale e sim.: *i paesi più progrediti*.

progressióne [vc. dotta, lat. *progressiōne(m)*, da *progrĕssus*, part. pass. di *prōgredi* 'progredire'] s. f. *1* L'atto del progredire | Aumento, avanzamento, accrescimento che si verifica con regolarità e continuità: *una p. lenta*; *essere in costante p.* CONTR. Regresso. *2* (*mat.*) *P. aritmetica*, successione di numeri tali che la differenza fra due numeri consecutivi sia costante | *P. geometrica*, successione di numeri tali che il rapporto di due numeri consecutivi sia costante | *Aumentare in p. geometrica*, (*fig.*) rapidamente, vertiginosamente. *3* (*mus.*) Reiterata ripetizione di un medesimo passaggio fatta da una stessa parte: *p. ascendente, discendente*. *4* Nella ginnastica, serie di esercizi che sviluppano un tema con un crescendo di difficoltà.

progressìsmo [comp. di *progress(o)* e *-ismo*] s. m. ● Opinione, posizione e tendenza di chi è progressista.

progressìsta **A** s. m. e f. (pl. m. *-i*) ● Seguace, sostenitore, di idee e movimenti innovatori in campo politico, economico e sociale. **B** agg. ● Progressistico: *tendenze, idee progressiste*.

progressìstico agg. (pl. m. *-ci*) ● (*raro*) Del progressismo, che è favorevole al progressismo: *movimento politico p.*

progressività s. f. ● Carattere, qualità di ciò che è progressivo.

progressìvo [dal lat. *progrĕssus*, part. pass. di *prōgredi* 'progredire'] agg. *1* Che procede, va avanti seguendo un andamento più o meno regolare e continuo: *aumento, calo p.* SIN. Graduale. CONTR. Regressivo. *2* †Che procede verso il progresso. *3* (*ling.*) Detto di forma verbale indicante un'azione che si sta compiendo | Detto di assimilazione in cui l'elemento assimilante precede quello assimilato. *4* (*dir.*) Di aliquota che aumenta col crescere della base imponibile: *imposta progressiva* | *Reato p.*, che comporta necessariamente ed assorbe in sé anche la commissione di un altro reato meno grave. *5* (*mus.*) Detto di un tipo di musica jazz sperimentale, moderna. || **progressivaménte**, avv. Con progressione; gradatamente.

progrèsso [vc. dotta, lat. *progrĕssu(m)*, da *progrĕssus*, part. pass. di *prōgredi* 'progredire'] s. m. *1* Atto, effetto del progredire: *il p. delle nostre attività*; *i progressi della tecnica* | *In p. di tempo*, con l'andar del tempo. CONTR. Regresso. *2* Profitto, avanzamento: *fare progressi negli studi*; *il rapido p. della sua malattia*. *3* Avanzamento verso forme migliori nel campo delle conoscenze, delle relazioni sociali, dei costumi, dei mezzi di vita: *p. intellettuale, industriale, storico*; *il secolo del p.* | *P. sociale*, mutamento delle strutture sociali che avviene nel senso di un loro perfezionamento funzionale | *P. tecnico*, il risultato delle invenzioni e dei perfezionamenti della tecnica produttiva.

proibìre [lat. *prohibēre* 'tener lontano' (propriamente 'tener davanti'), comp. di *prō* 'davanti' (V. *pro-* (*1*)) e *habēre* 'avere'] v. tr. (*io proibìsco, tu proibisci*) *1* Comandare di non fare q.c.: *p. a qc. di entrare, di muoversi*; *p. le adunanze, le manifestazioni* | (*ell.*) *Proibito fumare*, ammonizione di non fumare scritta in luoghi pubblici. SIN. Vietare. CONTR. Permettere. *2* (*est.*) Non dare la possibilità di fare q.c.: *il vento proibisce di navigare* | (*raro*) Rimuovere, allontanare: *p. qc. dal fare q.c.*

proibitìvo agg. *1* Che ha potere di proibire: *decreto p.* | Che mira a proibire: *provvedimento p.* *2* (*est.*) Che limita o impedisce ciò che si vorrebbe fare: *non si può partire, le condizioni del tempo sono proibitive* | *Prezzo p.*, molto alto, quindi tale da allontanare i compratori. || **proibitivaménte**, avv. (*raro*) In modo proibitivo.

proibìto o †**pròibito** part. pass. di *proibire*; anche agg. *1* Nei sign. del v. *2* Che non è concesso, che è vietato da una qualsiasi autorità: *colpi, giochi proibiti*; *relazione proibita* | *Frutto p.*, quello che Dio proibì di mangiare ad Adamo ed Eva e (*est.*) cosa irraggiungibile e, quindi, molto desiderata.

proibitóre [vc. dotta, lat. *prohibitōre(m)*, da *prohĭbitus*, part. pass. di *prohibēre* 'proibire'] s. m. (f. *-trice*) ● (*raro*) Chi proibisce.

proibitòrio [vc. dotta, lat. *prohibitōriu(m)*, da *prohĭbitor*, genit. *prohibitōris* 'proibitore'] agg. ● (*raro*) Di proibizione.

proibizióne [vc. dotta, lat. *prohibitiōne(m)*, da *prohĭbitus*, part. pass. di *prohibēre* 'proibire'] s. f. ● Atto, effetto del proibire: *vige la p. di vendere al pubblico*. SIN. Divieto. CONTR. Autorizzazione.

proibizionìsmo [ingl. *prohibitionism*, da *prohibitionist* 'proibizionista'] s. m. ● Proibizione di produrre e vendere bevande alcoliche attuata spec. negli Stati Uniti dal 1919 al 1933.

proibizionìsta [ingl. *prohibitionist*, da *prohibition* 'proibizione'] s. m. e f.; anche agg. (pl. m. *-i*) ● Sostenitore del proibizionismo.

proibizionìstico agg. (pl. m. *-ci*) ● Di, da proibizionismo: *regime p.*

†**proiciènte** [vc. dotta, lat. *proiciĕnte(m)*, part. pres. di *proĭcere* 'gettare avanti' (V. *progettare*)] agg.; anche s. m. ● Di corpo che imprime moto a un grave.

proiettàre [vc. dotta, lat. *proiectāre* (V. *progettare*)] **A** v. tr. (*io proiètto*) *1* Gettare, scagliare fuori o avanti: *i paracadutisti furono proiettati dall'aereo*. SIN. Lanciare. *2* (*fig.*) Protendere lontano nel tempo: *p. le proprie ambizioni nel futuro*. *3* (*cine*) Riprodurre su uno schermo una diapositiva o una pellicola mediante un proiettore. *4* (*mat.*) Eseguire una proiezione. **B** v. rifl. e intr. pron. *1* Gettarsi, scagliarsi fuori o avanti: *i paracadutisti si proiettarono fuori dall'aereo uno dopo l'altro*. *2* (*fig.*) Protendersi col pensiero o con la volontà verso una condizione diversa: *proiettarsi nel futuro*. *3* (*fig.*) Detto di luce od ombra, protendersi, andare a cadere: *l'ombra del salice si proiettava sul lago*.

proiettàto part. pass. di *proiettare*; anche agg. ● Nei sign. del v.

proiettatóre agg.; anche s. m. (f. *-trice*) ● (*raro*) Che, chi proietta.

proiettifìcio [comp. di *proietto* e *-ficio*] s. m. ● Stabilimento per la fabbricazione di proiettili.

proièttile [da *proietto*] s. m. ● Qualunque corpo che può essere lanciato nello spazio mediante un congegno, spec. un'arma da fuoco, capace di conferirgli una forte velocità iniziale.

proiettività s. f. *1* Qualità di ciò che è proiettivo. *2* (*mat.*) Corrispondenza biunivoca e continua, che risulta stabilita tra forme geometriche, l'una dall'altra deducibili mediante un numero finito di operazioni di proiezione e sezione.

proiettìvo [da *proietto*] agg. *1* (*raro*) Atto a proiettare. *2* (*mat.*) Che si riferisce alla proiettività | *Carattere p.*, proprietà intrinseca a tutti quegli enti geometrici che si mantengono invarianti rispetto alle operazioni di proiezione e sezione. *3* (*psicol.*) *Test p., tecnica proiettiva*, situazione relativamente non strutturata, come macchie d'inchiostro, frasi incomplete e sim., a cui una persona viene messa di fronte con il compito di rispondere con ampia libertà, rivelando in tal modo tratti della propria personalità.

proiètto [vc. dotta, lat. *proiĕctu(m)*, part. pass. di *proĭcere* 'gettare avanti' (V. *progettare*)] s. m. *1* (*mil.*) Corpo lanciato da un pezzo di artiglieria mediante una carica di lancio o un propellente: *la traiettoria, l'azione d'urto di un p.* *2* (*geol.*) Frammento piroclastico solido, lanciato da un vulcano, costituito da rocce sedimentarie, plutoniche, metamorfiche, o da lave consolidate di eruzioni precedenti.

proiettóre [fr. *projecteur*, dal lat. *proiĕctus*, part. pass. di *proĭcere* 'gettare avanti' (V. *progettare*)] s. m. *1* Apparecchio che, mediante specchi o lenti, convoglia in una determinata direzione il fascio luminoso prodotto da una sorgente ed è destinato a illuminare oggetti che devono essere visti | *Proiettori per autoveicoli*, quelli applicati sui lati anteriore e posteriore di un autoveicolo per illuminare la strada: *proiettori di profondità* o *abbaglianti, di incrocio* o *anabbaglianti, fendinebbia, retromarcia*. ➡ ILL. p. 353 AGRICOLTURA; p. 1746, 1747, 1748, 1750 TRASPORTI. *2* Apparecchio atto a proiettare su uno schermo diapositive, pellicole cinematografiche e immagini ingrandite di oggetti. *3* (*mil.*) Apparecchio in dotazione a speciali reparti del genio per illuminare di notte il campo di battaglia. SIN. Fotoelettrica.

†**proiettùra** [vc. dotta, lat. *proiectūra(m)*, da *proiĕctus*, part. pass. di *proĭcere* 'gettare avanti' (V. *progettare*)] s. f. ● (*arch.*) Aggetto, prominenza di una costruzione.

proiezióne [vc. dotta, lat. *proiectiōne(m)*, da *proiĕctus*, part. pass. di *proĭcere* 'gettare avanti' (V. *progettare*)] s. f. *1* Atto, effetto del proiettare: *la p. dell'ombra su un muro*. *2* Trasmissione di un'immagine luminosa su di uno schermo, ottenuta facendo attraversare da un forte fascio di luce una pellicola impressionata o un disegno posto in un supporto trasparente | (*est.*) Spettacolo cinematografico. *3* Rappresentazione di una figura spaziale su di un piano usando sistemi diversi | *P. cartografica*, procedimento che, nella costruzione di una carta geografica, consente, con una certa approssimazione, di portare su un piano la superficie curva della Terra | *P. prospettica*, eseguita, secondo le leggi della prospettiva, su un piano tangente a un punto della superficie del globo osservato da un determinato punto di vista | *P. di sviluppo*, eseguita proiettando i punti del globo su una superficie conica o cilindrica tangente o secante il globo stesso | *P. ortogonale*, eseguita proiettando i punti della figura lungo linee perpendicolari al piano dato. *4* (*stat.*) *P. demografica*, calcolo dello sviluppo futuro di una popolazione, basato su ipotesi prestabilite riguardanti la dinamica delle componenti del movimento della popolazione stessa, ricavate dalle statistiche dello stato civile | *P. elettorale*, previsione dei risultati di un'elezione politica o amministrativa, effettuata in base ai dati ricavati dall'intervista di un campione rappresentativo della popolazione votante o sulla base dei primi risultati conosciuti. *5* (*psicoan.*) Spostamento inconscio degli impulsi rimossi da parte dell'Io dall'interno all'ambiente esterno, spec. su persone a cui detti impulsi vengono attribuiti in forma più o meno travisata.

proiezionista [da *proiezione*] s. m. (pl. *-i*) ● Operaio specializzato addetto alla macchina da proiezione cinematografica.

project manager /ˈprɔdʒekt ˈmanadʒer, *ingl.* ˈprɔdʒekt ˈmænidʒə*/ [loc. ingl., comp. di *project* 'progetto, programma' e *manager* (V.)] loc. sost. m. e f. inv. (pl. ingl. *project managers*) ● (*org. az.*) Dirigente responsabile della gestione delle risorse, dell'organizzazione e programmazione delle attività di lavoro, della verifica gestionale dei risultati di queste.

prolammìna [comp. di *pro(lina)*, *amm(oniaca)* e *-ina*] s. f. ● (*chim.*) Membro di una classe di proteine vegetali comprendenti la gliadina.

prolassàto agg. ● (*med.*) Detto di organo che ha subìto un prolasso.

prolàsso [vc. dotta, lat. tardo *prolăpsu(m)*, da *prolăpsus*, part. pass. di *prolābi* 'scivolare in avanti', comp. di *prō* 'davanti' (V. *pro-* (*1*)) e *lābi* 'scivolare', di etim. incerta] s. m. ● (*med.*) Fuoruscita di un viscere dalla cavità in cui è contenuto attraverso un'apertura naturale: *p. rettale, uterino.*

†**prolàto** [vc. dotta, lat. *prolātu(m)*, part. pass. di *profĕrre* (V. *proferire*)] agg. ● Proferito, pronunziato.

prolattìna [comp. di *pro-* (*2*), *latt(e)* e *-ina*] s. f. ● (*biol.*) Ormone secreto dal lobo anteriore dell'ipofisi, che attiva la secrezione del latte dopo il parto.

prolazióne [vc. dotta, lat. tardo *prolatiōne(m)*, da *prolātus* 'prolato'] s. f. *1* †Loquela, parlata: *eloquentissimo fu, e facondo, e con ottima e pronta p.* (BOCCACCIO). *2* Nella musica mensurale, l'insieme dei segni che designavano il valore relativo delle note.

pròle [vc. dotta, lat. *prōle(m)*, comp. di *prō* 'davanti' (V. *pro-* (*1*)) e un deriv. di *ălere* 'nutrire' (V. *almo* (*1*))] s. f. (pl. †*proli*) *1* L'insieme dei figli facenti parte di una famiglia: *avere una p. numerosa*; *la legittima p.*; *essere sposato con p., senza p.* | (*raro, lett.*) I piccoli di un animale o i germogli di una pianta. SIN. Discendenza, figliolanza. *2* (*est.*) Generazione, progenie | *L'umana p.*, il genere umano. *3* (*poet.*) Figlio, discendente: *era Atteone ... d'Aristeo / unica p.* (MARINO).

prolegàto [vc. dotta, lat. tardo *prolegātu(m)*, comp. di *pro-* (*1*) e *legātus* 'legato'] s. m. ● Chi fa le veci d'un legato.

prolegòmeni [vc. dotta, gr. *prolegómena* 'cose dette prima', part. pres. medio nt. pl. di *prolégein* 'dire prima', comp. di *pró* 'avanti, prima' (V. *pro-* (*2*)) e *légein* 'dire', di origine indeur.] s. m. pl. ● Discorso introduttivo a un'opera | Trattato introduttivo allo studio di un autore o di una scienza.

prolèssi o **prolèpsi** [vc. dotta, lat. tardo *prolēpsi(n)*, nom. *prolēpsis*, dal gr. *prólēpsis*, da *prolambánein* 'prendere prima, anticipare', comp. di *pró* 'prima' (V. *pro-* (*2*)) e *lambánein* 'prendere' (V. *astrolabio*)] s. f. *1* (*ling.*) Procedimento sintattico consistente nell'anticipazione, spesso mediante un pronome, di una o più parole o di un'intera frase successiva: *tu sai la mamma come si preoccupa se rientri tardi*; *Vuol questo il Ciel e la sventura mia, / che io sia forzato amar quel viso altero?* (BOIARDO). *2* (*ling.*) In un'orazione, figura che consiste nel prevenire un'obiezione confutandola: *non mi negherete che alcuni di essi siano fra i più nobili sentimenti* (BACCHELLI) | Figura retorica consistente nell'enunciare come contemporaneo dell'azione un fatto che dell'azione sarà il risultato: *e infine riuscirono a domare le mansuete belve.* *3* (*filos.*) Nella logica degli epicurei e degli stoici, denominazione dei concetti generali che si trovano in noi come ricordo di ciò che si è presentato spesso fuori di noi e che costituiscono anticipazioni di esperienze future.

proletariàto [fr. *prolétariat*, dal lat. *proletārius* 'proletario'] s. m. ● Classe sociale con reddito basso o minimo, contrapposta alla classe che detiene il potere economico e politico: *p. agricolo, industriale*; *p. intellettuale* | Nella teoria marxista, classe sociale formata dai lavoratori salariati che, non possedendo i mezzi di produzione, traggono il reddito esclusivamente dalla vendita del proprio lavoro.

proletàrio [vc. dotta, lat. *proletāriu(m)*, da *prōles* 'prole'] **A** s. m. (f. *-a* nel sign. 2) *1* Nel diritto romano, cittadino privo del censo sufficiente per l'iscrizione in una delle cinque classi in cui era diviso il popolo. *2* Chi appartiene al proletariato. **B** agg. ● Di, relativo ai, formato da proletari: *classe proletaria*; *masse proletarie.* || **proletariaménte**, avv. (*raro*) In modo proletario; dal punto di vista del proletariato.

proletarizzàre [comp. di *proletar(io)* e *-izzare*] **A** v. tr. ● Ridurre a condizione proletaria: *p. la classe media.* **B** v. intr. pron. ● Ridursi a condizione proletaria.

proletarizzazióne s. f. ● (*raro*) Atto del proletarizzare.

prolèttico [vc. dotta, gr. *prolēptikós*, da *prólēpsis* 'prolessi'] agg. (pl. m. *-ci*) ● (*ling., filos.*) Di prolessi. || **proletticaménte**, avv. Mediante prolessi.

proliferàre [da *prolifero*] v. intr. (*io prolìfero*; aus. *avere*) *1* (*biol.*) Crescere per proliferazione. *2* (*fig.*) Sorgere e diffondersi moltiplicandosi con grande rapidità: *è una moda che sta proliferando dappertutto.*

proliferatìvo agg. ● (*biol., med.*) Relativo alla proliferazione.

proliferazióne [da *proliferare*] s. f. *1* (*biol.*) Processo di produzione di nuove cellule per divisione delle precedenti | Insieme di cellule prodotte per divisione di altre. *2* (*fig.*) Diffusione, espansione rapida e incontrollata: *la p. degli attentati terroristici*; *p. nucleare.*

prolìfero [comp. di *prole* e *-fero*, sul modello di *fruttifero*] agg. *1* (*biol.*) Che genera per proliferazione. *2* (*raro*) Prolifico.

prolificàre [da *prolifico*] v. intr. (*io prolìfico, tu prolìfichi*; aus. *avere*) *1* (*biol.*) Generare altri organismi della stessa specie. *2* (*bot.*) Produrre germogli, detto di piante. *3* Generare prole, detto di uomini e animali. *4* (*fig.*) Riprodursi, espandersi: *manifestazioni, idee che prolificano facilmente.*

prolificazióne s. f. ● Atto, effetto del prolificare.

prolificità s. f. ● Qualità di chi, di ciò che è prolifico (*anche fig.*): *la p. di una coppia*; *la p. di un'idea.* SIN. Fecondità. CONTR. Sterilità.

prolìfico [comp. di *prole* e *-fico*] agg. (pl. m. *-ci*) *1* Che genera o ha generato molta prole: *donna prolifica.* CONTR. Sterile. *2* (*fig.*) Che ha prodotto molte opere: *autore, scrittore, regista p.*

prolìna [ted. *Prolin* da *p(yr)roli(di)n* 'pirrolidina'] s. f. ● (*chim.*) Amminoacido ciclico presente nelle proteine.

prolissità [vc. dotta, lat. *prolixitāte(m)*, da *prolĭxus* 'prolisso'] s. f. ● Qualità di chi o di ciò che è prolisso. CONTR. Concisione, laconicità.

prolìsso [vc. dotta, lat. *prolĭxu(m)*, comp. di *prō* 'davanti' (V. *pro-* (*1*)) e un deriv. di *liquēre* 'esser liquido' (V. *liquido*)] agg. *1* Che si diffonde troppo nei discorsi o negli scritti: *oratore, scrittore p.* | Eccessivamente esteso e particolareggiato, detto di scritti, discorsi e sim.: *pagine prolisse*; *racconto p.* SIN. Lungo, verboso. CONTR. Conciso, laconico. *2* (*lett., scherz.*) Materialmente lungo, fluente: *barba prolissa.* *3* †Prolungato nel tempo: *pena prolissa.* || **prolissaménte**, avv. In modo prolisso.

pro loco /*lat.* prɔ ˈlɔko/ [lat., propriamente 'in favore del luogo'] loc. sost. f. inv. ● Organizzazione tipica di località di villeggiatura o turistiche, avente lo scopo di favorire e sostenere attività culturali, artistiche e di potenziare il turismo.

†**prologàre** [da *prologo*] v. intr. *1* Fare prologhi. *2* Narrare q.c. in modo prolisso.

†**prologìsta** s. m. ● Chi recita il prologo.

†**prologizzàre** [vc. dotta, gr. *prologízein*, da *prólogos* 'prologo'] v. intr. ● Recitare il prologo.

pròlogo [vc. dotta, lat. *prōlogu(m)*, nom. *prōlogus*, dal gr. *prólogos*, comp. di *pró* 'avanti' (V. *pro-* (*2*)) e *lógos* 'discorso' (V. *logica*)] s. m. (pl. *-ghi*) *1* Scena costituita da un monologo introduttivo di un'opera teatrale | Personaggio che recita tale scena. CONTR. Epilogo. *2* (*raro, lett.*) Preambolo a un discorso. *3* (*fig.*) Fatto o serie di fatti che precedono una manifestazione più ampia di uno stesso fenomeno: *questo non è che il p.* || **prologàccio**, pegg. | **prologhétto**, dim. | **prologóne**, accr. | **prologùccio**, **prologùzzo**, pegg.

†**prolongàre** ● V. *prolungare.*

prolùdere [vc. dotta, lat. *prolūdere* 'esercitarsi prima, prepararsi', comp. di *prō* 'avanti' (V. *pro-* (*1*)) e *lūdere* 'giocare', da *lūdus* 'gioco' (V. *ludo*)] v. intr. (pass. rem. *io prolùṣi, tu proludésti*; part. pass. *prolùṣo*; aus. *avere*) *1* Fare, pronunciare una prolusione. *2* Iniziare, cominciare a parlare.

prolùnga [calco sul fr. *prolonge*, da *prolonger* 'prolungare'] s. f. *1* Qualunque elemento atto ad allungare attrezzi, macchine, e sim.: *la p. del filo del telefono* | Pezzo di filo elettrico che termina a un capo con una spina e all'altro con una presa, usato per rendere più lungo il cavo di alimentazione di uno strumento elettrico: *la p. della lucidatrice, della televisione.* *2* †Robusto cordame con cui un tempo si collegava l'affusto di un pezzo all'avantreno | Carro a quattro ruote per il servizio d'artiglieria o del genio.

prolungàbile agg. ● Che si può prolungare.

prolungabilità s. f. ● Qualità di ciò che è prolungabile.

prolungaménto s. m. *1* Modo, atto del prolungare: *il p. della strada, degli esami, della conversazione.* SIN. Allungamento. CONTR. Accorciamento. *2* Ciò che si aggiunge per prolungare q.c., o punto in cui q.c. è stato prolungato: *il p. del viadotto*; *fermarsi sul p.* *3* (*ling.*) Allungamento.

prolungàre o †**prolongàre** [vc. dotta, lat. tardo *prolongāre*, da *lŏngus* 'lungo', col pref. *prō-* 'avanti' (V. *pro-* (*1*))] **A** v. tr. (*io prolùngo, tu prolùnghi*) *1* Rendere più lungo nello spazio: *p. una linea.* SIN. Allungare. CONTR. Accorciare. *2* Fare durare di più: *p. l'attesa, un discorso* | Prorogare: *p. un termine.* *3* †Differire, rimandare. **B** v. intr. pron. *1* Allungarsi, estendersi nello spazio o nel tempo: *un tracciato che si prolunga all'infinito*; *una storia che si prolunga troppo.* *2* Indugiare, dilungarsi in un discorso: *ma che più mi prolungo io in raccontar quello, che a ciascun può essere manifesto?* (SANNAZARO).

†**prolungatìvo** agg. ● Che serve a prolungare.

prolungàto part. pass. di *prolungare*; anche agg. ● Nei sign. del v. || **prolungataménte**, avv. (*raro*) Prolissamente, con lungaggine.

prolungatóre agg.; anche s. m. (f. *-trice*) ● (*raro*) Che, chi prolunga.

prolungazióne s. f. *1* (*raro*) Prolungamento. *2* (*mus.*) Nota di un accordo antecedente continuata sul susseguente e di tale natura da richiedere dopo di sé una soluzione.

proluṣióne [vc. dotta, lat. *prolusiōne(m)*, da *prolūdere* 'proludere'] s. f. *1* Discorso introduttivo: *p. a un convegno.* *2* Prima lezione tenuta da un professore, assumendo una cattedra universitaria | Discorso inaugurale di un anno accademico.

prolùṣo part. pass. di *proludere* ● (*lett.*) Nei sign. del v.

prolùvie [vc. dotta, lat. *prolŭvie(m)*, da *prolŭere* 'gettar fuori, bagnare, lavare', comp. di *prō* 'avanti' (V. *pro-* (*1*)) e *lŭere* 'lavare, bagnare', da *lavāre* 'lavare'] s. f. inv. ● (*lett.*) Inondazione, piena | (*lett.*) Flusso, profluvio: *l'ultima p. di gelati* (SCIASCIA). CONTR. Magra, siccità.

promagistràto [comp. di *pro-* (*1*) e *magistrato*] s. m. ● Nel diritto romano, magistrato a cui il senato ha prorogato per un anno la durata della carica.

promagistratùra [comp. di *pro-* (*1*) e *magistratura*] s. f. ● Nel diritto romano, ufficio del promagistrato.

promanàre [vc. dotta, lat. tardo *promanāre*, comp. di *prō* 'davanti' (V. *pro-* (*1*)) e *manāre* 'sgorgare' (V. *emanare*)] v. tr. e intr. (aus. intr. *essere*) ● (*raro*) Emanare, diffondere.

promemòria [lat. *prō memŏria* 'per memoria'] s. m. inv. ● Appunto o breve nota scritti per ricordare a sé o ad altri ciò che si deve fare, dire e sim. SIN. Memorandum.

†**pròmere** [vc. dotta, lat. *prōmere* 'tirar fuori', comp. di *prō* 'avanti' (V. *pro-* (*1*)) ed *ĕmere* 'comprare, prendere' (V. *premio*)] v. tr. (oggi dif. usato solo nella terza pers. sing. del pres. indic. *pròme*) ● (*lett.*) Palesare, manifestare, svelare: *in ogni loco la natura prome / ogni animale in terra, in aria, in onde* (L. DE' MEDICI).

promèrico [etim. incerta] **A** agg. (pl. m. *-ci*) ● (*tess.*) Detto di tessuto impermeabile e poroso, di poliuretano rinforzato con poliestere. **B** anche s. m.

promèssa [lat. *promĭssa*, pl. di *promĭssum*, part. pass. nt. sost. di *promĭttere* 'promettere'] s. f. *1* Impegno formale a fare q.c. o a comportarsi in un determinato modo: *fare una p. a qc.*; *mantenere la p.*; *mancare a una p.*; *liberare qc. da una p.*; *p. di matrimonio*; *si conosceva la forza degli invasori nella grandezza delle promesse* (NIEVO) | *P. di marinaio*, (*fig.*) quella che viene subito dimenticata | *Pascere di promesse*, lusingare | (*raro*) *Domandare la p.*, chiederne l'adempimento | †*Prolungare la p.*, indugiare a mantenerla. **2** (*fig.*) Persona che intraprende un'attività con ottimi risultati e fa sperare in una buona riuscita: *una giovane p. del teatro*. **3** †Obbligazione, mallevadoria || PROV. Ogni promessa è debito.

†promessióne ● V. †*promissione*.

†promessìvo ● V. *promissivo*.

proméssо A part. pass. di *promettere*; anche agg. **1** Nei sign. del v. **2** *Terra promessa*, quella che Dio doveva concedere agli Ebrei e (*fig.*) paese fertilissimo, luogo felice, cosa lungamente e vivamente desiderata | *Sposi promessi*, fidanzati. **B** s. m. (f. *-a* nel sign. 1) **1** Fidanzato, fidanzata: *ho conosciuto la sua promessa*. **2** (*raro*) Cosa promessa.

prometàbolo [comp. di *pro-* (*2*) e del gr. *metabolḗ* 'mutamento'] agg. ● Detto di insetto che presenta due stadi alati.

prometèico agg. (pl. m. *-ci*) ● (*lett.*) Del titano Prometeo: *mito p.* | (*est.*) Che esprime una sfida, anche votata al fallimento, contro un'autorità o un'imposizione superiore: *lotta prometeica contro un destino avverso*.

prometèo (1) [vc. dotta, lat. *Promethēu*(*m*), nom. *Promethēus*, dal gr. *Promētheus*, agg. di *Promēthéus* 'Prometeo', letteralmente 'veggente, profeta', comp. di *pró* 'davanti' (V. *pro-* (*2*)) e *mêthos* 'cura, pensiero', di origine indeur.] agg. ● (*lett.*) Del titano Prometeo e del suo mito.

promèteo (2) o **promèzio** [dal n. di *Prometeo* (V. *prometeo* (*1*))] s. m. ● Elemento chimico, metallo appartenente al gruppo delle terre rare, non noto in natura, ma ottenuto nelle pile atomiche. SIMB. Pm.

promettènte part. pres. di *promettere*; anche agg. **1** Nei sign. del v. **2** Che fa sperare buoni esiti futuri: *un affare p.*; *un giovane scrittore molto p.*

prométtere [lat. *promĭttere*, propriamente 'mandare avanti', comp. di *prō* 'avanti' (V. *pro-* (*1*)) e *mĭttere* 'mandare' (V. *mettere*)] **A** v. tr. (pass. rem. *io promìsi, tu promettésti*; part. pass. *prométsso*) **1** Impegnarsi di fronte ad altri a fare q.c. o a comportarsi in un determinato modo (*anche ass.*): *ha promesso di aiutarmi*; *mi promise un impiego*; *promettimi di riposarti*; *è un tipo che promette ma non mantiene* | *P. mari e monti*, *p. mirabilia*, fare grandi promesse senza l'intenzione di mantenerle | *P. in fede*, *sul Vangelo* e sim., solennemente | *P. una ragazza in moglie*, *in matrimonio*, *a qc.*, sancire una formale promessa di matrimonio. **2** (*fig.*) Far presagire determinati esiti, in senso positivo o negativo (*anche ass.*): *il bel tempo promette di durare*; *questo vento promette pioggia*; *la situazione promette male*; *il suo sguardo non prometteva niente di buono*; *è un ragazzo che promette*. **3** †Dichiarare, affermare. **B** v. rifl. ● Impegnarsi, offrirsi, votarsi: *promettersi a Dio*.

†promettiménto s. m. ● Atto, effetto del promettere.

promettitóre s. m. (f. *-trice*) ● (*lett.*) Chi promette | Chi fa molte promesse o promette grandi cose senza mantenerle.

promèzio ● V. *prometeo* (*2*).

prominènte [vc. dotta, lat. *prominĕnte*(*m*), part. pres. di *prominēre* 'essere sporgente', comp. di *prō* 'avanti' (V. *pro-* (*1*)). Per la seconda parte V. *eminente*] agg. **1** Che sporge in fuori da una superficie o ha una prominenza: *zigomi prominenti*; *naso p.* SIN. Rilevato. CONTR. Rientrante. **2** (*raro*) Alto, eminente. || **prominentemente**, avv. (*raro*) In modo prominente.

prominènza [vc. dotta, lat. *prominĕntia*(*m*), da *prōminens*, genit. *prominĕntis* 'prominente'] s. f. ● L'essere prominente: *la p. dell'osso* | (*est.*) Parte che sporge: *p. zigomatica*. SIN. Elevazione, sporgenza. CONTR. Concavità, rientranza.

†promiscuàre [da *promiscuo*] v. tr. ● Mescolare senza ordine.

promiscuità s. f. ● Qualità di ciò che è promiscuo | *P. dei sessi*, confusione di maschi e femmine | Presenza in uno stesso luogo o convivenza promiscua dei due sessi: *evitare la p.* SIN. Mescolanza.

promìscuo [vc. dotta, lat. *promĭscuu*(*m*), da avvicinare a *miscēre* 'mescolare' (V. *mescere*)] **A** agg. **1** Costituito di cose o persone mescolate fra di loro in modo confuso e indistinto: *generi promiscui* | *Scuola promiscua*, per allievi dei due sessi | *Matrimonio p.*, fra persone che non sono della stessa razza o religione | *Trasporto p.*, misto di persone e cose. SIN. Misto. **2** (*ling.*) Detto di nome di animale avente un'unica forma grammaticale per designare il maschio o la femmina. || **promiscuaménte**, avv. **B** s. m. ● (*gerg.*) Autoveicolo di capienza variabile, atto al trasporto di persone e di cose. ➡ ILL. **autoveicoli**.

promissàrio [dal lat. *promĭssum* 'promessa'] s. m. ● (*dir.*) Il destinatario di una promessa unilaterale | *P. acquirente*, *p. venditore*, parti di un contratto preliminare di vendita.

†promissióne o **†promessióne** [vc. dotta, lat. *promissiōne*(*m*), da *promĭssus* 'promesso'] s. f. **1** Promessa. **2** (*dir.*) Atto di obbligazione | In Venezia, editto del Doge.

promissìvo o **†promessìvo** [vc. dotta, lat. tardo *promissīvu*(*m*), da *promĭssus* 'promesso'] agg. ● (*raro*) Che costituisce promessa o serve a promettere. || **promissivaménte**, avv. (*raro*) In forma di promessa.

†promissóre [vc. dotta, lat. *promissōre*(*m*), da *promĭssus* 'promesso'] s. m. ● Promettitore.

promissòrio [da *promissore*] agg. ● (*dir.*) Che riguarda o contiene una promessa: *donazione promissoria*.

promittènte [vc. dotta, lat. *promittĕnte*(*m*), part. pres. di *promĭttere* 'promettere'] s. m. e f. ● (*dir.*) Colui che si obbliga mediante promessa spec. unilaterale.

promo /'prɔmo, *ingl.* 'proumou/ **A** s. f. inv. ● (*raro*) Acrt. di *promotion*. **B** s. m. inv. ● Breve filmato, spec. televisivo, a carattere promozionale, contenente in rapida successione le immagini più significative di un film o di un imminente spettacolo di imminente programmazione | *Promo-video*, video-clip. **C** anche agg. inv.: *filmato p.*

promontòrio [vc. dotta, lat. *promontŏriu*(*m*), comp. di *prō* 'avanti' (V. *pro-* (*1*)) e *mōns*, genit *mōntis* 'monte'] s. m. **1** (*geogr.*) Alta sporgenza della costa sul mare. SIN. Capo. ➡ ILL. p. 821 SCIENZE DELLA TERRA ED ENERGIA. **2** (*anat.*) Angolo sporgente in avanti formato dall'articolazione della quinta vertebra lombare con l'osso sacro. **3** (*meteor.*) Propaggine allungata di una zona di alta pressione che si estende in una zona a pressione inferiore.

promòsso A part. pass. di *promuovere*; anche agg. ● Nei sign. del v. **B** s. m. (f. *-a*) ● Allievo di una scuola ammesso a una classe superiore: *elenco dei promossi*.

promoter /pro'mɔter, *ingl.* prə'moutə*/ [vc. ingl., propr. 'promotore' di attività commerciali o sportive] s. m. e f. inv. **1** Persona che svolge attività di lancio o promozione di un prodotto commerciale. **2** Chi cura gli interessi di personaggi di successo, spec. nel mondo dello spettacolo, programmandone le attività. SIN. Agente, manager. **3** Persona che si occupa dell'allestimento di manifestazioni sportive o spettacoli. SIN. Impresario, organizzatore.

promòtion /pro'mɔʃʃon, *ingl.* prə'mouʃən/ [vc. ingl., dal fr. *promotion*: stessa etim. dell'it. *promozione*] s. f. inv. ● Attività economica diretta a sviluppare nel consumatore la conoscenza, l'uso, il bisogno di un prodotto e aumentarne quindi la vendita.

promotóre [dal lat. *promōtus*, part. pass. di *promovēre* 'promuovere'] **A** s. m. (f. *-trice*) **1** Chi promuove, chi porta avanti un'impresa, un'attività e sim.: *i promotori dell'impresa* | (*econ.*) *P. finanziario*, professionista abilitato a svolgere attività di sollecitazione del pubblico risparmio per conto di una società di intermediazione mobiliare o di un ente creditizio autorizzato. SIN. Fautore, iniziatore. **2** *P. della fede*, ecclesiastico che, nei processi di beatificazione, rappresenta la legge, esamina i testimoni e i documenti, solleva le eccezioni di rito o di diritto | *P. della giustizia*, ufficiale ecclesiastico che nei tribunali di ogni diocesi rappresenta la legge nelle cause contenziose di interesse pubblico e nelle cause criminali. **B** anche agg.: *il comitato p. della sottoscrizione*.

promovèndo [vc. dotta, lat. *promovĕndu*(*m*), gerundio di *promovēre* 'promuovere'] agg.; anche s. m. (f. *-a*) ● (*raro*) Che, chi sta per essere promosso: *impiegato p.*; *l'attesa dei promovendi*.

promòvere ● V. *promuovere*.

promoviménto s. m. ● (*raro*) Modo, atto del promuovere: *il p. di un'impresa*, *di un'attività*.

promovitóre agg.; anche s. m. (f. *-trice*) ● (*raro*) Promotore.

promozionàle [da *promozione*, sul modello dell'ingl. *promotional*] agg. ● Di, relativo alla, promozione delle vendite: *svolgere un'attività p.*

promozionàre [da *promozione* (delle vendite)] v. tr. (*io promozióno*) ● (*comm.*) Lanciare un prodotto sul mercato servendosi di opportune tecniche di propaganda | Gestire la campagna promozionale di un prodotto.

promozióne [vc. dotta, lat. tardo *promotiōne*(*m*), da *promōtus*, part. pass. di *promovēre* 'promuovere'] s. f. **1** Passaggio a una classe superiore di studi: *l'alunno è in possesso di p.*; *ottenere la p. a giugno*; *p. per scrutinio, per esame* | Avanzamento di una persona a una posizione di più alta responsabilità nell'ambito della sua attività. CONTR. Bocciatura. **2** (*sport*) Passaggio di una squadra da una serie o divisione inferiore ad una superiore, alla fine di un campionato: *lotta per la p.* CONTR. Retrocessione. **3** *P. delle vendite*, attività economica diretta a sviluppare nel consumatore la conoscenza, l'uso, il bisogno di un prodotto e aumentarne quindi la vendita. **4** Nel gioco degli scacchi, sostituzione del pedone, giunto in una casella dell'ultima fila, con un pezzo di maggior valore. **5** In alcuni sport, campionato minore, a carattere locale. || **promozioncèlla**, dim.

prompt /prɔmpt/ [vc. ingl., propr. 'pronto'] s. m. inv. ● (*elab.*) Messaggio presentato sullo schermo da un programma per richiedere un input all'utente.

promulgaménto s. m. ● (*raro*) Promulgazione.

promulgàre [vc. dotta, lat. *promulgāre*, da *prō* 'avanti' (V. *pro-* (*1*)): la seconda parte sarà da avvicinare a *mulgēre* 'mungere' (?)] v. tr. (*io promùlgo, tu promùlghi*) **1** Fare oggetto di promulgazione: *p. una legge*. **2** (*est.*) Diffondere, divulgare: *p. una teoria*.

promulgatìvo agg. ● (*raro*) Che mira, serve a promulgare.

promulgatóre [vc. dotta, lat. tardo *promulgatōre*(*m*), da *promulgātus*, part. pass. di *promulgāre* 'promulgare'] agg.; anche s. m. (f. *-trice*) ● Che, chi promulga: *p. delle indulgenze*; *p. di una dottrina*.

promulgazióne [vc. dotta, lat. *promulgatiōne*(*m*), da *promulgātus*, part. pass. di *promulgāre* 'promulgare'] s. f. **1** Atto con cui il presidente della Repubblica dichiara formalmente valida e operante una legge, ordinandone la pubblicazione e quindi l'osservanza | Analogo atto del Presidente di una Giunta regionale. **2** (*est.*) Divulgazione, emanazione.

promuòvere o (*pop.*, *lett.*) **promòvere** [lat. *promovēre*, comp. di *prō* 'avanti' (V. *pro-* (*1*)) e *movēre* 'muovere'] v. tr. (pass. rem. *io promòssi, tu promovésti*; part. pass. *promòsso*; in tutta la coniug. la *o* dittonga preferibilmente in *uo* se tonica, tranne davanti a *-ss-*) **1** Dare impulso a q.c. per farla avanzare e progredire: *p. la cultura*, *le ricerche scientifiche*. SIN. Favorire. CONTR. Ostacolare. **2** Iniziare, proporre q.c.: *p. i festeggiamenti* | *P. una causa*, far sorgere un processo. SIN. Caldeggiare. **3** Fare avanzare a un grado o una dignità maggiore: *p. qc. al grado maggiore*; *p. dalla quarta alla quinta elementare un alunno*. CONTR. Bocciare. **4** Muovere, stimolare, provocare: *p. sudore*, *vomito*. SIN. Eccitare.

†promutàre [da *permutare*, con cambio di pref.] v. tr. ● Permutare, cambiare.

†promutazióne s. f. ● Permutazione.

prònao [vc. dotta, lat. *pronāon*, dal gr. *prónaos* 'posto davanti al tempio', comp. di *pró* 'davanti' (V. *pro-* (*2*)) e *naós* 'tempio', di etim. incerta] s. m. ● Spazio antistante alla cella del tempio greco, delimitato all'esterno da colonne. ➡ ILL. p. 356 ARCHITETTURA.

pronatóre [dal lat. tardo *pronātus*, part. pass. di *pronāre* 'abbassare', da *prōnus* 'prono'] agg.; anche s. m. ● (*anat.*) Che determina pronazione: *muscolo p.* ➡ ILL. p. 362 ANATOMIA UMANA.

pronazióne [dal lat. tardo *pronātus*, part. pass. di *pronāre* 'abbassare', da *prōnus* 'prono'] **s. f.** *1* (*anat.*) Movimento di rotazione dell'avambraccio verso l'interno. *2* (*anat.*) Atto o condizione di giacere con la faccia verso il basso. **CONTR.** Supinazione.

pronipóte o (*pop.*, *lett.*) **pronepóte** [vc. dotta, lat. *pronepōte(m)*, comp. di *prō* 'prima' (V. *pro-* (*1*)) e *nĕpos*, genit. *nepōtis* 'nipote'] **s. m. e f.** *1* Figlio o figlia di un nipote o di una nipote, rispetto ai nonni o ai prozii di questi. *2* (*spec. al pl.*) Discendenti, posteri.

pronità [vc. dotta, lat. *pronitāte(m)*, da *prōnus* 'prono'] **s. f.** *1* (*raro*) L'essere prono. *2* (*raro*, *fig.*) Inclinazione, propensione, facilità.

pròno [vc. dotta, lat. *prōnu(m)*, da *prō* 'avanti' (V. *pro-* (*1*))] **agg.** *1* (*lett.*) Piegato in giù, volto verso terra: *la parte prona e quella supina*; *stare, giacere p.* | *Gettarsi p.*, prostrarsi. **CONTR.** Supino. *2* (*fig.*) Completamente disposto, pronto, propenso: *p. all'amore, al peccato*. **SIN.** Facile, incline.

pronóme [vc. dotta, lat. *pronōme(n)*, propriamente 'al posto del nome', comp. di *pro-* (*1*) e *nōmen* 'nome'; calco sul gr. *antōnymos*] **s. m.** ● (*ling.*) Parte variabile del discorso che fa le veci del nome: *p. personale, dimostrativo, possessivo, interrogativo, relativo*.

pronominàle [vc. dotta, lat. tardo *pronominā̆le(m)*, da *pronōmen*, genit. *pronōminis* 'pronome'] **agg.** ● (*ling.*) Che si riferisce a pronome | *Verbo p.*, forma verbale preceduta da particella indicativa del pronome personale | *Particella p.*, forma atona del pronome personale | *Forma p. di un verbo*, con particella non avente valore di soggetto, ma solo funzione pleonastica. || **pronominalménte**, **avv.** A guisa di pronome.

pronominalizzàre [adattamento dell'ingl. *to pronominalize*, da *pronominal* 'pronominale'] **A v. tr.** ● (*ling.*) Sostituire un nome con un pronome, come procedimento per attuare la connessione delle frasi in un testo. **B v. intr. pron.** ● (*ling.*) Trasformarsi in elemento pronominale.

pronominalizzazióne **s. f.** ● (*ling.*) Atto, effetto del pronominalizzare o del pronominalizzarsi.

†**pronominàre** [vc. dotta, lat. tardo *pronomināre*, da *pronōmen*, genit. *pronōminis* 'pronome'] **v. tr.** ● Soprannominare.

pronosticaménto **s. m.** ● (*raro*) Il pronosticare.

†**pronosticànza** [da *pronosticare*] **s. f.** ● Profezia, presagio, previsione.

pronosticàre o (*raro*) **prognosticàre** [da *pronostico*] **v. tr.** (*io pronòstico, tu pronòstichi*) *1* Predire, preannunziare il futuro. *2* Dare indizi del futuro, farlo prevedere, detto di cose: *è un segno che pronostica molte cose*. **SIN.** Preannunciare.

pronosticàto o (*raro*) **prognosticàto**. **part. pass.** di *pronosticare*; anche **agg.** ● Nei sign. del v.

pronosticatóre o (*raro*) **prognosticatóre**. **agg.**; anche **s. m.** (f. *-trice*) ● (*raro*) Che, chi pronostica: *sogno p.*; *i pronosticatori della lotteria*.

pronosticazióne **s. f.** *1* (*raro*) Atto, effetto del pronosticare. **SIN.** Predizione, previsione, pronostico. *2* (*raro*) Indizio, segno precursore del futuro.

pronòstico [vc. dotta, lat. *prognōsticu(m)*, dal gr. *prognōstikón*, nt. dell'agg. verb. deriv. da *progignṓskein* 'conoscere (*gignṓskein*) anticipatamente (*pró-*)' (V. *prognostico*)] **A s. m.** (pl. *-ci*) *1* Presagio, predizione di fatti, avvenimenti che devono ancora accadere: *fare un p.*; *il p. non si è avverato* | *Godere il favore del p.*, essere dato come vincitore alla vigilia di una gara. *2* (*raro*) Segno, presagio: *la sua allegria è un buon p.* **B agg.** ● †Che fa conoscere anticipatamente.

†**prontàre** [vc. dotta, lat. *promptāre*, da *prōmptus*, part. pass. di *prōmere* 'promere'] **A v. tr.** ● Spingere, stimolare. **B v. intr.** ● Fare istanza, sollecito. **C v. intr. pron.** ● Darsi premura.

prontézza **s. f.** *1* Qualità di chi o di ciò che è pronto: *rispondere con p.*; *p. di mano, di parola, di riflessi*; *avere p. all'ira*. **SIN.** Lestezza, prestezza, rapidità. **CONTR.** Lentezza, pigrizia. *2* †Improntitudine, sfacciataggine: *usando la sua trascutata p., la sollicitò molte volte* (BOCCACCIO).

†**prontitùdine** [da *pronto*] **s. f.** *1* Prontezza. *2* Improntitudine.

prónto [lat. *prōmptu(m)*, propriamente 'portato fuori', part. pass. di *prōmere* 'promere' (V.)] **A agg.** *1* Di ciò che si trova in condizione di poter essere usato subito: *il pranzo è p.*; *tutto è p. per la festa di domani* | *Tenere q.c. pronta*, averla preparata in precedenza così da poterla usare quando occorre | *Avere la lezione pronta*, averla studiata e saperla ripetere. **SIN.** Preparato. *2* Di persona che è in condizione di poter fare subito q.c.: *sono p. a partire* | †*Essere in p. di*, essere sul punto di. *3* Che non indugia, che agisce o si manifesta con rapidità: *effetto p.*; *cemento a pronta presa*; *pronta guarigione* | *P. soccorso*, servizio o locale adibito all'immediata assistenza medica dei feriti, malati e sim. | *Pagare a pronti contanti*, immediatamente, senza dilazioni | (*banca*) *Pronti contro termine*, contratto che prevede la vendita di una derrata, di una materia prima o di valori mobiliari a un certo prezzo e il contestuale impegno al riacquisto da parte del venditore a una scadenza e a un prezzo predeterminati | *Pagare a pronta cassa*, alla consegna della merce | *Ingegno p.*, vivo e brillante | *Risposta pronta*, adatta, calzante, oltre che immediata | *Memoria pronta*, agile, svelta | †*In p.*, subito: *non posso aver le risposte così in p.* (GALILEI) | Che si presta subito a fare q.c.: *sono p. ad aiutarvi*. **SIN.** Lesto, sollecito. *4* Facile, propenso: *essere p. all'ira* | (*est.*) †Desideroso, bramoso. *5* †Animoso, sfacciato, ardito. || **prontaménte**, **avv.** Con prontezza, senza indugio, subito. **B** in funzione di **inter.** *1* Si usa all'inizio di una conversazione telefonica, come conferma del fatto che si sta ad ascoltare: *p.!, sono io*. *2* (*al pl.*) Si usa come comando dato prima del via in gare, competizioni e sim.: *pronti! via!*

prontuàrio [vc. dotta, lat. tardo *promptuāriu(m)* 'armadio, dispensa', sost. dell'agg. *promptuārius* 'da chiudervi, da conservarvi cose', da *prōmptus* 'pronto'] **s. m.** *1* Libro, fascicolo, manuale in cui sono contenute ed esposte con ordine le notizie su un dato argomento, una materia o una disciplina: *il p. dell'ingegnere*; *un p. dei modi di dire*. *2* Elenco dei farmaci che possono essere forniti a prezzo ridotto o gratuitamente agli assistiti dal servizio sanitario nazionale.

prònuba [vc. dotta, lat. *prōnuba(m)*, da *nūbere* 'sposare' (V. *nubile*); calco sul gr. *paránymphos* (V. *paraninfo*)] **s. f.** ● Nell'antica Roma, donna che presiedeva alle nozze per parte della sposa.

prònubo [vc. dotta, lat. tardo *prōnubu(m)*, da *prōnuba* 'pronuba'] **agg.**; anche **s. m.** (f. *-a*) *1* Nell'antica Roma, chi assisteva lo sposo nel rito nuziale. *2* (*est.*, *lett.*) Che, chi protegge un'unione amorosa o favorisce un matrimonio. **SIN.** Paraninfo. *3* (*biol.*) Animale che favorisce l'impollinazione di una pianta.

pronùcleo [comp. di *pro-* (*2*) e *nucleo*] **s. m.** ● (*biol.*) Nucleo aploide del gamete femminile o di quello maschile nelle fasi successive alla fecondazione.

pronunciaménto (1) **s. m.** ● Adattamento di *pronunciamiento* (V.).

pronunciaménto (2) ● V. *pronunziamento*.

pronunciamiento /sp. pronunθja'mjento/ [vc. sp., da *pronunciarse* 'dichiararsi, ribellarsi, sollevarsi' (stessa etim. dell'it. *pronunziare*)] **s. m. inv.** ● Colpo di stato originato da una ribellione di militari.

pronunciàre e *deriv.* ● V. *pronunziare* e *deriv.*

pronùnzia o **pronùncia** [da *pronunziare*] **s. f.** (pl. *-zie*, *-ce*) *1* L'articolazione dei suoni che compongono una lingua e il modo di proferirli: *p. aperta, chiusa di una vocale*. *2* L'insieme degli elementi caratterizzanti una lingua o una parlata dialettale, regionale, individuale e sim.: *p. fiorentina, pugliese, settentrionale*; *riconoscere la provenienza di qc. dalla p.* *3* (*est.*) Modo di parlare: *non riesco a capire la sua p.*; *una p. chiara, affettata*. **SIN.** Parlata. *4* (*dir.*) Decisione: *una recente p. della corte d'appello*.

pronunziàbile o **pronunciàbile** [vc. dotta, lat. tardo *pronuntiābile(m)* 'enunciativo', da *pronuntiāre* 'pronunziare'] **agg.** ● Che si può pronunziare. **CONTR.** Impronunziabile.

pronunziabilità o **pronunciabilità**. **s. f.** ● (*raro*) L'essere pronunziabile.

pronunziaménto o **pronunciaménto (2)** **s. m.** ● (*raro*) Modo, atto del pronunziare o del pronunziarsi.

pronunziàre o **pronunciàre** [vc. dotta, lat. *pronuntiāre* 'proclamare', comp. di *prō* 'davanti' (V. *pro-* (*1*)) e *nuntiāre* 'nunziare'] **A v. tr.** (*io pronùnzio*) *1* Proferire, accomodando gli organi vocali nell'espressione dei suoni: *non riuscire a p. bene alcune consonanti*. *2* (*est.*, *gener.*) Dire: *ha pronunziato poche parole di circostanza* | *Senza p. parola*, in silenzio | Dichiarare, esporre pubblicamente e in modo solenne: *p. un discorso commemorativo, un giuramento* | *P. una sentenza*, emetterla | *P. un giudizio su qc.* o *q.c.*, esprimerlo. *3* †Annunziare, predire. **B v. intr. pron.** ● Manifestare la propria opinione: *non volere pronunziarsi contro, a favore, di qc.*

pronunziàto o **pronunciàto**. **A part. pass.** di *pronunziare*; anche **agg.** *1* Nei sign. del v. *2* Pubblicato, dichiarato, emesso: *sentenza pronunziata*. *3* Rilevato, spiccato, marcato (*anche fig.*): *naso molto p.*; *una simpatia pronunziata*; *vino con sapore molto p.* **B s. m.** *1* (*dir.*) Sentenza: *il p. del tribunale*; *attenersi al p.* *2* (*raro*) Asserzione, detto, proposizione.

pronunziatóre o **pronunciatóre** [vc. dotta, lat. *pronuntiatōre(m)*, da *pronuntiātus* 'pronunziato'] **agg.**; anche **s. m.** (f. *-trice*) ● (*raro*) Che, chi pronunzia.

†**pronunziazióne** o †**pronunciazióne** [vc. dotta, lat. *pronuntiatiōne(m)*, da *pronuntiātus* 'pronunziato'] **s. f.** *1* Pronuncia. *2* Dichiarazione.

propagàbile [da *propagare*] **agg.** ● Che si può propagare o può essere propagato.

propagabilità **s. f.** ● (*raro*) Stato, condizione di ciò che è propagabile.

propagaménto **s. m.** ● Il propagare o il propagarsi.

propagànda [lat. *dē propagānda fĭde* 'per la propagazione della fede', n. di un istituto pontificio. *Propagānda* è il gerundio f. di *propagāre*, ma la vc. it. è venuta attrav. il fr. *propagande*] **s. f.** *1* Opera e azione esercitate sull'opinione pubblica per diffondere determinate idee, o per far conoscere determinati prodotti commerciali: *fare, svolgere p.*; *incrementare la p.*; *fare p. per un partito*; *mezzi di p.*; *ufficio* (*di*) *p.*; *p. elettorale, commerciale, radiofonica, televisiva* | Il prodotto di tale opera: *è stata pubblicata molta p. scientifica*. *2* (*fam.*) Complesso di idee e notizie scarsamente attendibili perché alterate dai propalatori: *non fidatevi, è solo p.*

propagandàre [fr. *propagander*, da *propagande* 'propaganda'] **v. tr.** ● Diffondere con la propaganda: *p. un'idea, un prodotto, un'invenzione*.

propagandista [fr. *propagandiste*, da *propagande* 'propaganda'] **s. m. e f.** (pl. m. *-i*) *1* Chi fa propaganda. *2* Chi collabora con una ditta propagandandone i prodotti.

propagandìstico **agg.** (pl. m. *-ci*) ● Di, fatto per, propaganda: *campagna propagandistica*; *lancio p. di un prodotto*. || **propagandisticaménte**, **avv.**

propagàre [vc. dotta, lat. *propagāre*, da *propāges* 'propaggine'] **A v. tr.** (*io propàgo, tu propàghi*) *1* (*biol.*) Moltiplicare mediante la riproduzione. *2* (*fig.*) Diffondere, spargere dappertutto: *p. una fede, un culto*; *p. un'idea* | *P. una notizia*, propalarla. *3* (*lett.*) Allargare, dilatare. **B v. intr. pron.** ● Spargersi, diffondersi (*anche fig.*): *la luce si propaga nello spazio*; *il contagio si è propagato in breve tempo*; *lo scandalo si sta propagando*.

propagàto **part. pass.** di *propagare*; anche **agg.** ● Nei sign. del v.

propagatóre [vc. dotta, lat. *propagatōre(m)*, da *propagātus* 'propagato'] **agg.**; anche **s. m.** (f. *-trice*) ● Che, chi propaga (*anche fig.*): *società propagatrice*; *p. della fede*; *i propagatori di nuove idee*.

propagazióne [vc. dotta, lat. *propagatiōne(m)*, da *propagātus* 'propagato'] **s. f.** *1* Il propagare o il propagarsi (*anche fig.*): *la p. di una malattia*; *p. di notizie false*; *la p. di una dottrina*. **SIN.** Diffusione, divulgazione. *2* (*biol.*) La diffusione di una specie animale o vegetale per cause naturali o artificiali. *3* (*fis.*) Fenomeno fisico che comporta un passaggio di energia attraverso la materia o il vuoto: *p. della luce, del calore, del suono, delle onde elettromagnetiche*.

propagginaménto **s. m.** ● Propagginazione.

propagginàre [vc. dotta, lat. tardo *propagināre*, da *propāgo*, genit. *propāginis* 'propaggine'] **v. tr.** (*io propàggino*) *1* Moltiplicare, riprodurre piante per propaggine: *p. le viti, il fico.* **2** (*est., raro*) Propagare. **3** Sottoporre al supplizio della propaggine.

propagginazióne [vc. dotta, lat. tardo *propaginatiōne(m)*, da *propaginātus* 'propagginato'] s. f. **1** (*agr.*) Sistema di riproduzione delle piante ottenuta curvando i rami nel terreno in modo che mettano radici e possano essere staccati dalla pianta madre come piante nuove. **2** Antico supplizio consistente nel sotterrare qc. vivo a capo in giù.

propàggine o †**propàgine**, (*poet.*) †**propàgo** nei sign. fig. [lat. *propāgine(m)*, da *propāges*, comp. di *prō* 'davanti' (V. *pro-* (*1*)) e un deriv. di *pāngere* 'piantare' (V. *pagina*)] s. f. **1** (*agr.*) Ramo piegato e in parte sotterrato perché metta radici e, staccato dalla pianta madre, costituisca una nuova pianta | *P. a capogatto*, ottenuta sotterrando l'estremità del ramo piegato ad arco | *P. totale*, ottenuta interrando tutta la pianta e facendone uscire fuori terra i rami in punti prestabiliti. **2** (*lett., fig.*) Prole, rampollo | †Stirpe, lignaggio, discendenza: *o divina propago, invitta e franca / destinata a gran fatti* (POLIZIANO). **3** (*fig.*) Diramazione.

propagolazióne o **propagulazióne**. s. f. ● Moltiplicazione per propagoli.

propàgolo o **propàgulo** [dal lat. *propāges*. V. *propaggine*] s. m. ● (*bot.*) Organulo dei vegetali inferiori che serve a riprodurre la pianta.

propagulazióne ● V. *propagolazione*.

propàgulo ● V. *propagolo*.

propalàre [vc. dotta, lat. tardo *propalāre*, comp. di *prō* 'davanti' (V. *pro-* (*1*)) e un deriv. di *pālam* 'in pubblico' (V. *palese*)] **A** v. tr. ● Rendere palese, noto a tutti, spec. ciò che andrebbe celato: *p. una notizia, un delicato segreto.* SIN. Diffondere, divulgare. CONTR. Tacere. **B** v. intr. pron. ● Diffondersi, diventare noto a tutti: *la notizia si è propalata in un baleno.*

propalatóre agg.; anche s. m. (f. *-trice*) ● Che, chi propala.

propalazióne s. f. **1** Atto, effetto del propalare. SIN. Divulgazione. **2** (*dir.*) Nella prassi forense, la dichiarazione che il terzo detentore o debitore, nel procedimento di espropriazione mobiliare presso terzi, deve fare in udienza relativamente alla condizione giuridica dei beni presso di lui pignorati.

propàno [comp. di *prop(ionico)* e *-ano* (*2*)] s. m. ● (*chim.*) Alcano gassoso contenuto nel petrolio, usato come combustibile domestico, come agente frigorifero, come materia prima per ottenere etilene e propilene e nell'industria in genere.

propanóne [da *propano*] s. m. ● (*chim.*) Acetone.

propantriòlo [comp. di *propan(o)* e *triolo*] s. m. ● (*chim.*) Nome scientifico della glicerina.

†**proparalèssi** [dal gr. *proparalambánein* 'ricevere in più' (comp. di *pró* 'avanti' (V. *pro-* (*2*)), *pará* 'presso' e *lambánein* 'prendere' (V. *astrolabio*), sul modello di *parálēpsis* 'azione di raccogliere')] s. f. ● (*ling.*) Epitesi.

proparossìtona s. f. ● Parola proparossitona.

proparossitònico [da *proparossitono*] agg. (pl. m. *-ci*) ● (*ling.*) Detto di lingua che ha la tendenza ad accentare le parole sulla sillaba precedente la penultima.

proparossìtono [gr. *proparoxýtonos*, comp. di *pró* 'davanti' (V. *pro-*(*2*)) e *paroxýtonos* 'parossitono'] **A** agg. ● Nella grammatica greca, detto di parola che ha l'accento acuto sulla terzultima sillaba | (*est.*) Detto di parola con l'accento sulla terzultima sillaba, cioè sdrucciola. **B** anche s. m.

†**pròpe** /lat. 'prɔpe/ [vc. dotta, lat. *prōpe* 'vicino', di origine indeur.] nella loc. prep. *p. a*, ● (*poet.*) Vicino a: *molti gridan 'Cristo, Cristo!', / che saranno in giudicio assai men p. / a lui* (DANTE *Par.* XIX, 106-108).

propecettóre [comp. del lat. *prōpe* 'vicino' (V. *prope*) e (*re*)*cettore*] s. m. ● (*anat.*) Recettore (gustativo, cutaneo, tattile, termico, dolorifico) che viene eccitato da stimoli i quali agiscono direttamente e immediatamente.

propedèutica [f. sost. di *propedeutico*] s. f. ● Complesso di nozioni preliminari necessarie allo studio di una scienza, un'arte, una disciplina: *la p. filosofica.*

propedèutico [dal gr. *propaidéuein* 'istruire prima', comp. di *pró* 'prima' (V. *pro-* (*2*)) e *paidéuein* 'educare, istruire', da *pâis*, genit. *paidós* 'fanciullo' (V. *pedagogia*)] agg. (pl. m. *-ci*) ● Che serve di introduzione a una dottrina, a una scienza: *trattato p.* SIN. Preparatorio. || **propedeuticaménte**, avv.

propellènte **A** part. pres. di *propellere*; anche agg. ● Nel sign. del v. **B** s. m. ● Materiale combustibile liquido o solido che, reagendo in particolari condizioni, sviluppa calore e fornisce particelle di espulsione, usato per la propulsione di razzi, missili e sim.

propèllere [vc. dotta, lat. *propĕllere* 'spingere innanzi', comp. di *prō* 'avanti' (V. *pro-* (*1*)) e *pĕllere* 'spingere' (V. *impellere*)] v. tr. (pass. rem. *io propùlsi, tu propellésti*; part. pass. *propùlso*) ● (*raro*) Spingere in avanti.

propèndere [vc. dotta, lat. *propendēre* 'pendere in avanti', comp. di *prō* 'avanti' (V. *pro-* (*1*)) e *pendēre* 'pendere'] v. intr. (pass. rem. *io propendéi* o *propési, tu propendésti*; part. pass. *propènso*, raro *propendùto*; aus. *avere*) ● Essere favorevole, incline verso qc. o q.c.: *propendo per lui*; *p. per l'indulgenza*; *propendiamo tutti per la pace.* CONTR. Avversare.

†**propensàre** [comp. di *pro-* (*1*) e *pensare*] v. tr. e intr. **1** Pensare, divisare. **2** Premeditare.

propensióne [vc. dotta, lat. *propensiōne(m)*, da *propēnsus* (V. *propenso*)] s. f. **1** L'essere propenso a qc. o a q.c.: *ho p. a crederlo innocente* | (*stat.*) *P. al consumo*, coefficiente numerico ottenuto facendo il rapporto tra l'aliquota del reddito disponibile destinato a spese per consumi, e il reddito disponibile. **2** Tendenza naturale, inclinazione: *avere p. per la matematica, la musica.* SIN. Disposizione. CONTR. Avversione. **3** (*raro*) Tendenza di corpi inanimati: *questa propension naturale de i corpi elementari di seguire il moto terrestre* (GALILEI).

†**propensità** s. f. ● Inclinazione, propensione.

propènso part. pass. di *propendere*; anche agg. **1** Nel sign. del v. **2** Favorevole, disposto: *non sono p. a incontrarlo.*

propergòlo [comp. di *prop(ellente)* ed *ergolo*] s. m. ● (*chim.*) Qualsiasi sostanza che fornisce energia nei sistemi di propulsione a razzo.

properispòmeno [vc. dotta, gr. *properispṓmenos*, comp. di *pró* 'prima, davanti' (V. *pro-* (*2*)) e *perispṓmenos* 'perispomeno'] agg.; s. m. (f. *-a*) ● Nella grammatica greca, detto di parola con l'accento circonflesso sulla penultima sillaba.

propilammìna [comp. di *propile* e *ammina*] s. f. ● (*chim.*) Ammina primaria ove il gruppo amminico è legato al radicale propile.

propìle [comp. di *prop(ionico)* e *-ile* (*2*)] s. m. ● (*chim.*) Residuo monovalente derivante dal propano per perdita di un atomo d'idrogeno.

propilène [comp. di *propil(ico)* e *-ene*] s. m. ● (*chim.*) Alchene gassoso prodotto nel cracking del petrolio, di largo uso per sintesi organiche, per ottenere benzine ad alto numero di ottani e per la produzione di elastomeri.

propilèo [vc. dotta, lat. *propylāea*, nt. pl., dal gr. *propýlaia*, nt. pl. sost. di *propýlaios* 'posto davanti alla porta', comp. di *pró* 'davanti' (V. *pro-* (*2*)) e un deriv. di *pýlē* 'porta', di etim. incerta] s. m. ● (*archeol., spec. al pl.*) Porticati antistanti le porte di un tempio, di un palazzo o di una città.

propìlico [da *propile*] agg. (pl. m. *-ci*) ● (*chim.*) Detto di composto o radicale che contenga il gruppo propile: *estere p.* | *Alcol p.*, alcol saturo primario, ottenuto industrialmente per ossidazione con aria del propano e del butano, usato in profumeria e come aromatizzante per bevande alcoliche.

propìna [da *propinare*] s. f. **1** (*bur.*) Compenso corrisposto ai professori facenti parte delle commissioni di esami. **2** Sportula.

propinàre [vc. dotta, lat. *propināre* 'bere alla salute di uno, invitare a bere, offrire da bere', dal gr. *propínein* 'bere alla salute', comp. di *pró* 'davanti' (V. *pro-* (*2*)) e *pínein* 'bere', di origine indeur.] **A** v. tr. **1** Dare, porgere da bere q.c. di nocivo (*anche fig. e scherz.*): *p. veleni*; *ci ha propinato molte raccomandazioni.* **2** (*raro, lett.*) Bere. **B** v. intr. (aus. *avere*) ● (*raro*) Brindare: *p. alla salute di qc.*

propinatóre [vc. dotta, lat. tardo *propinatōre(m)*, che significava però 'che invita a bere', da *propinātus*, part. pass. di *propināre* 'propinare'] agg.; anche s. m. (f. *-trice*) ● (*raro*) Che, chi propina.

propinquità [vc. dotta, lat. *propinquitāte(m)*, da *propīnquus* 'propinquo'] s. f. **1** Affinità, parentela. **2** †Vicinanza spaziale.

propìnquo [vc. dotta, lat. *propīnquu(m)*, da *prōpe* 'vicino' (V. †*prope*)] **A** agg. **1** †(o *lett.*) Vicino, prossimo: *avere le ... case propinque a quelle di Piero* (MACHIAVELLI). CONTR. Longinquo. **2** †(o *lett.*) Legato da vincoli di parentela. || †**propinquaménte**, avv. Da vicino. **B** s. m. (f. *-a*) ● †(o *lett.*) Affine, parente.

pròpio e *deriv.* ● V. *proprio* e *deriv.*

propiònico [comp. del gr. *pró* 'davanti, prima' (V. *pro-* (*2*)) e *pîōn*, genit. *píonos* 'grasso', di origine indeur.] agg. (pl. m. *-ci*) ● (*chim.*) Detto di acido o aldeide che deriva formalmente dal propano | *Acido p.*, acido alifatico saturo che si forma in alcune fermentazioni, ottenuto per sintesi da etilene, ossido di carbonio e acqua in presenza di catalizzatori, usato spec. per la preparazione di esteri impiegati come essenze artificiali aromatiche.

propitèco [comp. di *pro-* (*2*) e del gr. *píthēkos* 'scimmia'] s. m. (pl. *-chi* o *-ci*) ● Genere di scimmie dei Lemuridi cui appartengono specie tipiche del Madagascar (*Propithecus*) | *P. coronato*, caratterizzato da un ciuffo circolare di peli bianchi sul capo (*Propithecus coronatus*).

propiziànte part. pres. di *propiziare*; anche agg. ● Nel sign. del v.

propiziàre [vc. dotta, lat. *propitiāre*, da *propītius* 'propizio'] v. tr. (*io propìzio*) **1** Rendere propizio, favorevole: *p. gli dèi*; *propiziarsi i giudici.* SIN. Cattivare, ingraziare. CONTR. Inimicare, urtare. **2** (*est.*) Favorire, rendere possibile: *p. il sonno.*

propiziatìvo agg. ● (*raro*) Atto a propiziare: *rito p.*

propiziatóre [vc. dotta, lat. tardo *propitiatōre(m)*, da *propitiātus*, part. pass. di *propitiāre* 'propiziare'] agg.; anche s. m. (f. *-trice*) ● Che, chi propizia.

propiziatòrio agg. ● Che riguarda la propiziazione o serve a propiziare: *cerimoniale p.*; *sacrificio p.*

propiziazióne [vc. dotta, lat. tardo *propitiatiōne(m)*, da *propitiātus*, part. pass. di *propitiāre* 'propiziare'] s. f. **1** Atto del propiziare. **2** Il placare e rendersi benevola la divinità con preghiere, con atti rituali, con sacrifici: *sacrifici di p.*

propìzio [vc. dotta, lat. *propītiu(m)*, comp. di *prō* 'in favore di' (V. *pro-* (*2*)) e *pĕtere* 'avanzare' (V. *petere*)] agg. **1** Favorevole, benigno: *vento p.*; *stagione propizia per la caccia.* SIN. Buono, fausto. **2** Opportuno, adatto: *momento p.*; *aspettare l'occasione propizia.* || **propiziaménte**, avv.

pròpoli [vc. dotta, lat. *prŏpoli(n)*, nom. *prŏpolis*, dal gr. *própolis*, dapprima 'sobborgo, dintorni', poi 'propoli', perché le api la pongono intorno all'alveare, comp. di *pró* 'davanti' (V. *pro-* (*2*)) e *pólis* 'città' (V. *polis*)] s. f. ● Sostanza gommo-resinosa prodotta da alcuni alberi, come i pioppi, che le api impiegano come mastice nella fabbricazione dei favi e per rivestire le pareti delle celle; si usa in cosmesi e dietologia.

proponènte **A** part. pres. di *proporre*; anche agg. ● Nei sign. del v. **B** s. m. e f. ● Chi propone q.c., chi fa una proposta: *il p. è anonimo.*

†**propónere** [vc. dotta, lat. *propōnere*. V. *proporre*] v. tr. ● Proporre.

proponìbile [dal lat. *propōnere* 'proporre'] agg. **1** Che si può proporre. CONTR. Improponibile. **2** (*dir.*) Che può essere accolto in giudizio: *azione, ricorso p.*

proponibilità s. f. ● (*raro*) Qualità di ciò che è proponibile. CONTR. Improponibilità.

proponiménto [dal lat. *propōnere* 'proporre'] s. m. ● Proposito preso fra sé e sé, intenzione: *ha fatto il p. di lasciarci*; *p. fermo, onesto.*

proponitóre [dal lat. *propōnere* 'proporre'] agg.; anche s. m. (f. *-trice*) ● (*raro*) Che, chi propone.

propórre [lat. *propōnere* 'porre davanti', comp. di *prō* 'davanti' (V. *pro-* (*1*)) e *pōnere* 'porre'] **A** v. tr. (coniug. come *porre*) **1** †Mettere, porre davanti | (*fig.*) Suggerire q.c. che si ritiene utile, giusto, opportuno: *p. un esempio*; *proposero di spianare per onor dell'imperadore in sei luoghi le mura e le fosse della città* (MURATORI). SIN. Presentare. **2** (*fig.*) Presentare q.c. all'esame, al giudizio, alla discussione o decisione di qc.: *p. un quesito, una questione, un dubbio*; *p. la candidatura di qc.* |

Designare: *p. qc. presidente.* **3** Stabilire, prefiggere, determinare: *p. di visitare Roma; proporsi una meta ragionevole.* **4** (*fig.*) †Esibire, offrire. **B** v. rifl. ● Offrirsi, dichiararsi disposto: *... e le si era timidamente, riverentemente proposto per marito* (FOGAZZARO) ‖ PROV. L'uomo propone e Dio dispone.

proporzionàbile agg. ● (*raro*) Che si può mettere o può stare in proporzione. ‖ **proporzionabilménte**, avv. (*raro*) In modo proporzionabile, con proporzione.

proporzionabilità s. f. ● (*raro*) L'essere proporzionabile.

proporzionàle [vc. dotta, lat. tardo *proportionāle(m)*, da *propŏrtio*, genit. *proportiōnis* 'proporzione'] agg. **1** Attinente alla proporzione, che è in proporzione: *la pensione è p. agli anni di servizio prestati* | *Imposta p.*, quando l'aliquota resta costante, pur aumentando la base imponibile | (*polit.*) *Sistema, rappresentanza p.*, o (*ell.*) *il proporzionale*, sistema elettorale che attribuisce ai diversi partiti politici un numero di rappresentanti in proporzione a quello dei suffragi ottenuti (contrapposto al sistema *maggioritario*). **2** (*mat.*) Detto di grandezze che mantengono un rapporto costante | *Direttamente p.*, detto di ciascuna delle due sequenze di numeri e/o grandezze, quando il rapporto fra due elementi corrispondenti è costante | *Inversamente p.*, detto di ciascuna delle due sequenze di numeri e/o grandezze, quando il rapporto fra un elemento e l'inverso dell'elemento corrispondente è costante | *Medio p.*, tra due numeri a e b il numero x tale che $a: x = x: b$. **3** (*raro*) †Proporzionato: *le proporzionali bellezze d'un angelico viso* (LEONARDO). ‖ **proporzionalménte**, avv. Con proporzione, in modo proporzionato; nella stessa misura. SIN. Analogamente.

proporzionalìsmo s. m. **1** Concezione politica favorevole al sistema elettorale proporzionale | Il sistema proporzionale stesso. **2** (*mus.*) Teoria e corrente musicale medievale sostenitrice del sistema di notazione mediante frazioni, detto proporzionale o mensurale.

proporzionalità s. f. **1** Qualità di ciò che è proporzionale: *la p. della pena.* **2** (*mat.*) Sussistenza d'una proporzione.

proporzionàre [da *proporzione*] v. tr. (*io proporzióno*) ● Ridurre q.c. in una misura tale da farle acquistare debita corrispondenza e analogia con un'altra: *p. il vestito al corpo; p. la tassa al reddito.* SIN. Accordare, adeguare.

proporzionàto part. pass. di *proporzionare*; anche agg. **1** Nel sign. del v. **2** Che ha convenienti proporzioni rispetto a un altro, o a più altri, elementi: *braccia proporzionate al corpo* | *Corpo p.*, le cui parti armonizzano tra loro quanto a dimensioni | (*est.*) Conforme, adeguato: *p. ai bisogni, alle esigenze.* CONTR. Difforme, smisurato, sproporzionato. **3** †Atto, acconcio, valevole. ‖ **proporzionataménte**, avv. Con giusta proporzione, in modo proporzionato. SIN. Proporzionalmente.

proporzionatóre agg.; anche s. m. (f. *-trice*) ● (*raro*) Che, chi proporziona.

proporzióne [vc. dotta, lat. *proportiōne(m)* 'rapporto, analogia', comp. di *prō* 'per, davanti' (V. *pro-* (*1*)) e *pŏrtio*, genit. *portiōnis* 'porzione'] s. f. **1** Rapporto di misura fra elementi che sono, comunque, legati fra di loro: *la ricompensa è in p. al merito; aggiungere farina e acqua in p.* | Simmetria, distribuzione armonica delle varie parti di un tutto o delle parti rispetto al tutto: *p. fra le varie membra del corpo; la p. fra la luce e i colori di quest'immagine è perfetta; c'è molta p. tra la porta e la facciata* | *In p.*, proporzionalmente, nella giusta misura, nella misura conveniente: *il lavoro deve essere pagato in p. al rischio; in p. all'età dovrebbe essere più maturo* | *Avere, non avere il senso delle proporzioni*, dare, non dare la giusta importanza alle cose; sapere, non sapere comportarsi convenientemente in determinate circostanze | *Mancare di p.*, essere sproporzionato | (*raro*) *Senza p.*, senza paragone, senza confronto | (*raro, lett.*) *A p.*, proporzionalmente. SIN. Analogia, corrispondenza. **2** (*mat.*) Relazione fra quattro termini ordinati, stabilita in modo che il rapporto tra i primi due sia uguale al rapporto fra gli ultimi due. **3** (*mus.*) Nella tecnica mensurale, indicazione del valore delle note mediante frazioni. **4** (*med.*) Dose. **5** (*spec. al pl.*) Dimensione, estensione, grandezza (*anche fig.*): *occupare vaste proporzioni; le proporzioni della nostra casa; movimento di grandi proporzioni.*

†**proporzionévole** agg. **1** Proporzionato. **2** Proporzionabile. ‖ †**proporzionevolménte**, avv.

propositìvo [vc. dotta, lat. tardo *propositīvu(m)*, da *propŏsitus*, part. pass. di *propōnere* 'proporre'] agg. ● Detto di comportamento verbale che contiene o esprime un proposito o una proposta.

propòsito [vc. dotta, lat. *propŏsitu(m)*, nt. sost. di *propŏsitus*, part. pass. di *propōnere* 'proporre'] s. m. **1** Fermo proponimento, sicura intenzione di fare q.c. o di seguire un dato comportamento: *perseverare nel p. di cambiare vita; smuovere qc. dal suo p.; era un p. eroico quello di voler correggersi di ogni difetto* (SVEVO) | *Uomo, donna di p.*, fermi, risoluti, tenaci | *Di p.*, apposta, con tutta l'intenzione, seriamente | (*est.*) Fine, scopo: *perdere tempo e scopo senza p.* SIN. Disegno, intendimento, progetto. **2** Tema, assunto, materia di un discorso: *tornando al nostro p.; a, su, questo p. non possiamo pronunciarci; vorrei spiegazioni in p.* | *In, a p. di*, quanto a, intorno a | *A p.!*, escl. per introdurre un discorso o un argomento in una conversazione | *Capitare, venire a p.*, nell'occasione, nel momento più adatto | *Male a p.*, inopportunamente, sconvenientemente | *È l'occasione più a p.*, la più opportuna | *Fuori di p.*, inopportuno, intempestivo | †*Tenere p. di*, conversare, discorrere.

propositóre [da *proposito*] s. m.; anche agg. (f. *-trice*) ● Chi, che presenta una proposta o si fa promotore di un'iniziativa: *un giovane architetto, p. di soluzioni innovative.*

proposizióne [vc. dotta, lat. *propositiōne(m)*, da *propŏsitus* 'proposto (2)'] s. f. **1** (*filos.*) Enunciato verbale di un giudizio. **2** (*ling.*) Unità elementare in cui si esprime un pensiero compiuto. **3** (*mat.*) Teorema solitamente d'importanza non primaria. **4** Nella retorica, inizio di scritto o poema con dichiarazione del tema affrontato. **5** †Proposito: *la mia bellezza fu cagione di rompere le mie proposizioni* (BOCCACCIO). ‖ **proposizioncèlla**, dim.

propósta [f. sost. di *proposto* (*2*)] s. f. **1** Atto del proporre: *fare una p. a qc.; avanzare una p.* | Ciò che viene presentato alla considerazione e alla decisione altrui: *accettare, respingere, rifiutare una p.; p. di impiego, di pace, di matrimonio* | *P. di legge*, progetto di legge presentato da altri che non sia il Governo al Parlamento per la discussione ed eventuale approvazione | *P. contrattuale*, atto giuridico con cui si inizia il procedimento diretto alla conclusione di un contratto. SIN. Offerta. **2** †Proposizione, argomento. **3** †Proposito, proponimento: *per novi pensier cangia p.* (DANTE *Inf.* II, 38).

propósto (**1**) part. pass. di *proporre*; anche agg. ● Nei sign. del v.

propósto (**2**) [lat. *propŏsitu(m)*, part. pass. di *propōnere* 'proporre'] s. m. **1** †Argomento, soggetto di ciò che viene proposto. **2** (*raro, lett.*) Proposito, deliberazione, intenzione.

propósto (**3**) [sost. del precedente] s. m. **1** Prevosto, curato. **2** †Capo, comandante.

†**propréso** [da *compreso*, con cambio di pref.] s. m. ● Circuito, recinto.

propretóre [vc. dotta, lat. *propraetōre(m)*, comp. di *pro-* (*1*) e *prāetor*, genit. *praetōris* 'pretore'] s. m. ● Nel diritto romano, pretore a cui il senato ha prorogato di un anno la durata della carica affidandogli il governo di una provincia.

propretùra [da *propretore*, sul modello di *pretura-pretore*] s. f. ● Ufficio del propretore.

†**propriàre** [vc. dotta, lat. tardo *propriāre*, nel senso di 'assimilare (i cibi)', cioè 'farli propri', da *prŏprius* 'proprio'] v. tr. ● Assicurare, affermare.

proprietà o (*pop.*) **propietà** [vc. dotta, lat. *proprietāte(m)*, da *prŏprius* 'proprio'] s. f. **1** (*raro*) L'essere proprio. **2** Qualità, facoltà, caratteristica particolare che distingue una cosa dalle altre o un essere dagli altri: *p. chimiche, fisiche, organolettiche di una sostanza; le p. medicinali delle erbe; la curiosità, p. connaturale dell'uomo* (VICO). **3** Diritto di godere e disporre delle cose in modo pieno ed esclusivo, entro i limiti e con l'osservanza degli obblighi stabiliti dalla legge: *azioni a difesa della p.; modi di acquisto della p.* | *P. pubblica*, diritto dello Stato o di altri enti pubblici territoriali sui rispettivi beni demaniali | *P. letteraria, artistica*, diritto patrimoniale d'autore. **4** Bene, mobile o immobile, che si possiede: *p. mobiliare, immobiliare; p. fondiaria; ha varie p. in campagna.* **5** Precisione di significato | Uso di parole o frasi appropriate: *esprimersi, parlare, con p., senza p.* **6** (*impr.*) Garbo, decoro, pulizia: *vestire con p.; la villeggiatura ... ha da essere da par nostro, grandiosa secondo il solito, e colla solita p.* (GOLDONI).

proprietàrio o (*pop.*) **propietàrio** [vc. dotta, lat. tardo *proprietāriu(m)*, da *proprĭetas*, genit. *proprietātis* 'proprietà'] **A** s. m. (f. *-a*) **1** Chi è possessore legittimo di q.c.: *il p. del libro, dell'automobile, della villa, dell'appartamento.* **2** Personaggio cui era concesso, spec. nel XVIII sec., il comando di reggimento o corpo a titolo onorifico e senza obblighi del servizio personale. **B** in funzione di agg. ● (*elab.*) Detto di prodotto informatico, software o hardware, proposto come standard da chi lo ha sviluppato e ne detiene i diritti.

pròprio o (*pop.*) **pròpio** [vc. dotta, lat. *prŏpriu(m)*, dalla locuzione *prō prīvo* 'a titolo privato' (V. *privo*)] **A** agg. **1** Che è strettamente inerente e appartenente a una sola persona, una sola cosa o una classe di individui: *è p. dell'uomo amare la libertà; è p. dei timidi arrossire* | (*raro, est.*) Appropriato, spettante: *a lui è p. perdonare* | *Senso p.*, di parole, frasi e sim., non estensivo né figurato | (*ling.*) *Nome p.*, che si applica soltanto a un essere o a una cosa presi in particolare (per es., nomi di individui, di popoli, di città, di fiumi, ecc.) | (*astron.*) *Moto p.*, il lentissimo spostamento di una stella sulla sfera celeste, che è funzione del suo vero moto nello spazio. **2** Personale, particolare (come raff. di agg. poss.): *agisce così per motivi suoi propri; ha idee sue proprie per l'avvenire; ci sono riusciti con le loro proprie forze; ha un sapore tutto suo p.; l'ho sentito con le mie proprie orecchie.* **3** Che esprime con esattezza quello che si propone di dire: *usare un linguaggio p.* | (con valore raff.) *Vero e p.*, per sottolineare le caratteristiche del sost. che segue: *questo è un vero e p. errore; hai fatto una vera e propria cattiveria.* **4** (*raro*) Che ha garbo, che mostra decoro e decenza: *persona molto propria; vestito p.* ‖ **propriaménte**, avv. **1** Realmente, veramente: *lui propriamente non ne aveva colpa; era propriamente lei; propriamente non te lo so dire; le cose si sono svolte propriamente in questo modo*; specificamente, particolarmente: *medicamento propriamente indicato contro l'emicrania; l'entusiasmo è propriamente dei giovani.* **2** In senso proprio: *il vocabolo va inteso propriamente e non in senso traslato; esprimersi, parlare, scrivere, esporre propriamente*, con proprietà di linguaggio; *propriamente detto*, a rigore di termini, nella sua essenza: *la fatica propriamente detta può nuocere in molti casi.* **B** avv. **1** Precisamente, per l'appunto: *i fatti si sono svolti p. così; è arrivato p. adesso* | Veramente, davvero: *ora sto p. bene; è p. buono; le dice p. grosse; ma sei p. sicuro?; è p. lui?; non è p. il caso di insistere* | Come risposta affermativa per confermare e rafforzare quanto è stato detto: *'non è mai puntuale' 'p.!'; 'allora avevo ragione io!' 'p.!'* **2** Affatto: *non ne ho p. voglia; non mi interessa p.; non lo credo p.; non sapeva p. cosa rispondere.* **3** (*raro*) Propriamente, con proprietà di linguaggio: *parlare, scrivere p.* **C** agg. poss. di terza pers. sing. e pl. ● Indica possesso, appartenenza, peculiarità esclusive del sogg. e si usa al posto di 'suo' e 'loro', di preferenza quando il sogg. è un pron. indef., d'obbligo nelle espressioni impers.: *l'uomo deve amare la propria famiglia; una madre darebbe la vita per i propri figli; ognuno deve ascoltare la propria coscienza; bisogna avere cura della propria persona; l'ha scritto di p. pugno; l'ha costruito con le proprie mani; ognuno è padrone in casa propria.* **D** pron. poss. di terza pers. sing. e pl. ● Suo, loro personale: *qui ci sono i libri, ognuno si riprenda il p.; è più facile vedere i difetti degli altri che i propri.* **E** s. m. **1** Ciò che è di proprietà o di pertinenza della persona a cui ci si riferisce: *salvaguardare, perdere, il p.; avere del p.; rimetterci del p.* | Loc. avv. *in p.*, di proprietà personale: *avere terreno in p.*; (*est.*) per conto proprio, senza dipendere da altri: *lavorare in p.; avere un nego-*

zio in p.; (*fig.*) personalmente, assumendosi ogni responsabilità: *rispondere in p. di qualcosa.* **2** (*raro*) Carattere, elemento peculiare e distintivo: *il p. dell'ape è fare il miele*; *il p. di un popolo, di una situazione.* **3** (*filos.*) Nella logica di Aristotele, il complesso dei caratteri che appartengono sempre e solamente a tutti gli elementi di una medesima classe. **4** Nella liturgia cattolica, parte del testo che integra quella comune e appartiene allo specifico rito che si celebra, principalmente nell'ordine del Messale Romano.

propriocettóre [ingl. *proprioceptor*, comp. del lat. *prŏprius* 'proprio' e dell'ingl. (*re*)*ceptor* 'recettore'] s. m. ● (*anat.*) Recettore atto a cogliere gli stimoli che si originano da organi interni, esclusi quelli cavi. CFR. Enterocettore, esterocettore.

propriocezióne [comp. del lat. *prŏpriu*(*m*) 'proprio' e (*re*)*cezione*, sul modello dell'ingl. *proprioception*] s. f. ● (*fisiol.*) Complesso delle funzioni dei recettori e dei centri nervosi che consentono l'acquisizione di informazioni sullo stato degli organi interni, con esclusione di quelli cavi. CFR. Enterocezione, esterocezione.

propugnàcolo [vc. dotta, lat. *propugnăculu*(*m*), da *propugnāre* 'propugnare'] s. m. ● (*raro*) Fortezza, forte, bastione | (*fig.*) Ciò che sta a difendere idee, istituzioni e sim.: *la concordia è il p. della nazione.* SIN. Difesa.

propugnàre [vc. dotta, lat. *propugnāre*, comp. di *prō* 'davanti, in difesa' (V. *pro-* (*1*)) e *pugnāre* 'combattere'] v. tr. ● (*raro*) Difendere combattendo | (*fig.*) Sostenere validamente: *p. l'abolizione della schiavitù.*

propugnatóre [vc. dotta, lat. *propugnatōre*(*m*), da *propugnātus*, part. pass. di *propugnāre* 'propugnare'] agg.; anche s. m. (f. *-trice*) ● (*raro*) Che, chi propugna.

propugnazióne [vc. dotta, lat. *propugnatiōne*(*m*), da *propugnātus*, part. pass. di *propugnāre* 'propugnare'] s. f. ● (*raro*) Atto, effetto del propugnare.

propulsàre [vc. dotta, lat. *propulsāre*, comp. di *prō* 'avanti' (V. *pro-* (*1*)) e *pulsāre* 'spingere'] v. tr. **1** (*raro, lett.*) Ricacciare indietro: *le vie e i modi di propulsar le eresie* (SARPI). SIN. Respingere, rintuzzare, scacciare. **2** (*tecnol.*) Determinare una propulsione.

propulsatóre [vc. dotta, lat. *propulsatōre*(*m*), da *propulsātus*, part. pass. di *propulsāre* 'propulsare'] agg.; anche s. m. (f. *-trice*) ● (*raro*) Che, chi respinge.

propulsióne [fr. *propulsion*, dal lat. *propŭlsus*, part. pass. di *propĕllere* 'propellere'] s. f. **1** Operazione con cui s'imprime a un veicolo la forza o spinta necessaria a vincere le resistenze che si oppongono al moto: *p. aerea, navale*; *p. a elica, a getto, a razzo.* **2** (*fig.*) Spinta per realizzare un avanzamento, uno sviluppo e sim., spec. nell'ambito economico: *il nuovo albergo darà p. al turismo locale.*

propulsìvo [fr. *propulsif*, dal lat. *propŭlsus*, part. pass. di *propĕllere* 'propellere'] agg. ● Che determina, trasmette una propulsione: *spinta propulsiva.*

propùlso part. pass. di *propellere*; anche agg. ● Nel sign. del v.

propulsóre [fr. *propulseur*, dal lat. *propŭlsus*, part. pass. di *propĕllere* 'propellere'] **A** s. m. **1** Apparato che comunica a un veicolo la spinta necessaria per ottenere il suo moto. **2** (*etn.*) Strumento destinato a lanciare armi da getto, quali giavellotti, lance e frecce, con maggiore forza e a maggiore distanza che a mano, costituito da un'asticciola rigida o flessibile di cui un'estremità reca un uncino o una scanalatura in cui s'appoggia l'arma mentre l'estremità opposta viene impugnata con la mano. **3** (*raro, fig.*) Ciò che dà una spinta in avanti: *i propulsori del progresso.* **B** anche agg.: *centro p.*

propulsòrio agg. ● Propulsivo.

proquestóre [vc. dotta, lat. *prō quaestōre* 'al posto del questore'] s. m. ● Nell'antica Roma, vicario del questore.

proquestùra s. f. ● Ufficio, dignità e sede del proquestore.

proquòio ● V. *procoio.*

pròra o **prua** [vc. dotta, lat. *prōra*(*m*), nom. *prōra*, dal gr. *prôira*, da *pró* 'davanti' (V. *pro-* (*2*))] s. f. **1** Nel linguaggio proprio della marina militare e in quello letterario, parte anteriore di qualsiasi nave o imbarcazione, a forma di cuneo più o meno acuto, per fendere l'acqua, che nelle costruzioni moderne è svasata verso l'alto per sostenere la nave sull'onda e tagliente verso il basso: *albero di p., ancora di p.* | *Mettere la p. al vento, a terra*, volgersi con la nave dalla parte da cui spira il vento, da cui si trova la terra ferma | (*fig., fam.*) *Mettere la p. addosso a qc.*, perseguitarlo | (*fig., fam.*) *Se mi capita sotto la p.!*, se mi viene fra le mani. **2** (*aer.*) Parte anteriore di un aeromobile. **3** (*aer., mar.*) Angolo che una direzione di riferimento fissa forma con l'asse longitudinale di un aeromobile o di una nave e che ne definisce l'orientamento in azimut | *P. magnetica*, quella in cui la direzione di riferimento è il meridiano magnetico | *P. geografica, p. vera*, quella in cui la direzione di riferimento è il meridiano geografico | *P. alla bussola, p. bussola*, quella indicata dalla bussola | *P. girodirezionale, p. giro*, quella fornita da un giroscopio direzionale | *P. griglia*, quella misurata rispetto a una direzione, detta nord griglia, individuata da un reticolo trasparente sovrapposto alla carta geografica. **4** (*fig., lett.*) Nave: *degli Achivi era Crise alle veloci / prore venuto a riscattar la figlia* (MONTI).

pro rata /*lat.* prɔ 'rata/ [lat. *pro rata* 'secondo la parte stabilita', attrav. il fr. *prorata*] loc. avv. e agg. inv. ● In proporzione, proporzionalmente, detto di calcoli finanziari in cui si ripartisce una determinata grandezza, gener. un debito o un credito, in proporzione a un periodo di tempo o a un'altra grandezza di riferimento.

proravìa [comp. di *prora* e *via*] s. f. ● Parte che guarda verso la prora | *A p.*, verso prora.

prorettóre [comp. di *pro-* (*1*) e *rettore*] s. m. ● Chi fa le veci del rettore.

pròroga [da *prorogare*] s. f. ● Differimento, prolungamento, dilazione: *una p. di cinque giorni.* CONTR. Anticipazione.

prorogàbile agg. ● Che si può prorogare: *scadenza p.* CONTR. Improrogabile.

prorogabilità s. f. ● (*bur.*) Condizione di ciò che è proprogabile. CONTR. Improrogabilità.

prorogàre [vc. dotta, lat. *prorogāre*, propriamente 'proporre, chiedere al popolo una proroga di poteri in favore di qualcuno', comp. di *prō* 'avanti' (V. *pro-* (*1*)) e *rogāre* 'chiedere'] v. tr. (*io pròrogo, tu pròroghi*) ● Differire, rimandare una scadenza: *p. l'iscrizione ai corsi.* SIN. Rinviare. CONTR. Anticipare.

prorogatio /*lat.* proro'gattsjo/ [vc. lat., propr. 'prorogazione'] s. f. inv. ● (*dir.*) Istituto in base al quale un organo rimane in carica, dopo la conclusione del suo mandato, fino a quando non viene nominato il successore: *consiglio di amministrazione in regime di p.*

†**prorogativa** [da *prerogativa*, con cambio di pref.] s. f. **1** Prerogativa. **2** Arroganza.

prorogàto part. pass. di *prorogare*; anche agg. ● Nel sign. del v.

prorogazióne [vc. dotta, lat. *prorogatiōne*(*m*), da *prorogātus* 'prorogato'] s. f. ● (*raro*) Proroga.

prorompènte part. pres. di *prorompere*; anche agg. ● Nei sign. del v.

prorómpere [lat. *prorŭmpere*, comp. di *pro-* 'davanti' (V. *pro* (*1*)) e *rŭmpere* 'rompere'] v. intr. (coniug. come *rompere*; aus. *avere*) ● Uscire con impeto, con violenza (*anche fig.*): *il torrente proruppe dagli argini*; *la follia prorompeva ovunque*; *prorompe inconsideratamente nella richiesta d'una vendetta* (METASTASIO) | *P. in lacrime*, scoppiare in pianto | (*raro, lett.*) Irrompere all'assalto: *p. dalle trincee.*

prorompiménto s. m. ● (*raro*) Il prorompere (*anche fig.*).

prorótto part. pass. di *prorompere*; anche agg. ● (*raro*) Nei sign. del v.

pròsa [vc. dotta, lat. *prōsa*(*m oratiōnem*) 'discorso scritto in linea retta', f. sost. di *prōsus*, var. di *prōrsus* 'che va in linea retta', da un precedente **provĕrsus* 'diretto in avanti', comp. di *prō* 'avanti' (V. *pro-* (*1*)) e *vĕrsus*, part. pass. di *vĕrtere* 'volgere' (V. *versione*)] s. f. **1** Maniera di esprimersi non sottomessa alle regole della versificazione: *p. letteraria, epistolare, oratoria*; *p. scientifica, tecnica*; *p. chiara, elegante, forbita, ampollosa, armoniosa* | *P. d'arte*, componimento prosastico condotto con la massima cura stilistica | *P. rimata*, intarsiata con cadenze studiate e artifici poetici | *P. poetica*, che arieggia i modi della poesia. **2** (*est.*) Opera scritta in prosa: *le prose del Tasso, dell'Alfieri* | Complesso di opere in prosa: *la p. italiana del Novecento*; *leggere della p.* | *Teatro di p.*, (*ass.*) *prosa*, genere teatrale drammatico: *amare la p.*; *stagione di p.* **3** (*fig.*) Ciò che appare materiale e meschino, troppo legato alle esigenze quotidiane: *la p. della vita*; *la p. della realtà di ogni giorno.* **4** (*relig.*) Tipo di sequenza. ‖ **prosàccia**, pegg. | **proserèlla**, dim. | **prosétta**, dim. | **prosina**, dim.

prosaicìsmo [comp. di *prosaic*(*o*) e *-ismo*] s. m. ● Qualità di ciò che è noioso, banale, privo di ideali.

prosaicità [da *prosaico*] s. f. **1** Qualità di ciò che è prosaico. **2** (*fig.*) Banalità della vita quotidiana o di ciò che appare meschino e materiale.

prosàico [vc. dotta, lat. tardo *prosăicu*(*m*), da *prōsa* 'prosa'] agg. (pl. m. *-ci*) **1** (*raro*) Concernente la prosa: *scritti prosaici.* **2** (*fig.*) Che è alieno da poesia e da sentimentalità: *un discorso p.* | (*fig.*) Di chi manca di spiritualità e pensa solo alle necessità della vita: *uomo p.* SIN. Volgare. ‖ **prosaicaménte**, avv. In modo prosaico e volgare.

prosàpia [vc. dotta, lat. *prosăpia*(*m*), da una radice indeur. che significa 'fecondare'] s. f. ● (*lett.*) Stirpe, schiatta, lignaggio: *p. nobile, illustre, reale.*

prosàre [da *prosa*] v. intr. (*io pròso*; aus. *avere*) **1** (*raro*) Scrivere in prosa. **2** †Parlare con prosopopea.

prosasticità s. f. ● Qualità di ciò che è prosastico.

prosàstico [da *prosa*, sul modello di *scolastico*] agg. (pl. m. *-ci*) **1** Scritto in prosa: *le opere prosastiche del Foscolo.* **2** Che ha il tono dimesso della prosa, detto spec. di versi o poesie.

prosatóre [da *prosare*] s. m. (f. *-trice*) ● Scrittore in prosa: *i prosatori del Novecento inglese.*

proscènio [vc. dotta, lat. *proscăeniu*(*m*), dal gr. *proskḗnion*, comp. di *pró* 'davanti' (V. *pro-* (*2*)) e *skēnḗ* 'tenda, scena, palcoscenico' (V. *scena*)] s. m. ● Parte anteriore del palcoscenico, compresa fra l'arco scenico e l'orchestra | *Chiamare al p. l'autore*, alla ribalta per applaudirlo | *Palchi di p.*, quelli estremi del semicerchio teatrale che danno sul palcoscenico. SIN. Avanscena.

Proscìmmie [comp. di *pro-* (*2*) e il pl. di *scimmia*] s. f. pl. ● Nella tassonomia animale, sottordine di Mammiferi dei Primati con grandi occhi, dita con unghie piatte o artigli, arboricoli, notturni (*Prosimiae*). SIN. Lemuroidei | (al sing. *-a*) Ogni individuo di tale sottordine.

prosciògliere o †**prosciòrre** [lat. *persŏlvere* 'sciogliere interamente' (comp. di *pĕr* ints. e *sŏlvere* 'sciogliere'), con cambio di pref.] v. tr. (coniug. come *sciogliere*) **1** Sciogliere, liberare da impedimenti o impegni: *p. qc. da un obbligo, un giuramento* | *P. dal peccato*, assolvere. **2** (*dir.*) Nel processo penale, emanare nei confronti di un imputato una sentenza di proscioglimento.

†**proscioglizióne** s. f. ● Proscioglimento, assoluzione.

proscioglimènto s. m. **1** Atto, effetto del prosciogliere. SIN. Liberazione. **2** (*dir.*) Nel processo penale, emanazione di non doversi procedere nei confronti dell'imputato emessa con sentenza istruttoria o dibattimentale.

prosciogliltóre agg.; anche s. m. (f. *-trice*) ● (*raro*) Che, chi proscioglie.

prosciòlto part. pass. di *prosciogliere*; anche agg. ● Nei sign. del v.

†**prosciòrre** ● V. *prosciogliere.*

prosciugaménto s. m. ● Il prosciugare o il prosciugarsi: *il p. delle paludi*; *il p. del lago è avvenuto in tre mesi.*

prosciugàre [da *asciugare*, con cambio di pref.] **A** v. tr. (*io prosciùgo, tu prosciùghi*) ● Rendere asciutto, liberando dall'acqua: *p. terreni* | Disseccare: *p. il salame.* **B** v. intr. pron. ● Diventare asciutto, perdendo l'umidità: *i muri si sono prosciugati rapidamente.*

prosciugàto part. pass. di *prosciugare*; anche agg. ● Nei sign. del v.

prosciuttàto agg. ● Preparato a guisa di prosciutto | Lardellato di prosciutto.

prosciùtto o (*sett.*) **persùtto**, (*tosc.*) **presciùt-**

to [da *asciutto*, con cambio di pref.] s. m. ● Coscia di maiale, salata e fatta seccare: *p. crudo, cotto, affumicato*; *antipasto di p. e melone* | (*scherz.*) *Orecchi foderati di p.*, quelli di chi non sente o non vuole sentire | *Levarsi la sete col p.*, fare in modo di accrescere il danno.

proscritto A part. pass. di *proscrivere*; anche agg. ● Nei sign. del v. **B** s. m. (f. *-a*) *1* Nell'antica Roma, persona colpita da proscrizione. *2* Esule.

proscrittóre [vc. dotta, lat. *proscriptōre(m)*, da *proscrīptus* 'proscritto'] s. m. *1* Autore di proscrizioni. *2* (*raro, est.*) Chi bandisce, caccia.

proscrìvere [vc. dotta, lat. *proscrībere* 'far noto, annunziare, proclamare', comp. di *prō* 'davanti' (V. *pro-* (*1*)) e *scrībere* 'scrivere'] v. tr. (coniug. come *scrivere*) *1* Colpire con proscrizione: *p. un cittadino*; *Mario e Silla proscrissero i loro nemici*. *2* (*est.*) Esiliare, bandire: *p. i ribelli, i rivoltosi*. *3* (*fig.*) Abolire, vietare: *p. certe idee*.

proscrizióne [vc. dotta, lat. *proscriptiōne(m)*, da *proscrīptus* 'proscritto'] s. f. *1* Originariamente, nell'antica Roma, pubblico avviso di vendita all'incanto dei beni di un debitore | In seguito, qualsiasi pena, spec. l'esilio, che implicava per il cittadino romano la confisca e la vendita dei beni | *Lista di p.*, elenco di persone proscritte: *le liste di p. di Mario, di Silla*. *2* (*est.*) Esilio, bando. *3* (*fig.*) Allontanamento, abolizione, divieto: *la p. di un'iniziativa*.

prosécco [dalla località di *Prosecco* (Trieste), di dove è originario] s. m. (pl. *-chi*) ● Pregiato vino bianco secco, di color giallo paglierino, dal profumo fresco e dal sapore spesso fruttato, prodotto dal vitigno omonimo spec. sulle colline del Trevigiano; anche nei tipi frizzante e spumante per mezzo della fermentazione naturale.

prosecutìvo [dal lat. *prosecūtus*, part. pass. di *prōsequi* 'proseguire'] agg. ● (*raro*) Atto a proseguire | Che serve alla prosecuzione.

prosecutóre [dal lat. *prosecūtu(m)*, part. pass. di *prōsequi* 'proseguire'] s. m. (f. *-trice*) ● Chi porta avanti q.c. iniziata da altri prima di lui. SIN. Continuatore.

prosecuzióne [vc. dotta, lat. tardo *prosecutiōne(m)*, da *prosecūtus*, part. pass. di *prōsequi* 'proseguire'] s. f. ● Atto, effetto del proseguire: *la p. della causa* | (*est.*) Ciò che costituisce il seguito di q.c.: *la p. di una galleria, di una strada*.

proseggiàre v. intr. (*io proséggio*; aus. *avere*) ● (*lett.*) Scrivere in prosa | Impiegare stile e modi tipici della prosa.

prosegretàrio [comp. di *pro-* (*1*) e *segretario*] s. m. (f. *-a*) ● Vicesegretario.

proseguiménto s. m. ● Modo, atto, effetto del proseguire: *il p. del libro, dell'impresa* | *Buon p.!*, buon seguito, buona continuazione.

proseguìre [lat. *prōsequi*, comp. di *prō* 'avanti' (V. *pro-* (*1*)) e *sĕqui* 'seguire'] **A** v. tr. (*io proséguo*) *1* Seguitare, continuare: *p. il cammino*; *p. gli studi*. *2* †Perseguire. **B** v. intr. (aus. *avere* riferito a persona, *essere* o *avere* riferito a cose) ● Procedere, andare avanti: *per i troppi ostacoli, non hanno proseguito*; *i lavori sono proseguiti fino a oggi* | Persistere: *p. negli studi*.

†**proseguitàre** [sovrapposizione di *seguitare* a *proseguire*] **A** v. tr. ● Seguitare, proseguire. **B** v. intr. ● Persistere, insistere.

proseguito part. pass. di *proseguire*; anche agg. ● Nei sign. del v.

proséguo ● V. *prosieguo*.

prosèlite ● V. *proselito*.

proselitìsmo [fr. *prosélytisme*, da *prosélyte* 'proselito', col suff. *-isme* '-ismo'] s. m. ● L'azione di chi fa e cerca di fare proseliti.

proselitista s. m. e f. (pl. m. *-i*) ● (*raro*) Chi fa proseliti a un'idea: *fanatico professante le idee del secolo e p. d'irreligione* (BACCHELLI).

prosèlito o (*raro*) **prosèlite** [vc. dotta, lat. tardo *prosēlytu(m)*, nom. *prosēlytus*, dal gr. *prosḗlytos* 'sopravvenuto, forestiero', poi 'proselito, convertito', comp. di *prós* 'verso, oltre' ed *elyt-* 'venire, provenire', di etim. incerta] s. m. (f. *-a*) ● Chi da poco si è convertito a una religione o ha abbracciato le idee di una dottrina o di un partito: *fare proseliti*; *i proseliti del socialismo*.

prosencèfalo [comp. del gr. *prós* 'verso, davanti' ed *encefalo*] s. m. ● (*anat.*) La parte più craniale dell'encefalo primitivo, da cui derivano il telencefalo e il diencefalo.

prosènchima [dal gr. *prós* 'davanti, verso' sul modello di *parenchima*] s. m. (pl. *-i*) ● (*bot.*) Tessuto di sostegno costituito da fibre molto allungate e resistenti, incastrate le une nelle altre.

prosettóre [vc. dotta, lat. tardo *prosectōre(m)*, da *prosĕctus*, part. pass. di *prosecāre* 'tagliare davanti', comp. di *prō* 'davanti' (V. *pro-* (*1*)) e *secāre* 'tagliare' (V. *secare*)] s. m. ● Chi è incaricato di sezionare i cadaveri e preparare i pezzi per i docenti e gli studiosi di anatomia.

prosièguo o **prosiéguo**, (*raro*) **proséguo** [da *proseguire*] s. m. ● (*bur.*) Proseguimento, seguito | *In p. di tempo*, in seguito, poi.

prosillogìsmo [vc. dotta, lat. tardo *prosyllogĭsmu(m)*, nom. *prosyllogĭsmus*, dal gr. *prosyllogismós*, comp. di *pró* 'davanti' (V. *pro-* (*2*)) e *syllogismós* 'sillogismo'] s. m. ● Sillogismo la cui conclusione funge da premessa a un altro sillogismo.

prosìndaco [comp. di *pro-* (*1*) e *sindaco*] s. m. ● Assessore comunale che, per l'assenza e, gener., per l'indisponibilità del sindaco, esercita, su delega di questo, alcune sue funzioni limitate e temporanee | Vicesindaco, in alcuni comuni: *il p. di Roma*.

prosinodàle [comp. di *pro-* (*1*) e *sinodale*] agg. ● Che ha gli stessi caratteri di sinodo o lo sostituisce: *adunanza p.*

prosit /*lat.* 'prɔzit/ [terza pers. cong. pres. di *prodĕsse* 'giovare' (V. *prode*)] inter. *1* Esprime formula augurante la fruizione spirituale del sacrificio della messa, che si fa al sacerdote dopo la celebrazione. *2* Esprime augurio e si usa spec. nei brindisi o rivolgendosi a chi starnutisce. SIN. Salute!

Prosobrànchi [comp. del gr. *prósō* 'davanti' e *branchi(a)*] s. m. pl. ● Nella tassonomia animale, sottoclasse di Molluschi dei Gasteropodi dotati di conchiglia esterna (*Prosobranchia*) | (al sing. *-chio*) Ogni individuo di tale sottoclasse.

prosodìa [vc. dotta, lat. *prosōdia(m)*, nom. *prosōdia*, dal gr. *prosōidía*, comp. di *prós* 'accanto, verso' e *ōidḗ* 'canto' (V. *ode*)] s. f. ● (*ling.*) Studio delle caratteristiche di una lingua relative ad accento, tono, intonazione, quantità.

prosòdico o **prosodiaco** agg. (pl. m. *-ci*) ● Che si riferisce alla prosodia. || **prosodicaménte**, avv. Per quanto si riferisce alla prosodia.

prosòdio [vc. dotta, gr. *prosódion* (*mélos*) '(canto) di processione', da *prósodos* 'processione', comp. di *prós* 'verso' e *odós* 'strada' (V. *odeporico*)] s. m. ● Canto corale di processione.

prosodista s. m. e f. (pl. m. *-i*) ● Studioso di prosodia, di metrica.

pro soluto /*lat.* prɔ so'luto/ [dalla loc. lat. *cĕssio prō solūto* 'cessione (di un credito) come pagato'] loc. agg. inv. ● (*dir.*) Detto di ciò che si considera pagato anche se l'effettivo pagamento deve ancora aver luogo | *Cessione pro soluto*, trasferimento di un credito in pagamento.

pro solvendo /*lat.* prɔ sol'vɛndo/ [dalla loc. lat. *cĕssio prō solvĕndo* 'cessione (di un credito) come pagabile'] loc. agg. inv. ● (*dir.*) Detto di ciò che dovrà, in futuro, essere pagato da un terzo | *Cessione pro solvendo*, trasferimento di un credito con liberazione del cedente al momento della riscossione dello stesso da parte del cessionario.

†**prosóne** [da *prosare*] s. m. ● (*scherz.*) Chi scrive e parla lentamente e con presunzione.

†**prosontuóso** e *deriv.* ● V. *presuntuoso* e *deriv.*

prosopografìa [comp. del gr. *prósōpon* 'volto' (comp. di *prós* 'davanti' di una radice indeur. che significa 'vedere'), e *-grafia*] s. f. *1* (*ling.*) Nella retorica, descrizione della figura esteriore della persona: *biondo era e bello e di gentile aspetto, / ma l'un de' cigli un colpo avea diviso* (DANTE *Purg.* III, 107-108). *2* Raccolta iconografica di personaggi celebri di epoche trascorse.

prosopopèa [vc. dotta, lat. *prosopopōeia(m)*, nom. *prosopopōeia*, dal gr. *prosōpopoiía* 'personificazione', da *prosōpopoiêin* 'personificare', comp. di *prósōpon* 'volto' (V. *prosopografia*) e *poiêin* 'fare' (V. *poeta*)] s. f. *1* Figura retorica che consiste nel rappresentare come persone vive e parlanti cose inanimate, concetti o entità astratte: *Vieni a veder la tua Roma che piagne / vedova e sola, e dì e notte chiama* (DANTE *Purg.* VI, 112-114). SIN. Personificazione. *2* (*fig.*) Aria di gravità e solennità eccessive: *la p. dei pedanti* | *Con p.*, con gravità presuntuosa e ridicola. SIN. Boria.

prosopopèico agg. (pl. m. *-ci*) ● Di prosopopea.

prospaltèlla [vc. del lat. scient.: comp. di *pros-* (V. *pro-* (*2*)) e del gr. *paltós* 'lanciato', da *pállein* 'lanciare', di etim. incerta (?)] s. f. ● Piccolo insetto imenottero, utile perché parassita della coccíniglia del gelso (*Prospaltella berlesei*).

prosperaménto s. m. ● (*raro*) Il prosperare.

prosperàre [vc. dotta, lat. *prosperāre*, da *prōsperus* 'prospero'] **A** v. intr. (*io pròspero*; aus. *avere*) ● Crescere in modo sempre più soddisfacente: *è un'attività che prospera* | Essere prospero, crescere rigogliosamente: *in questa regione prospera la vite* | *P. in salute*, essere sano, stare bene. **B** v. tr. ● (*raro*) Rendere prosperoso | (*raro*) Favorire: *che il Signore vi prosperi*.

†**prosperazióne** s. f. ● Atto, effetto del prosperare.

†**prosperévole** agg. *1* Prospero, favorevole, propizio. *2* Vigoroso, robusto. *3* Allegro. || †**prosperevolménte**, avv. Prosperamente.

prosperità [vc. dotta, lat. *prosperitāte(m)*, da *prōsperus* 'prospero'] s. f. ● Stato, condizione di chi o di ciò che è prospero: *augurare salute e p.*; *nella p. tutti sono amici* | (*raro*) *Essere in p.*, essere robusto e vigoroso | *La p. della nazione*, il suo benessere economico. SIN. Agiatezza, benessere, floridezza. CONTR. Indigenza, povertà.

pròspero [vc. dotta, lat. *prōsperu(m)*, comp. di *prō* 'davanti' (V. *pro-* (*1*)) e una radice indeur. che significa 'abbondante'] agg. *1* Che procede nel modo migliore, apportando benessere, agiatezza, salute e sim.: *un p. commercio*; *tempi prosperi*; *condizioni prospere*; *è stata una prospera annata per l'agricoltura*. SIN. Fiorente, florido. *2* (*est.*) Favorevole, felice: *un p. evento*; *sorte, fortuna, prospera* | *Vento p.*, favorevole. SIN. Propizio. || **prosperaménte**, avv. Con prosperità.

prosperosità s. f. ● (*raro*) L'essere prosperoso.

prosperóso [da *prospero*] agg. *1* Prospero, felice: *una regione prosperosa*. *2* Sano, robusto, fiorente: *una ragazza prosperosa*. || **prosperosaménte**, avv.

prospettàre [vc. dotta, lat. *prospectāre*, ints. di *prospĭcere* 'guardare innanzi' (V. *prospetto*)] **A** v. tr. (*io prospètto*) *1* (*raro*) Guardare davanti, avere di fronte, spec. con riferimento a edifici: *il museo prospetta una piazza*. *2* (*fig.*) Mostrare, esporre: *p. le circostanze, la situazione, un'ipotesi*. **B** v. intr. (aus. *essere*) ● Affacciarsi su un luogo: *il giardino prospetta sul lago*. **C** v. intr. pron. ● Mostrarsi, apparire in un dato aspetto: *la situazione si prospettava difficile*. SIN. Profilarsi.

prospettazióne [da *prospettato*, part. pass. di *prospettare*] s. f. ● (*raro*) Il prospettare una questione, un'ipotesi, un problema e sim.

prospèttico [da *prospett(iva)*] agg. (pl. m. *-ci*) ● Di prospettiva (*anche fig.*): *sbaglio p.* || **prospetticaménte**, avv. In prospettiva: *giudizio prospetticamente errato*.

prospettìva [f. sost. di *prospettivo*] s. f. *1* Rappresentazione piana d'una figura spaziale, che riproduce la visione che della figura ha un osservatore in una certa posizione | *P. lineare*, che rappresenta nel disegno le tre dimensioni con sole linee | *P. aerea*, che nel disegno tiene conto, mediante ombreggiature, delle variazioni dell'intensità della luce e della distanza dei corpi | *In p.*, secondo le regole della prospettiva. *2* Disegno in prospettiva: *le prospettive di Piero della Francesca*. *3* Veduta, panorama: *quella cima offre una larga p. della vallata*. *4* (*fig.*) Punto di vista, modo di vedere qualcosa: *in una p. ecologica* | *Errore di p.*, di valutazione. *5* (*fig.*) Previsione, possibilità: *la p. di una promozione è vana*; *quella che mi dici non è una p. allettante* | (*spec. al pl.*) Possibilità di futuri e positivi sviluppi: *non ho prospettive*; *è una situazione senza prospettive*.

prospettìvo [vc. dotta, lat. tardo *prospectīvu(m)*, da *prospĕctus* 'prospetto'] agg. ● (*raro*) Che concerne la prospettiva.

prospètto [vc. dotta, lat. *prospĕctu(m)*, da *prospĕctus*, part. pass. di *prospĭcere* 'guardare innanzi', comp. di *prō* 'davanti' (V. *pro-* (*1*)) e *spĭcere* 'guardare' (V. *rispetto*)] s. m. *1* Rappresentazione grafica in proiezione ortogonale verticale delle parti in vista di una costruzione. *2* Veduta di ciò che sta davanti a chi guarda: *la varietà dei prospetti montani* | *P. scenico*, parte della sala teatrale che sta fra la platea e il palcoscenico vero e proprio, comprendente il proscenio, l'orchestra, la bocca d'opera e l'arco scenico | *Guardare di p.*, mettendosi di fronte all'oggetto. *3* Ciò che sta di fronte: *il p. di una villa*. SIN. Facciata, fronte, visuale. *4* Tabella, specchietto riassuntivo: *il p. del movimento di un porto*; *il p. delle lezioni* | *P. delle coniugazioni*, paradigma.

prospettóre [ingl. *prospector*, dal lat. tardo *prospĕctor*, nom., propr. 'che guarda avanti', da *prospĕctus*, part. pass. di *prospĭcere* 'guardare avanti' (V. *prospetto*)] s. m. ● Chi esegue ricerche minerarie sul terreno.

prospezióne [ingl. *prospection*, dal lat. tardo *prospectiōne(m)* (che aveva però il sign. di 'previdenza'), da *prospĕctus*, part. pass. di *prospĭcere* 'guardare avanti' (V. *prospetto*)] s. f. ● Esplorazione del sottosuolo condotta con vari metodi, avente come scopo la ricerca di giacimenti minerari, lo studio delle caratteristiche delle rocce, della sismicità del sottosuolo, e sim.: *p. elettrica, geochimica, geofisica, magnetica, sismica*.

prospiciènte o (*raro*) **prospicènte** [vc. dotta, lat. *prospiciĕnte(m)*, part. pres. di *prospĭcere* 'guardare innanzi' (V. *prospetto*)] agg. ● Che dà, guarda, è volto verso un luogo: *una casa p. il giardino* (anche, più raro, *al* o *sul* giardino); *i balconi sono prospicienti la montagna*.

prossèmica [ingl. *proxemics*, termine dotto coniato da E. T. Hall con l'elemento gr. *sêma* 'segno'] s. f. ● (*sociol.*) In semiologia, studio dell'uso che l'uomo fa dello spazio, frapponendo distanze fra sé e gli altri per avvicinarli o allontanarli nelle interazioni quotidiane e nella strutturazione degli spazi abitativi e urbani, distanze che variano da cultura a cultura o da luogo a luogo all'interno della stessa cultura.

prossenèta [vc. dotta, lat. *proxenēta(m)*, nom. *proxenēta*, dal gr. *proxenētḗs*, da *proxenêin* 'ospitare', da *próxenos* 'che ospita', comp. di *pró* 'davanti' (V. *pro-* (2)) e *xénos* 'straniero, forestiero, ospite' (V. *xenofobia*)] s. m. (pl. *-i*) ● (*lett.*) Sensale, mezzano | (*spreg.*) Ruffiano.

prossenètico [vc. dotta, lat. tardo *proxenēticu(m)*, da *proxenēta* 'prosseneta'] s. m. (pl. *-ci*) ● (*lett.*) Regalo, compenso per la mediazione.

prossenetìsmo s. m. ● (*lett.*) Atto, contegno da prosseneta | (*spreg.*) Lenocinio.

pròsseno [vc. dotta, gr. *próxenos*. V. *prosseneta*] s. m. ● Nell'antica Grecia, cittadino influente che aveva l'incarico di fornire ospitalità e tutela agli inviati delle città amiche.

†**prossimàio** s. m. ● Prossimo.

prossimàle [da *prossimo*] agg. ● (*anat.*) Più vicino all'asse mediano del corpo.

†**prossimanità** s. f. ● Prossimità.

†**prossimàno** [da *prossimo*] agg.; anche s. m. (f. *-a*) *1* Prossimo, vicino. *2* Congiunto, parente. || †**prossimanaménte**, avv. Prossimamente.

†**prossimànza** s. f. ● Prossimità, vicinanza.

†**prossimàre** [vc. dotta, lat. *proximāre*, da *prŏximus* 'prossimo'] **A** v. tr. ● Approssimare, avvicinare. **B** v. intr. pron. ● Approssimarsi.

†**prossimazióne** [da *prossimare*] s. f. ● Avvicinamento.

†**prossimézza** s. f. ● Prossimità, vicinanza.

prossimità [vc. dotta, lat. *proximitāte(m)*, da *prŏximus* 'prossimo'] s. f. ● L'essere prossimo (*anche fig.*): *la p. della Luna alla Terra*; *la p. di un avvenimento*; *la p. delle nostre aspirazioni* | *In p. di*, nelle vicinanze: *la casa si trova in p. del paese*; *in p. delle feste natalizie*.

pròssimo [vc. dotta, lat. *prŏximu(m)*, superl. di **prŏque*, forma originaria di *prŏpe* 'vicino' (V. †*prope*)] **A** agg. *1* Molto vicino nello spazio: *il giardino è p. alla sua casa* | Che è vicino a toccare una condizione, uno stato, indicati dal verbo o dal complemento che segue: *è p. a partire, ai vent'anni, alle nozze* | Che è vicino a qc. per relazioni sociali, parentela, consanguineità: *parente p.* SIN. (*raro*) Propinquo. *2* Il più vicino di tutti nel tempo futuro: *il mese p.*; *la prossima corsa* | †*Di, in p.*, tra poco. *3* (*raro*) Che è trascorso da poco: *ci siamo incontrati in un p. passato* | *Causa prossima*, immediata, anche se ammette altre cause più lontane | (*ling.*) *Passato p.*, tempo del verbo che esprime un'azione del passato i cui effetti durano ancora nel presente. || **prossimaménte**, avv. *1* Fra poco tempo, in un futuro prossimo: *si sposeranno prossimamente*. *2* †Poco fa, di recente. *3* †Approssimativamente. **B** s. m. *1* Nella dottrina cristiana, ogni uomo rispetto a un altro uomo: *ama il p. tuo come te stesso* | (*raro*) *Non conoscere qc. nemmeno per p.*, non avere nessun rapporto con qc. *2* (*est.*) Gli altri, l'umanità in genere, nei confronti del singolo: *parlare male del p.*; *vorrei che il p. non s'interessasse dei fatti miei*. *3* (*raro*) Congiunto, parente, consanguineo: *co' suoi prossimi si ragunavano i suoi vicini e altri cittadini assai* (BOCCACCIO).

prostafèreṣi [comp. del gr. *prósth(esis)* 'aggiunta' (V. *prostesi*) e *apháiresis* 'sottrazione' (V. *aferesi*)] s. f. *1* (*astron.*) Differenza tra moto vero e medio di un corpo del sistema solare | Equazione del tempo. *2* (*mat.*) *Formule di p.*, formule di trigonometria che danno la somma o la differenza dei seni (o dei coseni) di due angoli in funzione del seno e del coseno della loro semisomma e della loro semidifferenza.

prostaglandìna [comp. di *prosta(ta)* e *gland(ola)*, con il suff. *-ina*] s. f. ● (*biol., chim.*) Ciascuna di una classe di sostanze derivanti da acidi grassi a venti atomi di carbonio, presenti in vari organi dei Mammiferi, aventi molteplici effetti sull'apparato riproduttore, respiratorio e gastrointestinale, oltre che sul metabolismo.

pròstata [dal gr. *prostátēs* 'che sta davanti', da *proistánai* 'porre innanzi', comp. di *pró* 'davanti' (V. *pro-* (2)) e *istánai* 'porre', di origine indeur.] s. f. ● (*anat.*) Ghiandola dell'apparato urogenitale maschile, situata nella parte inferiore della vescica. ➡ ILL. p. 364 ANATOMIA UMANA.

prostatectomìa [comp. di *prostat(a)* e del gr. *ektomḗ* 'taglio', comp. di *ek* 'da' e *tomḗ* 'taglio' (V. *-tomia*)] s. f. ● (*chir.*) Intervento di asportazione della prostata.

prostàtico **A** agg. (pl. m. *-ci*) ● (*med.*) Della prostata. **B** agg.; anche s. m. ● Che, chi è portatore di ipertrofia prostatica.

prostatìṣmo [da *prostata*, col suff. *-ismo*] s. m. ● (*med.*) Condizione causata da disordini cronici a carico della prostata, i cui sintomi più comuni sono l'incontinenza o la ritenzione urinaria.

prostatìte [comp. di *prostat(a)* e *-ite* (*1*)] s. f. ● (*med.*) Infiammazione della prostata.

prostèndere [comp. di *pro-* (*1*) e *stendere*] **A** v. tr. (coniug. come *stendere*) ● (*lett.*) Distendere, stendere avanti. **B** v. rifl. e intr. pron. ● Prosternarsi, stendersi a terra | (*raro, fig.*) *Prostendersi in parole*, dilungarsi.

prosternàre [sovrapposizione di *costernare* al lat. *prostĕrnere* (V. *prosternere*)] **A** v. tr. (*io prostèrno*) ● (*lett.*) Gettare a terra. SIN. Abbattere, atterrare. **B** v. rifl. ● Piegarsi, gettarsi a terra, in segno di umiltà o sottomissione. SIN. Inchinarsi.

prosternazióne s. f. ● (*raro*) Atto del prosternare o del prosternarsi.

†**prostèrnere** [vc. dotta, lat. *prostĕrnere*, propriamente 'gettare innanzi', comp. di *prō* 'davanti' (V. *pro-* (*1*)) e *stĕrnere* 'stendere', di origine indeur. (V. *strato*)] **A** v. tr. (dif. del pass. rem., del part. pass. e dei tempi composti) *1* Gettare a terra. *2* (*fig.*) Abbattere, prostrare, avvilire: *non ti p., non ti invilire come una donna* (MACHIAVELLI). **B** v. rifl. e intr. pron. ● Distendersi | (*fig.*) Avvilirsi, umiliarsi.

pròsteṣi [vc. dotta, lat. tardo *prŏsthesi(n)*, nom. *prŏsthesis*, dal gr. *prósthesis*, da *prostithénai* 'apporre', comp. di *prós* 'verso' e *tithénai* 'porre', di origine indeur.] s. f. ● (*ling.*) Protesi.

prostéso part. pass. di *prostendere*; anche agg. ● (*raro*) Nei sign. del v.

prostètico [vc. dotta, gr. *prosthetikós*, da *prósthesis* 'prostesi'] agg. (pl. m. *-ci*) *1* (*ling.*) Dovuto a prostesi. *2* (*chim.*) *Gruppo p.*, la parte non proteica di una proteina coniugata.

pròstilo [vc. dotta, lat. *prostȳlo(n)*, nom. *prostȳlos*, dal gr. *próstylos* 'che ha colonne davanti', comp. di *pró* 'davanti' (cfr. *pro-* (*2*)) e *-stilo*] s. m. ● (*arch.*) Tempio con una serie di colonne sulla facciata anteriore.

prostituìre [vc. dotta, lat. *prostitŭere* 'porre davanti, esporre, prostituire', comp. di *prō* 'davanti' (V. *pro-* (*1*)) e *statŭere* 'porre' (V. *statuire*)] **A** v. tr. (*io prostituìsco, tu prostituìsci*) *1* Concedere ad altri, per denaro o per qualsiasi interesse materiale, ciò che, secondo i principi morali di una società, non può costituire oggetto di lucro: *p. il proprio ingegno, la propria penna, la propria dignità*; *p. il proprio corpo*. *2* Indurre alla prostituzione: *p. la figlia, il figlio, la moglie*. **B** v. rifl. *1* Far commercio del proprio corpo, per denaro o per interessi materiali. *2* (*est., fig.*) Vendersi, avvilirsi per denaro o altri vantaggi: *si è prostituito per fare carriera*.

prostituìto part. pass. di *prostituire*; anche agg. ● Nei sign. del v.

prostitùta [vc. dotta, lat. *prostitūta(m)*, part. pass. f. di *prostitŭere* 'prostituire'] s. f. ● Donna che si prostituisce.

prostitùto [da *prostituta*] s. m. ● Omosessuale che esercita la prostituzione.

†**prostitutóre** [vc. dotta, lat. tardo *prostitutōre(m)*, da *prostitūtus*, part. pass. di *prostitŭere* 'prostituire'] agg.; anche s. m. (f. *-trice*) ● Che, chi prostituisce.

prostituzióne [vc. dotta, lat. tardo *prostitutiōne(m)*, da *prostitūtus*, part. pass. di *prostitŭere* 'prostituire'] s. f. ● Atto, effetto del prostituire o del prostituirsi: *esercitare la p.*; *darsi alla p.*; *istigare alla p.*; *favoreggiamento della p.*; *p. femminile, maschile*; *p. dell'ingegno, della cultura* | (*est.*) Complesso delle persone che si prostituiscono, e fenomeno sociale che ne deriva: *il mondo della p.*; *la piaga della p.*

prostraménto s. m. ● (*raro*) Prostrazione.

prostràre [vc. dotta, lat. tardo *prostrāre*, da *prostrātus* 'prostrato', part. pass. di *prostĕrnere* 'prosternere'] **A** v. tr. (*io pròstro*) *1* Distendere a terra. SIN. Prosternare. *2* Fiaccare, infiacchire | (*fig.*) Abbattere, avvilire, umiliare. CONTR. Rianimare, riconfortare. **B** v. rifl. *1* Gettarsi ai piedi. SIN. Inginocchiarsi, prosternarsi. *2* (*fig.*) Abbassarsi, umiliarsi.

prostràto part. pass. di *prostrare*; anche agg. ● Nei sign. del v.

prostrazióne [vc. dotta, lat. tardo *prostratiōne(m)*, da *prostrātus* 'prostrato'] s. f. *1* Atto, effetto del prostrare o del prostrarsi. *2* Stato di profonda stanchezza fisica, di depressione psichica o abbattimento morale: *essere in preda a una profonda p.*; *p. fisica, morale*. SIN. Avvilimento.

†**proṣùmere** ● V. *presumere*.

†**proṣuntuosità** ● V. *presuntuosità*.

†**proṣuntuóso** ● V. *presuntuoso*.

†**proṣunzióne** ● V. *presunzione*.

prosuòcero [vc. dotta, lat. *prosŏceru(m)*, comp. di *prō* 'prima, davanti' (V. *pro-* (*1*)) e *sŏcer* 'suocero'] s. m. (f. *-a*) ● Padre del suocero o della suocera.

protagonìsmo [da *protagonista*] s. m. ● Ruolo, funzione di protagonista: *il p. dei giovani nel '68* | (*spreg.*) Il voler essere a ogni costo, e comunque, un protagonista: *l'esasperato p. di certi uomini politici*.

protagonìsta [vc. dotta, gr. *prōtagōnistḗs*, comp. di *prôtos* 'primo' (V. *proto-*) e *agōnistḗs* 'lottatore, combattente' (V. *agonista*)] s. m. e f. (pl. m. *-i*) *1* Nell'antico teatro greco, il primo attore che, sulla scena, interpretava il personaggio principale | Attore che interpreta il personaggio principale in opere teatrali, cinematografiche, televisive e sim. *2* (*est.*) Il personaggio principale di un'opera narrativa | (*est.*) Chi ha una parte di primo piano in vicende della vita reale: *i protagonisti della politica*.

protagonìstico agg. (pl. m. *-ci*) ● Che manifesta protagonismo: *velleità protagonistiche*.

protàllo [comp. di *pro-* (*1*) e *tallo*] s. m. ● (*bot.*) Nelle felci, il corpo, per lo più laminare, che porta gli organi sessuali.

protanopìa [comp. di *prot(o)-*, *an-* e *-opia*] s. f. ● (*med.*) Forma di cecità parziale ai colori caratterizzata da un difetto della visione del rosso. CFR. Daltonismo, discromatopsia.

protàntropo ● V. *protoantropo*.

pròtaṣi [vc. dotta, gr. *prótasis*, propriamente 'tensione avanti', da *protéinein* 'tendere avanti', comp. di *pró* 'avanti' (V. *pro-* (*2*)) e *téinein* 'tendere', di origine indeur.] s. f. *1* (*ling.*) Proposizione che esprime la condizione in un periodo ipotetico. *2* Parte introduttiva dei poemi classici: *la p. del-*

l'*Iliade*.

protattìnio • V. *protoattinio*.

proteàṣi [da *prote(ina)* e *-asi*, sul modello dell'ingl. *protease*] s. f. • (*chim.*) Enzima che catalizza il distacco di amminoacidi dalle proteine. SIN. Proteinasi.

protèggere [lat. *protĕgere*, comp. di *prō* 'davanti' (V. *pro-* (*1*)) e *tĕgere* 'coprire' (V. *tetto*)] **A** v. tr. (pres. *io protèggo, tu protèggi*; pass. rem. *io protèssi, tu proteggésti*; part. pass. *protètto*) **1** Coprire q.c. come una difesa, un riparo (*anche fig.*): *una tenda che protegge dal caldo; la fodera protegge la stoffa; ha un carattere che lo proteggerà dalle delusioni*. SIN. Difendere, riparare. **2** Soccorrere, appoggiare, difendere: *p. gli indigenti* | *P. qc.*, cercare di favorirlo in tutti i modi | *Prendere a p. qc.*, tenerlo sotto la propria tutela. **3** Favorire un'attività, cercando di incrementarla: *p. la produzione nazionale del vino*. **B** v. rifl. • Preservarsi, difendersi: *p. dal sole, dal freddo*.

†**proteggiménto** s. m. • Protezione.

proteggitóre agg.; anche s. m. (f. *-trice*) • (*raro, lett.*) Protettore.

protèico [da *prote(ina)*] agg. (pl. m. *-ci*) • Contenente proteine: *sostanza proteica*.

proteifórme [comp. di *Proteo* (V. *proteo*) e *-forme*] agg. • Che prende varie forme (*spec. fig.*): *ingegno p.*

proteìna [fr. *protéine*, dal gr. *prṓteios* 'di prima qualità, primario', da *prôtos* 'primo' (V. *proto-*)] s. f. • (*biol.*) Sostanza organica azotata, costituita dalla combinazione di più aminoacidi, presente negli organismi animali e vegetali per i quali è indispensabile | *P. coniugata*, risultante dall'unione di una proteina semplice con un gruppo prostetico.

proteinàṣi s. f. • (*chim.*) Proteasi.

proteìnico agg. (pl. m. *-ci*) • Proteico.

proteinoterapìa [comp. di *proteina* e *-terapia*] s. f. • Cura mediante introduzione di sostanze proteiche per via parenterale, allo scopo di esaltare le capacità di difesa dell'organismo.

proteinùria [comp. di *protein(a)* e *-uria*] s. f. • (*med.*) Albuminuria.

proteìṣmo [da *Proteo*, col suff. *-ismo*] s. m. • (*raro*) Attitudine ad assumere varie e diverse forme.

pròtele [comp. del gr. *pró* 'davanti' (cfr. *pro-* (*2*)) e *teléeis* 'perfetto', da *télos* 'fine, compimento', di origine indeur.; detto così perché gli arti anteriori sono provvisti di cinque dita, mentre i posteriori ne hanno solo quattro] s. m. • Mammifero carnivoro africano molto simile alla iena striata, cacciatore notturno di termiti e altri insetti (*Proteles cristatus*).

pro tempore /lat. prɔ 'tɛmpore/ [lat., propriamente 'per un certo tempo'] loc. avv. • Per un certo tempo, temporaneamente.

protèndere [vc. dotta, lat. *protĕndere*, comp. di *prō* 'davanti' (V. *pro-* (*1*)) e *tĕndere* 'tendere'] **A** v. tr. (coniug. come *tendere*) • Stendere, distendere in avanti: *p. le braccia* | (*lett.*) Stendere sopra: *cipressi e cedri ... / perenne verde protendean su l'urne* (FOSCOLO). CONTR. Contrarre, ritrarre. **B** v. rifl. • Spingersi, sporgersi in avanti: *protendersi dalla finestra; protendersi verso qc.; protendersi nel vuoto*. CONTR. Ritirarsi. **C** v. intr. • †Tendere.

pròteo [vc. dotta, lat. *Prōteu(m)*, nom. *Prōteus*, dal gr. *Prōtéus*, dio marino capace di metamorfosi] s. m. **1** Anfibio degli Urodeli oviparo, privo di pigmento, con branchie persistenti, occhi rudimentali, arti ridotti, vivente spec. nelle grotte del Carso e della Dalmazia (*Proteus anguineus*). **2** (*raro, fig.*) Chi cambia spesso modo di pensare, di comportarsi e sim.

proteoglicàno [da *prote(ina)* e *glicano* (a sua volta dal gr. *glykýs* 'dolce')] s. m. • (*chim.*) Sostanza complessa costituita da un polisaccaride legato a una proteina, in cui la porzione glicidica, costituita da mucopolisaccaridi, è preponderante. SIN. Mucoproteina.

proteolìṣi [comp. di *proteina* e *-lisi*] s. f. • (*chim.*) Trasformazione delle proteine in sostanze meno complesse.

proteolìtico agg. (pl. m. *-ci*) • (*chim.*) Di, relativo a, proteolisi: *fenomeni proteolitici*.

proterandrìa [comp. di *proter(o)-* e *-andria*] s. f. • (*biol.*) Maturazione dei gameti maschili che precede quella dei gameti femminili in un animale ermafrodita o in un fiore.

proteràndro [comp. di *proter(o)-* e *-andro*] agg. • (*biol.*) Che presenta proterandria: *animale, fiore p.*

proterànto [comp. di *protero-* e del gr. *ánthos* 'fiore', di etim. incerta] agg. • (*bot.*) Detto di pianta in cui compaiono prima i fiori delle foglie.

proteranzìa [da *proteranto*] s. f. • (*bot.*) Caratteristica delle piante proteranti.

pròtero- [dal gr. *próteros* 'anteriore'] primo elemento • In parole composte della terminologia scientifica, significa 'anteriore, che sta davanti': *proterandria, proteranzia, proteroglifo*.

proteroginìa [comp. di *protero-* e *-ginia*] s. f. • (*biol.*) Maturazione dei gameti femminili che precede quella dei gameti maschili in un animale ermafrodita o in un fiore.

proterògino [comp. di *protero-* e *-gino*] agg. • (*biol.*) Che presenta proteroginia: *animale, fiore p.*

proteròglifo [comp. di *protero-* e del gr. *glyphḗ* 'incisione', di origine indeur.; detto così dalle incisioni che ha sui denti anteriori] s. m. • Serpente che ha parecchi denti veleniferi solcati e posti anteriormente.

proterozòico [comp. di *protero-* e *-zoico*] s. m.; anche agg. • (*geol., raro*) Archeozoico.

protèrvia [vc. dotta, lat. tardo *protĕrvia(m)*, da *protĕrvus* 'protervo'] s. f. • Ostinazione piena di arroganza e di superbia: *fu punita dagli Dei col diluvio di Deucalione la p. dei mortali* (LEOPARDI). SIN. Boria. CONTR. Condiscendenza.

†**protervità** [vc. dotta, lat. *protervitāte(m)*, da *protĕrvus* 'protervo'] s. f. • Protervia.

protèrvo [vc. dotta, lat. *protĕrvu(m)*, di etim. incerta] agg. • Arrogante e insolente in modo sfacciato e temerario: *modi, atteggiamenti protervi* | (*raro*) *Vento p.*, impetuoso. ‖ **protervaménte**, †**proterviaménte**, avv. In modo protervo, con protervia.

pròteṣi [vc. dotta, lat. tardo *prŏthesi(n)*, nom. *prŏthesis*, dal gr. *próthesis* 'esposizione, anticipazione', da *protithénai* 'porre innanzi', comp. di *pró* 'davanti' (V. *pro-* (*2*)) e *tithénai* 'porre', di origine indeur.] s. f. **1** (*med.*) Apparecchio sostitutivo di un organo mancante o asportato: *p. dentaria; p. oculare; p. ortopedica*. **2** (*ling.*) Sviluppo di un elemento non etimologico in sede iniziale di parola: *è cosa che non istà bene* (MANZONI). **3** (*arch.*) Altarino o mensa presso l'altare maggiore o in navata laterale per raccogliere oblazioni.

protèṣico agg. (pl. m. *-ci*) • (*med.*) Di protesi.

proteṣìsta s. m. (pl. *-i*) • Chi confeziona protesi, spec. dentarie.

protéso part. pass. di *protendere*; anche agg. • Nei sign. del v.

protèsta [da *protestare*] s. f. **1** Espressione e manifestazione decisa della propria opposizione, del proprio parere contrario: *p. verbale, scritta; parole di p.; se ne andò in segno di p.; per p. contro le decisioni del preside, la classe ha scioperato; p. di massa; la p. giovanile; manifestazione di p.* **2** Attestazione, testimonianza pubblica di un sentimento, un'idea, una convinzione: *grandi proteste di gratitudine; una p. di estraneità al fatto*. **3** (*dir.*) Nel contratto di scrittura artistica, recesso dallo stesso dell'impresario.

protestànte [vc. dotta, lat. tardo *protestānte(m)*, part. pres. di *protestāri* 'protestare'] **A** agg. • Del protestantesimo: *chiesa, setta p.; pastore p.* **B** s. m. e f. • Chi segue le dottrine del protestantesimo.

protestantèṣimo [da *protestante*] s. m. **1** L'insieme delle confessioni religiose che derivano dalla riforma luterana, diffuse spec. nei paesi anglosassoni. **2** Concezione religiosa dei protestanti.

protestàntico agg. (pl. m. *-ci*) • Relativo al protestantesimo, ai protestanti.

protestàre [vc. dotta, lat. tardo *protestāri* 'testimoniare, attestare, dichiarare pubblicamente', comp. di *prō* 'davanti' (V. *pro-* (*1*)) e *testāri* 'testimoniare, attestare', da *tĕstis* 'testimone' (V. *teste*)] **A** v. tr. (*io protèsto*) **1** Dichiarare, attestare, assicurare formalmente: *p. la propria gratitudine; uscì allora in parole di collera e di minaccia, protestando di non voler subire intimazioni* (FOGAZZARO) | (*raro*) *P. la guerra*, intimarla, dichiararla. **2** (*dir.*) Levare il protesto contro un titolo di credito: *p. una cambiale, un assegno bancario*. **B** v. intr. (aus. *avere*) • Dichiarare la propria contrarietà o disapprovazione, anche in modo pubblico e collettivo: *p. contro le ingiustizie; la fabbrica ha indetto una manifestazione per p. contro i licenziamenti*. **C** v. rifl. • Dichiararsi: *protestarsi innocente, devotissimo ammiratore*.

protestatàrio [fr. *protestataire*, da *protester* 'protestare'] agg. • Che contiene, esprime una protesta: *atto p.*

protestàto part. pass. di *protestare*; anche agg. **1** Nei sign. del v. **2** (*dir.*) Che ha subìto un protesto: *debitore p.; cambiale protestata*.

protestatóre s. m. (f. *-trice*) • (*raro*) Chi eleva, fa protesta o è facile a protestare.

protestatòrio agg. • (*raro*) Che riguarda il protestare.

protestazióne [vc. dotta, lat. tardo *protestatiōne(m)*, da *protestāri* 'protestare'] s. f. • (*raro*) Atto del protestare. SIN. Protesta.

protèsto [da *protestare*] s. m. **1** †Lamento, protesta: *Ruggiero a quel p. poco bada* (ARIOSTO). **2** (*dir.*) Constatazione formale del mancato pagamento o della mancata accettazione di un titolo di credito effettuata da un pubblico ufficiale: *p. di una cambiale, di un assegno bancario*.

protètico [vc. dotta, gr. *prothetikós*, da *próthesis* (V. *protesi*)] agg. (pl. m. *-ci*) • (*ling.*) Dovuto a protesi.

protettìvo [da *protetto*] agg. • Che serve, mira o tende a proteggere: *medicamento p.; atteggiamento p.* | *Occhiali protettivi*, che servono a evitare che gli occhi vengano colpiti da schegge, polvere, oppure da radiazioni troppo intense o comunque nocive | *Dazio p.*, che colpisce le merci estere, allo scopo di difendere la produzione nazionale. ‖ **protettivaménte**, avv.

protètto A part. pass. di *proteggere*; anche agg. • Nei sign. del v. **B** s. m. (f. *-a*) • Persona che gode della protezione di qc.: *è una sua protetta*.

protettoràle agg. • (*raro*) Di, da protettore.

protettoràto [fr. *protectorat*, da *protecteur* 'protettore'] s. m. **1** (*raro*) Ufficio e opera del protettore. **2** Nel diritto internazionale, rapporto posto in essere tra due Stati, il protettore e il protetto, in base a un accordo bilaterale che impone al primo l'obbligo della tutela internazionale del secondo e gli concede una certa ingerenza nei suoi affari esteri | *P. coloniale*, analogo rapporto intercorrente tra uno Stato e un ente non dotato di personalità giuridica internazionale. **3** (*est.*) Il territorio dello stato, o di altro ente, protetto.

protettóre [vc. dotta, lat. tardo *protectōre(m)*, da *protēctus* 'protetto'] **A** s. m. (f. *-trice*) **1** Chi protegge e difende qc. o ha cura di certi interessi: *un p. dei diseredati; i protettori dell'industria* | *P. delle arti*, mecenate, fautore. **2** (*euf.*) Chi vive sfruttando i guadagni di una prostituta, con la pretesa di proteggerla. **B** agg. • Che difende, aiuta, soccorre: *società protettrice degli animali* | *Cardinale p.*, incaricato di difendere o proteggere gli interessi di un ordine religioso presso il Papa | *Santo p.*, patrono.

protezióne [vc. dotta, lat. tardo *protectiōne(m)*, da *protēctus* 'protetto'] s. f. **1** Atto del proteggere: *una fortezza è a p. della città; p. dal freddo, dall'umidità, dal caldo* | *P. antiaerea*, difesa antiaerea | *P. civile*, quella fornita dallo Stato alle popolazioni colpite da gravi catastrofi o calamità naturali; (*est.*) l'organismo preposto a tale servizio operativo. SIN. Difesa. **2** Opera protettrice di assistenza e tutela nei confronti di persone, interessi o istituzioni: *la p. dell'infanzia abbandonata; invocare la p. delle industrie nazionali*. **3** Favoreggiamento, parzialità: *ha ottenuto il posto solo per mezzo di protezioni* | (*est.*) Sorta di tutela imposta dalla malavita organizzata a scopo di estorsione, sotto la minaccia di ritorsioni violente. SIN. Favoritismo.

protezionìṣmo [fr. *protectionnisme*, da *protection* 'protezione'] s. m. **1** Politica economica tendente a difendere la produzione agricola o industriale nazionale dalla concorrenza estera, mediante varie disposizioni tra cui principalmente l'imposizione di alte tariffe doganali sulle importazioni dall'estero. CONTR. Liberismo. **2** (*gener.*) Protezione illecita. SIN. Favoritismo, parzialità. **3** Insieme delle attività, dei provvedimenti e sim. volti alla protezione della natura, delle specie vegetali e animali minacciate di estinzione.

protezionìsta [fr. *protectionniste*, da *protection* 'protezione'] **A** s. m. (pl. *-i*) ● Chi sostiene il protezionismo. **B** agg. ● Protezionistico.

protezionìstico agg. (pl. m. *-ci*) ● Relativo al protezionismo.

protìde [da *proto-*] s. m. ● (*biol.*) Proteina.

protìdico agg. (pl. m. *-ci*) ● (*biol.*) Proteico: *metabolismo p.*

pròtio o **pròzio** (2) [da *proto-*] s. m. ● (*chim.*) L'isotopo più abbondante dell'idrogeno.

pròtiro [vc. dotta, gr. *próthyron* 'vestibolo, portico', comp. di *pró* 'davanti' (V. *pro-* (2)) e *thýra* 'porta', di origine indeur.] s. m. *1* Arco sorretto da due colonne, che orna la porta centrale d'ingresso di alcune chiese e basiliche. *2* Vestibolo della casa greco-romana.

protìsta [vc. dotta, gr. *prôtistos*, sup. di *prôtos* 'primo'] s. m. (pl. *-i*) ● (*biol.*) Organismo unicellulare, provvisto di un nucleo delimitato da una membrana.

protistologìa [comp. di *protista* e *-logia*] s. f. (pl. *-gie*) ● Branca della biologia che studia gli organismi unicellulari.

pròto [vc. dotta, gr. *prôtos* 'primo' (V. *proto-*), cioè il capo in una tipografia] s. m. *1* (*tip.*) Chi ha la responsabilità diretta del reparto composizione e funzioni di coordinamento, controllo e corresponsabilità sull'intero ciclo produttivo. *2* †Capomastro, direttore di lavori.

pròto- [gr. *prōto-*, da *prôtos* 'primo', da *pró* 'davanti'] primo elemento *1* In parole composte, significa 'primo', in relazione al tempo o allo spazio (*protocollo, protomartire, protoromantico*) o in ordine di dignità, di importanza (*protofisico, protomedico, protonotaro*). *2* In paleontologia e paletnologia, indica cose, esseri, fenomeni della preistoria: *protoantropo*. *3* In linguistica, designa lo stadio ipotetico e unitario di gruppi etnici, o etnico-linguistici (*protogermani, protoindoeuropei, protoslavi*), o delle rispettive lingue derivate dalla cosiddetta *protolingua* ricostruita (*protogermanico, protoindoeuropeo, protoslavo*). *4* In parole composte della terminologia biologica, botanica e zoologica, indica organismo strutturalmente semplice: *protofillo, protoplasma, protozoo*.

protoàntropo o **protàntropo** [comp. di *proto-* e *-antropo*] s. m. ● In antropologia, una delle prime e più antiche forme di ominide presente nel Pleistocene.

protoattìnio o **protattìnio** [ted. *Protoaktinium*, comp. di *proto-* 'proto' e *Aktinium* 'attinio'] s. m. ● Elemento chimico, metallo radioattivo del gruppo degli attinidi, contenuto in piccolissime quantità nella pechblenda. SIMB. Pa.

Protobrànchi [comp. di *proto-* e *branchia*] s. m. pl. ● Nella tassonomia animale, ordine di Lamellibranchi primitivi con piede a suola piatta e ctenidi a forma di penna (*Protobranchia*) | (al sing. *-io*) Ogni individuo di tale ordine.

protocanònico [comp. di *proto-* e *canonico*] agg. (pl. m. *-ci*) ● Detto di ciascuno dei libri biblici che, accettati unanimemente in quanto ad autenticità e autorità, furono i primi a essere inseriti nel canone.

Protococcàcee [comp. di *proto-* e un deriv. di *cocco*] s. f. pl. ● Nella tassonomia vegetale, famiglia di alghe verdi raramente coloniali, di acqua dolce o su substrati umidi (*Protococcaceae*) | (al sing. *-a*) Ogni individuo di tale famiglia.

protocollàre (1) [da *protocollo*] v. tr. (*io protocòllo*) ● (*bur.*) Mettere a protocollo: *p. le lettere*.

protocollàre (2) [da *protocollo*] agg. *1* Riguardante le norme del protocollo. *2* (*fig.*) Conforme all'uso, pertinente: *una relazione p.* *3* (*filos.*) Nella filosofia neopositivistica, detto di quelle proposizioni elementari su cui si fonda il sistema di una scienza che non necessitano di verifica in quanto contengono un protocollo, e che nello stesso tempo si pongono come strumento di verifica empirica di ogni altra enunciazione di quello stesso sistema scientifico.

protocollìsta s. m. e f. (pl. m. *-i*) ● Impiegato addetto al protocollo.

protocòllo [vc. dotta, gr. *prōtókollon* 'primo (foglio del rotolo di papiro), incollato', comp. di *prôtos* 'primo' (V. *proto-*) e *kólla* 'colla'] s. m. *1* Complesso delle formule iniziali nei documenti medioevali. *2* Registro su cui vengono annotati gli atti notarili o concernenti l'attività di enti: *il notaio deve registrare nel p. ogni stipulazione avanti a lui avvenuta*. *3* Accordo internazionale, spec. accessorio ad altro. *4* Complesso di norme che riguardano e regolano il cerimoniale diplomatico: *capo del p.*; *le regole del p.*; *rispettare il p.*; *contravvenire al p.* *5* (*filos.*) Nella filosofia del neopositivismo, enunciazione risultante da un'osservazione immediata. *6* Nelle loc. *carta p., foglio p., formato p.*, carta da stampa o da scrivere avente, rispettivamente, il formato di cm 64x88 e di cm 31x42. *7* (*elab.*) In un sistema di comunicazione, convenzione per l'interpretazione univoca delle informazioni scambiate.

Protocordàti [comp. di *proto-* e *cordati*] s. m. pl. ● Nella tassonomia animale, denominazione di dubbio valore sistematico sotto la quale talora si raggruppano i Tunicati e gli Acrani.

protofìllo [comp. di *proto-* e *-fillo*] s. m. ● (*bot.*) Cotiledone.

protofìsico [comp. di *proto-* e *fisico*] s. m. (pl. *-ci*) ● (*raro*) Protomedico, archiatra.

protogermànico [comp. di *proto-* e *germanico*] agg.; anche s. m. (pl. m. *-ci*) ● (*ling.*) Detto della fase linguistica unitaria non attestata, ipoteticamente derivata dal ceppo indoeuropeo e ricostruita, che sta all'origine delle lingue germaniche attestate storicamente.

protògino (1) [comp. di *proto-* e *-gino* (1)] agg. ● (*bot.*) Detto di fiore in cui gli stimmi maturano prima delle antere.

protògino (2) [comp. di *proto-* e *-gino* (2), var. di *-geno*] s. m. ● (*miner.*) Varietà di granito, tipica di alcuni massicci alpini, a grossi cristalli di ortoclasio.

protoindoeuropèo [comp. di *proto-* e *indoeuropeo*] agg.; anche s. m. (*ling.*) ● Detto della fase linguistica unitaria non attestata, ipotetica e ricostruita sulla base della comparazione, che sta all'origine delle lingue indoeuropee le cui affinità sono attestate storicamente: *popoli protoindoeuropei*, parlanti la lingua supposta unitaria.

protolìngua [comp. di *proto-* e *lingua*] s. f. ● (*ling.*) Nella linguistica storica, fase linguistica unitaria non attestata, ipotetica e ricostruita sulla base della comparazione, che sta all'origine di un gruppo di lingue affini e attestate in epoca storica: *p. indoeuropea, p. germanica*.

†protomaèstro o **protomaéstro** ● V. *†protomastro*.

protomàrtire [vc. dotta, gr. *prōtomártyr*, comp. di *prōto-* 'proto-' e *mártyr* 'testimone, martire'] s. m. ● Primo martire e assertore della fede cristiana: *Santo Stefano p.*

†protomàstro o **†protomaèstro** [comp. di *proto-* e *mastro*] s. m. ● Capomastro.

protomatèria [comp. di *proto-* e *materia*] s. f. ● Materia primordiale indifferenziata dalla quale, secondo una teoria astrofisica, si sarebbe originato l'intero universo.

pròtome [vc. dotta, gr. *protomḗ* 'testa, busto', da *protémnein* 'tagliare', comp. di *pró* 'davanti' (V. *pro-* (2)) e *témnein* 'tagliare' (V. *-tomo*)] s. f. ● (*archeol.*) Testa umana o animale, in rilievo, usata nell'arte antica come elemento decorativo di strutture architettoniche, sculture, e sim.

protomèdico [comp. di *proto-* e *medico*] s. m. (pl. *-ci*) ● Nei secoli passati, archiatra di corte o primario d'ospedale.

protomòrfo [comp. di *proto-* e *-morfo*] agg.; anche s. m. ● In antropologia, che, chi presenta caratteri di primitività.

protomotèca [comp. di *protome* e *-teca*] s. f. ● Raccolta, galleria di teste e busti scolpiti.

protóne [da *proto-*, sul modello di *elettrone*] s. m. ● (*fis.*) Particella di carica positiva uguale, in valore assoluto, a quella dell'elettrone, di massa unitaria, costituente del nucleo atomico | *Reazione p. p.*, una delle più importanti reazioni termonucleari che si suppone avvengano all'interno delle stelle per la continua produzione di energia mediante trasformazione di idrogeno in elio.

protonefrìdio [comp. di *proto-* e *nefridio*] s. m. ● (*zool.*) Tipo primitivo di apparato escretore, in cui la filtrazione dei liquidi avviene attraverso la parete di speciali cellule.

protonèma [comp. di *proto-* e del gr. *nêma* 'filo' (V. *nemato-*)] s. m. (pl. *-i*) ● (*bot.*) Corpo filiforme o laminare che si origina dalle spore dei muschi e genera la piantina.

protònico (1) [da *protone*] agg. (pl. m. *-ci*) ● (*fis.*) Relativo al protone.

protònico (2) [comp. del gr. *pró* 'prima' (cfr. *pro-* (2)) e *tónos* 'accento' (V. *tono* (1)), con suff. agg.] agg. (pl. m. *-ci*) ● (*ling.*) Detto di sillaba che precede quella accentata.

protònio [da *protone*] s. m. ● (*fis.*) Particella instabile, costituita da un protone e da un antiprotone.

protonotariàto s. m. ● Anticamente, nella curia romana, l'ufficio, la dignità di protonotario.

protonotàrio o **protonotàro** [comp. di *proto-* e del lat. *notārius* (V. *notaio*)] s. m. *1* Anticamente, nella curia romana, prelato incaricato di ricevere gli atti dei concistori e dei processi di beatificazione. *2* Primo cancelliere o segretario della Curia imperiale.

protoplàsma [comp. di *proto-* e *plasma*] s. m. (pl. *-i*) ● (*biol.*) La sostanza, la materia vivente di una cellula.

protoplasmàtico agg. (pl. m. *-ci*) ● Relativo al protoplasma.

†protoplàste [comp. di *proto-* e del gr. *plastḗs* 'plasmatore, creatore', da *plássein* 'plasmare' (V. *plasma*)] s. m. ● Primo creatore.

protoplàsto [vc. dotta, lat. tardo *protoplāstu(m)*, nom. *protoplāstus*, dal gr. *prōtóplastos*, comp. di *prōto-* 'proto-' e *-plastos* '-plasto'] s. m. ● (*biol.*) Cellula batterica o vegetale alla quale è stata rimossa la parete, in seguito a trattamento enzimatico od osmotico.

protoquàmquam [comp. di *proto-* e del lat. *quamquam* 'sebbene'] s. m. e f. ● (*raro, scherz.*) Chi si dà arie di persona importante o istruita.

protoràce [comp. di *pro-* (1) e *torace*] s. m. ● (*zool.*) Il primo dei tre segmenti in cui è diviso il torace degli Insetti, sempre privo di ali e dotato di due zampe.

protoromàntico [comp. di *proto-* e *romantico*] agg.; anche s. m. (f. *-a*; pl. m. *-ci*) ● Che, chi precorre il romanticismo.

protoromànzo [comp. di *proto-* e *romanzo* (1)] **A** agg. ● (*ling.*) Detto del latino parlato, che costituisce l'antecedente delle lingue romanze. SIN. Preromanzo. **B** s. m. solo sing. ● (*ling.*) Lingua latina parlata dell'età imperiale.

protosemìtico [comp. di *proto-* e *semitico*] agg.; anche s. m. (pl. m. *-ci*) ● (*ling.*) Detto della fase ipotetica, ricostruita sulla base della comparazione, che raccoglie gli elementi comuni alle lingue semitiche.

protosincrotróne [comp. di *proto(ne)* e *sincrotrone*] s. m. ● (*fis.*) Sincrotrone, cioè macchina acceleratrice di particelle, particolarmente idonea ad accelerare protoni.

protoslàvo [comp. di *proto-* e *slavo*] agg.; anche s. m. ● (*ling.*) Detto della fase linguistica unitaria non attestata, ipoteticamente derivata dal ceppo indoeuropeo e ricostruita, che sta all'origine delle lingue slave attestate storicamente.

protospatàrio o **protospadàrio** [vc. dotta, gr. biz. *prōtospathários*, comp. di *prōto-* 'proto-' e *spathários* 'guardia del corpo', da *spáthē* 'spada'] s. m. ● Nell'impero bizantino, il governatore di una provincia.

protòssido [comp. di *proto-* e *ossido*] s. m. ● (*chim.*) Primo grado di combinazione di un elemento con l'ossigeno | *P. d'azoto*, gas esilarante.

protostélla [comp. di *proto-* e *stella*] s. f. ● (*astron.*) Massa di gas nello spazio dalla quale si ipotizza che si origini una stella.

Protòstomi [comp. di *proto-* e del gr. *stóma*, genit. *stómatos* 'bocca'] s. m. pl. ● Nella tassonomia animale, grande raggruppamento dei Metazoi comprendente le forme in cui la bocca deriva dal blastoporo (*Protostomata*) | (al sing. *-a*) Ogni individuo di tale raggruppamento.

protostòria [comp. di *proto-* e *storia*] s. f. ● Prima fase, la più antica, che attiene alle origini della storia di un popolo o di una cultura | Il periodo più recente della preistoria.

protostòrico agg. (pl. m. *-ci*) ● Appartenente alla

protostoria: *civiltà protostoriche*.

protòtipo [vc. dotta, lat. tardo *protŏtypu(m)*, nom. *protŏtypus*, dal gr. *prōtótypos* 'che è primo tipo', comp. di *prōto-* 'proto-' e *týpos* 'impronta, modello' (V. *tipo*)] **A** s. m. **1** Modello, esemplare primitivo: *il p. dei moderni sottomarini*. **2** Perfetto esemplare: *il p. degli imbroglioni*. **B** agg. ● Di prima ideazione o costruzione: *strumento p.* SIN. Primitivo.

protòttero [comp. di *proto-* e *-ttero*] s. m. ● Pesce dei Dipnoi delle acque interne dell'Africa, munito, oltre alle branchie, di polmone bilobo, per cui può in caso di necessità respirare in ambiente aereo (*Protopterus annecteus*).

protovangèlo [comp. di *proto-* e *vangelo*] s. m. ● Testo del Genesi in cui la Chiesa riconosce l'annunzio dell'incarnazione del Cristo e della redenzione del genere umano.

protozoàrio agg. ● (*biol., med.*) Relativo ai protozoi, causato da protozoi: *cellula, malattia protozoaria*; *virus p.*

Protozòi [comp. di *proto-* e il pl. di *-zoo*] s. m. pl. ● Nella tassonomia animale, sottoregno di animali unicellulari microscopici, diffusi ovunque, nelle acque e nel terreno, anche parassiti (*Protozoa*) | (al sing. *-oo*) Ogni individuo di tale sottoregno. ➡ ILL. **animali** /1; **zoologia generale**.

protozòico [comp. di *proto-* e *-zoico*] agg. (pl. m. *-ci*) ● (*geol.*) Archeozoico.

protraènte part. pres. di *protrarre* ● Nei sign. del v.

†**protraiménto** s. m. ● Atto, effetto del protrarre.

protràrre [vc. dotta, lat. *protrăhere*, comp. di *prō* 'avanti' (V. *pro-* (*1*)) e *trăhere* 'trarre'] **A** v. tr. (coniug. come *trarre*) ● Prolungare nel tempo, far durare di più: *p. gli studi, l'adunanza, i colloqui* | Differire: *hanno protratto la data dell'incontro di una settimana*. **B** v. intr. pron. ● Prolungare, durare: *l'incontro si protrasse fino alle cinque*.

protràttile [dal lat. *protrăctus*, part. pass. di *protrăhere* 'protrarre'] agg. ● Che si può spingere in avanti, in fuori: *unghia p.*

protràtto part. pass. di *protrarre*; anche agg. ● Nei sign. del v.

protrazióne [vc. dotta, lat. tardo *protractiōne(m)*, da *protrăctus*, part. pass. di *protrăhere* 'protrarre'] s. f. ● Atto, effetto del protrarre o del protrarsi. SIN. Allungamento, differimento, prolungamento.

protrombìna [comp. di *pro-* (*2*) e *trombina*] s. f. ● (*biol.*) Proteina presente nel plasma, nella milza e nel midollo osseo, che si trasforma in trombina nel processo di coagulazione del sangue.

protrombìnico agg. (pl. m. *-ci*) ● (*chim.*) Relativo a protrombina.

protrùdere [vc. dotta, lat. *protrūdere* 'spingere innanzi', comp. di *prō* 'innanzi' (V. *pro-* (*1*)) e *trūdere* 'spingere' (V. *intrusione*)] v. tr. e intr. (pass. rem. *io protrùṣi, tu protrudésti*; part. pass. *protrùṣo*; aus. *essere*) ● (*med.*) Sporgere in fuori.

protrudìbile [da *protrudere*] agg. ● (*scient.*) Che può essere protruso: *lingua p.*

protruṣióne [dal lat. *protrūsus*, part. pass. di *protrūdere* 'protrudere' (V.)] s. f. **1** (*med.*) Anormale sporgenza di un organo | *P. labiale*, avanzamento delle labbra nella fonazione. **2** (*geol.*) Emissione di lava molto viscosa dal camino vulcanico, da cui si forma una guglia solida.

protrùṣo part. pass. di *protrudere*; anche agg. ● Nel sign. del v.

prottodèo ● V. *proctodeo*.

protuberànte part. pres. di †*protuberare*; anche agg. ● Nel sign. del v.

protuberànza [da *protuberante*] s. f. **1** Gonfiezza sporgente: *le protuberanze del terreno*; *ho una piccola p. sul braccio* | (*astron.*) *P. solare*, getto di gas incandescente emesso dalla cromosfera solare, che ha dimensioni e forma diverse e mutevoli e presenta le stesse righe di emissione della cromosfera. ➡ ILL. p. 832 SISTEMA SOLARE. **2** (*raro, scherz.*) Gobba.

†**protuberàre** [vc. dotta, lat. tardo *protuberāre*, comp. di *prō* 'davanti' (V. *pro-* (*1*)) e *tūber* 'protuberanza' (V. *tubero*)] v. intr. ● (*raro*) Sporgere in fuori, gonfiare.

Protùri [comp. di *prot(o)-* e il pl. di *-uro*] s. m. pl. ● Nella tassonomia animale, ordine di Insetti atteri, molto piccoli, giallicci, che vivono fra le foglie marcescenti o nel terreno umido (*Protura*) | (al sing. *-o*) Ogni individuo di tale ordine.

protutèla [vc. dotta, lat. tardo *protutēla(m)*, comp. di *pro-* (*1*) e *tutēla* 'tutela'] s. f. ● (*dir.*) Ufficio del protutore: *esercitare la p.*

protutóre [vc. dotta, lat. tardo *protutōre(m)*, comp. di *pro-* (*1*) e *tūtor*, genit. *tutōris* 'tutore'] s. m. ● (*dir.*) Persona nominata dal giudice tutelare per rappresentare il minore in caso di conflitto di interessi tra questi e il tutore.

proustiàno /prus'tjano/ agg. ● Relativo allo scrittore francese M. Proust (1871-1922) e alla sua opera.

proustìsta /prus'tista/ s. m. e f. ● Studioso dell'opera di M. Proust.

proustìte /prus'tite/ [chiamata così in onore del chimico J.-L. *Proust* (1754-1826)] s. f. ● (*miner.*) Solfuro di argento e arsenico frequentemente misto a pirargirite in masse di color rosso dalla lucentezza metallica.

pròva o †**pruòva** [da *provare*] s. f. **1** Ogni esperimento compiuto per accertare le qualità di una cosa, dimostrare il valore o la giustezza di un'affermazione, verificare le attitudini di qc. o controllare il funzionamento di una macchina: *sottoporre a p. una lega metallica*; *mettere qc. alla p.*; *prove di velocità, di resistenza* | *Assumere, tenere in p.*, senza impegno, per controllare e verificare le capacità di qc. a svolgere un determinato lavoro | *Essere a p. di bomba*, essere molto resistente | *A tutta p.*, provato, sperimentato | *Banco di p.*, (*fig.*) circostanza o insieme di circostanze in cui si verificano le capacità di qc., il valore di una affermazione o la resistenza di q.c. | *Conoscere q.c. per p.*, per averne fatto esperienza | *Mettere un abito in p.*, farlo indossare al cliente durante la lavorazione, per eventuali correzioni e modifiche | *P. genealogica*, dimostrazione della discendenza di un individuo da una famiglia, fatta attraverso documenti o inchieste | Esame: *sostenere le prove scritte di italiano*. **2** Cimento cui ci si assoggetta per dimostrare di possedere determinate qualità: *mettersi a una p. difficile*; *alla p. dei fatti* | *P. del fuoco*, durissima e rivelatrice | *Una p. dolorosa, una dura p.*, sofferenza, dolore, disgrazia. **3** Tentativo, assaggio: *una p. riuscita*; *fare, ritentare la p.* **4** Testimonianza, documento, elemento che dimostra l'autenticità di un fatto o la veridicità di una affermazione: *una p. certa, irrefutabile, luminosa, decisiva*; *con le prove alla mano*; *fino a p. contraria*. **5** (*dir.*) Rappresentazione di un fatto giuridicamente rilevante, utilizzabile a fini processuali: *p. orale, scritta* | *P. legale*, che non è liberamente valutabile dal giudice | *P. costituenda*, che si forma nel corso del processo, come la prova testimoniale. **6** Dimostrazione, saggio che dà la conferma di q.c.: *ha fatto buona p.*; *dar p. di coraggio* | *Portare in p.*, come dimostrazione, conferma | (*lett.*) Dimostrazione di valore, impresa: *l'alta fatica e le mirabil prove / che fece il franco Orlando per amore* (BOIARDO). **7** (*teat.*) Ogni rappresentazione preparatoria di uno spettacolo, che precede quella definitiva fatta dinanzi al pubblico: *assistere alle prove di un dramma* | *P. generale*, quella che precede immediatamente la rappresentazione. **8** (*mat.*) Verifica di un determinato calcolo. **9** †Gara: *correre a p* || PROV. Alla prova si scortica l'asino. || **provétta**, dim. | **provìno**, dim. m. (V.).

provàbile agg. ● Che può essere provato. SIN. Dimostrabile, documentabile.

provabilità s. f. ● (*raro*) Qualità di ciò che è provabile.

provacircùiti [comp. di *prova(re)* e il pl. di *circuito*] s. m. ● (*elettr.*) Multimetro di bassa precisione per misure di tensione, intensità di corrente, resistenza e sim., sia in corrente alternata sia in corrente continua.

†**provagióne** ● V. †*provazione*.

†**provaménto** [vc. dotta, lat. tardo *probamĕntu(m)* 'prova, saggio', da *probāre* (V. *provare*)] s. m. **1** Prova, esperimento. **2** Dimostrazione.

provanatùra [vc. sett. da far risalire al lat. *propāgo*, genit. *propāginis* 'propaggine'] s. f. ● (*agr.*) Specie di propaggine multipla usata un tempo per ricostituire i vigneti deperiti.

†**provàno** [ant. fr. *provant* 'che resiste alla prova', dal lat. *probāre* 'provare'] agg. ● (*raro*) Caparbio: *è p. e ostinato in dire e fare* (ALBERTI).

provànte part. pres. di *provare*; anche agg. ● Nei sign. del v.

†**provànza** s. f. ● Prova.

provapìle [comp. dell'imperat. di *provare* e del pl. di *pila*] s. m. inv. ● (*elettr.*) Apparecchio a voltmetro per verificare lo stato di efficienza di una pila.

provàre [lat. *probāre* 'riconoscere che una cosa è buona', da *prōbus* 'buono, di buona qualità' (V. *probo*)] **A** v. tr. (*io pròvo*, †*pruòvo*) **1** Cercare di vedere, conoscere, sperimentare, mediante una o più prove, le qualità di una cosa o le capacità di qc.: *p. la resistenza del vetro*; *p. un abito*; *p. un cameriere per una settimana*. SIN. Sperimentare. **2** Fare la prova (*anche ass.*): *p. a fare un altro mestiere*; *non conviene p.*; *bisogna p. per credere*. SIN. Tentare. **3** Conoscere mediante esperienza: *p. tutto il peso dell'esistenza*; *p. la fedeltà di qc.* | *P. la sete*, soffrirla, imparare a conoscerla | Sentire dentro di sé: *p. stupore, gioia, rabbia* | (*raro*) Assaggiare: *p. una pietanza*. **4** Mettere alla prova, cimentare: *quell'esperienza lo ha duramente provato* | (*est.*) Indebolire, fiaccare: *la malattia ti ha provato*. **5** Far vedere, mostrare con prove il valore, la verità di un fatto, una asserzione: *p. la legge di gravità*; *p. di aver capito*; *la sua colpevolezza fu ampiamente provata*. SIN. Confermare, dimostrare. **6** †Dar prova, saggio del proprio valore | †*P. bene*, comportarsi bene. **B** v. intr. pron. **1** Esercitarsi, tentare: *provarsi a cominciare*. **2** Cimentarsi, misurarsi: *provarsi nell'uso delle armi*; *si è provato contro tutti*.

†**provatìvo** [da *provare*, sul modello del lat. tardo *probatīvus* 'probativo'] agg. ● Atto a provare, confermare.

provàto part. pass. di *provare*; anche agg. **1** Nei sign. del v. **2** Fedele, sicuro: *amico p.* **3** Affaticato: *atleta p.*; *truppe provate*. || **provataménte**, avv. (*raro*) In modo provato.

provatóre s. m. (f. *-trice*) ● (*raro*) Chi prova, mette alla prova o si cimenta in q.c.

provatransistóri [comp. di *prova(re)* e il pl. di *transistore*] s. m. ● (*elettron.*) Dispositivo che permette di applicare a un transistore opportune tensioni e di misurare le corrispondenti intensità di corrente, allo scopo di determinare i parametri caratteristici del transistore stesso.

provatùbi [comp. di *prova(re)* e il pl. di *tubo*] s. m. ● (*elettron.*) Dispositivo che permette di applicare agli elettrodi di un tubo elettronico opportune tensioni e di misurare le corrispondenti intensità di corrente, allo scopo di determinare i parametri caratteristici del tubo stesso. SIN. Provavalvole.

provatùra [da *provato*, perché serve di assaggio (?)] s. f. ● Formaggio fresco di latte intero di bufala o anche di mucca, a forma rotonda e pasta filata, simile alla mozzarella.

provavàlvole [comp. di *prova(re)* e il pl. di *valvola*] s. m. ● (*elettron.*) Provatubi.

†**provazióne** o †**provagióne** [vc. dotta, lat. *probatiōne(m)*, da *probātus*, part. pass. di *probāre* 'provare, approvare'] s. f. **1** Prova, esperimento. **2** Approvazione.

†**proveccìare** [sp. *aprovechar* 'approfittare', da *provecho* 'profitto' (V. *proveccio*)] v. intr. ● Approfittare.

†**provèccio** [sp. *provecho*: stessa etim. dell'it. *profitto*] s. m. ● Profitto.

†**provedènza** ● V. *provvidenza*.

†**provedére** e deriv. ● V. *provvedere* e *deriv.*

provènda [deformazione di *profenda*] s. f. **1** Antica misura di capacità pari a litri 8,8. **2** †Vitto, vettovaglia.

proveniènte part. pres. di *provenire*; anche agg. ● Nei sign. del v.

proveniènza s. f. **1** Il provenire: *la p. di molte navi* | (*fig.*) Origine, derivazione: *la p. delle vostre disgrazie*; *oggetti di misteriosa p.* **2** Luogo di origine: *la p. del clandestino non è stata accertata*.

provenìre [vc. dotta, lat. *provenīre* 'venire innanzi', comp. di *prō* 'avanti' (V. *pro-* (*1*)) e *venīre* 'venire'] v. intr. (coniug. come *venire*; aus. *essere*) **1** Venire, arrivare da un luogo: *merci che provengono dall'America*. **2** (*fig.*) Avere, trarre origine: *p. da cause ignote*; *ciò proviene dalla tua leggerezza*. SIN. Derivare, dipendere, procedere.

provènto [vc. dotta, lat. *provĕntu(m)*, da *provenīre* 'provenire'] s. m. ● Entrata, rendita, guadagno, introito: *i proventi dell'erario*; *lauti proventi*; *non* *avrebbe potuto vivere con gli scarsi proventi di quella saltuaria professione* (PIRANDELLO).

proventrìglio [comp. di *pro-* (*1*) e *ventriglio*] s. m. ● Stomaco ghiandolare degli uccelli.

†**proventuàle** [dal lat. *provĕntus* 'provento'] **A** s. m. ● Esattore, riscuotitore. **B** agg. ● Di provento.

provenùto part. pass. di *provenire*. ● Nei sign. del v.

provenzàle [fr. *provençal*, da *Provence* 'Provenza', dal lat. *provĭncia(m)* 'provincia'] **A** agg. ● Di Provenza: *letteratura p.* ‖ **provenzalménte**, avv. Alla maniera dei provenzali. **B** s. m. e f. ● Abitante, nativo della Provenza. **C** s. m. solo sing. ● Lingua del gruppo romanzo, parlata in Provenza.

provenzaleggiànte part. pres. di *provenzaleggiare*; anche agg. ● Nel sign. del v.

provenzaleggiàre [comp. di *provenzal(e)* e *-eggiare*] v. intr. (*io provenzaléggio*; aus. *avere*) ● (*raro*) Imitare i provenzali nei modi e nella lingua.

provenzalésco agg. (pl. m. *-schi*) ● Provenzaleggiante.

provenzalìsmo s. m. ● Forma linguistica propria del provenzale.

provenzalìsta s. m. e f. (pl. m. *-i*) ● Studioso di lingua e letteratura provenzale.

proverbiàle [vc. dotta, lat. *proverbiāle(m)*, da *provĕrbium* 'proverbio'] agg. *1* Che ha le caratteristiche di proverbio o appartiene a un proverbio: *detto p.*; *sapienza p.* *2* (*fig.*) Passato in proverbio: *la p. ricchezza di Creso.* ‖ **proverbialménte**, avv.

†**proverbiàre** [da *proverbio*] v. tr. *1* Sgridare, rimproverare. *2* Schernire, canzonare, beffare.

†**proverbiatóre** agg.; anche s. m. (f. *-trice*) ● (*raro*) Che, chi proverbia.

provèrbio [vc. dotta, lat. *provĕrbiu(m)*, da *vĕrbum* 'parola' (V. *verbo*)] s. m. *1* Detto breve e spesso arguto, di origine popolare e molto diffuso, che contiene massime, norme, consigli fondati sull'esperienza: *raccolta di antichi proverbi*; *i proverbi sono la sapienza popolare* | *Passare in p.*, diventare esempio tipico di q.c. SIN. Adagio. *2* †Ingiuria, villania. *3* †Parabola, paragone. ‖ **proverbiàccio**, pegg. | **proverbiùccio**, dim.

proverbióso agg. *1* (*raro*) Pieno di proverbi: *discorso p.* | (*raro*) Che cita spesso proverbi, detto di persona. SIN. Sentenzioso. *2* †Villano, offensivo, beffardo. ‖ †**proverbiosaménte**, avv. Sdegnosamente, villanamente.

proverbìsta s. m. e f. (pl. m. *-i*) ● (*raro*) Chi usa spesso proverbi.

provése ● V. *prodese*.

provétta [fr. *éprouvette*, da *éprouver* 'provare'] s. f. *1* Recipiente tubolare di vetro, chiuso a una estremità, usato per analisi di laboratorio. *2* Piccolo elemento di forma stabilita di un metallo, lega o altro sul quale si fanno prove di trazione, flessione, torsione e sim., per stabilire le caratteristiche di resistenza del materiale. *3* Antico strumento per saggiare la qualità delle polveri da sparo. SIN. Provino.

provètto [vc. dotta, lat. *provĕctu(m)*, part. pass. di *provĕhere* 'portare innanzi', comp. di *prō* 'avanti' (V. *pro-* (*1*)) e *vĕhere* 'condurre' (V. *vettura*)] agg. *1* Che ha esperienza, conoscenza sicura di q.c.: *insegnante p.* | *Mano provetta*, esercitata. SIN. Esperto, pratico. CONTR. Inesperto. *2* (*lett.*) Inoltrato negli anni, non più giovane: *uomo p.*; *età provetta*; *amore, / sospiro acerbo de' provetti giorni* (LEOPARDI).

†**proviànda** [sovrapposizione di *vivanda* e *provenda*] s. f. ● Vitto, vettovaglia.

provicariàto s. m. ● Ufficio, dignità di provicario.

provicàrio [comp. di *pro-* (*1*) e *vicario*] s. m. ● Chi fa le veci del vicario.

†**providènza** ● V. *provvidenza*.

†**providènzia** ● V. *provvidenza*.

†**pròvido** ● V. *provvido*.

†**provigióne** e *deriv.* ● V. *provvisione* e *deriv.*

provìnca s. f. ● (*bot.*) Pervinca.

provìncia [vc. dotta, lat. *provĭncia(m)*, di etim. incerta] s. f. (pl. *-ce* o *-cie*; spesso scritto con iniziale maiuscola nei sign. 1 e 2) *1* Anticamente, territorio di competenza di un magistrato e poi paese di conquista soggetto a Roma e amministrato da un magistrato romano | *Province senatorie*, dipendenti dal Senato | *Province imperiali*, dipendenti dall'Imperatore. *2* Ente territoriale autonomo di amministrazione statale indiretta, retto da una giunta e da un Presidente eletti dal Consiglio provinciale | (*est.*) Sede dell'amministrazione provinciale. *3* Il complesso degli abitanti di una provincia: *sono spettacoli molto amati dalla p.* *4* (*est.*) Paese, piccolo centro, rispetto al capoluogo e alle grandi città: *andare, ritirarsi in p.*; *la noia della vita di p.*; *città, giornale di p.*; *mentalità, abitudini di p.* *5* †Ufficio, incarico: *io non so se mi prenderò una p. tanto dura e piena di tante difficoltà* (MACHIAVELLI). *6* Nel diritto canonico, circoscrizione che comprende più diocesi e che è retta da un arcivescovo metropolita | *P. religiosa*, congiunzione di più case religiose sotto il medesimo superiore.

provincialàto s. m. ● Funzione, carica, sede del padre provinciale negli ordini religiosi.

provinciàle [vc. dotta, lat. *provinciāle(m)*, da *provĭncia* 'provincia'] **A** agg. *1* Che è attinente, che appartiene, alla provincia: *amministrazione p.* | *Consiglio p.*, organo deliberativo in tutte le materie di maggiore importanza attribuite alla provincia | *Giunta p.*, organo della provincia con funzioni esecutive, di controllo e di giurisdizione in campo amministrativo. *2* Che vive o è nato in provincia | (*fig.*, *spreg.*) Di mentalità e abitudini di vita spesso considerate arretrate e rozze rispetto a quelle delle grandi città: *cultura p.* *3* *Padre p.*, (*ell.*) *provinciale*, religioso che è a capo della provincia religiosa in alcuni ordini e congregazioni. ‖ **provincialménte**, avv. In modo provinciale, al modo dei provinciali. **B** s. m. e f. ● Persona nativa, abitante della provincia | (*fig.*, *spreg.*) Persona di mentalità e gusti provinciali. **C** s. f. ● Strada provinciale. ‖ **provincialàccio**, pegg. | **provincialétto**, dim. | **provincialìno**, dim. | **provincialóne**, accr. | **provincialùzzo**, pegg.

provincialésco agg. (pl. m. *-schi*) ● (*raro*, *spreg.*) Di, da provinciale.

provincialìsmo [comp. di *provincial(e)* e *-ismo*] s. m. *1* Stato, condizione di chi è provinciale | (*spreg.*) Mentalità, abitudine da provinciale. *2* (*ling.*) Forma propria della lingua di un'area circoscritta.

provincialità s. f. ● Caratteristica di chi, di ciò che è provinciale: *p. di gusti, di modi.*

provincializzàre [comp. di *provincial(e)* e *-izzare*] **A** v. tr. ● (*raro*) Trasferire in proprietà alla provincia. **B** v. intr. pron. ● Acquisire mentalità e gusti provinciali.

provincializzazióne s. f. ● Atto, effetto del provincializzare.

provìno s. m. *1* Dim. di *prova*. *2* Breve prova di recitazione cinematografica cui viene sottoposto un aspirante attore | Impropriamente, presentazione di un film di prossima programmazione. *3* Campione di materiale da sottoporre a una determinata prova. *4* Strumento che serve a determinare la densità di liquidi, la resistenza di materiali e sim. | Campione di materiale sottoposto alle prove. *5* Provetta. *6* (*fot.*) Copia fotografica stampata per contatto da una negativa, e usata per scegliere le immagini da ingrandire.

†**provisióne** e *deriv.* ● V. *provvisione* e *deriv.*

provitamìna [comp. di *pro-* (*1*) e *vitamina*] s. f. ● (*biol.*) Sostanza capace di trasformarsi nell'organismo in una vitamina attiva.

†**pròvo** (**1**) o †**pruòvo** [lat. *prŏpe* 'vicino'. V. *prope*] vc. ● (*raro*) Solo nella loc. avv. *a p.*, vicino.

pròvo (**2**) /'provo, *neerl.* 'provo/ [vc. ol., da *provo(kant)* 'provocatore'] agg.; anche s. m. e f. inv. ● Appartenente al, seguace del, movimento di contestazione giovanile sorto in Olanda verso la prima metà degli anni Sessanta, e diffusosi poi in altri stati europei.

provocàbile [vc. dotta, lat. tardo *provocābile(m)*, da *provocāre* 'provocare'] agg. ● (*raro*) Che si può provocare.

provocabilità s. f. ● (*raro*) L'essere provocabile.

†**provocaménto** s. m. ● Provocazione.

provocànte part. pres. di *provocare*; anche agg. *1* Nei sign. del v. *2* Che attira l'attenzione, che eccita il desiderio erotico: *sguardi, parole provocanti*; *vestito, posa p.*; *donna p.* ‖ **provocanteménte**, avv.

provocàre [vc. dotta, lat. *provocāre* 'chiamar fuori, far uscire', comp. di *prō* 'avanti' (V. *pro-* (*1*)) e *vocāre* 'chiamare', da *vōx*, genit. *vōcis* 'voce'] v. tr. (*io pròvoco, tu pròvochi*) *1* Determinare l'insorgenza di un fatto, una situazione e sim.: *p. il vomito*; *p. un'azione di forza*; *il terremoto ha provocato gravi danni*; *la malattia gli provoca forti dolori* | Sollecitare: *p. un decreto*. CONTR. Frenare, trattenere. *2* Eccitare, muovere, spingere: *p. all'azione*; *p. il riso, la pietà* | Sfidare, irritare qc. con un comportamento ostile o con ingiurie: *p. chi non può difendersi* | (*est.*) Comportarsi in modo da eccitare il desiderio erotico, detto spec. di donna: *le piace p. gli uomini*; *ha un modo di guardare che provoca.*

provocatìvo [vc. dotta, lat. tardo *provocatīvu(m)*, da *provocātus* 'provocato'] agg. *1* Che provoca, che serve o tende a provocare. *2* Detto di medicinale che promuove una funzione.

provocàto part. pass. di *provocare*; anche agg. ● Nei sign. del v. ‖ †**provocataménte**, avv. (*raro*) Da provocatore.

provocatóre [vc. dotta, lat. *provocatōre(m)*, da *provocātus* 'provocato'] agg.; anche s. m. (f. *-trice*) ● Che, chi provoca, spec. all'ira e alla violenza: *lettera provocatrice* | *Agente p.*, persona che induce altri a commettere reato per poterlo denunciare avendone le prove o provoca incidenti che si risolvono a favore di un mandante.

provocatòrio [vc. dotta, lat. *provocatōriu(m)*, da *provocātor*, genit. *provocatōris* 'provocatore'] agg. ● Che contiene una provocazione, una sfida: *cartello p.* | Che suscita una reazione violenta: *atteggiamento p.* ‖ **provocatoriaménte**, avv.

provocazióne [vc. dotta, lat. *provocatiōne(m)*, da *provocātus* 'provocato'] s. f. *1* Atto del provocare qc. o q.c.: *non sopportare provocazioni*; *la p. della sua ira* | Sfida, istigazione mediante ingiuria a una reazione violenta: *raccogliere la p.*; *l'insulto e la p. di un ubriaco che non sa quel che si dice* (PIRANDELLO) | *Prove di p.*, test di induzione artificiale di irritazione per misurare il grado di iperreattività (per es. bronchiale). *2* (*dir.*) Circostanza attenuante comune del reato prevista per chi ha reagito in stato d'ira determinato da un fatto ingiusto altrui. ‖ **provocazioncèlla**, dim.

pròvola [da *provare*, perché serve di assaggio (?)] s. f. ● Formaggio fresco di forma sferica od oblunga, per lo più di latte di bufala, tipico dell'Italia meridionale: *p. affumicata.* ‖ **provolétta**, dim. | **provolìna**, dim.

provolóne [da *provola*] s. m. ● Formaggio crudo a pasta dura, dolce o piccante, prodotto con latte di vacca intero in grosse forme oblunghe o tondeggianti.

†**provòlversi** [vc. dotta, lat. *provŏlvere* 'far rotolare', comp. di *prō* 'avanti' (V. *pro-* (*1*)) e *vŏlvere* 'volgere'] v. rifl. ● Prostrarsi, prosternarsi.

†**provvedènza** ● V. *provvidenza*.

provvedére o †**provedére** [lat. *providēre* 'vedere innanzi a sé, provvedere', comp. di *prō* 'davanti' (V. *pro-* (*1*) e *vidēre* 'vedere')] **A** v. intr. (pres. *io provvédo*; pass. rem. *io provvìdi, tu provvedésti*; part. pass. *provvedùto* o *provvìsto*, †*provvìso*; aus. *avere*) *1* Agire con previdenza procurando ciò che è utile, necessario, opportuno: *provvedete finché c'è tempo*; *provvedi perché si possa partire subito* | Disporre quanto occorre per un bisogno, un pubblico servizio: *p. alla sistemazione dei disoccupati*; *hanno provveduto a riaprire gli uffici*. *2* Prendere un provvedimento, stabilire le misure più opportune per ottenere un determinato fine, per risolvere una situazione critica o per ovviare a un inconveniente: *il governo ha già provveduto.* **B** v. tr. *1* Procacciare, procurare: *p. il riscaldamento per l'inverno.* *2* Fornire, rifornire, dotare: *p. di vettovaglie l'esercito.* **C** v. rifl. ● Fornirsi di quanto è necessario per affrontare determinate situazioni: *provvedersi del lasciapassare*; *mi sono provveduto di libri.*

†**provvedigióne** s. f. *1* Provvedimento. *2* Interesse, usura.

provvediménto o †**provediménto**. s. m. *1* (*raro, lett.*) Modo, atto del provvedere: *il p. del necessario* | Rimedio, riparo: *diede tal p. alle cose, che le recò a non poca quiete* (BARTOLI). *2* Misura di previdenza, cautela preventiva: *prendere, adottare un p.*; *un p. savio, giusto, tardivo* | *P. disciplinare*, punizione. *3* (*dir.*) Atto con cui lo Stato esplica il proprio potere nell'ambito di una delle sue funzioni fondamentali: *emanare un p.*; *p. amministrativo*, *giudiziario*. *4* †Previdenza abituale.

provveditorato s. m. *1* Ufficio, dignità di provveditore. *2* Organismo dipendente da un ministero e avente lo scopo di provvedere al coordinamento di attività analoghe nell'ambito di una provincia: *p. alla Pubblica Istruzione*, *ai trasporti* | Luogo, edificio in cui si trova tale organismo: *recarsi in p.*; *andare al p.*

provveditóre o †**proveditóre** [da *provvedere*] **A** agg.; anche s. m. (f. *-trice*) ● Che, chi provvede a qc. o a q.c. **B** s. m. *1* Titolo di chi, nell'ambito di una provincia, un ente o un'associazione, è a capo del settore amministrativo: *il p. agli studi*. *2* Titolo, in vari luoghi, di governatori o amministratori. *3* †Ufficiale che provvede il necessario alle truppe e ha compiti di sorveglianza.

provveditoria s. f. ● (*st.*) Ufficio di provveditore durante la Repubblica Veneta.

provvedùto o †**proveduto**. part. pass. di *provvedere*; anche agg. *1* Nei sign. del v. *2* (*raro*) Attento, cauto, accorto: *lettore p.* CONTR. Sprovveduto. || †**provvedutaménte**, avv. Accortamente, cautamente.

provvidènte o †**providènte** [lat. *providĕnte(m)*, part. pres. di *providēre* 'provvedere'] agg. ● (*raro*) Provvido, preveggente, accorto. || †**provvidenteménte**, avv.

provvidènza o †**provedènza**, †**providènza**, †**providènzia**, †**provvedènza**, †**provvidènzia** [vc. dotta, lat. *providĕntia(m)*, da *prōvidens*, genit. *providĕntis* 'provvidente'] s. f. *1* Il provvedere, spec. alle necessità altrui. *2* Ordine con il quale Dio regge e protegge la creazione e guida lo sviluppo della storia: *il concetto della p.* | Assistenza benevola di Dio a favore delle creature: *ringraziare la p.*; *sperare nella p.*; *accettare i voleri della p.*; *le vie della p. sono infinite*. *3* (*fig.*) Fatto, avvenimento felice e inaspettato: *la tua venuta è una p.* *4* (*fig.*) Persona che fa del bene: *quell'uomo è una vera p. per tutti noi*. *5* †Previdenza.

provvidenziàle [fr. *providentiel*, dal lat. *providĕntia* 'provvidenza'] agg. *1* Che costituisce una provvidenza: *provvedimenti*, *misure provvidenziali*. *2* (*est.*) Che viene, o è venuto, molto a proposito: *pioggia p.*; *il tuo arrivo è stato p.* SIN. Opportuno, utile. || **provvidenzialménte**, avv.

provvidenzialismo [comp. di *provvidenzial(e)* e *-ismo*] s. m. ● Dottrina filosofica che asserisce esservi nel mondo della storia un ordine provvidenziale.

provvidenzialista s. m. e f. (pl. m. *-i*) ● Chi segue il, o si ispira al, provvidenzialismo.

provvidenzialità s. f. ● L'essere provvidenziale.

pròvvido o †**pròvido** [vc. dotta, lat. *prōvidu(m)*, da *providēre* 'provvedere'] agg. *1* (*lett.*) Che provvede. *2* Che opera con preveggenza e saggezza: *sei come la provvida / formica* (SABA). CONTR. Improvvido. *3* Utile, opportuno, detto di cosa: *una deliberazione molto provvida*. || **provvidaménte**, avv. Con prudenza, previdenza.

†**provvigionàre** ● V. †*provvisionare*.

provvigióne [vc. dotta, lat. *provisiōne(m)* 'previsione, approvvigionamento', da *provīsus*, part. pass. di *providēre* 'provvedere'] s. f. *1* Tipo di retribuzione generalmente corrisposta al personale di vendita o ad agenti o rappresentanti e commisurata alle vendite fatte o agli affari procacciati. SIN. Percentuale. *2* V. *provvisione*.

provvisionàle [fr. *provisionnel*, da *provision* 'provvisione'] **A** agg. ● †Provvisorio. **B** s. f. ● (*dir.*) Indennizzo provvisorio contenuto nei limiti della quantità per cui l'autorità giudiziaria ritiene già raggiunta la prova, dovuto in attesa della definitiva liquidazione dei danni o della pretesa | Clausola di una pronuncia giurisdizionale contenente condanna a tale indennizzo.

†**provvisionàre** o †**provigionàre**, †**provisionàre**, †**provvigionàre** [fr. *provisionner*, da *provision* 'provvisione'] v. tr. ● Provvedere di stipendio, di salario.

provvisionàto **A** part. pass. di *provvisionare*; anche agg. ● (*raro*) Nel sign. del v. **B** s. m. ● †Veterano, soldato o ufficiale, con soldo ridotto o stipendio vitalizio.

provvisióne o †**provigióne**, †**provisióne**, †**provvigióne** [V. *provvigione*] s. f. *1* (*raro*) Atto, effetto del provvedere, del procurare q.c. SIN. Provvedimento, provvidenza. *2* (*dir.*, *relig.*) Atto con cui viene conferito un ufficio ecclesiastico. *3* †Quantità di viveri e munizioni a cui si provvede per un esercito o per una guerra. *4* †Salario, paga, stipendio: *se li guadagnò facendoli sua gentili uomini e dando loro grandi provisioni* (MACHIAVELLI) | Assegnazione, appannaggio. *5* †Rimedio, riparo. || **provvisioncèlla**, dim.

†**provvìso** o **provìso**. part. pass. di *provvedere*; anche agg. ● Nei sign. del v.

†**provvisóre** o †**provisóre** [vc. dotta, lat. *provisōre(m)*, da *provīsus* 'provviso'] s. m. ● Provveditore.

provvisorietà s. f. ● Condizione di ciò che è provvisorio. SIN. Precarietà.

provvisòrio [fr. *provisoire*, dal lat. *provīsus* 'provviso' in quanto è ciò che *provvede* temporaneamente] agg. ● Che ha durata, compiti e sim. assai limitati nel tempo: *governo*, *impiego p.*; *sistemazione provvisoria*; *la nomina è solo provvisoria* | *In via provvisoria*, temporaneamente, per adesso: *in via provvisoria mi sistemerò in albergo*. SIN. Temporaneo. CONTR. Definitivo, duraturo, stabile. || **provvisoriaménte**, avv.

provvista [f. sost. di *provvisto*] s. f. *1* Il provvedere ciò che è necessario materialmente a sé, alla famiglia o a una comunità: *fare p. per l'inverno*; *fare p. di pane*, *di pasta*, *di gasolio*. *2* Ciò che si è provveduto a mettere da parte per necessità materiali proprie o altrui: *avere abbondanti provviste*; *le provviste sono finite*; *avevano comprato una buona p. di barilotti e il sale per le acciughe* (VERGA). *3* (*banca*) Insieme delle operazioni con le quali la banca si provvede di fondi da impiegare. *4* (*dir.*, *relig.*) Provvisione. *5* (*dir.*) Rapporto intercorrente tra il traente e il trattario di una cambiale e tra delegante e delegato nella delegazione.

provvisto part. pass. di *provvedere*; anche agg. ● Nei sign. del v.

prozio (1) [da *zio*, sul modello di *pronipote*] s. m. (f. *-a*) ● Zio del padre o della madre, rispetto ai pronipoti.

pròzio (2) ● V. *protio*.

prr /pr/ ● V. *prm*.

prùa o **pròra** [vc. dial., lat. *prōra(m)* 'prora'] s. f. ● Nel linguaggio proprio della marina mercantile e da diporto, e in quello comune, prora (*anche est.* e *fig.*): *la p. di un peschereccio*, *di una petroliera*, *di un motoscafo*; *volgere la p. al vento*, *a terra*; *mettere la p. addosso a qc.* ➡ ILL. p. 1291 SPORT; p. 1756 TRASPORTI.

pruavia [comp. di *prua* e *via*] loc. avv. ● (*mar.*) Proravia.

prude /fr. pryd/ [V. *pruderie*] agg. inv. ● Conforme a pruderie: *un discorso p.*; *non essere così p. nei tuoi giudizi!*

prudènte [vc. dotta, lat. *prudĕnte(m)*, da *prōvidens*, genit. *providĕntis* 'provvidente'] agg. *1* Che usa misura e ponderazione nel parlare o nell'agire: *una ragazza p.* | (*est.*) Che cerca di evitare il pericolo: *guidatore*, *autista p.*; *sei stato poco p. in quel sorpasso*. SIN. Accorto, cauto. CONTR. Imprudente, sconsiderato. *2* Ispirato alla prudenza: *contegno p.*; *parole prudenti*. SIN. Assennato, savio. || **prudenteménte**, avv. In modo prudente, con prudenza.

prudènza [vc. dotta, lat. *prudĕntia(m)*, da *prūdens*, genit. *prudĕntis* 'prudente'] s. f. *1* Il vivere, l'operare con senno, con saggezza. *2* Nella teologia cattolica, prima delle quattro virtù cardinali che consente di distinguere il bene dal male e fa operare secondo retta ragione. *3* Qualità di chi sa evitare inutili rischi agendo con cautela e assennatezza: *p. nell'agire*, *nel parlare*; *procedere*, *guidare con p.*; *in certe situazioni bisogna avere p.*

prudenziàle [dal lat. *prudĕntia(m)* 'prudenza'] agg. ● Consigliato, dettato dalla prudenza: *proposito p.*; *misure prudenziali*. || **prudenzialménte**, avv. (*raro*) In modo prudenziale.

prùdere [lat. parl. **prūdere*, dissimilazione del classico *prurīre*, di origine indeur.] v. intr. (pass. rem. *io prudéi* o *prudètti*, *tu prudésti*; dif. del part. pass. e dei tempi composti) ● Dare prurito | *Sentirsi p. le mani*, aver voglia di picchiare, di azzuffarsi | *Sentirsi p. la lingua*, aver desiderio di parlare, spec. per dire a qc. il fatto suo | *Toccare qc. dove prude*, toccare un suo punto debole. SIN. Pizzicare.

pruderie /fr. pryd(ə)'ri/ [vc. fr., da *prude* 'donna saggia', poi 'donna che ha una riservatezza affettata'; stessa etim. dell'it. *prode*] s. f. inv. ● Eccessivo e superficiale pudore che si rivela quasi esclusivamente nelle forme esteriori della condotta morale.

prudóre [da *prudere*] s. m. ● (*raro*) Pizzicore, prurito.

†**prudùra** s. f. ● Prudore.

prueggiàre [comp. di *prua* e *-eggiare*] v. intr. (*io pruéggio*; aus. *avere*) ● (*mar.*) Affrontare il mare di prora, procedendo a piccola velocità per evitare danni allo scafo.

pruéggio s. m. ● (*mar.*) Atto, effetto del prueggiare | *Stare a p.*, con la prua al vento o a terra e ormeggiato | *Andare a p.*, tenendo la prua verso il vento.

prùgna [lat. parl. **prūnea(m)*, agg. f. di *prūnus* 'susino', di origine preindeur.] **A** s. f. ● Susina | *P. cinese*, litchi. **B** in funzione di agg. inv. ● (posposto al s.) Che ha il colore rosso violaceo scuro, proprio della prugna matura: *una borsa color p.*; *un vestito p.*

prùgno [da *prugna*] s. m. ● Susino.

prùgnola [dim. di *prugna*] s. f. ● Frutto del prùgnolo.

prùgnolo (1) [dim. di *prugna*] s. m. ● Arbusto delle Rosacee a rami divergenti terminanti in lunghe spine, con piccole foglie seghettate, fiori bianchi e frutti violetti aspri (*Prunus spinosa*). SIN. Pruno, spino nero.

prugnòlo (2) [detto così dall'odore, simile a quello delle *prugne*] s. m. ● Piccolo fungo delle Agaricacee, commestibile, biancastro o gialliccio, con gambo corto rigonfio alla base (*Tricholoma georgii*).

pruìna [vc. dotta, lat. *pruīna(m)*, di origine indeur.] s. f. *1* (*poet.*) Brina, brinata: *Zefiro già, di be' fioretti adorno, / avea de' monti tolta ogni p.* (POLIZIANO). *2* (*bot.*) Cera secreta in minuti granuli, che produce un rivestimento biancastro su alcuni organi vegetali.

pruinóso [vc. dotta, lat. *pruinōsu(m)*, da *pruīna* 'pruina'] agg. ● (*bot.*) Di organo vegetale con rivestimento di pruina.

†**prùna** [lat. *prūna*, pl. di *prūnum* 'prugna', di origine preindeur.] s. f. ● (*bot.*) Prugna.

prunàia s. f. ● Prunaio, pruneto.

prunàio s. m. *1* Pruneto | Ginepreto. *2* (*fig.*) Situazione poco chiara o di difficile soluzione. SIN. Ginepraio, imbroglio, pasticcio.

prunàlbo [comp. di *pruno* e *albo*] s. m. ● (*bot.*) Biancospino.

prunèlla (1) [fr. *prunelle*, da *prune* 'prugna', per il colore] s. f. *1* Stoffa lucida, di lana, seta o cotone, di colore simile a quello delle prugne. *2* Liquore simile all'acquavite ottenuto dalla distillazione delle prugne.

prunèlla (2) [V. *prunella* (*1*)] s. f. ● (*bot.*) Brunella.

prunéto s. m. ● Luogo pieno di pruni o di piante spinose. SIN. Prunaio.

prùno [lat. *prūnu(m)* 'susino', di origine preindeur.] s. m. *1* (*bot.*) Prugnolo, nel sign. di *prugnolo* (*1*) | *P. gazzerino*, agazzino. *2* (*est.*) Spina del pruno | *P. nell'occhio*, (*fig.*) cosa o persona molesta | *Stare sui pruni*, (*fig.*) stare sulle spine, a disagio.

†**prunóso** agg. ● Pieno di pruni.

†**pruòva** ● V. *prova*.

†**pruòvo** ● V. †*provo* (*1*).

prurìgine [vc. dotta, lat. *prurīgine(m)*, da *prurīre* 'prudere'. V. *prudere*] s. f. *1* (*lett.*) Prurito (*anche fig.*): *p. alle mani*; *la p. delle lodi*. *2* (*med.*) Malattia cutanea caratterizzata da prurito e da lesioni cutanee quali papule, noduli, chiazze e sim.

pruriginóso [vc. dotta, lat. tardo *pruriginōsu(m)*, da *prurīgo*, genit. *prurīginis* 'prurigine'] agg. *1* Che provoca prurito: *papule pruriginose*. *2* (*fig.*) Stuzzicante, solleticante, eccitante, spec. dal punto di vista sensuale: *film p.*; *letture pruriginose*. || **pruriginosaménte**, avv. In modo pruriginoso (*spec. fig.*).

†**prurire** [vc. dotta, lat. *prurīre*. V. *prudere*] v. intr. ● Prudere, pizzicare.

prurito [vc. dotta, lat. *prurītu(m)*, da *prurīre* 'prurire'] s. m. *1* Sensazione cutanea sgradevole che, come reazione, induce a grattarsi: *avere p. al na-*

so. SIN. Pizzicore, prudore. **2** (*fig.*) Voglia, stimolo improvviso: *pruriti amorosi* | Capriccio, ghiribizzo.

†prusóra [ant. fr. *plusurs* (fr. moderno *plusieurs*), dal lat. parl. **plusiōres*, compar. di *plūs* 'più'] avv. ● (*raro*) Più volte.

prussianésimo s. m. ● Spirito militarista proprio dell'antico regno di Prussia.

prussiàno A agg. **1** Della Prussia: *esercito p.* **2** (*est.*) Detto di atteggiamento mentale ispirato a un senso di rigida disciplina e rigore autoritario: *spirito p.*; *mentalità prussiana*. **B** s. m. (f. *-a*) ● Abitante, nativo della Prussia. **C** s. m. solo sing. ● Lingua parlata un tempo nella Prussia orientale.

prussiàto [da *prussico*] s. m. ● (*chim.*) Sale o estere dell'acido prussico.

prùssico [detto così perché ricavato dal *blu di Prussia*] agg. (pl. m. *-ci*) ● (*chim.*) *Acido p.*, acido cianidrico.

ps ● V. *pss*.

†psalmodìa ● V. *salmodia*.

†psaltèrio ● V. *salterio*.

†psaltèro ● V. *salterio*.

psammìte [vc. dotta, gr. *psammítēs*, agg. di *psámmos* 'sabbia' (V. *psammo-*)] s. f. ● (*miner.*) Roccia detritica sabbiosa a elementi sciolti o cementati.

psàmmo- [dal gr. *psámmos* 'sabbia', di origine indeur.] primo elemento ● In parole composte della terminologia scientifica significa 'sabbia' o indica relazione con la sabbia: *psammofilo*, *psammografia*.

psammòdromo [comp. di *psammo-* e *-dromo*; detti così perché corrono sulla sabbia] s. m. ● Lucertola grigio-olivastra o bruna e bianca inferiormente, caratteristica dell'Africa e della Spagna del sud (*Psammodromus hispanicus*).

psammòfilo [comp. di *psammo-* e *-filo*] agg. ● (*biol.*) Detto di organismo animale o vegetale che vive su terreni sabbiosi.

psammòfita [comp. di *psammo-* e *-fita*] s. f. ● (*bot.*) Pianta che cresce su terreni sabbiosi.

psammografìa [comp. di *psammo-* e *-grafia*] s. f. ● Studio fisico e chimico delle sabbie.

psàmmon [da *psammo-*, sul modello di *plancton*] s. m. ● (*zool.*) Fauna vivente negli interstizi presenti nella sabbia o nella ghiaia lungo le rive sabbiose dei mari o dei laghi.

psammoterapìa [comp. di *psammo-* e *-terapia*] s. f. ● (*med.*) Cura mediante applicazione di sabbia calda.

psefìte [dal gr. *psêphos* 'ciottolo', di origine indeur.] s. f. ● (*miner.*) Roccia detritica a elementi grossolani, ciottolosi, sciolti o cementati tra loro.

psefìtico agg. (pl. m. *-ci*) ● (*miner.*) Di psefite, analogo a psefite: *roccia*, *struttura psefitica*.

psefologìa [vc. dotta, comp. del gr. *psêphos* 'piccola pietra' col quale si votava (e, quindi, 'voto') e *-logia*] s. f. ● Studio statistico delle elezioni, con particolare riguardo al comportamento dell'elettorato e allo spostamento dei voti da un partito all'altro.

Pselàfidi [dal gr. *psēlaphân* 'andare a tentoni, palpare', da avvicinare a *psállein* 'tirare con scosse', di origine indeur.; detti così per i lunghi palpi] s. m. pl. ● Nella tassonomia animale, famiglia di Coleotteri con testa grossa, con o senza occhi, corpo di colore rosso o giallastro viventi nei detriti vegetali del sottobosco o nei nidi di formiche (*Pselaphidae*) | (al sing. *-e*) Ogni individuo di tale famiglia.

pselafobìa [comp. del gr. *pselaphân* 'toccare, palpare' (V. *Pselafidi*) e *-fobia*] s. f. ● (*psicol.*) Paura morbosa del contatto di determinati oggetti.

psellìsmo [vc. dotta, gr. *psellismós* 'balbuzie', da *psellízein* 'balbettare', da *psellós* 'balbuziente', di origine onomat.] s. m. ● (*med.*, *raro*) Balbuzie.

pseudacàcia [comp. di *pseud(o)-* e *acacia*] s. f. (pl. *-cie*) ● (*bot.*) Robinia.

pseudepìgrafo o **pseudoepìgrafo** [comp. di *pseud(o)-* e di *epigrafe* con adattamento morfologico della voc. finale] **A** agg. ● (*filol.*) Detto di documento, spec. antico, che reca una falsa epigrafe e che per questo viene attribuito dalla tradizione a un falso autore: *libro*, *codice p.* **B** s. m. ● Documento, testo pseudepigrafo.

psèudo- [gr. *pseudo-*, dal tema di *pséudein* 'mentire, dire il falso (*psêudos*)', di origine incerta] primo elemento (*pseud-*, davanti a vocale) ● In parole composte della terminologia dotta e scientifica, significa genericamente 'falso': *pseudoartrosi* | In vari casi indica analogia esteriore, qualità apparente, semplice somiglianza puramente estrinseca, o qualche affinità con quanto designato dal secondo componente, talora con valore spreg.: *pseudoletterato*, *pseudomorfo*, *pseudoprofeta*.

pseudoartròsi [comp. di *pseudo-* e *artrosi*] s. f. ● (*med.*) Articolazione abnorme che si forma tra due monconi di ossa fratturati e mal saldati.

pseudocàrpo [comp. di *pseudo-* e *-carpo*] s. m. ● (*bot.*) Corpo globoso che ha l'apparenza di un frutto.

pseudoconcètto [comp. di *pseudo-* e *concetto*] s. m. ● Nella filosofia di B. Croce, rappresentazione o gruppi di rappresentazioni che si distinguono dai concetti veri e propri per non essere capaci di pervenire alla vera universalità o all'autentica comprensione della vita determinata dallo spirito.

pseudocultùra [comp. di *pseudo-* e *cultura*] s. f. **1** In una popolazione o in un gruppo sociale, complesso di cognizioni, esperienze e comportamenti privi o carenti di valori culturali autentici. **2** Insieme raccogliticcio di conoscenze individuali, basato non su una reale preparazione ma sul nozionismo e sulla pretesa di apparire colto.

pseudoepìgrafo ● V. *pseudepigrafo*.

pseudoermafroditìsmo [comp. di *pseudo-* ed *ermafroditismo*] s. m. ● (*biol.*) Anormale presenza in uno stesso individuo di caratteri sessuali contrastanti con il sesso delle gonadi.

pseudoermafrodìto A agg. ● Che presenta pseudoermafroditismo. **B** s. m. ● Individuo vegetale o animale caratterizzato da pseudoermafroditismo.

pseudoestesìa [comp. di *pseudo-* e un deriv. del gr. *áisthēsis* (V. *estetica*)] s. f. ● (*med.*) Disturbo della sensibilità per cui si hanno sensazioni fisiche non corrispondenti in alcun modo alla realtà.

pseudoetimològico [comp. di *pseudo-* e *etimologico*] agg. (pl. m. *-ci*) ● (*ling.*) Detto di procedimento retorico per il quale si usano nella stessa frase parole che hanno una somiglianza formale, ma non la medesima radice: *Girò tre volte a l'orïente il vólto* (TASSO).

pseudofilosofìa [comp. di *pseudo-* e *filosofia*] s. f. ● Falsa filosofia.

pseudofrùtto [comp. di *pseudo-* e *frutto*] s. m. ● (*bot.*) Falso frutto, derivante non dall'ovario ma da carpelli aperti.

pseudogravidànza [comp. di *pseudo-* e *gravidanza*] s. f. ● (*med.*) Insorgenza di cambiamenti anatomo-fisiologici simili a quelli della gravidanza senza che sia avvenuta la fecondazione dell'uovo, causata dalla secrezione di ormoni da parte del corpo luteo dell'ovaio.

pseudoletteràto [comp. di *pseudo-* e *letterato*] s. m. ● (*spreg.*) Chi si atteggia a letterato.

pseudomembràna [comp. di *pseudo-* e *membrana*] s. f. ● (*anat.*) Formazione avente l'aspetto, ma non la natura istologica, di una membrana.

pseudomòrfo [comp. di *pseudo-* e *-morfo*] agg. ● Detto di minerale prodottosi per fenomeno di pseudomorfosi.

pseudomorfòsi o **pseudomòrfosi** [da *pseudomorfo*] s. f. ● (*miner.*) Fenomeno per cui un minerale, alterandosi, mantiene la sua forma esterna, pur cambiando la struttura cristallina interna.

pseudònimo [vc. dotta, gr. *pseudṓnymos*, comp. di *pseud(o)-* 'pseudo-' e *ónyma*, var. di *ónoma* 'nome' (V. *onomastico*)] **A** agg. ● (*raro*) Di testo letterario noto o pubblicato con un nome diverso da quello vero di chi lo ha scritto: *opera pseudonima*. **B** s. m. ● Nome fittizio, spec. quello con cui scrittori e giornalisti firmano le loro opere o i loro articoli.

pseudoparàlisi [comp. di *pseudo-* e *paralisi*] s. f. ● (*med.*) Perdita della motilità non associata a lesioni dei nervi motori ma causata da inibizione degli impulsi motori, per un dolore localizzato o altre cause psicologiche od organiche.

pseudòpo [comp. di *pseudo-* e del gr. *póus* 'piede' (V. *-pode*): detto così dai due rudimenti di piedi posti da ciascuna parte dell'ano] s. m. ● Rettile dei Sauri con corpo lungo, arti anteriori mancanti e posteriori rudimentali, di colore giallo-bruno (*Ophisaurus apodus*).

pseudopòdio [comp. di *pseudo-* e un deriv. di *-pode*] s. m. ● (*biol.*) Prolungamento protoplasmatico emesso da certe cellule o da protozoi per la locomozione o la fagocitosi.

pseudoprofèta [vc. dotta, lat. tardo *pseudoprophēta(m)*, nom. *pseudoprophēta*, dal gr. *pseudoprophḗtēs*, comp. di *pseudo-* 'pseudo-' e *prophḗtēs* 'profeta'] s. m. (pl. *-i*) ● Chi finge di avere ispirazione profetica.

pseudoscarlattìna [comp. di *pseudo-* e *scarlattina*] s. f. ● (*med.*) Quarta malattia.

pseudoscientìfico [comp. di *pseudo-* e *scientifico*] agg. (pl. m. *-ci*) ● Che ha i caratteri di una pseudoscienza: *teoria*, *dimostrazione pseudoscientifica*.

pseudosciènza [comp. di *pseudo-* e *scienza*] s. f. ● Teoria, disciplina e sim., alla quale si attribuisce carattere scientifico pur non avendo i requisiti, spec. metodologici, propri delle scienze.

Pseudoscorpióni [comp. di *pseudo-* e il pl. di *scorpione*] s. m. pl. ● Nella tassonomia animale, ordine di Aracnidi simili a Scorpioni miniaturizzati, ma privi del lungo e sottile addome aculeato (*Pseudoscorpiones*) | (al sing. *-e*) Ogni individuo di tale ordine.

pseudosimmetrìa [comp. di *pseudo-* e *simmetria*] s. f. ● (*miner.*) Fenomeno per cui un minerale appare cristallizzato in un sistema diverso dal proprio.

pseudosoluzióne [comp. di *pseudo-* e *soluzione*] s. f. ● (*chim.*) Sistema apparentemente omogeneo, che non ha il comportamento della vera soluzione: *la soluzione colloidale e la sospensione sono pseudosoluzioni*.

pseudozàmpa [comp. di *pseudo-* e *zampa*] s. f. ● (*zool.*) Zampa inarticolata addominale dei bruchi delle farfalle. SIN. Falsa zampa.

psi [dal gr. *psî*] s. m. o f. inv. ● Nome della ventitreesima lettera dell'alfabeto greco.

psicagogìa [vc. dotta, gr. *psychagōgía* 'il guidare le anime, la persuasione', comp. di *psychḗ* 'anima' (V. *psico-*) e *agōgḗ* 'trasporto', da *ágein* 'condurre', di origine indeur.] s. f. (pl. *-gie*) **1** Nelle antiche religioni mediterranee, cerimonia di placazione con cui si guidava l'anima del defunto agli inferi. **2** (*raro*) Cerimonia di evocazione di un defunto, spec. a scopo di divinazione. **3** Direzione ed educazione mentale, avente come fine di orientare e modificare l'uomo.

psicagògico [vc. dotta, gr. *psychagōgikós*, da *psychagōgía* 'psicagogia'] agg. (pl. m. *-ci*) ● Relativo a psicagogia, a psicagogo.

psicagògo [vc. dotta, gr. *psychagōgós*, comp. di *psychḗ* 'anima' (V. *psico-*) e *agōgós* 'guida', da *ágein* 'condurre', di origine indeur.] s. m. (pl. *-ghi*) **1** Sacerdote che praticava la psicagogia. **2** (*raro*, *fig.*) Chi dimostra particolari capacità e abilità nell'educazione degli animi, delle menti.

psicanàlisi e *deriv.* ● V. *psicoanalisi* e *deriv.*

psicastenìa o **psicoastenìa** [fr. *psychasthénie*, comp. di *psycho-* 'psico-' e *asthénie* 'astenia'] s. f. ● (*psicol.*) Nevrosi caratterizzata da ansia e idee o azioni ossessive. SIN. Nevrosi ossessiva.

psicastènico o **psicoastènico** [fr. *psychasthénique*, da *psychasthénie* 'psicastenia'] **A** agg. (pl. m. *-ci*) ● Di psicastenia: *sintomi psicastenici*. **B** agg.; anche s. m. (f. *-a*) ● Che, chi è affetto da psicastenia.

psiche (1) [vc. dotta, gr. *psychḗ* 'anima', da *psýchein* 'soffiare', di origine indeur.] s. f. ● (*psicol.*) Complesso delle funzioni psicologiche che assume significati diversi nelle varie teorie. CFR. Mente, comportamento.

psiche (2) [dal n. di *Psiche*. V. *psiche (3)*] s. f. ● Grande specchio a oscillazione imperniato su sostegni laterali, usato un tempo per camere da letto.

psiche (3) [vc. dotta, gr. *psychḗ* 'farfalla', dal n. di un personaggio delle Metamorfosi di Apuleio] s. f. ● Farfalla il cui maschio ha livrea modesta, la femmina è attera e con zampe rudimentali, le larve vivono in astucci sericei (*Canephora unicolor*).

psichedèlico [ingl. *psychedelic*, comp. del gr. *psychḗ* 'anima' e di una seconda parte variamente interpretata: dal gr. *dēlôun* 'mostrare, manifestare' (gli elementi psichici normalmente repressi) (?)] agg. (pl. m. *-ci*) **1** Che rende manifesto il pensiero, detto spec. di droghe allucinogene che avrebbero il potere di dare la sensazione, a chi le usa, di liberarlo mentalmente dalle sovrastrutture delle convenzioni sociali. *2* (*est.*) Detto di figurazione o composizione musicale che si ispira agli effetti visivi e sonori prodotti sull'uomo dall'uso di droghe allucinogene: *manifesto, spettacolo p.*; *musica, arte psichedelica*.

psichiàtra [comp. di *psico-* e *-iatra*] s. m. e f. (pl. m. *-i*) • Medico specialista in psichiatria.

psichiatrìa [comp. di *psico-* e *-iatria*] s. f. • Branca della medicina che tratta della prevenzione, diagnosi e cura delle malattie psichiche o mentali.

psichiàtrico agg. (pl. m. *-ci*) • Che concerne la psichiatria: *ospedale, reparto p.* ‖ **psichiatricaménte**, avv. Dal punto di vista psichiatrico.

psichiatrizzàre v. tr. • Rendere di competenza psichiatrica: *p. i tossicomani*.

psichiatrizzazióne s. f. • Atto, effetto dello psichiatrizzare.

psìchico [vc. dotta, gr. *psychikós*, da *psychḗ* 'anima' (V. *psiche* (*1*))] agg. (pl. m. *-ci*) *1* Attinente alla psiche: *depressione psichica*; *fenomeno p.*; *trauma p.* | *Fatto, processo p.*, non fisico, ma reale nella coscienza individuale. *2* (*est.*) Relativo a manifestazioni psicologiche paranormali. ‖ **psichicaménte**, avv. Sotto l'aspetto psichico.

psichìsmo [da *psich(ico)*] s. m. • (*psicol.*) Attività psichica spontanea che si svolge indipendentemente dalla coscienza, dall'attenzione e dalla volontà.

psico- o **psic-**, davanti a vocale [gr. *psycho-*, dal tema di *psychḗ* 'anima', dal v. *psýchein* 'respirare', di origine indeur.] primo elemento • In parole composte, soprattutto della terminologia filosofica, medica e scientifica, indica relazione con la psiche, con i processi, le condizioni della coscienza, dell'anima, dell'individuo: *psicodramma, psicologia, psicopatia*.

psicoanalèttico [comp. di *psico-* e *analettico*] **A** s. m. (pl. *-ci*) • (*farm.*) Sostanza capace di produrre effetti di stimolo o ripristino delle funzioni psichiche. **B** anche agg.: *farmaco p.*

psicoanàliṣi o **psicanàliṣi** [ted. *Psychoanalyse*, comp. di *Psycho-* 'psico-' e *Analyse* 'analisi'] s. f. • Teoria psicologica e tecnica psicoterapeutica fondate da S. Freud e basate sull'analisi dei processi psichici inconsci e dei conflitti tra le varie sfere della psiche.

psicoanalista o **psicanalista** s. m. e f. (pl. m. *-i*) • Medico che pratica la psicoanalisi.

psicoanalitico o **psicanalitico** agg. (pl. m. *-ci*) • Di psicoanalisi: *terapia psicoanalitica*; *teorie psicoanalitiche*; *metodi psicoanalitici*. ‖ **psicoanaliticaménte**, avv. Per quanto riguarda la psicoanalisi; mediante la psicoanalisi.

psicoanalizzàre o **psicanalizzàre** [comp. di *psicanal(isi)* e *-izzare*] v. tr. • Sottoporre a terapia psicoanalitica: *farsi p.*

psicoastenìa e *deriv.* • V. *psicastenia* e *deriv.*

psicoastènico • V. *psicastenico*.

psicoattitudinàle [comp. di *psico-* e *attitudinale*] agg. • Che mira a valutare il grado di attitudine psicologica di una persona nei confronti di una particolare mansione: *questionario, test p.*

psicoattivo [comp. di *psico-* e *attivo*] agg. • Detto di sostanza capace di agire sui processi psichici. SIN. Psicomimetico.

psicobiologìa [comp. di *psico-* e *biologia*] s. f. • Studio delle basi biologiche del comportamento sia umano che animale.

psicobolìa [comp. di *psico-* e del gr. *bolḗ* 'lancio, colpo' (da *bállein* 'gettare', prob. di origine indeur.)] s. f. • (*lett.*) Iettatura, malocchio.

psicochirurgìa s. f. (pl. *-gie*) • Chirurgia terapeutica di alcune malattie mentali.

psicocinèṣi [comp. di *psico-* e *-cinesi*] s. f. • (*psicol.*) In parapsicologia, il movimento, lo spostamento e la materializzazione di corpi fisici, non provocati da cause note e attribuiti all'influenza mentale di un soggetto.

psicodiagnòstica [comp. di *psico-* e *diagnostica*] s. f. • (*psicol.*) Insieme dei procedimenti per la diagnosi psicologica degli individui o dei gruppi.

psicodiagnòstico [comp. di *psico-* e *diagnostico*] agg. (pl. m. *-ci*) • Concernente la psicodiagnostica.

psicodidàttica [comp. di *psico-* e *didattica*] s. f. • Studio dei processi di apprendimento e insegnamento in relazione alle condizioni ambientali, sociali, economiche e sim.

psicodinàmica [comp. di *psico-* e *dinamica*] s. f. • (*psicol.*) Sistema psicologico psicodinamico | (*raro*) Psicoanalisi.

psicodinàmico [comp. di *psico-* e *dinamico*] agg. (pl. m. *-ci*) • (*psicol.*) Detto dei sistemi psicologici che ricercano una spiegazione del comportamento in termini di motivazioni o impulsi.

psicodràmma [comp. di *psico-* e *dramma*] s. m. (pl. *-i*) • (*psicol.*) Recita improvvisata, da parte di un paziente, di certi ruoli e scene drammatiche, diretta da uno psicoterapeuta allo scopo di curare disturbi psichici.

psicofàrmaco [comp. di *psico-* e *farmaco*] s. m. (pl. *-ci* o *-chi*) • Farmaco che provoca effetti psichici.

psicofarmacologìa [comp. di *psico-* e *farmacologia*] s. f. • Studio dell'azione dei farmaci sull'attività psichica in condizioni sia normali sia patologiche.

psicofarmacològico agg. (pl. m. *-ci*) • Di, relativo a, psicofarmacologia.

psicofìṣica [ted. *Psychophysik*, comp. di *Psycho-* 'psico-' e *Physik* 'fisica'] s. f. • (*psicol.*) Studio della relazione tra gli attributi fisici dello stimolo e gli attributi quantitativi della sensazione.

psicofìṣico [comp. di *psico-* e *fisico*] agg. (pl. m. *-ci*) • Che è attinente a psicofisica | Di reazioni psichiche e fisiche aventi stretti rapporti tra loro. SIN. Fisiopsichico.

psicofiṣiologìa [comp. di *psico(logia)* e *fisiologia*] s. f. • (*psicol.*) Studio dei processi fisiologici responsabili delle funzioni psichiche. SIN. Fisiopsicologia.

psicofiṣiològico agg. (pl. m. *-ci*) • Della, relativo alla, psicofisiologia.

psicogalvànico [comp. di *psico-* e *galvanico*] agg. (pl. m. *-ci*) • (*med.*) Nella loc. *riflesso p.*, variazione della conducibilità elettrica della cute in relazione a stimoli emotivi.

psicogèneṣi [comp. di *psico-* e *genesi*] s. f. • (*psicol.*) Nascita e sviluppo della vita psichica | Origine psichica di un sintomo.

psicogenètico agg. (pl. m. *-ci*) • Di, relativo a, psicogenesi.

psicògeno [comp. di *psico-* e *-geno*] agg. • (*med., psicol.*) Detto di fenomeno morboso a eziologia esclusivamente, o prevalentemente, psichica.

psicografìa [fr. *psychographie*, comp. di *psycho-* 'psico-' e *-graphie* '-grafia'] s. f. *1* Caratterizzazione, anche letteraria, di un individuo mediante l'uso di categorie e teorie psicologiche. *2* Tecnica di registrazione grafica di reazioni fisiche corrispondenti a fatti psichici.

psicogràfico [da *psicografia*] agg. (pl. m. *-ci*) • (*psicol.*) Relativo alla psicografia.

psicògrafo [comp. di *psico-* e *-grafo*] s. m. • Strumento per la psicografia.

psicogràmma [comp. di *psico-* e *-gramma*] s. m. (pl. *-i*) • Tracciato delle reazioni somatiche ad alcuni fenomeni psichici ottenuto mediante lo psicografo.

psicoimmunologìa [comp. di *psico-* e *immunologia*] s. f. • Disciplina che studia i rapporti esistenti fra gli stati psichici e il sistema immunitario.

psicolàbile [comp. di *psico-* e *labile*] agg.; anche s. m. e f. • (*med., psicol.*) Che, chi è predisposto a turbe emotive.

psicolèttico [da *psico-*, sul modello di *organolettico*] **A** agg. (pl. m. *-ci*) • Detto di farmaco psicotropo che esercita azione deprimente sull'attività mentale. **B** anche s. m.

psicolinguista [comp. di *psico-* e *linguista*] s. m. e f. (pl. m. *-i*) • Studioso di psicolinguistica.

psicolinguìstica [comp. di *psico-* e *linguistica*] s. f. • Studio delle correlazioni fra comportamento linguistico e caratteri psichici dell'individuo.

psicolinguìstico agg. (pl. m. *-ci*) • Di, relativo a, psicolinguistica.

psicologìa [comp. di *psico-* e *-logia*] s. f. (pl. *-gie*) *1* Scienza che studia il comportamento e i processi mentali dell'uomo e dell'animale | *P. analitica*, la dottrina psicoanalitica di C. G. Jung | *P. applicata*, che adatta le teorie psicologiche a diversi settori, quali i disturbi mentali, il lavoro, l'educazione e il crimine | *P. clinica*, che individua tecniche di cura avvalendosi delle scoperte dei vari settori della psicologia | *P. filosofica*, disciplina che tratta, come parte della filosofia, i problemi dell'essenza dell'anima | *P. della forma*, gestaltismo | *P. evolutiva*, quella che studia lo sviluppo psichico degli individui o dei gruppi | *P. del profondo*, parte della psicologia che studia i processi inconsci | *P. del lavoro*, psicotecnica | *P. sociale*, studio del comportamento degli individui e dei gruppi in un ambiente sociale | *P. sperimentale*, che adotta il metodo sperimentale, per cui, conosciute le condizioni in cui si manifesta un fenomeno, diventa possibile riprodurlo. *2* Conoscenza dell'anima umana studiata e scrutata nel suo intimo. *3* (*est.*) Maniera di pensare o di sentire di un individuo o di una categoria di individui, osservata attraverso determinate reazioni: *la p. del compratore*; *la p. degli adolescenti*: *una p. completamente traviata dalla malattia e dall'abbandono* (MORAVIA).

psicològico agg. (pl. m. *-ci*) *1* Di psicologia, che è studiato dalla psicologia: *analisi psicologica*. *2* Che riguarda l'anima, lo spirito: *mondo p.* *3* Che si riferisce all'esperienza interiore e alla sua formazione: *osservazione psicologica*. ‖ **psicologicaménte**, avv. Dal punto di vista psicologico.

psicologìsmo [da *psicologico*] s. m. *1* Qualsiasi tendenza filosofica che tenda a interpretare su basi psicologiche i problemi filosofici. *2* Tendenza a giustificare la validità di una conoscenza solo nella misura in cui essa si fonda sulla coscienza. *3* Preponderanza dell'elemento psicologico in un'opera letteraria o in un'analisi critica.

psicologìsta s. m. e f. (pl. m. *-i*) • Chi segue lo, si ispira allo psicologismo.

psicologìstico agg. (pl. m. *-ci*) • Relativo allo psicologismo.

psicologizzàre v. tr. • Sottoporre a interpretazione psicologica un fatto materiale o spirituale: *p. una risposta, un'esperienza*.

psicòlogo [comp. di *psico-* e *-logo*] s. m. (f. *-a*; pl. m. *-gi*, pop. *-ghi*) *1* Studioso di psicologia. *2* (*est.*) Chi conosce profondamente l'anima umana.

psicomànte [vc. dotta, gr. *psychómantis*, comp. di *psycho-* 'psico-' e *-mantis* '-mante'] s. m. e f. • Chi esercita la psicomanzia.

psicomanzìa [comp. di *psico-* e *-manzia*] s. f. • Tecnica divinatoria che trae presagi dall'evocazione delle anime dei defunti.

psicometrìa [comp. di *psico-* e *-metria*] s. f. *1* (*psicol.*) Misurazione dei fenomeni psichici attraverso l'impiego di test mentali o attraverso applicazione di metodi statistici o matematici alla psicologia. *2* In parapsicologia, forma di conoscenza paranormale relativa a un determinato oggetto, la quale si manifesta in un soggetto sensitivo attraverso il contatto con l'oggetto stesso.

psicomètrico agg. (pl. m. *-ci*) • Di, relativo a, psicometria.

psicomimètico [comp. di *psico-* e *mimetico*] agg. (pl. m. *-ci*) • (*med.*) Psicoattivo.

psicomotòrio [comp. di *psico-* e *motorio*] agg. *1* (*psicol.*) Relativo alle interazioni fra funzioni motorie, sensoriali e cognitive. *2* Detto di sindrome avente manifestazioni psichiche e motorie insieme.

psicomotricista [da *psicomotricità*] s. m. e f. (pl. m. *-i*) • Medico o paramedico specialista nel trattamento di disturbi psicomotori.

psicomotricità s. f. • (*psicol.*) Insieme di dottrine e pratiche terapeutiche riguardanti interazioni e integrazioni tra funzioni motorie, sensoriali e cognitive, con particolare riferimento all'età evolutiva.

psiconevròṣi o **psiconeuròṣi** [comp. di *psico-* e *nevrosi*] s. f. • (*med., psicol.*) Nevrosi.

psiconevròtico o **psiconeuròtico** [da *psiconevrosi*] **A** agg. (pl. m. *-ci*) • Relativo a psiconevrosi: *sintomi psiconevrotici*. **B** agg.; anche s. m. (f. *-a*; pl. m. *-ci*) • Che, chi è affetto da psiconevrosi.

psicopatìa [comp. di *psico-* e *-patia*] s. f. *1* (*med., psicol.*) Malattia mentale in genere. *2* (*gener.*) Qualsiasi disturbo della personalità.

psicopàtico **A** agg. (pl. m. *-ci*) • (*med., psicol.*) Di, proprio della psicopatia | *Personalità psico-*

patica, di individuo con disturbi del comportamento non dovuti a malattia mentale ma ad alterazioni del carattere. **B** agg.; anche s. m. (f. *-a*; pl. m. *-ci*) • Che, chi è affetto da psicopatia.

psicopatologìa [comp. di *psico-* e *patologia*] s. f. (pl. *-gie*) • (*med.*, *psicol.*) Studio fenomenologico delle malattie mentali.

psicopatològico agg. (pl. m. *-ci*) • Di psicopatologia.

psicopatòlogo s. m. (f. *-a*; pl. m. *-gi*, pop. *-ghi*) • Studioso di psicopatologia.

psicopedagogìa [comp. di *psico-* e *pedagogia*] s. f. (pl. *-gie*) • Branca della psicologia che si occupa dei fenomeni di ordine psicologico capaci di permettere una più adeguata formulazione dei metodi didattici e pedagogici.

psicopedagògico [comp. di *psico(logico)* e *pedagogico*] agg. (pl. m. *-ci*) • Relativo alla psicopedagogia: *tecniche psicopedagogiche*.

psicopedagogista s. m. e f. (pl. m. *-i*) • Chi si dedica allo studio della psicopedagogia.

psicoplegìa [comp. di *psico-* e *-plegia*] s. f. • (*med.*) Improvviso deficit mentale.

psicoplègico agg. (pl. m. *-ci*) **1** (*med.*) Relativo a psicoplegia. **2** (*farm.*) Detto di farmaco con spiccata funzione moderatrice delle funzioni psichiche e sensoriali.

psicopòmpo [gr. *psychopompós*, comp. di *psychḗ* 'anima' (V. *psico-*) e *pompós* 'che conduce' (da *pémpein* 'mandare, condurre': V. *pompa (1)*)] agg.; anche s. m. • Nell'antica Grecia, epiteto di divinità, riferito spec. a Ermete e Caronte, che guida le anime dei defunti verso il regno dei morti.

psicoprofilàssi [comp. di *psico-* e *profilassi*] s. f. • (*psicol.*) Trattamento di prevenzione di disturbi o di preparazione a situazioni traumatiche quali il parto, attraverso informazioni e tecniche psicologiche.

psicoprofilàttico agg. (pl. m. *-ci*) • Di, relativo a, psicoprofilassi.

psicosensoriàle [comp. di *psico-* e *sensoriale*] agg. • (*med.*, *psicol.*) Detto di fenomeno psicopatologico di origine sensoriale: *allucinazione p.*

psicosessuàle agg. • (*psicol.*) Detto di fenomeno psichico riguardante la sessualità.

psicosessuologìa [comp. di *psico-* e *sessuologia*] s. f. • (*psicol.*) Studio delle componenti psicologiche della sessualità.

psicòsi [comp. di *psic(o)-* e *-osi*] s. f. **1** (*med.*, *psicol.*) Malattia mentale con grave alterazione della personalità caratterizzata da allucinazioni, delirio, perdita di contatto con il mondo esterno: *p. esogena*, *endogena*; *p. alcolica* | *P. puerperale*, complesso di disturbi psichici che insorgono durante il puerperio. **2** (*est.*) Fenomeno di esaltazione o eccitazione collettiva: *la p. delle armi nucleari*.

psicòsico • V. *psicotico*.

psicosociàle [comp. di *psico(logico)* e *sociale*] agg. • Relativo al rapporto tra comportamenti individuali e ambiente sociale: *conflittualità p.*

psicosociologìa [comp. di *psico-* e *sociologia*] s. f. • Psicologia sociale.

psicosomàtico [comp. di *psico-* e *somatico*] agg. (pl. m. *-ci*) • (*med.*, *psicol.*) Che riguarda la mente e il corpo | *Medicina psicosomatica*, (*ell.*) *psicosomatica*, che studia le ripercussioni dei fenomeni psichici sull'organismo | *Malattia psicosomatica*, malattia di origine psichica con sintomi somatici o fisiologici. SIN. Somatopsichico.

psicostasìa [comp. del gr. *psycho-*, da *psychḗ* 'anima', e *stásis* 'lo stare (diritto)'] s. f. • (*relig.*) Nelle religioni antiche, spec. in quella degli egizi, cerimonia del giudizio divino che si riteneva avvenisse pesando l'anima del defunto.

psicostimolànte [comp. di *psico-* e *stimolante*] **A** s. m. • (*farm.*) Sostanza con azione stimolante sul sistema nervoso centrale. **B** anche agg.: *farmaco p.*

psicotècnica [da *psicotecnico*] s. f. • (*psicol.*) Applicazione di procedimenti psicologici alla vita economica, commerciale e industriale allo scopo di migliorare l'orientamento, la qualificazione e la selezione professionale.

psicotècnico [ingl. *psycho-technical*, comp. di *psycho(logical)* 'psicologico' e *technical* 'tecnico'] **A** agg. (pl. m. *-ci*) • Che concerne la psicotecnica. **B** s. m. • Chi si occupa di psicotecnica.

psicoterapèuta [comp. di *psico-* e *terapeuta*] s. m. e f. (pl. m. *-i*) • Chi pratica la psicoterapia.

psicoterapèutico [comp. di *psico-* e *terapeutico*] agg. (pl. m. *-ci*) • Di, proprio della psicoterapia: *trattamento p.*

psicoterapìa [comp. di *psico-* e *-terapia*] s. f. • (*med.*, *psicol.*) Cura dei disturbi mentali e dei disadattamenti attraverso una tecnica psicologica fondata sul rapporto tra medico e paziente.

psicoteràpico agg. (pl. m. *-ci*) • Psicoterapeutico.

psicoterapista s. m. e f. (pl. m. *-i*) • Psicoterapeuta.

psicòtico o **psicòsico**. **A** agg. (pl. m. *-ci*) • Che riguarda la psicosi: *fenomeno p.* **B** agg.; anche s. m. (f. *-a*) • Che, chi è affetto da psicosi.

psicotònico [comp. di *psico-* e *tonico*] **A** agg. (pl. m. *-ci*) • (*med.*) Che stimola l'attività mentale, la vigilanza, l'umore e sim. **B** s. m. (pl. *-ci*) • (*med.*) Farmaco ad azione psicotonica.

psicòtropo [comp. di *psico-* e *-tropo*] agg. • (*med.*) Detto di farmaco che agisce o influisce sui processi psicologici.

psicròfilo [comp. del gr. *psychrós* 'freddo' (V. *psicrometro*), e *-filo*] agg. • (*biol.*) Detto di organismo che vive a temperature basse, vicine a 0 °C.

psicromètrico agg. (pl. m. *-ci*) • Dello, relativo allo psicrometro e alle sue misurazioni.

psicròmetro [comp. del gr. *psychrós* 'freddo, gelido' (da *psýchein* 'soffiare', di origine indeur.), e *-metro*] s. m. • Strumento che consente la misurazione dell'umidità dell'aria dai valori di temperatura di due termometri, uno dei quali ha il bulbo mantenuto bagnato a mezzo di una garza imbevuta di acqua pura.

psictère [gr. *psychtḗr*, propr. 'rinfrescatore'] s. m. • Antico vaso greco ad anfora o a fungo, per mantenere fresco il vino.

psilla [gr. *psýlla* 'pulce', di origine indeur.] s. f. • Insetto degli Omotteri, parassita, che vive generalmente su foglie e può produrre galle, spec. su alberi da frutta (*Psylla*).

psillio o **silio**, **sillio** [vc. dotta, lat. *psýllio(n)*, dal gr. *psýllion*, da *psýlla* 'pulce' (V. *psilla*), perché i semi sono simili a pulci] s. m. • (*bot.*) Pulicaria.

psilomelàno [comp. del gr. *psilós* 'liscio', di origine indeur., e *mélas*, genit. *mélanos* 'nero' (V. *melano-*)] s. m. • (*miner.*) Biossido di manganese contenente variabili quantità di acqua e impurità di idrossidi di ferro e di altri metalli.

psilòsi [vc. dotta, gr. *psílōsis* 'denudamento', da *psilôun* 'spelare, denudare', da *psilós* 'liscio' (V. *psilomelano*)] s. f. **1** (*med.*) Alopecia. **2** (*ling.*) Perdita dell'aspirazione in inizio di parola, in alcuni dialetti greci antichi.

Psittacifórmi [comp. del gr. *psittakós* 'pappagallo' e il pl. di *-forme*] s. m. pl. • Nella tassonomia animale, ordine di Uccelli delle foreste calde con becco robusto e fortemente ricurvo, zampe brevi con due dita in avanti e due in dietro, piumaggio abbondante e vivacemente colorato, cui appartengono i pappagalli (*Psittaciformes*) | (al sing. *-e*) Ogni individuo di tale ordine.

psittacìsmo [dal gr. *psittakós* 'pappagallo' e *-ismo*] s. m. • Tendenza a ripetere pappagallescamente quanto fanno, o dicono, gli altri.

psittacòsi [dal gr. *psittakós* 'pappagallo', e *-osi*] s. f. • (*med.*) Pneumopatia dell'uomo causata dal batterio *Chlamydia psittaci* trasmesso da pappagalli infetti. CFR. Ornitosi.

psòas [vc. dotta, dal gr. *psóa* 'muscolo lombare'] s. m. inv. • (*anat.*) Ciascuno dei due muscoli che, partendo dalle vertebre lombari, fanno flettere l'uno il tronco e l'altro la coscia sul bacino: *piccolo p.*, *grande p.*

psoàtico agg. (pl. m. *-ci*) • (*anat.*) Dello, relativo allo, psoas.

psòco [dal gr. *psṓchein* 'sminuzzare', da *psên* 'grattare', di origine indeur.: detto così per la sua abitudine di ridurre in polvere diversi corpi legnosi] s. m. (pl. *-chi*) • Piccolo insetto degli Psocotteri, gialliccio, con ali trasparenti munite di due piccole macchie, che vive sotto le cortecce o le pietre (*Psocus bipunctatus*).

Psocòtteri [comp. del gr. *psṓchein* 'sminuzzare' (V. precedente) e *-ttero*] s. m. pl. • Nella tassonomia animale, ordine di Insetti con apparato boccale masticatore, che conducono vita terrestre sotto sassi, pietre o tra i libri e le vecchie carte (*Psocoptera*) | (al sing. *-o*) Ogni individuo di tale ordine.

psòfo [dal gr. *psóphos* 'rumore, strepito' (che questo animale fa con la voce), di etim. incerta] s. m. • Insetto ortottero del gruppo delle cavallette, grigiastro con ali rosse, che saltando produce un forte stridio (*Psophus stridulus*).

psorìasi [vc. dotta, gr. *psōríasis*, da *psṓra* 'scabbia', da *psên* 'grattare', di origine indeur.] s. f. • (*med.*) Affezione cutanea cronica a tipo desquamativo che compare di preferenza sulle ginocchia e sui gomiti.

psòrico [vc. dotta, gr. *psōrikós*, da *psṓra* 'scabbia' (V. *psoriasi*)] agg. (pl. m. *-ci*) • (*med.*) Di psoriasi.

pss /ps/ o **ps**, **pst** [vc. onomat.] inter. • Riproduce il sibilo leggero che si emette per imporre silenzio o per richiamare l'attenzione di qc.

ptàrmica • V. *tarmica*.

ptèride [vc. dotta, lat. *ptĕride(m)*, nom. *ptĕris*, dal gr. *pterís*, genit. *pterídos*, da *pterón* 'penna' (V. *ptero-*)] s. f. • (*bot.*) Felce aquilina.

Pteridòfite [comp. del gr. *pterís*, genit. *pterídos* 'felce' (V. *pteride*) e *-fito*] s. f. pl. • Nella tassonomia vegetale, divisione di piante con radice, fusto e foglie, ma prive di fiori e di semi, cui appartengono le felci (*Pteridophyta*) | (al sing. *-a*) Ogni individuo di tale divisione. ➡ ILL. **piante** /1.

pterìgio [gr. *pterýgion*, dim. di *ptéryx*, genit. *ptérygos* 'ala' (da *pterón* 'ala': V. *ptero-*)] s. m. **1** (*med.*) Ispessimento della congiuntiva del bulbo oculare, dovuta spec. a irritazioni croniche. **2** (*zool.*) Pinna pari dei Pesci.

pterigòide [vc. dotta, gr. *pterygoeidḗs* 'simile ad ala', comp. di *ptéryx*, genit. *ptérygos* 'ala' (V. *ptero-*) ed *-eidḗs* '-oide'] s. m. • (*anat.*) Ciascuna delle due sottili apofisi inferiori dello sfenoide.

pterigoidèo [da *pterigoide*] agg. • (*med.*) Che concerne le apofisi pterigoidi.

Pterigòti [vc. dotta, gr. *pterygōtós* 'alato', da *ptéryx*, genit. *ptérygos* 'ala' (V. *ptero-*)] s. m. pl. • Nella tassonomia animale, sottoclasse di Insetti provvisti di ali o atteri per riduzione secondaria (*Pterygota*) | (al sing. *-o*) Ogni individuo di tale sottoclasse.

pterilòsi [comp. di *ptero-* e del gr. *hýlē* 'selva' (di origine sconosciuta)] s. f. • (*zool.*) Distribuzione delle piume e delle penne sul corpo degli Uccelli.

ptèro- o **ptèr-**, davanti a vocale [dal gr. *pterón* 'ala', da una base indeur.] primo elemento • In parole composte della terminologia scientifica significa 'ala': *pterobranchi*, *pteroglosso*, *pterosauri*.

-ptero • V. *-ttero*.

Pterobrànchi [comp. di *ptero-* e *branchia*: detti così dall'aspetto piumoso delle branchie] s. m. pl. • Gruppo di animali marini di discussa posizione sistematica, aventi piccole dimensioni e formanti colonie sessili nei mari freddi (*Pterobranchiata*).

ptèrocle [da *ptero-*; la seconda parte è dal gr. *kléis* 'chiavistello' (di origine indeur.), per la forma delle ali (?)] s. m. • Uccello con ali molto sviluppate, colori intonati all'ambiente arido e desertico in cui vive, voce alta e sgradevole (*Pterocles*). SIN. Pernice del deserto.

pterodàttilo [comp. di *ptero-* e *dattilo*: detto così dagli artigli emergenti dalle ali] s. m. • Genere di Rettili volanti fossili mesozoici, con dentatura ridotta e coda corta (*Pterodactylus*).

pteròfora [vc. dotta, gr. *pterophóros* 'piumato', comp. di *pterón* 'penna, piuma' (V. *ptero-*) e *-phóros* '-foro'; detta così perché ha le ali come costituite da piccole piume] s. f. • Piccola farfalla biancastra con ali anteriori biforcate e posteriori triforcate (*Alucita pentadactyla*).

pteroglòsso [comp. di *ptero-* e del gr. *glôssa* 'lingua' (V. *glossa (2)*); detto così perché ha la lingua a forma di penna] s. m. • Uccello brasiliano dei Tucani con grande becco giallo superiormente e nero inferiormente (*Pteroglossus atricollis*).

pteròide [comp. di *pter(o)-* e *-oide*; detto così dalle pinne a forma di ali] s. m. • Pesce marino osseo dei Perciformi, con ampie pinne pettorali e spine velenose (*Pterois volitans*). SIN. Pesce farfalla.

pteròmalo [comp. di *ptero-* e del gr. *malós* 'tenero', di etim. incerta] s. m. • Minuscolo insetto degli Imenotteri con corpo peloso e ali trasparenti di color verde bronzeo (*Pteromalus puparum*).

pteròmide [comp. di *ptero-* e del gr. *mŷs* 'topo' (V. *mio-*); detto così per la membrana dei piedi] s. m. ● Genere di Roditori notturni dell'India con coda a ciuffo e con patagio che permette lunghi voli planati (*Pteromys*).

ptèropo [vc. dotta, gr. *pterópous* 'dai piedi alati', comp. di *pterón* 'ala' (V. *ptero-*) e *póus*, genit. *podós* 'piede' (V. *-pode*)] s. m. ● Genere di pipistrelli degli Pteropodi, gregari, caratteristici dell'Australia e delle isole della Sonda, dannosi ai frutteti (*Pteropus*).

Pteròpodi [comp. di *ptero-* e *-pode*; detti così perché le parti laterali del piede si trasformano in pinne natatorie] s. m. pl. ● Nella tassonomia animale, ordine di piccoli Molluschi dei Gasteropodi con conchiglia sottile e piede espanso a formare due appendici che consentono il movimento (*Pteropoda*) | (al sing. *-e*) Ogni individuo di tale ordine.

Pterosàuri [comp. di *ptero-* e del gr. *sâuros* 'lucertola' (V. *sauro*)] s. m. pl. ● Nella tassonomia animale, ordine di Rettili mesozoici adattati al volo, in cui la membrana alare è sostenuta da un solo dito degli arti anteriori, molto sviluppato (*Pterosauria*) | (al sing. *-o*) Ogni individuo di tale ordine.

pterotrachèa [comp. di *ptero-* e *trachea*; denominata così dal Forksal che aveva scambiato le fibre muscolari delle pinne per la trachea] s. f. ● Genere di molluschi dei Gasteropodi, con corpo trasparente privo di conchiglia, che contribuiscono a formare il plancton spec. nei mari tropicali (*Pterotrachea*).

ptialìna [dal gr. *ptýalon* 'saliva', da *ptýein* 'sputare', da una radice indeur. di origine espressiva] s. f. ● (*med.*) Enzima, contenuto nella saliva, che trasforma le sostanze amidacee insolubili in zuccherine solubili.

ptialìṣmo [vc. dotta, gr. *ptyalismós*, da *ptýalon* 'saliva' (V. *ptialina*)] s. m. ● (*med.*) Aumento della secrezione salivare. SIN. Scialorrea.

pticozòon [comp. del gr. *ptýx*, genit. *ptychós* 'piega' e *-zoon*; detto così dalle piegature della pelle] s. m. ● Sauro asiatico con larghe dita a spatola collegate da membrana e pelle rivestita da granuli e tubercoli, che forma espansioni ai lati del corpo e della coda (*Ptychozoon homalocephalum*).

ptilonorinco [comp. del gr. *ptílon* 'piuma' (di origine indeur.), *ónos* 'asino' (V. *onisco*) e *rýnchos* 'becco' (V. *rinchite*); detto così dalle *piume* che si trovano alla base del suo *becco*] s. m. (pl. *-chi*) ● Uccello australiano delle Paradisee, il cui maschio costruisce caratteristici nidi a pergolato (*Ptilonorhynchus violaceus*).

ptilòṣi [vc. dotta, gr. *ptílōsis*, da *ptilôun* 'fornire di ali, di piume', da *ptílon* 'piuma' (V. *ptilonorinco*)] s. f. ● (*med.*) Caduta delle ciglia per infiammazione cronica palpebrale.

ptìno [vc. dotta, gr. *ptēnós* 'alato, pennuto', da una radice indeur. che significa 'volare'] s. m. ● Piccolo insetto coleottero notturno, con lunghe antenne, che vive in case e magazzini danneggiando sostanze commestibili, carta, pelli (*Ptinus fur*).

†**ptìṣi** ● V. *tisi*.

ptomaìna [dal gr. *ptôma*, genit. *ptṓmatos* 'caduta', poi 'cadavere', di origine indeur.: detta così perché si forma negli organismi in putrefazione] s. f. ● (*biol.*) Sostanza che si forma nella putrefazione degli organismi animali.

ptòṣi [vc. dotta, gr. *ptôsis*, di origine indeur.] s. f. ● (*med.*) Caduta, abbassamento di un organo.

pu ● V. *puh*.

puàh /pwah/ [vc. espressiva] inter. ● Esprime disprezzo, disgusto e sim. spec. ostentati.

pub /*ingl.* pʌb/ [vc. ingl., acrt. di *public house* 'locale pubblico'] s. m. inv. ● In Gran Bretagna e, gener., nei paesi anglosassoni, locale pubblico dove si consumano bevande alcoliche | (*est.*) In altri paesi, tipo di bar o caffè il cui arredamento rievoca quello del pub inglese.

pubalgìa [comp. di *pub(e)* e *-algia*] s. f. ● (*med.*) Qualsiasi sensazione dolorosa avvertita nella zona pubica.

pubblicàbile agg. ● Che si può pubblicare.

pubblicaménto s. m. ● (*raro*) Il rendere pubblico q.c.

pubblicàno o (*lett.*) **publicàno** [vc. dotta, lat. *publicānu(m)*, da *pūblicum* 'proprietà dello stato, erario', nt. sost. di *pūblicus* 'pubblico'] s. m. **1** Nel diritto romano, aggiudicatario di appalti per forniture, opere pubbliche e riscossione di imposte. **2** (*est.*, *raro*) Gabelliere, appaltatore | (*spreg.*) Uomo odioso per la sua esosità.

pubblicàre o (*lett.*) **publicàre** [vc. dotta, lat. *publicāre*, da *pūblicus* 'pubblico'] v. tr. (*io pùbblico, tu pùbblichi*) **1** Palesare al pubblico, rendere di pubblico dominio: *p. un'ordinanza*; *p. una notizia*, *un segreto*. SIN. Diffondere, divulgare. **2** Fare uscire in pubblico uno scritto, un disegno, un'opera letteraria, un giornale e sim.: *p. un romanzo a puntate*; *p. un mensile di arredamento*. **3** †Confiscare: *arse le loro case, e' beni publicò in comune* (COMPAGNI).

pubblicàto o (*lett.*) **publicàto**. part. pass. di *pubblicare*; anche agg. ● Nei sign. del v.

pubblicatóre [vc. dotta, lat. tardo *publicatōre(m)*, da *publicātus* 'pubblicato'] agg.; anche s. m. (f. *-trice*) ● (*raro*) Che, chi pubblica.

pubblicazióne o (*lett.*) **publicazióne** [vc. dotta, lat. *publicatiōne(m)*, da *publicātus* 'pubblicato'] s. f. **1** Atto, effetto del rendere pubblico, del pubblicare libri, scritti e sim.: *la p. della sentenza*; *la p. del giornale è stata sospesa*. **2** L'opera che viene pubblicata per mezzo della stampa: *sono uscite nuove pubblicazioni scientifiche*; *una p. periodica*. **3** *Pubblicazioni matrimoniali*, (*ell.*) *pubblicazioni*, documento recante le indicazioni anagrafiche degli sposi esposto in municipio e in chiesa prima del matrimonio. **4** †Confisca.

pubblicìṣmo [da *pubblicista*] s. m. ● L'insieme dei mezzi di pubblica informazione attraverso i quali si diffonde la propaganda.

pubblicìsta [fr. *publiciste*, da *public* 'pubblico'] s. m. e f. (pl. m. *-i*) **1** Chi scrive per riviste, giornali e sim. come collaboratore esterno. **2** Chi è esperto di diritto pubblico.

pubblicìstica [da *pubblicista*] s. f. **1** Attività svolta da giornalisti libellisti e sim. nella pubblicazione di articoli, libelli politici e sim. **2** Complesso di pubblicazioni di attualità.

pubblicìstico agg. (pl. m. *-ci*) **1** Di, relativo a pubblicistica. **2** Di, relativo a diritto pubblico.

pubblicità [fr. *publicité*, da *public* 'pubblico'] s. f. **1** L'essere pubblico. **2** Divulgazione, diffusione tra il pubblico: *fare p. a una notizia* | *Fare grande p. a q.c.*, richiamare l'attenzione di tutti su q.c. **3** Attività aziendale diretta a far conoscere l'esistenza di un bene o servizio e a incrementarne il consumo e l'uso: *spendere milioni per la p.*; *la p. è l'anima del commercio*; *agenzia di p.* **4** (*est.*) Qualsiasi forma di annuncio diretto al pubblico per scopi commerciali: *p. radiofonica*, *murale*, *televisiva* | *P. istituzionale*, fatta a vantaggio di un ente o di una azienda | *Piccola p.*, inserzione in rubriche speciali predisposte dai giornali in determinate pagine | *P. diretta*, effettuata mediante invio direttamente al pubblico di lettere, dépliant e sim. | *P. comparativa*, quella in cui il prodotto propagandato è paragonato con altri concorrenti. SIN. Réclame.

pubblicitàrio [fr. *publicitaire*, da *publicité* 'pubblicità'] **A** agg. ● Che si riferisce o serve alla pubblicità: *manifesto p.*; *campagna pubblicitaria*. **B** s. m. (f. *-a*) ● Chi lavora nella pubblicità.

pubblicizẓàre v. tr. ● Promuovere la conoscenza, spec. di prodotti industriali, per mezzo della pubblicità: *p. detersivi*, *automobili*.

pubblicizẓàto part. pass. di *pubblicizzare*; anche agg. ● Nei sign. del v.

pubblicizẓazióne s. f. ● Atto, effetto del pubblicizzare.

pùbblico o (*lett.*) **pùblico** [vc. dotta, lat. *pūblicu(m)*, da avvicinare a *pŏpulus* 'popolo'] **A** agg. (pl. m. *-ci*, †*-chi*) **1** Che concerne, riguarda la collettività: *la pubblica utilità*; *è una necessità pubblica*; *pericolo p.*; *garantire l'ordine p.*, *la quiete pubblica* | *Vita pubblica*, politica | *Salute pubblica*, difesa, tutela degli interessi del popolo | *Forza pubblica*, (*gener.*) le forze di polizia | *Bene p.*, che appartiene allo Stato o alla comunità | *Debito p.*, l'insieme di tutti i prestiti contratti dallo Stato | *Diritto p.*, complesso degli atti legislativi che regolano l'organizzazione e l'attività dello Stato e degli altri minori enti politici nelle relazioni con privati o tra loro | *Atto p.*, documento redatto, con le richieste formalità, da un notaio o da altro ufficiale autorizzato ad attribuirgli fede nel luogo dove l'atto è formato | *Pubblico Ministero*, organo giudiziario che compie attività processuali in veste di parte o di ausiliario di giustizia in processi civili o penali | *Pubblica Accusa*, Pubblico Ministero | *Pubbliche relazioni*, V. *relazione*. **2** Che è di tutti, del popolo: *voce pubblica*; *opinione pubblica* | Che tutti conoscono e giudicano: *è una faccenda di dominio p.* | *Rendere di pubblica ragione*, fare oggetto dei discorsi e degli apprezzamenti di tutti | Fatto di fronte a tutti: *cerimonia pubblica*; *pubblica ammissione* | *Esame p.*, al quale possono assistere tutti. **3** Che è accessibile a tutti, che è posto al servizio della collettività: *luogo p.*; *locale p.*; *strada pubblica*; *giardini pubblici*; *auto pubblica* | (*raro*, *est.*) Di uso gratuito: *bagno p.* ‖ **pubblicaménte**, avv. In pubblico, di fronte a tutti: *lo ha accusato pubblicamente*; universalmente, a tutti: *è un fatto pubblicamente noto*. **B** s. m. **1** Numero indeterminato di persone considerate nel loro complesso e aventi spesso interessi comuni in quanto abitano o frequentano uno stesso luogo, assistono a un medesimo spettacolo, ecc.: *luogo aperto al p.*; *esporsi al p.*; *il p. delle grandi città*; *il teatro è affollato da un p. irrequieto* | *In p.*, in un luogo frequentato, al cospetto di un numero indeterminato di persone: *mostrarsi*, *apparire*, *farsi vedere*, *in p.* | †*A p.*, in pubblico. **2** †Comunità, comune, stato.

pùbe [vc. dotta, lat. *pūbe(m)* 'pelo, pube', di etim. incerta] s. m. **1** (*anat.*, *zool.*) Osso pari ventrale della cintura pelvica. ➡ ILL. p. 364 ANATOMIA UMANA. **2** (*anat.*) Regione del corpo umano sovrastante la sinfisi pubica e sottostante alla regione ombelicale.

puberàle [da *pubere*] agg. ● Relativo alla pubertà.

pùbere o †**pùbero** [vc. dotta, lat. *pūbere(m)*, da *pūbes* 'pube'] **A** agg. ● Detto di individuo in cui si sono già manifestati i caratteri della pubertà: *ragazzo*, *ragazza p.* **B** anche s. m. e f.

pubertà [vc. dotta, lat. *pubertāte(m)*, da *pūbes*, genit. *pūberis* 'pubere'] s. f. ● Periodo di sviluppo o di inizio dell'attività delle ghiandole sessuali, che si manifesta nella donna con la prima mestruazione, nell'uomo con la produzione di sperma.

pubescènte [vc. dotta, lat. *pubescĕnte(m)*, part. pres. di *pubēscere* 'mettere i primi peli, divenire adulto', da *pūbes* (V. *pube*)] agg. **1** (*bot.*) Di organo vegetale ricoperto da fitti peli. **2** (*raro*, *lett.*) Puberale.

pubescènza [da *pubescente*] s. f. ● (*bot.*) Presenza di peli su un organo vegetale o sull'intera pianta.

pùbico agg. (pl. m. *-ci*) ● (*anat.*) Del pube | *Sinfisi pubica*, riunione delle due ossa del pube sulla linea mediana | *Regione pubica*, in corrispondenza della sinfisi pubica.

publicàno ● V. *pubblicano*.

pùblico e *deriv.* ● V. *pubblico* e *deriv.*

public relations /*ingl.* 'pʌblik ri'leiʃənz/ [vc. ingl., propriamente 'pubbliche relazioni'] loc. sost. f. pl. ● Pubbliche relazioni.

publishing /*ingl.* 'pʌbliʃiŋ/ [vc. ingl., propr. 'editoria', da *to publish* 'pubblicare'] s. m. inv. ● Gestione, attività editoriale.

Pucciniàcee [dal n. dello scienziato T. *Puccini* (vissuto tra il XVII e il XVIII sec.), con *-acee*] s. f. pl. ● Nella tassonomia vegetale, famiglia di Funghi dei Basidiomiceti parassiti dannosi su molte piante (*Pucciniaceae*) | (al sing. *-a*) Ogni individuo di tale famiglia.

pucciniàno **A** agg. ● Relativo al musicista G. Puccini (1858-1924) e alla sua opera: *produzione*, *critica pucciniana*. **B** s. m. (f. *-a*) ● Seguace, ammiratore, studioso di Puccini.

puddellàggio o **pudellàggio** [da *puddellare*] s. m. ● (*metall.*) Processo di affinazione, in speciali forni a riverbero, per ottenere ferro dalla ghisa.

puddellàre o **pudellàre** [ingl. *to puddle* 'mescolare', da *puddle* 'pozzanghera, malta', di origine espressiva] v. tr. (*io puddèllo*) ● (*metall.*) Sottoporre a puddellaggio.

puddellazióne o **pudellazióne**. s. f. ● (*metall.*) Puddellaggio.

pudding /*ingl.* 'pudiŋ/ [vc. ingl., 'budino': dal fr.

boudin, di origine espressiva (?)] s. m. inv. ● Budino.

puddìnga [fr. *poudingue*, dall'ingl. *pudding* (*stone*) 'pietra a forma di budino' (V. *budino*)] s. f. ● (*miner.*) Roccia conglomeratica con elementi tondeggianti uniti da abbondante cemento siliceo.

pudellàre e *deriv.* ● V. *puddellare* e *deriv.*

pudènde o **pudènda** [vc. dotta, lat. *pudĕnda*, gerundio nt. pl. di *pudēre* 'vergognarsi', da *pŭdor*, genit. *pudōris* 'pudore'] s. f. pl. ● Genitali esterni.

pudèndo [vc. dotta, lat. *pudĕndu(m)* 'cosa di cui ci si deve vergognare', gerundio di *pudēre* 'vergognarsi'. V. *pudende*] **A** agg. ● (*raro*) Detto di parte del corpo che si ha pudore a mostrare. **B** s. m. ● (*anat.*) Vulva.

pudibóndo [vc. dotta, lat. *pudibŭndu(m)*, da *pudēre* 'vergognarsi' (V. *pudende*)] agg. ● (*lett.*) Che mostra grande pudore: *fanciulla pudibonda*; *atto, discorso, sguardo p.* ‖ **pudibondaménte**, avv. (*raro*) In modo pudibondo.

pudicìzia [vc. dotta, lat. *pudicĭtia(m)*, da *pudīcus* 'pudico'] s. f. ● Atteggiamento caratterizzato da grande riservatezza e da forte senso del pudore: *rispettare, offendere, violare la p. di qc.* CONTR. Impudicizia.

pudìco [vc. dotta, lat. *pudīcu(m)*, da *pudēre* 'aver vergogna' (V. *pudende*)] agg. (pl. m. *-chi*) **1** Che mostra di avere pudicizia, detto di persona: *donna pudica* | Di ciò che rivela pudicizia: *silenzio, sguardo p.* SIN. Casto, verecondo. CONTR. Impudico, inverecondo. **2** (*lett.*) Modesto, timido, umile, riservato: *mantenne per tutto il tempo un silenzio p.* (MANZONI). CONTR. Sfacciato, svergognato. ‖ **pudicaménte**, avv. Con pudicizia, da persona pudica.

†**pudìno** ● V. *budino*.

pudóre [vc. dotta, lat. *pudōre(m)*: di origine indeur. (?)] s. m. **1** Naturale sentimento di riserbo per quanto riguarda la sfera sessuale, la nudità e sim.: *avere, non avere p.*; *provare p.*; *mancare di p.*; *il comune senso del p.*; *atti, gesti che offendono il p. altrui.* **2** (*est.*) Senso di discrezione, di rispetto di sé e degli altri: *abbi almeno il p. di tacere*; *uno strano p. m'impedì di parlare*; *i tuoi pudori sono eccessivi*; *il pudor mi fa vile, e prode l'ira* (FOSCOLO) | *Persona senza p.*, sfacciata, spudorata.

pùdu [da una vc. dell'America merid.] s. m. ● Genere di Cervidi sudamericani, grandi come un'antilope nana, con corna brevi (*Pudu*).

pueblo /*sp.* 'pweblo/ [vc. sp., propriamente 'villaggio': stessa etim. dell'it. *popolo*] s. m. inv. ● Particolare tipo di villaggio dell'epoca precolombiana tuttora presente nell'Arizona e nel Nuovo Messico, costituito per lo più da case agglomerate e terrazzate con caratteristico accesso mediante scale a pioli.

puericultóre [comp. del lat. *pŭer*, genit. *pŭeri* 'fanciullo', di origine indeur. e *cultore*] s. m. ● Medico che si occupa dell'assistenza dei fanciulli, spec. dei lattanti e nella prima infanzia.

puericultrìce [f. di *puericultore*] s. f. ● Infermiera abilitata all'assistenza dei neonati e dei bambini nella prima infanzia in istituti, case nido e sim.

puericultùra [comp. del lat. *pŭer*, genit. *pŭeri* 'fanciullo', di origine indeur. e *cultura*] s. f. ● Ramo della medicina che studia le caratteristiche morfologiche e di sviluppo del bambino. SIN. Pedologia.

puerìle [vc. dotta, lat. *puerīle(m)*, da *pŭer*, genit. *pŭeri* 'fanciullo' (V. *puericultura*)] agg. **1** Di, da fanciullo: *età p.*; *divertimento p.* SIN. Fanciullesco, infantile. **2** (*spreg.*) Che rivela ingenuità, leggerezza o immaturità: *sono discorsi, questioni puerili*; *sarebbe p. intendere quelle parole in modo letterale* (CROCE). ‖ **puerilménte**, avv. In maniera puerile (*spec. spreg.*).

puerilìsmo [comp. di *pueril(e)* e *-ismo*] s. m. ● (*med.*) Infantilismo.

puerilità [vc. dotta, lat. *puerilitāte(m)*, da *puerīlis* 'puerile'] s. f. **1** (*spreg.*) Qualità di ciò che è puerile: *la p. del vostro comportamento.* **2** (*spreg.*) Atto, comportamento, discorso puerile: *fare, dire p.* SIN. Fanciullaggine, ingenuità, sciocchezza. **3** †Puerizia.

puerìzia [vc. dotta, lat. *puerĭtia(m)*, da *pŭer*, genit. *pŭeri* 'fanciullo' (V. *puericultura*)] s. f. **1** (*lett.*) Età puerile. SIN. Fanciullezza. **2** †Azione, pensiero puerile.

†**pùero** [vc. dotta, lat. *pŭeru(m)* (V. *puericultura*)] s. m. ● Bambino, fanciullo.

puerocentrìsmo [comp. del lat. *pŭeru(m)* 'bambino' e della seconda parte di (*ego*)*centrismo*] s. m. ● (*pedag.*) Teoria che mette il bambino al centro del processo educativo, adattando le tecniche didattiche alle sue esigenze.

puèrpera [vc. dotta, lat. *puĕrpera(m)*, comp. di *pŭer* 'bambino' (V. *puericultura*) e *părere* 'partorire' (V.)] s. f. ● Donna che ha appena espletato il parto.

puerperàle agg. ● Relativo al puerperio.

puerpèrio [vc. dotta, lat. *puerpĕriu(m)*, da *puĕrpera* 'puerpera'] s. m. ● Periodo che segue il parto e il secondamento, fino al ritorno della donna nelle condizioni normali, della durata approssimativa di 60 giorni.

puf (**1**) s. m. ● Adattamento di *pouf* (V.).

puf (**2**) o **puff** [vc. onomat.] inter. ● Riproduce il rumore di un soffio o di uno sbuffo o di q.c. che si sgonfia | Riproduce il rumore sbuffante di una locomotiva a vapore o l'ansimare affannoso di una persona che ha corso o sostenuto una grande fatica.

puffino [ingl. *puffin*, di etim. incerta] s. m. ● Genere di uccelli marini dei Procellariformi, avidissimi cacciatori di pesci in mare aperto, con lunghe ali e becco sottile ricurvo in basso (*Puffinus*). SIN. Berta.

pùggia e *deriv.* ● V. *poggia* e *deriv.*

puggiàre ● V. *poggiare* (*2*).

puggièro ● V. *poggiero*.

pugiadìsmo ● V. *poujadismo*.

pugiadìsta ● V. *poujadista*.

pugilàto [vc. dotta, lat. *pugilātu(m)*, da *pŭgil*, genit. *pŭgilis* 'pugile'] s. m. **1** Sport di combattimento nel quale due atleti si attaccano e si difendono servendosi dei soli pugni protetti da guantoni appositi. SIN. Boxe. **2** (*est.*) Scambio di pugni: *la lite finì in un p. generale.*

pugilatóre [vc. dotta, lat. tardo *pugilatōre(m)*, da *pugilātus* 'pugilato'] s. m. ● (*raro*) Pugile.

pùgile [vc. dotta, lat. *pŭgile(m)*, dalla stessa radice di *pŭgnus* 'pugno'] s. m. ● Atleta che pratica il pugilato. SIN. Boxeur.

pugilista s. m. (pl. *-i*) ● (*raro*) Pugile, pugilatore.

pugilistico agg. (pl. m. *-ci*) ● Relativo al pugilato o ai pugili: *attività pugilistica*; *incontro p.*

pugillàre [vc. dotta, lat. *pugillāre(m)*, propriamente 'della grossezza di un pugno', da *pugĭllus* 'pugno, manciata', da *pŭgnus* 'pugno'] s. m. ● (*spec. al pl.*) Tavolette cerate di piccole dimensioni, o fogli di pergamena, usati nell'antica Roma per note e appunti.

pùgio [vc. dotta, lat. *pūgio*, nom., 'pugnale', da avvicinare a *pŭngere* 'pungere'] s. m. ● Nell'antica Roma, pugnale portato alla cintura dagli imperatori e dagli alti ufficiali.

pùglia [sp. *polla*, propriamente 'gallina' (V. *pollo*): perché il deporre il denaro nel piatto ricorda il deporre delle uova della gallina (?)] s. f. ● Nei giochi a carte, il gettone che si punta o l'insieme dei gettoni posseduti da un giocatore | Denaro puntato al gioco, che si mette nel piatto.

pugliése **A** agg. ● Relativo alla Puglia. **B** s. m. e f. ● Abitante, nativo della Puglia. **C** s. m. solo sing. ● Dialetto italiano meridionale, parlato in Puglia.

pùgna o †**pùnga** [vc. dotta, lat. *pŭgna(m)*, da *pugnāre* 'combattere'] s. f. ● (*lett.*) Battaglia, combattimento, mischia: *vincere la p.* | †*Restituire la p.*, ristabilire le sorti | (*lett., fig.*) Contrasto.

pugnàce [vc. dotta, lat. *pugnāce(m)*, da *pugnāre* 'combattere'] agg. **1** (*lett.*) Bellicoso, battagliero, combattivo. **2** (*lett.*) Che spinge, incita al combattimento. ‖ **pugnacemènte**, avv. (*lett.*) Con atteggiamento pugnace, fiero, battagliero.

pugnalàre v. tr. ● Ferire, ammazzare con un pugnale | *P. alle spalle*, (*fig.*) colpire a tradimento.

pugnalàta s. f. ● Colpo, ferita di pugnale | (*fig.*) Colpo improvviso e inferto a tradimento che reca dolore: *la sua fuga è stata una p. per tutti.*

pugnalatóre s. m. (f. *-trice*) ● Chi pugnala | (*raro*) Chi maneggia il pugnale con perizia.

pugnàle [detto così perché è l'arma che si tiene in *pugno*] s. m. ● Arma bianca corta a due tagli e con punta acuminata | *Colpo di p.*, pugnalata | *Lavorare di p.*, dare pugnalate. ‖ **pugnalàccio**, pegg. | **pugnalétto**, dim. | **pugnalìno**, dim. | **pugnalóne**, accr.

pugnàre [vc. dotta, lat. *pugnāre*, propriamente 'combattere con i pugni', da *pŭgnus* 'pugno'] v. intr. (aus. *avere*) **1** (*lett.*) Combattere. **2** (*fig., lett.*) Contrastare, polemizzare: *questo articolo non pugna col primo, e col secondo, come ad alcuni potria apparire* (CAMPANELLA). **3** (*raro, lett.*) Darsi da fare.

pugnatóre [vc. dotta, lat. *pugnatōre(m)*, da *pugnātus*, part. pass. di *pugnāre* 'pugnare'] s. m. (f. *-trice*) ● (*raro, lett.*) Chi pugna, lotta, combatte.

†**pugnazióne** s. f. ● Atto, effetto del pugnare.

†**pugnàzzo** [da *pugna*] s. m. ● Scaramuccia.

pugnèllo s. m. **1** Dim. di *pugno*. **2** (*raro*) Quantità di roba che si può stringere in un pugno. SIN. Manciata. **3** †Impugnatura.

†**pùgnere** ● V. *pungere*.

†**pugneréccio** agg. ● Atto a pungere.

†**pugneróne** [da *pugnere*] s. m. ● Pungiglione, stimolo.

pugnétto s. m. **1** Dim. di *pugno*. **2** (*anat.*) Regione del polso.

†**pugnitìccio** [da *pugnere*] s. m. ● Stimolo, pungolo.

pugnitòpo ● V. *pungitopo*.

†**pugnitùra** [da *pugnere*] s. f. ● Puntura.

pùgno [lat. *pŭgnu(m)*, da una radice indeur. che significa 'colpire, pungere', da cui anche *pŭngere* 'pungere'] s. m. (pl. lett. †*pugna*, raro †*pugnora*, f.) **1** Mano serrata con le dita strette fortemente insieme per tenere q.c. o per colpire: *allargare il p.*; *stringere la spada in p.* | *Tenere qc. in p.*, averlo in proprio potere | *Avere q.c. in p.*, (*fig.*) essere sicuro di ottenerla | *Mostrare il p.*, minacciare | *P. duro, p. di ferro*, (*fig.*) atteggiamento estremamente deciso ed energico | *Avere p. di ferro in guanto di velluto*, (*fig.*) agire energicamente, ma con molto garbo e diplomazia | (*est.*) Mano chiusa o che sta per chiudersi: *stringere i pugni per la rabbia* | *Firmare di proprio p.*, di propria mano. **2** Colpo dato col pugno, cazzotto: *tirare, sferrare pugni* | *Fare a pugni*, lottare, azzuffarsi e (*fig.*) essere in contrasto | *P. proibito*, (*pop.*) persona molto forte o pericolosa. **3** (*est.*) Ciò che si stringe in pugno: *un p. di sale, di olive* | (*est.*) Quantità minima o trascurabile: *un p. di gente*; *possedere un p. di terra* | *Restare con un p. di mosche*, restare deluso. SIN. Manciata. **4** *P. di ferro*, tirapugni. ‖ **pugnèllo**, dim. (V.) | **pugnerèllo**, dim. | **pugnétto**, dim. (V.) | **pugnìno**, dim. | **pugnolìno**, dim. | **pugnòlo**, †**pugnuòlo**, dim. ‖ **pugnóne**, accr.

†**pugnolàre** [variante metatetica di *pungolare*] v. tr. ● Pungere, molestare.

puh /pu/ o (*raro*) **pu**. inter. ● Esprime fastidio, disgusto, disprezzo, derisione e sim.: *puh! che grand'uomo!*

†**pùi** ● V. *poi*.

pùia ● V. *poiana*.

puiàna ● V. *poiana*.

puìna [dal lat. *popīna* 'bettola, taverna, vivanda da osteria'] s. f. ● (*sett.*) Ricotta.

pùla (**1**) [da *pulire*] s. f. **1** Rivestimento dei semi di cereali o di altre piante che si stacca con la trebbiatura. SIN. Lolla. **2** Sottoprodotto della sbiancatura del riso, costituito dagli strati corticali del seme. SIN. Loppa.

pùla (**2**) [da *pol(izi)a* con *u* non spiegato dal momento che il fr. *poule*, ipotetico ispiratore, è detto di orig. it.] s. f. ● (*gerg.*) Polizia.

pùlca o **pùlka** [lappone *pulka*] s. f. ● Tipica slitta dei Lapponi trainata da renne, adatta a lunghi percorsi.

pùlce [lat. *pūlice(m)*, di origine indeur.] **A** s. f. **1** Insetto degli Afanitteri, ovale, bruno rossastro, che si nutre di sangue umano o di animali domestici e vive fra le stoffe, o anche sul terreno, deponendo le uova su detriti organici (*Pulex irritans*) | *P. d'acqua*, piccolo Cladocero comune nelle acque dolci (*Daphnia pulex*) | *P. nell'orecchio*, (*fig.*) sospetto, scrupolo, pensiero molesto | *Fare, cercare le pulci a qc.*, (*fig.*) ricercarne i difetti e gli errori con spirito eccessivamente critico e malevolo | *Noioso come una p.*, noiosissimo | (*raro*) *Fare gli occhi alle pulci*, essere molto abile. **2** *Gioco delle pulci*, che si svolge fra due o più giocatori con gettoni d'osso o di plastica, i quali vengono fatti saltare su un tavolo premendone l'orlo con un altro gettone più grande: vince chi mangia i gettoni dell'avversario saltandovi sopra con uno dei suoi | *Mercato delle pulci*, in cui si vendono oggetti d'occasione di ogni genere, gener. vecchi o usati. *3* (*tecnol.*) Microspia. || **pulcétta**, dim. | **pulcettina**, dim. | **pulcióna**, accr. **B** in funzione di agg. inv. • (posposto al s.) Solo nella loc. *color p.*, detto di colore tra il marrone e il rossiccio || PROV. Una pulce non leva il sonno.

pulcèlla o **pulzèlla** [ant. fr. *pulcele*, dal lat. parl. **pulicĕlla(m)*, di etim. incerta] s. f. • (*raro, lett.*) Fanciulla, vergine | *La p. d'Orléans*, Giovanna d'Arco. || **pulcellétta**, dim. | **pulcellóna**, accr.

pulcellàggio o **pulzellàggio** [fr. *pucelage*, da *pulcele* 'pulzella'] s. m. • (*raro, lett.*) Stato di fanciulla | (*est.*) Verginità.

pulcesécca [comp. di *pulce* e (*colpo*) *secco* (?)] s. f. • (*tosc.*) Pizzico, pizzicotto | Strizzatura di un lembo di pelle.

pulciàio s. m. • Luogo pieno di pulci | (*est.*) Luogo pieno di sporcizia.

pulcianèlla [da (*Monte*)*pulciano* (?)] s. f. • Fiasco molto panciuto, avente una capacità di circa mezzo litro o 3/4 di litro, usato spec. per i vini di Orvieto. ➡ ILL. **vino**.

pulcinàio s. m. • Luogo in cui si allevano i pulcini.

pulcinèlla o †**polcinèlla** [da *pulcino*, nel senso di 'persona timida e impacciata'] s. m. (pl. *pulcinèlla*, raro *pulcinèlli*) *1* Maschera napoletana, con naso adunco a doppia gibbosità, abbigliata con camiciotto e calzoni bianchi da facchino, cappello a pan di zucchero e mascherina nera a metà faccia: *mascherarsi da p.*; *alla festa c'erano molti p.* | *Naso di p.*, grosso e a becco | *Il segreto di p.*, quello che tutti conoscono | *Finire come le nozze di p.*, finire a botte. *2* (*fig.*) Persona che cambia facilmente idea e opinione. SIN. Buffone. *3* *P. di mare*, uccello artico dei Caradriformi gregario, buon nuotatore, con tronco tozzo e zampe brevi, alto becco percorso da solchi e piumaggio bianco e nero (*Fratercula actica*). || **pulcinellino**, dim.

pulcinellàta s. f. • (*raro*) Azione, comportamento da pulcinella (*spec. fig.*).

pulcinellésco agg. (pl. m. *-schi*) • Di, da pulcinella (*spec. fig.*).

pulcinellòtto s. m. • (*raro*) Persona mascherata da pulcinella.

pulcino [lat. tardo *pullicēnu(m)*, da *pŭllus* 'pollo'] s. m. *1* Il nato della gallina da poco uscito dall'uovo | Qualunque uccello che ancora non esce dal nido | *Bagnato, inzuppato come un p.*, bagnato fradicio | *P. bagnato*, (*fig.*) persona timida dall'aria mortificata | *P. nella stoppa*, persona impacciata, irresoluta. *2* (*est., fam.*) Bambino molto piccolo: *una madre con i suoi pulcini*. *3* (*fig.*) Ognuno dei giovanissimi giocatori che formano la squadra allievi di una società calcistica. || **pulcinèllo**, dim. | **pulcinétto**, dim.

pulcióso [da *pulce*] agg. • Che ha molte pulci, che è pieno di pulci: *mendicante p.*; *cane p.*

†**pulcritùdine** [vc. dotta, lat. *pulchritūdine(m)*, da *pŭlcher*, genit. *pŭlchri* 'bello' (V. *pulcro*)] s. f. • Bellezza.

†**pùlcro** [vc. dotta, lat. *pŭlchru(m)*, di etim. incerta] agg. • Bello: *la faccia pulcra, angelica, modesta* (PULCI).

puledràia s. f. *1* Luogo dove si tengono i puledri. *2* (*scherz.*) Camera ove dormono i bambini.

pulédro o (*lett.*) **polédro**, (*lett.*) **pollédro** [lat. parl. **pullĕtru(m)*, da *pŭllus* 'piccolo di ogni animale' (V. *pollo*)] s. m. (f. *-a*) *1* Giovane equino. *2* (*est., fig.*) Ragazzo, giovane vivace. || **puledràccio**, pegg. | **puledrétto**, dim. | **puledrino**, dim. | **puledrùccio**, dim.

puléggia [lat. parl. **polĭdia(m)*, che risale al gr. *pólos* 'asse, perno' (V. *polo* (*1*))] s. f. (pl. *-ge*) • (*mecc.*) Ruota metallica o di legno, montata su un albero rotante, che trasmette il moto mediante cinghie, funi, catene.

puléggio (**1**) o **pulégio** [lat. *pulēiu(m)*, di origine preindeur.] s. m. • (*bot.*) Varietà di menta.

puléggio (**2**) o **pulézzo** [etim. incerta] s. m. • (*raro, tosc.*) Pileggio.

pulènda e *deriv.* • V. *polenta* e *deriv.*

pulésco [da avvicinare a *pulire*] s. m. (pl. *-schi*) • Massa pulverulenta simile a terriccio, che si ritrova nei tronchi, spec. di castagno, colpiti dalla carie e usata come concime.

pulézzo • V. *puleggio* (*2*).

pùlica o **pùliga** [venez. *pùlega*, propriamente 'pulce', dal lat. *pūlice(m)* 'pulce'] s. f. • Bollicina o vescichetta che si forma durante la lavorazione in vetro, gesso, cera, metallo.

pulicària [vc. dotta, lat. tardo (*hĕrbam*) *pulicāria(m)*, da *pūlex*, genit. *pūlicis* 'pulce'; detta così perché i semi sono simili a pulci. Cfr. *psillio*] s. f. • Varietà di piantaggine degli ambienti arenosi vicini al mare con fusto rivestito di foglie (*Plantago psyllium*). SIN. Psillio.

pùliga • V. *pulica*.

puligóso [da *puliga*] agg. • Detto di vetro che, per un cattivo processo di affinazione, appare pieno di bollicine gassose.

pulimentàre [da *pulimento*] v. tr. (*io puliménto*) • Levigare superfici di pietra, metallo, legno, a mano o a macchina.

pulimentatóre s. m. • Operaio addetto alla pulimentazione.

pulimentatùra s. f. • Pulimentazione.

pulimentazióne [da *pulimentato*, part. pass. di *pulimentare*] s. f. • Atto, effetto del pulimentare.

puliménto o **poliménto** nel sign. 2. s. m. *1* (*raro*) Atto, effetto del pulire (*anche fig.*). *2* Operazione, modo e risultato del pulimentare: *tirare a p. una superficie* | Finitura, ultima mano. *3* Vernice con cui si pulimenta il legname.

pulire o †**polire** [lat. *polīre* 'pulire, levigare', di origine indeur.] **A** v. tr. (*io pulisco, tu pulisci*) *1* Levare il sudicio usando vari mezzi o procedimenti: *p. una ferita, una piaga*; *p. la casa spazzando e spolverando*; *pulirsi le mani, i denti, le orecchie* | *Pulirsi il naso*, soffiandoselo | *P. dalla polvere*, spolverare. SIN. Detergere, forbire, nettare. CONTR. Sporcare. *2* V. *polire*. *3* (*fig.*) †Adulare. **B** v. intr. • †Divenire pulito, puro.

pulisciorécchi /puliʃʃio'rekki, puliʃʃo'rekki/ [comp. di *pulire* e il pl. di *orecchio*] s. m. • (*med.*) Strumento per togliere l'eccesso di cerume dal canale uditivo | Sottile bastoncino di plastica con le estremità rivestite di cotone idrofilo per la pulizia delle orecchie.

puliscipénne [comp. di *pulire* e il pl. di *penna*] s. m. inv. • Nettapenne.

puliscipièdi [comp. di *pulire* e il pl. di *piede*] s. m. • Stuoia o grata di ferro stesa sull'uscio di casa per pulirsi la suola delle scarpe.

puliscischàrpe [comp. dell'imperat. di *pulire* e del pl. di *scarpa*] s. m. inv. *1* Apparecchio elettrico dotato di spazzola rotante per la pulitura e la lucidatura di calzature. *2* Zerbino, nettapiedi.

pulita s. f. • Il pulire in una volta sola e rapidamente: *darsi una p. al vestito*. || **pulitina**, dim.

pulitézza o †**politézza** (**1**). s. f. *1* (*raro*) Pulizia, nettezza (*anche fig.*). *2* (*raro*) Lucentezza, lustro, candore. *3* V. *politezza* (*1*).

pulito o †**polito** (**1**) [part. pass. di *pulire*] **A** agg. *1* Che è privo di ogni genere di sudiciume o sporcizia: *lenzuola pulite*; *biancheria pulita*; *mettersi una camicia pulita*; *pavimento, locale p.*; *devi tenere la casa più pulita* | *Fare piazza pulita*, V. *piazza* | *Osso p.*, ben spolpato | (*fig.*) *Scritto p.*, ordinato e privo di cancellature. *2* Detto di persona, che cura la pulizia personale: *un vecchio p.*; *andare sempre p.*; *mandare puliti i bambini* | Detto di parte del corpo la cui pulizia è ben curata: *denti, capelli puliti* | *Viso p.*, privo di trucco. *3* (*fig.*) Che non presenta nessun elemento scorretto, sleale, disonesto e sim.: *animo p.*; *pensieri puliti e onesti*; *una ragazza semplice e pulita*; *lavoro, affare poco p.*; *questa è una faccenda poco pulita* | *Gioco p.*, corretto e tecnicamente perfetto | *Avere la coscienza pulita*, essere tranquillo perché sicuro di non avere colpe | (*ell.*) *Farla pulita*, *passarla pulita*, farla franca, passarla liscia. *4* (*fig., fam.*) Completamente privo di denaro: *questa spesa mi ha lasciato p. p.*; *dopo il poker, sono tornato a casa con le tasche pulite*. *5* (*est.*) Detto di energia la cui produzione e utilizzazione non inquinano l'ambiente | Detto di bomba atomica nella quale è particolarmente ridotta la produzione di contaminanti radioattivi. *6* V. *polito* (*1*). || **pulitaménte**, avv. *1* (*raro*) In modo pulito. *2* (*fig.*) Con garbo: *scrivere pulitamente*. *3* (*fig.*) Per bene, onestamente: *vivere, lavorare pulitamente*. **B** s. m. *1* Luogo pulito: *camminare sul p.* *2* (*raro*) Bella copia: *mettere uno scritto al p.* || **pulitino**, dim.

pulitóre [vc. dotta, lat. *polītōre(m)*, da *polītus* 'pulito'] agg.; anche s. m. (f. *-trice*) • Che, chi pulisce.

pulitrice [f. di *pulitore*] s. f. *1* Macchina per levigare e lucidare marmo o legno. *2* Macchina per ripulire il grano dalla pula e dalla polvere.

pulitùra o **politùra** nel sign. 2 [vc. dotta, lat. *polītūra(m)*, da *polītus* 'pulito'] s. f. *1* Modo, atto del pulire: *una p. faticosa*; *la p. dei vetri* | Spesa per pulire q.c.: *quanto per la p.?* | *Dare l'ultima p.*, dare l'ultima mano a un lavoro. SIN. Detersione. *2* (*raro*) Atto, effetto del pulire (*anche fig.*): *la p. dei marmi*; *la p. di un verso*.

pulizia [da *pulire*] s. f. *1* Stato, aspetto di ciò che è pulito: *la p. del quartiere, di una casa, di un appartamento*; *p. personale*; *curare, trascurare la p.* *2* Atto del pulire: *personale addetto alla p. del locale*; *donna delle pulizie* | *Fare le pulizie*, pulire la casa | *Fare p.*, (*fig.*) sgombrare, portar via tutto da un luogo. *3* (*raro*) Eleganza, perfezione, spec. di componimento letterario. SIN. Nitore. *4* (*raro*) Buone maniere: *saper profittare di tutto, con buona grazia, con p., con un poco di disinvoltura* (GOLDONI).

pùlka • V. *pulca*.

pull /pul/ [fr. *pull*, abbr. di *incendivo*] s. m. inv. • (*fam.*) Pullover.

†**pullàrio** • V. *pollario*.

pullman /'pulman, *ingl.* 'pulmən/ [dal n. dell'inventore, l'americano G. M. *Pullmann*] s. m. inv. *1* Tipo speciale di carrozza salone ferroviaria. *2* Autopullman. ➡ ILL. **autoveicoli**. || **pulmino**, **pullmino**, dim. (V.).

pullmino • V. *pulmino*.

†**pùllo** (**1**) [vc. dotta, lat. *pŭllu(m)* 'bruno, fosco', da avvicinare a *pallēre* 'essere pallido' (V. *pallido*)] agg. • (*raro*) Fosco, scuro.

†**pùllo** (**2**) • V. *pollo*.

†**pullolàre** • V. *pullulare*.

pullòver [vc. ingl., *pull-over*, propriamente 'tira sopra'] s. m. inv. • Indumento di maglia di lana o di cotone, privo di bottoni, con maniche lunghe o senza, che si infila dalla testa. || **pulloverino**, dim.

pullulaménto s. m. • (*raro*) Atto, effetto del pullulare.

pullulàre o †**pullolàre** [vc. dotta, lat. *pullulāre*, da *pŭllulus* 'germoglio, rampollo', a sua volta dim. di *pŭllus* 'giovane, germoglio' (V. *pollo*)] v. intr. (*io pùllulo*; aus. *avere*, raro *essere*) *1* Spuntare, venire fuori in grande quantità (*anche fig.*): *pullulavano le iniziative benefiche*; *intorno a questo mondo ariostesco pullulano poemi e romanzi e novelle* (DE SANCTIS). *2* Essere pieno, gremito: *l'acqua del lago pullulava di pesci*. *3* †Gorgogliare, gonfiarsi in piccole bolle, detto dell'acqua | †Scaturire, sgorgare.

†**pullulativo** agg. • Che fa pullulare.

pullulazióne [vc. dotta, lat. tardo *pullulatiōne(m)*, da *pullulāre* 'pullulare'] s. f. • (*raro*) Atto, effetto del pullulare.

†**pulmentàrio** [vc. dotta, lat. *pulmentāriu(m)*, da *pulmĕntum* 'pulmento'] s. m. • Vivanda, companatico.

pulménto [vc. dotta, lat. *pulmĕntu(m)*, di etim. incerta] s. m. • Nell'antica Roma, qualsiasi cibo che si accompagnava al pane.

pulmino o **pullmino** s. m. *1* Dim. di *pullman*. *2* Vettura capace di trasportare fino a nove persone compreso il conducente e avente forma e sistemazione dei sedili simili a quelle di un pullman.

pulmistico agg. • Di, relativo a pullman: *trasporto p.*

pulmonària • V. *polmonaria*.

pulóne [da *pula*] s. m. • (*agr.*) Lolla.

pulpàra o **polpàra** [da *polpo*] s. f. • Attrezzo per la pesca dei polpi.

pulpàre [ingl. *pulpar*, deriv. di *pulp* 'polpa'] agg. • (*anat.*) Relativo alla polpa dentaria.

pulpite o **polpite** [comp. del lat. *pŭlpa* 'polpa' e *-ite* (*1*)] s. f. • (*med.*) Infiammazione della polpa dentaria.

†**pulpitista** [da *pulpito*] s. m. • (*scherz.*) Predicatore.

pùlpito [dal lat. tardo *pŭlpitu(m)*, di etim. incerta] s. m. *1* Nelle chiese, tribuna o palco sopraelevato, simile all'ambone ma di dimensioni minori, destinato alla predicazione | *Montare in p.*, (*fig.*) mettersi a parlare in tono declamatorio, sentenzioso o pieno di prosopopea | *Guardare da che p. viene la predica*, constatare come chi critica volentieri gli altri e dà consigli, spesso trascuri di correggere i propri difetti | (*raro*) *Fare del p. teatro*, predicare male. *2* Nella Roma antica, il palcoscenico del teatro | Palco o tribuna per oratori. *3* †Tribuna dell'organo. *4* Nel linguaggio alpinistico, terrazzino naturale di roccia a strapiombo su una parete. *5* (*tecnol.*) Nei macchinari industriali, quadro di comando posto in posizione elevata da cui si può controllare l'esecuzione del processo.

pulque /*sp.* 'pulke/ [vc. sp., di origine amer.] s. m. inv. ● Bevanda alcolica in uso nel Messico, ottenuta dalla fermentazione del succo d'agave.

pulsànte **A** part. pres. di *pulsare*; anche agg. *1* Nei sign. del v. *2* (*elettr.*) *Corrente p.*, che ha direzione costante e intensità variabile ciclicamente. **B** s. m. *1* Bottone che si spinge per azionare un meccanismo: *p. del cronografo*. *2* Bottone che, premuto, apre o chiude un circuito elettrico, spec. di una lampada o di un campanello. || **pulsantino**, dim.

pulsantièra [da *pulsante*] s. f. ● Scatola o pannello di metallo, materia plastica e sim. destinati a sostenere e proteggere una serie di pulsanti di comando o di segnalazione.

pùlsar [vc. ingl., composto di *puls(ating)* (*st*)*ar* 'stella pulsante', sul modello di *quasar*] s. f. o m. inv. ● Stella a neutroni, residuo di una supernova, caratterizzata da un'emissione di radiazione elettromagnetica a impulsi.

pulsàre [vc. dotta, lat. *pulsāre*, ints. di *pĕllere* 'spingere' (V. *espellere*)] v. intr. (aus. *avere*) *1* Dare battiti, palpitare: *il cuore pulsa regolarmente*. *2* (*fig.*) Essere pieno di vita, di movimento, di fervore: *il traffico della metropoli pulsa*. *3* †Bussare, battere alla porta. *4* (*mus.*) Battere, picchiare.

pulsàtile agg. ● (*raro*) Che pulsa: *organo p.*

pulsatilità s. f. ● Qualità, condizione di ciò che è pulsatile.

pulsatìlla [da *pulsare* 'spingere', perché il rizoma produce dei rami aerei] s. f. ● Pianta erbacea perenne delle Ranuncolacee con foglie divise in lacinie lineari, pelose, comune nei luoghi erbosi o fra le rocce delle Alpi (*Pulsatilla vulgaris*).

pulsatóre [vc. dotta, lat. tardo *pulsatōre(m)* 'che batte', da *pulsātus*, part. pass. di *pulsāre* 'pulsare'] s. m. ● (*fis.*) Vibratore.

pulsazióne [vc. dotta, lat. tardo *pulsatiōne(m)*, da *pulsātus*, part. pass. di *pulsāre* 'pulsare'] s. f. *1* Sensazione tattile di urto che si percepisce in corrispondenza del cuore e delle arterie superficiali. SIN. Battito. *2* Oscillazione di una corda, spec. riferita a strumento musicale. *3* (*fis.*) *P. di una grandezza*, prodotto della frequenza per l'angolo 2π.

†pulseggiàre [ints. di *pulsare*] v. intr. ● Palpitare, battere.

pulsìmetro [comp. del lat. *pūlsus* 'polso' e *-metro*] s. m. ● (*med.*) Apparecchio per la misurazione del polso.

pulsionàle agg. ● (*psicoan.*) Relativo a pulsione: *carica p.*

pulsióne [vc. dotta, lat. tardo *pulsiōne(m)* (che significa però 'lo scacciare'), da *pūlsus*, part. pass. di *pĕllere* 'spingere' (V. *espellere*)] s. f. *1* Impulso, spinta | (*est.*) Spinta emotiva. *2* (*psicoan.*) L'insieme delle tendenze istintive che spingono l'individuo alla soddisfazione immediata dei bisogni primitivi.

pulsogètto [dall'ingl. *pulse jet*, propriamente 'getto a pulsione'] s. m. ● (*aer.*) Pulsoreattore.

pulsòmetro [ingl. *pulsometer*, comp. del lat. *pūlsus* 'spinta', da *pūlsus*, part. pass. di *pĕllere* (V. *pulsione*) e *-meter* '-metro'] s. m. ● Apparecchio che utilizza la pressione esercitata dal vapore acqueo per sollevare un liquido.

pulsoreattóre [da *reattore*, sul modello di *pulsogetto*] s. m. ● (*aer.*) Esoreattore con combustione a intermittenza, in cui l'aria comburente entra, attraverso valvole a lamelle, direttamente nella camera di combustione, quando la pressione interna diventa minore di quella esterna.

†pultàceo ● V. *poltaceo*.

†pultìglia ● V. *poltiglia*.

pulverulènto ● V. *polverulento*.

pulvinar /*lat.* pul'vinar/ [lat. *pulvīnar* 'cuscino' (V. *pulvinare*)] s. m. inv. ● (*anat.*) Nucleo posteriore del talamo dei Mammiferi, connesso con aree della neocorteccia legate alle attività cerebrali più complesse.

pulvinàre [vc. dotta, lat. *pulvināri*, abl. di *pulvīnar*, da *pulvīnus* 'cuscino', di etim. incerta] s. m. *1* Letto sul quale gli antichi Romani deponevano le immagini degli dèi nella cerimonia del lettisternio. *2* Letto matrimoniale degli imperatori romani | Luogo destinato alla famiglia imperiale nel circo.

pulvinarectomìa [comp. di *pulvinar* e *-ectomia*] s. f. ● Intervento chirurgico di asportazione del pulvinar.

pulvìno [vc. dotta, lat. *pulvīnu(m)* 'cuscino' (V. *pulvinare*), per la forma] s. m. ● (*arch.*) Elemento architettonico compreso tra il capitello e l'imposta di due o più archi, in pietra liscia o lavorata, con funzione di ripartire sulla colonna il peso delle strutture sovrastanti.

pulviscolàre agg. ● (*raro*) Di pulviscolo.

pulvìscolo o (*raro*) **polvìscolo** [vc. dotta, lat. *pulvīsculu(m)*, dim. di *pŭlvis* 'polvere'] s. m. *1* (*gener.*) Polvere minutissima | *P. atmosferico*, complesso delle particelle solide o liquide sospese nell'atmosfera e attorno alle quali si condensa il vapore acqueo per formare le nubi | *P. radioattivo*, complesso delle particelle radioattive liberate da un'esplosione nucleare. *2* (*bot.*, *pop.*) Polline.

pulzèlla e *deriv.* ● V. *pulcella* e *deriv.*

pum o **pùmfete** [vc. onomat.] inter. ● Riproduce il rumore di uno sparo, di un'esplosione o il tonfo di qc. che cade pesantemente.

pùma [vc. di origine quechua] s. m. inv. ● Felino americano di forme snelle, con capo piccolo, colorazione fulva, cacciatore abilissimo, che corre, salta e si arrampica sugli alberi con eccezionale agilità (*Felis concolor*).

pùmfete ● V. *pum*.

pummaròla o **pommaròla** [vc. nap., prob. var. di *pummadora* 'pomodoro'] s. f. ● (*merid.*) Pomodoro | (*est.*) Salsa di pomodoro, spec. usata come condimento: *spaghetti, maccheroni con la p.*

punch (**1**) /*ingl.* pʌntʃ/ [vc. ingl., *punch*, prob. dal sanscrito *pañca* 'cinque', di origine indeur., perché composto, in origine, di cinque elementi: arak, tè, zucchero, acqua e succo di limone] s. m. inv. (pl. ingl. *punches*) ● Bevanda preparata con acqua bollente, rum o altro liquore, zucchero e scorza di limone.

punch (**2**) /*ingl.* pʌntʃ/ [vc. ingl., 'pugno'. V. *punching-ball*] s. m. inv. (pl. ingl. *punches*) ● Nel pugilato, pugno secco di notevole potenza.

punching-bag /*ingl.* 'pʌntʃiŋ bæg/ [vc. ingl., propriamente 'sacchetto da pugni'. Per *punching* V. *punching-ball*; *bag* è di origine celtica] s. m. inv. (pl. ingl. *punching-bags*) ● Involucro contenente segatura e sabbia, sospeso a una corda, che serve al pugile per rinforzare al massimo il pugno.

punching-ball /*ingl.* 'pʌntʃiŋ bɔːl/ [vc. ingl., comp. di *to punch* 'dare pugni' (forma collaterale di *to pounce* 'balzare addosso', dal medio ingl. *ponson, ponchon* 'strumento appuntito', che risale, attrav. il fr., al lat. *punctiōne(m)*. V. *punzione*) e *ball* 'palla' (vc. germ. di origine indeur.)] s. m. inv. (pl. ingl. *punching-balls*) ● Palla di cuoio o di gomma fissata al pavimento e al soffitto per mezzo di due cordoni elastici, su cui il pugile picchia per allenamento.

pùncio ● V. *poncio*.

punctum dolens /*lat.* 'punktum 'dɔlens/ [loc. lat., propr. 'punto dolente'] loc. sost. m. inv. ● Il punto più delicato e scottante di una questione, una situazione, un argomento e sim.

†pùnga ● V. *pugna*.

†pungèllo s. m. *1* Pungolo. *2* (*fig.*) Stimolo, istigazione.

pungènte part. pres. di *pungere*; anche agg. *1* Nei sign. del v. *2* Molto intenso: *freddo, vento p.* || **pungentemènte**, avv. (*raro*) In modo pungente (*spec. fig.*).

pùngere o (*poet.*) **†pùgnere** [lat. *pŭngere*. V. *pugno*] **A** v. tr. (pres. *io pùngo, tu pùngi*; pass. rem. *io pùnsi, tu pungésti*; part. pass. *pùnto*) *1* Ferire lievemente penetrando nella pelle o nei tessuti superficiali con una punta acuminata: *p. una vena con un ago*; *fuggendo lei vicina all'acque, / una biscia la punse* (POLIZIANO) | (*raro*, *fig.*) Addolorare, rimordere: *mi punge la coscienza*. *2* Dare la sensazione di una puntura, pizzicando o irritando (*anche ass.*): *l'ortica punge la pelle*; *il freddo invernale punge*. SIN. Pizzicare. *3* (*raro*, *lett.*) Spronare: *p. il cavallo* | (*lett.*, *fig.*) Stimolare: *mi punge il desiderio di vedervi*; *te punge e move / studio de' carmi* (LEOPARDI) | (*scherz.*) *Mi punge vaghezza*, desidero, vorrei. *4* (*fig.*) Offendere, punzecchiare, ferire con atti o parole: *p. la sensibilità, la vanità di qc.* | *P. qc. sul vivo*, colpirlo dove è più sensibile. SIN. Irritare, molestare. **B** v. rifl. ● Ferirsi lievemente con una punta acuminata.

†pungigliàto [da *pungiglione*] s. m. ● Pungolo, stimolo.

†pungìglio s. m. *1* Pungolo. *2* (*fig.*) Stimolo.

pungiglióne [da *pungere*] s. m. *1* (*zool.*) Aculeo addominale di alcuni animali, e in particolare di alcuni Imenotteri, che serve a inoculare il veleno prodotto da apposite ghiandole. *2* †Pungolo | (*fig.*) †Stimolo, incitamento.

†pungiglióso [da *pungere*] agg. ● Spinoso.

†pungiménto s. m. ● Atto, effetto del pungere (*anche fig.*).

pungitóio s. m. *1* †Strumento per pungere. *2* (*tosc.*) Stiletto con il quale si uccidono i maiali trafiggendone il cuore. SIN. Accoratoio.

pungitòpo o **pugnitòpo** [comp. di *pungere* e *topo*; detto così perché nelle campagne lo si usava per tenere lontani i topi dalle provviste] s. m. ● Pianta perenne delle Liliacee con rizoma orizzontale e polloni eretti duri e rigidi, superiormente trasformati in cladodi simili a foglie aculeate, portanti fiori verdastri e bacche rosse invernali (*Ruscus aculeatus*) SIN. Rusco.

pungitóre agg.; anche s. m. (f. *-trice*) ● (*raro*) Che, chi punge (*anche fig.*).

†pungitùra s. f. ● Puntura.

pungolàre [da *pungolo*] v. tr. (*io pùngolo*) *1* Colpire, stimolare col pungolo. *2* (*fig.*) Stimolare, sollecitare.

pùngolo [da *pungere*] s. m. *1* Lungo bastone acuminato o con punta di ferro, per stimolare i buoi al lavoro. *2* (*fig.*) Incitamento, sprone, stimolo: *il p. della fame, del bisogno*; *è mosso dal p. dell'ambizione*.

punìbile [da *punire*] agg. ● Che può, che deve, essere punito: *reato p.*; *atto p.*

punibilità s. f. *1* Condizione di chi, di ciò che è punibile. *2* Possibilità giuridica di infliggere a un soggetto una pena criminale: *condizione obiettiva di p.*

Punicàcee [dal lat. (*mālum*) *pūnicum* 'mela fenicia', per l'origine] s. f. pl. ● Nella tassonomia vegetale, famiglia di piante dicotiledoni arboree o arbustive con frutto diviso da diaframmi in logge con molti semi (*Punicaceae*) | (al sing. *-a*) Ogni individuo di tale famiglia. ➡ ILL. **piante** /5.

punìceo [vc. dotta, lat. *punīceu(m)* 'color rosso scuro', da *Pūnicus* 'punico', perché la porpora veniva dalla Fenicia] agg. ● (*lett.*) Di colore rosso intenso e scuro: *il p. strascico di foglie* (PASCOLI).

pùnico [vc. dotta, lat. *Pūnicu(m)*, da *Pōenus* 'Cartaginese', da avvicinare al gr. *Phôinix* 'fenicio'] agg. (pl. m. *-ci*) ● Cartaginese | *Guerre puniche*, quelle tra Roma e Cartagine | (*raro*) *Fede punica*, slealtà | (*lett.*) *Pomo p.*, melagrana: *scrissi i miei versi in su le poma puniche* (SANNAZARO).

†puniènza [dal lat. *pūniens*, genit. *puniĕntis*, part. pres. di *punīre* 'punire'] s. f. ● Punizione.

†puniménto s. m. ● Punizione.

punìre [vc. dotta, lat. *punīre*, da *pōena* 'pena'] v. tr. (*io punisco, tu punisci*) ● Sottoporre a una pena: *p. i traditori*; *la legge punisce i colpevoli*; *p. con il carcere, con l'esilio*; *p. una mancanza, un reato*; *p. la crudeltà degli uomini* | *P. le offese*, vendicarle: *l'antiche repubbliche non avevano leggi da p. l'offesa ed ammendar i torti privati* (VICO). SIN. Castigare. CONTR. Premiare, ricompensare.

†punità s. f. ● Punizione.

punitìvo agg. ● Che tende, serve a punire: *legge punitiva*; *spedizione punitiva*.

punìto part. pass. di *punire*; anche agg. ● Nei sign. del v.

punitóre [vc. dotta, lat. *punitōre(m)*, da *punītus* 'punito'] agg.; anche s. m. (f. *-trice*) ● Chi, che punisce: *equo p.*; *giustizia punitrice*.

punizióne [vc. dotta, lat. *punitiōne(m)*, da *punītus* 'punito'] s. f. *1* Atto, effetto del punire: *dare, infliggere una p.*; *meritare una p.*; *una p. severa*, *esemplare*; *per p. non andrai al cinema* | *Camera di p.*, locale della caserma in cui il soldato semplice e il graduato scontano la punizione inflitta per grave mancanza disciplinare. SIN. Castigo, pena. CONTR. Premio, ricompensa. *2* Nel calcio e altri sport, tiro decretato dall'arbitro, a norma di regolamento, contro la squadra che ha commesso un fallo ai danni dell'avversario: *tiro di p.*; *battere la p.*

punk /*ingl.* pʌŋk/ [vc. ingl. di origine sconosciuta] **A** s. m. e f. inv. ● Seguace di un movimento giovanile della seconda metà degli anni Settanta, il quale, come protesta nei confronti della società, adotta segni esteriori quali il trucco esagerato, i capelli tinti in colori vivaci, gli abiti disseminati di spilloni, borchie e sim., e forme di comportamento spesso anticonvenzionali. **B** anche agg. inv.: *movimento p.*; *moda p.*

punk-rock /ˈpank ˈrɔk, *ingl.* ˈpʌŋk rɔk/ [vc. ingl., comp. di *punk* e *rock*] s. m. inv. ● (*mus.*) Rock molto semplice e ritmato che, sovrapposto a testi spesso irriverenti, è l'espressione musicale del movimento punk.

pùnta (1) [lat. tardo *pŭncta(m)*, f. sost. di *pŭnctus*, part. pass. di *pŭngere* 'pungere'] s. f. *1* Estremità aguzza e pungente di q.c.: *la p. del coltello, di uno spillo, della lancia* | *Prendere q.c. di p.*, (*fig.*) direttamente, con puntiglio | (*fig.*) *Prendere qc. di p.*, affrontarlo bruscamente o contrastarlo con decisione | Estremità superiore, parte terminale di q.c. non necessariamente aguzza: *la p. della vela*; *la p. del naso* | *La p. del campanile*, la cima | *Camminare in p. di piedi*, reggendosi quasi sulle dita per non fare rumore | *Scrivere in p. di penna*, (*fig.*) con ricercatezza | *Avere q.c. sulla p. della lingua*, stare per ricordarsene | *Avere q.c. sulla p. delle dita*, conoscerla molto bene | *P. secca*, tecnica d'incisione, di solito associata all'acquaforte, in cui s'incide la lastra di rame direttamente con una punta d'acciaio; (*est.*) incisione eseguita con tale tecnica | (*raro*) *La p. del fosso*, il margine | †*A p. di giorno*, allo spuntare del sole. *2* (*raro*) Colpo di punta | †Ferita (*anche fig.*): *io il vidi morto davanti alla mia porta di più punte di coltello* (BOCCACCIO). *3* (*est.*, *fig.*) Massima frequenza, maggiore intensità di un fenomeno: *p. massima*, *p. minima*; *la p. delle partenze si è verificata ieri* | *Ore di p.*, quelle in cui attività, movimento, traffico cittadino, consumo di energia e sim. raggiungono la massima intensità. *4* (*est.*) La parte più avanzata di un gruppo, di un raggruppamento di individui: *pattuglia di p.* | *Uomo di p.*, persona che emerge per le sue qualità, e a cui è affidato lo sforzo maggiore nella realizzazione di una qualsiasi impresa | Nel calcio e altri giochi di palla a squadre, *uomo di p.*, o (*ass.*) *punta*, chi gioca in prima linea, in posizione avanzata col compito di sviluppare azioni offensive e di segnare punti: *punta fissa* | (*fig.*) *P. di diamante*, V. *diamante* | (*est.*, *raro*) Gruppo, branco: *una p. di soldati*. *5* (*anche fig.*) Frammento, scaglia, minima parte: *una p. di formaggio*; *qui ci vuole appena una p. di zucchero*; *sentire una p. di invidia*. *6* (*tecnol.*) Chiodo nel sign. 1. *7* (*tecnol.*) Utensile destinato all'esecuzione di fori o di cave per asportazione di truciolo, gener. con il trapano, in materiali quali i metalli, il legno e la pietra | *P. elicoidale*, *da trapano*, utensile destinato all'esecuzione di fori cilindrici, gener. in materiali metallici | *P. per legno*, utensile di varia forma destinato all'esecuzione di fori o cave nel legno mediante il trapano o la mortasatrice | (*fis.*) *P. fonografica*, puntina fonografica. *8* (*geogr.*) Sommità aguzza di un monte | Piccola sporgenza costiera. *9* (*etn.*) Manufatto di pietra appuntito alle due estremità, usato in lance e frecce. *10* Nell'alpinismo, ciascuno dei denti del rampone da ghiaccio: *ramponi a 10, a 12 punte*. *11* *P. di petto*, (*ell.*) *punta*, taglio di carne bovina usata per il bollito. *12* (*raro*, *fig.*) Sensazione dolorosa simile a una trafittura: *sentire una p. al cuore*; *la p. del rimprovero* | (*raro*, *fig.*) Frizzo, frecciata: *una p. d'ironia*; *la p. dei suoi epigrammi*. *13* (*raro*, *fig.*) Prolungamento di una gita, un viaggio: *fare una p. al mare*. SIN. Escursione, puntata. *14* (*arald.*) Pezza triangolare movente dal basso e con il vertice al centro dello scudo | (*est.*) La parte inferiore dello scudo | *P. coronato*, corona. *15* (*enol.*) Principio di acidità del vino. SIN. Forte, spunto. *16* (*autom.*) *P. tacco*, nella guida automobilistica, manovra per cui il piede destro aziona contemporaneamente con la punta il freno e con il tacco l'acceleratore o viceversa. *17* (*med.*) *P. d'ernia*, ernia nella fase iniziale. || **puntarèlla**, **punterèlla**, dim. | **punterellina**, dim. | **puntina**, dim. (V.) | †**pùntola**, dim. | **puntolina**, dim.

pùnta (2) [da *puntare (3)*] s. f. ● Atteggiamento del cane da caccia quando punta la selvaggina: *cane da p.*; *il cane è in p.*

†**puntàglia** [da *punta (1)*] s. f. ● Combattimento, contrasto | *Tenere la p.*, non cedere al nemico | *Reggere una p.*, avere pazienza.

†**puntagùto** [comp. di *punta (1)* e *aguto* 'acuto'] agg. ● Acuto in punta.

puntàle [da *punta (1)*] s. m. *1* Rinforzo, spec. metallico, che si applica all'estremità inferiore di alcuni oggetti per evitare il logoramento dell'uso o proteggerli dagli urti: *il p. dell'ombrello*. *2* (*mar.*) Regolo diviso in punti e numeri che messo verticalmente serve a misurare l'altezza del bastimento | Altezza della nave, dalla faccia superiore della chiglia alla inferiore del baglio maestro. || **puntalétto**, dim. | **puntalino**, dim.

†**puntalménte** avv. *1* Di punta. *2* Puntualmente, particolarmente.

puntaménto s. m. *1* Atto, effetto del puntare. *2* (*mil.*) Operazione mediante la quale un'arma da fuoco o un'artiglieria viene disposta in modo che la traiettoria rispettiva passi per il bersaglio | *P. diretto*, quando si mira direttamente al bersaglio, se visibile | *P. indiretto*, quando, essendo il bersaglio non visibile, si mira a un punto ausiliario. *3* Operazione del portare e disporre l'aereo nel punto e nella posizione da cui, lanciando la bomba, possa colpire il bersaglio.

puntapièdi [comp. di *punta(re) (1)* e il pl. di *piede*] s. m. *1* Grossa asse che unisce tra loro le gambe di tavoli e sedie. *2* (*mar.*) Traversa di legno contro la quale il rematore poggia i piedi per aiutarsi nella voga. SIN. Pedagna.

puntàre (1) o †**pontàre**, spec. nei sign. A 1 e B 1 [da *punta (1)*] **A** v. tr. *1* Appoggiare un oggetto, spec. appuntito, su una superficie cercando di premervi con il proprio peso: *p. un chiodo sul muro per conficcarvelo*; *p. i gomiti sul tavolo* | *P. i piedi a terra*, cercare di fare forza sulle gambe per reggersi bene in piedi e (*fig.*) ostinarsi, impuntarsi. *2* Drizzare, rivolgere verso una direzione, un punto: *p. la lancia*; *p. il cannocchiale* | *P. un'arma da fuoco*, dirigerne la linea di mira sul bersaglio dopo aver segnato sulla graduazione di alzo la distanza di tiro, così che la traiettoria del proietto passi per il bersaglio. *3* Scommettere (*anche ass.*): *p. centomila lire*; *p. sull'asso*; *p. sul rosso*, *sul nero* | *P. tutto su q.c.*, impegnarsi con tutte le proprie forze per raggiungere un dato scopo. **B** v. intr. (aus. *avere*) *1* Avanzare direttamente e risolutamente in una determinata direzione: *p. su una città per conquistarla* | (*fig.*) *P. al successo*, impegnarsi con tutte le proprie forze per raggiungerlo. SIN. Avviarsi, dirigersi. *2* (*fig.*) Fare assegnamento su q.c. per realizzare un'aspirazione o raggiungere un determinato fine: *p. su una cospicua eredità*; *p. solo sulle proprie forze*. *3* Gravare: *le rocce puntano sul centro della terra*. *4* †Trovare da ridire, criticare | †*P. addosso a qc.*, opprimerlo.

puntàre (2) [da *punto*] v. tr. *1* Appuntare, segnare con un punto: *p. le assenze*. *2* †Punteggiare, interpungere.

puntàre (3) [da *punto*] v. tr. *1* Rimanere immobile dinanzi all'emanazione del selvatico, detto del cane da ferma. *2* (*est.*) Guardare fissamente e con insistenza: *p. una donna*; *ti ha puntato*, *e adesso non te ne libererai più*.

puntaruòlo ● V. *punteruolo*.

puntaséćca o **pùnta sécca** [comp. di *punta (1)* e il f. di *secco*: detta così perché le sbavature dell'incavo trattengono l'inchiostro] s. f. ● Tecnica d'incisione, di solito associata all'acquaforte, in cui s'incide la lastra di rame direttamente con una punta d'acciaio | (*est.*) Incisione eseguita con tale tecnica.

puntaspìlli [comp. di *puntare (1)* e il pl. di *spillo*] s. m. ● Portaspilli.

puntàta (1) [da *punta (1)*] s. f. *1* Colpo, tiro di punta: *una p. di sciabola* | Nel calcio, azione offensiva rapida e penetrante degli attaccanti: *effettuare una pericolosa p. a rete*. *2* Incursione di truppe rapida e decisa, per offendere o per esplorare: *p. offensiva*. *3* (*est.*) Gita di breve durata, prolungamento di un viaggio: *all'ultimo momento decisero una p. a Capri*. || **puntatina**, dim.

puntàta (2) [da *puntare (1)*] s. f. ● Atto del puntare, dello scommettere al gioco: *fare una p. su un cavallo*, *sul rosso* | (*est.*) Somma di denaro che si punta: *una forte p.*; *raddoppiare la p.*; *una p. di centomila lire*.

puntàta (3) [da *punto (1)*] s. f. ● Ciascuna delle parti di un'opera, anche televisiva o radiofonica, di un racconto, di un servizio giornalistico e sim., trasmessa o pubblicata a più riprese: *romanzo a puntate*; *l'ultima p.*; *segue alla prossima p.*

puntàto (1) part. pass. di *puntare (1)*; anche agg. ● Nei sign. del v.

puntàto (2) part. pass. di *puntare (2)*; anche agg. *1* Nei sign. del v. *2* Costituito di una serie di punti: *linea puntata* | Segnato con un punto o seguito da un punto: *S puntata significa Santo* | (*mus.*) *Nota puntata*, seguita da un punto, aumenta di metà del suo valore.

†**puntàto (3)** [da *punta (1)*] agg. ● Fornito di punta.

puntatóre [da *puntare (1)*] s. m. (f. *-trice*) *1* Chi punta. *2* (*mil.*) Servente di un pezzo d'artiglieria che ha il compito di agire agli strumenti di puntamento per disporre la bocca da fuoco nel modo voluto. *3* Chi scommette danaro al gioco. *4* Nel gioco delle bocce a coppie, chi s'incarica di fare i punti accostando al pallino, mentre la bocciata viene lasciata al compagno.

†**puntatùra** s. f. *1* Punteggiatura, interpunzione. *2* Puntamento, spec. di armi.

puntazióne s. f. ● (*ling.*) Interpunzione.

puntàzza [da *punta*] s. f. ● Punta di ferro all'estremità di un palo di legno da conficcare nel terreno.

†**puntàzzo** s. m. ● Punta | Promontorio.

punteggiaménto s. m. ● (*raro*) Atto del punteggiare | Insieme di piccoli punti o di piccole macchie: *stoffa con un p. molto irregolare*.

punteggiàre [comp. di *punto (1)* e *-eggiare*] v. tr. (*io puntéggio*) *1* Segnare con un punto o con punti successivi | Forare con una serie di punti: *p. una stoffa*. *2* (*fig.*) Intercalare, inframmezzare: *p. un discorso di errori*.

punteggiàto part. pass. di *punteggiare*; anche agg. *1* Nei sign. del v. *2* Cosparso irregolarmente di punti o di piccole macchie: *foglia punteggiata*.

punteggiatóre agg.; anche s. m. (f. *-trice*) ● (*raro*) Che, chi punteggia.

punteggiatùra s. f. *1* Atto, effetto del punteggiare. *2* L'essere cosparso di punti o di piccole macchie. SIN. Macchiettatura. *3* (*ling.*) Interpunzione. La punteggiatura è un elemento fondamentale del testo scritto. Il suo scopo è, da un lato, riprodurre le pause, l'espressività, l'intonazione della lingua parlata; dall'altro, di evidenziare le componenti grammaticali e sintattiche di una frase o di un discorso, separandone o segnalandone le varie parti. Poche sono le regole fisse della punteggiatura. Il suo uso dipende molto dallo stile dello scrivente, dalle sue intenzioni espressive. Si tratta comunque di uno strumento essenziale che permette di comprendere o esprimere meglio i contenuti di un messaggio comunicativo (V. note d'uso BARRA, PARENTESI, PUNTO, TRATTINO, VIRGOLA, VIRGOLETTA). *4* (*bot.*) Zona nella quale la membrana delle cellule vegetali non si ispessisce per permettere gli scambi con l'esterno.

puntéggio s. m. *1* (*raro*) Punteggiamento. *2* Numero di punti riportati da chi partecipa a una gara sportiva, un esame, un gioco: *p. scarso* | *P. pieno*, massimo, conseguito senza sconfitte o penalità.

puntellaménto s. m. ● Atto, effetto del puntellare.

puntellàre [da *puntello*] **A** v. tr. (*io puntèllo*) *1* Sorreggere, sostenere con puntelli (*anche fig.*): *p. un muro, una finestra*; *p. la propria tesi con ragioni plausibili*. *2* †Puntare. **B** v. rifl. ● Sostenersi, reggersi, assicurarsi: *puntellarsi con tutta la persona a q.c.*

puntellàto part. pass. di *puntellare*; anche agg. ●

Nei sign. del v.

puntellatùra s. f. ● Atto, effetto del puntellare.

puntèllo [da avvicinare a *punta* (*1*)] s. m. ***1*** Trave posta obliquamente a sostegno di muro o casa pericolante | Bastone obliquo che impedisce a una porta di aprirsi o di chiudersi. ***2*** (*mar.*) Ognuna delle travi verticali di legno che sostengono lo scafo di una nave in corso di costruzione. ***3*** (*fig.*) Appoggio, sostegno, anche morale: *cercare un p. per la vecchiaia* | *Andare avanti a forza di puntelli*, a forza di aiuti, rimedi, sovvenzioni | (*raro, fig.*) *Stare in p.*, vacillare. || **puntellétto**, dim. | **puntellino**, dim.

†**puntènte** [da *punta* (*1*)] **A** agg. ● Acuto, puntuto. **B** s. m. ● (*raro*) Strumento appuntito.

punterìa [da *punta* (*1*)] s. f. ***1*** (*mecc.*) Asta metallica interposta tra la camma e il bilanciere di azionamento valvola per comandare l'apertura delle valvole nei motori a scoppio. ***2*** (*mil.*) Atto del puntare il pezzo, aggiustandolo sulla linea orizzontale precisa e diritta | *Congegni di p.*, meccanismi di cui sono dotati i pezzi di artiglieria per effettuare il puntamento in direzione e in elevazione | *Apparecchio di p.*, strumento ottico, collocato sulle parti più elevate di una nave da guerra che, tenendo costantemente collimato il bersaglio, trasmette ai pezzi di artiglieria l'esatta linea di tiro.

punteruòlo o (*raro*) **puntaruòlo**, (*pop.*) **punteròlo** [da *punta* (*1*)] s. m. ***1*** Ferro sottile e appuntito per fare o allargare fori | (*raro*) *Fare d'una lancia un p.*, (*fig.*) ridurre esageratamente piccola una cosa di dimensioni molto maggiori. ***2*** (*zool.*) Nome comune degli insetti appartenenti alla famiglia dei Curculionidi | *P. del grano*, calandra del grano (*Calandra granaria*).

puntifórme [comp. di *punto* e *-forme*] agg. ● Detto di ciò che ha la forma di un punto, che è piccolo come un punto: *macchie puntiformi*.

puntigliàre [da *puntiglio*] v. intr. e intr. pron. (*io puntìglio*; aus. *essere*) ● (*raro*) Impuntarsi, ostinarsi.

puntìglio [sp. *puntillo*, dim. di *punto* 'punto d'onore'] s. m. ● Ostinazione tenace e caparbia di chi sostiene q.c. solo per orgoglio o per partito preso: *fare q.c. per p., soltanto per p.* | (*est.*) Grande volontà, amor proprio: *impegnarsi, lavorare con p.*

puntigliosità s. f. ● L'essere puntiglioso.

puntiglióso agg. ● Che si ostina, che persevera con puntiglio: *indole puntigliosa*; *studente p.* SIN. Caparbio. || **puntigliosaménte**, avv.

puntillìṣmo [dal fr. *pointillisme*, a sua volta da *pointiller* 'punteggiare', deriv. di *point* 'punto'] s. m. ● (*mus.*) Metodo di composizione che utilizza i suoni isolatamente, come momenti timbrici autonomi.

puntillìsta **A** s. m. e f. (pl. m. *-i*) ● Seguace del puntillismo. **B** agg. ● Puntillistico.

puntillìstico agg. (pl. m. *-ci*) ● Relativo al puntillismo.

puntina s. f. ***1*** Dim. di *punta*. ***2*** (*raro*) Pennino. ***3*** Piccolo chiodo con o senza testa usato da calzolai e falegnami | *P. da disegno*, bulletta di acciaio a testa larga e piatta, usata per fissare fogli di carta su tavoli da disegno, pareti e sim. ***4*** Minuscola punta metallica o di diamante fissata alla testina del grammofono. ***5*** (*spec. al pl.*) Pasta da minestra in forma di piccole punte. ***6*** (*mecc.*) Contatto mobile inserito nello spinterogeno, azionato dalle camme dell'alberino dello spinterogeno stesso: *regolare l'apertura delle puntine*.

puntinàto agg. ● Detto di disegno o di tecnica di disegno in cui il chiaroscuro è dato da puntini più o meno fitti.

puntinatóre [da *puntino*] s. m. ● Strumento di precisione usato per segnare dei punti su carta, pellicole fotografiche e sim. mediante la forte e istantanea pressione che si esercita sull'ago di cui è dotato.

puntinìṣmo [da *puntino*, sul modello del fr. *pointillisme*] s. m. ● Divisionismo.

puntino s. m. ● Dim. di *punto* | *Mettere i puntini sulle i*, dire le cose come stanno, precisare minuziosamente un concetto | *A p.*, benissimo, come si deve, come è necessario e sim.: *sapere q.c. a p.*; *fare q.c. a p.*; *cibo cotto a p.*

†**puntiscritto** [da *punt*(*o*) *iscritto*] s. m. ● Cifra ricamata su capo di vestiario.

puntiẓẓatóre s. m. ● (*mecc.*) Scalpello appuntito per segnare con piccoli punti una traccia sui pezzi da lavorare.

pùnto (**1**) [vc. dotta, lat. *pŭnctu*(*m*) 'forellino', poi 'punto'] **A** s. m. ***1*** (*mat.*) Ente fondamentale della geometria, il cui significato è circoscritto dai postulati scelti per quel particolare tipo di geometria | Elemento d'uno spazio topologico o elemento d'un insieme dotato di struttura topologica | *P. d'accumulazione*, per un sottoinsieme d'uno spazio topologico, punto tale che in ogni suo intorno vi siano elementi del sottoinsieme distinti dal punto stesso | *P. di fuga, p. limite*, punto nel quale concorrono le rette che in una data rappresentazione sono le immagini di rette parallele | *P. di tangenza, di contatto*, punto nel quale le curve, o le superfici, considerate sono tangenti | *Punti cardinali*, i quattro punti fondamentali dell'orizzonte, nord, sud, est, ovest, ai quali si riferisce ogni sistema d'orientamento | *Tiro di p. in bianco*, nell'artiglieria antica, tiro senza elevazione, con la linea di mira orizzontale, corrispondente a una posizione non contraddistinta da alcun numero nell'apparecchio di mira | *Distanza di p. in bianco*, nel puntamento e tiro di un'arma da fuoco portatile, distanza del punto in cui la traiettoria del proiettile interseca la linea di mira naturale, corrispondente alla gittata ad alzo abbattuto | *Di p. in bianco*, (*fig.*) a un tratto, all'improvviso, senza preparazione | *Punti d'inquadramento*, quelli che, topograficamente individuati, servono per controllare i dati di aggiustamento del tiro, così da intervenire direttamente su qualunque obiettivo utilizzando i tiri già effettuati | *Punti di riferimento*, quelli caratteristici del terreno e topograficamente noti, che servono per determinare rapidamente la posizione di un qualunque obiettivo | *P. di riferimento*, (*fig.*) chi (o ciò che) viene assunto come termine fondamentale di confronto, di orientamento | *P. zero*, proiezione verticale, sulla superficie, del punto di scoppio di un ordigno nucleare | *P. morto*, luogo non battuto dal tiro del nemico | (*mecc.*) *P. morto*, ciascuno dei due punti estremi della traiettoria di un organo meccanico dotato di moto alternativo, quale uno stantuffo mobile in un cilindro, nei quali è nulla la velocità istantanea dell'organo stesso | (*fig.*) *Essere, arrivare, trovarsi a un p. morto*, in una situazione da cui non si vede possibilità di uscita | *P. di vista*, (*fig.*) quello dal quale si giudica q.c. | *Cogliere nel p.*, (*fig.*) cogliere nel segno, centrare una questione, un argomento. ***2*** (*mar.*) Posizione | *Fare, prendere il p.*, rilevare la posizione | (*fig.*) *Fare il p. su una questione*, definirne esattamente i termini, lo stato attuale. ***3*** Segno grafico formato da un tocco della punta della penna che individua la *i* minuscola e, posto al termine di un periodo, il suo senso compiuto | *Due punti*, segno grafico che introduce un membro del periodo in diretta dipendenza con l'antecedente | *P. e virgola*, segno grafico che introduce un membro del periodo in posizione autonoma rispetto all'antecedente | *P. interrogativo, esclamativo*, segni grafici che connotano l'intonazione interrogativa o esclamativa di un periodo | *Punti di sospensione, sospensivi*, serie di punti posti in fine di un periodo per connotarne una prosecuzione logica implicita | *Fare p.*, (*fig.*) fermarsi, †fare attenzione | *P. interrogativo*, (*fig.*) persona dal comportamento poco chiaro, cosa di incerta risoluzione | *Mettere i punti sulle i*, (*fig.*) chiarire, precisare bene. ***4*** Oggetto, segno molto piccolo o piccolo come un punto: *le stelle appaiono come punti* | *P. nero*, (*pop.*) comedone e (*fig.*) azione moralmente riprovevole nella condotta, nella vita di qc. | (*anat.*) *P. lacrimale*, foro terminale delle ghiandole lacrimali sulla palpebra | (*anat.*) *P. cieco*, punto della retina ove si espande il nervo ottico, insensibile alla luce | Macchiolina: *insetto a punti rossi*. ***5*** Luogo determinato, preciso: *da quel p. si gode una bella vista* | *P. iniziale*, di partenza, (*fig.*) quello dal quale procede un ragionamento, un discorso, un'azione | Posto: *è il nostro p. di ritrovo* | *P. di vendita*, centro di vendita, negozio in cui si vende un dato prodotto | (*raro*) Posizione: *il p. del sole all'orizzonte* | *P. luce*, (*spec. al pl.*) sorgente di illuminazione artificiale. ***6*** Passo di un discorso, uno scritto, un trattato: *rispondere sopra un p.*; *scegliere un p. della Divina Commedia*; *un p. molto toccante* | *P. controverso*, passo oggetto di interpretazioni discordanti | (*est.*) Argomento di una discussione: *abbiamo già affrontato molti punti* | *Venire al p.*, esaminare la questione più importante | *Questo è il p.*, questo è il tratto, la questione più difficile, più importante | *Trattare p. per p.*, con ordine, precisione e particolareggiatamente | *P. d'onore*, questione delicata, che coinvolge l'onore, il buon nome di qc. ***7*** Istante, attimo, momento: *cogliere il p. giusto* | *Arrivare a buon p.*, al momento giusto, opportuno | *Essere sul p. di*, stare per: *essere sul p. di partire* | *In p. di morte*, vicino a morire | †*Essere in p. a fare q.c.*, essere disposto, pronto | *A mezzogiorno in p.*, a mezzogiorno preciso | *In un p.*, nello stesso momento e (*raro*) subito, a un tratto: *felice io sono e misero in un p.* (ALFIERI) | (*raro*) *Dare il p.*, stabilire il momento dell'azione | †*Di*, †*a p.*, precisamente, esattamente. ***8*** Termine, segno, limite: *essere a buon p.*; *arrivate fino a questo p.?* | *Di tutto p.*, completamente | Grado, momento culminante di un processo, di un'azione: *il p. di cottura*; *toccare il p.* | *P. di non ritorno*, in volo o in navigazione, punto oltre il quale il carburante rimasto non è sufficiente per il rientro alla base di partenza; (*fig.*) punto raggiunto il quale un processo diventa irreversibile | (*tecnol.*) *Mettere a p. un dispositivo, una macchina*, metterli nelle migliori condizioni di funzionamento | (*fig.*) *Mettere a p. un problema, una questione* e sim., precisare i termini che li definiscono. ***9*** (*raro*) Segno, simile a quello grafico, che compare su scale, strisce graduate e indica il grado, l'unità: *i punti della bilancia*. ***10*** Espressione della variazione di fenomeni misurati numericamente: *la contingenza scatta di tre punti* | Ogni unità che costituisca un elemento di valutazione del merito di un esaminando, della posizione di un giocatore, del vantaggio di un concorrente, ecc.: *essere promosso con il massimo dei punti*; *perdere per uno scarto di tre punti* | *Vittoria ai punti*, nel pugilato, quella assegnata al contendente che riporta il miglior punteggio in base ai coefficienti di abilità, aggressività, difesa, efficacia | *P. di prestigio, della staffa, della bandiera*, nel calcio e sim., l'unico realizzato da una squadra che perde con un pesante punteggio | *Dare dei punti a un competitore*, concedergli un vantaggio | *Dare dei punti a qc.*, (*fig.*) superarlo in q.c. ***11*** Tratto di filo fra due fori che segnano l'entrata e l'uscita dell'ago nel tessuto: *punti lunghi, corti, fitti, radi*; *p. a filza, p. occhiello, p. erba, p. a smerlo, p. a croce, piccolo p.* | *P. a maglia*, lavorato con i ferri | *Dare un p.*, fare una rapida cucitura | *P. metallico*, piccola graffa metallica usata nelle cucitrici per carta, cartone e sim. ***12*** (*med.*) Elemento di filo o di metallo che viene posto a chiusura di una ferita: *p. chirurgico*; *suturare con quattro punti*; *mettere, togliere i punti*. ***13*** (*fis.*) Valore o insieme di valori di determinate grandezze che caratterizzano e individuano particolari fenomeni: *p. d'infiammabilità dei materiali volatili* | *P. di ebollizione*, temperatura a cui un liquido bolle sotto la pressione di un'atmosfera | *P. di fusione*, temperatura costante a cui fonde ogni sostanza pura per ogni valore della pressione esterna | *P. di gelo*, temperatura di congelamento di una soluzione | *P. critico*, punto dell'isoterma critica di un gas reale che assegna i valori di pressione, volume e temperatura tali che solo al disotto di detti valori di temperatura e volume è possibile liquefare il gas aumentando la pressione; (*fig.*) momento particolarmente difficile | *P. di infiammabilità*, temperatura minima a cui, in condizioni standardizzate, si accendono i vapori di una sostanza al contatto con una fiamma | *P. di Curie*, temperatura al disopra della quale le sostanze ferromagnetiche perdono le loro proprietà e diventano paramagnetiche | *P. eutettico*, temperatura a cui una soluzione eutettica solidifica o fonde completamente | *P. triplo*, la pressione e la temperatura particolari a cui le tre diverse fasi di una data sostanza coesistono in equilibrio. ***14*** (*mus.*) Segno che, posto dopo nota o pausa, ne prolunga la durata di metà del suo valore e, collocato sopra le note, indica lo staccato | *P. coronato*, corona. ***15*** *P. tipografico*, unità di misura usata per il materiale di composizione, pari a 0,376 mm o a un dodicesimo di riga. *16* Centesimo di carato. ‖ **puntarèllo**, **punterèllo**, dim. | **punticino**, dim. | **puntino**, dim. (V.) | **puntolino**, dim. (V.) | **puntóne**, accr. **B** avv. ● Affatto, per nulla (spec. preceduto dalla negazione): *non sono p. stanco*; *non ci vede p.*; *non ne voglio sentire parlare né p. né poco.* **C** agg. indef. ● (*tosc.*) Niente, alcuno: *non ha punta voglia di studiare*; *non ha punti quattrini.*

PUNTO

Tra i segni di punteggiatura il **punto**, o **punto fermo**, indica la pausa più lunga e si pone generalmente alla fine di una frase. Dopo il punto è necessario usare la lettera maiuscola: *Ora devo proprio andare. Ne riparleremo domani.* Il punto fermo si alterna talvolta nell'uso con il punto e virgola e i due punti, in qualche caso anche con la virgola: la scelta dipende da un particolare stile o da accentuazioni diverse che si vogliono conferire al testo. Il punto fermo si usa anche nelle abbreviazioni: *sim.*, *es.*, *ecc.*; è bene ricordare che il punto alla fine di una abbreviazione fa anche, quando serve, da punto finale di un periodo e quindi non va raddoppiato. ATTENZIONE: il simbolo delle unità di misura non è mai seguito dal punto: *35 cm, 12 Kg, 3 °C*, ecc.
Il **punto e virgola** indica una pausa più lunga di quella indicata dalla virgola, ma più breve del punto fermo. Divide in genere i termini di un elenco se sono di una certa lunghezza o contengono delle virgole (V. nota d'uso VIRGOLA). Si usa talvolta al posto di congiunzioni che indichino rapporti di tempo, di causa, ecc.: *Tornò a casa molto tardi*; *i suoi genitori erano andati a letto.*
I **due punti** indicano una sospensione del discorso e servono a introdurre un elenco: *Gli ingredienti sono*: *burro, zucchero, farina e uova*; a introdurre un discorso diretto o una citazione: *Mi rispose*: *'Conosci già il mio parere'*; *Come dice l'art. 34 della Costituzione*: *'La scuola è aperta a tutti'*; oppure a chiarire il contenuto della frase precedente: *I suoi propositi erano incrollabili*: *mai avrebbe rinunciato a quell'incarico.* In qualche caso i due punti vengono usati al posto di una congiunzione (causa, temporale e sim.) per dare al periodo un tono di maggior vivacità: *Uscì*: *e non ne aveva voglia* (al posto di *sebbene non ne avesse voglia*); *Si alzò da tavola*: *era ormai sazio* (al posto di *poiché era ormai sazio*).
Il **punto esclamativo** indica il tono di un'esclamazione che esprime sorpresa, gioia, dolore, avvertimento e sim. o che costituisce un ordine perentorio: *Smettila!*; *Attenzione!* Di solito il punto esclamativo si pone alla fine di un periodo ed è seguito da iniziale maiuscola: *Smettetela con questo chiasso! Così non si può lavorare.* Talvolta è posto dopo una parola all'inizio di frase o separa una successione di frasi esclamative; in questi casi può essere seguito da iniziale minuscola: *Ah! non me lo sarei mai aspettato*; *Che agitazione! che rumore! che andirivieni di persone!*; *Attenzione! la trave sta cedendo!*
Il **punto interrogativo** o **punto di domanda** indica il tono di domanda alla fine di una frase o anche di una sola parola: *Che ore sono?*; *Come?* Normalmente la parola che segue il punto interrogativo vuole l'iniziale maiuscola; tuttavia – come per il punto esclamativo – in determinati casi si può usare l'iniziale minuscola: *Perché? che vuoi dire?*; *Come se la sarebbe cavata? quale risposta avrebbe dato? come avrebbe reagito alle accuse?*
Talvolta il punto esclamativo e interrogativo si possono usare insieme per dare ad un'espressione un tono allo stesso tempo di domanda e di sdegno: *Ma è impazzito?!*; *Davvero!?*
I **punti** (o **puntini**) **di sospensione** indicano una sospensione del discorso ed esprimono imbarazzo, allusione, reticenza, ammiccamento e sim.: *Mah... non so*; *Tra lui e lei... mi capisci?*; *Tanto va la gatta al lardo...* (accennando al proverbio senza citare la seconda parte: *che ci lascia lo zampino*). Se i punti di sospensione coincidono con la fine di una frase, la parola seguente ha l'iniziale maiuscola: *Non mi convince... Meglio rimandare la decisione* (V. note d'uso MAIUSCOLA e PUNTEGGIATURA).

pùnto (2) part. pass. di *pungere*; anche agg. ● Nei sign. del v.

†**puntocòma** [comp. di *punto (1)* e *coma (3)*] s. m. ● Punto e virgola.

puntofrànco [comp. di *punto (1)* e *franco*] s. m. (pl. *puntifrànchi*) ● Zona circostante un porto, in cui vige un regime di franchigia doganale.

puntolino s. m. *1* Dim. di *punto*. *2* (*al pl.*) Punti sospensivi.

puntóne [da *punta (1)*] s. m. *1* (*arch.*) Asta compressa nelle strutture reticolari | Ciascuna delle due travi inclinate della capriata destinate a sostenere l'orditura del tetto | *Falso p.*, trave della grossa orditura del tetto, disposta secondo la retta di maggior pendenza, non appartenente a una capriata ma appoggiata semplicemente agli estremi. *2* Ordinanza, usata nelle antiche milizie, a forma triangolare con la punta verso il nemico. *3* Torre poco elevata, a pianta pentagonale, usata nelle fortificazioni dell'epoca medievale. *4* †Punta. ‖ **puntoncèllo**, dim. | **puntoncino**, dim.

†**puntóre** [da *punta (1)*] s. m. ● Puntura.

puntòrio agg. ● (*med.*) Detto di dolore localizzato, acuto, simile a quello evocato da una puntura.

puntuale [dal lat. *pŭnctus* 'punto (1)'] agg. *1* Che prende in considerazione ogni punto, ogni particolare: *critica, precisazione, osservazione p.* *2* Di persona che fa le cose al tempo dovuto, con la precisione richiesta: *essere p. nei pagamenti, negli impegni presi* | Che arriva all'ora stabilita, che non ritarda: *arrivare p. a un appuntamento*; *mi raccomando, sii p.*; *non è mai p. nelle consegne*; *treno p.* *3* (*mat.*) Del punto, relativo al punto. *4* (*ling.*) *Aspetto p.*, aspetto che esprime l'azione considerata in un momento del suo sviluppo, nel suo inizio o nel suo compimento. ‖ **puntualménte**, avv. *1* Al punto, al momento giusto, con puntualità: *arrivare p.* *2* (*raro*) Punto per punto: *rispondere p.* *3* (*raro*) Con esattezza, precisione, minuzia; (*iron.*) *essere p. in ritardo*, immancabilmente in ritardo.

puntualità s. f. *1* Qualità di chi o di ciò che è puntuale: *persona di grande p.*; *la p. dei vostri pagamenti.* SIN. Esattezza, diligenza. *2* †Decoro, proprietà: *p. nel vestire.*

puntualizzàre [comp. di *puntual(e)* e *-izzare*] v. tr. ● Definire con precisione, fare il punto di una situazione (*anche ass.*): *dunque, puntualizziamo i fatti*; *stando così le cose, è necessario p.*

puntualizzazióne s. f. ● Atto, effetto del puntualizzare.

puntuazióne [fr. *ponctuation*, da *ponctuer* 'punteggiare', dal lat. *pŭnctum* 'punto'] s. f. *1* (*raro*) Documento contenente i punti essenziali d'intesa delle parti di un futuro contratto. *2* Interpunzione.

puntùra [vc. dotta, lat. tardo *punctūra(m)*, da *pŭnctus* 'punto (1)'] s. f. *1* Atto del pungere | Ferita superficiale procurata dalla penetrazione nella pelle di un oggetto a punta: *una p. di spillo* | Punzecchiatura, morsicatura: *le punture delle zanzare, delle vespe.* *2* (*med.*) Intervento chirurgico consistente nel prelevare del tessuto da un organo per mezzo di un ago, o nell'introdurre un liquido in una cavità, sempre per mezzo di un ago: *p. esplorativa*; *p. sternale* | *P. lombare*, rachicentesi. *3* (*pop.*) Iniezione: *farsi fare le punture*; *punture ricostituenti.* *4* Dolore, trafittura simile a quelli procurati da un oggetto appuntito: *sentire una p. a una spalla* | (*raro, fig.*) *La p. dell'ambizione*, lo stimolo | (*fig., lett.*) Tormento, afflizione. *5* (*fig.*) Frecciata, allusione maligna: *quel maldicente ha sempre qualche p. per gli altri.* ‖ **punturàccia**, pegg. | **punturétta**, dim. | **punturina**, dim.

puntùto A agg. ● Munito di punta | Acuto in punta: *bastone p.* SIN. Aguzzo, appuntito. **B** s. m. ● †Strumento appuntito.

punzecchiaménto s. m. ● Il punzecchiare (*spec. fig.*): *i tuoi continui punzecchiamenti lo hanno irritato.*

punzecchiàre o †**punzellare**, (*fam.*) **spunzecchiàre** [da *pungere*] **A** v. tr. (*io punzécchio*) *1* Pungere leggermente e spesso. *2* (*fig.*) Molestare, infastidire ripetutamente con parole o atti pungenti e dispettosi: *non fa che p. la sorella*; *sta tutto il giorno a punzecchiarmi.* **B** v. rifl. rec. ● Infastidirsi reciprocamente, con parole o atti: *i due fratelli si punzecchiano sempre.*

punzecchiàto part. pass. di *punzecchiare*; anche agg. ● Nei sign. del v.

punzecchiatùra s. f. ● Atto, effetto del punzecchiare (*spec. fig.*).

punzécchio (1) [da *punzecchiare*] s. m. ● In equitazione, la rosetta dello sperone.

punzecchìo (2) s. m. ● Frequente punzecchiamento.

†**punzellàre** ● V. *punzecchiare.*

†**punzèllo** [da *punzellare*, var. di *punzecchiare*] s. m. *1* Punzecchiamento. *2* Stimolo, istigazione.

†**punzióne** [vc. dotta, lat. *punctiōne(m)*, da *pŭnctus* 'punto (1)'] s. f. ● Puntura.

punzonàre [da *punzone*] v. tr. (*io punzóno*) *1* Imprimere col punzone. *2* Nello sport, contrassegnare con un bollo a punzone i veicoli partecipanti a una gara, per impedirne la sostituzione, salvo nei casi previsti dal regolamento.

punzonàto part. pass. di *punzonare*; anche agg. ● Nei sign. del v.

punzonatóre s. m. (f. *-trice*) ● Chi esegue la punzonatura, spec. l'operaio che lavora alla punzonatrice.

punzonatrice s. f. *1* Macchina per eseguire fori su lamiere o per ritagliare rondelle. *2* Macchina per indirizzi che incide i dati sulle targhette metalliche che serviranno poi alla stampa degli indirizzi stessi.

punzonatùra s. f. *1* Operazione eseguita col punzone o con la punzonatrice. *2* Nelle competizioni automobilistiche, motociclistiche, ciclistiche, operazione ufficiale del punzonare.

punzóne [stessa etim. di *punzione*] s. m. *1* Asticciola, blocchetto e sim., in acciaio duro, con un'estremità profilata a lettera, numero o sigla, che serve per marcare metalli | *P. per monete*, conio, torsello. *2* Punteruolo. *3* (*tosc.*) †Colpo dato con la mano raccolta o con il pugno.

punzonièra [da *punzone*] s. f. ● Arnese dell'orologiaio consistente in una custodia per punzoni.

punzonista s. m. (pl. *-i*) ● Operaio addetto ai punzoni.

pùpa (1) [lat. *pūpa(m)* 'fanciulla, bambola', vc. di origine espressiva] s. f. *1* Bambola. *2* (*pop.*) Bambina, fanciulla. ‖ **pupétta**, dim.

pùpa (2) [dal lat. *pūpa* 'bambola' (V. precedente), per l'aspetto] s. f. ● (*zool.*) Forma di passaggio dalla condizione di larva a quella di insetto perfetto, propria degli insetti a metamorfosi completa.

pupàrio [da *pupa (2)*] s. m. ● (*zool.*) Astuccio che ricopre la pupa costituito dall'ultima forma larvale.

pupàro s. m. ● Proprietario o esercente di un teatrino di marionette siciliane.

pupàttola [da *pupa (1)*] s. f. *1* Bambola. *2* (*fig.*) Ragazza, donna che ha i lineamenti del viso aggraziati e regolari, ma privi di espressione.

†**pupàzza** [da *pupa (1)*] s. f. ● Bambola.

pupazzettàre v. tr. (*io pupazzétto*) ● (*raro*) Illustrare con pupazzetti.

pupazzettista s. m. e f. (pl. m. *-i*) ● Chi, per mestiere, disegna pupazzetti o caricature.

pupazzétto s. m. *1* Dim. di *pupazzo* | *P. di carta*, figura umana ritagliata nella carta. *2* Figura, spec. umana, rappresentata in modo caricaturale.

pupàzzo [da *pupo*] s. m. (f. †*-a* (V.)) *1* Figura disegnata, scolpita o variamente lavorata che rappresenta, in scala minore, spec. la persona umana. SIN. Burattino, fantoccio, pupo. *2* (*fig.*) Persona leggera o debole: *non fidatevi di quel p.* ‖ **pupazzétto**, dim. (V.).

pupilàre [vc. dotta, lat. tardo *pupillāre*, di origine onomat.] v. intr. (aus. *avere*) ● Stridere, gridare del pavone.

pupilla [vc. dotta, lat. *pupĭlla(m)*, dim. di *pūpula*, a sua volta dim. di *pūpa* 'pupa (1)'; detta così dalla piccola immagine che si vede riflessa nell'occhio] s. f. *1* (*anat.*) Apertura situata nell'iride, visibile per trasparenza attraverso la cornea e destinata al passaggio di raggi luminosi. ➡ ILL. p. 367 ANATOMIA UMANA. *2* (*est.*) Iride: *avere le pupille azzurre, nere* | Occhio: *con le pupille asciutte*; *abbassare le pupille* | *Guardare con le pupille dilatate*, con gli occhi sbarrati | (*fig.*) *La p. dei propri occhi*, chi, o ciò che, uno ha di particolarmente caro e prezioso. **3** (*fis.*) Foro di un diaframma in un sistema ottico. || **pupillétta**, dim. | **pupillùzza**, dim.

pupillàre (1) [da *pupilla*] agg. ● (*anat.*) Della pupilla: *riflessi pupillari*.

pupillàre (2) [vc. dotta, lat. *pupillāre(m)*, da *pupĭllus* 'pupillo'] agg. ● (*dir.*) Relativo al pupillo: *beni pupillari* | *Sostituzione p.*, nel diritto romano, nomina di un erede al proprio figlio per il caso che egli muoia prima di aver acquistato la capacità di far testamento.

pupillo [vc. dotta, lat. *pupĭllu(m)*, dim. di *pūpulus*, a sua volta dim. di *pūpus* 'pupo'] s. m. (f. *-a*) **1** (*dir.*) Minorenne soggetto a tutela. **2** (*est.*) Chi gode di particolare protezione o della predilezione di qc.: *è il p. dei parenti*. SIN. Protetto. || **pupillétto**, dim. | **pupillino**, dim.

pupinizzàre v. tr. ● (*tel.*) Sottoporre a pupinizzazione.

pupinizzazióne [dal n. di M. J. *Pupin* (1858-1935), fisico ed elettrotecnico americano d'origine ungherese che nel primo Novecento inventò il dispositivo] s. f. ● (*tel.*) Inserzione di bobine d'induttanza a intervalli regolari su una linea telefonica, per ridurre l'attenuazione e la distorsione dei segnali.

pùpo [lat. *pūpu(m)*, vc. di origine espressiva] s. m. (f. *-a* (V.)) **1** (*fam.*) Bambino piccolo. **2** Burattino siciliano: *il teatro dei pupi*. **3** (*raro*) Pupazzo, fantoccio.

†**pùppa** ● V. *upupa*.

pùppola (1) [da *puppa*, variante di *poppa* (mammella)] s. f. ● (*bot.*) Ovolo.

†**pùppola** (2) ● V. *upupa*.

pupurrì s. m. ● Adattamento di *pot-pourri* (V.).

†**puràre** [da *puro*] v. tr. ● Purificare.

purché o (*raro*) **pur che** /pur 'ke*, 'pur ke*/ [comp. di *pure* e *che* (2)] cong. **1** A patto che, a condizione che (introduce una prop. condiz. con il v. al congv.): *ti aspetterò p. tu faccia presto*; *lo porterò con me p. stia buono*; *p. la cosa non si ripeta più, sono disposo ad aiutarlo* | *P. sia vero!*, esprime dubbio e speranza: *'è pentito' 'p. sia vero!'*. **2** †Quand'anche, anche se (introduce una prop. concessiva con il v. al congv.).

purchessìa o (*raro*) **pur che sia** [da *pure che sia*] agg. indef. inv. ● Qualunque, qualsiasi (sempre posposto al s.): *nelle mie condizioni sono disposto ad accettare un lavoro p.*; *mandami dei libri p.*

pùre [lat. *pūre* 'puramente, semplicemente', avv. relativo a *pūrus* 'puro'] **A** cong. (troncato in *pur*) **1** Tuttavia, nondimeno (con valore avversativo): *trovare una soluzione non è facile, p. bisogna riuscirci*; *è assai giovane, p. ha buon senso* | In correl. con le cong. concessive 'benché', 'quantunque', 'sebbene' e sim. rafforza il valore concessivo di tutto il periodo: *benché non se lo meriti, p. voglio venirgli incontro* | Con valore raff. con altre cong. avversative: *sono molto impegnato, pur tuttavia cercherò di venire*; *lavoro molto, ma p. trovo anche il tempo per altre cose*. **2** Anche se, sebbene (introduce una prop. concessiva con il v. al gerundio o al congv.): *p. volendolo, non riuscirei a farlo*; *pur lavorando vi ascolto ugualmente*; *fosse p. d'oro non lo vorrei*; *non lo farei, fosse p. il re in persona a ordinarmelo*; *mi dessero p. un milione, non accetterei* | Anche nelle loc. cong.: *quando p.*, *se p.*, *sia p.*: *quando p. lo volessi non potrei fare ciò che chiedi*; *sia p. a malincuore, ho dovuto rinunciare*; *se p. ti ascoltassi, non vorrei seguire i tuoi consigli* | V. anche *neppure*, *oppure*, *seppure*. **B** avv. **1** Anche (con valore aggiuntivo): *verrò io e p. mia moglie*; *lui è avvocato e suo padre e suo fratello p.*; *importa a te, ma importa molto p. a me*; *comprami due quaderni e p. una matita*; *voglio la borsetta rossa e le scarpe p.* | *Vidi e conobbi pur l'inique corti* (TASSO) | (*lett.*) *Senza p.*, *non p.*, neppure. **2** (*pleon.*) Con valore raff. in espressioni di incoraggiamento e di rimprovero e in prop. concessive: *bisognerà p. che tu l'aiuti*; *te l'avevo pur detto di stare attento!*; *sei pur capace di dire le tue ragioni*; *entri p.!*; *faccia p. come fosse a casa sua!*; *continua p.!*; *ammettiamo p. che sia vero*. **3** (*lett.*) Proprio, davvero: *è p. vero ciò che dici* | *Pur ora*, *pur ieri* e sim., proprio ora, proprio ieri e sim.: *torna a fiorir la rosa / che pur dianzi languia* (PARINI). **4** (*lett.*) †Solamente: *La tua benignità non pur soccorre / a chi domanda* (DANTE *Par.* XXXIII, 16-17). **5** (*lett.*) †Sempre, continuamente: *e l'occhio vostro pur a terra mira* (DANTE *Purg.* XIV, 150) | †*Non p.*, non appena. **C** nella loc. cong. *pur di* ● Al fine di, solo con la volontà di (introduce una prop. finale impl. con il v. all'inf.): *si è sacrificato pur di vederlo contento*; *pur di non essere disturbato, gli lascia fare quello che vuole*; *darei qualsiasi cosa pur di saperlo*.

purè [fr. *purée*, part. pass. dell'ant. fr. *purer* 'passare (i legumi)', dal lat. tardo *purāre*] s. m. ● Passato di verdure o di frutta | (*per anton.*) Vivanda di patate lessate e passate insaporite con latte, burro e parmigiano.

purèa [fr. *purée*. V. *purè*] s. f. ● Purè.

purézza [lat. *purĭtia(m)*, da *pūrus* 'puro'] s. f. **1** Qualità di chi, di ciò che è puro: *la p. del cristallo*; *la p. della linea nella pittura del Quattrocento*. **2** (*fig.*) Integrità, castità. CONTR. Corruttela.

pùrga [da *purgare*; nel sign. 4 rende il russo *čistka*, propriamente 'purificazione', poi 'epurazione'] s. f. **1** Atto, operazione del purgare | (*raro*) *Mettere, tenere q.c. in p.*, tenere q.c. a purificare, a pulirsi. **2** Medicamento lassativo. SIN. Purgante. **3** Operazione tecnologica del purgare da impurità o da scorie: *la p. delle pelli, dei filati*. SIN. Purgatura. **4** (*fig.*) Drastica operazione atta a eliminare o comunque a mettere fuori gioco i propri oppositori politici, attuata nell'ambito di regimi autoritari da chi detiene il potere | (*est.*) Epurazione: *in quell'ufficio è avvenuta un'importante p.* || **purghétta**, dim. | **purghettina**, dim.

purgàbile [vc. dotta, lat. *purgābile(m)*, da *purgāre* 'purgare'] agg. ● (*raro*) Che si può purgare (*anche fig.*).

†**purgagióne** ● V. *purgazione*.

purgaménto [vc. dotta, lat. *purgamĕntu(m)*, da *purgāre* 'purgare'] s. m. **1** (*raro*) Modo, atto del purgare o del purgarsi (*anche fig.*). **2** †Rifiuto, sporcizia.

purgànte **A** part. pres. di *purgare*; anche agg. **1** Nei sign. del v. **2** *Anime purganti*, del Purgatorio. **B** s. m. ● Sostanza, farmaco che ha l'effetto di aumentare notevolmente la peristalsi intestinale favorendo l'espulsione del contenuto. SIN. Lassativo, purga.

purgàre [lat. *purgāre*, da *pūrus* 'puro'] **A** v. tr. (*io pùrgo, tu pùrghi*) **1** Curare con un purgante | Dare una purga. **2** Liberare da impurità, scorie o sudiciume: *p. il sangue*; *p. il canale dalla feccia*; *p. l'aria dai miasmi* | (*raro*) Eliminare: *se la dottrina è perfetta in sé ... purga tutti i dubii* (BRUNO) | (*fig.*) *P. uno scritto*, castigarlo, eliminandone oscenità o allusioni di vario genere troppo spinte | (*fig.*) Epurare: *p. un'amministrazione*. SIN. Nettare, pulire, purificare. CONTR. Insozzare, sporcare. **3** Fare venire meno mediante purgazione: *p. la contumacia*. **4** (*fig.*) Espiare: *p. le colpe* | †*P. qc.*, dimostrarne l'innocenza | †*P. il debito*, diminuirlo. **B** v. rifl. **1** Prendere la purga. **2** (*fig.*) Purificarsi da colpe o peccati | *Purgarsi dell'accusa*, liberarsene dimostrando di essere innocente. **C** v. intr. pron. ● †Dileguarsi, detto di nebbie, vapori e sim.

purgàta s. f. ● (*raro*) Atto del purgare. || **purgatina**, dim.

purgatézza [da *purgato*] s. f. ● (*lett.*) Purità, castigatezza di lingua o stile.

purgatìvo [vc. dotta, lat. tardo *purgatīvu(m)*, da *purgātus* 'purgato'] agg. ● Che ha capacità di purgare.

purgàto part. pass. di *purgare*; anche agg. **1** Nei sign. del v. **2** *Stile p.*, castigato o puro dal punto di vista formale | *Edizione purgata*, dalla quale sono state eliminate oscenità o cose ritenute sconvenienti. || **purgataménte**, avv. In modo purgato (*spec. fig.*).

purgatóre [vc. dotta, lat. tardo *purgatōre(m)*, da *purgātus* 'purgato'] **A** agg.; anche s. m. (f. *-trice*) ● (*raro*) Chi, che purga, purifica. **B** s. m. **1** †Chi attesta l'altrui innocenza. **2** Operaio addetto a operazioni di purgatura.

purgatòrio [vc. dotta, lat. tardo *purgatōriu(m)* 'che purifica', da *purgātus* 'purgato'] **A** s. m. **1** Nella dottrina cattolica, luogo e condizione in cui le anime dei morti, giustificati, ma ancora in condizione di peccato, si trovano per completare la purificazione prima di ascendere al paradiso. **2** (*est.*) Situazione di grande pena e tormento: *essere in un p.* | *Anima del p.*, (*fam., fig.*) persona continuamente in ansia. **B** agg. ● (*raro*) Che serve a purgare (*spec. fig.*): *pena purgatoria*; *giuramento p.*

purgatùra [vc. dotta, lat. tardo *purgatūra(m)*, da *purgātus* 'purgato'] s. f. **1** (*raro*) Atto, effetto del purgare, nettando e purificando. **2** Operazione che ha lo scopo di allontanare scorie o impurità da materiali lavorati. SIN. Purga. **3** L'insieme delle scorie eliminate.

purgazióne o †**purgagióne** [vc. dotta, lat. *purgatiōne(m)*, da *purgātus* 'purgato'] s. f. ● (*raro*) Atto del purgare (*spec. fig.*) | *P. dei peccati*, espiazione | *P. canonica*, deferimento di giuramento solenne di innocenza a un ecclesiastico accusato, ma la cui colpevolezza sia dubbia, per ridargli completa estimazione | *P. dall'ipoteca*, liberazione di un immobile da un'ipoteca.

pùrgo [da *purgare*] s. m. (pl. *-ghi*) ● Luogo in cui si purgano lana, panni, pelli, e sim. | (*raro, fig.*) *Mettere in p.*, mettere q.c. a purificarsi e, detto spec. di notizia, aspettare a divulgarla per verificarne l'autenticità.

purificaménto s. m. ● Il purificare o il purificarsi.

purificàre [vc. dotta, lat. *purificāre*, comp. di *pūrus* 'puro' e *-ficāre* '-ficare'] **A** v. tr. (*io purìfico, tu purìfichi*) **1** Liberare da scorie o impurità: *p. l'oro, il vino* | (*fig.*) Liberare da passioni, tentazioni, colpe: *p. la propria coscienza*. SIN. Depurare, mondare. **2** Liberare una persona, una cosa o un luogo dall'impurità per renderla sacra o accetta alla divinità. **3** Compiere il rito della purificazione. **B** v. intr. pron. ● Diventare puro (*anche fig.*).

purificatìvo agg. ● (*raro*) Atto a purificare.

purificàto part. pass. di *purificare*; anche agg. ● Nei sign. del v.

purificatóio [lat. tardo *purificatōriu(m)* 'che serve a purificare', da *purificātus* 'purificato'] s. m. ● Panno di lino con il quale il celebrante, durante la messa, asciuga il calice, le dita e le labbra.

purificatóre agg.; anche s. m. (f. *-trice*) ● Che, chi purifica.

purificatòrio agg. ● Atto a purificare: *rito p.*

purificazióne [vc. dotta, lat. *purificatiōne(m)*, da *purificātus* 'purificato'] s. f. **1** Atto, effetto del purificare o del purificarsi (*anche fig.*): *la p. dei metalli*; *la p. della mente*; *il carattere di poeta della pietà, della bontà, della p.* (CROCE). **2** In molte religioni, rito con il quale si libera persona, animale, cosa o luogo dallo stato o dagli elementi che impediscono l'accesso al sacro | Nell'ebraismo, ciascuno dei riti che liberavano dalla condizione di impurità determinata da crisi fisiologiche o da particolari avvenimenti. **3** Nella liturgia della Messa, cerimonia nella quale il celebrante deterge i vasi sacri dai residui delle particole e del vino. **4** *P. della Vergine*, festa liturgica cristiana, celebrata il 2 febbraio, che commemora la purificazione alla quale la Vergine si sottopose, secondo il rito ebraico, quaranta giorni dopo il parto, oggi detta della Presentazione del Signore al Tempio.

purillo [vc. dial. sett., di incerta spiegazione ed etim.] s. m. ● Piccola appendice di panno alla sommità del copricapo basco | (*est.*) Il copricapo stesso.

purìna [ted. *Purin*, comp. del lat. *pūrus* 'puro' e lat. scient. *ūricum* '(acido) urico'] s. f. ● (*chim.*) Base organica azotata il cui scheletro strutturale si riscontra nell'acido urico, in alcaloidi quali la caffeina, negli acidi nucleici, nei gruppi prostetici di proteine.

purìnico agg. (pl. m. *-ci*) ● (*chim.*) Che contiene il nucleo della purina | Che ha struttura analoga alla purina | *Basi puriniche*, la purina e le basi azotate derivate da essa, quali l'acido urico, la caffeina, la guanina.

purìno [dal lat. *pūs*, genit. *pūris* 'pus'] s. m. ● Colaticcio del letame di color bruno.

purìsmo [fr. *purisme*, da *pur* 'puro'] s. m. **1** Corrente linguistica della prima metà del sec. XIX che propugnò l'uso di una lingua italiana pura, lontana dagli influssi stranieri, fondata sulle opere dei nostri primi scrittori, spec. del Trecento. **2** (*est.*) Ogni teoria linguistica moderna che si colleghi ai capisaldi di tale indirizzo.

purìsta [fr. *puriste*, da *pur* 'puro'] s. m. e f.; anche agg. (pl. m. *-i*) ● Fautore e seguace del purismo | (*est.*) Chi si attiene con intransigenza alla correttezza linguistica.

purìstico agg. (pl. m. *-ci*) *1* Relativo al purismo. *2* Di, da purista. || **puristicaménte**, avv. Secondo le teorie del purismo.

purità [vc. dotta, lat. tardo *puritāte(m)*, da *pūrus* 'puro'] s. f. ● Purezza (*anche fig.*): *la p. di una pietra preziosa, di una lingua.*

puritanéṣimo o **puritaniṣmo** [ingl. *puritanism*, da *puritan* 'puritano'] s. m. *1* Movimento rigorista inglese e scozzese del sec. XVII, che riconosceva come unica fonte di vita la Bibbia e predicava una morale molto severa. *2* (*est.*) Atteggiamento di chi esagera in rigore e austerità affettando uno sterile moralismo.

puritàno [ingl. *puritan*, da *purity* 'purezza', dal fr. *pureté*, dal lat. tardo *puritāte(m)* 'purità': i puritani erano detti così perché affermavano di seguire la religione pura] **A** agg. *1* Del puritanesimo: *movimento p.* *2* (*est.*) Dettato, ispirato da un'intransigenza moralistica esagerata: *timore p.*; *mentalità puritana.* **B** s. m. (f. *-a*) *1* Seguace del puritanesimo. *2* (*est.*) Persona che affetta un'eccessiva rigidità di principi morali.

pùro [lat. *pūru(m)*, di origine indeur.] **A** agg. *1* Di sostanza che non è mescolata ad altre: *argento p.* | *Latte p.*, intero | *Vino p.*, pretto | *Acqua pura*, limpida | *Caffè p.*, non diluito, non mescolato al latte o ad altre bevande | *Aria pura*, sana, senza miasmi | *Luce pura*, chiara, limpida | *Cielo p.*, netto, sgombro da nubi | *Linea architettonica pura*, non contaminata da altri stili e (*est.*) armoniosa, elegante | *Razza pura*, senza incroci | *Lingua pura*, senza contaminazioni dialettali o di altre lingue. CONTR. Adulterato, impuro. *2* Di disciplina non applicata: *matematica pura* | (*est.*) *Teorico, letterato, scienziato p.*, che non esce dal suo campo o si occupa solo della sua disciplina con esclusione delle altre. SIN. Astratto, speculativo, teorico. *3* Mero, solo, schietto, semplice: *la pura verità*; *per p. caso* | *Il p. necessario*, lo stretto necessario. *4* (*fig.*) Non contaminato, macchiato da colpa o peccato: *anima pura*; *labbra, mani pure.* SIN. Casto, onesto. *5* (*filos.*) Nella filosofia kantiana, indipendente dall'esperienza. || **puraménte**, avv. *1* Con purità. *2* Semplicemente. *3* Solamente, unicamente. **B** s. m. (f. *-a*) ● Chi tiene fede con intransigenza alle proprie convinzioni morali, politiche, intellettuali, artistiche, ecc.: *non è un politicante, ma un p.* || **purèllo**, dim. | **purétto**, dim.

purosàngue [comp. di *puro* e *sangue*] **A** agg. inv. *1* Di animale, spec. cavallo da corsa, che discende da individui della stessa razza. *2* (*est., scherz.*) Detto di persona che proviene da una famiglia da tempo stabilita in una località o che ha radicati costumi e sentimenti propri di una regione: *romano p.* **B** anche s. m. e f. inv. ● Animale, spec. cavallo, purosangue.

purpureggiàre ● V. *porporeggiare.*

purpùreo [vc. dotta, lat. *purpŭreu(m)*, nom. *purpŭreus*, dal gr. *porphýreos*, da *porphýra* 'porpora'] agg. *1* (*raro*) Di, della porpora: *colore p.* *2* (*lett.*) Di colore rosso vivo come la porpora: *manto p.* *3* (*raro*) Che indossa un vestito tinto di porpora.

purpùrico [dal lat. *pŭrpura* 'porpora'; detto così perché forma dei sali color porpora] agg. (pl. m. *-ci*) ● (*chim.*) Detto di acido organico non isolato di cui si conoscono i sali ottenuti trattando l'acido urico con acido nitrico e salificando quindi con una base.

purtròppo o (*raro*) **pur tròppo** [comp. di *pur(e)* e *troppo*] avv. ● Disgraziatamente, malauguratamente: *p. è così*; *p. è vero*; *p. non c'è più niente da fare*; *p. dobbiamo partire*; *'la tua domanda è stata respinta?' 'p.!'*; *'hai finito?' 'p. no!'.*

purulènto [vc. dotta, lat. *purulĕntu(m)*, da *pūs*, genit. *pūris* 'pus'] agg. ● Costituito da pus, contenente pus: *sostanza, infiltrazione purulenta.*

purulènza [vc. dotta, lat. tardo *purulĕntia(m)*, da *purulĕntus* 'purulento'] s. f. *1* (*raro*) Quantità di sostanza purulenta. *2* (*raro*) Qualità di ciò che è purulento.

pus [vc. dotta, lat. *pūs*, di origine indeur.] s. m. ● (*med.*) Essudato provocato da microrganismi che si forma nei tessuti in seguito a un processo infiammatorio, e i cui principali componenti sono i globuli bianchi caduti in disfacimento e gli elementi di tessuti andati incontro a necrosi.

pusher /ˈpuʃʃer, *ingl.* ˈpuʃə*/ [vc. ingl., propr. 'chi si fa largo a spinte, arrivista', da *to push* 'spingere', dal lat. *pulsāre*] s. m. e f. inv. ● (*gerg.*) Spacciatore di droga.

†**puṣignàre** v. intr. ● Fare il pusigno.

puṣigno [lat. parl. **postcēniu(m)*, comp. di *post* 'dopo' e un deriv. di *cēna*] s. m. ● (*raro, tosc.*) Spuntino che si fa a tarda ora, dopo la cena.

puṣillànime o †**puṣillànimo** [vc. dotta, lat. tardo *pusillănime(m)*, comp. di *pusĭllus* 'piccolo' (V. *pusillo*) e *ănimus* 'animo'] **A** agg. ● Detto di chi, o di ciò che, denota debolezza d'animo e mancanza di volontà: *comportamento, mentalità p.*; *non essere così p. con i superiori!* **B** s. m. e f. ● Persona pusillanime. SIN. Vigliacco, vile.

puṣillanimità [vc. dotta, lat. tardo *pusillanimitāte(m)*, da *pusillănimis* 'pusillanime'] s. f. ● L'essere pusillanime | Comportamento da pusillanime. SIN. Vigliaccheria, viltà.

†**puṣillànimo** ● V. *pusillanime.*

puṣillità [vc. dotta, lat. tardo *pusillitāte(m)*, da *pusĭllus* 'piccolo' (V. *pusillo*)] s. f. ● (*raro*) Piccolezza, grettezza, miseria spirituale.

†**puṣillo** [vc. dotta, lat. *pusĭllu(m)*, dim. di *pūsus* 'ragazzo', da avvicinare a *pŭer* 'fanciullo' (V. *puericultura*)] agg.; anche s. m. *1* Piccino, piccolino. *2* (*fig.*) Umile, misero.

pùssa via [da *pussa(re)* onomat. e *via*] loc. inter. ● (*region., fam.*) Indica desiderio di liberarsi di una persona o di una cosa molesta e sgradevole (*anche fig.*): *le malattie? Pussa via!*

pùsta s. f. ● Adattamento di *puszta* (V.).

pustièrla ● V. *postierla.*

pùstola [vc. dotta, lat. *pŭstula(m)*, di origine onomat.] s. f. ● (*med.*) Lesione cutanea circoscritta che contiene pus. || **pustolétta**, dim. | **pustolìna**, dim.

pustolóso [vc. dotta, lat. *pustulōsu(m)*, da *pŭstula* 'pustola'] agg. ● Di pustola | Ricoperto di pustole.

puszta /ungh. ˈpusta/ [vc. ungherese di origine slava] s. f. inv. ● Vasta pianura stepposa dell'Ungheria nella quale prospera l'allevamento di bovini ed equini.

put /*ingl.* put/ [vc. ingl., 'getto'] s. m. inv. ● (*borsa*) Contratto che conferisce a un operatore il diritto, in considerazione del pagamento di un premio, di esercitare o meno l'opzione di vendita prevista dal contratto stesso. CFR. Dont.

putacàṣo o **pùta càṣo** [comp. dell'ant. *putare* 'supporre' e *caso*] avv. ● Per ipotesi: *mettiamo, p., che non ne voglia sapere, cosa facciamo?*; *se, p., diventassi miliardario, cosa faresti?* | *P. che*, metti il caso che: *p. che tu riceva il permesso, avvisami subito.*

putàmen [vc. dotta, dal lat. *putāmen*, nt., 'guscio, scorza'] s. m. inv. ● (*anat.*) Componente del complesso dei nuclei del corpo striato dei Mammiferi.

putatìvo [vc. dotta, lat. tardo *putatīvu(m)* 'preteso, supposto', da *putātus*, part. pass. di *putāre* 'credere, supporre'] agg. ● Che è ritenuto autentico anche se in realtà non lo è, o se lo è soltanto apparentemente, spec. nella loc. *padre p.* || **putativaménte**, avv. (*raro*) In modo putativo.

puteàle [vc. dotta, lat. *puteāli*, abl. di *pŭteal*, da *pŭteus* 'pozzo'] s. m. *1* Nell'antica Roma, luogo recintato con altare eretto per la purificazione dal fulmine ivi caduto. *2* (*arch.*) Recinzione cilindrica della bocca di un pozzo, spesso adorna di sculture.

puteolàno **A** agg. ● Di, relativo a Pozzuoli. **B** s. m. (f. *-a*) ● Abitante, nativo di Pozzuoli.

putèra [dal lat. *putēre* 'puzzare', dalla stessa radice di *pus*] s. f. ● (*bot.*) Cara.

pùti [vc. espressiva] vc. ● (*raro*) Solo nella loc. *né uti né p.*, detto di persona dappoco, incapace di bene come di male.

pùtido [vc. dotta, lat. *pūtidu(m)*, da *putēre* 'puzzare' (V. *putera*)] agg. ● (*lett.*) Puzzolente, maleodorante.

†**putidóre** [da *putido*] s. m. ● Forte puzzo, fetore.

putifèrio [deformazione di *vituperio*] s. m. ● Grande schiamazzo e clamore sollevati da un litigio, una scenata, un diverbio: *è successo un p.*; *quei tre fanno un gran p.* | (*fig.*) Confusione, estremo disordine: *sul tuo tavolo c'è un gran p.* SIN. Bailamme.

putipù [vc. onomat.] s. m. ● Strumento musicale folcloristico napoletano, formato da un tamburo con foro centrale, attraversato da un'asticella lignea che produce il suono per sfregamento con la pelle del tamburo.

putìre [lat. *putēre* 'puzzare' (V. *putera*)] v. intr. (*io putisco* o *pùto*, *tu putìsci* o *pùti*; aus. *avere*) *1* (*lett.*) Mandare puzzo, fetore. *2* (*fig.*) †Dispiacere, dare noia.

putìzza [da *putire*] s. f. ● Emissione fredda di acido solfidrico di origine vulcanica da condotti del suolo.

†**putolènte** [da *puzzolente*, rifatto su *putire*] agg. ● Puzzolente.

†**pùtre** [vc. dotta, lat. *pŭtre(m)*, dalla stessa radice di *pūs* e *putēre* 'putire'] agg. ● Fradicio, marcio, guasto.

putrèdine o (*poet.*) †**putrèdo** [vc. dotta, lat. tardo *putrēdine(m)*, da *pūtris* 'putre'] s. f. *1* Atto del putrefarsi o dell'essere putrefatto: *i primi segni della p.* *2* Sostanza organica in putrefazione, o già putrefatta. *3* (*fig.*) Rovina, corruzione morale.

putredinóso [da *putredine*] agg. ● (*raro*) Che è in putrefazione: *carogna putredinosa.*

†**putrèdo** ● V. *putredine.*

putrefàre [vc. dotta, lat. *putrefăcere*, comp. di *pŭtris* 'putre' e *făcere* 'fare'] **A** v. intr. e intr. pron. (coniug. come *fare*; aus. *essere*) ● Subire un processo di putrefazione. **B** v. tr. ● Fare andare in putrefazione: *il caldo putrefà il pesce.*

†**putrefattévole** agg. ● (*raro*) Putrefattibile.

putrefattìbile [da *putrefatto*] agg. ● (*raro*) Che può putrefarsi.

putrefattìvo agg. ● Di putrefazione, che porta alla putrefazione: *processo p.*

putrefàtto part. pass. di *putrefare*; anche agg. *1* Nei sign. del v. *2* (*fig.*) Che ha subìto un processo di rovina, di disfacimento morale: *società ormai putrefatta.*

†**putrefattòrio** [da *putrefatto*] agg. ● Putrescente.

putrefazióne [vc. dotta, lat. tardo *putrefactiōne(m)*, da *putrefăctus* 'putrefatto'] s. f. *1* (*biol.*) Processo demolitivo delle sostanze proteiche operato da attività enzimatiche di microrganismi con formazione di sostanze puzzolenti (ammoniaca, putrescina, cadaverina): *andare in p.*; *essere in p.*, *in avanzato stato di p.* *2* (*fig.*) Corruzione, rovina morale: *società che va in p.*

putrèlla [fr. *poutrelle*, propriamente dim. di *poutre* 'trave', in origine 'puledra' (stessa etim. dell'it. *puledra*); per l'evoluzione semantica cfr. *cavalletto*] s. f. ● Trave metallica con profilo a doppio T, usata per solai e altre costruzioni.

putrescènte [vc. dotta, lat. *putrescĕnte(m)*, part. pres. di *putrēscere* 'divenir putrido', incoativo di *putrēre* 'essere in dissoluzione', da *pūtris* 'putre'] agg. ● (*raro*) Che è in via di putrefazione o si sta putrefacendo (*anche fig.*): *corpi, carogne putrescenti*; *una società p.*

†**putrescènza** [da *putrescente*] s. f. ● Putrefazione.

putrescìbile [vc. dotta, lat. tardo *putrescĭbile(m)*, da *putrēscere* 'divenir putrido' (V. *putrescente*)] agg. ● (*raro*) Che è soggetto a putrefarsi.

putrescina [dal lat. *putrēscere* 'divenir putrido' (V. *putrescente*)] s. f. ● (*chim.*) Diammina che si forma durante la putrefazione della carne dei tessuti animali.

†**putridire** [da *putrido*] v. intr. ● Imputridire.

putridità s. f. ● (*raro*) L'essere putrido.

pùtrido [vc. dotta, lat. *pŭtridu(m)*, da *putrēre* 'essere in dissoluzione' (V. *putrescente*)] **A** agg. *1* Che è in stato di putrefazione: *acqua, carne putrida.* SIN. Marcio, putrefatto | Prodotto da putrefazione: *odore p.*; *umori putridi.* *2* (*fig.*) Guasto, corrotto moralmente: *ambienti putridi.* **B** s. m. ● (*fig.*) Corruzione: *nelle sue idee c'è del p.*

putridùme s. m. *1* Insieme di cose marce, putride. *2* (*fig.*) Sozzura, bassezza, corruzione morale.

†**putrilàgine** [vc. dotta, lat. tardo *putrilāgine(m)* 'putrefazione', da *putrēre* 'essere in dissoluzione' (V. *putrescente*)] s. f. ● Materia putrefatta.

†**putrilaginóso** agg. ● Che contiene, è formato di putrilagine.

putrire [lat. *putrēre* (V. *putrescente*)] v. intr. (*io putrìsco, tu putrìsci, egli putrìsce* o *pùtre, essi putrìscono* o *pùtrono*; aus. *essere*) ● (*raro, lett.*) Imputridire.

Putsch /*ted.* putʃ/ [vc. ted. di origine espressiva] s. m. inv. (pl. ted. *Putsche*) • Complotto, colpo di mano di un gruppo politico armato allo scopo di prendere il potere: *tentare un P.*; *il P. è fallito*.

putschìsta /put'tʃista/ **A** s. m. e f. (pl. m. *-i*) • Organizzatore o sostenitore di un putsch. **B** agg. • Relativo a un putsch: *strategia p.* | Che compie un putsch: *generale p.*

putt /*ingl.* pʌt/ [vc. ingl., da *to putt* 'colpire leggermente la palla', alterazione di *to put* 'mettere'] s. m. inv. • (*sport*) Nel golf, colpo lento e preciso che si esegue sul green per imbucare la pallina.

†**pùtta** (**1**) [f. di *putto* (*1*)] s. f. ***1*** (*dial.*) Ragazza, fanciulla. ***2*** Serva | *Fare come le putte al lavatoio*, fare pettegolezzi.

†**pùtta** (**2**) [fr. *pute*. V. *puttana*] s. f. • (*lett.*) Meretrice: *p. sfacciata: e dove hai posto spene?* (PETRARCA).

puttàna [ant. fr. *putaine*, da *pute* 'putta (2)', f. di *put*, propriamente 'puzzolente, sporco', dal lat. *pūtidu(m)* 'putido'] s. f. ***1*** (*volg.*) Meretrice, prostituta | (*fig.*) *Figlio di p.*, persona furba, intrigante e disonesta. ***2*** (*est., spreg.*) Persona di scarsi principi morali, facilmente influenzabile e corruttibile. || **puttanàccia**, pegg. | **puttanèlla**, dim. (V.) | **puttanellàccia**, dim. pegg. | **puttanóna**, accr. | **puttanóne**, accr. m.

puttanàio [da *puttana* col suff. di luogo *-aio*] s. m. ***1*** (*volg.*) Luogo frequentato da prostitute. ***2*** (*fig.*) Luogo assai rumoroso, immerso nel disordine e nella confusione. ***3*** (*fig.*) Baccano, disordine, confusione.

puttanàta [da *puttana*] s. f. ***1*** (*volg.*) Stupidaggine, sciocchezza: *non dire puttanate!* ***2*** (*volg.*) Azione vile e perfida.

puttaneggiàre [da *puttana*] v. intr. (*io puttanéggio*; aus. *avere*) • (*volg.*) Fare la puttana | Comportarsi da puttana.

puttanèlla **A** s. f. ***1*** Dim. di *puttana*. ***2*** Giovane prostituta. ***3*** (*spreg.*) Ragazza o donna disinibita, che ama cambiare frequentemente partner. ***4*** (*merid., pop.*) Denominazione di alcune varietà di uva. **B** anche agg.: *uva p.*

puttanésco agg. (pl. m. *-schi*) • (*volg.*) Di, da puttana | *Spaghetti alla puttanesca*, spaghetti conditi con una salsa a base di filetti di acciuga dissalati, olive nere, capperi e pomodori. || **puttanescaménte**, avv. (*raro, volg.*) In modo puttanesco.

puttanéşimo [da *puttana*] s. m. • (*raro, volg.*) Meretricio.

puttanière s. m. ***1*** (*volg.*) Uomo che frequenta le puttane. ***2*** (*est.*) Donnaiolo.

putter /*ingl.* 'pʌtə*/ [vc. ingl., propr. 'che dà un colpo leggero' (V. *putt*)] s. m. inv. ***1*** (*sport*) Nel golf, mazza corta che si usa per eseguire un putt. ***2*** (*sport*) Giocatore di golf intento a giocare un putt | Specialista nell'esecuzione di tale colpo.

†**putterìa** [da *putto* (*1*)] s. f. • Fanciullaggine.

pùtto (**1**) [lat. *pūtu(m)*, dalla stessa radice di *pŭer* 'fanciullo' (V. *puericultura*)] s. m. (f. *-a*) ***1*** (*raro, dial.*) Fanciullino, bambino: *non ti vergogni ...? pensi ancor esser p.* (BRUNO). ***2*** Amorino: *decorazione floreale con putti*. || **puttèllo**, dim. | **puttìno**, dim. | **puttóne**, accr.

†**pùtto** (**2**) [da *putta* (*2*)] agg. • Di, da puttana.

pùzza o (*dial.*) †**spùzza**. s. f. • (*dial., lett.*) Puzzo | *Avere la p. al, sotto il naso*, (*fig.*) essere altezzoso e scostante. || **puzzétta**, dim.

puzzacchiàre v. intr. (*io puzzàcchio*; aus. *avere*) • Puzzicchiare.

puzzàre o (*dial.*) †**spuzzàre** [da *puzzo*] v. intr. (aus. *avere*) ***1*** Mandare, emanare puzzo: *le carogne puzzano*; *p. da levare il fiato*; *gli puzza il fiato*; *ti puzzano i piedi*; *questi piatti puzzano di pesce*; *gli puzza l'alito di cipolla*. ***2*** (*fig.*) Dare fastidio, stancare: *è finita con quella superbia, che pareva ti si puzzasse tutti!* (BACCHELLI) | Rappresentare una preoccupazione, un pericolo e sim.: *la faccenda comincia a p.*; *la situazione puzza, bisogna decidersi!* ***3*** (*fig., fam.*) Non tenere nella giusta e dovuta considerazione: *ma che, ti puzza il benestare?*; *gli puzza la salute, il quieto vivere, la ricchezza* | Dare l'impressione, sembrare, in base a indizi piuttosto eloquenti: *questa faccenda mi puzza di imbroglio*; *tutto quello che fa puzza di disonesto*.

†**puzzévole** [da *puzzo*] agg. • Puzzolente.

puzzicchiàre [ints. di *puzzare*] v. intr. (*io puzzìcchio*; aus. *avere*) • (*fam.*) Puzzare un poco | Cominciare a puzzare.

puzzle /*ingl.* pʌzəl/ [vc. ingl., di etim. incerta] s. m. inv. ***1*** Gioco di pazienza consistente nel ricostruire un'immagine rimettendo insieme i vari pezzi in cui essa è stata precedentemente scomposta | (*est.*) Problema di difficile o impossibile soluzione. ***2*** (*raro*) Cruciverba.

pùzzo [lat. parl. **pūtiu(m)*, da *putēre* 'puzzare' (V. *putera*)] s. m. ***1*** Odore corrotto, cattivo odore: *p. insopportabile, ripugnante*; *p. di fogna, di uova marce* | *Dare, mandare p.*, puzzare | (*raro*) *Persona senza puzzi e senza odori*, senza idee personali. SIN. Fetore, lezzo, tanfo. ***2*** (*fig., fam.*) Esagerata importanza e risonanza data a ciò che si fa in determinate occasioni: *quanto p. per una cosa da nulla!*; *per un matrimonio c'è bisogno di fare tutto questo p.?* ***3*** (*fig., fam.*) Sentore, indizio eloquente: *qui c'è p. di imbroglio*. || **puzzàccio**, pegg.

pùzzola [dal *puzzo* che emette] s. f. • Mammifero carnivoro, cacciatore agilissimo e feroce, di forme snelle, con zampe corte e unghiute, pelliccia rugginosa sul dorso e nera sul ventre (*Mustela putorius*).

puzzolènte o †**puzzolènto** [da *puzzo*] agg. ***1*** Che puzza, che manda puzzo: *esalazione p.*; *pesce, carne p.* ***2*** (*raro, fig.*) Laido, osceno. || **puzzolenteménte**, avv. (*raro*) In modo puzzolente.

†**puzzolóso** agg. • Puzzolente. || †**puzzolosaménte**, avv. Puzzolentemente.

puzzonàta [da *puzzone*] s. f. ***1*** (*centr., pop.*) Azione vile e disonesta. ***2*** Cosa riuscita molto male. SIN. Porcheria.

puzzóne [da *puzzare*] s. m. (f. *-a*) ***1*** (*centr., pop.*) Chi fa puzzo o ha addosso molto puzzo. ***2*** (*centr., fig.*) Persona spregevole e disonesta. SIN. Mascalzone. ***3*** (*raro, dial.*) Chi fa lo schifiltoso.

†**puzzóre** [da *puzzo*, sul modello di *fetore*] s. m. • Puzzo, tanfo.

†**puzzóso** [da *puzzo*] agg. • Puzzolente.

†**puzzùra** s. f. ***1*** Puzzo. ***2*** Marcio, putredine.

PVC /pivvut'tʃi*/ [sigla di *PoliVinilCloruro*] s. m. • (*chim.*) Polivinilcloruro.

pỳrex ® /'pireks/ o **pìrex** [nome commerciale] s. m. inv. • Tipo di vetro molto resistente agli sbalzi di temperatura, usato per recipienti da laboratorio e per uso domestico.

q, Q

La lettera *Q* ha lo stesso valore della *C* dura, rappresentando la consonante esplosiva velare sorda /k/, ed è sempre seguita da una *U* col valore di semiconsonante /w/. Questo nesso /kw/ è espresso dalla grafia *qu* nella maggior parte dei casi in cui ricorre (es. *quàndo* /'kwando/, *dùnque* /'dunkwe/, *iniquo* /i'nikwo/); è scritta però *cu* in alcune parole che in latino hanno una grafia con *c* prevocalico (es. *cuòcere* /'kwɔtʃere/, *scuòla* /'skwɔla/). Se la consonante è rafforzata, la sua grafia è di regola *cq* (es. *àcqua* /'akkwa/, *acquistàre* /akkwis'tare/), eccezionalmente *qq* (es. *soqquàdro* /sok'kwadro/, *beqquàdro* /bek'kwadro/).

q, Q /nome per esteso: *cu* o *qu*/ **s. f. o m.** ● Quindicesima lettera dell'alfabeto italiano: *q minuscola, Q maiuscolo* | *Q come Quarto*, nella compitazione, spec. telefonica, delle parole.

qàsba ● V. *casba*.

Q-disc ® /kw'disk/ [nome commerciale, comp. di *Q(uattro)* e di *disc(o)* per analogia con la vc. ingl. *disc*, forma meno com. di *disk* 'disco fonografico'] **s. m. inv.** ● Disco delle dimensioni di un long playing comprendente però solo quattro canzoni.

qu **s. f. o m. inv.** ● Nome, meno comune di *cu*, della lettera *q*.

qua (1) [lat. *(ĕc)cu(m) hāc* 'ecco per di qua'] **A** **avv.** *1* In questo luogo, in questo posto (con v. di stato e di moto, si riferisce al luogo vicino a chi parla o in cui si trova chi parla o comunque comunica, ed ha valore più indet. di 'qui'): *sono qua da alcuni minuti*; *qua non vedo niente*; *eccoci qua*; *venite qua*; *portatemelo qua*; *sto meglio qua da voi che a casa mia*; *mettimelo qua sulla poltrona*; *sono qua per caso* | *Sono qua io, siamo qua noi*, eccomi, eccoci (offrendo il proprio aiuto o la propria protezione) | Contrapposto a 'là', con valore locativo più o meno indeterminato: *qua non è venuto, può darsi sia ancora là*; *va sempre qua e là per gli uffici*; *qua e là si vedeva ancora un po' di neve*; *lavora un po' qua e un po' là, dove gli capita*; *sono voci che girano qua e là*; *corrono sempre qua e là*; *guarda qua e guarda là, non riuscivo a trovarlo*; *le pie lucerne brillano intorno / là nelle case, qua su la siepe* (PASCOLI) | Con valore raff. seguito da altri avv. di luogo, dà loro maggior determinatezza: *venite qua fuori*; *entrate qua dentro*; *corri qua dietro*; *è qua sopra*; *è qua sotto*; *sono qua vicino*. V. anche *quaggiù, quassù* | (*fig.*) A questo punto: *qua ti volevo!*; *qua volevo arrivare!*; *qua viene il difficile*. *2* Con valore enf. o raff. in espressioni di esortazione, comando, sdegno e sim.: *prendi qua questi soldi*; *date qua quei libri*; *ecco qua cosa capita a non volere dare retta!*; *guarda qua che pasticcio!*; *eccolo qua di nuovo!* | (*ell.*) *qua, ci penso io*; *qua, fammi vedere*; *qua subito!*; *qua la mano, e facciamo la pace!* | (*pleon.*) Con valore raff. preceduto da 'questo': *questo disordine qua, non lo voglio più vedere*; *cosa vuole questo qua?*; *prendi questa roba qua* | In correl. con 'là' per indicare il ripetersi insistente di qualcosa: *papà qua, papà là! devo sempre correre io*; *non è mai contento, protesta, si lamenta e qua e là*; *Maria qua, Maria là, hanno sempre bisogno di lei*. *3* Nella loc. avv. *in qua*, verso questa parte: *guarda in qua*; *voltati in qua*; *fatevi più in qua*; *non venite troppo in qua* | Ad oggi, a questa parte (con valore temp.): *da un anno in qua*; *da un po' di tempo in qua si comporta stranamente*; *onde vedemo ne le cittadi d'Italia ... da cinquanta anni in qua molti vocabuli essere spenti e nati e variati* (DANTE) | (*fam.*) *Da un pezzo in qua*, da parecchio tempo: *da un pezzo in qua mi sono stancato dei suoi modi maleducati*. *4* Nella loc. avv. *di qua*, da questo luogo, di questo luogo (indica moto verso luogo o da luogo o per luogo, oppure stato in luogo; *anche fig.*): *di qua non mi muovo*; *di qua si gode un bellissimo panorama*; *vieni via di qua*; *di qua non si passa*; *prendete di qua e arriverete ad un semaforo*; *quei monti azzurri / che di qua scopro* (LEOPARDI) | (*fam.*) In questa stanza: *venite di qua che parliamo con calma*; *voi restate di qua un momento, torno subito* | (*fig.*) In questo mondo: *finché sto di qua voglio godermi la vita* | (*fig.*) *Essere più di là che di qua*, essere mezzo morto, essere sul punto di morire | *Andare di qua e di là*, in vari luoghi gironzolando | *Di qua, di là, di su, di giù*, in ogni luogo | *Per di qua*, per questo luogo, per questa strada, da questa parte: *passate per di qua*; *prendiamo per di qua, faremo più presto* | *Al di qua*, da questa parte: *al di qua c'è la Francia, al di là la Svizzera*. **B** nelle **loc. prep.** *di qua da, al di qua di*; *in qua di, in qua da* ● Dalla parte, dal versante di q.c. vicino o in cui si trova chi parla e sim.: *di qua dal fiume il terreno è di mio zio*; *al di qua dei monti la vallata è più verde*; *abita più in qua di piazza Risorgimento*.

qua (2) o **qua qua** [vc. onomat.] **A** **inter.** ● Riproduce il verso delle oche e delle anatre (*spec. iter.*). **B** in funzione di **s. m. inv.** ● Il verso stesso: *il qua qua delle oche* (V. nota d'uso ACCENTO).

quaccherismo o **quacquerismo**. **s. m.** *1* Movimento religioso protestante, fondato in Inghilterra da Giorgio Fox verso la metà del sec. XVI, diffuso anche negli Stati Uniti; predica il ritorno a una vita semplice e a un culto privo di cerimonie e di riti, condannando il militarismo, la violenza e il lusso. *2* Comportamento, atteggiamento da quacchero (*anche fig.*).

quàcchero o **quàcquero** [ingl. *quaker* 'che trema', da *to quake* 'tremare', di origine espressiva; il n. venne dato perché il fondatore della setta aveva invitato gli aderenti a tremare davanti alla parola di Dio] **A** **s. m.** (f. *-a*) *1* Seguace del quaccherismo. *2* (*fig.*) Persona che, spesso con ostentazione, pratica una rigorosa semplicità di vita o dimostra una tenace convinzione nelle proprie idee, con intransigente moralismo. **B** **agg.** ● Di, da quacchero | *Alla quacchera*, (*ell., fig.*) senza cerimonie, alla buona.

quacquaraquà /kwakkwara'kwa/ [vc. onomat.] **s. m. e f. inv.** *1* (*sic.*) Chiacchierone | Spaccone, sbruffone. *2* (*gerg., spreg.*) Spia, delatore | Individuo spregevole, nullità.

quàcquero e *deriv.* ● V. *quacchero* e *deriv.*

quad /kwɔd/ [vc. ingl., da *quad(rillion)* 'quadrilione'] **s. m. inv.** ● (*fis.*) Unità di misura anglosassone dell'energia pari a 10^{15} British thermal unit o $1{,}0551 \cdot 10^{18}$ joule.

quadèrna ● V. *quaterna* nel sign. 1.

quadernàccio **s. m.** *1* Pegg. di *quaderno*. *2* Brogliaccio.

†**quadernàle** [da *quadernario*, con cambio di suff.] **s. m.** *1* Quadernario. *2* (*mar.*) Quarnale.

†**quadernàre** **v. tr.** ● Ridurre a quaderni.

quadernàrio o †**quadernàro** [V. *quaternario*] **A** **agg.** ● Quaternario, nel sign. A 1. **B** **s. m.** ● Nel sonetto, quartina.

quadèrno [lat. *quatĕrni*, nom. pl., 'a quattro a quattro' (con riferimento alla legatura dei fogli), da *quăttuor* 'quattro'] **s. m.** *1* Fascicolo di più fogli di carta da scrivere uniti insieme e ricoperti con cartoncino, destinato spec. a usi scolastici: *q. a righe*, *a quadretti*; *q. degli appunti* | Libro, volume. *2* Ciascuno degli spazi quadri che si fanno nei giardini od orti per coltivarli. *3* (*letter.*) †Quadernario, quartina. || **quadernàccio**, **pegg.** (V.) | **quadernétto**, **dim.** | **quadernino**, **dim.** | **quadernóne**, **accr.** | **quadernùccio**, **dim.**

quàdra [vc. dotta, lat. *quădra(m)* 'quadrato, pezzetto, fetta', f. sost. di *quădrus* 'quadrato, quadro'] **s. f.** *1* Quadrante. *2* Vela rettangolare o trapezoidale inferita con il lato orizzontale superiore a un pennone. *3* †Squadra. *4* †Maniera, qualità | †*Dare la q.*, adulare o motteggiare. *5* Tagliere, mensa quadrata. *6* †Focaccia.

quadràbile [da *quadrare*] **agg.** *1* (*raro*) Riducibile a quadrato. *2* In contabilità, che può quadrare: *conti q.*; *contabilità difficilmente q.*; *bilancio non q.*

quadragenàrio [vc. dotta, lat. *quadragenāriu(m)*, da *quadragēni* 'quaranta per volta', da *quadragĭnta* 'quaranta'] **A** **agg.** *1* (*raro*) Che ha quarant'anni, detto di persona o di cosa. *2* †Che dura quaranta giorni, mesi o anni. **B** **s. m.** (f. *-a*) ● (*raro*) Chi ha quarant'anni d'età.

quadragèșima [vc. dotta, lat. *quadragēsima(m)*. V. *quaresima*] **s. f.** ● Quaresima | *Domenica di q.*, la prima domenica di quaresima.

quadrageșimàle [vc. dotta, lat. tardo *quadragesimāle(m)*, da *quadragēsima* 'quaresima'] **agg.** ● Di quaresima. **SIN.** Quaresimale.

quadragèșimo [vc. dotta, lat. *quadragēsimu(m)*, da *quadragĭnta* 'quaranta'] **agg. num. ord.**; anche **s. m.** ● (*lett.*) Quarantesimo: *nel q. giorno della morte, della scomparsa*; *q. primo*; *q. secondo*; *q. terzo*.

quadraménto **s. m.** ● (*raro*) Modo e atto del quadrare.

quadrangolàre [vc. dotta, lat. tardo *quadrangulārem*, da *quadrăngulus* 'quadrangolo'] **agg.** *1* (*mat.*) A forma di quadrangolo, relativo a un quadrangolo. *2* (*sport*) *Incontro q.*, quello disputato da squadre rappresentative di quattro nazioni o società sportive.

†**quadrangolàto** [vc. dotta, lat. tardo *quadrangulātu(m)*, da *quadrăngulus* 'quadrangolo'] **agg.** ● Fatto a quadrangolo.

quadràngolo [vc. dotta, lat. *quadrăngulu(m)*, comp. di *quădri-* e *ăngulus* 'angolo'] **A** **agg.** ● Che ha quattro angoli. **B** **s. m.** ● Poligono con quattro vertici.

quadrantàle **agg.** ● Relativo a un quadrante, spec. di bussola: *deviazione q.* | *Quota q.*, altitudine che gli aerei devono mantenere lungo le rotte orientate nei diversi quadranti di bussola.

quadrànte [vc. dotta, lat. *quadrănte(m)* 'quarta parte', da *quădri-*] **s. m.** *1* (*mat.*) Parte d'un piano compresa fra due semirette perpendicolari uscenti dallo stesso punto | Ciascuna delle quattro parti in cui è diviso un cerchio da due suoi diametri perpendicolari tra loro. *2* Superficie che, in uno strumento di misura, porta la scala graduata | In orologeria, superficie sulla quale sono indicate le divisioni del tempo e davanti alla quale si spostano le lancette per indicare il tempo. *3* Ciascuno dei settori di 90°, della bussola, compresi tra i punti cardinali | *Primo q.*, da nord a est | *Secondo q.*, da est a sud | *Terzo q.*, da sud a ovest | *Quarto q.*, da ovest a nord. *4* *Q. solare*, strumento per dare l'ora mediante l'ombra di un oggetto; è in genere un piano sul quale sono incise le linee d'ombra, e l'ora è data da un ago o stilo | (*raro*) Meridiana. *5* Antico strumento d'osservazione astronomica per la determinazione dell'altezza delle stelle al loro passaggio in meridiano. *6* (*mil.*) Strumento usato per il puntamento in elevazione delle antiche artiglierie. *7* Moneta romana repubblicana di bronzo, quarta parte dell'asse, ossia di tre once. *8* (*edit.*) In legatoria, ciascuno dei due cartoni, del formato del libro, o lievemente più grandi, che formano la copertina del libro rilegato.

quadràre [vc. dotta, lat. *quadrāre*, da *quădrus* 'quadro'] **A** v. tr. *1* (*mat.*) Calcolare l'area d'una figura bidimensionale | Costruire un quadrato che abbia la stessa area di una figura bidimensionale. *2* Dare forma quadra | *Q. la testa a qc.*, (*fig.*) abituarlo al ragionamento, alla meditazione. *3* (*mat.*) Elevare al quadrato. *4* (*raro*) In contabilità, procedere alla verifica delle esatte corrispondenze nei conti: *il bilancio si deve q. annualmente.* **B** v. intr. (aus. *essere* e *avere*) *1* In contabilità, corrispondere esattamente: *in una azienda sana le uscite devono quadrare con le entrate.* *2* Essere esatto, detto d'un calcolo e sim.: *il tuo conto non quadra.* *3* Essere preciso, corrispondere con esattezza: *la descrizione che ne hai fatto quadra perfettamente con la realtà* | (*fig.*) Q. (*a capello*), adattarsi perfettamente: *è un soprannome che gli quadra proprio.* SIN. Coincidere, concordare. *4* (*fig., fam.*) Andare a genio, garbare, piacere: *il suo è un ragionamento che non mi quadra molto*; *non mi quadra proprio il fatto che debba intervenire sempre io!* | Convincere: *ciò che mi ha raccontato non mi quadra per niente.*

†**quadràro** s. m. ● Mercante, venditore di quadri.

quadràtico [da *quadrato* (*2*)] agg. (pl. m. *-ci*) ● (*mat.*) Detto di ente nel quale compaiono con particolare importanza delle seconde potenze.

quadratìno s. m. *1* Dim. di *quadrato* (*2*). *2* (*mar.*) Alloggio in comune per i guardiamarina sulle navi da guerra. *3* (*tip.*) Spazio bianco di giustificazione il cui spessore corrisponde alla metà del corpo tipografico usato.

quadratìvo agg. ● (*raro*) Atto a quadrare.

quadràto (**1**) part. pass. di *quadrare*; anche agg. *1* Nei sign. del v. *2* (*mat.*) Elevato alla seconda potenza: *centimetro q.* | *Radice quadrata*, V. *radice*. *3* (*fig.*) Solido, robusto, gagliardo: *statura, corporatura, complessione quadrata*; *petto q.*; *spalle quadrate* | *Avere le spalle quadrate*, (*fig.*) essere dotato di grande forza morale e intellettuale e sapere affrontare difficoltà o avversità con grande equilibrio | *Voce quadrata*, gagliarda | *Testa quadrata*, (*fig.*) di persona usa a ragionare. *4* (*fig.*) Assennato, equilibrato, giudizioso: *un uomo q.*; *giovani quadrati*. *5* *Verso q.*, settenario trocaico latino. || †**quadrataménte**, avv. A modo di quadrato, in forma quadrata.

quadràto (**2**) [vc. dotta, lat. *quadrātu(m)*, sost. di *quadrātus* 'quadrato', agg.] s. m. *1* (*mat.*) Quadrangolo regolare, con i lati e gli angoli uguali. *2* (*mat.*) Seconda potenza | *Q. perfetto*, numero, o funzione razionale, che sia il quadrato d'un altro numero, d'un'altra funzione razionale. *3* Pezzo o frammento di forma quadrata: *un q. di stoffa*. *4* (*mil.*) Formazione usata un tempo dalla fanteria per difendersi dalle cariche di cavalleria qualunque ne fosse la provenienza | (*fig.*) *Fare q.*, coalizzarsi, stringersi insieme per difendersi e respingere o battere un avversario. *5* (*sport*) Piattaforma quadrata, delimitata da un triplice ordine di corde tese tra quattro pali posti agli angoli, per competizioni pugilistiche | *Salire sul q.*, disputare un incontro. *6* Pannolino quadrato per neonati. *7* (*mar.*) Sala riservata agli ufficiali e ai sottufficiali per i pasti o per incontri durante le ore libere. *8* Pezzo di terreno regolare a forma quadra | Misura romana di superficie di 10 tavole quadrate | Unità di misura di superficie agraria, usata spec. in Toscana, equivalente a 35 are ca. | *Q. latino*, tipo di schema distributivo delle tesi nelle ricerche parcellari di campo. *9* Osso del capo che nei Vertebrati inferiori partecipa all'articolazione mascella-mandibola e nei Mammiferi forma l'incudine dell'orecchio interno. *10* (*astrol.*) Posizione di due pianeti distanti tra loro 90°. *11* *Q. magico*, gioco enigmistico consistente nell'indovinare parole che, disposte nelle caselle di un quadrato, siano leggibili tanto verticalmente che orizzontalmente. || **quadratìno**, dim. (V.) | **quadratóne**, accr. (V.).

quadratóne s. m. *1* Accr. di *quadrato* (*2*). *2* (*tip.*) Spazio bianco che stacca una parola dall'altra e il cui spessore corrisponde al corpo tipografico usato.

quadratóre [vc. dotta, lat. tardo *quadratōre(m)*, nel sign. però di 'tagliapietre', da *quadrātus*, part. pass. di *quadrāre* 'quadrare, squadrare'] s. m.; anche agg. (f. *-trice*) ● (*raro*) Chi, che quadra.

quadratùra [vc. dotta, lat. tardo *quadratūra(m)*, da *quadrātus*, part. pass. di *quadrāre* 'quadrare, squadrare'] s. f. *1* Atto, effetto del ridurre in forma quadrata | *Q. mentale*, chiarezza e solidità di idee | Anche come qualità morale: *una persona di una grande q.* *2* (*mat.*) Calcolo dell'area di una figura | Determinazione d'un quadrato avente la stessa area di una figura data | *La q. del cerchio*, problema classico, insolubile con la riga e il compasso e (*est.*) cosa impossibile a farsi, irrealizzabile | Calcolo d'un integrale. *3* (*mat.*) Operazione, risultato, dell'elevazione alla seconda potenza. *4* (*fis.*) Differenza di fase di 90° tra grandezze alternate, sinusoidali, della stessa frequenza. *5* In contabilità, la condizione (e meno com., l'operazione) del quadrare: *la q. dei conti*. *6* Il trovarsi di due astri a longitudini differenti di 90°. *7* Pittura di prospettive architettoniche, per decorazioni di volte, pareti e sim., in uso spec. dal XVII al XVIII sec.

quadraturìsmo [da *quadratura*, col suff. *-ismo*] s. m. ● Genere di pittura decorativa basata su rappresentazioni illusionistiche di elementi architettonici.

quadraturìsta s. m. (pl. *-i*) ● Pittore di quadrature.

quadrellatùra [da *quadrello*] s. f. ● Reticolato geometrico a piccoli quadrati tracciabile su una superficie per riprodurvi, nella proporzione voluta, un disegno suddiviso, a sua volta, nello stesso numero di quadratini.

quadrèllo [propriamente dim. di *quadro* (*2*)] s. m. (pl. *quadrèlla*, f. nel sign. 1) *1* (*lett.*) Freccia, dardo: *per l'aer ronzando esce 'l q.* (POLIZIANO). *2* Pezzetto di pelle o di tessuto cucito nell'interno della biforcazione delle dita del guanto. *3* Mattonella quadrata per pavimento o rivestimento di parete. *4* Lombata del vitello, dell'agnello o del maiale macellati. *5* Grosso ago a tre spigoli, di forma schiacciata, usato dai tappezzieri. *6* Parte inferiore della chiave da orologio. *7* Righello. || **quadrellétto**, dim.

quadrerìa [da *quadro* (*2*), sul modello di *libreria*] s. f. ● Raccolta o galleria di quadri.

quadrétta [fr. *quadrette*, dal lat. *quădrus* (V. *quadro* (*1*))] s. f. ● Squadra di quattro giocatori alle bocce.

quadrettàre [da *quadretto*] v. tr. (*io quadrétto*) ● Suddividere in più quadretti, tracciando molte linee parallele e perpendicolari: *q. un foglio di carta*.

quadrettàto part. pass. di *quadrettare*; anche agg. *1* Nel sign. del v. *2* Formato da più quadretti: *pavimento q.*

quadrettatùra s. f. ● Atto, effetto del quadrettare.

quadrétto s. m. *1* Dim. di *quadro* (*2*). *2* Piccolo quadrato: *un q. di carta, di tessuto*; *tagliare q.c. a quadretti* | Piccolo riquadro: *un foglio a righe e uno a quadretti*. *3* (*mar.*) Banderuola di comando, quadrata, che issavano alla maestra le galee capitane. *4* (*fig.*) Spettacolo, scenetta (*anche iron.*): *un bel q. familiare*; *un grazioso q. di bambini intenti a giocare*. *5* (*spec. al pl.*) Pasta minuta da brodo, in forma di minuscoli quadrati. || **quadrettìno**, dim. | **quadrettóne**, accr. | **quadrettùccio**, dim.

†**quadrézza** [da *quadro* (*1*)] s. f. ● (*raro*) Quadratura.

quàdri- [in comp. dotti ripete il lat. *quădri-*, per *quatr(i)-*, da *quăttuor* 'quattro'] primo elemento ● In parole composte significa 'di quattro', 'che ha quattro', 'costituito di quattro': *quadricipite*, *quadricromia*, *quadrifoglio*, *quadrimotore*.

quàdrica [da *quadro* (*1*)] s. f. ● (*mat.*) Luogo dei punti dello spazio le cui coordinate cartesiane soddisfano un'equazione di secondo grado.

quadricìpite [vc. dotta, lat. tardo *quadricĭpite(m)*, comp. di *quădri-* e *căput*, genit. *căpitis* 'capo'] s. m. ● (*anat.*) Muscolo anteriore della coscia.

quadricromìa [comp. di *quadri-* e *-cromia*] s. f. ● Procedimento fotomeccanico per ottenere riproduzioni a stampa nelle tinte originali di soggetti a colori sovrapponendo il nero e i tre colori fondamentali giallo, magenta e ciano.

†**quadridiàno** ● V. *quatriduano*.

quadridimensionàle [da *quadri-* sul modello di *tridimensionale*] agg. ● A quattro dimensioni. SIN. Quadrimensionale.

†**quadriduàno** ● V. *quatriduano*.

quadriennàle [da *quadriennio*] **A** agg. *1* Che dura quattro anni: *esperienza q.*; *corso di studi q.* *2* Che ricorre ogni quattro anni: *competizione q.* || **quadriennalménte**, avv. **B** s. f. ● Esposizione d'arte che si fa ogni quattro anni: *la q. di Roma*; *la q. di pittura*.

quadriènnio [vc. dotta, lat. *quadriĕnniu(m)*, comp. di *quădri-* e *ănnus* 'anno', con suff. agg.] s. m. ● Spazio di tempo di quattro anni: *un q. di ricerche*; *lavoro che richiede un q. per la sua esecuzione*.

quadrifàrmaco [comp. di *quadri-* e *farmaco*: calco sul gr. *tetraphármakon*] s. m. (pl. *-ci* o *-chi*) ● (*filos.*) Le quattro regole fondamentali dell'etica epicurea, secondo cui la divinità non si occupa del mondo, la morte non è nulla per noi, il piacere è l'annullamento del dolore, il dolore fisico ha breve durata.

quadrifòglio [da *quadri-*, sul modello di *trifoglio*] s. m. *1* Correntemente, pianticella delle Oxalidacee con foglioline disposte in gruppi di quattro | *A q.*, che ha quattro lobi disposti come le foglioline di tale pianta: *svincolo stradale a q.* *2* Intersezione di due autostrade il cui complesso di raccordi ricorda in pianta la forma del quadrifoglio.

quadrifonìa [fr. *quadriphonie*, comp. di *quadri-* 'quadri-' e *-phonie* '-fonia'] s. m. ● Tecnica di registrazione e di riproduzione del suono su quattro canali, attraverso la quale l'ascoltatore riceve un accentuato effetto spaziale del suono riprodotto.

quadrifònico agg. (pl. m. *-ci*) ● Di, relativo a quadrifonia: *effetto q.*

quadrìfora [vc. dotta, lat. *quadrĭfore(m)*, comp. di *quădri-* e *fŏris* 'apertura' (V. *foro*)] s. f.; anche agg. ● Finestra o apertura divisa in quattro parti da tre colonnine o regoli.

quadrifórme [vc. dotta, lat. tardo *quadrifŏrme(m)*, comp. di *quădri-* e *-formis* '-forme': calco sul gr. *tetrámorphos*] agg. ● (*raro, lett.*) Che ha quattro forme.

quadrifrónte [vc. dotta, lat. tardo *quadrifrŏnte(m)*, da *quădri-*, sul modello di *bĭfrons*, genit. *bifrŏntis* 'bifronte'] agg. ● Che ha quattro facce o aspetti identici o analoghi.

quadrìga [vc. dotta, lat. *quadrīga(m)* (comunemente al pl.), comp. di *quădri-* e *iŭgum* 'giogo'] s. f. *1* Antico cocchio, che si guidava in piedi, con due coppie di cavalli affiancate al timone. ➡ ILL. **carro e carrozza**. *2* Attacco, gruppo di quattro cavalli o altri animali da tiro, impiegati insieme per uno stesso uso o per l'esecuzione di uno stesso lavoro.

quadrìgamo [vc. dotta, lat. tardo *quadrĭgamu(m)*, comp. di *quădri-* e *-gamus* (V. *bigamo*)] agg.; anche s. m. ● (*raro*) Che, chi ha quattro mogli o si è sposato quattro volte.

quadrigàrio [vc. dotta, lat. *quadrigāriu(m)*, da *quadrīga*] **A** agg. ● Relativo alla quadriga. **B** s. m. ● Conduttore di quadriga.

quadrigàto [vc. dotta, lat. *quadrigātu(m)*, da *quadrīga*; detto così perché vi era impressa una quadriga] s. m. ● Moneta di argento con impronta d'una quadriga nel rovescio, incominciata a coniare il 251 a.C. in Roma, del valore di 10 assi.

quadrigèmino [vc. dotta, lat. *quadrigĕminu(m)* 'quadruplo', comp. di *quădri-* e *gĕminus* 'gemino'] agg. *1* Detto di parto in cui nascono quattro gemelli. *2* *Lamina quadrigemina*, la regione dorsale del mesencefalo dei Mammiferi.

quadrigètto [comp. di *quadri-* e *getto* (2)] s. m. ● Aeroplano propulso da quattro motori a reazione.

quadriglia [sp. *cuadrilla*, da *cuadro* 'quadro'] s. f. *1* Vivace danza di società a coppie contrapposte, ricca di figure, in voga nell'Ottocento: *ballare la q.* | Musica con cui si balla la quadriglia. *2* Gruppo di almeno quattro cavalieri che insieme partecipavano a un torneo.

quadrigliàti [da *quadriglio*] s. m. pl. ● Gioco di carte simile al tressette, tra due coppie che si formano durante il gioco per chiamata.

quadriglio [fr. *quadrille*, dallo sp. *cuartillo*, da *cuarto* 'quarto'] s. m. ● Quadrigliati.

quadrilàtero [vc. dotta, lat. tardo *quadrilăteru(m)*, comp. di *quădri-* e *lătus*, genit. *lăteris* 'lato'] **A** agg. ● Che ha quattro lati: *figura quadrilatera*. **B** s. m. *1* Multilatero con quattro lati. *2* Antica opera di fortificazione a pianta quadrangolare con baluardi ai vertici | Durante la dominazione austriaca, territorio di forma pressoché quadrata compreso tra Mincio, Po, Adige, e ferrovia Milano-Venezia, difeso da quattro piazzeforti situate a Peschiera, Verona, Mantova e Legnago. *3* Nel gioco del calcio, blocco dello schieramento costituito dai mediani e dalle mezze ali con compiti difensivi e offensivi. *4* (*numism.*) Pane fuso di bronzo di forma rettangolare con tipi vari sulle due facce, della fine del IV-inizi III sec. a.C.

quadrilingue [da *quadri-*, sul modello di *bilingue*] agg. ● (*raro*) Che parla quattro lingue: *interprete q.* | Che è scritto in quattro lingue: *testo q.*

quadrilióne [da *quadri-*, sul modello di *milione*] s. m. *1* Un milione di miliardi, secondo l'uso contemporaneo italiano, francese e statunitense. *2* Un milione elevato alla quarta potenza, secondo l'uso italiano antico e quello contemporaneo tedesco e inglese.

quadrilionèsimo **A** agg. num. ord. ● Corrispondente a un quadrilione in una sequenza, in una successione, in una classificazione, in una serie. **B** s. m. ● Ciascuna delle parti uguali in cui è diviso un quadrilione.

quadrilobo [comp. di *quadri-* e *lobo*] s. m.; anche agg. ● Motivo decorativo costituito da quattro lobi o petali, di solito iscritti in un quadrato.

quadrilogìa [comp. di *quadri-* e *-logia*] s. f. (pl. *-gìe*) ● (*raro*) Tetralogia.

quadrilùngo [comp. di *quadri-* e *lungo*] agg. (pl. m. *-ghi*) ● (*raro*) Di figura quadrangolare più lunga che larga.

quadrilùstre [comp. di *quadri-* e *lustro*] agg. ● (*lett.*) Di quattro lustri: *a lui non valse / merito q.* (PARINI). SIN. Ventennale.

quadrimèmbre [vc. dotta, lat. tardo *quadrimĕmbre(m)*, che significa però 'che cammina a quattro piedi', comp. di *quădri-* e *mĕmbrum* 'membro'] agg. ● (*lett.*) Di quattro membri o parti.

quadrimensionàle [comp. di *quadri-* e (*di*)*mensionale*, ridotta per aplologia] agg. ● Quadridimensionale.

quadrimensionalità s. f. ● Quadridimensionalità.

quadrimestràle agg. *1* Di, relativo a quadrimestre. *2* Della durata di un quadrimestre: *periodo, intervallo, corso q.* *3* Che si verifica o si fa ogni quattro mesi: *convegno q.*; *rivista q.* || **quadrimestralménte**, avv. Ogni quattro mesi, con la durata di quattro mesi: *una pubblicazione che esce quadrimestralmente*.

quadrimestralità s. f. *1* Durata quadrimestrale. *2* Periodicità quadrimestrale. *3* (*raro*) Somma da versarsi ogni quattro mesi.

quadrimèstre [vc. dotta, lat. *quadrimēstre(m)*, da *quădri-*, sul modello di *bimēstris* (V. *bimestre*)] **A** s. m. *1* Periodo di quattro mesi | Ciascuno dei due periodi in cui può dividersi l'anno scolastico, in Italia. *2* Quantità di denaro versata quadrimestralmente: *pagare un q. anticipato*. **B** agg. ● (*raro*) Quadrimestrale.

quadrimotóre [comp. di *quadri-* e *motore*] **A** s. m. ● Aeroplano propulso da quattro motori, spec. a elica. **B** anche agg.: *aereo q.*

quadrinòmio [da *quadri-*, sul modello di *binomio*] s. m. ● Somma algebrica di quattro monomi.

quadripala [comp. di *quadri-* e *pala*] agg. inv. ● Con quattro pale: *elica, rotore q.*

quadripartire [vc. dotta, lat. tardo *quadripartīre*, da *quădri-*, sul modello di *bipartīre*] v. tr. (*io quadripartìsco, tu quadripartìsci*) ● Dividere in quattro parti: *q. un'eredità*.

quadripartìtico agg. (pl. m. *-ci*) ● Del quadripartito: *formula quadripartitica* | Formato da rappresentanti di quattro partiti politici: *coalizione quadripartitica*.

quadripartito (1) part. pass. di *quadripartire*; anche agg. ● Nei sign. del v. || **quadripartitaménte**, avv. Con divisione in quattro parti.

quadripartito (2) [comp. di *quadri-* e *partito*] **A** agg. ● Formato da quattro partiti: *accordo q.*; *governo q.*; *alleanza, coalizione quadripartita*. **B** s. m. ● Governo di quattro partiti alleati: *la crisi del q.*; *la riforma voluta dal q.*

quadripartizióne [vc. dotta, lat. *quadripartitiōne(m)*, da *quadripartītus* 'quadripartito (1)'] s. f. ● (*raro*) Divisione in quattro parti.

quadripètalo [comp. di *quadri-* e *petalo*] agg. ● Che ha quattro petali.

quadriplàno [da *biplano*, con sostituzione di *quadri-* 'di quattro' a *bi-* 'di due'] **A** s. m. ● Tipo di velivolo che aveva quattro piani alari. **B** agg. ● Con quattro piani aerodinamici: *struttura quadriplana*.

quadriplegìa [comp. di *quadri-* e *-plegia*] s. f. (pl. *-gìe*) ● (*med.*) Paralisi che colpisce quattro arti.

quadriplègico agg.; anche s. m. (f. *-a*; pl. m. *-ci*) ● Che, chi è colpito da quadriplegia.

quadripolàre agg. ● Relativo a quadripolo.

quadripòlo o **quadrupòlo** [comp. di *quadri-* e *polo* (1)] s. m. ● (*fis.*) Circuito elettrico a quattro morsetti.

quadripòrtico [comp. di *quadri-* e *portico*] s. m. (pl. *-ci*) ● Cortile con vasca per l'acqua lustrale che, contornato da quattro porticati, si trova dinanzi ad alcune basiliche paleocristiane.

quadripósto [comp. di *quadri-* e *posto*] **A** agg. inv. ● Che ha quattro posti: *cabina q.* **B** s. m. o f. inv. ● Veicolo, velivolo, imbarcazione che dispone di quattro posti.

quadrireattóre [comp. di *quadri-* e *reattore*] s. m.; anche agg. ● Quadrigetto.

quadrirème [vc. dotta, lat. *quadrirēme(m)*, comp. di *quădri-* e *rēmus* 'remo'] s. f. ● Nave da guerra del periodo classico a quattro ordini di remi, apparsa nel Mediterraneo a partire dal IV sec. a.C.

quadrirotóre [comp. di *quadri-* e *rotore*] agg. ● Con quattro rotori: *elicottero q.*

quadrisillàbico [comp. di *quadri-* e *sillabico*] agg. (pl. m. *-ci*) ● (*ling.*) Detto di parola o verso costituito da quattro sillabe.

quadrisillabo [vc. dotta, lat. tardo *quadrisўllabu(m)*, da *quădri-*, sul modello di *bisўllabus* 'bisillabo'] **A** agg. ● Che ha quattro sillabe. SIN. Quadrisillabico. **B** s. m. ● Parola formata da quattro sillabe | Verso quaternario.

quadrista [da *quadro* (2), nel sign. 7] s. m. (pl. m. *-i*) ● In varie tecnologie, tecnico addetto al controllo dei quadri: *quadristi elettrici, quadristi termici*.

quadrittòngo [da *quadri-*, sul modello di *dittongo*] s. m. (pl. *-ghi*) ● (*ling.*) Successione di quattro elementi vocalici in una stessa sillaba.

quadrivettóre [comp. di *quadri-* e *vettore*] s. m. ● (*fis.*) Vettore in uno spazio a quattro dimensioni; in particolare, nella teoria della relatività, vettore con tre componenti spaziali e una temporale.

quadrivio [vc. dotta, lat. *quadrĭviu(m)*, comp. di *quădri-* e *vĭa*] s. m. ● Luogo donde si dipartono quattro strade o dove due si incrociano | *Arti del q.*, nel sistema pedagogico medievale, l'aritmetica, la geometria, la musica e l'astronomia, ascritte al gruppo scientifico.

quàdro (1) [vc. dotta, lat. *quădru(m)*, dalla stessa radice indeur. di *quăttuor* 'quattro'] agg. *1* Di forma quadrata: *figura, superficie, lastra quadra*; *mattone q.* | *Parentesi quadra*, che ha questa forma [] | *Punto q.*, punto di ricamo caratterizzato da tanti quadratini ravvicinati. *2* (*fig.*) Robusto: *ben il conosco a le sue spalle quadre* (TASSO) | (*fig.*) *Testa quadra*, di chi è logico e raziocinante e (*spreg.*) di chi è duro di comprendonio. *3* Detto di motore a scoppio i cui cilindri hanno la corsa uguale all'alesaggio. *4* (*mat.*) Elevato alla seconda potenza: *metro q.*

quàdro (2) [sost. di *quadro* (1)] **A** s. m. *1* Pittura su tavola o su tela messa in telaio: *q. a tempera, a olio*; *un q. del Botticelli, di Rubens, di Picasso*; *i quadri dell'espressionismo* | (*raro, fig.*) Veduta: *un q. della natura*. *2* In geometria descrittiva e in prospettiva, il piano sul quale sono tracciate le immagini degli oggetti spaziali. *3* Oggetto, pezzo o spazio quadrato: *un q. di legno*; *un q. metallico*; *tutto era contenuto in un piccolo q.* | *In q.*, in, secondo la, forma di un quadrato: *disporre in q. gli atleti, gli alunni* | *Q. nero*, la lavagna. *4* (*fig.*) Ampia ed organica descrizione: *q. clinico*; *fare un q. delle attuali condizioni economiche, della situazione politica internazionale*; *prospettare, presentare un q. positivo, pessimistico* | *Q. politico*, la condizione o la situazione politica in atto, nazionale o internazionale. *5* (*fig.*) Scena, figura, immagine: *ci apparve un q. di incredibile bellezza*; *un q. commovente, triste, miserevole*. *6* (*fig.*) Foglio o tabella contenente dati e informazioni di vario genere: *un q. riassuntivo delle votazioni, dei risultati, dei dati tecnici*; *q. sinottico*; *q. comparativo* | *Q. murale*, recante scritte e figure, utilizzato nella scuola, spec. elementare, come sussidio visivo all'insegnamento. *7* In varie tecnologie, pannello recante dispositivi di controllo, comando, strumenti indicatori e sim., applicato su macchine, veicoli o apparecchiature di vario genere: *q. di manovra, di distribuzione*; *sala quadri*; *q. portastrumenti*. *8* Ogni parte, con scena unitaria, in cui può essere suddiviso ogni atto di un'opera teatrale: *dramma in un atto e quattro quadri* | *Q.!*, escl. con cui nella sala cinematografica si protesta per l'imperfetta proiezione della pellicola. *9* (*mar.*) *Q. di poppa*, parte estrema piana superiore della poppa con il nome della nave. *10* *Q. svedese*, grande attrezzo fissato perpendicolarmente al terreno e usato in particolare nella ginnastica collettiva, composto da aste orizzontali e verticali parallele che intersecandosi danno origine a quadrati, per esercizi di traslocazione. *11* (*al pl.*) Coloro che rivestono un grado nella gerarchia militare e che perciò inquadrano reparti ed unità. *12* (*spec. al pl.*) Nell'inquadramento del personale di un'azienda o in altre organizzazioni, chi ricopre cariche di responsabilità o svolge mansioni organizzative: *i q. intermedi*; *i q. di un partito*. *13* (*al pl.*) Uno dei quattro semi delle carte da gioco francesi. **B** in funzione di agg. inv. ● (posposto al s.) Nella loc. *legge q.*, detto di legge o complesso di leggi che contengono i principi fondamentali relativi all'ordinamento di una determinata materia. || **quadrèllo**, dim. (V.) | **quadrétto**, dim. (V.) | **quadricèllo**, dim. | **quadróne**, accr. (V.) | **quadrùccio**, dim. (V.) | **quadruccióne**, accr.

quadróne s. m. *1* Accr. di *quadro* (2). *2* Lastra quadra per pavimentazione. *3* Torcia di quattro ceri.

†**quadróppio** [lat. *quădruplu(m)* 'quadruplo'] agg.; anche s. m. ● (*raro*) Quadruplo.

quadròtta [da *quadro* (1)] s. f. ● Formato della carta da scrivere in cui le dimensioni dei due lati del foglio differiscono di poco.

quadrùccio s. m. *1* Dim. di *quadro* (2). *2* (*spec. al pl.*) Quadretti: *quadrucci in brodo*.

quadrùmane [vc. dotta, lat. *quadrŭmane(m)*, comp. di *quădri-* e *mănus* 'mano', rifatto sul modello di *quadrupes*, genit. *quadrŭpedis* 'quadrupede'] **A** agg. ● Detto di scimmia, che ha quattro mani. **B** s. m. ● Scimmia con quattro mani.

quadrunviràto o **quadrumviràto** [da *quadri-* sul modello di *duunvirato, triunvirato*] s. m. *1* Nella Roma antica, magistratura collegiale costituita da quattro persone. *2* (*est.*) Gruppo di quattro persone di pari grado e dignità con funzioni direttive nell'ambito di una qualsiasi organizzazione | (*per anton.*) Nel 1922, comitato di quattro esponenti del partito fascista cui vennero conferiti pieni poteri straordinari allo scopo di organizzare e dirigere le operazioni di conquista violenta del governo.

quadrùnviro o **quadrùmviro** [da *quadri-*, sul modello di *duunviro, triunviro*] s. m. ● Membro del quadrunvirato.

quadrùpede o †**quadrùpedo** [vc. dotta, lat. *quadrŭpede(m)*, comp. di *quădri-* e *pēs*, genit. *pĕ-*

dis 'piede'] **A agg.** ● Detto di animale che ha quattro zampe. **B s. m.** *1* Animale a quattro zampe. *2* (*fig., fam., spreg.* o *scherz.*) Persona rozza e ignorante: *sei un vero q.*

quàdrupla [f. sost. di *quadruplo*] **s. f.** ● Moneta d'oro di due doppie o quattro zecchini.

quadruplatóre [vc. dotta, lat. *quadruplatōre(m)*, da *quădruplus* 'quadruplo'] **s. m.** *1* Nell'antica Roma, accusatore pubblico, delatore cui toccava il quarto sui beni dell'accusato. *2* †Chi aumenta del quadruplo il proprio patrimonio.

quadruplicàre [vc. dotta, lat. *quadruplicāre*, da *quădruplex* 'quadruplice'] **A v. tr.** (*io quadrùplico, tu quadrùplichi*) ● Moltiplicare per quattro, accrescere di quattro volte | (*est.*) Accrescere grandemente: *q. gli sforzi nella ricerca.* **B v. intr. pron.** ● Aumentare di quattro volte: *il capitale si è quadruplicato* | (*est.*) Aumentare grandemente.

quadruplicàto part. pass. di *quadruplicare*; anche **agg.** ● Nei sign. del v. || **quadruplicataménte**, **avv.** In quantità quadruplicata.

quadruplicazióne [vc. dotta, lat. tardo *quadruplicatiōne(m)*, da *quadruplicātus*, part. pass. di *quadruplicāre*] **s. f.** ● Atto, effetto del quadruplicare.

quadrùplice [vc. dotta, lat. *quadrŭplice(m)*, comp. di *quădri-* e *-plex* (V. *duplice*)] **agg.** ● Che è costituita, caratterizzata da quattro elementi, parti o aspetti, anche diversi tra loro: *la nostra azione ha un q. scopo*; *presentare il certificato in q. copia*; *la q. alleanza fra Francia, Inghilterra, Olanda e Austria fu conclusa nel 1718.*

quadruplicità **s. f.** ● L'essere quadruplice: *la q. di una questione da affrontare.*

quàdruplo [vc. dotta, lat. *quădruplu(m)*, variante di *quădruplex* 'quadruplice'] **A agg.** *1* Che è quattro volte maggiore relativamente ad altra cosa analoga: *oggi il nostro rendimento è q. rispetto a quello iniziale*; *ci occorrerebbe una somma di denaro quadrupla.* *2* Costituito da quattro parti uguali o simili fra loro: *filo q.* **B s. m.** ● Quantità, misura quattro volte maggiore: *costare, rendere, guadagnare il q.* **C** In funzione di **avv.** ● Quattro volte di più | (*raro, fig.*) *Vedere q.*, avere le traveggole.

quadrupòlo ● V. *quadripolo.*

†**quaéntro** o †**qua éntro** [comp. di *qua* (*1*) ed *entro*] **avv.** ● (*raro, lett.*) In questo luogo (con v. di stato e di moto).

quàgga [vc. dell'Africa merid.] **s. m. inv.** ● Mammifero degli Equidi dell'Africa meridionale affine alla zebra e oggi estinto (*Equus quagga*).

quaggiù o †**quaggiùso**, (*lett.*) †**qua giù**, †**qua giùso** [comp. di *qua* (*1*) e *giù*] **avv.** *1* In questo luogo, posto in basso rispetto alla persona cui ci si rivolge (con v. di stato e di moto): *sono q. in cortile*; *vieni q. ad aiutarmi*; *q., in cantina fa molto fresco* | (*est.*) Con riferimento a un luogo di pianura o posto al sud: *q. la vita è molto diversa*; *q. gli inverni sono miti* | (*fig.*) Qua sulla Terra, in questo mondo: *noi q. siamo di passaggio*; *le cose, q., sono misere*; *così qua giù si gode / e la strada del ciel si trova aperta* (PETRARCA). **CONTR.** Quassù. *2* Nelle loc. avv. *da, di q.*, stando qua in basso: *da q. non si vede niente*; dalla Terra: *stelle ... tanto picciole che distinguere di qua giù non le potemo* (DANTE). **CONTR.** Quassù. *3* (*raro*) Costaggiù: *se vengo q. ti arrangio io!*

quàglia [lat. parl. **coācula(m)*, vc. di origine onomat.] **s. f.** ● Piccolo uccello migratore dei Galliformi dal piumaggio bruniccio macchiettato (*Coturnix coturnix*) | *Re di q., delle quaglie*, uccello dei Gruiformi, simile a un piccolo gallinaceo, ottimo corridore (*Crex crex*).

†**quagliàbile** [da *quagliare*] **agg.** ● Che può rapprendersi o coagularsi.

†**quagliaménto** [da *quagliare*] **s. m.** ● Modo e atto del coagulare o del coagularsi.

quagliàre [var. antica di *cagliare* (*2*)] **v. intr.** (aus. *essere*) *1* (*region.*) V. *cagliare* (*2*). *2* (*fig.*) Giungere a compimento, concludersi positivamente, pervenire a un risultato utile.

quaglière [da *quaglia*] **s. m.** ● Fischio artificiale di richiamo che imita il maschio della quaglia.

†**quàglio** ● V. *caglio* (*1*).

quagliòdromo o (*evit.*) **quagliodròmo** [da *quaglia*, sul modello di *ippodromo*] **s. m.** ● Terreno destinato alla preparazione dei cani per la caccia alla quaglia.

quai /fr. ke/ [vc. fr., normanno-piccarda, di origine gallica] **s. m. inv.** *1* Nelle stazioni ferroviarie, marciapiede, banchina che corre lungo i binari. *2* Banchina lungo un fiume | Riva o banchina di scarico.

quàlche /ˈkwalke*/ [da *qual(e) che* (*sia*)] **A agg. indef. m. e f.** solo **sing.** *1* Alcuni, non molti (riferito a persona o cosa indica un numero o una quantità o un'entità indef. ma non grande): *ha avuto q. attimo d'incertezza*; *ha avuto q. perplessità prima di accettare*; *ha ancora q. dubbio*; *posso restare solo q. minuto*; *aspetto da q. ora*; *fra q. mese tutto sarà sistemato*; *l'ho visto proprio q. giorno fa*; *q. persona ha visto e può testimoniare*; *c'era solo q. donna per le strade*; *cerca di trovare q. pretesto per non andare*; *ho ancora q. soldo da parte*; *se fia che q. Acheo, / del sangue ancor de' tuoi lordo l'usbergo, / lagrimosa ti tragga in servitude* (MONTI) | *Q. volta*, talvolta, di rado: *l'ho incontrato solo q. volta* | V. anche *qualcosa.* *2* Uno (riferito a persona o cosa con valore indet.): *hai q. libro da prestarmi?*; *troverò q. soluzione*; *deve essere q. personaggio importante*; *conosci q. persona influente che possa aiutarmi?*; *speriamo si faccia vivo q. parente* | *Q. volta, q. giorno*, una volta o l'altra, un giorno o l'altro: *q. volta gli capiterà di farsi male*; *q. giorno verremo a trovarti* | *In q. parte, da q. parte*, in un luogo o in un altro: *ci sarà in q. parte un luogo tranquillo*; *devo già averlo incontrato da q. parte* | *In q. modo*, alla meno peggio, in un modo o nell'altro: *ho messo giù le mie idee in q. modo*; *in q. modo troveremo la soluzione.* *3* Un certo (seguito da un s. astratto e preceduto o no dall'art. indet.), esprimendo quantità o qualità o dati di fatto più o meno rilevanti o abbastanza sostanziali: *è necessario q. tempo per impratichirsi*; *ci fermeremo là per q. tempo*; *è un uomo di q. rilievo*; *ho accettato ma non senza q. esitazione*; *c'è q. fondamento di verità*; *ho q. ragione per dubitare di lui*; *è un'opera di un q. valore.* *4* (*enf.*) Appropriato, idoneo; determinato (preceduto dall'art. indet.): *ci sarà pure un q. mezzo per convincerlo*; *non mancherà una q. spiegazione a questa vicenda*; *deve esserci sotto un q. mistero*; *bisognerà trovare una q. scusa.* **B avv.** ● (*dial.*) †Circa, qualcosa come: *abbiamo fatto q. sei kilometri*; *possiede q. dieci appartamenti*; *eran q. otto leghe cavalcate* (PULCI).

†**quàl che** /ˈkwal ke*/ **agg.** e **pron. indef. m. e f.** solo **sing.** ● (*lett.*) Qualunque, qualsiasi (con valore relativo): *da qual che parte il periglio l'assanni* (DANTE *Purg.* XIV, 69).

quàlche còsa ● V. *qualcosa.*

qualchedùno ● V. *qualcuno.*

†**qualchessia** o †**quàle che sia** [da *qual(e) che sia*] **pron. indef. m. e f. sing.** ● Chiunque, qualcuno.

qualcòsa o **quàlche còsa** [da *qual(che) cosa*] **A pron. indef. m. e f.** solo **sing.** *1* Una o più cose (con valore neutro e concordato con il genere m., esprime indeterminatezza sia che indichi un solo oggetto, sia che si riferisca a una quantità generalmente piccola o comunque a una circostanza o dato di fatto): *hai bisogno di q.?*; *desiderate q.?*; *beviamo q.?*; *datemi q. da mangiare*; *q. si è certamente rotto*; *possiamo fare q. per voi?*; *q. deve avere perché lo vedo turbato*; *appena arrivate, fateci sapere q.*; *conosce un'assistente sociale o q. di simile* | *Avere q. da parte*, (*fam.*) un po' di denaro | *Ne so q. io!*, (*fam.*) non ne so niente, oppure, ne ho una personale esperienza | *Avere q. al sole*, avere delle proprietà, dei terreni coltivabili e sim. | *Ho provato un q. qui dentro nel vederlo così mal ridotto*, ho provato un sentimento di pena e sim. | *È già q.*, è meglio di niente, non è poco: *è già q. che si sia fatto vivo* | *Q. mi dice*, ho un presentimento, una sensazione: *q. mi dice che quel ragazzo farà strada* | *Q. come*, nientemeno che: *ha già speso q. come venti milioni* | *Ha speso due milioni e q.*, un po' più di due milioni | Q. (*di*) *meno, q.* (*di*) *più*, un po' meno, un po' più: *l'ho pagato q. di più di mille lire*; *'quanto hai speso? ventimila lire?' 'q. di meno!'.* *2* Con valore più determinato seguito da 'altro' o da un compl. partitivo: *vorrei qualcos'altro da mangiare*; *desideri ancora qualcos'altro?*; *puoi fare ancora qualcos'altro per noi*; *è rimasto ancora qualcos'altro da fare, ma è poca roba*; *c'è q. di poco chiaro nel suo comportamento*; *ha detto che non può o q. del genere*; *non hai q. di meglio da fare?*; *c'è q. di nuovo oggi nel sole* (PASCOLI) | (*fam., enf.*) Con determinazione di grado superlativo: *lo spettacolo è stato q. di straordinario*; *è q. di spassoso questo libro*; *ha un bambino che è q. di bello.* *3* Qualcuno, persona di un certo rilievo, prestigio e sim.: *spera di diventare q.*; *si crede q.*; *pensa di essere q.* **B** in funzione di **avv.** ● (*raro, lett.*) In parte: *la vista spazia per prospetti più o meno estesi ma ricchi sempre e q. nuovi* (MANZONI). || **qualcosellìna**, **dim.** | **qualcoserèlla**, **dim.** | **qualcosétta**, **dim.** | **qualcosìna**, **dim.** | **qualcosùccia**, **pegg.**

qualcùno o (*pop., dial.*) **qualchedùno** [da *qualc(he) uno*] **A pron. indef.** oggi solo **sing.** (**pl. m.** pop., tosc. lett. †*qualcùni.*) Si può troncare davanti a parola che comincia per consonante; si tronca sempre davanti a *'altro'* e si elide davanti ad *'altra'*: *qualcun altro*; *qualcun'altra* (V. nota d'uso ELISIONE e TRONCAMENTO). *1* Alcuni, non molti (riferito a cose o a persone indica una quantità o un numero indef. ma non grande): *ho visto q. dei suoi quadri*; *c'era q. della famiglia*; *puoi prestarmi q. dei tuoi libri?*; *hai troppi mobili, dovresti darne via q.*; *guarda fra quei giornali se ce n'è q. che ti interessa*; *q. è favorevole a noi, altri sono decisamente contrari*; *forse q. fra i più anziani si ricorda di questo famoso attore di prosa*; *conosci qualcuna di quelle persone?*; *solo q. è scampato al nubifragio* | Con valore raff. seguito da 'altro' con valore più det.: *chiedete ancora a qualcun altro*; *ne vorrei qualcun'altra* | Con riferimento abbastanza determinato: *q. ne dovrà pur rispondere*; *q. la dovrà pur pagare*; *q. ne è certamente a conoscenza.* *2* Uno (riferito a persona, *raro* a cosa, con valore indet.): *sento avvicinarsi q.*; *stai aspettando q.?*; *c'è q. in anticamera che chiede di te*; *ci vorrebbe q. pratico di queste faccende*; *gli avrà fatto q. dei suoi stupidi scherzi*; *q. ha suonato alla porta* | *C'è q.?*, entrando in una stanza o chiamando dall'esterno | *Ne ha fatta, detta, combinata qualcuna delle sue*, una delle sue marachelle, delle sue solite sciocchezze. *3* Persona di una certa importanza, di un certo valore o autorità: *nel campo dei suoi studi è ormai q.*; *si crede q. ora che è diventato ricco*; *spera un giorno di diventare q.* **B agg. indef.** ● †Qualche: *se pietà ancor serba / l'arco tuo saldo, e qualcuna saetta* (PETRARCA).

quàle [lat. *quāle(m)*, di origine indeur.] **A agg. interr. m. e f.** (**pl. m. e f.** *quali*, poet. †*quai*, poet. †*qua'* davanti a parola che comincia per consonante.) Si tronca davanti a parole che cominciano per vocale, spec. davanti alle forme del v. *essere*, e anche davanti a parole che cominciano per consonante spec. in alcune espressioni entrate nel linguaggio comune: *qual è*; *qual era*; *qual sono*; *per la qual cosa*; *in un certo qual modo.* ATTENZIONE: poiché si tratta di troncamento e non di elisione, non si apostrofa mai: *qual è* e non *qual'è* (V. nota d'uso ELISIONE e TRONCAMENTO). ● Si usa in prop. interr. dirette e indirette e in prop. dubitative allo scopo di conoscere la qualità, l'identità, la natura o anche il numero o l'entità di q.c. o di qc.: *con q. criterio scegli i dipendenti?*; *non so quali motivi possano averlo indotto ad agire così*; *q. decisione posso prendere?*; *a q. conclusione sei giunto?*; *non si sapeva q. uomo egli fosse*; *per q. ragione dovrei andarmene?*; *non sa a q. santo votarsi*; *dimmi con q. gente sei stato ieri*; *ignoravo q. successo avrebbe ottenuto*; *quale velocità puoi raggiungere?*; *quali misure hai?*; *per q. giorno potrai consegnare il lavoro?*; *devi decidere per q. data vuoi partire*; *in q. mese vi siete visti l'ultima volta?*; *q. metraggio ti occorre?*; *quali a noi secoli / sì mite e bella ti tramandarono?* (CARDUCCI) | *Non so q.*, un certo, una certa (con valore indet.): *provo non so q. rimpianto*; *ha un non so q. fascino sottile* | In frasi escl. esprimenti disappunto, meraviglia, rifiuto e sim.: *ma quali vacanze*: *non ho neanche di che pagare l'affitto!* **SIN.** Che. **B agg. escl. m. e f.** ● (*enf.*) Si usa per sottolineare la qualità, la natura di q.c. o di qc.: *q. orrore!*; *q. coraggio!*; *q. audacia!*; *q. scempio è stato fatto della nostra patria!*; *q. eroe muore con lui!* **SIN.** (*pop.*) Che. **C agg. rel. m. e f.** *1* Come quello che, nelle condizioni, nella qualità che (spec. in correlazione con 'tale', anche se sottinteso): *ho avuto un successo tale, q. non osavo sperare*; *piacemi almen che' miei sospir sian quali / spera 'l Tevere e l'Arno / e 'l Po* (PETRARCA); *sarò qual fui* (PETRARCA); *Quali colombe dal disio chiamate* (DANTE

Inf. V, 82); l'appartamento, q. lo vedete, è in vendita per una sciocchezza | (*est.*) Della qualità, della grandezza di: *scrittori quali Leopardi e Manzoni*; *filosofi quali Bruno e Campanella* | Come per esempio: *alcuni artropodi, q. la tarantola, hanno un veleno mortale* | *Tale q.*, *tale e q.*, *tal q.*, somigliantissimo, identico: *è tale q. suo nonno*; *è uno scrittore nato, tale e q. suo zio*; *ho un mobile proprio tale e q.* | *Mi ha detto proprio così, tale e q.*, testuale. **2** (*lett.*) In correlazione o no con 'tale', introduce il primo termine di una similitudine: *q. ne' plenilunii sereni / Trivia ride tra le ninfe etterne / ... / vid' i' sopra migliaia di lucerne / un sol* (DANTE *Par.* XXIII, 25-29). **3** (*lett.*, *enf.*) Si usa al principio di un periodo per stabilire connessione con quello precedente: *a' quai ragionamenti Calandrino posto orecchio ... si congiunse con loro* (BOCCACCIO). **D** agg. indef. m. e f. **1** Qualunque (con valore rel., spec. seguito da 'che' e con il v. al congv.): *quando io vi offendo in qualunque modo e con qual si sia mezzo, io non me n'avveggo* (LEOPARDI); *devi assolutamente intervenire, quali che siano le tue opinioni personali* | V. anche †*qual che*. **2** Con valore correl. (*lett.*) Uno, l'altro: *qual fior cadea sul lembo, / qual sulle trecce bionde* (PETRARCA). **3** (*pleon.*) Con valore raff.: *in un certo qual modo tu hai ragione*; *parla di lei con un certo qual rimpianto*. **E** pron. interr. m. e f. **1** Si usa nelle prop. interr. dirette ed indirette e nelle prop. dubitative allo scopo di conoscere la qualità, la natura, l'identità di q.c. o di qc.: *q. dei due scegli?*; *se vuoi che ti porti dei libri, dimmi quali preferisci*; *sono incerto su q. comprare*; *di quali hai maggior copia, di beni o di mali?* (LEOPARDI). **2** (*fam.*) Nella loc. *per la q.*, come deve o dovrebbe essere, con tutte le qualità necessarie: *è stata una festa proprio per la q.*; *non è una persona troppo per la q.* **3** (*lett.*) †Chi: *Qual se' tu che così rampogni altrui?* (DANTE *Inf.* XXXII, 87). **4** (*raro*, *lett.*) †Quale delle due cose (con valore neutro): *dicendoli q. e' volesse, o subito restituire il suo porco, o che egli andasse al rettore* (SACCHETTI). **F** pron. rel. m. e f. **1** Che, cui (sempre preceduto dall'art. det., come sogg. e compl., riferito a cosa o a persona): *sono andato dal principale il q. mi ha rassicurato*; *la figlia di mio fratello, la q. è in collegio, si è ammalata*; *ho incontrato degli amici ai quali ho raccontato la tua vicenda*; *molte persone per le quali la generosità non significa nulla dovrebbero imparare da lui*; *il libro del q. parla Carlo è appena stato pubblicato*; *il paese nel q. abito è piuttosto squallido*; *la persona con la q. mi hai visto è solo un conoscente* | (*lett.*) †Anche senza l'art. det.: *E come questa imagine rompeo / sé per sé stessa, a guisa d'una bulla / cui manca l'acqua sotto qual si feo* (DANTE *Purg.* XVII, 31-33) | (*lett.*, *enf.*) Si usa al principio di un periodo per stabilire connessione con quello precedente. **2** (*lett.*) Colui che, chi (riferito a persona). **G** pron. indef. m. e f. **1** (*lett.*, con valore correl.) Alcuni, altri; gli uni, gli altri; l'uno, l'altro e sim.: *qual va dinanzi, e qual di dietro il prende, / e qual dallato li si reca a mente* (DANTE *Purg.* VI, 5-6); *e poi scesero al frate poverello, / quali sul capo, quali sulle spalle* (PASCOLI). **2** (*lett.*) †Chiunque (con valore rel. anche seguito da 'che' e con il v. al congv.): *miserere di me ... / qual che tu sii, od ombra od omo certo!* (DANTE *Inf.* I, 65-66); *ivi fa che 'l tuo vero, / qual io mi sia, per la mia lingua s'oda* (PETRARCA). **H** avv. ● (*pop.*) Come, in qualità di, con funzione di: *io, q. rappresentante della stampa, ho diritto di assistere al dibattito*. **I** In funzione di s. m. ● (*poet.*) †La qualità: *l'alto effetto / ch'uscir dovea di lui e 'l chi e 'l quale, / non pare indegno ad omo d'intelletto* (DANTE *Inf.* II, 17-19) ‖ PROV. Qual madre tal figlio. ‖ **qualménte**, avv. (*lett.*) Come; (*pleon.*, *pop.*) *come* (*e*) *qualmente*, come e in che modo esattamente: *vi racconterò come qualmente siano andate le cose.*

†**quàle che sìa** /'kwale ke s'sia/ ● V. †*qualchessia*.

†**qualésso** [comp. di *qual(e)* e *esso*] agg. e pron. interr. m. solo sing. ● (*raro*, *ints.*) Quale.

qualìfica [da *qualificare*] s. f. **1** Attributo o appellativo derivante da un giudizio sulle qualità naturali o sulla capacità acquisita: *q. di onesto*; *guadagnarsi la q. di specialista*; *meritare la q. di sciocco, di ladro*. **2** Denominazione della specifica posizione del prestatore di lavoro relativamente alle mansioni che esplica. **3** Titolo professionale: *q. di dottore, di geometra.*

qualificàbile agg. ● Che si può qualificare: *merce q. come prodotto di prima qualità.*

qualificànte part. pres. di *qualificare*; anche agg. **1** Nei sign. del v. **2** Significativo, saliente, rilevante: *i punti qualificanti del recente accordo fra i partiti al governo.*

qualificàre [comp. di *quale* e *-ficare*] **A** v. tr. (*io qualìfico, tu qualìfichi*) **1** Giudicare e definire in base a precise qualità o caratteristiche: *q. qc. come un serio professionista, un buon padre, un pessimo soggetto*; *non si può q. buono un simile libro*; *io lo qualifico tra i nostri maggiori scienziati*. **2** Preparare allo svolgimento di una attività, fornendo specifiche cognizioni e facendo acquisire tecniche particolari (*anche ass.*): *q. i lavoratori*; *sono apprendistati che qualificano*. **B** v. rifl. **1** Attribuirsi una qualifica, un titolo, anche abusivamente: *qualificarsi come giornalista*; *si è qualificato come ingegnere, medico*. **2** Ottenere una qualifica, una posizione o un diritto, superando precise prove od esami: *qualificarsi a un concorso*. **3** Nello sport, superare turni eliminatori o di qualificazione, per poter partecipare a una fase successiva di una competizione o a una determinata gara: *si è qualificato per la finale dei cento metri.*

qualificatìvo agg. ● Che serve a qualificare | *Aggettivo q.*, che indica una qualità.

qualificàto part. pass. di *qualificare*; anche agg. **1** Nei sign. del v. **2** Fornito di qualità | *Ben q.*, fornito di ottime qualità | (*est.*) Che si distingue per capacità, ceto, ricchezza e sim.: *una delle famiglie più qualificate* | *Ambiente q.*, buono, socialmente elevato. **3** Dotato di una specifica qualifica e competenza professionale: *tecnico q.*; *operaio q.* | (*est.*) Abile ed esperto in un lavoro e sim.: *è un medico molto q.*; *è il più q. tra noi* | *Essere q. per q.c., a fare q.c.*, disporre della necessaria preparazione: *non mi ritengo q. per questo incarico.*

qualificatóre s. m.; anche agg. (f. *-trice*) ● (*raro*) Chi, che qualifica.

qualificazióne s. f. **1** Atto, effetto del qualificare o del qualificarsi. **2** Nel diritto del lavoro, acquisizione da parte del lavoratore subordinato di una specifica capacità tecnica, in seguito alla partecipazione dello stesso a opportuni corsi | Nel diritto internazionale privato, operazione logica tendente a determinare quale norma debba applicarsi a un dato fatto concreto: *problema della q.* **3** Gara o serie di gare che un atleta o una squadra devono superare per poter partecipare a una determinata competizione.

qualità [vc. dotta, lat. *qualitāte(m)*, da *quālis* 'quale'; calco sul gr. *poiótēs*] s. f. **1** Elemento o insieme di elementi concreti che costituiscono la natura di qc. o di q.c., e ne permettono la valutazione in base a una determinata scala di valori: *una merce di q. buona, ottima, cattiva, pessima, scadente*; *la q. di un materiale, di un prodotto*; *l'intensità del freddo, e l'ardore estremo de la state, ... sono q. di quel luogo* (LEOPARDI) | *Di prima q.*, qualitativamente ottimo | *Salto di q.*, mutamento, rinnovamento radicale, capovolgimento nel comportamento di qc. | (*org. az.*) *Controllo di q.*, controllo statistico fatto sui pezzi della produzione per assicurarsi delle loro caratteristiche. **2** Attributo o proprietà morale o spirituale, che determina e caratterizza una persona e permette di darne un giudizio o una valutazione: *q. innate, acquisite*; *è un uomo privo di buone q., di q. positive*; *è pieno, ricco di buone q.* | *Q. negative*, vizi, difetti. SIN. Requisito. **3** Dote, virtù, pregio: *l'intelligenza è la sua unica q.*; *un libro privo di q.*; *non posso enumerare tutte le sue q. morali*; *la q. del prodotto è fuori discussione*. **4** Specie, sorta, genere: *ogni q. di fiori, di frutta*; *oggetti, animali di varie q.* **5** (*lett.*) Condizione sociale, professione che si esercita, titolo di cui si è forniti o dotati, mansione che si svolge e sim. | *In q. di*, in quanto tale, nella veste di: *in q. di vostro medico personale, vi proibisco l'alcol nel modo più assoluto*; *ho presentato una formale protesta, nella mia q. di ambasciatore*. **6** Modo di essere particolare: *considerata la q. del vivere e de' costumi di Toscana* (BOCCACCIO) | *Q. della vita*, insieme delle condizioni ambientali, sociali, lavorative e sim. che concorrono a determinare il grado di benessere del vivere quotidiano | †*Di q. che*, di modo che. **7** (*filos.*) Modo di essere di un qualsiasi oggetto | *Q. di una proposizione*, la sua proprietà di essere affermativa o negativa. **8** (*ling.*) Timbro di una vocale.

qualitatìvo [vc. dotta, lat. tardo *qualitatīvu(m)*, dal lat. *quālitas*, genit. *qualitātis* 'qualità'] **A** agg. ● Attinente alla qualità: *scelta qualitativa*; *esame, giudizio q.* | *Analisi qualitativa*, operazione chimica atta a riconoscere i vari componenti di una sostanza o di un miscuglio di sostanze, senza stabilirne le rispettive quantità. ‖ **qualitativaménte**, avv. Per quanto riguarda la qualità: *merce qualitativamente superiore, inferiore, mediocre, scadente, ottima, pessima*. **B** s. m. ● Qualità: *il q. della merce.*

†**quàlo** [vc. dotta, lat. *quālu(m)*, di origine straniera] s. m. ● Corba, paniere.

qualóra [comp. di *quale* e *ora*] cong. (poet. troncato in *qualor*) **1** Nel caso che, se mai (introduce una prop. condiz. con il v. al congv.): *q. vi metteste d'accordo, si potrebbero evitare molti fastidi*; *q. avvenissero dei mutamenti, vi prego di informarmene tempestivamente*. **2** (*lett.*) Allorché, quando (introduce una prop. temp. con il v. all'indic.): *q. egli avvien che noi insieme ci raccogliamo, è maravigliosa cosa a vedere* (BOCCACCIO).

†**qualsìa** [da *quale (che) sia*] agg. indef. m. e f. (pl. *qualsiano*) ● (*raro*, *lett.*) Qualsiasi.

qualsìasi [da *quale siasi* 'quale che si sia'] **A** agg. indef. m. e f. (pl. *qualsìano* se posposto al s., raro lett. *qualsiansi* se preposto al s.) ● Qualunque: *sono a tua disposizione in q. momento*; *vieni un giorno q. della settimana prossima*; *lo farò a prezzo di q. sacrificio*; *sono disposto a pagare q. somma per quel quadro*; *per lui farei q. cosa*; *q. somaro lo saprebbe* | (*spreg.*) *Un uomo q.*; *persone q.*; *è un quadro q.* **B** agg. rel. indef. m. e f. solo sing. ● Qualunque (seguito da un v. al congv. o, pop. †all'indic.): *sarò d'accordo con te, q. scelta tu faccia.*

qualsisìa o (*raro*) **qual si sia** [da *quale (che) si sia*] agg. indef. m. e f. (pl. raro *qualsisiano*) ● Qualsiasi: *q. la ragione che possa trattenerti, non devi mancare.*

qualsivòglia o †**qualsivògli** [da *quale si voglia*] agg. indef. m. e f. (pl. raro *qualsivògliano*) ● (*lett.*) Qualsiasi, qualunque si voglia: *non che tollerata, ma sommamente amata da q. animale* (LEOPARDI).

†**qualùnche** ● V. *qualunque*.

†**qualùno** [comp. di *qual(e)* e *uno*] agg. indef. ● (*raro*) Qualunque.

qualùnque o (*raro*) †**qualùnche** [comp. di *qual(e)* e *-unque* (V. *chiunque*)] **A** agg. indef. m. e f. solo sing. (nell'uso lett. †riferito anche a un s. pl.) **1** L'uno o l'altro che sia, senza fare differenza o mostrare preferenza: *telefona a q. ora*; *passami un giornale q.*; *vieni un giorno q. di questa settimana*; *una risposta q. bisogna dargliela*; *compero a q. prezzo*; *partiremo con q. tempo* | (*spreg.*) Posposto a un s., esprime indifferenza, noncuranza o mancanza di doti, qualità, attitudini particolari: *è un medico q.*; *prenderemo un treno q.*; *mi dia un dopobarba q.*; *è una donnetta q.* | *L'uomo q.*, l'uomo comune, l'uomo medio. **2** (*est.*, *enf.*) Ogni: *sono disposto a fare q. cosa per lui*; *ho fatto q. sacrificio per aiutarlo*; *gli uomini sono tutti uguali, in q. parte del mondo*; *voglio riuscire a q. costo*; *è capace di q. infamia*; *q. altra persona avrebbe agito così*. **B** agg. indef. rel. m. e f. (pop. riferito anche a un s. pl.) ● L'uno o l'altro che (introduce una prop. rel. con il v. al congv. o, pop. †all'indic.): *q. sia il risultato che possa avere il nostro tentativo, pure bisogna farlo*; *q. cosa io facessi, sbagliavo sempre*; *q. sia stato il movente, la punizione deve essere esemplare*; *a q. animale alberga in terra* (PETRARCA); *q. siano le sue giustificazioni ha diritto di esporle* | †*Q. volta, q. ora, q. otta*, ogni volta che. **C** pron. rel. indef. m. e f. solo sing. ● †Chiunque: *batte col remo q. s'adagia* (DANTE *Inf.* III, 111).

qualunquìsmo [dal titolo del giornale (*L'uomo*) *qualunque*, fondato nel 1944 da G. Giannini] s. m. **1** Movimento di opinione italiano fiorito nella seconda metà degli anni '40 che, pretendendo di esprimere le opinioni e le aspirazioni del cittadino qualunque, affermava che la forma ideale di Stato fosse quella puramente amministrativa, ispirata da semplici criteri di buonsenso, senza la presenza di partiti politici. **2** (*est.*, *spreg.*) Atteggiamento di chi, sotto la maschera della polemica contro i partiti politici condotta in nome dell'esigenza di una buona amministrazione, persegue, in effetti, fini di conservazione sociale | Indifferenza, insensibilità per le grandi questioni politiche e sociali.

qualunquista A s. m. e f. (pl. m. *-i*) **1** Seguace, sostenitore del qualunquismo. **2** (*est.*) Chi prova e dimostra indifferenza o disprezzo verso le ideologie, l'attività e i problemi politici e sociali. **B** agg. ● Qualunquistico: *tendenza q.*

qualunquistico agg. (pl. m. *-ci*) **1** Del, relativo al, qualunquismo. **2** Di, da qualunquista: *atteggiamento q.*

qualvòlta o **qual vòlta** [da *quale volta*] cong. ● (*raro*, *lett.*) Ogni volta che (introduce una prop. temp. con valore rel. e il v. all'indic.): *quanta pietà mi stringe per te, qual volta leggo, qual volta scrivo cosa che a reggimento civile abbia rispetto!* (DANTE) | V. anche *ogniqualvolta.*

quamquam /*lat.* 'kwamkwam/ [lat. 'quantunque', raddoppiamento di *quăm*, dalla stessa radice di *quĭs* 'chi'] in funzione di s. m. ● (*lett.*, *scherz.*) Nelle loc. *fare il q.*, *stare sul q.*, *spacciare il q.*, *arroccarsi sul q.* e sim., fare il saccente, fare il saputo, ostentare la propria importanza e farsene vanto.

quandànche o **quand'ànche** [comp. di *quand(o)* e *anche*] cong. ● Anche se, quando pure, anche qualora, seppure (introduce una prop. concessiva, dal valore leggermente cond., con il v. al congv.): *q. vincessi l'ultima partita, non mi qualificherei ugualmente.*

quàndo [lat. *quăndo*, dal pron. *quĭs* 'chi'] **A** avv. **1** In quale tempo o momento (in prop. interr. dirette e indirette): *q. arriverà tuo fratello?*; *q. l'hai saputo?*; *q. fu messo in orbita il primo satellite artificiale?*; *fammi sapere di preciso q. verrai*; *chiedigli q. ha intenzione di decidersi*; *dimmi come e q. è successo* | (*ass.*) *'Devo partire presto' 'q.?'* | In prop. interr. retoriche: *q. la finirai con queste storie?*; *q. mai ho detto questo?*; *da q. in qua ti permetti di rispondermi così?*; *q. metterai la testa a posto?*; *q. si deciderà a cambiare vita?* | *Da q.*, da quanto o quale tempo o momento: *da q. sei qui?*; *da q. hai smesso di fumare?* | *Di q.*, di quale periodo, epoca: *di q. sono questi scritti?*; *di q. è la sua conversione?* | *Per q.*, per quale tempo, epoca o periodo: *per q. avrai finito?*; *per q. sarai pronta?* | *Fino a q.*, fino a che tempo o momento: *fino a q. dovrò sopportarti?*; *fino a q. continuerai a lamentarti?* | *Chissà q.*, *Dio solo sa q.*, per indicare un tempo indefinito in espressioni dubitative: *Dio solo sa q. potremo rivederci*; *chissà q. finirà.* **2** (con valore correl.) Ora ... ora, una volta ... l'altra: *ci vado q. a piedi, q. in macchina*; *dice q. una cosa, q. un'altra*; *Pasqua cade q. in aprile e q. in maggio* | *Q. sì, q. no*, non sempre | *Di q. in q.*, (*raro*) *a q. a q.*, di tanto in tanto, ogni tanto, qua e là (con valore temp. e locativo): *di q. in q. esco a cena con gli amici*; *a q. a q. la pioggia cadeva più forte.* **B** cong. **1** Nel tempo o nel momento in cui (introduce una prop. temp. con il v. all'indic. o al congv.): *q. sarai grande, capirai meglio*; *verrò q. avrò finito questo lavoro*; *è arrivato q. ormai non l'aspettavamo più*; *l'ho ritrovato tale e quale come q. l'ho lasciato*; *è accaduto q. meno me l'aspettavo*; *avevo già deciso di non aspettare più e di uscire, q. squillò il telefono*; *ti prometto, q. io muoia, di lasciarti tutta la mia roba* (LEOPARDI); *non è molto facile essere onesti q. si sta male* (PIRANDELLO) | Preceduto da una prep. che meglio determina il valore temp.: *non ha più scritto da q. è partito*; *raccontaci di q. eri bambino*; *tutto deve essere a posto per q. tornerà*; *farete così fino a q. non disponga diversamente* | Tutte le volte che, ogni volta che (con valore iter.): *q. penso al pericolo corso, non posso non tremare ancora* | *Quand'ecco*, ed ecco, e inaspettatamente, e all'improvviso, e proprio in quel momento (anche con il v. all'inf.): *stavo per uscire quand'ecco mi vedo arrivare quello scocciatore*; *eravamo già arrivati in vista della villa, quand'ecco scatenarsi un temporale fortissimo* | *Q. che sia*, una volta o l'altra, prima o poi: *q. che sia dovrò pur decidermi* | (*dial.*) †*q. che*: *lo faremo q. che lo vorrai tu* | V. anche *allorquando.* **2** Introduce una prop. escl. con il v. all'indic. ed esprime meraviglia, dispiacere, disappunto, dolore, rammarico e sim.: *q. si dice le disgrazie!*; *q. si dice la sfortuna ...!*; *q. si dice le combinazioni ...!*; *q. si nasce disgraziati!*; *q. si nasce con la camicia!*; *q. si è nati sfortunati ...!* **3** Nel quale, in cui (preceduto da un s. introduce una prop. relativa con il v. all'indic.): *l'ho visto lo stesso giorno q. ci siamo incontrati noi*; *è stato quella volta q. sono venuto da te*; *il giorno q. si saprà la verità, vorrò esserci.* **4** Mentre, laddove (con valore avversativo): *ha voluto parlare q. gli conveniva tacere*; *tu protesti in continuazione q. chi dovrebbe giustamente lamentarsi, tace*; *chiede i danni q.* (*pop. q. che*) *il vero danneggiato sono io.* **5** Se, qualora (introduce una prop. condiz. con il v. all'indic. o al congv.): *q. tu lo volessi comprare, potrei aiutarti*; *q. ci sono i soldi, è facile trarsi d'impaccio*; *q. c'è la salute, c'è tutto* | (*raff.*) *Quand'anche*, V. quandanche. **6** Giacché, dal momento che (introduce una prop. caus., con il v. all'indic.): *q. tutti lo desiderano, facciamolo senz'altro!*; *q. ti dico che non lo so, non lo so davvero!* **7** Come rafforzativo di *mai*, con valore di certamente, sicuramente, in frasi interrogative retoriche o in risposta a interrogazione: *q. mai ha avuto tanti denari in mano?*; *io mancarle di rispetto, eccellenza? q. mai!* **C** in funzione di s. m. inv. ● Il momento, la circostanza, il tempo: *vorrei avere notizie precise sul come e sul q. di questo episodio*; *per il dove e il q. ti informerò appena possibile* | (*lett.*) Attimo, momento: *io l'ho visto | là 've s'appunta ogne ubi e ogne q.* (DANTE *Par.* XXIX, 11-12).

†**quandùnque** [comp. di *quand(o)* e *-unque* (V. *chiunque*)] cong. ● Ogni volta che, tutte le volte che (introduce una prop. temp. con il v. all'indic.): *q. l'una d'este chiavi falla, | ... | ... non s'apre questa calla* (DANTE *Purg.* IX, 121-123).

quàntico [da *quanto (3)*] agg. (pl. m. *-ci*) **1** (*fis.*) Quantistico. **2** (*fis.*) Detto di fenomeno, condizione, ente ai quali, per una certa grandezza, possono corrispondere solo certi valori discreti: *stato*, *salto q.*; *orbita quantica* | *Numero q.*, ciascun numero che individua i caratteri, o lo stato, di una particella elementare, di un atomo, di una molecola e sim.

quantificàbile agg. ● Che si può quantificare.

quantificàre [ingl. *to quantify*, dal lat. mediev. *quantificāre*, comp. di *quāntus* 'quanto' e *-ficāre* '-ficare'] v. tr. (*io quantìfico, tu quantìfichi*) ● Esprimere, valutare in termini di quantità o di numero: *non si possono ancora q. i danni provocati dall'incendio.*

quantificatóre A s. m. ● In logica, simbolo che si premette a una proposizione, per indicare quanti sono gli elementi della proposizione per cui essa è vera | *Q. esistenziale*, quello che indica l'espressione 'esiste un', 'esiste almeno un' | *Q. universale*, quello che indica l'espressione 'tutti', 'per ogni'. **B** anche agg.: *simbolo q.*

quantificazióne [ingl. *quantification*, dal lat. *quāntus* 'quanto', col suff. *-fication* '-ficazione'] s. f. ● Atto, effetto del quantificare | In logica, operazione con la quale si attribuisce a un termine della proposizione una determinata estensione mediante i quantificatori.

quantile [da *quanto (1)*] s. m. ● (*stat.*) In un insieme di valori ordinati in senso non decrescente, ciascuno dei valori che lasciano al di sotto o al di sopra di sé una determinata percentuale dei dati.

quantìstico [da *quanto (3)*] agg. (pl. m. *-ci*) ● (*fis.*) Relativo ai quanti e alla teoria dei quanti. SIN. Quantico | *Meccanica quantistica*, teoria quantistica che descrive un sistema mediante operatori dipendenti dal tempo.

quantità [vc. dotta, lat. *quantitāte(m)*, da *quāntus* 'quanto'] s. f. **1** Entità, o massa valutabile o misurabile per numero, peso, dimensione o grandezza: *dimmi la q. di cibo che desideri*; *ignoro la q. di denaro che possiede*; *piccola*, *grande q.*; *q. sufficiente*, *insufficiente*; *una certa q.*; *la q. non deve andare a scapito della qualità*; *la q. delle riserve è in continua diminuzione* | *Q. di elettricità*, insieme delle cariche elettriche considerate sommate algebricamente | *Q. di moto*, prodotto della massa di un corpo per la sua velocità. **2** Gran numero, copia, abbondanza: *una q. di turisti*, *di visitatori*; *una grande q. di gente affluiva da ogni parte*; *una incredibile q. di denaro*; *riesce a svolgere una discreta, buona, notevole q. di lavoro* | *In q.*, in abbondanza, molto | *In grande q.*, moltissimo | *In piccola q.*, con scarsezza, poco. SIN. Infinità, moltitudine. **3** (*ling.*) Durata di emissione di un suono o gruppo di suoni. **4** (*mat.*) Elemento di quelli appartenenti a una classe in cui si possono stabilire operazioni e relazioni analoghe a quelle sui numeri. **5** (*filos.*) Proprietà di una proposizione di essere universale o particolare.

quantitativo [dal lat. *quāntitas*, genit. *quantitātis* 'quantità'] **A** agg. **1** Che concerne la quantità: *dati*, *valori q.*; *valutazione q.* | Di, relativo alla, quantità | *Analisi quantitativa*, operazione chimica atta a stabilire le quantità dei vari componenti di una sostanza o di un miscuglio di sostanze. **2** (*ling.*) Che si riferisce alla quantità | Che è fondato sulla quantità delle sillabe: *ritmo*, *verso q.*; *poesia quantitativa greco-latina.* || **quantitativaménte**, avv. Relativamente alla quantità. **B** s. m. ● Quantità: *un piccolo*, *un discreto*, *un ingente q.*; *un grosso q. di merce è avariato*; *per stabilire il prezzo bisogna prima sapere il q.*

quantizzàre [da *quanto (3)*] v. tr. ● (*fis.*) Applicare i principi della teoria dei quanti | Imporre, con ragioni teoriche o sperimentali, che una certa grandezza fisica vari per quanti.

quantizzàto part. pass. di *quantizzare*; anche agg. ● Nei sign. del v.

quantizzazióne [da *quantizzare*] s. f. ● (*fis.*) Fenomeno studiato dalla meccanica quantistica, per il quale le grandezze fisiche (energia, momento angolare, carica, massa ecc.) possono assumere solo alcuni valori e non altri.

quànto (1) [lat. *quāntu(m)*, da *quăm* (V. *quamquam*)] **A** agg. interr. (f. *quanta*; pl. m. *quanti*; pl. f. *quante*. Si può elidere davanti a parole che cominciano per vocale: *quant'era?*; *quant'altri*) ● Si usa in prop. interr. dirette e indirette e in prop. dubitative allo scopo di conoscere la quantità, la misura, il numero di q.c. o di qc.: *q. tempo impiegherai?*; *quante volte ti ha scritto?*; *quanti kilometri hai già fatto?*; *q. denaro guadagnate?*; *quante persone hanno risposto all'inserzione?*; *vorrei sapere quanta stoffa ci vuole*; *non mi ha detto quanti anni ha*; *gli ho chiesto per quanti mesi sarà assente.* **B** agg. escl. ● (*enf.*) Si usa per sottolineare la quantità, la misura, il numero di q.c. o di qc.: *quante storie racconta!*; *q. tempo è che non lo vedevo!*; *quante miserie ci sono al mondo!*; *q. chiasso per nulla!*; *quanti discorsi e parole inutili!*; *q. tempo sprecato!* **C** agg. rel. ● Tutto quello che: *prendi quanti libri vuoi*; *tienlo per q. tempo credi opportuno*; *puoi fermarti quanti giorni vuoi*; *avrà q. denaro gli occorre* | Con ell. del v.: *quante teste, tanti pareri* | Nella loc. *e quant'altro*, eccetera, e via dicendo (al termine di un'elencazione): *hanno chiacchierato di calcio, di economia e quant'altro.* **D** pron. interr. ● Si usa in prop. interr. dirette e indirette e in prop. dubitative allo scopo di conoscere la quantità, la misura, il numero di qc. o di q.c.: *quanti ne comperi?*; *quante me ne hai portate?*; *in quanti eravate?*; *quante di noi potranno fare qualcosa per loro?*; *devo comprare della stoffa ma non so quanta me ne occorre*; *so che starai via alcuni mesi, ma dimmi esattamente quanti* | *Quanti ne abbiamo oggi?*, che giorno è del mese? | Quanto tempo (per ell. del s.): *q. starai via?*; *fra q. sarai pronta?*; *da q. sei qui?*; *dimmi quant'è che non lo vedevi*; *non so q. corre tra il fratello maggiore e il minore* | (*est.*) Quanta strada (per ell. del s.): *q. c'è di qui alla farmacia?* | Quanto denaro (per ell. del s.): *non so q. l'abbia pagato*; *q. costa questo vestito?*; *sono tanto ricchi che nemmeno sanno quanti ne hanno*; *mi dica q. vuole per quello specchio.* **E** pron. escl. ● (*enf.*) Si usa per sottolineare la quantità, la misura, il numero di q.c. o di qc.: *vedi quanti hanno aderito!*; *guarda quei fiori, quanti sono!* | *Sapessi quante me ne ha dette!*, quante insolenze, villanie e sim. | *Quante me ne combina e quante me ne racconta!*, quanti guai, quante marachelle e quante bugie. **F** pron. rel. **1** (*al pl.*) Tutti coloro che, tutti quelli che: *potranno intervenire nel dibattito quanti hanno ricevuto l'invito*; *prendine quanti ne vuoi*;

dammene quante ti pare; *se vuoi invitare i tuoi amici, chiamane pure quanti desideri*. **2** Nella quantità, nella misura che (in correl. con 'tanto'): *ha tanta paura quanta non si può immaginare*; *conclude tanti affari in un mese solo quanti tu non ne concluderesti nemmeno in un anno*; *ho tanti libri quanti non puoi credere*; *è tanto felice q. non lo era mai stato* | (*ints.*) Preceduto da 'tutto': *verrete tutti quanti*; *datemi tutto q.* **3** Quello che (con valore neutro): *devi dargli q. ti chiede*; *faremo q. potremo per aiutarti*; *da q. mi dici ritengo che il torto sia tuo*; *per q. sta in me ti appoggerò*; *per q. ne sappiamo noi, potrebbe anche essere già morto*; *a q. mi dici potrebbero licenziarti da un momento all'altro*; *non chiedo niente di più di q. ho già*; *la tua ragazza è q. di meglio potessi trovare*; *la mia famiglia è q. di più caro io abbia* | (*bur.*) *In risposta a q. sopra esposto*, a ciò che si è detto sopra | *Questo è q.*, questo è tutto. **G** in funzione di **s. m.** ● La quantità, l'entità: *ditemi il come e il q. di ciò che devo fare*; *tutto prendeva / il q. e 'l quale di quella allegrezza* (DANTE *Par.* XXX, 119-120) | (*est.*) Somma di denaro, importo da pagare, prezzo, costo: *vorrei che tu mi restituissi il q.*; *vi manderò al più presto il q. dovuto*; *prima di decidermi all'acquisto vorrei conoscere il q.*

quànto (2) [lat. *qŭantu(m)*, avv. da *qŭantus* 'quanto (1)'] **A avv. 1** In quale misura o quantità (in prop. interr. dirette e indirette e in prop. escl.): *q. hai mangiato?*; *q. fuma?*; *tu non sai q. sia pentito!*; *q. sono contento!*; *non avete idea di q. lo desiderassi!*; *non so q. abbiamo camminato*; *q. l'ho aspettato!*; *Dio solo sa q. ho pianto per lui*; *desideravo conoscerti e non sai q.!*; *mi sono proprio annoiato, e q.!* **2** Nella misura, nella quantità che (in prop. rel.): *aggiungi sale q. basta*; *strillava q. poteva*; *studierò q. posso*; *bisogna che lavoriate q. è necessario* | (*In*) *Q. a*, per ciò che riguarda (con valore restrittivo): *in q. alle mie intenzioni, non è cosa che ti riguarda*; *q. ai suoi capricci, non ho intenzione di incoraggiarli*; *q. a fare le parti, pensateci voi*; *in q. ai denari che vi devo, provvederò a spedirvi un assegno*. **3** Come (in compar. di uguaglianza o in prop. compar.): *è tanto buona q. è bella*; *non è poi tanto q. lo si crede*; *siamo ricchi q. loro*; *non sono così ingenua q. tu immagini*; *è furbo q. è intelligente* | (*enf.*) In espressioni che valgono ad affermare la veridicità di ciò che si dice: *q. è vero che mi chiamo Maria, gli farò passare queste idee!*; *q. è vero Iddio, avrà il fatto suo!*; *te lo giuro, q. è vero che sono tuo fratello!* | *Q. mai*, come mai: *ho dormito q. mai non avevo dormito da anni*; *si è divertito q. mai in vita sua* | *Q. mai*, V. *quantomai* | *Non tanto per ... q. per*, ma piuttosto: *gli sono affezionato non tanto per la sua devozione, q. per la sua bontà*; *è noto non tanto per gli scritti, q. per i dipinti*. **4** Nelle loc. avv. *q. più*, *q. meno* (in correl. con tanto in prop. compar.): *q. più mi avvicinavo, tanto più distinguevo i particolari della scena*; *q. più studio, tanto meno riesco a ricordare*; *q. si mostra men, tanto è più bella* (TASSO). **5** Seguito da un agg. o da un avv. compar., determina un valore di superl. rel.: *farò q. più presto potrò*; *si comporta q. più disinvoltamente le riesce*; *verrò q. prima* | V. anche *q. meno*. **6** Nella loc. avv. *in q.*, come, in qualità di, nella veste di: *io, in q. insegnante, ho il dovere di darvi questo consiglio*; *in q. capofamiglia ho dei precisi doveri*. **7** Nella loc. avv. *tanto q.*, *tanto o q.*, più o meno, circa: *'l'avrai pagata due milioni' 'sì, tanto q.'* | (*lett.*) Un poco: *fermati tanto o q., e guardami* (LEOPARDI). **8** (*fam.*) Nelle loc. avv. *da q.*, *per q.* tanto, in tanto grande misura: *non si può mangiare da q. scotta*; *non gli si può credere da q. è bugiardo*. **B** nella **loc. cong.** *in q.* ● Perché, per il fatto, per la ragione che (introduce una prop. caus. con il v. all'indic.): *non sono venuto in q. temevo di disturbarti* | (con valore correl.) *In tanto*, *in q.* (introduce una prop. caus. con valore limitativo e il v. all'indic.): *in tanto l'uomo è superiore alla bestia in q. controlla i propri istinti* | *In q. che*, perché, per il fatto che (introduce una prop. caus. con il v. all'indic.): *è una persona estremamente intelligente e gentile, in q. che non rifiuta mai di discutere con i dipendenti*. **C** nella **loc. cong.** *per q.* **1** Nonostante che, anche se (introduce una prop. concessiva con il v. al congv.): *per q. si sforzi non riesce a fare più di quel tanto*; *per q. fosse svelto, trovava sempre chi lo superava*; *per q. sia difficile, una soluzione deve esserci*. **2** Tuttavia (in principio di frase, con valore avversativo o conclusivo): *cercheremo di fare q.c. per lui*. *Per q. non se lo meriti certo*; *vieni a trovarmi oggi stesso*. *Per q. è meglio che prima telefoni*.

quànto (3) [termine scient. ted. *Quantum*, dal lat. *quăntum* 'quanto (3)'] **s. m.** (**pl.** *-i*, o *-a* nel sign. 2) **1** Quantità. **2** (*fis.*) Quantità estremamente piccola, non ulteriormente divisibile, di grandezze fisiche: *q. d'energia* | *Q. d'azione*, costante di Planck | *Q. acustico*, fonone | *Teoria dei quanti*, ogni teoria fisica in cui la costante di Planck ha un ruolo essenziale. **3** (*fis.*) Numero quantico: *q. azimutale*, *magnetico*, *totale*.

†**quantoché** [comp. di *quanto (2)* e *che*] **A cong.** ● (*raro*) Sebbene, ancorché (introduce una prop. concessiva con il v. al congv.) **B avv.** ● (*raro*) Come, quanto.

†**quantochessìa** [da *quanto che sia*] **avv.** ● (*raro*) Tanto o quanto, più o meno.

quantomài o **quànto mài avv.** ● Moltissimo, assai (ass. o raff. di un agg.): *ho riso q.*; *è una ragazza q. semplice*.

quantomeccànica [comp. di *quanto (3)* e *meccanica*] **s. f.** ● (*fis.*) Meccanica quantistica.

quantoméno o **quànto méno** [comp. di *quanto (2)* e *meno*] **avv.** ● Al minimo, almeno: *sarà senz'altro condannato o q. dovrà pagare le spese processuali*.

quantòmetro [comp. di *quanto (3)* e *-metro*] **s. m.** ● Apparecchio, usato spec. nei procedimenti metallurgici, per individuare e misurare i componenti di una lega metallica.

quantosòma [comp. di *quanto (3)* e *-soma*] **s. m.** (**pl.** *-i*) ● (*bot.*) Particella localizzata sulla superficie interna delle lamelle del cloroplasto, probabilmente coinvolta nelle reazioni della fase luminosa della fotosintesi.

quantum /*lat.* 'kwantum/ [V. *quanto (3)*] **s. m.** **1** Una certa quantità, un tanto | L'entità. **2** (*fis.*) Quanto. **3** (*dir.*) Quantità di denaro o di altri beni di cui viene richiesto il pagamento.

quantùnque o (*raro*) †**quantùnche** [comp. di *quanto (2)* e *-unque* (V. *chiunque*)] **A cong. 1** Esprime una circostanza che, pur ostacolandolo, non impedisce né pregiudica il compimento di un fatto (con valore concessivo e v. al congv.): *non era in casa q. lo avessi avvertito del mio arrivo*; *cercherò di fare il possibile per salvarlo, q. sia ormai tardi* | Con ell. del v. seguito da un avv. o da un agg.: *lo farò, q. malvolentieri*; *è di aspetto arcigno, q. buona nel fondo*; *accetto, q. non convinto del tutto*. SIN. Benché, sebbene. **2** (*ass.*) Ma, però (con valore avversativo): *andrò senz'altro io da lui, q. chi mi dice che io sia ben accetto?*; *lo faremo studiare ancora q. non siamo sicuri se ne valga la pena*. **B agg. rel. inv.** ● (*lett.*) †Quanto, quanti: *cignesi con la coda tante volte / q. gradi vuol che giù sia messa* (DANTE *Inf.* V, 11-12); *q. volte, graziosissime donne, meco pensando riguardo* (BOCCACCIO) | (*lett.*) †Per quanto grande, o piccola, sia: *chi negherà questo, q. egli si sia, non molto più alle vaghe donne che agli uomini convenirsi?* (BOCCACCIO). **C pron. rel. m.** solo **sing.** ● (*lett.*) †Tutto ciò che (con valore neutro): *chi vuol veder q. può natura / e 'l ciel tra noi, venga a mirar costei* (PETRARCA) | (*raro*) †Qualunque cosa che, appena che qualcosa: *privato che ne fia, q. di sinistro abbi lo occupatore, lo riacquista* (MACHIAVELLI). **D avv.** ● (*lett.*) †Quanto: *q. più poté, il raccomandò ad un nobile uomo* (BOCCACCIO).

qua qua /kwa k'kwa*, kwa 'kwa*/ ● V. *qua (2)*.

quarànta [lat. *quadragĭnta*, comp. di *quădri-* e *-gĭnta* (V. *venti*)] **agg. num. card. inv.**; anche **s. m. inv.** ● Quattro volte dieci, quattro decine, rappresentato da 40 nella numerazione araba, da XL in quella romana. **I** Come agg. ricorre nei seguenti usi. **1** Rispondendo o sottintendendo la domanda 'quanti?', indica la quantità numerica di quaranta unità (spec. preposto a un s.): *ci sono da qui q. kilometri*; *la quaresima dura q. giorni*; *ha già quarant'anni*; *pesa q. kili*; *febbre a q. gradi*; *un mazzo di q. carte* | †*Q. volte*, molte volte (con valore indef.). **2** Rispondendo o sottintendendo la domanda 'quale?', identifica q.c. in una pluralità, in una successione, in una sequenza (posposto a un s.): *leggi a pagina q.*; *porta il numero q. di scarpe*; *porta la taglia q.*; *il nove marzo si commemorano i q. martiri*. **3** In composizione con altri numeri semplici o composti, forma i numerali superiori: *quarantuno*; *quarantotto*; *quarantasette*; *quarantamila*; *duecentoquaranta*. **II** Come s. ricorre nei seguenti usi. **1** Il numero quaranta; il valore, la quantità che vi corrisponde (per ell. di un s.): *il dieci nel q. sta quattro volte*; *il q. per cento del raccolto non ha trovato collocazione*; *porta il q. di scarpe*; *giocare il q. al lotto* | *I q.*, i quarant'anni nell'età di un uomo: *compiere i q.* | *Essere sui q.*, avere circa quarant'anni di età | *Nel '40*, nel 1940 o nel 1840, o nel 1740 e sim.: *l'Italia è entrata in guerra nel '40*. **2** Il segno che rappresenta il numero quaranta.

quarantamìla [comp. di *quaranta* e *mila*] **agg. num. card. inv.**; anche **s. m. inv.** ● Quaranta volte mille, quaranta migliaia, rappresentato da 40 000 nella numerazione araba, da $\overline{\text{XL}}$ in quella romana. **I** Come agg. ricorre nei seguenti usi. **1** Rispondendo o sottintendendo la domanda 'quanti?', indica la quantità numerica di quarantamila unità (spec. preposto a un s.): *ho già versato q. lire*; *la mia macchina ha già fatto q. kilometri*; *una popolazione di q. abitanti*. **2** Rispondendo o sottintendendo la domanda 'quale?', identifica q.c. in una pluralità, in una successione, in una sequenza (posposto a un s.): *abbonamento numero q.* **II** Come s. ricorre nei seguenti usi. **1** Il numero quarantamila (per ell. di un s.): *il q. nel centoventimila sta tre volte*. **2** Il segno che rappresenta il numero quarantamila.

quarantàno agg. ● Quarantino.

quarantèna o †**quarantàna**, †**quarentàna** [da *quaranta*] **s. f. 1** Periodo di tempo di quaranta giorni: *indulgenza di sette quarantene*. **2** Periodo di isolamento, in origine di quaranta giorni e successivamente anche più breve, di persone o animali colpite da malattie infettive contagiose o sospette tali | *Mettere qc. in q.*, (*fig.*) tenerlo lontano, in disparte, per punizione | *Mettere in q. una notizia*, (*fig.*) aspettare precisazioni, elementi di sicurezza sulla sua attendibilità prima di confermarla o di renderla di pubblico dominio. **3** In passato, digiuno penitenziale di quaranta giorni con relativa indulgenza.

†**quarantenànte s. m.** ● Chi è sottoposto a quarantena.

quarantennàle agg. 1 Che dura quarant'anni. **2** Che si verifica ogni quarant'anni.

quarantènne [comp. di *quarant(a)* ed *-enne*] **A agg. 1** Che ha quarant'anni, detto di persona, (*raro*) di cosa: *una signora q.* **2** (*lett.*) Che dura da quarant'anni: *un'amicizia q.*; *la q. peregrinazione degli Ebrei nel deserto*. **B s. m. e f.** ● Chi ha quarant'anni d'età.

quarantènnio [comp. di *quarant(a)* ed *-ennio*] **s. m.** ● Periodo di tempo di quarant'anni: *un q. di lotte e fatiche*.

quarantèṣimo [da *quaranta*] **A agg. num. ord. 1** Corrispondente al numero quaranta in una sequenza, in una successione, in una classificazione, in una serie (rappresentato da XL nella numerazione romana, da 40° in quella araba): *si è classificato q. in graduatoria*; *la quarantesima parte di q.c.* | *Due alla quarantesima*, (*ell.*) alla quarantesima potenza. SIN. (*lett.*) Quadragesimo. **2** In composizione con altri numerali, semplici o composti, forma gli ordinali superiori: *quarantesimo primo*, *centoquarantesimo*, *milleduecentoquarantesimo*. **B s. m.** ● Ciascuna delle quaranta parti uguali di una stessa quantità: *un q. del totale*; *tredici quarantesimi*.

quarantìna s. f. 1 Complesso, serie di quaranta, o, più spesso, circa quaranta, unità: *il paese più vicino è ad una q. di kilometri*; *inviterò una q. di persone*. **2** I quarant'anni nell'età dell'uomo: *si avvicina ormai alla q.*; *ha già passato la q.*; *è sulla q.* **3** (*tosc.*, *pop.*) Quarantena: *il nostro padre Felice, ..., conduce oggi a far la q. altrove i pochi guariti che ci sono* (MANZONI).

quarantìno [da *quaranta*, come se la durata della maturazione si compisse molto brevemente in quaranta giorni] **agg.** ● Detto di piante coltivate a ciclo di sviluppo molto breve, come il mais. SIN. Quarantano.

quarantóre o **quarant'óre** [da *quaranta ore*] s. f. pl. ● Nella liturgia cattolica, esposizione solenne dell'ostia consacrata per la durata di quaranta ore consecutive e relativa pratica devota.

quarantottàta [da *quarantotto*, con riferimento al 1848 e ai moti rivoluzionari avvenuti in quell'anno] s. f. *1* Spacconata politica, di coloro che vantano, senza alcun merito, gloria e trascorsi rivoluzionari. *2* (*spreg.*) Dimostrazione politica clamorosa ma inefficace: *sciopero che si è risolto in una q.*

quarantottésco [da *quarantotto*, con riferimento al 1848 e ai moti rivoluzionari avvenuti in quell'anno] agg. (pl. m. *-schi*) *1* Proprio, tipico del 1848 e di azioni o comportamenti di tale anno: *sommosse, barricate quarantottesche*. *2* (*fig., spreg.*) Altisonante ma sconclusionato: *eloquenza quarantottesca*.

quarantottèsimo [da *quarantotto*] **A** agg. num. ord. ● Corrispondente al numero quarantotto in una sequenza, in una successione, in una classificazione, in una serie (rappresentato da XLVIII nella numerazione romana, da 48° in quella araba): *classificarsi q.*; *la quarantottesima parte di q.c.* **B** s. m. ● Ciascuna delle quarantotto parti uguali di una stessa quantità: *un q.*; *undici quarantottesimi* | *In q.*, in legatoria e stampa, formato che si ottiene piegando un foglio di carta in quarantotto parti: *volume in q.*

quarantòtto [comp. di *quarant(a)* e *otto*] agg. num. card. inv.; anche s. m. inv. ● Quattro volte dieci, o quattro decine più otto unità, rappresentato da 48 nella numerazione araba, da XLVIII in quella romana. **I** Come agg. ricorre nei seguenti usi. *1* Rispondendo o sottintendendo la domanda 'quanti?', indica la quantità numerica di quarantotto unità (spec. preposto a un s.): *sono le ore dieci e q. primi*; *ha già compiuto q. anni* | *Q. ore*, due giorni e due notti. *2* Rispondendo o sottintendendo la domanda 'quale?', identifica q.c. in una pluralità, in una successione, in una sequenza (posposto a un s.): *abito al numero q. di questa strada*; *leggi alla pagina q.* | *Mandare a carte q.*, (*raro*) *a carte quarantanove*, mandare all'aria, scombinare, mandare al diavolo. **II** Come s. ricorre nei seguenti usi. *1* Il numero quarantotto; il valore, la quantità che vi corrisponde (per ell. di un s.): *abito al q.*; *sono le venti e q.*; *sei per otto fa q.!* | *Il '48*, l'anno 1848, fatidico per i moti e rivolgimenti politici e la prima guerra d'indipendenza italiana. *2* (*fam.*) Confusione, subbuglio, baccano: *ha fatto un q.*; *quando l'ha saputo è successo un q.!* *3* Il segno che rappresenta il numero quarantotto.

quarantott'óre o **quarantottóre** **A** s. f. pl. ● Periodo di tempo di quarantotto ore, corrispondente a due giorni: *previsioni meteo valevoli per le prossime quarantott'ore*. **B** s. f. inv. ● Valigetta che contiene l'occorrente per un viaggio di breve durata.

†**quare** /*lat.* 'kware/ [lat., 'per la qual cosa'] **A** avv. ● Perché, per quale ragione (con valore interr. e rel.): *e come e q., voglio che m'intenda* (DANTE *Inf.* XXVII, 72) | (*scherz.*) *Quando non ce n'è, q. conturbas me?*, rivolgendosi a qc. che si affligge inutilmente. **B** cong. *1* (*raro, lett.*) Perché, per questa ragione (introduce una prop. causale con il v. all'indic.). *2* (*raro, lett.*) Perciò (con valore concl.). **C** in funzione di s. m. ● Solo nella loc. *non sine q.*, non senza ragione; *non sine q. Carlo di Buem Imperadore il fece re dei buffoni e delli istrioni d'Italia* (SACCHETTI).

†**quarentàna** ● V. *quarantena*.

quarésima [lat. *quadragēsima(m)* 'quarantesima'; nel lat. ecclesiastico, sottinteso *dīe(m)* 'quarantesimo giorno (prima della Pasqua)'] s. f. (*Quarèsima* nel sign. 1) *1* Periodo di penitenza di quaranta giorni, dalle Ceneri al Sabato Santo | *Fare la q.*, rispettarne i precetti | *Rompere la q.*, non rispettarne i precetti | (*fig.*) *Lungo come la q.*, di persona o cosa prolissa, molesta, insistente: *quando parla è lungo come la q.* *2* (*fig., fam.*) Digiuno: *ha sciupato tutto e adesso fa q.* *3* (*fig., fam.*) Persona estremamente magra, mal nutrita.

quaresimàle **A** agg. ● Di, della quaresima: *periodo q.* **B** s. m. *1* Predica composta e recitata per la quaresima. *2* (*fig., fam.*) Sermone o ramanzina noiosa, che ripete sempre gli stessi argomenti: *quando attacca coi suoi quaresimali, non vale la pena di ascoltarlo*. *3* Pasta dolce con miele, pinoli e zibibbo, tradizionale a Roma durante la quaresima | Biscotto duro con mandorle, talvolta in forma di numero o lettera dell'alfabeto.

quaresimalista s. m. (pl. *-i*) ● Predicatore per il periodo quaresimale | Autore di quaresimali.

quark /kwark; *ingl.* kwɔ:k; *ted.* kvark/ [termine proposto dal fisico americano M. Gell-Mann, da una parola senza significato coniata da J. Joyce nell'opera Finnegans Wake] s. m. inv. ● (*fis.*) Ognuna delle ipotetiche particelle fondamentali, con carica elettrica pari a 1/3 o 2/3 della carica dell'elettrone, che si ritiene costituiscano le particelle elementari.

quarnàle [V. *quadernale*] s. m. ● (*mar.*) Canapo di quattro legnoli, ordito a quattro occhi in un paranco | Paranco semplice, di due taglie e quattro occhi, con il canapo suddetto | Canapo e paranco attaccati al calcese del trinchetto per tirare pesi a bordo | Vela che si issava con il quarnale.

quàrta [lat. *quărta(m pärtem)* 'quarta parte'] s. f. *1* Quarta classe elementare, o di scuola secondaria superiore: *frequentare, ripetere la q.*; *passare in q.* *2* Negli autoveicoli, la quarta marcia o velocità: *ingranare la q.* | *Partire in q.*, (*fig.*) iniziare q.c. con la massima energia, con entusiasmo, scatenarsi a favore o contro q.c. o qc.: *è partito in q. appena gli ho detto quel che doveva fare*; *non lo ha lasciato concludere ed è partito in q. contro la sua tesi*. *3* (*mus.*) Intervallo abbracciante quattro note della scala diatonica. *4* Nella danza classica, posizione in cui i piedi, voltati completamente in fuori, sono posti uno davanti all'altro alla distanza di un piede circa | Atteggiamento schermistico: *invito, legamento di q.* *5* Quarta parte. *6* (*mar.*) Ognuna delle trentadue suddivisioni della rosa della bussola marina: *la q. è di 11° e 15'*. *7* (*astron.*) †La quarta parte della circonferenza.

quartabuòno o **quartabòno** [sp. *cartabón* che risale al lat. *quărtus* 'quarto'] s. m. ● Squadra da falegname, con un angolo retto e i due lati adiacenti uguali.

quartàna [vc. dotta, lat. *quartāna(m fĕbrem)* 'febbre che si manifesta ogni quattro giorni', da *quărtus* 'quarto'] s. f. ● (*med.*) Febbre intermittente, per lo più di origine malarica, che insorge ogni quarto giorno.

quartanèllo [detto così perché composto per un *quarto* di lana e tre d'accia] s. m. ● Antico tessuto di un quarto di lana e tre d'accia.

quartàra [V. *quartaro*] s. f. ● Antica misura di capacità, di valore variabile a seconda della località, corrispondente a circa 10 litri. SIN. Quartaro.

†**quartàre** [da *quarto*] **A** v. tr. ● Dividere in quarti. **B** v. intr. ● (*mar.*) Veleggiare di fianco.

quartàro o †**quartàrio** [vc. dotta, lat. *quartā-riu(m)* 'quarta parte di una misura', da *quărtus* 'quarto'] s. m. ● Quartara.

quartaròla s. f. ● Moneta veneziana di mistura del valore di 1/4 del denaro coniata dal doge Enrico Dandolo nel XII sec. | (*gener.*) Moneta del valore di un quarto di un'unità | *Q. d'oro*, moneta genovese del valore di 1/4 del genovino.

quartaròlo o **quartaruòlo** [dal lat. *quartārius* 'quarta parte di una misura' (V. *quartaro*)] s. m. *1* Antica misura di capacità equivalente a 14,585 l. *2* Quarto rematore della galea.

quartàto [da *quarto*] agg. ● (*raro*) Di complessione robusta: *cavallo q.*; *un ragazzo, un uomo ben q.*

quartàvolo [da *quarto*, sul modello di *bisavolo* e *trisavolo*] s. m. ● (*raro*) Padre del trisavolo, nonno del bisavolo.

quartazióne [da *quarto*] s. f. ● Aggiunta di argento all'oro così da avere una lega formata per tre quarti dal primo e per un quarto dal secondo.

quarterback /*ingl.* 'kwɔ:tə bæk/ [vc. ingl., comp. di *quarter* 'quarto' e *back* 'indietro'] s. m. inv. ● (*sport*) Nel football americano, giocatore che sul campo occupa una posizione centrale e si incarica di dirigere il gioco offensivo della propria squadra | Ruolo ricoperto da tale giocatore.

quarterìa [da *quarto*] s. f. ● Rotazione quadriennale di coltura agraria, col primo anno a maggese e i tre successivi a grano o cereale affine.

†**quarteróne** [da *quarto*] s. m. ● Quarto di luna.

†**quarteruòlo** [da *quarto*] s. m. ● Pezzo di metallo monetiforme per usi vari.

quartettìsta s. m. e f. (pl. m. *-i*) *1* Componente di un quartetto strumentale o vocale. *2* Compositore di musica per quartetti.

quartettìstico [da *quartetto*] agg. (pl. m. *-ci*) ● (*mus.*) Relativo a quartetto: *la produzione quartettistica di Mozart*.

quartétto [da *quarto*] s. m. *1* Gruppo di quattro persone che la pensano analogamente e agiscono di comune accordo, in modo negativo o comunque singolare: *un q. di buontemponi, di truffatori*; *lui è la mente direttiva del q.* *2* Composizione per quattro strumenti o quattro voci | Il complesso dei quattro esecutori di tale genere di composizioni.

quàrtica [da *quarto (grado)*] s. f. ● (*mat.*) Curva algebrica del quarto ordine.

†**quarticciòlo** o †**quarticciuòlo** [da *quarto* (s.)] s. m. ● Pezzo irregolare di tela, stoffa e sim.

quarticìno s. m. ● (*tip.*) Carticino.

quartieràto [V. *quartato*] agg. ● (*mar.*) Di bastimento che sia molto più largo del solito spec. a poppa.

quartière o †**quartièri**, †**quartièro** [fr. *quartier*, dal lat. *quartāriu(m)* 'quarta parte' (V. *quartaro*)] s. m. *1* Nucleo più o meno funzionalmente autonomo all'interno di un agglomerato urbano: *q. elegante, parigino* | (*est.*) Il complesso degli abitanti di un quartiere: *per protesta l'intero q. è sceso in piazza* | (*est.*) Ambito giurisdizionale di particolari organi comunali decentrati che autonomamente decidono e agiscono nell'area circoscritta di un vasto territorio urbano: *il consiglio di q.* | *I quartieri alti*, il settore più elevato e più elegante di una città: *abitante nei quartieri alti*. *2* (*mil.*) Complesso di fabbricati adibiti ad alloggio di truppe | *Q. generale*, riunione organica, presso un comando di grande unità mobilitata, di tutti gli elementi e mezzi adatti ai vari servizi logistici e amministrativi necessari per la vita e il funzionamento del comando e (*fig.*) base delle operazioni; insieme di persone che dirigono e organizzano q.c. e luogo in cui si riuniscono: *gli ordini del q. generale* | *Dare, non dare q.*, (*fig.*) accettare, non accettare la resa, risparmiando la vita; concedere, non concedere tregua: *una malattia che non gli dà q.* | *Chiedere q.*, arrendersi | *Senza q.*, (*fig.*) detto di lotta asperrima e senza esclusione di colpi, spietata, implacabile. *3* (*region.*) Appartamento: *un q. di quattro, cinque, dieci stanze*; *q. ammobiliato, vuoto, sfitto*; *furono alloggiate nel q. della fattoressa attiguo al chiostro* (MANZONI). *4* Parte posteriore di una calzatura che copre il calcagno e il collo del piede. *5* (*sport*) Parte della sella. *6* (*mar.*) Ciascuna delle tre parti che dividono per lungo la nave. *7* Parte del tavolo da biliardo dalla quale si inizia la partita. *8* (*arald.*) Quarto | *Decorazione a q.*, detto di un tipo di decorazione divisa in scomparti su piatti in ceramica. ‖ **quartierino**, dim. (V.).

quartierìno s. m. *1* Dim. di *quartiere*. *2* Piccolo appartamento. *3* (*sport*) Parte della sella.

quartiermàstro [propriamente *capo* ('mastro') del *quartiere*; calco sull'ol. *kwartiermeester*] s. m. ● Ufficiale al quale, un tempo, era affidata la sovrintendenza degli alloggiamenti, del vitto e delle paghe di un reggimento | *Q. generale*, quello che soprintendeva per tutto l'esercito.

†**quartièro** ● V. *quartiere*.

quartiglière [da *quartiere*; attraverso lo sp. *cuartelero* (?)] s. m. ● (*mar.*) Nelle navi da guerra, chi esercita la sorveglianza diurna dei ponti inferiori della nave.

quartìglio s. m. ● Quadriglio.

quartìle [ingl. *quartile*, dal lat. *quărtus* 'quarto'] s. m. ● (*stat.*) In un insieme di valori ordinati in senso non decrescente, ciascuno dei quantili che lo ripartiscono in quattro sottoinsiemi successivi, ciascuno contenente un ugual numero di dati.

quartìna [da *quarto*] s. f. *1* Strofa di quattro versi, variamente rimati. *2* Blocco di quattro francobolli uniti, due su due, che è oggetto di collezionismo e di particolare quotazione filatelica. *3* (*mus.*) Gruppo di quattro note che complessivamente equivalgono a tre o a sei. *4* Formato grande di carta, spec. da lettere.

quartìno [da *quarto*; nel sign. musicale, cfr. *ottavino*] s. m. *1* Quarta parte di una misura di capacità, spec. di litro. *2* Recipiente bollato, spec. di vetro, simile alla bottiglia che contiene un quinto di litro, spec. di vino. *3* Antica piccola moneta d'argento di Urbino e Pesaro del valore di 1/4 di grosso. *4* Serie di quattro pagine stampate, risultante da un foglio piegato in due. *5* (*tip.*) Carticino. *6* Strumento a fiato più piccolo del clarinetto e della medesima forma.

quartiròlo [detto così perché sarebbe pronto per essere tagliato una *quarta* volta; nel sign. 2, perché si fa al tempo del fieno *quartirolo*] **s. m.** *1* Quarto taglio dei prati non falciato e lasciato per pascolo al bestiame. *2* Formaggio fresco, molle di latte di vacca intero, simile allo stracchino.

quàrto [lat. *quărtu(m)*, dalla stessa radice di *quăttuor* 'quattro'] **A agg. num. ord.** *1* Corrispondente al numero quattro in una sequenza, in una successione, in una classificazione, in una serie (rappresentato da IV nella numerazione romana, da 4° in quella araba): *abito al q. piano*; *è la quarta volta che te lo ripeto*; *ho già finito il q. capitolo*; *dammi il q. volume*; *cala il sipario sul q. atto della commedia*; *è arrivato q.*; *palco di quart'ordine*; *stelle di quarta grandezza*; *frequentare la quarta classe elementare*; *Enrico IV*; *Clemente IV era amico di Carlo d'Angiò* | *Due alla quarta*, (*ell.*) elevato alla quarta potenza | *La quarta elementare*, *liceo scientifico e sim.*, (*ell.*) la quarta classe di tali ordini di studio: *ripetere la quarta* | (*raro*) *Il q. caso*, l'accusativo | *La quarta arma*, l'aeronautica | *La quarta dimensione*, il tempo | *Il q. potere*, la stampa giornalistica, come mezzo di propaganda e influenza dell'opinione pubblica | *Il q. stato*, il proletariato | *La quarta età*, la vecchiaia dopo i 75 anni | (*polit.*) *Il q. mondo*, gruppo di nazioni che non appartengono né al mondo occidentale né a quello socialista, che generalmente hanno in comune un passato di dominazione coloniale e che, essendo pressoché privi di risorse naturali, non hanno prospettive di sviluppo | *Quarta malattia*, malattia esantematica dell'infanzia simile alla scarlattina. *2* (*lett.*) In composizione con altri numerali, forma gli ordinali superiori: *decimoquarto*, *ventesimoquarto*. **B s. m.** (**f.** *-a* nel sign. 6) *1* Ciascuna delle quattro parti uguali di una stessa quantità: *gli spetta un q. dell'eredità*; *questa bistecca è enorme, dammene un q.*; *riduciamo le spese di un q. e andremo meglio*; *calcolare i tre quarti di un numero*; *vale un q. di quanto l'hai pagato* | *Un q. di kilo*, (*dial.*, *ass.*) *un q.*, due etti e mezzo | †*Un q. di grano*, (*ass.*) un quarto di staia di grano | *Un q. di bue*, *d'agnello*, *di pollo*, *di capretto*, *di coniglio*, e sim., ciascuno dei quattro pezzi in cui si divide l'animale già macellato: *un q. d'agnello al forno*; *mangerebbe un q. di bue!* | *Cappotto*, *soprabito*, *giacca tre quarti*, (*ass.*) *un tre quarti*, soprabito di un quarto più corto del normale che si può indossare anche su gonna o pantaloni dello stesso tessuto | *Primo*, *ultimo q.*, la seconda e quarta o ultima posizione assunta dalla Luna nella sua rivoluzione intorno alla Terra, in cui sono rispettivamente illuminate la metà volta a occidente e la metà volta a oriente della faccia visibile | *Un q. d'ora*, (*ass.*) *un q.*, periodo di tempo corrispondente alla quarta parte di un'ora, cioè a quindici minuti primi: *l'orologio è indietro di un q. d'ora*; *è arrivato con tre quarti d'ora di ritardo*; *manca un q. alle undici*; *sono le undici e un q.*; *sono le nove e tre quarti*, o *le dieci meno un q.*; *l'orologio del mio paese batte anche i quarti* | *Q. d'ora*, (*est.*) breve periodo di tempo: *alcuni anni or sono ha avuto il suo q. d'ora di notorietà*; *sta vivendo il suo q. d'ora di celebrità* | *Passare un brutto q. d'ora*, essere nei guai, vivere un momento di grande ansia | *Essere in un cattivo q. d'ora*, in un momento di malumore | *Q. d'ora accademico*, ritardo, tacitamente convenuto, con cui di solito iniziano le lezioni universitarie | *Il q. d'ora di Rabelais*, (*scherz.*) il momento in cui qc., che non ha denari, deve pagare | *I quarti di finale*, nelle gare a eliminazione, terz'ultima fase che impegna i concorrenti che hanno superato gli ottavi di finale per qualificare quelli che disputeranno la semifinale | (*edit.*) *In q.*, in tipografia, detto di foglio su ognuna delle cui facce vengono stampate quattro pagine; in legatoria, detto del tipo di formato ottenuto piegando in quattro tali fogli. *2* La quarta parte di un litro spec. di vino, olio e sim. e (*est.*) recipiente di vetro bollato in cui lo si misura o lo si serve nei locali pubblici: *un q. di vino*; *beviamo un q.*; *bottiglie da un q.*; *un q. di latte*. *3* *Quarti di nobiltà*, l'insieme degli ascendenti nobili di una persona | *Avere quattro quarti di nobiltà*, avere quattro ascendenti nobili | (*arald.*) Quarta parte dello scudo | (*est.*) Tutte le successive ripartizioni di ciascuna parte per mezzo di linee orizzontali, verticali e diagonali intersecantisi al centro. *4* Ciascuno dei quattro pezzi arcati di legno che formano la periferia della ruota di carro o carrozza. *5* (*mar.*) Durata della guardia che si fa a bordo per quattro ore. *6* Chi, ciò che viene a trovarsi dopo altri tre, che viene al quarto posto: *lei è la quarta a cui mi rivolgo*; *manca il q. per giocare a scopa*; *basta gelati! è il q. che mangi oggi*. || **quartino**, **dim.** (V.) | **quartùccio**, **dim.** (V.).

quartodecimàni [vc. dotta, lat. tardo *quartodecimānu(m)* 'del quattordicesimo giorno'; detti così perché celebravano la Pasqua nel quattordicesimo (ant. *quarto-decimo*) giorno della luna di marzo] **s. m. pl.** ● Cristiani delle antiche chiese di Asia, che celebravano la Pasqua nel 14° giorno della luna nuova di marzo, anche se tale giorno non cadeva di domenica.

quartodècimo [comp. di *quarto* e *decimo*] **agg. num. ord.**; anche **s. m.** ● (*lett.*) Quattordicesimo. **SIN.** (*lett.*) Decimoquarto.

quartogènito [da *quarto*, sul modello di *primogenito*] **agg.**; anche **s. m.** (**f.** *-a*) ● Quarto dei nati in una famiglia: *figlio q.*; *essere il q.*

quartùccio [dim. di *quarto*] **s. m.** *1* Misura di capacità di un quarto di litro. *2* (*fam.*) Un quarto di litro di vino: *bere un q.* | *Farsi un q. all'osteria*, berlo.

quartùltimo o **quart'ùltimo** [comp. di *quart(o)* e *ultimo*] **agg.**; anche **s. m.** (**f.** *-a*) ● Che, chi corrisponde al numero quattro o sta al quarto posto, partendo a contare dall'ultimo, in una sequenza, in una successione, in una classificazione, in una serie: *venga avanti il q.!*; *sono risultato q. nella graduatoria*; *l'accento è sulla quartultima sillaba*.

quarzìfero [comp. di *quarzo* e *-fero*] **agg.** ● Contenente quarzo.

quarzite [da *quarzo*, col suff. *-ite* (*2*)] **s. f.** ● Roccia silicea formata in gran prevalenza da quarzo.

quàrzo [ted. *Quarz*, di etim. incerta] **s. m.** ● Biossido di silicio in cristalli trasparenti o biancastri spesso geminati, dalla caratteristica frattura concoide o scheggiosa caratterizzati dal fenomeno della piezoelettricità: *lampada*, *orologio al q.* | *Q. ialino*, cristallo di rocca.

quarzóso **agg.** ● Contenente quarzo.

quàsar [ingl. da *quas(i) (st)ar*, 'quasi stella, (oggetto) simile a una stella'] **s. m.** o **f. inv.** ● (*astron.*) Sistema, apparentemente stellare, a enorme distanza dalla Terra, che emette una notevolissima quantità di energia, e che si sposta con velocità quasi uguale a quella della luce.

quàsi [lat. *quăsi*, da *quăm sī* 'come se'] Esprime, pur mancando poco a che lo sia, la non totalità, completezza, perfezione o assolutezza dell'azione, della situazione o della condizione indicata dal termine cui si unisce; riferito a un aggettivo o a un sostantivo e sim. sta ad esprimere una stretta affinità o analogia. **A avv.** *1* Circa, poco meno che: *è q. un litro*; *pesa q. un quintale*; *l'ho pagato q. ventimila lire*; *ha q. quarant'anni*; *attendo da q. un'ora*; *lo tratto con affetto q. paterno*; *da qui alla città sono q. venti kilometri*; *è q. due metri d'altezza* | Pressoché, a un dipresso: *ho q. finito il lavoro*; *siamo q. arrivati*; *sono q. senza soldi*; *ci sono andato q. vicino* | *Q. mai*, molto raramente (in espressioni negative): *non serve q. mai*; *non lo trovo q. mai in casa* | (*fam.*) *Senza q.*, assolutamente, certo lo è: *'si direbbe q. indifferente' 'senza q.'* | (*ass.*) Nelle risposte, per significare che si è vicini alla conclusione di q.c.: *'ha finito?' 'q.'*; *'siete pronte?' 'q'*. *2* Forse, probabilmente (con funzione attenuativa): *direi q. di essere riuscito*; *oserei q. dire che il lavoro era meglio prima che fosse rifatto*; *ci si potrebbe q. mettere a tavola* | (*iter.*) Esprime dubbio, incertezza e sim.: *q. q. sono pentito di averlo raccomandato*; *q. q. era meglio non cambiare*; *q. q. me ne andrei*. *3* Ormai: *q. m'investiva*; *q. cadevo*; *q. mi addormentavo*. *4* Come, come se fosse: *sembra q. diamante*; *parrebbe q. pentito*; *avanzava rapido*, *q. portato dal vento*. **B cong.** ● Come se (introduce una prop. modale con il v. al congv.): *dà continuamente ordini q. fosse lui il padrone*; *non è venuto q. avesse previsto il rinvio della riunione* | V. anche *quasiché*. || (*pop.*, *tosc.*) †**quasiménte**, **avv.** Quasi: *quasimente lo farei*.

quașiché o **quàsi che** [da *quasi che*] **cong.** ● Come se (introduce una prop. modale con il v. al congv.): *si disinteressa della cosa q. non riguardi anche lui*; *non ha obiettato niente*, *q. se lo fosse aspettato*; *non mostrò alcuno stupore q. fosse un fatto del tutto normale*.

quașiconduttóre [comp. di *quasi* e *conduttore*] **A agg.** ● (*fis.*) Quasimetallico. **B s. m.** ● (*fis.*) Ogni ossido metallico (per es. l'ossido di titanio) in cui esistono legami elettrici che permettono la conduzione elettrica con valori di conducibilità simili a quelli dei metalli.

quașicristallino [comp. di *quasi* e *cristallino*] **agg.** ● (*miner.*) Proprio di un materiale il cui stato di ordinamento atomico interno differisce sia da quello rigidamente periodico dei cristalli sia da quello casuale dei vetri.

quașimetàllico [comp. di *quasi* e *metallico*] **agg.** (pl. m. *-ci*) ● (*fis.*) Detto di particolari ossidi metallici che, avendo nella molecola dei legami metallici con elettroni liberi, hanno valori di resistività simili a quelli dei metalli. **SIN.** Quasiconduttore.

quașimòdo [dall'inizio dell'introito della messa della 'domenica in albis': *Quàsi modo geniti infantes*] **s. m.** solo **sing.** ● Domenica in albis, cioè la prima domenica dopo Pasqua.

†**quassaménto** [dal lat. *quassāre*, ints. di *quătere* 'scuotere', di etim. incerta] **s. m.** ● Squassamento, scuotimento.

quassazióne [vc. dotta, lat. *quassatiōne(m)*, da *quassātus*, part. pass. di *quassāre* (V. vc. precedente)] **s. f.** ● Operazione farmaceutica che consiste nel triturare foglie, radici e sim. per agevolarne l'estrazione dei principi attivi.

quàssia [da Graman *Quassi* (sec. XVIII) che ne scoprì le qualità terapeutiche] **s. f.** ● Alberetto tropicale delle Simarubacee, con foglie opposte, fiori rossi raccolti in grappoli, dotato di proprietà medicinali (*Quassia amara*).

quassìna **s. f.** ● Principio attivo del legno di quassia, utilizzato come insetticida o in farmacia per le proprietà toniche e antielmintiche.

quàssio **s. m.** ● Legno che si ricava dalla quassia.

quassù o †**quassùso** (*lett.*) †**qua su**, †**qua sùso** [da *qua su*] **avv.** *1* In questo luogo, posto in alto rispetto alla persona cui ci si rivolge (con v. di stato e di moto): *sono q. in terrazzo*; *devi salire fin q.*; *venite q. ad aiutarmi* | (*est.*) Fa riferimento a un luogo di montagna o posto al nord: *q. fa molto freddo*; *q. è già caduta la neve*; *q. in montagna posso finalmente riposarmi*. **CONTR.** Quaggiù. *2* Nelle loc. avv. *da*, *di q.*, stando qua in alto: *di q. si gode un'ottima veduta panoramica*; *li ho visti salire da q.*; *da q. si domina completamente la valle*. **CONTR.** Quaggiù.

quatèrna o (*tosc.*) **quadèrna** [dal lat. *quatĕrni*, nom. pl., 'a quattro a quattro', da *quăttuor* 'quattro'] **s. f.** *1* Nel gioco del lotto, combinazione di quattro numeri, vincenti se sono compresi nei cinque estratti per ogni ruota: *giocare*, *vincere una q.* | Nel gioco della tombola, serie di quattro numeri estratti su un'unica fila di una cartella: *fare q.* *2* Insieme di persone o cose da sottoporre a ulteriore scelta: *una q. di concorrenti*.

quaternàrio [vc. dotta, lat. *quaternāriu(m)* 'di quattro', da *quatĕrni* (V. vc. precedente)] **A agg.** *1* Di quattro unità o elementi | *Lega quaternaria*, formata di quattro metalli diversi | *Sostanza quaternaria*, composto costituito di quattro elementi diversi | *Verso q.*, formato di quattro sillabe. *2* (*chim.*) Di atomo legato direttamente a quattro atomi di carbonio. *3* Appartenente all'era neozoica: *era quaternaria*. **B s. m.** *1* Verso di quattro sillabe. *2* (*Quaternario*) L'ultima era geologica, iniziata 2 milioni di anni fa, caratterizzata da forti oscillazioni climatiche, dalle glaciazioni e dalla comparsa e diffusione dell'uomo sulla Terra. **SIN.** Antropozoico, Neozoico.

quaternióne [vc. dotta, lat. tardo *quaterniōne(m)* 'il numero quattro', da *quatĕrni* (V. *quaterna*)] **s. m.** ● (*mat.*) Una delle quaterne di numeri reali sulle quali si definiscono due operazioni di addizione e di moltiplicazione, rispetto alle quali esse formano un corpo (ma non un campo), e anche un'algebra sul campo reale: solitamente si indicano con la scrittura $a + bi + cj + dk$, dove a, b, c, d, sono i quattro numeri ed i, j, k sono le cosiddette unità immaginarie, l'addizione e la moltiplicazione si possono eseguire formalmente al solito modo, soltanto che non vale la proprietà commutativa della moltiplicazione, con le regole: $i, j = ji = k$, $jk = -kj = i$, $ki = -ik = i$, $i^2 = j^2 = k^2 = -1$.

†quaternità [vc. dotta, lat. tardo *quaternitāte(m)*, da *quatērni* 'a quattro a quattro' (V.)] s. f. ● (*raro*) Complesso, serie di quattro persone.

quatriduàno o **†quadridiàno**, **†quadriduàno**, **†quatridiàno** **†quattriduàno** [vc. dotta, lat. tardo *quatriduānu(m)*, da *quatrīduum* 'spazio di quattro giorni', comp. di *quăttuor* 'quattro' e *dīes* 'giorno' (V. *dì*)] agg. ● (*lett.*) Di quattro giorni: *questa potrà esser l'ultima chiusa de i nostri ragionamenti quatriduani* (GALILEI).

†quattàre v. tr. ● (*raro*) Acquattare.

quàtto o (*tosc.*) **guàtto** [lat. *coāctu(m)* 'raccolto, compresso' (V. *coatto*)] agg. ● Chinato e addossato a un riparo o protetto da esso, per lo più in silenzio, per celarsi alla vista o non farsi notare: *q. e immobile* | (*iter.*)*Q. q.*, zitto, zitto, di soppiatto; *avanzare q. q.*; *O tu che siedi / tra li scheggion del ponte q. q.* (DANTE *Inf.* XXI, 88-89) | *Starsene q.*, acquattato. || **quattaménte**, avv.

quattóni o (*raro*) **†quattóne** avv. ● (*raro*) Quatto quatto, spec. nella loc. avv. *quatton q.*: *se ne stava quatton q.*; *veniva avanti quatton q.*

†quattordècimo [dal lat. *quattuŏrdecim* 'quattordici'] agg. num. ord.; anche s. m. ● (*raro*, *lett.*) Quattordicesimo. SIN. (*lett.*) Decimoquarto, (*lett.*) quartodecimo.

quattordicènne [comp. di *quattordic(i)* ed *-enne*] **A** agg. **1** Che ha quattordici anni, detto di cosa e di persona: *una ragazza q.* **2** (*raro*, *lett.*) Che dura da quattordici anni: *una questione q.* **B** s. m. e f. ● Chi ha quattordici anni d'età: *una q. molto graziosa.*

quattordicèṣima s. f. ● Retribuzione corrisposta ai lavoratori dipendenti in aggiunta alle altre tredici mensilità: *gli impiegati hanno già riscosso la q.*

quattordicèṣimo **A** agg. num. ord. ● Corrispondente al numero quattordici in una sequenza, in una successione, in una classificazione, in una serie (rappresentato da XIV nella numerazione romana, da 14° in quella araba): *il q. parallelo*; *si è classificato q.*; *Benedetto XIV*; *Luigi XIV, re di Francia*; *la quattordicesima parte di una somma* | *Tre alla quattordicesima*, (*ell.*) elevato alla quattordicesima potenza | La quattordicesima mensilità, retribuzione corrisposta ai lavoratori dipendenti in aggiunta alle altre tredici mensilità | *Il secolo XIV*, gli anni dal 1301 al 1400. SIN. (*lett.*) Decimoquarto, (*lett.*) quartodecimo, †quattrodecimo. **B** s. m. ● Ciascuna delle quattordici parti uguali di una stessa quantità: *calcolare i tre quattordicesimi di un numero*

quattórdici [lat. *quattuŏrdeci(m)*, comp. di *quăttuor* 'quattro' e *dĕcem* 'dieci'] agg. num. card.; anche s. m. e f. ● (*mat.*) Numero naturale successivo di tredici, rappresentato da 14 nella numerazione araba, da XIV in quella romana. **I** Come agg. ricorre nei seguenti usi. **1** Rispondendo o sottintendendo la domanda 'quanti?', indica la quantità numerica di quattordici unità (spec. preposto a un s.): *una fanciulla di q. anni*; *q. giorni corrispondono a due settimane*; *il verso alessandrino ha q. sillabe*; *i q. punti del presidente americano Wilson per la composizione politica alla fine della prima guerra mondiale*; *sono le quattro e q. minuti primi.* **2** Rispondendo o sottintendendo la domanda 'quale?', identifica q.c. in una pluralità, in una successione, in una sequenza (posposto a un s.): *abito al numero q.*; *oggi è il giorno q.*; *sono le ore q.* | (*lett.*) Quattordicesimo: *Luigi q.* **II** Come s. ricorre nei seguenti usi. **1** Il numero quattordici; il valore, la quantità che vi corrisponde (per ell. di un s.): *il sette nel q. sta due volte*; *il q. di febbraio è san Valentino, festa degli innamorati* | *Le q.*, le due dopo mezzogiorno | *Nel '14 è scoppiata la prima guerra mondiale*, nell'anno 1914 | *Nel '14 ha avuto inizio il Congresso di Vienna*, nell'anno 1814. **2** Il segno che rappresenta il numero quattordici.

†quattriduàno ● V. *quatriduano.*

quattrìna [da *quattrino*, per la forma rotonda delle foglie che ricordano una moneta] s. f. ● (*bot.*) Nummularia.

quattrinàio [da *quattrino*] agg.; anche s. m. (f. *-a*) ● Che, chi è danaroso e, in genere, avido: *hanno parenti quattrinai*; *è un q., ma molto avaro.*

quattrinària [da *quattrina*] s. f. ● (*bot.*) Nummularia.

quattrinàta [da *quattrino*] s. f. **1** †Porzione che vale un quattrino. **2** (*raro*, *fig.*) Rabbuffo, sgridata.

quattrinèlla [dim. di *quattrina*] s. f. ● (*bot.*) Nummularia.

quattrinèllo s. m. **1** Dim. di *quattrino.* **2** (*spec. al pl.*) Piccola quantità di denaro: *quei pochi quattrinelli faticosamente racimolati* | (*antifr.*) Somma rilevante di denaro: *questa villa mi è costata un po' di quattrinelli.*

quattrìno [detto così perché valeva *quattro* denari] s. m. **1** Moneta di rame o d'argento di quattro denari coniata in molte zecche italiane intorno al XIV sec., in particolare a Roma e in Toscana. ➡ ILL. **moneta.** **2** (*est.*) Quantità minima di denaro: *mi pagherai fino all'ultimo q.* | *Non avere un q., il becco d'un q.*, essere in bolletta | *Non valere un q.*, non valere nulla | (*fig.*) *Correre per q. buono*, essere ritenuto valido | (*fig.*) *Far ballare qc. sopra un q.*, tenerlo a dovere | (*fig.*) *Ballare sopra un q.*, agire con grande circospezione e abilità | (*fig.*) *Dar nel q.*, cogliere un bersaglio piccolissimo, grande quanto una monetina. **3** (*spec. al pl.*) Denari: *quattrini sonanti*; *essere pieno di quattrini* | *Far quattrini*, guadagnare molto | *Senza quattrini*, povero | *Star male a quattrini*, non averne | *Buttare i quattrini*, (*fig.*) spenderli malamente, sciuparli in cose inutili, in speculazioni sbagliate e sim.: *per me, sta buttando i quattrini suoi e degli amici* | (*fig.*) *Fior di quattrini*, gran quantità di denari: *guadagnare, spendere, ereditare, costare fior di quattrini* | *Tirare al q.*, si dice di persona avida, che mira unicamente al guadagno. || **quattrinàccio**, pegg. | **quattrinèllo**, dim. (V.) | **quattrinùccio**, **quattrinùzzo**, dim.

quàttro [lat. *quăttuor*, di origine indeur.] agg. num. card. inv.; anche s. m. e f. inv. ● Numero naturale successivo di tre, rappresentato da 4 nella numerazione araba, da IV in quella romana. **I** Come agg. ricorre nei seguenti usi. **1** Rispondendo o sottintendendo la domanda 'quanti?', indica la quantità numerica di quattro unità (spec. preposto a un s.): *le q. operazioni aritmetiche*; *le q. stagioni*; *i q. punti cardinali*; *i q. evangelisti*; *il gioco dei q. cantoni*; *i q. lati del quadrato*; *i q. elementi per gli antichi erano aria, acqua, terra e fuoco*; *gli animali a q. zampe sono detti quadrupedi*; *tragedia in q. atti*; *motore a q. tempi*; *opera in q. volumi* | *Pezzo, sonata a q. mani*, suonata su un pianoforte da due pianisti | *Gridare ai q. venti q.c.*, renderla di pubblico dominio, divulgarla | *Chiuso tra q. mura, tra q. pareti*, costretto a restare in casa o in una stanza, lontano da persone o ambienti | *Tetto a q. acque*, spiovente da quattro parti | *Parlare a quattr'occhi*, in confidenza, in segreto, senza testimoni | *Avere quattr'occhi*, (*scherz.*) portare gli occhiali | *Quattr'occhi vedono meglio di due*, (*fig.*) è opportuno consigliarsi con qc. prima di fare q.c. o prendere una decisione. **2** (*est.*) Pochi, alcuni (con valore indet. per indicare una piccola quantità): *ha detto in tutto q. parole*; *abito qui a q. passi*; *con quei q. soldi che guadagna!*; *ha messo su casa con q. cianfrusaglie*; *vado a fare q. passi in giardino* | *Fare q. chiacchiere*, discorrere in tutta familiarità e senza impegno | *Fare q. salti*, ballare in famiglia o tra amici intimi | (*spreg.*) *Q. gatti*, (*fig.*) pochissime persone: *ad ascoltare la conferenza c'erano solo q. gatti*; *in famiglia siamo q. gatti* | *Sono q. noci in un sacco*, poche persone, ma che fanno molta confusione | *Sudare q. camicie*, (*fig.*) faticare moltissimo: *ho sudato q. camicie per convincerlo.* **3** Rispondendo o sottintendendo la domanda 'quale?', identifica q.c. in una pluralità, in una successione, in una sequenza (spec. posposto a un s.): *la basilica dei q. Santi Coronati a Roma*; *il numero q. è pari.* **4** In composizione con altri numeri semplici e composti, forma i numeri superiori: *ventiquattro*; *centoquattro*; *quattrocento*; *quattromila*; *duecentoventiquattro.* **II** Come s. ricorre nei seguenti usi. **1** Il numero quattro; il valore, la quantità che vi corrisponde (per ell. di un s.): *il q. per cento della popolazione è analfabeta*; *due più due fa q.*; *giocare il q. di picche, di fiori, di spade, di bastoni*; *oggi ne abbiamo q.*; *verrò il q. aprile*; *prepara la tavola per q.*; *un servizio da caffè per q.*; *entrate q. alla volta*; *per giocare a poker bisogna essere in q.*; *mettetevi in fila per q.*; *spezzare, dividere, rompere q.c. in q.*; *andiamocene tutti e q.* | Nei dadi, la faccia segnata con quattro punti: *ho tirato e ho fatto q.* | Nella valutazione scolastica, il voto inferiore di due punti alla sufficienza: *ha la pagella piena di q.* | *Le q.*, le ore quattro del mattino e (*fam.*) le ore sedici | *Tiro a q.*, a quattro cavalli | *Q. per q.*, *4 × 4*, autoveicolo con quattro ruote motrici | *Fare le scale a q. a q.*, salendo quattro gradini per volta e (*est.*) velocissimamente | *Farsi in q.*, (*fig.*) adoperarsi con ogni mezzo, non tralasciare alcuna possibilità, impegnarsi a fondo, lavorare moltissimo: *mi faccio in q. per lui* | *Dirne q. a qc.*, fargli una scenata, rimproverarlo aspramente | *Fare il diavolo a q.*, (*fig.*) fare molto rumore e confusione; fare una scenata; reagire violentemente | *In q. e quattr'otto*, (*fig.*) in un attimo, in men che non si dica: *in q. e quattr'otto sono da te*; *in q. e quattr'otto ho preparato tutto* | *È vero come due e due fanno q.*, *come q. e q. fanno otto*, e sim., è sicuramente vero | *L'hanno portato in q.*, (*euf.*) è morto. **2** *Q. con*, *q. senza*, nel canottaggio, imbarcazione montata da quattro vogatori, dotata o meno di timoniere, che azionano ciascuno un solo remo, posto o a destra o a sinistra | *Q. di coppia*, nel canottaggio, imbarcazione montata da quattro vogatori che azionano due remi ciascuno. **3** Il segno che rappresenta il numero quattro: *scrivere un q. sul registro.*

quattròcchi o **quattr'òcchi** nel sign. 3 [comp. di *quattr(o)* e *occhi*, pl. di *occhio*; detto così dalla macchia che ha dietro gli occhi] s. m. **1** Uccello degli Anseriformi, di colore nero con riflessi verdi e due macchie chiare sotto gli occhi, che vive nelle acque interne e lungo le coste (*Bucephala clangula*). SIN. Domenicano (2). **2** (*fig.*, *fam.*, *scherz.*) Persona che porta gli occhiali. **3** Nella loc. avv. *a q.*, senza testimoni, in confidenza, in segreto (V. anche *quattro*).

quattrocentésco agg. (pl. m. *-schi*) ● Del secolo XV, del Quattrocento: *cultura quattrocentesca.*

quattrocentèṣimo **A** agg. num. ord. ● Corrispondente al numero quattrocento in una sequenza, in una successione, in una classificazione, in una serie (rappresentato da CCCC o da CD nella numerazione romana, da 400° in quella araba): *la statale è interrotta al q. kilometro*; *la quattrocentesima copia di un libro in edizioni numerate*; *la quattrocentesima parte di q.c.* **B** s. m. ● Ciascuna delle quattrocento parti uguali di una stessa quantità: *un q.*

quattrocentìno agg. ● In bibliografia, del Quattrocento: *volume q.*

quattrocentìsta s. m. e f. (pl. m. *-i*) **1** Artista, scrittore del Quattrocento. **2** Atleta specialista della corsa dei quattrocento metri piani | Nuotatore dei quattrocento metri stile libero.

quattrocentìstico agg. (pl. m. *-ci*) ● Relativo al Quattrocento, ai quattrocentisti.

quattrocènto [comp. di *quattro* e *cento*] agg. num. card. inv.; anche s. m. inv. ● Quattro volte cento, quattro centinaia, rappresentato da 400 nella numerazione araba, da CD in quella romana. **I** Come agg. ricorre nei seguenti usi. **1** Rispondendo o sottintendendo la domanda 'quanti?', indica la quantità numerica di quattrocento unità (spec. preposto a un s.): *un viaggio di q. kilometri*; *c'erano più di q. invitati*; *ha partecipato alla corsa dei q. metri.* **2** Rispondendo o sottintendendo la domanda 'quale?', identifica q.c. in una pluralità, in una successione, in una sequenza (posposto a un s.): *nell'anno q. d.C.*; *leggi a pagina q.* **II** Come s. ricorre nei seguenti usi. **1** Il numero quattrocento; il valore, la quantità che vi corrisponde (per ell. di un s.): *nel q. a.C.*; *nel 411 a.C. fu istituito ad Atene il Consiglio dei Quattrocento* | *Il Quattrocento*, (*per anton.*) il secolo XV: *le scoperte e le invenzioni del Quattrocento*; *le Signorie italiane del Quattrocento*; *il Quattrocento è il se-*

colo dell'Umanesimo | †*Sono cose del Quattrocento*, usate, antiquate. ***2*** Il segno che rappresenta il numero quattrocento.

quattrofòglie [comp. di *quattro* e il pl. di *foglia*] **s. m. inv.** ● (*arald.*) Figura che rappresenta un fiore stilizzato a quattro petali.

quattromila [comp. di *quattro* e *mila*] **agg. num. card. inv.**; anche **s. m. inv.** ● Quattro volte mille, quattro migliaia, rappresentato da 4 000 nella numerazione araba, da $\overline{IV}$ in quella romana. **I** Come agg. ricorre nei seguenti usi. ***1*** Rispondendo o sottintendendo la domanda 'quanti?', indica la quantità numerica di quattromila unità (spec. preposto a un s.): *l'abbonamento costa q. lire*; *ho circa q. volumi nella mia biblioteca*; *un corteo di q. persone*; *poche cime in Italia raggiungono i q. metri d'altezza*. ***2*** Rispondendo o sottintendendo la domanda 'quale?', identifica q.c. in una pluralità, in una successione, in una sequenza (posposto a un s.): *l'abbonato numero q.* **II** Come s. ricorre nei seguenti usi. ***1*** Il numero quattromila; il valore, la quantità che vi corrisponde (per ell. di un s.). ***2*** Il segno che rappresenta il numero quattromila.

quattuorviràto [vc. dotta, lat. *quattuorvirātu(m)*, da *quattuŏrviru(m)* 'quattuorviro'] **s. m.** ● (*st.*) Nell'antica Roma, collegio costituito dai quattuorviri | Dignità, carica dei quattuorviri.

quattuòrviro [vc. dotta, lat. *quattuŏrviru(m)*, comp. di *quăttuor* 'quattro' e *vĭru(m)* 'uomo'] **s. m.** ● (*st.*) Nell'antica Roma, ciascuno dei quattro magistrati che svolgevano funzioni giurisdizionali e amministrative nei municipi.

que' /kwe/ ● V. *quegli*.

quebracho /*sp.* ke'bratʃo/ [sp., propriamente 'rompi-ascia' (per la sua durezza), comp. di *quebrar* 'rompere' (dal lat. *crepāre*, V.) e *hacha* 'ascia' (V. *ascia*)] **s. m. inv.** ***1*** Nome di varie piante che danno un legno durissimo usato spec. per fabbricare bocce, traversine ferroviarie e mobili. ***2*** Il legno che se ne ricava.

quechua /*sp.* 'ketʃwa/ [vc. sp., dal quechua *kkechúwa*, propriamente 'predone, ladro'] **A s. m. inv.** ***1*** Popolo amerindiano originario degli altipiani del Perù, che costituì il primo gruppo etnico su cui si fondò l'impero degli Incas. ***2*** Lingua parlata dai Quechua (in Bolivia e Perù è lingua ufficiale, accanto allo spagnolo). **B agg. inv.** ● Relativo al popolo dei Quechua: *lingua q.*

quégli o (*raro*) **que'**, (*raro*) **quéi**, †**quélli** [lat. parl. *(*ĕc*)*cu(m)* *ĭlli* 'ecco quelli'] **pron. dimostr. m. solo sing.** (le forme *que'* e *quei* si usano solo davanti a parole che cominciano per consonante) ***1*** (*lett.*) Quella persona (spec. come sogg., raro come compl.): *quelli è Omero poeta sovrano* (DANTE *Inf.* IV, 88); *q. allora mi domandò che peccato quel fosse* (BOCCACCIO) | *Q. che*, colui che: *con voi nasceva e s'ascondeva vosco / quelli ch'è padre d'ogne mortal vita* (DANTE *Par.* XXII, 115-116). ***2*** (*raro*) †Quella cosa o animale (V. nota d'uso ELISIONE e TRONCAMENTO).

quéi ● V. *quegli*.

quél ● V. *quello*.

†**quélli** ● V. *quegli*.

quéllo o **quel** [lat. parl. *(*ĕc*)*cu(m)* *ĭllu(m)* 'ecco quello'] **A agg. dimostr.** (**pl. m.** *quegli*, *quei*, lett. tosc. *que'*, †*quelli*.) *Quello* al singolare maschile si tronca in *quel* davanti a consonante: *quel giornale*, *quel micio*, *quel cantante*; rimane però *quello* davanti a *s impura*, *z*, *x*, *gn*, e (più raramente) *ps* e *pn*: *quello stupido*, *quello zero*, *quello sbaglio*. Sia *quello* che *quella* si elidono sempre davanti a vocale tonica: *quell'altro*, *quell'ala*; si possono elidere davanti a vocale atona: *quell'assemblea* (ma anche *quella assemblea*), *quell'uscita* (ma anche *quella uscita*). Al plurale diventa *quei* davanti a consonante: *quei computer*, *quei programmi*, *quei tipi*; diventa però *quegli* (che si elide in *quegl'* molto raramente solo davanti a parola che comincia per *i*: *quegl'idioti*) davanti a vocale oppure a *s impura*, *z*, *x*, *gn* e (più raramente) *ps* e *pn*: *quegli uomini*, *quegli sciatori*, *quegli zaini*. La forma femminile plurale *quelle* generalmente non si elide: *quelle amicizie*, *quelle industrie*, *quelle urla* (V. nota d'uso ELISIONE e TRONCAMENTO). ***1*** Indica persona, animale o cosa, lontana sia da chi parla, o comunque comunica, sia dalla persona cui ci si rivolge, relativamente allo spazio o al tempo o anche come interesse o condizione (sempre preposto al s.): *quella bambina vorrebbe giocare con voi*; *quell'uomo grida troppo*; *togli quel quadro*; *allungami quegli arnesi*; *guarda che strane quelle case!*; *dammi, dammi quel ferro* (ALFIERI); *quell'anno il raccolto fu abbondantissimo*; *i ricordi di quel tempo sono ancora vivi in me* | In contrapposizione a 'questo': *tra questa vostra meticolosità e quella loro incertezza c'è un abisso* | Seguito da un avv., da un agg. o da una prop. rel., che lo rafforza o maggiormente lo determina: *quella casa lì sopra sarà abbattuta*; *non voglio parlare con quella gente là*; *abitano in quel palazzo là dietro*; *vedi quel lago laggiù?*; *prestami un momento quella gomma da inchiostro e quella penna stilografica*; *è inutile che vi ripeta quelle cose che già conoscete* | Con valore raff. seguito da 'tale', 'stesso', 'medesimo': *in quel medesimo istante si aprì la porta*; *lo vidi quel tal giorno che sai*; *in quel momento stesso ho capito dove parava* | (*enf.*) Con ell. di una prop. rel.: *ho avuto una di quelle sorprese ...!*; *s'è preso uno di quegli spaventi ...!*; *e giù di quegli schiaffi ...!* | *Ne dice, ne pensa, ne fa di quelle!*, (*ell.*) di sciocchezze, di enormità e sim. | *Ne abbiamo viste e sentite di quelle!*, (*ell.*) cose che destano grande stupore o riprovazione | *In q., in quella*, (*ell.*) in tale preciso istante: *in quella arrivò proprio suo padre* | *In q., in quella che*, (*ell.*) mentre, nel momento in cui: *in quella che s'appresta il sacerdote / a consacrar la mistica vivanda* (GIUSTI). ***2*** Con valore ints. nelle escl., nel comandare q.c. o nel sottolineare alcunché: *spegni quella radio!*; *hai finito con quel giradischi?*; *sono proprio seccanti con quella loro presunzione*; *guarda quel matto di tuo fratello!*; *quel briccone me l'ha fatta*; *quel disordinato di Mario!* ***3*** Indica persona, animale o cosa, di cui si è trattato poco prima nel discorso o nella narrazione o che comunque è già noto a chi ascolta: *quei fatti ebbero gravi conseguenze*; *non dimenticherò mai quella persona*; *non potevo certo presentarmi vestito in quel modo*; *quel fattorino chiede se c'è risposta*; *non puoi smetterla con quei discorsi*; *La vista / di quel lontano mar, quei monti azzurri* (LEOPARDI) | *Mandare, andare a quel paese*, (*euf.*) all'inferno | *Una di quelle*, (*ell.*, *euf.*) una prostituta. ***4*** (*pop.*) Si usa per chiamare una persona di cui non si sappia o non si voglia dire il nome: *ehi, quell'uomo!*; *voi, quella donna!*; *quella signora! quella signora! una parola, per carità* (MANZONI). **B pron. dimostr.** (si tronca al **m. sing.** in *quel* spec. davanti a 'che' e nell'espressione *in quel di*, nel territorio, nel centro di. Il **m. pl.** *quei* si usa solo nell'espressione *quei di*, gli abitanti di) ***1*** Indica persona, animale o cosa, lontana sia da chi parla, o comunque comunica, sia dalla persona cui ci si rivolge: *quella è la mia automobile*; *q. è mio fratello*; *quelli sono i miei scolari*; *il tuo posto è q.*; *quella sì che è una cosa utile!*; *vorrei q. bianco*; *prendiamo q. là*; *guardate quella laggiù!* | Indicando con il gesto: *datemi q.*; *scelgo quelli*; *prendete q., è migliore* | *Quelli del piano di sopra, di sotto e sim.*, i coinquilini del piano di sopra, di sotto e sim. | *Quelli di Torino, Genova e sim.*, i Torinesi, i Genovesi e sim. | *È tornato q. di ieri*, la persona che era già venuta ieri | *C'è q. del gas, della luce e sim.*, l'esattore, il controllore, l'operaio del gas, della luce e sim. | (*iron.*) *Buono q.!*, alludendo a persona astuta, non raccomandabile e da cui è meglio guardarsi | *Un litro di q. buono, di q. nero, di q. bianco e sim.*, di vino buono, nero, bianco e sim. | Contrapposto o correlativo di 'questo': *preferisci questo o q.?*; *questa o quella per me sono uguali*; *scegli: o questi o quelli!* ***2*** (*lett.*) Con valore correl. indica, fra due persone, animali o cose menzionate, quella nominata per prima: *attendiamo Giovanni e Paolo: questo da Napoli, q. da Catanzaro* | Correlativo di 'questo' con il sign. indef. di 'l'altro': *i frati erano due, questo col cappuccio, q. senza*; *facevano entrambi la stessa strada ma questo andava a Roma, q. a Napoli*; *parla sempre con questo e con q. dei miei affari*. ***3*** Colui, ciò (seguito dal pron. rel.): *quelli che già lo sapevano sono fuggiti*; *vedi laggiù? sono quelle che ti dicevo*; *quand'era in parte altr'uom da quel ch'i' sono* (PETRARCA); *ho fatto q. che potevo per te*; *avrete quel che dovrete avere*; *è una situazione dolorosa e, quel che è peggio, senza uscita*; *quel che è più strano è che nessuno ne sapesse niente*; *per quel che mi riguarda non faccio obiezioni*; *q. che è giusto è giusto* | Come, quanto (con valore neutro, seguito dal pron. rel.): *è finito meglio di quel che credevamo*; *a quel che vedo sei riuscito nel tuo intento*; *a quel che pare abbiamo finito*; *per q. che ne so io, puoi stare tranquillo*. ***4*** Nelle loc. *in, da quel di*, nel territorio, nel centro di: *stanno in quel di Bergamo*; *vengono da quel di Mantova*. ***5*** Nella loc. *quelli di*, gli abitanti di: *quelli di Milano sono considerati grandi lavoratori*.

quèrce ● V. *quercia*.

quercéta **s. f.** ● (*raro*) Querceto.

quercetìna [dal lat. *quĕrcus* 'quercia'] **s. f.** ● Pigmento flavonico giallo contenuto sotto forma di glucoside nella corteccia del quercitrone.

quercéto [vc. dotta, lat. *quercētu(m)*, da *quĕrcus* 'quercia'] **s. m.** ● Bosco di querce | Tratto di terreno piantato a querce.

quèrcia o (*tosc.*) **quèrce** [lat. *quĕrcea(m)*, agg., f. di *quĕrcus* 'quercia', di origine indeur.] **s. f.** (**pl.** *-ce*, tosc. *-ci*) ***1*** Genere di alberi delle Cupulifere che formano boschi in collina e sui monti, con foglie a margine lobato, fiori pendenti e i cui frutti sono ghiande (*Quercus*) | (*per anton.*) La specie *Quercus robur*, quercia comune, rovere | *Q. gentile*, farnia | *Q. da sughero*, sughera | *Q. dei tintori*, quercitrone | *Q. marina*, alga bruna con fronde piatte presentanti vescicole piene d'aria che servono per il galleggiamento (*Fucus vesciculosus*) | †*Far q.*, stare col capo in giù e i piedi in aria | (*fig.*) *Essere una q.*, di persona forte, robusta, anche spiritualmente | *La Quercia*, (per anton.) in Italia, il Partito democratico della sinistra, che ha nel suo simbolo tale albero. ➡ **ILL. alga**. ***2*** Il legno della pianta omonima, duro e pesante, impiegato per lavori navali, botti, traversine ferroviarie. || **quercióne**, **accr. m.** | **querciòla** o **querciuòla**, **dim.** (V.) | **querciòlo**, **dim. m.** (V.).

quercìno [vc. dotta, lat. tardo *quercīnu(m)*, da *quĕrcus* 'quercia'] **A agg.** ● Di quercia | *muschio q.*, lichene che cresce sulle cortecce di alcuni alberi, usato nella fabbricazione dei profumi. **B s. m.** ● Piccolo mammifero roditore arboricolo delle Alpi con lunga coda pelosa e muso appuntito (*Eliomis quercinus*).

querciòla o **querciuòla** **s. f.** ***1*** Dim. di *quercia*. ***2*** (*bot.*) Camedrio.

querciòlo o **querciuòlo** **s. m.** ***1*** Dim. di *quercia*. ***2*** Quercia giovane.

querciòso [da *quercia*] **agg.** ● (*raro*, *lett.*) Abbondante o ricco di querce.

quercite [da *quercia*, col suff. *-ite* (*2*)] **s. f.** ● Zucchero analogo all'inosite contenuto nelle ghiande e nella corteccia di quercia. **SIN.** Quercitolo.

quercitòlo **s. m.** ● Quercite.

quercitrìna [da *quercitr(one)*] **s. f.** ● Glucoside della corteccia del quercitrone di cui costituisce il principio colorante, scindibile per idrolisi in quercetina e ramnosio.

quercitróne [fr. *quercitron*, dall'ingl. *quercitron*, comp. del lat. *quĕrcus* 'quercia' e dell'ingl. *citron* 'cedro'] **s. m.** ● Albero delle Cupulifere originario dell'America settentrionale dalla cui corteccia si ricava un estratto usato nella tintura della lana e della seta (*Quercus tinctoria*). **SIN.** Quercia dei tintori.

querciuòla ● V. *querciola*.

querciuòlo ● V. *querciolo*.

querèla [vc. dotta, lat. *querēla(m)*, da *quĕri* 'lamentarsi', di origine indeur.] **s. f.** ***1*** (*dir.*) Atto con cui la persona offesa da un reato non perseguibile d'ufficio lo denuncia all'autorità giudiziaria chiedendo il procedimento penale a carico del colpevole: *sporgere, proporre q. contro qc.*; *ritirare la q.*; *q. di parte*; *q. per diffamazione* | *Q. di falso*, nel diritto processuale civile, mezzo per impugnare e eventualmente rimuovere l'efficacia probatoria di atti pubblici o scritture private idonee a far prova nei processi. ***2*** (*lett.*) Lamento: *quante querele e lacrime / sparsi* (LEOPARDI) | Gracidio prolungato e monotono delle rane: *echeggiano le rane / con la q. sempre ugual* (PASCOLI). || **querelàccia**, **pegg.**

querelàbile **agg.** ● (*dir.*) Che può essere querelato.

querelànte **A part. pres.** di *querelare*; anche **agg.** ● (*raro*) Nei sign. del v. **B s. m. e f.** ***1*** Chi propone o ha proposto querela | *Condanna del q.*, in caso di proscioglimento dell'imputato, alle spese e ai danni. *2* (*psicol.*) Persona che provoca liti per motivi insignificanti e ricerca ostinatamente una riparazione ai pretesi danni subiti, con scarsa aderenza alla situazione reale.

querelàre [lat. tardo *querelāri* 'lamentarsi', da *querēla*] **A** v. tr. (*io querèlo*) ● (*dir.*) Proporre querela contro qc.: *querelare per calunnia*, *per ingiurie* | (*per anton.*) Proporre querela per diffamazione. **B** v. intr. pron. ● Lamentarsi o rammaricarsi di q.c.

querelàto **A** part. pass. di *querelare*; anche agg. ● Nei sign. del v. **B** s. m. (f. *-a*) ● La persona contro cui è stata proposta querela.

†**querelatòrio** agg. ● Di querela.

querelle /fr. kə'rɛl/ [vc. fr., dal lat. *querēla* 'querela' (V.)] s. f. inv. ● Disputa, dibattito appassionato, spesso protratto nel tempo, che vede contrapposte due teorie od opinioni su quesiti o problemi culturali, politici, religiosi e sim.: *una garbata q.*; *l'amorosa q.*

†**querelóso** ● V. †*queruloso*.

querènte [vc. dotta, lat. *quaerĕnte(m)*, part. pres. di *quāerere* 'chiedere' (V.)] agg.; anche s. m. e f. ● (*lett.*) Che, chi chiede q.c.

querimònia [vc. dotta, lat. *querimōnia(m)*, da *quĕri* 'lamentarsi' (V. *querela*)] s. f. *1* (*lett.*) Lamentela, spec. per un danno o torto ricevuto: *dopo molte querimonie piangendo gli disse* ... (BOCCACCIO). *2* (*dir.*) †Reclamo. *3* (*raro, lett., spec. al pl.*) Voci lamentose di animali.

†**querimònio** s. m. ● Querimonia.

querimonióso [vc. dotta, lat. tardo *querimoniōsu(m)*, da *querimōnia(m)* 'querimonia'] agg. ● (*lett.*) Lamentevole, lagnoso: *persona querimoniosa* | Lamentoso, querulo: *tono q.*; *supplica querimoniosa*. ‖ **querimoniosaménte**, avv. In modo o con tono querimonioso.

quèrulo [vc. dotta, lat. *quĕrulu(m)*, da *quĕri* 'lamentarsi' (V. *querela*)] agg. *1* Di tono lamentoso: *voci querule*; *querule richieste* | (*lett.*) Che risuona di lamenti. *2* Che si lamenta spesso: *un vecchio q.* ‖ **querulaménte**, avv.

querulomania [comp. del lat. *quĕrulu(m)* 'che si lamenta' e *-mania*] s. f. ● (*psicol.*) Impulso ossessivo a lamentarsi, prodotto dalla convinzione di avere subìto un danno.

†**querulóso** o †**querelóso** [vc. dotta, lat. tardo *querulōsu(m)*, da *quĕrulus* 'querulo'] agg. *1* Lamentevole, dolente. *2* Che presenta querela.

†**quesìre** [lat. *quāesere*, ints. di *quāerere* 'chiedere'] v. tr. ● Domandare, chiedere.

quesìto (**1**) o †**quisìto** [vc. dotta, lat. *quaesītu(m)* 'ricerca, investigazione', da *quaesītus*, part. pass. di *quāerere* 'chiedere'] s. m. *1* Interrogativo, problema: *un q. di fisica*; *proporre un difficile q.*; *non so come rispondere ai vostri quesiti*; *per risolvere il q. ci bisogna in altra maniera procedere* (GALILEI). *2* (*dir.*) Questione, oggetto della controversia, di cui si tratta in giudizio: *quesiti proposti dalle parti all'autorità giudiziaria*. *3* †Supplica, richiesta.

quesìto (**2**) part. pass. di †*quesire*; anche agg. ● (*dir.*) *Diritti quesiti*, diritti già maturati da un soggetto ed entrati a far parte del suo patrimonio giuridico.

†**quèsta** ● V. *questua*.

†**questésso** [da *que(sto) stesso*] pron. dimostr. ● (*raro*) Questo stesso.

quèsti [lat. parl. **(ĕc)cu(m) īsti* 'ecco questo'] pron. dimostr. m. solo sing. *1* (*lett.*) Questa persona (spec. come sogg., raro come compl.): *q. in sua prima età fu dato all'arte / di vender parolette* (PETRARCA) | La seconda nominata, di due persone di cui si fa menzione: *ieri sono giunti alla villa Giovanni e Paolo*, *q. era atteso*, *quello no*. *2* (*raro, lett.*) Questo animale o cosa: *la vista che m'apparve d'un leone. / Questi parea che contra me venisse* (DANTE *Inf.* I, 45-46).

questionàbile [da *questionare*] agg. ● (*raro*) Dubbio e discutibile.

†**questionàle** agg. ● Attinente a questione.

†**questionaménto** s. m. ● Modo e atto del questionare.

questionànte **A** part. pres. di *questionare*; anche agg. ● (*raro*) Nei sign. del v. **B** s. m. e f. ● (*raro*) Chi questiona.

questionàre o (*raro, lett.*) **quistionàre** [da *questione*] v. intr. (*io questióno*; aus. *avere*) *1* Discutere, disputare: *q. di politica* | (*raro*) *Q. in giudizio*, discutere o sollevare obiezioni in giudizio. *2* Venire a diverbio, litigare anche violentemente: *q. con qc. su q.c.*; *ben pasciuti, e ben avvinazzati cominciano a quistionare* (SACCHETTI).

questionàrio [da *questione*, sul modello del fr. *questionnaire*] s. m. ● Prospetto di domande o quesiti su un dato argomento da sottoporre a più persone, formulati con precisi criteri allo scopo di effettuare varie inchieste: *preparare un q.* | (*est.*) Il foglio su cui sono scritte le domande: *richiedere il q.*; *compilare il q.*

questionatóre o (*raro, lett.*) **quistionatóre**. s. m. (f. *-trice*) ● (*raro*) Chi questiona, disputa con facilità: *è un gran q.*

questióne o (*lett.*) **quistióne** [vc. dotta, lat. *quaestiōne(m)*, da *quāerere* 'cercare' (V. *chiedere*)] s. f. *1* (*raro, lett.*) Domanda: *più cauta diverrete nella risposta alle quistioni che fatte vi fossero* (BOCCACCIO). *2* Problema, quesito: *proporre*, *affrontare*, *risolvere una q.*; *si tratta di una q. essenzialmente tecnica*; *una q. preliminare*; *prospettare una q. giuridica*, *filologica*; *ignoro i termini della q. e non posso quindi intervenire*; *tutto ciò non pregiudica la q.*; *la vostra risposta lascia impregiudicata la q.* | (*raro*) Dubbio, discussione: *mettere q.c. in q.*; *non è il caso di porre in q. il risultato dell'indagine*. *3* Controversia, disputa: *sono impegnati in una difficile*, *grave q. di procedura*; *è sorta una q. su questo argomento* | *Essere ancora in q.*, non essere ancora risolto, deciso | *Il caso in q.*, di cui si discute | *Esaurire la q.*, concludere la disputa | *Comporre la q.*, risolverla eliminando i motivi di contrasto | (*fig.*) *Il nodo della q.*, il suo punto centrale e cruciale | (*fig.*) *Q. pendente*, aperta, in atto | (*fig.*) *Q. di lana caprina*, inutile | (*fig.*) *Q. bizantina*, cavillo. *4* Litigio, diverbio: *finiamola con queste stupide questioni*; *ha avuto una q. con lui* | *Non c'è q.*, siamo d'accordo | (*est.*) Causa, lite: *una q. relativa ad un contratto*; *sono in q. per l'eredità*. *5* (*raro*) Obiezione, opposizione: *vi conviene non fare*, *non sollevare questioni*; *lasciar perdere le questioni*. *6* Problema politico o sociale da affrontare e risolvere: *q. meridionale*. *7* †Inquisizione | Tortura. ‖ **questionàccia**, pegg. | **questioncèlla**, dim. | **questioncina**, dim.

†**questioneggiaménto** s. m. ● Atto, effetto del questioneggiare.

†**questioneggiàre** v. intr. ● Questionare spesso.

†**questionévole** agg. ● Questionabile.

quésto [lat. parl. **(ĕc)cu(m) īstu(m)* 'ecco questo'] **A** agg. dimostr. *1* Indica persona, animale o cosa vicina a chi parla o comunque comunica, relativamente allo spazio o al tempo o anche come interesse o condizione (precede sempre il s.): *queste persone desiderano parlare con il direttore*; *q. bambino cresce molto in fretta*; *q. cavallo ha vinto molte corse*; *q. tavolo è autentico del Seicento*; *questa finestra non chiude bene*; *queste sue osservazioni mi sembrano giuste*; *su q. punto non si discute*; *che vuol dire questa / solitudine immensa?* (LEOPARDI) | Con valore correl. in contrapposizione con 'quello' o con 'altro': *questa sera o quell'altra per me è lo stesso*; *devo scegliere fra quell'imbroglione e q. trafficante*; *q. vino è migliore dell'altro* | *In q. mondo e nell'altro*, (*fig.*) in vita e dopo la morte | Rafforzato o maggiormente determinato da un avv., da un agg. o da una prop. rel.: *guarda quest'uomo qui*; *metti q. vestito grigio*; *questa notizia che ho avuto ora mi allieta* | Con valore raff. seguito da 'tale', 'stesso', 'medesimo': *queste stesse cose potrebbero accadere a te*; *in q. momento stesso in cui ti parlo, stanno decidendo tutto* | (*enf.*) Sostituisce l'agg. poss. 'mio': *l'ho visto con questi occhi*; *con queste braccia, da solo, mi sono creato una posizione*; *l'ho sentito con queste orecchie* | *Questa mattina*, *questa sera*, nella mattina, nella sera di oggi | *Quest'anno*, *q. mese*, nell'anno, nel mese in corso | *Questa notte*, nella notte passata o in quella prossima | *Uno di questi giorni*, pochi giorni fa, oppure fra qualche giorno: *ho avuto occasione di parlargli uno di questi giorni*; *ci vedremo uno di questi giorni* | *Q. lunedì*, *q. martedì*, e sim., lunedì, martedì prossimo: *ho fissato l'appuntamento per q. giovedì* | *Quest'oggi*, oggi stesso: *lo farò quest'oggi* | *Le vicende di questi vent'anni*, dei venti anni ultimi trascorsi o di quelli del periodo di cui si sta parlando | *In q. mentre*, *in q. frattempo*, frattanto | *E allora prendi queste!*, (*ell.*) queste botte. *2* Indica persona, animale, cosa di cui si è trattato poco prima nel discorso o nella narrazione o di cui si tratterà poco dopo: *queste vicende lo hanno molto colpito*; *non posso che darvi q. consiglio*; *q. nostro aiutante era veramente bravo*; *questa orrenda novella vi dò* (MANZONI); *mi argomentai di purgare questa dottrina da ogni residuo di astratto apriorismo* (CROCE). *3* Simile, di tale genere: *non voglio più sentire di queste storie*; *con q. caldo non si resiste*; *non vorrai uscire con questa pioggia senza ombrello!* **B** pron. dimostr. *1* Indica persona, animale, o cosa vicina a chi parla o comunque comunica: *q. è mio cugino*; *questa è la mia villa*; *il tuo posto è q.*; *q. qui è un nostro caro amico* | Indicando con il gesto: *prendo q. qui*; *vorrei due dozzine di queste*; *datemi q. e q.* | Contrapposto o correlativo a 'quello': *lo racconterà certo a q. e a quello*; *preferisci q. o quello?* *2* Indica persona, animale o cosa di cui si sta parlando: *q. rispose che non ne sapeva niente*; *e allora questa, che era furba, se ne stette zitta*; *questa sì che è un'idea!* | *In q.*, *in questa* (*che*), in quel mentre, frattanto: *in q. me lo vidi arrivare tutto trafelato* | In alcune espressioni di meraviglia, stupore, disappunto, sdegno, fa riferimento a q.c. di inaspettato, di bizzarro o di sgradito e sim.: *questa è veramente bella!*; *questa mi giunge proprio nuova!*; *questa è proprio carina!*; *questa poi ...!*; *questa poi è grossa!*; *sentite questa!*, *vuole sposarsi!*; *questa non la passi liscia*; *ci mancherebbe anche questa!* *3* (*lett.*) Con valore correl. indica, fra due persone, animali o cose menzionate, quella nominata per seconda: *aspettiamo Carlo e Paolo*: *q. da Venezia*, *quello da Bari* | Correlativo di 'quello' con il sign. indef. di 'l'uno, l'altro': *in classe non c'è mai un momento di tranquillità*: *q. parla*, *quello si alza*, *q. chiede d'uscire*, *quello infastidisce il compagno*; *non chiedere consigli a q. e a quello ma agisci di tua iniziativa*. *4* Ciò, la cosa di cui si parla (con valore neutro): *q. non devi dirlo*; *q. mi fa dispiacere*; *q. non mi convince*; *dirai q. e q.*; *non dico q.*; *q. è quanto ho potuto sapere*; *q. è tutto*; *da q. si deduce che la sua salute va migliorando*; *per q. non sono venuto*; *q. mai e poi mai*; *q. no!*; *per questa ragione ho rinviato il viaggio*; *q. sì!* | *E con q. ho finito*, *vi saluto*, concludo, non ho altro da aggiungere | *Con tutto q.*, nonostante ciò: *con tutto q. pensa che possiamo ancora credergli* | *E con q.?*, e allora?, cosa vorresti dire? | *A q. siamo arrivati!*, a tale punto, a tale situazione.

questóre [vc. dotta, lat. *quaestōre(m)*, da *quāerere* 'ricercare' (V. *chiedere*)] s. m. (f. *†-essa* (V.)) *1* Nel diritto romano, magistrato minore con competenze e funzioni stabilite di volta in volta dal senato all'inizio della carica. *2* Pubblico funzionario che fa parte dell'amministrazione dell'Interno, preposto ai servizi di polizia nelle città capoluogo di provincia, alle dipendenze del prefetto. *3* Membro del Parlamento incaricato, mediante elezione dei colleghi, di coadiuvare il presidente nel mantenimento dell'ordine durante le sedute assembleari e di occuparsi gener. dei problemi di buon funzionamento interno e di cerimoniale dell'organo parlamentare.

†**questoréssa** [f. di *questore*] s. f. ● (*scherz.*) Moglie del questore.

†**questorìa** s. f. ● Dignità del questore.

questòrio [vc. dotta, lat. *quaestōriu(m)*, da *quaestōre(m)* 'questore'] **A** agg. ● (*st.*) Relativo all'antico questore romano o alla sua carica: *provincia questoria*. **B** s. m. ● Nell'accampamento romano, tenda riservata al questore.

quèstua o †**quèsta** [da *questuare*] s. f. *1* Richiesta e raccolta di elemosina o di offerte o oblazioni: *fare una q.*; *andare alla q.* | (*est.*) Accatto: *proibire la q.* *2* (*raro*) Ciò che si raccoglie questuando: *ecco la q.*

questuànte **A** part. pres. di *questuare*; anche agg. ● Nei sign. del v. **B** s. m. e f. ● Chi questua: *fare un'offerta a un q.*

questuàre [dal lat. *quāestus* 'ricerca, guadagno, lucro', da *quāerere* 'cercare' (V. *chiedere*)] **A** v. intr. (*io quèstuo*; aus. *avere*) ● Chiedere denaro o altro in elemosina o come offerta o oblazione. **B** v.

tr. • Elemosinare (*spec. fig.*): *q. favori, appoggi, raccomandazioni.*

questùra [vc. dotta, lat. *quaestūra(m)*, da *quaēstor*, genit. *quaestōris* 'questore'] s. f. *1* Nel diritto romano, ufficio del questore. *2* Organo amministrativo periferico del ministero dell'Interno presso ogni capoluogo di provincia, costituito dal questore e dai suoi dipendenti e la sede in cui gli stessi esplicano normalmente la loro funzione: *funzionario di q.*; *provvedimento della q.*; *recarsi in q.* *3* Ufficio, carica del questore parlamentare.

questurìno s. m. • (*pop.*) Agente della questura. SIN. Poliziotto.

quetànza • V. *quietanza.*

quetàre • V. *quietare.*

quèto • V. *quieto.*

quetzal /*sp.* ket'sal/ [sp. d'America, dall'azteco *quetzalli*, propriamente 'splendenti penne della coda'] s. m. inv. *1* Unità monetaria circolante in Guatemala. *2* Uccello tropicale dei Trogoniformi, arboricolo, con becco corto e robusto, lunga coda e piumaggio variopinto (*Pharomacrus mocinno*).

qui o (*raro, tosc.*) †**quie** [lat. *ĕcc(um) hīc* 'ecco qui'] avv. *1* In questo luogo, in questo posto (con v. di stato e di moto, si riferisce al luogo vicino a chi parla o in cui si trova chi parla o comunque comunica, ed ha valore più determinato di 'qua'): *sono qui*; *è da un'ora che è qui ad aspettarti*; *qui non c'è nessuno*; *io abito qui*; *appoggiati qui*; *aspettami qui*; *fermiamoci qui*; *vieni qui*; *abito qui a due passi*; *qui vivo benissimo*; *quelli che muoion ne l'ira di Dio / tutti convegnon qui d'ogne paese* (DANTE *Inf.* III, 122-123) | In questo punto, in questa parte del corpo (indicando con il gesto): *sento male qui*; *ho un forte dolore qui*; *mi fa male qui* | Con valore correl. contrapposto a 'lì' o 'là' con valore locativo più o meno indeterminato: *mettine uno qui e uno lì*; *sta ora qui ora là*; *leggi da qui a lì* | Con valore raff. seguito da altri avv. di luogo, dà loro maggiore determinatezza: *vieni qui dentro*; *sto qui fuori*; *fatti qui vicino*; *sta qui dirimpetto*; *qui dietro c'è un bar*; *qui intorno ci sono molti alberi*; *mettiti qui sotto*; *sali qui sopra* | *Fin qui*, fino a questo luogo; fino a questo punto. *2* (*pleon.*) Con valore enf. o raff. in espressioni di esortazione, comando, sdegno e sim.: *date qui!*; *tieni qui!*; *prendete qui!*; *guarda qui cosa hai combinato!*; *eccoci qui!*; *qui subito!* | (*pleon.*) Con valore raff. preceduto da 'questo': *aiutami a sollevare questa cassa qui*; *questo libro qui è veramente interessante*; *chi sarebbe questo qui?*; *e questo qui da dove salta fuori?*; *questa qui è proprio grossa!*; *in questo momento qui non è possibile* | In correl. con 'là' per indicare ripetizione insistente: *corri qui e corri là, devo sempre correre io*; *dice che non sta bene e qui e là.* *3* In questo momento; in, a, su questo punto: *qui finisce la mia storia*; *e qui è finita la nostra avventura*; *qui comincio a non capire più bene*; *qui comincia il bello*; *qui mi pare che abbiano ragione loro*; *la questione è tutta qui*; *qui si esagera!* | *Qui lo dico e qui lo nego*, espressione che precede o segue un'affermazione o un'enunciazione di cui non ci si vuole assumere la responsabilità per timore, reticenza o impossibilità di dimostrarne la veridicità | Minacciando: *non finisce, non finirà qui!* | Con riferimento a una particolare difficoltà in un'azione o in un ragionamento: *qui ti volevo!*; *qui ti voglio!* | (*fig.*) In questa situazione, in questo frangente: *qui occorre avere pazienza*; *qui ci vuole molta calma*; *qui bisogna tenere gli occhi e le orecchie bene aperte*; *qui dobbiamo cercare di prendere tempo.* *4* Nelle loc. avv. *da, di qui*, da questo luogo (indica moto a o da o attraverso luogo o stato in luogo (*anche fig.*)): *muoviti da qui*; *spostati di qui*; *da qui alla piazza non c'è molta distanza*; *da qui si vede un bel panorama*; *di qui non si passa*; *non è distante da qui*; *di qui in giù la strada è tutta curve*; *di qui in su si deve andare a piedi*; *di qui in avanti la strada non è asfaltata* | *Abita giù di qui*, da queste parti | *È di qui*, è originario, nativo di questo luogo | *Per (di) qui*, per questo luogo, da questa parte: *dobbiamo passare proprio per di qui?*; *venite per di qui* | *Di qui in avanti*, da ora in poi (con valore temp.): *di qui in avanti non tollererò più nessun ritardo* | *Di qui a una settimana, a un mese, a un anno, a pochi minuti, a poco*, e sim., tra una settimana, un mese, un anno, pochi minuti, e sim. | *Di qui a domani*, nello spazio di tempo che corre fra oggi e domani: *di qui a domani prenderò la mia decisione* (V. nota d'uso ACCENTO).

quia /*lat.* 'kwia/ [dal lat. della scolastica *quĭa* 'che', prob. antico nt. pl. di *quĭs, quĭd* (V. *quid*)] s. m. inv. • Argomento principale, punto fondamentale, ciò che più o davvero importa: *venire, tornare al q.* | *Stare al q.*, stare ai fatti, all'argomento: *State contenti, umana gente, al q.* (DANTE *Purg.* III, 37).

†**quicéntro** [comp. di †*quic(i)* ed *entro*] avv. • (*raro*) Qui dentro: *io son certa che ella è ancora q.* (BOCCACCIO).

quiche /*fr.* kiʃ/ [vc. fr., dal ted. dial. *küche*, dim. di *Kuche* 'torta'] s. f. inv. • (*cuc.*) Torta salata, specialità della Lorena, a base di pasta sfoglia con ripieno di uova, pancetta affumicata e panna.

†**quìci** [lat. parl. *(*ĕc*)*cu(m) hīce* 'ecco qui'] avv. • (*raro*) Qui: *Illuminato e Augustin son q.* (DANTE *Par.* XII, 130).

†**quicirìtta** [da †*quici*, sul modello di *quiritta*] avv. • (*raro*) In questo luogo, proprio qui.

†**quicumque** /*lat.* kwi'kumkwe/ [lat. 'chiunque'] in funzione di s. m. • (*raro*) Solo nella loc. *dare il q.*, dare la preferenza.

quid /*lat.* kwid/ [lat. 'che cosa?', nt. di *quĭs* 'chi'] s. m. inv. • Indica qualche cosa di indeterminato, di indefinibile: *nel suo fare c'è un q. che non convince* | (*est. fam.*) Somma imprecisata di denaro: *pretendeva un q. per le sue prestazioni.*

quidam /*lat.* 'kwidam/ [vc. lat., 'un tale, qualcuno'] s. m. inv. • Un tale, un certo, un uomo qualsiasi.

quiddità [dal lat. *quĭd* (V.)] s. f. • (*filos.*) Sostanza.

quidditatìvo agg. • (*filos.*) Che si riferisce alla quiddità.

quidernatóre [da *quiderno*] s. m. • (*raro*) Addetto alla piegatura della carta, a quinterni.

quidèrno [deform. di *quinterno*, secondo *quaderno*] s. m. • (*raro*) Quinterno.

quidsìmile • V. *quissimile.*

†**quìe** • V. *qui.*

quiescènte [vc. dotta, lat. *quiescĕnte(m)*, part. pres. di *quiēscere*] agg. *1* Che è in stato di riposo o d'inerzia | (*ling.*) *Lettera q.*, nella descrizione dell'ebraico, lettera che si pronuncia solo se accompagnata da un segno diacritico vocalico. *2* (*fig.*) Acquiescente.

quiescènza [vc. dotta, lat. tardo *quiescĕntia(m)*, da *quiēscens*, genit. *quiescĕntis* 'quiescente'] s. f. *1* Stato di riposo o di inerzia | *Porre in q.*, di impiegati e sim., mettere in pensione | *Trattamento di q.*, la corresponsione della liquidazione e della pensione. *2* Condizione dell'ufficiale e del sottufficiale di carriera quando lasciano il servizio attivo per raggiunti limiti di età. *3* (*dir.*) Situazione transitoria durante la quale un diritto soggettivo non può essere esercitato da chi ne rimane tuttavia titolare o un rapporto giuridico pur senza estinguersi non ha effetto per il temporaneo venir meno di taluno dei suoi elementi: *q. dei diritti*; *q. del processo.* *4* Fase più o meno prolungata di sospensione dell'attività vulcanica fra due eruzioni. *5* (*fig.*) Acquiescenza.

†**quiéscere** [vc. dotta, lat. *quiēscere*, da *quĭes*, genit. *quiētis* 'quiete'] **A** v. intr. • Stare in riposo, in quiete. **B** v. intr. pron. • Quietarsi, placarsi.

†**quièta** • V. *quiete.*

†**quietaménto** s. m. • Modo e atto del quietare.

quietànza o **quetànza**, †**quitànza** [fr. *quittance* (da *quitter* 'liberare da una obbligazione', dal lat. mediev. *quitāre* per il lat. tardo *quietāre*), rifatto su *quieto*] s. f. • Dichiarazione del creditore di aver ricevuto il pagamento | Documento contenente tale dichiarazione.

quietanzàre [da *quietanza*, sul modello del fr. *quittancer*] v. tr. • Firmare una ricevuta di pagamento.

quietanzatrice s. f. • Macchina da calcolo scrivente, analoga ai registratori di cassa, utilizzata presso gli sportelli di esazione, in genere per apporre sui documenti un timbro di quietanza e per registrare su una striscia di carta totalizzandoli, ai fini dei successivi controlli, gli importi incassati.

quietàre o (*lett.*) **quetàre**, †**quitàre** [vc. dotta, lat. tardo *quietāre*, da *quĭes*, genit. *quiētis* 'quiete'] **A** v. tr. (*io quièto*) *1* Rendere calmo e tranquillo, ricondurre alla quiete: *q. gli animali imbizzarriti*; *q. un fanciullo irrequieto.* SIN. Calmare, sedare. *2* (*fig.*) Appagare, contentare: *q. un desiderio* | *Q. i debitori*, pagarli. **B** v. intr. pron. *1* Mettersi in quiete, tornare alla calma: *il tumulto si quietò* | *Quietati!*, calmati, mettiti tranquillo | (*fig.*) Appagarsi: *Nel vero in che si queta ogne intelletto* (DANTE *Par.* XXVIII, 108). *2* Cessare: *la tempesta si quietò*; *nel suo animo l'ira, il dolore e l'umiliazione non si quietavano.* *3* Tacere: *infine, dopo un insopportabile discorso, si quietò.*

†**quietatìvo** agg. • Che serve a quietare, calmare.

quietàto part. pass. di *quietare*; anche agg. • Nei sign. del v.

†**quietazióne** o †**quitazióne** [vc. dotta, lat. tardo *quietatiōne(m)*, da *quietāre*] s. f. *1* Quiete, calma. *2* Quietanza.

quiète o †**quièta** [vc. dotta, lat. *quiēte(m)*, di origine indeur.] s. f. *1* Mancanza di movimento, stato di ciò che è immobile: *essere in q.* | Stato di tranquillità esterna, non turbata da stati di agitazione, da rumori: *sovrumani / silenzi, e profondissima quïete / io nel pensier mi fingo* (LEOPARDI). *2* Riposo, requie: *non avere, non trovare q.*; *godere un poco di q.* *3* Calma, tranquillità, pace: *la q. del mare*; *turbare la q. pubblica con schiamazzi, con disordini*; *amare la q. della famiglia, della propria casa* | *Per mia, tua, sua q.*, per mia, tua, sua tranquillità | *Volere la propria q.*, non volere essere disturbato, importunato. *4* (*lett.*) Sonno eterno, riposo della morte: *forse perché della fatal quïete / tu sei l'imago, a me sì cara vieni* (FOSCOLO). *5* (*fis.*) Assenza o cessazione di moto per un corpo o un fenomeno fisico.

quietézza s. f. • (*raro*) Stato o condizione di quiete.

quietìsmo [fr. *quiétisme*, da *quiet* 'quieto'] s. m. *1* Nella storia della spiritualità cattolica, dottrina condannata dello spagnolo Molinos (XVII sec.), che nel rapporto religioso riteneva la contemplazione mistica e le predisposizioni dell'anima assolutamente preminenti sugli atti di culto esteriore. *2* (*est.*) Apatia e indifferenza nei riguardi di ogni attività pratica: *il suo q. è esasperante.*

quietìsta [fr. *quiétiste*, da *quiet* 'quiete'] **A** s. m. e f. (pl. m. *-i*) *1* Seguace del quietismo. *2* (*est.*) Persona apatica e indifferente, che accetta passivamente le cose, che ama il quieto vivere. **B** agg. • Quietistico.

quietìstico agg. (pl. m. *-ci*) *1* Del quietismo: *dottrina quietistica.* *2* Di, da quietista: *atteggiamento, comportamento q.*

quièto o (*lett.*) **quèto** [vc. dotta, lat. *quiētu(m)*, da *quĭes*, genit. *quiētis* 'quiete'] agg. *1* Calmo, fermo, immobile: *mare q.*; *aria tiepida e quieta*; *cerca di stare un po' q.*; *un ragazzo che non sta mai q.* | *Acqua quieta*, (*fig.*) persona apparentemente buona e tranquilla ma in realtà volitiva o subdola. *2* Privo di rumore, disordine o agitazione, pieno di tranquillità, di silenzio: *una quieta cittadina di provincia*; *una zona quieta e riposante*; *trascorrere giornate quiete e serene*; *il malato ha trascorso una notte quieta.* SIN. Calmo, tranquillo. *3* (*fig.*) Alieno da brighe, discordie, disordini, placido e pacifico: *un uomo q.*; *avere un carattere q.*; *amare la vita quieta* | *Il q. vivere*, vita scevra di noie e pericoli, di contrasti e preoccupazioni: *amare, cercare il q. vivere*; *un sistema di q. vivere, ch'era costato tant'anni di studio e di pazienza* (MANZONI) | *Animale q.*, mansueto. ‖ **quietaménte**, avv.

quietóne [da *quieto*] s. m. (f. *-a*) • (*raro*) Chi appare tranquillo e indifferente, o distaccato, ma opera in maniera subdola.

†**quietùdine** [da *quieto*, sul modello di *irrequietudine*] s. f. • Quiete: *una q. d'amore le discendeva su lo spirto* (D'ANNUNZIO).

quillàia [vc. araucana] s. f. • Albero sempreverde delle Rosacee dell'America meridionale dalla corteccia ricca di saponina (*Quillaia saponaria*).

quinàle [dal lat. *quīni* 'a cinque a cinque', da *quīnque* 'cinque' sul modello di *quarnale, senale*] s. m. • (*mar.*) Canapo di cinque legnuoli ordito in un paranco di cinque fila | Paranco ordito con questo canapo.

†**quinamónte** o (*raro*) †**quinamónti** [da *quine a monte*] avv. • (*tosc.*) Qui su, in alto: *I' sono stato ad Empoli al mercato, / a Prato, a Monti-*

cegli, a San Casciano, / a Colle, a Poggibonsi e San Donato / a Grieve e q. a Decomano (L. DE' MEDICI).

quinàrio [vc. dotta, lat. *quināriu(m)*, da *quīni* 'a cinque a cinque' (V. *quinale*)] **A** s. m. **1** Moneta d'argento della Roma repubblicana del valore di 5 o 8 assi, pari a mezzo denario | *Q. aureo*, uguale a mezzo aureo. **2** Verso di cinque sillabe: *q. piano, sdrucciolo*. **B** anche agg.: *verso q.* | (*mat.*) *Sistema q.*, *numerazione quinaria*, che ha per base il numero cinque.

†**quinavàlle** [da *quine a valle*] avv. ● (*tosc.*) Qui giù, in basso.

†**quincéntro** o †**quinc'éntro**, †**quinci éntro** [comp. di *quinci* e *entro*] avv. ● Qui dentro: *dinne s'alcun Latino è tra costoro / che son quinc'entro* (DANTE *Inf.* XXIX, 88-89).

quìnci [lat. parl. *(*ĕc*)*cu*(*m*) *hĭnce* 'ecco di qui'] **A** avv. **1** (*lett.*) †Da questo luogo (come compl. di moto da luogo e di moto attraverso luogo): *q. non passa mai anima buona* (DANTE *Inf.* III, 127); *se io q. esco vivo* (BOCCACCIO). **2** (*lett.*) †Poi (con valore temp.): *q. rivolse in ver' lo cielo il viso* (DANTE *Par.* I, 142) | *Da q. innanzi*, d'ora in poi: *a qualunque della proposta novella da q. innanzi novellerò* (BOCCACCIO) | (*raro*) *Da q. addietro*, finora: *poco impaccio m'ha dato da q. addietro* (SACCHETTI). **3** (*fig.*) †Per ciò, da ciò, in seguito a ciò: *q. si può veder come si fonda / l'essere beato ne l'atto che vede* (DANTE *Par.* XXVIII, 109-110). **4** (*lett.*) Di qua, da una parte (in correl. con 'quindi'): *un fiato / di vento, ch'or vien q. e or vien quindi* (DANTE *Purg.* XI, 100-101); *e q. e quindi il lume si fa scemo* (DANTE *Par.* XXXI, 126); *q. spunta per l'aria un vessillo, / quindi un altro s'avanza spiegato* (MANZONI). **B** in funzione di s. m. ● (*scherz., iron.*) Solo nelle loc. *parlare in q. e quindi, stare sul q. e sul quindi*, parlare o comportarsi con affettazione e sussiego.

†**quìnci éntro** ● V. †*quincentro*.

†**quinciòltre** [comp. di *quinci* e *oltre*] avv. ● (*raro*) Qui intorno.

†**quinciritta** [da *quinci*, sul modello di *quiritta*] avv. ● (*raro*) In questo luogo, proprio qui.

quincónce o **quincùnce** [lat. *quincūnce*(*m*), comp. di *quīnque* 'cinque' e *ŭncia* 'oncia'] s. m. inv. **1** Moneta di bronzo dell'Italia antica del valore di 5 once e contrassegnata da 5 globetti disposti come i 5 punti sui dadi. **2** Disposizione degli alberi messi a dimora ai vertici di una serie di triangoli isosceli tracciati idealmente sul terreno: *piantagione a q.* | *Schieramento, ordinanza in q.*, a scacchiera. **3** Misura di 5 ciati.

quinconciàle [vc. dotta, lat. *quincunciāle*(*m*), da *quīncunx*, genit. *quincūncis* 'quinconce'] agg. ● A forma di quinconce.

quincùnce ● V. *quinconce*.

†**quindavàlle** avv. ● (*raro, tosc.*) Quinavalle.

quindecèmviro /kwinde'tʃɛnviro/ e *deriv.* ● V. *quindecenviro* e *deriv.*

quindecenviràle o **quindecemviràle** [vc. dotta, lat. *quindecimvirāle*(*m*), da *quindecĭmviri* 'quindecemviri'] agg. ● Dei quindecenviri.

quindecenviràto o **quindecemviràto** [vc. dotta, lat. tardo *quindecimvirātu*(*m*), da *quindecĭmviri* 'quindecenviri'] s. m. ● Ufficio dei quindecemviri.

quindecènviro o **quindecèmviro** [vc. dotta, lat. *quindecimvĭru*(*m*) comp., tratto dal pl., di *quīndecim* 'quindici' e *vĭr*, genit. *vĭri* 'uomo' (in opposizione a 'donna'), con altre corrispondenze indeur.: da *vīs* 'forza' (?)] s. m. ● Membro del collegio di quindici sacerdoti addetti in Roma antica alla consultazione dei libri sibillini.

quindècimo [vc. dotta, lat. tardo *quindĕcimu*(*m*), comp. di *quīntus* 'quinto' e *dĕcimus* 'decimo'] agg. num. ord.; anche s. m. ● (*lett.*) Quindicesimo: *dopo il dì q. si pose / fine alle feste* (BOCCACCIO). SIN. (*lett.*) Decimoquinto.

†**quindènnio** [dal lat. *quindēni* 'quindici per volta', sul modello di *decennio*] s. m. ● (*raro*) Quindicennio.

quìndi [lat. parl. *(*ĕc*)*cu*(*m*) *ĭnde* 'ecco di là'] **A** avv. **1** In seguito, poi: *gli scrissi varie lettere, q. mi recai personalmente da lui*; *lo feci avvertire da altre persone, q. intervenni io direttamente*; *andate dritti fino in fondo a questa strada, q. voltate a destra*. **2** (*lett.*) †Di qui, di lì (come compl. di moto da luogo): *q. andarono i due cavalieri in Inghilterra* (BOCCACCIO) | †Di qui (come compl. di origine): *q. fu' io* (DANTE *Purg.* V, 73) | †Stando in quel luogo (come compl. di stato in luogo): *q. giù nel fosso / vidi gente attuffata in uno sterco* (DANTE *Inf.* XVIII, 112-113) | (*fig.*) †Da ciò, per tale motivo: *q. Cocito tutto s'aggelava* (DANTE *Inf.* XXXIV, 52) | †*Quind'oltre*, di qui intorno. **3** (*lett.*) †Per quel luogo (come compl. di moto attraverso luogo): *E q. uscimmo a riveder le stelle* (DANTE *Inf.* XXXIV, 139); da un suo luogo tornando passò q. un gentile uomo (BOCCACCIO) | †Anche nella loc. avv. *per q.*: *a chi andava e veniva per q.* (BOCCACCIO). **4** (*lett.*) †Da ora, da allora (con valore temporale) | *Q. a pochi dì*, a distanza di pochi giorni, dopo qualche giorno | (*Da*) *Q. innanzi*, da ora, da allora in poi: *il che da q. innanzi ciascun fece* (BOCCACCIO). **5** (*lett.*) Di là, dall'altra parte (in correl. con 'quinci'): *or quinci or q. mi volgea guardando* (PETRARCA); *e quinci il mar da lungi e q. il monte* (LEOPARDI). **B** cong. **1** Perciò, di conseguenza (con valore conclusivo): *hai sbagliato, q. pagherai* | (*ass.*) Sollecitando una risposta, una conclusione e sim.: *q.?, cosa farai?*; *hai già provato più volte, q.?* **2** Per tale motivo (introduce una prep. caus. con il v. all'indic.): *non conosco bene i fatti, q. non posso esprimere un giudizio sicuro*. **C** in funzione di s. m. ● (*scherz., iron.*) Solo nelle loc. *parlare in quinci e q., stare in quinci è sul q.*, parlare o comportarsi con affettazione e sussiego.

quindicennàle [da *quindicennio*] **A** agg. **1** Che dura quindici anni: *fare un contratto q.* **2** (*raro*) Che ha quindici anni, detto di cosa: *un conflitto q.* **3** Che ricorre ogni quindici anni: *celebrazione q.* **B** s. m. ● Ricorrenza del quindicesimo anno di un avvenimento memorabile: *il q. della Repubblica Italiana* | (*est.*) La cerimonia che si celebra in tale occasione.

quindicènne [comp. di *quindic*(*i*) ed *-enne*] **A** agg. **1** Che ha quindici anni, detto di cosa e di persona: *un ragazzo q.* **2** (*raro, lett.*) Che dura da quindici anni. **B** s. m. e f. ● Chi ha quindici anni d'età: *una q. molto assennata*.

quindicènnio [comp. di *quindic*(*i*) ed *-ennio*] s. m. ● Spazio di tempo di quindici anni: *un q. di studi e ricerche*.

quindicèsimo A agg. num. ord. ● Corrispondente al numero quindici in una sequenza, in una successione, in una classificazione, in una serie (rappresentato da XV nella numerazione romana, da 15° in quella araba): *è il q. arrivato*; *il q. canto del Purgatorio*; *il q. capitolo di un romanzo*; *Luigi XV di Francia*; *papa Benedetto XV*; *la quindicesima parte di q.c.* | *Due alla quindicesima*, (*ell.*) elevato alla quindicesima potenza | *Il secolo q.*, gli anni dal 1401 al 1500. SIN. (*lett.*) Decimoquinto, (*lett.*) quintodecimo. **B** s. m. ● Ciascuna delle quindici parti uguali di una stessa quantità: *un q. della somma*.

quìndici [lat. *quīndeci*(*m*), comp. di *quīnque* 'cinque' e *dĕcem* 'dieci'] agg. num. card.; anche s. m. e f. ● Numero naturale successivo di quattordici, rappresentato da 15 nella numerazione araba, da XV in quella romana. **I** Come agg. ricorre nei seguenti usi. **1** Rispondendo o sottintendendo la domanda 'quanti?', indica la quantità numerica di quindici unità (spec. preposto a un s.): *una fanciulla di q. anni*; *starò assente q. giorni*; *congedo, licenza di q. giorni* | *Sono le sette e q. minuti*, le sette e un quarto. **2** Rispondendo o sottintendendo la domanda 'quale?', identifica q.c. in una pluralità, in una successione, in una sequenza (posposto a un s.): *oggi è il giorno q.*; *sono le ore q.*; *abito al numero q.*; *punto sul numero q.* | (*lett.*) Quindicesimo: *Luigi q.* **II** Come s. ricorre nei seguenti usi. **1** Il numero quindici; il valore, la quantità che vi corrisponde (per ell. di un s.): *il q. è divisibile per tre e per cinque*; *siamo al q. del mese*; *è uscito il q. sulla ruota di Firenze*; *il governo dei Quindici a Siena* | *Gioco del q.*, gioco di pazienza e abilità insieme, consistente nel riordinare, secondo uno schema prefissato, gener. quello dell'ordine naturale dei numeri, quindici tasselli quadrati scorrevoli fra loro e all'interno di un telaio quadrato atto a contenerne sedici | *Le q.*, le tre del pomeriggio | *Oggi a q.*, fra due settimane | *Il q.*, nel rugby, la squadra, composta da quindici giocatori | *L'Italia è entrata nella prima guerra mondiale nel '15*, nel 1915. **2** Il segno che rappresenta il numero quindici.

quindicìna s. f. **1** Complesso, serie di quindici, o circa quindici unità: *una q. di rose*; *c'era una q. di persone*. **2** (*fam.*) Periodo di quindici, o circa quindici, giorni: *partiremo nella seconda q. di ottobre*. **3** (*est.*) Paga, salario di quindici giorni: *chiedere in anticipo la q.*

quindicinàle [da *quindicina*] **A** agg. **1** Che dura quindici giorni: *turni quindicinali*. **2** Che ricorre, che esce ogni quindici giorni: *pubblicazione q.* || **quindicinalménte**, avv. **B** s. m. ● Rivista, giornale che viene pubblicato ogni quindici giorni.

†**quind'óltre** [comp. di *quind*(*i*) e *oltre*] avv. ● (*raro, lett.*) Qui intorno.

†**quìne** [comp. di *qui* e *ne*] avv. ● (*pop.*) Quivi.

†**quingentèṣimo** [vc. dotta, lat. *quingentēsimu*(*m*), da *quingēnti* 'cinquecento', comp. di *quīnque* 'cinque' e *cēntum* 'cento'] agg. num. ord.; anche s. m. ● (*lett.*) Cinquecentesimo.

†**quinóltre** [comp. di *quine* e *oltre*] avv. ● (*raro*) Qui intorno.

quinquagenàrio [vc. dotta, lat. *quinquagenāriu*(*m*) 'di cinquanta', da *quinquagēni* 'cinquanta alla volta', da *quinquagīnta* 'cinquanta'] **A** agg. ● (*lett.*) Che ha cinquant'anni d'età. **B** s. m. ● (*raro*) Cinquantenario.

quinquagèṣima [vc. dotta, lat. tardo *quinquagēsima*(*m dīem*) 'cinquantesimo giorno', f. sost. di *quinquagēsimus* 'cinquantesimo' (V. *quinquagesimo*)] s. f. ● Nel calendario liturgico, ultima domenica di carnevale, che precede di 50 giorni la Pasqua.

quinquagèṣimo [vc. dotta, lat. *quinquagēsimu*(*m*), da *quinquagīnta* 'cinquanta'] agg. num. ord.; anche s. m. ● (*lett.*) Cinquantesimo.

†**quinquàngolo** [vc. dotta, lat. tardo *quinquāngulu*(*m*), comp. di *quīnque* 'cinque' e *āngulus* 'angolo', calco sul gr. *pentágōnon* 'pentagono'] s. m. ● (*mat.*) Pentagono.

Quinquàtrie [vc. dotta, lat. *Quinquātria*, nt. pl. di origine etrusca, accostato a *quīnque* 'cinque' (?)] s. f. pl. ● Nell'antica Roma, feste celebrate in onore di Minerva.

†**quinquelùstre** [comp. del lat. *quīnque* 'cinque' e *lustro*] agg. **1** (*raro*) Che ricorre ogni cinque lustri. **2** (*raro*) Che dura venticinque anni.

quinquemèstre [vc. dotta, lat. *quinquemēstre*(*m*), comp. di *quīnque* 'cinque' e *-mēstris* (V. *trimestre*)] agg. ● (*raro*) Di cinque mesi.

quinquennàle o **cinquennàle** [vc. dotta, lat. *quinquennāle*(*m*), da *quinquĕnnis* 'quinquenne'] **A** agg. **1** Che dura cinque anni. **2** Che ricorre ogni cinque anni. || **quinquennalménte**, avv. **B** s. m. ● (*raro*) Ricorrenza del quinto anno di un avvenimento memorabile.

quinquennalità [da *quinquennale*] s. f. **1** (*raro*) Durata, spazio di cinque anni. **2** Rata o versamento quinquennale: *una q. anticipata*; *pagare per q.*

quinquènne ● V. *cinquenne*.

quinquènnio o (*raro*) **cinquènnio** [vc. dotta, lat. *quinquĕnniu*(*m*), da *quinquĕnnis* 'quinquenne'] s. m. ● Spazio di tempo di cinque anni: *un q. di studi e di ricerche*.

quinquerème ● V. *cinquereme*.

†**quinquesìllabo** [dal lat. *quīnque*, sul modello di *bisillabo, trisillabo* ecc.] s. m.; anche agg. ● (*letter.*) Quinario.

quinqueviràto [vc. dotta, lat. *quinquevirātu*(*m*), da *quinquĕviri*] s. m. ● Ufficio di quinqueviro.

quinquèviro [vc. dotta, lat. *quinquĕvir*, comp. di *quīnque* 'cinque' e *vĭr* 'uomo'] s. m. ● Membro del collegio di cinque cittadini che si occupavano del restauro di edifici, dell'assegnazione di terre e della limitazione delle spese pubbliche nella Roma antica.

quinquilióne [dal lat. *quīnque* 'cinque', sul modello di *milione*] agg. num. card.; anche s. m. ● (*raro*) Quintilione.

quìnta [f. sost. di *quinto*] s. f. **1** Elemento di scena prospettica, usato già nel sec. XVI e di impiego universale nel teatro ottocentesco, consistente in un telaio alto e stretto posto, spesso a coppie, sui lati del palcoscenico | *Fra le quinte*, nascostamente, fuori degli sguardi del pubblico | *Stare in q.*, aspettare il segno per entrare in scena | (*fig.*) *Stare dietro le quinte*, partecipare a un'azione o spingervi altri senza mostrarsi, tenendosi nascosto |

Di q., in primo piano e a lato dell'inquadratura, detto di qualunque oggetto o persona. **2** Negli autoveicoli, la quinta marcia o velocità. **3** (*mus.*) Intervallo abbracciante cinque note della scala diatonica. **4** Nella danza classica, posizione in cui i piedi, voltati completamente in fuori, sono uniti in modo che l'alluce del piede che sta dietro sporga oltre il tallone del piede che sta davanti e viceversa. **5** Posizione schermistica in cui l'arma è in linea quasi orizzontale e la mano ha le dita chiuse volte in basso: *invito, legamento di q.* **6** Quinta classe elementare, liceale: *frequentare, ripetere la q.; passare in q.*

quintadècima [vc. dotta, lat. *quīnta(m) dĕcima(m, dīem)* 'quindicesimo giorno', f. sost. di *quīntus dĕcimus* 'quintodecimo'] **s. f. 1** (*astron.*) Giorno quindicesimo dal principio del novilunio | *Parere la luna in q.*, di chi ha viso tondo, paffuto | (*fig.*) *Faccia da luna in q.*, da minchione. **2** (*mus.*) Uno dei registri dell'organo che suona due ottave sopra il suono naturale.

quinta essènza ● V. *quintessenza.*

quintalàto [da *quintale*] **s. m.** ● Compenso corrisposto in passato agli operai dei panifici per ogni quintale di farina impastato.

quintàle [sp. *quintal*, dall'ar. *quintār*] **s. m.** ● Unità di massa e di peso equivalente a 100 kg massa e peso.

quintàna (**1**) [da (*febbre*) *quintana*; dal lat. *quintānus*, da *quīntus* 'quinto', cioè 'la febbre del quinto giorno'] **s. f.** ● (*med.*) Febbre che compare ogni quinto giorno.

quintàna (**2**) [vc. dotta, lat. *quintāna(m vĭam)*, f. sost. di *quintānus* 'che appartiene al quinto', detta così perché separava il *quinto* dal sesto manipolo] **s. f.** ● Negli accampamenti romani, via parallela alla principale posta tra le tende del quinto e sesto manipolo di legionari.

quintàna (**3**) [dal precedente (attraverso il fr. *quintaine*), perché sulla via *quintana* i legionari facevano probabilmente gli esercizi militari] **s. f.** ● Giostra di origine medievale nella quale i concorrenti, armati di lancia, corrono a cavallo contro una sagoma girevole, abbigliata da saraceno, cercando di colpirne lo scudo, senza farsi disarcionare dal colpo della mazza fissata all'altro braccio della sagoma.

quintaròlo [dal lat. *quintārius* 'di cinque', da *quīntus* 'quinto'] **s. m.** ● Quinto rematore dopo il vogavanti nelle galere.

quintàvolo [da *quinto*, sul modello di *bisavolo*] **s. m.** ● (*lett.*) Bisavolo del bisavolo.

quinterìa [da *quinto*] **s. f.** ● Rotazione di cinque anni col primo anno a maggese ed i quattro successivi a grano o cereale affine.

quintèrna [da un f. sost. di *quinterno*, sul modello di *quaterna*] **s. f.** ● (*merid.*) Nel gioco del lotto, cinquina.

quintèrno [da *quinto*, sul modello di *quaderno*] **s. m.** ● Gruppo di cinque fogli piegati in due e inseriti l'uno dentro l'altro. || †**quinternèllo**, **dim.**

quintessènza o (*raro*) **quinta essènza**, (*raro*) **quint'essènza** [da *quinta essenza*; calco sul gr. *pémptē ousía*] **s. f. 1** Nella fisica aristotelica, l'etere ossia l'elemento di cui sono composti i corpi celesti. **2** Per gli alchimisti, parte più pura delle cose, ottenuta dopo cinque distillazioni | Prodotto intermedio nella purificazione di certi oli essenziali, costituito da un miscuglio di questi con sostanze estrattive non volatili. **3** (*fig.*) Intima natura, verità profonda: *conoscere, cercare la q. di q.c.* **4** (*fig.*) Perfetto campione, esempio purissimo: *è la q. dei bugiardi; sei la q. dell'idiozia.*

quintessenziàle **agg.** ● Di quintessenza (*spec. fig.*).

quintessenziàre **v. tr.** (*io quintessènzio*) ● (*raro, fig.*) Portare alla quintessenza, approfondire fino alla quintessenza: *q. le proprie concezioni morali.*

quintétto [da *quinto* (*strumento*), sul modello di *quartetto*] **s. m. 1** (*mus.*) Composizione per cinque strumenti o cinque voci | Complesso degli esecutori di brani del genere. **2** Gruppo di cinque persone che la pensano analogamente e agiscono di comune accordo, spesso in modo negativo o comunque singolare: *un bel q. di furfanti.* **3** *Q. d'attacco*, nel calcio, l'insieme dei cinque giocatori della prima linea.

quintigliàti **s. m. pl.** ● Gioco di carte, sorta di tressette in cinque.

quintìglio o **quintìlio** [sp. *quintillo*, dal lat. *quīntus* 'quinto', perché si gioca in cinque persone] **s. m.** ● Quintigliati.

quintìle [vc. dotta, lat. *quintīle(m)*, da *quīntus* 'quinto', perché era il quinto mese dell'anno] **s. m.** ● Quinto mese dell'anno romano, corrispondente all'odierno luglio.

quintìlio ● V. *quintiglio.*

quintiliòne [da *quinto*, sul modello di *milione*] **s. m. 1** Un miliardo di miliardi, secondo l'uso contemporaneo italiano, francese e statunitense. **2** Un milione elevato alla quinta potenza, secondo l'uso italiano antico e quello contemporaneo tedesco e inglese.

quintìna [da *quinto*] **s. f. 1** (*mus.*) Gruppo di cinque note che complessivamente equivalgono a quattro o a sei. **2** (*raro*) Cinquina.

quintìno **s. m. 1** Dim. di *quinto.* **2** Recipiente bollato, spec. di vetro, simile alla bottiglia che contiene un quinto di litro, spec. di vino.

quìnto [lat. *quīntu(m)*, da *quīnque* 'cinque'] **A** **agg. num. ord. 1** Corrispondente al numero cinque in una sequenza, in una successione, in una classificazione, in una serie (rappresentato da V nella numerazione romana, da 5° in quella araba): *abito al q. piano; il q. capitolo dei Promessi Sposi; il q. volume di un'opera; il q. atto di una tragedia; essere il q. in graduatoria; tra 'l q. dì e 'l sesto* (DANTE *Inf.* XXXIII, 72); *Carlo V; Pio V* | *Due alla quinta*, (*ell.*) elevato alla quinta potenza | *Essere la quinta ruota del carro*, (*fig.*) essere inutile, poco considerato | *La quinta elementare, liceo scientifico, e sim.*, (*ell.*) la quinta classe di tali ordini di studi: *ripetere la quinta* | *Q. dito*, il dito mignolo | *Il q. potere*, la televisione come mezzo di propaganda | *La quinta colonna*, complesso delle persone che, in un paese belligerante, agisce segretamente a favore di una potenza nemica | *Quinta malattia*, malattia esantematica dell'infanzia simile al morbillo | *La quinta ora del giorno*, le undici | †*Al q. grado*, (*fig.*) in sommo grado. **2** (*lett.*) In composizione con altri numerali, forma gli ordinali superiori: *decimoquinto, ventesimoquinto.* **B** **s. m.** (**f.** *-a* nel sign. 4) **1** Ciascuna delle cinque parti uguali di una stessa quantità: *gli spetta un q. dell'eredità; riduciamo le spese di un q.; eran il q. di quei ch'or son vivi* (DANTE *Par.* XVI, 48); *i quattro quinti di cento; i tre quinti di otto* | *Cessione del q.*, disposizione riguardante i dipendenti statali e gener. pubblici e consistente in un mutuo che viene restituito a rate mensili versando al mutuante la quinta parte dello stipendio. **2** La quinta parte di un litro spec. di vino, olio e sim. e (*est.*) il recipiente bollato in cui lo si misura o lo si contiene. **3** (*mar.*) Ciascuna delle coste principali che si piantano sulla chiglia a giusta distanza per disegnarne il garbo generale dell'ossatura: si compone di più pezzi curvi uniti insieme per formare la lunghezza della costa. **4** Persona, animale o cosa considerata dopo altre quattro, che viene al quinto posto: *sei il q. a cui mi rivolgo; è stato il q. a presentarsi.* || **quintìno**, **dim.** (V.).

quintodècimo [vc. dotta, lat. *quīntu(m) dĕcimu(m)* (V. *quinto* e *decimo*)] **agg. num. ord.**; anche **s. m.** ● (*lett.*) Quindicesimo. **SIN.** (*lett.*) Decimoquinto.

quintogènito [da *quinto*, sul modello di *primogenito*] **agg.**; anche **s. m.** (**f.** *-a*) ● Che, chi è nato dopo altri quattro figli.

quintùltimo o **quint'ùltimo** [comp. di *quint(o)* e *ultimo*] **agg.**; anche **s. m.** (**f.** *-a*) ● Che, chi corrisponde al numero cinque o sta al quinto posto, partendo a contare dall'ultimo, in una sequenza, in una successione, in una classificazione, in una serie: *leggi la quintultima riga della pagina; essere il q. in una graduatoria.*

quintuplicàre [da *quintuplice*] **A** **v. tr.** (*io quintùplico, tu quintùplichi*) ● Moltiplicare per cinque; accrescere di cinque volte: *q. i propri guadagni.* **B** **v. intr. pron.** ● Aumentare di cinque volte: *gli interessi si sono quintuplicati.*

quintùplice [vc. dotta, lat. tardo *quintŭplice(m)*, da *quīntus* 'quinto', sul modello di *quădruplex*, genit. *quadrŭplicis* 'quadruplice'] **agg.** ● Che è costituito, caratterizzato da cinque elementi, parti o aspetti anche diversi tra loro.

quìntuplo [da *quinto*, sul modello di *quadruplo*] **A** **agg. 1** Che è cinque volte maggiore relativamente ad altra cosa analoga: *ha versato una somma di denaro quintupla.* **2** Costituito da cinque parti uguali o simili fra loro: *filo q.* **B** **s. m.** ● Quantità, misura cinque volte maggiore: *guadagnare, spendere il q.*

qui pro quo /*lat.* 'kwi prɔ 'kwɔ/ o **quiproquò** [lat. mediev. '*qui* invece di *quo*'] **loc. sost. m. inv.** ● Equivoco, confusione: *per un banale qui pro quo non ci siamo incontrati alla stazione.*

quipu /*sp.* 'kipu/ [vc. quechua, che designa le '(multicolori cordicelle con) nodi', usate per scrittura e conto] **s. m. inv.** ● Sistema di numerazione praticato nel Perù incaico, consistente in corde che sostenevano frange di altre corde a loro volta frangiate: tutte le corde portavano nodi le cui diverse specie indicavano i numeri, mentre la loro posizione segnava le decine, le centinaia, secondo un sistema decimale.

quiritàrio **agg.** ● Dei quiriti, dell'antica Roma.

quirìte [vc. dotta, lat. *quirīte(m)*, di etim. incerta] **A** **s. m.** ● Cittadino dell'antica Roma. **B** anche **agg.** ● (*scherz.*) Romano: *aristocrazia q.*

†**quirìtta** o (*raro*) †**quirìtto** [comp. di *qui* e del lat. *rēcta* 'in linea retta'] **avv. 1** In questo luogo, proprio qui: *perché assiso / q. se'?* (DANTE *Purg.* IV, 124-125). **2** Ora, in questo momento: *tu sai che io son quiritto sbandito* (BOCCACCIO).

†**quişìto** ● V. *quesito* (*1*).

Quişling /'kwizlin(g), *norv.* 'kvisliŋ/ [dal n. di V. *Quisling*, capo del governo norvegese che collaborò con i tedeschi invasori dal 1940 al 1945] **s. m. inv.** ● Ogni capo di governo fantoccio creato dai nazisti nei Paesi da essi invasi durante il periodo 1939-1945 | (*est.*) Uomo politico asservito agli invasori del proprio Paese e con essi collaborazionista.

quisquìlia o **quisquìglia** [vc. dotta, lat. *quisquīliae*, nom. pl., 'rifiuti, immondezze', di origine espressiva onomat.] **s. f. 1** †Pagliuzza | Impurità. **2** (*fig.*) Minuzia, inezia, piccolezza, bazzecola: *non badare a simili quisquilie* | *Quisquilie letterarie*, scritti di poco conto.

quissìmile o **quidsìmile** [lat. *quĭd sĭmile* 'qualche cosa di simile'] **s. m.** solo **sing.** ● (*raro, lett.*) Qualcosa di simile: *molti architettavano un q. di Sacro Romano Impero* (CROCE).

quistionàre ● V. *questionare.*

quistionatóre ● V. *questionatore.*

quistióne ● V. *questione.*

†**quitànza** ● V. *quietanza.*

†**quitàre** ● V. *quietare.*

†**quitazióne** ● V. †*quietazione.*

quìvi [lat. parl. *(*ĕc*)*cu(m) ĭbi* 'ecco ivi'] **A** **avv. 1** (*lett.*) Ivi, lì, là: *q. sospiri, pianti ed alti guai / risonavan per l'aere sanza stelle* (DANTE *Inf.* III, 22-23); *togliendo or qui or q.* (DANTE *Par.* XVIII, 128) | (*raro*) Qui | †*Di q.*, di qui, di lì | (*lett.*) †Seguito da altri avv. di luogo che meglio lo determinano: *q. entro; q. presso; q. vicino; q. intorno; q. su; q. oltre.* **2** (*lett.*) Allora, a quel punto, in quel momento, in quella circostanza (con valore temp.): *q. lume del ciel ne fece accorti* (DANTE *Purg.* V, 54). **B** in funzione di **s. m.** ● (*raro*) †Questo, quel luogo: *domandò ... come q. si chiamasse* (BOCCACCIO).

†**quivirìtta** **avv.** ● Quiritta.

quiz /kwits, kwitz, *ingl.* kwiz/ [ingl. *quiz*, di etim. incerta] **s. m. inv.** (**pl.** ingl. *quizzes*) ● Domanda, quesito su un argomento specifico che si pone a voce o per iscritto ai partecipanti a esami o a giochi a premi per saggiarne il grado di memoria o di cultura: *i q. dell'esame di guida; i q. radiofonici, televisivi.*

quizzaròlo [da *quiz* col suff. region. *-arolo* '-aiolo'] **A** **s. m.** (**f.** *-a*) ● (*scherz.*) Conduttore, concorrente o appassionato di giochi a premi, spec. televisivi. **B** **agg.** ● (*scherz.*) Fondato sui quiz: *trasmissione quizzarola* | (*iron., spreg.*) Caratterizzato, influenzato dai telequiz: *cultura quizzarola.*

†**quòcere** ● V. *cuocere.*

†**quòco** ● V. *cuoco.*

quòdlibet [lat. *quŏd lĭbet* 'ciò che piace'] **s. m. inv. 1** Nel medioevo, questione di vario argomento, discussa nelle università, anche su proposta degli ascoltatori. **2** Mescolanza di musiche scelte e raccolte senza un particolare legame.

quodlibetàle agg. ● Relativo al quodlibet: *le questioni quodlibetali di S. Tommaso.*

quòglio ● V. *cuoio.*

†**quoiàio** ● V. *cuoiaio.*

†**quòio** ● V. *cuoio.*

quòkka /'kwɔkka/ [n. aborigeno] s. m. inv. ● (*zool.*) Marsupiale australiano molto studiato in laboratorio, particolarmente per gli aspetti dello sviluppo embrionale (*Setonyx brachyurus*).

quondam /*lat.* 'kwɔndam/ [lat., 'un tempo, una volta', da **quomdam* 'a un dato momento'] **A** avv. ● (*scherz.*) Una volta, un tempo, in passato: *'ma non erano amici?' 'q.!'*; *suo marito, q. colonnello, ora è in pensione* | Fu (davanti al nome di un genitore defunto): *Carlo Rossi del q. Enrico.* **B** in funzione di s. m. inv. ● (*scherz.*) †Defunto: *essere tra i q.*

†**quòre** ● V. *cuore.*

quorum /*lat.* 'kwɔrum/ [lat. *quōrum* 'dei quali'; espressione usata, prima che da noi, in Inghilterra e in Francia e derivata da formule lat. come *quorum maxima pars* 'la massima parte dei quali' e simili] s. m. ● (*dir.*) Numero legale | *Q. costitutivo*, numero minimo di partecipanti necessario per la valida costituzione di un'assemblea | *Q. deliberativo*, numero legale minimo richiesto per una valida deliberazione assembleare.

quòta [lat. *quŏta(m părtem)* 'quanta parte', f. di *quŏtus* (V. *quoto*)] s. f. **1** Parte di una somma globale dovuta o che spetta secondo una ripartizione: *stabilire, calcolare le quote*; *ricevere, esigere la propria q.*; *pagare una prima q.*; *q. di abbonamento*; *q. di ammortamento*; *q. di sottoscrizione, di partecipazione.* **2** (*dir.*) Ciascuna delle parti o frazioni di un bene, reale o ideale, spettante a ciascuno degli aventi diritto: *q. di bene indiviso*; *q. di partecipazione dei soci a una società* | *Q. composita*, nella comunione di più diritti, misura di partecipazione dei titolari a ciascuno dei singoli diritti | *Q. ereditaria*, porzione del patrimonio ereditario sottoposta a una specifica destinazione giuridica: *q. disponibile, indisponibile*; *q. di legittima* | *Q. parte*, nelle assicurazioni, frazione, fissata per contratto che, in caso di sinistro, resta a carico dell'assicurato | *Q. di immigrazione*, contingente di immigranti ammessi annualmente in uno Stato. **3** (*banca, borsa*) L'insieme delle quotazioni di Borsa: *la q. risale.* **4** (*mat.*) In geometria, distanza di un punto da un piano orizzontale prefissato a cui si attribuisce un segno + o - a seconda che si trovi al di sopra o al di sotto del piano stesso. **5** (*geogr.*) Distanza di un punto sulla superficie terrestre da un piano di riferimento, gener. il livello del mare considerato come quota zero | (*sport*) *Tenersi in q.*, in un'escursione, procedere mantenendosi, per un certo tratto, ad un'altitudine costante | (*est.*) Una qualunque località indicata, per mancanza di un nome specifico, dal numero che ne rappresenta l'altezza rispetto al livello del mare nelle carte topografiche: *fante caduto a q. 420*; *la q. 110 fu ripresa dopo duri combattimenti.* **6** (*aer.*) Altitudine di un aeromobile considerata come distanza verticale dal livello medio del mare | *Q. relativa*, (*ell.*) *q.*, altezza considerata come distanza verticale rispetto a un dato specifico, comunemente il suolo | *Prendere, perdere q.*, detto di un aeromobile, rispettivamente innalzarsi o abbassarsi durante il volo; (*fig.*) detto di una persona, innalzare o abbassare il livello qualitativo o quantitativo delle proprie prestazioni rispetto allo standard abituale o precedente. **7** (*mar.*) Profondità a cui si trova un punto immerso nell'acqua rispetto alla superficie di questa | *Q. periscopica*, quella a cui un sommergibile immerso riesce a mantenere il periscopio in funzione. **8** (*tecnol., arch.*) In un disegno, la misura, su questo riportata, di un oggetto o di una sua parte. **9** Negli ippodromi, la proporzione offerta dagli allibratori per le scommesse su ciascun cavallo | *Q. del totalizzatore*, quella determinata, invece, dalla divisione tra la somma incassata per tutte le scommesse e quella incassata per il cavallo vincente.

quotalìte o **quòta lìte** [lat. mediev. *quŏta lītis* 'quota della lite'] s. f. ● Patto, vietato dalla legge, tra cliente e difensore con cui quest'ultimo si rende cessionario di parte dei diritti costituenti l'oggetto del procedimento in corso.

quotalìzio s. m. ● Patto di quotalite.

quotàre [da *quota*] **A** v. tr. (*io quòto*) **1** Obbligare per una quota: *q. q.c. per mille lire.* **2** Assegnare il prezzo ad un titolo in un listino di borsa. **3** (*fig.*) Valutare, stimare: *nel suo ambiente di lavoro lo quotano molto.* **4** Nei disegni tecnici, rilievi topografici e sim., attribuire una quota: *schizzo quotato.* **B** v. intr. pron. ● Partecipare a una contribuzione impegnandosi a pagare una certa somma: *quotarsi per centomila lire.*

quotàto part. pass. di *quotare*; anche agg. ● Nei sign. del v.

quotatùra s. f. ● Nel disegno tecnico, scrittura di tutte le quote necessarie per poter costruire il pezzo.

quotazióne s. f. **1** Atto, effetto del quotare | Il prezzo assegnato ad un titolo in un listino | *Q. filatelica*, valore commerciale di un francobollo da collezione, di cui si trova indicazione nei cataloghi. **2** (*fig.*) Valutazione di una persona, relativa all'attività che essa svolge: *un attore la cui q. è piuttosto in ribasso.*

quotidiàna o †**cotidiàna** [f. sost. di *quotidiano*] s. f. ● Febbre che presenta cicli di elevazione e remissione quotidiana.

quotidianità o (*lett.*) **cotidianità**. s. f. ● Qualità di ciò che è quotidiano, abituale: *la q. del lavoro.*

quotidiàno o (*lett.*) **cotidiàno** [vc. dotta, lat. *quotidiānu(m)*, da *quotīdie* (V.)] **A** agg. ● Di ogni giorno, di tutti i giorni: *passeggiata quotidiana*; *i bisogni quotidiani della vita*; *l'esistenza è una lotta quotidiana* | (*fig.*) *Il pane q.*, quanto è necessario per vivere | *Stampa quotidiana*, i giornali che si pubblicano tutti i giorni | (*est.*) Solito, ordinario. || **quotidianaménte**, avv. Ogni giorno: *leggere quotidianamente il giornale*; (*est.*) con molta frequenza. **B** s. m. ● Giornale quotidiano: *i quotidiani indipendenti*; *un q. d'informazione.*

quotidie /*lat.* kwo'tidje/ [vc. dotta, lat. *quotīdie*, comp. di **quŏti* (locativo, da *quŏt* 'quanti'. V. *quoto*) e *dīes* 'giorno'] avv. ● (*raro*) Ogni giorno.

quotista s. m. e f. (pl. m. *-i*) ● Titolare di una quota | Socio di una società a responsabilità limitata.

†**quotità** s. f. ● Quota, quantità determinata.

quotizzàre **A** v. tr. ● Suddividere in quote, in parti | *Q. un terreno*, lottizzarlo. **B** v. rifl. ● (*raro*) Obbligarsi per una quota determinata.

quotizzazióne s. f. ● Atto, effetto del quotizzare.

quòto [vc. dotta, lat. *quŏtu(m)* 'quanto, in qual numero', da *quŏt* 'quanti', di origine indeur.] s. m. ● (*mat.*) Quoziente di divisione senza resto.

quoziènte [vc. dotta, lat. *quŏtiens*, avv., 'quante volte', da *quŏtus* (V. *quoto*)] s. m. **1** (*mat.*) Risultato della divisione; numero che, moltiplicato per il divisore e aggiungendo al prodotto l'eventuale resto, dà il dividendo. **2** (*med.*) *Q. respiratorio*, rapporto tra l'ossigeno introdotto con la respirazione e l'anidride carbonica emessa, indicativo dell'attività cellulare di tutto l'organismo. **3** (*chim.*) *Q. di purezza*, quantità percentuale di sostanza pura rispetto al materiale greggio che la contiene. **4** (*dir.*) *Q. elettorale*, numero di voti che un candidato deve conseguire per essere eletto. **5** (*sport*) *Q. reti*, nel calcio e in altri giochi di palla, la cifra ottenuta dividendo il numero delle reti realizzate per quello delle reti subite da una squadra e che è considerato per stabilire la priorità in classifica fra due squadre con uguale punteggio. **6** (*psicol.*) *Q. d'intelligenza*, V. *intelligenza.*

qwerty /'kwɛrti/ [dalle lettere che compaiono nei primi sei tasti della prima riga dell'area alfabetica] agg. inv. ● (*elab.*) *Tastiera q.*, tipo di tastiera la cui distribuzione dei tasti è adottata come standard sulle macchine per scrivere nel mondo anglosassone e nell'informatica. CFR. Azerty, qzerty.

qzerty /'k(d)zɛrti/ [dalle lettere che compaiono nei primi sei tasti della prima riga dell'area alfabetica] agg. inv. ● (*elab.*) *Tastiera q.*, tipo di tastiera la cui distribuzione dei tasti è adottata come standard sulle macchine per scrivere e in alcuni tipi di elaboratore in Italia. CFR. Azery, qwerty.

r, R

Il suono rappresentato in italiano dalla lettera *R* è quello della consonante vibrante /r/, che è alveolare e, come tutte le liquide, sonora. Questa consonante, quando è in mezzo a due vocali (o tra una vocale e una semiconsonante), può essere, secondo i casi, di grado tenue (es. *pùro* /'puro/, *puòi rubàre* /'pwɔi ru'bare/) oppure di grado rafforzato (es. *bùrro* /'burro/, *può rubàre* /'pwɔ rru'bare/), mentre nelle altre posizioni è sempre di grado medio (es. *cùrvo* /'kurvo/, *rubàre* /ru'bare/, *pòsson rubàre* /'pɔsson ru'bare/).

r, R /nome per esteso: *erre*/ s. f. o m. ● Sedicesima lettera dell'alfabeto italiano: *r minuscola, R maiuscolo* | *R come Roma*, nella compitazione, spec. telefonica, delle parole.

ra- ● V. *ri-*.

rabàrbaro o (*pop.*) **reobàrbaro** [lat. tardo *reubàrbaru(m)*, dal gr. *réon bárbaron*, a cui si sovrappose *Rā*, n. lat. del fiume Volga, sulle cui rive cresceva. *Réon* è di origine persiana ed era detto 'barbaro' (*bárbaron*) appunto perché di provenienza straniera] s. m. *1* Pianta erbacea delle Poligonacee, originaria della Cina e coltivata in Europa, dal cui rizoma si ricava una sostanza amara usata in medicina (*Rheum officinale, Rheum palmatum*). *2* Liquore amaro, tonico e digestivo, preparato col rizoma della pianta omonima.

rabattino [da (*ar*)*rabattare*] s. m.; anche agg. (f. *-a*, raro) ● (*fam.*) Chi, che ingegnosamente s'industria in mille modi per raggiungere uno scopo o per guadagnare q.c.

rabàzza o **rabbàzza** [etim. incerta] s. f. ● (*mar.*) Parte bassa di albero minore, quadra per assettarsi alla testata dell'albero maggiore.

rabbaruffàre [comp. di *r(i)-* e *abbaruffare*] v. tr. ● (*raro, tosc.*) Mettere sottosopra.

rabbaruffàto part. pass. di *rabbaruffare*; anche agg. *1* Nei sign. del v. *2* (*raro*) Detto di chi ha un aspetto che rivela una recente baruffa: *vede quel r. / per la battaglia* (PULCI).

rabbassàre ● V. *riabbassare*.

rabbàttere [comp. di *r(i)-* e *abbattere*] **A** v. tr. ● (*raro*) Socchiudere i battenti di una porta, una finestra. **B** v. intr. pron. ● †V. *riabbattere*.

rabbàzza ● V. *rabazza*.

rabbellire ● V. *riabbellire*.

rabberciaménto s. m. ● Modo, atto, effetto del rabberciare.

rabberciàre o †**rabbrenciàre** [etim. incerta] v. tr. (*io rabbèrcio*) ● Accomodare in qualche modo: *r. una stuoia* | (*fig.*) Correggere alla meglio: *r. brutti versi*. SIN. Racconciare, raffazzonare.

rabberciatóre s. m. (f. *-trice*) ● (*raro*) Chi rabbercia o è solito rabberciare (*anche fig.*).

rabberciatùra s. f. ● Atto del rabberciare: *è una r. molto difficile* | Ciò che viene rabberciato: *quello scritto non è che una r.*

ràbbi [vc. dotta, lat. tardo *rābbi*, dall'aramaico *rabbī* 'mio maestro'] s. m. inv. ● Titolo onorifico usato anticamente per i dottori della legge, nella religione ebraica.

ràbbia [lat. tardo *răbia(m)*, per il classico *răbie(m)*, di origine indeur.] s. f. *1* Malattia virale trasmessa dal morso di mammiferi, spec. cane e lupo, attraverso l'inoculazione di saliva, caratterizzata da sintomi nervosi con senso di angoscia e dolorosi crampi muscolari | *R. silvestre*, quella che colpisce animali selvatici, quali il lupo, la volpe e il pipistrello. SIN. Idrofobia, lissa (1). *2* (*fig.*) Sdegno, furore, grande irritazione che possono provocare accessi d'ira o reazioni incontrollate: *essere in preda alla r.*; *parole piene di r.*; *consumarsi dalla r.* SIN. Collera, ira. *3* Dispetto, stizza, disappunto: *la sua impazienza mi fa r.* *4* Accanimento: *ha costruito la sua difesa con r.* | (*est.*) Furia violenta e disordinata, detto di cose inanimate: *la r. del vento*. *5* Grande desiderio, avidità: *la r. del denaro* || PROV. Chi tutto vuole di rabbia muore. || **rabbiàccia**, pegg. | **rabbiétta**, dim. | **rabbiolina**, dim. | **rabbiùccia**, dim. | **rabbiùzza**, pegg.

ràbbico o **ràbico** agg. (pl. m. *-ci*) ● (*med.*) Di rabbia: *virus r.*

rabbinàto s. m. *1* Dignità, carica di rabbino | *Gran r.*, suprema autorità rabbinica. *2* L'insieme dei rabbini di un Paese, di una regione. *3* Ente che coordina le attività religiose di una comunità ebraica.

rabbìnico [da *rabbino*: attraverso il fr. *rabbinique* (?)] agg. (pl. m. *-ci*) ● Dei rabbini, di rabbino: *lingua, letteratura rabbinica*.

rabbinìsmo s. m. ● Metodo di interpretazione rabbinica della Bibbia, del Talmud e della tradizione orale | Corrente esegetica e dottrinale propria delle scuole giudaiche posteriori alla distruzione del Tempio.

rabbinista [da *rabbino*] s. m. e f. (pl. m. *-i*) ● Studioso e interprete della Bibbia, del Talmud e della tradizione orale.

rabbino [da *rabbi*] s. m. *1* Anticamente, dottore della legge, nella religione ebraica. *2* Ministro del culto della religione ebraica.

ràbbio [vc. veneta, lat. *rutàbulu(m)* 'paletta' (da *rŭere* 'rovesciare'. V. *irruzione*) per la forma] s. m. ● Rete per piccoli pesci, avente forma di sacco, tenuta aperta da un semicerchio in ferro e da una sbarra trasversale.

rabbióso [lat. *rabiōsu(m)*, da *răbies* 'rabbia'] agg. *1* Affetto da rabbia: *cane r.* *2* (*fig.*) Pieno di rabbia o reso violento dall'ira: *discorso, rimprovero r.*; *un vecchio r.* SIN. Adirato, infuriato | (*est.*) Furioso, furente: *nutriva un odio r.* | (*est.*) Smodato, violento: *affetto r.*; *fame rabbiosa*. || **rabbiosàccio**, pegg. | **rabbiosèllo**, dim. | **rabbiosétto**, dim. | **rabbiosino**, dim. | **rabbiosùccio**, dim. || **rabbiosaménte**, avv. Con rabbia, in modo rabbioso: *rivoltarsi rabbiosamente*; *si impegna rabbiosamente per riuscire*.

rabboccàre [comp. di *r(i)-* e *abboccare*] v. tr. (*io rabbócco, tu rabbócchi*) *1* Riempire di nuovo fino all'orlo, detto spec. di fiaschi, bottiglie e sim. | Aggiungere liquido in un recipiente fino a ripristinare il livello iniziale: *r. l'olio del motore*. *2* Pareggiare, spianare la superficie di un muro con l'intonaco.

rabboccatùra s. f. ● Atto, effetto del rabboccare.

rabbócco [dev. di *rabboccare*] s. m. ● Atto, effetto del rabboccare, spec. nel sign. 1.

rabbonacciàre [comp. di *r(i)-* e *abbonacciare*] **A** v. tr. (*io rabbonàccio*) *1* (*raro*) Ridurre, riportare in bonaccia, riferito a elementi della natura. *2* (*fig.*) Calmare, quietare di nuovo: *dopo la sfuriata riuscì a r. la ragazza*. **B** v. intr. pron. *1* Tornare in bonaccia, in stato di quiete: *il mare si è rabbonacciato*. *2* (*fig.*) Ritornare alla calma, tranquillizzarsi di nuovo.

rabbonire [comp. di *r(i)-* e *abbonire*] **A** v. tr. (*io rabbonisco, tu rabbonìsci*) ● Rendere di nuovo buono, calmo. SIN. Quietare, rappacificare. **B** v. intr. pron. ● Calmarsi, placarsi.

rabbonito part. pass. di *rabbonire*; anche agg. ● Nei sign. del v.

rabbottonàre ● V. *riabbottonare*.

rabbracciàre ● V. *riabbracciare*.

†**rabbrenciàre** ● V. *rabberciare*.

rabbriccicàre [da *briccica*, col pref. *ra-*] v. tr. (*io rabbrìccico, tu rabbrìcchichi*) ● (*fam., tosc.*) Mettere assieme, racconciare alla meglio. SIN. Rabberciare.

†**rabbrividàre** v. intr. e intr. pron. ● Rabbrividire.

rabbrividire [comp. di *r(i)-* e *abbrividire*] v. intr. (*io rabbrividìsco, tu rabbrividìsci*; aus. *essere*, raro *avere*) *1* Avere, sentire i brividi: *r. al gelo invernale*. *2* Provare i brividi per paura, orrore e sim.: *r. allo spettacolo doloroso*. SIN. Inorridire, fremere.

rabbrunàre [comp. di *r(i)-* e *abbrunare*] v. tr. ● (*raro*) Abbrunare.

rabbruscàre [da *brusco (1)*, col pref. *ra-*] **A** v. intr. e intr. pron. (*io rabbrùsco, tu rabbrùschi*; aus. *essere*) *1* (*tosc.*) Turbarsi, detto del tempo. SIN. Annuvolarsi. *2* (*fig.*) Offuscarsi in volto, adombrarsi, detto di persona. **B** v. intr. impers. (aus. *essere*) ● (*tosc.*) Annuvolarsi, volgere al brutto, offuscarsi, detto del tempo.

†**rabbruscolàre** [da *bruscolo*, col pref. *ra-*] v. tr. (*io rabbrùscolo*) ● (*tosc.*) Raggranellare a poco a poco.

†**rabbruzzàrsi** [da *bruzzico*, col pref. *ra-*] v. intr. pron. ● (*raro*) Oscurarsi, farsi buio.

†**rabbruzzolàre** [ints. di *rabbruzzarsi*] v. intr. e intr. pron. ● Rabbruzzarsi.

rabbuffaménto s. m. ● (*raro*) Atto, effetto del rabbuffare e del rabbuffarsi.

rabbuffàre o †**rabuffàre** [da *buffo (1)*, col pref. *ra-*] **A** v. tr. *1* Scompigliare, disordinare, sconvolgere: *r. i capelli a qc.* *2* (*fig.*) Fare un rabbuffo. SIN. Rimproverare, sgridare. **B** v. intr. pron. *1* Turbarsi minacciando tempesta, detto del tempo. *2* †Azzuffarsi, agitarsi.

rabbuffàta s. f. ● (*fam.*) Rabbuffo.

rabbuffàto part. pass. di *rabbuffare*; anche agg. *1* Nei sign. del v. *2* (*est., fig.*) Molto turbato, sconvolto: *un'espressione rabbuffata*.

rabbùffo [da *rabbuffare*] s. m. *1* Forte rimprovero, spec. con intonazione minacciosa. *2* †Disgrazia. || **rabbuffétto**, dim.

rabbuiàre [comp. di *r(i)-* e *abbuiare*] **A** v. intr. (*io rabbùio*; aus. *essere*) ● Diventare, farsi buio, annottare. **B** v. intr. pron. ● Oscurarsi (*anche fig.*): *l'orizzonte si è tutto rabbuiato*; *rabbuiarsi per l'ira, lo sdegno*.

Rabdocèli [comp. del gr. *rábdos* 'verga, bastone', di origine indeur., e *kôilos* 'vuoto', di origine indeur.: detti così dalla forma del loro intestino] s. m. pl. ● Nella tassonomia animale, ordine di vermi turbellari che vivono in acqua o nel terreno umido (*Rhabdocoela*) | (al sing. *-o*) Ogni individuo di tale ordine.

rabdomànte [vc. dotta, gr. *rabdómantis*, comp. del gr. *rábdos* 'verga' (V. *Rabdoceli*) e *-mantis* '-mante'] s. m. e f. ● Chi esercita la rabdomanzia.

rabdomàntico agg. (pl. m. *-ci*) ● Di rabdomante e di rabdomanzia.

rabdomanzia [vc. dotta, gr. *rabdomantéia*, comp. del gr. *rábdos* 'verga' (V. *Rabdoceli*) e *-mantéia* '-manzia'] s. f. ● Tecnica divinatoria tendente a localizzare, attraverso le vibrazioni di una bacchetta, sorgenti d'acqua o giacimenti di minerali.

rabdomiòma [comp. del gr. *rábdos* 'verga' e di *mioma*] s. m. (pl. *-i*) ● (*med.*) Raro tumore benigno della muscolatura striata.

rabelesiàno o **rabelaisiàno** [da F. *Rabelais* (1494 ca.-1553)] agg. *1* Che concerne lo scrittore F. Rabelais o ne imita lo stile: *spirito r.* *2* (*raro*) Caustico, sboccato, satirico.

rabescàme s. m. ● (*raro*) Insieme, quantità di rabeschi.

rabescàre ● V. *arabescare*.

rabescatùra s. f. ● (*raro*) Il rabescare | Decorazione fatta ad arabeschi.

rabésco ● V. *arabesco*.

rabicàno [sp. *rabicano*, propriamente 'dalla coda (*rabo*) bianca (*cano*)'] **A** agg. ● Di mantello equino che presenta peli bianchi sparsi su tutto o su parte del corpo, in proporzione tale da non alterare il colore del mantello. **B** s. m. ● Cavallo rabicano.

ràbico ● V. *rabbico*.

ràbido [vc. dotta, lat. *răbidu(m)*, da *răbies* 'rabbia'] agg. ● (*poet.*) Rabbioso, irato, furioso: *r. ventare di scirocco / che l'arsiccio terreno gialloverde / bruci* (MONTALE). || **rabidaménte**, avv. (*raro*) Rabbiosamente.

†**rabuffàre** ● V. *rabbuffare*.

ràbula [vc. dotta, lat. *răbula(m)* 'avvocato che sa solo gridare', propriamente 'abbaiatore', di etim. discussa: di origine etrusca (?)] s. m. (pl. *-e*) ● (*raro, lett.*) Avvocato imbroglione e chiacchierone.

ràcano ● V. *ragano*.

†**raccantucciàre** [da *cantuccio*, col pref. *ra-*] v. tr. ● Rincantucciare.

raccapezzàre [comp. di *r(i)-* e *accapezzare*] **A** v. tr. (*io raccapézzo*) *1* Riuscire a trovare, a mettere insieme q.c. con grande sforzo: *r. un po' di denaro.* *2* Riuscire a comprendere o a spiegare q.c.: *r. il senso di un discorso.* **B** v. intr. pron. ● Venire a capo di q.c.: *ci siamo raccapezzati a fatica* | *Non raccapezzarsi*, confondersi.

raccapigliàrsi ● V. *riaccapigliarsi*.

†**raccapriccévole** agg. ● Raccapricciante.

raccapricciànte part. pres. di *raccapricciare*; anche agg. *1* Nei sign. del v. *2* Che fa, che desta raccapriccio: *spettacolo r.* SIN. Agghiacciante.

raccapricciàre [comp. di *r(i)-* e *accapricciare*] **A** v. intr. (*io raccapriccio*; aus. *essere*; raro nei tempi composti) ● Provare raccapriccio, orrore, turbamento: *r. alla vista di q.c.* SIN. Agghiacciare. **B** v. intr. pron. ● Sentirsi inorridire. **C** v. tr. ● †Turbare profondamente.

raccapriccio [da *raccapricciare*] s. m. ● Grave turbamento provocato da orrore, paura per q.c.: *sentirsi rizzare i capelli per il r.*

†**raccapricciόre** s. m. ● Raccapriccio.

raccàre [prob. da una base onomat. *rak-*] v. intr. (aus. avere) ● Nel linguaggio dei marinai, vomitare per il mal di mare.

raccartocciàre [comp. di *r(i)-* e *accartocciare*] v. tr. e intr. pron. (*io raccartòccio*) ● (*raro*) Accartocciare.

raccattacénere [comp. di *raccatta(re)* e *cenere*] s. m. inv. *1* (*raro*) Portacenere, posacenere. *2* Ceneratoio.

raccattacìcche [comp. di *raccatta(re)* e il pl. di *cicca*] s. m. e f. inv. ● Chi raccoglie cicche per le strade.

raccattafièno [comp. di *raccatta(re)* e *fieno*] s. m. inv. ● Rastrello meccanico a scarico intermittente per la raccolta di foraggi in cumuli o andane.

raccattaménto s. m. ● (*raro*) Modo e atto del raccattare.

raccattapàlle [comp. di *raccatta(re)* e il pl. di *palla*] s. m. inv. ● Ragazzo che raccoglie le palle sui campi da tennis o i palloni durante le partite di calcio per restituirli ai giocatori.

raccattàre [comp. di *r(i)-* e *accattare*] v. tr. *1* Raccogliere da terra (*anche fig.*): *r. il libro caduto*; *r. cicche*; *r. chiacchiere.* *2* Mettere insieme, radunare: *r. frasi, modi di dire*; *r. denaro.*

raccattatìccio [da *raccattato*] s. m. ● (*raro, pop., tosc.*) Insieme di roba raccattata.

raccattàto part. pass. di *raccattare*; anche agg. *1* Nei sign. del v. *2* (*iron., spreg.*) Arrangiato, rimediato, trovato quasi per caso: *un collaboratore r. chissà dove.*

raccattatóre s. m. (f. *-trice*) ● (*raro*) Chi raccatta (*anche fig.*): *r. di mozziconi*; *r. di pettegolezzi.*

raccattatùra s. f. *1* Atto del raccattare: *la r. delle olive.* *2* Ciò che si raccatta: *non conviene conservare quella r.*

raccenciàre [da *cencio*, col pref. *ra-*] **A** v. tr. (*io raccéncio*) ● (*pop., tosc.*) Rattoppare cenci, panni vecchi | (*est.*) Raffazzonare, rabberciare: *r. brutti versi.* **B** v. intr. pron. ● (*fig.*) Rimpannucciarsi, riprendersi: *omai più non si raccencia / quella rosa scolorita* (L. DE' MEDICI).

raccèndere e *deriv.* ● V. *riaccendere* e *deriv.*

†**raccennàre** ● V. *riaccennare*.

raccerchiàre o (*raro*) **riaccerchiàre** [comp. di *r(i)-* e *accerchiare*] v. tr. (*io raccérchio*) *1* Accerchiare del tutto, circondare. *2* Rimettere i cerchi alle botti o alle ruote.

raccertàre o (*raro*) **riaccertàre** [comp. di *r(i)-* e *accertare*] **A** v. tr. (*io raccèrto*) ● Accertare in modo più valido, confermare. **B** v. rifl. e intr. pron. ● Accertarsi, assicurarsi: *pur nel tristo pensier non si raccerta* (TASSO).

racchetàre [comp. di *r(i)-* e *acchetare*] **A** v. tr. (*io racchéto*) ● (*lett.*) Fare smettere di piangere | (*est., lett.*) Calmare, acchetare. **B** v. intr. pron. ● Calmarsi, placarsi: *il bambino si è racchetato*; *la bufera si sta racchetando.*

racchétta [fr. *raquette*, dapprima 'palma della mano', dall'ar. *rāhet* 'mano': nel sign. 3, alterazione di *rocchetta*] s. f. *1* Attrezzo costituito da un telaio ellittico di legno, metallo o altri materiali con una cordatura di budello ritorto o di materiale sintetico, e da un manico di forma prismatica | *Sport della r.*, il tennis | Attrezzo analogo di forma più piccola e col piano battente gommato o ricoperto di sughero, per il gioco del ping-pong | *R. da neve*, attrezzo che si applica sotto gli scarponi per procedere sulla neve fresca, costituito da una intelaiatura di fibre artificiali o di vimini, montata su un supporto ovale di legno, in modo da aumentare la superficie d'appoggio e quindi diminuire l'affondamento | *R. da sci*, bastone metallico o di altro materiale, alla cui estremità appuntita è fissata una rotella, usato dallo sciatore per mantenersi in equilibrio, prendere velocità e sim. *2* (*est.*) Tennista: *un'abile r.* *3* (*mil.*) Dispositivo per illuminazione o per segnalazioni luminose. || **racchettina**, dim. | **racchettóne**, accr. m. (V.).

racchettàre [da *racchetta* (da sci)] v. intr. (*io racchètto*; aus. *avere*) ● (*gerg.*) Procedere sugli sci spingendosi con i bastoncini.

racchettóne s. m. *1* Accr. di *racchetta*. *2* Racchetta da tennis di dimensioni più ampie dell'usuale, per rendere più facile e potente il gioco. *3* Grossa racchetta di forma rotonda, interamente lignea, con cui si giocano rudimentali e improvvisate partite di tennis spec. fra i bagnanti sulle spiagge, o si compiono facili esercizi di palleggio.

ràcchio (1) [etim. incerta] s. m. ● Piccolo grappolo di pochi chicchi maturati male che viene lasciato sulla vite dopo la vendemmia.

ràcchio (2) [dal precedente] agg.; anche s. m. (f. *-a*) ● (*pop.*) Che, chi è sgraziato, goffo.

racchiocciolàre [comp. di *r(i)-* e *acchiocciolare*] **A** v. tr. (*io racchiòcciolo*) ● (*raro*) Riavvolgere a chiocciola. **B** v. rifl. ● (*raro*) Rannicchiarsi, accovacciarsi.

racchiùdere [comp. di *r(i)-* e *acchiudere*] v. tr. (coniug. come *chiudere*) *1* Contenere: *biblioteca che racchiude molti tesori* | (*fig.*) Implicare: *questione che ne racchiude altre.* *2* (*raro, lett.*) Serrare dentro, rinchiudere.

racchiùso part. pass. di *racchiudere*; anche agg. ● Nei sign. del v.

racciabattàre [comp. di *r(i)-* e *acciabattare*] v. tr. ● (*raro*) Rabberciare alla meglio. SIN. Acciabattare.

racciarpàre [comp. di *r(i)-* e *acciarpare*] v. tr. ● (*raro*) Acciarpare.

ràcco [da *raccare*] s. m. (pl. *-chi*) ● Vomito.

raccoccàre [comp. di *r(i)-* e *accoccare*] v. tr. (*io raccòcco* o *raccócco, tu raccòcchi* o *raccócchi*) ● Accoccare di nuovo | Vibrare un colpo con forza.

raccoglibrìciole [comp. di *raccogli(ere)* e il pl. di *briciola*] s. m. inv. ● Insieme di spazzola e paletta o piccolo arnese con spazzola incorporata, con cui si tolgono le briciole di pane dalla tovaglia dopo il pasto.

raccògliere o (*poet.*) **raccòrre** [comp. di *r(i)-* e *accogliere*] **A** v. tr. (coniug. come *cogliere*) *1* Prendere, levare, sollevare da terra q.c. o qc.: *r. un ciottolo, una lettera caduta*; *r. i feriti dal campo* | *R. il guanto*, (*fig.*) accettare una provocazione, una sfida | (*fig.*) *R. un'allusione*, mostrare di averla capita. *2* Prendere i frutti della terra o i prodotti agricoli: *r. le patate, le susine*; *r. il fieno, il grano* | (*est.*) Ricavare, trarre (*anche fig.*): *r. molto olio*; *r. il frutto delle proprie fatiche*; *r. onori, successo* | (*fig.*) Ottenere, incontrare: *r. l'approvazione di tutti.* *3* Radunare, mettere insieme (*anche fig.*): *r. truppe*; *r. denaro per una colletta*; *r. notizie utili* | Mettere insieme per fare collezione: *r. francobolli, monete* | Riunire per sommare, computare: *r. i nomi dei votanti* | Riunire per dare rifugio, soccorrere, proteggere: *r. i bambini abbandonati* | (*fig.*) Concentrare in un punto, spec. per potenziare, moltiplicare: *r. la mente, l'attenzione, tutte le proprie energie.* *4* Riunire insieme le parti di q.c., per ripiegarla, avvolgerla, ecc.: *r. i lembi di una bandiera, le pieghe di un abito* | *R. le reti*, tirarle a sé | *R. il freno*, stringerlo | (*raro, fig.*) *R. i passi*, trattenerli | †*R. il fiato*, riprenderlo | (*raro*) Ridurre: *r. q.c. alla giusta misura.* *5* Accogliere, ricevere, accettare (*anche fig.*): *r. l'eredità, il consiglio* | *R. un'ingiuria*, non lasciarla cadere, rintuzzarla | (*raro*) Afferrare, percepire: *r. parole confuse* | †Capire, intendere e riflettere: *poi ch'ebbe la parola a sé raccolta* (DANTE *Purg.* XIV, 72). *6* †Sommare. **B** v. rifl. *1* Riunire le membra, comporsi, accomodarsi: *raccogliersi nel suo seggio.* *2* Volgere la mente, l'attenzione: *raccogliersi su un problema* | Concentrarsi: *raccogliersi in sé stesso.* **C** v. intr. pron. ● Radunarsi, riunirsi in un luogo o stringersi attorno a qc.: *raccogliersi in una località stabilita*; *tutti si raccolsero attorno all'oratore* | Ammassarsi, addensarsi, detto di cose: *l'acqua si raccolse a valle*; *i vapori si raccoglievano in cielo* || PROV. Chi semina vento, raccoglie tempesta.

raccogliménto s. m. *1* (*raro*) Modo, atto del raccogliere. *2* Concentrazione intellettuale o spirituale in q.c.: *studiare, pregare con grande r.*

raccoglitìccio [da *raccogliere*] **A** agg. (pl. f. *-ce*) ● Raccolto, preso qua e là o scelto a caso (*anche fig.*): *truppe raccogliticce*; *cultura raccogliticcia.* **B** s. m. ● Insieme di cose o persone riunite in modo casuale e disordinato: *un r. di brutte sentenze*; *un r. di scioperati.*

raccoglitóre s. m. (f. *-trice nel sign. 1*) *1* Chi raccoglie, spec. chi compila antologie, testi letterari e sim.: *r. di monete romane*; *r. di proverbi russi.* *2* Custodia per documenti, francobolli, monete e sim.: *r. a fogli mobili.* *3* (*gener.*) Vaschetta o sim. usata in varie tecnologie per la raccolta di q.c.: *il r. del pluviometro.*

raccoglitrìce s. f. ● Macchina per la raccolta di prodotti agricoli come bietole, tuberi, foraggi, mais. ➡ ILL. p. 355 AGRICOLTURA.

raccoglitùberi [comp. di *raccogli(ere)* e del pl. di *tubero*] s. m. ● (*agr.*) Macchina agricola per la raccolta dei tuberi.

raccoglitùra s. f. ● (*raro*) Atto del raccogliere.

raccòlta [da *raccolto*] s. f. *1* (*gener.*) Atto del raccogliere: *iniziare la r. del materiale.* *2* Insieme di cose riunite e ordinate seguendo un dato ordine: *una r. di libri, di quadri*; *una famosa r. di statue.* SIN. Collezione. *3* Segnale dato un tempo con le trombe e con i tamburi per fare riunire i soldati sotto la propria insegna | *Suonare a r.*, dare il segnale | Operazione di raduno svolta dall'organizzazione militare sul personale e sul materiale. *4* Adunata, massa: *una grande r. di gente* | *Chiamare a r.*, riunire, raccogliere insieme. *5* Insieme dei mezzi che ha a disposizione una banca. *6* Nella ginnastica, nel nuoto e nei tuffi, posizione raggruppata del corpo con flessione della colonna vertebrale e degli arti inferiori. *7* †Accoglienza. || **raccoltàccia**, pegg. | **raccoltina**, dim. | **raccoltóna**, accr. | **raccoltùccia**, pegg. | **raccoltucciàccia**, pegg.

raccòlto A part. pass. di *raccogliere*; anche agg. *1* Nei sign. del v. *2* (*fig.*) Dignitoso, composto: *atteggiamento r.* | Ben disposto, tranquillo, detto di luoghi: *casa raccolta*; *quartiere r.* | Contenuto, detto di sentimenti: *una gioia raccolta.* || **raccoltaménte**, avv. Con raccoglimento. **B** s. m. *1* Insieme dei frutti raccolti o da raccogliersi nell'annata: *si spera in un buon r.* **2** †Riepilogo | Somma. || **raccoltétto**, dim. | **raccoltino**, dim. | **raccoltóne**, accr.

†raccoltóre s. m. ● Raccoglitore.

raccomandàbile agg. ● Che si può o si deve raccomandare: *libro r.*; *comportamento r.* | *Persona poco r.*, di dubbia onestà.

raccomandànte part. pres. di *raccomandare*; anche agg. ● Nei sign. del v.

raccomandàre [comp. di *r(i)-* e *accomandare*] **A** v. tr. **1** Affidare alle cure e al favore altrui persone o cose molto care perché siano protette e custodite: *r. la famiglia a un amico*; *le raccomandava la sua roba, di proteggerla, di difenderla* (VERGA) | *R. l'anima a Dio*, (*fig.*) essere in punto di morte. **2** (*lett.*) Commettere, affidare: *non raccomandate tutto alla memoria.* **3** Assicurare a sostegno, legando o attaccando saldamente: *r. l'ancora a una corda.* **4** (*raro*) Spedire una lettera o un pacco per raccomandata. **5** Indicare all'attenzione altrui qc. perché venga favorito, appoggiato in un esame, un concorso, ecc.: *r. qc. perché venga assunto* | (*gener.*) Consigliare: *ti raccomando quella commedia.* SIN. Appoggiare, caldeggiare. **6** Consigliare con insistenza cercando di esortare qc. o di inculcare q.c. (*anche ass.*): *r. la disciplina*; *non parlare, mi raccomando!* **B** v. rifl. ● Chiedere, implorare protezione, grazia, favore, ecc.: *si raccomandava ai giudici* | *Raccomandarsi a mani giunte*, supplicare | *Raccomandarsi da sé*, avere tutte le qualità per imporsi | *Raccomandarsi alle proprie gambe*, fuggire | Affidarsi: *mi raccomando al vostro buon senso.*

raccomandàta [da *raccomandato*] s. f. ● Lettera registrata dalle Poste previo pagamento e consegnata al destinatario che ne firma la ricevuta.

raccomandatàrio [da *raccomandato*] s. m. (f. *-a*) **1** Persona cui è diretta una raccomandazione, a cui è raccomandata q.c. **2** Agente incaricato dagli armatori di provvedere a tutte le necessità della nave al suo arrivo in porto.

†raccomandativo agg. ● Che serve a raccomandare.

raccomandatizio [da *raccomandare*, sul modello di *commendatizio*] agg. ● (*raro*) Solo nella loc. *lettera raccomandatizia*, quella inviata a una persona influente per richiamare la sua attenzione su qc. da favorire o appoggiare.

raccomandàto **A** part. pass. di *raccomandare*; anche agg. **1** Nei sign. del v. **2** *Lettera raccomandata*, raccomandata | *Pacco r.*, pacco postale con raccomandazione. **B** s. m. (f. *-a*) ● Persona raccomandata, affidata alla protezione di qc.: *molti raccomandati sono stati assunti* | (*scherz.*) *R. di ferro*, chi si afferma perché appoggiato costantemente da qc.

raccomandatóre s. m. (f. *-trice*) ● (*raro*) Chi raccomanda qc. o q.c.

raccomandatòrio agg. ● Di raccomandazione: *lettera raccomandatoria.*

raccomandazióne s. f. **1** Atto, effetto del raccomandare qc. o q.c.: *tempestare di raccomandazioni*; *è stato promosso per una r.*; *lettera di r.*; *segui le raccomandazioni dei tuoi insegnanti*; *l'infermiere che aveva sentita la r. del medico, volle impedirgli di levarsi da letto* (SVEVO). **2** Spedizione raccomandata di una lettera o di un pacco | L'affrancatura necessaria per tale spedizione: *tassa, diritto, di r.* || **raccomandazioncèlla**, dim. | **raccomandazioncina**, dim.

†raccomandìgia s. f. ● Raccomandazione.

†raccomiàre [comp. di *r(i)-* e *accomia(ta)re*] v. tr. ● Accomiatare.

raccomodaménto s. m. ● Il raccomodare.

raccomodàre [comp. di *r(i)-* e *accomodare*] v. tr. (*io raccòmodo*) **1** Rassettare, riparare (*anche fig.*): *r. le calze*; *raccomodarsi la cravatta*; *r. una situazione.* **2** V. *riaccomodare.*

raccomodatóre s. m. (f. *-trice*) ● (*raro*) Chi raccomoda.

raccomodatùra s. f. ● Modo, atto, effetto del raccomodare | Spesa del raccomodare.

raccompagnàre ● V. *riaccompagnare.*

†raccomunagióne s. f. ● Atto, effetto del raccomunare.

raccomunàre o **riaccomunàre** [comp. di *r(i)-* e *accomunare*] **A** v. tr. ● (*raro*) Accomunare ancora. **B** v. rifl. rec. ● †Rimettersi insieme, riunirsi.

racconciaménto s. m. ● (*raro*) Modo e atto del racconciare.

racconciàre o **†riacconciàre** [comp. di *r(i)-* e *acconciare*] **A** v. tr. (pres. *io raccóncio*; part. pass. *racconciàto*, *†raccóncio*) **1** Rimettere in buono stato (*anche fig.*): *r. strade*; *r. una vela, canapi*; *r. una stanza*; *r. un componimento* | *Racconciarsi i capelli*, rimetterli in ordine. SIN. Accomodare, rassettare, riparare. **2** †Conciliare. **B** v. intr. pron. ● Rimettersi al bello, detto del tempo. SIN. Rasserenarsi. **C** v. rifl. rec. ● †Rappacificarsi, riconciliarsi. **D** v. rifl. ● (*raro*) Rimettersi in ordine.

racconciàto part. pass. di *racconciare*; anche agg. ● Nei sign. del v.

racconciatóre s. m.; anche agg. (f. *-trice*) ● (*raro*) Chi racconcia.

racconciatùra s. f. ● (*raro*) Atto, effetto del racconciare (*anche fig.*).

†raccóncio o **†riaccóncio**. part. pass. di *racconciare*; anche agg. ● Nei sign. del v.

racconsolàre [comp. di *ra-* e *consolare* (*1*)] v. tr. (*io racconsólo*) ● (*lett.*) Confortare, rasserenare, consolare.

raccontàbile agg. ● Che si può raccontare: *un fatto r.*

raccontafàvole [comp. di *racconta(re)* e il pl. di *favola*] s. m. e f. inv. ● (*raro*) Persona che racconta fandonie.

raccontàre o **†racontàre** [comp. di *ra-* e *contare*] v. tr. (pres. *io raccónto*; part. pass. *raccontàto*, *†raccónto*) **1** Riferire parole o avvenimenti spec. a voce: *mi hanno raccontato ciò che si dice di te* | *Solea spesso pietà bagnarmi il viso / odendo racontar caso infelice* (BOIARDO) | *Raccontano che ...*, si dice, si va dicendo che ... | *R. per filo e per segno*, minutamente | *Poterla r.*, averla scampata bella | *Uomo che la sa r.*, che ha faccia tosta e spaccia menzogne | *Raccontarne delle belle, di cotte e di crude, di tutti i colori*, riferire cose incredibili, strane, inconsuete | *Vai a raccontarla altrove*, non credo a ciò che riferisci | (*raro*) *Cose da r. a veglia*, fandonie. SIN. Dire, narrare. **2** Narrare non in tono solenne o ufficiale, spec. per iscritto: *r. la vita dei santi*; *nella sua ultima lettera mi racconta dei vostri viaggi.* **3** †Menzionare, annoverare.

†raccontativo [da *raccontato*] agg. ● Narrativo.

raccontàto part. pass. di *raccontare*; anche agg. ● Nei sign. del v.

raccontatóre s. m. (f. *-trice*) ● (*raro*) Chi racconta.

raccónto (1) s. m. **1** Modo, atto del raccontare: *iniziò il r. delle sue avventure.* SIN. Esposizione, narrazione. **2** Ciò che viene raccontato: *un r. inventato, fantastico.* **3** (*letter.*) Componimento letterario in prosa, più breve di un romanzo ma più lungo di una novella: *i racconti di Tolstoi.* || **raccontàccio**, pegg. | **raccontino**, dim. | **raccontùccio**, dim.

†raccónto (2) part. pass. di *raccontare*; anche agg. ● Nei sign. del v.

raccoppiàre ● V. *riaccoppiare.*

raccorciaménto s. m. ● Atto, effetto del raccorciare.

raccorciàre [comp. di *r(i)-* e *accorciare*] **A** v. tr. (pres. *io raccórcio*; part. pass. *raccorciàto*, *†raccórcio*) ● Fare diventare più breve, più corto: *r. il tempo*; *r. un discorso*; *r. le staffe.* SIN. Abbreviare, accorciare. **B** v. intr. pron. e †intr. ● Diventare più breve o più corto: *le giornate si sono raccorciate*; *sì che la via col tempo si raccorci* (DANTE *Par.* XXIX, 129) | *La vista si raccorcia con l'età*, si indebolisce.

raccorciàto part. pass. di *raccorciare*; anche agg. ● Nei sign. del v.

†raccórcio part. pass. di *raccorciare*; anche agg. ● Nei sign. del v.

raccorcire v. tr., †intr. e intr. pron. (*io raccorcìsco, tu raccorcìsci*) ● (*tosc.*) Raccorciare.

raccordàre (1) [comp. di *r(i)-* e *accordare*] v. tr. (*io raccòrdo*) ● Congiungere, collegare con un raccordo: *r. due autostrade*; *r. un tubo alla bocca di una pompa.*

†raccordàre (2) ● V. *ricordare.*

raccordàre (3) [comp. di *r(i)-* e di un deriv. di *corda*] v. tr. (*io raccòrdo*) ● Applicare le apposite corde sul telaio di una racchetta da tennis, fornendole della necessaria tensione.

raccordatùra [da *raccordare*] s. f. ● Operazione del raccordare racchette da tennis | Insieme delle corde applicate e tese.

raccorderìa [da *raccordo*] s. f. ● (*tecnol.*) Insieme dei raccordi, alcuni dei quali unificati, usati come elementi di giunzione delle tubazioni nelle reti di distribuzione di acqua, gas e sim.

raccòrdo s. m. **1** Atto, effetto del raccordare. SIN. Collegamento. **2** Parte, segmento, pezzo che ne tiene congiunti tra loro altri: *r. a gomito, a manicotto* | *R. anulare*, circonvallazione periferica urbana, che collega fra di loro le strade di grande comunicazione convergenti sulla città, spec. a Roma | *R. stradale, autostradale*, per collegare fra loro strade principali o autostrade | *R. ferroviario*, tratto di binario che collega uno stabilimento, porto, e sim. ad uno scalo ferroviario. **3** (*cine*) Breve inquadratura, spesso di esterni, che unisce due sequenze logicamente distanti nello spazio o nel tempo.

†raccòrgersi [comp. di *r(i)-* e *accorgersi*] v. intr. pron. ● (*lett.*) Accorgersi dei propri errori, ravvedersi.

†raccòrre ● V. *raccogliere.*

†raccosciàrsi [comp. di *r(i)-* e *accosciarsi*] v. rifl. ● Accosciarsi.

raccostaménto s. m. ● Atto, effetto del raccostare o del raccostarsi (*anche fig.*).

raccostàre [comp. di *r(i)-* e *accostare*] **A** v. tr. (*io raccòsto*) **1** Accostare di più, ravvicinare: *r. i battenti di una persiana.* **2** (*fig.*) Mettere in relazione, raffrontare: *r. due colori contrastanti.* **3** V. *riaccostare.* **B** v. intr. pron. **1** Avvicinarsi. **2** V. *riaccostare.*

raccozzaménto s. m. **1** (*raro*) Modo, atto del raccozzare. **2** (*fig.*) †Pacificazione, ravvicinamento.

raccozzàre [comp. di *r(i)-* e *accozzare*] **A** v. tr. (*io raccòzzo*) ● Congiungere, riunire alla peggio: *r. le truppe dopo la fuga.* **B** v. intr. pron. **1** (*raro*) Radunarsi. **2** †Incontrarsi: *dopo non s'eran mai più raccozzati* (ARIOSTO). **3** †Trovarsi o mettersi d'accordo.

racèmico [da *racemo*, perché si trova nel mosto] agg. (pl. m. *-ci*) ● (*chim.*) Di composto risultante dalla miscela, in uguali quantità, di antipodi ottici.

racemìfero [vc. dotta, lat. *racemĭferu(m)*, comp. di *racēmus* 'racemo' e *-fer* '-fero'] agg. ● (*lett.*) Che porta racemi: *alta racemifera vite* (D'ANNUNZIO).

racemizzazióne [da *racemico*] s. f. ● (*chim.*) Trasformazione della metà di un composto organico otticamente attivo, nella forma otticamente inattiva con conseguente formazione del racemo.

racèmo [vc. dotta, lat. *racēmu(m)* 'grappolo', di origine preindeur.] s. m. **1** Grappolo spec. d'uva. **2** Motivo decorativo composto da volute stilizzate di tralci vegetali. **3** (*chim.*) Sostanza inattiva alla luce polarizzata costituita dalla miscela di ugual numero di molecole di due composti chimici identici che ruotano l'uno a destra, l'altro a sinistra il piano della luce.

racemóso [vc. dotta, lat. *racemōsu(m)*, da *racēmus* 'racemo'] agg. ● (*lett.*) Detto di infiorescenza del tipo del racemo: *infiorescenza racemosa*, con fiori disposti in racemo.

racer /ingl. 'reisə*/ [ingl., propriamente 'corridore', da *to race* 'gareggiare in velocità', vc. germ. di origine indeur.] s. m. inv. ● Motoscafo da regata.

ràchi [bulgaro e serbo *rakiia*, dall'ar. *arak* 'sudore, succo spremuto', attraverso il turco *raki*] s. m. ● Liquore ottenuto per distillazione dalle fecce, tipico dei Balcani.

rachi- [dal gr. *ráchis* 'spina dorsale'] primo elemento ● V. *rachio-*.

rachialgìa [comp. di *rachi-* e *-algía*] s. f. (pl. *-gie*) ● (*med.*) Dolore alla colonna vertebrale.

rachianestesìa [comp. di *rachi-* e *anestesia*] s. f. ● (*med.*) Anestesia locale mediante iniezione di soluzione anestetica nello spazio subaracnoidale del midollo spinale.

rachicentèsi o **rachicentèsi** [comp. di *rachi-* e del gr. *kéntēsis* 'puntura', da *kentêin* 'pungere' (V. *pleurocentesi*)] s. f. ● (*med.*) Estrazione del liquido cefalo-rachidiano mediante puntura degli spazi subaracnoidei del midollo spinale.

ràchide [dal gr. *ráchis* 'spina dorsale'] s. f. o m.

1 Colonna vertebrale. *2* Picciolo comune delle foglie composte | Asse principale dell'infiorescenza a spiga o a grappolo | Nervatura principale delle foglie penninervie. *3* (*zool.*) Asse del vessillo delle penne; rappresenta il prolungamento distale del calamo e da esso emanano le barbe.

rachidèo agg. • (*anat.*) Rachidiano.

rachidiàno [da *rachide*] agg. • Della colonna vertebrale.

rachidinóso agg. • Rachitico.

Rachiglòssi [comp. di *rachi-* e *glossa*, per la forma] s. m. pl. • Nella tassonomia animale, gruppo di Molluschi dei Gasteropodi la cui radula porta tre serie di piastre dentate (*Rachiglossa*) | (al sing. *-o*) Ogni individuo di tale gruppo.

ràchio- o **ràchi-** [dal gr. *ráchis* 'spina dorsale'] primo elemento • In parole composte della terminologia scientifica e medica significa 'spina dorsale': *rachialgia, rachicentesi*.

rachischiṣi [comp. di *rachi-* e del gr. *schísis* 'separazione, divisione', da *schízein* 'separare' (V. *scisma*)] s. f. • (*med.*) Spina bifida.

rachìtico [dal gr. *rachítēs*, agg. di *ráchis* 'spina dorsale'] **A** agg. (pl. m. *-ci*) *1* Di rachitismo | Affetto da rachitismo: *arti rachitici*. *2* (*fig.*) Poco sviluppato, stentato: *piante rachitiche*. **B** agg.; anche s. m. (f. *-a*) • Che, chi è affetto da rachitismo.

rachìtide [dal gr. *rachítēs*. V. *rachitico*] s. f. • Forma attenuata di rachitismo.

rachitiṣmo [da *rachit(id)e*] s. m. *1* (*med.*) Disturbo dello sviluppo in particolare dello scheletro per carenza di vitamina D. *2* (*fig.*) Debolezza, difetto di sviluppo.

racimolàre [da *racimolo*] v. tr. (*io racìmolo*) *1* Cogliere i racimoli che sono rimasti sotto le viti dopo la vendemmia. *2* (*fig.*) Mettere insieme a fatica, raggranellare: *r. gente, notizie, denaro*.

racimolatóre agg.; anche s. m. (f. *-trice*) • (*raro*) Chi, che racimola (*spec. fig.*).

racimolatùra s. f. • Atto, effetto del racimolare.

racìmolo [dal lat. tardo *racīmus*, variante di *racemo*] s. m. *1* Grappoletto d'uva. *2* (*raro, fig.*) Residuo, piccola parte di q.c. || **racimolétto**, dim. | **racimolìno**, dim. | **racimolùzzo**, dim.

raciniàno /rasi'njano/ agg. • Dell'autore drammatico francese J. Racine (1639-1699): *le tragedie raciniane*.

rack /*ingl.* ræk/ [vc. ingl., propr. 'rastrelliera' (d'origine germ.)] s. m. inv. *1* Mobiletto, piccola scaffalatura a più ripiani che contiene tutti gli apparecchi di un impianto stereofonico per la riproduzione del suono, escluse le casse acustiche. *2* (*elab.*) Telaio normalizzato in acciaio nel quale si possono incastrare o fissare mediante viti apparecchi elettronici a struttura modulare.

ràcket /'raket, *ingl.* 'rækit/ [vc. ingl., propriamente 'chiasso, frastuono', di origine espressiva] s. m. inv. • Organizzazione della malavita che esercita l'estorsione e il ricatto con mezzi intimidatori e con la violenza, diffusa in vari settori dell'attività commerciale.

†**racontàre** • V. *raccontare*.

racquattàrsi [comp. di *r(i)-* e *acquattarsi*] v. rifl. • (*raro, lett.*) Acquattarsi.

racquetàre o (*raro*) **racquietàre** [comp. di *r(i)-* e *acquetare*] **A** v. tr. (*io racquèto*) • (*lett.*) Fare diventare quieto: *facea racquetar li fiumi e i venti* (POLIZIANO). **B** v. intr. pron. • (*lett.*) Calmarsi, acquietarsi.

†**racquistaménto** [da *racquistare*] s. m. • Riacquisto.

racquistàre • V. *riacquistare*.

†**racquìsto** • V. *riacquisto*.

rad [da *rad(iazione)*] s. m. • (*fis.*) Unità di dose di radiazione ionizzante assorbita, pari a 10^{-2} gray. SIMB. rad.

ràda [fr. *rade*, dall'ant. ingl. *rad*] s. f. • Piccolo golfo naturale o artificiale antistante un porto: *ancorarsi nella r.*

†**radàia** [da *rado*] s. f. • Radura.

radància o **redància** [etim. incerta] s. f. (pl. *-ce*) • (*mar.*) Asola di metallo intorno alla quale si avvolge, in apposita scanalatura, il cappio di estremità della fune o del cavo di acciaio, per essere protetto dall'attrito di ganci, caviglie e sim.

ràdar [sigla dell'ingl. *Ra(dio) D(etection) A(nd) R(anging)* 'scoperta e localizzazione (per mezzo della) radio'] **A** s. m. inv. • Apparecchio che permette la localizzazione di ostacoli mobili e fissi mediante la riflessione su di essi delle onde elettromagnetiche emesse dall'apparecchio stesso | *R. secondario*, quello, sistemato a terra, che interroga gli aeromobili con un segnale a impulsi codificato, provocando la risposta del transponder | *R. ottico*, radar che impiega, invece di un fascio di microonde, un fascio di luce laser. SIN. Lidar | *R. tachimetro*, V. *radartachimetro* | *R. tridimensionale*, atto a indicare simultaneamente distanza, direzione e quota di un aeromobile e sim. **B** in funzione di agg. • (posposto al s.) Che si riferisce al radar o che avviene mediante questo: *schermo r.*; *collegamento r.* | (*pop.*) *Uomo r.*, controllore di volo.

radaràbile agg. • Che può essere rivelato con mezzi radar: *boa r.* SIN. Radarriflettente.

radaraltìmetro [comp. di *radar* e *altimetro*] s. m. • Altimetro basato sull'impiego di un radar.

radarassistènza [comp. di *radar* e *assistenza*] s. f. • Radioassistenza alla navigazione aerea o marittima basata sull'uso di apparecchi radar.

radarastronomìa [comp. di *radar* e *astronomia*] s. f. • Parte dell'astronomia che studia gli echi radio ottenuti su corpi del sistema planetario con segnali lanciati dalla Terra.

radarfàro [comp. di *radar* e *faro*] s. m. • Radiofaro di navigazione che, se interrogato da un radar di bordo, emette segnali atti a determinare il rilevamento e la distanza dell'aeromobile rispetto al radarfaro stesso.

radargeodeṣìa [comp. di *radar* e *geodesia*] s. f. • Tecnica di effettuazione di rilievi geodetici mediante l'uso del radar.

radargeodètico [da *radargeodesia*] agg. (pl. m. *-ci*) • Relativo alla radargeodesia.

radarìsta s. m. (pl. *-i*) • Operatore addetto al funzionamento e alla manutenzione di un'apparecchiatura radar.

radarìstica s. f. • Studio delle tecniche d'impiego, spec. militare, del radar.

radarlocalizzazióne [comp. di *radar* e *localizzazione*] s. f. • Localizzazione di un oggetto mediante il radar.

radarmeteorologìa [comp. di *radar* e *meteorologia*] s. f. • Applicazione del radar e degli strumenti da esso derivati ai rilievi e alle misurazioni meteorologiche.

radarmeteorològico [da *radiometeorologia*] agg. (pl. m. *-ci*) • (*meteor.*) Della radarmeteorologia.

radarnavigazióne [comp. di *radar* e *navigazione*] s. f. • Navigazione aerea e marittima con l'ausilio del radar.

radarriflettènte [comp. di *radar* e *riflettente*] agg. • Radarabile.

radarsónda [comp. di *radar* e *sonda*] s. f. • Apparato trasportato da un pallone e destinato a misurare e trasmettere, se interrogato da apposito radar al suolo, grandezze di interesse meteorologico quali pressione, temperatura e umidità.

radarspolétta [comp. di *radar* e *spoletta*] s. f. • Spoletta il cui funzionamento si basa sull'emissione di onde persistenti e sulla ricezione dell'eco riflessa dal bersaglio. SIN. Radiospoletta.

radartachìmetro [comp. di *radar* e *tachimetro*] s. m. • Piccolo radar destinato a misurare la velocità dei veicoli in transito per accertare se abbiano superato il limite di velocità consentito sulla strada percorsa.

radartècnica [comp. di *radar* e *tecnica*] s. f. • (*elettr.*) Disciplina dell'ingegneria che studia la progettazione e i possibili impieghi degli impianti radar.

radarterapìa [comp. di *radar* e *terapia*] s. f. • Fisioterapia di forme morbose reumatiche e flogistiche basata sull'impiego di onde radar.

radartopografìa [comp. di *radar* e *topografia*] s. f. • Parte della topografia che impiega tecniche radar per il rilevamento.

radartopogràfico [da *radartopografia*] agg. (pl. m. *-ci*) • Della radartopografia.

radàzza • V. *redazza*.

†**raddàrsi** [comp. di *r(i)-* e *addarsi*] v. intr. pron. • Raccapezzarsi, risovvenirsi.

raddensàbile agg. • Che si può raddensare.

raddensaménto s. m. • (*raro*) Atto, effetto del raddensare o del raddensarsi.

raddensàre [comp. di *r(i)-* e *addensare*] **A** v. tr. (*io raddènso*) • Rendere denso o più denso: *r. un composto*; *r. le domande*. **B** v. intr. pron. • Diventare più denso formando quasi una massa compatta: *i vapori si andavano raddensando nell'aria*.

raddensatóre agg.; anche s. m. (f. *-trice*) • Che, chi raddensa.

†**raddimandàre** • V. †*raddomandare*.

raddirizzàre e *deriv.* • V. *raddrizzare* e *deriv.*

raddobbàre [comp. di *r(i)-* e *addobbare*] v. tr. (*io raddòbbo*) • Riparare, racconciare una nave.

raddòbbo s. m. • Operazione del raddobbare | *Bacino di r.*, di carenaggio.

raddolciménto s. m. *1* Atto, effetto del raddolcire o del raddolcirsi. *2* (*ling.*) Palatalizzazione.

raddolcìre [comp. di *r(i)-* e *addolcire*] **A** v. tr. (*io raddolcìsco, tu raddolcìsci*) *1* Fare diventare dolce o più dolce: *r. una bevanda con lo zucchero*. SIN. Dolcificare. *2* (*fig.*) Rendere meno fiero, aspro: *r. gli esasperati*; *i sonatori / ... raddolciro il sonno* (CAMPANELLA). SIN. Lenire, mitigare, temperare. *3* Raffreddare lentamente un metallo dopo averlo riscaldato per eliminare gli effetti dell'incrudimento. **B** v. intr. pron. • Diventare meno rigido, detto del tempo: *la stagione si è molto raddolcita* | Rabbonirsi: *il suo atteggiamento non si raddolcisce*.

raddolcìto part. pass. di *raddolcire*; anche agg. • Nei sign. del v.

†**raddolicàre** [comp. di *r(i)-* e *addolcare*, con inserimento di *i* eufonica intermedia] v. tr. *1* (*tosc.*) Lenire, spec. con unguento, decotto e sim. *2* (*tosc., fig.*) Rabbonire.

†**raddomandàre** o †**raddimandàre**, †**riaddomandàre** [comp. di *r(i)-* e *addomandare*] v. tr. • Domandare, chiedere, esigere di nuovo ciò che spetta o che si possedeva.

raddoppiaménto s. m. *1* Modo, atto, effetto del raddoppiare o del raddoppiarsi (*anche fig.*): *il r. dello stipendio*; *r. di dolori*. SIN. Accrescimento. *2* (*ling.*) Figura retorica che consiste nella ripetizione immediata di una parola: *Il carro è dilungato lento lento* (PASCOLI) | Anche nel sign. di *anadiplosi*. *3* (*ling.*) Ripetizione fonetica o grafica di un elemento di una parola. *4* Gioco enigmistico consistente nel raddoppiare la consonante di una parola sì da ottenerne un'altra di significato diverso.

raddoppiàre [comp. di *r(i)-* e *addoppiare*] **A** v. tr. (*io raddóppio*) *1* Fare diventare doppio: *r. la multa, la paga, il corpo di guardia*. SIN. Duplicare. *2* (*est.*) Accrescere, aumentare (*anche fig.*): *r. i colpi*; *r. le premure*. *3* (*mus.*) Assegnare a due o più parti insieme la stessa nota. **B** v. intr. (aus. *essere* e *avere* nel sign. 1, *avere* nei sign. 2 e 3) *1* Diventare doppio: *le entrate non raddoppieranno* | Accrescersi, intensificarsi: *gronda il sangue, raddoppia il ferir* (MANZONI). *2* Effettuare il raddoppio, detto di cavallo o schermidore. *3* Eseguire il colpo del raddoppio, giocando al biliardo.

raddoppiàto part. pass. di *raddoppiare*; anche agg. *1* Nei sign. del v. *2* Piegato in due: *lenzuolo r.* || **raddoppiataménte**, avv. In misura doppia.

raddoppiatùra s. f. *1* (*raro*) Atto, effetto del raddoppiare. SIN. Raddoppio. *2* †Piegatura in due.

raddóppio s. m. *1* Raddoppiamento (*anche fig.*). *2* (*ferr.*) Inserimento, su una linea a binario semplice, di un secondo binario per permettere il transito contemporaneo di treni nei due sensi: *r. di una linea ferroviaria*. *3* In equitazione, tipo di salto di montone che il cavallo compie facendo precedere la levata degli arti anteriori a quella dei posteriori | In equitazione, galoppata eseguita su due peste. *4* Nella scherma, secondo attacco eseguito sulla linea del primo, o su altra linea se l'avversario, dopo la parata, non risponde prontamente. *5* (*mus.*) Apparizione simultanea in diverse parti della stessa nota, all'unisono o all'ottava. *6* Al biliardo, doppio cammino su un'unica linea della palla colpita, da una sponda all'altra: *tiro di r.* *7* (*teat.*) Doppione.

raddormentàre • V. *riaddormentare*.

raddossàre • V. *riaddossare*.

raddótto **A** part. pass. di *raddurre*; anche agg. • (*raro*) Nei sign. del v. **B** s. m. • (*raro*) Luogo in cui ci si riunisce per conversare, giocare, ecc.

raddrizzàbile agg. • Che si può raddrizzare.

raddrizzaménto o (*raro*) **raddirizzaménto**. s.

m. *1* Atto, modo ed effetto del raddrizzare o del raddrizzarsi (*anche fig.*). *2* Operazione consistente nel trasformare una grandezza elettrica alternata in continua o pulsante.

raddrizzàre o (*raro*) **raddirizzàre** [comp. di *r(i)*- e *addrizzare*] **A** v. tr. *1* Rimettere, fare tornare diritto: *r. una lama piegata* | *R. le gambe ai cani*, fare una cosa inutile | (*iron.*) *R. le ossa a qc.*, picchiarlo, bastonarlo. *2* (*fig.*) Rimettere nel giusto: *r. le opinioni di qc.* SIN. Correggere. *3* (*fis.*) *R. una corrente alternata*, trasformarla in corrente continua o pulsante. **B** v. rifl. ● Rimettersi diritto. **C** v. intr. pron. ● (*raro*) Rimettersi al bello, detto del tempo.

raddrizzàto o (*raro*) **raddirizzàto**. part. pass. di *raddrizzare*; anche agg. ● Nei sign. del v.

raddrizzatóre o (*raro*) **raddirizzatóre**. **A** agg.; anche s. m. ● (*raro*) Che, chi raddrizza (*spec. fig.*). **B** s. m. ● (*fis.*) Dispositivo che permette il passaggio della corrente in un solo verso, impiegato per la trasformazione di una corrente alternata in continua o pulsante.

raddrizzatrìce s. f. ● (*tecnol.*) Macchina per raddrizzare barre, profilati, lamiere di ferro facendoli passare attraverso coppie di cilindri opportunamente sagomati che girano in senso opposto.

raddrizzatùra s. f. ● Atto, effetto del raddrizzare.

†**radduràrsi** [comp. di *r(i)*- e di un dev. di *duro*] v. intr. pron. ● Indurirsi (*spec. fig.*).

raddùrre [comp. di *r(i-)* e *addurre*] **A** v. tr. (coniug. come *addurre*) ● (*lett.*) Addurre di nuovo, ricondurre, ridurre. **B** v. intr. pron. ● (*lett.*) Raccogliersi, ridursi.

radènte part. pres. di *radere*; anche agg. *1* Nei sign. del v. *2* Che passa rasente: *volo, tiro r.* | *Attrito r.*, in fisica, la resistenza incontrata da un corpo nel suo moto di strisciamento su un altro | *Corrente r.*, corrente marina parallela al lido.

radènza s. f. ● Movimento radente.

ràdere [lat. *rādere*, di etim. incerta] **A** v. tr. (pass. rem. *io ràsi, tu radésti*; part. pass. *ràso*) *1* Liberare dai peli passando il rasoio: *r. le guance, il mento.* *2* (*est., raro*) Pulire raschiando o limando | †Raschiare | †Cancellare raschiando: *r. lettere, segni.* *3* Abbattere, diroccare: *r. a terra un tronco*; *r. al suolo un intero quartiere.* SIN. Demolire. *4* (*fig.*) Rasentare, toccare strisciando: *r. terra camminando* | *R. la sabbia*, toccare il fondo, detto di natante. *5* †Tagliare, mozzare. *6* Levar via con la rasiera il colmo dello staio, far misura rasa. **B** v. rifl. ● Tagliarsi i peli | (*fam.*) Farsi la barba.

†**radévole** agg. ● Atto a radere.

radézza s. f. ● Qualità di ciò che è rado: *la r. di un tessuto*; *la r. delle sue visite.*

radiàle (1) [dal lat. *rădius* 'raggio'] **A** agg. *1* Del, relativo al, raggio di un cerchio | *Strada r.*, strada di uscita veloce da un centro urbano | *Velocità r.*, in astronomia, proiezione della velocità di un corpo sulla direzione di osservazione | *Pneumatico a struttura r., pneumatico r.*, quello in cui i fili delle tele costituenti la carcassa sono disposti in piani passanti per l'asse di rotazione dello pneumatico stesso | *Trapano r.*, quello in cui il mandrino e gli organi di taglio e avanzamento sono portati da un carrello scorrevole orizzontalmente lungo un braccio spostabile verticalmente. *2* †Di raggi luminosi: *lista r.* ‖ **radialménte**, avv. In direzione radiale, lungo il raggio. **B** s. f. *1* Linea radiale. *2* Linea tranviaria che s'irraggia dal centro alla periferia di una città. **C** s. m. ● Pneumatico radiale.

radiàle (2) [da *radio (2)*] agg. ● (*anat.*) Del radio: *polso r.*; *arteria, vena r.*

radialista [da (*trapano*) *radiale*] s. m. ● Operatore di un trapano radiale.

radiaménto [da *radiare (1)*] s. m. ● (*raro*) Il mandare raggi. SIN. Radiazione.

radiànte (1) part. pres. di *radiare (1)*; anche agg. *1* Nel sign. del v. *2* (*med.*) *Terapia r.*, attuata a mezzo di radiazioni ionizzanti | (*bot.*) *Fiore r.*, fiore periferico di una infiorescenza con corolla zigomorfa | (*astron.*) *Punti radianti*, luoghi della sfera celeste dai quali apparentemente sembrano provenire gli sciami meteoritici | *Pannello r.*, pannello che irraggia calore normalmente applicato sul soffitto o sulle pareti. *3* (*fig.*) Raggiante di gioia, beatitudine, splendore e sim.: *aquila, aquila ... / onde torni sì r.?* (D'ANNUNZIO).

radiànte (2) [dal lat. *rădius* 'raggio', sul modello di *quadrante*] s. m. ● (*fis.*) Unità di misura degli angoli piani nel Sistema Internazionale, pari all'angolo piano che, su una circonferenza avente centro nel vertice dell'angolo e giacente sul piano dell'angolo, intercetta un arco di lunghezza uguale al raggio della circonferenza stessa. SIMB. rad.

radiànza [da *radiante (1)*] s. f. ● (*fis.*) Flusso luminoso totale irradiato in un semispazio da ogni cm^2 di sorgente luminosa.

radiàre (1) [vc. dotta, lat. *radiāre*, da *rădius* 'raggio'] v. intr. (*io ràdio*; aus. *avere*) ● (*raro*) Mandare raggi, sfavillare.

radiàre (2) [fr. *radier*, dal lat. mediev. *radiāre*, latinizzazione erronea del fr. *rayer* 'tirare una linea, una riga', da *raie* 'riga'] v. tr. (*io ràdio*) *1* (*bur.*) Cancellare il nome di una persona da un elenco per espellerla da una società, un partito e sim.: *r. un medico dall'albo professionale per indegnità.* *2* (*mar.*) Cancellare dalla lista delle navi una unità destinata alla demolizione.

radiatìvo [da *radiare (1)*] agg. ● Di, relativo a una radiazione.

radiàto (1) [vc. dotta, lat. *radiātu(m)* 'raggiante', da *rădius* 'raggio'] agg. *1* †Che è disposto a raggi | *Immagine radiata*, con corona dalle caratteristiche punte simboleggianti i raggi del sole. *2* (*bot.*) Detto dei fiori della periferia delle ombrelle, più grandi dei centrali ed a petali ineguali, i maggiori volti all'esterno.

radiàto (2) part. pass. di *radiare (2)* ● Nel sign. 1 del v.: *avvocato r. dall'albo.*

radiatóre [da *radiare* 'irradiare', sul modello del fr. *radiateur*] s. m. *1* Qualunque corpo in grado di emettere radiazioni. *2* Negli impianti di riscaldamento dispositivo che cede all'ambiente circostante il calore che emana da un fluido caldo in esso circolante. *3* Apparecchio che irradia energia termica per il raffreddamento dell'acqua di circolazione o dell'olio lubrificante nei motori a combustione interna.

radiatorista [da *radiatore*] s. m. (pl. *-i*) ● Operaio specializzato nella messa in opera e nella riparazione di radiatori per automobili.

radiazióne (1) [vc. dotta, lat. *radiatiōne(m)*, da *radiāre 'radiare' (1)*] s. f. *1* (*fis.*) Forma di propagazione dell'energia elettromagnetica sotto forma di onde elettromagnetiche o di corpuscoli | Le onde o i corpuscoli così propagati: *radiazioni atomiche, solari, cosmiche* | *R. di frenamento*, Bremsstrahlung | *R. ionizzante*, radiazione elettromagnetica o corpuscolare con energia sufficiente a ionizzare la sostanza che attraversa. *2* (*anat.*). Propagazione di un'informazione sensoriale verso i distretti centrali del sistema nervoso: *r. olfattiva.*

radiazióne (2) [fr. *radiation*, da *radier* 'radiare' (2)] s. f. ● Atto, effetto del radiare (2).

ràdica [lat. parl. **rādica(m)*, da *rādix*, genit. *radīcis* 'radice'] s. f. *1* Saponaria | Radice legnosa di una specie di Erica, adoperata per fabbricare pipe e oggetti ornamentali: *una pipa di vera r.* *2* (*pop., dial.*) Radice | *R. gialla*, carota | *R. rossa*, barbabietola | *R. amara*, scorzonera | *R. di noce*, legno pregiato, ottenuto dalla radice del noce, usato in falegnameria. ‖ **radichétta**, dim. | **radicóne**, accr. m.

radical-chic /'radic'al 'ʃik/ [loc. amer. (comp. di *radical* 'radicale' e *chic* (V.)), coniata nel 1970 dal giornalista T. Wolfe parlando di un concerto di beneficenza dato da L. Bernstein per le Pantere nere] **A** s. m. e f. inv. ● Chi, spec. in politica, ostenta atteggiamenti anticonformistici o di rottura con la tradizione, ma in realtà è fondamentalmente borghese e aristocratico. **B** anche agg. inv.: *atteggiamento radical-chic.*

radicàle [lat. parl. **radicāle(m)*, da *rādix*, genit. *radīcis* 'radice'; nel sign. politico, calco sull'ingl. *radical*] **A** agg. *1* (*bot.*) Della, attinente alla radice: *apparato r.* | *Assorbimento r.*, effettuato per mezzo dei peli della radice. *2* (*ling.*) Di elemento che appartiene alla radice. *3* (*fig.*) Che propone, sostiene, mutamenti e trasformazioni sostanziali da apportare alle radici, in profondità | (*fig.*) *Cura, rimedio, intervento r.*, che tendono a estirpare il male combattendone le cause | Proprio del radicalismo e (*est.*) di ogni profonda trasformazione politica e sociale. *4* †Fondamentale, sostanziale. ‖ **radicalménte**, avv. *1* (*fig.*) Dalla radice, dall'origine: *curare un male radicalmente.* *2* (*est., fig.*) Interamente, totalmente: *sono radicalmente diversi.* **B** s. m. e f. *1* (*ling.*) Radice di un vocabolo. *2* Chi segue e sostiene il radicalismo | Appartenente al Partito Radicale. **C** s. m. *1* (*mat.*) Numero irrazionale espresso come radice di un numero razionale | Numero reale ottenibile da numeri razionali con le operazioni razionali ed estrazioni di radice. *2* (*chim.*) Residuo monovalente formato da una molecola spec. organica per la perdita di un atomo di idrogeno | *R. libero*, atomo o gruppo molecolare che possiede un elettrone spaiato e quindi molto reattivo; (*med.*) composto altamente reattivo e mutageno che si produce da una macromolecola biologica per rottura simmetrica di un legame covalente | *R. alchilico*, residuo monovalente che si può ritenere formato da un alcano per perdita di un atomo d'idrogeno.

radicaleggiànte part. pres. di *radicaleggiare*; anche agg. *1* Nel sign. del v. *2* Che mostra simpatia verso il Partito Radicale o verso una politica di riforme radicali.

radicaleggiàre v. intr. (*io radicaléggio*; aus. *avere*) ● Essere sostenitore di idee ed azioni politiche radicali.

radicalìsmo [fr. *radicalisme*, da *radical* 'radicale'] s. m. *1* Movimento filosofico sorto in Inghilterra tra il XVIII e il XIX secolo che si ispira al positivismo e all'utilitarismo e propone radicali riforme di tutte le istituzioni tradizionali. *2* Atteggiamento intellettuale di chi affronta le questioni risolutamente ed è portato a riformare dalle fondamenta: *il r. della sua speculazione è eccessivo.*

radicalizzàre [da *radicale*] **A** v. tr. ● Mantenere con intransigenza posizioni estreme senza accettare transazioni. **B** v. intr. pron. ● Essere fermo nelle proprie posizioni e fautore di soluzioni drastiche e radicali.

radicalizzazióne s. f. *1* Il radicalizzare o il radicalizzarsi. *2* L'acuirsi di un contrasto politico o di un conflitto sociale.

radicaménto s. m. ● (*raro*) Il radicare o il radicarsi (*anche fig.*).

radicàndo [da *radice*, sul modello di *moltiplicando*] s. m. ● (*mat.*) Espressione sotto il segno di radice.

radicàre [vc. dotta, lat. tardo *radicāre* 'metter radici', da *rādix*, genit. *radīcis* 'radice'] **A** v. intr. (*io ràdico, tu ràdichi*; aus. *essere*) ● Mettere radici | (*fig.*) Attecchire, abbarbicarsi: *la malattia è troppo radicata in lui.* **B** v. intr. pron. ● (*fig.*) Attaccarsi, inserirsi profondamente: *quei pregiudizi si sono radicati nella mente di molti.* **C** v. tr. ● (*raro*) Fare penetrare, infondere.

radicàto part. pass. di *radicare*; anche agg. ● Nei sign. del v.

radicazióne s. f. ● (*bot.*) Atto, effetto del radicarsi | (*est.*) Lo stato e la disposizione delle radici di una pianta.

radicchio [lat. parl. **radīculu(m)*, dim. di *radīcula*, a sua volta dim. di *rādix*, genit. *radīcis* 'radice'] s. m. ● Nome comune di diverse specie erbacee, appartenenti alla famiglia delle Composite, che crescono spontaneamente nei prati; in particolare di varietà coltivate note con il nome di cicoria: *r. rosso, Trevigiano*, cicoria rossa.

radice [lat. *radīce(m)*, di origine indeur.] s. f. *1* Organo delle piante cormofite per lo più sotterraneo, che fissa il vegetale al terreno ed assorbe l'acqua ed i sali disciolti. SIN. (*pop.*) Radica | *Radici avventizie*, che si sviluppano sul fusto e sulle foglie per tenere fissata la pianta al sostegno o con funzione assorbente | *Cuffia della r.*, pileoriza | *R. dolce*, liquirizia | *R. di S. Apollonia*, iperico | *Mettere r.*, (*fig.*) diffondersi, penetrare, detto di idee, sentimenti | *Mettere r., radici in un luogo*, stabilirvisi definitivamente | (*scherz.*) *Mettere le radici al sole*, sradicare | *Vedere l'erba dalla parte delle radici*, (*fig.*) essere morto, essere sepolto. ➡ ILL. **botanica generale**. *2* (*est., fig.*) Parte bassa di q.c. | *R. dentaria*, parte inferiore del dente infissa nell'alveolo | *R. di una montagna*, base. ➡ ILL. p. 367 ANATOMIA UMANA. *3* (*ling.*) Elemento irriducibile di una parola e parte fondamentale di una famiglia di parole. *4* (*mat.*) *R. di un numero*, numero che elevato ad una certa potenza dà il numero dato | *R. quadrata* (*seconda*), *cubica* (*terza*), *quarta*, ecc., numero che elevato rispettivamente alla seconda o alla terza o alla quarta, ecc. potenza dà il numero assegnato | *R. d'una equazione*, soluzione dell'equazione. **5** (*fig.*) Origine, principio, fonte, causa: *la prima r. del male*; *cercare dalla r.*; *la r. di tutti i vizi*. **6** (*anat.*) Tratto di uscita o di inserzione di un nervo o di una sua componente rispetto al nevrasse. **7** †Genitore | (*raro, poet.*) Antenato, capostipite, progenitore: *D'una r. nacqui e io ed ella* (DANTE *Par.* IX, 31). || **radicèlla**, o **radichèlla**, dim. (V.) | **radicétta**, o **radichétta**, dim. (V.) | **radicìna**, dim. (V.) | **radicióne**, accr. m.

radicèlla o **radichèlla**. s. f. **1** Dim. di *radice*. **2** (*bot.*) Cicoria.

radicétta o **radichétta** s. f. **1** Dim. di *radice*. **2** (*bot.*) Radichetta.

radichèlla ● V. *radicella*.

radichétta s. f. **1** V. *radicetta*. **2** (*bot.*) Radice secondaria che si stacca da quella principale | Giovane radice dell'embrione.

†**radichévole** [da *radicare*] agg. ● Radicale.

radicìcolo [comp. di *radic(e)* e *-colo*] agg. ● (*biol.*) Detto di organismo che vive nelle radici delle piante.

radicifórme [comp. di *radice* e *-forme*] agg. ● Che ha forma, figura di radice.

radicìna s. f. **1** Dim. di *radice*. **2** (*bot.*) Ravanello | Radichetta.

radicolàre [dal lat. *radīcula*, dim. di *rādix*, genit. *radīcis* 'radice'] agg. **1** (*bot.*) Della, relativo alla radice. **2** (*anat.*) Relativo alle radici dei nervi: *anestesia r.*

radicolìte [dal lat. *radīcula*, dim. di *rādix*, genit. *radīcis* 'radice', col suff. *-ite* (*1*)] s. f. ● (*med.*) Infiammazione delle radici nervose.

ràdi e gètta [comp. con gli imperat. di *radere* e *gettare*] loc. agg. inv.; anche sost. ● Detto di rasoio di sicurezza in materia plastica, con lametta inamovibile, che si usa solo per una o per poche rasature.

radiestesìa e *deriv.* ● V. *radioestesia* e *deriv.*

radìfero [comp. di *radi(um)* e *-fero*] agg. ● Detto di involucro di metallo o vetro, di varia forma secondo l'applicazione, destinato a contenere sostanze radioattive per la radioterapia: *ago, tubo r.*; *piastra radifera*.

radimàdia [comp. di *radere* e *madia*] s. f. ● Raschiatoio per ripulire la madia dopo l'impastatura.

radiménto s. m. ● (*raro*) Modo e atto del radere.

†**ràdio** (**1**) [vc. dotta, lat. *rădiu(m)*, di etim. incerta] s. m. **1** Raggio. **2** Verga un tempo usata per misurare sulla balestriglia l'altezza degli astri.

ràdio (**2**) [lat. *rădiu(m)* 'raggio', di etim. incerta, per la forma] s. m. ● (*anat.*) Una delle due ossa dell'avambraccio, dalla parte del pollice. ➡ ILL. p. 362 ANATOMIA UMANA.

ràdio (**3**) o **ràdium** [lat. *rădiu(m)* 'raggio', perché emette radiazioni] s. m. solo sing. ● Elemento chimico, metallo alcalino-terroso, presente nei minerali di uranio, fortemente radioattivo, chimicamente molto reattivo, usato in medicina come antineoplastico e in vari settori scientifici. SIMB. Ra.

ràdio (**4**) [da *radio(fonia)*] **A** s. f. inv. **1** Acrt. di *radiotelefonia, radiotelegrafia, radiofonia*: *navi e aerei comunicano mediante r.* | Acrt. di *radioricevitore*: *comprare una r.*; *accendere la r.* | (*est.*) Acrt. di *radiotrasmissione*: *ascoltare la r.* ➡ ILL. **radio**. **2** Stazione, centro da cui vengono irradiate trasmissioni radiofoniche: *r. Londra* | *R. fante, gavetta*, il rapido trasmettersi delle notizie fra i soldati | *R. carcere*, il rapido trasmettersi delle notizie fra i detenuti. || **radiolìna**, dim. (V.) **B** in funzione di agg. inv. ● (posposto al s.) Nella loc. *onda r.*, radioonda | (*est.*) Di ciò che emette, riceve o comunque utilizza le radioonde: *ponte r.*; *contatto r.*; *collegamento r.* | *Stazione r.*, centro di generazione, emissione e ricezione di radiosegnali | *Apparecchio r.*, radioricevitore | *Giornale r.*, notiziario periodico trasmesso per radio | *Via r.*, per mezzo delle onde radio: *collegarsi via r.*

ràdio- [dal lat. *rădiu(m)* 'raggio'] primo elemento **1** In parole scientifiche e tecniche composte indica relazione con energia raggiante e radiazioni di varia natura: *radiostella, radioestesia*. **2** In parole scientifiche e tecniche composte fa riferimento al radio e alla radioattività (*radioisotopo, radioattivo*) o ai raggi X (*radiografia*). **3** In parole scientifiche e tecniche composte fa riferimento alle onde elettromagnetiche e alle loro applicazioni: *radiocomunicazione, radiofonia, radiotecnica*.

radioabbonàto [comp. di *radio-* e *abbonato*] s. m. (f. *-a*) ● Chi è abbonato alle radioaudizioni.

radioaltìmetro [comp. di *radio-* e *altimetro*] s. m. ● Misuratore di altezza mediante radar.

radioamatóre [comp. di *radio-* e *amatore*] s. m. (f. *-trice*) ● Dilettante che effettua e riceve radiotrasmissioni utilizzando bande di frequenza autorizzate, con un particolare codice di linguaggio e secondo precise convenzioni internazionali.

radioamatoriàle agg. ● Di, relativo a radioamatore: *apparecchiatura r.*

radioascoltatóre [comp. di *radio-* e *ascoltatore*] s. m. (f. *-trice*) ● Chi ascolta le radiodiffusioni.

radioascólto [comp. di *radio-* e *ascolto*] s. m. ● Tempo dedicato da parte di radioamatori o stazioni radio alla ricezione di trasmissioni radiofoniche.

radioassistènza [comp. di *radio-* e *assistenza*] s. f. **1** (*aer., mar.*) Studio delle radioonde per facilitare la navigazione aerea e marittima. **2** (*aer., mar.*) L'insieme dei metodi e degli apparecchi radioelettrici atti a facilitare la navigazione aerea e marittima.

radioassìstere [comp. di *radio-* e *assistere*] v. tr. ● (*aer., mar.*) Facilitare la navigazione aerea o marittima mediante metodi e apparecchi radioelettrici.

radioassistìto part. pass. di *radioassistere*; anche agg. ● Nel sign. del v.

radioastronomìa [comp. di *radio-* e *astronomia*] s. f. ● Branca dell'astronomia che studia le radioonde di natura cosmica.

radioastronòmico agg. (pl. m. -ci) ● Della, relativo alla radioastronomia.

radioastrònomo [comp. di *radio-* e *astronomo*] s. m. ● Studioso, esperto di radioastronomia.

radioattività [ingl. *radioactivity*, comp. di *radio* e *activity* 'attività'] s. f. ● Proprietà di alcune sostanze di emettere radiazioni corpuscolari (raggi alfa e beta) ed elettromagnetiche (raggi gamma) in grado di attraversare corpi opachi, impressionare lastre fotografiche, produrre fluorescenza e fosforescenza, rendere i gas conduttori dell'elettricità | *R. naturale*, propria delle sostanze radioattive che si trovano in natura | *R. artificiale, indotta*, propria delle sostanze non radioattive di per sé, ma rese temporaneamente tali per avvicinamento a un sale di radio o per bombardamento atomico | *R. residua*, presente in zone ove siano avvenute esplosioni nucleari.

radioattìvo [ingl. *radioactive*, comp. di *radio* e *active* 'attivo'] agg. ● Dotato di radioattività: *elemento r.*

radioauditóre [comp. di *radio-* e *auditore*] s. m. (f. *-trice*, raro) ● (*raro*) Radioascoltatore.

radioaudizióne [comp. di *radio-* e *audizione*] s. f. ● Ascolto di radiotrasmissioni.

radiobiologìa [comp. di *radio-* e *biologia*] s. f. ● Studio degli effetti biologici delle radiazioni.

radiobùssola [comp. di *radio-* e *bussola*] s. f. ● (*aer.*) Radiogoniometro di bordo che dà il rilevamento della stazione emittente.

radiocanàle [comp. di *radio-* e *canale*] s. m. ● Intervallo di frequenze che una stazione radio può utilizzare per le proprie trasmissioni.

radio

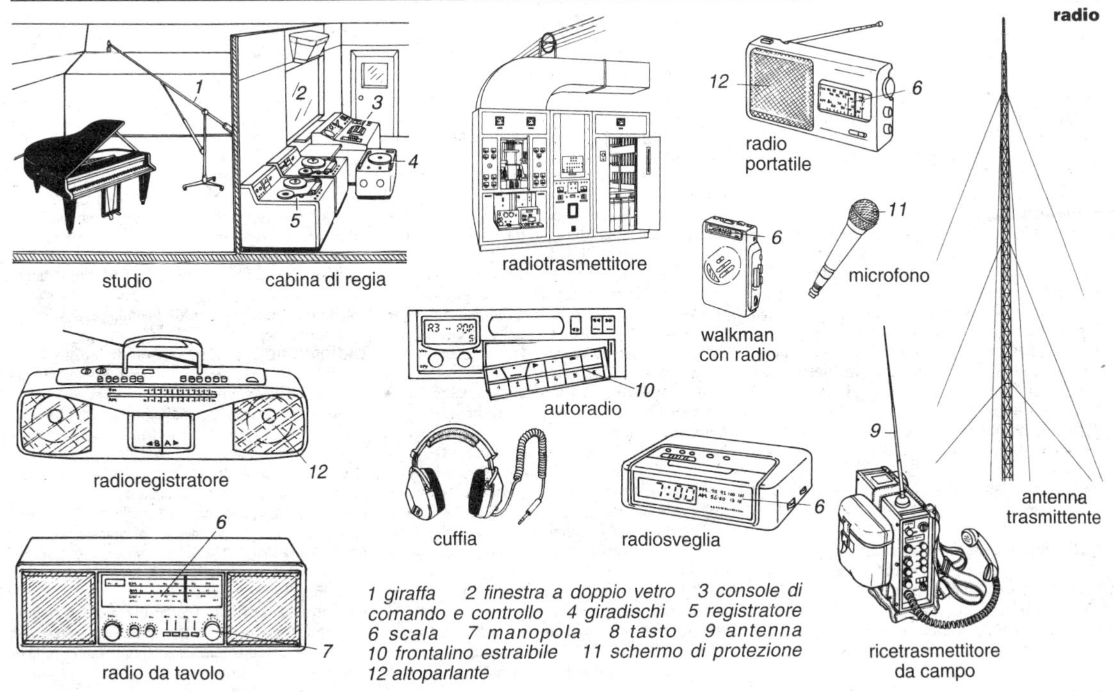

1 giraffa 2 finestra a doppio vetro 3 console di comando e controllo 4 giradischi 5 registratore 6 scala 7 manopola 8 tasto 9 antenna 10 frontalino estraibile 11 schermo di protezione 12 altoparlante

radiocarbònico agg. (pl. m. *-ci*) ● Del, relativo al radiocarbonio | *Analisi radiocarbonica*, metodo di datazione dei resti organici presenti in reperti archeologici e paleontologici.

radiocarbònio [comp. di *radio-* e *carbonio*] s. m. ● Isotopo radioattivo del carbonio, usato per ricerche cliniche, biologiche e archeologiche.

radiocèntro [comp. di *radio-* e *centro*] s. m. ● Complesso delle attrezzature di un centro di radiodiffusione.

radiochìmica [comp. di *radio-* e *chimica*, sul modello dell'ingl. *radiochemistry*] s. f. ● (*chim.*) Ramo della chimica che studia gli aspetti chimici degli elementi radioattivi e gli effetti chimici delle radiazioni nucleari.

radiochirurgìa [comp. di *radio(logia)* e *chirurgia*] s. f. ● Abbinamento della chirurgia e della radiologia nella diagnosi e nella terapia.

radiocìnema [comp. di *radio-* e *cinema*] s. m. inv. ● Trasmissione radiotelevisiva di film.

radiocobàlto [comp. di *radio-* e *cobalto*] s. m. ● Isotopo radiattivo del cobalto, usato spec. in medicina come antineoplastico.

radiocollàre [comp. di *radio-* e *collare*] s. m. ● Collare munito di radiotrasmettitore che viene applicato ad animali selvatici, quali lupi e volpi, per seguirne i movimenti a scopo di studio.

radiocollegaménto [comp. di *radio-* e *collegamento*] s. m. ● Collegamento effettuato per mezzo di onde radio.

radiocollegàre [comp. di *radio* e *collegare*] **A** v. tr. (*io radiocollégo, tu radiocolléghi*) ● Collegare per mezzo di onde radio. **B** v. rifl. rec. ● Collegarsi per mezzo di onde radio.

radiocollegàto part. pass. di *radiocollegare*; anche agg. ● Nel sign. del v.

radiocomandàre [comp. di *radio-* e *comandare*] v. tr. ● Comandare a distanza mediante mezzi radio.

radiocomandàto [part. pass. di *radiocomandare*] agg. ● Comandato a distanza con mezzi radio: *aereo, missile, natante r.*

radiocomàndo [comp. di *radio-* e *comando*] s. m. ● Comando a distanza con mezzi radio.

radiocommèdia [comp. di *radio-* e *commedia*] s. f. ● Commedia opportunamente adattata per essere trasmessa dalla radio.

radiocomunicazióne [comp. di *radio-* e *comunicazione*] s. f. ● Comunicazione attuata per mezzo di radioonde.

radiocontaminazióne [comp. di *radio-* e *contaminazione*] s. f. ● Contaminazione ad opera di sostanze radioattive.

radioconversazióne [comp. di *radio-* e *conversazione*] s. f. ● Conversazione di soggetto vario, radiodiffusa.

radiocrònaca [comp. di *radio-* e *cronaca*] s. f. ● Cronaca di avvenimenti, competizioni sportive, cerimonie e sim. trasmessa per radio durante il loro svolgimento.

radiocronìsta [comp. di *radio-* e *cronista*] s. m. e f. (pl. m. *-i*) ● Chi fa radiocronache.

radiodermatìte [comp. di *radio-* e *dermatite*] s. f. ● (*med.*) Radiodermite.

radiodermìte [comp. di *radio-* e *dermite*] s. f. ● (*med.*) Lesione della cute e dei suoi annessi causata dall'esposizione a radiazioni ionizzanti o a sostanze radioattive. SIN. Radiodermatite.

radiodiàgnosi [comp. di *radio-* e *diagnosi*] s. f. ● (*med.*) Diagnosi formulata in base ai risultati di tecniche radiologiche.

radiodiagnòstica [comp. di *radio-* e *diagnostica*] s. f. ● Parte della radiologia che studia le applicazioni delle radiazioni ionizzanti nella diagnosi delle malattie.

radiodiagnòstico [comp. di *radio-* e *diagnostico*] agg. (pl. m. *-ci*) ● Della, relativo alla radiodiagnostica.

radiodiffóndere [comp. di *radio-* e *diffondere*] v. tr. (coniug. come *diffondere*) ● Diffondere per mezzo di radiotrasmissioni.

radiodiffusióne [comp. di *radio-* e *diffusione*] s. f. ● Diffusione di notiziari, cronache, musica e sim. fatta da stazioni radiotrasmittenti apposite, esistenti in tutto il mondo.

radiodilettànte [comp. di *radio-* e *dilettante*] s. m. e f. ● Radioamatore che impiega apparati di piccola potenza.

radiodistùrbo [comp. di *radio-* e *disturbo*] s. m. ● Ogni perturbazione che renda impossibile o imperfetta la radioricezione o la radiotrasmissione.

radiodràmma [comp. di *radio-* e *dramma*] s. m. (pl. *-i*) ● Opera drammatica scritta per la radio.

radioèco [comp. di *radio-* ed *eco*] s. m. o f. ● Fenomeno per cui un segnale radioelettrico si riflette su un ostacolo e ritorna alla stazione emittente.

radioecologìa [comp. di *radio-* ed *ecologia*] s. f. ● Branca dell'ecologia che si occupa dello studio degli effetti prodotti dalle radiazioni radioattive sull'ambiente e sugli organismi.

radioeleménto [comp. di *radio-* ed *elemento*] s. m. ● Elemento chimico radioattivo.

radioelettricità [da *radioelettrico*] s. f. ● Parte dell'elettrologia che studia e utilizza la trasmissione di segnali per mezzo di onde elettromagnetiche.

radioelèttrico [comp. di *radio-* ed *elettrico*] agg. (pl. m. *-ci*) ● Di, relativo a radioelettricità.

radioemanazióne [comp. di *radio-* ed *emanazione*] s. f. ● (*chim.*) Radon.

radioemissióne [comp. di *radio-* ed *emissione*] s. f. *1* Radiotrasmissione. *2* Emissione di radiazioni.

radioestesìa o **radiestesìa** [comp. di *radio-* e un deriv. del gr. *áisthēsis* 'sensazione' (V. *estetica*)] s. f. ● Facoltà di captare anche a distanza radiazioni di oggetti o esseri viventi, che si manifesta con oscillazioni di un pendolino sostenuto dal ricercatore.

radioestèsico o **radiestèsico**. agg. (pl. m. *-ci*) ● Di, relativo alla radioestesia.

radioestesìsta o **radiestesìsta**. s. m. e f. (pl. m. *-i*) ● Chi pratica la radioestesia.

radiofàro [comp. di *radio-* e *faro*] s. m. ● Stazione radiotrasmittente terrestre, automatica, posta in posizione nota, che permette ad aerei e navi di rilevare la loro posizione e regolare la rotta.

radiofonìa [comp. di *radio-* e *-fonia*] s. f. ● Radiotelefonia.

radiofònico [da *radiofonia*] agg. (pl. m. *-ci*) ● Radiotelefonico | Detto di apparecchio ricevente le emissioni radioelettriche da apposite stazioni. || **radiofonicaménte**, avv. Via radio, per mezzo della radiofonia.

radiofonìsta [da *radiofonia*] s. m. (pl. *-i*) ● Militare specializzato del genio trasmissioni addetto ai collegamenti radiofonici.

radiofonobàr [comp. di *radio(grammo)fono* e *bar*] s. m. ● Mobiletto con radiogrammofono e servizio di bar.

radiofonògrafo [comp. di *radio-* e *fonografo*] s. m. ● Fonografo e apparecchio radioricevente insieme connessi, per la riproduzione di dischi mediante l'amplificatore a bassa frequenza dell'apparecchio radio.

radiofòto [comp. di *radio-* e *foto*] s. f. inv. ● Immagine fotografica trasmessa mediante radiotelefotografia.

radiofotografìa [comp. di *radio-* e *fotografia*] s. f. ● Radiotelefotografia.

radiofrequènza [comp. di *radio-* e *frequenza*] s. f. ● Frequenza delle radioonde.

radiofurgóne [comp. di *radio-* e *furgone*] s. m. ● Automezzo attrezzato per le trasmissioni radiofoniche.

radiogalàssia [comp. di *radio-* e *galassia*] s. f. ● (*astron.*) Galassia la cui emissione di radioonde rispetto all'emissione di onde luminose è molto maggiore che nel caso delle galassie ordinarie.

radiògeno [comp. di *radio-* e *-geno*] agg. ● Che genera raggi X.

radiogoniometrìa [da *radiogoniometro*] s. f. ● Procedimento tecnico che permette di determinare la provenienza di radioonde di qualsiasi origine.

radiogoniomètrico agg. (pl. m. *-ci*) ● Del, relativo al radiogoniometro.

radiogoniòmetro [comp. di *radio-* e *goniometro*] s. m. ● Strumento che consente di determinare la direzione e la provenienza di onde elettromagnetiche, usato spec. per regolare la rotta a bordo di navi o aeromobili.

radiografàre v. tr. (*io radiògrafo*) ● Ritrarre mediante radiografia.

radiografìa [comp. di *radio-* e *-grafia*] s. f. ● Impressione di lastra sensibile mediante i raggi X | (*est.*) La lastra così impressionata | (*fig.*) Esame, analisi molto approfonditi e minuziosi di una situazione, di un evento e sim.: *la r. dei risultati elettorali.*

radiogràfico agg. (pl. m. *-ci*) ● Della, relativo alla radiografia: *esame r.*

radiogràmma (1) [abbr. di *radiotelegramma*] s. m. (pl. *-i*) ● Radiotelegramma.

radiogràmma (2) [comp. di *radio-* e *-gramma*] s. m. (pl. *-i*) ● Lastra sensibile impressionata mediante raggi X.

radiogrammòfono [comp. di *radio-* e *grammofono*] s. m. ● Radiofonografo.

radioguìda [comp. di *radio-* e *guida*] s. f. ● Sistema di guida a distanza, spec. di aerei o di natanti, mediante radioonde.

radioguidàre [comp. di *radio-* e *guidare*] v. tr. ● Guidare mediante radioguida.

radioimmunologìa [comp. di *radio-* e *immunologia*] s. f. ● (*biol.*) Insieme delle tecniche diagnostiche e di ricerca basate sulla reazione antigene--anticorpo e sull'impiego di isotopi radioattivi per la rivelazione della reazione.

radioindicatóre [comp. di *radio-* e *indicatore*] s. m. ● (*chim., nucl.*) Tracciante radioattivo.

radiointerferòmetro [comp. di *radio-*, *interfer(enza)* e *-metro*] s. m. ● Radiotelescopio costituito da due o più antenne opportunamente distanziate che, sfruttando il fenomeno dell'interferenza delle onde, permette di risolvere radiosorgenti di piccole dimensioni angolari.

radiointervìsta [comp. di *radio-* e *intervista*] s. f. ● Intervista effettuata appositamente per essere radiotrasmessa.

radioiòdio [comp. di *radio-* e *iodio*] s. m. ● Isotopo radioattivo dello iodio, usato come tracciante e per la cura del cancro della tiroide.

radioisòtopo [comp. di *radio-* e *isotopo*] s. m. ● Isotopo radioattivo di un elemento.

Radiolàri [dal lat. tardo *radĭolus*, dim. di *rădius* 'raggio', per la presenza di peduncoli disposti a raggiera] s. m. pl. ● Nella tassonomia animale, ordine di Protozoi marini con corpo protetto da un involucro minerale per lo più siliceo, i cui depositi costituiscono la farina fossile (*Radiolaria*) | (al sing. *-io*) Ogni individuo di tale ordine.

radiolarìte [da *Radiolari*] s. f. ● Roccia silicea molto dura, a frattura concoide, dovuta spec. al deposito di involucri di Radiolari.

radiolìna s. f. *1* Dim. di *radio* (*4*). *2* Correntemente, radio a transistor.

radiolo [vc. dotta, lat. *radĭolu(m)* 'piccolo (*-olu(m)*) raggio (*rădiu(m)*)'] s. m. ● (*zool.*) Amulo.

radiolocalizzàre [comp. di *radio-* e *localizzare*] v. tr. ● Individuare oggetti mediante radiolocalizzazione.

radiolocalizzatóre [comp. di *radio-* e *localizzatore*] s. m. ● Radar.

radiolocalizzazióne [comp. di *radio-* e *localizzazione*] s. f. ● Sistema col quale la presenza di un oggetto lontano può essere scoperta mediante l'emissione di onde elettromagnetiche ad altissima frequenza che vengono da esso riflesse.

radiologìa [comp. di *radio-* e *-logia*] s. f. *1* (*fis.*) Studio delle proprietà e delle applicazioni delle radiazioni elettromagnetiche di cortissima lunghezza d'onda, spec. dei raggi X e gamma, e delle radiazioni corpuscolari emesse da sostanze radioattive. *2* (*med.*) *R. medica*, (*ell.*) *radiologia*, studio e applicazione dei raggi X e gamma per scopi diagnostici e terapeutici.

radiològico agg. (pl. m. *-ci*) ● Della, relativo alla radiologia | *Diagnosi radiologica*, effettuata con l'ausilio della radiologia.

radiòlogo [comp. di *radio-* e *-logo*] s. m. (f. *-a*; pl. m. *-gi*, pop. *-ghi*) ● Studioso, specialista in radiologia.

radioluminescènza [comp. di *radio-* e *luminescenza*] s. f. ● (*fis.*) Scintillazione.

radiomessàggio [comp. di *radio-* e *messaggio*] s. m. ● Messaggio trasmesso per radio.

radiometallografìa [comp. di *radio-* e *metallografia*] s. f. ● Applicazione dei raggi X alle indagini metallografiche.

radiometeorologìa [comp. di *radio-* e *meteorologia*] s. f. ● (*meteor.*) Disciplina che studia gli effetti delle condizioni atmosferiche sulla propagazione radioelettrica.

radiometrìa [comp. di *radio-* e *-metria*] s. f. ● (*fis.*) Misura dell'energia posseduta o ceduta da una radiazione.

radiomètrico agg. (pl. m. *-ci*) ● (*fis.*) Relativo alla radiometria.

radiòmetro [comp. di *radio-* e *-metro*] s. m. ● Strumento per la misura delle radiazioni.

radiomicròfono [comp. di *radio-* e *microfono*] s. m. ● Microfono collegato a un radiotrasmettitore tascabile che invia il segnale a un radioricevitore ed è usato nelle situazioni in cui l'ordinario cavo di collegamento sarebbe di intralcio o di impedimento.

radiomicròmetro [comp. di *radio-*, *micro-* e *metro*] s. m. ● Strumento che permette di misurare l'energia raggiante.

radiomisùra [comp. di *radio-* e *misura*] s. f. ***1*** (*tecnol.*) Misura relativa a grandezze radioelettriche. ***2*** (*mil.*) Complesso di operazioni atte a danneggiare le apparecchiature radioelettriche nemiche o a proteggere le proprie.

radiomòbile [comp. di *radio-* e *mobile*] s. f. ***1*** Autoradio nel sign. 2. ***2*** Telefono cellulare.

radiomontàggio [comp. di *radio-* e *montaggio*] s. m. ● Programma radiofonico allestito utilizzando un insieme eterogeneo di registrazioni sonore opportunamente montate.

radiomontatóre [comp. di *radio-* e *montatore*] s. m. (f. *-trice*) ● Operaio, tecnico specializzato nel montaggio di apparecchiature radioelettriche o elettroniche.

radionavigazióne [comp. di *radio-* e *navigazione*] s. f. ● (*mar.*, *aer.*) Navigazione che si avvale dell'assistenza di metodi e apparecchi radioelettrici.

radionuclìde [comp. di *radio-* e *nuclide*] s. m. ● (*fis.*) Nuclide radioattivo.

radioónda [comp. di *radio-* e *onda*] s. f. ● (*spec. al pl.*) Onde elettromagnetiche usate per trasmissioni radio, radiotelegrafiche, televisive e sim. di lunghezza d'onda compresa fra i 10^{-1} cm e i 10^{7} cm. SIN. Onda hertziana.

radiooscillatóre [comp. di *radio-* e *oscillatore*] s. m. ● (*rad.*) Oscillatore elettrico a radiofrequenza.

radiopacità [comp. di *radio-* e *opacità*] s. f. ● (*fis.*, *med.*) Qualità delle sostanze radiopache.

radiopàco [comp. di *radio-* e *opaco*] agg. (pl. m. *-chi*) ● (*fis.*, *med.*) Opaco ai raggi X o ad altre radiazioni, detto per es. dei mezzi di contrasto usati in radiologia.

radiopilòta [comp. di *radio-* e *pilota*] s. m. (pl. *-i*) ● Dispositivo che, a bordo di aeromobili, può essere radiocomandato a fare le veci del pilota.

radiopolarìmetro [comp. di *radio-* e *polarimetro*] s. m. ● (*rad.*) Strumento utilizzato per la misurazione del grado di polarizzazione delle onde radio.

radiopropagazióne [comp. di *radio-* e *propagazione*] s. f. ● Trasmissione di energia per mezzo di onde radio.

radioprotettóre [comp. di *radio-* e *protettore*] **A** agg. ● Detto di sostanza, azione o mezzo capace di proteggere dalle radiazioni di qualunque genere: *farmaci radioprotettori*. **B** anche s. m.

radioprotezióne [comp. di *radio-* e *protezione*] s. f. ● (*biol.*, *tecnol.*) Studio dei metodi atti ad evitare i danni biologici delle radiazioni ionizzanti e non ionizzanti.

radioregistratóre [comp. di *radio-* e *registratore*] s. m. ● Apparecchio che riunisce una radio e un registratore consentendo così di registrare su cassetta i programmi della radio e di riascoltarli.

radiorelè [comp. di *radio-* e *relè*] s. m. ● (*rad.*) Relè elettromagnetico azionato da un radiosegnale, utilizzato in diversi tipi di radiocomandi.

radioricevènte [comp. di *radio-* e *ricevente*] **A** agg. ● Atto alla ricezione delle radioonde: *stazione r.* | *Apparecchio r.*, radioricevitore. **B** s. f. ***1*** Radioricevitore. ***2*** Stazione radioricevente.

radioricevitóre [comp. di *radio-* e *ricevitore*] s. m. ● Apparecchio radioricevente.

radioricezióne [comp. di *radio-* e *ricezione*] s. f. ● Ricezione di radiotrasmissioni.

radioriflettènte [da *radio-* e *riflettente*] agg. ● (*rad.*) Che è in grado di riflettere onde radio.

radiorilevaménto [comp. di *radio-* e *rilevamento*] s. m. ● (*aer.*) Nell'aeronavigazione radioassistita, rilevamento eseguito mediante apparecchi radioelettrici, quali il radiogoniometro e il radar.

radioriparatóre [comp. di *radio-* e *riparatore*] s. m. ● Tecnico che ripara radioricevitori.

radioripetitóre [comp. di *radio-* e *ripetitore*] s. m. ● (*rad.*) Dispositivo che, dopo aver ricevuto i segnali radio, li amplifica e li propaga verso un'altra stazione.

radioscandàglio [comp. di *radio-* e *scandaglio*] s. m. ● Radiolocalizzatore per ricerche sottomarine.

radioscintillazióne [comp. di *radio-* e *scintillazione*] s. f. ● (*astron.*) Fluttuazione dell'intensità dei segnali provenienti da una radiosorgente.

radioscopìa [comp. di *radio-* e *-scopia*] s. f. ● (*med.*) Esame radiologico diretto mediante raggi X su schermo fluorescente.

radioscòpico agg. (pl. m. *-ci*) ● Della, relativo alla radioscopia.

radioscrivènte [comp. di *radio-* e (*tele*)*scrivente*] s. f. ● (*rad.*) Radiotelescrivente.

radiosegnalatóre [comp. di *radio-* e *segnalatore*] s. m. ● Indicatore di radiosegnali.

radiosegnàle [comp. di *radio-* e *segnale*] s. m. ● Segnale per mezzo di radioonde: *r. orario*.

radiosensibilità [comp. di *radio-* e *sensibilità*] s. f. ● (*med.*) Diversa reattività delle cellule e dei tessuti all'azione delle radiazioni ionizzanti.

radiosentièro [comp. di *radio-* e *sentiero*] s. m. ● Spazio entro il quale un segnale radio emesso da un radiofaro può essere ricevuto da un aereo.

radioservìzio [comp. di *radio-* e *servizio*] s. m. ***1*** Servizio giornalistico trasmesso per radio. ***2*** Insieme dei servizi e dei supporti radioelettrici di terra per l'assistenza alla navigazione aerea o marittima.

radiosità s. f. ● Qualità di ciò che è radioso (*anche fig.*).

radióso [vc. dotta, lat. *radiōsu*(*m*), da *rădius* 'raggio'] agg. ***1*** Raggiante, sfolgorante (*anche fig.*): *sole r.*; *bellezza radiosa*; *voi / disparirete, radïose schiere, / ne l'infinito* (CARDUCCI). SIN. Smagliante, splendente. ***2*** (*fig.*) Felice, gioioso: *sorriso r.*

radiosónda [comp. di *radio-* e *sonda*] s. f. ● Meteorografo provvisto di stazione radiotrasmittente che invia i dati raccolti a una stazione radioricevente al suolo. SIN. Telesonda.

radiosondàggio [comp. di *radio-* e *sondaggio*] s. m. ● Sondaggio con mezzi radioelettrici | *R. ionosferico*, misurazione delle caratteristiche elettriche della ionosfera mediante una ionosonda | *R. atmosferico*, misurazione delle caratteristiche dell'atmosfera mediante una radiosonda.

radiosorgènte [comp. di *radio-* e *sorgente*] s. f. ***1*** Sorgente di radioonde. ***2*** (*astron.*) Corpo celeste la cui emissione di radioonde può essere captata dai radiotelescopi | *R. galattica*, *extragalattica*, *r. discreta*, radiosorgente localizzata.

radiospèttro [comp. di *radio-* e *spettro*] s. m. ● (*fis.*) Spettro di emissione di una sorgente di radiazioni elettromagnetiche a frequenze radio.

radiospettrògrafo [comp. di *radio-* e *spettrografo*] s. m. ● (*rad.*) In radioastronomia, strumento che permette di registrare l'intensità di emissione di una sorgente radio in funzione della frequenza.

radiospìa [comp. di *radio-* e *spia*] s. f. ● Radiotrasmettitore miniaturizzato, usato per captare di nascosto conversazioni o telefonate e trasmetterle a una stazione ricevente, a scopo di spionaggio o di investigazione.

radiospolétta [comp. di *radio-* e *spoletta*] s. f. ● Radarspoletta.

radiostazióne [comp. di *radio-* e *stazione*] s. f. ● Stazione radiotrasmittente.

radiostélla [comp. di *radio-* e *stella*] s. f. ● Radiosorgente discreta.

radiostellàre [comp. di *radio-* e *stellare*] agg. ***1*** (*astron.*) Relativo alle radiostelle. ***2*** (*est.*) Relativo alla radioastronomia.

radiostereofonìa [comp. di *radio-* e *stereofonia*] s. f. ● (*rad.*) Sistema di radiotrasmissione a modulazione di frequenza che permette la ricezione stereofonica dei suoni.

radiostereofònico [comp. di *radio-* e *stereofonico*] agg. (pl. m. *-ci*) ● (*rad.*) Che riguarda la radiostereofonia | Ottenuto per mezzo della radiostereofonia: *trasmissione radiostereofonica*.

radiosvéglia [comp. di *radio-* e *sveglia*] s. f. ● Apparecchio radio la cui accensione all'ora desiderata è comandata da un orologio a sveglia.

radiotàxi o **radiotassì** [comp. di *radio-* e *taxi*] s. m. ● Auto pubblica, munita di apparecchio radio ricevente e trasmittente, che viene indirizzata sul luogo richiesto da una centrale cui fanno capo tutte le chiamate dei clienti.

radiotècnica [comp. di *radio-* e *tecnica*] s. f. ● Scienza e tecnica che si occupa spec. delle radioonde e dei mezzi per produrle, trasmetterle e riceverle.

radiotècnico **A** s. m. (pl. *-ci*) ● Persona che si occupa di radiotecnica applicata. **B** agg. ● Della, relativo alla radiotecnica.

radiotelecomandàre [comp. di *radio-* e *telecomandare*] v. tr. ● (*rad.*) Comandare a distanza con mezzi radio.

radiotelecomandàto [comp. di *radio-* e *telecomandato*] part. pass. di *radiotelecomandare*, anche agg. ● Nei sign. del v. SIN. Radiocomandato.

radiotelecomàndo [comp. di *radio-* e *telecomando*] s. m. ● Radiocomando.

radiotelefonìa [comp. di *radio-* e *telefonia*] s. f. ● Trasmissione di suoni mediante onde elettromagnetiche.

radiotelefònico agg. (pl. m. *-ci*) ● Della, relativo alla, radiotelefonia | *Contatto r.*, trasmissione e ricezione, via radio, di parole, canto, musica.

radiotelèfono [comp. di *radio-* e *telefono*] s. m. ***1*** Apparecchio portatile radioricevente e trasmittente ***2*** Telefono cellulare.

radiotelefotografìa [comp. di *radio-* e *telefotografia*] s. f. ● Trasmissione a distanza di fotografie, disegni e sim. per mezzo di onde elettromagnetiche.

radiotelegrafàre [den. di *radiotelegrafo*] v. tr. e intr. (*io radiotelègrafo*; aus. *avere*) ● Trasmettere, comunicare per mezzo del radiotelegrafo.

radiotelegrafìa [comp. di *radio-* e *telegrafia*] s. f. ● Trasmissione di segnali telegrafici per mezzo di onde elettromagnetiche.

radiotelegràfico agg. (pl. m. *-ci*) ● Della, relativo alla radiotelegrafia | *Contatto r.*, trasmissione e ricezione, via radio, di comunicazioni in codice telegrafico.

radiotelegrafìsta [da *radiotelegrafia*] s. m. e f. (pl. m. *-i*) ● Operatore di una stazione radiotelegrafica. SIN. Marconista.

radiotelègrafo [comp. di *radio-* e *telegrafo*] s. m. ● Trasmettitore di segnali telegrafici operante per mezzo di onde elettromagnetiche.

radiotelegràmma [comp. di *radio-* e *telegramma*] s. m. (pl. *-i*) ● Comunicazione radiotelegrafica. SIN. Marconigramma.

radiotelemetrìa [da *radiotelemetro*] s. f. ● Telemetria che impiega radioonde.

radiotelèmetro [comp. di *radio-* e *telemetro*] s. m. ● Apparecchio impiegato nella radiotelemetria.

radiotelescòpio [comp. di *radio-* e *telescopio*] s. m. ● Complesso radio ricevente particolarmente adatto a captare le radioonde di natura cosmica, stabilirne la direzione di provenienza e misurarne la densità di flusso.

radiotelescrivènte [comp. di *radio-* e *telescrivente*] s. f. ● Telescrivente il cui collegamento avviene mediante radioonde. SIN. Radioscrivente.

radiotelevisióne [comp. di *radio-* e *televisione*] s. f. ***1*** Trasmissione di immagini in movimento per mezzo di onde elettromagnetiche. ***2*** L'insieme degli impianti e delle trasmissioni radiofoniche e televisive.

radiotelevisìvo [comp. di *radio* (*4*) e *televisivo*] agg. ● Della, relativo alla radiotelevisione.

radioterapèutico agg. (pl. m. *-ci*) ● Della, relativo alla radioterapia.

radioterapìa [comp. di *radio-* e *-terapia*] s. f. ● (*med.*) Parte della radiologia che studia le possibilità di applicazione delle radiazioni ionizzanti nella cura delle malattie, spec. dei tumori.

radioteràpico agg. ● Di, relativo a radioterapia.

radioterapìsta s. m. o f. (pl. m. *-i*) ● Medico o tecnico specializzato in radioterapia.

radiotrasméttere [comp. di *radio-* e *trasmettere*] v. tr. (coniug. come *trasmettere*) ● Trasmettere per radio.

radiotrasmettitóre [comp. di *radio-* e *trasmettitore*] s. m. ● Apparecchio per la trasmissione a mezzo onde radio.

radiotrasmissióne [comp. di *radio-* e *trasmissione*] s. f. ● Trasmissione di segnali, programmi, messaggi e sim. per mezzo di onde elettromagnetiche | Comunemente, ciò che viene trasmesso da una rete radiofonica pubblica o privata. SIN. Radioemissione.

radiotrasmittènte A part. pres. di *radiotrasmettere*; anche agg. ● Nel sign. del v. B s. f. ● L'insieme delle apparecchiature e degli impianti per eseguire radiotrasmissioni.

radiotrasparènte [comp. di *radio-* e *trasparente*] agg. ● (*med.*) Detto di tessuto che permette il passaggio delle radiazioni ionizzanti, così da impressionare una pellicola situata oltre il tessuto stesso.

radioulnàre [comp. di *radio* (*2*) e *ulna*, con suff. agg.] agg. ● (*anat.*) Che concerne il radio e l'ulna: *articolazione r.*

radioutènte [comp. di *radio-* e *utente*] s. m. e f. ● Chi possiede un apparecchio radioricevente e paga il canone prescritto per l'uso.

radiovènto [comp. di *radio-* e *vento*] s. m. ● Strumentazione per la determinazione del vento in quota inseguendo, con apparecchiature elettroniche, la traiettoria di un pallone libero nell'atmosfera.

radiovisióne [comp. di *radio-* e *visione*] s. f. ● Radiotelevisione, nel sign. 1.

raditā s. f. ● (*raro*) L'essere rado o raro.

raditùra [da *radere*] s. f. *1* Raschiatura. *2* (*raro*) Rasatura.

ràdium ● V. *radio* (*3*).

radiumterapìa [comp. di *radium* e *terapia*] s. f. ● Radioterapia.

ràdo (1) [lat. *rāru*(*m*) 'raro', con dissimilazione] A agg. *1* Che non ha compattezza, spessore, non è strettamente congiunto nelle sue parti: *panno r.*; *tela rada.* CONTR. Fitto. *2* Che non è folto: *capelli ormai r.*; *piante rade*; *barba rada.* CONTR. Folto. *3* Non frequente nel tempo: *incontri molto radi* | (*lett.*) *Rade volte*, raramente | *Di r.*, raramente | *Non di r.*, spesso. SIN. Raro. ‖ **radétto**, dim. | **radóne**, accr. ‖ **radaménte**, avv. Di rado, raramente. B avv. ● (*poet.*) Raramente.

ràdo (2) ● V. *radon*.

radome /*ingl.* 'reidoum; 'radome/ [vc. ingl., da *radar*] s. m. inv. ● Struttura, gener. a forma di cupola, per la protezione di radar, costruita con materiali, come la vetroresina, che, pur essendo resistenti, lascino passare le onde radar.

ràdon o **ràdo** (2) [da *radium*] s. m. ● Elemento chimico, gas nobile radioattivo, emanazione del radio da cui si genera per perdita di una particella alfa. SIMB. Rn. SIN. Radioemanazione.

radóre [da *rado*] s. m. ● (*raro*) Radezza | †Radura.

ràdula [vc. dotta, lat. *rādula*(*m*) 'raschiatoio', da *rādere*] s. f. ● (*zool.*) Massa muscolare ricoperta di dentelli chitinosi rinnovabili e disposti in serie trasversali, che si trova nella bocca di alcuni molluschi.

radùme s. m. ● (*raro*) L'essere rado | (*pegg.*) Parti rade di q.c. o cose molto rade: *il r. di un bosco*; *quella tela è un r.*

radunàbile agg. ● (*raro*) Che si può radunare.

radunaménto s. m. ● (*raro*) Atto, effetto del radunare o del radunarsi | *R. di umori*, accolta | *R. di acque*, massa di acque. SIN. Ammassamento.

radunànza o †**ragunànza**, †**raunànza** [da *radunare*] s. f. *1* (*raro*) Ammassamento, accumulo di cose: *r. di acque, di tesori.* *2* (*raro*) Adunanza, riunione, assembramento di persone: *o Nerina, a radunanze, a feste / tu non ti acconci più, tu più non movi* (LEOPARDI).

radunàre o †**ragunàre**, †**raunàre** [comp. di *r*(*i*)- e *adunare*] A v. tr. *1* Riunire, adunare in uno stesso luogo: *r. il popolo sulla piazza* | Mettere insieme raccogliendo qua e là: *r. un esercito di sbandati.* *2* (*est.*) Ammassare, accumulare: *r. tesori.* *3* (*mar.*) *R. le rotte*, eseguire il calcolo grafico e analitico per determinare, partendo da un punto osservato, le coordinate del punto stimato dopo aver percorso rotte diverse. B v. intr. pron. ● Raccogliersi, riunirsi, assembrarsi | †*Radunarsi con qc.*, diventare dello stesso partito di qc.

radunàta o †**ragunàta**, †**raunàta** [da *radunato*] s. f. *1* Il radunare o il radunarsi in un luogo | *Fare r.*, raccogliere molte persone in un luogo. *2* Adunanza, riunione di persone: *una r. molto chiassosa* | *R. sediziosa*, di dieci o più persone tale da esporre a pericolo l'ordine pubblico o la pubblica tranquillità. *3* (*mil.*) Complesso dei trasporti e dei movimenti con i quali le forze dell'esercito di campagna si raccolgono in una zona prestabilita per procedere allo schieramento previsto per le operazioni di guerra.

radunàto o †**ragunàto**, †**raunàto**. part. pass. di *radunare*; anche agg. ● Nei sign. del v.

radunatóre o †**ragunatóre**, †**raunatóre**. agg.; anche s. m. (f. *-trice*) ● (*raro*) Che, chi raduna.

radunìsta s. m. e f. (pl. m. *-i*) ● (*raro*) Chi partecipa a un raduno, spec. sportivo.

radùno s. m. ● Il radunare o il radunarsi in un luogo: *un grande r. di turisti*; *un r. sportivo, letterario.*

radùra [da *rado*] s. f. *1* Parte rada di q.c.: *una stoffa con molte radure.* *2* Spazio privo di alberi in un bosco | Spazio privo di erba in un prato.

rafanèllo ● V. *ravanello.*

ràfano [lat. *răphanu*(*m*), nom. *răphanus*, dal gr. *ráphanos*, di origine indeur.] s. m. ● Pianta erbacea delle Crocifere, con ciuffo di foglie basali e fiori venati di viola, che è coltivata in parecchie varietà per le radici piccanti usate in cucina (*Raphanus sativus*).

ràfe [vc. dotta, gr. *raphḗ* 'cucitura', da *ráptein* 'cucire', di origine indeur.] s. m. *1* (*anat.*) Sutura naturale fra parti simmetriche o fra le due metà di un organo. *2* (*bot.*) Nelle Diatomee, la linea che attraversa longitudinalmente tutto il corpo dell'alga.

ràffa [da *raffare*] s. f. *1* Nella loc. avv. *di riffa o di r.*, in un modo o nell'altro, in ogni modo: *vogliono guadagnarci sopra o di riffa o di r.* *2* †Nella loc. avv. *a ruffa a r.*, *alla ruffa alla r.*, prendendo e afferrando in fretta e furia, disordinatamente e a chi più può. *3* Nel gioco delle bocce, tiro della propria boccia effettuato facendola rotolare sul terreno per colpire e spostare un'altra boccia o il boccino.

†**raffacciàre** [da *faccia*, col pref. *ra-*] v. tr. ● Rinfacciare.

†**raffàccio** [da *raffacciare*] s. m. ● (*lett.*) Rinfaccio, rimprovero.

raffaèlla agg. ● Solo nella loc. avv. *alla r.*, alla maniera di Raffaello | *Capelli alla r.*, lunghi fino alle spalle e acconciati come quelli di Raffaello nell'autoritratto | *Berretto, cappello alla r.*, basco ampio ricadente da un lato come quelli dipinti da Raffaello.

raffaellésco agg. (pl. m. *-schi*) *1* Di, relativo a Raffaello Sanzio (1483-1520): *studi raffaelleschi.* *2* Della maniera di Raffaello: *stile r.* *3* (*est.*) Elegante, fine, puro: *profilo r.*; *grazia raffaellesca.*

raffagottàre [comp. di *r*(*i*)- e *affagottare*] v. tr. (*io raffagòtto*) ● Avvolgere alla meglio in un fagotto.

raffàre [longob. *hraffōn* 'strappare'] A v. tr. *1* †Arraffare, rapire. *2* Nel gioco delle bocce, colpire e spostare una boccia o il boccino con la propria, fatta rotolare sul terreno. B v. intr. (aus. *avere*) ● Effettuare una raffa.

raffazzonaménto s. m. ● Atto, modo ed effetto del raffazzonare | Ciò che è raffazzonato: *quel libro è solo un r. di idee diverse.* SIN. Abborracciamento.

raffazzonàre [comp. di *r*(*i*)- e *affazzonare*] v. tr. (*io raffazzóno*) *1* Accomodare, abbellire alla meglio una cosa mal fatta o mal riuscita: *r. un vestito, un quadro* | *R. un discorso*, comporlo in fretta, senza cura. SIN. Abborracciare. *2* †Acconciare, adornare.

raffazzonatóre s. m. (f. *-trice*) ● Chi raffazzona, spec. di artista, scrittore, musicista che lavora senza impegno o adattando opere altrui.

raffazzonatùra s. f. ● Raffazzonamento.

rafférma [da *raffermare* (*2*)] s. f. *1* Conferma in un ufficio, un incarico. *2* Vincolo volontario a prolungare il servizio militare oltre il termine previsto dalla ferma di leva.

raffermàre (1) ● V. *riaffermare.*

raffermàre (2) [comp. di *r*(*i*)- e *affermare*; nel sign. B 2, da *ferma*, col pref. *ra-*] A v. tr. (*io rafférmo*) *1* (*tosc.*) Riconfermare q.c. o qc. in un ufficio, una carica: *r. i patti*; *lo hanno raffermato assessore.* *2* (*raro*) Rendere saldo, assicurare: *r. q.c. con una fune.* *3* †Rinnovare | †*R. i colpi*, insistervi, incalzare. B v. intr. e intr. pron. (aus. *essere*) ● (*tosc.*) Diventare duro, sodo o raffermo: *è un composto che non rafferma*; *il pane si è raffermato troppo.* C v. rifl. ● (*mil.*) Rinnovare la ferma.

raffermatóre agg.; anche s. m. (f. *-trice*) ● (*raro*) Che, chi rafferma.

†**raffermazióne** s. f. ● Rafferma.

raffémo [da *rafferm*(*at*)*o*, part. pass. di *raffermare* (*2*)] agg. ● Non fresco, un po' indurito, detto spec. del pane: *un dolce r.* SIN. Assodato.

ràffia ● V. *rafia.*

raffibbiàre ● V. *riaffibbiare.*

ràffica [da avvicinare a *raffare* (?)] s. f. *1* Variazione improvvisa della velocità del vento durante un breve intervallo di tempo | *Vento a raffiche*, che soffia con buffi improvvisi, repentini e violenti: *Le raffiche lo sbattono e lo schiaffeggiano fischiando* (MORANTE). *2* Serie di colpi consecutivi sparati con un'arma automatica leggera a tiro continuo: *r. di mitra* | *Tiro a raffiche*, scariche intermittenti di armi automatiche. *3* (*fig.*) Successione rapida e violenta: *una r. di scioperi*; *scioperi a r.*; *una r. di rincari nei prezzi*; *una r. di contumelie.*

†**raffidàre** [comp. di *r*(*i*)- e *affidare*] A v. tr. ● Rassicurare, rincuorare. B v. intr. pron. ● Confidarsi.

raffievolìre [comp. di *r*(*i*)- e *affievolire*] v. tr. e intr. pron. (*io raffievolisco, tu raffievolisci*) ● Fare diventare, diventare più fievole.

raffiguràbile agg. ● Che si può raffigurare.

raffiguraménto s. m. ● (*raro*) Atto, effetto del raffigurare.

raffiguràre [comp. di *r*(*i*)- e *affigurare*] v. tr. *1* Riconoscere alla figura, all'aspetto. *2* Figurare, rappresentare: *quell'affresco raffigura un paesaggio autunnale* | *Non riuscire a raffigurarsi qc.*, non riuscire a immaginarne le sembianze. *3* Simboleggiare: *la lonza dantesca raffigura la lussuria.*

raffigurazióne s. f. *1* Atto, effetto del raffigurare | Rappresentazione figurativa: *le varie raffigurazioni pittoriche della Madonna*; *una r. della Crocifissione.* *2* (*est.*) Rappresentazione simbolica: *la colomba è la r. della pace.*

raffilàre o **riaffilàre** nel sign. 1 [comp. di *r*(*i*)- e *affilare*] v. tr. *1* Affilare nuovamente: *r. le forbici.* *2* Pareggiare tagliando a filo: *r. i capelli.* SIN. Rifilare.

raffilatóio [da *raffilare*] s. m. ● (*tip.*) Taglierina.

raffilatrìce [da *raffilare*] s. f. ● Macchina utensile impiegata per rifilare contemporaneamente i due bordi lunghi di lastre appositamente preparate per la fabbricazione delle marmette.

raffilatùra s. f. *1* Atto, effetto del raffilare. *2* Materiale scartato raffilando q.c.

raffinaménto s. m. ● Atto, effetto del raffinare o del raffinarsi (*anche fig.*): *il r. dello zucchero*; *abbiamo assistito al r. della sua sensibilità.*

raffinàre [comp. di *r*(*i*)- e *affinare*] A v. tr. *1* Purificare prodotti greggi con opportuni trattamenti chimici o fisici: *r. olio, zucchero, sale.* *2* (*fig.*) Sgrossare, ingentilire: *r. la propria educazione, il gusto* | (*fig.*) Perfezionare, migliorare: *ha raffinato la sua lingua* | (*fig.*) *R. i concetti*, farli diventare troppo astrusi e sottili. *3* †Limare, assottigliare. B v. intr. pron. e †intr. (aus. *essere*) *1* Purificarsi | (*fig.*) Perfezionarsi, affinarsi, ingentilirsi. *2* (*raro*) Assottigliarsi.

raffinatézza s. f. *1* (*fig.*) L'essere raffinato: *possiede una grande r. di modi.* SIN. Finezza, squisitezza. CONTR. Grossolanità. *2* Ciò che è raffinato, squisito: *conoscere tutte le raffinatezze della tavola.*

raffinàto A part. pass. di *raffinare*; anche agg. ● Nei sign. del v. ‖ **raffinataménte**, avv. In modo raffinato: *arredare raffinatamente la propria casa*; in contesti negativi, con sottile piacere: *raffinatamente crudele.* B s. m. (f. *-a*) ● Chi ha gusti raffinati, ostenta eleganza o ama le squisitezze e gli agi della vita: *una compagnia di raffinati.*

raffinatóio [da *raffinato*] s. m. ● Crogiuolo per la raffinazione dei metalli.

raffinatóre A agg. (f. *-trice*) ● Che raffina: *macchina raffinatrice.* B s. m. *1* Chi raffina | Chi nell'àmbito industriale sottopone a trattamento di raffinazione prodotti greggi. *2* Macchina per raffinare paste dure o dense, nell'industria alimentare, dolciaria, dei colori e sim.

raffinatùra s. f. ● (*raro*) Raffinamento, raffinazione.
raffinazióne [da *raffinare*] s. f. ● Operazione industriale consistente nel rendere più pura una sostanza grezza: *la r. dello zucchero, del sale, dell'olio* | *R. del petrolio*, distillazione frazionata del greggio per separarne i vari componenti | *R. dei grassi*, purificazione dei grassi animali e vegetali per renderli atti all'uso alimentare.
raffinerìa [fr. *raffinerie*, da *raffiner* 'raffinare'] s. f. ● Stabilimento ove si effettua la raffinazione di prodotti industriali: *r. di petrolio* | *Gas di r.*, idrocarburi gassosi ottenuti come sottoprodotto della lavorazione del petrolio.
†**raffinìre** [da *fine*, col pref. *ra-*] v. intr. *1* Divenire più fine: *la virtù perseguitata raffinisce come al fuoco l'oro* (VASARI). *2* (*fig.*) Farsi più sagace, astuto.
ràffio [longob. *krapfo* 'uncino'] s. m. *1* Arnese di ferro a denti uncinati, con manico, per afferrare oggetti | Uncino di ferro innestato, rampino | (*raro*) *Tirare su con i raffi*, (*fig.*) con grande sforzo e difficoltà. *2* Gancio in acciaio con manico metallico per arpionare il pesce. ➡ ILL. **pesca**. || **raffiétto**, dim.
†**raffittàre** ● V. *riaffittare*.
raffittìre [comp. di *r(i)-* e *affittire*] **A** v. tr. (*io raffittìsco, tu raffittìsci*) ● (*raro*) Fare diventare più fitto o più frequente: *r. una siepe*; *r. le visite*. **B** v. intr. e intr. pron. (aus. *essere*) ● Diventare più denso o più fitto: *la grandine raffittisce*; *le tenebre si sono raffittite*.
rafforzaménto s. m. *1* Atto, modo ed effetto del rafforzare o del rafforzarsi (*anche fig.*): *il r. della guarnigione*; *il r. di un'idea, di una convinzione* | *Lavori di r.*, di fortificazione campale. *2* (*ling.*) Aumento dell'intensità nell'articolazione di una consonante.
rafforzàre [comp. di *r(i)-* e *afforzare*] **A** v. tr. (*io raffòrzo*) ● Fare diventare più forte, saldo, resistente (*anche fig.*): *r. un muro*; *r. un dubbio* | *R. un suono*, dargli maggiore intensità. **B** v. intr. pron. ● Fortificarsi, rinforzarsi.
rafforzatìvo agg. *1* Che rafforza. *2* (*ling.*) Detto di elemento che serve ad accrescere l'intensità espressiva di una parola o di una frase.
rafforzàto part. pass. di *rafforzare*; anche agg. *1* Nei sign. del v. *2 Legge rafforzata*, quando nel corso del suo procedimento formativo sono stati chiamati a fornire pareri organi estranei al Parlamento.
raffratellàre [comp. di *r(i)-* e *affratellare*] **A** v. tr. (*io raffratèllo*) ● Affratellare, affratellare di nuovo. **B** v. rifl. rec. ● Tornare ad essere come fratelli o a stringersi in fraterna unione.
raffreddaménto s. m. *1* Atto, modo ed effetto del raffreddare o del raffreddarsi (*anche fig.*): *noto in voi un certo r. nei miei confronti* | *Impianto, circuito di r.*, apparecchiatura per smaltire il calore prodotto da una macchina, da un motore, mediante circolazione d'aria, d'acqua e sim. | (*est.*) Refrigerazione. *2* (*med.*) Infreddatura.
raffreddàre [comp. di *r(i)-* e *affreddare*] **A** v. tr. (*io raffréddo*) *1* Fare diventare freddo o più freddo: *r. una bevanda con ghiaccio* | Refrigerare, rinfrescare: *il temporale ha raffreddato l'aria*. *2* (*fig.*) Rendere meno fervido, vivo, intenso: *r. l'amore, l'interesse per qc.* **B** v. intr. pron. *1* Diventare freddo: *l'ambiente si è raffreddato*. *2* (*fig.*) Perdere l'ardore, il fervore o diminuire di intensità: *il desiderio si raffreddò*; *la loro amicizia si è molto raffreddata*. SIN. Intiepidirsi. *3* (*med.*) Infreddarsi, prendere un raffreddore.
raffreddàto part. pass. di *raffreddare*; anche agg. ● Nei sign. del v.
raffreddatóre **A** agg.; anche s. m. (f. *-trice*) ● (*raro*) Che, chi raffredda (*anche fig.*). **B** s. m. ● Parte metallica inserita in una forma, allo scopo di accelerare la solidificazione del metallo fuso.
raffreddatùra s. f. *1* (*raro*) Il raffreddare o il raffreddarsi. *2* Raffreddore.
raffreddóre [da *raffreddare*] s. m. ● (*med.*) Infiammazione acuta delle mucose del naso e della faringe. SIN. Coriza, rinite.
raffrenàbile agg. ● (*raro*) Che si può raffrenare (*spec. fig.*): *ira non r.*
raffrenaménto s. m. ● (*raro*) Modo, atto del raffrenare.
raffrenàre [comp. di *r(i)-* e *affrenare*] **A** v. tr. (*io raffréno* o *raffrèno*) ● (*lett.*) Tenere in freno, frenare energicamente | (*fig.*) Contenere, frenare: *r. il desiderio*; *colui che raffrena e domina le passioni è austero* (CROCE). **B** v. rifl. ● Limitarsi, contenersi: *raffrenarsi nell'inveire contro qc.*
raffrenatìvo agg. ● (*raro*) Atto a raffrenare (*solo fig.*).
raffrenatóre agg.; anche s. m. (f. *-trice*) ● (*raro*) Che, chi raffrena (*spec. fig.*).
raffrescaménto s. m. ● (*tosc.*) Atto, effetto del raffrescare: *il r. dell'aria*.
raffrescàre [comp. di *r(i)-* e un dev. di *fresco*] **A** v. tr. (*io raffrésco, tu raffréschi*) ● Rinfrescare. **B** v. intr. (aus. *essere*) ● (*tosc.*) Diventare fresco o più fresco, detto del tempo. **C** v. intr. impers. (aus. *essere*) ● (*tosc.*) Farsi freddo, o più freddo: *di sera raffresca sempre un po'*.
raffrescàta s. f. ● (*tosc.*) Il raffrescare.
†**raffrettàre** [comp. di *r(i)-* e *affrettare*] v. tr. *1* Affrettare di nuovo o di più. *2* V. *riaffrettare*.
raffrignàre [da avvicinare a *frinzello*, col pref. *ra-*] v. tr. ● (*tosc.*) Fare una cucitura alla meglio.
raffrigno [da *raffrignare*] s. m. ● (*tosc.*) Cucitura mal eseguita, con punti radi e disuguali.
raffrontaménto s. m. ● (*raro*) Modo, atto del raffrontare.
raffrontàre [comp. di *r(i)-* e *affrontare*] **A** v. tr. (*io raffrónto*) *1* Confrontare due cose o persone per metterne in evidenza disparità e somiglianze: *r. due manoscritti*; *r. due bambine molto somiglianti*. SIN. Paragonare. *2* †V. *riaffrontare*. **B** v. intr. pron. ● †Incontrarsi di nuovo. **C** v. rifl. rec. ● †Mettersi d'accordo.
raffrontatóre s. m. (f. *-trice*) ● Chi raffronta.
raffrónto s. m. ● Atto, effetto del raffrontare: *fare, istituire un r.*; *un r. mal riuscito*. SIN. Paragone, riscontro.
ràfia o **ràffia** [vc. di origine malgascia] s. f. *1* Palma dell'Africa orientale che fornisce con le foglie giovani fibre per lavori di intreccio, corde, materiale da imballaggio (*Raphia ruffia*). *2* Fibra tessile ricavata dalla pianta omonima.
rafìdia [dal gr. *raphís*, genit. *raphídos* 'ago, punteruolo', da *ráptein* 'cucire', di origine indeur.; detta così dal pungolo di cui è provvisto l'ano delle femmine (?)] s. f. ● Insetto dei Neurotteri bruno scuro con il primo segmento toracico stretto e lungo che sorregge il capo appiattito (*Raphidia ophiopsis*).
Rafìdidi [stessa etim. di *rafidia*] s. m. pl. ● Nella tassonomia animale, famiglia di Insetti dei Neurotteri con protorace allungato e quattro ali quasi uguali membranose (*Raphididae*) | (al sing. *-o*) Ogni individuo di tale famiglia.
rafting /ingl. 'ra:ftiŋ/ [vc. ingl., da *to raft* 'navigare su una zattera'] s. m. inv. *1* (*sport*) Discesa, a bordo di una sorta di canotto, di pendii ghiacciati o rapide tumultuose di torrenti. *2* Il mezzo usato per praticare il rafting.
ràga [dal sans. *rāga*, propr. 'tono, colore'] s. m. inv. ● (*mus.*) Nella musica indiana, antica melodia caratterizzata da preciso significato espressivo e soggetta all'improvvisazione.
ràgade [vc. dotta, gr. *ragás*, genit. *ragádos* 'fessura, screpolatura', da *rēgnýnai* 'rompere' (V. *mioressia*)] s. f. ● (*med.*) Lesione della cute o delle mucose in forma di fessura senza tendenza alla cicatrizzazione: *r. del capezzolo, r. anale*.
raganèlla [dim. di *ragana*, di etim. incerta] s. f. *1* Anfibio degli Anuri più piccolo della rana, verde chiaro, con dita terminate da ventosa, che conduce vita arborea (*Hyla arborea*). SIN. Ila. *2* Strumento formato da una ruota montata su un perno, attorno alla quale è fissato un telaio con una lamina, che strisciando contro i denti della ruota produce un suono stridente.
ràgano o **ràcano** [da una base **rakanus*, forse onomat., perché riferita in origine al gracidare delle rane, poi ad altro animale di simile colore] s. m. (f. *-a* nel sign. 2) *1* (*centr., merid.*) Ramarro. *2* (*fig.*) Persona di notevole bruttezza.
ràgas [vc. sarda, variante di *bragas*, pl., 'gonnellino di orbace nero, sotto cui sono i calzoni bianchi di lino', corrispondente all'it. *brache*] s. m. pl. ● Gonnellino proprio del costume maschile sardo.
ragastina o **ravastina** [V. *ravastina*] s. f. ● Rete da circuizione derivata dalla lampara, che si usa di notte con lampada elettrica sommersa.
ragàzza [f. di *ragazzo*] s. f. *1* Giovinetta, fanciulla, adolescente: *una r. studiosa*; *una r. brava, buona* | Figlia femmina: *ha due maschi e una r.* *2* Giovane donna: *una r. da marito*; *una r. in gamba* | (*fig.*) *R. d'oro, perla di r.*, giovane piena di ogni virtù | Donna nubile, signorina: *rimanere r.*; *è ancora r.* | *R. madre*, che ha un figlio senza essere sposata | (*euf.*) *R. allegra*, di scarsa moralità, di facili costumi | *R. squillo*, prostituta avvicinabile mediante appuntamento telefonico | (*euf.*) *R. di vita*, prostituta. *3* (*fam.*) Innamorata, fidanzata: *avere la r.*; *la sua r. l'ha lasciato*.
ragazzàglia [da *ragazzo*] s. f. *1* (*spreg.*) Turba, insieme di ragazzi rumorosi e turbolenti. *2* †Complesso di servitori umili o di mozzi da stalla.
ragazzàme s. m. ● (*raro, spreg.*) Ragazzaglia.
ragazzàta s. f. ● Azione da ragazzo, compiuta cioè con leggerezza e senza riflessione. SIN. Bambinata.
ragazzerìa [comp. di *ragazz(o)* ed *-eria*] s. f. ● Negozio specializzato nella vendita di abbigliamento per ragazzi.
ragazzésco agg. (pl. m. *-schi*) ● (*raro, spreg.*) Da ragazzo: *atto, comportamento r.*
ragàzzo [ar. *raqqas* 'messaggero, corriere'] s. m. (f. *-a* (V.)) *1* Giovinetto, fanciullo, adolescente: *un r. vispo, studioso*; *un r. bravo, buono* | *Da r.*, nell'età in cui si è ragazzi, giovani | *Ragazzi del '99*, gli ultimi arruolati nell'esercito italiano, nati nel 1899, che, a diciotto anni, partirono per il fronte nella prima guerra mondiale | (*euf.*) *R. di vita*, adolescente già sulla strada del vizio e della corruzione | Figlio maschio: *ha tre ragazzi e una bambina*. *2* Giovanotto: *un r. in gamba*; *quel r. è un ottimo lavoratore* | (*fig.*) *R. d'oro, perla di r.*, giovane pieno d'ogni virtù | Adulto, spec. privo di esperienza: *non fare il r.* | *R. padre*, (*scherz.*) uomo celibe che ha un figlio. *3* Garzone: *r. di bottega, di studio*. *4* (*fam.*) Innamorato, fidanzato: *avere il r.* *5* †Mozzo di stalla, servitore. || **ragazzàccio**, pegg. | **ragazzettàccio**, pegg. | **ragazzettino**, dim. | **ragazzétto**, dim. | **ragazzino**, dim. | **ragazzóne**, accr. | **ragazzòtto**, accr. | **ragazzùccio**, dim. | **ragazzuòlo**, dim.
ragazzùme [da *ragazzo*] s. m. ● (*raro, spreg.*) Ragazzaglia.
†**raggavignàre** [comp. di *r(i)-* e *aggavignare*] v. tr. ● Afferrare più saldamente.
raggelàre [comp. di *r(i)-* e *aggelare*] **A** v. intr. e intr. pron. (*io raggèlo*; aus. *essere*) ● (*raro*) Gelare di più o di nuovo (*anche fig.*): *r. al freddo invernale*; *r. a una notizia*; *si sentì r.* **B** v. tr. ● Gelare, ghiacciare completamente (*spec. fig.*): *con uno sguardo mi ha raggelato*; *ha il potere di r. qualsiasi conversazione*.
raggentilìre [comp. di *r(i)-* e *aggentilire*] v. tr. (*io raggentilìsco, tu raggentilìsci*) ● (*raro*) Aggentilire, ingentilire.
raggèra ● V. *raggiera*.
ragghiacciàre [comp. di *r(i)-* e *agghiacciare*] v. tr., intr. e intr. pron. (*io ragghiàccio*; aus. intr. *essere*) ● (*raro*) Agghiacciare maggiormente (*anche fig.*).
†**ragghiàre** e *deriv.* ● V. *ragliare* e *deriv.*
raggiaménto s. m. ● (*raro*) Modo, atto, effetto del raggiare.
raggiànte part. pres. di *raggiare*; anche agg. *1* Nei sign. del v. *2* (*fig.*) Molto contento, esultante: *dopo la promozione era r.*
raggiàre [lat. *radiāre*, da *rādius* 'raggio'] **A** v. intr. (*io ràggio*; aus. *avere*) *1* Emanare raggi: *il sole, le stelle raggiano*; *i pianeti ... van raggiando / timidamente per l'aereo caos* (FOSCOLO) | (*est.*) Splendere, risplendere (*anche fig.*): *una forte luce raggiava nell'oscurità*; *la luce della giustizia raggia dappertutto*. *2* Propagarsi, irradiarsi, diffondersi, detto della luce, del calore, della radiazione in genere. **B** v. tr. *1* (*fig.*) Riflettere, mandare raggi (*anche fig.*) *2* (*poet.*) Illuminare.
raggiàti [da *raggiato*, per il loro aspetto] s. m. pl. ● Nelle vecchie tassonomie, gli animali a simmetria raggiata, oggi suddivisi in parecchi tipi.
raggiàto part. pass. di *raggiare*; anche agg. *1* Nei sign. del v. *2* Disposto a raggi: *simmetria raggiata*.
raggièra o (*raro*) **raggèra** [da *raggio*] s. f. *1* Cerchio, fascio di raggi che si dipartono da un punto | Cosa disposta a raggiera: *acconciatura a r.* *2* Ornamento di spille disposte a raggi, infilate

nella crocchia delle contadine brianzole. **3** Parte dell'ostensorio a forma di raggi.

ràggio o (*pop.*) †**ràzzo** (**3**) [lat. *rădiu(m)*, di etim. incerta] s. m. **1** Fascio di radiazioni luminose di piccolissima sezione rispetto al tragitto che si considera | *R. verde*, fugace balenio di luce verde talvolta visibile al tramontare del sole | (*est.*, *ass.*) Lista, filo di luce: *dallo spiraglio entrò un r.* | (*ass.*) Luce, raggio solare, sole: *un r. mite, pallido*; *il r. nascente*; *l'alba rideva, e parea ch'ella / tutti i raggi del sole avesse intorno* (TASSO) | *Il nuovo*, *l'ultimo r.*, quello che il sole manda la mattina o la sera. **2** (*fig.*) Lampo, sprazzo, guizzo, di intensità o durata limitata: *un r. di speranza, di amore*; *un tenue r. d'intelligenza*; *manca anche il minimo r. d'amore*. **3** (*fis.*) Sottile fascio collimato di fotoni o particelle elementari | *Raggi alfa*, emessi dalle sostanze radioattive naturali, sono costituiti da atomi di elio con due cariche positive | *Raggi beta*, emessi dalle sostanze radioattive naturali, sono elettroni provenienti dal nucleo | *Raggi gamma*, onde elettromagnetiche di grande frequenza emesse in vari processi nucleari | *Raggi anodici*, flusso di ioni positivi, proiettati dall'anodo dei tubi a vuoto spinto, formati da molecole di gas prive di uno o più elettroni | *Raggi catodici*, flusso di elettroni veloci, nel gas rarefatto di un tubo catodico | *Raggi infrarossi*, onde elettromagnetiche invisibili, di lunghezza d'onda da 0,79 a 200 micron | *Raggi Röntgen, X*, oscillazioni elettromagnetiche generate da raggi catodici che abbiano incontrato un ostacolo, e per le quali sono trasparenti i corpi otticamente opachi, ma di densità non elevata | *Raggi ultravioletti*, raggi invisibili di lunghezza d'onda compresa fra 0,02 e 0,39 micron | *Raggi visibili*, onde elettromagnetiche luminose, di lunghezze d'onda comprese fra 0,79 e 0,394 micron. **4** (*mat.*) Retta, spec. nella geometria proiettiva, quando la si pensa come un elemento, un ente primitivo | *R. d'una circonferenza*, distanza d'un punto qualsiasi della circonferenza dal centro | *R. di curvatura*, raggio del cerchio osculatore | *R. d'un cerchio, d'una sfera*, estremo superiore delle distanze dei punti dal centro | *R. minimo di sterzata*, il raggio del cerchio ideale che un autoveicolo descrive quando le ruote sono sterzate al massimo a destra o a sinistra | *R. vettore*, la retta che congiunge il centro di massa di un astro orbitante col suo centro di gravitazione. **5** (*est.*) Distanza intorno a un punto fisso: *ci siamo mossi entro un r. di dieci metri* | *R. d'azione di un proietto*, distanza di proiezione delle schegge all'atto dello scoppio | *R. d'azione*, (*fig.*) ambito, spazio in cui q.c. ha effetto, efficacia | *A breve, a largo r.*, di osservazione, esplorazione, incursioni ecc. effettuate a breve o a grande distanza a giro d'orizzonte. **6** Ciascuno dei legni o dei grossi fili d'acciaio che in una ruota congiungono il mozzo al cerchio. SIN. Razza (3). ➡ ILL. p. 1745 TRASPORTI. **7** L'insieme dei fiori periferici nelle Composite | *R. midollare*, ciascuna delle strette zone di tessuto parenchimatico che si diparte a raggiera dal midollo dirigendosi verso la corteccia nel fusto e nella radice. **8** (*zool.*) Negli animali a simmetria raggiata, ciascuno degli assi perpendicolari all'asse bipolare principale passante per il centro. **9** (*zool.*) Ognuno degli elementi scheletrici, costituiti da cartilagine, da connettivo elastico o da osso, che sorreggono le pinne pari e quelle impari dei Condroitti e degli Osteitti. **10** (*arald.*) Raggio di carbonchio, figura composta da otto scettri moventi tutti in giro da un carbonchio posto al centro. **11** Ala di un edificio carcerario. || **raggiuólo**, dim.

raggiornàre [comp. di *r(i)*- e *aggiornare*] **A** v. tr. (*io raggiórno*) ● (*tosc.*) Aggiornare. **B** v. intr. (aus. *essere*) ● (*poet.*) Ritornare chiaro, detto del giorno, della luce e sim.: *raggiorna, lo presento / da un albore di frusto / argento alle pareti* (MONTALE). **C** v. intr. impers. (aus. *essere*) ● Rifarsi giorno: *ormai raggiorna*.

raggiraménto [da *raggirare*] s. m. **1** (*raro*) Raggiro. **2** †Modo, atto dell'aggirarsi nei pressi di un luogo.

raggiràre [comp. di *r(i)*- e *aggirare*] **A** v. tr. **1** (*raro*) Rigirare, girare intorno. **2** (*fig.*) Circuire, ingannare, abbindolare: *si è lasciato r. con poche parole*. **B** v. intr. pron. **1** Muoversi in giro. **2** (*raro*) Volgersi, vertere, concernere: *i suoi discorsi si raggirano su un solo argomento*.

raggiràto part. pass. di *raggirare*; anche agg. ● Nei sign. del v.

raggiratóre s. m.; anche agg. (f. *-trice*) ● Chi, che raggira (*spec. fig.*): *un r. senza scrupoli*. SIN. Abbindolatore, ingannatore.

raggìro s. m. ● Atto, effetto del raggirare (*solo fig.*): *un ignobile r.* SIN. Imbroglio, inganno, maneggio. || **raggirétto**, dim.

raggiróne s. m. (f. *-a*) ● (*fam.*, *tosc.*) Chi usa raggiri o è abile nel raggirare. SIN. Raggiratore.

raggiùngere o †**raggiùgnere** [comp. di *r(i)*- e *aggiungere*] **A** v. tr. (coniug. come *giungere*) **1** Arrivare a riunirsi con qc. nella corsa, il cammino e sim.: *r. qc. a metà strada*; *r. il fuggitivo*. **2** (*est.*) Arrivare a cogliere, colpire, toccare q.c.: *r. il bersaglio* | (*est.*) Toccare un luogo: *r. la vetta*. **3** (*fig.*) Conseguire, ottenere, conquistare: *r. la meta, il proprio intento, la promozione*. **4** †Unire, congiungere, ricongiungere: *raggiugne e l'una e l'altra cocca* (POLIZIANO). **B** v. rifl. ● †Unirsi, ricongiungersi.

raggiungìbile agg. ● Che si può raggiungere (*anche fig.*): *cima, quota r.*; *sommità r.*

raggiungiménto s. m. ● Modo, atto, effetto del raggiungere (*spec. fig.*): *il r. del nostro fine*.

raggiuntàre [comp. di *r(i)*- e *aggiuntare*] v. tr. ● Aggiuntare di nuovo, aggiuntare: *r. i capi di una corda spezzata*.

raggiùnto part. pass. di *raggiungere*; anche agg. ● Nei sign. del v.

raggiustaménto s. m. ● Il raggiustare o il raggiustarsi (*spec. fig.*): *il r. di una scarpa*; *sono arrivati al r. della lite*.

raggiustàre o **rïaggiustàre** nei sign. A [comp. di *r(i)*- e *aggiustare*] **A** v. tr. **1** Rimettere in ordine, aggiustare di nuovo (*anche fig.*): *r. un vestito*; *r. una macchina*; *r. una controversia*. SIN. Accomodare, acconciare. **2** (*fig.*) Comporre, conciliare: *r. una lite*. **B** v. rifl. rec. ● Pacificarsi, riconciliarsi.

ragglutinaménto s. m. ● (*raro*) Il ragglutinare.

ragglutinàre [comp. di *r(i)*- e *agglutinare*] v. tr. (*io ragglùtino*) ● (*raro*, *lett.*) Congiungere, attaccare insieme.

†**raggomicellàre** [da *gomicello*, col pref. *ra-*] v. tr., rifl. e intr. pron. ● Raggomitolare, raggomitolarsi.

raggomitolaménto s. m. ● (*raro*) Modo e atto del raggomitolare o del raggomitolarsi.

raggomitolàre [comp. di *r(i)*- e *aggomitolare*] **A** v. tr. (*io raggomìtolo*) ● Aggomitolare, aggomitolare di nuovo. SIN. Ravvolgere. **B** v. rifl. ● (*fig.*) Rannicchiarsi: *si era raggomitolato nel suo letto*.

raggomitolàto part. pass. di *raggomitolare*; anche agg. ● Nei sign. del v.

raggranchiàre [comp. di *r(i)*- e *aggranchiare*] **A** v. tr. (*io raggrànchio*) ● Rattrappire, contrarre per il freddo. SIN. Aggranchiare, aggranchire. **B** v. intr. e intr. pron. (aus. *essere*) ● Intirizzirsi per il freddo.

raggranchìre [comp. di *r(i)*- e *aggranchire*] v. tr., intr. e intr. pron. (*io raggranchìsco, tu raggranchìsci*; aus. intr. *essere*) ● Raggranchiare.

raggrandìre [comp. di *r(i)*- e *aggrandire*] v. tr. (*io raggrandìsco, tu raggrandìsci*) ● (*raro*) Ingrandire.

raggranellàre [da *granello*, col pref. *ra-*] v. tr. (*io raggranèllo*) ● Mettere insieme poco per volta e a fatica (*anche fig.*): *r. una sommetta*; *r. notizie interessanti*. SIN. Raccogliere, racimolare.

raggravàre [comp. di *r(i)*- e *aggravare*] v. tr. e intr. pron. ● Aggravare maggiormente.

raggricciàre o †**raggricchiàre** [comp. di *r(i)*- e *aggricciare*] v. intr. e intr. pron. (*io raggrìccio*; aus. *essere*) **1** (*lett.*) Rannicchiarsi, restringersi, contrarsi | (*est.*) Rabbrividire. **2** Accartocciarsi, spec. di foglie.

raggrinzaménto s. m. ● Il raggrinzare o il raggrinzarsi.

raggrinzàre [comp. di *r(i)*- e *aggrinzare*] **A** v. tr. ● Fare diventare grinzoso. **B** v. intr. e intr. pron. (aus. *essere*) ● Fare le grinze, corrugarsi, detto di stoffa, pelle e sim.

raggrinzìre [comp. di *r(i)*- e *aggrinzire*] v. tr., intr. e intr. pron. (*io raggrinzìsco, tu raggrinzìsci*; aus. intr. *essere*) ● Raggrinzare.

†**raggroppàre** [comp. di *r(i)*- e *aggroppare*] v. tr. ● Riannodare.

raggrottàre [comp. di *r(i)*- e *aggrottare*] v. tr. (*io raggròtto*) ● Aggrottare di più: *r. le ciglia*.

raggrovigliàre [comp. di *r(i)*- e *aggrovigliare*] v. tr. (*io raggrovìglio*) ● Aggrovigliare di più o di nuovo: *r. una corda*.

raggrumàre [comp. di *r(i)*- e *aggrumare*] v. tr. e intr. pron. ● Far rapprendere o rapprendersi in grumi.

raggrumàto part. pass. di *raggrumare*; anche agg. ● Nei sign. del v.

raggrumolàre [comp. di *r(i)*- e un dev. di *grumolo*] v. tr. e intr. pron. (*io raggrùmolo*) ● Formare uno o più grumoli.

raggruppaménto s. m. **1** Modo, atto del raggruppare o del raggrupparsi: *procedere al r. dei candidati*. **2** Insieme di cose o persone raggruppate: *un r. disordinato, turbolento* | *R. tattico*, complesso militare di due o più gruppi tattici posti sotto unico comando per svolgere una determinata azione | *R. di artiglieria*, complesso di più gruppi di artiglieria | *R. atomico*, insieme di più atomi legati a formare un radicale, una molecola, un gruppo funzionale, e sim. SIN. Gruppo.

raggruppàre [comp. di *r(i)*- e *aggruppare*] **A** v. tr. ● Riunire in uno o più gruppi: *r. gli impiegati secondo le loro mansioni* | Riunire di nuovo in gruppo. **B** v. rifl. ● Riunirsi, stringersi in un gruppo: *si raggruppavano intorno ai più anziani*.

raggruppàto part. pass. di *raggruppare*; anche agg. ● Nei sign. del v.

†**raggruzzàrsi** [da *gruzzo*, col pref. *ra-*] v. rifl. ● Rannicchiarsi, aggranchiarsi.

raggruzzolàre [comp. di *r(i)*- e *aggruzzolare*] v. tr. (*io raggrùzzolo*) ● Mettere insieme denaro formando un gruzzolo: *in poco tempo ha raggruzzolato un piccolo capitale* | (*est.*) Raccogliere, ammassare, raggranellare: *raggruzzolo / sotto la mensa qualche minuzzolo* (POLIZIANO).

ragguagliàbile agg. ● (*raro*) Che si può ragguagliare: *situazioni non ragguagliabili*. SIN. Confrontabile, paragonabile.

ragguagliaménto s. m. ● (*raro*) Modo, atto del ragguagliare.

†**ragguagliànza** [da *ragguagliare*] s. f. ● Pareggiamento.

ragguagliàre [comp. di *r(i)*- e *agguagliare*] v. tr. (*io ragguàglio*) **1** Ridurre al pari | (*raro*) Livellare: *r. una strada*. **2** Paragonare: *non è possibile r. il loro reddito*. **3** Fornire ragguagli: *non mancherò di ragguagliarvi su quella questione*. SIN. Informare.

ragguagliatìvo agg. ● (*raro*) Che serve a ragguagliare.

ragguagliàto part. pass. di *ragguagliare*; anche agg. ● Nei sign. del v. || †**ragguagliataménte**, avv. Secondo il confronto.

ragguagliatóre s. m.; anche agg. (f. *-trice*) ● (*raro*) Chi, che ragguaglia, fornisce ragguagli o informazioni.

ragguàglio s. m. **1** Atto, effetto del ragguagliare | †*In r.*, al paragone | †*A r.*, in comparazione. SIN. Comparazione, confronto, paragone. **2** Informazione, notizia precisa: *dare ampi ragguagli*. **3** †Proporzione, misura | †*A quel r.*, in quella proporzione, secondo quella forma.

†**ragguardaménto** s. m. ● Il ragguardare.

†**ragguardàre** [comp. di *r(i)*- e *agguardare*] v. tr. **1** Riguardare. **2** Guardare con attenzione.

ragguardévole [da *ragguardare*] agg. **1** Degno di riguardo, di stima, considerazione: *persona r.* SIN. Notabile. **2** Cospicuo, ingente, detto di cosa: *una somma r.* || **ragguardevolménte**, avv.

ragguardevolézza s. f. ● (*raro*) Condizione di chi o di ciò che è ragguardevole.

†**ragguàrdo** [da *ragguardare*] s. m. ● Riguardo.

ràgia [lat. parl. **rāsia(m)*, per il lat. tardo *rāsi(m)*, tipo di pece: da avvicinare a *rēsina* (?)] s. f. (pl. *-gie* o *-ge*) **1** Resina che cola dal fusto di alcune conifere | *Acqua r.*, V. *acquaragia*. **2** (*raro*, *pop.*, *tosc.*) Inganno, astuzia, frode | *Sapere la r.*, avere malizia.

ragià o **rajah** [sanscrito *râjâ* 're'] s. m. ● Titolo che indicava originariamente i re indiani, esteso poi a principi e alti dignitari.

-ragìa [gr. *-ragía*, dalla rad. di *regnýnai* 'rompere' e quindi 'far sgorgare', di etim. incerta] secondo elemento (con la *r* iniziale generalmente raddoppiata) ● In parole composte della terminologia medica, indica fuoriuscita anormale di un liquido, che è designato dal primo elemento della parola: *emorragia, menorragia* | Può indicare un fatto emorragico se il primo elemento della parola designa un organo: *gastrorragia.*

ragionacchiàre [da *ragionare*] v. intr. (*io ragionàcchio*; aus. *avere*) ● Ragionare senza rigore e senza impegno.

ragionaménto s. m. *1* Modo, atto del ragionare per arrivare a una conclusione seguendo un procedimento logico: *un r. lento, faticoso, sbagliato; seguire un r.* | Argomentazione, dimostrazione: *perdersi in inutili ragionamenti.* *2* (*filos.*) Operazione mentale mediante la quale si inferisce una conclusione da una o più proposizioni precedentemente date. SIN. Inferenza. *3* (*raro*) Conversazione, discorso | †*Avere, entrare, essere in r. con qc.*, parlare, discorrere con qc. *4* Disamina, dissertazione, discorso dottrinale.

ragionànte part. pres. di *ragionare*; anche agg. ● Nei sign. del v.

ragionàre [da *ragione*] **A** v. intr. (*io ragióno*; aus. *avere*) *1* Usare la ragione per riflettere, discorrere o argomentare con rigore logico: *ogni uomo può r.; r. con i piedi, a vanvera; parla senza r.* | Considerare, discutere ragionevolmente: *r. attentamente su tutto* | *R. a bocce ferme*, (*fig.*) a cose fatte, dopo che la situazione si è stabilizzata | Pensare assennatamente: *è un uomo che ragiona.* SIN. Riflettere. *2* (*pop.*) Discorrere, conversare, parlare: *r. di un affare; di questo non si ragiona; né teco le compagne ai dì festivi / ragionavan d'amore* (LEOPARDI) | Trattare un argomento: *r. di matematica, di guerra.* **B** v. tr. *1* †Trattare, esporre: *poi che i vari casi di ciascuno tutti e tre ragionato ebbero* (BOCCACCIO). *2* †Dire, palesare: *r. q.c. a qc.* *3* †Tenere conto, pensare: *ragiona, Lorenzo mio, che io vivo di rendita* (SACCHETTI). *4* †Computare, calcolare. **C** v. rifl. rec. ● †Accordarsi. **D** in funzione di s. m. ● Discorso, ragionamento.

†**ragionatìvo** [da *ragionato*] agg. *1* †Razionale. *2* Che serve a ragionare: *facoltà ragionativa.*

ragionàto part. pass. di *ragionare*; anche agg. *1* Nei sign. del v. *2* Che segue la ragione, ha una logica: *un discorso r.* || **ragionataménte**, avv. (*raro*) In maniera ragionata, con raziocinio. SIN. Ragionevolmente.

ragionatóre **A** s. m. (f. *-trice*) ● Chi ragiona o ha la capacità di ragionare bene: *un forte r.; quel ragazzo è un r.* **B** agg. ● (*raro*) Che ragiona: *intelletto r.*

ragióne [lat. *ratiōne(m)* 'conto, calcolo, facoltà di calcolare e di pensare', da *rēri* 'credere, pensare', di origine indeur.] s. f. (troncato in *ragion* in alcune loc.: *a ragion veduta; la ragion di Stato; la ragion d'essere* e sim.) *1* La facoltà di pensare stabilendo rapporti e legami tra i concetti, di giudicare bene discernendo il vero dal falso, il giusto dall'ingiusto: *le bestie non hanno r.; il dominio della r. sui sensi; i diritti, i limiti della r.; l'età della r.* | *Perdere l'uso, il lume della r.*, impazzire. SIN. Discernimento, giudizio, riflessione. *2* †Discorso, conversazione, ragionamento | †*Mettere a r.*, trattenere con discorsi | (*lett.*) †Argomento, tema, soggetto di una composizione poetica: *Canzon, chi tua ragion trovasse oscura ...* (PETRARCA). *3* Argomentazione, prova, dimostrazione usate per persuadere qc., confutare un ragionamento o dimostrarne la validità: *è una r. inoppugnabile, evidente; allegare le proprie ragioni* | *Non ascoltare, sentire r.*, non lasciarsi convincere | *A maggior r.*, con prove più sicure, argomenti più efficaci | *A ragion veduta*, avendo ben valutata la situazione. *4* †Sede della giustizia, tribunale: *palazzo della Ragione* | (*est.*) †Diritto, giustizia: *farsi r. da sé* | *R. canonica, civile*, diritto canonico, civile | †*Fare r. a qc.*, rendergli la giustizia dovuta | (*est.*) Appartenenza di diritto, competenza: *non è di sua r.* | *A chi di r.*, a chi spetta | *Di pubblica r.*, noto a tutti | *Avere r. di qc.*, vincerlo, sopraffarlo. *5* Causa giusta, legittimo motivo che spiega un fatto o un'azione: *la r. sta dalla parte sua* | *Avere r. da vendere*, essere nettamente nel giusto | *Dare r. a qc.*, riconoscere la giustezza dei suoi argomenti | *A r.*, giustamente, di diritto | †*È r.*, è giusto, conviene | (*raro*) *Di santa r.*, con tutto il diritto | (*com.*) *Di santa r.*, in abbondanza, fortemente | (*est.*) Cagione, causa, motivo: *volere conoscere la r.; non è una buona r.; ragioni di famiglia, di forza maggiore* | (*impr.*) *R. per cui*, e per questa ragione | *Farsi una r.*, rassegnarsi | *La r. ultima*, il fine | (*raro*) *Rendere la r.*, spiegare la causa | †*Fare r.*, stimare, credere. *6* †Calcolo, conto, computo | †*Mettere a r.*, computare | †*Fare la r.*, fare i conti | (*fig.*) *Domandare, chiedere, rendere r. di q.c.*, domandare, chiedere, rendere conto, giustificazione, soddisfazione di q.c. *7* Misura, rapporto, proporzioni: *in r. del 20 per cento* | *In r. di*, come, quanto a | *A r. di*, in proporzione di | *R. d'una progressione aritmetica*, differenza costante fra un termine e il precedente | *R. d'una progressione geometrica*, rapporto costante fra un termine e il precedente | (*raro*) *Fuori di r.*, eccessivamente. *8* *R. sociale*, nome delle società commerciali non aventi personalità giuridica | *Ragion di Stato*, l'esigenza superiore dello Stato, a cui va sacrificata ogni altra considerazione. *9* †Natura, qualità, specie. *10* †Scienza, dottrina: *composizione è quella r. di dipignere con la quale le parti delle cose vedute si pongono insieme in pittura* (ALBERTI) | †Perizia, maestria. || **ragionétta**, dim.

ragionerìa [da *ragioniere*] s. f. *1* Scienza che studia la regolamentazione delle funzioni amministrative e del controllo contabile di un'azienda. *2* Complesso di impiegati che, in un'azienda, un ente e sim., si occupano dei settori contabile e amministrativo, e il relativo ufficio | *R. generale dello Stato*, organo del ministero del Tesoro, preposto al controllo delle erogazioni di somme da parte dello Stato.

ragionévole [da *ragione*] agg. *1* Che è dotato di ragione: *l'uomo è un essere r.* SIN. Razionale. *2* Che si lascia guidare dalla ragione: *non siete molto ragionevoli* | (*est.*) Discreto, equilibrato: *è una persona molto r.* *3* Conforme alla ragione o al buon senso, detto di cose: *sono sospetti ragionevoli.* SIN. Legittimo. *4* Giusto, conveniente, non eccessivo o esagerato: *proposta, prezzo, statura r.* *5* †Razionale. || †**ragionevoleménte**, **ragionevolménte**, avv. *1* In modo ragionevole, secondo ragione: *discutere, comportarsi ragionevolmente.* *2* Giustamente, né poco né troppo: *hanno pagato ragionevolmente il loro acquisto.*

ragionevolézza s. f. ● L'essere ragionevole: *è un bambino pieno di r.; la r. della vostra domanda.*

ragionière [da *ragione*, nel senso di 'conto, calcolo'] s. m. (f. *-a*; V. nota d'uso FEMMINILE) *1* Chi ha studiato e conseguito il diploma di ragioneria | Chi esercita la ragioneria. *2* †Chi è incaricato di fare o rivedere conti. SIN. Contabile.

ragionierésco agg. ● Tipico di ragioniere | (*est., spreg.*) Meticoloso, pedante.

ragionierìstico agg. (pl. m. *-ci*) *1* Che concerne la ragioneria. *2* (*est.*) Troppo scrupoloso e attento ai particolari più minuti: *procedimento r.*

raglàn [ingl. *raglan*, dal n. del generale *Raglan* (1788-1855) che lo usava] s. f. inv.; anche agg. ● Nella loc. *alla r.*, detto di una particolare attaccatura di manica che non tiene conto del normale giro di manica ma parte dal collo con cuciture oblique che arrivano sotto l'ascella | (*est.*) Detto della manica unita all'indumento con questa attaccatura e dell'indumento stesso: *manica alla r.; cappotto alla r.*

ragliaménto s. m. ● Modo, atto del ragliare, spec. forte e prolungato.

ragliàre o (*pop., tosc.*) †**ragghiàre** [lat. parl. **ragulāre*, di origine onomat.] **A** v. intr. (*io ràglio*; aus. *avere*) *1* Mandare, emettere uno o più ragli: *gli asini ragliano.* *2* (*fig.*) Gridare, parlare, cantare sgradevolmente o dire sciocchezze: *non fa che r.* **B** v. tr. ● (*fig.*) Cantare, parlare male o senza senso: *r. un lungo discorso* || PROV. Asino che raglia mangia poco fieno; al ragliare si vedrà che non è leone.

ragliàta [da *ragliare*] s. f. ● Raglio ripetuto, (*spec. fig.*)

ragliatóre agg.; anche s. m. (f. *-trice*) ● (*raro*) Che, chi raglia, (*spec. fig.*)

ràglio o (*pop., tosc.*) †**ràgghio** [da *ragliare*] s. m. *1* Grido, voce dell'asino. *2* (*fig.*) Canto brutto, disarmonico || PROV. Raglio d'asino non sale al cielo.

ràgna [V. *ragno*] s. f. *1* Ragno. *2* (*lett.*) Ragnatela. *3* Zona logora di tessuto. *4* (*tosc.*) Nuvola rada, sottile. *5* Grande rete verticale che si tende ai passi obbligati degli uccelli. SIN. Tramaglio. *6* †Rete disposta a pruavia della coffa per evitare che la vela strusci su questa quando il pennone è bracciato. *7* (*fig.*) Inganno, insidia | (*raro*) *Dare nella r.*, cadere nell'agguato. *8* (*pop.*) Bava dei bozzoli del baco da seta. || **ragnòla**, dim. (V.).

ragnàia s. f. *1* Sistema di uccellagione che usa le ragne tese fra gli alberi. *2* (*est.*) Boschetto in cui si tendono ragne.

ragnàre **A** v. intr. (aus. *avere*) *1* Tendere le ragne. *2* Di bozzolo, sbavare. **B** v. intr. e intr. pron. (aus. intr. *essere* e *avere*) *1* Di tessuto, mostrar la trama per eccessivo logorio. *2* Coprirsi di nuvole rade e sottili, detto del cielo | †Coprirsi alla superficie di una specie di velo, detto dell'acqua.

ragnatéla [comp. di *ragno* e *tela*] s. f. *1* Il dispositivo a rete che il ragno fabbrica per catturare gli insetti di cui si nutre: *stanza piena di ragnatele.* *2* (*fig.*) Intreccio sottile e tenace di legami, inganni, e sim. atto ad irretire qc. o ad impedirne la libera attività: *una r. di frodi.* *3* (*fig.*) Tessuto molto leggero o logorato. *4* (*raro, fig., poet.*) Qualunque formazione analogicamente rapportabile a una ragnatela: *quella chiostra di rupi / che sembra sfilacciarsi / in ragnatele di nubi* (MONTALE). || **ragnatelìna**, dim. | **ragnatelùccia**, dim.

ragnatélo s. m. ● Ragnatela | *Inciampare nei ragnateli*, (*fig.*) smarrirsi per difficoltà di piccolo conto.

ragnatelóso agg. ● (*lett.*) Coperto, pieno di ragnatele: *soffitto r.*

ragnàto part. pass. di *ragnare*; anche agg. *1* Nei sign. del v. *2* Sottile e rado come ragnatela: *tela ragnata.*

ragnatùra [da *ragna*] s. f. *1* Effetto del logorio dei tessuti | Parte logora di una stoffa. SIN. Ragna. *2* Zona in cui il cielo è cosparso di nuvole rade, sottili.

ràgno [lat. *arāneu(m)*] **A** s. m. *1* Artropode della classe degli Aracnidi, con corpo diviso in cefalotorace e addome uniti da un sottile peduncolo, otto zampe e ghiandole addominali il cui secreto vischioso, coagulando all'aria, forma il caratteristico filo | *R. palombaro*, argironeta | *R. di Volterra*, malmignatta | *R. crociato*, comune nei giardini, con addome globoso su cui figura una croce bianca (*Epeira diademata*) | *R. rosso*, acaro assai dannoso a diverse piante legnose ed erbacee (*Trombidinus*) | *Non cavare un r. da un buco*, (*fig.*) non riuscire a nulla | *Opera, tela di r.*, (*fig.*) impresa inutile. ➡ ILL. **zoologia generale**. *2* Corto sostegno a tre zampe al quale si fissa la macchina da presa, prima di issarla sul cavalletto o sul dolly o sulla gru. **B** in funzione di agg. inv. ● (posposto al s.) Nella loc. *pesce r.* V. *pesce* | *Uomo r.*, nel linguaggio del circo, contorsionista. || **ragnétto**, dim. | **ragnìno**, dim. | **ragnolìno**, dim. | **ragnóne**, accr.

ragnòla [dim. di *ragna*] s. f. ● Rete più sottile della ragna usata per catturare uccelletti.

ràgnolo s. m. ● (*tosc.*) Ragno: *il ribrezzo che mi faceano i ragnoli* (D'ANNUNZIO).

ragtime /ingl. 'ræg taim/ o **rag-time** [vc. ingl., propriamente 'tempo (*time*) a pezzi (*rag*)'] s. m. inv. ● Tipo di musica sincopata da considerare quale immediato predecessore del jazz.

ragù [fr. *ragoût*, da *ragoûter* 'risvegliare l'appetito', comp. di *ra-* e *goût* 'gusto'] s. m. ● Condimento, spec. per pastasciutta, ottenuto facendo soffriggere, in un battuto di cipolla, sedano e carote, della carne di manzo gener. macinata, e poi cuocendo a fuoco lento e a lungo dopo aver aggiunto pomodoro.

†**ragunàre** e *deriv.* ● V. *radunare* e *deriv.*

ragusàno **A** agg. ● Di Ragusa, in Sicilia. **B** s. m. (f. *-a*) ● Abitante di Ragusa, in Sicilia.

ragusèo **A** agg. ● Di Ragusa (Dubrovnik), in Dalmazia. **B** s. m. (f. *-a*) ● Abitante di Ragusa (Dubrovnik), in Dalmazia.

ragutièra s. f. ● Salsiera per il ragù.

ràì [provz. *rai*, dal lat. *rădiu(m)* 'raggio'] s. m. pl. ● (*poet.*) Raggi luminosi | (*est., poet.*) Sguardi luminosi, occhi: *et ella alzando i begli umidi rai* (ARIOSTO).

ràia [lat. *rāia(m)*, di origine preindeur.] s. f. ●

(*zool.*) Razza.

†raiàre [da *rai*] v. intr. e tr. ● (*poet.*) Raggiare.

raid /*ingl.* reid/ [vc. ingl., dalla vc. scozzese corrispondente all'ingl. *road* 'strada'] s. m. inv. *1* Viaggio lungo e difficoltoso, compiuto come impresa sportiva: *il r. automobilistico Pechino-Parigi.* *2* Azione, incursione, spec. aerea | (*est.*) Rapida operazione di polizia | (*est.*) Scorreria, azione criminosa o delittuosa.

Ràidi [comp. del lat. *rāia* 'razza' e *-idi*] s. m. pl. ● Nella tassonomia animale, famiglia di Pesci cartilaginei dei Raiformi con corpo romboidale, che vivono sul fondo marino a tutte le latitudini (*Rajidae*) | (al sing. *-e*) Ogni individuo di tale famiglia.

raidìsta s. m. e f. (pl. m. *-i*) ● Partecipante a un raid.

Raifórmi [comp. del lat. *rāia* 'razza' e *-forme*] s. m. pl. ● Nella tassonomia animale, ordine di Pesci cartilaginei con pinne pettorali grandi, che formano con il corpo un tutto unico, fessure branchiali ventrali e occhi dorsali (*Rajiformes*) | (al sing. *-e*) Ogni individuo di tale ordine.

ràion ® o **ràyon**. s. m. ● Nome commerciale di fibra tessile artificiale ottenuta a partire dalla cellulosa e usata come sostituto della seta | *R. viscosa*, costituito da cellulosa rigenerata: molto igroscopico, poco elastico, non attaccato dai comuni solventi, è impiegato nella fabbricazione di tessuti.

ràis [ar. *ra'īs* 'capo'] s. m. inv. *1* Capitano di bastimento, nella flotta ottomana e barbaresca | (*est.*) Nei Paesi arabi, comandante, governante. *2* Il capo che sceglie il posto, dirige la messa a mare della tonnara e comanda gli uomini nella pesca del tonno.

ràitro [ted. *Reiter* 'cavaliere', di origine germ.] s. m. ● Nel XVI secolo, soldato tedesco a cavallo che militava nelle guerre civili di Francia e di Fiandra.

rajah /*fr.* ra'ʒa, *ingl.* 'ra:dʒə/ ● V. *ragià.*

ralenti /*fr.* ralã'ti/ [vc. fr., propr. part. pass. di *ralentir* 'rallentare'] s. m. inv. ● (*cine, tv*) Rallentatore.

ralìnga [fr. *ralingue*, dall'ant. norreno *rar-lik*, comp. di *rar*, genit. di *ra* 'bastone', e *lik* 'lembo di vela'] s. f. ● Cavo cucito intorno alla vela per rinforzo del bordo. SIN. Gratile.

ralingàre [fr. *ralinguer*, da *ralingue* 'ralinga'] v. tr. (*io ralingo, tu ralinghi*) *1* (*mar.*) Guarnire le vele di ralinghe. *2* (*mar.*) Volgere la vela in guisa che presenti solo la ralinga al vento.

ràlla (1) [lat. *rānula(m)*, dim. di *rāna*; dall'uso di attribuire n. di animali femminili a pezzi di congegni meccanici la cui caratteristica consiste nell'essere provvisti di incavi o di vuoti destinati a ricevere in sé un altro pezzo] s. f. *1* (*mecc.*) Anello di ferro o bronzo entro il quale gira un perno, avente funzione di supporto di spinta per alberi verticali. *2* Untume nero che si forma intorno al mozzo della ruota. SIN. Morchia.

ràlla (2) [lat. *rāllu(m)*, da *rādere*] s. f. *1* Taglio obliquo dello scalpello, opposto al codolo. *2* Lato smusso della rasiera.

rallacciàre ● V. *riallacciare.*

rallargaménto s. m. ● (*raro*) Modo, atto del rallargare.

rallargàre o **riallargàre** [comp. di *r(i)-* e *allargare*] **A** v. tr. (*io rallàrgo, tu rallàrghi*) ● Allargare ulteriormente, ampliare (*spec. fig.*) **B** v. intr. pron. *1* Dilatarsi. *2* (*raro*) Diradarsi, detto di tempo nuvoloso.

rallegraménto s. m. *1* (*raro*) Modo, atto del rallegrare o del rallegrarsi. *2* (*spec. al pl.*) Congratulazione: *vi faccio i miei sinceri rallegramenti.*

†rallegrànza [da *rallegrare*] s. f. ● Letizia, gioia.

rallegràre [comp. di *r(i)-* e *allegrare*, sul modello del fr. *ralegrer*] **A** v. tr. (*io rallégro*) ● Rendere allegro, mettere allegria: *r. l'animo, la vista* | Rendere più lieto: *con la sua presenza rallegra la festa.* SIN. Allietare. **B** v. intr. pron. *1* Diventare allegro o più allegro: *si rallegravano tutti a quella vista.* SIN. Gioire. *2* Congratularsi: *mi rallegro!*

rallegràta [da *rallegrato*] s. f. ● Salto che fa il cavallo come per allegrezza.

rallegratìvo agg. ● (*raro*) Atto a rallegrare.

rallegratóre s. m.; anche agg. (f. *-trice*) ● (*raro*) Chi, che rallegra.

†rallegratòrio agg. ● Atto a rallegrare.

rallegratùra s. f. ● (*raro*) Atto, effetto del rallegrare o del rallegrarsi | (*raro*) Segno di allegrezza.

†rallenàre [comp. di *r(i)-* e *allenare* (*1*)] v. tr. ● Lenire.

rallentaménto s. m. *1* Atto, modo ed effetto del rallentare (*anche fig.*): *il r. della corsa; segnali di r.; c'è un notevole r. nel suo interesse allo studio.* *2* (*cine, tv*) Particolare tecnica nella ripresa cinematografica che determina, in proiezione, un effetto di minor velocità rispetto all'azione reale.

rallentàndo [gerundio di *rallentare*] s. m. inv. ● (*mus.*) Ritardando.

rallentàre [comp. di *r(i)-* e *allentare*] **A** v. tr. (*io rallènto*) *1* Rendere lento, meno veloce (*anche ass.*): *r. la corsa; il veicolo rallentò per lo sforzo* | (*raro*) Rendere più lento, meno teso: *r. il freno, una corda.* *2* (*fig.*) Diminuire di intensità: *r. la sorveglianza* | *R. le visite*, renderle meno frequenti, diradarle | (*raro, fig.*) *R. l'animo*, sollevarlo dopo uno stato di tensione. **B** v. intr. pron. ● (*fig.*) Diventare più lento, più rado o meno intenso: *il suo entusiasmo si è molto rallentato.*

rallentatóre s. m. (f. *-trice*) *1* Chi rallenta. *2* (*cine, tv*) Dispositivo che permette di ottenere l'effetto del rallentamento | *Al r.*, di proiezione effettuata con la tecnica del rallentamento; (*fig.*) molto lentamente.

†rallettàre [comp. di *r(i)-* e *allettare* (*1*)] v. tr. *1* Allettare. *2* V. *riallettare.*

rallevàre [comp. di *r(i)-* e *allevare*] v. tr. (*io rallèvo*) ● (*tosc.*) Allevare.

†ralleviàre [comp. di *r(i)-* e *alleviare*] v. tr. ● Alleviare.

Rallifórmi [comp. di *rallo* e *-forme*] s. m. pl. ● Nella tassonomia animale, ordine di Uccelli carenati con lungo collo e becco e zampe lunghe e nude (*Ralliformes*) | (al sing. *-e*) Ogni individuo di tale ordine. SIN. Gruiformi.

rallignàre [comp. di *r(i)-* e *allignare*] v. intr. e intr. pron. (aus. *essere*) ● (*raro*) Allignare di nuovo | (*fig.*) Rinascere.

rallìsta s. m. e f. (pl. m. *-i*) ● Pilota o navigatore di rally automobilistico.

rallìstico agg. (pl. m. *-ci*) ● Di, relativo a rally: *gara rallistica.*

ràllo [dal lat. *rallus* 'rasato, raso', deriv. di *rādere* 'radere'] s. m. ● (*zool.*) Uccello dei Gruiformi di taglia modesta, con becco lungo e denso piumaggio (*Rallus aquaticus*). SIN. Porciglione.

†rallogàre [comp. di *r(i)-* e *allogare*] v. tr. ● Allogare.

†ralloggiàre [comp. di *r(i)-* e *alloggiare*] v. tr. *1* Alloggiare. *2* V. *rialloggiare.*

†rallumàre [comp. di *r(i)-* e *allumare*] v. tr. ● Illuminare di nuovo.

†ralluminàre [comp. di *r(i)-* e *alluminare*] v. tr. ● Illuminare (*anche fig.*).

rallungàre [comp. di *r(i)-* e *allungare*] v. tr. (*io rallùngo, tu rallùnghi*) *1* (*raro*) Allungare ulteriormente. *2* †V. *riallungare.*

rally /*ingl.* 'ræli/ [vc. ingl., dal fr. *rallier* 'adunare', comp. di *re-* 'ri-' e *allier* 'riunire', dal lat. *alligāre*, comp. di *ăd* e *ligāre* 'legare'] s. m. inv. (pl. ingl. *rallies*) ● Competizione automobilistica di regolarità e velocità su percorsi stradali anche accidentati, per autovetture opportunamente rinforzate e con un equipaggio di due persone: *il vincitore del r. di Montecarlo.*

rally cross /*ingl.* 'ræli krɔs/ [loc. ingl., comp. di *rally* (V.) e *cross* 'corsa campestre' (acrt. di *cross-country* 'attraverso la campagna')] loc. sost. m. inv. ● (*sport*) Competizione automobilistica che si disputa su piccoli circuiti ricavati da strade accidentate di campagna.

RAM [sigla ingl., che sta per *R(andom) A(ccess) M(emory)* 'memoria ad accesso casuale'] s. f. inv. ● (*elab.*) In un elaboratore elettronico, parte della memoria centrale nella quale è possibile scrivere e leggere dati e che viene impiegata durante l'esecuzione delle istruzioni.

ràma s. f. ● (*tosc.*) Ramo, spec. quello secondario che porta i frutti | Chioma di un albero.

†ramacciùto agg. ● Che ha rami forti, grossi.

Ramadàn [ar. *ramadān*] s. m. inv. ● Nono mese del calendario musulmano, in cui vi è l'obbligo dello stretto digiuno dall'alba al tramonto | Serie delle osservanze rituali cadenti in tale mese.

ramages /*fr.* ra'maʒ/ [fr., dal lat. *rāmus* 'ramo'] s. m. pl. ● Disegni di stoffa o biancheria a rami e fiori | *Stoffa a r.*, damascata, fiorata.

ramàglia [fr. *ramaille*, dal lat. *ramālia*, nt. pl., da *rāmus* 'ramo'] s. f. *1* Insieme di frasche e rami tagliati. *2* (*lett.*) Chioma di pianta bassa: *nidi penduli dalla r. in fiore* (D'ANNUNZIO).

ramagliatùra s. f. ● Taglio delle ramaglie.

ramàio s. m. ● Artigiano che lavora il rame, fa, ripara e vende recipienti in rame. SIN. Calderaio.

ramaiolàta o **romaiolàta**. s. f. *1* Quantità di roba che può contenere un ramaiolo. *2* Colpo dato col ramaiolo.

ramaiòlo o **†ramaiuòlo**, **romaiòlo**, **†romaiuòlo** [detto così perché fatto di *rame*] s. m. *1* (*region.*) Mestolo, nel sign. 2. *2* Sorta di cucchiaio emisferico in ferro, con manico uncinato, che serve al muratore per aggiungere acqua alla calce. *3* †Pentola, secchio o altro recipiente di rame.

ramanzìna o **†rammanzìna**, (*pop.*) **†romanzìna** [detta così perché lunga come un *romanzo*] s. f. ● Lungo rimprovero: *fare, prendersi una r.*; *quel ragazzo ha proprio bisogno di una bella r.* SIN. Paternale, rabbuffo, sgridata.

ramanzinàre [da *ramanzina*] v. tr. ● (*dial.*) Rimproverare.

ramàre v. tr. *1* Ricoprire una superficie metallica con un sottile strato di rame. *2* Dare il solfato di rame alle viti o ad altre piante o semi. *3* Legare, unire con fili di rame.

ramàrro [etim. incerta] **A** s. m. ● Sauro simile alla lucertola, di colore verdastro, che vive nei prati, boschi, sassaie, cacciando insetti (*Lacerta viridis*). SIN. Lucertolone. **B** in funzione di agg. inv. ● (posposto al s.) Solo nella loc. *verde r.*, detto di un verde vivo.

ramàta [da *ramo*] s. f. *1* Fitto graticolato di fili metallici, per finestre, gabbie e sim. *2* Arnese per la caccia notturna formato da un manico e una parte espansa di legno o vimine intrecciato, con cui si colpiscono gli uccelli abbagliati dal frugnolo.

†ramatàre v. tr. ● Percuotere con la ramata.

ramàto A part. pass. di *ramare*; anche agg. *1* Nei sign. del v. *2* Di colore rossiccio come il rame: *capigliatura, barba ramata.* *3* Che contiene rame o sali di rame: *acqua ramata.* **B** s. m. ● La soluzione di solfato di rame per irrorare le viti.

ramatùra (1) s. f. *1* Operazione ed effetto del ramare. *2* Sottile strato di rame che si deposita, dopo un uso prolungato, nelle righe dell'anima di un cannone così da rendere impreciso il tiro. *3* Irrorazione di piante fruttifere con anticrittogamici a base di rame.

ramatùra (2) s. f. ● (*raro*) L'insieme dei rami di una pianta.

ramàzza [vc. di origine piemontese, da *ramo*] s. f. *1* Scopa grossolana di rami, per spazzare terra o neve | *Essere di r.*, avere l'incarico di ramazzare, spec. caserme. *2* (*gerg.*) Soldato incaricato di ramazzare.

ramazzàre v. tr. ● Spazzare con una ramazza.

rambìsmo [da *Rambo*, come nell'ingl. *Ramboism*] s. m. ● Atteggiamento o visione del mondo improntati alla risoluzione di ogni questione attraverso la violenza spettacolare e indiscriminata, spesso assunta a valore morale individuale.

Ràmbo [dal n. del protagonista del film d'azione di Ted Kotcheff *First Blood* (1982) e del suo seguito *Rambo II* (1985) di G. P. Cosmates] s. m. inv. *1* Cultore del proprio vigore fisico, che assume atteggiamenti aggressivi e sprezzanti, in nome di una presunta connotazione eroica della violenza | Persona atletica e imponente, che ama esibire la propria forza fisica. *2* Chi, ispirandosi al modello del vendicatore solitario, si rende responsabile di improvvisi e furiosi scoppi collerici, che talora sfociano in stragi di persone innocenti. *3* Chi esercita il mestiere delle armi per denaro.

ràme [lat. tardo *aerāme(n)*, da *āes*, genit. *āeris* 'rame, bronzo', di origine indeur.] s. m. *1* Elemento chimico, metallo, rosso chiaro, diffuso in natura sia allo stato nativo sia sotto forma di sali, dai quali si ricava, buon conduttore dell'elettricità e del calore, si lega facilmente ad altri metalli per formare leghe adatte ad applicazioni in tutti i campi industriali. SIMB. Cu | *Leghe di r.*, bronzo, alpacca, argentana e sim. | *Solfato di r.*, usato per preparare con la calce la poltiglia bordolese, per prevenire e combattere la peronospora della vite ed altre malattie crittogame | *Età del r.*, la terza del mondo | *Barba, capelli di r.*, di un colore rossiccio con riflessi biondi. **2** (*al pl.*) Recipienti di rame per la cucina. **3** Incisione su rame: *un pregevole r. d'autore*. || **ramàccio**, pegg. | **ramétto**, dim.

rameggiàre [da *ramo*] **A** v. tr. (*io raméggio*) ● Piantare nel terreno rami a sostegno di piante erbacee. **B** v. intr. (aus. *avere*) ● (*lett.*) Ramificarsi | (*fig.*) Aprirsi come ramo, detto delle corna dei cervi.

ramèico agg. (pl. m. *-ci*) ● Detto di composto del rame bivalente: *sali rameici*.

raméngo o **ramèngo**, **ramingo** nel sign. 2, (*ven.*) **reméngo** [dial. per *ramingo*: è il bastone di chi va *ramingo*] s. m. (pl. *-ghi*) **1** (*dial.*) Bastone. **2** (*sett.*) Rovina, malora: *andare, mandare a r.* **3** V. *ramingo*.

rameóso agg. ● Detto di composto del rame monovalente | *Ossido r.*, si trova in natura come cuprite e può essere ottenuto per riduzione di sali rameici.

ramerino [sovrapposizione di *ramo* a *rosmarino*] s. m. ● (*tosc.*) Rosmarino.

rameuse /*fr.* ra'møz/ [vc. fr., da *rame*, n. d'un apparecchio, che pare risalga al francone *hrama* 'travicello, intelaiatura'] s. f. inv. ● (*tess.*) Nella rifinizione, macchina destinata all'asciugatura dei tessuti dopo il lavaggio o altro trattamento a umido e talvolta al termofissaggio di quelli di fibre sintetiche e alla polimerizzazione di quelli di fibre cellulosiche.

ramìa s. f. ● Ramiè.

ramicciàre v. tr. (*io ramìccio*) ● Tagliare i rami più piccoli di un albero abbattuto per farne fascine.

ramiè [fr. *ramie*, dal malese *rami*] s. m. **1** Pianta erbacea perenne delle Urticacee, con foglie bianche inferiormente, che fornisce fibre tessili (*Boehmeria nivea*). SIN. Ortica bianca. **2** Fibra tessile ottenuta da tale pianta.

ramìfero (1) [comp. di *rame* e *-fero*] agg. ● (*raro*) Che contiene rame.

ramìfero (2) [comp. di *ramo* e *-fero*] agg. ● Ricco di rami.

ramificàre [comp. di *ramo* e *-ficare*] **A** v. intr. (*io ramìfico, tu ramìfichi*; aus. *avere*) ● Produrre rami. **B** v. intr. pron. ● (*fig.*) Biforcarsi, diramarsi: *la miniera si ramifica in tre filoni*.

ramificàto part. pass. di *ramificare*, anche agg. **1** Nei sign. del v. **2** Che ha rami | *Catena ramificata*, caratteristica dei composti organici in cui gli atomi si susseguono in diverse direzioni.

ramificazióne [comp. di *ramo* e *-ficazione*] s. f. **1** La produzione e la disposizione dei rami in una pianta. ➡ ILL. **botanica generale**. **2** (*est.*) Divisione che segue un andamento ramificato: *la r. di un corso d'acqua* | (*fig.*) Diramazione, espansione: *le varie ramificazioni di una società*.

ramìfico [comp. di *ramo* e *-fico*] agg. (pl. m. *-ci*) ● (*lett.*) Che produce rami.

†**ramìgno** agg. ● Di rame.

ramìna [da *rame*] s. f. **1** Scaglia che si stacca nella lavorazione del rame. **2** Reticolato di fili di rame o di altro metallo. **3** (*sett.*) Orcio o pentolino di rame. **4** Matassina di paglia d'acciaio per pulitura di pentole, lustratura di materiali metallici e sim.

ramingàre v. intr. (*io ramìngo, tu ramìnghi*; aus. *avere*) ● (*lett.*) Andare ramingo: *senti raspar fra le macerie e i bronchi / la derelitta cagna ramingando* (FOSCOLO).

ramìngo o (*sett.*) **raméngo** nel sign. 2 [da *ramo*, perché in origine si diceva degli uccelli che vanno *di ramo in ramo*] agg. (pl. m. *-ghi*) **1** †Di uccello che, inesperto del volo, salta di ramo in ramo. **2** Di chi va errando senza mai fermarsi e non ha una meta precisa: *andare r. per il mondo*; *un fuggiasco r.*; *un povero giovane ..., tutto solo e r., andava per le foreste cacciando* (BARTOLI). SIN. Errabondo, errante. **3** V. *ramengo*.

ramìno (1) [da *rame*] s. m. **1** Vaso panciuto di rame, con manico e bocca a becco, per scaldare l'acqua. **2** Ramaiolo bucherellato per spannare il latte.

ramìno (2) [etim. incerta] s. m. ● Gioco di carte tra più giocatori, con due mazzi di 52 carte completi di matte o jolly, il cui scopo è di realizzare delle combinazioni che vengono via via scartate dai giocatori fino a rimanere senza carte in mano.

rammagliàre [comp. di *r(i)-* e *ammagliare*] v. tr. (*io rammàglio*) **1** Ammagliare di nuovo, raggiustare le maglie: *r. le calze, le reti*. **2** Togliere i carnicci rimasti: *r. le pelli*.

rammagliatrìce [da *rammagliare*] s. f. ● Donna che per mestiere riprende le sfilature delle calze.

rammagliatùra s. f. ● Lavoro ed effetto del rammagliare.

rammansìre [comp. di *r(i)-* e *ammansire*] v. tr. (*io rammansìsco, tu rammansìsci*) ● (*raro*) Ammansire di nuovo.

†**rammanzìna** ● V. *ramanzina*.

†**rammarcàre** ● V. *rammaricare*.

†**rammàrco** ● V. *rammarico*.

†**rammarginaménto** [da *rammarginare*] s. m. ● Atto, modo ed effetto del rammarginare.

†**rammarginàre** [da *rimarginare*, con cambio di pref.] v. tr. **1** (*lett.*) Rimarginare. **2** Saldare: *r. a caldo*.

rammaricaménto s. m. ● (*raro*) Rammarico.

†**rammaricànza** [da *rammaricare*] s. f. ● Segno di rammarico.

rammaricàre o (*poet.*) †**rammarcàre** [comp. di *r(i)-* e del lat. tardo *amaricāre* 'rendere amaro', da *amārus* 'amaro'] **A** v. tr. (*io rammàrico, tu rammàrichi*) ● Affliggere, amareggiare: *il tuo comportamento lo rammarica*. **B** v. intr. pron. ● Dolersi, affliggersi, sentire rincrescimento: *si è molto rammaricato della tua disgrazia* | Lamentarsi, lagnarsi: *non fa che rammaricarsi* | (*raro*) *Rammaricarsi della gamba sana*, lamentarsi senza motivo.

rammaricazióne [da *rammaricare*] s. f. ● (*raro*) Afflizione, amarezza, lamento. SIN. Rammarico. || **rammaricazioncèlla**, dim.

†**rammarichévole** [da *rammaricare*] agg. **1** Che dà amarezza, afflizione. **2** Querulo, lamentevole.

rammarichìo [da *rammaricare*] s. m. ● (*raro, lett.*) Continuo e reiterato rammaricarsi: *tutto il resto era languore, angoscia, spavento, r., fremito* (MANZONI).

rammàrico o (*poet.*) †**rammàrco**. s. m. (pl. *-chi*) ● Modo, atto del rammaricarsi: *era un continuo r.* | Amarezza, afflizione: *provare r. per q.c.* | Lamento, lagnanza: *ti esprimo il mio r.*

rammassàre [comp. di *r(i)-* e *ammassare*] v. tr. **1** Ammassare, accumulare. **2** (*raro*) Ammassare di nuovo.

rammattonàre [comp. di *r(i)-* e *ammattonare*] v. tr. (*io rammattóno*) ● Ammattonare o riammattonare.

†**rammembrànza** [da *rammembrare*] s. f. ● Rimembranza.

†**rammembràre** [da *rimembrare*, con cambio di pref.] v. tr. ● Rimembrare.

rammemoràbile agg. ● (*raro, lett.*) Che può, deve essere rammemorato.

rammemoraménto s. m. ● (*raro*) Rammemorazione.

†**rammemorànza** [da *rammemorare*] s. f. ● Rimembranza.

rammemoràre [da *rimemorare*, con cambio di pref.] **A** v. tr. (*io rammèmoro*) ● (*lett.*) Richiamare alla memoria. SIN. Rammentare, rimembrare. **B** v. intr. pron. ● (*lett.*) Ricordarsi: *rammèmorati se ad alcun segnale riconoscerla credessi* (BOCCACCIO).

rammemorazióne s. f. ● (*lett.*) Il rammemorare o il rammemorarsi. SIN. Ricordo.

rammendàre o (*tosc.*) **rimendàre** [comp. di *r(i)-* e *ammendare*] v. tr. (*io rammèndo* o **ramméndo**) **1** Eseguire i rammendi. **2** †Correggere, emendare.

rammendatóre s. m. (f. *-trice*, pop. *-tora*) **1** Chi esegue i rammendi per professione. **2** Operaio tessile addetto alla rammendatura.

rammendatùra s. f. **1** Lavoro, effetto e spesa del rammendare. SIN. Rammendo. **2** Operazione di apparecchiatura dei tessuti, per correggere eventuali difetti di tessitura e orditura.

rammèndo o **ramméndo** [da *rammendare*] s. m. ● Il lavoro che si fa per ricostruire o rinforzare trama e ordito in un tessuto strappato o molto usato | La parte rammendata | *R. invisibile*, rifacimento perfetto di una parte di tessuto.

†**rammentaménto** s. m. ● Modo, atto del rammentare.

†**rammentànza** [da *rammentare*] s. f. ● Ricordo.

rammentàre [comp. di *r(i)-* e *ammentarsi*] **A** v. tr. (*io ramménto*) **1** Ricordare, fare menzione: *r. il passato*. **2** Richiamare alla mente, alla memoria: *r. la propria vita*; *i torti miei rammento / e non mi so sdegnar* (METASTASIO) | *R. una persona*, farne ricordare la figura per la somiglianza | Suggerire: *r. la parte all'attore*. **B** v. intr. pron. ● Ricordarsi: *mi rammenterò di voi*; *non si rammentava dei vostri consigli* | *Non rammentarsi dal naso alla bocca*, avere poca memoria.

rammentàto part. pass. di *rammentare*; anche agg. **1** Nei sign. del v. **2** †Celebre.

rammentatóre s. m. (f. *-trice*) **1** Chi rammenta. **2** Suggeritore nel teatro d'opera.

†**rammentìo** s. m. ● Frequente rammentare.

†**rammenzióne** [comp. di *ra-* e *menzione*] s. f. ● Memoria, ricordo.

rammeschinìre [da *meschino*, col pref. *ra-*] v. intr. (*io rammeschinìsco, tu rammeschinìsci*; aus. *essere*) ● (*raro, lett.*) Divenire meschino.

†**rammescolàre** [comp. di *ra-* e *mescolare*] v. tr. ● Rimescolare.

†**rammezzàre** [comp. di *r(i)-* e *ammezzare*] v. tr. ● Ammezzare.

rammodernàre [comp. di *r(i)-* e *ammodernare*] v. tr. (*io rammodèrno*) ● Rendere moderno o più moderno. SIN. Ammodernare.

rammollàre [comp. di *r(i)-* e *ammollare (1)*] v. tr., intr. e intr. pron. (*io rammòllo*; aus. intr. *essere*) ● (*raro*) Rammollire.

rammolliménto s. m. **1** Il rammollire o il rammollirsi (*anche fig.*): *il r. della cera*; *un notevole r. nel carattere*. **2** (*med.*) Lesione di un organo per cui questo perde la sua normale consistenza. SIN. Malacia | *R. cerebrale*, lesione cerebrale da insufficiente vascolarizzazione.

rammollìre [comp. di *r(i)-* e *ammollire*] **A** v. tr. (*io rammollìsco, tu rammollìsci*) ● Fare diventare molle: *r. la cera* | (*fig.*) Indebolire: *gli ozi lo hanno rammollito* | (*fig.*) Intenerire, impietosire: *r. qc. con le lacrime*. **B** v. intr. e intr. pron. (aus. *essere*) ● Diventare molle (*anche fig.*): *è un composto che non rammollisce*; *invecchiando si è rammollito*.

rammollìto A part. pass. di *rammollire*; anche agg. ● Nei sign. del v. **B** s. m. (f. *-a*) ● Persona di poca forza morale, di scarso carattere.

†**rammontàre** [comp. di *r(i)-* e *ammontare*] v. tr. ● Ammucchiare di nuovo: *il carico fu pronto, e Zi' Scarda aiutò Ciaula a disporlo e rammontarlo sul sacco* (PIRANDELLO).

†**rammorbidaménto** s. m. ● Rammorbidimento.

rammorbidàre [comp. di *r(i)-* e †*ammorbidare*] v. tr., intr. e intr. pron. (*io rammòrbido*; aus. intr. *essere*) ● (*raro*) Rammorbidire.

rammorbidiménto s. m. ● Il rammorbidire o il rammorbidirsi (*anche fig.*).

rammorbidìre o †**rammorvidìre** [comp. di *r(i)-* e *ammorbidire*] **A** v. tr. (*io rammorbidìsco, tu rammorbidìsci*) ● Rendere morbido o più morbido: *r. un metallo* | (*fig.*) Mitigare, raddolcire: *r. l'asprezza di un discorso*. **B** v. intr. e intr. pron. (aus. *essere*) ● Diventare morbido (*spec. fig.*): *l'asprezza del suo carattere si è rammorbidita*.

rammucchiàre [comp. di *r(i)-* e *ammucchiare*] v. tr. (*io rammùcchio*) ● (*raro*) Ammucchiare.

Ramnàcee [da *ramno*] s. f. pl. ● Nella tassonomia vegetale, famiglia di piante dicotiledoni arboree o arbustive con foglie semplici e fiori piccoli e giallicci (*Rhamnaceae*) | (al sing. *-a*) Ogni individuo di tale famiglia. ➡ ILL. **piante** /5.

ràmno [vc. dotta, lat. *rhămnu(m)*, nom. *rhămnus*, dal gr. *rámnos*, da avvicinare a *rábdos* 'bastone' (V. *Rabdoceli*)] s. m. ● (*bot.*) Arbusto delle Ramnacee talvolta spinoso, con foglie alterne od opposte, fiori piccoli e frutti a drupa con più noccioli (*Rhamnus*).

ràmo [lat. *rāmu(m)*, dalla stessa radice di *rādix*, genit. *radīcis* 'radice'] s. m. (pl. f. †*ràmora*) **1** Suddivisione primaria del fusto delle piante che a sua volta può dividersi in rami secondari, rametti, ramoscelli | *Rami maestri*, principali nell'ossatura dell'albero | *Rami da frutto*, più pieghevoli e sottili | *Rami falsi*, sterili, inutili | *Rami delle radici*, barbe | *Rami delle viti*, tralci | *R. a legno*, con gemma a legno | *R. misto*, con gemma a legno e a frutto | *R. anticipato*, derivato da una gemma dell'anno | *Avere un r. di pazzia*, (*fig.*) avere una parte di pazzia o essere un po' strano | *R. secco*, (*fig.*) persona, azienda, attività improduttiva, eccessivamente onerosa o inutile. *2* Tutto ciò che sporge a forma di ramo da un corpo principale: *i rami dei coralli, delle corna dei cervi* | *I rami della croce*, i bracci | *R. di un fiume, di un canale*, corso secondario che si stacca dal principale | *Il r. di una strada*, la biforcazione, il tronco secondario, la diramazione | *Il r. di una miniera*, il filone secondario | *Il r. di un'amministrazione*, la divisione, la sezione che dipendono da un ufficio più importante | *R. del Parlamento*, ciascuna delle due Camere del Parlamento. *3* Partizione, specialità di una disciplina, una scienza: *un r. della zoologia; i vari rami della fisica* | (*est.*) Materia di studio, disciplina: *quello è il suo r.* *4* (*mat.*) *R. d'una curva*, componente connessa della curva o tratto di curva che possa percorrersi con il movimento continuo d'un punto. *5* Lato compreso fra due nodi di una maglia di una rete elettrica. *6* Branca collaterale di arteria, vena, nervo. *7* Linea di parentela, di consanguineità: *discendere da un r. cadetto.* *8* †Albero: *'l r. / vede a la terra tutte le sue spoglie* (DANTE *Inf.* III, 113-114) || PROV. Ramo corto vendemmia lunga. || **ramàccio**, pegg. | †**ramèllo**, dim. | **ramétto**, dim. | **ramicèllo**, dim. | **ramicino**, dim. | **ramóne**, accr. | **ramùccio**, pegg.

†**ramógna** [etim. incerta] s. f. ● (*raro*) Augurio.

†**ramognàre** [da †*ramogna*] v. tr. ● Fare buoni auguri.

†**ràmola** [dim. di *rama*] s. f. ● Ramo.

ramolàccio [sovrapposizione di *ramo* al lat. *armoràcia*, di etim. incerta] s. m. ● Pianta erbacea delle Crocifere, con foglie inferiori molto suddivise, coltivata per la radice commestibile a polpa croccante e piccante (*Raphanus niger*).

†**ramolùto** [dal lat. *rāmulus*, dim. di *rāmus* 'ramo'] agg. ● Ramoruto.

†**ramorùto** [da *ramo*, sul modello di *nerboruto*] agg. ● Ramoso: *rami spogli ma ramoruti* (D'ANNUNZIO).

ramoscèllo o †**ramucèllo**, (*lett.*) **ramuscèllo** [lat. parl. **ramuscĕllu(m)*, dim. del lat. tardo *ramŭsculus*, dim. di *rāmus* 'ramo'] s. m. ● Piccolo ramo. || **ramoscellino**, dim.

†**ramoscolóso** [dal lat. tardo *ramŭsculus*, dim. di *rāmus* 'ramo'] agg. ● Ramoso.

ramosità s. f. ● Qualità di ciò che è ramoso.

ramóso [vc. dotta, lat. *ramōsu(m)*, da *rāmus* 'ramo'] agg. ● Fornito di rami: *quercia ramosa* | Ramificato: *corna ramose.*

ràmpa [da *rampare*] s. f. *1* Piano lievemente inclinato, pavimentato o lastricato, eventualmente attraversato ad intervalli regolari da cordoni di pietra o laterizio in modo da formare ampi scalini a pedata inclinata e alzata piccolissima. *2* Parte di una scala costituita da una serie non interrotta di gradini compresa fra un pianerottolo e l'altro. *3* (*est.*) Salita ripida. *4* (*aer.*) In un aeroporto, piazzale dove gli aeromobili sostano per l'imbarco e sbarco di passeggeri e merci e per le necessarie operazioni di assistenza all'aeromobile, quali pulizia, controlli tecnici e sim. | *Operaio di r.*, addetto alle operazioni di assistenza a terra di un aeromobile, quali carico e scarico delle merci, pulizia, manovra di automezzi per la manutenzione e sim. | *R. di lancio*, torre di lancio. *5* (*aer.*) Sistema di guide a inclinazione variabile, e talvolta regolabile da 0° a 90°, per il lancio di aerei, missili o razzi. *6* (*mat.*) *Funzione a r.*, quella caratterizzata dall'essere nulla in un dato istante e crescente linearmente da tale istante in poi. *7* (*ferr.*) *R. di accesso*, piano inclinato che consente a veicoli e bestiame di accedere a un piano caricatore. *8* (*anat.*) Ognuna delle ripartizioni longitudinali di un condotto anatomico caratterizzato da un andamento spiralato, come nel dotto cocleare dell'orecchio interno dei Mammiferi: *r. vestibolare, r. timpanica.* || **rampino**, dim. m. (V.) | **rampóne**, accr. m.

rampànte A part. pres. di *rampare*; anche agg. *1* Nei sign. del v. *2* (*arald.*) Attributo dei quadrupedi levati sulle zampe posteriori. *3* *Arco r.*, arco con dislivello tra i due piani di imposta. **B** s. m. *1* Rampa nel sign. 2. *2* (*sport*) Nello scialpinismo, lama metallica dentata o striscia di gomma applicata al lato o sotto lo sci per assicurarne una più salda presa sul ghiaccio. **C** agg.; anche s. m. e f. ● (*fig.*) Detto di persona ambiziosa, aggressivamente protesa a raggiungere una posizione economica o sociale di prestigio | Arrampicatore, arrivista.

rampantismo [da *rampante*] s. m. ● Atteggiamento, tendenza di chi si dedica alla continua ricerca di un sempre maggiore successo professionale e di prestigio sociale.

rampàre [francone *hrampōn* 'contrarsi'] v. intr. (aus. *avere*) *1* (*raro*) Arrampicarsi. *2* Azione di animale che si leva a colpire o ghermire.

rampàro [fr. *rempart*, da *remparer* 'fortificare', da *emparer* 'fortificare, munire', dal provz. *emparar*, a sua volta dal lat. parl. **anteparāre* 'proteggersi, preparare (*parāre*) davanti (*ănte*)'] s. m. ● Terrapieno incamiciato che forma il recinto di una fortezza. ➡ ILL. p. 360 ARCHITETTURA.

rampàta [da *rampa*] s. f. *1* (*raro*) Colpo di rampa. SIN. Zampata. *2* Tratto di strada in salita.

rampicànte A part. pres. di *rampicare*; anche agg. *1* Nei sign. del v. *2* *Pianta r.*, che cresce abbarbicandosi a muri e sim. **B** s. m. *1* Pianta rampicante: *vecchie mura coperte di rampicanti.* *2* (*al pl.*) Nelle vecchie tassonomie animali, ordine di uccelli arboricoli con piedi a quattro dita, due rivolte in avanti e due indietro, atti ad arrampicarsi.

rampicàre [ints. di *rampare*] v. intr. (*io ràmpico, tu ràmpichi*; aus. *essere* e *avere*) ● (*raro*) Aggrapparsi, arrampicarsi, detto spec. di animali e di piante.

rampicatóre [da *rampicare*] s. m.; anche agg. (f. *-trice*) ● Chi, che si arrampica o si arrampica bene | (*sport, raro*) Arrampicatore.

rampichino [da *rampicare*] s. m. *1* (*scherz.*) Ragazzo che s'arrampica dappertutto | (*est.*) Ragazzo molto vivace. *2* (*bot.*) Rampicante. *3* (*zool.*) Uccello dei Passeriformi, abile nel camminare sui tronchi, con becco a sciabola per catturare insetti e larve (*Certhia brachydactyla*). *4* Nome commerciale di una bicicletta particolarmente adatta per percorsi impervi e con forti dislivelli. SIN. Mountain bike.

†**rampicóne** [sovrapposizione di *rampicare* a *rampone*] s. m. ● Ferro uncinato a più branche e lungo manico. SIN. Rampone, arpione.

rampinàre v. tr. ● Dragare il fondo con il rampino | †Aggrapparsi col rampino all'arrembaggio.

rampinàta s. f. ● Colpo di rampino | Il segno che rimane.

†**rampinàto** agg. ● Che ha forma di rampino.

rampinismo [da *rampino*] s. m. ● (*veter.*) Difetto di direzione del piede del cavallo per cui la parete di questo anteriormente è verticale o anche obliqua dall'avanti all'indietro, e l'appoggio sul terreno avviene quasi esclusivamente con la punta.

rampino A s. m. *1* Dim. di *rampa*. *2* (*gener.*) Ferro, chiodo, gancio fatto a uncino, per sostenere o afferrare | *A r.*, a uncino, ricurvo | (*fam., fig.*) *Giocare di r.*, rubare. *3* (*mar.*) Ferro a tre o quattro uncini usato per ripescare dal fondo oggetti caduti in mare, o per riportare a galla cavi sottomarini da riparare | Ferro per l'ancoraggio di piccole imbarcazioni. *4* (*raro*) Rebbio della forchetta. *5* (*fig.*) Pretesto, cavillo: *si attacca a ogni r.* **B** agg. ● (*veter.*) Detto di piede di cavallo affetto da rampinismo.

rampista [da *rampa*] s. m. (pl. m. *-i*) ● (*aer.*) In un aeroporto, addetto alle operazioni di imbarco passeggeri e al coordinamento e controllo tempi dei lavori di assistenza a terra di un aeromobile.

†**ràmpo** s. m. ● Rampino, uncino | Artiglio.

rampógna [ant. fr. *ramposne*: di origine francone (?)] s. f. ● (*lett.*) Rimprovero, spec. aspro e duro per biasimare un atto, un comportamento.

rampognaménto s. m. ● (*raro*) Modo, atto del rampognare.

rampognàre [ant. fr. *ramposner* 'schernire': di origine francone (?)] v. tr. (*io rampógno*) ● (*lett.*) Biasimare, rimproverare duramente, rimbrottare: *Qual se' tu che così rampogni altrui?* (DANTE *Inf.* XXXII, 87).

†**rampognévole** [da *rampognare*] agg. ● Ingiurioso, mordace.

†**rampognóso** [da *rampogna*] agg. ● Ingiurioso.

rampollaménto s. m. ● (*raro*) Modo, atto del rampollare (*anche fig.*).

rampollàre [da *pollare* col pref. *ra-*; non chiara l'inserzione della *-m-*] v. intr. (*io rampóllo*; aus. *essere*) *1* Zampillare, scaturire dal suolo, pullulare, detto di acqua: *la sorgente rampolla dalla montagna.* *2* Germogliare, nascere dal seme, detto di piante: *rampollano i primi rami.* *3* (*fig.*) Discendere, detto di stirpe, famiglia | (*est., fig.*) Sorgere, generarsi, detto di idee, pensieri, sentimenti | (*est., fig.*) Derivare, avere origine, detto di istituzioni, dottrine e sim. *4* (*poet.*) Risorgere: *nascondi le cose lontane, / tu nebbia impalpabile e scialba, / tu fumo che ancora rampolli, / su l'alba* (PASCOLI).

rampóllo [da *rampollare*] s. m. *1* Getto d'acqua che scorre | Vena d'acqua che scaturisce dal suolo. SIN. Polla, sorgente. *2* Germoglio nato su fusto o ramo vecchio di pianta. SIN. Pollone. *3* (*fig.*) Discendente diretto di una famiglia: *il r. di una nobile stirpe* | (*scherz.*) Figlio, figliolo: *è il nostro ultimo r.* || **rampollétto**, dim. | **rampollino**, dim. | **rampollùccio**, dim.

ramponàre v. tr. (*io rampóno*) ● (*raro*) Colpire, percuotere con un rampone.

rampóne [da *rampare*] s. m. *1* Fiocina grande ad ali lunghe taglienti e snodate usata per la pesca dei cetacei. *2* (*gener.*) Ferro piegato a uncino | Ferro dentato applicabile alle scarpe di chi deve arrampicarsi su alberi, pali e sim. *3* (*spec. al pl.*) In alpinismo, ciascuno degli attrezzi metallici costituito da punte collegate rigidamente fra loro, da fissarsi con apposite cinghie sotto lo scarpone per assicurarne l'aderenza sulla neve gelata o sul ghiaccio. ➡ ILL. p. 1296 SPORT. *4* Ripiegatura in basso, ad angolo retto, delle estremità del ferro di cavallo, per impedire che la bestia sdruccioli.

ramponière s. m. ● Marinaio addetto a lanciare il rampone nella caccia alle balene.

†**ramucèllo** ● V. *ramoscello.*

ramuscèllo ● V. *ramoscello.*

†**ramùscolo** [vc. dotta, lat. tardo *ramŭsculu(m)*, dim. di *rāmus* 'ramo'] s. m. ● Rametto.

ramùto agg. ● (*raro*) Pieno di rami.

ràna [lat. *rāna(m)*, da una radice onomat.] A s. f. *1* Anfibio anuro a pelle liscia, denti nella mascella superiore e zampe posteriori atte al salto (*Rana*) | *R. verde*, abbondante in paludi e risaie, si nutre di insetti e vermi e sverna in letargo (*Rana esculenta*) | *R. rossa*, a pelle bruno-rossiccia (*Rana fusca*) | *R. alpina*, delle montagne italiane (*Rana temporaria*) | *Nuoto a r.*, stile di nuoto con movimento delle braccia e delle gambe che agiscono come gli arti dell'anfibio | *Cantare come una r.*, (*fig.*) cantare male o essere troppo loquace e importuno | (*fig.*) *Gonfio come una r.*, di persona piena di boria. ➡ ILL. p. 1284 SPORT. *2* *R. pescatrice*, pesce osseo dei Lofiformi, a capo largo ed appiattito su cui sono impiantate appendici filamentose erettili, bocca enorme e denti robusti (*Lophius piscatorius*). SIN. Lofio, gianello. || **ranèlla**, dim. | **ranùzza**, dim. **B** in funzione di agg. inv. ● (posposto al s.) solo nella loc. *uomo r.*, sommozzatore.

ranàtra [dal lat. *rāna(m) ātra(m)* 'rana scura': il n. le fu dato perché il suo canto ricorda il gracidare delle rane] s. f. ● Insetto emittero di forme slanciate, con occhi sporgenti, comune fra la vegetazione lacustre (*Ranatra linearis*).

rancàre [da *ranco*] v. intr. (*io rànco, tu rànchi*; aus. *avere*) ● (*raro*) Arrancare.

ranch /*ingl.* ræntʃ/ [vc. ingl., dallo sp. *rancho* (V.)] s. m. inv. (pl. ingl. *ranches*) ● Fattoria per l'allevamento di animali, nella parte occidentale degli Stati Uniti d'America.

rancheggiàre [ints. di *rancare*] v. intr. (*io ranchéggio*; aus. *avere*) ● (*raro*) Camminare arrancando.

rancho /*sp.* 'rantʃo/ [vc. sp. V. *rancio* (*1*)] s. m. inv. ● Fattoria per l'allevamento del bestiame, nel sud degli Stati Uniti d'America e nel Messico.

rancia [da *rancio* (*1*)] s. f. (pl. *-cie*) ● (*mar.*) Elenco giornaliero dell'ordine secondo cui i gruppi, nei quali è diviso l'equipaggio di una nave da guerra, consumano i pasti.

†**ranciàta** ● V. *aranciata.*

granciàto [da *rancio* (*2*)] agg. ● (*raro*) Di colore arancione.

rancicàre [prob. da *rancico*] v. intr. (*io ràncico, tu ràncichi*; aus. *avere*) *1* Tossicchiare per schiarirsi la voce. *2* Avere la gola irritata per fumo, malattia e sim.

ràncico [da *rancido*, con cambio di suff.] **A** s. m. (pl. *-chi*) ● (*pop.*) Il sapore sgradevole che, dopo aver mangiato cibi fritti con grassi rancidi, torna alla gola e stimola la tosse. **B** agg. ● (*raro, pop.*) Rancido.

rancidézza s. f. ● La qualità di ciò che è rancido (*anche fig.*): *la r. del burro*; *la r. delle tue convinzioni* | (*raro*) Rancidume.

rancidìre v. intr. (*io rancidìsco, tu rancidìsci*; aus. *essere*) ● Divenire rancido. SIN. Irrancidire.

rancidità [da *rancido*] s. f. ● Alterazione degli oli e dei grassi per ossidazione all'aria.

ràncido [vc. dotta, lat. *răncidu(m)* 'fetido, putrefatto', da *rancēre* 'essere rancido, guasto', di etim. incerta] **A** agg. **1** Di olio, burro o altre sostanze grasse che, per un processo di ossidazione, assumono un sapore sgradevole di stantio: *salumi rancidi* | (*est.*) *Ramo r.*, fradicio. SIN. Corrotto, guasto, putrefatto. **2** (*fig.*) Vecchio, antiquato, sorpassato: *idee rancide*. **B** s. m. ● Il sapore e l'odore delle sostanze irrancidite: *prendere il r.* || **rancidétto**, dim.

rancidùme s. m. **1** Puzzo di rancido | Cose rancide. **2** (*fig.*) Cose vecchie, antiquate. SIN. Vecchiume.

rancière [da *rancio* (*1*)] s. m. ● (*raro*) Soldato addetto per turno alla confezione del rancio. SIN. Cuciniere.

ràncio (1) [sp. *rancho* 'camerata dei soldati', da *rancharse* 'prendere alloggio', a sua volta dal fr. *se ranger* 'mettersi in ordine, schierarsi', da *rang* 'fila' (V. *rango*)] s. m. **1** Pasto dei soldati e dei marinai: *primo, secondo r.*; *ora del r.*; *distribuzione del r.* | *Suonare il r.*, dare l'apposito segnale di tromba. **2** †Pranzo collettivo.

ràncio (2) e *deriv.* ● V. *arancio* e *deriv.*

†ràncio (3) agg. ● Rancido.

rànco [longob. *rank*] agg. (pl. m. *-chi*) ● (*raro*) Detto di chi cammina arrancando | (*est.*) Storto, zoppo: *gamba ranca*.

rancóre [vc. dotta, lat. tardo *rancōre(m)* 'rancidezza', poi 'rancore', da *rancēre* 'essere rancido', di etim. incerta] s. m. ● Sentimento di odio, sdegno, risentimento tenuto nascosto: *covare, serbare un sordo r.*; *io albergai nell'animo un grande rancore che stranamente s'avvinse al mio dolore e lo falsificò* (SVEVO).

rancoróso agg. ● Che cova o serba rancore. || **rancorosaménte**, avv. In modo rancoroso.

†rancùra [sovrapposizione di *cura* a *rancore*] s. f. **1** Senso di molestia, ambascia: *fa ... vera r. / nascer a chi la vede* (DANTE) | *Darsi r.*, affannarsi. **2** Fatica, cura grave. **3** Rancore.

†rancuràrsi [da *rancura*] v. intr. pron. ● Dolersi, rammaricarsi.

rand /*ingl.* rænd/ [vc. ingl., da *Rand*, abbreviazione di *Witwatersrand*, n. di un rilievo del Transvaal] s. m. inv. ● Unità monetaria circolante nella Repubblica Sudafricana.

rànda [got. *randa* 'orlo' (cfr. ted. moderno *Rand*)] s. f. **1** Nelle attrezzature navali, vela aurica di forma trapezoidale allacciata all'albero per il lato verticale prodiero e inferita superiormente al picco ed in basso al boma | Nelle imbarcazioni da diporto, la vela maggiore che viene inferita a poppavia dell'albero e può essere di vari tipi. ➡ ILL. p. 1291 SPORT; p. 1757 TRASPORTI. **2** Arnese da carradore o bottaio per disegnare ruote o doghe. **3** Regolo mobile su di un asse che serve ai muratori per disegnare archi sul muro. **4** Rasiera di staio o altro. **5** †Margine, estremità, orlo | †*A r.*, *a r.*, sul bordo estremo | †*A r.*, per l'appunto, a stento. || **randèlla**, dim.

†randàgine [da *randagio* (?)] vc. ● Solo nella loc. *andare r.*, andare ramingo, andare errando.

randàgio [da avvicinare a *randa* 'orlo' (?)] agg. (pl. f. *-gie* o *-ge*) **1** (*lett.*) Che va vagando, senza accompagnarsi con altri: *quando io era più giovane, io sono stato molto r.* (MACHIAVELLI). SIN. Errante, ramingo, vagabondo. **2** Detto di animale domestico senza padrone o fuori dal branco: *cane r.*; *un vitello r. sui monti*.

randagìsmo [da *randagi(o)* e *-ismo*] s. m. **1** Condizione dell'essere randagio, gener. riferito ad animali domestici senza padrone. **2** (*raro*) Il fenomeno sociale relativo a chi conduce vita randagia.

randeggiàre [da *randa*] **A** v. tr. (*io randéggio*) ● Spingere la nave con vele di randa. **B** v. intr. (aus. *avere*) ● Navigare rasente la costa, l'isola e sim.

randellàre v. tr. (*io randèllo*) ● Picchiare, colpire con il randello. SIN. Arrandellare.

randellàta s. f. ● Colpo di randello. SIN. Bastonata, mazzata.

randèllo [etim. incerta] s. m. **1** Bastone piuttosto grosso: *minacciare qc. con un r.* | (*fig., scherz.*) Persona alta e magra. SIN. Mazza. **2** †Bastone corto e incurvato che serve a stringere legature di balle, some e sim. **3** †Grosso e corto bastone che si appende al collo di alcuni animali per ostacolarli nel cammino, nella corsa, ecc. || **randellétto**, dim. | **randellìno**, dim.

†randellóne [da *randagio*, sul modello di *bighellone*] s. m. ● Bighellone, giramondo.

ràndom /'random, *ingl.* 'rændəm/ [vc. ingl., propr. 'casuale, fortuito' (vc. germ. giunta attraverso il fr. antico)] agg. inv. **1** (*stat.*) Detto di una variabile statistica suscettibile di assumere valori aleatori (ad es., il risultato del lancio di un dado) o di un campione statistico ottenuto con un metodo casuale. **2** Nella loc. (*elab.*) *accesso r.*, metodo di accesso diretto a un dato precedentemente memorizzato, realizzato mediante calcolo algoritmico.

randomiẓẓàre [da *random*, sul modello dell'ingl. *to randomize*] v. tr. ● (*elab., stat.*) Rendere casuale | Attribuire valori casuali.

randomiẓẓazióne [da *randomizzare*, come l'ingl. *randomization* da *to randomize*] s. f. ● (*elab., stat.*) Atto, effetto del randomizzare.

randonnée /*fr.* rɑ̃dɔ'ne/ [vc. fr., propriamente 'corsa impetuosa', da *randon* 'impetuosità'] s. f. inv. ● (*sport*) Corsa lunga e ininterrotta | Gara di gran fondo.

ranèlla [dalla forma che ricorda quella di una *rana*] s. f. ● (*med.*) Ranula.

ranétta ● V. *renetta*.

Ranfàstidi [dal gr. *rámphos* 'becco adunco' (V. *ranforinco*) e *-idi*] s. m. pl. ● Nella tassonomia animale, famiglia di Uccelli della foresta tropicale, variopinti, di taglia variabile ma mai molto grossa, arboricoli, caratterizzati da un enorme becco ricurvo e vivacemente colorato (*Ranfastidae*) | (al sing. *-e*) Ogni individuo di tale famiglia.

rànfia [longob. *rampf*, da avvicinare al francone *hrāmpon*. V. *rampare*] s. f. ● (*pop.*) Granfia, artiglio.

rànfio [da *ranfia*] s. m. **1** (*raro, pop.*) Raffio, uncino. **2** (*raro, tosc.*) Graffio.

ranforìnco [comp. del gr. *rámphos* 'becco adunco, ricurvo' (di etim. incerta) e *rýnchos* 'muso, grugno' (V. *ornitorinco*)] s. m. (pl. *-chi*) ● Rettile volatore del Giurassico fornito di denti acuminati e di lunga coda (*Ramphorynchus*). ➡ ILL. **paleontologia**.

ranfotèca [comp. del gr. *rámphos* 'becco adunco' (V. *ranforinco*) e *-teca*] s. f. ● Formazione cornea che riveste le mascelle e le mandibole di alcuni animali costituendo il becco.

range /*ingl.* 'reindʒ/ [vc. ingl., dal fr. ant. *renge*, deriv. di *reng*, *renc* 'linea, posto, riga, fila'] s. m. inv. **1** (*scient.*) Raggio d'azione, portata, estensione. **2** (*fis.*) Lunghezza del percorso compiuto in una determinata sostanza da una particella subatomica, fino al momento in cui l'energia di quest'ultima sia così degradata da non produrre più alcun effetto sulla sostanza attraversata.

ranger /*ingl.* 'reindʒə*/ [vc. ingl., 'girovago' e 'poliziotto', da *to range* 'andare in giro', 'schierarsi', dal fr. *rang* (V. *rango*)] s. m. inv. **1** (*mil.*) Soldato di un reparto di truppe d'assalto addestrato a compiere incursioni nel territorio occupato dal nemico. **2** Negli Stati Uniti e nel Canada, chi è incaricato della sorveglianza dei parchi nazionali.

ranghinatóre [da *rango* nel sign. 1] s. m. ● Macchina agricola per compiere varie operazioni nella fienagione.

rangìfero [dal finnico *raingo*, dal norreno *hreinn* 'cervo' (?)] s. m. ● (*zool.*) Renna.

ràngo [fr. *rang*, dal francone *hring* 'anello', poi 'assemblea'] s. m. (pl. *-ghi*) **1** (*mil.*) Schiera, riga, ordinanza | *In r.*, al proprio posto nel reparto inquadrato | *Uscire dai ranghi*, dallo schieramento; (*fig.*) contravvenire alle regole, compiere un'azione irregolare o contraria alle direttive ricevute | *Rientrare nei ranghi*, reinserirsi nello schieramento; (*fig.*) rinunciare a un'azione contraria alle direttive ricevute o tornare a occupare una carica meno importante | *Serrare i ranghi*, avvicinare i componenti di una schiera; (*fig.*) impegnarsi a fondo, con decisione in q.c., detto di un gruppo di persone che per tale scopo rafforzano i propri vincoli di coesione. **2** (*mar.*) Ognuna delle classi in cui erano suddivisi i vascelli militari a vela in relazione al numero dei ponti armati. **3** (*est., impr.*) Grado, condizione sociale: *di alto, basso r.* | *R. sociale*, status di una persona. SIN. Ceto, classe, ordine. **4** (*stat.*) Posizione di ogni dato in una serie ordinata quantitativamente.

†ràngola o **†ràngula** [etim. incerta] s. f. ● Sollecitudine, ansia, premura.

†rangolaménto s. m. ● Atto, effetto del rangolare.

†rangolàre [etim. incerta] v. intr. **1** Darsi premura. **2** Arrangolare, bofonchiare.

†ràngolo s. m. ● Rangola.

†rangolóso [da *rangola*] agg. **1** Premuroso, sollecito. **2** Affannoso.

†ràngula ● V. *†rangola*.

rangutàn o **rangutàno** ● V. *orangutan*.

ranìsta s. m. e f. (pl. m. *-i*) ● Nuotatore specialista nel nuoto a rana.

ranking /*ingl.* 'ræŋkiŋ/ [vc. ingl., da *to rank* 'mettere in riga, ordinare'] s. m. inv. ● (*sport*) Classifica, graduatoria: *il r. mondiale di golf* | Elenco, lista di atleti, squadre e sim.

rannaiòla s. f. ● (*raro*) Colatoio per il ranno.

rannàta s. f. **1** (*raro*) Lavatura di panni nel ranno. **2** (*raro*) Il ranno già usato per lavare.

ranneràre [comp. di *r(i)-* e *annerare*] v. intr. e intr. pron. (*io rannéro*; aus. *essere*) ● Diventare nero o più nero.

rannerìre [comp. di *r(i)-* e *annerire*] **A** v. tr. (*io rannerisco, tu rannerìsci*) ● Rendere nero o più nero. **B** v. intr. e intr. pron. (aus. *essere*) ● Diventare nero o più nero.

†rannestàre [comp. di *r(i)-* e *annestare*] v. tr. ● Innestare ancora (*anche fig.*).

†rannestatùra [da *rannestare*] s. f. ● Innestatura.

rannicchiàre [da *nicchia*, col pref. *ra-*] **A** v. tr. (*io rannìcchio*) ● Contrarre, restringere, ripiegare in piccolo spazio, come in una nicchia: *r. le spalle*. **B** v. rifl. ● Raccogliersi come in una nicchia: *rannicchiarsi in un angolo* | *Rannicchiarsi nel proprio guscio*, vivere ritirato, raccolto.

rannicchiàto part. pass. di *rannicchiare*; anche agg. ● Nei sign. del v.

rannidàre o (*pop.*) **rannidiàre** [comp. di *r(i)-* e *annidare*] **A** v. tr. ● (*raro*) Annidare, annidare di nuovo (*anche fig.*). **B** v. rifl. o intr. pron. ● Annidarsi di nuovo (*spec. fig.*).

†rannière s. m. ● (*raro*) Vaso che riceve il ranno che passa dal colatoio.

rànno [longob. *rannjā* 'mezzo per ammollire', da avvicinare al ted. *rinnen* 'gocciolare'] s. m. ● Miscela di cenere e acqua bollente, un tempo usata per fare il bucato | *R. vergine*, se l'acqua non è bollente | *Perdere il r. e il sapone*, (*fig.*) perdere tempo e fatica.

rannobilìre [comp. di *r(i)-* e *annobilire*] v. tr. (*io rannobilìsco, tu rannobilìsci*) ● (*raro*) Far diventare nobile.

rannodaménto s. m. ● Modo, atto del rannodare (*spec. fig.*).

rannodàre [comp. di *r(i)-* e *annodare*] v. tr. (*io rannòdo*) **1** Annodare. **2** V. *riannodare*. **3** (*raro*) Ricongiungere.

rannóso agg. ● Di ranno | Che è simile al ranno o che lo contiene.

†rannovellàre [da *rinnovellare*, con cambio di pref.] v. tr. ● Rinnovellare.

†rannugolàre ● V. *rannuvolare*.

rannuvolaménto s. m. ● Modo, atto del rannuvolare o del rannuvolarsi (*anche fig.*): *il r. del cielo*; *il r. del nostro viso*.

rannuvolàre o **†rannugolàre** [comp. di *r(i)-* e *annuvolare*] **A** v. tr. (*io rannùvolo*) ● Coprire di nuvole, oscurare (*spec. fig.*): *la rabbia ti rannuvola la mente*. **B** v. intr. pron. **1** Ricoprirsi di nuvole: *l'orizzonte si è rannuvolato*. **2** (*fig.*) Turbarsi, oscurarsi in volto: *si era rannuvolato per le troppe preoccupazioni*. **C** v. intr. impers. (aus. *essere*) ● (*tosc.*) Diventare nuvoloso: *sta rannuvo-*

lando.

rannuvolàta [da *rannuvolato*] s. f. ● (*raro*) Improvviso addensarsi di nuvole.

rannuvolàto part. pass. di *rannuvolare*; anche agg. ● Nei sign. del v.

ranòcchia [lat. parl. **ranŭcula(m)*, dim. di *rāna*] s. f. ● Ranocchio (*anche fig.*).

ranocchiàia s. f. *1* Luogo pieno di ranocchi | (*est., spreg.*) Luogo pantanoso, inospitale. *2* (*zool.*) Sgarza.

ranocchiàio [da *ranocchio*] s. m. *1* Venditore di rane. *2* (*raro, fig., scherz.*) Chi abita in un luogo paludoso. *3* (*miner.*) Varietà di serpentino venato e macchiato di bianco e di verdastro.

ranocchiésco agg. (pl. m. *-schi*) ● Di, da ranocchio (*spec. spreg.*).

ranòcchio [lat. *ranŭnculu(m)*, dim. di *rāna*] s. m. *1* (*fam.*) Rana verde. *2* (*fig., scherz.*) Persona di bassa statura e sgraziata. *3* (*fig., fam., scherz.*) Bambino. || **ranocchiétto**, dim. | **ranocchino**, dim. | **ranocchióne**, accr.

†**rantolàia** s. f. ● Rantolo frequente.

rantolàre [vc. di origine almeno lontanamente onomat.] v. intr. (*io ràntolo*; aus. *avere*) ● Mandare rantoli | (*est.*) Agonizzare.

rantolìo s. m. ● Un rantolare frequente o continuato.

ràntolo [da *rantolare*] s. m. *1* Respiro ansimante proprio degli agonizzanti. *2* (*med.*) Rumore prodotto dal passaggio dell'aria nelle vie respiratorie quando in esse è presente un secreto fluido o vischioso: *r. crepitante.* || **rantolino**, dim.

rantolóso agg. ● (*raro*) Che ha il rantolo.

rànula [V. *ranella*] s. f. *1* (*med.*) Cisti che si sviluppa a carico della ghiandola salivare sottolinguale. *2* (*veter.*) Ingrossamento delle barbule per ectasia dei dotti delle ghiandole salivari, frequente nel cavallo.

Ranuncolàcee [da *ranuncolo*] s. f. pl. ● Nella tassonomia vegetale, famiglia di piante erbacee dicotiledoni che hanno fiori con calice di cinque sepali e corolla di cinque petali, e frutto secco (*Ranunculaceae*) | (al sing. *-a*) Ogni individuo di tale famiglia. ➡ ILL. **piante** /3.

ranuncolino s. m. *1* Dim. di *ranuncolo*. *2 R. muschiato*, adoxa.

ranùncolo [vc. dotta, lat. *ranŭnculu(m)*, propriamente dim. di *rāna*, per la somiglianza della radice colla zampa di una rana; calco sul gr. *batráchion*, dim. di *bátrachos* 'rana' (V. *Batraci*)] s. m. ● Pianta erbacea annua o perenne delle Ranuncolacee con fiori gialli o bianchi o rosa e frutto ad achenio (*Ranunculus*) | *R. dei ghiacciai*, dai fiori rosa e bianchi che spiccano fra le rocce (*Ranunculus glacialis*) | *R. di montagna*, botton d'oro | *R. palustre*, sardonia. || **ranuncolino**, dim. (V.).

rap /ingl. ræp/ [vc. ingl. di orig. onomat., propr. 'colpo (secco)', ma V. anche *rapper*] **A** s. m. inv. ● Genere musicale nato in America alla fine degli anni Settanta, caratterizzato dal ritmo fortemente sincopato e uniforme sul quale la voce scandisce una sorta di filastrocca cantilenante. **B** agg. inv. ● Relativo al rap: *musica, ritmi rap.*

ràpa [lat. *rāpa(m)*, da *rāpa*, nt. pl. di *rāpum* 'rapa', di origine indeur.] s. f. *1* Pianta delle Crocifere, coltivata, con piccoli fiori dorati, foglie senza pruina, utili come foraggio e grossa radice carnosa commestibile (*Brassica rapa*) | Radice della rapa | *Broccoli, cime di r.*, foglie giovani e steli fioriferi della rapa commestibili | (*scherz.*) *Avere la testa come una r.*, avere la testa rasata o del tutto calva | *Valere una r.*, non valere niente | *Volere cavare sangue da una r.*, (*fig.*) pretendere da qc. ciò che non può dare. *2* (*scherz.*) Testa rasata o calva. *3* (*fig.*) Persona sciocca: *quel ragazzo è una r.* || **rapétta**, dim. | **rapettina**, dim. | **rapina**, dim. | **rapóne**, accr. m.

rapàce [vc. dotta, lat. *rapāce(m)*, da *răpere* 'rapire'] **A** agg. ● Che è pronto a rapire, a ghermire ciò che non gli appartiene: *lupo r.* | (*est., fig.*) Avido, pieno di brama: *sguardo r.*; *il re ... li aveva protetti contro i rapaci e crudeli baroni* (CROCE). || **rapaceménte**, avv. In modo rapace, con rapacità. **B** s. m. ● Ogni uccello predatore degli ordini dei Falconiformi e degli Strigiformi, che hanno becco adunco ed unghia ad artiglio | *R. diurno*, attivo di giorno | *R. notturno*, attivo di notte.

rapacità [vc. dotta, lat. *rapacitāte(m)*, da *răpax*, genit. *rapācis* 'rapace'] s. f. ● L'essere rapace (*anche fig.*): *la r. dell'aquila*; *la r. degli strozzini.*

rapàio s. m. *1* Terreno a rape o ad altre erbe frammiste. *2* (*raro, fig., tosc.*) Luogo pieno di disordine, confusione.

rapaiòla [detta così perché i bruchi vivono sulle *rape*] s. f. ● Farfalla simile alla cavolaia, ma più piccola, con bruco verdastro dannoso a molti ortaggi (*Pieris rapae*). SIN. Cavolaia minore.

rapallizzàre [dalla città ligure di *Rapallo*] v. tr. (*io rapallizzo*) ● Ridurre una città o una località in condizioni ambientali deteriori a causa del numero eccessivo e incontrollato di edifici d'abitazione, costruiti per speculazione, senza adeguate opere di urbanizzazione.

rapallizzazióne [da *rapallizzare*] s. f. ● Atto, effetto del rapallizzare.

rapanèllo ● V. *ravanello.*

rapàre [da *rapa*; propriamente 'rendere la testa liscia e netta come una rapa'] **A** v. tr. ● Radere, tagliare i capelli fino alla cotenna. **B** v. rifl. ● Radersi o farsi radere a zero i capelli.

rapastróne [dal lat. *rapĭstrum* 'rapa selvatica'] s. m. ● Rapa selvatica.

rapàta (1) s. f. ● Operazione del rapare.

rapàta (2) s. f. ● (*raro*) Colpo di rapa.

rapàto part. pass. di *rapare*; anche agg. ● Nel sign. del v.

rapatùra s. f. ● Atto, effetto del rapare o del raparsi.

rapazzòla o (*lett.*) **rapazzuòla** [etim. incerta] s. f. *1* (*dial.*) Giaciglio rustico, spec. di pastori. *2* †Cuccetta misera di bastimento mercantile.

rapè [fr. *râpé*, part. pass. di *râper* 'raspare'] agg. inv. *1* Detto di tappeto logoro, pelato, con l'ordito in vista. *2* Detto di tabacco da fiuto ottenuto in origine raspando un pezzo di tabacco, in uso spec. nel XVIII sec.

†**ràpere** v. tr. ● Rapire.

raperèlla ● V. *riparella* (*2*).

raperino [da *rapa*: per il colore (?)] s. m. *1* (*scherz.*) Chi usa portar tosati i capelli. *2* (*zool.*) Verzellino.

raperónzolo o **rapónzolo** [da *rapa*] s. m. *1* Campanulacea perenne con fiori violetti in lunga pannocchia e foglie commestibili come la radice carnosa a fittone (*Campanula rapunculus*). *2* (*scherz.*) Chi ha la testa rapata.

raperùgiolo [V. *raperino*] s. m. ● (*zool.*) Verzellino.

ràpida [da *rapido*] s. f. *1* Tratto di fiume con pendenza e corrente fortissime. *2* (*ferr.*) Frenatura rapida.

rapidézza s. f. ● (*raro*) Rapidità.

rapidità [vc. dotta, lat. *rapiditāte(m)*, da *răpidus* 'rapido'] s. f. *1* L'essere rapido: *la r. della corrente, del pensiero.* SIN. Celerità, prestezza, velocità. *2* (*fot., impr.*) Sensibilità di un'emulsione fotografica.

ràpido [vc. dotta, lat. *răpidu(m)* 'che trascina, che porta via violentemente, veloce', da *răpere* 'rapire'] **A** agg. *1* Di ciò che si sposta rapidamente e con l'impeto della velocità trascina quello che trova: *torrente, fiume r.* | (*est.*) Di azione, movimento molto veloce: *una rapida mossa* | (*est.*) Veloce, presto: *r. come il vento.* CONTR. Lento. *2* Che si compie, avviene in breve tempo: *lavoro r.*; *una rapida occhiata*; *dopo un r. esame* | *Frenatura rapida*, frenatura d'emergenza per arrestare i convogli ferroviari nel più breve spazio possibile. *3* (*fot., impr.*) Detto di un'emulsione fotografica che, avendo una notevole sensibilità, consente brevi tempi di posa. *4* (*tecnol.*) Detto di acciaio o lega atti alla fabbricazione di utensili per la lavorazione dei metalli duri mediante asportazione di truciolo con elevata velocità di taglio. *5* †Rapace. || **rapidaménte**, avv. Con rapidità. SIN. Velocemente. **B** s. m. ● Treno ad elevata velocità, che ferma solo nelle stazioni più importanti; nella tipologia ufficiale, oggi è sostituito dai treni intercity.

rapiménto s. m. *1* Modo, atto del rapire o dell'essere rapito: *architettare un r.*; *il famoso r. di Elena.* SIN. Ratto. *2* Nel linguaggio mistico, l'esser sollevati dalla realtà naturale nella contemplazione delle realtà divine | Esperienza interiore dell'estasi. *3* (*fig.*) Emozione profonda: *contemplare un paesaggio con r.*

rapina [vc. dotta, lat. *rapīna(m)*, da *răpere* 'rapire'] s. f. *1* Delitto di chi s'impossessa della cosa mobile altrui sottraendola a chi la detiene mediante violenza alla persona o minaccia, per procurare a sé o ad altri un profitto: *r. a mano armata*; *condannare qc. per r.* *2* (*est.*) Appropriazione, ruberia, ingiusta estorsione: *con le sue rapine è diventato ricco* | *Uccelli da r.*, rapaci. *3* Bottino, cose sottratte con rapina: *occultare la r.* *4* (*lett.*) Violenza, forza travolgente, spec. di bufera, acque, venti: *come un turbine vasto ... va a cercare negli angoli le foglie passe e leggieri, ... e le porta in giro ravvolte nella sua r.* (MANZONI). *5* †Ratto, rapimento.

rapinàre [da *rapina*] v. tr. *1* Sottrarre, portare via mediante rapina | (*est.*) Estorcere, fare ruberie: *ha rapinato molto denaro* | Derubare con rapina: *lo hanno rapinato dei suoi gioielli.* *2* †Rapire.

rapinatóre [vc. dotta, lat. *rapinatōre(m)*, da *rapīna*] s. m. (f. *-trice*) ● Chi rapina, ha commesso molte rapine: *guardarsi dai rapinatori* | Ladro che compie rapine armato: *i rapinatori della banca.*

†**rapinerìa** [da *rapina*] s. f. ● Ruberia.

rapinóso [da *rapina*] agg. *1* Che commette rapine. *2* (*fig.*) Rapido, travolgente: *torrente r.* | *Morte rapinosa*, repentina, violenta. *3* (*fig.*) Violentemente seducente: *sguardo r.* *4* (*fig., tosc.*) Rabbioso, stizzoso.

rapìre [lat. parl. **rapīre*, per il classico *răpere*, di origine indeur.] v. tr. (pres. *io rapìsco, tu rapìsci*; part. pass. *rapìto*, †*ràtto*) *1* Portare via a forza o con la frode, strappare con violenza: *r. la preda* | Condurre con sé qc. con la violenza, l'inganno e la seduzione: *r. una donna*; *r. il figlio alla madre* | (*est.*) Carpire, ghermire, rubare, togliere (*anche fig.*): *r. il pane di bocca*; *r. il merito della vittoria* | *Essere rapito dalla morte*, morire improvvisamente. *2* (*fig.*) Attrarre completamente l'attenzione, l'affetto, il sentimento di qc. (*anche ass.*): *è una musica che rapisce.* SIN. Avvincere, estasiare. *3* (*lett.*) Travolgere con sé.

rapìto part. pass. di *rapire*; anche agg. ● Nei sign. del v.

rapitóre s. m.; anche agg. (f. *-trice*) ● Chi, che rapisce (*anche fig.*): *hanno catturato i rapitori*; *furia rapitrice.*

rapòntico [lat. *rheupŏnticu(m)*, comp. di *rhēu* (V. *rabarbaro*) e *pŏnticus* 'pontico', cioè del Mar Nero] s. m. (pl. *-ci*) ● Pianta delle Poligonacee dell'Asia occidentale, coltivata come pianta ornamentale (*Rheum rhaponticum*).

rapónzolo ● V. *raperonzolo.*

ràppa (1) [fr. *râpe*, dal germ. **raspōn* 'arraffare'] s. f. *1* Cima di finocchio, rosmarino, olivo e altre piante. *2* (*raro*) Raspo. *3* Nappina colorata, posta un tempo sul copricapo dei soldati quale distintivo d'arma e di reparto, tuttora in uso sul cappello degli alpini.

†**ràppa** (2) [got. **rappa*] s. f. ● Ruga, grinza. || **rappèlla**, dim.

rappaciàre o **riappaciàre** [comp. di *r(i)-* e *appaciare*] **A** v. tr. (*io rappàcio*) ● Mettere, rimettere in pace: *r. due contendenti*; *r. il popolo in discordia.* SIN. Rappacificare. **B** v. rifl. e rifl. rec. ● Rimettersi d'accordo, tornare in pace: *cercate di rappaciarvi.*

rappacificaménto s. m. ● (*raro*) Rappacificazione.

rappacificàre o **riappacificàre** [comp. di *r(i)-* e *appacificare*] **A** v. tr. (*io rappacìfico, tu rappacìfichi*) ● Rimettere in pace: *r. due nemici*; *r. due nazioni in lotta*; *tu con le tue parole dolcissime sempre rappacificavi le questioni de' litiganti pastori* (SANNAZARO) | (*est.*) Quietare, calmare: *r. gli animi.* SIN. Pacificare, riconciliare. **B** v. rifl. e rifl. rec. ● Riconciliarsi: *non si è rappacificato con il padre*; *padre e figlio si sono rappacificati.*

rappacificazióne o **riappacificazióne** s. f. ● Atto, effetto del rappacificare o del rappacificarsi. SIN. Riconciliazione.

†**rappadóre** [da (*ar*)*rappare*] s. m. ● Rapinatore, arraffatore.

†**rappagàre** [comp. di *r(i)-* e *appagare*] v. tr. ● Appagare.

rappallottolàre [comp. di *r(i)-* e *appallottolare*] v. tr. e rifl. (*io rappallòttolo*) ● (*raro*) Ridurre, ridurre di nuovo in forma di pallottola.

†**rapparire** ● V. *riapparire*.

rappattumàre [da *patto*, col pref. *ra-* (?)] **A** v. tr. ● Fare tornare d'accordo o in pace, spesso non definitivamente. SIN. Riconciliare. **B** v. rifl. e rifl. rec. ● Rappacificarsi in qualche modo: *si sono rappattumati solo formalmente*.

rappellàre [comp. di *r(i)-* e *appellare*] v. tr. (*io rappèllo*) ● (*lett.*) Richiamare: *gli rompe quel silenzio e lui rappella* (TASSO) | Appellare.

†**rappèllo** [da *rappellare*] s. m. ● Appello | *Senza r.*, senza indugio.

rapper /ˈrɛpper, *ingl.* ˈræpə*/ [vc. ingl., dal v. *to rap* 'parlare in maniera discorsiva'] s. m. e f. inv. ● Autore, interprete o appassionato di musica rap.

rappezzaménto s. m. ● Modo, atto, effetto del rappezzare.

rappezzàre [comp. di *r(i)-* e *appezzare*] v. tr. (*io rappèzzo*) *1* Aggiustare mettendo il pezzo mancante | Rattoppare, mettere una pezza. *2* (*fig.*) Mettere insieme, comporre alla meglio: *r. uno scritto*. SIN. Aggiustare.

rappezzatóre s. m. (f. *-trice*) ● Chi rappezza (*anche fig.*): *un r. di articoli*.

rappezzatùra s. f. *1* Atto, effetto del rappezzare. *2* Aggiunta rimediata per rappezzare q.c.: *composizione piena di brutte rappezzature*.

rappèzzo s. m. *1* Il rappezzare e la cosa rappezzata: *lavoro di r.*; *questo vestito è un r.* *2* Il pezzo aggiunto per rimediare a una rottura o una mancanza: *giacca con un r. colorato*. *3* (*raro, fig.*) Rimedio poco efficace, scusa non convincente.

†**rappianaménto** s. m. ● Il rappianare.

†**rappianàre** [comp. di *r(i)-* e *appianare*] v. tr. *1* Appianare, spronare. *2* V. *riappianare*.

†**rappiastràre** [comp. di *r(i)-* e *appiastrare*] v. tr. ● Racconciare, rabberciare.

†**rappiattàre** [comp. di *r(i)-* e *appiattare*] v. tr. e rifl. ● Appiattare.

†**rappiccaménto** s. m. ● Il rappiccare.

rappiccàre [comp. di *r(i)-* e *appiccare*] **A** v. tr. (*io rappìcco, tu rappìcchi*) *1* (*raro*) Appiccare: *r. il fuoco* | (*raro*) Congiungere, attaccare: *r. la testa al busto*. *2* V. *riappiccare*. **B** v. intr. ● †Fare presa, detto della calcina.

rappiccatùra s. f. ● (*raro, lett.*) Atto, effetto del rappiccare.

rappiccicàre e *deriv.* ● V. *riappiccicare* e *deriv.*

rappiccicottàre [da *rappiccicare*] v. tr. (*io rappiccicòtto*) ● (*raro*) Rimpiacciccottare.

rappiccinìre [comp. di *r(i)-* e *(im)piccinire*] v. tr. (*io rappiccinìsco, tu rappiccinìsci*) ● (*raro*) Rendere piccolo o più piccolo.

rappicciolìre [comp. di *r(i)-* e *(im)picciolire*] v. tr. (*io rappicciolìsco, tu rappicciolìsci*) ● (*raro*) Rappiccolire.

rappiccolìre [comp. di *r(i)-* e *appiccolire*] v. tr. e intr. (*io rappiccolìsco, tu rappiccolìsci*; aus. intr. *essere*) ● (*raro*) Rendere, diventare piccolo o più piccolo. SIN. Impicciolire, rimpicciolire.

rappigliaménto s. m. ● (*raro*) Modo, atto del rappigliare e del rappigliarsi.

rappigliàre [comp. di *r(i)-* e *appigliare*] **A** v. tr. (*io rappìglio*) *1* (*raro*) Rapprendere, rassodare, coagulare: *la natura del gesso si viene a r. di modo che si può mettere in una mestoletta di legno* (CELLINI). *2* †Fare rappresaglia. **B** v. intr. pron. ● (*raro*) Coagularsi, rassodarsi: *il sangue si rappiglia*.

rappiṣolàrsi [comp. di *r(i)-* e *appisolarsi*] v. intr. pron. (*io mi rappìṣolo*) *1* (*raro*) Appisolarsi. *2* V. *riappisolarsi*.

†**rappoggiàre** [comp. di *r(i)-* e *appoggiare*] v. tr. ● Appoggiare.

rapportàbile agg. ● Che si può rapportare.

rapportaménto s. m. ● Il rapportare.

rapportàre [comp. di *r(i)-* e *apportare*] **A** v. tr. (*io rappòrto*) *1* Riferire, riportare: *r. una notizia, un fatto*; *la parola fu rapportata al signore, sì come spesso interviene* (CELLINI) | (*raro*) Riferire per mettere male, per accusare: *r. il falso*. *2* Riferire l'una all'altra due grandezze o due quantità per stabilire un rapporto fra di loro: *r. due redditi* | Confrontare: *r. due fenomeni*. *3* Riprodurre con le dovute proporzioni disegni, progetti e sim.: *r. un bozzetto su scala minore*. *4* †Portare, apportare, cagionare. **B** v. intr. pron. *1* Mettersi in rapporto, confrontarsi: *bisogna rapportarsi alla situazione economica del paese*. *2* (*tosc.*) Riferirsi, rimettersi: *mi rapporto al suo parere*.

rapportatóre **A** s. m.; anche agg. (f. *-trice*) ● (*raro*) Chi, che rapporta | (*raro*) Spia, delatore. **B** s. m. ● Strumento che serve a riportare un angolo e anche a misurarlo, come il goniometro.

rappòrto [da *rapportare*] s. m. *1* Relazione, informazione, denuncia: *fare un r. dettagliato della situazione*; *farò r. ai superiori* | Resoconto scritto che contiene i fatti che si vogliono far conoscere: *mandare, stendere un r.* *2* (*mil.*) Relazione scritta per notificare avvenimenti, mancanze disciplinari, incidenti, fatti d'armi e sim. | *R. personale*, documento compilato da ogni comandante per la valutazione caratteristica dei propri dipendenti al termine di un determinato periodo di servizio da essi svolto | Riunione fra il comandante e i suoi subordinati per comunicazioni di servizio, disposizioni e ordini verbali e sim. | *R. ufficiali*, limitato ad essi | *Gran r.*, riunione di tutti gli ufficiali per comunicazioni di particolare importanza | *Chiamare a r.*, mediante apposita convocazione scritta o verbale, o anche con apposito segnale di tromba | *Mettersi a r.*, per esporre al proprio superiore questioni personali o di servizio. *3* Notizia di reato fornita dagli ufficiali o agenti di polizia giudiziaria o da altri pubblici ufficiali o da esercenti un pubblico servizio all'autorità giudiziaria: *azione penale iniziata d'ufficio in seguito a r.*; *omissione di r.* *4* Connessione, relazione, dipendenza fra le cose: *non c'è r. tra i due fenomeni*; *r. di causalità, di causa ed effetto* | (*dir.*) *R. di causalità*, rapporto immediato che deve intercorrere tra un fatto e un evento perché si producano gli effetti previsti dalla legge | *Per, in r. a*, rispetto a, riguardo a, relativamente a | *Sotto tutti i rapporti*, da tutti i punti di vista. SIN. Confronto, correlazione. *5* Relazione fra persone o fra persone e organismi sociali: *r. di amicizia, di parentela*; *i nostri rapporti con il governo*; *troncare ogni r.*; *essere in buoni rapporti* | *R. giuridico*, relazione tra soggetti giuridici, instaurata da una norma giuridica | *Rapporti a miglioria*, in diritto agrario, complesso dei contratti agrari per l'utilizzazione del suolo con l'obbligo di apportarvi miglioramenti | *r. sessuale*, accoppiamento sessuale | (*euf.*) *Avere rapporti intimi con qc.*, avere una relazione sessuale con qc. *6* (*mat.*) Quoziente di due elementi d'un corpo, quando cioè la divisione è possibile, senza resto | *R. incrementale d'una funzione d'una variabile*, dato un incremento della variabile indipendente, è il rapporto fra il corrispondente incremento della funzione e quello della variabile indipendente | *R. statistico*, quoziente tra due quantità di cui almeno una ha natura statistica. *7* Nel linguaggio scientifico e tecnico, quoziente tra due grandezze o valori | *R. di compressione*, tra il volume complessivo del cilindro di un motore a combustione interna e il volume della camera di combustione | *R. di trasmissione*, tra due alberi rotanti collegati per mezzo di ruote dentate, catene, cinghie, è il rapporto tra le loro velocità di rotazione | *R. di trasformazione*, tra il numero delle spire del primario e quello del secondario di un trasformatore. *8* (*est.*) Nel ciclismo, il cambio di velocità, in quanto fa variare il rapporto di trasmissione. *9* In tessitura, disegno da stampare su stoffa | (*est.*) Punto di congiungimento che segna il ripetersi del disegno su un tessuto stampato | *Mettere a r.*, disporre un disegno in modo da renderne possibile la ripetizione. || **rapportino**, dim.

rapprèndere [comp. di *r(i)-* e *apprendere*] **A** v. tr. (coniug. come *prendere*) ● Rendere denso, solido. **B** v. intr. pron. e intr. (aus. *essere*) ● Rappigliarsi, coagularsi.

†**rapprendiménto** s. m. ● Atto, effetto del rapprendere.

rappresàglia o †**ripresàglia** [da *ripresaglia* 'azione di riprendere ciò che era stato preso'] s. f. *1* Misura coercitiva presa da uno Stato nei confronti di un altro come reazione a un illecito commesso da quest'ultimo nei confronti del primo: *compiere una r.* | *R. pacifica*, che non comporta misure militari | *R. armata*, attuata con misure militari. *2* Reazione violenta contro qc. per riaffermare i propri diritti o vendicarsi di q.c.: *una r. sanguinosa*; *uccidere per r.*

rappreṣentàbile agg. ● Che si può rappresentare: *commedia r.*; *interessi non rappresentabili*.

rappreṣentabilità s. f. ● (*raro*) L'essere rappresentabile.

†**rappreṣentaménto** s. m. ● Il rappresentare.

rappreṣentànte **A** part. pres. di *rappresentare*; anche agg. ● Nei sign. del v. **B** s. m. e f. *1* Chi fa le veci di qc., rappresenta un ente, una società e sim.: *ha mandato alla cerimonia il suo r.*; *il r. del ministero* | *R. sindacale aziendale*, in un'azienda, lavoratore designato a rappresentare gli iscritti alle confederazioni sindacali per coordinarne l'attività sindacale. *2* (*fig.*) Chi caratterizza o simboleggia un periodo, una corrente, una disciplina e sim.: *è un tipico r. della pop art*. *3* Colui che per legge o per procura può compiere una attività negoziale in nome e per conto d'altri: *contratto concluso dal r.* | *R. processuale*, chi sta legalmente in giudizio per altri | *R. permanente*, agente diplomatico di uno Stato presso un altro o presso un'organizzazione internazionale, con carattere di stabilità e di durata | *R. popolare*, l'eletto a ricoprire una data carica | *R. di commercio*, (*ass.*) *rappresentante*, intermediario alla compravendita che effettua operazioni commerciali in nome e per conto della ditta da cui ha ricevuto l'incarico.

rappreṣentànza s. f. *1* Atto, effetto del rappresentare | *In r. di*, per conto, a nome di, in sostituzione di: *il ministro ha partecipato ai funerali in r. del capo dello Stato* | (*est.*) Persona o gruppo di persone incaricate di rappresentare altri: *una r. di cittadini è stata ricevuta dalle autorità comunali* | (*est.*) Immagine di decoro o prestigio connessa all'esercizio pubblico di una carica o una funzione: *spese di r.*; *appartamento, sale di r.* *2* Compimento di attività giuridica in nome e per conto di altri: *r. processuale*; *mandato con r.* | *R. legale*, conferita dalla legge | *R. volontaria*, conferita mediante procura | *R. impropria*, in cui il rappresentante agisce in nome proprio e per conto di altri | *R. politica*, lo specifico rapporto esistente tra i componenti di un organo elettivo e il corpo elettorale | (*polit.*) *R. proporzionale*, V. *proporzionale* | *R. nazionale*, il Parlamento. *3* Ufficio, incarico, mansione del rappresentante commerciale: *ottenere una r.*

rappreṣentàre o †**repreṣentàre** [lat. *repraesentāre*, comp. di *re-* ints. e *praesentāre* 'presentare', con cambio di pref.] **A** v. tr. (*io rappreṣènto*) *1* (*raro*) Fare presente, rendere noto: *r. voti, desideri* | †Mostrare, dimostrare. *2* Rendere visibile, percepibile, evidente la realtà mediante una rappresentazione grafica, scultorea e sim.: *r. di profilo, in primo piano, al naturale*; *r. un'aquila nel bronzo*; *la pittura studia representare cose vedute* (ALBERTI) | *Non riesco a rappresentarmelo*, non riesco a immaginarlo, a figurarmelo | (*est.*) Descrivere, narrare: *è un testo che rappresenta bene la realtà comunale*. *3* Compiere un'attività giuridica in nome e per conto di altri: *r. qc. nella conclusione di un dato contratto*. *4* Simboleggiare: *la lupa dantesca rappresenta l'avarizia* | (*raro, est.*) Parere, rassomigliare | (*est.*) Essere, costituire, equivalere: *questo rappresenta una pesante sconfitta* | *Non rappresenta niente*, non vale niente. *5* Recitare, portare in scena: *r. l'Amleto* | (*est.*) Sostenere una parte in un ufficio, in un ambiente: *r. una parte notevole in società*. *6* Interpretare e difendere con la debita autorità interessi e sentimenti di persone, enti, istituzioni: *r. una minoranza, una branca, una nazione* | (*est.*) Parlare, operare in nome di altri: *in questo momento rappresenta tutti noi* | *R. un'idea*, identificarsi con essa, incarnarla in sé. **B** v. rifl. ● †Presentarsi, mostrarsi: *a tutti i padri che aveano figliuoli da portare arme feciono certa taglia se fra venti dì non si rappresentassero nell'arte* (COMPAGNI).

rappreṣentatìva s. f. *1* Squadra rappresentativa: *la r. italiana di atletica leggera*; *successo, sconfitta della nostra r.* *2* Gruppo di persone designate a rappresentare enti, partiti e sim.: *un incontro delle rappresentative politiche di sinistra*.

rappreṣentatività s. f. ● Qualità di chi o di ciò che è rappresentativo.

rappreṣentatìvo agg. *1* Che rappresenta, che è atto o serve a rappresentare: *immagine rappresentativa*; *gesti molto rappresentativi* | *Persone rappresentative*, che riassumono in sé i caratteri di un'epoca, un'idea, un partito | *Squadra rappresentativa*, compagine di atleti scelti a rappresentare una città, una regione, una nazione in una competizione sportiva | (*stat.*) *Campione r.*, quello che rispecchia, nella sua struttura, le caratteristiche della popolazione da cui è prelevato e che permette di effettuare stime attendibili sulla situazione attuale e sul comportamento futuro della popolazione stessa. *2* (*dir.*) Fondato sulla rappresentanza | *Sistema r.*, sistema di governo esercitato da rappresentanti del popolo eletti a suffragio universale. *3* (*dir.*) *Titolo r.*, titolo di credito in cui l'emittente si obbliga a consegnare al portatore legittimo del titolo una determinata quantità di merce specificata che egli ha ricevuto in deposito ovvero che deve trasportare. *4* (*psicol.*) Di, relativo a, rappresentazione. *5* †Che si può recitare. || **rappresentativaménte**, avv. (*raro*) In modo rappresentativo.

rappreṣentàto part. pass. di *rappresentare*; anche agg. • Nei sign. del v.

rappreṣentatóre s. m.; anche agg. (f. *-trice*) • (*raro*) Chi, che rappresenta, spec. chi, che porta sulla scena opere teatrali.

†rappreṣentatòrio agg. • Che serve alla rappresentazione.

rappreṣentazióne [da *rappresentato*, sul modello del lat. *repraesentātio*, genit. *repraesentatiōnis*] s. f. *1* Atto, modo ed effetto del rappresentare: *la r. di una scena fantastica.* *2* (*filos.*) Operazione conoscitiva in base alla quale un oggetto risulta più o meno chiaramente presente alla coscienza. *3* (*psicol.*) Contenuto mentale intuitivo, simile alla percezione ma distinto da questa per il fatto che il suo oggetto non è presente. *4* Spettacolo presentato al pubblico | *Sacra r.*, dramma di carattere religioso, senza divisione in atti e cambiamenti di scene. *5* (*dir.*) Istituto di diritto successorio per cui i discendenti, legittimi o naturali, dei figli o dei fratelli del de cuius subentrano nel luogo e nel grado del loro ascendente, nei casi in cui questo non può o non vuole accettare l'eredità o il legato: *r. in linea retta, in linea collaterale* | *Contratto di r.*, quello che ha per oggetto la concessione da parte dell'autore della facoltà di rappresentare un'opera. *6* (*mat.*) Atto, modo ed effetto del rappresentare enti matematici | *R. decimale*, espressione d'un numero reale mediante le cifre decimali | *R. binaria*, rappresentazione d'un numero reale mediante cifre binarie | Equazione o sistema d'equazioni, le cui soluzioni sono tutte e sole le coordinate dei punti d'una figura geometrica | Applicazione. *7* †Rappresentanza. || **rappresentazioncèlla**, dim.

†rappreṣentévole agg. • Rappresentabile, rappresentativo.

rappréso part. pass. di *rapprendere*; anche agg. • Nei sign. del v.

†rappressàre [comp. di *r(i)-* e *appressare*] v. tr. *1* Appressare. *2* V. *riappressare.*

†rapprofondàre [comp. di *r(i)-* e *approfondare*] v. tr. • Approfondare.

†rappropriàre • V. *riappropriare.*

rapprossimàre [comp. di *r(i)-* e *approssimare*] v. tr. (*io rappròssimo*) *1* Approssimare. *2* V. *riapprossimare.*

†rappuntàre [comp. di *r(i)-* e *appuntare*] v. tr. *1* Appuntare. *2* V. *riappuntare.*

rapsodìa [vc. dotta, gr. *rapsōidía*, da *rapsōidós* 'rapsodo'] s. f. *1* L'arte del rapsodo e il genere di poesia epica da lui recitata. *2* Brano di poesia epica recitato in pubblico. *3* (*mus.*) Componimento composto di reminiscenze di varie melodie nazionali popolari: *r. ungherese.*

rapsòdico [vc. dotta, gr. *rapsōidikós*, da *rapsōidós* 'rapsodo'] agg. (pl. m. *-ci*) *1* Relativo ai rapsodi, alla rapsodia: *composizione rapsodica.* *2* Scarsamente unitario, frammentario: *lettura rapsodica.*

rapsodista s. m. e f. (pl. m. *-i*) *1* Rapsodo. *2* (*mus.*) Compositore di rapsodie.

rapsòdo [vc. dotta, gr. *rapsōidós*, propriamente 'cucitore di canti', comp. di *ráptein* 'cucire insieme', di origine indeur., e *ōidḗ* 'canto' (V. *ode*)] s. m. *1* Nell'antica Grecia, recitatore di canti epici. *2* (*est.*) Recitatore o cantore di composizioni poetiche popolaresche.

raptatòrio [dal lat. *raptāre*, ints. di *răpere* 'rapire'] agg. • (*zool.*) Detto dell'arto anteriore di alcuni insetti atto a catturare la preda, robusto e dentellato, in cui il tarso si ripiega completamente contro la tibia. SIN. Raptorio.

raptòrio agg. • (*zool.*) Raptatorio.

raptus /lat. 'raptus/ [vc. lat., 'strappo', dal part. pass. di *răpere* 'strappare, rapire'] s. m. inv. *1* (*psicol.*, *med.*) Impulso irresistibile a compiere azioni improvvise, spesso violente e aggressive verso di sé o verso gli altri, senza coscienza di ciò che si esegue: *r. suicida, r. omicida.* *2* (*est.*) Momento di ispirazione, breve e improvviso: *r. poetico.*

rara avis /lat. 'rara 'avis/ [lat., propriamente 'uccello raro', dall'inizio di un verso della *Satira VI* di Giovenale] loc. sost. f. inv. (pl. lat. *rarae aves*) • Persona o cosa rara o eccezionale per qualche suo aspetto o caratteristica particolarmente stimabile.

rarefàbile agg. • (*raro*) Che si può rarefare: *l'aria è condensabile e r.* (LEONARDO).

rarefaciménto [dal lat. *rarefăcere* 'rarefare'] s. m. • (*raro*) Rarefazione.

rarefàre [lat. *rarefăcere*, comp. di *rāre* 'raramente' e *făcere* 'fare'] A v. tr. (pres. *io rarefàccio* o *rarefò*, *tu rarefài*, *egli rarefà*; imp. *rarefà* /rare'fa, rare'fa*/ o *rarefa'* o *rarefài*; nelle altre forme, coniug. come *fare*) • Fare diventare meno denso o più rado: *r. l'aria.* B v. intr. pron. • Diventare rado, perdere densità: *la nebbia si è rarefatta*; *il traffico si rarefà.*

rarefattìbile agg. • Che può essere rarefatto: *vapore r.*

rarefattìvo agg. • Atto a rarefare: *il calore è r.*

rarefàtto part. pass. di *rarefare*; anche agg. • Nei sign. del v.

rarefazióne s. f. • Il rarefare o il rarefarsi.

rarézza s. f. • (*raro*) Qualità di ciò che è raro. SIN. Radezza, rarità, singolarità.

†rarificàre [comp. di *raro* e *-ficare*] v. tr. • Rarefare.

†rarificatìvo agg. • Che può rarificare.

rarità [vc. dotta, lat. *raritāte(m)*, da *rārus* 'raro'] s. f. *1* Qualità di ciò che è raro: *la r. del caso.* *2* Cosa rara, singolare: *le rarità dell' Umbria.* *3* Scarsezza, radezza: *la r. di certe piante.*

ràro [vc. dotta, lat. *rāru(m)*, di origine indeur.] A agg. *1* Di persona, cosa, qualità poco comune o poco frequente:*fenomeni rari*; *animali rari* | *Bestia rara*, (*fig.*) cosa, fenomeno che escono dalla norma o persona eccezionale. SIN. Insolito, singolare. CONTR. Comune. *2* Singolare, prezioso perché non comune: *pietra rara*; *ingegno r.* | *Gas r.*, gas nobile. *3* Che si verifica poche volte in un determinato periodo di tempo: *casi rari*; *visite rare* | (*med.*) *Polso r.*, di frequenza inferiore alla media. SIN. Infrequente. *4* (*chim.*) *Terre rare*, gruppo di minerali, spec. fosfati e silicati, che contengono elementi trivalenti detti anch'essi terre rare o lantanidi, tutti molto simili fra loro e con numero atomico dal 57 al 71, a cui si suole aggiungere lo scandio e l'ittrio. *5* (*raro*) Che non è denso, fitto, spesso: *nuvole rare.* SIN. Rado. || **raraménte**, avv. Di rado, rare volte. B s. m. • †Rarità, radezza. C avv. • †Raramente, radamente: *uno velo sottilissimo, tenuto r.* (ALBERTI). || **rarétto**, dim.

ras [aramaico *ras* 'capo'] s. m. inv. *1* Nell'impero etiopico, titolo dato al capo politico e militare preposto al governo di determinate province. *2* (*fig.*, *spreg.*) Personaggio, autorità locale che agisce dispoticamente e arbitrariamente.

rasaménto o **raṣaménto** s. m. *1* (*raro*) Rasatura. *2* (*edil.*) Operazione, effettuata spec. nel caso delle murature in mattoni, che consiste nel realizzare una superficie regolare orizzontale su cui tracciare lo spiccato. *3* Nelle murature in mattoni, il corso di mattoni costituente la superficie regolare orizzontale su cui si traccia lo spiccato.

rasàre o **raṣàre** [lat. parl. **rasāre*, ints. di *rādere*] A v. tr. *1* Tagliare i peli col rasoio: *r. la barba*; *r. completamente la testa* | *R. a zero*, tagliare i capelli fino alla radice. *2* Pareggiare levando le sporgenze: *r. la siepe.* B v. rifl. • Tagliarsi i peli con il rasoio | (*fam.*) Farsi la barba: *hai dimenticato di rasarti.*

rasatèllo o **raṣatèllo** [propriamente dim. di *rasato*] s. m. • Rasato leggero e più andante, di solito una fodera di cotone molto apprettata, adatta per tasche da calzoni.

rasàto o **raṣàto** A part. pass. di *rasare*; anche agg. *1* Nei sign. del v. *2* Detto di tessuto molto liscio | *Maglia rasata*, quella che si ottiene lavorando un ferro a diritto e l'altro a rovescio. B s. m. • Tessuto liscio, lucente, ottenuto, senza garzatura e follatura, lavorando su armatura raso.

rasatóre o **raṣatóre** A s. m.; anche agg. (f. *-trice*) • Chi, che rasa. B s. m. • Operaio addetto alla rasatura delle pelli.

rasatrìce o **raṣatrìce** s. f. • Macchina per rasare feltri, pellami e sim.

rasatùra o **raṣatùra** s. f. *1* Atto, effetto del rasare o del rasarsi | Ciò che viene asportato radendo qc. o q.c. *2* Operazione che si effettua sulle pelli conciate e umide, allo scopo di pareggiarne lo spessore asportando una parte del lato carneo con apposita macchina.

raschiàbile agg. • Che si può raschiare.

raschiaménto s. m. • Modo, atto, effetto del raschiare | *R. uterino*, intervento ginecologico di revisione della cavità uterina mediante raschiamento della mucosa con appositi strumenti.

raschiaòlio [comp. di *raschia(re)* e *olio*] s. m. inv. • Nei pistoni dei motori a scoppio, fascia, gener. di ghisa, che ha la funzione di rimuovere i depositi di olio lubrificante.

†raschiapaviménti [comp. di *raschia(re)* e il pl. di *pavimento*] s. m. • (*spreg.*) Persona vile, abbietta, strisciante.

raschiàre [lat. parl. **rasculāre*, da **rāsculum* 'strumento per radere', da *rādere*] A v. tr. (*io ràschio*) • Fregare con forza per appianare, ripulire una superficie o eliminarne croste, sporgenze, ecc.: *r. il muro, il pavimento* | *R. la carena di una nave*, eliminarne incrostazioni, alghe e sim. | *R. il fondo del barile*, (*fig.*) dar fondo alle ultime risorse, cercare di raccogliere o recuperare tutto quello che si può per trarsi d'impaccio. SIN. Grattare, levigare. B v. intr. (aus. *avere*) • Fare il raschio per eliminare catarro o richiamare l'attenzione di qc.

raschiàta s. f. • Atto del raschiare, spec. una sola volta e in fretta: *dare una r.* || **raschiatina**, dim.

raschiàto part. pass. di *raschiare*; anche agg. *1* Nei sign. del v. *2* Rauco, cupo: *gli era venuto ... un gemito r., protratto* (PIRANDELLO).

raschiatóio [da *raschiato*] s. m. • Strumento che serve a raschiare.

raschiatóre agg.; anche s. m. (f. *-trice*) • (*raro*) Che, chi raschia.

raschiatùra s. f. *1* Atto, effetto del raschiare: *iniziare la r.*; *una r. sufficiente.* *2* Ciò che è stato raschiato e che gener. viene gettato via: *r. di ferro, di mattoni.*

raschiettàre v. tr. (*io raschiétto*) • Usare il raschietto nel trattamento di una superficie.

raschiettatùra s. f. • Lavorazione di una superficie col raschietto.

raschiétto [da *raschia*] s. m. *1* Arnese per raschiare | Laminetta con manico per raschiare via dalla carta macchie, parole e sim. *2* Utensile impiegato a mano per rifinire superfici metalliche lavorate con strumenti da taglio. *3* Strumento per la raschiatura di muri, assiti e sim. *4* Ferro piatto infisso presso l'uscio di casa, per raschiar via il fango dalla suola delle scarpe.

raschìno s. m. • Arnese per raschiare. SIN. Raschietto, raschiatoio.

ràschio (1) [da *raschiare*] s. m. *1* Rumore che si produce con la gola per liberarsi dal catarro o attirare l'attenzione di qc.: *fare il r.* *2* Senso di prurito, di irritazione alla gola causato da infiammazione, sapori aspri e sim.

raschìo (2) s. m. • Il raschiare continuato e il rumore che ne deriva.

ràscia [dalla città di *Rascia*, serbocroato *Raška*, in Serbia] s. f. (pl. *-sce*) *1* Tessuto spinato di grossa lana. *2* Ciascuno dei drappi neri e argentei coi quali si addobbano per i funerali la porta della chiesa e il feretro.

rasciugaménto s. m. • (*raro*) Modo, atto del rasciugare.

rasciugàre [comp. di *r(i)-* e *asciugare*] A v. tr. (pres. *io rasciùgo*, *tu rasciùghi*; part. pass. *rasciugàto*, raro *rasciùtto*) *1* (*raro*, *tosc.*) Fare diventare asciutto (*anche fig.*): *r. le lacrime*; *r. le tasche a qc.* *2* V. *riasciugare.* B v. intr. pron. • Diventare asciutto.

rasciugàto part. pass. di *rasciugare*; anche agg. • Nei sign. del v.

rasciugatùra s. f. • (*raro*) Atto, effetto del rasciugare.

rasciuttàre [comp. di *r(i)-* e da un dev di *asciutto*] v. tr. ● (*raro, tosc.*) Rasciugare.

rasciùtto part. pass. di *rasciugare*; anche agg. ● Nei sign. del v.

rasentàre [da *rasente*] v. tr. (*io rasènto*) **1** Camminare, passare rasente a q.c. o accostarsi a q.c. fino quasi a toccarla: *r. la riva, il muro*; *r. un'automobile.* SIN. Sfiorare. **2** (*fig.*) Avvicinarsi molto a q.c.: *r. l'ottantina*; *r. il ridicolo* | *R. il patibolo*, rischiare la galera | *R. il codice penale*, agire poco onestamente, tanto da commettere quasi dei reati. SIN. Sfiorare.

rasènte [sovrapposizione di *raso* a *radente*] prep. ● Vicinissimo, quasi sfiorando in un movimento continuato: *camminare r. il muro*; *tagliare un albero r. le radici*; *una macchina mi è passata r.*; *l'aeroplano volava r. terra* | Anche nella loc. prep. *r. a*: *sembrava volasse r. all'acqua.*

†**raserenàre** ● V. *rasserenare.*

rash /raʃ, *ingl.* ræʃ/ [vc. ingl., propr. 'eruzione cutanea'] s. m. inv. ● (*med.*) Eruzione cutanea gener. estesa e di natura infiammatoria.

rasìccia o **rasìccia** [da *rasicciare*, da *raso* (?)] s. f. (pl. *-ce*) ● Terreno da cui sono stati tagliati erbe e sterpi per metterlo a coltura.

rasièra o **rasièra** [fr. *rasière*, da *raser* 'rasare'] s. f. **1** Bastoncello per rasare lo staio, levandone via il colmo. **2** Sottile lama di acciaio, comunemente fornita d'impugnatura impiegata per piallare a mano superfici di legno | Strumento simile al precedente, usato dai legatori per pareggiare il taglio dei libri.

rasieràre o **rasieràre** v. tr. (*io rasièro* o *rasièro*) ● Spianare, livellare, con la rasiera.

†**rasière** o **rasière** [da *rasare*] s. m. ● Barbiere.

†**ràsile** o **ràsile** [vc. dotta, lat. *rāsile(m)*, da *rāsus* 'raso'] agg. ● Che si può radere, togliere facilmente.

ràso o **ràso** **A** part. pass. di *radere*; anche agg. **1** Nei sign. del v. **2** Privo di asperità, di sporgenze | *Campagna rasa*, non alberata, priva di vegetazione | *Fare tabula rasa*, cacciare tutti o esaurire, consumare, eliminare tutto | †*Fare campagna rasa*, uccidere tutti | *Punto r.*, tipo di ricamo piatto. SIN. Appianato, lisciato, pareggiato. **3** (*est.*) Pieno, ma non colmo, detto di misure di capacità o altro: *staio r.* | *Bicchiere r.*, pieno fino all'orlo. **4** †Privo, privato | *Nave rasa*, costruita senza cassero e castelli o che ha perduto sotto il fuoco del nemico gli alberi maggiori e gran parte dell'opera morta. **5** †Logoro. **B** s. m. **1** (*raro*) Parte liscia, senza asperità di q.c. **2** Tessuto di qualsiasi fibra caratterizzata dall'intreccio minimo dei fili, sia di ordito che di trama, per cui il tessuto prende aspetto liscio e lucente: *r. di seta, di lana, di cotone* | *R. operato*, con disegni. ‖ **rasóne**, accr. (V.). **C** prep. ● In alcune loc. avv. | *R. terra*, rasente la terra: *volare r. terra*; (*fig.*) mediocre, di scarsa levatura: *discorsi r. terra* | *R. bocca*, a filo della bocca di un recipiente, spec. per liquidi, come bottiglie, fiaschi e sim. | *A r.*, a livello del piano stradale: *attraversamento a r.* | †*A, per r. d'acqua*, a pelo dell'acqua.

rasoiàta o **rasoiàta** s. f. ● Colpo di rasoio.

rasóio o **rasóio** [lat. tardo *rasōriu(m)*, da *rāsus* 'raso'] s. m. ● Coltello affilatissimo d'acciaio fino, senza punta, con grossa costola e manico mobile d'osso o metallo, per radere barba e capelli: *r. a mano libera*; *affilare, arrotare il r.*; *il filo del r.*; *sfregiare col r.* | *R. di sicurezza*, con lama a doppio taglio cambiabile e protetta da piastrine per evitare tagli | *R. elettrico*, costituito da una fresa in rapido movimento dietro un pettine metallico e azionato da un motorino incorporato | *R. radi e getta*, V. *radi e getta* | (*fig.*) *Lingua tagliente come un r.*, pronta alla maldicenza e alla malignità | *Camminare sul filo del r.*, (*fig.*) essere in una situazione rischiosa, pericolosa | *Attaccarsi ai rasoi*, (*fig.*) ricorrere ad aiuti impossibili, anzi pericolosi ‖ PROV. A barba folle rasoio molle. ‖ **rasoiàccio**, pegg.

rasóne s. m. **1** Accr. di *raso*. **2** Tessuto simile al raso ma più pesante, usato soprattutto per confezionare fodere e sim.

rasotèrra o **rasotèrra** [comp. di *raso* (*A*) e *terra*] **A** avv. ● Rasente la terra: *volare r.*; *bocciata r.* **B** agg. ● (*fig.*) Mediocre, di scarsa levatura: *discorsi r.* **C** s. m. ● (*sport*) Nei giochi di palla a squadre, tiro rasente il terreno: *il centravanti segnò con un potente r.*

ràspa (1) [da *raspare*] s. f. **1** Lima a scagliette acute e rilevate, che strisciando rodono legno, metallo e sim. | *R. ingordina*, coi denti più grossi e rilevati | (*est.*) Qualunque strumento che serva a raschiare q.c.: *r. per caminetti, botti.* **2** Sistema di frenatura nello sci attuato con forte pressione esercitata sulle racchette.

ràspa (2) [sp. d'America *raspa*, vc. usata in diverse accezioni] s. f. ● Ballo d'origine messicana, simile al samba, in voga in Europa e in America nei primi anni '50.

raspaménto s. m. ● Modo, atto del raspare.

raspàre [vc. di origine germ.] **A** v. tr. **1** Levigare, asportare con la raspa: *r. legno, avorio* | (*est.*) †Erodere, detto dell'acqua. **2** (*est.*) Irritare la gola, detto del vino o di altre bevande frizzanti. **3** Grattare con le unghie o percuotere la terra con le zampe anteriori, quasi zappando, detto spec. di animali (*anche ass.*): *il cane raspava il cortile*; *i cavalli non smettevano di r.*; *pien di sanguigna spuma il cinghial bolle / ..., / e rugge, e raspa* (POLIZIANO) | *Il pollo raspa*, razzola. **4** (*fig., pop.*) Rubare: *ha raspato quello che ha potuto.* **B** v. intr. (aus. *avere*) **1** Produrre un rumore simile a un raschio: *è una scopa che raspa sgradevolmente* | Grattare, raschiare: *questa spazzola raspa troppo.* **2** (*fig., spreg.*) Scrivere come grattando | (*raro, fig.*) Lavorare malamente. **3** Armeggiare, frugare.

raspàto part. pass. di *raspare*; anche agg. **1** Nei sign. del v. **2** *Vino r.*, di vino preparato anche coi raspi e quindi piuttosto acido. ‖ **raspatino**, dim.

raspatóio [da *raspato*] s. m. ● Sorta di rastrello per togliere le erbacce raspando il terreno.

raspatùra s. f. ● Atto, effetto del raspare | Trucioli, scarto che restano dopo aver raspato q.c. | (*fig.*) *R. di gallina*, scrittura brutta, non curata.

rasperèlla [dal lat. *ăsper* 'aspro, ruvido', con accostamento a *raspare*, per etim. pop.] s. f. ● (*bot.*) Equiseto.

†**raspettàre** ● V. *riaspettare.*

raspino [da *raspa* (*1*)] s. m. ● Arnese di acciaio col manico di legno e con l'estremità piegata a squadra tagliente ai lati e temperata. SIN. Zappetta.

raspìo s. m. ● Un raspare continuato.

ràspo [da avvicinare a *raspare*] s. m. **1** Grappolo d'uva da cui sono stati levati gli acini. **2** Tipo di tridente con i rebbi piegati a squadra.

raspollaménto s. m. ● Modo e atto di raspollare.

raspollàre [da *raspollo*] v. tr. (*io raspóllo*) ● Raccogliere i raspolli rimasti sulle viti. SIN. Racimolare.

raspollatùra s. f. ● Atto, effetto del raspollare | Ciò che si raccoglie raspollando.

raspóllo [da *raspo*] s. m. ● Grappolo di uva con radi chicchi.

†**raspóso** [da *raspa*] agg. ● Scabroso, aspro.

†**rassaggiàre** ● V. *riassaggiare.*

†**rassalìre** ● V. *riassalire.*

†**rassaltàre** ● V. *riassaltare.*

†**rassecuràre** ● V. *rassicurare.*

rassegàre [da *sego*, col pref. *ra-*] v. intr. e intr. pron. (*io rasségo, tu rasséghi*; aus. *essere*) ● (*tosc.*) Rapprendersi come sego, detto di brodo, condimento e sim.

rasségna [da *rassegnare*] s. f. **1** (*mil.*) Rivista: *passare in r.* **2** (*est.*) Esame accurato di persone o cose: *la r. degli impiegati*; *fare la r. dei libri di una biblioteca* | Esame minuzioso di fatti, circostanze, avvenimenti: *una esauriente r. dei problemi economici del momento.* **3** Resoconto accurato, cronaca di avvenimenti, pubbliche rappresentazioni, feste, ecc.: *la r. degli spettacoli teatrali della stagione* | Descrizione ordinata del contenuto di libri, pubblicazioni: *una r. di storia greca.* **4** Mostra, esposizione, concorso: *la r. dell'artigianato locale*; *una r. cinematografica.* **5** †Iscrizione a corsi universitari.

rassegnaménto s. m. ● (*raro*) Rassegnazione.

rassegnàre o †**rassignàre** [lat. *resignāre* 'restituire, assegnare', comp. di *re-* e *signāre* 'segnare', con cambio di pref.] **A** v. tr. (*io rasségno*) **1** Consegnare, presentare: *r. le dimissioni, un reclamo.* **2** (*mil.*) †Controllare numero e stato degli uomini, dei cavalli, delle armi appartenenti ad un reparto | †Passare in rassegna. **3** †Restituire, riconsegnare: *all'inferno, onde uscisti, io ti rassigno* (ARIOSTO). **4** †Censire, registrare, iscrivere. **B** v. intr. pron. ● Conformarsi, rimettersi alla volontà altrui o accettare con rassegnazione q.c. di inevitabile: *abbiamo dovuto rassegnarci di fronte alla sua intransigenza.* SIN. Adattarsi, arrendersi. **C** v. rifl. **1** †Dichiararsi, sottoscriversi. **2** †Consegnarsi, presentarsi, rimettersi. **3** †Iscriversi.

rassegnàto part. pass. di *rassegnare*; anche agg. ● Nei sign. del v. ‖ **rassegnataménte**, avv. Con rassegnazione: *soffrire rassegnatamente.*

rassegnatóre s. m. (f. *-trice*) **1** (*raro*) Chi rassegna. **2** L'ufficiale o generale più elevato in grado che passa in rassegna truppe.

rassegnazióne [da *rassegnare*] s. f. **1** (*raro*) Il rinunciare a un incarico. **2** Disposizione d'animo di chi è pronto ad accettare la volontà altrui o q.c. di ineluttabile: *soffrire con r.* SIN. Pazienza, sopportazione. **3** †Consegna, presentazione.

†**rassemblàre** ● V. †*rassembrare* (*1*) e †*rassembrare* (*2*).

†**rassembraménto** s. m. ● Atto, effetto del rassembrare.

†**rassembrànza** [da *rassembrare* (*1*)] s. f. ● (*lett.*) Rassomiglianza.

†**rassembràre (1)** o †**rassemblàre** [comp. di *r(i)-* e *assembrare* (*1*)] **A** v. tr. ● Raffigurare, rappresentare, riconoscere. **B** v. intr. ● (*lett.*) Sembrare, rassomigliare: *Rinaldo vi compar su eminente / e ben rassembra il fior d'ogni gagliardo* (ARIOSTO).

†**rassembràre (2)** o †**rassemblàre** [comp. di *r(i)-* e *assembrare* (*2*), sul modello del fr. *rassembler*] **A** v. tr. ● Adunare, raccogliere. **B** v. intr. pron. ● Unirsi, raccogliersi.

†**rassémbro** [da *rassembrare* (*1*)] s. m. ● Somiglianza, figura.

†**rassempràre** [comp. di *r(i)-* e *assemprare*] v. tr. ● Copiare | Ritrarre.

rasserenaménto s. m. ● Modo, atto, effetto del rasserenare o del rasserenarsi (*anche fig.*): *r. del cielo*; *un improvviso r. dell'animo.*

rasserenànte part. pres. di *rasserenare*; anche agg. ● Nei sign. del v.

rasserenàre o †**raserenàre** [comp. di *r(i)-* e *asserenare*] **A** v. tr. (*io rasseréno*) ● Rendere sereno: *r. l'aria, il cielo* | (*fig.*) Liberare da timore, turbamento e sim.: *la tua venuta lo ha rasserenato*; *l'ora del giorno che ad amar ce invita, / dentro dal petto el cor mi raserena* (BOIARDO) | *R. la fronte*, rischiararla, distenderla. **B** v. intr. e intr. pron. (aus. *essere*) ● Diventare, ritornare sereno (*anche fig.*): *passioni e sentimenti ... si placano, si rasserenano e si trasmutano in immagini* (CROCE).

rasserenàto part. pass. di *rasserenare*; anche agg. ● Nei sign. del v.

rasserenatóre agg.; anche s. m. (f. *-trice*) ● (*raro*) Che, chi rasserena.

rassestàre ● V. *riassestare.*

rassettaménto s. m. ● Modo, atto, effetto del rassettare (*anche fig.*).

rassettapiàtti [comp. di *rassetta(re)* e il pl. di *piatto*] s. m. ● (*raro*) Chi rassetta stoviglie e arnesi da cucina.

rassettàre o **riassettàre** nei sign. A 1 e B [comp. di *r(i)-* e *assettare*] **A** v. tr. (pres. *io rassètto*; part. pass. *rassettàto*, raro *rassètto*) **1** Mettere, rimettere in ordine, a posto: *r. la casa facendo pulizia.* SIN. Riordinare. **2** Accomodare, riparare, aggiustare (*anche fig.*): *r. uno strappo alla camicia*; *r. un imbroglio* | (*fig.*) *R. un discorso*, correggerlo. **3** †Ristabilire l'ordine: *r. la città.* **B** v. rifl. ● Mettersi, rimettersi in ordine curando il proprio abbigliamento, l'aspetto esteriore: *rassettarsi per un ricevimento.*

rassettàto part. pass. di *rassettare*; anche agg. ● Nei sign. del v.

rassettatóre agg.; anche s. m. (f. *-trice*) ● (*raro*) Che, chi rassetta.

rassettatùra s. f. ● Atto, effetto del rassettare o del rassettarsi.

rassètto part. pass. di *rassettare*; anche agg. ● (*raro*) Nei sign. del v.

rassicurànte part. pres. di *rassicurare*; anche agg. ● Nei sign. del v.

rassicuràre o †**rassecuràre** [comp. di *r(i)-* e *assicurare*] **A** v. tr. **1** Fare diventare sicuro, liberando da sospetto, dubbio, paura: *r. gli animi.* **2** V. *riassicurare.* **B** v. intr. pron. ● Diventare sicuro, tranquillo acquistando coraggio.

rassicuràto part. pass. di *rassicurare*; anche agg. ● Nei sign. del v.

rassicuratóre agg.; anche s. m. (f. *-trice*) ● (*raro*) Che, chi rassicura.

rassicurazióne s. f. ● Atto, effetto del rassicurare | Parola, discorso rassicurante: *con ampie rassicurazioni.*

†**rassignàre** ● V. *rassegnare.*

†**rassimigliàre** ● V. *rassomigliare.*

rassodaménto s. m. ● Atto, effetto del rassodare o del rassodarsi.

rassodànte part. pres. di *rassodare*; anche agg. **1** Nei sign. del v. **2** Detto di preparato avente la funzione di ridare elasticità e compattezza al tessuto cutaneo: *crema r.*

rassodàre [comp. di *r(i)-* e *assodare*] **A** v. tr. (*io rassòdo*) **1** Rendere sodo o più sodo: *r. la terra.* SIN. Indurire. **2** (*raro*) Rendere di nuovo, un'altra volta sodo. **3** Consolidare, rinsaldare: *r. la propria autorità.* **B** v. intr. e intr. pron. (aus. *essere*) **1** Divenire sodo, indurire. **2** Diventare più importante, sicuro.

rassodàto part. pass. di *rassodare*; anche agg. ● Nei sign. del v.

rassodatóre agg.; anche s. m. (f. *-trice*) ● (*raro*) Che, chi rassoda.

rassomigliànte part. pres. di *rassomigliare*; anche agg. ● Nei sign. del v.

rassomigliànza s. f. **1** Qualità di chi o di ciò che è rassomigliante. **2** †Comparazione.

rassomigliàre o (*lett.*) †**rassimigliàre** [comp. di *r(i)-* e *assomigliare*] **A** v. intr. e intr. pron. (*io rassomìglio*; aus. intr. *essere* e *avere*) ● Parere, esser simile a qc.: *rassomiglia a suo fratello.* **B** v. tr. **1** (*raro*) Paragonare, comparare. **2** †Imitare, rappresentare, figurare: *s'ha da fuggir, narrando ed imitando di rassimigliarsi ai buffoni e parassiti* (CASTIGLIONE). **C** v. rifl. rec. ● Essere simile l'uno all'altro: *si rassomigliano in modo incredibile.*

†**rassomigliatìvo** agg. ● Atto a denotare somiglianza.

rassottigliaménto s. m. ● (*raro*) Atto, effetto del rassottigliare o del rassottigliarsi.

rassottigliàre [comp. di *r(i)-* e *assottigliare*] v. tr. e intr. pron. (*io rassottìglio*) **1** Assottigliare. **2** (*raro*) V. *riassottigliare.*

†**rassùmere** ● V. *riassumere.*

†**rassummàre** [dal lat. *sŭmma* 'somma', col pref. *ra-*] v. tr. ● Sommare, sommare di nuovo.

ràsta s. m. e f. inv.; anche agg. inv. ● Acrt. di *rastafariano.*

rastafarianìșmo [da *rastafariano*: in ingl. *Rastafar(in)ism*] s. m. ● (*relig.*) La religione dei rastafariani.

rastafariàno [dall'ingl. *rastafarian*, dal n. del re d'Etiopia, divinizzato, *Ras Tafari*] **A** s. m. (f. *-a*) ● Membro o seguace di una setta politico-religiosa, nata in Giamaica negli anni Trenta, che considera il popolo nero destinato a un predominio sulla razza bianca e al ritorno in una ideale madrepatria africana, identificata con l'Etiopia dell'allora imperatore Hailé Selassié, venerato come divinità. **B** agg. ● Relativo a tale setta.

†**rastèllo** [lat. *rastĕllu(m)*, dim. di *rāstrum* 'rastro'] s. m. ● (*pop.*) Rastrello.

rastrellaménto s. m. ● Atto, effetto del rastrellare.

rastrellàre v. tr. (*io rastrèllo*) **1** Raccogliere, radunare in mucchio col rastrello: *r. il fieno* | Ripulire col rastrello: *r. i viali del giardino.* **2** Raccogliere, racimolare: *il governo intende rastrellare oltre diecimila miliardi* | (*econ.*) Incettare, spec. azioni o beni scarsi. **3** (*mil.*) Percorrere in armi una zona occupata per eliminare forze nemiche residue | (*est.*) Detto di forze di polizia, o militari, controllare perquisendo: *r. un quartiere* | Catturare: *r. i ribelli, i pregiudicati.* **4** (*mar.*) Esplorare accuratamente con una o più navi una determinata zona di mare, seguendo opportuni tracciati di rotte allo scopo di attaccare ed eliminare le forze navali nemiche. **5** Trascinare sul fondo del mare ganci e rampini per ricercare oggetti sommersi.

rastrellàta s. f. **1** Operazione del rastrellare | Quantità di erba, fieno e sim. che si afferra in una sola volta col rastrello. **2** Colpo di rastrello.

rastrellatùra s. f. ● Atto, effetto del rastrellare.

rastrellièra s. f. **1** Specie di rastrello a lunghi pioli, fissato al muro di una stalla, sopra la mangiatoia, per mettervi il fieno. **2** Arnese fissato al muro, spec. sopra l'acquaio, su cui si mettono diritti i piatti dopo lavati per farli sgocciolare e asciugare. SIN. Scolapiatti. **3** Arnese da appendere al muro, usato per reggere e talvolta esporre armi, piatti e sim. **4** Dispositivo a pioli, barre o ripiani per appendere o sostenere più cose consimili: *r. per biciclette, per sci, per stecche da biliardo.*

rastrellìna s. f. **1** Dim. di *rastrello.* **2** Piccolo rastrello a denti lunghi e radi per foglie e per pareggiare la ghiaia nei viali.

rastrellinàre v. tr. ● Raccogliere o pareggiare con la rastrellina.

rastrèllo [lat. parl. **rastĕllu(m)*, sovrapposizione di *rāstrum* 'rastro' a *rastĕllus*, dim. di *rāstrum* 'rastro'] s. m. (pl. *†rastrelle*, f.) **1** Attrezzo in legno o ferro, formato da un regolo munito di denti paralleli, assicurato a un lungo manico, per riunire foglie, foraggi, sassi e sim. o affinare e livellare la superficie del terreno | *R. scopa*, con denti lunghi ed elastici, usato spec. dai giardinieri. **2** Macchina adibita alla raccolta o al trasporto del fieno: *r. meccanico.* ➡ ILL. p. 354 AGRICOLTURA. **3** Arnese con cui il croupier rastrella sul tavolo da gioco le puntate perdenti. **4** Ciascun piolo della rastrelliera | (*raro*) Piolo per attaccarci, sospenderci q.c. **5** †Sorta di pettine del telaio con denti di ferro o legno, tondi e radi, per avvolgere l'ordito sul subbio. **6** (*dial.*) Cancello, steccato a regoli paralleli tenuti insieme da due stecconi orizzontali. **7** (*mil.*) †Steccato posto dinanzi alle porte delle fortezze | Saracinesca a difesa delle porte stesse. **8** Nella marina militare, sistema di corde, collegate in forma quasi di scala, che serve ad appendere al sole la biancheria lavata dall'equipaggio. ‖ **rastrellétto**, dim. | **rastrellina**, dim. f. (V.).

rastremàre [da *(e)stremo*, col pref. *ra-*] **A** v. tr. (*io rastrèmo*) ● (*arch.*) Ridurre progressivamente il diametro di una colonna verso l'alto | (*est.*) Ridurre progressivamente la misura trasversale di una struttura portante. **B** v. intr. pron. ● (*arch.*) Ridursi progressivamente di diametro.

rastremàto part. pass. di *rastremare*; anche agg. ● Nei sign. del v.

rastremazióne s. f. ● Atto, effetto del rastremare | *R. di una colonna*, diminuzione graduale del diametro di una colonna dal basso verso l'alto.

ràstro [vc. dotta, lat. *rāstru(m)*, da *rādere*] s. m. **1** (*lett.*) Rastrello. **2** Tipo di scarificatore usato per la lavorazione dei terreni. **3** (*mus.*) Strumento d'ottone con cui si tracciano sulla carta le righe del pentagramma.

rasùra o **rașùra** [vc. dotta, lat. *rasūra(m)*, da *rāsus*, part. pass. di *rādere*] s. f. **1** (*raro*) Operazione, effetto del radere | (*raro*) Il materiale che si asporta radendo. **2** Cancellatura degli antichi manoscritti spec. in pergamena.

ràta [lat. *răta(m părtem)* 'parte calcolata', f. del part. pass. di *rēri* 'credere, calcolare', di origine indeur.] s. f. **1** Quota, parte in cui viene frazionato il pagamento di una somma entro un limite di tempo determinato e spec. a intervalli regolari: *r. trimestrale, annuale*; *pagare a rate.* **2** *R. di caricazione, di scarico*, quantità di merce che deve essere caricata o scaricata da una nave in un giorno.

ratafià [fr. *ratafia*, di origine creola] s. m. ● Liquore ottenuto da succhi di frutta, alcol, zucchero, sostanze aromatiche, toniche e amare.

ratània [vc. di origine quechua] s. f. ● Arbusto delle Mimosacee delle Ande boliviane e peruviane da cui si ricava una sostanza astringente (*Krameria triandra*).

rataplàn [vc. fr. d'orig. onomat.] inter. ● Riproduce il rullo del tamburo (*anche iter.*).

ratatouille /fr. rata'tuj/ [vc. fr., nata dall'incrocio dei due v. *tatouiller* 'mescolare', dal lat. *tudiculāre* 'triturare', e *ratouiller*, suo reduplicato, ambedue di formazione espressiva] s. f. inv. **1** (*cuc.*) Piatto tipico della cucina francese, a base di cipolle, zucchine, melanzane, peperoni, pomodori stufati nell'olio. **2** (*est.*) Accozzaglia di cose eterogenee | (*fig.*) Confusione, disordine.

ràte [vc. dotta, lat. *răte(m)* 'zattera'] s. f. ● (*lett.*) Zattera: *la spaziosa / r. carica di tronchi* (D'ANNUNZIO).

rateàle agg. ● Della, relativo alla rata | Effettuato a rate: *pagamento r.* ‖ **ratealménte**, avv. A rate; (*est.*) un po' alla volta.

rateallsta s. m. e f. (pl. m. *-i*) ● Chi, per professione, organizza e porta a termine vendite rateali.

rateàre [da *rata*] v. tr. (*io ràteo*) **1** Dividere in rate un pagamento. SIN. Rateizzare. **2** (*est.*) Dividere, suddividere nel tempo.

rateazióne s. f. ● Atto, effetto del rateare.

rateizzàre o (*raro*) **ratizzàre**. v. tr. ● Dividere un importo in rate | Stabilire importo, durata e scadenza delle rate.

rateizzazióne o **ratizzazióne**. s. f. ● Atto, effetto del rateizzare.

rateìzzo s. m. ● (*bur.*) Rateizzazione.

ratèle o **ratèlo** [ingl. *ratel*, di origine afric.] s. m. ● (*zool.*) Mellivora.

ràteo o †**ratèo** [da *rateare*] s. m. ● Voce del bilancio relativa a costi e ricavi maturati nell'esercizio considerato ma che verranno pagati o riscossi nel futuro esercizio | *R. d'interesse*, quota d'interessi correnti dal giorno dell'ultimo godimento a quello della negoziazione.

†**raticóne** o †**raticóni** [dal lat. *errāticus* 'errante'. V. *erratico*] avv. ● Vagabondo, ramingo: *andare r.*

ratièra [fr. *ratière*, propriamente 'trappola per topi', da *rat* 'topo' (stessa etim. dell'it. *ratto (2)*)] s. f. ● Dispositivo del telaio tessile che alza i fili dell'ordito secondo il disegno del tessuto, per il passaggio della navetta.

ratìfica [da *ratificare*] s. f. **1** (*dir.*) Nel diritto privato, atto col quale il rappresentato assume su di sé gli effetti giuridici conseguenti all'attività del rappresentante non munito di procura o che ha ecceduto i limiti in essa fissati. **2** (*dir.*) Nel diritto internazionale, atto gener. emanato dal capo di uno Stato con cui lo Stato stesso dichiara costitutivo di effetti giuridici un trattato internazionale il cui contenuto è stato precedentemente oggetto di negoziato e di accordo fra le delegazioni plenipotenziarie. **3** (*est.*) Convalida, riconoscimento, anche formale, di un documento, di una situazione e sim. preesistenti: *la r. di un accordo*; *la r. di una nomina.*

†**ratificaménto** s. m. ● Ratificazione.

ratificàre [comp. del lat. *rătum*, nt. di *rătus* 'ratificato', e *-ficare*] **A** v. tr. (*io ratìfico, tu ratìfichi*) **1** (*dir.*) Emanare la ratifica. **2** (*est.*) Confermare, riconoscere come stabilito: *r. una promozione, una promessa.* SIN. Convalidare. **B** v. rifl. ● †Conformarsi, dichiararsi.

ratificàto part. pass. di *ratificare*; anche agg. ● Nei sign. del v.

ratificatóre s. m. (f. *-trice*) ● (*raro*) Chi ratifica.

ratificazióne [da *ratificare*] s. f. ● (*raro, est.*) Approvazione, conferma.

ratìna o (*tosc.*) **rattina** [fr. *ratine*, da un v. **raster* 'raschiare'] s. f. ● Stoffa di lana fortemente pelosa, sottoposta all'azione della ratinatrice.

ratinàre [da *ratina*, come il fr. *ratiner* da *ratine*] v. tr. ● (*tess.*) Sottoporre una stoffa a ratinatura.

ratinatrice [da *ratina*] s. f. ● (*tess.*) Macchina atta a eseguire la ratinatura.

ratinatùra s. f. ● (*tess.*) Operazione di arricciatura del pelo di stoffe di lana per ottenere un particolare effetto estetico o per imitare la pelliccia.

ratiné /fr. rati'ne/ [V. *ratina*] s. m. inv. ● (*tess.*) Ratina.

rating /ingl. 'reitiŋ/ [vc. ingl., da *to rate* 'valutare, stimare'] s. m. inv. **1** (*econ.*) Valutazione del livello di affidabilità e di efficienza di imprese, istituti e sim., ai fini della concessione di crediti | Il grado stesso di affidabilità. **2** (*tv*) Indice, percentuale di gradimento o di ascolto di un programma televisivo, in rapporto a una campionatura di utenti. **3** (*sport*) Nelle gare nautiche aperte a vari tipi di imbarcazioni, coefficiente di correzione che tiene conto delle caratteristiche tecniche delle diverse barche, applicato ai fini della compilazione di una classifica compensata.

†**ratìo** [lat. parl. **erratīvu(m)*, da *errāre*] vc. ● Solo nella loc. *andar r.*, andare errando qua e là.

ratio legis /lat. 'rattsjo 'lɛdʒis/ [lat., propr. 'ragione della legge'] loc. sost. f. inv. ● (*dir.*) Ragione ispiratrice e scopo di una determinata norma.

†**ratìre** [vc. di origine onomat. (?)] v. intr. ● Esalare l'ultimo respiro.

ratiti [dal lat. *rătis* 'zattera': detti così dalla forma appiattita dello sterno] **s. m. pl.** ● Nelle vecchie tassonomie, sottoclasse di uccelli inetti al volo e con sterno privo di carena (*Ratitae*).

ratizzàre e *deriv.* ● V. *rateizzare* e *deriv.*

rat musqué /*fr.* 'ra mys'ke/ [vc. fr., propriamente 'topo muschiato'] **loc. sost. m. inv.** (pl. fr. *rats musqués*) ● Pelliccia di topo muschiato.

ràto [vc. dotta, lat. *rătu(m)*, part. pass. di *rēri* 'credere, calcolare', di origine indeur.] **agg.** *1* (*dir.*) Ratificato | *Matrimonio r. e non consumato*, in diritto canonico, che, non essendo stato consumato, può essere sciolto. *2* (*raro, lett.*) Che viene confermato, approvato.

ràtta [f. di *ratto (3)*] **s. f.** ● Diametro di estremità di una colonna | *R. superiore*, estremità superiore | *R. inferiore*, estremità inferiore.

†**rattaccàre** ● V. *riattaccare*.

rattacconaménto **s. m.** ● Modo, atto ed effetto del rattacconare.

rattacconàre [comp. di *r(i)-* e di un dev. di *taccone*] **v. tr.** (*io rattaccóno*) ● (*raro*) Accomodare con tacconi le scarpe.

rattan /rat'tan, *ingl.* rə'tæn/ [vc. ingl., dal suo n. malese, *rōtan*] **s. m. inv.** ● Palma rampicante più nota come canna d'India (*Calamus rotang*) | Il legno di tale pianta, impiegato per la fabbricazione di sedie, canne da pesca, bastoni da passeggio e sim.

rattemperaménto [da *rattemperare*] **s. m.** ● (*raro*) Atto, effetto del rattemperare o del rattemperarsi.

rattemperàre o †**rattempràre** **A** **v. tr.** (*io rattèmpero*) ● (*raro, lett.*) Moderare, frenare: *r. lo sdegno, il furore*. **B** **v. intr. pron.** ● (*raro, lett.*) Moderarsi, temperarsi.

†**rattèndere** [comp. di *r(i)-* e *attendere*] **v. tr.** ● Attendere.

rattenére [lat. *retinēre* (V. *ritenere*), con cambio di pref.] **A** **v. tr.** (coniug. come *tenere*) ● (*lett.*) Trattenere, cercare di frenare qc. o q.c. nel corso, nell'impeto (*raro anche fig.*): *r. qc. per un braccio*; *sbarramento per r. l'impeto della corrente*; *r. le lacrime, l'ira, lo sdegno* | *R. il passo*, arrestarsi, fermarsi: *qui si rivolse, e qui rattenne il passo* (PETRARCA) | †*R. una somma*, ritenerla. **B** **v. rifl. e intr. pron.** *1* Sostare, fermarsi. *2* (*fig.*) Temperarsi, moderarsi da manifestazioni eccessive di sentimenti: *davanti a quello spettacolo triste, non potemmo rattenerci*. **SIN.** Contenersi, dominarsi.

rattenimènto **s. m.** ● (*raro*) Modo, atto, effetto del rattenere o del rattenersi.

†**rattenitìva** [da *rattenere*] **s. f.** ● Facoltà di trattenere un impulso.

†**rattènto** [da *rattenere*] **s. m.** ● Impedimento, ostacolo.

rattenùta [da *rattenuto*] **s. f.** ● (*raro*) Trattenuta, ritenuta.

rattenùto **part. pass.** di *rattenere*; anche **agg.** *1* Nei sign. del v. *2* †Cauto, guardingo: *andrei col parlare più r.* (MACHIAVELLI).

rattepidìre ● V. *rattiepidire*.

†**rattestàre** [comp. di *r(i)-* e *attestare (2)*] **v. tr.** ● Rimettere insieme.

rattézza **s. f.** *1* (*raro*) L'essere rapido, veloce, ratto: *r. di destrier* (MONTI). *2* (*lett.*) Rapidezza.

ratticìda [comp. di *ratto* e *-cida*] **agg.**; anche **s. m.** (pl. *-i*) ● Topicida.

†**rattiepidàre** [var. di *rattiepidire*] **v. tr.** ● Rattiepidire.

rattiepidìre o (*raro*) **rattepidìre** [comp. di *r(i)-* e di un dev. di *tiepido*] **v. tr., intr. e intr. pron.** (*io rattiepidìsco, tu rattiepidìsci*; aus. intr. *essere*) ● (*lett.*) Rendere, diventare tiepido o più tiepido (*anche fig.*)

rattìna ● V. *ratina*.

rattizzàre o **riattizzàre** nel sign. 2 [comp. di *r(i)-* e *attizzare*] **v. tr.** *1* Attizzare. *2* Attizzare nuovamente: *r. le braci nel caminetto* | (*fig.*) Suscitare di nuovo con più potenza, rinfocolare: *r. la maldicenza, la passione, l'invidia di qc.* **SIN.** Riaccendere.

ràtto (1) [vc. dotta, lat. *răptu(m)*, da *răpere* 'rapire'] **s. m.** *1* (*dir.*) Delitto di chi a scopo di matrimonio o di libidine sottrae o ritiene taluno con violenza, minaccia o inganno, o un minore o una persona in condizioni di inferiorità psichica o fisica senza violenza, minaccia o inganno. *2* Correntemente, rapimento di donna: *il r. di Elena*. *3* †Furto, rapina: *animale di r.* *4* †Rapimento, estasi religiosa.

†**ràtto (2)** **part. pass.** di *rapire*; anche **agg.** ● Nei sign. del v.

ràtto (3) [lat. *răpidu(m)* 'rapido'] **A** **agg.** *1* (*lett.*) Veloce, rapido, presto: *andavanne ratti quanto potevano* (BOCCACCIO). *2* (*lett.*) Che ha una forte pendenza. **B** **avv.** ● (*lett.*) Velocemente | (*iter.*) Presto, presto | Subito. **C** nella **loc. cong.** *r. che, r. come* ● (*lett.*) Appena (introduce una prop. temp. con il v. all'indic.): *giacean per terra tutte quante, / fuor d'una ch'a seder si levò, r. / ch'ella ci vide passarsi davante* (DANTE *Inf.* VI, 37-39). || **rattaménte**, **avv.** (*lett.*) In modo ratto.

ràtto (4) [vc. di origine onomat., in cui la *r-* ricorderebbe il rosicchiare (?)] **s. m.** ● Mammifero roditore affine al topo, ma di dimensioni molto maggiori, diffusissimo e dannoso (*Rattus*) | *R. comune*, scuro, cosmopolita (*Rattus rattus*) | *R. delle chiaviche*, surmolotto.

rattoppaménto **s. m.** ● Modo, atto del rattoppare. **SIN.** Rappezzamento.

rattoppàre [da *toppa*, col pref. *ra-*] **v. tr.** (*io rattòppo*) *1* Riparare mettendo toppe: *r. un abito, le scarpe*; *rattopparsi i calzoni* | *R. un libro*, ripararne le pagine strappate, lacerate o bucate | *R. un muro*, restaurarlo. **SIN.** Rappezzare. *2* (*fig.*) Aggiustare alla meglio: *r. un componimento correggendo gli errori* | Rimediare: *r. con scuse un discorso inopportuno*. **SIN.** Accomodare, rabberciare.

rattoppàto **part. pass.** di *rattoppare*; anche **agg.** ● Nei sign. del v.

rattoppatóre **s. m.** (f. *-trice*) ● (*raro*) Chi rattoppa.

rattoppatùra **s. f.** ● Lavoro, effetto del rattoppare (*anche fig.*): *la r. di un abito*; *quell'invito è una r. malriuscita* | La parte rattoppata o il materiale usato per rattoppare: *una r. perfetta*; *questa r. è di colore differente dal tessuto strappato.*

rattòppo **s. m.** ● Il rattoppare (*anche fig.*).

rattòrcere [comp. di *r(i)-* e *attorcere*] **v. tr.** (coniug. come *torcere*) ● (*raro, lett.*) Attorcere con più energia.

†**rattóre** [lat. *raptōre(m)*, da *răptus*, part. pass. di *răpere* 'rapire'] **s. m.** ● Rapitore: *io non venni come r. a torle la sua virginità* (BOCCACCIO).

†**rattorniàre** o †**rattorneàre** [comp. di *r(i)-* e *attorniare*] **v. tr.** ● Attorniare.

rattòrto **part. pass.** di *rattorcere*; anche **agg.** ● Nei sign. del v.

†**rattraiménto** **s. m.** *1* Il rattrarre o il rattrarsi. *2* (*raro*) Gibbosità: *con un insanabile r. di vita andava giù inclinata e curva fin quasi col volto a terra* (BARTOLI).

rattralciàre [da *tralcio*, col pref. *ra-*] **v. tr.** (*io rattràlcio*) ● Raccogliere come a fascio, legandoli in alto, giovani tralci di vite.

rattralciatùra **s. f.** ● Lavoro del rattralciare. **SIN.** Affasciatura.

†**rattrappaménto** **s. m.** ● Rattrappimento.

†**rattrappàre** [comp. di *r(i)-* e *attrappare*] **A** **v. tr.** ● Rattrappire. **B** **v. intr. pron.** ● Rattrappirsi, contrarsi, raccogliersi con le membra.

†**rattrappatùra** **s. f.** ● Il rattrappare o il rattrapparsi.

rattrappiménto **s. m.** ● Modo, atto del rattrappire o del rattrappirsi.

rattrappìre [comp. di *r(i)-* e *attrappire*] **A** **v. tr.** (*io rattrappìsco, tu rattrappìsci*) ● Produrre un lieve irrigidimento delle membra in modo da rendere faticoso o difficile il movimento: *le scarpe troppo strette mi hanno rattrappito i piedi*. **B** **v. intr. pron.** ● Subire una contrazione, un lieve irrigidimento: *le mani si sono rattrappite per il freddo*.

rattrappìto **part. pass.** di *rattrappire*; anche **agg.** ● Nei sign. del v.

rattràrre [comp. di *r(i)-* e *attrarre*] **A** **v. tr.** (coniug. come *trarre*) ● (*lett.*) Rattrappire, contrarre. **B** **v. intr. pron.** ● (*raro, lett.*) Contrarsi, ritirarsi per sforzo, malattia, dolore e sim.

rattràtto **part. pass.** di *rattrarre*; anche **agg.** ● Nei sign. del v.

rattristaménto **s. m.** ● (*raro*) Modo, atto del rattristare o del rattristarsi. **SIN.** Afflizione.

rattristànte **part. pres.** di *rattristare*; anche **agg.** ● Nel sign. del v.

rattristàre [comp. di *r(i)-* e *attristare*] **A** **v. tr.** ● Fare diventare triste, affliggere: *la tua situazione mi ha molto rattristato*. **SIN.** Accorare, addolorare. **B** **v. intr. pron.** ● Farsi triste, provare afflizione: *r. per la morte di qc.*

rattristàto **part. pass.** di *rattristare*; anche **agg.** ● Nei sign. del v.

rattristìre [comp. di *r(i)-* e *attristire*] **A** **v. tr.** (*io rattristìsco, tu rattristìsci*) ● Rattristare: *il nero è un colore che mi rattristisce*. **B** **v. intr. pron.** *1* Affliggersi, addolorarsi, diventare triste. *2* (*raro*) Perdere freschezza, vigore, detto di fiori o piante.

†**rattùra** [vc. dotta, lat. tardo *raptūra(m)*, da *răptus*, part. pass. di *răpere* 'rapire'] **s. f.** ● Rapimento.

raucèdine [vc. dotta, lat. tardo *raucēdine(m)*, da *răucus* 'rauco'] **s. f.** ● (*med.*) Alterazione del timbro e del tono della voce causata da affezioni della laringe, spec. delle corde vocali.

†**raucità** [vc. dotta, lat. *raucitāte(m)*, da *răucus* 'rauco'] **s. f.** ● Raucedine.

ràuco [vc. dotta, lat. *răucu(m)*, ant. **răvicu(m)*, da *rāvis* 'raucedine': di origine onomat. (?)] **agg.** (pl. m. *-chi*) *1* Che ha voce roca per raucedine, infreddatura o altro: *non può cantare perché è diventato r. urlando* | Aspro, basso, quasi soffocato, detto della voce. *2* (*est.*) Debole, fioco, detto di suono e sim.: *il r. suon de la tartarea tromba* (TASSO). || **raucaménte**, **avv.** Con voce rauca: *parlare raucamente*; (*est.*) con suono rauco.

†**raugèa** [dall'espressione *alla ragusea*, cioè 'alla maniera dei marinai di Ragusa di Dalmazia'] **agg. f.** ● (*raro*) Solo nella loc. avv. *alla r.*, in fila, in ordine, in schiera.

raumiliàre [comp. di *r(i)-* e *umiliare*] **v. tr.** (*io raumìlio*) ● (*raro, lett.*) Placare, addolcire, ammansire: *con dolci parole raumiliandolo, lo 'ncominciò a lusingare* (BOCCACCIO).

†**raunàre** e *deriv.* ● V. *radunare* e *deriv.*

†**rauncinàto** [comp. di *ra-* e *uncinato*] **agg.** ● Ritorto a guisa d'uncino: *la punta della coda rauncinata d'un insidioso scorpione* (BARTOLI).

rauwòlfia /rau'vɔlfja/ [dal n. del medico L. *Rauwolf* (sec. XVI)] **s. f.** ● Pianta erbacea delle Apocinacee dalla cui radice si estrae un alcaloide (*Rauwolfia serpentina*).

ravagliàre [etim. incerta] **v. tr.** (*io ravàglio*) ● Approfondire con la vanga o l'aratro il solco già aperto impiegando il ravagliatore.

ravagliatóre [da *ravagliare*] **s. m.** ● Aratro atto ad approfondire con un secondo corpo lavorante il solco aperto dal primo, portando in superficie il terreno rimosso.

ravagliatùra **s. f.** ● Lavoro ed effetto del ravagliare.

ravanàre [forse vc. d'orig. espressiva] **v. intr.** (aus. *avere*) ● (*sett.*) Rovistare, frugare, spec. mettendo in disordine: *ravanava nella valigia cercando le chiavi*.

ravanèllo o (*dial.*) **rafanèllo**, (*evit.*) **rapanèllo** [dim. di *rafano*] **s. m.** ● Varietà di rafano con radici ingrossate, esternamente rosse, commestibili (*Raphanus sativus radicula*).

ravanéto [da una radice mediterr. **rava* 'massa di detriti'] **s. m.** ● Luogo dove, nelle cave di marmo o pietra, si accumulano i materiali di scarto.

ravastìna ● V. *ragastina*.

ravastrèllo [da *ravanello* con sovrapposizione del lat. tardo *rapīstrum* 'sorta di *rapa* selvatica', ripreso dai botanici] **s. m.** ● Crocifera delle zone ghiaiose vicino al mare, piuttosto grassa, con foglie oblunghe e lobate (*Cakile maritima*).

rave /*ingl.* reiv/ [vc. ingl., dal v. *to rave* 'farneticare', prob. dal fr. ant. *raver*, *rever* 'vagabondare, delirare'] **A** **s. m. inv.** ● Raduno musicale, party tra giovani, per lo più notturno e clandestino, all'insegna della trasgressione. **B** anche **agg. inv.**: *festa, moda r.*

raveggiòlo o (*lett.*) **raveggiuòlo**, **raviggiòlo**, **raviggiuòlo** [etim. ignota] **s. m.** ● (*tosc.*) Formaggio tenero di latte di pecora o capra, in piccole forme schiacciate, da mangiare fresco.

ravegnàno [da *Ravenna*] **agg. sost.** ● (*lett.*) Ravennate.

ravennàte [vc. dotta, lat. *Ravennāte(m)*, etnico di *Ravenna*] **A** **agg.** ● Di Ravenna: *mosaico r.*; *architettura r.* **B** **s. m. e f.** ● Abitante, nativo di Ravenna.

ravièra [fr. *ravier*, propriamente 'piatto di rape (*rave*, dal lat. *rāpa*)'] s. f. • Piccolo piatto oblungo, in cui si servono gli antipasti.

raviggiòlo • V. *raveggiolo*.

raviggiuòlo • V. *raveggiolo*.

raviolatóre s. m. • Stampo per la preparazione casalinga dei ravioli.

raviolatrice s. f. • Macchina per ravioli.

raviòlo o †**raviuòlo** [etim. incerta] s. m. • (*spec. al pl.*) Pezzetto di pasta all'uovo con ripieno di verdura, ricotta, carne o altro: *ravioli in brodo, al sugo* | Pasta dolce con ripieno.

ravizzóne [dal lat. *rapīcius*, agg. di *rāpum* 'rapa'] s. m. • Crocifera annua o bienne molto simile al cavolo con foglie superiori abbraccianti il fusto, coltivata per i semi oleiferi (*Brassica napus oleifera*). SIN. Navone, napo.

ràvo [vc. dotta, lat. *rāvu(m)*, di etim. incerta] agg. • Che è di colore tra il nero e il fulvo.

†**ravvaloràre** [comp. di *r(i)*- e *avvalorare*] v. tr. (*io ravvalóro*) • Rafforzare il valore di q.c.: *le nuove scoperte hanno ravvalorato la mia tesi.*

ravvedérsi [comp. di *r(i)*- e *avvedersi*] v. intr. pron. (coniug. come *vedere*) **1** Riconoscere i propri errori e cercare di tenersene lontano per l'avvenire, di correggersi: *ha sbagliato, ma si è subito ravveduto.* SIN. Pentirsi. **2** †Accorgersi, rendersi conto.

ravvediménto s. m. **1** Modo, atto del ravvedersi: *speriamo in un suo r.*; *un improvviso r. lo ha riportato a noi.* SIN. Pentimento. **2** (*econ.*) *R. operoso*, atto volontario ammesso dalla legge ed esercitato dal contribuente, con il quale egli può riparare a certe omissioni o infrazioni di obblighi tributari.

ravvedùto part. pass. di *ravvedersi*; anche agg. • (*raro*) Nei sign. del v.

ravvenaménto [da *ravvenare*] s. m. • (*idraul.*) Arricchimento di una falda freatica, che viene alimentata e innalzata di livello con acque di un fiume fatte filtrare artificialmente nel terreno.

ravvenàre [da *vena*, col pref. *ra-*] v. intr. (*io ravvéno*; aus. *essere*) • (*lett.*) Ritornare a dare acqua rianimandosi, riprendendo vigore, detto di sorgenti.

ravviaménto s. m. • (*raro*) Modo, atto del ravviare o del ravviarsi.

ravviàre [comp. di *r(i)* e *avviare*] **A** v. tr. (*io ravvìo*) **1** †Rimettere sulla buona via (*spec. fig.*). **2** (*fig.*) †Ridare impulso, fare tornare attivo, detto di traffici, commerci e sim. **3** Rimettere a posto, in ordine: *r. una matassa*; *ravviarsi i capelli* | *R. il fuoco*, rattizzarlo | *R. una stanza*, rassettarla. SIN. Riordinare. **B** v. rifl. **1** †Rimettersi sulla buona via. **2** (*fig.*) Rimettersi in ordine: *r. frettolosamente prima di uscire di casa.*

ravviàta [da *ravviato*] s. f. • Atto del ravviare, del ravviarsi in fretta: *darsi una r. ai capelli, alle vesti.* || **ravviatina**, dim.

ravviàto part. pass. di *ravviare*; anche agg. • Nei sign. del v. || **ravviatino**, dim. || **ravviataménte**, avv. (*raro*) Ordinatamente.

ravvicinaménto s. m. **1** Modo, atto del ravvicinare o del ravvicinarsi (*anche fig.*): *speriamo, col tuo r. alla città, di incontrarci*; *operare il r. di due diverse posizioni ideologiche.* **2** Principio di riconciliazione o la riconciliazione stessa: *è prossimo il suo r. alla famiglia.*

ravvicinàre [comp. di *r(i)*- e *avvicinare*] **A** v. tr. **1** Avvicinare di più: *r. due oggetti fra loro.* **2** †V. *riavvicinare*. **3** (*fig.*) Confrontare, raffrontare: *r. due mentalità opposte fra loro.* **4** (*fig.*) Riappacificare: *dopo molti sforzi li ho ravvicinati.* **B** v. rifl. e rifl. rec. • (*fig.*) Riappacificarsi: *ravvicinarci è difficile, ma proveremo.*

ravvicinàto part. pass. di *ravvicinare*; anche agg. • Nei sign. del v.

ravvigorìre [da *rinvigorire*, con cambio di pref.] v. tr. (*io ravvigorìsco, tu ravvigorìsci*) • (*raro*) Rinvigorire.

†**ravvilìre** [comp. di *r(i)*- e *avvilire*] v. tr. • Rendere vile.

ravviluppaménto s. m. • Modo e atto del ravviluppare o del ravvilupparsi | Ciò che è ravviluppato, spec. insieme ad altre cose: *un r. di braccia e gambe.*

ravviluppàre [comp. di *r(i)*- e *avviluppare*] **A** v. tr. • Avviluppare in modo stretto: *r. i piedi freddi in un panno di lana*; *r. una matassa* | (*fig.*) *R. qc. con abili parole*, confonderlo per ingannarlo o imbrogliarlo. **B** v. intr. pron. • Avvolgersi intrecciandosi, facendo viluppo: *il gomitolo che si è tutto ravviluppato* | (*raro*) Mescolarsi: *e 'l mar comincia a mostrar l'ira sua: / ... / cominciano apparir baleni ... / e par che l'aria e il ciel si ravviluppi* (PULCI). **C** v. rifl. • Avvolgersi ben bene: *ravvilupparsi in una coperta.*

ravvincidìre [da *invincidire*, con cambio di pref.] v. intr. e intr. pron. (*io ravvincidìsco, tu ravvincidìsci*; aus. *essere*) • (*raro*) Diventare vincido.

†**ravvìnto** [comp. di *r(i)*- e *avvinto*] agg. • Avvinto di nuovo o più strettamente.

ravvìo s. m. • (*raro*) Atto, effetto del ravviare.

ravvisàbile agg. • Che si può ravvisare: *somiglianza facilmente r.*

ravvisàre [comp. di *r(i)*- e *avvisare*] v. tr. **1** Riconoscere qc. dai lineamenti del viso, dalle caratteristiche fisiche: *appena l'ho visto, l'ho ravvisato subito* | (*est., raro*) Distinguere, percepire, ritrovare l'elemento distintivo di q.c.: *in questo quadro si ravvisa lo stile di Leonardo.* **2** †Pensare, credere. **3** †Avvisare, avvertire.

†**ravvìsto** part. pass. di *ravvedersi*; anche agg. • (*raro*) Nei sign. del v.

ravvivaménto s. m. • Modo, atto, effetto del ravvivare o del ravvivarsi (*anche fig.*).

ravvivànte part. pres. di *ravvivare*; anche agg. • Nei sign. del v.

ravvivàre [comp. di *r(i)*- e *avvivare*] **A** v. tr. **1** Far tornare in vita qc. o q.c., rianimare: *r. un malato*; *r. una pianta appassita* | (*est.*) Dare nuovo vigore: *r. le forze con una cura ricostituente* | *R. il fuoco*, attizzarlo | (*fig.*) Restituire entusiasmo, rendere più vivace: *r. gli spiriti*; *r. un abito con nuovi accessori.* **2** (*tecnol.*) Effettuare la ravvivatura. **B** v. intr. pron. • Riprendere vigore, forza, energia (*anche fig.*): *la vegetazione non accenna a ravvivarsi*; *si è ravvivato l'interesse.*

ravvivatóre s. m.; anche agg. (f. *-trice*) • (*raro*) Chi, che ravviva (*spec. fig.*): *r. di energia*; *una fotografia ravvivatrice di lontani ricordi.*

ravvivatùra s. f. • (*tecnol.*) Operazione consistente nel ripristinare il tagliente di un utensile: *r. di una mola.*

ravvòlgere [comp. di *r(i)*- e *avvolgere*] **A** v. tr. (coniug. come *volgere*) **1** Avvolgere più volte, involgere: *r. un lenzuolo* | Avvolgere coprendo completamente: *r. l'ammalato nella coperta* | Avvolgere strettamente. **2** (*raro, lett.*) Far girare (*spec. fig.*) **B** v. rifl. • Avvolgersi strettamente in q.c.: *ravvolgersi in un mantello* | *Ravvolgersi in un vestito*, (*fig.*) mettercelo in fretta | (*raro, pop., fig.*) *Ravvolgersi in un sacco*, farsi frate. **C** v. intr. pron. • †Aggirarsi.

ravvolgiménto s. m. **1** (*raro*) Atto, effetto del ravvolgere o del ravvolgersi. **2** Tortuosità, giro: *sentiero dai mille ravvolgimenti* | (*fig.*) Inganno: *una persona amante dei ravvolgimenti e delle menzogne.*

ravvolgitóre agg.; anche s. m. (f. *-trice*) • (*raro*) Che, chi ravvolge.

ravvolgitùra s. f. • (*raro*) Modo, atto, effetto del ravvolgere o del ravvolgersi: *una nuova r. di capelli, sopra i quali una verde ghirlanda portava* (SANNAZARO).

†**ravvòlta** [da *ravvolto*] s. f. • Ravvolgimento.

†**ravvoltàre** [da *ravvolto*] v. tr. • Rinvoltare, ravvolgere.

†**ravvoltatùra** s. f. • Atto, effetto del ravvoltare.

ravvòlto part. pass. di *ravvolgere*; anche agg. **1** Nei sign. del v. **2** (*lett., fig.*) Involuto, complicato: *parole ravvolte.*

ravvoltolàre [comp. di *r(i)*- e *avvoltolare*] **A** v. tr. (*io ravvòltolo*) • Avvolgere senza cura e in fretta: *r. la frutta in un pezzo di giornale.* **B** v. rifl. • Avvilupparsi in fretta in q.c.: *ravvoltolarsi in un mantello.*

ràyon /'rajon/ • V. *raion*.

raz /fr. ra/ [fr. *raz* 'corrente violenta in un passaggio stretto', dall'ant. scandinavo *râs* 'corrente d'acqua'] s. m. inv. (pl. fr. inv.) • Corrente marina causata dalla marea e orientata secondo la direzione del flusso e del riflusso | *Raz di marea*, onda altissima, isolata, improvvisa negli oceani e spec. nel Pacifico, temibile dalle piccole navi.

raziàle • V. *razziale*.

†**raziocinabilità** s. f. • Raziocinio.

raziocinànte part. pres. di *raziocinare*; anche agg. • Nei sign. del v.

raziocinàre [vc. dotta, lat. *ratiocināri* 'calcolare, esaminare, riflettere', da *rătio*, genit. *ratiōnis* 'calcolo'. V. *ragione*] **A** v. intr. (aus. *avere*) • (*raro*) Ragionare in modo equilibrato e sensato, con raziocinio. **B** v. tr. • (*tosc.*) Riflettere, considerare bene: *r. una proposta di lavoro.*

raziocinativo [vc. dotta, lat. *ratiocinatīvu(m)*, da *ratiocināri*. V. *raziocinare*] agg. • (*raro, lett.*) Che serve a raziocinare: *facoltà raziocinativa* | Che esercita il raziocinio.

raziocinatóre [vc. dotta, lat. *ratiocinatōre(m)* 'calcolatore', da *ratiocināri* (V. *raziocinare*)] s. m.; anche agg. • Chi, che esercita il raziocinio, talvolta con eccessiva sottigliezza.

raziocinazióne [vc. dotta, lat. *ratiocinatiōne(m)*, da *ratiocināri*. V. *raziocinare*] s. f. • (*raro, lett.*) Raziocinio.

raziocinio [vc. dotta, lat. *ratiocīniu(m)*, da *ratiocināri*. V. *raziocinare*] s. m. **1** Facoltà di esercitare la ragione in modo equilibrato: *usare il r.*; *mancare di r.* | (*est.*) Ragione, buon senso, criterio: *uomo pieno di r.*; *erano di niuno r. e di tutti robusti sensi e vigorosissime fantasie* (VICO). **2** Argomentazione, ragionamento: *è un r. insoddisfacente nelle conclusioni.*

†**razionàbile** [vc. dotta, lat. *rationābile(m)*, da *rătio*, genit. *ratiōnis*. V. *ragione*] agg. **1** Proprio di chi è provvisto di ragione. **2** Che si può razionare. || †**razionabileménte**, †**razionabilménte**, avv. Ragionevolmente.

†**razionabilità** [vc. dotta, lat. tardo *rationabilitāte(m)*, da *rationābilis* 'razionabile'] s. f. • Qualità di chi è ragionevole o di ciò che è razionale.

razionàle (**1**) [vc. dotta, lat. *rationāle(m)*, da *rătio*, genit. *ratiōnis*. V. *ragione*] **A** agg. **1** Che ha la ragione, che è provvisto di ragione: *anima r.*; *creatura r.* SIN. Ragionevole. **2** Che procede dalla ragione pura e astratta: *ordine r.* | †Della ragione: *lume r.* **3** Fondato sulla scienza o su un procedimento scientifico: *metodo r.*; *cura r.*, non empirica | *Condurre un esame r.*, rigoroso, sistematico. **4** Studiato rigorosamente e realizzato con studio e metodo, così da adempiere nel modo migliore al suo scopo: *architettura r.*; *mobile r.* | (*est.*) Che antepone la praticità all'estetica: *abbigliamento r.* SIN. Funzionale. **5** Che si sviluppa per deduzione logica da princìpi: *geometria, meccanica r.* **6** (*mat.*) Detto di numero costituito da una coppia di numeri interi, cioè da una frazione | Detto di funzione e sim. ottenuta con operazioni razionali sui coefficienti e sulle incognite | *Operazioni razionali*, le quattro operazioni aritmetiche | (*astron.*) *Orizzonte r.*, circolo massimo della sfera celeste a 90° dello zenit | (*mus.*) *Intervallo r.*, intervallo basato su precisi rapporti matematici. **7** (*chim.*) Detto di formula usata spec. in chimica organica, in cui vengono, convenzionalmente, riuniti tra loro gli atomi che formano gruppi funzionali, radicali e sim. || **razionalménte**, avv. **1** Secondo le norme della ragione. **2** Seguendo un ragionamento rigorosamente scientifico. **3** Con razionalità e praticità. **B** s. m. solo sing. • Ciò che è razionale: *distinguere il r. dall'irrazionale.*

razionàle (**2**) [dal lat. *rationāle(m)*, calco dal gr., a sua volta calco dall'ebr.] s. f. • Borsa di stoffa quadrata, fissata sul petto fra le due giunte omerali e portante dodici gemme che rappresentavano le dodici tribù di Israele, posta nel manto che il Gran Sacerdote del Tempio di Gerusalemme indossava per entrare nel Santo dei Santi.

razionàle (**3**) [vc. dotta, lat. tardo *rationāle(m)* 'computista, contabile', da *rătio*, genit. *ratiōnis* 'conto, calcolo' (V. *ragione*)] s. m. • Nell'età imperiale romana e nel Medioevo, amministratore dei beni della corona, dello stato o del comune | Ragioniere, nelle amministrazioni comunali dell'Italia merid. del '700.

razionalìsmo [da *razionale* (*1*)] s. m. **1** Qualsiasi indirizzo filosofico che si affidi ai procedimenti della ragione. **2** Dottrina filosofica in base alla quale la ragione rappresenta la condizione necessaria ma non sufficiente di ogni conoscenza. **3** (*est.*) Convinzione radicata della superiorità del ragionamento astratto sull'intuizione. **4** Movimento dell'avanguardia europea degli anni '20 che si propone di collegare l'architettura e il design ai processi industriali e ai problemi edilizi del ventesimo secolo, spec. della residenza, e che si esprime in forme semplificate e ripetibili in serie, privilegiando nella progettazione l'aspetto funzionale degli edifici.

razionalìsta A s. m. e f. (pl. m. *-i*) **1** Chi segue o si ispira al razionalismo | (*est.*) Chi al di sopra del sentimento o della tradizione afferma i valori della ragione. **2** (*est.*) Chi antepone la forza della ragione e del ragionamento a ogni conoscenza fondata sull'intuizione. **B** agg. ● Razionalistico.

razionalìstico agg. (pl. m. *-ci*) **1** Che concerne o interessa il razionalismo o i razionalisti. **2** (*est.*) Che è proprio di chi crede alla superiorità della ragione: *ragionamento r.*; *mentalità razionalistica.*

razionalità [da *razionale* (*1*)] s. f. **1** La facoltà di ragionare: *la r. distingue l'uomo dall'animale.* **2** Qualità di ciò che è razionale, comprensibile dalla ragione: *r. di un piano di lavoro, di studi.* **3** L'essere concepito con un criterio razionale, perfettamente rispondente allo scopo: *la r. di un arredamento.* SIN. Funzionalità.

razionalizzàre v. tr. **1** Rendere razionale, più adeguato e rispondente allo scopo: *r. i programmi scolastici*; *r. il piano di lavoro di un'azienda.* **2** (*psicoan.*) Sostituire inconsciamente motivazioni non accettabili o intollerabili con altre non vere, ma accettabili dalla coscienza. **3** (*mat.*) Rendere razionale, detto in particolare con riferimento al denominatore d'una frazione che inizialmente contenga degli irrazionali.

razionalizzazióne s. f. ● Atto, effetto del razionalizzare: *la r. di un programma di studio, di un piano di lavoro*; *la r. del denominatore di una frazione.*

razionaménto s. m. ● Modo, atto, effetto del razionare, spec. generi alimentari e beni di consumo in periodi di emergenza: *in tempo di guerra era in atto un duro r.*; *introdurre il r. del pane.*

razionàre [da *razione*] v. tr. (*io razióno*) **1** Dividere in razioni: *r. la carne, l'olio.* **2** Assegnare a ciascuno una razione fissa di generi alimentari o di beni di consumo, allo scopo di disciplinarne il consumo durante particolari periodi di emergenza. **3** †Raziocinare.

razióne [sp. *ración*, dal lat. *ratiōne(m)* 'conto, calcolo'. V. *ragione*] s. f. **1** Porzione che è stato stabilito di dare ogni volta a ciascuno (*anche fig.*): *riceverete una doppia r. di acqua*; *hanno avuto una bella r. di insolenze.* **2** Quantità di generi alimentari o di beni di consumo che è stato stabilito di assegnare a ciascuno durante un periodo di razionamento: *aumentare la r. di latte ai bambini* | *R. viveri*, quantitativo di viveri per la sussistenza giornaliera del soldato | *R. bilanciata*, atta a soddisfare i fabbisogni degli animali da allevamento nel modo più economico.

ràzza (**1**) [ant. fr. *haraz* 'allevamento di cavalli', di etim. incerta] s. f. **1** L'insieme degli individui di una specie animale o vegetale che si differenziano da altri gruppi della stessa specie per uno o più caratteri costanti e trasmissibili ai discendenti: *razze bovine, equine* | *Di r. pura, di r.*, detto di animale o vegetale che possiede al massimo grado di purezza le caratteristiche della sua razza e (*fig.*) di persona di classe, fornita di grandi doti in relazione alla sua attività: *cane, cavallo di r.*; *commediografo, atleta, musicista di r.* | *Fare r.*, riprodursi | *Far r. a sé*, non essere paragonabile a nessun altro e (*fig.*) non cercare la compagnia degli altri | *Fare r. con qc.*, trovarsi d'accordo, essergli amico. **2** (*est.*) Tradizionale suddivisione della specie umana in base a caratteri morfologici quali il colore della pelle, la forma degli occhi o del cranio, la statura media, ecc.: *r. bianca, nera, gialla*; *lotta di r.* **3** Generazione, discendenza, schiatta | *Essere di r., di buona r.*, avere le buone qualità della propria stirpe o famiglia | (*spreg.*) *R. di vipere, di cani*, persona malvagia o falsa | *R. umana*, genere umano. **4** Specie, qualità, sorta, tipo (*spec. fig.*): *frutta e ortaggi di varie razze*; *se ne vedono di tutte le razze*; *che r. di educazione hai?*; *non voglio avere a che fare con quella r. di stupido.* || **razzàccia**, pegg.

ràzza (**2**) [vc. sett., dal lat. *rāia(m)*, di origine preindeur.] s. f. ● Pesce dei Raiformi a corpo romboidale, coda lunga, denti conformati a piastre masticatrici adatte a triturare Molluschi e Crostacei, colore mimetico con il fondo marino (*Raja*) | *R. cornuta*, manta.

ràzza (**3**) [var. di *razzo* (*3*)] s. f. ● Raggio di una ruota, di un volante e sim.

razzamàglia ● V. *razzumaglia.*

†**razzànte** part. pres. di *razzare*; anche agg. ● (*raro*) Nei sign. del v.

razzàre [lat. *radiāre*. V. *radiare*] **A** v. tr. **1** (*raro*) Disegnare q.c. che rassomigli a un insieme di raggi: *r. un tessuto con colori cangianti.* **2** *R. una ruota*, legarne un raggio, con una catena o corda, al carro, sì da frenarlo in discesa. **B** v. intr. (aus. *avere*) ● (*region.*) †Risplendere, raggiare. **C** v. intr. e intr. pron. (aus. *essere*) ● Ricoprirsi come di raggi a causa di un'infiammazione: *pelle che si razza per il freddo eccessivo.*

razzatóre [da *razza* (*1*)] s. m. ● (*zoot.*) Ogni animale che trasmette alla discendenza le sue pregevoli caratteristiche zootecniche ed è quindi destinato alla riproduzione.

razzatùra [da *razzare*] s. f. ● (*raro*) Insieme di disegni o segni a forma di raggi | (*est.*) Striscioline rosse simili a raggi che compaiono sulla pelle per infiammazione o altro.

†**razzeggiàre** [ints. di *razzare*] v. tr. ● Raggiare, splendere.

razzènte [etim. incerta] agg. ● (*raro*) Di sapore frizzante: *vino r.*

razzìa [ar. magrebino *gāziyya*, per l'ar. classico *gazwa* 'incursione'] s. f. **1** Scorreria compiuta da truppe irregolari o da ladri armati per devastare, saccheggiare ed estorcere con la violenza prede di varia natura. **2** (*est.*) Furto, ruberia, spec. di animali: *la volpe fece r. nel pollaio.* **3** (*raro*) Retata, requisizione di persone a opera di militari o poliziotti.

razziàle o (*raro*) **raziàle** [fr. *racial*, da *race* 'razza'] agg. ● Che riguarda, si riferisce alla razza: *pregiudizi razziali*; *integrazione r.*

razziàre [da *razzia*] v. tr. (*io razzìo*) ● Fare razzia: *r. pecore e buoi* | *R. un deposito di carne*, saccheggiarlo. SIN. Depredare, saccheggiare.

razziatóre [da *razziare*] agg.; anche s. m. (f. *-trice*) ● Che, chi fa razzia.

razzièra [da *razzo* (*2*), sul modello di *mitragliera*] s. f. ● (*mil.*) Lanciarazzi a tubi multipli | Rampa di lancio mobile multipla.

†**razzimàre** [comp. di *r(i)-* e *azzimare*] v. tr. ● Azzimare.

†**razzimàto** part. pass. di †*razzimare*; anche agg. ● (*raro*) Nel sign. del v.

razzìsmo [fr. *racisme*, da *race* 'razza', col suff. *-isme* '-ismo'] s. m. **1** Teoria che tende a stabilire una gerarchia tra le popolazioni umane, esaltando le qualità superiori di una razza, affermando la necessità di conservarla pura da ogni commistione e respingendo le altre in uno stato di soggezione. **2** (*est.*) Atteggiamento di disprezzo e intolleranza verso determinati individui o gruppi, basato su pregiudizi sociali radicati.

razzìsta A s. m. e f. (pl. m. *-i*) ● Aderente al razzismo. **B** agg. ● Razzistico.

razzìstico agg. (pl. m. *-ci*) ● Del, relativo al razzismo | Da razzista.

†**ràzzo** (**1**) ● V. *arazzo.*

ràzzo (**2**) [lat. *rădiu(m)* 'raggio'] s. m. **1** Fuoco artificiale aereo, costituito da un tubo pieno di polvere pirica come carica propulsiva per reazione, recante un miscuglio di sostanze che, accendendosi gener. alla fine della combustione della carica propulsiva, producono luci colorate, detonazioni e sim. per spettacoli o segnalazioni: *accendere, lanciare, far partire un r.* | *R. da segnalazione, da segnale*, quello che produce luce variamente colorata ed è usato, spec. di notte, per es. per segnalare la presenza e la posizione di persone in pericolo | (*fig.*) *Scappare, correre via come un r.*, a grande velocità. **2** (*aer.*) Endoreattore | *Propulsione a r.*, propulsione a getto mediante un endoreattore. **3** Veicolo propulso da un endoreattore di qualsiasi tipo: *r. chimico, nucleare, elettrico, ionico, fotonico* | *R. pluristadio*, quello costituito da un complesso di due o più razzi in serie, ciascuno dei quali si stacca dal complesso stesso quando il suo endoreattore ha esaurito il proprio propellente e si accende quello dello stadio successivo | *R. vettore*, quello utilizzato nella ricerca spaziale per mettere in orbita o trasportare nello spazio un carico utile | *R. antigrandine, grandinifugo*, quello destinato alla protezione delle colture agricole dalla grandine, che fa esplodere cariche esplosive nelle nubi o vi diffonde sostanze atte a impedire la formazione della grandine o a renderla meno nociva | *R. sonda*, razzo monostadio o pluristadio il cui carico utile è costituito da apparecchi destinati a rilevare, registrare ed eventualmente radiotrasmettere a terra informazioni sulle regioni dell'atmosfera o dello spazio che attraversa. **4** (*aer.*) Missile non guidato. **5** Proietto autopropulso non guidato che, dopo il distacco dalla rampa di lancio e l'esaurimento della spinta impartita dall'endoreattore, percorre una traiettoria balistica: *r. terra-terra, aria-aria, aria-terra, terra-aria* | *Proiettile a r.*, proiettile autopropulso a getto, usato in alcuni tipi di pistole a ripetizione. **6** (*aer., impr.*) Missile guidato. || **razzétto**, dim.

†**ràzzo** (**3**) ● V. *raggio.*

ràzzola [da *razzolare*] s. f. ● Rete a sacco provvista di ali, calata in cerchio in acqua bassa, per la cattura di pesci di fondo.

razzolaménto s. m. ● (*raro*) Atto, effetto del razzolare.

razzolànte part. pres. di *razzolare*; anche agg. ● Nei sign. del v.

razzolàre [da *razzare* 'grattare'] **A** v. intr. (*io ràzzolo*; aus. *avere*) **1** Raspare in terra come fanno i polli per trovare cibo: *le galline razzolavano nell'aia.* **2** (*est., scherz.*) Frugare, rovistare: *perché stai razzolando nel mio cassetto?* **B** v. tr. ● †Frugare, rovistare | (*raro*) *R. il fuoco*, attizzarlo || PROV. Chi di gallina nasce convien che razzoli; padre Zappata predicava bene e razzolava male.

razzolàta s. f. ● Il razzolare spec. un poco, in una sola volta e in fretta.

razzolatóre s. m.; anche agg. (f. *-trice*) ● (*raro*) Chi, che razzola (*anche fig.*).

razzolatùra s. f. **1** Atto, effetto del razzolare. **2** (*fig.*) †La cosa razzolata.

razzolìo s. m. ● Un razzolare frequente: *il r. delle galline nel pollaio.*

razzuffàrsi ● V. *riazzuffarsi.*

razzumàglia o (*raro*) **razzamàglia** [sovrapposizione di *marmaglia* a un **razzume*, da *razza* (*1*) (?)] s. f. ● (*spreg.*) Marmaglia.

re (**1**) /re*/ [lat. *rēx*, nom., di origine indeur.] s. m. inv. **1** Sovrano di un grande Stato | Principe che ha la somma autorità e il potere sovrano, sanziona le leggi, i trattati con gli altri Stati, dichiara la guerra, convoca il Parlamento, nomina i ministri: *re assoluto, costituzionale* | *Re dei Re, Re celeste, Re del cielo*, Dio | *Vita da re*, felice, comoda | *Stare come un re*, stare molto comodo | *Spendere come un re*, molto e largamente | (*spreg., fig.*) *Re da operetta, da burla*, sovrano senza autorità. SIN. Monarca. **2** Persona dotata di particolari qualità che la fanno eccellere in qualche campo o nella sua professione (*anche spreg. o iron.*): *è il re dei cantanti*; *il re del petrolio*; *il re dei mascalzoni.* **3** Animale che supera gli altri per forza o bellezza: *il leone è il re degli animali* | Ciò che presenta particolari caratteristiche di grandezza o qualità: *il Po è il re dei fiumi italiani.* **4** La più alta figura, come numero, delle carte da gioco: *re di picche, di quadri*; *re di coppe, di bastoni.* **5** Il pezzo principale nel gioco degli scacchi: *dare scacco matto al re.* **6** Il birillo più grosso e di maggior valore. **7** †Chi presiede un banchetto, un convito, un'adunanza: *restava solamente al re di dover novellare* (BOCCACCIO). **8** †Signore, potente. **9** (*zool.*) *Re di aringhe*, chimera | *Re dei granchi*, grande crostaceo commestibile che vive nei mari freddi dell'Alaska (*Paralithodes camtschatica*) | *Re di quaglie*, uccello dei Gruiformi, dal colore simile alla quaglia, di passo in Italia (*Crex crex*) | *Re di triglie*, piccolo pesce osseo marino dei Perciformi, di colore scarlatto con grossa testa dagli occhi voluminosi, ampia bocca, corpo compresso (*Apogon imberbis*) || PROV. In casa sua ciascuno è re. || **reìno**, dim. | **reùccio**, dim. (V. nota d'uso ACCENTO).

†**re** (**2**) /re*/ [vc. dotta, lat. *rēs* 'cosa', di origine indeur.] s. f. solo sing. ● (*raro*) Bene, patrimonio: *ebbe ad avere cura della re famigliare e della re pubblica* (BOCCACCIO).

re (3) /rɛ*/ [sillaba iniziale del secondo verso (*Resonare fibris*) dell'inno a S. Giovanni, preso a base della scala diatonica] s. m. ● Seconda nota della scala musicale di *do* (V. nota d'uso ACCENTO).

re- /re/ [lat. *re-*, unico pref. di area italica (senza altre corrispondenze), con vari sign.: movimento all'indietro, ritorno ad uno stato precedente, poi atto ripetuto o in senso contrario, quindi negativo] pref. di verbi e loro derivati ● Esprime soprattutto ripetizione di un'azione, anche in senso contrario: *reiterare, reagire, reazione, respingere* | V. anche *ri-*.

-rèa [dal gr. *rêin* 'scorrere, fluire', di origine indeur.] secondo elemento (con *r* iniziale sempre raddoppiata) ● In parole composte della terminologia medica, indica eccesso di produzione, secrezione patologica di umori in genere indicati dal primo elemento compositivo: *diarrea, gonorrea, leucorrea, scialorrea.*

readership /*ingl.* 'ri:dəʃip/ [vc. ingl., comp. di *reader* 'lettore' e del suff. *-ship*: V. *leadership*] s. f. inv. ● Complesso dei lettori di un quotidiano o di una rivista.

reading /*ingl.* 'ri:diŋ/ [vc. ingl., da *to read* 'leggere' (vc. germ. d'orig. indeur.)] s. m. inv. *1* (*edit.*) Raccolta monografica di più passi di autori diversi, tratti da opere già pubblicate, su uno specifico argomento, spec. di carattere scientifico. *2* Lettura pubblica di componimenti poetici, spec. compiuta dallo stesso autore.

ready /*ingl.* 'redi/ [vc. ingl., propr. 'pronto!'] inter. ● (*sport*) Nel tennis, avvertimento di essere pronto a iniziare il gioco, rivolto dal ricevitore al battitore.

ready made /*ingl.* 'redi 'meid/ [loc. ingl., propr. 'fatto (*made*) per essere pronto (*ready*)' per la vendita o l'uso, senza molti interventi] **A** loc. sost. m. inv. ● Oggetto di uso quotidiano che, tolto dal suo contesto abituale, viene provocatoriamente presentato al pubblico come il frutto di un'esperienza creativa, senza alcun intervento su di esso da parte dell'artista | Corrente artistica del Novecento i cui aderenti espongono tali oggetti. **B** loc. agg. inv. *1* (*spreg.*) Detto di prodotto standardizzato, privo di caratteristiche originali. *2* Detto di prodotto pronto per l'uso: *abito ready made.*

reaganismo /rega'nizmo/ s. m. ● Teoria e prassi governativa di R. W. Reagan (presidente degli Stati Uniti negli anni Ottanta), basata su un ritorno ai valori pionieristici e patriottici della vecchia America, ma soprattutto su un rigido programma di liberalizzazione dei mercati e parallela riduzione delle spese assistenziali dello Stato.

reagentàrio [da *reagente*] s. m. ● (*chim.*) Insieme dei reagenti impiegati in un laboratorio di analisi chimiche, biologiche e sim. | (*est.*) Il mobile, spec. scaffale, che li contiene.

reagènte A part. pres. di *reagire*; anche agg. ● Nei sign. del v. **B** s. m. ● Sostanza che entra in una reazione chimica. SIN. Reattivo.

reagibilità s. f. ● Reattività.

reagina [da *reagire*, poiché coinvolta nelle reazioni allergiche, col suff. *-ina*] s. f. ● (*biol.*) Anticorpo appartenente alle immunoglobuline della classe E, implicate nelle reazioni di natura allergica.

reagire o †**riagire** [comp. di *re-* e *agire*] v. intr. (*io reagìsco, tu reagìsci*; aus. *avere*) *1* Agire contro, rispondere con un'azione propria a una violenza, una offesa subita (*anche ass.*): *r. prontamente alle insolenze di qc.*; *restare senza r.* SIN. Opporsi, ribellarsi. *2* Prender parte a una reazione chimica.

†**realdire** [comp. di *re-* e *audire*] v. tr. ● Riudire.

reàle (1) [dal lat. *rēs* 'cosa'. V. *re* (2)] **A** agg. *1* Che concerne la realtà, che ha un'effettiva esistenza: *oggetto r. e non immaginario*; *badare alla r. sostanza delle cose* | *Un fatto r.*, veramente accaduto | (*raro*) *Senso r.*, non metaforico. SIN. Vero. CONTR. Illusorio. *2* Inerente a una cosa: *contratto r.* | *Diritto r.*, rapporto giuridico che consente a un soggetto di soddisfare un proprio interesse direttamente sopra un bene determinato | *Azione r.*, a tutela di un diritto reale | *Garanzia r.*, quella che vincola dati beni del debitore a favore di un creditore con preferenza rispetto ad altri | *Offerta r.*, eseguita con la materiale consegna al creditore delle cose dovute | *Imposta r.*, che colpisce le singole ricchezze indipendentemente dalla situazione economica del soggetto cui appartengono. *3* (*mat.*) Detto di numero che sia una sezione nel campo dei numeri razionali | Detto di funzione a valori nel campo dei numeri reali. *4* (*pop., tosc.*) Sincero, schietto. || **realménte**, avv. *1* In modo reale, effettivo e non immaginario: *raccontare una vicenda realmente accaduta.* *2* †Sinceramente, lealmente. **B** s. m. solo sing. ● Ciò che esiste veramente: *la complessità del r. spesso ci spinge al sogno.* SIN. Vero. CONTR. Ideale, immaginario.

reàle (2) [ant. fr. *reial*, dal lat. *regāle(m)* 'regale'] **A** agg. *1* Del re, attinente al re: *palazzo, manto, corona r.*; *decreto r.* | *La coppia r.*, il re e la regina | (*raro*) Regio, governativo: *la guardia r.* *2* (*fig.*) †Degno di un re per la magnificenza o l'aspetto pieno di dignità | †*Alla r.*, con magnificenza regale. SIN. Regale. *3* (*fig.*) †Principale, maggiore: *porta r.* | †*Pilota r.*, primo pilota. *4* (*est.*) Detto di tutto ciò che si distingue per le più alte qualità nel proprio ambito: *artiglieria, fortificazione r.*; *aquila r.* | *Pasta r.*, per dolci, compatta, a base di mandorle pestate e zucchero, o miele, legati con farina e chiare d'uova montate; per dolci, molto soffice, a base di rossi d'uova, chiare montate e poca farina; per minestra, insieme di pallottoline leggere di pasta all'uovo, che si cuociono e mangiano nel brodo caldo | *Scala r.*, nel gioco del poker, sequenza di cinque carte dello stesso seme, in ordine progressivo. || †**realménte**, avv. (*raro*) In modo regale, degno di un re. **B** s. m. pl. *1* La coppia formata dal re e dalla regina: *la folla attendeva l'arrivo dei reali.* *2* †Dinastia, stirpe, famiglia reale.

reàle (3) [sp. *real* 'regale', cioè moneta fatta coniare dal re] s. m. ● Moneta d'argento coniata per la prima volta da Pietro I di Castiglia, di vario valore secondo le epoche | *R. d'oro*, moneta fatta coniare da Carlo I d'Angiò nella zecca di Barletta dal 1266 al 1278.

reàle (4) [da *reale* (2), perché carne scelta] s. m. ● Nell'Italia settentrionale, polpa bovina scelta, sotto la coppa, usato spec. per la preparazione di arrosti, spezzatini e bolliti.

realgàr [fr. *réalgar*, dall'ar. *rahǵ algār* 'polvere di miniera'] s. m. ● (*miner.*) Solfuro di arsenico, rosso, che si trova in natura in piccoli cristalli o in masse cristalline compatte.

realismo [da *reale* (1)] s. m. *1* Ogni dottrina filosofica che riconosce alle cose un'esistenza reale indipendente dall'attività del soggetto. *2* Dottrina filosofica secondo cui gli universali esistono contemporaneamente come concetti e come essenze necessarie delle cose. CONTR. Nominalismo. *3* Senso concreto della realtà di chi si basa soprattutto sull'esperienza pratica e non cede a idealismi, fantasie, illusioni: *decidere del proprio futuro con lucido, sano r.* CONTR. Idealismo. *4* Nelle arti figurative e nella letteratura, corrente che si prefigge una rappresentazione obiettiva della realtà: *il r. di Zola*; *il r. del Caravaggio* | *R. socialista*, quello particolarmente accentuato in senso didattico e celebrativo propugnato nell'Unione Sovietica durante l'era staliniana.

realista (1) [da *reale* (1)] s. m. e f. (pl. m. *-i*) *1* Chi segue o si ispira al realismo. *2* Correntemente, chi prende in considerazione soprattutto gli aspetti reali, concreti di q.c. CONTR. Idealista.

realista (2) [da *reale* (2)] s. m. e f. (pl. m. *-i*) ● Sostenitore di un sovrano spodestato e di una monarchia | (*fig.*) *Più r. del re*, chi difende q.c. con più impegno e rigore dei diretti interessati.

realistico [da *realista* (1)] agg. (pl. m. *-ci*) *1* Che considera soprattutto la realtà materiale e si fonda su essa | *Politica realistica*, fondata sulla realtà delle cose. CONTR. Idealistico. *2* Detto di ciò che concerne il realismo filosofico e artistico e i suoi seguaci. || **realisticaménte** avv.

realità [da *reale* (1)] s. f. *1* (*raro*) Realtà. *2* (*dir.*) Inerenza di un diritto a un bene: *r. dell'ipoteca, del pegno.*

realizzàbile agg. *1* Che può essere realizzato: *un desiderio r.* SIN. Attuabile, effettuabile. *2* Che si può trasformare in moneta: *è un bene r.*

realizzabilità [da *realizzabile*] s. f. ● Qualità di ciò che è realizzabile.

realizzàre [fr. *réaliser*, da *réel* 'reale (1)', da cui dipende direttamente anche l'ingl. *to realize*, passato in it. col sign. (3)] **A** v. tr. *1* Rendere reale q.c. attuandola praticamente: *r. una promessa, uno scopo*; *ho realizzato il mio sogno di viaggiare.* *2* Nel calcio e sim., segnare: *r. un goal, un canestro.* *3* (*fig.*) Comprendere esattamente, in tutta la sua portata: *r. l'importanza di un avvenimento.* *4* Ridurre, convertire in moneta, in denaro contante: *r. titoli, crediti.* **B** v. intr. (aus. *avere*) ● Guadagnare. **C** v. intr. pron. ● Attuarsi nella realtà: *un progetto che si è finalmente realizzato.* SIN. Avverarsi. **D** v. rifl. ● Attuare concretamente le proprie aspirazioni e sentirsi appagato e soddisfatto di ciò: *realizzarsi nel lavoro.*

realizzatóre s. m. (f. *-trice*) *1* Chi realizza. *2* (*sport*) Chi segna un goal, un canestro e sim.

realizzazióne [fr. *réalisation*, da *réaliser* 'realizzare'] s. f. *1* Atto, effetto del realizzare o del realizzarsi: *la r. delle sue speranze è andata delusa*; *quell'industria è una r. della tecnica più aggiornata* | *R. scenica*, messa in scena teatrale. *2* (*mus.*) Completamento di un basso o di altra parte di un pezzo con gli accordi relativi.

realizzo [da *realizzare*] s. m. *1* Riscossione, conversione in denaro di titoli e sim. *2* Vendita forzata di merci, a prezzo inferiore a quello corrente: *r. a prezzo di costo.*

Realpolitik /*ted.* realpoli'ti:k/ [vc. ted., propr. 'politica (*Politik*) reale (*real*, nel senso di 'realistico')'] s. f. inv. ● (*st.*) Politica fondata su criteri di duro realismo, seguita nella seconda metà del XIX sec. dal cancelliere tedesco O. von Bismarck (1815-1898) | (*est.*) Prassi politica realistica che, prescindendo da astratte questioni ideologiche o morali, bada a interessi concreti e immediati, spec. nell'ambito dei rapporti internazionali.

realtà [da *reale* (1)] s. f. *1* Ciò che ha un'esistenza reale: *rappresentare in un libro la r. interna, affettiva* | *R. sociale*, il complesso dei fatti interumani | *R. esterna*, tutto ciò che ci circonda | *Mancare di contatto con la r.*, essere estraneo alla vita concreta | Il complesso delle cose concrete, materiali: *spesso la r. ci sfugge.* *2* Condizione di ciò che è reale, vero, materiale, esistente o concreto: *la r. è dura e pesante e vuol altro che buona volontà di individui e illusioni di poeti* (CROCE) | Verità reale: *verificare la r. di un fatto* | *In r.*, in effetti, veramente, effettivamente. *3* (*elab.*) *R. virtuale*, tecnica di simulazione in cui lo sperimentatore, grazie a speciali dispositivi (caschi con visiere, tute, guanti) dotati di sensori collegati a un calcolatore elettronico, ha una percezione globale e immediata dell'ambiente simulato con cui è in grado di interagire come se fosse reale.

reàme [ant. fr. *reame*: sovrapposizione di *reial* 'reale (2)' al lat. *rĕgimen* 'governo, regime'] s. m. ● (*lett.*) Regno (*anche fig.*).

†**reassùmere** ● V. *riassumere.*

reatino [dal lat. *Reatīnu(m)* 'di Rieti (*Reāte*)'] **A** agg. ● Di Rieti. **B** s. m. (f. *-a*) ● Abitante, nativo di Rieti. CFR. Rietino.

reàto [vc. dotta, lat. tardo *reātu(m)*, da *rēus* 'reo'] s. m. *1* Infrazione di un comando o divieto posto da una norma penale. SIN. Illecito penale | *R. aberrante*, quando per errore si cagiona offesa a persona diversa da quella voluta o un evento diverso da quello voluto | *R. complesso*, i cui elementi costitutivi o le cui circostanze aggravanti sono fatti che costituirebbero, per se stessi, reato | *R. proprio*, quando la legge esige per la sua esistenza una determinata qualifica soggettiva dell'agente | *R. impossibile*, quando per l'inidoneità dell'azione o l'inesistenza dell'oggetto di essa è impossibile l'evento dannoso o pericoloso costituente il reato | *Corpo del r.*, oggetto che ha permesso l'esecuzione del reato o anche il bottino derivatone; (*fig., scherz.*) frutto di un'azione ritenuta inopportuna. *2* (*iron.*) Mancanza più o meno grave: *oggi non ho studiato, ma spero non sia un r.*

reattanza [da *reattivo*, sul modello di *induttanza*] s. f. *1* (*elettr.*) La componente immaginaria dell'impedenza, che percorsa da corrente provoca caduta di tensione ma non determina dissipazione di energia | *R. capacitiva*, quella offerta alla corrente alternata da una capacità | *R. induttiva*, quella offerta alla corrente alternata da un'induttanza. *2* (*psicol.*) Stato emozionale di chi, avendo subìto una restrizione della propria libertà personale, tende a recuperarla.

reattino [da *re* (*1*), col doppio suff. dim. *-atto* e *-ino*] s. m. ● (*zool.*) Scricciolo.

reattività s. f. *1* Qualità dell'essere reattivo. *2* (*chim.*) Attitudine o tendenza di una specie chimica a reagire, in determinate condizioni o nell'ambiente. SIN. Reagibilità.

reattìvo [fr. *réactif*, sovrapposizione di *réagir* 'reagire' ad *actif* 'attivo'] **A** agg. *1* Che ha capacità di reagire o favorisce una reazione. *2* (*elettr.*) Relativo alla reattanza o che la possiede | *Potenza reattiva*, potenza elettrica assorbita dalla reattanza. *3* Detto di alcuni disturbi psichici dovuti spec. a fattori ambientali. || **reattivaménte** avv. **B** s. m. *1* Composto specifico che serve nell'analisi chimica per il riconoscimento o il dosaggio di altre sostanze. SIN. Reagente. *2* (*psicol.*) *R. mentale*, test mentale.

reattóre [fr. *réacteur*, sovrapposizione di *réagir* 'reagire' ad *acteur* 'attore, che agisce'] s. m. *1* (*aer.*) Motopropulsore costituito essenzialmente da un tubo in cui materie o dispositivi vari accelerano violentemente masse fluide, che vengono poi espulse; la sua spinta è costituita dalle reazioni che le masse contrappongono agli acceleratori | (*est.*) Aeroplano fornito di tale motopropulsore. *2* *R. nucleare*, dispositivo che utilizza una reazione nucleare a catena per fornire i prodotti della reazione assieme ad energia termica. SIN. Pila nucleare, pila atomica | *R. a fusione*, dispositivo in grado di produrre energia, in maniera controllata, sfruttando il fenomeno della fusione nucleare. ➡ ILL. p. 825 SCIENZE DELLA TERRA ED ENERGIA. *3* (*elettr.*) Dispositivo circuitale che ha prevalentemente reattanza | Bobina in serie nel circuito di un tubo fluorescente, che crea le condizioni favorevoli per l'innesco e limita quindi la corrente assorbita inizialmente dalla lampada. *4* Recipiente nel quale avviene una reazione chimica.

Reaumur /ro'myr/ [dal n. del fisico fr. R.-A. Ferchault de *Réaumur* (1683-1757)] agg. inv. ● (*fis.*) Detto di scala termometrica che attribuisce valore 0 alla temperatura del ghiaccio fondente e valore 80 a quella dell'acqua bollente alla pressione di 1 atmosfera | *Grado R.*, grado relativo a detta scala. SIMB. °r. | *Termometro R.*, quello con scala Reaumur. CFR. Scala.

reazionàrio [fr. *réactionnaire*, da *réaction* 'reazione'] agg.; anche s. m. (f. *-a*) ● Che, chi auspica il ritorno a sistemi politici autoritari | (*est.*) Retrogrado, oscurantista, ostile al progresso.

reazionarìsmo s. m. ● Atteggiamento proprio del reazionario.

reazióne o †**riazióne** [sovrapposizione di *reagire* ad *azione*] s. f. *1* Atto, effetto del reagire: *la r. della folla fu incontenibile*. *2* (*polit.*) Complesso di azioni, iniziative e sim. tese a ristabilire un sistema politico autoritario: *la r. e la rivoluzione* | (*est.*) Complesso di forze, tendenze, correnti, movimenti e sim. di aperto carattere conservatore e fautore di regimi e strutture politiche autoritarie | (*est.*) Insieme di persone reazionarie: *le forze della r.* *3* (*est., gener.*) Posizione ideologica o atteggiamento pratico dichiaratamente ostile al progresso. SIN. Oscurantismo. *4* Azione con cui un corpo risponde a quella da cui è sollecitato: *ad ogni azione corrisponde una r. uguale e contraria* | *R. vincolare*, forza che, sostituita al vincolo nel punto di applicazione del medesimo, ne produce gli stessi effetti meccanici sul corpo | *A r.*, detto di dispositivo, motore, aereo e sim. che sfrutta il principio della reazione | *Aereo a r.*, aviogetto | *Motopropulsore a r.*, reattore | *Proietto a r.*, razzo. *5* *R. chimica*, o (*ass.*) *reazione*, trasformazione di una o più sostanze in altre chimicamente diverse | *R. a catena*, serie di reazioni in ognuna delle quali si formano prodotti necessari per lo sviluppo di quelle successive (*anche fig.*). *6* *R. nucleare*, fenomeno che consiste nella variazione di costituzione dei nuclei atomici che prendono parte al fenomeno stesso in cui si sono ottenute trasformazioni di massa in energia | *R. fotonucleare*, reazione nucleare provocata da un fotone, SIN. Fotodisintegrazione | *R. termonucleare*, reazione nucleare che può avvenire solo ad altissima temperatura. *7* (*biol.*) Ogni fenomeno di risposta ad uno stimolo | *Tempo di r.*, l'intervallo tra la presentazione di uno stimolo e l'inizio della risposta da parte del soggetto che lo riceve | *R. antigene-anticorpo*, unione tra un antigene (ad es. un microrganismo) e il suo anticorpo specifico, con formazione dell'immunocomplesso antigene-anticorpo; in vivo, nell'uomo ha scopo difensivo e talvolta può determinare fenomeni allergici; in vitro, viene impiegata per la sierodiagnosi.

rebbiàre [da *rebbio*] v. tr. (*io rébbio*) ● Percuotere coi rebbi della forca | (*est.*) Bastonare.

rebbiàta s. f. ● (*raro*) Colpo dato coi rebbi della forca | (*est.*) Colpo dato con un bastone o sim.

rébbio [francone *ripil* 'pettine coi denti di ferro' (?)] s. m. ● Ciascuna delle punte di una forca, di una forchetta, di un diapason e sim.

†**rebellàre** e *deriv.* ● V. *ribellare* e *deriv.*

†**rebèlle** ● V. *ribelle.*

†**rebèllo** ● V. *ribelle.*

reboànte o **roboànte** [vc. dotta, lat. *reboănte(m)*, part. pres. di *reboāre* 'rimbombare, rintronare', comp. di *re-* 'ri-' e *boāre* 'risonare'. V. *boato*] agg. *1* Che rimbomba: *voce, suono r.* *2* (*fig., spreg.*) Di grande effetto ma privo di contenuto: *tenere una r. concione*; *usare una r. oratoria*; *declamare versi reboanti.*

reboàto [vc. dotta, lat. tardo *reboātu(m)*, da *reboāre*. V. *reboante*] s. m. ● (*raro*) Sonorità eccessiva spec. dilatata dall'eco.

rebùffo [da *buffare* 'soffiare, sputar fuori'. Cfr. *sbuffo*] s. m. *1* Specie di cannone antico, grosso di bocca e corto di canna in uso fino al XVII sec. *2* (*mar.*) †Inversione di una manovra | *Ormeggiare di r.*, mandare prima in terra tutta la gomena e poi tirarne a bordo la cima.

rèbus [lat. *rēbus* 'per mezzo di cose, di oggetti', abl. pl. di *rēs* 'cosa'. V. *re* (*2*)] s. m. *1* Gioco enigmistico in cui la frase da indovinare è suggerita da figure, lettere, note musicali, segni matematici e sim. *2* (*fig.*) Persona o cosa incomprensibile: *quel bambino per me è un r.*; *la sua improvvisa venuta resta un r.* SIN. Enigma.

rebus sic stantibus /*lat.* 'rebus sik 'stantibus/ [lat. 'stando così le cose'] loc. avv. ● Stando così le cose, in queste condizioni.

rebussìstico [da *rebus*] agg. (pl. m. *-ci*) ● (*raro, scherz.*) Enigmatico, incomprensibile.

†**recadìa** ● V. †*ricadia.*

recalcitràre ● V. *ricalcitrare.*

†**recaménto** s. m. ● Modo, atto del recare.

recanatése **A** agg. ● Di, relativo a Recanati. **B** s. m. e f. ● Abitante di Recanati | *Il r.*, (*per anton.*) il poeta Giacomo Leopardi.

recànte part. pres. di *recare*; anche agg. ● (*lett.*) Nei sign. del v.

recapitàre o (*raro*) **ricapitàre** (*1*) [comp. di *re-* e *capitare* 'concludere, portare a capo'] **A** v. tr. (*io recàpito*) ● Portare e consegnare q.c. ad un indirizzo o ad una persona: *r. una lettera, un pacco*; *ho fatto r. il plico a casa tua*; *recapiteranno i documenti direttamente a te, nelle tue mani.* **B** v. intr. (aus. *avere*) ● (*raro*) Far capo: *quando vengo in città, recapito presso di lui, a casa sua, nel suo ufficio.*

recàpito o (*raro*) **ricàpito** [da *recapitare*] s. m. *1* Luogo dove si può trovare qc. o gli si possono far pervenire lettere e sim.: *avere il r. presso un amico, un albergo*; *cambiare, mutare r.* *2* (*raro*) Consegna di lettere e sim.: *occuparsi del r. di un pacco*; *il r. è avvenuto in ritardo* | (*filat.*) Francobollo particolare usato per affrancare la corrispondenza da recapitare in città a mezzo di agenzie private autorizzate. *3* *R. marittimo*, l'insieme dei documenti di registro, atti di bordo, atti di carico e doganali, di cui ogni nave mercantile deve essere in regolare possesso. *4* †Partito di matrimonio | †*Dare r. a una ragazza*, maritarla convenientemente. *5* (*raro*) †Decisione, deliberazione | †*Uomo di recapito*, abile nell'agire, nel condurre a buon fine q.c. *6* †Impiego, sistemazione | †*Aver r.*, detto di merci, poter essere facilmente vendibili | †*Dar r. alla propria faccenda*, sistemarla definitivamente | †*Trovar r.*, collocarsi, sistemarsi.

recapitolàre ● V. *ricapitolare.*

†**recappàre** ● V. †*ricapare.*

recàre [got. *rikan* 'ammucchiare, ammassare'] **A** v. tr. (*io rèco, tu rèchi*) *1* Portare, condurre: *O tu che ne la fortunata valle / ... / recasti già mille leon per preda* (DANTE *Inf.* XXXI, 115-118); r. un dono a qc.; r. q.c. in dono a qc.; r. in dote al marito una considerevole somma | (*fig.*) *R. una notizia, un'informazione*, farla conoscere a qc. | (*fig.*) *R. ad effetto*, realizzare | (*fig.*) *R. a perfezione*, perfezionare. *2* (*fig.*) †Denunciare al fisco. *3* Avere su di sé: *il foglio reca in calce la firma del ministro*; *la facciata dell'edificio reca ancora le tracce della guerra.* *4* Arrecare, cagionare, produrre: *l'alluvione ha recato gravissimi danni*; *non vorrei recarvi disturbo o molestia*; *non sai quale gioia mi rechi con questa notizia.* *5* Riportare, ridurre: *r. q.c. alla memoria, alla mente, in proprio potere*; *r. qc. in schiavitù, in servitù.* *6* †Indurre. *7* (*raro, lett.*) Tradurre. *8* (*raro*) Attribuire: *r., recarsi q.c. a lode, ad onore, a biasimo, a giustificazione* | †*R. qc. a noia, a sospetto*, esserne annoiati, insospettiti e sim. **B** v. intr. pron. *1* Andare: *tra qualche giorno dovrò recarmi in città e ti porterò con me*; *recarsi in ufficio, a scuola, a far visita a qc., a teatro, al cinema.* *2* †Indursi. *3* †Mettersi.

†**recàta** [f. sost. di *recato*] s. f. *1* Modo e atto del recare, in una sola volta. *2* Proposta | Reclamo. *3* Respiro affannoso, spec. di moribondo.

recàto part. pass. di *recare*; anche agg. ● Nei sign. del v.

†**recatóre** agg.; anche s. m. (f. *-trice*) ● Che, chi reca.

†**recàtto** ● V. *ricatto.*

†**recatùra** s. f. *1* Atto, effetto del recare. *2* Spesa di trasporto.

rècchia (*1*) [etim. incerta] s. f. ● Agnella che non ha partorito.

†**rècchia** (*2*) ● V. *orecchia.*

recchióne o **orecchióne**, **ricchióne** s. m. ● (*region., volg.*) Omosessuale, pederasta.

recedènte part. pres. di *recedere*; anche agg. ● (*raro*) Nei sign. del v.

recèdere [vc. dotta, lat. *recēdere*, comp. di *re-* e *cēdere* 'ritirarsi'. V. *cedere*] v. intr. (pass. rem. *io recedètti*, o *recedéi*, †*recèssi*, *tu recedésti*; part. pass. *recedùto*, raro lett. *recèsso*; aus. *avere*, raro *essere*) *1* (*raro*) Arretrare, indietreggiare: *r. di un passo, di qualche metro.* *2* (*fig.*) Tirarsi indietro: *r. da una decisione, da un impegno.* *3* (*dir.*) Esercitare il recesso: *r. dal rapporto di lavoro.*

recediménto s. m. ● (*raro*) Modo e atto del recedere.

†**recelàre** [fr. *receler*, comp. di *re-* e *celer* 'celare'] v. tr. ● (*raro*) Celare.

recensióne o **recènsio** nel sign. 2 [vc. dotta, lat. *recensiōne(m)* 'rassegna, ricognizione', da *recensēre* 'passare in rassegna'. V. *recensire*] s. f. *1* (*giorn.*) Esame critico, sotto forma di articolo, di un'opera letteraria di recente pubblicazione, con giudizio sul suo valore e pregio | (*est.*) Analogo esame compiuto e scritto per spettacoli teatrali e cinematografici, concerti ed esecuzioni musicali, trasmissioni televisive, mostre d'arte. *2* (*letter.*) In filologia, scelta dell'esatta lezione di un testo fra tutte le varianti, manoscritte e a stampa, che ne sono state raccolte al fine di costruirne l'edizione critica. *3* (*raro*) Revisione del censore relativamente a uno scritto presentato per la stampa.

recensire [vc. dotta, lat. *recensēre* 'passare in rassegna', comp. di *re-* e *censēre* 'valutare'. V. *censire*] v. tr. (*io recensìsco, tu recensìsci*) ● Sottoporre a recensione. SIN. Criticare.

recensóre [da *recensire*] s. m. (f. *-a*) ● Chi effettua la recensione.

recènte [vc. dotta, lat. *recĕnte(m)*, di etim. discussa: comp. di *re-* e *-cent*, da una radice indeur. che significa 'cominciare'] **A** agg. *1* Fatto o accaduto da poco: *edificio r.*; *scoperte recenti*; *un caso piuttosto r.* | *Di r.*, poco tempo fa, negli ultimi tempi: *è partita di r.* *2* †Fresco: *... e le caverne ne' monti ..., essendo esse e per ombra e per li venti recentissime, cercavano* (BOCCACCIO). || **recenteménte**, avv. Da poco tempo; †subito. **B** avv. ● †Recentemente.

recentìssime [da (*notizie*) *recentissime*, sup. di *recente*] s. f. pl. ● (*giorn.*) Le ultime notizie della notte. SIN. Ultimissime | (*est.*) Sezione del giornale, di solito nella pagina precedente gli avvisi pubblicitari, che comprende le ultime notizie | Parte del telegiornale e giornale radio in cui vengono trasmesse tali notizie.

recenzióre o **recenzióre** [vc. dotta, lat. *recentiō-*

re(m), compar. di rĕcens, genit. recĕntis 'recente'] agg. ● (*raro*) Nel linguaggio dotto, più recente: *edizione r.*

†recépere ● V. *ricevere*.

recepìre [lat. recĭpere. V. recepere] v. tr. (*io recepìsco, tu recepìsci*) **1** Accogliere, ricevere, far proprio: *Leopardi recepì la filosofia dell'Illuminismo* | Capire, rendersi conto: *il Governo ha recepito le istanze dei lavoratori.* **2** (*dir.*) Accogliere norme o atti posti in essere da altri ordinamenti o da altri soggetti.

reception /*ingl.* ri'sepʃən/ o **réception** /*fr.* resɛp'sjɔ̃/ [vc. ingl., dal lat. receptiōne(m) 'ricevimento', tramite il fr.] s. f. inv. ● Ufficio di accoglienza e accettazione di clienti in alberghi, campeggi, congressi, aziende e sim. | Portineria d'albergo.

recèptionist /re'sepʃonist, *ingl.* ri'sepʃənist/ [vc. ingl., da reception 'ricevimento, il ricevere' (stessa etim. dell'it. ricezione)] s. m. e f. inv. ● Chi, in un'azienda, in un albergo e sim., ha l'incarico di ricevere i clienti, di rispondere al telefono o di fornire informazioni.

rècere [lat. reĭcere 'scagliare indietro, respingere', comp. di re- e iăcere 'gettare'] v. intr. (oggi dif. usato spec. alla terza pers. sing. dell'indic. pres. *rece*, all'inf. pres. e in qualche forma dei tempi composti; part. pass. *reciùto*; aus. *avere*) ● (*raro*) Vomitare | (*fig.*) *R. un segreto*, manifestarlo | (*fig.*) *R. l'anima*, dar fuori tutto | *Far r.*, dare nausea, fare schifo | (*tosc.*) *A capo reci*, a testa in giù.

recessióne [vc. dotta, lat. tardo recessiōne(m), da recēdere] s. f. **1** Atto, effetto del recedere (*spec. fig.*) | (*astron.*) *R. delle galassie*, reciproco allontanamento delle galassie con velocità proporzionali alle relative distanze. **2** Temporaneo ristagno, rallentamento degli affari e dell'attività economica in genere, con effetti meno gravi e profondi di quelli derivanti da una vera e propria crisi.

recessività [da recessivo] s. f. ● (*biol.*) Tendenza di certi caratteri ereditari di rimanere latenti per ricomparire in alcuni discendenti.

recessìvo [dal lat. recĕssum, supino di recēdere] agg. **1** (*biol.*) Detto di carattere ereditario che si manifesta solo se l'individuo è omozigote, perché negli eterozigoti è sopraffatto dai caratteri dominanti. **2** (*econ.*) Della, relativo alla recessione.

recèsso (1) [vc. dotta, lat. recĕssu(m), da recēdere] s. m. **1** Modo e atto del recedere: *l'accesso e il r.* **2** Parte o zona nascosta, solitaria, recondita (*anche fig.*): *penetrare nei recessi inesplorati della giungla*; *celare q.c. nei recessi della propria anima*; *il rimorso maturava nei recessi della sua coscienza*; *conosce anche i più intimi recessi del suo carattere.* **3** Atto giuridico con cui un soggetto di un rapporto giuridico dichiara di non volere più esserne parte: *r. da un contratto* | *R. dal processo*, desistenza dal perseguire in giudizio la propria pretesa | *R. attivo*, volontario abbandono criminoso da parte del reo che, portata a termine l'attività esecutiva del reato, agisce per impedire il verificarsi dell'evento | Nel diritto internazionale, uscita di uno Stato da una organizzazione internazionale. **4** (*med.*) Remissione.

recèsso (2) part. pass. di *recedere* ● (*raro, lett.*) Nei sign. del v.

†recettàcolo ● V. *ricettacolo*.

†recettàre ● V. *ricettare (1)*.

†recettatóre ● V. *ricettatore*.

†recettìbile o **†ricettìbile** [vc. dotta, lat. tardo receptĭbile(m) 'recuperabile, intellegibile', da recĕptus 'recetto' (agg.)] agg. ● Atto a ricevere.

recettìvo e *deriv.* ● V. *ricettivo* e *deriv.*

recettìzio [vc. dotta, lat. tardo receptĭciu(m), da recĕptus 'recetto'] agg. ● (*dir.*) Che produce i suoi effetti giuridici quando giunge a conoscenza del destinatario: *atto r.*

†recètto part. pass. di *†recepere*; anche agg. ● Nei sign. del v.

recettóre o (*raro*) **ricettóre** [vc. dotta, lat. receptōre(m) 'riconquistatore, ricettatore', poi (lat. tardo) 'accoglitore', da recĕptus, part. pass. di recĭpere 'ricevere'] **A** s. m. **1** Chi, ciò che riceve | (*fis.*) *R. di radioonde*, radioricevitore. **2** (*biol.*) Apparato od organo nervoso capace di reagire a stimoli specifici con una reazione caratteristica: *r. adrenergico, colinergico* | *R. a distanza*, telecettore | *R. di pressione*, barocettore | *R. somatico*, ciascuno degli esterocettori o dei propriocettori | *R. termico*, termocettore. **3** (*biol.*) Gruppo molecolare di una cellula atto ad agire da anticorpo, unendosi al gruppo di una tossina destinato a fissare l'anticorpo. **B** agg. (f. *-trice*) ● Che riceve | (*biol.*) Atto a ricevere stimoli: *apparato, organo r.*; *cellule recettrici.*

recezióne ● V. *ricezione*.

†rechèrere ● V. *richiedere*.

†rechinàre ● V. *richinare*.

recìdere o **†ricìdere** [vc. dotta, lat. recīdere, comp. di re- e caedere 'tagliare'. V. incidere] **A** v. tr. (pass. rem. *io recisi, tu recidésti*; part. pass. *reciso*) **1** Tagliare con un solo colpo: *r. l'erba con la falce, i rami con la scure* | *R. il capo*, mozzarlo | *R. un arto*, troncarlo | (*raro*) *R. il terreno*, ararlo per la seconda volta. **2** (*raro, fig.*) Interrompere o terminare bruscamente e definitivamente: *r. una pratica, il discorso.* **3** (*raro, fig.*) Omettere, eliminare: *r. quella parte del testo che sembra inopportuna.* **4** †Attraversare. **B** v. intr. pron. ● (*raro*) Fendersi, tagliarsi, screpolarsi: *la seta si recide facilmente nelle pieghe*; *pelle che si recide con il freddo.*

†recidiménto s. m. ● Atto, effetto del recidere.

†recìditóre agg.; anche s. m. (f. *-trice*) ● (*raro*) Che, chi recide.

†reciditùra [da recidere] s. f. ● Fenditura, taglio, intaccatura.

recidìva [da recidivo] s. f. **1** (*dir.*) Circostanza aggravante del reato che si applica a chi, dopo essere stato condannato irrevocabilmente per un reato, ne commette un altro | *R. semplice*, quando il nuovo reato è commesso dopo aver subito la condanna per un altro | *R. aggravata*, quando il nuovo reato è della stessa indole o è stato commesso nei cinque anni dalla condanna precedente o durante o dopo l'esecuzione della pena ovvero durante il tempo in cui il condannato si sottrae volontariamente alla pena | *R. reiterata*, quando il nuovo reato è commesso da chi è già recidivo. **2** (*med.*) Ricomparsa, spec. in forma più acuta, di una malattia già guarita. CFR. Ricaduta.

recidivànte part. pres. di *recidivare*; anche agg. ● Nei sign. del v.

recidivàre [da recidiva, sul modello del fr. récidiver] v. intr. (aus. *avere*) **1** (*dir.*) Essere recidivo: *r. in un reato.* **2** Ricomparire, spec. in forma più acuta, detto di una malattia già guarita o in via di guarigione.

recidività [da recidivo] s. f. ● Qualità di chi o di ciò che è recidivo.

recidìvo o **†ricidìvo** [vc. dotta, lat. recidīvu(m), da recĭdere 'ricadere', comp. di re- e cădere 'cadere'] agg.; anche s. m. (f. *-a*) **1** Che, chi, dopo essere stato condannato irrevocabilmente per un reato, ne commette un altro: *imputato r.*; *reato commesso da un r.* **2** (*est.*) Che, chi ripete più volte lo stesso errore, che ricade ripetutamente nello stesso fallo: *scolaro r. nella sua impertinenza*; *per i recidivi non vi saranno giustificazioni.* **3** (*med.*) Detto di chi ricade nella stessa malattia | Detto di malattia che si ripresenta. || **recidivaménte** avv.

recìngere o **†ricìgnere**, (*tosc.*) **ricìngere** [vc. dotta, lat. tardo recĭngere, comp. di re- e cĭngere] v. tr. (coniug. come *cingere*) ● Cingere tutto intorno: *r. q.c. di mura, di fortificazioni*; *r. un luogo con un reticolato, con una palizzata.*

recingiménto s. m. ● (*raro*) Modo e atto del recingere.

recintàre v. tr. ● Circondare o chiudere con un recinto: *r. un podere, uno spiazzo, un pascolo.*

recìnto o (*lett.*) **ricìnto**. **A** part. pass. di *recingere*; anche agg. ● Nei sign. del v. **B** s. m. **1** Spazio cinto all'intorno da mura, siepi, steccati e sim.: *r. riservato alle autorità* | *R. del peso*, negli ippodromi, luogo dove vengono pesati i fantini e dove passeggiano i cavalli prima della corsa | *R. delle grida*, in borsa, spazio riservato agli agenti di cambio. **2** Ciò che recinge q.c.: *un r. in muratura, di assi.*

recinzióne s. f. **1** Atto, effetto del recingere: *procedere alla r. dei propri campi, di un'area fabbricabile.* **2** Recinto: *una r. metallica.*

reciòto [etim. incerta] s. m. ● Vino rosso spumante del Veronese, preparato con uve passite.

recipe /*lat.* 'rɛtʃipe/ [imperat. del v. lat. recĭpere 'ricevere', propr. 'prendi!'] **A** vc. ● Nelle ricette per preparazioni galeniche indica la quantità del rimedio prescritto (acrt. *r.* o *rp.*): *r. un pugno di foglie di belladonna in infusione.* **B** s. m. inv. ● (*ant., scherz.*) Rimedio, ricetta, prescrizione: *il r. migliore in questi casi è il riposo.*

†recìpere ● V. *ricevere*.

recipiènte A part. pres. di *†recipere*; anche agg. **1** Nei sign. del v. **2** †Capace, idoneo, acconcio. **B** s. m. **1** Contenitore di forma e materiali diversi spec. per prodotti liquidi: *r. di latta, di vetro*; *mettere l'olio in un r.*; *un r. piccolo, capace, graduato.* **2** †Fogna.

reciprocànza [da reciproco] s. f. ● (*lett., raro*) Relazione reciproca: *diritti di r.* | *R. di sentimenti*, reciprocità.

reciprocàre [vc. dotta, lat. reciprocāre, da recĭprocus. V. reciproco] v. tr. (*io recìproco, tu recìprochi*) **1** (*raro*) Avvicendare alternativamente: *r. le vibrazioni*; *la luna reciproca il flusso e il riflusso del mare.* **2** (*comm.*) Offrire un trattamento equivalente a quello ricevuto. **3** Restituire una visita, un invito.

reciprocazióne [vc. dotta, lat. reciprocatiōne(m) da reciprocāre] s. f. ● (*raro*) Avvicendamento alternativo di movimenti o altro: *la r. del pendolo, dei suoni.*

reciprocità s. f. **1** Qualità o condizione di ciò che è reciproco: *r. degli scambi commerciali* | (*dir.*) *Clausola di r.*, con cui ciascuna delle parti contraenti di un trattato si obbliga a concedere all'altra o alle altre lo stesso trattamento che riceverà da queste. **2** (*mat.*) Proiettività fra due forme fondamentali della stessa specie, ma di tipo diverso.

recìproco [vc. dotta, lat. recĭprocu(m) 'che ritorna al punto di partenza', comp. degli agg. *rĕcus e *prŏcus, formati con i pref. re- 'indietro' e pro- 'avanti'] **A** agg. (pl. m. *-ci*, *†-chi*) **1** Scambievole, vicendevole: *stima, considerazione reciproca*; *è un favore r. che ci facciamo* | *Testamento r.*, quello con cui un soggetto lascia beni a condizione di reciprocità ad altro soggetto a condizione di ricevere per testamento da quest'ultimo. **2** (*mat.*) Detto di ogni numero che, moltiplicato per il numero dato, dia per risultato 1. **3** (*ling.*) Detto di forma verbale con la quale si esprime un'azione scambievole tra due o più persone | *Versi reciproci*, che si leggono ugualmente a cominciare sia dalla prima sia dall'ultima parola. || **reciprocaménte**, avv. In modo reciproco; l'un l'altro: *salutarsi, stimarsi reciprocamente.* **B** s. m. **1** (*mat.*) Numero, elemento che, moltiplicato per il numero dato, dia per risultato 1. **2** (*mat.*) L'enunciato, o teorema, inverso dell'enunciato, o teorema, dato.

recircolàre o **†recirculàre** ● V. *ricircolare*.

†recìsa [da reciso] s. f. **1** Taglio, troncamento. **2** Incisione | Segno lasciato sulle carni da freni o catene. **3** Scorciatoia | *Andare r.*, per la via più corta | *Alla r.*, in modo spiccio e confuso.

recisióne [vc. dotta, lat. recisiōne(m), da recīsus 'reciso'] s. f. **1** (*raro*) Atto, effetto del recidere o dell'essere reciso: *la r. di un ramo secco.* **2** (*fig.*) Decisione e franchezza nel dire q.c.: *parlare con estrema r.* **3** (*ling.*) Omissione di parte di un discorso.

recìso part. pass. di *recidere*; anche agg. **1** Nei sign. del v. **2** *Fiori recisi*, in floricoltura, quelli posti in vendita, tagliati alla base del ramo o dello stelo, presso i fiorai. **3** (*fig.*) Breve, brusco, risoluto: *risposta recisa*; *replicare con tono r.*; *decisione recisa.* CONTR. Dilatorio, incerto. || **recisaménte**, avv. **1** In modo reciso, con risolutezza e decisione: *rifiutare recisamente una proposta.* **2** †Di netto.

recisùra [da reciso] s. f. ● (*raro*) Fenditura, screpolatura, spec. della pelle.

rècita [da recitare] s. f. ● Rappresentazione di un'opera teatrale.

recitàbile agg. ● Che si può recitare.

rècital /'rɛtʃital, retʃi'tal, *ingl.* ri'saitəl/ [ingl., da to recite 'recitare', dal fr. réciter 'recitare' (stessa etim. dell'it. recitare)] s. m. inv. ● Esibizione solistica di un attore, cantante o danzatore.

recitaménto s. m. ● (*raro*) Modo e atto del recitare.

recitànte A part. pres. di *recitare*; anche agg. **1** Nei sign. del v. **2** (*mus.*) Dicesi di voce che in una composizione musicale abbia il compito di recitare un testo. **B** s. m. e f. ● Chi recita | Attore a cui veniva affidata la parte narrativa in un'opera cantata, spec. nelle passioni e negli oratori antichi.

recitàre [vc. dotta, lat. *recitāre*, comp. di *re-* e *citāre*] **A** v. tr. (*io rècito*) **1** Dire ad alta voce ciò che si è studiato e imparato a memoria: *r. una poesia, le preghiere* | Leggere ad alta voce: *r. un discorso* | *R. a veduta*, col testo in mano. **2** Declamare: *r. con molto sentimento i versi di qc.* **3** Sostenere un ruolo, avere una parte in spettacoli teatrali, cinematografici e sim.: *ha recitato l'Amleto* | *R. q.c. per le sedie*, (*fig.*) a teatro vuoto | *R. la commedia*, (*fig.*) fingere. **4** †Raccontare, narrare. **5** †Allegare, citare. **B** v. intr. (aus. *avere*) **1** Esercitare il mestiere di attore | Sostenere un ruolo in uno spettacolo teatrale, cinematografico e sim.: *questa volta ha recitato con più sentimento* | *Pare che reciti*, detto di chi esprime idee o sentimenti che non ha o di chi mostra di non pensare né sentire ciò che dice. **2** (*est.*) Esprimersi in modo innaturale e affettato: *smetti di r. e parla con naturalezza.* **3** (*est.*) Nel linguaggio giuridico, affermare, dire, con riferimento al contenuto di norme legislative o parte di esse: *l'articolo 1 della Costituzione recita: l'Italia è una Repubblica democratica, fondata sul lavoro* | Recare scritto, citare.

recitativo A agg. ● Della, relativo alla recitazione | Che si deve dire recitando | *Stile r.*, di quel tipo di recitativo che viene cantato da uno solo in modo che si capiscano le parole. **B** s. m. ● (*mus.*) Discorso recitato con suoni senza rigore di tempo e senza frasi e periodi ritmici, modulando come richiede il testo | *R. secco o semplice*, in cui la voce è sostenuta dal solo basso continuo | *R. obbligato o accompagnato*, interpolato di frasi melodiche e sostenuto da orchestra.

recitàto part. pass. di *recitare*; anche agg. ● Nei sign. del v.

recitatóre [vc. dotta, lat. *recitatōre(m)*, da *recitātus* 'recitato'] s. m. (f. *-trice*) **1** (*raro*) Chi recita. **2** †Relatore.

recitazióne [vc. dotta, lat. *recitatiōne(m)*, da *recitātus* 'recitato'] s. f. **1** Atto, effetto del recitare. **2** Modo in cui un attore recita: *r. efficace, nervosa.* **3** †Narrazione, relazione.

reciticcio [da *recere*] s. m. **1** (*raro*) Materia che si emette vomitando. **2** (*raro, fig., spreg.*) Cosa o persona brutta, mal fatta, repellente.

reciùto part. pass. di *recere* ● (*raro*) Nei sign. del v.

reclamànte A part. pres. di *reclamare*; anche agg. ● Nei sign. del v. **B** s. m. e f. ● Chi reclama.

reclamàre [vc. dotta, lat. *reclamāre* 'gridar contro', comp. di *re-* e *clamāre* 'gridare' (V. *chiamare*)] **A** v. intr. (aus. *avere*) ● Protestare mediante lamentele o reclami: *r. contro un provvedimento ingiusto, presso l'autorità, nei confronti di un'azione arbitraria.* **B** v. tr. **1** Chiedere con forza ciò che si deve avere o di cui si deve poter disporre: *r. i propri diritti, il pagamento di q.c., lo stipendio arretrato.* SIN. Esigere, pretendere. **2** (*fig.*) Abbisognare manifestamente: *una casa che reclama una generale ripulita.*

reclamàto part. pass. di *reclamare*; anche agg. ● Nei sign. del v.

reclamazióne [vc. dotta, lat. *reclamatiōne(m)*, da *reclamātus*, part. pass. di *reclamāre*] s. f. ● (*raro*) Reclamo.

réclame /fr. re'klam/ [vc. fr. *réclame* 'richiamo'] s. f. inv. **1** Pubblicità, propaganda di un prodotto commerciale: *fare r. a un prodotto sui giornali, alla televisione* | Avviso, appello insistente, atto a richiamare l'attenzione dei possibili compratori: *una r. petulante* | *R. luminosa*, insegna al neon | *Fare r. a qc.* o *a q.c.*, (*fig.*) divulgarne le buone qualità. **2** (*est.*) Ciascuno dei mezzi audio-visivi con cui si reclamizza un prodotto, quali cartelloni, comunicati commerciali e sim.

reclamìsta [da *réclame*] s. m. e f. (pl. m. *-i*) **1** Agente di pubblicità, propagandista. **2** (*est.*) Chi sa pubblicizzarsi ed ama farlo.

reclamìstico [da *reclamista*] agg. (pl. m. *-ci*) **1** Che ha carattere o scopo di réclame: *condurre sui giornali una campagna reclamistica.* **2** (*fig., spreg.*) Privo di serietà e fatto con rumorosa esibizione: *un intervento r.*

reclamizzàre [comp. di *réclam(e)* e *-izzare*] v. tr. ● Fare réclame a un prodotto.

reclamizzàto part. pass. di *reclamizzare*; anche agg. **1** Nel sign. del v. **2** *Auto reclamizzata*, appartenente a una azienda e data in uso a dipendenti o collaboratori, che reca scritte o immagini pubblicitarie dei prodotti dell'azienda medesima.

reclamizzazióne s. f. ● Atto, effetto del reclamizzare: *r. di prodotti italiani.*

reclàmo [da *reclamare*] s. m. **1** Protesta o lamentela espressa a voce o per iscritto a chi di dovere: *presentare un r. al Ministero, alla posta; io dovrei fare un r.; ogni r. è stato inutile.* SIN. Lagnanza, rimostranza. **2** Documento con cui si reclama: *un r. in carta da bollo.*

reclinàbile agg. ● Che si può reclinare: *sedile r.*

reclinàre [vc. dotta, lat. *reclināre*, comp. di *re-* e **clināre*. V. *chinare*] **A** v. tr. (part. pass. *reclinàto*, raro lett. *reclìno*) **1** Piegare di lato e in giù: *reclinò il capo e non si mosse più.* **2** Inclinare e adagiare su q.c.: *r. la testa sul tavolo, sul braccio.* **B** v. intr. (aus. *avere*) ● Piegarsi in contrario: *la nave inclinava a sinistra, poi reclinava a destra.*

reclinàto part. pass. di *reclinare*; anche agg. ● Nei sign. del v.

†**reclinatòrio** [vc. dotta, lat. tardo *reclinatōriu(m)*, da *reclināre*] s. m. ● Luogo per riposarsi, adagiarsi.

reclinazióne [vc. dotta, lat. tardo *reclinatiōne(m)*, dal v. *reclināre* 'piegare, reclinare'] s. f. ● (*raro*) Atto, effetto del reclinare: *r. del sedile.*

reclìno part. pass. di *reclinare*; anche agg. ● (*raro, lett.*) Nei sign. del v.

reclùdere [vc. dotta, lat. *reclūdere*, comp. di *re-* e *clāudere* 'chiudere'] v. tr. (pass. rem. *io reclùsi, tu recludésti*; part. pass. *reclùso*) ● (*lett.*) Rinchiudere | Imprigionare.

reclusióne [da *recluso*] s. f. **1** Atto, effetto del recludere o dell'essere recluso | Isolamento, prigionia: *non sopporto questa ingiustificata r.* **2** (*dir.*) Pena detentiva prevista per i delitti da scontarsi in uno degli stabilimenti a ciò destinati con l'obbligo del lavoro e con l'isolamento notturno.

reclùso A part. pass. di *recludere*; anche agg. ● Nel sign. del v. **B** s. m. (f. *-a*) ● (*dir.*) Chi sta scontando una reclusione.

reclusòrio [da *recluso*] s. m. **1** (*raro*) Stabilimento penale. **2** †Ricovero od ospizio di mendicità.

rècluta o †**reclùta** [sp. *recluta*, dal fr. *recrue* 'ricrescita (del reggimento)'] s. f. **1** Militare da poco tempo sotto le armi. SIN. Coscritto. **2** (*fig.*) Chi è nuovo in una professione o attività, chi è da poco entrato a far parte di un ente, un gruppo e sim.: *una promettente r.; ecco le ultime reclute della nostra società.* SIN. Novizio. **3** †Reclutamento. **4** †Accrescimento, supplemento. **5** †Raccolta, ammasso.

reclutaménto s. m. **1** Modo, atto del reclutare, dell'assumere: *r. di comparse per un film, di lavoratori per l'estero.* **2** Complesso delle disposizioni con le quali si provvede alla scelta e alla raccolta degli uomini atti alle armi, nonché alla determinazione dei loro obblighi di servizio. SIN. Arruolamento.

reclutàre [sp. *reclutar*, da *recluta* 'recluta'] v. tr. (*io rècluto* o †**reclùto**) **1** Procedere alle operazioni previste dalle leggi sul reclutamento. SIN. Arruolare. **2** (*est.*) Ricercare ed assumere: *r. operai, mano d'opera qualificata; r. nuovi iscritti per un partito, una associazione.* SIN. Ingaggiare.

reclutatóre s. m. ● Chi negli antichi eserciti provvedeva al reclutamento.

†**recogitàre** o †**ricogitàre** [vc. dotta, lat. *recogitāre*, comp. di *re-* e *cogitāre*] v. tr. ● Ripensare.

†**recogitazióne** [vc. dotta, lat. tardo *recogitatiōne(m)*, da *recogitāre*] s. f. ● Ripensamento.

†**recognizióne** ● V. *ricognizione.*

†**recolèndo** [vc. dotta, lat. *recolĕndus*, gerundio di *recŏlere*] agg. ● Reverendo, venerando: *la recolenda memoria del vittorioso Re Alfonso d'Aragona* (SANNAZARO).

†**recolére** [vc. dotta, lat. *recŏlere*, comp. di *re-* e *cŏlere* 'coltivare' (V. *-colo*)] v. tr. (dif. coniug. come *colere*) ● Ricordare con riverenza.

†**recollezióne** [da *recollēctus*, part. pass. di *recollĭgere* 'raccogliere'] s. f. ● Raccolta.

†**reconciliàre** e *deriv.* ● V. *riconciliare* e *deriv.*

recóndito o †**ricóndito** [vc. dotta, lat. *recŏnditu(m)*, part. pass. di *recŏndere* 'mettere da parte', comp. di *re-* e *cŏndere* 'mettere insieme', comp. di *cŭm* 'con' e una radice indeur. che indica 'porre'] agg. **1** Lontano e nascosto: *luogo r.* **2** (*fig.*) Occulto, misterioso: *le recondite ragioni del suo agire; non ho intenzioni recondite.*

reconditòrio [vc. dotta, lat. tardo *reconditōriu(m)*, da *recŏnditus* 'recondito'] s. m. ● (*relig.*) Piccolo incavo nel centro della mensa dell'altare dove sono conservate le reliquie dei santi.

†**reconvenzióne** ● V. *riconvenzione.*

rècord /'rɛkord, *ingl.* 'rekɔːd/ [vc. ingl. *record* 'registrazione (di un primato)', da *to record* 'iscrivere, registrare', dall'ant. fr. *recorder* 'ricordare'] **A** s. m. inv. **1** (*sport*) Primato | Elenco delle gare disputate da un atleta con i relativi risultati conseguiti. **2** (*elab.*) Insieme di dati, registrato nelle memorie ausiliarie, relativo a un determinato oggetto, contraddistinto da determinati indicativi e costituente l'unità elementare di elaborazione. **3** (*elab.*) In un data base, insieme strutturato di informazioni suddiviso in campi. **B** in funzione di agg. inv. (posposto al s.) ● Si dice di persona o cosa la cui superiorità è assoluta rispetto ad altre: *cifra r.*

†**recordàre** ● V. *ricordare.*

recordìsta [dall'ingl. *recordist*, da *to record* 'registrare', dall'ant fr. *recorder* 'ricordare' (stessa etim. dell'it. *ricordare*)] s. m. e f. (pl. m. *-i*) ● Tecnico cinematografico incaricato del funzionamento della macchina per la registrazione dei suoni.

rècordman /'rɛcordman, *ingl.* 'rekɔːdmən/ [comp. dell'ingl. *record* 'record' e *man* 'uomo', di origine germ.] s. m. inv. (f. ingl. *recordwoman*, pl. m. *recordmen*, pl. f. *recordwomen*) ● Primatista: *un r. del salto in alto; un r. italiano, mondiale.*

recòtto [forma sett. di *ricotto*; detto così perché si ottiene mediante bollitura] s. m. ● Cascame del bozzolo.

recovery /*ingl.* ri'kʌvəri/ [vc. ingl., propr. 'recupero', prob. di provenienza fr.] s. m. inv. ● (*elab.*) Insieme di procedure per la ripresa del corretto funzionamento di un sistema dopo il verificarsi di una condizione di errore.

†**recreàre** ● V. *ricreare.*

recriminàre [dal lat. *crīmen*, genit. *crīminis* 'accusa' (V. *crimine*), col pref. *re-*] **A** v. tr. (*io recrìmino*) **1** (*raro*) Ritorcere l'accusa contro chi accusa. **2** Riconsiderare con rammarico e dispetto ciò che si è detto o fatto: *r. le parole avventate, un giudizio imprudente e inopportuno.* **B** v. intr. (aus. *avere*) ● Continuare ad affliggersi, ricominciare a lamentarsi: *il male ormai è fatto ed è inutile r.; smetti di r. su ciò che è stato e pensa al futuro.*

recriminatóre agg.; anche s. m. (f. *-trice*) ● (*raro*) Che, chi recrimina.

recriminatòrio agg. ● Di recriminazione: *tono r.*

recriminazióne s. f. ● Atto, effetto del recriminare: *basta con le recriminazioni; ogni r. è inutile.*

recrudescènza [dal lat. *recrudēscere* 'rincrudire', comp. di *re-* e *crudēscere* 'riuscire indigesto, aggravarsi', den. incoativo di *crūdus* 'crudo'] s. f. ● Improvviso rivivere o aggravarsi di q.c. che sembrava in via di esaurimento o di estinzione: *una r. dell'epidemia influenzale, del freddo, della carestia; la malattia ha avuto una grave r.; assistere impotenti alla r. dei disordini, delle repressioni.*

recto /*lat.* 'rɛkto/ [lat. (*fŏlio*) *rēcto* 'sulla parte diritta del foglio'. V. *retto*] s. m. ● Faccia o pagina anteriore di un foglio: *annotare sul r.* | (*est.*) Faccia anteriore di moneta o medaglia. CONTR. Verso.

†**recùbito** [vc. dotta, lat. tardo *recŭbitu(m)* 'un posto a mensa', da *recŭmbere* 'coricarsi', comp. di *re-* e **cŭmbere*. V. *incombere*] s. m. ● Posizione e condizione del giacere per molto tempo.

†**reculàre** [da *culo*, col pref. *re-*] v. intr. ● Rinculare, indietreggiare.

recùpera s. f. ● (*bur.*) Recupero.

recuperàbile o **ricuperàbile** agg. ● Che si può recuperare (*anche fig.*): *ricchezze difficilmente recuperabili; delinquente r.*

recuperabilità o **ricuperabilità** s. f. ● Condizione di ciò che è recuperabile.

recuperaménto o **ricuperaménto** s. m. ● (*raro*) Modo, atto del recuperare.

recuperànte s. m. ● Chi, dopo una guerra, ricerca e recupera, sui luoghi dove questa si è svolta, residuati bellici, quali bombe inesplose, proiettili, spezzoni, rottami metallici e sim., per utilizzarli e gener. trarne profitto.

recuperàre o **ricuperàre** [vc. dotta, lat. *recuperāre*, comp. di *re-* e un deriv. di *căpere* 'prendere'. V. *cattura*] **A** v. tr. (*io recùpero*) **1** Riacquistare, riavere, riprendere nel possesso o nell'uso ciò che era nostro o che ci era stato tolto: *r. il portafoglio rubato*; *r. la vista, le forze*. **2** Riportare, portare al sicuro, in salvo: *r. i pericolanti* | (*fig., est.*) Rendere di nuovo disponibile, utile, valido: *r. gli handicappati*; *r. un tossicodipendente alla società*; *r. il centro storico urbanisticamente degradato* | (*fig.*) †Redimere, riscattare. **3** Riprendere persone o cose gettate o perdute in mare: *r. i naufraghi*; *r. i relitti del vascello*. **4** Rimontare uno svantaggio (*anche ass.*): *dovete r. il tempo perduto*; *l'atleta cercava di r. nella corsa*. **5** (*sport, anche ass.*) Eseguire il recupero: *la squadra recupererà la settimana prossima*; *scaduto il novantesimo minuto, l'arbitro fece r. tre minuti ancora*. **6** Utilizzare, almeno in parte, materiali, sostanze o energie che andrebbero perdute: *r. i cascami*; *r. l'ammoniaca nel processo Solvay*; *r. i rottami delle autovetture*. **B** v. rifl. ● †Salvarsi, redimersi.

recuperàto part. pass. di *recuperare*; anche agg. ● Nei sign. del v.

recuperatóre o **ricuperatóre** [vc. dotta, lat. *recuperatōre(m)*, da *recuperātus*, part. pass. di *recuperāre*] s. m. (f. *-trice*) **1** Chi recupera | (*mar.*) Chi effettua le operazioni di recupero di relitti navali. **2** Qualunque congegno che serve a recuperare q.c. | *R. di calore*, apparecchio nel quale l'aumento di temperatura delle sostanze da riscaldare viene ottenuto sfruttando il calore di liquidi o gas caldi che debbono venir raffreddati. **3** Congegno elastico che negli affusti a deformazione delle artiglierie riconduce la bocca da fuoco nella posizione iniziale al termine del rinculo | Nelle armi automatiche, sistema di caricamento che utilizza il rinculo del blocco otturatore, ad opera del gas della carica di lancio, per espellere il bossolo e per introdurre una cartuccia quando il blocco ritorna nella posizione primitiva.

recuperatòrio o **ricuperatòrio** [vc. dotta, lat. *recuperatōriu(m)*, da *recuperātor*, genit. *recuperatōris* 'recuperatore'] agg. **1** (*raro*) Che serve, tende a fare recuperare. **2** (*dir.*) Che tende a consentire il recupero di un bene illegittimamente sottratto: *giudizio r.*; *azione recuperatoria*.

recuperazióne o **ricuperazióne** [vc. dotta, lat. *recuperatiōne(m)*, da *recuperātus* 'recuperato'] s. f. ● (*raro, lett.*) Atto, effetto del recuperare: *Carlo, nel riordinare la guerra per la recuperazione di quella, si morì* (MACHIAVELLI).

recùpero o **ricùpero**. s. m. **1** Atto, effetto del recuperare: *il r. di una nave affondata, del bottino*; *il r. degli handicappati*; *il r. del centro storico* | *R. crediti*, insieme di attività mediante le quali si obbliga il debitore a pagare la somma dovuta | *Capacità di r.*, capacità di riacquistare forza, energia in breve tempo | *Classi di r.*, formate da alunni normali ma in ritardo nello svolgimento dei corsi scolastici | *Materiali di r.*, in un processo produttivo, quelli che possono essere recuperati | *Film di r.*, film prodotto con il materiale scenografico di film precedenti. **2** Cosa, oggetto recuperato: *i recuperi del campo di battaglia*; *r. di una nave affondata, di un carico*. **3** Rimonta di uno svantaggio, e gener. di una situazione sfavorevole o avversa, preesistente: *il prodigioso r. della squadra italiana ai campionati mondiali di calcio*; *il r. del partito liberale nelle ultime elezioni*. **4** (*med., psicol.*) Ripresa della funzionalità fisica o psicologica | Nella memoria, richiamo delle informazioni immagazzinate in precedenza. **5** (*sport*) Prova tra concorrenti eliminati che permette al vincitore di essere riammesso alla competizione | Nel calcio e sim., partita disputata dopo un rinvio determinato da cause di forza maggiore: *disputare il r.* | *Minuti di r.*, nel calcio, quelli che l'arbitro, anche se è già scaduto il termine regolare del novantesimo minuto, concede ancora al gioco per compensare le interruzioni occorse per incidenti o altri motivi.

recuṣàre e *deriv.* ● V. *ricusare* e *deriv.*

†**rèda (1)** e *deriv.* ● V. *erede* e *deriv.*

†**rèda (2)** [vc. dotta, lat. *rǣeda(m)* 'carrozza a quattro ruote', di origine gallica] s. f. ● Carretta o carrozza a quattro ruote.

†**redàggio** ● V. *retaggio*.

†**redamàre** [vc. dotta, lat. *redamāre*, comp. di *red-* 'ri-' e *amāre*; calco sul gr. *antiphilêin*] v. tr. ● (*lett.*) Riamare: *quella a cui io servissi, mi redamasse di cuore* (CASTIGLIONE).

redan /fr. rə'dã/ [vc. fr., var. di *redent* 'sporgenza a forma di dente', comp. di *re-* e *dent* 'dente'] s. m. inv. ● (*mar.*) Gradino esistente sulla carena delle imbarcazioni a motore da competizione, che facilita il loro distacco dall'acqua e migliora l'assetto di planata.

redància ● V. *radancia*.

redàre [den. di *reda* (*1*)] v. tr. (*io rèdo*) ● (*ant.*; *pop. tosc.*) Ereditare.

redarguìbile o **redarguibile** agg. ● Che si può redarguire.

redarguire /redargu'ire; *nel sign. 1 più com.* redar'gwire/ o †**ridarguire** [vc. dotta, lat. *redargŭere*, comp. di *red-* 'ri-' e *argŭere*. V. *arguire*] v. tr. (*io redarguìsco* /redargu'isko, redar'gwisko/, *tu redarguìsci* /redargu'iʃʃi, redar'gwiʃʃi/) **1** Rimproverare, riprendere: *r. aspramente il colpevole*; *r. qc. per, delle mancanze commesse*. **2** †Confutare.

†**redarguizióne** /redarguit'tsjone, redargwit'tsjone/ s. f. ● Atto, effetto del redarguire: *quelle redarguizioni in pubblico erano veramente oltraggiose* (SVEVO).

redàtto part. pass. di *redigere*; anche agg. ● Nel sign. del v.

redattóre [fr. *rédacteur*, dal lat. *redāctus* 'redatto'] s. m. (f. *-trice*) **1** Chi redige, stende un atto, un documento e sim.: *il r. è il cancelliere*. **2** Scrittore di giornale o di periodico | Giornalista che negli uffici della redazione rivede le notizie e gli articoli da pubblicare | *R. capo*, redattore che dirige e coordina l'attività dei servizi redazionali secondo le disposizioni impartite dalla direzione del giornale. SIN. Caporedattore | *R. pubblicitario*, colui che scrive testi o inventa slogan pubblicitari. **3** Chi, presso case editrici, cura e segue le varie fasi necessarie alla pubblicazione di libri, riviste, enciclopedie e sim.

redazionàle agg. ● Pertinente a redattore o a redazione: *lavoro, incarico r.* | (*giorn.*) *Articolo r.*, (*ell.*) *redazionale*, articolo privo delle firme di un autore specifico, compilato dalla redazione utilizzando notizie di varia fonte esterna | *Pubblicità r.*, quella redatta sotto forma di notizia o servizio di informazione obiettiva, che compare a pagamento in giornali o periodici contraddistinta da opportuni segni grafici. ‖ **redazionalménte** avv. Dal punto di vista redazionale; da parte, ad opera della redazione.

redazióne [fr. *rédaction*, dal lat. *redactus* 'redatto'] s. f. **1** Stesura: *curare la r. di un articolo*. **2** Attività del redattore. **3** (*est.*) Complesso dei redattori | Ufficio, sede, in cui svolgono la loro attività. **4** Composizione del giornale, nei suoi vari articoli. **5** Ciascuno dei testi parzialmente diversi per forma o contenuto in cui appare un'opera letteraria e sim.: *una r. diversa del Decameron è nella biblioteca Chigiana*; *Boccaccio fece tre redazioni della vita di Dante*.

redàzza o **radàzza**, **retàzza** [da *rede*, forma dei dial. sett. di *rete*] s. f. ● (*mar.*) Fascio di sfilacce fissato a un manico di scopa, con cui si asciuga il ponte dopo il lavaggio.

†**reddènza** [lat. *redēmptio*, nom., 'riscatto, redenzione'; la finale in *-a* è dovuta all'analogia con i n. f.] s. f. ● Redenzione.

†**reddènzio** [lat. *redēmptio*, nom., 'riscatto, redenzione'] s. m. ● Riparo, rimedio.

redde rationem /lat. 'rɛdde rat'tsjɔnem/ [lat., propriamente 'rendi conto'] loc. sost. m. inv. ● Giudizio finale, resa dei conti, usata spec. con tono solenne, sarcastico, scherzoso e sim.: *venire al redde rationem*.

†**rèddere** e *deriv.* ● V. *rendere* e *deriv.*

†**reddire** e *deriv.* ● V. *redire* e *deriv.*

redditière s. m. (f. *-a*) ● Chi percepisce redditi, spec. chi fruisce di redditi elevati.

redditività [da *redditivo*, agg. di *reddito*] s. f. ● Capacità di produrre reddito.

redditìvo agg. ● (*raro*) Redditizio.

redditìzio agg. ● Che dà reddito, frutto: *podere r.*; *speculazione redditizia*.

rèddito [vc. dotta, lat. *rĕdditu(m)*, part. pass. di *rĕddere*. V. †*reddere*] s. m. ● Entrata netta, espressa in moneta, che un individuo o un ente realizza in un dato intervallo di tempo tramite l'impiego di capitali, l'esercizio di un'attività economica o professionale, la prestazione di un servizio: *dichiarazione dei redditi* | *R. nazionale*, insieme dei beni e dei servizi prodotti da una collettività nazionale in un dato intervallo di tempo, al netto dei reimpieghi e del logorio prodottisi nel periodo considerato | *R. pro capite*, la somma teoricamente disponibile per ogni singolo cittadino risultante dalla divisione del reddito nazionale per il numero dei cittadini | *R. dominicale*, reddito soggetto all'imposta sui terreni, che compete al proprietario del fondo in quanto tale | *Titoli a r. fisso*, quando il reddito che danno non è soggetto a variazioni | *Titoli a r. misto*, quelli che al reddito fisso percentuale aggiungono quello conseguibile dalla partecipazione agli utili eventuali dell'azienda o dell'ente pubblico emittente.

redditòmetro [comp. di *reddit(o)* e *-metro*] s. m. ● Strumento fiscale che, sulla base di una serie di coefficienti attribuiti in rapporto ai beni posseduti e ai servizi fruiti, si propone di determinare presuntivamente il tenore di vita di ciascun contribuente e il conseguente reddito necessario per mantenerlo.

redditùale agg. ● Del, relativo al reddito.

†**reddizióne** [vc. dotta, lat. *redditiōne(m)*, da *rĕdditus* 'restituito'. V. *reddito*] s. f. ● Restituzione, rendimento.

†**rède** ● V. *erede*.

redènto A part. pass. di *redimere*; anche agg. ● Nei sign. del v. **B** s. m. ● Riscattato dal peccato ad opera del Cristo.

redentóre [vc. dotta, lat. *redemptōre(m)*, da *redĕmptus* 'redento'] **A** agg.; anche s. m. (f. *-trice*) ● Che, chi redime: *opera redentrice*. **B** s. m. (*Redentóre*) ● Gesù Cristo Salvatore.

redentorista s. m. (pl. *-i*) ● Ecclesiastico regolare appartenente alla congregazione del Redentore, fondata da S. Alfonso de' Liguori nel XVIII sec. SIN. Liguorino.

redenzióne [vc. dotta, lat. *redemptiōne(m)*, da *redĕmptus* 'redento'] s. f. **1** Liberazione, riscatto: *la r. degli schiavi*; *lottare per la r. del popolo dalla miseria, del proprio paese dal dominio straniero*. **2** Nel cristianesimo, liberazione del genere umano dalle conseguenze del peccato originale, operata a mezzo dell'incarnazione e della passione di Gesù Cristo. **3** (*raro, lett.*) Riparo, scampo.

†**redetàre** ● V. *ereditare*.

redibitòrio [vc. dotta, lat. tardo *redhibitōriu(m)*, da *redhĭbitor*, genit. *redhibitōris* 'chi riprende un oggetto venduto perché difettoso', da *redhibēre* 'far riprendere, restituire', comp. di *red-* 'ri-' e *habēre* 'avere'] agg. ● (*dir.*) Che dà luogo a risoluzione di un contratto di compravendita il cui oggetto sia affetto da vizi: *giudizio r.* | *Azione redibitoria*, spettante al compratore e il cui esercizio fa sorgere il giudizio redibitorio.

†**redificàre** e *deriv.* ● V. *riedificare* e *deriv.*

redigènte A part. pres. di *redigere*; anche agg. ● Nei sign. del v. **B** s. m. e f. ● (*dir.*) Chi redige un atto giuridico.

redìgere (evit. *redarre*) [vc. dotta, lat. *redĭgere* 'far rientrare, ordinare', comp. di *red-* 'ri-' e *ăgere* 'spingere, condurre', di origine indeur.] v. tr. (pres. *io redìgo, tu redìgi*; pass. rem. *io redàssi*, raro *redigéi*, raro *redigètti, tu redigésti*; part. pass. *redàtto*) ● Stendere, scrivere, compilare: *il notaio redige gli atti, i verbali*; *r. una lettera, un articolo, un dizionario*.

redìmere [vc. dotta, lat. *redĭmere* 'ricomperare', comp. di *red-* 'ri-' ed *ĕmere* 'comperare', di origine indeur.] **A** v. tr. (pass. rem. *io redènsi, tu rediméstì*; part. pass. *redènto*) **1** Affrancare, liberare o riscattare da ciò che opprime e reca danno, dolore, umiliazione e sim.: *r. qc. dalla prigionia, dal peccato, dal vizio, dalla vergogna*; *r. il popolo, i fratelli oppressi, la patria asservita*. **2** (*raro*) Estinguere un debito. **B** v. rifl. ● Liberarsi, riscattarsi: *ha saputo redimersi da ogni colpa, dal male*; *senza la volontà non ci si redime*.

redimìbile agg. **1** Che si può redimere. **2** Detto di debito pubblico che lo Stato ha contratto nei confronti dei cittadini, impegnandosi a corrispondere l'interesse alla scadenza e a restituire il capitale entro un determinato periodo di tempo.

redimibilità s. f. • Qualità o condizione di chi o di ciò che è redimibile: *r. di un debito pubblico* | *R. della rendita*, riscattabilità della stessa.
redimire [vc. dotta, lat. *redimīre* 'cingere, ornare', da *redimīculum* 'benda, fascia', comp. di *red-* 'ri-' e *amīculum* 'mantello, soprabito'; *amīculum* a sua volta è da *amicīre* 'avvolgere, mettere intorno', comp. di *am(b)-* 'intorno' e *iăcere* 'gettare'] v. tr. (*io redimìsco, tu redimìsci*; usato spec. al **part. pass.** e nei tempi composti) • (*raro, lett.*) Incoronare: *t'elessi, Oleandro, ti colsi / per r. le mie tempie / di rose e d'alloro* (D'ANNUNZIO).
redimito part. pass. di *redimire*; anche agg. • (*lett.*) Nel sign. del v.
†**redimizióne** [da *redimere*] s. f. • Redenzione, riscatto.
rèdine o †**rèdina** [dal lat. *retinēre* 'trattenere'. V. *ritenere*] s. f. *1* Ciascuno dei due elementi, gener. di cuoio, attaccati agli anelli dell'imboccatura, utilizzati per trasmettere al cavallo gli ordini del cavaliere: *prendere le redini*; *allentare le redini* | †*A redini sbandite*, a briglia sciolta (*anche fig.*). SIN. Briglia. ➡ ILL. p. 1288, 1289 SPORT. *2* (*fig.*) Comando, direzione, governo: *le redini dello Stato, della casa, dell'amministrazione*; *non cedere a nessuno le redini della famiglia*. *3* †Freno.
redingote /fr. rədɛ̃'gɔt/ [fr., dall'ingl. *riding-coat*, propriamente 'vestito (*coat*) per andare a cavallo (*to ride*)'] s. f. inv. *1* Giacca per cavalcare. *2* Cappotto molto appoggiato alla vita in genere lungo e allargato verso il fondo.
redintegràre • V. *reintegrare*.
redire o †**reddire** [vc. dotta, lat. *redīre* 'ritornare', comp. di *red-* 'ri-' e *īre* 'andare' (V. *ire*)] v. intr. (*io rièdo*; in tutta la coniug. la *e* diventa *ie* se tonica; V. anche *riedere*; aus. *essere*) • (*raro, poet.*) Ritornare: *riede alla sua parca mensa, / fischiando, il zappatore* (LEOPARDI).
redistribuire e *deriv.* • V. *ridistribuire* e *deriv.*
†**redita** o †**reddita** [da *redire*] s. f. • Ritorno.
†**redità** e *deriv.* • V. *eredità* e *deriv.*
†**reditière** s. m. (f. *-a*) • (*raro*) Erede.
†**rèdito A** part. pass. di *redire* • Nel sign. del v. **B** s. m. • (*raro*) Ritorno.
†**reditùro** [vc. dotta, lat. *reditūru(m)*, part. fut. di *redīre*] agg. • (*poet.*) Che dovrà ritornare: *attendean lì fermi il r. / re lor* (MONTI).
redivivo [vc. dotta, lat. *redivīvu(m)* 'rinnovato', di etim. incerta] agg.; anche s. m. (f. *-a*) • Tornato in vita (*anche fig.*): *Lazzaro r.*; *sei tuo padre r.*; *il r. aprì lentamente gli occhi*; *giorno verrà, tornerà il giorno, in cui / redivivi omai gl'Itali staranno / in campo audaci* (ALFIERI) | *Il, un r.*, (*fig., scherz.*) si dice di persona che si rifà viva dopo lunghissima assenza.
rèdo [aferesi di *erede*] s. m. • (*tosc.*) Vitello o puledro durante il periodo di allattamento: *vacca col r.*
rèdola [etim. incerta] s. f. • (*tosc.*) Viottolo erboso che attraversa un campo | (*est.*) Vialetto ghiaioso di giardino. ‖ **redolina**, dim. | **redolóna**, accr.
redolènte part. pres. di *redolire*; anche agg. • (*lett.*) Nel sign. del v.
redolire [vc. dotta, lat. *redolēre* 'mandare odore', comp. di *red-* e *olēre*. V. *olente*] v. intr. (*io redolìsco, tu redolìsci*; aus. *avere*) • (*raro, lett.*) Olezzare: *ogni cosa redoliva della fertile estate* (SANNAZARO).
rèdova [ceco *rejdowak*, di etim. incerta] s. f. • Danza ceca a tre tempi, specie di mazurka, meno viva.
rèduce [vc. dotta, lat. *rĕduce(m)*, da *redūcere* 'ricondurre indietro'. V. *ridurre*] agg.; anche s. m. e f. • Che, chi è ritornato da un viaggio, da un'impresa rischiosa e difficile, dalla prigionia o dall'esilio e, in particolare, da una guerra | *I reduci dalle patrie battaglie*, veterani delle guerre d'indipendenza | *R. dalle patrie galere*, (*scherz.*) birbante matricolato | *Essere r. da*, tornare da: *sono reduce da un esame disastroso* | *Essere r. da*, essere appena uscito da una situazione negativa: *sono r. da una brutta influenza, da un esame disastroso*.
†**redùcere** • V. *ridurre*.
reducismo [da *reduc(e)* col suff. *-ismo*] s. m. • Condizione, atteggiamento di chi torna dalla guerra e deve reinserirsi nella vita civile | Il fenomeno sociale relativo ai reduci.
reducistico agg. (pl. m. *-ci*) • Di, da reduce: *comportamento r.* | Relativo al reducismo: *fenomeno r.*
†**redundàre** e *deriv.* • V. *ridondare* e *deriv.*
reduplicàre [vc. dotta, lat. tardo *reduplicāre*, comp. di *re-* e *duplicāre*] v. tr. (*io redùplico, tu redùplichi*) • (*lett.*) Raddoppiare | Ripetere.
reduplicativo agg. • Che serve a reduplicare.
reduplicazióne [vc. dotta, lat. tardo *reduplicatiō-ne(m)*, comp. di *re-* e *duplicātio*, genit. *duplicatiōnis* 'duplicazione'] s. f. *1* (*lett.*) Atto, effetto del reduplicare. *2* (*biol., chim.*) Replicazione.
†**redùrre** e *deriv.* • V. *ridurre* e *deriv.*
reduttàṣi o **riduttàṣi** [calco sull'ingl. *reductase*] s. f. • (*biol., chim.*) Enzima che catalizza un processo di riduzione.
†**reedificàre** e *deriv.* • V. *riedificare* e *deriv.*
reef /rif, *ingl.* ri:f/ [vc. ingl., dal nordico ant. *rif*] s. m. inv. • (*geogr.*) Barriera corallina.
†**reelèggere** • V. *rieleggere*.
†**reézza** [da *reo*] s. f. • Reità, malvagità.
†**refaiuòlo** [da *refe*] s. m. • (*tosc.*) Merciaio.
réfe [etim. incerta] s. m. • Filato ritorto, di lino, di cotone, di canapa o di altra fibra, comunemente usato per fare cuciture | *A r. doppio*, (*fig.*) a tutt'andare | *Cucire a r. doppio*, (*fig., tosc.*) usare inganno, doppiezza | *Cucire a r. scempio*, (*fig., tosc.*) si dice di persona sciocca, sempliciotta | (*fig.*) *Ci vuol altro che ago e r.!*, i rimedi proposti non bastano | (*tosc.*) *Campare, vivere r. r.*, a stento.
refendu /fr. rəfɑ̃'dy/ [vc. fr., propr. part. pass. del v. *refendre* 'rifendere' nel senso tecnologico di 'tagliare per il lungo'] **A** s. m. inv. • Materiale usato per la costruzione di canne da pesca dalle notevoli prestazioni, costituito da listelli di bambù incollati in modo da formare una sezione esagonale. **B** anche agg.: *bambù r.*
referendàrio o †**riferendàrio** [vc. dotta, lat. tardo *referendāriu(m)*, propriamente 'addetto alle cose da riferire', da *referĕnda* 'cose da riferire', gerundio nt. pl. di *refĕrre* 'riportare', comp. di *re-* e *fĕrre* 'portare' (V. *-fero*)] **A** s. m. *1* Funzionario delle cancellerie bizantine e regie medievali, addetto alla tenuta dei registri o a trasmettere l'ordine del sovrano ai redattori dei documenti. *2* Membro di un organo collegiale che ha ufficio di studiare una questione e riferirne al consiglio: *r. della Corte dei Conti* | Membro supplente di un organo collegiale amministrativo. *3* (*raro, fig., scherz.*) Spia. **B** agg. • Del, relativo al referendum: *voto r.*; *consultazione referendaria* | Favorevole a uno o più referendum: *maggioranza referendaria*.
referendarista [da *referendario*] agg. anche s. m. e f. (pl. m. *-i*) • Che, chi è favorevole a indire referendum: *schieramento r.*
referèndum [lat., propriamente 'da riferire', gerundio nt. di *refĕrre*. V. *referendario*] s. m. inv. *1* Istituto giuridico con cui il popolo è chiamato a pronunciarsi mediante votazione su questioni di interesse nazionale, spec. ad approvare o ad abrogare un atto normativo: *indire un r.* *2* (*org. az.*) Indagine statistica, basata su un questionario, che permette un sondaggio dell'opinione pubblica mediante il quale si ottengono particolari dati, utili spec. per ricerche di mercato: *r. per posta*; *r. per telefono*.
referènte [vc. dotta, lat. *referĕnte(m)*, part. pres. di *refĕrre* 'riportare'. V. *referendario*] **A** agg. • Che riferisce, che dà relazioni, senza pervenire a decisioni | (*dir.*) *In sede r.*, detto dell'attività di una commissione di un'assemblea legislativa quando prende in esame un progetto di legge e successivamente lo invia alla discussione e all'approvazione dell'assemblea plenaria accompagnato da una relazione. **B** s. m. *1* (*ling.*) Realtà extra-linguistica, reale o immaginaria, a cui il segno linguistico rinvia | Contesto situazionale a cui il messaggio linguistico rinvia. *2* (*est.*) Punto di riferimento.
referènza [fr. *référence*, da *référer* 'riferire', dal lat. *refĕrre*. V. *referendario*] s. f. *1* Dati informativi, inerenti alle qualità, capacità e attitudini spec. professionali di una persona o alla correttezza professionale e sicurezza finanziaria di un'azienda: *sono in attesa delle vostre referenze*; *le sue referenze lasciano a desiderare* | (*ling.*) Funzione in base alla quale un segno linguistico rinvia al mondo extra-linguistico, reale o immaginario. *2* Chi è in grado di rilasciare tali informazioni: *questa è una delle mie migliori referenze*; *avere ottime referenze*; *una r. di prim'ordine*. *3* (*est.*) Punto di riferimento.
referenziàle [da *referenza*] agg. • (*ling.*) Relativo al referente | *Funzione r.*, propria del messaggio rivolto prevalentemente alla conoscenza della realtà extralinguistica o del contesto situazionale.
referenziàre [da *referenza*] **A** v. tr. (*io referènzio*) • Munire di buone referenze: *r. il personale licenziato*. **B** v. intr. (aus. *avere*) • Allegare o mostrare la referenza di cui si dispone.
referenziàto part. pass. di *referenziare*; anche agg. • Nei sign. del v.
†**referire** e *deriv.* • V. *riferire (1)* e *deriv.*
refèrto o †**rifèrto** [ricavato dal lat. *refĕrre* 'riferire' (V. *referendario*). Cfr. *inferto*, *offerto* e *sofferto*] s. m. • Relazione clinica | Notizia di reato che le persone esercenti una professione sanitaria sono per legge obbligate a fornire all'autorità giudiziaria o ad altra autorità che abbia l'obbligo di riferire a questa: *omissione di r.*
†**refètto** [vc. dotta, lat. *refĕctu(m)*, part. pass. di *refĭcere* 'rifare, ristorare', comp. di *re-* e *făcere* 'fare'] **A** agg. • Ristorato, riposato. **B** s. m. • Ristoro.
refettoriàle agg. • Di refettorio.
refettòrio [dal lat. tardo *refectōrius* 'che serve a rifare, a ristorare', da *refĕctus*, part. pass. di *refĭcere*. V. *refetto*] s. m. *1* Grande sala da pranzo comune, in conventi, collegi e sim. *2* †Luogo in cui si prendono i pasti.
†**refezionàre A** v. intr. • Fare la refezione. **B** v. tr. • Ristorare con cibo.
refezióne o †**rifezióne** [vc. dotta, lat. *refectiō-ne(m)* 'rifacimento, ristoro', da *refĕctus*, part. pass. di *refĭcere*. V. *refetto*] s. f. *1* (*raro*) Pasto ristoratore. *2* Colazione del mezzogiorno, spec. nella scuola: *r. calda, fredda*; *la r. è a spese del Comune*. ‖ **refezioncèlla**, dim. | **refezioncina**, dim.
†**reficiàre** o †**refiziàre** [rifacimento del lat. *refĭcere*. V. *refetto*] **A** v. tr. • Ristorare, rinvigorire. **B** v. intr. pron. • Rinvigorirsi, rimettersi.
†**reficiatóre** [da *reficiare*] s. m.; anche agg. (f. *-trice*) • Chi, che ristora.
refilàre [da *filo*, *fila*, con *re-*] v. tr. • Tagliare i margini di una pubblicazione, dopo la piegatura e l'impaginazione, in modo da avere un formato perfettamente squadrato.
rèfill /'rεfil, re'fil, *ingl.* 'ri:fil/ [vc. ingl., da *to refill* 'riempire di nuovo', comp. di *re-* 're-' e *to fill* 'riempire', di origine germ.] s. m. inv. • Nelle penne a sfera, in certi accendisigari a gas, in certi vaporizzatori di profumo, tubetto, cartuccia o altro, contenente la quantità di materiale necessario per la ricarica dell'apparecchio.
refilo [da *refilare*] s. m. • (*edit.*) Bordino che viene tagliato dopo la piegatura di una pubblicazione allo scopo di pareggiare i margini e squadrare il formato.
†**refiziàre** • V. †*reficiare*.
reflazióne o **riflazióne** [da (*in*)*flazione*, con sostituzione di pref.] s. f. • (*econ.*) Processo mediante il quale si determina un rientro dell'inflazione.
reflazionìstico o **riflazionìstico** agg. • Relativo a reflazione.
reflessògeno • V. *riflessogeno*.
reflessologìa • V. *riflessologia*.
†**reflèttere** e *deriv.* • V. *riflettere* e *deriv.*
rèflex /'rεfleks, *ingl.* 'ri:fleks/ [vc. ingl., propriamente 'riflesso'; stessa etim. dell'it. *riflesso*] s. f. inv.; anche agg. • Detto di macchina da presa fotografica o cinematografica che, mediante un sistema speculare, spesso supportato da un pentaprisma, raccoglie in un mirino l'immagine che si imprime sulla pellicola.
refluire • V. *rifluire*.
rèfluo [vc. dotta, lat. *rĕfluu(m)*, da *reflŭere* 'rifluire'] agg. • Che rifluisce, che fluisce indietro | (*fisiol.*) *Sangue r.*, che ritorna al cuore o che rifluisce da un organo | *Acque reflue*, acque che, dopo essere state utilizzate in attività domestiche, industriali, agricole e sim., vengono restituite, gener. inquinate, dall'impianto che le ha sfruttate.
reflùsso [da *refluire*, sul rapporto *flusso-fluire*] s. m. *1* (*raro, lett.*) Riflusso: *i flussi e i reflussi del mare* (GALILEI). *2* (*med.*) Passaggio di un liquido da un organo cavo, o da un condotto, a un altro

nel senso contrario a quello fisiologico | *R. esofageo*, del succo gastrico verso l'esofago.

†**refocillàre** ● V. *rifocillare*.

rèfolo o (*raro*) **rifolo** [da avvicinare a *folata*] s. m. ● Soffio di vento leggero che a tratti cresce e diminuisce, comunemente residuo di tempesta. SIN. Buffo, folata.

reforming /*ingl.* ri'fɔ:miŋ/ [vc. ingl., da *to reform* 'riformare, correggere'] s. m. inv. *1* (*chim.*) Trattamento a cui vengono sottoposte le benzine a basso numero di ottano per aumentarne, attraverso modificazioni molecolari degli idrocarburi che le costituiscono, il numero di ottano stesso e quindi il potere antidetonante. *2* (*chim.*) Trattamento di parziale ossidazione a cui vengono sottoposti idrocarburi liquidi o gassosi per ottenere gas di uso domestico.

refósco o **refòsco** [etim. sconosciuta, forse da un toponimo scomparso] s. m. (pl. *-schi*) ● (*enol.*) Vitigno del Friuli da cui si ricava il vino rosso omonimo.

†**refòsso** ● V. *rifosso*.

†**refragànza** [da *refragare* (*2*)] s. f. ● Fragranza, profumo.

†**refragàre** (**1**) [vc. dotta, lat. *refragāri* 'essere di avviso contrario, opporsi', comp. di *re-* e *frāngere*] v. intr. ● Opporsi, resistere.

†**refragàre** (**2**) [da *fragrante*, col pref. *re-*] v. intr. ● Essere fragrante, profumato.

refrain /*fr.* rə'frɛ̃/ [vc. fr., alterazione di *refrait*, part. pass. di *refraindre* 'rifrangere', perché ritorna a intervalli regolari] s. m. inv. *1* (*lett.*) Ritornello di pochi versi alla fine di ogni stanza, talora senza relazione di significato con essa e cantato con melodia propria. SIN. Ritornello. *2* (*mus.*) Sorta di periodo musicale che ricorre alla fine di ogni stanza della canzone.

†**refràngere** e *deriv.* ● V. *rifrangere* e *deriv.*

refrattarietà [da *refrattario*] s. f. *1* Qualità di chi, di ciò che è refrattario. *2* Caratteristica di un materiale, di resistere senza fondere o rammollirsi ad alte temperature | *Grado di r.*, temperatura alla quale un materiale usato come refrattario dà segno di rammollimento. *3* (*med.*) Insensibilità all'azione di uno stimolo fisico o chimico.

refrattàrio [fr. *réfractaire*, dal lat. *refractāriu*(*m*), da *refragāri*. V. *refragare* (*1*)] agg. *1* Detto di materiale atto a resistere, senza alterazioni notevoli, a elevate temperature: *terra refrattaria*. *2* (*med.*) Che non reagisce allo stimolo | *Individuo r.*, in cui non si manifesta la malattia, nonostante il contatto con l'agente patogeno. *3* (*raro*) Che non ottempera ad obblighi o doveri: *r. alla norma di legge*. *4* (*fig.*) Inerte a stimoli, negato totalmente per q.c.: *carattere r. alla commozione, alla pietà*; *ha un fisico r. al dolore*; *sono r. alla matematica*.

refràtto ● V. *rifratto*.

refrattòmetro ● V. *rifrattometro*.

†**refrenàre** [vc. dotta, lat. *refrenāre*, comp. di *re-* e *frenāre*] v. tr. ● Raffrenare.

refrigeraménto s. m. *1* (*raro*) Refrigerazione. *2* †Ristoro, rinfresco.

refrigerànte A part. pres. di *refrigerare*; anche agg. *1* Nei sign. del v. *2* *Miscuglio r.*, costituito in genere da sale di cucina misto a ghiaccio pestato, una volta largamente usato in gelateria. **B** s. m. *1* (*fis.*) Parte di una macchina termica che sottrae calore, cioè raffredda il fluido operante e può essere costituita da un condensatore o anche dalla libera atmosfera e sim. *2* Fluido usato nelle macchine utensili per raffreddare il pezzo e l'utensile durante la lavorazione. *3* Apparecchio nel quale si effettua la refrigerazione di un liquido o di un gas: *r. a pioggia*; *r. a bolla*; *r. a ricadere*; *r. a serpentina*.

refrigeràre o †**rifrigeràre** [vc. dotta, lat. *refrigerāre*, comp. di *re-* e *frigerāre* 'rinfrescare', da *frīgus*, genit. *frīgoris* 'freddo'. V. *frigo*] **A** v. tr. (*io refrìgero*) *1* Rinfrescare: *r. la bocca, la gola con bevande ghiacciate* | Placare dando refrigerio: *r. la sete, l'arsura* | Alleviare: *quel tuo soccorso che solea refrigerarmi* (BRUNO). *2* Compiere una refrigerazione. **B** v. rifl. ● Rinfrescarsi: *refrigerarsi con un buon bagno*.

refrigeratìvo [vc. dotta, lat. tardo *refrigeratīvu*(*m*), da *refrigerātus* 'refrigerato'] agg. ● Atto a refrigerare.

refrigeràto part. pass. di *refrigerare*; anche agg. ● Nei sign. del v.

refrigeratóre A agg. (f. *-trice*) ● Che refrigera | Nei frigoriferi, detto del liquido che ha la funzione di sottrarre calore. **B** s. m. *1* Ciò che serve a refrigerare. *2* Apparecchio destinato a refrigerare corpi sottraendo loro calore a mezzo di fluidi intermediari freddi.

†**refrigeratòrio** [vc. dotta, lat. *refrigeratōriu*(*m*), da *refrigerātus* 'refrigerato'] agg. ● Refrigerante.

refrigerazióne [vc. dotta, lat. *refrigeratiōne*(*m*), da *refrigerātus* 'refrigerato'] s. f. *1* (*raro*) Atto, effetto del refrigerare o del refrigerarsi. *2* Procedimento atto a diminuire la temperatura di fluidi o di corpi in genere. *3* Processo di conservazione temporanea di merci deteriorabili mediante l'abbassamento della loro temperatura, sempre comunque superiore al punto di congelamento: *r. del latte, vino, carni*.

refrigèrio o †**refrigèro**, †**rifrigèrio** [vc. dotta, lat. tardo *refrigĕriu*(*m*), da *refrigerāre*] s. m. *1* Sensazione piacevole di fresco: *cercare, provare un po' di r.*; *un'arietta che reca r.* *2* (*fig.*) Piacevole sollievo o conforto, fisico o morale: *dopo tanta sofferenza, finalmente qualche r.*; *ciò che dici è di r. alla mia anima, al mio spirito* | *Luogo di r.*, dove si prova qualche piacere, dove si sta bene | (*lett.*) *Eterno r.*, il Paradiso.

†**refrùsto** ● V. *rifrusto*.

†**refùgio** e *deriv.* ● V. *rifugio* e *deriv.*

refugium peccatorum /*lat.* re'fudʒum pekka'tɔrum/ [lat., propriamente 'rifugio dei peccatori'] loc. sost. m. inv. *1* (*relig.*) Titolo attribuito alla Madonna che intercede per i peccatori. *2* (*fig., scherz.*) Persona molto indulgente e generosa alla quale ricorrere per aiuti morali e materiali | (*fig., scherz.*) Istituzione o ambiente che assicura una sistemazione sicura e tranquilla.

†**refùlgere** ● V. *rifulgere*.

refurtiva [lat. *rē*(*m*) *furtīva*(*m*) 'cosa di furto'. Per *rēs* V. *re* (*2*) e per *furtīvus* V. *furtivo*] s. f. ● Beni che sono stati oggetti di furto: *nascondere la r.*

refùso [vc. dotta, lat. *refūsu*(*m*), part. pass. di *refŭndere* 'riversare, rimescolarsi', comp. di *re-* e *fŭndere* 'versare'. V. *fondere*] s. m. *1* (*tip.*) Lettera di altro stile, serie o famiglia usata erroneamente in una composizione. *2* (*est.*) Ogni errore di stampa.

†**refutàre** ● V. *rifiutare* (*1*).

†**refutatìvo** agg. ● Che serve a refutare, a confutare.

refutazióne [vc. dotta, lat. *refutatiōne*(*m*), da *refutātus*, part. pass. di *refutāre*] s. f. ● (*raro*) Confutazione.

reg /rɛg/ [vc. araba] s. m. inv. ● Tipo di deserto pietroso consistente in strati di ghiaie modellate dal vento, che ricoprono il terreno.

regàglia ● V. *rigaglia*.

regalàbile agg. *1* Che si può regalare. *2* †Di persona a cui si può regalare q.c.

regalàre [sp. *regalar*. V. *regalo*] **A** v. tr. *1* Dare in regalo a qc.: *r. un libro, una moneta antica, un monile prezioso*; *me lo ha regalato per ricordo, per ringraziarmi del favore che gli ho fatto*. SIN. Donare. *2* Concedere o dare per generosità, a titolo di favore e sim.: *non ha voluto che lo restituissi e quindi me lo ha praticamente regalato* | (*fig.*) *R. un pugno*, darlo | (*fig.*) *R. la propria fatica, il proprio denaro, la propria energia*, sciuparli inutilmente, per chi non ne è degno | (*fig., scherz.*) *Regalarsi un sigaro, una fumatina, una giornata di riposo* e sim., procurarseli. *3* Vendere a buon mercato: *una stoffa così, per quel prezzo è regalata*. *4* (*dial.*) Favorire qc. con regalo: *r. il cameriere con una mancia sostanziosa*; *io spendo uno zecchino il giorno, signor Marchese, e la regalo continuamente* (GOLDONI). *5* †Condire ottimamente e rendere squisito. **B** v. rifl. ● †Trattarsi bene.

regalàto part. pass. di *regalare*; anche agg. ● Nei sign. del v.

regàle [vc. dotta, lat. *regāle*(*m*), da *rēx*, genit. *rēgis* 're'] **A** agg. *1* Proprio di un re: *dignità r.* *2* Degno di un re: *lusso, portamento r.* | Splendido: *un dono veramente r.* || **regalménte**, avv. In modo regale: *accogliere regalmente gli ospiti*. **B** s. m. ● (*mus.*) Piccolo organo portativo di registro acuto, usato nel Medioevo. SIN. Rigabello.

regalèco [comp. del lat. *regālis* 'regale' e *ăllec* 'salsa di pesce', di etim. incerta] s. m. (pl. *-ci*) ● Pesce osseo marino dei Lampridiformi, lungo fino a sei metri, con corpo flessuoso, nastriforme, di colore argenteo e rosso, che vive di norma in profondità (*Regalecus glense*). SIN. Re delle aringhe.

regalìa [vc. dotta, lat. *regālia*, nt. pl. di *regālis* 'regale': propriamente 'le cose che spettano al re'] s. f. *1* Dono in denaro. SIN. Mancia. *2* In epoca medievale, diritto spettante al sovrano, o ad altra autorità per concessione del sovrano. *3* (*al pl., region.*) Prestazione in natura di polli, uova, frutta o altro, che il contadino doveva al proprietario.

regalìsmo [sp. *regalismo*, da *regalía* 'potere del sovrano', deriv. del lat. *regāle*(*m*) 'regale'] s. m. ● (*st.*) Nella Spagna del XVIII sec., dottrina che affermava su basi giurisdizionalistiche la priorità dei diritti regi su quelli dello Stato e della Chiesa.

regalista [sp. *regalista*, da *regalismo*] **A** s. m. e f. (pl. m. *-i*) ● Sostenitore, seguace del regalismo. **B** agg. ● Relativo al regalismo o ai regalisti: *concezione r.*

regalità [da *regale*] s. f. *1* Condizione, stato o diritto di re: *la sua r. è fuori discussione*. *2* Qualità di regale, splendido, maestoso: *la r. di una dimora*; *la r. del suo portamento*.

regàlo [sp. *regalo* 'dono al re', dal lat. *regāle*(*m*), agg. di *rēx*, genit. *rēgis* 're'] **A** s. m. *1* Ciò che si regala o si deve regalare: *acquistare molti regali*; *regali di Natale, di nozze*; *un r. gradito, bellissimo, di classe, di pessimo gusto*; *non voglio regali!* | *Fare un r.*, regalare q.c. a qc. | *Dare q.c. in r.*, regalarla | *Avere q.c. per r.*, ottenerla a basso prezzo, comprarla per pochissimo | *R. d'uso*, liberalità che non costituisce giuridicamente una donazione, effettuata nella misura quantitativa conforme alle abitudini locali. SIN. Dono. *2* Cosa gradita, che fa piacere: *questo è il miglior r.*; *non potevi farmi un r. più bello*; *la vostra visita è stata un vero r.* | *Bel r.!*, (*iron.*) si dice di ciò che irrita, molesta o è comunque sgradito. *3* †Gala, pompa, sfarzo. || **regalàccio**, pegg. | **regalétto**, dim. | **regalino**, dim. | **regalóne**, accr. | **regalùccio**, dim. **B** in funzione di agg. inv. ● (posposto al s.) Da regalo: *confezione r.*

règamo o **rigamo** [stessa etim. di *origano*] s. m. ● (*pop.*) Origano.

regàta [venez. *regata*, da *regatar* 'contendere', dal lat. parl. **recaptāre* 'contendere'. V. *ricattare*] s. f. ● Gara di velocità tra imbarcazioni a remi, a vela, a motore: *regate veliche*.

regatànte [part. pres. di *regatare*] s. m. e f. ● Chi partecipa a una regata.

regatàre [venez. *regatar*. V. *regata*] v. intr. (aus. *avere*) ● Gareggiare in una regata.

rège [vc. dotta, lat. *rēge*(*m*) 're'] s. m. ● (*poet.*) Re.

†**regeneràre** ● V. *rigenerare*.

regèsto [vc. dotta, lat. tardo *regĕsta* 'registro, repertorio', part. nt. pl. sost. di *regĕrere* 'riportare', comp. di *re-* e *gĕrere* 'portare' (V. *gestione*)] s. m. *1* Repertorio cronologico degli atti governativi, comunali, privati | Registro di documenti, diplomi. *2* Riassunto del contenuto di un documento o di un atto, con la citazione degli elementi essenziali e delle formule tipiche.

règgae /'rɛgge/ [vc. d'origine sconosciuta] s. m. inv. ● Tipo di musica popolare della Giamaica risultante dalla fusione di diverse tradizioni africane e americane col rhythm and blues, poi divenuta commerciale nello stile detto ska.

†**règge** [lat. (*pŏrtam*) *rēgia*(*m*) '(porta) regia'; calco sul gr. *basilikḗ*] s. f. *1* Porta, spec. di chiesa, convento e sim.: *fuor ne' cardini distorti / gli spigoli di quella r. sacra* (DANTE *Purg.* IX, 133-134). *2* (*raro*) Tramezzo, cancellata.

reggènte A part. pres. di *reggere*; anche agg. *1* Nei sign. del v. *2* (*ling.*) *Proposizione r.*, che regge una proposizione subordinata | (*dir., polit.*) *Capitani reggenti*, nella Repubblica di S. Marino, i due capi dello Stato | (*dir.*) *Segretario comunale r.*, che esercita le funzioni del titolare in sua assenza o mancanza | †(*mar.*) *Vascello r.*, robusto, che tiene bene il mare. **B** s. m. e f. *1* Chi governa sovranamente lo Stato nel caso di minorità, malattia, assenza del re. *2* (*mar.*) Chi è preposto alla reggenza dei fari marittimi. **C** s. f. ● Proposizione reggente: *il verbo della r.*

reggènza [da *reggente*] **A** s. f. *1* Titolo, ufficio e dignità di reggente | Durata di tale ufficio. *2* Esercizio delle funzioni sovrane da parte di una o più persone, diverse dal re, nei casi previsti dalla legge o da disposizioni aventi forza di legge. *3* (*st.*) *La Reggenza*, in Francia, nel secondo e terzo decennio del XVIII sec., il periodo in cui fu reggente Filippo d'Orléans, in attesa che Luigi XV giungesse alla maggiore età. *4* (*ling.*) Il costrutto sintattico richiesto da un elemento della proposizione. *5* (*mar.*) Organo operativo periferico del servizio fari marittimi. **B** in funzione di agg. inv. ● (posposto al s.) Proprio o caratteristico della Reggenza, spec. nella loc.: *stile r.*, stile ornamentale di transizione tra il Luigi XIV e il Luigi XV caratterizzato da soggetti orientaleggianti, profili mossi, motivo della conchiglia e, nei mobili, presenza di applicazioni metalliche in bronzo dorato.

règgere [lat. *rĕgere*, di origine indeur.] **A** v. tr. (pres. *io règgo, tu règgi*; pass. rem. *io rèssi, tu reggésti*; part. pass. *rètto*) *1* Tenere stretto q.c. o qc., perché stia ritto, stabile, in equilibrio: *r. un fanciullo che muove i primi passi, un vecchio debole e malato*; *in due reggevano il ferito che si trascinava a fatica* | (*fig.*) *r. la coda*, tenere un contegno servile nei confronti di un potente | (*fig.*) *R. il sacco a qc.*, esserne il complice | (*fig.*) *Reggersi la pancia dal gran ridere*, ridere a crepapelle. SIN. Sostenere. *2* Sorreggere qc. o q.c., sopportandone il peso, la pressione e sim.: *gli infermieri reggevano la barella*; *r. un pacco, un carico, una valigia, una pila di piatti* | (*fig.*) *R. l'anima, il fiato coi denti*, essere in agonia, stare malissimo | *Pare che regga l'anima coi denti*, di persona molto malandata, che pare allo stremo delle forze. *3* Sopportare (*anche fig.*): *r.*, *non r. il peso, la spinta di qc., di q.c.* | *R. la celia*, stare allo scherzo | *R. il mare*, di imbarcazione tale da resistere alle burrasche | *R. l'acqua*, essere impermeabile, detto di stoffa | *R. il vino*, non ubriacarsi pur bevendone parecchio. *4* Richiedere un determinato costrutto sintattico: *r. il dativo, l'accusativo*. *5* Guidare, regolare, dirigere: *r. un negozio, una ditta, un'impresa*; *r. il carro, il cavallo con mano ferma*; *r. lo Stato, la Repubblica con leggi inique* | Essere a capo: *resse per lunghi anni la Prefettura, il Comune*. **B** v. intr. (aus. *avere*) *1* Resistere (*anche fig.*): *r. al peso, alla pressione, all'urto*; *non reggo più alla fatica*; *non ha saputo r. alle lusinghe di una facile ricchezza* | *R. al paragone*, non sfigurare se paragonato ad altre cose o persone | *Non potere più r. dall'ira, dalla fame* e sim., non resistere più all'ira, alla fame e sim. | *Non mi regge il cuore, l'animo di* ..., non ho il coraggio di. *2* Durare: *la buona stagione non ha retto che per pochi giorni*; *è un vino che non regge e non si può invecchiare*; *è un prodotto da utilizzare subito perché non regge*. *3* Essere coerente, logico, conseguente: *come teoria regge*; *è un discorso che non regge*. *4* (*raro*) Essere al potere, al governo: *nel paese regge un monarca, una oligarchia, un dittatore*. **C** v. rifl. e intr. pron. *1* Stare o tenersi ritto, in piedi, in equilibrio: *l'edificio non può reggersi su fondamenta così fragili*; *un'antica muraglia che si regge ancora*; *dammi una mano che non mi reggo più*; *non si regge in piedi per la febbre, la stanchezza, la debolezza*; *si reggeva a fatica sul tetto pericolante* | *Reggiti forte*, tienti bene stretto e (*fig.*) preparati a una notizia impressionante, che ti colpirà | *Reggersi a galla*, stare a galla. *2* (*fig.*) Dominarsi, controllarsi: *non mi reggo più a sentire tante sciocchezze*; *è difficile reggersi quando si vedono simili spettacoli*. *3* Governarsi: *l'Italia si regge a repubblica dal 1946*; *i Comuni decisero di reggersi in autonomia* | (*fig.*) †Regolarsi, comportarsi. **D** v. rifl. rec. ● Sostenersi o aiutarsi l'un l'altro: *si reggevano, tenendosi per mano*; *cerchiamo almeno di reggerci tra noi*.

reggétta [dal lat. *rēgula* 'asticella di legno'. V. *regola*] s. f. ● Nastro di metallo, di plastica o di fibra vegetale, di alcuni millimetri di altezza, impiegato per legare un imballaggio di spedizione al fine di renderlo più resistente e impedirne la manomissione.

reggettatrìce [da *reggetta*] s. f. ● (*tecnol.*) Apparecchio, fisso o portatile, usato per tendere e tagliare la reggetta avvolta intorno a un imballaggio. SIN. Reggiatrice.

règgia o †**règia** (1) [lat. *rēgia*(*m dŏmum*) 'casa del re', f. sost. di *rēgius* 'regio'] s. f. (pl. *-ge*) *1* Dimora del re, palazzo reale: *una r. sontuosa, splendida*; *la r. di Caserta*. *2* (*fig.*) Dimora di Dio: *la r. celeste* | Dimora degli dèi: *la r. del cielo* | *La r. di Giove*, l'Olimpo. *3* (*fig.*) Abitazione di grande sfarzo: *vivere in una r.*

reggiàno **A** agg. ● Della, relativo alla città di Reggio Emilia. **B** s. m. (f. *-a* nel sign. 1) *1* Abitante di Reggio Emilia. *2* Formaggio stagionato a pasta granulosa, prodotto nel Reggiano.

reggiatrìce [da *reggetta*] s. f. ● (*tecnol.*) Reggettatrice.

reggìbile agg. ● Che si può reggere.

reggibórsa o **reggibórse** [comp. di *reggere* e *borsa*] s. m. inv. ● Chi è al servizio di un personaggio potente e ne esegue ciecamente incarichi fiduciari, spec. scabrosi o delicati.

reggicàlze [comp. di *reggere* e il pl. di *calza*] s. m. inv. ● Cintura con nastri elastici e mollette con cui si fissano le calze.

reggicànne [comp. dell'imperat. di *reggere* e del pl. di *canna*] **A** s. m. inv. ● Striscia di cuoio o materiale analogo, dotata di alloggiamento per sostenere la canna da pesca nella traina d'altura. **B** anche agg. inv.: *cintura r.*

reggicóda [comp. di *reggere* e *coda*] s. m. inv. ● Chi è al servizio di un personaggio potente e ne esegue ciecamente incarichi fiduciari, spec. scabrosi o delicati.

reggilìbro o **reggilìbri** [comp. di *reggere* e *libro*] s. m. ● Arnese piegato ad angolo retto per tenere in piedi una fila di libri.

reggilùme [comp. di *reggere* e *lume*] s. m. ● Arnese a braccio o a sospensione per reggere un lume.

reggimentàle agg. ● Che fa parte del reggimento: *compagnia, comando r.*

reggiménto [lat. tardo *regimĕntu*(*m*) 'governo', da *rĕgere* 'reggere', rifatto su *reggere*] s. m. *1* (*raro*) Modo e atto del reggere, del governare: *il r. della cosa pubblica, dello Stato*. *2* Un tempo, unità dell'esercito italiano, costituita da più battaglioni e comandata da un colonnello. *3* (*ling.*) Costruzione. *4* (*fig.*) Moltitudine: *ho in casa un r. di persone*; *dispone di un r. di domestici*. *5* †Modo di comportarsi, di procedere, di agire. *6* †Atto, atteggiamento, gesto. *7* †Sostegno, sostentamento. *8* †Resistenza.

reggino **A** agg. ● Della, relativo alla città di Reggio Calabria. **B** s. m. (f. *-a*) ● Abitante di Reggio Calabria.

reggipàlo [comp. di *reggere* e *palo*] s. m. ● Tipo di fondazione in cemento armato per pali in legno delle linee elettriche e telefoniche.

reggipància [comp. di *reggere* e *pancia*] s. m. inv. ● (*fam.*) Panciera.

reggipénne [comp. di *reggere* e il pl. di *penna*] s. m. inv. ● Oggetto da tavolo, con scanalature per appoggiarvi le penne da scrivere.

reggipètto [comp. di *reggere* e *petto*] s. m. *1* Reggiseno. *2* Nel finimento del cavallo, striscia di cuoio che sostiene il pettorale.

reggipiccòzza [comp. di *reggere* e *piccozza*] s. f. inv. ● In alpinismo, laccio di canapa fissato a un anello di acciaio scorrevole lungo il manico della piccozza fino ad un opportuno chiodo o ghiera di arresto, che viene stretta al polso dell'alpinista.

reggiposàta [comp. di *reggere* e *posata*] s. m. inv. ● Sorta di ponticello metallico o di cristallo su cui durante il pranzo si appoggiano le posate, per evitare di sporcar la tovaglia.

reggiséno [comp. di *reggere* e *seno*] s. m. (pl. *-i*, raro *-o*) ● Fascia di tessuto o pizzo modellata da cuciture e con sottili bretelle, per sorreggere il seno femminile.

reggispìnta [comp. di *reggere* e *spinta*] s. m. inv. ● Supporto, per lo più un cuscinetto, in cui s'impernia un albero spingente.

reggitèsta [comp. di *reggere* e *testa*] s. m. inv. ● Appoggiacapo.

reggitóre agg.; anche s. m. (f. *-trice*) *1* (*lett.*) Che, chi regge, guida, governa | *Un r. di popoli*, un governante (*anche scherz.* o *iron.*) | *Il sommo r.*, Dio. *2* Capo della famiglia colonica.

†**règia** (1) ● V. *reggia*.

regìa (2) [fr. *régie*, da *régir* 'reggere'] s. f. (pl. *-gie*) *1* Opera di coordinamento generale e di direzione artistica di uno spettacolo teatrale, cinematografico, radiofonico o televisivo | *Sala, cabina di r.*, locale adiacente allo studio televisivo, fornito delle apparecchiature necessarie per la direzione tecnica ed artistica dello spettacolo. *2* (*fig.*) Organizzazione accurata di cerimonia, manifestazione e sim.: *l'abile r. del corteo fu merito di alcuni uomini politici*. *3* La professione, l'attività di regista. *4* Società che aveva in appalto dal governo la riscossione di tasse indirette o la vendita di generi di privativa | Monopolio, privativa: *la r. dei tabacchi*.

regicìda [comp. del lat. *rēx*, genit. *rēgis* 're' e *-cida*, sul modello del fr. *régicide*] **A** s. m. e f. (pl. m. *-i*) ● Chi si è reso colpevole di regicidio. **B** agg. ● Di regicidio, che è favorevole o istiga al regicidio: *idea regicida*; *teoria regicida*.

regicìdio [da *regicida*] s. m. ● Uccisione di re o di regina.

regimàre [da *regime*, nel sign. 4] v. tr. *1* (*idraul.*) Regolare, contenere un corso d'acqua nel regime della sua portata, spec. mediante opportune opere murarie. *2* (*tecnol.*) Portare una macchina, un congegno e sim. al suo regime ottimale di funzionamento.

regimazióne s. f. ● Atto, effetto del regimare.

regìme o (*raro*) **règime** [vc. dotta, lat. *rĕgime*(*n*), da *rĕgere* 'reggere'] s. m. *1* Forma di governo, sistema politico: *r. repubblicano, monarchico* | (*spreg.*) Governo autoritario, dittatoriale. *2* (*dir.*) Complesso organico di norme, interne o internazionali, disciplinanti uno o più istituti giuridici: *r. patrimoniale della famiglia*; *r. degli Stretti* | *R. aureo*, fondato su un'unità monetaria aurea, avente un certo peso e un certo titolo | *R. vincolistico*, situazione in cui lo Stato, per risolvere temporaneamente gravi problemi immediati, vincola con provvedimenti legislativi speciali il libero gioco della domanda e dell'offerta. *3* (*relig.*) Supremo organo di governo, in alcuni ordini religiosi. *4* Regola pratica di vita, in particolare relativamente alla dieta alimentare | *R. latteo, vegetariano*, tipo di alimentazione a base di latte, di verdura | *Essere a r.*, seguire una determinata dieta con rigore (*anche fig.*). *5* Andamento di un fenomeno in un certo intervallo di tempo: *r. minimo, massimo*; *a pieno r.* | *R. di corso d'acqua*, modo col quale è distribuita la portata durante l'anno | *R. fluviale*, con leggere variazioni di portata | *R. torrentizio*, con forti e brusche variazioni di portata | *R. pluviometrico*, modo con cui le precipitazioni in una data località si distribuiscono durante l'anno | *R. termico*, andamento della temperatura di un luogo durante l'intero corso dell'anno. *6* Insieme di condizioni che caratterizzano il funzionamento stazionario di una macchina, impianto, apparecchiatura o motore | *R. di giri*, velocità di rotazione spec. di motori | *R. di circolazione*, sistema per regolare la marcia dei treni in linea garantendone la sicurezza | (*est.*) *A r.*, detto di un fenomeno quando è avviato e funziona normalmente.

regimental /ingl. redʒi'mentəl/ [vc. ingl., propr. 'reggimentale, del reggimento' e, più ampiamente, 'militare'] **A** agg. inv. ● Detto di capo di abbigliamento che imiti lo stile e la foggia dei vestiti militari inglesi: *pantaloni r.* | *Cravatta r.*, cravatta a strisce oblique colorate. **B** s. f. inv. ● Cravatta regimental.

regina o †**reina** [lat. *regīna*(*m*), di origine indeur.] **A** s. f. *1* Moglie del re: *ottenere la grazia per intervento della r.* | *La r. madre*, la madre del sovrano regnante | *Erba della r.*, tabacco. *2* Donna che regna, essendo a capo di una monarchia: *la r. d'Olanda, d'Inghilterra* | *Sembrare, parere una r.*, per maestà, imponenza, ricchezza | *L'incedere di una r.*, portamento e passo maestoso | (*relig.*) *Salve r.*, preghiera alla Madonna. *3* (*fig.*) Donna che eccelle e primeggia tra le altre, per motivi contingenti o duraturi: *è una r. di bellezza*; *tra noi è la r. per virtù* | *La r. della danza*, colei che balla meglio d'ogni altra | *La r. della festa*, colei che è più ammirata di tutte. *4* (*est.*) Cosa che eccelle, primeggia o si fa preferire tra altre simili: *la rosa è la r. dei fiori* | *La r. del mare*, Venezia | *R. dei vigneti*, uva precoce da tavola dall'acino grosso, giallo-dorato, con aroma di moscato | *R. dei frutteti*, cultivar di pesco a frutto grosso quasi sferico | *R. Claudia*, varietà pregiata di susino con frutto a polpa soda spiccagnola | *R. dei prati*, pianta perenne delle Rosacee con grappoli di fiori bianchi che cresce in luoghi umidi e che contiene composti dell'acido salicilico (*Spiraea ulmaria*). *5* La femmina feconda degli insetti viventi in forme sociali, quali formiche, api, vespe, termiti | *R. di mare*, albastrello. *6* Il pezzo più potente del gioco degli scacchi: *muovere la r.* SIN. Donna. *7* Carta da gioco raffigurante una regina: *r. di cuori.* SIN. Dama. **B** anche agg. ● Che è regina: *ape r.* | *Cannella r.*, varietà di cannella dell'India orientale e di Ceylon (*Cinnamomum zeylanicum*). || **reginèlla**, dim. | **reginétta**, dim. (V.) | **reginòtta**, dim. (V.).

reginétta s. f. *1* Dim. di *regina*. *2* Giovane regina. *3* Titolo conferito a una ragazza che primeggia in un concorso di bellezza: *dopo il ballo ci sarà la proclamazione della r.*

reginòtta s. f. *1* Dim. di *regina*. *2* Principessa, spec. di fiaba e sim.

règio [vc. dotta, lat. *rēgiu(m)*, da *rēx*, genit. *rēgis* 're'] **A** agg. (pl. f. *-gie*) *1* Del re, in quanto capo di una monarchia: *titolo r.*; *potestà, autorità regia*; *per r. decreto*. *2* Dello Stato, retto a monarchia: *il r. esercito*; *la regia marina*. *3* (*chim.*) *Acqua regia*, miscela di acido nitrico e acido cloridrico usata per sciogliere i metalli nobili. *4* (*raro, fig.*) Principale: *cammino r.* | *Via, strada regia*, la via maestra, la più comoda e ampia | *Scala regia*, scala principale dei palazzi. || **regiaménte**, avv. (*raro*) Regalmente. **B** s. m. ● (*spec. al pl.*) Soldati del re, nell'età risorgimentale.

†**regioire** [ant. fr. *rejoir*, comp. di *re-* 're-' e *joir* 'gioire'] v. intr. ● Essere lieto, in gioia.

regiolètto [da *regio(ne)*, sul modello di *idioletto*] s. m. ● (*ling.*) Dialetto usato in una regione.

regionàle [vc. dotta, lat. tardo *regionāle(m)*, da *rĕgio*, genit. *regiōnis* 'regione'] agg. *1* Della regione in generale o di una in particolare: *struttura r.*; *legislazione r.*; *i problemi regionali locali*; *consiglio r.*; *autonomia legislativa r.* | *Voce, locuzione r.*, regionalismo | *Legge r.*, emanata dagli organi legislativi della regione | *Stato r.*, Stato unitario con autonomie regionali, cioè istituzionalmente decentrato a mezzo di regioni. *2* Detto di fenomeno geologico che interessa vaste aree della superficie terrestre, quali oceani, continenti, catene montuose | *Metamorfismo r.*, metamorfismo di rocce dovuto alla loro localizzazione in profondità entro la crosta terrestre. || **regionalménte**, avv. Secondo le regioni.

regionalìsmo [comp. di *regionale* e *-ismo*] s. m. *1* Eccessivo interesse e amore per la propria regione: *peccare di r.* *2* Tendenza politica favorevole alle autonomie regionali. *3* (*ling.*) Fenomeno linguistico proprio di una regione.

regionalìsta [da *regionale*] s. m. e f.; anche agg. (pl. m. *-i*) *1* Partigiano della propria regione in quelli che sono i suoi usi e le sue caratteristiche più tipiche: *è un acceso r. per quello che riguarda la cucina*. *2* Sostenitore del regionalismo.

regionalìstico agg. (pl. m. *-ci*) ● Da regionalista, conforme al regionalismo.

regionalizzàre [fr. *régionaliser*, da *régional* 'regionale'] v. tr. ● (*bur.*) Trasferire, attribuire alla competenza normativa o alla proprietà di una regione.

regionalizzazióne s. f. ● Atto, effetto del regionalizzare.

regióne [vc. dotta, lat. *regiōne(m)* 'direzione, linea di confine', poi 'territorio', da *rĕgere* 'dirigere'. V. *reggere*] **A** s. f. *1* Porzione della terra, del cielo o dello spazio dotata di caratteristiche sue proprie: *r. boreale*; *r. antartica*; *regioni tropicali, polari, temperate, aride, steppose* | *R. climatica*, zona limitata della superficie terrestre con clima uniforme, omogeneo. *2* Plaga, territorio: *la r. dei grandi laghi*; *le regioni disabitate della terra*; *una ridente r. ricca di boschi e prati*. *3* (spesso scritto con iniziale maiuscola) Ente di amministrazione statale indiretta, autonomo e autarchico, che esercita attività nell'interesse dello Stato oltre che proprio: *presidente della r.* | *R. a statuto speciale*, a cui è riconosciuta una più ampia autonomia. *4* (*est.*) Zona, settore, parte (*anche fig.*): *le regioni della scienza* | (*anat.*) Particolare suddivisione topografica dell'organismo a scopo descrittivo: *r. dorsale, lombare*. *5* (*mat.*) Sottoinsieme d'una figura, solitamente della stessa dimensione di questa. *6* Ogni circoscrizione territoriale dell'antica città di Roma. *7* (*fig.*) Campo, dominio: *la r. della fantasia, dell'arte*; *le meravigliose regioni della scienza, ancora in parte inesplorate*; *le più intime regioni della moralità umana* (DE SANCTIS). **B** in funzione di agg. inv. ● (posposto al s.) Nella loc. *Ente r.*, regione nel sign. A 3.

regìsta [da *regia*, sul tipo *allegoria-allegorista*, *economia-economista* ecc.] s. m. e f. (pl. m. *-i*) *1* Responsabile del coordinamento, dell'impostazione e del risultato artistico di uno spettacolo: *r. teatrale, cinematografico* | *Aiuto r.*, assistente del regista durante la lavorazione di un film o la preparazione di uno spettacolo teatrale o televisivo. *2* (*fig.*) Chi organizza e dirige una cerimonia, una manifestazione pubblica e sim.: *quel giornalista è stato l'abile r. del colpo pubblicitario.*

regìstico agg. (pl. m. *-ci*) ● Di, relativo a, regia o regista.

registràbile agg. *1* Che si può registrare: *spesa r.* *2* Che merita, deve essere registrato, ricordato: *un fatto r.* | *Musica r.*, adatta ad essere registrata.

registràre [da *registro*] v. tr. *1* Scrivere in un registro: *r. le nascite, le morti*; *r. un ricavo, un'entrata*; *r. a partita semplice, doppia*; *r. un marchio d'impresa* | *R. un veicolo*, immatricolarlo. *2* (*est.*) Prendere nota, ricordare: *la storia registra i fatti* | Tener conto di q.c.: *r. un atto di generosità*. *3* Trascrivere, per mezzo di un apparecchio registratore, direttamente in un grafico la grandezza misurata. *4* Fissare suoni o immagini su supporti adatti, quali dischi pellicole o nastri, utilizzando tecniche atte a permettere una riproduzione dei medesimi suoni o immagini a distanza di tempo. *5* (*mus.*) Aprire i registri dell'organo in modo che le canne loro assegnate suonino. *6* Mettere a punto un congegno o una macchina: *r. l'indice di uno strumento* | *R. un orologio*, spostare la levetta del bilanciere per fare anticipare o ritardare il meccanismo.

registràta [f. sost. dell'agg. *registrato*] s. f. ● Programma televisivo o radiofonico registrato in un momento precedente a quello della messa in onda. SIN. Differita. CFR. Diretta.

registràto part. pass. di *registrare*; anche agg. ● Nei sign. del v.

registratóre **A** agg. (f. *-trice*) ● Che registra | Detto di strumento di misura provvisto di organo scrivente che traccia un diagramma dei valori assunti dalla grandezza misurata in funzione del tempo | *Barometro r.*, barografo. **B** s. m. *1* Chi registra, spec. il funzionario delle cancellerie medievali addetto alla registrazione su apposito registro dei documenti emanati. *2* Apparecchio o strumento per registrare | *R. del suono*, (*ell.*) *registratore*, strumento atto a registrare o a riprodurre i suoni: *r. a cassette* | *R. di cassa*, macchina da calcolo scrivente utilizzata in negozi e sim. per facilitare i conteggi, fornire uno scontrino con la prova dell'avvenuto pagamento e registrare, totalizzandoli su nastro, gli importi incassati | *R. a nastro magnetico*, apparecchiatura elettronica per registrare su nastro magnetico una informazione sonora o visiva | (*aer.*) *R. di volo*, scatola nera. *3* Grossa cartellina di cartone o altro, con fermagli, per la raccolta della corrispondenza o di documenti in genere.

registratùra s. f. ● (*raro*) Registrazione.

registrazióne s. f. *1* Operazione, effetto del registrare: *la r. di un incasso*; *r. in dare, in avere*; *spese di r.*; *la r. di un orologio*; *r. di un fenomeno mediante diagramma*; *la r. di una scossa sismica* | *R. del suono*, operazione mediante la quale si fissano suoni o immagini su supporti adatti, quali dischi pellicole o nastri, utilizzando tecniche atte a permettere una riproduzione dei medesimi suoni o immagini a distanza di tempo | *R. dell'organo*, arte di scegliere e mescolare i vari registri dell'organo. *2* (*radio, tv*) Programma trasmesso successivamente all'esecuzione e quindi non in diretta | (*est.*) Locale, studio, in cui viene eseguita la registrazione. *3* (*dir.*) Annotazione degli atti e fatti giuridici stabiliti dalla legge su pubblici registri avente funzioni di pubblicità o, raramente, costitutive: *r. della ditta, di un trattato internazionale, delle società* | *R. con riserva*, atto con cui la Corte dei Conti dispone che il provvedimento da essa riconosciuto illegittimo può avere esecuzione sotto la responsabilità politica dell'autorità governativa.

regìstro [deformazione del lat. tardo *regĕsta*. V. *regesto*] s. m. *1* Libro, quaderno, fascicolo in cui si registra, si prende nota di q.c. | *R. dell'insegnante*, nell'ordinamento scolastico, quello individuale in cui ciascun insegnante annota tutto quanto concerne l'insegnamento della propria materia, come l'argomento delle lezioni svolte, le assenze degli allievi, i giudizi e i voti di profitto | *R. di classe*, nell'ordinamento scolastico, quello collettivo su cui i vari insegnanti che si alternano o succedono in classe lungo l'arco quotidiano delle lezioni annotano assenze e presenze degli allievi, note disciplinari di questi, e sim. | (*mar.*) *R. di bordo*, su una nave mercantile, quello su cui si annotano le merci caricate con l'indicazione della quantità, origine, destinazione. *2* (*dir.*) Documento pubblico, spesso in forma di libro o fascicolo, su cui si annotano atti giuridicamente rilevanti concernenti beni e persone fisiche o giuridiche al fine di assicurare loro pubblicità verso i terzi e valore probatorio: *registri immobiliari*; *r. automobilistico*; *r. aeronautico*; *r. delle successioni*; *r. catastale* | *Imposta di r.*, quella dovute sugli atti scritti in genere, spec. sentenze e contratti | *Ufficio del r.*, organo periferico dell'amministrazione finanziaria dello Stato che accerta e riscuote le imposte indirette sugli affari, fra cui anche le imposte di registro. *3* (*est.*) Ufficio o ente pubblico che emette e conserva i documenti e i registri relativi a un dato tipo di beni: *Registro Aeronautico Italiano*. *4* Congegno per la messa a punto di un meccanismo | Negli orologi, ordigno sul ponte del bilanciere che permette, grazie ai suoi spostamenti circolari, di allungare o accorciare la lunghezza attiva della spirale, e quindi di fare ritardare o anticipare l'orologio. *5* (*elab.*) Organo o zona di memoria destinato a particolari e prestabilite funzioni di calcolo o logiche. *6* (*mus.*) Parte dell'estensione della voce o di uno strumento: *r. di tenore*; *r. alto, basso* | Nell'organo, nell'armonio e nel clavicembalo, leva per azionare il meccanismo preposto alla produzione di ciascun timbro in dotazione allo strumento | *Cambiare r.*, (*fig.*) cambiare contegno, modo di fare. *7* (*ling.*) Fascia di frequenza in cui si collocano acusticamente i suoni della voce umana | Utilizzazione che il parlante fa dei diversi usi linguistici in rapporto al contesto sociale in cui si trova. *8* (*tip.*) Perfetta concordanza di posizione fra due o più elementi costituenti un unico insieme, ma stampati in tempi diversi | *Mettere a r.*, far concordare la posizione di due o più dei suddetti elementi. *9* †Regesto.

registrotèca [comp. di *registrato*, accorciato in *registro* per evitare l'incontro di troppe *t*, e *teca*] s. f. ● (*raro*) Nastroteca.

regiudicàta o **re giudicàta** [lat. *rē(m) iudicāta(m)* 'cosa giudicata'. V. *re* (*2*) e *giudicato*] s. f.; anche agg. ● (*dir.*) Provvedimento giurisdizionale non più soggetto ai normali mezzi di impugnazione e quindi definitivo | *Divenire r.*, passare in giudicato.

†**regnàme** [sovrapposizione di *regno* a *reame*] s. m. ● Reame.

regnànte **A** part. pres. di *regnare*; anche agg. ● Nei sign. del v. **B** s. m. e f. ● (*lett.*) Re: *saranno presenti gli ultimi regnanti europei*; *ivi eran quei che fûr detti plebei, / pontefici, regnanti, imperadori* (PETRARCA).

regnàre [vc. dotta, lat. *regnāre*, da *rēgnum* 'regno'] **A** v. intr. (*io régno*; aus. *avere*) *1* Essere capo di uno stato monarchico esercitandovi l'autorità e le funzioni di re: *regnava in la terra de oriente, / di là da l'India, un gran re* (BOIARDO); *Vittorio Emanuele II regnò per molti anni* | Avere autorità sovrana: *la dinastia degli Asburgo regnò in Europa*. *2* (*est.*) Avere potere, dominio (*anche fig.*): *i Turchi regnarono in Oriente*; *spesso regnano i malvagi e gli astuti* | *Dio regna nei cieli*, ha il regno divino | (*fig.*) Essere presente, diffuso ovunque: *qui regna la concordia*; *fra voi regna un'opinione falsa*. SIN. Predominare. *3* Allignare, prosperare, vegetare, detto di piante: *in questa regione regna l'ulivo*. *4* Soffiare, spirare, tirare, detto di venti. *5* †Ricorrere, continuare. **B** v. tr. *1* †Dominare, governare. *2* †Far prosperare, vivere, vegetare.

regnatóre [vc. dotta, lat. *regnatōre(m)*, da *regnātus* 'regnato'] agg.; anche s. m. (f. *-trice*) ● (*lett.*)

Che, chi regna (*anche est.*).

†regnatùro [vc. dotta, lat. *regnatūru(m)*, part. pass. di *regnāre*] **agg.** ● Che è destinato a regnare.

regnìcolo [vc. dotta, lat. tardo *regnĭcola(m)*, comp. di *rēgnum* 'regno' e *-cola*] **agg.**; anche **s. m.** *1* (*lett.*) Abitante, cittadino di un regno. *2* (*spec. al pl.*, *ant.*) Detto dei cittadini del Regno di Napoli e poi di quelli del Regno d'Italia.

régno [vc. dotta, lat. *rēgnu(m)*, da *rēx*, genit. *rēgis* 're'] **s. m.** *1* Stato monarchico retto da un re: *il r. di Spagna* | *Il r. Unito*, (*per anton.*) l'Inghilterra | (*est.*) Il territorio posto sotto l'autorità del re: *è un piccolo r.*; *cambiare i confini del r.* | (*est.*) Dominio, sovranità di re e la sua durata: *pervenire al r.*; *aveva ambizioni di r.*; *sotto il r. di Luigi XIV* | *Abdicare al r.*, rinunziare a regnare. *2* (*est.*) Luogo di dimora, di potere, di predominio di qc. o q.c. (*anche fig.*): *il r. di Dio*; *l'Antartide è il r. dei ghiacci*; *questa casa è il r. del disordine* | *Essere nel proprio r.*, (*fig.*) sentirsi a proprio agio, nell'ambiente adatto, più congeniale | *I regni oltremondani*, inferno, purgatorio e paradiso | *Il r. beato*, il Paradiso | *Il r. delle tenebre*, l'Inferno | *Il r. di Dio*, nell'ebraismo, l'ordine costituito con l'avvento del Messia; nel cristianesimo, la comunità dei redenti del Cristo partecipanti alla gloria di Dio | *Il r. della fantasia*, il mondo della fantasia. *3* (*biol.*) Nella classificazione degli organismi, la maggiore categoria sistematica: *il r. animale*. *4* †Corona reale. || **regnétto**, **dim.** | **regnùccio**, **pegg.** | **regnùcolo**, **pegg.**

règola o **†règula** [vc. dotta, lat. *rēgula(m)* 'asticella, squadra', poi 'regola, norma', da *rĕgere* 'dirigere'. V. *reggere*] **s. f.** *1* Andamento più o meno ordinato e costante di un complesso di eventi: *fenomeni al di fuori di ogni r.*; *senza una r. fissa* | *Di r.*, normalmente, solitamente | *Fare r.*, rappresentare la norma, la consuetudine | *Essere eccezione alla r.*, essere fuori della norma | *Disporre q.c. con una certa r.*, seguendo una disposizione ordinata. *2* (*est.*) Precetto, norma indicativa di ciò che si deve fare in certe circostanze: *trasgredire*, *osservare*, *mutare la r.*; *avere una r. di vita* | *Tenersi a una r.*, regolarsi secondo un certo criterio | *Essere in r.*, essere nella situazione ideale o richiesta per fare q.c. | *Essere in r. verso qc.*, avere mantenuto un contegno ineccepibile verso qc., non avere colpe verso qc. | *Avere le carte in r.*, (*fig.*) essere in condizione di aspirare a q.c. in virtù dei requisiti posseduti | Norma, prescrizione frutto dell'esperienza o della consuetudine: *trasgredire le regole della buona educazione*; *stare alle regole del gioco* | *È fatto a r. d'arte*, è privo di difetti | *Agire con tutte le regole*, *in piena r.*, con attenzione, coscienza o perizia | *È buona r.*, è consuetudine universalmente accettata | *Per vostra norma e r.*, affinché sappiate regolarvi. *3* Metodo che permette la risoluzione di problemi o l'applicazione di determinati assunti: *la r. del tre semplice*; *le regole della grammatica*. *4* (*ling.*) Nella grammatica tradizionale, norma prescrittiva per parlare o scrivere secondo il modello stilistico dominante | In linguistica, ipotesi descrittiva riguardante il funzionamento grammaticale della lingua o i mutamenti storici della lingua stessa | Nella grammatica generativa, istruzione per assegnare in modo esplicito una descrizione strutturale a ciascuna frase, o per operare cambiamenti su intere sequenze di frase convertendole in nuove strutture derivate: *r. di riscrittura*; *r. trasformazionale*. *5* Misura, modo: *avere una r. nello spendere* | *Senza r.*, senza moderazione. *6* Il complesso delle norme con le quali generalmente il fondatore disciplina la vita comunitaria e gli obblighi degli appartenenti a un ordine religioso o ad una congregazione | Libro o testo scritto contenente tali norme: *r. di S. Benedetto*, *di S. Francesco*, *di S. Domenico*. *7* (*spec. al pl.*) Mestruazioni. || **regolétta**, **dim.** | **regolìna**, **dim.** | **regolùccia**, **regolùzza**, **dim.**

regolàbile **agg.** ● Che si può regolare: *meccanismo r.*; *velocità r.*

regolamentàre (1) **agg.** ● (*bur.*) Del regolamento: *norma r.* | Conforme al regolamento: *distanza r.* || **regolamentarménte**, **avv.** (*raro*) In modo regolamentare.

regolamentàre (2) **v. tr.** (*io regolaménto*) ● Ordinare, sistemare con l'emanazione di un regolamento: *r. il traffico di valuta*.

regolamentazióne **s. f.** ● (*bur.*) Atto, effetto del regolamentare.

regolaménto **s. m.** *1* Modo, atto, effetto del regolare: *r. delle acque fluviali*, *marine* | *R. di conti*, (*gerg.*) soluzione violenta di vertenze, spec. fra bande rivali appartenenti alla malavita. *2* Complesso delle norme per mezzo delle quali si dirige o conduce q.c.: *attenersi al r.*; *r. scolastico*; *r. edilizio*. **SIN.** Ordinamento. *3* Pagamento di un debito: *r. rateale*.

regolànte **part. pres.** di *regolare* (*1*); anche **agg.** ● Nei sign. del v.

regolàre (1) [vc. dotta, lat. tardo *regulāre*, da *rēgula* 'regola'] **A** **v. tr.** (*io règolo*) *1* Ordinare, sistemare in base a una regola: *r. il traffico*, *la circolazione stradale*. **SIN.** Disciplinare. *2* (*est.*) Governare, guidare, dirigere, detto di autorità, principi morali o leggi: *l'amore per il prossimo regola la loro vita*; *leggi fisiche regolano l'universo*. *3* Ridurre, limitare: *r. le spese domestiche* | *R. il calore di una stufa*, fare in modo che abbia un'intensità costante, secondo il bisogno | (*fig.*) *R. i propri sentimenti*, controllarli. *4* Modificare il funzionamento di q.c. allo scopo di migliorarlo: *r. un apparecchio* | *R. un fiume*, *un corso d'acqua*, *le acque di un fiume*, mantenerne ottimale il regime mediante opportune opere murarie. *5* Sistemare nel modo migliore (*anche fig.*): *r. una questione*; *avrei avuto bisogno di un grande riposo per chiarire il mio animo e anche r. e forse assaporare il mio dolore* (SVEVO) | *R. un conto*, liquidarlo, pagarlo | *R. i conti con qc.*, (*fig.*) risolvere un diverbio, una discussione, un litigio con la vendetta | *R. gli avversari*, nel linguaggio sportivo, spec. nel ciclismo, batterli imponendo la propria superiorità. **B** **v. rifl.** *1* Avere un comportamento, un atteggiamento adatto alle circostanze: *non sapere come regolarsi con qc.*; *sapere regolarsi da sé* | *Regolatevi!*, fate come credete meglio. **SIN.** Procedere. *2* Tenersi nel giusto limite senza eccedere: *regolarsi nel mangiare*, *nel bere*, *nello spendere*. **SIN.** Controllarsi, moderarsi.

regolàre (2) [vc. dotta, lat. tardo *regulāre(m)*, da *rēgula* 'regola'] **agg.** *1* Che segue o mantiene una regola: *andamento*, *moto r.* | *Esercito r.*, reclutato e ordinato secondo le leggi. *2* Che non contravviene l'uso, le norme dettate dall'esperienza o la consuetudine: *la tua domanda non è r.* | (*raro*) *Ora r.*, discreta, opportuna. **SIN.** Consueto, corretto. *3* Che non rivela irregolarità o imperfezioni: *lineamenti regolari* | *Statura r.*, né alta né bassa | *Tenere un passo r.*, camminare senza affrettarsi né rallentare troppo | *Essere r. in q.c.*, essere costante, puntuale, detto di persone. *4* (*ling.*) Detto di fatto linguistico conforme ad un tipo considerato dominante | *Verbi regolari*, che seguono i tipi stabiliti di coniugazione. || **regolarménte**, **avv.** *1* Con regola, secondo le regole: *compilare regolarmente un modulo*. *2* Secondo il regolamento o l'uso: *la domenica i negozi sono regolarmente chiusi*. *3* In modo simmetrico, ordinato: *gli alunni erano regolarmente seduti in due file di banchi*. *4* Secondo una successione temporale costante; con regolarità costante: *vado dal dentista regolarmente due volte all'anno*; (*iron.*) Sistematicamente: *è impossibile mettersi in contatto con lui: il suo telefono è regolarmente occupato*.

regolarìsta **s. m.** (**pl.** *-i*) ● (*sport*) Chi prende parte a gare di regolarità.

regolarità **s. f.** ● L'essere regolare: *non è accertata la r. della procedura*; *una rara r. di lineamenti* | *R. nel pagare*, puntualità | *Gare di r.*, nell'automobilismo e motociclismo, prove in cui i concorrenti devono osservare la tabella di marcia e compiere il percorso nel tempo stabilito.

regolarizzàre [comp. di *regolar(e)* e *-izzare*] **v. tr.** ● Rendere regolare, conforme alla regola: *r. una situazione*.

regolarizzazióne **s. f.** ● Atto, effetto del regolarizzare.

regolàta [part. pass. f. sost. di *regolare* (*1*)] **s. f.** ● Messa a punto, spec. frettolosa | (*fig.*, *fam.*) *Darsi una r.*, adattare il proprio comportamento o atteggiamento alle circostanze dopo averle valutate; calmarsi, agire in maniera più ragionevole dopo un iniziale comportamento esagitato.

regolatézza [da *regolato*] **s. f.** ● L'essere ordinato, costante nelle proprie abitudini di vita: *vivere con grande r.*

regolatìvo [da *regolato*] **agg.** ● Che agisce come elemento regolatore: *carattere r. di una disciplina di studio*.

regolàto **part. pass.** di *regolare* (*1*); anche **agg.** *1* Nei sign. del v. *2* (*raro*) Che ha forme regolari, proporzionate. || **regolataménte**, **avv.** In modo regolato: *vivere regolatamente*. **SIN.** Moderatamente, ordinatamente.

regolatócco [comp. di *regola(re)* (*1*) e *tocco* (*2*)] **s. m. inv.** ● Nella macchina per scrivere, dispositivo che serve a regolare l'intensità di battuta.

regolatóre **A** **agg.** (**f.** *-trice*) ● Che regola, dà le norme: *principio r.*; *mente regolatrice* | *Piano r.*, complesso di programmi tecnici di organizzazione e disciplina urbanistica, di un determinato territorio, città o parte di essa. **B** **s. m.** *1* Chi regola: *i regolatori del traffico cittadino*. *2* (*raro*) Chi formula le regole, i precetti di un'arte, una disciplina e sim. *3* Meccanismo, dispositivo che regola il funzionamento di q.c.

regolazióne **s. f.** ● Modo, atto del regolare.

regolìstica [da *regola* col suff. *-istica*, proprio di diversi raggruppamenti, dall'*-istico* degli agg.] **s. f.** ● Sistema, complesso di regole.

regolìzia [stessa etim. di *liquirizia*, con alterazione pop.] **s. f.** ● Liquirizia.

règolo (1) [da *regolare* (*1*) (V.)] **s. m.** *1* Listello, di legno o metallo, per vari usi | Asta di legno che serve al muratore per verificare se i mattoni sono ben allineati o l'intonaco spianato a dovere. *2* Striscia rettangolare di materiale solido | *R. calcolatore*, strumento un tempo molto usato per eseguire rapidamente calcoli approssimativi, costituito da due parti, una fissa e l'altra scorrevole su di essa, su ciascuna delle quali è riportata una scala. *3* Nella scacchiera, filare di otto caselle.

règolo (2) [vc. dotta, lat. *rēgulu(m)*, dim. di *rēx*, genit. *rēgis* 're'] **s. m.** *1* (*spreg.*, *lett.*) Re avente scarsa potenza e piccolo dominio: *a un affamato r. nov'esca / offron d'anime e di terre* (CARDUCCI). *2* Piccolo uccello dei Passeriformi, con sottile becco appuntito, vivente nei boschi di conifere nutrendosi di insetti (*Regulus regulus*). || **regolùzzo**, **pegg.**

regrediènte **part. pres.** di *regredire*; anche **agg.** ● Nei sign. del v.

regredìre [vc. dotta, lat. *rĕgredi*, comp. di *re-* e *grădi* 'avanzare'. V. *grado*] **v. intr.** (*io regredìsco*, *tu regredìsci*; **part. pass.** *regredìto*, o *regrèsso*; aus. *essere*) *1* Tornare indietro (*anche fig.*): *nel lavoro è meglio andare avanti che r.* **SIN.** Retrocedere. **CONTR.** Progredire. *2* (*psicol.*) Effettuare una regressione.

regredìto **part. pass.** di *regredire*; anche **agg.** ● Nei sign. del v.

regressióne [vc. dotta, lat. *regressiōne(m)*, da *regrĕssus*, part. pass. di *rĕgredi* 'regredire'] **s. f.** *1* Atto del regredire | (*raro*) Regresso, decadenza. **CONTR.** Progressione. *2* (*geol.*) Arretramento, presso il mare, della linea di spiaggia con la conseguente emersione di aree già sommerse. *3* (*biol.*) Retrocessione di una malattia o di un fenomeno biologico. *4* (*psicoan*, *psicol.*) Ritorno a stadi precedenti dello sviluppo psichico: *r. all'infanzia*. *5* (*stat.*) Studio della dipendenza fra due variabili | *Linea di r.*, che serve a regredire, cioè a passare, dai valori di una variabile a quelli corrispondenti di un'altra. *6* (*astron.*) Retrogradazione.

regressìvo [da *regresso* (*2*)] **agg.** *1* Che regredisce, tende alla regressione o la favorisce: *andamento r. di un fenomeno*; *idee regressive*. **CONTR.** Progressivo. *2* (*filos.*) Che concerne o interessa il metodo analitico | Che procede induttivamente dagli effetti alle cause. *3* Che per vari motivi grava maggiormente su redditi minori: *imposta di fatto regressiva*. **CONTR.** Progressivo. || **regressivaménte**, **avv.** Con moto regressivo.

regrèsso (1) o **†rigrèsso** [vc. dotta, lat. *regrĕssu(m)*, da *rĕgredi* 'regredire'] **s. m.** *1* Atto, effetto del regredire (*spec. fig.*): *il r. delle arti*, *delle discipline letterarie*; *il progresso e il r.* **SIN.** Decadenza. **CONTR.** Progresso. *2* Diritto di ripetere da altri nei casi previsti dalla legge ciò che si è pagato a un creditore: *diritto di r.*; *azione di r.*

regrèsso (2) part. pass. di *regredire* • Nei sign. del v.

†**regrètto** [fr. *regret*, da *regretter* 'fare il lamento su un morto', poi 'rammaricarsi', di etim. discussa: ant. scandinavo *grāta* 'piangere, gemere', col pref. *re-* (?)] s. m. • Rammarico, rincrescimento.

†**règula** • V. *regola*.

†**regurgitàre** e *deriv.* • V. *rigurgitare* e *deriv.*

Reich /'raik, *ted.* 'raix/ [vc. ted., 'regno', di ampia diffusione in tutte le lingue germ.] s. m. inv. (pl. ted. *Reiche*) • (*st.*) Impero, regno o altra forma di governo dello Stato tedesco | *Terzo R.*, il regime instaurato dal nazismo hitleriano e il periodo di tempo (1933-1945) nel corso del quale ha dominato in Germania e in Europa: *durante il terzo R.*

reidratànte A part. pres. di *reidratare*; anche agg. • Nel sign. del v. B s. m. • Cosmetico che serve a reidratare la pelle.

reidratàre [comp. di *re-* e *idratare*] v. tr. • Idratare nuovamente una sostanza o un organo che abbia subìto un processo di disidratazione: *r. la pelle.*

reidratazióne [da *reidratare*] s. f. • Ripristino del normale contenuto di acqua in sostanze, organi o individui disidratati.

reiètto [vc. dotta, lat. *reiĕctu(m)*, part. pass. di *reĭcere* 'gettare indietro, respingere', comp. di *re-* e *iăcere* 'gettare' (V.)] agg.; anche s. m. (f. *-a*) • Che, chi è respinto, allontanato come indegno di aiuto o considerazione: *essere r. da tutti*; *un r. della società.*

reiezióne [vc. dotta, lat. *reiectiōne(m)*, da *reiĕctus*, part. pass. di *reĭcere*. V. *reietto*] s. f. *1* (*raro*) Il ripudiare, respingere qc. SIN. Rifiuto. *2* Atto con cui un organo giudiziario o amministrativo respinge una domanda avanzata da un cittadino o un documento presentato dallo stesso: *r. di una domanda giudiziale.* *3* (*psicol.*) *R. parentale*, avversione dei genitori per il figlio, compensata di solito con eccessive attenzioni.

reificàre v. tr. (*io reìfico, tu reìfichi*) • Sottoporre a reificazione.

reificazióne [ingl. *reification*, comp. del lat. *rēs*, genit. *rĕi* 'cosa' (V. *re* (2)) e dell'ingl. *-fication* '-ficazione'] s. f. *1* Nel marxismo, processo per cui l'uomo si estranea da se stesso, identificandosi con gli oggetti e le realtà materiali da lui prodotte fino a divenirne lo strumento passivo. *2* (*psicol.*) Processo mentale per cui concetti astratti vengono trasformati in realtà concrete, in oggetti.

Reifórmi [comp. del lat. scient. *Rhĕa*, n. di un genere di uccelli (dal lat. cl. *Rhĕa*, altro n. di Cibele, dal gr. *Réa*, di etim. incerta), e *-forme*] s. m. pl. • Nella tassonomia animale, ordine di Uccelli non volatori, privi di carena, con tre dita in ciascun piede (*Rheiformes*) | (al sing. *-e*) Ogni individuo di tale ordine.

reimbarcàre o **rimbarcàre** [comp. di *re-* e *imbarcare*] A v. tr. (*io reimbàrco, tu reimbàrchi*) • Imbarcare di nuovo: *r. i passeggeri, la merce sulla nave.* B v. rifl. • Imbarcarsi di nuovo.

reimbàrco o **rimbàrco** [da *reimbarcare*] s. m. (pl. *-chi*) • Atto, effetto del reimbarcare o del reimbarcarsi.

reimpiantàre [comp. di *re-* e *impiantare*] v. tr. • Impiantare di nuovo.

reimpiànto s. m. *1* Atto, effetto del reimpiantare. *2* (*agr.*) Rinnovamento di una coltura legnosa mediante la sostituzione di una pianta vecchia con una giovane della stessa specie. *3* (*med.*) Tecnica chirurgica che serve a ricongiungere parti del corpo separate: *r. di un arto*; *r. dentale.*

reimpiegàre o (*raro*) **rimpiegàre** [comp. di *re-* e *impiegare*] v. tr. (*io reimpiègo, tu reimpièghi*) • Impiegare un'altra volta: *r. il personale più capace.*

reimpiègo o (*raro*) **rimpiègo**. s. m. (pl. *-ghi*) • Atto, effetto del reimpiegare.

reimpostàre [comp. di *re-* e *impostare* (1)] v. tr. • Impostare di nuovo: *r. un problema.*

reimpostazióne s. f. • Atto, effetto del reimpostare.

reimpressióne [comp. di *re-* e *impressione*] s. f. *1* Ristampa. *2* (*filat.*) Riproduzione di francobolli fuori corso fatta con i punzoni originari.

†**reina** • V. *regina*.

reincaricàre [comp. di *re-* e *incaricare*] v. tr. (*io reincàrico, tu reincàrichi*) • Dare di nuovo lo stesso incarico | (*polit.*) Affidare al Primo Ministro o Presidente del Consiglio dimissionario un reincarico.

reincàrico [comp. di *re-* e *incarico*] s. m. (pl. *-chi*) • Nuovo incarico o riconferma di un incarico precedente | (*per anton., polit.*) Incarico di formare il nuovo governo affidato al Primo Ministro o Presidente del Consiglio dimissionario.

reincarnàre o (*raro*) **rincarnàre** [comp. di *re-* e *incarnare*] A v. tr. • Ripetere in modo molto somigliante le fattezze di qc.: *quel bambino reincarna perfettamente il nonno.* B v. intr. pron. • Assumere un nuovo corpo, nel ciclo delle esistenze, secondo le credenze relative alla reincarnazione.

reincarnazióne o (*raro*) **rincarnazióne** [comp. di *re-* e *incarnazione*] s. f. *1* In alcune religioni e scuole mistico-filosofiche, il trasmigrare dell'anima, dopo la morte, in altro corpo, umano, animale o vegetale, più volte successivamente e con efficacia purificatoria, fino alla liberazione finale dal ciclo delle esistenze. *2* (*fig., raro*) Chi assomiglia moltissimo a qc. nel fisico, nel carattere, nel modo di agire: *è la r. di un grande condottiero.*

†**reincidènza** [comp. di *re-* e *incidenza*] s. f. • (*raro*) Recidività.

reinfettàre [comp. di *re-* e *infettare*] A v. tr. (*io reinfètto*) • Infettare di nuovo. B v. intr. pron. • Infettarsi di nuovo.

reinfezióne [comp. di *re-* e *infezione*] s. f. • (*med.*) Nuova infezione prodotta in un soggetto dagli stessi microrganismi responsabili di un'infezione precedente.

reingàggio [comp. di *re-* e *ingaggio*] s. m. • Atto dell'ingaggiare di nuovo | (*sport*) *Premio di r.*, nel calcio e sim., somma corrisposta al calciatore quando, alla scadenza del contratto, decide di continuare a far parte della società.

reingrèsso [comp. di *re-* e *ingresso* (1)] s. m. • Nuovo ingresso, spec. in seno a comunità, associazioni e sim.: *ha fatto un solenne r. nella vita del teatro.*

reinnestàre o **rinnestàre** [comp. di *re-* e *innestare*] v. tr. (*io reinnèsto*) *1* (*agr.*) Compiere un nuovo innesto. *2* (*raro, fig.*) Ricongiungere, unire.

reinnèsto s. m. • Atto, effetto del reinnestare.

reinscritto part. pass. di *reinscrivere* • (*bur.*) Nel sign. del v.

reinscrivere [comp. di *re-* e *inscrivere*] v. tr. (coniug. come *scrivere*) • (*bur.*) Inscrivere di nuovo.

reinsediàre [comp. di *re-* e *insediare*] A v. tr. (*io reinsèdio*) • Reintegrare qc. in un ufficio, in una carica importante. B v. intr. pron. • Riprendere possesso di una carica.

reinseriménto [comp. di *re-* e *inserimento*] s. m. • Atto, effetto del reinserire: *il r. nella vita attiva dopo la lunga detenzione gli è stato difficile.*

reinserire [comp. di *re-* e *inserire*] A v. tr. (*io reinserìsco, tu reinserisci*) • Inserire nuovamente qc. o q.c. in un complesso o un insieme di cui faceva parte: *r. una vite nel suo foro*; *r. qc. in un ambiente.* B v. rifl. • Rimettersi, ricollocarsi in un determinato ambiente: *reinserirsi nella società, nel mondo del lavoro.*

reinstallàre [comp. di *re-* e *installare*] v. tr. *1* Installare di nuovo. *2* Reinsediare.

reintegra [da *reintegrare*] s. f. • (*bur.*) Reintegrazione.

reintegràbile [da *reintegrare*] agg. • Che si può reintegrare.

reintegraménto o (*lett.*) **rintegraménto**. s. m. • (*raro*) Reintegrazione.

reintegràre o (*raro, lett.*) **redintegràre**, (*lett.*) **rintegràre** [lat. *redintegrāre* (V.), con cambio di pref.] A v. tr. (*io reintegro*) *1* Fare ritornare q.c. nello stato in cui era prima, nell'interezza precedente (*anche fig.*): *r. la produzione tessile con nuove fibre*; *r. le energie con la ginnastica*; *quest'etere vivace, / che gli egri spiriti accende / e le forze rintegra* (PARINI) | †*R. una battaglia*, riprenderla con vantaggio. *2* Rimettere di nuovo qc. in una certa posizione, secondo i suoi diritti: *r. un impiegato nel suo ufficio* | *R. qc. del danno subìto*, risarcirlo. B v. rifl. • Riprendere le proprie funzioni, il proprio posto e sim.: *reintegrarsi in un impiego, in un'attività.* C v. intr. pron. • †Ridiventare intero | (*fig.*) Riordinarsi, ricomporsi.

reintegratìvo agg. • Che serve a reintegrare: *risarcimento r. dei danni.*

reintegràto part. pass. di *reintegrare*; anche agg. • Nei sign. del v.

reintegratóre o (*lett.*) **rintegratóre**. s. m.; anche agg. (f. *-trice*) • (*raro*) Chi, che reintegra.

reintegrazióne o (*lett.*) **rintegrazióne**. s. f. *1* Atto, effetto del reintegrare (*anche fig.*) | *R. dei danni*, risarcimento. *2* Ricollocazione di qc. nella posizione posseduta antecedentemente al verificarsi di eventi dannosi: *r. in una carica.*

reìntegro [da *reintegrare*] s. m. • (*bur.*) Reintegrazione.

reinterpretàre [comp. di *re-* e *interpretare*] v. tr. (*io reintèrpreto*) • Interpretare di nuovo, spiegare in maniera diversa un fatto, una consuetudine, un comportamento, un testo, un'espressione artistica.

reinterpretazióne [da *reinterpretare*] s. f. • Atto, effetto del reinterpretare.

reintrodùrre o **rintrodùrre** [comp. di *re-* e *introdurre*] A v. tr. (coniug. come *introdurre*) • Introdurre di nuovo. B v. intr. pron. o rifl. • Entrare, inserirsi di nuovo: *reintrodursi in un gruppo.*

reinventàre [comp. di *re-* e *inventare*] v. tr. • Inventare di nuovo: *r. un personaggio.*

reinvestiménto o **rinvestiménto**. s. m. • Atto, effetto del reinvestire | Nuovo investimento di denaro: *r. di un capitale.*

reinvestire o **rinvestire** [comp. di *r(i)-* e *investire*] v. tr. (*io reinvèsto*) *1* (*econ.*) Investire di nuovo, mettere di nuovo a frutto, detto dei proventi da realizzo di precedenti capitali: *reinvestì subito in azioni l'eredità dello zio.* *2* Investire di nuovo con un urto violento: *dopo la macchina lo reinvestì anche una motocicletta.* *3* (*st.*) Investire di nuovo, concedere di nuovo un feudo, un privilegio, un'onorificenza, un beneficio: *l'imperatore lo reinvestì della contea da cui era stato esautorato.* *4* †Rivestire.

reinvestitùra o **rinvestitùra** [comp. di *r(i)-* e *investitura*] s. f. • (*st., raro*) Nuova investitura.

†**reinvitàre** • V. *rinvitare*.

reità o †**reitàde**, †**retà**. s. f. *1* Condizione di reo. SIN. Colpevolezza. *2* †Colpa, delitto, malvagità, empietà.

reiteràbile agg. • (*raro*) Che si può reiterare.

reiteraménto s. m. • (*raro*) Reiterazione.

reiteràre [vc. dotta, lat. *reiterāre*, comp. di *re-* e *iterāre*] v. tr. (*io reitero*) • (*lett.*) Replicare q.c. che si è già fatta: *r. le promesse* | (*raro*) Ripetere: *r. i baci, i saluti.*

reiteràto part. pass. di *reiterare*; anche agg. • Nei sign. del v. ‖ **reiterataménte**, avv. Più volte, ripetutamente.

reiterazióne s. f. *1* Atto, effetto del reiterare: *r. di una promessa.* SIN. Ripetizione. *2* (*ling.*) Figura retorica che consiste nel ripetere la stessa idea con sinonimi o perifrasi: *Movesi il vecchierel canuto et bianco* (PETRARCA).

relais /*fr.* rə'lɛ/ [vc. fr., ant. 'cambio di posta', da *relayer* 'dare il cambio', comp. di *re-* e dell'ant. fr. *laier* 'lasciare', di etim. incerta] s. m. inv. • (*elettr.*) Relè.

relàpso o **relàsso** [vc. dotta, lat. *relăpsu(m)*, part. pass. di *relābi* 'ricadere', comp. di *re-* e *lābi* 'scivolare, cader giù', di etim. incerta] agg.; anche s. m. (f. *-a*) • (*relig.*) Che, chi è ricaduto nell'eresia o nel peccato.

†**relassàre** e *deriv.* • V. *rilassare* e *deriv.*

relàsso • V. *relapso*.

relàta [f. sost. di †*relato*] s. f. inv. • (*dir.*) Nella loc. *r. di notifica*, relazione che l'ufficiale giudiziario appone in calce alla copia dell'atto notificato e con la quale attesta l'attività compiuta.

relativa [sost. f. di *relativo*] s. f. • (*ling.*) Proposizione subordinata che specifica un termine della reggente o fa da opposizione a esso.

relativismo [da *relativo*] s. m. • Dottrina della relatività della conoscenza. CONTR. Dogmatismo.

relativista [da *relativo*] s. m. e f. (pl. m. *-i*) • Chi segue una dottrina filosofica relativistica.

relativìstico agg. (pl. m. -ci) • Che si riferisce al relativismo | Che concerne la teoria della relatività.

relatività s. f. *1* Qualità, condizione di ciò che è relativo, non assoluto nel suo significato o valore: *la r. di un'opinione*; *la r. del gusto* | *R. della conoscenza*, dottrina che fa dipendere la conoscenza dalla costituzione organica e mentale del soggetto conoscente e dal rapporto tra soggetto e oggetto. *2* Principio fisico matematico, attestante l'inesistenza di osservatori o di sistemi di riferimento privilegiati per lo studio dei fenomeni meccanici e fisici, e quindi l'inesistenza d'uno spazio e d'un tempo assoluti | Teoria della meccanica e della fisica fondata sul principio di relatività | *R. galileiana*, esprimente il fatto che le leggi meccaniche hanno la medesima forma per due osservatori in moto rettilineo e uniforme uno rispetto all'altro | *R. ristretta, speciale*, esprime l'equivalenza di due sistemi di riferimento in moto rettilineo e uniforme uno rispetto all'altro per quanto riguarda tutte le leggi meccaniche e fisiche ed è basata sull'ipotesi della costanza della velocità della luce | *R. generale*, basata sull'invarianza delle leggi meccaniche e fisiche per qualsiasi osservatore.

relativizzàre [comp. di *relativo* e *-izzare*] **v. tr.** ● Rendere relativo.

relativizzazióne **s. f.** ● Atto, effetto del relativizzare.

relatìvo [vc. dotta, lat. tardo *relatīvu(m)*, da *relātus*, part. pass. di *refĕrre* 'riferire'] **agg.** *1* Che ha rapporto, relazione con q.c.: *risposta relativa alle domande*; *atteggiamento r. alla situazione*. **SIN.** Attinente. *2* Che si riferisce, che è attinente a q.c.: *addurre le relative prove*; *pagare l'importo r. alla merce* | (*ling.*) *Pronome r.*, che richiama un nome o una frase antecedente | (*ling.*) *Proposizione relativa*, (*ell.*) *relativa*, subordinata che specifica un termine della reggente o fa da opposizione a esso. *3* Che non ha valore o significato in sé ma rispetto a q.c. con cui ha un rapporto: *la spesa è relativa*; *una felicità relativa* | *Tutto è r.*, le situazioni, le esperienze cambiano a seconda del punto di vista di chi le esamina | *Termine, elemento r.*, che assume un significato solo riferito a un altro | *Numero r.*, in matematica, numero dotato di segno. **CONTR.** Assoluto. *4* Detto di movimento e di ciò che lo riguarda, riferito a un sistema di assi mobili | *Velocità relativa*, velocità del movimento relativo. *5* Detto di metodo di misura in cui si determina il rapporto fra la grandezza da misurare e quella della stessa specie assunta come unità di misura. *6* (*mus.*) Detto del rapporto fra una tonalità maggiore ed una minore aventi le stesse alterazioni in chiave. || **relativaménte**, **avv.** In modo relativo: *un libro relativamente nuovo*; *relativamente a*, per ciò che riguarda.

†**relàto** [vc. dotta, lat. *relātu(m)*, part. pass. di *refĕrre* 'riferire'] **agg.** ● Riferito.

relatóre [vc. dotta, lat. *relatōre(m)*, da *relātus*, part. pass. di *refĕrre* 'riferire'] **A agg.** (f. *-trice*) ● Che riferisce, riporta: *ascoltare le conclusioni del segretario r.* | *Ufficiale r.*, ufficiale superiore addetto alla direzione dell'ufficio amministrazione del reggimento | *Giudice r.*, giudice istruttore che compie davanti al collegio prima del dibattimento l'esposizione dei fatti concernenti la causa e delle questioni trattate nella stessa. **B s. m.** ● Chi ha l'incarico di riferire su determinate questioni e argomenti dopo un esame personale o una discussione collegiale: *la commissione ha nominato il r.*

relàx /re'laks, *ingl.* ri'læks/ [vc. ingl., da *to relax* 'rilassarsi', dal lat. *relaxāre* 'rilassare'] **s. m. inv.** ● Stato di riposo fisico e psichico: *fare una mezz'ora di r.*

relazionàle **agg.** ● (*filos.*) Che concerne o interessa il relazionismo.

relazionalità **s. f.** ● (*filos.*) Carattere di ciò che è relazionale.

relazionàre [da *relazione*] **A v. tr.** (*io relazióno*) ● Ragguagliare, informare qc. su q.c. **B v. intr.** (aus. *avere*) ● Intessere una relazione, spec. amorosa.

relazióne [vc. dotta, lat. *relatiōne(m)*, da *relātus*, part. pass. di *refĕrre* 'riferire'] **s. f.** *1* Modo, qualità del rapporto fra due cose, due o più fenomeni, e sim.: *r. di somiglianza, di uguaglianza, di causa ed effetto* | Stretto nesso esistente tra due o più concetti, fatti, fenomeni ognuno dei quali richiama direttamente e immediatamente l'altro: *la r. tra materia e forma*; *avvenimenti in intima r. tra loro*; *mettere in r. le premesse con le conseguenze* | *In r. a*, in rapporto a. **SIN.** Dipendenza, rapporto. *2* (*mat.*) Legame o rapporto esistente tra due o più grandezze: *r. di uguaglianza* | Legge fisica: *la r. di Einstein* | *R. fra gli insiemi A e B*, sottoinsieme del prodotto cartesiano di A e B. *3* Rapporto o legame di natura economica, affettiva e sim. tra persone: *r. di amicizia, di parentela*; *interrompere le relazioni con qc.*; *essere in cordiali relazioni con il vicinato* | *Essere in buone relazioni con qc.*, andare d'accordo | *Non avere relazioni*, non avere amicizie | *Avere una r. con un uomo, una donna*, avere rapporti amorosi | *Relazioni pubbliche*, complesso di varie attività informative volte a influenzare favorevolmente la pubblica opinione intorno a persone, cose, istituzioni, aziende | (*org. az.*) *Relazioni industriali*, complesso dei rapporti fra sindacati e datori di lavoro | *Relazioni umane*, teoria sociologica e di organizzazione aziendale che rivaluta l'elemento umano del lavoro, quale fattore produttivo, nel quadro dei migliori rapporti personali fra dipendenti e imprenditori. *4* Rapporto scritto od orale svolto su un incarico o un dato argomento: *fare una r.*; *ascoltare la r. dell'incaricato alle vendite*; *leggere una r.* *5* †Notizia | †Diceria, maldicenza. || **relazioncèlla**, **dim.** | **relazionétta**, **dim.**

relazionìsmo **s. m.** ● Dottrina filosofica che interpreta la realtà come un complesso di relazioni.

relè [adattamento della vc. fr. *relais* (V.)] **s. m.** ● (*elettr.*) Apparecchio che, percepita una variazione avvenuta in un circuito di alimentazione o comando, determina un'altra variazione in uno o più circuiti comandati, permettendo di utilizzare un segnale di comando di piccola potenza per agire su un circuito comandato di potenza anche molto maggiore | *R. elettrico*, quello in cui il circuito di alimentazione e i circuiti comandati sono elettrici | *R. elettromagnetico*, relè elettrico costituito da un elettromagnete sensibile alle variazioni dell'intensità della corrente di alimentazione, il quale, agendo su un'armatura mobile di ferro dolce, determina l'apertura o la chiusura di uno o più contatti | *R. termico, a temperatura*, relè elettrico che contiene nel circuito di alimentazione un interruttore termico, quale una lamina bimetallica, e interviene quando la temperatura raggiunge un valore prestabilito, usato nei termoregolatori e a protezione di macchine elettriche contro le sovracorrenti | *R. telegrafico, telefonico*, quello in cui il segnale di comando è telegrafico o telefonico | *R. elettronico*, quello che utilizza componenti di tipo elettronico, quali tubi elettronici o transistori | (*est.*) Dispositivo non elettrico in grado di comandare apparecchiature: *r. idraulico, termico, fluidico, pneumatico*.

relegaménto **s. m.** ● (*raro*) Relegazione.

relegàre o †**rilegàre** (2) [vc. dotta, lat. *relegāre*, comp. di *re-* e *legāre* 'mandare (come ambasciatore), inviare, incaricare', da *lēx*, genit. *lēgis* 'legge'] **v. tr.** (*io rèlego*, †*relégo*, *tu rèleghi*, †*reléghi*) ● Allontanare, mandare via qc. e costringerlo a vivere in una sede lontana e sgradita: *fu relegato in un'isola sperduta* | (*fig.*) Mettere come in disparte: *fu relegato in un angolino della sala*. **SIN.** Confinare.

relegàto **part. pass.** di *relegare*; anche **agg.** ● Nei sign. del *v.*

relegatóre **agg.**; anche **s. m.** (f. *-trice*) ● (*raro*) Che, chi relega.

relegazióne [vc. dotta, lat. *relegatiōne(m)*, da *relegātus* 'relegato'] **s. f.** ● Atto, effetto del relegare, dell'essere relegato: *sopportare un'interminabile r. a letto*.

reliability /*ingl.* rilaiə'biliti/ [vc. ingl., propr. 'fiducia, attendibilità', da *reliable* 'fidato, sicuro', deriv. di *to rely* 'aver fiducia, fare affidamento', dal fr. ant. *relier* 'legare a sé' (stessa etim. di *rilegare* (*1*))] **s. f. inv.** ● (*elab.*) Qualità di un calcolatore o altra macchina elaboratrice di dati sull'esattezza dei cui risultati si può fare affidamento | (*est.*) In varie tecnologie, il grado di rispondenza di un meccanismo, un apparato e sim. alla funzione per cui è stato progettato e prodotto. **SIN.** Affidabilità.

†**religàre** ● V. *rilegare* (*1*).

religionàrio **s. m.** ● (*raro*) Chi professa una religione | Correligionario.

religióne o †**riligióne** [vc. dotta, lat. *religiōne(m)*, di etim. incerta] **s. f.** *1* Complesso delle narrazioni mitiche, delle norme etiche e salvifiche e dei comportamenti cultuali che esprimono, nel corso della storia, la relazione delle varie società umane con il mondo divino. *2* Atteggiamenti e comportamenti che corrispondono al sentimento di dipendenza della creatura dal mondo divino | *R. monoteistica*, quella che riconosce un Dio unico | *R. politeistica*, quella che è fondata nella credenza di una pluralità di rappresentazioni divine | *R. superiore*, delle civiltà di alta cultura | *R. panteistica*, quella che riconosce natura divina a tutto l'universo | *R. rivelata*, che si fonda su una rivelazione direttamente fatta da Dio all'uomo e conservata, talvolta, in forma scritta | *R. naturale*, che è fondata sulla sola ragione | *R. di Stato*, quella che uno stato riconosce ufficialmente sua propria. *3* In diritto canonico, società approvata dalla legittima autorità ecclesiastica, in cui i membri pronunziano voti pubblici, perpetui o temporanei, e tendono alla perfezione evangelica. *4* Rispetto devoto e fervido per entità astratte profondamente sentite o per sentimenti nobili: *la r. dell'arte, dell'umanità, della patria, della famiglia, dell'onestà* | (*est., fig.*) *Con r.*, con intenso raccoglimento o con esattezza scrupolosa | *Non c'è più r.*, (*fig.*) è crollato ogni rispetto per valori umani o spirituali. *5* Solennità, santità che incute rispetto e reverenza: *almen l'antica / r. del bel loco io sento* (FOSCOLO).

religiósa [f. di *religioso*] **s. f.** ● Monaca, suora.

religiosità [vc. dotta, lat. tardo *religiositāte(m)*, da *religiōsus* 'religioso'] **s. f.** *1* Qualità di chi, o di ciò che, è religioso: *un uomo di profonda r.* | (*est.*) Senso religioso inteso soggettivamente e al di là di ogni riferimento a religioni storiche o istituzionali: *il Romanticismo è permeato di una sottile e confusa r.* *2* (*est., fig.*) Scrupolosa esattezza, cura in q.c.: *eseguire con estrema r. gli ordini ricevuti*. **SIN.** Scrupolo, zelo.

religióso [vc. dotta, lat. *religiōsu(m)*, da *relĭgio*, genit. *religiōnis* 'religione'] **A agg.** *1* Della religione, di una religione: *insegnamento r.*; *rito r.* | (*est.*) Che è fatto in conformità alle norme della religione: *matrimonio r.* **SIN.** Sacro. *2* Che ha religione in sé, che osserva la religione: *sono persone molto religiose*. **SIN.** Devoto, pio. *3* (*fig.*) Riverente, rispettoso: *silenzio r.*; *ha una devozione religiosa per i genitori* | (*est., enf.*) Scrupoloso: *eseguire con religiosa attenzione un delicato lavoro di restauro*. || **religiosaménte**, **avv.** *1* Con religione, osservando i precetti religiosi: *vivere religiosamente*. *2* (*fig.*) Scrupolosamente: *adempiere, osservare religiosamente i precetti*. **B s. m.** (f. *-a* (V.)) ● Chi appartiene ad un ordine o a una congregazione religiosa e ha pronunziato voti semplici o solenni.

†**relinquere** [vc. dotta, lat. *relĭnquere* 'lasciare', comp. di *re-* e *lĭnquere* 'lasciare', di origine indeur.] **v. tr.** (oggi dif. usato solo nel **pres. indic.** e **congv.**, nel **part. pass.** *relitto* e nei tempi composti) ● (*lett.*) Lasciare, abbandonare: *era in terra di mal peso carco / come adiviene a chi virtù relinque* (PETRARCA).

reliquàrio ● V. *reliquiario*.

reliquàto [dal lat. *rĕliquus*. V. *reliquia*] **A agg.** ● (*raro*) Relitto. **B s. m.** ● Residuo, traccia.

relìquia o †**orlìqua**, †**orlìquia** [lat. *relĭquiae*, nom. pl. f., da *rĕliquus* 'restante'. V. †*relinquere*] **s. f.** *1* (*lett., spec. al pl.*) Ciò che rimane di q.c. o di qc.: *se pia la terra ... sacre le reliquie renda / dall'insultar de' nembi* (FOSCOLO). *2* Ciò che resta del corpo, delle vesti o degli oggetti appartenuti a un santo o a un beato | (*fig., scherz.*) *Tenere q.c. o qc. come una r.*, come q.c. di estremamente prezioso. *3* (*fig.*) Ciò che resta di q.c. di molto caro o grandioso o nobile: *i monumenti sono le reliquie del passato*; *questo documento è una r. del grande scrittore scomparso*.

reliquiàrio o (*pop.*) **reliquàrio**, **s. m.** ● Urna, o sim., dove si conservano le reliquie | *Sembrare un r.*, (*iron.*) di persone piene di decorazioni.

†**reliquière** **s. m.** ● Reliquiario.

relitto **A part. pass.** di †*relinquere*; anche **agg.** *1* †Nel sign. del v. *2* (*dir.*) Porzione di terreno indivisa, situata fra due grandi fondi che sono invece oggetto di divisione | Patrimonio del de cuius al momento della morte, contrapposto al donato, cioè quello che il de cuius ha donato in vita. **B agg.** ● (*geol., geogr., biol.*) Residuo, restante, da un fenomeno precedente più ampio | *Lago r.*, isolato, per movimenti tettonici, da un bacino marino | *Flora, fauna r.*, la cui attuale area di estensione è una minima parte di quella primitiva. **C s. m.**

1 Rottame, avanzo di naufragio, spec. abbandonato in mare | Carcassa di nave incagliata o abbandonata sulla costa. *2* (*fig., est.*) Chi è ridotto in misere condizioni economiche o è socialmente decaduto: *l'alcol ha fatto di lui un r. umano.*

†relùcere ● V. *rilucere.*

†reluttàre ● V. *riluttare.*

rem (1) /rem/ [sigla dell'ingl. *r(oentgen) e(quivalent) m(an)* 'equivalente in raggi X per un organismo umano'] s. m. ● (*fis.*) Unità di misura dell'equivalente di dose, definita come la dose assorbita di qualsiasi radiazione ionizzante che ha la stessa efficacia biologica di 1 rad di raggi x.

REM (2) [sigla dell'ingl. *Rapid Eye Movement* 'movimento oculare rapido'] agg. inv. ● (*fisiol.*) Detto di fase del sonno caratterizzata da attività psichica e da rapidi movimenti dei globi oculari.

rèma (1) [gr. moderno *réma*, per il classico *rêuma* 'corrente, flusso'. V. *reuma*] s. f. ● Flusso straordinario, vorticoso della marea rotta fra due ostacoli.

rèma (2) [gr. *rhêma* 'verbo'] s. m. (pl. *-i*) ● (*ling.*) Parte dell'enunciato che aggiunge una nuova informazione al tema, cioè alla parte del discorso data per già conosciuta.

remàinder /re'mainder, *ingl.* ri'meində*/ [vc. ingl., propriamente 'resto, rimanenza (sottinteso di libri)', dall'ant. fr. *remaindre* 'rimanere', usato come s.] s. m. inv. ● Copia di un volume che costituisce giacenza di magazzino e che è venduto dall'editore a prezzo ridotto dato l'esito negativo delle vendite.

remake /*ingl.* ri:'meik/ [vc. ingl., da *to remake* 'rifare', comp. di *re-* 're-' e *to make* 'fare' (d'origine germ.)] s. m. inv. ● (*cine*) Nuova versione, rifacimento di un vecchio film di successo.

remàre [da *remo*] v. intr. (*io rèmo*; aus. *avere*) *1* Azionare i remi al fine di imprimere il movimento ad una imbarcazione. *2* (*raro, fig.*) Muoversi come se si stesse remando: *remando con le mani, come se facesse a mosca cieca, era arrivato all'uscio* (MANZONI).

remàta s. f. *1* Azione del remare, spec. a lungo: *ho fatto una bella r. sul lago.* *2* Colpo di remo.

rematóre s. m. (f. *-trice*) ● Chi rema.

rembàta [da avvicinare ad *arrembare* (?)] s. f. ● (*mar.*) Ciascuno dei due palchi che alla prua delle galee formavano un solo castello.

†rembolàre [lat. *remorāri* 'indugiare', comp. di *re-* e *morāri* 'indugiare'. V. *morare*] v. intr. ● (*tosc.*) Indugiare | *Non r.*, fare, dire senza intermissione e con fretta.

remeàbile [vc. dotta, lat. *remeābile(m)* 'che torna indietro', da *remeāre* 'tornare indietro', comp. di *re-* e *meāre* 'passare'. V. *meare*] agg. ● (*lett.*) Che si può ripercorrere (*anche fig.*).

†remèdio e *deriv.* ● V. *rimedio* e *deriv.*

remeggiàre [da *remeggio*] v. intr. (*io reméggio*; aus. *avere*) ● Remare | (*lett., fig.*) Muoversi come chi adopera i remi, detto spec. di uccelli: *l'aquila nuota remeggiando lenta* (PASCOLI).

reméggio (1) o **†remigio** [lat. *remīgiu(m)* 'ordine di remi', da *rēmex*, genit. *rēmigis* 'rematore', da *rēmus* 'remo'] s. m. ● Il remeggiare (*spec. fig.*): *l'ode ... di Pindaro, aquila trionfale / distende altera e placida il r. dell'ale* (CARDUCCI).

remeggio (2) s. m. ● (*raro*) Un remeggiare continuato.

reméngo o **remèngo** ● V. *ramengo.*

†remènso [vc. dotta, lat. *remēnsu(m)*, part. pass. di *remetīri* 'misurare di nuovo, percorrere di nuovo', comp. di *re-* e *metīri* 'misurare', di origine indeur.] agg. ● (*raro*) Misurato, esaminato.

rèmico [da *remo*] agg. ● Di, relativo al remo, spec. in contrapposizione a velico: *navigazione remica.*

remièro agg. ● Che concerne i remi o i rematori.

remigaménto s. m. ● (*raro*) Modo, atto del remigare (*anche fig.*).

remigànte **A** part. pres. di *remigare*; anche agg. *1* Nei sign. del v. *2* (*zool.*) Detto di ciascuna delle penne delle ali degli uccelli che costituiscono le superfici portanti per il volo. **B** s. m. e f. ● (*lett.*) Chi rema. **C** s. f. pl. ● (*zool.*) Penne remiganti.

remigàre [vc. dotta, lat. *remigāre*, da *rēmex*, genit. *rēmigis* 'rematore', da *rēmus* 'remo'] v. intr. (*io rémigo*, tosc. *rèmigo, tu rémighi*, tosc. *rèmighi*; aus. *avere*) *1* (*raro, lett.*) Remare. *2* Battere le ali volando con moto eguale: *gli uccelli remigavano lenti nel cielo.*

remigàta s. f. ● (*raro*) Azione del remigare, spec. per qualche tempo.

remigatóre s. m. (f. *-trice*) ● (*raro, lett.*) Chi remiga.

†remigazióne [vc. dotta, lat. *remigatiōne(m)*, da *remigāre*] s. f. ● Remigamento.

†rèmige [vc. dotta, lat. *rēmige(m)*, da *rēmus* 'remo'] s. m. ● Rematore.

remigino [da san *Remigio*, che si festeggia il 1° di ottobre, già inizio dell'anno scolastico] s. m. (f. *-a*) *1* Bambino nel primo giorno della prima elementare. *2* (*raro, est.*) Giovane esordiente in una qualsiasi attività.

†remigio ● V. *remeggio (1).*

reminiscènza [vc. dotta, lat. tardo *reminiscĕntia(m)*, da *reminīsci* 'ricordare', dalla stessa radice di *mēns*, genit. *mĕntis* 'mente' e *memŏria*, col pref. *re-*] s. f. *1* Ricordo vago di q.c. lontano nel tempo e che si era quasi dimenticato: *quella foto presenta una r. approssimativa del suo volto*; *le mie reminiscenze letterarie.* *2* Passo di un componimento letterario, musicale o sim. che desta il ricordo di un altro e talvolta denuncia una imitazione più o meno accentuata: *in questa commedia trovo molte reminiscenze pirandelliane.* *3* (*filos.*) Anamnesi.

†reminiscitiva [da *reminiscenza*] s. f. ● Facoltà di ricordare.

remisier /*fr.* rəmi'zje/ [vc. fr., da *remise* 'rimessa', propriamente part. pass. f. di *remettre* 'rimettere'] s. m. inv. ● Intermediario fra l'agente di cambio e il cliente.

remissìbile o **†rimessibile** [vc. dotta, lat. tardo *remissĭbile(m)* 'perdonabile', da *remĭssus*, part. pass. di *remĭttere* 'rimandare, perdonare'. V. *rimettere*] agg. ● Che si può rimettere, perdonare: *un peccato r.* || **†remissibilménte**, avv. Con remissione.

remissióne [vc. dotta, lat. *remissiōne(m)*, da *remīssus*. V. *remissibile*] s. f. *1* Il rimettere, il condonare completamente o in parte: *r. delle colpe, r. dei peccati, r. delle offese ricevute* | *R. di prigionieri*, liberazione | (*fig.*) Scampo, salvezza (*anche scherz.*): *pericolo senza r.*; *chiacchierava senza r.* | *R. del debito*, atto con cui il creditore rinunzia in tutto o in parte al proprio diritto, estinguendo in tal modo l'obbligazione | *R. della querela*, atto espresso o tacito che toglie effetto alla querela proposta e determina l'estinzione del reato. *2* Abbandono delle proprie teorie e convinzioni, rinunzia alla propria volontà per rimettersi a quella di altri: *la vostra r. ai superiori è indiscutibile.* *3* (*raro, tosc.*) Scapito in un affare: *è una vendita in cui avrei solo della r.* *4* Arresto nell'evoluzione di una malattia.

remissività s. f. ● Qualità di chi o di ciò che è remissivo: *dimostrare una grande r. in ogni circostanza difficile.* SIN. Condiscendenza, sottomissione.

remissìvo [vc. dotta, lat. *remissīvu(m)*, da *remīssus*. V. *remissibile*] agg. *1* Che si rimette senza sforzo al parere, al volere altrui: *avere un carattere poco r.*; *essere, diventare r.* | Docile: *è un bambino molto r.* SIN. Condiscendente, sottomesso. *2* (*dir.*) Che è atto o serve a rimettere una pena e sim.: *formula remissiva.* || **remissivaménte**, avv.

remissòria [dal lat. *remīssus*. V. *remissibile*] **A** s. f. ● Documento con il quale un'autorità ecclesiastica dichiara la remissione delle pene di un suo suddito, autorizzandone il trasferimento in altra giurisdizione. **B** anche agg. solo f.: *lettera r.*

†remita ● V. *eremita.*

†remitòrio ● V. *romitorio.*

remittènte [vc. dotta, lat. *remittĕnte(m)*, part. pres. di *remĭttere* 'rimandare indietro, restituire'. V. *rimettere*] agg. ● (*med.*) Che ha carattere di remittenza: *febbre r.*

remittènza [dal lat. *remĭttere*. V. *remissibile*] s. f. ● (*med.*) Attenuazione o scomparsa temporanea dei sintomi di una malattia, in particolare della febbre | *Periodo di r.*, fase di una malattia caratterizzata da remissione dei sintomi.

rèmo [lat. *rēmu(m)*, di origine indeur.] s. m. ● Lunga asta, spec. di legno, con estremità larga a forma di pala che, immersa nell'acqua, permette, agendo da leva, il movimento di un natante: *barca a remi*; *manico, ginocchio, giglione del r.*; *levare, tuffare i remi*; *salutare coi remi* | *Remi di poliera*, sovrapposti in più ordini e di lunghezza diversa | *Remi di bancata*, raddoppiati sullo stesso banco | *Condannare qc. al r.*, a remare nelle galere | *Sport del r.*, il canottaggio | *Ritirare i remi in barca*, (*fig.*) concludere una qualsiasi attività o desistere da un'impresa, spec. rischiosa | *Andare a r. e vela*, (*fig.*) muoversi in gran fretta.

remolìno [sp. *remolino* 'mulinello', da *remolinar*, dal lat. parl. **remolināre* 'girare come un mulino', da *molīna* 'mulino', col pref. *re-*] s. m. ● Particolarità dei mantelli equini che consiste in una direzione irregolare dei peli per cui essi assumono una forma di spirale.

rèmolo [da *remolino*, sentito come un dim.] s. m. *1* (*dial.*) Crusca. *2* (*raro*) Mulinello d'acqua o di vento.

rèmora (1) [vc. dotta, lat. *rĕmora(m)*, comp. di *re-* e *mŏra* 'indugio'. V. *mora (3)*] s. f. *1* (*lett.*) Indugio, freno: *porre una r. alla corruzione.* *2* (*mar.*) Scia laterale di nave che, avendo ferme le macchine o serrate le vele, scarroccia sottovento | Zona apparentemente calma e quasi oleosa nella scia di una nave.

rèmora (2) [dal precedente, perché si credeva che questo piccolo pesce avesse la forza di arrestare le navi] s. f. ● Pesce osseo marino degli Echeneiformi con corpo slanciato, che ha sul capo un disco adesivo a ventosa con cui si attacca a pesci, tartarughe o navi per farsi trasportare (*Remora remora*).

†remorchiàre ● V. *rimorchiare (1).*

†remorsióne [V. *rimorsione*] s. f. ● (*raro*) Rimorso.

remòto o **†rimòto** [vc. dotta, lat. *remōtu(m)*, part. pass. di *removēre* 'allontanare, rimuovere'. V. *rimuovere*] agg. *1* Che è molto lontano nel tempo: *cercare le cause remote di un avvenimento* | *Passato r.*, esprimente un'azione del passato definitivamente compiuta. *2* (*lett.*) Che è molto lontano nello spazio | (*est., lett.*) Che è lontano, isolato, poco frequentato: *pervenuti in un luogo molto solitario e rimoto* (BOCCACCIO).

removìbile ● V. *rimovibile.*

remozióne ● V. *rimozione.*

†rempairàre [dal fr. ant. *repairier*, propr. 'rimpatriare', dal lat. *repatriāre*, con la *m* di *impatriare*] v. intr. (*io rempàiro*; aus. *essere*) ● Trovare rifugio, prendere dimora: *Al cor gentil rempaira sempre amore* (GUINIZELLI). SIN. Riparare (2).

remuage /*fr.* rəmy'aʒ/ [vc. fr., propr. 'scotimento' dal v. *remuer* 'ricambiare', dal lat. *re-mutāre*] s. m. inv. ● (*enol.*) Operazione di rotazione periodica delle bottiglie di vino spumante capovolte così da favorire la sedimentazione dei depositi sul tappo.

remuneràre e *deriv.* ● V. *rimunerare* e *deriv.*

†remùno s. m. ● Remunerazione.

†remurchiàre ● V. *rimorchiare (1).*

réna ● V. *arena (1).*

renàccio [da *ren(a)* col suff. deprezzativo *-accio*] s. m. ● Terreno sabbioso, arido.

renàio [da *rena*, sul modello del lat. tardo *arenārius*] s. m. *1* Zona di lido o fiume in secca. *2* Cava di rena.

renaiòla [da *rena*, perché si trova particolarmente nei luoghi sabbiosi] s. f. ● Pianta erbacea delle Cariofillacee con fusti sdraiato-ascendenti e foglie filiformi in fascetti (*Spergula arvensis*). SIN. Spergola.

renaiòlo o **†renaiuòlo** s. m. ● Chi per mestiere cava la rena e la trasporta.

renàle [vc. dotta, lat. tardo *renāle(m)*, da *rēn*, genit. *rēnis* 'rene'] agg. ● Del rene: *arteria r.* | *Capsula r.*, fascia adiposa che avvolge e protegge il rene | *Blocco r.*, arresto delle funzioni del rene.

renàno [dal fiume *Reno* in Germania] agg. ● Del Reno: *vino r.* | *Bottiglia renana*, da vino, di forma cilindrica e affusolata e capacità di circa 3/4 di litro.

renard /*fr.* rə'nar/ [vc. fr., 'volpe', ant. n. proprio d'uomo, adoperato come n. della volpe protagonista del *Roman de Renart*: dal francone *Reginhart*, comp. di *ragin* 'consiglio' e *hart* 'duro'] s. m. inv. ● In pellicceria e nel linguaggio della moda, volpe.

renàre [da *rena*] v. tr. (*io réno*) ● (*raro*) Forbire, pulire, strofinare con la rena.

renàta s. f. • (*tosc.*) Atto, effetto del renare.

renatùra s. f. • (*tosc.*) Atto, effetto del renare.

†**rendébile** agg. • Che deve rendere.

rèndere o †**rèddere** [sovrapposizione di *prendere* al lat. *rĕddere*, comp. di *re-* 'ri-' e *dăre*] **A** v. tr. (pass. rem. *io résì*, raro lett. *rendéi*, raro lett. *rendètti*, *tu rendésti*; part. pass. *réso*, lett. †*rendùto*) **1** Restituire, ridare a qc. ciò che si è avuto da lui, gli si è preso o ha perduto: *r. il denaro prestato*; *cibo che rende le forze*; *l'operazione gli ha reso la vista* | *Bottiglia, vuoto a r.*, da restituire dopo averne asportato o consumato il contenuto | (*euf.*) *R. l'anima a Dio*, morire | *R. giustizia*, riconoscere i diritti, le pretese di qc. | (*raro*) *R. la voce*, fare eco | (*raro*) *R. la parola a qc.*, scioglierlo da una promessa | †*R. un voto*, scioglierlo | †*R. ragione*, scontare la pena | Dare in cambio o a sua volta: *r. bene per male*; *r. risposta a qc.* | *R. la pariglia*, (*fig.*) vendicarsi di un torto, un'offesa | *R. il saluto a qc.*, salutarlo a propria volta | *R. merito*, ricompensare | *A buon r.*, accetto con la promessa di restituire alla prima occasione, detto di favori e sim. | (*est.*) Dare: *r. a ciascuno secondo il merito*; *r. lode, omaggio a qc.* | *R. grazie*, ringraziare | *R. onore*, onorare | *R. un servizio*, farlo, prestarlo | *R. conto*, dare ragione, spiegare | *Rendersi conto di q.c.*, cercare di comprendere le ragioni, le cause di q.c. | *R. gli estremi onori a qc.*, onorarne le spoglie solennemente | †*R. il voto*, votare | †*R. alle stampe*, stampare, pubblicare | *R. una testimonianza*, riferirla, farla | (*lett.*) Dare q.c. che si è promessa: *o natura, o natura, / perché non rendi poi / quel che prometti allor?* (LEOPARDI). **2** Fruttare, produrre (*anche ass.*): *podere che rende bene*; *lotto che rende molti milioni all'anno*; *una linea ferroviaria che non rende* | Dare buoni risultati: *è un bambino che a scuola non rende.* **3** (*lett.*) Riflettere una immagine come uno specchio: *e i suoi atti venusti / gli rendean l'onde* (FOSCOLO). **4** (*est.*) Raffigurare: *r. con un disegno l'aspetto di q.c.* | Rappresentare, descrivere, esprimere: *una poesia che rende bene lo stato d'animo dell'autore*; *r. a parole una rapida immagine di q.c.* | *R. l'idea*, riuscire a spiegarsi in modo chiaro | †*R. figura di*, dare l'immagine di | Tradurre: *r. un verso in francese* | *R. parola per parola*, fedelmente, alla lettera. **5** Far essere, far diventare, produrre un determinato effetto: *la solitudine lo ha reso arido*; *la pioggia ha reso il fiume torbido*; *lo odorato vento per li fiori / e lo schiarir de' lucidi liquori / che rendon nostra vista più ioconda* (BOIARDO) | *R. q.c. accessibile*, fare sì che sia comprensibile o acquistabile | *R. q.c. di pubblica ragione*, diffonderne la conoscenza. **6** (*lett.*) Emettere, fare uscire: *r. un sospiro*; *r. luce, suono* | (*raro*) *R. il cibo*, rigettarlo | (*lett.*) Produrre. **7** (*lett.*) Portare, recare da un posto all'altro: *la vela, in cima all'arbore rimessa / rendè la nave all'isola funesta* (ARIOSTO). **8** (*raro*) Consegnare: *r. q.c. a domicilio* | †Cedere, abbandonare: *r. la fortezza al nemico* | †*R. le armi*, arrendersi. **B** v. rifl. **1** Far in modo di essere o di apparire: *r. certo, persuaso*; *r. spregevole, criticabile.* **2** (*lett.*) †Arrendersi: *senza troppi assalti voltò le spalle, e rendessi per vinto* (BOCCACCIO). **C** v. intr. pron. **1** Diventare in un certo modo: *l'operazione si è resa indispensabile.* **2** (*lett.*) Dirigersi, recarsi in un dato luogo.

rendévole agg. **1** (*raro*) Arrendevole. **2** †Produttivo.

rendez-vous /*fr.* rãde'vu/ [vc. fr., propriamente imp. del v. *se rendre* 'incontrarsi', dal lat. tardo **rendere* per il classico *rĕddere* con influenza di *prendre* (V. *prendere*)] s. m. inv. (pl. fr. inv.) **1** (*raro*) Appuntamento. **2** L'incontro, all'interno di un'orbita determinata, di due astronavi o mezzi spaziali.

rendìbile agg. • (*raro*) Che si può o si deve rendere.

rendicontazióne [da *rendiconto*] s. f. • (*bur.*) Atto, effetto del fare o presentare rendiconto.

rendicónto [comp. di *rendere* e *conto*] s. m. **1** Atto del rendere i conti | Esposizione letta o scritta di conti: *fare, dare il r.* | *R. consuntivo*, bilancio dell'esercizio scaduto, secondo le entrate e le spese avvenute | (*est.*) Resoconto, consuntivo: *il r. di un anno di studio.* **2** Narrazione particolareggiata: *fare il r. di un'esposizione, di un giro turistico* | Nota, memoria: *i rendiconti dell'accademia.*

rendiménto o †**reddiménto**. s. m. **1** (*raro*) Modo e atto del rendere | †*R. di grazie*, ringraziamento | *R. dei conti*, procedimento civile speciale sorto incidentalmente nel corso di una causa in conseguenza dell'obbligo di una parte di rendere un conto a una o più altre | *R. funzionale*, in linguistica, grado di utilizzazione di un fonema a fini distintivi. **2** Misura dell'efficienza della manodopera che si esprime come rapporto fra il tempo assegnato preventivamente per eseguire il lavoro e il tempo effettivamente impiegato | Correntemente, capacità di produrre: *tecnico di alto r.*, *ad alto r.* **3** Reddito, frutto: *il r. di un podere.* **4** Rapporto tra grandezze fisiche della stessa natura, al denominatore l'ammontare della grandezza impiegata, al numeratore l'ammontare della grandezza utilizzata | Rapporto, sempre minore di uno, tra l'energia ottenuta in forma utile e quella spesa in una trasformazione d'energia: *r. di un motore, di una macchina, di un apparecchio* | (*chim.*) Rapporto tra il numero di grammomolecole realmente ottenute e quelle che si sarebbero ottenute se il processo chimico non fosse limitato da altre reazioni oltre alla desiderata, dalle reazioni inverse che portano all'equilibrio chimico e sim.

rèndita [da *rendere*] s. f. **1** (*econ.*) Reddito, utile derivante dalla pura proprietà di un bene | *Vivere di r.*, (*est.*) senza lavorare | *R. fondiaria*, quota aggiuntiva di reddito percepita dai proprietari di fondi agricoli a causa della maggiore fertilità naturale del loro terreno rispetto a quelli di fertilità minore o media | *R. edilizia*, quota aggiuntiva di reddito percepita dal proprietario di un immobile a causa delle particolari caratteristiche di questo, come l'ubicazione o sopravvenute migliorie pubbliche delle infrastrutture | *R. parassitaria*, utile ricavato da una pura posizione di potere o di privilegio anziché da un'attività produttiva | *R. di posizione*, utile aggiuntivo ricavato da un bene perché questo si trova in posizione favorita geograficamente o per altri motivi, rispetto al mercato; (*fig.*, *est.*) godimento di un prestigio o di una condizione favorevole, dovuto alla tradizione o al ruolo svolto in un determinato ambito sociale. **2** (*dir.*) *R. perpetua*, contratto con cui una parte conferisce all'altra il diritto di esigere in perpetuo la prestazione periodica di una somma di denaro o di altri beni, quale corrispettivo dell'alienazione di un immobile o della cessione di un capitale | *R. fondiaria*, quella costituita mediante l'alienazione di un immobile | *R. vitalizia*, quella costituita per la durata della vita del beneficiario o di un'altra persona. SIN. Vitalizio | *R. vitalizia immediata*, formula che garantisce il pagamento di una rendita fino alla morte dell'assicurato, in qualunque momento avvenga | *R. differita*, quella che garantisce il pagamento di un capitale o di una rendita a partire da una data determinata | *R. temporanea immediata*, quella che garantisce il pagamento di una rendita fino a una data determinata oppure fino alla morte dell'assicurato se anteriore | Nelle assicurazioni sulla vita, la somma pagata dall'assicuratore al beneficiario come corrispettivo del capitale versato a tale scopo. **3** (*borsa*) Titolo obbligazionario che rappresenta un debito irredimibile dello Stato: *r. al 5%.* **4** †Tributo. || **renditùccia**, **renditùzza**, dim.

†**renditivo** agg. • (*ling.*) Atto a rendere somiglianza: *nomi renditivi.*

renditóre **A** s. m. (f. *-trice*) • (*raro*) Chi rende, restituisce. **B** agg. • †Che dà rendita.

†**rendùto** part. pass. di *rendere*; anche agg. • Nei sign. del v.

rène [vc. dotta, lat. *rēne(m)*, di etim. incerta] s. m. **1** (*anat.*) Ciascuna delle due ghiandole poste nella parte alta dell'addome, posteriormente sui due lati, aventi la funzione di secernere l'urina: *le malattie del r.* CFR. Reni. ➡ ILL. p. 363, 365 ANATOMIA UMANA. **2** (*med.*) *R. artificiale*, apparecchio destinato a sostituire temporaneamente la funzione depuratrice della dialisi del rene, specie verso l'urea. ➡ ILL. **medicina e chirurgia**.

renèlla (1) [dim. di *rena*] s. f. **1** †Rena finissima. **2** (*med.*) Sabbia delle vie renali.

renèlla (2) [per la forma a *rene* della foglia] s. f. • (*bot.*) Asaro.

renétta o **ranétta**, **renètta**, [fr. *reinette*, propr. 'reginetta', dim. di *reine* 'regina'] **A** s. f. • Varietà di melo dal frutto di sapore acidulo, comprendente diverse specie coltivate | Frutto di tale albero. **B** anche agg.: *mela r.*

réni o **rèni** [lat. *rēnes*, pl. di *rēn* 'rene' (V.)] s. f. pl. • La regione lombare | (*fig.*) *Avere le r. rotte*, essere molto stanco e affaticato | (*fig.*) *Spezzare le r. a qc.*, sconfiggerlo, piegarlo alla propria volontà, stroncandone la resistenza | †*Dare le r.*, fuggire | †*Da petto a r.*, da parte a parte | (*raro*) *Buttarsela dietro le r.*, non occuparsene.

renìccio [da *rena*] s. m. • Quantità, ammasso di rena.

†**renìcolo** • V. *arenicolo.*

renifórme [comp. di *rene* e *-forme*] agg. • (*bot.*) Che ha forma di rene: *foglia r.*

renìna [da *rene* col suff. *-ina*] s. f. • (*biol.*) Enzima proteolitico prodotto da cellule specializzate del rene che attiva il sistema dell'angiotensina, dotato di azione ipertensiva.

rènio [detto così dal fiume *Reno*] s. m. • Elemento chimico, metallo, raro in natura, estratto da minerali del molibdeno, in cui è presente in tracce, usato nella fabbricazione di termocoppie per altissime temperature, di filamenti resistenti all'urto, di catalizzatori. SIMB. Re.

†**renìschio** [da *rena*] **A** agg. • Arenoso. **B** s. m. • Suolo arenoso.

renitènte [vc. dotta, lat. *renitĕnte(m)*, part. pres. di *renīti* 'sforzarsi contro', comp. di *re-* e *nīti* 'appoggiarsi, sforzarsi', di origine indeur.] **A** agg. **1** Che fa resistenza spec. opponendosi alla volontà di qc.: *essere r. ai voleri, ai consigli di qc.* SIN. Riluttante. **2** †Detto di contribuente moroso. **B** s. m. • Chi è renitente | *R. alla leva*, chi commette il reato di renitenza alla leva.

renitènza s. f. **1** L'essere renitente: *r. a credere q.c., a seguire i consigli di un amico.* SIN. Riluttanza. **2** (*dir.*) *R. alla leva*, illecito del cittadino che, iscritto nella lista di leva, senza legittimo motivo non si presenta nel giorno fissato all'esame personale e all'arruolamento o alla nuova visita per la revoca della riforma.

renminbi /*cin.* rənmin'pi/ [vc. cinese] s. m. inv. • (*econ.*) Valuta interna usata dai Cinesi. CFR. Yuan.

ren min piao /*cin.* ren min 'pjao/ [cin., comp. di *rén mín* 'popolare' e *piào* 'biglietto'] s. m. inv. • Unità monetaria circolante nella Repubblica Popolare Cinese.

rènna [fr. *renne*, dall'islandese *hreinn*] s. f. **1** Tozzo mammifero dei Cervidi con corna nel maschio e nella femmina, coda breve, arti robusti e zoccoli larghi e adatti a camminare sulla neve delle regioni artiche in cui vive (*Rangifer tarandus*). **2** La pelle conciata dell'animale omonimo: *una giacca, un paio di guanti di r.*

rennìna [vc. ingl. *rennin*, da *rennet* 'caglio'] s. f. • (*biol.*) Enzima proteolitico simile alla pepsina, secreto dalla mucosa gastrica dei vitelli e di altri ruminanti, impiegato nell'industria casearia per provocare la cagliatura del latte.

renosità • V. *arenosità.*

renóso • V. *arenoso.*

†**renovàre** o †**rinovàre** [vc. dotta, lat. *renovāre*. V. *rinnovare*] v. tr. • Rinnovare.

rènsa [dalla città fr. di *Reims*] s. f. • Tela bianca e fine di lino, originariamente prodotta a Reims.

rentier /*fr.* rã'tje/ [vc. fr., da *rente* 'rendita', regolare sviluppo del lat. **rĕndita(m)* 'rendita'] s. m. inv. • Chi percepisce una rendita | Possidente, benestante.

rentrée /*fr.* rã'tre/ [vc. fr., propriamente 'rientrata'] s. f. inv. **1** Ritorno in teatro di un attore assente per lungo tempo dalle scene. **2** Ricomparsa di qc. in un ambiente dopo lunga assenza: *ha fatto la sua r. in società, in quel circolo di amici.*

†**renunciàre** e *deriv.* • V. *rinunciare* e *deriv.*

†**renunziàre** e *deriv.* • V. *rinunciare* e *deriv.*

rèo [vc. dotta, lat. *rĕu(m)*, di etim. incerta] **A** s. m. (f. *-a*) **1** Soggetto attivo del reato | Correntemente, colpevole: *reo di furto, di omicidio*; *reo confesso.* **2** (*lett.*) Persona malvagia: *morte fura / prima i migliori, e lascia stare i rei* (PETRARCA). **3** †Colpa, male. **B** agg. **1** (*lett.*) Uso a fare il male, crudele: *gente rea e malvagia.* **2** †Infelice, spiacevole, triste: *interromper conven questi anni rei* (PETRARCA). **3** (*poet.*) †Fiero, minaccioso: *con vista* *il guarda disdegnosa e rea* (ARIOSTO). **4** †Brutto, cattivo. || **reaménte**, avv. (*lett.*) Malvagiamente, scelleratamente.

rèo- [dal gr. *réos* 'flusso, corrente', da *rêin* 'scorrere'] primo elemento ● In parole composte scientifiche significa 'corrente d'acqua', 'corrente elettrica', o, più genericamente, 'scorrimento': *reologia, reometro, reotomo.*

reobàrbaro ● V. *rabarbaro.*

reoelettroencefalògrafo [comp. di *reo-* ed *elettroencefalografo*] s. m. ● (*med.*) Reoencefalografo.

reoencefalografìa [comp. di *reo-* ed *encefalografia*] s. f. ● (*med.*) Registrazione continua delle variazioni che subisce una corrente elettrica fatta passare attraverso il capo, allo scopo di mettere in evidenza i percorsi del sangue nell'encefalo e le loro eventuali alterazioni.

reoencefalògrafo [comp. di *reo-*, *encefalo* e *-grafo*] s. m. ● (*med.*) Elettroencefalografo per reoencefalografia. SIN. Reoelettroencefalografo.

reoencefalogràmma [comp. di *reo-* ed *encefalogramma*] s. m. ● (*med.*) Il tracciato del reoencefalografo.

reòforo [comp. di *reo-* e *-foro*] s. m. ● Filo metallico conduttore di corrente elettrica.

reografìa [comp. di *reo-* e *-grafia*] s. f. ● (*med.*) Tecnica diagnostica mediante reografo in grado di individuare le eventuali alterazioni della circolazione sanguigna di un segmento anatomico.

reògrafo [comp. di *reo-* e *-grafo*] s. m. ● Apparecchio usato per la registrazione di correnti elettriche rapidamente variabili.

reogràmma [comp. di *reo-* e *-gramma*] s. m. (pl. *-i*) ● (*med.*) Registrazione grafica ottenuta con la reografia.

reologìa [ingl. *rheology*, comp. del gr. *réos* 'flusso, corrente' (V. *reo-*) e dell'ingl. *-logy* '-logia'] s. f. ● (*fis.*) Scienza che studia lo scorrimento e l'equilibrio della materia deformata per azione di sollecitazioni.

reòmetro [comp. di *reo-* e *-metro*] s. m. ● Strumento elettrico indicante direttamente una grandezza elettrica dipendente dalle intensità di una o più correnti che lo percorrono.

reoscòpio [comp. di *reo-* e *-scopio*] s. m. ● Strumento che rivela la corrente elettrica.

reostàtico agg. (pl. m. *-ci*) ● Di reostato, che si riferisce a reostato.

reòstato [comp. di *reo-* e *-stato*] s. m. ● Resistore a resistenza variabile inserito nei circuiti elettrici percorsi da una corrente della quale si vuole poter variare l'intensità.

reotàssi o **reotassìa** [comp. di *reo-* e *-tassi*] s. f. ● (*zool.*) Capacità di movimento degli organismi acquatici in risposta alla corrente | *R. positiva*, in direzione della corrente | *R. negativa*, in direzione opposta alla corrente.

reòtomo [comp. di *reo-* e *-tomo*] s. m. ● Interruttore o deviatore della corrente elettrica.

reotropìsmo [comp. di *reo-*, *-tropo* e *-ismo*] s. m. ● Movimento di curvatura di un organo vegetale per effetto di una corrente d'acqua.

reovirus [comp. di *reo-* e *virus*] s. m. ● (*biol.*) Genere di virus a RNA della famiglia *Reoviridae*, diffusi in natura e in quasi tutti i Mammiferi, che causano infezioni lievi nell'uomo.

†reparàre (1) ● V. *riparare (1).*

†reparàre (2) ● V. *riparare (2).*

repàrto [variante di *riparto*] s. m. **1** (*raro*) Il ripartire. SIN. Ripartizione. **2** Distribuzione, spec. del ricavato da una espropriazione forzata | *Piano di r.*, elenco degli aventi diritto alla distribuzione del ricavato da una espropriazione forzata e indicazione della somma a essi spettante. **3** Sezione, suddivisione di un complesso aziendale, ospedaliero, di una comunità e sim.: *il r. psichiatrico di un ospedale* | *R. di truppa*, qualsiasi unità organica costitutiva di altra d'ordine superiore | *R. d'attacco, r. difensivo*, nei giochi di squadra, ciascuna delle linee o complesso di giocatori che nello schieramento delle compagini hanno compiti analoghi. || **repartino**, dim.

†repatriàre ● V. *†ripatriare.*

†repatriazióne o **†ripatriazióne** [da *†repatriare*] s. f. ● (*lett.*) Rimpatrio.

repêchage /*fr.* rəpɛˈʃaʒ/ [vc. fr., da *repêcher* 'ripescare', comp. di *re-* 're-' e *pêcher* 'pescare' (stessa etim. dell'it. *pescare*)] s. m. inv. **1** (*sport*) Gara di recupero dei concorrenti battuti nelle fasi eliminatorie. **2** (*est., fig.*) Recupero, ripescamento, ripescaggio.

repellènte A part. pres. di *repellere*; anche agg. **1** Nei sign. del v. **2** (*fig.*) Che ripugna, disgusta: *cibo r.* **3** (*idraul.*) Detto di opera che sporgendo trasversalmente dalla riva di un corso d'acqua tende ad allontanare la corrente da essa, proteggendola. **4** (*chim.*) Insettifugo. **5** (*biol.*) Detto di organismo animale o vegetale dotato di sapore, odore e sim. atti a respingere i potenziali predatori. **6** (*mil.*) Detto di aggressivo chimico che provoca il vomito. **B** s. m. **1** (*idraul.*) Pennello. **2** (*chim.*) Insettifugo.

repellènza s. f. ● Qualità, condizione di chi o di ciò che è repellente | (*chim., fis.*) Capacità di una superficie di impedire a un liquido di spargersi su di essa.

repèllere [vc. dotta, lat. *repĕllere* 'respingere', comp. di *re-* e *pĕllere* 'spingere, cacciare', di origine indeur.] **A** v. tr. (pres. *io repèllo*; pass. rem. *io repùlsi, tu repellésti*; part. pass. *repùlso*) ● (*raro, lett.*) Respingere, allontanare. **B** v. intr. (aus. *avere*) ● (*fig.*) Disgustare, essere ripugnante: *è una soluzione che mi repelle.*

repentàglio o **†ripentàglio** [lat. parl. **repentālia* 'pericoli improvvisi', nt. pl. di **repentālis*, da *rĕpens*, genit. *repĕntis* 'repentino, improvviso'. V. *repente*] s. m. ● Grave rischio e pericolo | *Mettere a r.*, esporre al rischio | *†Stare a r.*, essere in pericolo.

repènte [vc. dotta, lat. *repĕnte(m)*, di etim. incerta; nel sign. B, lat. *repĕnte* 'repentinamente'] **A** agg. **1** (*lett.*) Improvviso, subitaneo, presto | *Di r.*, all'improvviso. **2** †Rapido, furioso, violento. **3** †Ripido, erto: *il luogo donde si passa è più stretto che r.* (MACHIAVELLI). || **repenteménte**, avv. (*lett.*) All'improvviso, di colpo. **B** avv. ● (*lett.*) All'improvviso, di colpo.

repentinità s. f. ● Qualità di ciò che è repentino.

repentino [vc. dotta, lat. *repentīnu(m)*, da *rĕpens*, genit. *repĕntis*. V. *repente*] agg. ● Che accade, si manifesta all'improvviso: *morte repentina di qc.*; *un mutamento r.*; *pioggia repentina.* SIN. Improvviso, subitaneo. || **repentinaménte**, avv. In modo repentino, all'improvviso.

†repentìrsi ● V. *ripentirsi.*

repènza [da *repente*] s. f. ● (*lett.*) Qualità di ciò che è repentino, improvviso | (*est.*) Violenza, veemenza.

†rèpere [vc. dotta, lat. *rēpere*, di origine indeur.] v. intr. (dif. del pass. rem., del part. pass. e dei tempi composti) **1** Serpeggiare, strisciare, spec. di piante o serpenti. **2** (*fig.*) Insinuarsi.

reperìbile agg. ● Che si può reperire, trovare: *documento facilmente r.*; *medico r.* SIN. Ritrovabile.

reperibilità s. f. ● Qualità di chi o di ciò che è reperibile | *Servizio di r.*, servizio effettuato a turno dai medici ospedalieri consistente nel rendersi rintracciabili, nelle ore notturne o nei giorni festivi, per eventuali interventi urgenti.

reperiménto s. m. **1** Atto, effetto del reperire: *il r. di oggetti e di prove.* **2** (*raro, stat.*) Dépistage.

reperìre [vc. dotta, lat. *reperīre*, comp. di *re-* e *părere* 'condurre a termine, partorire'] v. tr. (pres. *io reperìsco, tu reperìsci*; part. pass. *reperìto*, lett. *repèrto*) ● (*lett.*) Trovare, ritrovare | (*bur.*) *R. un indizio*, scoprire un indizio | *R. fondi*, mettere assieme fondi.

reperìto part. pass. di *reperire*; anche agg. ● Nei sign. del v.

repertàre v. tr. (*io repèrto*) ● Produrre come reperto: *r. prove al processo.*

repèrto A part. pass. di *reperire*; anche agg. ● (*raro*) Nei sign. del v. **B** s. m. **1** Ciò che è stato trovato dopo una ricerca scientifica, specialistica: *r. archeologico*; *r. giudiziario.* **2** Descrizione di ciò che si è trovato con l'esame medico.

†repertoriàre v. tr. ● Mettere a repertorio.

repertòrio o **†ripertòrio** [vc. dotta, lat. tardo *repertōriu(m)*, da *repĕrtus*, part. pass. di *reperīre*] s. m. **1** Tutti i lavori teatrali di cui una compagnia dispone per le rappresentazioni | Tutte le opere o brani che un attore o cantante conosce. **2** Registro, indice che contiene ordinatamente una rassegna particolare di cose: *r. bibliografico*; *si ritirano in studio a scartabellare gl'indici e i repertori* (GALILEI) | Raccolta ordinata e facile da consultare: *quel fascicolo è un utile r. per gli automobilisti* | (*est., fig.*) Raccolta: *questo libro è un r. di idiozie.*

†repètere ● V. *ripetere.*

†repetìo o **†repitìo**, **†ripetìo**, **†ripitìo** [da *repetere* 'richiedere'] s. m. **1** Contesa, disputa, battibecco. **2** (*raro*) Rammarico: *visse quel tempo ... con un r. in sé del perduto pesce* (SACCHETTI).

†repetitóre ● V. *ripetitore.*

†repetizióne ● V. *ripetizione.*

†repilogàre ● V. *riepilogare.*

†repitìo ● V. *†repetio.*

replay /*ingl.* ri:ˈplei/ [vc. ingl., 'rigiocare', comp. di *re-* 're-' e *to play* 'giocare' (V. *fair play*)] s. m. inv. ● (*tv*) In una trasmissione in diretta, spec. di una gara sportiva, ripetizione delle immagini di una fase di particolare interesse, trasmessa immediatamente dopo che questa è avvenuta.

†replèto [vc. dotta, lat. *replētu(m)*, part. pass. di *replēre* 'riempire' (V.)] agg. ● Pieno, ripieno: *novo tormento e novi frustatori, / di che la prima bolgia era repleta* (DANTE *Inf.* XVIII, 23-24).

†replezióne [vc. dotta, lat. tardo *repletiōne(m)*, da *replētus* 'riempito'. V. *repleto*] s. f. ● Pienezza.

rèplica s. f. **1** Atto, effetto del replicare: *la r. di un tentativo sfortunato* | Ciò che viene o è stato replicato: *la r. di quel discorso ha annoiato tutti.* **2** (*dir.*) Atto con il quale una parte, in giudizio, contraddice le affermazioni dell'altra, in particolare dopo il deposito delle comparse conclusionali. **3** Obiezione: *contro l'evidenza non c'è r.* | *Levare, troncare la r.*, troncare gli appigli a domande e risposte in una conversazione che deve esaurirsi. **4** (*teat.*) Ogni rappresentazione seguente la prima. **5** Riproduzione o facsimile di un'opera artistica eseguita dallo stesso autore. SIN. Copia.

replicàbile [vc. dotta, lat. tardo *replicābile(m)*, da *replicāre*] agg. ● (*raro*) Che si può replicare.

replicabilità s. f. ● Qualità, condizione di ciò che è replicabile.

replicaménto s. m. ● (*raro*) Modo e atto del replicare.

replicànte A part. pres. di *replicare*; anche agg. **1** Nei sign. del v. **2** (*biol., chim.*) Che subisce un processo di replicazione: *DNA r.* **B** s. m. e f. ● Nella fantascienza, essere artificiale che riproduce l'aspetto e i comportamenti di un essere umano | (*est.*) Spec. nel linguaggio giornalistico, chi imita il comportamento di un altro.

replicàre [vc. dotta, lat. *replicāre* 'ripiegare, ripetere', comp. di *re-* e *plicāre* 'piegare'] v. tr. (*io rèplico, tu rèplichi*) **1** Ripetere nuovamente q.c.: *r. un atto, un esperimento* | (*raro*) *L'orologio replica spesso le ore*, le batte di nuovo. **2** Rispondere a voce o per iscritto (*anche ass.*): *r. poche parole*; *non ho nulla da r.* | (*est.*) Contraddire a ciò che è stato detto precedentemente (*spec. ass.*): *guai a chi replicherà.* **3** (*raro, lett.*) Partire da un dato punto, per spiegare q.c.

replicativo agg. ● (*raro*) Che serve a replicare, a ripetere q.c.

replicàto part. pass. di *replicare*; anche agg. **1** Nei sign. del v. **2** *Rime replicate*, quando si susseguono in ordine uguale in ciascuna strofa. || **replicataménte**, avv. Più volte.

replicazióne [vc. dotta, lat. *replicatiōne(m)*, da *replicātus* 'replicato'] s. f. **1** †Replica. **2** (*ling.*) Ripetizione. **3** (*biol., chim.*) Processo di duplicazione di una struttura nel quale è usata come modello, o stampo, una struttura preesistente | Sintesi di una nuova molecola di DNA uguale a un'altra fungente da stampo. SIN. Reduplicazione.

rèplo [vc. dotta, lat. *rĕplu(m)* 'telaio', di etim. incerta] s. m. ● (*bot.*) Setto che forma il tramezzo su cui sono attaccati i semi nella siliqua.

†repórre ● V. *riporre.*

reportage /*fr.* rəpɔrˈtaʒ/ [vc. fr., da *reporter*, che è l'ingl. *reporter* (V.)] s. m. inv. **1** Articolo di giornale scritto dopo un'inchiesta del reporter. **2** (*est.*) Inchiesta trasmessa per radio o per televisione o filmata.

repòrter /reˈpɔrter, *ingl.* riˈpɔ:tə*/ [vc. ingl., da *to report* 'riportare'] s. m. inv. ● Giornalista che descrive fatti e avvenimenti o per esserne stato testimone oculare, o per aver raccolto informazioni su di essi. SIN. Cronista.

repositòrio o **†ripositòrio** [vc. dotta, lat. tardo *repositōriu(m)*, da *repŏsitus* 'riposto'] s. m. **1** Originariamente, nel linguaggio ecclesiastico, recipiente, talvolta portatile, quasi sempre a forma di colomba, in cui si conserva l'ostia consacrata, e più tardi ogni coppa, teca o scrigno in cui si conservavano oggetti sacri e talora ossa e reliquie | Armadio di sacrestia per riporre le vesti liturgiche. *2* (*raro*) Ripostiglio.

repoṣizióne ● V. *riposizione*.

†**reprèndere** e *deriv*. ● V. *riprendere* e *deriv*.

reprensìbile ● V. *riprensibile*.

reprensióne ● V. *riprensione*.

†**repreṣentàre** ● V. *rappresentare*.

repressióne [vc. dotta, lat. tardo *repressiōne(m)*, da *reprĕssus* 'represso'] s. f. *1* Atto, effetto del reprimere: *r. di un tumulto*; *r. del brigantaggio*; *r. violenta, sanguinosa*. *2* (*psicol.*) Impedimento volontario, cosciente, della soddisfazione di un impulso. *3* (*mil.*) Azione di fuoco di artiglieria su di una posizione già presidiata, che sia stata conquistata dal nemico.

repressìvo [da *represso*] agg. ● Che serve a reprimere: *procedimento r. della criminalità*. || **repressivaménte**, avv.

reprèsso part. pass. di *reprimere*; anche agg. ● Nei sign. del v.

repressóre [vc. dotta, lat. *repressōre(m)*, da *reprĕssus* 'represso'] agg.; anche s. m. (come f. *repritmitrice*) ● Che, chi reprime.

repriménda [fr. *réprimande*, dal lat. (*cŭlpam*) *reprimĕnda(m)* 'colpa da reprimere', gerundio di *reprīmere*] s. f. ● (*raro, lett.*) Severa sgridata, grave rimprovero: *s'aspettava una r. affettuosa e burbera* (BACCHELLI).

repriménte part. pres. di *reprimere*; anche agg. ● (*raro*) Nei sign. del v.

reprìmere [vc. dotta, lat. *reprīmere*, comp. di *re-* e *prĕmere*] **A** v. tr. (pass. rem. *io reprèssi, tu reprimésti*; part. pass. *reprèsso*, †*reprimùto*) *1* Raffrenare la forza o l'impeto di q.c. tendente a prorompere, agitarsi e sim. con moto istintivo: *r. la violenza, l'ira, lo sdegno*; *r. un gesto di stizza, di sorpresa*; *un lieve sapore d'ironia ch'egli non poté r.* (NIEVO). SIN. Domare, trattenere. *2* Domare e arrestare con la forza ciò che tende a rivoluzionare o a sconvolgere spec. un determinato assetto politico, sociale, economico e sim.: *r. una ribellione*; *r. un movimento rivoluzionario*. SIN. Soffocare. **B** v. rifl. ● Frenarsi, dominarsi, trattenersi: *non riuscire a reprimersi in tempo*.

reprimìbile [da *reprimere*] agg. ● Che si può reprimere: *un impeto non r.*

reprint /re'print, *ingl.* ri:'print/ [vc. ingl., da *to reprint* 'ristampare', comp. di *re-* 're-' e *to print* 'stampare', dal fr. ant. *empreinter* (cfr. *impronta*)] s. m. inv. ● Opera letteraria o scientifica ristampata anastaticamente da edizione precedente divenuta rara.

†**reprobàre** ● V. *riprovare* (*2*).

rèprobo [vc. dotta, lat. tardo *rĕprobu(m)*, da *reprobāre* 'condannare'. V. *riprovare* (*2*)] agg.; anche s. m. (f. *-a*) ● Che, chi è disapprovato e condannato da Dio: *animo r.*; *è un r.* | (*est.*) Che, chi è cattivo, ribelle.

reprocessing /*ingl.* ri:'prousesiŋ/ [vc. ingl., comp. di *re-* 're-' e *processing* 'lavorazione, trattamento' (da *process* 'processo, sviluppo, procedimento')] s. m. inv. ● (*nucl.*) Ritrattamento.

reprografìa e *deriv*. ● V. *riprografia* e *deriv*.

†**repromissióne** ● V. *ripromissione*.

†**reprovàre** ● V. *riprovare* (*2*).

reps /*fr.* reps/ [vc. fr., di etim. incerta] s. m. inv. ● Tessuto pesante, per lo più di seta o anche di altre fibre, a coste rilevate, sia diritte che diagonali.

reptànte [vc. dotta, lat. *reptānte(m)*, part. pres. di *reptāre* 'strisciare', ints. di *rēpere*. V. *repere*] agg. ● Che striscia.

Reptànti s. m. ● Nella tassonomia animale, gruppo di Crostacei decapodi non nuotatori, ma striscianti sul fondo (*Reptantia*).

reptatòrio [dal lat. *reptāre* (V. *reptante*)] agg. ● Relativo alla reptazione: *locomozione reptatoria*.

reptazióne [vc. dotta, lat. *reptatiōne(m)*, da *reptāre*. V. *reptante*] s. f. ● Locomozione caratteristica dei rettili.

repùbblica o †**repùblica** [lat. *rē(m) pūblica(m)* 'cosa pubblica'. V. *re* (*2*) e *pubblico*] s. f. *1* (spesso scritto con iniziale maiuscola) Forma di governo rappresentativo, il cui presidente viene eletto dai cittadini o dal parlamento per un periodo determinato | *R. presidenziale*, in cui il Presidente della Repubblica, oltreché essere capo dello Stato, dispone in misura determinante di poteri esecutivi e viene eletto direttamente a suffragio universale dagli elettori | *R. parlamentare*, in cui il governo viene eletto dalla maggioranza del parlamento. *2* †Stato, governo | (*est., fig.*) *R. letteraria*, insieme dei letterati. *3* (*fam.*) Disordine, confusione: *qui c'è, han fatto la r.* || **repubblicàccia**, pegg. | **repubblichétta**, dim. | **repubblichìna**, dim.

repubblicanéṣimo o **repubblicanìṣmo** s. m. ● Aspirazione a un governo repubblicano.

repubblicàno **A** agg. *1* Di repubblica, appartenente alla repubblica: *statuto r.*; *governo r.* *2* Che è favorevole alla repubblica. *3* Proprio del, relativo al Partito Repubblicano Italiano. **B** s. m. (f. *-a*) *1* Sostenitore della repubblica. *2* Appartenente al Partito Repubblicano Italiano.

†**repubblicànte** [da *repubblica*] agg. ● Che vive in forma repubblicana.

repubblichìno **A** agg. ● (*spreg.*) Della, relativo alla Repubblica sociale italiana. **B** s. m. (f. *-a*) ● (*spreg.*) Aderente alla Repubblica sociale italiana creata dal fascismo (1943-1945).

†**repubblicóne** [da *repubblica*] s. m. ● (*raro, scherz.*) Faccendone.

†**repùblica** ● V. *repubblica*.

repùdio e *deriv*. ● V. *ripudio* e *deriv*.

repugnàre e *deriv*. ● V. *ripugnare* e *deriv*.

repulisti /*lat.* repu'listi/ o (*pop.*) **ripulìsti** [dal versetto del salmo 42: *Quare me repulisti?* 'Perché mi hai respinto?', con accostamento pop. a *ripulire*] s. m. ● (*fam., scherz.*) Solo nella loc. *fare r.*, portare via tutto da un luogo, fare piazza pulita (*anche fig.*).

repùlsa ● V. *ripulsa*.

†**repulsàre** ● V. †*ripulsare*.

repulsióne o **ripulsióne** [vc. dotta, lat. tardo *repulsiōne(m)*, da *repŭlsus*, part. pass. di *repĕllere* 'respingere'. V. *repellere*] s. f. *1* (*fis.*) Tendenza di due corpi a respingersi fra loro | Forza che provoca in due corpi la tendenza a respingersi fra loro. *2* V. *ripulsione*.

repulsìvo ● V. *ripulsivo*.

repùlso ● V. *ripulso*.

repulsóre [vc. dotta, lat. tardo *repulsōre(m)*, da *repŭlsus*, part. pass. di *repĕllere* 'respingere'. V. *repellere*] s. m. ● (*raro*) Respingente.

reputàre o (*raro*) **riputàre** [vc. dotta, lat. *reputāre* 'calcolare, computare, riflettere', comp. di *re-* e *putāre* 'ritenere'] **A** v. tr. (*io rèputo*, †*repùto*) ● Considerare, stimare, credere: *r. necessario, utile q.c.*; *r. qc. intelligente, onesto* | †*R. a*, attribuire a | †*Reputarsi q.c. a onore*, attribuirsi, ascriversi q.c. come onore. SIN. Giudicare, ritenere. **B** v. rifl. ● Stimarsi, credersi: *reputarsi intelligente*. SIN. Considerarsi, ritenersi.

reputàto part. pass. di *reputare*; anche agg. ● Nei sign. del v.

reputazióne o (*raro*) **riputazióne**. s. f. ● Opinione nei riguardi di qc.: *godere di un'ottima r.*; *tanto di r. perdè con quella sua infelice vittoria, che fu ... dannato* (BARTOLI) | *Rovinarsi, guastarsi la r.*, perdere la stima in cui si era tenuti. || **reputazioncèlla**, dim.

†**rèquia** ● V. *requie*.

†**requiàre** [da *requie*] v. intr. ● Trovare requie, riposo: *ella si venia a doler di quelle cose, che il suo marito ogni dì l'addomandava, non lasciandola requiare* (SACCHETTI).

rèquie o †**rèquia** [vc. dotta, lat. *rĕquies*, nom., 'pace', comp. di *re-* e *quĭes* 'quiete'] **A** s. f. solo sing. ● Riposo, quiete da noie e affanni: *dar r.*; *non lasciare r.* | *Senza r.*, senza mai smettere | *Non avere r.*, non essere mai tranquillo. **B** s. m. inv. ● Adattamento di *requiem* (V.).

requiem /*lat.* 'rɛkwjem/ [vc. lat., prima parola della preghiera per i defunti: *Requiem aeternam* (propriamente 'pace eterna'. V. *requie*)] s. m. o f. *1* Principio della preghiera cattolica per le anime dei morti, con il quale si indica la preghiera stessa | *Messa di* (*da*) *r.*, in suffragio delle anime dei defunti; (*mus.*) composizione vocale e strumentale sul testo della preghiera in suffragio delle anime dei defunti. *2* (*fig., pop.*) Ufficio funebre.

†**requiescere** /*lat.* re'kwjeʃʃere/ [vc. dotta, lat. *requiēscere*, comp. di *re-* e *quiēscere* 'riposare'. V. *quiescere*] v. intr. ● (*raro*) Trovare requie (*spec. fig.*)

requirènte [vc. dotta, lat. *requirĕnte(m)*, part. pres. di *requīrere*. V. *requirere*] agg. ● (*dir.*) Inquirente: *organo giudiziario r.*; *magistratura r.*; *comitato r.*

†**requìrere** [vc. dotta, lat. *requīrere*, comp. di *re-* e *quāerere* 'chiedere'] v. tr. ● (*raro*) Richiedere, ricercare.

requiṣìre [inf. ricavato da *requisito* (*2*)] v. tr. (*io requiṣìsco, tu requiṣìsci*) ● Prendere, d'autorità, esigere la disponibilità di q.c. per adibirla a usi pubblici: *r. un edificio per adibirlo a ospedale da campo*. | (*fig., scherz.*) *r. una persona*, riservarsene la compagnia, impedendole di andarsene. SIN. Sequestrare.

requiṣìto (**1**) part. pass. di *requisire*; anche agg. ● Nei sign. del v.

requiṣìto (**2**) [vc. dotta, lat. *requisītu(m)*, nt. sost. di *requisītus* 'richiesto', part. pass. di *requīrere* 'requirere' (V.)] s. m. ● Qualità che si richiede per ottenere un incarico o per aspirare a q.c.: *i requisiti per l'ammissione al concorso*; *gli manca il r. principale per fare carriera*: *la volontà* | (*est.*) Buona qualità, pregio: *un giovane con molti requisiti*.

requiṣitòria [da (*arringa*) *requisitoria*, dal lat. *requisītus*, part. pass. di *requīrere* 'requirere' (V.)] s. f. *1* Atto con cui il Pubblico Ministero, tipicamente in sede di discussione finale nel dibattimento, presenta e illustra le proprie richieste al giudice che deve decidere. *2* (*est.*) Discorso di severo rimprovero rivolto a qc.: *mi ha fatto una solenne r. per i miei brutti voti*.

requiṣizióne [vc. dotta, lat. *requisitiōne(m)*, da *requisītus*, part. pass. di *requīrere* 'requirere' (V.)] s. f. *1* Atto, effetto del requisire: *ordinare la r. degli impianti funzionanti*. *2* †Richiesta: *stare provvisto d'armadure a ogni r. del re* (MACHIAVELLI) | †*A r. di*, a richiesta, domanda di.

résa [f. sost. di *reso*, part. pass. di *rendere*] s. f. *1* L'arrendersi, l'abbandonare ogni difesa davanti al nemico: *intimare, accettare, trattare la r.* | *R. incondizionata, a discrezione*, senza condizioni di sorta, sottostando all'arbitrio del nemico | *R. per capitolazione*, secondo trattative a determinate condizioni. *2* Atto del rendere: *chiedere la r. di un prestito* | *R. dei conti*, rendiconto delle spese fatte per altri e (*fig.*) momento di affrontare le proprie responsabilità | Restituzione: *chiedere la r. di un oggetto rubato*. *3* Merce invenduta: *chiedere l'inventario di una r. di libri* | L'insieme dei giornali che vengono restituiti perché invenduti. *4* Rapporto fra le grandezze che entrano in gioco in una operazione e ne caratterizzano la convenienza: *100 kg di farina danno una r. di 121 kg di pane*.

†**resarcìre** ● V. *risarcire*.

rescindènte part. pres. di *rescindere*; anche agg. ● Nei sign. del v.

rescìndere [vc. dotta, lat. *rescīndere*, comp. di *re-* e *scindere*] v. tr. (pass. rem. *io rescìssi, tu rescindésti*; part. pass. *rescìsso*) *1* (*lett.*) Tagliare, rompere, fare a pezzi. *2* (*dir.*) Eliminare con efficacia retroattiva gli effetti di un negozio quando sussiste una sproporzione originaria tra le prestazioni in esso dedotte: *r. un contratto concluso in stato di pericolo*; *r. per lesione una divisione*.

rescindìbile agg. ● Che si può rescindere: *contratto r.*

rescindibilità s. f. ● Condizione di ciò che è rescindibile: *r. di un negozio giuridico*.

rèscio [da *r(o)esciare* 'rovesciare' (?)] s. m. ● Marra da muratore, per rimestare la calcina.

rescissióne [vc. dotta, lat. tardo *rescissiōne(m)*, da *rescīssus* 'rescisso'] s. f. ● Atto, effetto del rescindere: *r. di un contratto*. SIN. Annullamento, rottura.

rescìsso part. pass. di *rescindere*; anche agg. ● Nei sign. del v.

rescissòrio [vc. dotta, lat. tardo *rescissōriu(m)*, da *rescīssus* 'rescisso'] agg. ● (*dir.*) Tendente a rescindere: *azione, domanda rescissoria* | *Giudizio r.*, riesame della causa conseguente all'annullamento della sentenza deciso nella fase rescindente.

†**rescrìtta** s. f. ● Rescritto.

rescrìtto [vc. dotta, lat. *rescrīptu(m)*, part. pass. di *rescrībere* 'rescrivere'] s. m. *1* Nell'antica Roma, risposta risolutiva data dagli imperatori romani su questioni di difficile o incerta soluzione sottoposte loro da magistrati, funzionari o privati. *2* (*est., gener.*) Disposizione normativa di un capo dello Stato, spec. se comunicata sotto forma epistolare. *3* Atto normativo dell'autorità ecclesiastica con cui si concede una grazia o si risolve una controversia.

resecàre [vc. dotta, lat. *resecāre*, comp. di *re-* e *secāre* 'secare' (V.)] v. tr. (*io rèseco, tu rèsechi*) *1* (*med.*) Sottoporre a resezione. *2* V. *risecare*.

reṣèda [vc. dotta, lat. *resēda(m)*, da *resedāre* 'calmare, guarire', comp. di *re-* e *sedāre*, perché la pianta era adoperata per sedare i dolori] s. f. *1* Pianta erbacea delle Resedacee a fusto ramoso e fiori giallo-verdastri a grappolo (*Reseda lutea*). SIN. Amorino, melardina | *R. dei tintori*, guaderella, erba guada, anticamente usata per tingere in giallo. *2* Erba annua delle Resedacee dalla quale si ottiene l'olio essenziale detto essenza di reseda, usata in profumeria (*Reseda odorata*).

Reṣedàcee [vc. dotta, comp. di *reseda* e *-acee*] s. f. pl. ● Nella tassonomia vegetale, famiglia di piante dicotiledoni erbacee a foglie sparse, fiori ermafroditi e frutto a capsula (*Resedaceae*) | (al sing. *-a*) Ogni individuo di tale famiglia.

reserpìna [dal nome della specie bot. da cui è estratto, *R(auwolfia) serp(ent)ina*] s. f. ● (*chim.*) Alcaloide ricavato dalle radici della *Rauwolfia*; usato in medicina per le sue proprietà sedative e ipotensive.

†**reservatòrio** [da *reservato*, part. pass. di *reservare*] s. m. ● Serbatoio.

reset /re'sɛt, *ingl.* ri:'set/ [vc. ingl., propr. 'ricollocamento', dal lat. *recĕptu(m)* 'ripreso'] s. m. inv. ● (*elab.*) Operazione che riporta il sistema nello stato iniziale.

resezióne [vc. dotta, lat. *resectiōne(m)* 'taglio', da *resĕctus*, part. pass. di *resecāre*] s. f. ● (*med.*) Asportazione di una parte di organo: *r. gastrica*.

†**reṣìa** ● V. *eresia*.

residence /*ingl.* 'rezidəns/ [vc. ingl., dal fr. *résidence* 'residenza'] s. m. inv. ● Acrt. di *residence house* (V.).

residence house /*ingl.* 'rezidəns haus/ [loc. ingl., comp. di *residence* (V.) e *house* 'casa' (d'origine germ.)] loc. sost. m. inv. (pl. ingl. *residence houses*) ● Complesso alberghiero costituito da piccoli appartamenti completamente arredati e forniti dell'attrezzatura per la cucina | (*est.*) Complesso di abitazioni costituito da piccole costruzioni singole o da appartamenti spesso arredati, in cui alcuni servizi, come pulizie, lavanderia e talora ristorazione, sono centralizzati.

residènte [vc. dotta, lat. *residĕnte(m)*, part. pres. di *residĕre*. V. *risiedere*] **A** agg. *1* Che risiede, ha fissa dimora: *società r. a Roma*; *lavoratore r. all'estero* | *Ministro r.*, agente diplomatico di grado immediatamente inferiore a quello di ministro plenipotenziario. *2* †Che siede: *fu condotto al Papa r. in concistoro* (GUICCIARDINI). *3* (*elab.*) Detto di programma che, caricato nella memoria centrale di un elaboratore elettronico, rimane a disposizione dell'utente per ripetute esecuzioni. *4* †Di liquido, materia che lascia deposito, sedimento. || †**residentemènte**, avv. In modo stabile. **B** s. m. e f. *1* Chi risiede, ha fissa dimora in un luogo: *i residenti francesi in Italia*. *2* Correntemente, ministro residente.

residènza o (*tosc.*) †**risedènza**, †**risedènzia** [da *residente*] s. f. *1* Il risiedere: *la nostra r. in campagna è stata piacevole*. SIN. Soggiorno. *2* Luogo dove si risiede: *cambiare spesso r.*; *fissare una r. stabile* | (*est.*) Sede fissa: *la r. del governo è a Roma*. SIN. Domicilio. *3* (*est.*) L'edificio in cui si abita: *possedere, costruire una r. lussuosa, principesca*. SIN. Dimora. *4* Agglomerato urbano dotato di particolari caratteristiche di autonomia e autosufficienza, spec. destinato ai ceti abbienti. *5* Tronetto con baldacchino per esporvi il SS. Sacramento. *6* Deposito dei vagoni, delle vetture ferroviarie. *7* †Seggio, sedia, posto. *8* †Sedimento, posatura.

residenziàle agg. ● Di residenza: *indennità r.* | *Quartiere, zona r.*, zona di una città urbanisticamente destinata a costruzioni di abitazione.

residuàle agg. *1* Di residuo | Che rappresenta un residuo | (*fig.*) Marginale. *2* (*dir.*) Che si può esperire quando non sono possibili altre azioni più specifiche: *azione r.*, *rimedio r.*

residuàre [da *residuo*] v. intr. (*io resìduo*; aus. *essere*) ● Formare, costituire il residuo.

residuàto **A** part. pass. di *residuare*; anche agg. ● Nel sign. del v. **B** s. m. ● Rimanenza, residuo: *residuati bellici*.

resìduo [vc. dotta, lat. *resĭduu(m)*, da *residēre* 'risiedere'] **A** agg. ● Che resta, avanza, rimane: *consumare la residua quantità di carbone*. SIN. Rimanente. **B** s. m. *1* Quello che resta da operazioni, processi, somme di denaro o altro (*anche fig.*): *spegnere i residui di un incendio*; *in lui c'è un piccolo r. di sincerità* | *R. di bilancio*, somma stanziata e non utilizzata nell'anno | (*econ.*) *R. attivo*, nel bilancio dello Stato, somma iscritta in entrata ma non ancora riscossa | (*econ.*) *R. passivo*, nel bilancio dello Stato, somma iscritta in uscita ma non ancora spesa. *2* Quello che resta di una sostanza dopo trattamenti chimici o fisici: *r. alla calcinazione*. *3* Gruppo atomico, incapace di esistenza libera, derivato formalmente per sottrazione di uno o più atomi da vari composti chimici. SIN. Radicale. *4* (*mat.*) Resto.

resiliènte agg. ● Caratterizzato da resilienza: *pavimento r.*

resiliènza [dal lat. *resĭliens*, genit. *resiliĕntis*, part. pres. di *resilīre* 'saltare indietro, rimbalzare', comp. di *re-* e *salīre* 'saltare'. V. *salire*] s. f. ● Capacità di un materiale di resistere ad urti improvvisi senza spezzarsi.

rèṣina o **réṣina** [lat. *resīna(m)*, di origine preindeur.] s. f. ● Prodotto naturale o sintetico con spiccate proprietà plastiche | *R. naturale*, prodotto trasparente di consistenza molle o pastosa, di origine spec. vegetale, di varia composizione chimica e di vario impiego | *R. sintetica*, prodotto organico ad alto peso molecolare, ottenuto artificialmente, impiegato nell'industria come costituente principale delle materie plastiche | *R. clorovinilica*, ottenuta gener. per polimerizzazione del cloruro di vinile, termoplastica, dura, non infiammabile, largamente usata in molte lavorazioni. SIN. Cloruro di polivinile | *R. vinilica*, ottenuta per polimerizzazione di composti chimici contenenti l'aggruppamento vinilico | *r. fenolica*, fenoplasto | *R. antipiega*, sostanza a base di resine artificiali usate per apprettare tessuti di fibre cellulosiche onde renderli ingualcibili.

reṣinàceo [vc. dotta, lat. *resinăceu(m)*, da *resīna*] agg. ● Che contiene resina.

reṣinàre [da *resina*] v. tr. (*io rèṣino*) ● Sottoporre a resinatura: *r. una conifera*; *r. un tessuto*.

reṣinàto **A** part. pass. di *resinare*; anche agg. *1* Nel sign. del v. *2* *Vino r.*, vino bianco della Grecia, aromatizzato con resina di pino. **B** s. m. ● Sale di un acido resinico.

reṣinatùra s. f. *1* Operazione dell'estrarre e raccogliere la resina da piante resinose. *2* Apprettatura di tessuti con resine artificiali.

reṣinazióne [da *resina*] s. f. ● Operazione di estrazione dell'olio di trementina dalle piante resinose.

reṣìnico agg. (pl. m. *-ci*) ● Detto di acido contenuto nelle resine naturali.

reṣinìfero [comp. di *resina* e *-fero*] agg. ● Che produce o contiene resina: *albero r.*; *cellula resinifera*.

reṣinificàre [comp. di *resina* e *-ficare*] **A** v. tr. (*io reṣinìfico, tu reṣinìfichi*) ● Rendere resinoso. **B** v. intr. e intr. pron. (aus. *essere*) ● Diventare resinoso.

reṣinificazióne [da *resinificare*] s. f. ● Processo consistente nel trasformare o nel rendere q.c. simile a resina.

reṣinìsta [da *resina*] s. m. (pl. *-i*) ● Operaio specializzato nella lavorazione delle resine.

reṣinìte [da *resina*, per l'aspetto, e *-ite* (*2*)] s. f. ● (*miner.*) Opale comune.

reṣinóso [vc. dotta, lat. *resinōsu(m)*, da *resīna*] agg. ● Di resina, che ha proprietà e qualità di resina | *Elettricità resinosa*, specie di elettricità negativa che si produce strofinando una sostanza resinosa.

resipiscènte [vc. dotta, lat. *resipiscĕnte(m)*, part. pres. di *resipīscere* 'riprendere i sensi, ravvedersi', incoativo di *sāpere* 'esser savio' (V. *sapere*), col pref. *re-*] agg. ● (*lett.*) Che si ravvede da un errore: *si è dimostrato r.*

resipiscènza [vc. dotta, lat. tardo *resipiscĕntia(m)*, da *resipīscens*, genit. *resipiscĕntis* 'resipiscente'] s. f. ● (*lett.*) Riconoscimento del male commesso, dell'errore compiuto, accompagnato da consapevole ravvedimento.

reṣìpola ● V. *risipola*.

resistènte **A** part. pres. di *resistere*; anche agg. *1* Nei sign. del v. *2* *Lavoro r.*, in fisica e in meccanica, si ha quando le direzioni della forza e dello spostamento del suo punto di applicazione formano, tra loro, un angolo ottuso. **B** s. m. ● Chi ha partecipato alla Resistenza.

resistènza [vc. dotta, lat. tardo *resistĕntia(m)*, da *resĭstens*, genit. *resistĕntis* 'resistente'] s. f. (*Resistènza* nel sign. 8) *1* Sforzo contrario che permette di opporsi, resistere all'azione di qc. o q.c.: *fiaccare la r. del nemico*; *la r. di un metallo al fuoco*. *2* Ogni forza che si opponga al moto del punto materiale o del corpo a cui è applicata | Quella delle due forze applicate a una macchina semplice che deve essere equilibrata dall'altra: *in una leva di 1° genere il fulcro si trova tra la potenza e la r.* *3* Proprietà fisica, governata da leggi diverse a seconda dei casi, consistente nell'opporsi o nel contrastare determinati fenomeni ed effetti | *R. elettrica*, impedimento che una corrente incontra passando per un circuito, espresso dal rapporto fra la tensione agli estremi di un conduttore e la corrente che lo percorre | *R. magnetica*, riluttanza | *R. specifica*, riluttività. *4* (*mil.*) Fase dell'azione difensiva durante la quale si tende a logorare le forze dell'attaccante in attesa di poter prendere o riprendere l'iniziativa | *Posizione di r.*, fascia avanzata di una posizione difensiva. *5* Opposizione che impedisce lo svolgimento, la realizzazione, il compimento di q.c.: *hanno vinto la r. dei genitori al loro matrimonio* | *R. a un pubblico ufficiale*, reato consistente nell'usare violenza o minaccia per opporsi a un pubblico ufficiale o a un incaricato di un pubblico servizio nella esplicazione delle proprie funzioni | *R. passiva, inerte*, quella che si limita a non seguire la volontà altrui, ma non vi si oppone | (*est.*) Ostacolo (*anche fig.*): *opponevano solo la r. della loro scarsa volontà*; *resistenze aperte, palesi, sotterranee*. *6* Capacità di non lasciarsi rompere, annientare, spezzare, frammentare, e sim.: *la r. di questo materiale non è ancora sperimentata* | (*est.*) Durata, solidità, detto di cose: *è nota la r. di questo tessuto* | (*est.*) Capacità di resistere allo sforzo fisico, intellettuale o all'abbattimento morale: *avere una notevole r. alla fatica*; *sviluppare la r. alle depressioni dello spirito*; *corsa, gara di r.* *7* (*psicoan.*) Opposizione a ogni tentativo di rivelare i contenuti dell'inconscio. *8* (*biol.*) Insensibilità acquisita da parte di un ceppo batterico nei confronti dell'azione di uno o più specifici antibiotici o batteriofagi. *9* Movimento di lotta politico-militare sorto in tutti i paesi d'Europa contro i nazisti e i regimi da questi sostenuti durante la seconda guerra mondiale.

resistenziàle agg. ● Della Resistenza.

resìstere [vc. dotta, lat. *resĭstere*, comp. di *re-* e *sĭstere* 'fermarsi', dalla stessa radice di *stāre*] v. intr. (pass. rem. *io resistéi*, o *resistètti*, *tu resistésti*; part. pass. *resistìto*; aus. *avere*) *1* Stare fermo e saldo contro una forza che si oppone senza lasciarsi abbattere, annientare, spezzare, frantumare, ecc.: *r. ai colpi, alla pressione, a un urto, a una forte scossa*; *la nave resisteva bene alla furia del mare*; *mi è parso ... di leggere una fatale necessità ... nell'istinto che hanno i piccoli di stringersi fra loro per r. alle tempeste* (VERGA) | (*est.*) Opporsi a qc. o a q.c. contrastandola (*anche fig.*): *r. all'invasione, al nemico*; *non possiamo più r. alla corruzione* | (*fig.*) *Non resiste all'ira*, non sa frenare l'ira. *2* Perdurare in una data situazione o atteggiamento senza ricevere danno (*anche ass.* e *fig.*): *pianta che resiste al freddo*; *non ho potuto r. e ho risposto male*; *resisteremo alle calunnie*.

resistìbile [ricavato da *irresistibile* togliendo il pref. *in*, sul modello del fr. *résistible*] agg. ● (*raro, lett.*) Detto di chi o di ciò a cui si può resistere, opporre resistenza, in contrapposizione a irresistibile: *'La r. ascesa di Arturo Ui, dramma di Bertolt Brecht.'*

resistività [da *resistere*] s. f. ● Resistenza di un conduttore uniforme di lunghezza e sezione unitarie a temperatura costante.

resistivo agg. *1* (*elettr.*) Detto di circuito elettrico o suo elemento la cui resistenza prevale sulla capacità e sull'induttanza e che quindi può essere considerato una resistenza pura: *carico r.* *2* (*elettr.*) Ohmico.

resistóre [ingl. *resistor*, dal lat. *resĭstere*] s. m. ● (*elettr.*) Componente di circuito elettrico con comportamento prevalentemente resistivo. CFR. Induttore, capacitore.

res nullius /*lat.* 'rɛs nul'lius/ [lat., propr. 'cosa di nessuno'] loc. sost. f. inv. (pl. lat. inv.) ● (*dir.*) Bene giuridico del quale nessuno è proprietario.

réso (1) part. pass. di *rendere*; anche agg. ● Nei sign. del v.

rèso (2) [da *Reso*, personaggio della mitologia gr.] s. m. ● Scimmia dell'India, tozza, con vello folto nella parte superiore del corpo, e rado e biancastro nella parte inferiore (*Macacus rhesus*).

resocontàre [da *resoconto*] v. tr. (*io resocónto*; part. pass. *resocontàto*) ● (*raro*) Fornire, elaborare un resoconto.

resocontista s. m. e f. (pl. m. *-i*) ● Chi fa il resoconto di sedute, udienze, avvenimenti vari spec. per un giornale: *r. giudiziario, sportivo*.

resocónto [calco sul fr. *compte-rendu*] s. m. *1* Rapporto dettagliato su sedute, adunanze, avvenimenti di rilievo, destinato a informare il pubblico, un superiore o chi vi ha un preciso interesse: *hanno pubblicato il r. dell'ultimo congresso medico.* SIN. Relazione. *2* (*est.*) Minuta esposizione scritta od orale di q.c.: *ti farò con calma il r. del mio viaggio.* *3* Rendiconto: *compilare il r. dell'anno finanziario.*

†**resòlvere** e *deriv.* ● V. *risolvere* e *deriv.*

resorcina [comp. di *res*(*ina*) e *orcina*] s. f. ● (*chim.*) Fenolo bivalente ottenuto per fusione alcalina di alcune resine, usato come antisettico in dermatologia, nella fabbricazione di coloranti, dischi fonografici, colle.

†**resórgere** ● V. *risorgere*.

resorgivo ● V. *risorgivo*.

†**respètto** e *deriv.* ● V. *rispetto* e *deriv.*

†**respignere** ● V. *respingere*.

respingènte A part. pres. di *respingere*; anche agg. ● Nei sign. del v. B s. m. ● Organo di repulsione, con molla a bovolo, adottato nelle testate dei veicoli ferroviari.

respingere o †**respignere**, †**ripignere**, †**ripingere** (2), †**rispignere**, †**rispingere** nel sign. 1 [comp. di *re-* e *spingere*] v. tr. (coniug. come *spingere*) *1* Spingere, rimandare indietro con più o meno forza allontanando da sé (*anche fig.*): *r. l'aggressore*; *r. le accuse di qc.*; *così l'avria ripinte per la strada / ond'eran tratte, come fuoro sciolte* (DANTE *Par.* IV, 85-86). *2* Rifiutare di accogliere, di accettare: *r. una proposta, una petizione* | *R. qc. a un esame*, bocciarlo. SIN. Rigettare.

respingiménto s. m. ● Modo, atto del respingere.

respingitóre A s. m.; anche agg. (f. *-trice*) ● (*raro*) Chi respinge. B s. m. ● (*raro*) Respingente.

respinta [comp. di *re-* e *spinta*] s. f. *1* Spinta indietro, contraria. *2* Azione di rilanciare la palla verso il settore avversario. SIN. Rinvio | Azione con cui il portiere allontana il pallone dalla porta: *r. di pugno*; *r. corta*.

respinto A part. pass. di *respingere*; anche agg. ● Nei sign. del v. B s. m. (f. *-a*) ● Chi è stato riprovato, rimandato a un esame: *il numero dei respinti supera quello dei promossi.*

respiràbile [vc. dotta, lat. tardo *respirābile*(*m*), da *respirāre*] agg. ● Che si può respirare, che è buono da respirare: *aria r.*

respirabilità s. f. ● Qualità, condizione di ciò che è respirabile.

†**respiraménto** [vc. dotta, lat. tardo *respiramĕntu*(*m*) 'sollievo, ristoro', da *respirāre*] s. m. ● Respirazione | (*fig.*) Senso di sollievo.

respiràre [vc. dotta, lat. *respirāre*, comp. di *re-* e *spirāre*] A v. intr. (aus. *avere*) *1* Effettuare la respirazione: *r. con i polmoni, le branchie* | Inspirare ed espirare: *r. a pieni polmoni* | (*est.*) Vivere: *il moribondo respira ancora* | (*est.*) Sentirsi fisicamente a proprio agio: *in questa stanza non si respira per il caldo.* *2* (*fig.*) Riprendere sollievo, sentirsi riposato da una fatica o sforzo: *cominciare a r. dopo anni di difficoltà economiche*; *ora che il pericolo è passato, finalmente respiro.* *3* †Sfiatare. *4* †Mandare fuori odore. B v. tr. ● Far entrare ed espellere aria o altro: *r. l'aria resinosa di una pineta*; *r. vapori mefitici* | *Tornare a r. l'aria nativa*, (*fig.*) ritornare sul luogo dove si è nati | *Non ne posso più di r. quest'aria*, (*fig.*) voglio andarmene di qui | *Essere necessario come l'aria che si respira*, essere indispensabile.

respiratìvo agg. *1* Di, della respirazione | Che serve alla respirazione. *2* (*fig.*) Che dà sollievo, conforto.

respiratóre s. m. *1* (*med.*) Apparecchio che serve a favorire o regolare la respirazione | *R. automatico*, che esegue i movimenti respiratori senza la partecipazione diretta del paziente. *2* Apparecchiatura per la respirazione di ossigeno, per mezzo di una maschera, nei voli ad alta quota o fuori dall'atmosfera. *3* Tubo rigido, ricurvo ad una o ad entrambe le estremità, munito di un boccaglio e di una valvola che impedisce l'entrata dell'acqua durante l'immersione subacquea.

respiratòrio agg. ● Che serve alla respirazione: *organi respiratori.*

respirazióne [vc. dotta, lat. *respiratiōne*(*m*), da *respirāre*] s. f. *1* Processo fondamentale di tutti gli esseri viventi che assumono ossigeno ed emettono anidride carbonica | *R. artificiale*, attuazione di una ventilazione polmonare simile a quella spontanea mediante manovre manuali o dispositivi meccanici. *2* (*fig.*) †Sollievo, riposo.

respiro [da *respirare*] s. m. *1* Atto del respirare: *riprendere il r. dopo una corsa* | Movimento della respirazione: *avere il r. regolare, affannoso*; *trattenere il r. per la paura*; *Don Gesualdo intanto andavasi calmando, col r. più corto* (VERGA) | *Fino all'ultimo r.*, fino alla morte | *Mandare l'ultimo r.*, morire | *Mandare un r.*, provare sollievo. *2* (*fig.*) Sollievo, riposo: *godere di un momento di r.* | Pausa, interruzione: *lavorare senza r.* | Dilazione in un pagamento: *accordare un breve r.* *3* (*fig.*) Portata ideologica, estensione culturale, vastità e intensità d'ispirazione, espressione, risonanza e sim., spec. nella loc. *di ampio r.*: *lavoro, opera, composizione di ampio r.* *4* (*mus.*) Segno che indica un punto in cui il cantante o il suonatore di strumenti a fiato può effettuare una pausa per respirare durante l'esecuzione musicale. || **respiróne**, accr.

†**respitto** ● V. †*rispitto*.

†**rèspo** [deformazione di *cespo*] s. m. ● Cespuglio: *isdrucciolò inverso il lago, e s'attenne a un r., il quale era sottilissimo* (CELLINI).

†**respóndere** ● V. *rispondere*.

responsàbile o †**risponsàbile** [fr. *responsable*, dal lat. *respōnsus*, part. pass. di *respondēre* 'rispondere'] A agg. *1* Che deve rispondere, rendere ragione o garantire delle proprie azioni o delle altrui: *non è ancora r. delle sue azioni*; *non siamo responsabili della tua condotta* | *Direttore, vice-direttore r.*, che a norma di legge risponde degli scritti pubblicati in un giornale. *2* Che è consapevole delle conseguenze derivanti dalla propria condotta: *è un ragazzo r. nonostante la giovane età.* SIN. Cosciente. *3* Colpevole: *si è rivelato r. di gravi torti.* || **responsabilménte**, avv. In modo responsabile: *agire responsabilmente.* B s. m. e f. ● Chi deve rispondere di q.c.: *i responsabili della vita politica italiana*; *il r. del furto non è stato trovato* | *R. dell'imposta*, chi è tenuto al pagamento dell'imposta insieme con il contribuente.

responsabilità o †**risponsabilità** [fr. *responsabilité*, dall'ingl. *responsability*, da *responsible* 'responsabile'] s. f. *1* L'essere responsabile: *assumersi le proprie responsabilità*; *fare q.c. sotto la propria r.* | Condizione di chi è responsabile di q.c.: *r. morale, civile.* *2* Sottomissione, disposta dalla legge, alla sanzione in conseguenza alla violazione di un dovere giuridico: *r. diretta, indiretta* | *R. civile*, che grava su chi ha commesso un atto illecito | *Assicurazione della r. civile*, quando l'assicuratore si obbliga a rimborsare all'assicurato quanto questi deve pagare in seguito a una propria responsabilità | *R. oggettiva*, quando si risponde di un fatto, anche senza colpa o dolo | *R. patrimoniale*, principio per cui il debitore risponde delle proprie obbligazioni con tutti i beni | *R. limitata*, quella degli azionisti o dei detentori di quote di capitale limitatamente al valore delle azioni o quote sottoscritte | *R. congiunta*, tipo di conduzione aziendale in cui i rappresentanti dei lavoratori partecipano al processo di formulazione delle direttive aziendali.

responsabilizzàre [comp. di *responsabil*(*e*) e *-izzare*] A v. tr. ● Rendere responsabile o consapevole, spec. con riferimento a ruoli, funzioni o problemi di carattere sociale: *r. le masse* | Fare assumere una diretta responsabilità: *r. un dipendente.* B v. intr. pron. ● Assumersi una responsabilità | Diventare consapevoli delle proprie responsabilità.

responsabilizzazióne s. f. *1* Atto, effetto del responsabilizzare o del responsabilizzarsi. *2* (*org. az.*) Strumento di controllo organizzativo, consistente nel definire le responsabilità, sia generali che di spesa, a ogni livello della scala gerarchica.

†**responsióne** o †**risponsióne** [vc. dotta, lat. *responsiōne*(*m*) 'risposta', da *respōnsus*, part. pass. di *respondēre* 'rispondere'] s. f. *1* Risposta. *2* Canone, tributo.

responsiva [sost. f. di *responsivo*] s. f. ● (*raro, bur.*) Lettera di risposta.

responsività [dall'ingl. *response* 'risposta', dal lat. *respōnsu*(*m*)] s. f. ● (*biol.*) Capacità dell'organismo di rispondere, modificandosi, a variazioni delle condizioni ambientali.

responsivo o †**risponsivo** [vc. dotta, lat. tardo *responsīvu*(*m*), da *respōnsus*, part. pass. di *respondēre* 'rispondere'] agg. ● (*raro, lett.*) Che serve a rispondere: *lettera responsiva.*

respònso o †**rispònso** [vc. dotta, lat. *respōnsu*(*m*), part. pass. nt. sost. di *respondēre* 'rispondere'] s. m. *1* (*lett.*) Risposta di un oracolo: *uscian quindi i responsi / de' domestici Lari* (FOSCOLO). *2* Risposta data spec. con tono solenne (*anche iron.*): *la commissione ha dato il suo r.*; *tuo padre ha dato il r.?* *3* (*relig.*) †Responsorio.

responsoriàle [da *responsorio*] A agg. ● Che ha tono, carattere di risposta. B s. m. ● Libro di canto fermo contenente le antifone e i responsori.

responsòrio [vc. dotta, lat. tardo *responsōriu*(*m*), da *respōnsus*, part. pass. di *respondēre* 'rispondere'] s. m. ● Risposta del coro al solista nella funzione cantata.

†**responsùra** [dal lat. *respōnsus*, part. pass. di *respondēre* 'rispondere'] s. f. ● Risposta.

rèssa [lat. *rīxa*(*m*) 'rissa'] s. f. *1* Insieme di gente che si muove disordinatamente spec. spingendo e urtando: *fanno r. per entrare al cinematografo.* SIN. Calca. *2* †Contrasto, rissa. *3* †Insistenza importuna per ottenere q.c.

rèsta (1) [lat. *arĭsta*(*m*) 'arista'] s. f. *1* (*bot.*) Arista. *2* Lisca di pesce, spina.

rèsta (2) [da *restare*] s. f. ● Ferro applicato al lato destro del petto della corazza per appoggiarvi la lancia in posizione per colpire: *lancia in r.* | (*fig.*) *Partire con la lancia in r.*, attaccare qc. o q.c. con decisione e impeto.

rèsta (3) [lat. *rēste*(*m*) 'fune', di origine indeur.] s. f. *1* Filza di cipolle, agli e sim. riuniti a formare una treccia. *2* Lungo cavo di canapa per trascinare la rete nella pesca d'altura.

restabùe [comp. di *restare* 'arrestare' e *bue*, perché, fermando l'aratro, è d'inciampo ai buoi] s. m. ● (*bot.*) Ononide.

restànte A part. pres. di *restare*; anche agg. ● Nei sign. del v. B s. m. ● Quello che resta, rimane: *tutto il r. della giornata passò interminabile* | †*Del r.*, del resto.

†**restànza** s. f. ● Avanzo, resto.

restàre [lat. *restāre*, comp. di *re-* e *stāre*] A v. intr. (*io rèsto*; aus. *essere*) *1* Fermarsi, arrestarsi: *restiamo un po' all'ombra a riposarci* | Rimanere in un luogo spec. per un certo tempo: *r. a cena, a pranzo da qc.*; *r. molti giorni in campagna* | *Che resti fra noi*, che non si venga a sapere da altri | (*est.*) Resistere, durare: *restarono al loro posto* | *R. sulla breccia*, (*fig.*) continuare a essere partecipe di fatti e vicende in modo diretto spec. occupando una certa posizione o svolgendo un'attività. *2* Stare ancora, continuare a stare in un certo atteggiamento o una certa posizione: *r. in rapporti cordiali con qc.*; *r. indietro rispetto agli altri*; *è restato uno zotico nonostante il suo denaro* | *R. comodi*, non incomodarsi alzandosi di fronte a qc. | (*est.*) Sopravvivere: *pensiamo a quelli che restano.* SIN. Rimanere. *3* Arrivare, trovarsi in uno stato, in una determinata situazione a conclusione di fatti, avvenimenti, processi vari: *r. orfano, zoppo per sempre, a carico di qc.*; *la nave è restata in secco* | *R. a piedi*, perdere il treno, l'autobus o altri mezzi di locomozione e (*fig.*) rimanere esclusi da q.c. | *R. col danno e con le beffe*, avere danno ed essere deriso | *R. a bocca asciutta*, rimanere senza cibo e (*fig.*) non aver potuto godere di q.c. | *R. con un palmo di naso*, trovarsi deluso | *R. a bocca aperta, senza fiato, di stucco, di sale*, essere molto meravigliato | *R. al verde*, senza denaro | *R. sul colpo*, *restarci*, morire all'improvviso | Assumere un certo atteggiamento, un certo modo di essere di fronte a q.c.: *r. persuaso, incredulo, sconvolto* | *R. d'accordo*, accordarsi, essere d'accordo. **4** Rimanere d'avanzo, esserci ancora: *nel frigorifero non restava più niente*; *ci resta ancora molto da fare* | *Resta a vedere se ...*, bisogna vedere se ... | *Restano pochi giorni a ...*, mancano pochi giorni a ... | *Non resta che ...*, si deve solo ... **5** (*lett.*) Conseguire, risultare: *resta che tu non possa fuggire per nessun verso di non essere infelice* (LEOPARDI). **6** Essere posto, situato: *l'edificio resta sul lato sinistro del viale* | *R. lontano*, distare. SIN. Essere, trovarsi. **7** (*lett.*) Cessare: *La bufera infernal, che mai non resta* (DANTE *Inf.* V, 31). **8** †Avvenire, accadere per causa di qc. **B** v. tr. ● †Far restare || PROV. Chi muore giace e chi resta si dà pace.

†restàta [da *restato*] s. f. **1** Fermata, pausa. **2** Cessazione.

restàto part. pass. di *restare*; anche agg. ● Nei sign. del v.

restauràbile o **†ristauràbile** agg. ● Che si può restaurare.

restauraménto o **†ristauraménto** s. m. **1** (*raro*) Modo, atto, effetto del restaurare. **2** †Risarcimento.

restaurant /fr. restɔ'rɑ̃/ [vc. fr., propriamente part. pres. di *restaurer* 'ristorare', dal lat. *restaurāre*. V. *restaurare*] s. m. inv. ● Ristorante.

restauràre o **†ristauràre** [vc. dotta, lat. *restaurāre*, da *instaurāre*, con cambio di pref.] v. tr. (*io restàuro*) **1** Restituire allo stato primitivo opere d'arte o altri manufatti, rifacendoli, riparandoli o rinnovandoli: *r. un edificio danneggiato*; *r. un affresco del Trecento* | (*scherz.*) *Restaurarsi il viso*, truccarsi il viso per apparire giovani. **2** Rimettere in vita, ripristinare, ristabilire: *r. le rappresentazioni teatrali classiche*; *r. consuetudini dimenticate*. **3** (*raro*) Rimettere in salute, in forze.

restaurativo o **†ristaurativo** agg. ● (*raro*) Atto a restaurare.

restauràto part. pass. di *restaurare*; anche agg. ● Nei sign. del v.

restauratóre o **†ristauratóre** [vc. dotta, lat. tardo *restauratōre(m)*, da *restaurātus* 'restaurato'] s. m.; anche agg. (f. *-trice*) ● Chi, che restaura: *r. della moralità politica*; *r. dei quadri*.

restaurazióne o **†ristaurazióne** [vc. dotta, lat. tardo *restauratiōne(m)*, da *restaurātus* 'restaurato'] s. f. **1** (*raro*) Operazione del restaurare quadri, edifici, sculture e sim. SIN. Restauro. **2** (*raro*) Ristabilimento di salute, buone condizioni fisiche. **3** Ristabilimento di forme di governo, istituzioni politiche, dinastie, e sim. | (*per anton.*) Il periodo della storia europea tra il 1815 e il 1830, che sancì il ripristino della situazione politica e istituzionale precedente la rivoluzione francese con l'abrogazione delle profonde riforme introdotte nel periodo napoleonico. **4** †Risarcimento.

restàuro o **†ristàuro** s. m. **1** Intervento edilizio per la conservazione e la valorizzazione di un edificio senza alterarne la forma e la divisione. **2** (*fig., lett.*) Ristoro, sollievo: *dato r. a' corpi esausti e vòti* (ARIOSTO). **3** (*raro, lett.*) Ricompensa: *richiede ormai da noi qualche r.* (POLIZIANO).

†restia [etim. incerta] s. f. ● Moto ondoso che impedisce l'accesso al porto, e tormenta le navi che vi sono ormeggiate.

restifórme [comp. di *resta* (*3*) e *-forme*] agg. ● (*raro*) Che ha forma di resta, di corda.

restio [lat. parl. **resistītīvu(m)*, da *resĭstere*] **A** agg. **1** Di cavallo o altro animale da carico che non vuole andare avanti: *mulo bizzarro e r.* **2** (*est.*) Detto di persona che è riluttante a fare q.c., che la fa malvolentieri: *essere r. a chiedere favori*. SIN. Alieno, contrario. || **†restiaménte**, avv. **B** s. m. ● Difetto di animale restio: *cavallo che ha il r., che è guarito dal r.*

restitụìbile agg. ● Che si può o si deve restituire: *regalo, prestito r.*

restitụìre [lat. *restitŭere*, comp. di *re-* e *statŭere* 'stabilire'. V. *statuire*] **A** v. tr. (*io restituìsco, tu restituìsci*) **1** Rendere, ridare quello che si è tolto a qc. o che è stato prestato, o donato o dato in consegna: *r. i prigionieri*; *r. il denaro avuto*; *r. la merce* | *R. a qc. la parola*, (*fig.*) scioglierlo da un impegno preso | Dare di nuovo a qc. q.c. che aveva perduto: *la cura gli ha restituito energia* | (*est.*) Contraccambiare: *r. un calcio, un favore*; *r. una visita*. **2** (*lett.*) Rimettere nello stato, nel posto di prima: *r. qc. nel suo grado*; *il suo gesto lo ha restituito nelle grazie dei superiori* | Richiamare: *r. gli esuli alle loro case*. **3** †Riparare, rimettere in buono stato | Rifare danni. **B** v. rifl. e intr. pron. ● (*lett.*) †Ritornare: *restituirsi in una città* | (*fig.*) Darsi di nuovo: *si è restituito alle ricerche filosofiche*.

restitụìto part. pass. di *restituire*; anche agg. ● Nei sign. del v.

restitutio in integrum /lat. resti'tuttsjo i'n integrum/ [lat., propriamente 'restituzione in intero'] loc. sost. f. inv. ● (*dir.*) Forma di risarcimento del danno consistente nel ripristinare lo stato di fatto antecedente al verificarsi del danno stesso.

restitutivo agg. ● Che indica una restituzione o ha la capacità di ripristinare una condizione precedente: *il prefisso 'ri' ha valore r.*; *un cosmetico r.*

restitutóre [vc. dotta, lat. *restitutōre(m)*, da *restitūtus*, part. pass. di *restitŭere* 'restituire'] **A** s. m.; anche agg. (f. *-trice*) **1** Chi, che restituisce. **2** (*lett.*) Chi, che restaura, ristabilisce q.c.: *ringraziandogli ciascuno come restitutori della gloria italiana* (GUICCIARDINI). **B** s. m. ● Strumento che permette di ricavare, da uno o più fotogrammi opportunamente orientati, la rappresentazione in scala di una zona di terreno fotografata.

restitutòrio [vc. dotta, lat. *restitutōriu(m)*, da *restitūtus*, part. pass. di *restitŭere* 'restituire'] agg. ● Che tende alla restituzione di un bene.

restituzióne [vc. dotta, lat. *restitutiōne(m)*, da *restitūtus*, part. pass. di *restitŭere*] s. f. **1** Atto del restituire: *impegnarsi alla r. di q.c.*; *r. dei libri alla biblioteca*. SIN. Resa, ritorno. **2** (*lett.*) Reintegrazione, ristabilimento: *r. di qc. nel suo onore*; *la r. dei Medici a Firenze* | *R. di un testo*, reintegrazione, attraverso il lavoro critico o la congettura, della lezione originale. **3** (*dir.*) Reintegrazione nella detenzione, nel possesso o nella proprietà di un bene. **4** †Ritorno di un astro in una posizione già occupata e presa come punto di partenza.

rèsto [da *restare*] s. m. **1** Ciò che avanza, rimane di q.c. o che ancora manca per completare q.c.: *faremo il r. del viaggio in treno*; *il r. della casa sarà terminato presto*; *non vi racconto il r. per non annoiarvi* | *Fare il r.*, compiere l'opera | *Del r.*, per altro. SIN. Avanzo, residuo, rimanente. **2** (*mat.*) *R. ennesimo d'una serie*, serie ottenuta sopprimendo i primi *n* termini della serie data | *R. d'una divisione*, quantità che, aggiunta al prodotto del divisore per il quoziente, dà il dividendo. **3** Differenza in denaro che spetta a chi paga un bene, un servizio e sim. con una somma superiore a quella dovuta: *aspetto il r.*; *c'è altro di r.?*; *lasciare il r. di mancia* | *Ha avuto il suo r.*, (*fig.*) gli è toccato quello che si meritava | (*raro*) *Rifare il r.*, (*fig.*) fare un altro favore a chi ne ha già avuto uno e, senza dimostrarsi riconoscente, ne pretende un altro. **4** (*al pl.*) Ciò che rimane di monumenti, opere d'arte, costruzioni antiche: *visitammo i resti di una necropoli etrusca* | Avanzi di un pranzo, di un esercito che ha combattuto o altro: *mangeremo i resti della colazione*; *i resti di una bellezza giovanile* | *Resti mortali*, corpo, salma, cadavere. || **resticciuolo**, dim. | **restóne**, accr.

†restrignere ● V. *restringere*.

restringènte **A** part. pres. di *restringere*; anche agg. ● Nei sign. del v. **B** s. m. ● Ciò che restringe.

restringere o **†restrignere**, **†ristrignere**, **†ristringere** (1) [vc. dotta, lat. *restrĭngere*, comp. di *re-* e *strĭngere*] **A** v. tr. (pres. *io restringo, tu restringi*; pass. rem. *io restrinsi, tu restringésti*; part. pass. *ristrétto*) **1** Diminuire il volume o limitare l'estensione di q.c. riducendolo in uno spazio minore: *il lavaggio ha ristretto l'abito*; *r. lo spazio occupato da qc.* | Fare addensare sughi o salse tenendoli sulla fiamma vivace in un tegame senza coperchio: *r. la besciamella*. **2** (*fig.*) Limitare, ridurre, contenere: *r. le spese, le esigenze*; *r. i particolari di una narrazione*. **3** †Radunare: *in un lato della piccola valle le nostre pecore e le capre restringemmo* (SANNAZARO). **4** †Obbligare, costringere. **5** †Legare strettamente | †Fasciare. **B** v. intr. pron. **1** Farsi più stretto o più ridotto in estensione: *la strada si restringe poco alla volta* | *Restringersi nelle spalle*, alzare le spalle restringendole, a significare che non si vuole intervenire in una discussione o altro | (*raro, fig.*) Moderarsi, limitarsi: *restringersi nelle spese*. **2** Raccogliersi, avvicinarsi a qc. per occupare meno spazio: *restringetevi sul divano* | †*Restringersi con qc.*, avvicinarsi a qc. per chiedergli consiglio. **C** v. rifl. **1** †Avvicinarsi molto a qc.: *poi per lo vento mi restrinsi retro / al duca mio* (DANTE *Inf.* XXXIV, 8-9). **2** †Contenersi.

restringiménto s. m. **1** Modo, atto, effetto del restringere, del restringersi: *r. di una stoffa dopo il lavaggio* | Punto in cui q.c. si restringe o è ristretto: *rallentare al r. di una strada*. **2** (*med.*) Riduzione di volume, di calibro: *r. uretrale*; *r. arterioso*. SIN. Stenosi. **3** (*raro, lett., fig.*) Limitazione, moderazione.

restringitivo agg. ● (*raro*) Che è atto a restringere: *farmaco r.* | (*fig.*) Restrittivo: *provvedimento r.*

restringitóre s. m.; anche agg. (f. *-trice*) ● (*raro*) Chi, che restringe.

restrittività s. f. ● Qualità di ciò che è restrittivo.

restrittivo [dal lat. *restrīctus*, part. pass. di *restrĭngere*] agg. ● Che restringe o è atto a restringere, a limitare: *legge, clausola restrittiva*. SIN. Limitativo. || **restrittivaménte**, avv.

restrizióne [vc. dotta, lat. tardo *restrictiōne(m)*, da *restrīctus*, part. pass. di *restrĭngere*] s. f. ● (*raro*) Atto del restringere | (*fig.*) Diminuzione, limitazione: *imporre restrizioni alla libertà di qc.* | (*fig.*) Riserva che limita un'affermazione, una dichiarazione, una promessa, ecc.: *r. mentale*; *nel suo discorso ci sono molte restrizioni*. || **restrizioncèlla**, dim.

restrizionịsmo s. m. ● (*econ.*) Politica basata sulle restrizioni, specialmente dei consumi e della spesa pubblica.

restyling /ingl. ri:'stailiŋ/ [vc. ingl., comp. di *re* e *styling*, dal v. *to style* 'disegnare, modellare'] s. m. inv. **1** Modifica del design o del modello di un prodotto o manufatto. **2** (*est.*) Rifacimento, rinnovamento, rielaborazione.

resultàre e *deriv.* ● V. *risultare* e *deriv.*

†resùmere [vc. dotta, lat. *resūmere*] v. tr. ● Riassumere, compendiare.

resupino [vc. dotta, lat. *resupīnu(m)*, comp. di *re-* e *supīnus* 'supino'] agg. ● (*lett.*) Supino: *già resupina ne l'arena giace* (ARIOSTO).

†resùrgere ● V. *risorgere*.

†resurrèssi o **†resurrèsso**, **†risurrèsso** [lat. *resurrēxit*, terza pers. perf. indic. di *resŭrgere* 'risorgere'; propriamente 'egli risorse'] s. m. ● Solo nella loc. *Pasqua di r.*, resurrezione di Gesù.

†resurressire [da *†resurressi*] v. intr. ● Risorgere.

†resurrèsso ● V. *†resurressi*.

resurrezióne ● V. *risurrezione*.

resuscitàre ● V. *risuscitare*.

†retà ● V. *reità*.

retablo /sp. re'tablo/ [vc. sp., dal catalano *retaule*, comp. del lat. *retro-* e *tăbula* 'tavola'] s. m. inv. ● Ancona di grandi dimensioni, inquadrata in cornice architettonica, con dipinto spesso alternato a rilievo, originaria della Spagna e poi diffusasi in Europa fra il XV e il XVIII secolo.

retàggio o **†eretàggio**, **†eritàggio**, **†redàggio** [ant. fr. *heritage*, da *heriter* 'ereditare'] s. m. **1** (*lett.*) Eredità: *or discerno perché dal r. / li figli di Levì furono essenti* (DANTE *Purg.* XIII, 131-132). **2** (*fig.*) Patrimonio spirituale che viene dagli antenati: *il r. dei Romani nel campo del diritto*. **3** (*est.*) †Possedimento avito.

retàre (1) [da *rete*] v. tr. (*io réto*) **1** Tracciare su un'immagine un reticolo di linee per poterla riprodurre in scala ridotta o maggiorata. **2** Stendere la rete per pescare, prendere uccelli e sim.

†**retàre** (**2**) [fr. *hériter*: stessa etim. dell'it. *ereditare*] v. tr. ● Ereditare.

retàta [da *rete*] s. f. **1** Gettata di rete | Quantità di pesce o uccelli catturati in una rete (*anche fig.*): *prendere una r. di sardine*; *alla lotteria, ha fatto una bella r. di milioni*. **2** (*fig.*) Cattura di più persone eseguita con grande rapidità: *una r. di ladruncoli effettuata dalla polizia*.

†**retàto** [da *rete*] agg. ● Reticolato, intrecciato a rete.

retàzza ● V. *redazza*.

réte [lat. *rēte*, di etim. incerta] s. f. **1** Strumento di fune, o di filo tessuto a maglie, per prendere pesci, uccelli o altri animali: *gettare, tirare la r.* | *R. portapesci*, piccola rete di spago o nylon, tenuta aperta da un cerchietto metallico, per conservare e trasportare il pesce durante la pesca | *R. da insacco*, tramaglio | *R. da gettata*, giacchio | *R. a strascico*, trainata da barche, motopescherecci o anche a braccia, radente il fondo, per raccogliere nel sacco tutto ciò che incontra | (*fig.*) Agguato: *cadere, incappare nella r.* | (*fig.*) Insidia, inganno: *tendere la r. a qc.* | *Prendere qc. alla, nella, r.*, (*fig.*) riuscire a ingannarlo, raggirarlo | *Essere preso nelle proprie reti*, (*fig.*) cadere nei propri imbrogli | *Tendere la r. al vento*, insidiare invano | (*fig., lett.*) Agguato e seduzione amorosa: *quel bel volto / ch'all'amorose reti il tenea involto* (ARIOSTO). ➡ ILL. **pesca**. **2** (*est.*) Intrecciatura di filo o altro materiale con maglie di misura e forma variabili, usata spec. come struttura di riparo, protezione o sbarramento: *recingere un campo con una r.*; *r. da circo* | *Senza r.*, (*fig.*) con grave rischio personale | *R. metallica*, spec. in fil di ferro zincato, a chiusura di finestre, recinti e sim. | *R. del letto*, quella in metallo su cui poggia il materasso | *R. per la spesa*, sorta di borsa traforata, in spago o nylon | *R. per i capelli*, cuffia a maglia per mantenere in ordine i capelli | *R. mimetica*, rete di spago o corda con incorporati elementi multicolori di materiale vario per mascherare armi, postazioni e sim. | *R. da ostruzione*, ostruzione di cavi posta all'imboccatura dei porti per impedirne il forzamento da parte di mezzi subacquei, incursori e sim. | *R. parasiluri*, ostruzione di reti che si sistema attorno a una nave ormeggiata per proteggerla dai siluri | *Punto a r.*, sfilato su tela ripreso in vari modi con l'ago. **3** (*sport*) Nel calcio, porta: *tirare, scendere in r.* | (*fig.*) Punto segnato, goal: *segnare una r.* | Nel tennis, nella pallavolo, maglia di corda che divide il campo in due parti uguali. **4** (*cuc.*) Omento del maiale usato per ravvolgervi i fegatelli da cuocere in tegame o arrostire allo spiedo. **5** Insieme di linee, reali o meno, che si intersecano formando come le maglie di una rete: *r. autostradale, ferroviaria, aerea, idrografica*; *la r. dei meridiani e dei paralleli* | (*mat.*) Sistema di curve piane o di superfici algebriche | *R. topografica*, rappresentazione, in esatta posizione relativa, di un insieme di punti del terreno | *R. geodetica*, complesso dei punti geodetici ottenuti con la triangolazione ai fini del rilevamento topografico | *R. elettrica*, elementi di circuito collegati fra di loro in modo da dar luogo a più diramazioni | *R. telegrafica, telefonica*, complesso di circuiti elettrici che collegano fra di loro i vari utenti | *R. di distribuzione*, insieme di cavi, tubazioni e sim. che partendo da un centro si ramificano in modo da collegare gli utenti di un determinato servizio pubblico, come telefono, acqua, gas e sim., alla centrale di distribuzione. **6** (*anat.*) Intreccio di vasi sanguigni o di nervi. **7** (*fig., est.*) Intreccio, insieme articolato od organizzato: *una fitta r. di amicizie* | (*org. az.*) *R. commerciale*, il sistema di filiali, agenzie e organismi sim. diretti dal centro e fra loro connessi che, in un'azienda, svolgono l'attività di diffusione, distribuzione e vendita dei prodotti | (*radio, tv*) Sistema accentrato e coordinato di trasmissioni o di stazioni trasmittenti: *la r. 1 della RAI*; *le reti private televisive* | *La R.*, (*per anton.*) movimento politico italiano in aspra polemica con i partiti tradizionali. **8** (*elab.*) Collegamento tra più elaboratori elettronici, situati anche a grande distanza | *R. locale*, sistema informatico in cui più elaboratori elettronici, gener. situati nello stesso edificio, condividono le stesse risorse, quali periferiche, accesso ai dati contenuti nelle memoria di massa di ciascun elaboratore e sim.: *r. ad anello, a stella, a controllo distribuito*. || **reticèlla**, dim. (V.) | **reticola**, dim. | **retìna**, dim. (V.) | **retìno**, dim. m. (V.) | **retóne**, accr.

†**retentìre** [fr. *retentir*, comp. di *re-* e dell'ant. fr. *tentir*, dal lat. parl. **tinnitīre*, ints. di *tinnīre* 'far risuonare', vc. di origine onomat.] v. intr. ● (*poet.*) Echeggiare: *il cantar novo e 'l pianger delli augelli / in sul dì fanno retentir le valli* (PETRARCA).

retentìva ● V. *ritentiva*.

retentività ● V. *ritentività*.

†**retenzióne** ● V. *ritenzione*.

reticèlla s. f. **1** Dim. di *rete*. **2** Cuffia a maglia, maschile o femminile, per tenere in ordine i capelli o per ornamento. **3** (*chim.*) Elemento divisorio di rete metallica, coperta in parte di amianto, usato nei laboratori chimici spec. per impedire un diretto contatto tra fiamma e recipienti di vetro. **4** (*anat., raro*) Plesso.

reticènte [vc. dotta, lat. *reticĕnte(m)*, part. pres. di *reticēre*, comp. di *re-* e *tacēre*] agg. ● Che tace per nascondere q.c. che dovrebbe dire: *testimone r.* | Che è restio a parlare: *mostrarsi r. sui propri progetti*.

reticènza [vc. dotta, lat. *reticĕntia(m)*, da *rĕticens*, genit. *reticĕntis* 'reticente'] s. f. **1** L'essere reticente: *essere privo di r.* | *Senza r.*, senza tacere nulla. **2** (*ling.*) Figura retorica consistente nell'interrompere il discorso lasciando però intendere ciò che non si dice: *Se la cosa dipendesse da me, ... vedon bene che a me non me ne vien nulla in tasca ...* (MANZONI). SIN. Aposiopesi.

rètico (**1**) [vc. dotta, lat. *Rāeticu(m)*, nom. *Rāeticus*, da *Rāeti*, n. di una popolazione tra il Danubio e il Reno] **A** agg. (pl. m. *-ci*) ● Della Rezia, dell'antica popolazione dei Reti. **B** s. m. solo sing. ● Lingua parlata dai Reti.

†**rético** (**2**) [aferesi di *eretico*] s. m. ● (*tosc.*) Eretico.

reticolaménto s. m. ● (*raro*) Modo, atto, effetto del reticolare.

reticolàre (**1**) agg. ● Che possiede forma di reticolo.

reticolàre (**2**) v. tr. (*io retìcolo*) ● (*raro*) Disporre, tracciare un reticolo.

reticolàto **A** part. pass. di *reticolare* (*2*); anche agg. ● Nel sign. del v. **B** s. m. **1** Intreccio di linee a forma di rete o di reticolo | *R. geografico*, l'insieme dei meridiani e dei paralleli su una carta geografica | *R. delle parole incrociate*, schema in forma di rete entro le cui caselle bianche devono essere scritte le lettere delle parole trovate. **2** (*mil.*) Ostacolo passivo costituito da intreccio di filo spinato, ancorato al terreno mediante una palificazione di legno o metallica disposta secondo vari sistemi. **3** (*chim.*) Detto di polimero lineare che, avendo subito un processo di reticolazione, ha acquistato una struttura simile alle maglie di una rete, tipica dei prodotti termoindurenti.

reticolatùra [da *reticolo*] s. f. ● (*fot.*) Minutissima screpolatura della gelatina, dovuta a varie cause, non visibile ad occhio nudo ma in sede di ingrandimento.

reticolazióne s. f. **1** Reticolamento. **2** (*chim.*) Reazione chimica che, stabilendo legami trasversali fra le molecole filiformi di un polimero lineare, lo trasforma in un polimero reticolato, rendendolo insolubile e infusibile, privandolo della plasticità e conferendogli durezza e rigidità | Formazione di legami trasversali nella vulcanizzazione della gomma. **3** (*tess.*) Trattamento di rifinizione di un tessuto fabbricato con fibre cellulosiche, per renderlo irrestringibile, ingualcibile e sim., consistente nell'impregnarlo con adatti composti e nel sottoporlo poi a riscaldamento per determinare la condensazione di tali composti con la cellulosa.

retìcolo [vc. dotta, lat. *retĭculu(m)*, dim. di *rēte*] s. m. **1** Disegno, struttura, corpo avente forma, più o meno approssimativamente, di una rete: *r. geografico*; *r. di nervi, di vasi sanguigni* | *R. geodetico*, rete geodetica | *R. cristallino*, configurazione delle posizioni degli atomi in un cristallo idealmente perfetto. **2** (*ott.*) Serie di fili sottilissimi, o di sottili incisioni su vetro, incrociati e giacenti sul piano focale di un cannocchiale o telescopio | *R. di diffrazione*, dispositivo costituito da numerosi tratti rettilinei, paralleli ed equidistanti, consistenti in fenditure o solchi in uno schermo opaco, i quali, quando vengono illuminati, producono altrettanti fasci luminosi che, interferendo, generano uno spettro di diffrazione. **3** (*mat.*) Configurazione risultante dall'intersezione sopra una superficie piana o curva di due o più fasci di rette, per lo più parallele, aventi direzioni differenti. **4** (*zool.*) Seconda cavità a pareti alveolate dello stomaco dei ruminanti.

reticoloendotelìàle [comp. di *reticolo* e di un deriv. di *endotelio*] agg. ● (*anat.*) Relativo al complesso delle cellule fagocitarie localizzate nelle pareti dei vasi linfatici e di quelli sanguigni di particolari organi e tessuti (midollo osseo, milza, fegato, linfonodi e polmoni).

retifórme [comp. di *rete* e *-forme*] agg. ● Che ha forma di rete.

rètina (**1**) o †**retìna** [dim. di *rete*, per la disposizione a forma di rete dei vasi sanguigni] s. f. ● Membrana del fondo oculare sensibile alle stimolazioni luminose. ➡ ILL. p. 367 ANATOMIA UMANA.

retìna (**2**) s. f. **1** Dim. di *rete*. **2** Sottile rete per tenere composti o schiacciati i capelli, usata spec. da uomini.

retinàre v. tr. **1** Munire di rete o reticolato. **2** (*tecnol.*) Fornire un materiale di una struttura ad elementi incrociati a rete metallica: *r. il vetro, il cemento*. **3** Nella riproduzione delle immagini per la stampa, scomporre con un retino i chiaroscuri dell'originale in punti completamente neri di diametro proporzionale alla tonalità dell'originale in quel punto.

retinàto part. pass. di *retinare*; anche agg. ● Nei sign. del v.

retinatùra s. f. ● Operazione ed effetto del retinare.

retinène [da *retina* (*1*) col suff. *-ene*] s. m. ● (*chim.*) Derivato aldeidico della vitamina A, costituente proteico della retina dell'occhio.

†**retinènza** [vc. dotta, lat. *retinĕntia(m)*, da *rĕtinens*, genit. *retinĕntis*, part. pres. di *retinēre* 'ritenere, trattenere'] s. f. **1** Forza di ritenere | Ritentiva. **2** Ritegno.

retìnico agg. (pl. m. *-ci*) ● (*anat.*) Della retina: *emorragia retinica*.

retinìte [comp. di *retina* e *-ite* (*1*)] s. f. ● (*med.*) Infiammazione della retina.

retìno s. m. **1** Dim. di *rete*. **2** (*tip.*) Pellicola recante una trama formata da minuscoli punti, che viene interposta tra l'originale e l'emulsione nella riproduzione tipografica di originali a tinta continua per ottenere un impianto di stampa a punti bianchi e neri | (*est.*) Riproduzione di un'illustrazione ottenuta con tale sistema. **3** Piccola rete usata spec. per i pesci pescati o per catturare le farfalle.

retinopatìa [comp. di *retina* (*1*) e *-patia*] s. f. ● (*med.*) Qualsiasi patologia della retina di natura non infiammatoria: *r. ipertensiva*.

rètore [vc. dotta, lat. *rhētore(m)*, nom. *rhētor*, dal gr. *rḗtōr*, da *éirein* 'parlare', di origine indeur.] s. m. **1** Chi nell'antica Grecia svolgeva la professione di oratore | Cultore e maestro di retorica. **2** (*spreg.*) Chi, scrivendo o parlando, si compiace di frasi artefatte e ampollose: *quell'oratore è un r.* || **retorùzzo**, pegg.

retòrica o (*raro*) **rettòrica** [vc. dotta, lat. *rhētŏrica(m)* (*ărtem*), nom. *rhetŏrica* (*ārs*), dal gr. *rētorikḗ* (*téchnē*) 'arte retorica', f. sost. di *rētorikós* 'retorico'] s. f. **1** Arte e tecnica del parlare e dello scrivere con efficacia persuasiva, secondo sistemi di regole espressive varie a seconda delle epoche e delle culture. **2** (*est., spreg.*) Modo di scrivere o di parlare pieno di ornamenti o di ampollosità, ma privo di autentico impegno intellettuale e di contenuto affettivo: *un resoconto giornalistico pieno di r.* SIN. Gonfiezza, prolissità, ridondanza. **3** (*est., spreg.*) Insistenza formale e superficiale in gesti, forme di vita, esaltazione di valori: *la r. del patriottismo*. **4** Denominazione di un corso di insegnamento secondario, corrispondente grosso modo all'attuale livello liceale inferiore, nell'antico ordinamento scolastico italiano. || **retoricùzza**, pegg.

†**retoricàle** agg. ● Retorico.

†**retoricàre** [vc. dotta, lat. *rhetoricāre*, da *rhētor*, genit. *rhētoris* 'retore'] v. intr. ● (*spreg.*) Fare della retorica.

retoricàstro [da *retorico*] s. m. *1* (*spreg.*) Retore da poco. *2* (*spreg.*) Chi usa intonazioni retoriche nel parlare o nello scrivere.

retòrico o (*raro*) **rettòrico** [vc. dotta, lat. *rhetŏricu(m)*, nom. *rhetŏricus*, dal gr. *rētorikós*, da *rētor*, genit. *rétoros* 'retore'; la forma *rettorico* è dovuta all'accostamento a *rettore*] **A** agg. (pl. m. *-ci*) *1* Di, attinente a retorica o ai suoi dettami | *Figura retorica*, forma stilistica mirante ad ottenere una maggior efficacia nel discorso | *È una figura retorica*, (*fig.*) è cosa detta per dire, senza significato reale. *2* (*spreg.*) Vuoto e ampolloso: *esprimersi in modo r.*; *stile r.*; *ornamenti retorici*. SIN. Gonfio, prolisso, ridondante. || **retoricaménte**, avv. **B** s. m. ● (*raro*) Maestro di retorica.

retoricùme o (*raro*) **rettoricùme** [da *retorico*] s. m. ● (*spreg.*) Discorso o scritto pieno di concetti convenzionali | Artifici usati per abbellire un discorso o uno scritto.

retoromànzo [comp. del n. dei *Reti* e *romanzo* (*1*)] **A** s. m. ● Gruppo di lingue e dialetti neolatini comprendenti il romancio del cantone dei Grigioni, il ladino dolomitico e il friulano. SIN. Ladino. **B** anche agg.: *lingue retoromanze*.

†**retòrta** [vc. dotta, lat. *retŏrta(m)* 'ritorta'] s. f. ● (*chim.*) Storta.

retour match /re'tur 'mɛtʃ/ [loc. ingl., comp. di *retour* 'ritorno' (dal fr. *retour*) e *match* (V.)] s. m. inv. (pl. ingl. *retour matches*) ● (*sport*) Nel calcio e sim., la partita giocata con la stessa squadra durante il girone di ritorno del campionato.

retràrre ● V. *ritrarre*.

†**retrattazióne** ● V. *ritrattazione*.

retràttile [dal lat. *retrăctus*, part. pass. di *retrăhere* 'ritrarre'] agg. ● Che si può retrarre o può essere retratto: *unghia r.*; *carrello r.* | *Unghie retrattili*, quelle dei felini.

retrattilità s. f. ● Qualità di ciò che è retrattile.

retràtto [vc. dotta, lat. tardo *retrăctu(m)*, dal part. pass. di *retrăhere* 'ritrarre'] s. m. ● (*dir.*) Rivendicazione, riscatto | *R. successorio*, diritto di un coerede di riscattare la quota alienata da un altro coerede senza preavviso, versando il prezzo pagato dall'acquirente.

retrazióne ● V. *ritrazione*.

†**retribuiménto** s. m. ● Modo, atto del retribuire.

retribuìre [vc. dotta, lat. *retribŭere*, comp. di *re-* e *tribŭere* 'tribuire'] v. tr. (*io retribuìsco, tu retribuìsci*) ● Compensare per la prestazione d'opera e (*fig.*) rispetto ai meriti (*anche ass.*): *r. largamente un operaio*; *r. la virtù di qc.*; *Dio vi retribuisca*. SIN. Pagare, rimeritare.

retribuìto part. pass. di *retribuire*. ● Nel sign. del v.

retributivo agg. ● Che serve a retribuire: *complesso r.* | Di, della retribuzione: *onere r.*

retributóre [vc. dotta, lat. tardo *retributōre(m)*, da *retribūtus*, part. pass. di *retribŭere* 'retribuire'] s. m.; anche agg. (f. *-trice*) ● (*raro*) Chi, che retribuisce.

retribuzióne [vc. dotta, lat. tardo *retributiōne(m)*, da *retribūtus*, part. pass. di *retribŭere* 'retribuire'] s. f. *1* Atto del retribuire: *la r. dei dipendenti* | Compenso spettante al prestatore d'opera per il lavoro effettuato: *r. in denaro*; *una meschina r.*; *chiedere una migliore r.* | *R. differita*, quella percepita al termine del rapporto di lavoro. SIN. Ricompensa, paga, rimunerazione. *2* (*est.*) Premio.

retrìvo [da *retro*, sul modello di *tardivo*] **A** agg. *1* (*raro*) Tardivo. *2* (*fig.*) Che è contrario e ostile al progresso più per ignoranza che per convinzione ragionata: *avere un atteggiamento r. nella politica*. SIN. Reazionario, retrogrado. **B** s. m. (f. *-a*, raro) ● Chi è contrario al progresso e vi si oppone: *dimostrarsi, essere un r.*

rètro [lat. *rĕtro*, comp. di *re-* e il suff. *-ter*, che indica opposizione fra due (*rĕtro* è opposto a *ĭntro* 'entro')] **A** avv. *1* (*poet.*) Dietro | *Vedi r.*, nei rimandi, vedi nella facciata posteriore di un foglio, di una pagina e sim. | Anche nelle locc. avv. *a r.*, *di r.*, di dietro. *2* (*raro*) Indietro, come nella loc. lat. *vade r., Satana!* **B** nelle locc. prep. *r. a*, *r. di* ● Dietro a. **C** s. m. inv. ● La parte posteriore di q.c.: *il r. del foglio* | (*ass.*) *Il r.*, il retrobottega.

rétro /fr. re'tro/ [vc. fr., acrt. di *rétrospectif* 'retrospettivo'] agg. inv. (pl. fr. inv.) ● Che si ispira al, o privilegia il passato: *un arredamento r.*; *gusto r.* | Retrospettivo: *mostra r.*; *rassegna r.*

rètro- [dal lat. *rĕtro* 'dietro', 'indietro'] pref. ● In parole composte derivate dal latino o formate modernamente, indica posizione arretrata o posteriore o movimento all'indietro (con valore temporale e soprattutto spaziale): *retroattivo*, *retrobocca*, *retrobottega*, *retrocedere*, *retrodatare*, *retroguardia*, *retromarcia*, *retrospettivo*.

retroagìre v. intr. (*io retroagìsco, tu retroagìsci*; aus. *avere*) ● (*dir.*) Produrre effetti da un momento anteriore al proprio sorgere.

†**retroandàre** [comp. di *retro-* e *andare*] v. intr. ● Andare indietro.

retroattività [fr. *rétroactivité*, da *rétroactif* 'retroattivo'] s. f. ● Qualità di ciò che è retroattivo: *r. di una norma*.

retroattìvo [fr. *rétroactif*, dal lat. *retroāctus*, part. pass. di *retroāgere* 'ritirare, spingere indietro', comp. di *rĕtro* (V. *retro-*) e *ăggere* 'spingere', di origine indeur.] agg. ● (*dir.*) Che produce effetti da un momento anteriore al suo sorgere: *legge retroattiva*. || **retroattivaménte**, avv.

retroazióne [fr. *rétroaction*, da *rétroactif* 'retroattivo'] s. f. *1* Retroattività. *2* (*elettron.*, *elab.*) Operazione, insita in un sistema o introdotta in esso volutamente, con cui la variabile d'uscita di tale sistema influenza quella d'ingresso | In un amplificatore, operazione con cui una frazione della tensione d'uscita è riportata all'ingresso dell'amplificatore stesso in modo che si sommi alla tensione d'ingresso | *R. negativa*, quella tendente a stabilizzare il sistema; in un amplificatore con retroazione, quella tale che la tensione di retroazione sia in opposizione di fase con la tensione di ingresso | *R. positiva*, quella tendente a creare instabilità nel sistema; in un amplificatore con retroazione, quella tale che la tensione di retroazione sia in accordo di fase con la tensione di ingresso. SIN. Feedback. *3* In sistemi biologici, psicologici, pedagogici e sociali, trasferimento parziale degli effetti di un dato processo a uno stadio precedente, allo scopo di rinforzarlo o modificarlo. *4* (*psicol.*) Percezione diretta dell'effetto del proprio comportamento su altri individui.

retrobócca [comp. di *retro-* e *bocca*; calco sul fr. *arriér-bouche*] s. m. inv. e (*raro*) f. ● Parte posteriore della cavità boccale.

retrobottéga [comp. di *retro-* e *bottega*] s. m. o f. (pl. m. *retrobottéga*, pl. f., *retrobottéghe*) ● Piccola stanza dietro una bottega usata in genere come deposito o ripostiglio.

retrobugigàttolo [comp. di *retro-* e *bugigattolo*] s. m. ● (*raro*) Stambugio.

retrocàmera [comp. di *retro-* e *camera*] s. f. ● Stanzetta di disimpegno dietro una camera più grande.

retrocàrica [comp. di *retro-* e *carica*] s. f. ● Solo nella loc. avv. *a r.*, detto di arma che si carica dalla culatta.

retrocedénte part. pres. di *retrocedere*; anche agg. ● Nei sign. del v.

retrocèdere [vc. dotta, lat. *retrocēdere*, comp. di *rĕtro* e *cēdere* 'ritirarsi'. V. *cedere*] **A** v. intr. (pass. rem. *io retrocèssi* o *retrocedéi* o *retrocedètti*, *tu retrocedésti*; part. pass. *retrocèsso* o *retroceduto*; aus. *essere*, raro *avere*) ● Farsi indietro (*anche fig.*): *r. lentamente per non cadere*; *r. da una decisione*. SIN. Indietreggiare. **B** v. tr. ● Fare tornare a un grado, una posizione inferiore: *r. un militare*; *la squadra è stata retrocessa in serie B*.

retrocediménto s. m. ● (*raro*) Modo, atto del retrocedere.

retrocedùto part. pass. di *retrocedere*; anche agg. ● Nei sign. del v.

retrocessióne [vc. dotta, lat. tardo *retrocessiōne(m)*, da *retrocēdere*] s. f. *1* Atto, effetto del retrocedere. *2* Massima punizione disciplinare inflitta a militare o a impiegato resosi immeritevole di conservare il grado. *3* (*sport*) Passaggio di una squadra di calcio, pallacanestro e sim. da una serie superiore a quella immediatamente inferiore. *4* (*econ.*) Cessione a un intermediario di parte delle commissioni incassate in relazione a operazioni da lui procurate o facilitate.

retrocèsso part. pass. di *retrocedere*; anche agg. ● Nei sign. del v.

retrocognizióne [comp. di *retro-* e *cognizione*] s. f. ● (*psicol.*) In parapsicologia, percezione extrasensoriale di eventi concernenti il passato.

retrocopertina [comp. di *retro-* e *copertina*] s. f. ● Quarta facciata della copertina di un libro.

retrocucìna [comp. di *retro-* e *cucina*] s. m. o f. inv. ● Stanzino posto dietro la cucina.

retrodatàre [comp. di *retro-* e *datare*] v. tr. *1* (*bur.*) Indicare su un documento una data anteriore a quella corrente: *r. un certificato*. *2* Assegnare a un testo letterario, a un prodotto artistico, linguistico e sim. una data anteriore a quella supposta vera.

retrodatazióne [comp. di *retro-* e *datazione*] s. f. ● (*bur.*) Atto, effetto del retrodatare.

retrofèudo [comp. di *retro-* e *feudo*] s. m. ● Feudo proveniente dal vassallo anziché dall'imperatore.

rètrofit [vc. ingl., comp. di *retro-* 'retro-' e *fit* 'adattamento'] s. m. inv. ● Dispositivo che si applica alla marmitta degli autoveicoli, allo scopo di rendere meno inquinanti i gas di scarico.

retroflessióne [comp. di *retro-* e *flessione*] s. f. ● Ripiegamento indietro | (*med.*) *R. uterina*, posizione anomala dell'utero, quando il corpo rispetto al collo è rivolto all'indietro anziché in avanti. CFR. Retroversione.

retroflèsso agg. *1* Ripiegato indietro. *2* (*ling.*) Detto di suono nella cui articolazione la parte anteriore della lingua è volta in alto e indietro.

retroformazióne [comp. di *retro-* e *formazione*] s. f. ● (*ling.*) Processo mediante il quale una parola deriva da un'altra che sembrerebbe un suo derivato | La parola stessa così formata: *bonifica è una r. di bonificare*.

retrofrontespìzio [comp. di *retro-* e *frontespizio*] s. m. ● Il verso della pagina su cui è stampato il frontespizio.

retrogradàre [vc. dotta, lat. *retrogradāri*, da *grădus* 'passo' (V. *grado*), col pref. *retro-*] v. intr. (*io retrògrado*; aus. *avere*; raro nei tempi composti) *1* Andare, camminare all'indietro. SIN. Retrocedere. *2* (*astron.*) Essere animato di moto retrogrado.

retrogradazióne [vc. dotta, lat. tardo *retrogradatiōne(m)*, da *retrogradāri* 'retrogradare'] s. f. *1* Atto, effetto del retrogradare. *2* (*astron.*) Moto retrogrado | *R. dei nodi*, spostamento, nel senso delle longitudini decrescenti, dei due punti d'intersezione tra l'equatore celeste e l'eclittica.

retrògrado [vc. dotta, lat. *retrōgradu(m)*, comp. di *rĕtro* (V. *retro-*) e *grădi* 'camminare' (V. *grado*)] **A** agg. *1* (*biol.*) Caratterizzato da movimento all'indietro | (*psicol.*) Relativo a eventi anteriori a un evento di riferimento | *Amnesia retrograda*, perdita della memoria di eventi anteriori al trauma causale o all'inizio del disturbo | *Memoria retrograda*, capacità di ricordare eventi del passato remoto, con perdita della memoria di quelli del passato recente, o di ricordare eventi anteriori a un avvenimento quale un trauma cranico. CONTR. Anterograde. *2* (*astron.*) *Moto r. degli astri*, opposto al moto solare. *3* (*fig.*) Che ama le usanze del passato ed è ostile al progresso: *un partito politico r.* SIN. Conservatore, retrivo. *4* †Inverso. **B** s. m. (f. *-a*) ● Chi ama le usanze del passato ed è contrario al progresso. SIN. Conservatore.

retrogressióne [dal lat. tardo *retrogrĕssus*, da *retrōgradi* 'ritornare indietro', comp. di *rĕtro* (V. *retro-*) e *grădi* 'camminare' (V. *grado*)] s. f. ● Retrocessione, regressione.

retroguàrdia [comp. di *retro-* e *guardia*] s. f. *1* Reparto che una unità in movimento distacca sul tergo per garantirsi dalle offese del nemico | *Essere, stare alla r.*, (*fig.*) tenersi indietro per paura, senza seguire gli altri nelle loro iniziative e decisioni. *2* Nel calcio, complesso dei giocatori della difesa.

†**retroguàrdo** [variante di *retroguardia*] s. m. ● Retroguardia: *in prima ei pose / ... / i cavalieri, e al r. i fanti* (MONTI).

†**retroguìda** [comp. di *retro-* e *guida*] s. m. ● Ufficiale o sottufficiale posto in coda ad un reparto. SIN. Serrafila.

retrogùsto [comp. di *retro-* e *gusto*: calco sul fr. *arrière-goût*] s. m. ● Residuo caratteristico di sapore che si percepisce in un cibo o in una bevanda dopo averlo degustato: *vino con r. amaro, acidulo*.

retromàrcia [comp. di *retro-* e *marcia*] s. f. (pl. *-ce*) *1* Negli autoveicoli, la marcia indietro e meccanismo che la comanda | *Fare r.*, (*fig.*) ritirarsi da una impresa, sottrarsi a un impegno assunto o cambiare idea o comportamento. *2* (*cine.*) In una cinepresa, dispositivo che permette di effettuare la sovrimpressione di più immagini | In un proiettore cinematografico, dispositivo che determina lo scorrimento in senso inverso della pellicola.

retromutazióne [comp. di *retro-* e *mutazione*] s. f. ● (*biol.*) Mutazione a carico di un gene, precedentemente mutato, che ne ripristina il funzionamento.

retronébbia [comp. di *retro-* e *nebbia*] s. m. inv. ● (*autom.*) Proiettore posteriore a luce rossa più intensa di quella delle luci di posizione, da utilizzare in caso di nebbia per rendere l'autoveicolo più visibile ai veicoli che seguono.

retropàlco [comp. di *retro-* e *palco*] s. m. (pl. *-chi*) ● Parte finale del palcoscenico posto dietro il panorama, contenente il materiale scenografico preparato per lo spettacolo.

retropassàggio [comp. di *retro-* e *passaggio*] s. m. ● (*sport*) In alcuni giochi di squadra, spec. nel calcio, passaggio del pallone a un giocatore che si trova in posizione più arretrata, gener. allo scopo di attuare una tattica difensiva.

†**retropìgnere** [comp. di *retro-* e *pignere*] v. tr. ● Spingere all'indietro.

retroproiezióne [comp. di *retro-* e *proiezione*] s. f. ● Particolare sistema di proiezione di diapositive per cui, grazie a uno schermo speciale, i proiettori sono disposti dietro lo schermo, e non davanti come di solito.

retropulsióne [comp. di *retro-* e *pulsione*] s. f. ● (*med.*) Disturbo della deambulazione per cui il paziente tende a camminare all'indietro.

retroràzzo [comp. di *retro-* e *razzo*] s. m. ● Motore a razzo per frenare un veicolo spaziale.

retròrso [vc. dotta, lat. *retrōrsu(m)* 'indietro', da *retrovĕrsum* 'all'indietro', comp. di *rĕtro* (V. *retro-*) e *vĕrsus*, part. pass. di *vĕrtere* 'volgere'. V. *versione*] **A** agg. ● (*bot.*) Detto di pelo o aculeo rivolto verso la base dell'organo che lo porta. **B** avv. ● †All'indietro: *Iordan volto r.* (DANTE *Par.* XXII, 94).

retrosapóre [comp. di *retro-* e *sapore*: calco sul fr. *arrière-goût*] s. m. ● Retrogusto.

retroscèna [comp. di *retro-* e *scena*] **A** s. f. ● Parte del palcoscenico dietro la scena non esposta allo sguardo del pubblico, nascosta. **B** s. m. inv. *1* Ciò che avviene dietro la scena. *2* (*fig.*) Maneggio nascosto: *conoscere tutti i r. di una faccenda.*

retroscrìtto [comp. di *retro-* e *scritto*] agg. ● Che è scritto nella parte posteriore: *un biglietto r.*

†**retróso** ● V. *ritroso.*

retrospettìva [sost. f. di *retrospettivo*, sul modello del fr. *rétrospective*] s. f. ● Mostra, esposizione avente lo scopo di illustrare e chiarire l'evoluzione di un artista, di un movimento artistico, di un'epoca: *una r. di Picasso*; *si è aperta una r. del cinema tedesco del dopoguerra.*

retrospettìvo [fr. *rétrospectif*, comp. di *retro-* 'retro-' e di un deriv. del v. lat. *spectāre* 'guardare', ints. di *spĕcere* 'guardare'. V. *spettacolo*] agg. ● Rivolto indietro, spec. nel tempo: *sguardo r.*; *dare un'occhiata retrospettiva a una serie di avvenimenti*; *mostra retrospettiva.* || **retrospettivaménte**, avv. In modo, in senso retrospettivo: *considerare retrospettivamente un periodo storico.*

retrospezióne [dal lat. *retrospĕctu(m)*, propr. part. pass. del v. *retrospĭcere* 'guardare (*spĕcere*) dietro (*rĕtro*)'] s. f. ● (*psicol.*) Analisi delle esperienze passate che sta alla base dell'introspezione.

retrostànte [comp. di *retro-* e *stante*, part. pres. di *stare*] agg. ● Che sta, è collocato dietro: *la camera r. l'ingresso.*

retrostànza [comp. di *retro-* e *stanza*] s. f. ● Retrocamera.

retrotèrra [comp. di *retro-* e *terra*; calco sul ted. *Hinterland*] s. m. inv. *1* Territorio immediatamente interno a una città marittima: *la Liguria ha un r. molto stretto* | (*est.*) Zona che fa capo spec. economicamente a un porto: *il r. di Genova è vastissimo.* *2* (*fig.*) Complesso di interessi economici, politici, ecc. che gravitano attorno a un'attività o a una serie di attività | (*fig.*) Complesso di idee, situazioni o avvenimenti che fanno da sfondo alla maturazione di eventi o costituiscono la base della formazione di un individuo o di gruppi sociali: *il r. culturale dell'ultima generazione.* SIN. Background.

†**retrotràrre** [comp. di *retro-* e *trarre*] v. tr. ● Riportare indietro.

†**retrotrazióne** [comp. di *retro-* e *trazione*] s. f. *1* L'andare indietro, con la mente, ai tempi passati. *2* Anacronismo.

retrotrèno [comp. di *retro-* e *treno*] s. m. *1* (*autom.*) Gruppo posteriore dell'autoveicolo comprendente le ruote, le sospensioni, i freni ed, eventualmente, gli organi di trasmissione. *2* (*zoot.*) Parte posteriore di un quadrupede, spec. di un cane o di un cavallo. SIN. Treno posteriore.

retrovéndere [comp. di *retro-* e *vendere*] v. tr. (coniug. come *vendere*) ● Fare oggetto di retrovendita: *r. un immobile.*

retrovéndita [comp. di *retro-* e *vendita*] s. f. ● Vendita di un bene alla persona da cui lo si era acquistato in precedenza.

retroversióne [dal lat. *retrovĕrsus* 'rivolto all'indietro', comp. di *rĕtro* (V. *retro-*) e *vĕrsus* 'rovesciato'. V. *verso* (*1*)] s. f. *1* Spostamento, rivolgimento all'indietro. *2* (*med.*) Condizione di un utero completamente inclinato all'indietro senza angolazione fra il corpo e il collo. CFR. Retroflessione. *3* Versione nella lingua originale di un passo che da essa era stato tradotto in altre lingue.

retrovìa [comp. di *retro-* e *via*] s. f. ● (*spec. al pl.*) Zona posteriore dell'area della battaglia di cui costituisce base per l'alimentazione tattica e logistica.

retrovìrus [comp. di *retro-* e *virus*] s. m. ● (*biol., med.*) Tipo di virus con RNA a singola elica che, mediante transcriptasi inversa, trasferisce l'informazione genetica dal suo RNA al DNA della cellula infetta; è causa di leucemia, della trasmissione dell'AIDS e di altre gravi infezioni.

retrovișìvo [comp. di *retro-* e *visivo*] agg. ● Che vede o fa vedere indietro: *specchio r.*

retrovișóre [comp. di *retro-* e *visore*] **A** s. m. ● In un autoveicolo, piccolo specchio orientabile, interno o esterno che serve al guidatore per controllare ciò che avviene dietro senza voltare la testa: *r. antiabbagliante.* **B** anche agg.: *specchietto r.*

retrușióne [da *retro-*] s. f. ● (*med.*) Difetto di posizione di un organo o struttura che risulta arretrata rispetto a quella normale | *R. della mandibola*, posizione arretrata della mandibola che comporta una chiusura anomala della bocca.

rètta (**1**) [lat. *arrēcta(m āurem)* 'orecchia tesa', part. pass. di *arrĭgere* 'drizzare', comp. di *ăd* e *rĕgere* 'dirigere, drizzare'. V. *reggere*] s. f. ● Solo nella loc. *dar r.*, porgere ascolto, attenzione, badare | *A dar r. a lui ...*, a seguire i suoi consigli ...

rètta (**2**) [da (*somma*) *retta* 'somma giusta', f. sost. di *retto*] s. f. ● Pensione che paga chi è ospite in un convitto: *essere a mezza r.*; *pagare la r. del collegio.*

rètta (**3**) [lat. *rēcta(m līneam)*, part. pass. f. sost. di *rĕgere* 'dirigere'. V. *reggere*] s. f. ● Ente primitivo della geometria, definito attraverso una serie di assiomi, e visualizzabile in maniera intuitiva come una corda infinita senza spessore, perfettamente tesa | In un piano (o in uno spazio, a n dimensioni) numerico, il luogo dei punti le cui coordinate soddisfano una data equazione lineare (o un sistema lineare di n - 1 equazioni) | *R. impropria*, insieme dei punti impropri d'un piano | *R. orientata*, tale che l'insieme dei suoi punti sia totalmente ordinato | *R. numerica*, spazio numerico di dimensione uno.

rettàle [da *retto* (*1*) nel sign. B 3] agg. ● (*anat.*) Del retto.

rettangolàre agg. ● Che ha la forma di un rettangolo.

rettàngolo [da *retto* (*1*), sul modello di *triangolo*] **A** agg. ● (*mat.*) Detto di termine che contiene il prodotto di due variabili. **B** s. m. *1* Quadrilatero con tutti gli angoli retti. *2* (*sport*) Campo di calcio: *r. di gioco.* || **rettangolino**, dim.

rettangolòide [comp. di *rettangol(o)* e *-oide*] s. m. ● (*geom.*) Figura piana simile a un rettangolo, costituita da segmenti e archi di curva che formano tra loro angoli quasi retti.

†**rettànte** part. pres. di †*rettare*; anche agg. ● (*raro*) Nel sign. del v.

†**rettàre** [vc. dotta, lat. *reptāre*, ints. di *rēpere* 'strisciare', di origine indeur.] v. intr. ● Strisciare per terra.

†**rettézza** [da *retto* (*1*)] s. f. ● Rettitudine.

rettìfica s. f. *1* Modo, atto, effetto del rettificare: *procedere alla r. dei confini*; *r. di un errore* | (*giorn.*) Correzione di un'affermazione inesatta pubblicata su un giornale e sim. a richiesta della persona cui si riferiva tale affermazione. *2* (*mecc.*) Operazione di finitura eseguita dalla mola sulla superficie di un pezzo.

rettificàbile agg. *1* Che si può rettificare. *2* (*mat.*) Detto di curva della quale si può calcolare la lunghezza.

rettificaménto [da *rettificare*] s. m. ● (*raro*) Modo, atto del rettificare.

rettificàre [comp. di *retto* e *-ficare*] v. tr. (*io rettìfico, tu rettìfichi*) *1* Rendere retto, raddrizzare: *r. una strada, il corso di un fiume* | *R. una curva*, trovarne la lunghezza | *R. l'andamento di un fronte*, modificarlo, accorciandolo, per renderlo tatticamente più vantaggioso ed economizzare forze | *R. il tiro*, portarlo alla massima esattezza possibile. *2* (*fig.*) Modificare correggendo: *r. un errore, un'inesattezza.* *3* (*mecc.*) Operare una finitura di precisione su una superficie metallica mediante rettificatrice. *4* (*chim.*) Sottoporre a rettificazione. *5* †Migliorare, purificare.

rettificàto **A** part. pass. di *rettificare*; anche agg. ● Nei sign. del v. **B** s. m. ● (*chim.*) Sostanza ottenuta per rettificazione.

rettificatóre **A** agg.; anche s. m. (f. *-trice*) ● Che, chi rettifica. **B** s. m. *1* (*chim.*) Apparecchio in cui si effettua la rettificazione. *2* Operaio metalmeccanico addetto a una rettificatrice.

rettificatrice [f. di *rettificatore*] s. f. ● Macchina utensile che esegue la finitura della superficie di un pezzo facendovi strisciare sopra una mola rotante ad alta velocità | *R. piana*, quella che esegue la finitura di superfici piane.

rettificazióne s. f. *1* Atto, effetto del rettificare (*anche fig.*). *2* (*chim.*) Particolare distillazione che avviene in controcorrente tra vapore e liquido di condensa e che permette una migliore separazione dei componenti la miscela da distillare.

rettifilo [comp. di *retto* e *filo*] s. m. ● Strada o tratto di strada, ferrovia e sim. in linea retta. SIN. Rettilineo.

rettilàrio [da *rettile*, sul modello di *acquario* (*1*)] s. m. ● Parte di uno zoo opportunamente attrezzata per l'esposizione di rettili | (*est.*) Raccolta, mostra di rettili.

rèttile (**1**) [vc. dotta, lat. tardo *rĕptile(m)*, da *rēptum*, supino di *rēpere* 'strisciare', di origine indeur.] s. m. *1* Ogni animale appartenente alla classe dei Rettili. *2* (*fig., spreg.*) Persona vile e malvagia: *tienti lontano da quel r.*

rèttile (**2**) [V. *rettile* (*1*)] agg. ● (*bot.*) Di organo strisciante sul terreno.

Rèttili s. m. pl. ● Nella tassonomia animale, classe di Vertebrati eterotermi con corpo rivestito di squame cornee e talvolta forniti di dermascheletro osseo, a respirazione polmonare e riproduzione ovipara, ovovivipara o vivipara (*Reptilia*). ➡ ILL. **animali 5**; **zoologia generale**.

rettiliàno [da *rettile* (*1*)] agg. ● Relativo a rettile, proprio dei rettili: *caratteri rettiliani negli uccelli.*

rettilìneo [vc. dotta, lat. *rectilīneu(m)*, comp. di *rēctus* 'retto (1)' e *līnea*] **A** agg. *1* Che segue la linea retta: *direzione rettilinea.* *2* (*fig.*) Che è perfettamente onesto e coerente: *una condotta morale rettilinea.* **B** s. m. ● Rettifilo | *R. d'arrivo*, dirittura in cui è posto il traguardo di una gara di corsa.

rettitùdine [vc. dotta, lat. tardo *rectitūdine(m)*, da *rēctus* 'retto (1)'] s. f. *1* (*raro*) L'essere diritto, retto: *la r. della sua ossatura* (D'ANNUNZIO). *2* (*fig.*) L'essere onesto, moralmente coerente: *r. di vita*; *ammira la r. delle sue intenzioni, dei suoi propositi.* SIN. Onestà, probità.

rètto (**1**) [vc. dotta, lat. *rēctu(m)*, part. pass. di *rĕgere* 'dirigere'. V. *reggere*] **A** agg. *1* Che non si volge o si piega in nessuna parte: *linea, strada retta* | *Angolo r.*, un angolo che sia metà d'un angolo piatto | *Caso r.*, il nominativo. *2* Detto di chi o di ciò che è leale, onesto, buono: *una retta intenzione, coscienza*; *è una persona retta e sincera.* *3* Corretto, giusto, esatto: *retta pronuncia delle nasali*; *fare un uso r. di un vocabolo.* *4* (*anat.*) *Intestino r.*, ultimo tratto dell'intestino crasso, dal sigma all'ano. || **rettaménte**, avv. *1* In modo retto, onesto: *pensare, agire rettamente*. *2* In modo giusto, esatto: *interpretare rettamente un testo*; *pronunciare rettamente una consonante*. **B** s. m. solo sing. *1* Cosa giusta e onesta: *nel suo animo vi è solo il r. e il vero*. *2* Parte anteriore di un foglio, pagina | Lato di una moneta su cui si trova la figura. *3* (*anat., ell.*) Intestino retto | Muscolo dell'addome e del femore. ➡ ILL. p. 362, 364, 365 ANATOMIA UMANA.

rètto (2) part. pass. di *reggere*; anche agg. ● Nei sign. del v.

rettocèle [comp. di *retto* (*1*) nel sign. B 3 e *-cele*] s. m. ● (*med.*) Spostamento verso il basso della parete anteriore del retto che trascina con sé la parete posteriore della vagina, nella donna. SIN. Proctocele.

rettoràle agg. ● Che è del rettore, proprio del rettore.

rettoràto s. m. ● Dignità, ufficio di rettore | Edificio in cui risiede il rettore | Durata della carica di rettore.

rettóre [vc. dotta, lat. *rectōre(m)*, da *rēctus*, part. pass. di *rĕgere* 'reggere'] **A** s. m. (f. *-trice*, o *-tora* nel sign. 3) *1* Chi regge o è a capo di convitti, comunità e sim.: *il r. di un collegio*; *Magnifico rettore dell'università di Bologna*. *2* (*lett.*) Chi regge, governa | *R. del cielo*, Dio | *R. della nave*, pilota. *3* In diritto canonico, l'ecclesiastico che regge un collegio, una chiesa non parrocchiale con titolo di rettoria, un seminario o un'università. *4* †Titolo attribuito a magistrati, funzionari e sim. **B** agg. *1* Che regge spec. un collegio, una scuola, una chiesa non parrocchiale e sim.: *preside r.*; *padre r.* *2* (*zool.*) *Penne rettrici*, penne timoniere.

rettoréssa [f. di *rettore*] s. f. ● Moglie del rettore (*anche scherz.*).

rettorìa [da *rettore*] s. f. *1* Chiesa non parrocchiale affidata a un ecclesiastico. *2* †Ufficio, carica di rettore.

rettòrico e *deriv.* ● V. *retorico* e *deriv.*

rettoscopìa [comp. di *retto* (*1*) nel sign. B 3 e *-scopia*] s. f. ● (*med.*) Esame endoscopico del retto.

rettoscòpio [comp. di *retto* (*1*) e *-scopio*] s. m. ● (*med.*) Endoscopio che consente l'esame ottico e bioptico della mucosa rettale.

reuchliniàna /roikli'njana, rɔixli'njana/ [detta così perché sostenuta da J. *Reuchlin* (1455-1522)] agg. ● Detto della pronuncia del greco antico conforme a quella bizantina e moderna.

rèuma [vc. dotta, lat. tardo *rhĕuma*, dal gr. *rêuma* 'corrente, flusso', poi 'reuma', da *rêin* 'scorrere', di origine indeur.] s. m. (pl. *-i*) ● Reumatismo.

reumatèst [comp. di *reuma* e *test*] s. m. inv. ● (*med.*) Esame del sangue per la diagnosi dell'artrite reumatoide.

reumàtico [vc. dotta, gr. *reumatikós*, da *rêuma* 'reuma'] **A** agg. (pl. m. *-ci*) ● Di reumatismo: *dolori reumatici*. **B** s. m. (f. *-a*) ● (*raro*) Chi è affetto da reumatismi.

reumatișmo [vc. dotta, lat. *rheumatĭsmu(m)*, nom. *rheumatĭsmus* 'catarro', dal gr. *reumatismós*, da *reumatízein* 'soffrire di reuma', da *rêuma* 'reuma'] s. m. ● (*med.*) Termine generico con cui si designa un gruppo di affezioni caratterizzate da segni di infiammazione e sintomatologia dolorosa a carico dei muscoli e delle articolazioni: *r. articolare acuto, cronico*; *r. cardiaco*.

reumatiẓẓàre [vc. dotta, lat. tardo *rheumatizāre*, dal gr. *reumatízein*. V. *reumatismo*] **A** v. tr. ● Procurare un reumatismo. **B** v. intr. pron. ● Prendersi un reumatismo.

reumatòide [dal gr. *rêuma*, genit. *réumatos* (V. *reuma*), col suff. *-oide*] agg. ● (*med.*) Nella loc. *artrite r.*, malattia cronica delle articolazioni caratterizzata da infiammazione delle membrane sinoviali e delle strutture articolari e da osteoporosi e atrofia ossea.

reumatologìa [dal gr. *rêuma*, genit. *réumatos* (V. *reuma*), col suff. *-logia*] s. f. ● Scienza che studia e cura i fenomeni reumatici.

reumatòlogo s. m. (f. *-a*; pl. m. *-gi*, pop. *-ghi*) ● Studioso di reumatologia | Medico specializzato in reumatologia.

revanche /*fr.* rə'vãʃ/ [vc. fr., dall'ant. v. *revancher*, da *vencher*, variante di *venger* 'vendicare'] s. f. inv. ● Rivincita, spec. in ambito politico e militare, di uno Stato su di un altro | *Spirito di r.*, forte desiderio di rivalsa nei confronti della Germania, diffusosi in Francia dopo la sconfitta nella guerra franco-prussiana del 1870-71.

revanscișmo [fr. *revanchisme*, da *revanche* 'contraccambio, riscossa, rivincita', da *revancher*, var. di *revencher*, comp. di *re-* 're-' e *vencher*, var. di *venger* 'vendicare' (stessa etim. dell'it. *vendicare*)] s. m. ● Atteggiamento politico nazionalista fondato sulla volontà di rivincita nei confronti di altri Stati, dopo una sconfitta bellica.

revanscìsta **A** s. m. e f. (pl. m. *-i*) ● Sostenitore del revanscismo. **B** agg. ● Revanscistico.

revanscìstico agg. (pl. m. *-ci*) ● Che concerne il revanscismo e i revanscisti.

†revelàre e *deriv.* ● V. *rivelare* e *deriv.*

revellìno ● V. *rivellino*.

†reverberàre e *deriv.* ● V. *riverberare* e *deriv.*

reverendìssimo agg. *1* Sup. di *reverendo*. *2* Titolo onorifico riservato ai prelati: *r. monsignore*.

reverèndo [vc. dotta, lat. *reverĕndu(m)* 'degno di venerazione', gerundio di *reverēri* 'rispettare'. V. *riverire*] **A** agg. *1* (*lett.*) †Degno di essere riverito. *2* Titolo onorifico dei membri del clero cattolico e di ecclesiastici di alcune chiese riformate. || **reverendìssimo**, sup. (V.). **B** s. m. ● (*fam.*) Prete, sacerdote.

reverènte ● V. *riverente*.

reverènza ● V. *riverenza*.

†reverènzia ● V. *riverenza*.

reverenziàle o (*raro*) **riverenziàle** [dal lat. *reverĕntia* 'riverenza'] agg. ● Fatto con riverenza, che esprime riverenza: *fare un saluto r.*; *un inchino r.* | Causato, provocato da riverenza, da rispetto: *timore r.*

rêverie /*fr.* rɛv(ə)'ri/ [vc. fr., da *rêve* 'sogno', deriv. di *rêver* 'sognare', comp. di *re-* e un v. non attest. **esver* 'vagabondare', che risale al lat. parl. **ĕxvagus* 'vagabondo' (da *vāgus* 'vago')] s. f. inv. ● Sogno, abbandono fantastico | Nel linguaggio della critica, opera dalla quale traspaiono sogni, fantasie, fantasticherie: *una r. musicale, poetica*.

†reverìre ● V. *riverire*.

revers /*fr.* rə'vɛr/ [vc. fr., dal lat. *revĕrsu(m)*. V. *reversale*] s. m. inv. (pl. fr. *revers*) ● Risvolto di giacca, soprabito e sim.

reversàle [dal lat. *revĕrsus*, part. pass. di *revĕrti* 'ritornare'. V. *riverso*] s. f. *1* (*dir.*) Documento probatorio e di legittimazione nel contratto di trasporto terrestre per ferrovia. *2* (*banca*) Autorizzazione scritta che legittima un tesoriere o un cassiere a incassare una somma di denaro.

reversìbile o (*raro*) **riversìbile** [dal lat. *revĕrsus*. V. *reversale*] agg. *1* Che può essere invertito, rovesciato: *il rapporto causa-effetto è r.* | *Ragionamento r.*, quello in cui la conclusione può diventare premessa. *2* (*mat.*) Che si può rovesciare, che si può seguire o eseguire in senso inverso. *3* (*fis.*) Detto di processo, ciclo, trasformazione spec. termodinamica che possono avvenire o essere realizzati nei due versi opposti | *Macchina elettrica r.*, che da motore può trasformarsi in dinamo e viceversa | *Meccanismo r.*, in cui la trasmissione del moto può aver luogo così dall'organo di comando all'organo comandato, come da questo a quello. *4* (*dir.*) Di bene oggetto di una donazione che può tornare in proprietà del donante in caso di premorienza allo stesso del donatario | Di quota di pensione che alla morte del beneficiario deve essere corrisposta a determinati congiunti dello stesso. || **reversibilménte**, avv.

reversibilità o **riversibilità** s. f. ● Qualità, condizione di ciò che è reversibile.

reversìna [da *riverso* 'rovesciato'] s. f. ● Parte alta del lenzuolo, che si ripiega sulle coperte. SIN. Rovescina.

reversìno [fr. *reversi*, sovrapposizione di *revers* 'rovescio' all'it. *rovescino* (da *rovescio*), perché guadagna chi fa meno punti] s. m. ● Gioco di carte in cui vince chi segna meno punti: *fare un r. di, a scopa*. SIN. Rovescino.

reversióne o **riversióne** [vc. dotta, lat. *reversiōne(m)*, da *revĕrsus*. V. *riverso*] s. f. *1* (*dir.*) Devoluzione dei beni di una persona giuridica ad altro soggetto indicato nell'atto di fondazione. *2* (*biol.*) Comparsa di caratteri somatici o psichici riconducibili a caratteri di progenitori lontani.

revertènte **A** part. pres. di *†revertere*; anche agg. ● †Nei sign. del v. **B** s. m. ● (*geogr.*) Nei fiumi, ritorno d'acqua che si verifica in corrispondenza di pennelli o altre strutture devianti la corrente.

†revèrtere [dal lat. *revĕrtere* 'ritornare', comp. di *re-* e *vĕrtere* 'volgere'. V. *vertere*] v. intr. ● Ritornare.

†revertìgine [da *revĕrti* 'ritornare' (V. *rivorso*)] s. f. ● Vortice.

†revertiginóso [da *revertigine*] agg. ● Vorticoso, vertiginoso.

revìndica ● V. *rivendica*.

revìndice s. f. ● (*dir.*) Il rivendicare.

revirement /*fr.* rəvir(ə)'mã/ [vc. fr., da *revirer* 'virare in senso contrario', comp. di *re-* 're-' e *virer* 'virare'] s. m. inv. ● Improvviso cambiamento di opinioni, idee, convinzioni ideologiche.

revișionàre [da *revisione*] v. tr. (*io revișióno*) ● Rivedere attentamente sottoponendo a disamina e analisi: *r. un motore, i conti*.

revișióne [vc. dotta, lat. tardo *revisiōne(m)*, da *revidēre* 'rivedere'] s. f. *1* Atto, effetto del revisionare per correggere, cambiare, modificare: *accingersi alla r. di un componimento*; *promuovere la r. di un processo, di un trattato* | *R. di un motore*, operazione di controllo e manutenzione necessari per garantirne una perfetta efficienza. *2* (*mus.*) Lavoro di interpretazione e riproduzione in scrittura attuale di testi del passato. || **revisioncèlla**, dim.

revișionìsmo [comp. di *revisione* e *-ismo*] s. m. *1* Atteggiamento, spec. di gruppi, partiti o Stati, favorevole a rivedere o a modificare l'assetto politico dei trattati internazionali, o i principi fondamentali di una ideologia | Tendenza, in ambito storiografico, a rivedere e modificare valutazioni e giudizi storici consolidati, spec. a proposito di fenomeni come il fascismo e il nazismo. *2* (*est.*) Tendenza a modificare situazioni, stati di cose e sim. *3* Corrente del marxismo sorta alla fine del XIX sec. su una base politica ispirata a principi di moderazione e attenuazione della lotta di classe: *il r. della socialdemocrazia*.

revișionìsta **A** s. m. e f. (pl. m. *-i*) ● Chi in teoria o in pratica è sostenitore del revisionismo: *un r. del marxismo*. **B** agg. ● Revisionistico.

revișionìstico agg. (pl. m. *-ci*) ● Relativo al revisionismo o ai revisionisti: *la politica revisionistica di un partito operaio*.

revișóre [da *revisione*] s. m. (f. *-a*, raro) ● Chi è incaricato di rivedere, fare osservazioni e rilievi su q.c.: *r. di bozze, dei conti*.

revival /*ingl.* ri'vaivəl/ [vc. ingl., propr. 'ritorno alla vita', da *to revive* 'rivivere', a sua volta dal fr. *revivre*] s. m. inv. ● Riproposta, reviviscenza, ritorno di attualità di motivi, tendenze, correnti appartenenti al passato, spec. nel campo della moda, del costume o della produzione artistica o letteraria: *il r. della moda anni quaranta*; *un quadro ispirato al r. della pittura del primo Novecento*.

revivalișmo [ingl. *revivalism*, da *to revive* 'far rinascere, rivivere', dal lat. *revīvere* 'rivivere'] s. m. *1* Movimento interno di una religione, tendente a rinnovarne lo spirito, con il ritorno alle forme originarie. *2* Tendenza a riproporre artisti, mode, orientamenti culturali del passato: *il r. della moda attuale*.

revivalìsta s. m. e f. (pl. m. *-i*) ● Chi segue un movimento di revivalismo.

revivalìstico agg. (pl. m. *-ci*) ● Del, relativo al revivalismo o ai revivalisti.

reviviscènte o **riviviscènte** [vc. dotta, lat. *reviviscĕnte(m)*, part. pres. di *revivīscere* (V. *reviviscere*)] agg. ● Che presenta, che è caratterizzato da reviviscenza.

reviviscènza o (*raro*) **riviviscènza** [da *reviviscente*, part. pres. di *reviviscere*] s. f. *1* (*biol.*) Capacità di alcuni animali e piante, gener. inferiori, di ravvivarsi dopo avere trascorso un periodo di morte apparente o vita latente per superare avverse condizioni ambientali, interrompendo le funzioni vitali e gli scambi con l'ambiente | (*med.*) Ripresa delle attività vitali, dopo una morte clinica di breve durata. *2* (*fig.*) Risveglio di sentimenti, idee, fatti culturali, ecc.: *è una r. di una forma teatrale antica*. *3* (*med.*) Reazione cutanea che si produce nella sede di una cutireazione pregressa, dopo che è stato introdotto lo stesso antigene in altra sede sottocutanea. **4** (*dir.*) Ritorno in vigore di una norma abrogata quando cessa di avere vigore quella abrogativa. **5** (*relig.*) *R. dei sacramenti*, nella teologia cattolica, qualità propria dei sacramenti, eccettuata l'eucaristia, di poter produrre i loro frutti quando, dopo l'amministrazione valida ma infruttuosa, siano rimossi gli ostacoli che la rendevano tale.

†revivìscere [vc. dotta, lat. *revivīscere*, incoativo di *vīvere*, col pref. *re-*] v. intr. ● Tornare in vita.

rèvoca [da *revocare*] s. f. **1** Il revocare. **2** (*dir.*) Negozio giuridico unilaterale con cui un soggetto, nei casi consentiti dalla legge, priva di effetti un altro precedente negozio giuridico: *r. di una proposta contrattuale, di un mandato* | Provvedimento della pubblica amministrazione o del giudice che priva di effetti un provvedimento amministrativo o giurisdizionale precedente: *r. di un'ordinanza* | (*borsa*) *A r.*, detto di ordine di borsa valido fino all'esecuzione o fino a espressa revoca da parte del cliente.

revocàbile o (*raro*) **rivocàbile** [vc. dotta, lat. *revocābile(m)*, da *revocāre*] agg. ● Che si può ritirare, annullare: *decreto non r.* | *Sentenza r.*, non ancora passata in giudicato o che è soggetta allo specifico mezzo di impugnazione per revocazione.

revocabilità s. f. ● Qualità di ciò che è revocabile.

revocaménto o **†rivocaménto** s. m. ● (*raro*) Modo, atto del revocare.

revocàre o (*raro*) **rivocàre** [vc. dotta, lat. *revocāre*, comp. di *re-* e *vocāre*, da *vox*, genit. *vōcis* 'voce'] v. tr. (*io rèvoco, †revòco, tu rèvochi, †revòchi*) **1** (*lett.*) Richiamare (*anche fig.*): *lo costrinse a rivocare Nicolò Piccino di Toscana* (MACHIAVELLI). **2** Annullare, disdire: *r. un ordine, una decisione* | *R. in dubbio*, dubitare di q.c. data già per certa e definitiva.

revocatìvo agg. ● Che si riferisce alla revoca | Che serve a revocare q.c.

revocàto part. pass. di *revocare*; anche agg. ● Nei sign. del v.

revocatóre agg.; anche s. m. (f. *-trice*) ● Che, chi revoca.

revocatòrio o (*raro*) **rivocatòrio** [vc. dotta, lat. tardo *revocatōriu(m)*, da *revocātus*, part. pass. di *revocāre*] agg. ● Di revoca, che revoca | *Azione revocatoria*, diretta a rendere inefficace un atto di alienazione di un bene compiuto dal debitore in frode dei creditori.

revocazióne o (*raro*) **rivocazióne** [vc. dotta, lat. *revocatiōne(m)*, da *revocātus*, part. pass. di *revocāre*] s. f. ● Atto, effetto del revocare | (*dir.*) Mezzo di impugnazione consentito in casi specifici determinati dalla legge. SIN. Revoca.

†revolùto [vc. dotta, lat. *revolūtu(m)*, part. pass. di *revŏlvere* 'rivolvere'] agg. ● Che ha compiuto un giro completo.

†revoluzióne ● V. *rivoluzione*.

revòlver /re'vɔlver, *ingl.* ri'vɔlvə*/ [vc. ingl., *revolver*, da *to revolve* 'girare', dal lat. *revŏlvere* 'rivolvere', detto così dal tamburo girante] s. m. inv. ● Pistola a tamburo rotante.

revolveràta s. f. ● Colpo di revolver: *si udì una r.*

revulsióne o **rivulsióne** [vc. dotta, lat. *revulsiōne(m)* 'lo strappare, lo staccare', da *revūlsus*, part. pass. di *revĕllere* 'strappare', comp. di *re-* e *vĕllere* 'tirare'] s. f. ● Spostamento del sangue da una parte all'altra del corpo.

revulsìvo o **rivulsìvo** [da *revulsione*] **A** s. m. ● Farmaco che provoca sulla cute un'irritazione locale accompagnata da iperemia o da bolle cutanee. **B** agg. ● Che provoca dilatazione vascolare.

rexìsmo [dal fr. *rexisme*, da (*Christus*) *rex* 'Cristo re'] s. m. ● Movimento politico sorto in Belgio nel 1935, di ispirazione fascista, che collaborò con le forze di occupazione durante la seconda guerra mondiale.

rexìsta s. m. e f. (pl. m. *-i*) ● Seguace, sostenitore del rexismo.

reziàrio [vc. dotta, lat. *retiāriu(m)*, da *rēte*] s. m. ● Nella Roma antica, gladiatore che, vestito della sola tunica a capo scoperto, armato di tridente e di rete, cercava di avvolgere l'avversario armato prima di colpirlo.

rézza [lat. *rētia*, pl. di *rēte*] s. f. **1** Rete di refe a minutissime maglie, per lavori di ricamo. **2** (*merid.*) Tramaglio.

rezzàglio o **rizzàgio** [lat. tardo *retiācŭlu(m)* 'giacchio', dim. di *rēte*] s. m. ● Rete a cono rovesciato, col vivagno attaccato ad un cerchio e con un foro in basso, usato per introdurre le anguille nei vivai.

rézzo o (*poet.*) **†orézzo** [aferesi di *orezzo*] s. m. **1** Soffio d'aria fresca. **2** (*poet.*) Luogo fresco e ombroso.

Rh /'ɛrre 'akka/ [da *Rh(esus)*, n. scient. di una scimmia, il cui sangue possiede un agglutinogeno che esiste anche in alcuni individui della specie umana] s. m. inv. ● (*biol.*) Fattore antigene del sangue, evidenziato per la prima volta nei globuli rossi della scimmia Reso (*Macacus rhesus*), la cui presenza (Rh +) o assenza (Rh -) nel sangue umano è ereditaria.

rho /rɔ*/ ● V. *ro*.

rhodesiàno /rode'zjano/ **A** agg. ● Della Rhodesia, regione dell'Africa centro-meridionale, oggi suddivisa in Zambia e Zimbabwe. **B** s. m. ● Abitante, nativo della Rhodesia.

rhum /rum/ ● V. *rum*.

rhythm and blues /*ingl.* 'rið(ə)m əm 'blu:z/ [loc. ingl., comp. di *rhythm* 'ritmo' e *blues* (V.)] loc. sost. m. inv. ● Genere musicale che trae origine dal folklore dei neri d'America, in cui si fondono elementi di blues e di jazz.

rhytón /*gr.* ry'tɔn, ri'tɔn/ o **rytón** [vc. dotta, gr. *rhytón*, da *rêin* 'scorrere', di origine indeur.] s. m. ● (*archeol.*) Specie di bicchiere per vino, largo nella parte superiore, appuntito nella parte inferiore, spesso terminante con testa di animale, tipico dell'antica Grecia.

ri- o **ra-**, **rin-** [lat. *re-* (V.)] pref. di verbi e loro derivati ● Esprime ripetizione, reduplicazione (*riascoltare, ricadere, rimbalzare, riproporre, ritentare, rivedere*), ritorno a fase anteriore, con un valore di opposizione (*riacquistare, rialzare, risanare, ritrovare*), intensità (*rassettare, rasserenare, rinchiudere, ricercare, risvegliare*) o con funzione derivativa (*raffreddare*), o conferisce un valore nuovo al verbo di derivazione (*ricavare, rilegare, riprodurre*) | Quando si alterna con *re-* la forma con tale pref. è più letteraria: *ricuperare, recuperare; ricezione, recezione*.

rìa /*sp.* 'ria/ [vc. sp., da *río* 'fiume'. V. *rio*] s. f. (pl. sp. *rías*) ● (*spec. al pl.*) Insenatura costiera abbastanza stretta, derivata dall'invasione del mare in valle fluviale perpendicolare alla costa: *coste a rías*.

riabbaiàre [comp. di *ri-* e *abbaiare*] v. intr. (*io riabbàio*; aus. *avere*) ● Abbaiare di nuovo o a sua volta.

riabbandonàre [comp. di *ri-* e *abbandonare*] **A** v. tr. (*io riabbandóno*) ● Abbandonare di nuovo. **B** v. rifl. ● Abbandonarsi di nuovo.

riabbarbicàrsi [comp. di *ri-* e *abbarbicarsi*] v. intr. pron. (*io mi riabbàrbico, tu ti riabbàrbichi*) ● Abbarbicarsi di nuovo.

riabbassaménto [comp. di *ri-* e *abbassamento*] s. m. ● Modo, atto del riabbassare.

riabbassàre o (*raro*) **rabbassàre** [comp. di *ri-* e *abbassare*] v. tr., rifl. e intr. pron. ● Abbassare ancora di più o di nuovo.

riabbàttere o **†rabbàttere** nel sign. B [comp. di *ri-* e *abbattere*] **A** v. tr. ● Abbattere nuovamente. **B** v. intr. pron. ● †Imbattersi di nuovo in qc. o in q.c.

riabbellìre o (*raro*) **rabbellìre** [comp. di *ri-* e *abbellire*] **A** v. tr. (*io riabbellìsco, tu riabbellìsci*) ● Abbellire ancora, di nuovo o di più: *r. la casa con nuove tende*. **B** v. intr. pron. ● Farsi bello di nuovo o di più: *vede lieta ... / sorger sua ninfa e rabbellirsi il mondo* (POLIZIANO).

riabboccàre [comp. di *ri-* e *abboccare*] **A** v. tr. (*io riabbócco, tu riabbócchi*) ● (*raro*) Riprendere con la bocca. **B** v. rifl. rec. ● Tornare ad incontrarsi con qc. per parlare.

riabbonacciàrsi [comp. di *ri-* e *abbonacciarsi*] v. rifl. e intr. pron. (*io mi riabbonàccio*) ● (*raro*) Abbonacciarsi di nuovo. SIN. Calmarsi.

riabbonàre [comp. di *ri-* e *abbonare* (2)] **A** v. tr. (*io riabbòno*) ● Abbonare di nuovo: *r. qc. a un circolo sportivo*. **B** v. rifl. ● Tornare ad abbonarsi.

riabbottonàre o (*raro*) **rabbottonàre** [comp. di *ri-* e *abbottonare*] v. tr. e rifl. (*io riabbottóno*) ● Abbottonare ancora, di nuovo: *riabbottonarsi il cappotto*; *si riabbottonò in fretta e uscì*.

riabbracciàre o (*raro*) **rabbracciàre** [comp. di *ri-* e *abbracciare*] **A** v. tr. (*io riabbràccio*) ● Tornare ad abbracciare: *r. con affetto qc.* | (*est.*) Vedere di nuovo qc. dopo un certo periodo: *desidero tanto riabbracciarti* | (*fig.*) *R. un'opinione politica, una teoria*, aderirvi di nuovo. **B** v. rifl. rec. ● Abbracciarsi di nuovo | Vedersi, riunirsi di nuovo dopo molto tempo.

†riabbruciàre [comp. di *ri-* e *abbruciare*] **A** v. tr. ● Bruciare di nuovo. **B** v. intr. pron. ● Bruciarsi di nuovo.

riabbrunàre [comp. di *ri-* e *abbrunare*] **A** v. tr. ● Abbrunare di nuovo: *r. le bandiere*. **B** v. rifl. ● (*raro*) Vestirsi di nuovo a lutto.

riabilitànte [da *riabilitare*] agg. ● Di, relativo a riabilitazione: *terapia r.*

riabilitàre [comp. di *ri-* e *abilitare*] **A** v. tr. (*io riabìlito*) **1** Rendere di nuovo abile a q.c. **2** (*med.*) Riportare membra o funzioni menomate a una normale attività: *r. l'arto leso*. **3** (*dir.*) Reintegrare nell'esercizio dei diritti mediante provvedimento di riabilitazione. **4** (*fig.*) Rendere nuovamente la buona fama, la stima: *il suo gesto lo ha riabilitato agli occhi di tutti*. **5** Ripristinare, rendere di nuovo efficiente. **B** v. rifl. ● Rendersi nuovamente degno di stima: *riabilitarsi agli occhi dei colleghi*.

riabilitatìvo [da *riabilitare*] agg. ● Di, relativo a riabilitazione: *terapia riabilitativa*.

riabilitazióne [da *riabilitare*, sul modello del fr. *réhabilitation*] s. f. **1** Atto, effetto del riabilitare o del riabilitarsi (*anche fig.*). **2** Provvedimento giudiziale che fa cessare le incapacità personali, conseguenti a una sentenza dichiarativa di fallimento o a una sentenza penale di condanna: *r. del fallito, del condannato*.

riabitàre [comp. di *ri-* e *abitare*] v. tr. (*io riàbito*) ● Tornare ad abitare.

riabituàre [comp. di *ri-* e *abituare*] **A** v. tr. (*io riabìtuo*) ● Abituare di nuovo: *lo sport lo ha riabituato al moto*. **B** v. rifl. ● Prendere di nuovo un'abitudine: *riabituarsi a fumare moderatamente*.

riaccadére [comp. di *ri-* e *accadere*] v. intr. (coniug. come *accadere*; aus. *essere*) ● (*raro*) Accadere un'altra volta.

riaccalappiàre [comp. di *ri-* e *accalappiare*] v. tr. (*io riaccalàppio*) ● Accalappiare di nuovo (*anche fig.*).

riaccalcàrsi [comp. di *ri-* e *accalcarsi*] v. intr. pron. (*io mi riaccàlco, tu ti riaccàlchi*) ● Accalcarsi di nuovo o di più.

riaccampàre [comp. di *ri-* e *accampare*] **A** v. tr. ● Accampare di nuovo. **B** v. rifl. ● Accamparsi di nuovo.

riaccaparràre [comp. di *ri-* e *accaparrare*] v. tr. ● Accaparrare di nuovo.

riaccapigliàrsi o (*raro*) **raccapigliàrsi** [comp. di *ri-* e *accapigliarsi*] v. rifl. rec. (*io mi riaccapìglio*) ● Accapigliarsi di nuovo.

riaccasàre [comp. di *ri-* e *accasare*] **A** v. tr. ● (*raro*) Accasare di nuovo. **B** v. rifl. ● Accasarsi di nuovo.

riaccattàre [comp. di *ri-* e *accattare*] v. tr. ● (*raro*) Accattare di nuovo.

riaccèndere o (*lett.*) **raccèndere** [lat. tardo *reaccĕndere*, comp. di *re-* e *accĕndere*] **A** v. tr. (coniug. come *accendere*) ● Accendere nuovamente (*anche fig.*): *r. il fuoco spento*; *Amor nell'alma, ov'ella signoreggia / raccese il foco, e spense la paura* (PETRARCA). **B** v. intr. pron. ● Tornare ad accendersi (*anche fig.*): *la guerra si è riaccesa*.

riaccendiménto o (*lett.*) **raccendiménto** s. m. ● (*raro*) Atto, effetto del riaccendere o del riaccendersi (*anche fig.*).

riaccennàre o **†raccennàre** [comp. di *ri-* e *accennare*] v. tr. (*io riaccénno*) ● Accennare di nuovo o a sua volta: *r. a un lontano episodio*.

riaccensióne [comp. di *ri-* e *accensione*] s. f. ● Atto, effetto del riaccendere o del riaccendersi.

riaccentràre [comp. di *ri-* e *accentrare*] v. tr. (*io riaccèntro*) ● Accentrare di nuovo o di più: *r. i poteri nelle proprie mani*.

riaccerchiàre ● V. *raccerchiare*.

riaccertàre ● V. *raccertare*.

riaccéso part. pass. di *riaccendere*; anche agg. ● Nei sign. del v.

riaccettàre [comp. di *ri-* e *accettare*] v. tr. (*io*

riaccètto) • Accettare di nuovo.

riacchiappàre [comp. di *ri-* e *acchiappare*] v. tr. • (*fam.*) Acchiappare di nuovo.

riacciarpàre [comp. di *ri-* e *acciarpare*] v. tr. • Acciarpare nuovamente o peggio.

riacciuffàre [comp. di *ri-* e *acciuffare*] v. tr. • Tornare ad acciuffare chi è fuggito: *r. un borseggiatore.*

riacclamàre [comp. di *ri-* e *acclamare*] v. tr. • Acclamare di nuovo.

riaccoccàre [comp. di *ri-* e *accoccare*] v. tr. (*io riaccòcco, tu riaccòcchi*) • (*raro*) Accoccare di nuovo.

riaccoccolàrsi [comp. di *ri-* e *accoccolarsi*] v. intr. pron. (*io mi riaccòccolo*) • Accoccolarsi di nuovo.

riaccògliere [comp. di *ri-* e *accogliere*] v. tr. (coniug. come *cogliere*) • Accogliere di nuovo, spec. chi si era allontanato: *r. un figlio in famiglia.*

riaccollàre [comp. di *ri-* e *accollare*] v. tr. (*io riaccòllo*) • Accollare di nuovo (*spec. fig.*): *r. una responsabilità*; *riaccollarsi un lavoro.*

riaccòlto part. pass. di *riaccogliere.* • (*raro*) Nel sign. del v.

riaccomiatàre [comp. di *ri-* e *accomiatare*] **A** v. tr. • Accomiatare di nuovo. **B** v. intr. pron. • Accomiatarsi di nuovo.

riaccomodàre o (*raro*) **raccomodàre** [comp. di *ri-* e *accomodare*] **A** v. tr. (*io riaccòmodo*) • Accomodare di nuovo: *r. uno sportello scardinato.* **B** v. rifl. rec. • (*fig.*) Tornare in buoni rapporti con qc.: *non è facile riaccomodarsi con chi ci ha danneggiato.*

riaccompagnàre o (*raro*) **raccompagnàre** [comp. di *ri-* e *accompagnare*] **A** v. tr. • Accompagnare di nuovo o a propria volta. **B** v. rifl. rec. • Unirsi di nuovo in compagnia con qc.

riaccomunàre • V. *raccomunare.*

†riacconciàre e *deriv.* • V. *racconciare* e *deriv.*

riaccoppiàre o (*raro*) **raccoppiàre** [comp. di *ri-* e *accoppiare*] **A** v. tr. (*io riaccòppio*) • Accoppiare di nuovo. **B** v. rifl. rec. • Accoppiarsi di nuovo.

riaccorciàre [comp. di *ri-* e *accorciare*] v. tr. e intr. pron. (*io riaccórcio*) • Accorciare di nuovo.

riaccordàre [comp. di *ri-* e *accordare*] **A** v. tr. (*io riaccòrdo*) • Tornare ad accordare: *r. il violino.* **B** v. intr. pron. • Tornare ad accordarsi: *riaccordarsi con qc. dopo una lite.*

riaccòrgersi [comp. di *ri-* e *accorgersi*] v. intr. pron. (coniug. come *accorgersi*) • Accorgersi di nuovo.

riaccòrto part. pass. di *riaccorgersi.* • Nel sign. del v.

riaccostàre o (*raro*) **raccostàre** [comp. di *ri-* e *accostare*] **A** v. tr. (*io riaccòsto*) • Accostare di nuovo: *r. due oggetti.* **B** v. rifl. • Accostarsi nuovamente (*anche fig.*): *r. a un muro*; *r. a un partito politico.*

riaccotonàre [comp. di *ri-* e *accotonare*] v. tr. (*io riaccotóno*) • Accotonare di nuovo.

riaccovacciàrsi [comp. di *ri-* e *accovacciarsi*] v. intr. pron. (*io mi riaccovàccio*) • Accovacciarsi di nuovo.

riaccozzaménto [comp. di *ri-* e *accozzamento*] s. m. • (*raro*) Il riaccozzare.

riaccozzàre [comp. di *ri-* e *accozzare*] v. tr. (*io riaccòzzo*) • Accozzare di nuovo.

riaccreditàre [comp. di *ri-* e *accreditare*] **A** v. tr. (*io riaccrédito*) • Tornare ad accreditare. **B** v. intr. pron. • Riacquistare il credito presso qc., la stima di qc.

riaccrédito [comp. di *ri-* e *accredito*] s. m. • In contabilità, registrazione a credito di una partita in precedenza stornata.

riaccréscere [comp. di *ri-* e *accrescere*] v. tr. (coniug. come *crescere*) • Accrescere di nuovo.

riaccresciùto part. pass. di *riaccrescere* • (*raro*) Nel sign. del v.

riaccucciàrsi [comp. di *ri-* e *accucciarsi*] v. intr. pron. (*io mi riaccùccio*) • Accucciarsi di nuovo.

riaccuṣàre [comp. di *ri-* e *accusare*] v. tr. • Accusare di nuovo o a propria volta.

riacquartieràrsi [comp. di *ri-* e *acquartierarsi*] v. intr. pron. (*io mi riacquartièro*) • (*mil.*) Tornare ad acquartierarsi.

riacquattàrsi [comp. di *ri-* e *acquattarsi*] v. intr. pron. • Acquattarsi di nuovo.

riacquistàbile agg. • Che si può riacquistare: *vantaggio r.*

riacquistàre o (*raro*) **racquistàre** [comp. di *ri-* e *acquistare*] **A** v. tr. *1* Tornare ad acquistare. *2* Recuperare ciò che si era perduto (*anche fig.*): *i soldati riacquistarono la trincea*; *r. la libertà.* **B** v. intr. (aus. *avere*) • (*lett.*) Guadagnare, avvantaggiarsi di nuovo.

riacquisto o **†racquisto**. s. m. *1* Atto del riacquistare. *2* Ciò che si riacquista: *è un r. vantaggioso.*

riacutizzàre [comp. di *ri-* ed *acutizzare*] **A** v. tr. • Rendere di nuovo più acuto (*spec. fig.*): *il freddo gli ha riacutizzato i dolori artritici*; *r. una divergenza di opinione.* **B** v. intr. pron. • Farsi di nuovo più acuto: *la malattia si è riacutizzata.*

riacutizzazióne s. f. • Atto, effetto del riacutizzare o del riacutizzarsi.

riadagiàre [comp. di *ri-* e *adagiare*] **A** v. tr. (*io riadàgio*) • Adagiare nuovamente: *r. l'ammalato sui cuscini.* **B** v. intr. pron. • Tornare ad adagiarsi.

riadattaménto s. m. • Modo, atto del riadattare o del riadattarsi.

riadattàre [comp. di *ri-* e *adattare*] **A** v. tr. • Adattare di nuovo: *r. un abito.* **B** v. intr. pron. • Tornare ad adattarsi: *vi riadatterete a vivere come prima.*

riaddentàre [comp. di *ri-* e *addentare*] v. tr. (*io riaddènto*) • Addentare di nuovo.

riaddoloràre [comp. di *ri-* e *addolorare*] **A** v. tr. (*io riaddolóro*) • Addolorare nuovamente. **B** v. intr. pron. • Provare di nuovo dolore.

†riaddomandàre • V. *†raddomandare.*

riaddormentàre o (*raro*) **raddormentàre** [comp. di *ri-* e *addormentare*] **A** v. tr. (*io riaddorménto*) • Addormentare di nuovo. **B** v. intr. pron. • Riprendere il sonno interrotto.

riaddossàre o (*raro*) **raddossàre** [comp. di *ri-* e *addossare*] v. tr. (*io riaddòsso*) • Addossare di nuovo (*anche fig.*): *riaddossarsi nuovi incarichi.*

riadescàre [comp. di *ri-* e *adescare*] v. tr. (*io riadésco, tu riadéschi*) • Adescare di nuovo.

riadiràrsi [comp. di *ri-* e *adirarsi*] v. intr. pron. • Adirarsi di nuovo.

riadombràre [comp. di *ri-* e *adombrare*] **A** v. tr. (*io riadómbro*) • Adombrare di nuovo. **B** v. intr. pron. • (*raro*) Adombrarsi di nuovo.

riadoperàre [comp. di *ri-* e *adoperare*] v. tr. (*io riadòpero*) • Adoperare di nuovo.

riadornàre [comp. di *ri-* e *adornare*] **A** v. tr. (*io riadórno*) • (*raro*) Adornare di nuovo. **B** v. rifl. • Adornarsi di nuovo.

riadottàre [comp. di *ri-* e *adottare*] v. tr. (*io riadòtto*) • Adottare di nuovo.

riadulàre [comp. di *ri-* e *adulare*] v. tr. (*io riadùlo* o (*evit.*) **riàdulo**) • Adulare di nuovo.

riaffacciàre [comp. di *ri-* e *affacciare*] **A** v. tr. (*io riaffàccio*) • Affacciare di nuovo. **B** v. rifl. e intr. pron. • Affacciarsi di nuovo: *r. alla finestra* | (*fig.*) Ripresentarsi: *mi si riaffaccia alla memoria il suo viso.*

riaffastellàre [comp. di *ri-* e *affastellare*] v. tr. (*io riaffastèllo*) • (*raro*) Affastellare di nuovo.

riaffermàre o (*raro, lett.*) **raffermàre** (1) [comp. di *ri-* e *affermare*] **A** v. tr. (*io riafférmo*) *1* Affermare in modo più deciso. SIN. Confermare. *2* (*raro, lett.*) Tornare ad affermare: *il che raffermando più volte il famigliare né potendo altra risposta avere, tornò a messer Geri* (BOCCACCIO). **B** v. rifl. • Dimostrare di nuovo i propri meriti, le proprie capacità: *riaffermarsi fra i grandi della letteratura contemporanea.*

riaffermazióne [da *riaffermare*] s. f. • Atto, effetto del riaffermare.

riafferràre [comp. di *ri-* e *afferrare*] **A** v. tr. (*io riaffèrro*) • Afferrare di nuovo. **B** v. rifl. • Tornarsi ad afferrare | Afferrarsi con più forza. SIN. Riattaccarsi.

riaffezionàre [comp. di *ri-* e *affezionare*] **A** v. tr. (*io riaffezióno*) • Affezionare di nuovo: *r. qc. a un amico, al lavoro che amava.* **B** v. intr. pron. • Tornare ad affezionarsi.

riaffiatàrsi [comp. di *ri-* e *affiatarsi*] v. rifl. e rifl. rec. • Affiatarsi di nuovo con qc.: *riaffiatarsi coi colleghi di lavoro dopo una lunga assenza.*

riaffibbiàre o (*raro*) **raffibbiàre** [comp. di *ri-* e *affibbiare*] v. tr. (*io riaffìbbio*) • Affibbiare di nuovo.

riaffilàre • V. *raffilare.*

riaffioràre [comp. di *ri-* e *affiorare*] v. intr. (*io riaffióro*; aus. *essere*) • Affiorare di nuovo | (*est.*) Ritornare alla memoria: *rivedere quel luogo ha fatto r. in me tanti ricordi.*

riaffittàre o **†raffittàre** [comp. di *ri-* e *affittare*] v. tr. • Affittare di nuovo: *r. un appartamento, una camera ammobiliata.*

riaffogliàre [da *foglio*, col pref. *ri-* e *a-* (*2*)] v. tr. • (*banca*) Aggiungere un nuovo foglio cedole a un titolo mobiliare nel quale tutte le cedole precedenti siano state esaurite.

riaffollàre [comp. di *ri-* e *affollare* (*1*)] **A** v. tr. (*io riaffóllo* o *riaffòllo*) • Affollare di nuovo. **B** v. intr. pron. • Affollarsi di nuovo.

riaffondàre [comp. di *ri-* e *affondare*] **A** v. tr. e intr. (*io riaffóndo*; aus. intr. *essere*) • Affondare di nuovo: *r. una nave*; *r. nel fango.* **B** v. intr. pron. • Affondarsi di nuovo.

riaffratellàre [comp. di *ri-* e *affratellare*] **A** v. tr. (*io riaffratèllo*) • Affratellare di nuovo. **B** v. rifl. rec. • Affratellarsi, unirsi di nuovo in fratellanza.

riaffrettàre o **†raffrettàre** [comp. di *ri-* e *affrettare*] **A** v. tr. (*io riaffrétto*) • Affrettare di nuovo. **B** v. intr. pron. • Affrettarsi di nuovo.

riaffrontàre o **†raffrontàre** [comp. di *ri-* e *affrontare*] **A** v. tr. (*io riaffrónto*) • Affrontare di nuovo: *r. una situazione pericolosa con sicurezza.* **B** v. rifl. rec. • Affrontarsi di nuovo: *i due nemici si riaffrontarono con coraggio.*

riaffumicàre [comp. di *ri-* e *affumicare*] v. tr. (*io riaffùmico, tu riaffùmichi*) • Affumicare di nuovo.

riagganciàre [comp. di *ri-* e *agganciare*] **A** v. tr. (*io riaggàncio*) • Agganciare di nuovo: *r. gli sci agli scarponi.* **B** v. intr. pron. • Agganciarsi nuovamente (*spec. fig.*): *un romanzo che si riaggancia alla tradizione verista.*

riaggàncio [dev. di *riagganciare*] s. m. • Atto, effetto del riagganciare.

riaggangheràre [comp. di *ri-* e *aggangherare*] v. tr. (*io riaggànghero*) • (*raro*) Aggangherare di nuovo.

†riaggavignàre [comp. di *ri-* e *aggavignare*] v. tr. • Aggavignare di nuovo.

riaggeggiàre [comp. di *ri-* e *aggeggiare*] v. tr. (*io riaggéggio*) • (*raro, tosc.*) Aggeggiare di nuovo. SIN. Riaccomodare, riaggiustare.

riagghiacciàre [comp. di *ri-* e *agghiacciare*] **A** v. tr. (*io riagghiàccio*) • Agghiacciare di nuovo. **B** v. intr. pron. • (*raro*) Agghiacciarsi di nuovo.

riaggiogàre [comp. di *ri-* e *aggiogare*] v. tr. (*io riaggiógo, tu riaggióghi*) • Aggiogare di nuovo: *r. i buoi all'aratro.*

riaggiustàre • V. *raggiustare.*

riaggravàre [comp. di *ri-* e *aggravare*] **A** v. tr. • Aggravare nuovamente. **B** v. intr. pron. • Tornare ad aggravarsi: *le condizioni del malato si riaggravarono.*

riaggregàre [comp. di *ri-* e *aggregare*] **A** v. tr. (*io riaggrègo, tu riaggrèghi*) • Aggregare di nuovo. **B** v. intr. pron. • Aggregarsi di nuovo.

riagguantàre [comp. di *ri-* e *agguantare*] v. tr. • Agguantare un'altra volta: *r. un fuggiasco.*

riagguerrire [comp. di *ri-* e *agguerrire*] **A** v. tr. (*io riagguerrìsco, tu riagguerrìsci*) • (*raro*) Agguerrire di nuovo. **B** v. intr. pron. • (*raro*) Agguerrirsi di nuovo.

†riagire • V. *reagire.*

riagitàre [comp. di *ri-* e *agitare*] **A** v. tr. (*io riàgito*) • Agitare di nuovo. **B** v. intr. pron. • Agitarsi di nuovo.

riaguzzàre [comp. di *ri-* e *aguzzare*] v. tr. • Aguzzare di nuovo.

riaiutàre [comp. di *ri-* e *aiutare*] v. tr. • Aiutare di nuovo.

†riàle [da *rio*] s. m. • Rigagnolo, fossatello.

rialitàre [comp. di *ri-* e *alitare*] v. intr. (*io riàlito*; aus. *avere*) • (*raro*) Alitare di nuovo. SIN. Risoffiare.

riallacciaménto [comp. di *ri-* e *allacciamento*] s. m. • Nuovo allacciamento: *r. di una linea telefonica.*

riallacciàre o (*raro*) **rallacciàre** [comp. di *ri-* e *allacciare*] **A** v. tr. (*io riallàccio*) • Allacciare di nuovo (*anche fig.*): *r. le maglie di una rete*; *r. un'amicizia interrotta.* **B** v. intr. pron. • (*fig.*) Ricongiungersi, ricollegarsi: *è un'idea che si riallaccia direttamente alle altre.*

riallargàre [comp. di *ri-* e *allargare*] **A** v. tr. (*io *riallàrgo, tu riallàrghi*) *1* Allargare di nuovo. *2* V. *rallargare*. **B** v. intr. pron. ● Allargarsi di nuovo.

riallattàre [comp. di *ri-* e *allattare*] v. tr. ● Allattare di nuovo.

riallentàre [comp. di *ri-* e *allentare*] v. tr. (*io riallènto*) ● Allentare di nuovo.

riallettàre o †**rallettàre** [comp. di *ri-* e *allettare*] v. tr. (*io riallètto*) ● (*raro*) Allettare di nuovo.

riallevàre [comp. di *ri-* e *allevare*] v. tr. (*io riallèvo*) ● Allevare di nuovo.

riallineaménto [comp. di *ri-* e *allineamento*] s. m. ● (*banca, econ.*) Complesso di operazioni con le quali vengono contemporaneamente modificate le parità di alcune monete, attraverso procedimenti di svalutazione o rivalutazione: *il r. delle monete europee*.

riallineàre [comp. di *ri-* e *allineare*] **A** v. tr. (*io riallìneo*) ● Allineare di nuovo. **B** v. rifl. ● Rimettersi in linea.

riallogaménto [comp. di *ri-* e *allogamento*] s. m. ● (*raro*) Nuovo allogamento.

riallogàre [comp. di *ri-* e *allogare*] **A** v. tr. (*io riallògo, tu riallòghi*) ● Allogare di nuovo | *R. una figlia*, rimaritarla. **B** v. intr. pron. ● Allogarsi di nuovo.

rialloggiàre o †**ralloggiàre** [comp. di *ri-* e *alloggiare*] v. tr. (*io riallòggio*) ● Alloggiare di nuovo.

riallungàre o †**rallungàre** [comp. di *ri-* e *allungare*] **A** v. tr. (*io riallùngo, tu riallùnghi*) ● Tornare ad allungare: *r. gli orli delle gonne*. **B** v. intr. pron. ● Allungarsi di nuovo.

rialteràre [comp. di *ri-* e *alterare*] **A** v. tr. (*io riàltero*) ● Alterare di nuovo. **B** v. intr. pron. ● Alterarsi di nuovo.

riàlto [da *rialzare*, rifatto su *alto*] s. m. *1* Luogo rilevato da terra | Prominenza, rilievo. *2* Piatto in più che si aggiunge al desinare per l'arrivo di qc. o una ricorrenza.

rialzaménto s. m. *1* Atto, effetto del rialzare o del rialzarsi (*anche fig.*) | Rialzo, parte rialzata. *2* (*fig.*) Aumento di prezzi, temperatura, ecc. *3* (*mar.*) Linea d'incontro tra il fasciame esterno e i madieri di una nave che si alza gradualmente verso prora e verso poppa.

rialzàre [comp. di *ri-* e *alzare*] **A** v. tr. *1* Alzare di nuovo | *R. la testa, il capo*, (*fig.*) riacquistare nuovo ardire | Sollevare da terra: *r. l'animale colpito*. *2* Aumentare l'altezza di q.c.: *r. il muro di cinta di una casa*. *3* (*fig.*) Fare salire: *r. il prezzo del grano*. **B** v. intr. (aus. *essere*) *1* Aumentare di prezzo: *le azioni rialzano*. SIN. Rincarare. *2* Salire, elevarsi: *la temperatura rialza*. *3* (*raro*) Sporgere, fare rialto: *la piattaforma rialza da terra un metro*. **C** v. rifl. ● Sollevarsi o sollevarsi di nuovo (*anche fig.*): *il bambino si rialzò piangendo*; *rialzarsi da una delusione* | *Rialzarsi da una malattia*, rimettersi. **D** v. intr. pron. ● Salire a valori più alti: *il termometro si è rialzato*.

rialzàto part. pass. di *rialzare*; anche agg. *1* Nei sign. del v. *2 Piano r. di una casa*, posto poco più in alto del livello stradale.

rialzìsta A s. m. e f. ● (*borsa*) Chi effettua speculazioni al rialzo, prevedendo aumenti del corso dei titoli. **B** agg. ● Detto di tendenza o aspettativa al rialzo dei corsi o prezzi di mercato. CONTR. Ribassista.

riàlzo s. m. *1* (*raro*) Atto, effetto del rialzare | (*ferr.*) *Squadra r.*, quella di operai specializzati nella riparazione e manutenzione dei veicoli ferroviari. *2* Rincaro, aumento, spec. di prezzi: *il r. mondiale del petrolio nel 1973*. *3* (*borsa*) Aumento del corso dei titoli | *Le sue azioni sono in r.*, (*fig.*) va aumentando in stima, reputazione, potenza presso gli altri | *Giocare al r.*, effettuare speculazioni nella previsione di un rialzo dei titoli; (*fig.*) in una trattativa o in un contenzioso, aumentare le proprie pretese prevedendo che la controparte sarà, di fronte a queste, arrendevole e rinunciataria. *4* Prominenza, sporgenza: *costruire una casa su un r. del terreno*. *5* (*tecnol.*) Ogni pezzo atto a rialzare o mantenere alto q.c.

riamàre [comp. di *ri-* e *amare*] v. tr. ● Amare di nuovo | Amare a propria volta chi ci ama, corrispondere qc. in amore: *essere riamato da qc.*

riamicàre [comp. di *ri-* e *amicare*] **A** v. tr. (*io riamìco, tu riamìchi*) ● (*raro*) Rendere nuovamente amico | Riconciliare. **B** v. intr. pron. ● (*raro*) Ridiventare amico con qc.: *riamicarsi con una persona dopo una lite*.

riammalaménto s. m. ● (*raro*) Il riammalarsi.

riammalàre [comp. di *ri-* e *ammalare*] v. intr. e intr. pron. (aus. *essere*) ● Ammalarsi di nuovo, ricadere in una malattia: *dopo la convalescenza, si è riammalato gravemente*.

riammanettàre [comp. di *ri-* e *ammanettare*] v. tr. (*io riammanétto*) ● (*raro*) Ammanettare di nuovo.

riammansàre [comp. di *ri-* e *ammansare*] v. tr. ● (*raro*) Ammansare di nuovo o di più.

riammattonàre o **rimattonàre** [comp. di *ri-* e *ammattonare*] v. tr. (*io riammattóno*) ● Ammattonare di nuovo.

riammazzàre [comp. di *ri-* e *ammazzare*] v. tr. ● (*ip.*) Ammazzare di nuovo, anche fig.

†**riammendàre** [comp. di *ri-* e *ammendare*] v. tr. ● Ammendare di nuovo.

riammésso part. pass. di *riammettere*; anche agg. ● Nel sign. del v.

riamméttere [comp. di *ri-* e *ammettere*] v. tr. (coniug. come *mettere*) ● Ammettere di nuovo, spec. in un luogo o un ambiente, qc. che ne era stato espulso: *r. un alunno a scuola*; *r. un socio al circolo*.

riammiràre [comp. di *ri-* e *ammirare*] v. tr. ● Ammirare di nuovo.

riammissìbile [comp. di *ri-* e *ammissibile*] agg. ● Che si può riammettere.

riammissióne [comp. di *ri-* e *ammissione*] s. f. ● Atto, effetto del riammettere: *opporsi alla r. di qc. in un gruppo*.

riammobiliàre [comp. di *ri-* e *ammobiliare*] v. tr. (*io riammobìlio*) ● Ammobiliare di nuovo o in parte ma con dei miglioramenti: *r. la sala da pranzo*.

riammogliàre [comp. di *ri-* e *ammogliare*] **A** v. tr. (*io riammóglio*) ● (*raro*) Ridare moglie. **B** v. intr. pron. ● Riprendere moglie: *riammogliarsi per la seconda volta*.

riammollìre [comp. di *ri-* e *ammollire*] **A** v. tr. (*io riammollìsco, tu riammollìsci*) ● (*raro*) Ammollire di nuovo. **B** v. intr. pron. ● Ammollirsi di nuovo.

riammonìre [comp. di *ri-* e *ammonire*] v. tr. (*io riammonìsco, tu riammonìsci*) ● Ammonire di nuovo: *r. un ragazzo indisciplinato*.

riammorbàre [comp. di *ri-* e *ammorbare*] v. tr. (*io riammòrbo*) ● (*raro, lett.*) Ammorbare di nuovo.

†**riammorzàre** [comp. di *ri-* e *ammorzare*] **A** v. tr. ● (*raro*) Ammorzare di nuovo. **B** v. intr. pron. ● Ammorzarsi di nuovo.

riammucchiàre [comp. di *ri-* e *ammucchiare*] v. tr. (*io riammùcchio*) ● Ammucchiare di nuovo: *r. dei cuscini su un letto*.

riammutinàrsi [comp. di *ri-* e *ammutinarsi*] v. intr. pron. (*io mi riammùtino* o *riammutìno*) ● Ammutinarsi di nuovo.

†**riandaménto** s. m. ● Modo, atto del riandare.

riandàre [comp. di *ri-* e *andare*] **A** v. intr. (coniug. come *andare*; aus. *essere*) ● Andare di nuovo: *r. in un luogo molto caratteristico*. **B** v. tr. *1* (*lett.*) Ripetere uno stesso percorso: *Ancor non sei tu paga / di r. i sempiterni calli* (LEOPARDI). *2* (*fig.*) Riesaminare, ripassare con la memoria: *r. il passato, i giorni tristi e lieti*.

rianimàre [comp. di *ri-* e *animare*] **A** v. tr. (*io riànimo*) *1* Rimettere in salute, in forze, restituire vigore, energie: *il riposo lo ha rianimato*. *2* (*fig.*) Ridare coraggio, fiducia: *la vostra comprensione ci rianima*. *3* (*med.*) Ripristinare le funzioni vitali (respirazione, circolazione) qualora siano momentaneamente compromesse. **B** v. intr. pron. *1* Riprendere forza, vigore: *il ferito si rianimò lentamente*. *2* (*fig.*) Riprendere animo, coraggio: *alle sue parole ci rianimammo*. *3* (*fig.*) Tornare attivo, pieno di movimento: *dopo il temporale, le vie si rianimarono*.

rianimàto part. pass. di *rianimare*; anche agg. ● Nei sign. del v.

rianimatologìa [comp. di *rianimato* e *-logia*] s. f. ● (*med.*) Disciplina medica che studia le tecniche di rianimazione.

rianimatóre [dev. di *rianimare*] **A** s. m. (f. *-trice* nel sign. 2) *1* (*med.*) Apparecchio in grado di ripristinare le funzioni vitali (respirazione, circolazione) qualora siano momentaneamente compromesse. *2* (*med.*) Sanitario che esercita la sua opera in un centro di rianimazione. **B** anche agg.: *apparecchio r.*

rianimatòrio agg. ● (*med.*) Pertinente alla rianimazione: *intervento r.*

rianimazióne s. f. *1* Atto, effetto del rianimare, del rianimarsi (*anche fig.*). *2* (*med.*) Insieme di pratiche mediche atte a recuperare la funzione cardio-respiratoria acutamente venuta meno, la cui tempestiva applicazione può evitare l'insorgenza di danni irreversibili dell'organismo | *Centro di r.*, per il recupero dei malati con grave depressione delle funzioni circolatorie e respiratorie e per l'assistenza degli operati dopo l'intervento chirurgico.

riannacquàre [comp. di *ri-* e *annacquare*] v. tr. ● Annacquare di nuovo: *r. il vino*.

riannaffiàre [comp. di *ri-* e *annaffiare*] v. tr. (*io riannàffio*) ● Annaffiare di nuovo.

riannebbiàre [comp. di *ri-* e *annebbiare*] **A** v. tr. (*io riannébbio*) ● Annebbiare di nuovo. **B** v. intr. pron. ● Tornare ad annebbiarsi (*spec. fig.*): *mi si è riannebbiata la mente*.

riannessióne [comp. di *ri-* e *annessione*] s. f. ● Atto, effetto del riannettere: *chiedere la r. di una zona di confine*.

riannèsso o **riannésso** part. pass. di *riannettere*; anche agg. ● (*raro*) Nel sign. del v.

riannèttere o **riannéttere** [comp. di *ri-* e *annettere*] v. tr. (coniug. come *annettere*) ● Annettere di nuovo: *r. una zona, un territorio*.

riannodàre o **rannodàre** [comp. di *ri-* e *annodare*] **A** v. tr. (*io riannòdo*) ● Annodare di nuovo (*anche fig.*): *r. le cocche di un fazzoletto*; *r. una relazione amorosa*. **B** v. intr. pron. ● Annodarsi, allacciarsi di nuovo.

riannoiàre [comp. di *ri-* e *annoiare*] **A** v. tr. (*io riannòio*) ● Annoiare di nuovo. **B** v. intr. pron. ● Annoiarsi di nuovo.

riannunziàre [comp. di *ri-* e *annunziare*] v. tr. (*io riannùnzio*) ● Annunziare di nuovo.

riannuvolàre [comp. di *ri-* e *annuvolare*] v. intr. e intr. pron. (*io riannùvolo*; aus. *essere*) ● Tornare ad annuvolarsi: *il cielo era riannuvolato*; *l'orizzonte si riannuvola*.

riapèrto part. pass. di *riaprire*; anche agg. ● Nei sign. del v.

riapertùra [comp. di *ri-* e *apertura*] s. f. *1* Atto, effetto del riaprire o del riaprirsi: *r. di una ferita*. *2* Ripresa di attività o di rapporti col pubblico, di luoghi, enti, istituti, ecc.: *la r. delle scuole, di un teatro*; *la r. del Parlamento*. *3* Ripresa di un procedimento di fallimento o di una fase di istruzione penale per il sopravvenuto verificarsi di fatti indicati dalla legge: *r. del fallimento*; *r. dell'istruzione di un processo*.

riappaciàre ● V. *rappaciare*.

riappacificàre e *deriv.* ● V. *rappacificare* e *deriv.*

riappaltàre [comp. di *ri-* e *appaltare*] v. tr. ● Appaltare di nuovo | Appaltare ad altri l'impresa assunta precedentemente in appalto.

riappaltatóre [comp. di *ri-* e *appaltatore*] s. m. ● Chi ridà ad altri un appalto precedentemente assunto.

riappàlto [comp. di *ri-* e *appalto*] s. m. ● Appalto ad altri di un lavoro già preso in appalto. SIN. Subappalto.

riapparecchiàre [comp. di *ri-* e *apparecchiare*] **A** v. tr. (*io riapparécchio*) ● Apparecchiare di nuovo (*anche ass.*): *r. la tavola per la cena*; *è ora di r.* **B** v. intr. pron. ● (*raro, lett.*) Apparecchiarsi di nuovo.

riapparigliàre [comp. di *ri-* e *apparigliare* (*1*)] v. tr. (*io riapparìglio*) ● Apparigliare di nuovo.

riapparìre o †**rapparìre** [comp. di *ri-* e *apparire*] v. intr. (coniug. come *apparire*; aus. *essere*) ● Apparire nuovamente: *le comete riappaiono a intervalli fissi*.

riapparizióne [comp. di *ri-* e *apparizione*] s. f. ● Il riapparire: *la r. dei sintomi di una malattia*. SIN. Ricomparsa.

riappàrso part. pass. di *riapparire*; anche agg. ● (*raro*) Nel sign. del v.

riappassionàre [comp. di *ri-* e *appassionare*] **A** v. tr. (*io riappassióno*) ● Appassionare di nuovo: *r. qc. a un'attività*. **B** v. intr. pron. ● Appassionarsi di nuovo: *riappassionarsi al proprio lavoro*.

riappassìre [comp. di *ri-* e *appassire*] v. intr. e intr.

pron. (*io riappassisco, tu riappassisci*; aus. *essere*) ● Appassire di nuovo.

riappèndere [comp. di *ri-* e *appendere*] v. tr. (coniug. come *appendere*) ● Appendere di nuovo.

riappéso part. pass. di *riappendere* ● Nel sign. del v.

riappianàre o †**rappianàre** [comp. di *ri-* e *appianare*] v. tr. ● Appianare di nuovo.

riappiccàre o (*raro*) **rappiccàre** [comp. di *ri-* e *appiccare*] **A** v. tr. (*io riappìcco, tu riappìcchi*) ● Appiccare di nuovo. SIN. Riattaccare. **B** v. intr. pron. ● Appiccarsi di nuovo.

riappiccicàre o (*raro*) **rappiccicàre** [comp. di *ri-* e *appiccicare*] **A** v. tr. (*io riappìccico, tu riappìccichi*) ● Appiccicare nuovamente: *r. un francobollo.* **B** v. intr. pron. ● Appiccicarsi di nuovo (*anche fig.*): *quei fogli si sono riappiccicati al tavolo*; *quella seccatrice anche oggi mi si è riappiccicata.*

riappiccicatùra o (*raro*) **rappiccicatùra** s. f. ● Atto, effetto del riappiccicare.

riappigionàre [comp. di *ri-* e *appigionare*] v. tr. (*io riappigióno*) ● Appigionare di nuovo: *r. un appartamento appena sfitto* | Subaffittare.

riappisolàrsi o **rappisolàrsi** [comp. di *ri-* e *appisolarsi*] v. intr. pron. (*io mi riappìsolo*) ● Appisolarsi di nuovo: *svegliarsi e riappisolarsi dopo breve tempo.*

riapplaudìre [comp. di *ri-* e *applaudire*] v. tr. e intr. (*io riapplàudo*, o *riapplaudìsco, tu riapplàudi* o *riapplaudìsci*; aus. *avere*) ● Applaudire di nuovo.

riapplicàre [comp. di *ri-* e *applicare*] **A** v. tr. (*io riàpplico, tu riàpplichi*) ● Applicare di nuovo: *r. un'etichetta a una bottiglia.* **B** v. intr. pron. ● Applicarsi di nuovo.

riappoggiàre [comp. di *ri-* e *appoggiare*] **A** v. tr. (*io riappòggio*) ● Appoggiare di nuovo. **B** v. rifl. ● Appoggiarsi di nuovo.

riappollaiàrsi [comp. di *ri-* e *appollaiarsi*] v. intr. pron. (*io mi riappollàio*) ● Appollaiarsi di nuovo (*anche fig.*): *riappollaiarsi su uno sgabello.*

riapprèndere [comp. di *ri-* e *apprendere*] **A** v. tr. (coniug. come *apprendere*) ● Apprendere di nuovo. **B** v. intr. pron. ● (*raro, lett.*) Apprendersi di nuovo. **C** v. intr. ● Riappiccarsi, detto del fuoco.

riappréso part. pass. di *riapprendere* ● Nei sign. del v.

riappressàre o †**rappressàre** [comp. di *ri-* e *appressare*] **A** v. tr. (*io riapprèsso*) ● Appressare di nuovo. **B** v. rifl. ● Appressarsi di nuovo. SIN. Riavvicinarsi.

riapprodàre [comp. di *ri-* e *approdare* (*1*)] v. intr. (*io riappròdo*; aus. *essere* e *avere*) ● Approdare di nuovo.

riappropriàre o †**rappropriàre** nel sign. A [comp. di *ri-* e *appropriare*] **A** v. tr. ● †Fare proprio. **B** v. intr. pron. *1* Prendere di nuovo possesso. *2* Riacquistare la consapevolezza spec. di un bene non materiale, rivendicandone la gestione autonoma: *riappropriarsi della vita, del tempo libero.*

riappropriazióne s. f. ● Atto, effetto del riappropriarsi.

riapprossimàre o (*raro*) **rapprossimàre** [comp. di *ri-* e *approssimare*] **A** v. tr. (*io riappròssimo*) ● Approssimare di nuovo. **B** v. intr. pron. ● Tornare ad approssimarsi. SIN. Riavvicinarsi.

riapprovàre [comp. di *ri-* e *approvare*] v. tr. (*io riappròvo*) ● Approvare di nuovo: *r. una proposta di legge.*

riappuntàre o †**rappuntàre** [comp. di *ri-* e *appuntare* (*1*)] v. tr. ● Appuntare di nuovo.

riappuntellàre [comp. di *ri-* e *appuntellare*] v. tr. (*io riappuntèllo*) ● Appuntellare di nuovo o meglio: *r. dei pali di sostegno.*

riapriménto s. m. ● (*raro*) Modo, atto del riaprire. SIN. Riapertura.

riaprìre [comp. di *ri-* e *aprire*] **A** v. tr. (coniug. come *aprire*) *1* Aprire di nuovo: *r. una cassa* | *R. una ferita, una piaga,* (*fig.*) rinnovare un dolore, un ricordo molto triste | *R. gli occhi,* (*fig.*) disilludersi. *2* (*fig.*) Ricominciare, riprendere un'attività, una funzione, spec. nei riguardi del pubblico: *r. un negozio, una scuola*; *r. le iscrizioni all'Università* | *R. bottega,* riprendere un commercio interrotto o cessato. **B** v. intr. pron. ● Aprirsi nuovamente: *il negozio si è riaperto il mese scorso.*

†**riapritùra** s. f. ● Riapertura.

riaràre [comp. di *ri-* e *arare*] v. tr. ● Arare di nuovo.

riàrdere [comp. di *ri-* e *ardere*] **A** v. tr. (coniug. come *ardere*) *1* Ardere di nuovo | (*lett.*) Ardere interamente o completamente (*spec. fig.*): *Fu il sangue mio d'invidia sì riarso* (DANTE *Purg.* XIV, 82). *2* (*est.*) Disseccare, inaridire. *3* †Esaurire, consumare. **B** v. intr. (aus. *essere*) *1* Ardere, bruciare: *le fiamme riarsero all'improvviso.* *2* Accendersi di nuovo.

†**riardiménto** s. m. ● Il riardere.

riarginàre [comp. di *ri-* e *arginare*] v. tr. (*io riàrgino*) ● Arginare di nuovo.

riarmaménto s. m. ● Modo, atto del riarmare o del riarmarsi.

riarmàre [comp. di *ri-* e *armare*] **A** v. tr. *1* Armare di nuovo: *r. un paese.* *2* In un'arma automatica, riportare il colpo in canna. *3* (*est.*) Rimettere in sesto, in efficienza. **B** v. rifl. ● Fornirsi di nuove armi. **C** v. intr. ● Provvedersi nuovamente di armi: *alcune nazioni sconfitte riarmano.*

riarmatùra s. f. ● Operazione, effetto del riarmare spec. provvedendo di nuove strutture e sim.: *r. di una nave.*

riàrmo s. m. *1* Atto del riarmare o del riarmarsi | *Corsa al r.*, fase durante la quale uno Stato, per superare una situazione di disarmo totale o parziale, aumenta le spese militari e provvede all'incremento delle forze armate e del proprio potenziale bellico | *R. morale,* impegno in vista di un rinnovamento delle coscienze. *2* In un'arma automatica, insieme delle operazioni che riportano il colpo in canna.

riarmonizzàre [comp. di *ri-* e *armonizzare*] **A** v. tr. ● Armonizzare di nuovo o in modo migliore. **B** v. intr. pron. ● Armonizzarsi di nuovo.

riarrecàre [comp. di *ri-* e *arrecare*] v. tr. (*io riarrèco, tu riarrèchi*) ● (*raro*) Arrecare di nuovo. SIN. Riportare.

riarricchìre [comp. di *ri-* e *arricchire*] v. tr. e intr. (*io riarricchìsco, tu riarricchìsci*; aus. intr. *essere*) ● Arricchire di nuovo.

riàrso part. pass. di *riardere*; anche agg. *1* Nei sign. del v. *2* Secco per eccessiva aridità: *terra riarsa*; *l'incartocciarsi della foglia / riarsa* (MONTALE) | (*est.*) Torrido: *pomeriggio r.*

riarticolàre [comp. di *ri-* e *articolare* (*1*)] v. tr. (*io riartìcolo*) ● Articolare di nuovo.

rías /sp. 'rias/ ● V. *ría.*

riascéndere o **riascèndere** [comp. di *ri-* e *ascendere*] v. intr. (coniug. come *ascendere*; aus. *essere*) ● (*raro*) Ascendere di nuovo.

riascéso part. pass. di *riascendere* ● (*raro*) Nel sign. del v.

riasciugàre o (*raro*) **rasciugàre** [comp. di *ri-* e *asciugare*] **A** v. tr. (*io riasciùgo, tu riasciùghi*) ● Asciugare nuovamente. **B** v. intr. pron. e rifl. ● Asciugarsi di nuovo.

riasciugàto part. pass. di *riasciugare*; anche agg. ● Nei sign. del v.

riascoltàre [comp. di *ri-* e *ascoltare*] v. tr. (*io riascólto*) ● Ascoltare di nuovo: *r. un concerto sinfonico.*

riaspettàre o †**raspettàre** [comp. di *ri-* e *aspettare*] v. tr. (*io riaspètto*) ● Aspettare di nuovo (*anche ass.*).

riassaggiàre o †**rassaggiàre** [comp. di *ri-* e *assaggiare*] v. tr. (*io riassàggio*) ● Assaggiare di nuovo: *r. un dolce.*

riassalìre o †**rassalìre** [comp. di *ri-* e *assalire*] v. tr. (coniug. come *assalire*) ● Tornare ad assalire: *r. una trincea nemica.*

riassaltàre o †**rassaltàre** [comp. di *ri-* e *assaltare*] v. tr. ● Assaltare di nuovo.

riassaporàre [comp. di *ri-* e *assaporare*] v. tr. (*io riassapóro*) ● Assaporare di nuovo (*anche fig.*): *r. un vino*; *r. il successo.*

riassediàre [comp. di *ri-* e *assediare*] v. tr. (*io riassèdio*) ● Assediare di nuovo.

riassegnàre [comp. di *ri-* e *assegnare*] v. tr. (*io riasségno*) ● Assegnare di nuovo: *r. una sede a un professore*; *r. un compito.*

riassestaménto s. m. ● Atto, effetto del riassestare o del riassestarsi, spec. per ristabilire o potenziare la funzionalità e l'efficienza di una struttura produttiva: *per snellire le vendite, abbiamo iniziato il r. dell'ufficio spedizioni* | Ritorno a una condizione di stabilità: *il r. del terreno dopo la frana.*

riassestàre o **rassestàre** [comp. di *ri-* e *assestare*] **A** v. tr. (*io riassèsto*) *1* Assestare di nuovo ciò che era in disordine o in cattivo stato (*anche fig.*): *r. i conti di cassa*; *r. l'arredamento di una casa.* *2* Rimettere in relativo ordine: *ho rassestato gli armadi come ho potuto.* **B** v. rifl. e intr. pron. ● Risistemarsi o subire un nuovo assestamento: *dopo il terremoto, il terreno si è riassestato.*

riassettàre ● V. *rassettare.*

riassètto s. m. *1* Atto del riassettare (*anche fig.*): *il r. di una stanza*; *r. di un bilancio.* *2* Nuovo ordinamento: *il r. delle carriere statali.*

†**riassicurànza** [comp. di *ri-* e *assicuranza*] s. f. ● Riassicurazione.

riassicuràre o (*raro*) **rassicuràre** [comp. di *ri-* e †*assicurare*] **A** v. tr. *1* Assicurare di nuovo. *2* (*dir.*) Assicurare rinnovando il contratto di assicurazione: *r. la macchina per un valore maggiore.* *3* (*dir.*) Assicurare stipulando un contratto di riassicurazione. **B** v. rifl. ● Assicurarsi di nuovo.

riassicuratóre s. m.; anche agg. (f. *-trice*) ● Chi riassicura.

riassicurazióne s. f. *1* Il riassicurare o il riassicurarsi. *2* (*dir.*) Contratto con cui l'assicuratore assicura in tutto o in parte presso un altro assicuratore i rischi assunti nei confronti dei propri assicurati.

riassociàre [comp. di *ri-* e *associare*] **A** v. tr. (*io riassòcio*) ● Tornare ad associare. **B** v. rifl. ● Associarsi di nuovo: *riassociarsi a un circolo sportivo.*

riassoggettàre [comp. di *ri-* e *assoggettare*] v. tr. e rifl. (*io riassoggètto*) ● Assoggettare o assoggettarsi di nuovo: *r. un popolo libero.*

riassoldàre [comp. di *ri-* e *assoldare*] v. tr. (*io riassòldo*) ● Assoldare di nuovo.

riassòlvere [comp. di *ri-* e *assolvere*] v. tr. (coniug. come *assolvere*) ● Assolvere di nuovo.

riassopiménto s. m. ● Il riassopire o il riassopirsi.

riassopìre [comp. di *ri-* e *assopire*] **A** v. tr. (*io riassopìsco, tu riassopìsci*) ● Assopire di nuovo. **B** v. intr. pron. ● Assopirsi di nuovo: *svegliarsi e riassopirsi di continuo.*

riassorbìbile agg. ● Detto di ciò che si può riassorbire.

riassorbiménto s. m. ● Atto, effetto del riassorbire (*anche fig.*): *controllare il r. di un liquido in un tessuto*; *r. di un ematoma*; *r. di capitali, di operai specializzati.*

riassorbìre [comp. di *ri-* e *assorbire*] **A** v. tr. (*io riassòrbo* o *riassorbìsco, tu riassòrbi* o *riassorbìsci*) *1* Assorbire di nuovo: *il terreno riassorbì l'acqua piovana* | Assorbire del tutto (*anche fig.*): *i nuovi guadagni saranno riassorbiti da altri investimenti.* *2* (*fig.*) Nel linguaggio dei cronisti del ciclismo, raggiungere uno o più corridori in fuga: *il fuggitivo venne riassorbito dal gruppo inseguitore a cinque kilometri dal traguardo.* **B** v. intr. pron. ● Essere nuovamente assorbito.

riassordìre [comp. di *ri-* e *assordire*] v. intr. (*io riassordìsco, tu riassordìsci*; aus. *essere*) ● (*raro*) Ridiventare sordo.

riassortiménto [comp. di *ri-* e *assortimento*] s. m. ● (*comm.*) Nuovo assortimento di merci.

riassottigliàre o (*raro*) **rassottigliàre** [comp. di *ri-* e *assottigliare*] **A** v. tr. (*io riassottìglio*) ● Assottigliare nuovamente. **B** v. intr. pron. ● Assottigliarsi di nuovo.

riassùmere o †**rassùmere**, †**reassùmere** [comp. di *ri-* e *assumere*] v. tr. (coniug. come *assumere*) *1* Riprendere: *r. le funzioni* | Accogliere come lavoratore subordinato qc. precedentemente già stato alle proprie dipendenze: *r. un operaio licenziato.* *2* Compendiare, condensare il contenuto di scritti o discorsi: *r. una novella del Boccaccio*; *r. brevemente un comizio politico* | *Riassumendo,* in breve, in conclusione. SIN. Ricapitolare, riepilogare.

riassumìbile agg. *1* Che si può assumere di nuovo: *impiegati non riassumibili*; *impegno difficilmente r.* *2* Che si può riassumere, detto di discorso, scritto, pensiero, ecc.: *pagine, idee poco riassumibili.* SIN. Compendiabile.

riassuntìvo [da *riassunto*] agg. ● Che serve, tende a riassumere, a compendiare: *capitolo r.*; *introduzione riassuntiva* | Che contiene un riassunto: *cenno r.* ‖ **riassuntivaménte**, avv.

riassùnto A part. pass. di *riassumere*; anche agg. • Nei sign. del v. **B** s. m. • Discorso o scritto che riassume altri discorsi o scritti: *mi ha fatto un breve r. della tua relazione.* SIN. Compendio, riepilogo, sommario. || **riassuntìno**, dim.

riassunzióne [comp. di *ri-* e *assunzione*] s. f. • Atto, effetto del riassumere: *r. in servizio del personale di una ditta*; *la r. del potere da parte dell'esercito* | *R. del processo*, serie di atti procedurali che ne consentono la ripresa dopo che esso è stato sospeso o interrotto | *R. della causa*, necessaria per consentirne il proseguimento davanti al giudice dichiarato competente.

riattaccaménto s. m. • (*raro*) Modo, atto del riattaccare.

riattaccàre o †**rattaccàre** [comp. di *ri-* e *attaccare*] **A** v. tr. (*io riattàcco, tu riattàcchi*) **1** Attaccare di nuovo: *r. un gancio alla gonna*; *r. i cavalli al carro.* **2** Riprendere, ricominciare immediatamente o dopo una breve sosta (*anche ass.*): *r. battaglia*; *r. il discorso con qc.*; *appena finito di mangiare, ha riattaccato.* **3** (*ass., fam.*) Concludere, interrompere una telefonata: *ha riattaccato senza una parola.* **B** v. rifl. e intr. pron. **1** Tornare ad attaccarsi (*anche fig.*): *riattaccarsi a un'illusione*; *con quella colla il manico della tazza si è riattaccato.* **2** Unirsi, ricongiungersi.

riattaménto s. m. • Modo, atto, effetto del riattare: *il r. di una casa, di una fabbrica.*

riattàre [comp. di *ri-* e *attare* (frequentemente attestato nell'it. ant.), dal lat. tardo *aptāre* 'rendere atto, accomodare'] v. tr. • Riparare o racconciare per rendere q.c. nuovamente atta all'uso: *r. una strada, un fabbricato, un abito.*

riattèndere [comp. di *ri-* e *attendere*] **A** v. tr. (coniug. come *attendere*) • (*raro*) Attendere di nuovo. **B** v. intr. (aus. *avere*) • Badare, dedicarsi di nuovo a q.c.: *r. allo studio*; *riattenderemo presto alle nostre occupazioni.*

riatterràre [comp. di *ri-* e *atterrare*] **A** v. tr. (*io riattèrro*) • Atterrare di nuovo: *ha riatterrato il suo nemico.* **B** v. intr. (aus. *avere* e *essere*) • Tornare a terra.

riattéso part. pass. di *riattendere*; anche agg. • (*raro*) Nei sign. del v.

riattingere [comp. di *ri-* e *attingere*] v. tr. (coniug. come *attingere*) • Attingere di nuovo.

riattìnto part. pass. di *riattingere* • (*raro*) Nel sign. del v.

riattivàre [comp. di *ri-* e *attivare*] v. tr. • Attivare di nuovo rimettendo in moto, in efficienza: *r. una linea tranviaria*; *r. il commercio all'ingrosso.*

riattivazióne s. f. • Atto, effetto del riattivare.

riattizzàre • V. *rattizzare.*

riattòrcere [comp. di *ri-* e *attorcere*] **A** v. tr. (coniug. come *torcere*) • Attorcere a più capi. **B** v. intr. pron. • Attorcersi maggiormente.

riattòrto part. pass. di *riattorcere*; anche agg. • Nei sign. del v.

riattràrre [comp. di *ri-* e *attrarre*] **A** v. tr. (coniug. come *trarre*) • Attrarre di nuovo. **B** v. rifl. rec. • Attrarsi di nuovo.

riattràtto part. pass. di *riattrarre*; anche agg. • (*raro*) Nei sign. del v.

riattraversàre [comp. di *ri-* e *attraversare*] v. tr. (*io riattravèrso*) • Attraversare di nuovo.

riattuffàre [comp. di *ri-* e *attuffare*] v. tr. • Rituffare.

riauguràre [comp. di *ri-* e *augurare*] v. tr. (*io riàuguro*) • Augurare di nuovo.

riavére [comp. di *ri-* e *avere*] **A** v. tr. (*io riò, tu riài, egli rià, essi riànno*, nelle altre forme coniug. come *avere*) **1** Avere di nuovo: *r. la parola nell'assemblea* | Avere in restituzione: *non sono riuscito a r. i miei libri.* **2** Recuperare, riacquistare: *riebbe all'improvviso la vista.* **3** Fare ritornare allo stato primitivo, sollevare: *la tua venuta mi ha fatto r.* **B** v. intr. pron. **1** Recuperare vigore, rimettersi in salute, in forze: *dopo la lunga infermità, sta riavendosi* | (*fig.*) Tornare ad avere dominio di sé, riacquistare coraggio: *riaversi dallo stordimento, da un brutto colpo, dallo spavento* | (*ass.*) Rinvenire: *non riesce a riaversi.* **2** Rifarsi da perdite economiche, dissesti finanziari e sim.: *dopo il fallimento, non si è più riavuto.*

rìavolo [lat. *rutābulu(m)*, da *rŭere* 'precipitare, ammassare', di origine indeur., detto così perché serviva a smuovere il fuoco] s. m. • Lunga asta di ferro incurvata e appiattita all'estremità, usata per rimestare e impastare fritte vetrose e metalli fusi, attizzare il carbone e togliere le ceneri nei forni.

†**riavùta** [da *riavuto*] s. f. • Riacquisto, recupero.

riavùto part. pass. di *riavere*; anche agg. • Nei sign. del v.

riavvallàre [comp. di *ri-* e *avvallare*] **A** v. tr. • Avvallare di nuovo. **B** v. intr. pron. • Avvallarsi ancora.

riavvampàre [comp. di *ri-* e *avvampare*] v. intr. (aus. *essere*) • Avvampare nuovamente.

riavvelenàre [comp. di *ri-* e *avvelenare*] **A** v. tr. (*io riavveléno*) • Avvelenare di nuovo. **B** v. rifl. • Tornarsi ad avvelenare.

riavventàre [comp. di *ri-* e *avventare*] **A** v. tr. (*io riavvènto*) • Avventare di nuovo. **B** v. rifl. • Tornarsi ad avventare.

riavvertìre [comp. di *ri-* e *avvertire*] v. tr. (*io riavvèrto*) • Avvertire di nuovo.

riavvezzàre [comp. di *ri-* e *avvezzare*] **A** v. tr. (*io riavvézzo*) • Avvezzare di nuovo. **B** v. intr. pron. • Tornarsi ad avvezzare.

riavvicinaménto s. m. • Atto, effetto del riavvicinare o del riavvicinarsi (*anche fig.*): *ha ottenuto un r. alla sua città natale*; *dopo il litigio, ha tentato un r.*

riavvicinàre o †**ravvicinàre** [comp. di *ri-* e *avvicinare*] **A** v. tr. • Avvicinare di nuovo, rimettere vicino (*anche fig.*): *r. il bicchiere alla bottiglia*; *r. due persone in disaccordo.* **B** v. rifl. • Riaccostarsi (*anche fig.*): *si è riavvicinato ai genitori.* **C** v. rifl. rec. • Avvicinarsi di nuovo reciprocamente | (*fig.*) Riconciliarsi.

riavvilìre [comp. di *ri-* e *avvilire*] **A** v. tr. (*io riavvilìsco, tu riavvilìsci*) • Avvilire di nuovo. **B** v. intr. pron. • Tornarsi ad avvilire.

riavvìncere [comp. di *ri-* e *avvincere*] v. tr. (coniug. come *avvincere*) • (*lett.*) Avvincere di nuovo.

riavvinghiàre [comp. di *ri-* e *avvinghiare*] v. tr. (*io riavvìnghio*) • Avvinghiare di nuovo.

riavvìnto part. pass. di *riavvincere* • (*raro, lett.*) Nel sign. del v.

riavvisàre [comp. di *ri-* e *avvisare (1)*] v. tr. • Avvisare di nuovo.

riavviticchiàrsi [comp. di *ri-* e *avviticchiarsi*] v. intr. pron. (*io mi riavvitìcchio*) • Avviticchiarsi di nuovo o maggiormente.

riavvòlgere [comp. di *ri-* e *avvolgere*] **A** v. tr. (coniug. come *volgere*) • Avvolgere nuovamente. **B** v. intr. pron. e rifl. • Tornarsi ad avvolgere.

riavvolgiménto [comp. di *ri-* e *avvolgimento*] s. m. • Atto, effetto del riavvolgere o del riavvolgersi: *r. del nastro magnetico.*

riavvòlto part. pass. di *riavvolgere* • Nei sign. del v.

†**riazióne** • V. *reazione.*

riazzannàre [comp. di *ri-* e *azzannare*] v. tr. • Azzannare di nuovo.

riazzeccàre [comp. di *ri-* e *azzeccare*] v. tr. (*io riazzécco, tu riazzécchi*) • Azzeccare di nuovo.

riazzonaménto [da *riazzonare*] s. m. • Nuova e diversa suddivisione in zone territoriali, effettuata da un ente pubblico o privato che funziona mediante strutture locali: *r. delle unità sanitarie locali.*

riazzuffàrsi o (*raro, lett.*) **razzuffàrsi** [comp. di *ri-* e *azzuffarsi*] v. intr. pron. • Azzuffarsi di nuovo.

ribaciàre [comp. di *ri-* e *baciare*] **A** v. tr. (*io ribàcio*) • Baciare di nuovo o a propria volta. **B** v. rifl. rec. • Baciarsi di nuovo.

ribadìbile [da *ribadire*] agg. • Che si può ribadire (*spec. fig.*): *è un'affermazione non r.*

ribadibilità s. f. • Qualità di ciò che è ribadibile.

ribadiménto s. m. • (*raro*) Modo, atto, effetto del ribadire o del ribadirsi (*anche fig.*): *il r. di un'idea, di una certezza.*

ribadìre [etim. incerta, ma da avvicinare, almeno lontanamente o per etim. pop., a *badile* e *ribattere*] **A** v. tr. (*io ribadìsco, tu ribadìsci*) **1** Ritorcere col martello la punta del chiodo conficcato e farla rientrare nel legno affinché stringa più forte | *R. le catene*, (*fig.*) accrescere l'oppressione, rendere più dura la schiavitù | *R. q.c. nella mente, in testa a qc.*, ripetere più volte per ficcare bene in testa, detto spec. di idee, convinzioni, massime e sim. **2** (*fig.*) Rafforzare con altre ragioni o nuovi argomenti: *r. un concetto*; *r. l'accusa.* **B** v. intr. pron. • (*fig.*) Confermarsi, diventare più saldo: *si è ribadita in lui una nuova convinzione.*

ribadìto part. pass. di *ribadire*; anche agg. • Nei sign. del v.

ribaditóio s. m. • Strumento per ribadire i chiodi.

ribaditrìce s. f. • Macchina per ribadire, a caldo o a freddo, chiodi, perni e sim. mediante pressione statica.

ribaditùra s. f. **1** Operazione ed effetto del ribadire. **2** La parte ribadita del chiodo.

ribadocchìno [fr. *ribaudequin*, da avvicinare a *ribaud* 'ribaldo'] s. m. • Antica bocca da fuoco di piccolo calibro, in ferro o bronzo, che lanciava palle di ferro di circa una libbra.

ribagnàre [comp. di *ri-* e *bagnare*] **A** v. tr. • Bagnare di nuovo. **B** v. rifl. • Bagnarsi di nuovo.

ribàlda o **rubàlda** [da *ribaldo*, perché indossata dai soldati così chiamati nel medioevo] s. f. • Nell'armatura medievale, parte che protegge la testa.

†**ribaldàggine** s. f. • Ribalderia, scelleratezza.

ribaldàglia s. f. • (*raro*) Massa di ribaldi.

ribaldeggiàre [comp. di *ribald(o)* e *-eggiare*] v. intr. (*io ribaldéggio*; aus. *avere*) • (*raro*) Fare il ribaldo, comportarsi da ribaldo.

ribalderìa o †**rubalderìa** s. f. **1** Qualità di chi è ribaldo: *la sua r. è nota a tutti.* SIN. Furfanteria, scelleratàggine. **2** Azione da ribaldo: *sta scontando le sue ribalderie.* SIN. Furfanteria, scelleratezza. **3** (*raro, fig.*) Opera, lavoro fatti pessimamente.

ribàldo o †**rubàldo** [ant. fr. *ribaud*, dall'ant. alto ted. *hrība* 'donna di malaffare'] s. m. **1** (*mil.*) Guastatore del sec. XIII. **2** Tristo, scellerato, briccone: *è un'impresa da r.* SIN. Furfante, mascalzone. **3** (*est.*) †Vagabondo, sciagurato. || **ribaldàccio**, pegg. | **ribaldèllo**, dim. | **ribaldìno**, dim. | **ribaldonàccio**, accr. pegg. | **ribaldóne**, accr.

ribalenàre [comp. di *ri-* e *balenare*] v. intr. (*io ribaléno*; aus. *essere*) • Balenare di nuovo (*spec. fig.*): *mi ribalena alla mente il tuo discorso.*

riballàre [comp. di *ri-* e *ballare*] v. tr. e intr. (aus. *avere*) • Ballare di nuovo.

ribàlta [da *ribaltare*] s. f. **1** Piano, sportello e sim. che, imperniato orizzontalmente, può essere alzato e abbassato | (*est.*) Cassettone munito di piano ribaltabile che fa da scrittoio | *Letto a r.*, col piano imperniato a una parete o a un mobile. **2** (*teat.*) Lunga tavola di legno fissata con cerniere al proscenio, che, se ribaltata, impediva alle luci di proscenio di illuminare la scena | *Luci della r.*, (*est., fig.*) il teatro, l'attività teatrale | Correntemente, proscenio | *Venire, salire alla r.*, (*fig.*) acquistare notorietà e importanza pubblica, emergere per doti e meriti personali o professionali. || **ribaltìna**, dim. (V.).

ribaltàbile agg. • Che si può rovesciare, ribaltare: *sedile r.* | *Cassone r.*, cassone di autocarro e sim. inclinabile, per scaricare materiali alla rinfusa.

ribaltaménto s. m. • Il ribaltare o il ribaltarsi. SIN. Capovolgimento, rovesciamento.

ribaltàre [da *balta*, col pref. *ri-*] **A** v. tr. • Mandare sottosopra, rovesciare: *r. una carrozza.* SIN. Capovolgere. **B** v. intr. e intr. pron. (aus. *essere*) • Rovesciarsi, andare sottosopra: *il carro è ribaltato*; *si sono ribaltati molti veicoli.*

ribaltàto part. pass. di *ribaltare*; anche agg. • Nei sign. del v.

ribaltatùra s. f. • Ribaltamento, spec. di veicoli.

ribaltìna s. f. **1** Dim. di *ribalta.* **2** Piccola scrivania a ribalta, spec. antica. **3** (*edit.*) Parte della sopraccoperta di un libro ripiegata in dentro, in cui sono succintamente riportate notizie riguardanti l'autore.

ribaltóne [da *ribaltare*] s. m. **1** (*fam.*) Improvviso e violento sussulto di un veicolo che ribalta o sta per ribaltare | *Fare, dare un r.*, andare, mandare sottosopra. **2** (*est., fig.*) Rovesciamento improvviso e radicale, talvolta con conseguenze negative, spec. del quadro politico, economico o sociale: *l'alleanza tra i due partiti fu uno storico r.*; *per speculazioni sbagliate, i suoi affari hanno subito un grosso r.*

ribalzaménto s. m. • (*raro*) Modo, atto del ribalzare.

ribalzàre [comp. di *ri-* e *balzare*] v. intr. (aus. *essere*) **1** (*raro*) Balzare di nuovo | (*raro*) *R. la palla in mano*, (*fig.*) venire l'occasione di fare q.c. **2** Rimbalzare.

†**ribàlzo** s. m. • Ribalzamento.

ribanchettàre [comp. di *ri-* e *banchettare*] v. intr. (*io ribanchétto*; aus. *avere*) ● (*raro*) Banchettare di nuovo.

ribandìre [comp. di *ri-* e *bandire*] v. tr. (*io ribandìsco, tu ribandìsci*) **1** (*raro*) Bandire di nuovo. **2** †Richiamare dall'esilio chi è stato bandito.

ribarattàre [comp. di *ri-* e *barattare*] v. tr. ● Barattare di nuovo.

ribarbicàre [comp. di *ri-* e *barbicare*] v. intr. e intr. pron. (*io ribàrbico, tu ribàrbichi*; aus. intr. *avere*) ● (*raro*) Barbicare di nuovo.

ribassaménto s. m. ● Atto, effetto del ribassare.

ribassàre [da *basso*, col pref. *ri-*] **A** v. tr. ● Scemare, diminuire, (*fig.*) detto com. di prezzi e sim.: *la concorrenza ha ribassato i prezzi*. **B** v. intr. (aus. *essere*) ● Diventare più basso, diminuendo di prezzo o di valore (*spec. fig.*): *il cambio è ribassato*.

ribassàto part. pass. di *ribassare*; anche agg. ● Nei sign. del v.

ribassìsta **A** s. m. e f. ● (*borsa*) Chi effettua speculazioni al ribasso, prevedendo diminuzioni nel corso dei titoli. **B** agg. ● Detto di tendenza o aspettativa al ribasso dei corsi o prezzi di mercato. CONTR. Rialzista.

ribàsso [da *ribassare*] s. m. **1** Atto, effetto del ribassare | Diminuzione, calo, abbassamento, spec. fig. o detto di prezzi o valori | (*fam.*) *Fare un r.*, diminuire di prezzo facendo sconti | *Ondata di r.*, repentino e simultaneo abbassamento di prezzi su tutti i generi | *Vendere a r.*, praticando forti sconti, come durante le liquidazioni | *Essere in r.*, (*fig.*) avere perduto stima, importanza, autorità e sim. **2** (*borsa*) Diminuzione nel corso dei titoli | *Giocare al r.*, ritenere che la quotazione di un titolo mobiliare sia destinata al ribasso e comportarsi di conseguenza realizzando il titolo anche allo scoperto.

ribastonàre [comp. di *ri-* e *bastonare*] v. tr. (*io ribastóno*) ● Bastonare di nuovo.

ribàttere [comp. di *ri-* e *battere*] **A** v. tr. **1** Tornare a battere: *r. le coperte, i tappeti* | Battere più volte, anche frequentemente: *battere e r. un chiodo col martello* | (*ass.*) Insistere: *r. sulla stessa affermazione*. **2** Battere di rimando, per respingere: *r. la palla* | (*fig.*) Rintuzzare, respingere: *r. il colpo, l'acredine* | (*fig.*) Controbattere, confutare: *r. le ragioni avversarie* | (*fig.*) Contraddire, replicare (*anche ass.*): *r. le accuse nemiche*; *non ha il coraggio di r.* **3** Riscrivere a macchina: *ribatta due copie di questo dattiloscritto*. **4** †Riflettere, detto di un raggio di luce. **B** v. intr. (aus. *avere*) **1** (*raro*) Andare a battere, cadere riflettendosi, detto della luce. **2** †Rinculare.

ribattezzàre [comp. di *ri-* e *battezzare*] v. tr. (*io ribattézzo*) **1** Battezzare nuovamente | (*fig., scherz.*) *R. il vino*, aggiungervi acqua. **2** (*fig.*) Dare un nuovo nome o un nome diverso: *hanno ribattezzato molte vie periferiche*.

ribattiménto s. m. **1** (*raro*) Modo, atto, effetto del ribattere. **2** †Piroetta.

ribattìno [da *ribattere*] s. m. ● (*tecnol.*) Elemento di collegamento in acciaio dolce o rame, costituito da un gambo munito di testa, tonda, cilindrica o svasata, che viene infilato in un foro praticato nelle parti da collegare e ribadito a freddo all'estremità sporgente. SIN. Rivetto.

ribattitóre s. m. (f. *-trice* raro) ● Chi ribatte, spec. una palla o un pallone.

ribattitùra s. f. ● (*raro*) Atto, effetto del ribattere.

ribattùta s. f. **1** Atto del ribattere, spec. in una sola volta. **2** Flanatura di una pagina di giornale già pubblicata in cui siano state introdotte piccole modifiche | La pagina così modificata. **3** (*sport*) Nei giochi di palla il colpo con cui questa viene rinviata | In particolare, nel tennis, colpo di risposta al servizio.

ribattùto part. pass. di *ribattere*; anche agg. ● Nei sign. del v.

ribèca o †**rubèca** [ar. *rabāb* 'piffero', attraverso il provz. *rebeb*] s. f. ● Antico strumento a tre corde, suonato mediante archetto. ➡ ILL. **musica**.

ribeccàre [comp. di *ri-* e *beccare*] v. tr. (*io ribécco, tu ribécchi*) ● Beccare di nuovo.

ribechìsta s. m. (pl. *-i*) ● Suonatore di ribeca.

†**ribellagióne** ● V. †*ribellazione*.

ribellaménto s. m. ● (*raro, lett.*) Modo, atto del ribellarsi, ribellione.

ribellànte part. pres. di *ribellare*; anche agg. ● Nei sign. del v.

ribellàre o †**rebellàre**, †**rubellàre** [vc. dotta, lat. *rebellāre*, comp. di *re-* e *bellāre* 'far guerra', V. *bellare*] **A** v. tr. (*io ribèllo*) ● (*raro*) Rendere ribelle contro un sovrano, una autorità, un potere, inducendo alla disobbedienza: *r. una città*. **B** v. intr. pron. **1** Sollevarsi spec. in armi contro un'autorità, un governo, un sovrano e sim.: *i vescovi si ribellarono al papa*. SIN. Insorgere. **2** (*est.*) Rifiutare di ubbidire, opporsi con violenza: *ribellarsi alla legge*; *si ribellò di fronte al sopruso*. SIN. Rivoltarsi.

†**ribellazióne** o †**ribellagióne**, †**rubellazióne** [vc. dotta, lat. *rebellatiōne(m)*, da *rebellāre* 'ribellare'] s. f. ● Ribellione, rivolta.

ribèlle o †**rebèlle**, †**rebèllo**, †**ribèllo**, †**rubèllo** [vc. dotta, lat. *rebĕlle(m)*, propriamente 'che rinnova la guerra', comp. di *re-* e *bĕllum* 'guerra'. V. *bellico* (*1*)] **A** agg. **1** Che si ribella opponendosi a una legge o insorgendo contro l'autorità costituita: *i soldati ribelli saranno condannati*. **2** (*est.*) Che non vuole sottomettersi, rifiutando di ubbidire: *ragazzo r. all'autorità paterna* | (*est.*) Indocile: *temperamento r.* | (*fig.*) *Malattia r.*, che non si lascia vincere dalle cure. **3** †Ostile, nemico, contrario. **B** s. m. e f. ● Chi si ribella in armi o si oppone violentemente a qc. o q.c.: *catturare i ribelli*; *quel giovane è diventato un r.*

ribellióne o †**rebellióne** [vc. dotta, lat. *rebelliōne(m)*, da *rebĕllis* 'ribelle'] s. f. ● Atto, effetto del ribellarsi, spec. in armi e contro un'autorità costituita: *organizzare, scatenare, sedare una r.*; *r. a mano armata*; *è in aperta r. contro tutta la sua famiglia*. SIN. Insurrezione, rivolta.

ribellìsmo [comp. di *ribelle* e *-ismo*] s. m. ● Tendenza a ribellarsi | Attivismo contestatore o protestatario, spec. in campo politico o sociale: *il r. studentesco si è espresso con alcune azioni dimostrative* | (*raro, est.*) Ostinata indocilità.

ribellìsta [da *ribellismo*] agg. (pl. m. *-i*) ● Che riflette tendenze o fermenti ribellistici: *spinta, moto r.*; *il fondo r. della nostra società*.

ribellìstico agg. (pl. m. *-ci*) ● Che riguarda i ribelli o la ribellione | Che è proprio del ribellismo politico o sociale o ne ha il carattere: *le aspirazioni al rinnovamento sono state sfruttate per obiettivi ribellistici*.

†**ribèllo** ● V. *ribelle*.

ribendàre [comp. di *ri-* e *bendare*] v. tr. (*io ribèndo*) ● Bendare di nuovo.

ribenedìre [comp. di *ri-* e *benedire*] v. tr. (coniug. come *benedire*) ● Benedire di nuovo.

ribeneficàre [comp. di *ri-* e *beneficare*] v. tr. (*io ribenèfico, tu ribenèfichi*) ● (*raro*) Beneficare di nuovo.

ribére o (*raro, pop.*) **ribévere** [comp. di *ri-* e *bere*] v. tr. (coniug. come *bere*) ● Bere di nuovo o di più.

ribes [ar. *rībās* 'rabarbaro'] s. m. ● Arbusto delle Sassifragacee con foglie lobate e dentate, fiori a grappolo e frutti a bacca commestibili (*Ribes rubrum*) | Il frutto di tale arbusto: *r. bianco, rosso, nero* | *R. della Cina, r. cinese*, kiwi.

ribévere ● V. *ribere*.

ribevùto part. pass. di *ribere* ● (*raro*) Nei sign. del v.

ribiondìre [da *biondo*, col pref. *ri-*] v. tr. (*io ribiondìsco, tu ribiondìsci*) ● (*raro, lett.*) Imbiondire di più.

ribisognàre [comp. di *ri-* e *bisognare*] v. intr. (dif. coniug. come *bisognare*) ● Bisognare di nuovo.

ribobinàre [comp. di *ri-* e del den. di *bobina*: V. *sbobinare*] v. tr. ● Riavvolgere in bobina un filo, un nastro, una pellicola.

ribobolìsta [comp. di *ribobolo* e *-ista*] s. m. e f. (pl. m. *-i*) ● (*raro*) Chi usa troppi riboboli nella lingua scritta o parlata.

ribòbolo [vc. onomat.] s. m. ● (*tosc.*) Motto proverbiale, arguto e concettoso. || **ribobolino**, dim.

riboccànte part. pres. di *riboccare*; anche agg. ● Nei sign. del v.

riboccàre [da *bocca*, col pref. *ri-*] v. intr. (*io ribócco, tu ribócchi*; aus. *essere* se il sogg. è il liquido, *avere* se il sogg. è il recipiente) **1** †Traboccare, detto di liquidi e sim. **2** (*fig.*) Essere pienissimo, sovrabbondare: *scuola che ribocca di alunni*. SIN. Traboccare, straripare.

†**ribócco** [da *riboccare*] s. m. ● Traboccamento | (*raro*) *A r.*, così da riboccare.

riboflavìna [comp. di *ribo(sio)* e *flavina*] s. f. ● Vitamina B_2.

ribollènte part. pres. di *ribollire*; anche agg. ● Nei sign. del v.

ribolliménto s. m. **1** Modo, atto del ribollire (*anche fig.*): *il r. del metallo fuso*; *vortici e ribollimenti pericolosissimi* (GALILEI); *il r. dell'ira, dello sdegno*. **2** Detonazione imperfetta della dinamite, con sviluppo di vapori nitrosi.

ribollìo [da *ribollire*] s. m. ● (*raro*) Ribollimento agitato e continuo | Rumore, gorgoglio di un liquido in intensa ebollizione.

ribollìre [vc. dotta, lat. tardo *rebullīre*, comp. di *re-* e *bullīre* 'bollire'] **A** v. intr. (*io ribóllo*, pop. *ribollìsco, tu ribólli*, pop. *ribollìsci*; aus. *avere*) **1** Bollire di nuovo: *il brodo ribolle* | Bollire: *l'acqua comincia a r.* **2** Tumultuare, agitarsi in superficie o fermentare: *il vino sta ribollendo*; *fra gli scogli il mar spuma e ribolle* (TASSO) | (*fig.*) Agitarsi, accendersi, riscaldarsi: *il sangue ribolle per lo sdegno*. **3** (*raro, tosc.*) Tornare in mente: *mi ribollono le tue accuse*. **B** v. tr. ● Fare bollire di nuovo o fare ribollire.

ribollìta [f. sost. di *ribollito*] s. f. ● (*tosc.*) Zuppa a base di fagioli, cavolo nero, cipolla e altre verdure, lasciata riposare per qualche ora dopo la prima cottura e poi di nuovo bollita prima di servirla.

ribollitìccio s. m. ● (*spreg.*) Cibo ribollito e di cattivo sapore.

ribollìto part. pass. di *ribollire*; anche agg. **1** Nei sign. del v. **2** *Sapere di r.*, detto di cibi che, per aver bollito troppo a lungo, hanno cattivo sapore; (*fig.*) detto di idee risapute, superate e quindi prive di efficacia.

ribollitùra s. f. ● Operazione del ribollire: *terminare la r. del brodo* | Effetto del ribollire: *la r. dei fondi del caffè*.

ribombàre ● V. *rimbombare*.

ribonuclèico [comp. di *ribo(sio)* e *nucleico*] agg. (pl. m. *-ci*) ● Detto di acido, chiamato comunemente RNA, che si trova sia nel nucleo sia nel citoplasma delle cellule, la cui funzione principale è la sintesi proteica.

ribòsio [fr. *ribose*, deformazione arbitraria di *arabinose*, specie di zucchero, deriv. di (*gomme*) *arab(ique)* 'gomma arabica'] s. m. ● (*chim.*) Zucchero a cinque atomi di carbonio contenuto nell'acido ribonucleico.

ribosòma [comp. di *ribo(nucleico)* e *-soma*] s. m. ● (*biol.*) Ciascuno degli elementi cellulari costituiti di proteine e di acido ribonucleico che intervengono nel controllo della sintesi delle proteine.

ribòtta [fr. *ribote*, da avvicinare a *ribaud* 'ribaldo'] s. f. ● Riunione allegra di amici, spec. allo scopo di mangiare e bere assieme | *Fare r.*, far baldoria. SIN. Bisboccia. || **ribottina**, dim. | **ribottóne**, accr. m.

ribovirus [comp. di (*acido*) *ribo(nucleico)* e *virus*] s. m. ● (*biol.*) Qualsiasi virus il cui genoma è costituito da RNA.

ribramàre [comp. di *ri-* e *bramare*] v. tr. ● (*lett.*) Bramare ancora | (*raro*) Rimpiangere.

†**ribrezzàre** [da *brezza*, col pref. *ri-*] v. intr. e intr. pron. ● Sentire ribrezzo.

ribrézzo o †**riprézzo** [da *ribrezzare*] s. m. **1** †Impressione di freddo. **2** Senso di repulsione, di schifo od orrore: *provare r. del sangue*; *ho r. della sua malvagità* | †*R. di collera*, trasporto di collera, sdegno.

†**ribrigàre** [comp. di *ri-* e *brigare*] v. tr. e intr. ● Brigare di nuovo.

ribrontolàre [comp. di *ri-* e *brontolare*] v. intr. (*io ribróntolo*; aus. *avere*) ● (*raro*) Brontolare di nuovo.

ribruciàre [comp. di *ri-* e *bruciare*] v. tr. e intr. (*io ribrùcio*; aus. intr. *essere*) ● Bruciare di nuovo.

ribrunìre [comp. di *ri-* e *brunire*] v. tr. (*io ribrunìsco, tu ribrunìsci*) ● (*raro*) Brunire di nuovo.

ribruscolàre [da *bruscolo*, col pref. *ri-*] v. tr. (*io ribrùscolo*) **1** (*tosc.*) Cogliere i frutti rimasti sulla pianta dopo la raccolta. **2** (*fig.*) Raggranellare.

ribucàre [comp. di *ri-* e *bucare*] v. tr. (*io ribùco, tu ribùchi*) ● Bucare di nuovo.

†**ribuffàre** [da *buffa* (*1*), col pref. *ri-*] v. tr. ● Dare botte, percosse.

†**ribùffo** s. m. ● Rabbuffo.

†**ribuòia** [da *bue*, nel senso di 'sciocco', con pref. *ri-*] vc. • (*pop.*, *tosc.*) Solo nella loc. *essere da r.*, essere molto sciocco.

riburlàre [comp. di *ri-* e *burlare* (*1*)] v. tr. • (*raro*) Burlare di nuovo.

ribuscàre [comp. di *ri-* e *buscare*] v. tr. (*io ribùsco, tu ribùschi*) • Buscare di nuovo.

ribussàre [comp. di *ri-* e *bussare*] v. tr. e intr. (aus. *avere*) **1** Bussare di nuovo. **2** Nel tressette, avvertire con due bussi il compagno che si ha il due del seme giocato. **3** (*raro*) Ripicchiare, restituire le busse.

ributtànte part. pres. di *ributtare*; anche agg. **1** Nei sign. del v. **2** Che provoca schifo, nausea, orrore: *un volto r.*; *una cattiveria r.* SIN. Ripugnante.

ributtàre [comp. di *ri-* e *buttare*] **A** v. tr. **1** Buttare di nuovo: *r. la matita in terra* | Gettare ancora: *r. il sasso contro il muro.* **2** Buttare fuori: *il canale ributta le scorie* | Vomitare: *ha ributtato la cena.* **3** Respingere, ricacciare con forza (*anche fig.*): *r. i nemici*; *r. l'assalto*; *ributto le vostre insinuazioni.* **B** v. intr. (aus. *avere*) **1** Suscitare ribrezzo, schifo, repulsione: *la sua sfacciataggine ributta.* SIN. Ripugnare. **2** Tornare a germogliare, a mettere foglie. **C** v. rifl. **1** Buttarsi di nuovo: *si è ributtato a letto per la stanchezza* | *Ributtarsi giù*, (*fig.*) perdersi d'animo. **2** †Aborrire, disdegnare.

†**ributtàta** [da *ributtare*] s. f. **1** Sconfitta: *il Turco acceso dall'ignominia della r. di Vienna ... preparò grossissimo esercito* (GUICCIARDINI). **2** Nuova emissione di foglie, nuova fioritura.

ribuzzàre v. tr. • Battere col ribuzzo, chiodando o schiodando.

ribùzzo [etim. incerta] s. m. • Scalpello a punta ottusa, testa piana e manico nel mezzo, di traverso, che si batte a colpi di mazza per mandare la percossa ove altrimenti non potrebbe giungere.

†**ricàccia** s. f. • Azione del ricacciare, respingere.

ricacciaménto s. m. • (*raro*) Modo, atto del ricacciare.

ricacciàre [comp. di *ri-* e *cacciare*] **A** v. tr. (*io ricàccio*) **1** Cacciare, mandare via, respingere di nuovo: *è stato ricacciato dal locale per le sue intemperanze*; *ci hanno ricacciati senza ascoltarci.* **2** Cacciare, allontanare con violenza (*anche fig.*): *r. l'invasore*; *ricacciate subito la maldicenza.* **3** Mandare giù, cacciare indietro (*spec. fig.*): *lo ha ricacciato a terra con un urto*; *ricaccia in gola le tue ingiurie.* **4** Rificcare, rimettere con forza: *r. il palo nel terreno*; *ha ricacciato una mano in tasca.* **5** (*gerg.*) Cavare fuori di nuovo: *il ladro ricacciò subito il bottino.* **6** (*ass.*) Tornare a germogliare, a mettere foglie. **B** v. rifl. • Cacciarsi dentro di nuovo: *si è ricacciato nella tana.*

ricacciàto part. pass. di *ricacciare*; anche agg. • Nei sign. del v.

ricadènte part. pres. di *ricadere*; anche agg. • Nei sign. del v.

ricadére [comp. di *ri-* e *cadere*] v. intr. (coniug. come *cadere*; aus. *essere*) **1** Cadere di nuovo (*anche fig.*): *r. in terra, nel letto*; *r. nel peccato, nell'errore* | *R. nella malattia*, riammalarsi | *R. in basso*, (*fig.*) nella miseria o in una vita disonesta | Capitare di nuovo, ritornare: *r. nelle mani dei nemici.* SIN. Ricascare. **2** Pendere, detto di abiti o di parte di essi, di tende, festoni e sim.: *il mantello le ricadeva in un morbido drappeggio* | (*est.*) Chinarsi, piegarsi non reggendosi diritto: *le spighe mature ricadono per il peso.* **3** Scendere a terra, detto di cose lanciate in alto: *il sasso gli ricadde ai piedi.* **4** Riversarsi su qc.: *il biasimo ricadrà su di lui.* **5** †Spettare, toccare in eredità.

†**ricadìa** o †**recadìa** [da *ricadiare*] s. f. • Molestia, travaglio, tormento.

†**ricadiàre** [lat. parl. **recadivāre*, sovrapposizione di *cădere* 'cadere' a *recidivāre*, da *recidīvus* 'recidivo'] v. tr. • Dare noia, molestia.

ricadiménto s. m. • (*raro*) Modo, atto del ricadere.

†**ricadióso** [da *ricadia*] agg. • Molesto, fastidioso.

ricadùta s. f. **1** Atto, effetto del ricadere | *R. radioattiva*, caduta di polvere o altro materiale radioattivo sospeso nell'atmosfera in seguito ad una esplosione nucleare. SIN. Fall-out. **2** (*fig.*) Conseguenza, ripercussione: *la r. tecnologica delle imprese spaziali.* **3** (*med.*) Ripresa dei sintomi patologici di una malattia prima della guarigione completa. CFR. Recidiva.

ricadùto A part. pass. di *ricadere*; anche agg. • Nei sign. del v. **B** s. m. • Eretico ritornato nell'eresia e nel peccato. SIN. Relapso.

†**ricagnàto** • V. *rincagnato.*

ricalàre [comp. di *ri-* e *calare*] v. tr. e intr. (aus. intr. *essere*) **1** Calare di nuovo: *r. la fune al naufrago*; *il sole è ricalato dietro i monti.* **2** (*mar.*) Sghindare.

ricalcàbile agg. • Che si può ricalcare.

ricalcàre [vc. dotta, lat. tardo *recalcāre*, comp. di *re-* e *calcāre*] v. tr. (*io ricàlco, tu ricàlchi*) **1** Calcare di nuovo, o di più: *r. le tracce di qc.*; *ricalcarsi il cappello in capo* | *R. le orme di qc.*, (*fig.*) agire seguendo l'esempio di qc. **2** Riprodurre un disegno facendone un calco. **3** (*fig.*) Riprodurre, imitare, seguire con fedeltà: *ha ricalcato il suo programma politico.* **4** Battere un metallo per averlo più compatto: *r. oro, rame.*

ricalcàta s. f. • Atto del ricalcare una volta.

ricalcàto part. pass. di *ricalcare*; anche agg. • Nei sign. del v.

ricalcatóio s. m. • Arnese per ricalcare metalli, a forma di pestello.

ricalcatùra s. f. • Atto, effetto del ricalcare | Copia ottenuta mediante il ricalco.

ricalcificàre [comp. di *ri-* e *calcificare*] **A** v. tr. (*io ricalcìfico, tu ricalcìfichi*) • (*med.*) Ripristinare la normale quantità di calcio nei vari organi del corpo, spec. nelle ossa. **B** v. intr. pron. • (*med.*) Riacquistare la normale quantità di calcio, detto di vari organi del corpo, spec. delle ossa.

ricalcificazióne s. f. • (*med.*) Atto, effetto del ricalcificare.

ricalcitraménto s. m. • Modo, atto del ricalcitrare (*anche fig.*).

ricalcitrànte part. pres. di *ricalcitrare*; anche agg. • Nei sign. del v.

ricalcitràre o **recalcitràre** [vc. dotta, lat. *recalcitrāre*, comp. di *re-* e *calcitrāre*] v. intr. (*io ricàlcitro*; aus. *avere*) **1** Tirare calci o indietreggiare impuntandosi, detto di cavalli, muli, asini e sim. **2** (*fig.*) Opporsi, fare resistenza a q.c., contrastare l'autorità di qc.: *ricalcitrava di fronte alla disciplina militare.*

ricàlco [da *ricalcare*] s. m. (pl. *-chi*) • Ricalcatura | (*rag.*) *Contabilità a r.*, che, avvalendosi di carta ricalcante, consente di compiere più registrazioni simultaneamente.

ricalibràre [comp. di *ri-* e *calibrare*] v. tr. (*io ricàlibro*) • Compiere la ricalibratura.

ricalibratùra [da *ricalibrare*] s. f. • Il riportare al calibro primitivo bossoli dilatati dall'esplosione.

ricalpestàre [comp. di *ri-* e *calpestare*] v. tr. (*io ricalpésto*) • Calpestare di nuovo.

†**ricalpitàre** [comp. di *ri-* e *calpitare*] v. intr. • Scalpitare.

ricalunniàre [comp. di *ri-* e *calunniare*] v. tr. (*io ricalùnnio*) • Calunniare di nuovo.

ricalzàre [comp. di *ri-* e *calzare* (*1*)] v. tr. **1** Calzare di nuovo: *r. gli stivali.* **2** (*raro*) Provvedere q.c. di calzature.

†**ricamaménto** s. m. • Ricamo.

ricamàre [ar. *raqama*] v. tr. **1** Eseguire a mano o a macchina un ricamo (*anche ass.*): *r. in bianco, r. in seta, r. in oro.* **2** (*fig.*) Curare molto la forma, facendo molte correzioni e badando eccessivamente ai particolari (*anche ass.*): *r. i periodi di un racconto*; *è un pittore che ricama.* **3** (*fig.*, *spreg.*) Riferire un fatto, un discorso aggiungendo particolari inventati (*anche ass.*): *mi ha detto dell'incidente ricamandovi sopra con molta fantasia* | (*est.*) Sparlare: *r. sui difetti altrui.*

ricamàto part. pass. di *ricamare*; anche agg. **1** Nei sign. del v. **2** (*est.*) Segnato come se fosse coperto di ricami: *viso r. dal vaiuolo.*

ricamatóre [da *ricamato*] s. m. (f. *-trice*, pop. *-tora*) **1** Chi esegue per professione i ricami. **2** (*fig.*) Chi cura eccessivamente q.c., spec. una composizione artistica: *quel poeta è un r.*

ricamatùra s. f. • (*raro*) Atto del ricamare | Il lavoro eseguito ricamando.

ricambiàre [comp. di *ri-* e *cambiare*] **A** v. tr. (*io ricàmbio*) **1** Contraccambiare: *r. la cortesia, l'offesa.* SIN. Restituire. **2** Cambiare di nuovo: *r. le fodere alle poltrone*; *si è ricambiata la gonna.* **B** v. rifl. • Cambiarsi di nuovo: *vuoi decidere cosa metterti? Non fai altro che cambiarti e ricambiarti.* **C** v. rifl. rec. • Scambiarsi: *si sono ricambiati gli auguri.*

ricàmbio s. m. **1** Atto del ricambiare: *il r. degli auguri* | *In r.*, in contraccambio | Effetto del ricambiare, del sostituire | *Di r.*, che sostituisce | *Pezzo di r.*, (*ell.*) *ricambio*, pezzo nuovo di macchina da sostituire ad altro fuori uso. **2** Scambio. **3** (*med.*) Funzione di trasformazione e utilizzazione delle sostanze per le necessità dell'organismo: *malattie del r.* SIN. Metabolismo.

ricambìsta [da *ricambio*] s. m. e f. (pl. m. *-i*) • Chi vende pezzi di ricambio per autoveicoli.

ricamminàre [comp. di *ri-* e *camminare*] v. intr. (aus. *avere*) • Camminare di nuovo | Ricominciare il cammino.

ricàmo [da *ricamare*] s. m. **1** Operazione del ricamare: *scuola di r.*; *cotone, aghi da r.*; *disegno per r.* **2** Lavoro eseguito con l'ago su un tessuto per abbellirlo. **3** (*fig.*) Finissima opera artistica: *i ricami dei marmi sul Duomo di Milano.* **4** (*spec. al pl.*, *fig.*) Aggiunta fantastica a un racconto, una descrizione e sim. ‖ **ricamino**, dim.

ricamucchiàre [ints. di *ricamare*] v. tr. e intr. (*io ricamùcchio*; aus. *avere*) • Ricamare poco e di rado.

ricanalizzàre [comp. di *ri-* e *canalizzare*] v. tr. **1** Canalizzare di nuovo. **2** (*med.*) Rendere di nuovo pervio un organo cavo tubolare, come l'intestino, l'uretra o un'arteria.

ricanalizzazióne s. f. • Atto, effetto del ricanalizzare.

ricancellàre [comp. di *ri-* e *cancellare*] v. tr. (*io ricancèllo*) • Cancellare di nuovo: *ha ricancellato la sua firma.*

ricandidàre [comp. di *ri-* e *candidare*] **A** v. tr. (*io ricàndido*) • Ripresentare, riproporre qc. come candidato a una carica o a un ufficio, spec. elettivi, sia pubblici che privati. **B** v. rifl. • Ripresentarsi, riproporsi come candidato a una carica o a un ufficio, spec. elettivi, sia pubblici che privati: *non intendo ricandidarmi per il vostro partito.*

ricangiàre [comp. di *ri-* e *cangiare*] v. tr. (*io ricàngio*) • (*raro*, *lett.*) Ricambiare.

ricantàre [vc. dotta, lat. *recantāre*, comp. di *re-* e *cantāre*] v. tr. **1** Cantare di nuovo. **2** (*fam.*) Dire e ridire ripetendo insistentemente o in modo noioso: *r. apertamente, su tutti i toni un rimprovero*; *non fa che r. in pubblico le tue lodi.* **3** †Fare una palinodìa. SIN. Ritrattare.

†**ricantazióne** [da *ricantare*] s. f. • Palinodia, ritrattazione.

ricànto [da *ricantare*] s. m. • Canto ripetuto | †Palinodia.

†**ricapàre** o †**recappàre** [comp. di *ri-* e *capare*] v. tr. • Scegliere, trascegliere.

ricapìre [comp. di *ri-* e *capire*] v. tr. e intr. (*io ricapìsco, tu ricapìsci*; aus. *avere*) • Capire di nuovo.

ricapitalizzàre [comp. di *ri-* e *capitalizzare*] v. tr. **1** (*banca*) Aumentare il capitale, aggiungendovi gli interessi che se ne ricavano. **2** (*org. az.*) Ricostituire il capitale venuto meno con nuovi conferimenti. **3** (*org. az.*) Aumentare il capitale esistente mediante nuovi conferimenti o mediante l'accantonamento di utili non distribuiti.

ricapitalizzazióne s. f. • Atto, effetto del ricapitalizzare.

ricapitàre (**1**) • V. *recapitare.*

ricapitàre (**2**) [comp. di *ri-* e *capitare*] v. intr. (*io ricàpito*; aus. *essere*) • Capitare di nuovo: *mi è ricapitato di incontrarlo*; *ricapiterai a Roma?*

ricàpito • V. *recapito.*

ricapitolàre o (*raro*) **recapitolàre** [vc. dotta, lat. tardo *recapitulāre*, da *capĭtulum*, dim. di *căput*, genit. *căpitis* 'capo', col pref. *re-*] v. tr. (*io ricapìtolo*) **1** Ridire in succinto, per sommi capi: *r. un lungo discorso*; *r. tutte le materie trattate.* SIN. Riassumere, riepilogare. **2** (*est.*) Ripetere, ridire: *cerca di r. il mio discorso.*

ricapitolazióne [vc. dotta, lat. tardo *recapitulatiōne*(*m*), da *recapitulāre* 'ricapitolare'] s. f. • Atto, effetto del ricapitolare. SIN. Riassunto, riepilogo.

†**ricàpo** [comp. di *ri-* e *capo*] vc. • (*raro*) Solo nella loc. avv. *di r.*, di nuovo, un'altra volta.

ricardiàno A agg. • Relativo all'economista inglese D. Ricardo (1772-1823) e alle sue teorie. **B** s. m. • Seguace, sostenitore delle idee di D. Ricardo.

ricàrica s. f. ● Atto, effetto del riraricare: *la r. del cannone*; *la r. automatica della sveglia.*

ricaricàbile agg. ● Che può essere ricaricato: *batteria r.*

ricaricaménto s. m. ● (*raro*) Modo, atto del ricaricare.

ricaricàre [comp. di *ri-* e *caricare*] **A** v. tr. (*io ricàrico, tu ricàrichi*) **1** Caricare nuovamente q.c.: *r. il fucile, il carro, la pipa.* **2** (*elettr.*) Fornire energia elettrica a un accumulatore dopo che si è scaricato. **3** (*org. az.*) Effettuare un ricarico. **B** v. rifl. ● (*fig.*) Riprendere vigore, forza: *dopo la promozione s'è ricaricato.*

ricàrico s. m. (pl. *-chi*) **1** Atto del ricaricare | Ciò che è stato ricaricato. **2** Opera di manutenzione, con vari mezzi e materiali, di una struttura muraria, che abbia subìto usura o cedimento per assestamento: *r. delle massicciate stradali.* **3** (*rag., org. az.*) Addebito al compratore di spese sostenute dal venditore: *r. delle spese di trasporto* | (*est.*) Addebito al compratore del margine lordo, costituito dal recupero dei costi più il guadagno, a favore del venditore.

ricascaménto s. m. ● (*raro*) Il ricascare.

ricascànte part. pres. di *ricascare*; anche agg. ● Nei sign. del v. | Inoltre (*est.*) Floscio.

†**ricascantézza** s. f. ● Qualità di ciò che è ricascante.

ricascàre [comp. di *ri-* e *cascare*] v. intr. (*io ricàsco, tu ricàschi*; aus. *essere*) ● (*fam.*) Cascare di nuovo (*spec. fig.*): *è ricascato sul letto dalla stanchezza*; *r. nello stesso errore, nel male* | *C'è ricascato*, (*fig.*) si è fatto ancora ingannare | *R. a parlare di q.c.*, parlarne ancora. SIN. Ricadere.

†**ricàsco** [da *ricascare*] s. m. **1** Cascame. **2** Drappeggio che pende.

ricàsso [etim. incerta] s. m. ● Parte più larga della lama del fioretto o della spada italiana che va ad adattarsi fra la coccia e il gavigliano.

†**ricatenàre** [comp. di *ri-* e *catenare*] v. tr. ● Incatenare di nuovo.

ricattàbile agg. ● Che può essere ricattato, che si può ricattare.

ricattaménto s. m. ● (*raro*) Modo, atto del ricattare. SIN. Ricatto.

ricattàre [lat. parl. **recaptāre*, comp. di *re-* e *captāre* 'cercar di prendere' (V. *captare*)] **A** v. tr. **1** Fare qc. oggetto di ricatto. **2** Correntemente, estorcere q.c. a qc. minacciandolo di svelare cose per lui compromettenti: *lo ricattava con la minaccia di uno scandalo* | (*est., scherz.*) Chiedere a qc. q.c. in modo tale da non poter essere rifiutata: *mi ricatti con la tua gentilezza.* **3** †Recuperare, riprendere, riscattare. **B** v. rifl. ● (*lett.*) Vendicarsi, rifarsi di un danno, di un'offesa: *soltanto con la furberia il minuto popolo trovava il bandolo di ricattarsi delle sofferte prepotenze* (NIEVO).

ricattàto part. pass. di *ricattare*; anche agg. ● Nei sign. del v.

ricattatóre s. m.; anche agg. (f. *-trice*, pop. *-tora*) ● Chi, che ricatta.

ricattatòrio agg. ● Che serve a ricattare o riguarda un ricatto: *lettera ricattatoria*; *tecnica ricattatoria.*

ricàtto o †**recàtto** [da *ricattare*] s. m. **1** (*dir.*) Sequestro di persona a scopo di estorsione. **2** Correntemente, estorsione di denaro o altro ingiusto profitto compiuto con minacce: *non cederemo al vostro r.*; *è stato un r. indegno.* **3** †Riscatto | Prezzo del riscatto. **4** †Vendetta | †*Fare bandiera di r.*, vendicarsi.

ricavàbile agg. ● Che si può ricavare.

ricavalcàre [comp. di *ri-* e *cavalcare*] v. tr. e intr. (*io ricavàlco, tu ricavàlchi*; aus. *avere*) ● Cavalcare di nuovo.

ricavàre [comp. di *ri-* e *cavare*] v. tr. **1** (*raro*) Cavare di nuovo: *si ricavò il cappello.* **2** Trarre, cavare fuori, estrarre spec. mediante una trasformazione: *da quell'uva ho ricavato un ottimo vino*; *dal vestito ricaverò una giacca* | *R. i numeri del lotto*, interpretando la cabala | Ricopiare, disegnando o dipingendo: *r. un'immagine da un modello* | Riuscire ad ottenere: *da lui non ricavai nulla.* **3** Arrivare a comprendere, dedurre, capire: *da quel libro si ricavano notizie interessanti*; *se ne ricavano brutte conclusioni.* **4** (*rag.*) Ottenere un ricavo: *dall'ultima vendita ha ricavato un milione.* **5** (*est.*) Ottenere un utile, un guadagno, un reddito: *dai suoi terreni ricava di che vivere.*

ricavàto A part. pass. di *ricavare*; anche agg. ● Nei sign. del v. **B** s. m. **1** Ciò che si è riusciti a ottenere da una vendita o altra iniziativa: *il r. di una lotteria.* SIN. Guadagno, profitto. **2** (*fig.*) Vantaggio, frutto, utilità: *non vedrai il r. dei tuoi consigli* | Risultato: *bel r.!*

ricàvo [da *ricavare*] s. m. **1** Operazione del cavare, del trarre fuori | Materiale estratto mediante tale operazione. **2** (*rag.*) Corrispettivo che deriva da una vendita di beni materiali o da una prestazione di servizi. **3** (*est.*) Ricavato, utile, guadagno (*anche fig.*): *da quell'azione non avrai nessun r.*

ricchézza [da *ricco*] s. f. **1** Condizione di chi è ricco di beni materiali, di denaro: *la sua r. non è durata molto*; *sfoggia la sua improvvisa r.* | (*fig.*) Abbondanza di beni spirituali o di doti intellettuali: *la sua r. d'animo è nota*; *la r. della tua intelligenza.* CONTR. Povertà. **2** (*econ.*) Ogni bene economico | *R. mobile*, complesso dei redditi non derivanti da beni immobili | *Imposta di r. mobile*, imposta sui redditi non fondiari, di capitale e lavoro. **3** Complesso di averi, sostanze, beni posseduti da chi è ricco (*anche al pl.*): *r. di dubbie origini*; *far buon uso della r.*; *accumulare, sperperare ricchezze*; *le ricchezze di Creso*; *né sia chi stimi le ricchezze se non faticose a chi non sa bene usarle* (ALBERTI). **4** (*iperb.*) Ciò che si possiede o bene che appare di gran valore al possessore: *quella casetta è la sua r.*; *sei la nostra r.* | Fonte, causa di ricchezza: *la r. di quell'artista è la sua voce.* **5** (*est.*) Complesso dei beni materiali e spirituali che costituiscono le risorse di un luogo, un paese e sim.: *la r. di quella nazione sono i minerali del suo sottosuolo*; *la r. dell'Arabia è il petrolio.* SIN. Risorsa. **6** Abbondanza, copia (*anche fig.*): *la r. di vocaboli della lingua cinese*; *ci ha convinti con una grande r. di prove.* **7** Ampiezza, comodità ottenuta in un indumento con l'abbondanza del tessuto: *in questa gonna occorre maggior r.* **8** †Quantità di metallo nella composizione di una bocca da fuoco.

ricchióne ● V. *recchione.*

†**ricchìre** v. intr. ● Arricchire.

ricciàia s. f. **1** Luogo dove si tengono ammucchiate le castagne perché maturino per poterle meglio diricciare. **2** Mucchio di ricci di castagno. **3** †Quantità di capelli ricciuti: *una bella r. bionda.*

ricciarèlla [detta così per la forma *arricciata* (?)] s. f. ● (*spec. al pl.*) Sorta di pasta a forma di nastro frastagliato raggomitolata in forma di matassa.

ricciarèllo [da *riccio* (*2*), per la forma che aveva un tempo (?)] s. m. ● Pasta dolce di mandorle, a rombo o losanga, specialità di Siena.

†**ricciatóio** [da *riccio* (*1*)] s. m. ● Ferro per arricciare i capelli.

rìccio (1) [da *riccio* (*2*), per la forma] **A** agg. (pl. f. *-ce*) **1** Ricciuto, detto di capelli, barba o pelo di animali: *ha una chioma riccia.* **2** (*est.*) Che non è liscio o ha forma di spirale: *insalata riccia* | *Foglia riccia*, con margini molto ondulati | *Pasta riccia*, sorta di fettuccine ondulate | *Oro, argento r.*, filo di seta con lama d'oro o argento a volute. **B** s. m. **1** Ciocca di capelli o peli inanellati: *ha i capelli a ricci naturali.* **2** (*est.*) Oggetto, cosa a forma di riccio, di spirale | *Il r. del violino*, chiocciola | Truciolo: *i ricci di legno* | *Ricci di burro*, pezzetti tagliati con un apposito utensile che conferisce loro tale forma, per antipasto o colazione | *I ricci della grattugia*, gli orli rialzati dei buchi. **3** (*al pl.*) Confetti rugosi. **4** (*bot.*) *R. di dama*, giglio gentile. **5** (*edit., raro*) Parte ruvida degli orli intonsi di un libro. || **riccétto**, dim. | **ricciolo**, dim. (V.).

rìccio (2) [lat. *ericiu(m)*, da *ēr*, genit. *ēris* 'riccio', di etim. incerta] s. m. **1** Piccolo mammifero degli Insettivori che dorsalmente porta un rivestimento di aculei e che può avvolgersi a palla per difesa (*Erinaceus europaeus*) | *R. di mare*, correntemente, echinoderma marino degli Echinoidi a forma più o meno sferica, rivestito di aculei mobili. SIN. Echino | (*fig.*) *Chiudersi a r.*, assumere un atteggiamento di difesa, trincerandosi nel silenzio, per paura o diffidenza | (*raro, fig.*) *Pettinare un r.*, fare una cosa impossibile. **2** Scorza spinosa della castagna. **3** Travone armato di lunghe punte di ferro usato in antico dai difensori per impedire al nemico l'accesso alle brecce.

ricciolìna s. f. **1** Dim. di *ricciolo.* **2** (*fam.*) Bambina che ha capelli ricci. **3** Indivia a foglie crespe e frastagliate.

ricciolìno A s. m. (f. *-a* (V.)) **1** Dim. di *ricciolo*: *ha la testa a ricciolini.* **2** (*fam.*) Bambino che ha i capelli ricci. **B** agg. ● Riccio, ricciuto: *un bambino r.*

rìcciolo [dim. di *riccio* (*1*)] **A** s. m. ● Ciocca di capelli inanellati. **B** agg. ● (*raro*) Ricciuto: *una bimba ricciola.* || **ricciolèllo**, dim. | **ricciolìna**, dim. f. (V.) | **ricciolìno**, dim. (V.) | **ricciolóne**, accr.

ricciolùto agg. **1** (*tosc.*) Che ha riccioli. SIN. Ricciuto. **2** Che ha forma di ricciolo.

ricciòtto A agg. ● (*raro*) Alquanto riccio. **B** s. m. ● Il piccolo del riccio.

ricciutézza s. f. ● Qualità di ciò che è ricciuto.

ricciùto agg. ● Che ha capelli o peli ricci: *capo r.*; *barba ricciuta*; *indivia ricciuta*, ricciolina | (*est.*) Riccio, inanellato: *velluto r.* || **ricciutèllo**, dim. | **ricciutino**, dim.

rìcco [longob. *rīhhi*] **A** agg. (pl. m. *-chi*) **1** Fornito di beni, sostanze, denaro oltre il normale: *un r. mercante*; *r. a palate, sfondato, a milioni*; *r. di ogni ben di Dio* | *R. solo a chiacchiere*, che si vanta di essere ricco, ma non lo è | (*raro*) *Alla ricca*, alla maniera dei ricchi. SIN. Facoltoso. CONTR. Povero. **2** (*est.*) Fornito abbondantemente di elementi di varia natura o qualità: *città ricca di monumenti*; *testo r. di citazioni*; *essere r. di buone qualità, di scienze, di intelletto, di bontà* | *Terra ricca*, che dà molti frutti | *Vegetazione ricca*, lussureggiante | *Gonna, mantello ricchi*, ampi e comodi | *Drappeggio r.*, con abbondanza di pieghe | *Fantasia ricca*, vivace, sbrigliata. CONTR. Povero. **3** (*chim.*) Di sostanza che contiene una elevata percentuale di un dato elemento o composto, considerato costituente principale. **4** Ingente per valore, prezioso: *una ricca merce*; *un gioiello molto r.* | (*est.*) Che esprime ricchezza in quanto è vistoso, magnifico, lussuoso o sfarzoso: *un r. corteo*; *un r. ricevimento di nozze* | Molto ornato: *una ricca cornice* | (*fam.*) Detto di q.c. di molto gradito e desiderato: *farsi una ricca dormita.* **5** Che fornisce ricchezza o un cospicuo reddito, detto di cosa: *una ricca miniera*; *un r. negozio* | Lucroso: *ha scelto un r. mestiere.* || **riccaménte**, avv. **1** Da ricco: *vestito riccamente.* **2** (*est.*) Lussuosamente, magnificamente: *riccamente ornato di pietre preziose.* **3** Abbondantemente, doviziosamente: *libro riccamente illustrato.* **B** s. m. (f. *-a*) ● Chi è fornito copiosamente di beni e di mezzi per vivere: *molti poveri invidiano i ricchi.* CONTR. Povero. || **riccàccio**, pegg. | **ricconàccio**, accr. | **riccóne**, accr. (V.) || PROV. Fammi indovino e ti farò ricco.

riccóne [accr. di *ricco*] s. m. (f. *-a*) ● Persona che ostenta una grande ricchezza.

†**riccóre** [da *ricco*] s. m. ● Ricchezza.

†**riccùra** [da *ricco*] s. f. ● Ricchezza.

ricèdere [comp. di *ri-* e *cedere*] v. tr. e intr. (coniug. come *cedere*; aus. *avere*) **1** Cedere di nuovo. **2** Cedere ciò che è stato acquistato o ciò che è stato già ceduto.

ricelebràre [comp. di *ri-* e *celebrare*] v. tr. (*io ricèlebro*) ● Celebrare di nuovo.

ricenàre [comp. di *ri-* e *cenare*] v. intr. (*io ricéno*; aus. *avere*) ● Cenare di nuovo.

ricensuràre [comp. di *ri-* e *censurare*] v. tr. ● Censurare di nuovo.

riceppàre [da *ceppo*, col pref. *ri-*] v. tr. (*io ricéppo*) ● In arboricoltura, tagliare le piante al colletto.

riceppatùra s. f. ● Operazione del riceppare.

ricérca s. f. **1** Atto, effetto del ricercare: *la r. di un anello perduto, di un colpevole*; *fare, promuovere, concludere una r.*; *una r. lunga, diligente, inutile*; *malgrado tutte le ricerche fu impossibile scoprire anche la benché minima traccia del giovane scomparso*; *sono alla r. di un lavoro.* **2** Indagine, investigazione condotta con sistematicità e tendente ad accrescere o a verificare il complesso di cognizioni, documenti, teorie, leggi inerenti a una determinata disciplina o a un determinato argomento di questa: *una erudita r. filologica*; *il professore ci ha detto di fare una r. su Giulio Cesare*; *r. nucleare*; *laboratorio di r.* | *R. di mercato*, indagine che ha per oggetto le dimensioni del mercato allo scopo di prevedere nel tempo l'entità della domanda, la richiesta di nuovi prodotti e l'opportunità di offrirli sul mercato | *R. sul campo*, svolta sul terreno, nell'ambiente stesso in cui si realizza il fenomeno o l'evento oggetto di studio | Scritto che registra i risultati di tale indagine: *pubblicare una r. storica, scientifica*; *ho passato tutta la sera a ricopiare la mia r. sui mestieri che vanno scomparendo* | *R. motivazionale*, ricerca delle ragioni psicologiche del comportamento dell'uomo in quanto consumatore | *R. applicata*, ricerca scientifica volta a fini pratici | *R. di mercato*, analisi del mercato avente per oggetto le dimensioni del mercato allo scopo di prevedere nel tempo l'entità della domanda | *R. operativa*, studio dei problemi organizzativi, eseguito con metodi matematici e statistici, volto a determinare, sistematicamente e praticamente, i criteri economici su cui conviene basare le soluzioni ottimali dei problemi stessi. **3** Insieme delle attività pratiche, intellettuali, culturali che fondano e sviluppano il complesso del sapere dell'uomo: *Ministero della r. scientifica*; *Consiglio Nazionale delle Ricerche*.

ricercaménto s. m. ● (*raro*) Ricerca.

ricercapersóne [comp. di *ricercare* e il pl. di *persona*] s. m. inv.; anche agg. ● Cercapersone.

ricercàre [comp. di *ri-* e *cercare*] **A** v. tr. (*io ricérco, tu ricérchi*) **1** Tornare a cercare: *cerca e ricerca, ho ritrovato il libro di cui mi parlasti*. **2** Cercare con molta cura e impegno: *r. un oggetto smarrito*; *r. attivamente un latitante* | Tentare di scoprire, investigare, indagare: *r. la verità*; *stanno ricercando i moventi del crimine*; *r. in se stessi una ragione di vita* | Cercare per conoscere, visitare, vedere: *r. i musei di Roma* | *R. l'ombra*, cercarla | *R. le parole*, sceglierle con cura | *R. ogni angolo*, frugare in ogni angolo. **3** (*raro, lett.*) Fare indagini su qc. | (*lett.*) Perquisire, inquisire, sottoporre a inchiesta: *vo ricercando ogni contrada / ov'io la vidi* (PETRARCA). **4** (*lett.*) Penetrare: *un gelo che ricerca le ossa* | (*fig., lett.*) Toccare, commuovere: *una musica che ricerca l'anima*. **5** Scorrere, percorrere, detto di strumenti a corda: *r. le corde dell'arpa*. **6** †Richiedere, esigere. **B** in funzione di s. m. ● Composizione strumentale di forma libera in stile contrappuntistico, caratteristica spec. del secolo XVII.

ricercatézza s. f. **1** Qualità di chi o di ciò che è ricercato: *la sua r. nel vestire*; *la r. delle sue parole*. SIN. Affettazione. **2** (*spec. al pl.*) Frase, atto troppo ricercato: *è gente abituata alle ricercatezze*.

ricercàto part. pass. di *ricercare*; anche agg. **1** Nei sign. del v. **2** Richiesto, apprezzato o desiderato da molti: *un conversatore r.*; *una bevanda molto ricercata*. **3** Troppo elegante: *vestito r.* | Manierato, affettato: *stile r.* || **ricercataménte**, avv. **1** Studiatamente. **2** (*com.*) Con affettazione.

ricercatóre s. m. (f. *-trice*) **1** Chi ricerca qc. o q.c. | Chi si dedica a una ricerca: *è un r. della nostra letteratura contemporanea*. SIN. Indagatore. **2** Nell'ordinamento universitario italiano attuale, chi ricopre il ruolo iniziale della carriera universitaria con funzione di ricerca scientifica e di attività didattica. **3** Apparecchio usato per ricercare: *r. di mine*.

ricerchiàre [comp. di *ri-* e *cerchiare*] v. tr. (*io ricérchio*) ● Cerchiare di nuovo o più saldamente: *r. la botte*.

ricerchiatùra s. f. ● Operazione del ricerchiare.

ricèrnere [comp. di *ri-* e *cernere*] v. tr. (coniug. come *cernere*; dif. del part. pass. e dei tempi composti) **1** (*raro, lett.*) Distinguere, chiarire di nuovo. **2** (*raro, lett.*) Scegliere di nuovo.

ricèrnita [comp. di *ri-* e *cernita*] s. f. ● Nuova cernita, seconda scelta.

ricesellàre [comp. di *ri-* e *cesellare*] v. tr. (*io ricesèllo*) ● (*raro*) Cesellare di nuovo.

†**ricessaménto** s. m. ● Modo, atto del ricessare.

†**ricessàre** [dal lat. *recēssus* 'il ritirarsi'. V. *recesso*] v. intr. **1** Tornare indietro. **2** Fermarsi, ristare (*anche fig.*).

ricetrasméttere [comp. di *rice(vere)* e *trasmettere*] v. tr. (coniug. come *mettere*) ● Ricevere e trasmettere informazioni mediante un ricetrasmettitore.

ricetrasmettitóre [comp. di *rice(vitore)* e *trasmettitore*] **A** s. m. ● Apparecchiatura che riceve e trasmette messaggi telegrafici, telefonici e radiofonici. **B** anche agg. (f. *-trice*): *apparecchio r.*

ricetrasmissióne [da *ricetrasmittente*] s. f. ● Ricezione e trasmissione immediatamente successive fra loro, mediante lo stesso ricetrasmettitore.

ricetrasmittènte [comp. di *rice(vente)* e *trasmittente*] s. f.; anche agg. ● Ricetrasmettitore.

ricètta [lat. *recēpta(m)*, f. di *recēptus*, part. pass. di *recĭpere* 'prendere', comp. di *re-* e *căpere* 'prendere' (V. *capzioso*)] s. f. **1** Ordinazione di farmaci scritta e firmata dal medico con relativa posologia e modalità d'uso. **2** (*est.*) Rimedio, espediente (*anche fig.*): *non ho ricette per il mal di denti*; *è una buona r. per la tua pigrizia*. **3** Prescrizione per la preparazione di un composto, una bevanda, una pietanza contenente anche l'indicazione degli ingredienti: *copiare una r.*; *inventare la r. di un sugo per la pastasciutta*; *è un'ottima r. per la crema*. || **ricettàccia**, pegg. | **ricettìna**, dim. | **ricettóna**, accr. | **ricettùccia**, **ricettùzza**, dim.

ricettàcolo o †**recettàcolo** [vc. dotta, lat. *receptāculu(m)*, da *receptāre*. V. *ricettare (1)*] s. m. **1** Luogo che contiene, riceve qc. o q.c., spazio, oggetto in cui si raccoglie q.c. (*anche fig.*): *quella casa è un r. di pellegrini*; *la valle è un r. di acque*; *r. di ogni bruttura*. SIN. Ricovero, rifugio. **2** (*bot.*) La parte terminale dilatata del peduncolo florale, sulla quale originano i pezzi florali. SIN. Talamo.

ricettaménto s. m. ● (*raro*) Modo, atto del ricettare.

ricettàre (1) o †**recettàre** [vc. dotta, lat. *receptāre* 'trarre a sé, accogliere presso di sé', ints. di *recĭpere* 'raccogliere'. V. *ricevere*] v. tr. (*io ricètto*) **1** (*raro, lett.*) Dare ricetto, ricovero: *potreste mi voi r. con questi cavalli per questa sera?* (SACCHETTI). **2** (*dir.*) Rendersi colpevole di ricettazione.

ricettàre (2) [da *ricetta*] v. tr. (*io ricètto*) ● (*med.*) Prescrivere mediante ricetta: *r. un farmaco* | (*ass.*) Compilare ricette.

ricettàrio s. m. **1** Raccolta di ricette di vario tipo: *un r. chimico*; *un rarissimo r. di cucina*. **2** (*med.*) Blocco di fogli stampati con l'intestazione del nome e dell'indirizzo del medico per scrivervi sopra ricette.

ricettatóre o †**recettatóre** [vc. dotta, lat. tardo *receptatōre(m)*, da *receptātus* 'ricettato'] s. m. (f. *-trice*) **1** †Chi accoglie, dà ricovero. **2** (*dir.*) Colpevole di ricettazione.

ricettazióne (1) [da *ricettare (1)*] s. f. **1** Reato di chi acquista, riceve od occulta, per proprio o altrui profitto, denari o cose di provenienza illecita o anche di chi ne facilita l'aquisto o l'occultamento. **2** †Accoglimento | †Ospitalità.

ricettazióne (2) [da *ricetta*] s. f. ● (*med.*) Compilazione, rilascio di una ricetta da parte di un medico.

†**ricettìbile** ● V. *†recettibile*.

ricettività o **recettività**. s. f. **1** Qualità di chi o di ciò che è ricettivo. **2** (*filos.*) Secondo I. Kant, facoltà di ricevere impressioni tramite i sensi. **3** (*med.*) Possibilità di contrarre una malattia. **4** (*radio, tv*) Particolare sensibilità, di un apparecchio ricevente, a una o più frequenze. **5** Capacità che un luogo ha di ricevere, accogliere, ospitare un certo numero di persone, spec. turisti: *l'alta r. alberghiera delle spiagge romagnole*.

ricettìvo o **recettivo** [dal part. pass. del v. lat. *recĭpere* 'ricevere, accogliere', *receptu(m)*, non attestato in lat.] agg. **1** Atto a ricevere, spec. sensazioni, impressioni, nozioni, e sim.: *mente ricettiva*. **2** (*med.*) Di individuo che può essere colpito da una malattia. **3** Detto di un luogo in rapporto al numero di persone che è capace di ricevere, accogliere, ospitare: *la capacità ricettiva di un albergo*.

ricètto [vc. dotta, lat. *recēptu(m)*, da *recĭpere* 'raccogliere'. V. *ricevere*] s. m. ● Raggruppamento medievale di case cinto da mura turrite a difesa collettiva di uomini e beni da scorrerie e saccheggi, diffuso spec. nelle aree rurali di tutto il Piemonte | (*lett.*) Luogo che dà rifugio, ricovero: *quante fiate al mio dolce r., / fuggendo altrui ... / vo* (PETRARCA).

ricettóre ● V. *recettore*.

ricevènte **A** part. pres. di *ricevere*; anche agg. **1** Nei sign. del v. **2** Dicesi di ciò che, spec. nell'attrezzatura radiofonica, è destinato alla ricezione: *apparecchio r.*; *stazione r.*; *antenna r.* **B** s. m. e f. ● Chi riceve: *il r. non è soddisfatto della merce*.

ricévere o †**recépere**, †**recìpere** [lat. *recĭpere* 'raccogliere', comp. di *re-* e *căpere* 'prendere'. V. *capzioso*] v. tr. (pass. rem. *io ricevéi*, o *ricevètti*, *tu ricevésti*) **1** Accogliere, accettare, prendere ciò che viene dato, consegnato, inviato, recapitato, somministrato o conferito con solennità: *r. un'eredità, un regalo, un pacco*; *r. i sacramenti*; *r. un'onorificenza*; *ho ricevuto un grande favore, ottimi consigli* | Raccogliere: *r. una preziosa testimonianza* | Riscuotere: *r. lo stipendio, il saldo* | Prendere in pagamento: *dichiaro di r. la somma pattuita* | Subire, sostenere: *r. l'urto nemico* | †*R. battaglia*, accettarla | Ammettere, detto di persona: *r. un novizio in convento*. **2** Prendere, ammettere in sé per trattenere o contenere: *quel campeggio riceve più di mille persone*; *il bosco riceve tutta l'umidità della notte* | Prendere, trarre dal di fuori (*anche fig.*): *la stanza riceve luce dal cortile*; *l'azienda ha ricevuto impulso dalla sua attività*; *ricevemmo forza dal tuo discorso*. **3** Avere, provare, sentire per causa estrema: *r. dolore, gioia, sollievo*. **4** Accogliere all'arrivo, spec. in modo cordiale, affettuoso o con onore: *r. festosamente, con grande pompa*; *r. l'ospite alla stazione* | *R. male*, fare cattiva accoglienza | Ammettere alla propria presenza o a un'udienza: *r. i clienti, i postulanti* | (*ass.*) Tenere ricevimento o ammettere a visitare: *il venerdì non riceve*. **5** †Comprendere. **6** Raccogliere segnali di tipo telefonico, radiofonico e sim.: *r. una trasmissione*.

†**ricevévole** agg. ● Atto a ricevere.

ricevìbile agg. ● (*raro*) Che si può ricevere | Ammissibile, accettabile: *ricorso r.*

ricevibilità s. f. ● (*raro*) Condizione di ciò che è ricevibile.

riceviménto s. m. **1** Modo, atto del ricevere: *il r. di una lettera*; *il r. dei genitori degli allievi da parte degli insegnanti* | (*raro*) *Accusare r.*, accusare ricevuta. **2** Accoglienza, ammissione di una persona in un luogo, un sodalizio, una comunità, anche in modo solenne o secondo un determinato cerimoniale: *il r. del nuovo socio*; *il r. solenne dell'ambasciatore*. **3** Trattenimento offerto a vari invitati in occasione di feste, cerimonie, ricorrenze: *offrire un r. con un ricco rinfresco*.

†**ricevitìvo** [da *ricevere*] agg. ● Ricettivo.

ricevitóre [da *ricevere*] **A** s. m. **1** (*raro*) Chi riceve: *acciò che 'l dono faccia lo r. amico, conviene a lui essere utile* (DANTE) | (*raro*) Chi accoglie. SIN. Ricevente. **2** (*bur.*) Persona, ufficio, ente incaricati di riscuotere somme per conto d'altri, spec. per conto dello Stato o di organi pubblici: *r. delle gabelle*; *r. del lotto*; *r. del totocalcio* | *R. delle imposte*, chi raccoglie dagli esattori le imposte da questi riscosse. **3** (*min.*) Ingabbiatore. **4** (*tip.*) Levafogli. **5** (*sport*) Nel baseball, giocatore della difesa, piazzato dietro la casa base, che ha il compito di ricevere la palla tirata dal lanciatore e mancata dal battitore. SIN. Catcher, prenditore. **6** (*fis., fisiol., elettr., elettron.*) Apparecchio, dispositivo od organo atto a ricevere, rivelare ed eventualmente amplificare l'energia emessa da una sorgente e propagantesi spec. sotto forma di onde sonore o elettromagnetiche | *R. telegrafico*, apparecchio atto a ricevere e rivelare i segnali telegrafici trasmessi da un trasmettitore telegrafico | *R. telefonico*, (*ell.*) *ricevitore*, capsula inserita nel microtelefono, costituita da un trasduttore che riceve la corrente telefonica e la trasforma in onde sonore; (*est.*) microtelefono: *alzare, abbassare il r.* | *R. radioelettrico*, radioricevitore | *R. radar*, radioricevitore ad alta sensibilità atto ad amplificare e demodulare i segnali radar riflessi, ricevuti tramite l'antenna radar, e a visualizzarli su uno schermo. **7** (*tip.*) Levafoglio. **B** agg. ● Che riceve | (*cine*) *Bobina ricevitrice*, in una macchina cinematografica da presa o da proiezione, la bobina su cui si riavvolge la pellicola dopo essere passata davanti all'obiettivo. SIN. Ricevente.

ricevitorìa [da *ricevitore*] s. f. ● Luogo in cui si accolgono o ricevono spec. somme di denaro: *r. del totocalcio* | *R. del lotto*, botteghino, ufficio in cui si ricevono le giocate.

ricevùta [da *ricevuto*] s. f. ● Dichiarazione scritta che qc. rilascia al ricevimento di q.c., spec. di una somma di denaro, attestando di averla realmente ricevuta: *esigere, compilare una r.*; *smarrire la r. del gas* | *Accusare r.*, dichiarare il ricevimento di q.c. | *R. di ritorno*, attestazione inviata al mittente, sottoscritta dal destinatario, comprovante l'avvenuta ricezione di una lettera raccomandata | Quietanza. || **ricevutina**, dim.

ricevùto A part. pass. di *ricevere*; anche agg. ● Nei sign. del v. **B** s. m. ● Ciò che si è ricevuto: *respingere il r.*

ricezióne o **recezióne** [vc. dotta, lat. tardo *receptiōne(m)*, da *recēptus*. V. *ricetto*] s. f. *1* Atto, effetto del ricevere. *2* Processo con cui viene captata un'onda elettromagnetica.

†**richèrere** e *deriv.* ● V. *richiedere* e *deriv.*

†**richiacchieràre** [comp. di *ri-* e *chiacchierare*] v. intr. ● Chiacchierare di nuovo.

richiamàbile agg. ● (*raro*) Che si può richiamare.

richiamàre [comp. di *ri-* e *chiamare*] **A** v. tr. *1* Chiamare di nuovo: *chiamare e r. insistentemente* | *R. il conto*, farselo ripresentare per riesaminarlo | *R. sotto le armi*, chiamare di nuovo in servizio, per istruzione o per mobilitazione, i militari in congedo | *R. l'aereo*, manovrare un aereo in modo da farlo cabrare, spec. dopo una picchiata. *2* Chiamare per fare tornare indietro (*anche fig.*): *r. dall'esilio, dal confino*; *r. qc. per trasferirlo*; *r. in vita usanze ormai dimenticate*; *r. bruscamente alla realtà* | *R. una cambiale*, ordinare alla banca cui è stata presentata per l'incasso di restituirla, senza esigerne il pagamento | Ritirare: *r. le truppe dalle località occupate*. *3* (*fig.*) Far tornare alla mente un'idea, far riprovare una sensazione o un sentimento spec. per associazione con altre idee, sensazioni o sentimenti: *queste letture mi richiamano i sogni della giovinezza*. *4* Fare accorrere, far venire: *r. folla, gente*; *r. la selvaggina* | (*fig.*) *R. l'attenzione*, farla dirigere su un determinato oggetto. SIN. Attirare. *5* Riprendere, rimproverare: *r. con brusche parole i disubbidienti*. *6* Citare, riportare: *richiamerò un verso del Tasso*; *richiamiamo per via di rapidi accenni le forme principali dell'arte e del pensiero al tempo del Carducci* (CROCE). **B** v. intr. pron. *1* Riferirsi, rifarsi: *mi richiamo al primo articolo del regolamento*. *2* (*raro*) Dolersi, rammaricarsi | (*lett.*) Lamentarsi di un'ingiuria, un torto ricevuto: *di che ella senza alcuna consolazione dolendosi, pensò d'andarsene a r. al re* (BOCCACCIO).

richiamàta s. f. ● (*raro*) Atto del richiamare. SIN. Richiamo.

richiamàto A part. pass. di *richiamare*; anche agg. ● Nei sign. del v. **B** s. m. ● Militare già in congedo chiamato di nuovo alle armi.

richiàmo s. m. *1* Modo, atto del richiamare (*anche fig.*): *il r. dell'ambasciatore, della flotta*; *r. alle armi*; *insensibile a ogni r.*; *un severo r. all'ordine, al dovere* | (*raro*) Analogia: *certi richiami d'immagini, tra loro lontane, sono ... particolari a ciascuno di noi* (PIRANDELLO) | (*med.*) *Vaccino, iniezione di r.*, (*ell.*) *richiamo*, vaccinazione o iniezione che hanno lo scopo di rafforzare uno stato immunitario già acquisito. *2* Segno, gesto, mezzo con cui si richiama qc. o q.c.: *un flebile r.* | (*mar.*) *Bozzello di r.*, carrucola che serve a condurre la chiamata dei cavi dall'una all'altra parte. *3* Mezzo, modo per attirare: *la pubblicità di quel prodotto è un potente r.* | Allettamento, attrazione: *il grande r. della natura* | *Uccello da r.*, che serve ad attirare gli uccelli ad una tesa. *4* Segno che in uno scritto rimanda ad altra parte della pagina. *5* (*tel.*) In una segreteria telefonica, dispositivo che permette all'abbonato, componendo il proprio numero telefonico unitamente a un codice di riconoscimento, di ascoltare le telefonate registrate in sua assenza. *6* †Lamento | †Reclamo.

richiappàre [comp. di *ri-* e *chiappare*] v. tr. ● (*pop., tosc.*) Acchiappare di nuovo.

richiarìre [comp. di *ri-* e *chiarire*] v. tr. (*io richiarìsco, tu richiarìsci*) ● (*raro*) Chiarire di nuovo.

richiedènte A part. pres. di *richiedere*; anche agg. ● Nei sign. del v. **B** s. m. e f. ● (*bur.*) Chi richiede q.c., spec. documenti: *rispondere al r.*; *i richiedenti la patente*.

richièdere o †**rechèrere**, †**richèrere** [lat. parl. **requaērere* (per il classico *requīrere*), comp. di *re-* e *quaērere* 'chiedere'] v. tr. (part. pass. *richièsto*, †*richiedùto*; nelle altre forme coniug. come *chiedere*) *1* Chiedere di nuovo: *gli ho richiesto il suo parere sulla mia partenza*. *2* Domandare con insistenza o con decisione e fermezza per ottenere q.c.: *r. aiuto, assistenza*; *r. un sussidio economico* | (*bur.*) Chiedere il rilascio di un documento: *r. la carta di identità* | Reclamare: *r. giustizia, riparazione* | Cercare per acquistare, comprare, ecc.: *r. una novità libraria*. *3* Interrogare, domandare per sapere: *ti richiedo notizie dei tuoi parenti*; *r. qc. di un'opinione* | Ridomandare, volere in restituzione: *r. il libro prestato*. *4* Esigere, pretendere: *richiedo tutta la vostra attenzione*; *è un lavoro che richiede diligenza*; *si richiede il certificato di nascita*. *5* †Mandare a chiamare, far venire, convocare: *r. a parlamento* | *R. a battaglia*, sfidare | †*R. battaglia*, provocarla. *6* †Citare in tribunale.

†**richiediménto** s. m. ● Modo, atto del richiedere.

richieditóre s. m. (f. *-trice*) *1* (*raro*) Chi fa una richiesta. SIN. Richiedente. *2* †Chi richiede in matrimonio.

†**richiedùto** part. pass. di *richiedere*; anche agg. ● (*raro*) Nei sign. del v.

richièsta o †**richèsta** [da *richiesto*] s. f. *1* Atto del richiedere: *rifiutare una r. sfacciata di denaro*; *accogliere una r. di matrimonio* | Compenso per una prestazione: *la vostra r. è giusta*. *2* Domanda, petizione: *mi presento a sua r.*; *non abbiamo avuto nessuna r. in proposito* | *A r. dell'interessato*, in seguito alla domanda dell'interessato | Domanda di replica di uno spettacolo: *si recita a r. generale*. *3* (*bur.*) Domanda con la quale si chiede il rilascio di un documento: *inviare una r. al Ministero* | (*bur.*) Il foglio o il modulo su cui si stende la richiesta: *la vostra r. è andata smarrita*. *4* Modulo a stampa per spedire merci o per concessione di tariffe ridotte.

richièsto part. pass. di *richiedere*; anche agg. ● Nei sign. del v.

richinàre o †**rechinàre** [lat. *reclināre*, comp. di *re-* e **clināre* 'chinare'] **A** v. tr. *1* (*raro*) Chinare di nuovo. *2* Fare abbassare (*anche fig.*). **B** v. rifl. ● (*raro*) Chinarsi di nuovo o di più | †*Richinarsi ad uno*, riverirlo.

richìno [comp. di *ri-* e *chino*] agg. ● (*lett.*) Richinato, chinato | Inchinato.

richiùdere [comp. di *ri-* e *chiudere*] **A** v. tr. (coniug. come *chiudere*) *1* Chiudere di nuovo: *richiudi subito la finestra* | Chiudere ciò che di solito non viene aperto: *r. la cassaforte*. *2* (*lett.*) Cingere, delimitare. *3* †Accogliere, ricoverare. **B** v. intr. pron. ● Tornarsi a chiudere: *il cancello si è richiuso per il vento* | Rimarginare: *la ferita si è richiusa bene*.

richiudiménto s. m. ● (*raro*) Modo, atto del richiudere.

richiùso part. pass. di *richiudere*; anche agg. ● Nei sign. del v.

richiusùra [comp. di *ri-* e *chiusura*] s. f. *1* (*raro*) Il richiudere o il richiudersi. *2* †Clausura.

riciarlàre [comp. di *ri-* e *ciarlare*] v. intr. (aus. *avere*) ● (*raro*) Ciarlare di nuovo o continuamente.

riciclàbile agg. ● Che si può riciclare (*anche fig.*): *carta, stoffa, metallo r.*; *rifiuti non riciclabili*.

riciclabilità s. f. ● Condizione di ciò che è riciclabile.

riciclàggio s. m. *1* Operazione, effetto del riciclare, spec. materiale di scarto (*anche fig.*): *il r. della lana, del vetro*; *studiare un procedimento meno costoso per il r. dei rifiuti urbani*; *la crisi economica impone il r. di alcune categorie produttive* | (*econ.*) *R. dei petrodollari*, nuova immissione, sul mercato monetario internazionale, dei dollari incassati dai paesi produttori di petrolio grezzo, spec. dopo gli aumenti verificatisi a partire dagli anni settanta. *2* Trattamento che permette la riutilizzazione dell'aria e dell'acqua impure.

riciclàre [da *ciclo*, col suff. *ri-*] v. tr. *1* In varie tecnologie, spec. chimiche, sottoporre più volte una sostanza, o parte di essa, e sim. a uno stesso ciclo di lavorazione. *2* Riutilizzare materiale di scarto all'interno di un processo produttivo: *durante la costruzione di questi pezzi meccanici sono stati riciclati alcuni rottami*. *3* (*fig.*) Aggiornare, riqualificare professionalmente o impiegare con mansioni differenti: *molti tecnici sono stati riciclati in vista di una ristrutturazione dell'azienda*. *4* (*fig.*) Rimettere in circolazione denaro o beni spec. di provenienza illecita, mediante operazioni finanziarie, commerciali o investimenti consentiti dalla legge: *r. denaro sporco*; *r. la merce rubata*; *il ricavato del riscatto fu riciclato nell'acquisto di proprietà immobiliari*.

riciclàto part. pass. di *riciclare*; anche agg. *1* Nei sign. del v. *2* Che è stato costruito con materiale sottoposto a riciclaggio. *3* (*fig.*) Utilizzato nuovamente o in modo diverso, anche dopo aver subito qualche modifica.

riciclatóre s. m.; anche agg. (f. *-trice*) ● Chi, che provvede al riciclaggio (*anche fig.*).

ricìclo s. m. ● (*chim.*) Atto, effetto del riciclare.

ricìdere ● V. *recidere*.

†**ricidìvo** ● V. *recidivo*.

†**ricìgnere** ● V. *recingere*.

†**ricimàre** [comp. di *ri-* e *cimare*] v. tr. ● (*raro*) Cimare di nuovo.

ricimatùra s. f. ● (*raro*) Operazione del ricimare.

ricìngere [vc. dotta, lat. tardo *recĭngere* (nel lat. classico significava 'slacciare, sciogliere'), comp. di *re-* e *cĭngere*] v. tr. (coniug. come *cingere*) *1* Cingere di nuovo. *2* V. *recingere*.

ricinghiàre [comp. di *ri-* e *cinghiare*] v. tr. (*io ricìnghio*) ● (*raro*) Cinghiare di nuovo.

rìcino [vc. dotta, lat. *rĭcinu(m)* 'zecca' (insetto), poi 'ricino', di etim. incerta, per la somiglianza dei suoi semi con l'insetto] s. m. ● Pianta arborescente delle Euforbiacee di origine tropicale a larghe foglie palmate e lobate, fiori in grappoli, frutto grigio, con grossi semi da cui si estrae un olio purgativo e industriale (*Ricinus communis*). SIN. Fico d'inferno.

ricinolèico [comp. di *ricino* e *oleico*] agg. ● Detto di ossiacido, organico, insaturo, monobasico, principale costituente dell'olio di ricino in cui si trova come ricinoleina.

ricinoleìna [da *ricinole(ico)*] s. f. ● Gliceride dell'acido ricinoleico, ad azione purgativa, contenuto nell'olio di ricino.

ricìnto ● V. *recinto*.

†**ricioncàre** [comp. di *ri-* e *cioncare*] v. intr. ● Cioncare di nuovo.

riciondolàre [comp. di *ri-* e *ciondolare*] v. intr. (*io riciòndolo*; aus. *avere*) ● (*raro*) Ciondolare di nuovo o maggiormente.

ricircolàre o †**recircolàre**, †**recircularè** [comp. di *ri-* e *circolare* (*1*) (V.)] v. intr. (*io ricìrcolo*; aus. *avere*) *1* (*raro*) Girare di continuo. *2* †Rigirare, girare intorno.

ricìrcolo [da *ri-* e *circolo*] s. m. ● (*autom.*) Dispositivo dell'impianto di climatizzazione di un'automobile che impedisce l'immissione di aria esterna, consentendo solo la circolazione di aria prelevata dall'interno; si usa se l'aria esterna è molto inquinata oppure molto calda | L'interruttore che aziona il dispositivo stesso.

ricircondàre [comp. di *ri-* e *circondare*] v. tr. (*io ricircóndo*) ● Circondare di nuovo.

rickèttsia /rik'ketsja/ [detta così dal n. di H. T. *Ricketts* (1871-1910), che fu tra i primi a studiare il microrganismo] s. f. ● (*biol.*) Genere batterico Gram-negativo patogeno per Artropodi e Vertebrati incluso l'uomo, nel quale può causare infezioni caratterizzate da esantema (*Rickettsiaceae*).

rickettsiòsi /rikket'sjɔzi/ [da *rickettsia*] s. f. ● (*med.*) Nome generico di malattie causate, nell'uomo, da diverse rickettsie.

riclassificazióne [da *riclassificare*] s. f. ● Nuova e diversa classificazione.

ricocitùra [comp. di *ri-* e *cocitura*] s. f. ● (*raro*) Ricottura.

†**ricogitàre** ● V. †*recogitare*.

ricògliere o (*lett.*) **ricòrre** [comp. di *ri-* e *cogliere*] **A** v. tr. (coniug. come *cogliere*) *1* (*raro*) Cogliere di nuovo: *ti ho ricolto in fallo*. *2* (*raro, lett.*) Raccogliere, raccattare da terra. *3* †Riprendere, recuperare, ripescare: *fatto il corpo della bella donna ricoglier di man, lungamente e con molte lacrime il pianse* (BOCCACCIO). *4* †Riscuotere, ricevere in pagamento. *5* †Ricevere, accogliere | (*fig.*) †Ascoltare, intendere, capire. *6* †Adunare, mettere insieme. **B** v. rifl. *1* †Rifugiarsi, ritirarsi. *2* †Raccogliersi, ricomporsi (*anche fig.*).

†**ricogliménto** [da *ricogliere*] s. m. ● Raccogli-

mento.

†**ricoglitóre** [da *ricogliere*] s. m. (f. *-trice*) *1* Chi raccoglie q.c. *2* Compilatore di saggi, trattati e sim. *3* Esattore, riscuotitore.

†**ricoglitùra** [da †*ricoglitore*] s. f. *1* Operazione del raccogliere | Tempo in cui si raccolgono alcuni prodotti della terra. *2* Riscatto di pegni.

ricognitivo [rifatto su *ricognizione*] agg. ● (*dir.*) Che riconosce, che ammette come valido: *atto, negozio r.*

ricognitóre s. m. *1* (*raro*) Chi effettua una ricognizione. *2* (*aer.*) Aereo per la ricognizione.

ricognizióne o †**recognizióne** [vc. dotta, lat. *recognitiōne(m)*, da *recŏgnitus*, part. pass. di *recognōscere* 'riconoscere'] s. f. *1* (*gener.*) Riconoscimento. *2* (*dir.*) Riconoscimento dell'esistenza di un atto, spec. a scopo probatorio nel diritto civile: *atto di r.*; *r. di un debito* | Accertamento dell'esistenza, della veridicità, della natura di un fatto, spec. dell'identità di persone o cose nel diritto penale: *la r. della salma.* *3* Nel linguaggio militare, attività aerea, terrestre o marittima intesa ad accertare le forze, le posizioni nemiche e le condizioni poste ad un'azione tattica o logistica o tecnica | (*est.*) Missione informativa (*anche scherz.*): *la direzione ha inviato due ispettori in r.*; *prima di affittare la casa, faremo una breve r. nei dintorni.* *4* †Verificazione, riscontro. *5* †Censo, tributo, decima. *6* †Ricompensa in segno di riconoscimento per l'opera altrui.

ricolàre [comp. di *ri-* e *colare*] v. tr. o intr. (*io ricólo*; aus. intr. *essere* e *avere*) ● Colare di nuovo.

†**ricolcàre** ● V. *ricoricare.*

†**ricòlere** [vc. dotta, lat. *recŏlere* 'coltivare di nuovo, riandare colla mente', comp. di *re-* e *cŏlere* 'coltivare'. V. †*colere*] v. tr. ● Ricordare, rimembrare.

ricollegàbile agg. ● Che può essere ricollegato.

ricollegàre [comp. di *ri-* e *collegare*] **A** v. tr. (*io ricollégo, tu ricolléghi*) ● Collegare di nuovo, ricongiungere | (*fig.*) Collegare insieme stabilendo relazioni: *r. due ragionamenti.* **B** v. rifl. e intr. pron. *1* Riferirsi: *mi ricollego al tuo discorso precedente.* *2* Collegarsi di nuovo: *ci ricolleghiamo con lo studio per le ultime notizie sui risultati elettorali.* **C** v. rifl. rec. ● Legarsi insieme, all'interno di un medesimo ordine di fatti, rivelando una relazione o una connessione: *questi due fenomeni fisici si ricollegano.*

ricollocaménto s. m. ● (*raro*) Atto, effetto del ricollocare: *r. in congedo.*

ricollocàre [vc. dotta, lat. *recollocāre*, comp. di *re-* e *collocāre*] v. tr. (*io ricòlloco, tu ricòllochi*) ● Collocare di nuovo, rimettere: *ho ricollocato i soprammobili nei loro posti.*

ricolmaménto s. m. ● (*raro*) Modo, atto del ricolmare.

ricolmàre [comp. di *ri-* e *colmare*] v. tr. (*io ricólmo*) *1* Colmare di nuovo: *r. il bicchiere di vino.* *2* Colmare del tutto, riempire (*spec. fig.*): *r. di gentilezze i propri ospiti.*

ricolmàto part. pass. di *ricolmare*; anche agg. ● Nei sign. del v.

ricolmatùra s. f. ● (*raro*) Operazione, effetto del ricolmare.

ricólmo [da *ricolmare*] agg. ● Ben colmo, ricolmato (*anche fig.*): *coppa ricolma di vino*; *animo r. di speranza.* SIN. Pieno.

ricoloràre [comp. di *ri-* e *colorare*] **A** v. tr. (*io ricolóro*) ● Colorare di nuovo, ridare il colore: *r. un quadro sbiadito.* **B** v. intr. pron. ● Colorarsi di nuovo o più intensamente: *durante la convalescenza gli si sono ricolorate le guance.*

ricolorire [comp. di *ri-* e *colorire*] **A** v. tr. (*io ricolorìsco, tu ricolorisci*) ● Colorire di nuovo | Ritoccare il colore. **B** v. intr. pron. ● Colorirsi di nuovo o più intensamente.

†**ricòlta** [da *ricolto*] s. f. *1* Raccolta dei prodotti della terra. *2* Deposito, pegno. *3* Malleveria.

ricoltivàre [comp. di *ri-* e *coltivare*] v. tr. ● Coltivare di nuovo.

ricòlto A part. pass. di *ricogliere*; anche agg. ● Nei sign. del v. **B** s. m. ● †Raccolto.

†**ricoltùra** s. f. ● Ricolta.

ricomandàre [comp. di *ri-* e *comandare*] v. tr. ● Comandare di nuovo.

ricombàttere [comp. di *ri-* e *combattere*] v. tr. e intr. (aus. *avere*) ● Combattere di nuovo.

ricombinànte A part. pres. di *ricombinare*; anche agg. *1* Nei sign. del v. *2* (*biol.*) Nella loc. *DNA r.*, in ingegneria genetica, molecola di DNA che è ottenuta prelevando un segmento di DNA da una cellula donatrice e inserendolo nel DNA prelevato da una cellula ospite e che, quando viene restituita a quest'ultima, vi si replica nel processo di moltiplicazione cellulare permettendo di ottenere un numero indefinito di copie della sequenza nucleotidica inserita. **B** s. m. ● (*biol.*) In genetica, il nuovo individuo o la nuova cellula proveniente da una ricombinazione.

ricombinàre [comp. di *ri-* e *combinare*] **A** v. tr. ● Combinare di nuovo. **B** v. intr. pron. ● (*chim.*) *Uno ione idrogeno e uno ione cloro si ricombinano per formare una molecola di acido cloridrico.*

ricombinazióne s. f. *1* Atto ed effetto del ricombinare, del ricombinarsi. *2* (*fis.*) Il processo con cui due particelle o due corpi che portano cariche di segno opposto si combinano formando una particella o un corpo neutro. *3* (*biol.*) In genetica, fenomeno per cui nella progenie sono presenti combinazioni di geni diverse da quelle dei genitori.

ricominciaménto s. m. ● (*raro*) Modo, atto del ricominciare.

ricominciàre [comp. di *ri-* e *cominciare*] **A** v. tr. (*io ricomìncio*) ● Cominciare da capo: *ricominciò la lettera interrotta* | Riprendere a dire, fare, produrre: *r. il conto, il lavoro, il discorso* | *Si ricomincia!*, siamo daccapo! **B** v. intr. (aus. *essere* nel sign. 1, *avere* nel sign. 2) *1* Avere nuovamente inizio: *l'inverno è ricominciato.* *2* Cominciare di nuovo, riprendere: *ho ricominciato a studiare*; *ricominciamo da capo*; *tacque un momento e poi ricominciò.* **C** v. intr. impers. (aus. *essere* e *avere*) ● Cominciare di nuovo: *ricomincia a piovere*; *ha ricominciato a fare brutto tempo.*

ricominciàto part. pass. di *ricominciare*; anche agg. ● Nei sign. del v.

†**ricominciatùra** s. f. ● Ricominciamento.

ricomméсso part. pass. di *ricommettere* ● (*raro*) Nei sign. del v.

ricommèttere [comp. di *ri-* e *commettere*] v. tr. (coniug. come *commettere*) *1* (*raro*) Commettere di nuovo, rifare: *r. lo stesso errore.* *2* Mettere bene insieme le parti staccate di q.c.: *r. i pezzi di una statua.* *3* †Affidare di nuovo.

ricommettitùra s. f. ● (*raro*) Atto, effetto del ricommettere insieme due parti staccate | Il punto in cui si uniscono i pezzi divisi.

ricommòsso part. pass. di *ricommuovere*; anche agg. ● (*raro*) Nel sign. del v.

ricommuòvere [comp. di *ri-* e *commuovere*] **A** v. tr. (coniug. come *commuovere*) ● Commuovere di nuovo. **B** v. intr. pron. ● Commuoversi di nuovo.

ricompaginàre [comp. di *ri-* e *compaginare*] v. tr. (*io ricompàgino*) ● Rimettere insieme, riordinare ciò che era stato scompaginato.

ricomparire [comp. di *ri-* e *comparire*] v. intr. (coniug. come *comparire*; aus. *essere*) ● Comparire di nuovo: *è ricomparso il sole.*

ricompàrsa [comp. di *ri-* e *comparsa*] s. f. ● Atto del ricomparire: *un'improvvisa r. del colera* | Effetto del ricomparire: *abbiamo studiato la r. dei tuoi sintomi morbosi.*

ricompàrso part. pass. di *ricomparire*; anche agg. ● Nel sign. del v.

ricompattàre [comp. di *ri-* e *compattare*] **A** v. tr. ● Rendere nuovamente compatto un insieme, spec. di persone: *r. il partito.* **B** v. intr. pron. ● Ritornare ad essere, per decisione comune, un gruppo compatto.

ricompènsa [da *ricompensare*] s. f. *1* Contraccambio che si dà per un servizio reso, un favore ricevuto o un premio di un'azione lodevole: *ricevere una r. adeguata alla fatica*; *la nostra r. è la vostra amicizia* | *R. al valor militare*, distinzione onorifica a premio di un atto di valore compiuto in guerra | Atto del ricompensare: *non so che cosa dirti in r.* *2* (*psicol.*) Rinforzo.

ricompensàbile agg. ● Che si può o si deve ricompensare.

†**ricompensagióne** ● V. †*ricompensazione.*

†**ricompensaménto** s. m. ● Modo, atto del ricompensare.

ricompensàre [vc. dotta, lat. tardo *recompensāre*, comp. di *re-* e *compensāre*] v. tr. (*io ricompènso*) *1* Dare una ricompensa, anche iron.: *r. qc. per i suoi servigi*; *ti ricompenserò per la tua gentilezza*; *ci ha ricompensati con l'ingratitudine.* SIN. Ripagare. *2* †Punire. *3* Riparare, risarcire.

†**ricompensativo** agg. ● Atto a ricompensare.

ricompensàto part. pass. di *ricompensare*; anche agg. ● Nei sign. del v.

ricompensatóre s. m.; anche agg. (f. *-trice*) ● (*raro*) Chi, che ricompensa.

†**ricompensazióne** o †**ricompensagióne** [vc. dotta, lat. tardo *recompensatiōne(m)*, da *recompensātus*, part. pass. di *recompensāre* 'ricompensare'] s. f. *1* Ricompensa, contraccambio. *2* Risarcimento, soddisfazione.

ricomperàre e *deriv.* ● V. *ricomprare* e *deriv.*

†**ricomperazióne** ● V. †*ricomprazione.*

ricómpiere [comp. di *ri-* e *compiere*] v. tr. (coniug. come *compiere*) ● Compiere di nuovo.

ricompilàre [comp. di *ri-* e *compilare*] v. tr. (*io ricompìlo*, o raro *ricòmpilo*) ● Compilare di nuovo.

ricompilazióne [comp. di *ri-* e *compilazione*] s. f. ● Nuova compilazione.

ricompire v. tr. (coniug. come *compire*) ● (*raro*) Ricompiere.

ricompitàre [comp. di *ri-* e *compitare*] v. tr. (*io ricómpito*) ● Compitare di nuovo.

ricomponiménto [dal lat. *recompōnere* 'ricomporre'] s. m. ● (*raro*) Ricomposizione.

ricompórre [comp. di *ri-* e *comporre*] **A** v. tr. (coniug. come *comporre*) *1* Comporre di nuovo, riunire insieme: *r. una lettera*; *r. i frammenti di un ingranaggio.* *2* Racconciare, riordinare, ricostruire: *r. un fatto*; *r. una situazione caotica* | *R. il viso*, riassumere un atteggiamento composto. **B** v. intr. pron. ● Riacquistare il controllo di sé e della propria espressione: *ricomporsi dopo un moto di stupore.*

ricomposizióne [comp. di *ri-* e *composizione*] s. f. *1* Atto, effetto del ricomporre: *la r. di un comitato, una società.* *2* (*ling.*) Procedimento per il quale uno degli elementi di un composto riprende la forma primitiva.

ricompósto part. pass. di *ricomporre*; anche agg. ● Nei sign. del v.

ricómpra o (*raro*) **ricómpera**. s. f. *1* (*raro*) Atto, effetto del ricomprare. *2* †Riscatto. *3* †Redenzione.

ricompràbile o **ricomperàbile** agg. ● Che si può o si deve ricomprare.

ricompraménto s. m. *1* (*raro*) Modo, atto, effetto del ricomprare. *2* (*fig.*) Redenzione.

ricompràre o **ricomperàre** [comp. di *ri-* e *comprare*] v. tr. (*io ricómpro*) *1* Comprare di nuovo: *r. la casa venduta*; *r. i possedimenti della propria famiglia* | Comprare a sua volta: *non so chi potrà r. la tua automobile.* *2* †Raccattare, liberare. *3* (*raro, lett.*) Recuperare (*anche fig.*): *ricompriamo il tempo: la mezzanotte è vicina* (MANZONI).

ricompratóre o **ricomperatóre** s. m. (f. *-trice*) *1* Chi ricompra. *2* †Riscattatore. *3* (*fig.*) †Chi redime.

†**ricomprazióne** o †**ricomperazióne** s. f. ● Ricompra (*anche fig.*).

ricomprèsso part. pass. di *ricomprimere*; anche agg. ● Nei sign. del v.

ricomprimere [comp. di *ri-* e *comprimere*] v. tr. (coniug. come *comprimere*) ● Comprimere di nuovo o di più.

ricomprovàre [comp. di *ri-* e *comprovare*] v. tr. (*io ricompròvo*) ● (*raro*) Comprovare di nuovo o con argomenti più validi.

ricomputàre [comp. di *ri-* e *computare*] v. tr. (*io ricòmputo*) ● Computare di nuovo.

ricomùnica [da *ricomunicare*] s. f. ● Assoluzione dalla scomunica.

ricomunicàre [comp. di *ri-* e *comunicare*] **A** v. tr. (*io ricomùnico, tu ricomùnichi*) *1* Comunicare di nuovo: *vi ricomunicherò le sue decisioni.* *2* (*relig.*) Assolvere dalla scomunica, riammettere nella comunione dei fedeli. **B** v. intr. (aus. *avere*) ● Avere di nuovo comunicazione, relazione, rapporto con qc.: *ricomunicherò con te con una lettera.* **C** v. intr. pron. ● Comunicarsi di nuovo, accostarsi nuovamente alla comunione.

riconcèdere [comp. di *ri-* e *concedere*] v. tr. (coniug. come *concedere*) ● Concedere di nuovo.

riconcedùto part. pass. di *riconcedere*; anche agg.

• (*raro*) Nel sign. del v.

riconcentraménto s. m. • (*raro*) Atto del riconcentrare.

riconcentràre [comp. di *ri-* e *concentrare*] **A** v. tr. (*io riconcèntro*) **1** Concentrare nuovamente o in modo più imponente: *hanno riconcentrato ingenti forze alla frontiera.* **2** Raccogliere in un sol punto (*anche fig.*): *ci hanno riconcentrati nella piazza*; *r. la mente.* **3** Sottoporre a ulteriore concentrazione una soluzione o una miscela. **B** v. rifl. • Raccogliersi in se stesso, nei propri pensieri.

riconcepìre [comp. di *ri-* e *concepire*] v. tr. (coniug. come *concepire*) • Concepire di nuovo.

riconcèsso part. pass. di *riconcedere*; anche agg. • (*raro*) Nel sign. del v.

riconciaménto s. m. • (*raro*) Atto, effetto del riconciare.

riconciàre [comp. di *ri-* e *conciare*] **A** v. tr. (*io ricóncio*) **1** Conciare di nuovo. **2** †Racconciare, restaurare. **3** †Ricondire, condir meglio, cucinare: *r. una vivanda.* **B** v. intr. pron. e rifl. • †Riaggiustarsi.

riconciliàbile agg. • Che si può riconciliare.

riconciliaménto s. m. • (*raro*) Riconciliazione.

riconciliàre o †**reconciliàre** [vc. dotta, lat. *reconciliāre*, comp. di *re-* e *conciliāre*] **A** v. tr. (*io riconcìlio*) **1** Fare tornare d'accordo o in buona armonia: *r. due Stati in guerra*; *r. suocera e nuora* | *R. con Dio*, rimettere in grazia di Dio, assolvere dai peccati commessi. SIN. Rappacificare. **2** Fare riacquistare, ritrovare: *la tua umiltà ti ha riconciliato la nostra stima* | †*R. la pace*, farla ritornare. **B** v. rifl. e rifl. rec. • Rappacificarsi, tornare in pace o in armonia: *si sono riconciliati dopo una spiegazione.*

riconciliàto part. pass. di *riconciliare*; anche agg. • Nei sign. del v.

riconciliatóre [vc. dotta, lat. *reconciliatōre(m)*, da *reconciliātus* 'riconciliato'] s. m.; anche agg. (f. *-trice*) • Chi, che riconcilia.

riconciliatòrio agg. • (*raro*) Atto a riconciliare | Della riconciliazione.

riconciliazióne o †**reconciliazióne** [vc. dotta, lat. *reconciliatiōne(m)*, da *reconciliātus* 'riconciliato'] s. f. **1** Atto, effetto del riconciliare o del riconciliarsi: *favorire, procurare la r.*; *fra i due rivali è avvenuta una sicura r.* SIN. Rappacificazione. **2** (*relig.*) Nella disciplina penitenziale cattolica, atto e rito con cui un chierico interdetto è riammesso alla sua dignità e funzione, o una chiesa è riconsacrata | *Sacramento della r.*, altra denominazione del sacramento della penitenza, dopo il Concilio Ecumenico Vaticano Secondo.

†**ricóncio** [da *riconciare*] agg. • Acconcio, preparato.

ricondannàre [comp. di *ri-* e *condannare*] v. tr. • Condannare di nuovo.

ricondensàre [comp. di *ri-* e *condensare*] **A** v. tr. (*io ricondènso*) • Condensare di nuovo o di più. **B** v. intr. pron. • Condensarsi di nuovo. SIN. Raddensarsi.

ricondìre [comp. di *ri-* e *condire*] v. tr. (*io ricondisco, tu ricondisci*) • Condire di nuovo.

†**ricòndito** • V. *recondito.*

ricondizionàre [comp. parasintetico di (*buona*) *condizione*, col pref. *ri-*] v. tr. (*io ricondizióno*) **1** (*gener.*) Condizionare di nuovo. **2** Riparare l'imballaggio di un pacco scondizionato, deteriorato.

ricondótta [da *ricondotto*] s. f. **1** (*raro*) Atto del ricondurre. **2** †Riconferma in un incarico retribuito: *faceva ogni diligenza per indurre l'Alviano alla ricondotta* (GUICCIARDINI).

ricondótto part. pass. di *ricondurre*; anche agg. • Nei sign. del v.

riconducènte part. pres. di *ricondurre* • (*raro*) Nei sign. del v.

†**riconducere** • V. *ricondurre.*

riconducìbile [da *ricondurre*, sul modello di *conducibile*] agg. • Che si può ricondurre (*anche fig.*).

†**riconduciménto** [dal lat. *recondūcere* 'ricondurre'] s. m. • Atto, effetto del ricondurre.

ricondùrre o †**riconducere** [lat. *recondūcere*, comp. di *re-* e *condūcere* 'condurre'] **A** v. tr. (coniug. come *condurre*) **1** Condurre di nuovo: *appena cominciò a piovere, ci ricondusse a casa* | (*fig.*) Far risalire, attribuire a un avvenimento, un comportamento, una teoria e sim. precedenti: *il suo rifiuto a continuare gli studi è da r. ai suoi rapporti col padre.* SIN. Rimenare, riportare. **2** Riportare al luogo di partenza (*anche fig.*): *r. il bestiame alla stalla*; *r. qc. alla ragione.* **3** †Riconfermare nel servizio militare o in un incarico stipendiato. **4** †Ridurre. **5** †Affittare di nuovo. **B** v. intr. pron. • †Tornare in un luogo | †Trasferirsi di nuovo. **C** v. rifl. • †Arruolarsi di nuovo.

riconduttóre [dal lat. *reconductus*, part. pass. di *recondūcere* 'ricondurre'] s. m.; anche agg. (f. *-trice*) • (*raro*) Chi, che riconduce.

riconduzióne [dal lat. *reconductus*, part. pass. di *recondūcere* 'ricondurre'] s. f. • Rinnovo del contratto di locazione, in caso di mancata disdetta alla scadenza del termine.

riconférma s. f. **1** Atto, effetto del riconfermare: *occorre la vostra r.*; *ha ottenuto la r. nell'incarico.* **2** Nel calcio, rinnovo del contratto di ingaggio a un giocatore.

riconfermàbile agg. • Che si può riconfermare.

riconfermàre [comp. di *ri-* e *confermare*] **A** v. tr. (*io riconférmo*) • Confermare di nuovo: *vi riconfermo la bella notizia* | Confermare: *r. qc. in un incarico, un ufficio.* **B** v. rifl. • Dichiararsi di nuovo: *mi riconfermo vostro amico.*

†**riconfermazióne** s. f. • Riconferma.

riconfessàre [comp. di *ri-* e *confessare*] **A** v. tr. (*io riconfèsso*) • Confessare di nuovo. **B** v. rifl. • Confessarsi di nuovo.

riconficcàre [comp. di *ri-* e *conficcare*] v. tr. (*io riconficco, tu riconficchi*) • Conficcare di nuovo.

riconfidàre [comp. di *ri-* e *confidare*] **A** v. tr. • Confidare di nuovo. **B** v. intr. pron. • Confidarsi di nuovo.

riconfìggere [comp. di *ri-* e *configgere*] **A** v. tr. (coniug. come *figgere*) • (*raro*) Configgere di nuovo. **B** v. intr. pron. • Configgersi di nuovo.

riconfinàre [comp. di *ri-* e *confinare*] **A** v. tr. • (*raro*) Confinare di nuovo. **B** v. rifl. • Confinarsi di nuovo.

riconfiscàre [comp. di *ri-* e *confiscare*] v. tr. (*io riconfisco, tu riconfischi*) • Confiscare di nuovo.

riconfìtto part. pass. di *riconfiggere* • Nei sign. del v.

riconfóndere [comp. di *ri-* e *confondere*] v. tr. (coniug. come *confondere*) • Confondere di nuovo.

riconformàre [comp. di *ri-* e *conformare*] **A** v. tr. (*io riconfórmo*) • (*raro*) Conformare di nuovo. **B** v. rifl. • Conformarsi di nuovo.

riconfortàre [comp. di *ri-* e *confortare*] **A** v. tr. (*io riconfòrto*) **1** Confortare di nuovo o di più: *mi ha riconfortato con il suo ottimismo*; *le tue parole mi riconfortano.* **2** (*est.*) Ristorare, sollevare. **3** †Ravvivare. **B** v. intr. pron. • Riprendere conforto.

riconfortatóre s. m.; anche agg. (f. *-trice*) • (*raro*) Chi, che riconforta.

riconfòrto [comp. di *ri-* e *conforto* (*1*)] s. m. • (*raro*) Nuovo conforto.

riconfrontàre [comp. di *ri-* e *confrontare*] **A** v. tr. (*io riconfrónto*) • Confrontare di nuovo: *r. testimonianze, codici.* **B** v. rifl. e rifl. rec. • Confrontarsi, misurarsi di nuovo: *dopo il congresso, i vertici hanno deciso di riconfrontarsi con la base*; *i partiti si sono riconfrontati sul nuovo disegno di legge.*

riconfùso part. pass. di *riconfondere* • Nel sign. del v.

riconfutàre [comp. di *ri-* e *confutare*] v. tr. (*io ricònfuto, o riconfùto*) • Confutare di nuovo.

ricongedàre [comp. di *ri-* e *congedare*] **A** v. tr. (*io ricongèdo*) • Congedare di nuovo. **B** v. rifl. • Congedarsi di nuovo.

ricongegnàre [comp. di *ri-* e *congegnare*] v. tr. (*io ricongégno*) • (*raro*) Congegnare di nuovo o in un altro modo.

ricongelàre [comp. di *ri-* e *congelare*] **A** v. tr. (*io ricongèlo*) • Congelare di nuovo. **B** v. intr. pron. • Congelarsi di nuovo.

ricongiùngere o †**ricongiùgnere** [comp. di *ri-* e *congiungere*] **A** v. tr. (coniug. come *giungere*) • Congiungere di nuovo: *r. le parti divise.* **B** v. rifl. e rifl. rec. • Congiungersi di nuovo, riunirsi, detto di persone: *ricongiungersi alla famiglia, ai compagni*; *i due fratelli si sono ricongiunti in cielo.*

ricongiungiménto s. m. • Modo, atto, effetto del ricongiungere o del ricongiungersi.

ricongiùnto part. pass. di *ricongiungere*; anche agg. • (*raro*) Nei sign. del v.

ricongiunzióne s. f. • Ricongiungimento, spec. di cose: *effettuare la r. di due linee tranviarie.*

ricongiuràre [comp. di *ri-* e *congiurare*] v. intr. (*io ricongiùro*; aus. *avere*) • Congiurare di nuovo.

ricongregàre [comp. di *ri-* e *congregare*] v. tr. (*io ricongrègo*, raro *ricòngrego, tu ricongrèghi*, raro *ricòngreghi*) • (*raro*) Congregare di nuovo.

riconiàre [comp. di *ri-* e *coniare*] v. tr. (*io ricònio*) • Coniare di nuovo.

riconnèsso o **riconnésso** part. pass. di *riconnettere*; anche agg. • Nei sign. del v.

riconnèttere o **riconnéttere** [comp. di *ri-* e *connettere*] **A** v. tr. (coniug. come *connettere*) • Connettere di nuovo o in modo migliore: *r. due fatti*; *cerca di r. i tuoi pensieri.* SIN. Ricollegare. **B** v. intr. pron. • Connettersi, collegarsi di nuovo o meglio: *questo capitolo si riconnette al precedente.*

riconoscènte part. pres. di *riconoscere*; anche agg. **1** Nei sign. del v. **2** Che esprime, contiene riconoscenza: *parole riconoscenti*; *ricordo r.* SIN. Grato.

riconoscènza s. f. • Sentimento di chi è riconoscente del bene, del favore ricevuto: *mostrare, esprimere r.*; *eterna, viva, inestinguibile r.*; *avere un debito di r. per qc.* SIN. Gratitudine.

riconóscere [lat. *recognōscere*, comp. di *re-* e *cognōscere* 'conoscere'] **A** v. tr. (coniug. come *conoscere*) **1** Ravvisare cosa o persona nota: *r. l'automobile rubata dalla targa*; *r. qc. alla voce*; *r. l'amico dopo molti anni* | *Non lo riconosco più*, è tanto cambiato da essere totalmente diverso da quello di prima, detto di persona. **2** Distinguere, conoscere realmente, nella sua essenza: *nessuno di voi sa riconoscere la buona cucina*; *r. il giusto dall'ingiusto* | Identificare: *non ha documenti per farsi r.* | Sapere ciò che significa: *il cavallo riconosce la briglia.* **3** Nel diritto interno, attribuire, da parte dello Stato, la personalità giuridica: *r. un'associazione, un ente* | Dichiarare, ammettere l'esistenza di un diritto altrui: *r. un debito* | *R. in conto*, accreditare | *R. un figlio naturale*, dichiarare nelle forme previste dalla legge che una data persona è proprio figlio naturale. **4** Nel diritto internazionale, dichiarare di accettare, come esistente: *r. un nuovo Stato, una organizzazione internazionale*; *r. una conquista* | (*est.*) *R. il fatto compiuto*, accettarlo con tutte le sue conseguenze. **5** Ammettere, confessare: *riconosco che non va bene*; *r. il proprio errore.* **6** Verificare con attenzione le condizioni di q.c. per prenderne cognizione, detto spec. di luoghi | *R. un terreno, un itinerario*, prenderne cognizione ai fini delle operazioni tattiche e tecniche da svolgere | †Passare in rassegna, esaminare. **7** †Considerare q.c. come un favore, un beneficio e sentirne gratitudine | *R. q.c. da qc.*, considerare q.c. proveniente da qc. **8** (*raro*) Ricompensare: *r. le spese fatte.* **B** v. rifl. **1** Ammettere di essere in una certa condizione: *l'imputato si è riconosciuto colpevole.* **2** Identificarsi, trovare corrispondenza: *non mi riconosco nei valori della società attuale.* **C** v. rifl. rec. • Ravvisarsi a vicenda: *rivedendosi dopo tanti anni, hanno stentato a riconoscersi.* **D** v. rifl. • (*raro*) Avere coscienza di sé, dei propri difetti, del proprio temperamento. **E** v. intr. pron. **1** †Ravvedersi. **2** †Essere grato, riconoscente a qc. di q.c.

riconoscìbile agg. • Che si può riconoscere: *differenza r. a prima vista*; *non più r. per le alterazioni subite.* || **riconoscibilménte**, avv.

riconoscibilità s. f. • Qualità di chi o di ciò che è riconoscibile. CONTR. Irriconoscibilità.

riconosciménto s. m. **1** Atto, modo ed effetto del riconoscere: *un r. immediato*; *segnale di r.* | Segno distintivo che serve a far riconoscere qc. o q.c.: *dare, perdere il r.* **2** Accettazione: *r. del nuovo stato, di un diritto* | Ammissione, confessione: *ripudiamo il vostro r. dell'errore.* **3** (*dir.*) *R. del figlio naturale*, atto con il quale il genitore dichiara di essere il padre, o la madre, del figlio naturale | *R. della scrittura privata*, dichiarazione con la quale una parte riconosce che una scrittura privata prodotta in giudizio è stata da lei sottoscritta o redatta. **4** Ricompensa, gratitudine, detto di servizio o favore. **5** Scoperta di parentela, amicizia e sim. tra persone prima ignote tra loro, nei drammi. SIN. Agnizione. **6** (*psicol.*) Consapevolezza di un oggetto, di cui si è già avuto esperienza | Consapevolezza del significato di un simbolo. **7** †Contraccambio, compenso | *Dare in r.*, dare in ricompensa, per riconoscenza. **8** †Pentimento, ravvedimento.

riconoscitìvo agg. • (*raro*) Che fa riconoscere.

riconoscitóre A s. m. (f. *-trice*) • Chi riconosce. **B** agg. • †Grato, riconoscente.

riconosciùto part. pass. di *riconoscere*; anche agg. • Nei sign. del v.

riconquista [comp. di *ri-* e *conquista*] s. f. • Atto, effetto del riconquistare: *la r. di un territorio perduto, della libertà.*

riconquistàre [comp. di *ri-* e *conquistare*] v. tr. • Conquistare di nuovo combattendo: *r. un territorio, un paese* | Recuperare ciò che era stato perduto: *r. la fiducia degli amici*; *r. il potere.*

riconsacràre o †**riconsecràre** [comp. di *ri-* e *consacrare*] v. tr. • Consacrare di nuovo.

riconsacrazióne s. f. • Atto, effetto del riconsacrare.

†**riconsecràre** • V. *riconsacrare.*

riconségna s. f. • Atto del riconsegnare | Cerimonia durante la quale si riconsegna q.c.: *la r. delle bandiere.* SIN. Restituzione.

riconsegnàre [comp. di *ri-* e *consegnare*] v. tr. (*io riconségno*) **1** Consegnare di nuovo: *vi riconsegno le chiavi di casa.* **2** Restituire a qc. ciò che questi aveva affidato ad altri in consegna, che aveva smarrito o che gli era stato tolto: *l'impiegato ci riconsegnò i documenti*; *i carabinieri riconsegnarono al derubato i gioielli ritrovati.*

riconsentìre [comp. di *ri-* e *consentire*] v. intr. (coniug. come *consentire*; aus. *avere*) • Consentire di nuovo.

riconsideràre [comp. di *ri-* e *considerare*] v. tr. (*io riconsìdero*) **1** Considerare di nuovo o con maggiore attenzione: *r. una questione*; *abbiamo riconsiderato tutta la situazione.* **2** Riflettere ancora su q.c.

riconsiderazióne s. f. • Atto del riconsiderare. SIN. Riesame.

riconsigliàre [comp. di *ri-* e *consigliare* (*1*)] **A** v. tr. (*io riconsìglio*) • Consigliare di nuovo, ripetere un consiglio: *vi riconsiglio di non partire.* **B** v. intr. pron. • (*poet.*) Indursi nuovamente: *Ogni animal d'amor si riconsiglia* (PETRARCA).

riconsolàre [comp. di *ri-* e *consolare* (*1*) (V.)] **A** v. tr. (*io riconsólo*) • Consolare di nuovo o di più | (*lett.*) Riconfortare: *ma quei rossor, ma quei timori suoi / rassecura il guerriero e riconsola* (TASSO). **B** v. rifl. • Tornare a consolarsi.

riconsolatóre s. m.; anche agg. (f. *-trice*) • (*raro*) Chi, che riconsola.

†**riconsolazióne** [da *riconsolare*] s. f. • Riconforto.

riconsolidàre [comp. di *ri-* e *consolidare*] **A** v. tr. (*io riconsòlido*) • Riaffermare la saldezza, la forza e l'efficacia di azioni, idee, teorie e sim.: *r. la propria fede nella democrazia.* **B** v. rifl. • Accrescere la saldezza delle proprie idee, teorie e sim. o della propria situazione personale, sociale, economica e sim.: *riconsolidarsi nelle proprie convinzioni*; *dopo la promozione si è riconsolidato nella sua autorità.*

riconsultàre [comp. di *ri-* e *consultare*] v. tr. • (*raro*) Consultare di nuovo.

ricontàre [comp. di *ri-* e *contare*] v. tr. (*io ricónto*) **1** Contare di nuovo: *r. il denaro riscosso.* **2** †Dire, raccontare: *lungo fôra a ricontarve / quanto la nova libertà m'increbbe* (PETRARCA).

†**ricontemperàre** [comp. di *ri-* e *contemperare*] v. tr. • Contemperare di nuovo.

ricontestualizzàre [comp. di *ri-* e *contestualizzare*] v. tr. • Inserire in un contesto diverso da quello originario.

†**ricónto** [da *ricontare*] s. m. • Riepilogo.

ricontraddétto part. pass. di *ricontraddire*; anche agg. • Nel sign. del v.

ricontraddìre [comp. di *ri-* e *contraddire*] v. tr. (coniug. come *contraddire*) • (*raro*) Contraddire di nuovo.

ricontràrre [comp. di *ri-* e *contrarre*] v. tr. (coniug. come *trarre*) • Contrarre di nuovo.

ricontrattàre [comp. di *ri-* e *contrattare*] v. tr. • Contrattare di nuovo.

ricontràtto part. pass. di *ricontrarre* • (*raro*) Nel sign. del v.

ricontrollàre [comp. di *ri-* e *controllare*] v. tr. (*io ricontròllo*) • Controllare di nuovo.

riconvalidàre [comp. di *ri-* e *convalidare*] v. tr. (*io riconvàlido*) • Convalidare di nuovo o meglio. SIN. Riconfermare.

riconvenìre [comp. di *ri-* e *convenire*] **A** v. intr. (coniug. come *venire*; aus. *avere*) • Convenire nuovamente: *riconveniamo che tu hai ragione.* **B** v. tr. **1** (*dir.*) Proporre da parte del convenuto a propria volta e nello stesso giudizio delle domande giudiziali contro l'attore. **2** †Rimproverare, accusare.

riconvenùto part. pass. di *riconvenire*; anche agg. • (*raro*) Nei sign. del v.

riconvenzionàle agg. • (*dir.*) Di, relativo a riconvenzione: *domanda, causa r.*

riconvenzióne o †**reconvenzióne** [da *riconvenire*] s. f. **1** †Impugnazione di affermazioni altrui. **2** †Rimprovero. **3** (*dir.*) Azione del riconvenire.

riconversióne [comp. di *ri-* e *conversione*] s. f. • (*econ.*) Riorganizzazione degli orientamenti, degli apparati, dei processi produttivi, che determina una radicale trasformazione di questi, ed è motivata da un rilevante mutamento delle condizioni economiche generali o settoriali: *la r. tecnologica delle aziende.*

riconvertìre [comp. di *ri-* e *convertire*] **A** v. tr. (coniug. come *convertire*) **1** Convertire nuovamente. **2** (*est.*) Convincere di nuovo. **3** Convertire, rivolgere altrove. **B** v. intr. pron. **1** Convertirsi di nuovo | (*est., econ.*) Sottoporsi a riconversione, detto di industrie e sim. **2** (*fig., est.*) Convincersi di nuovo.

riconvìncere [vc. dotta, lat. tardo *reconvĭncere* 'convincere perfettamente' comp. di *re-* e *convĭncere*] v. tr. (coniug. come *vincere*) • Convincere di nuovo.

riconvincìbile agg. • (*raro*) Che si può riconvincere.

riconvinzióne s. f. • (*raro*) Atto, effetto del riconvincere.

riconvocàre [comp. di *ri-* e *convocare*] v. tr. (*io ricònvoco, tu ricònvochi*) • Convocare di nuovo: *r. qc. a domicilio.*

riconvocazióne s. f. • Atto del riconvocare.

†**ricoperchiàre** [comp. di *ri-* e *coperchiare*] v. tr. • Rimettere il coperchio | (*est.*) Coprire del tutto, richiudere.

†**ricopèrta** [da *ricoperto*] s. f. **1** Copertura. **2** (*fig.*) Scusa, pretesto.

ricopèrto o †**ricovèrto**. part. pass. di *ricoprire*; anche agg. • Nei sign. del v. || **ricopertaménte**, avv. (*raro*) Copertamente, dissimulatamente.

ricopertùra s. f. **1** Atto, effetto del ricoprire | Ciò con cui si ricopre: *si è scucita la r. delle poltrone.* **2** (*borsa*) Acquisto mediante il quale il venditore allo scoperto si ricopre mettendosi in grado di consegnare i titoli a suo tempo venduti.

ricòpia [comp. di *ri-* e *copia* (*2*)] s. f. • (*raro*) Ricopiatura.

ricopiàre [comp. di *ri-* e *copiare*] v. tr. (*io ricòpio*) **1** Copiare di nuovo: *mi si è macchiato il foglio e ho dovuto r. tutto* | Trascrivere in bella copia: *r. una lettera.* **2** (*raro*) Riprodurre, ritrarre dal vero o da un modello | Imitare.

ricopiàto part. pass. di *ricopiare*; anche agg. • Nei sign. del v.

ricopiatóre s. m. (f. *-trice*) • Chi ricopia.

ricopiatùra s. f. • Operazione, effetto del ricopiare.

ricoprènte part. pres. di *ricoprire*; anche agg. • Nei sign. del v.

ricoprìbile agg. • Che si può ricoprire.

ricopriménto s. m. **1** Atto, modo ed effetto del ricoprire. **2** Ciò che serve a ricoprire o che costituisce la ricopertura di q.c. **3** (*geol.*) Deformazione o dislocamento di vasti lembi di rocce che vengono sospinti a ricoprire altre regioni di una catena montuosa in formazione.

ricoprìre o (*poet.*) †**ricovrìre** [comp. di *ri-* e *coprire*] **A** v. tr. (coniug. come *coprire*) **1** Coprire di nuovo: *la foschia ha ricoperto l'orizzonte.* **2** Coprire bene per preservare, conservare: *r. i mobili con un panno* | *R. il seme*, mettervi sopra della terra perché germogli | Rivestire: *r. le poltrone nuove* | *R. una trincea, una posizione*, riparare con opere di fortificazione, coprire con ripari. **3** Empire, colmare, elargire abbondantemente (*anche fig.*): *r. di polvere*; *r. di denaro, di baci, di carezze* | *R. qc. d'oro*, (*fig.*) fargli doni di gran valore. **4** Nascondere, celare, occultare (*anche fig.*): *la terra ricopre le spoglie*; *r. le magagne di q.c., di qc.* | (*fig.*) *R. i propri pensieri*, dissimularli | (*fig.*) Difendere, cercare di scusare: *r. i propri errori.* **5** Assumere, occupare, detto di incarico, ufficio: *ricopre una carica importante.* **B** v. rifl. o intr. pron. **1** Rivestirsi, coprirsi di nuovo | (*est., fig.*) Ripararsi, difendersi | (*raro*) *Ricoprirsi col mantello di un altro*, (*fig.*) scusarsi accusando altri. **2** (*raro*) Assicurare i propri crediti | Rifarsi di una spesa.

ricopritóre s. m. (f. *-trice*) • (*raro*) Chi ricopre (*anche fig.*).

ricopritùra s. f. • (*raro*) Ricopertura.

ricorbellàre [comp. di *ri-* e *corbellare*] v. tr. (*io ricorbèllo*) • (*raro, pop.*) Corbellare di nuovo.

†**ricorcàre** • V. *ricoricare.*

ricordàbile [vc. dotta, lat. tardo *recordābile(m)*, da *recordāri* 'ricordare'] agg. • Che si deve o si può ricordare. SIN. Memorabile. || †**ricordabilménte**, avv. Memorabilmente.

ricordànza [lat. tardo *recordāntia(m)*, da *recŏrdans*, genit. *recordāntis* 'ricordante'] s. f. **1** (*poet.*) Ricordo, memoria: *dove sei gita, / che qui sola di te la r. / trovo, dolcezza mia?* (LEOPARDI). **2** †Facoltà del ricordare. **3** †Pegno che serve di ricordo. **4** †Nominanza, fama. **5** †Menzione, commemorazione.

ricordàre o †**raccordàre** (2), †**recordàre** [lat. *recordāri*, da *cŏr*, genit. *cŏrdis* 'cuore' (che era per gli antichi la sede della memoria), col pref. *re-*] **A** v. tr. (*io ricòrdo*) **1** Serbare memoria, avere presente nella memoria: *ricordo i giorni passati con voi*; *ricordo bene il suo indirizzo*; *un nome facile da r.* | Rinnovare nella memoria: *lapide che ricorda i caduti.* SIN. Rammentare. CONTR. Dimenticare. **2** Richiamare alla memoria propria o di altri: *ricorderò i pericoli passati*; *ricordate la promessa*; *ti ricordo l'appuntamento* | (*est.*) Rassomigliare: *r. i lineamenti della madre.* SIN. Rammentare. **3** Nominare, menzionare: *ti ricordo i nomi dei più bisognosi*; *vi ricordiamo spesso nei nostri discorsi.* **4** Commemorare: *r. una memoranda battaglia.* **B** v. intr. pron. • Avere nella memoria, serbare il ricordo: *mi ricordo confusamente dei vostri amici*; *ricordarsi del bene ricevuto* | Non dimenticarsi del male ricevuto e pensare a restituirlo: *mi ricorderò di voi!* | (*lett.*) Fare menzione | †Anche impers.: *se ben mi ricorda*; *mi ricorda esser non quasi lontana dal fiume una torricella disabitata* (BOCCACCIO). SIN. Rammentarsi. CONTR. Dimenticarsi.

ricordatìvo agg. **1** (*raro, lett.*) Atto a ricordare: *facoltà ricordativa.* **2** Che serve a commemorare | (*est.*) Memorabile: *giorno r.*

ricordàto part. pass. di *ricordare*; anche agg. • Nei sign. del v.

ricordatóre s. m. (f. *-trice*) • (*raro*) Chi ricorda.

†**ricordazióne** [vc. dotta, lat. *recordatiōne(m)*, da *recordātus*, part. pass. di *recordāri* 'ricordare'] s. f. • Atto del ricordare | Ricordo, memoria | Menzione | Rievocazione.

ricordévole agg. **1** (*lett.*) Che si ricorda. SIN. Memore. **2** (*lett.*) Memorabile. || **ricordevolménte**, avv. (*raro*) In modo ricordevole.

ricordìno s. m. **1** Dim. di *ricordo.* **2** Oggettino che serve a ricordare qc. o q.c. | (*raro*) Appunto, promemoria. **3** Cartoncino con immagine sacra e una dedica a ricordo di persone scomparse o di ricorrenze come cresime o prime comunioni.

ricòrdo A s. m. **1** Atto, effetto del ricordare, del richiamare alla mente qc. o q.c. o del ricordarsi: *perdersi nel r. del passato*; *te lo offro per r.* | (*raro*) Avvertimento: *fare un r. a qc.* **2** Permanenza nella mente dell'immagine di persone, cose, fatti o eventi trascorsi: *il tuo amico ci ha lasciato un pessimo r.*; *abbiamo perduto il r. di quel viaggio* | Tradizione orale o scritta, spec. di avvenimenti storici: *di quelle imprese gloriose si è perduto ogni r.* **3** Ciò che viene ricordato: *i ricordi scolastici, dell'infanzia, della giovinezza*; *quel viaggio è un bel r.*; *vivere di ricordi.* SIN. Memoria. **4** Ciò che correntemente serve a fare ricordare qc. o q.c. o a rinnovarne la memoria: *conserviamo molti ricordi turistici di Roma*; *quel libro è un r. di famiglia* | *R. marmoreo*, monumento, lapide | Vestigia: *i ricordi della civiltà cretese* | Nota, appunto: *prendere ricordi giorno per giorno* | Segno, lasciato da malattia, ferita, percossa, ecc.: *quella caduta gli ha lasciato un brutto r.* ‖ **ricordétto**, **dim.** | **ricordino**, **dim.** (V.). **B** in funzione di **agg. inv.** (posposto al **s.**) ● Si dice di ciò che serve a far ricordare qc. o q.c. o a rinnovarne la memoria: *foto r.*

ricoricàre o †**ricolcàre**, (*poet.*) †**ricorcàre** [comp. di *ri-* e *coricare*] **A** **v. tr.** (*io ricòrico, tu ricòrichi*) ● Coricare di nuovo: *r. il bambino nel letto.* **B** **v. rifl.** ● Coricarsi di nuovo: *dopo essersi alzato, si è ricoricato* | (*fig.*) Adagiarsi, stendersi | (*fig., poet.*) Tramontare di nuovo, detto del sole.

ricoronàre [comp. di *ri-* e *coronare*] **v. tr.** (*io ricoróno*) ● Coronare di nuovo.

ricòrre ● V. *ricogliere.*

ricorrèggere [lat. *recorrĭgere*, comp. di *re-* e *corrĭgere* 'correggere'] **A** **v. tr.** (coniug. come *correggere*) ● Correggere di nuovo o con cura: *r. le bozze*; *r. il compito* | Rivedere e correggere: *non si stanca di r. i suoi romanzi.* **B** **v. rifl.** ● Ravvedersi.

ricorrènte **A** **part. pres.** di *ricorrere*; anche **agg.** *1* Nei sign. del v. *2* *Motivo r.*, che ritorna abbastanza frequentemente in un'opera musicale o in un testo letterario, critico e sim. | *Nervo r.*, ramo del nervo vago, che dal torace risale verso la laringe innervandone quasi completamente i muscoli | *Febbre r.*, che si ripete presentando le stesse caratteristiche. *3* (*mat.*) Detto d'una successione di formule e sim., ciascuna delle quali si può costruire a partire dalla precedente. *4* Che fa o ha fatto ricorso: *parte r.* **B** **s. m.** e **f.** ● Chi fa o ha fatto ricorso.

ricorrènza [da *ricorrente*] **s. f.** *1* Fatto del ricorrere, del ritornare periodicamente: *la r. di quel fatto storico è costante*; *festeggiare la r. dell'onomastico.* *2* (*est.*) Festa che ritorna ogni anno: *l'allegra r. di Capodanno.*

ricórrere [lat. *recŭrrere*, comp. di *re-* e *cŭrrere* 'correre'] **A** **v. intr.** (coniug. come *correre*; aus. *essere*) *1* (*raro*) Correre nuovamente: *siamo ricorsi a cercarti* | Correre indietro tornando al punto di partenza (*spec. fig.*): *appena usciti, dovemmo r. a casa*; *r. con la memoria al passato.* *2* Avere ricorso, tornare nel tempo: *domani ricorre una festa solenne*; *ricorrerà presto l'anniversario della sua nascita* | Ripresentarsi, ripetersi periodicamente, a intervalli più o meno regolari: *un fenomeno che ricorre spesso*; *un motivo ornamentale che ricorre su tutta la facciata.* *3* Indirizzarsi, rivolgersi a qc. per ottenere q.c.: *r. a un amico per aiuto*; *r. a Dio per avere conforto*; *r. al medico, all'avvocato* | Fare appello: *r. alla bontà, alla generosità di qc.* | Utilizzare q.c.: *r. al dizionario*; *per conoscere la lezione esatta del testo è meglio r. al manoscritto* | *R. alle mani, alla violenza, alla maniera forte* e sim., usare la forza, la violenza e sim. *4* (*dir.*) Rivolgersi all'autorità giudiziaria o amministrativa, proponendo ricorso: *r. al tribunale, alla legge, alla giustizia*; *r. al capo dello Stato*; *r. contro una sentenza iniqua* | *R. in Cassazione*, impugnare una sentenza per questioni di diritto portandola all'esame della corte di Cassazione. **B** **v. tr.** *1* Tornare a correre: *ha ricorso i quattrocento metri.* *2* †Ripassare, percorrere. **C** **v. intr. pron.** ● †Tornare correndo.

ricorrètto **part. pass.** di *ricorreggere*; anche **agg.** ● Nei sign. del v.

ricorrettóre **s. m.** (f. *-trice*) ● (*raro*) Chi ricorregge.

ricorrezióne [lat. tardo *recorrectiōne(m)*, da *recorrĭgere* 'ricorreggere'] **s. f.** ● Atto, effetto del ricorreggere | (*raro*) Parte di uno scritto che è stata ricorretta.

ricorriménto **s. m.** ● (*raro*) Modo, atto, effetto del ricorrere | Ricorso.

ricorsività [da *ricorsivo*] **s. f.** *1* Frequenza con cui si ripete un fatto o un fenomeno. *2* (*mat.*) Qualità di ciò che è ricorsivo | *Teoria della r.*, studio sistematico delle funzioni ricorsive. *3* (*ling.*) Fenomeno per cui una regola sintattica può essere applicata più volte di seguito.

ricorsìvo [da *ricorso*, part. pass. di *ricorrere*] **agg.** *1* (*mat.*) Detto di una successione di formule, funzioni e sim. ciascuna delle quali si può costruire a partire dalla precedente. *2* (*ling.*) Detto di regola sintattica che può essere applicata più volte di seguito.

ricórso **A** **part. pass.** di *ricorrere*; anche **agg.** ● Nei sign. del v. **B** **s. m.** *1* Atto dell'indirizzarsi a q.c. o a qc. per cercare aiuto, protezione, sollievo, ecc.: *fare r. a una medicina più efficace*; *il tuo r. ai superiori è fallito.* *2* Istanza diretta all'autorità giudiziaria o amministrativa per ottenere la tutela di un diritto o di un interesse: *r. giurisdizionale, amministrativo*; *r. per cassazione* | *R. gerarchico*, istanza diretta all'organo amministrativo superiore a quello che ha emanato l'atto | (*est.*) Documento contenente tale istanza: *redigere un r.* *3* Il ripresentarsi periodicamente di fatti, avvenimenti, fenomeni spec. storici. *4* (*pop., spec. al pl.*) Mestruazioni.

†**ricorsóio** [comp. di *ri-* e *corsoio*] **agg.** ● Che va avanti e indietro | *Canapo a r.*, scorsoio | *Bollire a r.*, impetuosamente, con la maggiore intensità | *A r.*, smodatamente.

†**ricorteàre** [comp. di *ri-* e †*corteare*] **v. intr.** ● Tornare del corteo nuziale a casa dello sposo.

†**ricortèo** [comp. di *ri-* e *corteo*] **s. m.** ● Corteo di ritorno a casa dello sposo.

ricospàrgere [comp. di *ri-* e *cospargere*] **v. tr.** e **rifl.** (coniug. come *spargere*) ● Cospargere di nuovo.

ricospàrso **part. pass.** di *ricospargere* ● (*raro*) Nel sign. del v.

ricospiràre [comp. di *ri-* e *cospirare*] **v. intr.** (aus. *avere*) ● (*raro*) Cospirare di nuovo.

ricostituènte **A** **part. pres.** di *ricostituire*; anche **agg.** ● Nei sign. del v. **B** **s. m.** ● Preparato medicamentoso che, in caso di deperimento, porti al completo ripristino funzionale dell'organismo o che prevenga le conseguenze del superlavoro fisico o psichico.

ricostituìre [comp. di *ri-* e *costituire*] **A** **v. tr.** (*io ricostituìsco, tu ricostituìsci*) *1* Costituire di nuovo: *r. il governo.* *2* (*fig.*) Dare nuovo vigore: *r. l'organismo affaticato*; *r. la coscienza è r. nell'anima una religione* (DE SANCTIS). *3* Redigere nuovamente un documento mancante per un qualunque motivo ricostruendone il contenuto: *r. un atto distrutto, un atto sottratto.* **B** **v. intr. pron.** *1* Costituirsi nuovamente: *la società si è ricostituita su nuove basi.* *2* Rimettersi in buona salute, ristabilirsi.

ricostituìto **part. pass.** di *ricostituire*; anche **agg.** *1* Nei sign. del v. *2* (*chim.*) Detto di materiale o sostanza che si ottiene dal prodotto originario, mediante opportuni trattamenti, sostituendolo nelle applicazioni: *legno r.*; *latte r.*; *olio r.*

ricostituzióne **s. f.** ● Atto, effetto del ricostituire o del ricostituirsi: *la r. dell'esercito, di una organizzazione.*

ricostrétto **part. pass.** di *ricostringere* ● (*raro*) Nel sign. del v.

ricostringere [comp. di *ri-* e *costringere*] **v. tr.** (coniug. come *stringere*) ● Costringere di nuovo.

ricostruìbile **agg.** ● Che può essere ricostruito.

ricostruibilità **s. f.** ● Qualità di ciò che è ricostruibile.

ricostruìre [comp. di *ri-* e *costruire*] **v. tr.** (*io ricostruìsco, tu ricostruìsci*) *1* Costruire di nuovo: *r. un edificio sulle sue rovine.* *2* Riordinare, rifare un testo pervenuto mutilato o alterato su dati, documenti, frammenti: *r. un verso di Saffo* | Ricomporre lo svolgimento di fatti, avvenimenti, fenomeni secondo una serie di dati certi o di ipotesi molto probabili: *la polizia ha ricostruito la sparatoria* | (*bur.*) *R. la carriera*, effettuare la ricostruzione della carriera.

ricostruìto **part. pass.** di *ricostruire*; anche **agg.** ● Nei sign. del v.

ricostruttóre **s. m.**; anche **agg.** (f. *-trice*) ● Chi, che ricostruisce: *i ricostruttori della società*; *iniziativa ricostruttrice.*

ricostruzióne **s. f.** *1* Atto, effetto del ricostruire (*anche fig.*): *ultimare la r. di un acquedotto*; *la r. di un fenomeno politico*; *tentare la r. della trama di un romanzo* | *R. degli pneumatici*, applicazione di un nuovo battistrada sulla carcassa di uno pneumatico | *R. linguistica*, procedimento scientifico attraverso il quale si ricostruisce una forma linguistica non attestata | (*bur.*) *R. della carriera*, provvedimento consistente nel determinare ex novo la qualifica contrattuale e la retribuzione di un dipendente, spec. pubblico, per effetto di rinnovi contrattuali, nuove leggi, sentenze di magistratura aventi carattere retroattivo | (*est.*) Parte o elemento ricostruito. *2* Complesso di iniziative economiche, politiche, culturali, e sim. volte a riparare danni morali e materiali causati da una guerra: *dopo la seconda guerra mondiale, l'opera di r. progredì rapidamente.*

ricotonàre [da *accotonare*, con cambio di pref.] **v. tr.** (*io ricotóno*) ● Cotonare di nuovo.

ricotonatùra **s. f.** ● Atto, effetto del ricotonare.

ricòtta [f. sost. di *ricotto*, perché si ottiene dalla bollitura del siero] **s. f.** ● Latticino ottenuto dalla ricottura del siero di latte di pecora residuato dalla fabbricazione del formaggio, con aggiunta di siero acido: *r. romana, salata* | *Essere fatto di r.*, (*fig.*) essere fiacco, debole | *Mani di r.*, che non sanno reggere le cose. ‖ **ricottàccia**, **pegg.** | **ricottèlla**, **dim.** | **ricottìna**, **dim.** | **ricottóna**, **accr. f.**

ricottàia [detta così perché le sue foglie, se rotte, danno un odore simile a quello della *ricotta*] **s. f.** ● (*raro, pop.*) Felce comune.

ricottàio o (*region.*) **ricottàro** **s. m.** (f. *-a*) *1* Venditore di ricotta. *2* (*raro*) Persona ghiotta di ricotta.

ricòtto **part. pass.** di *ricuocere*; anche **agg.** *1* Nei sign. del v. *2* *Acciaio r.*, acciaio riscaldato e lasciato lentamente raffreddare affinché perda una tempera precedente o assuma una struttura interna omogenea.

ricottùra [da *ricotto*] **s. f.** *1* Operazione, effetto del ricuocere. *2* Trattamento termico consistente nel riscaldare un metallo e lasciarlo raffreddare lentamente, per omogeneizzare la struttura interna del metallo stesso, diminuirne la durezza ed eliminare gli effetti di eventuali trattamenti termici precedenti.

ricovàre [comp. di *ri-* e *covare*] **v. tr.** (*io ricóvo*) ● Covare di nuovo.

ricoveràre o †**ricovràre** [lat. *recuperāre* 'rientrare in possesso, recuperare'] **A** **v. tr.** (*io ricóvero*) *1* Dare rifugio, riparo, ospitalità, protezione (*anche ass.*): *r. un ferito*; *r. d'urgenza all'ospedale, in clinica* | Offrire asilo o riparo: *r. i cavalli nella stalla.* *2* Rinchiudere in uno stabilimento appositamente destinato all'esecuzione di misure di sicurezza detentive: *r. in un manicomio giudiziario, in un riformatorio giudiziario.* *3* †Recuperare | (*fig.*) †Riscattare. **B** **v. intr. pron.** e lett. **intr.** (aus. *essere*) *1* Entrare in ospedale o in una qualsiasi struttura di cura o di assistenza: *ha deciso di ricoverarsi per sottoporsi a una cura disintossicante.* *2* Ripararsi, rifugiarsi: *durante il temporale, si ricoverarono in un casolare*; *desideroso di r. anch'egli nella stessa pace* (BACCHELLI).

ricoveràto **A** **part. pass.** di *ricoverare*; anche **agg.** ● Nei sign. del v. **B** **s. m.** (f. *-a*) ● Chi è ospite o degente di un ricovero, ospizio, ospedale, e sim.: *il r. è stato dimesso.*

ricoveratóre [lat. *recuperatōre(m)*, da *recuperātus*, part. pass. di *recuperāre*. V. *recuperare*] **s. m.** (f. *-trice*) *1* (*raro*) Chi ricovera qc. *2* †Recuperatore.

ricóvero **s. m.** *1* Atto del ricoverare: *ordinare il r. in casa di cura* | *R. urgente*, quello deciso per un paziente in gravi condizioni. *2* Luogo in cui si può trovare rifugio, salvezza, protezione: *cercammo r. dall'acquazzone sotto una tettoia*; *costruire ricoveri per le truppe.* SIN. Rifugio, riparo. *3* Ospizio dove sono accolte persone anziane o indigenti: *cercare un posto al r. di mendicità.* *4* †Recuperamento.

†**ricovràre** ● V. *ricoverare.*

†**ricovrìre** e *deriv.* ● V. *ricoprire* e *deriv.*

ricreaménto o †**ricriaménto** **s. m.** ● (*raro*) Atto effetto del ricreare o del ricrearsi. SIN. Conforto, ristoro.

ricreànte **part. pres.** di *ricreare*; anche **agg.** ● Nei sign. del v.

ricreàre o †**recreàre**, †**ricriàre** [vc. dotta, lat. *recreāre*, comp. di *re-* e *creāre* 'costituire, creare'] **A** **v. tr.** (*io ricrèo*) *1* Creare di nuovo | (*raro*) Rileggere. *2* Ristorare, sollevare, confortare, consolare (*anche ass.*): *è una bevanda che ricrea il fisico*; *questa bella vista ricrea*; *la vostra beatitudine rilieva e ricria in meravigliosa allegrezza il mondo* (COMPAGNI). *3* (*est., ass.*) Divertire, rallegrare: *un passatempo che ricrea.* **B** **v. rifl.** *1* Sollevarsi, svagarsi: *ci siamo ricreati con una bella gita in campagna.* SIN. Distrarsi. *2* (*est.*) Divertirsi: *ha bisogno di ricrearsi.*

ricreativo agg. ● Atto a ricreare: *gioco r.*; *lettura ricreativa* | Che tende a ricreare il corpo e lo spirito: *circolo r.*

ricreatóre [vc. dotta, lat. tardo *recreatōre(m)*, da *recreātus*, part. pass. di *recreāre* 'ricreare'] **agg.**; anche **s. m.** (f. *-trice*) ● (*raro*) Che, chi ricrea.

ricreatòrio A agg. ● (*raro*) Ricreativo. **B s. m.** ● Luogo, istituto in cui i ragazzi, dopo gli impegni scolastici, sono accolti a scopo ricreativo.

ricreazióne o †**ricriazióne** [vc. dotta, lat. *recreatiōne(m)*, da *recreātus* 'ricreato'] **s. f. 1** (*raro*) Atto effetto del ricreare | Nuova creazione. **2** Ristoro, riposo dal lavoro: *prendere un po' di r.* | Pausa, tra un periodo e l'altro di lavoro o di studio, per attenuare lo sforzo sostenuto: *concedere agli operai mezz'ora di r.*; *è suonata la campana della r.* **3** Ciò che ricrea, distrae: *la pesca è la sua r.*

†**ricredènte** [propr. part. pres. di *ricredere*] **agg.** ● Pusillanime, pauroso | *Fare r.*, impaurire.

ricrédere [comp. di *ri-* e *credere*; calco sul provz. (*se*) *recreire*] **A v. intr.** (aus. *avere*) ● (*raro*) Credere nuovamente. **B v. intr. pron. 1** Credere, stimare diversamente da prima, cambiando opinione e convincendosi del contrario: *lo credevo onesto ma mi sono ricreduto.* **2** †Perdersi d'animo, avvilirsi. **3** †Cessare di meravigliarsi: *tutti i Fiorentini che v'erano ... non si poteano r. di questo così nuovo dono* (SACCHETTI).

ricredùto part. pass. di *ricredere*; anche **agg.** ● Nei sign. del v.

†**ricrèo** ● V. †*ricrio*.

ricrepàre [comp. di *ri-* e *crepare*] **v. intr.** o **intr. pron.** (*io ricrèpo*; aus. *essere*) ● (*raro*) Crepare di nuovo o di più.

ricréscere [vc. dotta, lat. *recrēscere*, comp. di *re-* e *crēscere*] **A v. intr.** (coniug. come *crescere*; aus. *essere*) **1** Crescere di nuovo: *farsi r. la barba* | (*raro*) Crescere di più: *il numero degli scontenti ricresce.* **2** (*dial.*) Aumentare di volume, crescere alla vista: *è una minestra, una pasta che ricresce.* **B v. tr.** ● (*raro*) Fare crescere di nuovo o di più.

ricresciménto s. m. ● (*raro*) Atto, effetto del ricrescere.

ricréscita [comp. di *ri-* e *crescita*] **s. f. 1** Atto, effetto del riscrescere: *la r. del grano.* **2** Aumento di volume: *pasta che fa una gran r.*

ricresciùto part. pass. di *ricrescere*; anche **agg.** ● Nei sign. del v.

†**ricriàre** e *deriv.* ● V. *ricreare* e *deriv.*

†**ricrìo** o †**ricrèo** [da †*ricriare*] **s. m.** ● Ricreazione, conforto.

ricristallizzàre A v. intr. (aus. *avere*) ● Subire un processo di ricristallizzazione. **B v. tr.** ● Sottoporre una sostanza a processo di ricristallizzazione.

ricristallizzazióne [comp. di *ri-* e *cristallizzazione*] **s. f. 1** (*miner.*) Formazione di nuovi cristalli a spese di materia rimossa da cristalli precedenti. **2** In metallurgia, cambiamento di una struttura cristallina in un metallo o lega per riscaldamento oltre la temperatura critica di quella lega o metallo.

ricriticàre [comp. di *ri-* e *criticare*] **v. tr.** (*io ricrìtico, tu ricrìtichi*) ● Criticare di nuovo.

ricrociàto [comp. di *ri-* e *crociato*] **agg.** ● (*arald.*) Detto di croce i cui bracci formano altre croci.

ricrocifìggere o †**ricrucifìggere** [comp. di *ri-* e *crocifiggere*] **v. tr.** (coniug. come *crocifiggere*) ● (*raro*) Crocifiggere di nuovo.

ricrocifìsso part. pass. di *ricrocifiggere* ● (*raro*) Nel sign. del v.

†**ricrucifìggere** ● V. *ricrocifiggere*.

ricsciò ● V. *risciò*.

ricsiò /rik'sjɔ*/ ● V. *risciò*.

ricsò /rik'sɔ*/ ● V. *risciò*.

rictus /*lat.* 'riktus/ [vc. lat., propriamente 'apertura della bocca', da *rīngi* 'digrignare i denti', V. *ringhiare*] **s. m. inv.** ● (*med.*) Atteggiamento stirato delle labbra per spasmo dei muscoli facciali.

ricuciménto s. m. ● Atto, effetto del ricucire.

ricucìre [comp. di *ri-* e *cucire*] **v. tr.** (*io ricùcio*) **1** Cucire di nuovo | Cucire uno strappo, rammendare. **2** (*fig.*) Accozzare, mettere insieme elementi diversi, raccoglitícci o che si fondono poco armoniosamente fra loro, detto spec. di scritti, componimenti letterari e sim.: *con vecchie frasi ha ricucito una novella.* **3** (*chir.*) Rimarginare, suturare. **4** (*fig.*) Ricomporre una controversia o superare motivi di contrasto, dissidio e sim.: *con molti sforzi è stata ricucita la frattura tra i due partiti*; *hanno tentato invano di r. il dialogo tra loro.*

ricucìto A part. pass. di *ricucire*; anche **agg.** ● Nei sign. del v. **B s. m.** ● (*raro*) Rammendo.

ricucitóre s. m. (f. *-trice*, pop. *-tora*) ● (*raro*) Chi ricuce.

ricucitùra s. f. **1** Operazione ed effetto del ricucire | Segno del rammendo, della parte ricucita. **2** (*fig.*) Accozzamento di elementi diversi, detto di scritti, opere letterarie e sim.: *il suo dramma è una r. di luoghi comuni.* **3** (*fig.*) Risoluzione di un contrasto o superamento dei motivi di disaccordo fra due o più persone.

ricuòcere [lat. parl. **recŏcere*, per il classico *recŏquere*, comp. di *re-* e *cŏquere* 'cuocere'] **v. tr.** (coniug. come *cuocere*) **1** Cuocere di nuovo o di più: *bisogna r. l'arrosto.* **2** Effettuare la ricottura di un metallo.

ricuocitùra s. f. ● (*raro*) Atto, effetto del ricuocere.

ricuperàre e *deriv.* ● V. *recuperare* e *deriv.*

ricurvàre [vc. dotta, lat. *recurvāre*, comp. di *re-* e *curvāre*] **A v. tr.** ● Curvare di nuovo o di più. **B v. rifl.** e **intr. pron.** ● Curvarsi di nuovo o di più.

ricùrvo [vc. dotta, lat. *recŭrvu(m)*, comp. di *re-* e *cŭrvus* 'curvo'] **agg. 1** Curvo, curvato: *dorso r. del delfino* | Molto curvo: *bastone r.* | (*est.*) Vecchio e malfermo sulle gambe: *un vecchio r.* **2** (*raro*) Curvo due volte.

ricùsa o (*raro, lett.*) **recùsa** s. f. ● Atto del ricusare. SIN. Rifiuto.

ricusàbile o (*lett.*) **recusàbile** [vc. dotta, lat. tardo *recusābile(m)*, da *recusāre* 'ricusare'] **agg.** ● Che si può o si deve ricusare.

ricusabilità o (*raro, lett.*) **recusabilità** s. f. ● (*raro*) Condizione di ciò che è ricusabile.

ricusànte o (*raro*) **recusànte** part. pres. di *ricusare*; anche **agg.** ● Nei sign. del v.

ricusàre o (*raro, lett.*) **recusàre** [vc. dotta, lat. *recusāre*, da *cāusa*, col pref. *re-*] **A v. tr. 1** Non volere, non accettare: *r. il cibo* | Rifiutare di fare q.c.: *r. di ricevere qc.* | †*R. la battaglia*, evitarla. **2** (*dir.*) Chiedere giudizialmente che un funzionario giudiziario, un consulente tecnico o un arbitro non esplichi nel caso concreto la propria funzione non sussistendo tutte le condizioni perché ciò possa avvenire ritualmente: *r. il giudice.* **3** (*raro*) Negare. **B v. intr. pron.** ● Rifiutarsi, non acconsentire: *mi ricuso di parlargli.* **C v. intr.** (aus. *avere*) ● (*mar.*) Detto di nave, restare sul primo bordo | Detto di vento, essere scarso.

ricusazióne o (*raro, lett.*) **recusazióne** [vc. dotta, lat. *recusatiōne(m)*, da *recusātus*, part. pass. di *recusāre*] **s. f. 1** (*raro, lett.*) Ricusa, rifiuto: *parendogli conveniente, che il Re, dopo la sua r., avesse dovuto replicare* (GUICCIARDINI). **2** (*dir.*) Atto, effetto del ricusare: *r. del giudice.*

ridacchiàre [ints. di *ridere*] **v. intr.** (*io ridàcchio*; aus. *avere*) ● Ridere a più riprese e a brevi tratti senza compiacenza, ma con intonazione maligna o canzonatoria: *alla sua vista, tutti presero a r.*

ridanciàno [da *ridere*] **agg. 1** Di persona facile al riso, che ride di gusto e spesso: *ragazzo r.*; *temperamento r.* **2** Che fa ridere di gusto: *novella ridanciana.*

ridàre [comp. di *ri-* e *dare*] **A v. tr.** (**pres.** *io ridò, tu ridài, egli ridà*; **imp.** *ridà* /ri'da, ri'da*/, o *rida'* o *ridài*; nelle altre forme coniug. come *dare*) **1** Dare di nuovo: *ridammi il tuo indirizzo* | (*ass.*) *Dare e r.*, insistere, ostinarsi: *dai e ridai, ce l'ha fatta*; *a furia di dare e r. è riuscito a spuntarla.* **2** Restituire, rendere: *non mi ha ridato il libro che mi chiese tempo fa* | *R. fuori q.c.*, detto di cibo, vomitarlo. **B v. intr.** (aus. *avere*) **1** (*pop.*) Riprodursi, manifestarsi ancora: *ci ha ridato fuori la febbre.* **2** (*raro*) Incappare, capitare di nuovo, andare a finire di nuovo: *r. nella rete* | (*raro*) *R. giù*, ammalarsi di nuovo. **C v. rifl.** ● Tornare a darsi.

ridarèlla o **riderèlla**. s. f. ● (*fam.*) Desiderio di ridere o riso continuo: *avere la r.*; *non riuscire a trattenere la r.*

ridarèllo o **riderèllo agg.** ● Gioioso e spesso ridente: *la solita indovina, mi riguardò con / quegli occhi ridarelli* (MORANTE).

†**ridarguìre** ● V. *redarguire*.

rìdda [da †*riddare*] **s. f. 1** Antico ballo in cui le persone giravano velocemente tenendosi per mano e cantando. **2** (*est.*) Moto disordinato e convulso di cose o persone intorno a q.c. (*anche fig.*): *una r. di automobili*; *una r. di ammiratori*; *una r. di pensieri, di supposizioni.*

†**riddàre** [longob. *rīdan* 'girare intorno'] **v. intr. 1** Ballare la ridda. **2** (*est.*) Girare in tondo, andare rigirando.

†**riddóne** o †**riddóni** [da †*riddare*] **avv.** ● (*raro*) Riddando | Anche nella loc. avv. *riddon r.*

ridefinìre [comp. di *ri-* e *definire*] **v. tr.** (*io ridefinìsco, tu ridefinìsci*) ● Definire di nuovo, in modo diverso o più preciso | (*est.*) Riconsiderare, modificare: *r. un obiettivo.*

ridefinizióne [da *ridefinire*] **s. f.** ● Nuova definizione di un fatto, di una legge, di una figura professionale e sim.

ridènte part. pres. di *ridere*; anche **agg. 1** Nei sign. del v. **2** Piacevole, ameno, dilettevole: *spiaggia, paese r.*; *r. e bella / ardisce aprire il seno al sol la rosa* (POLIZIANO).

ridepórre [comp. di *ri-* e *deporre*] **v. tr.** (coniug. come *porre*) ● Deporre di nuovo.

rìdere [lat. parl. **rīdere*, per il classico *ridēre*, di etim. incerta] **A v. intr.** (**pass. rem.** *io rìsi, tu ridésti*; **part. pass.** *rìso*; aus. *avere*) **1** Mostrare allegrezza, spec. spontanea ed improvvisa, con particolare contrazione e increspamento dei muscoli della faccia e suoni caratteristici: *r. fragorosamente, sguaiatamente, a piena gola*; *venire, scoppiare da r.*; *r. per un moto nervoso, per il solletico*; *è cosa tutta da r.*; *non c'è da r.* | *R. a crepapelle*, di cuore, fortissimo, senza trattenersi | *R. a fior di labbra*, sorridere | *R. sotto i baffi*, ridere celatamente, con malizia | (*raro*) *R. giallo, verde*, forzatamente, reprimendo sentimenti contrari | *R. dietro, alle spalle*, deridere | *Non r. mai*, essere triste o severo | *Far r. i banchi, i polli*, dire scempiaggini, o mostrarsi goffo e ridicolo | *Non c'è nulla da r., non ridete!*, è cosa seria, vera | *Fare per r.*, per scherzare | †*R. a credenza*, senza ragione, vedendo altri ridere | (*est.*) Mostrare gioia: *i suoi occhi ridono.* CONTR. Piangere. **2** (*est.*) Fare l'atto del ridere digrignando i denti: *la iena rideva.* **3** (*raro, fig.*) Incresparsi, detto spec. di un corso o di uno specchio d'acqua. **4** (*raro, est.*) Essere sdrucito, detto di scarpe o biancheria. **5** (*fig., lett.*) Brillare, splendere: *il cielo rideva* | (*fig., lett.*) Mostrare bellezza, vivacità di colori: *ridono i prati, e 'l ciel si rasserena* (PETRARCA). **6** (*lett.*) Mostrarsi amico, arridere: *gli ha riso la fortuna.* **B v. intr. pron. 1** Burlarsi, farsi beffe: *ridersi della stoltezza di qc.* **2** Non fare conto, non temere: *mi rido delle vostre minacce* | *Ridersela*, non preoccuparsi. **C v. tr.** ● †Deridere ‖ PROV. Ride bene chi ride ultimo.

riderèlla ● V. *ridarella*.

riderèllo ● V. *ridarello*.

ridesinàre [comp. di *ri-* e *desinare*] **v. intr.** (*io ridésino*; aus. *avere*) ● Desinare di nuovo.

ridestàbile agg. ● (*raro*) Che si può ridestare.

ridestaménto s. m. ● (*raro*) Modo, atto del ridestare o del ridestarsi.

ridestàre [comp. di *ri-* e *destare*] **A v. tr.** (**pres.** *io ridésto*; **part. pass.** *ridestàto*, lett. *ridésto*) **1** Destare di nuovo: *ci ha ridestati il rumore del traffico.* **2** (*fig.*) Ravvivare: *r. la fiamma* | (*fig.*) Riaccendere, rinfocolare: *r. l'odio.* **B v. intr. pron. 1** Tornare a svegliarsi: *mi sono ridestato stanco.* **2** (*fig.*) Risorgere, ravvivarsi, riaccendersi: *fra di loro si è ridestato l'amore.*

ridestàto part. pass. di *ridestare*; anche **agg.** ● Nei sign. del v.

ridésto part. pass. di *ridestare*; anche **agg.** ● (*lett.*) Nei sign. del v.

rideterminàre [comp. di *ri-* e *determinare*] **v. tr.** (*io ridetèrmino*) ● Determinare di nuovo.

ridettàre [comp. di *ri-* e *dettare*] **v. tr.** (*io ridétto*) ● Dettare di nuovo.

ridétto part. pass. di *ridire*; anche **agg.** ● Nei sign. del v.

ridévole agg. **1** (*raro*) Che muove al riso: *motto r.* **2** (*raro*) Che suscita scherno, derisione. SIN. Ridicolo. ‖ **ridevolménte**, avv. (*raro*) In maniera ridicola.

ridicènte part. pres. di *ridire* ● (*raro*) Nei sign. del v.

ridicìbile [dal lat. tardo *redīcere* 'ridire'] **agg.** ● (*raro*) Che può essere ridetto.

†**ridiciménto** [dal lat. tardo *redīcere* 'ridire'] s. m. ● Reticenza, dopo avere cominciato un racconto, tipica della tecnica letteraria.

ridicitóre [dal lat. tardo *redīcere* 'ridire'] s. m. (f. *-trice*) **1** (*raro*) Chi ridice. **2** †Chi riferisce cose udite e che sarebbe meglio non divulgare.

ridicolàggine s. f. **1** Qualità dell'essere ridicolo: *fa ridere tutti con la sua r.* **2** Atto, detto ridicolo: *hai fatto una grossa r.*

ridicoleggiàre v. tr. (*io ridicoléggio*) ● Ridicolizzare.

ridicolézza s. f. **1** L'essere ridicolo: *non si accorge della sua r.* **2** Ciò che è ridicolo: *dice solo ridicolezze* | Cosa da poco, inezia, sciocchezza: *si è sdebitato con una r.*

ridicolizzàre [fr. *ridiculiser*, da *ridicule* 'ridicolo'] v. tr. ● Fare apparire ridicolo, mettere, volgere in ridicolo: *r. un avversario*; *r. una situazione grave.*

ridicolizzazióne s. f. ● Atto, effetto del ridicolizzare.

ridicolo [vc. dotta, lat. *ridĭculu(m)*, da *ridēre* 'ridere'] **A** agg. **1** Che muove il riso perché goffo, strano, grottesco o insulso: *aspetto r.*; *figura ridicola*; *sono pretese ridicole.* SIN. Buffo. **2** (*est.*) Da non prendersi in considerazione perché meschino, inadeguato, troppo esiguo: *è un compenso r.* *rispetto al nostro lavoro.* || **ridicolménte**, **ridicolaménte**, avv. **B** s. m. solo sing. ● Qualità, essenza di ciò che è ridicolo o desta il riso: *non capisco il r. di questa situazione* | Fatto dell'essere ridicolo: *mettere, porre, cadere nel r.* | *Porre qc. in r.*, ridicolizzare. SIN. Comico. || **ridicolàccio**, pegg. | **ridicolóne**, accr.

†**ridicolosàggine** s. f. ● Ridicolaggine.

†**ridicolosità** s. f. ● Atto, parola ridicola.

†**ridicolóso** [vc. dotta, lat. *ridiculōsu(m)*, da *ridĭculus* 'ridicolo'] agg. ● Ridicolo, schernevole. || †**ridicolosaménte**, avv. In modo ridicolo.

†**ridificàre** ● V. *riedificare.*

†**ridimandàre** ● V. *ridomandare.*

ridimensionaménto s. m. ● Atto, effetto del ridimensionare, del ridimensionarsi (*anche fig.*): *il r. di un'azienda*; *il r. di un fatto storico.*

ridimensionàre [da *dimensione*, col pref. *ri-*] **A** v. tr. (*io ridimensióno*) **1** Riorganizzare e ristrutturare, spec. un complesso industriale, per adeguarlo a mutate circostanze, riducendone in generale l'entità: *r. un'industria farmaceutica.* **2** (*fig.*) Ridurre alle giuste proporzioni o a proporzioni minori: *r. uno scrittore, un'azione politica.* **B** v. intr. pron. ● Ridursi a giuste proporzioni, a proporzioni minori: *le sue ambizioni politiche si sono ridimensionate.*

ridiminuìre [comp. di *ri-* e *diminuire*] v. tr. (*io ridiminuìsco, tu ridiminuìsci*) ● Diminuire di nuovo.

ridimostràre [comp. di *ri-* e *dimostrare*] v. tr. (*io ridimóstro*) ● Dimostrare di nuovo.

ridipìngere [comp. di *ri-* e *dipingere*] **A** v. tr. (coniug. come *dipingere*) ● Dipingere di nuovo | Ritoccare. **B** v. rifl. ● Dipingersi di nuovo.

ridipinto part. pass. di *ridipingere*; anche agg. ● Nei sign. del v.

ridipintùra s. f. ● Atto del ridipingere | Ciò che è stato ridipinto: *affresco cinquecentesco con estese ridipinture seriori.*

ridire [lat. tardo *redīcere*, comp. di *re-* e *dīcere* 'dire'] **A** v. tr. (imp. *ridì* /ri'di, ri'di*/ o *ridi'*; nelle altre forme coniug. come *dire*) **1** Dire di nuovo: *mi ridisse dove abitava* | Ripetere di frequente: *non si stanca di dire e r. le stesse cose.* SIN. Replicare. **2** Riferire, riportare cose sentite o comunicate da altri: *ti ridico cosa ho saputo di nuovo* | Riportare con leggerezza cose dette da altri in confidenza: *non andare a r. ciò che hai saputo.* **3** Narrare, raccontare: *non credo di riuscirvi a r. tutto ciò che ho visto* | (*est., lett.*) Esprimere: *le angosce, i dubbi, il palpitar mio lungo / poss'io ridir?* (ALFIERI). **4** Dire per risposta | Dire il contrario, opponendo od obiettando: *non vedo che cosa tu possa r.* | Criticare, biasimare (*anche ass.*): *non trovar nulla a r.* **B** v. intr. pron. ● †Disdirsi, ritrattarsi.

ridirizzàre ● V. *ridrizzare.*

ridiscéndere o **ridiscèndere** [comp. di *ri-* e *discendere*] v. intr. e tr. (coniug. come *scendere*; aus. intr. *essere*) ● Scendere di nuovo: *r. le scalinate*; *dopo la salita, non riusciva a r.*

ridiscèrnere [comp. di *ri-* e *discernere*] v. tr. (coniug. come *discernere*; dif. del part. pass. e dei tempi composti) ● (*raro*) Discernere di nuovo.

ridiscéso part. pass. di *ridiscendere*; anche agg. ● Nel sign. del v.

ridisciògliere [comp. di *ri-* e *disciogliere*] v. tr. (coniug. come *sciogliere*) ● Disciogliere di nuovo.

ridisciòlto part. pass. di *ridisciogliere*; anche agg. ● (*raro*) Nel sign. del v.

ridiscórrere [comp. di *ri-* e *discorrere*] v. intr. (coniug. come *discorrere*; aus. *avere*) ● Discorrere di nuovo.

ridiscórso part. pass. di *ridiscorrere* ● (*raro*) Nel sign. del v.

ridiscùtere [comp. di *ri-* e *discutere*] v. tr. (coniug. come *discutere*) ● Discutere di nuovo: *r. una legge.*

ridisegnàre [comp. di *ri-* e *disegnare*] v. tr. (*io ridiségno*) ● Disegnare di nuovo.

ridisfàre [comp. di *ri-* e *disfare*] v. tr. (coniug. come *disfare*) ● Disfare un'altra volta.

ridisfàtto part. pass. di *ridisfare* ● (*raro*) Nel sign. del v.

ridisgiùngere [comp. di *ri-* e *disgiungere*] v. tr. (coniug. come *giungere*) ● (*raro*) Disgiungere di nuovo.

ridisgiùnto part. pass. di *ridisgiungere* ● (*raro*) Nel sign. del v.

ridispórre [comp. di *ri-* e *disporre*] v. tr. (coniug. come *porre*) ● Disporre di nuovo, disporre un'altra volta: *r. la partenza*; *r. i soprammobili secondo un nuovo ordine.*

ridispósto part. pass. di *ridisporre* ● (*raro*) Nel sign. del v.

ridisputàre [comp. di *ri-* e *disputare*] v. tr. e intr. (*io ridìsputo*; aus. *avere*) ● (*raro*) Disputare di nuovo.

ridistaccàre [comp. di *ri-* e *distaccare*] v. tr. (*io ridistàcco, tu ridistàcchi*) ● Distaccare di nuovo.

ridistèndere [comp. di *ri-* e *distendere*] **A** v. tr. (coniug. come *stendere*) ● Distendere di nuovo. **B** v. rifl. ● Distendersi di nuovo.

ridistéso part. pass. di *ridistendere* ● (*raro*) Nel sign. del v.

ridistillàre [comp. di *ri-* e *distillare*] v. tr. ● Distillare di nuovo.

ridistìnguere [comp. di *ri-* e *distinguere*] v. tr. (coniug. come *distinguere*) ● Distinguere nuovamente.

ridistìnto part. pass. di *ridistinguere* ● (*raro*) Nel sign. del v.

ridistribuìre o **redistribuìre** [comp. di *ri-* e *distribuire*] v. tr. (*io ridistribuìsco, tu ridistribuìsci*) ● Distribuire di nuovo o in modo diverso: *r. i doni*; *r. i compiti.*

ridistribuzióne o **redistribuzióne** [comp. di *ri-* e *distribuzione*] s. f. ● Atto, effetto del ridistribuire.

ridistrùggere [comp. di *ri-* e *distruggere*] v. tr. (coniug. come *distruggere*) ● Distruggere di nuovo.

ridistrùtto part. pass. di *ridistruggere* ● (*raro*) Nel sign. del v.

ridivenire [comp. di *ri-* e *divenire*] v. intr. (coniug. come *divenire*; aus. *essere*) ● Divenire di nuovo. SIN. Ridiventare.

ridiventàre o †**ridoventàre** [comp. di *ri-* e *diventare*] v. intr. (*io ridivènto* o **ridivénto**; aus. *essere*) ● Diventare di nuovo.

ridivenùto part. pass. di *ridivenire* ● Nel sign. del v.

ridivertire [comp. di *ri-* e *divertire*] v. tr. (*io ridivèrto*) ● Divertire di nuovo.

ridivìdere [comp. di *ri-* e *dividere*] **A** v. tr. (coniug. come *dividere*) ● Dividere di nuovo. **B** v. intr. pron. ● Suddividere ancora: *i due partiti si sono ridivisi.*

†**ridivincolàrsi** [comp. di *ri-* e *divincolarsi*] v. rifl. ● Ritorcersi, ripiegarsi.

ridivisìbile [comp. di *ri-* e *divisibile*] agg. ● (*raro*) Che si può ridividere.

ridivìso part. pass. di *ridividere* ● (*raro*) Nei sign. del v.

ridivoràre [comp. di *ri-* e *divorare*] v. tr. (*io ridivóro*) ● Divorare di nuovo.

ridolére [comp. di *ri-* e *dolere*] **A** v. intr. (coniug. come *dolere*; aus. *essere* e *avere*) ● Dolere di nuovo: *gli ridolgono i denti.* **B** v. intr. pron. ● Affliggersi di nuovo.

ridomandàre o (*dial.*) †**ridimandàre** [comp. di *ri-* e *domandare*] v. tr. **1** Domandare di nuovo: *gli ho ridomandato quanti anni ha* | Domandare con insistenza: *non fa che r. le stesse cose.* **2** Richiedere, chiedere q.c. affinché venga restituito: *ti ridomando i miei libri.*

ridomàre [comp. di *ri-* e *domare*] v. tr. (*io ridómo*) ● Domare di nuovo.

ridonàre [vc. dotta, lat. *redonāre*, comp. di *re-* e *donāre*] v. tr. (*io ridóno*) **1** Donare di nuovo | Ridare, rendere, restituire: *le tue parole mi ridonano fiducia.* **2** Donare a propria volta.

ridonatóre s. m.; anche agg. (f. *-trice*) ● (*raro*) Chi, che ridona.

ridondànte part. pres. di *ridondare*; anche agg. ● Nei sign. del v. || **ridondanteménte**, avv. (*raro*) In modo ridondante.

ridondànza o †**redundànza** [vc. dotta, lat. *redundāntia(m)*, da *redūndans*, genit. *redundāntis* 'ridondante'] s. f. ● L'essere ridondante: *r. di parole* | Nella teoria dell'informazione, misura della frazione di un messaggio che può essere abolito senza perdita di informazione | *Controllo per r.*, nei sistemi di trattamento automatico delle informazioni, controllo automatico dell'alterazione d'informazioni. SIN. Sovrabbondanza.

ridondàre o †**redundàre** [vc. dotta, lat. *redundāre* 'traboccare', da *ŭnda* 'onda' col pref. *red-* 'ri-'] **A** v. intr. (*io ridóndo*; aus. *essere*) **1** (*lett.*) Abbondare, traboccare, sovrabbondare: *i suoi discorsi ridondano di luoghi comuni.* **2** (*lett.*) Tornare, riuscire, risolversi: *r. a onore, a danno.* **3** (*mar.*) Cambiare direzione, detto del vento, a favore della navigazione. **B** v. tr. ● †Superare, soverchiare.

ridóppio [comp. di *ri-* e *doppio*] s. m. ● (*raro*) Solo nella loc. avv. *a r.*, doppiamente.

ridoràre [comp. di *ri-* e *dorare*] v. tr. (*io ridòro*) ● Dorare di nuovo.

ridormìre [comp. di *ri-* e *dormire*] v. intr. (*io ridòrmo*; aus. *avere*) ● Dormire di nuovo.

ridossàre [da *ridosso*] **A** v. tr. (*io ridòsso*) ● (*mar.*) Fornire riparo. **B** v. rifl. ● (*mar.*) Mettersi al riparo dal mare, dal vento e dalla pioggia.

ridòsso [comp. di *ri-* e *dosso*] s. m. **1** Riparo eretto alle spalle di q.c. | *A r.*, a riparo | *Avere qc. a r.*, avere qc. che incalza alle spalle, spec. minacciosamente | (*est.*) *Cosa posta a r. di un'altra*, dietro, alle spalle. **2** (*mar.*) Riparo.

ridotàre [comp. di *ri-* e *dotare*] v. tr. (*io ridòto*) ● Dotare di nuovo.

ridotazióne [comp. di *ri-* e *dotazione*] s. f. ● Nuova dotazione.

ridótta [fr. *redoute*, a sua volta dall'it. *ridotto*] s. f. **1** (*mil.*) Nelle antiche fortificazioni, opera di secondaria importanza, provvisoria o stabile, isolata o facente parte di un sistema difensivo | Postazione. **2** (*mat.*) *R. di una frazione continua*, frazione continua limitata ottenuta troncando una frazione continua illimitata | *R. di un prodotto finito*, prodotto di un numero finito di fattori ottenuto troncando un prodotto infinito | *R. di una serie*, somma di un numero finito di termini della serie.

†**ridottàbile** [fr. *redoutable*, da *redouter* 'temere'. V. †*ridottare*] agg. ● Temibile.

†**ridottàre** [ant. fr. *redouter*, comp. di *re-* e *douter* 'temere', dal lat. *dubitāre*] v. tr. ● Temere, paventare.

†**ridottévole** [da †*ridottabile*] agg. ● Spaventoso.

ridótto o †**ridùtto** **A** part. pass. di *ridurre*; anche agg. **1** Nei sign. del v. **2** (*chim.*) Che ha subìto una riduzione: *stato, ferro, rame r.* **3** (*mat.*) Che è stato semplificato: *frazione ridotta ai minimi termini.* **B** s. m. **1** Vestibolo adiacente alla platea di una sala teatrale o cinematografica, adibito alla sosta e alla conversazione del pubblico durante gli intervalli di uno spettacolo. **2** †Luogo appartato per ritrovo, conversazione, riunione. **3** (*mil.*) Ridotta. **4** (*mar., mil.*) Parte della nave corazzata, situata gener. nel centro, comprendente gli organi essenziali quali l'apparato motore, le artiglierie e le santebarbare, e protetta da una spessa corazzatura e altri accorgimenti.

†**ridoventàre** ● V. *ridiventare.*

ridovére [comp. di *ri-* e *dovere*] v. intr. (coniug. come *dovere*; aus. *avere* o *essere*) ● Dovere nuovamente.

ridrizzàre o **ridirizzàre** [comp. di *ri-* e *drizzare*] v. tr. ● (*raro*) Drizzare di nuovo.

ridubitàre [comp. di *ri-* e *dubitare*] v. intr. (*io ridùbito*; aus. *avere*) ● (*raro*) Dubitare di nuovo.

riducènte **A** part. pres. di *ridurre*; anche agg. **1** Nei sign. del v. **2** *Crema r.*, crema dimagrante | (*chim.*) Capace di operare una riduzione: *agente r.* **B** s. m. ● (*chim.*) Agente riducente. SIN. Riduttore.

†ridùcere • V. *ridurre*.

†riducévole agg. • Riducibile.

riducìbile [dal lat. *redūcere* 'ridurre'] agg. **1** Che può essere ridotto: *prezzo non ulteriormente r.* **2** Che si può ricondurre a una certa condizione: *r. all'ubbidienza.* **3** (*chim.*) Detto di sostanza che può subire una riduzione. **4** (*med., chir.*) Che si può ridurre: *frattura facilmente r.*

riducibilità s. f. • Qualità dell'essere riducibile.

riduciménto [dal lat. *redūcere* 'ridurre'] s. m. • (*raro*) Modo, atto, effetto del ridurre a uno stato precedente.

riduellàre [comp. di *ri-* e *duellare*] v. intr. (*io riduèllo*; aus. *avere*) • (*raro*) Duellare di nuovo.

ridùrre o †**redùcere**, †**redùrre**, †**ridùcere** [lat. *redūcere*, comp. di *re-* e *dūcere* 'condurre'] **A** v. tr. (pres. *io ridùco, tu ridùci*; pass. rem. *io ridùssi, tu riducésti*; part. pass. *ridótto*, †*ridùtto*) **1** Ricondurre, portare al luogo di partenza o a quello dovuto (*spec. fig.*): *r. a casa il bambino smarrito*; *r. qc. a una vita più onesta*; *qual estimate voi ... più felice dominio e più bastante a ridur al mondo quell'età d'oro ...* (CASTIGLIONE) | *R. alla memoria*, far ricordare | Raccogliere, adunare: *r. il gregge all'ovile*; *r. i ribelli sotto una stessa bandiera* | Riuscire a portare con opera di persuasione, e non senza sforzo, qc. a una determinata condizione: *r. un ragazzo insofferente alla disciplina*; *r. al silenzio i dissenzienti.* **2** Far diventare, rendere: *r. il vestito un cencio*; *r. qc. cieco, ebete*; *r. una stanza un letamaio* | *R. qc. una belva*, farlo imbestialire | *R. in pezzi, in frantumi*, spezzare, frantumare | *R. al silenzio l'artiglieria nemica*, inattivarla con fuoco di controbatteria | Mutare, trasformare: *Michelangelo ridusse parte delle Terme di Diocleziano a chiesa* | (*raro*) *R. in forma maggiore*, ingrandire | Adattare: *r. un testo per le scuole*; *r. un convento a ospedale* | Tradurre: *r. un romanzo in lingua cinese.* **3** Far diventare più piccolo o più breve: *r. le spese*; *r. i tempi di lavoro* | (*fig.*) Restringere: *ridusse il suo intervento a poche parole.* SIN. Diminuire, rimpicciolire, scemare. **4** Mettere in condizioni peggiori, detto di persona: *la febbre l'ha ridotto uno scheletro*; *i debiti lo hanno ridotto al verde*; *r. qc. in fin di vita.* **5** Costringere a comportarsi in un determinato modo: *r. il prigioniero a ribellarsi.* **6** (*mat.*) Semplificare con opportune operazioni | *R. una frazione ai minimi termini*, trovarne una equivalente in cui numeratore e denominatore siano primi fra loro | *R. più frazioni al minimo comun denominatore*, trovarne altrettante equivalenti il cui denominatore sia il minimo multiplo di quelli dati | (*fis.*) *R. una misura*, esprimerla nell'unità di un sistema diverso da quello a cui essa appartiene: *r. una misura da miglia in kilometri.* **7** (*med., chir.*) Ricollocare un viscere nella posizione naturale: *r. un'ernia* | (*med., chir.*) Riportare in posizione naturale i monconi o i frammenti di un osso fratturato: *r. una frattura semplice.* **8** (*chim.*) Sottoporre una sostanza a riduzione. **B** v. intr. pron. **1** Condursi, anche nonostante gli sforzi contrari, in condizioni fisiche, economiche e morali peggiori: *si è ridotto a non poter più camminare*; *ridursi all'elemosina*; *si è ridotto in un grave stato di prostrazione* | *Ridursi all'ultimo*, fare le cose all'ultimo momento | Restringersi, diminuire, detto di cose: *ridursi alla metà*; *il suo lavoro si è ridotto a ben poco.* **2** Rifugiarsi, ritirarsi: *ridursi in un'isola, in una stanzetta, a vita privata* | (*raro*) Portarsi (*anche fig.*): *ridursi in Ungheria*; *si ridusse in salvo* | †Ricoverarsi || PROV. Bacco, tabacco e Venere riducon l'uomo in cenere.

riduttàrsi • V. *reduttasi*.

riduttìvo agg. **1** Relativo a riduzione: *misure riduttive dei costi.* **2** (*fig.*) Che riduce la consistenza, limita o sminuisce l'importanza di q.c.: *rispetto alle premesse, sono conclusioni molto riduttive.* || **riduttivaménte**, avv.

†ridùtto • V. *ridotto*.

riduttóre [vc. dotta, lat. *reductōre(m)*, da *redūctus*, part. pass. di *redūcere* 'ridurre'] **A** s. m. (f. *-trice*) **1** Chi riduce o ha la funzione di ridurre: *un r. televisivo di opere teatrali.* **2** Dispositivo che regola la trasmissione di un moto rotatorio diminuendo il numero dei giri. **3** In topografia, strumento che, con diversi accorgimenti, permette di ottenere le distanze ridotte all'orizzonte. **4** (*tecnol.*) *R. di pressione*, regolatore di pressione atto a ridurre la pressione di un fluido mantenendola costante a valle del dispositivo, indipendentemente dalle variazioni di pressione a monte di esso e di portata attraverso esso: *il r. di pressione di una bombola di gas.* **5** (*mil.*) *R. di cadenza*, in alcune armi da fuoco automatiche, dispositivo che consente di variare la cadenza di tiro, per ridurre le sollecitazioni e quindi l'usura dell'arma stessa e per economizzare, se necessario, le munizioni | *R. di vampa*, dispositivo che viene applicato alle bocche o alle armi da fuoco a tiro rapido per ridurre la vampa di bocca abbassando la temperatura dei gas di lancio prima che fuoriescano nell'atmosfera, allo scopo di facilitare il puntamento e ostacolare il rilevamento dell'arma da parte del nemico. SIN. Spegnifiamma, rompifiamma | *R. di rinculo*, in alcune bocche da fuoco, dispositivo che, agendo sul freno, riduce la lunghezza di rinculo del pezzo. **6** (*elettr.*) Dispositivo, gener. un trasformatore in discesa, atto a ridurre, secondo un rapporto fisso o variabile, l'intensità di una corrente elettrica o una tensione elettrica: *r. di corrente, di tensione.* **7** (*elettr.*) Dispositivo adattatore che consente di inserire una spina, gener. bipolare o tripolare, in una presa di passo maggiore o minore. **8** (*chim.*) Agente riducente. **B** agg. • (*chim.*) Che riduce: *agente r.* | *Apparecchio r.*, reattore chimico in cui viene svolta una riduzione | *Zuccheri riduttori*, quelli dotati di proprietà riducenti, che possono essere dimostrate con specifiche reazioni.

riduzionàle [da *riduzione*, per calco sull'ingl. *reductional*] agg. • (*biol.*) Nella loc. *divisione r.*, nella meiosi, la divisione del nucleo mediante la quale il numero diploide di cromosomi si riduce al numero aploide.

riduzióne o †**reduzióne** [vc. dotta, lat. *reductiōne(m)*, da *redūctus*, part. pass. di *redūcere* 'ridurre'] s. f. **1** Atto del ridurre a una determinata condizione: *r. alla ragione*; *r. di un fenomeno alla sua essenza.* **2** Diminuzione di numero o di quantità: *ottenere una r. del dieci per cento*; *si è registrata una r. delle entrate* | *R. dei punti*, in maglieria, diminuzione del numero dei punti in lavorazione | Diminuzione, abbuono, sconto. **3** Adattamento: *r. teatrale, musicale, cinematografica, radiofonica.* **4** (*filos.*) Sostituzione di una proposizione con un'altra equivalente più semplice e schematica capace di dimostrare la verità o la falsità della proposizione originaria | *R. eidetica*, nella filosofia di Husserl, l'eliminazione degli elementi empirici del dato in funzione della conservazione della pura essenza | *R. fenomenologica*, nella filosofia di Husserl, la messa in parentesi del mondo. **5** Riproduzione di un disegno, una fotografia e sim. secondo una scala prestabilita, rispettando le proporzioni delle parti: *scala, compasso di r.* **6** (*mat.*) Passaggio ad altra forma o espressione più semplice, o antecedente logicamente, e sim. | *R. di una frazione ai minimi termini*, operazione che ne fa trovare una equivalente in cui numeratore e denominatore siano primi fra loro | *R. dei termini simili di un polinomio*, operazione consistente nel sommare algebricamente i monomi simili, per scriverne uno solo al loro posto | *Formula di r.*, quella che consente di riportare enti od operazioni matematici a una forma più semplice e quindi trattabile più facilmente. **7** *R. delle misure*, nella scienza e nella tecnica, insieme delle operazioni compiute sulle misure per eliminare o correggere gli errori da cui sono affette o per riportarle a determinate condizioni di riferimento: *r. dei dati meteorologici al livello del mare*; *r. del volume di un gas alle condizioni normali di pressione e temperatura* | *R. all'orizzonte*, in topografia, conversione della distanza vera fra due punti nella distanza orizzontale, ossia in quella intercorrente fra le proiezioni orizzontali dei due punti. **8** (*ling.*) Passaggio di una forma più lunga, o piena, ad una forma più breve, o ridotta. **9** (*med., chir.*) Operazione con cui si riportano alla posizione naturale un viscere o i monconi di un osso fratturato: *r. di una frattura*; *r. dell'ernia.* **10** (*chim.*) Reazione per la quale una sostanza perde ossigeno o acquista idrogeno o diminuisce di valenza. CFR. Ossidazione. **11** Elemento di tubo che collega due tubi di diametro diverso. **12** (*biol.*) Diminuzione del numero di cromosomi da diploide ad aploide nella meiosi. || **riduzioncèlla**, dim.

riduzionìsmo [da *riduzione*] s. m. **1** (*filos.*) Teoria che stabilisce un rapporto di dipendenza tra le diverse discipline scientifiche, ognuna delle quali può essere ricondotta e riformulata nel linguaggio di un'altra più generale. **2** (*biol.*) Teoria che fa risalire tutti i fenomeni vitali a un unico principio. **3** (*est.*) Tendenza a limitare il valore di un fatto, di un fenomeno e sim. a un suo aspetto parziale.

riduzionìsta s. m. e f.; anche agg. (pl. m. *-i*) • Chi, che segue le teorie filosofiche o biologiche del riduzionismo.

rieccitàbile agg. • Che si può rieccitare.

rieccitabilità s. f. • L'essere rieccitabile.

rieccitaménto s. m. • Il rieccitare o il rieccitarsi.

rieccitàre [comp. di *ri-* ed *eccitare*] **A** v. tr. (*io rièccito*) • Eccitare di nuovo o di più. **B** v. intr. pron. • Eccitarsi di nuovo.

rièccο [comp. di *ri-* ed *ecco*] avv. **1** Ecco di nuovo, ecco un'altra volta: *r. la pioggia!*; *r. il sole!* **2** Si unisce, in posizione encl., ai pron. pers. atoni 'mi', 'ti', 'ci', 'si', 'vi', 'lo', 'la', 'le', 'li' e alla particella 'ne': *rieccoci qua*; *rieccoli!*; *rieccoci da capo*; *rieccola con le sue lamentele*; *rieccoti il tuo libro*; *rieccosi fatto giorno!*; *rieccovi i vostri soldi.*

riecheggiaménto s. m. • (*raro*) Il riecheggiare (*spec. fig*).

riecheggiàre [comp. di *ri-* ed *echeggiare*] **A** v. intr. (*io riechéggio*; aus. *essere*) • Echeggiare, echeggiare di nuovo: *nelle tue pagine riecheggiano molti ricordi letterari.* **B** v. tr. • Restituire l'eco (*spec. fig.*): *quel romanzo riecheggia cadenze manzoniane.*

rièdere [lat. *redīre*, comp. di *red-* 'ri-' ed *īre* 'andare' (V. *ire*)] v. intr. (ricostruito sul pres. indic. di *redire* per cui segue una coniug. regolare in cui la *i* è dittongata in *ie* anche se atona; aus. *essere*) • (*lett.*) Redire: *uopo è che Achille in campo rieda e sperda / le troiane falangi* (MONTI).

riedificaménto s. m. • (*raro*) Riedificazione.

riedificàre o †**redificàre**, †**reedificàre**, †**ridificàre** [comp. di *ri-* ed *edificare*] v. tr. (*io riedìfico, tu riedìfichi*) • Edificare di nuovo: *r. una casa distrutta.*

riedificatóre s. m.; anche agg. (f. *-trice*) • Chi, che riedifica.

riedificazióne o †**redificazióne**, †**reedificazióne**. s. f. • Opera, effetto del riedificare.

rièdito [comp. di *ri-* ed *edito*] agg. • Edito, pubblicato di nuovo: *la prima edizione è esaurita, ma il libro sarà r. entro l'anno.*

riedizióne [comp. di *ri-* ed *edizione*] s. f. **1** Nuova edizione: *la r. di un testo esaurito.* **2** (*est.*) Rappresentazione rinnovata di un'opera teatrale o ristampa di un vecchio film. **3** (*fig.*) Riproposta, ripresentazione, con modifiche più o meno sostanziali, spec. di contenuti ideologici o programmatici: *la r. di un'alleanza politica.*

rieducàbile agg. • Che si può rieducare.

rieducaménto s. m. • (*raro*) Modo, atto del rieducare.

rieducàre [comp. di *ri-* ed *educare*] v. tr. (*io rièduco, tu rièduchi*) **1** Educare di nuovo e meglio, colmando le lacune e correggendo le storture della prima educazione: *r. un ragazzo ribelle* | Sottoporre a nuova o diversa educazione individui anormali fisicamente o psichicamente: *r. i ciechi, i mutilati*; *r. un caratteriale.* **2** Riportare membra o funzioni menomate a una normale attività: *r. una mano paralizzata, l'udito.*

rieducatìvo [da *rieducare*] agg. • Che è atto o tende a rieducare.

rieducazióne s. f. **1** Atto, effetto del rieducare. **2** Ripresa di funzioni motorie ridotte o assenti mediante istruzione del malato e terapia fisica.

riel /rjɛl/ [etim. incerta] s. m. inv. • Unità monetaria circolante in Cambogia.

rielaboràre [comp. di *ri-* ed *elaborare*] v. tr. (*io rielàboro*) • Elaborare di nuovo o con criteri diversi.

rielaboràto part. pass. di *rielaborare*; anche agg. • Nei sign. del v.

rielaborazióne s. f. • Atto, effetto del rielaborare.

rielèggere o †**reelèggere** [comp. di *ri-* ed *eleggere*] v. tr. (coniug. come *eleggere*) ● Eleggere di nuovo: *r. un presidente decaduto dall'ufficio.*

rieleggìbile agg. ● Che si può rieleggere.

rieleggibilità s. f. ● Condizione dell'essere rieleggibile.

rielètto part. pass. di *rieleggere*; anche agg. ● Nel sign. del v.

rielettrizzàre [comp. di *ri-* ed *elettrizzare*] **A** v. tr. ● (*fig.*) Elettrizzare di nuovo: *r. l'uditorio con una conversazione brillante.* **B** v. intr. pron. ● (*raro, fig.*) Eccitarsi di nuovo.

rielezióne [comp. di *ri-* ed *elezione*] s. f. ● Atto, effetto del rieleggere.

†**riemanàre** [comp. di *ri-* ed *emanare*] v. tr. ● Emanare di nuovo.

riemanazióne [comp. di *ri-* ed *emanazione*] s. f. ● (*raro*) Nuova emanazione.

riemancipàre [comp. di *ri-* ed *emancipare*] **A** v. tr. (*io riemàncipo*) ● Emancipare di nuovo. **B** v. rifl. ● Tornarsi ad emancipare.

riemancipazióne [comp. di *ri-* ed *emancipazione*] s. f. ● Atto, effetto del riemancipare o del riemanciparsi.

riemaniàno /rima'njano/ agg. ● Del, relativo al matematico tedesco B. G. F. Riemann (1826-1866): *geometria riemaniana.*

riemendàre [comp. di *ri-* ed *emendare*] v. tr. (*io riemèndo*) ● Emendare di nuovo.

riemèrgere [comp. di *ri-* ed *emergere*] v. intr. (coniug. come *emergere*; aus. *essere*) ● Emergere di nuovo | Tornare alla superficie: *il sottomarino riemerse subito.*

riemersióne [da *riemerso*, part. pass. di *riemergere*] s. f. ● Atto, effetto del riemergere.

riemèrso part. pass. di *riemergere*; anche agg. ● Nel sign. del v.

riemigràre [comp. di *ri-* ed *emigrare*] v. intr. (aus. *essere* e *avere*) ● Emigrare di nuovo.

riempìbile agg. ● Che si può riempire (*anche fig.*).

riempibottìglie [comp. di *riempi(re)* e il pl. di *bottiglia*] s. f. inv. ● Macchina per riempire automaticamente le bottiglie.

riémpiere [comp. di *ri-* ed *empiere, empire*] v. tr. e intr. pron. (*io riémpio*) ● Riempire.

riempiménto s. m. *1* Modo, atto, effetto del riempire o del riempirsi | *Materiale di r.*, nelle costruzioni civili, insieme di ghiaia, pietra, sabbia e sim. usato quando occorra livellare o rialzare il terreno. *2* (*mar.*) Nella costruzione di imbarcazioni in legno, quanto manca, e va aggiunto, per rendere a misura un pezzo.

riempìre [comp. di *ri-* ed *empire*] **A** v. tr. (coniug. come *empire*) *1* Fare ben pieno (*anche fig.*): *r. la botte di vino; mi ha riempito le orecchie di insinuazioni; vederti mi riempie di gioia* | *R. una lacuna*, colmarla | *R. un tramezzino*, farcirlo, imbottirlo | *R. lo stomaco*, saziarlo | *R. i vuoti*, nominare nuovi incaricati nei posti vacanti di una pubblica amministrazione o dell'esercito | †*R. un animale morto*, impagliarlo. SIN. Colmare. *2* (*raro*) Tornare a empire: *r. il fiasco di acqua.* *3* Compilare moduli, schede e sim. scrivendo ciò che si richiede accanto allo stampato: *r. una richiesta di pensione.* *4* †Impregnare, detto di animali. **B** v. intr. pron. ● Diventare pieno (*anche fig.*): *il cane si è riempito di pulci; riempirsi di tristezza.* **C** v. rifl. ● Mangiare troppo, saziarsi.

riempìta [da *riempito*] s. f. ● (*fam.*) Atto del riempire spec. in fretta.

riempitìvo [da *riempito*] **A** agg. ● Che riempie o è atto a riempire. || **riempitivaménte**, avv. (*raro*) In modo riempitivo. **B** s. m. *1* Ciò che serve solo a riempire e non ha particolare importanza: *quel viaggio è solo un r.; lo hanno invitato solo per fare da r.* *2* Materia che serve a riempire un vuoto: *un r. di plastica.* *3* Parola o frase superflua.

riempìto part. pass. di *riempire*; anche agg. ● Nel sign. del v.

riempitóre s. m. (f. *-trice* nel sign. 1) *1* (*raro*) Chi riempie. *2* Imbuto a collo lungo a fondo cieco, che viene adattato pieno di vino al cocchiume delle botti per mantenerle colme. *3* (*mar.*) Pezzo di riempimento.

riempitrìce [f. di *riempitore*] s. f. ● Macchina che esegue il riempimento di confezioni, imballaggi o per l'imbottigliamento automatico.

riempitùra s. f. ● Operazione del riempire | Ciò che serve a riempire.

†**riempiùta** s. f. ● Riempitura, riempimento.

rienfiàre [comp. di *ri-* e *enfiare*] v. intr. e intr. pron. (*io riénfio*; aus. *essere*) ● (*raro*) Enfiare di nuovo.

rientràbile [da *rientrare*] agg. ● Retrattile: *carrello r.*

rientraménto s. m. *1* (*raro*) Modo, atto del rientrare. *2* Punto, parte in cui una linea o un corpo rientrano: *i rientramenti costieri; c'è un r. nel muro.*

rientrànte **A** part. pres. di *rientrare*; anche agg. ● Nei sign. del v. **B** s. m. ● Nelle fortificazioni, l'angolo con la concavità rivolta verso l'esterno.

rientrànza s. f. ● Parte che rientra, rispetto all'andamento di una linea, di una superficie e sim. | (*tip.*) Linea spostata in dentro rispetto al margine. SIN. Rientro.

rientràre [comp. di *ri-* e *entrare*] **A** v. intr. (*io riéntro*; aus. *essere*) *1* Entrare di nuovo nel luogo da dove si era usciti: *i giocatori stanno rientrando in campo; r. in casa, nella sala* | Tornare nella propria abitazione, dopo esserne usciti, spec. per ragioni di lavoro: *rientri presto stasera?* | (*mil.*) *R. al corpo*, ritornare alla sede dove si è di stanza per fine di licenza e congedo o per richiamo improvviso | Tornare in una certa condizione o ambiente di vita: *r. nell'ordine, nell'ubbidienza; r. in famiglia* | (*fig.*) *R. in grazia a qc.*, tornare ad essere benvoluti, amati da qc. | *R. in sé*, riassumere il controllo delle proprie azioni o (*raro*) pentirsi, ravvedersi | *R. in possesso di q.c.*, rimpossessarsene | *R. in gioco*, in alcuni giochi di carte, spec. ramino, esservi riammesso dopo esserne stato eliminato, previo accollo o pagamento di una certa quota di punti negativi; (*fig.*) tornare a partecipare a un'azione, operazione e sim., riprendere un'attività concorrendovi in maniera rilevante o determinante. *2* (*est.*) Ritirarsi: *r. nei propri confini; dopo il contrattacco la fanteria rientrò in trincea* | Accorciarsi, restringersi, detto di un tessuto: *a lavarlo il tuo golf è rientrato* | Riassorbirsi senza sfogo naturale, detto di un'eruzione cutanea: *i foruncoli della bambina sono rientrati* | (*fig.*) Dissolversi, annullarsi, non realizzarsi: *il progetto è rientrato per mancanza di finanziamenti.* *3* Presentare una concavità, una piega all'interno, detto di superfici e linee: *il muro rientrava bruscamente; dopo tre kilometri il fiume rientra verso sud.* *4* Essere compreso, contenuto: *il tuo caso non rientra in quelli noti; ciò non rientra nei tuoi compiti.* *5* Recuperare il denaro speso o impiegato in un affare, messo a frutto, dato in prestito e sim. | *R. nel proprio, rientrarci*, uscire da un affare con un guadagno modesto o senza perdita | *R. in cassa*, detto di denaro che dà frutto o si recupera con sicurezza, se imprestato. **B** v. tr. *1* (*mar.*) Riportare, ritirare q.c. entro il bordo dell'imbarcazione: *r. i remi.* *2* (*mar.*) Serrare, chiudere le vele guarnite su aste scorrevoli: *r. i coltellacci.*

rientràta s. f. *1* (*raro*) Rientro. *2* Curvatura dei fianchi del bastimento.

rientràto part. pass. di *rientrare*; anche agg. *1* Nei sign. del v. *2* (*fig.*) Chi non ha avuto modo di riuscire, svilupparsi, farsi valere: *dimostrazione, impresa rientrata; tentativo r.* | *Articolo r.*, scritto, ma non pubblicato.

riéntro s. m. *1* Atto del rientrare: *è l'ora del r.; il r. di un impiegato in sede* | *Il grande r.*, quello in direzione delle grandi città dopo un periodo di vacanze (spec. le vacanze estive) | Ritorno di veicolo spaziale nell'atmosfera terrestre. *2* Accorciamento o restringimento, spec. di stoffa bagnata. *3* (*raro*) Parte che rientra: *i rientri del muro* | (*tip.*) Linea spostata in dentro rispetto al margine. SIN. Concavità, rientranza. *4* Ripresa di denaro speso | Provento, entrata.

riepilogaménto s. m. ● (*raro*) Modo, atto, effetto del riepilogare.

riepilogàre o †**repilogàre** [da *riepilogo*] v. tr. (*io riepìlogo, tu riepìloghi*) ● Fare un riepilogo, dire in breve: *r. un racconto; r. i fatti, l'accaduto* | (*ass.*) *Riepilogando*, ricapitolando. SIN. Riassumere, ricapitolare.

riepilogatìvo agg. ● (*raro*) Che riepiloga, serve a riepilogare: *cenno, discorso r.* || **riepilogativaménte**, avv.

riepilogazióne s. f. ● (*raro*) Riepilogo.

riepìlogo [comp. di *ri-* e *epilogo*] s. m. (pl. *-ghi*) ● Compendio riassuntivo di scritti o discorsi: *ti farò un chiaro r. della sua conferenza; un r. della materia trattata.* SIN. Riassunto, ricapitolazione.

riequilibràre [comp. di *ri-* ed *equilibrare*] **A** v. tr. ● Rimettere in equilibrio (*anche fig.*): *r. due pesi; r. il disavanzo pubblico.* **B** v. rifl. e intr. pron. ● Rimettersi, ritornare in equilibrio fino a raggiungere una certa stabilità (*anche fig.*): *la situazione si è riequilibrata in poco tempo.*

riequilìbrio [comp. di *ri-* ed *equilibrio*] s. m. ● Atto, effetto del riequilibrare o del riequilibrarsi (*anche fig.*): *il r. di due forze; raggiungere il r. delle spese con le entrate.*

rièrgere [comp. di *ri-* e *ergere*] **A** v. tr. (coniug. come *ergere*) ● (*raro*) Ergere di nuovo. **B** v. intr. pron. ● (*raro*) Ergersi di nuovo.

†**rièri** [fr. (*der*)*rière*, dal lat. parl. **dē rĕtro* 'di dietro'] avv. ● (*raro*) Dietro | Anche nella loc. avv. *di r.*, alle spalle, didietro.

rièrto part. pass. di *riergere* ● (*raro*) Nei sign. del v.

riesacerbàre [comp. di *ri-* e *esacerbare*] **A** v. tr. (*io riesacèrbo*) ● (*raro*) Esacerbare di nuovo o di più. **B** v. intr. pron. ● Esacerbarsi di nuovo.

riesaltàre [comp. di *ri-* e *esaltare*] **A** v. tr. ● Esaltare di nuovo. **B** v. rifl. ● Esaltarsi di nuovo o di più.

riesàme [comp. di *ri-* ed *esame*] s. m. ● Nuovo esame spec. più circostanziato e preciso: *occorre un attento r. di tutta la questione.* SIN. Riconsiderazione.

riesaminàre o †**risaminàre** [comp. di *ri-* e *esaminare*] v. tr. (*io riesàmino*) ● Esaminare di nuovo o da capo: *r. un candidato; r. una situazione.*

riescìre ● V. *riuscire.*

riesclamàre [comp. di *ri-* e *esclamare*] v. intr. (aus. *avere*) ● Esclamare di nuovo.

rieseguìre [comp. di *ri-* e *eseguire*] v. tr. (*io rieseguisco* o *rieséguo, tu rieseguìsci* o *rieségui*) ● Eseguire di nuovo.

riesercitàre [comp. di *ri-* e *esercitare*] **A** v. tr. (*io riesèrcito*) ● Esercitare di nuovo o ancora: *r. una professione; r. la vista.* **B** v. rifl. ● Esercitarsi di nuovo.

riesiliàre [comp. di *ri-* e *esiliare*] v. tr. (*io riesìlio*) ● Esiliare di nuovo.

Riesling /'rizlin(g)/; *ted.* 'ri:sliŋ/ [vc. ted. d'origine sconosciuta] s. m. inv. *1* Varietà di vite coltivata spec. nel Trentino-Alto Adige con uva di colore giallo-verde o dorato. *2* Vino amabile o secco, giallo chiaro, a 11-12 gradi, ricavato dal vitigno omonimo.

riesortàre [comp. di *ri-* e *esortare*] v. tr. (*io riesòrto*) ● Esortare di nuovo.

riespèllere [comp. di *ri-* ed *espellere*] v. tr. (coniug. come *espellere*) ● Espellere di nuovo.

riesplòdere [comp. di *ri-* ed *esplodere*] v. intr. e tr. (coniug. come *esplodere*; aus. intr. *essere* riferito a materie esplosive e nel sign. fig.; aus. *avere* riferito ad arma) ● Esplodere di nuovo (*anche fig.*).

riesploràre [comp. di *ri-* e *esplorare*] v. tr. (*io riesplòro*) ● Esplorare di nuovo.

riespórre [comp. di *ri-* e *esporre*] **A** v. tr. (coniug. come *esporre*) ● Esporre di nuovo. **B** v. rifl. ● Esporsi di nuovo.

riesportàre [comp. di *ri-* ed *esportare*] v. tr. (*io riespòrto*) ● Esportare prodotti finiti, lavorati con materie prime importate | Esportare merci importate.

riesportazióne s. f. ● Atto, effetto del riesportare.

riesposizióne [comp. di *ri-* ed *esposizione*] s. f. *1* Atto, effetto del riesporre. *2* In una composizione musicale, ritorno spesso più o meno variato di un tema precedente. SIN. Ripresa.

riespósto part. pass. di *riesporre*; anche agg. ● Nei sign. del v.

riespugnàre [comp. di *ri-* e *espugnare*] v. tr. ● Espugnare di nuovo.

riespùlso part. pass. di *riespellere*; anche agg. ● Nel sign. del v.

rièssere [comp. di *ri-* e *essere*] v. intr. (pass. rem. *io rifùi, tu rifósti, egli rifù*; nelle altre forme coniug. come *essere*; aus. *essere*) ● Essere di nuovo: *dobbiamo r. presto a casa* | *Ci risiamo!*, ritorna una situazione spiacevole.

riestèndere [comp. di *ri-* e *estendere*] v. tr. (coniug. come *estendere*) ● Estendere di nuovo.

riestéso part. pass. di *riestendere* ● (*raro*) Nel sign. del v.

riestinguere [comp. di *ri-* ed *estinguere*] **A** v. tr. (coniug. come *estinguere*) ● Estinguere di nuovo. **B** v. intr. pron. ● Estinguersi di nuovo.

riestinto part. pass. di *riestinguere* ● (*raro*) Nei sign. del v.

riestirpàre [comp. di *ri-* ed *estirpare*] v. tr. ● Estirpare di nuovo.

riestràrre [comp. di *ri-* ed *estrarre*] v. tr. (coniug. come *estrarre*) ● Estrarre di nuovo.

riestràtto part. pass. di *riestrarre* ● (*raro*) Nel sign. del v.

riesumàre [comp. di *ri-* ed *esumare*] v. tr. (*io riesùmo* o *rièsumo*) ● Dissotterrare, togliere dalla tomba: *r. un cadavere* | (*fig.*) Portare alla luce, rimettendo in uso o facendo tornare attuale: *r. una vecchia moda*; *r. commedie popolari ormai dimenticate*.

riesumazióne s. f. ● Atto, effetto del riesumare (*anche fig.*).

rietino [da *Rieti*: V. *reatino*] **A** agg. ● Di Rieti. **B** s. m. (f. *-a*) ● Abitante, nativo di Rieti. CFR. Reatino.

rievacuàre [comp. di *ri-* ed *evacuare*] v. tr. e intr. (*io rievàcuo*; aus. intr. *essere*) ● Evacuare di nuovo.

rievocàre [comp. di *ri-* ed *evocare*] v. tr. (*io rièvoco, tu rièvochi*) ● Evocare di nuovo | Richiamare alla memoria altrui o propria: *r. gli avvenimenti della seconda guerra mondiale*; *r. un amico* | Commemorare: *hanno rievocato il Presidente scomparso*. SIN. Ricordare.

rievocativo agg. ● Che rievoca o ha lo scopo di rievocare: *scritto r.*; *cerimonia, mostra rievocativa*.

rievocàto part. pass. di *rievocare*; anche agg. ● Nei sign. del v.

rievocazióne s. f. ● Atto del rievocare: *la r. di un importante avvenimento politico* | Ciò che viene rievocato: *queste sono rievocazioni inutili* | Commemorazione: *la r. di un noto personaggio*. SIN. Ricordo.

†**riézza** [da *rio*] s. f. ● (*raro*) Reità, colpevolezza.

rifabbricàbile agg. ● Che si può rifabbricare.

rifabbricaménto s. m. ● (*raro*) Il rifabbricare.

rifabbricàre [vc. dotta, lat. tardo *refabricāre*, comp. di *re-* e *fabricāre* 'fabbricare'] v. tr. (*io rifàbbrico, tu rifàbbrichi*) ● Fabbricare di nuovo | Ricostruire, riedificare.

rifacènte part. pres. di *rifare* ● (*raro*) Nei sign. del v.

rifacibile [comp. di *ri-* e un deriv. del lat. *făcere* 'fare'] agg. ● (*raro*) Che si può rifare: *correzione r.*

rifaciménto [comp. di *ri-* e *facimento*] s. m. **1** Modo, atto, effetto del rifare: *il r. di un ricamo, di un film*; *un cattivo r. di un'opera letteraria*. **2** †Compensazione, indennità: *dare ... per r. della spesa ... fino in dodici ducati d'oro* (MACHIAVELLI).

rifacitóre [comp. di *ri-* e *facitore*] agg.; anche s. m. (f. *-trice*) ● Che, chi rifà.

rifacitùra [da *rifare* con influenza del lat. *făcere* 'fare'] s. f. ● Atto, effetto del rifare. SIN. Rifacimento.

rifalciàre [comp. di *ri-* e *falciare*] v. tr. (*io rifàlcio*) ● Falciare di nuovo.

†**rifallàre** [comp. di *ri-* e †*fallare*] v. intr. ● Mancare, venir meno.

rifallire [comp. di *ri-* e *fallire*] v. tr. (*io rifallisco, tu rifallisci*) ● Fallire di nuovo.

rifamicina [vc. formata sul modello di *streptomicina*; non chiara la prima parte del composto] s. f. ● (*farm.*) Ogni antibiotico naturale prodotto dal batterio *Nocardia mediterranei*, ad azione battericida ad ampio spettro.

rifampicina® [da *rifamicina*] s. f. ● (*farm.*) Antibiotico semisintetico della rifamicina attivo sia su batteri parassiti intracellulari (micobatteri) che extracellulari.

rifàre [comp. di *ri-* e *fare*] **A** v. tr. (pres. *io rifàccio, o rifò, tu rifài, egli rifà*; imperat. *rifà* /ri'fa, ri'fa*/ o *rifa'* o *rifài*; nelle altre forme coniug. come *fare*) **1** Fare di nuovo, un'altra volta ciò che si ritiene erroneo o mal fatto (*anche ass.*): *r. il compito sbagliato*; *r. q.c. di sana pianta, da cima a fondo*; *è tutto da r.* **2** Fare di nuovo ciò che è andato parzialmente o totalmente distrutto o deteriorato o che è stato perduto (*anche fig.*): *r. il tetto della casa*; *rifarsi una vita, una cultura*; *non riesce a rifarsi le amicizie di prima* | Riparare, accomodare: *r. i polsini alla camicia* | *R. una casa*, ricostruirla | *R. il letto*, riassettarlo | *Rifarsi una verginità*, (*fig.*) riacquistare la stima, la credibilità o il buon nome perduti o compromessi, cercando di dimostrare la propria estraneità a fatti riprovevoli. **3** Compiere un'azione un'altra volta, ripetere: *non occorre r. sempre lo stesso discorso* | *R. la strada*, percorrerla un'altra volta. **4** (*lett.*) Rendere nuovamente o restituire allo stato primitivo: *r. certo, sicuro*; *r. sano un ammalato* | Rieleggere, eleggere: *r. qc. presidente*; *r. il papa* | *Rifarsi l'occhio*, (*fig.*) ricrearsi con una vista gradevole | *Rifarsi la bocca, lo stomaco*, (*fig.*) assaggiare, ingerire cibi graditi, dopo aver mangiato q.c. sgradevole. **5** Imitare: *r. l'andatura, il gesticolare di qc.* | Contraffare: *r. la voce di un amico* | *R. il verso*, imitare, spec. a scopo caricaturale. **6** Compensare, risarcire: *r. qc. delle spese*; *ti rifarò i danni* | (*raro*) *R. il resto*, dare, rendere il resto. SIN. Indennizzare. **7** Cucinare di nuovo o in modo diverso: *r. il pesce fritto in umido*. **8** (*raro, tosc.*) Imporre a un bambino il nome del padre, del nonno, ecc.: *r. il padre, il nonno* | †*R. la casa*, continuare la discendenza. **B** v. intr. pron. **1** Diventare nuovamente: *rifarsi socialista* | (*ass.*) Ristabilirsi, riprendere le forze, ritornare sano o in buone condizioni economiche: *dopo la malattia si è rifatto*; *spera di rifarsi con un nuovo negozio* | Ristabilirsi, detto del tempo: *il cielo si è rifatto bello*. **2** Prendersi la rivincita: *rifarsi di una perdita, una disfatta* | *Rifarsi con un altro*, prendersela con un altro. **3** Cominciare, prendere le mosse, ricominciare: *rifarsi dal principio, da capo* | *Non sapere da che parte rifarsi*, non trovare la via, il modo di abbordare una questione, un discorso, ecc. | (*raro*) Rimettersi a fare q.c.

rifasaménto [da *sfasamento*, con cambio di pref.] s. m. ● (*elettr.*) Operazione destinata ad annullare o diminuire lo sfasamento fra intensità di corrente e tensione in un circuito elettrico, quale una rete di distribuzione dell'energia elettrica o un carico utilizzatore, allo scopo di aumentarne il rendimento.

rifasàre [da *fase*, col pref. *ri-*] v. tr. ● Fare oggetto di rifasamento: *r. un motore elettrico*.

rifasatóre **A** s. m. ● (*elettr.*) Dispositivo usato per il rifasamento. **B** agg. ● Capace di, atto a rifasare.

rifasciàre [comp. di *ri-* e *fasciare*] v. tr. (*io rifàscio*) **1** Tornare a fasciare | Fasciare, fasciare bene: *r. un bambino*. **2** †Rinnovare il fasciame di una nave.

rifasciàta s. f. ● (*raro*) Atto, effetto del rifasciare.

rifasciatùra s. f. ● Operazione, effetto del rifasciare.

rifàscio [comp. di *ri-* e *fascio*] s. m. ● Solo nella loc. avv. *a r.*, in quantità grande e senz'ordine, confusamente: *fogli a r.* | *Andare a r.*, andare in rovina, a catafascio.

rifattibile agg. ● (*raro*) Che può essere rifatto.

rifàtto part. pass. di *rifare*; anche agg. **1** Nei sign. del v. **2** *Villan r.*, persona rozza e grossolana che, arricchita, ostenta modi e vita da gran signore.

rifattùra s. f. ● Atto, effetto del rifare | Prezzo di una riparazione.

rifavellàre [comp. di *ri-* e *favellare*] v. intr. (*io rifavèllo*; aus. *avere*) ● (*raro*) Favellare di nuovo.

rifavorire [comp. di *ri-* e *favorire*] v. tr. (*io rifavorisco, tu rifavorisci*) ● Favorire di nuovo.

rifazióne [da *rifare*] s. f. ● (*raro*) Rifacimento, accomodamento, restauro | Spesa della rifattura | *R. dei danni*, risarcimento.

rifecondàre [comp. di *ri-* e *fecondare*] v. tr. (*io rifecóndo*) ● Fecondare di nuovo.

†**rifedire** ● V. *riferire* (*2*).

rifèndere [comp. di *ri-* e *fendere*] v. tr. e intr. pron. (coniug. come *fendere*) ● (*raro*) Fendere di nuovo o più volte.

rifenditùra [comp. di *ri-* e *fenditura*] s. f. ● Aratura preliminare del terreno, in uso in Emilia, alla quale ne segue una seconda dopo qualche tempo.

†**riferendàrio** ● V. *referendario*.

riferènte **A** part. pres. di *riferire* (*1*); anche agg. ● Nei sign. del v. **B** s. m. e f. ● (*raro*) Chi riferisce.

riferibile agg. **1** Che può essere riportato, ripetuto: *segreto non r.*; *parola r.* SIN. Dicibile, ripetibile. **2** Che può riguardare, richiamarsi: *le tue parole sono riferibili alla questione dibattuta*. SIN. Concernente, relativo, riguardante. || †**riferibilménte**, avv. Rispetto, riguardo a.

riferiménto o †**referiménto** s. m. **1** Modo, atto, effetto del riferire o del riferirsi: *abbiamo trovato riferimenti a un fatto attuale*; *riferimenti storici, letterari* | †*R. di grazie*, rendimento di grazie. SIN. Cenno, rimando. **2** Relazione, rapporto, richiamo: *facciamo r. a ciò che già sapete* | (*bur.*) *Con r. a, in r. a*, riferendosi a: *con r. alla vostra lettera* | *Punto di r.*, elemento del terreno od oggetto visibile cui ci si riferisce per orientamento o riconoscimento; (*fig.*) chi (o ciò che) viene assunto come termine fondamentale di confronto, di orientamento. **3** In lavorazioni tecnologiche, dispositivo definito da assi, piani, fori, atto a fissare l'esatta posizione del pezzo in lavorazione rispetto agli utensili. **4** (*mat., fis.*) *Sistema di r.*, (*ell.*) *riferimento*, insieme degli elementi geometrici usati per individuare la posizione di enti geometrici, quali punti e linee, nel piano o nello spazio, o per descrivere matematicamente lo svolgimento di un fenomeno, quale il moto di un punto.

riferire (**1**) o †**referire** [lat. *refĕrre*, comp. di *re-* e *fĕrre* 'portare'] **A** v. tr. (*io riferisco, tu riferisci*) **1** Ridire, riportare fatti, notizie, discorsi e sim.: *r. gli ultimi avvenimenti, cose vedute*; *r. le parole altrui* | (*lett.*) †*r. grazie*, rendere grazie. SIN. Dire, raccontare. **2** Ascrivere, riportare q.c. a un inizio, un'origine, un principio: *r. un fatto a due diversi motivi*; *r. gli effetti alle cause*. **B** v. intr. pron. **1** Rapportarsi, mettersi in relazione: *mi riferisco alla questione a voi nota* | Accennare, alludere, riportarsi con il pensiero o il discorso: *non capisco a che cosa vogliate riferirvi* | Rimettersi, richiamarsi: *mi riferisco al giudizio di un arbitro*. **2** Riguardare, concernere: *ciò che hai saputo può riferirsi senz'altro a lui*. **C** v. intr. (aus. *avere*) ● Presentare una relazione spec. su cose di propria competenza: *r. per iscritto all'autorità competente*; *studieremo la questione e poi riferiremo*.

riferire (**2**) o †**rifedire** [vc. dotta, lat. *referīre*, comp. di *re-* e *ferīre*] v. tr. (*io riferisco, tu riferisci*) ● (*raro*) Ferire di nuovo.

riferito part. pass. di *riferire* (*1*); anche agg. **1** Nei sign. del v. **2** *Giuramento r.*, giuramento decisorio rimesso dalla parte cui era stato deferito all'altra. **3** (*fis.*) *R. a*, detto di grandezza fisica che si divide per un'altra per ottenere una grandezza derivata: *una lunghezza riferita a un intervallo di tempo è una velocità*.

†**riferitóre** s. m.; anche agg. (f. *-trice*) ● Chi, che riferisce, racconta.

†**rifèrma** [da *rifermare*] s. f. ● Conferma.

rifermàre [comp. di *ri-* e *fermare*] **A** v. tr. (*io riférmo*) **1** Fermare di nuovo: *r. la finestra*. **2** †Confermare | (*tosc.*) †Raffermare un patto. **3** †Fortificare. **B** v. intr. pron. **1** Fermarsi di nuovo. **2** †Confermarsi di nuovo al servizio di qc.

rifermentàre [comp. di *ri-* e *fermentare*] v. intr. (*io riferménto*; aus. *essere*) ● Fermentare di nuovo.

rifermentazióne [da *rifermentare*] s. f. ● Pratica enologica che permette, con la ripresa della fermentazione, di modificare le caratteristiche dei vini e di risanare quelli alterati.

riferràre [comp. di *ri-* e *ferrare*] v. tr. (*io rifèrro*) ● Ferrare di nuovo.

†**rifèrto** ● V. *referto*.

rifèrvere [vc. dotta, lat. *refervēre*, comp. di *re-* e *fervēre* 'fervere'] v. intr. (coniug. come *fervere*; dif. del part. pass. e dei tempi composti) ● Fervere di nuovo o di più.

riféssso part. pass. di *rifendere* ● (*raro*) Nei sign. del v.

rifesteggiàre [comp. di *ri-* e *festeggiare*] v. tr. (*io rifestéggio*) ● Festeggiare di nuovo.

†**rifezióne** ● V. *refezione*.

riff /*ingl.* rif/ [ingl.: abbr. e deform. di *refrain* (?)] s. m. inv. ● Nome dato a una frase musicale tipica del jazz.

riffa (**1**) [sp. *rifa*, da *rifar* 'sorteggiare', di origine espressiva] s. f. ● Lotteria privata, avente per premio un oggetto di valore.

riffa (**2**) [etim. incerta] s. f. ● (*tosc.*) Violenza, prepotenza | *Di r.*, di prepotenza: *ha voluto entrarci di r.* | *Di r. o di raffa*, ad ogni costo, in ogni modo: *di r. o di raffa si è intascato lui ogni cosa.* || **riffàccia**, pegg.

riffóso [da *riffa* (2)] agg. ● (*tosc.*) Avvezzo alla riffa. || **riffosàccio**, pegg.

rifiaccàre [comp. di *ri-* e *fiaccare*] v. tr. (*io rifiàcco, tu rifiàcchi*) ● Fiaccare di nuovo.

rifiammeggiàre [comp. di *ri-* e *fiammeggiare*] v. intr. (*io rifiamméggio*; aus. *avere* o *essere*) ● Fiammeggiare di nuovo o di più.

rifiancàre [comp. di *ri-* e *fiancare*] v. tr. (*io rifiànco, tu rifiànchi*) ● (*raro*) Rinfiancare.

†**rifiancheggiàre** [comp. di *ri-* e *fiancheggiare*] v. tr. ● Rifiancare.

rifiataménto s. m. ● (*raro*) Atto, effetto del rifiatare.

rifiatàre [comp. di *ri-* e *fiatare*] v. intr. (aus. *avere*) **1** Mandare fuori il fiato, respirare | (*fig.*) Provare sollievo, avere un po' di riposo, di ristoro | *Lavorare senza r.*, (*fig.*) lavorare senza posa. **2** Parlare per pronunciare una parola: *ho ascoltato senza r.*

rifiatàta s. f. ● (*raro*) Il rifiatare una volta.

rificcàre [comp. di *ri-* e *ficcare*] **A** v. tr. (*io rificco, tu rificchi*) **1** Ficcare di nuovo: *r. gli occhi in q.c.* | (*fig.*) *R. la mente*, attendere con vivo interesse. **2** (*pop., tosc.*) Insinuare, riferire come delatore. **B** v. rifl. ● Ficcarsi di nuovo: *si è rificcato addosso quel brutto vestito.*

rificolóna [metatesi di *fierucolona*, dim. di *fiera* (1)] s. f. ● Palloncino di carta colorata con un lume all'interno, che in alcune feste popolari si usa portare in giro in cima a una canna.

†**rifidàre** [comp. di *ri-* e *fidare*] **A** v. tr. ● †Affidare di nuovo. **B** v. intr. pron. ● Fidarsi di nuovo.

rifiggere [comp. di *ri-* e *figgere*] v. tr. (coniug. come *figgere*) ● (*raro, lett.*) Figgere di nuovo, più a fondo o più tenacemente.

rifigliàre [comp. di *ri-* e *figliare*] **A** v. tr. (*io rifiglio*) ● (*raro*) Figliare di nuovo. **B** v. intr. (aus. *avere*) ● (*raro*) Avere nuovi figli | (*raro*) Rigermogliare, ripullulare (*anche fig.*).

rifiguràre [comp. di *ri-* e *figurare*] v. tr. ● (*raro*) Figurare di nuovo.

rifilàre [comp. di *ri-* e *filare* (1)] v. tr. **1** (*raro*) Filare di nuovo: *r. la tela.* **2** Tagliare a filo: *r. un orlo.* **3** (*pop.*) Dare, dire tutto di seguito: *r. una scarica di pugni*; *r. una serie di domande.* **4** (*fam.*) Dare per buona q.c. falsa o cattiva: *r. un quadro falso* | Affibbiare: *r. una incombenza sgradita.*

rifilàto part. pass. di *rifilare*; anche agg. ● Nei sign. del v.

rifilatóre agg.; anche s. m. (f. *-trice*) ● (*raro*) Che, chi rifila, appioppa q.c.

rifilatrice s. f. ● Macchina utensile per rifilare.

rifilatùra s. f. ● Atto, effetto del rifilare.

rifiltràre [comp. di *ri-* e *filtrare*] v. tr. ● Filtrare di nuovo.

†**rifinaménto** s. m. ● Modo, atto del rifinare.

rifinanziaménto s. m. ● Atto, effetto del rifinanziare.

rifinanziàre [comp. di *ri-* e *finanziare*] v. tr. (*io rifinànzio*) ● Finanziare di nuovo un'impresa o un investimento per i quali sono stati esauriti i fondi precedentemente stanziati: *r. la Cassa per il Mezzogiorno.*

†**rifinàre** [comp. parasintetico di *fine* (1), col pref. *ri-*] v. intr. (aus. *avere*) ● Cessare.

rifinire [comp. di *ri-* e *finire*] **A** v. tr. (*io rifinìsco, tu rifinìsci*) **1** Finire di nuovo: *rifiniremo il viaggio a Roma.* **2** Finire completamente, terminare: *quell'operaio sembra che non debba mai r. il suo lavoro* | Portare del tutto a compimento, perfezionando: *r. un'opera d'arte.* **3** (*tosc.*) Consumare del tutto: *r. i propri beni* | (*tosc.*) Ridurre in cattive condizioni economiche o di salute: *la malattia lo ha rifinito.* **B** v. intr. (aus. *avere*) ● (*tosc.*) Convincere, soddisfare compiutamente: *la tua tesi non rifinisce.* **C** v. intr. pron. ● (*tosc.*) Esaurirsi, ridursi in cattive condizioni fisiche | Consumarsi, detto di oggetti, vestiti, ecc.

rifinitézza s. f. **1** L'essere rifinito, compiuto: *la r. di un lavoro, di un'opera d'arte.* SIN. Compiutezza, perfezione. **2** (*tosc.*) L'essere spossato, sfinito, spec. per languore allo stomaco.

†**rifinitivo** agg. ● Atto a rifinire.

rifinìto part. pass. di *rifinire*; anche agg. **1** Nei sign. del v. **2** (*tosc.*) Sfinito, stanchissimo.

rifinitóre s. m. (f. *-trice*) ● Operaio o artigiano addetto a lavori di rifinitura.

rifinitùra s. f. **1** Atto, effetto del rifinire: *la r. di un mobile, di un ricamo.* **2** Guarnizione. **3** (*tess.*) Rifinizione.

rifinizióne s. f. **1** (*tosc.*) Rifinitura. **2** (*raro, tosc.*) Consunzione: *andare in r.* | Rovina: *mandare in r.* **3** (*tess.*) Insieme delle operazioni effettuate sui tessuti dopo la tessitura per migliorarne l'aspetto o modificarne la struttura rendendoli idonei agli scopi a cui sono destinati: *r. laniera, cotoniera.* SIN. Rifinitura.

rifioccàre [comp. di *ri-* e *fioccare*] v. intr. (*io rifiòcco, tu rifiòcchi*; anche impers.; aus. *essere*) ● Fioccare di nuovo o più fortemente.

rifiorènte part. pres. di *rifiorire*; anche agg. ● Nei sign. del v.

rifioriménto s. m. ● Modo, atto del rifiorire (*spec. fig.*): *il r. degli studi, della civiltà.* SIN. Rifioritura.

rifiorire [lat. tardo *reflorēre*, comp. di *re-* e *florēre* 'fiorire'] **A** v. intr. (*io rifiorìsco, tu rifiorìsci*; aus. *essere*) **1** Tornare a fiorire: *a maggio rifioriscono le rose* | (*fig.*) Riprendere vigore, energia, attività: *rifioriscono gli studi*; *dappertutto sono rifiorite rivolte*; *la tua salute rifiorisce.* **2** Ricoprirsi di macchie, muffa, ruggine, pustole, e sim.: *le pagine di quell'antico codice sono rifiorite.* **3** †Riprosperare. **B** v. tr. ● (*lett.*) Fare fiorire: *la primavera rifiorisce i prati* | (*lett.*) Abbellire, ravvivare: *r. la bellezza di qc.* | *R. una strada*, spargervi sopra ghiaia. **C** v. intr. pron. ● †Avvinazzarsi.

rifiorita [comp. di *ri-* e *fiorita*] s. f. ● Nuova fioritura (*anche fig.*).

rifiorito part. pass. di *rifiorire*; anche agg. ● Nei sign. del v.

rifioritùra s. f. **1** Nuova fioritura di una pianta. **2** (*fig.*) Nuovo sviluppo di q.c.: *una straordinaria r. della pittura.* **3** (*est.*) Abbellimento, frangia: *raccontare con mille rifioriture.* **4** Il ricomparire su di una superficie di macchie di vario tipo: *sul muro è comparsa una r. di muffa*; *libro antico con rifioriture.*

rifiottàre [comp. di *ri-* e *fiottare*] v. intr. (*io rifiòtto*; aus. *avere*) ● (*lett.*) Fiottare di nuovo.

rifischiàre [comp. di *ri-* e *fischiare*] **A** v. tr. (*io rifischio*) **1** Fischiare di nuovo: *r. un motivo musicale.* **2** (*fam.*) Riferire, ridire per fare la spia. **B** v. intr. (aus. *avere*) ● Fischiare di nuovo, o a propria volta per rispondere.

rifischióne [da *rifischiare*] s. m. (f. *-a*) ● (*pop.*) Chi di solito riferisce, per fare la spia. SIN. Spione.

rifitto part. pass. di *rifiggere*; anche agg. ● (*raro*) Nei sign. del v.

rifiutàbile [lat. tardo *refutābile(m)*, da *refutāre* 'rifiutare (1)'] agg. ● Che si può o si deve rifiutare: *consiglio, dono non r.*

†**rifiutagióne** ● V. †*rifiutazione.*

†**rifiutaménto** s. m. **1** Rifiuto. **2** Ripudio.

†**rifiutànza** s. f. ● Atto, effetto del rifiutare.

rifiutàre (1) o †**refutàre**, †**rifuṡàre**, †**rifutàre** [lat. *refutāre*, comp. di *re-* e **futāre* 'battere', di etim. incerta. Cfr. *confutare*] **A** v. tr. **1** Non accettare o non voler ricevere: *r. i consigli, le proposte*; *r. la merce, le lettere, l'onorificenza*; *r. il vestito mal fatto*; *il parlar dolce di colei rifiuta* (BOIARDO) | *R. la presidenza, la candidatura*, rinunciarvi | (*est.*) Non sopportare, non tollerare: *r. il sole, l'acqua* | Sdegnare: *la fortuna rifiuta i timidi.* SIN. Respingere, ricusare. CONTR. Accettare. **2** Non voler fare: *r. di fare parte di un partito*; *r. la battaglia* | *R. l'ostacolo*, arrestarglisi davanti, non volerlo superare, detto del cavallo nei concorsi ippici | Negare di concedere: *r. il consenso*; *r. l'obbedienza.* **3** †Non riconoscere, negare: *r. il padre, il fratello* | (*lett.*) Rinnegare: *r. i propri scritti giovanili* | †Ripudiare. **B** v. intr. pron. ● Non voler acconsentire, spec. con decisione, a fare, concedere q.c.: *si rifiutò di intervenire*; *mi rifiuto di accordarmi con voi* | *Non mi rifiuto di*, accetto di. **C** v. intr. impers. ● (*mar.*) Cambiare direzione in modo sfavorevole rispetto a chi naviga di bolina, detto del vento.

rifiutàre (2) [comp. di *ri-* e *fiutare*] v. tr. ● (*raro*) Fiutare di nuovo.

rifiutàto part. pass. di *rifiutare* (1); anche agg. ● Nei sign. del v.

rifiutatóre [lat. tardo *refutatōre(m)*, da *refutātus* 'rifiutato'] **A** agg.; anche s. m. (f. *-trice*) ● (*raro*) Che, chi rifiuta. **B** s. m. ● †Confutatore.

†**rifiutazióne** o †**rifiutagióne** [lat. *refutatiō-ne(m)*, da *refutātus* 'rifiutato'] s. f. ● Rifiuto, ripudio.

rifiùto [da *rifiutare* (1)] s. m. **1** Atto, effetto del rifiutare: *il r. di un incarico*; *il tuo improvviso r. ci ha sorpresi.* SIN. Rinunzia. **2** Diniego, ricusa: *rispondere con un r.*; *opporre un reciso r.* | In alcuni giochi di carte, il non rispondere all'invito del compagno. **3** Nei concorsi ippici, l'atto di un cavallo che si arresta improvvisamente davanti ad un ostacolo: *primo, secondo, terzo r.* **4** Avanzo, cosa o persona rifiutata come di nessun valore: *mettere, buttar tra i rifiuti*; *sbarazzarsi dei rifiuti* | *Rifiuti della società*, la gente peggiore, la canaglia | *Merce di r.*, di scarto | *Acque di r.*, quelle che, dopo l'utilizzo in attività domestiche, industriali, agricole e sim., sono restituite, gener. inquinate, dall'impianto di sfruttamento. **5** (*al pl.*) Immondizia: *raccolta dei rifiuti.* **6** †Ripudio, divorzio.

riflagellàre [comp. di *ri-* e *flagellare*] v. tr. (*io riflagèllo*) ● Flagellare di nuovo.

riflazióne e *deriv.* ● V. *reflazione* e *deriv.*

riflessànte [da *rifless(o)* (1) col suff. di part. pres. e agg. *-ante*] s. m. ● Preparato che dà riflessi colorati ai capelli.

riflessìbile [da *riflesso*] agg. ● (*raro*) Che può riflettersi.

riflessibilità s. f. ● (*raro*) L'essere riflessibile.

riflessióne o †**reflessióne** [vc. dotta, lat. tardo *reflexiōne(m)*, da *reflĕxus* 'riflesso'] s. f. **1** Atto, effetto del riflettere o del riflettersi. **2** (*fis.*) In propagazioni ondulatorie e materiali, fenomeno per cui un raggio, incidendo su una superficie riflettente, viene rinviato secondo un raggio riflesso, che forma con la normale alla superficie un angolo di riflessione uguale all'angolo d'incidenza e giacente sullo stesso piano: *r. del suono, della luce, di onde elettromagnetiche, di elettroni* | *Angolo di r.*, angolo formato dal raggio riflesso con la normale alla superficie riflettente nel punto d'incidenza | *R. totale*, quando il raggio luminoso, provenendo dal mezzo più rifrangente, giunge alla superficie di separazione dei due mezzi con un angolo d'incidenza che supera l'angolo limite. **3** (*filos.*) Atto conoscitivo mediante il quale lo spirito, ritornando su se stesso, prende coscienza delle sue operazioni e dei loro caratteri. **4** (*fig.*) Correntemente, il ripiegarsi della mente su se stessa: *per questa decisione è necessaria una lunga r.* | *Essere senza r.*, essere leggero, incauto, non avvezzo a pensare con attenzione | Effetto dell'attenta considerazione, osservazione: *sono riflessioni giuste, importanti*; *far conoscere le proprie riflessioni* | *Artista di r.*, che si basa sulla riflessione più che sulla fantasia. || **riflessioncèlla**, dim.

riflessività s. f. ● (*raro*) Qualità di chi è riflessivo | Inclinazione, abitudine alla riflessione.

riflessivo [da *riflesso*] agg. **1** (*raro*) Atto a riflettere: *raggio r.* **2** Che è avvezzo a ripiegarsi con la mente sulle cose o a considerare attentamente: *mente riflessiva* | *Persona r.*, non facile agli impulsi, ponderata, assennata | *Facoltà riflessiva*, che riguarda la riflessione, della riflessione. **3** Detto di forma verbale, quando l'azione compiuta dal soggetto si riflette sul soggetto stesso. **4** Detto di relazione nella quale ogni elemento è associato a se stesso. || **riflessivaménte**, avv. In modo riflessivo, consideratamente.

riflèsso (1) o †**reflèsso** [vc. dotta, lat. tardo *reflĕxu(m)*, da *reflĕctere* 'riflettere'] s. m. **1** Il riflettere o il riflettersi (*anche fig.*): *ripararsi dal r. del sole*; *non aveva paura*; *né ... delle ombre ... né del subito guizzare di qualche r. rossastro qua e là in una pozzanghera* (PIRANDELLO); *esaminare il r. della attuale situazione politica nella vita culturale* | *Per r.*, indirettamente | *Di r.*, per azione riflessa, di rimbalzo. **2** (*fisiol.*) Risposta motoria, involontaria ad uno stimolo che parte da un organo periferico di senso | *R. condizionato*, risposta nuova o modificata, provocata da un dato stimolo dopo il condizionamento.

riflèsso (2) part. pass. di *riflettere*; anche agg. **1** Nei sign. A e C del v. **2** Che non è frutto di iniziativa personale, ma di riflessione su idee, azioni altrui: *è solo una risposta riflessa.* ‖ **riflessaménte**, avv. (*raro*) Per riflesso.

riflessògeno o **reflessògeno** [vc. dotta, comp. del lat. tardo *reflĕxu(m)* (V. *riflesso*) e *-geno*] agg. • (*fisiol.*) Che evoca o esalta un riflesso nervoso mediante stimolazione.

riflessologìa o **reflessologìa** [vc. dotta, comp. del lat. tardo *reflĕxu(m)* (V. *riflesso*) e *-logia*] s. f. *1* (*fisiol.*) Studio dei riflessi nervosi. *2* (*psicol.*) Dottrina che studia i rapporti tra riflessi nervosi e funzioni psichiche dell'uomo. *3* (*med.*) Riflessoterapia.

riflessoterapìa [comp. di *riflesso* (*1*) e *terapia*] s. f. • (*med.*) Forma di terapia attuata mediante stimolazione di particolari aree del corpo, spec. nel piede o nella mano, per migliorare lo stato di salute.

riflettènte part. pres. di *riflettere*; anche agg. *1* Nei sign. del v. *2 Potere r.*, rapporto tra l'intensità della luce riflessa da un corpo e l'intensità della luce incidente sul corpo | *Giudizio r.*, nella filosofia di Kant, quello in cui la conoscenza sensibile viene riferita solo al soggetto.

riflèttere o †**reflèttere** [vc. dotta, lat. *reflĕctere* 'volgere indietro', comp. di *re-* e *flĕctere* 'piegare'. V. *flettere*] **A** v. tr. (pres. *io riflètto*; pass. rem. *io riflettéi*, o raro *riflèssi* spec. nei sign. A, *tu riflettésti*; part. pass. *riflèsso* nei sign. A e C, *riflettùto* nel sign. B) *1* (*fis.*) Rinviare secondo le leggi della riflessione: *una lamina speculare riflette i raggi luminosi.* *2* Rimandare, volgere indietro: *lo specchio riflette le immagini.* *3* (*fig.*) Rispecchiare, manifestare: *il tuo discorso riflette la scarsa considerazione che hai di noi.* **B** v. intr. (aus. *avere*) • Rivolgere la mente, considerare con attenzione: *r. sui fatti*; *gli uomini prima sentono senz'avvertire, dappoi avvertiscono con animo perturbato e commosso, finalmente riflettono con mente pura* (VICO) | *Agire senza r.*, con leggerezza, inconsideratamente. SIN. Pensare. **C** v. rifl. *1* Riverberarsi, essere riflesso. *2* (*fig.*) Ripercuotersi, influire: *la debolezza del governo si rifletteva su ogni settore della vita nazionale.*

riflettività [da *riflettere*] s. f. • (*fis.*) Coefficiente pari al rapporto tra l'intensità dell'onda elettromagnetica riflessa da una superficie e l'intensità dell'onda incidente.

riflettometrìa [comp. di *riflett(ere)* e *-metria*] s. f. • (*fis.*) Tecnica sperimentale, utilizzata nello studio delle proprietà ottiche dei materiali, consistente nella misurazione della riflettività di una superficie.

riflettomètrico agg. (pl. m. *-ci*) • (*fis.*) Relativo alla riflettometria.

riflettòmetro [da *riflett(ere)* e *-metro*] s. m. • (*fis.*) Strumento per riflettometria.

riflettóre [fr. *réflecteur*, dal lat. *reflĕctere* 'riflettere'] **A** s. m. *1* (*gener.*) Ogni dispositivo atto a riflettere energia radiante. *2* Dispositivo d'illuminazione, gener. a specchio concavo metallico, che riflette i raggi luminosi emessi da una sorgente proiettandoli a distanza | *Sotto i riflettori*, (*fig.*) al centro dell'attenzione. *3* (*astron.*) Telescopio le cui parti ottiche sono costituite da specchi. *4* Nelle telecomunicazioni, elemento di un'antenna che ne potenzia la capacità. *5* (*fis. nucl.*) *R. nucleare*, parte di un reattore che riflette i neutroni verso il nucleo. **B** anche agg. • (*fis.*) Che riflette energia radiante: *telescopio r.*

riflettorizzàre [calco del v. ingl. *to reflectorize*] v. tr. • Rendere riflettente la superficie di un oggetto mediante l'applicazione di vernici fluorescenti o dispositivi catarifrangenti, spec. per migliorare la visibilità notturna della segnaletica stradale.

riflettorizzazióne [da *riflettorizzare*] s. f. • Atto, effetto del riflettorizzare.

riflettùto part. pass. di *riflettere*; anche agg. • Nel sign. B del v. ‖ **riflettutaménte**, avv. Consideratamente.

rifluìre o (*raro*) **refluìre** [vc. dotta, lat. *reflŭere*, comp. di *re-* e *flŭere* 'fluire'] v. intr. (*io rifluìsco, tu rifluìsci*; aus. *essere*, raro *avere*) *1* Tornare a scorrere, scorrere nuovamente (*anche fig.*): *il sangue rifluì nelle vene*; *le monete di grosso taglio cominciano a r.*; *far r. la vita culturale.* *2* Scorrere indietro o nella direzione contraria al flusso normale: *l'acqua cominciò a r. dai territori allagati.* *3* Tornare ad affluire (*anche fig.*): *le merci rifluivano sul mercato.*

riflùsso [comp. di *ri-* e *flusso*] s. m. *1* Flusso o scorrimento in senso contrario (*anche fig.*): *r. della marea*; *il r. della folla.* *2* Flusso di sangue in una parte del corpo. *3* Periodo di sei ore durante il quale la marea si abbassa. SIN. Bassa marea. *4* (*fig.*) Tendenza a riscoprire e riconsiderare valori che appartengono al passato o si ritenevano superati, privilegiando nello stesso tempo la vita privata in contrapposizione a quella pubblica, sociale o politica: *questo film rispecchia fedelmente il clima di r. culturale degli ultimi tempi.*

rifocillaménto s. m. • Il rifocillare o il rifocillarsi.

rifocillàre o †**refocillàre** [vc. dotta, lat. tardo *refocilāre*, comp. di *re-* e *focilāre*, 'richiamare in vita, rianimare', da *fovēre* 'riscaldare, ristorare', di origine indeur.] **A** v. tr. • Ristorare con bevande, cibi o altro: *r. lo stomaco, un mendicante.* **B** v. rifl. • Ristorarsi mangiando o bevendo q.c.: *nell'intervallo si rifocillò con un caffè.*

rifocillàto part. pass. di *rifocillare*; anche agg. • Nei sign. del v.

rifoderàre [comp. di *ri-* e *foderare*] v. tr. (*io rifòdero*) • Foderare di nuovo.

rifoderatùra [da *rifoderare*] s. f. *1* Atto, effetto del rifoderare. *2* (*pitt.*) Rintelatura.

†**rifognàre** [comp. di *ri-* e *fognare* (*2*)] v. tr. • Fognare di nuovo.

rifolgorànte part. pres. di *rifolgorare*; anche agg. • (*raro*) Nei sign. del v.

rifolgoràre [comp. di *ri-* e *folgorare*] v. intr. (*io rifólgoro*; aus. *avere*) • Folgorare di nuovo o più fittamente.

rìfolo • V. *refolo.*

rifomentàre [comp. di *ri-* e *fomentare*] v. tr. (*io rifoménto*) • Fomentare di nuovo.

rifondàre [comp. di *ri-* e *fondare*] v. tr. (*io rifóndo*) • Fondare di nuovo | (*raro, est.*) Riedificare: *r. una città*; *ho visto r. alcun pezzo di muro vecchio di Pavia* (LEONARDO).

rifondazióne s. f. • (*raro*) Atto, effetto del rifondare.

rifóndere [lat. *refŭndere*, comp. di *re-* e *fŭndere* 'versare'. V. *fondere*] **A** v. tr. (coniug. come *fondere*) *1* Tornare a fondere: *r. metalli* | (*est., fig.*) Rimaneggiare, ricomporre cambiando o modificando: *r. uno scritto.* *2* (*fig.*) Risarcire, rimborsare, restituire: *r. i danni*; *r. le spese*; *r. denaro.* *3* (*raro*) Versare di nuovo: *r. olio alla lampada*; *r. acqua nella caldaia.* *4* †Riflettere, della luce. **B** v. intr. pron. • (*poet.*) †Riflettersi, detto della luce.

rifondìbile agg. • Che si può rifondere.

rifondiménto [da *fondere*, col pref. *ri-*] s. m. • (*veter.*) Podoflemmatite.

rifóndita [da *rifondere*] s. f. • Rifusione.

rifonditóre agg.; anche s. m. (f. *-trice*) • Che, chi rifonde.

riforàre [comp. di *ri-* e *forare*] v. tr. (*io rifóro*) • Forare di nuovo.

riforbìre [comp. di *ri-* e *forbire*] **A** v. tr. (*io riforbìsco, tu riforbìsci*) • Forbire di nuovo o meglio. **B** v. rifl. • (*raro*) Ripulirsi.

riforestazióne [comp. parasintetico di *foresta*, col pref. *ri-*] s. f. • Rimboschimento.

rifórma s. f. *1* Atto, effetto del riformare per dare un ordine nuovo e migliore, per trasformare una situazione, una società e sim.: *entra in vigore la r. elettorale*; *studiare la r. dell'insegnamento universitario* | Legge che cambia profondamente le strutture della società: *è un governo che non concede riforme.* *2* (*est., raro*) Emendamento, correzione. *3* L'insieme dei movimenti religiosi originati dalla predicazione e dalla dottrina di Lutero, estesi dalla Germania ad altre regioni d'Europa, i quali intendono recuperare i valori originali dell'Evangelo e delle Scritture, accentuando i temi della grazia e della personale responsabilità, adottando nella liturgia le lingue nazionali e distaccandosi dalla chiesa cattolica | *R. cattolica*, controriforma. *4* Parziale modifica di un provvedimento giurisdizionale o amministrativo impugnato. *5* Invio in congedo assoluto del militare inabile al servizio per infermità permanente.

riformàbile [vc. dotta, lat. tardo *reformābile(m)*, da *reformāre* 'riformare'] agg. • Che si può o si deve riformare, modificare e sim.

†**riformagióne** • V. *riformazione.*

†**riformaménto** s. m. • Riforma.

riformàre [vc. dotta, lat. *reformāre*, comp. di *re-* e *formāre*] **A** v. tr. (*io rifórmo*) *1* Formare di nuovo: *hanno riformato una squadra di calcio* | Rimettere nell'ordine primitivo: *r. la schiera, la fila.* *2* Dare nuova forma, allo scopo di migliorare, rinnovare, riordinare q.c.: *r. lo Stato*; *r. una legge*; *r. la società*; *r. l'ordinamento scolastico*; *cacciati i principali ... riformarono la città a governo dell'inimico del pontefice* (GUICCIARDINI) | Emendare, correggere: *r. una sentenza* | (*scherz.*) Cambiare, trasformare: *r. i connotati a qc.* *3* Apportare modificazioni al corpo dottrinale o istituzionale di una religione, di una chiesa, di un ordine o di una congregazione religiosa con particolare riferimento alla riforma protestante. *4* Porre in congedo assoluto il militare inabile permanentemente al servizio per infermità. **B** v. intr. pron. *1* Tornare a formarsi: *si è riformato il ghiaccio.* *2* (*raro, lett.*) Tornare nella forma primitiva. *3* †Emendarsi, correggersi.

riformatìvo agg. • (*raro*) Che serve, tende a riformare: *legge riformativa.*

riformàto A part. pass. di *riformare*; anche agg. *1* Nei sign. del v. *2 Chiesa riformata*, ciascuna delle chiese nazionali o locali derivate dalla riforma protestante. **B** s. m. *1* Seguace della riforma protestante o di chiesa da essa derivata. *2* Chi è inabile al servizio militare.

riformatóre [vc. dotta, lat. *reformatōre(m)*, da *reformātus* 'riformato'] agg.; anche s. m. (f. *-trice*) • Che, chi riforma o è autore di una riforma spec. religiosa o politica.

riformatòrio [da *riformato*] s. m. • Istituto di detenzione e rieducazione per minorenni.

riformazióne o †**riformagióne** spec. nel sign. 2 [vc. dotta, lat. *reformatiōne(m)*, da *reformātus* 'riformato'] s. f. *1* Nuova formazione. *2* †Riforma.

riformìsmo [da *riforma*] s. m. • Tendenza a modificare con riforme e metodi legali l'assetto sociale e la struttura dello Stato.

riformìsta [fr. *réformiste*, da *réforme* 'riforma'] **A** s. m. e f. (pl. m. *-i*) • Seguace del riformismo. **B** agg. • Riformistico.

riformìstico agg. (pl. m. *-ci*) • Che riguarda il riformismo | Da, di riformista.

rifornimento s. m. *1* Operazione o effetto del rifornire o del rifornirsi di q.c.: *fare r. di benzina* | *R. in volo, in navigazione*, operazione mediante la quale un aeromobile o una nave vengono forniti di carburante da un altro velivolo o nave. *2* Attività logistica diretta a ripristinare dotazioni o scorte di tutto quanto necessita l'esercito per vivere, muoversi e combattere: *r. di viveri, di munizioni.* *3* Nel ciclismo, distribuzione di alimenti ai corridori nel corso di una gara su strada | *R. volante*, quello per cui il corridore riceve le vettovaglie senza arrestarsi. *4* (*spec. al pl.*) Ciò che serve a rifornire provviste: *i rifornimenti stanno esaurendosi.*

rifornìre [comp. di *ri-* e *fornire*] **A** v. tr. (*io rifornìsco, tu rifornìsci*) • Fornire, provvedere di nuovo: *r. qc. di armi, di denaro* | Approvvigionare di nuovo: *r. la casa del necessario.* **B** v. rifl. • Provvedersi, fornirsi di nuovo di q.c.: *mi sono appena rifornito di vino.*

rifornìto part. pass. di *rifornire*; anche agg. • Nei sign. del v.

rifornitóre agg.; anche s. m. (f. *-trice*) • Che, chi rifornisce.

rifornitùra s. f. • (*raro*) Rifornimento.

rifortificàre [comp. di *ri-* e *fortificare*] v. tr. (*io rifortìfico, tu rifortìfichi*) • (*raro*) Fortificare di nuovo e meglio: *disegnando ... r. quella città, fecero Michelangelo ... commissario generale* (VASARI).

†**rifòsso** o †**refòsso** [comp. di *ri-* e *fosso*] s. m. • Fosso doppio secondario in una fortificazione.

rifrangènte part. pres. di *rifrangere*; anche agg. • Nei sign. del v.

rifrangènza [da *rifrangente*] s. f. • (*fis.*) Proprietà per cui certi mezzi danno luogo alla rifrazione.

rifràngere o †**refràngere** [comp. di *ri-* e *frangere*] **A** v. tr. (part. pass. *rifrànto* nei sign. A 1 e B 1, *rifràtto* nei sign. A 2 e B 2, per le altre forme coniug. come *frangere*) *1* (*raro*) Frangere, spezzare di nuovo o di più. *2* (*fis.*) Far subire una rifrazione. **B** v.

intr. pron. *1* Spezzarsi, rompersi deviando. *2* (*fis.*) Subire una rifrazione.

rifrangìbile o †**refrangìbile** agg. ● (*raro*) Che può rifrangersi.

rifrangibilità s. f. ● (*raro*) Condizione di ciò che è rifrangibile.

rifrangiménto s. m. ● (*raro*) Modo, atto, effetto del rifrangere o del rifrangersi.

rifrànto part. pass. di *rifrangere*; anche agg. ● Nei sign. A 1 e B 1 del v.

rifràtto o (*raro*) **refràtto**. part. pass. di *rifrangere*; anche agg. *1* Nei sign. A 2 e B 2 del v. *2 Dosi rifratte*, nel linguaggio medico e farmacologico, suddivisione di un dosaggio giornaliero in piccole quantità da somministrare frequentemente.

rifrattometrìa [comp. di *rifratto* e *-metria*] s. f. ● (*ott.*) Misura dell'indice di rifrazione e di altre proprietà correlate.

rifrattòmetro o **refrattòmetro** [comp. di *rifratto* e *-metro*] s. m. ● In ottica, strumento per misurare l'indice di rifrazione di sostanze trasparenti, solide o liquide | In ottometria, strumento per la misura della vista, mediante il quale si può stabilire se un occhio è normale o difettoso e misurare l'eventuale difetto.

rifrattóre [da *rifratto*] **A** agg. (f. *-trice*) ● Che rifrange: *telescopio r.* **B** s. m. *1* Dispositivo che realizza nelle lampade una buona illuminazione, sfruttando essenzialmente la rifrazione. *2* Telescopio le cui parti ottiche sono costituite da lenti.

rifrazióne [da *rifratto*] s. f. ● (*fis.*) In propagazioni ondulatorie, fenomeno per cui un raggio incidente, passando da un mezzo a un altro di diversa densità e proprietà ottiche, varia, secondo certe leggi, la direzione di propagazione: *l'aurora ... è una r. dei raggi solari* (GALILEI); *r. del suono, della luce, di onde elettromagnetiche, di onde sismiche* | *Angolo di r.*, angolo formato dal raggio rifratto con la normale alla superficie di separazione dei due mezzi nel punto d'incidenza | *Indice di r.*, rapporto fra il seno dell'angolo d'incidenza e il seno dell'angolo di rifrazione, relativo a due mezzi rifrangenti | *R. doppia*, birifrangenza | *R. astronomica, atmosferica*, dovuta all'atmosfera della Terra, per cui l'altezza degli astri risulta maggiorata.

rifreddàre [comp. di *ri-* e *freddare*] **A** v. tr. (*io rifréddo*) ● Freddare nuovamente. **B** v. intr. e intr. pron. (aus. *essere*) ● Raffreddarsi di nuovo: *la minestra si è rifreddata.*

rifréddo [comp. di *ri-* e *freddo*] **A** agg. ● Che è stato fatto raffreddare, detto spec. di cibo. **B** s. m. ● Cibo cotto e conservato che si mangia freddo.

rifregàre [comp. di *ri-* e *fregare*] v. tr. (*io rifrégo, tu rifréghi*) ● Fregare di nuovo.

rifrequentàre [comp. di *ri-* e *frequentare*] v. tr. (*io rifrequènto*) ● Frequentare di nuovo.

†**rifrigeràre** e *deriv.* ● V. *refrigerare* e *deriv.*

rifrìggere [comp. di *ri-* e *friggere*] **A** v. tr. (coniug. come *friggere*) *1* Friggere di nuovo. *2* (*fig.*) Ridire o ripresentare le stesse cose tentando di farle apparire nuove o diverse: *r. luoghi comuni, vecchie idee.* **B** v. intr. (aus. *avere*) ● Friggere a lungo.

rifriggiménto s. m. ● (*raro*) Atto, effetto del rifriggere (*anche fig.*).

rifriggitóre s. m. (f. *-trice*) ● (*raro*) Chi rifrigge (*spec. fig.*).

rifritto A part. pass. di *rifriggere*; anche agg. ● Nei sign. del v. **B** s. m. ● Cattivo odore o sgradevole sapore di cibi rifritti o di tegami utilizzati per rifriggere o per friggere troppe volte: *sapere di r.* | (*fig.*) *È un'idea che sa di r.*, è un'idea vecchia, troppo sfruttata.

rifrittùme s. m. ● Insieme di cose rifritte (*spec. fig.*): *questo libro è un r. di vecchie idee.*

rifrittùra s. f. ● Cibo rifritto | (*fig.*) Rifacimento, ripetizione di cose note, vecchie.

†**rifronzìre** o †**rifrondìre** [comp. di *ri-* e †*fronzire*] v. intr. ● Mettere di nuovo le fronde.

rifrugàre o †**rifrucàre** [comp. di *ri-* e *frugare*] v. tr. e intr. (*io rifrùgo, tu rifrùghi*; aus. *avere*) ● Frugare di nuovo, ripetutamente o più a fondo: *r. le tasche*; *non fa che r. nei suoi cassetti.*

rifrullàre [comp. di *ri-* e *frullare*] v. tr. e intr. (aus. *avere*) ● (*raro*) Frullare di nuovo.

rifrustàre [comp. di *ri-* e *frustare*] v. tr. *1* Frustare di nuovo o più volte | (*est.*) Percuotere di nuovo. *2* (*tosc.*) Frugare, rovistare, cercare dappertutto mettendo sottosopra (*anche ass.*): *r. tutto il solaio*; *r. tra i rifiuti* | Scartabellare, compulsare: *r. lessici, repertori* | (*fig.*) Riandare a cose vecchie, dimenticate: *r. il passato.*

rifrustatóre [da *rifrustare* nel sign. 2] s. m. (f. *-trice*) ● (*raro, tosc.*) Chi fruga, ricerca.

†**rifrùsto** o †**refrùsto** [da *rifrustare*] s. m. ● Percossa, bastonatura.

rifruttàre [comp. di *ri-* e *fruttare*] v. intr. (aus. *avere*) ● Fruttare di nuovo.

rifruttificàre [comp. di *ri-* e *fruttificare*] v. intr. (*io rifruttìfico, tu rifruttìfichi*; aus. *avere*) ● Fruttificare di nuovo.

†**rifuggiménto** s. m. ● Il rifuggire.

rifuggìre [lat. *refŭgere*, comp. di *re-* e *fŭgere* 'fuggire'] **A** v. intr. e †intr. pron. (coniug. come *fuggire*; aus. *essere*) *1* Fuggire di nuovo: *il prigioniero è rifuggito* | Fuggire, fuggirsene: *indietro rifuggironsi le Grazie* (PARINI). *2* (*fig.*) Aborrire, avere in orrore, essere alieno: *rifuggo dal credere a queste atrocità*; *r. dalle bassezze.* *3* (*raro*) Rifugiarsi durante una fuga (*anche fig.*): *r. in un paesello.* *4* †Fuggire indietro, ritirarsi. **B** v. tr. *1* (*raro*) Scansare, fuggire: *r. la fatica*; *r. le cattive compagnie.* *2* †Trafugare.

†**rifuggita** [da *rifuggire*] s. f. ● Ritirata | Rifugio.

rifugiàrsi o †**refugiàrsi** [da *rifugio*] v. intr. pron. (*io mi rifùgio*) ● Cercare rifugio, ricovero, sicurezza: *ci rifugiammo in Francia per sfuggire alle persecuzioni politiche* | (*fig.*) Cercare conforto, aiuto morale: *ci rifugiamo spesso nella lettura.*

rifugiàto A part. pass. di *rifugiarsi*; anche agg. ● Nei sign. del v. **B** s. m. (f. *-a*) ● Individuo costretto, in seguito a vicende politiche, ad abbandonare lo Stato nel quale aveva stabile dimora per cercare rifugio in un altro Stato.

rifùgio o †**refùgio** [vc. dotta, lat. *refŭgiu(m)*, da *refŭgere* 'rifuggire'] **A** s. m. *1* Asilo, riparo, difesa, protezione materiale e morale: *trovare r. durante una tempesta*; *cercare r. dalle avversità.* *2* Luogo che offre riparo, protezione: *quella capanna è un ottimo r.* | (*sport*) In alpinismo, costruzione in muratura o in legno, di notevoli dimensioni, che serve come base per escursioni e ascensioni in montagna, dotata di posti letto e spesso di servizio alberghiero | *R. della gioventù*, istituto che ospita e mantiene i giovani, spec. senza mezzi economici o famiglie | (*mil.*) Locale protetto a prova di bombardamento di artiglieria o aereo, per riparo dalle offese del nemico: *r. antiatomico, antiaereo.* *3* (*est.*) Luogo di ritrovo abituale: *quel bar è un r. di sfaccendati.* *4* (*fig.*) Persona a cui si ricorre per aiuto, protezione e sim.: *quell'amico è il suo r.* | *R. dei peccatori*, titolo attribuito alla Madonna che intercede per i peccatori. **B** in funzione di agg. inv. (posposto al s.) ● (*econ.*) *Beni r.*, quelli che conservano il loro potere d'acquisto nel tempo e che vengono acquistati per tutelarsi spec. in caso di inflazione.

rifulgènte part. pres. di *rifulgere*; anche agg. ● Nel sign. del v.

†**rifulgènza** [vc. dotta, lat. *refulgĕntia(m)*, da *refŭlgens*, genit. *refulgĕntis* 'rifulgente'] s. f. ● Splendore, fulgore.

rifùlgere o †**refùlgere** [vc. dotta, lat. *refulgēre*, comp. di *re-* e *fulgēre*] v. intr. (part. pass. *rifùlso*, raro; nelle altre forme coniug. come *fulgere*; aus. *essere* o *avere*) ● Risplendere, brillare (*spec. fig.*): *r. di bellezza.*

†**rifulminàre** [comp. di *ri-* e *fulminare*] v. tr. e intr. ● Fulminare di nuovo.

rifùlso part. pass. di *rifulgere*; anche agg. ● Nel sign. del v.

rifumàre [comp. di *ri-* e *fumare*] v. tr. e intr. (aus. *avere*) ● Fumare di nuovo: *r. la pipa*; *il Vesuvio cominciò a r.*

†**rifuṣàre** ● V. *rifiutare* (*1*).

rifuṣìbile agg. ● (*raro*) Che si può rifondere.

rifuṣióne [vc. dotta, lat. tardo *refusiōne(m)*, da *refūsus* 'rifuso'] s. f. ● Atto, effetto del rifondere (*anche fig.*): *la r. di un metallo*; *tentare la r. di uno scritto*; *chiedere la r. dei danni.*

rifùṣo part. pass. di *rifondere*; anche agg. *1* Nei sign. del v. *2 A r.*, (*raro*) in abbondanza.

†**rifutàre** ● V. *rifiutare* (*1*).

†**rifutativo** [da *rifutare*] agg. ● Confutativo.

†**rifutazióne** [vc. dotta, lat. *refutatiōne(m)*, da *refutātus*, part. pass. di *refutāre*] s. f. ● Confutazione.

rìga [longob. *rīga*] s. f. *1* Linea diritta o segno lineare in rilievo, incavato, tracciato o comunque prodotto su di una superficie: *carta, tessuto a righe*; *sottolineare con una r.* | (*mus.*) Rigo. *2* (*spec. al pl.*) Solchi elicoidali ricavati nell'interno della canna di un'arma da fuoco per imprimere al proiettile la rotazione che ne assicuri la stabilità lungo la traiettoria. *3* (*est.*) Serie di persone, animali o cose disposte una di fianco all'altra nella medesima linea: *una r. di soldati, di alberi, di carri*; *come i gru van cantando lor lai, / faccendo in aere di sé lunga r.* (DANTE *Inf.* V, 46-47) | Rompere le righe, comando dato a militari in formazione allineata per metterli in libertà | *Rompere le righe*, (*fig.*) sciogliere una riunione, un raduno, un'assemblea e sim. | *Di prima r.*, (*fig.*) di prim'ordine | *Porre nella medesima r.*, (*fig.*) giudicare uguale | *Mettersi in r. con qc.*, (*fig.*) cercare di essergli pari, emularlo | *Sopra le righe*, (*fig.*) detto di tono, atteggiamento, comportamento e sim. enfatico, retorico, caricato, che eccede la norma | *Mettere in r. qc.*, ridurlo all'obbedienza | *Uscire dalla r.*, (*fig.*) uscire dall'ordinario, distinguersi dagli altri e sim. | *Rimettersi in r.*, (*fig.*) tornare all'obbedienza | *Seminare a righe*, a file, secondo distanze prestabilite. *4* Serie di parole disposte in una linea diritta orizzontale: *una pagina di trenta righe*; *la divisione delle parole in fine di r.* | *Leggere tra le righe*, (*fig.*) desumere da uno scritto quello che, pur non essendo chiaramente espresso, sta dietro le parole | Contenuto di una o più righe scritte o stampate: *di quel romanzo ho letto poche righe* | (*iperb.*) *Non ricevere una r., scrivere due righe*, non ricevere nessuna lettera, scrivere brevemente. *5* Scriminatura, divisa dei capelli: *farsi la r. a destra.* *6* Striscia di legno, metallo, materiale plastico e sim., atta a tracciare segmenti di retta | *R. millimetrata*, riga su un bordo della quale sono segnate, in centimetri e in millimetri, le distanze da un estremo. *7* (*mat.*) Strumento ideale della geometria, mediante il quale si può solamente tracciare la retta congiungente due punti dati. *8* (*fis.*) *R. spettrale*, radiazione monocromatica emessa o assorbita da un atomo o da una molecola. *9* (*elettron., tv*) Ciascuno degli elementi orizzontali dell'immagine da trasmettere, esplorati successivamente da un fascetto elettronico nel tubo da ripresa per trasformare l'immagine nel segnale video, o tracciati da un fascetto elettronico sullo schermo del cinescopio per trasformare il segnale video nell'immagine corrispondente. SIN. Linea. *10* Unità di misura | *R. tipografica*, unità di misura suddivisa in dodici punti. SIN. Cicero. || **rigàccia**, pegg. | **righèlla**, dim. | **righèllo**, dim. m. (V.) | **righétta**, dim. | **righettina**, dim. | **righina**, dim. | **righino**, dim. m. | **rigóne**, accr. m.

rigabèllo [etim. incerta] s. m. ● (*mus.*) Piccolo organo portativo di registro acuto, usato nel Medio Evo. SIN. Regale.

rigàggio [da *rigare*] s. m. ● In tipografia, lineatura orizzontale di tabelle, prospetti e sim.

rigàglia o (*raro*) **regàglia** [lat. *regālia* 'cose degne di un re', nt. pl. sost. di *regālis* 'regale'] s. f. *1* (*spec. al pl.*) Interiora e cresta di pollo o altro volatile: *pasticcio, fettuccine con rigaglie.* *2* Cascame di seta, scarto del bozzolo. *3* †Rimasuglio, avanzo di nessun valore. *4* †Guadagno incerto. || **rigagliuòla**, dim.

†**rigàgno** s. m. ● Rigagnolo.

rigàgnolo [sovrapposizione di *rigare* 'irrigare' a un dim. di *rivo*] s. m. ● Piccolo rivo | *Pescare nei rigagnoli*, (*raro, fig.*) affaticarsi invano | Piccolo corso d'acqua che scorre nella parte più bassa delle strade dopo la pioggia. || **rigagnolàccio**, pegg. | **rigagnolèllo**, dim. | **rigagnolétto**, dim. | **rigagnolino**, dim. | **rigagnolùccio**, dim.

rigalleggiàre [comp. di *ri-* e *galleggiare*] v. intr. (*io rigallèggio*; aus. *avere*, raro *essere*) ● Galleggiare di nuovo | Tornare a stare a galla: *la nave avariata non può ancora r.*

†**rigaloppàre** [comp. di *ri-* e *galoppare*] v. intr. ● Galoppare di nuovo.

rigàme [da *riga*] s. m. ● Scanalature degli stipiti, entro le quali scorre la saracinesca.

rigamo ● V. *regamo*.

†**rigangheràre** [comp. parasintetico di *ganghero*, col pref. *ri-*] v. tr. ● (*lett.*) Riaccomodare (*spec.*

fig.): *r. e raccozzare ... parole ... in prosa* (GALILEI).

rigàre (1) [da *riga*] **A** v. tr. (*io rìgo, tu rìghi*) **1** Tracciare una o più righe, segnare rigando: *r. una superficie con il lapis*; *mi abbracciava, o mi rigava il volto / d'amaro pianto* (ALFIERI) | *R. una pagina, un foglio*, tracciarvi righe diritte per scrivere ordinatamente | (*raro*) *R. una frase*, sottolinearla | Rovinare, guastare con incisioni, sfregi e sim. q.c. **2** Effettuare la rigatura nella canna di un'arma da fuoco. **B** v. intr. (aus. *avere*) ● Solo nella loc. *r. diritto*, (*fig.*) procedere, comportarsi facendo il proprio dovere.

†**rigàre** (2) [vc. dotta, lat. *rigāre*, di etim. incerta] v. tr. ● Irrigare, solcare bagnando: *abbondanti fontane rigavano le fresche erbette* (BOCCACCIO).

rigàta s. f. **1** Colpo di riga. **2** (*mus.*) Riga, rigo.

rigatìno [da *rigato* (1)] s. m. **1** Tessuto di cotone a righe minute, solitamente bianche e turchine, per grembiuli. SIN. Bordatino. **2** (*tosc.*) Pancetta di maiale. **3** (*spec. al pl.*) Tipo di pasta piccola a forma di tubi rigati.

rigàto (1) part. pass. di *rigare* (1); anche agg. **1** Nei sign. del v. **2** Solcato da righe: *fronte rigata di sudore*.

†**rigàto** (2) part. pass. di †*rigare* (2); anche agg. ● Nel sign. del v.

rigatóne [da *rigato* (1), per la forma] s. m. **1** Arnese per rigare il terreno da seminare o piantare. **2** (*spec. al pl.*) Tipo di pasta a cannelli scanalati, che si mangia asciutta.

rigatóre [da *rigato*] s. m. (f. *-trice*) **1** Chi riga. **2** Attrezzo per rigare. **3** (*agr.*) Attrezzo manuale per tracciare piccoli solchi sul terreno. SIN. Segnafile.

rigatrìce s. f. ● (*cart.*) Macchina usata per rigare la carta, costituita da più rulli a distanza regolabile sotto i quali scorrono i fogli.

†**rigattàto** [variante di *ricattato*] agg. ● (*raro*) Vagabondo avventuriero e truffatore.

rigatterìa s. f. **1** (*raro*) Bottega del rigattiere. **2** Ciò che viene venduto dal rigattiere | (*est.*) Quantità, insieme di cose vecchie | Ciarpame.

rigattière [fr. *regrattier*. Cfr. it. *grattare*] s. m. (f. *-a*, raro) ● Chi acquista e rivende roba vecchia, usata o fuori uso, spec. vestiti, masserizie e sim. | *Contratto dei rigattieri*, contratto estimatorio.

rigatùra s. f. **1** Operazione, effetto del rigare: *procedere alla r.*; *ottenere una perfetta r.* **2** Operazione periodica che si compie sui laminatoi a cilindri usati per la macinazione del grano, al fine di renderli più taglienti. **3** L'insieme delle righe: *la r. di una pagina*. **4** Insieme delle righe ricavate nella faccia interna della canna di un'arma da fuoco o della bocca da fuoco di un'artiglieria | *R. destrorsa, sinistrorsa*, a seconda che le righe si sviluppino in senso orario o antiorario.

rigaudon /fr. rigo'dɔ̃/ [vc. fr., da H. *Rigaud* (1659-1743), n. dell'inventore di questa danza] s. m. inv. ● Antica danza d'origine provenzale, di ritmo vivace, diffusa spec. in Francia e in Inghilterra nel '700.

rigelàre [comp. di *ri-* e *gelare*] **A** v. tr. (*io rigèlo*) ● Far gelare di nuovo. **B** v. intr. (aus. *essere*) ● Gelare di nuovo: *lo stagno rigela*. **C** v. intr. impers. (aus. *essere* o *avere*) ● Gelare di nuovo: *stanotte potrebbe r.*

rigèlo [da *rigelare*] s. m. ● Nuova formazione, ricostituzione del ghiaccio, dopo la sua fusione dovuta a un aumento di pressione, a temperatura costante, quando venga a cessare tale pressione.

rigèmere [vc. dotta, lat. *regĕmere*, comp. di *re-* e *gĕmere*] v. intr. (coniug. come *gemere*; aus. *essere* e *avere*) ● (*raro*) Gemere di nuovo.

rigeneràbile agg. ● Che si può rigenerare.

rigeneraménto s. m. ● (*raro*) Rigenerazione.

rigeneránte part. pres. di *rigenerare*; anche agg. ● Nei sign. del v.

rigeneràre o †**regeneràre** [vc. dotta, lat. *regenerāre*, comp. di *re-* e *generāre*] **A** v. tr. (*io rigènero*) **1** Generare di nuovo | (*fig.*) Far risorgere l'antica grandezza, gloria, dignità: *r. una società* | (*est.*) Rendere di nuovo efficiente: *r. le forze*. **2** (*biol.*) Riformare, da parte di un organismo, le parti o gli organi accidentalmente lesi o perduti. **3** Ripristinare in una sostanza peculiari attitudini perdute o attenuate con l'uso o l'invecchiamento: *r. un carbone attivo, un catalizzatore, una resina scambiatrice*. **B** v. intr. e intr. pron. (aus. *essere*) **1** (*biol.*) Riprodursi, ricostituirsi, riferito a tessuti animali e vegetali. **2** (*fig.*) Nascere a nuova vita: *rigenerarsi nel battesimo*.

rigenerativo agg. ● Che riguarda la rigenerazione: *processo r.*

rigeneràto A part. pass. di *rigenerare*; anche agg. **1** Nei sign. del v. **2** *Gomma rigenerata*, rifusa | *Lana rigenerata*, tratta da vecchi tessuti. **B** s. m. ● Prodotto che si ottiene con la rigenerazione.

rigeneratóre A agg. (f. *-trice*) ● Che rigenera (*anche fig.*): *lozione rigeneratrice*; *ideale r.* **B** s. m. ● Chi rigenera (*anche fig.*): *un r. dei tessuti*; *un grande r. della società* | *R. termico*, scambiatore di calore utilizzato per la pratica della rigenerazione.

rigenerazióne [vc. dotta, lat. tardo *regeneratiōne(m)*, da *regenerātus* 'rigenerato'] s. f. **1** Atto, effetto del rigenerare o del rigenerarsi (*spec. fig.*): *la r ... e il rinvigorimento spirituale della umana società* (CROCE); *la r. degli oli*; *r. di un tessuto*. **2** Nella teologia cristiana, conseguenza del battesimo, secondo i cattolici, o dell'accettazione dell'Evangelo, secondo i riformati, comportante la trasformazione spirituale dell'uomo e la sua salvezza. **3** (*nucl.*) Ritrattamento. **4** (*tecnol.*) In una macchina termica, trasferimento al fluido attivo di una certa quantità di calore, prelevata dallo stesso fluido durante una diversa fase del ciclo termico.

rigènte [vc. dotta, lat. *rigĕnte(m)*, part. pres. di *rigēre* 'esser rigido, irrigidito', di etim. incerta] agg. ● (*poet.*) Gelido, irrigidito dal freddo.

rigerminàre [vc. dotta, lat. *regermināre*, comp. di *re-* e *germināre*] v. tr. e intr. (*io rigèrmino*; aus. intr. *essere* o raro *avere*) ● Germinare di nuovo (*anche fig.*).

rigerminazióne [vc. dotta, lat. *regerminatiōne(m)*, da *regermināre* 'rigerminare'] s. f. ● Atto, effetto del rigerminare.

rigermogliàre [comp. di *ri-* e *germogliare*] v. intr. (*io rigermóglio*; aus. *essere*, raro *avere*) ● Germogliare di nuovo | (*fig.*) Rinascere, rigenerarsi.

rigermóglio [comp. di *ri-* e *germoglio*] s. m. ● Rimessiticcio, nuovo germoglio.

rigettàbile agg. ● Che si può o si deve rigettare (*spec. fig.*): *istanza r.*

†**rigettaménto** s. m. **1** Atto del rigettare. **2** (*pop.*) Vomito.

rigettàre [lat. *reiectāre*, ints. di *reĭcere* 'gettare indietro', comp. di *re-* e *iăcere* 'gettare' (V.)] **A** v. tr. (*io rigètto*) **1** Gettare di nuovo: *r. il sasso*. **2** Fondere di nuovo: *r. una campana*. **3** (*bot.*) Germogliare. **4** Gettare, buttare indietro: *il mare rigettò i rifiuti* | (*fig.*) Rifiutare, respingere, non accogliere: *r. una domanda, un ricorso*; *vedevo i miei concittadini r. il vecchio gusto per la farsa* (GOLDONI). **5** (*pop.*) Vomitare (*anche ass.*): *r. la colazione*; *gli veniva da r.* | (*est.*) Ridare fuori, fare rifiorire: *il muro rigetta la muffa, le macchie*. **B** v. rifl. ● Gettarsi di nuovo, ritornare (*anche fig.*): *rigettarsi a letto*; *rigettarsi nel vizio*. **C** v. intr. (aus. *essere*) ● Ridar fuori, rifiorire: *sull'intonaco spesso rigettano le macchie sottostanti*.

rigettàto part. pass. di *rigettare*; anche agg. ● Nei sign. del v.

†**rigettatóre** agg.; anche s. m. (f. *-trice*) ● Che, chi rigetta (*anche fig.*).

rigètto s. m. **1** Atto, effetto del rigettare, del rifiutare (*spec. fig.*): *abbiamo saputo del r. della tua proposta*. **2** Ciò che viene rigettato, rifiutato. **3** (*bot.*) Pollone. **4** (*biol.*) Distacco, espulsione di un organo o tessuto non appartenente alla struttura originaria di un individuo: *crisi di r.*

rìggia [lat. *rēgula(m)* 'assicella'. V. *regola*] s. f. (pl. *-ge*) ● (*mar.*) Ciascuno dei due bastoni di ferro o dei pezzi di sartie fissati ai due lati delle coffe o delle crocette per sostenere le sartie di gabbia e di velaccio.

righèllo s. m. **1** Dim. di *riga*, spec. nel sign. 6. **2** Asticella a sezione quadrata, impiegata spec. un tempo per tracciare righe.

righermìre [comp. di *ri-* e *ghermire*] v. tr. (*io righermisco, tu righermisci*) ● Ghermire di nuovo.

righettàre [da *righetta*] v. tr. (*io righétto*) ● Segnare con piccole righe a breve distanza l'una dall'altra.

righettàto part. pass. di *righettare*; anche agg. ● Nel sign. del v.

righìno s. m. **1** Dim. di *rigo*. **2** Righello, nel sign. 2. **3** (*tip.*) Linea di composizione che non raggiunge la fine della giustezza | *R. ladro*, quello di due o tre lettere soltanto | *Uscire un r.*, ricomporre o rimaneggiare alcune linee in fondo a un paragrafo in modo che ne risulti un righino in più. **4** (*mar.*) Listello sporgente che, sul fasciame esterno di una nave, segna l'orlo del ponte di coperta.

rigiacére [comp. di *ri-* e *giacere*] v. intr. (coniug. come *giacere*; aus. *essere*, raro *avere*) ● (*raro*) Giacere di nuovo.

rigidézza s. f. **1** Qualità di ciò che è rigido | Asprezza: *l'orrore e la r. delle alpi ci piace dopo la amenità de' laghi e dei giardini* (TASSO). **2** (*fis.*) Qualità di un corpo solido espressa dal rapporto fra il carico applicato e la deformazione subita, dipendente dalla forma della sezione trasversale, dalla natura del materiale, dal tipo di sollecitazione: *r. di una lastra, di una molla, di una trave*; *r. a flessione, a torsione, a trazione*. SIN. Rigidità. **3** (*fig.*) Durezza, severità: *la r. di un giudizio*. SIN. Inflessibilità, rigore.

rigidità [vc. dotta, lat. *rigiditāte(m)*, da *rĭgidus* 'rigido'] s. f. **1** Qualità, stato di ciò che è rigido (*anche fig.*): *la r. del ferro*; *soffrire per la r. del clima*; *ha impostato la sua vita a una grande r.* | *R. dielettrica*, campo elettrico massimo che un isolante può sopportare senza venire perforato da scariche. **2** (*med.*) Mancanza di movimento | *R. articolare*, limitazione grave o abolizione della funzionalità di un'articolazione | *R. cadaverica*, indurimento muscolare e blocco delle articolazioni per coagulazione delle proteine muscolari | *R. nucale*, irrigidimento dell'articolazione cervico-occipitale per contrattura dei muscoli posteriori del collo, frequente nella meningite. **3** (*econ.*) *R. della domanda, dell'offerta*, nel caso in cui la quantità domandata di un bene, o la quantità offerta, rimane invariata al mutare del prezzo. **4** (*fis.*) Rigidezza.

rìgido [vc. dotta, lat. *rĭgidu(m)*, da *rigēre* 'essere rigido'. V. *rigente*] agg. **1** Duro, non elastico, indeformabile, non facilmente piegabile o perforabile (*anche fig.*): *un r. bastone*; *me vivo il r. avello preme* (CAMPANELLA) | *Costituzione rigida*, per la modifica delle cui norme è previsto uno speciale procedimento formativo | Non articolato: *membra rigide* | Duro, perché irrigidito dal freddo: *dita rigide* | †*Cibo r.*, che si digerisce con difficoltà. **2** (*mat.*) Detto di figura d'uno spazio metrico tale che, pur potendo essa variare, la distanza di due suoi punti rimanga sempre costante. **3** Freddissimo, crudo, detto di condizioni atmosferiche: *tempo, clima r.* **4** (*fig.*) Severo, austero, rigoroso, inflessibile: *magistrato r.*; *rigide parole di rimprovero*; *educazione rigida*. **5** (*econ.*) Che è caratterizzato da rigidità: *domanda, offerta rigida*. || **rigidétto**, dim. || **rigidaménte**, avv. Con rigore, severità, asprezza: *procedere, giudicare rigidamente*.

rigiocàre o (*lett.*) **rigiuocàre** [comp. di *ri-* e *giocare*] v. intr. e tr. (*io rigiuòco* o *rigiòco, tu rigiuòchi* o *rigiòchi*; in tutta la coniug. la *o* può dittongare in *uo* soprattutto se tonica; aus. *avere*) ● Giocare di nuovo, tornare a mettere in gioco.

rigiostràre [comp. di *ri-* e *giostrare*] v. intr. (*io rigiòstro*; aus. *avere*) ● (*raro*) Giostrare di nuovo.

†**rigiraménto** s. m. ● Modo, atto del rigirare.

rigiràre [comp. di *ri-* e *girare*] **A** v. tr. **1** Girare di nuovo o più volte: *r. la chiave nella serratura*; *r. q.c. tra le mani* | Andare e venire continuamente: *girare e r. la città* | (*raro*) Aggirarsi, bazzicare: *rigirano sempre da queste parti* | (*fig.*) *R. il discorso*, cambiare argomento | *R. qc.*, farlo agire secondo la propria volontà | *Saperla r., rigirarla*, maneggiare accortamente una situazione per trarne vantaggio | (*tosc.*) *R. bene il denaro*, spenderlo bene. **2** Percorrere girando attorno: *r. la montagna* | Ripercorrere seguendo lo stesso cammino: *rigirammo, per cercarlo, tutta la casa*. **B** v. intr. (aus. *avere*) ● Muoversi, andare in giro (*anche fig.*): *r. a lungo per la città*; *l'acqua che ruina in tale bassezza, rigira ... sotto e sopra* (LEONARDO); *r. sullo stesso argomento*. **C** v. rifl. ● Voltarsi indietro: *ci rigirammo a guardarlo* | *Non ci si rigira*, non è possibile muoversi per lo spazio limitato.

rigiràta s. f. ● (*raro*) Il rigirare o il rigirarsi una sola volta.

rigiràto part. pass. di *rigirare*; anche agg. ● Nei sign. del v.

rigiratóre s. m. (f. *-trice*) *1* (*raro*) Chi rigira. *2* (*raro*) Raggiratore. *3* †Chi amministra, conduce un negozio. || **rigiratorèllo**, dim.

†**rigirazióne** [da *rigirare*] s. f. ● Giro, circolazione.

rigirìo s. m. ● Un continuo girare e rigirare.

rigìro s. m. *1* Atto, effetto del rigirare o del rigirarsi: *per trovarti abbiamo fatto molti rigiri* | Movimento circolare: *i rigiri della corrente, di una strada* | (*fig.*) Viluppo, garbuglio: *usare molti rigiri di parole*. *2* (*fig.*) Imbroglio, intrigo: *essere vittima di un r.* | (*raro*) Tresca amorosa. *3* †Giro di affari. *4* †Meccanismo, congegno.

rigiudicàre [comp. di *ri-* e *giudicare*] v. tr. (*io rigiùdico, tu rigiùdichi*) ● (*dir.*) Emanare una nuova pronuncia sulla medesima controversia: *r. una causa in appello*.

rigiùngere o †**rigiùgnere** [comp. di *ri-* e *giungere*] **A** v. intr. (coniug. come *giungere*; aus. *essere*) ● Giungere di nuovo. **B** v. tr. ● Raggiungere o raggiungere nuovamente.

rigiùnto part. pass. di *rigiungere* ● (*raro*) Nei sign. del v.

rigiuocàre ● V. *rigiocare*.

rigiuràre [comp. di *ri-* e *giurare*] v. intr. e tr. (aus. *avere*) ● Giurare di nuovo.

rignàre e *deriv.* ● V. *ringhiare* e *deriv.*

rigo [da *riga*] s. m. (pl. *-ghi*) *1* Linea tracciata su foglio o altro, con penna, matita, ecc.: *tracciare un r. sotto una parola* | Riga di scrittura o di stampa, e il suo contenuto: *scrivere pochi righi a un amico*. SIN. Riga. *2* (*mus.*) Gruppo di righe orizzontali parallele su cui si scrive la musica, determinando il grado di elevazione delle note | *R. tetralineo*, di quattro linee, per il canto fermo | *R. pentalineo*, pentagramma. *3* †Fila. || **righèllo**, dim. | **righino**, dim. (V.) | **rigolino**, dim.

rigocciolàre [comp. di *ri-* e *gocciolare*] v. intr. (*io rigócciolo*; aus. *avere* se il sogg. è il recipiente, *essere* se il sogg. è il liquido) ● Gocciolare di nuovo.

rigodére [comp. di *ri-* e *godere*] v. tr. e intr. (coniug. come *godere*; aus. *avere*) ● Godere di nuovo.

rigodon /*fr.* rigɔˈdɔ̃/ s. m. inv. ● Rigaudon.

rigodóne s. m. ● Adattamento di *rigaudon* (V.).

rigóglio [metatesi di *orgoglio*] s. m. *1* (*bot.*) Grande sviluppo, talora eccessivo, assunto da un vegetale. *2* (*est.*) Esuberanza di vigore, forza, energia: *i Fiorentini, accecati dal loro r., si misono contro allo imperadore* (COMPAGNI); *un grande r. di giovinezza*; *il r. dell'industria, del commercio*. *3* (*raro*) Gorgoglio, detto spec. di pentole o tegami in ebollizione. *4* (*tosc.*) †Orgoglio, temerità, tracotanza.

rigogliosità s. f. ● (*raro*) Condizione di ciò che è rigoglioso.

rigogliόso [da *rigoglio*] agg. *1* (*bot.*) Che si sviluppa vigorosamente, abbondantemente. *2* (*fig.*) Pieno di vigore, salute, energia: *ragazzo sano e r.*; *intelligenza rigogliosa*. SIN. Esuberante, vigoroso, vivace. *3* †Orgoglioso. || **rigogliosaménte**, avv. Con rigoglio (*anche fig.*): *crescere, prosperare rigogliosamente*.

rigògolo [lat. parl. **aurigălbulu(m)*, comp. di *ăurum* 'oro' (per il colore) e *gălbulus*, n. di quest'uccello, da *gălbus* 'verde pallido, giallastro', di etim. incerta] s. m. ● Uccello passeriforme con piumaggio giallo dorato, canto melodioso, di passo estivo in Italia (*Oriolus oriolus*). SIN. Giallone, oriolo.

†**rigolétto** [ant. fr. *rigolet* 'sorta di danza', da *rigoler* 'divertirsi, darsi buon tempo'; dal lat. *ridēre* 'ridere' (?)] s. m. *1* Danza in tondo, ridda. *2* (*est.*) Cerchio, corona di persone.

rìgolo [etim. incerta] s. m. *1* Nel gioco delle bocce, bocciata rasoterra. *2* †Scanalatura.

†**rigolóne** s. m. ● Adattamento di *rigaudon* (V.).

rigonfiaménto s. m. *1* Modo, atto, effetto del rigonfiare o del rigonfiarsi. *2* Punto in cui q.c. si è rigonfiata: *ha un r. sul ventre*. SIN. Gonfiezza, gonfiore.

rigonfiàre [comp. di *ri-* e *gonfiare*] **A** v. tr. (*io rigónfio*) ● Gonfiare di nuovo: *r. il pallone*. **B** v. intr. (aus. *essere*) ● Lievitare, crescere di volume, detto spec. di pasta: *l'impasto deve r.* **C** v. intr. pron. ● Diventare gonfio, ingrossarsi di nuovo: *mi si è rigonfiata una gamba*.

rigonfiàto part. pass. di *rigonfiare*; anche agg. ● Nei sign. del v.

rigonfiatùra s. f. ● Rigonfiamento.

rigónfio [comp. di *ri-* e *gonfio*; nel sign. B, da *rigonfiare*] **A** agg. ● Gonfio, tumido o assai gonfio. **B** s. m. ● Cosa gonfia o parte gonfia. SIN. Gonfiezza, rigonfiamento.

rigóre [vc. dotta, lat. *rigōre(m)*, da *rigēre* 'esser rigido'. V. *rigente*] s. m. *1* (*lett.*) Rigidità | Freddo intenso, clima rigido: *il r. della stagione invernale*. *2* (*med.*) Spasmo, contrattura. *3* Rigidità severa, asprezza, durezza: *il r. della disciplina*; *mitigare il r. di una condanna*; *sfuggire al r. della legge*. *4* Grado di severità di talune punizioni disciplinari | *Camera di punizione di r.*, per i soldati e graduati | *Sala di r.*, per i sottufficiali | *Arresti di r.*, per gli ufficiali e per i marescialli. *5* Austerità, rigorosità: *il r. della vita del penitente* | *A stretto r.*, stando rigorosamente a ciò che è prescritto, detto, indicato | *Di r.*, prescritto rigorosamente. *6* Calcio di rigore. *7* Metodo, procedimento del tutto coerente con le premesse: *il r. della logica* | (*est.*) Esattezza, coerenza: *ammiriamo il r. della sua speculazione filosofica* | *A rigor di termini*, secondo il preciso significato delle parole | *A rigor di logica*, secondo logica.

rigorgogliàre [comp. di *ri-* e *gorgogliare*] v. intr. (*io rigorgóglio*; aus. *avere*) ● (*raro*) Gorgogliare di nuovo o di più.

rigorismo [fr. *rigorisme*, dal lat. *rĭgor*, genit. *rigōris* 'rigore'] s. m. *1* Rigidezza, rigorosità eccessiva nel seguire o applicare ciò che prescrivono leggi, teorie, ideologie e sim.: *evitare il r. morale* | Rigore, severità eccessiva: *i tuoi superiori peccano di r.* CONTR. Lassismo. *2* (*filos.*) Secondo I. Kant (1724-1804), atteggiamento che non ammette alcun tipo di neutralità morale né nelle azioni né nei caratteri umani.

rigorista [fr. *rigoriste*, dal lat. *rĭgor*, genit. *rigōris* 'rigore'] s. m. e f.; anche agg. (pl. m. *-i*) *1* Chi, che è eccessivamente severo, rigido, austero o rigoroso: *i rigoristi sono mal accetti per la loro intransigenza*; *giudice r.* *2* (*filos.*) Seguace del rigorismo. *3* Calciatore particolarmente abile nel realizzare i calci di rigore.

rigoristico agg. (pl. m. *-ci*) ● Relativo al rigorismo, ai rigoristi.

rigor mortis /*lat.* ˈrigor ˈmɔrtis/ [loc. lat., propr. 'rigidità (*rigōre(m)*: V. *rigore*) della morte (*mŏrte(m)*)'] loc. sost. m. inv. ● Rigidità cadaverica.

rigorosità s. f. *1* Qualità di chi o di ciò che è rigoroso o denota rigore morale e intellettuale: *la r. della sua famiglia*; *esigere r.*; *la r. delle sue conclusioni, della nostra indagine*. *2* (*raro*) Atto, comportamento rigido, severo.

rigoróso agg. *1* Di persona che agisce con rigore, rigidità o severità: *giudice, esaminatore r.* | Che denota rigidità o è concepito in modo rigido: *ordine r.*; *disciplina rigorosa*. *2* Che si attiene strettamente a leggi, norme e sim.: *deduzione, definizione rigorosa* | Coerente, consequenziale rispetto alle premesse: *sistema r.* *3* (*mus.*) Detto di uno stile che rispetta scrupolosamente le regole del contrappunto. || **rigorosaménte**, avv. *1* In modo rigoroso: *giudicare rigorosamente*; *osservare rigorosamente la legge*; *rigorosamente parlando*, parlando con grande esattezza. *2* †Aspramente.

†**rigóso** [da †*rigare* (*2*)] agg. ● (*poet.*) Irrigato, bagnato: *tosto all'Ida, di belve e di rigosi / fonti altrice, arrivò* (MONTI).

†**rigottàto** [dal provz. *rigotar* 'increspare', da *rigot* 'capello ricciuto', dal gallico **rica* 'solco'] agg. ● Crespo, ricciuto, spec. di capelli.

rigovernàre [comp. di *ri-* e *governare*] v. tr. (*io rigovèrno*) *1* Lavare e asciugare stoviglie (*anche ass.*) | (*raro, fam.*) *R. il piatto*, mangiarvi fino all'ultimo avanzo, come per ripulirlo. *2* Curare, pulire e dare da mangiare ad animali: *r. i cavalli*. *3* †Riporre.

rigovernàta s. f. ● Il rigovernare una sola volta, o in fretta.

rigovernatùra s. f. ● Atto, effetto del rigovernare | *La r. dei piatti*, l'acqua sudicia con la quale si sono rigovernate le stoviglie | *Mani che sanno di r.*, che han preso il cattivo odore dell'acqua con la quale si sono lavati i piatti.

rigracchiàre [comp. di *ri-* e *gracchiare*] v. intr. (*io rigràcchio*; aus. *avere*) ● Gracchiare di nuovo.

†**rigradàre** [vc. dotta, lat. tardo *regradāre*, da *grădus* 'passo, grado', col pref. *re-*] v. intr. ● Digradare.

rigraffiàre [comp. di *ri-* e *graffiare*] v. tr. (*io rigràffio*) ● Graffiare di nuovo.

rigrandinàre [comp. di *ri-* e *grandinare*] v. intr. impers. (*rigràndina*; aus. *essere* o *avere*) ● Grandinare di nuovo.

rigrattàre [comp. di *ri-* e *grattare*] v. tr. ● Grattare di nuovo.

rigràzie [comp. di *ri-* e *grazie*] inter. ● (*pop., fam.*) Grazie ancora, grazie di nuovo: *grazie e r. tante!*

†**rigrèsso** ● V. *regresso* (*1*).

rigridàre [comp. di *ri-* e *gridare*] v. tr. e intr. (aus. *avere*) ● Gridare di nuovo.

rigrufolàre [comp. di *ri-* e *grufolare*] v. intr. (*io rigrùfolo*; aus. *avere*) ● (*raro*) Grufolare di nuovo (*anche fig.*).

rigrugnire [comp. di *ri-* e *grugnire*] v. intr. (*io rigrugnisco, tu rigrugnisci*; aus. *avere*) ● Grugnire di nuovo.

riguadagnàre [comp. di *ri-* e *guadagnare*] v. tr. ● Guadagnare di nuovo: *r. una forte somma* | Recuperare, riacquistare ciò che si era perduto: *r. la stima, il favore di qc.*; *r. il tempo perduto* | *R. la città*, ritornarvi | *R. la cima*, raggiungerla nuovamente.

†**riguardaménto** s. m. *1* Modo, atto, effetto del riguardare | Sguardo. *2* †Considerazione. *3* Rispetto, riguardo.

riguardànte **A** part. pres. di *riguardare*; anche agg. ● Nei sign. del v. **B** s. m. e f. ● †Chi guarda: *il gran prodigio immobili / i riguardanti lassa* (MONTI).

riguardàre [comp. di *ri-* e *guardare*] **A** v. tr. *1* Guardare di nuovo, tornare a guardare: *lo guardava e riguardava cercando di riconoscerlo* | (*raro*) Guardare indietro. *2* (*raro*) Guardare attentamente o intensamente: *riguardava la scena molto interessato* | *R. il conto*, riscontrarlo | †Considerare bene: *come nell'altre cose, è in questa da r. il tempo e il luogo e con cui si favella* (BOCCACCIO). *3* Considerare, stimare, tenere in conto di: *r. qc. come nemico*; *Renzo, da che cominciò a discorrere, l'ho sempre riguardato come un mio figliuolo* (MANZONI). *4* Concernere, appartenere, riferirsi, detto di cosa: *la discussione riguarda la scuola*; *sono affari che ci riguardano da vicino*; *per quel che mi riguarda, non lo vedrò*. *5* Preservare, custodire con cura e attenzione: *è un regalo prezioso: riguardalo*. **B** v. intr. (aus. *avere*) *1* (*raro*) Aver riguardo, badare: *r. alla fatica*. *2* (*raro*) Essere volto, situato: *la villa riguardava verso il mare*. *3* (*fig.*) †Mirare: *r. a uno scopo*. **C** v. rifl. ● Aver riguardo di sé, stare in guardia: *riguardarsi dalle correnti d'aria*; *riguardarsi dai pericoli* | Aver cura della propria salute (*anche ass.*): *durante l'inverno riguardati*.

riguardàta s. f. ● Il riguardare una sola volta e in fretta | Ripassata: *dare una r. alla lezione*. || **riguardatina**, dim.

riguardàto part. pass. di *riguardare*; anche agg. ● Nei sign. del v.

riguardatóre s. m. (f. *-trice*) *1* (*raro*) Chi riguarda per osservare, vigilare, conoscere. *2* †Conoscitore. *3* †Custode.

riguardévole [da *riguardare*] agg. ● (*raro*) Degno di grande riguardo. || †**riguardevolménte**, avv. Ragguardevolmente.

†**riguardevolézza** [da *riguardevole*] s. f. ● Ragguardevolezza, nobiltà, eccellenza.

riguàrdo [da *riguardare*] s. m. *1* Cura, attenzione, cautela nel toccare, usare q.c. o nel non importunare e disturbare qc.: *avere r. del vestito nuovo*; *maneggiare q.c. con r.*; *gli si avvicinò con i debiti riguardi* | *Non aver riguardi nell'agire, nel parlare*, agire, parlare liberamente | *Fare r.*, usare attenzione | *Non avere r. a q.c.*, non badarvi | *Avere r. di qc.*, avere soggezione, timore | †*Tenere in r.*, custodire. *2* Cura, precauzione nei confronti della propria salute: *dovrai stare in r. per non riammalarti* | *Abbiti r.*, non ti strapazzare. *3* Stima, rispetto, considerazione: *l'ho fatto per r. tuo*; *aver r. dell'età*; *senza r. per nessuno* | *Persona di r.*, degna di stima, ragguardevole. *4* Relazione, attinenza: *quello che dici non ha r. con la nostra domanda* | *R. a*, in relazione a, per quello che si riferisce a | (*raro*) *In r.*, rispetto a. *5* †Motivo, ragione: *avere giusti riguardi*. *6* †Sguardo. *7* †Termine o segno di confine. *8* †Compenso, interesse. *9* V. *risguardo*.

riguardóso agg. *1* Che usa riguardi nei confronti di qc. o di q.c.: *essere r. verso tutti, verso i diritti altrui*. SIN. Educato, rispettoso. *2* †Cauto, prudente. || **riguardosaménte**, avv. In modo riguardoso: *parlare riguardosamente a una persona più anziana*.

riguarìre [comp. di *ri-* e *guarire*] v. tr. e intr. (*io riguarìsco, tu riguarìsci*; aus. intr. *essere*) ● Guarire di nuovo.

riguarnìre o †**riguernìre** [comp. di *ri-* e *guarnire*] **A** v. tr. (*io riguarnìsco, tu riguarnìsci*) ● Guarnire di nuovo | (*ferr.*) Ripristinare la sagoma della massicciata. **B** v. rifl. ● (*raro*) Rifornirsi.

riguarnitùra s. f. ● Atto, effetto del riguarnire.

riguastàre [comp. di *ri-* e *guastare*] **A** v. tr. ● Guastare di nuovo: *r. l'orologio*. **B** v. intr. pron. ● Guastarsi di nuovo.

†**riguatàre** [comp. di *ri-* e *guatare*] v. tr. ● Guatare di nuovo (*anche ass.*).

†**riguernìre** ● V. *riguarnire*.

riguerreggiàre [comp. di *ri-* e *guerreggiare*] v. intr. (*io riguerréggio*; aus. *avere*) ● (*raro*) Guerreggiare di nuovo.

riguidàre [comp. di *ri-* e *guidare*] v. tr. ● Guidare di nuovo.

riguizzàre [comp. di *ri-* e *guizzare*] v. intr. (aus. *essere* e *avere*) ● Guizzare di nuovo.

†**rìguo** [vc. dotta, lat. *rĭguu(m)*, da *rigāre* 'rigare (2)'] agg. ● (*raro*) Irriguo.

rigurgitaménto s. m. ● (*raro*) Rigurgito.

rigurgitànte part. pres. di *rigurgitare*; anche agg. ● Nei sign. del v.

rigurgitàre o †**regurgitàre** [da *ingurgitare*, con cambio di pref.] **A** v. intr. (*io rigùrgito*; aus. *avere* se il sogg. è il luogo, *essere* se il sogg. è il liquido) ● Fare gorgo e gonfiarsi per poi sgorgare fuori con impeto o scorrere indietro, per ostacolo che ne impedisce il corso o troppa pienezza, detto di liquidi e sim. (*anche fig.*): *per la pioggia, il canale rigurgitò all'improvviso*; *il cinema rigurgita di spettatori*. SIN. Traboccare. **B** v. tr. ● Fare uscire liquido dalla bocca: *r. acqua, vino, latte*.

rigùrgito o †**regùrgito** [da *rigurgitare*] s. m. *1* Ritorno vorticoso all'indietro, detto di acque troppo gonfie o arrestate da un ostacolo (*anche fig.*): *il r. del fiume*; *assistere al r. della folla* | (*fig.*) Improvviso e violento ritorno, spec. di breve durata: *impedire il r. della dittatura* | Ciò che rigurgita (*anche fig.*): *un r. di latte*; *un r. di insofferenza*. *2* (*med.*) Ritorno degli alimenti non digeriti dall'esofago o dallo stomaco nella bocca senza contrazioni antiperistaltiche.

†**rigustaménto** s. m. ● Atto, effetto del rigustare.

rigustàre [vc. dotta, lat. *regustāre*, comp. di *re-* e *gustāre*] v. tr. ● Gustare di nuovo.

rilaceràre [comp. di *ri-* e *lacerare*] v. tr. (*io rilàcero*) ● (*raro*) Lacerare di nuovo o di più.

rilacrimàre o (*raro*) **rilagrimàre** [comp. di *ri-* e *lacrimare*] v. intr. (*io rilàcrimo*; aus. *avere*) ● (*raro*) Lacrimare di nuovo.

rilagnàrsi [comp. di *ri-* e *lagnarsi*] v. intr. pron. ● (*raro*) Lagnarsi di nuovo.

rilagrimàre ● V. *rilacrimare*.

rilambiccàre [comp. di *ri-* e *lambiccare*] v. tr. (*io rilambìcco, tu rilambìcchi*) ● (*raro*) Lambiccare di nuovo.

rilamentàre [comp. di *ri-* e *lamentare*] **A** v. tr. (*io rilaménto*) ● Lamentare nuovamente. **B** v. intr. pron. ● Lamentarsi di nuovo.

rilampeggiàre [comp. di *ri-* e *lampeggiare*] v. intr. impers. (*rilampéggia*; aus. *essere* e *avere*) ● Lampeggiare di nuovo.

rilanciàre [comp. di *ri-* e *lanciare*] **A** v. tr. (*io rilàncio*) *1* Lanciare di nuovo o a propria volta: *r. un sasso*; *r. la palla*. *2* Fare un'offerta maggiore in un'asta: *r. un'offerta*. *3* Nel gioco del poker, aumentare la somma puntata da un giocatore precedente: *r. la posta*. *4* (*fig.*) Fare tornare attuale, degno di attenzione, importante: *r. una moda*. **B** v. rifl. ● Lanciarsi di nuovo.

rilanciàto part. pass. di *rilanciare*; anche agg. ● Nei sign. del v.

rilàncio [da *rilanciare*] s. m. ● Atto, effetto del rilanciare (*anche fig.*): *il r. di un'offerta, della proposta, di un progetto*.

†**rilargàre** [da *largo*, col pref. *ri-*] v. tr. ● Allargare di nuovo.

rilasciaménto s. m. *1* Modo, atto, effetto del rilasciare o del rilasciarsi (*anche fig.*): *il r. della pelle*; *c'è un r. repentino nella sua azione politica*. SIN. Allentamento, infiacchimento. *2* (*med.*) Rilassamento.

rilasciàre o **rilassàre** nei sign. A 3, 4, 5, 7 [lat. *relaxāre* 'rilassare, allargare', comp. di *re-* e *laxāre* 'allentare'. V. *lasciare*] **A** v. tr. (*io rilàscio*) *1* Lasciare di nuovo: *r. le chiavi a casa*. *2* Dare, concedere: *r. un certificato, una ricevuta*; *r. un'intervista* | Consegnare: *r. la merce*. *3* Liberare: *r. un prigioniero*. *4* (*raro*) Allentare, mollare, sciogliere: *r. il freno, la lingua* | (*est., fig.*) Diminuire: *r. il rigore*. *5* (*raro*) Rinunciare, abbandonare, cedere. *6* †Rimettere, condonare: *r. un'offesa*. *7* †Sollevare, ricreare, divertire. *8* (*med.*) V. *rilassare*. **B** v. rifl. rec. ● Lasciarsi, separarsi di nuovo: *dopo un litigio, i fidanzati si sono rilasciati*. **C** v. intr. pron. *1* V. *rilassare*. *2* (*mar.*) Fermarsi in un porto o seno che s'incontri per via.

rilasciàto part. pass. di *rilasciare*; anche agg. ● Nei sign. del v.

rilàscio s. m. *1* Atto, effetto del rilasciare: *il r. di un detenuto* | (*dir.*) *Azione di r.*, azione di esecuzione forzata esperibile in caso di inadempimento del debitore al proprio obbligo di consegnare un dato bene al creditore. *2* (*bur.*) Consegna, concessione: *il r. di un documento*. *3* Cessione. *4* (*comm.*) Svincolo, detto di merci | *Porto di r.*, dove la nave si ferma per riposo o rifornimento. *5* (*raro*) Rilassamento.

rilassaménto s. m. ● Atto, effetto del rilassare o del rilassarsi (*anche fig.*): *curare un r. muscolare*; *a un periodo di fervore si è sostituito un momento di grande r.*

rilassànte part. pres. di *rilassare*; anche agg. ● Nei sign. del v.

rilassàre o †**relassàre**, **rilasciàre** nei sign. A 2 e C 1 [vc. dotta, lat. *relaxāre*. V. *rilasciare*] **A** v. tr. *1* Allentare, distendere, spec. una tensione fisica: *r. i nervi, i muscoli*; *r. l'animo, gli spiriti* | (*fig.*) Rendere meno rigido, duro, stretto: *r. la disciplina, la sorveglianza*. *2* V. *rilasciare*. **B** v. rifl. ● Distendersi, sollevarsi, fisicamente e spiritualmente. **C** v. intr. pron. ● Infiacchirsi, scadere: *la moralità si sta rilassando*.

rilassatézza [da *rilassato*] s. f. ● Rilassamento (*spec. fig.*): *una grande r. morale*.

rilassàto part. pass. di *rilassare*; anche agg. *1* Nei sign. del v. *2* (*ling.*) Detto di articolazione che comporta una debole tensione muscolare. || †**rilassataménte**, avv. Con rilassatezza.

rilassatóre [vc. dotta, lat. tardo *relaxatōre(m)*, da *relaxātus*, part. pass. di *relaxāre*. V. *rilasciare*] agg. (f. *-trice*) ● Che rilassa: *fare un bagno r.*

†**rilassazióne** o †**relassazióne** [vc. dotta, lat. *relaxatiōne(m)*, da *relaxātus*, part. pass. di *relaxāre*. V. *rilasciare*] s. f. *1* Atto dell'allentare, indebolire, snervare. *2* Mitigazione di legge, disciplina (*anche fig.*) | *R. d'animo*, ricreazione. *3* Condono, remissione, liberazione.

†**rilàsso** [comp. di *ri-* e *lasso*] agg. ● Stanco, debole, infermo.

rilastricàre [comp. di *ri-* e *lastricare*] v. tr. (*io rilàstrico, tu rilàstrichi*) ● Lastricare di nuovo.

rilavàre [vc. dotta, lat. tardo *relavāre*, comp. di *re-* e *lavāre*] v. tr. ● Lavare di nuovo o meglio.

rilavatùra s. f. ● Atto, effetto del rilavare | Acqua in cui si è rilavato o rigovernato i piatti.

rilavoràre [comp. di *ri-* e *lavorare*] v. tr. (*io rilavóro*) ● Lavorare di nuovo | In varie tecnologie, ripetere una o più operazioni per correggere errori e sim.: *r. un pezzo*.

rilavorazióne [comp. di *ri-* e *lavorazione*] s. f. ● Atto, effetto del rilavorare.

rileccàre [comp. di *ri-* e *leccare*] v. tr. (*io rilécco, tu rilécchi*) *1* Leccare di nuovo. *2* (*fig.*) Rifinire con troppa cura.

rileccàta s. f. ● Atto del rileccare una sola volta.

rileccatùra s. f. ● (*raro*) Atto, effetto del rileccare.

rilegaménto s. m. ● (*raro*) Modo, atto del rilegare.

rilegàre (1) o †**religàre** [lat. *religāre*, comp. di *re-* e *ligāre* 'legare'] v. tr. (*io rilégo, tu riléghi*) *1* Legare di nuovo o meglio: *aprì il pacco e poi lo rilegò con la stessa corda*. *2* (*edit.*) Mettere una copertina definitiva, spesso lussuosa e artistica, a un volume | Legare. *3* In oreficeria, incastonare pietre preziose.

†**rilegàre (2)** ● V. *relegare*.

rilegatóre s. m. (f. *-trice*) ● Chi rilega libri.

rilegatrìce s. f. ● Macchina per rilegare libri, fascicoli e sim.

rilegatùra s. f. *1* (*edit.*) Operazione, modo del rilegare | Legatura. *2* Incastonatura di pietre preziose.

rilèggere [comp. di *ri-* e *leggere*] v. tr. (coniug. come *leggere*) ● Leggere di nuovo: *r. un articolo interessante* | Leggere con attenzione per correggere, rivedere: *r. la traduzione francese*.

†**rilentaménto** [da *rilento*] s. m. ● Allentamento, rilassamento.

rilènto o (*tosc.*) **rilènte** [comp. di *ri-* e *lento*] avv. ● (*pop.*) †Lentamente, piano: *andare r.* | Nella loc. avv. *a r.*, particolarmente piano, più piano del normale o del previsto; (*fig.*) cautamente: *i lavori procedono troppo a r.*; *occorre andare a r. nel giudicare*.

rilessàre [comp. di *ri-* e *lessare*] v. tr. (*io rilésso*) ● Lessare di nuovo.

rilètto part. pass. di *rileggere*; anche agg. ● Nei sign. del v.

rilettùra [comp. di *ri-* e *lettura*] s. f. ● Operazione del rileggere.

rilevàbile agg. ● Che può essere rilevato.

rilevaménto s. m. *1* Modo, atto del rilevare spec. eseguendo un rilievo | (*stat.*) Rilevazione | *R. topografico*, complesso delle operazioni atte a determinare gli elementi necessari alla rappresentazione topografica di una certa zona di terreno | (*geogr., mar.*) *R. idrografico*, l'insieme delle operazioni effettuate per riportare la configurazione e la descrizione delle coste sulle carte idrografiche e nautiche | *R. geologico*, raccolta dei dati relativi alla composizione, la giacitura e qualunque carattere, osservabile con o senza strumenti, delle rocce affioranti in un territorio. *2* (*aer., mar.*) L'angolo orizzontale compreso fra una direzione fissa di riferimento e la visuale secondo cui si vede un oggetto da bordo di un aeromobile o di una nave, in quest'ultimo caso misurato in senso orario a partire dalla direzione di riferimento | *R. polare*, quello in cui la direzione di riferimento è l'asse longitudinale della nave | *R. vero*, quello in cui la direzione di riferimento è la linea del Nord geografico, e che è usato per fare il punto rilevato | *R. magnetico*, quello in cui la direzione di riferimento è la linea del Nord magnetico | *R. alla bussola*, quello in cui la direzione di riferimento è la direzione del Nord indicata dalla bussola di bordo e che è misurato in senso orario da 0° a 360° | *R. radiogoniometrico, radar, ecogoniometrico*, quello in cui la direzione di riferimento è l'asse della nave e il rilevamento è misurato, rispettivamente, mediante il radiogoniometro, il radar, l'ecogoniometro | *Aprire il r.*, far ruotare la prora in modo da aumentare il rilevamento di un dato oggetto. *3* Sporgenza, risalto: *strada piena di rilevamenti*. *4* †Sollevamento.

rilevànte part. pres. di *rilevare*; anche agg. *1* Nei sign. del v. *2* Importante, considerevole: *un r. aumento*. *3* (*raro*) Prominente, rilevato: *tetto r.* *4* (*ling.*) Detto di un elemento linguistico che svolge una funzione differenziatrice.

rilevànza [da *rilevante*] s. f. *1* (*raro*) Rilievo. *2* Importanza: *questo fatto assume una straordinaria r.* | (*dir.*) *Avere, non avere r.*, essere preso, non essere preso in considerazione.

rilevàre [vc. dotta, lat. *relevāre*, comp. di *re-* e *levāre* 'sollevare'. V. *levare*] **A** v. tr. (*io rilèvo*) *1* (*raro*) Levare di nuovo: *r. la pentola dal fuoco*; *rilevarsi gli occhiali*. *2* †Rialzare, sollevare, raccogliere. *3* (*fig.*) †Sollevare, confortare: *r. l'animo*. *4* (*raro*) Ricevere, prendersi (*anche fig.*): *r. percosse*; *r. il frutto dei propri guadagni*; *rilevammo solo insulti*. *5* Ricavare, trarre con il ragionamento (*anche fig.*): *r. un disegno da uno schizzo*; *da quel libro non si rileva niente di interessante* | Venire a conoscere, apprendere: *r. una notizia da un giornale, la verità*. *6* Cogliere, mettere in evidenza q.c. che appare importante per esaminarla, discuterla, controbatterla: *r. una grossa mancan-*

za; *r. un'affermazione azzardata* | Notare, osservare: *rilevo che avete dimenticato di rispondere in tempo* | (*raro*) *R. con la poesia*, notare q.c. in versi. *7* (*stat.*) Fare oggetto di una rilevazione statistica | (*est.*) Raccogliere dati su q.c. per delineare, descrivere, rappresentare: *r. le cifre sugli ultimi incrementi demografici*; *r. i fatti economici più importanti*. *8* Compiere un rilevamento topografico | (*mil.*) Determinare la posizione topografica, in piano e quota, di punti del terreno interessanti la preparazione e l'esecuzione del tiro di artiglieria | (*geogr.*, *mar.*) *R. una costa*, effettuarne il rilevamento idrografico | (*mar.*) *R. una nave*, prenderne il rilevamento. *9* Assumere a proprio carico, subentrando: *r. una ditta*, *una trattoria* | *R. merce*, comprarla in blocco | *R. il pacchetto azionario di una società*, mediante l'acquisto delle relative azioni. *10* Sostituire, dare il cambio: *r. la guardia di turno* | (*est.*) Andare a prendere per accompagnare altrove: *r. qc. allo stadio*, *in ufficio*. *11* (*raro*, *tosc.*) Allevare. **B** v. intr. (aus. *avere*) *1* Alzarsi, sollevarsi, sporgere, fare rilievo: *i ricami rilevano di qualche millimetro sul tessuto*. *2* (*raro*) Importare, contare: *sai quanto ciò rilevi* (TASSO). **C** v. intr. pron. ● Alzarsi, sollevarsi (*anche fig.*): *si sforzò di rilevarsi dallo stato di abulia*.

rilevatàrio [da *rilevato*] s. m. (f. *-a*) ● Chi acquista un negozio, una ditta, o subentra ad altri nell'esercizio di azienda in stato di fallimento.

†**rilevatìccio** [da *rilevato*] agg. ● Venuto su dal nulla.

rilevàto **A** part. pass. di *rilevare*; anche agg. *1* Nei sign. del v. *2* (*mar.*) *Punto r.*, posizione geografica di una nave determinata mediante i rilevamenti rispetto a due punti terrestri la cui posizione è nota. || **rilevataménte**, avv. (*raro*) In modo rilevato. **B** s. m. *1* Rialzo del terreno. *2* Riporto di terreno costipato e limitato lateralmente da scarpate naturali o da muri di sostegno, costituito quando per necessità di tracciato la piattaforma stradale deve trovarsi al disopra dell'esistente piano di campagna. *3* †Altezza soprastante. *4* †Marciapiede.

rilevatóre s. m. *1* Chi effettua un rilevamento | (*stat.*) Chi effettua un rilevamento statistico | (*stat.*) Nel censimento, chi consegna e ritira a domicilio i questionari, aiutando eventualmente nella compilazione. *2* (*elettron.*, *fis.*, *mil.*, *nucl.*, *tecnol.*) Strumento per effettuare rilevamenti, rivelatore | (*mil.*) *R. di vampa*, apparecchio che determina la direzione di una bocca da fuoco utilizzando la vampa di bocca | (*mar.*, *mil.*) *R. tattico*, dispositivo registratore del rilevamento polare di un bersaglio, per la punteria navale e aerea.

rilevatùra s. f. *1* (*raro*, *tosc.*) Il rilevare bambini. *2* (*raro*) Escrescenza, protuberanza.

rilevazióne s. f. *1* Atto, effetto del rilevare. *2* (*stat.*) Insieme di operazioni mediante le quali si raccolgono dati individuali di un fenomeno collettivo per trarne dati statistici che riguardano il fenomeno stesso oggetto di studio. *3* †Sollevamento spirituale.

†**rilèvo** [da *rilevare*] s. m. *1* Rilievo. *2* (*tosc.*) Allievo, bambino.

riliberàre [comp. di *ri-* e *liberare*] v. tr. (*io rilìbero*) ● Liberare di nuovo.

rilièvo s. m. *1* Modo, fatto del rilevare sporgendo o stagliandosi su di una superficie di sfondo: *le figure nere contro la parete bianca facevano un grande r.* *2* Tecnica scultorea che fa emergere le figure, dal fondo su cui sono scolpite, con maggiore o minore stacco: *alto r.*, *basso r.* | *R. a stiacciato*, *mezzo r.*, bassorilievo | Evidenza plastica di cui possono essere dotate tanto opere pittoriche quanto opere di scultura. *3* Parte rilevata, che risalta dal piano: *al tatto si sente un discreto r.* | Parte scolpita che sporge dal fondo. *4* (*geogr.*) Complesso delle alture di una regione. *5* (*fig.*) L'aver importanza, rilevanza, risalto: *cose di nessun r.*; *questa notizia ha assunto un notevole r.* | *Mettere in r.*, far emergere, spiccare, segnalare all'attenzione, alla considerazione altrui. SIN. Evidenza, spicco. *6* Osservazione, nota spec. critica: *hanno fatto molti rilievi su di lui*. *7* Insieme di osservazioni, o le singole operazioni considerate separatamente, che servono a delineare, chiarire, rappresentare un fatto, un fenomeno: *pubblicare una serie di importanti rilievi storici* | *R. topografico*, levata topografica | *R. dei tempi*, determinazione dei tempi di lavorazione che può essere eseguita mediante cronometraggio.

rilievografìa [comp. di *rilievo* e *-grafia*] s. f. ● Il complesso delle tecniche di stampa a rilievo.

rilievogràfico agg. (pl. m. *-ci*) ● Di, relativo a rilievografia.

†**riligióne** ● V. *religione*.

rilimàre [comp. di *ri-* e *limare*] v. tr. ● Limare di nuovo (*anche fig.*): *r. una sbarra di ferro*; *r. un componimento poetico*.

riliquidazióne [comp. di *ri-* e *liquidazione*] s. f. ● Nuova erogazione di una parte della liquidazione dovuta al lavoratore e in un primo tempo illegittimamente non corrisposta.

rilisciàre [comp. di *ri-* e *lisciare*] **A** v. tr. (*io rilìscio*) ● Lisciare di nuovo. **B** v. rifl. ● Curare troppo la propria eleganza, il proprio aspetto fisico: *rilisciarsi a lungo prima di uscire*.

rilitigàre [comp. di *ri-* e *litigare*] v. intr. (*io rilìtigo*, *tu rilìtighi*; aus. *avere*) ● Litigare di nuovo.

rilodàre [comp. di *ri-* e *lodare*] v. tr. (*io rilòdo*) ● Lodare di nuovo.

rilòga [n. commerciale ted. (?)] s. f. ● Sostegno per tende, fornito di una piccola guida in cui scorre la tenda stessa mossa da tiranti.

†**rilogàre** [da *allogare*, con cambio di pref.] v. tr. ● Allogare di nuovo.

rilordàre [comp. di *ri-* e *lordare*] **A** v. tr. (*io rilórdo*) ● Lordare di nuovo. SIN. Rinsudiciare. **B** v. rifl. ● Lordarsi di nuovo.

riluccicàre [comp. di *ri-* e *luccicare*] v. intr. (*io rilùccico*, *tu rilùccichi*; aus. *essere* o *avere*) ● Luccicare di nuovo.

rilucènte part. pres. di *rilucere*; anche agg. ● Nei sign. del v.

rilucentézza s. f. ● (*raro*) L'essere rilucente.

rilùcere o †**relùcere** [vc. dotta, lat. *relucēre*, comp. di *re-* e *lucēre* 'lucere' (V.)] v. intr. (coniug. come *lucere*; dif. del part. pass. e dei tempi composti) ● Essere lucente, risplendere: *r. come una stella* | (*raro*, *fig.*) Distinguersi: *r. per la bellezza* | *Gli riluce il pelo*, detto di bestia e (*scherz.*) di persona, strigliata e ben vestita. SIN. Brillare.

rilușingàre [comp. di *ri-* e *lusingare*] v. tr. (*io rilușingo*, *tu rilușinghi*) ● (*raro*) Lusingare di nuovo.

rilustràre [comp. di *ri-* e *lustrare*] v. tr. ● Lustrare di nuovo.

riluttànte part. pres. di *riluttare*; anche agg. ● Nel sign. del v.

riluttànza s. f. *1* Condizione, atteggiamento di chi è riluttante. SIN. Renitenza, resistenza, ritrosia. *2* Grandezza fisica espressa dal rapporto tra la forza magnetomotrice applicata a un circuito magnetico e il flusso di induzione esistente nel circuito stesso.

riluttàre o †**reluttàre** [vc. dotta, lat. *reluctāri* 'far resistenza, opporsi', comp. di *re-* e *luctāri* 'lottare'] v. intr. (aus. *avere*) ● Essere renitente, restio, contrario a fare, accettare q.c.: *riluttava a partire*, *ma si è convinto*. SIN. Resistere, ripugnare.

riluttività [da *riluttare*] s. f. ● L'inverso della permeabilità magnetica. SIN. Resistenza specifica.

rìma (**1**) [ant. fr. *rime*, dal lat. *rhȳthmu(m)* 'ritmo'] s. f. *1* Consonanza per identità di suono di due o più parole dalla vocale accentata alla fine: *r. facile*, *difficile*, *rara*; *r. piana*, *tronca*, *sdrucciola*; *tanto è spietata la mia sorte e dura*, / *che mostrar non la pon rime né versi* (BOIARDO) | *R. imperfetta*, se la vocale accentata o qualche consonante non è identica | *R. baciata*, di due versi consecutivi | *R. alternata*, di versi che rimano alternativamente | *R. grammaticale*, di desinenze | *R. al mezzo*, V. anche *rimalmezzo* | *R. interna*, rimalmezzo | *Terza r.*, metro della terzina | *Sesta r.*, metro della sestina | *Ottava r.*, metro dell'ottava | *Nona r.*, stanza di nove versi | *Decima r.*, strofa di dieci endecasillabi | *Dicitore in r.*, poeta | †*Dire parole per r.*, comporre poesie | *Rispondere per le rime*, in sonetto con le stesse rime della proposta e (*fig.*) a tono, ribattendo | *Dire*, *cantare q.c. in r.*, parlare chiaro e tondo. *2* (*spec. al pl.*, *est.*) Versi: *voi ch'ascoltate in rime sparse il suono* / *di quei sospiri ond'io nudriva 'l core* (PETRARCA). || **rimàccia**, pegg.

rìma (**2**) [vc. dotta, lat. *rīma(m)*, di etim. incerta] s. f. *1* Fessura, crepatura, spaccatura. *2* (*med.*) Orifizio: *r. buccale*.

rimacchiàre [comp. di *ri-* e *macchiare*] **A** v. tr. (*io rimàcchio*) ● Macchiare di nuovo. **B** v. rifl. ● Macchiarsi di nuovo.

rimacchinàre [comp. di *ri-* e *macchinare*] v. tr. (*io rimàcchino*) ● Macchinare di nuovo.

rimacinàre [comp. di *ri-* e *macinare*] v. tr. (*io rimàcino*) ● Macinare di nuovo: *tutto pesta in su una pietra ... poi rimacina insieme tutte le dette droghe* (CELLINI).

rimaciullàre [comp. di *ri-* e *maciullare*] v. tr. ● Maciullare di nuovo.

rimagliatrìce [da *rimagliare* 'riprendere le maglie'] s. f. ● (*tess.*) Macchina da confezione di capi a maglia in grado di riprendere l'esatta successione delle maglie di un tessuto smagliato.

rimaledìre [comp. di *ri-* e *maledire*] v. tr. (coniug. come *maledire*) ● Maledire di nuovo (*anche ass.*).

rimalmèẓẓo o **rima al mèẓẓo** [da *rima al mezzo*] s. f. inv. ● Rima posta alla metà di un verso. SIN. Rima interna.

rimandàbile agg. ● Che si può rimandare, ritardabile: *termine r.*; *consegna r.*

rimandàre [comp. di *ri-* e *mandare*] v. tr. *1* Mandare ancora, di nuovo: *ci ha rimandato una lunga lettera*. *2* Mandare indietro per ridare, restituire: *r. il denaro prestato* | Rinviare: *r. la palla*. *3* Far tornare al luogo di provenienza: *r. in patria* | Mandare via, licenziare: *r. la cameriera* | Liberare: *r. qc. assolto* | Dimettere: *r. un ammalato dall'ospedale* | Ripudiare | Respingere: *r. il regalo* | (*raro*) *Rimandarla giù*, trattenersi dal dire un'offesa, un'ingiuria. *4* Differire, rinviare: *r. a domani la gita*; *r. la festa* | (*raro*, *pop.*) *R. da Erode a Pilato*, far andare inutilmente dall'uno all'altro. *5* (*est.*) Giudicare insufficiente nella preparazione un allievo agli esami o in sede di scrutinio rinviandolo a sostenere un'altra prova nella apposita sessione autunnale d'esami: *r. in latino e greco*. *6* Consigliare qc. di ricorrere a q.c. di già letto o ascoltato per avere spiegazioni, informazioni, ecc.: *r. ad un'altra pagina del testo*; *questo periodo rimanda a tutte le considerazioni precedentemente udite*.

rimandàto **A** part. pass. di *rimandare*; anche agg. ● Nei sign. del v. **B** s. m. (f. *-a*) ● Allievo rinviato a sostenere un'altra prova nella sessione autunnale d'esami per le materie nelle quali è stato giudicato insufficiente: *il r. fu promosso a settembre*.

rimàndo s. m. *1* Modo e atto del rimandare spec. per fare tornare al luogo di provenienza: *ha sofferto molto del r. nella sua città d'origine* | *Di r.*, di ritorno, da capo | Rinvio: *il r. della palla*. *2* Dilazione: *ottenere un breve r.* *3* (*edit.*) Contrassegno, segno particolare, parola che in un testo spec. scientifico rimanda il lettore a cercare altrove: *saggio con molti rimandi*.

rimaneggiaménto s. m. ● Atto, modo ed effetto del rimaneggiare.

rimaneggiàre [comp. di *ri-* e *maneggiare*] v. tr. (*io rimanéggio*) *1* Maneggiare ancora, di nuovo. *2* In tipografia, ricomporre un brano, ovvero modificarne manualmente la composizione se si tratta di caratteri mobili, per assorbire un salto, evitare divisioni errate e sim. *3* Ricostituire cambiando l'ordine o rifare mutando il significato; modificare, rielaborare: *r. la lista degli iscritti*; *r. un sonetto* | *R. un ministero*, cambiare o spostare le cariche, rimpastarlo.

rimanènte **A** part. pres. di *rimanere*; anche agg. ● Nei sign. del v. **B** s. m. ● Ciò che rimane, avanza, resta: *il r. della merce sarà spedito oggi* | †*Essere del r.*, sopravanzare | (*raro*) *Del r.*, del resto. **C** s. m. e f. *1* (*spec. al pl.*) Chi rimane; gli altri: *i rimanenti non hanno votato*. *2* †Successore, erede.

rimanènza [da *rimanente*] s. f. *1* Ciò che rimane | Avanzo, residuo di merce, giacenza di magazzino: *liquidare le rimanenze*. *2* †Fermata, posa.

rimanére [lat. *remanēre*, comp. di *re-* e *manēre* 'rimanere', di origine indeur.] **A** v. intr. (pres. *io rimàngo*, †*rimàgno*, *tu rimàni*, *egli rimàne*, *noi rimaniàmo*, *voi rimanéte*, *essi rimàngono*; pass. rem. *io rimàsi* o *rimàși*, *tu rimanésti*; fut. *io rimarrò*; congv. pres. *io rimànga*; condiz. pres. *io rimarrèi*, *tu rimarrésti*; part. pass. *rimàsto*, †*rimàso* o †*rimàșo*; aus. *essere*) *1* Fermarsi in un luogo, restare fermo, restare: *oggi rimango in casa*; *per le vacanze rimar-*

remo a Napoli; rimanemmo in piedi tre ore; preferisco r. con gli amici | *Dove siamo rimasti?*, dove è arrivato il racconto, la narrazione, il discorso? | Restare in proprietà: *tutti i suoi beni rimarranno al figlio* | Non saper che dire per meraviglia, dolore e sim.: *a vederlo sono rimasto; cose da far r.* | Durare, permanere, resistere, persistere: *r. in carica un anno; non riusciva a r. diritto; il pericolo rimane* | Essere posto, situato, stare: *la nostra casa rimane proprio sulla via del mare.* ***2*** Risultare, finire per essere, trovarsi o ritrovarsi in una determinata condizione: *r. povero, confuso, meravigliato, vedovo; siamo rimasti a piedi; nulla di te conto si farà, se io spento rimango* (CAMPANELLA) | (*fam.*) *R. al verde, all'asciutto*, restare senza denaro | *R. in asso*, restare solo, venire abbandonato bruscamente dagli altri | *R. in forse*, restare, essere in dubbio | *R. indietro*, lasciarsi distanziare (*anche fig.*) | *R. a bocca aperta*, (*ell.*) *rimanere*, restare stupefatto | *Rimanerci*, restare ingannato o (*fam.*) morire | (*pop.*) *R. in camicia*, ritrovarsi povero | †*Rimanete con Dio, in pace*, addio, arrivederci | *R. scoperto*, non venire saldato, detto di conto | *R. sospeso*, è da decidere, detto di cosa | Trovarsi d'accordo: *non so come sono rimasti* | Essere: *rimane accertato che verremo.* ***3*** Essere d'avanzo, sopravanzare: *non gli è rimasto un soldo* | Restare, mancare: *non ti rimane che accettare; rimane poco al nostro arrivo* | Sopravvivere, essere superstite: *gli è rimasto un solo parente.* **B** v. intr. pron. ***1*** (*raro, lett.*) Fermarsi, non procedere oltre. ***2*** (*lett.*) Restare, mantenersi di un determinato stato: *ciascuno si rimanga col suo parere, che niuno gliele caverebbe di capo* (LEOPARDI). ***3*** †Cessare di fare q.c., trattenersi, astenersi.

rimangiàre [comp. di *ri-* e *mangiare*] v. tr. (*io rimàngio*) ● Mangiare ancora, di nuovo: *aveva fame e ha chiesto di r.; abbiamo rimangiato le ciliegie* | (*fig.*) *Rimangiarsi la promessa, la parola*, disdirsi, ritrattare, essere costretto a rinnegarle | (*raro*) *R. le lettere*, pronunciarle in modo incomprensibile.

rimangiàta [da *rimangiare*] s. f. ● Nuova mangiata.

rimànte A part. pres. di *rimare*; anche agg. ● Nei sign. del v. **B** s. m. ● (*raro*) †Rimatore, poeta.

†rimantenére [comp. di *ri-* e *mantenere*] v. tr. (coniug. come *tenere*) ● Mantenere di nuovo.

rimarcàbile agg. ● Rimarchevole.

rimarcàre (1) [comp. di *ri-* e *marcare*] v. tr. (*io rimàrco, tu rimàrchi*) ● (*raro*) Marcare di nuovo.

rimarcàre (2) [fr. *remarquer*, comp. di *re-* 'ri-' e *marquer* 'marcare'] v. tr. (*io rimàrco, tu rimàrchi*) ● (*bur.*) Notare, rilevare.

rimarchévole [fr. *remarquable*, da *remarquer* 'rimarcare (2)'] agg. ● (*bur.*) Notevole, importante. || **rimarchevolménte**, avv.

rimarchiàre [comp. di *ri-* e *marchiare*] v. tr. (*io rimàrchio*) ● Marchiare di nuovo.

rimàrco [fr. *remarque*, da *remarquer* 'rimarcare (2)'] s. m. (pl. *-chi*) ● (*bur.*) Nota, rilievo, censura.

rimàre [da *rima* (*1*)] **A** v. intr. (aus. *avere*) ***1*** Far rima: *due parole che rimano tra loro.* ***2*** (*raro*) Poetare, scrivere, comporre versi. **B** v. tr. ***1*** Comporre in rima. ***2*** Mettere in versi: *colui che rimasse cosa sotto vesta di figura* (DANTE).

rimarginàre [comp. di *ri-* e *marginare*] **A** v. tr. (*io rimàrgino*) ***1*** Ricongiungere i margini di una ferita. SIN. Cicatrizzare. ***2*** (*fig.*) Lenire: *r. una piaga del cuore.* **B** v. intr. e intr. pron. (aus. *essere*) ● Cicatrizzarsi.

rimarginàto part. pass. di *rimarginare*; anche agg. ● Nei sign. del v.

rimàrio [da *rima* (*1*)] s. m. ● Vocabolario dove sono raggruppate le voci che rimano, di un testo letterario o anche di una intera lingua, seguendo l'ordine alfabetico delle rime dalla vocale accentata: *r. dantesco.*

rimaritàre [comp. di *ri-* e *maritare*] **A** v. tr. ***1*** Maritare di nuovo: *r. una donna vedova.* ***2*** (*raro, fig.*) Ricongiungere. **B** v. intr. pron. ● Riprendere marito | (*est.*) Riprendere moglie.

†rimàsa o **rimàṣa** [da †*rimaso*] s. f. ● Permanenza, fermata.

rimascheràre [comp. di *ri-* e *mascherare*] **A** v. tr. (*io rimàschero*) ● Mascherare di nuovo. **B** v. rifl. ● Mascherarsi di nuovo.

†rimàso o **rimàṣo A** part. pass. di *rimanere*; anche agg. ● Nei sign. del v. **B** s. m. ● Avanzo, resto, rimanente.

rimasticàre [comp. di *ri-* e *masticare*] v. tr. (*io rimàstico, tu rimàstichi*) ***1*** Masticare di nuovo | (*est.*) Ruminare. ***2*** Tornare con la mente: *r. un'offesa* | Rimettere assieme alla meglio o ripetere monotonamente: *r. vecchie nozioni; r. il solito discorso.*

rimasticatìccio [da *rimasticare*, sul modello di *appiccicaticcio* e sim.] s. m. ● Roba rimasticata | (*fig., spreg.*) Ciò che è frutto di scarsa rielaborazione o rivela poca originalità: *questa commedia musicale è un r. di vecchi motivi.*

rimasticàto part. pass. di *rimasticare*; anche agg. ● Nei sign. del v.

rimasticatùra s. f. ● Atto, effetto del rimasticare (*anche fig.*).

rimàstico s. m. (pl. *-chi*) ● (*raro*) Rimasticatura.

rimàsto part. pass. di *rimanere*; anche agg. ● Nei sign. del v.

rimasùglio o **rimaṣùglio** [da †*rimaso*] s. m. ● Ciò che rimane, avanza ed è generalmente di poco valore o scarsamente consistente: *buttare via i rimasugli della cena.* SIN. Avanzo, residuo.

rimasùgliolo s. m. ● (*pop., tosc.*) Rimasuglio.

rimàto part. pass. di *rimare*; anche agg. ***1*** Nei sign. del v. ***2*** *Prosa rimata*, prosa divisa in parti il cui finale è in rima o in assonanza e (*spreg.*) opera poetica il cui unico ornamento è la rima.

rimatóre [da *rimato*] s. m. (f. *-trice*) ***1*** Nella letteratura delle origini, poeta: *i rimatori dello stilnovismo.* ***2*** Chi compone versi pregevoli tecnicamente ma privi di ispirazione poetica.

rimattonàre ● V. *riammattonare.*

†rimatùra s. f. ● Maniera di rimare.

†rimazióne [dal lat. *rimāri*] s. f. ● Investigazione, esplorazione, disanima.

rimbacuccàre [comp. di *r(i)-* e *imbacuccare*] **A** v. tr. (*io rimbacùcco, tu rimbacùcchi*) ● Imbacuccare di nuovo o di più. **B** v. rifl. ● Imbacuccarsi di nuovo o di più.

rimbaldanzìre [comp. di *r(i)-* e *imbaldanzire*] **A** v. intr. e intr. pron. (*io rimbaldanzìsco, tu rimbaldanzìsci*; aus. *essere*) ● Imbaldanzire di nuovo. **B** v. tr. ● Fare imbaldanzire di nuovo o maggiormente.

†rimbaldìre [comp. di *r(i)-* e *imbaldire*] **A** v. tr. ● Rallegrare, divertire. **B** v. intr. ● Dare baldanza.

rimballàre [comp. di *r(i)-* e *imballare*] v. tr. ● Imballare di nuovo o meglio.

rimbalzàre [comp. di *rin-* e *balzare*] **A** v. intr. (aus. *essere* o *avere*) ***1*** Balzare in direzione contraria, detto di corpo che urta contro un ostacolo: *il pallone rimbalzò sul muro* | (*est.*) Riflettersi. ***2*** (*fig.*) Trasmettersi spec. con rapidità: *la novità spiacevole è rimbalzata dappertutto.* **B** v. tr. ● (*raro*) Respingere, rimandare: *r. la palla; rimbalzando la ruzzola in alto, la sua velocità scemerà* (GALILEI).

rimbalzèllo [propriamente dim. di *rimbalzo*] s. m. ● Gioco di ragazzi, consistente nel lanciare a fior d'acqua una piastrella, così da farla rimbalzare il maggior numero possibile di volte: *giocare, fare a r.*

rimbalzìno [propriamente dim. di *rimbalzo*] s. m. ● Gioco di ragazzi, consistente nel lanciare una moneta contro il muro, in modo da farla ricadere il più vicino possibile a un punto prefissato.

rimbalzìsta [da *rimbalzo*] **A** s. m. e f. (pl. m. *-i*) ● (*sport*) Nella pallacanestro, giocatore specialista nel recupero del pallone dopo un tiro fallito. **B** anche agg.: *ala r.*

rimbàlzo s. m. ***1*** Atto, effetto del rimbalzare | *Di r.*, (*fig.*) non direttamente, di riflesso. ***2*** Deviazione dalla sua traiettoria di un proiettile o missile quando urta obliquamente contro un ostacolo: *colpo, tiro di r.* ***3*** Nella pallacanestro, tecnica di riconquista del pallone che ricade dal tabellone dopo un tiro che ha mancato il canestro: *andare a r.*

rimbambiménto s. m. ● Modo, atto del rimbambire | Stato di chi è rimbambito.

rimbambinìre [da *bambino*, col pref. *rin-*] v. intr. (*io rimbambinìsco, tu rimbambinìsci*; aus. *essere*) ● Fare apposta atti infantili per divertire bambini o altro | (*raro, spreg.*) Rimbambire.

rimbambìre [da † *bambo*, col pref. *rin-*] v. intr. e intr. pron. (*io rimbambìsco, tu rimbambìsci*; aus. *essere*) ● (*spreg.*) Tornare quasi bambino perdendo il senno, il proprio equilibrio o la propria fermezza.

rimbambìto A part. pass. di *rimbambire*; anche agg. ● Nel sign. del v. **B** s. m. (f. *-a*) ● Chi non ha più la capacità di ragionare: *è un r.* || **rimbambitàccio**, pegg.

rimbambolìre [da *bambolo*, col pref. *rin-*] v. intr. (*io rimbambolìsco, tu rimbambolìsci*; aus. *essere*) ● (*pop., tosc.*) Tornare bambino.

rimbarbarìre [comp. di *r(i)-* e *imbarbarire*] **A** v. intr. (*io rimbarbarìsco, tu rimbarbarìsci*; aus. *essere*) ● Imbarbarire di nuovo o di più. **B** v. tr. ● (*raro*) Fare tornare barbaro.

rimbarcàre e *deriv.* ● V. *reimbarcare* e *deriv.*

†rimbastàre [comp. di *r(i)-* e *imbastare*] v. tr. ● Imbastare di nuovo.

rimbastìre [comp. di *r(i)-* e *imbastire*] v. tr. (*io rimbastìsco, tu rimbastìsci*) ● Imbastire di nuovo | (*fig.*) *R. un discorso*, riprepararlo, ricomporlo.

rimbàtto [da *battere*, col pref. *rin-*] s. m. ● (*mar.*) Salto di vento che colpisce le vele di rovescio, in senso opposto al lato per il quale sono bordate. || **rimbattóne**, accr.

rimbeccàre [comp. di *r(i)-* e *imbeccare*] **A** v. tr. (*io rimbécco, tu rimbécchi*) ***1*** Beccare a propria volta, detto di uccelli. ***2*** (*fig.*) Contraddire vivacemente, ribattere prontamente: *r. una malignità* | *R. il colpo*, farlo rimbalzare | *R. la palla*, ribatterla. **B** v. rifl. rec. ***1*** Combattere beccandosi, detto di uccelli. ***2*** (*fig.*) Rimandarsi risposte pronte e pungenti.

rimbeccàto part. pass. di *rimbeccare*; anche agg. ● Nei sign. del v.

rimbécco s. m. (pl. *-chi*) ● Il rimbeccare (*anche fig.*) | *Di r.*, di rimando, ribattendo prontamente (*anche fig.*).

rimbecillìre [comp. di *r(i)-* e *imbecillire*] **A** v. tr. (*io rimbecillìsco, tu rimbecillìsci*) ● Fare imbecillire | (*est.*) Fare smarrire, confondere. **B** v. intr. e intr. pron. (aus. *essere*) ● Diventare imbecille o più imbecille.

rimbecillìto A part. pass. di *rimbecillire*; anche agg. ● Nei sign. del v. **B** s. m. (f. *-a*) ● Chi è diventato imbecille.

†rimbellàre [da *bello*, col pref. *rin-*] v. tr., intr. e intr. pron. ● Rimbellire.

rimbellettàre [comp. di *r(i)-* e *imbellettare*] v. tr. e rifl. (*io rimbellétto*) ● Imbellettare di nuovo.

rimbellìre [comp. di *r(i)-* e *imbellire*] **A** v. tr. (*io rimbellìsco, tu rimbellìsci*) ● Fare ridiventare bello o più bello. **B** v. intr. e intr. pron. (aus. *essere*) ● Imbellire di nuovo o di più.

†rimberciàre [da *rabberciare*, con cambio di pref.] v. tr. ● Rabberciare.

†rimbèrcio [da †*rimberciare* (?)] s. m. ***1*** Manichino. ***2*** Polsino.

†rimbévere [comp. di *r(i)-* e *imbevere*] v. tr. ● Imbevere.

rimbiancàre [comp. di *r(i)-* e *imbiancare*] **A** v. tr. (*io rimbiànco, tu rimbiànchi*) ● Imbiancare di nuovo. **B** v. intr. e intr. pron. (aus. *essere*) ● (*pop., tosc.*) Diventare bianco.

†rimbiancheggiàre [comp. di *rin-* e *biancheggiare*] v. intr. ● Biancheggiare di nuovo.

rimbianchìre [comp. di *r(i)-* e *imbianchire*] v. tr. e intr. (*io rimbianchìsco, tu rimbianchìsci*; aus. intr. *essere*) ● (*raro*) Imbianchire di nuovo.

rimbiondàre v. tr., intr. e intr. pron. (*io rimbióndo*; aus. intr. *essere*) ● (*raro*) Rimbiondire.

rimbiondìre [comp. di *r(i)-* e *imbiondire*] **A** v. tr. (*io rimbiondìsco, tu rimbiondìsci*) ● Fare imbiondire di nuovo. **B** v. intr. e intr. pron. (aus. *essere*) ● Imbiondire di nuovo.

rimbirbonìre [comp. di *r(i)-* e *imbirbonire*] v. intr. (*io rimbirbonìsco, tu rimbirbonìsci*; aus. *essere*) ● (*raro, fam.*) Diventare birbone di nuovo o di più.

rimbiutàre [comp. di *r(i)-* e *imbiutare*] v. tr. ● Imbiutare di nuovo.

rimbiẓẓarrìre [comp. di *r(i)-* e *imbizzarrire*] v. intr. (*io rimbiẓẓarrìsco, tu rimbiẓẓarrìsci*; aus. *essere*) ● Imbizzarrire di nuovo.

rimboccaménto s. m. ● (*raro*) Modo, atto del rimboccare.

rimboccàre [da *bocca*, col pref. *rin-*] v. tr. (*io rimbócco, tu rimbócchi*) ***1*** Ripiegare l'estremità di q.c. verso l'esterno: *r. un sacco, un lenzuolo; r. il tessuto prima di fare l'orlo* | *Rimboccarsi le ma-*

niche, (*fig.*) mettersi a lavorare con impegno. *2* (*raro*) Imboccare di nuovo | *R. la carbonaia*, aggiungervi dalla bocca nuova legna, per mantenere vivo il fuoco. *3* †Rovesciare, mettere con la bocca all'ingiù.

rimboccàto part. pass. di *rimboccare*; anche agg. ● Nei sign. del v.

rimboccatùra s. f. ● Operazione del rimboccare | Parte che si ripiega verso l'esterno: *la r. del lenzuolo*.

rimbócco s. m. (pl. *-chi*) ● (*raro*) Rimboccatura.

rimbombaménto s. m. ● (*raro*) Rimbombo.

rimbombànte part. pres. di *rimbombare*; anche agg. *1* Nei sign. del v. *2* (*fig.*) *Frasi, parole, periodi rimbombanti*, ricchi di sonorità, di effetto, ma vuoti di contenuto.

rimbombàre o (*raro*) **ribombàre** [da *bombo* (*1*), col pref. *rin-*] **A** v. intr. (*io rimbómbo*; aus. *essere* e *avere*) ● Fare un gran rumore, echeggiando in modo cupo: *il tuono rimbombò a lungo*; *tutta la grotta rimbombò del mio urlo, e parve una risata di scherno* (SVEVO). SIN. Rintronare, risuonare. **B** v. tr. ● (*lett.*) Fare risuonare: *quassù la fama il ver rimbomba* (POLIZIANO).

†**rimbombévole** agg. ● Rimbombante.

rimbombìo s. m. ● Il rimbombare continuato.

rimbómbo s. m. ● Atto, effetto del rimbombare | (*est.*) Rumore, strepito (*anche fig.*): *il r. della palla*; *il r. della tua paura è giunto fino a noi*; *dietro noi correa sull'aure / lungo un rimbombo di voci di pianto* (ALFIERI).

†**rimbombóso** agg. ● Rimbombante.

rimborsàbile agg. ● Che si può o si deve rimborsare: *buono postale r. dopo un anno*.

rimborsabilità s. f. ● (*raro*) Condizione di ciò che è rimborsabile.

rimborsaménto s. m. ● (*raro*) Modo, atto, effetto del rimborsare.

rimborsàre [comp. di *r(i)-* e *imborsare*] v. tr. (*io rimbórso*) *1* (*raro*) Imborsare di nuovo, rimettere nella borsa. *2* Restituire il denaro che è stato speso da altri per conto nostro, che ci è stato prestato o che abbiamo speso per un servizio di cui non abbiamo usufruito: *ti rimborserò fino all'ultimo centesimo ciò che mi hai anticipato*; *sospeso lo spettacolo, il circo rimborsò gli spettatori*.

rimborsàto part. pass. di *rimborsare*; anche agg. ● Nei sign. del v.

rimbórso s. m. ● Atto, effetto del rimborsare: *un esiguo r.* | *R. a pie' di lista*, quello ottenuto dietro presentazione di fatture e sim. che attestino le spese sostenute per conto del proprio datore di lavoro | (*comm.*) *R. di banca*, modo di pagamento della merce acquistata, emettendo tratta non direttamente sul compratore ma su una banca da lui indicata.

rimboscaménto s. m. ● Rimboschimento.

rimboscàre [da *bosco*, col pref. *rin-*] **A** v. tr. (*io rimbòsco, tu rimbòschi*) ● Effettuare il rimboschimento di un terreno, di una zona: *r. le montagne appenniniche*. **B** v. intr. pron. ● (*lett.*) Addentrarsi in un bosco per nascondervisi.

rimboschiménto s. m. ● Insieme di opere attuate per ricostituire terreni boschivi degradati o distrutti. SIN. Riforestazione.

rimboschìre [da *bosco*, col pref. *rin-*] **A** v. tr. (*io rimboschìsco, tu rimboschìsci*) ● Ricostituire un bosco piantando alberi. **B** v. intr. (aus. *essere*) ● Diventare di nuovo boscoso, detto di luoghi, terreni e sim. **C** v. intr. pron. ● (*raro*) Imboscarsi di nuovo.

†**rimbottàre** [comp. di *r(i)-* e *imbottare*] v. tr. e intr. ● Imbottare di nuovo.

†**rimbracciàre** [comp. di *r(i)-* e *imbracciare*] v. tr. ● Imbracciare di nuovo.

rimbrancàre [comp. di *r(i)-* e *imbrancare*] **A** v. tr. (*io rimbrànco, tu rimbrànchi*) ● (*raro*) Imbrancare di nuovo. **B** v. intr. e intr. pron. ● (*raro*) Imbrancarsi di nuovo.

rimbrattàre [comp. di *r(i)-* e *imbrattare*] **A** v. tr. ● Imbrattare di nuovo. **B** v. rifl. ● Imbrattarsi di nuovo.

†**rimbrèncio** [comp. di *rin-* e †*brencio* 'straccio'] s. m. ● Straccio.

†**rimbrénciolo** s. m. ● Rimbrencio.

†**rimbrencioloso** agg. ● Che ha molti rimbrencioli.

rimbricconìre [comp. di *r(i)-* e *imbricconire*] v. intr. (*io rimbricconìsco, tu rimbricconìsci*; aus. *essere*) ● (*raro*) Diventare più briccone.

rimbrigliàre [comp. di *r(i)-* e *imbrigliare*] v. tr. (*io rimbrìglio*) ● Imbrigliare di nuovo o di più.

rimbrodolàre [comp. di *ri-* e *imbrodolare*] v. tr. (*io rimbròdolo*) ● Imbrodolare di nuovo o di più | (*fig.*) Ricoprire, scusare malamente: *r. un torto*.

rimbrogliàre [comp. di *r(i)-* e *imbrogliare*] v. tr. e rifl. (*io rimbròglio*) ● Imbrogliare di nuovo.

rimbrottàre [da avvicinare a *brontolare*] **A** v. tr. (*io rimbròtto*) ● Rimproverare, spec. rinfacciando. **B** v. rifl. rec. ● Rinfacciarsi torti scambievolmente.

rimbrottatóre agg.; anche s. m. (f. *-trice*) ● (*raro*) Che, chi rimbrotta.

rimbròtto s. m. ● Atto del rimbrottare: *eccedere nel r.* | Le frasi, le parole che servono a rimbrottare: *un efficace r.* SIN. Rimprovero.

rimbrunàre [comp. di *r(i)-* e *imbrunare*] v. intr. (aus. *essere*) ● (*raro*) Diventare più scuro.

rimbrunìre [comp. di *r(i)-* e *imbrunire*] **A** v. tr. e intr. (*io rimbrunìsco, tu rimbrunìsci*; aus. intr. *essere*) ● (*tosc.*) Imbrunire. **B** v. intr. pron. ● (*fig.*) Diventare serio, cupo.

rimbruscolàre [da *bruscolo*, col pref. *ri(n)-*] v. tr. (*io rimbrùscolo*) ● (*raro, tosc.*) Ribruscolare.

rimbruttìre [comp. di *r(i)-* e *imbruttire*] **A** v. tr. (*io rimbruttìsco, tu rimbruttìsci*) ● Fare imbruttire di nuovo o di più. **B** v. intr. (aus. *essere*) ● Diventare brutto di nuovo o di più.

rimbucàre [comp. di *r(i)-* e *imbucare*] **A** v. tr. (*io rimbùco, tu rimbùchi*) ● Imbucare di nuovo. **B** v. intr. pron. ● Rientrare nella buca o nella tana per nascondersi di nuovo, detto spec. di animali.

rimbucciàrsi [da *buccia*, col pref. *rin-*] v. intr. pron. (*io mi rimbùccio*) ● Rimettere, rifare la buccia.

†**rimburchiàre** [variante di *rimorchiare*] v. tr. ● (*raro*) Rimorchiare.

rimbussolàre [comp. di *r(i)-* e *imbussolare*] **A** v. tr. (*io rimbùssolo*) ● Imbussolare di nuovo, rimettendo in un'urna schede, palline numerate e sim. per un'estrazione. **B** v. intr. (aus. *avere*) ● (*tosc.*) Scuotere il sacchetto contenente le palline numerate per rimescolarle.

rimbustàre [da *busta*, col pref. *rin-*] v. tr. ● Rimettere nella busta.

rimbuzzàre [comp. di *r(i)-* e *imbuzzare*] **A** v. tr. ● (*fam., tosc.*) Riempire lo stomaco di cibi. **B** v. rifl. ● Riempirsi di cibo, rimpinzarsi.

rimediàbile [vc. dotta, lat. *remediābile(m)*, da *remediāre* 'rimediare'] agg. ● Che si può rimediare: *danno r.*

rimediàre o (*dial.*) †**remediàre** [vc. dotta, lat. *remediāre*, da *remēdium* 'rimedio'] **A** v. intr. (*io rimèdio*; aus. *avere*) *1* Portare rimedio: *r. ai danni sofferti*; *rimedieranno con un decreto*. SIN. Riparare. *2* Provvedere: *come si rimedia?* **B** v. tr. *1* (*fam.*) Trovare, mettere insieme, procurare (*anche fig.*): *non sappiamo come r. la colazione*; *r. una scusa*; *abbiamo rimediato solo guai* | Accomodare alla meglio: *r. uno strappo nei pantaloni*. *2* †Medicare, curare, sanare.

rimediàto part. pass. di *rimediare*; anche agg. ● Nei sign. del v.

rimediatóre [vc. dotta, lat. tardo *remediatōre(m)*, da *remediātus*, part. pass. di *remediāre* 'guarire, rimediare'] agg.; anche s. m. (f. *-trice*) ● (*raro*) Che, chi rimedia.

rimedicàre [comp. di *ri-* e *medicare*] **A** v. tr. (*io rimèdico, tu rimèdichi*) ● Medicare di nuovo, fare una nuova medicatura. **B** v. rifl. ● Medicarsi di nuovo.

rimèdio o †**remèdio** [vc. dotta, lat. *remĕdiu(m)*, dalla stessa radice di *medēri* 'medicare'. V. *medico*] s. m. *1* Medicamento, farmaco, medicina, mezzo di varia natura con cui si guarisce o si combatte una malattia: *hanno trovato un eccellente r. contro l'influenza* | (*med.*) †*R. attuale*, che agisce non appena viene applicato | *R. eroico*, farmaco molto efficace ma pericoloso; (*fig.*) provvedimento grave, violento. *2* (*est.*) Provvedimento, espediente che mette riparo a una situazione negativa o elimina una difficoltà: *trovare, porre r. alla recessione economica* | *Non c'è r.*, non si può fare altrimenti, è necessario ‖ PROV. A tutto c'è rimedio fuorché alla morte; spesso è peggio il rimedio del male; a mali estremi, rimedi estremi. ‖ **rimediùccio**, dim.

†**rimedìre** [etim. incerta] v. tr. ● Riscattare: *fece prendere e r. i buoni mercanti* (VILLANI).

rimeditàbile agg. ● (*raro*) Che si deve o si può rimeditare.

rimeditàre [comp. di *ri-* e *meditare*] v. tr. e intr. (*io rimèdito*; aus. *avere*) ● Meditare di nuovo.

rimeggiàre [ints. di *rimare*] v. intr. (*io riméggio*; aus. *avere*) ● (*raro*) Comporre versi.

†**rimegliorare** ● V. *rimigliorare*.

rimèma [comp. di *rim(a)* ed *-ema*] s. m. (pl. *-i*) ● (*ling.*) Parola in rima.

rimembrànza [fr. *remembrance*, da *remembrer* 'rimembrare'] s. f. ● (*lett.*) Atto del rimembrare o ciò che si rimembra: *fu assalito in un punto da una folla di rimembranze dolorose* (MANZONI).

rimembràre [fr. *remembrer*, dal lat. *rememorāri* 'ricordarsi'. V. *rimemorare*] **A** v. tr. (*io rimèmbro*) ● (*poet.*) Avere nella memoria o richiamare alla mente (*anche impers.*): *Silvia, rimembri ancora / quel tempo della tua vita mortale ...?* (LEOPARDI); *Non ti rimembra di quelle parole ...?* (DANTE *Inf.* XI, 79). **B** v. intr. pron. ● (*lett.*) Ricordarsi, rammentarsi: *de' grand'avi tuoi / le imprese ti rimembra* (PARINI).

†**rimembrévole** [da *rimembrare*] agg. ● Memorabile.

†**rimemoràbile** [da *rimemorare*] agg. ● Memorabile.

†**rimemoràre** [vc. dotta, lat. *rememorāri* 'ricordarsi', comp. di *re-* e *memorāre*] v. tr. e intr. pron. ● Ricordare.

rimemorazióne s. f. ● (*raro, lett.*) Ricordo, anamnesi: *un'osservazione che concluda al necessario ritiro in se stessi, ... alla r.* (CROCE).

rimenaménto s. m. ● (*raro*) Atto, effetto del rimenare.

rimenàre [comp. di *ri-* e *menare*] **A** v. tr. (*io riméno*) *1* Menare di nuovo: *zefiro torna e il bel tempo rimena* (PETRARCA). SIN. Ricondurre, riportare. *2* Dimenare, maneggiare | (*tosc.*) Agitare, mescolare: *r. la pasta, la calcina* | (*fig.*) Strapazzare, trattare male. **B** v. rifl. ● †Condursi in giro, a zonzo: *sciolto da quel pensiero, andò a rimenarsi e visitar alcuni amici* (BRUNO).

rimenàta s. f. *1* Atto del rimenare, agitando, scuotendo, spec. una sola volta. *2* (*fig., dial.*) Sgridata, strapazzata.

†**rimènda** [comp. di *ri-* e *menda*] s. f. ● Ammenda.

rimendàre ● V. *rammendare*.

rimenìo [da *rimenare*] s. m. ● (*raro*) Frequente rimescolio | (*raro*) *Far r.*, arrabattarsi.

†**riméno** [da *rimenare*] s. m. ● Ritorno.

rimerìa [da *rima* (*1*)] s. f. ● (*raro*) Produzione poetica in rima, spec. di scarso valore: *la r. petrarchistica*.

rimeritàbile agg. ● (*raro*) Che si può o si deve rimeritare.

rimeritaménto s. m. ● (*raro*) Rimerito.

rimeritàre o (*poet.*) †**rimertàre** [comp. di *ri-* e *meritare*] v. tr. (*io rimèrito*) *1* (*lett.*) Ricompensare, rendere merito, rimunerare: *r. un benefattore*; *r. qc. di una buona azione*; *r. qc. con l'ingratitudine*. *2* †Restituire il prestito.

rimèrito s. m. ● (*raro*) Il rimeritare. SIN. Premio, ricompensa.

†**rimertàre** ● V. *rimeritare*.

riméscere [lat. *remiscēre*, comp. di *re-* e *miscēre* 'mescolare'. V. *mescere*] v. tr. (coniug. come *mescere*) ● Mescere di nuovo.

rimescolaménto s. m. ● Modo, atto, effetto del rimescolare o del rimescolarsi | *R. delle carte*, (*fig.*) rimaneggiamento, mutamento, spec. a fini tattici o per motivi contingenti, di una situazione e sim., ottenuti cambiando l'ordine o la composizione degli elementi costitutivi | Turbamento per improvvisa e violenta emozione: *la paura gli provocò un grande r.*

rimescolànza [da *rimescolare*] s. f. ● (*raro*) Mescolanza.

rimescolàre [comp. di *ri-* e *mescolare*] **A** v. tr. (*io riméscolo*) *1* Mescolare di nuovo. *2* Mescolare meglio e a lungo: *r. la polenta* | *R. le carte*, scozzarle | Rovistare: *r. vecchie carte* | Rivangare: *r. vecchi ricordi* | (*fig.*) *R. il sangue*, turbare, agitare. **B** v. intr. pron. *1* Agitarsi, turbarsi per una viva emozione: *a quella vista si rimescolò tutta*; *gli si rimescolò il sangue nelle vene*. *2* Intromettersi, mischiarsi a un gruppo, confondersi fra gli altri, detto di persone: *rimescolarsi tra la folla*. *3* Agitarsi, andare sottosopra, detto di cose: *prima della tempesta, il mare si rimescolò con violenza*.

rimescolàta [comp. di *ri-* e *mescolata*] s. f. ● Il rimescolare spec. una sola volta e in fretta: *dare una r. alle carte*. || **rimescolatina**, dim.

rimescolàto part. pass. di *rimescolare*; anche agg. ● Nei sign. del v.

rimescolìo s. m. *1* Un mescolare frequente e continuato, spec. di persone: *in teatro c'era un gran r*. SIN. Agitazione, trambusto. *2* (*fig.*) Turbamento.

rimèscolo s. m. ● (*dial.*) Rimescolamento | Turbamento. || **rimescolóne**, accr.

riméssa [f. sost. di *rimesso*] s. f. *1* Atto, effetto del rimettere: *r. in scena*. *2* (*sport*) Nei giochi della palla, azione di rimettere la palla in campo quando sia uscita dal terreno di gioco o dopo una sospensione della partita: *r. laterale, dal fondo* | *Giocare di r.*, rispondere alle iniziative dell'avversario senza attaccare (*anche fig.*) | Nella scherma, secondo colpo che si vibra successivamente allo stesso bersaglio del primo nel caso in cui l'avversario dopo aver parato non risponde subito | Nel tennis, risposta al servizio. *3* Operazione del mettere al riparo le bestie | Operazione del mettere in magazzino derrate, provviste, raccolti e sim. *4* (*raro*) Luogo di riparo per le bestie | (*caccia*) Luogo ove si posa o nasconde la selvaggina inseguita | Magazzino di derrate, provviste, raccolti e sim. | *Fare una buona r.*, fare un buon raccolto. *5* Locale, edificio in cui si raccolgono veicoli di vario tipo: *tenere l'automobile nella r*. *6* Invio di denaro o di merce: *fare una congrua r*. | *Rimesse degli emigranti*, quantità di denaro che gli emigranti inviano dall'estero o spendono in patria. *7* Scapito, perdita: *vendere a r*. *8* †Apostrofe, risposta. *9* †Aggiunta di uno scritto per correggerlo, cambiarlo, ecc. *10* Germoglio di pianta. || **rimessàccia**, pegg. | **rimessìna**, dim. | **rimessóne**, accr. m.

rimessàggio [da *rimessa* nel sign. 4] s. m. ● Ricovero in un apposito locale per la custodia durante il periodo in cui non si usano, detto spec. di imbarcazioni da diporto, roulotte e sim.

†**rimessìbile** ● V. *remissibile*.

rimessióne s. f. *1* (*raro*) Atto, effetto del rimettere. SIN. Remissione. *2* Trasferimento di un procedimento da un ufficio giudiziario a un altro.

rimessitìccio [da *rimesso*] **A** agg. (pl. f. *-ce*) ● Posticcio. **B** s. m. ● Pollone che germoglia nel fusto o nei rami di una pianta in seguito a recisione.

rimésso A part. pass. di *rimettere*; anche agg. *1* Nei sign. del v. *2* †Basso, umile, detto di stile. *3* †Sommesso, detto di voce. *4* (*fig.*) †Languido, lento, fiacco, detto di persona | Mansueto. **B** s. m. *1* Tarsia in legno di diversi colori: *lavoro di r*. | (*est.*) Pezzetto di legno usato in questo tipo di tarsia. *2* Ritocco fatto nel dipingere. *3* Parte di un tessuto ripiegato per eseguire l'orlatura.

†**rimésta** s. f. *1* Atto, effetto del rimestare. *2* (*fig.*) Rimbrotto, rimprovero.

rimestaménto s. m. ● Atto, effetto del rimestare (*anche fig.*).

rimestàre [comp. di *ri-* e *mestare*] v. tr. (*io rimésto*) *1* Mestare di nuovo o a lungo (*anche ass.*): *r. la salsa*. SIN. Rimescolare. *2* (*fig.*) Riagitare e dibattere (*anche ass.*): *r. questioni vecchie*; *è un oratore che ama r*. *3* †Maneggiare, rimaneggiare.

rimestàto part. pass. di *rimestare*; anche agg. ● Nei sign. del v.

rimestatóre s. m. (f. *-trice*) ● Chi rimesta (*spec. fig.*).

rimestatùra s. f. ● (*raro*) Rimestamento.

rimestìo s. m. ● Il rimestare continuo.

rimettàggio [da *rimettere*] s. m. ● Operazione tessile con la quale si introducono i fili dell'ordito nelle maglie dei licci.

rimèttere [lat. *remìttere*, comp. di *re-* e *mìttere* 'mandare'. V. *mettere*] **A** v. tr. *1* Mettere di nuovo: *r. in discussione q.c.*; *rimettersi il cappello in testa* | *R. mano*, ricominciare | *R. piede*, ritornare | *R. i vetri rotti*, sostituirli | *R. l'orologio*, spostare le lancette sull'ora giusta | (*raro*) *R. qc. in possesso di q.c.*, restituire q.c. a qc. | †*R. a mano*, riprendere | Riportare a uno stato precedente: *r. a posto, in ordine, in libertà* | *R. qc. in salute*, ristabilirlo | *R. insieme*, ricongiungere | *R. in piedi*, (*fig.*) far risorgere, ravvivare | (*raro, fig.*) Riacquistare, riguadagnare: *r. il sonno perduto* | (*raro*) Ricacciare, respingere, ricollocare. *2* Riprodurre, tornare a dare, mettere (*anche ass.*): *r. le radici, il pelo*; *è una pianta che continua a r*. *3* Rimandare, rispedire, rinviare: *r. la palla*. *4* Trasferire, assegnare, affidare ad altri: *r. al giudizio altrui la decisione*. *5* Perdonare, condonare: *r. la pena, il debito*; *empiamente ostinato di non r. una privata offesa fattagli da Agamennone* (VICO) | †*R. nel buon dì*, rimettere in termini. *6* (*raro*) Mettere, collocare al riparo riportando nel luogo consueto: *r. le pecore*. *7* (*fam.*) Subire un danno, una perdita sia materiale che morale: *r. q.c. di tasca propria*; *r. la pelle, la vita*; *non ci ho rimesso molto*. *8* Ripiegare, rimboccare: *r. le maniche per fare l'orlo*. *9* Differire, rimandare: *r. la gita a una stagione migliore*. *10* Inviare, mandare, spec. denaro o valori: *r. un assegno* | Rilasciare, recapitare: *r. una lettera nelle mani di una persona fidata*. *11* Vomitare (*anche ass.*): *r. il cibo*; *gli veniva da r*. *12* †Dare in restituzione, rendere. *13* †Deporre, lasciare. *14* †Correggere aggiungendo. *15* (*raro*) Intarsiare. **B** v. intr. pron. *1* Mettersi di nuovo: *si è rimesso al lavoro di gran lena*. *2* Ristabilirsi, detto di persona: *si è rimesso presto in salute* | *Rimettersi in carne*, ingrassare | *Rimettersi dallo spavento*, riaversi | Rasserenarsi, detto del tempo: *il cielo si è rimesso al buono, al bello*. *3* Rassegnarsi, appellarsi alla volontà altrui riconoscendola senz'altro buona: *si sono rimessi al giudizio del più anziano*. *4* (*caccia*) Tornare a posarsi o celarsi, detto di selvaggina inseguita o stanata. *5* (*raro*) Rallentarsi, calmarsi. **C** v. intr. (aus. *avere*) ● (*raro*) Diminuire, scemare.

†**rimettiménto** s. m. ● Modo, atto del rimettere.

rimettìna [da *rimettere*] s. f. ● Operaia tessile addetta al rimettaggio.

rimettitóre s. m. (f. *-trice*) ● Chi rimette.

rimettitùra s. f. ● Operazione, effetto del rimettere.

rimiagolàre [comp. di *ri-* e *miagolare*] v. intr. (*io rimiàgolo*; aus. *avere*) ● Miagolare di nuovo.

rimiglioràre o (*tosc.*) †**rimeglioràre** [comp. di *ri-* e *migliorare*] v. tr. e intr. (*io rimiglióro*; aus. intr. *essere*) ● Migliorare di nuovo.

riminacciàre [comp. di *ri-* e *minacciare*] v. tr. (*io riminàccio*) ● Minacciare di nuovo.

riminése A agg. ● Di Rimini. **B** s. m. e f. ● Abitante, nativo di Rimini.

rimiràre [comp. di *ri-* e *mirare*] **A** v. tr. *1* Mirare di nuovo, o con ammirazione: *r. il paesaggio*; *in alcune ... celebri adunanze con piacere noi rimiriamo coltivati gli studi della poetica* (MURATORI). *2* Mirare con più attenzione o con meraviglia: *r. lo spettacolo senza parlare*; *r. attonito l'incidente* | (*est.*) Considerare: *r. la natura del fenomeno*; *rimirandolo, conosciamo più superficie del veduto corpo* (ALBERTI). **B** v. intr. (aus. *avere*) ● Guardare prendendo di nuovo la mira (*anche fig.*): *r. al bersaglio*; *r. a uno scopo*. **C** v. rifl. ● Guardarsi con compiacimento: *rimirarsi allo specchio*.

†**rimìro** [da *rimirare*] s. m. ● Vista, sguardo.

rimischiàre [comp. di *ri-* e *mischiare*] v. tr. (*io rimìschio*) ● Mischiare di nuovo o meglio.

rimișuràre [comp. di *ri-* e *misurare*] v. tr. ● Misurare di nuovo.

rìmmel ® s. m. ● Nome commerciale di cosmetico, liquido o in pasta, per scurire le ciglia.

rimmelensìre [comp. di *r(i)-* e *immelensire*] v. intr. (*io rimmelensìsco, tu rimmelensìsci*; aus. *essere*) ● Immelensire di nuovo o di più.

rimminchionìre [comp. di *r(i)-* e *imminchionire*] v. intr. (*io rimminchionìsco, tu rimminchionìsci*; aus. *essere*) ● (*volg.*) Diventare minchione, scimunito.

rimmollàre [comp. di *r(i)-* e *immollare*] v. tr. (*io rimmòllo*) ● (*raro*) Immollare di nuovo.

rimodellàre [comp. di *r(i)-* e *modellare*] v. tr. (*io rimodèllo*) ● Modellare di nuovo.

rimoderàre [comp. di *ri-* e *moderare*] v. tr. (*io rimòdero*) ● (*raro*) Moderare di nuovo o di più.

rimodernaménto s. m. ● Modo, atto, effetto del rimodernare o del rimodernarsi. SIN. Rinnovamento.

rimodernàre [da *moderno*, col pref. *ri-*] **A** v. tr. (*io rimodèrno*) ● Rendere moderno o più moderno: *r. la facciata di una casa* | Riadattare secondo la moda: *r. un vestito* | (*est.*) Rinnovare: *r. le proprie idee politiche*. **B** v. intr. pron. ● Adattarsi a ciò che è moderno.

rimodernàto part. pass. di *rimodernare*; anche agg. ● Nei sign. del v.

rimodernatóre agg.; anche s. m. (f. *-trice*) ● Che, chi rimoderna.

rimodernatùra s. f. ● Il rimodernare | Spesa sostenuta per rimodernare q.c.: *pagare la r. della stanza*.

rimolestàre [comp. di *ri-* e *molestare*] v. tr. (*io rimolèsto*) ● Molestare di nuovo o di continuo.

rimoltiplicàre [comp. di *ri-* e *moltiplicare*] v. tr. (*io rimoltìplico, tu rimoltìplichi*) ● (*raro*) Moltiplicare all'infinito.

rimónda [da *rimondare*] s. f. ● Soppressione con la potatura di succhioni, rami inutili e secchi, dalle piante.

rimondaménto s. m. ● (*raro*) Rimondatura.

rimondàre [comp. di *ri-* e *mondare*] **A** v. tr. (*io rimóndo*) *1* Mondare di nuovo, ancora: *r. un albero, un terreno, una fogna*. SIN. Nettare, ripulire. *2* (*fig.*) Liberare da colpe, peccati, ecc. **B** v. rifl. e intr. pron. ● Mondarsi, liberarsi da mali o colpe.

rimondatóre agg.; anche s. m. (f. *-trice*) ● (*raro*) Che, chi rimonda.

rimondatùra s. f. ● Atto, effetto del rimondare.

rimóndo [da *rimondare*] agg. ● (*raro*) Mondato, ripulito.

rimónta s. f. *1* Atto del rimontare. *2* (*sport*) Azione progressiva di recupero del distacco, dello svantaggio, da parte di un atleta o di una squadra, nel corso di una gara o di un campionato: *tentare, effettuare la r*. *3* (*zool.*) Risalita, degli uccelli migratori. *4* (*mil.*) Nelle antiche pratiche logistiche, reclutamento dei quadrupedi occorrenti alle esigenze dell'esercito in sostituzione di quelli vecchi o inservibili. *5* (*min.*) Galleria inclinata che parte da una galleria di livello per raggiungere dal basso il giacimento di minerale. *6* Sostituzione della tomaia o di una parte di essa nella riparazione delle scarpe. *7* (*zoot.*) In un allevamento, sostituzione periodica di animali vecchi, malati o non più produttivi.

rimontàggio s. m. *1* Operazione del rimontare. *2* (*enol.*) Operazione di pompaggio del mosto dal fondo dei grandi tini sopra le vinacce per arieggiarlo.

rimontàre [comp. di *ri-* e *montare*] **A** v. tr. (*io rimónto*) *1* Montare di nuovo: *r. un motore, un congegno* | (*mar.*) *R. il timone*, metterlo negli agugliotti. *2* Effettuare la rimonta di un distacco, di uno svantaggio. *3* Percorrere dal basso verso l'alto, in senso opposto alla corrente, detto di corsi d'acqua: *r. il Naviglio in barca* | (*mar.*) Percorrere contro corrente, contro vento e sim. | *R. un promontorio*, doppiarlo. *4* Rimettere a nuovo la tomaia della scarpa. *5* (*mil.*) Rifornire di cavalli reparti o soldati di cavalleria. **B** v. intr. (aus. *essere*) *1* Montare nuovamente: *r. a cavallo, su per le scale*. *2* (*fig.*) Risalire: *la fondazione di Roma si fa r. al 753 a.C.*

rimontatùra s. f. *1* Il rimontare ciò che era stato smontato: *la r. dell'orologio è durata parecchio*. *2* Rimonta, nel sign. 2.

†**rimorbidàre** [da *morbido*, col pref. *ri-*] v. tr. ● Ammorbidire, rammollire (*anche fig.*).

†**rimorbidìre** v. tr. ● Rimorbidare.

rimorchiàre (*1*) o †**remorchiàre**, †**remurchiàre** [da *rimorchio*] v. tr. (*io rimòrchio*) *1* Tirare un galleggiante o un veicolo avariato o lento agganciandolo a un altro: *r. una nave, una vettura*. *2* (*fig.*) Trascinarsi dietro q.c. o qc. | (*fig.*) Indurre qc. a fare q.c. controvoglia: *non ha personalità e si lascia r. da tutti*.

†**rimorchiàre** (*2*) [etim. incerta] v. tr. ● Sgridare per amore o gelosia.

rimorchiàto part. pass. di *rimorchiare* (*1*); anche agg. ● Nei sign. del v.

rimorchiatóre A s. m. *1* Nave di piccole dimensioni e di grande potenza che serve per rimorchiare navi all'entrata e all'uscita di porti, per aiutare la manovra di ormeggio di grandi navi e per altri servizi portuali | *R. d'alto mare*, attrezzato per portare aiuto a navi in difficoltà per guasti e sim. *2* (*aer.*) Aerorimorchiatore. **B** anche agg. (f. *-trice*) ● Che rimorchia.

rimòrchio [lat. parl. *remŭrculu(m), per il classico remŭlcum, dal gr. rymoulkêin 'rimorchiare', da rýmati hélkein 'tirare all'alzaia'. Rŷma è da erýein 'tirare', di etim. incerta; hélkein è di origine indeur.] s. m. *1* Il rimorchiare | *Prendere a r.*, agganciare un veicolo, natante e sim. per effettuare l'operazione del rimorchio. *2* Qualsiasi veicolo privo di motore, trainato da un altro veicolo o motrice: *attaccare il r.*; *camion con r.* | *R. agricolo*, per trasportare materiali, attrezzi, macchine e sim. | *R. ferroviario*, veicolo atto ad essere accoppiato ad una automotrice termica o elettrica e provvisto in genere di attrezzature per il comando a distanza delle medesime. *3* Cavo, catena e sim. usati per rimorchiare spec. due imbarcazioni. *4* Nella pallacanestro, giocatore che segue da vicino un compagno nell'azione di gioco.

rimòrdere [vc. dotta, lat. remordēre, comp. di re- e mordēre 'mordere'] **A** v. tr. (coniug. come *mordere*) *1* Mordere di nuovo, o a sua volta. *2* (*fig.*) Tormentare, dare rimorso: *è un pensiero che rimorde la coscienza.* *3* (*raro, lett.*) Rampognare, rimproverare: *in cotal guisa rimordea sovente / l'altero giovinetto* (POLIZIANO). **B** v. rifl. rec. ● Mordersi di nuovo l'un l'altro.

rimordiménto [da rimordere] s. m. ● (*raro*) Pentimento, rimorso.

rimorìre [comp. di ri- e morire] v. intr. (coniug. come *morire*; aus. *essere*) ● Morire di nuovo (*spec. fig.*).

rimormoràre [lat. remurmurāre, comp. di re- e murmurāre 'mormorare'] v. tr. e intr. (*io rimórmoro*; aus. *avere*) ● Mormorare di nuovo o di più.

rimorsicàre [comp. di ri- e morsicare] v. tr. (*io rimòrsico, tu rimòrsichi*) ● Morsicare di nuovo (*anche ass.*).

†**rimorsióne** s. f. ● Rimorso.

rimòrso A part. pass. di *rimordere*, anche agg. ● Nei sign. del v. **B** s. m. ● Tormento, cruccio, procurato dalla coscienza di aver fatto male: *essere preso, perseguitato, straziato dal r.*

rimòrto part. pass. di *rimorire*; anche agg. *1* Nel sign. del v. *2* (*est.*) Scheletrito, sciupato, molto macilento: *l'ombre, che parean cose rimorte* (DANTE *Purg.* XXIV, 4).

rimòsso A part. pass. di *rimuovere*; anche agg. *1* Nei sign. del v. *2* †Lontano, remoto. **B** s. m. ● (*raro, psicoan.*) Ciò che è stato allontanato dalla coscienza per effetto della rimozione: *il ritorno del r.*

rimostrànte A part. pres. di *rimostrare*; anche agg. ● (*raro*) Nei sign. del v. **B** s. m. e f. ● (*raro*) Chi fa rimostranze.

rimostrànza [da rimostrante] s. f. *1* L'esprimere le proprie ragioni o la propria protesta contro un torto patito: *fare, portare le proprie rimostranze al capoufficio* | Le parole stesse con cui si rimostra: *una vivace r.* *2* †Dimostrazione.

rimostràre [comp. di ri- e mostrare] **A** v. tr. e rifl. (*io rimóstro*) ● Mostrare di nuovo. **B** v. intr. (aus. *avere*) ● Far conoscere i propri motivi, le proprie ragioni: *hanno rimostrato vivacemente alle autorità competenti.* SIN. Protestare.

†**rimòto** ● V. *remoto.*

rimòvere ● V. *rimuovere.*

rimovìbile o (*raro*) **removìbile** [da rimovere] agg. ● Che si può rimuovere (*anche fig.*): *ostacolo r.*

†**rimoviménto** [da rimovere] s. m. ● Il rimuovere.

†**rimovitóre** [da rimovere] agg.; anche s. m. (f. *-trice*) ● Che, chi rimuove.

rimozióne o (*raro*) **remozióne** [vc. dotta, lat. remotiōne(m), da remōtus, part. pass. di removēre 'rimuovere'] s. f. *1* Atto, effetto del rimuovere togliendo o allontanando (*anche fig.*): *la r. di una lapide*; *la r. di un grosso ostacolo.* *2* Sospensione, destituzione da una carica, da un ufficio e sim.: *non conosco le cause della sua r. dall'impiego* | *R. dal grado*, massima punizione prevista per l'ufficiale che per gravissima mancanza disciplinare si sia reso indegno del grado rivestito. *3* (*psicoan.*) Repressione inconsapevole di sentimenti o tendenze istintive inaccettabili per l'io e fonti di ansia. *4* †Esclusione: *procedere per r.*

rimpacchettàre [comp. di r(i)- e impacchettare] v. tr. (*io rimpacchétto*) ● Impacchettare di nuovo.

rimpaciàre [comp. di r(i)- e impaciare] **A** v. tr. (*io rimpàcio*) ● (*tosc.*) Rappacificare di nuovo. **B** v. rifl. e rifl. rec. ● Rimettersi in pace, d'accordo.

rimpadronìrsi [comp. di r(i)- e impadronirsi] v. intr. pron. (*io mi rimpadronìsco, tu ti rimpadronìsci*) ● Impadronirsi di nuovo.

rimpaginàre [comp. di r(i)- e impaginare] v. tr. (*io rimpàgino*) ● Impaginare nuovamente.

rimpaginatùra s. f. ● Atto, effetto del rimpaginare. SIN. Rimpaginazione.

rimpaginazióne [comp. di r(i)- e impaginazione] s. f. ● Nuova impaginazione. SIN. Rimpaginatura.

rimpagliàre [comp. di r(i)- e impagliare] v. tr. (*io rimpàglio*) ● Impagliare di nuovo.

rimpagliatóre s. m. (f. *-trice*) ● Chi rimpaglia: *r. di seggiole.*

rimpagliatùra s. f. ● Atto ed effetto del rimpagliare.

rimpallàre [da palla, col pref. rin-] v. intr. (aus. *avere*) ● Nel gioco del biliardo, fare rimpallo.

rimpàllo [da rimpallare] s. m. *1* Nei giochi della palla e spec. nel calcio, rimbalzo del pallone verso chi l'ha tirato dopo aver colpito un giocatore o un palo della porta. *2* Nel biliardo, ritorno della palla su quella che l'ha colpita.

†**rimpalmàre** [da spalmare, con cambio di pref.] v. tr. ● Spalmare nuovamente di pece l'esterno di un natante.

rimpanàre [comp. di r(i)- e impanare] v. tr. *1* Impanare di nuovo: *r. una cotoletta.* *2* (*mecc.*) Rifare il pane di una vite.

rimpannucciàre [da panno, col pref. rin-] **A** v. tr. (*io rimpannùccio*) ● Rivestire con nuovi panni | (*fig.*) Far tornare in buone condizioni economiche. **B** v. intr. pron. ● Migliorare le proprie condizioni finanziarie, rifarsi.

rimpantanàrsi [comp. di r(i)- e impantanarsi] v. intr. pron. ● Impantanarsi di nuovo o peggio (*anche fig.*).

rimparàre [comp. di r(i)- e imparare] v. tr. ● Imparare di nuovo.

rimparentàrsi [comp. di r(i)- e imparentarsi] v. intr. pron. ● Imparentarsi di nuovo, spec. con la stessa famiglia.

†**rimpàro** [fr. rempart, da remparer 'fortificare', comp. di re- e emparer 'fortificare, munire', dal provz. amparar, dal lat. parl. *anteparāre 'proteggersi davanti', comp. di ănte 'davanti' e parāre 'preparare'] s. m. ● Bastione di una fortezza.

rimpastàre [comp. di r(i)- e impastare] **A** v. tr. *1* Impastare di nuovo. *2* (*fig.*) Rimaneggiare, ricomporre cambiando l'ordine, la composizione o la sostanza: *r. un ministero, un dramma.* **B** v. rifl. ● (*raro*) Rifarsi diverso.

rimpasticciàre [comp. di r(i)- e impasticciare] v. tr. (*io rimpasticcio*) ● Impasticciare di nuovo o di più (*anche fig.*).

rimpàsto s. m. ● Atto, effetto del rimpastare | *R. ministeriale*, sostituzione di uno o più ministri in un governo senza aprire formalmente una crisi dello stesso. SIN. Ricomposizione, rimaneggiamento.

rimpatriàre [comp. di r(i)- e impatriare] **A** v. intr. (*io rimpàtrio*; aus. *essere*) ● Tornare in patria. **B** v. tr. ● Rimandare, fare tornare in patria.

rimpatriàta [da rimpatriare] s. f. ● (*fam.*) Il ritrovarsi fra amici di solito abitanti lontano l'uno dall'altro o che non si incontravano da tempo: *fare una bella r.*

rimpàtrio [da rimpatriare] s. m. ● (*bur.*) Ritorno in patria: *r. dei lavoratori all'estero.*

rimpaurìre [comp. di ri- e impaurire] v. intr. e intr. pron. (*io rimpaurìsco, tu rimpaurìsci*; aus. *essere*) ● Impaurire di nuovo.

†**rimpazzàre** [comp. di r(i)- e impazzare] v. intr. ● Rimpazzire.

rimpazzìre [comp. di r(i)- e impazzire] v. intr. (*io rimpazzìsco, tu rimpazzìsci*; aus. *essere*) ● Impazzire di nuovo.

†**rimpecciàre** [da peccia, col pref. rin-] v. tr. ● Dare una pecciata.

rimpecettàre [comp. di r(i)- e impecettare] v. tr. (*io rimpecétto*) ● (*raro*) Impecettare di nuovo.

rimpeciàre [comp. di r(i)- e impeciare] v. tr. (*io rimpécio*) ● (*raro*) Impeciare di nuovo o meglio.

rimpedantìre [comp. di r(i)- e impedantire] v. intr. (*io rimpedantìsco, tu rimpedantìsci*; aus. *essere*) ● (*raro*) Diventare più pedante.

rimpegnàre [comp. di r(i)- e impegnare] **A** v. tr. (*io rimpégno*) ● Impegnare di nuovo. **B** v. rifl. ● Impegnarsi di nuovo.

rimpellàre [da pelle, col pref. rin-] v. tr. (*io rimpèllo*) *1* Ricoprire di pelle. *2* Rinnovare un muro in tutto o in parte, ricostruendolo a pezzi dal basso verso l'alto.

rimpellicciàre [comp. di r(i)- e impellicciare] **A** v. tr. (*io rimpellìccio*) ● Ricoprire di pelliccia. **B** v. rifl. e intr. pron. ● Ricoprirsi di pelliccia.

rimpennàre [comp. di r(i)- e impennare (1)] **A** v. tr. (*io rimpénno*) ● (*raro*) Ricoprire di penne. **B** v. intr. pron. *1* Detto di uccelli, rimettere le penne. *2* (*fig.*) Rimpannucciarsi. **C** v. intr. (aus. *essere*) ● (*raro, lett.*) Rimettere foglie: *rimpennava ogni tiglio, ogni betulla* (PASCOLI).

rimpetràre [comp. di r(i)- e impetrare] v. tr. (*io rimpètro*) ● Impetrare di nuovo.

†**rimpettàio** s. m. (f. *-a*) ● Dirimpettaio.

rimpettinàre [da pettine, col pref. rin-] v. tr. (*io rimpèttino*) ● Introdurre di nuovo nel pettine del telaio i fili usciti.

rimpettìrsi [da petto, col pref. rin-] v. intr. pron. (*io mi rimpettìsco, tu ti rimpettìsci*) ● (*raro*) Camminare sporgendo il petto mostrando boria, forza, orgoglio.

rimpètto [comp. di rin- e petto] **A** avv. ● (*raro*) Di fronte, di faccia | V. anche *dirimpetto.* **B** nelle loc. prep. *r. a, a r. di*, raro *r. di* ● Di fronte a: *trovati r. al monumento alle nove*; *a r. di me da l'altra sponda* (DANTE *Purg.* XIX, 89) | (*fig.*) In confronto a, a paragone di: *r. a lui io valgo la metà* | V. anche *dirimpetto.* **C** in funzione di s. m. solo sing. ● La parte anteriore, frontale di q.c.: *nel r. della casa spiccano le persiane verdi.*

rimpiaccicàre [vc. onomat.] v. tr. (*io rimpiàccico, tu rimpiàccichi*) ● (*tosc.*) Appiccicare di nuovo o malamente (*anche fig.*).

rimpiaccicottàre [comp. di r(i)- e impiaccicottare] v. tr. (*io rimpiaccicòtto*) ● (*tosc.*) Fare piaccicotti, rammendare malamente.

rimpiagàre [comp. di r(i)- e impiagare] v. tr. (*io rimpiàgo, tu rimpiàghi*) ● Impiagare di nuovo.

†**rimpiàgnere** ● V. *rimpiangere.*

rimpiallacciàre [comp. di r(i)- e impiallacciare] v. tr. (*io rimpiallàccio*) ● Impiallacciare di nuovo.

rimpiàngere o †**rimpiàgnere** [comp. di rin- e piangere] v. tr. (coniug. come *piangere*) *1* (*raro*) Rammentare piangendo. *2* Rammentare con rammarico chi o ciò che si è perduto e di cui si sente ancora il desiderio o il bisogno: *r. un caro amico*; *r. le vacanze.* *3* †Compiangere.

rimpiànto A part. pass. di *rimpiangere*; anche agg. ● Nei sign. del v. **B** s. m. ● Ricordo dolente e nostalgico di qc. o q.c. che si è perduto: *vivere di rimpianti*; *il vivo r. della giovinezza*; *della gioia resta il rimpianto ed è anch'esso un dolore* (SVEVO).

rimpiastràre [comp. di r(i)- e impiastrare] v. tr. ● Impiastrare di nuovo (*anche fig.*).

†**rimpiastràta** [comp. di r(i)- e impiastrata] s. f. *1* Impiastro. *2* (*tosc.*) Componimento volgare e insulso.

rimpiastratóre s. m. (f. *-trice*) ● (*raro*) Chi rimpiastra.

rimpiastricciàre [comp. di r(i)- e impiastricciare] v. tr. (*io rimpiastrìccio*) ● Impiastricciare di nuovo o peggio (*anche ass.*).

rimpiastricciatùra s. f. ● (*raro*) Atto, effetto del rimpiastricciare.

rimpiattàre [da piatto (agg.), col pref. rin-] **A** v. tr. ● Appiattare, nascondere bene. **B** v. rifl. ● Nascondersi appiattandosi: *andare a rimpiattarsi* | *Fare a rimpiattarsi*, giocare a rimpiattino | (*pop.*) *Può andare a rimpiattarsi*, può levarsi di mezzo, detto di persona.

rimpiattàto part. pass. di *rimpiattare*; anche agg. ● Nei sign. del v.

rimpiatterèllo [da rimpiattare] s. m. ● (*tosc.*) Rimpiattino.

rimpiattìno [da rimpiattare] s. m. ● Gioco di ragazzi, uno dei quali deve scovare i compagni che si sono nascosti e toccarli prima che essi raggiungano la tana. SIN. Nascondino, nascondarella, rimpiatterello.

†**rimpiàtto** agg. ● Rimpiattato.

rimpiazzàre [fr. remplacer, da place 'posto' (V. piazza), col pref. ren- 'rin-'] v. tr. ● (*bur.*) Mettere al posto di un altro: *r. un impiegato* | Sostituire, detto di cosa: *r. l'ingranaggio fuori uso.*

rimpiàzzo s. m. ● Il rimpiazzare | La persona o la cosa che rimpiazza, sostituisce: *fare da r.* SIN. Sostituzione.

rimpiccinìre [comp. di *r(i)*- e *impiccinire*] **A** v. tr. (*io rimpiccinìsco, tu rimpiccinìsci*) ● Fare diventare piccolo o più piccolo (*spec. fig.*): *r. la questione.* **B** v. intr. e intr. pron. (aus. *essere*) ● Diventare piccolo o più piccolo.

rimpicciolimento s. m. ● Atto, effetto del rimpicciolire.

rimpicciolìre [comp. di *r(i)*- e *impicciolire*] v. tr., intr. e intr. pron. (*io rimpicciolìsco, tu rimpicciolìsci*; aus. intr. *essere*) ● (*raro*) Rimpiccolire.

rimpiccolimento s. m. ● Atto, effetto del rimpiccolire.

rimpiccolìre [comp. di *r(i)*- e *impiccolire*] **A** v. tr. (*io rimpiccolisco, tu rimpiccolisci*) ● Rendere più piccolo. **B** v. intr. e intr. pron. (aus. *essere*) ● Diventare più piccolo.

rimpiegàre e *deriv.* ● V. *reimpiegare* e *deriv.*

†**rimpièno** [comp. di *rin*- e *pieno*] s. m. ● Rinforzo, rincalzo.

rimpietosìrsi [comp. di *r(i)*- e *impietosirsi*] v. intr. pron. (*io mi rimpietosìsco, tu ti rimpietosìsci*) ● Impietosirsi di nuovo.

rimpigrìre [comp. di *r(i)*- e *impigrire*] v. tr., intr. e intr. pron. (*io rimpigrìsco, tu rimpigrìsci*; aus. intr. *essere*) ● Impigrire di nuovo o di più.

rimpinguàre [comp. di *r(i)*- e *impinguare*] **A** v. tr. (*io rimpìnguo*) ● Impinguare di più o di nuovo (*spec. fig.*). **B** v. intr. pron. ● Impinguarsi di più o di nuovo.

rimpinzamento s. m. ● Atto, effetto del rimpinzare (*anche fig.*).

rimpinzàre [comp. di *r(i)*- e *impinzare*] **A** v. tr. ● Riempire troppo, il più possibile (*anche fig.*): *lo hanno rimpinzato di dolci*; *r. il discorso di fandonie.* SIN. Imbottire, inzeppare. **B** v. rifl. ● Riempirsi esageratamente di cibo.

rimpinzàta [da *rimpinzare*] s. f. ● Abbondante mangiata, scorpacciata.

rimpinzàto part. pass. di *rimpinzare*; anche agg. ● Nei sign. del v.

rimpiombàre [comp. di *r(i)*- e *impiombare*] v. tr. (*io rimpiómbo*) ● Impiombare di nuovo o meglio.

rimpiumàre [comp. di *r(i)*- e *impiumare*] v. intr. e intr. pron. (aus. *essere*) ● Rimettere le piume.

rimpolpàre [comp. di *r(i)*- e *impolpare*] **A** v. tr. (*io rimpólpo*) **1** Impolpare di nuovo, rimettere la carne, la polpa. **2** (*fig.*) Accrescere, impinguare, arricchire: *r. un articolo troppo scarno.* **B** v. intr. pron. ● Ingrassare, rimettersi in carne.

rimpolpettàre [da *polpetta*, col pref. *rin*-] v. tr. (*io rimpolpétto*) **1** (*raro*) Rifare polpette. **2** (*fig.*, *spreg.*) Raffazzonare, rimettere insieme alla meglio. **3** †Rimproverare, rimbeccare.

†**rimpolsàre** [da *polso*, col pref. *rin*-] v. tr. ● Rinvigorire, rinforzare.

rimpoltronìre [comp. di *r(i)*- e *impoltronire*] **A** v. tr. (*io rimpoltronìsco, tu rimpoltronìsci*) ● Fare diventare più poltrone o poltrone. **B** v. intr. e intr. pron. (aus. *essere*) ● Diventare poltrone o più poltrone.

rimporcàre [comp. di *r(i)*- e *imporcare*] v. tr. (*io rimpòrco, tu rimpòrchi*) ● (*agr.*) Rifare la porca.

rimporporàre [comp. di *r(i)*- e *imporporare*] **A** v. tr. (*io rimpórporo*) ● Imporporare di nuovo. **B** v. intr. pron. ● Imporporarsi di nuovo.

rimportàre [comp. di *r(i)*- e *importare*] v. tr. (*io rimpòrto*) ● Importare di nuovo.

rimpossessàrsi [comp. di *r(i)*- e *impossessarsi*] v. intr. pron. (*io mi rimpossèsso*) ● Impossessarsi di nuovo.

rimpoverìre [comp. di *r(i)*- e *impoverire*] **A** v. tr. (*io rimpoverìsco, tu rimpoverìsci*) ● Far diventare di nuovo povero o più povero. **B** v. intr. e intr. pron. (aus. *essere*) ● Diventare di nuovo povero o più povero.

rimpratichìre [comp. di *r(i)*- e *impratichire*] **A** v. tr. (*io rimpratichìsco, tu rimpratichìsci*) ● Impratichire di nuovo o di più. **B** v. intr. pron. ● Impratichirsi di nuovo o meglio.

rimpregnàre [comp. di *r(i)*- e *impregnare*] v. intr. e intr. pron. (*io rimprégno*) ● Impregnare di nuovo.

rimpresciuttìre ● V. *rimprosciuttire.*

rimpreziosìre [comp. di *r(i)*- e *impreziosire*] **A** v. tr. (*io rimpreziosìsco, tu rimpreziosìsci*) ● Rendere di nuovo prezioso o di più. **B** v. intr. pron. ● Diventare di nuovo prezioso o di più.

rimprigionàre [comp. di *r(i)*- e *imprigionare*] v. tr. (*io rimprigióno*) ● Imprigionare di nuovo.

rimprìmere [comp. di *r(i)*- e *imprimere*] v. tr. (coniug. come *imprimere*) ● Imprimere di nuovo.

†**rimproccévole** [da *rimproccio*] agg. ● Di rimprovero.

†**rimprocciamento** s. m. ● Modo, atto del rimprocciare.

†**rimprocciàre** [fr. *reprocher*, dal lat. parl. **repropiāre* 'riavvicinare, mettere sotto gli occhi', da *prŏpe* 'vicino' (V. *prossimo*), col pref. *re*- 'ri-'] v. tr. ● Rinfacciare, rimproverare, rampognare: *rimprocciando i Fiorentini di lor viltate* (VILLANI).

†**rimpròccio** [da *rimprocciare*] s. m. ● Rimprovero | Ingiuria, scherno.

†**rimprométtere** [comp. di *r(i)*- e *impromettere*] v. tr. **1** Ripromettere. **2** Promettere nuovamente.

†**rimprontàre** [comp. di *r(i)*- e *improntare*] v. tr. ● Improntare di nuovo.

rimprosciuttìre o (*tosc.*, *raro*) **rimpresciuttìre** [comp. di *r(i)*- e *improsciuttire*] v. intr. (*io rimprosciuttìsco, tu rimprosciuttìsci*; aus. *essere*) ● (*pop.*) Improsciuttire di più.

rimproveràbile agg. ● Che si può rimproverare: *mancanza r.*

†**rimproveramento** s. m. ● Rimprovero.

rimproveràre [comp. di *ri*- e del lat. tardo *improperāre* 'rimproverare, rinfacciare', da *prŏbrum* 'rimprovero' (V. *obbrobrio*), col pref. *in*-] **A** v. tr. (*io rimpròvero*) **1** Riprendere, biasimare a voce o per iscritto per fare ravvedere, cambiare, migliorare e sim.: *r. uno scolaro della sua negligenza*; *r. aspramente i ritardatari.* SIN. Ammonire, riprovare, sgridare. **2** (*raro*) Rinfacciare q.c. brontolando: *gli rimprovera la scarsa attenzione che gli concede.* **3** †Respingere, ridare indietro. **B** v. rifl. ● Avere rimorso, pentirsi di q.c.: *si rimproverava di non essere andato a salutare la madre*; *non ho nulla di cui rimproverarmi.*

rimproveràto part. pass. di *rimproverare*; anche agg. ● Nei sign. del v.

rimproveratóre agg.; anche s. m. (f. *-trice*) ● (*raro*) Che, chi rimprovera.

†**rimproverazióne** s. f. ● Rimprovero, riprensione. ‖ †**rimproverazioncèlla**, dim.

†**rimprovèrio** [da *rimprovero*] s. m. ● Improperio | Biasimo, scherno.

rimpròvero s. m. ● Atto del rimproverare: *muovere r.*; *non considerare un r.*; *dalla notte sorse una sola figura bella*: *Anna ... la bella rosea faccia atteggiata a dolore e r.* (SVEVO) | Parole che servono a rimproverare: *un forte, giusto r.* SIN. Ammonimento, biasimo, sgridata.

rimpulizzìre [da *pulizia*, col pref. *rin*-] **A** v. tr. (*io rimpulizzìsco, tu rimpulizzìsci*) ● (*scherz.*) Far diventare pulito o più pulito nella persona, nel vestire | (*raro*) *R. la casa*, rimbiancarla. **B** v. rifl. ● (*scherz.*) Diventare più elegante o più compito nei modi.

rimputridìre [comp. di *r(i)*- e *imputridire*] v. intr. (*io rimputridìsco, tu rimputridìsci*; aus. *essere*) ● Imputridire di nuovo o di più.

rimugghiamento s. m. ● (*raro*) Il rimugghiare (*anche fig.*).

rimugghiàre [comp. di *r(i)*- e *mugghiare*] v. intr. (*io rimùgghio*; aus. *avere*) **1** Mugghiare di nuovo o a sua volta. **2** (*fig.*) Echeggiare con un suono lungo e lamentoso, simile a un muggito, detto del vento, della tempesta e sim.

rimuggiménto s. m. ● Atto, effetto del rimuggire (*anche fig.*).

rimuggìre [vc. dotta, lat. *remugīre*, comp. di *re*- e *mugīre* 'muggire'] v. intr. (coniug. come *muggire*; aus. *avere*) ● Muggire di nuovo (*anche fig.*): *i buoi rimuggiscono*; *il vento rimuggiva cupo.*

rimuginàre [comp. di *ri*- e del lat. *muginārī* 'ruminare, riflettere', di origine onomat.] v. tr. e intr. (*io rimùgino*; aus. *avere*) **1** Agitare, mescolare, frugando, cercando, rivoltando q.c. **2** (*fig.*) Ripensare a lungo, agitare nella mente: *r. un'idea*; *perdersi a r.*; *R. è poco cristiano, è doloroso, noioso, e in generale non rende* (LEVI).

†**rìmula** [vc. dotta, lat. tardo *rīmula(m)*, dim. di *rima* (2)] s. f. ● Piccola apertura, fessura.

rimuneraménto s. m. ● (*raro*) Rimunerazione.

†**rimuneranza** s. f. ● Rimunerazione, guiderdone.

rimuneràre o **remuneràre** [vc. dotta, lat. *remunerārī*, da *mūnus*, genit. *mūneris* 'dono', col pref. *re*-] v. tr. (*io rimùnero*) **1** (*lett.*) Rimeritare, ricompensare, contraccambiare, spec. per un servizio, un beneficio ricevuto: *r. degnamente qc. con un'onorificenza.* **2** (*ass.*) Rendere, dare profitto: *un'azienda che non rimunera.* **3** †Ristorare.

†**rimuneratézza** s. f. ● Rimunerazione.

rimuneratività s. f. ● Qualità di ciò che è remunerativo: *un investimento di sicura r.*

rimunerativo o **remunerativo**. agg. ● Atto a rimunerare | Che dà sufficiente compenso: *lavoro r.* ‖ **rimunerativaménte**, avv..

rimuneràto part. pass. di *rimunerare*; anche agg. ● Nei sign. del v.

rimuneratóre o **remuneratóre** [vc. dotta, lat. tardo *remuneratōre(m)*, da *remunerātus*, part. pass. di *remunerārī* 'remunerare'] agg.; anche s. m. (f. *-trice*) ● (*raro*) Che, chi rimunera.

rimuneratòrio o **remuneratòrio**. agg. ● (*raro*) Che rimunera, di rimunerazione | *Donazione rimuneratoria*, donazione effettuata per riconoscenza e in considerazione dei meriti del donatario.

rimunerazióne o **remunerazióne** [vc. dotta, lat. *remuneratiōne(m)*, da *remunerātus*, part. pass. di *remunerārī* 'rimunerare'] s. f. ● Atto del rimunerare: *chiedere la r. di un servizio*; *a titolo di r.* | Ciò con cui si rimunera: *questa somma è una congrua r.* SIN. Compenso, gratificazione, ricompensa.

rimùngere [comp. di *ri*- e *mungere*] v. tr. (coniug. come *mungere*) ● Mungere di nuovo.

rimunìre [comp. di *ri*- e *munire*] v. tr. (*io rimunìsco, tu rimunìsci*) **1** Munire di nuovo. **2** †Rimondare.

rimùnto part. pass. di *rimungere*; anche agg. ● (*raro*) Nel sign. del v.

rimuòvere o (*raro*, *lett.*) **rimóvere** [lat. *removēre*, comp. di *re*- e *movēre* 'muovere'] **A** v. tr. (coniug. come *muovere*) **1** (*raro*) Muovere di nuovo. **2** Levar via, spostare, scostare, allontanare (*anche fig.*): *r. un sigillo, il coperchio dalla pentola*; *r. le cause dell'insuccesso, un ostacolo* | (*fig.*) Distogliere: *r. qc. da un proposito* | (*raro*) Smuovere: *r. la terra.* **3** Deporre, destituire: *hanno rimosso dal loro ufficio i funzionari più anziani.* **4** (*psicoan.*) Effettuare una rimozione. **5** (*fig.*) †Sedurre. **B** v. intr. pron. ● Allontanarsi da un'idea, un pensiero, una convinzione: *non si rimuove dal suo proposito* | (*raro*, *est.*) Dissentire.

rimuràre [comp. di *ri*- e *murare*] v. tr. **1** Murare di nuovo | Chiudere murando: *r. una finestra.* **2** (*raro*, *est.*) Riedificare, rifabbricare.

rimutàbile agg. ● (*raro*) Che si può rimutare.

rimutabilità s. f. ● (*raro*) L'essere rimutabile.

†**rimutaménto** s. m. ● Atto, effetto del rimutare.

†**rimutanza** s. f. ● Rimutamento.

rimutàre [comp. di *ri*- e *mutare*] **A** v. tr. **1** Mutare di nuovo, anche per riordinare o riformare: *r. parere su q.c.*; *r. l'ordinamento della società* | (*raro*) Cambiare di luogo, di posto, di sede. **2** †Rimuovere, distogliere qc. da un parere, un'opinione, un'idea. **B** v. intr. (aus. *essere*) ● Cambiare di nuovo, ancora: *la rotta della nave è rimutata.* **C** v. intr. pron. ● (*raro*) Cambiare d'opinione, di idea, di gusto, ecc.

rimutàto part. pass. di *rimutare*; anche agg. **1** Nei sign. del v. **2** †Corretto, emendato.

rin- ● V. *ri-*.

rinacerbìre [comp. di *r(i)*- e *inacerbire*] v. tr. e intr. pron. (*io rinacerbìsco, tu rinacerbìsci*) ● (*raro*) Inacerbire di nuovo o di più.

rinalgìa [comp. di *rino*- e *-algia*] s. f. (pl. *-gie*) ● (*med.*) Dolore al naso.

rinanimìre [comp. di *r(i)*- e *inanimire*] **A** v. tr. (*io rinanimìsco, tu rinanimìsci*) ● (*raro*) Incoraggiare di nuovo, rianimare. **B** v. intr. pron. ● (*raro*) Prendere di nuovo coraggio.

rinarràre [vc. dotta, lat. *renarrāre*, comp. di *re*- e *narrāre*] v. tr. ● Narrare di nuovo.

rinascènte part. pres. di *rinascere*; anche agg. ● Nei sign. del v.

rinascènza [da *rinascente*] s. f. **1** (*lett.*) Rinascita (*spec. fig.*). **2** (*st.*, *raro*) Rinascimento: *l'età della r.*

rinàscere [lat. *renāsci*, comp. di *re*- e *nāsci* 'nascere'] v. intr. (coniug. come *nascere*; aus. *essere*) *1* Nascere di nuovo, un'altra volta: *non rinascerà un nuovo Dante*. *2* Tornare a vegetare, a germogliare, a fiorire, detto di piante: *rinascerà presto il grano* | Spuntare di nuovo, detto di peli, capelli, unghie: *gli rinasce subito la barba* | (*est.*) Tornare a scaturire, detto di acque | (*est., raro*) Tornare in uso, detto di parole. *3* (*fig.*) Risorgere, rinnovarsi, ridestarsi, detto di sentimenti, idee, usi e sim.: *è rinata in lui una grande fiducia*; *rinasce la cultura, la civiltà, la vita economica* | *R. all'amicizia, alla gioia*, provare ancora amicizia, gioia | Rinvigorirsi: *rinascono le forze dopo la malattia* | *Sentirsi r.*, ritrovare la serenità, la gioia di vivere. SIN. Rifiorire, rivivere.

rinascimentàle agg. ● (*lett.*) Del Rinascimento: *stile, architettura r.*

rinasciménto **A** s. m. (*Rinasciménto* nel sign. 2) *1* Modo, atto del rinascere (*spec. fig.*): *r. delle arti, della cultura*. *2* Movimento culturale sorto in Italia alla fine del XIV sec. e diffusosi in tutta Europa fino al sec. XVI, caratterizzato dall'uso rinnovato della lingua e letteratura latina classica, dal libero rifiorire delle arti, degli studi, della politica, dei costumi, nello spirito e nelle forme dell'antichità classica. **B** in funzione di agg. inv. (posposto al s.) ● Rinascimentale: *stile r.*; *mobile r.*

rinàscita [comp. di *ri-* e *nascita*] s. f. ● Atto del rinascere (*anche fig.*): *la r. delle unghie*; *la r. dell'amore per qc.*; *r. dell'economia nazionale* | (*raro*) *La r.*, il Rinascimento.

rinascitùro [vc. dotta, lat. *renascitūru(m)*, da *renāsci* 'rinascere'] agg. ● (*raro, lett.*) Che sta per rinascere (*spec. fig.*).

rinascóndere [comp. di *ri-* e *nascondere*] **A** v. tr. (coniug. come *nascondere*) ● Nascondere di nuovo. **B** v. rifl. ● Nascondersi di nuovo.

rinascósto part. pass. di *rinascondere* ● Nei sign. del v.

rinaspriménto [comp. di *r(i)-* e *inasprimento*] s. m. ● Nuovo inasprimento.

rinasprìre [comp. di *r(i)-* e *inasprire*] **A** v. tr. (*io rinasprìsco, tu rinasprìsci*) ● Inasprire di nuovo o di più. **B** v. intr. pron. ● Inasprirsi di nuovo o di più.

rinàto part. pass. di *rinascere*; anche agg. ● Nei sign. del v.

rinavigàre o †**rinavicàre** [vc. dotta, lat. *renavigāre*, comp. di *re-* e *navigāre*] v. intr. e tr. (*io rinàvigo, tu rinàvighi*; aus. *avere*) ● Navigare di nuovo: *r. lungo la costa*; *r. il Tirreno*.

rincagnàrsi [da *cagna*, col pref. *ri-*] v. intr. pron. ● (*raro*) Atteggiarsi come il muso del cane, detto del volto umano.

rincagnàto o †**ricagnàto**. part. pass. di *rincagnarsi*; anche agg. ● Nel sign. del v.

†**rincalappiàre** [comp. di *r(i)-* e *incalappiare*] v. tr. ● Accalappiare di nuovo.

rincalcagnàre [da *calcagna*, col pref. *rin-*] v. tr. ● (*raro, tosc.*) Stipare premendo in breve spazio.

rincalcàre [comp. di *r(i)-* e *incalcare*] v. tr. (*io rincàlco, tu rincàlchi*) ● (*fam.*) Calcare con forza o di nuovo: *rincalcarsi il cappello in testa*.

†**rincalcettàre** [da *calcetto*, col pref. *rin-*] v. tr. ● (*pop.*) Rimbeccare, ribattere vivacemente.

rincalciàre [comp. di *r(i)-* e *incalciare*] v. tr. ● Rincalzare, sollecitare.

†**rincalcinàre** [comp. di *r(i)-* e *incalcinare*] v. tr. ● Intonacare di nuovo.

rincalorìre [comp. di *r(i)-* e *incalorire*] v. tr. (*io rincalorìsco, tu rincalorìsci*) ● (*raro*) Incalorire di nuovo o di più.

rincalzaménto s. m. ● (*raro*) Il rincalzare.

rincalzàre [comp. di *r(i)-* e *incalzare*] v. tr. *1* (*lett.*) Sostenere qc. o q.c. perché non cada (*anche fig.*). *2* (*est.*) Fortificare, rinforzare, assicurare alla base fermando con più sostegni: *r. un muro con grossi pali*; *r. un terrapieno* | *R. piante*, raccogliere terra intorno al fusto per sostenerlo e favorire lo sviluppo di radici avventizie, permetterne l'irrigazione, provocarne l'imbianchimento | *R. un mobile*, impedire che tentenni ponendogli sotto il piede zoppo un tassello di legno, un ritaglio di gomma, e sim. | *R. il letto*, piegare e fermare le lenzuola e coperte sotto il materasso, al piede e ai lati. *3* (*lett., raro*) Incalzare, premere, inseguire ricacciando. *4* †Sollecitare, stringere, urgere.

rincalzàta [da *rincalzato*] s. f. ● Atto del rincalzare una sola volta o in fretta.

rincalzàto part. pass. di *rincalzare*; anche agg. ● Nei sign. del v.

rincalzatóre s. m. (f. *-trice*) *1* (*raro*) Chi rincalza. *2* Aratro a doppio versoio per rincalzare le piante lungo la fila e per aprire solchi e fossetti.

rincalzatrìce s. f. ● Macchina atta alla rincalzatura delle piante.

rincalzatùra s. f. ● Operazione del rincalzare, spec. le piante.

rincàlzo s. m. *1* Atto, effetto del rincalzare | Ciò con cui si rincalza (*anche fig.*): *mettere un r. alla parete pericolante*; *mandare truppe di r.*; *attendere un r. dalla famiglia* | *Di r.*, a sostegno, in aiuto | *Dire, rispondere di r.*, dire, rispondere aggiungendo q.c. a sostegno di quanto già detto. SIN. Aiuto, rinforzo, sostegno. *2* Aliquota di forze tenuta a disposizione nelle minori unità per intervenire nel combattimento quando necessario. *3* Giocatore di riserva: *una squadra che possiede ottimi rincalzi*.

rincamminàrsi [comp. di *r(i)-* e *incamminarsi*] v. intr. pron. ● Incamminarsi di nuovo.

rincanagliàrsi [comp. di *r(i)-* e *incanagliarsi*] v. intr. pron. (*io mi rincanàglio*) ● (*raro*) Diventare canaglia di nuovo, o di più.

rincanalàre [comp. di *r(i)-* e *incanalare*] **A** v. tr. ● Incanalare di nuovo. **B** v. intr. pron. ● Incanalarsi di nuovo.

rincanalatùra s. f. ● (*raro*) Atto, effetto del rincanalare.

rincantàre [comp. di *r(i)-* e *incantare*] v. tr. ● Incantare di nuovo.

rincantucciàre [comp. di *r(i)-* e *incantucciare*] **A** v. tr. (*io rincantùccio*) ● Spingere, mettere in un cantuccio. **B** v. rifl. ● Ritirarsi, nascondersi in un cantuccio: *per non essere sgridato, il ragazzo si rincantucciò in un angolo*.

rincantucciàto part. pass. di *rincantucciare*; anche agg. ● Nei sign. del v.

rincaponìrsi [comp. di *r(i)-* e *incaponirsi*] v. intr. pron. (*io mi rincaponìsco, tu ti rincaponìsci*) ● Incaponirsi di nuovo.

rincappàre [comp. di *r(i)-* e *incappare*] v. intr. (aus. *essere*) ● Incappare di nuovo.

rincaràre [comp. di *r(i)-* e *incarare*] **A** v. tr. ● Aumentare il prezzo di q.c. rendendola più cara: *r. il pane* | *R. la dose*, aggravare un danno, un dispiacere, un'accusa, un rimprovero. **B** v. intr. (aus. *essere*) ● Crescere di prezzo, diventare più caro: *è rincarato l'affitto*.

rincarceràre [comp. di *r(i)-* e *incarcerare*] v. tr. (*io rincàrcero*) ● Incarcerare di nuovo.

rincarìre [da *caro*, col pref. *rin-*] v. tr. e intr. (*io rincarìsco, tu rincarìsci*; aus. intr. *essere*) ● (*raro*) Rincarare.

rincarnàre [comp. di *r(i)-* e *incarnare*] **A** v. tr. *1* Incarnare di nuovo. *2* V. *reincarnare*. **B** v. intr. e intr. pron. (aus. *essere*) ● Rimettersi in carne.

rincarnazióne ● V. *reincarnazione*.

rincarniménto [comp. di *r(i)-* e *incarnire*] s. m. ● (*raro*) Il rimettersi in carne.

rincàro [da *rincarare*] s. m. ● Aumento di prezzo di merci o generi vari: *frenare il r. della carne* | *R. della vita*, aumento del costo della vita.

rincarognìre [comp. di *r(i)-* e *incarognire*] v. intr. e intr. pron. (*io rincarognìsco, tu rincarognìsci*; aus. *essere*) ● Incarognire di nuovo o di più.

rincartàre [comp. di *r(i)-* e *incartare*] v. tr. ● Incartare di nuovo o meglio.

rincàrto [da *rincartare*] s. m. ● (*raro*) Nella tecnica di stampa, incarto.

rincartocciàre [comp. di *r(i)-* e *incartocciare*] **A** v. tr. (*io rincartòccio*) ● Incartocciare bene e di nuovo. **B** v. intr. pron. ● (*raro*) Accartocciarsi.

rincasàre [da *casa*, col pref. *rin-*] v. intr. e intr. pron. (aus. *essere*) ● Rientrare a casa: *rincaseremo alle otto*; *or ti rincasa, e a' tuoi lavori intendi* (MONTI).

rincassàre [comp. di *r(i)-* e *incassare*] v. tr. ● Incassare di nuovo.

rincastràre [comp. di *r(i)-* e *incastrare*] v. tr. ● Incastrare di nuovo.

rincatenàre [comp. di *r(i)-* e *incatenare*] v. tr. (*io rincaténo*) ● Incatenare di nuovo o più strettamente.

rincattivìre [comp. di *r(i)* e *incattivire*] v. intr. (*io rincattivìsco, tu rincattivìsci*; aus. *essere*) ● Incattivire di nuovo o di più.

†**rincavallàre** [comp. di *r(i)-* e *incavallare*] **A** v. tr. ● (*raro*) Rimettere a cavallo | Rimontare. **B** v. intr. pron. ● Provvedersi di un nuovo cavallo | (*fig.*) Rimettersi in arnese.

rincavàre [comp. di *r(i)-* e *incavare*] v. tr. ● (*raro*) Incavare di nuovo o di più.

†**rinceffàre** [da *ceffo*, col pref. *rin-*] v. tr. ● Rinfacciare.

†**rincèffo** [da *rinceffare*] s. m. ● Rimprovero.

†**rincellàre** [da *cella*, col pref. *rin-*] v. tr. ● (*raro*) Ricevere, accogliere nella cella.

†**rinceneràre** [comp. di *r(i)-* e *incenerare*] v. tr. ● (*raro*) Incenerare di nuovo.

rincentràre [comp. di *r(i)-* e *incentrare*] v. tr. (*io rincèntro*) ● Incentrare di nuovo o meglio rimettendo q.c. in simmetria ed equilibrio con il centro.

rinceppàre [comp. di *r(i)-* e *inceppare*] v. tr. (*io rincéppo*) ● (*raro*) Rifermare sul ceppo.

rincerottàre [da *cerotto*, col pref. *rin-*] v. tr. (*io rinceròtto*) ● (*fig.*) Rabberciare.

†**rinchiccolàrsi** [vc. di origine espressiva] v. rifl. ● (*tosc.*) Acconciarsi, agghindarsi.

†**rinchiccolìrsi** [vc. di origine espressiva] v. rifl. ● (*tosc.*) Azzimarsi.

†**rinchièdere** [comp. di *rin-* e *chiedere*] v. tr. ● Chiedere di nuovo.

rinchinàre [comp. di *r(i)-* e *inchinare*] **A** v. tr. ● Inchinare, piegare di nuovo. **B** v. rifl. ● Inchinarsi di nuovo o di più, anche con umiltà.

rinchiocciolìre [da *chiocciola*, col pref. *rin-*] v. intr. (*io rinchiocciolìsco, tu rinchiocciolìsci*; aus. *essere*) ● (*raro*) Restringersi in sé come una chiocciola nel guscio.

rinchiodàre [comp. di *r(i)-* e *inchiodare*] v. tr. (*io rinchiòdo*) ● Inchiodare di nuovo.

rinchìte [dal gr. *rýnchos* 'becco'. V. *ornitorinco*] s. f. ● Piccolo coleottero dei Curculionidi blu nero, che con le foglie fabbrica eleganti cartocci in cui depone le uova (*Rhynchites*). SIN. Sigaraio, tortiglione.

rinchiùdere [comp. di *r(i)-* e *inchiudere*] **A** v. tr. (coniug. come *chiudere*) *1* Chiudere dentro per segregare, proteggere o assicurare meglio da furti o altri pericoli: *r. un delinquente in prigione, la belva nella gabbia*; *rinchiuse i gioielli in cassaforte*. *2* (*est.*) †Contenere. **B** v. rifl. *1* Chiudersi dentro per appartarsi, isolarsi, segregarsi o difendersi da qc. o q.c.: *si sono rinchiusi nella sala a discutere*; *si rinchiusero nella fortezza aspettando l'assalto nemico*. SIN. Ritirarsi. *2* Chiudersi in se stesso: *bisogna trattarlo con molta delicatezza, altrimenti si rinchiude e non parla più*.

†**rinchiudiménto** s. m. ● Atto, effetto del rinchiudere o del rinchiudersi.

†**rinchiùsa** [da *rinchiuso*] s. f. ● Chiusura | (*est.*) Chiostro, clausura.

rinchiùso **A** part. pass. di *rinchiudere*; anche agg. *1* Nei sign. del v. *2* *Aria rinchiusa*, non rinnovata da tempo, viziata. **B** s. m. ● Luogo completamente chiuso e senz'aria | (*est.*) Recinto | *Sapere di r.*, mandare il cattivo odore dei luoghi tenuti sempre chiusi.

rinciampàre [comp. di *r(i)-* e *inciampare*] v. intr. (aus. *avere* o *essere*) ● Inciampare di nuovo (*anche fig.*).

†**rincignere** ● V. †*rincingere*.

rincincignàre [comp. di *r(i)-* e *incincignare*] v. tr. ● (*raro, tosc.*) Incincignare di nuovo.

†**rincìngere** o †**rincìgnere** [comp. di *r(i)-* e *incingere*] v. intr. ● Incingere di nuovo.

rinciprignìre [comp. di *r(i)-* e *inciprignire*] v. intr. e intr. pron. (*io rinciprignìsco, tu rinciprignìsci*; aus. *essere*) ● (*raro*) Inciprignire di più o di nuovo.

rincitrullìre [comp. di *r(i)-* e *incitrullire*] **A** v. tr. (*io rincitrullìsco, tu rincitrullìsci*) ● Fare diventare citrullo o più citrullo. **B** v. intr. pron. ● Diventare citrullo o più citrullo.

rinciuchìre [comp. di *r(i)-* e *inciuchire*] v. intr. (*io rinciuchìsco, tu rinciuchìsci*; aus. *essere*) ● (*raro*) Inciuchire di nuovo o di più.

rinciviliménto [comp. di *r(i)-* e *incivilimento*] s. m. ● Atto, effetto del rincivilirsi o del rincivilire.

rincivilìre [comp. di *r(i)-* e *incivilire*] **A** v. tr. ● Rendere civile, rendere civile di nuovo o di più. **B** v. intr. e intr. pron. (*io rincivilìsco, tu rincivilìsci*; aus. *essere*) ● Incivilire, incivilire di nuovo o di più.

Rincobdèllidi [comp. dal gr. *rýnchos* 'becco, grugno' e *bdélla* 'sanguisuga', col suff. *-idi*] s. m. pl. • Nella tassonomia animale, ordine di Irudinei provvisti di proboscide e parassiti su chiocciole, vermi o pesci (*Rhynchobdellidae*) | (al sing. *-e*) Ogni individuo di tale ordine.

rincoccàre [comp. di *r(i)-* e *incoccare*] v. tr. (*io rincòcco, tu rincòcchi*) • (*raro*) Incoccare di nuovo.

Rincocèfali [comp. del gr. *rýnchos* 'becco, grugno' e *-cefalo*: detti così dalla forma del premascellare che si prolunga verso il basso in forma di becco] s. m. pl. • Nella tassonomia animale,ordine di Rettili di modeste dimensioni, con corpo lacertiforme, 5 dita con unghie, coda compressa, comprendente soltanto lo sfenodonte (*Rhynchocephalia*) | (al sing. *-o*) Ogni individuo di tale ordine.

Rincòfori [comp. del gr. *rýnchos* 'becco, grugno' e *-foro*] s. m. pl. • Nella tassonomia animale, ordine di Coleotteri con capo che si prolunga in una proboscide più o meno allungata e antenne terminanti a clava (*Rhinchophora*) | (al sing. *-o*) Ogni individuo di tale ordine.

rincoglionìre [da *coglione*, col pref. *rin-*] **A** v. tr. (*io rincoglionìsco, tu rincoglionìsci*) • (*volg.*) Rendere coglione o più coglione: *l'età lo ha rincoglionito*. **B** v. intr. e intr. pron. (aus. *essere*) • (*volg.*) Diventare coglione, istupidire.

rincoglionìto **A** part. pass. di *rincoglionire*; anche agg. • Nei sign. del v. **B** s. m. (f. *-a*) • (*volg.*) Persona che ha perduto lucidità, è diventata tarda a comprendere e lenta nei riflessi.

rincollàre (1) [comp. di *r(i)-* e *incollare (1)*] v. tr. (*io rincòllo*) • Incollare di nuovo.

†**rincollàre (2)** [da *collo*, col pref. *rin-*] v. intr. • Rigurgitare, ringorgare, detto di acque o liquidi.

rincollerìre [comp. di *r(i)-* e *incollerire*] v. intr. e intr. pron. (*io rincollerìsco, tu rincollerìsci*; aus. *essere*) • Incollerire di nuovo.

rincòllo [da *rincollare (2)*] s. m. • Ingorgo, ristagno di acque correnti per un ostacolo naturale o artificiale.

rincolpàre [comp. di *r(i)-* e *incolpare*] v. tr. (*io rincólpo*) • Incolpare di nuovo.

rincominciaménto [comp. di *r(i)-* e *incominciamento*] s. m. • (*raro*) Atto, effetto del ricominciare.

rincominciàre [comp. di *r(i)-* e *incominciare*] v. tr. (*io rincomìncio*) • Incominciare di nuovo.

rinconocchiàre [comp. di *r(i)-* e *inconocchiare*] v. tr. (*io rinconòcchio*) • (*raro*) Inconocchiare di nuovo.

†**rincóntra** [dal lat. *cŏntra* 'contro', sul modello di *rincontrare*] prep. *1* (*raro*) Di fronte, dirimpetto a | Anche nella loc. prep. *r. a*. *2* Nelle loc. avv. *a r., alla r.*, di fronte.

rincontràre [comp. di *r(i)-* e *incontrare*] **A** v. tr. (*io rincóntro*) *1* Incontrare di nuovo: *abbiamo rincontrato un vecchio amico*. *2* (*pop.*) †Incontrare: *andò coll'esercito a r. le genti che di Grecia in aiuto di Belisario venivano* (MACHIAVELLI) | (*raro, tosc.*) Riscontrare. **B** v. rifl. rec. • (*raro*) Scontrarsi.

rincóntro **A** s. m. *1* Atto del rincontrare o del rincontrarsi. *2* (*al pl.*) Segni o tagli che gli artigiani fanno sui vari pezzi per vedere se combaciano: *segnare i rincontri*. *3* Palo di contro a rinforzo della struttura di sostegno in vigneti, frutteti e sim. *4* (*fig.*) †Riprova, confronto, paragone. **B** prep. • (*raro*) Dirimpetto, di fronte a | Anche nella loc. prep. *r. a, r. di, di r. a*: *di r. alla porta*.

rincoraggiàre [comp. di *r(i)-* e *incoraggiare*] **A** v. tr. (*io rincoràggio*) • Dare coraggio di nuovo o di più | (*fam.*) Incoraggiare. **B** v. intr. pron. • Prendere coraggio di nuovo e di più.

rincoraggìre v. tr. e intr. pron. (*io rincoraggìsco, tu rincoraggìsci*) • (*tosc.*) Rincoraggiare.

rincoraménto o **rincuoraménto** s. m. • (*raro*) Il rincorare o il rincorarsi.

rincoràre o **rincuoràre** [comp. di *r(i)-* e *incorare*] **A** v. tr. (*io rincuòro*, pop. *rincòro*; in tutta la coniug. la *o* dittonga preferibilmente in *-uo* se tonica) • Dare nuovo o maggior coraggio: *qualcuno mi voleva rincorare, mi diceva che la signora si riavrebbe ...* (FOGAZZARO). SIN. Confortare, incoraggiare, racconsolare. **B** v. intr. pron., †intr. • Riprendere coraggio, animo. SIN. Incoraggiarsi, racconsolarsi.

rincorbellìre [da *corbello*, col pref. *rin-*] v. intr. (*io rincorbellìsco, tu rincorbellìsci*; aus. *essere*) • (*pop.*) Rimminchionire.

†**rincordàre** [comp. di *r(i)-* e *incordare*] v. tr. • Incordare di nuovo.

rincorniciàre [comp. di *r(i)-* e *incorniciare*] v. tr. (*io rincornìcio*) • Incorniciare di nuovo.

rincoronàre [comp. di *r(i)-* e *incoronare*] **A** v. tr. (*io rincoróno*) • Incoronare di nuovo. **B** v. rifl. • Incoronarsi di nuovo.

rincorporàre [comp. di *r(i)-* e *incorporare*] **A** v. tr. (*io rincòrporo*) • Incorporare di nuovo: *r. una regione in una Confederazione di Stati*. **B** v. intr. pron. • Incorporarsi di nuovo.

rincórrere [comp. di *rin-* e *correre*] **A** v. tr. (coniug. come *correre*) • Inseguire, correre dietro: *r. un ragazzo per strada* | (*fig., raro*) Riandare con la memoria: *r. un fatto*. **B** v. rifl. rec. • Corrersi dietro l'un l'altro: *i ragazzi giocavano a rincorrersi*.

rincórsa [da *rincorso*] s. f. • Breve corsa, spec. per prendere lo slancio: *prendere la r. prima di saltare* | *Di r.*, con la rincorsa e (*raro, fig.*) di slancio.

rincórso part. pass. di *rincorrere* • Nei sign. del v.

rincospèrmo [comp. del gr. *rýnchos* 'becco (1)' (V. *ornitorinco*) e *spérma* 'seme' (V. *sperma*): detto così dalla forma dell'appendice del seme] s. m. • Pianta per spalliere a fusto flessuoso, dalle piccole foglie verdi e lucide, con fiori bianchi molto profumati (*Trachelospermum iasminoides*).

rincospòra [comp. del gr. *rýnchos* 'becco, grugno' (V. *ornitorinco*) e *spora*; detta così dall'appendice rostriforme del becco] s. f. • Pianta erbacea delle Ciperacee, con fusto gracile e fiori in spighette biancastre (*Rhyncospora*).

Rincòti [dal gr. *rýnchos* 'becco, grugno' (V. *ornitorinco*): detti così perché provvisti di rostro] s. m. pl. • (*zool.*) Emitteri.

rincòtto part. pass. di *rincuocere*; anche agg. • Nel sign. del v.

rincottùra s. f. • Ricottura.

rincréscere [comp. di *r(i)-* e *increscere*] v. intr. (coniug. come *increscere*; aus. *essere*) *1* Sentire rincrescimento e causare dispiacere: *gli rincrescerà doverti dire di no*; *mi rincresce che tu sia malato*; *rincrescermi forse ... esser messo al mondo?* (BRUNO) | *Se non ti rincresce*, per piacere, se non ti dispiace. SIN. Dispiacere. *2* †Diventare insopportabile, venire a noia.

rincrescévole [da *rincrescere*] agg. • (*lett.*) Molesto, noioso, uggioso, detto di cosa o di persona: *qualunque azione o passione viva e forte, purché non ci sia r. e dolorosa* (LEOPARDI). || †**rincrescevolménte**, avv. Con rincrescimento.

rincresciménto [da *rincrescere*] s. m. *1* Dispiacere arrecato da q.c. di non molto grave: *provare, sentire r.*; *quel contrattempo mi causerà un po' di r.* *2* †Noia, fastidio. *3* †Offesa, ingiuria.

rincrescióso [da *rincrescere*] agg. *1* (*raro*) Che provoca rincrescimento e sim. SIN. Increscioso. *2* †Tedioso, noioso. *3* †Che sente rincrescimento, detto di persona.

rincresciùto part. pass. di *rincrescere* • Nei sign. del v.

rincrespaménto s. m. • (*raro*) Atto, effetto del rincrespare o del rincresparsi.

rincrespàre [comp. di *r(i)-* e *increspare*] **A** v. tr. (*io rincréspo*) • (*lett.*) Increspare: *crin ... / che natura per sé rincrespa e dora* (TASSO) | Increspare di nuovo o di più. **B** v. intr. pron. • (*raro*) Incresparsi | Incresparsi di nuovo o di più.

rincretinìre [da *cretino*, col pref. *rin-*] **A** v. tr. (*io rincretinìsco, tu rincretinìsci*) • Rendere cretino o più cretino | (*est.*) Confondere, stordire: *lo ha rincretinito di chiacchiere*. **B** v. intr. e intr. pron. (aus. *essere*) • Diventare cretino, rimbecillirsi.

rincretinìto part. pass. di *rincretinire*; anche agg. • Nei sign. del v.

rincrociàre [comp. di *r(i)-* e *incrociare*] v. tr. (*io rincrócio*) • Incrociare di nuovo.

rincrostàre [comp. di *r(i)-* e *incrostare*] v. tr. (*io rincròsto*) • Incrostare di nuovo.

rincrudelìre [comp. di *r(i)-* e *incrudelire*] **A** v. tr. (*io rincrudelìsco, tu rincrudelìsci*) • (*raro*) Fare diventare crudele di nuovo o di più. **B** v. intr. e intr. pron. (aus. *essere*) • Diventare crudele di nuovo o di più.

rincrudiménto s. m. • Modo, atto, effetto del rincrudire, del rincrudirsi: *arrestare il r. del male*; *un improvviso r. del tempo*.

rincrudìre [comp. di *r(i)-* e *incrudire*] **A** v. tr. (*io rincrudìsco, tu rincrudìsci*) • (*raro*) Incrudire di nuovo o di più | (*fig.*) Esacerbare di nuovo o di più: *hanno rincrudito la sua sofferenza con un nuovo dolore*. **B** v. intr. e intr. pron. (aus. *essere*) • (*fig.*) Diventare più crudo, duro, aspro: *la malattia è rincrudita*; *il freddo si sta rincrudendo*.

rinculàre [da *culo*, col pref. *rin-*] **A** v. intr. (aus. *avere*, raro *essere*) *1* Indietreggiare senza voltare le spalle: *il cavallo rinculò improvvisamente*. *2* Arretrare, detto di un'arma portatile o di una bocca da fuoco, all'atto dello sparo, per l'azione dei gas della carica di lancio in direzione opposta a quella del proietto. **B** v. tr. • †Cacciare indietro.

rinculàta s. f. • Atto, effetto del rinculare.

rinculcàre [comp. di *r(i)-* e *inculcare*] v. tr. (*io rincùlco, tu rincùlchi*) • Inculcare di nuovo o meglio.

rincùlo s. m. *1* Moto del rinculare. *2* Moto retrogrado di un'arma da fuoco all'atto dello sparo | *Cannone senza r.*, particolarmente organizzato per il parziale sfogo posteriore dei gas della carica di lancio con conseguente annullamento del rinculo.

rincuòcere [comp. di *rin-* e *cuocere*] v. tr. (coniug. come *cuocere*) • Ricuocere.

rincuoràre e *deriv.* • V. *rincorare* e *deriv.*

rincupìre [comp. di *r(i)-* e *incupire*] **A** v. tr. (*io rincupìsco, tu rincupìsci*) • Fare diventare cupo, di nuovo cupo o di più. **B** v. intr. e intr. pron. (aus. *essere*) • Diventare cupo, di nuovo o di più.

rincurvàre [comp. di *r(i)-* e *incurvare*] v. tr. e intr. (aus. intr. *essere*) • Incurvare di nuovo.

rincurvìre v. tr. e intr. (*io rincurvìsco, tu rincurvìsci*; aus. intr. *essere*) • (*raro*) Rincurvare.

rindebitàre [comp. di *r(i)-* e *indebitare*] v. tr. e rifl. (*io rindébito*) • Indebitare, indebitarsi di nuovo.

rindirizzàre [comp. di *r(i)-* e *indirizzare*] v. tr. e rifl. • Indirizzare, indirizzarsi di nuovo.

†**rindolciàre** v. tr. e intr. • Rindolcire.

rindolcìre [comp. di *r(i)-* e *indolcire*] **A** v. tr. (*io rindolcìsco, tu rindolcìsci*) • (*raro*) Rendere dolce di nuovo o di più. **B** v. intr. (aus. *essere*) • (*raro*) Diventare dolce di nuovo o di più.

rindolérsi [comp. di *rin-* e *dolersi*] v. intr. pron. • Dolersi di nuovo.

rindossàre [comp. di *r(i)-* e *indossare*] v. tr. (*io rindòsso*) • Indossare di nuovo.

rindugiàre [comp. di *r(i)-* e *indugiare*] v. intr. (*io rindùgio*; aus. *avere*) • Indugiare di nuovo.

rinduràre [comp. di *r(i)-* e *indurare*] v. tr. e intr. pron. • (*raro*) Rindurire.

rindurìre [comp. di *r(i)-* e *indurire*] **A** v. tr. (*io rindurìsco, tu rindurìsci*) • Fare diventare duro di nuovo | Indurire. **B** v. intr. e intr. pron. (aus. *essere*) • Indurirsi o indurirsi di nuovo.

rinèchide [comp. di *rino-* e del gr. *échis* 'vipera' (V. *echide*)] s. m. • Serpente lungo fino a 1 metro, bruno rossiccio con due linee nere sul dorso, agile sia sul terreno che sugli alberi (*Rinechis scalaris*).

rinegàre (1) [comp. di *ri-* e *negare*] v. tr. (*io rinégo* o *rinègo, tu rinéghi* o *rinèghi*) • Negare di nuovo.

†**rinegàre (2)** • V. *rinnegare*.

rinegoziàbile agg. • Che si può rinegoziare: *accordo r.*

rinegoziabilità s. f. • Stato, condizione di ciò che è rinegoziabile.

rinegoziàre [comp. di *ri-* e *negoziare*] v. tr. (*io rinegòzio*) • Negoziare di nuovo | Intavolare delle trattative per rimettere in discussione un accordo diplomatico e sim., già negoziato: *r. un'alleanza*.

rinegoziàto **A** part. pass. di *rinegoziare*; anche agg. • Nei sign. del v. **B** s. m. • L'insieme delle trattative necessarie per rimettere in discussione patti, accordi, trattati e sim., già negoziati.

rinegoziazióne s. f. • Atto del rinegoziare: *avviare la r. di un'alleanza*.

rinencèfalo [comp. di *rino-* ed *encefalo*] s. m. • (*anat.*) Parte dell'encefalo che ha rapporto con la funzione olfattoria.

rinettaménto s. m. • (*raro*) Rinettatura.

rinettàre [comp. di *ri-* e *nettare (2)*] **A** v. tr. (*io rinétto*) • Nettare, pulire di nuovo o meglio: *di poi, con una punta di smeriglio si va rinettando detti pezzi ...* (VASARI). **B** v. rifl. • Nettare di nuovo (*anche fig.*).

rinettàto part. pass. di *rinettare*; anche agg. ● Nei sign. del v.
rinettatóre agg.; anche s. m. (f. *-trice*) ● (*raro*) Chi rinetta.
rinettatùra s. f. ● (*raro*) Atto, effetto del rinettare o il rinettarsi.
rinevicàre [comp. di *ri-* e *nevicare*] v. intr. impers. (*rinévica*; aus. *essere*, pop. *avere*) ● Nevicare di nuovo.
rinfacciaménto s. m. ● Modo, atto del rinfacciare: *l'aspro r. dell'ingratitudine*; *il r. di un dono*.
rinfacciàre [da *faccia*, col pref. *rin-*] v. tr. (*io rinfàccio*) **1** Gettare in faccia a qc. parole che gli rimproverino un difetto, una colpa, un errore e sim.: *rinfacciava al giovane la sua viltà*. **2** Rammentare a qc. con risentimento e in modo umiliante ciò che si è fatto per lui o gli si è dato: *r. un beneficio, un favore*.
rinfàccio [da *rinfacciare*] s. m. ● Rinfacciamento, rimprovero.
rinfagottàre [comp. di *r(i)-* e *infagottare*] v. tr. e rifl. (*io rinfagòtto*) **1** Infagottare di nuovo o meglio. **2** (*tosc.*) Infagottare, affagottare.
†**rinfamàre** [da *fama*, col pref. *rin-*] v. tr. ● Restituire nella buona fama.
†**rinfanciullàre** v. intr. ● Rinfanciullire.
rinfanciullìre [da *fanciullo*, col pref. *rin-*] v. intr. (*io rinfanciullìsco, tu rinfanciullìsci*; aus. *essere*) ● (*raro*) Rimbambire.
rinfangàre [comp. di *r(i)-* e *infangare*] v. tr. e rifl. (*io rinfàngo, tu rinfànghi*) ● Infangare di nuovo.
rinfantocciàre [da *fantoccio*, col pref. *rin-*] **A** v. tr. (*io rinfantòccio*) ● (*pop., tosc.*) Rivestire come un fantoccio. **B** v. intr. e intr. pron. (aus. *essere*) ● (*raro*) Tornare bambino | (*est.*) Rimbambire.
†**rinfarciàre** v. tr. (*io rinfàrcio*) ● (*raro, lett.*) Rinfarcire: *s'i' ho sete e omor mi rinfarcia* (DANTE *Inf.* XXX, 126).
rinfarcìre [comp. di *r(i)-* e *infarcire*] v. tr. (*io rinfarcìsco, tu rinfarcìsci*) ● Infarcire troppo o di nuovo (*spec. fig.*): *r. il compito di errori*.
rinfarinàre [comp. di *r(i)-* e *infarinare*] v. tr. ● Infarinare di nuovo o ben bene.
rinferràre [comp. di *r(i)-* e *inferrare*] **A** v. tr. (*io rinfèrro*) ● (*raro*) Riparare un arnese di ferro o una parte di esso. **B** v. intr. pron. ● (*raro, fig.*) Rimettersi in sesto economicamente o riacquistare vigore fisico.
†**rinferruzzàre** [comp. di *r(i)-* e *inferruzzare*] v. tr. ● Rinforzare, rimunire.
rinfervoràre [comp. di *r(i)-* e *infervorare*] v. tr. e intr. pron. (*io rinfèrvoro*) ● Infervorare di nuovo.
rinfiammàre [comp. di *r(i)-* e *infiammare*] v. tr. e intr. pron. ● Infiammare di nuovo o di più (*anche fig.*): *r. gli animi*.
†**rinfiammazióne** [comp. di *r(i)-* e *infiammazione*] s. f. ● Nuova infiammazione.
rinfiancaménto [da *rinfiancare*] s. m. ● Rafforzamento, sostegno.
rinfiancàre [da *fianco*, col pref. *rin-*] v. tr. (*io rinfiànco, tu rinfiànchi*) **1** Rinforzare una costruzione sui fianchi. **2** (*est., fig.*) Rafforzare, sostenere: *r. un ragionamento*; *r. un'ipotesi con nuovi elementi*.
rinfiànco s. m. (pl. *-chi*) **1** Il rinfiancare | Ciò che serve a sostenere q.c. di fianco. **2** Struttura di riempimento che si appoggia sull'estradosso dell'arco dei ponti in muratura, sulla quale viene impostata la struttura stradale. ➡ ILL. **ponte**. **3** (*fig.*) Aiuto, sostegno.
rinfichìre [da *fico*, col pref. *rin-*] v. intr. (*io rinfichìsco, tu rinfichìsci*; aus. *essere*) ● (*raro, tosc.*) Rinficosecchire.
rinfichisecchìre v. intr. (*io rinfichisecchìsco, tu rinfichisecchìsci*) ● (*raro, tosc.*) Rinficosecchire.
rinficosecchìre [da *fico secco*, col pref. *rin-*] v. intr. (*io rinficosecchìsco, tu rinficosecchìsci*; aus. *essere*) ● (*fam., tosc.*) Diventare magro, grinzo o vizzo come un fico secco, detto di persona o di cosa.
†**rinfidàrsi** [comp. di *rin-* e *fidarsi*] v. intr. pron. ● Riacquistare fiducia.
rinfierìre [comp. di *r(i)-* e *infierire*] v. intr. (*io rinfierìsco, tu rinfierìsci*; aus. *avere* nel sign. 1, *essere* nel sign. 2) **1** Infierire di nuovo o di più, detto di persona. **2** Diventare più forte o violento, detto di malattie, elementi naturali, catastrofi, ecc.
rinfignolìre [da *fignolo*, col pref. *rin-*] v. intr. (*io rinfignolìsco, tu rinfignolìsci*; aus. *essere*) ● (*raro, tosc.*) Riempirsi di foruncoli.
rinfilàre [comp. di *r(i)-* e *infilare*] v. tr. ● Infilare di nuovo.
rinfingardìre [comp. di *r(i)-* e *infingardire*] v. intr. e intr. pron. ● Infingardire di nuovo.
rinfioràre o †**rinfloràre** [comp. di *r(i)-* e *infiorare*] **A** v. tr. (*io rinfióro*) ● Infiorare di nuovo. **B** v. intr. e intr. pron. (aus. *essere*) ● (*lett.*) Ricoprirsi di fiori.
rinfittìre [comp. di *r(i)-* e *infittire*] **A** v. intr. (*io rinfittìsco, tu rinfittìsci*; aus. *essere*) ● Infittire di nuovo o di più. **B** v. intr. pron. ● Infittirsi di nuovo o di più.
†**rinfloràre** ● V. *rinfiorare*.
rinfocaménto s. m. ● (*raro*) Il rinfocare.
rinfocàre [comp. di *r(i)-* e *infocare*] v. tr. e intr. pron. (*io rinfuòco* o *rinfòco, tu rinfuòchi* o *rinfòchi*; in tutta la coniug. la *o* dittonga preferibilmente in *uo* se tonica) ● Infocare di nuovo o di più.
rinfocolaménto s. m. ● Atto, effetto del rinfocolare (*anche fig.*). SIN. Riaccendimento.
rinfocolàre [comp. di *r(i)-* e †*infocolare*] **A** v. tr. (*io rinfòcolo*) **1** Attizzare di nuovo il fuoco. **2** (*fig.*) Infiammare, accendere di più, detto di sentimenti o passioni: *r. l'odio, la discordia*. SIN. Fomentare. **B** v. intr. pron. ● Riaccendersi (*anche fig.*).
rinfoderàbile agg. ● (*raro*) Che si può rinfoderare.
rinfoderàre [comp. di *r(i)-* e *infoderare*] v. tr. (*io rinfòdero*) **1** Rimettere nel fodero, infoderare di nuovo: *l'ufficiale rinfoderò la spada* | (*est.*) Ritrarre, ritirare: *r. gli artigli*. **2** (*fig.*) Rinunciare a dire o fare q.c.: *r. una proposta, un suggerimento*.
†**rinfóndere** [comp. di *rin-* e *fondere*] **A** v. tr. ● Rimettere, rifornire. **B** v. intr. ● Infondere di nuovo.
†**rinfondiménto** s. m. ● Modo, atto del rinfondere.
†**rinformagióne** ● V. †*rinformazione*.
rinformàre [comp. di *r(i)-* e *informare*] v. tr. (*io rinfórmo*) ● Informare di nuovo.
†**rinformazióne** o †**rinformagióne** [comp. di *r(i)-* e *informazione*] s. f. ● Nuova informazione.
rinformicolàrsi [comp. di *r(i)-* e *informicolarsi*] v. intr. pron. (*io mi rinformìcolo*) ● (*raro*) Rinformicolirsi.
rinformicolìrsi [comp. di *r(i)-* e *informicolirsi*] v. intr. pron. (*io mi rinformicolìsco, tu ti rinformicolìsci*) ● Informicolirsi di nuovo.
rinfornàre [comp. di *r(i)-* e *infornare*] v. tr. (*io rinfórno*) ● Infornare di nuovo.
rinfornàta [comp. di *r(i)-* e *infornata*] s. f. ● Nuova infornata.
rinforzaménto s. m. ● Modo, atto, del rinforzare.
rinforzàndo [gerundio di *rinforzare*] s. m. inv. ● (*mus.*) Indicazione dinamica che prescrive nell'esecuzione un graduale accrescimento d'intensità del suono.
rinforzàre [comp. di *r(i)-* e *inforzare*] **A** v. tr. (*io rinfòrzo*) **1** Rendere più forte, rinvigorire: *r. i muscoli, il corpo* | Rendere più saldo, stabile: *r. un mobile, un edificio* | (*raro*) Intensificare | (*fig.*) Rafforzare, avvalorare, ribadire: *r. un'autorità*; *r. un'ipotesi con nuovi elementi*. **2** (*mil.*) Accrescere di forza o mezzi per aumentare le capacità di offesa o di difesa. **3** (*raro*) Rendere di nuovo forte, vigoroso. **B** v. intr. e intr. pron. (aus. *essere*) ● Diventare più forte, gagliardo: *il vento è rinforzato*; *ci siamo rinforzati con una buona cura*.
†**rinforzàta** s. f. ● Opera del rinforzare.
rinforzàto part. pass. di *rinforzare*; anche agg. **1** Nei sign. del v. **2** (*bot.*) *Calice r.*, che presenta alla base squame e foglioline a costituire il calicetto.
†**rinforzìre** v. tr., intr. e intr. pron. ● Rinforzare.
rinfòrzo s. m. **1** Modo e atto del rinforzare o del rinforzarsi: *curare il r. delle mura esterne* | Ciò con cui si rinforza q.c.: *mettere un r. ai tacchi, al gomito della giacca* | Sostegno, aiuto, appoggio: *di r. vennero due amici* | *Insalata di r.*, insalata di cimette di cavolfiore, acciughe, capperi, olive nere e spicchi d'uova sode. **2** (*mil.*) Assegnazione di forze o mezzi ad una unità ad incremento di quelli in organico: *chiedere, attendere, inviare rinforzi*. **3** (*psicol.*) Nell'apprendimento per condizionamento strumentale, la conseguenza piacevole che segue a una risposta e aumenta la probabilità che questa si ripeta. SIN. Ricompensa.
rinfoscàrsi [comp. di *r(i)-* e *infoscarsi*] v. intr. pron. (*io mi rinfósco* op *rinfòsco*) ● (*raro, lett.*) Infoscare di nuovo o di più: *cantate infin che i campi si rinfoscano* (SANNAZARO).
rinfoschìrsi [da *fosco*, col pref. *rin-*] v. intr. pron. (*io mi rinfoschìsco, tu ti rinfoschìsci*) ● Infoschirsi di nuovo o di più.
rinfradiciàre [comp. di *r(i)-* e *infradiciare*] **A** v. tr. (*io rinfràdicio*) ● Infradiciare di nuovo o di più. **B** v. intr. pron. ● Diventare fradicio di nuovo o di più.
rinfrancaménto s. m. ● Modo, atto, effetto del rinfrancare e del rinfrancarsi.
rinfrancàre [comp. di *r(i)-* e *infrancare*] **A** v. tr. (*io rinfrànco, tu rinfrànchi*) **1** Rendere franco, sicuro, ardito di nuovo o di più: *un breve discorso d'incoraggiamento rinfrancò i concorrenti*; *r. la coscienza, lo spirito*. SIN. Rassicurare. **2** (*raro, lett.*) Rendere di nuovo forte, vigoroso nel corpo. **3** †Risarcire. **B** v. intr. pron. **1** Diventare più franco, sicuro: *dopo le parole della madre, il bambino si rinfrancò*; *rinfrancarsi da uno spavento*. **2** (*raro*) Rinvigorirsi, detto del corpo. **3** †Rifarsi di una spesa.
rinfrancàto part. pass. di *rinfrancare*; anche agg. ● Nei sign. del v.
†**rinfrancescàre** [deformazione di *rinfrescare*] v. tr. ● (*raro*) Rinnovare la memoria di q.c.
rinfranchìrsi [da *franco*, col pref. *rin-*] v. intr. pron. (*io mi rinfranchìsco, tu ti rinfranchìsci*) ● (*raro*) Rinfrancarsi.
†**rinfrànco** [da *rinfrancare*] s. m. ● Rincalzo, aiuto.
rinfràngere [comp. di *r(i)-* e *infrangere*] **A** v. tr. (coniug. come *frangere*) **1** (*raro*) Infrangere, infrangere di nuovo. **2** (*raro*) Rifrangere. **3** †Interrompere. **B** v. intr. pron. e intr. **1** Infrangersi, infrangersi di nuovo: *il mare si rinfrange sulla scogliera*. **2** (*raro*) Rifrangersi.
rinfrànto part. pass. di *rinfrangere*; anche agg. ● (*raro*) Nei sign. del v.
†**rinfratellàrsi** [da *fratello*, col pref. *rin-*] v. rifl. rec. ● Riconciliarsi fraternamente con qc.
†**rinfrenàre** [comp. di *r(i)-* e *infrenare*] v. tr. ● Raffrenare.
†**rinfrenazióne** [da *rinfrenare*] s. f. ● Raffrenamento.
†**rinfrenìre** v. tr. ● Rinfrenare.
rinfrescaménto s. m. **1** Il rinfrescare o il rinfrescarsi: *il tempo ha subito un brusco r.* **2** †Approvvigionamento, rifornimento. **3** †Ristoro, riposo, rincuoramento. **4** †Rinfresco, ricevimento.
rinfrescànte **A** part. pres. di *rinfrescare*; anche agg. ● Nei sign. del v. **B** s. m. ● (*fam.*) Medicina che attenua lo stato di infiammazione.
rinfrescàre [comp. di *r(i)-* e *infrescare*] **A** v. tr. (*io rinfrésco, tu rinfréschi*) **1** Rendere fresco di nuovo o di più, refrigerare: *r. la camera con un ventilatore*; *r. la strada innaffiandola*; *si rinfrescò la gola con una bibita* | *R. il pezzo*, raffreddare la bocca da fuoco di un arma eccessivamente riscaldata dal tiro | (*fig.*) *R. gli ormeggi*, agire sui cavi in modo che le parti soggette all'attrito non siano sempre le stesse. **2** (*fam.*) Diminuire lo stato infiammatorio. **3** †Dare refrigerio, sollievo, riposo e sim., ristorare o ricreare con cibo o riposo: *r. un viandante* | *R. le truppe*, sostituire con forze fresche le truppe stanche | (*raro, fig.*) Rinnovare, ravvivare: *r. la memoria a qc. su q.c.*; *Adon rinfresca a Venere il suo pianto* (POLIZIANO). **4** Ritoccare, restaurare | *R. le pareti*, ridipingerle. **5** Rendere più fluido con la lega il metallo in fusione: *r. con stagno*. **6** †Rendere più gagliardo. **B** v. intr. (aus. *essere*, raro *avere*) **1** Diventare di nuovo fresco o più fresco, detto del tempo (*anche impers.*): *la stagione è rinfrescata*; *d'autunno comincia a r.*; *oggi è rinfrescato*. **2** Farsi più gagliardo, detto del vento. **C** v. rifl. ● Ristorarsi col cibo e col riposo, ma spec. con bevande fresche | Lavarsi, ripulirsi dopo un viaggio, una fatica, ecc.: *mi sono rinfrescato con una doccia fredda*. **D** v. intr. pron. ● (*raro, lett.*) Rinnovarsi, ravvivarsi.
rinfrescàta s. f. **1** Fatto del rinfrescare, detto della temperatura, del tempo, della stagione: *con l'autunno è venuta una bella r.* | (*raro*) Periodo

in cui una stagione si raffresca. *2* Il rinfrescare o il rinfrescarsi con acqua fredda per il caldo, con cibi e bevande per la stanchezza: *dopo una giornata così calda, ho proprio bisogno di una bella r.* | (*est.*) *Dare una rinfrescata*, ripulire, ravvivare dipingendole di nuovo, spec. delle pareti. *3* (*mar.*) Aumento della forza del vento. || **rinfrescatina**, dim.

rinfrescativo agg. ● (*raro*) Atto a rinfrescare. SIN. Rinfrescante.

rinfrescàto part. pass. di *rinfrescare*; anche agg. ● Nei sign. del v.

†**rinfrescatóio** s. m. *1* (*raro*) Arnese da rinfrescare. *2* Recipiente in cui si ponevano in fresco le bevande. SIN. Cantimplora.

rinfrescatùra s. f. ● (*raro*) Atto, effetto del rinfrescare, detto spec. del tempo.

rinfrésco s. m. (pl. *-schi*) *1* Atto, effetto del rinfrescare o del rinfrescarsi. *2* Servizio di bevande fresche, cibi leggeri dolci che si offrono in occasione di feste, ricevimenti, e sim.: *essere invitati a un r.*; *dare un sontuoso r.* | (*al pl.*) I cibi e le bevande stesse che vengono offerti: *gli ospiti esaurirono in breve tutti i rinfreschi.* *3* †Riposo, ristoro. *4* †Soccorso, sussidio.

†**rinfrigidàrsi** [comp. di *r(i)-* e *infrigidarsi*] v. intr. pron. (*io mi rinfrigido*) ● (*raro, poet.*) Diventare freddo di nuovo o di più: *pria che per anni il sangue si rinfrigidi* (SANNAZARO).

rinfrignàre [da †*rinfrigno*] v. tr. ● (*raro, tosc.*) Cucire alla peggio.

†**rinfrignàto** [part. pass. di *rinfrignare*] agg. ● Grinzoso, rugoso.

†**rinfrigno** [comp. di *r(i)-* e *infrigno*] s. m. ● Cucitura o rammendo mal fatto.

rinfrinzellàre [da *frinzello*, col pref. *rin-*] v. tr. (*io rinfrinzèllo*) ● Rammendare alla meglio, facendo frinzelli.

†**rinfrondàre** [comp. di *r(i)-* e *infrondare*] v. tr. e intr. pron. ● Rivestire, rivestirsi di fronde.

†**rinfronzìre** [comp. di *rin-* e †*fronzire*] v. intr. ● Rifronzire.

rinfronzolàre v. tr. e rifl. (*io rinfrónzolo*) ● (*raro*) Rinfronzolire.

rinfronzolìre [da *fronzolo*, col pref. *rin-*] **A** v. tr. (*io rinfronzolìsco, tu rinfronzolìsci*) ● Adornare di fronzoli (*spec. scherz.*). **B** v. rifl. ● Adornarsi di fronzoli, azzimarsi.

rinfurbìre [comp. di *r(i)-* e *infurbire*] v. intr. (*io rinfurbìsco, tu rinfurbìsci*; aus. *essere*) ● (*tosc.*) Diventare furbo o più furbo.

rinfuriàre [comp. di *r(i)-* e *infuriare*] v. intr. (*io rinfùrio*; aus. *essere*) ● Infuriare di nuovo: *il mare rinfuriò sì, che non vi fu momento in quella notte che non credessero andar sotto* (BARTOLI).

rinfùsa [da †*rinfuso*] s. f. ● Solo nella loc. avv. *alla r.*, disordinatamente, confusamente e senza distinzione: *libri e carte gettati alla r. sul banco*; *tenere alla r. nei cassetti abiti e biancheria*; *dire q.c. alla r.* | (*mar.*) *Merci alla r.*, (anche s. f. pl. *rinfuse*), quelle trasportate sciolte nella stiva, come carbone, cereali, minerali e sim.

†**rinfusióne** [da *rinfuso*] s. f. ● Atto del rinfondere.

†**rinfùso** part. pass. di †*rinfondere*; anche agg. *1* Nei sign. del v. *2* Confuso, mescolato. || †**rinfusaménte**, avv. Alla rinfusa.

ring /ring, *ingl.* rɪŋ/ [vc. ingl., 'anello', di origine germ.] s. m. inv. *1* (*sport*) Nel pugilato, quadrato | *Campione del r.*, campione di pugilato. *2* (*sport*) Recinto nell'interno dell'ippodromo, in prossimità della tribuna principale, nel quale, dopo una corsa, i cavalli che hanno gareggiato vengono esibiti e talvolta venduti all'asta. *3* (*econ.*) Accordo fra imprese per incettare una materia prima o un prodotto, determinando un calo dell'offerta e un conseguente aumento di prezzo, per venderlo poi gradatamente speculando sulla differenza fra il nuovo e il vecchio prezzo. *4* (*tess.*) Filatoio continuo per cotone e lana, nel quale il lucignolo passa in un anellino di acciaio o nylon, scorrevole e girevole su un anello che circonda il fuso e destinato a imprimere e regolare la torsione del lucignolo stesso. SIN. Filatoio ad anelli | Anellino attraverso il quale passa il lucignolo in tale filatoio.

ringabbiàre [comp. di *r(i)-* e *ingabbiare*] v. tr. (*io ringàbbio*) ● Ingabbiare di nuovo.

ringaggiàre [comp. di *r(i)-* e *ingaggiare*] v. tr. (*io ringàggio*) ● Ingaggiare di nuovo.

ringagliardiménto s. m. ● Il ringagliardire o il ringagliardirsi.

ringagliardìre [comp. di *r(i)-* e *ingagliardire*] **A** v. tr. (*io ringagliardìsco, tu ringagliardìsci*) ● Rendere gagliardo di nuovo o di più. **B** v. intr. e intr. pron. (aus. *essere*) ● Diventare gagliardo o più gagliardo.

ringagliardìto part. pass. di *ringagliardire*; anche agg. ● Nei sign. del v.

ringaglioffàrsi [comp. di *r(i)-* e *ingaglioffarsi*] v. intr. pron. (*io mi ringagliòffo*) ● (*raro*) Ingaglioffarsi di più.

ringalluzzàre v. tr., intr. e intr. pron. (aus. intr. *essere*) ● (*raro*) Ringalluzzire.

ringalluzzìre [comp. di *r(i)-* e *ingalluzzire*] **A** v. tr. (*io ringalluzzìsco, tu ringalluzzìsci*) ● (*scherz.* o *iron.*) Far diventare animoso, fiero o vivace come un galletto: *i complimenti lo ringalluzziscono.* **B** v. intr. e intr. pron. (aus. *essere*) ● (*scherz.* o *iron.*) Diventare o mostrarsi fiero e animoso come un galletto.

ringalluzzìto part. pass. di *ringalluzzire*; anche agg. ● Nei sign. del v.

†**ringalluzzolàre** [da *ringalluzzare*] v. intr. e intr. pron. ● Ringalluzzire.

ringangheràre [comp. di *r(i)-* e *inganghérare*] v. tr. (*io ringànghero*) *1* (*raro*) Rimettere nei gangheri. *2* (*fig.*) †Rinvenire, ritrovare, rimettere insieme.

ringarbugliàre [comp. di *r(i)-* e *ingarbugliare*] v. tr. (*io ringarbùglio*) ● Ingarbugliare di nuovo o maggiormente.

†**ringavagnàre** [da *gavagno*, col pref. *rin-*] v. tr. ● Riprendere, recuperare, raccogliere.

ringemmàre [comp. di *r(i)-* e *ingemmare*] v. tr. e intr. pron. (*io ringèmmo*) ● Ingemmare di nuovo.

†**ringeneràre** [comp. di *r(i)-* e *ingenerare*] v. tr. ● Generare di nuovo.

ringentilìre [comp. di *r(i)-* e *ingentilire*] **A** v. tr. (*io ringentilìsco, tu ringentilìsci*) ● Ingentilire di nuovo o di più: *quegli ornamenti la ringentiliscono.* **B** v. intr. e intr. pron. (aus. *essere*) ● Diventare più gentile, più amabile | Ingentilirsi.

ringhiaiàre [comp. di *r(i)-* e *inghiaiare*] v. tr. (*io ringhiàio*) ● Inghiaiare di nuovo, spargere di nuova ghiaia: *r. i vialetti del giardino.*

ringhiànte part. pres. di *ringhiare*; anche agg. ● Nei sign. del v.

ringhiàre o (*raro, tosc.*) **rignàre** [lat. parl. **ringulāre*, per il classico *rīngi*, di origine onomat.] **A** v. intr. (*io rìnghio*; aus. *avere*) *1* Digrignare i denti mandando un brontolio minaccioso, detto di cani o di altri animali. *2* (*fig.*) Parlare a denti stretti con irritazione o in tono ostile e minaccioso. **B** v. tr. ● (*fig.*) Dire qualcosa in tono rabbioso, minaccioso: *lo accolse ringhiando parole ostili.*

ringhièra [aferesi di *aringhiera*, da *aringo*] s. f. *1* Parapetto costituito di barre o tubi di metallo variamente disposti e foggiati per scale, ballatoi e terrazzi | (*sett.*) *Casa di r.*, caseggiato popolare a più piani, tipico dell'edilizia di fine '800, fornito di lunghi ballatoi con ringhiera metallica, su cui si aprono le porte delle singole abitazioni, talvolta con servizi igienici in comune. *2* †Tribuna, luogo elevato per oratori. || **ringhierina**, dim.

ringhio o (*raro, tosc.*) **rigno**. s. m. ● Atto del ringhiare | Digrignamento e brontolio rabbioso di chi ringhia.

ringhióso agg. *1* Che ringhia: *cane, botolo r.*; *gonfiava le froge al pari di un mastino r.* (VERGA). *2* (*fig.*) Che parla a denti stretti e in tono minaccioso: *vecchio r.* || **ringhiosaménte**, avv. In modo ringhioso (*anche fig.*).

ringhiottìre [comp. di *r(i)-* e *inghiottire*] v. tr. (*io ringhiótto* o *ringhiottìsco, tu ringhiótti* o *ringhiottìsci*) ● Inghiottire di nuovo: *treman corrotte / le vestigia / che il vuoto non ringhiotte* (MONTALE) | (*fig.*) Rimangiarsi: *ha ringhiottito le sue offese.*

ringhirlandàre [comp. di *r(i)-* e *inghirlandare*] **A** v. tr. ● Inghirlandare di nuovo. **B** v. rifl. ● Inghirlandarsi di nuovo.

ringiallìre [comp. di *r(i)-* e *ingiallire*] **A** v. tr. (*io ringiallìsco, tu ringiallìsci*) ● Ingiallire di nuovo o di più. **B** v. intr. e intr. pron. (aus. *essere*) ● Ingiallire: *i pioppi incominciano a r.*

ringinocchiàrsi [comp. di *r(i)-* e *inginocchiarsi*] v. intr. pron. (*io mi ringinòcchio*) ● Inginocchiarsi di nuovo.

†**ringioìre** [comp. di *rin-* e *gioire*] **A** v. tr. ● Rallegrare. **B** v. intr. ● Gioire di nuovo.

ringiovaniménto s. m. ● Atto, modo ed effetto del ringiovanire o del ringiovanirsi | (*geol.*) *R. del paesaggio*, fenomeno per cui in una regione, già ridotta a penepiano dall'erosione, si ha la ripresa di un nuovo ciclo erosivo.

ringiovanìre o †**ringiovenìre** [comp. di *r(i)-* e *ingiovanire*] **A** v. tr. (*io ringiovanìsco, tu ringiovanìsci*) ● Rendere giovane, fare ritornare giovane. **B** v. intr. e intr. pron. (aus. *essere*) ● Tornare giovane nell'aspetto, nel vigore fisico (*anche fig.*): *dopo questa vacanza sei ringiovanito*; *in primavera, gli alberi ringiovaniscono*; *ringiovanisce tutto / nell'aspetto dei figli il caro padre* (PARINI).

ringiovanìto part. pass. di *ringiovanire*; anche agg. ● Nei sign. del v.

†**ringiovenìre** ● V. *ringiovanire*.

†**ringiovialìre** [da *gioviale*, col pref. *rin-*] v. intr. ● Ringioire.

ringiucchìre [comp. di *r(i)-* e *ingiucchire*] v. intr. (*io ringiucchìsco, tu ringiucchìsci*; aus. *essere*) ● (*tosc.*) Ingiucchire di nuovo o di più. SIN. Instupidire, rimbecillire.

†**ringodérsi** [comp. di *rin-* e *godersi*] v. intr. pron. ● Rallegrarsi, divertirsi.

ringoiàre [comp. di *r(i)-* e *ingoiare*] v. tr. (*io ringóio*) *1* Ingoiare di nuovo: *ha ringoiato la medicina.* *2* (*fig.*) Rimangiare, ritrattare: *ha ringoiato tutte le sue maldicenze.*

ringolfàrsi [comp. di *r(i)-* e *ingolfarsi*] v. intr. pron. (*io mi ringólfo*) ● Ingolfarsi di nuovo.

ringollàre [comp. di *r(i)-* e *ingollare*] v. tr. (*io ringóllo*) ● (*pop.*) Ingollare di nuovo (*anche ass.*) | (*fig.*) Ringoiare, ritrattare.

ringommàre [comp. di *r(i)-* e *ingommare*] v. tr. (*io ringómmo*) ● Ingommare di nuovo.

ringorgaménto s. m. ● Modo, atto, effetto del ringorgare o del ringorgarsi.

ringorgàre [comp. di *r(i)-* e *ingorgare*] **A** v. tr. (*io ringórgo, tu ringórghi*) ● Ingorgare di nuovo. **B** v. intr. pron. e †intr. ● Ingorgarsi, ingorgarsi di nuovo, rigurgitare.

ringórgo [comp. di *r(i)-* e *ingorgo*] s. m. (pl. *-ghi*) ● (*raro*) Ingorgo, rigurgito.

ringozzàre [comp. di *r(i)-* e *ingozzare*] **A** v. tr. (*io ringózzo*) ● Ingozzare di nuovo. **B** v. rifl. ● Ingozzarsi di nuovo.

ringranaménto [da *ringranare* (*2*)] s. m. ● (*tecnol.*) Atto, effetto del ringranare (2).

ringranàre (1) [da *grano*, col pref. *rin-*] v. tr. ● (*agr.*) Coltivare di nuovo il grano o altro cereale sul medesimo terreno ove è stato coltivato l'anno prima, senza lasciarlo riposare. SIN. Ristoppiare.

ringranàre (2) [comp. di *r(i)-* e *ingranare*] **A** v. intr. ● (*tecnol.*) Ingranare di nuovo reciprocamente, detto delle ruote dentate di un ingranaggio. **B** v. tr. *1* (*tecnol., autom.*) Fare ingranare di nuovo fra loro le ruote dentate di un ingranaggio: *r. la marcia.* *2* (*tecnol.*) Otturare un foro di diametro eccessivo con una spina forzata a caldo, in cui trapanare poi il foro di diametro corretto. *3* (*numism.*) Ricollocare una medaglia o una moneta nel conio, per effettuarvi una nuova impressione.

ringrandiménto s. m. ● (*raro*) Atto, effetto del ringrandire o del ringrandirsi.

ringrandìre [comp. di *r(i)-* e *ingrandire*] **A** v. tr. (*io ringrandìsco, tu ringrandìsci*) *1* Fare diventare grande di nuovo o di più. *2* †Inorgoglire. **B** v. intr. e intr. pron. (aus. *essere*) ● Diventare grande di nuovo o di più | (*fig., raro*) Insuperbirsi, inorgoglirsi.

ringràno [dev. di *ringranare* (*1*)] s. m. ● (*agr.*) Atto, effetto del ringranare (1). SIN. Ristoppio.

ringrassàre [comp. di *r(i)-* e *ingrassare*] v. tr. e intr. (aus. *essere*) ● Ingrassare di nuovo o di più.

ringravidaménto s. m. ● Il ringravidare.

ringravidàre [comp. di *r(i)-* e *ingravidare*] v. tr. e intr. (*io ringràvido*; aus. intr. *essere*) ● Ingravidare di nuovo.

ringraziàbile agg. ● (*raro*) Che si può o deve ringraziare.

ringraziaménto s. m. ● Modo, atto del ringraziare: *lettera, visita di r.* | (*spec. al pl.*) Mezzo con cui si ringrazia: *cavarsela con un semplice r.*; *vivi, sinceri ringraziamenti.* || **ringraziamentóne**, accr.

ringraziàre [comp. di *r(i)-* e *ingraziare*] v. tr. (*io ringràzio*) ● Esprimere con le parole o altre manifestazioni esteriori la propria gratitudine a qc.: *ti ringraziamo vivamente, di tutto cuore; r. a voce, per iscritto; vi ringrazio, ma non posso venire alla vostra festa: vi ringraziamo per il* (o *del*) *bellissimo regalo* | (*ass., iron.*) *Non so chi r.*, non so da chi mi viene, detto di cosa spiacevole o inopportuna | (*escl.*) *Ringraziamo Dio, il cielo!*, siamo soddisfatti, sollevati, contenti.

†**ringraziatòrio** agg. ● Di ringraziamento.

†**ringraziazióne** s. f. ● Ringraziamento.

ringrinziménto s. m. ● (*raro*) Il ringrinzire o il ringrinzirsi.

ringrinzìre [comp. di *r(i)-* e *ingrinzire*] **A** v. tr. (*io ringrinzìsco, tu ringrinzìsci*) ● Fare diventare grinzoso. SIN. Raggrinzire. **B** v. intr. pron. ● Diventare grinzoso o più grinzoso.

ringrossaménto s. m. ● Modo, atto del ringrossare o del ringrossarsi.

ringrossàre [comp. di *r(i)-* e *ingrossare*] **A** v. tr. (*io ringròsso*) ● Ingrossare di nuovo o di più. **B** v. intr. e intr. pron. (aus. *essere*) ● Diventare grosso di nuovo o di più.

ringrossatùra [da *ringrossare*] s. f. ● (*raro*) Ingrossatura, ringrosso.

ringròsso s. m. ● Atto, effetto del ringrossare o del ringrossarsi | Ciò che si mette per ringrossare q.c.

ringrullìre [comp. di *r(i)-* e *ingrullire*] v. tr. e intr. (*io ringrullìsco, tu ringrullìsci*; aus. intr. *essere*) ● (*tosc.*) Ingrullire di nuovo o di più.

ringuainàre [comp. di *r(i)-* e *inguainare*] v. tr. (*io ringuaìno* o (*evit.*) *ringuàino*) ● Inguainare di nuovo: *r. la spada.*

†**ringurgitàre** [variante di *rigurgitare*] v. intr. ● Ringorgare: *la diversa positura dei lidi può far ringurgitar parte dell'acqua* (GALILEI).

rinìte [comp. di *rino-* e *-ite* (*1*)] s. f. ● (*med.*) Infiammazione della mucosa nasale di natura infettiva o allergica.

rinnalzaménto s. m. ● Il rinnalzare o il rinnalzarsi.

rinnalzàre [comp. di *r(i)-* e *innalzare*] **A** v. tr. ● Innalzare di nuovo. **B** v. rifl. ● Innalzarsi ancora, crescere di peso, d'importanza. **C** v. intr. pron. ● Farsi maggiore.

rinnamoraménto s. m. ● Atto del rinnamorarsi o del rinnamorare | Nuovo innamoramento.

rinnamoràre [comp. di *r(i)-* e *innamorare*] **A** v. tr. (*io rinnamóro*) ● Fare innamorare di nuovo. **B** v. intr. pron. ● Innamorarsi di nuovo.

rinnegaménto s. m. ● (*raro*) Modo, atto, effetto del rinnegare.

rinnegàre o †**rinegàre** (**2**) [comp. di *rin-* e *negare*] v. tr. (*io rinnégo* o *rinnègo, tu rinnéghi* o *rinnèghi*) ● Dichiarare di non voler riconoscere una persona alla quale si era legati da vincolo d'affetto, di amicizia o di parentela: *fu rinnegato da tutti i suoi amici; r. il proprio figlio* | (*est., raro*) Dichiarare di non conoscere qc. | (*com.*) non essere più fedeli, non credere più a qc. o a q.c. che si rispettava o in cui si credeva: *r. il socialismo; ha rinnegato la patria* | (*raro*) *R. il cielo*, spergiurare | †*R. se stesso*, prodigarsi reprimendo desideri, aspirazioni, ecc.

rinnegàto **A** part. pass. di *rinnegare*; anche agg. ● Nei sign. del v. **B** s. m. (f. *-a*) ● Chi rinnega o ha rinnegato una fede, un'idea, una dottrina: *r. politico.*

rinnegatóre s. m.; anche agg. (f. *-trice*) ● Chi, che rinnega.

rinnegazióne s. f. ● (*raro, lett.*) Rinnegamento.

rinnervàre [comp. di *r(i)-* e *innervare*] **A** v. tr. (*io rinnèrvo*) ● (*raro*) Rinvigorire. **B** v. intr. pron. ● Innervarsi nuovamente | (*fig.*) Riprendere nerbo, vigore.

rinnestàre ● V. *reinnestare.*

rinnovàbile agg. ● Che si può o si deve rinnovare: *assemblea r. ogni anno* | Detto di fonte di energia non soggetta a esaurimento, quale il vento, il sole, le maree.

rinnovabilità s. f. ● Condizione di ciò che è rinnovabile.

rinnovaménto s. m. ● Modo, atto, effetto del rinnovare o del rinnovarsi: *operare un r. politico; un importante r. sociale.*

†**rinnovànza** s. f. ● Rinnovazione.

rinnovàre [lat. *renovāre*, da *nŏvus* 'nuovo', col pref. *re-* 'ri-'] **A** v. tr. (*io rinnòvo*, raro *rinnuòvo*; la *o* dittonga rar. in *-uo* e solo se tonica) **1** Rendere nuovo: *r. lo spettacolo con nuovi numeri* | *R. la facciata di un edificio*, restaurarla | (*fig.*) *R. l'aria*, cambiarla aprendo porte o finestre | (*fig.*) *R. il dolore*, aumentarlo | *R. il fuoco*, ravvivarlo | (*raro, fig.*) *R. l'animo*, ricrearlo, confortarlo | (*fig.*) *R. la società*, cambiarla moralmente, spiritualmente o culturalmente. **2** Ripetere, fare di nuovo: *r. la domanda, la petizione, l'alleanza, l'assalto* | *R. un contratto*, tacitamente, mediante la continuazione dopo scaduto il termine dello stato di fatto creato dallo stesso, o espressamente, mediante la conclusione di un altro contratto dello stesso tipo. **3** Sostituire il vecchio con il nuovo: *r. l'armamento dell'esercito.* SIN. Modernizzare. **4** (*tosc.*) Mettere mano a q.c., mettere q.c. per la prima volta: *r. una botte di vino; r. un vestito.* **B** v. intr. pron. **1** Diventare o tornare nuovo (*anche fig.*): *a contatto con la nostra cultura, si sono rinnovati.* **2** Ripetersi, avvenire di nuovo: *è un fenomeno che non si rinnova spesso.* **C** v. intr. ● †Ripetersi, ricominciare.

†**rinnovàta** s. f. ● Rinnovamento.

rinnovatìvo agg. ● Che rinnova o è atto a rinnovare.

rinnovàto part. pass. di *rinnovare*; anche agg. ● Nei sign. del v.

rinnovatóre [lat. tardo *renovatōre(m)*, da *renovātus* 'rinnovato'] agg.; anche s. m. (f. *-trice*) ● Che, chi rinnova, spec. in senso morale o spirituale: *un r. della società attuale; idea rinnovatrice.*

rinnovazióne [lat. *renovatiōne(m)*, da *renovātus* 'rinnovato'] s. f. ● Atto, effetto del rinnovare.

rinnovellaménto s. m. ● (*lett.*) Modo, atto, effetto del rinnovellare.

rinnovellàre o †**rinovellàre** [lat. tardo *renovellāre*, da *novĕllus* 'novello', col pref. *re-*] **A** v. tr. (*io rinnovèllo*) **1** (*poet.*) Rinnovare. **2** Ridire, ripetere | (*lett.*) *R. la memoria*, ravvivare il ricordo | *R. q.c.*, ricordarla di nuovo, farla tornare alla mente. **B** v. intr. e intr. pron. (aus. *essere*) ● (*lett.*) Rinnovarsi, cambiare, mutarsi, rifarsi nuovo.

rinnovellatóre agg.; anche s. m. (f. *-trice*) ● (*lett.*) Che, chi rinnovella. SIN. Rinnovatore.

†**rinnovellazióne** [da *rinnovellare*] s. f. ● Rinnovamento, rinnovo.

rinnòvo o (*raro*) **rinnuòvo** s. m. **1** Atto, effetto del rinnovare: *il r. di una cambiale.* **2** (*agr.*) Insieme dei lavori che precedono un nuovo ciclo colturale.

rino-, -rino [gr. *rino-*, da *rís*, genit. *rinós* 'naso', di etim. incerta] primo o secondo elemento (come secondo elemento ha la *r* iniziale generalmente raddoppiata) ● In parole scientifiche composte, significa 'naso', o indica relazione col naso: *rinoceronte, rinofonia, rinologia, ossirino, platirrina.*

rinòbato [comp. di *rino-* e del gr. *batís* 'razza', di etim. incerta] s. m. ● Pesce cartilagineo degli Elasmobranchi con corpo allungato squaliforme e grandi pinne pettorali (*Rhinobatos rhinobatos*).

rinobilitàre [comp. di *ri-* e *nobilitare*] v. tr. (*io rinobìlito*) ● Nobilitare di nuovo.

rinocerónte [vc. dotta, lat. *rhinocerōte(m)*, nom. *rhinŏceros*, dal gr. *rinókerōs*, propriamente 'che ha un corno sul naso', comp. di *rís*, genit. *rinós* 'naso' (V. *rino-*) e *kéras* 'corno' (V. *cerambice*)] s. m. ● Massiccio mammifero dei Perissodattili con testa voluminosa e lungo muso portante uno o due corni (*Rhinoceros*) | *R. africano*, generalmente nero con due corni (*Rhinoceros bicornis*) | *R. indiano*, con un solo corno e colore grigio bruno (*Rhinoceros indicus*).

rinofaringe [comp. di *rino-* e *faringe*] s. m. o f. ● (*anat.*) Porzione della faringe caratterizzata dallo sbocco delle vie respiratorie.

rinofaringèo o **rinofaringeo** [comp. di *rino-* e *faringeo*] agg. ● (*anat.*) Relativo alla rinofaringe.

rinofaringìte [comp. di *rinofaringe* e *-ite* (*1*)] s. f. ● Infiammazione della rinofaringe.

rinòfide [comp. di *rino-* e del gr. *óphis* 'serpente' (V. *ofi-*)] s. m. ● Serpente indiano con muso appuntito, testa piccola non distinta dal collo, occhi piccolissimi e colorazione spesso vivace (*Rhinophis*).

rinofìma [comp. di *rino-* e gr. *phŷma* 'tumore, escrescenza', da *phýein* 'nascere, crescere', di origine indeur.] s. m. (pl. *-i*) ● (*med.*) Dermatosi della metà inferiore del naso, caratterizzata da arrossamento, ispessimento cutaneo e da formazioni bernoccolute.

rinofonìa [comp. di *rino-* e *-fonia*] s. f. ● (*med.*) Rinolalia.

rinofrìno [comp. di *rino-* e del gr. *phrŷnos* 'rospo', di origine indeur.] s. m. ● Anfibio messicano simile a un tozzo rospo, che scava il terreno molle per nascondersi nelle ore calde (*Rhinophrynus dorsalis*). SIN. Rospo scavatore.

rinògeno [comp. di *rino-* e *-geno*] agg. ● (*med.*) Che trae origine dal naso: *sordità rinogena, secrezione rinogena.*

rinoiatrìa [comp. di *rino-* e *-iatria*] s. f. ● Cura delle affezioni nasali.

rinolalìa [comp. di *rino-* e *-lalia*] s. f. ● (*med.*) Disturbo della voce, quando acquista risonanza nasale.

rinolaringìte [comp. di *rino-* e *laringite*] s. f. ● (*med.*) Infiammazione della mucosa nasale e laringea.

rinòlofo [comp. di *rino-* e del gr. *lóphos* 'pennacchio, cresta', di origine indeur.; detto così dalle membrane in forma di cresta che ha sul naso] s. m. ● (*zool.*) Pipistrello che presenta all'estremità del muso un'espansione a forma di ferro di cavallo e vive anche in Italia (*Rhinolophus*). SIN. Ferro di cavallo.

rinologìa [comp. di *rino-* e *-logia*] s. f. ● (*med.*) Studio delle affezioni del naso.

†**rinomàbile** [da †*rinomare*] agg. ● Degno di rinomanza.

rinomànza [da †*rinomare*] s. f. ● (*lett.*) Fama, celebrità: *salire in r.; quel prodotto ha acquistato notevole r.*

†**rinomàre** [ant. fr. *renommer*, comp. di *re-* e *nommer* 'nominare'] v. tr. ● Nominare lodando, celebrare.

†**rinomàta** [da *rinomato*] s. f. ● Fama, nome, nomea.

rinomàto [ant. fr. *renommé*, part. pass. di *renommer* 'rinomare'] agg. ● Famoso, celebre: *scrittore r.; vino r.* ‖ **rinomataménte**, avv. (*raro*) Con rinomanza.

†**rinomèa** [ant. fr. *renommée*, f. di *renommé* 'rinomato'] s. f. ● Rinomanza, nome, celebrità: *nobili e possenti della città di Firenze, che ... erano di r. e di stato* (VILLANI).

†**rinominànza** [comp. di *ri-* e *nominanza*] s. f. ● Rinomanza.

rinominàre [comp. di *ri-* e *nominare*] v. tr. (*io rinòmino*) ● Nominare di nuovo.

†**rinominàto** [propr. part. pass. di *rinominare*] agg. ● Rinomato, celebre, famoso.

†**rinominazióne** [da †*rinominato*] s. f. ● Fama, celebrità.

†**rinòmo** [da *rinominare*] s. m. ● Fama, grido.

rinopitèco [comp. di *rino-* e del gr. *píthēkos* 'scimmia' (V. *piteco*): detto così per il caratteristico naso rivolto in alto] s. m. (pl. *-chi* o *-ci*) ● Scimmia asiatica con folto pelame dai colori vivaci e muso rincagnato con naso rivolto all'insù (*Rhinopithecus*).

rinoplàstica [comp. di *rino-* e *plastica*] s. f. ● Intervento chirurgico di plastica per correggere deformazioni del naso.

rinopòma [comp. di *rino-* e del gr. *pôma* 'coperchio', di origine indeur.; detto così dagli opercoli che ha sul naso] s. m. (pl. *-i*) ● Pipistrello africano con lunga coda e ampie orecchie unite alla base (*Rhinopoma microphyllum*).

rinorragìa [comp. di *rino-* e *-rragia*] s. f. (pl. *-gie*) ● Emorragia dal naso. SIN. Epistassi.

rinorrèa [comp. di *rino-* e *-rrea*] s. f. ● (*med.*) Scolo di liquido dal naso.

rinoscleròma [comp. di *rino-* e *scleroma*] s. m. (pl. *-i*) ● (*med.*) Malattia granulomatosa progressiva del naso causata da *Klebsiella rhinoscleromatis* e caratterizzata dalla formazione di noduli duri.

rinoscopìa [comp. di *rino-* e *-scopia*] s. f. ● (*med.*) Esame endoscopico delle cavità nasali.

rinoscòpio [comp. di *rino-* e *-scopio*] s. m. ● Strumento per la rinoscopia.

rinotàre [comp. di *ri-* e *notare*] v. tr. (*io rinòto*) **1** Notare di nuovo. **2** Tornare a prendere nota.

rinotificàre [comp. di *ri-* e *notificare*] v. tr. (*io rinotìfico, tu rinotìfichi*) ● Notificare di nuovo.
rinotìte [comp. di *rino-*, *oto-* e *-ite* (*1*)] s. f. ● (*med.*) Infiammazione del naso e dell'orecchio.
†**rinovàre** ● V. †*renovare*.
†**rinovellàre** ● V. *rinnovellare*.
rinovìrus [comp. di *rin*(*o*)- e *virus*] s. m. ● (*biol.*) Genere virale appartenente alla famiglia dei *Picornaviridae*, comprendente gli agenti causali del raffreddore, delle faringiti e delle riacutizzazioni di bronchiti e polmoniti (*Rhinovirus*).
rinquadràre [comp. di *r*(*i*)- e *inquadrare*] v. tr. ● Inquadrare di nuovo.
rinquartàre [da *quarto*, col pref. *rin-*] **A** v. tr. **1** (*raro*) Moltiplicare o dividere per quattro. **2** (*agr.*) Ringranare per il quarto anno consecutivo. **B** v. intr. pron. ● †Spartirsi, dividersi in quattro. **C** v. intr. (aus. *avere*) ● Nel gioco del biliardo, fare un rinquarto.
rinquàrto [da *rinquartare*] s. m. ● Nel gioco del biliardo, colpo alla palla avversaria per il quale essa colpisce i birilli o il pallino dopo aver toccato tre sponde.
rinquattrinàre [da *quattrino*, col pref. *rin-*] **A** v. intr. pron. ● (*raro*) Tornare in quattrini. **B** v. tr. ● †Rifornire di quattrini.
rinsaccaménto s. m. ● (*raro*) Modo, atto, effetto del rinsaccare o del rinsaccarsi.
rinsaccàre [comp. di *r*(*i*)- e *insaccare*] **A** v. tr. (*io rinsàcco, tu rinsàcchi*) **1** (*raro*) Insaccare di nuovo o ancora. **2** Scuotere un sacco facendolo battere sul terreno per comprimere il contenuto (*anche ass.*). **B** v. intr. e intr. pron. (aus. *essere*) **1** Stare con la testa affondata nelle spalle o alzare queste ultime: *camminava rinsaccando*; *invece di rispondere, si rinsaccò*. **2** Sussultare cavalcando o camminando.
rinsaccatùra s. f. ● (*raro*) Rinsaccamento.
rinsaldaménto s. m. ● Modo, atto, effetto del rinsaldare o del rinsaldarsi (*spec. fig.*).
rinsaldàre [comp. di *r*(*i*)- e *insaldare*] **A** v. tr. ● (*fig.*) Rendere più saldo, robusto: *r. un'amicizia*. SIN. Consolidare, rafforzare. **B** v. intr. pron. ● Diventare più saldo, sicuro: *si è rinsaldato nei suoi propositi*. SIN. Consolidarsi, rafforzarsi.
rinsalvatichìre [comp. di *r*(*i*)- e *inselvatichire*] v. tr. e intr. (*io rinsalvatichìsco, tu rinsalvatichìsci*; aus. intr. *essere*) ● (*tosc.*) Rinselvatichire.
rinsanguaménto s. m. ● Atto, effetto del rinsanguare.
rinsanguàre [da *sangue*, col pref. *rin-*] **A** v. tr. (*io rinsànguo*) ● (*fig.*) Rinvigorire, ridare forza, energia. **B** v. intr. pron. ● Riprendere forza, vigore: *dopo il lungo riposo, si è rinsanguato* | (*fig.*) Rifornirsi di denaro, rimettersi economicamente.
rinsanguinàre [comp. di *r*(*i*)- e *insanguinare*] v. tr. (*io rinsànguino*) ● Insanguinare di nuovo.
†**rinsanicaménto** [da *rinsanicare*] s. m. ● Risanamento, bonifica.
rinsanicàre [comp. di *rin-* e *insanicare*] **A** v. tr. (*io rinsànico, tu rinsànichi*) **1** (*tosc.*) Risanare. **2** (*tosc.*) Bonificare. **B** v. intr. e intr. pron. (aus. *essere*) ● (*tosc.*) Tornare sano.
rinsanichìre v. tr., intr. e intr. pron. (*io rinsanichìsco, tu rinsanichìsci*; aus. intr. *essere*) ● Rinsanicare.
rinsanìre [da *sano*, col pref. *rin-*] v. intr. (*io rinsanìsco, tu rinsanìsci*; aus. *essere*) ● Ridiventare sano, recuperare la sanità mentale.
rinsaponàre [comp. di *r*(*i*)- e *insaponare*] **A** v. tr. (*io rinsapóno*) ● Insaponare di nuovo. **B** v. rifl. ● Insaponarsi di nuovo.
rinsaporàre [comp. di *r*(*i*)- e *insaporare*] v. tr. e intr. pron. (*io rinsapóro*) ● (*raro*) Rinsaporire.
rinsaporìre [comp. di *r*(*i*)- e *insaporire*] **A** v. tr. (*io rinsaporìsco, tu rinsaporìsci*) ● Insaporire di nuovo o meglio. **B** v. intr. pron. ● Diventare più saporito.
rinsavìre [da *savio*, col pref. *rin-*] **A** v. intr. (*io rinsavìsco, tu rinsavìsci*; aus. *essere*) ● Recuperare il senno | (*est.*) Tornare sano, giudizioso, correggersi, ravvedersi: *dopo alcune intemperanze giovanili, sembra r.* **B** v. tr. ● (*raro*) Rendere sano di nuovo.
rinsecchìre [comp. di *r*(*i*)- e *insecchire*] **A** v. intr. (*io rinsecchìsco, tu rinsecchìsci*; aus. *essere*) ● Diventare secco | (*est.*) Diventare magro, asciutto, detto di persona. **B** v. tr. ● (*raro*) Rendere secco. **C** v. intr. pron. ● Diventare secco | Detto di persona, diventare magro, asciutto.
rinseccolìto [comp. di *r*(*i*)- e *inseccolito*, part. pass. di *inseccolire*, da *seccolo*, dim. di *secco*] agg. ● Rinsecchito.
rinsegnàre [comp. di *r*(*i*)- e *insegnare*] v. tr. (*io rinségno*) **1** Insegnare di nuovo: *r. a leggere e a scrivere*. **2** †Dare notizie, indicare.
rinselvàre [comp. di *r*(*i*)- e *inselvare*] **A** v. tr. (*io rinsélvo*) **1** (*raro*) Rimboschire. **2** (*raro*) Cacciare, spingere di nuovo nella selva. **B** v. intr. pron. **1** (*lett.*) Rientrare nella selva per nascondersi, rifugiarsi: *l'astuto lupo viepiù si rinselva* (POLIZIANO). SIN. Imboscarsi. **2** Ricoprirsi di nuovo di fitti alberi. SIN. Rimboschire.
†**rinselvaticàre** v. tr. e intr. ● (*raro, tosc.*) Rinselvatichire.
rinselvatichìre [comp. di *r*(*i*)- e *inselvatichire*] **A** v. tr. (*io rinselvatichìsco, tu rinselvatichìsci*) ● Rendere selvatico di nuovo o di più. **B** v. intr. (aus. *essere*) ● Diventare selvatico di nuovo o di più.
rinserenàre [comp. di *r*(*i*)- e *inserenare*] v. intr. (*io rinseréno*; aus. *essere*) ● (*raro*) Tornare sereno.
†**rinserenìre** v. intr. ● Rinserenare.
rinserraménto s. m. ● (*raro*) Il rinserrare o il rinserrarsi.
rinserràre [comp. di *rin-* e *serrare*] **A** v. tr. (*io rinsèrro*) ● Serrare di nuovo | Rinchiudere: *r. il prigioniero*. **B** v. rifl. ● Chiudersi, serrarsi dentro: *si è rinserrato in casa*.
†**rinsèrto** [comp. di *r*(*i*)- e *inserto*] agg. ● Inserto, inserito.
†**rinsestàre** [da *sesto*, col pref. *rin-*] v. tr. ● Riassestare.
rinsignorìrsi [comp. di *r*(*i*)- e *insignorirsi*] v. intr. pron. (*io mi rinsignorìsco, tu ti rinsignorìsci*) ● (*raro*) Insignorirsi di nuovo: *Filippo Visconti ... desiderava sommamente rinsignorirsi di Genova* (MACHIAVELLI).
†**rinsonaménto** s. m. ● Risonanza.
rinsozzàre [comp. di *r*(*i*)- e *insozzare*] **A** v. tr. (*io rinsózzo*) ● Insozzare di nuovo o di più. **B** v. rifl. ● Insozzarsi di nuovo o di più.
rinsudiciàre [comp. di *r*(*i*)- e *insudiciare*] **A** v. tr. (*io rinsùdicio*) ● Insudiciare di nuovo o di più. **B** v. rifl. ● Insudiciarsi di nuovo o di più.
rinsuperbìre [comp. di *r*(*i*)- e *insuperbire*] v. intr. e intr. pron. (*io rinsuperbìsco, tu rinsuperbìsci*; aus. *essere*) ● Insuperbirsi di nuovo o di più.
rintagliàre [comp. di *r*(*i*)- e *intagliare*] v. tr. (*io rintàglio*) ● (*raro*) Intagliare, incidere di nuovo.
rintàllo [comp. di *rin-* e *tallo*] s. m. ● Emissione inutile di nuovi talli.
rintanaménto s. m. ● Modo, atto del rintanare o del rintanarsi.
rintanàre [comp. di *r*(*i*)- e *intanare*] **A** v. tr. ● (*raro*) Ricacciare, fare rientrare nella tana. **B** v. intr. pron. **1** Intanarsi di nuovo o meglio. **2** (*fig.*) Nascondersi, rifugiarsi: *durante l'estate, si è rintanato in un paesino di montagna*.
rintanàto part. pass. di *rintanare*; anche agg. ● Nei sign. del v.
rintasàre o **rintaṣàre** [comp. di *r*(*i*)- e *intasare*] **A** v. tr. ● Intasare di nuovo, ancora. **B** v. intr. pron. e intr. (aus. *essere*) ● Intasarsi di nuovo: *la condutura dell'acqua si è rintasata*.
rintascàre [comp. di *r*(*i*)- e *intascare*] v. tr. (*io rintàsco, tu rintàschi*) ● Intascare di nuovo.
rintavolàre [comp. di *r*(*i*)- e *intavolare*] v. tr. (*io rintàvolo*) ● Intavolare di nuovo: *r. un discorso*.
rintedescàre [comp. di *r*(*i*)- e *intedescare*] v. tr. e intr. pron. (*io rintedésco, tu rintedéschi*) ● (*raro*) Intedescare di nuovo o di più.
rintegràre e *deriv.* ● V. *reintegrare* e *deriv.*
rintelaiàre [comp. di *r*(*i*)- e *intelaiare*] v. tr. (*io rintelàio*) ● Intelaiare di nuovo | Effettuare la rintelaiatura di un dipinto su tela.
rintelaiatùra s. f. **1** Nel restauro di un dipinto su tela, operazione, a volte preceduta dalla rintelatura, che consiste nel sostituire il telaio di legno originario con uno nuovo di legno o talvolta di metallo. **2** Il risultato di tale operazione.
rintelàre [da *tela*, col pref. *rin-*] v. tr. (*io rintélo*) ● Intelare di nuovo | Effettuare la rintelatura di un dipinto su tela.
rintelatùra s. f. **1** Nel restauro di un dipinto su tela, operazione, a volte seguita dalla rintelaiatura, che consiste nell'incollare una o più tele nuove sul retro di quella originaria, per rafforzarla e migliorare l'aderenza del colore su di essa. **2** Il risultato di tale operazione. SIN. Rifoderatura.
†**rintempìre** [da *tempo*, col pref. *rin-*] v. intr. ● Rifarsi, rischiararsi del tempo.
†**rintèndere** [comp. di *r*(*i*)- e *intendere*] v. tr. ● Intendere di nuovo.
rintenerìre [comp. di *r*(*i*)- e *intenerire*] **A** v. tr. (*io rintenerìsco, tu rintenerìsci*) ● Intenerire di nuovo o di più. **B** v. intr. e intr. pron. (aus. *essere*) ● Intenerirsi di nuovo o di più: *rinteneri nel cuor per la dolcezza* (PULCI).
rinterraménto [da *rinterrare*] s. m. ● Nuovo interramento. SIN. Colmata.
rinterràre [comp. di *r*(*i*)- e *interrare*] **A** v. tr. (*io rintèrro*) **1** Interrare di nuovo. **2** Colmare, riempire di terra: *r. una palude*. **B** v. intr. pron. ● Colmarsi di terra.
rintèrro s. m. **1** Atto, effetto del rinterrare. SIN. Colmata. **2** Ciò con cui si rinterra.
rinterrogàre [comp. di *r*(*i*)- e *interrogare*] v. tr. (*io rintèrrogo, tu rintèrroghi*) ● Interrogare di nuovo.
rinterzàre [comp. di *r*(*i*)- e *interzare*] **A** v. tr. (*io rintèrzo*) **1** (*lett.*) Moltiplicare per tre. SIN. Triplicare. **2** (*raro*) Inserire come terzo. **3** †Aumentare, moltiplicare: *si rinterza l'inverisimile col disordinare sproporzionatissimamente l'ordine* (GALILEI). **B** v. intr. (aus. *avere*) ● Nel gioco del biliardo, colpire la palla avversaria in modo che tracci un triangolo.
rinterzàto part. pass. di *rinterzare*; anche agg. **1** Nei sign. del v. **2** *Sonetto r.*, a cui è stato inserito, entro ogni coppia di versi, un nuovo verso, spec. un settenario.
rintèrzo s. m. ● Nel biliardo, atto, effetto del rinterzare.
†**rintiepidàre** v. tr., intr. e intr. pron. ● Rintiepidire.
rintiepidìre [comp. di *r*(*i*)- e *intiepidire*] **A** v. tr. (*io rintiepidìsco, tu rintiepidìsci*) ● Rendere tiepido di nuovo. **B** v. intr. e intr. pron. (aus. *essere*) ● Intiepidirsi di nuovo.
rintoccàre [da *tocco*, col pref. *rin-*] v. intr. (*io rintócco, tu rintócchi*; aus. *avere* e *essere*) ● Suonare a tocchi staccati, detto di campane, orologi e sim.: *il pendolo rintoccherà tra poco*.
rintócco [da *rintoccare*] s. m. (pl. *-chi*) ● Tocco ripetuto e staccato di una campana: *si odono lugubri rintocchi* | (*est.*) Replica delle ore battute da un orologio.
rintombàre [comp. di *r*(*i*)- e *intombare*] v. intr. impers. (*rintómba*; aus. *essere*) ● (*raro, tosc.*) Diventare cupo, minaccioso, detto del tempo.
rintonacàre [comp. di *r*(*i*)- e *intonacare*] v. tr. (*io rintònaco, tu rintònachi*) ● Intonacare di nuovo.
rintonacatùra s. f. ● Atto, effetto del rintonacare.
rintònaco [comp. di *r*(*i*)- e *intonaco*] s. m. (pl. *-chi*) **1** (*raro*) Nuovo intonaco che ne copre uno vecchio. **2** †Difesa, sostegno.
†**rintonàre** (**1**) [comp. di *r*(*i*)- e *intonare* (*-1*)] v. tr. (*io rintòno*, †*rintuòno*; in tutta la coniug. arcaica, la *o* dittonga preferibilmente *-uo* se tonica) ● Intonare di nuovo.
rintonàre (**2**) [comp. di *r*(*i*)- e *intonare* (*2*), variante di *intronare*] v. tr. e intr. ● Rintronare.
rintontiménto s. m. ● Atto, effetto del rintontire o del rintontirsi. SIN. Stordimento.
rintontìre [comp. di *r*(*i*)- e *intontire*] **A** v. tr. (*io rintontìsco, tu rintontìsci*) ● Intontire di più o di nuovo: *questi rumori mi rintontiscono*; *la caduta lo ha rintontito*. **B** v. intr. e intr. pron. (aus. *essere*) ● Diventare tonto di nuovo o di più.
†**rintoppaménto** s. m. ● Rintoppo.
rintoppàre [comp. di *r*(*i*)- e *intoppare*] **A** v. tr. (*io rintòppo*) **1** Intoppare, incontrare di nuovo: *abbiamo rintoppato quel seccatore*; *si accozzava col primo che rintoppasse nella via* (MANZONI). **2** †Rattoppare. **B** v. intr. e intr. pron. (aus. *essere* e *avere*) ● Imbattersi ancora, di nuovo.
rintòppo s. m. ● (*raro*) Atto del rintoppare o del rintopparsi | Intoppo, ostacolo, impedimento | †*Di r.*, per contrasto, di rimando.
rintorbidàre [comp. di *r*(*i*)- e *intorbidare*] **A** v. tr. (*io rintórbido*) ● Intordibare di nuovo o di più. **B** v. intr. pron. ● Intorbidarsi di nuovo o di più (*anche fig.*).

rintorbidìre v. tr. e intr. pron. (*io rintorbidìsco, tu rintorbidìsci*) ● (*raro*) Rintorbidare.

rintormentìrsi [comp. di *r(i)-* e *intormentirsi*] v. intr. pron. (*io mi rintormentìsco, tu ti rintormentìsci*) ● Intormentirsi di nuovo o di più.

rintorpidìre [comp. di *r(i)-* e *intorpidire*] **A** v. tr. (*io rintorpidìsco, tu rintorpidìsci*) ● Intorpidire di nuovo o di più (*anche fig.*): *r. le membra*; *l'ozio gli ha rintorpidito la memoria*. **B** v. intr. pron. ● Intorpidirsi di nuovo o di più (*anche fig.*).

†**rintòrto** [comp. di *r(i)-* e *intorto*] agg. ● Ritorto.

†**rintorzolàre** v. tr. ● Rintorzolire.

†**rintorzolìre** [comp. di *r(i)-* e *in(ca)torzolire*] v. tr. ● Rendere secco come un catorzolo.

†**rintoscàre** [comp. di *r(i)-* e *intos(si)care*] v. intr. ● Divenire tossico.

†**rintostàre** [da *tosto (2)*, col pref. *rin-*] v. tr. ● (*raro*) Rendere più tosto, più duro, più forte.

†**rintozzàto** [comp. di *r(i)-* e *intozzato*] agg. ● Tozzo, tarchiato.

rintracciàbile agg. ● Che si può rintracciare (*anche fig.*): *verità difficilmente r.*

rintracciabilità s. f. ● Condizione dell'essere rintracciabile.

rintracciaménto s. m. ● (*raro*) Modo, atto, effetto del rintracciare. SIN. Rintraccio.

rintracciàre [da *traccia*, col pref. *rin-*] v. tr. (*io rintràccio*) **1** (*raro*) Trovare, seguire una traccia. **2** Trovare dopo avere seguito una traccia: *r. la selvaggina* | (*est.*) Trovare dopo una lunga e laboriosa ricerca (*anche fig.*): *r. il colpevole*; *abbiamo rintracciato notizie molto importanti*.

rintracciatóre agg.; anche s. m. (f. *-trice*) ● (*raro*) Che, chi rintraccia.

rintràccio [dev. di *rintracciare*] s. m. ● (*bur.*) Rintracciamento.

rintrecciàre [comp. di *r(i)-* e *intrecciare*] v. tr. (*io rintréccio*) ● Intrecciare di nuovo o meglio.

rintréccio [da *rintrecciare*] s. m. ● (*raro*) Nuovo o migliore intreccio.

rintristìre [comp. di *r(i)-* e *intristire*] v. intr. (*io rintristìsco, tu rintristìsci*; aus. *essere*) ● Intristire di nuovo o di più: *invecchiando, rintristisce*.

rintrodùrre ● V. *reintrodurre*.

rintronaménto s. m. ● Atto, effetto del rintronare. SIN. Rimbombo.

rintronàre [comp. di *r(i)-* e *intronare*] **A** v. intr. (*io rintròno*, †*rintruòno*; in tutta la coniug. arcaica, la *o* può dittongare in *-uo* se tonica; aus. *essere* e *avere*) ● Risuonare in modo grave e fragoroso, detto del tuono o di un rumore simile: *i tuoni hanno rintronato tutto il giorno*. **B** v. tr. **1** Assordare, stordire: *quell'altoparlante ci ha rintronato le orecchie*. **2** Scuotere con un gran rimbombo: *il temporale ha fatto r. a lungo il quartiere*.

rintronàto part. pass. di *rintronare*; anche agg. ● Nei sign. del v.

†**rintrònico** [da *rintronare*] s. m. ● Solo nella loc. *rispondere per r.*, rispondere per le rime.

†**rintuòno** [da *rintonare*] s. m. ● Leggero rimbombo.

rintuzzaménto s. m. ● (*raro*) Modo, atto, effetto del rintuzzare.

rintuzzàre [da far risalire al lat. *tŭndere* 'battere'. V. *ottuso*] **A** v. tr. **1** Rendere ottusa, spuntare, ribattere una punta: *r. la lancia, la spada*. **2** (*fig.*) Reprimere, soffocare, contrastare: *r. la superbia* | Ribattere, rimbeccare: *r. un'accusa*. **B** v. intr. pron. **1** (*fig.*) †Affievolire, attutirsi: *mi s'è rintuzzato l'animo d'onorarlo* (BOCCACCIO). **2** †Rannicchiarsi, raccogliersi con la persona.

rinumeràre [comp. di *ri-* e *numerare*] v. tr. (*io rinùmero*) ● Numerare di nuovo.

rinumidìre [comp. di *r(i)-* e *inumidire*] v. tr. (*io rinumidìsco, tu rinumidìsci*) ● Inumidire di nuovo.

rinùncia o †**renùnzia**, **rinùnzia**. s. f. (pl. *-ce, -zie*) **1** Atto del rinunciare: *fare, notificare la r. all'impiego* | Dichiarazione, documento con cui si rinuncia a q.c.: *inviare una r. motivata*. **2** Rifiuto volontario di soddisfazioni, beni: *abbandonare la carriera diplomatica è stata per lui una grossa r.* | (*spec. al pl., est.*) Privazione, sacrificio: *nella sua vita si è assoggettato a molte rinunce*. **3** (*dir.*) Potere di un soggetto di abbandonare un diritto di cui è titolare: *r. a un diritto immobiliare, al diritto di querela*; *r. all'eredità* | *R. agli atti del giudizio*, dichiarazione di non volere più compiere attività processuale, causa di estinzione del processo o di recesso dallo stesso della parte da cui proviene tale dichiarazione.

rinunciàbile o **rinunziàbile** agg. ● Detto di ciò a cui è possibile rinunciare, spec. nel linguaggio giuridico: *bene r.*; *diritto non r.*

rinunciàre o †**renunciàre**, †**renunziàre**, **rinunziàre** [vc. dotta, lat. *renuntiāre*, propriamente 'annunziare contro', comp. di *re-* e *nuntiāre* 'nunziare'] **A** v. intr. (*io rinùncio*; aus. *avere*) ● Ricusare, rifiutare spontaneamente q.c. che è nostra o dovrebbe esserlo di diritto: *r. alla corona, a un'eredità*; *ha rinunciato a un'alta carica* | Decidere di astenersi dal fare q.c., allontanarsi con l'animo e il pensiero da q.c.: *rinuncia a presentarsi candidato*; *r. alla vendetta*; *r. ai piaceri del mondo per la vita monastica*. **B** v. tr. ● †Annunciare, riferire pubblicamente.

rinunciatàrio o **rinunziatàrio**. agg.; anche s. m. (f. *-a*) ● Che, chi rinuncia troppo facilmente a diritti o vantaggi: *persona con atteggiamenti rinunciatari*; *politica rinunciataria*.

rinunciatóre o †**renunziatóre**, **rinunziatóre**. agg.; anche s. m. (f. *-trice*) ● (*raro*) Che, chi rinuncia.

†**rinunciazióne** o †**renunciazióne**, †**rinunziazióne** [vc. dotta, lat. *renuntiatiōne(m)* 'annunzio', da *renuntiāre* 'annunziare'. V. *rinunciare*] s. f. ● Rinuncia, abdicazione.

rinunziàre e *deriv.* ● V. *rinunciare* e *deriv.*

†**rinunziazióne** ● V. †*rinunciazione*.

rinuòcere [comp. di *ri-* e *nuocere*] v. intr. (coniug. come *nuocere*; aus. *avere*) ● Nuocere di nuovo.

rinuotàre [comp. di *ri-* e *nuotare*] v. intr. (*io rinuòto*; aus. *avere*) ● Nuotare di nuovo.

†**rinutriménto** [da *rinutrire*] s. m. ● Nutrimento che serve a ristorare un organismo debilitato.

rinutrìre [vc. dotta, lat. tardo *renutrīre*, comp. di *re-* e *nutrīre*] v. tr. (coniug. come *nutrire*) ● Nutrire di nuovo.

rinutrizióne s. f. ● (*raro*) Il rinutrire.

†**rinvalidàre** [da *valido*, col pref. *rin-*] v. tr. ● Rendere valido di nuovo.

rinvangàre [comp. di *rin-* e *vangare*] v. tr. (*io rinvàngo, tu rinvànghi*) ● (*raro*) Rivangare.

rinvaṣàre [comp. di *r(i)-* e *invasare (2)*] v. tr. ● In floricoltura, trapiantare da un vaso più piccolo in uno più grande una pianta in sviluppo.

rinvaṣatùra s. f. ● Atto, effetto del rinvasare. SIN. Rinvaso.

†**rinvaṣellàre** [comp. di *r(i)-* e *invasellare*] v. tr. ● Travasare.

rinvàṣo [da *r(i)-* e *invaso*] s. m. ● Rinvasatura.

rinvelenìre [comp. di *r(i)-* e *invelenire*] v. intr. (*io rinvelenìsco, tu rinvelenìsci*; aus. *essere*) ● Invelenire di nuovo o di più.

rinvenìbile agg. ● Che si può rinvenire.

rinveniménto (1) [da *rinvenire (1)*] s. m. ● Modo, atto, effetto del rinvenire: *r. di una lettera smarrita, di un tesoro*. SIN. Ritrovamento, scoperta.

rinveniménto (2) [da *rinvenire (2)*] s. m. **1** Il rinvenire da uno svenimento. **2** Operazione che serve a fare ritrovare freschezza, morbidezza, volume a q.c. **3** In metallurgia, trattamento degli acciai temprati e delle leghe leggere, che consiste in un loro riscaldamento uniforme a una temperatura inferiore al punto critico inferiore, e in un successivo raffreddamento allo scopo di conferire le migliori condizioni di lavorabilità.

rinvenìre (1) [comp. di *r(i)-* e *invenire*] **A** v. tr. (pres. *io rinvèngo, tu rinvièni, egli rinvième, noi rinveniàmo, voi rinvenìte, essi rinvèngono*; pass. rem. *io rinvénni, tu rinvenìsti*; fut. *io rinverrò*; congv. pres. *io rinvènga, noi rinveniàmo, voi rinveniàte, essi rinvèngano*; condiz. pres. *io rinverrèi, tu rinverrésti*; imp. *rinvièni, rinvenìte*) **1** Ritrovare, riuscire a trovare: *r. il portafoglio perduto*; *r. un raro esemplare di moneta romana* | Scoprire, chiarire con il ragionamento: *r. le cause del fenomeno* | (*raro*) Inventare: *r. un nuovo congegno*. **2** †Risultare, venire ad essere. **B** v. intr. pron. ● (*raro*) Vedere chiaro, raccapezzarsi | (*poet.*) Riscoprirsi: *l'uomo / curvato / sull'acqua / sorpresa / dal sole / si rinviene / un'ombra* (UNGARETTI).

rinvenìre (2) [da *svenire* con cambio di pref.] v. intr. (coniug. come *venire*; aus. *essere*) **1** Recuperare i sensi, la curiosità, la forza, detto di persona. SIN. Rianimarsi, riaversi. **2** Tornare alla primitiva freschezza, morbidezza o riacquistare volume dilatandosi, detto di alimenti conservati per essiccazione e del legno: *mettere a r. funghi secchi, baccalà*. **3** In metallurgia, subire il processo di rinvenimento.

rinvenitóre s. m. ● Operaio addetto alle operazioni di rinvenimento.

rinvenùto (1) part. pass. di *rinvenire (1)*; anche agg. ● Nei sign. del v.

rinvenùto (2) part. pass. di *rinvenire (2)*; anche agg. ● Nei sign. del v.

rinverdiménto [da *rinverdire*] s. m. ● Atto, effetto del rinverdire.

rinverdìre [comp. di *r(i)-* e *inverdire*] **A** v. tr. (*io rinverdìsco*, †*rinvérdo, tu rinverdìsci*, †*rinvérdi*) **1** Fare ritornare verde: *r. un ramo, il tronco*. **2** (*fig.*) Far rifiorire, ravvivare: *r. la speranza* | (*fig., fam.*) Tornare vigoroso, forte: *r. le membra*. **3** Trattare le pelli grezze con acqua per pulirle e reintegrarne l'umidità perduta con trattamenti di conservazione. **B** v. intr. e intr. pron. (aus. *essere*) **1** Ritornare verde. **2** (*fig.*) Rinnovarsi.

rinverdìto part. pass. di *rinverdire*; anche agg. ● Nei sign. del v.

†**rinvergàre** [comp. di *r(i)-* e *invergare*] v. tr. ● Rinvenire, trovare, rintracciare.

rinverginàre [da *vergine*, col pref. *rin-*] **A** v. tr. (*io rinvérgino*) ● Fare ritornare vergine | (*fig.*) Rendere di nuovo puro, sano moralmente. **B** v. intr. pron. ● Ritornare vergine | (*fig.*) Tornare puro spiritualmente.

rinvermigliàre [comp. di *r(i)-* e *invermigliare*] **A** v. tr. (*io rinvermìglio*) ● (*raro*) Rendere di nuovo vermiglio **B** v. intr. pron. ● (*raro, lett.*) Tornare di nuovo vermiglio.

rinverminìrsi [comp. di *r(i)-* e *inverminirsi*] v. intr. pron. (*io mi rinverminìsco, tu ti rinverminìsci*) ● (*raro*) Inverminirsi di nuovo.

rinverniciàre [comp. di *r(i)-* e *inverniciare*] v. tr. (*io rinvernìcio*) ● Inverniciare di nuovo.

rinverniciatùra s. f. ● Atto, effetto del rinverniciare.

†**rinversàre** [comp. di *rin-* e *versare*] v. tr. e intr. pron. ● Riversare: *gli occhi, onde dì e notte si rinversa / il gran desìo* (PETRARCA).

†**rinvèrtere** v. tr. ● Rivertere.

rinvertìre [comp. di *r(i)-* e *invertire*] v. tr. **1** (*raro*) Invertire di nuovo. **2** †Mutare, cambiare, convertire. **3** †Volgere, rivolgere.

rinverẓàre [da *sverza*, col pref. *rin-*] v. tr. (*io rinvérẓo* o *rinvèrẓo*) ● Murare con schegge lignee fessure di legno.

†**rinverzicàre** [comp. di *r(i)-* e *inverzicare*] v. intr. ● Tornare verde.

†**rinverzìre** [da avvicinare a *rinverdire* e *verzura*] v. intr. ● Tornare verde.

rinvescàre [comp. di *r(i)-* e *invescare*] v. tr. (*io rinvésco, tu rinvéschi*) ● (*raro*) Invescare di nuovo (*spec. fig.*).

†**rinvesciàre** [da *vescia (1)*, col pref. *rin-*] v. tr. **1** Rovesciare. **2** (*fig.*) Riferire ciò che si è sentito.

rinvestìre e *deriv.* ● V. *reinvestire* e *deriv.*

rinviàbile agg. ● Che si può rinviare, differibile: *stando così le cose, la decisione è r. di qualche mese*.

†**rinviaménto** s. m. ● Rinvio.

rinviàre [comp. di *r(i)-* e *inviare*] v. tr. (*io rinvìo*) **1** Inviare a sua volta, di nuovo, in restituzione: *r. una sollecita risposta*; *ci hanno rinviato una partita avariata* | Respingere, ridare: *r. la palla*. **2** Rimandare: *si rinvia alla nota a piè di pagina*. **3** Aggiornare, differire: *r. un appuntamento*; *hanno rinviato l'udienza a fine mese*. **4** (*tecnol.*) Cambiare la direzione o il verso del moto mediante apposito dispositivo | (*mar.*) *R. un cavo*, cambiarne la direzione mediante un bozzello o una pastecca.

rinvigliacchìre [comp. di *r(i)-* e *invigliacchire*] v. intr. (*io rinvigliacchìsco, tu rinvigliacchìsci*; aus. *essere*) ● (*raro*) Invigliacchire di più.

†**rinvigoràre** v. tr. e intr. ● Rinvigorire.

rinvigoriménto s. m. ● Modo, atto, effetto del rinvigorire o del rinvigorirsi (*anche fig.*). SIN. Rafforzamento.

rinvigorìre [comp. di *r(i)-* e *invigorire*] **A** v. tr. (*io rinvigorìsco, tu rinvigorìsci*) ● Ridare vigore, rendere nuovamente o più vigoroso (*anche fig.*): *r. un partito politico*; *r. i combattenti*. SIN. Rafforzare. **B** v. intr. e intr. pron. (aus. *essere*) ● Riprendere vigore, forza, gagliardia (*anche fig.*): *in montagna rinvigorirete presto*; *le nostre illusioni si rinvigoriscono*. SIN. Rinforzare.

rinvigorito part. pass. di *rinvigorire*; anche agg. ● Nei sign. del v.

rinviliare [da *vile*, col pref. *rin-*] v. tr. e intr. (*io rinvìlio*; aus. intr. *essere*) ● (*tosc.*) Rinvilire.

rinvilio [da *rinviliare*] s. m. ● (*tosc.*) Ribasso di prezzo.

rinvilire [comp. di *r(i)-* e *invilire*] **A** v. tr. (*io rinvilìsco, tu rinvilìsci*) ● Abbassare il prezzo spec. in modo considerevole: *r. il prezzo del frumento*. **B** v. intr. e intr. pron. (aus. *essere*) ● Diminuire di prezzo. SIN. Ribassare.

rinviluppare [comp. di *r(i)-* e *inviluppare*] **A** v. tr. ● Inviluppare di nuovo o meglio. **B** v. rifl. ● Inviluparsi di nuovo o meglio.

rinvio s. m. *1* Atto, effetto del rinviare: *chiedere un sollecito r. della corrispondenza* | Nei giochi di palla, respinta: *tiro di r.* | (*tecnol.*) *Puleggia di r.*, in un impianto di trasporto mediante funi, carrucola attorno a cui si avvolge il cavo traente nella stazione opposta a quella motrice. *2* Rimando, in un testo, un'opera letteraria, e sim.: *pagina con molti rinvii* | Foglio messo al posto di un documento estratto dalla sua posizione nel quale è indicato dove temporaneamente esso si trovi. *3* Differimento, aggiornamento: *il r. di un incontro* | (*dir.*) Attività volta a stabilire un'altra data per il compimento di certe formalità processuali: *r. di un'udienza* | *Giudizio di r.*, procedimento civile di cognizione davanti a un giudice di secondo grado designato dalla cassazione | *R. a giudizio*, nel processo penale, provvedimento con cui, al termine dell'udienza preliminare, il giudice dichiara doversi far luogo a giudizio nei confronti dell'imputato. *4* *Asta, albero di r.*, elemento meccanico che, interposto tra altri due organi, trasmette il moto e la forza. *5* In alpinismo, fettuccia annodata ad anello e munita di moschettoni, per facilitare le manovre di assicurazione e lo scorrimento della corda durante la progressione. *6* (*tecnol.*) Ogni dispositivo destinato a cambiare la direzione o il verso del moto | (*mar.*) *R. a V*, meccanismo applicato a un motore entrobordo, installato alla poppa estrema di un'imbarcazione, costituito da un asse che esce dal motore verso prora e si ingrana sull'asse dell'elica, a cui trasmette il moto | Sulle barche a vela, dispositivo che, in una manovra, cambia direzione al cavo | Parte di cavo da alare tra un bozzello e il tirante.

†**rinviperare** v. intr. e intr. pron. ● Rinviperire.

rinviperire [comp. di *r(i)-* e *inviperire*] v. intr. e intr. pron. (*io rinviperisco, tu rinviperìsci*; aus. *essere*) ● Inviperirsi di nuovo o di più.

rinvischiare [comp. di *r(i)-* e *invischiare*] **A** v. tr. (*io rinvìschio*) ● Invischiare di nuovo. **B** v. intr. pron. ● Invischiarsi di nuovo.

rinvitare o †**reinvitare** [comp. di *r(i)-* e *invitare* (*1*)] v. tr. ● Invitare di nuovo o a propria volta per ricambiare un invito.

†**rinvito** [comp. di *r(i)-* e *invito* (*1*)] s. m. ● Nuovo invito.

†**rinvivere** [comp. di *rin-* e *vivere*] v. intr. ● Ritornare vivo.

rinvivire [da *vivo*, col pref. *rin-*] v. intr. e intr. pron. (*io rinvivisco, tu rinvivìsci*; aus. *essere*) ● (*tosc.*) Tornare vivo.

†**rinvizzolire** [da avvicinare a *rinvenire* e *vivo* (?)] v. intr. ● (*tosc.*) Riaversi da uno sbalordimento.

rinvogliare [comp. di *r(i)-* e *invogliare*] v. tr. (*io rinvòglio*) ● Invogliare di nuovo.

rinvolgere [comp. di *r(i)-* e *involgere*] **A** v. tr. (coniug. come *volgere*) ● Involgere di nuovo o più strettamente | Involgere. **B** v. rifl. ● Ravvolgersi, ravvoltolarsi.

rinvoltare [comp. di *r(i)-* e *involtare*] **A** v. tr. (*io rinvòlto*) ● Involtare di nuovo, bene o meglio. **B** v. rifl. ● (*fam.*) Ravvolgersi.

rinvoltato part. pass. di *rinvoltare*; anche agg. ● Nei sign. del v.

rinvolto A part. pass. di *rinvolgere*; anche agg. ● Nei sign. del v. **B** s. m. ● (*raro*) Fagotto, involto. || **rinvoltino**, dim.

rinvoltolare [comp. di *r(i)-* e *involtolare*] **A** v. tr. (*io rinvòltolo*) ● Involtolare molto bene o più volte. **B** v. rifl. ● (*raro*) Ravvoltolarsi.

rinvoltura [comp. di *r(i)-* e *involtura*] s. f. *1* Operazione, effetto del rinvolgere. *2* Ciò con cui si rinvolge qc. o q.c. *3* (*fig.*) †Sconvolgimento.

rinzaccherare [comp. di *r(i)-* e *inzaccherare*] **A** v. tr. (*io rinzàcchero*) ● Inzaccherare di nuovo o di più. **B** v. rifl. ● Inzaccherarsi di nuovo o di più.

rinzaffare [comp. di *r(i)-* e *inzaffare*] v. tr. ● (*edil.*) Dare al muro la prima, ruvida crosta di intonaco | Turare con malta commessure, crepe, piccoli vani.

rinzaffatura s. f. ● (*edil.*) Operazione del rinzaffare | Rinzaffo.

rinzaffo [da *rinzaffare*] s. m. ● (*edil.*) Primo intonaco sulla superficie muraria ancora grezza, costituito di solito di malta idraulica.

rinzeppamento s. m. ● (*raro*) Il rinzeppare o il rinzepparsi.

rinzeppare [comp. di *r(i)-* e *inzeppare*(*1*)] **A** v. tr. (*io rinzéppo*) ● (*fam.*) Inzeppare di nuovo, molto o di più: *r. il discorso di strafalcioni*; *inzepparsi lo stomaco di dolci*. **B** v. rifl. ● (*fam.*) Riempirsi bene di cibo o altro.

rinzuppare [comp. di *r(i)-* e *inzuppare*] v. tr. ● Inzuppare di nuovo o di più.

rio (**1**) [lat. *rīvu(m)* 'rivo'] s. m. *1* (*lett.*) Piccolo corso d'acqua, ruscello, fiumicello: *Narcisso al rio si specchia come suole* (POLIZIANO). *2* Nella laguna veneta, diramazione di un canale. *3* †Fiume. || †**riottolo**, dim. | †**riozzolo**, dim.

rio (**2**) [lat. *rĕu(m)* 'reo'] **A** agg. ● (*lett.*) Reo | (*poet., fig.*) Malvagio, perverso: *dalle stanche ceneri / sperdi ogni ria parola* (MANZONI). **B** s. m. ● †Reità, male, peccato, colpa.

riobbligare [comp. di *ri-* e *obbligare*] **A** v. tr. (*io riòbbligo, tu riòbblighi*) ● Obbligare di nuovo. **B** v. rifl. ● Obbligarsi di nuovo.

rioccultare [comp. di *ri-* e *occultare*] **A** v. tr. ● Occultare di nuovo. **B** v. rifl. ● Occultarsi di nuovo.

rioccupamento s. m. ● (*raro*) Modo, atto del rioccupare.

rioccupare [comp. di *ri-* e *occupare*] **A** v. tr. (*io riòccupo*) ● Occupare di nuovo: *r. le posizioni perdute*. **B** v. intr. pron. ● Occuparsi di nuovo di qc. o q.c. o in q.c.: *ci rioccuperemo presto di voi*.

rioccupazione [comp. di *ri-* e *occupazione*] s. f. ● Nuova occupazione di un luogo.

rioffendere [comp. di *ri-* e *offendere*] v. tr. (coniug. come *offendere*) ● Offendere di nuovo.

†**riofferire** ● V. *rioffrire*.

riofferta [comp. di *ri-* e *offerta*] s. f. ● (*raro*) Nuova offerta.

riofferto part. pass. di *rioffrire*; anche agg. ● (*raro*) Nel sign. del v.

rioffeso part. pass. di *rioffendere*; anche agg. ● (*raro*) Nei sign. del v.

rioffrire o †**riofferire** [comp. di *ri-* e *offrire*] **A** v. tr. (coniug. come *offrire*) ● Offrire di nuovo: *r. un dono, una carica*. **B** v. rifl. ● Offrirsi di nuovo: *si è riofferto volontario*.

rioffuscare [comp. di *ri-* e *offuscare*] **A** v. tr. (*io rioffùsco, tu rioffùschi*) ● Offuscare di nuovo. **B** v. intr. pron. ● Offuscarsi di nuovo: *il cielo si è rioffuscato*.

riolite [comp. del gr. *rýax* 'torrente' (in questo caso 'lava fluente'), da *rêin* 'scorrere' (V. *-rrea*), e *-lite*] s. f. ● (*miner.*) Liparite.

rionale agg. ● Pertinente al rione, del rione: *mercato r.*

rione [lat. *regiōne(m)* 'regione'] s. m. ● Quartiere di una città: *stabilirsi in un r. popolare*; *r. centrale, periferico*.

rionorare [comp. di *ri-* e *onorare*] v. tr. (*io rionóro*) ● Onorare di nuovo o a sua volta.

rioperare [comp. di *ri-* e *operare*] v. intr. e tr. (*io riòpero*; aus. *avere*) ● Operare di nuovo, a sua volta.

riordinamento s. m. ● Modo, atto, effetto del riordinare, spec. dando un nuovo ordinamento, un nuovo assetto: *r. della carriera statale, degli studi*. SIN. Riforma.

riordinare [comp. di *ri-* e *ordinare*] **A** v. tr. (*io riórdino*) *1* Rimettere in ordine, nello stesso ordine di prima: *r. la stanza* | Mettere in un ordine diverso da quello di prima, con l'intenzione di migliorarlo: *r. la biblioteca*; *r. lo Stato, l'esercito* | (*mil.*) Ricomporre o modificare su nuove basi l'ordinamento di un'unità, spec. se scompaginato dalle vicende di un combattimento. *2* Impartire di nuovo un ordine | (*comm.*) Ordinare di nuovo una merce, un lavoro e sim. *3* (*relig.*) Ordinare di nuovo qc. sacerdote. **B** v. rifl. ● Rimettersi in ordine.

riordinato part. pass. di *riordinare*; anche agg. ● Nei sign. del v.

riordinatore agg.; anche s. m. (f. *-trice*) ● Chi riordina.

riordinazione s. f. *1* Atto, effetto del riordinare. *2* (*comm.*) Nuova ordinazione di una merce, di un lavoro e sim. *3* (*relig.*) Nuova ordinazione sacerdotale.

riordino s. m. ● (*bur.*) Riordinamento: *r. di un fascicolo, di una pratica, delle finanze*.

riordire [comp. di *ri-* e *ordire*] v. tr. (*io riordìsco, tu riordìsci*) ● Ordire di nuovo.

riorganizzamento s. m. ● (*raro*) Modo, atto del riorganizzare.

riorganizzare [comp. di *ri-* e *organizzare*; calco sul fr. *réorganiser*] **A** v. tr. ● Organizzare di nuovo o meglio: *r. il movimento del traffico aereo*. **B** v. rifl. ● Organizzarsi di nuovo o meglio.

riorganizzato part. pass. di *riorganizzare*; anche agg. ● Nei sign. del v.

riorganizzatore s. m. (f. *-trice*) ● Chi riorganizza.

riorganizzazione [comp. di *ri-* e *organizzazione*; calco sul fr. *réorganisation*] s. f. ● Atto, effetto del riorganizzare.

riornare [vc. dotta, lat. tardo *reornāre*, comp. di *re-* e *ornāre*] v. tr. (*io riórno*) ● Ornare di nuovo.

rioscurare [comp. di *ri-* e *oscurare*] **A** v. tr. ● Oscurare di nuovo. **B** v. intr. e intr. pron. (aus. *essere*) ● Oscurarsi di nuovo.

riosservare [comp. di *ri-* e *osservare*] v. tr. (*io riossèrvo*) ● Osservare di nuovo o meglio.

†**riotta** [ant. fr. *riotte*, da *rioter* 'riottare'] s. f. ● Contesa, discordia: *con parole gravi e dure r. incominciarono* (BOCCACCIO).

†**riottare** [ant. fr. *rioter*, di etim. incerta] v. intr. ● Contendere, questionare.

riottosità s. f. ● (*lett.*) Qualità di chi è riottoso.

riottoso [da *riotta*] agg. ● (*lett.*) Litigioso, attaccabrighe | (*est.*) Caparbio, indocile, restio: *r. ad ascoltare i buoni consigli*; *r. all'ubbidienza*. || **riottosamente**, avv.

ripa [vc. dotta, lat. *rīpa(m)* 'riva'] s. f. *1* (*lett.*) Sponda, riva erta che fiancheggia un corso d'acqua o cinge un lago: *una pegola spessa, / che 'nviscava la r. d'ogne parte* (DANTE *Inf.* XXI, 17-18) | *Uccelli di r.*, quei trampolieri che frequentano le sponde dei laghi e delle paludi. *2* (*lett.*) Argine, dirupo di fossato o burrone. *3* †Riva, spiaggia di mare. || **riperella**, dim. | **ripetta**, dim.

ripacificare [comp. di *ri-* e *pacificare*] **A** v. tr. (*io ripacìfico, tu ripacìfichi*) ● Pacificare di nuovo. **B** v. rifl. rec. ● Pacificarsi di nuovo.

ripagare [comp. di *ri-* e *pagare*] v. tr. (*io ripàgo, tu ripàghi*) *1* Pagare di nuovo: *ci ha ripagato la cena*. *2* Ricompensare, pagare a propria volta (*anche iron.*): *ti ripagherò della tua cortesia*; *ci ha ripagati con l'ingratitudine* | *R. con la stessa moneta*, contraccambiare il male allo stesso modo. SIN. Ricambiare. *3* Risarcire, indennizzare, ricomperare a sue spese: *abbiamo dovuto r. lo specchio che gli rompemmo* | *R. per nuovo*, comperare come nuovo un oggetto che si era rotto o perduto.

ripalpare [comp. di *ri-* e *palpare*] v. tr. ● Palpare di nuovo.

ripalpeggiare [comp. di *ri-* e *palpeggiare*] v. tr. (*io ripalpéggio*) ● (*raro*) Palpeggiare di nuovo.

ripalpitare [comp. di *ri-* e *palpitare*] v. intr. (*io ripàlpito*; aus. *avere*) ● Palpitare di nuovo.

ripappare [comp. di *ri-* e *pappare*] v. tr. ● (*fam.*) Pappare di nuovo.

riparabile [vc. dotta, lat. *reparābile(m)*, da *reparāre* 'riparare (1)'] agg. ● Che si può o si deve riparare: *mali riparabili*; *meccanismo non r.*

riparabilità s. f. ● Condizione di ciò che è riparabile.

riparamento s. m. ● (*raro*) Riparo, riparazione.

riparametrare [da *r(i)-* e il den. di *parametro*] v. tr. (*io riparàmetro*) ● (*bur.*) Ricalcolare secondo nuovi parametri o livelli salariali: *r. gli stipendi dei dipendenti pubblici*.

riparametrazione [da *riparametrare*] s. f. ●

(*bur.*) Atto, effetto del riparametrare.

riparàre (1) o †**reparàre** (1) [vc. dotta, lat. *reparāre* 'recuperare, riparare', comp. di *re-* e *parāre* 'procurare'. V. *parare*] **A** v. tr. *1* Difendere da un pericolo, un attacco, un danno, dare riparo: *r. il torace con la corazza*; *r. qc. con il proprio corpo* | *R. le spalle a qc.*, (*fig.*) difenderlo dagli attacchi e accuse altrui usando la propria influenza, autorità e sim. SIN. Proteggere. *2* Cercare di mettere rimedio a un male, un danno o un errore, attenuandone o eliminandone gli effetti negativi (*anche ass.*): *r. un'ingiustizia, un torto*; *r. un errore*; *non sappiamo come r.* | *R. una materia*, (*anche ass.*) *riparare*, nell'uso scolastico, sostenerne una prova d'esame, gener. in una sessione autunnale, dopo esserne stato giudicato insufficiente in sede di scrutini o in una prima sessione d'esami, gener. estiva. *3* Rimettere in buono stato, aggiustare: *r. le scarpe rotte*; *r. la strada rovinata dal ghiaccio*. SIN. Accomodare, aggiustare. *4* (*fam., tosc.*) Fare q.c. di utile, necessario: *non posso r. tutte le vostre esigenze* | †*R. che non avvenga*, impedire che avvenga. *5* †Parare, scansare, schivare. **B** v. intr. (aus. *avere*) *1* Provvedere, badare, curare: *r. a una mancanza*; *bisogna r. a tutto*. *2* (*raro*) Riuscire a compiere un'azione, arrivare in tempo, farcela, spec. nella loc. *non r.*: *la moglie non riparava a servir tutti* (PIRANDELLO). **C** v. rifl. ● Mettersi al riparo, in salvo: *ripararsi dal temporale, dall'assalto nemico* | Trovare ricovero, riparo, rifugio materiale: *ci siamo riparati in una capanna*; *Ciaula, atterrito, era scappato a ripararsi in un antro noto soltanto a lui* (PIRANDELLO).

riparàre (2) o †**reparàre** (2) [provz. *repairar*, dal lat. tardo *repatriāre* 'rimpatriare', da *pătria*, col pref. *re-*] v. intr. (aus. *essere*) *1* Rifugiarsi, cercare rifugio, asilo spec. per sfuggire a traversie politiche, persecuzioni, ricerche e sim.: *durante la guerra, riparammo in Francia*; *dopo l'evasione riparò all'estero*. *2* †Ridursi ad abitare | †Dimorare, albergare.

riparàta s. f. ● Il riparare in fretta e alla meglio: *dare una r. all'automobile*.

riparàto (1) part. pass. di *riparare* (*1*); anche agg. ● Nei sign. del v.

riparàto (2) part. pass. di *riparare* (*2*); anche agg. ● Nei sign. del v.

riparatóre [vc. dotta, lat. *reparatōre(m)*, da *reparātus* 'riparato'] s. m.; anche agg. (f. *-trice*) ● Chi, che ripara, rimette in buono stato: *r. di orologi*; *sentenza riparatrice*.

†**riparatùra** s. f. ● Riparo, difesa.

riparazióne [vc. dotta, lat. tardo *reparatiōne(m)*, da *reparātus* 'riparato'] s. f. *1* Atto, effetto del riparare le conseguenze di un danno: *ottenere la r. di un torto subito*; *l'offeso pretende r.*; *r. dei danni, di un errore giudiziario*; *pregare per la r. dei propri peccati* | (*est.*) *Esami di r.*, quelli che uno studente deve sostenere in una sessione autunnale quando sia stato giudicato insufficiente in una o più materie in sede di scrutini o negli esami della sessione estiva | (*est., dir.*) *Riparazioni di guerra*, risarcimento dei danni causati a persone. *2* Aggiustatura, accomodatura di oggetti rotti, guasti, e sim.: *la r. del mobile è durata tre ore* | *Carro riparazioni*, veicolo opportunamente attrezzato per riparare automezzi guasti.

ripareggiàre [comp. di *ri-* e *pareggiare*] v. tr. (*io riparéggio*) ● Pareggiare di nuovo.

riparèlla (1) [da *ripa*, perché cresce sulle rive] s. f. ● (*bot.*) Salcerella.

riparèlla (2) o **raperèlla** [da *riparare* (*1*)] s. f. *1* Pezzetto di pietra per turar fori o per altro uso di restauro in pietra lavorata. *2* Dischetto forato di metallo, per guarnizione di bullone o perno.

ripària [f. sost. di *ripario*; detta così perché cresce preferibilmente lungo le rive dei corsi d'acqua] s. f. ● Vitigno originario dell'America usato in Europa come portainnesto.

ripàrio [vc. dotta, lat. *ripāriu(m)*, da *rīpa* 'riva'] agg. ● (*lett.*) Che abita sulle rive: *pianta riparia*.

riparlàre [comp. di *ri-* e *parlare*] **A** v. intr. (aus. *avere*) ● Parlare di nuovo, un'altra volta | *Ne riparleremo!*, per rinviare il discorso ad altra occasione, con o senza intonazione o intento di minaccia. **B** v. rifl. rec. ● Rivolgersi reciprocamente la parola spec. dopo discussione e sim. | (*est.*) Ripacificarsi.

ripàro [da *riparare* (*1*)] s. m. *1* Modo, atto del riparare o del ripararsi per mettersi in salvo, al sicuro, per difendersi: *hanno costruito una ringhiera a r.*; *cercare r. contro i colpi* | *Mettersi al riparo da q.c.*, prendere le necessarie misure o i necessari provvedimenti per evitare danni. SIN. Protezione. *2* Ciò che è posto a difesa: *un r. di terra, di sassi* | Schermo: *la siepe è un r. alla vista* | (*est., spec. al pl.*) Fortificazione, bastione: *salire sui ripari*. SIN. Difesa. *3* Rimedio, provvedimento: *mettere, creare, porre r.*; *non c'è r. alla disonestà*; *prendere gli opportuni ripari*. *4* †Dimora, rifugio.

ripartìbile [da *ripartire* (*2*)] agg. ● Che si può o si deve ripartire: *somma r.*

ripartimentàle agg. ● (*bur.*) Di un ripartimento, che riguarda un ripartimento: *amministrazione r.*

ripartiménto [da *ripartire* (*2*)] s. m. *1* (*raro*) Il ripartire. *2* (*raro*) Scomparto, scompartimento. *3* (*bur.*) Sezione.

ripartìre (1) [comp. di *ri-* e *partire* (*1*)] v. intr. (*io ripàrto*; aus. *essere*) ● Partire di nuovo, recarsi di nuovo in un luogo lontano: *il treno riparte fra dieci minuti*; *sono ripartiti per l'Australia*.

ripartìre (2) [comp. di *ri-* e *partire* (*2*)] **A** v. tr. (*io ripartìsco, tu ripartìsci*) *1* Dividere in più parti: *r. il guadagno* | Ordinare, dopo aver diviso in gruppi secondo un criterio prestabilito: *r. le lettere secondo la data, la provenienza*. SIN. Spartire, suddividere. *2* Assegnare ciò che è stato già diviso: *r. le incombenze fra i vari dipendenti*. *3* †Separare, allontanare. **B** v. rifl. rec. ● Spartirsi, dividersi q.c.: *ci siamo ripartiti una grossa eredità*.

ripartìto (1) part. pass. di *ripartire* (*1*); anche agg. ● Nel sign. del v.

ripartìto (2) part. pass. di *ripartire* (*2*); anche agg. ● Nei sign. del v. ‖ **ripartitaménte**, avv. (*raro*) In modo ripartito.

ripartitóre s. m. (f. *-trice*) *1* (*raro*) Chi ripartisce, distribuisce. *2* Negli uffici postali, impiegato addetto allo smistamento della corrispondenza secondo i quartieri postali. *3* Intelaiatura alla quale fanno capo le linee esterne e interne di una centrale elettrica, allo scopo di facilitare le connessioni volanti.

ripartizióne [da *ripartire* (*2*)] s. f. *1* Atto, effetto del ripartire: *la r. del guadagno, degli incarichi*. SIN. Distribuzione, divisione. *2* Ogni parte di q.c. che è stata ripartita: *grosse ripartizioni di terreno*. *3* Reparto di un'amministrazione.

ripàrto [da *ripartire* (*2*)] s. m. *1* Ripartizione. *2* (*raro*) Reparto.

ripartorìre [comp. di *ri-* e *partorire*] v. tr. (*io ripartorìsco, tu ripartorìsci*) ● Partorire di nuovo.

ripàscere [vc. dotta, lat. tardo *repāscere*, comp. di *re-* e *pāscere*] **A** v. tr. (coniug. come *pascere*) ● Pascere (*anche ass. e fig.*). **B** v. rifl. ● (*raro*) Pascersi, saziarsi di nuovo.

ripasciménto [da *ripascere*, in senso fig.] s. m. ● (*geogr.*) Insieme dei fenomeni naturali di trasporto e deposito di sabbia che determina l'accrescimento del volume di una spiaggia | *R. artificiale*, quello determinato attraverso la costruzione di appositi sbarramenti, gener. perpendicolari alla costa.

†**ripasciùto** part. pass. di *ripascere*; anche agg. ● Nei sign. del v.

ripassàre [comp. di *ri-* e *passare*] **A** v. tr. *1* Passare di nuovo: *per andare in Francia, ripasseremo le Alpi*. *2* Tornare a percorrere con l'occhio, la mano, il pennello, e sim.: *r. uno scritto per correggerlo*; *r. la biancheria col ferro* | *R. un libro*, dargli di nuovo una rapida lettura | *R. un quadro*, ritoccarlo | *R. la lezione*, rivederla | *R. il conto*, riscontrarlo | Riandare con la memoria: *r. gli avvenimenti delle vacanze*. *3* (*scherz.*) Sgridare, picchiare di nuovo con energia. **B** v. intr. (aus. *essere*) ● Ritornare, farsi rivedere in un luogo: *ripasseremo da casa*; *siamo ripassati dal bar*; *ripasseremo presto*.

ripassàta s. f. *1* Atto del ripassare con una nuova mano di lavoro o con la mente, spec. una sola volta o in fretta: *dare una r. alla biancheria per aggiustarla, alla lettera per correggerla*. *2* (*fam.*) Ammonizione severa, rabbuffo, rimprovero, anche con busse: *dare una buona r.* *3* †Il ripassare in un luogo. ‖ **ripassatina**, dim.

ripassàto part. pass. di *ripassare*; anche agg. ● Nei sign. del v.

ripassatóre s. m. (f. *-trice*) ● Chi ripassa.

ripassatrìce [da *ripassare*] s. f. ● (*tess.*) Macchina usata per il controllo della fattura dei tessuti.

ripassatùra [da *ripassare*] s. f. ● (*tecnol.*) Operazione di controllo della qualità e del buon funzionamento di un prodotto o di un manufatto.

†**ripasseggiàre** [comp. di *ri-* e *passeggiare*] v. intr. ● Passeggiare di nuovo.

ripàsso s. m. *1* Modo, atto del ripassare. *2* Ripetizione sistematica di una materia scolastica: *iniziare il r. della storia in vista dell'esame*.

ripàtica [dal lat. *rīpa* 'riva'] s. f. ● Diritto di sbarcare cose o persone o attraccare natanti alle sponde di fiumi, laghi e sim. | (*est.*) Tassa dovuta per l'esercizio di tale diritto.

ripàtico s. m. (pl. *-ci*) ● Ripatica.

ripatìre [comp. di *ri-* e *patire*] v. intr. e tr. (*io ripatìsco, tu ripatìsci*; aus. *avere*) ● (*raro*) Patire di nuovo.

†**ripatriaménto** [da †*ripatriare*] s. m. ● Rimpatrio.

†**ripatriàre** o †**repatriàre** [vc. dotta, lat. tardo *repatriāre*. V. *riparare* (*2*)] v. tr. e intr. ● Rimpatriare.

†**ripatriazióne** ● V. †*repatriazione*.

ripàtrio [da *ripatriare*] s. m. ● Rimpatrio, rimpatriamento.

ripatteggiàre [comp. di *ri-* e *patteggiare*] v. intr. e tr. (*io ripattéggio*; aus. *avere*) ● (*raro*) Patteggiare di nuovo.

ripeccàre [comp. di *ri-* e *peccare*] v. intr. (*io ripècco, tu ripècchi*; aus. *avere*) ● Peccare di nuovo.

ripeggioràre [comp. di *ri-* e *peggiorare*] v. tr. e intr. (*io ripeggióro*, pop. tosc. *ripèggioro*; aus. intr. *essere*) ● Peggiorare di nuovo: *r. la situazione*; *il tempo è ripeggiorato*.

ripenetràre [comp. di *ri-* e *penetrare*] v. intr. (*io ripènetro*; aus. *essere*) ● Penetrare di nuovo.

ripensaménto s. m. *1* Modo, atto, effetto del ripensare: *è necessario un r. attento del fatto*. *2* Cambiamento di idea, di parere: *è una decisione frutto di un improvviso r.*

ripensàre [comp. di *ri-* e *pensare*] **A** v. intr. (*io ripènso*; aus. *avere*) *1* Pensare di nuovo, tornare a pensare, a riflettere, a meditare: *ho ripensato alla risposta che mi hai dato* | (*est.*) Riflettere, ponderare, meditare: *prima di parlare, ripensa bene*. *2* Cambiare pensiero, parere: *ci ho ripensato*: *hai torto tu*. *3* Riandare con la mente a cose o persone lontane: *ripensiamo spesso all'adolescenza*. **B** v. tr. ● (*lett.*) Riconsiderare, rievocare: *ripenso il tuo sorriso, ed è per me un'acqua limpida / scorta ... tra le pietraie d'un greto* (MONTALE).

ripensàto part. pass. di *ripensare*; anche agg. ● Nei sign. del v.

†**ripensazióne** s. f. ● Ripensamento, meditazione.

ripènse [vc. dotta, lat. tardo *ripēnse(m)*, da *rīpa* 'riva'] agg. ● (*raro*) Della riva, posto alla riva.

†**ripentàglio** ● V. *repentaglio*.

†**ripentànza** s. f. ● Ripentenza.

†**ripentènza** [da *ripentirsi*] s. f. ● Ripentimento.

†**ripentérsi** [variante di *ripentirsi*] v. intr. pron. ● Ripentirsi.

ripentiménto [comp. di *ri-* e *pentimento*] s. m. ● Atto, effetto del ripentirsi, spec. cambiando parere, opinione, decisione.

ripentìrsi o †**repentìrsi** [comp. di *ri-* e *pentirsi*] v. intr. pron. (*io mi ripènto*) *1* Pentirsi di nuovo: *non vedi che al fine s'è ripentito d'aver detto?* (BRUNO). *2* Tornare indietro da una decisione, una deliberazione: *subito dopo le promesse, si sono ripentiti*.

†**ripentitóre** s. m.; anche agg. (f. *-trice*) ● Chi, che si ripente.

ripercórrere [comp. di *ri-* e *percorrere*] v. tr. (coniug. come *percorrere*) ● Percorrere di nuovo (*anche fig.*): *r. una strada in salita*; *r. col pensiero gli avvenimenti della giornata*.

ripercórso part. pass. di *ripercorrere* ● Nei sign. del v.

ripercòssa [da *ripercosso*] s. f. ● Atto, effetto del ripercuotere o del ripercuotersi.

ripercòsso part. pass. di *ripercuotere*; anche agg. ● Nei sign. del v.

ripercòtere ● V. *ripercuotere*.

ripercotiménto o (*raro*) **ripercuotiménto** [da *ripercuotere*] s. m. ● (*raro*) Ripercossa.

ripercuòtere o (*poet., pop.*) **ripercòtere** [vc.

dotta, lat. *repercŭtere*, comp. di *re-* e *percŭtere* 'percuotere'] **A** v. tr. (coniug. come *percuotere*) **1** Percuotere di nuovo, di più o più volte: *r. l'acqua con i remi* | (*raro*) Percuotere a sua volta: *percosso, il cavalier non ripercote* (TASSO). **2** (*mus.*) Ribattere, ripetere: *r. note*. **3** Riflettere, respingere indietro: *lo specchio ripercuote le immagini*. **B** v. intr. pron. **1** Rimbalzare, riflettersi, riverberare: *i raggi luminosi si ripercuotono sul muro*. **2** Provocare un urto, una brusca scossa, a causa di un contraccolpo (*anche fig.*): *l'arresto dell'automobile si è ripercosso nella lunga fila di autovetture*; *la mancanza di interesse al lavoro si ripercuote sul rendimento degli operai*.

ripercuotiménto ● V. *ripercotimento*.

ripercussióne [vc. dotta, lat. *repercussiōne(m)*, da *repercŭssus* 'ripercosso'] s. f. ● Atto, effetto del ripercuotere o del ripercuotersi (*anche fig.*): *la r. della luce, del suono*; *studiare le ripercussioni di un'agitazione politica*.

ripercussìvo [dal lat. *repercŭssus* 'ripercosso'] agg. ● (*raro*) Che ripercuote, rimanda indietro o serve a ripercuotere.

ripèrdere [comp. di *ri-* e *perdere*] v. tr. e intr. pron. (coniug. come *perdere*) ● Perdere di nuovo (*anche ass.*).

riperdonàre [comp. di *ri-* e *perdonare*] v. tr. (*io riperdóno*) ● Perdonare di nuovo.

†**ripertòrio** ● V. *repertorio*.

ripesàre [comp. di *ri-* e *pesare*] v. tr. (*io ripéso*) ● Pesare di nuovo (*anche fig.*): *r. la frutta per controllarla*; *r. tutte le prove a carico*.

ripesàta [comp. di *ri-* e *pesata*] s. f. ● Nuova pesata, spec. fatta in fretta. || **ripesatina**, dim.

ripescàggio [da *ripescare*, calco sul fr. *repêchage*] s. m. ● (*fig.*) Riesame, riproposta: *il r. di un progetto accantonato*.

ripescaménto s. m. ● (*raro*) Modo, atto, effetto del ripescare.

ripescàre [comp. di *ri-* e *pescare*] v. tr. (*io ripésco, tu ripéschi*) **1** Pescare di nuovo: *ho ripescato una trota* | Riprendere su dall'acqua q.c. che vi era caduto: *r. un cadavere, un anello*. **2** (*fig.*) Ritrovare, trovare dopo molto cercare o frugare: *abbiamo ripescato quelle vecchie fotografie della mamma*. **3** (*est.*) Rendere di nuovo disponibile, utile, valido: *r. un vecchio attore*; *r. una teoria da tempo abbandonata* | (*fig.*) Riprendere in considerazione, riesaminare: *r. una soluzione precedentemente scartata*.

ripescàta s. f. ● (*raro*) Il ripescare una sola volta.

ripescàto part. pass. di *ripescare*; anche agg. ● Nei sign. del v.

ripescatóre s. m. (f. *-trice*) ● (*raro*) Chi ripesca.

ripésco [da avvicinare a *pescare* (?)] s. m. (pl. *-schi*) ● (*raro, tosc.*) Imbroglio, intrigo amoroso. SIN. Tresca.

ripestàre [comp. di *ri-* e *pestare*] v. tr. (*io ripésto*) ● Pestare di nuovo (*anche ass.*).

ripetènte A part. pres. di *ripetere*; anche agg. ● Nei sign. del v. **B** s. m. e f. ● Chi ripete un anno scolastico.

ripetènza [da *ripetente*] s. f. ● Nel linguaggio scolastico, anno di corso o esame ripetuti per bocciatura | Il verificarsi di tale evento considerato come fenomeno collettivo: *studiare le cause della r.*; *il tasso di r. è in aumento* | (*est.*) Il numero degli alunni che ripetono un anno scolastico: *in questa scuola la r. è scarsa*.

ripètere o †**repètere** [vc. dotta, lat. *repĕtere* 'andare contro, chiedere di nuovo, ripetere', comp. di *re-* e *pĕtere* 'cercar di giungere, chiedere'. V. †*petere*] **A** v. tr. (*io ripèto*) **1** Replicare, rifare, eseguire nuovamente: *r. un interessante esperimento*; *r. un esame, una prova* | *R. l'anno*, (*anche ass.*) *ripetere*, nel linguaggio scolastico, frequentare di nuovo lo stesso anno di corso, in seguito a bocciatura | *Paganini non ripete*, detto di chi, come il famoso violinista che non concedeva bis, si rifiuta di ridire o rifare q.c. | (*raro*) *R. il bicchiere*, berne un altro | (*raro*) *R. qc.*, riperne, imitarne, consapevolmente o meno, le azioni, i comportamenti, i gesti e sim. | Ottenere di nuovo, ancora: *ha ripetuto il trionfo dell'anno scorso*. **2** Ridire, tornare a dire: *r. la domanda*; *r. ad alta voce il racconto*; *r. sempre le stesse parole* | *R. da lontano, dall'alto*, rifarsi raccontare da principio | *R. la lezione*, rispiegarla o ripassarla. **3** (*raro, lett.*) Richiamare alla mente, alla memoria. **4** (*dir.*) Chiedere q.c. a titolo di restituzione: *r. il pagamento di una somma non dovuta*. **5** †Ridomandare, richiedere: *r. il dominio*. **6** (*raro*) Derivare: *r. la propria investitura dal Parlamento* | †Far derivare, discendere: *r. le origini di Padova da Antenore*. **B** v. rifl. ● Ridire o rifare in altra forma cosa già detta o fatta: *è un artista che si ripete* | (*est.*) Dire o fare sempre le stesse cose: *i vecchi si ripetono facilmente*. **C** v. intr. pron. ● Ricorrere, tornare a succedere, detto di fatti, avvenimenti e sim.: *il fenomeno si è ripetuto tale e quale*.

ripetìbile agg. ● Che si può o si deve ripetere | (*dir.*) Detto di pagamento o prestazione di cui sia possibile chiedere la restituzione.

ripetibilità s. f. ● Qualità di ciò che è ripetibile | (*dir.*) Qualità di un pagamento o di una prestazione di cui sia possibile chiedere la restituzione | (*fis.*) Qualità di uno strumento di misurazione, da cui dipende la sua fedeltà.

ripetiménto s. m. ● (*raro*) Modo, atto del ripetere.

†**ripetìo** ● V. †*repetio*.

†**ripetìre** [var. di *ripetere*] v. tr. ● Ripetere.

ripetitività s. f. ● Qualità di ciò che è ripetitivo.

ripetitìvo agg. ● Detto di ciò che viene rifatto, ridetto, replicato molte volte: *il lavoro r. della catena di montaggio*; *discorso monotono e r.* || **ripetitivaménte**, avv.

ripetitóre o †**repetitóre** [vc. dotta, lat. *repetitō-re(m)*, da *repetītus*, part. pass. di *repĕtere*. V. *ripetere*] **A** agg. (f. *-trice*) ● Che ripete | *Nave ripetitrice*, ripetitore nel sign. B 3 | *Stazione ripetitrice*, impianto di telecomunicazione, dislocato a una opportuna distanza da analogo impianto, avente lo scopo di ricevere e ritrasmettere, cioè ripetere, amplificati i relativi segnali. **B** s. m. **1** Chi ripete. **2** Insegnante che, dietro compenso, impartisce lezioni private. **3** (*mar.*) Nave fuori linea che ripeteva alle navi lontane i segnali dell'ammiraglia. **4** Apparecchiatura radiofonica o televisiva atta a ricevere il segnale elettrico emesso da un trasmettitore e a ritrasmetterlo opportunamente ampliato. **5** (*tel.*) *R. di impulsi*, teletaxe. **6** Nelle macchine da calcolo, tasto di predisposizione che consente di mantenere impostato in tastiera un numero per più operazioni successive.

ripetitrice [f. di *ripetitore*] s. f. ● In fotomeccanica, macchina che permette di copiare più volte su una stessa lastra un'immagine di piccole dimensioni.

ripetitùra s. f. ● (*spreg.*) Ripetizione.

ripetizióne o †**repetizióne** [vc. dotta, lat. *repetitiōne(m)*, da *repetītus*, part. pass. di *repĕtere*. V. *ripetere*] s. f. **1** Atto, effetto del ripetere o del ripetersi: *la frequente r. genera abitudine*; *assistere alla r. della gara*; *la r. del fenomeno si è verificata ieri* | *Arma a r.*, provvista di meccanismo che accelera l'esecuzione del caricamento, aumentando la rapidità di tiro dell'arma | *Orologio a r.*, che, quando si preme un bottone, suona l'ora e i minuti. **2** Nuova trattazione di argomenti scolastici già svolti: *r. generale della grammatica*; *fare un'ora di r. la settimana* | Lezione privata: *dare ripetizioni*; *andare a r. di matematica*. **3** (*ling.*) Ogni figura retorica che consiste nel ripetere la stessa parola o frase, spesso con valore enfatico. CFR. Amplificazione, anadiplosi, antanaclasi, epanalessi, epanadiplosi, anafora, epifora | Anche nel sign. di *reiterazione*. **4** (*spreg.*) Replica della stessa parola o dello stesso concetto a distanza troppo breve: *componimento pieno di ripetizioni*. **5** (*dir.*) *R. dell'indebito*, diritto di ottenere la restituzione di ciò che è stato pagato indebitamente. || **ripetizioncèlla**, dim.

ripettinàre [comp. di *ri-* e *pettinare*] **A** v. tr. (*io ripèttino*) ● Pettinare di nuovo. **B** v. rifl. ● Pettinarsi di nuovo.

ripetùto part. pass. di *ripetere*; anche agg. **1** Nei sign. del v. **2** (*est.*) Numeroso, frequente: *ci siamo difesi da ripetute accuse*. || **ripetutaménte**, avv. Reiteratamente, spesso: *ti abbiamo ripetutamente ammonito*.

†**ripezzaménto** [da †*ripezzare*] s. m. ● Rappezzamento.

†**ripezzàre** [da *pezza*, col pref. *ri-*] v. tr. ● Rappezzare.

†**ripezzatóre** [da †*ripezzare*] s. m. (f. *-trice*) ● Rappezzatore.

†**ripezzatùra** [da †*ripezzare*] s. f. ● Rappezzatura.

ripiacére [comp. di *ri-* e *piacere*] v. intr. (coniug. come *piacere*; aus. *essere*) ● Piacere di nuovo o di più.

†**ripiaciménto** [comp. di *ri-* e *piacimento*] s. m. ● Nuova compiacenza.

ripiaciùto part. pass. di *ripiacere*; anche agg. ● (*raro*) Nei sign. del v.

ripiagàre [comp. di *ri-* e *piagare*] v. tr. (*io ripiàgo, tu ripiàghi*) ● Piagare di nuovo.

†**ripiàgnere** ● V. *ripiangere*.

ripianaménto s. m. ● (*econ., rag.*) Atto, effetto del ripianare.

ripianàre [comp. di *ri-* e *pianare*] v. tr. **1** (*tecnol.*) Rendere piana, liscia, uguale una superficie. **2** (*econ., rag.*) Estinguere, colmare, pareggiare, con riferimento a debiti, deficit o passività di bilancio e sim.: *r. il deficit ferroviario*.

ripiàngere o †**ripiàgnere** [comp. di *ri-* e *piangere*] **A** v. tr. e intr. (coniug. come *piangere*; aus. *avere*) ● Piangere di nuovo. **B** v. intr. pron. ● †Rammaricarsi, dolersi.

ripiàno (1) [comp. di *ri-* e *piano (2)*] s. m. **1** Superficie, zona piana. **2** (*agr.*) Tratto di terreno pianeggiante ricavato dalla sistemazione di terreni declivi per permetterne la coltivazione. SIN. Gradone, lenza, pianale, terrazzo. **3** Palchetto di scaffale, armadio, mobile in genere. **4** Pianerottolo.

ripiàno (2) [da *ripianare*, nel sign. 2] s. m. ● (*econ., rag.*) Ripianamento.

ripiantàre [vc. dotta, lat. tardo *replantāre*, comp. di *re-* e *plantāre* 'piantare'] v. tr. ● Piantare di nuovo.

ripiànto part. pass. di *ripiangere*; anche agg. ● (*raro*) Nei sign. del v.

ripìcca s. f. **1** Dispetto fatto in risposta a un dispetto ricevuto: *è stata una r.*; *fare q.c. per r.* **2** †Botta, stoccata di rimando: *ferire di r.* SIN. Ripicco.

ripicchettàre [comp. di *ri-* e *picchettare*] v. tr. (*io ripicchétto*) ● Eseguire una ripicchettatura.

ripicchettatùra [comp. di *ri-* e *picchettatura*] s. f. ● Trapianto ripetuto in semenzaio, di piantine nate da seme prima di porle a dimora. SIN. Ripiolamento.

ripicchiàre [comp. di *ri-* e *picchiare (1)*] **A** v. tr. (*io ripìcchio*) **1** Picchiare di nuovo (*spec. ass.*): *abbiamo sentito r. alla porta*. **2** (*fig., ass.*) Insistere, tornare a domandare: *picchia e ripicchia, ci ha risposto*. **B** v. rifl. ● (*fam.*) Curare eccessivamente il proprio abbigliamento, lisciarsi, azzimarsi.

ripicchiàta [comp. di *ri-* e *picchiata (1)*] s. f. **1** Atto del ripicchiare. **2** (*fam.*) Lisciata all'abito, all'acconciatura in fretta: *darsi una r.*

ripìcco [comp. di *ri-* e *picca (2)*] s. m. (pl. *-chi*) ● Ripicca.

ripìcolo [comp. di *ripa* e *-colo*] agg. ● (*biol.*) Di organismo che vive in riva all'acqua o anche immerso.

ripidézza s. f. ● Qualità di ciò che è ripido: *la r. di una salita*.

rìpido [sovrapposizione di *ripa* a *rapido*] agg. ● Malagevole a salire per la forte pendenza: *salita, strada ripida*. SIN. Erto. || **ripidétto**, dim. || **ripidaménte**, avv. In modo ripido, con ripidezza: *scala che si inerpica ripidamente nella roccia*.

Ripidoglòssi [comp. del gr. *ripís*, genit. *ripídos* 'ventaglio' (da *ríptein* 'gettare, lanciare', di etim. incerta) e *glóssa* 'lingua' (V. *glossa*): detti così dalla radula composta di numerose piastre a ventaglio] s. m. pl. ● Nella tassonomia animale, gruppo di Molluschi dei Gasteropodi che hanno le piastre della radula disposte a ventaglio (*Rhipidoglossa*) | (al sing. *-o*) Ogni individuo di tale gruppo.

ripidolite [comp. del gr. *ripís*, genit. *ripídos* 'ventaglio' (V. *Ripidoglossi*) e *-lite*; detta così dalla forma degli aggregati cristallini] s. f. ● (*miner.*) Varietà di clorite magnesiaca.

†**ripidóso** agg. ● Ripido.

ripiegaménto s. m. ● Modo, atto, effetto del ripiegare o del ripiegarsi (*anche fig.*): *il r. della cavalleria su nuove posizioni*.

ripiegàre [comp. di *ri-* e *piegare*] **A** v. tr. (*io ripiègo, tu ripièghi*) **1** Piegare di nuovo: *dopo aver letto la lettera, la ripiegò*. **2** Piegare più volte, rivolgere a più doppi: *r. il lenzuolo, il fazzoletto* |

R. le vele, ammainarle | *R. le insegne, le bandiere*, abbassarle. **3** Congiungere quasi le estremità, piegando su se stesso: *r. le ali, le ginocchia*. **B** v. intr. (aus. *avere*) **1** (*mil.*) Indietreggiare sotto la pressione del nemico o per raggiungere posizioni arretrate più vantaggiose. **2** (*fig.*) Trovare ripiego: *quest'anno ripiegheremo su vacanze poco costose*. **C** v. intr. pron. ● Incurvarsi, piegarsi, flettersi: *i rami si ripiegano sotto il peso della neve*. **D** v. rifl. **1** (*fig., raro*) Rivolgersi in sé, su se stesso: *ripiegarsi nell'isolamento, nella malinconia*. **2** †Riflettersi, detto della luce.

ripiegàta s. f. ● Atto, effetto del piegare, spec. in fretta: *dare una r. alla tovaglia*. ‖ **ripiegatina**, dim.

ripiegàto part. pass. di *ripiegare*; anche agg. ● Nei sign. del v.

ripiegatùra s. f. ● Il ripiegare o il ripiegarsi.

ripieghévole [da *ripiegare*, sul modello di *pieghevole*] agg. ● Pieghevole, flessibile | *Fucile r.*, che può ripiegarsi in due parti senza essere smontato.

ripiègo [da *ripiegare*] s. m. (pl. *-ghi*) **1** Espediente, trovata, via d'uscita per liberarsi da una difficoltà: *trovare, scovare un r. momentaneo* | *Per r.*, per rimediare, non potendo fare di meglio | *Di r.*, di cosa meno soddisfacente rispetto ad un'altra | (*spreg., raro*) *Uomo di r.*, pronto ai ripieghi, a trovare scuse, pretesti. **2** †Ordine, assetto | *Dar r. a piatto, a vivande*, sbafarli.

ripièna [da *ripieno*, sostantivato al f.] s. f. ● (*min.*) Materiale costituito da rocce o argille, con cui nelle miniere si riempiono i vuoti lasciati dall'estrazione del minerale utile.

ripienatrice [da *ripiena* col suff. *-trice*] s. f. ● (*min.*) Macchina per riempire, mediante ripiena, i vuoti lasciati in miniera dall'estrazione del minerale.

ripienézza s. f. ● (*raro*) L'essere ripieno, gonfio: *la r. del fiume*; *sentire r. allo stomaco*.

ripienista s. m. e f. (pl. m. *-i*) ● Suonatore o cantante di ripieno.

ripièno [comp. di *ri-* e *pieno*] **A** agg. **1** Ben pieno, completamente pieno: *vaso r. di acqua*; *sala ripiena di gente* | *Stomaco r. di cibo*, gonfio | *Panini ripieni*, farciti | (*fig.*) Invaso, pervaso: *sentirsi r. di contentezza*; *di dolce voce e dolci odori / l'aer, la terra è gia ripiena e l'onda* (BOIARDO). **2** (*lett.*) Riempito. **B** s. m. **1** Ciò che serve a riempire q.c.: *mettere nel cuscino un r. di piume* | *Mettere per r.*, per riempire un vuoto. **2** Miscuglio pastoso di ingredienti vari per farcire una vivanda: *il r. del tacchino*. **3** (*mus.*) Nel concerto grosso, suono di tutta l'orchestra in contrapposto al concertino dei solisti. **4** (*tess., raro*) Trama. **5** †Gonfiezza, pienezza di stomaco. **6** (*fig.*) †Pienezza, soddisfazione d'animo. ‖ **ripienétto**, dim.

ripigiàre [comp. di *ri-* e *pigiare*] v. tr. (*io ripìgio*) ● Pigiare di nuovo o di più.

ripigliaménto s. m. **1** Modo, atto del ripigliare. **2** (*fig.*) †Riprensione.

ripigliàre [comp. di *ri-* e *pigliare*] **A** v. tr. (*io ripìglio*) **1** (*fam.*) Pigliare di nuovo: *r. fiato* | Recuperare, riacquistare: *r. vigore, forza*; *r. il suo*; *ripiglierò uno stato abbietto, e il duro / bando, e la fuga, e l'affannosa vita* (ALFIERI) | Riafferrare: *r. il fuggiasco*. SIN. Riprendere. **2** Ricominciare, riattaccare: *r. il discorso*. **3** Riaccettare, riammettere: *r. qc. al proprio servizio*. **4** (*raro*) Replicare, rispondere, soggiungere. **5** †Ripetere. **6** (*fig.*) †Riprendere, rimproverare. **B** v. intr. (aus. *avere*) ● Rinvenire, riaversi, detto di piante, alberi, e sim.: *con la pioggia la siepe ha ripigliato* | (*raro, est.*) Ravvivarsi, detto di attività in genere: *il commercio ripiglia*. **C** v. rifl. **1** Riprendersi. **2** (*raro*) Tornare ad azzuffarsi: *si sono ripigliati per un piccolo screzio*. **3** †Rappigliarsi.

ripigliàta s. f. ● (*raro*) Atto del ripigliare.

ripigliàto part. pass. di *ripigliare*; anche agg. ● Nei sign. del v.

†ripigliatùra s. f. ● Atto, effetto del ripigliare.

ripiglino [da *ripigliare*] s. m. **1** Gioco infantile che consiste nel ripigliare sul dorso della mano noccioli o sassolini lanciati in aria | *†Fare a r.*, riprendere ciò che si è dato. **2** Gioco infantile a due, con una cordicella legata ai due capi: ripigliandola a vicenda, ciascuno deve avvolgersela intorno alle dita in altra forma, in modo da dar luogo sempre a nuove figure.

ripìglio [da *ripigliare*] s. m. ● (*raro, lett.*) Riprensione: *sì la punse / con acerbo r.* (MONTI).

†ripìgnere ● V. *respingere*.

ripìngere (1) [comp. di *ri-* e *pingere (1)*] v. tr. (coniug. come *pingere (1)*) ● (*poet.*) Pingere, dipingere di nuovo.

†ripìngere (2) ● V. *respingere*.

ripiolaménto s. m. ● Ripicchettatura.

ripiolàre [da *piolo*, col pref. *ri-*] v. tr. e intr. (*io ripiòlo*; aus. *avere*) ● Ripicchettare.

ripiombàre [comp. di *ri-* e *piombare*] v. intr. e tr. (*io ripiómbo*; aus. intr. *essere*) ● Piombare di nuovo (*spec. fig.*): *r. nella disperazione*.

ripiòvere [comp. di *ri-* e *piovere*] **A** v. intr. e tr. (*io ripiòvo*; aus. intr. *essere*) ● Piovere di nuovo. **B** v. intr. impers. (aus. *essere* e *avere*) ● Tornare a piovere.

ripiovùto part. pass. di *ripiovere*; anche agg. ● Nei sign. del v.

†ripire [lat. *rēpere* 'strisciare'. V. *†repere*] v. intr. (dif. del part. pass. e dei tempi composti) ● Montare, salire.

ripisciàre [comp. di *ri-* e *pisciare*] v. intr. e tr. (*io ripìscio*; aus. *avere*) ● (*volg.*) Pisciare di nuovo.

†ripitàre [deformazione di *ripetere*] **A** v. tr. ● Rimproverare, accusare, recriminare. **B** v. intr. ● (*raro*) Fare contesa, alterco.

†ripitìo ● V. *†repetio*.

riplacàre [comp. di *ri-* e *placare*] **A** v. tr. (*io riplàco, tu riplàchi*) ● Placare di nuovo. **B** v. intr. pron. ● Placarsi di nuovo.

riplasmàre [comp. di *ri-* e *plasmare*] v. tr. ● Plasmare di nuovo.

ripoggiàre [comp. di *ri-* e *poggiare*] v. intr. (*io ripòggio*; aus. *avere*) ● Poggiare di nuovo.

†ripolire ● V. *ripulire*.

ripolverizzàre [comp. di *ri-* e *polverizzare*] v. tr. ● Polverizzare di nuovo.

ripomiciàre [compl. di *ri-* e *pomiciare*] v. tr. (*io ripómicio*) ● (*raro*) Pomiciare di nuovo.

riponderàre [comp. di *ri-* e *ponderare*] v. tr. (*io ripònder o*) ● Ponderare di nuovo.

riponènte part. pres. di *riporre* ● Nei sign. del v.

†ripónere [vc. dotta, lat. *repōnere* 'riporre'] v. tr. ● Riporre.

riponiménto [da *†riponere*] s. m. ● (*raro*) Modo, atto del riporre.

†riponitùra s. f. ● Riponimento.

ripopolaménto s. m. ● Modo, atto, effetto del ripopolare o del ripopolarsi.

ripopolàre [comp. di *ri-* e *popolare (1)* (V.)] **A** v. tr. (*io ripòpolo*) ● Popolare di nuovo: *r. una terra abbandonata* | (*est.*) Affollare di nuovo: *dopo la nevicata, gli sciatori hanno ripopolato le piste* | Accrescere la popolazione animale in una zona o in un ambiente immettendovi nuovi esemplari o proteggendo quelli esistenti: *r. un lago*; *r. una riserva*. **B** v. intr. pron. ● Tornare a popolarsi: *la città si è rapidamente ripopolata*.

ripopolàto part. pass. di *ripopolare*; anche agg. ● Nei sign. del v.

ripopolazióne s. f. ● (*raro*) Ripopolamento.

ripòrgere [vc. dotta, lat. *reporrĭgere*, comp. di *re-* e *porrĭgere* 'porgere'] v. tr. (coniug. come *porgere*) ● Porgere di nuovo o a propria volta.

ripórre o **†repórre** [lat. *repōnere*, comp. di *re-* e *pōnere* 'porre'] **A** v. tr. (coniug. come *porre*) **1** Rimettere, collocare di nuovo al suo posto: *r. la spada nel fodero*. **2** Porre di nuovo: *ha riposto la sua candidatura alla presidenza*. **3** Mettere in serbo, da parte: *r. q.c. nel solaio* | Mettere in un luogo adatto per custodire, riparare, nascondere (*anche fig.*): *r. i gioielli in cassaforte*; *r. le ceneri nell'urna*; *r. in cuore i buoni consigli*. **4** Porre con certezza un sentimento in qc. o in q.c.: *ripongo in te tutta la mia fiducia*. **5** †Seppellire. **B** v. rifl. **1** Mettersi di nuovo: *riporsi a sedere*. **2** Mettersi da parte, nascondersi | *Andare a riporsi*, (*raro*) nascondersi; (*com., fig.*) nascondersi o isolarsi per una sensazione di inutilità, incapacità o inadeguatezza.

riportàbile agg. ● (*raro*) Che si può riportare: *è un abito non r.*

riportaménto s. m. ● (*raro*) Modo, atto del riportare.

riportàre [vc. dotta, lat. *reportāre*, comp. di *re-* e *portāre*] **A** v. tr. (*io ripòrto*) **1** Portare di nuovo, un'altra volta: *questa giacca non è pulita: riportala al lavasecco*. **2** Portare indietro, ricondurre al luogo di origine o di residenza abituale: *r. le chiavi al padrone*; *hanno riportato il cane smarrito*. SIN. Restituire. **3** Riferire, rapportare, portare in risposta: *r. notizie, ciarle, maldicenze*; *ti riporto le sue parole* | Citare, allegare: *r. un brano di un autore famoso* | *R. a qc.*, riferire, attribuire a qc. **4** Ridurre, trasportare: *r. in piccolo un disegno*. **5** Portare via tornando da qualche luogo: *da Venezia abbiamo riportato dei vetri stupendi* | (*fig.*) Conseguire, acquistare, ottenere: *r. biasimo, l'approvazione di tutti, allori*; *ne abbiamo riportato un brutto ricordo*. **6** (*mat.*) Effettuare un riporto. **7** (*rag.*) Portare in conto nuovo | (*banca*) Cedere titoli a riporto. **B** v. intr. pron. **1** Tornare con la mente a usanze, tempi passati: *ci riportiamo spesso al Medio Evo*. **2** Richiamarsi, riferirsi: *ci riportiamo a ciò che è stato già detto* | Rimettersi, rassegnarsi: *riportarsi al giudizio dei competenti*. **3** Ritornare, trasferirsi di nuovo: *riportarsi a Roma*.

riportàto **A** part. pass. di *riportare*; anche agg. **1** Nei sign. del v. **2** *Tasca riportata*, in sartoria, applicata all'esterno. **B** s. m. ● Nel contratto di riporto, colui che aliena titoli di credito al riportatore.

riportatóre s. m. (f. *-trice*) **1** Chi riporta, ridice, rapporta notizie, cose dette da altri: *è un r. in malafede*. **2** Nel contratto di riporto, colui che riceve i titoli di credito in proprietà, con l'obbligo di ritrasferirne altrettanti dopo un certo termine.

riportatùra s. f. ● Operazione del riportare q.c. copiando: *la r. di un disegno su scala minore*.

ripòrto (1) s. m. **1** Atto, effetto del riportare | *Materiale di r.*, sabbia, ghiaia, detriti trasportati in altro luogo per colmare una depressione o formare un argine, un rialzo stradale e sim. | *Cane da r.*, da caccia, abituato a riportare la selvaggina. **2** (*mat.*) Unità dell'ordine superiore ottenuta nell'addizionare in colonna numeri, quando la somma delle unità di un dato ordine sia maggiore di 9. **3** (*rag.*) Totale da portare in conto nuovo | Il trasporto di un numero o totale da una pagina all'altra. **4** Contratto con cui si trasferisce la proprietà di titoli di credito e l'acquirente si impegna a ritrasferirne dopo un certo tempo altrettanti all'alienante per un prezzo uguale, maggiore o minore. **5** Pezzo di cuoio o di pelle da adoperarsi sulla tomaia come guarnizione o applicazione fantasia. **6** Parte di tessuto eguale o contrastante, applicata su un abito come guarnizione | Ricamo di pregio applicato su stoffa diversa, cui è cucito ai margini con cordoncini. **7** †Rapporto, relazione.

ripòrto (2) part. pass. di *riporgere* ● (*raro*) Nei sign. del v.

†riposaménto s. m. ● Riposo.

riposànte **A** part. pres. di *riposare (2)*; anche agg. **1** Nei sign. del v. **2** Calmo, tranquillo, detto di persona: *è una ragazza r.* **B** s. m. ● †Pensionato.

†riposànza [da *riposante*] s. f. ● Riposo, calma, tranquillità.

riposàre (1) [comp. di *ri-* e *posare*] **A** v. tr. (*io ripòso*) **1** Posare di nuovo o più stabilmente: *r. in terra la cassa*. **2** (*raro*) Collocare (*anche fig.*): *r. le speranze in qc.* **B** v. rifl. ● Posarsi di nuovo.

riposàre (2) [lat. tardo *repausāre*, comp. di *re-* e *pausāre* 'posare'] **A** v. intr. (*io ripòso*; aus. *avere*, †*essere*) **1** Fermarsi, cessare dal fare q.c. | *Senza r.*, senza posa | Ristorarsi, rinfrescarsi, interrompendo il lavoro, la fatica, per dare sollievo al corpo o alla mente: *durante il viaggio abbiamo riposato spesso* | *R. sugli allori*, (*fig.*) contentarsi delle posizioni raggiunte e non fare altro per migliorarle | (*est.*) Dormire: *abbiamo riposato tutta la notte* | (*euf.*) *R. in pace*, dormire il sonno eterno, essere morti | Stare in quiete, avere posa, calmarsi, detto di sentimenti o altro: *il dolore, la tempesta riposa*. **2** Non produrre rimanendo temporaneamente non coltivata, detto di terra: *i campi hanno bisogno di r.* **3** Poggiare, posarsi, essere posato (*anche fig.*): *l'uccello riposa su di un ramo*; *le nostre speranze riposano su di te* | (*fig.*) Confidare, fidare: *riposiamo sulla tua promessa*. **4** Detto di liquido, rimanere fermo in modo che le sostanze in sospensione si depositino sul fondo: *lasciar r. il vino*. **B** v. tr. ● Fare riposare, dare quiete: *r. le membra stanche*; *è una lettura che riposa la mente* | *Dio lo riposi*, Dio gli dia quiete. **C** v.

intr. pron. • Prendere ristoro, riposo: *durante le ferie, ci riposeremo a lungo.*

riposàta [da *riposare* (*2*)] s. f. • (*raro*) Riposo, pausa, fermata | Atto del riposarsi. || **riposatìna**, dim.

riposàto part. pass. di *riposare* (*2*); anche agg. *1* Nei sign. del v. *2* (*lett.*) Tranquillo, calmo, libero da turbamenti: *a noi / morte apparecchi r. albergo* (FOSCOLO). || **riposataménte**, avv. *1* Con animo, mente riposata: *studiare riposatamente.* *2* Con quiete, tranquillità, completo agio: *vivere, dormire riposatamente.*

riposatóre [da *riposato*] agg. (f. *-trice*) • (*raro*) Che dà riposo.

†**riposévole** [da *riposare* (*2*)] agg. • Riposato, quieto. || †**riposevolménte**, avv. Quietamente.

riposìno s. m. *1* Dim. di *riposo.* *2* Sonnellino: *fare un r. pomeridiano.*

†**ripositòrio** • V. *repositorio.*

riposizionàre [da *ri-* e *posizionare*] v. tr. (*io riposizióno*) *1* (*tecnol.*) Ricollocare nella sede o nella posizione consueta: *r. il sedile.* *2* (*chir.*) Ricollocare un organo spostato nella sua giusta posizione. *3* (*econ.*) Ricollocare un prodotto sul mercato, cambiandone le caratteristiche fisiche e commerciali o indirizzandolo a una diversa fascia di consumatori.

riposizióne o (*raro*) **reposizióne** [vc. dotta, lat. tardo *repositiōne*(*m*), da *repŏsitus* 'riposto'] s. f. *1* (*raro*) Il riporre in serbo, in luogo sicuro, in custodia. *2* Il ricollocare q.c. al suo posto. *3* (*med.*) Riduzione.

ripòso [da *riposare* (*2*)] **A** s. m. *1* Atto, modo ed effetto del riposare o del riposarsi, cessazione o interruzione di attività, fatica e sim.: *lavorare senza r.; concedere tre giorni di r.; r. festivo, domenicale* | (*est.*) Ristoro, sollievo: *un po' di r. te lo meriti* | (*est.*) Sonno: *privare qc. del necessario r.; buon r.!* | (*euf.*) *L'eterno r.*, la morte | (*euf.*) †Sepoltura. *2* (*est.*) Persona, cosa, luogo riposante: *la sua conversazione è il mio r.; la campagna è il miglior r.* *3* (*lett.*) Quiete, tranquillità, pace: *il r. dell'animo.* *4* Stato di chi, per raggiunti limiti di età o per altre cause, cessa dal proprio servizio attivo, spec. nell'ambito dell'organizzazione militare: *andare, collocare a r.; ufficiale a r.* | *Mettere q.c. in, a r.*, non usarla più. *5* Posizione di riposo, di militari, ginnasti e sim. *6* (*mus.*) Termine della frase su cui riposa il canto | *Accordo di r.*, che è atto a concludere e lasciare l'orecchio riposato | *Nota, grado di r.*, per l'accordo di riposo. *7* Letargo | Quiescenza | *R. del terreno*, il lasciare un campo senza coltura e non lavorarlo per un certo tempo. *8* (*arch.*) Superficie piana ed uniforme, in contrasto con altre parti dell'edificio movimentate: *le volute e i riposi di un palazzo barocco.* **B** in funzione di inter. • Si usa come comando a militari, ginnasti, alunni perché, lasciando la posizione di attenti o un'altra posizione, o interrompendo un esercizio, ne assumano con il corpo un'altra più rilassata, con le braccia incrociate dietro la schiena e il piede destro spostato in avanti. || **riposìno**, dim. (V.).

ripossedére [comp. di *ri-* e *possedere*] v. tr. (coniug. come *possedere*) • Possedere di nuovo.

ripósta [da *riposto*] s. f. • (*raro*) Atto del riporre | Provvista: *la r. del grano.*

†**ripostàglia** [da *riposto*] s. f. • Intimità, segretezza | *In r.*, segretamente.

riposterìa [da *riposto*] s. f. • (*mar.*) Sulle navi, vano adiacente alla cucina o alla sala da pranzo, dove si tengono in serbo vettovaglie e stoviglie e, talora, si servono bevande e cibi freddi.

ripostìglio [da *riposto*, sul modello di *nascondiglio*] s. m. *1* Luogo dove si può riporre o tenere in serbo o nascosto q.c. (*anche fig.*): *mettere gli avanzi nel r.; i ripostigli del cuore* | (*est.*) †Nascondiglio. *2* (*mar.*) Stipetto, credenzina.

†**ripostìme** [da *riposto*] s. m. • Deposito.

ripósto A part. pass. di *riporre*; anche agg. *1* Nei sign. del v. *2* Appartato, recondito: *luoghi riposti* | Segreto, nascosto: *i più riposti pensieri; significato r.* | †*In r.*, in segreto. || **ripostaménte**, avv. *1* Di nascosto, occultamente: *agire ripostamente.* *2* (*raro*) Nel segreto dell'anima: *sperare ripostamente.* **B** s. m. *1* (*mar.*) Deposito di alimentari. SIN. Dispensa. *2* (*mar.*) Locale prossimo al quadrato, dove si conservano le stoviglie e dove sosta il personale addetto al servizio di mensa per essere pronto al bisogno.

ripotàre [comp. di *ri-* e *potare*] v. tr. (*io ripóto*) • Potare di nuovo.

ripotatùra [comp. di *ri-* e *potatura*] s. f. • Nuova potatura.

ripotére [comp. di *ri-* e *potere*] v. intr. (coniug. come *potere*; aus. *essere* o *avere*) • Potere di nuovo.

ripper /'ripper, *ingl.* 'ripə*/ [vc. ingl., 'che squarcia, lacera', dal v. *to rip*, di area germ.] s. m. inv. • (*agr.*) Scarificatore.

ripranzàre [comp. di *ri-* e *pranzare*] v. intr. (aus. *avere*) • Pranzare di nuovo.

ripraticàre [comp. di *ri-* e *praticare*] v. tr. (*io ripràtico, tu ripràtichi*) • Praticare di nuovo.

riprecettàre [comp. di *ri-* e *precettare*] v. tr. (*io riprecètto*) • (*raro*) Precettare di nuovo.

riprecipitàre [comp. di *ri-* e *precipitare*] **A** v. intr. (*io riprecìpito*; aus. *essere*) • Precipitare di nuovo. **B** v. intr. pron. • Precipitarsi di nuovo.

riprèda [comp. di *ri-* e *preda*] s. f. • Atto con il quale un belligerante riesce a recuperare una propria nave mercantile catturata dal nemico. SIN. Ripresa.

ripredicàre [comp. di *ri-* e *predicare*] v. tr. (*io riprèdico, tu riprèdichi*) • Predicare di nuovo.

ripregàre [comp. di *ri-* e *pregare*] v. tr. (*io riprègo, tu riprèghi*) • Pregare di nuovo, ancora.

riprèmere [comp. di *ri-* e *premere*] **A** v. tr. (coniug. come *premere*) *1* Premere di nuovo o a sua volta. *2* †Reprimere. **B** v. intr. pron. • †Premersi di nuovo.

ripremiàre [comp. di *ri-* e *premiare*] v. tr. (*io riprèmio*) • Premiare di nuovo.

†**riprendènza** [da *riprendere*] s. f. • Riprensione.

riprèndere o †**reprehèndere** [lat. *reprehĕndere*, comp. di *re-* e *prehĕndere* 'prendere'] **A** v. tr. (coniug. come *prendere*) *1* Prendere di nuovo, un'altra volta: *r. il cappello e andarsene; r. il proprio posto* | *R. le armi*, combattere di nuovo, riprendere la guerra, la battaglia | *R. marito*, rimaritarsi | *R. l'abito*, (*fig.*) rifarsi frate, prete. *2* Prendere indietro ciò che si è dato, prestato, affidato in custodia: *r. il soprabito lasciato al guardaroba* | Prendere a sua volta: *r. il sasso tirato* | Riportare via con sé: *r. il bambino lasciato alla governante.* *3* Rioccupare, riconquistare: *r. la fortezza perduta.* *4* Acquistare di nuovo (*anche fig.*): *r. quota; r. vigore, animo* | (*fig.*) *R. i sensi*, rinvenire. SIN. Recuperare. *5* Tornare a colpire, a sorprendere, assalire, detto di malattia o vizio: *la febbre lo ha ripreso alle undici.* *6* Ricominciare dopo un periodo di pausa, di interruzione: *r. la guerra, il cammino, il discorso* | *R. i pennelli*, rimettersi a dipingere | *R. il mare*, rimettersi a navigare | (*ass.*) Soggiungere, continuare: *ascoltò attentamente e riprese: «...».* *7* Biasimare, ammonire qc.: *r. il bambino con dolcezza* | Criticare q.c., rilevarla come erronea: *r. la superficialità, l'ignoranza.* SIN. Rimproverare. *8* Ritrarre, riprodurre una fisionomia o altro in un disegno, un ritratto, e sim.: *r. un panorama dal vero.* *9* Effettuare una ripresa cinematografica o fotografica | Eseguire la registrazione fotografica o cinematografica di un'immagine mediante la macchina da presa. *10* Ritoccare una cucitura per restringere l'abito in quel punto: *riprendere l'abito in vita* | *R. un punto*, lavorando a maglia, ricominciare a ripeterlo dopo un certo numero di ferri o solo dopo qualche maglia. **B** v. intr. pron. *1* Recuperare vigore, forza, energia: *dopo la morte dell'amico, tardava a riprendersi.* *2* Correggersi, ravvedersi: *era sulla cattiva strada, ma si riprese da solo.* **C** v. intr. (aus. *avere*) *1* Ricominciare: *riprese a gridare con più forza.* *2* Riprendere vigore, ravvivarsi: *dopo la pioggia, le piante hanno ripreso.*

†**riprendìbile** [da *riprendere*] agg. • Degno di riprensione.

riprendiménto s. m. *1* (*raro*) Atto, effetto del riprendere. *2* †Riprensione.

riprenditóre s. m. (f. *-trice*) • (*raro*) Chi riprende.

riprensìbile o (*raro*) **reprensìbile** [vc. dotta, lat. tardo *reprehensībile*(*m*), da *reprehēnsus*, part. pass. di *reprehĕndere* 'riprendere'] agg. • (*lett.*) Degno di riprensione: *atto r.* SIN. Biasimevole, riprovevole. || **riprensibilménte**, avv. (*raro*) In modo degno di riprensione.

riprensibilità s. f. • (*raro*) L'essere riprensibile.

riprensióne o (*raro*) **reprensióne** [vc. dotta, lat. *reprehensiōne*(*m*), da *reprehēnsus*, part. pass. di *reprehĕndere* 'riprendere'] s. f. *1* (*lett.*) Rimprovero, biasimo, critica, disapprovazione: *degno di r.* | †*Essere di r.*, essere meritevole di riprensione. *2* †Azione che procura disapprovazione. || **riprensioncèlla**, dim. | **riprensionétta**, dim.

riprensìvo o †**reprensìvo** [dal lat. *reprehēnsus*, part. pass. di *reprehĕndere* 'riprendere'] agg. • (*lett.*) Che serve a riprendere, criticare, biasimare | Che contiene critiche, biasimo: *parole riprensive.* || †**riprensivaménte**, avv. Con riprensione.

riprensóre [vc. dotta, lat. *reprehensōre*(*m*), da *reprehēnsus*, part. pass. di *reprehĕndere* 'riprendere'] s. m. (come f. *riprenditrice*) • (*lett.*) Chi riprende, critica.

†**riprensòrio** [da *riprensore*] agg. • Della riprensione.

ripreparàre [comp. di *ri-* e *preparare*] **A** v. tr. • Preparare di nuovo o meglio. **B** v. rifl. • Prepararsi di nuovo o meglio.

riprésa [part. pass. f. sost. di *riprendere*] s. f. *1* Atto del riprendere, spec. nel sign. di ricominciare, ripetere: *la r. delle ostilità, delle iniziative di pace* | *A più riprese*, in diverse volte; più volte, ripetutamente. *2* Rappresentazione teatrale ripetuta a distanza di un certo tempo dalla fine dell'ultima serie delle rappresentazioni stesse. *3* Recupero di vitalità, energia, intensità e sim.: *una lenta r. dopo la malattia; il commercio è in rapida r.* | *R. economica*, la fase positiva del ciclo economico, successiva a una recessione. *4* Attitudine di un motore ad accelerare rapidamente: *un'automobile con buona r.* | (*est.*) L'accelerazione stessa. *5* Operazione di riproduzione fotografica di documenti o stampati su pellicola o lastra. *6* (*letter.*) Ritornello della ballata, formato di uno o più versi che corrispondono per il numero e l'ultima rima alla volta della stanza. *7* (*mus.*) In una composizione, ritorno, spesso più o meno variato, di un tema precedente. *8* (*sport*) Nel calcio e altri giochi di palla a squadre, il secondo dei due tempi di una partita | Nel pugilato, ciascuno dei periodi di tempo di un incontro durante i quali i due avversari combattono. *9* (*sport*) Lezione di equitazione | Nel dressage, l'insieme delle figure richieste da ogni prova. *10* Piega cucita per restringere o modellare un abito. SIN. Pince. *11* (*cine*) Operazione del riprendere le scene da proiettare | *R. sonora*, registrazione dei suoni. *12* Nella vogata, ritorno del remo con la pala di piatto da poppa verso prora. *13* †Risorsa, guadagno. *14* (*fig.*) †Riprensione. *15* (*mar.*) Ripreda. || **ripresìna**, dim. (V.).

†**ripresàglia** • V. *rappresaglia.*

ripresentàre [vc. dotta, lat. *repraesentāre*, comp. di *re-* e *praesentāre* 'presentare'] **A** v. tr. (*io ripresènto*) *1* Presentare di nuovo: *r. una persona appena conosciuta; r. una questione; r. il conto.* *2* †Rappresentare. **B** v. rifl. • Tornare a presentarsi: *si sono ripresentati al concorso* | Porre, proporre di nuovo la propria candidatura (*anche ass.*): *quest'anno alcuni senatori non si sono ripresentati.*

ripresentàto part. pass. di *ripresentare*; anche agg. • Nei sign. del v.

ripresentatóre s. m. (f. *-trice*) • (*raro*) Chi ripresenta.

ripréso part. pass. di *riprendere*; anche agg. *1* Nei sign. del v. *2* †Rappreso, rattratto, contratto. *3* Detto di abito ristretto in determinati punti: *giacca ripresa in vita.*

riprestàre [comp. di *ri-* e *prestare*] **A** v. tr. (*io riprèsto*) • Prestare di nuovo (*anche fig.*): *vi ripresto la stessa somma; riprestateci attenzione.* **B** v. rifl. • Prestarsi di nuovo.

ripretèndere [comp. di *ri-* e *pretendere*] v. tr. (coniug. come *pretendere*) • Pretendere di nuovo.

†**riprézzo** • V. *ribrezzo.*

riprincipiaménto [da *riprincipiare*] s. m. • (*raro*) Ricominciamento.

riprincipiàre [comp. di *ri-* e *principiare*] v. tr. e intr. (*io riprincìpio*; aus. *avere*) • Principiare di nuovo.

ripristinaménto s. m. • Modo, atto, effetto del ripristinare (*anche fig.*).

ripristinàre [da *pristino*, col pref. *ri-*] v. tr. (*io ripristino*) • Rimettere nello stato primitivo | Restaurare: *r. un edificio* | (*fig.*) Rinnovare, ristabi-

lire: *r. l'ordine in tutta la città.*
ripristinatóre agg.; anche m. (f. *-trice*) ● Chi, che ripristina (*anche fig.*).
ripristinazióne s. f. ● Atto, effetto del ripristinare (*anche fig.*).
ripristino s. m. ● Ripristinamento.
riprivatizzàre [comp. di *ri-* e *privatizzare*] v. tr. ● Cedere a privati un'azienda, un'impresa, un servizio prima nazionalizzati o municipalizzati.
†riprobàre ● V. *riprovare (2)*.
riprodótto part. pass. di *riprodurre*; anche agg. ● Nei sign. del v.
riproducènte part. pres. di *riprodurre* ● Nei sign. del v.
riproducìbile [da *riprodurre*, sul modello di *producibile*] agg. ● Che si può riprodurre: *immagine r.*; *pagina non r.*
riproducibilità s. f. ● Qualità di ciò che è riproducibile.
†riproduciménto [da *riprodurre*, sul modello di *producimento*] s. m. ● Riproduzione.
riprodùrre [comp. di *ri-* e *produrre*] **A** v. tr. (coniug. come *produrre*) **1** Produrre di nuovo: *fenomeno che ha riprodotto gli stessi effetti.* **2** Fare, eseguire una copia il più fedele possibile all'originale: *r. una statua marmorea in gesso* | (*est.*) Stampare, ripubblicare in molti esemplari: *r. le poesie del Leopardi in centomila copie.* **3** (*fig.*) Riferire, trascrivere, rappresentare fedelmente: *r. il pensiero di un altro*; *non possiamo r. tutte le sue espressioni.* **B** v. intr. pron. **1** Moltiplicarsi con le generazioni, detto di animali o piante: *il leone si riproduce in cattività.* **2** Rigenerarsi, riformarsi: *si è riprodotta un'incrostazione.* **3** (*fig., est.*) Ripetersi: *si è riprodotta una circostanza analoga.*
riproduttività [comp. di *ri-* e *produttività*] s. f. ● (*raro*) Qualità di chi o di ciò che è riproduttivo | (*sociol.*) Processo di rinnovamento che interessa una popolazione: *tasso di r.*
riproduttìvo [da *riprodurre*, sul modello di *produttivo*] agg. ● Atto a riprodurre: *facoltà riproduttiva.*
riproduttóre [da *riprodurre*, sul modello di *produttore*] **A** agg. (f. *-trice*) ● Che riproduce o è attinente alla riproduzione: *organi riproduttori*; *apparato r.* **B** s. m. **1** Chi riproduce. **2** (*zoot.*) Animale destinato alla riproduzione. **3** Apparecchio atto a riprodurre q.c. | *R. acustico*, apparecchio che trasforma in suono una vibrazione meccanica o elettrica | *R. fonografico*, pick up | *R. a cuffia*, *r. stereo di cassette*, lettore stereofonico. **4** Apparecchio che consente di ottenere direttamente, senza la predisposizione di particolari matrici, una o più copie di un documento, disegno e sim.
riproduttrìce [f. di *riproduttore*] s. f. ● (*elab.*) Macchina a schede perforate che permette di riprodurre su una nuova scheda tutte o parte delle perforazioni contenute in un'altra scheda.
riproduzióne [da *riprodurre*, sul modello di *produzione*] s. f. **1** Atto, effetto del riprodurre o del riprodursi: *la r. di un fenomeno.* **2** (*biol.*) Proprietà fondamentale degli esseri viventi di generare nuovi individui, che garantisce il perpetuarsi della specie | *R. asessuata*, gemmazione, scissione | *R. sessuata*, caratterizzata dalla differenziazione delle cellule germinali maschili e femminili. **3** Rifacimento, moltiplicazione di copie a stampa | (*est.*) Ristampa. **4** Presa fotografica di un'immagine a due dimensioni. **5** Emissione di suoni incisi su disco o registrati su nastro magnetico | Trasmissione sullo schermo televisivo di un brano registrato su videocassetta.
riprofondàre [comp. di *ri-* e *profondare*] **A** v. tr. (*io riprofóndo*) ● (*raro, lett.*) Profondare di nuovo. **B** v. intr. e intr. pron. (aus. *essere*) ● (*raro, lett.*) Profondarsi di nuovo.
riprofumàre [comp. di *ri-* e *profumare*] **A** v. tr. ● Profumare di nuovo. **B** v. rifl. ● Profumarsi di nuovo.
riprografìa o **reprografìa** [comp. di *ripro(duzione)* e *-grafia*, calco sul fr. *reprographie*, a sua volta comp. di *repro(duction)* 'riproduzione' e *-graphie* '-grafia'] s. f. ● Ogni tecnica di riproduzione fotomeccanica di documenti, disegni e sim., mediante duplicazione ottenuta con vari apparecchi e procedimenti.
riprogràfico o **reprogràfico**. agg. ● Di, relativo a riprografia. || **riprograficaménte**, avv.
ripromésso part. pass. di *ripromettere* ● Nei sign. del v.
ripromèttere [vc. dotta, lat. *repromĭttere*, comp. di *re-* e *promĭttere* 'promettere'] **A** v. tr. (coniug. come *promettere*) **1** Promettere di nuovo, a propria volta. **2** Sperare, aspettarsi: *ci riprometiamo un buon raccolto.* **B** v. intr. pron. ● Proporsi, prefiggersi: *mi riprometto di andarli a trovare appena torno.*
†riprometitóre agg.; anche s. m. (f. *-trice*) ● (*raro*) Che, chi ripromette.
†ripromissióne o **†repromissióne** [vc. dotta, lat. *repromissiōne(m)*, da *repromĭssus*, part. pass. di *repromĭttere* 'ripromettere'] s. f. ● Il ripromettersi q.c.
riproponènte part. pres. di *riproporre* ● (*raro*) Nei sign. del v.
ripropórre [comp. di *ri-* e *proporre*] v. tr., rifl. e intr. pron. (coniug. come *proporre*) ● Proporre di nuovo, ripresentare: *r. una candidatura*; *non sappiamo cosa r.*; *si è riproposto come candidato*; *un simile problema prima o poi ci si riproporrà.*
riproporzionàre [comp. di *ri-* e *proporzionare*] v. tr. (*io riproporzióno*) ● (*raro*) Proporzionare di nuovo.
ripropósta [comp. di *ri-* e *proposta*] s. f. ● (*raro*) Nuova proposta.
ripropósto part. pass. di *riproporre*; anche agg. ● Nei sign. del v.
riprosperàre [comp. di *ri-* e *prosperare*] v. intr. (*io ripròspero*; aus. *avere*) ● Prosperare di nuovo o meglio.
riprotèsta [comp. di *ri-* e *protesta*] s. f. ● (*raro*) Nuova protesta.
riprotestàre [comp. di *ri-* e *protestare*] v. intr. (*io riprotèsto*; aus. *avere*) ● Protestare di nuovo.
ripròva o **†riprùova** [da *riprovare (1)*] s. f. ● Nuova prova fatta per confermare una precedente: *effettuare la r. dell'operazione* | Nuova conferma: *la r. dell'esperienza* | *A r.*, a conferma | *Testimone a r.*, indotto dalla parte contro cui è stata chiesta una prova testimoniale per confutare le affermazioni dei testi contrari. SIN. Verifica.
†riprovagióne ● V. *riprovazione.*
riprovaménto s. m. ● (*raro*) Riprovazione.
riprovàre (1) [comp. di *ri-* e *provare*] **A** v. tr. (*io ripròvo*) **1** Provare di nuovo: *r. un abito*; *r. un dolore.* **2** Confermare, dimostrare ulteriormente: *questo riprova la vostra buona volontà.* **B** v. intr. e intr. pron. (aus. intr. *avere*) ● Provarsi, cimentarsi di nuovo per inserirsi in q.c.: *r. a leggere, a parlare*; *si sono riprovati in una difficile gara.*
riprovàre (2) o **†reprobàre**, (*lett.*) **†reprovàre**, **†riprobàre** [lat. tardo *reprobāre*, comp. di *re-* e *probāre*, da *prŏbus* 'probo'] v. tr. (*io ripròvo*) **1** (*lett.*) Disapprovare, rifiutare: *tutti riprovano la sua condotta* | *R. agli esami*, dichiarare non idoneo a proseguire gli studi, bocciare | *R. un libro*, censurarlo, non permetterne la pubblicazione mediante la censura | *R. uno scritto*, non riconoscerlo per proprio, rifiutarlo. SIN. Biasimare. **2** †Confutare, dimostrare non credibile, erroneo: *r. opinioni, calunnie.*
riprovàto (1) part. pass. di *riprovare (1)* ● Nei sign. del v.
riprovàto (2) **A** part. pass. di *riprovare (2)*; anche agg. ● Nei sign. del v. **B** s. m. (f. *-a*) ● Candidato bocciato agli esami: *i riprovati di settembre.*
riprovatóre [vc. dotta, lat. tardo *reprobatōre(m)*, da *reprobātus* 'riprovato'] agg.; anche s. m. (f. *-trice*) ● Che, chi disapprova.
riprovatòrio [da *riprovare (2)*] agg. ● Che disapprova, che biasima: *tono r.*
riprovazióne o **†riprovagióne** [vc. dotta, lat. tardo *reprobatiōne(m)*, da *reprobātus* 'riprovato'] s. f. ● (*lett.*) Disapprovazione, biasimo: *la tua proposta ha suscitato la r. generale* | *R. agli esami*, bocciatura.
†riprovedére ● V. *riprovvedere.*
riprovévole [da *riprovare (2)*] agg. ● Che merita riprovazione: *condotta, azione r.* || **riprovevolménte**, avv.
riprovocàre [comp. di *ri-* e *provocare*] v. tr. (*io ripròvoco, tu ripròvochi*) ● Provocare di nuovo.
riprovvedére o **†riprovedére** [comp. di *ri-* e *provvedere*] **A** v. tr. e intr. (coniug. come *provvedere*; aus. *avere*) ● Provvedere di nuovo. **B** v. rifl. ● Provvedersi di nuovo.
†riprùova ● V. *riprova.*
ripuàrio [fr. *ripuaire*, dal lat. mediev. *ripuāriu(m)*, per il classico **ripāriu(m)* 'che si trova sulle rive', da *rīpa* 'riva'] agg. ● (*raro*) Ripario, ripense: *popolo r.*; *province ripuarie.*
ripubblicàbile agg. ● Che si può ripubblicare.
ripubblicàre [comp. di *ri-* e *pubblicare*] v. tr. (*io ripùbblico, tu ripùbblichi*) ● Pubblicare di nuovo.
ripubblicazióne [comp. di *ri-* e *pubblicazione*] s. f. ● Nuova pubblicazione.
ripudiàbile agg. ● Che si può o si deve ripudiare.
ripudiàre o (*raro*) **repudiàre** [vc. dotta, lat. *repudiāre*, da *repŭdium* 'ripudio'] v. tr. (*io ripùdio*) **1** Non riconoscere q.c. che ci appartiene come nostro, respingere qc. al quale si è legati da amore, amicizia, parentela: *r. le poesie dell'adolescenza*; *r. i genitori.* SIN. Disconoscere, rinnegare. **2** Nel diritto matrimoniale di alcuni popoli, fare atto di ripudio. **3** (*est.*) Dichiarare fermamente di non voler più accettare: *r. un'opinione, una ideologia.* SIN. Respingere, sconfessare.
ripudiàto part. pass. di *ripudiare*; anche agg. ● Nei sign. del v.
ripudiatóre [vc. dotta, lat. tardo *repudiatōre(m)*, da *repudiātus* 'ripudiato'] agg.; anche s. m. (f. *-trice*) ● (*raro*) Che, chi ripudia.
ripùdio o (*raro*) **repùdio** [vc. dotta, lat. *repŭdiu(m)*, da avvicinare a *pudēre* 'vergognarsi' (V. *pudore*), col pref. *re-*] s. m. **1** Atto, effetto del ripudiare: *r. di ogni vincolo affettivo, di una fede.* **2** Nel diritto matrimoniale di alcuni popoli, formale dichiarazione del marito alla moglie di volere rompere il vincolo coniugale.
ripugnànte o **repugnànte**. part. pres. di *ripugnare*; anche agg. ● Nei sign. del v. || **ripugnanteménte**, avv. (*raro*) Con ripugnanza.
ripugnànza o **repugnànza** [vc. dotta, lat. *repugnāntia(m)*, da *repūgnans*, genit. *repugnāntis* 'ripugnante'] s. f. **1** Contrarietà, avversione, disgusto: *vincere la r. causata da una nota sgradevole*; *abbiamo r. per la violenza.* **2** Riluttanza, renitenza: *ha r. a ubbidire*; *ho r. a parlare in pubblico.* **3** †Contrasto, incompatibilità: *r. di colori in un abito.*
ripugnàre o **repugnàre** [vc. dotta, lat. *repugnāre* 'contrastare, opporsi', comp. di *re-* e *pugnāre*] **A** v. intr. (aus. *avere*) **1** Suscitare avversione fisica o spirituale: *bevanda che ripugna*; *uno spettacolo che ripugnava* | *Mi ripugna*, non posso tollerare, soffrire. **2** Essere contrario, avverso materialmente o spiritualmente: *r. al palato, alla vista*; *ciò ripugna alla nostra coscienza.* **3** †Resistere, opporsi, contrastare. **4** †Essere incompatibile, non opportuno, non adatto | *Cose che ripugnano tra loro*, cose che non possono stare assieme. **5** †Combattere resistendo, respingere. **B** v. tr. ● †Contrastare, avversare.
†ripugnazióne [vc. dotta, lat. *repugnatiōne(m)*, da *repugnāre* 'ripugnare'] s. f. ● Ripugnanza, reazione.
†ripùgnere ● V. *ripungere.*
ripuliménto s. m. ● (*raro*) Ripulitura (*anche fig.*).
ripulìre o **†ripolìre** [comp. di *ri-* e *pulire*] **A** v. tr. (*io ripulìsco, tu ripulìsci*) **1** Pulire di nuovo, ancora: *bisogna r. la casa.* **2** Nettare bene, far tornare di nuovo pulito: *r. le scarpe con una energica spazzolata* | Far piazza pulita, rubare tutto: *i ladri gli hanno ripulito la cassaforte* | Pulire togliendo il superfluo: *r. un ramo* | *R. i piatti*, mangiare tutto ciò che è stato portato in tavola | *R. le tasche a qc.*, togliergli tutto il denaro, spec. dopo una perdita al gioco. **3** (*fig.*) Perfezionare, rivedere e correggere bene: *r. dei versi.* SIN. Limare. **4** (*lett., fig.*) Dirozzare, ingentilire: *la buona educazione lo ha ripulito.* **B** v. rifl. **1** Lavarsi, pettinarsi, mettersi abiti decenti: *prima di uscire, ci ripuliremo.* **2** (*fig.*) Incivilirsi, ingentilirsi.
ripulisti ● V. *repulisti.*
ripulita s. f. ● Atto del ripulire o del ripulirsi in una sola volta e spec. in modo sbrigativo: *darsi una r. alla giacca* | *Fare, dare una r.*, (*fig.*) eliminare ciò che è nocivo, molesto, dannoso; mangiare tutto senza lasciare avanzi. || **ripulitina**, dim.
ripulito part. pass. di *ripulire*; anche agg. ● Nei sign. del v.
ripulitóre s. m. (f. *-trice*) ● (*raro*) Chi ripulisce.
ripulitùra s. f. ● Atto, effetto del ripulire o del ripulirsi (*anche fig.*): *la r. di un canale*; *attuare*

la r. di un ufficio licenziando gli inetti | Ciò che si accumula e si toglie nel ripulire q.c.: *buttare via la r. di un cassetto.*

ripullulaménto s. m. ● (*raro*) Il ripullulare (*anche fig.*).

ripullulàre [comp. di *ri-* e *pullulare*] v. intr. (*io ripùllulo*; aus. *essere*) ● Pullulare di nuovo (*anche fig.*): *la città ripullula di nemici*; *r. di richiami, di notizie.*

†**ripullulazióne** s. f. ● Atto del ripullulare.

ripùlsa o (*raro*) **repùlsa** [vc. dotta, lat. *repŭlsa(m)*, part. pass. f. sost. di *repĕllere* 'respingere'. V. *repellere*] s. f. *1* (*lett.*) Rifiuto, rigetto nei confronti di una domanda, una richiesta, una petizione: *ricevere una r. alla domanda di matrimonio*; *le repulse de' parentadi avute dal Re d'Aragona* (GUICCIARDINI). *2* †Rimozione, allontanamento.

†**ripulsàre** o †**repulsàre** [vc. dotta, lat. *repulsāre*, ints. di *repĕllere* 'respingere'] v. tr. ● Respingere, rigettare.

ripulsióne o **repulsióne** [vc. dotta, lat. tardo *repulsiōne(m)*, da *repŭlsus*, part. pass. di *repĕllere* 'respingere'] s. f. *1* Reazione che esprime avversione e ripugnanza verso qc. o q.c. che si rifiuta violentemente: *provare r. per la guerra*; *è una persona che mi ispira un'invincibile r.* *2* Azione del respingere. *3* V. *repulsione.*

ripulsìvo o **repulsìvo** [da *repulso*] agg. *1* Che suscita repulsione: *spettacolo r.* *2* Che serve a respingere: *forza ripulsiva.*

ripùlso o (*raro, lett.*) **repùlso.** **A** part. pass. di *repellere*; anche agg. ● Nei sign. del v. **B** s. m. ● (*lett.*) Reietto.

ripùngere o †**ripùgnere** [vc. dotta, lat. *repŭngere*, comp. di *re-* e *pŭngere*] v. tr. (coniug. come *pungere*) ● Pungere, ferire di nuovo: *con li strali ardenti / della faretra gli ripunse il petto* (POLIZIANO).

ripuntàre [comp. di *ri-* e *puntare*] v. tr. *1* Puntare di nuovo. *2* (*agr.*) Approfondire il solco col ripuntatore.

ripuntatóre [da *ripuntare*] s. m. ● Attrezzo che approfondisce il solco aperto dall'aratro, lasciando la terra smossa sul fondo.

ripuntatùra s. f. ● Lavoro del ripuntatore.

ripurgàre [vc. dotta, lat. *repurgāre*, comp. di *re-* e *purgāre*] v. tr. (*io ripùrgo, tu ripùrghi*) *1* Purgare di nuovo. *2* (*fig.*) Purificare: *r. un minerale.* *3* (*fig.*) Emendare, correggere: *r. un testo.*

riputàre ● V. *reputare.*

riputazióne ● V. *reputazione.*

riquadraménto s. m. ● (*raro*) Modo, atto, effetto del riquadrare.

riquadràre [da *quadro*, col pref. *ri-*] **A** v. tr. ● Rendere, ridurre in quadro, in forma quadrata: *r. una pietra* | (*fig.*) *R. la testa, il cervello a qc.*, avvezzarlo a pensare e giudicare bene, concretamente. SIN. Squadrare. **B** v. intr. (aus. *essere* e *avere*) *1* (*raro*) Misurare in superficie: *sala che riquadra sei metri.* *2* (*fig., raro*) Corrispondere, essere giusto: *il tuo discorso mi riquadra poco.* SIN. Quadrare. *3* †Essere di forma quadrata.

riquadràto **A** part. pass. di *riquadrare*; anche agg. *1* Nei sign. del v. *2* †Disposto a quadrati. **B** s. m. ● (*edit., giorn.*) Ogni testo stampato incorniciato da filetti allo scopo di metterne in evidenza il contenuto all'interno della colonna o della pagina nella quale è collocato.

riquadratóre s. m. ● Chi riquadra | Sbozzatore di blocchi in una cava.

riquadratùra s. f. *1* Atto, effetto del riquadrare | (*raro*) Spesa del riquadrare. *2* †Spazio quadro. *3* (*mar.*) Parte di verga che non è rotonda come il resto, ma rettangolare o poligonale.

riquàdro [comp. di *ri-* e *quadro*] s. m. *1* Spazio quadro, porzione quadrangolare di una superficie: *i riquadri del camposanto.* *2* Spazio quadro di parete o soffitto, dipinto e talora delimitato da modanature in rilievo. *3* (*raro*) Riquadratura: *lavori di r.*

riqualificàre [comp. di *ri-* e *qualificare*] **A** v. tr. ● Qualificare di nuovo | Dare a un lavoratore una diversa o migliore qualifica professionale: *l'azienda ha riqualificato gli operai non specializzati.* **B** v. rifl. ● Acquistare una diversa o migliore qualifica professionale: *per fare carriera dovrete riqualificarvi.*

riqualificazióne [comp. di *ri-* e *qualificazione*] s. f. ● Atto, effetto del riqualificare | Acquisto di una qualificazione professionale superiore da parte di un lavoratore, in seguito alla partecipazione agli appositi corsi.

rirallegràre [comp. di *ri-* e *rallegrare*] **A** v. tr. (*io rirallégro*) ● Rallegrare di nuovo. **B** v. intr. pron. ● Rallegrarsi di nuovo.

rirèndere [comp. di *ri-* e *rendere*] v. tr. (coniug. come *rendere*) ● Rendere di nuovo | Restituire: *quel che non è tuo rirèndilo.*

ririzzàre [comp. di *ri-* e *rizzare*] **A** v. tr. ● Rizzare di nuovo. **B** v. rifl. e intr. pron. ● Rizzarsi di nuovo.

rirómpere [comp. di *ri-* e *rompere*] **A** v. tr. (coniug. come *rompere*) ● Rompere di nuovo. **B** v. intr. pron. ● Rompersi di nuovo.

rirótto part. pass. di *rirompere* ● (*raro*) Nei sign. del v.

†**risa** s. f. ● Risata.

risàcca [sp. *resaca*, da *resacar* 'tirare indietro', comp. di *re-* 'ri-' e *sacar* 'tirare', risalente al lat. *săccus* 'sacco'] s. f. ● Ritorno disordinato e impetuoso dell'onda respinta da un ostacolo.

risaccheggiàre [comp. di *ri-* e *saccheggiare*] v. tr. (*io risacchéggio*) ● Saccheggiare di nuovo.

risaettàre [comp. di *ri-* e *saettare*] v. tr. e intr. (*io risaétto* o **risaètto**; aus. intr. *essere*) ● (*raro*) Saettare di nuovo, a sua volta o di rimando.

†**risagìre** [comp. di *ri-* e *sagire*] v. tr. ● Rimettere in possesso: *risagì il signore il detto conte nella contea di Fiandra* (VILLANI).

risàia [da *riso (3)*] s. f. ● Terreno coltivato a riso | *R. da vicenda*, che si alterna con altre colture | *R. permanente*, coltivata ogni anno a riso.

†**risàio** s. m. ● Risaia.

risaiòlo [da *riso (3)*] s. m. (f. *-a*) *1* Mondariso. *2* Chi controlla l'irrigazione della risaia o ne sorveglia i lavori.

risalàre [comp. di *ri-* e *salare*] v. tr. ● Salare di nuovo.

risalassàre [comp. di *ri-* e *salassare*] v. tr. ● Salassare di nuovo (*anche fig.*).

risaldaménto s. m. ● (*raro*) Modo, atto del risaldare (*anche fig.*).

risaldàre [comp. di *ri-* e *saldare*] v. tr. *1* Saldare di nuovo, ancora o meglio: *r. giunti metallici con stagno e piombo.* *2* Saldare i pezzi di un oggetto rotto, frantumato: *r. un vaso* | (*est., fig.*) Racconciare. *3* (*raro, fig.*) Risanare: *chi m'ha il fianco ferito e chi 'l risalda* (PETRARCA).

risaldatùra s. f. ● Atto, effetto del risaldare | Parte risaldata di q.c.

†**risaliménto** s. m. ● Il risalire.

risalìre [comp. di *ri-* e *salire*] **A** v. tr. (coniug. come *salire*) ● Salire di nuovo: *r. le scale* | *R. un fiume*, navigare verso la sorgente. **B** v. intr. (aus. *essere*) *1* Salire di nuovo, tornare, salendo, da dove si era discesi: *r. a cavallo*; *risaliremo presto in casa.* *2* (*fig.*) Rincarare: *tutti i prezzi risalgono* | (*raro, fig.*) Continuare a salire: *il cambio risale.* *3* (*fig.*) Ritornare con la mente, il pensiero a fatti, avvenimenti passati: *r. alla prima giovinezza* | (*fig.*) Spingere l'indagine all'inizio, all'origine di q.c.: *r. alla causa del fenomeno.* *4* Rimontare a tempi più o meno passati: *la costruzione di quel ponte risale al secolo scorso.* *5* †Saltare di nuovo.

risalìta [comp. di *ri-* e *salita*] s. f. *1* Atto del risalire | *Mezzi di r.*, funivia, seggiovia, ski-lift e gener. qualsiasi impianto atto a riportare gli sciatori all'inizio delle piste. *2* Viaggio di ritorno al nord degli uccelli migratori.

risalìto part. pass. di *risalire*; anche agg. *1* Nei sign. del v. *2* Di persona che è arrivata alla fama o alla ricchezza da misero stato (*spec. spreg.*): *è un villano r.*

risaltaménto s. m. ● Modo, atto del risaltare.

risaltàre [comp. di *ri-* e *saltare*] **A** v. tr. e intr. (aus. intr. *avere* e *essere*) ● Saltare di nuovo: *r. l'ostacolo*; *non riesco a r.*; *la palla è risaltata indietro e mi ha colpito.* **B** v. intr. (aus. *avere*) *1* Sporgere da una superficie, aggettare: *il bassorilievo risalta sulla colonna* | (*est.*) Spiccare nitidamente o chiaramente, detto di colori, disegni, pitture o suoni. *2* (*fig.*) Emergere, distinguersi, detto di persona: *risaltava su tutti per il suo coraggio* | (*fig.*) Apparire evidente, detto di fatti, verità, e sim.: *risalta una grossa contraddizione.*

†**risaltazióne** s. f. ● Rimbalzo, detto dell'acqua.

risàlto [comp. di *ri-* e *salto*] s. m. *1* Atto del risaltare: *il r. del bianco sul nero* | Spicco, rilievo, appariscenza: *quei personaggi hanno nella commedia un grande r.* | *Dare r.*, *mettere in r.*, fare spiccare. *2* Sporto, rilievo roccioso. *3* (*tecnol.*) Parte sporgente o aggettante di un elemento meccanico, atta e destinata gener. a inserirsi in una cavità o in un intaglio corrispondenti, allo scopo di compiere una determinata funzione: *i risalti della mappa di una chiave.* *4* Nelle antiche fortificazioni, spalletta per battere di fianco gli assalitori. *5* †Rimbalzo, salto dell'acqua.

risalutàre [vc. dotta, lat. *resalutāre*, comp. di *re-* e *salutāre* (V. *salutare (2)*)] v. tr. *1* Salutare di nuovo: *risalutami tua madre.* *2* Rendere il saluto a chi ci ha salutato o ci saluta: *non mi risaluta mai.*

risalutazióne [vc. dotta, lat. *resalutatiōne(m)*, da *resalutātus* 'risalutato'] s. f. ● (*raro*) Il risalutare.

risalvàre [vc. dotta, lat. tardo *resalvāre*, comp. di *re-* e *salvāre*] v. tr. ● Salvare di nuovo.

†**risaminàre** ● V. *riesaminare.*

risanàbile agg. ● Che si può risanare: *zona, terreno r.*

risanabilità s. f. ● Qualità di ciò che si può risanare: *la r. di un terreno.*

risanaménto s. m. ● Modo, atto del risanare (*anche fig.*): *improvviso r. del morbo*; *attuare il r. di una zona malsana*; *è importante il r. dello spirito* | *R. edilizio*, rinnovamento di un tessuto urbano mediante il restauro o l'eliminazione di vecchi edifici o quartieri | (*edil.*) *R. conservativo*, intervento sistematico finalizzato a conservare l'edificio e ad assicurare la funzionalità | *R. d'impresa*, provvedimenti amministrativi atti a migliorare le prospettive future aziendali, consistenti spec. nella svalutazione degli impianti i cui ingenti ammortamenti incidono troppo sui ricavi.

risanàre [vc. dotta, lat. tardo *resanāre*, comp. di *re-* e *sanāre*] **A** v. tr. *1* Rendere sano nuovamente: *non merita riprensione il medico che non sana, ma quel che non fa quel che dee per risanare l'infermo* (TASSO) | (*fig.*) *R. lo spirito a qc.*, restituirgli l'equilibrio e la serenità. SIN. Guarire. *2* Rendere salubre o abitabile, bonificare: *r. una zona paludosa*; *r. un quartiere periferico.* *3* (*fig.*) Emendare, riparare, riassestare: *r. il bilancio, l'economia nazionale* | *R. un'amministrazione*, organizzarla di nuovo con criteri più razionali. **B** v. intr. (aus. *essere*) ● Recuperare la salute: *è risanato dopo una lunga malattia.*

risanàto part. pass. di *risanare*; anche agg. ● Nei sign. del v.

risanatóre agg.; anche s. m. (f. *-trice*) ● Che, chi risana (*anche fig.*): *rimedio r.*; *educazione risanatrice*; *è un r. della vita pubblica.*

†**risanazióne** s. f. ● Atto, effetto del risanare.

risanguinàre [comp. di *ri-* e *sanguinare*] v. intr. (*io risànguino*; aus. *avere*) ● Sanguinare di nuovo.

risapére [comp. di *ri-* e *sapere*] v. tr. (coniug. come *sapere*) ● Venire a sapere da altri per relazione o per fama (*anche ass.*): *risaprò presto ciò che vai dicendo su di lui*; *si venne a r.*

risapùto part. pass. di *risapere*; anche agg. *1* Nel sign. del v. *2* Noto a tutti, notorio: *è r. che è un commerciante disonesto.*

risarcìbile agg. ● Che si può o si deve risarcire: *danno non r.*

risarcibilità s. f. ● Condizione di ciò che è risarcibile.

risarciménto s. m. *1* Modo, atto, effetto del risarcire: *chiedere, ottenere un r.*; *un r. congruo, inadeguato* | La somma con cui si risarcisce qc. o q.c.: *un r. di dieci milioni.* *2* Restauro | *R. dei boschi*, sostituzione di piante morte e immissione di nuovi vivai | †Riparazione.

risarcìre o †**resarcìre** [vc. dotta, lat. *resarcīre*, comp. di *re-* e *sarcīre* 'rappezzare, rassettare' (V. *sarcina*)] v. tr. (*io risarcisco, tu risarcìsci*) *1* Compensare un danno materiale o riparare un danno morale: *r. la perdita della casa*; *r. un'offesa* | Rifare qc. di un danno o dei danni compensandolo con denaro o altro: *lo hanno risarcito dei danni di guerra* | Ricompensare per una prestazione non eseguita: *r. il lavoro.* SIN. Ripagare. *2* (*raro*) Restaurare: *r. un edificio* | (*raro*) Risanare, cicatrizzare: *r. una piaga* | (*raro*) Racconciare, riparare.

risarèlla [da *riso (2)*] s. f. ● (*fam.*) Bisogno irrefrenabile di ridere, anche senza ragione: *mi prese la r.*

risarèllo agg. ● (*region.*) Ridente, atteggiato maliziosamente al riso: *occhi risarelli.*

risàta [da *riso* (*2*)] s. f. ● Atto del ridere, spec. a lungo e in modo sonoro: *non riusciva a trattenere le risate; Una r. alta, forzata, sprezzante accolse questa proposta* (MORAVIA) | *Fare una r. in faccia a qc.*, schernirlo, deriderlo | *Finire a risate*, finire allegramente | *Solenni, matte, grosse risate*, risate schiette, aperte e fragorose | *R. omerica*, lunga e rumorosa come quella degli dèi omerici. SIN. Riso. || **risatàccia**, pegg. | **risatèlla**, dim. | **risatina**, dim. | **risatóna**, accr.

risaziàre [comp. di *ri-* e *saziare*] v. tr. (*io risàzio*) ● Saziare ancora e di più.

rișbadigliàre [comp. di *ri-* e *sbadigliare*] v. intr. (*io rișbadìglio*; aus. *avere*) ● Sbadigliare di nuovo.

rișbagliàre [comp. di *ri-* e *sbagliare*] **A** v. intr. e tr. (*io rișbàglio*; aus. *avere*) ● Sbagliare di nuovo. **B** v. intr. pron. ● Sbagliarsi di nuovo.

†**rișbaldire** [provz. *esbaudir*, dal francone *bald* 'baldo'] **A** v. tr. ● Rallegrare, divertire. **B** v. intr. ● Rallegrarsi.

rișbandàre [comp. di *ri-* e *sbandare*] v. intr. (aus. *avere*) ● Sbandare di nuovo.

rișbarcàre [comp. di *ri-* e *sbarcare*] v. intr. (*io rișbàrco, tu rișbàrchi*; aus. *essere*) ● Sbarcare di nuovo.

rișbirciàre [comp. di *ri-* e *sbirciare*] v. tr. (*io rișbìrcio*) ● (*raro*) Sbirciare di nuovo.

riscagliàre [comp. di *ri-* e *scagliare*] v. tr. (*io riscàglio*) ● Scagliare di nuovo o a propria volta.

riscaldaménto s. m. *1* Atto, modo ed effetto del riscaldare: *interrompere il r. della casa* | (*fis.*) *R. aerodinamico*, riscaldamento di un corpo prodotto dall'attrito e dalla compressione dell'aria o di un altro gas che fluisce sulla sua superficie, spec. a velocità assai elevate. *2* Mezzo o impianto per riscaldare un edificio: *r. a carbone, a kerosene, mediante termosifoni, elettrico; spese di r.* | *R. centrale*, con un unico generatore di calore per tutti gli appartamenti di un fabbricato | *R. autonomo*, con un generatore di calore singolo per ogni appartamento di un fabbricato. *3* Attività ginnica preparatoria compiuta dagli atleti per scaldare e sciogliere i muscoli prima di una competizione o di esercizi molto impegnativi: *fare dieci minuti di r.* *4* (*pop.*) Riscaldo. *5* (*raro, fig.*) Passione | (*fig.*) †Ira, eccitazione causata dallo sdegno.

riscaldàre [comp. di *ri-* e *scaldare*] **A** v. tr. *1* Scaldare di nuovo, rimettere al fuoco ciò che è diventato freddo: *r. la minestra, l'arrosto.* *2* Rendere caldo: *r. una stanza con la stufa; il sole riscalda la terra* | Liberare dal freddo restituendo il calore naturale: *r. le mani col fiato* | *R. le reni a qc.*, (*raro, fig.*) bastonarlo. *3* (*fig.*) Eccitare, infiammare, accendere: *sono idee che riscaldano la testa* | †*R. gli orecchi a qc.*, farlo andare in collera. *4* (*est.*) Indurre riscaldamento: *è un cibo che riscalda.* **B** v. rifl. ● Riprendere calore: *riscàldarsi al sole, camminando.* **C** v. intr. pron. *1* Diventare caldo: *l'acqua non si è ancora riscaldata.* *2* (*fig.*) Infervorarsi, accendersi: *è un oratore che si riscalda facilmente; Signor cavaliere, non si riscaldi perché questi signori diranno ch'è innamorato davvero* (GOLDONI) | (*fig.*) *Riscaldarsi a freddo*, eccitarsi senza autentico entusiasmo, senza sincerità | (*fig.*) Adirarsi: *cerca di non riscaldarti.* **D** v. intr. (aus. *essere*) *1* †Aumentare, detto del calore interno umano. *2* †Fermentare, guastarsi, detto di biade, vino, formaggio o altro. **E** v. intr. impers. (aus. *essere*) ● (*raro*) Farsi caldo, diventare più caldo, detto dell'atmosfera: *da ieri è riscaldato molto.*

riscaldàta s. f. ● Atto del riscaldare, spec. in fretta: *dare una r. alla minestra.*

riscaldàto part. pass. di *riscaldare*; anche agg. ● Nei sign. del v.

riscaldatóre s. m. (f. *-trice* nel sign. 1) *1* (*raro*) Chi riscalda. *2* Apparecchiatura atta a produrre il riscaldamento di un fluido.

riscaldatùra s. f. ● (*raro*) Riscaldamento.

riscàldo [da *riscaldare*] s. m. *1* (*pop.*) Blanda infiammazione della pelle o dell'intestino. *2* (*raro, fig.*) Passione, capriccio, fantasia.

†**riscalpitàre** [comp. di *ri-* e *scalpitare*] v. tr. ● Scalpitare di nuovo.

riscalzàre [comp. di *ri-* e *scalzare*] v. tr. ● Scalzare di nuovo.

†**riscambiaménto** s. m. ● Modo, atto del riscambiare.

†**riscambiàre** [comp. di *ri-* e *scambiare*] v. tr. ● Scambiare, barattare.

riscappàre [comp. di *ri-* e *scappare*] v. intr. (aus. *essere*) ● Scappare di nuovo.

riscaricàre [comp. di *ri-* e *scaricare*] v. tr. (*io riscàrico, tu riscàrichi*) ● Scaricare di nuovo.

riscartabellàre [comp. di *ri-* e *scartabellare*] v. tr. (*io riscartabèllo*) ● (*raro*) Scartabellare di nuovo.

riscattàbile agg. ● Che si può o si deve riscattare.

riscattàre [lat. parl. **reexcaptāre*, comp. di *re-*, *ĕx* 'da' e *captāre* 'cercare di prendere'. V. *captare*] **A** v. tr. *1* Riacquistare con danaro qc. o q.c. che si era ceduto ad altri o che ci era stato sottratto: *r. il prigioniero; r. un gioiello, un pegno.* *2* (*dir.*) Sciogliere un contratto liberandosi, esercitando il riscatto, dall'obbligo con lo stesso assunto: *r. una rendita.* *3* (*fig.*) Redimere, liberare: *r. la propria vita con un atto di coraggio; r. la patria oppressa.* **B** v. rifl. *1* Redimersi, liberarsi con azioni lodevoli da una condizione indegna: *r. da un passato infamante con una vita irreprensibile.* *2* †Vendicarsi. *3* †Rifarsi di una perdita al giuoco.

riscattàto part. pass. di *riscattare*; anche agg. ● Nei sign. del v.

riscattatóre agg.; anche s. m. (f. *-trice*) ● (*raro*) Che, chi riscatta (*anche fig.*).

riscàtto s. m. *1* Atto, effetto del riscattare o del riscattarsi (*anche fig.*): *trattare il r. dei prigionieri; quella guerra ha operato il r. di un popolo.* *2* (*dir.*) Atto con cui il debitore, mediante il pagamento di una somma, si libera da un'obbligazione a esecuzione continuata | *Patto di r.*, accordo per cui il venditore può riacquistare la proprietà della cosa venduta restituendo il prezzo | *Diritto di r.*, diritto del venditore con fatto di riscatto o del coerede di ottenere la proprietà del bene versando al terzo acquirente una somma pari a quella da quest'ultimo pagata per acquistarlo. *3* Prezzo che si dovrebbe pagare o che si paga per riscattare qc. o q.c.: *pretendere un r. esoso; il r. dei prigionieri; tanto costò all'infelice Priamo il r. del cadavere di Ettore* (VICO). *4* †Vendetta, ricatto.

riscégliere o †**riscèrre** [comp. di *ri-* e *scegliere*] v. tr. (coniug. come *scegliere*) ● Scegliere di nuovo | Scegliere con più cura e diligenza.

risceglіménto s. m. ● (*raro*) Il riscegliere.

riscélta [comp. di *ri-* e *scelta*] s. f. ● (*raro*) Nuova scelta.

riscélto part. pass. di *riscegliere*; anche agg. ● Nei sign. del v.

riscemàre [comp. di *ri-* e *scemare*] v. tr. e intr. (*io riscémo*; aus. intr. *essere*) ● (*raro*) Scemare di nuovo.

riscéndere o **riscèndere** [comp. di *ri-* e *scendere*] v. intr. (coniug. come *scendere*; aus. *essere*) ● Scendere di nuovo.

†**riscèrre** ● V. *riscegliere.*

riscéso part. pass. di *riscendere* ● Nel sign. del v.

rischernìre [comp. di *ri-* e *schernire*] v. tr. (*io rischernìsco, tu rischernìsci*) ● Schernire di nuovo.

rischiacciàre [comp. di *ri-* e *schiacciare*] v. tr. (*io rischiàccio*) ● Schiacciare di nuovo.

rischiaffeggiàre [comp. di *ri-* e *schiaffeggiare*] v. tr. (*io rischiafféggio*) ● Schiaffeggiare di nuovo.

rischiaraménto s. m. ● Modo, atto, effetto del rischiarare o del rischiararsi (*anche fig.*): *un rapido r. del tempo; la tua mente ha bisogno di un r.*

rischiaràre [comp. di *ri-* e *schiarare*] **A** v. tr. *1* Rendere chiaro o più chiaro ciò che è scuro, fosco, torbido, annebbiato, e sim.: *r. la stanza con una lampada, la via con una fiaccola; la luna rischiara la notte* | *R. un colore*, renderlo meno carico | *R. la voce*, renderla sonora e limpida | *R. un oggetto*, illuminarlo | *R. piante, alberi*, diradarne i rami infoltiti | (*raro*) *R. un testo*, spiegarlo, commentarlo | *R. la vista*, liberarla da una visione poco nitida o annebbiata. *2* (*fig.*) Illuminare, rendere perspicace: *r. la mente; soccorri oggi al tuo servo: / l'empio confondi; il genitor rischiara* (ALFIERI). *3* Rendere più lucente un lavoro in oro non puro con reagenti che ne tolgano in parte il metallo vile. **B** v. intr. e intr. pron. (aus. *essere*) ● Farsi chiaro o più chiaro (*anche fig.*) | Schiarire, rasserenarsi, detto del tempo | Diventare limpido, sonoro, detto della voce | Farsi chiaro, luminoso, detto di colore | Acquistare chiarezza e limpidezza, detto di liquido.

rischiaràto part. pass. di *rischiarare*; anche agg. ● Nei sign. del v.

rischiaratóre agg.; anche s. m. (f. *-trice*) ● (*raro*) Che, chi rischiara.

rischiàre [V. *rischio*] **A** v. tr. (*io rìschio*) ● Mettere a repentaglio, arrischiare (*anche ass.*): *r. tutto per tutto; è una salita pericolosa: non r.* SIN. Azzardare, giocare, osare. **B** v. intr. (aus. *avere*) ● Correre il pericolo di: *r. di morire.* **C** v. intr. impers. (aus. *essere* e *avere*) ● Correre il rischio, il pericolo: *rischia di piovere.*

†**rischiarévole** [da *rischiarire*] agg. ● Sereno, ilare.

rischiariménto s. m. *1* Modo, atto, effetto del rischiarire. *2* (*fig.*) †Schiarimento.

rischiarìre [comp. di *ri-* e *schiarire*] **A** v. tr. (*io rischiarìsco, tu rischiarìsci*) ● (*raro*) Fare diventare chiaro o più chiaro. **B** v. intr. e intr. pron. (aus. *essere*) ● Farsi chiaro o più chiaro: *il liquido rischiarisce; il tempo si è rischiarito.*

rischiarito part. pass. di *rischiarire*; anche agg. ● Nei sign. del v.

rischieràre [comp. di *ri-* e *schierare*] v. tr. (*io rischièro*) ● Schierare di nuovo.

†**rischiévole** [da *rischio*] agg. ● Rischioso.

rìschio o †**risco** [etim. incerta] s. m. *1* Possibilità di conseguenze dannose o negative a seguito di circostanze non sempre prevedibili: *abbiamo corso un brutto r.; esporsi a un r.; r. professionale* | *Primo r.*, nel contratto di assicurazione, clausola con cui l'assicuratore si obbliga a corrispondere il risarcimento totale anche se l'assicurazione copre soltanto una parte del valore della cosa assicurata | *A r. del committente, del mittente*, di merce i cui eventuali danni subiti durante il viaggio saranno sopportati dal committente o dal mittente. SIN. Alea, pericolo. *2* Evento pericoloso, azzardo: *non cercate rischi inutili* | Pericolo più o meno imminente: *c'è il r. di una polmonite; ben folle è quegli / che a r. de la vita onor si merca* (PARINI) | *Correre il r.*, rischiare | *Col, a r. di*, correndo il rischio, il pericolo di, a costo di | *A proprio r. e pericolo*, assumendosi tutte le conseguenze, anche negative | *A r.*, detto di chi, o di ciò che, ha più probabilità di altri di subire gli effetti negativi di un fenomeno o di una situazione sfavorevole o pericolosa: *pazienti, categoria a r.; aziende a r.* | †*Stare a r. di*, correre il pericolo di. *3* Ammontare delle esposizioni di un cliente verso una banca: *r. diretto o indiretto.*

rischiosità [da *rischioso*] s. f. ● Qualità di ciò che è rischioso: *è un'impresa di evidente r.*

rischióso agg. ● Pieno di rischio: *vita, impresa rischiosa.* SIN. Azzardoso, pericoloso. || **rischiosaménte**, avv.

rischizzàre [comp. di *ri-* e *schizzare*] v. tr. ● Schizzare di nuovo.

risciacquaménto s. m. ● (*raro*) Modo, atto del risciacquare.

risciacquàre [comp. di *ri-* e *sciacquare*] v. tr. (*io risciàcquo*) *1* Sciacquare nuovamente: *risciacquati le mani: sono ancora sporche.* *2* Passare panni, stoviglie o altro in acqua chiara per eliminare residui di sapone o di altro detersivo, e sim.: *r. il bucato, i bicchieri già lavati* | *R. i panni, i cenci in Arno*, (*fig.*) adeguare il proprio linguaggio al modo in cui parlano i fiorentini, spec. colti, e gener. i toscani. *3* Pulire lavando con acqua o altro liquido, sciacquare: *dobbiamo r. le pentole con aceto* | *Risciacquarsi la bocca su qc.*, dirne molto male.

risciacquàta s. f. *1* Il risciacquare una sola volta e in fretta: *dare una r. ai fazzoletti.* *2* (*fig., fam.*) Lavata di capo, sgridata: *quel ragazzo merita una bella r.* SIN. Rabbuffo. || **risciacquatina**, dim.

risciacquàto part. pass. di *risciacquare*; anche agg. *1* Nei sign. del v. *2* (*fam.*) †Molto bagnato.

risciacquatóio [da *risciacquato*] s. m. ● Canale di scolo dei mulini ad acqua. SIN. Margone.

risciacquatóre s. m.; anche agg. (f. *-trice*) ● Chi, che risciacqua.

risciacquatùra s. f. *1* Atto, effetto del risciacquare: *procedere alla r.; terminare la r. dei panni.* *2* Acqua, liquido in cui è stato risciacquato q.c.: *buttare via la r. dei piatti* | (*fig., pop.*) *R. di bic-*

chieri, vino allungato abbondantemente e sgradevole al palato. **3** (*fig.*, *spreg.*) Scritto, componimento letterario lungo e mal fatto.

risciàcquo [da *risciacquare*] s. m. **1** Operazione del risciacquare | Una delle fasi del ciclo di funzionamento di una macchina lavatrice o lavastoviglie: *premere il tasto del r.*; *questo programma per la lana prevede quattro risciacqui.* **2** Acqua o liquido che serve a risciacquare: *aggiungere un ammorbidente nel r.* **3** (*med.*) Collutorio.

riscintillàre [comp. di *ri-* e *scintillare*] v. intr. (aus. *avere*) ● Scintillare di nuovo o di più | (*lett.*) Scintillare: *mormora al bianco lume il rio tra via / riscintillando tra le brevi sponde* (CARDUCCI).

risciò o **ricsciò**, **ricsiò**, **ricsò** [adattamento dell'ingl. *rickshaw*, abbr. di *jinrikisha*, vc. giapp., letteralmente 'vettura mossa dalla forza di un uomo', comp. di *jin* 'uomo', *riki* 'forza' e *sha* 'veicolo, vettura'] s. m. ● Carrozzella a due ruote trainata da un uomo, usata in Cina e altri paesi asiatici.

risciògliere o (*raro*, *poet.*) **risciòrre** [comp. di *ri-* e *sciogliere*] v. tr. (coniug. come *sciogliere*) ● Sciogliere di nuovo.

risciòlto part. pass. di *risciogliere* ● Nel sign. del v.

risciòrre ● V. *risciogliere.*

†**rìsco** ● V. *rischio.*

riscolàre [comp. di *ri-* e *scolare* (*1*)] v. tr. (*io riscólo*) ● Scolare di nuovo.

rìscolo [etim. incerta] s. m. ● (*bot.*) Bacicci.

riscolpìre [comp. di *ri-* e *scolpire*] v. tr. (*io riscolpìsco, tu riscolpìsci*) ● Scolpire di nuovo.

riscomméssо part. pass. di *riscommettere* ● Nel sign. del v.

riscomméttere [comp. di *ri-* e *scommettere*] v. tr. (coniug. come *scommettere*) ● Scommettere di nuovo.

riscomunicàre [comp. di *ri-* e *scomunicare*] v. tr. (*io riscomùnico, tu riscomùnichi*) ● Scomunicare di nuovo.

riscongiuràre [comp. di *ri-* e *scongiurare*] v. tr. ● Scongiurare di nuovo.

riscontàre [comp. di *ri-* e *scontare*] v. tr. (*io riscónto*) ● Presentare allo sconto ad altre banche cambiali di terzi già scontate.

riscónto s. m. **1** Atto, effetto del riscontare | *R. di portafoglio*, l'operazione con cui la banca si procura fondi scontando presso altre banche cambiali da essa scontate. **2** Rendite o spese periodiche riguardanti due esercizi la cui riscossione o pagamento è avvenuta in via anticipata.

riscontràbile agg. ● Che si può riscontrare: *conto r.*; *dati non riscontrabili.*

†**riscontraménto** [da *riscontrare*] s. m. ● Collazione.

riscontràre [comp. di *ri-* e *scontrare*] **A** v. tr. (*io riscóntro*) **1** Mettere di fronte due cose, due fatti, due fenomeni per rilevarne le corrispondenze e le differenze: *r. due documenti*; *r. alcuni dati statistici* | Confrontare, collazionare: *r. la copia di un manoscritto con l'originale* | *R. una citazione*, andarla a cercare nel testo dal quale è stata tratta. **2** Verificare, controllare le condizioni di q.c. o il suo funzionamento: *r. il peso di q.c.*; *r. le parti di un ingranaggio* | Riconoscere, rilevare dopo un esame, un confronto più o meno attento: *non abbiamo riscontrato irregolarità* | *R. la moneta*, ricontarla. **3** (*tosc.*) Incontrare: *r. qc. per strada* | Andare incontro: *siamo andati a riscontrarli alla stazione.* **4** †Trovare, riuscire a trovare. **B** v. intr. (aus. *avere*) **1** Risultare uguale, accordarsi, corrispondere: *le date riportate nei due documenti riscontrano.* **2** †Stare di fronte perfettamente. **3** Accadere. **C** v. intr. pron. **1** (*raro*, *tosc.*) Incontrarsi, imbattersi. **2** †Scontrarsi. **D** v. rifl. rec. **1** †Accordarsi, convenirsi. **2** (*lett.*) Incontrarsi. **3** †Azzuffarsi, scontrarsi violentemente.

riscontràta s. f. ● Operazione del riscontrare in fretta e una sola volta: *dare una r. al resto.* || **riscontratìna**, dim.

riscontràto part. pass. di *riscontrare*; anche agg. ● Nei sign. del v.

riscontratóre s. m.; anche agg. (f. *-trice*) ● (*raro*) Che, chi riscontra. SIN. Verificatore.

riscóntro **A** s. m. **1** Modo, atto, effetto del riscontrare: *dopo un laborioso r.*, *i due disegni sono apparsi uguali* | *Mettere a r.*, mettere a paragone, confrontare | Collazione: *un attento r. dei due codici* | Revisione, verifica, controllo: *abbiamo fatto il r. dei conti* | Riprova, conferma: *si è avuto il r. dagli ultimi esperimenti.* **2** Posizione di contro, di fronte, dirimpetto di due cose: *non so quale sia il r. esatto delle due finestre* | (*est.*) Corrispondenza di posizioni e forme: *questi quadri sono a r.* | *Avere per r.*, avere esattamente di fronte | *Di r.*, in corrispondenza esatta, di fronte | *Fare r.*, corrispondere | *Avere, trovare r.*, avere rapporto, corrispondenza | Cosa che sta di riscontro: *quel soprammobile per ora non ha r.* | *Fare degno r. a qc. o a q.c.*, (*fig.*) essere degno di qc. o di q.c. (*anche iron.*) | †*Al r.*, all'opposto. **3** (*est.*) Corrente d'aria che si produce tra aperture poste l'una di fronte all'altra: *temere i riscontri.* **4** Corrispondenza tra due meccanismi e sim. che s'incastrano tramite sporgenze e incavature. **5** Risposta, lettera di risposta: *non riceve r.*; *in r. alla Sua del ...* | (*raro*, *tosc.*) Ricevuta. **6** Ufficio della banca addetto alla verifica delle operazioni prima di autorizzarne il pagamento e l'incasso. **7** (*tosc.*) Incontro | (*est.*) †Persona incontrata. **8** †Contraccambio, corrispondenza: *Amor sol nasce dal trovar r. / d'amor* (MACHIAVELLI). **9** †Intoppo, impedimento. **10** (*fig.*) †Appoggio, sostegno. **11** †Scontro, urto. **12** Motivo di passamaneria, alamaro, per chiudere sul petto un abito, una giacca, un mantello: *cappotto allacciato con molti riscontri* | (*est.*) Nella sella, ognuna delle piccole strisce di cuoio a cui si affibbia il sottopancia. || **riscontrìno**, dim. **B** nella loc. prep. †*r. a* ● (*raro*) Di fronte a.

risconvòlgere [comp. di *ri-* e *sconvolgere*] **A** v. tr. (coniug. come *sconvolgere*) ● (*raro*) Sconvolgere di nuovo o di più. **B** v. intr. pron. ● (*raro*) Sconvolgersi di nuovo o di più.

risconvòlto part. pass. di *risconvolgere* ● Nei sign. del v.

riscopèrta [comp. di *ri-* e *scoperta*] s. f. ● Atto, effetto del riscoprire o del riscoprirsi | (*fig.*) Rinnovato interesse per un autore, un'opera, una consuetudine, un luogo prima dimenticati.

riscopèrto part. pass. di *riscoprire*; anche agg. ● Nei sign. del v.

riscoppiàre [comp. di *ri-* e *scoppiare* (*1*)] v. intr. (*io riscòppio*; aus. *essere*) ● Scoppiare di nuovo (*spec. fig.*): *riscoppiò una grande confusione.*

riscoprìre [comp. di *ri-* e *scoprire*] **A** v. tr. (coniug. come *scoprire*) ● Scoprire di nuovo: *essi vengono, con meraviglia e commozione, riscoprendo in se stessi, l'ignota ..., la negata comune umanità* (CROCE). **B** v. rifl. ● Scoprirsi di nuovo.

riscórrere [comp. di *ri-* e *scorrere*] **A** v. tr. (coniug. come *scorrere*) ● Scorrere di nuovo o in senso contrario: *r. le pagine di un libro* | Percorrere di nuovo (*spec. fig.*): *ha riscorso gli ultimi avvenimenti.* **B** v. intr. (aus. *essere*) ● (*raro*) Scorrere di nuovo.

riscorriménto s. m. ● (*raro*) Atto, effetto del riscorrere.

riscórso part. pass. di *riscorrere*; anche agg. ● Nei sign. del v.

†**riscorsóio** [comp. di *ri-* e *scorsoio*] agg. ● Ricorsoio.

riscorticàre [comp. di *ri-* e *scorticare*] v. tr. (*io riscòrtico* o *riscórtico*, *tu riscórtichi* o *riscòrtichi*) ● Scorticare di nuovo.

riscòssa [part. pass. f. sost. di *riscuotere*] s. f. **1** Riconquista di ciò che era stato occupato o conquistato dal nemico o di diritti che erano stati tolti da un oppressore: *chiamare, incitare alla r. del paese espugnato*; *è incominciata la r. morale, civile di un popolo intero.* **2** (*raro*) Liberazione | (*raro*) Recupero, riscatto. **3** †Riscossione di denaro.

riscossióne [da *riscosso*] s. f. ● Atto, effetto del riscuotere: *la r. dello stipendio, dell'affitto, di un'imposta.*

riscòsso part. pass. di *riscuotere*; anche agg. ● Nei sign. del v.

riscossóne [comp. di *ri-* e *scossone*] s. m. ● Scossone, sobbalzo: *dare, ricevere un r.*; *svegliarsi con un r.*

riscòtere ● V. *riscuotere.*

riscotìbile o (*raro*) **riscuotìbile**. agg. ● Che si può o si deve riscuotere: *credito r.*

riscotibilità o (*raro*) **riscuotibilità**. s. f. ● (*raro*) L'essere riscuotibile.

riscotiménto o (*raro*) **riscuotiménto**. s. m. **1** Modo, atto, effetto del riscuotere o del riscuotersi dal sonno, dal torpore, ecc. **2** (*raro*) Riscossione.

riscotitóre o (*raro*) **riscuotitóre** [da *riscuotere*] s. m.; anche agg. (f. *-trice*) **1** Esattore. **2** (*raro*) Chi, che riscuote dal sonno.

riscrìtto part. pass. di *riscrivere*; anche agg. ● Nei sign. del v.

riscrittùra s. f. ● Atto, effetto del riscrivere | (*ling.*) *Regole di r.*, nella grammatica generativa, istruzioni per analizzare una frase nei suoi costituenti e per attribuirle un indicatore sintagmatico.

riscrìvere [lat. *rescrībere*, comp. di *re-* e *scrībere* 'scrivere'] **A** v. tr. (coniug. come *scrivere*) ● Scrivere di nuovo, spec. in forma migliore: *non si stanca di r. il suo romanzo* | (*est.*) Copiare, trascrivere: *bisogna r. i nomi degli invitati.* **B** v. intr. (aus. *avere*) ● Scrivere in risposta a una lettera, un biglietto, ecc. (*spec. ass.*): *dobbiamo r. agli amici di Milano.*

riscuòtere o (*poet.*, *fam.*) **riscòtere** [comp. di *ri-* e *scuotere*] **A** v. tr. (coniug. come *scuotere*) **1** Scuotere di nuovo o più forte: *riscosse il cancello per farsi aprire.* **2** Scuotere energicamente per risvegliare: *r. qc. bruscamente dal torpore, dal dormiveglia*; *cadeva in un sonno di piombo, dal quale ogni mattina, soleva riscuoterlo un noto piede* (PIRANDELLO). **3** Ricevere, ritirare, percepire una somma dovuta come compenso, retribuzione, onorario, e sim.: *r. la pigione*, *un forte credito*, *le tasse* | (*raro*) Ritirare, riprendere oggetti o altro che non sia denaro: *r. un pegno*, *un pacco* | *R. i danni*, esserne risarcito. **4** (*fig.*) Riportare, conseguire, ottenere: *r. applausi*, *onori*, *il biasimo generale* | (*scherz.*, *fam.*) Buscarne, prendere busse. **5** †Riscattare, liberare | (*fig.*) †Redimere. **B** v. intr. pron. **1** Scuotersi per improvvisa paura, stupore o meraviglia: *al suono della sua voce si riscosse.* SIN. Trasalire. **2** Risvegliarsi da torpore o sonno, riprendersi da uno svenimento o da un momento di distrazione (*anche fig.*): *appena uscito all'aperto, si riscosse*; *non si riscuotevano dall'inerzia.* **3** †Riscattarsi, rifarsi, prendersi la rivincita.

riscuotìbile e *deriv.* ● V. *riscotibile* e *deriv.*

riscuotitóre s. m. (f. *-trice*) ● (*raro*) Chi riscuote.

†**riscuràre** [comp. di *ri-* e *scurare*] v. tr. ● Scurare di nuovo.

riscurìre v. tr., intr. e intr. pron. (*io riscurìsco, tu riscurìsci*; aus. intr. *essere*) ● Scurire di nuovo o di più.

riṣdegnàrsi [comp. di *ri-* e *sdegnarsi*] v. intr. pron. (*io mi riṣdégno*) ● Sdegnarsi di nuovo.

riṣdrucciolàre [comp. di *ri-* e *sdrucciolare*] v. intr. (*io riṣdrùcciolo*; aus. *essere* e *avere*) ● Sdrucciolare di nuovo.

riṣdrucìre [comp. di *ri-* e *sdrucire*] v. tr. (*io riṣdrucìsco*, o *riṣdrùcio*, *tu riṣdrucìsci* o *riṣdrùci*) ● Sdrucire di nuovo.

risecaménto s. m. ● (*raro*) Modo, atto, effetto del risecare.

risecàre o **resecàre** [vc. dotta, lat. *resecāre*, comp. di *re-* e *secāre* 'tagliare'. V. *secare*] v. tr. (*io riséco, tu riséchi*) ● Tagliare, togliere via (*anche fig.*): *r. i rami di una pianta*; *r. i desideri vani* | (*fig.*) *R. le spese*, diminuirle, restringerle.

riseccàre [vc. dotta, lat. *resiccāre*, comp. di *re-* e *siccāre* 'seccare'] **A** v. tr. (*io risécco, tu risécchi*) ● Seccare di nuovo o di più, disseccare | Prosciugare: *r. una palude.* **B** v. intr. e intr. pron. (aus. *essere*) ● Diventare secco, privo di umidità. SIN. Asciugarsi.

risecchìre [da *secco* (*1*), col pref. *ri-*] v. intr. e intr. pron. (*io risecchìsco, tu risecchìsci*; aus. *essere*) ● Diventare secco, riarso, senza umidità.

risecchìto part. pass. di *risecchire*; anche agg. ● Nei sign. del v.

risécco agg. (pl. m. *-chi*) ● (*tosc.*) Risecchito: *arrosto r.* | Riseccato: *terra risecca.*

†**risedènza** ● V. *residenza.*

†**risedènzia** ● V. *residenza.*

risedére [vc. dotta, lat. *residēre* 'stare seduto', comp. di *re-* e *sedēre* 'star seduto'. V. *sedere*] **A** v. intr. (coniug. come *sedere*; aus. *essere*) ● Sedere di nuovo. **B** v. intr. pron. **1** Sedersi di nuovo: *s'è riseduto nello stesso posto.* **2** (*raro*) Abbassarsi sgonfiando. **3** (*raro*) Posarsi, detto di liquido.

riséga [da *risegare*] s. f. *1* Diminuzione dello spessore di un muro in direzione dell'altezza, normalmente in corrispondenza di piani e volte. *2* (*raro*) Sporgenza ai lati di un solco che si forma nella pelle per un laccio troppo stretto o per grassezza. ‖ **riseghinétta**, dim.

risegàre [V. *risecare*] **A** v. tr. (*io riségo, tu riséghi*) *1* Segare di nuovo. *2* †Recidere, risecare. **B** v. intr. pron. ● (*raro, lett.*) Formare una risega.

risegatùra s. f. ● (*raro*) Atto, effetto del risegare.

†**riségna** [da *risegnare*] s. f. ● Cessione.

risegnàre [comp. di *ri-* e *segnare*] v. tr. (*io riségno*) *1* Segnare di nuovo. *2* †Contrassegnare, approvare con firma.

†**riseguìre** [comp. di *ri-* e *seguire*] v. tr. e intr. ● Seguire di nuovo.

riseguitàre [comp. di *ri-* e *seguitare*] v. intr. (*io riséguito*; aus. *avere*) ● Seguitare di nuovo.

riselciàre [comp. di *ri-* e *selciare*] v. tr. (*io risélcio*) ● Selciare di nuovo.

†**risembràre** [V. *rassembrare* (*1*)] v. intr. *1* Sembrare. *2* Assomigliare.

risémina [comp. di *ri-* e *semina* (*1*)] s. f. ● (*agr.*) Nuova semina che viene effettuata quando la prima sia stata danneggiata da agenti atmosferici o da parassiti e sim.

riseminàre [comp. di *ri-* e *seminare*] v. tr. (*io risémino*) ● Seminare di nuovo (*anche fig.*).

risensàre [da *senso*, col pref. *ri-*] v. intr. e intr. pron. (*io risènso*; aus. *essere*) ● (*lett.*) Riprendere i sensi, rinvenire.

risentiménto s. m. *1* Modo, atto del risentire le conseguenze di una malattia: *r. reumatico*. *2* Reazione di sdegno o di irritazione provocata da un'ingiuria, un'offesa e sim.: *la tua lettera villana ha provocato un giusto r. in tutti noi*; *non aver risentimenti contro qc.*; *le dissi una parola dura e minacciosa dettata dal r.* (SVEVO). *3* Ripercussione di una malattia su un altro organo.

risentìre [comp. di *ri-* e *sentire*] **A** v. tr. (*io risènto*) *1* Sentire di nuovo: *risento un rumore sospetto* | Ascoltare ancora: *risentiremo una interessante conferenza* | *R. una notizia*, venire a saperla. *2* Sentire vivamente patendo, soffrendo per danni morali o materiali: *r. la perdita del padre*; *risentiamo tutti del suo crollo finanziario*. *3* Riportare, provare come conseguenza di q.c.: *risentiamo molti vantaggi da quella situazione*. **B** v. intr. (aus. *avere*) *1* Mostrare, provare gli effetti, le conseguenze di cause più o meno lontane: *r. della cattiva educazione familiare*. *2* †Risuonare, echeggiare. **C** v. intr. pron. *1* (*lett.*) Svegliarsi, destarsi | Riaversi, recuperare i sensi, rinvenire | †Rinvigorire, riprendere forza, detto di piante. *2* Offendersi, sdegnarsi, reagire a un'offesa, una provocazione e sim.: *si sono risentiti per il vostro comportamento ingiurioso* | *Risentirsi con qc.*, esprimergli il proprio risentimento. *3* †Ravvedersi. **D** v. rifl. rec. ● Sentirsi di nuovo, fra chi parla al telefono: *ci risentiremo presto* | *A risentirci!*, formula di commiato, spec. telefonica.

risentitézza s. f. ● Qualità di chi è risentito anche abitualmente. SIN. Permalosità, suscettibilità.

risentìto A part. pass. di *risentire*; anche agg. *1* Nei sign. del v. *2* Molto vivo, che si fa sentire in tutta la sua intensità, forza, velocità, ecc.: *polso r.*; *natura risentita*; *tratto, movimento r.* | †Rilevato, sporgente. ‖ **risentitaménte**, avv. Con risentimento, sdegno, irritazione: *scrivere risentitamente*. **B** avv. ● (*raro*) †Risentitamente: *parlare r.*

riseppelliménto s. m. ● Modo, atto del riseppellire.

riseppellìre [comp. di *ri-* e *seppellire*] v. tr. (*io riseppellisco, tu riseppellisci*) ● Seppellire di nuovo. SIN. Risotterrare.

risequestràre [comp. di *ri-* e *sequestrare*] v. tr. (*io risequèstro*) ● Sequestrare nuovamente.

riserbàre (1) [comp. di *ri-* e *serbare*] v. tr. (*io risèrbo*) ● Serbare nuovamente.

riserbàre (2) ● V. *riservare*.

riserbatézza ● V. *riservatezza*.

riserbàto ● V. *riservato*.

risèrbo o †**risèrvo** [da *riserbare* (*2*)] s. m. *1* Grande riservatezza e riguardo nel manifestare i propri sentimenti, lo stato d'animo, le intenzioni, e sim.: *rivelò le sue decisioni con grande r.* | (*est., raro*) Circospezione, prudenza, reticenza nel trattare q.c.: *procedere con molto r. in un'indagine* | †*Senza r.*, senza riguardo. *2* †Guardia, custodia. *3* †Riserva, cauzione.

risería o **risièra** [da *riso* (*3*)] s. f. ● Stabilimento per la lavorazione del riso. SIN. Risificio.

†**riserraménto** s. m. ● Atto, effetto del riserrare.

riserràre [comp. di *ri-* e *serrare*] **A** v. tr. (*io risèrro*) *1* Serrare di nuovo, spec. ciò che si era aperto: *r. le file*; *r. le porte*. *2* (*raro*) Custodire, rinchiudere bene. **B** v. rifl. ● (*lett.*) Rinchiudersi.

risèrva [da *riservare*] s. f. *1* Atto, effetto del riservare q.c. esclusivamente a sé, ad altri o a determinati fini: *r. del potere, di un posto di lavoro*; *r. di usufrutto* | *R. di caccia*, diritto esclusivo di caccia su un dato territorio; (*est.*) il territorio delimitato su cui vige tale diritto, concesso di solito al proprietario e a un numero ristretto di persone da questo designate, o a un ente pubblico, a scopo di sport o di sfruttamento, allevamento, protezione della selvaggina | *R. di pesca*, diritto esclusivo di pesca in un dato tratto di fiume o di altro corso o bacino di acqua interna; ogni parte di corso o bacino d'acqua fluviale o lacuale su cui vige tale diritto, concesso di solito a un ente pubblico, a un proprietario o a un numero ristretto di persone da questo designate, a scopo di sport o di sfruttamento, allevamento, protezione delle specie ittiche | (*est., geogr., etn.*) Territorio limitato e controllato in cui vivono secondo le loro tradizioni i discendenti di popolazioni indigene che, in passato, vivevano libere su quelle terre: *riserve indiane degli Stati Uniti d'America* | (*geogr., biol.*) *R. naturale*, zona di territorio delimitata e regolamentata per la protezione dell'insieme delle specie animali e vegetali che vi vivono o per alcune di esse: *r. faunistica* | *R. marina naturale*, area di mare delimitata legislativamente dove, per protezione ambientale, sono proibite o regolamentate attività, quali la pesca, la balneazione, l'accesso con imbarcazioni, lo scarico dei rifiuti e sim. | (*dir.*) *Quota di r.*, (*ell.*) *riserva*, parte di eredità riservata per legge ai legittimari. *2* Azione, effetto dell'accantonare, del mettere in serbo, da parte q.c. per servirsene in seguito: *farsi una r.*, *farsi le riserve* | Ciò che si tiene in serbo per essere utilizzato a tempo opportuno: *la r. di mele, di olio per l'inverno*; *riserve di viveri, di munizioni, di medicinali*; *esaurire, intaccare le riserve*; *ho fatta una buona r. di sigarette*; *ho una bella r. di scarpe*; *le riserve nutritive, di grassi, di amido nell'organismo*; *una grande r. di energie, di vitalità*. SIN. Scorta, provvista | *Di r.*, di ricambio, di scorta: *materiali, fondi di r.* | (*autom.*) La quantità minima di carburante residuo nel serbatoio di un autoveicolo, che permette a questo un limitato periodo di funzionamento, di solito segnalata con l'accensione di una spia luminosa sul cruscotto: *essere, viaggiare in r.*; (*est., fig.*) avere ancora poche energie residue | (enol.) Parte della produzione vinicola di una certa annata conservata per particolari pregi organolettici ovvero segnalata al consumatore per il luogo d'origine o il metodo di lavorazione: *Barolo r. 1964*; *r. Montelera*, *r. Principe di Piemonte* | (*agr.*) Pianta che nei boschi cedui viene mantenuta in piedi durante il taglio per essere allevata ad alto fusto finché abbia dato il seme. SIN. Matricina, salva | (*min.*) Quantità di minerale grezzo disponibile presumibilmente in una miniera o in un giacimento | (*relig.*) *R. eucaristica*, l'insieme delle ostie consacrate che si conservano per la comunione, l'esposizione del Santissimo Sacramento, il viatico | (*econ.*) Parte ideale del capitale netto formata da utili non distribuiti | *R. metallica*, fondo d'oro e argento che le banche d'emissione debbono tenere immobilizzato a garanzia della carta moneta | *R. legale*, quella che la legge prescrive per certi tipi di società | (*banca*) *R. obbligatoria*, parte dei depositi che gli istituti di credito devono obbligatoriamente vincolare presso la Banca Centrale | *R. valutaria*, disponibilità di oro e moneta estera posseduta da un Paese per far fronte ad ogni richiesta di regolamento dei suoi debiti | *R. statutaria*, quella prescritta dallo statuto di certe società | (*rag.*) *R. occulta*, quella che non appare in bilancio e risulta solitamente da una sottovalutazione dell'attivo o da una sopravvalutazione del passivo | (*mat.*) *R. matematica*, valore di una polizza assicurativa in un certo momento successivo alla stipulazione del contratto d'assicurazione e precedente alla sua risoluzione | (*mil.*) Aliquota di forze a disposizione del comandante di una grande unità che questi può impiegare in caso di necessità come rinforzo di altri reparti già impegnati col nemico o per fronteggiare situazioni impreviste: *tre reggimenti di r.*; *gettare, lanciare le riserve nel combattimento*; *impegnare le riserve* | (*mil.*) Insieme dei cittadini sottoposti a obbligo militare e che non sono in servizio attivo: *ufficiali, sottufficiali della r.*; *essere nella, appartenere alla r.*; *richiamare, mobilitare la r., le riserve* | (*sport*) Atleta o giocatore che deve sostituire il titolare in una squadra o formazione qualora questi, per qualsiasi motivo, non possa gareggiare durante l'intera competizione o per una sua parte soltanto: *giocare da r.*; *il Napoli domenica ha giocato con tre riserve* | (*tess.*) Nella stampa di un tessuto, sostanza grassa o resinosa spalmata su certe zone di questo, che non vanno colorate, allo scopo di proteggerle dall'effetto dei bagni coloranti | (*edit.*) Nell'incisione di immagini su lastra o pellicola, copertura di alcune parti di questa, che non vanno incise, con opportune sostanze resistenti all'azione del bagno | (*mar.*) *R. di galleggiabilità*, differenza, espressa in metri, tra l'immersione massima consentita dalla sicurezza della navigazione e l'immersione oltre la quale la nave affonderebbe potendo l'acqua entrare facilmente nello scafo | (*mar.*) *R. di spinta*, differenza, espressa in tonnellate, tra il dislocamento a pieno carico e quello che la nave avrebbe con una immersione sino al ponte di coperta. *3* Restrizione, limitazione, eccezione posta all'approvazione, all'accettazione di q.c.: *fare una r. ben precisa*; *concedere senza riserve*; *accettare con r.* | †*A r.*, eccetto, salvo che | (*dir.*) Nel diritto interno, dichiarazione o accordo in virtù del quale gli effetti di un determinato atto giuridico vengono differiti: *r. di impugnazione*; *r. di gradimento*; *vendita con r. di proprietà* | *R. di legge*, norma costituzionale in forza della quale una determinata materia può essere regolata soltanto da una legge e non da altre fonti normative | *R. mentale*, nel negozio giuridico, quella che si verifica quando la dichiarazione di volontà non è conforme alla volontà interna del dichiarante | (*dir.*) Nel diritto internazionale, dichiarazione con cui una delle parti contraenti di un trattato non accetta una o più clausole dello stesso. ‖ **riservétta**, dim. (V.).

riservàre o (*raro*) **riserbàre** (2) [vc. dotta, lat. *reservāre*, comp. di *re-* e *servāre* 'conservare'. V. †*servare*] **A** v. tr. (*io risèrvo*) *1* Tenere in serbo per disporre all'occorrenza in favore di determinate persone o in vista di precisi scopi: *riserveremo questo libro per chi saprà apprezzarlo*; *abbiamo riservato per la conclusione gli argomenti più convincenti* | *Riservarsi la facoltà di*, non rinunciare a | *Ci riserviamo di rispondere in seguito*, ci asteniamo per adesso dal rispondere, ma lo faremo in seguito. *2* Tenere a disposizione q.c. per sé o per altri: *ti abbiamo riservato un ottimo posto in prima fila*. *3* †Conservare: *né dei passati piaceri riserva altro che una tenace memoria* (CASTIGLIONE). **B** v. rifl. ● †Trattenersi.

riservatàrio [da *riservato*, part. pass. di *riservare*] s. m. (f. *-a*) ● (*dir.*) Erede necessario, legittimario | Nella vendita con riserva della proprietà, titolare del diritto di proprietà a favore del quale opera la riserva.

riservatézza o (*raro*) **riserbatézza**. s. f. ● Qualità di chi o di ciò che è riservato: *agire con r. e prudenza*; *la r. di una comunicazione* | (*est.*) La sfera personale e privata di una persona: *diritto alla r.*

riservàto o (*raro*) **riserbàto**. part. pass. di *riservare*; anche agg. *1* Nei sign. del v. *2* *Lettera riservata*, il cui contenuto può essere letto solo dal destinatario | *Informazione, notizia riservata*, segreta, da non rendere di pubblico dominio | *Pubblicazione riservata*, che non può essere messa in vendita | (*dir.*) *Caso, peccato r.*, nel diritto canonico e nella morale cattolica, che può essere esaminato solo dal vescovo o dal pontefice | (*dir.*) *Patto di r. dominio*, in base a cui la proprietà della cosa venduta passa al compratore al pagamento dell'ultima rata di prezzo. *3* Pieno di riserbo: *r. nel parlare, nelle amicizie*. SIN. Discreto, prudente.

|| **riservataménte**, avv. Con riservatezza, in via riservata: *ti prego di comportarti riservatamente*; *desidero parlarti riservatamente*.

riservatóre s. m.; anche agg. (f. *-trice*) • (*raro*) Chi, che riserva.

†**riservazióne** s. f. *1* Riserva | Condizione, restrizione. *2* Conservazione.

riservétta s. f. *1* Dim. di *riserva*. *2* Locale esistente nelle opere di fortificazione, destinato alla conservazione delle munizioni e dei proiettili | Apprestamento campale o permanente atto a dare riparo alle munizioni contro le offese nemiche o le condizioni meteorologiche avverse.

riservìre [comp. di *ri-* e *servire*] v. tr. (*io risèrvo*) • Servire di nuovo.

riservìsta s. m. e f. (pl. m. *-i*) *1* (*mil.*) Soldato appartenente alla riserva. *2* (*sport*) Atleta di riserva in una squadra. *3* Pescatore o cacciatore socio di una riserva.

†**risèrvo** • V. *riserbo*.

risfarinàre [comp. di *ri-* e *sfarinare*] v. tr. e intr. pron. • (*raro*) Sfarinare di nuovo.

risfavillàre [comp. di *ri-* e *sfavillare*] v. intr. e tr. (aus. *avere*) • Sfavillare di nuovo.

risforzàre [comp. di *ri-* e *sforzare* (*1*)] **A** v. tr. (*io risfòrzo*) *1* Sforzare di nuovo. *2* †Riprendere con nuovo sforzo. SIN. Rinforzare. **B** v. rifl. • Sforzarsi di nuovo o di più.

†**risfòrzo** [comp. di *ri-* e *sforzo* (*1*)] s. m. • Nuovo sforzo o sforzo maggiore: *assai di qua, di là s'è Orlando scosso, / ma sono i suoi risforzi tutti vani* (ARIOSTO).

†**rịsgaràre** [comp. di *ri-* e *sgarare*] v. tr. • Sgarare di nuovo.

rịsgocciolàre [comp. di *ri-* e *sgocciolare*] v. tr. e intr. (*io rịsgócciolo*; aus. intr. *essere* e *avere*) • Sgocciolare ancora o di nuovo.

rịsgomberàre [comp. di *ri-* e *sgomberare*] v. tr. (*io rịsgómbero*) • Sgomberare di nuovo (*anche ass.*).

rịsgorgàre [comp. di *ri-* e *sgorgare*] v. tr. e intr. (*io rịsgórgo, tu rịsgórghi*; aus. intr. *essere*) • Sgorgare di nuovo.

rịsgridàre [comp. di *ri-* e *sgridare* (*1*)] v. tr. • Sgridare di nuovo.

†**rịsguardaménto** s. m. • Il risguardare.

†**rịsguardàre** [sovrapposizione di *sguardo* a *riguardare*, sul modello dell'ant. fr. *resguarder*] v. tr. *1* Riguardare, appartenere, riferirsi. *2* Aver riguardo, rispettare.

†**rịsguardévole** [da *risguardare*, che è *riguardare* con intrusione di *sguardo*] agg. • Ragguardevole, riguardevole.

rịsguàrdo o **riguàrdo** nel sign. 3 [da †*risguardare*] s. m. *1* †Sguardo. *2* †Riguardo, rispetto, considerazione. *3* (*edit.*) Foglio, posto all'inizio e alla fine di un libro, che copre da una parte il cartone della copertina e dall'altra i fogli di apertura e chiusura del volume | Correntemente, risvolto.

rịsgusciàre [comp. di *ri-* e *sgusciare*] v. intr. (*io rịsgùscio*; aus. *essere*) • Sgusciare di nuovo.

risìbile [vc. dotta, lat. tardo *risĭbile(m)*, da *ridēre* 'ridere'] agg. *1* Che muove un riso di scherno, di compatimento: *difetto r.* | Ridicolo: *atteggiamento r.* *2* †Atto, disposto al riso. || **risibilménte**, avv.

risibilità [vc. dotta, lat. tardo *risibilitāte(m)*, da *risĭbilis* 'risibile'] s. f. • L'esser risibile.

rịsicàre [V. *rischiare*] **A** v. tr. (*io rịsico, tu rịsichi*) • (*tosc.*) Mettere a rischio, rischiare. **B** v. intr. (aus. *avere*) • (*raro, tosc.*) Correre il rischio | †*E' risica*, può avvenire, può darsi il caso || PROV. Chi non risica non rosica.

rịsicàto part. pass. di *risicare*; anche agg. *1* Nei sign. del v. | Conseguito a stento, con margini ridotti: *vittoria, maggioranza risicata*. *2* (*tosc.*) Di persona che rischia volentieri. *3* (*raro, tosc.*) Arrischiato, azzardoso, detto di cosa.

rịsico [V. *rischio*] s. m. (pl. *-chi*) • (*tosc.*) Rischio | *Andare a r. di*, correre pericolo di.

risìcolo [da *riso* (*3*), sul modello di *agricolo*] agg. • Concernente la coltivazione del riso o la sua produzione.

risicoltóre o **risicultóre** [da *riso* (*3*), sul modello di *agricoltore*] s. m. (f. *-trice*) • Coltivatore di riso.

risicoltùra o **risicultùra** [comp. di *riso* (*3*) e *coltura*] s. f. • Coltivazione del riso.

rịsicóso [da *risicare*] agg. • (*tosc.*) Rischioso.

risicultóre • V. *risicoltore*.

risicultùra • V. *risicoltura*.

risièdere [lat. parl. **resēdere*, per il classico *residēre*. V. *risedere*] v. intr. (*io risièdo*; in tutta la coniug. conserva il dittongo *ie* in posizione tonica e atona; aus. *avere*) *1* Avere sede, domicilio, dimora fissa: *risiediamo a Torino da un anno* | Stare, essere posto, sistemato, detto di cosa: *la fabbrica risiede nella valle*. *2* (*fig.*) Stare, essere collocato, consistere: *la causa del suo successo risiede nella sua grande intraprendenza*.

risièra • V. *riseria*.

risière [da *riso* (*3*)] s. m. • Operaio addetto alla lavorazione del riso.

risièro [da *riso* (*3*)] agg. • Relativo al riso: *mercato r.*

risifìcio [comp. di *riso* (*3*) e *-ficio*] s. m. • Stabilimento per la lavorazione del riso. SIN. Riseria.

†**risìfico** [comp. di *riso* (*2*) e *-fico*] agg. • Che muove il riso.

risifórme [comp. di *riso* (*3*) e *-forme*] agg. • Che ha forma di un chicco di riso.

risigillàre [comp. di *ri-* e *sigillare*] v. tr. • Sigillare di nuovo o meglio.

risignificàre [comp. di *ri-* e *significare*] v. tr. (*io risignìfico, tu risignìfichi*) • (*raro, lett.*) Significare, notificare di nuovo.

Rịsiko® [nome commerciale] s. m. inv. • Gioco da tavola in cui si simula una guerra fra più armate; scopo di ogni giocatore è la conquista del dominio mondiale in battaglie il cui esito dipende da lanci di dadi | (*fig.*) Complessa strategia, scontro di interessi.

†**rìsima** • V. *risma*.

†**risimigliàre** • V. †*risomigliare*.

risìna (**1**) [da *riso* (*3*)] s. f. • Riso di scarto, minuto o ridotto in frantumi, utilizzato come becchime o per estrarne amido.

rịsina (**2**) [vc. dei dialetti nordorientali, dal medio alto ted. *rîsen* 'cader giù, scorrere'] s. f. • Canalone semicircolare di legno o terra battuta usato in montagna per fare scorrere a valle i tronchi d'albero.

rịsipola o **rẹsipola** s. f. • (*pop.*) Erisipela.

risipolóso agg. • Affetto da risipola.

risistemàre [comp. di *ri-* e *sistemare*] v. tr. (*io risistèmo*) *1* Sistemare di nuovo. *2* Riorganizzare secondo nuovi criteri: *r. le competenze sanitarie*.

†**risìsto** [da *resistere*] s. m. • (*raro*) Resistenza.

rìsma o †**rìsima** [ar. *rizma*] s. f. *1* Unità di conteggio commerciale della carta, equivalente a 500 fogli per quella da stampa, a 400 per quella da cancelleria | Ogni pacco confezionato che contiene tale numero di fogli. *2* (*fig., spreg.*) Genere, razza, qualità: *due individui della stessa r.*; *non tratto con gente di quella r.* *3* †Mazzo, fascio.

rìso (**1**) part. pass. di *ridere* • Nei sign. del v.

rìso (**2**) [lat. *rīsu(m)*, da *ridēre* 'ridere'] s. m. (pl. *risa*, f., †*risi*, m.) *1* Modo, atto del ridere: *r. beffardo, sguaiato, convulso*; *scoppiare in grasse, alte risa*; *essere tra il r. e il pianto* | *R. che non passa la gola*, riso sforzato, amaro | *Muovere il r.*, suscitarlo | *Mettere, volgere in r.*, ridicolizzare | *Sganasciarsi, crepare dalle risa*, ridere rumorosamente, fragorosamente e di gusto | (*est.*) *R. degli occhi*, espressione luminosa di gioia. *2* (*est.*) Allegrezza, aspetto ridente e gioioso: *il r. della primavera* | (*est., lett.*) Splendore: *il r. delle stelle*. *3* (*lett.*) Sorriso: *labbri tumidi, arguti, al r. lenti* (FOSCOLO). *4* (*poet.*) Bocca: *Quando leggemmo il disiato r. / esser basciato da cotanto amante* (DANTE *Inf.* V, 133-134). *5* (*med.*) *R. sardonico*, atteggiamento stirato delle labbra, negli ammalati di tetano, per contrattura dei muscoli labiali e delle guance; (*fig.*) riso maligno, ironico, beffardo || PROV. Il riso abbonda sulla bocca degli sciocchi; il riso fa buon sangue. || **risino**, dim. | **risolino**, dim. (V.).

rìso (**3**) [lat. *orȳza(m)*, nom. *orȳza*, dal gr. *óryza*, di origine orient.] **A** s. m. *1* Pianta delle Graminacee coltivata in ambiente umido, di origine asiatica, che ha fusto glabro, pannocchia serrata con spighette di un solo fiore e cariossidi commestibili (*Oryza sativa*). *2* I granelli commestibili della pianta omonima: *mondare, pilare, il r.*; *r. raffinato*; *r. in brodo*; *torta di r.* | *R. brillato*, che è stato sottoposto a brillatura | *R. comune*, che si sfarina facilmente per cottura | *R. fino*, molto duro | *R. superfino*, durissimo | (*cuc.*) *R. pilaf*, V. *pilaf* | (*cuc.*) *Insalata di r.*, vivanda a base di riso bollito, mescolato a ingredienti vari, come tonno, sottaceti e sim. e condito con olio | (*cuc.*) *R. in bianco, all'inglese*, bollito e condito con burro. *3* (*est., bot.*) *R. d'acqua, d'America, degli Indiani*, zizania. *4* (*est.*) *Carta di r.*, molto fine, ricavata dalle foglie dello sparto. **B** in funzione di agg. inv. • (posposto al s.) Solo nella loc. *punto r.*, nei lavori a maglia, ottenuto con un diritto e un rovescio alternati.

risocializzàre [comp. di *ri-* e di un den. di *sociale*] v. tr. • Reinserire nella normale vita sociale e civile: *r. un ex detenuto*.

†**risodàre** [da *sodo* (*1*), col pref. *ri-*] v. tr. • Rassodare.

risoffiaménto s. m. • (*raro*) Il risoffiare.

risoffiàre [comp. di *ri-* e *soffiare*] **A** v. intr. (*io risóffio*; aus. *avere*) • Soffiare di nuovo. **B** v. tr. • (*fig., fam.*) Riferire, fare la spia. SIN. Rifischiare.

risoggiogàre [comp. di *ri-* e *soggiogare*] v. tr. (*io risoggiógo, tu risoggióghi*) • Soggiogare di nuovo.

risoggiùngere [comp. di *ri-* e *soggiungere*] v. tr. (coniug. come *soggiungere*) • Soggiungere di nuovo.

risoggiùnto part. pass. di *risoggiungere* • (*raro*) Nel sign. del v.

risognàre [comp. di *ri-* e *sognare*] v. intr. (*io risógno*; aus. *avere*) • Sognare di nuovo.

risolàre e *deriv.* • V. *risuolare* e *deriv.*

risolcàre [comp. di *ri-* e *solcare*] v. tr. (*io risólco, tu risólchi*) • Solcare di nuovo.

†**risoldàre** [comp. di *ri-* e (*as*)*soldare*] v. tr. • Riassoldare.

risolino s. m. *1* Dim. di *riso* (*2*). *2* Riso appena accennato di scherno, canzonatura: *fu accolto con un r.*

risollecitàre [comp. di *ri-* e *sollecitare*] v. tr. (*io risollécito*) • Sollecitare di nuovo.

risolleticàre [comp. di *ri-* e *solleticare*] v. tr. (*io risollético, tu risollétichi*) • Solleticare di nuovo.

risollevàre [comp. di *ri-* e *sollevare*] **A** v. tr. (*io risollèvo*) *1* Sollevare di nuovo: *mentre la pentola bolliva, risollevò il coperchio* | (*fig.*) *R. una questione*, proporla di nuovo | (*fig.*) Rialzare da una condizione di scadimento: *risollevò le sorti dell'industria*. *2* Confortare, ricreare: *r. lo spirito, la mente*. **B** v. rifl. • Sollevarsi di nuovo (*anche fig.*).

risollevàto part. pass. di *risollevare*; anche agg. • Nei sign. del v.

risòlto part. pass. di *risolvere*; anche agg. • Nei sign. del v.

risolùbile o †**resolùbile** [vc. dotta, lat. tardo *resolūbile(m)*, da *resŏlvere* 'risolvere'] agg. • Che si può risolvere: *problema, difficoltà r.* | (*ott.*) *Bande risolubili, non risolubili*, con riferimento a uno spettro ottico a bande, quelle che si scindono in numerose righe spettrali vicine oppure che conservano il loro aspetto continuo quando sono osservate con un apparecchio spettroscopico dotato di maggiore potere risolutivo.

risolubilità s. f. *1* Qualità di ciò che è risolubile. *2* (*dir.*) Attitudine di un contratto a essere risolto.

risolutézza s. f. • Qualità di chi, di ciò che è risoluto: *ammiro la vostra r.*; *un intervento di estrema r.*; *noi con risolutezza abbiamo affermato il moto della cometa dover necessariamente esser retto* (GALILEI) | *Con r.*, in modo decisamente energico: *la questione va risolta con r.* SIN. Decisione, energia.

risolutìvo o †**resolutìvo** [da *risoluto*] agg. *1* Che risolve, serve a risolvere: *formula risolutiva* | *Clausola risolutiva espressa*, in un contratto a prestazioni corrispettive, potere, in caso di inadempimento, di scioglierlo immediatamente, senza ricorrere al giudice | *Condizione risolutiva*, quella che estingue retroattivamente gli effetti del negozio giuridico | *Potere r.*, in ottica, la minima distanza possibile perché due punti appaiano ancora nettamente distinti se osservati con un apparecchio ottico. *2* Che influisce decisamente sull'esito, la conclusione di q.c.: *fase risolutiva del processo di sviluppo*. SIN. Decisivo. || **risolutivaménte**, avv.

risolùto o †**resolùto**. part. pass. di *risolvere*; anche agg. *1* Nei sign. del v. *2* Certo, sicuro, deciso ad agire in un determinato modo, detto di persona: *siamo risoluti a partire*; *risoluti ne andavamo ... per l'alto mar* (BRUNO) | Franco e ardito, detto di cosa: *piglio, discorso r.* | Di persona che mantiene fermamente le proprie convinzioni e le decisioni: *è un uomo r. e costante.* ***3*** †Sciolto, rilassato. || **risolutaménte**, avv. ***1*** Senza esitazione, decisamente: *siamo risolutamente pronti a rifiutare di riceverlo.* ***2*** Con franchezza e sicura fermezza: *affermare risolutamente.* ***3*** †In modo assoluto.

risolutóre [da *risoluto*] **A** s. m. (f. *-trice*) ● Chi risolve q.c. (*anche fig.*): *r. di problemi, di difficoltà.* **B** agg. ● Che risolve: *intervento r.*

risoluzióne o †**resoluzióne** [vc. dotta, lat. tardo *resolutiōne(m)*, da *resolūtus* 'risoluto'] s. f. ***1*** Atto, effetto del risolvere (*anche fig.*): *la r. di un quesito, di un dubbio, di un processo morboso* | Soluzione: *tentare la r. di un problema matematico.* SIN. Scioglimento. ***2*** Decisione, determinazione: *abbiamo preso la r. di scrivergli; r. ferma, irrevocabile, disperata* | Deliberazione finale presa da un'assemblea: *il congresso ha approvato solennemente una r.* ***3*** (*dir.*) Estinzione di un contratto per inadempimento, impossibilità sopravvenuta, eccessiva onerosità di una delle prestazioni: *r. di diritto; azione di r.* ***4*** Scomposizione in varie parti o in vari elementi: *operare la r. di un composto chimico.* ***5*** (*mus.*) In armonia, passaggio da una o più note dissonanti a quelle consonanti di un accordo. ***6*** (*mat.*) Determinazione delle soluzioni. ***7*** †Consunzione, dissolvimento: *si vedrà due cose essere state cagione della r. di quella Repubblica* (MACHIAVELLI). ***8*** †Coraggio, risolutezza.

risolvènte part. pres. di *risolvere*; anche agg. ***1*** Nei sign. del v. ***2*** *Potere r.*, potere risolutivo | *Farmaco, prodotto r.*, (*ell.*) *risolvente*, che è in grado di far regredire fino a scomparire un processo morboso.

risòlvere o †**resòlvere** [vc. dotta, lat. *resŏlvere*, comp. di *re-* e *sŏlvere*] **A** v. tr. (pres. *io risòlvo*; pass. rem. *io risolvéi* o *risolvètti* o *risòlsi, tu risolvésti*; part. pass. *risòlto*, raro *risolùto*) ***1*** (*raro*) Fare passare da uno stato di compattezza e durezza a uno contrario, sciogliere in liquido: *r. le nubi in acqua* | Dissolvere uno stato di tensione, sciogliere un intrigo, una difficoltà, chiarire q.c. di oscuro: *r. una controversia, un affare complicato, una sciarada* | *R. un'esecuzione, un problema*, trovarne le soluzioni | *R. un contratto*, eliminarne retroattivamente gli effetti. ***2*** Scomporre, dividere in parti: *r. q.c. nelle sue molecole.* ***3*** Decidere, deliberare, stabilire liberandosi dalle incertezze: *dopo lunghe trattative, hanno risolto di firmare una pace.* ***4*** (*raro*) Indurre, persuadere: *r. qc. a fare q.c.* ***5*** (*mus.*) Far passare di grado, fare la risoluzione | *R. la nota*, dalla dissonanza o sim. a quella richiesta dalla sua tendenza. ***6*** (*med.*) Sciogliere, facilitare la guarigione: *r. una malattia con terapie intensive.* ***7*** †Slegare, sciogliere. ***8*** (*fig.*) †Infiacchire. **B** v. intr. (aus. *avere*) ● Riuscire a concludere, a continuare: *è molto riflessivo, ma non sa r.* **C** v. intr. pron. ***1*** (*raro*) Sciogliersi, stemperarsi, fondersi in liquido: *la nebbia si è risolta in pioggia; le gelide vene ascose si risolvono in acqua / pura* (CAMPANELLA) | (*fig.*) Ridursi, andare a finire in, trasformarsi: *tutto si è risolto in un insuccesso* | †Sciogliersi, detto di eserciti, compagnie, ecc. | †Rompersi in pezzi, detto di cose. ***2*** Attaccarsi a un partito, decidersi uscendo da perplessità, esitazioni, incertezze: *alla fine si sono risolti a bocciarlo.*

risolvìbile agg. ● Che si può risolvere (*anche fig.*): *problema, difficoltà r.*

risolvibilità s. f. ● Condizione di ciò che è risolvibile.

risolviménto s. m. ● (*raro*) Modo, atto, effetto del risolvere | Soluzione.

†**risolvitóre** s. m.; anche agg. (f. *-trice*) ● Chi, che risolve.

†**risomigliàre** o †**risimigliàre**. v. tr. e intr. ● Rassomigliare.

risommàre (1) [comp. di *ri-* e *sommare*] v. tr. (*io risómmo*) ● Sommare di nuovo.

risommàre (2) [da *sommo*, col pref. *ri-*] v. intr. (*io risómmo*; aus. *essere*) ● (*raro*) Ritornare a galla.

risommèrgere [comp. di *ri-* e *sommergere*] v. tr. (coniug. come *sommergere*) ● Sommergere di nuovo.

risommèrso part. pass. di *risommergere*; anche agg. ● (*raro*) Nel sign. del v.

†**risomméttere** [comp. di *ri-* e †*sommettere*] v. tr. ● Risottomettere.

†**risomministraménto** [comp. di *ri-* e *somministramento*] s. m. ● Nuovo somministramento.

risomministràre [comp. di *ri-* e *somministrare*] v. tr. ● Somministrare di nuovo.

risonaménto s. m. ● (*raro*) Il risuonare.

risonànte part. pres. di *risuonare*; anche agg. ***1*** Nei sign. del v. ***2*** (*lett.*) Sonoro. || **risonanteménte**, avv. (*raro*) In modo risonante.

risonànza [vc. dotta, lat. *resonăntia(m)*, da *rĕsonans*, genit. *resonăntis* 'risonante'] s. f. ***1*** (*fis.*) Fenomeno per cui l'ampiezza delle oscillazioni in un sistema meccanico, acustico o elettrico, sotto l'azione di forze esterne periodiche, in condizioni particolari, tende ad assumere valori eccezionalmente elevati | *R. acustica*, quando due corpi oscillano con frequenze uguali | *R. meccanica*, quando la forza esterna periodica agisce su un corpo, la cui frequenza propria coincide o sia multipla di quella della forza sollecitante | *R. elettrica*, in un circuito elettrico a corrente alternata, quando la reattanza induttiva risulta uguale alla reattanza capacitiva e quindi l'impedenza risulta minima e la corrente massima | (*fis., med.*) *R. magnetica nucleare*, fenomeno per cui numerosi nuclei atomici, quando si trovano in un campo magnetostatico, assorbono energia da un campo elettromagnetico a radiofrequenza in corrispondenza di certe frequenze caratteristiche; utilizzato spec. in medicina per compiere indagini diagnostiche sfruttando la risonanza di protoni presenti negli organi interni, dei quali si hanno immagini attraverso l'elaborazione tomografica computerizzata dei segnali registrati. ***2*** Il riflettersi, l'amplificarsi dei suoni, della voce: *in quel salone c'è molta r.* ***3*** (*fig.*) Emozione, interesse prodotti da fatti, discorsi, avvenimenti che vengono ampiamente discussi o commentati: *quella competizione sportiva ha suscitato una vasta r.* SIN. Eco. ***4*** (*lett., fig.*) Suggestione, cadenza stilistica: *un sonetto con risonanze petrarchesche.* ***5*** †Sonorità d'armonie.

risonàre e *deriv.* ● V. *risuonare* e *deriv.*

risonatóre [da *ris(u)onare*] **A** agg. (f. *-trice*) ● (*raro*) Che risuona. **B** s. m. ● Dispositivo atto a generare risonanza | *R. acustico*, corpo cavo, che entra in risonanza per un suono di data frequenza | *R. elettromagnetico*, che rivela le vibrazioni che hanno luogo fra due apparecchi distaccati di un oscillatore | *R. telegrafico*, apparecchio con cui si ricevono i telegrammi a orecchio.

risóne [da *riso (3)*] s. m. ● Riso grezzo, con granelli circondati dalla gluma e pericarpo aderente.

†**risonévole** [da *ris(u)onare*] agg. ● Che risuona.

risopìre [vc. dotta, lat. tardo *resopīre*, comp. di *re-* e *sopīre* 'far addormentare'. V. *sopire*] **A** v. tr. (*io risopisco, tu risopìsci*) ● (*raro*) Sopire di nuovo. **B** v. intr. pron. ● (*raro*) Sopire di nuovo.

†**risoprassalìre** [comp. di *ri-* e *soprassalire*] v. tr. ● Risalire sopra.

risorbìre [comp. di *ri-* e *sorbire*] v. tr. (*io risorbìsco, tu risorbìsci*) ● Sorbire di nuovo.

risorgènte part. pres. di *risorgere*; anche agg. ● Nei sign. del v.

risórgere o †**resórgere**, †**resùrgere**, †**risùrgere** [lat. *resŭrgere*, comp. di *re-* e *sŭrgere* 'sorgere'] **A** v. intr. (pres. *io risórgo, tu risórgi*; pass. rem. *io risórsi, tu risorgésti*; part. pass. *risórto*; aus. *essere*) ***1*** Sorgere di nuovo (*anche fig.*): *il sole risorgerà presto; risorgono delle difficoltà.* ***2*** Risuscitare, tornare in vita (*anche fig.*): *Gesù Cristo risorse dal suo sepolcro; i morti risorgono nell'affetto e nell'immaginazione dei vivi* (DE SANCTIS) | *R. da morte a vita*, (*fig.*) cambiare rapidamente il proprio stato in senso positivo. ***3*** (*fig.*) Sollevarsi, riaversi, detto di persona: *è risorto dalla malattia, dal dolore* | (*fig.*) Riprendersi, rifiorire, tornare grande, detto di fenomeni spirituali: *dovunque risorge la cultura.* ***4*** (*lett.*) Rialzarsi (*anche fig.*): *cadde, risorse e giacque* (MANZONI). **B** v. tr. ● †Fare risorgere.

risorgimentàle agg. ● Che concerne il Risorgimento.

risorgimentalìsta s. m. e f. (pl. m. *-i*) ● Chi si dedica a studi di storia del Risorgimento.

risorgimentìsta s. m. e f. (pl. m. *-i*) ● Chi si dedica a studi di storia del Risorgimento.

risorgiménto s. m. (*Risorgiménto* nel sign. 2) ***1*** (*raro, lett.*) Modo, atto del risorgere (*spec. fig.*): *il r. di Cristo; il r. dell'artigianato, della pittura.* ***2*** (*per anton.*) Periodo storico, compreso tra la fine del '700 e il 1870, in cui si compie il processo di formazione dello Stato unitario italiano | Complesso delle idee e delle vicende che caratterizzano tale perodo: *le guerre del r.; martiri del r.; storia del r.*

risorgìva [f. sost. di *risorgivo*] s. f. ● Sorgente alimentata da una falda freatica che affiora in pianura | *Linea delle risorgive*, fascia di terreno ricca di risorgive e che segna il passaggio fra l'alta e la bassa pianura.

risorgìvo o **resorgìvo** [da *risorgere*] agg. ● Detto di acque sotterranee quando escono alla superficie.

risórsa [fr. *ressource*, propriamente part. pass. f. sost. di *ressourdre*, dal lat. *resŭrgere* 'risorgere'] s. f. ***1*** Mezzo, espediente che può venire in aiuto in caso di necessità di vario genere e che può cavare d'impaccio: *sfruttò inaspettate risorse economiche; la sua intelligenza è piena di risorse* | *Uomo di molte risorse*, che sa districarsi da situazioni complicate | *R. rinnovabile*, risorsa energetica la cui fonte, come il vento, il sole, le maree, non è soggetta a esaurimento. ***2*** I mezzi di cui si dispone e che possono costituire sorgente di guadagno o di ricchezza: *questo podere è una grande r.; ha esaurito tutte le sue risorse.*

risortìre [comp. di *ri-* e *sortire*] v. intr. (*io risòrto*; aus. *essere*) ● (*pop.*) Sortire di nuovo.

risórto A part. pass. di *risorgere*; anche agg. ● Nei sign. del v. **B** s. m. ● (*poet., per anton.*) Gesù Cristo.

risospèndere [comp. di *ri-* e *sospendere*] v. tr. (coniug. come *sospendere*) ● Sospendere di nuovo.

risospéso part. pass. di *risospendere* ● (*raro*) Nel sign. del v.

risospìngere [comp. di *ri-* e *sospingere*] v. tr. (coniug. come *spingere*) ***1*** Sospingere di nuovo. ***2*** Ricacciare indietro, respingere.

risospingiménto s. m. ● (*raro*) Modo, atto del risospingere.

risospìnto part. pass. di *risospingere*; anche agg. ● Nei sign. del v.

risospiràre [comp. di *ri-* e *sospirare*] v. intr. e tr. (aus. *avere*) ● Sospirare di nuovo (*anche fig.*): *risospirò affannosamente per un po'; r. la promozione.*

risostenére [comp. di *ri-* e *sostenere*] v. tr. (coniug. come *sostenere*) ● Sostenere di nuovo.

risotterràre [comp. di *ri-* e *sotterrare*] v. tr. (*io risottèrro*) ● Sotterrare di nuovo.

risòtto [da *riso (3)*] s. m. ● Riso cotto nel brodo sino al completo assorbimento di questo, e condito in vari modi. || **risottìno**, dim.

risottométtere [comp. di *ri-* e *sottomettere*] v. tr. (coniug. come *mettere*) ● Sottomettere di nuovo.

†**risovvenènza** [da *risovvenire*] s. f. ● Ricordo, rimembranza.

†**risovveniménto** s. m. ● Modo, atto del risovvenire alla mente.

risovvenìre [comp. di *ri-* e *sovvenire*] **A** v. tr. (coniug. come *sovvenire*) ● (*lett.*) Sovvenire di nuovo, tornare ad aiutare, a soccorrere. **B** v. intr. e raro intr. pron. (aus. *essere*) ● (*lett.*) Ritornare alla mente, venire al ricordo: *mi risovvengo di lui.* **C** v. intr. impers. (aus. *essere*) ● (*lett.*) Ricordarsi, venire in mente: *ora mi risovviene!*

risovvenùto part. pass. di *risovvenire*; anche agg. ● Nei sign. del v.

risovvertìre [comp. di *ri-* e *sovvertire*] v. tr. (*io risovvèrto*) ● Sovvertire di nuovo.

rispacciàre [comp. di *ri-* e *spacciare*] v. tr. (*io rispàccio*) ● Spacciare di nuovo.

rispalmàre [comp. di *ri-* e *spalmare*] v. tr. ● Spalmare di nuovo.

rispàndere [comp. di *ri-* e *spandere*] **A** v. tr. (coniug. come *spandere*) ● Spandere di nuovo. **B** v. intr. pron. ● Spandersi di nuovo.

rispànto part. pass. di *rispandere* ● Nei sign. del v.

rispàrgere [comp. di *ri-* e *spargere*] **A** v. tr. (coniug. come *spargere*) ● Spargere di nuovo: *entrambi di tanta atrocità risparsero le loro favole* (VICO). **B** v. intr. pron. ● Spargersi di nuovo.

†**risparmiaménto** s. m. ● Il risparmiare.

risparmiàre o †**rispiarmàre** [germ. *sparanjan*] **A** v. tr. (*io rispàrmio*) ***1*** Non consumare, non sprecare: *r. la carne*; *r. fatica, denaro* | Non spendere o non usare per mettere o tenere da parte: *quanto riesci a r. al mese?*; *r. la biancheria nuova* | *R. gli occhi*, non stancarli | *R. le gambe, il fiato*, camminare, parlare poco | (*ass.*) Spendere meno: *questo mese bisogna r.* **2** Fare a meno di q.c. o di fare q.c.; astenersi da una fatica: *abbiamo risparmiato una lettera, telefonando*; *ci risparmieremo di venire fino da te* | Non affaticare qc.: *cerca di r. tua madre* | *Non mi risparmi*, si valga pure di me. **3** Non togliere, concedere: *r. la vita a qc.* | Riguardare, salvare: *la morte non risparmia nessuno.* **B** v. rifl. ● Aver riguardo di sé, delle proprie condizioni fisiche o di salute: *è un atleta che non sa risparmiarsi.*

risparmiàto part. pass. di *risparmiare*; anche agg. ● Nei sign. del v.

risparmiatóre s. m. (f. *-trice*) ● Chi risparmia | Chi abitualmente risparmia denaro e fa economia.

rispàrmio s. m. **1** Modo, atto, effetto del risparmiare: *un utile r. di fatica* | *Senza r.*, con larghezza. SIN. Economia. **2** Quota del reddito disponibile sottratta al consumo ed accantonata per il futuro | L'ammontare di tale quota. || **risparmiùccio**, dim.

rispàrso part. pass. di *rispargere* ● Nei sign. del v.

rispaventàre [comp. di *ri-* e *spaventare*] **A** v. tr. (*io rispavènto*) ● Spaventare di nuovo. **B** v. intr. pron. ● Spaventarsi di nuovo.

rispazzàre [comp. di *ri-* e *spazzare*] v. tr. ● Spazzare di nuovo.

rispecchiaménto [da *rispecchiare*] s. m. **1** Atto, effetto del rispecchiare | *Teoria del r.*, nell'estetica marxista, teoria secondo la quale l'opera d'arte rispecchia sempre la realtà del momento storico in cui è prodotta. **2** (*filos.*) Teoria originariamente di Platone, secondo cui il mondo sensibile sarebbe il riflesso di un mondo ideale ultrasensibile.

rispecchiàre [comp. di *ri-* e *specchiare*] v. tr. e rifl. (*io rispècchio*) **1** Specchiare di nuovo. **2** Riflettere, riverberare l'immagine: *il lago rispecchia il paesaggio* | (*fig.*) Rendere, esprimere: *parole che rispecchiano bene la situazione.*

rispedìre [comp. di *ri-* e *spedire*] v. tr. (*io rispedìsco, tu rispedìsci*) **1** Spedire di nuovo: *ci hanno rispedito un costoso omaggio.* **2** Spedire a sua volta, di rimando: *gli ho rispedito la sua lettera senza aprirla.*

rispedizióne [comp. di *ri-* e *spedizione*] s. f. ● Atto, effetto del rispedire: *effettuare la r. della merce.*

rispègnere o **rispégnere**, (*lett., tosc.*) **rispèngere** [comp. di *ri-* e *spegnere*] **A** v. tr. (coniug. come *spegnere*) ● Spegnere di nuovo. **B** v. intr. pron. ● Spegnersi di nuovo.

rispèndere [comp. di *ri-* e *spendere*] v. tr. (coniug. come *spendere*) ● Spendere di nuovo.

rispèngere o **rispéngere** ● V. *rispegnere.*

rispènto o **rispénto** part. pass. di *rispegnere*; anche agg. ● Nei sign. del v.

risperàre v. tr. e intr. (*io rispèro*; aus. *avere*) ● Sperare di nuovo.

†**rispèrgere** [vc. dotta, lat. *rispĕrgere*, comp. di *re-* e *spărgere*] v. tr. ● Aspergere, bagnare.

rispéso part. pass. di *rispendere* ● (*raro*) Nel sign. del v.

rispettàbile [da *rispettare*] agg. **1** Meritevole, degno di rispetto (*anche scherz.*): *persona r.*; *il r. pubblico* | (*est.*) Onesto, dabbene: *famiglia molto r.* **2** (*impr.*) Considerevole, ragguardevole: *patrimonio r.* | (*scherz.*) Grosso, grande: *naso, pancia r.* | *Età r.*, avanzata. || **rispettabilménte**, avv.

rispettabilità s. f. ● Condizione di ciò che è rispettabile: *la r. delle vostre opinioni* | Qualità di chi è rispettabile: *la r. del nostro amico è provata.*

rispettàre [lat. *respectāre* 'guardar dietro, volgersi a guardare', comp. di *re-* e *spectāre* 'guardare'. V. *spettare*] **A** v. tr. (*io rispètto*) **1** Dimostrare la propria stima, circondare di rispetto, ossequio, riverenza qc. che in qualche modo ci sia superiore moralmente o materialmente: *r. i genitori, i superiori, gli anziani*; *tutti devono r. una giovane, che piace a me* (GOLDONI) | *Persona che si rispetti*, persona meritevole di rispetto. SIN. Onorare, stimare. **2** Considerare tanto stimabile da non doversi offendere, violare, profanare, ledere, ecc.: *r. le idee, le opinioni, i diritti altrui*; *tutti devono r. la giustizia, i beni altrui* | *R. un oggetto, un arnese*, non sciuparlo | *R. un edificio, un monumento*, lasciarlo com'è | *Farsi r.*, imporre, far valere la propria volontà e autorità, farsi temere | *R. se stesso*, non venir meno alla propria dignità, al proprio onore | *R. la propria firma*, (*fig.*) fare onore al proprio nome. **3** Osservare secondo le prescrizioni: *r. le feste, la legge, gli ordini* | *R. la grammatica*, seguirne le regole | *R. un consiglio*, metterlo in pratica. **B** v. rifl. ● Non offendersi, mantenendo la propria dignità e il decoro || PROV. Si rispetta il cane per il padrone.

rispettàto part. pass. di *rispettare*; anche agg. ● Nei sign. del v.

†**rispettévole** agg. ● Rispettabile, ragguardevole.

rispettìvo o †**respettivo** [da *rispetto*] agg. **1** Concernente la persona o la cosa nominata: *le tue amiche e i rispettivi mariti*; *partirono per le rispettive città di origine.* SIN. Proprio, relativo. **2** †Rispettoso, riguardoso: *io indico bene questo, che sia meglio essere impetuoso che respettivo* (MACHIAVELLI). **3** †Particolare: *viene ad avere raggione absoluta e non respettiva* (BRUNO). || **rispettivaménte**, avv. **1** Relativamente, rispetto a. **2** In relazione a ciascuna delle persone o cose nominate: *i ragazzi che hai conosciuti sono rispettivamente mio fratello e mio cugino.*

rispètto o †**respètto** [vc. dotta, lat. *respĕctu(m)*, da *respĭcere* 'guardare', comp. di *re-* e *spĕcere* 'guardare', di origine indeur.] s. m. **1** Sentimento nato da stima e da considerazione verso persone ritenute superiori, verso principi o istituzioni: *nutrire un profondo r. per il proprio padre*; *avere r. per le libertà democratiche* | *Parlare, trattare con r.*, in modo rispettoso, deferente | *Persona degna di r.*, stimabile, pregevole moralmente | *Uomo di r.*, (*euf.*) chi è diventato potente in una organizzazione mafiosa o ne osserva le leggi | (*est., spec. al pl.*) Cerimonia, segno di riverenza: *presentare a qc. i propri rispetti*; *scambiarsi convenevoli e rispetti.* SIN. Deferenza, ossequio. **2** Sentimento che ci trattiene dall'offendere gli altri, ledere i loro diritti o menomare i loro beni: *portare r. ai propri simili*; *avere r. per la proprietà* | L'astenersi dal nuocere, risparmiare, detto di cose: *avere r. per i tesori dell'archeologia* | *Mancare di r. verso qc.*, offenderne i diritti, i sentimenti o l'onore | *Tenere in r.*, farsi rispettare, incutere paura di offendere, tenere lontano in atteggiamento di ubbidienza | *Perdere il r.*, †perdere la propria autorità, l'ascendente o la considerazione altrui | *Con r. parlando*, formula che attenua o scusa espressioni poco pulite o poco rispettose. **3** Osservanza, ossequio a un ordine, una regola, una legge e sim.: *non avere r. per le norme del galateo* | *Clausola di r.*, nel contratto di locazione, patto per cui il locatore si obbliga a tollerare che il conduttore faccia durare il contratto oltre un periodo stabilito | *Zona di r.*, area nella quale non è permesso costruire o nella quale la costruzione sia sottoposta a vincoli ben precisi. **4** (*raro*) Riguardo, considerazione: *avendo r. solo agli errori, sei da condannare* | *R. umano*, eccessiva considerazione e timore delle opinioni altrui che può impedire di agire, decidere o esprimersi liberamente | Modo particolare di giudicare qc. o q.c., punto di vista, verso, riguardo: *per, sotto un certo r. hai ragione*; *abbiamo considerato la cosa sotto tutti i rispetti* | Relazione, attinenza, paragone: *non c'è r. tra forma e materia* | *R. a*, relativamente, in confronto, in paragone a | (*raro*) *In r.*, relativamente, proporzionalmente a | Motivo, causa: *non vengo per molti rispetti* | (*raro*) Cautela, precauzione: *per buon r. è meglio non farsi ricevere.* **5** Componimento amoroso di origine popolare, costituito da una stanza generalmente in ottava o sesta rima, diffuso spec. in Toscana. **6** (*mar.*) Ricambio, riserva: *pezzi, vele, ancora di r.* **7** †Dilazione, indugio. || **rispettùccio, rispettùzzo**, dim.

rispettóso agg. **1** Che ha, è pieno di rispetto, detto di persona: *essere r. verso i superiori* | Che dimostra, contiene rispetto, detto di cosa: *parole rispettose.* SIN. Ossequioso, riguardoso, riverente. **2** †Cauto, circospetto. || **rispettosaménte**, avv. In maniera rispettosa.

rispianàre [comp. di *ri-* e *spianare*] v. tr. ● Spianare di nuovo o meglio.

†**rispianàto** [part. pass. sost. di *rispianare*] s. m. ● Spianata, ripiano | Piano.

†**rispiàre** [comp. di *ri-* e *spiare*] v. tr. ● Spiare.

†**rispiarmàre** ● V. *risparmiare.*

rispicciàre [comp. di *ri-* e *spicciare*] v. intr. (*io rispìccio*; aus. *essere*) ● (*raro*) Spicciare, zampillare di nuovo.

rispiegàre [comp. di *ri-* e *spiegare*] v. tr. (*io rispiègo, tu rispièghi*) **1** Spiegare di nuovo: *r. un rotolo di cartone.* **2** (*fig.*) Dare una spiegazione più accurata, chiara, precisa.

rispifferàre [comp. di *ri-* e *spifferare*] v. tr. (*io rispìffero*) ● Spifferare di nuovo o a propria volta | Spifferare: *non fidarti di lui: va a r. tutto.*

†**rispìgnere** ● V. *respingere.*

rispigolaménto s. m. ● (*raro*) Il rispigolare (*anche fig.*).

rispigolàre [comp. di *ri-* e *spigolare*] v. tr. (*io rispìgolo*) **1** Spigolare di nuovo. **2** (*fig.*) Racimolare, raccogliere qua e là (*anche ass.*).

rispigolatóre s. m. (f. *-trice*) ● (*raro*) Chi rispigola (*anche fig.*).

†**rispigolùme** [da *rispigolare*] s. m. ● Insieme di cose rispigolate.

rispìngere [comp. di *ri-* e *spingere* (*1*)] v. tr. (coniug. come *spingere*) **1** Spingere ancora. **2** †V. *respingere.*

†**rispìtto** o †**respìtto** [ant. fr. *respit* 'rispetto'] s. m. **1** Rispetto. **2** (*raro*) Riposo, requie.

risplendènte o †**risplendiènte**, part. pres. di *risplendere*; anche agg. ● Nei sign. del v. || †**risplendenteménte**, avv. Con grande splendore.

†**risplendènza** [vc. dotta, lat. tardo *resplendĕntia(m)*, da *resplĕndens*, genit. *resplendĕntis* 'risplendente'] s. f. ● Splendere.

risplèndere [vc. dotta, lat. *resplendēre*, comp. di *re-* e *splendēre* 'splendere'] **A** v. intr. (coniug. come *splendere*; aus. *essere* e *avere*; raro nei tempi composti) **1** Avere splendore, brillare: *il sole risplende nel cielo* | Mandare splendore: *i lampioni risplendono nell'oscurità* | Mandare un riflesso luminoso: *è una pietra che risplende.* **2** (*fig.*) Rifulgere, distinguersi su molti per qualche dote: *è un ragazzo che risplende per bontà, ingegno, bellezza.* **B** v. tr. ● (*raro*) Raggiare, irraggiare.

†**risplendévole** [da *risplendere*] agg. **1** Risplendente. **2** (*fig.*) Onorevole | (*fig.*) Bello, leggiadro.

†**risplèndido** [comp. di *ri-* e *splendido*] agg. ● Splendido.

†**risplendiènte** ● V. *risplendente.*

risplendiménto s. m. ● (*raro*) Modo, atto del risplendere. SIN. Splendore.

rispogliàre [comp. di *ri-* e *spogliare*] **A** v. tr. (*io rispòglio*) ● Spogliare di nuovo o di più. **B** v. rifl. ● Spogliarsi di nuovo.

rispolveràre [comp. di *ri-* e *spolverare* (*1*)] v. tr. (*io rispólvero*) ● Spolverare di nuovo (*anche fig.*): *r. un mobile*; *r. le proprie cognizioni di astronomia.*

rispolveràta s. f. **1** Atto del rispolverare in modo sommario. **2** (*fig.*) Riscoperta, recupero, nuova valorizzazione: *dare una r. ai vecchi principi.*

rispondènte **A** part. pres. di *rispondere*; anche agg. **1** Nei sign. del v. **2** (*est.*) Proporzionato, armonico, conveniente: *ornamento r. all'edificio.* **B** s. m. ● †Corrispondente.

rispondènza s. f. **1** Qualità dell'essere rispondente, conforme: *la perfetta r. della parola al pensiero*; *ciò non è in r. alle tue promesse.* SIN. Accordo, armonia, corrispondenza. **2** Riflesso, ripercussione di un effetto, di un'azione: *ciò ha avuto r. immediata in tutti noi.*

rispóndere o †**respóndere** [lat. parl. **respŏndere*, per il classico *respondēre* 'promettere, assicurare di rimando', comp. di *re-* e *spondēre* 'promettere'. V. *sposo*] **A** v. intr. (pres. *io rispóndo*; pass. rem. *io rispósi*, †*rispuòsi*, *tu rispondésti*; part. pass. *rispósto*; aus. *avere*) **1** Parlare a propria volta a chi ha rivolto una domanda, replicare a un discorso, dare risposta a uno scritto: *r. senza esser chiamato, al momento opportuno, evasivamente*; *r. al telefono, al telegramma, al segnale convenuto*; *r. di sì, che non è possibile, accettando* | *R. a tono*, con le parole adatte o vivacemente | *R. all'appello*, dicendo 'presente', o facendosi avanti | *R. in giudizio*, presentarsi all'udienza. **2** Cantare, suonare in correlazione di canto o di suono che precede.

3 Replicare vivacemente, resistere confutando, obiettare: *r. a un superiore.* *4* Servirsi di mezzi vari che non siano le parole per replicare a un discorso o altro: *mi rispose con un sorriso, con un'alzata di spalle* | Ad una determinata azione, farne seguire un'altra anche diversa, ma che valga di risposta: *r. al tiro nemico con una scarica di mitragliatrice*; *r. alle parole con l'azione* | Dare il responso, detto dell'oracolo | Riprendere, riprodurre la voce, detto dell'eco. *5* (*fig.*) Esaudire, soddisfare: *tutto risponde alle nostre speranze*; *la tua proposta non rispondeva ai bisogni della comunità* | (*fig.*) Quadrare, adattarsi, corrispondere: *ciò risponde al caso nostro*; *la pena risponderà al delitto* | *R. al nome di*, chiamarsi, aver nome | Avere reazioni reciproche: *le due parti rispondono.* *6* Obbedire a una sollecitazione, un impulso, un ordine: *il cavallo risponde alla briglia.* *7* Essere responsabile, ritenere di dovere dar conto: *tutti rispondiamo delle nostre azioni*; *non rispondo di niente*; *risponderemo in tribunale.* *8* Essere situato, guardare, aprirsi: *la veranda risponde sul giardino.* *9* (*fig.*) Riflettersi, ripercuotersi: *è un dolore che risponde in un'altra parte del corpo.* *10* Fruttare, rendere, giovare, detto spec. di terreno. *11* Essere conforme, corrispondente, uguale. *12* Giocare una carta del seme già giocato da altri: *r. a picche* | Giocare una carta che assecondi il gioco del compagno. *13* †Pagare un debito. **B** v. tr. ● Dare in risposta: *r. poche parole* | *R. picche*, rispondere bruscamente e negativamente o evitare di rispondere.

†rispondévole agg. ● Rispondente, corrispondente.

risponditóre s. m. (f. *-trice*) *1* (*raro*) Chi risponde. *2* (*aer.*) Dispositivo elettronico, che può essere montato su aerei o missili, in grado di alterare opportunamente i segnali radar che riflette, usato per trarre in inganno i radar avversari. *3* (*tel.*) Dispositivo collegato al telefono che, in caso di assenza della persona chiamata, risponde automaticamente con un messaggio programmabile. *4* †Chi è responsabile di q.c.

†risponsàbile e *deriv.* ● V. *responsabile* e *deriv.*

†rispònso e *deriv.* ● V. *responso* e *deriv.*

risposàre [comp. di *ri-* e *sposare*] **A** v. tr. (*io rispòso*) ● Sposare di nuovo. **B** v. intr. pron. ● Sposarsi di nuovo.

rispósta [f. sost. di *risposto*] s. f. *1* Atto del rispondere: *dare, aspettare la r.* | Ciò che si risponde: *rifiutiamo la tua r. villana* | Le parole o le lettere con cui si risponde: *hai avuto una degna r.*; *abbiamo smarrito la r. al tuo biglietto* | *Mandare in r.*, rispondere | Responso: *aspettiamo la r. del medico* | *R. per le rime*, replica, vivace confutazione. *2* Azione che fa seguito ad un'altra: *questa è la r. alle vostre provocazioni.* *3* Nella scherma, colpo vibrato subito dopo aver parato l'azione di offesa avversaria | *Fare a botta e r.*, (*fig.*) scambiarsi battute, spec. vivaci o risentite. *4* Reazione a un impulso, uno stimolo di varia natura | *R. in frequenza*, capacità di un apparecchio per la riproduzione del suono di riprodurre una determinata gamma di frequenze | *R. condizionata*, riflesso condizionato. *5* (*mus.*) Nella fuga, riproduzione del soggetto al tono della dominante. *6* (*dir.*) *Comparsa di r.*, atto processuale scritto con cui una parte citata manifesta per la prima volta quale posizione essa prende nel processo. *7* †Cauzione, debito. ‖ **rispostàccia**, pegg. | **rispostina**, dim. | **rispostùccia**, dim.

rispósto part. pass. di *rispondere* ● Nei sign. del v.

risprangàre [comp. di *ri-* e *sprangare* (*1*)] v. tr. (*io rispràngo, tu risprànghi*) ● Sprangare di nuovo o meglio.

risprèmere [comp. di *ri-* e *spremere*] v. tr. (*io risprèmo*) ● Spremere di nuovo.

rispronàre [comp. di *ri-* e *spronare*] v. tr. (*io rispróno*) ● Spronare di nuovo (*anche ass.*).

rispuntàre [comp. di *ri-* e *spuntare* (*1*)] **A** v. intr. (aus. *essere*) *1* Spuntare di nuovo: *rispuntano i fiori.* *2* (*fig.*) Riapparire, ricomparire, detto di persona: *rispuntò quasi subito in fondo al viale.* **B** v. tr. ● Tagliare, accorciare di nuovo le piante.

rispurgàre [comp. di *ri-* e *spurgare*] v. tr. (*io rispùrgo, tu rispùrghi*) ● (*raro*) Spurgare di nuovo.

risputàre [comp. di *ri-* e *sputare*] v. intr. e tr. (aus. *avere*) ● Sputare di nuovo.

risquadràre [comp. di *ri-* e *squadrare* (*1*)] v. tr. ● Squadrare di nuovo.

risquillàre [comp. di *ri-* e *squillare*] v. intr. (aus. *avere*) ● Squillare di nuovo, o a sua volta, di rimando.

†risquittìre [da avvicinare a *risquitto* (?)] v. tr. ● (*raro*) Nella pratica della falconeria, curare, sanare gli uccelli da rapina rinnestando le penne rotte.

†risquittìto [da †*risquitto*] agg. ● Fatto con agio.

†risquìtto [sovrapposizione di *quiete* a *rispitto* (?)] s. m. ● Riposo, sollievo, requie.

rìssa [vc. dotta, lat. *rīxa*(*m*), da una radice indeur. che significa 'rompere, strappare'] s. f. ● Zuffa fra due o più persone con scambio di epiteti ingiuriosi e di percosse: *il litigio finì in una r. collettiva*; *fare, attaccare, trovarsi in una r.*; *gridando alcuni che s'avea a rendere la città ed altri sostenendo che no*: *laonde accadevano continue risse* (MURATORI) | *R. letteraria*, polemica che può anche degenerare in scambio di ingiurie.

rissaiòlo o **†rissaiuòlo** agg.; anche s. m. (f. *-a*) ● Che, chi è facile ad attaccar rissa.

rissàre [vc. dotta, lat. *rixāri*, da *rīxa* 'rissa'] v. intr. (aus. *avere*) ● Fare rissa: *gli strilli di una cincia che rissa* (PASCOLI) | (*est.*) Azzuffarsi, questionare.

rissatóre [vc. dotta, lat. *rixatōre*(*m*), da *rixātus*, part. pass. di *rixāri* 'rissare'] s. m.; anche agg. (f. *-trice*) ● (*raro*) Chi, che partecipa a una rissa o ha il vizio di attaccarla.

rissòa [chiamata così in onore del naturalista G. A. *Risso*] s. f. ● Genere di Molluschi gasteropodi di scogliera, a conchiglia robusta e tubercolata (*Rissoa*) | Ogni individuo di tale genere.

rissosità s. f. ● Qualità di chi è rissoso | Carattere incline alla rissa.

rissóso [vc. dotta, lat. *rixōsu*(*m*), da *rīxa* 'rissa'] agg. ● Facile alla rissa, detto di persona: *un vecchio r.* | Proprio di chi è rissoso: *atteggiamento, carattere r.* ‖ **rissosaménte**, avv.

ristabiliménto s. m. ● Modo, atto, effetto del ristabilire o del ristabilirsi: *il r. dell'alleanza fra due stati*; *quella cura favorirà il suo r.*

ristabilìre [comp. di *ri-* e *stabilire*] **A** v. tr. (*io ristabilìsco, tu ristabilìsci*) *1* Stabilire di nuovo (*anche fig.*): *hanno ristabilito l'orario estivo*; *r. l'autenticità, la verità di q.c.* | Rimettere stabilmente in vigore, ricostituire: *r. l'ordine e la disciplina interna*; *r. il potere, l'autorità di qc.* *2* Rendere di nuovo sano, rimettere in salute: *il riposo lo ha completamente ristabilito.* SIN. Guarire. **B** v. intr. pron. ● Rimettersi in salute, riacquistare le forze: *ci ristabiliremo in montagna.*

ristabilìto part. pass. di *ristabilire*; anche agg. ● Nei sign. del v.

ristacciàre [comp. di *ri-* e *stacciare*] v. tr. (*io ristàccio*) ● Stacciare di nuovo.

ristagnaménto [da *ristagnare* (*1*)] s. m. ● (*raro*) Modo, atto, effetto del ristagnare | (*raro*) Stato di un liquido che comincia a ristagnare. SIN. Ristagno.

ristagnànte part. pres. di *ristagnare* (*1*); anche agg. ● Nei sign. del v.

ristagnàre (1) [vc. dotta, lat. *restagnāre*, comp. di *re-* e *stagnāre* 'stagnare (2)'] **A** v. intr. (aus. *avere*) *1* Diventare stagnante, paludoso, detto di acque correnti: *alcuni fiumi spesso ristagnano* | (*est.*) Cessare di scorrere, detto di vari liquidi: *il sangue ristagna.* *2* (*fig.*) Diminuire la propria attività o intensità fino quasi a fermarsi: *l'industria alberghiera ristagna.* **B** v. intr. pron. ● Fermarsi, cessare di scorrere, detto di acque correnti e spec. di altri liquidi. **C** v. tr. ● (*raro*) Far diventare stagnante | (*est.*) Far cessare di scorrere | (*raro, fig.*) *R. la sete*, estinguerla.

ristagnàre (2) [comp. di *ri-* e *stagnare* (*2*)] v. tr. ● Saldare con stagno | Chiudere con fasce, stoffa, pece o altro vasi, tubi e sim.

†ristagnatìvo agg. ● Atto a ristagnare liquidi in genere.

ristagnatùra [da *ristagnare* (*2*)] s. f. ● Operazione del saldare di nuovo con lo stagno | Spesa di tale operazione.

ristàgno [da *ristagnare* (*1*)] s. m. *1* Atto, effetto del ristagnare o del ristagnarsi, detto di acque correnti o di liquidi in genere: *il r. del corso di un fiume*; *ovviare al r. del sangue* | (*raro*) Luogo dove l'acqua ristagna: *nella valle c'è un largo r.* *2* (*est.*) Momento, fase di arresto nella crescita, nello sviluppo di un'attività, di un fenomeno e sim., spec. economico, politico e culturale.

ristàllo [comp. di *ri-* e di un dev. di *stallare* (*1*)] s. m. ● (*zoot.*) Nella loc. *di r.*, detto di vitello ingrassato in una stalla diversa da quella in cui è stato allevato.

ristàmpa [da *ristampare*] s. f. ● Atto dello stampare nuovamente o del ripubblicare senza notevoli modifiche: *sollecitare la r. di un importante articolo* | L'opera o l'oggetto ristampato: *la r. di quel libro di viaggi è già in commercio*; *la r. di un francobollo* | *R. anastatica*, che riproduce opere letterarie o scientifiche divenute rare, mediante procedimento litografico. SIN. Reimpressione.

ristampàbile agg. ● Che si può ristampare.

ristampàre [comp. di *ri-* e *stampare*] v. tr. ● Fare una nuova stampa | Ripubblicare senza mutamenti sostanziali: *r. una rivista esaurita.*

ristampàto part. pass. di *ristampare*; anche agg. ● Nei sign. del v.

ristampatóre s. m. (f. *-trice*) ● Chi ristampa.

†ristànza [da *ristare*] s. f. ● Cessamento.

ristappàre [comp. di *ri-* e *stappare*] v. tr. ● Stappare di nuovo.

ristàre [variante di *restare*] **A** v. intr. (pres. *io ristò, tu ristài, egli ristà*; imp. *ristà* /ris'ta, ris'ta*/ o *rista'* o *ristài*; nelle altre forme coniug. come *stare*; aus. *essere*) *1* (*lett.*) Fermarsi un poco, sostare, trattenersi. *2* (*fig., lett.*) Cessare: *non ristava dal lamentarsi* | *R. dal fare q.c.*, astenersi dal fare q.c. *3* †Stabilirsi, restare ad abitare. *4* †Resistere, tener fronte. **B** v. intr. pron. ● (*lett.*) †Fermarsi.

ristarnutìre [comp. di *ri-* e *starnutire*] v. intr. (*io ristarnutìsco, tu ristarnutìsci*; aus. *avere*) ● Starnutire di nuovo o a sua volta.

ristàta [f. sost. di *ristato*, part. pass. di *ristare*] s. f. *1* Colore più denso dove indugia il pennello. *2* †Fermata, pausa.

†ristauràre e *deriv.* ● V. *restaurare* e *deriv.*

ristecchìre [comp. di *ri-* e *stecchire*] v. tr. e intr. (*io ristecchìsco, tu ristecchìsci*; aus. intr. *essere*) ● (*raro*) Stecchire.

ristemperàre [comp. di *ri-* e *stemperare*] v. tr. (*io ristèmpero*) ● Stemperare di nuovo.

ristèndere [comp. di *ri-* e *stendere*] **A** v. tr. (coniug. come *stendere*) ● Stendere di nuovo. **B** v. rifl. ● Stendersi di nuovo.

ristéso part. pass. di *ristendere*; anche agg. ● (*raro*) Nei sign. del v.

ristillàre [comp. di *ri-* e *stillare*] v. tr. ● Stillare di nuovo | Continuare a stillare.

ristimàre [comp. di *ri-* e *stimare*] v. tr. ● Stimare di nuovo.

†ristìnguere [vc. dotta, lat. *restĭnguere*, comp. di *re-* e *stĭnguere* 'spegnere'. V. *estinguere*] v. tr. ● Estinguere, smorzare.

ristiràre [comp. di *ri-* e *stirare*] v. tr. ● Stirare di nuovo.

ristoppàre [comp. di *ri-* e *stoppare* (*1*)] v. tr. (*io ristóppo*) ● (*mar.*) Richiudere con stoppa o altro.

ristoppiàre [da *stoppia*, col pref. *ri-*] v. tr. ● (*agr.*) Seminare a grano o altro cereale un terreno non riposato, che presenta ancora la stoppia dell'anno precedente. SIN. Ringranare (1).

ristóppio [da *ristoppiare*] s. m. ● (*agr.*) Atto, effetto del ristoppiare. SIN. Ringrano.

ristoràbile agg. ● (*raro*) Che si può ristorare (*spec. fig.*).

ristoraménto s. m. *1* (*raro*) Modo, atto del ristorare o del ristorarsi. SIN. Rifocillamento, ristoro. *2* †Rinnovamento, restaurazione. *3* †Risarcimento, riparazione.

ristorànte (1) part. pres. di *ristorare*; anche agg. ● (*raro*) Nei sign. del v.

ristorànte (2) [calco sul fr. *restaurant*, a sua volta part. pres. di *restaurer* 'ristorare'] **A** s. m. ● Locale pubblico nel quale si consumano i pasti, trattoria di lusso: *cenare al r.* ‖ **ristorantino**, dim. | **ristorantùccio**, dim. **B** in funzione di agg. inv. ● (posposto al s.) Spec. nelle loc.: *caffè r.*; *albergo r.*, con servizio di ristorante.

ristoràre [lat. *restaurāre* 'restaurare' (V.)] **A** v. tr. (*io ristòro*) *1* Dare ristoro, restituire energia (*anche ass.*): *r. il corpo stanco dal lavoro*; *non sempre il riposo ristora* | Rifocillare: *r. lo stomaco* *dopo il viaggio* | (*fig.*) Ricreare, confortare: *r. le forze*. **2** †Restaurare: *r. un edificio* | (*fig.*) Rinnovare: *r. un'usanza*. **3** †Riparare, rimettere ciò che manca, riempire un vuoto | (*fig., lett.*) Ricompensare, contraccambiare, rimeritare | (*fig., lett.*) Risarcire, compensare danni, perdite, ecc.: *dur sorge il dì, ch'io ristorar ti possa / di lunghi tuoi per me sofferti affanni* (ALFIERI). **B** v. rifl. **1** Rifocillarsi, riposarsi, rinfrescarsi: *ci ristoreremo con una bella dormita*. **2** (*raro, lett.*) Rifarsi di perdite, danni e sim. **C** v. intr. pron. ● †Rinnovarsi, riprodursi.

ristoratìvo agg.; anche s. m. ● (*raro*) Che, ciò che ha potere, forza di ristorare: *bevanda ristorativa*; *prendere un r.*

ristoratóre A agg. (f. *-trice*) ● Che ristora, rinnova: *cibo r.*; *pioggia ristoratrice*. **B** s. m. **1** Gestore di ristorante. **2** (*raro*) Ristorante, spec. in una stazione ferroviaria. **3** †Rimedio, medicina che ristora.

ristorazióne [lat. tardo *restauratiōne(m)*. V. *restaurazione*] s. f. **1** Allestimento e consegna su scala industriale di pasti completi per comunità, quali mense aziendali o scolastiche, convitti, case di cura e sim.: *r. collettiva*. **2** (*raro*) Riparazione, restaurazione | (*raro*) Compenso | (*raro*) Risarcimento. || **ristorazioncèlla**, dim.

ristornàre [comp. di *ri-* e *stornare*] v. intr. (*io ristórno*; aus. *essere*) **1** (*tosc.*) Tornare, rimbalzare indietro. **2** (*econ.*) Effettuare un ristorno.

ristórno [da *ristornare*] s. m. **1** (*tosc.*) Rimbalzo. **2** (*econ.*) Sconto che un venditore offre a un cliente qualora i suoi acquisti raggiungano un determinato importo nell'arco di un certo periodo di tempo.

ristòro s. m. **1** Atto, effetto del ristorare o del ristorarsi: *cercare, dare r. a qc.*; *trovare r. dalla fatica nel sonno* | Ciò che ristora fisicamente o spiritualmente: *questa bevanda è un ottimo r.*; *non c'è r. da mali così grandi*. SIN. Conforto, sollievo. **2** †Risarcimento, compenso | †*Per r.*, (*iron.*) per giunta. **3** †Rifacimento, rinnovazione, restauro.

ristrappàre [comp. di *ri-* e *strappare*] v. tr. ● Strappare di nuovo.

ristrettézza s. f. **1** Qualità di ciò che è ristretto: *la r. del luogo non consente molto movimento*. **2** (*fig.*) Angustia, scarsità: *c'è una grande r. di denaro* | (*spec. al pl.*) Condizione che impone privazioni per l'insufficienza o la mancanza di cose necessarie: *vivere in grandi ristrettezze*. **3** (*fig.*) Povertà, grettezza: *r. d'idee, di cuore*.

ristrettìre [da *ristretto*] **A** v. tr. (*io ristrettìsco, tu ristrettìsci*) ● (*tosc.*) Fare diventare stretto o più stretto. **B** v. intr. pron. ● (*tosc.*) Diventare più stretto.

†ristrettìva [f. sost. di *ristrettivo*] s. f. ● Cifra, abbreviazione, sigla.

ristrettìvo [da *ristretto*] agg. ● (*raro*) Restrittivo. || **ristrettivaménte**, avv. (*raro*) Restrittivamente.

ristrétto A part. pass. di *†ristringere* e *restringere*; anche agg. **1** Nei sign. del v. **2** Stretto dentro, racchiuso: *r. in una scatola*; *paese r. tra alti monti*. **3** (*fig.*) Rigoroso, preciso, rigido: *significato, uso r.* **4** Così vicino, stretto insieme da toccare chi è accanto: *nello scompartimento affollato erano molto ristretti* | †*Combattere a r.*, a corpo a corpo | Stretto, angusto, dallo spazio insufficiente: *vivere in un appartamento r.* | Limitato, scarso come quantità o ridotto a un numero minore: *un r. numero di inviti*; *i concorrenti erano ristretti a cinque* | *Pranzo, ricevimento r.*, riservato a pochi intimi | *Mezzi ristretti*, ridotti, insufficienti a vivere comodamente | (*raro*) *Vita ristretta*, senza agi e comodità. **5** Condensato, concentrato: *brodo r.*; caffè r. | Ridotto di volume: *sugo r.* | *Prezzo r.*, su cui non si possono operare ulteriori riduzioni | (*fig.*) Riassunto: *romanzo r. in poche pagine* | *In r.*, sommariamente, riassumendo. **6** Gretto, meschino: *mente ristretta*; *giudizi ristretti*. **7** (*raro, lett.*) Raccolto, piegato: *stare r. in sé* | †*R. in sé*, (*fig.*) assorto, cauto. || **ristrettìno**, dim. || **ristrettaménte**, avv. In modo ristretto (*anche fig.*). **B** s. m. **1** Riassunto, compendio: *pubblicare il r. di un'opera famosa*. **2** Prezzo ristretto, irriducibile. **3** (*econ.*) Mercato ristretto, mercatino. **4** †Piccolo crocchio, gruppo chiuso di persone. **5** †Conclusione, stretta.

†ristrìgnere ● V. *restringere*.

†ristrìngere (1) ● V. *restringere*.

ristrìngere (2) [comp. di *ri-* e *stringere*] **A** v. tr. (coniug. come *stringere*) **1** Stringere di nuovo. **2** (*raro* o *tosc.*) Restringere: *r. un intingolo*; *r. un abito*. **B** v. intr. pron. **1** Farsi stretto o più stretto. **2** (*raro, lett.*) Avvicinarsi, farsi accanto a qc.

ristringiménto [da *ristringere*] s. m. ● Restringimento.

ristrisciàre [comp. di *ri-* e *strisciare*] v. intr. e tr. (*io ristrìscio*; aus. *avere*) ● Strisciare di nuovo o ancora.

ristropicciàre [comp. di *ri-* e *stropicciare*] v. tr. (*io ristropìccio*) ● Stropicciare di nuovo o ancora.

ristrozzàre [comp. di *ri-* e *strozzare*] v. tr. (*io ristròzzo*) ● Strozzare di nuovo o ancora.

ristrùggere [comp. di *ri-* e *struggere*] v. tr. e intr. pron. (coniug. come *struggere*) ● Struggere di nuovo.

ristrùtto part. pass. di *ristruggere* ● (*raro*) Nel sign. del v.

ristrutturàbile agg. ● Che si può ristrutturare.

ristrutturàre [comp. di *ri-* e di *strutturare*] v. tr. **1** Dare una nuova struttura, spec. con riferimento ad aziende e industrie, mediante riorganizzazione e revisione di ruoli, costi e sistemi lavorativi e di produzione. **2** (*edil.*) Eseguire opere di restauro e di ripristino di edifici intervenendo sulle strutture murarie e sugli impianti, a scopo di recupero, mantenimento e rivalutazione economica dell'edificio stesso: *vendesi mansarda completamente ristrutturata*.

ristrutturàto part. pass. di *ristrutturare*; anche agg. ● Nei sign. del v.

ristrutturazióne s. f. ● Atto, effetto del ristrutturare: *r. edilizia*.

ristuccaménto s. m. **1** Atto, effetto del ristuccare. **2** (*fig., raro*) Nausea, noia.

ristuccàre [comp. di *ri-* e *stuccare*] v. tr. (*io ristùcco, tu ristùcchi*) **1** Stuccare di nuovo, ridare lo stucco: *r. la finestra*. **2** (*fig.*) Saziare fino alla nausea: *sono cibi che ristuccano tutti* | Annoiare, rendere stufo: *queste chiacchiere ci hanno ristuccato*.

ristuccatùra s. f. ● Operazione, effetto e spesa del ristuccare.

ristucchévole [comp. di *ri-* e *stucchevole*] agg. ● (*raro, fig.*) Che nausea, annoia. SIN. Stucchevole.

ristùcco [da *ristuccare*] agg. (pl. m. *-chi*) ● Stufo, infastidito, annoiato | Sazio: *siamo stucchi e ristucchi di questi minestroni* (GOLDONI).

ristudiàre [comp. di *ri-* e *studiare*] v. tr. (*io ristùdio*) ● Studiare di nuovo o meglio.

ristupìre [comp. di *ri-* e *stupire*] **A** v. tr. (*io ristupìsco, tu ristupìsci*) ● Stupire di nuovo. **B** v. intr. pron. ● Stupirsi di nuovo: *vi esorterei a ristupirvi ..., e poi a tacere, come disperato di poter mai trovar concetti di quella sorte* (GALILEI).

ristuzzicàre [comp. di *ri-* e *stuzzicare*] v. tr. (*io ristùzzico, tu ristùzzichi*) ● Stuzzicare di nuovo.

risucchiàre [comp. di *ri-* e *succhiare*] v. tr. (*io risùcchio*) **1** Succhiare di nuovo. **2** Assorbire, attirare in un risucchio.

risùcchio [da *risucchiare*] s. m. ● Vortice provocato da incontro di correnti, dal moto delle eliche, da una nave che affondi | *R. d'aria*, aspirazione prodotta da una zona d'aria in depressione.

risucciàre [comp. di *ri-* e *succiare*] v. tr. (*io risùccio*) ● (*tosc., raro*) Risucchiare.

risudaménto s. m. ● (*raro*) Il risudare.

risudàre [vc. dotta, lat. *resudāre*, comp. di *re-* e *sudāre*] v. intr. (aus. *avere*) **1** Sudare di nuovo. **2** (*raro*) Trasudare.

risuggellàre [comp. di *ri-* e *suggellare*] v. tr. (*io risuggèllo*) ● Suggellare di nuovo.

risùggere [comp. di *ri-* e *suggere*] v. tr. (*io risùggo, tu risùggi*; dif. del part. pass. e dei tempi composti) ● (*lett.*) Suggere di nuovo.

risùlta [dev. di *risultare*] s. f. ● (*tecnol.*) Nella loc. *di r.*, detto di materiali o acque residuati da lavori di scavo, demolizione e sim., di processi di lavorazione di materie prime o di processi di depurazione delle acque.

risultàbile o (*raro*) **resultàbile**. agg. ● Che può risultare.

risultaménto s. m. ● (*raro*) Modo, atto del risultare | Ciò che risulta.

risultànte o (*raro*) **resultànte A** part. pres. di *risultare*; anche agg. ● Nei sign. del v. **B** s. m.; f. nel sign. 2 **1** (*fis.*) Forza la cui azione equivale a quella del sistema di forze date | *R. di due equazioni algebriche*, polinomio che si annulla se e solo se queste hanno una radice comune. **2** (*fig.*) Risultato ottenuto da una serie di verifiche o esperimenti: *la r. di anni di ricerche è nulla*.

risultànza o (*raro*) **resultànza** [da *risultante*] s. f. **1** Risultato definitivo fornito da operazioni, azioni varie anche non impostate in vista del medesimo fine: *la r. della vostra propaganda è stata la diffusione capillare del prodotto*. **2** (*spec. al pl.*) Risultato (*spec. bur.*): *le risultanze dell'inchiesta ministeriale saranno pubblicate presto*.

risultàre o (*raro*) **resultàre** [vc. dotta, lat. *resultāre*, comp. di *re-* e *saltāre*] v. intr. (aus. *essere*) **1** Provenire, derivare come conseguenza da una causa, un fatto o una determinata condizione: *dal loro disaccordo risulteranno molti danni*; *questo composto risulta dalla mescolanza di vari elementi*. **2** Scaturire come conclusione definitiva da indagini, ricerche e sim.: *la sua colpevolezza risulta da tutte le testimonianze* | (*ass.*) Apparire chiaro, evidente, accertato: *non mi risulta che abbiate ragione*. **3** (*est.*) Rivelarsi, apparire, dimostrarsi: *le vostre preoccupazioni risultano infondate* | Riuscire: *è risultato eletto fra molti candidati*. **4** †Rimbalzare, echeggiare, detto di voci, rumori e sim. **5** †Risaltare, sporgere in fuori. **6** †Importare.

risultatìvo [da *risultato*, sul modello del fr. *résultatif*] agg. **1** (*gener.*) Che contiene ed esprime un risultato. **2** (*ling.*) Detto di verbi e di aspetto verbale che esprimano uno stato presente risultante da azione passata, come *io so* risulta da *ho appreso*.

risultàto o (*raro*) **resultàto**. **A** part. pass. di *risultare* ● Nei sign. del v. **B** s. m. ● Ciò che rappresenta l'esito, l'effetto, la conseguenza di cause, operazioni, fatti vari: *il r. delle elezioni sarà reso noto oggi*.

†risunzióne [lat. tardo *resumptiōne(m)*, da *resūmptus*, part. pass. di *resūmere* 'riassumere'] s. f. ● (*raro*) Riassunto.

risuolàre o **risolàre** [comp. di *ri-* e *s(u)olare*] v. tr. (*io risuòlo*, pop. *risòlo*; in tutta la coniug. di *risolare* la *-o-* dittonga in *-uo-* soprattutto se accentata; negli altri casi sono in uso le forme *risolavo, risolerò, risolassi* oltre alle più comuni *risuolavo, risuolerò, risuolassi*) ● Rimettere nuove suole alle calzature.

risuolatùra o **risolatùra** s. f. **1** Atto, effetto del risuolare. **2** Parte anteriore della suola, logora, che viene sostituita con una nuova.

risuolifìcio s. m. ● Locale attrezzato per il servizio di risuolatura automatica delle calzature.

risuonàre o **risonàre** [vc. dotta, lat. *resonāre*, comp. di *re-* e *sonāre* 'suonare'] **A** v. tr. (*io risuòno*, pop. *risòno*; in tutta la coniug. di *risonare* la *-o-* dittonga in *-uo-* soprattutto se accentata; negli altri casi sono in uso le forme *risonavo, risonerò, risonassi* oltre alle più comuni *risuonavo, risuonerò, risuonassi*) **1** Suonare di nuovo: *r. uno strumento*. **2** (*raro*) Fare echeggiare (*anche fig.*): *r. una parola, un sospiro*; *r. le lodi* | †Proferire. **B** v. intr. (aus. *essere* e *avere*) **1** Suonare di nuovo: *le campane non facevano che suonare e r.* **2** Rendere un suono lungo e cupo, detto di corpi percossi: *la parete, battuta con un bastone, risuonò a lungo* | Produrre risonanza ampliando e facendo riecheggiare i suoni: *è una sala che risuona troppo*. SIN. Rimbombare. **3** Ripercuotersi, echeggiare, diffondersi, detto di suoni (*anche fig.*): *né mai quel canto risonò più forte / e più soave* (PASCOLI); *mi risuonano alla mente le sue raccomandazioni*.

risuonatóre ● V. *risonatore*.

risupplicàre [comp. di *ri-* e *supplicare*] v. tr. (*io risùpplico, tu risùpplichi*) ● Supplicare di nuovo.

†risùrgere ● V. *risorgere*.

†risurrèsso ● V. † *resurressi*.

risurrezióne o **resurrezióne** [vc. dotta, lat. tardo *resurrectiōne(m)*, da *resurrēctum*, supino di *resūrgere* 'risorgere'] s. f. **1** Atto del risorgere, del risuscitare alla vita. **2** (*relig.*) Il ricostituirsi del corpo e dello spirito o anche del solo spirito dell'uomo dopo la morte e il giudizio individuale, o alla fine del mondo e dopo il giudizio finale | *R. della carne*, nel Giudaismo, nel Cristianesimo e nell'Islamismo, verità di fede secondo la quale, alla consumazione dei tempi, per il Giudaismo all'avvento del Messia, i giusti risorgeranno con corpo glorioso e perfetto e non soggetto più a morte | *R. di Cristo*, avvenuta tre giorni dopo la sua morte | *Pasqua di r.*, commemorazione della resurrezione del Cristo, come festa mobile dei cristiani. *3* (*est.*, *fig.*) Rifioritura, ripristinamento: *la r. di usi, vocaboli dimenticati* | (*fig.*) Rinnovamento: *una poesia ... annunziava la resurrezione interiore in un popolo* (DE SANCTIS).

risuscitaménto s. m. ● (*raro*) Modo, atto, effetto del risuscitare (*anche fig.*). SIN. Resurrezione.

risuscitàre o **resuscitàre** [vc. dotta, lat. *resuscitāre*, comp. di *re-* e *suscitāre*] **A** v. tr. (*io risùscito*) *1* Richiamare in vita: *r. un morto*; *r. dal sepolcro* | (*iperb.*) *Bevanda, cibo che fa r.*, che ricrea, riconforta, rinvigorisce | *R. qc. da morte a vita*, (*fig.*) sollevarlo da gravi preoccupazioni o tormenti. *2* (*fig.*) Rimettere in uso, restaurare, rinnovare: *r. un'usanza, un vocabolo, una moda, un'istituzione* | (*fig.*) Suscitare di nuovo, far risorgere, ravvivare: *r. l'arte, le fazioni sopite* | (*iperb.*) *R. qc. dal sonno*, risvegliarlo. **B** v. intr. (aus. *essere*) *1* Ritornare in vita: *Cristo risuscitò il terzo giorno*. SIN. Risorgere. *2* (*iperb.*) Riprendersi nel fisico o spiritualmente: *con il riposo risusciterai*; *è risuscitato per il tuo consiglio*.

risuscitàto part. pass. di *risuscitare*; anche agg. *1* Nei sign. del v. *2 Morto r.*, persona che riappare quasi per miracolo, inaspettato, dopo una lunga assenza, o scampato da grave pericolo.

risuscitatóre [vc. dotta, lat. tardo *resuscitatōre(m)*, da *resuscitātus* 'risuscitato'] s. m.; anche agg. (f. *-trice*) ● (*raro*) Chi risuscita (*anche fig.*): *r. di morti*; *r. di memorie, di discordie*; *padre e r. d'una città memorabile* (GUICCIARDINI).

risuscitazióne [vc. dotta, lat. tardo *resuscitatiōne(m)*, da *resuscitātus* 'risuscitato'] s. f. ● (*raro*) Atto del risuscitare.

risussurràre [comp. di *ri-* e *sussurrare*] v. tr. e intr. (aus. *avere*) ● Sussurrare di nuovo o a sua volta.

riṣvecchiàre [comp. di *ri-* e *svecchiare*] v. tr. (*io riṣvècchio*) ● Svecchiare di nuovo.

riṣvegliaménto s. m. ● Atto, effetto del risvegliare e del risvegliarsi.

riṣvegliàre [comp. di *ri-* e *svegliare*] **A** v. tr. (*io riṣvéglio*) *1* Svegliare, ridestare: *r. qc. dal sonno a mattina inoltrata*. *2* (*fig.*) Scuotere, riscuotere spec. richiamando all'azione: *r. i pigri, gli illusi* | (*fig.*) Richiamare, ravvivare, rieccitare: *r. la memoria*; *r. l'odio, la discordia, la gelosia* | (*fig.*) Stimolare: *r. il gusto, l'appetito* | (*fig.*, *lett.*) *R. uno strumento*, suonarlo. **B** v. intr. pron. *1* Svegliarsi, svegliarsi di nuovo dal sonno: *ci siamo risvegliati di buon'ora*. SIN. Ridestarsi. *2* (*fig.*) Riscuotersi dall'inerzia morale o intellettuale. SIN. Ridestarsi.

riṣvegliatìvo agg. ● (*raro*) Atto a risvegliare.

riṣvegliàto part. pass. di *risvegliare*; anche agg. ● Nei sign. del v.

riṣvéglio s. m. *1* Il risvegliare o il risvegliarsi dal sonno: *non dimenticare il suo r.*; *lo scoppio ha causato il r. di tutti*; *il r., pensa il r. noi due soli in tanto / squallore* (SABA) | Il momento in cui avviene il risveglio: *ci vedremo al tuo r.* *2* (*fig.*) Ritorno all'attività, all'operosità: *favorire il r. dell'industria* | (*fig.*) Rinnovamento morale o intellettuale: *il r. delle coscienze, degli studi*.

riṣvelàre [comp. di *ri-* e *svelare*] v. tr. (*io riṣvélo*) ● (*raro*) Svelare di nuovo.

riṣvèllere [comp. di *ri-* e *svellere*] v. tr. (coniug. come *svellere*) ● (*raro, lett.*) Svellere di nuovo o con più forza.

riṣvenìre [comp. di *ri-* e *svenire*] v. intr. (coniug. come *svenire*; aus. *essere*) ● Svenire di nuovo.

riṣvenùto part. pass. di *risvenire* ● (*raro*) Nel sign. del v.

riṣviàre [comp. di *ri-* e *sviare*] **A** v. tr. ● Sviare di nuovo. **B** v. intr. pron. ● Sviarsi di nuovo.

riṣvòlta [da *risvoltare*] s. f. *1* (*raro*) Svolta, voltata: *strada con molte risvolte*. *2* Risvolto di giacca o mantello. *3* †Parte incurvata, piegata di q.c.

riṣvoltàre [comp. di *ri-* e *svoltare*] v. tr. e intr. (*io riṣvòlto*; aus. *avere*) ● Svoltare di nuovo.

riṣvòlto [da *risvoltare*] s. m. *1* Parte di indumento femminile o maschile rovesciato in fuori: *i risvolti della giacca*; *pantaloni con i risvolti*; *tasca con risvolto*. *2* Parte della sopraccoperta di un libro ripiegata all'interno. SIN. Aletta, bandella | (*est.*) Il testo ivi stampato, contenente spec. indicazioni sull'opera, sull'autore e notizie pubblicitarie. *3* (*fig.*) Aspetto, conseguenza, influenza poco appariscente, non immediatamente visibile, ma non trascurabile per la sua importanza: *esaminare i risvolti culturali, politici, economici di una situazione*. *4* (*edil.*) Struttura muraria secondaria che continua i motivi e le funzioni di quella principale.

ritagliàre [comp. di *ri-* e *tagliare*] v. tr. (*io ritàglio*) *1* Tagliare di nuovo, tagliare. *2* Tagliare seguendo le linee esterne che chiudono un disegno o altro: *r. un'immagine, una fotografia, un articolo*. *3* †Tagliare via.

ritagliatóre s. m. (f. *-trice*) *1* (*raro*) Chi ritaglia. *2* †Venditore di panni a ritagli.

ritaglieggiàre [comp. di *ri-* e *taglieggiare*] v. tr. (*io ritagliéggio*) ● (*raro*) Taglieggiare di nuovo.

†**ritaglière** [da *ritaglio*] s. m. ● Venditore al minuto.

ritàglio [da *ritagliare*] s. m. *1* Ciò che si toglie ritagliando seguendo i contorni di q.c.: *fare collezione di ritagli di giornale*. *2* †La parte ritagliata da un tessuto e con la quale si deve confezionare un abito | *Vendere a r.*, al minuto. *3* Pezzi avanzati dopo che è stata tagliata via la parte che serve a q.c.: *tagliato l'abito, buttò via i ritagli* | (*fig.*) *R. di tempo*, breve periodo che si riesce a sottrarre o al lavoro o ad altre attività importanti. SIN. Avanzo. ‖ **ritagliétto**, dim. | **ritaglino**, dim. | **ritagliùccio**, dim.

ritagliuzzàre [comp. di *ri-* e *tagliuzzare*] v. tr. ● Tagliuzzare di nuovo o di più.

ritàno ● V. *rittano*.

ritappàre [comp. di *ri-* e *tappare*] v. tr. ● Tappare di nuovo.

ritardàbile agg. ● Che si può ritardare: *pubblicazione, termine r.* SIN. Differibile, rimandabile.

ritardaménto s. m. ● (*lett.*) Modo, atto del ritardare. SIN. Indugio, rallentamento, ritardo.

ritardàndo [da *ritardare*] s. m. inv. ● (*mus.*) Segno agogico che richiede un progressivo allentamento del tempo originario. SIN. Rallentando. CONTR. Accelerando.

ritardànte agg. ● Che ritarda: *effetto r.*

†**ritardànza** s. f. ● Ritardo, ritardazione.

ritardàre [vc. dotta, lat. *retardāre*, comp. di *re-* e *tardāre*] **A** v. intr. (aus. *avere*) ● Indugiare a giungere: *la posta ritarda* | Essere in ritardo: *oggi il tram ritarda notevolmente* | Essere indietro, detto dell'orologio | *R. su q.c.*, in confronto, rispetto a q.c. **B** v. tr. ● Fare andare più lento: *r. il moto* | Fare arrivare più tardi, trattenere: *mi ha fatto r. tuo fratello* | Rimandare, differire: *r. il pagamento, la consegna* | (*mus.*) *R. una nota*, eseguirla con ritardo, prolungandone l'effetto nell'accordo successivo.

ritardatàrio [da *ritardato*] s. m. (f. *-a*) *1* Chi non è puntuale o arriva in ritardo: *i ritardatari non saranno ammessi al lavoro*. *2* Chi indugia a fare q.c.

ritardatìvo [da *ritardato*] agg. ● (*raro*) Che è causa di ritardo.

ritardàto part. pass. di *ritardare*; anche agg. *1* Nei sign. del v. *2* (*psicol.*) *R. mentale*, (*ell.*) *ritardato*, chi presenta ritardo mentale.

ritardatóre s. m. (f. *-trice*) *1* Chi ritarda | Chi fa indugiare gli altri. *2* (*farm.*, *med.*) Sostanza o strumento atti a rallentare un'azione, una reazione, un moto e sim.

ritardazióne [vc. dotta, lat. *retardatiōne(m)*, da *retardātus* 'ritardato'] s. f. ● (*raro*) Ritardo, ritardamento.

ritardìsta [da *ritardo*] s. m. o f. (pl. m. *-i*) ● (*sport*) Paracadutista esperto nella tecnica di protrarre al massimo il momento di apertura del paracadute, durante un lancio.

ritàrdo **A** s. m. *1* Atto, effetto del ritardare: *il r. di un treno*; *il r. della posta continua*; *il tuo r. non è scusabile* | *Giungere in r.*, dopo il tempo giusto o fissato | *Riguadagnare, rimettere il r.*, aumentare la velocità per recuperare il tempo perduto | Rallentamento: *c'è un r. nel motore*. *2* Indugio: *datevi da fare senza r.* *3* (*mus.*) Prolungazione dell'effetto di una nota nell'accordo successivo. *4* Fatto di un astro che sulla sfera celeste si muove meno velocemente di un altro. *5* Spezzone di miccia a lentissima combustione, che trasmette il fuoco ad una miccia normale, per ottenere un brillamento molto differito nel tempo. *6* (*psicol.*) *R. mentale*, condizione di deficit intellettivo che può essere superato con un recupero più o meno lento fino alla normalità. **B** in funzione di agg. inv. posposto al s. (*V.*) ● (*farm.*) *Effetto r.*, quello di un farmaco che, per la sua particolare preparazione farmaceutica o per la sua composizione, viene assorbito lentamente esplicando la sua azione in modo graduale e prolungato.

ritassàre [comp. di *ri-* e *tassare*] v. tr. ● Tassare di nuovo.

†**ritassatóre** [comp. di *ri-* e *tassatore*] s. m. ● Tassatore.

ritassazióne [comp. di *ri-* e *tassazione*] s. f. ● Nuova tassazione.

ritastàre [comp. di *ri-* e *tastare*] v. tr. ● Tastare di nuovo.

†**ritégna** s. f. ● Ritegno.

ritégno [da *ritenere*] s. m. *1* Freno, riserbo, riguardo: *non abbiamo r. a dirti ciò che pensiamo* | (*est.*) *Aver r.*, titubare, pentirsi | Misura, discrezione, controllo: *approfitta della nostra casa senza r.*; *spendere con r.*; *il r. di chi sa fin dall'inizio che il suo tema è disperato* (LEVI). *2* †Ciò che tiene fermo q.c. impedendogli di muoversi: *un r. di mattoni*. SIN. Difesa. *3* (*fig.*) †Ostacolo, impedimento. *4* †Aiuto, appoggio. *5* †Ritentiva.

†**ritemènza** [comp. di *ri-* e †*temenza*] s. f. ● Timore, paura.

ritemére [comp. di *ri-* e *temere*] **A** v. tr. (*io ritémo* o *ritèmo*) *1* Temere di nuovo (*anche ass.*). *2* †Temere o temere di più. **B** v. intr. pron. ● †Peritarsi, vergognarsi.

ritemperàre ● V. *ritemprare*.

ritempestàre [comp. di *ri-* e *tempestare*] v. tr. (*io ritempèsto*) ● Tempestare di nuovo.

ritempràre o (*raro*) **ritemperàre** [comp. di *ri-* e *temprare*] **A** v. tr. (*io ritèmpro*) *1* Ridare la tempra. *2* (*fig.*) Rafforzare, rinvigorire: *r. le forze, il carattere*. **B** v. rifl. ● (*fig.*) Riprendere vigore, forza: *si è ritemprato nelle sventure*.

ritèndere [comp. di *ri-* e *tendere*] v. tr. (coniug. come *tendere*) ● Tendere di nuovo.

ritenènza [vc. dotta, lat. *retinĕntia(m)*, da *rĕtinens*, genit. *retinĕntis* 'ritenente'] s. f. *1* Riserbo, riguardo, ritegno. *2* †Sostegno.

ritenére [vc. dotta, lat. *retinēre*, comp. di *re-* e *tenēre*] **A** v. tr. (coniug. come *tenere*) *1* (*raro*) Tenere di nuovo. *2* Trattenere, contenere, arrestare, fermare: *r. le lacrime*; *non poter r. la piena*; *r. la caduta dei capelli* | *Non poter r. cibo*, vomitare, dare di stomaco, appena si ingerisce q.c. | (*fig.*, *lett.*) Frenare, reprimere, controllare: *r. le ingiurie*; *r. il desiderio di partire*. *3* †Conservare, mantenere: *r. un segreto* | (*fig.*) Fermare, imprimere nella mente: *r. a memoria una lunga poesia*. *4* Trattenere parte di una cosa o di una somma dovuta a qc.: *mi hanno ritenuto il cinque per cento*. *5* †Detenere, tenere prigioniero. *6* Credere, giudicare, stimare: *ritengo che sia un bene non giudicare nessuno*; *lo ritengo onesto*. *7* †Possedere, avere. *8* †Accettare, accogliere: *r. costumi, usanze*. *9* †Ospitare, albergare. **B** v. rifl. *1* Stimarsi, considerarsi: *si ritiene ormai arrivato*. *2* (*lett.*) Trattenersi, frenarsi dal fare q.c. **C** v. intr. pron. ● †Fermarsi in un luogo | †Trattenersi con qc.: *usava molto nella casa di messer Lizio e molto con lui si riteneva* (BOCCACCIO).

†**ritenévole** agg. ● Atto a ritenere.

†**riteniménto** s. m. ● Modo, atto del ritenere.

†**ritenitìva** ● V. *ritentiva*.

ritenitìvo [da *ritenere*] agg. ● (*raro*) Ritentivo.

†**ritenitóio** [da *ritenere*] s. m. ● Ritegno, riparo, argine.

ritenitóre **A** s. m. (f. *-trice*) *1* (*raro*) Chi ritiene. *2* †Manutengolo, detentore. **B** agg. ● (*raro*) Che ritiene: *facoltà ritenitrice*.

ritentaménto s. m. ● (*raro*) Modo, atto del ritentare.

ritentàre [vc. dotta, lat. *retemptāre*, comp. di *re-* e *temptāre* 'tentare'] v. tr. (*io ritènto*) *1* Tentare di nuovo (*anche ass.*): *r. l'impresa*; *tentare e r.* SIN. Riprovare. *2* Indurre di nuovo in tentazione.

†**ritentìre** [fr. *retentir*, comp. di *re-* e dell'ant. fr. *tentir*, dal lat. parl. **tinnitīre*, ints. di *tinnīre* 'risuonare'. V. *tinnire*] v. intr. ● (*raro*) Risuonare.

ritentiva o (*raro, pop.*) **retentiva**, †**ritenitiva** [f. sost. di *ritentivo*] s. f. ● Facoltà del fermare nella mente cose vedute, imparate, sentite. SIN. Memoria.

ritentività o **retentività** [da *ritentivo*] s. f. ● Capacità che ha la memoria di ritenere o di richiamare i ricordi.

ritentivo [dal lat. *retēntus*, part. pass. di *retinēre* 'ritenere'] agg. ● (*raro*) Atto a ritenere | Che fa ricordare: *capacità ritentiva*.

ritenùta [f. sost. di *ritenuto*] s. f. *1* Il trattenere, contenere q.c. (*anche fig.*). *2* Detrazione da un importo che si paga: *r. d'imposta a garanzia, cautelare* | *R. diretta*, che lo Stato trattiene a titolo d'imposta quando corrisponde un reddito | *R. alla fonte*, che il datore di lavoro e sim. opera su compensi o altre erogazioni a titolo di imposta sul reddito | *R. d'acconto*, che andrà in conto dell'imposta dovuta dal percipiente. *3* (*mar.*) Corda per assicurare un corpo a bordo: *r. del boma*.

ritenutézza [da *ritenuto*] s. f. ● Riserbo, riguardo, ritegno nel parlare, l'agire, e sim.

ritenùto part. pass. di *ritenere*; anche agg. *1* Nei sign. del v. *2* Cauto, circospetto | Riservato. *3* (*mus.*) Detto di indicazione agogica che richiede temporaneamente una netta riduzione della velocità. || **ritenutaménte**, avv. (*raro*) Con ritenutezza.

ritenzióne o †**retenzióne** [vc. dotta, lat. *retentiōne(m)*, da *retēntus*, part. pass. di *retinēre* 'ritenere'] s. f. *1* Atto, effetto del ritenere. *2* (*med.*) Impedita eliminazione di elementi dall'organismo | *R. urinaria*, impossibilità di eliminare l'urina dalla vescica | *R. idrica*, accumulo di acqua nei tessuti. *3* (*raro*) Parte trattenuta da una somma | *Diritto di r.*, diritto del debitore di trattenere la cosa dovuta al creditore finché questi non abbia adempiuto alla propria obbligazione connessa con la cosa. *4* (*psicol.*) Nella memoria, l'immagazzinamento delle informazioni. *5* †Arresto, detenzione. *6* †Possesso.

ritèrgere [vc. dotta, lat. tardo *retĕrgere*, per il classico *retergēre*, comp. di *re-* e *tergēre* 'tergere'] v. tr. (coniug. come *tergere*) ● (*raro*) Tergere di nuovo o meglio.

riterminàre [comp. di *ri-* e *terminare*] v. tr. (*io ritèrmino*) ● Terminare di nuovo.

ritèrso part. pass. di *ritergere* ● Nei sign. del v.

ritéso part. pass. di *ritendere* ● (*raro*) Nel sign. del v.

ritèssere [vc. dotta, lat. *retĕxere*, comp. di *re-* e *tĕxere* 'tessere'] v. tr. (*io ritèsso*) ● Tessere di nuovo | (*fig.*) *R. un racconto, una storia*, esporli, raccontarli di nuovo in modo ordinato.

ritessitùra [comp. di *ri-* e *tessitura*] s. f. ● Atto, effetto del ritessere (*anche fig.*).

ritidectomìa [vc. dotta, comp. del gr. *rytís*, genit. *rytídos* 'piega della pelle, ruga' (V. *ritisma*) e di *-ectomia*] s. f. ● Lifting.

ritidòma [vc. dotta, gr. *rytídōma* 'increspamento', da *rytís* 'ruga'. V. *ritisma*] s. m. (pl. *-i*) ● (*bot.*) Parte della corteccia esterna al fellogeno che invecchiando si stacca a placche o a strisce.

†**ritignere** ● V. *ritingere*.

†**ritimo** ● V. *ritmo*.

ritìna [dal gr. *rytís* 'ruga, grinza' (V. *ritisma*); detto così dalla pelle rugosa] s. f. ● Grosso e tozzo mammifero sirenide oggi estinto, che popolava le coste dell'isola di Bering fino alla fine del XVIII sec. (*Hydrodamalis stelleri*).

ritìngere o †**ritignere** [comp. di *ri-* e *tingere*] v. tr. (coniug. come *tingere*) *1* Tingere di nuovo. *2* Tingere di un altro colore: *r. un vestito*. *3* †Intingere.

ritinto part. pass. di *ritingere*; anche agg. *1* Nei sign. del v. *2* (*fig., scherz.*) *Tinto e r.*, con i capelli tinti o il viso truccato.

ritintùra [da *ritinto*] s. f. ● Operazione, effetto del ritingere.

ritiraménto s. m. ● (*raro*) Modo, atto, effetto del ritirare o del ritirarsi.

ritiràre [comp. di *ri-* e *tirare*] **A** v. tr. *1* Tirare di nuovo: *r. la corda, il pallone* | *R. il foglio stampato male*, fare un'altra tiratura. *2* Tirare indietro, ritrarre: *r. la mano dopo averla tesa*; *la chiocciola ritira le corna nel guscio*. *3* (*est.*) Far tornare indietro, richiamare: *r. le truppe dalla località occupata*; *r. un ambasciatore in patria*; *r. una squadra da un torneo*. *4* (*est.*) Farsi dare, consegnare: *r. un pacco, un permesso, il passaporto* | Riscuotere, riprendere q.c. che ci appartiene: *r. lo stipendio*; *r. un pegno dal Monte di Pietà* | Togliere dalla circolazione: *r. monete fuori corso*; *r. tutte le copie non firmate*. *5* (*fig.*) Revocare, annullare, disdire: *r. un decreto*; *r. la propria candidatura*; *r. una promessa* | (*fig.*) Ritrattare: *r. la parola, l'accusa*. *6* †Allontanare qc. da q.c. *7* †Riportare, ricondurre all'origine. *8* †Raccorciare, assottigliare, scemare. **B** v. rifl. *1* Tirarsi indietro con il proprio corpo: *si ritirò per non essere travolto* | Indietreggiare, ripiegare di fronte a un pericolo, un ostacolo: *tutto l'esercito si ritirò in buon ordine*. *2* (*est.*) Allontanarsi da un luogo frequentato per tornare, rientrare a casa: *ci ritireremo a tarda notte*; *la gente cominciò a ritirarsi ... silenziosamente* (FOGAZZARO) | (*raro*) Andare ad abitare lontano: *si ritirò in Francia* | Ricoverarsi, raccogliersi, appartarsi temporaneamente o per sempre: *ritirarsi in convento, al sicuro, in campagna, nel proprio studio* | *Ritirarsi in sé stesso*, raccogliersi in sé a meditare | *Ritirarsi nel proprio guscio*, (*fig.*) evitare ogni contatto con gli altri. *3* Lasciare, abbandonare un ufficio, un'attività pubblica o privata spec. definitivamente: *ritirarsi dopo venticinque anni di servizio*; *si è ritirato dalla politica per qualche anno*; *dopo alcune difficoltà, si è ritirato dal commercio* | Rinunziare a prendere parte o a condurre a termine: *ritirarsi da un esame, un concorso, una gara* | Disdire un impegno, una parola: *si sono ritirati dalla scommessa*. **C** v. intr. pron. *1* Restringersi, accorciarsi, detto di tessuti, cuoio, ecc.: *dopo molte lavature, la coperta di lana si è ritirata*. *2* Scorrere via, defluire, arretrare: *dopo l'inondazione, il mare si ritirò gradatamente*.

ritiràta [da *ritirato*] s. f. *1* Atto, effetto del ritirarsi | *Cannone di r.*, a poppa della nave per difendersi nell'inseguimento | *Battere in r.*, (*fig.*) partire, andarsene in gran fretta o rinunciare a q.c. | *Fare una r. strategica*, (*fig.*) coprire un insuccesso cercando scuse non valide. *2* Rientro in caserma dei soldati, annunciato con apposito segnale di tromba, al termine della libera uscita: *l'ora della r.* *3* †Luogo appartato in una casa: *de la stanza regal le ritirate interne* (TASSO). *4* (*fig.*) Latrina, gabinetto di decenza. SIN. Cesso. *5* †Ritiro. *6* †Giustificazione, scusa. *7* †Pretesto, scappatoia.

ritiratézza [da *ritirato*] s. f. *1* (*raro*) Vita ritirata: *la r. del chiostro*. *2* Riservatezza.

ritiràto part. pass. di *ritirare*; anche agg. *1* Nei sign. del v. *2* Appartato, isolato, solitario: *vivere, starsene r.* | *Uomo r.*, che tende ad avere pochi rapporti con gli altri. || **ritiratamente**, avv. Con ritiratezza, appartatamente.

ritìro s. m. *1* Modo, atto del ritirare (*anche fig.*): *effettuare il r. di documenti, capitali, proposte*; *decidere il r. dei rappresentanti diplomatici, delle truppe di occupazione* | Riscossione: *il r. dello stipendio*. *2* (*raro*) Ritorno a casa: *ora del r.* | (*est.*) Atto del ritirarsi in un luogo appartato, isolato: *abbiamo deciso un breve r. in montagna* | *R. collegiale*, (*ell.*) *ritiro*, riunione di una squadra o di un atleta, sotto la guida dell'allenatore, in luogo sereno e idoneo alla preparazione fisica e psicologica necessaria per una o più future competizioni impegnative | Luogo lontano e appartato dove si può trovare quiete, solitudine o riposo: *quel paese di confine è un ottimo r.* | (*est., raro*) Asilo, rifugio, ricovero. *3* Allontanamento da un ufficio, una attività pubblica o privata: *chiedere il r. dall'impiego di qc.*; *non approviamo il tuo r. dalla vita pubblica* | Rinuncia a una gara, una competizione, ecc.: *abbiamo deciso il r. di tre concorrenti dalla corsa*. *4* Contrazione che si produce nei metalli o nelle leghe metalliche allo stato liquido, durante la solidificazione e il raffreddamento.

ritìsma [vc. dotta, gr. *rýtisma* 'rammendo, pezza' (da *rytís* 'piega della pelle, ruga', da *erýein* 'tirare', di etim. incerta): detto così perché forma sulle foglie degli stromi neri in forma di croste] s. m. ● Genere di funghi degli Ascomiceti, parassiti spec. dell'acero (*Rhytisma*) | Ogni individuo appartenente a tale genere.

ritmàre [da *ritmo*] v. tr. *1* Adottare un certo ritmo: *r. la corsa*. *2* †Verseggiare.

ritmàto part. pass. di *ritmare*; anche agg. ● Nei sign. del v.

rìtmica [vc. dotta, lat. tardo *rhýthmica(m)*, nom. *rhýthmica*, f. sost. di *rhýthmicus* 'ritmico'] s. f. ● Arte e scienza del ritmo musicale e metrico.

ritmicità s. f. ● Qualità di ciò che è ritmico: *la r. di un movimento*.

rìtmico [vc. dotta, lat. tardo *rhýthmicu(m)*, nom. *rhýthmicus*, dal gr. *rythmikós*, da *rythmós* 'ritmo'] agg. (pl. m. *-ci*) *1* Che imprime il ritmo. *2* Pertinente, conforme a ritmo: *visitatori diligenti col r. su e giù del capo* (CALVINO) | *Disegno r.*, detto del ritmo che caratterizza una melodia, una danza | *Accento r.*, che si ripete isocronicamente | *Prosa ritmica*, che presenta in posizioni determinate una regolare disposizione di accenti. *3* (*letter.*) Detto del verso fondato sugli accenti, come in italiano, invece che sulla quantità delle sillabe, come in latino. || **ritmicaménte**, avv. Con ritmo, seguendo un ritmo: *battere ritmicamente*.

rìtmo o †**rìtimo** [vc. dotta, lat. *rhýthmu(m)*, nom. *rhýthmus*, dal gr. *rythmós*, dalla stessa radice indeur. di *rêin* 'scorrere'] s. m. *1* Successione regolare nel tempo di suoni, accenti, cadenze, movimenti e sim. (*anche fig.*): *il r. della danza*; *il r. del cuore*; *il r. delle stagioni*; *il r. della fucileria*. *2* (*mus., gener.*) Ordine nella successione dei suoni di un brano musicale: *r. di tango, di cha-cha-cha* | Scansione regolare del tempo nella battuta | *R. binario, ternario*, costituito da due, tre unità di tempo. *3* (*letter.*) Movimento cadenzato risultante dal ripetersi degli accenti metrici ad intervalli determinati nella struttura di una poesia | (*ling.*) Ricorrenza regolare di elementi prosodici nella catena parlata. *4* (*fig.*) Il succedersi più o meno ordinato di varie fasi all'interno di fenomeni di diversa natura: *il r. della vita, della crescita, dello sviluppo industriale*. *5* (*fig.*) Il succedersi nello spazio di forme, linee architettoniche o di motivi ornamentali: *il r. di un porticato*.

ritmologìa [comp. di *ritmo* e *-logia*] s. f. ● Studio, trattato dei ritmi.

ritmomanìa [comp. di *ritmo* e *-mania*] s. f. ● (*psicol.*) Mania di canterellare.

ritmomelòdico [comp. di *ritmo* e *melodico*] agg. ● (*mus.*) Detto di complesso od orchestra di musica leggera che elaborano spunti melodici tradizionali su basi ritmiche caratteristiche del jazz.

rìto [vc. dotta, lat. *rītu(m)*, di origine indeur.] s. m. *1* Nelle religioni, comportamento cultuale esteriorizzato mediante azioni, preghiere o formule che sono fissate dalla tradizione scritta o orale e tendono a realizzare, nell'individuo o nella comunità, il rapporto con il mondo divino | (*etn.*) *R. di passaggio*, complesso di cerimonie che accompagnano e rendono pubblico il passaggio di un individuo da una condizione sociale a un'altra, come la nascita, la pubertà, il fidanzamento, il matrimonio, la morte. *2* Modo e ordine con cui si compiono le funzioni sacre: *il r. del battesimo*; *il r. della Messa*; *r. solenne* | Liturgia: *chiesa cattolica di r. bizantino*; *r. ambrosiano* | Cerimonia religiosa: *celebrare il r. nuziale*. *3* (*est.*) Usanza, consuetudine: *il r. dei doni natalizi*; *il r. delle assemblee studentesche* | Cerimonia: *sposarsi con r. civile* | *Di r.*, usuale, consueto | *È di r. che*, avviene di solito, di regola, abitualmente che | *Piatto di r.*, pietanza che si prepara in determinate circostanze, spec. per feste, ricorrenze, solennità e sim. *4* (*dir.*) Procedura: *r. civile, r. penale*; *r. abbreviato, r. formale*; *pregiudiziale di r.*; *eccezione di r.* | *Questioni, eccezioni di r.*, procedurali, che si riferiscono alla procedura, spec. nelle cause civili.

ritoccaménto s. m. ● (*raro*) Modo, atto, effetto del ritoccare (*anche fig.*).

ritoccàre [comp. di *ri-* e *toccare*] v. tr. (*io ritócco, tu ritócchi*) *1* Toccare di nuovo. *2* (*fig.*) Tornare su q.c. per correggere, ravvivare, abbellire o cambiare: *r. un disegno, una poesia* | *R. un prezzo*, rincararlo | *Ritoccarsi le labbra, gli occhi*, rifarsi o ravvivare il trucco delle labbra, degli occhi. *3* (*fig.*) †Replicare, tornare sullo stesso argomento importunando (*anche ass.*): *Rinaldo pure Orlando ritoccava / che si dovesse con ogni supplicio / uccider Gan* (PULCI). *4* †Ripercuotere.

ritoccàta [da *ritoccato*] s. f. ● Atto del ritoccare rapidamente e in una sola volta (*anche fig.*): *dare una r. a un quadro*; *darsi una r. al trucco*. || **ritoccatina**, dim.

ritoccàto part. pass. di *ritoccare*; anche agg. ● Nei

sign. del v.

ritoccatóre s. m. (f. *-trice*) *1* Chi ritocca: *r. di lastre fotografiche.* *2* In fotomeccanica, l'operaio che apporta piccole modifiche alle matrici finite.

ritoccatùra s. f. ● Ritocco.

ritocchìno s. m. *1* Dim. di *ritocco.* *2* (*fam.*) Merenda, spuntino.

ritócco s. m. (pl. *-chi*) ● Operazione, effetto del ritoccare per correggere, abbellire, modificare, ecc.: *dare un leggero r. a un dipinto, a un romanzo, al trucco.* SIN. Correzione, modificazione, revisione. || **ritocchino**, dim. (V.).

ritògliere o (*lett.*) **ritòrre** [comp. di *ri-* e *togliere*] **A** v. tr. (coniug. come *togliere*) *1* Togliere di nuovo. *2* Togliere a sua volta, riprendere ciò che si era dato ad altri o ci era stato sottratto: *r. la preda, il maltolto.* *3* (*raro, lett.*) Distaccare, allontanare, liberare da qc. o da q.c. **B** v. intr. pron. ● (*raro, lett.*) Allontanarsi, liberarsi.

ritogliménto s. m. ● (*raro*) Modo, atto, effetto del ritogliere, riprendendo.

ritoglitóre s. m. (f. *-trice*) ● (*raro, lett.*) Chi ritoglie, liberando, allontanando.

ritolleràre [comp. di *ri-* e *tollerare*] v. tr. (*io ritòllero*) ● (*raro*) Tollerare di nuovo o a sua volta.

ritòlto part. pass. di *ritogliere* ● Nei sign. del v.

ritombolàre [comp. di *ri-* e *tombolare*] v. intr. (*io ritómbolo*; aus. *essere*) ● (*fam.*) Tombolare di nuovo.

ritonàre ● V. *rituonare.*

†ritónda [da *†ritondo*] s. f. ● Rotonda.

†ritondaménto s. m. ● Atto, effetto del ritondare.

ritondàre [da *†ritondo*] v. tr. *1* Rendere rotondo, arrotondare. *2* † Pareggiare, tagliando le sporgenze, detto di libri, tessuti e sim.: *levare ora in un luogo ed ora in un altro, ritondando la figura* (CELLINI).

†ritondàstro [da *†ritondo*] agg. ● Rotondastro.

†ritondeggiàre [da *†ritondo*, sul modello di *tondeggiare*] v. intr. ● Rotondeggiare.

†ritondézza [da *†ritondo*] s. f. ● Rotondezza.

†ritondità [da *†ritondo*] s. f. ● Rotondità.

†ritóndo [lat. parl. **retŭndu(m)*, per il classico *rotŭndu(m)* 'rotondo'] agg.; anche s. m. ● (*pop.*) Rotondo.

ritóne s. m. ● Adattamento di *rhyton* (V.).

ritonfàre [comp. di *ri-* e *tonfare*] v. intr. (*io ritónfo*; aus. *essere*) ● (*raro*) Tonfare di nuovo.

ritòrcere [lat. parl. **retŏrcere*, per il classico *retorquēre*, comp. di *re-* e *torquēre* 'torcere'] **A** v. tr. (coniug. come *torcere*) *1* Torcere di nuovo o con energia: *torcere e r. il bucato.* *2* Torcere, voltare in senso contrario: *quel mio ferro, / che ad altri in petto immerger non mi lasci, / nel tuo petto il ritorci* (ALFIERI) | (*fig.*) *R. un argomento, un'accusa*, rivolgerli contro chi li ha addotti, formulati. *3* (*tess.*) Eseguire la ritorcitura. **B** v. intr. pron. ● Torcersi, rivolgersi indietro.

ritorcìbile agg. ● (*raro*) Che si può ritorcere (*spec. fig.*): *offesa r.*

ritorciménto s. m. ● (*raro*) Modo, atto, effetto del ritorcere.

ritorcitóio s. m. ● Macchina per la ritorcitura dei filati.

ritorcitrìce s. f. ● Ritorcitoio.

ritorcitùra s. f. ● Operazione tessile del ritorcere insieme più fili.

ritormentàre [comp. di *ri-* e *tormentare*] v. tr. (*io ritorménto*) ● Tormentare di nuovo.

ritornàbile agg. ● (*raro*) Che può ritornare.

ritornaménto s. m. ● Ritorno.

†ritornànza s. f. ● (*raro*) Ritorno.

ritornàre [comp. di *ri-* e *tornare*] **A** v. intr. (*io ritórno*; aus. *essere*) *1* Tornare, venire di nuovo nel luogo, nello stato, la condizione in cui si era venuti prima o da cui si era partiti: *r. indietro, a casa, a Roma*; *r. da capo, alla verità, al dovere*; *r. dalla visita ai parenti, dall'America* | *R. in sé*, riacquistare i sensi | *R. su q.c.*, considerare, studiare, cercare di nuovo | (*raro*) *R. nel suo*, rifarsi di ciò che si è speso o perduto | (*lett.*) *Ritornarsene*, *†ritornarsi*, tornare. *2* Ricomparire, rinvenire, ripresentarsi: *gli è ritornata la febbre*; *ritorna il cattivo tempo*; *non mi ritorna alla mente* | Ricorrere, detto di festa, ricorrenza, e sim. *3* Tornare ad essere, diventare di nuovo: *r. buono, calmo, ricco.* *4* (*lett.*) Rivolgersi, volgersi, riuscire: *ciò ritornerà in danno* | (*raro*) Presentarsi sotto forma di: *le nubi sono ritornate in pioggia.* *5* (*raro*) Derivare, provenire: *ne ritornerà onore.* *6* (*tosc.*) Ricrescere, rinvenire, detto di pasta, minestra e sim. *7* (*tosc.*) Andare ad abitare. **B** v. tr. *1* (*impr.*) Restituire, dare in cambio: *r. un libro, una somma*; *r. una cortesia.* *2* (*raro, lett.*) Riportare allo stato di prima. *3* †Ricondurre, richiamare. *4* †Volgere indietro | (*fig.*) †Deviare, stornare. **C** v. rifl. ● (*raro*) Rivolgersi indietro.

†ritornàta [da *ritornato*] s. f. ● Il ritornare.

ritornàto part. pass. di *ritornare*; anche agg. ● Nei sign. del v.

†ritornatóre s. m.; anche agg. (f. *-trice*) ● (*raro*) Chi, che ritorna.

ritornèllo [da *ritornare*] s. m. *1* Verso o gruppo di versi che si ripetono all'interno di una struttura poetica | †Commiato di canzone | †Coda di sonetto. *2* Ripartizione di un brano di una composizione musicale e segno che lo indica | Piccolo pezzo strumentale introduttivo o tra due pezzi a solo o tra un solo e un recitativo. *3* (*fig.*) Parole, discorso ripetuti con monotonia troppe volte: *lo rimproverava sempre con lo stesso r.* | *†Fare r.*, tornare a chiedere.

†ritornévole agg. ● Che può ritornare.

ritórno [da *ritornare*] s. m. *1* Modo, atto, effetto del tornare, del ritornare (*anche fig.*): *un triste r. in patria*; *smarrire la via del r.*; *il r. della febbre, della primavera, della memoria*; *I ritorni in famiglia erano sempre stati assai malinconici* (MORAVIA) | *Sono di r.*, sono appena tornato | *Sarò di r.*, tornerò | *Nel r.*, ritornando | *Avere q.c. di r.*, avere q.c. in restituzione | *Teoria dell'eterno r.*, palingenesi | *Analfabeta di r.*, chi, pur avendo un tempo imparato a leggere e scrivere, per lunga desuetudine con tali attività deve ritenersi ora analfabeta | *Biglietto di andata e r.*, il cui prezzo viene conteggiato in base ad una tariffa ridotta | *R. di fiamma*, fenomeno che si verifica nei motori a benzina quando, per una valvola difettosa od altra causa, i gas incendiati ritornano al carburatore attraverso i condotti d'aspirazione; (*fig.*) rinascita, reviviscenza improvvisa di una passione, spec. amorosa, sopita o dimenticata | *Leva del r.*, nelle macchine per scrivere a carrello mobile, leva che permette il ritorno a capo del carrello e insieme l'esecuzione dell'interlinea | *Tasto del r.*, nelle macchine per scrivere, comando che riporta indietro il carrello di una battuta. *2* Restituzione | *Conto di r.*, documento di banca giustificativo dell'addebitamento al cliente in caso di mancato buon fine di una cambiale scontata | *Bottiglia, fiasco, vetro di r.*, che si può rendere vuoto al venditore, ottenendo la restituzione del modico deposito. *3* (*econ.*) Reddito derivante da un investimento in attività produttive o in valori mobiliari. *4* *Girone di r.*, (*ell.*) *ritorno*, nel calcio e sim., serie di incontri che costituiscono il secondo di due turni di partite durante il quale le squadre si incontrano per la seconda volta: *vincere il girone di r.*; *perdere un incontro del r.* *5* (*mar.*) Parte di un canapo corrente che, dopo essere passato in una puleggia per un verso, esce dall'altro. *6* †Giro, girata.

ritòrre ● V. *ritogliere.*

ritorsióne [da *ritorcere*, sul modello di *torsione*] s. f. *1* Atto, effetto del ritorcere un'accusa, un rimprovero, un'argomentazione, una ragione contro l'autore: *la r. di un'ingiuria* | (*ass.*) Rappresaglia: *per r. rifiuta di incontrarlo.* *2* (*dir.*) Causa speciale di esclusione della punibilità prevista per il delitto di ingiuria, nel caso di reciprocità delle offese | *R. fra Stati*, rappresaglia.

ritòrta [da *ritorto*] s. f. *1* Legaccio costituito da rami di vermena verde attorcigliati, usato per legare fastelli e sim. | (*raro, fig.*) *Trovare ad ogni fascio la sua r.*, trovare rimedio, riparo a tutto. *2* (*mar.*) Sagola doppia e torticcia. *3* (*mus.*) Negli ottoni, segmento di tubo addizionale ricurvo. *4* †Corda, fune, catena per legare i prigionieri.

†ritortìglio [da *ritorto*] s. m. ● Filo attorcigliato | (*fig.*) Groviglio.

ritòrto A part. pass. di *ritorcere*; anche agg. *1* Nei sign. del v. *2* Contorto: *ramo r.* | Attorcigliato: *filo r.* **B** s. m. *1* Filato ottenuto con la ritorcitura di più capi. *2* (*al pl.*) Svolte che si danno al corpo della tromba o di altro strumento a fiato che, allungando la canna dell'aria, rendono più gravi i suoni: *ritorti fermi, amovibili.*

ritòrtola s. f. ● (*tosc.*) Ritorta: *m'ha legato con cento ritortole* (L. DE' MEDICI).

ritosàre [comp. di *ri-* e *tosare*] v. tr. (*io ritóso*) ● Tosare di nuovo o meglio.

ritossìre [comp. di *ri-* e *tossire*] v. intr. (*io ritossìsco* o *ritósso, tu ritossìsci* o *ritóssi*; aus. *avere*) ● Tossire di nuovo | (*raro*) Tossire a sua volta, come cenno d'intesa o di avvertimento.

ritraboccàre [comp. di *ri-* e *traboccare*] v. intr. (*io ritrabócco, tu ritrabócchi*; aus. *essere* se il sogg. è il liquido, *avere* se il sogg. è il recipiente) ● Traboccare di nuovo.

ritradìre [comp. di *ri-* e *tradire*] v. tr. (*io ritradìsco, tu ritradìsci*) ● Tradire di nuovo.

ritradótto part. pass. di *ritradurre*; anche agg. ● (*raro*) Nei sign. del v.

ritradùrre [comp. di *ri-* e *tradurre*] v. tr. (coniug. come *tradurre*) *1* Tradurre di nuovo: *ci sono troppi errori*: *devi r. tutto il brano.* *2* Tradurre su di una traduzione o tradurre di nuovo nella lingua originale.

ritraduzióne s. f. ● Atto, effetto del ritradurre.

ritraènte part. pres. di *ritrarre* ● Nei sign. del v.

†ritràere ● V. *ritrarre.*

†ritràggere ● V. *ritrarre.*

†ritraiménto [da *†ritraere*] s. m. ● Modo del ritrarre: *lo pudore è uno r. d'animo di laide cose, con paura di cadere in quelle* (DANTE).

ritranquillàre [comp. di *ri-* e *tranquillare*] **A** v. tr. ● (*raro*) Tranquillare di nuovo. **B** v. intr. pron. ● (*raro*) Tranquillarsi di nuovo.

ritrapiantàre [comp. di *ri-* e *trapiantare*] v. tr. ● Trapiantare di nuovo.

ritràrre o (*raro*) **retràrre**, **†ritràere**, **†ritràggere** [lat. *retrăhere*, comp. di *re-* e *trăhere* 'trarre'] **A** v. tr. (coniug. come *trarre*) *1* Tirare indietro, tirare via o volgere dalla parte contraria: *r. la mano, il piede*; *r. gli occhi da qc.* | (*fig.*) Allontanare, distogliere: *r. qc. da un pericolo.* *2* (*raro*) Cavare, trarre fuori: *r. sangue* | Prendere, ricavare, ottenere (*anche fig.*): *r. una discreta rendita*; *r. onore, ammaestramento* | (*lett.*) Ricavare notizia, venire a sapere. *3* †Copiare fedelmente: *sono più facili a r. le cose dipinte che le scolpite* (ALBERTI) | Riprodurre, rappresentare una figura con il disegno, la pittura, la fotografia, e sim.: *r. le sembianze di qc., un paesaggio*; *r. al vivo, al naturale, dal vero* | (*ass.*) *Farsi r.*, farsi fare un ritratto | (*est.*) *R. in poche parole*, descrivere in breve | (*est.*) Rappresentare, raccontare: *r. una situazione a fosche tinte.* *4* †Riferire, riportare, rapportare. *5* †Trascinare, indurre. *6* †Esportare di nuovo. *7* †Detrarre, ritenere. *8* Prelevare, riscuotere, percepire. *9* (*dir.*) Riscattare, da parte di un coerede, la quota venduta dal coerede che non ha rispettato il diritto di prelazione degli altri. **B** v. intr. (aus. *avere*) ● (*raro*) Avere somiglianza, sembrare: *quel ragazzo ritrae dal padre* | (*est., raro*) *R. da un luogo*, risentire l'influenza di un luogo in cui si è vissuto. SIN. Accostarsi, somigliare. **C** v. rifl. *1* Farsi indietro | (*fig.*) Ritirarsi, sottrarsi dal fare, realizzare q.c.: *ritrarsi da un proposito, un'impresa.* SIN. Distogliersi. *2* (*raro*) Raccogliersi, ricoverarsi | †Limitarsi, ridursi. *3* (*raro*) Rappresentare se stesso nelle parole, negli atti, negli scritti, ecc. *4* †Trattenersi, frenarsi. **D** v. intr. pron. *1* (*ling.*) Detto di accento, spostarsi indietro su una sillaba lontana dall'ultima: *l'accento si ritrae sulla terzultima.* *2* †Restringersi, contrarsi, accorciarsi.

ritrascórrere [comp. di *ri-* e *trascorrere*] v. tr. (coniug. come *trascorrere*) ● Trascorrere di nuovo.

ritrascórso part. pass. di *ritrascorrere* ● (*raro*) Nel sign. del v.

ritrasformàre [comp. di *ri-* e *trasformare*] **A** v. tr. (*io ritrasfórmo*) ● Trasformare di nuovo | Fare tornare nella forma primitiva. **B** v. intr. pron. ● Trasformarsi nuovamente nella forma primitiva.

†ritraslatàre [comp. di *ri-* e *traslatare*] v. tr. ● Traslatare di nuovo.

ritrasméttere [comp. di *ri-* e *trasmettere*] v. tr. (coniug. come *trasmettere*) ● Trasmettere di nuovo: *r. un messaggio in codice.*

ritrasmissióne [comp. di *ri-* e *trasmissione*] s. f. ● Trasmissione ripetuta una seconda volta.

ritraspórre [comp. di *ri-* e *trasporre*] v. tr. (coniug.

come *porre*) ● Trasporre di nuovo.
ritraspósto part. pass. di *ritrasporre*; anche agg. ● Nel sign. del v.
†**ritràtta** [da *ritrarre*] s. f. *1* Ritirata: *già suona a r. il capitano* (TASSO). *2* Riesportazione di una merce.
ritrattàbile agg. ● Che si può ritrattare, disdire, ritirare: *affermazione non r.*
ritrattabilità s. f. ● (*raro*) L'essere ritrattabile.
ritrattaménto s. m. *1* (*raro*) Ritrattazione. *2* (*nucl.*) Trattamento del combustibile nucleare irradiato in un reattore nucleare per liberarlo dai prodotti di fissione nocivi al funzionamento del reattore e recuperare tali prodotti. SIN. Reprocessing, rigenerazione.
ritrattàre (1) [da *ritratto*] **A** v. tr. ● (*raro*) Fare il ritratto. **B** v. rifl. ● Farsi il ritratto.
ritrattàre (2) [vc. dotta, lat. *retractāre*, comp. di *re-* e *tractāre* 'trattare'] v. tr. *1* Trattare di nuovo: *r. un composto chimico* | Esporre di nuovo: *r. un argomento*. *2* †Narrare, riferire.
ritrattàre (3) [vc. dotta, lat. *retractāre* 'ritirare', 'revocare', comp. di *re-* e *tractāre* 'trattare'] **A** v. tr. *1* Disdire, ritirare una propria affermazione come non più giusta o vera: *r. in pubblico, per iscritto un'opinione*. SIN. Rimangiare, rinnegare. *2* Dichiarare falsa una testimonianza o una perizia e manifestare il vero nel corso dello stesso procedimento (*spec. ass.*). *3* †Stornare, ritirare. **B** v. rifl. ● Disdirsi, fare la ritrattazione di quanto affermato in precedenza.
ritrattatóre [vc. dotta, lat. tardo *retractatōre(m)* 'colui che rifiuta', da *retractātus* 'ritrattato'] s. m. (f. *-trice*) ● (*raro*) Chi ritratta, disdice, rinnega le proprie opinioni o affermazioni.
ritrattazióne o †**retrattazióne** [vc. dotta, lat. *retractatiōne(m)*, da *retractātus* 'ritrattato'] s. f. ● Atto del ritrattare a voce o per iscritto affermazioni, giudizi, opinioni precedentemente espressi | Lo scritto o la dichiarazione con cui si ritratta pubblicamente q.c.
†**ritrattévole** [da *ritrattare* (3)] agg. ● Facile a ritrattarsi.
ritrattìsta s. m. e f. (pl. m. *-i*) ● Pittore o scultore che si dedica in particolar modo ai ritratti | (*est.*) Scrittore particolarmente abile nel ritrarre personaggi, o nel descrivere luoghi o avvenimenti.
ritrattìstica s. f. ● Parte della pittura e della scultura che si dedica in particolar modo ai ritratti | (*est.*) L'insieme delle opere prodotte: *la r. dell'Ottocento*.
ritrattìstico agg. (pl. m. *-ci*) ● Della, relativo alla ritrattistica: *tecnica ritrattistica*.
†**ritrattìvo** [da *ritratto*] agg. ● Atto a ritrarre.
ritràtto A part. pass. di *ritrarre*; anche agg. ● Nei sign. del v. **B** s. m. *1* Opera d'arte che rappresenta la figura umana: *r. a mezzo busto, a figura intera; r. a penna, a olio, fotografico* | (*est.*) Ogni figura che riproduce q.c. al naturale: *due perfetti ritratti di animali* | (*est.*) Rappresentazione, descrizione letteraria di luoghi, persone, avvenimenti: *ha fatto un raccapricciante r. dell'ultima guerra*. *2* (*fig.*) Immagine, figura umana che ha somiglianza con cose o persone: *sembri il r. della fame*; *è il r. di suo padre*. *3* †Descrizione | †Relazione scritta di un avvenimento storico. *4* †Copia ricavata da un originale. *5* †Ricavato di vendita. *6* †Ciò che si ricava da studio, esperienze, trattative. SIN. Risultato. || **ritrattàccio**, pegg. | **ritrattino**, dim.
ritraversàre [comp. di *ri-* e *traversare*] v. tr. (*io ritravèrso*) ● Traversare di nuovo.
ritrazióne o **retrazióne** [vc. dotta, lat. *retractiōne(m)*, da *retrāctus*, part. pass. di *retrāhere* 'ritrarre'] s. f. *1* Atto, effetto del ritirare o del ritirarsi. SIN. Diminuzione, restringimento. *2* (*med.*) Restringimento, riduzione di lunghezza e/o di volume di un organo, un muscolo o un tessuto leso: *r. cicatriziale* | *R. di un coagulo*, riduzione di un coagulo di fibrina per azione delle piastrine.
ritrécine [etim. incerta] s. m. *1* Ruota a palette da mulino, messa in acqua orizzontalmente con l'asse verticale. *2* Specie di giacchio, ma più piccolo | (*tosc.*) *Andare a r.*, andare in rovina.
ritremàre [comp. di *ri-* e *tremare*] v. intr. (*io ritrèmo*; aus. *avere*) ● Tremare di nuovo.
ritrescàre [comp. di *ri-* e *trescare*] v. intr. (*io ritrésco, tu ritréschi*; aus. *avere*) ● (*raro*) Trescare di nuovo.
ritrincàre [comp. di *ri-* e *trincare* (2)] v. tr. (*io ritrìnco, tu ritrìnchi*; aus. *avere*) ● (*raro*) Trincare di nuovo.
ritrinceràre o †**ritrincieràre** [comp. di *ri-* e *trincerare*] **A** v. tr. (*io ritrincèro*) ● Costruire nuove trincee. **B** v. rifl. ● (*raro*) Ripararsi di nuovo in una trincea | (*raro, fig.*) Ripararsi di nuovo dietro q.c.: *si ritrincerò nel silenzio*.
ritrinciàre [comp. di *ri-* e *trinciare*] v. tr. (*io ritrìncio*) ● Trinciare di nuovo (*anche ass.*).
†**ritrincieràre** ● V. *ritrincerare*.
ritritàre [comp. di *ri-* e *tritare*] v. tr. ● Tritare di nuovo.
ritrìto [comp. di *ri-* e *trito*] agg. ● (*raro*) Trito, tritato molto e molte volte | (*fig.*) Ridetto, ripetuto più volte, sfruttatissimo, ormai privo d'ogni originalità e sim.: *argomento trito e r.*
ritrombàre [comp. di *ri-* e *trombare*] **A** v. tr. (*io ritrómbo*) ● (*raro*) Trombare di nuovo (*anche fig.*). **B** v. intr. ● †Suonare di nuovo la tromba.
ritroncàre [comp. di *ri-* e *troncare*] v. tr. (*io ritrónco, tu ritrónchi*) ● Troncare di nuovo.
ritrósa [da *ritroso*] s. f. *1* (*tosc.*) Capelli, ciuffo di peli che non si lasciano piegare dal pettine. *2* †Tortuosità, vortice.
ritrosàggine s. f. ● Atteggiamento abituale di chi è ritroso, scontroso.
†**ritrosàre** [da *ritroso*] v. tr. ● Ritrosire.
ritrosìa s. f. *1* Qualità di chi è ritroso, restio a fare q.c. o ad acconsentire a q.c. SIN. Riluttanza, renitenza. *2* L'essere poco socievole. SIN. Scontrosità. *3* †Cammino ritroso, avverso, contrario di q.c.
†**ritrosìre** v. intr. *1* Divenire ritroso. *2* Andare a ritroso.
ritrosità s. f. ● (*raro*) Ritrosia, ritrosaggine | (*raro*) Azione da ritroso.
ritróso o †**retróso** [lat. *retrōrsu(m)*. V. *retrorso*] **A** agg. *1* Che va all'indietro, all'opposto, in senso contrario: *cammino r.* | *Andare a r.*, andare all'indietro (*anche fig.*) | †*Prendere q.c. a r.*, prendere q.c. alla rovescia (*anche fig.*). *2* Restio o avverso a consentire a q.c. o ad accettare q.c.: *l'ammalato si mostrò subito r. a prendere le medicine prescritte*. SIN. Riluttante, riottoso. *3* Che vuole aver poco a che fare con gli altri, poco socievole: *ragazzo r.*; *carattere r.* SIN. Scontroso. *4* †Tortuoso. **B** s. m. *1* In alcuni tipi di rete da pesca, come la nassa, imboccatura a imbuto volta all'interno attraverso la quale il pesce entra facilmente ma non può uscire. *2* (*lett.*) Vortice d'acqua o di vento. || **ritrosàccio**, pegg. | **ritrosèllo**, dim. | **ritrosétto**, dim. || **ritrosaménte**, avv. Con ritrosia.
ritrovàbile agg. ● Che si può ritrovare.
ritrovaménto s. m. ● Modo, atto, effetto del ritrovare (*anche fig.*): *r. di oggetti smarriti, della verità* | Invenzione: *il r. della bussola*.
ritrovàre o †**ritruovàre** [comp. di *ri-* e *trovare* (1)] **A** v. tr. (*io ritròvo*) *1* Rinvenire una cosa perduta, smarrita o una persona che non si vedeva da tempo: *r. il cappello, le chiavi di casa, un amico d'infanzia* | (*fig.*) Recuperare, riacquistare: *r. la salute, la pace dello spirito* | (*fig.*) Riuscire a trovare, vedere, scoprire o capire, dopo una ricerca più o meno laboriosa: *r. il cammino, l'errore, il filo del discorso*; *r. un rimedio, la soluzione, la causa di un fenomeno*; *Ulisse ... va in Efira, per ritruovarvi le velenose erbe* (VICO) | (*est., fig.*) Inventare: *r. un congegno meccanico* | (*fig.*) Ravvisare, riconoscere: *r. le sembianze di qc. in una fotografia* | (*fig., fam.*) Trovarsi, essere in una determinata condizione, anche negativa o pervenire a un certo risultato: *con la fortuna che si ritrova, gli toccherà fare tutto il viaggio in piedi*; *dopo tanti sacrifici si è ritrovato un bel gruzzoletto*. *2* Trovare di nuovo: *le rondini ritrovano sempre il loro nido*. *3* †Ripassare un disegno nei suoi contorni | (*scherz., fig.*) †*r. le costure*, battere, picchiare. *4* †Cogliere, raggiungere per colpire. **B** v. rifl. rec. ● Incontrarsi, convenire di nuovo: *ci siamo ritrovati in un bar* | Trovarsi di nuovo insieme: *ci ritroveremo tutti il mese prossimo*. **C** v. intr. pron. ● (*raro, est.*) Stare, trovarsi: *come vi ritrovate?* **D** v. rifl. *1* Accorgersi di essere in un luogo senza esserselo aspettato o venire a trovarsi, capitare in una situazione all'improvviso: *chiacchierando, ci ritrovammo in piazza*; *si sono ritrovati bruscamente nella miseria*. *2* Raccapezzarsi, orientarsi: *nell'ozio non mi ritrovo*; *con quel buio non si ritrovano* | Sentirsi a proprio agio: *in una città così grande non mi ritrovo*.
†**ritrovàta** s. f. *1* Ritrovamento. *2* Ritrovo.
ritrovàto A part. pass. di *ritrovare*; anche agg. ● Nei sign. del v. **B** s. m. *1* Tutto ciò che si scopre con indagini, studi, ricerche di vario genere: *i moderni ritrovati della cosmesi*. SIN. Invenzione, scoperta. *2* Espediente, trovata, astuzia per risolvere una situazione o raggiungere determinati scopi: *fidatevi dei suoi ritrovati*.
ritrovatóre s. m. (f. *-trice*) ● Chi ritrova. SIN. Inventore, scopritore.
ritròvo [da *ritrovare*] s. m. *1* Il ritrovarsi insieme per chiacchierare, passare il tempo, divertirsi, ecc.: *hanno organizzato un r. in un luogo isolato*. *2* Luogo dove convengono militari o reparti di diversa provenienza per operare insieme. *3* Luogo o locale pubblico in cui incontrarsi e intrattenersi: *gli eleganti ritrovi parigini*.
†**ritruovàre** ● V. *ritrovare*.
ritta [f. di *ritto*] **A** s. f. ● (*lett.*) Mano destra: *da r., da manca, guerrieri venir* (MANZONI). **B** avv. ● (*raro*) †Vicino.
rittàno o **ritàno** [vc. piemontese (cfr. il comune di *Rittana*, in provincia di Cuneo), d'origine sconosciuta] s. m. ● (*sett.*) Profondo scoscendimento fra le pareti di due colline opposte, spesso coperte da folta vegetazione, attraverso cui scorre un piccolo torrente, tipico delle Langhe.
ritto [variante di *retto*] **A** agg. *1* Rizzato, diritto in piedi, eretto, detto di persona: *quando sarai stanco di stare seduto, mettiti r.* | *Stare r.*, stare in piedi | Posto con il vertice in su e con l'altro capo in giù, senza deviazioni, detto di cosa: *conficcare un palo r. in terra* | *R. come un fuso*, (*fig.*) in posizione rigidamente verticale | *Per, a r.*, in posizione verticale | Levato in alto, alzato: *stare col naso r.* | *Avere i capelli ritti*, (*fig.*) per l'orrore, lo spavento, il raccapriccio; (*anche est.*) provare tali sensazioni. *2* (*tosc.*) Che si erge verticalmente: *un albero dal fusto sottile e r.* | Eretto nella persona e nel portamento: *alla sua età è ancora r. come un giovanotto*. *3* (*tosc.*) Destro: *andare a mano ritta*. *4* †Retto, diretto | †*A r.*, in linea retta. || †**rittaménte**, avv. Per diritto, dirittamente. **B** s. m. *1* Elemento verticale avente funzione di sostegno, spec. nell'edilizia o in architettura. *2* (*sport*) Ciascuna delle due aste che reggono i supporti su cui poggia l'asticella, o la cordicella, che deve essere superata nelle gare di salto in alto e con l'asta | *R. graduato*, saltometro. *3* Ciascuno dei bracci incrociati nella guardia di una spada o di una daga | (*est.*) Il braccio della crociera della baionetta. *4* Nelle armi da fuoco portatili, piastrina metallica incernierata allo zoccolo dell'alzo e recante la tacca di mira. *5* Diritto, faccia principale contrapposta al rovescio di q.c.: *il r. della stoffa* | (*fig.*) *Situazione senza r. né rovescio*, confusa, ingarbugliata. CONTR. Rovescio. **C** avv. ● †Direttamente, in linea retta | (*iter., ints.*) *Andarsene r. r. all'inferno*. **D** prep. ● (*raro*) †Verso: *r. tramontana*. || **rittino**, dim.
rittochìno [comp. di *ritto* e *chino*] s. m. ● Tipo di sistemazione del terreno di collina con i campi disposti secondo la linea di massima pendenza.
rittorovèscio [comp. di *ritto* e *rovescio*] avv. ● (*tosc.*) A rovescio.
rituàle [vc. dotta, lat. *rituāle(m)*, da *rītus* 'rito'] **A** agg. *1* Che appartiene a un rito, una cerimonia. *2* (*est.*) Conforme all'uso, all'abitudine: *accolsero il festeggiato con i rituali auguri*. SIN. Abituale, consueto. || **ritualménte**, avv. Secondo il rito. **B** s. m. *1* L'insieme dei riti o comportamenti cultuali esterni di una religione. *2* L'insieme delle cerimonie proprie di una festa o di una liturgia: *il r. della Pasqua*; *r. per l'incoronazione dei re*. *3* Libro che contiene le norme che regolano un determinato rito: *r. ambrosiano, cattolico, romano*. *4* Norma, regola o insieme di regole che disciplinano lo svolgimento di un rito | (*est.*) Cerimoniale: *osservare il r.*
ritualìsmo [comp. di *rituale* e *-ismo*] s. m. ● Prevalenza delle osservanze cultuali esteriori sugli altri elementi del rapporto religioso.
ritualìsta [da *rituale*] s. m. e f. (pl. m. *-i*) *1* Esperto in materia di riti e di rituali. *2* Chi attribuisce funzione preminente ai comportamenti rituali nel rapporto religioso.

ritualìstica [dall'agg. sostantivato *ritualistico*] s. f. ● Codice di comportamento o procedura ispirati a un rigido formalismo.

ritualìstico agg. (pl. m. *-ci*) ● Relativo a rito e a rituale.

ritualità [da *rituale*] s. f. ● Qualità di ciò che è rituale: *r. di un atto, di una formula.*

ritualizzàre [comp. di *ritual(e)* e *-izzare*] v. tr. *1* Fare diventare rituale. *2* Dare forma fissa di rito ad un comportamento religioso. *3* Imprimere carattere rigido rituale ad un aspetto libero della vita religiosa.

ritualizzazióne s. f. ● Atto, effetto del ritualizzare.

rituffàre [comp. di *ri-* e *tuffare*] **A** v. tr. ● Tuffare di nuovo. **B** v. rifl. ● Tuffarsi di nuovo (*anche fig.*): *rituffarsi in mare; si è rituffato nella pigrizia.*

ritùffo [comp. di *ri-* e *tuffo*] s. m. ● (*raro*) Il rituffare o il rituffarsi.

rituonàre o **ritonàre** [comp. di *ri-* e *t(u)onare*] **A** v. intr. (*io rituòno*, pop. *ritòno*; in tutta la coniug. di *ritonare* la *-o-* dittonga in *-uo-* soprattutto se accentata; negli altri casi sono in uso le forme *ritonavo, ritonerò, ritonassi* oltre alle più comuni *rituonavo, rituonerò, rituonassi*; aus. *avere*) ● Tuonare di nuovo. **B** v. intr. impers. (aus. *essere* e *avere*) ● Tornare a tuonare.

rituraménto s. m. ● (*raro*) Modo, atto, effetto del riturare.

rituràre [comp. di *ri-* e *turare*] v. tr. ● Turare di nuovo: *r. la bottiglia* | (*raro*) Turare, chiudere meglio: *r. tutti i buchi.*

riturbàre [comp. di *ri-* e *turbare*] v. tr. ● Turbare di nuovo.

riubriacàre [comp. di *ri-* e *ubriacare*] **A** v. tr. (*io riubriàco, tu riubriàchi*) ● Ubriacare di nuovo. **B** v. rifl. ● Ubriacarsi di nuovo.

riudìre [comp. di *ri-* e *udire*] v. tr. (coniug. come *udire*) ● Udire di nuovo (*anche fig.*).

riumiliàre [comp. di *ri-* e *umiliare*] v. tr. (*io riumìlio*) ● Umiliare di nuovo o ancora.

riumiliazióne [comp. di *ri-* e *umiliazione*] s. f. ● (*raro*) Atto, effetto del riumiliare.

riùngere [comp. di *ri-* e *ungere*] v. tr. (coniug. come *ungere*) ● Ungere di nuovo.

riunificàre [comp. di *ri-* e *unificare*] **A** v. tr. (*io riunìfico, tu riunìfichi*) ● Unificare di nuovo ciò che era diviso: *r. la sinistra.* **B** v. rifl. rec. ● Unificarsi di nuovo.

riunificazióne [da *riunificare*] s. f. ● Atto, effetto del riunificare o del riunificarsi.

riuniménto s. m. ● (*raro*) Modo, atto del riunire.

riunióne [comp. di *ri-* e *unione*, sul modello del fr. *réunion*] s. f. *1* (*raro*) Atto, effetto del riunire: *la r. dei margini di una ferita; una r. di atomi.* *2* Il riunirsi di persone divise che si ricongiungono o si riconciliano: *operare la r. di molti popoli; la r. dei due sposi è fallita* | Adunanza di più persone che si riuniscono per discutere, conversare o assistere a qualche avvenimento: *abbiamo partecipato ad un'animata r. politica; le riunioni aziendali.* *3* Complesso di gare disputate in uno o più giorni: *r. di pugilato, di trotto; r. ciclistica in pista.*

riunìre [comp. di *ri-* e *unire*] **A** v. tr. (*io riunìsco, tu riunìsci*) *1* Unire di nuovo: *r. parti disgiunte* | Mettere di nuovo insieme cose o persone: *r. i fogli sparsi; r. l'esercito sbandato* | (*raro*) *Riunirsi i capelli*, ravviarli. *2* Riconciliare: *le avversità hanno riunito padre e figlio.* *3* Unire, adunare, mettere insieme nello stesso luogo cose o persone: *r. i francobolli in una scatola; il direttore ha riunito gli impiegati nel suo ufficio.* **B** v. intr. pron. *1* Tornare a stare insieme: *i due gitanti si sono riuniti al gruppo; i fratelli decisero di riunirsi alla famiglia.* *2* Adunarsi, raccogliersi, fare una riunione: *i soci si sono riuniti per discutere il bilancio; il consiglio si riunirà per deliberare.* **C** v. rifl. rec. ● Tornare insieme: *i due sposi si sono finalmente riuniti.*

riunìto A part. pass. di *riunire*; anche agg. *1* Nei sign. del v. *2* Associato, consociato: *ospedali riuniti.* **B** s. m. ● Complessa apparecchiatura dentistica che unisce in un'unica e funzionale struttura poltrona, trapano, sputacchiera, lampada e sim. ➡ ILL. **medicina e chirurgia**.

riunitóre s. m. (f. *-trice*) *1* (*raro*) Chi riunisce. *2* Operaio tessile addetto alla riunitrice.

riunitrìce [da *riunito*] s. f. ● Macchina tessile per la preparazione dei pettinati.

riùnto part. pass. di *riungere*; anche agg. *1* Nel sign. del v. *2* (*fam.*) *Villano, pidocchio r.*, persona rozza e volgare che, arricchita, ostenta modi da gran signore.

riurlàre [comp. di *ri-* e *urlare*] v. tr. ● Urlare di nuovo o a propria volta.

riurtàre [comp. di *ri-* e *urtare*] **A** v. tr. e intr. (aus. *avere*) ● Urtare di nuovo (*anche fig.*). **B** v. intr. pron. e rifl. rec. ● Urtarsi di nuovo (*anche fig.*).

riusàbile agg. ● Che si può riusare.

riusàre [comp. di *ri-* e *usare*] v. tr. ● Usare di nuovo.

riuscìbile agg. ● (*raro*) Che può riuscire: *nella guerra niuna impresa è tantor riuscibile, quanto quella che il nimico non crede* (MACHIAVELLI). SIN. Attuabile. || †**riuscibilménte**, avv. Probabilmente.

riuscibilità s. f. ● (*raro*) Condizione di ciò che può riuscire.

†**riusciménto** s. m. ● Riuscita: *memorie di qualche avventuroso r. in guerra* (BARTOLI).

riuscìre o (*pop.*) **riescìre** [comp. di *ri-* e *uscire*] v. intr. (coniug. come *uscire*; aus. *essere*) *1* Tornare a uscire, ritrovare l'uscita, detto di persone o cose: *r. dall'altra parte; l'acqua riesce dal canale; amo le strade che riescono agli erbosi / fossi* (MONTALE) | (*raro, fig.*) Uscire, venir fuori: *r. con parole sdegnose* | (*raro, fig.*) Liberarsi, cavarsi d'impaccio da q.c. *2* Sboccare, fare capo, finire, detto di cose o persone: *la strada riesce nella valle; dove riusciremo possando di qui?* | (*fig.*) Mirare, tendere: *capisco dove vuoi r. con le tue minacce* | Arrivare: *il corridoio riesce in giardino* | (*raro*) Corrispondere: *il salone riesce con la camera da letto.* *3* Avere esito, andare a finire, concludersi, detto di fatti, imprese, lavori, ecc.: *r. bene, male, secondo i desideri, in dolore* | (*ass.*) Sortire buon effetto: *l'esperimento non è riuscito* | Risultare: *r. utile, dannoso, vano; r. vincitore, eletto.* *4* Raggiungere il fine, lo scopo, detto di persona: *siamo riusciti all'esame, nella gara* | Ottenere un certo risultato: *sei riuscito solo a stancarmi* | Aver fortuna, successo (*anche ass.*): *per lui è stato facile r. nella carriera; non so se riuscirete* | Venire a capo di q.c., arrivare a q.c. dopo studi, ricerche, ecc.: *siamo riusciti a portare a termine un'importante scoperta.* *5* Essere capace, saper fare q.c.: *non tutti riescono a imparare le lingue; non mi riesce di incontrarlo* | Avere la possibilità: *quest'anno non riusciamo ad andare in vacanza* | Aver attitudine, capacità (*anche ass.*): *r. in disegno; suo figlio non riesce.* *6* Apparire, dimostrarsi, diventare nel sentimento o nell'opinione altrui: *riesce gradito a tutti; il tuo amico riusciva di peso a tutti.*

riuscìta [da *riuscito*] s. f. *1* Modo, atto del riuscire: *la splendida riuscita di un'impresa; aspettiamo la r. di quel nuovo ritrovato* | Buona prova: *un abito che ha fatto r.* SIN. Risultato. *2* (*raro*) Uscita, sbocco, sfogo: *casa con due riuscite.* *3* †Via d'uscita, espediente.

riuscìto part. pass. di *riuscire*; anche agg. ● Nei sign. del v.

riùso [comp. di *ri-* e *uso* (*2*)] s. m. *1* Nuovo uso, nuova utilizzazione. *2* (*edil., urban.*) Riutilizzazione, per finalità abitative o sociali, del patrimonio edilizio e urbanistico esistente, sottoposto a opportuno recupero.

riusurpàre [comp. di *ri-* e *usurpare*] v. tr. ● Usurpare di nuovo.

riutilizzàbile agg. ● Che si può riutilizzare.

riutilizzàre [comp. di *ri-* e *utilizzare*] v. tr. ● Utilizzare di nuovo cose già usate destinandole anche ad usi diversi dal primitivo: *r. un giornale vecchio per incartare q.c.*

riutilizzazióne s. f. ● Atto, effetto del riutilizzare: *la r. degli scarti.* SIN. Riutilizzo.

riutilìzzo [dev. di *riutilizzare*] s. m. ● Riutilizzazione.

rìva [lat. *rīpa(m)*, di origine indeur.] s. f. *1* Estrema parte di terra che limita le acque di un mare, un fiume, un lago, un ruscello, e sim.: *passeggiare lungo la r. del fiume* | Spiaggia, litorale: *le rive del Tirreno* | Sponda, proda, argine: *toccare la r.* | (*lett., fig.*) *Essere, giungere a r.*, essere arrivato al termine di q.c. *2* Estremità, orlo, margine: *Noi ricidemmo il cerchio a l'altra r.* (DANTE *Inf.* VII, 100). *3* Terreno rialzato in pendio posto a mezzogiorno. *4* (*mar.*) Parte alta dell'alberatura e tutto ciò che vi si trovi: *avere uomini, vele, bandiere a r.* | *A r.! Abbasso da r.!*, voci di comando per ordinare ai gabbieri di salire o scendere dall'alberatura.

rivaccinàre [comp. di *ri-* e *vaccinare*] **A** v. tr. ● Vaccinare di nuovo. **B** v. rifl. ● Sottoporsi di nuovo a vaccinazione.

rivaccinazióne [comp. di *ri-* e *vaccinazione*] s. f. ● Nuova vaccinazione: *r. antivaiolosa.*

†**rivàggio** [fr. *rivage*, da *rive* 'riva'] s. m. ● Riva, ripa.

rivagheggiàre [comp. di *ri-* e *vagheggiare*] v. tr. (*io rivaghéggio*) ● Vagheggiare di nuovo.

rivagìre [comp. di *ri-* e *vagire*] v. intr. (*io rivagìsco, tu rivagìsci*; aus. *avere*) ● Vagire di nuovo.

rivagliàre [comp. di *ri-* e *vagliare*] v. tr. (*io rivàglio*) ● Vagliare di nuovo (*anche fig.*).

rivàle (**1**) [vc. dotta, lat. *rivāle(m)*, propriamente 'chi ha in comune con altri l'uso di un canale' (*rīvus*; V. *rivo*)] agg.; anche s. m. e f. ● Che, chi compete con altri per l'amore di qc. | Concorrente, competitore, emulo: *gli atleti rivali; sono rivali nella professione.*

rivàle (**2**) [da *riva*] s. m. ● Striscia di terreno lungo il lato maggiore dell'appezzamento: *le macchie, i rivali e le ombre dove eravamo usati posare nelle nostre scorrerie* (NIEVO). SIN. Proda.

rivàle (**3**) [detta così perché usata per pescare dalla *riva*] s. m. ● Rete da pesca rettangolare con due pali ai lati per trascinarla.

rivaleggiàre [da *rival(e)* (*1*) e *-eggiare*] v. intr. (*io rivaléggio*; aus. *avere*) ● Comportarsi da rivale | Competere con altri in q.c.: *r. nella politica* | (*fig.*) Stare quasi alla pari con q.c.: *è un artista che può r. con i più famosi.*

rivalérsi [comp. di *ri-* e del lat. *valēre* 'essere in forze'. V. *valere*] v. intr. pron. (coniug. come *valere*) *1* Valersi di nuovo (*anche fig.*): *r. del treno, dell'aereo; r. di mezzi sleali; mi rivarrò dei tuoi consigli.* *2* Rifarsi, prendersi una rivincita o soddisfazione su qc.: *non è bene r. sui più deboli.* *3* †Rimettersi in salute.

rivalicàre [comp. di *ri-* e *valicare*] v. tr. (*io rivàlico, tu rivàlichi*) ● Valicare di nuovo.

†**rivalidàre** [da *convalidare*, con cambio di pref.] v. tr. ● Convalidare | Rendere di nuovo valido.

†**rivalidazióne** [da †*rivalidare*] s. f. ● Convalidazione.

rivalità [vc. dotta, lat. *rivalitāte(m)*, da *rivālis* 'rivale'] s. f. ● Fatto dell'essere rivali: *non sempre è positiva la r. nell'arte* | Sentimento di reciproca, diretta emulazione fra due rivali in amore, fra due competitori, due contendenti, ecc.: *fra i due uomini c'è un'antica r. politica.* SIN. Antagonismo, competizione.

rivalorizzàre [comp. di *ri-* e *valorizzare*] **A** v. tr. ● Valorizzare di nuovo. **B** v. intr. pron. o rifl. ● Riacquistare valore.

rivàlsa [part. pass. f. sost. di *rivalersi*] s. f. *1* Modo, atto del rivalersi per rifarsi di un danno, una spesa, un affare andato male, ecc.: *cercava una r. in speculazioni sbagliate; la squadra cercava una r. alla sua recente sconfitta* | (*fig.*) Il rivalersi su qc. cercando di compensare un insuccesso: *il successo del film fu, per il regista, una r. su quanti lo denigravano.* SIN. Compensazione, rivincita. *2* (*rag.*) Tratta spiccata dal beneficiario o giratario sul girante precedente in caso di mancato pagamento di una cambiale alla scadenza.

rivàlso part. pass. di *rivalersi* ● Nei sign. del v.

rivalutàre [comp. di *ri-* e *valutare*] **A** v. tr. (*io rivalùto* o *rivàluto*) *1* Valutare di nuovo: *ho fatto r. i miei quadri.* *2* Cambiare il valore di q.c., elevandolo: *r. gli stipendi, la moneta* | (*fig.*) Restituire, riconoscere il valore di cosa o persona che era stata sottovalutata o mal giudicata: *r. una commedia stroncata dai critici; alla luce degli ultimi avvenimenti, possiamo rivalutare quell'uomo politico.* **B** v. intr. pron. ● Aumentare di valore: *l'immobile si è rivalutato molto da quando l'abbiamo acquistato.*

rivalutatìvo agg. ● Che concerne il rivalutare.

rivalutazióne s. f. ● Atto, effetto del rivalutare (*anche fig.*): *la r. della lira; la r. di un'opera d'arte.*

rivangàre [comp. di *ri-* e *vangare*] v. tr. e intr. (*io rivàngo, tu rivànghi*) **1** Vangare di nuovo. **2** (*fig.*) Riandare con la mente, discorsi o altro a cose vecchie, incresciose o spiacevoli, sulle quali sarebbe meglio sorvolare: *r. il passato*; *ti sconsiglio di r. in quella faccenda* | †*R. uno scritto*, riesaminarlo.

rivangatùra [da *rivangare*] s. f. ● (*raro*) Il vangare di nuovo: *la r. del campo.*

rivarcàre [comp. di *ri-* e *varcare*] v. tr. (*io rivàrco, tu rivàrchi*) ● Varcare, attraversare di nuovo: *per tornare, abbiamo rivarcato il confine.*

rivascolarizzazióne [comp. di *ri-* e *vascolarizzazione*] s. f. ● (*med.*) Ripristino del flusso ematico in una parte del corpo dove la vascolarizzazione risulta ridotta.

rivedére [lat. *revidēre*, comp. di *re-* e *vidēre* 'vedere'] **A** v. tr. (coniug. come *vedere*; il part. pass. *rivisto* è usato spec. nel parl. e nel sign. 1, il part. pass. *riveduto* spec. nel sign. 3) **1** Vedere, incontrare di nuovo: *r. il proprio paese dopo molti anni*; *ogni tanto lo rivedo*; *né te né la tua bella compagnia / riveder posso, ovunque miri intorno* (L. DE' MEDICI) | *R. il sole, la luce*, tornare all'aperto; (*fig.*) riacquistare la libertà dopo la prigionia, la salute dopo una lunga o grave malattia | *Non r. più qc.*, quando questi è morto o partito da tempo e per sempre, o comunque lo si ritiene tale | *Non r. più q.c.*, quando questa è perduta o prestata e mai più ottenuta in restituzione, o comunque la si ritiene tale | (*scherz.*) *Beato chi ti rivede, chi non muore si rivede*, saluti rivolti a chi si era perso di vista o non si faceva vivo da tempo. **2** Scorrere, leggere di nuovo, per capire o ricordare meglio: *r. alcuni capitoli di un romanzo ormai dimenticato* | Ripassare: *r. la lezione, la parte.* **3** Riesaminare per correggere, apportare modifiche, miglioramenti o per controllare: *r. un processo*; *r. le liste elettorali*; *r. il regolamento da cima a fondo*; *r. un'opera prima della nuova edizione*; *r. le fondamenta dell'edificio* | Verificare, riscontrare: *r. i conti* | Ritoccare: *r. i prezzi* | (*scherz., fig.*) *R. il pelo, le costole a qc.*, batterlo, picchiarlo | (*fig.*) *R. le bucce a qc.*, ricercare nel suo operato difetti, errori, mancanze. **B** v. rifl. rec. ● Ritrovarsi, incontrarsi di nuovo, vedersi insieme un'altra volta: *ci rivedremo tutti dopo le ferie* | *A rivederci*, saluto prima di una breve separazione; V. anche *arrivederci* | *A ben rivederla, a buon rivederla*, arrivederla | *Ci rivedremo!, ci rivedremo a Filippi!*, formula di congedo con cui si minaccia una prossima vendetta o rivincita.

rivedìbile agg. **1** Che si può o si deve rivedere. **2** Detto di iscritto di leva riconosciuto temporaneamente inabile al servizio militare e rinviato alla successiva chiamata.

rivedibilità [da *rivedibile*] s. f. ● Determinazione presa nei riguardi degli iscritti di leva riconosciuti temporaneamente inabili al servizio di leva e che perciò si rinviano alla successiva chiamata.

rivediménto s. m. ● (*raro*) Modo, atto del rivedere.

†**riveditoràto** s. m. ● Ufficio del riveditore.

riveditóre s. m. (f. *-trice*) **1** (*raro*) Chi rivede per correggere, verificare, riscontrare. SIN. Revisore. **2** Revisore del bilancio.

†**riveditùra** [da *rivedere*] s. f. ● Revisione.

rivedùta [da *riveduto*] s. f. ● Atto del rivedere in una volta e rapidamente: *dare una r. alle bozze.*

rivedùto part. pass. di *rivedere*; anche agg. **1** Nei sign. del v., spec. nel sign. 3. **2** (*edit.*) *Edizione riveduta*, riesaminata, controllata con cura, per migliorarla rispetto alla precedente | (*fig., spec. antifr.*) *r. e corretto*, detto di persona o cosa che ripresenti esasperate le qualità spec. negative del suo modello.

rivelàbile agg. ● Che si può rivelare: *piano non r.*

rivelabilità s. f. ● (*raro*) Condizione di ciò che è rivelabile.

rivelaménto s. m. ● (*raro*) Rivelazione.

rivelànte part. pres. di *rivelare*; anche agg. ● Nei sign. del v.

rivelàre o †**revelàre** [vc. dotta, lat. *revelāre*, da *vēlum* 'velo', col pref. *re-*] **A** v. tr. (*io rivélo*) **1** Svelare, dire apertamente ciò che non è noto, è poco chiaro o nascosto: *r. un segreto*; *ti rivelerò in confidenza le mie intenzioni*; *r. il futuro.* **2** Trasmettere la verità, da parte di Dio, all'uomo. **3** Dare indizio, segno: *questo discorso rivela in parte la sua cultura* | (*est.*) Manifestare, palesare con evidenza: *tutto rivela la vostra debolezza morale*; *la luna ... di lontan rivela / serena ogni montagna* (LEOPARDI). **4** Rendere osservabili fatti, fenomeni non percepibili ai sensi: *apparecchio per r. gli elettroni.* **B** v. rifl. **1** Mostrarsi, dimostrarsi: *la sua preparazione si rivela nell'ultimo romanzo* | Farsi conoscere o apprezzare nella propria esistenza, nella natura o attraverso le proprie doti: *rivelarsi profondamente onesto*; *dopo molte prove, si è rivelato un ottimo attore.* **2** Manifestarsi di Dio all'uomo.

rivelatìvo agg. ● Atto a rivelare, che rivela.

rivelàto part. pass. di *rivelare*; anche agg. **1** Nei sign. del v. **2** *Religione rivelata*, quella che si fonda su diretta comunicazione della verità da parte di Dio, come Ebraismo, Cristianesimo, Islamismo.

rivelatóre [vc. dotta, lat. tardo *revelatōre(m)*, da *revelātus* 'rivelato'] **A** agg. (f. *-trice*) ● Che rivela: *fenomeno r.* **B** s. m. **1** Chi rivela: *ignoro i rivelatori delle tue confidenze* | Delatore: *il Duca non solamente non ricercò la cosa, ma fece il r. miseramente morire* (MACHIAVELLI). **2** (*gener.*) Ogni apparecchio, strumento che rivela fenomeni di vario tipo | (*fig., est.*) Indizio, sintomo: *il rialzo dei prezzi è un r. della crisi economica.* **3** (*elettron.*) Demodulatore, in un apparecchio radioricevente. **4** (*fot.*) Bagno che serve a sviluppare le negative fotografiche, rivelando l'immagine impressa sulla superficie sensibile.

rivelazióne o †**revelazióne** [vc. dotta, lat. tardo *revelatiōne(m)*, da *revelātus* 'rivelato'] s. f. **1** Atto del rivelare o del rivelarsi: *la r. di un segreto* | Ciò che viene rivelato: *le tue rivelazioni ci hanno sorpreso.* **2** Il manifestarsi di Dio all'uomo in modo soprannaturale | La trasmissione della verità da parte di Dio all'uomo. SIN. Teofania. **3** Il testo scritto, la tradizione orale che contengono la verità rivelata da Dio: Bibbia, Scrittura, Corano. **4** (*iperb.*) Sensazionale scoperta o improvvisa e inaspettata apparizione di qualità, negative o positive, in una persona: *la sua vigliaccheria è stata per tutti una r.* **5** (*elettron.*) Demodulazione, in un apparecchio radioricevente.

†**rivèllere** [vc. dotta, lat. *revĕllere*, comp. di *re-* e *vĕllere* 'svellere' (V.)] v. tr. ● (*raro*) Divellere.

rivellino o **revellino** [da *riva*] s. m. ● Nelle antiche fortificazioni, opera addizionale, staccata, che un tempo aveva lo scopo di proteggere la cortina, aumentando la capacità di difesa dell'opera principale e presentando maggiore ostacolo all'attaccante.

rivéndere [vc. dotta, lat. tardo *revĕndere*, comp. di *re-* e *vĕndere*] v. tr. (coniug. come *vendere*) **1** Vendere di nuovo | Vendere a sua volta ciò che era stato precedentemente acquistato. **2** (*fig.*) Essere superiore in q.c., saperne di più: *lo rivende in astuzia.*

†**rivenderìa** [da *rivendere*] s. f. ● Baratteria.

rivendìbile agg. ● Che si può rivendere.

rivendibilità s. f. ● (*raro*) Qualità, condizione di ciò che è rivendibile.

rivéndica o **revindica** s. f. ● (*dir.*) Atto, effetto del rivendicare.

rivendicàre [comp. di *ri-* e *vendicare*] **A** v. tr. (*io rivéndico, tu rivéndichi*) **1** Vendicare di nuovo. **2** (*dir.*) Chiedere giudizialmente da parte del proprietario la restituzione della cosa e il riconoscimento del proprio diritto: *r. un bene mobile, immobile.* **3** (*est.*) Riaffermare, lottare per un diritto o per un bene morale sottratto ingiustamente: *r. il diritto di sciopero*; *r. la priorità di una scoperta* | *R. un'opera*, affermarla, dimostrarla propria. **4** Avocare a sé la responsabilità di un'azione, anche se non compiuta in prima persona: *il sequestro è stato rivendicato da un'organizzazione terroristica.* **5** Restituire, far recuperare, salvare lottando: *r. a libertà un popolo oppresso*; *r. la libertà a un'intera nazione.* **B** v. intr. pron. ● Vendicarsi di nuovo.

rivendicatìvo [da *rivendicare*] agg. ● Che riguarda o ha come scopo la rivendicazione di un diritto: *lotta, azione rivendicativa.*

rivendicatóre agg.; anche s. m. (f. *-trice*) ● Chi, che rivendica: *r. delle glorie, dell'onore di una nazione.*

rivendicazióne s. f. ● Atto, effetto del rivendicare: *la r. dei propri diritti* | (*raro*) Rivendica.

rivendicazionismo [da *rivendicazione*] s. m. ● Tendenza a promuovere frequenti azioni rivendicative: *il r. sindacale.*

rivéndita s. f. **1** Atto del rivendere: *non sempre la r. è vantaggiosa.* **2** Negozio, bottega per la vendita di merci al minuto: *r. di generi alimentari.*

rivenditóre s. m. (f. *-trice*) **1** Chi rivende | Chi rivende oggetti di seconda mano, rigattiere. **2** Chi rivende al minuto: *r. di auto usate.*

rivendùgliolo s. m. (f. *-a*) ● Rivenditore al minuto di cose poco costose o di generi alimentari.

rivendùto part. pass. di *rivendere*; anche agg. ● Nei sign. del v.

rivenìre [vc. dotta, lat. *revenīre*, comp. di *re-* e *venīre*] v. intr. (coniug. come *venire*; aus. *essere*) **1** Venire di nuovo, ritornare: *r. a casa, a vedere*; *mi riviene in mente il suo nome.* **2** †Rinvenire, tornare in sé. **3** †Provenire, venire, derivare. **4** †Tornare, riuscire.

riventilàre [comp. di *ri-* e *ventilare*] v. tr. (*io rivèntilo*) ● Ventilare di nuovo.

rivenùto part. pass. di *rivenire*; anche agg. ● Nei sign. del v.

†**rivèra** ● V. *riviera.*

riverberaménto s. m. ● (*raro*) Modo, atto, effetto del riverberare.

riverberàre o †**reverberàre** [vc. dotta, lat. *reverberāre* 'respingere, rimbalzare, riflettersi', comp. di *re-* e *verberāre* 'percuotere, colpire'. V. *verberare*] **A** v. tr. (*io rivèrbero*) **1** Riflettere la luce o mandare luce riflessa: *lo specchio riverbera i raggi del sole* | (*est.*) Riflettere il calore o mandare calore riflesso | (*est., raro*) Ripercuotere un suono. **2** Fondere un metallo con forno a riverbero. **3** (*fig.*) †Abbagliare, allucinare. **B** v. intr. pron. ● Riflettersi, ripercuotersi, detto della luce e (*raro*) del calore | (*fig.*) Venire, cadere di riflesso: *il suo entusiasmo si riverbera su tutti i dipendenti*; *questa religione della famiglia che si riverbera sul mestiere* (VERGA). **C** v. intr. ● †Rimbalzare, risuonare, di suono, voce e sim.

riverberatóio [da *riverberare*] s. m. ● Schermo metallico o di refrattario, posto davanti alla bocca di un forno per impedire il riverbero delle fiamme e per riflettere la fiamma sul minerale da fondere.

riverberazióne o †**reverberazióne** s. f. **1** Atto del riverberare o del riverberarsi della luce | Irradiazione di calore. **2** In acustica, fenomeno di riflessioni multiple e disordinate del suono determinato dalle pareti di un ambiente.

rivèrbero s. m. **1** Atto del riverberare o del riverberarsi: *il debole r. di una stoffa cangiante* | La luce, il calore, il suono che vengono riverberati: *proteggere gli occhi dal r. del sole* | *Di r.*, di riflesso (*anche fig.*). **2** Negli strumenti elettronici per l'amplificazione e la riproduzione del suono, accorgimento tecnico che consente di creare e di variare l'effetto di riverberazione. **3** Calore che irraggia la sera da muri, strade o altri corpi lungamente battuti dal sole: *d'estate, il r. dell'asfalto è insopportabile.* **4** Disco concavo di metallo per far riverberare la luce: *lume, lampada a r.* | *Forno, fornace di, a r.*, in cui il fuoco, non a contatto col materiale, irraggia calore dalla volta verso la suola.

riverènte o (*raro*) **reverènte**. part. pres. di *riverire*; anche agg. **1** Nei sign. del v. **2** Pieno di riverenza, che rivela riverenza, detto di cosa: *ammirazione r.*; *parole riverenti.* SIN. Ossequioso. ‖ **riverenteménte**, avv. In modo riverente, con riverenza.

riverènza o (*raro*) **reverènza**, †**reverènzia** [vc. dotta, lat. *reverĕntia(m)*, da *rĕverens*, genit. *reverĕntis* 'riverente'] s. f. **1** Rispetto pieno di soggezione verso qc., osservanza rispettosa nei confronti di q.c.: *r. verso i genitori, l'autorità, le tradizioni* | *Con r. parlando*, con rispetto parlando. SIN. Deferenza, ossequio. **2** Inchino, genuflessione o cenno di genuflessione in segno di riverenza: *fare una profonda r.* **3** (*raro*) Espressione di rispetto, ossequio: *fare le riverenze a qc.* **4** †Titolo di persona degna di riverenza. ‖ **riverenzìna**, dim. | **riverenzóna**, accr. | **riverenzóne**, accr. m.

riverenziàle ● V. *reverenziale.*

†**riverenziàre** [dal lat. *reverĕntia* 'riverenza'] **A** v. tr. ● Riverire, ossequiare. **B** v. rifl. rec. ● Riverirsi.

†**riverenzióso** [dal lat. *reverĕntia* 'riverenza'] agg. • Cerimonioso.
rivergàre [comp. di *ri-* e *vergare*] v. tr. (*io rivérgo, tu rivérghi*) • Vergare di nuovo.
†**riverginàre** [da *vergine*, col pref. *ri-*] v. tr. • Rinverginare.
rivergognàrsi [comp. di *ri-* e *vergognarsi*] v. intr. pron. (*io mi rivergógno*) • Vergognarsi di nuovo.
riverìre o †**reverìre** [lat. parl. **reverīre*, per il classico *reverēri* 'aver soggezione, rispetto', comp. di *re-* e *verēri* 'aver timore', di origine indeur.] v. tr. (*io riverìsco, tu riverìsci*) **1** Rispettare profondamente qc. o q.c.: *r. i genitori, la vecchiaia.* **2** Salutare con molto rispetto e ossequio: *La riverisco, avvocato!; i nipotini andarono a r. il nonno* | (*raro*) Visitare per fare atto di ossequio. SIN. Ossequiare.
riverito part. pass. di *riverire*; anche agg. **1** Nei sign. del v. **2** Che merita o suscita rispetto, riverenza (*anche iron.*): *un nome amato e r.*; *ho appena lasciato il tuo r. figlio* | Nelle formule di cortesia epistolare del passato: *Riverito Signor mio, scrivo a Lei questa lettera per ...* | Nelle formule di saluto verbale: *r., signor sindaco!*; *r., avvocato!*
riveritóre s. m. (f. *-trice*) • (*raro*) Chi riverisce.
riverniciàre [comp. di *ri-* e *verniciare*] v. tr. (*io rivernìcio*) • Verniciare di nuovo.
riversaménto s. m. • (*raro*) Modo, atto del riversare.
riversàre [vc. dotta, lat. tardo *reversāre*, comp. di *re-* e *versāre*] **A** v. tr. (*io rivèrso*) **1** Versare di nuovo. **2** Versare, rovesciare addosso (*spec. fig.*): *riversarsi il brodo sul vestito*; *r. nel lavoro le proprie energie.* **3** Nella tecnica della registrazione sonora, trasferire su un nuovo supporto i suoni registrati su un altro, come da disco fonografico a disco magnetico, o da nastro a nastro e sim. | (*est.*) Trascrivere, spec. con macchina dattilografica, un testo verbale, precedentemente registrato su un nastro magnetico. **4** †Voltare a rovescio, rivoltare, ribaltare | (*est.*) †Sbaragliare, sconfiggere. **B** v. intr. pron. • †Rovesciarsi | Traboccare, detto di liquidi | (*fig.*) Affluire, spargersi, uscire in folla: *gli spettatori si riversarono all'aperto.*
riversàto part. pass. di *riversare*; anche agg. **1** Nei sign. del v. **2** †Supino.
riverseggiàre [comp. di *ri-* e *verseggiare*] v. tr. (*io riverséggio*) • Verseggiare di nuovo.
riversìbile e *deriv.* • V. *reversibile* e *deriv.*
riversióne • V. *reversione.*
rivèrso [vc. dotta, lat. *revĕrsu(m)*, part. pass. di *revĕrtere* 'ritornare', comp. di *re-* e *vĕrtere* 'volgere'. V. *vertere*] **A** agg. **1** †Rovesciato, rovescio | †*Occhio r.*, stravolto | †*Alla r.*, alla rovescia. **2** (*lett.*) Supino: *cader del ponte si lasciò r.* (ARIOSTO). **B** s. m. **1** †Rovesciamento, franamento. **2** †Colpo dato di rovescio, manrovescio.
†**rivèrtere** [vc. dotta, lat. *revĕrtere*. V. *riverso*] v. tr. • Rivoltare.
†**rivertire** [da †*rivertere*] v. tr. • Convertire.
rivestimentista s. m. (pl. *-i*) • Operaio edile che esegue lavori decorativi, di rivestimento.
rivestiménto s. m. **1** Modo, atto, effetto del rivestire (*anche fig.*): *il r. di una parete, di una poltrona*; *il r. di una carica.* **2** Ciò che serve a rivestire, coprire: *un r. di cemento*; *r. pregiato, impermeabile, refrattario.* **3** (*mil.*) Camicia.
rivestìre [vc. dotta, lat. tardo *revestīre*, comp. di *re-* e *vestīre*] **A** v. tr. (*io rivèsto*) **1** Vestire di nuovo (*anche fig.*): *i rami secchi / vedrà di nòve fronde rivestire, / e farsi vaghi fior gli acuti stecchi* (L. DE' MEDICI) | (*est.*) Provvedere di abiti o di nuovi abiti: *fu rivestito completamente da un ricco parente* | (*raro, fig.*) Investire: *r. uno di una dignità.* **2** Vestire, indossare: *r. la tuta, la toga* | *R. le armi*, (*fig.*) tornare in guerra | (*fig.*) Assumere: *ciò riveste un carattere di segretezza.* **3** Ricoprire, foderare, per difesa od ornamento: *r. di mattoni, caucciù, stucco* | *R. un muro*, ricoprirlo di calce, gesso, marmo, e sim. SIN. Incamiciare. **4** Foderare, ricoprire, avvolgere come in una veste, per preservare dall'usura, ornare, ecc.: *r. il divano con una stoffa vivace*; *r. le pareti di manifesti* | (*fig.*) Velare, mascherare, coprire: *r. l'avversione con falsa condiscendenza.* **5** (*fig.*) Ricoprire una carica, un ufficio, una dignità: *r. il grado di generale.* **B** v. rifl. **1** Vestirsi di nuovo (*anche fig.*): *dopo il bagno, si rivestì in fretta*; *rivestirsi di coraggio.* **2** Cambiarsi i vestiti o provvedersi di nuovi abiti. **3** Mettersi, indossare: *rivestirsi della corazza.*
rivestito part. pass. di *rivestire*; anche agg. **1** Nei sign. del v. **2** *Villano r.*, (*fig.*) villano rifatto.
rivestitóre s. m. (f. *-trice*) • Chi fa rivestiture.
rivestitùra s. f. • Atto, effetto del rivestire | Spesa del rivestire | Materiale che viene impiegato a rivestire q.c.
rivettàre v. tr. (*io rivétto*) • Unire con rivetti.
rivettatrice [da *rivettare*] s. f. • (*mecc.*) Attrezzo ad azionamento manuale o elettropneumatico per la ribaditura dei rivetti mediante compressione tra due ganasce.
rivettino s. m. **1** Dim. di *rivetto* (*2*). **2** Ripiegatura dell'orlo della coccia, per arrestare e sviare i colpi della spada nemica che, strisciandovi, potrebbero offendere il braccio.
rivétto (1) [fr. *rivet*, da *river* 'attaccare', da *rive* 'bordo, riva'] s. m. • Ribattino.
rivétto (2) s. m. **1** Dim. di *rivo.* **2** (*raro*) Orlo. || **rivettino**, dim. (V.).
riviaggiàre [comp. di *ri-* e *viaggiare*] v. intr. (*io riviàggio*; aus. *avere*) • Viaggiare di nuovo.
rivibràre [vc. dotta, lat. tardo *revibrāre* 'riverberare', comp. di *re-* e *vibrāre*] v. tr. • Vibrare di nuovo.
†**rivicèllo** [sovrapposizione di *ruscello* a *rivo*] s. m. • Ruscello, rivolo.
rivièra o †**rivèra** [fr. *rivière*, dal lat. *ripāria(m)*, f. di *ripārius* 'che sta sulla riva', da *rīpa* 'riva'] s. f. **1** Porzione abbastanza lunga di riva: *la r. ligure.* **2** (*poet.*) †Fiume, corso d'acqua: *una donna che ne la r. / di Senna era caduta* (ARIOSTO). **3** (*sport*) Nell'equitazione, tipo di ostacolo usato nei concorsi ippici, costituito da un fossato pieno d'acqua preceduto da una piccola siepe. ➡ ILL. p. 1288 SPORT.
rivieràsco [da *riviera*, col suff. *-asco*, tipico di toponimi ed etnici (cfr. *bergamasco, comasco*)] agg. (pl. m. *-schi*) • Abitante della riviera | Costiero, litoraneo, detto di cosa.
†**rivilicàre** [etim. incerta] v. tr. • (*raro*) Ricercare con minuziosa diligenza.
rivincere [vc. dotta, lat. *revĭncere*, comp. di *re-* e *vĭncere*] v. tr. (coniug. come *vincere*) **1** Vincere di nuovo. **2** Vincere a propria volta riacquistando, recuperando ciò che si era perduto: *r. una somma perduta al gioco.*
rivincita [da *rivincere*] s. f. **1** Seconda partita concessa a chi ha perduto perché possa rifarsi: *chiedere inutilmente la r.* **2** (*est.*) Riaffermazione che permette di rivalersi su qc., vendicarsi di un torto subìto, rifarsi di un insuccesso, una sconfitta e sim.: *è stato offeso, ma si è preso una bella r.*; *tenterà la r. alle prossime elezioni* | Sopravvento o riconquista di un predominio, detto di cose: *l'allegria della giovinezza ha preso la sua r. su di lui; il tempo prende la r. sulle passioni umane.*
†**rivinta** [da *rivinto*] s. f. • Rivincita.
rivinto part. pass. di *rivincere*; anche agg. • Nei sign. del v.
rivișitàre [vc. dotta, lat. *revisitāre*, comp. di *re-* e *visitāre*] v. tr. (*io rivìșito*) **1** Visitare di nuovo. **2** Rendere la visita. **3** †Riconsiderare, riandare con il pensiero. **4** (*fig.*) Riesaminare da un altro punto di vista, interpretare secondo un gusto mutato o valendosi di nuovi contributi critici, detto spec. della produzione letteraria di un autore o di un'epoca: *r. la poesia dannunziana*; *è il momento di r. la narrativa degli ultimi dieci anni.*
rivișitàto part. pass. di *rivisitare*; anche agg. **1** Nei sign. del v. **2** Riveduto e corretto: *testo r.*
rivișitazióne [da *rivisitare*] s. f. • Atto, effetto del rivisitare.
rivissùto part. pass. di *rivivere*; anche agg. • Nei sign. del v.
rivista [da *rivisto*; nel sign. 3, calco sul fr. *révue*] s. f. **1** Atto del rivedere per passare nuovamente in rassegna, riesaminare, correggere, ecc.: *dare una r. ai manoscritti.* **2** (*mil.*) Schieramento delle truppe e loro presentazione alla persona cui si devono rendere gli onori e che le passa in rassegna, e successivo sfilamento in parata dinanzi ad essa: *la r. per la festa della Repubblica*; *passare in r.* | *R. navale*, quella che un'autorità, stando su una nave, passa alle altre unità di una forza navale riunite in porto o naviganti | Ispezione di vario genere da parte di ufficiale incaricato: *r. alle armi, al corredo* | †*r. di partenza*, ricognizione di tutto l'equipaggio di una nave per verificare se non manchi qualcuno. SIN. Rassegna. **3** (*giorn.*) Periodico, o speciale rubrica di giornale, in cui, in modo approfondito e talora specializzato, si esaminano eventi o si trattano argomenti di carattere scientifico, letterario, artistico, politico, economico e sim.: *Nuova r. musicale italiana.* SIN. Rassegna | (*gener., est.*) Periodico illustrato di attualità, spec. settimanale o mensile: *ti ho comprato qualche r. da leggere in treno*; *edicola di quotidiani e riviste.* **4** (*teat.*) Spettacolo comico-musicale di varietà, composto di molte scene e quadri per lo più indipendenti tra loro, in cui si recita, canta e danza: *andare alla r.*; *attrice di r.*; *compagnia di riviste.* || **rivistina**, dim.
rivistaiòlo agg. **1** Da spettacolo di varietà, da rivista. **2** (*spreg.*) Frivolo, superficiale: *battuta rivistaiola.*
rivìsto part. pass. di *rivedere*; anche agg. **1** Nei sign. del v. **2** *Cose viste e r.*, arcinote, ovvie.
rivitalizzàre [comp. di *ri-* e *vitalizzare*] **A** v. tr. • Dare nuova vita, vivificare di nuovo (*spec. fig.*). **B** v. intr. pron. • Vivificarsi di nuovo.
rivitalizzazióne s. f. • Atto, effetto del rivitalizzare.
rivivènza s. f. • (*raro*) Atto del rivivere.
rivìvere [vc. dotta, lat. *revīvere*, comp. di *re-* e *vīvere*] **A** v. intr. (coniug. come *vivere*; aus. *essere*, raro *avere*) **1** Vivere di nuovo, riacquistare la vita. SIN. Rinascere, risorgere. **2** (*fig.*) Riacquistare forza, vigore: *con questa quiete mi pare di r.* | (*fig.*) Tornare in uso, rifiorire, detto di usi, tradizioni, ecc.: *sono istituzioni che non rivivranno* | (*raro, fig.*) *R. alla famiglia*, essere restituito alla famiglia. **3** Continuare a vivere in altra persona, rinnovarsi in fatti, fenomeni, ecc.: *r. nella memoria di qc.*; *il padre rivive nel figlio*; *una civiltà che rivive ai giorni nostri.* SIN. Riapparire. **B** v. tr. • Tornare a vivere: *r. una vita più tranquilla.*
†**rivivévole** agg. • Che fa rivivere.
rivivificàre [comp. di *ri-* e *vivificare*] v. tr. (*io rivivìfico, tu rivivìfichi*) • Vivificare di nuovo, ravvivare (*spec. fig.*).
rivivificazióne s. f. • Atto, effetto del rivivificare.
†**rivivire** [V. *rivivere*] v. intr. • Risorgere, risuscitare.
riviviscènza e *deriv.* • V. *reviviscenza* e *deriv.*
rìvo [vc. dotta, lat. *rīvu(m)*, da una radice indeur. che significa 'sgorgare'] s. m. **1** Breve corso d'acqua: *tu sol mi ascolti, o solitario rivo* (FOSCOLO). **2** (*est., raro*) Acqua corrente | (*est.*) Liquido di varia natura che scorre (*anche iperb.*): *rivi di lava*; *un r. di lacrime* | (*fig., raro*) Grande abbondanza, spec. di dottrina, sapienza, e sim.: *un r. di eloquenza.*
rivocàre e *deriv.* • V. *revocare* e *deriv.*
rivogàre [comp. di *ri-* e *vogare*] v. intr. (*io rivógo, tu rivóghi*; aus. *avere*) **1** Vogare di nuovo. **2** (*fig., fam.*) Rifilare, appioppare.
rivogàta s. f. • (*raro*) Il rivogare.
rivolàre [vc. dotta, lat. *revolāre*, comp. di *re-* e *volāre*] v. intr. (*io rivólo*; aus. *essere* e *avere*) • Volare di nuovo o per tornare indietro | (*fig.*) Tornare: *r. con la mente all'infanzia.*
rivolére [comp. di *ri-* e *volere*] v. tr. (coniug. come *volere*) **1** Volere di nuovo. **2** Richiedere ciò che si è prestato o si è perduto (*anche fig.*): *rivoglio tutti i miei dischi*; *r. la libertà.*
rivòlgere [lat. *revŏlvere*, comp. di *re-* e *vŏlvere*. V. *volgere*] **A** v. tr. (coniug. come *volgere*) **1** Volgere di nuovo: *r. i passi, il cammino in una direzione.* **2** Volgere intorno più volte, girare: *r. la chiave nella serratura* | (*fig.*) Esaminare sotto ogni aspetto, per essere ben sicuri di q.c.: *r. nella mente una risposta*; *r. fra sé e sé un'offesa.* **3** Volgere verso una direzione, indirizzare verso qc. o q.c. (*anche fig.*): *r. gli occhi al cielo*; *r. il discorso al vicino, il pensiero alla famiglia*; *r. enormi sforzi al conseguimento della laurea.* SIN. Dirigere. **4** Volgere dalla parte opposta o indietro: *ha rivolto gli occhi per non vedermi* | (*est., lett.*) Voltare sottosopra, rovesciare: *r. la barca* | (*fig., lett.*) Rimuovere, dissuadere, distogliere, stornare. **5** (*raro*) Fare ribellare. **6** (*fig.*) †Convertire alle proprie idee facendo mutare parere. **7** †Esaminare con cura, spec. scritti, opere letterarie, ecc. **B** v. rifl. **1** Voltarsi indietro, in giro, dalla parte opposta

o in una determinata direzione: *appena chiamato, si rivolse*; *mi rivolsi a cercare i compagni*; *si è rivolto fingendo di non conoscermi* | (*fig.*) Darsi, applicarsi: *dopo qualche successo, si è rivolto alla pittura*. SIN. Rigirarsi. **2** Dirigersi per informazioni, fare capo nel bisogno: *rivolgersi a una guardia, a un passante*; *rivolgersi al ministro con una petizione*. SIN. Ricorrere. **C** v. intr. pron. **1** Girare in cielo, detto di astri. **2** (*raro*) Ribellarsi. **3** †Convertirsi alle idee altrui, cambiare di parere.

rivolgiménto s. m. **1** Modo, atto, effetto del rivolgere o del rivolgersi (*anche fig.*). **2** (*est.*) Sconvolgimento, rovesciamento: *r. di stomaco*. **3** (*fig.*) Cambiamento più o meno pacifico dell'ordine civile, di istituzioni, situazioni politiche, e sim.: *si è verificato da poco un importante r. filosofico*. SIN. Mutamento. **4** Manovra ostetrica con cui si modifica la presentazione del feto in una più favorevole per il parto.

†rivòlgolo [da *rivolgere*] s. m. ● (*scherz.*) Riccio, arricciatura.

rìvolo (**1**) [vc. dotta, lat. *rīvulu(m)*, dim. di *rīvus* 'rivo'] s. m. ● Rivo, ruscello (*spec. iperb.*): *con il commercio entrano nelle sue tasche rivoli d'oro*. || **rivolétto**, dim.

†rivòlo (**2**) [da (*in*)*volare*, col pref. *ri-*] vc. ● Solo nella loc. avv. *di r.*, di furto, di nascosto.

rivòlta s. f. **1** (*raro*) Atto, effetto del rivoltare o del rivoltarsi in giro, dalla parte opposta, ecc. **2** (*fig.*) Improvvisa ribellione accompagnata da tumulti: *nel popolo scoppiò una violenta r.* SIN. Insurrezione, sommossa. **3** (*lett., raro*) Giro, avvolgimento. **4** †Svolta di una strada, una linea, un fiume, ecc. **5** (*fig.*) †Pretesto, ripiego.

rivoltaménto s. m. ● Modo, atto, effetto del rivoltare.

rivoltànte part. pres. di *rivoltare*; anche agg. ● Nei sign. del v.

rivoltàre [comp. di *ri-* e *voltare*] **A** v. tr. (*io rivòlto*) **1** Voltare nuovamente. **2** Voltare dall'altra parte, sottosopra: *r. un quadro*; *r. la frittata* | Rimestare, voltare più volte: *r. il condimento, l'insalata* | Mettere il rovescio al posto del diritto: *r. una federa* | (*fig.*) *R. q.c. come un guanto, come un calzino*, farla oggetto di ricerca o indagine minuziosa e accurata per conoscerla a fondo, intimamente | (*raro, fig.*) *R. la colpa a un altro*, attribuirla a un altro. **3** Provocare disgusto, sconvolgere: *quella pietanza mi ha rivoltato lo stomaco* | (*fig.*) Turbare la coscienza, causare ripugnanza morale: *il tuo cinismo ci rivolta*. **4** (*raro*) Voltare contro, fare sollevare, ribellare: *le cattive compagnie lo hanno rivoltato contro la famiglia*. **5** (*raro, fig.*) Cambiare, mutare. **B** v. rifl. **1** Volgersi indietro, in giro, da un'altra parte, dalla parte opposta: *appena ci vide, si rivoltò*. **2** †Indirizzarsi, dirigersi. **C** v. intr. pron. **1** Ribellarsi, agitarsi contro q.c., organizzare una sommossa, una rivolta: *rivoltarsi all'autorità*; *il popolo si rivoltò ai suoi capi*. SIN. Insorgere. **2** Mutarsi, cambiarsi, detto del tempo o di situazioni. **3** Sconvolgersi, turbarsi: *mi si rivoltò lo stomaco*; *mi si rivoltano le budella solo al pensiero*. **D** v. intr. ● †Tornare indietro.

rivoltàta s. f. ● Atto, effetto del rivoltare una volta: *dare una r. alla braciola*. || **rivoltatina**, dim.

rivoltàto part. pass. di *rivoltare*; anche agg. **1** Nei sign. del v. **2** *Abito r.*, con la parte interna messa al di fuori | *Giubba rivoltata*, (*fam., fig.*) persona che cambia troppo facilmente opinione politica. **3** (*arald.*) Detto di figura volta o riguardante verso la sinistra anziché verso la destra dello scudo.

rivoltatóre agg.; anche s. m. (f. *-trice*) ● (*raro*) Che, chi rivolta.

rivoltatùra s. f. ● Fattura, spesa del rivoltare un abito e sim.

rivoltèlla [da *rivoltare*, sul modello dell'ingl. *revolver* (V.)] s. f. ● Pistola a tamburo rotante. SIN. Revolver.

rivoltellàta s. f. ● Colpo di rivoltella. SIN. Revolverata.

rivòlto A part. pass. di *rivolgere*; anche agg. ● Nei sign. del v. **B** s. m. ● (*mus.*) Posizione dell'accordo in cui viene mutato l'ordine relativo degli intervalli, utilizzando come nota bassa la terza o la quinta, anziché la fondamentale | *Primo r.*, quando al basso è posta la terza nota | *Secondo r.*, quando al basso è posta la quinta nota.

rivoltolaménto s. m. ● Modo, atto, effetto del rivoltolare o del rivoltolarsi.

rivoltolàre [comp. di *ri-* e *voltolare*] **A** v. tr. (*io rivòltolo*) **1** Voltolare di nuovo | Rivoltare in giro, di qua e di là. **2** (*raro*) Mettere sottosopra | Rimescolare. **B** v. rifl. ● Voltolarsi più volte, continuamente.

rivoltolìo s. m. ● Continuo e prolungato rivoltolare o rivoltolarsi. SIN. Rimescolio, rimestio.

rivoltolóne s. m. ● Atto del rivoltolarsi bruscamente o all'improvviso (*anche fig.*): *fare un r. sul tappeto*; *il cuore mi ha fatto un r.* SIN. Sobbalzo.

rivoltolóni [da *rivoltolare*] avv. ● (*raro*) Rivoltolando: *cadere r.* | *Lo buttò r.*, facendolo rivoltolare.

rivoltóso o †**rivoltuóso A** agg. ● Che è in rivolta o si rivolta, detto di persona: *gli operai rivoltosi* | Relativo a una rivolta, una sommossa, che costituisce rivolta; *movimento r.* SIN. Insorto, ribelle. **B** s. m. (f. *-a*, raro) ● Chi si ribella o partecipa a una rivolta: *i rivoltosi rifiutavano di trattare*. SIN. Insorto, ribelle.

†rivoltùra s. f. **1** Rivoluzione, rivolta, rivolgimento. **2** Ritorcitura, tortuosità | *R. di venti*, turbine. **3** Gomitolo, avvolgimento di corde, fasce e sim. **4** (*fig.*) Raggiro, imbroglio | Ripiego.

rivoluzionàre [fr. *révolutionner*, da *révolution* 'rivoluzione'] v. tr. (*io rivoluzióno*) **1** Mettere in rivoluzione, fare insorgere contro un ordine sociale o politico. **2** (*fig.*) Cambiare radicalmente: *il progresso ha rivoluzionato la nostra vita* | (*fig.*) Mutare un ordine sconvolgendo, mettere sottosopra: *mi hai rivoluzionato i cassetti della scrivania*. SIN. Sovvertire.

rivoluzionàrio [fr. *révolutionnaire*, da *révolution* 'rivoluzione'] **A** agg. **1** Di, della rivoluzione: *governo r.* | *Tribunale r.*, istituito e funzionante durante una rivoluzione | Che suscita o partecipa a una rivoluzione, detto di cose o di persone: *ideali rivoluzionari*; *capi rivoluzionari*. **2** (*fig.*) Chi rinnova radicalmente: *iniziativa rivoluzionaria* | (*fig.*) Che sconvolge un ordine: *è stata una riunione rivoluzionaria*. **B** s. m. (f. *-a*) ● Chi promuove una rivoluzione (*anche fig.*): *i rivoluzionari russi*; *quell'artista è un r.*

rivoluzionarìsmo [comp. di *rivoluzionario* e *-ismo*] s. m. ● Ideologia e prassi che tende a modificare con la rivoluzione un determinato contesto politico-sociale.

rivoluzióne o †**revoluzióne** [vc. dotta, lat. tardo *revolutiōne(m)*, da *revolūtus*, part. pass. di *revŏlvere* 'rivolgere'; nel sign. politico, calco sul fr. *révolution*] s. f. **1** Violento, profondo rivolgimento dell'ordine politico-sociale costituito, tendente a mutare radicalmente governi, istituzioni, rapporti economico-sociali e sim.: *è scoppiata la r.*; *bisogna fare la r.* | *R. francese*, (*per anton.*) *la Rivoluzione*, quella che, iniziata nel 1789, distrusse in Francia il regime feudale assolutista esprimendo i suoi principi ispiratori nella dichiarazione dei diritti dell'uomo e del cittadino | *R. d'ottobre*, quella che, nell'ottobre del 1917, rovesciò il governo provvisorio di Kerenskij e portò al potere, in Russia, la frazione bolscevica del partito socialdemocratico guidata da Lenin, segnando la nascita del nuovo stato sovietico. **2** (*est., fig.*) Rapida e radicale trasformazione economico-sociale, dovuta all'applicazione sistematica e su scala sempre più vasta di nuove scoperte scientifiche e tecnologiche: *la r. industriale inglese*; *l'automazione è stata definita come la seconda r. industriale* | *R. culturale*, movimento politico-sociale volto a cambiare non solo le strutture economiche ma anche i valori ideologici e i modi di pensare degli individui, fiorito in Cina negli anni 1966-69 e da qui esteso anche ad altri paesi. **3** (*est., fig.*) Profondo e sostanziale rinnovamento in campo artistico, letterario, scientifico e sim., dovuto a nuove scoperte, interpretazioni e sim.: *la r. copernicana*; *la r. dell'evoluzionismo, la r. di Darwin*. **4** (*fig., fam.*) Confusione, turbamento, scompiglio: *il suo arrivo ha scatenato la r. in casa*. **5** Movimento di un corpo intorno a un centro o asse: *r. della ruota* | *Solidi di r.*, generati dalla rotazione di una curva piana intorno a un asse contenuto nel suo piano. **6** (*astron.*) Moto di un corpo celeste che descrive un'orbita ellittica attorno ad un altro: *la r. della Terra attorno al Sole*.

†rivòlvere [lat. *revŏlvere*. V. *rivolgere*] v. tr. ● Rivolgere (*anche fig.*): *rivolve tuttavia tra sé Rinaldo / chi sia l'estraneo cavaliere* (ARIOSTO).

†rivòmere [vc. dotta, lat. *revŏmere*, comp. di *re-* e *vŏmere* 'vomitare' (V.)] v. tr. e intr. ● Rivomitare.

rivomitàre [comp. di *ri-* e *vomitare*] v. tr. (*io rivòmito*) ● Vomitare di nuovo (*anche fig.*).

rivotàre (**1**) [comp. di *ri-* e *votare* (*1*)] v. tr. e intr. (coniug. come *votare*) ● Votare di nuovo.

rivotàre (**2**) e *deriv.* ● V. *rivuotare* e *deriv.*

rivulària [dal lat. *rīvulus* 'piccolo rio (*rīvus*)', col suff. bot. *-aria*] s. f. ● Alga azzurra le cui cellule sono riunite in colonie filiformi a forma di pennello o ventaglio (*Rivularia*).

rivulsióne ● V. *revulsione*.

rivulsìvo ● V. *revulsivo*.

rivuotàre o (*raro*) **rivotàre** (**2**) [comp. di *ri-* e *vuotare*] v. tr. (*io rivuòto*, o raro *rivòto*) ● Vuotare di nuovo.

rivuotatùra o (*raro*) **rivotatùra** [comp. di *ri-* e *vuotatura*] s. f. ● (*raro*) Nuova vuotatura.

-rìza [dal gr. *rhíza* 'radice', di diffusione indeur.] secondo elemento ● In parole composte della terminologia scientifica, significa 'radice': *coleorriza, micorriza*.

rizappàre [comp. di *ri-* e *zappare*] v. tr. ● Zappare di nuovo.

rizàtono ● V. *rizoatono*.

rizèna [dal gr. *ryzêin* 'latrare', di origine onomat.] s. f. ● Mammifero carnivoro, affine alla mangusta (*Rhyzaena*).

rizìna [dal gr. *ríza* 'radice', di origine indeur.] s. f. ● Produzione pelosa lunga e sottile che si sviluppa sulla parte inferiore dei licheni, a cui assicura l'aderenza al substrato e l'assorbimento.

rizo- [gr. *riz(o)-*, da *ríza* 'radice', di origine indeur.] primo elemento ● In parole scientifiche composte, significa 'radice' (*in senso proprio e fig.*): *rizobio, Rizoforacee, rizoatono, rizotonico*.

rizoàtono o **rizàtono** [comp. di *rizo-* e *atono*] agg. ● (*ling.*) Detto di parola che non ha l'accento sulla sillaba radicale ma sul prefisso o sul suffisso. SIN. Arizotonico.

rizòbio [comp. di *rizo-* e *-bio*] s. m. ● Batterio che si sviluppa sulle radici di leguminose e fissa azoto atmosferico (*Rhizobium leguminosarum*).

rizocàrpico [comp. di *rizo-* e un deriv. di *-carpo*] agg. (pl. m. *-ci*) ● Detto di vegetale i cui frutti nascono dalla radice.

Rizoforàcee [comp. di *rizo-* e *-foro*, col suff. *-acee*] s. f. pl. ● Nella tassonomia vegetale, famiglia di piante dicotiledoni tropicali che si fissano al suolo mediante radici avventizie originate da rami (*Rhizophoraceae*) | (al sing. *-a*) Ogni individuo di tale famiglia.

rizòide [comp. di *rizo-* e *-oide*] s. m. ● Organo delle Tallofite simile alla radice per aspetto e funzione.

rizòma [vc. dotta, gr. *rízōma* 'radice', da *ríza* 'radice'. V. *rizo-*] s. m. (pl. *-i*) ● Fusto orizzontale simile a una radice, sotterraneo o strisciante in superficie, con squame in luogo delle foglie, che costituisce un organo di riserva; da esso si staccano le radici e lo scapo fogliare e fiorifero. ➡ ILL. **botanica generale**.

rizomatóso agg. ● Detto di vegetale provvisto di rizoma | Detto di organo con natura di rizoma.

rizombàre [comp. di *ri-* e *zombare*] v. tr. (*io rizómbo*) ● (*raro, tosc.*) Zombare di nuovo.

rizomòrfo [comp. di *rizo-* e *-morfo*] agg. ● Che ha forma di radice.

Rizòpodi [comp. di *rizo-* e *-pode*] s. m. pl. ● Nella tassonomia animale, classe di Protozoi capaci di emettere pseudopodi per la locomozione e la presa dell'alimento (*Rhizopoda*) | (al sing. *-e*) Ogni individuo di tale classe.

rizoppicàre [comp. di *ri-* e *zoppicare*] v. intr. (*io rizòppico, tu rizòppichi*; aus. *avere*) ● Zoppicare di nuovo.

rizostòma [comp. di *rizo-* e del gr. *stóma* 'bocca'. V. *stoma*] s. m. (pl. *-i*) ● Medusa delle acque costiere tropicali, priva di tentacoli, che ha il canale dell'esofago ramificato e quindi numerose aperture boccali (*Rhizostoma pulmo*).

rizotàssi [comp. di *rizo-* e *-tassi*] s. f. ● (*bot.*) Disposizione delle ramificazioni della radice.

rizotònico [comp. di *rizo-* e *tonico*] agg. ● (*ling.*) Detto di parola che ha l'accento sulla sillaba radicale.

rìzza [da *rizzare* (*1*)] s. f. ● (*mar.*) Sistema di cavi o catene capace di trattenere un oggetto mobile di grandi dimensioni durante i movimenti della nave.

rizzacùlo [comp. di *rizza*(*re*) (*1*) e *culo*; detto così perché quando spruzza il veleno alza l'addome] s. m. (pl -*i*) ● Formica comune nell'Europa mediterranea che cammina tenendo l'estremità posteriore dell'addome rivolta obliquamente verso l'alto e all'innanzi (*Crematogaster scutellare*).

rizzaffàre [comp. di *ri-* e *zaffare*] v. tr. ● Zaffare di nuovo.

rizzàgio ● V. *rezzaglio*.

rizzaménto s. m. ● Modo, atto, effetto del rizzare o del rizzarsi.

rizzàre (**1**) [lat. parl. **rectiāre*, da *rēctus* 'retto, ritto'] **A** v. tr. *1* Mettere, alzare su in modo che stia ritto: *r. chi è caduto*; *r. una tenda, una bandiera, le vele* | *R. il capo*, (*fig.*) risentirsi o farsi rispettare | *R. la coda, il pelo, la cresta*, (*fig.*) imbaldanzirsi, diventare superbi | *R. gli orecchi*, (*fig.*) ascoltare, prestare attenzione | *R. una bottega*, (*fig.*) aprirla | (*tosc.*) *R. baracca*, (*fig.*) attaccare lite. SIN. Erigere, ergere, levare. *2* Costruire, innalzare, fabbricare: *r. un edificio, un argine, una statua*; *sapeva r. un po' di tettoia* (VERGA). **B** v. rifl. ● Alzarsi ritto in piedi: *rizzarsi da terra dopo una caduta*; *rizzarsi da tavola, da sedere*. SIN. Erigersi, ergersi, levarsi. **C** v. intr. pron. ● Diventare ritto: *per l'orrore, gli si rizzarono i capelli*.

rizzàre (**2**) [da *rizza*] v. tr. ● (*mar.*) Fermare oggetti di bordo per evitarne spostamenti con il mare agitato.

rizzàta [da *rizzare* (*1*)] s. f. ● Atto del rizzare. || **rizzatina**, dim.

rizzatùra s. f. ● Atto, effetto del rizzare.

RNA /ɛrre ɛnne 'a/ [sigla dell'ingl. *RiboNucleic Acid* 'acido ribonucleico'] s. m. inv. ● (*biol.*) Acido ribonucleico, che si trova sia nel nucleo sia nel citoplasma delle cellule, la cui funzione principale è la sintesi proteica | *RNA messaggero*, molecola di RNA trascritta da una molecola di DNA con singolo filamento a cui risulta complementare, che trasmette ai ribosomi le informazioni per la sintesi proteica | *RNA di trasporto, di trasferimento, solubile*; la più piccola molecola di RNA presente nelle cellule; ha la funzione di adattare i vari amminoacidi alle triplette presenti nell'RNA messaggero.

ro /rɔ*/ o **rho** [dal gr. *rô*] s. m. o f. inv. ● Nome della diciassettesima lettera dell'alfabeto greco.

road movie /*ingl.* 'roud 'mu:vi/ [loc. ingl., comp. di *road* 'strada' e *movie* 'spettacolo cinematografico'] loc. sost. m. inv. (pl. ingl. *road movies*) ● Genere cinematografico imperniato sulla tematica americana del viaggio, dell'avventura e della ricerca della realizzazione di se stessi.

roàno [sp. *roano*, dal lat. *rāvidu*(*m*) 'di color grigiastro', da *rāvus* 'grigiastro', di etim. incerta] **A** s. m. ● Mantello equino formato di peli bianchi, rossi e neri mescolati, mentre coda, criniera ed estremità degli arti sono neri. **B** anche agg.: *mantello r.*

roàrrr /ro'ar/ [vc. onomat.] inter. *1* Riproduce il ruggito del leone, della tigre o di altro felino feroce. *2* Riproduce il fragore di un aeroplano che vola a bassa quota o il rombo di un'automobile che sfreccia a tutta velocità.

roast beef /'rɔzbif, *ingl.* 'roust bi:f/ [ingl., propriamente 'manzo arrostito', comp. di *roast*, dal fr. *rôtir* '(ar)rostire', e *beef*, dal lat. *bŏve*(*m*) 'bove'] loc. sost. m. inv. ● Carne di manzo, tagliata nello scannello o nella lombata, cotta a fuoco vivo, così da arrostirla all'esterno mantenendola al sangue all'interno: *roast beef allo spiedo, al forno*; *roast beef freddo*.

ròba (**1**) o †**ròbba** [francone *rauba* 'vestito'] s. f. *1* Ciò che di materiale si possiede e che serve in genere alle necessità del vivere: *consumare tutta la propria r.*; *non vogliamo la vostra r.* | (*est.*) Complesso di beni, proprietà, possedimenti: *ha lasciato tutta la sua r. ai nipoti* | *R. di casa*, mobili, suppellettili, ecc. | *Fare r.*, arricchirsi. *2* Ogni oggetto materiale e la materia, la sostanza di cui è fatto: *chi ha portato questa r.?*; *non sappiamo di che r. è fatto* | *R. di valore*, gioielli, oggetti preziosi | Cibo, bevanda: *c'è r. per un mese* | Pensiero, discorso: *come puoi dire questa r.?* | Opera, lavoro, spec. letterario: *r. interessante, copiata, dell'autore* | *Che r.!*, che cosa strana, inconsueta | Affare, faccenda: *non è r. che ti riguardi* | (*fam.*) *R. da matti, da chiodi, da cani*, cose molto riprovevoli o fuori del comune | (*spreg.*, *iron.*) *Bella r.!*, bella cosa, bel lavoro, brava persona! | (*tosc.*) *Aver r. in corpo*, sentire il bisogno di protestare, recriminare, adirarsi ma non poterlo o non volerlo fare. *3* Stoffa: *r. di lana, fine, comune* | (*est.*) Abito, indumento: *r. da lavare, d'inverno*; *indossare r. nuova* | †*Capo di r.*, capo di vestiario. *4* Merce, mercanzia, articolo: *r. di scarto, di prima qualità, cara, rubata*; *vetrina piena di r.*; *r. comprata di combinazione, r. di rivendita, messa lì per i clienti* (PIRANDELLO). *5* (*gerg.*) *Sostanza stupefacente*. || **robàccia**, pegg. | **robétta**, dim. | **robettina**, dim. | **robiccia**, pegg. | **robicciòla**, **robicciuòla**, pegg. | **robìna**, dim. | **robóna**, accr. | **robùccia**, dim. | **robùcola**, pegg.

†**ròba** (**2**) [fr. *robe*. V. *roba* (*1*)] s. f. ● Veste, vestito. || **robóne**, accr. (V.).

†**robàre** ● V. *rubare*.

†**ròbba** ● V. *roba* (*1*).

róbbia [lat. *rŭbia*(*m*), da *rŭber* 'rosso', V. *rubro*] s. f. ● Pianta delle Rubiacee coltivata con rizoma strisciante, fusto quadrangolare e aculeato, foglie in verticilli, utile per la tinta rossa che si ricava dal rizoma (*Rubia tinctorum*) | *R. peregrina*, molto simile alla precedente e comune allo stato selvatico nelle siepi o boscaglie (*Rubia peregrina*).

†**róbbio** o †**róggio** [lat. *rŭbeu*(*m*), var. di *rŭbru*(*m*) 'rosso'. V. †*rubro* (*2*)] **A** agg. ● †Rosso, fulvo. **B** s. m. ● Panno rosso usato come supporto per i distintivi di grado dei comandanti di corpo, degli ufficiali incaricati del grado superiore, degli ufficiali medici.

robe /*fr.* 'rɔb/ [vc. fr., propr. 'vestito'. V. *roba* (*1*)] s. m. inv. ● Abito femminile di taglio elegante, a un solo pezzo.

robe-manteau /*fr.* 'rɔb mã'to/ [vc. fr., propr. 'vestito mantello', comp. di *robe* (V.) e *manteau* che ha la stessa etim. dell'it. *mantello*] loc. sost. f. inv. (pl. fr. *robes-manteaux*) ● Abito femminile di modello simile a un cappotto, abbottonato sul davanti.

robìglio o **rubiglio** [dal lat. *ervilia*] s. m. ● (*bot.*) Varietà di pisello coltivata come foraggio e spesso inselvatichita.

robinétto e *deriv.* ● V. *rubinetto* e *deriv.*

robìnia [da J. *Robin* (1550-1628) che la importò dal Canada] s. f. ● Pianta delle Leguminose arborea con rami armati di spine appaiate, foglie imparipennate, fiori bianchi, odorosi, in grappoli (*Robinia pseudacacia*). SIN. Gaggia, pseudacacia.

robiòla [da *Robbio*, località della Lomellina ove viene prodotta (?)] s. f. ● Formaggio dolce, tenero, non stagionato, della Lombardia, confezionato in panetti rettangolari.

robivècchi [da *roba vecchia*] s. m. ● Chi compra oggetti usati e li rivende. SIN. Rigattiere.

roboànte ● V. *reboante*.

robóne s. m. *1* Accr. di †*roba* (*2*). *2* Antica veste ampia e pomposa indossata un tempo da dottori e magistrati: *un r. di drappo pesante, di broccato*.

†**roboràre** [vc. dotta, lat. *roborāre* 'rinforzare', da *rōbur*, genit. *rōboris* 'legno di rovere', poi 'forza'. V. *rovere*] v. tr. ● Corroborare, fortificare.

robót /ro'bo, *ceco* 'rɔbot/ [dal ceco *ròbota* 'lavoro': il n. fu coniato dallo scrittore ceco K. Čapek per gli automi che agivano nel suo dramma *'R.U.R.'*] s. m. inv. *1* Dispositivo meccanico che riproduce i movimenti, e generalmente l'aspetto esterno, dell'uomo e degli animali | In cibernetica, apparecchio automatico programmabile, destinato a sostituire autonomamente l'uomo in alcune attività manuali, spec. quelle faticose, pericolose o costose, di alcuni settori dell'industria e della ricerca scientifica. *2* (*est.*, *fig.*) Chi agisce e si muove meccanico, senza rendersi conto dei propri atti.

robòtica [f. sost. di *robotico*] s. f. ● Parte della cibernetica che si occupa dello studio, costruzione e applicazione dei robot.

robòtico [da *robot*] **A** agg. (pl. m. -*ci*) *1* Di, relativo a robot. *2* (*est.*, *fig.*) Cieco, insensibile, disumanizzato come un robot. **B** s. m. (f. -*a*) ● Esperto di automazione industriale.

robotizzàre [fr. *robotiser*, da *robot*] **A** v. tr. ● Attrezzare, fornire di robot: *r. una fabbrica*. **B** v. intr. pron. *1* Trasformarsi in seguito all'introduzione e all'uso di robot: *la fabbrica si è robotizzata*. *2* (*est.*, *fig.*) Divenire cieco e insensibile, disumanizzarsi come un robot.

robotizzàto part. pass. di *robotizzare*; anche agg. *1* Nei sign. del v. *2* Funzionante in modo del tutto automatico: *sistema produttivo r.* *3* Che ha l'aspetto di un robot.

robotizzazióne s. f. ● Atto, effetto del robotizzare o del robotizzarsi.

roburite [dal lat. *rōbur* 'forza'. V. *rovere*] s. f. ● Esplosivo di sicurezza a base di nitrato ammonico, usato nelle miniere.

robustézza s. f. ● Qualità di chi o di ciò che è robusto (*anche fig.*): *la r. di un atleta, di una parete, di una connessione*. SIN. Forza, gagliardia, resistenza.

robùsto [vc. dotta lat. *robŭstu*(*m*), da *rōbus*, forma originale di *rōbur* 'forza'. V. *rovere*] agg. *1* Che possiede forza, energia, detto di persona: *un bambino r.*; *non c'è pastor o più r. o dotto / a seguir fére fuggitive in caccia* (L. DE' MEDICI) | Resistente, vigoroso, detto del corpo o delle sue parti: *costituzione robusta*; *braccia robuste* | (*euf.*) Grasso: *una ragazza un po' robusta*. SIN. Forte. *2* Che si piega difficilmente, solido, detto di cosa: *una catena robusta* | *Quercia, pianta robusta*, che è ben radicata e provvista di grosso fusto. *3* (*fig.*) Intrepido, saldo, coraggioso: *animo r.* | *Stile r.*, efficace, molto espressivo | *Discorso r.*, incisivo, eloquente. *4* (*fig.*) Acuto, pronto, vigoroso: *ingegno r.*; *la fantasia tanto è più robusta quanto è più debole il raziocinio* (VICO). || **robustaménte**, avv. SIN. Gagliardamente.

†**robustóso** [da *robusto* col suff. di qualità -*oso*] agg. ● Robusto: *frate focu ... è bellu, et jucundo, et robustoso et forte* (SAN FRANCESCO).

rocàggine s. f. ● Condizione di chi o di ciò che è roco: *soffrire di r.*; *la r. di un suono*. SIN. Fiochezza.

rocaille /*fr.* rɔ'kaj/ [vc. fr., V. *rococo*] s. f. inv. ● Tipo di architettura rustica da giardino con grotte artificiali, agglomerati di pietre, conchiglie, fontane e sim. in voga nei secc. XVII e XVIII | Motivo decorativo di mobili e altri oggetti d'ornamento a conchiglie, volute, riccioli, tipico dello stile rococò francese.

rocambolésco [fr. *rocambolesque*, da *Rocambole*, n. del protagonista dei romanzi di Ponson du Terrail] agg. (pl. m. -*schi*) ● Detto di azione così avventurosa e audace da parere incredibile o portata a termine con grande astuzia e spericolatezza: *fuga rocambolesca*; *furto r.* || **rocambolescaménte**, avv.

rócca (**1**) o **ròcca** [got. *rukka*] s. f. *1* Arnese per filare a mano, costituito da un'asta lunga circa un metro con un'estremità rigonfia attorno a cui si arrotola la lana che si fa poi scorrere per alimentare il fuso | *La r. e il fuso*, (*fig.*) i lavori femminili. SIN. Conocchia. *2* (*tess.*) Confezione di filato cilindrica o conica, su un tubetto conico, troncoconico o cilindrico. *3* (*edil.*) Fumaiolo. *4* (*raro*) Cosa, oggetto a forma di rocca. || **rocchèlla**, dim. (V.) | **rocchétta**, dim. (V.) | **rocchétto**, dim. (V.).

ròcca (**2**) [vc. di origine preindeur.] s. f. *1* Fortezza di grandi dimensioni costruita di solito in cima a un monte o in un luogo elevato, dirupato e scosceso | *Forte come una r.*, fortissimo | †*Fare r. del cuore*, farsi forza, armarsi di coraggio. *2* (*sport*) In alpinismo, cima isolata con pareti nude, quasi verticali, terminante superiormente con una piccola spianata. *3* (*raro*) Torre, nel gioco degli scacchi. *4* (*anat.*) *r. petrosa*, formazione piramidale endocranica dell'osso temporale in cui è contenuto l'orecchio interno. || **rocchétta**, dim.

roccafórte o (*raro*) **ròcca fórte** [comp. di *rocca* (*2*) e *forte*] s. f. (pl. *roccheförti*, o *roccafòrti*, raro *ròcche fòrti*) *1* Fortezza, città fortificata. *2* (*fig.*) Luogo, ambiente, comunità e sim. in cui ci si sente forti, protetti o dove si riscuotono molti consensi: *l'ufficio è la sua r.*

roccàta [da *rocca* (*1*)] s. f. *1* Pennecchio. *2* Colpo dato con la rocca.

roccàto agg. ● Munito di rocca.

roccatrìce [da *rocca* (*1*)] s. f. ● (*tess.*) Macchina destinata alla roccatura di un filato.

roccatùra [da *rocca* (*1*)] s. f. ● (*tess.*) Operazione con cui si confeziona in un'unica rocca, avvolgendolo a spire incrociate sulla roccatrice, il filato svolto successivamente da più confezioni provenienti dalla filatura o dalla torcitura.

roccèlla [V. *oricello*] s. f. ● (*bot.*) Genere di licheni delle regioni mediterranee e delle isole del Capo Verde; da alcune specie si ricava l'oricello (*Roccella*).

rocchèlla [dim. di *rocca* (*1*)] s. f. ● (*tess.*) Rocchetto.

rocchétta [da *rocca*] s. f. **1** Dim. di *rocca*. **2** (*mil.*) Artificio di guerra per illuminazione o segnalazioni luminose.

rocchettàro ● V. *rockettaro*.

rocchettièra [da *rocchetto* (*1*)] s. f. ● (*tess.*) Macchina, simile a una roccatrice, impiegata per l'incannatura, spec. di un filato di seta o di un filamento di tecnofibre, su un rocchetto.

rocchétto (1) [dim. di *rocca* (*1*)] s. m. **1** (*tecnol.*) Piccolo cilindro di legno provvisto di un foro per poterlo inserire nell'apposita astina di una macchina per cucire e terminante con due bordi sporgenti, sul quale è avvolto in spire parallele un filato per cucire: *un r. di filo di cotone* | (*tecnol.*) Piccolo cilindro metallico, con bordi sporgenti alle estremità, su cui è avvolto a spire parallele un filato per cucire e che viene alloggiato nella navetta di una macchina per cucire | (*tess.*) Confezione di un filato di seta o di un filamento di tecnofibre, avvolto a spire parallele su un cilindro di legno, cartone o plastica a estremità flangiate. **2** (*est.*) Gomitolo cilindrico: *un r. di filo da ricamo*. **3** (*tecnol.*) In una coppia di ruote dentate, quella di minore diametro e avente un numero di denti uguale o prossimo a quello minimo possibile | In una coppia di ruote dentate a dentatura interna, la ruota interna. **4** (*teat.*) Rullo di legno impiegato per far scorrere le funi che sostengono gli elementi di scena. **5** Oggetto che nella forma ricorda un rocchetto: *tacco a r.* **6** (*cine*) Piccolo cilindro, dentato e non, che provvede al trascinamento o scorrimento della pellicola cinematografica all'interno di cineprese, proiettori, sviluppatrici e sim. **7** †(*elettr.*) Bobina | *R. di induzione, di Ruhmkorff*, trasformatore atto a trasformare una corrente continua a basso potenziale e alta intensità, erogata da una pila o sim., in una corrente discontinua a bassa intensità e alto potenziale e usato in passato per studiare le onde hertziane e la scarica nei gas rarefatti e oggi in campo didattico per illustrare le leggi dell'induzione elettromagnetica | *R. d'accensione*, bobina d'accensione | *R. di Tesla*, trasformatore alimentato da una corrente ad alta frequenza e capace di fornire un'alta tensione ad alta frequenza per applicazione spec. terapeutiche.

rocchétto (2) [fr. *rochet*, dal francone *hrok*] s. m. ● Sopravveste liturgica di lino bianco con pizzo, lunga fino a mezza gamba, portata dal papa, dai vescovi, dai prelati e, per concessione, da altri ecclesiastici.

rocchigiàno s. m. **1** Abitante, nativo di una località nel cui nome appare *Rocca*, come *Rocca San Casciano*. **2** †Custode o governatore di una rocca.

ròcchio [lat. tardo *rŏtulu*(*m*). V. *rotolo*] s. m. **1** (*arch.*) Ciascuno degli elementi pressoché cilindrici del fusto di una colonna di pietra non monolitica spesso uniti tra loro da punti metallici in asse. ➡ ILL. p. 357 ARCHITETTURA. **2** (*est.*) Pezzo di q.c. di forma simile al cilindro, ma tozzo e non molto grande: *un r. di legno* | *R. di salsiccia*, ogni porzione compresa tra due nodi fatti intorno al budello | *R. di carne*, pezzo di carne senz'osso | *R. di anguilla, di nasello*, porzione cilindrica | *R. di fichi secchi*, fichi incastellati a rocchio.

ròccia [fr. *roche*, corrispondente all'it. *rocca* (*2*)] s. f. (pl. *-ce*) **1** Aggregato di minerali dovuto a fenomeni geologici | *R. metamorfica*, derivante da profonde modificazioni di rocce eruttive o di rocce sedimentarie | *R. sedimentaria*, dovuta a deposito di materiale solido trasportato dall'acqua o dall'aria | *R. eruttiva*, derivante dal consolidamento di un magma. ➡ ILL. p. 818 SCIENZE DELLA TERRA ED ENERGIA. **2** Correntemente, parte più dura e compatta della superficie terrestre: *strada scavata nella r.* | Masso di pietra affiorante, rupe, balza scoscesa: *scivolare su una r. appuntita*. **3** (*fig.*) Persona moralmente salda o fisicamente molto robusta. **4** (*fam.*, *tosc.*) Incrostazione di sudiciume: *avere la r. tra le dita* | Tartaro: *la r. dei denti* | Crosta, deposito untuoso: *la r. della pipa*. || **roccétta**, dim. | **rocciòne**, accr.

rocciatóre [da *roccia*] s. m. (f. *-trice*) ● Nell'alpinismo, chi si arrampica su roccia.

rocciòso agg. **1** Pieno, cosparso di rocce o della natura delle rocce: *mare dal fondo r.*; *suolo r.* **2** (*fam.*, *tosc.*) Pieno di sudiciume incrostato.

ròcco [persiano *rōkh* 'elefante con arciere'] s. m. (pl. *-chi*) ● Bastone o pastorale degli arcivescovi e di alcuni vescovi, ritorto in cima, con piccola torre e croce.

roccocò ● V. *rococò*.

ròccolo [da avvicinare a *rocca* (*2*) (?)] s. m. **1** Tesa classica agli uccelli, con reti verticali, disposte attorno a piante e boschetti opportunamente preparati in precedenza. **2** (*pop.*, *fig.*) Trappola, tranello.

rochézza s. f. ● Rocaggine.

rock /ingl. rɔk/ **A** s. m. inv. ● Acrt. di *rock and roll* (V.). **B** in funzione di agg. inv.: *complesso r.*; *concerto r.*

rockabilly /ingl. rɔkə'bili/ [vc. dell'ingl. d'America, comp. di *rock a*(*nd roll*) e (*hill-*)*billy* 'musica di chi proviene dalle regioni sudorientali degli Stati Uniti'] s. m. inv. **1** Genere musicale statunitense nato dalla fusione del rock and roll con elementi country e western. **2** Movimento giovanile che predilige tale tipo di musica.

rock and roll /ingl. 'rɔk ən(d) 'roul/ o **rock'n roll** [ingl., propriamente 'dondola e rotola', comp. di *to rock* 'cullare, dondolare', di origine germ., e *to roll* 'rotolare', dal fr. *rouler* (stessa etim. dell'it. *rotolare*)] loc. sost. m. inv. ● Genere musicale d'origine nordamericana derivato dal rhythm and blues e basato sul ritmo binario del boogie, popolarissimo fra i giovani anche come ballo, che al suo sorgere, negli anni '50, segnò una rottura con lo stile melodico in voga fino ad allora.

rocker /ingl. 'rɔkə*/ [vc. ingl., da *rock*] s. m. e f. inv. **1** Autore o interprete di musica rock. **2** Appassionato, cultore di musica rock. **3** Appartenente a un movimento giovanile che si veste e si atteggia secondo la moda dei cantanti rock.

rockettàro o **rocchettàro** [da *rock*, sul modello di *gruppettaro* e sim.] s. m. ● Giovane compositore, cantante o suonatore di musica rock (*anche iron. o spreg.*) | Fanatico di musica rock.

rock-jazz /ingl. 'rɔk dʒæz/ [vc. ingl., comp. di *rock* e *jazz*] s. m. inv. ● (*mus.*) Corrente jazzistica che assume alcuni caratteri del rock.

rock'n roll /ingl. 'rɔkn 'roul/ ● V. *rock and roll*.

rockstar /ingl. 'rɔksta:*/ [vc. ingl., comp. di *rock* e *star*] s. f. inv. ● Musicista rock di grande successo, divo del rock.

ròco [lat. *răucu*(*m*) 'rauco'] agg. (pl. m. *-chi*) ● Rauco, detto di persona: *essere r. per il mal di gola* | Fioco, poco limpido, detto di suono, voce o altro: *o r. mormorio di lucid'onde* (PETRARCA). || **rocaménte**, avv. SIN. Raucamente, fiocamente.

rococò o (*raro*) **roccocò** [fr. *rococo*, deform. di *rocaille* 'pietrame, opera a nicchi' (per ornamento di grotte artificiali, ecc.), da *roche* 'roccia'] **A** s. m. ● Stile settecentesco d'origine francese caratterizzato da mobili, oggetti, ornati di forma capricciosa e mossa e da elementi decorativi quali foglie, volute, conchiglie, riccioli disposti asimmetricamente. **B** agg. **1** Detto di ciò che appartiene a tale stile: *mobile r.* **2** (*est.*) Goffo, lambiccato, artificioso: *pettinatura r.*

rodàggio [fr. *rodage*, da *roder* 'levigare per attrito', dal lat. *rōdere*] s. m. **1** Operazione consistente nel fare funzionare una macchina, un motore, un veicolo nuovi per un certo tempo senza superare i limiti di velocità indicati dal costruttore e senza sforzi eccessivi, per consentire l'assestamento dei vari organi: *automobile in r.* **2** (*fig.*) Tempo necessario per adattarsi a persone, luoghi, ambienti nuovi.

rodàre [da *rodaggio*] v. tr. (*io ròdo*) **1** Sottoporre a rodaggio. **2** (*fig.*) Abituare, allenare, adattare a nuove necessità o a nuovi ambienti.

rodènse **A** agg. ● Di Rodi, isola della Grecia. **B** s. m. e f. (pl. m. *-i*) ● Abitante, nativo di Rodi, isola della Grecia. SIN. Rodiese, rodiota.

rodènte part. pres. di *rodere*; anche agg. **1** Nei sign. del v. **2** †Piccante.

rodenticìda [comp. di *rodente* e *-cida*] s. m. (pl. *-i*) ● (*chim.*, *agr.*) Pesticida usato nella lotta contro i roditori che danneggiano le colture agricole.

ròdeo (1) [gr. *ródeos* 'roseo', da *ródon* 'rosa' (V. *rodio* (*1*)), dal colore del maschio] s. m. ● Piccolo pesce dei Ciprinidi di acqua dolce, europeo, con vivace livrea nuziale nel maschio (*Rhodeus amarus*).

rodeo (2) /sp. ro'deo/ [sp., da *rodear* 'girare intorno', dal lat. *rŏta* 'ruota'] s. m. ● Gara tra cow-boy, consistente nel cavalcare senza sella o nell'atterrare cavalli e torelli non ancora domati.

ródere [lat. *rōdere*, di origine onomat.] **A** v. tr. (pr. *io ródo*; pass. rem. *io rósi*, *tu rodésti*; part. pass. *róso*) **1** Tritare, sgretolare, rosicchiare con i denti: *r. l'osso*; *il tarlo rode il legno*; *rodersi le unghie* | *R. un osso duro*, (*fig.*) avere a che fare con qc. o q.c. di difficile | *R. il freno*, (*fig.*) reprimere l'impazienza, lo sdegno, ecc. | †*R. i chiavistelli*, essere molto adirato. **2** Logorare, consumare, distruggere a poco a poco (*anche fig.*): *lo scoglio rode le gomene*; *r. il ferro con la lima*; *il fèr torrente ... / superbo ... le contrarie ripe rode* (L. DE' MEDICI); *essere roso dal rimorso* | Corrodere, erodere: *un acido che rode*; *l'acqua rode le rocce* | Guastare, rovinare, detto di malattie o altro: *la piaga gli rode la pelle* | (*fig.*) †Criticare, biasimare: *r. gli invidiosi*. **3** (*scherz.*) Mangiare: *cosa mi dai da r.?* **B** v. rifl. ● (*fig.*) Consumarsi, tormentarsi intimamente: *rodersi di rabbia*, *per il rimorso*, *per una passione non corrisposta*. SIN. Consumarsi, struggersi. **C** v. rifl. rec. ● (*lett.*, *fig.*) Tormentarsi reciprocamente, odiarsi: *rodersi l'un l'altro*.

rodiàno **A** agg. ● Di Rodi Garganico. **B** s. m. (f. *-a*) ● Abitante, nativo di Rodi Garganico.

rodiàre [da *rodio* (*1*)] v. tr. (*io ròdio*) ● Rivestire i metalli di un sottilissimo strato di rodio per mezzo di bagno galvanico.

rodiatùra s. f. ● Atto e risultato del rodiare.

rodìbile agg. ● (*raro*) Che si può rodere.

ròdico agg. (pl. m. *-ci*) ● (*chim.*) Di composto del rodio.

rodiése **A** agg. ● Di Rodi, isola della Grecia. **B** s. m. e f. (pl. m. *-i*) ● Abitante, nativo di Rodi, isola della Grecia. SIN. Rodense, rodiota.

rodìggio [vc. d'origine sconosciuta] s. m. ● Insieme degli organi di un veicolo ferroviario, quali i cerchioni, le ruote, gli assi, i cuscinetti, le boccole, compresi tra il binario e la sospensione elastica.

rodigìno [da *Roda*, n. mediev. di *Rovigo*] **A** agg. ● Di Rovigo. **B** s. m. (f. *-a*) ● Abitante di Rovigo.

rodilégno [comp. di *rodere* e *legno*] s. m. inv. ● Insetto lepidottero massiccio, peloso, con larve dalle mandibole robustissime che scavano gallerie anche nei legni più duri (*Cossus cossus*). SIN. Perdilegno.

rodiménto s. m. **1** Modo, atto, effetto del rodere o del rodersi (*spec. fig.*): *il r. delle acque di un fiume*; *il r. della rabbia*. **2** (*fig.*) Travaglio, cruccio interno: *è lui il suo r.*

ròdio (1) [dal gr. *ródon* 'rosa', dal colore di molti suoi composti] s. m. ● Elemento chimico, metallo del gruppo del platino, presente in sabbie aurifere, usato per catalizzatori e, in lega col platino, per coppie termoelettriche. SIMB. Rh.

ròdio (2) [vc. dotta, gr. *ródeos*, agg. di *ródon* 'rosa', di origine preindeur.] agg. ● Roseo, rosaceo: *legno r.*

ròdio (3) [vc. dotta, lat. *Rhŏdiu*(*m*), nom. *Rhŏdius*, dal gr. *Ródios* 'di Rodi (*Ródos*)'] agg. ● Di Rodi: *le antiche città rodie*.

rodìo (4) s. m. ● Atto del rodere o del rodersi continuamente (*spec. fig.*): *un r. che non dà pace all'anima* | Rumore che si fa rodendo.

rodiòta **A** agg. ● Di Rodi, isola della Grecia. **B** s. m. e f. (pl. m. *-i*) ● Abitante, nativo di Rodi, isola della Grecia. SIN. Rodense, rodiese.

rodite [detto così perché è un parassita della *rosa* (gr. *ródon*: V. *rodio* (*1*)); nel sign. 2, del colore *rosa* della lega] s. f. **1** Piccolo insetto imenottero le cui femmine pungendo le piante di rosa per deporre le uova provocano l'insorgere di caratteristiche galle (*Rhodites rosae*). **2** Lega naturale di oro e rodio.

roditóre agg.; anche s. m. (f. *-trice*) ● (*lett.*) Che rode (*anche fig.*): *verme r.*; *un r. rumoroso*.

Roditori s. m. pl. ● Nella tassonomia animale, ordine di Mammiferi privi di canini ma con incisivi sviluppatissimi a crescita continua, frugivori od onnivori, spesso dannosi (*Rodentia*). SIN. (*pop.*) Rosicanti | (al sing. *-e*) Ogni individuo appartenente a tale ordine. ➡ ILL. **animali** /11.

roditrice s. f. ● (*tecnol.*) Attrezzo manuale del lattoniere, simile alla cesoia ordinaria, usato per praticare feritoie o aperture nella lamiera tagliandola lungo il loro contorno.

ròdo- [dal gr. *rhódon* 'rosa'] primo elemento ● In parole composte scientifiche, significa 'rosa' o indica colorazione rosea: *rododendro, Rodoficee*.

rodocroșite [dal gr. *rhodóchroos* 'del colore della rosa'] s. f. ● (*miner.*) Carbonato di manganese, comunemente in masse concrezionali rosa, usato come pietra semipreziosa.

rododèndro [vc. dotta, gr. *rodódendron*, comp. di *rhódon* 'rosa' (V. *rodo-*) e *déndron* 'albero' (V. *dendroide*)] s. m. ● Arbusto delle Ericacee caratteristico della flora alpina, con fusto tortuoso, foglie coriacee e persistenti, rugginose sulla faccia inferiore, fiori rossi in corti grappoli (*Rhododendron ferrugineum*).

Rodoficee [comp. di *rodo-* e del gr. *phŷkos* 'alga' (V. *ficocianina*)] s. f. pl. ● Nella tassonomia vegetale, classe di alghe macroscopiche fissate al substrato con rizoidi, spesso ramificate ed eleganti, che contengono un pigmento rosso (*Rodophiceae*). SIN. Alghe rosse | (al sing. *-a*) Ogni individuo di tale classe.

rodomontàta s. f. ● Atto, discorso da rodomonte. SIN. Spacconata.

rodomónte [dal n. di un personaggio dell'"Orlando furioso" di L. Ariosto] s. m. ● Chi fa il prepotente vantando azioni strabilianti e si cimenta in imprese temerarie per affermare la propria superiorità fisica. SIN. Bravaccio, smargiasso, spaccone.

rodomonterìa s. f. ● (*raro*) Qualità di chi è un rodomonte. SIN. Smargiasseria.

rodomontésco agg. (pl. m. *-schi*) ● Di, da rodomonte. SIN. Spaccone.

rodonite [dal gr. *rhódon* 'rosa' (V. *rodio* (*1*)), per il colore e *-ite* (*2*)] s. f. ● (*miner.*) Silicato di manganese in masse microcristalline.

rodopsina [comp. di *rodo-* e del gr. *ópsis* 'vista', di orig. indeur., col suff. *-ina*] s. f. ● (*biol.*) Cromoproteina presente nella retina con funzione di recettore della luce.

rodotàmno [comp. di *rodo-* e del gr. *thámnos* 'arboscello, pianta', da avvicinare a *thaminós* 'frequente, spesso', di origine indeur.] s. m. ● Frutice delle Ericacee con foglie semplici, persistenti, che cresce sulle Alpi orientali (*Rhodotamnus chamaecistus*).

Roentgen /*ted.* 'rœntgən/ e *deriv.* ● V. *Röntgen* e *deriv.*

†róffia [longob. *hruf* 'forfora'] s. f. *1* Ripulitura, spuntatura di pelli conciate. *2* (*est.*) Cosa che insozza, imbratta, macchia | Rifiuto, scoria. *3* (*fig.*) Nuvole, vapori caliginosi.

rogànte A part. pres. di *rogare*; anche agg. ● Nei sign. del v. **B** s. m. e f. ● (*dir.*) Parte che stipula un contratto notarile.

rogàre [vc. dotta, lat. *rogāre* 'chiedere, presentare un disegno di legge', dalla stessa radice di *rĕgere* 'dirigere', V. *reggere*] v. tr. (*io rògo, tu ròghi*) *1* Richiedere a una autorità giudiziaria, da parte di un altro organo giudiziario, di compiere determinate incombenze processuali. *2* Stipulare un contratto alla presenza di un notaio.

rogatàrio [da *rogato*] s. m. ● (*dir.*) Chi, su richiesta del rogante, stende un atto notarile.

rogatóre [vc. dotta, lat. *rogatōre*(*m*), da *rogātus* 'rogato'] s. m. ● Negli atti notarili, rogante.

rogatòria [f. sost. di *rogatorio*] s. f. ● (*dir.*) Atto con cui una autorità giudiziaria richiede a un'altra di compiere determinate incombenze processuali.

rogatòrio [da *rogato*] agg. ● Di rogatoria | *Atto r.*, eseguito in adempimento di una rogatoria.

rogazióne [vc. dotta, lat. *rogatiōne*(*m*), da *rogātus* 'rogato'] s. f. *1* Richiesta di uno o più privati a un notaio o a un tabellione di redigere il documento di un negozio giuridico. *2* (*al pl.*) Processioni penitenziali cattoliche di propiziazione per il buon esito delle semine e dei raccolti, celebrate con apposita liturgia e con il canto delle litanie, il 25 aprile e tre giorni prima dell'Ascensione.

róggia o **ròggia** [lat. *arrŭgia*(*m*) 'galleria di una miniera', di origine preindeur.] s. f. (pl. *-ge*) ● (*sett.*) Fossa derivata da fiume, irrigatoria e per muovere mulini o gualchiere.

†róggio ● V. *†robbio*.

rogitàre [da *rogito*] v. intr. (*io rògito*; aus. *avere*) ● (*dir.*) Stipulare un rogito.

rògito [dal lat. *rogĭtāre*, ints. di *rogāre*] s. m. ● Atto pubblico redatto da un notaio | *Andare a r.*, concludere definitivamente un contratto | (*raro, fig., scherz.*) *Fare un r.*, dilungarsi in uno scritto, una richiesta e sim.

rógna [etim. incerta] s. f. *1* (*veter.*) Infestazione contagiosa della cute di animali domestici causata dalla femmina dell'acaro *Sarcoptes scabiei*. CFR. Scabbia. *2* (*bot.*) *R. nera delle patate*, fungo dei Ficomiceti, i cui sporangi stanno nell'interno della pianta ospite e producono ingenti danni (*Synchytrium endobioticum*) | *R. nera dell'ulivo*, malattia dovuta a un batterio (*Pseudomonas savastanoi*) che penetra nei tessuti attraverso le ferite formando tumori di varia grandezza. SIN. Tubercolosi dell'olivo. *3* (*fig., fam.*) Cosa o persona che costituiscono una briga molto fastidiosa o una persistente molestia: *con quell'affare va in cerca di rogne; quel seccatore è una vera r.* | *Grattare la r. a qc.*, bastonarlo | *Dare da grattare la r. a qc.*, far risolvere a un altro un intrigo | (*fig.*) Difetto, colpa, vizio morale: *e lascia pur grattar dov'è la r.* (DANTE *Par.* XVII, 129). ‖ **rognàccia**, pegg. | **rognarèlla**, **rognerèlla**, dim. | **rognétta**, dim. | **rognùzza**, dim.

rognàre [vc. region. di discussa etim.] v. intr. (*io rógno*; aus. *avere*) ● (*gerg.*) Brontolare, lamentarsi | Disapprovare, protestare.

rognonàta s. f. ● Pietanza di rognoni.

rognóne [lat. parl. **reniōne*(*m*), da *rēn*, genit. *rēnis* 'rene'] s. m. *1* Rene di bestia macellata | (*est.*) Pietanza di rognoni: *r. trifolato*. *2* Nell'alpinismo, formazione rocciosa affiorante nel mezzo di un ghiacciaio. ‖ **rognoncino**, dim.

rognóso agg. *1* Affetto da rogna. *2* (*fig.*) Misero, meschino, noioso, detto di persona | (*sett.*) Avaro | Fastidioso, difficile, detto di cosa: *è un affare r.*

ràgo o **rógo** [vc. dotta, lat. *rŏgu*(*m*), di etim. incerta] s. m. (pl. *-ghi*) *1* Catasta di legna su cui si bruciavano i cadaveri e i condannati a morte mediante tale supplizio: *allestire un r.* | Supplizio del fuoco: *il r. fu mantenuto lungamente per gli eretici*. SIN. Pira. *2* (*est.*) Falò, incendio: *un r. di libri; la foresta ormai è un r.* *3* (*fig., lett.*) Morte: *oltre il r. non vive ira nemica* (MONTI).

ròlfing [dal n. dell'inventrice, I. *Rolf* (1896-1979)] s. m. inv. ● (*med.*) Pratica fisioterapica simile alla chiroterapia, consistente in una manipolazione dei muscoli, del tessuto connettivo e delle ossa; tende a riequilibrare gli schemi strutturali del corpo.

rolino ● V. *ruolino*.

rollàre (**1**) [fr. *rouler* 'arrotolare'. V. *rullare* (*1*)] v. tr. (*io ròllo*) *1* (*mar.*) Arrotolare strettamente brande, tende, fermandole poi con appositi legacci. *2* Spec. nel linguaggio giovanile, arrotolare sigarette servendosi di tabacco sfuso.

rollàre (**2**) o **rullàre** [fr. *rouler* 'arrotolare, rotolare, ruotare': V. *rullare* (*1*)] v. intr. (*io ròllo*; aus. *avere*) ● (*mar., aer.*) Compiere movimenti di rollio, detto di nave e di aeromobile.

rollàta [da *rollare* (*2*)] s. f. ● Repentina e pronunciata oscillazione di rollio, di aereo o natante.

rollatùra ● V. *rullatura*.

roll-bar /*ingl.* 'roul ba:/ [vc. ingl., propr. 'barra tubolare', comp. di *roll* 'rotolo, cilindro' (dal fr. ant. *role*: stessa etim. dell'it. *rotolo* (*1*)) e *bar* 'barra' (V.)] s. m. inv. (pl. ingl. *roll-bars*) ● (*autom.*) Dispositivo di sicurezza di un veicolo fuoristrada costituito da una struttura tubolare a forma di U capovolta, larga e alta come l'abitacolo, fissata inferiormente alla scocca, che protegge il pilota e i passeggeri in caso di rovesciamento del veicolo.

rollè [fr. *roulé*, part. pass. di *rouler* 'arrotolare'. V. *rullare* (*1*)] s. m.; anche agg. ● Carne disossata di petto di vitello o altro, steccata di lardo, arrotolata a modo di salsiccia e arrostita.

ròller [dall'ingl. *rollerball* 'sfera rotolante'] **A** s. m. inv. ● Penna a sfera fornita di uno speciale inchiostro liquido che rende la scrittura particolarmente scorrevole. **B** anche agg. inv.: *penna r.*

rollino ● V. *rullino*.

rollio o **rullio** [da *rollare* (*2*)] s. m. *1* (*mar., aer.*) Oscillazione di natante o aereo intorno al proprio asse longitudinale | (*aer.*) *R. olandese*, rollio di un velivolo accompagnato da serpeggiamento | (*mar.*) *Alette di r.*, pinne metalliche fissate sull'opera viva della nave per contrastare il movimento oscillatorio di questa. *2* (*est., sport*) Moto oscillatorio impresso al corpo di un nuotatore dalle onde.

ròllo [ingl. *roll* (V. *roll-bar*)] s. m. *1* Rotolo di carta da parati. *2* V. *rullo* nel sign. 4.

rollòmetro o **rullòmetro** [comp. di *roll*(*are*) e *-metro*] s. m. ● Strumento per misurare il rollio.

roll-on roll-off /*ingl.* 'roul ɔn roul 'ɔf/ [vc. ingl. comp. di: *to roll* 'far rotolare', poi 'trasportare' (da *roll* 'rotolo': V. *roll-bar*); *on* 'sopra'; *off* 'lontano'] loc. agg. inv. ● Detto di nave da carico, spec. di linea, spesso attrezzata anche per il trasporto passeggeri, fornita di rampe e montacarichi interni che consentono ad autovetture, camion, semirimorchi e sim. di accedere direttamente dalla banchina alle speciali stive e di sbarcarne velocemente.

ròm (**1**) [vc. zingarica, che significa 'uomo (zingaro)', 'marito', forse riferito alla penisola balcanica, *Romània* in età bizantina] s. m. e f. inv.; anche agg. inv. ● (*etn.*) Il nome che si danno gli zingari.

ROM (**2**) /rɔm/ [sigla ingl. di *R*(*ead*) *O*(*nly*) *M*(*emory*) 'memoria a sola lettura'] s. f. inv. ● (*elab.*) Tipo di memoria nella quale sono registrati permanentemente dati e programmi che, spec. negli elaboratori elettronici, devono essere presenti nel sistema fin dall'accensione per permetterne il corretto avviamento.

romagnòlo A agg. *1* Della Romagna. *2* †Detto di panno rustico di lana, di colore naturale, usato dai contadini. **B** s. m. (f. *-a*) ● Abitante, nativo della Romagna. **C** s. m. solo sing. ● Dialetto gallo-italico parlato in Romagna.

romàico o **romèico** [vc. dotta, gr. *rhōmaikós* 'che riguarda l'impero romano (d'Oriente)', da *Rhṓmē* 'Roma'] **A** agg. (pl. m. *-ci*) ● Concernente la lingua greca moderna. **B** s. m. ● Lingua greca moderna.

romaiolàta ● V. *ramaiolata*.

romaiòlo ● V. *ramaiolo*.

†romaiuòlo ● V. *ramaiolo*.

romance /*sp.* ro'manθe/ [vc. sp., deriv. di *romano* 'romano (1)'] s. f. inv. (pl. sp. *romances*) ● Componimento epico-lirico spagnolo, scritto in doppi ottonari in assonanza.

romàncio [romancio *rumantsch*, dal lat. *Romānicu*(*m*). V. *romanico*] **A** agg. (pl. f. *-ce*) ● Che riguarda la lingua costituita dai dialetti ladini parlati nella regione dei Grigioni, in Svizzera. **B** s. m. solo sing. ● Una delle quattro lingue nazionali parlate nella regione dei Grigioni in Svizzera, costituita dai dialetti ladini dei Grigioni.

romàndo [fr. *romand*, da *roman* 'romanzo (1)', rifatto su *allemand* 'tedesco'] **A** agg. ● Che parla uno dei dialetti franco-provenzali che si usano nella Svizzera occidentale: *popolazione romanda* | Che si riferisce alla zona della Svizzera dove si parlano tali dialetti: *cantoni romandi* | *La Svizzera romanda*, la Svizzera di lingua francese. **B** s. m. solo sing. ● L'insieme dei dialetti franco-provenzali che si parlano nei cantoni della Svizzera occidentale.

romanèlla [da *romano* (*1*)] s. f. ● (*letter.*) Rispetto di quattro endecasillabi tipico della Romagna, simile a quello toscano.

romanésca [f. sost. di *romanesco*] s. f. ● Melodia popolare del secolo XVI usata da molti compositori come tema di partite e variazioni.

romanésco [da *romano* (*1*)] **A** agg. (pl. m. *-schi*) ● Della Roma attuale, dell'uso romano o degli abitanti della Roma di oggi: *dialetto r.*; *cucina romanesca* | *Alla romanesca*, (*ell.*) secondo l'uso romanesco. **B** s. m. ● Dialetto italiano dell'area centro-meridionale, parlato a Roma.

romànico [vc. dotta, lat. *Romānicu*(*m*), da *Romānus* 'romano (1)'] **A** agg. (pl. m. *-ci*) ● Detto dello stile artistico affermatosi in Europa occidentale a partire dal sec. XI, caratterizzato in architettura da volte a botte o a crociera, pilastri polistili, arco a tutto sesto e prevalenza del pieno sul vuoto, in pittura e scultura da una plasticità rude ed essenziale ricca di stilemi barbarici e bizantini. **B** s. m. solo sing. ● Stile, periodo romanico.

romanișmo [fr. *romanisme*, dal lat. *Romānus* 'romano', col suff. *-isme* '-ismo'] s. m. **1** (*ling.*) Modo di dire proprio della lingua o parlata di Roma. **2** (*relig.*) Opinione di chi parteggia per l'autorità della curia pontificia e per l'ubbidienza a Roma. **3** Entusiasmo per Roma, per ciò che è romano e sim.

romanìsta [fr. *romaniste*, da *romanisme* 'romanismo'] **A** s. m. e f. (pl. m. *-i*) **1** Studioso di diritto romano. **2** Studioso di filologia romanza. **3** Studioso di antichità romane. **4** Sostenitore o giocatore della squadra di calcio della Roma. **B** anche agg.: *giocatore, tifoso r.*

romanìstica [da *romanista*] s. f. **1** Insieme degli studi di diritto romano. **2** Filologia romanza.

romanìstico agg. (pl. m. *-ci*) **1** Concernente gli studi di diritto romano. **2** Concernente la filologia romanza. **3** Concernente gli studi di antichità romana.

romanità [vc. dotta, lat. tardo *romanitāte(m)*, da *Romānus* 'Romano'] s. f. **1** Indole, qualità di chi o di ciò che è romano | Spirito, tradizione, civiltà della Roma antica. **2** I popoli sottoposti alla giurisdizione dell'antica Roma.

romaniẓẓàre [comp. di *roman(o)* (*1*) e *-izzare*] **A** v. tr. ● Rendere romano per lingua, istituzioni, costumi e sim. **B** v. intr. pron. ● (*raro*) Diventare simile ai romani per costumi e modi.

romaniẓẓazióne s. f. ● Opera, effetto del romanizzare.

romàno (1) [vc. dotta, lat. *Romānu(m)*, agg. etnico di *Rōma*] **A** agg. **1** Di Roma antica: *senato e popolo r.*; *impero r.*; *consoli, magistrati romani, curia romana*; *la letteratura romana* | *Numeri romani*, quelli rappresentati da lettere, come I, V, X, L, C, D, M. **2** Di Roma moderna | *Gnocchi alla romana*, di semolino secondo la ricetta della cucina classica, di patata secondo la ricetta popolare | *Fare alla romana*, in trattoria o altrove, pagare ciascuno per sé. **3** Relativo alla chiesa cattolica o di Roma: *chiesa cattolica apostolica romana*; *rito r.*; *breviario, rituale r.*; *curia romana*. **4** (*tip.*) *Carattere r.*, denominazione generica del carattere tipografico con forma tonda e linee regolari che, nel tempo, è stato ridisegnato ed elaborato assumendo altre denominazioni come Bodoni e Times New Roman. || **romanaménte**, avv. Secondo l'uso, il costume romano, spec. antico. **B** s. m. (f. *-a* nei sign. 1 e 2) **1** Cittadino dell'antica Roma. **2** Abitante della Roma moderna | *R. di Roma*, di famiglia romana da molte generazioni. **3** Dialetto di Roma. || **romanàccio**, pegg. | **romanìno**, dim.

romàno (2) [ar. *rommâna* 'stadera'; in origine 'melagrana', per la forma del peso] s. m. ● Il contrappeso della stadera, che si fa scorrere sullo stilo per sostenere in bilico le cose da pesare poste nel piatto.

romàno-barbàrico agg. (pl. m. *-ci*) ● Detto di fatti storici, linguistici e culturali dovuti all'incontro fra la civiltà romana e quella barbarica.

romanticherìa [da *romantico*] s. f. ● Affettazione di sentimenti, atteggiamenti esageratamente romantici o sentimentali. SIN. Smanceria.

romanticìṣmo [comp. di *romantico* e *-ismo*] s. m. **1** Movimento culturale affermatosi nell'Europa del XIX sec. che, opponendosi all'illuminismo e al classicismo, propugnò una nuova visione del mondo e un tipo di sensibilità basati sul culto delle tradizioni e della storia, sull'individualismo animato dalla fantasia e dal sentimento, sulla coscienza dei complessi rapporti che legano l'uomo a una civiltà moderna. **2** In arte e letteratura, atteggiamento esistenziale o culturale improntato a tale movimento: *il r. di Byron, Manzoni, Hugo, Schumann, Géricault*. **3** Eccessiva sentimentalità: *il r. dei giovani*. SIN. Sentimentalismo. **4** Capacità di ispirare sentimenti romantici, malinconici, detto di paesaggi, visioni naturali o altro: *il r. del crepuscolo*.

romàntico [ingl. *romantic*, propriamente 'romanzesco', dal fr. *romantique*, da *roman* 'romanzo'] **A** agg. (pl. m. *-ci*) **1** Che è proprio del romanticismo: *una sinfonia romantica*. **2** Che è sentimentale, di indole appassionata o incline alla malinconia e all'evasione fantastica, detto di persona: *una ragazza romantica*. SIN. Sognatore. **3** Che ispira vaghi sentimenti di malinconia, favorisce il sogno o commuove teneramente, detto di luoghi, paesaggi o altro: *un paese r.*; *gita, passeggiata r.* || **romanticaménte**, avv. Con esagerazione di sentimento o di fantasia. **B** s. m. (f. *-a*) **1** Seguace, sostenitore del romanticismo: *le polemiche tra classicisti e romantici*. **2** Persona incline alle suggestioni fantastiche, al sentimentalismo o alla malinconia: *fare il r.* SIN. Sentimentale, sognatore.

romanticùme [comp. di *romantic(o)* e *-ume*] s. m. ● (*spreg.*) Caratteristica comune a opere ispirate a un romanticismo deteriore: *il r. di molte poesie del secondo Ottocento* | (*est.*) Atteggiamenti pieni di languida sentimentalità o di esagerata passione: *il r. di quell'autore è venuto a noia a tutti*.

romantiẓẓàre v. tr. ● (*raro*) Far diventare romantico: *romantizzò, per così dire, la purità del sentimento greco* (CARDUCCI).

romànẓa [fr. *romance*, dallo sp. *romance* 'romanzo (1)'] s. f. **1** Componimento poetico di carattere narrativo e sentimentale, in versi brevi con ritornello, affermatosi in Italia durante l'epoca romantica: *le romanze del Berchet*. **2** (*mus.*) Pezzo per voce e orchestra o pianoforte, semplice, strofico e melodico, praticato spec. in epoca romantica: *la r. da salotto, le romanze di Tosti* | Pezzo strumentale dal carattere melodico, a sé stante o parte di un componimento: *la r. senza parole di Mendelssohn; andante in forma di r.*

romanẓàre [da *romanzo* (*2*)] v. tr. **1** †Comporre romanzi cavallereschi. **2** Raccontare un fatto aggiungendo al vero elementi romanzeschi: *r. un viaggio, un'avventura*.

romanẓàto part. pass. di *romanzare*; anche agg. ● Nei sign. del v.

romanẓatóre [da *romanzare*] s. m. (f. *-trice*, raro) ● (*raro, lett.*) Romanziere.

romanẓeggiàre [da *romanzare*] **A** v. intr. (*io romanzéggio*; aus. *avere*) ● (*lett.*) Raccontare volgendo in romanzo fatti veri con l'aggiunta di elementi fantastici. **B** v. tr. ● (*raro*) Romanzare.

romanẓèro ● V. *romanziero*.

romanẓésco [da *romanzo* (*2*)] **A** agg. (pl. m. *-schi*) **1** Di, attinente al romanzo | *Poema r.*, che tratta di cavalieri e di dame, come nei romanzi francesi medievali, con avventure, magie, guerre, combattimenti e amori. **2** (*fig.*) Di avventure, fatti, avvenimenti così singolari, strani o straordinari da apparire quasi inverosimili, degni di un romanzo: *amori romanzeschi*. || **romanzescaménte**, avv. In modo romanzesco (*spec. fig.*). **B** s. m. ● Singolarità, straordinarietà, come quella degli eventi narrati in un romanzo: *la sua fuga ha del r.* SIN. Avventuroso, fantastico.

romanẓétto s. m. **1** Dim. di *romanzo* (*2*). **2** (*fig.*) Fatto narrato con alterazioni e giunte fantasiose o del tutto inventato: *ricamare un r. su una storia vera*. **3** (*fig.*) Relazione, avventura amorosa: *il loro r. è finito bruscamente*.

romanẓière s. m. (f. *-a*) ● Chi compone romanzi.

romanẓièro o **romanẓèro** [da *romance*] s. m. (f. *-a* nel sign. 1) **1** Scrittore di romances. **2** Raccolta di romances.

†romanẓìna ● V. *ramanzina*.

romànẓo (1) [ant. fr. *romanz*, dalla locuzione lat. *romānice lŏqui* 'parlare in una lingua romana' (cioè 'neolatina')] agg. ● Detto di ciascuna lingua derivata dal latino | *Gruppo r.*, gruppo linguistico che comprende tutte le lingue romanze | *Filologia romanza*, studio filologico delle lingue e delle letterature romanze.

romànẓo (2) [ant. fr. *romanz*. V. precedente] s. m. **1** Nel mondo classico, ampia narrazione continua, complessa e avventurosa, spesso con mescolanza di stili e toni narrativi: *i romanzi alessandrini*; *il r. di Petronio* | Nel mondo medievale, ampia narrazione in volgare di fatti di argomento cavalleresco, eroico e amoroso: *i romanzi del ciclo bretone*. **2** Nel mondo moderno, ampio componimento narrativo, fondato su elementi fantastici o avventurosi, su grandi temi sociali o ideologici, sullo studio dei costumi, dei caratteri o dei sentimenti: *i romanzi di Dostoevskij* | *R. storico*, misto di storia e d'invenzione | *R. gotico*, V. *gotico* | *R. psicologico*, che segue la storia intellettuale e interiore di uno o più personaggi | *R. d'avventure*, con prevalenza dell'azione e dell'intreccio sulle altre strutture narrative | *R. educativo, filosofico*, con finalità morali o speculative | *R. epistolare*, in cui la vicenda emerge da un carteggio, spec. tenuto dai protagonisti | *R. d'appendice*, pubblicato in appendice a giornali e (*spreg.*) opera letteraria macchinosa e aperta ai gusti più grossolani del pubblico | *R. ciclico*, che racconta le vicende di più generazioni | *R. fiume*, lunghissimo | *R. nero*, che cerca cupe sollecitazioni nel lettore con storie truci e tragiche | *R. giallo*, poliziesco | *R. rosa*, con zuccherose vicende d'amore sempre a lieto fine | *R. sceneggiato*, adattamento di un romanzo alla rappresentazione televisiva. **3** (*est., fig.*) Storia incredibile, frutto di fantasia o di invenzione: *la sua vita pare un r.* | *Fare della storia un r.*, narrarla senza rigore critico. **4** (*est., fig.*) Intreccio avventuroso, vicenda complessa, quasi usciti dall'immaginazione di un romanziere: *ti racconterò il r. del loro incontro* | Relazione amorosa: *il loro r. continua*. || **romanzàccio**, pegg. | **romanzétto**, dim. (V.) | **romanzóne**, accr. | **romanzùccio**, pegg.

rómba (1) [da *rombare* (*1*)] s. f. ● (*raro*) Rumore cupo, rintronamento che dura per un certo tempo: *la r. del terremoto, del cannone, del vento* | (*fig.*) *Avere una r. nella testa*, avere la testa intronata e piena di confusione.

†rómba (2) [vc. di origine onomat.] s. f. ● Fionda, frombola.

rombànte part. pres. di *rombare* (*1*); anche agg. ● Nei sign. del v.

rombàre (1) [da *rombo* (*1*)] v. intr. (*io rómbo*; aus. *avere*) ● Fare romba o produrre un rombo prolungato | (*est.*) Fare strepito, ronzio, rumore | (*est., lett.*) Frullare: *la passeretta gracchia e attorno romba* (POLIZIANO).

†rombàre (2) [da *†romba* (*2*)] v. intr. ● Tirare di fionda.

†rombàzzo [da *rombo* (*1*)] s. m. ● (*lett.*) Strepito, fracasso, frastuono.

rombencèfalo [comp. di *rombo* (*2*) (per la forma del suo ventricolo) ed *encefalo*] s. m. ● (*anat.*) Sezione caudale dell'encefalo comprendente il bulbo, il ponte di Varolio e il cervelletto.

rombétto s. m. **1** Dim. di *rombo* (*2*). **2** Una delle specie di rombo che vivono nei mari italiani (*Rhombus laevis*).

rómbico [da *rombo* (*2*)] agg. (pl. m. *-ci*) **1** (*mat.*) Proprio di un rombo, a forma di rombo. **2** (*miner.*) Detto di sistema cristallino caratterizzato da tre assi cristallografici ortogonali e da tre parametri tutti diversi tra loro.

rómbo (1) [da *rombo* 'trottola' (V. *rombo* (*2*)), per il rumore che produce] s. m. **1** Rumore grave e forte, breve rimbombo: *il r. del cannone, del tuono*. **2** †Ronzio, frullio, strepito | *†Fare r.*, ronzare attorno e (*fig.*) fare la corte.

rómbo (2) [vc. dotta, lat. *rhŏmbu(m)*, nom. *rhŏmbus* 'trottola magica a quattro raggi usata negli incantesimi', poi 'figura geometrica a quattro lati', dal gr. *rómbos*, da *rémbein* 'girare', 'errare qua e là', di origine indeur.; nel sign. 4 per la forma] s. m. **1** (*mat.*) Quadrilatero equilatero. **2** (*etn.*) Tavoletta vibrante che viene fatta ruotare mediante una cordicella, usata da molti popoli australiani in cerimonie iniziatiche. **3** Gioco enigmistico consistente nel trovare parole che disposte a rombo si leggono secondo le diagonali. **4** (*zool.*) Correntemente, ciascuno dei vari pesci marini commestibili dei Pleuronettiformi, il cui corpo ha forma grossolanamente romboidale | *R. maggiore, chiodato*, dell'Atlantico e Mediterraneo (*Psetta maxima*). || **rombétto**, dim. (V.).

rómbo (3) [dalla forma di *rombo* allungato che aveva l'ago nelle prime bussole] s. m. **1** (*mar.*) Linea direttrice seguita dalla rotta di un bastimento | *Dare il r.*, assegnare la direzione ai timonieri. **2** (*geogr., mar.*) Figura quadrilunga che, spec. nell'antica cartografia, esprime, nella sua diagonale maggiore, la direzione delle 32 principali direzioni di vento o sull'orizzonte o sulla carta nautica o sulla bussola.

rombododecaèdro [comp. di *rombo* (*2*) e *dodecaedro*] s. m. ● (*mat.*) Poliedro con dodici facce rombiche uguali.

romboèdrico agg. (pl. m. *-ci*) ● Che ha forma di romboedro.

romboèdro [da *rombo* (*2*), sul modello di *poliedro* ecc.] s. m. ● (*mat.*) Poliedro con sei facce rombiche uguali.

romboidàle agg. ● A forma di romboide.

rombòide [vc. dotta, gr. *romboeidḗs*, comp. di *rómbos* 'rombo' (V. *rombo* (2)) ed *-eidḗs* '-oide'] **A** s. m. ● (*mat.*) Parallelogramma. **B** agg.; anche s. m. ● (*anat.*) Detto di muscolo della parete posteriore del torace.

†rómbola [da *†rombolare*] s. f. ● Frombola.

†rombolàre [lat. parl. **rhombulāre* 'girare come una trottola', da *rhŏmbus* 'trottola'. V. *rombo* (2)] v. intr. ● Tirare di rombola.

†rombolatóre [da *†rombolare*] s. m. ● Fromboliere.

†romeàggio [da *romeo*] s. m. ● Pellegrinaggio a Roma | Pellegrinaggio: *andare in r.*

romèico ● V. *romaico*.

romèno o **rumèno** [rum. *român, rumân*, dal lat. *Romānu(m)* 'romano'] **A** agg. ● Della Romania. **B** s. m. (f. *-a* nel sign. 1) **1** Abitante, nativo della Romania. **2** Lingua del gruppo romanzo, parlata dai Romeni.

romèo (1) [dal gr. *rōmâios* 'romano', da *Rṓmē* 'Roma'] **A** s. m. (f. *-a*) ● Pellegrino che andava a Roma o in Terra Santa | (*est.*) Pellegrino: *entra qui che ci sono ... molti romei* (SACCHETTI). **B** agg. ● Del, relativo ai romei: *strada romea*. || **†romeino**, dim.

romèo (2) [n. del protagonista maschile della tragedia *'Romeo* e Giulietta' di W. Shakespeare] s. m. inv. ● (*raro, lett.*) Giovane innamorato o fidanzato.

rómice [lat. *rŭmice(m)*, di etim. incerta] s. f. ● (*bot.*) Pianta delle Poligonacee cosmopolita comune nei luoghi erbosi umidi con foglie basali lanceolate e a margini crespi, la cui radice è usata in medicina (*Rumex crispus*). SIN. Lapazio.

†romìo [da *†romire*] s. m. ● Rumore, romorio.

†romìre [etim. incerta] v. intr. ● Fremere, rumoreggiare.

romitàggio ● V. *eremitaggio*.

romitàno ● V. *eremitano*.

†romitésco agg. ● Appartenente a romito.

†romìtico ● V. *eremitico*.

romìto [aferesi e deformazione di *eremita*] **A** agg. ● (*lett.*) Solitario: *solo e r.*; *luogo r.* | Raccolto, appartato: *l'ombra, tutta in sé romita* (DANTE *Purg.* VI, 72). **B** s. m. (f. *-a*) ● †V. *eremita* || PROV. Il diavolo quando è vecchio si fa romito.

romitòrio o **†eremitòrio**, **†eremitòro**, **†remitòrio**, **†romitòro** [da *romito*, sul modello di *eremitorio*] s. m. **1** Eremitaggio, eremo. **2** (*est.*) Luogo solitario.

†romóre e *deriv.* ● V. *rumore* e *deriv.*

rómpere [lat. *rŭmpere*, di origine indeur.] **A** v. tr. (pres. *io rómpo*; pass. rem. *io rùppi*, evit. *rompéi*, *tu rompésti*; part. pass. *rótto*) **1** Spezzare, scindere, dividere q.c. in più parti spec. con la forza, rapidamente o senza precisione: *r. un bastone*; *r. una catena*; *r. il pane in tre parti* | Staccare: *r. un ramo dal tronco* | Infrangere: *r. un vetro, un piatto, un vaso* | Stritolare, spaccare: *r. un osso, una pietra* | *R. le ossa, la faccia a qc.*, (*fig.*) picchiarlo con violenza, prenderlo a botte | *Rompersi le gambe*, (*fig.*) stancarsi molto camminando | *Rompersi la schiena, l'osso del collo*, (*fig.*) faticare, lavorare faticosamente; fare una caduta rovinosa, mortale; rovinarsi, danneggiarsi irreparabilmente per avventatezza in vicende familiari o imprese commerciali | *R. gli orecchi*, (*fig.*) infastidire con eccessivo rumore | *Rompersi il capo*, (*fig.*) affaticarsi a trovare una soluzione, una risposta a q.c. | (*fam.* o *volg.*) *R.* (o *rompersi*) *le scatole, l'anima, le tasche, le palle*, seccare, infastidire (o seccarsi, infastidirsi); (anche ass.) *smettila di r.!* | (*mil.*) *Rompete le righe!*, comando dato a militari in formazione allineata, per metterli in libertà | *R. le righe*, (*fig.*) sciogliere una riunione, un raduno, un'assemblea e sim. | (*raro, fig.*) *R. lo scilinguagnolo*, cominciare a parlare | †*R. la guerra*, cominciarla | (*raro*) *R. un nodo*, disfarlo | (*raro*) *R. una lancia per qc.*, adoperarsi a favore di qc. SIN. Frangere, spaccare. **2** Spezzare un ostacolo che impedisce un movimento: *r. la diga* | Dividere, spezzare per aprirsi un varco: *r. la corrente con i remi*; *r. la folla, la calca* | (*raro*) *Rompersi la strada*, aprirsi la strada. **3** Guastare, deteriorare (*anche fig.*): *r. l'orologio, un giocattolo*; *r. la festa* | (*fig.*) *R. l'incantesimo, l'incanto*, turbare, dissolvere un'atmosfera perfettamente serena o felice o fare ciò che tutti temevano di fare. SIN. Rovinare. **4** Interrompere (*anche fig.*): *r. il sonno, la conversazione, il digiuno, il silenzio*; *r. un'amicizia*; *pria flebilmente il suo lamento esprime, / poi rompe in un sospir la canzonetta* (MARINO) | (*sport*) *R. l'andatura*, (*ass.*) *rompere*, detto di cavallo che, in una corsa al trotto, passi all'andatura di galoppo | *R. gli indugi*, porre fine a una fase di attesa e agire | *Romperla con uno*, interrompere i rapporti di amicizia, di affetto con qc. | †*R. la parola in bocca*, interrompere un discorso. **5** (*fig.*) Non rispettare, violare un obbligo morale: *r. un accordo, la pace, la tregua* | Non tener fede, violare: *r. un patto, un proponimento* | †Trasgredire. **6** †Fiaccare l'impeto, la foga | (*lett.*) †Sbaragliare, sconfiggere, mettere in rotta. **7** †Impedire. **8** †Dirompere, spappolare. **B** v. intr. (aus. *avere*) **1** Frangersi, detto dell'acqua: *il mar se rompe insieme a gran ruina / e 'l vento più terribile e diverso / cresce d'ognor* (BOIARDO). **2** †Naufragare, fare naufragio. **3** Troncare un'amicizia, un rapporto d'affetto, venire in contrasto: *ha rotto con il padre*. **4** (*volg.*) Annoiare, importunare, infastidire. **5** Scoppiare, prorompere: *r. in pianto* | †Uscire, sgorgare: *il sangue rompe dalle vene*. **6** Straripare: *il fiume ruppe in più punti*. **7** (*lett.*) †Spuntare, apparire: *il sereno rompe là da ponente* (LEOPARDI). **8** †Mettersi al brutto, detto del tempo. **C** v. intr. pron. **1** Spezzarsi, infrangersi, spaccarsi, creparsi: *il muro si è rotto in più punti* | (*est.*) Nel linguaggio sportivo, infortunarsi. **2** †Lasciarsi abbattere dai mali, disgrazie, ecc. **3** (*fig., volg.*) Arrabbiarsi, seccarsi, averne abbastanza: *mi sono rotto delle loro richieste!* || PROV. Chi rompe paga, e i cocci sono suoi.

†rompévole agg. ● Facile a rompersi.

rómpi s. m. e f. inv. ● (*fam.*) Acrt. di *rompiscatole*.

rompibàlle ● V. *rompipalle*.

rompìbile agg. ● Che si può rompere.

rompicàpo [comp. di *rompere* e *capo*] s. m. **1** Indovinello, rebus. **2** Molestia, fastidio, preoccupazione: *non so liberarmi dai rompicapi* | Persona o cosa che sono causa di tale molestia. **3** (*est.*) Problema di difficile o impossibile soluzione.

rompicàzzo [comp. dell'imperat. di *rompere* e *cazzo*] s. m. e f. inv. ● (*volg.*) Persona che dà noia, fastidioso seccatore.

rompicoglióni [comp. dell'imperat. di *rompere* e del pl. di *coglione*] s. m. e f. inv. ● (*volg.*) Rompiscatole.

rompicòllo [comp. di *romp(ere)* e *collo*] s. m. **1** Persona priva di considerazione e che può portare alla rovina sé stessa o gli altri | Chi è troppo impulsivo. SIN. Scavezzacollo. **2** (*raro*) Luogo pericoloso e disagevole | *A r.*, a precipizio. **3** Nella loc. avv. *a r.*, a rotta di collo, precipitosamente e pericolosamente: *scendere le scale a r.*; *veniva giù in bicicletta a r.*

rompifiàmma [comp. di *romp(ere)* e *fiamma*] s. m. inv. ● (*mil., impr.*) Riduttore di vampa.

rompighiàccio [comp. di *romp(ere)* e *ghiaccio*, calco sull'ingl. *ice-breaker*] s. m. **1** Nave appositamente costruita e attrezzata per aprirsi la strada nei mari polari rompendo la crosta di ghiaccio che li ricopre. **2** Arnese a punta col quale si rompe il ghiaccio.

rompiménto s. m. ● Modo, atto, effetto del rompere o del rompersi | (*fig.*) Seccatura, scocciatura. SIN. Rottura.

rompipàlle o **rompibàlle** [comp. di *romp(ere)* e il pl. di *palla* nel sign. di 'testicolo'] s. m. e f. inv. ● (*fam.* o *volg.*) Chi dà noia, fastidio.

rompiscàtole [comp. di *romp(ere)* e il pl. di *scatola*, euf. per 'testicolo'] s. m. e f. inv. ● (*pop.*) Chi dà noia, fastidio.

rompitàsche [comp. di *romp(ere)* e il pl. di *tasca*, euf. per 'testicolo'] s. m. e f. inv. ● (*pop.*) Chi dà noia, fastidio.

rompitóre s. m. (f. *-trice*) **1** (*raro*) Chi rompe: *empio, e r. di fede e crudele* (MACHIAVELLI) | (*fig. raro*) Rompiscatole. **2** †Trasgressore.

†rompitùra [da *rompere*] s. f. ● Rottura.

†rompizòlle o **rompizòlle** [comp. di *romp(ere)* e il pl. di *zolla*] s. m. inv. ● Contadino, villano.

romùleo [vc. dotta, lat. *romŭleu(m)*, da *Rōmulus* 'Romolo'] agg. ● (*lett.*) Di Romolo | *La città romulea*, Roma.

romùlide [vc. dotta, lat. *Romŭlide(m)*, da *Rōmulus* 'Romolo'] s. m. ● (*lett.*) Discendente di Romolo.

rónca [da *roncare*] s. f. **1** Roncola, potatoio. **2** Antica arma in asta con ferro falcato verso l'apice, filo all'interno e costola esterna. || **ronchétto**, dim. (V.).

roncàre [lat. *runcāre*, di origine indeur.] v. tr. (*io rónco, tu rónchi*) ● (*raro*) Tagliare, estirpare usando la ronca (*spec. ass.*): *monti di Luni, dove ronca / lo Carrarese* (DANTE *Inf.* XX, 47-48).

roncàso [etim. incerta] s. m. ● (*zool.*) Francolino di monte.

roncatùra [da *roncare*] s. f. ● Operazione del tagliare i rami con la ronca od anche nettare con uno zappetto i seminati dalle erbe infestanti. SIN. Sarchiare.

†roncheggiàre [comp. di *ronca* e *-eggiare*] v. intr. ● Roncare.

ronchétto s. m. **1** Dim. di *ronca*. **2** Piccola ronca, usata spec. per ripassare i tagli della potatura.

†rónchio [etim. incerta] s. m. **1** Sporgenza rocciosa. **2** Bernoccolo, bitorzolo. || **ronchióne**, accr.

†ronchióso [da *ronchio*] agg. ● Che presenta sporgenze.

†ronchiùto agg. ● Ronchioso.

†roncigliàre v. tr. ● Prendere col ronciglio o con i roncigli.

†ronciglio o **†runciglio** [etim. incerta] s. m. ● Ferro adunco per uncinare. SIN. Raffio, rampino, uncino. || **†roncigliétto**, dim. | **†ronciglióne**, accr.

roncinàto [dal lat. *runcināre* 'piallare', da *rŭncina* 'pialla', dal gr. *rykánē*, di etim. incerta] agg. **1** Piegato a uncino. **2** (*bot.*) Detto di foglia pennatifida con lobi acuti rivolti verso il picciolo e di maggiori dimensioni nella porzione distale.

roncióne ● V. *ronzone* (2).

rónco (1) [vc. dotta, lat. *rŏnchu(m)*, nom. *rŏnchus*, dal gr. *rónchos* 'rumore di chi russa', da *ronchiân* 'russare'. V. *roncare*] s. m. (pl. *-chi*) ● (*med.*) Rumore bronchiale di tonalità bassa e sonora da stenosi del bronco.

rónco (2) [etim. incerta] s. m. (pl. *-chi*) ● (*tosc.*) Strada cieca, che non ha uscita | *Essere nel r.*, (*fig.*) non riuscire a togliersi da un impaccio.

rónco (3) [etim. incerta] s. m. (pl. *-chi*) ● (*zool.*) Spinarello.

róncola [dim. di *ronca*] s. f. ● Attrezzo con lama ricurva, di diverse dimensioni, fissata ad un manico di legno, usato per la potatura dei rami grossi. SIN. Potatoio, ronca.

roncolàre [da *roncola*] v. tr. (*io róncolo*) ● (*raro*) Tagliare, sarchiare, rimondare con la roncola.

roncolàta s. f. ● Colpo di roncola o di roncolo.

róncolo [da *roncola*] s. m. ● Coltello da giardinaggio e vendemmia, con lama ricurva e ripiegabile nel manico | (*fig.*) *Gambe a r.*, leggermente arcuate dal ginocchio in giù. || **roncolàccio**, pegg. | **roncolétto**, dim. | **roncolino**, dim. | **roncolóne**, accr.

roncóne [lat. tardo *runcōne(m)*, da *runcāre* 'roncare'] s. m. ● Antica arma in asta con lama falcata dalla parte del filo, punta a due tagli e ungulature sulla costola e sulla gorbia.

rónda [sp. *ronda*, dal fr. *ronde*, dalla loc. *à la ronde* 'in giro, intorno', f. sost. di *rond* 'rotondo'] s. f. ● Servizio armato svolto da più militari al comando di un graduato, a scopo di vigilanza mobile spec. notturna | *Cammino di r.*, spazio per il passaggio delle ronde lungo la merlatura delle cortine e delle torri o lungo i parapetti dei terrapieni | Servizio di controllo organizzato a bordo delle navi e svolto da pattuglie appositamente addestrate | *Fare la r. a un luogo*, sorvegliarlo | *Fare la r. a una donna*, (*fig.*) corteggiarla.

†rondàre [sp. *rondar*, da *ronda* 'ronda'] v. intr. ● Fare la ronda, andare in ronda.

ronde /fr. rɔ̃d/ [vc. fr., f. sost. di *rond* 'rotondo'] s. f. inv. ● Scrittura calligrafica in carattere rotondo.

rondeau /fr. rɔ̃'do/ [fr., in origine 'ballo in tondo', dal lat. parl. **retundĕllu(m)*, dim. di *rotŭndus* 'rotondo'] s. m. inv. (pl. fr. *rondeaux*) **1** (*letter.*) Piccolo componimento di vario metro della poesia francese antica, in cui il primo o i primi versi si ripetevano al mezzo o alla fine, spesso musicato. **2** (*mus.*) Composizione musicale formata da diverse apparizioni di un ritornello inframezzate da parti intermedie dette strofe. **3** Isola spartitraffico circolare, situata all'incrocio di più strade.

rondèlla [fr. *rondelle*, da *rond* 'rotondo'] s. f.

1 (*mecc.*) Dischetto, spec. metallico, forato al centro, che si pone fra il dado e la vite in un bullone per migliorarne la chiusura | *R. elastica*, quella che impedisce a un dado di bloccaggio di allentarsi sotto l'azione di vibrazioni, scosse e sim. | *R. grover*, quella recante un taglio radiale con i bordi sfalsati, destinato a migliorare il fissaggio del dado quando questo viene stretto. **SIN.** Rosetta. *2* (*est.*) Tutto ciò che ha la forma di un disco forato.

rondèllo (1) [fr. *rondel*, forma ant. di *rondeau* (V.)] **s. m.** *1* (*letter.*) Rondeau. *2* Componimento musicale a più parti, spec. a tre voci, tipico del sec. XVII.

†**rondèllo** (2) [da *ronda*] **s. m.** ● (*mil.*) Cammino di ronda sugli spalti di una fortezza o fortificazione.

rondes /*fr.* rɔ̃d/ [fr., da *ronde* 'rotondo', perché si cantavano a turno] **s. f. pl.** ● (*mus.*) Canti normanni di carattere leggendario, epico o narrativo.

rondicchio [da *rondine*] **s. m.** ● (*zool.*) Balestruccio.

róndine o (*lett.*) **iróndine** [lat. (*hi*)*rŭndine*(*m*), di origine onomat.] **A s. f.** ● Uccello dei Passeriformi con lunghe ali falcate, coda forcuta, piumaggio densissimo nero dorsalmente e bianco ventralmente, insettivoro (*Hirundo rustica*) | *R. di mare*, uccello dei Lariformi slanciato ed elegante, nero sul dorso e cenerino sul ventre, prevalentemente marino, popola anche le acque interne (*Sterna hirundo*) | *R. di mare*, pesce osseo, con pinne pettorali sviluppate, spec. le superiori che gli consentono voli planati sull'acqua. **SIN.** Dattilottero, pesce rondine | *Coda di r.*, frac, marsina | *A coda di r.*, con le estremità che si allargano e terminano a punta. || **rondinèlla**, **dim.** (V.) | **rondinétta**, **dim.** | **rondinina**, **dim.** | **rondinino**, **dim. m.** (V.) | **rondinòtto**, **dim. m.** (V.). **B** in funzione di **agg. inv.** ● (posposto al s.) Solo nella loc. *pesce r.* V. *pesce* || **PROV.** Per S. Benedetto la rondine è sotto il tetto; una rondine non fa primavera.

rondinèlla **s. f.** *1* Dim. di *rondine*. *2* (*zool.*) *R. di mare*, pesce osseo marino degli Scombresociformi, con pinne pettorali molto grandi, capace di balzare dall'acqua e planare per molti metri a poca distanza dalla superficie (*Exocoetus volitans*). **SIN.** Pesce volante.

rondinino **s. m.** *1* Dim. di *rondine*. *2* Il piccolo nato dalla rondine. **SIN.** Rondinotto.

rondinòtto **s. m.** *1* Dim. di *rondine*. *2* Rondinino nel sign. 2.

rondismo [comp. di (*La*) *Rond*(*a*), n. di una rivista romana, e *-ismo*] **s. m.** ● Movimento letterario sorto in Italia nel 1919 e improntato a un classicismo che trovava spec. in Leopardi un modello di stile.

rondista **s. m.** (**pl.** *-i*) ● Seguace del rondismo.

rondò **s. m.** ● Adattamento di *rondeau* (V.).

rondóne [lat. parl. *(*hi*)*rundōne*(*m*), per il classico (*hi*)*rŭndine*(*m*) 'rondine'] **s. m.** ● Uccello degli Apodiformi, nero con gola bianca, coda forcuta, migratorio, caratteri che lo fanno somigliare in apparenza alla rondine, dalla quale invece è molto diverso per abitudini e per ordine tassonomico (*Apus apus*) | *R. alpino*, uccello degli Apodiformi, con piumaggio bruno scuro sul dorso, bianco sul ventre, che vive sui monti dell'Europa meridionale e dell'Asia migrando nell'inverno (*Apus melba*).

†**rónfa** [etim. incerta] **s. f.** ● Gioco di carte simile alla primiera | (*fig.*) *Confessare la r. giusta*, dire le cose come stanno.

ronfaménto **s. m.** ● (*raro*) Atto del ronfare.

ronfàre o (*raro*) **ronfiàre** [sovrapposizione di *soffiare* a *roncare* 'russare'] **v. intr.** (*io rónfo*; aus. *avere*) *1* (*fam.*) Russare forte. *2* (*est.*) Fare le fusa, detto del gatto.

ron ron /rɔn 'rɔn/ [vc. onomat.] **inter.** *1* Riproduce il rumore fatto da chi russa. *2* Riproduce il rumore del gatto che fa le fusa.

Röntgen /*ted.* 'rœntgən/ o **Roentgen** [dal n. del fisico ted. W. C. *Röntgen* (1845-1923)] **s. m. inv.** ● Unità di misura dell'intensità di radiazione X che libera 1 unità di carica elettrica CGS, per effetto ionizzante, da 1 centimetro cubo d'aria. SIMB. R.

röntgenografia /rentgenogra'fia, rœntgənogra'fia/ o **roentgenografia** [comp. di *Röntgen* e *-grafia*] **s. f.** *1* (*fis.*) Studio di materiali mediante i raggi Röntgen. *2* Stratigrafia (2).

röntgenstratigrafia /rentgenstratigra'fia, rœntgənstratigra'fia/ o **roentgenstratigrafia** [comp. di *Röntgen* e *stratigrafia* (*2*)] **s. f.** ● (*med.*) Tomografia.

röntgenterapia /'rœntgentera'pia, rœntgəntera'pia/ o **roentgenterapia** [comp. di *Röntgen* e *-terapia*] **s. f.** (*med.*) ● Uso dei raggi Röntgen nella cura di certe malattie.

ronzaménto **s. m.** ● (*raro*) Modo, atto del ronzare | Ronzio.

ronzàre [vc. onomat.] **v. intr.** (*io rónzo*; aus. *avere*) *1* Emettere un caratteristico rumore sordo e vibrante, detto di zanzare, vespe, mosconi, api e sim. e (*est.*) di aeroplani, frecce e sim. | (*est.*) Volare, detto di insetti: *non ronzava una mosca*. *2* (*fig.*) Girare, mulinare: *troppe idee ti ronzano in testa*; *tutti questi pensieri ronzavano nel capo ... di don Abbondio* (MANZONI). **SIN.** Frullare. *3* (*fig.*) Rigirare intorno a un luogo o una persona | *R. intorno a una ragazza*, corteggiarla.

ronzatóre **s. m.**; anche **agg.** (f. *-trice*) ● (*raro*) Chi, che ronza (*anche fig.*).

ronzinànte [sp. *Rocinante*, n. del cavallo di don Chisciotte, da *rocín* 'ronzino', rifatto sull'it. *ronzino*] **s. m.** ● Cavallo vecchio e stanco.

ronzino [ant. fr. *roncin*: stessa etim. di *rozza* (?)] **s. m.** ● Cavallo di razza inferiore o di scarto.

ronzio [da *ronzare*] **s. m.** ● Rumore continuato di insetti che ronzano | (*est.*) Rumore sordo e vibrante simile al ronzare di insetti volanti: *il r. di un motore* | *R. auricolare*, risposta sonora a stimoli o lesioni delle vie acustiche provocate da affezioni dell'orecchio e da altre malattie | (*est.*) Mormorio, leggero strepito di voci lontane.

†**rónzo** [da *ronzare*] **s. m.** ● (*lett.*) Ronzamento, ronzio: *era poc'anzi nella valle il r. dell'altre sere* (PASCOLI).

ronzóne (1) [da *ronzare*] **s. m.** *1* (*pop.*) Insetto che ronza | (*fig.*) †Vagheggino. *2* Maggiolino.

ronzóne (2) o **ronción**e [da *ronzino*] **s. m.** ● Stallone: *dicea Morgante*: *leva su, r.*; / *e 'l va pur punzecchiando con lo sprone* (PULCI).

rood /*ingl.* ru:d/ [vc. ingl., propriamente 'canna', vc. germ. di origine indeur.] **s. m. inv.** ● Unità di misura inglese di superficie pari a 1011,71 m^2.

roof /*ingl.* 'ru:f/ **s. m. inv.** ● Acrt. di *roof-garden* (V.).

roof-garden /*ingl.* 'ru:f-ga:dn/ [vc. ingl., comp. di *roof* 'tetto' (d'origine germ.) e *garden* 'giardino' (d'origine germ.)] **loc. sost. m. inv.** (**pl.** ingl. *roof-gardens*) ● Grande terrazza sul tetto di un edificio, adorna di piante, adibita a bar, ristorante, ritrovo elegante.

ropàlico [vc. dotta, lat. tardo *rhopălicu*(*m*), dal gr. *rópalon* 'clava', perché la clava va crescendo di grossezza da un'estremità all'altra] **A s. m.** (**pl.** *-ci*) ● Nella poesia classica, spec. della tarda latinità, verso formato da una serie di parole che aumentano via via di una sillaba. **B** anche **agg.**: *verso r.*

Ropalòceri [comp. del gr. *rópalon* 'mazza, bastone', da *répein* 'inclinare, abbassare', di origine indeur., e *kéras* 'corno' (V. *cerambice*); detto così dalla forma delle antenne] **s. m. pl.** ● Nella tassonomia animale, gruppo di farfalle diurne con antenne rigonfiate a clava all'estremità, che, in riposo, tengono le ali erette verticalmente (*Ropalocera*) | (al sing. *-o*) Ogni individuo di tale gruppo.

roràre [vc. dotta, lat. *rorāre*, da *rōs*, genit. *rōris* 'rugiada'. V. *rore*] **v. tr.** (*io ròro*) ● (*raro*, *poet.*) Bagnare, cospargere, irrorare di rugiada: *la vaga opra fatale* / *rorò di rugiada* (FOSCOLO) | (*fig.*) Rinfrescare, ristorare.

†**ròre** [vc. dotta, lat. *rōre*(*m*), di origine indeur.] **s. m.** ● (*poet.*) Rugiada.

ròrido [vc. dotta, lat. *rōridu*(*m*), da *rōs*, genit. *rōris* 'rugiada'. V. *rore*] **agg.** ● (*poet.*) Rugiadoso: *nube rorida*; *mattino r.*; *bello il tuo manto, o divo cielo, e bella* / *sei tu, rorida terra* (LEOPARDI) | (*est.*) *R. di morte*, bagnato del sudore della morte.

ro-rò **s. m. inv.** ● Acrt. di *roll-on roll-off* (V.).

ròsa (1) [lat. *rŏsa*(*m*), di origine preindeur.] **A s. f.** *1* Arbusto delle Rosacee fornito di spine ricurve, con foglie pennato-composte, fiori grandi variamente profumati e colorati (*Rosa*) | *R. antica*, qualsiasi cultivar di rosa a molti petali ottenuta per mutazione o per ibridazione di rose selvatiche, senza utilizzare rose cinesi o giapponesi | *R. botanica*, in floricoltura, denominazione di qualsiasi specie selvatica del genere *Rosa* | *R. canina*, *di macchia*, frutice comunissimo nelle siepi e boscaglie con fiori a cinque petali color carne e frutto rosso (*Rosa canina*) | *R. del Giappone*, camelia | *R. delle Alpi*, rododendro | *R. di Gerico*, anastatica | *R. di Natale*, elleboro. *2* Il fiore di tale pianta: *un mazzo di rose*; *rose bianche*, *rosse*, *gialle* | *La stagione delle rose*, la primavera | *Il mese delle rose*, il mese di maggio | *Pasqua di rose*, la Pentecoste | *Fresco come una r.*, *bocciolo di r.*, (*fig.*) in ottime condizioni fisiche o di aspetto leggiadro, detto spec. di fanciulla | *Stare su un letto di rose*, (*fig.*) in condizioni privilegiate o in circostanze particolarmente fortunate | *Non sono tutte rose e fiori*, (*fig.*) detto di tutto ciò che si presenta in maniera allettante, nascondendo, in realtà, lati negativi | *All'acqua di rose*, (*fig.*) privo di impegno, di efficacia, di incisività. *3* (*poet.*) Colorito rosa delle guance o delle labbra: *torna a fiorir la r.* / *che pur dianzi languia* (PARINI). *4* (*fig.*) Gruppo, insieme di persone: *la r. dei candidati*, *dei concorrenti*. **SIN.** Cerchia. *5* Macchia rosea lasciata sulla pelle da punture di insetti, morsi, e sim. *6* (*arald.*) Figura formata da cinque petali, talora alternati a spine, bottonata al centro e senza gambo. *7* (*mus.*) Foro di risonanza negli strumenti a corda, anticamente a forma di rosa. *8* Parte interna della coscia del bue e del vitello macellati, posta sotto il girello. **SIN.** Noce. *9* Proiezione dei pallini da caccia che fuoriesce dalla canna, prendendo una forma circolare. *10* *R. dei venti*, figura a forma di stella a sedici punte che rappresenta il sistema dei venti in relazione ai punti cardinali; vi compare anche la denominazione locale dei venti. *11* (*mar.*) *R. della bussola*, figura circolare applicata alla bussola con indicate le direzioni dei quattro punti cardinali e quelle intermedie. *12* (*zool.*) *R. di mare*, attinia. **B s. m. inv.** ● Colore che sta tra il bianco e il rosso: *dipingere senza usare il r.* **C agg. inv.** ● Di color rosa: *vestito*, *gonna*, *nuvole r.* | *Maglia r.*, maglia indossata dal corridore ciclista che è in testa alla classifica del giro d'Italia | *Vedere tutto r.*, (*fig.*) vedere il lato positivo di ogni cosa, essere ottimisti | (*fig.*) *Stampa*, *romanzo r.*, di tono sentimentale e galante, destinato a pubblico femminile || **PROV.** Non c'è rosa senza spine; se son rose fioriranno. || **rosétta**, **dim.** (V.) | **rosellina**, **dim.** (V.) | **rosino**, **dim. m.** (V.).

rósa (2) [f. sost. di *roso*] **s. f.** *1* †Luogo corroso dalla forza dell'acqua. *2* (*tosc.*) Prurito, pizzicore. *3* †Guadagno.

rosàcea [da *rosaceo*] **s. f.** ● (*med.*) Dermatite del volto caratterizzata da eritema associato a papule, pustole e rinofima (nel maschio). **SIN.** Acne rosacea.

Rosàcee [V. *rosaceo*] **s. f. pl.** ● Nella tassonomia vegetale, famiglia di piante dicotiledoni con fiori regolari a cinque petali liberi, numerosi stami, foglie alterne dentate e stipolate (*Rosaceae*) | (al sing. *-a*) Ogni individuo di tale famiglia. ➡ **ILL. piante** /6.

rosàceo [vc. dotta, lat. tardo *rosāceu*(*m*), da *rŏsa*] **agg.** ● (*raro*) Di colore rosa, di rosa | (*zool.*) *Acne rosacea*, affezione cutanea caratterizzata da chiazze arrossate cui seguono edemi e ipertrofie cutanee di colore rosso vinoso.

rosàio [lat. *rosāriu*(*m*), da *rŏsa*] **s. m.** ● Arboscello di rosa | Numerose piante di rosa riunite.

rosalìa ● V. *rosolia*.

rosanéro [comp. di *rosa* e *nero*, colori della squadra] **A agg.**; anche **s. m.** (**pl. m.** *-i*) ● Che, chi gioca nella squadra di calcio del Palermo. **B agg.** ● Che è sostenitore o tifoso di tale squadra di calcio.

rosanilina [comp. di *rosa* e *anilina*] **s. f.** ● (*chim.*) Fucsina.

rosàrio [vc. dotta, lat. *rosāriu*(*m*), agg. di *rŏsa*] **s. m.** *1* Nel cattolicesimo, pratica devota consistente nella recitazione di tre gruppi di cinque decine di avemarie, precedute ciascuna da un pater noster, da un gloria patri e da uno dei misteri, servendosi, per il calcolo delle preghiere recitate, di una corona di grani | Corona di grani che si usa per accompagnare la recitazione del rosario. *2* (*est.*, *fig.*) Sequela di fatti, cose che si susseguono con una certa regolarità: *un r. di insolenze*, *di disgrazie*. *3* (*anat.*) *R. rachitico*, catena di nodosità al punto di giunzione della parte ossea e della cartilagine delle coste propria del rachitismo dell'infanzia. *4* (*bot.*) *Albero del r.*, abro. ‖ **rosarino**, dim.

roṣàta s. f. ● Rosa di pallini da caccia.

roṣatèllo [propr. dim. di *rosato*] s. m. ● Vino di colore rosato.

roṣàto [vc. dotta, lat. tardo *rosātu(m)*, da *rŏsa*] **A** agg. *1* Di colore di rosa: *labbra rosate*; *vino r.* SIN. Roseo. *2* (*raro*) Di rosa | (*fig.*, *pop.*) *Pasqua rosata*, Pentecoste | *Miele r.*, decotto di miele e di foglie di rosa. **B** s. m. *1* (*raro*) Colore che appare all'orizzonte verso l'aurora: *il r. del cielo.* *2* Vino di colore rosato. *3* †Panno di colore rosato. ‖ **rosatèllo**, dim. (V.).

ròṣbif o (*tosc.*) **roṣbiffe** s. m. ● Adattamento di *roast beef* (V.).

†**ròscido** [vc. dotta, lat. *rōscidu(m)*, da *rōs*, genit. *rōris* 'rugiada'. V. †*rore*] agg. ● Rugiadoso, guazzoso, umido.

rosé /fr. ro'ze/ [vc. fr., da *rose* 'rosa'] agg. e s. m. inv. ● (*enol.*) Rosato, detto di vino: *vino r.*; *un bicchiere di r.*

roṣellina s. f. *1* Dim. di *rosa* (*1*) nel sign. A. *2* Varietà di ranuncolo coltivato per i fiori ornamentali stradoppi (*Ranunculus orientalis*).

ròṣeo [vc. dotta, lat. *rŏseu(m)*, da *rŏsa*] **A** agg. *1* Di colore di rosa: *viso r.*; *petali rosei* | (*fig.*) *Speranze rosee*, lusinghiere | *Avvenire r.*, che appare lieto | *Vedere tutto r.*, sotto una luce favorevole. *2* Rosé. **B** s. m. ● Colorito roseo delle guance o del viso | Colore roseo.

roṣèola [fr. *roséole*, da *rose* 'rosa'] s. f. ● (*med.*) Eruzione generalizzata o localizzata di chiazze rosse con tendenza alla risoluzione rapida, tipica della sifilide, della scarlattina, del colera.

roṣéto [vc. dotta, lat. *rosētu(m)*, da *rŏsa*] s. m. ● Luogo piantato a rose.

roṣétta s. f. *1* Dim. di *rosa* (*1*) nel sign. A. *2* Diamante di lieve spessore tagliato a forma di piramide sfaccettata. *3* (*bot.*) Disposizione particolare delle foglie a ciuffo basale per l'annullarsi degli internodi. *4* Pezzatura di pane piccola, rotonda, lavorata in modo che, nella parte superiore, si presenti come una rosa. *5* (*mecc.*) Rondella. *6* Dischetto in gomma forato al centro per farvi passare gli anelli del filetto, in modo che questi non pizzichino le labbra del cavallo. ‖ **rosettina**, dim.

rosicànte part. pres. di *rosicare*; anche agg. ● Nei sign. del v.

Rosicànti [part. pres. sost. di *rosicare* (*2*)] s. m. pl. ● (*zool.*, *pop.*) Roditori.

†**rosicàre** (**1**) [da *rosa* (*1*), sul modello del lat. *albicāre* 'biancheggiare' (V. *albicare*)] v. intr. ● Rosseggiare.

rosicàre (**2**) [lat. parl. **rosicāre*, ints. di *rōdere*] v. tr. (*io rósico, tu rósichi*) *1* Rodere leggermente e a poco a poco. SIN. Rosicchiare. *2* (*fig.*) Riuscire a guadagnare, a strappare q.c.

rosicatùra [da *rosicare* (*2*)] s. f. ● Atto, effetto del rosicare.

rosicchiaménto s. m. ● Modo, atto, effetto del rosicchiare | Il rumore che si fa rosicchiando.

rosicchiàre [lat. parl. **rosiculāre*, ints. di **rosicāre* 'rosicare' (V.)] v. tr. (*io rosìcchio*) ● Rodere di continuo e leggermente: *r. un osso*; *il tarlo rosicchia il legno* | Smangiucchiare: *mi chiusi in casa e poi in camera a r ... un tozzo di pane ammuffito* (NIEVO). SIN. Rosicare.

rosìcchio o **rosicchiòlo** s. m. ● (*raro*) Avanzo di pane secco.

rosichìo s. m. ● (*raro*) Rosicchiamento continuo.

roṣicoltóre o **roṣicultóre** [da *rosa* (*1*), sul modello di *agricoltore*] s. m. ● Chi coltiva rose.

roṣicoltùra o **roṣicultùra** [comp. di *ros(a)* e *-coltura*] s. f. ● Coltivazione delle rose.

†**roṣignòlo** o †**roṣignuòlo**, †**ruṣignòlo**, †**ruṣignuòlo** [provz. *rosinhol*, dal lat. parl. **luxiniōlu(m)*. V. *usignuolo*] s. m. ● (*lett.*) Usignolo: *quel rosignuol che sì soave piagne* (PETRARCA). ‖ **rosignolétto**, dim.

roṣino s. m. *1* Dim. di *rosa* (*1*). *2* (*raro*) Colore rosa chiaro.

roṣmarino [lat. *rōs marīnu(m)*, propriamente 'rugiada di mare'. V. †*rore* e *marino*] s. m. *1* Frutice delle Labiate con foglie piccole, lineari, bianche inferiormente, selvatico nelle regioni italiane a clima mediterraneo e coltivato come aromatico per cucina (*Rosmarinus officinalis*). SIN. Ramerino. *2* Droga aromatica costituita dalle foglie secche del rosmarino.

roṣminiàna s. f. ● (*relig.*) Suora appartenente alla Congregazione della Provvidenza, fondata da A. Rosmini.

roṣminianiṣmo [comp. di *rosminian(o)* e *-ismo*] s. m. ● La filosofia di A. Rosmini considerata nei suoi aspetti fondamentali, cioè nel tradizionalismo, nell'ontologismo, nello scolasticismo.

roṣminiàno A agg. ● Proprio del filosofo e sacerdote A. Rosmini (1797-1855). **B** s. m. (f. *-a* (V.)) *1* (*filos.*) Chi segue il, o si ispira al, pensiero di A. Rosmini. *2* (*relig.*) Religioso appartenente all'Istituto della Carità, congregazione fondata da A. Rosmini.

róso A part. pass. di *rodere*; anche agg. ● Nei sign. del v. **B** s. m. ● †Piccola insenatura formata per corrosione, anche presso la riva di un fiume.

roṣolàccio [da *rosa* (*1*)] s. m. ● Pianta delle Papaveracee, con foglie pelose, fiori rossi di quattro petali, talora con una larga macchia nera alla base; è comune e infestante nei campi e fiorisce da maggio a luglio (*Papaver rhoeas*). SIN. Papavero selvatico.

roṣolàre [etim. discussa: longob. *rosa* 'crosta' (che si forma sulle vivande) (?)] **A** v. tr. (*io ròṣolo*) *1* Fare cuocere lentamente carne o altre vivande in modo che vi si formi una crosta dal caratteristico colore bruno-rossastro. *2* (*tosc.*, *fig.*, *scherz.*) Criticare, canzonare | (*tosc.*, *fig.*) Conciare male. **B** v. intr. pron. *1* Cuocersi lentamente, assumendo una caratteristica crosta bruno-rossastra. *2* (*fig.*, *est.*) Nella loc. *rosolarsi al sole*, stare lungamente distesi al sole per abbronzarsi.

roṣolàta [da *rosolare*] s. f. ● Rosolatura rapida e sommaria.

roṣolatùra s. f. ● Atto, effetto del rosolare o del rosolarsi.

roṣolia o (*evit.*) **roṣalia** [da *rosa* (*1*), per il colore che assume la pelle] s. f. ● Malattia virale esantematica frequente nell'infanzia, che si manifesta con tipico arrossamento cutaneo e adenopatia laterocervicale. SIN. Rubeola.

roṣòlida [lat. mediev. *rōs* (nom.) *sōlis* 'rugiada del sole'. V. †*rore* e *sole*] s. f. ● (*bot.*) Drosera.

roṣolièra [da *rosolio*] s. f. ● Servizio di bottiglia e bicchierini per rosolio e bevande simili.

roṣòlio [stessa etim. di *rosolida*] s. m. *1* Liquore preparato con alcol, zucchero e acqua nella stessa proporzione, con in più un'essenza che gli dà il nome: *r. di menta, di cedro, alla vaniglia*; *cioccolatino al r.*; *vino che pare un r.*; *dolce come un r.* *2* Cioccolatino farcito di rosolio: *egli a ogni ritorno le portava una scatola di confetture e una scatola di rosolii* (D'ANNUNZIO).

ròṣolo [da *rosolare*] s. m. ● Effetto del rosolare | Colore che assume una vivanda rosolata: *arrosto che non ha il r.*

roṣóne [dalla forma di grande *rosa*] s. m. *1* Motivo ornamentale, gener. inscritto in un cerchio, composto di motivi vegetali aggruppati, attorno a un bottone centrale, per ornare soffitti, lacunari, medaglioni. *2* (*arch.*) Vetrata circolare con motivi raggianti, a forma di rosa o ruota e in genere di marmo, posta sopra la porta centrale di facciata delle chiese romaniche e gotiche, per illuminarne la navata centrale. ➡ ILL. p. 358, 359 ARCHITETTURA.

ròspo [etim. incerta] s. m. *1* Anfibio anuro dal corpo tozzo e dalla pelle spessa e verrucosa, ricca di ghiandole che secernono un liquido acre ed irritante (*Bufo*) | *R. comune*, di colore bruniccio (*Bufo bufo*). SIN. Botta | *R. smeraldino*, più piccolo del rospo comune, grigio, con macchie scure sui toni del verde (*Bufo viridis*) | *R. ostetrico*, alite | *R. scavatore*, rinofrino | *R. cornuto*, iguana | *Ingoiare un r.*, (*fig.*) tollerare un fatto spiacevole, una situazione incresciosa | *Sputare il r.*, (*fig.*) esprimere liberamente, senza più esitazioni, un motivo di preoccupazione, uno stato d'animo di sofferenza tenuto celato a lungo per scrupolo o timore. *2* (*est.*, *spreg.*) Persona di aspetto molto sgradevole, ripugnante. *3* (*est.*, *spreg.*) Persona scontrosa, di non facile compagnia. ‖ **rospàccio**, pegg. | **rospettàccio**, pegg. | **rospettino**, dim. | **rospétto**, dim.

rossàstro [da *rosso*, sul modello del fr. *rougeâtre*] agg. ● Che tende al colore rosso, ma di una sfumatura un po' fosca e smorzata: *luce rossastra*; *le fiamme rossastre e fumose si disegnavano ... sopra il cielo che s'imbruniva* (NIEVO).

rosseggiànte part. pres. di *rosseggiare*; anche agg. ● Nei sign. del v.

rosseggiàre [comp. di *ross(o)* e *-eggiare*] v. intr. (*io rosséggio*; aus. *avere*) ● Apparire rosso o tendere al rosso: *al tramonto il cielo comincia a r.*; *le nuvole rosseggiano, poi vanno languendo, e pallide finalmente si abbuiano* (FOSCOLO).

rossèllo [da *rosso*] s. m. ● Macchia, chiazza rossa sulla pelle | (*tosc.*) Colore rosso che appare sulle gote per ira, malattia o altro. ‖ **rossellino**, dim.

rossétta [dal colore *rosso*] s. f. ● Correntemente, pipistrello dal muso volpino, densa pelliccia rossastra e alimentazione frugivora, che vive nell'Africa e nell'Asia meridionale (*Pteropus edulis*).

rossétto s. m. *1* Dim. di *rosso*. *2* Colorante rosso. *3* Cosmetico pastoso o cremoso per labbra o gote: *matita*, *bastoncino di r.*; *un r. color fragola.*

rossézza s. f. ● (*raro*) Qualità di ciò che è o appare rosso | L'essere di colore rosso.

rossicànte part. pres. di *rossicare*; anche agg. ● (*raro*, *lett.*) Nel sign. del v.

rossicàre [da *rosso*] v. intr. (*io róssico, tu róssichi*; aus. *avere*) ● (*raro*, *lett.*) Rosseggiare: *le vecchie tele ... rossicarono e nereggiarono su le mura* (D'ANNUNZIO).

rossìccio A agg. (pl. f. *-ce*) ● Piuttosto rosso, ma di tonalità chiara. **B** s. m. ● Colore che tende al rosso | *Mostrare il r.*, essere consunto, scolorito, detto di abiti e sim.

†**rossignàre** v. intr. ● Avere colore rossigno.

rossigno agg. ● (*raro*) Leggermente rosso o rossiccio: *pelo r.*

rossiniàno A agg. ● Che concerne il musicista G. Rossini (1792-1868) e la sua arte. **B** s. m. (f. *-a*, raro) ● Ammiratore, imitatore di Rossini.

rossino A agg. ● (*raro*) Che è di un colore fra il biondo e il rosso. **B** s. m. (f. *-a*) ● (*fam.*) Persona con i capelli rossi.

rósso [lat. *rŭssu(m)*, dalla stessa radice di *rŭber*. V. *rubro* (*2*)] **A** agg. *1* Che è del colore del sangue vivo, della porpora, del rubino, e sim.: *smalto*, *inchiostro*, *abito*, *vino r.* | (*est.*) *Camicie rosse*, i volontari garibaldini che indossavano camicie di tale colore | *Bandiera rossa*, quella dei partiti comunisti e socialisti | *Cinema*, *locale*, *sala a luce rossa*, quelli riservati esclusivamente alla proiezione di film pornografici | (*est.*) *Luce rossa*, detto di tutto ciò che riguarda pornografia o prostituzione: *TV della luce rossa* | *Capelli rossi*, fulvi o rossicci | *Diventare r.*, arrossire per vergogna, rabbia, commozione | *Diventare r. come un peperone*, avere la pelle scottata dal sole; arrossire violentemente | *Essere bianco e r.*, avere un bel colorito in viso per buona salute, essere rubicondo, detto di persona | (*raro*) Arroventato: *metallo*, *vetro r.* | *Vedere tutto r.*, (*fig.*) provare un'ira violenta | (*biol.*) *Globulo r.*, contenente emoglobina, destinato al trasporto dell'ossigeno e dell'anidride carbonica. *2* Ispirato, influenzato, amministrato dai partiti socialisti o comunisti: *cooperative rosse*; *regioni rosse.* *3* (*banca*) Nella loc. *clausola rossa*, condizione di utilizzazione di crediti documentari, per cui la banca è autorizzata a concedere anticipi a un esportatore, prima della presentazione dei documenti di spedizione | *Debito r.*, caratterizzato da tale clausola. **B** s. m. (f. *-a* nei sign. 3 e 4) *1* Il colore rosso: *r. scuro*, *bruno*, *fiammante.* *2* (*chim.*) Ciascuna delle sostanze naturali o artificiali, organiche o inorganiche usate come coloranti rossi: *r. di anilina.* *3* Persona che ha i capelli rossi. *4* Aderente a un partito di sinistra: *i rossi e i neri.* *5* Luce rossa del semaforo stradale o ferroviario che indica l'obbligo di fermarsi: *fermarsi al r.*; *passare col r.* *6* Materia rossa | *R. d'uovo*, il tuorlo. *7* Metà dei numeri della roulette, colorati appunto in rosso, su cui si può puntare: *è uscito il r.* *8* (*banca*, *econ.*) Posizione di debito in un conto, in contrapposizione a *nero* | *In r.*, in passivo: *essere*, *andare in r.* *9* Vino rosso: *un bicchiere di r* ‖ PROV. Rosso di sera, buon tempo si spera. ‖ **rossàccio**, pegg. | **rossétto**, dim. (V.).

rossoblù [comp. di *rosso* e *blu*, colori della squadra] **A** agg.; anche s. m. inv. ● Che, chi gioca nelle squadre di calcio del Bologna o del Genoa. **B** agg. inv. ● Che è sostenitore o tifoso di tali squadre di calcio.

róssola • V. *russola*.

rossonéro [comp. di *rosso* e *nero*, colori della squadra] **A** agg.; anche s. m. (pl. m. *-i*) • Che, chi gioca nella squadra di calcio milanese del Milan. **B** agg. • Che è sostenitore o tifoso di tale squadra di calcio.

rossóre s. m. *1* Colore rosso | Colorito rosso della pelle spec. del viso, quando vi appare per pudore, vergogna, ira o rabbia: *sentirsi salire il r. alle guance* | (*est., fig.*) Vergogna, pudore: *uomo senza r.*; *non sentire r.* | *Il r. è sparito dalla sua faccia*, (*fig.*) non si vergogna più di niente. *2* †L'essere rosso. SIN. Rossezza.

†**rossùme** [da *rosso*] s. m. • Tuorlo.

†**rossùra** s. f. • Macchia di colore rosso.

ròsta [longob. *hrausta* 'frasca'] s. f. *1* (*arch.*) Inferriata semicircolare o semiellittica a forma di raggiera. *2* Fossetta a semicerchio al piede dei castagni perché vi ristagni l'acqua piovana a macerare foglie e ricci ivi raccolti | Riparo per impedire alle castagne in montagna di essere portate via dall'acqua. *3* (*raro*) Ventaglio rigido, non a stecche, di forma tondeggiante | †*Fare la r.*, fare la ruota, detto dei tacchini e (*fig.*) corteggiare qc. *4* (*raro, poet.*) Intrico di rami, mazzo di frasche, spec. come ostacolo a qc. o q.c.

†**rostàio** s. m. • Chi fa o vende roste.

rosticcère • V. *rosticciere*.

rosticcerìa [da *rosticciere*, sul modello del fr. *rôtisserie*] s. f. • Bottega dove si preparano e si vendono arrosti o altre vivande spec. fritte, che possono anche essere consumate sul posto.

rosticciàna [da *rostire*] s. f. • Costola di maiale rosolata in padella o arrostita alla griglia.

rosticcière o (*raro*) **rosticcère** [da *rostire*, sul modello del fr. *rôtisseur*] s. m. (f. *-a*) • Gestore di una rosticceria.

rostìccio [da †*rostire*] s. m. *1* Pezzo di calcina secca su un muro non intonacato. *2* Scoria di ferro o altro metallo, nella fornace. *3* (*fig., spreg.*) Persona secca e deforme.

†**rostigióso** [etim. incerta] agg. • Ruvido, scaglioso.

†**rostìre** [germ. **raustjan*] v. tr. • Arrostire.

†**rósto** [da †*rostire*] s. m. • Arrosto.

rostràle [vc. dotta, lat. tardo *rostrāle(m)*, da *rōstrum* 'rostro'] agg. *1* Che riguarda il rostro. *2* Nella Roma antica, detto di corona fregiata di rostri, data come altissima ricompensa per vittorie navali.

rostràto [vc. dotta, lat. tardo *rostrātu(m)*, da *rōstrum* 'rostro'] agg. • Fornito di rostro: *uccello r.* | *Colonna rostrata*, nell'antica Roma, monumento commemorativo, costituito da una colonna ornata coi rostri tolti alle navi nemiche.

ròstro [vc. dotta, lat. *rōstru(m)* 'becco', da *rōdere*] s. m. *1* Becco, spec. quello adunco dei rapaci | †Muso, grugno, spec. di animale selvatico. *2* Formazione anatomica, a forma di becco ricurvo o anche semplicemente di sporgenza. *3* (*ing. civ.*) Avancorpo di sezione semicircolare, ogivale o triangolare, terminante con il cappuccio, connesso ai piedritti dei ponti, in modo da ridurre l'ostacolo al deflusso delle acque. *4* In un'automobile, dispositivo cromato per coprire l'attacco del paraurti alla carrozzeria, in uso fino agli anni Settanta. *5* Trave in bronzo o ferro sporgente dalla parte inferiore della prua delle antiche navi da guerra. *6* (*al pl.*) Tribuna per gli oratori nel foro dell'antica Roma, presso il luogo dove erano i rostri delle navi conquistate agli Anziati.

rosùme [da *roso*] s. m. • Residuo di materiali rosicchiati: *il r. dei bachi da seta*.

rosùra [da *roso*] s. f. *1* (*raro*) Atto, effetto del rodere o dell'erodere | Luogo corroso, erosione. *2* †Rimasuglio di cose rose o erose.

ròta [lat. *rŏta(m)* 'ruota'] s. f. *1* V. *ruota*. *2 Tribunale della Sacra Rota*, organo giudiziario ordinario della S. Sede, con competenza contenziosa e penale, composto da uditori nominati dal Papa e presieduti da un decano che giudica, in seconda istanza, le cause sulle quali si sono già pronunziati i tribunali diocesani e in prima istanza le cause appositamente avocate a sé.

rotàbile [vc. dotta, lat. tardo *rotābile(m)*, da *rotāre*] **A** agg. • Girevole | Percorribile da veicoli a ruota: *strada r.* SIN. Carrozzabile | *Materiale r.*, insieme di veicoli ferroviari, tranviari e sim. **B** s. f. • Strada carrozzabile. **C** s. m. • Veicolo ferroviario e tranviario.

rotacìṣmo [dalla lettera gr. *ro*, secondo il modello di *solecismo*] s. m. • (*ling.*) Passaggio di una consonante all'articolazione *r*.

rotaciẓẓàre **A** v. tr. • Modificare un suono per rotacismo. **B** v. intr. pron. • Subire rotacismo, detto di consonante.

rotaciẓẓazióne s. f. • Atto, effetto del rotacizzare.

rotàia [da *r(u)ota*] s. f. *1* Solco o striscia che lascia la ruota in terra. *2* (*mecc.*) Guida metallica destinata a costituire il piano di corsa uniforme e di minima resistenza al rotolamento | *Uscire dalla r., dalle rotaie*, (*fig.*) deviare dal retto cammino o dalla norma. *3* (*ferr.*) Guida in acciaio, di sezione caratteristica, appaiata in un binario e costituente il piano di rotolamento delle ruote dei veicoli ferroviari e tranviari | *R. a zampa di lepre*, nello scambio, quella, opportunamente piegata, che consente l'incrocio di due linee di rotaie.

rotàle [vc. dotta, lat. tardo *rotāle(m)*, da *rōta* 'ruota'] agg. *1* †Attinente a ruota. *2* Che si riferisce al Tribunale della Sacra Rota: *avvocato r.*; *sentenza r.*

rotaménto s. m. • (*raro*) Modo, atto, effetto del ruotare. SIN. Rotazione.

rotàmetro [comp. di *rota(re)* e *-metro*] s. m. • (*fis.*) Flussometro in cui un corpo dotato di palette viene mantenuto in rotazione dal movimento del fluido di cui si vuole misurare il flusso.

ròtang [malese *rôtan*] s. m. inv. • Palma asiatica, con caule flessuoso e sottile usato per lavori di intreccio (*Calamus rotang*).

rotànte o (*raro*) **ruotànte**. part. pres. di *ruotare*; anche agg. • Nei sign. del v.

rotàre e *deriv.* • V. *ruotare* e *deriv.*

rotariàno **A** agg. • Del Rotary Club. **B** s. m. • Socio del Rotary Club.

rotatìva [f. di *rotativo*, sul modello del fr. *rotative* e dell'ingl. *rotative*] s. f. • Macchina da stampa in cui matrice e organo di pressione sono entrambi cilindrici: *r. tipografica, r. offset, r. rotocalco* | *R. a satellite*, quella con un unico grande cilindro di pressione e vari gruppi di stampa montati lungo la sua periferia | *R. caucciù contro caucciù*, rotativa offset dalla bobina in cui sono stati eliminati i cilindri di pressione.

rotativista s. m. (pl. *-i*) • L'operaio addetto alla rotativa.

rotatìvo [dal lat. *rotātus*, part. pass. di *rotāre*] agg. *1* Che ha un moto rotatorio | *Pompa rotativa*, in cui l'elemento che spinge il liquido è dotato di moto rotatorio anziché alternativo. *2 Sistema agrario r.*, realizzato con l'avvicendamento delle colture; che avviene per avvicendamento. *3* (*banca*) *Credito r.*, concesso alle condizioni che, ad utilizzo effettuato, venga ripristinato per l'importo originario.

rotàto part. pass. di *ruotare*; anche agg. *1* Nei sign. del v. *2* (*raro, lett.*) Fornito di ruote. *3* (*ling.*) Detto del suono vibrante *r*. *4* (*bot.*) *Corolla rotata*, corolla regolare, gamopetala con lembo disteso e appiattito.

rotatòria [f. sost. di *rotatorio*] s. f. • Segnale stradale indicante l'obbligo, per la circolazione, di ruotare intorno a un'isola rotazionale.

rotatòrio [da *ruotatore*] agg. • (*fis.*) Del moto di rotazione di un corpo attorno ad un altro: *moto r. della terra*.

rotazionàle agg. *1* Di, della rotazione: *movimento, moto r.* *2* Nella loc. *isola r.*, area rialzata circolare situata all'incrocio di più strade, attorno a cui i veicoli devono girare.

rotazióne [vc. dotta, lat. *rotatiōne(m)*, da *rotātus*, part. pass. di *rotāre*] s. f. *1* Atto, effetto del ruotare | Movimento di un corpo che gira intorno a un asse passante per il proprio baricentro: *r. terrestre* | *Armi a r.*, a più colpi, dotate di un serbatoio di alimentazione cilindrico che, ruotando, presenta successivamente le cariche in esso contenute. *2* (*mat.*) Operazione consistente nel muovere una figura piana o spaziale in modo che la distanza di ciascun suo punto da un punto o da ogni punto d'una retta resti costante | Movimento d'un piano o d'uno spazio su se stesso che associa le posizioni iniziale e finale d'un punto sottoposto a una rotazione. *3* (*ling.*) Insieme di mutamenti consonantici ad andamento ciclico. *4* (*sport*) Movimento eseguito dal corpo dell'atleta superando l'asticella nel salto in alto e nel salto con l'asta. *5* (*fig.*) Avvicendamento, ordinato susseguirsi di cicli chiusi: *è necessaria la r. delle cariche* | *R. agraria*, successione delle colture su uno stesso appezzamento della durata di due o più anni.

roteaménto s. m. • (*raro*) Modo, atto, effetto del roteare.

roteànte part. pres. di *roteare*; anche agg. • Nei sign. del v.

roteàre [da *r(u)ota*] **A** v. intr. (*io ròteo*; aus. *avere*) • Volgersi più volte e continuamente in giro: *spesso intorno al fonte, roteando, / guidan felice e dilettoso ballo* (POLIZIANO) | Volare a larghe ruote. **B** v. tr. • Volgere, girare rapidamente intorno con rapidità: *r. gli occhi, lo sguardo*.

roteazióne s. f. • Atto, effetto del roteare.

†**roteggiàre** [comp. di *r(u)ota* e *-eggiare*] v. intr. • Roteare, girare.

rotéggio [da *roteggiare*] s. m. *1* Rotismo. *2* (*raro*) Moto, movimento di veicoli.

rotèlla o **ruotèlla** [lat. tardo *rotĕlla(m)*, dim. di *rŏtula*, dim. di *rŏta* 'ruota'] s. f. *1* Dim. di *ruota*: *pattini a rotelle*. *2* Piccola ruota di un meccanismo: *le rotelle dell'orologio* | *Gli manca una r., qualche r.*, (*fig.*) è una persona strana, non molto equilibrata. *3 R. metrica*, strumento per la misurazione diretta sul terreno, costituita da una fettuccia di tessuto rinforzato da fili metallici o interamente di acciaio, racchiusa in una custodia circolare o avvolta su un rullo, con graduazione in metri, decimetri o centimetri. SIN. Fettuccia, nastro. *4* Piccolo scudo rotondo e convesso, con imbracciatura e maniglia interne per difesa contro le frecce, talvolta rilevato all'esterno con una borchia centrale con o senza brocco, in uso nei secc. XV e XVI. *5* Macchia rotonda o a forma di cerchietto. *6* (*anat.*) Rotula. *7* (*mus., al pl.*) Negli ottoni, corto cilindro che gira per un quarto di circolo ora in un verso ora nell'altro, per una molla spirale compressa dal tasto, portando i due fori interni ad abboccarsi o a scansarsi. || **rotellàccio**, pegg. | **rotellétta**, dim. | **rotellìcina**, dim. | **rotellìna**, dim. | **rotellìno**, dim. m. | **rotellóne**, accr. m.

rotellìsta s. m. e f. (pl. m. *-i*) • Chi pratica gli sport in cui vengono impiegati i pattini a rotelle.

rotèllo [da *rotolo*] s. m. • (*raro*) Rotolo di tela o panno.

Rotìferi [comp. del lat. *rŏta* 'ruota' (dalla forma delle ciglia) e *-fero*] s. m. pl. • Nella tassonomia animale, gruppo di animali acquatici piccoli, non metamerici, con capo non distinto dal tronco che si spostano grazie a un piede retrattile posteriore e si nutrono grazie a un disco anteriore con margini ciliati (*Rotifera*) | (al sing. *-o*) Ogni individuo di tale gruppo.

rotìno • V. *ruotino*.

rotìṣmo o **ruotìṣmo** [comp. di *r(u)ota* e *-ismo*] s. m. • Sistema di ruote dentate ingrananti fra loro per la trasmissione del moto | *R. ordinario*, se gli assi delle ruote sono fissi | *R. epicicloidale*, rotismo in cui una o più ruote dentate girano intorno ad assi trasportati da un equipaggio, detto portatreno, che gira intorno a un asse fisso. SIN. Roteggio, treno di ingranaggi.

ròto- [dal lat. *rŏta* 'ruota'] primo elemento • In parole composte moderne, fa riferimento a meccanismi rotanti o comunque a movimento rotatorio: *rotocalcografia, rotocompressore*.

rotocàlco [abbr. di *rotocalco(grafia)*] s. m. (pl. *-chi*) *1* Sistema di stampa, in cui gli elementi stampanti sono incisi in incavo, quasi esclusivamente rotativo, a foglio o a bobina, usato in particolare per i periodici illustrati. *2* Periodico illustrato, prevalentemente settimanale, realizzato con il sistema rotocalcografico | (*est.*) *R. televisivo*, (*ell.*) *rotocalco*, trasmissione composta di servizi su fatti e notizie d'attualità.

rotocalcografìa [comp. di *roto-* e *calcografia*] s. f. *1* Procedimento di stampa in rotocalco. *2* Lo stabilimento in cui si stampa in rotocalco.

rotocalcogràfico agg. (pl. m. *-ci*) • Della rotocalcografia.

rotocalcògrafo s. m. • Operaio addetto a una delle varie operazioni del ciclo di lavoro rotocalcografico.

rotocompressóre [comp. di *roto-* e *compressore*] s. m. ● (*mar.*) Motore elettrico a turbina sui sommergibili, destinato a immettere l'aria compressa nei doppifondi per espellerne l'acqua.

rotoidàle [da *rotoide*] agg. ● (*mecc.*) Detto di coppia cinematica le cui superfici a contatto sono superfici di rotazione.

rotòide [da *rot(are)*, col suff. *-oide*] s. m. ● (*mecc.*) Ognuno dei due elementi della coppia rotoidale.

rotolaménto s. m. ● Modo, atto, effetto del rotolare o del rotolarsi.

rotolàre [da *rotolo* (*1*)] **A** v. tr. (*io ròtolo*, †*ruòtolo*) **1** Fare avanzare facendo contemporaneamente girare su se stesso come una ruota un corpo quasi sferico: *r. un masso per la china* | *R. il sasso di Sisifo*, (*fig.*) compiere una fatica vana. **2** (*raro*) Arrotolare: *r. della stoffa*. **B** v. intr. (aus. *essere*) ● Venire avanti girando su di sé: *il pallone rotola sul prato* | Ruzzolare: *r. dalle scale*. **C** v. rifl. ● Girarsi su di sé, voltolarsi, detto di persone: *si rotolava sul pavimento*.

rotolàto part. pass. di *rotolare*; anche agg. ● Nei sign. del v.

rotolìo s. m. ● Un rotolare continuo.

ròtolo (**1**) o †**ruòtolo** [lat. *rŏtulu(m)*, dim. di *rŏta* 'ruota'] s. m. **1** Involto cilindrico: *un r. di carta*, *di tela* | Ciò che è stato arrotolato: *abbiamo smarrito un r. di stoffa*. **2** (*fam.*) Nella loc. avv. *a rotoli*, a precipizio e (*fig.*) in malora, in rovina: *un'impresa che va a rotoli*; *l'azienda sta andando a rotoli*; *ha mandato tutto a rotoli*. **3** Antica unità archivistica formata da più fogli di pergamena, di carta, di papiro e sim., cuciti o incollati insieme per le estremità e conservati arrotolati. **4** Bobina. **5** †Rullo. || **rotolétto**, dim. | **rotolìno**, dim. | **rotolóne**, accr. (V.).

ròtolo (**2**) [ar. *ratl*] s. m. ● Antica unità di misura di peso, a Napoli gr. 891, a Palermo 793.

rotolóne s. m. **1** Accr. di *rotolo* (*1*). **2** Il cadere rotolando o il rotolarsi: *fare un r. dalle scale*; *facevano rotoloni sul pavimento*. SIN. Ruzzolone.

rotolóni [da *rotolare*] avv. **1** Rotolando: *cadere*, *precipitare r.*; *veniva giù per la china r.* | Anche nella loc. avv. *a r.* **2** (*fig.*, *enf.*) Nella loc. avv. *a r.*, in malora, a rotoli: *i suoi piani sono andati a r.*

rotonàve [comp. di *roto-* e *nave*] s. f. ● Nave mossa dall'azione del vento su cilindri rotanti verticali, attuata solo sperimentalmente.

rotónda [f. di *rotondo*] s. f. **1** Costruzione di forma rotonda o quasi rotonda. **2** Terrazza, piazzale a pianta più o meno circolare: *la r. di uno stabilimento balneare*. **3** Mantella di pelliccia corta portata dalle signore alla fine dell'Ottocento.

rotondàre [vc. dotta, lat. *rotundāre*, da *rotŭndus* 'rotondo'] v. tr. (*io rotóndo*) ● (*raro*) Arrotondare (*anche fig.*): *r. i contorni di q.c.*; *r. il conto*.

rotondàstro agg. ● (*raro*) Rotondo in modo irregolare.

rotondeggiànte part. pres. di *rotondeggiare*; anche agg. ● Nei sign. del v.

rotondeggiàre [comp. di *rotond(o)* e *-eggiare*] v. intr. (*io rotondéggio*; aus. *avere*) ● Prendere, avere forma rotonda o quasi rotonda.

rotondétto [da *rotondo* col suff. *-etto*] agg. ● Di corporatura gradevolmente abbondante: *una ragazza rotondetta*. SIN. Pienotto.

rotondézza s. f. ● (*raro*) Qualità di ciò che è rotondo. SIN. Rotondità.

rotondità [vc. dotta, lat. *rotunditāte(m)*, da *rotŭndus* 'rotondo'] s. f. **1** Qualità di ciò che è rotondo, l'essere rotondo (*anche fig.*): *la r. della Terra*; *la r. di una serie di periodi*. **2** (*spec. al pl.*) Forma rotonda spec. delle membra: *corpo pieno di r.*

rotóndo [lat. *rotŭndu(m)*, da *rŏta* 'ruota'] **A** agg. **1** Che ha forma di globo, di palla, ruota, cerchio, cilindro e sim.: *la terra è rotonda, ma non perfettamente* | *Vaso r.*, cilindrico | *Manto r.*, rotondeggiante | *Tempio r.*, circolare | *Cima, punta rotonda*, arrotondata | *Scrittura rotonda*, le cui lettere presentano giuste proporzioni fra altezza e larghezza | *Pedalata rotonda*, armonica e regolare, che sviluppa il massimo del rendimento | (*anat.*) Detto di muscolo o legamento di forma arrotondata: *muscolo grande r.* **2** (*fig.*) Che ha un giro largo, armonioso, sonoro, detto di discorso scritto o parlato, di stile: *periodo r.* **3** (*fig.*, *raro*) Senza frazioni o decimali: *cifra rotonda*. || **rotondaménte**, avv. (*raro*) In modo rotondo. **B** s. m. ● Parte rotonda di q.c. || **rotondèllo**, dim. | **rotondétto**, dim.

rotóne [comp. di *roto-* e *-one* (*3*)] s. m. ● (*fis.*) Quanto di moto rotazionale in un fluido.

rotóre [ingl. *rotor*, dal lat. *rŏta* 'ruota', sul modello di *motor* 'motore'] s. m. **1** Nelle macchine elettriche, idrauliche e sim., la parte attiva destinata a ruotare. **2** Sistema rotante per trarne azioni fluido-dinamiche | *R. di elicottero*, grande elica ad asse pressoché verticale con funzione di sostentazione e propulsione. **3** (*fis.*, *mat.*) In un campo vettoriale di velocità, vettore proporzionale alla velocità angolare di una particella del fluido.

rotòrico agg. (pl. m. *-ci*) ● Pertinente a rotore: *asse*, *disco*, *flusso r.*

rotovìa [da *r(u)ota*, sul modello di *funivia*] s. f. ● Funicolare terrestre che corre su pista con carrello e ruote gommate.

rótta (**1**) [lat. *rŭpta(m)*, part. pass. f. di *rŭmpere* 'rompere'] s. f. **1** Rottura, in alcune loc.: *a r. di collo*, a precipizio, in gran fretta; *essere in r. con qc.*, avere rotto l'amicizia, aver troncato le buone relazioni | †*Venire alle rotte con qc.*, essere in collera, entrare in discordia con qc. **2** Rottura dell'argine di un corso d'acqua per varie cause, quali la tracimazione da parte delle acque dovuta a un aumento del loro livello, l'abbassamento per assestamento, lo sfiancamento per frane esterne e interne, la formazione di fontanazzi: *i gravi danni prodotti dalle rotte del Po* | (*est.*) Breccia, spaccatura: *c'è una r. nel muro*. **3** Grave sconfitta, disfatta: *la r. di Roncisvalle*; *mettere*, *andare*, *fuggire in r.*; *il paventar la r.* / *peggio è che averla* (ALFIERI). **4** †Naufragio.

rótta (**2**) [lat. (*vĭam*) *rŭpta(m)* 'via aperta'] s. f. **1** (*gener.*) Percorso seguito da una nave in mare o da un aeromobile in aria: *r. marittima*, *aerea*; *r. per New York*, *per l'America*; *r. atlantica*, *transpolare*; *fare r.*, *essere in r. per Cardiff*, *su Nantucket*; *seguire la r.*, *una r.*; *cambiare*, *mutare r.* | *R. assistita*, quella facilitata dalla radionavigazione | *Giusta r.*, in una regata velica, qualsiasi percorso che un'imbarcazione può seguire, in assenza di altre imbarcazioni, per giungere più rapidamente al traguardo | (*dir.*) *Falsa r.*, reato commesso dal comandante di una nave o di un aeromobile che, per procurare a sé o ad altri un illecito profitto o per danneggiare gli altri, segue una rotta diversa da quella prescritta | *R. di collisione*, quella che, se mantenuta, condurrebbe una nave a investire un'altra nave, un aeromobile un altro aeromobile; (*fig.*) tendenza a un contrasto radicale e violento | (*aer.*) *Giornale di r.*, quello, analogo al giornale di bordo delle navi, su cui si annota l'andamento della navigazione di un aeromobile. **2** (*aer.*, *mar.*, *astron.*) *Angolo di r.*, (*ell.*) *rotta*, angolo, misurato in gradi e in senso orario, compreso fra una direzione fissa di riferimento e la direzione della prora della nave o dell'aeromobile | *R. di bussola*, *r. bussola*, quella riferita al Nord indicato dalla bussola di bordo, che il timoniere segue tenendo conto della declinazione magnetica della deriva provocata dal vento e di altri fenomeni accidentali | *R. magnetica*, quella riferita al Nord magnetico | *R. vera*, quella riferita al Nord vero, geografico, che si traccia sulla carta di navigazione | *Calcolare*, *convertire la r.*, passare dalla rotta vera, tracciata sulla carta di navigazione, alla rotta di bussola, da dare al timoniere | *Correggere la r.*, passare dalla rotta di bussola, seguita dal timoniere, alla rotta vera, da tracciare sulla carta di navigazione | *Dare la r.*, fornire al timoniere la rotta su cui deve governare | *Ufficiale di r.*, incaricato di calcolarla e di sorvegliare che sia seguita. **3** (*mar.*, *aer.*) Rappresentazione grafica, su carta geografica o altro, del percorso di una nave o di un aeromobile: *tracciare la r.* | *Tracciatore di r.*, *registratore di r.*, apparecchio registratore che, collegato con il solcometro e la bussola giroscopica o magnetica, traccia automaticamente su carta, in scala ridotta, la rotta seguita dalla nave. **4** (*aer.*) Proiezione al suolo del percorso che un aeromobile sta compiendo o deve compiere: *r. effettiva*, *prestabilita*. **5** (*est.*) Viaggio, percorso, compiuto o da compiere, secondo una direzione o verso una meta prefissata: *col suo camper quest'estate ha fatto r. sulla Spagna*. **6** (*est.*) Linea di condotta seguita da qc., modo di comportarsi: *dopo l'insuccesso elettorale quel partito ha mutato radicalmente r.*

ròtta (**3**) [ingl. *crowd*, di origine celtica] s. f. **1** (*mus.*) Antico strumento a corde, d'origine celtica, simile alla cetra. SIN. Crotta. **2** (*mus.*) †Salterio.

rottamàggio s. m. ● Rottamazione.

rottamàio s. m. ● Chi ricerca e recupera rottami per rivenderli.

rottamàre v. tr. ● Procedere allo smantellamento di autoveicoli o macchinari recuperandone parti ancora utilizzabili e inviando le rimanenti parti metalliche alle fonderie.

rottamazióne s. f. ● Atto, effetto del rottamare.

rottàme [da *rotto*] s. m. **1** Frammento o insieme di frammenti di cosa rotta: *rottami di ferro* | Ammasso di cose rotte o di meccanismi non funzionanti: *quella nave è ormai un r.* **2** (*fig.*) Persona molto provata nel fisico o nel morale: *che giornata faticosa: mi sento proprio un r.!* **3** (*raro*, *fig.*) Vestigia: *il machiavellismo su' rottami del medio evo abbozza un mondo ... fondato sulla patria*, *sulla nazionalità* (DE SANCTIS).

rottamìsta s. m. e f. (pl. m. *-i*) ● Rottamaio.

†**rottézza** s. f. ● Qualità di rotto.

rótto A part. pass. di *rompere*; anche agg. **1** Nei sign. del v. **2** *Strada rotta*, impraticabile | (*fig.*) Pesto, malconcio: *ossa rotte*. **3** (*raro*, *lett.*) Rifratto, detto di raggio luminoso: *Come color dinanzi vider rotta* / *la luce in terra dal mio destro canto* (DANTE *Purg.* III, 88-89). **4** Resistente, ben avvezzo a q.c. (*anche spreg.*): *r. alle intemperie*; *r. a ogni vizio* | †Sfrenato, irruente, sboccato. || **rottaménte**, avv. **1** (*raro*) In modo spezzato, frammentario, senza legamenti. **2** †Dirottamente. **3** †Sfrenatamente. **B** s. m. ● (*raro*) Rottura, spacco, strappo | *Passare*, *farcela per il r. della cuffia*, riuscire a cavarsela con poco o nessun danno. **C** s. m. al pl. ● Spiccioli di una cifra tonda: *mille lire e rotti* | (*est.*) Quantità minima, non esattamente calcolata: *ne arriveranno quattrocento e rotti*.

rottòrio [da *rotto*] s. m. **1** †Cauterio. **2** (*raro*) Noia, seccatura, rottura di scatole: *mi ha attaccato un bottone di due ore: che r.!*

†**rottùme** [da *rotto*] s. m. ● Molti pezzi di parti rotte.

rottùra [vc. dotta, lat. tardo *ruptūra(m)*, da *rŭptus* 'rotto'] s. f. **1** Atto, effetto del rompere o del rompersi: *la r. di un vetro*; *la r. degli argini causò molti danni* | Parte dove q.c. è rotto: *saldare le r.* | (*fam.* o *volg.*) *R. di corbelli*, *di scatole*, *di tasche*, *di palle*, (*ell.*) *rottura*, noia, scocciatura. **2** Interruzione, cessazione: *la rottura dei negoziati* | Violazione: *denunceremo la r. della tregua*. **3** Discussione, cessazione di rapporti in seguito a discordia, controversia: *fra i due amici ci fu una clamorosa r.* **4** Breccia, sfondamento: *r. del fronte* | †*R. della guerra*, avvio delle ostilità. **5** (*mar.*) Rinunzia o interruzione del viaggio di una nave mercantile, volontaria o forzata. **6** (*sport*) Nell'ippica, il passaggio del cavallo dall'andatura di trotto a quella di galoppo: *r. prolungata*. **7** (*med.*) Frattura: *r. di un braccio*, *delle costole*. **8** Brusco peggioramento delle condizioni meteorologiche o per improvviso mutamento o per passaggio di stagione: *r. del tempo*. **9** †Rottame.

ròtula [vc. dotta, lat. *rŏtula(m)*, dim. di *rŏta* 'ruota', per la forma] s. f. ● (*anat.*) Osso sesamoide contenuto nel tendine del muscolo quadricipite femorale. SIN. Patella, rotella. ➡ ILL. p. 362 ANATOMIA UMANA.

rotulèo agg. ● Della rotula: *riflesso r.*

rough /*ingl.* rʌf/ [vc. ingl., propr. 'ruvido, rozzo', di base e diffusione indeur.] s. m. inv. **1** Primo abbozzo disegnato di un messaggio pubblicitario. **2** Terreno accidentato con erba alta nei campi da golf.

roulette /*fr.* ru'let/ [vc. fr., da *rouler* 'rotolare, girare', da *rouelle* 'rotella', dal lat. *rotĕlla(m)*, V. *rotella*] s. f. inv. **1** Gioco d'azzardo in cui vince chi indovina il numero o il colore su cui s'arresta una pallina gettata su un piatto girevole. **2** *R. russa*, prova di coraggio, consueta un tempo spec. fra gli ufficiali e gli aristocratici della Russia zarista, consistente nel premere il grilletto di un revolver puntato alla tempia, nel cui tamburo, fatto girare casualmente, sia stato collocato un solo proiettile

| (*est.*) Forma di tortura psicologica praticata su una persona che si vuole terrorizzare o uccidere.

roulotte /*fr.* ru'lɔt/ [vc. fr., da *rouler* 'rotolare'. V. *rullare* (*1*)] s. f. inv. ● Rimorchio per autovetture, attrezzato come un'abitazione per campeggio o per viaggiare; è usato talvolta anche come ambulatorio medico, mostra di libri, bar e sim. SIN. Caravan.

roulottìsta /rulot'tista/ o **rulottìsta** [da *roulotte*] s. m. e f. (pl. m. *-i*) ● Chi viaggia, campeggia o vive in roulotte. SIN. Caravanista.

roulottòpoli /rulot'tɔpoli/ o **rulottòpoli** [da *roulotte*] s. f. ● Agglomerato di roulotte installate, insieme a servizi igienici, centri sanitari e sim., su un terreno in prossimità di un centro abitato colpito da una calamità naturale, per accogliere gli abitanti che abbiano dovuto abbandonare le loro case.

round /*ingl.* raund/ [vc. ingl., propriamente 'giro, turno', dal lat. *rotŭndu(m)* 'rotondo'] s. m. inv. *1* (*sport*) Nel pugilato, ripresa: *primo, secondo r.* *2* (*est., fig.*) Fase, momento di una disputa verbale particolarmente vivace: *primo r. fra governo e sindacati.*

rousseauiano /russo'jano/ o **russoiàno**, **russoviàno** **A** agg. ● Proprio del, relativo al filosofo J.-J. Rousseau (1712-1778). **B** s. m. ● Seguace del pensiero di J. J. Rousseau.

routier /*fr.* ru'tje/ [vc. fr., da *route* 'strada', V. *routine*] s. m. inv. ● Nel ciclismo, stradista.

routinàrio /ruti'narjo/ o **rutinàrio** [adattamento di *routinier*] agg.; anche s. m. ● Routiniero.

routine /*fr.* ru'tin/ [vc. fr., dim. di *route* 'strada', dal lat. (*vĭam*) *rŭpta(m)* '(via) rotta', cioè 'aperta, segnata'] s. f. inv. *1* Abitudine ad agire o pensare sempre nello stesso modo, consolidata a spese dello spirito d'iniziativa e di creatività: *è la solita r.*; *la r. di sempre.* *2* (*est.*) Pratica, esperienza derivata dalla ripetizione di un comportamento, spec. professionale: *la r. del medico.* *3* (*elab.*) Sequenza di istruzioni di programmazione con compiti specifici ben definiti, che viene richiamata nel suo insieme ogni volta che tali compiti debbano essere ripetuti.

routinièro /ruti'njɛro/ o **rutinièro** [adattamento del fr. *routinier*, da *routine*] agg.; anche s. m. ● Che, chi agisce seguendo una routine.

rovàio [lat. parl. **boreāriu(m)*, da *bŏreas* 'borea', accostato per etim. pop. a *rovo*, perché pungente (?)] s. m. ● Borea, tramontana: *vento di r.*; *le lunghe ire / del r. che a notte urta le porte* (PASCOLI) | (*fig.*) †*Dar dei calci al r.*, essere impiccato. || **rovaiàccio**, pegg. | **rovaionàccio**, pegg.

†**rovanìccio** agg. ● Di colore che s'avvicina al rovano.

rovàno [V. *roano*] agg. ● Del colore della ruggine. || **rovanétto**, dim.

†**rovèlla** s. f. ● (*tosc.*) Rovello.

rovèllo [lat. parl. **rebĕllu(m)*, da *rebellāre* 'ribellarsi'] s. m. ● (*lett.*) Stizza rabbiosa, tormentoso risentimento interiore: *consumarsi per il r.*; *liberarsi da un r.* | (*volg., tosc.*) *Che ti venga il r.!*, che ti divori la rabbia!

roventàre [da *rovente*] v. tr. (*io rovènto*) ● (*raro*) Arroventare.

rovènte [lat. *rubĕnte(m)*, part. pres. di *rubēre* 'rosseggiare', da *rŭber* 'rosso'. V. *rubro* (*2*)] agg. ● (*raro*) Del colore del fuoco: *fiamma r.* | Così infuocato da rosseggiare: *ferro r.* | Scottante, caldissimo (*anche fig.*): *fornace r.*; *dolore r.* | †*Vivanda r.*, bollente.

†**roventézza** s. f. ● Qualità di rovente.

roventìno [da *rovente*, nel sign. di 'caldo'] s. m. ● (*tosc.*) Frittata di sangue di maiale con uva passa e pinoli, cotta in padella con un po' di strutto, condita con sale e parmigiano grattuggiato o zucchero.

†**roventìre** v. tr. ● Roventare.

rover /*ingl.* 'rouvə*/ [vc. ingl., propr. 'giramondo, girovago', da *to rove* 'vagare, errare, vagabondare'] s. m. inv. ● Boy scout di età superiore ai 17 anni, talora con compiti di addestramento dei compagni più giovani.

róvere [lat. *rōbore*, abl. di *rōbur* 'rovere, quercia', poi 'forza', di origine indeur.] s. m. o f. *1* (*bot.*) Albero delle Cupulifere che può raggiungere grandi dimensioni e fornisce un legno molto robusto (*Quercus petraea* o *Quercus sessiliflora*). SIN. Quercia comune. *2* Il legno di tale albero: *una madia in r.*; *caratello in r.*

roverèlla [da *rovere*] s. f. ● Quercia con tronco spesso contorto e nodoso, con i piccoli rami e la parte inferiore delle foglie pelosi (*Quercus pubescens*).

roveréto s. m. ● Bosco di roveri.

†**roverìa** s. f. ● Roveto.

†**róvero** s. m. ● Rovere.

rovèscia [f. di *rovescio*] s. f. (pl. *-sce*) *1* (*raro*) Lato opposto al diritto | *Alla r.*, al contrario, all'opposto, all'inverso. *2* Risvolto: *maniche con le rovesce.*

rovesciàbile agg. ● Che si può rovesciare.

rovesciaménto s. m. ● Modo, atto, effetto del rovesciare o del rovesciarsi (*anche fig.*): *il r. di un abito, di un governo, di una situazione.* SIN. Capovolgimento.

rovesciàre [lat. parl. *reversiāre*, var. di *reversāre*. V. *riversare*] **A** v. tr. (*io rovèscio*) *1* Versare in giù, abbondantemente e con forza (*anche fig.*): *r. olio sul pavimento*; *rovesciarsi la minestra addosso*; *r. insulti su qc.* | (*fig.*) Riversare: *r. la colpa su qc.* | *R. la broda su qc.*, (*fig.*) incolparlo di q.c. | (*raro, euf.*) Vomitare: *ha rovesciato il pranzo.* *2* Voltare sottosopra, indietro o avanti, dalla parte opposta al diritto: *r. la terra, un foglio, un abito*; *il vento rovesciò la barca* | †*R. il bordo*, voltare il fianco del bastimento dall'altra parte | *Rovesciarsi le tasche*, mettere all'esterno la fodera, spec. per mostrare che non c'è nulla | *R. il sacco*, (*fig.*) mostrare tutto ciò che si sa, raccontando, riferendo su q.c. | (*fig.*) *R. la situazione*, mutarla radicalmente. SIN. Capovolgere, invertire, rivoltare. *3* Gettare per terra chi o ciò che era in piedi o diritto: *r. una sedia*; *r. qc. urtandolo*; *r. l'ordine* | (*fig.*) *R. un governo*, abbatterlo. *4* (*mil.*) Atterrare, abbattere: *r. una città, le trincee nemiche* | Abbattere, disfare le schiere nemiche: *r. gli assalitori di una fortezza.* **B** v. intr. pron. *1* Cadere giù impetuosamente, all'indietro o in avanti: *per il vento l'albero si rovesciò sul tetto*; *si è rovesciata la bottiglia* | Capovolgersi, detto di cose: *la barca si rovesciò a due miglia dalla costa* | Abbandonarsi, lasciarsi cadere, detto di persone: *si rovesciò esausto sul divano.* *2* Versarsi fuori uscendo da un recipiente: *il vino si è rovesciato sulla tovaglia* | Cadere dall'alto, con impeto e abbondanza: *la cascata si rovescia a valle*; *a sera una grandinata si rovesciò sui campi.* *3* (*fig.*) Accorrere in gran numero o rumorosamente: *la folla si rovesciò nelle strade.*

rovesciàta [da *rovesciato*] s. f. ● (*sport*) Tiro al volo mediante il quale un calciatore colpisce la palla inviandola verso la parte opposta a quella cui è volto | *R. acrobatica*, quella effettuata sollevando entrambe le gambe.

rovesciàto part. pass. di *rovesciare*; anche agg. *1* Nei sign. del v. *2* (*arald.*) Detto delle figure volte verso la punta anziché verso il capo dello scudo. *3* (*bot.*) *Corolla rovesciata*, con labbro superiore più aperto dell'inferiore | (*bot.*) *Foglia rovesciata*, con la pagina inferiore rivolta in alto | (*bot.*) *Ovulo r.*, ovulo anatropo.

rovesciatóre agg.; anche s. m. (f. *-trice*) ● (*raro*) Che, chi rovescia.

rovescìna [da *rovescio*] s. f. ● Reversina.

rovescìno s. m. *1* Dim. di *rovescio.* *2* Serie delle maglie a punto rovescio che formano la cucitura della calza lavorata ai ferri. *3* Reversino.

rovèscio [lat. *revĕrsu(m)* 'riverso', sul modello di *rovesciare*] **A** agg. (pl. f. *-sce*) ● Voltato in senso contrario, dalla parte opposta al diritto | *Giacere r.*, supino | *Cadere r.*, disteso | *A r.*, in posizione capovolta e (*fig.*) in modo opposto a quello giusto o normale | *Intendere, capire a r.*, nel significato opposto a quello esatto | (*raro*) *Di, per r.*, al contrario | †*Mandare a r.*, mandare a rotoli | *Per dritto e per r.*, in qualunque modo, a ragione o a torto. CONTR. Diritto. **B** s. m. *1* (*raro*) Atto del rovesciarsi, del cadere giù con forza e improvvisamente | (*fig.*) *R. di fortuna*, rovina economica, grave dissesto finanziario | (*est., fig.*) Disgrazia, sconfitta: *subire una serie di rovesci.* *2* Parte opposta a quella diritta, superficie posteriore: *il r. di una stoffa* | (*fig.*) Modo opposto al giusto, al normale: *capisce sempre il r. di ciò che gli si dice* | †*Non avere né diritto né r.*, (*fig.*) essere indecifrabile, indefinibile, detto di persona. CONTR. Diritto. *3* (*numism.*) Lato secondario, meno importante sotto l'aspetto tipologico o tecnico, di una moneta o di una medaglia | *Il r. della medaglia*, (*fig.*) il lato negativo di una situazione. ➡ ILL. **moneta**. *4* (*mil.*) In un'opera di fortificazione, la parte esposta verso l'interno, volta nella direzione da cui è improbabile che giungano le offese del nemico. *5* (*mar.*) Spalla del timone. *6* Caduta violenta, di breve durata, che inizia e termina bruscamente, detto spec. di pioggia e gener. di qualsiasi altro materiale (*anche fig.*): *r. di pioggia, di grandine*; *venne giù un r. di sassi dal pendio*; *un r. di improperi.* *7* Colpo dato col dorso della mano. SIN. Manrovescio. *8* (*sport*) Nel tennis, colpo di rinvio effettuato portando la racchetta in direzione della parte del braccio libero e colpendo quindi la palla con la faccia corrispondente al dorso della mano || PROV. Ogni dritto ha il suo rovescio. || **rovescìno**, dim. (V.) | **rovescióne**, accr. (V.).

rovescióne (**1**) s. m. *1* Accr. di *rovescio.* *2* Scroscio di pioggia violento e improvviso. *3* Colpo dato di rovescio con la mano o con un'arma | Manrovescio.

rovescióne (**2**) o **rovescióni** [da *rovesciare*] avv. ● In posizione rovesciata, lungo disteso, supino: *finire r.*; *buttarsi r. sul letto.*

rovéto [lat. *rubētu(m)*, da *rŭbus* 'rovo'] s. m. ● Luogo pieno, coperto di rovi o di piante. SIN. Prunaio.

†**rovigliaménto** s. m. ● Modo, atto del rovigliare.

†**rovigliàre** [etim. incerta] v. tr. ● Cercare, rovistare, frugare.

rovigòtto [da *Rovig(o)* col suff. proprio di alcuni etnici *-otto*] agg.; anche s. m. (f. *-a*) ● (*pop.*) Rodigino.

rovìna o (*lett.*) †**ruìna** [lat. *ruīna(m)*, da *rŭere* 'precipitare', di origine indeur., con epentesi della *-v-*] s. f. *1* Atto, effetto del rovinare: *l'improvvisa r. del muro*; *la r. del ponte è stata causata dalle inondazioni.* SIN. Caduta, crollo. *2* Cosa che è caduta, precipitata, rovinata | (*spec. al pl.*) Rudere, avanzo di edifici antichi o demoliti con azione violenta: *il paese è tutto una r.*; *le rovine di Troia*; *le rovine della devastazione* | *Risorgere dalle rovine*, (*fig.*) trovare la forza per uscire da una situazione disastrosa. SIN. Maceria. *3* Sfacelo, scempio, disfacimento di istituzioni, governi, civiltà: *la r. della nazione è irreparabile* | (*est.*) Danno gravissimo, disgrazia, disastro economico o morale: *mandare, andare in r.*; *errò ... el duca in questa elezione, e fu cagione dell'ultima ruina sua* (MACHIAVELLI) | Chi, ciò che è causa del danno, dello sfacelo: *è stata la r. della sua famiglia*; *i cattivi esempi sono la r. della gioventù.* *4* (*lett.*) Impeto, irruenza, furia, violenza. *5* †Strage, morte. *6* †Scoscendimento, dirupo, franamento.

rovinàccio [da *rovina*] s. m. ● Avanzo di muri rovinati o demoliti.

†**rovinaménto** s. m. ● Modo, atto del rovinare | Rovina di costruzioni | Frana.

rovinàre o (*lett.*) †**ruinàre** [da *rovina*] **A** v. intr. (aus. *essere*) *1* Cadere giù crollando con impeto e fragore: *l'edificio è rovinato per il terremoto.* SIN. Crollare. *2* Precipitare, cadere dall'alto: *le acque della cascata rovinano a valle* | †Cadere in basso, detto di persona. *3* (*raro*) Andare in rovina, in sfacelo. **B** v. tr. *1* Abbattere, far cadere, demolire, provocando un crollo o una frana: *r. un ponte.* *2* Guastare, sciupare: *rovinarsi la salute.* *3* (*fig.*) Mandare in sfacelo, in miseria, distruggere: *la guerra ha rovinato l'economia.* **C** v. rifl. ● Danneggiarsi gravemente: *rovinarsi con il gioco* || PROV. Le acque chete rovinano i ponti.

rovinatìccio agg. (pl. f. *-ce*) ● (*raro*) Alquanto rovinato.

rovinàto o (*lett.*) †**ruinàto**. part. pass. di *rovinare*; anche agg. *1* Nei sign. del v. *2* *Siamo rovinati*, abbiamo perduto tutti i beni.

rovinatóre agg.; anche s. m. (f. *-trice*) ● (*raro*) Che, chi rovina.

†**rovinazióne** s. f. ● Atto, effetto del rovinare.

†**rovinévole** agg. *1* Rovinoso. *2* Dirupato, scosceso. || †**rovinevolménte**, avv. In modo rovinoso.

rovinìo s. m. *1* Un rovinare continuato: *r. di pietre.* *2* Rumore, fracasso di cose che rovinano.

rovinìsmo [comp. di *rovina* e *-ismo*] s. m. ● Gusto

estetico per le rovine, affermatosi spec. nel sec. XVII e XVIII in pittura e anche in poesia.

rovinìsta [comp. di *rovina* e *-ista*] s. m. (pl. *-i*) • Pittore, poeta specializzato nella rappresentazione di rovine di edifici, spec. dell'età classica: *i rovinisti del Seicento.*

rovinografìa [comp. di *rovina* e *-grafia*: calco sull'ingl. *doomwriting*] s. f. • Visione fatalmente pessimistica del futuro, che porta a prevedere sciagure e catastrofi e a scrivere di esse. SIN. Doomwriting.

rovinògrafo s. m. • Chi si occupa di rovinografia.

rovinologìa [comp. di *rovina* e *-logia*] s. f. • Studio delle rovine che l'uomo ha causato distruggendo l'ambiente naturale con l'inquinamento e sim.

rovinòlogo s. m. (f. *-a*; pl. m. *-gi*) • Esperto di rovinologia.

rovinóso o (*lett.*) †**ruinóso**, †**ruvinóso** [da *rovina*, sul modello del lat. *ruinōsus*] agg. *1* Che porta rovina: *tempesta rovinosa.* SIN. Disastroso. *2* Impetuoso, furioso: *fiume r.* *3* (*lett.*) Che sta per rovinare. *4* †Dirupato, scosceso. *5* †Precipitoso, pronto all'ira. || **rovinosaménte**, avv. Con grande rovina, furiosamente, violentemente; (*raro*) dirottamente.

rovistàre [lat. *revisitāre* 'rivisitare'] v. tr. • Cercare dappertutto, spec. facendo rumore, spostando oggetti, mettendo in disordine, ecc. (*anche ass.*): *r. i cassetti, le tasche*; *abbiamo rovistato inutilmente*; *r. nella memoria*; *mi misi a r. alcuni fogli polverosi e giallognoli* (NIEVO). SIN. Frugare.

rovistatóre s. m. (f. *-trice*) • (*raro*) Chi rovista, fruga.

rovistìo s. m. *1* Un rovistare affannoso o continuo. *2* Rumore di cose mosse, spostate da chi rovista.

róvo [lat. *rūbu(m)*, affine a *rūber* 'rosso' (V. *rubro* (*2*)), per il colore rosso scuro] s. m. • Rosacea fruticosa con fusti sdraiati, angolosi, aculeati, e foglie bianche inferiormente; i fiori sono rosei e i frutti eduli sono detti more (*Rubus fruticosus*).

royalty /ingl. 'rɔiəlti/ [vc. ingl., 'regalità', dall'ant. fr. *roialté* (fr. moderno *royauté*): stessa etim. dell'it. *regalità*] s. f. inv. (pl. ingl. *royalties*) • (*spec. al pl.*) Percentuale sugli utili corrisposta a chi concede lo sfruttamento di giacimenti petroliferi, miniere, foreste, brevetti e sim. | Percentuale che l'editore paga all'autore per ogni copia di libro venduto.

ròzza o **rózza** [ted. *Ross* 'cavallo', di origine germ.] s. f. *1* Cavallo di poco pregio perché poco agile o vecchio e pieno di acciacchi. *2* (*fig.*) †Carogna, briccone. || **rozzàccia**, pegg. | **rozzétta**, dim.

rozzézza s. f. • Qualità di chi o di ciò che è rozzo (*anche fig.*). SIN. Grossolanità, ruvidezza.

†**rozzità** s. f. • (*raro*) Rozzezza.

rózzo [lat. *rŭdius*, compar. nt. di *rŭdis* 'rude'] agg. *1* Non lavorato, così come si trova in natura: *lana, pietra rozza* | Scabro, ruvido: *panno r.* | *Muro r.*, non intonacato, rustico | Di lavoro non ornato, né levigato, né rifinito: *mobile r.* | *Statua rozza*, appena abbozzata | (*est.*) Grossolano: *i rozzi versi e poco ornati / daremo al vento* (L. DE' MEDICI). SIN. Grezzo. *2* (*fig.*) Non ingentilito né raffinato dall'educazione, da buone maniere, da cultura, detto di persona: *un uomo ancora r.* | *Società rozza*, primitiva | (*raro*) Non affettato, semplice, schietto: *parole rozze, ma sincere* | (*spreg.*) Zotico, villano, sgarbato: *nonostante gli sforzi dei genitori, è un ragazzo r. e grossolano*; *modi rozzi.* || **rozzóne**, accr. | **rozzòtto**, accr. || **rozzaménte**, avv. In modo rozzo, con rozzezza.

†**rozzóre** s. m. • Rozzezza.

rozzùme s. m. • (*raro, spreg.*) Aspetto rozzo (*anche fig.*).

†**rozzùra** [da *rozzo*] s. f. • (*tosc.*) Aria fresca, pungente.

rrrr /r/ [vc. onomat.] inter. *1* Riproduce il rumore di un'automobile che accelera. *2* Riproduce il rumore di un motorino fuoribordo.

rùa • V. *ruga* (*2*).

rùba [da *rubare*] s. f. • (*raro*) Rapina, furto, saccheggio | †*Mettere, andare a r. e a sacco*, saccheggiare, essere saccheggiato | *Andare a r.*, trovare rapidamente un gran numero di compratori, detto di merci varie.

rubacchiaménto s. m. • (*raro*) Modo, atto, effetto del rubacchiare.

rubacchiàre [ints. di *rubare*] v. tr. (*io rubàcchio*) • Rubare di quando in quando, poco per volta, qua e là.

rubacchiàto part. pass. di *rubacchiare*; anche agg. • Nei sign. del v.

rubacchiatóre agg.; anche s. m. (f. *-trice*) • Che, chi rubacchia.

rubacuòri o (*pop.*) **rubacòri** [comp. di *ruba(re)* e il pl. di *cuore*] s. m. e f.; anche agg. • Chi, che fa innamorare o attira tutte le simpatie: *fare il r.*; *sguardo r.*

†**rubadóre** • V. *rubatore.*

†**rubaiuòlo** [da *rubare*] agg. • Di furto, latrocinio.

rubàlda • V. *ribalda.*

†**rubàldo** e *deriv.* • V. *ribaldo* e *deriv.*

rubamàzzo [comp. di *ruba(re)* e *mazzo*] s. m. • Gioco di carte consistente nel sottrarsi vicendevolmente i vari mazzetti delle carte prese, posti davanti a sé scoperti, qualora si abbia in mano una carta uguale a quella posta in cima a uno di essi, con la vittoria di chi, alla fine del gioco, ha accumulato il maggior numero di carte.

rubaménto s. m. • (*raro*) Modo, atto, effetto del rubare, spec. svaligiamento, furto.

rubamónte [comp. dell'imperat. di *rubare* e *monte*, come termine di gioco] s. m. • (*raro*) Rubamazzo.

rubapàghe [comp. di *ruba(re)* e il pl. di *paga*] s. m. e f. inv. • (*raro*) Chi, lavorando poco, non merita la paga, lo stipendio.

rubàre o †**robàre**, †**rubbàre** [got. *raubōn*, da *rauba* 'bottino'] **A** v. tr. *1* Prendere con la violenza o di nascosto ciò che appartiene ad altri: *r. una valigia, dei gioielli* | *R. lo stipendio*, (*fig.*) lavorare così poco da non meritarlo | (*fig.*) *R. una mossa*, prevenirla | (*raro*) *R. la mano*, prendere la mano | *Andare a r. a casa del ladro*, (*fig.*) compiere un'impresa inutile | Acquistare con frode: *r. una cattedra, il posto a qc.* | Carpire: *r. un segreto*; *r. la fiducia di qc.* | Rapire, portare via all'improvviso o in modo inaspettato: *la morte lo ha rubato troppo giovane.* *2* (*est., fig.*) Sottrarre, portare via qc. o q.c. che è di altri o in stretti rapporti con altri: *r. la moglie a un amico, il fidanzato*; *r. l'affetto di un figlio* | *R. il cuore*, (*fig.*) fare innamorare | (*fig.*) *R. il tempo a qc.*, importunare, distrarre qc., sottraendolo a q.c. di importante | (*fig.*) *R. ore al sonno*, impegnare in q.c. le ore di riposo | (*fig.*) *R. il mestiere a qc.*, fare q.c. che è di competenza altrui | (*fig.*) *R. un'invenzione, un'idea*, farla passare per propria | (*fig.*) *R. la vista*, nasconderla, detto di edificio costruito in luogo e maniera tali da impedirla a un altro edificio | (*fig.*) *Rubarsi qc. con gli occhi*, mostrare con lo sguardo di desiderarlo molto | Cercare di accaparrarsi la presenza, l'attenzione di qc.: *tutti se lo rubavano per complimentarlo.* *3* (*ass.*) Commettere un furto: *r. per vizio, per necessità*; *r. ai poveri*; *hanno rubato in banca* | *R. sul peso*, farlo aumentare con frode | *R. a man salva*, rubare più che si può, sicuri di non essere scoperti. *4* †Saccheggiare, rapinare con violenza: *cominciarono a r. tutto il paese* (MACHIAVELLI) | †Derubare, spogliare: *r. i soldati.* *5* (*mar.*) *R. il vento*, mettersi sopravento a un veliero in modo da impedire alle vele di questo di prendere vento. **B** v. rifl. rec. • Litigarsi, contendersi: *gli invitati si rubavano l'ospite d'onore.*

rubàsca [vc. russa, da *rub* 'abito grossolano, straccio, brandello', di origine slava] s. f. • Camiciotto del costume nazionale maschile russo, allacciato da un lato e stretto alla vita da una fascia.

rubàto part. pass. di *rubare*; anche agg. *1* Nei sign. del v. *2* (*mus.*) Detto di tempo eseguito con una certa elasticità per ottenere particolari effetti espressivi.

rubatóre o †**rubadóre**. s. m. (f. *-trice*) *1* (*raro*) Chi ruba. *2* †Masnadiero, ladro, brigante.

†**rubatùra** s. f. • Ruberia.

†**rubazióne** [da *rubare*] s. f. • Saccheggio.

†**rubbàre** • V. *rubare.*

rubber /ingl. 'rʌbə*/ [vc. ingl., di etim. incerta] s. m. inv. • Nel bridge, la partita costituita di due manche.

rùbbio [lat. *rūbeu(m)* 'rosso' (V. *rubro* (*2*)), per le strisce rosse che segnavano le divisioni] s. m. (pl. *rùbbi*, m. o *rùbbia*, f.) *1* Antica misura per aridi dell'Italia centrale, pari a circa 290 litri | (*raro*) *Aver danari a rubbia*, essere ricchissimo. *2* Nell'Italia centrale, unità di misura di superficie agraria, pari a circa 18,50 m^2.

rùbbo [ar. *rub'*, n. di misura di capacità] s. m. • Antica unità di misura di peso di varie città italiane oscillante tra gli 8 e i 9 kg.

†**rubèca** • V. *ribeca.*

†**rubécchio** [lat. parl. **rubīculu(m)*, da *rūber* 'rosso'. V. *rubro* (*2*)] agg. • Rosseggiante.

rubefacènte [vc. dotta, lat. *rubefacĕnte(m)*, part. pres. di *rubefăcere* 'tingere in rosso', comp. di *rŭber* 'rosso' (V. *rubro* (*2*)) e *făcere* 'fare'] **A** s. m. • Medicamento che provoca un temporaneo aumento della quantità di sangue presente nei capillari di un organo. **B** anche agg.: *medicamento r.*

rubefazióne [dal lat. *rubefăctus*, part. pass. di *rubefăcere*. V. *rubefacente*] s. f. *1* Colorazione rossastra assunta da certe rocce per l'ossidazione di componenti ferrosi. *2* (*med.*) Iperemia cutanea.

†**rubellàre** e *deriv.* • V. *ribellare* e *deriv.*

rubellìte [dal lat. *rubĕllus* 'rossiccio', dim. di *rūber* 'rosso' (V. *rubro* (*2*)), per il colore] s. f. • (*miner.*) Varietà limpida di tormalina di colore rosso, usata in gioielleria.

rubèola [dal lat. *rūbeus* 'rosso', da *rūber* 'rubro (2)'] s. f. • (*med.*) Rosolia.

rubería s. f. *1* Il rubare con inganno, anche continuato: *vivere di ruberie* | *È una r.*, è una frode, un'azione da ladri. *2* Saccheggio, rapina, violenta estorsione, spec. di più persone. *3* Mangeria. *4* †Ratto. *5* †Preda, bottino, cosa rubata.

rubescènte [vc. dotta, lat. *rubescĕnte(m)*, part. pres. di *rubēscere* 'rosseggiare', ints. di *rubēre* 'essere rosso', da *rūber* 'rubro (2)'] agg. • (*raro*) Erubescente.

rubescènza [da *rubescente*] s. f. • (*raro*) Erubescenza.

†**rubestézza** [da *rubesto*] s. f. • Robustezza, fierezza.

†**rubèsto** [variante di *robusto*] agg. • Robusto, gagliardo, impetuoso. || †**rubestaménte**, avv.

Rubiàcee [vc. dotta, comp. dal lat. *rūbia* 'robbia' e *-acee*] s. f. pl. • Nella tassonomia vegetale, famiglia di piante dicotiledoni con cauli prismatici e foglie lineari disposte in verticillo, le cui stipole spesso sono eccezionalmente sviluppate (*Rubiaceae*) | (al sing. *-a*) Ogni individuo di tale famiglia. ➡ ILL. **piante** /9.

†**rubicànte** [lat. tardo *rubicănte(m)* 'rosseggiante', part. pres. di *rubicāre* 'rosseggiare', da *rūbeus* 'rosso' (V. *robbio*)] agg. • Rosseggiante.

rubicóndo [vc. dotta, lat. *rubicŭndu(m)*, da *rubēre* 'esser rosso'. V. *rubescente*] agg. • Di colore rosso vivo o rosseggiante, detto spec. del viso o di sue parti: *faccia rubiconda*; *naso r.*

rubìdio [dal lat. *rŭbidus* 'rosso', da *rŭber* 'rosso'. V. *rubro* (*2*)] s. m. • Elemento chimico della famiglia dei metalli alcalini, analogo al potassio, presente nei minerali di questi in piccolissime quantità, usato nella fabbricazione di tubi elettronici e, sotto forma di sali, nella produzione di vetro e ceramica. SIMB. Rb.

rubìgine [lat. *rubīgine(m)*, da *rūber* 'rosso'. V. *rubro* (*2*)] s. f. *1* (*raro*) Ruggine. *2* (*med.*) Macchia corneale.

rubìglio • V. *robiglio.*

rubinetterìa o **robinetterìa** [fr. *robinetterie*, da *robinet* 'rubinetto'] s. f. • Insieme degli organi di regolazione della portata dei liquidi in tubazioni di piccolo diametro.

rubinétto o **robinétto** [fr. *robinet*, da *robin*, n. pop. del montone, perché i rubinetti erano spesso ornati con la testa di un montone. *Robin* è un dim. del n. proprio *Robert*] s. m. *1* Organo di intercettazione e di regolazione del flusso di un liquido o gas in una tubazione azionabile manualmente mediante una chiavetta: *il r. dell'acqua*; *il r. del gas*; *aprire, chiudere il r.* *2* (*est., fig.*) Ciò che ha funzione di interrompere o riattivare il flusso di q.c., spec. di crediti e sim.: *la Cassa di Risparmio riapre il r. dei mutui fondiari.*

rubìno [dal lat. *rūbeus* 'rosso'. V. *rubro* (*2*)] **A** s. m. *1* Varietà rossa di corindone usata come pietra preziosa. *2* (*fig., lett.*) Colore vermiglio delle labbra. *3* (*est., spec. al pl.*) Ciascuna delle pietre sintetiche, spesso di colore rosso, incassate nel metallo delle piastre di un orologio, nelle quali si praticano i fori che accolgono i perni degli organi in movimento. *4* (*est., fot.*) Vetro di colore rosso intenso usato come filtro delle fonti di luce in un laboratorio. **B** in funzione di agg. inv. ● (posposto a un s.) Che ha il colore rosso intenso e acceso caratteristico della pietra omonima: *uno smalto rosso r.* ‖ **rubinùzzo**, dim.

†**rubinóso** agg. ● Di rubino.

rubizzo o **rubiẓẓo** [sp. *roblizo* 'sodo, duro', da *roble* 'rovere'] agg. ● Di aspetto ancora fresco e florido, di colorito sano, detto spec. di persona anziana: *un vecchio r.*

rùblo [russo *rubl'* 'ritaglio (d'argento)', da *rubit'* 'tagliare'] s. m. (pl. *-i*) ● Unità monetaria della Russia, divisa in cento copechi.

†**rubóre** [vc. dotta, lat. *rubōre(m)*, da *rŭber* 'rosso' (V. *rubro* (2))] s. m. ● Rossore, erubescenza.

rubrica o (*evit.*) **rùbrica** [vc. dotta, lat. *rubrīca(m)* '(terra) rossa', f. sost. di *rubrīcus* 'rosso', da *rŭbor* 'rossore' (V.)] s. f. *1* Quaderno con margini a scaletta, segnati con le lettere dell'alfabeto per facilitarne la consultazione, contenente indirizzi, numeri telefonici, appunti di vario genere e sim. | (*est., rag.*) Elenco alfabetico o numerico dei conti di un libro mastro o di un partitario. *2* (*dir.*) Titolo di un articolo di codice. *3* (*rag.*) Ciascuno dei titoli in cui sono distinte le entrate e le uscite di un bilancio di previsione. *4* Sezione di un giornale, pubblicazione periodica, trasmissione radiofonica o televisiva relativa a un determinato argomento: *r. finanziaria, teatrale, mondana.* *5* (*relig.*) Nota, spesso scritta con inchiostro rosso, posta nel testo di un breviario o di un messale, contenente le regole da osservare nella celebrazione delle funzioni liturgiche | *È di r.*, è di regola. *6* Titolo, intestazione, lettera iniziale, richiamo o prospetto in un libro, in un manoscritto o in un codice, spec. se scritto con inchiostro rosso: *le rubriche di un codice del Quattrocento.* *7* Tipo di argilla rosso ocra un tempo usata per scrivere titoli, intestazioni, lettere iniziali e sim. in un libro o in un incunabolo. ‖ **rubrichétta**, dim.

rubricàre [vc. dotta, lat. *rubricāre* 'scrivere in lettere rosse', da *rubrīca*. V. *rubrica*] v. tr. (*io rubrìco* o (*evit.*) *rùbrico, tu rubrìchi* o (*evit.*) *rùbrichi*) *1* Nella pratica degli antichi amanuensi, porre rubriche in un codice. *2* Segnare, annotare in una rubrica. *3* †Descrivere, narrare.

rubricàrio s. m. ● In un codice o incunabolo, il prospetto dei titoli.

rubricàto part. pass. di *rubricare*; anche agg. *1* Nei sign. del v. *2* †Scritto, tinto in rosso.

rubricatóre s. m.; anche agg. (f. *-trice*) ● Chi, che rubrica.

rubricazióne s. f. ● Atto, effetto del rubricare.

rubricìsta [da *rubrica* nei sign. 4 e 5] s. m. e f. (pl. m. *-i*) *1* Redattore di una rubrica giornalistica, radiofonica o televisiva. *2* Studioso di regole liturgiche.

rubrìco [vc. dotta, lat. *rubrīcu(m)* 'rosso'. V. *rubrica*] agg. ● Imbellettato, sparso di rossetto.

†**rùbro** (1) [lat. *rūbu(m)* 'rovo': la *-r-* sarà dovuta o a un accostamento paretimologico a *rubro* 'rosso', o, più semplicemente, a un errore] s. m. ● Rovo, roveto.

†**rùbro** (2) [vc. dotta, lat. *rūbru(m)*, di origine indeur.] agg. ● (*lett.*) Rosso.

rùca [lat. *erūca(m)*. V. *eruca*] s. f. *1* (*bot.*) Ruchetta. *2* (*pop.*) Bruco.

ruche /*fr.* ryʃ/ [fr., vc. di origine gallica, propriamente 'scorza', poi 'alveare', perché un tempo gli alveari si facevano con le scorze] s. f. inv. ● Striscia di tessuto con crespe, usata per guarnire indumenti femminili.

ruchétta [dim. di *ruca*, nel sign. 1] s. f. ● Erba delle Crocifere di cui si usano le foglie aromatiche mescolate con l'insalata (*Eruca sativa*) | *R. selvatica*, pianta erbacea perenne delle Crocifere con foglie pennato-lobate, spontanea su rocce e muri, con foglie usate in erboristeria per l'azione astringente ed espettorante (*Diplotaxis tenuifolia*).

rùcola s. f. ● (*region.*) Ruchetta.

rùde [lat. *rŭde(m)*, di etim. incerta] agg. *1* (*lett.*) Rozzo, grossolano, detto di persona | (*raro*) Ruvido, aspro, detto di cose | *Lavoro r.*, (*fig.*) duro, faticoso. *2* Che ha, rivela una durezza franca e risoluta, ma non grossolana, detto di persona o di cosa: *un r. uomo dei campi*; *una risposta r. ma sincera.* ‖ **rudeménte**, avv.

rudentàto [da *rudente*] agg. ● Detto di colonna ornata di rudenti.

rudènte [vc. dotta, lat. *rudĕnte(m)*, di etim. incerta] s. m. e f. *1* (*poet.*) †Fune. *2* (*arch.*) In una colonna, elemento decorativo a forma di bacchetta cilindrica, che talvolta riempie la parte inferiore di ogni scanalatura.

ruderàle [da *rudere*] agg. ● Che vive tra i ruderi, detto spec. di pianta o animale.

rùdere o (*raro*) **rùdero** [vc. dotta, lat. *rūdere*, abl. di *rūdus*: da avvicinare a *rūdis* nel senso di 'grezzo, informe' (V. *rude*)] s. m. *1* (*spec. al pl.*) Avanzo di edifici, costruzioni o monumenti antichi: *i ruderi del Foro romano* | (*spec. al pl., fig.*) Memoria, ricordo, testimonianza: *i ruderi di un'antica grandezza.* *2* (*fig.*) Persona ridotta in pessime condizioni fisiche o morali: *dopo la malattia, sembra un r.*

rudézza s. f. ● Qualità di chi o di ciò che è rude.

rudimentàle [da *rudimento*] agg. *1* Elementare, limitato a una fase iniziale di apprendimento: *nozioni rudimentali.* *2* (*est.*) Informe, non ben definito: *una concezione r. dell'arte.* *3* (*biol.*) Detto di organo vegetale o animale ridotto, incompletamente sviluppato o non funzionale rispetto a organi omologhi in specie affini: *occhi rudimentali degli animali sotterranei.* *4* (*bot.*) Allo stato di abbozzo.

rudimentazióne [da *rudimento*] s. f. *1* (*biol.*) Formazione di un rudimento nel corso dello sviluppo di un organismo. *2* (*biol.*) Fenomeno evolutivo per cui una struttura, ben sviluppata in alcuni gruppi arcaici, risulta invece appena abbozzata nelle forme attuali.

rudiménto [vc. dotta, lat. *rudimĕntu(m)*, da *rūdis* 'grezzo, informe' (V. *rude*)] s. m. *1* (*spec. al pl.*) Principio elementare di un'arte o una disciplina: *i rudimenti della geometria* | (*spec. al pl.*) Avviamento, primo ammaestramento: *i rudimenti del sapere.* *2* (*est.*) Abbozzo, accenno: *r. di ali, di unghie.* *3* (*anat., biol.*) Struttura vestigiale che, in un embrione o in un individuo adulto, rimane in forma di abbozzo, come traccia di un organo ancestrale.

rudista [dal lat. *rūdis* 'ruvido' (V. *rude*)] s. m. ● Mollusco fossile dei Bivalvi, lungo fino a 1 m, con conchiglia spessa a forma conica, vissuto nel Cretaceo. ➡ ILL. **paleontologia**.

†**ruditā** [vc. dotta, lat. *rudităte(m)*, da *rūdis* 'rude'] s. f. ● Rozzezza, ignoranza.

†**rùere** [vc. dotta, lat. *rŭere* 'precipitare'. V. *rovina*] v. intr. (dif. del pass. rem., del part. pass. e dei tempi composti) *1* Precipitare, cadere. *2* Avventarsi con impeto.

rùffa [etim. discussa: di origine espressiva (?)] s. f. ● (*raro*) Calca disordinata di più persone che cercano di afferrare, arraffare q.c. | *Fare a r. raffa*, lottare urtandosi e spingendosi per afferrare q.c. per primi o darsi da fare per rubare.

†**ruffàta** [da *ruffa*] s. f. ● Atto dell'afferrare, dell'arraffare violentemente.

ruffèllo [da *ruffa*] s. m. ● (*tosc.*) Groviglio di fili, nodo di matassa arruffata | Ciuffo di capelli aggrovigliati. ‖ **ruffellóne**, accr.

rùffi [vc. espressiva] s. m. ● (*raro, tosc.*) Solo nella loc. *o di r. o di raffi*, o in un modo o in un altro.

ruffianàre [da *ruffiano*] v. tr. ● (*raro*) Arruffianare.

ruffianàta s. f. ● (*volg.*) Atto di, da ruffiano.

†**ruffianéccio** s. m. ● Ruffianeria.

ruffianeggiàre v. intr. (*io ruffianéggio*; aus. *avere*) ● Fare il ruffiano (*anche fig.*).

ruffianerìa s. f. ● L'essere ruffiano o il vivere facendo il ruffiano | Atto da ruffiano (*anche fig.*).

ruffianésco agg. (pl. m. *-schi*) ● Di, da ruffiano (*anche fig.*): *parole ruffianesche*; *falsità ruffianesca.*

ruffianéṣimo o †**ruffianéṣmo** s. m. *1* (*raro*) L'essere ruffiano | Mestiere del ruffiano. *2* (*raro, fig.*) Artificio disonesto, raggiro.

†**ruffianìa** s. f. ● Ruffianesimo.

ruffiàno [etim. incerta] **A** s. m. (f. *-a*) *1* Chi agevola gli amori altrui | (*est.*) Chi, spec. per profitto, fa da intermediario in un incontro amoroso spec. illecito. SIN. Mezzano. *2* (*est.*) Chi aiuta in una faccenda losca. *3* (*est.*) Chi cerca di ingraziarsi qc. o di ottenere vantaggi e favori con una subdola e ostentata adulazione. ‖ **ruffianàccio**, pegg. | **ruffianèllo**, dim. | **ruffianétto**, dim. | **ruffianóne**, accr. **B** anche agg. ● (*raro*) Ruffianesco: *cortesia ruffiana.*

†**ruffolàre** ● V. *grufolare.*

†**rùfo** [vc. dotta, lat. *rūfu(m)* 'rosso', di origine indeur. (V. *rubro* (2))] agg. ● Biondo, lionato.

rùfola [da avvicinare a *rufolare*] s. f. ● (*pop.*) Grillotalpa.

†**rufolàre** ● V. *grufolare.*

†**rufolóso** [dal longob. *hruf* 'forfora'] agg. ● Sporco, sudicio.

rùga (1) [lat. *rūga(m)*, di origine indeur.] s. f. ● Grinza, crespa della pelle: *faccia coperta di rughe.* ‖ **rugàccia**, pegg. | **rughétta**, dim. | **rughìna**, dim. | **rugóne**, accr. m.

rùga (2) o **rùa** [lat. *rūga(m)* 'solco'. V. *ruga* (1)] s. f. ● (*dial.*) Strada, via, vicolo.

rùga (3) [V. *ruca* nel sign. 2] s. f. ● (*pop.*) Bruco.

rugantinàta [da *rugantino*] s. f. ● (*raro*) Smargiassata, bravata.

rugantino [dal n. di una maschera romana, *Rugantino*, a sua volta dal rom. *rugà* 'brontolare minacciando'. V. *rugare*] s. m. ● (*raro*) Persona arrogante o brontolona.

rugàre [etim. discussa di origine espressiva (?)] v. tr. (*io rùgo, tu rùghi*) *1* (*pop.*) Mormorare minacciosamente, borbottare. *2* (*pop.*) Infastidire, seccare.

†**rugàto** [da *ruga* (1)] agg. ● Aggrinzato, rugoso.

rugbìsta /reg'bista, rug'bista/ s. m. (pl. *-i*) ● Giocatore di rugby.

rugby /'ragbi, 'rɛgbi, *ingl.* 'rʌgbi/ [dalla città inglese omonima] s. m. inv. ● (*sport*) Gioco in cui due squadre che si contendono la caratteristica palla ovale, toccabile sia con le mani che con i piedi, cercano di fare più punti possibile, effettuando delle mete o trasformando calci piazzati attraverso la porta avversaria.

ruggènte part. pres. di *ruggire*; anche agg. *1* Nei sign. del v. *2* *Anni ruggenti*, quelli compresi tra il 1920 e il 1929, così detti per la febbrile corsa al benessere.

†**rùggere** [var. di *ruggire*] v. intr. e tr. ● Ruggire.

rugghiaménto s. m. *1* (*raro, lett.*) Modo, atto del rugghiare. *2* †Borborigmo.

rugghiàre [sovrapposizione di *mugghiare* a *ruggire*] v. intr. (*io rùgghio*; aus. *avere*) ● (*raro, lett.*) Ruggire | (*est.*) Gorgogliare, rumoreggiare cupamente e a lungo.

rùgghio [da *rugghiare*] s. m. ● (*lett.*) Ruggito | (*est.*) Cupo urlo o rumore assordante e prolungato.

rùggine [lat. (*ae*)*rūgine(m)* 'ruggine, verderame', da *āes*, genit. *āeris* 'rame, bronzo'. V. *erario*] **A** s. f. *1* Carbonato basico idrato di ferro che si genera, per effetto dell'aria umida, su tale metallo, formando uno strato non aderente che si sgretola, cosicché la sua formazione può procedere indefinitamente. *2* (*est., raro*) Sozzura, sporcizia | (*fig.*) †Ciò che offusca il retto sentire e il buon operare: *acciò che di loro false ragioni nulla r. rimanga nella mente* (DANTE). *3* *R. del grano, dei cereali*, fungo delle Uredinali che attacca le Graminacee con pustole rossastre che poi divengono strie nerastre pulverulente (*Puccinia graminis*) | *R. delle crocifere*, fungo delle Peronosporacee che forma macchie bianche sulle foglie delle Crocifere (*Gystopus candidus*). *4* (*fig.*) Malanimo, rancore, astio: *avere della r. con qc.* ‖ **rugginétta**, dim. | **rugginùzza**, dim. **B** in funzione di agg. inv. ● (posposto al s.) Detto di colore tra il marrone e il rosso scuro tendente al giallastro: *un abito r.*

†**rugginènte** [propr. part. pres. di *rugginire*] agg. ● Arrugginito, rugginoso.

†**rugginìre** [da *ruggine*] v. intr. ● (*dial.*) Arrugginire.

rugginosità s. f. ● (*raro*) Qualità di ciò che è rugginoso | *R. delle frutta*, alterazione della buccia che si presenta ruvida e di color ruggine.

rugginóso [lat. *aeruginōsu(m)*, da *aerūgo*, genit. *aerūginis* 'ruggine', rifatto su *ruggine*] agg. *1* Coperto di ruggine: *ferro r.* *2* (*est.*) Di colore simile a quello della ruggine: *macchie rugginose.* *3* (*raro, est.*) Scabro, ruvido | (*lett., fig.*) Non curato, non esercitato. *4* Detto di bozzolo con macchie color ruggine.

ruggire [lat. *rugīre*, di origine indeur.] **A** v. intr. (*io ruggisco, tu ruggisci, egli ruggìsce*, lett. *rùgge, noi ruggiàmo, voi ruggite, essi ruggìscono*, lett. *rùggono*; aus. *avere*) **1** Gridare, urlare nel modo caratteristico, detto del leone e (*est.*) di altre belve. **2** (*fig.*) Strepitare, urlare, gridare orribilmente, detto dell'uomo | (*fig.*) Rumoreggiare fragorosamente e in modo minaccioso, detto di cose: *la tempesta ruggisce* | (*fig., lett.*) Dibattersi, fremere: *quello spirito guerrier ch'entro mi rugge* (FOSCOLO). **3** †Borbottare, gorgogliare, detto degli intestini. **B** v. tr. ● (*fig.*) Urlare, chiamare a gran voce e in tono iroso o sdegnato (*anche fig.*): *r. frasi terribili*; *ruggiva vendetta*.

ruggito [lat. tardo *rugītu(m)*, da *rugīre* 'ruggire'] s. m. **1** Atto del ruggire | Voce del leone. **2** Urlo rabbioso o sdegnato | Strepito, fragore, detto di cose: *il r. del vento*. **3** †Borborigmo.

rugiàda [forma sett. *rosada*, dal lat. *rōs*, genit. *rōris* 'rugiada', d'orig. indeur.] s. f. **1** Deposito su oggetti al suolo di goccioline d'acqua provenienti dalla condensazione del vapor acqueo contenuto nell'aria | (*lett., fig.*) *R. delle guance*, lacrime. ➡ ILL. p. 823 SCIENZE DELLA TERRA ED ENERGIA. **2** (*lett., fig.*) Consolazione, sollievo, conforto: *alcuna r. sopra il mio fuoco comincerò a sentire* (BOCCACCIO).

†**rugiadàto** agg. ● Rugiadoso.

†**rugiadézza** [da *rugiada*] s. f. ● Freschezza delle foglie.

rugiadóso agg. **1** (*raro*) Di, della rugiada. **2** Bagnato, asperso, umido di rugiada: *prato r.* | *Notte rugiadosa*, in cui è piovuta molta rugiada | (*est.*) Lacrimoso, umido: *occhi rugiadosi*; *guance rugiadose*. **3** (*raro, lett.*) Rigoglioso, fresco, detto di frutti | (*fig.*) Sano, florido, detto di persona: *fra l'altre immortali ultima venne / rugiadosa la bionda Ebe* (FOSCOLO). **4** (*spreg.*) Untuoso, di maniere affettate.

rugliàre [sovrapposizione di *mugliare* a *ruggire*] v. intr. (*io rùglio*; aus. *avere*) **1** Fremere, brontolare cupamente o minacciosamente, detto di animali. **2** Stridere, rumoreggiare, risuonare, detto di elementi naturali: *la cascata rugliava sordamente*; *r. in piena due torrenti e un fiume* (PASCOLI).

rùglio s. m. ● Il rugliare: *ogni colpo gli strappava come un r. di rabbia dal petto* (PIRANDELLO).

†**rugomàre** ● V. *rugumare*.

rugosità [vc. dotta, lat. tardo *rugositāte(m)*, da *rugōsus* 'rugoso'] s. f. ● L'esser rugoso: *la r. della pelle* | Qualità di ciò che è rugoso. SIN. Grinzosità.

rugóso [vc. dotta, lat. *rugōsu(m)*, da *rūga* 'ruga (1)'] agg. ● Pieno, coperto di rughe: *volto r.* | (*est.*) Grinzoso, increspato: *superficie rugosa*.

rugumàre o †**rugomàre** [metatesi del lat. *rumigāre* 'ruminare', da *rūmis* 'mammella', di etim. incerta] v. intr. ● (*pop., tosc.*) Ruminare.

†**ruina** e *deriv.* ● V. *rovina* e *deriv.*

†**rùlla** [da *rullare* (*1*)] s. f. **1** Il ruzzolare. **2** Bugia, baia.

rullàggio [da *rullare*] s. m. **1** Circolazione o corsa a terra sulle ruote, fatta da un aeromobile, per il decollo o l'atterraggio. **2** (*sport*) Rullata.

rullaménto s. m. ● (*raro*) Modo, atto del rullare.

rullànte A part. pres. di *rullare*; anche agg. ● Nei sign. del v. **B** s. m. ● Piccolo tamburo, costituente della batteria, recante, nella faccia inferiore, spirali metalliche tese che danno un suono secco e prolungano l'effetto del rullio.

rullàre (1) [fr. *rouler* 'rotolare, far andare avanti e indietro', dal lat. parl. **rotulāre*, da *rŏtulus* 'rotolo'] v. intr. (aus. *avere*) **1** Risuonare, detto del tamburo battuto con colpi rapidi e frequenti. **2** (*aer.*) Eseguire il rullaggio. **3** (*sport*) Nell'atletica, eseguire coi piedi il movimento della rullata. **4** †Girare, rotolare, ruzzolare. **5** V. *rollare* (*2*).

rullàre (2) [da *rullo*] v. tr. ● Comprimere, pareggiare, spianare con un rullo | (*agr.*) *R. un terreno*, costiparlo.

rullàta s. f. **1** Atto, effetto del rullare. **2** (*sport*) Movimento per il quale il piede, dal tallone alla punta, tocca progressivamente il terreno, nel passo della marcia e nell'azione di stacco nei salti in alto, lungo e triplo.

rullatrice [da *rullare* (*2*)] s. f. **1** (*mecc.*) Macchina operatrice utilizzata per la curvatura delle lamiere. **2** (*mecc.*) Macchina utensile automatica atta a eseguire la filettatura di pezzi cilindrici, bulloni, viti e sim., facendoli rotolare fra matrici filettate, il cui profilo si imprime, per deformazione plastica, sul pezzo.

rullatùra o **rollatùra** [da *rullare* (*2*)] s. f. **1** Operazione che consiste nell'incurvare le lamiere secondo un raggio prestabilito. **2** (*agr.*) L'azione di costipare un terreno. **3** Cilindratura nel sign. 2.

rullétto s. m. **1** Dim. di *rullo*. **2** Attrezzo dell'incisore, terminante con una rotella zigrinata.

rullino o **rollino**. s. m. **1** Dim. di *rullo*. **2** Rotolo di pellicola fotografica. **3** (*scherz.*) Deposito di adipe sui fianchi, tipico negli uomini. **4** *Chiave a r.*, tipo di chiave inglese.

rullio s. m. **1** Un continuo rullare di tamburi. **2** V. *rollio*.

rùllo o **ròllo** spec. nel sign. 4 [dev. di *rullare* (*1*) anche per calco sull'ingl. *roll* 'rotolo' (V. *rollo* e *roll-bar*) nel sign. 4] s. m. **1** Il rullare del tamburo battuto a colpi concitati, rapidissimi, continui. **2** Qualsiasi oggetto di forma cilindrica a sezione piena, cava o profilata, girevole attorno al proprio asse: *r. di legno, di ferro* | *R. compressore*, per comprimere e livellare il terreno; (*fig.*) persona capace di abbattere ogni ostacolo | (*edit.*) *R. inchiostratore*, nelle macchine da stampa, quello usato per deporre sulla matrice il velo d'inchiostro da trasferire sulla carta | (*edit.*) *R. macinatore*, nelle macchine da stampa, quello usato per formare un velo uniforme d'inchiostro con cui alimentare i rulli inchiostratori | *R. porta carta*, parte del carrello di una macchina per scrivere, costituita da un rullo gommato sul quale si avvolge la carta | *R. massaggiatore*, quello di gomma, a superficie non liscia, usato per massaggiare il corpo. **3** Birillo per giocare | †*Dare nei rulli*, (*fig.*) saltare, ruzzolare. **4** (*cine, fot.*) Rotolo di pellicola, con o senza rocchetto | (*tv*) *R. finale, r. di coda*, rotolo di carta telata sul quale sono impressi i titoli di coda di una trasmissione televisiva, ripreso dalla telecamera mentre viene svolto da un'apposita macchina. **5** (*mecc.*) Rotolo di carta speciale con perforazioni per pianola. **6** Attrezzo per la pesca di frutti di mare, formato da una rete tesa da un semicerchio di legno e tre aste, tenuta tesa in basso da una striscia di ferro ed assicurato al pescatore da una fascia. **7** Tombolo (2) nel sign. 1. **8** (*al pl.*) Apparecchiatura impiegata dai ciclisti per l'allenamento al coperto nei mesi invernali, formata da cilindri mobili su cui la bicicletta funziona senza fenomeni di traslazione orizzontale. || **rullétto**, dim. (V.) | **rullino**, dim. (V.) | **rullóne**, accr.

rullòmetro ● V. *rollometro*.

rulottista ● V. *roulottista*.

rulottòpoli ● V. *roulottopoli*.

rum o **rhum** [ingl. *rum*, da un precedente *rumbullion*, di etim. incerta] s. m. inv. ● Acquavite derivante dalla distillazione della canna da zucchero.

rumàre [vc. dotta, lat. tardo *rumāre*, forma errata per *rumināre*] v. tr. **1** †Ruminare. **2** (*pop., tosc.*) Mescolare.

rùmba [sp. di Cuba *rumba*, di etim. incerta] s. f. (pl. *-e*) ● Danza afrocubana, vivace, di ritmo binario sincopato.

rumble /ingl. ˈrʌmbəl/ [vc. onomat.] **A** inter. **1** Riproduce il rumore di un fabbricato che crolla. **2** Riproduce il brontolio di una persona scontenta. **B** s. m. ● (*fis.*) Rumore di fondo che si produce durante la lettura del solco di un disco fonografico in un giradischi, quando le vibrazioni meccaniche del motore si trasmettono alla puntina.

rumèno ● V. *romeno*.

†**rumentièra** [dal piemontese *ruménta*, dal lat. *ramĕntu(m)* 'scheggia, truciolo, pezzettino', da *rādere*] s. f. ● (*mar.*) Cassetta trasportabile per la raccolta della spazzatura.

†**rumigàre** [V. *rugumare*] v. tr. ● Ruminare.

ruminànte part. pres. di *ruminare*; anche agg. ● Nei sign. del v.

Ruminànti s. m. pl. ● Nella tassonomia animale, gruppo di Mammiferi degli Artiodattili privi di incisivi superiori, con 2 o 4 dita munite di zoccoletti e stomaco composto di quattro cavità | (al sing. *-e*) Ogni individuo appartenente a tale gruppo. ➡ ILL. **zoologia generale**.

ruminàre [vc. dotta, lat. *rumināre*, da *rūmen*, genit. *rūminis* 'rumine'] v. tr. (*io rùmino*) **1** Detto dei ruminanti, far ritornare il cibo dal rumine alla bocca per masticarlo con cura. **2** (*fig.*) Masticare a lungo il cibo in bocca. SIN. Biascicare. **3** (*fig.*) Riconsiderare attentamente, riandare con il pensiero: *r. fra sé e sé un progetto*. SIN. Rimuginare, ripensare.

ruminazióne [vc. dotta, lat. *ruminatiōne(m)*, da *rumināre*] s. f. **1** Atto, effetto del ruminare. **2** †Considerazione, ripensamento.

rùmine [vc. dotta, lat. *rūmine*, abl. di *rūmen*: da avvicinare a *rūmis* 'mammella' (V. *rugumare*) (?)] s. m. ● La più ampia delle quattro cavità dello stomaco dei ruminanti a forma di sacco. SIN. Digrumale, pancione.

rùmme s. m. ● Adattamento di *rum* (V.).

rumóre o (*lett.*) †**romóre** [lat. *rumōre(m)*, di origine indeur.] s. m. **1** Qualsiasi fenomeno acustico, gener. irregolare, casuale e non musicale, spec. se sgradevole, fastidioso, molesto, nocivo: *r. impercettibile, lieve, secco, sordo, cupo, intermittente, insistente, assordante, nocivo*; *non fare r.*; *i rumori della strada mi hanno impedito di dormire*; *udiva un r. strano che lo faceva destare di soprassalto* (VERGA); *rumore di una goccia che cade, della pioggia, della grandine*; *r. dei passi, degli zoccoli, dei battimani, di uno schiaffo*; *r. di una motocicletta, del traffico urbano*; *r. di un motore, di un'officina, di una fabbrica, industriale*; *i rumori molesti costituiscono disturbo della quiete pubblica* | *Inquinamento da r.*, presenza, in un determinato ambiente, di suoni di frequenza e/o intensità eccessive, tali che le persone che ci vivono o lavorano risentono da un semplice disturbo a danni alla psiche, al sistema nervoso, all'equilibrio endocrino e all'apparato uditivo | *Difesa dal r.*, l'insieme delle misure e dei dispositivi destinati a ridurre la rumorosità di un determinato ambiente e/o a proteggere dal rumore gli individui che ci vivono o lavorano | *R. bianco*, quello costituito da numerosissimi suoni le cui frequenze sono distribuite uniformemente in quasi tutto il campo di udibilità | *R. colorato*, quello comprendente suoni prevalenti sugli altri | *R. ambientale, di fondo*, il livello sonoro, gener. uniforme e continuo, misurato in un dato punto di un ambiente quando non sono in funzione le sorgenti sonore di cui si vuole considerare il rumore. **2** Nella scienza e nella tecnica, ogni disturbo, regolare o no, che si sovrappone al valore di una variabile | (*fis.*) *R. di fondo*, segnale in uscita da un amplificatore in assenza di segnale in ingresso | (*elettron.*) *R. elettrico*, fluttuazione casuale della corrente o della tensione in un dispositivo elettronico, tale da nascondere segnali deboli o da rendere problematica la loro elaborazione | (*elettron.*) *Generatore di r.*, generatore di segnali costituenti un rumore bianco | (*elettron.*) *R. del cielo*, segnale captato dall'antenna ricevente di un sistema di radiocomunicazione a causa di radiazioni di origine cosmica e dell'agitazione termica di particelle cariche presenti nell'atmosfera | (*elettron.*) *R. televisivo*, qualunque tipo di disturbo al segnale televisivo. **3** (*cine*) *Colonna dei rumori*, colonna sonora di un film, contenente gli effetti necessari alla sonorizzazione di questo. **4** (*med.*) Fenomeno acustico di interesse semeiologico, percepibile con l'auscultazione: *rumori cardiaci, bronchiali* | *Patologia da r.*, l'insieme degli effetti nocivi che il rumore, spec. quello industriale e del traffico, esplica sull'apparato uditivo, sulla psiche, sul sistema nervoso e sull'equilibrio endocrino dell'uomo quando la sua frequenza e la sua intensità superano determinati livelli. **5** (*fig.*) Chiacchiera, diceria, scalpore: *la notizia ha destato grande r. in città*; *si è fatto molto r. per nulla* | †*Levare r.*, far parlare molto di sé, diventare famoso, ottenere successo | (*lett.*) Fama, grido: *Non è il mondan romore altro ch'un fiato / di vento* (DANTE *Purg.* XI, 100-101). **6** (*raro*) Tumulto, sollevazione, rivolta di popolo | *Levarsi a r.*, tumultuare | *Mettere a r.*, sollevare o dare l'allarme || PROV. Una noce nel sacco non fa rumore. || **rumoràccio**, pegg. | **rumorétto**, dim. | **rumorino**, dim.

rumoreggiaménto o (*lett.*) †**romoreggiaménto** s. m. ● (*raro*) Modo, atto, effetto del rumoreggiare.

rumoreggiànte o (*lett.*) †**romoreggiànte** part. pres. di *rumoreggiare*; anche agg. ● Nei sign. del v.

rumoreggiàre o (*lett.*) †**romoreggiare** [comp.

di *rumore* e *-eggiare*] **A** v. intr. (*io rumoréggio*; aus. *avere*) *1* Fare rumore a lungo e ripetutamente. *2* (*est.*) Mostrare disapprovazione, tumultuare, mormorare: *i presenti cominciarono a r. per la lunga attesa.* *3* †Spargere voce. **B** v. tr. ● †Mettere a rumore, sollevare.

rumoreggiatóre agg.; anche s. m. (f. *-trice*) ● (*raro*) Che, chi rumoreggia.

rumorìo o (*lett.*) †**romorìo** s. m. ● Rumore continuato, frequente, ma non molto alto.

rumorìsta [comp. di *rumore* e *-ista*] s. m. e raro f. (pl. m. *-i*) *1* Tecnico addetto alla produzione degli effetti da inserire nella colonna sonora di un film. *2* (*scherz.*) Chi disturba la quiete pubblica con mezzi di trasporto personali rumorosi.

rumorosità s. f. ● (*raro*) Qualità di ciò che è rumoroso | (*elettron.*) Entità del rumore presentato da un dispositivo, un circuito o un apparecchio elettronico.

rumoróso o (*lett.*) †**romoróso** agg. *1* Che fa molto rumore: *traffico r.* | Che è pieno di rumore: *strada, città troppo rumorosa.* SIN. Chiassoso. *2* (*raro, fig.*) Che suscita interesse, polemiche, chiacchiere e sim. SIN. Clamoroso. *3* (*fis., elettron.*) Che è caratterizzato da un elevato rumore ambientale o rumore proprio: *ambiente, apparecchio elettroacustico r.* || **rumorosaménte**, avv. In modo rumoroso.

rùna [ted. *Rune*, dal norreno *rūnar* 'scrittura (segreta)'] s. f. ● (*ling.*) Segno di scrittura dell'antico alfabeto dei popoli nordici.

†**runcìglio** ● V. †*ronciglio*.

rùnico [da *runa*] agg. (pl. m. *-ci*) ● (*ling.*) Che si riferisce alle rune: *scrittura runica*; *iscrizioni runiche.*

ruolìno o (*raro*) **rolìno** s. m. *1* Dim. di *ruolo*. *2* (*mil.*) *R. di marcia*, elenco dei nominativi di militari di una colonna in marcia completo delle loro mansioni e dei principali fatti accaduti durante la marcia stessa; (*fig.*) nota, in successione cronologica, di una serie di compiti da portare a termine con l'indicazione dei tempi assegnati a ciascuna fase operativa. *3* (*mil.*) *R. tascabile*, documento amministrativo in cui uomini e quadrupedi di un reparto vengono tenuti a ruolo.

ruolizzàre v. tr. *1* Attribuire a qc. un ruolo, uno schema di comportamento all'interno di un gruppo. *2* (*raro, bur.*) Immettere in ruolo un lavoratore.

ruolizzàto [comp. parasintetico di *ruolo*] agg. ● (*sociol.*) Che è indotto, dalla propria funzione o dalla posizione all'interno di un gruppo o un sistema sociale, ad assumere un determinato comportamento.

ruolizzazióne [da *ruolizzare*] s. f. ● Atto, effetto del ruolizzare.

ruòlo [fr. *rôle*, dal lat. *rŏtulu(m)* 'rotolo', cioè 'manoscritto arrotolato su cui erano scritti i nomi'] s. m. *1* Elenco di pratiche giudiziarie, secondo l'ordine in cui devono essere trattate davanti a una determinata autorità: *r. d'udienza*; *r. generale degli affari contenziosi*; *iscrizione della causa nel r.* *2* Elenco di persone redatto nelle più varie organizzazioni a fini amministrativi: *r. normale, speciale*; *ruoli dell'esercito*; *r. delle imposte* | Numero ed elenco dei lavoratori la cui assunzione in amministrazioni pubbliche o private assicura ad essi la relativa stabilità dell'occupazione: *personale effettivo o di r.*; *r. organico di un'impresa*; *andare, essere fuori r.* | *R. aperto*, che prevede nuove assunzioni o possibilità di carriera | *Docente, professore di r.*, iscritto nei ruoli della Pubblica Istruzione | *Impiegato, funzionario di r.*, che ricopre un posto previsto da un organico. *3* In diritto tributario, atto contenente l'importo delle imposte dirette dovute dai singoli contribuenti, in base al quale l'esattore può procedere alla riscossione: *r. ordinario, straordinario.* *4* Parte sostenuta, svolta da un personaggio in novelle, racconti, romanzi, rappresentazioni teatrali o cinematografiche, ecc.: *il protagonista ha il r. di seduttore* | (*est., fig.*) Funzione, ufficio: *svolgere il r. di guida.* *5* (*sociol.*) Atteggiamento che assume un individuo all'interno di un gruppo o un sistema sociale, legato alla funzione che ricopre e determinato dall'interazione tra i comportamenti dei componenti del gruppo o del sistema sociale stessi: *sostenere un r. sgradito*; *conformare il proprio r. a quello degli altri*; *il gruppo scatena conflitti di r.* | (*est., fig.*) La parte, l'influenza, l'importanza che un individuo, un gruppo di persone o un fattore hanno avuto nella realizzazione di q.c.: *nella sua carriera hai avuto un r. determinante*; *ai fini della sua decisione, questo elemento ha giocato un r. non secondario.* || **ruolìno**, dim. (V.).

ruòta o (*pop., lett.*) **ròta** [lat. *rŏta(m)*, di origine indeur.] s. f. *1* Parte di macchina, normalmente circolare, girevole attorno a un asse e, in dati casi, dotata anche di contemporaneo movimento di traslazione: *r. di autoveicolo, di rotabile ferroviario* | *R. a disco*, di autoveicolo, il cui cerchio è collegato al mozzo da un disco di lamiera opportunamente foggiato o di lega d'allumino fusa | *R. motrice*, in un veicolo, quella che, comandata dal motore, imprime il movimento al veicolo stesso | *R. direttrice*, quella che, mediante il movimento impresso dallo sterzo, consente al veicolo di seguire la direzione voluta | *R. libera*, meccanismo, usato spec. sulle biciclette, atto a trasmettere il moto di rotazione a una ruota in un solo senso, lasciandola libera quando gira in senso opposto | (*fig.*) *A r. libera*, senza timori, freni o inibizioni o con scarso controllo: *parlare a r. libera* | *R. a raggi*, il cui cerchio è collegato al mozzo da bacchette metalliche pressoché radiali, usata per cicli, motocicli e auto sportive | *Tre ruote*, motoveicolo con due ruote posteriori e una anteriore, fornite di grossi pneumatici, progettato spec. per terreni accidentati | *R. di scorta*, di cui sono dotati gli automezzi per la pronta sostituzione di altra avariata; (*fig.*) persona o elemento che in caso di necessità può fornire aiuto o costituire un'alternativa | *R. a gabbia*, nelle trattrici agricole, per evitare il costipamento del terreno o per avanzare sul terreno bagnato | *R. dentata*, per ingranare con altra ruota | *R. idraulica*, provvista di un certo numero di pale o di cassette, che può servire per la produzione di forza motrice utilizzando un salto d'acqua | *R. panoramica*, nei parchi di divertimento, gigantesca struttura metallica circolare, provvista di piccoli abitacoli panoramici, che viene fatta girare lentamente | *R. del mulino*, le cui pale, fatte girare dall'acqua o dal vento, trasmettono il moto alla macina | *Arrivare a r. di qc.*, nel ciclismo, a brevissima distanza da un altro corridore; (*fig.*) conseguire un risultato di poco inferiore o in tempi leggermente più lunghi rispetto a quelli di un altro | *Tenere la r.*, non farsi distaccare | *Mettersi alla r.*, farsi tirare | *R. della fortuna*, una delle figure nel gioco dei tarocchi | *La r. della fortuna*, (*fig.*) l'instabilità, la volubilità della fortuna o delle condizioni umane | *Ungere la r., le ruote*, (*fig.*) corrompere con denaro per ottenere q.c. | *Mettere i bastoni tra le ruote*, (*fig.*) sollevare impedimenti o difficoltà alla realizzazione di q.c. | *L'ultima r. del carro*, (*fig.*) chi non conta, non è considerato niente. ➡ ILL. p. 353 AGRICOLTURA. *2* (*mar.*) Elemento costitutivo principale dell'ossatura della nave, che, partendo dall'estremità della chiglia in forma arcuata, sorge sino alla punta anteriore e posteriore | *R. di prora*, trave massiccio che si alza dritto e slanciato in avanti secondo la forma di essa | *R. di poppa*, che forma l'ossatura nella parte posteriore | *Da r. a r.*, da un'estremità all'altra della nave | *Timone di r.*, a poppa | *R. del timone*, con la quale si governa il timone senza mai perdere di vista la bussola | Cerchione composto di molte palette che da ciascuna banda del piroscafo, girando sul suo asse, spinge indietro l'acqua e avanti il bastimento: *piroscafo a r.* *3* Disco girevole mosso orizzontalmente sul quale il vasaio dà la forma tonda ai vasi di terra | Pezzo di arenaria circolare per dare una prima levigatura ai marmi o per arrotare lame. *4* (*mil.*) *R. a fuoco*, grosso cerchio di ferro a punte acuminate, recante materiale incendiario, che, un tempo, si faceva rotolare dalle mura o dalle brecce di una fortezza assediata per scacciarne gli assalitori. *5* Rotella d'acciaio azionata da un mollone che, per attrito contro un pezzo di pirite, trae scintille per accendere l'innesco nelle antiche armi da fuoco: *moschetto, pistola a r.* *6* In un convento, cassetta rotonda che, girando su di un perno, nell'apertura del muro, serve a ricevere o a dare all'esterno oggetti e generi vari | (*est.*) *R. degli esposti, dei trovatelli*, congegno analogo alla ruota dei conventi che negli antichi brefotrofi consentiva l'abbandono dei neonati senza che si potesse riconoscere chi lo compiva. *7* Urna girevole del lotto | Ciascuna delle dieci sedi di estrazione dei cinque numeri settimanali: Bari, Cagliari, Firenze, Genova, Milano, Napoli, Palermo, Roma, Torino, Venezia. *8* Supplizio, usato fino al XVIII sec., che consisteva nel lasciar morire il condannato legato supino ad una ruota girevole, posta spec. in cima a un alto palo, dopo avergli disarticolato le membra. *9* †Sfera celeste, cielo | †*La r. del sole*, il globo, il disco del sole. *10* (*al pl.*) Tipo di pasta alimentare a forma di disco con raggi che si uniscono al centro. *11* Tutto ciò che ha forma di ruota, di cerchio, di disco: *ritagliare una r. nella carta*; *la r. della roulette* | *A r.*, a forma circolare | *Mantello a r.*, formato da un cerchio di stoffa forato nel centro e aperto lungo un raggio | *Gonna a r.*, a campana | *Fare la r.*, esercizio acrobatico consistente nel rotolarsi di lato, tenendo gli arti distesi e appoggiandosi alternativamente sulle mani e sui piedi; (*fig.*) tenere un atteggiamento tronfio, pavoneggiarsi | Volo circolare o quasi: *l'aquila si avvicinava a r.* | *Fare la r. a una donna*, (*fig., scherz.*) farle la corte. *12* (*fig.*) Avvicendamento più o meno regolare, veloce succedersi di fatti, avvenimenti: *la vita è una r* || PROV. La peggior ruota del carro è quella che cigola. || **rotèlla**, **ruotèlla**, dim. (V.) | **roticìna**, **ruoticìna**, dim. | **rotìna**, **ruotìna**, dim. | **rotìno**, **ruotìno**, dim. m. (V.) | **rotóna**, **ruotóna**, accr. | **rotóne**, **ruotóne**, accr. m.

ruotàre o **rotàre** [vc. dotta, lat. *rotāre*, da *rŏta* 'ruota'] **A** v. intr. (*io ruòto*, pop. lett. *ròto*; in tutta la coniug. di *rotare* la *-o-* dittonga in *-uo-* soprattutto se accentata; negli altri casi sono in uso le forme *rotavo*, *roterò*, *rotassi* oltre alle più com. *ruotavo*, *ruoterò*, *ruotassi*; aus. *avere*) *1* Muoversi girando attorno: *la Terra ruota attorno al sole.* *2* Volare a larghe ruote: *il rapace ruotava sul gregge.* **B** v. intr. pron. ● (*raro*) Muoversi in circolo: *chi vide sotto l'etereo padiglion rotarsi / più mondi* (FOSCOLO). **C** v. tr. ● Voltare, volgere in giro, spec. velocemente e con energia: *r. il braccio, la spada.*

ruotàta [da *ruota*] s. f. ● (*raro*) Colpo di ruota.

ruotatóre [vc. dotta, lat. *rotatōre(m)* 'che guida in giro', da *rotātus*, part. pass. di *rotāre*] s. m.; anche agg. (f. *-trice*) ● (*raro*) Chi, che ruota.

ruotèlla ● V. *rotella*.

ruotìno o **rotìno** s. m. *1* Dim. m. di *ruota*: *i ruotini laterali di un triciclo per bambini* | Ruota di scorta su certe autovetture, di peso e dimensioni ridotte rispetto a quelle montate, per percorsi brevi in caso di emergenza. *2* Piccola mola usata per rifinire i bordi delle tessere di un mosaico, in modo che combacino perfettamente.

ruotìsmo ● V. *rotismo*.

†**ruòtolo** ● V. *rotolo* (*1*).

rùpe [vc. dotta, lat. *rūpe(m)*, da *rŭmpere* 'rompere'] s. f. ● Roccia erta e scoscesa: *salire su una r.*; *precipitare da una r.*; *la r. Tarpea.* || **rupicèlla**, dim.

rupèstre agg. *1* Proprio delle, relativo alle rupi | *Paesaggio r.*, costituito prevalentemente da rupi. *2* Eseguito, realizzato su rupi o pareti rocciose: *incisioni rupestri.* *3* (*bot.*) Rupicolo: *piante rupestri* | *Stazione r.*, area di ambiente naturale adatto alla vita delle piante rupestri.

rùpia (1) [gr. *rýpos* 'sudiciume', di etim. incerta] s. f. ● (*med.*) Formazione crostosa sulla cute.

rupìa (2) [ingl. *rupee*, dall'indiano *rupia*] s. f. ● Unità monetaria dell'India, delle Maldive, del Nepal e del Pakistan, suddivisa in cento paise; dell'Indonesia, suddivisa in cento sen; delle Mauritius, delle Seychelles e dello Sri Lanka, suddivisa in cento cent.

rupìcola [comp. di *rupe* e *-cola*] s. f. ● (*zool.*) Galletto di roccia.

rupìcolo [comp. di *rupe* e *-colo*: detto così perché abita in zone di montagna] agg. ● Detto di animale o vegetale che vive sulle rocce.

†**rupinóso** [dal lat. *rupīna* 'roccia' da *rūpes* 'rupe'] agg. ● Scosceso, dirupato.

rupofobia [comp. del gr. *rhýpos* 'sporcizia', di etim. sconosciuta, e *-fobia*] s. f. ● (*psicol.*) Misofobia.

rùppia [chiamata così in onore di H. B. *Ruppins*] s. f. ● Pianta marina delle Potamogetonacee, le cui foglie nastriformi sono accumulate dalle onde sulle spiagge spesso in pallottole feltrate (*Ruppia*).

rùptile o **rùttile** [vc. dotta, dal lat. *rŭptus* 'rotto'] agg. ● (*bot., raro*) Detto di frutto che si apre spontaneamente a maturità.

ruràle [vc. dotta, lat. tardo *rurāle(m)*, da *rūs*, genit. *rūris* 'campagna', di origine indeur.] **A** agg. ● Della campagna: *popolazione, paesaggio r.* | Che riguarda la campagna: *giornale r.* | (*banca*) *Cassa r.*, società cooperativa di credito e risparmio fra piccoli agricoltori. **B** s. m. ● Chi abita, lavora nella campagna.

ruralità s. f. ● Carattere rurale: *la r. di una popolazione, di una tradizione.*

ruscellaménto [da †*ruscellare*] s. m. ● Atto, effetto del ruscellare | Dilavamento.

†ruscellàre [da *ruscello*] v. intr. ● Scorrere a modo di ruscello.

ruscèllo [lat. parl. **rivuscĕllu(m)*, dim. di *rīvus* 'rivo'] s. m. ● Breve corso d'acqua: *dal monte scorre un r. chiaro e limpido.* || **ruscellettìno**, dim. | **ruscellétto**, dim. | **ruscellino**, dim.

rùsco [lat. *rūscu(m)*, di etim. incerta] s. m. (pl. m. *-schi*) ● (*bot.*) Pungitopo.

rush /*ingl.* rʌʃ/ [vc. ingl., 'fretta, furia', da *to rush* 'correre a gran velocità', dall'ant. fr. *reüser* (mod. *ruser*), in origine 'tornare indietro, ritirarsi', dal lat. *recusāre* 'rifiutare' (nel lat. parl. 'spingere indietro'). V. *ricusare*] s. m. inv. (pl. ingl. *rushes*) ● In una gara sportiva, sforzo finale in vista del traguardo | (*fig.*) Momento di massimo sforzo per completare un lavoro o raggiungere un obiettivo.

†ruṣignòlo ● V. †*rosignolo.*

†ruṣignuòlo ● V. †*rosignolo.*

rùspa s. f. *1* (*raro*) Atto, effetto del ruspare. *2* Macchina per movimento terra, a ruote o cingoli, dotata di una specie di grande cucchiaio mosso idraulicamente e fornito di denti in acciaio per sgretolare, raccogliere e trasportare il terreno.

ruspànte part. pres. di *ruspare*; anche agg. *1* Nei sign. del v. *2* Detto di pollo che si alleva lasciandolo libero di razzolare sul terreno. *3* (*est., fig.*) Naturale, genuino, privo di artificio o alterazioni.

ruspàre [lat. tardo *ruspāre* 'ricercare', di etim. incerta] **A** v. intr. (aus. *avere*) ● Razzolare per cercare cibo, detto dei polli. **B** v. tr. ● Livellare con la ruspa.

ruspatóre s. m.; anche agg. (f. *-trice*) ● (*raro*) Che, chi ruspa.

†ruspézza [da *ruspo*] s. f. ● Ruvidezza.

ruspista s. m. (pl. *-i*) ● Operaio addetto alla ruspa.

rùspo [etim. discussa: da *ruspare* (?)] **A** agg. ● (*dial.*) †Ruvido, quasi scabro | *Moneta ruspa*, coniata di fresco. **B** s. m. *1* Ducato d'oro di Firenze coniato dal granduca Cosimo III nel XVIII sec., e poi rimasto in corso fino agli inizi del XIX sec. *2* Soldo, moneta | (*spec. al pl.*) Denari, quattrini: *è pieno di r.*; *ci vogliono dei bei ruspi.* *3* †Ciò che si trova ruspando. || **†ruspétto**, dim. | **ruspóne**, accr. (V.).

ruspóne s. m. *1* Accr. di *ruspo.* *2* (*spec. al pl.*) Ricchezza, denaro.

russaménto s. m. ● (*raro*) Modo, atto del russare.

russàre [longob. *hrūzzan*] v. intr. (aus. *avere*) ● Emettere, dormendo, un suono rumoroso col respiro: *r. in modo fastidioso.*

russificàre [fr. *russifier*, comp. di *russe* 'russo' e *-fier* '-ficare'] v. tr. (*io russìfico, tu russìfichi*) ● Adattare, assimilare ai costumi e alle idee russe | Rendere russo per lingua, cultura, cittadinanza, chi non lo è per origine.

russificazióne [fr. *russification*, da *russifier* 'russificare'] s. f. ● Atto, effetto del russificare.

russiṣmo s. m. ● (*ling.*) Parola o locuzione propria del russo entrata in un'altra lingua.

†rùsso (1) s. m. ● Atto, effetto del russare.

rùsso (2) [dal russo *rús'*, di origine nord., da un precedente *róthsmenn* 'rematore'] **A** agg. ● Della Russia: *letteratura russa* | *Alfabeto r.*, cirillico | *Insalata russa*, piatto freddo di verdure varie lessate, tagliate a dadini e condite con maionese | *Uova alla russa*, uova sode con insalata russa | *Roulette russa*, V. *roulette.* **B** s. m. (f. *-a*) ● Abitante, nativo della Russia. **C** s. m. solo sing. ● Lingua del gruppo slavo, parlata in Russia.

rùsso-, **-rùsso** primo o secondo elemento ● In parole composte fa riferimento alla Russia o ai Russi: *russo-giapponese, francó-russo.*

russòfilo [comp. di *russo* e *-filo*] agg.; anche s. m. (f. *-a*) ● Che, chi simpatizza per la civiltà e la cultura russe.

russòfono [comp. di *russo* e *-fono*] agg.; anche s. m. (f. *-a*) ● Che, chi parla russo.

russoiàno ● V. *rousseauiano.*

rùssola o **róssola**, **rùssula** [f. del lat. tardo *rŭssulus* 'rossiccio', da *rŭssus* 'rosso'] s. f. ● Fungo delle Agaricacee senza latice e con cappello vivacemente colorato che comprende alcune specie commestibili e numerose specie velenose (*Russola*). ➡ ILL. **fungo.**

russoviàno ● V. *rousseauiano.*

rùssula ● V. *russola.*

rusticàggine [da *rustico*] s. f. ● Rustichezza nelle maniere.

rusticàle agg. ● (*lett.*) Rustico, contadinesco | *Poesie rusticali*, componimenti in cui intervengono contadini e campagnoli o ne sono rappresentati i sentimenti e la vita. || **†rusticalménte**, avv.

rusticàno [vc. dotta, lat. *rusticānu(m)*, da *rūsticus* 'rustico'] agg. ● Proprio di, relativo a, persona rustica, campagnola: *semplicità rusticana* | *Duello r.*, che avviene fra due contadini secondo una procedura rozza e semplice | *Cavalleria rusticana*, codice dell'onore che rispecchia una tradizione contadina e popolana. SIN. Campagnolo, contadinesco.

†rusticàre [vc. dotta, lat. *rusticāri*, da *rūsticus* 'rustico'] v. intr. ● Vivere in campagna.

†rustichévole agg. ● Rustico, contadinesco.

rustichézza s. f. ● Qualità di chi è rustico nei modi, nel comportamento, nel carattere. SIN. Ritrosia, rozzezza, selvatichezza.

rusticità [vc. dotta, lat. *rusticitāte(m)*, da *rūsticus* 'rustico'] s. f. ● Qualità di chi, di ciò che è rustico | (*raro*) Rozzezza, grossolanità.

rùstico [vc. dotta, lat. *rūsticu(m)*, da *rūs*, genit. *rūris* 'campagna' (V. *rurale*)] **A** agg. (pl. m. *-ci*) *1* Di campagna, appartenente alla campagna: *gente, casetta rustica.* SIN. Campagnolo, villereccio. CONTR. Urbano. *2* (*fig.*) Non molto socievole, né molto raffinato di modi, detto di persona: *un ragazzo r. e selvatico*; *questo signor Cavaliere, r. come un orso* (GOLDONI) | (*est.*) Timido, scontroso, schivo | (*est.*) Semplice, schietto: *modi rustici e sinceri.* SIN. Rozzo, ruvido, scontroso. *3* Che imita la rozzezza campagnola, non rifinito, detto di lavoro, edificio, ecc. | *Alla rustica*, in modo non raffinato | (*edit.*) *Legatura alla rustica*, brossura. || **rusticaménte**, avv. In modo rustico (*anche fig.*). **B** s. m. *1* (*agr.*) Fabbricato annesso alle fattorie o ville dove alloggiano i contadini o vengono riposti gli attrezzi agricoli. *2* (*edil.*) Edificio privo ancora delle opere di rifinitura: *il r. della casa* | *Al r.*, detto di struttura, o complesso di strutture, non ancora rifinite: *edificio, muri al r.* *3* (*raro, lett.*) Contadino: *i rustici si ritrassero nelle case immediatamente* (BACCHELLI). *4* (*spec. al pl.*) Formella circolare di pasta lievitata e cotta al forno, farcita di ripieno piccante. || **rusticàccio**, pegg. | **rustichétto**, dim. | **rusticonàccio**, pegg. | **rusticóne**, accr.

rùta [lat. *rūta(m)*: di origine gr. (?)] s. f. ● Rutacea perenne che cresce nei luoghi aridi ed ha fiori gialli a 5 petali, glabra, con odore intenso usata per aromatizzare liquori (*Ruta graveolens*) | *R. di muro*, piccola felce comune sulle rocce e sui muri con foglie piccole, coriacee, verde cupo (*Asplenium ruta muraria*).

Rutàcee [da *rutaceo*] s. f. pl. ● Nella tassonomia vegetale, famiglia di piante dicotiledoni sempreverdi con forte odore aromatico e foglie ricche di ghiandole traslucide (*Rutaceae*) | (al sing. *-a*) Ogni individuo di tale famiglia. ➡ ILL. **piante** /5.

rutàceo [vc. dotta, lat. tardo *rutāceu(m)*, da *rūta*] agg. ● (*bot.*) Simile alla ruta.

rutènico agg. (pl. m. *-ci*) ● Di composto del rutenio esavalente | *Acido r.*, non noto allo stato libero ma sotto forma di sali.

rutènio [chiamato così dal chimico russo Claus, che lo scoprì nel 1845, in onore della *Rutenia* (Piccola Russia)] s. m. ● Elemento chimico, il più raro dei metalli del gruppo del platino, assai duro e fragile, impiegato per particolari processi catalitici, e in gioielleria in lega con il platino. SIMB. Ru.

rutèno [da *Rutenia.* V. *rutenio*] **A** agg. *1* Della Rutenia | *Chiesa rutena*, una delle chiese che, separate dalla chiesa cattolica, le si sono poi riunite, conservando i propri riti di origine ortodosso-orientale. *2* (*lett.*) Russo. **B** s. m. (f. *-a*) *1* Abitante della Rutenia, nome latinizzato della Russia nel Medioevo. *2* Cattolico della chiesa rutena.

rutherford /'raterford, *ingl.* 'rʌðəfəd/ [dal n. del fisico ingl. E. *Rutherford* (1871-1937)] s. m. inv. ● (*fis.*) Unità di misura della radiazione ionizzante corrispondente ad una quantità di materiale radioattivo in cui si abbiano 10^6 decadimenti al secondo. SIMB. Rd.

rutherfòrdio /ruter'fɔrdjo/ [dal n. del fisico inglese E. *Rutherford*] s. m. ● (*chim.*) Nome dato dagli scienziati americani all'elemento chimico artificiale di numero atomico 104, chiamato dai russi kurciatovio.

†ruticàrsi [da *r(u)otare*] v. rifl. ● Dimenarsi, muoversi alquanto.

rutilànte agg. ● (*lett.*) Rosso acceso | (*gener.*) Splendente, risplendente.

rutilàre [vc. dotta, lat. *rutilāre*, da *rŭtilus* 'rosso acceso', della stessa famiglia di *rŭber* 'rubro'] v. intr. (*io rùtilo*; aus. *avere*) ● (*raro, lett.*) Rosseggiare | Rifulgere, luccicare, risplendere: *parmi un sol che risplenda e rutili* (SANNAZARO).

rutiliṣmo [vc. dotta, comp. del lat. *rŭtilu(m)* 'di un rosso vivo', dalla base **ru-* 'rosso', ma con il resto della parola non chiarito, e il suff. *-ismo*] s. m. ● (*etn.*) Tendenza al colore rosso dei capelli: *il r. degli scozzesi.*

rùtilo (1) [lat. *rŭtilu(m)* 'rosso acceso'. V. *rutilare*] agg. ● (*lett.*) Rosseggiante, fulvo.

rùtilo (2) [dal precedente, per il colore dei suoi cristalli] s. m. ● (*miner.*) Biossido di titanio in cristalli prismatici di colore rosso, frequentemente geminati.

rutina [da *ruta*] s. f. ● Glucoside contenuto spec. nella ruta, usato in medicina contro la fragilità capillare.

rutinàrio ● V. *routinario.*

rutinièro ● V. *routiniero.*

ruttàre [lat. *ructāre*, ints. di **rūgere.* V. *rutto*] **A** v. intr. (aus. *avere*) ● Emettere un rutto o più rutti. **B** v. tr. *1* (*fig.*) Dire volgarità, ingiurie, parole rabbiose, ecc.: *r. bestemmie.* *2* (*lett.*) Eruttare.

ruttatóre agg.; anche s. m. (f. *-trice*) ● (*raro*) Che, chi rutta.

rutteggiàre [ints. di *ruttare*] v. intr. (*io ruttéggio*) ● Ruttare frequentemente.

rùttile ● V. *ruptile.*

rùtto [lat. *rūctu(m)*, da **rūgere* 'ruttare', di origine indeur.] s. m. ● Aria proveniente dallo stomaco, che viene fatta uscire rumorosamente dalla bocca. || **ruttino**, dim.

ruttóre [vc. dotta, lat. *ruptōre(m)*, da *rŭptus* 'rotto'] s. m. ● (*elettr.*) Dispositivo che, togliendo e creando contatti, interrompe e distribuisce la corrente elettrica in vari circuiti.

ruvidézza s. f. ● Qualità di chi o di ciò che è ruvido (*spec. fig.*): *la r. di un panno*; *r. di maniere.* SIN. Rozzezza.

ruvidità [da *ruvido*] s. f. ● (*lett.*) Scabrosità | (*fig.*) Rozzezza.

rùvido [lat. parl. **rūgidu(m)*, da *rūga*] agg. *1* Non liscio, non levigato: *r. al tatto*; *corteccia, pietra, pelle ruvida.* *2* Di vino non vellutato e non morbido, che si presenta ruvido al palato nella degustazione. *3* (*fig.*) Di maniere rozze, di carattere aspro, detto di persona: *uomo r. nel parlare.* *4* (*fig., lett.*) Appena sbozzato, non ben rifinito, detto di lavori, opere letterarie, e sim. || **ruvidàccio**, pegg. | **ruvidétto**, dim. || **ruvidaménte**, avv. *1* (*raro*) In modo ruvido. *2* (*fig.*) Aspramente, scortesemente.

†ruvinóso ● V. *rovinoso.*

ruẓẓaménto s. m. ● (*raro*) Modo, atto del ruzzare.

ruẓẓànte part. pres. di *ruzzare*; anche agg. ● Nei sign. del v.

ruẓẓàre [vc. di origine onomat.] v. intr. (aus. *avere*) ● Fare chiasso, strepitare, agitarsi, detto di animali | Giocare, saltare o correre per gioco, detto di bambini: *bambini già pallidi e disfatti, che non si sa ... come ruzzeranno sull'erba* (VERGA).

rùẓẓo s. m. *1* Il ruzzare | Strepito, chiasso di chi ruzza. *2* Voglia, puntiglio, capriccio | *Uscire il r. dal capo*, passare il capriccio.

rùẓẓola [da *ruzzolare*] s. f. ● Girella di legno che

si fa rotolare a gara per la strada, a forza di braccia o anche aiutandosi con una corda: *fare, giocare alla r.*

ruzzolànte **part. pres.** di *ruzzolare*; anche **agg.** ● Nei sign. del v.

ruzzolàre [lat. parl. **roteolāre*, da *rŏta* 'rota' (?)] **A** **v. intr.** (*io rùzzolo*; aus. *essere*) ● Cadere, precipitare, rotolando o rivoltolandosi: *r. dalle scale, dal letto.* **SIN.** Rotolare. **B** **v. tr.** ● Fare girare per terra q.c. come se fosse una ruzzola: *r. un sasso.*

ruzzolàta **s. f.** *1* Colpo di ruzzola. *2* Atto, effetto del ruzzolare.

ruzzolìo **s. m.** ● Un ruzzolare continuato.

ruzzolóne [da *ruzzolare*] **s. m.** ● Caduta, rotolone che si fa ruzzolando | *Fare un r.*, (*fig.*) perdere il potere, l'autorità o avere un rovescio finanziario.

ruzzolóni o **ruzzolóne** [da *ruzzolare*] **avv.** ● Ruzzolando: *cadere, scendere, venire giù r.*; *finì r. per terra*; *fece le scale r.*

rytòn /*gr.* ry'tɔn/ ● V. *rhyton*.

s, S

I suoni rappresentati in italiano dalla lettera *S* sono principalmente quelli delle due consonanti fricative alveolari: l'*S* sorda o aspra /s/ e l'*S* sonora o dolce /z/. Nella maggior parte delle posizioni in cui si può trovare, la lettera *S* corrisponde costantemente o all'uno o all'altro di questi due suoni. È sempre sorda quando è doppia (es. *òsso* /'ɔsso/), quando si trova in principio di parola davanti a una vocale (es. *séme* /'seme/), quando è preceduta da una consonante (es. *órso* /'orso/), quando è finale di parola (es. *càos* /'kaos/), quando è seguita da una consonante sorda (es. *còsto* /'kɔsto/). È invece sempre sonora quando è seguita da una consonante sonora (es. *còsmo* /'kɔzmo/). Soltanto quando è scempia in mezzo a due vocali (o tra una vocale e una semiconsonante) nell'interno di una parola, la lettera *S* può avere secondo i casi il suono sordo (es. *còsa* /'kɔsa/, *riso* /'riso/, *risàlto* /ri'salto/) o quello sonoro (es. *càuṣa* /'kauza/, *deriṣo* /de'rizo/, *eṣàlto* /e'zalto/). Ne segue che la consonante *S* sonora non è mai di grado rafforzato: in mezzo a due vocali (o tra una vocale e una semiconsonante) è di grado tenue (es. *iṣola* /'izola/), davanti a consonante sonora è di grado medio (es. *ìsba* /'izba/, *slàvo* /'zlavo/). Invece l'*S* sorda, quando è in mezzo a due vocali, può essere, secondo i casi, di grado tenue (es. *càsa* /'kasa/, *di sópra* /di 'sopra/) o di grado rafforzato (es. *càssa* /'kassa/, *là sópra* /la s'sopra/), mentre nelle altre posizioni è sempre di grado medio (es. *Càrso* /'karso/, *il sópra* /il 'sopra/). La lettera *S* fa poi parte del digramma *sc*, per il quale V. la lettera *C*.

s, S /nome per esteso: *esse*/ **s. f. o m.** ● Diciassettesima lettera dell'alfabeto italiano: *s minuscola, S maiuscolo* | *S impura*, quando è seguita da una consonante | *S come Savona*, nella compitazione, spec. telefonica, delle parole | *Curva a s*, formata da due curve successive, prima a destra, poi a sinistra o viceversa | *Tubo a s*, a doppio gomito.

s- /s, z/ [pref. che inizialmente riproduceva il corrispondente lat. *ex-* con la duplice idea di 'uscire da un luogo o da uno stato' o di 'essere privo', ma poi ha avuto uno sviluppo indipendente con valore essenzialmente neg. e, talvolta, ints.] **pref.** ***1*** Fa assumere significato contrario ai verbi cui è premesso (*sfiorire, sgonfiare, slegare*) e a sostantivi e aggettivi (*sfiducia, sproporzione, scontento, sleale*). ***2*** Ha valore privativo peggiorativo negli aggettivi derivati da sostantivi (*scostumato, sfaccendato, sgrammaticato*) e in alcuni verbi tratti da sostantivi (*sgovernare, sragionare*). ***3*** Indica separazione, allontanamento e sim. in verbi derivati da sostantivi o da altri verbi: *sconfinare, sfornare, svaligiare, sfuggire.* ***4*** Ha valore privativo o detrattivo in verbi derivati da sostantivi: *sfamare, sfondare, sbucciare, sbocciare, spolverare.* ***5*** Valori vari o funzione semplicemente derivativa ha in altri verbi derivati da verbi o sostantivi o da aggettivi: *scadere, sbracciarsi, sguazzarsi, sbiancarsi, sdoppiare, slargarsi.* ***6*** Ha valore intensivo in verbi derivati da altri verbi: *sbeffeggiare, strascinare, scancellare.*

sabadìglia [dallo sp. *cebadilla*, dim. di *cebada* 'orzo', da *cebar* 'alimentare', dal lat. *cibāre*. V. *cibare*] **s. f.** ● Liliacea originaria dell'America centrale, con fiori gialli e frutti contenenti diversi semi (*Sabadilla officinalis*).

sabàtico ● V. *sabbatico.*

sabatìno **agg.** ● (*raro*) Di sabato, che ha luogo di sabato | *Cena sabatina*, cena di grasso, dopo la mezzanotte del sabato.

†**sabatiẓẓàre** o †**sabbatiẓẓàre** [vc. dotta, dal lat. tardo (eccl.) *sabbatizāre*, dal gr. *sabbatízein*, da *sábbaton* 'sabato'] **v. tr.** ● (*raro*) Santificare il sabato.

sàbato o (*dial.*) †**sàbbato** [lat. *săbbatu(m)*, gr. *sábbaton*, dall'ebr. *sabbath* '(giorno di) riposo'] **s. m.** ● Sesto giorno della settimana civile, settimo di quella liturgica | Per gli Ebrei, giorno consacrato a Dio, che in esso cessò l'opera della creazione | *S. grasso*, ultimo sabato di carnevale | *S. di passione*, quello precedente la domenica delle Palme | *S. Santo*, quello precedente la domenica di Pasqua | *Dio non paga il s.*, la punizione divina giunge sempre, inesorabile anche se tarda | (*scherz.*) *S. che viene!*, con riferimento a tempo che non verrà, evento che non si verificherà e sim. | (*fam.*) *Far sera e s.*, fare tardi senza concludere nulla ‖ **PROV.** Non c'è sabato senza sole, non c'è donna senza amore.

sabàudo [vc. dotta, dall'etnico lat. *Sapāudi* (nom. pl.), dal lat. tardo *Sapāudia* 'Sabaudia', prob. dalla vc. prelatina *sappus* 'abete', cfr. lat. *săppium, sapīnus* 'abete' e il fr. *sapin*] **agg.**; anche **s. m.** (**f.** *-a*) ● Che, chi, appartiene o si riferisce alla casa Savoia: *stemma s.*; *dinastia sabauda*; *i sabaudi.*

sàbba [dall'ant. fr. *sabbat* 'riunione di streghe', spreg. di *săbbatum*, istituzione ebr. V. *sabato*] **s. m.** (**pl.** *sàbba* o *sàbbati*) ● Nelle credenze relative alla stregoneria medievale, riunione settimanale notturna di streghe e stregoni, che sono trasportati attraverso l'aria e adorano il diavolo.

sabbàtico o **sabàtico** [vc. dotta, dal gr. *sabbatikós*, da *sábbaton* 'sabato', attraverso il fr. *sabbatique*] **agg.** (**pl. m.** *-ci*) ● Di sabato, spec. nella loc. *anno s.*, il settimo, nel quale gli ebrei antichi si astenevano dai lavori campestri e dalla riscossione dei crediti | Anno di congedo retribuito, cui hanno diritto periodicamente i docenti universitari per dedicarsi alla ricerca scientifica e all'aggiornamento.

†**sabbatiẓẓàre** ● V. †*sabatizzare.*

†**sàbbato** ● V. *sabato.*

sàbbia [lat. *săbula*, nt. pl. di *săbulum* 'sabbia', prob. di origine indeur.] **A** **s. f.** ***1*** Tritume di minerali a forma di granelli provenienti dalla demolizione di rocce preesistenti: *s. minutissima*; *un granello di s.*; *la s. del mare, della spiaggia, del deserto* | *Sabbie mobili*, depositi di sabbia impregnati d'acqua, presenti spec. in zone paludose, da cui, se vi si affonda, difficilmente si può uscire; (*fig.*) situazione pericolosa in cui si rischia di rimanere coinvolti | *Costruire sulla s.*, fare q.c. destinato a non durare | *Seminare nella s.*, fare q.c. di inutile | *Essere scritto nella s.*, di cosa di cui rimarrà breve ricordo | *Bagno di s.*, sabbiatura. ***2*** (*med.*) Tipo di calcolosi, formato da concrezioni a piccoli granuli, presenti nelle vie biliari o urinarie. **B** in funzione di **agg. inv.** ● (posposto a un s.) Che ha il colore tra il beige e il grigio chiaro caratteristico della sostanza omonima: *un golfino color s.*

sabbiàre [da *sabbia*] **v. tr.** (*io sàbbio*) ***1*** (*raro*) Coprire di sabbia. ***2*** Spruzzare sabbia sulla superficie di un oggetto di metallo per renderlo opaco.

sabbiàto **part. pass.** di *sabbiare*; anche **agg.** ***1*** Nei sign. del v. ***2*** *Immagine sabbiata*, immagine televisiva difettosa, quasi fosse coperta da sabbia in movimento.

sabbiatóre **s. m.** ● Chi sabbia | Nell'industria vetraria e meccanica, operaio addetto alla sabbiatrice.

sabbiatrìce [da *sabbiare*] **s. f.** ● Macchina usata per la smerigliatura di lastre di vetro o la pulitura di oggetti metallici.

sabbiatùra [da *sabbiare*] **s. f.** ***1*** Trattamento di alcune forme reumatiche con copertura di sabbia calda o medicamentòsa. ***2*** (*tecnol.*) Operazione di finitura, eseguita mediante lancio di sabbia, destinata a migliorare l'aspetto superficiale dei pezzi metallici nelle parti che non devono subire successive lavorazioni | Smerigliatura mediante sabbia.

sabbièra [da *sabbia*] **s. f.** ***1*** Recipiente contenente sabbia da usare per l'aumento temporaneo del coefficiente di aderenza tra ruota e rotaia nelle locomotive, tram e sim. ➡ **ILL.** p. 1753 TRASPORTI. ***2*** Automezzo con particolare dispositivo atto a contenere e spargere sabbia sulle strade, dopo abbondanti nevicate, per evitare che gli automezzi scivolino sul ghiaccio | (*est.*) Spandisabbia.

sabbionàio [da *sabbione* (V.)] **s. m.** ● Cavatore di sabbia, renaiolo.

sabbióne [lat. *sabulōne(m)*, *sablōne(m)*, identico a *săbulum*. V. *sabbia*] **s. m.** ● Sabbia mescolata con molta ghiaia: *s. di cava.* ‖ **sabbioncèllo**, **dim.**

sabbionìccio [da *sabbione*] **s. m.** ● Terreno sabbioso, terra mista a sabbia.

†**sabbionóso** [da *sabbione*, sul modello di *sabbioso*] **agg.** ● Sabbioso.

sabbióso [lat. *sabulōsu(m)*, da *săbulum* 'sabbia'] **agg.** ***1*** Che ha, contiene molta sabbia: *terreno s.*; *riva sabbiosa.* ***2*** Che è simile a sabbia: *materiale s.* | (*med.*) Che si presenta in forma di sabbia: *calcolo s.*

sabeìṣmo [vc. dotta, comp. di *sabeo* e *-ismo*] **s. m.** ● Antico culto astrale mesopotamico.

sabelliàno [vc. dotta, lat. tardo *Sabelliānu(m)*, da *Sabĕllius* 'Sabellio' (sec. III)] **agg.**; anche **s. m.** ● Che, chi segue l'eresia cristiana di Sabellio, la quale afferma l'assoluta unità di Dio e considera suoi attributi le tre persone della Trinità.

sabèllico [vc. dotta, lat. *Sabĕllicu(m)*, connesso con *Sabĕlli, Sabīni*, n. di ant. popolazioni italiche. V. *Sabina, Sabino*] **agg.** (**pl. m.** *-ci*) ● Che appartiene o si riferisce ai Sabelli, antiche tribù dell'Italia centrale.

sabèo [vc. dotta, dal lat. *Sabāeu(m)* 'abitante della Saba'] **A** **agg.** ● Di Saba, regione e città dell'Arabia. **B** **s. m.** (**f.** *-a*) ● Abitante dell'antica città e regione di Saba. **C** **s. m.** solo **sing.** ● Lingua dell'antica Arabia meridionale.

sabìna o **savìna** [lat. *sabīna(m)*, popolarmente raccostato all'etnico *Sabīnus* 'originario della Sabina', ma di origine mediterr.] **s. f.** ● Arbusto delle Cupressacee, che forma cespugli molto ramosi con foglie piccole e scagliose e fiori insignificanti, usato in medicina (*Juniperus sabina*).

sabìno [vc. dotta, dal lat. *Sabīni* (nom. pl.), di etim. incerta] **A** **agg.** ● Della Sabina | Dei Sabini. **B** **s. m.** (**f.** *-a*) ● Abitante, nativo della Sabina.

sabir [dallo sp. *saber* 'sapere'] **s. m. inv.** ● (*ling.*) Ogni lingua con lessico misto e grammatica semplificata, formatasi per consentire la comunicazione pratica fra gruppi linguistici diversi che abbiano frequenti contatti, spec. negli scambi commerciali | (*per anton.*) L'antica lingua franca, parlata nel bacino del Mediterraneo.

†**sabórra** • V. *zavorra*.

†**saborràre** • V. *zavorrare*.

sabot /*fr.* sa'bo/ [vc. fr., propriamente 'calzatura da contadini' (variante di *bot(te)* 'calzatura grossolana': di origine germ.?), così chiamata per la sua forma] **s. m. inv.** *1* Cassetta in cui sono contenute le carte da gioco, usata per evitare ogni trucco col mazzo, spec. nei casinò, in quei giochi in cui il banchiere cambia carte a ogni giro. *2* Tipo di scarpa a cui manca il quartiere.

sabotàggio [dal fr. *sabotage*. V. *sabotare*] **s. m.** *1* Reato di chi danneggia gli edifici o gli strumenti destinati alla produzione agricola o industriale al solo scopo d'impedire o turbare il normale svolgimento del lavoro | Reato di chi distrugge o rende inservibili in tutto o in parte strumenti od opere militari o adibite al servizio delle forze armate dello Stato. *2* (*est.*) Atto di chi, per motivi politici, o sim. danneggia qualcosa di pubblica utilità, ostacola il funzionamento dei servizi pubblici, e sim.: *atto di s.*; *il s. del nuovo ponte*; *hanno tagliato i fili della luce per s.* | In operazioni belliche, azione compiuta per danneggiare mezzi o intralciare attività nemiche. *3* (*fig.*) Atto inteso a intralciare, svalutare, denigrare l'attività di qc. o la realizzazione di q.c.: *il s. del nuovo ministro*; *il s. di una riunione*.

sabotàre [dal fr. *saboter*, da *sabot* 'zoccolo'; propriamente 'urtare con gli zoccoli, rompere'] **v. tr.** (*io sabòto*) *1* Distruggere o deteriorare volontariamente uno strumento di lavoro, di industria o di commercio: *s. le macchine*, *la produzione*. *2* Svalutare, denigrare, ostacolare (*anche fig.*): *s. il nuovo programma*.

sabotatóre **s. m.**; anche **agg.** (f. *-trice*) • Chi, che sabota: *azione sabotatrice*.

sabra /*ebr.* 'sabra/ [vc. ebr., propriamente 'cactus'] **s. m. e f. inv.** • Ogni ebreo nato e vivente in Palestina dopo la diaspora del popolo di Israele.

†**sabùrra** • V. *zavorra*.

saburràle [vc. dotta, dal lat. *saburrāle(m)*, da *sabŭrra* 'zavorra'] **agg.** • Solo nella loc. *lingua s.*, patinosa, biancastra, propria dei disturbi digestivi, accompagnata da emissione di odori nauseabondi dallo stomaco.

sàcca [f. di *sacco* (*1*) (V.)] **s. f.** *1* Sacco floscio, largo e poco profondo, di materiale vario, usato per tenervi viveri, indumenti, biancheria e sim.: *s. da viaggio*, *da notte* | *S. da piedi*, foderata di pelliccia per tenere caldi i piedi | Bisaccia: *la s. dei frati questuanti* | Borsa da lavoro, da spiaggia e sim. *2* (*med.*) Involucro di materia plastica per conservare il sangue destinato alle trasfusioni. *3* (*dial.*) Tasca. *4* Curvatura, insenatura, rientranza: *le sacche di un fiume* | *Far s.*, formare una rientranza | (*fig.*) *S. d'aria*, vuoto d'aria. *5* Formazione cava, spec. in organi o tessuti animali o vegetali: *s. di pus*, *di liquido* | *Sacche polliniche*, logge all'interno delle antere, disposte in coppie e contenenti il polline. *6* Area della battaglia in cui un complesso di grandi unità viene a trovarsi rinserrato da preponderanti forze nemiche che lo hanno accerchiato | (*est.*) Settore delimitato: *sacche di protesta*; *sacche di analfabetismo*. *7* Nell'altoforno, struttura di forma troncoconica allargata verso l'alto, unita al crogiolo nella parte inferiore. || **sacchétta**, **dim.** (V.).

saccàia [lat. *saccārĭa(m)*, f. sost. di *saccārius*, agg. da *săccus* 'sacco'] **s. f.** *1* Luogo di casa colonica ove si ripongono i sacchi | Legno sospeso a due funi nel granaio, per tenere in alto i sacchi vuoti e salvarli così dai topi. *2* (*raro*) Quantità di cose insaccate. *3* †Sacco, bisaccia. *4* †Nella loc. *far s.*, infistolire, (*est.*, *fig.*) accumulare ira, rancore dentro di sé.

†**saccapàne** [adattamento del fr. *sac à pain*, propriamente 'sacco da pane'] **s. m.** • Tascapane.

saccaràṣi [comp. di *saccaro-* e *-asi*] **s. f.** • (*chim.*) Enzima che trasforma il saccarosio in glucosio e fruttosio.

saccàrdo [da *sacco* (*1*), col suff. spreg. *-ardo*, di origine germ.] **s. m.** *1* Negli eserciti feudali, l'incaricato di portare i bagagli, i sacchi, gli arnesi. *2* (*raro*, *lett.*) Rapinatore, saccheggiatore: *il s. che mai non si commosse / al dolore dei vinti* (D'ANNUNZIO). || †**saccardèllo**, **dim.**

sàccari- • V. *saccaro-*.

saccàride [comp. di *saccar(o)-* e *-ide*] **s. m.** • (*chim.*) Glucide.

saccarìfero [da *saccari-*, con *-fero*] **agg.** *1* Che contiene zucchero: *piante*, *sostanze saccarifere*. *2* Che si riferisce alla produzione dello zucchero: *industria saccarifera*.

saccarificàre [comp. di *saccari-* e *-ficare*] **v. tr.** (*io saccarìfico*, *tu saccarìfichi*) • Sottoporre a saccarificazione.

saccarificazióne [comp. di *saccari-* e *-ficazione*] **s. f.** • Operazione consistente nel trasformare, mediante idrolisi acida o enzimatica, carboidrati complessi in zuccheri.

saccarimetrìa **s. f.** • Disciplina che studia la determinazione quantitativa del saccarosio in soluzione mediante saccarimetro.

saccarimètrico [da *saccarimetria*] **agg.** (**pl. m.** *-ci*) • (*chim.*) Relativo alla saccarimetria | *Grado s.*, percentuale di saccarosio in una soluzione, determinata mediante saccarimetro.

saccarìmetro **s. m.** • (*chim.*) Polarimetro munito di scala graduata adatta alla determinazione della percentuale di saccarosio in una soluzione.

saccarìna [comp. di *saccar(o)-*, con *-ina*] **s. f.** • Composto organico a elevato potere dolcificante, prodotto per sintesi di sostanze organiche solforate; è usata, in luogo dello zucchero, nelle diete alimentari e nell'industria farmaceutica.

saccarinàto [da *saccarina*] **agg.** • Che contiene saccarina, che è addizionato di saccarina | Che deriva dalla saccarina.

†**sàccaro** [vc. dotta, dal lat. *săccharu(m)*, dal gr. *sákcharon*, dal medio indiano (*pāli*) *sakkharā* 'zucchero'] **s. m.** • Canna da zucchero.

sàccaro- o **sàccari-** [dal lat. *săccharu(m)* 'zucchero', dal gr. *sákcharon*, di origine indeur.] primo elemento • In parole composte scientifiche significa 'che ha relazione con lo zucchero' o 'che contiene zucchero': *saccarosio*, *saccarimetria*.

saccaròide [comp. di *saccar(o)-* e *-oide*] **A** **s. m.** • Minerale che ha aspetto simile a quello dello zucchero. **B** anche **agg.**: *marmo s.*

saccarometrìa [comp. di *saccaro-* e *-metria*] **s. f.** • Disciplina che studia l'insieme dei metodi adatti alla determinazione quantitativa del saccarosio in soluzione.

saccaromètrico [da *saccarometria*] **agg.** (**pl. m.** *-ci*) • (*chim.*) Relativo alla saccarometria | *Grado s.*, percentuale di saccarosio in una soluzione, determinata mediante saccarometro.

saccaròmetro [comp. di *saccaro-* e *-metro*] **s. m.** • Densimetro munito di scala graduata adatta alla determinazione della percentuale di saccarosio in una soluzione.

saccaromicète [comp. di *saccaro-* e del gr. *mýkēs*, genit. *mýkētos* 'fungo'] **s. m.** • Fungo microscopico, unicellulare, degli Ascomiceti, che si riproduce per gemmazione o per spora e provoca le fermentazioni (*Saccaromyces*).

saccaròṣio o (*raro*) **saccaròṣo** [comp. di *saccar(o)-* e *-osio*] **s. m.** • (*chim.*) Disaccaride, composto di una molecola di glucosio e una di fruttosio, costituente lo zucchero comune in commercio, contenuto spec. nella barbabietola e nella canna da zucchero.

saccàta **s. f.** • Quantità di roba che può essere contenuta in un sacco: *una s. di paglia* | *Roba a saccate*, in gran quantità.

saccàto [da *sacco*] **agg.** • Che ha forma di sacca, che è raccolto in sacca | (*med.*) *Pleurite saccata*, in cui il liquido essudato è raccolto in sacche.

saccatùra [da *sacca*] **s. f.** • (*meteor.*) Propaggine allungata di una zona di bassa pressione che si estende in una zona a pressione superiore.

saccènte [lat. *sapiĕnte(m)*, part. pres. di *săpere* 'esser saggio' (V. *sapere*), attraverso i dial. merid.] **agg.**; anche **s. m. e f.** *1* Che, chi presume di sapere e in realtà non sa: *ragazzetto antipatico e s.* | Che, chi ostenta la propria cultura, abilità, capacità e sim.: *le persone saccenti risultano noiose*. *2* †Sapiente, esperto | †Sagace, accorto, abile: *un de' suoi, il più s., ... mandò allo abate* (BOCCACCIO). || **saccentèllo**, **dim.** | **saccentìno**, **dim.** | **saccentóne**, **accr.** | **saccentùccio**, **saccentùzzo**, **dim.** | **saccentuòlo**, **dim.** || **saccenteménte**, **avv.** *1* Da saccente, con tono saccente. *2* †Con convenienza, giudizio.

saccenterìa **s. f.** • Presunzione di sapere | Atteggiamento saccente.

saccheggiaménto **s. m.** • (*raro*) Atto del saccheggiare | Rovina, devastazione.

saccheggiàre [comp. di *sacco* (*2*) e *-eggiare*] **v. tr.** (*io sacchéggio*) • Mettere a sacco, fare prede e bottino di tutto quanto è possibile, portando rovina e devastazione: *s. città*, *villaggi*, *case*, *navi*; *gli invasori saccheggiarono l'intero paese* | (*est.*) Derubare, svaligiare, rapinare: *s. una banca* | (*fig.*) *S. un libro*, *un autore e sim.*, appropriarsi di idee, dimostrazioni, passi e sim. altrui.

saccheggiatóre **s. m.**; anche **agg.** (f. *-trice*) • Chi, che saccheggia: *folla saccheggiatrice*.

sacchéggio **s. m.** • Atto, effetto, del saccheggiare (*anche fig.*): *dare il s. a una città*; *permettere il s.*; *un s. di idee altrui*. **SIN.** Depredazione, devastazione, rapina, razzia, sacco (2).

saccherìa **s. f.** • Fabbrica di sacchi | Reparto di stabilimento tessile in cui si confezionano sacchi di iuta.

sacchétta **s. f.** *1* Dim. di *sacca* nel sign. 1. *2* †Bisaccia. || **sacchettìna**, **dim.**

sacchettatrìce [da *sacchetto*] **s. f.** • Macchina per fare sacchetti di carta.

sacchettifìcio [comp. di *sacchetto* e *-ficio*] **s. m.** • Fabbrica di sacchetti.

sacchétto [dim. di *sacco* (*1*)] **s. m.** *1* Piccolo sacco di materiale vario, usato per contenere o trasportare merci o oggetti diversi: *un s. di tela*, *di juta*, *di carta*, *di plastica* | (*bot.*) *S. pollinico*, sacca pollinica | *Sacchetti a terra*, quelli che, riempiti di terra o sabbia, servono per innalzare ripari, rinforzare le scarpate interne delle trincee, coprire ricoveri e linee, e sim. | *A s.*, a sacco: *giacca a s.* *2* Quantità di roba contenuta in un sacchetto: *un s. di zucchero*, *farina*, *caffè*. *3* (*raro*, *dial.*) Tasca grande, borsa: *il s. dei denari* | Borsettina, piccolo sacco di stoffa elegante. || **sacchettìno**, **dim.** | **sacchettóne**, **accr.** | **sacchettùccio**, **dim.**

†**sacciaménto** [da *saccente* (V.)] **s. m.** • Conoscenza, conoscimento.

saccifórme [comp. di *sacci-*, da *sacco*, e *-forme*] **agg.** • Che ha forma di sacco.

†**sacciutézza** [da *sacciuto*] **s. f.** • Saccenteria.

†**sacciùto** [forma analogica (merid.) su *saccio*, *saccente*. V. *saputo*] **agg.**; anche **s. m.** • Saccente, saputo. || †**sacciutèllo**, **dim.**

sàcco (**1**) [lat. *săccu(m)*, dal fenicio *śáq*, 'stoffa grossa, sacco', attraverso il gr. *sákkos*] **s. m.** (**pl.** *sàcchi*, **m.**, pop. tosc. †*sàcca* **f.**) *1* Recipiente di tela, grossa carta o altro materiale, piuttosto lungo e stretto, aperto in alto, usato per contenere materiali in pezzi o in polvere od oggetti di dimensioni ridotte: *bocca*, *fondo del s.*; *s. rotto*; *riempire*, *vuotare un s.*; *trasportare*, *scaricare i sacchi* | *Sacchi per la corrispondenza*, *sacchi postali*, quelli in cui vengono raccolti dalla Posta plichi e lettere diretti alla stessa destinazione | *Corrispondenza fuori s.*, V. *fuorisacco* | *Tela di*, *da s.*, tela ruvida, a trama larga, con cui si confezionano i sacchi | *Ago da s.*, robusto e con la cima larga, adatto per cucire la bocca dei sacchi con lo spago | *A s.*, si dice di cose, spec. abiti, che cadono diritti, senza modellature: *linea*, *abito a s.* | *Corsa nei sacchi*, scherzosa competizione di sagre paesane, in cui si procede a balzi con la parte inferiore del corpo chiusa in un sacco legato alla vita | *Sembrare*, *parere un s.*, di indumento malfatto che rende goffo chi lo indossa | *Colmare il s.*, (*fig.*) oltrepassare i limiti, la misura | *Vuotare il s.*, (*fig.*) dire tutto ciò che si pensa, senza riserve o pudori | *Tenere*, *reggere il s. a qc.*, (*fig.*) esserne complice in qualche impresa, spec. riprovevole | *Mettere qc. nel s.*, (*fig.*) ingannarlo o superarlo in bravura, abilità e sim. | *Cogliere qc. con le mani nel s.*, (*fig.*) coglierlo in flagrante | *Fare q.c. con la testa nel s.*, (*fig.*) alla cieca, sbadatamente | *Tornare*, *tornarsene con le pive nel s.*, (*fig.*) scornato, deluso, senza avere combinato nulla | *Farina del proprio s.*, (*fig.*) opera propria, originale, non plagiata | (*raro*) *Non riavere le corde del s.*, (*fig.*) non avere nulla di ciò che ci si aspetta | †*Fare s.*, incappare in un agguato | *Fare il s.*, scherzo tipico di caserme o collegi, consistente nel ripiegare il lenzuolo di sotto formando come un sacco, per impedire a chi vi si corica di allungare le gambe nel proprio letto. **2** Ciò che è contenuto in un sacco: *un s. d'orzo, di caffè, di farina, di patate, di cemento* | *S. di stracci*, (*fig., spreg.*) persona vestita molto male | *S. d'ossa*, (*fig.*) persona magrissima. **3** Antica unità di misura di capacità per aridi usata in varie provincie con valori compresi fra circa 70 e 180 litri. **4** (*fig., fam.*) Gran numero: *c'è un s. di gente*; *avere un s. di quattrini*; *dare, prendere un s. di botte, di legnate*; *fare un s. di domande*; *dire un s. di bugie*; *dirne, darne un s. e una sporta*; *volersi un s. di bene*; *avere un s. di guai* | *Un s.*, molto, moltissimo: *'ti sei divertito?' 'un s.!'* | *A sacchi*, in grande quantità | (*raro*) *Far s.*, accumulare. **5** Tela da sacco | *Tessuto a s.*, con trama molto rada e fili piuttosto grossi | (*est.*) Rozza veste, spec. di eremiti, penitenti e sim., indossata in segno di dolore o di penitenza: *coprirsi di un s.*; *vestire il s.*; *essere vestito di s.* | Saio: *vestire il s. di S. Francesco*. **6** (*est.*) Recipiente, di materiale vario e adibito a usi diversi, simile nella forma a un sacco: *s. da viaggio* | *S. alpino, da alpinista, da montagna*, zaino di tela impermeabile, portato in spalla da alpinisti ed escursionisti | *S. a pelo*, sacco imbottito, talvolta impermeabile, usato per dormire all'aperto o in luoghi non riscaldati | *Sacco-piuma*, sacco a pelo imbottito di piumino, usato prevalentemente dagli alpinisti per dormire all'addiaccio | *S. da bivacco*, sacco a pelo totalmente impermeabile, leggero e poco ingombrante, usato dagli alpinisti per dormire in parete | *Fare colazione al s.*, all'aperto, durante un'escursione, con viveri portati in un sacco da montagna | Nel pugilato, attrezzo a forma di cilindro ripieno di sabbia o segatura, pendente dal soffitto, che i pugili colpiscono per allenamento. ➡ ILL. **campeggiatore**. **7** (*est., fig.*) Formazione cava, più o meno simile a un sacco, fisiologica o patologica, di varia dimensione, in organismi animali o vegetali: *s. lacrimale* | *S. aneurismatico*, cavità aneurismatica | *S. delle acque, s. amniotico*, amnio | (*est.*) Membrana che riveste tale formazione | *S. vitellino*, membrana di rivestimento del vitello, dell'uovo. **8** Sacca, nei sign. 1 e 3: *s. da notte, da viaggio*; *far s.* | *S. della rete*, parte chiusa della rete, a maglia più stretta, dove si raccoglie il pescato | Manica. **9** (*mus.*) Secondo e maggior pezzo del fagotto, di forma leggermente conica e schiacciata | Canna interna dell'aria, divisa in due, comunicanti al fondo. **10** (*pop., scherz.*) Stomaco: *riempirsi il s.*; *avere il s. pieno*; *mettere q.c. in s.* **11** (*gerg.*) Banconota da mille lire: *costa cinque sacchi* || PROV. Non dire quattro se non l'hai nel sacco. || **saccàccio**, pegg. | **sacchétto**, dim. (V.) | **saccóne**, accr. (V.).

sàcco (2) [da *sacco* (*1*) attrav. il concetto di 'mettere nel sacco'] s. m. (pl. *sàcchi*) ● Saccheggio: *il s. di Roma del 1527*.

saccòccia [da *sacco* (*1*), col suff. vezz. *-occio*] s. f. (pl. *-ce*) **1** (*dial.*) Tasca | *Mettere q.c. in s.*, intascarla | *Avere le saccocce piene*, essere stufo, annoiato | *Rompere le saccocce a qc.*, annoiarlo, infastidirlo. **2** †Sacchetto, bisaccia.

saccocciàta s. f. ● Quantità di roba che può essere contenuta in una saccoccia.

sàccolo o **sàcculo**, nel sign. 1 [lat. *sàcculu(m)*, dim. di *săccus* 'sacco'] s. m. **1** (*lett.*) Piccolo sacco, sacchetto. **2** Borsettina a sacchetto, a rete, a maglia, a perline.

†**saccomannàre** [da *saccomanno*] v. tr. e intr. ● Saccheggiare.

†**saccomanneggiàre** [iter. da *saccomanno*] v. tr. e intr. ● Mettere a sacco.

†**saccomannésco** agg. (pl. m. *-schi*) ● Di, da saccomanno.

saccomànno [dal medio alto ted. *sackman* 'addetto alle vettovaglie, brigante', comp. di *sack* 'sacco' e *man* 'uomo'] s. m. **1** †Brigante, saccheggiatore, ladrone. **2** Sacco, saccheggiamento: *fare s.*; *porre, mettere a s.*

†**saccomazzóne** [comp. di *sacco* (*1*) e di un deriv. di *mazza* (V.)] s. m. ● Gioco contadinesco consistente nel cercare di percuotersi a vicenda, tenendo gli occhi bendati, con un panno annodato.

†**saccométtere** [comp. di *sacco* (*2*) e *mettere*] v. tr. ● Mettere a sacco, saccheggiare.

saccóne s. m. **1** Accr. di *sacco* (*1*). **2** Specie di materasso non trapunto, solitamente ripieno di foglie di granturco o di paglia | †*Dormire quanto i sacconi*, non fare altro che dormire. || **sacconàccio**, pegg. | **sacconcèllo**, dim.

saccopelista [da *sacco* (*a*) *pelo*] s. m. e f. (pl. m. *-i*) ● Chi pernotta all'aperto in un sacco a pelo, spec. in zone urbane o di grande affluenza turistica: *centro storico vietato ai saccopelisti*.

sacculàre [da *sacculo*] agg. ● (*anat.*) Relativo al sacculo: *nervo s.*

sàcculo s. m. **1** V. *saccolo*. **2** (*anat.*) Piccola cavità membranosa dell'orecchio interno. **3** (*biol.*) Ognuna delle cavità delimitate da membrana, che costituisce l'unità elementare del dittiosoma.

sacèllo [vc. dotta, dal lat. *sacĕllu(m)*, dim. sost. di *săcer*, genit. *săcri* 'sacro, consacrato'] s. m. ● Piccola cappella, oratorio | Presso i Romani, luogo scoperto e recintato, con altare dedicato a una divinità.

sacerdotàle [vc. dotta, dal lat. *sacerdotāle(m)*, da *sacĕrdos*, genit. *sacerdōtis* 'sacerdote'] agg. ● Che si riferisce al sacerdote o al suo ufficio: *dignità, ordine, ufficio s.* | *Beneficio s.*, patrimonio o rendita spettante a un sacerdote per l'esplicazione del proprio ufficio. || **sacerdotalménte**, avv. Da sacerdote: *vestito sacerdotalmente*.

†**sacerdotàtico** [da *sacerdote*] s. m. ● (*raro*) Sacerdozio.

sacerdòte o †**sacerdòto** [vc. dotta, dal lat. *sacerdōte(m)*, comp. dell'agg. *săcer*, genit. *săcri* 'sacro (1)', e di un elemento dalla radice indeur. **dhē-* 'porre, fare'] s. m. (f. *-essa* (V.)) **1** Chi, per investitura ricevuta direttamente da una divinità o dal gruppo, è considerato mediatore tra il gruppo medesimo e il mondo divino, con poteri e previlegi connessi alla sua funzione | Prete, ministro proprio di una religione o di un culto: *s. cattolico, di Giove*; *ottimo, buon s.*; *s. esemplare*; *vocazione del s.* | *Sommo, gran s.*, nell'ebraismo antico, capo dei sacerdoti del tempio | *Sommo s.*, nella religione cattolica, il papa. **2** (*fig.*) Chi esercita la propria attività con particolare passione, quasi fosse una missione sacra: *sacerdoti della giustizia, della scienza, del vero, dell'ideale* | *S. di Temi*, magistrato | *S. di Esculapio*, medico | *S. delle Muse*, poeta. || **sacerdotino**, dim.

sacerdotéssa [vc. dotta, dal lat. tardo *sacerdotīssa(m)*, f. di *sacĕrdos*, genit. *sacerdōtis* 'sacerdote'] s. f. ● Donna che, in alcune religioni, esercita il ministero sacerdotale | *S. di Venere*, (*euf.*) prostituta.

†**sacerdòto** ● V. *sacerdote*.

sacerdòzio [vc. dotta, lat. *sacerdōtiu(m)*, da *sacĕrdos*, genit. *sacerdōtis* 'sacerdote'] s. m. **1** Condizione, dignità, ufficio propri del sacerdote e della sacerdotessa: *seguire il s.*; *avviare al s.*; *l'alta missione del s.*; *i doveri del s.* **2** Mediazione sacerdotale fra il gruppo e la divinità | *S. eterno*, quello di Melchisedec e di Gesù Cristo | *S. universale*, quello di tutti i cristiani. **3** (*fig.*) Alta missione sociale: *il s. della scienza, dell'insegnamento*. **4** (*raro*) †Clero.

sacertà [adatt. del ted. *Sazertät*, falso latinismo da *săcer* 'sacro'] s. f. ● (*lett.*) Sacralità.

sachè s. m. ● Adattamento di *sakè* (V.).

Sacher /ted. 'zaxər/ s. f. inv. ● Acrt. di *Sachertorte*.

Sachertorte /ted. 'zaxər-tɔrtə/ [vc. ted., dal nome della famiglia austriaca proprietaria degli alberghi e ristoranti *Sacher* di Vienna, che l'ha proposta ai primi dell'800] s. f. inv. (pl. ted. *Sachertorten*) ● (*cuc.*) Torta tipica viennese a base di farina impastata con zucchero, burro, uova e cioccolato fondente, spalmata con un sottile strato di marmellata d'albicocca e ricoperta da una glassa di cioccolato fondente.

†**sàcoma** ● V. *sagoma*.

†**sàcra** ● V. *sagra*.

sacràle (1) [da *sacro* (*1*)] agg. ● Che ha carattere sacro: *cerimonia, rito s.*

sacràle (2) [da *sacro* (*2*)] agg. ● (*anat.*) Che concerne l'osso e la regione del sacro.

sacralgia [comp. di *sacro* (*2*) e *-algia*] s. f. (pl. *-gie*) ● (*med.*) Dolore del sacro.

sacralità [da *sacrale* (*1*)] s. f. ● Qualità di ciò che è sacro o sacrale.

sacralizzàre [comp. da *sacrale* (*1*) e *-izzare*] v. tr. ● Attribuire a una persona, una cosa, un luogo, un tempio carattere sacro.

sacralizzazióne (1) [da *sacralizzare*] s. f. ● Atto rituale o processo storico-religioso, attraverso i quali una persona, una cosa, un luogo, un tempio perdono il carattere profano e acquistano quello sacro. CONTR. Desacralizzazione.

sacralizzazióne (2) [da *sacrale* (*2*)] s. f. **1** (*med.*) Anomalia di sviluppo in cui la quinta e talvolta la quarta vertebra lombare assumono caratteri morfologici simili a quelli delle vertebre sacrali. **2** (*anat., zool.*) Specializzazione di una o di alcune vertebre che, nei Vertebrati terrestri, si connettono con l'ileo per dare la cintura pelvica.

sacramentàle o †**sagramentàle** [vc. dotta, dal lat. tardo (eccl.) *sacramentāle(m)*, da *sacramĕntum* 'sacramento'] **A** agg. **1** (*relig.*) Che si riferisce a un sacramento | *Grazia s.*, nella dottrina cattolica, il diritto alle grazie necessarie per conseguire il fine proprio di ciascun sacramento. **2** (*fig., scherz.*) Abituale, rituale: *la s. partenza per la villeggiatura*. || **sacramentalménte**, avv. Per mezzo del sacramento; in modo sacramentale. **B** s. m. ● Nella teologia e nella liturgia cattoliche, ciascuno degli atti rituali e degli oggetti che, distinti dai sacramenti, hanno natura ed efficacia di veicoli di grazia attuale e producono benefici spirituali.

sacramentàre o †**sagramentàre** [da *sacramento*] **A** v. tr. (*io sacraménto*) **1** Amministrare i sacramenti, spec. il sacramento dell'eucarestia. **2** Giurare | (*est.*) Affermare risolutamente: *sacramenta di non sapere nulla*; *giurava e sacramentava che era innocente*. **3** (*pop.*) Imprecare, bestemmiare (*anche ass.*). **B** v. rifl. ● Ricevere i sacramenti: *prima di morire volle sacramentarsi*.

sacramentàrio (1) [vc. dotta, dal lat. eccl. *sacramentāriu(m)*, da *sacramĕntum* 'sacramento'] s. m. ● Antico rituale per la celebrazione della messa e l'amministrazione dei sacramenti.

sacramentàrio (2) [da *sacramento*] **A** agg. ● Che riguarda i sacramenti: *teoria sacramentaria*. **B** s. m. ● Seguace della riforma protestante che modificava la dottrina di Lutero circa il sacramento dell'Eucarestia, attribuendo a essa solo valore commemorativo e rigettando la dottrina della presenza reale.

sacramentàto part. pass. di *sacramentare*; anche agg. **1** Nei sign. del v. **2** *Gesù s.*, che è presente nell'ostia consacrata.

sacramentina [dal SS. *Sacramento*, alla cui adorazione sono particolarmente votate] s. f. ● Suora cattolica votata alla perpetua adorazione del SS. Sacramento.

sacraménto o †**sagraménto** [vc. dotta, dal lat. *sacramĕntu(m)*, nel significato eccl. di 'sacramento', da *sacrāre* 'consacrare'] s. m. (pl. †*sacraménta*, f.) **1** (*relig.*) Atto rituale, mediante il quale si trasferisce, in forma magica e con effetti trasformanti, all'adepto una partecipazione alla potenza divina | Nella teologia cattolica, segno sensibile, sacro, istituito permanentemente da Gesù Cristo, quale mezzo precipuo di santificazione e di salvezza, per significare la grazia e per conferirla: *i santi sacramenti*; *i sette sacramenti*; *amministrare i sacramenti* | *S. degli Infermi*, denominazione dell'Estrema Unzione dopo il Concilio Ecumenico Vaticano Secondo | *S. della Riconciliazione*, denominazione della Penitenza dopo il Concilio Ecumenico Vaticano Secondo | *Fare q.c. con tutti i sacramenti*, (*fig., fam.*) con tutte le regole, con ogni scrupolo. **2** Nella teologia riformata, veicolo santificante che conferma la condizione di grazia acquistata per sola fede. **3** (*relig., per anton.*) Eucarestia, ostia consacrata: *il Santo, il Divino, il Santissimo Sacramento*; *ricevere il Sacramento*. **4** (*lett.*) †Giuramento: *né alcuno d'infima fortuna pensò di violare il s.* (MACHIAVELLI) | (*lett.*) *Fare s.*, giurare solennemente | (*lett.*) *Fare mille sacramenti*, giurare pure sapendo di non poter mantenere ciò che si giura.

sacràre o **sagràre** spec. nel sign. C [vc. dotta, dal lat. *sacrāre*, da *săcer*, genit. *săcri* 'sacro (1)'] **A** v. tr. ● (*raro, lett.*) Consacrare | (*est.*) Dedicare a titolo di onore, in memoria e sim.: *in Maratona / ove Atene sacrò tombe a' suoi prodi* (FOSCOLO) | †Sacrificare. **B** v. rifl. ● (*lett.*) Consacrarsi, dedicarsi, votarsi. **C** v. intr. (aus. *avere*) ● (*pop.*) Imprecare, bestemmiare.

sacràrio [vc. dotta, dal lat. *sacrāriu(m)*, da *săcer*, genit. *săcri* 'sacro (1)'] **s. m.** *1* Parte del tempio in cui viene conservata l'immagine di un dio | (*raro*) Tabernacolo. *2* Vaschetta con tubo di scarico nella sacrestia, presso l'altare o dietro l'altare, nella quale si versano le lavature dei vasi sacri o i residui degli oggetti sacri o consacrati ridotti in cenere. *3* Edificio consacrato alla memoria di persone che sono oggetto di comune venerazione: *il s. dei caduti*. *4* (*fig.*) Ciò che è considerato sacro, intimo, riservato: *il s. della famiglia, delle pareti domestiche*; *nel s. del proprio cuore, della propria coscienza*.

sacràto (1) **part. pass.** di *sacrare*; anche **agg.** *1* Nei sign. A e B del v. *2* (*lett.*) Sacro: *si ch'ella giunga a la città sacrata* (TASSO). || **sacratissimo**, **sup.** • Degno della massima reverenza: *il s. sangue di Cristo*.

sacràto (2) • V. *sagrato* (*1*).

sacrestàna • V. *sagrestana*.

sacrestàno • V. *sagrestano*.

sacrestìa • V. *sagrestia*.

sacrificàbile [da *sacrificare*] **agg.** • Che può essere sacrificato.

sacrificàle [vc. dotta, dal lat. *sacrificāle(m)*, connesso con *sacrificāre, sacrifĭcium*] **agg.** • Che si riferisce a un sacrificio: *ara, atto s.*

†**sacrificaménto** [da *sacrificare*] **s. m.** • Sacrificio.

sacrificàre o (*dial.*) †**sagrificàre** [vc. dotta, dal lat. *sacrificāre*, comp. di *săcrum* 'azione sacra' e *-ficāre*, da *făcere* 'fare'] **A v. tr.** (*io sacrìfico, tu sacrìfichi*) *1* Nelle religioni pagane, offrire in sacrificio al dio o agli dèi, immolare una vittima (*anche ass.*): *s. capre, buoi, agnelli, vittime umane*; *s. a Diana, a Giove*. *2* (*ass.*) Nella religione cattolica, celebrare la Messa: *il sacerdote sacrifica* | †*S. il sacrifizio, s. il corpo di Cristo*, celebrare la Messa. *3* Rinunciare a q.c. cui si tiene molto per il conseguimento di un dato fine che si ritenga utile a se stessi o agli altri: *s. i propri interessi per il benessere generale*; *ha sacrificato la vita per la libertà del paese*; *sacrificò ogni sua aspirazione alla famiglia*. *4* Mortificare le doti, le possibilità, le aspirazioni e sim., di qc. o di q.c. costringendolo a una sistemazione inferiore a quella desiderata o meritata: *sacrifica la sua intelligenza in un'esistenza mediocre*; *non facendo studiare quel ragazzo lo sacrificano*; *che peccato s. quel bel mobile in un angolo!* | *S. una figlia*, maritarla male. **B v. rifl.** *1* Offrirsi in sacrificio: *i martiri cristiani si sacrificavano per la fede*. *2* Soffrire volontariamente, sopportare privazioni e sim. per il benessere altrui o per il conseguimento di un dato fine: *i genitori si sacrificano sempre per i figli*; *per finire gli studi si è molto sacrificato*. **C v. intr.** (aus. *avere*) • (*est.*) Fare manifestamente atto e opera di devozione, attaccamento, ossequio, e sim.: *s. alla bellezza*; *per lui ogni occasione è buona per s. alla morale* | (*euf.*) *S. a Venere*, compiere l'atto sessuale | (*euf.*) *S. a Bacco*, bere vino più del solito, gustandolo.

sacrificàto (1) **part. pass.** di *sacrificare*; anche **agg.** *1* Nei sign. del v. *2* Che è costretto a subire privazioni, afflizioni e sim.: *vita sacrificata*. *3* Non valorizzato: *in quel lavoro è s.*; *con questa luce la casa è sacrificata*.

sacrificàto (2) [vc. dotta, dal lat. *sacrificātu(m)* 'che ha sacrificato', part. pass. di *sacrificāre* 'sacrificare'] **s. m.** • (*spec. al pl.*) Antichi cristiani che, per sfuggire alle persecuzioni, parteciparono ai sacrifici dei pagani.

sacrificatóre [vc. dotta, dal lat. tardo *sacrificatōre(m)*, da *sacrificātus*, part. pass. di *sacrificāre* 'sacrificare'] **s. m.**; anche **agg.** (**f.** *-trice*) • (*lett.*) Chi, che sacrifica | Chi, che celebra un sacrificio.

sacrificazióne [vc. dotta, dal lat. *sacrificatiōne(m)*, da *sacrificātus*, part. pass. di *sacrificāre*] **s. f.** • (*raro, lett.*) Atto del sacrificare.

sacrifìcio o (*lett.*) **sacrifìzio**, (*dial.*) †**sagrifìcio**, (*dial.*) †**sagrifìzio** [dal lat. *sacrifĭciu(m)*, comp. di *săcrum* 'azione sacra' e di un deriv. di *făcere* 'fare'] **s. m.** *1* Atto religioso mediante il quale si sottrae una cosa materiale, un animale o un uomo all'uso profano e lo si rende sacro dedicandolo a un dio, a più dèi o a una forza divina non personificata, al fine di incrementare la potenza divina, di placarne la collera, di propiziarsela o semplicemente di glorificarla o ringraziarla: *fare, compiere un s.*; *offrire una vittima in s. a Giunone*; *fare un s. in onore di Pallade* | *S. cruento*, con spargimento di sangue | *S. incruento*, senza spargimento di sangue | *S. umano*, in cui la vittima è una persona | *S. espiatorio*, mediante il quale si libera un uomo o una comunità dalle conseguenze di un'omissione religiosa o di un peccato | *S. di cento buoi*, ecatombe | Rituale che accompagna l'atto sacrificale. *2* Nella teologia cattolica: *s. della Messa*, in cui la vittima che si offre volontariamente è il Cristo | *S. d'espiazione*, la Messa, nella quale si rinnova l'offerta espiatoria del Cristo | *S. divino, santo s., s. dell'altare*, la Messa | *S. della croce*, quello in cui il Cristo si offre al Padre per tutta l'umanità | †*Vedere il s.*, assistere alla Messa *3* (*est.*) Offerta non materiale fatta a Dio o agli dèi in segno di devozione: *offrire in s. a Dio le proprie pene*. *4* Offerta della vita per la realizzazione di un ideale, per il bene degli altri, e sim.: *l'estremo s.*; *fare s. di sé*; *il s. di Cristo sulla croce per la redenzione dell'umanità*. *5* Grave privazione, danno subìto volontariamente, rinuncia imposta dalla volontà o dalle situazioni: *studia a costo di grandi sacrifici*; *vivere là è proprio un s.*; *fare una vita di s.*; *non conoscere altro che sacrifici*.

sacrìfico [vc. dotta, dal lat. *sacrĭficu(m)*, comp. di *săcrum* 'azione sacra' e *-fĭcus* '-fico'] **agg.** (**pl. m.** *-ci*) *1* (*lett.*) †Che appartiene al sacrificio. *2* Nell'antica Roma, sacrificatore agli dèi.

sacrifìzio • V. *sacrificio*.

sacrilègio o †**sagrilègio** [vc. dotta, dal lat. *sacrilĕgiu(m)*, astratto di *sacrĭlegus* 'sacrilego'] **s. m.** *1* Profanazione di parola, atto, persona, luogo, sacri o consacrati, a mezzo di parola o di azione: *fare s.*; *commettere un s.* *2* (*fig.*) Mancanza di rispetto, di riverenza verso persone o cose che ne sono degne: *è un s. insultare i genitori*.

sacrìlego o †**sagrìlego** [vc. dotta, dal lat. *sacrĭlegu(m)*, comp. di *săcrum* 'cosa sacra' e *-lĕgus*, da *lĕgere* 'cogliere, prendere'] **agg.** (**pl. m.** *-ghi*) *1* Che commette o ha commesso un sacrilegio: *ladro s.*; *mani sacrileghe*. *2* (*est.*) Empio, irriverente: *parole sacrileghe* | *Lingua sacrilega*, di maldicente, bestemmiatore. || **sacrilegaménte**, **avv.** Con sacrilegio.

sacripànte [da *Sacripante*, personaggio dei poemi cavallereschi] **A s. m.** • Uomo grande e grosso che incute timore | *Fare il s.*, fare il bravaccio, lo smargiasso. **B** in funzione di **inter.** • Esprime irritazione, meraviglia, stupore e sim.: *s., potevi dirlo prima*.

sacrìsta o **sagrìsta** [vc. dotta, dal lat. mediev. *sacrīsta(m)*, da *săcer*, genit. *săcri* 'sacro'] **s. m.** (**pl.** *-i*) • Sacrestano | Ecclesiastico che, nelle collegiate, ha cura della sagrestia | *S. del papa*, prelato domestico che regola le funzioni liturgiche del Papa.

sacristàno • V. *sagrestano*.

sacristìa • V. *sagrestia*.

sàcro (1) o †**sàgro** [lat. *săcru(m)*, di origine indeur.] **A agg.** *1* Che appartiene alla divinità, che partecipa della potenza divina, anche se non personificata, che è separato dal profano: *luoghi, anelli, paramenti sacri*; *le sacre reliquie* | *Il s. fonte*, il fonte battesimale | *Ordine s.*, il sacerdozio | *S. collegio*, quello dei cardinali | *Libri sacri, Sacra scrittura*, la Bibbia, i libri del Vecchio e del Nuovo Testamento | *Le sacre bende*, i veli monacali | *I sacri bronzi*, le campane | *La Sacra famiglia*, Gesù, Giuseppe e Maria | *S. Cuore* (*di Gesù*), Gesù Cristo considerato spec. nel suo amore per gli uomini | *Arte sacra*, di soggetto religioso | *Musica sacra*, composta per cerimonie religiose | *Il poema sacro*, (*per anton.*) la Divina Commedia, perché tratta di materia religiosa | *Sacre rappresentazioni*, rappresentazioni drammatiche su temi religiosi, diffuse in Italia soprattutto nel XV sec. | *Fuoco s.*, nell'antica Roma, quello tenuto sempre acceso dalle vestali | *Guerre sacre*, nell'antica Grecia, quelle combattute in difesa di luoghi sacri agli dèi | (*pop.*) *Fuoco s., morbo s.*, erpete, fuoco di S. Antonio. *2* (*est.*) Che è degno di rispetto, ossequio, venerazione: *sacra maestà*; *persona sacra e inviolabile*; *l'ospite è s.*; *la sacra memoria della madre*; *i sacri diritti dell'uomo*; *i sacri ideali del Risorgimento* | (*est.*) Inviolabile, intangibile: *il giuramento è s.*; *questo è un dovere s.* *3* Consacrato, dedicato: *l'amore è s. a Venere*; *visitare i luoghi sacri alla patria*. *4* Di cosa la cui maestosità incute un senso di riverenza e attonito stupore, quasi religiosi: *il s. silenzio della notte*; *la visione lo pervase di s. orrore*. *5* †Maledetto, degno di esecrazione, di biasimo. **B s. m.** solo **sing.** *1* Ordine delle realtà e delle potenze che, per natura o per destinazione, sono opposte al profano: *i contrasti fra il s. e il profano*. *2* (*spec. al pl.*) †Riti sacri.

sàcro (2) [vc. dotta, dal lat. *săcru(m)*, calcato sul gr. *hieròn ostéon*, propriamente 'osso grosso', interpretato come 'sacro'] **A s. m.** • (*anat.*) Osso del bacino, formato dalla fusione di cinque o più vertebre sacrali. ➡ **ILL.** p. 362 ANATOMIA UMANA. **B** anche **agg.**: *osso s.*

sacrosànto [vc. dotta, dal lat. *sacrosănctu(m)* 'inviolabile', giustapposizione di *săcro*, strumentale di *săcer*, genit. *săcri* 'sacro (1)', e *sănctus*. V. *santo*] **agg.** *1* Sacro e santo, in quanto sottratto a ogni profanazione: *il nome s. di Dio*; *i sacrosanti misteri della Fede*. *2* Inviolabile, sicuro da ogni offesa, ingiuria e sim.: *obblighi, diritti sacrosanti*; *leggi sacrosante* | (*est.*) Indubitabile: *verità sacrosanta*. *3* (*fam.*) Fatto, detto, dato e sim. a proposito, meritatamente: *le tue sono parole sacrosante*; *hai avuto una sacrosanta lezione!* || **sacrosantaménte**, **avv.** In modo sacrosanto; con scrupolosa osservanza.

sadducèo o (*raro*) **saducèo** [vc. dotta, dal lat. tardo (eccl.) *Sadducăeu(m)*, prob. dall'ebr. *saddiq* 'giusto'] **s. m.** • Seguace del partito aristocratico giudaico che, nel sec. I a.C., negò la validità della legge orale, la prescienza divina, e l'immortalità dell'anima.

sadiàno [dal fr. *sadien*] **agg.** • Proprio del, relativo allo scrittore e saggista D. de Sade (1740-1814), al suo pensiero o alla sua produzione: *opera sadiana*; *studi sadiani*.

sàdico [vc. dotta, dal fr. *sadique*, dal n. del marchese D. *de Sade*] **A agg.** (**pl. m.** *-ci*) • Che ha carattere di sadismo, che dimostra sadismo: *piacere s.* || **sadicaménte**, **avv.** **B agg.**; anche **s. m.** (**f.** *-a*) • Che, chi è affetto da sadismo.

sadìsmo [dal fr. *sadisme*, dal n. del marchese D. A. F. de *Sade* (1740-1814), con *-isme* '-ismo'] **s. m.** *1* (*psicol.*) Tendenza ad associare la soddisfazione sessuale con l'infliggere dolori al compagno o alla compagna. **CONTR.** Masochismo. *2* (*est.*) Crudeltà fine a se stessa che si manifesta nel molestare e tormentare gli altri senza alcun motivo.

sadomàso **s. m. inv.** • Acrt. di *sadomasochista*.

sadomasochìsmo [comp. di *sad(ismo)* e *masochismo*] **s. m.** • (*psicol.*) Coesistenza in uno stesso soggetto di sadismo e di masochismo.

sadomasochìsta **s. m. e f.** (**pl. m.** *-i*) • (*psicol.*) Chi è affetto da sadomasochismo.

sadomasochìstico [da *sadomasochista*] **agg.** (**pl. m.** *-ci*) • (*psicol.*) Che rivela sadomasochismo o è proprio del sadomasochista: *tendenze sadomasochistiche*.

saducèo • V. *sadduceo*.

†**saeppolàre** [da *saeppolo*] **v. tr.** *1* Tagliare le viti sopra il saeppolo. *2* (*raro, ass.*) Fare alla peggio, confusamente.

†**saéppolo** [di etim. discussa: sovrapposizione di *pollone* a *saettolo* (?)] **s. m.** *1* Pollone della vite. *2* Arco per lanciare pallottole.

saétta o **saètta** [lat. *sagĭtta(m)*, prob. di origine etrusca] **s. f.** *1* (*lett.*) Freccia, strale, dardo: *gli ho nel cor diritta una s.* (POLIZIANO). *2* (*fig., poet.*) Raggio di sole. *3* Folgore, fulmine (*anche fig.*): *correre come una s.*; *essere veloce come una s.*; *sembrare una s.* | (*fam.*) *È una s.*; *che s.!*, persona molto rapida nell'agire, o molto irrequieta | †*s. folgore, s. di folgore, s. di fuoco*, fulmine. *4* (*sport*) Nel calcio, tiro rapido e improvviso a rete. *5* (*raro*) Niente, con valore raff. nelle loc. negative *non sapere, non importare, una s., neanche una s.* | *Non casca una s.*, non si combina niente. *6* (*raro*) Colpo, accidente, nelle imprecazioni: *ti pigli, ti venga, e sim. una s.* *7* (*edil.*) Asta inclinata della incavallatura del tetto o di struttura reticolare in genere, di rinforzo a travi e puntoni. *8* (*mecc.*) Utensile da trapano per alesare o eseguire grandi fori. *9* (*raro*) Lancetta dell'orologio. || **saettàccia**, **pegg.** | **saettélla**, **dim.** (V.) | **saettìna**, **dim.**

†**saettàme** [da *saetta*] **s. m.** • (*lett.*) Quantità di

saette lanciate a massa.

saettaménto [da *saettare*] s. m. *1* (*lett.*) Tiro continuato di saette | (*raro, fig.*) Continuazione, ripetizione: *un s. di domande, di parole.* *2* (*lett.*) Atto dell'uccidere a colpi di saetta. *3* †Quantità di saette.

saettàre [lat. tardo *sagittāre*, da *sagĭtta* 'saetta'] **A** v. tr. (*io saétto* o **saètto**) *1* (*lett.*) Ferire, colpire con saette. *2* Scagliare saette | Gettare a mo' di saetta: *s. dardi, fuoco* | (*est., fig.*) Emanare raggi, detto del sole | (*est., fig.*) Lanciare: *s. parole, sguardi.* *3* Nel calcio, segnare con un tiro rapido e di grande forza (*anche ass.*): *s. la palla in rete; s. in, a rete.* **B** v. intr. impers. (aus. *avere* e *essere*) ● (*raro*) Cadere saette.

†**saettàta** [da *saettare*] s. f. ● Tiro di saetta.

saettàto [da *saetta*] agg. ● (*bot.*) Sagittato.

saettatóre [dal lat. tardo *sagittatōre(m)*, da *sagittātus*, part. pass. di *sagittāre* 'saettare'] **A** s. m.; anche agg. (f. *-trice*) ● (*lett.*) Chi, che lancia saette. **B** s. m. ● †Soldato antico che tirava d'arco o di balestra.

saettèlla [dim. di *saetta* 'punta, lancia'] s. f. ● Punta di trapano per lavori fini in pietra, legno, metallo.

†**saettévole** agg. ● (*raro*) Di saetta.

saettìa (*1*) [vc. genov., dal lat. *sagittāria(m)*, f. sost. di *sagittārius* 'saettatore', da *sagĭtta* 'saetta'] s. f. ● (*mar.*) Piccolo bastimento, sottile e velocissimo, con tre alberi a vele latine, in uso nel Cinquecento | Imbarcazione a vela e a remi, veloce e leggera, usata in passato nella marina militare per servizio delle navi da guerra.

saettìa (*2*) [da *saetta*] s. f. ● Candelabro triangolare.

†**saettièra** [da *saettiere* (V.)] s. f. ● Apertura nei parapetti delle antiche mura, balestriera, feritoia: *dalle saettiere ebbero origine i merli.*

†**saettière** [vc. dotta, dal lat. *sagittāriu(m)* 'saettatore'. V. *sagittario*] s. m. ● Soldato armato di saette | Arciere.

saettifórme [comp. di *saetta* e *-forme*] agg. ● (*bot.*) Sagittato.

†**saéttolo** [lat. *sagĭttula(m)*, dim. di *sagĭtta* 'saetta, punta del germoglio', con cambio di gen.] s. m. ● Saeppolo.

saettóne [da *saetta*] s. m. *1* (*zool.*) Colubro di Esculapio. *2* (*edil.*) Saetta.

saettùzza [da *saetta* 'punta, lancia'] s. f. ● Saettella.

safàri [vc. suahili, deriv. dall'ar. *sāfara* 'viaggiare'] s. m. inv. ● Partita di caccia grossa nell'Africa orientale e centrale | *S. fotografico*, viaggio in territori ricchi di animali, spec. feroci, per fotografarli nel loro ambiente naturale.

safarista s. m. e f. (pl. m. *-i*) ● Chi partecipa a un safari.

safèna [vc. dotta, dal lat. mediev. *saphēna(m)*, dall'ar. *sāfīn*, dal gr. *saphēnḗs* 'visibile, evidente'] s. f. ● (*anat.*) Ciascuna delle due vene superficiali dell'arto inferiore | *Grande s.*, sulla faccia interna della gamba, dal malleolo alla coscia | *Piccola s.*, sulla faccia esterna della gamba, dal malleolo alla cavità poplitea. ➡ ILL. p. 363 ANATOMIA UMANA.

safèno agg. ● (*anat.*) Detto di vena o nervo, più o meno superficiale, degli arti inferiori: *nervo s.* | *Vena safena*, safena.

sàffica [f. sost. di *saffico*] s. f. ● Nella poesia greco-latina e nella metrica barbara, ode composta in metri saffici.

sàffico [vc. dotta, dal lat. *săpphicu(m)*, dal gr. *sapphikós*, da *Sapphṓ* 'Saffo' (sec. VII a.C.)] agg. (pl. m. *-ci*) *1* Detto di verso della poesia greca e latina con un numero fisso di sillabe | *Sistema s. minore*, formato da tre endecasillabi saffici e da un adonio | *Sistema s. maggiore*, formato da un aristofaneo e da un verso saffico di quindici sillabe. *2* Relativo a saffismo: *amore s.*

†**saffìro** ● V. *zaffiro.*

saffiṣmo [comp. di *Saffo* (n. della poetessa greca a cui la tradizione attribuì tale tendenza sessuale) e *-ismo*, sul modello del fr. *saphisme*] s. m. ● Omosessualità femminile. SIN. Lesbismo.

sàffo [dal lat. *Săppho*, dal gr. *Sapphṓ*. V. precedente] s. f. ● Uccello dei Colibrì, verde, rosso e bruno, con coda lateralmente più sviluppata che al centro (*Sappho sparganura*).

safranàle [dal fr. *safran* 'zafferano'] s. m. ● Sostanza odorosa dello zafferano.

sàga (*1*) [dal ted. *Sage* 'racconto', connesso con *sagen* 'dire'] s. f. ● Racconto tradizionale germanico, leggenda mitica o eroica | (*est.*) Storia romanzata di una famiglia o di un personaggio.

†**sàga** (*2*) [lat. *sāga(m)*, f. sost. di *sāgus* 'presago', di origine indeur.] s. f. ● (*lett.*) Strega, incantatrice, fattucchiera: *non val liquor, non vale impiastro, / ... né imagine di s.* (ARIOSTO).

sagàce o †**segàce** [lat. *sagāce(m)*, dall'agg. *sāgus*, di origine indeur. V. *saga* (*2*)] agg. *1* (*lett.*) Che ha l'odorato fino: *cane s.; le sagaci nari.* *2* (*fig.*) Accorto, scaltro, avveduto: *commerciante s.; ingegno s.* | Fatto, detto e sim. con accorgimento, scaltrezza: *risposta, piano s.* || **sagaceménte**, avv. Con accortezza.

†**sagacézza** s. f. ● Sagacia.

sagàcia s. f. (pl. *-cie*) ● Qualità di chi, di ciò che è sagace.

sagacità o (*raro*) †**segacità** [vc. dotta, dal lat. *sagacitāte(m)*, da *săgax*, genit. *sagācis* 'sagace'] s. f. ● (*raro*) Sagacia.

sàgari [vc. dotta, dal gr. *ságaris* 'bipenne', di origine persiana] s. f. ● Anticamente, ascia bipenne da combattimento.

sagàrzia [adattamento dotto moderno del gr. *Sagártioi* (nom. pl.), n. di un popolo che combatteva con una specie di *lazo*, con allusione agli aconzi dell'antozoo] s. f. ● Attinia rosea che vive spesso fissata sui granchi (*Sagartia*).

sagèna (*1*) [lat. *sagēna(m)*, dal gr. *sagḗnē*, di etim. incerta] s. f. *1* Piccolo tramaglio da pesci e da uccelli. *2* †Piccolo bastimento per la navigazione litoranea.

sagèna (*2*) [dal russo *sažèn'* 'largo'] s. f. ● Unità di misura di lunghezza russa, non più in uso.

saggézza [da *saggio* (*1*)] s. f. ● Qualità di chi, di ciò che è saggio.

saggiàre [da *saggio* (*2*)] v. tr. (*io sàggio*) *1* Fare il saggio di un metallo prezioso per conoscerne il grado di purezza. *2* (*est.*) Provare, cercare di conoscere la natura, la qualità, le caratteristiche, e sim. di qc. o di q.c.: *s. l'avversario, il terreno.* *3* (*dial.*) Assaggiare, degustare, assaporare: *s. il vino, la minestra.*

saggiàto part. pass. di *saggiare* ● Nei sign. del v.

saggiatóre [da *saggiare*] s. m. (f. *-trice* nel sign. 1) *1* Chi saggia i metalli preziosi, per provarne la purezza. *2* Bilancia di precisione per il saggio dei metalli preziosi. *3* Sorta di sgorbia per assaggiare il formaggio.

saggiatùra s. f. ● Atto, effetto del saggiare metalli preziosi.

saggiavìno [comp. di *saggia(re)* e *vino*] s. m. inv. ● Cannello di vetro, rigonfio a una estremità, usato per attingere il vino dalle botti nelle prove di assaggio.

saggina o (*tosc.*) **saina** [lat. *sagīna(m)* 'nutrimento, ingrasso di animali domestici', di etim. incerta] s. f. ● Graminacea alta fino a tre metri, con foglie piatte e infiorescenza lunga e vellutata, che si coltiva come foraggio fresco e per i semi utili come becchime (*Sorghum vulgare*) | *S. da granate*, specie che si coltiva per estrarre zucchero dal midollo e per usare le infiorescenze nella fabbricazione di scope e spazzole (*Sorghum saccharatum*). SIN. Sorgo. || **sagginèlla**, dim. (V.).

sagginàle o (*tosc.*) **sainàle** nel sign. 1, **sanàle** nel sign. 1 s. m. *1* Fusto secco della saggina. *2* †Zufolo fatto dal fusto della saggina.

sagginàre o (*lett.*) **saginàre** [lat. *sagināre* 'ingrassare, nutrire', da *sagīna* 'saggina'] v. tr. ● Ingrassare animali, spec. maiali e volatili: *s. i tordi.*

sagginàto (*1*) o (*lett.*) **saginàto** part. pass. di *sagginare*; anche agg. *1* Nel sign. del v. *2* Ingrassato, tenuto all'ingrasso: *tordi sagginati.*

†**sagginàto** (*2*) [da *saggina*, per il colore] agg. ● Roano.

sagginèlla s. f. *1* Dim. di *saggina.* *2* Correntemente, nome di alcune Graminacee.

sàggio (*1*) [dall'ant. fr. *sage*, dal lat. parl. **săpiu(m)*, connesso con *săpere* 'avere senno'. V. *sapere, savio*] **A** agg. (pl. f. *-ge*) *1* Che pensa, agisce, e sim. secondo criteri di accortezza, prudenza, assennatezza, esperienza: *l'età rende saggi; un vecchio s.* | Che è pensato, detto, fatto e sim. in modo saggio: *una saggia decisione; un s. consiglio; sagge parole; un s. proverbio; questa è la soluzione più saggia.* SIN. Accorto, assennato, avveduto, giudizioso, prudente. *2* †Dotto, esperto nella propria arte, attività e sim. || **saggiaménte**, avv. Da saggio, con saggezza. **B** s. m. (f. *-a*) ● Persona saggia: *comportarsi da s.* | Sapiente: *i sette saggi dell'antichità* | Esperto al di sopra delle parti, designato per fornire un parere in una questione controversa od opinabile.

sàggio (*2*) [lat. tardo *exăgiu(m)* 'peso, bilancia', da *exĭgere* nel senso di 'pesare', comp. di *ĕx-* e *ăgere* 'muovere', di origine indeur.] s. m. *1* Operazione sperimentale che mira a saggiare le qualità, le proprietà, il valore e sim. di q.c. | *S. dell'oro*, operazione sperimentare con cui si riconoscono i metalli preziosi e se ne determina il titolo | *Prova di s.*, piccola quantità di metallo prezioso tolta dal lingotto per fare il saggio | *Tubo da s.*, provetta. *2* Campione da cui si possono desumere le caratteristiche del tutto o della serie cui appartiene: *un s. di olio, di vino; un s. delle sue opere* | *Copia, esemplare di s.*, copia, esemplare di un periodico, un libro e sim. spedita gratuitamente dall'editore per pubblicità | *Mandare, chiedere un s.*, mandare o chiedere gratuitamente in visione la copia di un periodico, un libro e sim. | †Assaggio. *3* Prova in cui ci si cimenta per mostrare agli altri le proprie attitudini, la maturità o il grado di preparazione raggiunti in una disciplina, un'arte e sim.: *dare s. di sé; dare s. della propria bravura, forza, capacità* | *S. ginnico, di ginnastica, s. musicale* e sim., nelle scuole, manifestazione che gli allievi eseguono pubblicamente per mostrare quanto hanno imparato. *4* (*econ.*) Tasso, misura percentuale dell'interesse o dello sconto: *s. dei profitti.* || **saggétto**, dim. | **saggino**, dim. | **saggiòlo**, dim. (V.).

sàggio (*3*) [calco dell'ingl. *essay*, a sua volta dal fr. *essai* 'saggio', come il precedente] s. m. ● Ricerca, indagine scritta su di un particolare problema, evento, personaggio, sempre animata da uno studio documentario e da una o più tesi centrali: *un s. su Hegel, sul diritto pubblico, sulla fisica quantistica; è uno studioso con molti saggi al suo attivo.*

saggiòlo o (*lett.*) **saggiuòlo** [dim. di *saggio* (*2*)] s. m. *1* (*raro*) Campione di vino od olio da saggiare | †Fiaschetto nel quale si poneva questo campione. *2* †Bilancetta di precisione per pesare le monete.

saggista [da *saggio* 'studio', sul modello dell'ingl. *essayist*, a sua volta dal fr. *essayiste*] s. m. e f. (pl. m. *-i*) ● Chi scrive saggi.

saggistica [f. sost. di *saggistico*] s. f. *1* Arte e tecnica dello scrivere saggi. *2* Genere letterario dei saggi.

saggìstico [da *saggista*] agg. (pl. m. *-ci*) ● Che si riferisce ai saggi letterari, alla saggistica.

saggiuòlo ● V. *saggiolo.*

†**sagìna** [da †*sagire*] s. f. ● (*raro*) Possesso, signoria.

saginàre ● V. *sagginare.*

saginàto ● V. *sagginato* (*1*).

†**sagìre** [dal lat. mediev. *sacīre*, venuto dall'ant. fr. *saisir*, sovrapposizione del francone *sakjan* 'rivendicare' a *satjan* 'porre' (?)] v. tr. ● (*raro*) Occupare, prendere possesso.

†**sagìtta** [vc. dotta, dal lat. *sagĭtta(m)*. V. *saetta*] s. f. ● Saetta.

sagittàle [vc. dotta, dal lat. mediev. *sagittāle(m)*, da *sagĭtta* 'saetta'] agg. *1* (*raro*) Di saetta. *2* (*anat.*) Che ha direzione dall'avanti all'indietro | *Sutura s.*, fra le ossa parietali.

†**sagittàre** [vc. dotta, dal lat. *sagittāre*. V. *saettare*] v. tr. ● Saettare.

sagittària [vc. dotta, dal lat. *sagĭtta* 'freccia, saetta', sul modello dell'agg. *sagittārius* 'sagittario'] s. f. ● Pianta erbacea delle Alismatacee con foglie triangolari saettiformi (*Sagittaria sagittifolia*).

sagittàrio [vc. dotta, dal lat. *sagittāriu(m)* 'arciere, saettatore', da *sagĭtta* 'freccia, saetta'] s. m. (*Sagittario* nei sign. 2 e 3) *1* (*zool.*) Serpentario. *2* (*astron.*) Costellazione dello zodiaco che si trova fra quella del Capricorno e quella dello Scorpione. *3* (*astrol.*) Nono segno dello zodiaco, compreso tra i 240 e i 270 gradi dell'anello zodiacale, che domina il periodo compreso fra il 23 novembre e il 21 dicembre | (*est.*) Persona nata sotto il segno del Sagittario. ➡ ILL. **zodiaco**.

sagittàto [da *sagitta*] agg. ● (*bot.*) Detto di foglia con lembo appuntito all'apice e provvisto di due lobi acuti rivolti in basso, simmetrici rispetto all'inserzione del lembo sul picciolo, con forma simile alla punta di una freccia. SIN. Saettato.

†sagittìfero [vc. dotta, dal lat. *sagittĭferu(m)*, comp. di *sagĭtta* 'saetta' e *-fĕr* '-fero'] agg. ● (*raro, lett.*) Che porta saette.

sàglia ● V. *saia*.

†sagliènte ● V. *saliente*.

†saglìre ● V. *salire*.

†sagnàre [dal fr. *saigner* 'sanguinare, salassare', dal lat. tardo *sanguināre*] v. tr. ● Ferire facendo uscire il sangue.

sàgo (1) [lat. *săgu(m)* 'mantello, coperta', vc. celtica di prob. origine indeur.] s. m. (pl. *-ghi*) **1** Mantello militare usato dai soldati dell'antica Roma | Pezzo di stoffa steso sul dorso del cavallo per proteggerne il pelame. **2** (*lett.*) Saio.

sàgo (2) ● V. *sagù*.

†sàgo (3) [vc. dotta, dal lat. *sāgu(m)* 'presago'. V. *†saga (2)*] agg. ● (*lett.*) Presago.

sàgola o **†sàgora** [dal tema **saga-*, di origine mediterr. (?)] s. f. ● (*mar.*) Sottile cima per alzare bandiere e sim. | Cavetto in cotone, seta o nylon, che unisce la freccia al fucile per pesca subacquea.

sàgoma o (*raro*) **†sàcoma** [lat. *sacōma*, genit. *sacōmatis* 'contrappeso, romano', dal gr. dor. *sákōma*, att. *sḗkōma* 'id.', di origine indeur.] s. f. **1** Profilo, linea, forma esterna di edificio, mobili, vetture e sim.: *s. snella, tozza, elegante, aerodinamica; la s. di una nave, di un aereo* | *S. limite, di carico*, in ferrovia, sezione di massimo ingombro, le cui dimensioni non devono essere superate dal profilo trasversale del materiale rotabile e dei carichi fatti su carri scoperti in circolazione sulle linee ferroviarie. **2** Forma esemplare, modello in legno, cartone o altro per l'esecuzione artigianale o industriale di lavori vari. **3** Nel tiro a segno, riproduzione stilizzata di uomo o animale che viene incollata su un telaio: *s. cadente, fissa, mobile* | Bersaglio sul quale si prova la compattezza delle rosate dei pallini. **4** (*fig., fam.*) Tipo bizzarro, divertente, ricco di idee originali: *che s.!; è una bella s.; lo sai che sei proprio una s.?* **5** †Romano della bilancia.

sagomàre [da *sagoma*] v. tr. (*io sàgomo*) **1** Dare, delineare la sagoma: *s. la carrozzeria di un'auto.* **2** †Controllare la capacità dei recipienti usati per il vino e l'olio.

sagomàto part. pass. di *sagomare*; anche agg. ● Nei sign. del v.

sagomatóre [da *sagomare*] s. m. **1** Chi esegue sagomature. **2** †Controllore dei recipienti da vino e da olio.

sagomatrìce [da *sagomare*] s. f. ● Macchina utensile per sagomare, usata spec. nella lavorazione di legnami e pietre da costruzione.

sagomatùra s. f. **1** Atto, effetto del sagomare. **2** Sagoma nel sign. 1.

†sàgora ● V. *sagola*.

sàgra o **†sàcra** [f. sost. di *†sagro* 'sacro' (V.)] s. f. **1** Festa nell'anniversario della consacrazione di una chiesa. **2** (*est.*) Festa popolare con fiera e mercato: *la s. del villaggio, della contrada; la s. della braciola* | (*fam., tosc.*) *Pare che ci sia la s.*, di luogo pieno di gente e rumore. **3** †Consacrazione.

†sagraménto e *deriv.* ● V. *sacramento* e *deriv.*

sagràre ● V. *sacrare*.

sagràto (1) o (*lett.*) **sacràto (2)** [lat. *sacrātu(m)*, part. pass. di *sacrāre* 'consacrare'. V. *sacrare*] s. m. **1** Spazio, spesso sopraelevato, antistante alla chiesa che, consacrato, godeva originariamente di immunità ed era destinato alla sepoltura dei morti. **2** †Cimitero adiacente la chiesa.

sagràto (2) [part. pass. sost. di *sagrare* (V.)] s. m. ● (*pop.*) Bestemmia, imprecazione: *attaccare un s.; tirare sagrati.* ‖ **sagratàccio**, pegg.

†sagraziòne [dal lat. crist. *sacratiōne(m)*, da *sacrātus*, part. pass. di *sacrāre* 'consacrare'] s. f. ● Consacrazione.

sagrestàna o **sacrestàna** [f. di *sagrestano*] s. f. **1** Monaca addetta alla sagrestia del convento. **2** (*pop.*) Moglie del sagrestano.

sagrestàno o **sacrestàno**, (*raro*) **sacristàno** [dal lat. mediev. *sacristānu(m)*, da *sacrĭsta* 'addetto alle cose sacre'. V. *sacrista*] s. m. (f. *-a* (V.)) ● Custode della sagrestia e degli arredi sacri.

sagrestìa o **sacrestìa**, **sacristìa**, **†sagristìa** [da *sagrista*] s. f. **1** Luogo nella chiesa, quasi sempre adiacente al coro e comunicante con esso per mezzo di porte interne, nel quale si conservano i paramenti, gli arredi sacri, i libri liturgici e le reliquie, e dove i sacerdoti si vestono e si spogliano per le funzioni | *Entrare in s.*, (*fig.*) parlare, trattare di questioni religiose; mescolare il sacro al profano | *C'è odore di s.*, con allusione ad ambienti in cui si nota l'influenza del clero | *Brucia la s.*, (*scherz.*) di luogo in cui sono accese molte luci. **2** (*raro*) Nelle banche, stanza sotterranea corazzata in cui sono custoditi i valori.

sagrì [dal turco *sağri* 'pelle conciata'. V. *zigrino*] s. m. ● Piccolo squalo a corpo slanciato, con due pinne dorsali aculeate, pelle nerastra con caratteristiche squamette placoidi (*Etmopterus spinax*). SIN. Sagrino, zigrino.

†sagrificàre ● V. *sacrificare*.

†sagrifìcio ● V. *sacrificio*.

†sagrifìzio ● V. *sacrificio*.

†sagrilègio ● V. *sacrilegio*.

†sagrìlego ● V. *sacrilego*.

sagrinàto [da *sagri(no)*, variante di *zigrino* (V.)] agg. ● (*raro*) Zigrinato.

sagrìno s. m. ● (*zool.*) Sagrì.

sagrìsta ● V. *sacrista*.

†sagristìa ● V. *sagrestia*.

†sàgro ● V. *sacro (1)*.

sagù o (*raro*) **sàgo (2)** [dal fr. *sagou*, risal. al mal. *sāgū*, prob. attraverso il port. *sagu*] s. m. ● Farina alimentare usata dagli indigeni delle zone equatoriali e ricavata dal midollo di parecchie specie di palme.

saguàro [vc. indigena dell'Arizona e del Messico] s. m. ● (*bot.*) Cactacea caratteristica delle regioni tropicali del Nordamerica, con fusto poco ramificato, fiori bianchi all'estremità dei rami e frutto a bacca con polpa rossa (*Carnegiea gigantea*).

sahariàna /saa'rjana/ [f. sost. di *sahariano*] s. f. ● Ampia giacca di tela con grandi tasche sul petto e sui fianchi, un tempo molto diffusa nei territori africani.

sahariàno /saa'rjano/ [da *Sahara*] **A** agg. ● Del deserto del Sahara. **B** s. m. ● (*geol., raro*) Quaternario.

saheliàno /sae'ljano/ [dall'ingl. *Sahelian*, da *sahel*, in ar. *sāhel* 'riva, bordo'] agg. ● Che riguarda la fascia a sud del Sahara, zona di transizione tra il deserto e le regioni tropicali umide: *steppa, siccità saheliana.*

sàhib /'saib, sa'ib/ [dall'ar. *ṣāḥib* 'amico' e 'signore', poi diffusasi in lingue dell'India] s. m. inv. ● Nel linguaggio coloniale inglese, padrone e (*est.*) uomo bianco.

sàia o (*evit.*) **sàglia** [dall'ant. fr. *saie*, dal lat. *săga*, nt. pl. di *săgum* 'mantello'. V. *sago (1)*] s. f. ● Armatura fondamentale dei tessuti, mostrante sugli stessi fili rigature oblique dovute all'intrecciarsi dei fili di ordito con la trama secondo una regolare progressione. ‖ **saiétta**, dim.

sàiga [dal russ. *saigá* 'antilope', dal turco tataro *saiga*] s. f. ● Antilope delle steppe asiatiche, piuttosto tozza, con lungo muso convesso, che forma come una corta proboscide (*Saiga tatarica*).

†saìme [lat. parl. **sagīme(n)* (nom. acc. nt.), connesso con *sagīna* 'ingrasso, nutrimento'. V. *saggina*] s. m. ● Lardo, grasso, strutto.

saìna ● V. *saggina*.

sainàle ● V. *sagginale*.

saint-honoré /fr. sɛ̃t ɔnɔ're/ [vc. fr., dal n. di rue *Saint-Honoré*, via di Parigi in cui abitava il pasticciere che l'ideò] s. m. inv. (pl. fr. inv.) ● Dolce di pasta sfoglia con una corona di bignè alla crema chantilly inframmezzati di panna montata.

saintpaulia /sem'paulja/ [dal n. del barone tedesco W. von *Saint Paul*] s. f. inv. ● (*bot.*) Violetta africana.

sàio [sovrapposizione dell'ant. fr. *saie* 'tessuto di lana' all'it. *sago*. V. *sago (1)*] s. m. **1** Abito degli appartenenti ad alcuni ordini mendicanti: *il s. dei francescani; vestire, prendere il s.*, abbracciare la vita religiosa. **2** †Sopravveste usata dai soldati romani. ‖ **saiétto**, dim. | **saióne**, accr. (V.)

saióne s. m. **1** Accr. di *saio*. **2** †Panno pesante a lisca di pesce. **3** †Specie di pesante mantello a forma di saio. ‖ **saionàccio**, pegg.

sàiride [dal gr. *sâura* 'lucertola', con *-ide*. V. *sauro*] s. m. ● Pesce osseo dei mari nordici, simile alle aguglie, dalle carni pregiate (*Scomberesox saurus*).

saìtico [vc. dotta, dal lat. *Saĭticu(m)*, deriv. dal gr. *Saitikós*, da *Sáis* 'Sais'] agg. (pl. m. *-ci*) ● Che si riferisce all'epoca storica d'Egitto in cui la capitale fu Sais.

sakè o **sachè**, **sàke** [vc. giapp., *sake*, giuntaci attraverso l'ingl., fr. *saké*] s. m. inv. ● Bevanda alcolica, tipica del Giappone, ottenuta dalla fermentazione del riso.

sàla (1) [dal longob. *sala* 'abitazione, sala'. V. ted. *Saal*] s. f. **1** Locale ampio e spazioso in edifici pubblici e privati, destinato ad usi di rappresentanza, riunione e sim.: *s. da pranzo, da ballo, da ricevimento* | *S. d'aspetto*, nelle stazioni, uffici, ambulatori e sim., quella destinata alla gente in attesa | *S. di composizione*, nelle tipografie, reparto in cui si esegue la composizione | *S. di consultazione*, negli istituti archivistici, locale in cui il pubblico è ammesso, con particolari cautele, alla consultazione dei documenti | *S. di convegno*, locale nelle caserme, appositamente organizzato a mo' di circolo per lo svago dei soldati durante le ore libere | *S. corse*, locale pubblico per scommesse sui risultati delle gare ippiche | *S. di lettura*, nelle biblioteche, quella riservata alla lettura e alla consultazione dei libri richiesti | *S. macchine*, ampio locale ove si trovano motori, spec. su navi | *S. operatoria*, negli ospedali, quella in cui hanno luogo le operazioni chirurgiche | *S. di proiezione*, sala cinematografica, adibita soprattutto a visioni di film per scopi tecnici o commerciali | *S. scarto*, nei lanifici, reparto nel quale si esegue la cernita delle lane | *S. di scherma, d'armi*, palestra destinata all'insegnamento della scherma | *S. di scrittura*, in alberghi, uffici postali, e sim. | *S. stampa*, locale in cui i giornalisti scrivono e trasmettono al giornale i propri servizi, allestito nelle sedi di certe istituzioni pubbliche o in occasione di manifestazioni. **2** Pubblico di una sala di spettacoli: *la s. proruppe in applausi.* ‖ **salétta**, dim. (V.) | **salettina**, dim. | **salóne**, accr. (V.).

sàla (2) [lat. parl. **axāle(m)*, da *ăxis* 'asse del carro', dalla radice indeur. **aks-* 'ascella, asse'] s. f. ● In carri o carrozze, asse delle ruote, legno o ferro che entra nel mozzo e intorno al quale la ruota gira.

sàla (3) [di etim. discussa: da una vc. mediterr. *sala* 'acquitrino' (?)] s. f. ● (*bot.*) Biodo.

sàla (4) [voce germanica, dall'ant. ted. *saljan* 'dare'] s. f. ● Nel diritto germanico, complesso degli atti mediante i quali si realizzava il passaggio di proprietà.

salàcca [scozzese *sillok* (proveniente da una lingua dell'Europa sett.), deformato per accostamento paretimologico a *sale*] s. f. **1** Correntemente, alosa che vive nell'acqua salata e nella dolce, di colore verde oliva sul dorso con riflessi metallici e fianchi splendenti di riflessi dorati (*Alosa alosa*). **2** (*pop.*) Aringa o altro pesce simile conservato sotto sale o affumicato | *Sembra che abbia mangiato una s.*, di chi ha molta sete. **3** (*est.*) Cibo misero, da poveri: *mangiare salacche; campare con una s.* **4** (*fig.*) Persona magra, patita: *sembrare una s.; essere magro come una s.* **5** (*scherz.*) Sciabola | (*scherz., spreg.*) Libro vecchio, malandato e sudicio. ‖ **salacchina**, dim. | **salacchino**, dim. m. (V.) | **salaccóne**, accr. m.

salaccàio s. m. **1** Venditore di salacche, spec. ambulante. **2** (*spreg.*) Libraccio vecchio e sudicio.

salaccàta [da *salacca*] s. f. ● (*scherz.*) Sciabolata.

salacchìno s. m. **1** Dim. di *salacca*. **2** (*fig.*) Libro piccolo, vecchio e sudicio. **3** (*fig.*) Colpo dato con due o tre dita sulle gambe o sul palmo della mano.

salàce [vc. dotta, dal lat. *salāce(m)*, agg. da *salīre* 'accoppiarsi, montare'. V. *salire, salto*] agg. **1** †Che eccita la libidine, afrodisiaco: *erba s.* **2** (*est.*) Lascivo, eccitante: *motti, frasi, salaci* | Scurrile, indecente: *storielle salaci.* **3** (*est.*) Mordace, pungente: *epigrammi salaci.* ‖ **salaceménte**, avv.

salacità [vc. dotta, dal lat. *salacitāte(m)*, astr. di *sălax*, genit. *salācis* 'lascivo'] s. f. ● Qualità di chi, di ciò che è salace.

salagióne s. f. ● Salatura, spec. del pesce.

†**salàia** [f. sost. dall'agg. lat. *salāriu(m)* 'attinente al sale', da *sāl*, genit. *sălis* 'sale'] **s. f.** *1* Luogo di vendita del sale. *2* Impresa del sale.

†**salaiòlo** o †**salaiuòlo** [da †*salaia*] **s. m.** ● Venditore di sale al minuto.

salàma [f. di *salame*] **s. f.** ● Salame tondeggiante da cuocere, di carne suina con marsala e droghe: *s. da sugo.*

salamàndra [lat. *salamăndra(m)*, prestito dal gr. *salamándra*, di etim. incerta] **s. f.** *1* Anfibio degli Urodeli con corpo giallo e nero, a macchie, bocca ampia, che vive negli ambienti umidi (*Salamandra salamandra* o *Salamandra maculosa*) | *S. nera*, più piccola, di colore nero, che vive nella regione alpina ed è vivipara (*Salamandra atra*) | *S. acquaiola*, tritone (2) | *Essere una s., avere la pelle di s.*, (*fig.*) non bruciarsi al calore del fuoco. *2* (*raro*) †Amianto.

†**salamandràto** **agg.** ● (*raro*) Di, da salamandra.

salamànna o **alamànna** [da (*Mes*)*s*(*er*) *Alamanno* (Salviati), che l'importò in Italia] **s. f.** ● (*agr.*) Uva pregiata da tavola, di colore giallo ambrato, con acini grandi e ovoidali.

salàme [dal lat. mediev. *salāmen* 'insieme di cose salate', da *sāl*, genit. *sălis* 'sale'] **s. m.** *1* Carne suina tritata e salata, insaccata in budelli con cubetti o fettine di grasso e grani di pepe, che si lascia stagionare: *s. crudo, cotto*; *s. all'aglio*; *una fetta di s.*; *mangiare pane e s.*; *essere legato come un s.* | *S. di fichi*, fichi secchi compressi come il salame | *S. inglese*, pan di Spagna ripieno | *S. di pesce*, carne di pesce di seconda qualità, aromatizzata e immessa entro budelli di origine suina. *2* (*fig.*) Persona goffa, impacciata che non sa muoversi: *starsene lì come un s.*; *muoviti, s.!* || **salamìno**, **dim.** (V.) | **salamóne**, **accr.**

salameleccàre **v. tr.** (*io salamelècco, tu salamelècchi*) ● (*raro*) Fare salamelecchi.

salamelècco o †**salamelècche** [dall'ar. *salām 'alaik* 'pace su te'] **s. m.** (**pl.** *-chi*) ● Atto di ossequio, saluto, complimento, eccessivamente cerimonioso e adulatorio: *fare troppi, mille, salamelecchi a qc.*; *senza tanti salamelecchi.*

salamèlla [da *salame*] **s. f.** ● Salame dalla caratteristica forma a ferro di cavallo, preparato con impasto magro di maiale, che si può consumare anche dopo brevissima stagionatura.

†**salaminèstra** [deformazione scherz. di *salamistra* (V.)] **s. f.** ● Salamistra.

salamìno **s. m.** *1* Dim. di *salame*. *2* Tipo di insaccato simile al salame, di formato più piccolo, da mangiarsi spec. affettato e talora anche cotto: *s. alla cacciatora*. *3* In tipografia, colonna di righe di giustezza minore.

†**salamìstra** [sovrapposizione pop. di *Salomone* 'sapiente', a *salmista* (V.)] **s. f.** ● Donna presuntuosa, saccente.

†**salamistràre** [da *salamistra*] **v. intr.** ● (*raro*) Fare il saccente.

†**salamistrerìa** [da *salamistra*] **s. f.** ● (*raro*) Saccenteria.

salamòia [lat. tardo *salemŏria(m)*, *salimŭria(m)*, comp. di *sāl*, genit. *sălis* 'sale' e *mŭria* 'salamoia', di etim. discussa] **s. f.** *1* Soluzione acquosa concentrata di un qualsiasi sale | *S. di cloruro di sodio*, per la conservazione di pesci, olive e sim. | *È s., che s.!*, e sim., di roba molto salata. *2* Liquido incongelabile che nella tecnica frigorifera serve da intermediario tra il fluido frigorifero e i corpi da raffreddare.

salamoiàre **v. tr.** (*io salamòio*) ● Mettere in salamoia: *s. le olive.*

†**salamóne** (1) ● V. *salmone.*

salamóne (2) ● V. *salomone.*

salangàna [dal fr. *salangane*, risalente a una vc. filippina] **s. f.** ● Uccelletto degli Apodiformi, affine al rondone, di colore bruno scuro, il cui nido, costruito con una sostanza gommosa secreta da ghiandole mandibolari che all'aria indurisce, è considerato commestibile da alcune popolazioni orientali (*Collocalia fucifaga*).

salànte **part. pres.** di *salare*; anche **agg.** *1* (*raro*) Nei sign. del v. *2 Bacini salanti*, vasche o compartimenti delle saline, in cui si deposita il sale.

salapùzio [vc. dotta, dal lat. *salapūt(t)iu(m)* 'nanerottolo, cosino', parola di carattere familiare e di etim. incerta] **s. m.** ● (*raro, lett.*) Uomo piccolo di statura e saccente.

salàre [da *sale*] **v. tr.** *1* Trattare un cibo con sale per dargli sapore o per conservarlo: *s. la carne, la minestra, l'insalata*; *s. il prosciutto, il pesce* | (*fig., dial.*) *S. la scuola, una lezione*, non andarvi, marinarla. *2* Cospargere di sale il lato carnoso delle pelli, al fine di preservarle dalla putrefazione e di conservarle sino al momento della concia.

salariàle **agg.** ● Del, relativo al, salario: *aumenti salariali.*

salariàre **v. tr.** (*io salàrio*) ● Retribuire con un salario | (*est.*) Assumere a pagamento.

salariàto **A** **part. pass.** di *salariare*; anche **agg.** *1* Nei sign. del v. *2* (*raro, spreg.*) Che viene pagato per parlare, scrivere, e sim. in modo gradito a chi paga: *scrittore, ingegno, s.* **B** **s. m.** (**f.** *-a*) ● Chi presta la propria opera dietro corresponsione di un salario: *i salariati dello Stato, di un'azienda* | *S. agricolo*, bracciante | *S. fisso*, lavoratore agricolo a contratto annuo | *S. militare*, operaio che presta servizio presso uno stabilimento militare.

†**salàrio** (1) [vc. dotta, dal lat. *salāriu(m)* 'attinente al sale', da *sāl*, genit. *sălis* 'sale'] **agg.** ● (*raro*) Del sale.

salàrio (2) o †**salàro** [vc. dotta, dal lat. *salāriu(m)* 'razione di sale, indennità', nt. sost. del precedente] **s. m.** *1* Retribuzione del lavoro dipendente degli operai, pagata dal datore di lavoro sulla base delle ore o della quantità di lavoro prestata, regolata per lo più da contratti collettivi di lavoro: *s. settimanale, mensile*; *s. di fame*; *riscuotere, percepire, pagare il s.* | *S. nominale*, fissato in termini monetari, senza riferimento al potere d'acquisto della moneta stessa | *S. reale*, valutato in termini di potere d'acquisto della moneta | *S. d'ingresso*, quello temporaneamente inferiore ai minimi sindacali vigenti, per consentire una maggiore occupazione, spec. di giovani lavoratori. *2* (*gener.*) Retribuzione del lavoratore dipendente. *3* †Retta: *Suor Contessa ... mi domanda il s. per il convento* (GALILEI). || **salariùccio**, **dim.**

salassàre [dal lat. tardo *sănguinem laxāre* 'far scorrere il sangue'] **A** **v. tr.** *1* Praticare un salasso, sottoporre a salasso. *2* (*fig.*) Spremere molto denaro (*anche ass.*): *questa spesa mi ha salassato il portafoglio*; *questo è un ristorante che salassa.* **B** **v. intr. pron.** ● (*fig., fam.*) Sottoporsi a gravi sacrifici economici: *si sono salassati per far studiare i figli.*

salassàta [da *salassare* in senso fig.] **s. f.** ● (*fig., scherz.*) Esborso, spesso imprevisto o forzato, di molto denaro: *più che una vacanza è stata una s.*

salassatóre **s. m.** (**f.** *-trice*) ● (*raro*) Chi salassa (*anche fig.*).

salassatùra **s. f.** ● Atto del salassare | (*raro*) Salasso.

salàsso [da *salassare*] **s. m.** *1* Intervento con cui si sottrae all'organismo una quantità più o meno grande di sangue. *2* (*fig.*) Sborso di una notevole somma di denaro: *ho subito un bel s.*; *mi hanno proprio fatto un s.* || **salassétto**, **dim.**

salàta **s. f.** ● Atto del salare: *dare una s. alla carne.* || **salatìna**, **dim.**

salatìno [dim. sost. di *salato*] **s. m.** ● Biscottino salato da consumare con aperitivi o tè.

salàto **A** **part. pass.** di *salare*; anche **agg.** *1* Nei sign. del v. *2* Che contiene troppo sale: *com'è salata questa carne!* **CONTR.** Insipido, scipito. *3* (*fig.*) Che ha un prezzo troppo elevato: *conto s.* | *Pagarla salata*, scontarla duramente: *i suoi capricci li ha pagati salati.* *4* (*fig.*) Pungente, mordace, arguto: *discorso s.*; *risposta salata*; *parole salate* | (*raro*) Piccante, salace: *barzellette salate.* || **salataménte**, **avv.** *1* (*raro, fig.*) In modo pungente. *2* (*fig.*) A caro prezzo. **B** **s. m.** *1* Sapore salato: *preferire il s. al dolce.* **CONTR.** Dolce. *2* Salume, affettato: *pranzarono con un po' di s.* || **salatìno**, **dim.** (V.).

salatóio [da *salare*] **s. m.** ● Locale del caseificio in cui si procede alla salatura del formaggio.

salatóre [da *salare*] **s. m.** (**f.** *-trice*) ● Operaio addetto alla salatura di carni, formaggi e sim.

salatùra **s. f.** ● Atto, effetto del salare.

†**sàlavo** [dal longob. *salawer* 'sudicio'] **agg.** ● (*raro, tosc.*) Sudicio, sporco.

salbànda [dal ted. *Salband* 'cimosa'] **s. f.** ● (*geol.*) Insieme di materiali detritici, spec. argillosi, che separa un filone metallifero dalla roccia incassante.

salbastrèlla ● V. *salvastrella.*

sàlce ● V. *salice.*

salcerèlla [da *salco*, col doppio suff. *-ario* ed *-ella*] **s. f.** ● Litracea dei luoghi paludosi con fusto eretto, foglie lanceolate e fiori porporini in lunghe spighe terminali (*Lythrum salicaria*).

salcéto ● V. *saliceto.*

salciàia [da *salce*, *salcio*] **s. f.** *1* Riparo di piccoli salici intrecciati situato lungo gli argini di fiumi, torrenti e sim. *2* (*raro*) Saliceto.

salciaiòla [da *salce*, *salcio*] **s. f.** ● Uccello dei Passeriformi castano olivastro sul dorso, bianco sul ventre, che vive nelle zone paludose (*Locustella luscinioides*).

salcìccia ● V. *salsiccia.*

salcìgno [da *salcio*, *salce* con sovrapposizione di *saligno*] **agg.** *1* Di salice: *fronde salcigne* | (*est.*) Detto di legname nodoso, difficile a lavorarsi. *2* (*tosc.*) Detto di carne o sim., duro, tiglioso | Detto di pane, umidiccio, poco cotto, mal lievitato. *3* (*fig., tosc.*) Detto di persona, segaligno, legnoso: *un vecchio alto e s.* (PASCOLI) | Intrattabile, di carattere difficile.

sàlcio ● V. *salice.*

salciòlo o (*lett.*) **salciuòlo** [da *salce*, *salcio*] **s. m.** ● Vermena di salice usata per legare viti e altre piante al sostegno.

salcràuti ● V. *sarcrauti.*

sàlda (1) [da *saldare*] **s. f.** ● (*tess.*) Soluzione di amido, gomma o altre sostanze vischiose, in acqua, impiegata come appretto per i tessuti.

sàlda (2) [f. di *saldo* (*1*)] **s. f.** ● (*raro*) Terreno lasciato a erba d'inverno per pascolo al bestiame.

saldàbile [da *saldare*] **agg.** ● Che può essere saldato.

saldabilità [da *saldabile*] **s. f.** ● Attitudine di alcuni materiali, di uguale o diversa natura chimica, di unirsi saldamente fra loro in determinate condizioni fisiche.

saldacónti o **saldacónto** [comp. di *salda*(*re*) e il pl. di *conto*] **s. m.** ● Libro in cui vengono registrati tutti i movimenti di credito e debito | Ufficio di un'azienda addetto ai rapporti con la clientela, spec. per quanto riguarda la riscossione dei crediti | Macchina contabile, fornita in genere di un solo totalizzatore, destinata alla registrazione dei movimenti e all'aggiornamento del saldo sulle schede del conto corrente.

saldacontista **s. m. e f.** (**pl. m.** *-i*) ● Persona addetta alla tenuta del saldaconti.

saldacónto ● V. *saldaconti.*

saldaménto **s. m.** *1* Atto del saldare. *2* (*med.*) Cicatrizzazione, ricongiunzione: *s. osseo.* *3* Saldo.

saldàre [da *saldo* (*1*)] **A** **v. tr.** *1* Congiungere, unire fra loro due o più parti, pezzi e sim., in modo da formare un tutto organico | (*fig.*) Coordinare fra loro dei concetti e sim.: *i brani lirici non sono saldati col resto dell'opera.* *2* Unire in un corpo due pezzi metallici col fuoco e la saldatura, oppure fondendo il metallo sui due margini accostati: *s. un tubo, una padella che perde*; *s. all'ossigeno, con lo stagno*; *s. due pezzi di ferro* | (*oref.*) *S. a oro, s. ad argento*, unire alcuni pezzi con saldature a base di oro o d'argento | *S. a stagno*, stagnare, unire con lega di stagno e piombo. *3* Pareggiare il dare con l'avere di un conto, conguagliare le partite, pagare: *s. il conto, una fattura* | *S. un conto, una partita* e sim., (*fig.*) fare i conti con qc. *4* Cicatrizzare, congiungere. **B** **v. intr. pron.** ● Cicatrizzarsi, rimarginarsi: *la ferita si salda bene.*

saldatìvo **agg.** ● (*raro*) Che serve a saldare.

saldàto **part. pass.** di *saldare*; anche **agg.** ● Nei sign. del v.

saldatóio **s. m.** ● Arnese per saldare.

saldatóre **s. m.** *1* Chi esegue saldature | Operaio addetto a una saldatrice | *S. a filo continuo*, operaio specializzato nella esecuzione di saldature elettriche ad arco con impiego di corrente continua. *2* Utensile per saldare, saldatoio.

saldatrìce [f. di *saldatore*] **s. f.** *1* Apparecchiatura che realizza la saldatura elettrica | *S. ad arco*, quando il calore è prodotto dall'arco elettrico | *S. a resistenza*, quando il calore si produce per effetto Joule nella zona di contatto delle parti da saldare. *2* Macchina impiegata per la saldatura dei lembi di confezioni e imballaggi in materia plastica o accoppiati.

saldatùra s. f. **1** Atto, effetto del saldare | *S. a stagno*, col saldatore | *S. autogena*, tra due pezzi dello stesso metallo, direttamente, cioè senza lega, con la fusione o la fiamma ossidrica | *S. ossidrica, ossiacetilenica*, fatta con la fiamma omonima | *S. elettrica ad arco*, quella che sfrutta il calore dell'arco elettrico per la fusione del metallo di apporto e dei lembi del materiale da saldare. SIN. Saldatura a filo | *S. a filo*, saldatura elettrica ad arco | *S. a filo continuo*, saldatura ad arco che impiega corrente elettrica continua | *S. elettrica a resistenza*, quella che si basa sul passaggio localizzato di elettricità, come fonte di calore, fra vari punti di due superfici metalliche da saldare | (*est.*) Composizione metallica con cui si salda | (*est.*) Punto in cui si salda. **2** (*fig.*) Congiunzione, unione, coordinazione: *non vi è s. fra i due temi del film.* **3** Periodo che intercorre tra la fine di un fenomeno e l'inizio di un altro analogo | (*est.*) Ciò che assicura la continuità durante un periodo di saldatura | (*est.*) Tale continuità.

saldézza s. f. **1** Qualità di chi, di ciò che è saldo: *s. d'animo, di carattere, di propositi.* **2** †Blocco, masso, di marmo o pietra: *di questo granito ... le maggiori saldezze ... sono nell'isola dell'Elba* (VASARI).

sàldo (1) [sovrapposizione del lat. *vălidus* 'forte' al lat. *sŏlidu(m)* 'solido'. V. *sodo*] **A** agg. **1** (*lett.*) Compatto, intero, privo di rotture, crepe e sim.: *legno s.*; *intero e s.* | Massiccio, tutto d'un pezzo: *vogliam ... / un simulacro farti d'oro s.* (PULCI) | *Pasta salda*, quasi dura | *Vino s.*, sano, genuino. **2** (*lett.*) Che ha consistenza materiale. **3** (*est.*) Resistente, forte: *il cuore è ancora s.*; *mura salde*; *essere s. come l'acciaio* | (*est.*) Fisso stabile: *un s. appoggio*; *questa scala sembra poco salda*; *tenetevi saldi.* **4** (*fig.*) Fermo, costante, irremovibile: *essere s. nei propri principi, nella propria fede*; *animo s.*; *un s. proposito* | (*est.*) Tenace, duraturo: *sentimento s.*; *amicizia ben salda* | Fondato su valide ragioni: *argomentazioni salde.* || **saldétto**, dim. || **saldaménte**, avv. **1** In modo saldo, con saldezza: *afferrare q.c. saldamente.* **2** (*fig.*) Stabilmente, tenacemente: *un concetto saldamente radicato.* **B** avv. ● †Saldamente, in modo saldo: *che mai più s. in marmo non si scrisse* (PETRARCA).

sàldo (2) [da *saldare* (V.)] s. m. **1** In un conto, differenza fra il complesso delle partite attive e il complesso delle partite passive: *s. attivo, passivo* | *Fare il s.*, la quietanza | *Fare i saldi dei conti*, pareggiare i conti. **2** Ammontare ancora dovuto per estinguere un debito già parzialmente soddisfatto: *darò il s. a fine mese* | *S. dividendo*, utili corrisposti, dopo l'approvazione dell'assemblea della società per azioni, ai soci che abbiano già ricevuto un acconto dividendo | Completa estinzione di un debito: *pagare a s.* **3** Merce rimasta alla fine di una partita, messa in vendita a basso prezzo allo scopo di terminarla.

saldobrasatùra [comp. di *saldo (1)* e *brasatura* (V.)] s. f. ● (*tecnol.*) Saldatura di due pezzi metallici ottenuta fondendo nella zona di unione un metallo con temperatura di fusione inferiore a quella delle due parti.

sàle [lat. *sāle(m)*, di origine indeur.] s. m. **1** Composto ottenuto per combinazione di un acido con una base | *S. comune, s. da cucina*, costituito da cloruro sodico, contenuto in quantità enormi nell'acqua del mare e in altre acque, diffuso nel sottosuolo come salgemma, usato per fabbricare tutti i composti del sodio, per condire vivande, nella conservazione delle pelli, degli alimenti, nell'industria dei coloranti e sim. | *S. idrato*, legato con una o più molecole d'acqua | *S. inglese*, costituito da solfato di magnesio, usato come purgante, e nelle industrie dei tessuti, della carta e in tintoria | *S. marino*, cloruro di sodio derivante dall'evaporazione dell'acqua del mare a opera del calore del sole in saline; V. anche *salmarino (1)* | *Sali di tintura*, basi organiche coloranti che si impiegano nelle tinture con naftoli | (*al pl.*) Sali ammoniacali di odore pungente usati un tempo per rianimare persone svenute. **2** Correntemente, cloruro di sodio: *s. grosso, fino, da cucina, da tavola*; *un pizzico, un pugno di s.*; *mettere il s. nel brodo*; *mettere, conservare, sotto s.*; *va bene di s.?*; *manca il s.*; *c'è poco, troppo s.* | *Essere giusto di s.*, contenerne la giusta misura | *Sapere di s.*, averne il sapore e (*fig., lett.*) essere amaro, duro a sopportarsi | *Essere dolce di s.*, contenerne troppo poco e (*fig., lett.*) essere sciocco | *Color di s. e pepe*, grigiastro | *Non metterci né s. né pepe, né s. né olio* e sim., (*fig.*) raccontare le cose come realmente stanno e (*est.*) non importare nulla di q.c. | (*fig.*) *Rimanere di s.*, restare attonito, sbalordito | (*fig.*) †*Acconciarla senza s.*, sparlare di qc. senza riguardo. **3** (*agr.*) Correntemente, concime azotato distribuito in superficie | *Dare il s.*, concimare. **4** (*fig.*) Senno, giudizio, saviezza: *non avere, avere poco s. in zucca* | *Zucca senza s.*, persona sciocca | *Intendere, capire con un grano di s.*, con discernimento e avvedutezza | (*fam.*) *Mangiare un altro po' di s.*, imparare a mettere giudizio con l'esperienza. **5** (*fig.*) Arguzia, mordacità: *parole senza s.* | *Discorso col s. e col pepe*, concettoso e pungente | *I sali attici*, finezze argute e garbate caratteristiche degli antichi scrittori attici. **6** (*poet.*) Mare: *metter potete ben per l'alto s. / vostro navigio* (DANTE *Par.* II, 13-14). **7** *Il s. della terra*, i discepoli di Gesù, secondo le sue parole. **8** †Eritema, erpete. || **salina**, dim. f. (V.).

†**salebróso** [vc. dotta, dal lat. *salebrōsu(m)*, da *sălebra* 'asperità del suolo', dal v. *salīre* 'saltare'] agg. ● (*raro*) Salso, salmastro.

†**saleggiàre** [comp. di *sal(e)* e *-eggiare*] v. tr. ● (*raro*) Salare.

saléggiola [dal lat. *senecióne(m)*, da *sĕnex* 'vecchio', per i peli bianchi, con sovrapp. di *sale*, *saleggiare*] s. f. ● (*bot.*) Acetosella.

sàle marìno ● V. *salmarino (1)*.

salentìno [vc. dotta, dal lat. *Salentīnu(m)* 'Salentino'] **A** agg. ● Del Salento. **B** s. m. (f. *-a*) ● Abitante, nativo del Salento. **C** s. m. solo sing. ● Dialetto italiano meridionale, parlato nel Salento.

salernitàno [vc. dotta, dal lat. *Salernitānu(m)*, der. di *Salĕrnum* 'Salerno'] **A** agg. ● Di Salerno. **B** s. m. (f. *-a*) ● Abitante, nativo di Salerno. **C** s. m. solo sing. ● Zona circostante Salerno.

sales engineer /*ingl.* 'seilz endʒi'niə*/ [loc. ingl., propriamente 'esperto di vendita', comp. di *sale* 'vendita' (d'origine germ.) e *engineer* 'ingegnere'] loc. sost. m. e f. inv. (pl. ingl. *sales engineers*) ● (*org. az.*) Tecnico, perito o laureato, specializzato nella distribuzione di strumenti, materiali o prodotti molto sofisticati tali da richiedere una particolare competenza tecnica per poterli rendere funzionali alle diverse esigenze.

salesiàna [f. di *salesiano*] s. f. ● Suora della congregazione fondata da S. Maria D. Mazzarello con la regola di S. Giovanni Bosco.

salesiàno [dal nome di *Sales*, castello dell'Alta Savoia, patria del Santo] **A** agg. ● Che si riferisce a S. Francesco di Sales (1567-1622) e alla congregazione dei salesiani. **B** s. m. (f. *-a* (V.)) ● Membro laico o ecclesiastico della congregazione fondata da S. Giovanni Bosco nel 1859.

salesman /*ingl.* 'seilzmən/ [vc. ingl., comp. di *sale* 'vendita' e *man* 'uomo' (entrambi di origine germ.)] s. m. inv. (pl. ingl. *salesmen*) ● (*org. az.*) Agente, funzionario di vendita.

sales manager /'seilz 'manadʒer, *ingl.* 'seilz 'mænidʒə*/ [loc. ingl., comp. di *sale* 'vendita' (d'origine germ.) e *manager* (V.) 'dirigente'] loc. sost. m. e f. inv. (pl. ingl. *sales managers*) ● (*org. az.*) Dirigente responsabile dell'organizzazione di vendita.

salétta s. f. **1** Dim. di *sala (1)*. **2** Sala da pranzo degli ufficiali sulle navi mercantili.

salgèmma [comp. di *sal(e)* e *gemma*, per la sua struttura cristallina] s. m. inv. ● Cloruro di sodio in cristalli ben formati incolori o in masse cristalline biancastre che si estrae in miniera.

saliàre [vc. dotta, dal lat. *Saliāre(m)*, agg. da *Sălii*, n. riconnesso col v. *salīre* 'saltare, fare danze sacre'] agg. ● Che si riferisce ai Salii | *Carme s.*, quello che i Salii cantavano in alcuni riti romani | *Pranzo s.*, lauto e solenne, come usavano i Salii nelle grandi feste di Marzo.

salìbile agg. ● (*raro*) Che si può salire.

Salicàcee [vc. dotta, comp. dal lat. *sălix*, genit. *sălicis* 'salice' e *-acee*] s. f. pl. ● Nella tassonomia vegetale, famiglia di piante dicotiledoni arboree, a foglie alterne, semplici, fiori unisessuali in amenti su piante diverse (*Salicaceae*) | (al sing. *-a*) Ogni individuo di tale famiglia. ➡ ILL. **piante** /2.

†**salicàle** s. m. ● (*raro, poet.*) Luogo pieno di salici.

Salicàli [dal lat. *sălix*, genit. *sălicis* 'salice'] s. f. pl. ● Nella tassonomia vegetale, ordine di piante legnose dicotiledoni, comprendente le famiglie delle Salicacee, molto diffuse nelle zone temperate e umide (*Salicales*) | (al sing. *-e*) Ogni individuo di tale ordine.

sàlice o (*lett.*) **sàlce**, (*pop.*) **sàlcio** [lat. *sălice(m)*, vc. di origine indeur.] s. m. ● Grande albero delle Salicacee con corteccia grigia e screpolata, foglie aguzze e seghettate biancastre inferiormente, comune lungo i corsi d'acqua (*Salix alba*) | *S. da vimini*, a foglie molto più lunghe che larghe, inferiormente pelose (*Salix viminalis*) | *S. piangente*, coltivato come albero ornamentale per l'ampia chioma con rami penduli (*Salix babylonica*) | *S. rosso*, brillo (2).

salicéto o (*pop.*) **salcéto** [lat. tardo *salicētu(m)*, da *sălix*, genit. *sălicis* 'salice'] s. m. **1** Appezzamento di terreno piantato a salici. **2** (*fig.*) †Intrigo, ginepraio, spec. nella loc. *entrare in un s.*

salicilammìde [comp. di (*acido*) *salicil(ico)* e *ammide*] s. f. ● (*chim.*) Ammide dell'acido salicilico, impiegata nell'industria conserviera per combattere le muffe e in medicina come sedativo e antireumatico.

salicilàto [comp. di *salicil(e)* e *-ato*] s. m. ● (*chim.*) Sale o estere dall'acido salicilico, di vario impiego come conservante e in medicina.

salicìle [comp. di *salic(e)* e *-ile*] s. m. ● (*chim.*) Radicale monovalente derivato dall'acido salicilico.

salicìlico [comp. di *salicil(e)* e *-ico*] agg. (pl. m. *-ci*) ● (*chim.*) Detto di ossiacido aromatico monocarbossilico, presente in molti fiori e piante, variamente impiegato in medicina: *acido s.*

salicilizzazióne [da *salicile*] s. f. ● Preservazione di sostanze mediante salicilato: *s. di conserve alimentari, di vini.*

salicìna [dal fr. *salicine*, deriv. dal lat. *sălix*, genit. *sălicis* 'salice' con *-ine* '-ina'] s. f. ● (*chim.*) Glucoside contenuto nella corteccia di salici e di alcuni pioppi, usato spec. come febbrifugo.

salicìneo agg. ● Che si riferisce al salice.

sàlico [vc. dotta, dal lat. tardo *Sălicu(m)*, da *Sălii* (nom. pl.), popolo franco] agg. (pl. m. *-ci*) ● Che si riferisce ai Franchi Salii | *Legge salica*, compilazione giuridica nella quale le donne venivano escluse dalla successione al trono.

salicóne [da *salice*] s. m. ● Salicacea comunissima nei luoghi umidi, non molto alta, con foglie ovali dal lungo peduncolo (*Salix caprea*).

salicòrnia [adattamento dell'ar. *sala alqarah*, attraverso il fr. *salicor*, *salicorne*] s. f. ● Pianta erbacea delle Chenopodiacee, con rami formati da articoli cilindrici e da foglie carnose opposte, frequente sulle spiagge umide e salate (*Salicornia*).

salìènte o †**sagliènte** [vc. dotta, dal lat. *saliĕnte(m)*, part. pres. di *salīre* 'saltare'] **A** agg. **1** (*lett.*) Che sale. **2** Sporgente, prominente. **3** (*fig.*) Importante, notevole, rilevante: *fatti, caratteristiche, punti salienti.* **B** s. m. **1** Salienza: *s. roccioso, collinare.* **2** Sporgenza in avanti del fronte di uno schieramento di truppe | Angolo formato da due fianchi di un'opera fortificata, col vertice verso l'esterno. **3** (*arch.*) Elemento orientato verso l'alto | *Facciata a salienti*, il cui profilo segue le diverse altezze delle navate interne, come ad es. si trova nelle chiese romaniche.

salìènza [da *saliente*] s. f. ● Sporgenza, prominenza.

salièra [prob. dall'ant. fr. *salière*, f. sost. dal lat. *salārius*, agg. da *săl*, genit. *sălis* 'sale'] s. f. **1** Vasetto nel quale si tiene il sale in tavola. **2** †Salina. || **salierétta**, dim. | **salierìna**, dim. | **salieróna**, accr. | **salierùccia**, dim.

salìfero [comp. di *sale* e *-fero*] agg. ● Che contiene o produce sale: *acque salifere*; *giacimento s.* | Che si riferisce alla produzione del sale: *industria salifera.*

salificàbile agg. ● Che si può salificare.

salificàre [comp. di *sale* e *-ficare*] v. tr. (*io salìfico, tu salìfichi*) ● (*chim.*) Fare reagire una base con un acido per ottenere un sale.

salificazióne s. f. ● Operazione ed effetto del salificare.

†**salìfico** [comp. di *sale* e *-fico*] agg. ● Salifero.

†**salìgno (1)** [vc. dotta, dal lat. *salĭgnu(m)*, da *sălix*, genit. *sălicis* 'salice'] agg. ● (*raro*) Di salice.

salìgno (2) [lat. parl. **salĭneu(m)*, da *sāl*, genit. *sălis* 'sale'] agg. *1* Di sale, simile al sale: *sostanza, pietra saligna*. *2* Che è impregnato di salsedine e ne trasuda: *marmo s.*

†**salimbàcca** [comp. di *sale*, *in* e *bacca* 'vaso', dal lat. tardo *băcca(m)* 'vaso' connesso col lat. tardo *baccīnum* 'recipiente', sul modello dell'ant. fr. *seel en bache*, propriamente 'sigillo in scatola', confuso poi con *sel* 'sale'] s. f. ● Sorta di scatola tonda e schiacciata per conservarvi il suggello in cera, appesa al sacco del sale o di altre mercanzie, o a privilegi e patenti | (*fig.*) *Portare acque con la s.*, fare q.c. di inutile, perdere tempo.

†**saliménto** [da *salire*] s. m. ● Atto del salire.

salìna (1) [lat. *salīna(m)*, f. sost. di *salīnus* 'salino'] s. f. *1* Serie di compartimenti stagni o vasche litorali in cui circola l'acqua del mare, per ricavare il sale mediante l'evaporazione | Miniera di salgemma. *2* Deposito naturale di sali diversi che si forma in zone costiere o depresse. *3* †Sale. *4* (*raro*) †Saliera.

salìna (2) s. f. *1* Dim. di *sale*. *2* (*dial.*) Sale da cucina.

salinàio o (*dial.*) **salinàro** [lat. *salināriu(m)*, da *salīnus* 'salino'] s. m. ● Chi lavora in una salina.

†**salinàre (1)** [da *salina (1)*] agg. ● (*raro*) Che appartiene alle saline.

salinàre (2) [da *salina (1)*] v. intr. (aus. *avere*) ● Estrarre il sale nelle saline.

salinàro ● V. *salinaio*.

†**salinaròlo** [da *salinaro*] s. m. ● Salinaio.

salinatóre [dal lat. *salinatōre(m)*, da *salīnus* 'salino'] s. m. ● Salinaio | †Appaltatore della gabella del sale.

salinatùra [da *salinare (2)*] s. f. ● Operazione per estrarre il sale dalle acque del mare.

salinèlla [da *salina (2)*] s. f. ● (*geol.*) Sorgente fredda di acqua, gas e melma ricca di cloruri e altri sali.

salinità [da *salino*] s. f. ● Rapporto tra la massa di sale, misurata di solito in grammi, contenuta in una data quantità di acqua e la quantità di acqua stessa, misurata in litri.

salìno [lat. *salīnu(m)*, da *sāl*, genit. *sălis* 'sale'] **A** agg. *1* Di sale: *sostanza salina*. *2* Che contiene sale: *acque saline* | Che ha aspetto o proprietà di sale. **B** s. m. ● (*pop.*) Saliera.

salinòmetro [comp. di *salino* e *-metro*] s. m. ● Apparato per la misurazione della salinità dell'acqua marina.

†**salinóso** agg. ● (*lett.*) Salino.

sàlio [sing. di *Salii*, vc. dotta deriv. dal lat. *Sălii* (nom. pl.) 'sacerdoti di Marte', prob. connesso con *salīre* 'saltare', per le danze rituali, di carattere guerresco, annualmente celebrate nelle processioni di questo collegio sacerdotale] s. m. ● Membro di un collegio sacerdotale degli antichi Romani, dedito al culto di Marte e alle cerimonie relative all'apertura e chiusura dell'anno militare.

salìre o †**saglìre** [lat. *salīre* 'saltare', di origine indeur.] **A** v. intr. (pres. *io sàlgo*, pop. *salisco*, †*sàglio*, *tu sàli*, pop. *salisci*, †*sàgli*, *egli sàle*, pop. *salisce*, †*sàglie*, *noi saliàmo*, †*sagliàmo*, *voi salite*, †*saglite*, *essi sàlgono*, pop. *salìscono*, †*sàgliono*; fut. *io salirò*, †*sarrò*; pass. rem. *io salìi*, †*sàlsi*, raro †*salètti*, *tu salìsti*; congv. pres. *io sàlga*, pop. *salìsca*, †*sàglia*, *noi saliàmo*, †*sagliàmo*, *voi saliàte*, †*sagliàte*, *essi sàlgano*, pop. *salìscano*, †*sàgliano*; condiz. pres. *io salirèi*, †*sarrèi*, †*sarrìa*, *tu salirésti*, †*sarrésti*; ger. *salèndo*, †*saglièndo*; part. pres. †*salènte* o *saliènte*, †*sagliènte*; aus. *essere*) *1* Andare su, verso l'alto o verso un luogo più alto, a piedi e per gradi: *s. sul tetto, per le scale, su per le scale, sulla torre, in cima alla torre, fino in vetta*; *s. piano, lentamente, faticosamente*; *s. in casa, in ufficio* | *S. da qc.*, andare in casa sua per intrattenervisi più o meno a lungo: *vuoi s. da noi?*; *perché non salite un po'?* | Montare: *s. su una sedia*; *s. sul treno, in tram*; *s. a cavallo, in groppa, in sella* | *S. sulla nave*, imbarcarsi | *S. al trono*, divenire re | *S. in cattedra*, (*fig.*) fare il saccente | *S. sul Parnaso*, (*fig.*) poetare | (*fig.*) *S. in superbia, in collera*, insuperbirsi, incollerirsi | (*raro, fig.*) *S. alla testa*, dare alla testa, detto di vino. *2* Andare su, verso l'alto o verso un luogo più alto con mezzo diverso dai piedi e con movimento regolare e continuo: *s. con l'ascensore, in ascensore, con la funicolare, con la funivia*. *3* Andare verso l'alto, levarsi in volo, in aria (*anche fig.*): *il dirigibile salì molto in alto*; *l'aereo sale fino a tremila metri*; *dal cratere salgono nuvole di vapore*; *le fiamme salirono fino alla casa*; *le urla salirono al cielo*; *s. col pensiero, con l'immaginazione* | *S. al paradiso, al cielo*, (*fig., euf.*) morire | *S. rossore al viso*, avvampare | Levarsi all'orizzonte, sorgere: *il sole sale*; *salì la luna*. *4* Ergersi: *la catena montuosa sale fino ad altezze inaudite* | Essere in salita: *la strada sale*; *il sentiero sale dolcemente*. *5* (*fig.*) Pervenire a una condizione migliore, più alta: *s. nella considerazione, nella stima degli altri*; *s. in ricchezza, in potere, in fama, in gran fama*; *s. in grado, di grado*; *s. dal niente, da umile stato*. *6* (*fig.*) Aumentare, crescere, d'intensità, numero, quantità, livello e sim.: *la voce salì di un tono*; *il numero degli abitanti sale continuamente*; *la temperatura è salita*; *il livello del fiume tende a s.* | Rincarare: *i prezzi salgono*; *la frutta è salita alle stelle*; *la benzina sale ancora*; *l'olio sale di prezzo*. *7* (*lett.*) †Balzare, saltare: *del palafreno il cacciator giù sale* (ARIOSTO). **B** v. tr. ● Percorrere andando dal basso verso l'alto: *s. le scale, una montagna*; *s. i gradini a due a due, uno per volta*.

salisburghése **A** agg. ● Di Salisburgo. **B** s. m. e f. ● Abitante, nativo di Salisburgo.

saliscéndi o **saliscèndi**, †**saliscéndo**, †**saliscèndo** [comp. di *sali(re)* e *scendere*] s. m. *1* Chiusura rustica per porte e finestre, costituita da una spranghetta di ferro che, fissata a un battente, si muove dall'alto in basso o dal basso in alto, andando a incastrarsi in un gancio o nasello infisso nell'altro battente. *2* Alternanza di salite e di discese.

salìta [da *salire*] s. f. *1* Atto del salire: *la s. del monte*; *fare una s.*; *la s. è stata dura* | *Strada in s.*, ripida, che sale | *Corsa in s.*, gara automobilistica disputata su un percorso ascendente e a curve continue | *Tappa in s.*, nel ciclismo su strada, quella effettuata su strade di montagna | Arrampicata, come esercizio ginnico: *s. alla fune, alla pertica*. CONTR. Discesa. *2* Luogo, strada, per cui si sale: *all'inizio, a metà della s.*; *in fondo, in cima alla s.*; *camminare in s.* SIN. Erta. CONTR. China, declivio, discesa. ‖ **salitàccia**, pegg. | **salitìna**, dim.

salìto part. pass. di *salire* ● Nei sign. del v.

salitóio [da *salire*] s. m. *1* (*raro*) Attrezzo che agevoli il salire. *2* (*raro*) Passaggio in salita.

†**salitóre** s. m.; anche agg. (f. *-trice*) ● Chi, che sale.

salìva o †**scialìva**, †**scilìva** [lat. *salīva(m)*, di etim. incerta] s. f. ● Liquido incolore, filante, prodotto dalle ghiandole salivari e riversato nella bocca, avente alcune attività digestive | (*fam., fig.*) *Essere attaccato con la s.*, di cosa che non regge, che si stacca subito.

salivàre (1) o **salivàle** agg. ● Di, relativo a, saliva: *ghiandola s.*; *dotto s.*

salivàre (2) [lat. *salivāre*, da *salīva* 'saliva'] v. intr. (aus. *avere*) ● Produrre saliva.

salivatòrio [da *salivare (2)*] agg. ● Che si riferisce alla salivazione.

salivazióne [lat. tardo *salivatiōne(m)*, da *salivāre*] s. f. ● Produzione ed escrezione della saliva.

†**salìvo** s. m. ● (*dial.*) Saliva.

sallustiàno [lat. *Sallustiānu(m)*, dal n. proprio *Sallūstius* 'G. Sallustio' (86-35 a.C.)] agg. ● Relativo allo storico romano Sallustio e alle sue opere.

sàlma [lat. tardo *săgma(m)* 'basto, sella', dal gr. *ságma*, genit. *ságmatos*. V. *soma*] s. f. *1* †Soma, peso grave | (*est.*) †Armatura pesante. *2* (*poet.*) Corpo umano, rispetto all'anima: *'l Figliuol di Dio / carcar si volse de la nostra s.* (DANTE *Par.* XXXI, 113-114). *3* Spoglie mortali, corpo di una persona defunta composto per le esequie: *qui giace la s.*; *trasporto, traslazione, benedizione, deposizione, ricognizione, della s.* *4* Misura italiana di capacità per aridi e liquidi, usata in varie province con valori compresi fra circa 70 e 300 litri | Misura italiana di superficie, usata in varie province con valori compresi fra circa 1 e 4 ettari.

salmarìno (1) o **sàle marìno**, **sal marìno** [comp. di *sal(e)* e *marino*] s. m. (pl. *sàli marìni*) ● (*chim.*) Cloruro sodico.

salmarìno (2) ● V. *salmerino*.

salmàstra [da *sagola mastra*] s. f. ● (*mar.*) Treccia a più fili di vecchie corde che, divisa in due cime, serve a fare allacciature salde e tenaci.

salmastràre v. tr. ● (*mar.*) Legare con una salmastra.

salmàstro [dal lat. *salmăcidu(m)* 'salmastro', comp. di *sălgama* (nt. pl.) 'conserve' e *ăcidus* 'aspro', attraverso l'ant. fr. *saumastre*] **A** agg. ● Che contiene sale: *acque salmastre* | *Piante salmastre*, che vivono in acque salse | Che ha il sapore del sale, della salsedine: *vento s.* **B** s. m. ● Sapore, odore di salsedine: *sapere, sentire, di s.*

salmastróso [da *salmastro*] agg. ● Che ha sapore di salmastro: *acqua salmastrosa* | Che contiene sale: *terreno s.*

†**salmàta** [da *salmo*] s. f. ● (*raro*) Discorso lungo e noioso | Rabbuffo, sgridata.

salmeggiaménto s. m. ● (*raro*) Atto del salmeggiare.

salmeggiàre [comp. di *salmo*, e *-eggiare*] **A** v. intr. (*io salméggio*; aus. *avere*) ● Cantare, recitare salmi: *s. a Dio, pregare e s.* **B** v. tr. ● †Decantare, lodare: *s. le virtù di qc.*

salmeggiatóre s. m.; anche agg. (f. *-trice*) ● (*raro*) Chi, che salmeggia.

salmerìa [da *salma* (V.)] s. f. ● (*spec. al pl.*) Insieme di più quadrupedi adibiti per il trasporto a basto di materiali vari, armi, munizioni, viveri, artiglieria someggiata e sim. | Insieme dei materiali così trasportati.

salmerìno o (*dial.*) **salmarìno (2)** [dial. trentino *salmarin*, dal ted. tirolese *salmling*, da *Salm* 'salmone'] s. m. ● Robusto pesce dei Salmonidi grigio olivastro con pinne giallastre, pregiato e allevato in acque fresche (*Salvelinus salmarinus*).

salmerìsta s. m. (pl. *-i*) ● Soldato addetto alle salmerie di un reparto.

salmì [dal fr. *salmis*, abbr. di *salmigondis*, dall'it. *salami conditi*] s. m. ● Intingolo preparato con pezzi di selvaggina macerati in vino e poi cotti in un sugo piccante e aromatico: *lepre in s.*; *s. di pernice*.

salmiàco [dal lat. *sāl Ammonĭacu(m)* (nom.) 'sale dell'oasi di Ammonio'] s. m. (pl. *-ci*) ● Minerale costituito da cloruro ammonico.

†**salmìsia** o †**sal mi sia** [abbr. tosc. di *salvo mi sia*] inter. ● (*tosc.*) Dio mi scampi, Dio me ne liberi (con valore deprecativo parlando di sventure, disgrazie, malanni e sim.).

salmìsta [vc. dotta, dal lat. tardo (eccl.) *psalmīsta(m)*, adattamento del gr. *psalmistḗs*, da *psalmós* 'salmo'] s. m. (pl. *-i*) ● Poeta autore di salmi | *Il Salmista*, (*per anton.*) il re David, compositore di salmi.

salmistràre [dal ven. *salmistro* 'salnitro'. V. *salnitro*] v. tr. (*io salmìstro*) ● (*cuc.*) Trattare la lingua di bue strofinandola con salnitro e sale e lessandola dopo averla tenuta alcuni giorni in salamoia con droghe.

salmistràto part. pass. di *salmistrare*; anche agg. ● Nel sign. del v.

sàlmo [dal lat. tardo (eccl.) *psălmu(m)*, dal gr. *psalmós*, da *psállein* 'cantare al suono della cetra', di origine indeur.] s. m. *1* Ciascuna delle centocinquanta composizioni religiose ritmate, in parte attribuite a Davide, destinate al canto, le quali costituiscono il Libro dei Salmi nella Bibbia ebraica e cristiana | *Salmi abbecedari*, i cui versetti seguono l'ordine alfabetico. *2* (*mus.*) Canto della chiesa comprendente quattro elementi, l'intonazione o preludio, il tenore, la cadenza media, la cadenza finale ‖ PROV. Tutti i salmi finiscono in gloria.

salmodìa o **psalmodìa** [vc. dotta, dal lat. tardo (eccl.) *psalmōdia(m)*, dal gr. *psalmōidía*, comp. di *psalmós* 'salmo' e *ōidḗ* 'canto'] s. f. ● Canto di salmi | Modo di cantare i salmi.

salmodiànte part. pres. di *salmodiare*; anche agg. *1* Nel sign. del v.: *processione s.* *2* (*est.*) Che parla, recita o canta con tono lento e monotono: *voce, coro s.*

salmodiàre [da *salmodia*] v. intr. (*io salmòdio*; aus. *avere*) ● Cantare salmi, inni religiosi, spec. in coro.

salmòdico agg. (pl. m. *-ci*) ● Di salmodia, di salmi: *canto s.*

†**salmòdo** [vc. dotta, dal gr. *psalmōidós*, comp. di *psalmós* 'salmo' e *ōidós* 'cantore'] s. m. ● (*raro*)

Salmista.

salmògrafo [vc. dotta, dal lat. tardo (ecclesiastico) *psalmŏgraphu(m)*, comp. di *psălmus* 'salmo' e *-grăphus* '-grafo'] s. m. ● (*lett.*) Salmista.

salmonàre [da *salmone*] v. tr. (*io salmóno*) ● Conferire la salmonatura alla carne di alcune specie di trota in allevamento, aggiungendo crostacei alla loro alimentazione.

salmonàto part. pass. di *salmonare*; anche agg. ● Nel sign. del v.

salmonatùra s. f. ● Colorazione roseo-arancione che compare nella carne dei salmoni e di alcune specie di trota che si cibano di crostacei ricchi di carotene.

salmóne o †**salamóne** (1) nel sign. A, †**sermóne** (2) nel sign. A [lat. *salmōne(m)*, di origine celt.] **A** s. m. *1* Pesce osseo dei Salmonidi, pregiatissimo, che abita le acque fredde dell'Atlantico e si riproduce nei fiumi (*Salmo salar*) | *S. del Danubio*, huco. *2* (*mar.*) Pezzo lungo e grosso di ferro o di piombo per zavorra. || **salmoncino**, dim. **B** in funzione di agg. inv. ● (posposto a un s.) Che ha il colore rosa carico tendente all'arancione caratteristico della carne affumicata del pesce omonimo: *un vestito s.*; *una tovaglia rosa s.*

salmonèlla [dal n. del medico ingl. D. E. *Salmon* (1850-1914)] s. f. ● (*biol.*) Batterio che può provocare un'infezione intestinale sia negli uomini sia negli animali (*Salmonella*).

salmonellòsi [comp. di *salmonell(a)* e *-osi*] s. f. ● (*med.*) Malattia, quale il tifo e il paratifo, procurata da salmonella, che colpisce spec. l'apparato intestinale.

Salmònidi [comp. di *salmone* e *-idi*] s. m. pl. ● Nella tassonomia animale, famiglia di Pesci ossei dei Clupeiformi, di carni molto pregiate, caratterizzati dall'avere la seconda pinna dorsale adiposa (*Salmonidae*) | (al sing. *-e*) Ogni individuo di tale famiglia.

salmorìglio [dallo sp. *salmorejo* 'salsa di acqua, aceto, olio, sale e pepe', deriv. di *salmuera* 'salamoia'] s. m. ● (*cuc.*) Salsa siciliana a base di olio, limone, sale, pepe, aglio, prezzemolo e origano, usata come condimento per il pesce cotto alla griglia.

salnitràio s. m. ● (*raro*) Operaio addetto alla fabbricazione del salnitro.

salnìtro o †**sannitrio** [dal lat. *săl nĭtru(m)* (nom.) 'nitro, salnitro'. V. *nitro*] s. m. ● Correntemente, nitrato di potassio.

salnitróso agg. ● Che contiene salnitro.

salodiàno [da *Salò*, con inserimento della *-d-* per ragioni eufoniche] **A** agg. ● Di Salò. **B** s. m. (f. *-a*) ● Abitante, nativo di Salò.

salòlo [comp. di *sal(icile)* e *-olo* (*1*)] s. m. ● (*chim.*) Salicilato di fenile usato in medicina per le proprietà antisettiche.

salomóne o (*pop.*) **salamóne** (2) [nome dell'antico re d'Israele famoso per l'eccezionale saggezza (dal lat. *Salamōne(m)*, dal gr. *Salōmṓn*, dall'ebr. *Shelōmōh* connesso con *shālōm* 'pace')] s. m. ● (*per anton.*) Persona eccezionalmente saggia e sapiente: *parlare come Salomone*; *credersi un s.*; *essere un s.* | *Giudizio di Salomone*, (*fig.*) che pone fine a una disputa dividendo esattamente a metà il danno o il vantaggio che ne deriva, con imparzialità assoluta.

salomònico agg. (pl. m. *-ci*) *1* Che si riferisce al biblico re Salomone: *sapienza, saggezza salomonica*. *2* (*fig.*) Giusto, imparziale: *giudizio s.* || **salomonicaménte**, avv. ● In modo rigidamente imparziale.

salóne (1) s. m. *1* Accr. di *sala* (*1*). *2* Ampia sala avente particolari funzioni di rappresentanza: *s. da ballo*; *s. affrescato, istoriato*; *aprire i saloni per un ricevimento*. || **saloncino**, dim.

salóne (2) [dal fr. *salon*] **A** s. m. *1* Mostra di prodotti artigianali o industriali che ha luogo periodicamente: *il s. dell'automobile, della tecnica, della moda, dell'alimentazione* | Luogo, edificio in cui tale mostra si svolge. *2* (*merid.*) Negozio di barbiere o di parrucchiere. **B** in funzione di agg. inv. ● (posposto al s.) Nella loc. *carrozza s.*, vettura ferroviaria caratterizzata da particolari requisiti atti a rendere più confortevole il soggiorno, anche riguardo alla stabilità di marcia.

saloon /*ingl.* sə'lu:n/ [vc. ingl. d'Amer., dal fr. *salon*, a sua volta deriv. dall'it. *salone*] s. m. inv. ● Sala, salone | Caratteristico locale pubblico degli Stati Uniti d'America, ove si consumano bevande alcoliche.

salopette /*fr.* salɔ'pɛt/ [vc. fr., prob. da *salope* 'persona mal vestita, poco pulita', comp. di *sale* 'sporco' e *hoppe*, var. dial. di *huppe* 'upupa', uccello ritenuto poco pulito] s. f. inv. ● Indumento costituito da pantaloni con pettorina e bretelle, usato per comodità, come tuta da lavoro o come capo d'abbigliamento sportivo: *una s. di tela jeans*; *s. e giacca a vento*.

†**salòtta** [f. di *salotto*] s. f. ● Sala minore, spec. di palazzo.

salottièro agg. ● Di, da salotto | (*est.*) Vacuo, superficiale, frivolo: *poeta s.*; *discorsi salottieri*; *società, cultura salottiera*.

salòtto [da *sala* (*1*)] s. m. *1* Stanza, generalmente non molto grande e arredata con particolare cura, con funzioni di ricevimento, conversazione, e sim.: *ricevere qc. nel s.*; *passare in s.* | *S. buono*, (*anche scherz.*) quello arredato bene, particolarmente adatto alle grandi occasioni | (*est.*) Insieme dei mobili che costituiscono l'arredamento di tale stanza: *un s. rosso*; *comprare un s. nuovo*; *cambiare il s.* *2* (*est.*) Riunione mondana, culturale, artistica o sim. che ha luogo periodicamente o saltuariamente: *s. letterario*; *il s. della signora è sempre ben frequentato*; *tiene s. ogni venerdì*; *fa parte di uno dei migliori salotti della città* | (*est.*) Insieme delle persone che abitualmente partecipano a tali riunioni: *è molto conosciuta nei salotti*. || **salottino**, dim. | **salottùccio**, dim.

sàlpa o (*dial.*) **sàrpa** [lat. *sălpa(m)*, dal gr. *sálpē*, di origine mediterr.] s. f. ● (*zool.*) Tunicato pelagico con corpo trasparente e cilindrico (*Salpa*).

salpàncora [comp. di *salp(are)* e *ancora*] s. m. ● (*mar.*) Sorta di verricello, spec. collegato a un motore elettrico, che nelle barche serve a recuperare dal fondo la catena dell'ancora.

salpàre o †**sarpàre** [dal catalano parl. **exharpāre*, che è dal gr. *exharpázein* 'strappare (le ancore)'] **A** v. tr. ● Recuperare, sollevare dal fondo del mare: *s. una mina*, *l'ancora*. **B** v. intr. (aus. *essere*) *1* Partire dal luogo dell'ancoraggio: *s. da Napoli per New York*. *2* (*fig., scherz.*) Partire, andarsene: *è salpato senza avvisare nessuno*.

salpinge [vc. dotta, dal lat. tardo *salpĭnge(m)* 'tromba', dal gr. *sálpinx*, genit. *sálpingos*, di origine mediterr. (?)] s. f. *1* (*anat.*) Condotto tubulare dell'apparato genitale interno femminile che va dall'ovaia all'utero. *2* (*archeol.*) Tromba lunga anche più di due metri e diritta, usata presso gli antichi Greci spec. nelle azioni militari e talvolta nelle processioni religiose.

salpingectomìa [comp. di *salping(e)* ed *-ectomia*] s. f. ● (*chir.*) Asportazione chirurgica mono o bilaterale delle salpingi uterine.

salpingìte [comp. di *salping(e)* e *-ite* (*1*)] s. f. ● (*med.*) Infiammazione della salpinge.

salpingografìa [comp. di *salping(e)* e *-grafia*] s. f. ● (*med.*) Indagine radiografica delle salpingi mediante immissione di un mezzo di contrasto radiopaco attraverso il canale uterino.

salpingoplàstica [comp. di *salping(e)* e *plastica*] s. f. ● (*chir.*) Intervento di chirurgia plastica eseguito sulle salpingi spec. per tentare di ristabilirne la pervietà.

sàlsa (1) [dal lat. *sălsa(m)*, f. sost. di *sălsus* 'salso'] s. f. ● Condimento più o meno denso o cremoso, preparato a parte per aggiungere sapore a certe vivande: *s. di pomodoro, verde, piccante, bianca, tartara, maionese* | *S. dolce*, conserva di pomodoro addolcita con zucchero, diluita con aceto e aromatizzata con spezie e aromi | Sugo, intingolo | (*fig., scherz.*) *S. di S. Bernardo*, fame | *Cucinare q.c. in tutte le salse*, (*fig.*) presentare una stessa cosa in modi diversi. || **salsàccia**, pegg. | **salsarèlla**, dim. | **salsétta**, dim. | **salsettina**, dim. | **salsina**, dim.

sàlsa (2) [dal precedente per metafora] s. f. ● Pozza di fango ribollente per emissione di metano dalle rocce del sottosuolo.

salsamentàrio [dal lat. *salsamentāriu(m)* 'salumaio', da *salsamĕntum* 'pesce salato'. V. *salsamento*] s. m. ● (*dial.*) Salumiere.

salsamenterìa [comp. di *salsament(ario)* e *-eria*] s. f. ● (*dial.*) Salumeria.

salsaménto [lat. *salsamĕntu(m)* 'pesce salato', da *sălsus* 'salato'] s. m. ● Vivanda piccante, preparata con salsa o sale.

salsaparìglia [dallo sp. *zarzaparilla*, comp. di *zarza* 'arbusto', dall'ar. *šaras* 'pianta spinosa', e *parrilla*, dim. di *parra* 'vite'] s. f. ● Liliacea rampicante dell'America centrale con rizoma duro e tenace, foglie lunghe con lungo picciuolo, usato nella medicina popolare (*Smilax medica*) | (*raro, scherz.*) *Avere preso la s.*, di chi si copre molto quando fa caldo.

salsàto agg. ● Arricchito con salsa: *pomodori pelati salsati*.

salsèdine [vc. dotta, dal lat. tardo *salsēdine(m)*, da *sălsus* 'salato'] s. f. *1* Qualità di ciò che è salso: *la s. del mare*; *vento impregnato di s.* | Residuo secco lasciato dall'acqua salata: *viso incrostato di s.* *2* †Erpete, eritema.

salsedinóso agg. ● Che è pieno, ricco di salsedine.

salsèfrica o **salsèfica**, **sassèfrica** [vc. dotta, dal lat. *saxĭfraga(m)* (*herba(m)*). V. *sassifraga*] s. f. ● (*bot.*) Barba di becco.

salsése [da *Salso*] **A** agg. ● Di Salsomaggiore. **B** s. m. e f. ● Abitante, nativo di Salsomaggiore.

salsézza s. f. ● (*lett.*) Salsedine | Sapore di salso.

salsìccia o (*pop.*) **salcìccia** [dal lat. *salsĭcia* (nt. pl.), sovrapposizione di *sălsus* 'salato' ad *insĭcia* 'cicciolo, polpetta', da *ĭn* e *secāre* 'tagliare'] s. f. (pl. *-ce*) *1* Carne di maiale tritata e insaccata, con sale e aromi, in budella minute di porco: *polenta e s.*; *s. con le uova*; *risotto con s.* | (*fam., fig.*) *Fare s., salsicce, di qc.*, malmenarlo violentemente, farlo a pezzi | (*fig.*) *Legare la vigna, le viti, con le salsicce*, vivere nell'abbondanza, fare grande spreco: *Bengodi, nella quale si legano le viti con le salsicce* (BOCCACCIO). *2* Fascina usata come rivestimento e sostegno della terra in opere terrapienate. *3* Lunga sacca in tela o cuoio contenente miscela da sparo, funzionante come miccia per mine e brulotti, nelle antiche guerre navali. || **salsiccétta**, dim. | **salsiccina**, dim. | **salsicciòna**, accr. | **salsiccióne**, accr. m.

salsicciàio s. m. ● Chi fa o vende salsicce | Salumiere, pizzicagnolo.

salsicciòtto [da *salsiccia*] s. m. *1* Grossa salsiccia da mangiarsi cruda | (*fam.*) *Sembrare un s.*, di persona o cosa dall'aspetto goffo, eccessivamente pingue e sim. *2* Rotoletto di lana cardata per il filatoio a macchina. || **salsicciottino**, dim.

salsièra s. f. ● Piccolo recipiente, di materiale e forma vari, usato per portare la salsa in tavola.

sàlso [lat. *sălsu(m)*, part. pass. di *săllere* 'salare', connesso con *săl*, genit. *sălis* 'sale'] **A** agg. ● Che contiene sale, che sa di sale: *l'acqua salsa del mare*. **B** s. m. ● Salsedine | Sapore di sale.

salsobromoiòdico [comp. di *salso*, *bromo* e *iodio*] agg. (pl. m. *-ci*) ● Che contiene cloruro, bromuro e ioduro di sodio | Detto di acque, fanghi e sim. che contengono tali sali | Detto di cura praticata con acque, fanghi e sim. salsobromoiodici.

salsoiòdico [comp. di *salso* e *iodico*] agg. (pl. m. *-ci*) ● Che contiene cloruro e ioduro di sodio | Detto di acque, fanghi e sim. che contengono tali sali | Detto di cura praticata con acque, fanghi, e sim. salsoiodici.

salsùggine [lat. *salsūgine(m)*, da *sălsus* 'salso'] s. f. ● (*lett.*) Salsezza, salsedine.

salsugginóso [da *salsuggine*] agg. ● (*raro, lett.*) Salsedinoso.

salsùme [da *salso*] s. m. *1* (*raro*) Sapore salso. *2* †Salume.

saltabécca [comp. di *salta(re)* e *becco* 'corno'] s. f. *1* (*pop.*) Cavalletta | (*pop.*) Cervo volante. *2* (*raro, fig.*) Chi cammina a scatti, saltellando.

saltabeccàre [da *saltabecca*] v. intr. (*io saltabécco, tu saltabécchi*; aus. *avere*) ● Camminare a salti, come la saltabecca.

saltabellàre [da *saltabeccare* con sovrapposizione del comune suff. *-ellare*] v. intr. (*io saltabèllo*; aus. *avere*) ● (*raro, lett.*) Saltellare: *tre cavalli neri ... saltabellavano su per un pascolo* (D'ANNUNZIO).

†**saltabèllo** [da *saltabellare*] s. m. ● (*lett.*) Saltello.

saltafòssi [comp. di *salta(re)* e il pl. di *fosso*] s. m. ● Specie di carrozza a due ruote.

saltafòsso [comp. dell'imperat. di *saltare* e *fosso*, in senso fig.] s. m. ● (*region.*) Tranello consistente nel dare per certa una cosa ipotetica e col quale si costringe qc. a fare o dire q.c. contro la sua volontà.

†saltaimbàrca • V. *†saltambarca*.

†saltaimpànca [comp. di *salta(re)*, *in* e *panca*] s. m. e f. • (*raro*) Saltimbanco.

saltaleóne [comp. di *salta(re)* e *leone*] s. m. • Filo d'acciaio, ottone o altro metallo avvolto strettamente a spirale e compresso, che, lasciato libero, scatta per la sua grande elasticità.

saltamacchióne [comp. di *salta(re)* e *macchione*] s. m. • Tipo di taglio di boschi cedui.

saltamartìno [comp. di *salta(re)* e *Martino*. V. *martino*, *martinello*] s. m. *1* (*pop.*) Grillo. *2* (*fig.*) Bambino vivace e irrequieto. *3* Balocco formato da mezzo guscio di noce che viene fatto saltare mediante una molla e uno stecchino. *4* (*raro*) Abito, mantello, e sim. corto e misero. *5* Cannoncino campale usato dai veneziani nel 16° e 17° sec.

saltambànco • V. *saltimbanco*.

†saltambàrca o (*raro*) **†saltaimbàrca** [comp. imperat. di *saltare*, *(i)n* e *barca*] s. m. inv. • Cappotto marinaresco.

†saltaménto [da *saltare*] s. m. *1* Salto. *2* (*raro*, *fig.*) Digressione.

†saltamiaddòsso [comp. di *saltami* e *addosso*] s. m. e f. inv. • (*fam.*, *tosc.*) Chi aspetta che la roba gli venga fra le mani senza cercarla.

†saltamindòsso [comp. di *saltami* e *indosso*] s. m. inv. • (*tosc.*) Abito misero e striminzito: *un mantellino, che parea un s.* (SACCHETTI).

†saltanséccia [comp. di *salta(re)*, *(i)n* e *seccia* (V.)] s. f. • (*raro*, *fig.*) Persona volubile e leggera.

saltàre [lat. *saltāre*, iter. ints. di *salīre* 'saltare, ballare'. V. *salire*] **A** v. intr. (aus. *avere* se si indica l'azione in sé come esercizio fisico; *essere*, se si indica l'azione che si fa con riferimento a un punto di partenza o di arrivo, e negli usi figurati) *1* Sollevarsi di slancio da terra rimanendo per un attimo con entrambi i piedi privi di appoggio e ricadendo poi sul punto di partenza o poco più lontano: *prendere lo slancio per s.*; *ho saltato a piedi pari*; *s. sul piede destro, sul piede sinistro, su un piede solo* | (*est.*) *S. dalla gioia, dall'allegria, dalla felicità*, e sim., manifestare tali sentimenti in modo vivace e rumoroso | Compiere un balzo in alto, in basso, in avanti o di lato, in modo da ricadere su un punto diverso da quello di partenza: *s. dalla finestra, dal ponte, dal trampolino, dal letto*; *s. in mare, nell'acqua*; *s. a terra*; *s. di là dal fiume*; *s. oltre il ruscello*; *s. giù da una sedia*; *s. come una capra, come un camoscio, come un grillo, come una cavalletta*; *la palla è saltata dall'altra parte della rete* | *S. agli occhi*, avventarsi contro qc. e (*est.*, *fig.*) di cosa che si manifesta con chiara evidenza: *la sua innocenza mi è saltata subito agli occhi* | *S. al collo di qc.*, per malmenarlo, picchiarlo o per abbracciarlo | *S. in testa, per la testa, in mente, per la mente*; *s. il capriccio il ticchio, il grillo*, e sim., di idea, pensiero, capriccio, e sim. che si manifestano improvvisamente e senza alcun motivo plausibile: *che cosa ti salta in mente?*, (*fam.*) *che cosa ti salta?*; *gli è saltato il ticchio di partire* | (*fig.*) *S. la mosca al naso*, perdere la pazienza, arrabbiarsi | *S. fuori*, apparire improvvisamente, farsi avanti: *dall'automobile sono saltati improvvisamente fuori due banditi*; (*est.*) trovare, ritrovare: *bisogna far s. fuori i soldi per la spesa*; *il libro che non trovi prima o poi salterà fuori*; (*fig.*) dire, esprimere le proprie opinioni, parlare, e sim. in modo improvviso e inatteso: *s. fuori con un discorso, con una proposta*; *è saltato fuori con le sue solite sciocchezze* | (*fig.*) *S. su a dire, a fare*, e sim., dire, fare, q.c. tutto d'un tratto e spesso a sproposito: *è saltato su a dire che avevo torto*. *2* Schizzare, volar via, uscir fuori con impeto: *le schegge saltarono fino al soffitto*; *sono saltati (via) due bulloni*; *mi è saltato un bottone dal vestito* | *S. in aria*, di costruzione, edificio, e sim. che viene squarciato e lanciato in aria da uno scoppio o da un'esplosione: *a causa della fuga di gas l'intera casa è saltata in aria*; *il siluro fece s. in aria la nave* | *Fare s.*, distruggere in modo violento, spec. con un'esplosione: *i ribelli fecero s. la ferrovia*; (*fig.*) provocare gravi danni in un'istituzione: *hanno fatto s. il governo*; (*est.*, *fig.*) destituire qc. da un incarico, un ufficio, e sim.: *il direttore generale è stato fatto s.* | *Far s. il banco*, nei giochi d'azzardo, sbancare | *Farsi s. le cervella*, uccidersi con un colpo di pistola, spec. diretto alla tempia. *3* Salire, montare: *è saltato in groppa, in sella, a cavallo, sul tram in corsa* | (*poet.*) †Levarsi del vento: *la tempesta saltò tanto crudele, / che sbigottì* (ARIOSTO). *4* (*fig.*) Passare da un punto a un altro non logicamente connesso col primo: *saltate al capitolo seguente*; *da pagina 10 salteremo a pagina 100* | *S. di palo in frasca*, passare da un argomento a un altro completamente diverso in modo brusco e illogico. *5* †Ballare, danzare. **B** v. tr. *1* Oltrepassare, attraversare con un salto: *s. una siepe, un ostacolo* | *S. il fosso*, (*fig.*) passare risolutamente sopra a una difficoltà, risolverla con decisione | *S. la scala*, (*raro*) scenderla a precipizio. *2* (*fig.*) Omettere, tralasciare, spec. nel parlare, nello scrivere, nel leggere e sim.: *ho saltato due parole*; *nella traduzione saltò mezza pagina*; *saltate il primo capitolo*; *salta una riga del dettato*; *nell'elenco degli invitati abbiamo saltato i Rossi* | *S. il pasto, il pranzo, la cena* e sim., non consumarli, digiunare | *S. una classe*, guadagnare un anno del regolare corso di studi superando privatamente gli esami prescritti per la classe seguente a quella attualmente frequentata. *3* Rosolare a fiamma viva, con olio o burro: *s. la carne*. *4* (*zoot.*) Montare, fecondare, detto di animale maschio che copre la femmina.

saltarellàre • V. *salterellare*.

saltarèllo o (*raro*) **salterèllo** [da *saltare*] s. m. • Danza di carattere brioso dei secc. XIV e XV | Danza popolare abruzzese e ciociara, di ritmo e movimento vivaci.

saltarùpe [comp. di *salta(re)* e *rupe*] s. m. inv. • Agilissima piccola antilope dei monti africani con pelliccia densa e ispida a peli fragili (*Oreotragus oreotragus*).

†saltatìvo [da *saltato*] agg. *1* Atto al salto. *2* (*raro*) Attinente al ballo.

saltàto part. pass. di *saltare*; anche agg. *1* Nei sign. del v. *2* *Ballo s.*, che si fa saltando | *Lana saltata*, tratta da pecore che sono state lavate prima della tosa.

saltatóio s. m. • Luogo, oggetto, su cui si salta | Bacchettina posta trasversalmente attraverso le gabbie degli uccelli.

saltatóre [dal lat. *saltatōre(m)*, da *saltātus* 'saltato'] **A** agg. (f. *-trice*) *1* Che salta: *insetto s.* *2* Detto di cavallo o altro animale abile nel salto o che ha il vizio di saltare. **B** s. m. *1* Acrobata specialista in salti pericolosi che si spiccano da terra | Ballerino. *2* (*sport*) Atleta specialista delle gare di salto | Nello sci, specialista delle gare dal trampolino | Nell'ippica, cavallo addestrato per le corse con ostacoli.

Saltatóri s. m. pl. • Nella tassonomia animale, sottoclasse di Anfibi privi di coda con zampe posteriori allungate e atte al salto, che da adulti hanno respirazione polmonare mentre da larve respirano per branchie.

†saltatòrio agg. • Che si riferisce a saltatore.

saltazióne [vc. dotta, dal lat. *saltatiōne(m)*, da *saltātus* 'saltato'] s. f. *1* †Atto del saltare. *2* (*lett.*) Danza, ballo. *3* Presso i Greci e i Romani, danza, esercizio ginnico.

saltellaménto s. m. • Atto del saltellare.

saltellànte part. pres. di *saltellare*; anche agg. • Nei sign. del v.

saltellàre [da *saltello*] v. intr. (*io saltèllo*; aus. *avere*) *1* Avanzare a salti piccoli e frequenti: *il ranocchio saltellava sulla riva*. SIN. Balzellare, ballonzolare, salterellare. *2* (*fig.*) Palpitare, battere: *sentì il cuore saltellargli nel petto* | (*lett.*) Vagare, aleggiare: *va saltellando il riso / tra i muscoli del labro* (PARINI).

saltellìo s. m. • Atto del saltellare continuamente.

saltèllo s. m. *1* Dim. di *salto (1)*. *2* (*pop.*) Cavalletta.

saltellóni o (*raro*) **saltellóne** [da *saltello*] avv. • A piccoli salti, a saltelli: *venire avanti s.* | Anche nella loc. avv. *a s.*

†salteréccio [da *salto (1)*] agg. • (*raro*) Che si riferisce al salto.

salterellàre o (*dial.*) **saltarellàre** [da *salterello*] v. intr. (*io salterèllo*; aus. *avere*) • Fare salti piccoli e frequenti.

salterèllo [da *salto (1)*] s. m. *1* Saltello, saltino. *2* Fuoco d'artificio entro cartucce strette a più pieghe, che scoppiando saltella. *3* (*mus.*) Asticciola facente parte della meccanica del clavicembalo che serve a pizzicare le corde dello strumento. *4* V. *saltarello*.

saltèrio o **†psaltèrio**, **†psaltèro**, **†saltèro** [vc. dotta, dal lat. *psaltēriu(m)* 'cetra', dal gr. *psaltḗrion*, da *psállein* 'cantare con la cetra'] s. m. *1* (*mus.*) In Grecia, termine che indicava tutti gli strumenti a corde pizzicate con le dita | Nel Medio Evo, strumento formato da una cassetta di legno triangolare o più spesso trapezoidale, sopra la quale erano tese da 6 a 16 corde da pizzicare con il plettro o con le dita | Strumento cordofono a percussione, di forma trapezoidale | Libro liturgico dei testi e delle musiche dei salmi gregoriani, che gli Ebrei accompagnavano col salterio. *2* (*est.*) †Velo delle suore. *3* (*zool.*, *raro*) Omaso. ‖ **salterièllo**, dim. | **salterino**, dim.

salticchiàre [da *saltare* con suff. iter.-dim.] v. intr. (*io saltìcchio*; aus. *avere*) • (*raro*) Saltellare.

sàltico [vc. dotta, dal lat. *sălticu(m)* 'danzante', da *saltāre* 'danzare'] s. m. (pl. *-ci*) • Piccolo ragno nero con fitta peluria grigia che cattura le prede grazie alla sua abilità di saltatore (*Salticus scenicus*).

saltimbànco o (*raro*) **saltambànco**, **†saltimbànca** [comp. di *salt(are)*, *in* e *banco*] s. m. (f. *-a*; pl. m. *-chi*) *1* Acrobata che si esibisce nei circhi, nei baracconi, nelle feste paesane, e sim. *2* (*fig.*, *spreg.*) Professionista, uomo politico, artista, e sim. privo di serietà professionale e di senso di responsabilità: *i saltimbanchi della letteratura*.

saltimbócca [comp. di *salt(are)*, *in* e *bocca*] s. m. inv. • Fettina di vitello arrotolata con prosciutto e salvia, rosolata in tegame, specialità della cucina romana.

saltimpàlo [comp. di *salt(are)*, *in* e *palo*] s. m. • Uccello dei Passeriformi a becco appuntito e coda breve (*Saxicola torquata*).

sàlto (1) [lat. *săltu(m)*, part. pass. sost. di *salīre* 'saltare'; per calco sul fr. *à la sautée* nel sign. 7] s. m. *1* Atto del saltare | Movimento per cui il corpo, abbassato sulle gambe per mettere i muscoli in stato di rilassamento, si solleva con rapidissima contrazione di essi a una certa altezza dal suolo: *fare un s.*; *spiccare il, un s.*; *s. in aria, in avanti, all'indietro*; *camminare a salti*; *fare un s. dalla finestra, nel vuoto*; *con un s. superò l'ostacolo*; *il s. dello stambecco, della cavalletta, del grillo* | *S. di corsia*, in un'autostrada a doppia carreggiata, scavalcamento accidentale della banchina spartitraffico da parte di un autoveicolo | *S. di montone*, (*fig.*) movimento che un animale compie di sorpresa, per disarcionare il cavaliere o come vivace espressione di gaiezza | *S. della quaglia*, (*fig.*) scavalcamento delle posizioni politiche e ideologiche di un partito da parte di un altro | *S. nel buio*, (*fig.*) impresa, decisione e sim. di cui non si possono prevedere le conseguenze, ma il cui esito appare molto incerto | (*fam.*) *Fare due salti, quattro salti*, ballare un po', in famiglia o tra amici. *2* (*sport*) Nell'atletica leggera, successione di movimenti che portano allo stacco da terra del corpo che, dopo una traiettoria in aria, ricade sul terreno: *gara di s.*; *s. in alto, in lungo, con l'asta, triplo, da fermo* | Nello sci, esercizio in cui si esegue un volo in lunghezza prendendo lo slancio dal trampolino | *S. mortale*, eseguito compiendo un giro completo su se stessi | *Fare i salti mortali*, (*fig.*) affrontare grandi difficoltà, fare enormi sacrifici, pur di riuscire in un intento | *Fare i salti mortali dalla gioia, dalla felicità*, e sim., manifestare tali sentimenti in modo esuberante. ➡ ILL. p. 1283 SPORT. *3* (*est.*) Spostamento rapido e sbrigativo, scappata: *farò un s. in città*; *ha fatto un s. a casa* | Brevissima visita: *domani farò un s. da te* | Brevissimo spazio di tempo: *in un s. arrivo a scuola*; *in due salti sono in centro*. *4* (*est.*) Brusco dislivello: *fra le due scale c'è un s. di un metro*; *il s. di una cascata, di una rapida*. *5* (*fig.*) Rapido passaggio da un punto a un altro, da una condizione a un'altra, che si compie tralasciando le condizioni o i punti intermedi: *con la promozione a direttore ha fatto un bel s.*; *pochi anni fa era povero e oggi è il più ricco del paese, che s.!* | *Fare, tentare, il s. (a scuola)*, passare, mediante esame, dalla classe attualmente frequentata a una non immediatamente successiva: *suo figlio ha fatto il s.*

dalla prima alla terza | *S. di qualità*, rilevante miglioramento o mutamento qualitativo | Omissione, lacuna: *nel libro c'è un s. di una pagina*; *la traduzione ha un s. di tre righe* | Sbalzo, cambiamento improvviso: *s. di vento*; *tra ieri e oggi c'è stato un bel s. di temperatura* | Brusco rincaro di prezzi: *la frutta ha fatto un s. sul mercato* | *A salti*, senza continuità, in modo saltuario: *procedere, leggere, a salti*. ***6*** (*mus.*) Passaggio da una nota a un'altra per gradi disgiunti. ***7*** (*cuc.*) Nella loc. avv. *al s.*, di cibo rosolato in tegame a fuoco vivo. ***8*** (*giochi*) *S. in alto*, gioco simile alla dama che si compie su una scacchiera di cinque caselle per cinque. || **saltàccio**, **pegg.** | **saltèllo**, **dim.** (V.) | **saltìno**, **dim.**

sàlto (**2**) [vc. dotta, dal lat. *sāltu(m)* 'salto, balza', da *salīre* 'saltare'] **s. m.** ● (*lett.*) Bosco | Terreno non coltivato | (*est.*) Monte.

saltòmetro [comp. di *salto* (*1*) e *-metro*] **s. m.** ● Nel salto in alto o con l'asta, ognuno dei ritti graduati su cui scorrono i supporti che reggono l'asticella o la cordicella e che vengono progressivamente alzati col procedere della gara.

saltràto ® [dall'ingl. *salt* 'salato'] **s. m.** ● Nome commerciale di sali cristallini, profumati, emollienti, decongestionanti.

saltuarietà **s. f.** ● Qualità di ciò che è saltuario.

saltuàrio [da *saltare*, *salto*, con la *u* dell'avv. lat. *saltuātim* 'a salti'] **agg.** ● Che procede senza continuità, senza ordine, con frequenti interruzioni: *visite, letture saltuarie*. **SIN.** Discontinuo. || **saltuariaménte**, **avv.** A intervalli irregolari, in modo discontinuo.

salubèrrimo [vc. dotta, dal lat. *salubĕrrimu(m)*, sup. di *salūber* 'salubre'] **agg., sup.** di *salubre* ● Che è molto salubre.

salùbre o (*evit.*) **sàlubre** [vc. dotta, dal lat. *salūbre(m)*, da *sālus* (nom.) 'sanità' col suff. *-ber*, connesso con *fĕrre* 'portare'] **agg.** (superl. *salubèrrimo* (V.)) ***1*** Che dà salute, che giova alla salute: *clima, aria, ambiente s.* **SIN.** Salutare (1). **CONTR.** Insalubre. ***2*** (*fig.*) †Che dà la salvezza spirituale: *il dono s. / del ciel s.* (TASSO). || **salubreménte**, **avv.** Con salubrità.

salubrità [dal lat. *salubritāte(m)*, da *salūber* 'salubre'] **s. f.** ● Qualità di ciò che è salubre.

salumàio **s. m.** (f. *-a*) ● Salumiere.

salùme [dal lat. mediev. *salūmen* (nom. acc. nt.) 'insieme di cose salate', da *sāl*, genit. *sălis* 'sale'] **s. m.** ***1*** (*spec. al pl.*) Qualunque prodotto lavorato di carne suina. ***2*** †Roba da mangiare preparata e conservata col sale.

salumerìa **s. f.** ● Bottega, negozio, in cui si vendono salumi. **SIN.** Pizzicheria, salsamenteria.

salumière **s. m.** (f. *-a*) ● Venditore di salumi. **SIN.** Pizzicagnolo, salsamentario, salumaio.

salumifìcio [comp. del pl. di *salume* e *-ficio*] **s. m.** ● Fabbrica di salumi.

salurèsi [da *sale* e *urina*] **s. f.** ● (*med.*) Aumentata eliminazione urinaria di sali minerali.

salurètico [da *saluresi*] **A** **s. m.** (pl. *-ci*) ● (*med.*) Qualsiasi agente o condizione che favorisce la saluresi. **B** anche **agg.**

†**salùta** ● V. *salute*.

†**salutaménto** [da *salutare* (*2*)] **s. m.** ● (*raro*) Modo e atto del salutare.

salutàre (**1**) [vc. dotta, dal lat. *salutāre(m)*, da *sālus*, genit. *salūtis* 'salute'] **agg.** ***1*** Che dà salute, che è di giovamento alla salute: *cura, medicina s.* **SIN.** Salubre. ***2*** (*fig.*) Che aiuta, che salva da eventuali pericoli: *ammonimento, consiglio s.* | (*est.*) Giovevole: *gli ha dato una s. lezione*. || **salutarménte**, **avv.**

salutàre (**2**) [lat. *salutāre* 'augurare salute, salutare', da *sālus*, genit. *salūtis* 'salute'] **A** **v. tr.** ***1*** Rivolgere a qc. che si incontra o da cui ci si accomiata parole o cenni esprimenti deferenza, ossequio, rispetto, amicizia e sim.: *s. con la mano, con la testa, con un sorriso, con un inchino*; *s. togliendosi il cappello, dicendo 'buongiorno', sventolando il fazzoletto*; *s. i presenti, quelli che rimangono*; *saluta tuo padre da parte mia*; *salutami tuo padre*; *non si degna di salutarci*; *non saluta nessuno* | *S. la bandiera, il Sacramento, un funerale*, onorarli togliendosi il cappello in segno di rispetto | *Mandare a s. qc.*, trasmettergli i propri saluti per mezzo di una terza persona | *Andare alla stazione* o sim. *a s. qc.*, andare ad accomiatarsi da qc. che parte o ad accogliere qc. che arriva | *Andare, passare, venire, a s. qc.*, fargli visita: *prima di cena passeremo a salutarvi* | (*fam.*) *Ti saluto!*, *vi saluto!*, e sim., per troncare una conversazione, per congedarsi bruscamente da qc., per piantare in asso qc.; (*iron.*) per esprimere rammarico o amarezza | *Saluto, salutando*, e sim. *affettuosamente, caramente, cordialmente, rispettosamente* e sim., formule usate nelle clausole epistolari di cortesia | (*mil.*) Eseguire il saluto. ***2*** Accogliere con manifestazioni di gioia, plauso, approvazione: *il suo arrivo fu salutato da un lungo applauso*; *un'ovazione salutò il discorso* | (*gener.*) Accogliere, ricevere: *il ministro fu salutato con una lunga salva di fischi* | (*est.*) Guardare, considerare, con compiacimento e ammirazione: *s. una nuova era*; *s. il sole che nasce*; *salutiamo in lui un nuovo poeta*. ***3*** (*lett.*) Proclamare, acclamare: *lo salutarono presidente dell'assemblea*; *fu salutato re*. **B** **v. rifl. rec.** ● Scambiarsi saluti nell'incontrarsi o nel separarsi: *salutarsi per strada, per telefono*; *salutarsi cordialmente, freddamente* | *Non salutarsi più*, avere rotto ogni rapporto.

salutatóre [vc. dotta, dal lat. *salutatōre(m)*, da *salutātus* 'salutato'] **s. m.** (f. *-trice*) ● (*raro*) Chi saluta | Chi si reca a rendere omaggio.

salutatòrio (**1**) [vc. dotta, dal lat. *salutatōriu(m)*, da *salutātus* 'salutato'] **agg.** ● (*raro*) Che si riferisce al saluto o al salutare.

†**salutatòrio** (**2**) [vc. dotta, dal lat. tardo *salutatōriu(m)* 'sala di ricevimento', nt. sost. dell'agg. precedente] **s. m.** ***1*** Sala di ricevimento o di udienza. ***2*** Luogo in cui il vescovo riceve i pellegrini.

salutazióne [vc. dotta, dal lat. *salutatiōne(m)*, da *salutātus* 'salutato'] **s. f.** ***1*** (*lett.*) Atto del salutare | *S. angelica*, parole rivolte dall'angelo a Maria nell'annunziazione. ***2*** Saluto.

salùte o †**salùta**, spec. nel sign. A 6 [lat. *salūte(m)* 'salute, salvezza', di origine indeur., da *sălvus* 'salvo'] **A** **s. f.** ***1*** Stato di benessere fisico e psichico dell'organismo umano derivante dal buon funzionamento di tutti gli organi e gli apparati: *s. fisica, mentale*; *avere, non avere, s.*; *essere in s.*; *essere pieno di s.*; *avere una s. di ferro*; *avere s. da vendere*; *crepare di s.*; *sembrare, essere il ritratto della s.*; *sprizzare, schizzare, s. da tutti i pori*; *conservarsi in s.*; *avere poca s.*; *guastarsi, rovinarsi, la s.*; *perdere, riacquistare, recuperare, la s.*; *rimetterci la s.*; *ridare la s.*; *quando c'è la s. c'è tutto*; *la s. è il bene più grande* | (*pop.*) *Pensare alla s.*, non occuparsi di una data faccenda, non intromettersi, lasciar correre | (*pop.*) *Gli puzza la s.*, di chi vuole mettersi nei guai, finire male; o (*est.*) di chi non apprezza a sufficienza ciò che ha, si lamenta a torto | *Bere, brindare* e sim. *alla s. di qc.*, in suo nome, in suo onore. ***2*** (*gener.*) Complesso delle condizioni fisiche in cui si trova, abitualmente o attualmente, un organismo umano: *chiedere notizie, informarsi, della s. di qc.*; *la sua s. migliora, peggiora*; *avere una s. cagionevole, vacillante, cattiva*; *godere buona, ottima, florida s.*; *star bene in s.*; *essere in buone, in cattive condizioni di s.*; *essere giù di s.*; *essere preoccupato per la s. di qc.*; *la sua s. ha molto sofferto del recente dispiacere*; *non ha più la s. di una volta*; *essere assente, andare in congedo, chiedere un permesso, dimettersi*, e sim. *per ragioni, motivi, di s.* ***3*** (*lett.*) Salvezza, salvamento: *la s. pubblica, della patria, del mondo, del genere umano*; *in forse è la civil s.* (PARINI) | *S. eterna*, la salvazione dell'anima, il Paradiso | *Ultima s.*, il supremo bene, la contemplazione di Dio | †*La nostra s.*, la redenzione, la nascita di Cristo, formula usata anticamente nelle date | †*Era della nostra s.*, quella che ha inizio dalla nascita di Gesù Cristo | (*raro, lett.*) Rifugio, scampo: *trovare s. da un pericolo*; *porto di s.* ***4*** In teologia, salvezza, effetto della salvezza. ***5*** (*est.*) Ciò che contribuisce a mantenere, o a rendere, buone le condizioni fisiche di un organismo: *il moto è tutta s.*; *l'aria del mare è tanta s.*; *quel viaggio fu la sua s.* | (*euf.*) *Casa di s.*, clinica psichiatrica, manicomio | (*lett.*) Ciò che è causa di bene, felicità; *quella donna è la sua dolce s.*; *la morte del lupo è la s. delle pecore*. ***6*** †Saluto: *inviare s.* | †*Rendere s.*, salutare | †*Darsi s.*, salutarsi. **B** in funzione di **inter.** ● Si usa come espressione augurale spec. nei brindisi o a chi starnuta oppure come formula di saluto confidenziale: *s. e figli maschi!*; *s.! dove vai?* | Esprime meraviglia: *s.! come ti tratti bene!*

salutévole o †**salutévile** [da *salute*] **agg.** ***1*** (*lett.*) Salutare, che apporta salute. ***2*** (*lett.*) Di saluto, che esprime un saluto: *un salutevol segno / mi fa il coro gentil che vi circonda* (CARDUCCI). ***3*** †Salubre. || †**salutevolménte**, **avv.** ***1*** Con salute, in modo salutare. ***2*** A salvamento, con salvezza: *giungere salutevolmente in porto*. ***3*** In vantaggio, in pro.

†**salutìfero** [vc. dotta, dal lat. *salutĭferu(m)*, comp. di *sālus*, genit. *salūtis* 'salute', e *-fĕr* '-fero'] **agg.** ● Che è vantaggioso per la salute fisica o morale | Che è portatore di salvezza. || †**salutiferaménte**, **avv.** Salutarmente.

salutìsmo [da *salute*] **s. m.** ● Concezione, comportamento di chi attribuisce importanza prioritaria all'osservanza delle norme igieniche e alla cura della salute fisica.

salutìssimo [da *saluto*, col suff. sup.] **s. m.** ● (*spec. al pl.*) Formula di saluto usata spec. in tono scherz. nelle clausole epistolari.

salutìsta [comp. di *salute* e *-ista*] **s. m. e f.** (**pl. m.** *-i*) ***1*** Chi ha troppe cure e preoccupazioni per la propria salute. ***2*** Chi appartiene all'esercito della salvezza.

salutìstico **agg.** (**pl. m.** *-ci*) ● Che riguarda il salutismo: *regole salutistiche* | Da salutista: *dieta salutistica*. || **salutisticaménte**, **avv.**

salùto [da *salutare* (*2*)] **s. m.** ***1*** Atto del salutare | Cenno, gesto, parole con cui si manifesta ad altri riverenza, rispetto, cordialità, simpatia, affetto, e sim. spec. durante incontri, visite, commiati, e sim.: *rivolgere, ricevere un s.*; *ricambiare il s.*; *rispondere al s.*; *fare un cenno di s.*; *levarsi il cappello in segno di s.*; *s. ossequioso, rispettoso, cordiale, gentile, affettuoso, freddo* | *Levare, togliere, il s. a qc.*, cessare di salutarlo per rancore, sdegno, disistima; (*est.*) troncare ogni rapporto con lui | *S. militare*, che si esegue portando la mano destra distesa alla visiera del berretto | *S. alla voce*, in marina, grido dell'equipaggio disposto in coperta, al passaggio di un'autorità cui esso spetta. ***2*** (*est.*) Breve discorso formale in occasione di assemblee, riunioni pubbliche e sim.: *rivolgere un s. agli intervenuti*; *porgere al direttore un s. a nome dei colleghi*. ***3*** Formula propria delle epistole latine classiche e medievali, contenente un augurio o una espressione di deferenza, posta nella parte iniziale. ***4*** (*spec. al pl.*) Formula di cortesia, spec. in clausole epistolari: *porta i miei saluti a tua madre*; *con i migliori saluti*; *distinti, cordiali, affettuosi, cari saluti*; *tanti saluti* | (*fam., iron.*) *Tanti saluti!*, invito a troncare un discorso e prendere bruscamente congedo da qc., e sim. || **salutìno**, **dim.** | **salutìssimo**, **sup.** (V.) | **salutóne**, **accr.**

sàlva o (*impr.*) **sàlve** (**2**) [dal fr. *salve*, dal lat. *sălve* 'salute'. V. *salve* (*1*)] **s. f.** ***1*** Sparo simultaneo di più armi da fuoco o pezzi di artiglieria, eseguito con cartucce e cariche speciali, prive di proiettile, in segno d'onore e di saluto o in occasione di feste e celebrazioni particolari | *Cartucce da s.*, per eseguire salve o per esercitazioni tattiche a fuoco simulato | *Colpi da s.*, o *a s.*, per le artiglierie | Tiro contemporaneo di più pezzi di artiglieria su uno stesso obiettivo. ***2*** (*fig.*) Manifestazione improvvisa, violenta e simultanea di q.c.: *una s. di applausi, di fischi*. ***3*** (*agr.*) Matricina, riserva. ***4*** †Assaggio di vivanda durante un pranzo per togliere ogni sospetto di veleno | †*Fare la s.*, assaggiare.

salvàbile **A** **agg.** ● Che si può salvare. **B** **s. m.** ● Solo nella loc. (*fam.*) *salvare il s.*, tutto ciò che si può salvare.

salvacondótto o †**salvocondótto** [calco dell'ant. fr. *saufconduit* 'scorta', con mutamento di senso] **s. m.** ***1*** Permesso scritto, rilasciato dall'autorità spec. militare competente, che autorizza a entrare e circolare in zone operative e militarizzate o in territori occupati. ***2*** Anticamente, documento rilasciato dall'autorità giudiziaria a persona imputata e latitante affinché possa presentarsi in giudizio senza tema di essere arrestata.

salvadanàio o **salvadanàro** [comp. di *salva(re)* e *danaio*, forma tosc. per *danaro* (V.)] **s. m.** ● Recipiente di metallo, terracotta e sim., munito di una fessura attraverso la quale si introducono i denari da conservare: *comprare il s.* | (*scherz., fig.*) †*Essere nel s.*, essere al sicuro | (*fig.*) *Bocca di s.*, sdentata.

†salvadóre ● V. *salvatore*.

salvadorégno o **salvadorègno** [sp. *salvadoreño*, da *Salvador*] **A** agg. ● Del Salvador, stato dell'America Centrale. **B** s. m. (f. *-a*) ● Abitante, nativo del Salvador.

salvafiàschi [comp. di *salva(re)* e il pl. di *fiasco*] s. m. ● Cesta a scomparti per il trasporto di fiaschi.

†salvagàbbia [comp. di *salva(re)* e *gabbia* 'vela'] s. m. ● Marinaio spaccone.

salvagènte [comp. di *salva(re)* e *gente*] **A** s. m. (pl. *salvagènti* o *salvagènte*, nel sign. A 1, inv. nel sign. A 2) **1** (*gener.*) Qualsiasi apparecchio in grado di mantenere a galla chi vi si appoggi o lo indossi | Cintura di salvataggio. **2** Isola spartitraffico. **B** agg. ● *Giubbotto s.*, specie di panciotto in tela o plastica, ripieno di sughero o materiale espanso, destinato a tenere a galla chi cade in acqua.

†salvàggio e *deriv.* ● V. *selvaggio* e *deriv.*

†salvagióne ● V. *salvazione*.

salvagócce [comp. di *salva(re)* e il pl. di *goccia*] s. m. inv. ● Speciale tappo o guarnizione che si applica alle bottiglie per evitare che ne colino gocce.

salvagónna o **salvagònna** [comp. di *salva(re)* e *gonna*] s. m. inv. ● Balayeuse.

salvaguardàre [calco del fr. *sauvegarder* 'proteggere'] **A** v. tr. ● Custodire, difendere, proteggere: *s. il proprio onore, i propri diritti*. **B** v. rifl. ● Difendersi, ripararsi: *salvaguardarsi da un pericolo*.

salvaguàrdia [calco del fr. *sauvegarde*, comp. di *sauve*, f. di *sauf*, dal lat. *sălvu(m)* 'salvo', e *garde* 'guardia'] s. f. **1** Custodia, difesa: *la s. della legge*; *a s. della libertà*. **2** Speciale protezione accordata in guerra a persone, cose o località che non devono essere coinvolte nelle operazioni belliche.

†salvamàno [comp. di *salva* e *mano*] vc. ● (*raro*) Solo nella loc. avv. *a s.*, a man salva.

salvaménto [vc. dotta, dal lat. tardo (eccl.) *salvamĕntu(m)*, da *salvāre*] s. m. **1** Atto, effetto del salvare o del salvarsi: *condurre, portare, a s.* | †*A s.*, senza danno, sano e salvo. **2** (*raro*) Salvataggio: *battello di s.* | (*ferr.*) *Binario di s.*, in contropendenza rispetto alla linea in forte discesa, destinato a ricoverare il treno discendente che ha acquistato velocità eccessiva assicurandone l'arresto.

salvamotóre [comp. di *salva(re)* e *motore*] s. m. ● (*mecc.*) Dispositivo, costituito da un interruttore automatico o da un fusibile, avente la funzione di proteggere i motori elettrici da forti variazioni di tensione o di carico.

salvamùro [comp. di *salva(re)* e *muro*] s. m. inv. ● Battiscopa.

†salvànza [da *salvo*] s. f. ● Salvezza, salvamento.

salvapùnte [comp. di *salva(re)* e il pl. di *punta*] s. m. inv. **1** Piccolo cappuccio che copre, ripara, la punta di matite, penne, e sim. **2** Mezzaluna metallica inchiodata a protezione sotto la punta della scarpa.

salvàre [lat. tardo *salvāre*, da *sălvus*. V. *salvo*] **A** v. tr. **1** Trarre fuori da un pericolo, rendere salvo: *s. un naufrago, un ferito, un malato grave*; *s. le proprie sostanze*; *s. qc. dal fallimento, da un insuccesso*; *s. una casa dalle fiamme* | Sottrarre alla morte: *s. la vita*, (*pop.*) *la pelle, a qc.*; *s. un innocente dalla condanna*; *salvò la donna in procinto di annegare*; *i medici disperano di poterlo s.* **2** Custodire, preservare, difendere da pericoli, minacce, e sim.: *la naftalina salva la lana dalle tarme*; *s. il proprio nome, l'onore, la reputazione* | *S. le apparenze*, (*pop.*) *la faccia*, riuscire a far apparire meno grave del reale un insuccesso, un fallimento, un'azione non buona, e sim. allo scopo di non perdere il rispetto e la considerazione della gente | *S. la porta, la propria rete* e sim., nel calcio, evitare un goal, da parte del portiere, in una situazione di particolare difficoltà | (*elab.*) Effettuare la copia di programmi e dati su memorie di massa. **3** (*dial.*) Conservare, serbare: *s. frutta per l'inverno*. **B** v. rifl. **1** Sottrarsi a un grave pericolo, spec. mortale: *salvarsi in un incidente*; *salvarsi dalla morte, dalla rovina*; *si salvò a stento*; *si salvò a nuoto*; *fece appena in tempo a salvarsi* | *Si salvi chi può!*, grido d'allarme rivolto, in caso di grave pericolo, da chi ha la responsabilità della vita di molte persone alle persone stesse affinché ognuna di esse pensi a salvarsi coi propri mezzi | *Salvarsi in extremis, per il rotto della cuffia*, e sim., riuscire a evitare un pericolo proprio all'ultimo momento, spec. nel linguaggio scolastico con riferimento a eventuali bocciature | *Salvarsi in corner, in tuffo* e sim., nel calcio, detto di un difensore o del portiere che evita un goal inviando la palla oltre il fondo, afferrandola in tuffo e sim. **2** Trovare scampo, rifugio: *durante la guerra si salvò sulle montagne*. **3** Difendersi, proteggersi: *salvarsi dalla maldicenza, dalle critiche degli altri*. **4** Acquistarsi la salvezza, in senso religioso, accettando una rivelazione e una fede.

†salvaròba [comp. di *salva(re)* e *roba*] s. m. ● Guardaroba.

salvastrèlla o (*dial.*) **salbastrèlla**, **†selbastrèlla**, **selvastrèlla**, **†serbastrèlla** [dall'agg. lat. *silvĕstre(m)* 'selvatico' con suff. dim. V. *silvestre*] s. f. ● (*bot.*) Sanguisorba.

salvatàcco [comp. di *salva(re)* e *tacco*] s. m. (pl. *-chi*) ● Pezzetto di gomma o sim. che si applica al tacco di una scarpa per non farlo consumare.

salvatàggio [dal fr. *sauvetage*, da *sauver* 'salvare', dal lat. *salvāre*] s. m. **1** Insieme di operazioni aventi lo scopo di salvare persone o cose in grave pericolo, spec. naufraghi, navi in procinto di affondare, aerei in procinto di precipitare, e sim.: *fare, compiere, operare, un s.*; *tentare un s.*; *lancia, scialuppa, cintura di s.*; *operazioni di s.*; *il s. è riuscito, è fallito*. **2** (*fig.*) Aiuto dato a persone, società, e sim., per salvarle da una situazione particolarmente grave: *il s. di una banca*. **3** (*elab.*) Effettuazione della copia di programmi e dati su memorie di massa. **4** (*sport*) Nel calcio, azione del portiere che para il pallone in una situazione difficoltosa.

salvàtico e *deriv.* ● V. *selvatico* e *deriv.*

salvàto part. pass. di *salvare* ● Nei sign. del v.

salvatóre o **†salvadóre** [lat. tardo (eccl.) *salvatōre(m)*, da *salvātus* 'salvato'] **A** s. m. (f. *-trice*) ● Chi salva: *ringraziare il proprio s.*; *il s. della patria* | *Il Salvatore*, (*per anton.*) Gesù Cristo. **B** agg. ● (*lett.*) Che dà la salvezza spirituale: *rimorso s.*; *fede salvatrice*.

salvatùtto [comp. dell'imperat. di *salvare* e *tutto*] agg. inv. ● Che si dimostra essenziale per risolvere una questione, una situazione: *espediente s.*

salvavita® [comp. di *salva(re)* e *vita*] agg. e s. m. inv. ● Nome commerciale di apparecchiatura da applicare agli impianti elettrici come sistema di sicurezza.

salvazióne o **†salvagióne** [vc. dotta, dal lat. tardo (eccl.) *salvatiōne(m)*, da *salvātus* 'salvato'] s. f. ● Atto, effetto del salvare o del salvarsi, in senso spirituale: *la s. dell'anima*; *la s. eterna*; *la via della s.* | *Luogo di s.*, il Purgatorio o il Paradiso | Nel Cristianesimo, liberazione del genere umano dal peccato originale e riconciliazione di esso con Dio, operate attraverso il sacrificio di Gesù Cristo e realizzate in ogni credente attraverso il battesimo.

sàlve (1) [imperat. pres., sing., del v. lat. *salvēre* 'star bene, star sano', da *sălvus* 'sano, salvo'] inter. ● (*lett., fam.*) Si usa come espressione di saluto augurale: *s.!, come va?*; *s.! ci rivedremo presto!*; *s., Umbria verde* (CARDUCCI). SIN. Salute.

sàlve (2) ● V. *salva*.

Sàlve regìna o **Salveregìna** [vc. lat., proprio 'salve, o Regina'. V. *salve (1)*] s. f., o raro m. (pl. *salveregìna* o *salveregìne*) ● Orazione a Maria Vergine che si recita alla fine o al principio del rosario.

salvézza [da *salvo*] s. f. **1** Qualità, condizione, di chi, di ciò che, è salvo: *pensare alla propria s.*; *c'è ancora una possibilità, una via, di s.*; *non c'è più speranza di s.* **2** (*est.*) Chi, ciò che ha salvato o può salvare: *sei stato la mia s.*; *quella testimonianza fu la nostra s.* | *Ancora di s.*, (*fig.*) ultima speranza, rimedio estremo | *Partita della s.*, nel calcio e in altri sport di squadra con campionati con classifica a punti, incontro decisivo per la permanenza nella serie di appartenenza evitando la retrocessione. **3** (*lett.*) Salvazione.

sàlvia [lat. *sălvia(m)*, da *sălvus* 'salvo', per le sue qualità benefiche] s. f. **1** Suffrutice medicinale delle Labiate, con fusto quadrangolare, foglie picciolate e rugose coperte di peluria grigia, fortemente odorose, e infiorescenze di fiori violacei (*Salvia officinalis*) | *S. dei prati*, labiata perenne comune nei prati con foglie a margine crenato (*Salvia pratensis*) | *S. splendida*, coltivata per ornamento (*Salvia splendens*). **2** (*est.*) Foglie secche della pianta omonima, usate come condimento.

salviétta [dal fr. *serviette*, da *servir* 'servire', dal lat. *servīre*] s. f. **1** Tovagliolo, spec. di carta. **2** (*dial.*) Asciugamano. || **salviettina**, dim.

†salvificànte [vc. dotta, dal lat. tardo (eccl.) *salvificānte(m)*, part. pres. di *salvificāre*, comp. di *sălvus* 'salvo' e *-ficāre*] agg. ● (*lett.*) Che rende possibile la salvazione e la salvezza: *la grazia s., o vogliam dir beatificante* (BOCCACCIO).

salvìfico [vc. dotta, dal lat. tardo (eccl.) *salvĭficu(m)*, comp. di *sălvus* 'salvo' e *-fĭcus* '-fico'] agg. (pl. m. *-ci*) ● Che offre la salvazione e la salvezza: *verbo s.*

†salvìgia [da *salvo*] s. f. ● (*raro*) Salvezza, immunità.

salvìnia [dal n. di A. M. *Salvini* (1653-1729), linguista fiorentino] s. f. ● (*bot.*) Erba pesce.

sàlvo [lat. *sălvu(m)* 'incolume, intatto', vc. indeur. di carattere religioso e sacrale] **A** agg. **1** Che è scampato a un pericolo, anche grave, senza riportarne alcun danno: *uscire s. da un'impresa*; *arrivare sano e s.*; *eccoti qua sano e s.*; *è s. per miracolo*; *la barca è uscita salva dalla tempesta*; *le bottiglie sono arrivate sane e salve*; *l'onore è s.*; *il nostro buon nome è s.* | Fuori pericolo: *i dottori dicono che è s.*; *grazie a Dio siamo salvi!*; *ormai si può dire s.* | Libero dall'inferno, non dannato: *preghiamo perché la sua anima sia salva* | *Avere salva la vita*, non venire ucciso; *promettere, lasciare, salva la vita a qc.* | *Rubare a man salva*, a più non posso e (*raro*) senza impedimento, senza resistenza. **2** †Sicuro: *luogo s.* | †*Per s. modo*, con mezzi sicuri, con sicurezza. || **salvaménte**, avv. Con salvezza, senza danno. **B** s. m. **1** Nella loc. *in s.*, al sicuro, lontano da ogni pericolo: *mettere, mettersi, in s.*; *portare, condurre, in s.*; (*dial.*) in serbo: *mettere, tenere, avere q.c. in s.* **2** †Riserva pattuita: *i patti e salvi furon questi* (VILLANI). **C** prep. ● Eccetto, all'infuori di: *il negozio è aperto tutti i giorni s. la domenica*; *s. errori, ho liquidato tutti* | *S. il vero*, se non sbaglio | *S. il caso che*, tranne che | *S. errore od omissione*, clausola conclusiva nelle fatture o nei conti quale riserva per errori che possono essere stati commessi negli stessi | *S. buon fine*, clausola limitativa del rischio della banca nell'operazione di incasso di effetti o assegni con accreditamento immediato, indicante che l'effetto verrà riaddebitato al cliente in caso di mancato buon fine. **D** nelle loc. cong. s. che, raro s. se ● A meno che, eccetto il caso che (introduce una prop. eccettuativa esplicita con il v. all'indic. o al congv., implicita con il v. all'inf.): *tollera tutto s. che si rida di lui*; *verrò presto, s. se capitasse un contrattempo*.

†salvocondótto ● V. *salvacondotto*.

sàmara [vc. dotta, dal lat. *sămara(m)*, *sămera(m)*, di origine celtica (?)] s. f. ● (*bot.*) Frutto secco indeiscente con un solo seme all'interno, il cui pericarpo forma un'ala membranosa che facilita la disseminazione.

samarìdio [da *samara*] s. m. ● (*bot.*) Disamara.

samàrio [tratto da *samarskite*, minerale così detto in onore del mineralogista russo V. E. *Samarskij* (sec. XIX)] s. m. ● (*chim.*) Elemento chimico dotato di debole radioattività. SIMB. Sm.

samaritàno [dal lat. tardo (eccl.) *Samaritānu(m)*, da *Samarīa*, dall'aramaico *Šāmĕrāyin*] **A** agg. ● Che si riferisce a Samaria, antica città della Palestina, e all'omonima regione. **B** s. m. (f. *-a*) **1** Abitante, nativo di Samaria o della Samaria. **2** Appartenente alla setta giudaica, abitante la Samaria, che accettò soltanto il Pentateuco, respingendo gli altri libri biblici e la legge orale | *Il buon s.*, secondo il Vangelo, quello che soccorse un giudeo ferito sebbene questi appartenesse a un popolo nemico | (*est.*) Persona buona e caritatevole. **C** s. m. solo sing. ● Lingua della famiglia semitica, parlata in Samaria.

sàmba [dal port. *samba* 'ballo', di origine brasiliana] s. m. o f. (pl. m. inv.; pl. f. raro *-e*) ● (*mus.*) Danza popolare brasiliana caratterizzata da un ritmo sincopato più o meno veloce, poi esportata e diffusa come forma di ballo da sala.

sambabilino • V. *sanbabilino*.

sambernàrdo • V. *sanbernardo*.

sambista [vc. port., da *samba*] s. m. e f. (pl. m. *-i*) • Chi balla, compone o canta sambe.

†**sàmbra** • V. *†zambra*.

sambùca (1) [lat. *sambūca(m)*, prestito dal gr. *sambýkē*, di origine orient.] s. f. *1* Antico strumento musicale a corde di forma triangolare | Nel Medioevo, nome di vari strumenti a fiato. *2* (*lett.*) Zampogna: *ode la sera il suon de la s.* (ARIOSTO). *3* Antica macchina da guerra per dare la scalata alle mura.

sambùca (2) [da *sambuco* (*1*)] s. f. • Liquore simile all'anisetta, tipico del Lazio. || **sambuchìna**, dim.

†**sambucàto** [da *sambuco* (*1*)] agg. • Mescolato con fiori di sambuco.

†**sambùcina** [vc. dotta, dal lat. *sambūcina(m)*, da *sambūca* 'sambuca (1)'] s. f. • Donna che nei conviti accompagnava il suo canto con la sambuca.

sambùco (1) [lat. *sambūcu(m)*, *sabūcu(m)*, di etim. incerta] s. m. (pl. *-chi*) • Alberetto delle Caprifoliacee con fusto ricco di midollo, foglie imparipennate, grandi infiorescenze bianchicce e odorose da cui deriva una infiorescenza di piccole bacche nere (*Sambucus nigra*). || **sambuchìno**, dim.

sambùco (2) o †**zambùco** [dall'ar. *sambuq*, forse dall'indiano *sambu*, *zambu*] s. m. (pl. *-chi*) • Barca attrezzata con vele latine, usata nel Mar Rosso.

†**sàmeto** • V. *sciamito*.

samizdat /*russo* samiz'dat/ [vc. russa, propr. 'autoedizione', comp. di *sam* 'se stesso' e *izdat*, abbreviazione delle parole che significano 'editore' e 'edizione'] s. m. inv. • Pubblicazione clandestina di opere di autori dissidenti dal regime nell'Unione Sovietica a partire dagli anni '60.

sammarinése A agg. • Di San Marino. B s. m. e f. • Abitante, nativo di San Marino.

samoàno A agg. • Che si riferisce alle isole Samoa. B s. m. (f. *-a*) • Abitante delle isole Samoa, appartenenti al gruppo polinesiano. C s. m. solo sing. • Lingua del gruppo maleo-polinesiaco, parlata nelle isole Samoa.

samoièdo [dal russo *sámojed*, forse di origine lappone] A s. m. (f. *-a*) *1* Ogni appartenente a un popolo della famiglia uralo-altaica, con forte influenza mongolica, stanziato nelle steppe che costeggiano l'Oceano glaciale artico. *2* Razza nordica di cani di grande mole, usati spec. per trainare slitte. B agg. • Dei, relativo ai, Samoiedi. C s. m.; anche agg. • Gruppo di lingue o dialetti appartenente alla famiglia uralica.

samovàr [vc. russa, comp. di *sam(o)-* 'se stesso' e *var* 'acqua bollente', da *varit* 'bollire', cioè 'acqua che bolle da sé'] s. m. inv. • Recipiente di rame o d'argento, a forma di vaso, usato per ottenere e conservare l'acqua bollente spec. per la preparazione del tè, tipico della Russia e di altri paesi dell'Europa Orientale.

sampàn o **sampàng** [dal cin. *san* 'tre' e *pan* 'bordo', attraverso il fr. e ingl. *sampan*] s. m. inv. • Imbarcazione fluviale con piccola vela a stuoie di canna e con remo che funge anche da timone, usata in Estremo Oriente anche per abitazione.

sampdoriàno [dalla squadra di calcio *Sampdoria*, nata dalla fusione delle società sportive *Samp(ierdarenese)* e *Doria*] s. m.; anche agg. • Tifoso della squadra di calcio della Sampdoria.

sampièro • V. *sampietro*.

sampietrìno o **sanpietrìno** s. m. *1* A Roma, operaio addetto alla manutenzione o all'addobbo della basilica di S. Pietro. *2* Moneta d'argento romana del Senato coniata nel XIII sec. | Moneta papale di rame coniata alla fine del XVIII sec. *3* Pietra usata per la pavimentazione di molte strade di Roma e di piazza San Pietro.

sampiètro o **sampièro**, **sanpiètro** [da *San Pietro*, apostolo e pescatore] s. m. • (*zool.*) Pesce San Pietro.

sampógna • V. *zampogna*.

samùm • V. *simun*.

samurài [attraverso l'ingl., dal giapp. *samurai*, da *samurau* 'essere al servizio di un signore'] s. m. • Nobile giapponese di una particolare casta che poteva esercitare solo le armi e gli uffici pubblici.

san agg. • Forma tronca di 'santo'.

sanàbile [vc. dotta, dal lat. *sanābile(m)*, da *sanāre*] agg. *1* Che si può sanare: *ferita s.* *2* (*dir.*) Che può essere corretto o reso valido: *negozio giuridico s.* || **sanabilménte**, avv.

sanabilità s. f. • Qualità di ciò che è sanabile.

sanàle • V. *sagginale*.

sanaménto s. m. • (*raro*) Atto, effetto del sanare | Guarigione.

sanàre [lat. *sanāre*, da *sānus* 'sano' (V.)] A v. tr. *1* Rendere sano, risanare, guarire (*anche fig.*): *s. un ammalato, una piaga, una ferita, una lesione*; *s. gli infermi*; *il tempo sanerà il suo dolore.* *2* (*est.*) Correggere una situazione particolarmente difficile riportandola alla normalità: *s. una piaga sociale, un bilancio, un passivo* | (*dir.*) *S. un atto processuale*, renderlo valido ed efficace. *3* Bonificare: *s. un terreno.* *4* †Castrare. B v. intr. pron. e †intr. • Guarire (*spec. fig.*): *la sua disperazione non sarà facile a sanarsi.*

sanatìvo [vc. dotta, dal lat. tardo (eccl.) *sanatīvu(m)*, da *sanātus* 'sanato (1)' (V.)] agg. • (*raro*) Atto a sanare, che ha virtù di sanare.

sanàto (1) part. pass. di *sanare*; anche agg. • Nei sign. del v.

†**sanàto** (2) • V. *senato* (*1*).

sanàto (3) [part. pass. di *sanare* nel sign. A 4] s. m. • (*sett.*) Vitello macellato ancora lattante.

sanatóre [vc. dotta, dal lat. tardo (eccl.) *sanatōre(m)*, da *sanātus* 'sanato'] s. m.; anche agg. (f. *-trice*) • (*raro*) Chi, che sana.

sanatòria [ellissi di *sentenza sanatoria*] s. f. • (*dir.*) Eliminazione, nei modi indicati dalla legge, della causa di invalidità di un atto giuridico o di un provvedimento amministrativo.

sanatoriàle [da *sanatorio*] agg. • Di sanatorio: *cura s.*

sanatòrio [vc. dotta, lat. tardo (eccl.) *sanatōriu(m)*, da *sanātus* 'sanato'] A agg. • (*dir.*) Di atto o fatto diretto a sanare l'invalidità o irregolarità di un precedente atto. B s. m. • Edificio che ospita gli ammalati di forme tubercolari: *i corridoi oscuri del s.* (MORAVIA) | *S. climatico*, luogo di ricovero e di cura di malati di tubercolosi, posto in particolari condizioni di clima, favorevoli alla guarigione della malattia.

sanazióne [vc. dotta, dal lat. *sanatiōne(m)*, da *sanātus* 'sanato'] s. f. *1* †Guarigione. *2* Nel diritto canonico, legittimazione di un matrimonio invalido per impedimenti.

sanbabilìno o **sambabilìno** [da (piazza) *San Babila*, luogo d'incontro nel centro storico di Milano] A agg. • Relativo a piazza San Babila: *gioventù sanbabilina.* B s. m. (f. *-a*) • Giovane della borghesia milanese che frequenta gli ambienti di piazza San Babila professando idee neofasciste e praticando atti di violenza teppistica verso i propri avversari politici.

sanbernàrdo /samber'nardo/ o **San Bernàrdo** /'sam 'bernardo /, **sambernàrdo** [dall'ospizio del Gran *San Bernardo*, dove i monaci ne curavano l'addestramento al salvataggio dei viaggiatori sperduti nella neve] s. m. (pl. *sanbernàrdi* o *sambernàrdi*) • Razza di cani da soccorso molto grossi, con pelo lungo o corto, testa grossa e mantello bianco a chiazze marroni.

sancìre [vc. dotta, dal lat. *sancīre* 'sancire, statuire', della stessa radice di *sacro* e *santo* (V.)] v. tr. (*io sancisco, tu sancisci*) *1* Imporre d'autorità, da parte della legge, un dato comportamento ai destinatari della stessa minacciando l'irrogazione di una sanzione agli inadempienti. SIN. Sanzionare, statuire. *2* (*est.*) Dare carattere stabile e decisivo: *s. un diritto con l'uso.* *3* (*raro*) †Affermare asseverando.

sancta sanctorum /*lat.* 'sankta sank'tɔrum/ [loc. lat., trad. del gr. *tá hágia tōn hagíōn* 'le parti sante fra le sante'] loc. sost. m. inv. *1* La parte più interna del tempio di Gerusalemme, accessibile soltanto al sommo sacerdote | (*est.*) Parte intima o sacello di un tempio o di un luogo cultuale di qualsiasi religione | Tabernacolo sull'altare dove si conserva il SS. Sacramento. *2* (*fig.*) Luogo riservato e accessibile a pochi (*anche scherz.*).

sanctificetur /*lat.* sanktifi'tʃetur/ o **santificètur**, spec. nel sign. B [vc. lat., propriamente 'sia santificato', cong. passivo di *sanctificāre* 'santificare' (V.)] A s. m. inv. • Espressione della formula latina del Pater Noster. B s. m., raro f., inv. • (*iron.*, *scherz.*) Persona ipocrita e bigotta che ostenta devozione.

sanctus /*lat.* 'sanktus/ [lat. *sănctus* 'santo'. V. *santo*] s. m. inv. • Espressione di glorificazione di Dio ripetuta tre volte durante la Messa e (*est.*) la parte della Messa comprendente tale espressione, sostituita da 'Santo' dopo il Concilio Ecumenico Vaticano Secondo.

sanculòttidi [da *sanculotto*] s. m. pl. • Nel calendario repubblicano francese, giorni complementari che si aggiungevano alla fine dell'anno in numero di cinque o sei negli anni bisestili.

sanculòtto [dal fr. *sans-culottes* 'senza calzoni (corti)', da *cul* 'culo'] A s. m. (f. *-a*) *1* Durante la Rivoluzione Francese, nome con cui gli aristocratici designavano i rivoluzionari, a causa della loro adozione dei pantaloni lunghi in luogo di quelli corti. *2* (*est.*) Rivoluzionario estremista. B in funzione di agg. • (posposto al s.) *La canaglia sanculotta* (CARDUCCI).

sandalifìcio [comp. di *sandalo* (*2*) e *-ficio*] s. m. • Fabbrica di sandali.

sandalìno • V. *sandolino*.

sàndalo (1) [dall'ar. *sandal*, di origine orient.] s. m. • Albero indomalese delle Santalacee da cui si ricava un olio etereo di gradevole odore (*Santalum album*) | *Essenza di s.*, usata come antisettico e in profumeria | Leguminosa dell'India e delle Filippine di cui si usa il legno per oggetti ornamentali (*Pterocarpus santalinus*).

sàndalo (2) [dal gr. *sándalon* 'sandalo con legacci di cuoio', di origine iran. (?)] s. m. *1* Calzatura estiva composta di una suola e tomaia a strisce di cuoio o stoffa | *Sandali alla schiava*, legati al piede da lacci che salgono oltre la caviglia. *2* Calzare usato dal papa e da alcuni prelati in funzioni pontificali | Calzare proprio dei membri di alcuni ordini religiosi mendicanti. || **sandalétto**, dim. | **sandalìno**, dim.

sàndalo (3) o **sàndolo** [dal lat. *sandăliu(m)* 'sandalo', dal precedente; così detto per la forma piatta] s. m. • (*mar.*) Barca a fondo piatto in uso nella laguna veneta per trasportare merci | Barca a sponde basse per la caccia alla spingarda.

†**sanderàca** • V. *sandracca*.

sàndhi /*sans.* 'sandhi/ [vc. sans., propr. 'legamento'] s. m. inv. • (*ling.*) Mutamento fonetico che si produce nell'incontro fra due fonemi contigui nella catena parlata.

sandinìsta [dal n. del generale A. César *Sandino*, ucciso nel 1934] A s. m. e f. (pl. m. *-i*) • Appartenente al movimento rivoluzionario che ha governato il Nicaragua dal 1979 al 1990. B anche agg.: *esercito s.*

sandolìno o (*raro*) **sandalìno** [da *sandalo* (*3*)] s. m. • (*mar.*) Imbarcazione a fondo piatto con poppa e prua aguzze, con remo a pala doppia, per un solo vogatore.

sandolìsta [da *sandol(ino)*] s. m. • Chi conduce un sandolino.

sàndolo • V. *sandalo* (*3*).

sandràcca o †**sanderàca**, †**sandràca** [lat. *sandăraca(m)*, dal gr. *sandarákē*, di origine assira] s. f. • Resina estratta da un albero delle Conifere del genere Callitris.

sandwich /'sendwitʃ, *ingl.* 'sænwidʒ, 'sænwitʃ/ [vc. ingl., dal n. di John Montague conte di *Sandwich*, il cui cuoco inventò questo modo di cibarsi per risparmiargli di abbandonare il tavolo da gioco] A s. m. inv. (pl. ingl. *sandwiches*) • Panino imbottito, tramezzino: *un s. al prosciutto.* B in funzione di agg. inv. • (posposto al s.) Nella loc. *uomo s.*, pagato per portare in giro due cartelloni pubblicitari, uno appeso al petto e l'altro alle spalle | *Strutture s.*, nelle costruzioni meccaniche, spec. aeronautiche, strutture costituite da elementi resistenti esterni di piccolo spessore, collegati fra loro da un riempimento interno.

sanése A agg.; anche s. m. e f. • †V. *senese*. B s. m. • Moneta d'oro di Siena coniata nel XIV sec.

sanfasòn • V. *sans façon*.

sanfedìsmo [comp. di *San(ta) Fed(e)* e *-ismo*] s. m. *1* Attività delle bande armate di contadini nell'Italia meridionale, organizzate per la prima volta dal cardinale Ruffo, nell'Esercito della Santa Fede, alla fine del XVIII sec., per combattere la

Repubblica partenopea | Attività di numerose sette reazionarie, attive nello Stato pontificio, dopo la Restaurazione. *2* (*est.*) Atteggiamento politico reazionario e clericale.

sanfedista s. m. e f. (pl. m. *-i*) *1* Seguace, sostenitore del sanfedismo. *2* (*est.*) Reazionario e clericale.

sanforizzàre [adatt. dell'ingl.-amer. *sanforize*, deriv. dal n. dell'americano *Sanford* L. Cluett, inventore del processo] v. tr. ● Sottoporre i tessuti di cotone al processo di sanforizzazione.

sanforizzazióne [da *sanforizzare*] s. f. ● Trattamento per rendere irrestringibili i tessuti di cotone.

sangàllo [dal n. della città svizzera di *San Gallo* (ted. *Sankt Gallen*)] s. m. ● Varietà di pizzo o di tessuto a pizzo per abiti da sera, camicette, e sim.

sangiaccàto [da *sangiacco*] s. m. ● Circoscrizione delle province nell'impero ottomano.

sangiàcco [dal turco *sancak* (pronunciato *sangiak*) 'bandiera, governo'] s. m. (pl. *-chi*) *1* Chi governa nel sangiaccato. *2* †Sangiaccato.

sangiovése [abbrev. di *sangiovannese* 'abitante di S. Giovanni Valdarno' (?)] s. m. ● Vino da pasto, prodotto con uva del vitigno omonimo, di color rosso carico, con sapore lievemente amarognolo: *s. romagnolo, d'Elba.*

sangrìa /*sp.* san'gria/ [sp. *sangría* 'salasso', da *sangre* 'sangue'] s. f. inv. ● Bibita rinfrescante composta di acqua, vino spec. rosso, zucchero e limone, servita ghiacciata, talvolta con frutta in infusione.

sàngue [lat. *sănguе(n)* (nom.), di etim. incerta] **A** s. m. (oggi dif. del pl.) *1* Liquido circolante nel sistema artero-venoso dei Vertebrati costituito da una parte liquida detta plasma e da elementi corpuscolati rappresentati da globuli rossi, globuli bianchi e piastrine: *animali a s. caldo, a s. freddo*; *fare l'esame del s.*; *trasfusione di s.*; *datore, donatore, di s.*; *goccia di s.*; *s. vivo, nero, rosso*; *s. blu*; *s. raggrumato*; *fare, gettare, sputare s.*; *uscire il s. dal naso, dai denti*; *filare s.*; *fermare, arrestare, il s.*; *essere grondante di s.*; *essere macchiato di s.*; *essere rosso come il s.* | *Faccia, viso, latte e s.*, bianco e rosso, pieno di salute | *Bistecca al s.*, poco cotta, ancora un po' sanguinante | Effusione di sangue: *macchie, tracce, di s.*; *lago, pozza di s.* | *Battere, percuotere, picchiare, qc. a s.*, con tanta violenza da farlo sanguinare | *Duello all'ultimo s.*, fino alla morte dell'avversario | (*est.*) Ferimento, omicidio, morte, e sim.: *scorrerà presto il s.*; *quanto s. si è versato!*; *c'è stato spargimento di s.* | *Spargere s.*, commettere stragi, delitti | *Con, senza, spargimento di s.*, in modo cruento, in modo incruento | *Fatto di s.*, delitto, strage | (*lett.*) *Uomo di s.*, violento, sanguinario | *Avere sete, essere assetato, di s.*, essere spinto a uccidere dalla vendetta o dalla follia | *Avere orrore del s., aborrire il s.*, detestare ogni forma di violenza | *Notte, giorno*, e sim. *di s.*, in cui si compiono delitti, uccisioni | *Pagare q.c. col s.*, rimetterci la vita | *Pagare un tributo di s. per una causa, un ideale*, e sim., sacrificare ad essi molte vite umane | *Dare, versare, il proprio s. per la patria, un ideale*, e sim., morire per essi | *Offesa che va lavata col s.*, che va vendicata con la morte dell'offensore | *Soffocare una rivolta nel s.*, domarla con uccisioni, stragi, violenze | (*lett.*) *Essere scritto a caratteri di s.*, di grandi avvenimenti storici, politici, e sim. la cui realizzazione è costata la vita di molte persone | (*bot.*) *S. di drago*, resina estratta dai frutti della palma *Calamus draco* e dalla corteccia della liliacea *Dracaena draco*. ➡ ILL. p. 363 ANATOMIA UMANA. *2* (*fig.*) Spirito, forza, vigore, vitalità | *Non avere più s. addosso, non avere più una goccia di s. nelle vene*, sentirsi mancare le forze | *Sudare s.*, durare grande fatica | *Costare s.*, costare grande fatica, grandi sacrifici. *3* (*fig.*) Stato d'animo, sentimento, cuore | *Guastarsi il, farsi s. cattivo*, irritarsi, arrabbiarsi, rodersi l'animo | *Non esserci, non correre, buon s.*, non esserci simpatia, cordialità, e sim. | *Sentirsi rimescolare, ribollire, il s.*, provare ira, sdegno, violenta indignazione | *Sentirsi gelare, agghiacciare, il s.*, provare un improvviso spavento, terrore, e sim. | *Andare, montare, il s. alla testa, accendersi il s.*, essere preso da violenta collera, ira, rabbia | *Piangere lacrime di s.*, cocenti di amaro pentimento | *Il s. gli fece un tuffo*, per esprimere la repentinità e la violenza di un'emozione | *Non avere s. nelle vene*, essere insensibile, gelido | †*Avere qc. a s.*, provare affetto per lui | †*S. nero*, odio mortale | Indole, carattere | *Avere q.c. nel s.*, sentirsene fortemente attratti, avere un'innata disposizione per essa | †*Andare a s.*, andare a genio | *Avere il s. bollente, il s. caldo*, essere facile preda dell'entusiasmo, dell'ira, delle passioni | *S. freddo*, calma e ponderazione, perfetta padronanza dei propri nervi: *conservare, non perdere, il proprio s. freddo*; *mostrare un ammirevole s. freddo* | *A s. caldo*, nel pieno dell'entusiasmo, dell'ira, della passione | *A s. freddo*, posatamente, con piena consapevolezza, con assoluta padronanza di sé: *uccidere qc. a s. freddo* | *Calma e s. freddo!*, invito alla riflessione e alla calma rivolto a chi si lascia prendere dall'impazienza o dall'agitazione. *4* (*fig.*) Famiglia, parentela, discendenza, stirpe: *vincoli del s.*; *legami di s.*; *nobiltà, gentilezza, di s.*; *essere di s. nobile, popolano* | *Avere lo stesso s., essere dello stesso s.*, appartenere alla stessa famiglia | *Quelli del proprio s.*, i propri parenti | *S. del proprio s.*, il figlio, i figli | *La voce del s.*, l'istinto naturale che porta a riconoscere e ad amare i propri parenti | *Buon s. non mente*, quando in una persona, spec. giovane, si manifestano attitudini ritenute ereditarie | *Principe di s. reale, principe del s.*, discendente di una famiglia reale | (*est.*) Razza: *il vostro è un bel s.*; *cavallo puro s.* | (*lett.*) Nazione: *Latin s. gentile* (PETRARCA). *5* (*zoot.*) Insieme dei caratteri ereditari insiti in una razza | *Puro s.*, animale di razza pura | *Mezzo s.*, meticcio in prima generazione. *6* (*fig.*) Tutto ciò che si possiede, denaro, lavoro, e sim.: *succhiare il s. altrui*; *queste tasse ci prendono tutto il s.*; *strozzino arricchito col s. dei poveri* | *Cavata di s.*, spesa, sborso, spec. eccessivi. *7* Nelle loc. inter. euf. che esprimono imprecazione, minaccia, disappunto, e sim.: *s. di Bacco!*; *s. d'un cane!*; *s. di Giuda!* *8* (*al pl.*) †Mestrui. || **sanguàccio**, pegg. **B** in funzione di agg. inv. ● (posposto a un s.) Che ha il colore rosso vivo e intenso caratteristico del liquido omonimo: *rosso s.*; *un tramonto color s.*

sanguemìsto o **sàngue misto** [comp. di *sangue* e *misto*] s. m. e raro f. (pl. m. *sanguemìsti*) ● Nella genetica umana, meticcio | Nella genetica animale, ibrido, incrocio.

sanguétta [da *sangue*] s. f. ● (*pop.*) Sanguisuga.

sanguìfero [comp. di *sangue* e *-fero*] agg. ● Che porta, produce sangue.

sanguificàre [comp. di *sangue* e *-ficare*] **A** v. tr. e intr. (*io sanguìfico, tu sanguìfichi*; aus. *avere*) ● Produrre sangue. **B** v. intr. pron. ● Trasformarsi in sangue.

sanguificatóre agg.; anche s. m. (f. *-trice*) ● Che, ciò che sanguifica.

sanguificazióne [da *sanguificare*] s. f. ● Produzione di sangue.

sanguìgna o (*raro*) **sanguìna** [f. sost. di *sanguigno*, sul modello del fr. *sanguine* 'ocra', da *sang* 'sangue'] s. f. ● Argilla ferruginosa di tono rosso più o meno scuro usata per disegnare | (*est.*) Disegno eseguito con la sanguigna con cui si prepara un pastello usato per disegnare | Il pastello stesso.

†**sanguignàre** [sovrapposizione di *sanguigno* a *sanguinare*] v. intr. ● Sanguinare.

sanguìgno [dal lat. *sanguĭneu(m)* 'sanguigno', da *sănguis*, genit. *sănguinis* 'sangue'] **A** agg. *1* Di, del sangue: *vaso, gruppo s.*; *pressione sanguigna.* *2* Che abbonda di sangue: *individuo s.*; *complessione, costituzione sanguigna.* *3* (*lett.*) Che ha colore simile al sangue: *uva sanguigna* | (*est., lett.*) Insanguinato: *fece l'erba sanguigna di lor sangue* (PETRARCA) | *Diaspro s.*, varietà macchiettata di rosso scuro. *4* (*lett.*) Sanguinoso. **B** s. m. ● Colore del sangue.

†**sanguigrondànte** [comp. di *sangue* e *grondante*] agg. ● (*poet.*) Che gronda sangue.

sanguìna ● V. *sanguigna.*

sanguinàccio [dal lat. *sănguine(m)* 'sangue'] s. m. ● Vivanda a base di sangue di maiale, fatto friggere con sale e farina | Insaccato di sangue e grasso di maiale | Dolce a base di latte, cioccolato e sangue di maiale, con canditi e uva passa.

sanguinaménto [da *sanguinare*] s. m. ● Perdita di sangue: *s. di una ferita.*

sanguinànte part. pres. di *sanguinare*; anche agg. ● Nei sign. del v.

sanguinàre [lat. tardo *sanguinăre* 'sanguinare, insanguinare', da *sănguis*, genit. *sănguinis* 'sangue'] **A** v. intr. (*io sànguino*; aus. *avere*) *1* Versare, stillare, scorrere, sangue: *la ferita sanguina*; *le gengive continuano a s.*; *il poveretto sanguinava come un ecce homo* | *La bistecca sanguina*, non è cotta a sufficienza. *2* (*fig.*) Provocare, sentire, grave dolore: *quell'ingiuria sanguina sempre*; *mi sanguina il cuore a vederlo così ridotto.* **B** v. tr. ● (*raro, lett.*) Insanguinare.

sanguinària [vc. dotta, dal lat. *sanguinăria(m)*, f. sost. dell'agg. *sanguinārius* 'sanguigno'] s. f. ● Papaveracea dell'America settentrionale il cui rizoma è usato come droga medicinale (*Sanguinaria canadensis*).

sanguinàrio [vc. dotta, dal lat. *sanguinăriu(m)*, da *sănguis*, genit. *sănguinis* 'sangue'] agg.; anche s. m. (f. *-a*) *1* Che, chi è incline a ferire o uccidere: *pazzo s.* | Che, chi ha istinti omicidi. *2* (*est.*) Che, chi si avvale dell'omicidio e dello spargimento di sangue come mezzo di conseguimento dei propri fini spec. politici: *tiranno s.*; *Maria la Sanguinaria.*

sanguinazióne s. f. ● Sanguinamento.

sànguine [vc. dotta, dal lat. *sănguine(m)*, per il colore rosso dei rami] s. m. ● (*bot.*) Sanguinella.

sanguinèlla [dal lat. *sănguis*, genit. *sănguinis* 'sangue'] s. f. *1* (*bot.*) Arbusto delle Cornacee con rami di color rosso scuro e fiori bianchi, simile al corniolo (*Cornus sanguinea*). SIN. Sanguine. *2* (*bot.*) Erba annuale delle Graminacee che vive su suoli disturbati e come infestante delle colture (*Digitaria sanguinalis*).

sanguinèllo [dal lat. *sănguis*, genit. *sănguinis* 'sangue', per il colore] s. m. ● (*bot.*) Varietà di arancio, coltivato in Sicilia, il cui frutto ha la polpa color rosso sangue.

†**sanguinènte** [lat. tardo *sanguilĕntu(m)*, *sanguinĕntu(m)* 'sanguinolente', da *sănguis*, genit. *sănguinis* 'sangue'] agg. *1* (*lett.*) Sanguinante: *sarien ristoro al mio cor s.* (FOSCOLO) | Sanguinoso. *2* (*raro*) Sanguinario.

sanguìneo [vc. dotta, dal lat. *sanguĭneu(m)*, da *sănguis*, genit. *sănguinis* 'sangue'] **A** agg. ● (*raro, lett.*) Sanguigno, insanguinato. **B** s. m. (f. *-a*) ● †Consanguineo.

sanguineròla [dal lat. *sănguis*, genit. *sănguinis* 'sangue'] s. f. ● Piccolo pesce dei Ciprinidi a corpo allungato e livrea variabile verde e dorata con ventre rosso, talvolta allevato in acquario (*Phoxinus phoxinus*).

†**sanguinità** [dal lat. *sănguis*, genit. *sănguinis* 'sangue'] s. f. ● Consanguineità, parentela.

sanguinolènto o †**sanguinolènte** [vc. dotta, dal lat. *sanguinolĕntu(m)* 'sanguinoso', da *sănguis* genit. *sănguinis* 'sangue'] agg. *1* Sanguinante, che cola sangue: *mano, carne sanguinolenta* | *Tragedia sanguinolenta*, piena di morti, omicidi, e sim. *2* †Sanguinario, avido di sangue. || **sanguinolenteménte**, avv. Con spargimento di sangue.

sanguinóso [dal lat. tardo *sanguinōsu(m)* 'sanguigno', da *sănguis*, genit. *sănguinis* 'sangue'] agg. *1* Pieno di sangue, lordo di sangue, insanguinato: *mani sanguinose*; *ferita sanguinosa.* *2* Che avviene con molto spargimento di sangue: *combattimento s.*; *battaglia, vittoria sanguinosa.* SIN. Cruento. *3* (*fig.*) Che fa soffrire molto, che provoca grande dolore: *ingiuria sanguinosa* | *Lacrime sanguinose*, amarissime. *4* (*fig., lett.*) Sanguinario, crudele: *un tiranno s. e bestiale* (GUICCIARDINI). *5* (*raro*) †Sanguigno | †Del colore del sangue. || **sanguinosaménte**, avv. In modo sanguinoso, con spargimento di sangue.

sanguisòrba [comp. di *sangui-* 'sangue' e un deriv. del lat. *sorbēre* 'assorbire' per il suo potere astringente] s. f. ● (*bot.*) Pianta erbacea perenne delle Rosacee, spontanea nelle regioni temperate dell'Eurasia e dell'America settentrionale, con foglie imparipennate e piccoli fiori riuniti in spighe oblunghe, usata in erboristeria come emostatico, astringente e detergente (*Sanguisorba officinalis*). SIN. Salvastrella.

sanguisùga o †**sansùga** [lat. *sanguisūga(m)*, comp. di *sănguis*, genit. *sănguinis* 'sangue' e da *sūgere* 'succhiare'. V. *suggere*] s. f. *1* Anellide degli Irudinei, di acqua dolce, frequente sui fondi melmosi, che si nutre succhiando sangue dai Vertebrati, un tempo usato per fare salassi (*Hirudo medicinalis*). SIN. Mignatta. *2* (*fig.*) Persona avida, che spilla denaro agli altri. *3* (*fig.*) Persona importuna e noiosa. *4* (*sport*) Succhiaruote.

†sanguisùgo [da *sanguisuga*] agg. • (*raro*) Che succhia il sangue: *mignatta sanguisuga*.

sanguìvoro [comp. di *sangue* e *-voro*] agg. • (*raro*) Che si nutre di sangue, che succhia il sangue.

†sanicaménto [da *†sanicare*] s. m. • (*raro*) Sanamento.

†sanicàre [da *sano* (V.)] **A** v. tr. • (*raro*) Sanare, risanare. **B** v. intr. • (*raro*) Recuperare la salute.

sanìcola [lat. *sanĭcula(m)*, da *sānus* 'sano', per le sue qualità medicinali] s. f. • (*bot.*) Pianta perenne delle Ombrellifere con foglie palmate e fiori in piccole ombrelle che cresce in luoghi ombrosi e boschi umidi; le foglie e il rizoma hanno proprietà astringenti (*Sanicula europaea*). SIN. Erba fragolina.

sanidìno [fr. *sanidine*, dal gr. *sanís*, genit. *sanídos* 'tavoletta', detto così per la forma] s. m. • (*miner.*) Varietà di ortoclasio presente nelle rocce eruttive recenti.

sànie [vc. dotta, dal lat. *sănie(m)* 'marcia (2)'] s. f. inv. • (*raro*) Materiale purulento, marcioso.

sanificànte **A** part. pres. di *sanificare*; anche agg. • Nei sign. del v.: *azione, trattamento, prodotto s.* **B** s. m. • Prodotto capace di svolgere sia un'azione detergente sia un'azione sanitizzante.

sanificàre [vc. dotta, comp. di *sano* e *-ficare*] v. tr. *1* Sottoporre a sanificazione: *s. il latte*. *2* †Rendere sano, risanare | Bonificare: *uomini ... i quali con la coltura sanifichino la terra* (MACHIAVELLI).

sanificàto part. pass. di *sanificare*; anche agg. • Nei sign. del v.: *impianto, latte s.*

sanificazióne s. f. • Insieme dei processi atti a rendere igienicamente idonei alla produzione di alimenti gli impianti e gli ambienti destinati a essa, o a rendere igienico un alimento, riducendo in misura sufficiente la carica microbica mediante la detergenza e sanitizzazione, o i trattamenti di pastorizzazione, tindalizzazione e sim.: *s. del latte* | Sanitizzazione.

sanióso [vc. dotta, lat. *saniōsu(m)*, da *sănie(m)* 'marcia, sanie'] agg. • (*lett.*) Fetido, purulento.

sanità o **†sanitàde**, **†sanitàte**, **†santà** [lat. *sanitāte(m)*, da *sānus* 'sano'] s. f. *1* Stato del corpo che può compiere tutte le sue funzioni, buona salute: *recuperare la s.*; *la s. di un organo*; *s. di mente* | *†Bere in s. di qc.*, alla sua salute | *†Dare opera alla s.*, esercitare la professione di medico. *2* Qualità di ciò che è sano moralmente: *s. di principi*. *3* Salubrità: *s. dell'aria, dell'acqua*. *4* Organismo preposto alla cura di ciò che concerne la salute pubblica: *Ministero della Sanità* | (*mil.*) Corpo costituito da ufficiali medici e chimico-farmacisti, che assicura in pace e in guerra il servizio sanitario dell'esercito: *sezione di Sanità* | In marina, ufficio della capitaneria di porto preposto al controllo della salute dell'equipaggio e delle condizioni igieniche delle navi e del loro carico | *S. marittima, di porto*, organismo statale a tutela della salute pubblica contro il diffondersi delle malattie infettive portate da equipaggi di navi.

sanitàrio **A** agg. • Della sanità, che si riferisce alla sanità: *condizioni sanitarie* | Che si riferisce alla sanità pubblica e agli uffici ad essa preposti: *provvedimenti sanitari*; *misure, precauzioni sanitarie* | *Impianti sanitari*, l'insieme delle apparecchiature destinate all'igiene della persona e all'eliminazione dei rifiuti organici | *Ufficiale s.*, medico comunale dell'ufficio di Sanità | *Cordone s.*, sistema di sorveglianza inteso a circoscrivere e isolare una zona colpita da malattie infettive | *Bollettino s.*, emanato dai medici curanti sulle condizioni di salute di una nota personalità | *Operatore s.*, persona che esplica la propria attività nel campo dell'assistenza medica; correntemente, chi appartiene al personale paramedico spec. infermieristico. **B** s. m. *1* (*bur.*) Medico: *le prescrizioni dei sanitari*. *2* (*al pl.*) Impianti sanitari.

sanitarista [da *sanitario*] s. m. o f. (pl. m. *-i*) • Fabbricante o commerciante di articoli sanitari.

†sanitàte • V. *sanità*.

sanitizzànte **A** part. pres. di *sanitizzare*; anche agg. • Nei sign. del v.: *azione, trattamento, prodotto s.* **B** s. m. • Prodotto ad azione microbicida, quale la formaldeide, l'acqua ossigenata o l'ossido di etilene, che, alterando le membrane dei microrganismi, denaturando le proteine cellulari o inibendo l'azione enzimatica, riduce in misura sufficiente la carica microbica in un impianto destinato alla produzione di alimenti.

sanitizzàre [ingl. *to sanitize*, da *sanity* 'sanità'] v. tr. • Sottoporre a sanitizzazione.

sanitizzàto part. pass. di *sanitizzare*; anche agg. • Nel sign. del v.: *impianto s.*

sanitizzazióne s. f. • Secondo stadio di un trattamento di sanificazione, attuato mediante l'applicazione di prodotti capaci di ridurre in misura sufficiente la carica microbica: *s. degli impianti lattiero-caseari*.

†san mi sia [*sano mi sia*] inter. • (*raro*) Dio mi salvi (con valore deprecativo nominando accidenti, malanni, disgrazie e sim.). SIN. †Salmisia.

†sànna • V. *zanna*.

sannita o (*lett.*) **sannite** [vc. dotta, dal lat. *Samnīte(m)*, da *Sămnium* 'Sannio'] **A** agg. (pl. m. *-i*) • Del Sannio, regione situata a nord-est della Campania. **B** s. m. e f. • Abitante del Sannio.

sannìtico [vc. dotta, dal lat. *Samnīticu(m)*, da *Samnītes* 'Sanniti'] agg. (pl. m. *-ci*) *1* Del Sannio | Dei Sanniti | *Guerre sannitiche*, combattute dai Romani contro i Sanniti. *2* (*arald.*) *Scudo s. antico, moderno*, rettangolare con il lato inferiore ogivale e a forma di graffa.

†sannìtrio • V. *salnitro*.

†sannùto • V. *zannuto*.

sàno [lat. *sānu(m)*, di etim. incerta] **A** agg. *1* Che è esente da malattie, infermità, disturbi, che gode buona salute fisica e psichica: *ragazzo s. e robusto*; *si vede che è una donna sana*; *crescere, conservarsi, mantenersi s.*; *essere s. di mente* | *Fare s.*, risanare | *S. e salvo*, illeso, incolume | *Vivo e s.*, *s. e vegeto*, sanissimo, spec. di persona anziana o di chi è recentemente guarito da una malattia | *S. come un pesce*, sanissimo. CONTR. Malato. *2* Che rivela buona salute: *aspetto, colorito s.* SIN. Florido. *3* Non viziato, non guasto, non alterato da difetti, disfunzioni, malformazioni: *cuore s.*; *polmoni sani*; *denti bianchi e sani*; *frutta sana*; *pesche sane* | *Dolersi di gamba sana*, lamentarsi senza ragione. *4* Salubre, salutare, giovevole alla salute: *casa, aria, vita, sana*; *clima s.* *5* Intero, integro, non rotto: *il vaso è arrivato s.* | (*raro, dial.*) Tutto intero, completo: *ho mangiato un cocomero s.*; *ha cotto una gallina sana*; *un mese, un anno s.* | *Di sana pianta*, completamente, da cima a fondo: *fare, rifare, cambiare di sana pianta*; *ha dovuto rifare il lavoro di sana pianta*. *6* (*fig.*) Onesto, moralmente retto: *ambiente s.*; *persona di sani principi*; *avere una sana educazione*; *seguire una sana norma di vita* | (*est.*) Esente da errori, giusto: *morale, dottrina, politica sana*. || **sanaménte**, avv. *1* Con sanità, in modo sano. *2* Bene, rettamente, saggiamente. *3* †Certamente, di sicuro. **B** s. m. (f. *-a*) • Persona sana: *i sani e i malati*. CONTR. Malato.

sanpietrìno • V. *sampietrino*.

sanpiètro • V. *sampietro*.

sanremése **A** agg. • Di San Remo. **B** s. m. e f. • Abitante, nativo di San Remo.

sanrocchìno o (*pop.*) **sarrocchìno** [da *San Rocco*] s. m. • Mantelletta, ornata di conchiglie, un tempo usata dai pellegrini.

sànsa (1) [lat. *sămpsa(m)*, di etim. incerta] s. f. • Residuo della macinazione e torchiatura delle olive, che viene di nuovo spremuto e trattato con solventi per ricavarne olio di qualità inferiore: *olio di s.*

sànsa (2) [dall'ar. *ṣanğ* 'cembalo'] s. f. • Strumento musicale africano composto di linguette di ferro assicurate a una sbarretta trasversale che, se toccate, vibrano risuonando.

sanscrìtico [da *sanscrito*] agg. (pl. m. *-ci*) • Che si riferisce al sanscrito: *filologia sanscritica*.

sanscritista [da *sanscrito*] s. m. e f. (pl. m. *-i*) • Chi studia la lingua e la letteratura sanscrita.

sànscrito [vc. dotta, dal sanscrito *saṃskṛta-* 'compiuto, perfetto (grammaticalmente)'] **A** s. m. solo sing. • Antica lingua indiana di cultura, appartenente alla famiglia indoeuropea. **B** anche agg.: *lingua sanscrita, testi sanscriti*.

sansepolcrìsta s. m. (pl. *-i*) • Nel periodo fascista, chi aveva partecipato alla riunione tenuta a Milano, in piazza S. Sepolcro, dalla quale erano sorti i fasci italiani di combattimento.

sansevièria [deriv. scient. moderna dal n. di Raimondo di Sangro, principe di *Sansevero*] s. f. • Pianta rizomatosa ornamentale con foglie radicali lanceolate e glabre (*Sansevieria trifasciata*).

sans façon /fr. sã fa'sɔ̃/ o (*fam.*) **sanfasòn** [vc. fr., *sans façon*, comp. di *sans* 'senza' e *façon* 'complimento', dal lat. *factiōne(m)* 'fattura'] loc. avv. • Alla buona, senza cerimonie.

sans-gêne /sã'ʒɛn/ [vc. fr., propr. 'senza imbarazzo'] **A** avv. • Senza soggezione e imbarazzo. **B** agg. inv. • Disinvolto, quasi sfrontato.

sansìficio [da *sansa (1)*] s. m. • Stabilimento per la lavorazione della sansa.

sansimoniàno **A** agg. • Relativo al sansimonismo. **B** s. m. (f. *-a*) • Seguace del sansimonismo. SIN. Sansimonista.

sansimonìsmo [da H. de Rouvroy, conte di *Saint-Simon* (1675-1755)] s. m. • Dottrina sociale di H. de Saint-Simon e dei suoi seguaci, che propugna una radicale trasformazione della società tramite l'abolizione del principio di eredità e lo sviluppo scientifico e industriale.

sansimonìsta s. m. e f. (pl. m. *-i*) • Sansimoniano.

sansìno [da *sansa (1)*] **A** s. m. • Olive rimacinate una terza volta da cui si estrae l'olio omonimo. **B** agg. • Detto di olio di terza estrazione.

sansóne [Giudice di Israele, eroe nazionale famoso per la sua forza (dall'ebr. *šimšōn*, agg. da *šemes* 'sole')] s. m. • (*per anton., fam.*) Uomo eccezionalmente forte.

†sansùga • V. *sanguisuga*.

†santà • V. *sanità*.

santabàrbara [da *Santa Barbara*, patrona degli artiglieri] s. f. (pl. *santebàrbare*) *1* Nelle navi da guerra, deposito di munizioni. *2* (*fig.*) Situazione critica, esplosiva. SIN. Polveriera.

†santacróce [da *Santa Croce*, dalla prima pagina di tale volume, ove era tradizionalmente raffigurata] s. f. inv. • (*tosc.*) Abbecedario.

†santàgio [comp. scherz. di *santo* e *agio*] s. m. e f. inv. • (*fam., pop.*) Persona che fa le cose adagio, con comodo.

Santalàcee [dal gr. *sántalon* 'sandalo, pianta', d'origine orient. V. *sandalo (1)*] s. f. pl. • Nella tassonomia vegetale, famiglia di piante dicotiledoni erbacee e legnose provviste in genere di austori radicali, con fiori piccoli e frutto a noce o a bacca (*Santalaceae*) | (al sing. *-a*) Ogni individuo di tale famiglia.

Santalàli [dal gr. *sántalon* 'sandalo', d'orig. orient. V. *sandalo (1)*] s. f. pl. • Nella tassonomia vegetale, ordine di piante dicotiledoni, parassite su diverse piante, con foglie coriacee, fiori in spighe o glomeruli, frutto a bacca | (al sing. *-e*) Ogni individuo di tale ordine.

santamarìa [da *Santa Maria*] s. f. inv. • (*bot.*) Balsamite | *Acqua di s.*, fatta con l'erba omonima.

santarèlla o **santerèlla** [f. di *santarello*] s. f. • (*raro*) Giovinetta onesta e devota. || **santarellina**, dim. (V.).

santarellìna o **santerellìna**. s. f. (m. *-o*) *1* Dim. di *santarella*. *2* (*iron.*) Ragazza che si finge innocente e ingenua: *fare la s.*; *faccia da s.*; *non bisogna fidarsi delle santarelline*.

santarèllo • V. *santerello*.

santé /fr. sã'te/ [vc. fr., *santé* 'salute', dal lat. *sanitāte(m)*. V. *sanità*] s. f. inv. • Nella loc. *zuppa alla s.*, di verdura e crostini, in brodo.

santerèlla • V. *santarella*.

santerellìna • V. *santarellina*.

santerèllo o **santarèllo**. s. m. (f. *-a* (V.)) *1* Dim. di *santo* nel sign. B. *2* (*iron.*) Chi, in contrasto con i suoi reali sentimenti, ostenta pietà religiosa, devozione, umiltà, e sim.: *sembra proprio un s.* || **santerellìno**, dim.

†santése [da *santo*, nel sign. ant. di 'chiesa'] s. m. • (*dial.*) Custode di una chiesa, sagrestano: *credeva ... disavvezzarmi ... immischiandomi coi fanciulletti del s.* (NIEVO).

santiaghèno [adattamento dello sp. *santiagueño*] **A** agg. • Di Santiago, capitale del Cile. **B** s. m. (f. *-a*) • Abitante, nativo di Santiago.

santiddìo o **sant'Iddìo**, **sànto Dìo** [comp. di

sant(o) e *Iddio*] **inter.** ● Esprime impazienza, disappunto, meraviglia, ira, e sim.: *s. come ti sei conciato!*

santificaménto **s. m.** ● (*raro*) Atto del santificare | Santificazione.

santificànte **part. pres.** di *santificare*; anche **agg.** *1* Nei sign. del v. *2 Grazia s.*, che rende grati a Dio e che fa santi.

santificàre [vc. dotta, dal lat. tardo (eccl.) *sanctificāre*, comp. di *sănctus* 'santo' e *-ficāre*] **A** **v. tr.** (*io santìfico, tu santìfichi*) *1* Sottrarre all'uso profano, rendere santi una persona, un tempio, un luogo (*anche ass.*): *il matrimonio santifica l'amore*; *la grazia santifica*. *2* Dichiarare santo, canonizzare, elevare agli altari. *3* (*est.*) Venerare con devozione, glorificare: *s. il nome di Dio* | *S. le feste*, osservare le norme religiose che riguardano i giorni dedicati a Dio e al suo culto. **B** **v. rifl.** ● Divenir santo, rendersi degno della grazia santificante nella perfetta vita religiosa. **C** **v. intr.** (aus. *essere*) ● †Diventare santo.

santificatìvo **agg.** ● (*raro*) Atto a santificare.

santificàto **part. pass.** di *santificare* ● Nei sign. del v.

santificatóre [vc. dotta, dal lat. tardo (eccl.) *sanctificatōre(m)*, da *sanctificātus* 'santificato'] **s. m.**; anche **agg.** (f. *-trice*) ● (*raro*) Chi, che santifica: *Iddio s.*; *ostia santificatrice*.

santificazióne [vc. dotta, dal lat. tardo (eccl.) *sanctificatiōne(m)*, da *sanctificātus* 'santificato'] **s. f.** ● Atto del santificare o del santificarsi.

santificètur ● V. *sanctificetur*.

†**santìfico** [vc. dotta, dal lat. tardo (eccl.) *sanctĭficu(m)* 'santifico', comp. di *sănctus* 'santo' e *-fĭcus* '-fico'] **s. m.** ● (*raro*) Uomo di santa vita.

santimònia [vc. dotta, dal lat. *sanctimōnia(m)* 'santità', da *sănctus* 'santo'] **s. f.** *1* (*spreg.*) Ipocrita affettazione di santità di vita. **SIN.** Bacchettoneria, bigottismo. *2* †Santità di istituzioni, di valori religiosi e sim.: *la s. del matrimonio*.

santimoniàle [vc. dotta, dal lat. tardo *sanctimoniāle(m)*, da *sanctimōnia* 'santità'] **agg.** ● (*raro*) Di santimonia.

santino **s. m.** *1* Dim. di *santo* nel sign. B. *2* Piccola immagine sacra su cui è riprodotta la figura di un santo o di un oggetto sacro. *3* (*est.*) Cartoncino che ricorda una persona defunta | Cartoncino commemorativo della prima comunione o di altro sacramento.

santippe [vc. dotta, dal lat. *Xanthĭppe(m)*, dal gr. *Xanthíppē* 'Santippe', moglie di Socrate famosa per il suo carattere bisbetico] **s. f. inv.** ● (*per anton.*) Moglie bisbetica e brontolona.

santìssimo **A** **agg.** (*Santissimo* nei sign. A1 e B; abbr. *SS.*) *1* Sup. di *santo*. *2* Che esige il massimo rispetto e la massima venerazione, detto di cose religiose: *la Santissima Trinità*; *Maria Santissima* | *Santissimo Sacramento*, Ostia consacrata, Sacramento dell'altare, Ostia esposta in ostensorio | *S. Padre*, titolo del papa. **B** **s. m.** ● (*ell.*) Santissimo Sacramento, Ostia consacrata: *esposizione del Santissimo*; *portare il Santissimo in processione*.

santità [dal lat. *sanctitāte(m)*, da *sănctus* 'santo'] **s. f.** (*Santità* nel sign. 5) *1* Qualità, condizione, di chi, di ciò che è santo: *la s. di un rito, di una preghiera* | Stato di chi nella vita terrena si è ispirato ai principi religiosi, cercando di metterli in pratica in conformità alla volontà divina: *aspirare alla s.*; *raggiungere la s.*; *vivere, morire, in odore di s.* *2* Qualità propria di Dio e di tutto ciò che gli appartiene, gli si riferisce o da Lui deriva: *la s. di Dio, di Cristo, di Maria Vergine*. *3* Qualità di ciò che è sacro e inviolabile: *la s. del giuramento, della famiglia, dei sepolcri*. *4* Probità, integrità, di vita e di costumi: *s. di opere, di propositi, di intenzioni*. *5* Titolo attribuito al Pontefice: *Sua Santità*; *Vostra Santità*.

sànto [lat. *sănctu(m)* 'sacro, inviolabile', part. pass. di *sancīre* 'rendere sacro'. V. *sancire, sacro*] **A** **agg.** *Santo* si tronca in *san* davanti a nome che comincia per consonante o per *i semiconsonante* (cioè seguita da vocale): *san Carlo, san Francesco, san Gennaro, san Jacopo*; mantiene però la forma *santo* davanti a *s impura*: *santo Stefano*. Davanti a vocale generalmente si elide: *sant'Ignazio, sant'Ilario, sant'Uffizio*. Nel femminile mantiene la forma *santa*, che per lo più elide in *sant'* davanti a vocale: *santa Marta, sant'Anna*. Si scrive generalmente con la minuscola per indicare la persona ed anche la festività: *oggi è sant'Ambrogio*; si scrive con la maiuscola quando è un titolo a sé stante (*il Santo ha fatto la grazia*), quando indica personalità, istituzione o sim. (*Santo Padre, Santa Sede, Terra Santa*) o quando indica una chiesa col nome del Santo: *una visita a Sant'Ambrogio, a San Miniato*. Si abbrevia spesso in *s.* o *S.* al singolare (*s. Antonio, S. Marco*) e in *ss., SS.* o *Ss.* al plurale: *i ss. Pietro e Paolo* (V. note d'uso ELISIONE e TRONCAMENTO e MAIUSCOLA). *1* Intangibile, inviolabile, che deve essere rispettato e venerato in quanto sancito da una norma morale, civile, o sim.: *il giuramento è s.*; *la patria è santa*; *la santa memoria dei martiri*. *2* (*per anton.*) Attributo proprio di Dio: *Dio s.*; *lo Spirito Santo*. *3* (*est.*) Che appartiene, si riferisce e sim. a Dio e alla religione, o da essi deriva: *il s. nome di Dio*; *il s. legno della croce di Cristo*; *farsi il segno della santa croce*; *acqua santa*; *arca, porta santa*; *olio s.*; *la santa Chiesa*; *la santa fede*; *la santa Messa*; *la santa Comunione*; *l'Ostia santa*; *il s. Natale*; *la santa Pasqua* | *Campo s.*, cimitero; V. anche *camposanto* | *La santa insegna*, la croce | *Il s. monte*, il Purgatorio | *Il Santo Sepolcro*, quello di Gesù a Gerusalemme | *Città Santa*, Gerusalemme | *Terra Santa*, la Palestina | *Luoghi Santi*, quelli della Palestina | *Il Santo Padre*, il papa | *La santa Sede*, la chiesa cattolica, la curia romana | *Sant'Offizio*, sacra congregazione fondata nel XVI sec. per combattere le eresie; più volte riformata nei secoli successivi, poi sostituita dalla Congregazione per la dottrina della fede | *Settimana santa*, quella antecedente la Pasqua | *Anno s.*, giubileo | (*pop.*) *Dio s.!, Cristo s.!, s. cielo!* e sim., escl. che esprimono disappunto, stizza, collera, e sim. *4* Che è stato dichiarato santo dalla Chiesa e come tale è venerato: *i santi confessori*; *i santi vescovi*; *i santi martiri*; *le sante vergini* | Che è appartenuto a un santo: *le sante reliquie*. *5* (*ell.*) Seguito dal nome proprio del santo indica il giorno in cui ne viene celebrata la festa, la Chiesa che gli è intitolata, l'effige che lo rappresenta: *per Santo Stefano andremo in montagna*; *davanti San Guido*; *il San Sebastiano di Antonello da Messina*. *6* Pio, religioso: *fare una santa morte*; *il s. timore di Dio*; *anima santa*; *pensieri, propositi santi* | (*est.*) Buono, giusto, probo, retto: *condurre una vita santa*; *è proprio un sant'uomo*; *quella santa donna di tua madre* | Ispirato, dettato, da motivi religiosi, spec. nelle loc. *guerra santa*; *lega santa*; *sant'Alleanza*. *7* (*fig., fam.*) Salutare, efficace, utile: *rimedio s.*; *medicina santa* | *Vin s.*, V. *vinsanto*. *8* (*fam.*) Anteposto a un s. ha valore raff. nelle loc. *santa fretta*; *tutto il s. giorno*; *in santa pace*; *fare il s. piacere* | *Di santa ragione*, con piena ragione, con forza, in gran quantità: *picchiare qc., prenderle, darle*, e sim. *di santa ragione* | *Santa pazienza!*, escl. che esprime disappunto, impazienza e sim. || **santissimo**, **sup.** (V.). || **santaménte**, **avv.** *1* Con santità: *vivere santamente*. *2* Con religiosità: *amare santamente il bene*. **B** **s. m.** (f. *-a* nei sign. 1 e 2) *1* Chi, per diretta esperienza del divino o per eccezionali virtù, ha raggiunto la perfezione nella vita religiosa | Nella religione cattolica, chi gode della visione beatifica di Dio ed è elevato al culto attraverso il processo di beatificazione e canonizzazione: *culto, patrocinio dei Santi*; *il s. patrono della città*; *il s. del giorno*; *i santi del Paradiso*; *vite, leggende dei Santi* | *S. dei Santi*, Dio, Gesù | *I Santi, tutti i Santi*, il primo novembre, festa di Ognissanti | *La città del Santo*, (*per anton.*) Padova | *Avere qualche s. dalla propria*, avere molta fortuna spec. in situazioni rischiose o pericolose | *Avere dei santi in Paradiso*, avere un amico potente, avere un protettore particolarmente influente | *Qualche s. aiuterà*, per esprimere ottimismo, fiducia nel futuro, e sim., non convalidati da alcun elemento reale | *Non sapere a che s. votarsi*, non sapere a chi rivolgersi, trovandosi in stato di bisogno, pericolo, e sim. | (*tosc.*) *Non averci il s. con qc.*, non garbare, non andare a genio | *Non c'è s.* (*che tenga*), non c'è niente che possa impedire un dato fatto, è inevitabile. *2* (*est.*) Persona dotata di grande virtù, bontà, animo profondamente religioso, e sim.: *vivere, morire, come un s.*; *fare una vita, una morte, da s.*; *avere una pazienza da s.*; *quella donna è una santa* | *Non essere uno stinco di s.*, essere tutt'altro che un galantuomo. *3* Figura, immagine, che rappresenta un santo: *regalare un s.* | †*Giocare, tirare, a santi o palle*, con le monete, a testa o croce. *4* (*fam.*) Onomastico, spec. unito a un agg. poss. o seguito da un compl. di specificazione: *per il mio s. ho avuto molti regali*; *oggi è il s. di Giovanni*. *5* †Luogo sacro, chiesa: *io ti veddi tornar ... dal s.* (L. DE' MEDICI) | (*pop., tosc.*) *Entrare, rientrare, in s.*, ritornare pura, detto della donna che va in chiesa per la prima volta dopo il parto. || **santerèllo**, **dim.** (V.) | **santino**, **dim.** (V.).

santocchierìa **s. f.** ● (*raro*) Atto, comportamento da santocchio.

santòcchio [da *santo*, col suff. spreg. *-occhio*] **A** **s. m.** (f. *-a*) ● Bigotto, ipocrita, bacchettone. **B** anche **agg.**

†**santòccio** [da *santo*] **agg.**; anche **s. m.** (f. *-a*) ● Ingenuo, sciocco.

sànto Dio ● V. *santiddio*.

santofilla ● V. *xantofilla*.

sàntola [f. di *santolo*] **s. f.** ● (*sett.*) Madrina, comare.

santolìna [dissimilazione da *santonina* (V.) sul modello del fr. *santoline*] **s. f.** ● (*bot.*) Suffrutice delle Composite, di odore intenso con foglie lineari dentate e fiori gialli in capolini (*Santolina chamaecyparissus*).

sàntolo [vc. dial. sett. dal lat. *sănctulu(m)*, dim. di *sănctus* 'santo' nel sign. ant. di 'padrino'] **s. m.** (f. *-a* (V.)) ● (*sett.*) Padrino, compare: *s. di cresima, di battesimo*.

santóne [da *santo*] **s. m.** (f. *-a* nel sign. 2) *1* Monaco, eremita, asceta che, in religioni superiori non cristiane, è circondato di fama di santità. *2* (*spreg.*) Bacchettone, bigotto. *3* (*iron.*) Persona che in una organizzazione, ente, movimento e sim. è ritenuta capace, per anzianità e prestigio personale, di dare un'impronta, un indirizzo sicuro al comportamento collettivo e dei singoli.

santònico [vc. dotta, dal lat. *Santŏnicu(m)*, dal gr. *santonikón* 'assenzio', da *Santŏnes*, popolazione gallica] **s. m.** (**pl.** *-ci*) ● (*bot.*) Nome di alcune specie di *Artemisia*, tipo *Artemisia maritima* dalle cui sommità fiorite si estrae la santonina.

santonìna [da *santonico*] **s. f.** ● Principio attivo, contenuto nelle sommità fiorite di alcune Artemisie, dotato di proprietà vermifughe ma tossico spec. per il sistema nervoso e i reni.

santopìa ● V. *xantopsia*.

santopsìa ● V. *xantopsia*.

santoràle [da *santo*] **s. m.** ● Nella liturgia romana, parte dell'Antifonario, che contiene i canti relativi ai singoli santi.

santorèggia [lat. *saturēia(m)*, avvicinata a *san(i)tà* 'salute', per le qualità mediche] **s. f.** (**pl.** *-ge*) ● (*bot.*) Satureia.

santuàrio o †**santuàre** [vc. dotta, dal lat. *sanctuāriu(m)*, sovrapposizione di *sănctus* 'santo' e *sacrārium* 'sacrario'; calco dall'ingl. *sanctuary* nel sign. 4] **s. m.** *1* Luogo sacro | *Il s. di Temi*, il tribunale | *Il s. della scienza*, (*scherz.*) la scuola | (*fig.*) Luogo in cui si custodiscono gli affetti, le memorie, i sentimenti più sacri e intimi: *il s. della coscienza*; *il s. domestico*. *2* Edificio o luogo sacro | Chiesa cattolica che è centro di particolari devozioni o nella quale sono conservate reliquie. *3* Parte interiore di un tempio, l'accesso alla quale è riservato ai soli sacerdoti. *4* (*est.*) Luogo protetto e inaccessibile, asilo, rifugio: *s. dei guerriglieri*.

†**santùra** [da *santo*] **s. f.** ● (*raro*) Cosa sacra, reliquia.

†**sànza** ● V. *senza*.

sanzionàre **v. tr.** (*io sanzióno*) *1* Dare la sanzione, sancire, confermare (*anche fig.*): *il capo dello Stato ha sanzionato un decreto*; *una lunga tradizione sanziona questa usanza*. *2* Fare oggetto di sanzioni punitive.

sanzionatóre **agg.**; anche **s. m.** (f. *-trice*) ● Che, chi sanziona.

sanzionatòrio **agg.** ● Che riguarda una sanzione | Che sanziona o costituisce una sanzione: *procedimento, sistema s.*

sanzióne [vc. dotta, dal lat. *sanctiōne(m)* 'sanzione', da *sănctus* 'santo, inviolabile'] **s. f.** *1* Nel linguaggio forense, approvazione di un atto legislativo o amministrativo da parte dell'autorità competente: *la legge ha ottenuto la s. del Parlamento*.

2 (*fig.*) Approvazione, conferma: *ha ottenuto la s. dei superiori.* *3* Nei documenti medievali, formula con la quale si tendeva a garantire l'osservanza delle disposizioni in essi contenute, con la minaccia di una pena o con la promessa di una ricompensa. *4* (*est.*) Evento dannoso cui i destinatari della legge debbono soggiacere in caso di trasgressione della stessa: *s. civile, penale, amministrativa, fiscale* | *Cadere sotto la s. della legge*, violare la legge | *Potere di infliggere sanzioni*, potere disciplinare | Provvedimento economico, militare o politico adottato da uno o più soggetti di diritto internazionale nei confronti di uno o più altri.

sanzionìsmo s. m. ● Tendenza a sollecitare o ad applicare sanzioni in campo economico o politico.

sanzionìsta agg. ● Che è fautore di una politica ispirata al sanzionismo: *stato s.*

sanzionìstico agg. (pl. m. *-ci*) ● Improntato a sanzionismo: *provvedimento s.*

sàpa [lat. *săpa(m)*, di origine indeur.] s. f. ● Mosto concentrato mediante cottura, che serve come condimento o per preparare mostarde.

sapèrda [vc. dotta, dal lat. *sapĕrda(m)*, dal gr. *saperdēs* 'tipo di pesce marino', di origine orient.] s. f. ● Coleottero dei Cerambici le cui larve scavano gallerie nel legno del pioppo e del salice danneggiando gravemente le piantagioni (*Saperda carcharias*).

sapére o (*dial.*) †**savére** [lat. parl. **sapēre* per il classico *săpere* 'aver sapore, essere savio', di origine indeur.] **A** v. tr. (pres. *io so* /sɔ*/, dial †*sàccio*, dial. †*sàppo*, dial †*sào*, *tu sài*, †*sàpi*, *egli sa*, dial. †*sàpe*, *noi sappiàmo*, †*sapiémo*, dial. †*sapémo*, *voi sapéte*, *essi sànno*, dial. †*sàcciono*; fut. *io sapró*, †*saperò*; pass. rem. *io sèppi*, †*sapéi*, *tu sapésti*; congv. pres. *io sàppia*, dial. †*sàccia*, *noi sappiàmo*, dial. †*sacciàmo*, *voi sappiàte*, dial. †*sacciàte*, *essi sàppiano*, dial. †*sàcciano*; condiz. pres. *io saprèi*, †*saperèi*, †*sapria*, *tu saprésti*; imper. *sàppi*, dial. †*sàcci*, *sappiàte*, dial. †*sacciàte*; ger. *sapèndo*, †*sapièndo*, †*sappièndo*; part. pass. *sapùto*, dial. †*sacciùto*; dif. del part. pres.) ATTENZIONE! *so* e *sa* non vanno accentati (V. nota d'uso ACCENTO). *1* Possedere una serie più o meno vasta di conoscenze e nozioni apprese mediante lo studio, l'informazione, l'applicazione, l'insegnamento, e sim.: *s. il francese, la grammatica, la matematica, le lingue*; *s. la lezione, la parte*; *s. un sacco di cose*; *è uno che non sa niente*; *certuni credono di s. tutto*; *quei che manco intendono, credono s. di più, e quei che sono al tutto pazzi, pensano s. tutto* (BRUNO); *sai l'anno della morte di Garibaldi?*; *sa molto bene la geografia*; *pochi sanno il latino come lui*; *s. q.c. a memoria, a mente* | *S. q.c. dall'a alla zeta, per filo e per segno, come l'avemmaria*, e sim., averla imparata molto bene ed essere in grado di ripeterla a memoria con assoluta padronanza | †*S. q.c. per lo senno, a mente*, perfettamente | Seguito da un partitivo, indica conoscenza generica superficiale: *s. di musica, di pittura*; *s. di tutto*; *ella ... vuol s. di tutto, vuole entrare in tutto* (GOLDONI) | (*ass.*) Essere particolarmente dotto, esperto: *un uomo che sa*; *colui che sa*; *l'uomo tanto può quanto sa.* *2* Possedere una serie di nozioni, spec. pratiche, derivanti dall'esperienza, dall'esercizio, e sim.: *s. il proprio mestiere*; *s. le regole del gioco* | *S. il fatto suo*, di persona particolarmente abile nel suo lavoro, o valida in molte circostanze, e sim. | *Saperla lunga, saperla tutta*, e sim., essere molto astuto | *Saperla lunga ma non saperla raccontare*, essere astuto ma non fino al punto di ingannare colui col quale si sta parlando | †*Sapersela*, sapere il fatto suo | *S. dove il diavolo tiene la coda*, e sim., essere molto scaltro, conoscere ogni inganno. *3* Conoscere per aver visto, provato, sperimentato: *s. che cos'è la vita*; *s. come vanno le cose*; *s. come va il mondo*; *s. del mondo*; *s. delle cose del mondo*; *s. le cose del mondo*; *sa per esperienza che cosa sia il dolore*; *so per prova quanto sia difficile riuscire*; *so io quello che costa studiare*; *quanta strada ho fatto lo sanno le mie gambe*; (*lett.*) *s. povertà, miseria*, e sim. *4* Avere conoscenza, notizia, di un determinato fatto: *sai che ore sono?*; *sapete che cos'è questo?*; *so dove trovarlo*; *so il suo segreto*; *so la ragione della sua fuga*; *sa vita, morte, miracoli di tutti*; *so che partirà domani*; *sa che non voglio vederlo*; *sappiamo tutto di lui*; *sappiamo tutto sul suo conto*; *sono lieto di saperlo felice*; *lo so felice*; *so che è felice* | Venire a conoscenza, essere informato di un determinato fatto: *ho saputo tutto da altri*; *venni a s. che aveva tradito*; *sono venuto per s. la verità*; *vuole s. i fatti nostri*; *voglio s. se quello che hai detto è vero*; *voglio s. chi te l'ha detto*; *vorrei s. con chi devi uscire*; *vorrei proprio s. cosa vuoi da me* | *Fare s. q.c. a qc.*, informarlo, riferire: *fammi s. quando partirai* | *Non volerne sapere di qc.*, *di q.c.*, disinteressarsene, non volerci avere a che fare: *non vuol saperne di studiare*; *non ne voglio s. di lui* | Apprendere: *da chi l'hai saputo?*; *ho saputo la notizia dai giornali*; *abbiamo saputo della disgrazia*; *ho saputo che presto ti sposerai*; *hai saputo di Maria?* | *S. q.c. da buona fonte, da fonte sicura*, e sim., apprendere una notizia da persona degna di fede | *Sappi, sappiate, ti, vi, basti s.*, e sim., formule usate per ammonire, mettere in guardia e sim.: *sappi che questa è l'ultima che combini!*; *ti basti s. che ho preso la mia decisione* | *Sai, devi s., dovete s.*, e sim., formule usate all'inizio e durante un discorso o una narrazione per annunciare q.c. o per richiamare l'attenzione di chi ascolta | *Sai, sapete*, e sim. *com'è*, formula usata per sottolineare l'ovvietà di ciò che si sta dicendo | *Se tu sapessi! se sapeste!* e sim., formule usate per introdurre la descrizione di un fatto particolarmente grave, o per lasciarlo immaginare: *che dolore, se tu sapessi!*, | *Sai bene, sapete benissimo, sai meglio di me*, e sim., formule usate per ricordare cose ben note, o per sottolineare ciò che si sta dicendo: *tu sai benissimo la mia condizione*; *sapete meglio di me che voglio andarmene* | *Si sa*, formula usata per sottolineare l'ovvietà di quanto si sta dicendo, spec. negli incisi: *in autunno, si sa, piove spesso* | *Dio sa*, formula usata per sottolineare la veridicità di ciò che si sta dicendo: *Dio sa se gli voglio bene* | *Dio solo* (*lo*) *sa*, *solo Iddio* (*lo*) *sa*, e sim., di cosa ignota, sconosciuta, incomprensibile: *Dio solo sa come farà ad arrivare* | *Per quanto io sappia, che io sappia, che io mi sappia*, e sim., per quel che è a mia conoscenza: *che io sappia non è partito* | *Se lo vuoi* (*proprio*) *s.*, *per chi non lo sapesse*, e sim., formule usate per esporre, dichiarare, chiarire un fatto, anche in tono risentito: *per chi non lo sapesse questa roba è mia!* | (*A*) *saperlo!*, (*Ad*) *averlo saputo!* e sim., formule usate per esprimere rammarico per non essersi comportati nel modo che sarebbe stato opportuno: *a saperlo, venivamo con voi!* | *Chi sa*, formula usata per esprimere dubbio, incertezza; V. anche *chissà*. *5* Essere consapevole di un determinato fatto, conoscerne i motivi, le ragioni: *so perché ha agito così*; *non sa quello che dice* | Avere ben chiara nella mente una determinata linea di condotta: *so io quello che faccio*; *so come devo comportarmi con voi*; *solo lui sa farsi obbedire dai ragazzi*; *è un tipo che sa quello che vuole*; *in questo caso non so come fare* | Presagire, prevedere: *sapevo che sarebbe finita così* | (*scherz.*) *Sapevamcelo*, ce lo aspettavamo, non è una novità. *6* In funzione servile, seguito da un infinito, indica la capacità o la particolare abilità di compiere l'azione espressa dall'infinito stesso: *s. leggere, scrivere, parlare, camminare, correre, ballare, nuotare, cavalcare*; *sa giocare bene a tennis*; *sa comandare i soldati*; *sa insegnare la sua materia*; *sa distinguere il bene dal male*; *sa vendere la sua merce*; *bisogna saper fare tutto*; *sa riparare gli elettrodomestici*; *è un tipo che non sa vivere*; *è uno che non sa fare niente*; (*pleon.*) *non sa fare altro che lamentarsi* | *Saperci fare*, essere in gamba, uscire vantaggiosamente da ogni situazione | *Sappiatemi dire*, informatevi e riferitemi! | *Mi saprai dire!*, per invitare qc. a esperimentare q.c. che non si rivelerà così gradevole come lui crede. *7* In forma negativa, seguito da una prop. interrog. indir., esprime esitazione, dubbio, incertezza: *non so come sia successo*; *non so che cosa dirti*; *non sa più che cosa fare*; *non so se devo fidarmi di lui*; *non sa più che pesci prendere*; *non so come si possa vivere con gente simile*; *il ragazzo non sa che studi scegliere* | *Non si sa mai*, formula usata per esprimere il timore di un'eventualità: *non andare là, non si sa mai chi potresti incontrare*; *prendi l'ombrello, non si sa mai ...* | (*ell.*) *Non saprei*, formula usata per esprimere incertezza anche nelle risposte: *se dovessi scegliere, proprio non saprei*; *'Che cosa mi consigli?' 'Non saprei'*. *8* †Nella loc. *s. grado*, essere riconoscente, provare gratitudine: *s. grado a qc. di q.c.* | †*Non saperne né grado né grazia*, non avere gratitudine. **B** v. intr. (aus. *avere*) *1* Avere sapore: *questo pane sa di sale*; *l'insalata sa troppo di aceto*; *s. di bruciato, di stantio, di vecchio*, e sim. | *S. di poco*, avere poco sapore; (*fig.*) avere poco valore, destare scarso interesse | *S. di nulla, di niente*, non avere sapore; (*fig.*) non avere valore, non destare alcun interesse | Avere odore: *la stanza sa di chiuso*; *le lenzuola sanno di pulito* | *S. di buono*, avere buon sapore o buon odore. *2* Dare una determinata impressione: *mi sa che non sia vero* | *Mi sa male*, mi dispiace, mi sembra una brutta cosa: *mi sa male dirgli di no* | †*Mi sa peggio*, mi sembra una cosa molto grave | (*raro*) Parere, sembrare: *mi sa cent'anni che non lo vedo.* **C** in funzione di s. m. solo sing. ● Complesso di nozioni, conoscenze e sim. che l'uomo possiede: *il s. medievale*; *i rami del s.*; *l'umano s.*; *essere amante del s.*; *una persona di grande s.*; *un mostro di s.*; *ostentare il proprio s* || PROV. Chi sa il gioco non l'insegni.

†**sapévole** [da *sapere*. V. *consapevole*] agg. *1* (*raro*) Che sa. *2* (*raro*) Consapevole. *3* (*raro*) Perito, conoscitore.

sapidità s. f. ● (*lett.*) Qualità di ciò che è sapido.

sàpido [lat. tardo *săpidu(m)* 'saporito', da **sapēre* 'aver sapore'. V. *sapere*] agg. *1* (*lett.*) Saporito, gustoso, di grato sapore | Detto di vino che ha sapore vivo e pieno. *2* (*fig.*) Arguto, spiritoso: *novelle sapide.* || **sapidaménte**, avv. In modo arguto.

sapiènte o †**sappiènte** [dal lat. *sapiĕnte(m)*, part. pres. di *săpere* 'avere senno'. V. *sapere*] **A** agg. *1* Che possiede vaste conoscenze e cognizioni apprese mediante lo studio, la riflessione, l'esperienza: *maestro s.*; *un governante s.* *2* Che mostra abilità, esperienza nello svolgimento della propria professione o del proprio lavoro: *medico, cuoco s.* *3* Che rivela capacità, perizia, esperienza: *mano s.*; *un s. tocco delle mani*; *arte, studio, s.* *4* Detto di animale, ammaestrato: *cane s.* *5* (*pop., tosc.*) Molto saporito, dal sapore penetrante, detto di cibo: *cacio s.* || **sapienteménte**, avv. Con sapienza, saggiamente: *reggere sapientemente lo stato.* **B** s. m. e f. ● Persona dotata di saggezza e sapienza: *fu una grande s.*; *i sette sapienti della Grecia*; *fa la s.* **C** s. m. ● Nel Medioevo, membro di consiglio o magistrature. || **sapientino**, dim.

sapientóne [da *sapiente*] agg.; anche s. m. (f. *-a*) ● Che, chi, ostenta un sapere e un'esperienza che spesso in realtà non possiede.

sapiènza o †**sapiènzia** [lat. *sapiĕntia(m)* 'sapienza', deriv. di *săpiens*, genit. *sapiĕntis* 'sapiente'. V. *sapere*] s. f. *1* Il più alto grado di conoscenza delle cose: *s. umana, divina*; *la s. poetica ... fu la prima s. della gentilità* (VICO) | Sapere vasto e profondo unito a doti morali e spirituali: *la s. degli antichi legislatori*; *la s. di re Salomone* | Qualità di chi è sapiente. *2* Nel tardo giudaismo, manifestazione di Dio come creatore e ordinatore provvidenziale del mondo | Nella teologia cristiana, attributo divino che si identifica con il Verbo o Figlio | Nella teologia cattolica, uno dei sette doni dello Spirito Santo, che conferisce la grazia del discernimento delle realtà soprannaturali | Uno dei libri dell'Antico Testamento. *3* Antica denominazione di alcune università italiane: *la Sapienza di Pisa.*

sapienziàle [vc. dotta, dal lat. tardo (eccl.) *sapientiāle(m)*, da *sapiĕntia* 'sapienza'] agg. *1* Della, relativo alla sapienza | *Libri sapienziali*, ciascuno dei libri del canone cristiano dell'Antico Testamento che contengono insegnamenti gnomici e sono ispirati dalla sapienza di Dio. *2* (*est.*) Che si riferisce ai libri sapienziali.

Sapindàcee [da *sapindo*] s. f. pl. ● Nella tassonomia vegetale, famiglia di piante dicotiledoni legnose prevalentemente tropicali, con foglie sparse e ricche di cellule secretrici (*Sapindaceae*) | (al sing. *-a*) Ogni individuo di tale famiglia.

sapindo [contrazione dal lat. *sāpo īndicus* 'sapone indiano'] s. m. ● Albero delle Sapindacee dai cui frutti si ricava saponina (*Sapindus saponaria*). SIN. Albero del sapone.

†**sàpio** [dal lat. parl. **sāpiu(m)* 'saggio', da *sāpere*

'esser saggio'. V. *sapere*] agg.; anche s. m. (f. *-a*) ● (*raro*) Savio.

saponàceo agg. ● Che ha la natura o le proprietà del sapone.

saponàia ● V. *saponaria*.

saponàio o (*dial.*) **saponàro**. s. m. ● Chi fabbrica o vende sapone.

saponària o **saponàia** [vc. dotta, dal lat. *saponāria(m)*, f. sost. di *saponārius* 'saponario'] s. f. ● Pianticella delle Cariofillacee che forma graziosi cespi vellutati e glandulosi, spontanea fra le rupi e spesso coltivata (*Saponaria ocymoides*) | *Albero della s.*, quillaia.

saponàrio [vc. dotta, dal lat. *saponāriu(m)*, da *sāpo*, genit. *sapōnis* 'sapone'] agg. *1* Che si riferisce al sapone: *prodotto, stabilimento, s.* | *Radice saponaria*, la radice della saponaria, ricca di sapone. *2* (*miner.*) *Pietra saponaria*, saponite.

saponàro ● V. *saponaio*.

saponàta [lat. tardo *saponāta*, nt. pl. di *saponātum* 'acqua e sapone', da *sāpo*, genit. *sapōnis* 'sapone'] s. f. *1* Acqua con sapone disciolto | Schiuma abbondante fatta da quest'acqua. *2* (*fig., pop.*) Lode esagerata, adulazione.

sapóne [lat. tardo *sapōne(m)* 'miscela di sego e cenere per tingere i capelli', di origine celt. o germ.] s. m. *1* Sale alcalino di acidi grassi a elevato numero di atomi di carbonio, usato spec. come detergente: *s. da bucato, da toeletta*; *s. in polvere, a scaglie*; *s. alla lavanda* | *S. di Marsiglia*, impiegato per usi domestici | *S. medicinale*, cui sono state incorporate sostanze medicamentose e disinfettanti | *Bolle di s.*, ottenute soffiando con una cannuccia in acqua saponata | (*est.*) Pezzo di sapone, saponetta: *comprare un s.* | (*fig., pop.*) *Dare del s. a qc.*, adularlo, lusingarlo | †*Pigliare il s.*, lasciarsi corrompere con doni. *2* *S. dei vetrai*, biossido di manganese, il più antico e noto decolorante. *3* (*bot.*) *Albero del s.*, sapindo. ‖ **saponétta**, dim. f. (V.) | **saponétto**, dim.

saponerìa s. f. ● Saponificio | Negozio in cui si vende il sapone e generi affini.

saponétta (1) o (*raro, dial.*) **savonétta** (2) [da *sapone*, sul modello del fr. *savonnette* 'saponetta', dim. di *savon* 'sapone'] s. f. ● Pezzo di sapone per la pulizia personale, spec. profumato: *s. alla rosa*.

saponétta (2) o **savonétta** (1) [dal precedente, per la forma] s. f. ● Orologio piatto da tasca, a tre calotte, in uso nel secolo XIX.

saponièra [da *sapone*, sul modello del fr. *savonnière*] s. f. ● Piccola scatola, di materiale e forma varia, usata per tenervi la saponetta. SIN. Portasapone.

saponière s. m. *1* Operaio di un saponificio. *2* Chi fabbrica, o commercia in saponi.

saponièro agg. ● Che si riferisce al sapone o alla sua produzione.

saponificàbile [da *saponificare*] agg. ● Che si può saponificare | Proprietà di un acido grasso, o di un suo derivato, a essere trasformato in sapone.

saponificàre [comp. di *sapone* e *-ficare*] v. tr. (*io saponìfico, tu saponìfichi*) ● Sottoporre a saponificazione.

saponificatóre [da *saponificare*] s. m. (f. *-trice*) ● Chi è addetto alla trasformazione di sostanze grasse in sapone.

saponificazióne [da *saponificare*] s. f. ● Operazione che permette di trasformare i grassi e gli oli in sapone | (*gener.*) Scissione idrolitica di qualsiasi derivato degli acidi ad acidi o a sali.

saponifìcio [comp. di *sapone* e *-ficio*] s. m. ● Stabilimento per la fabbricazione del sapone.

saponìna [da *sapone*, con *-ina*] s. f. ● Glucoside di origine vegetale, ad azione tossica ed emolitica che forma con l'acqua soluzioni schiumose.

saponìte [da *sapone*, con *-ite* (2)] s. f. ● Varietà magnesifera di montmorillonite.

saponóso agg. ● Simile al sapone, che ha l'aspetto, le proprietà, del sapone: *polvere saponosa*.

†**saporàre** (1) ● V. *assaporare*.

†**saporàre** (2) [lat. tardo *saporāre* 'render saporito', da *săpor*, genit. *sapōris* 'sapore'] v. tr. ● (*raro*) Dare sapore.

†**saporazióne** [da †*saporare* (2)] s. f. ● (*raro*) Atto del saporare.

sapóre o (*dial.*) †**savóre** [lat. *sapōre(m)*, da *săpere* 'aver gusto'. V. *sapere*] s. m. *1* Sensazione, gradevole o sgradevole, prodotta da determinate sostanze sugli organi del gusto: *s. buono, cattivo, dolce, amaro*; *s. forte, delicato, frizzante, piccante*; *s. acido, nauseante*; *non sentire nessun s.* | (*est.*) Proprietà per cui determinate sostanze producono tale sensazione: *il s. del caffè*; *il s. aspro del limone*; *la banana ha un s. particolare*; *che delizioso s. ha questa minestra!*; *cibo senza s.*, *con poco s.* | *Mezzo s.*, tra un sapore e l'altro, né aspro né dolce | *Dare s. a q.c.*, renderla gustosa, o più gustosa: *il sale dà s. ai cibi*. *2* (*fig.*) Particolare modo di esprimere ciò che si sente o si pensa: *frasi di s. amaro*; *parole di s. sarcastico*; *quella lettera aveva un s. di mistero*; *una novella di s. romantico* | (*ass.*) Vivacità, colore, insieme di caratteristiche che attraggono: *romanzo, conversazione senza s.*; *complimento privo di s.*; *discorreva, con gran s. della gran figura ch' ... avrebbe fatta* (MANZONI) | *Dare s. a q.c.*, renderla attraente, interessante | *Non avere né amore, né s.*, essere insensibile a tutto. *3* (*fis.*) Numero quantico che caratterizza i diversi tipi di quark. *4* (*dial., al pl.*) Erbe aromatiche, odori. *5* (*dial.*) Salsa di noci pestate, pane bagnato e droghe varie | (*gener.*) Salsa, condimento aromatico | †Sapa. ‖ **saporàccio**, pegg. | **saporétto**, dim. | **saporìno**, dim. | **saporùzzo**, dim.

†**saporévole** agg. ● (*raro*) Saporito.

†**saporìfico** [comp. di *sapore* e *-fico*] agg. ● (*raro*) Che dà sapore.

saporìre [da *sapore*] v. tr. (*io saporìsco, tu saporìsci*) *1* Insaporire | Rendere saporito. *2* Assaporare, gustare.

saporìto A part. pass. di *saporire*; anche agg. *1* Nei sign. del v. *2* Che ha sapore, che ha buon sapore, gustoso: *la carne bianca è poco saporita*; *i frutti di mare sono molto saporiti*. *3* Che eccede leggermente nel sale, ma senza risultare sgradevole: *la minestra è un po' troppo saporita* | *Cibo poco s.*, insipido | (*fig.*) *Conto s.*, caro, salato. *4* (*fig.*) Che si fa con piacere, con gusto: *farsi una saporita risata, una saporita dormita*, e sim. | Arguto: *storiella, notizia, saporita* | Vivace, brillante: *stile s.*; *prosa saporita*. ‖ **saporitìno**, dim. ‖ **saporitaménte**, avv. *1* Con sapore: *condito saporitino*. *2* Gustosamente: *bere saporitino*; *dormire saporitino*, con tranquillità e pace, come gustando il riposo. **B** in funzione di avv. ● (*raro*) †Saporitamente | †Piacevolmente.

saporosità s. f. ● Qualità di ciò che è saporoso.

saporóso [lat. tardo *saporōsu(m)*, da *săpor*, genit. *sapōris* 'sapore'] agg. *1* Che ha sapore intenso e gradevole: *carne saporosa*; *salsa troppo saporosa*. *2* (*raro, fig.*) Saporito: *racconto, particolare, s.* ‖ **saporosaménte**, avv. *1* Con sapore, saporitamente. *2* Gustosamente, di gusto.

sapòta [dallo sp. *zapote*, dall'azteco *zápotl* 'frutto della sapota'] s. f. ● Albero delle Sapotacee diffuso nei paesi tropicali per i frutti eduli (*Achras sapota*).

Sapotàcee [da *sapota*] s. f. pl. ● Nella tassonomia vegetale, famiglia di piante dicotiledoni tropicali legnose, con foglie a margine intero caratterizzate da numerosi canali secretori (*Sapotaceae*) | (al sing. *-a*) Ogni individuo di tale famiglia.

sapotìglia [dallo sp. *zapotillo*, *-a*, da *zapote*] s. f. ● (*bot.*) Sapotilla.

sapotìlla /sapo'tiʎʎa/ [sp. *zapotilla*, dall'azteco *tzapotl*] s. f. inv. *1* (*bot.*) Sapota. *2* (*bot.*) Frutto della sapota, a forma di mela tondeggiante od ovale con polpa bianca sugosa e rinfrescante. SIN. Sapotiglia.

†**sappiènte** ● V. *sapiente*.

sàpro- [dal gr. *saprós* 'putrefatto, passato', di orig. oscura] primo elemento ● In parole composte della terminologia scientifica, significa 'putrefazione' o 'decomposizione': *saprofago, saprofilo, saprofito*.

sapròbio [comp. del gr. *saprós* 'marcio' e *-bio*] s. m.; anche agg. ● (*biol.*) Batterio o fungo saprotrofo.

saprofagìa [comp. del gr. *saprós* 'marcio' e *-fagia*] s. f. ● (*biol.*) Condizione degli animali saprofagi.

sapròfago [comp. di *sapro-* e *-fago*] agg. (pl. m. *-gi*) ● Detto di animale che vive e si sviluppa nutrendosi di sostanze organiche in decomposizione. SIN. Saprozoico.

saprofilìa [comp. del gr. *saprós* 'marcio' e *-filia*] s. f. ● (*biol.*) Condizione degli organismi saprofili.

sapròfilo [comp. di *sapro-* e *-filo*] agg. ● Detto di organismo che vive di preferenza su sostanze organiche in decomposizione.

sapròfita agg.; anche s. m. (pl. *-i*) ● Saprofito.

saprofitìsmo [da *saprofit(o)*, con *-ismo*] s. m. ● (*bot.*) Modo di nutrizione caratteristico di vegetali non autotrofi, come i Funghi, a spese di sostanze organiche in decomposizione.

sapròfito [comp. di *sapro-* e *-fito*] **A** agg. ● Detto di vegetale privo di clorofilla che si nutre di sostanze organiche in decomposizione. **B** anche s. m.: *parassiti e saprofiti*.

saprofitòfago [comp. del gr. *saprós* 'marcio', *fito-* e *-fago*] agg. (pl. m. *-gi*) ● (*biol.*) Detto di animale che si nutre di organismi vegetali in decomposizione.

saprògeno [comp. del gr. *saprós* 'marcio' e *-geno*] agg. ● (*biol.*) Detto di organismo che causa processi di decomposizione di materiali biologici.

sapropèl [abbr. di *sapropelite* (V.)] s. m. ● Fanghiglia organica formata per putrefazione, in ambiente asfittico subacqueo, di sostanza organica, da cui derivano bitumi, asfalti e petroli.

sapropèlico agg. (pl. m. *-ci*) ● Detto di organismo che si sviluppa nel sapropel.

sapropelìte [comp. di *sapro-* e *-pelite*, deriv. dal gr. *pēlós* 'fango', con *-ite* (2)] s. f. ● (*geol., spec. al pl.*) Sedimenti e materiali di origine organica.

saprotrofìa [comp. del gr. *saprós* 'marcio' e *-trofia*] s. f. ● (*biol.*) Condizione degli organismi saprotrofi.

sapròtrofo [comp. del gr. *saprós* 'marcio' e *-trofo*] s. m.; anche agg. ● (*biol.*) Organismo eterotrofo che si nutre di materiale biologico in decomposizione.

saprozòico [comp. del gr. *saprós* 'marcio' e *-zoico*] agg. (pl. m. *-ci*) ● (*biol.*) Saprofago.

saprozoìte [comp. del gr. *saprós* 'marcio' e *-zoite*, da *zoo-* col suff. *-ite*] s. m. ● (*biol.*) Organismo animale o protozoo saprotrofo.

sapùta [f. sost. di *saputo*] s. f. ● (*lett.*) Conoscenza di un fatto, di una notizia e sim. spec. nelle loc.: *con s. di qc.*; *a mia, a tua, a sua s.*, per quanto ne so io, ne sai tu, ne sa lui; *senza s.*, all'insaputa; *per s.*, per sentito dire.

saputèllo agg.; anche s. m. (f. *-a*) *1* Dim. di *saputo*. *2* Che, chi, essendo in giovanissima età, si atteggia con una certa petulanza a persona adulta intervenendo nei discorsi, parlando di ciò che non conosce, e sim.: *è un bambino un po' troppo s.*; *smettila di fare la saputella*.

sapùto **A** part. pass. di *sapere*; anche agg. ● Nei sign. del v. **B** agg. *1* (*lett.*) Che sa | *Fare s. qc.*, informarlo | Che conosce, che è esperto. *2* (*est., lett.*) Saggio, cauto, prudente: *lui, / ... mi pare non assai giusto e s.* (PULCI). ‖ **saputaménte**, avv. *1* (*lett.*) Consapevolmente. *2* Con aria da persona saputa. **C** agg.; anche s. m. (f. *-a*) ● Che, chi ostenta le proprie conoscenze o la propria cultura, e presume di sapere tutto e meglio di chiunque altro: *è un vecchio s. e pedante*; *le donne sapute sono insopportabili*; *su, non fare il s.!* ‖ **saputèllo**, dim. (V.).

sarabànda [dallo sp. *zarabanda*, dall'ar.-persiano *serbend* 'danza con canto'] s. f. *1* Danza di probabile origine orientale dapprima di carattere sfrenato, diffusasi dalla Spagna nell'Europa centrale nel XVI e XVII secolo, e quivi trasformatasi in forma lenta e grave. *2* (*fig.*) Chiasso, rumore, confusione.

saràcca [da *salacca*, prob. con accostamento paretimologico a *sardina* e sim.] s. f. ● Salacca.

saràcchio [etim. incerta] s. m. ● (*bot.*) Ampelodesma.

saràcco [dal lat. *sĕrra(m)* 'sega', di etim. incerta] s. m. (pl. *-chi*) ● Sega a lama trapezoidale, libera a un capo e all'altro fermata a una corta impugnatura | *S. a costola*, con una striscia metallica di rinforzo avvitata sulla costola. ‖ **saracchìno**, dim.

saracènico agg. (pl. m. *-ci*) ● (*raro*) Dei Saraceni: *invasioni saraceniche*.

saracèno [lat. tardo *Saracēnu(m)*, con influenza della pron. biz. dal gr. *Sarakēnós*, dall'ar. *šarqī* 'orientale'] **A** s. m. (f. *-a*, raro) ● (*gener.*) Musulmano, spec. nell'antica terminologia risalente alle crociate | *Essere armato come un s.*, di tutto punto. **B** agg. **1** Dei Saraceni: *le invasioni saracene*. **2** *Grano s.*, pianta erbacea delle Poligonacee a fusto eretto, foglie triangolari e fiori bianchi o rosei riuniti in grappoli (*Polygonum fagopyrum*).

†**saracìna** [f. sost. da †*saracino* (*1*)] s. f. ● (*raro*) Saracinesca.

saracinésca [abbr. di *porta saracinesca*: f. di *saracinesco* (V.)] s. f. **1** Chiusura metallica di sicurezza per porte e finestre formata di elementi avvolgibili su rullo e scorrenti verticalmente su guide laterali. SIN. Serranda. **2** Anticamente, cancellata di ferro o di travi calata con catene o funi per sbarrare l'accesso al castello o alla città. **3** (*idraul.*) *Valvola a s.*, valvola nella quale il passaggio del fluido viene interrotto facendo scorrere trasversalmente sull'orifizio una piastra.

saracinésco agg. (pl. m. *-schi*) ● Di, da, Saraceno | *Porta saracinesca*, saracinesca.

†**saracìno** (**1**) o (*dial.*) **sarracìno**, (*tosc.*) †**seracìno** [V. *saraceno*] agg.; anche s. m. (f. *-a*, raro) ● (*pop.*) Saraceno.

saracìno (**2**) [dal precedente, nel senso di 'moro, nero'] s. m. ● Fantoccio girevole, abbigliato da saraceno, usato in una giostra di origine medievale, detta *quintana*, che si svolge ogni anno in alcune città dell'Italia centrale | *Giostra del Saracino*, quella che si tiene ogni anno ad Arezzo.

sàrago o **sàrgo** [lat. *sărgu*(*m*), dal gr. *sargós*, di origine mediterr.] s. m. (pl. m. *-ghi*) ● Pesce osseo marino, che vive sui fondali rocciosi, con corpo compresso striato di scuro e carni apprezzate (*Diplodus sargus*).

†**saramentàre** [da †*saramento*. V. *sacramentare*] v. tr. e intr. ● Giurare.

†**saraménto** [dall'ant. fr. *sairement* 'giuramento', dal lat. *sacramĕntu*(*m*). V. *sacramento*] s. m. ● Giuramento: *si prese concordie sotto s ... di fare la detta battaglia* (VILLANI).

sarcàsmo [vc. dotta, dal lat. *sarcăsmu*(*m*), dal gr. *sarkasmós*, da *sarkázein* 'lacerare le carni', da *sárx*, genit. *sarkós* 'carne'] s. m. ● Ironia amara e pungente mossa da animosità verso qc. o da personale amarezza: *parole piene di s.*; *parlare, rispondere con s.*; *fare del s.* | (*est.*) Parola, frase, osservazione e sim. sarcastica: *siamo ormai abituati ai suoi sarcasmi*.

sarcàstico agg. (pl. m. *-ci*) ● Che contiene, esprime, dimostra, sarcasmo: *parole sarcastiche*; *tono s.*; *espressione sarcastica*. SIN. Mordace, sprezzante. || **sarcasticaménte**, avv. Con sarcasmo.

sarchiaménto s. m. ● Sarchiatura.

sarchiàre [lat. tardo *sarculāre*, da *sărculum* 'sarchio'] v. tr. (*io sàrchio*) ● Smuovere il terreno con piccole zappe o con attrezzi trainati per aerarlo e liberarlo dalle malerbe (*anche ass.*): *s. il grano, il mais, le cipolle*; *s. tutto il giorno*.

sarchiàta s. f. **1** Atto del sarchiare una volta sola un determinato terreno. **2** (*agr.*) Coltura che richiede ripetute sarchiature.

sarchiatóre s. m. (f. *-trice*) **1** Chi sarchia. **2** Sarchiatrice.

sarchiatrìce [f. di *sarchiatore*] s. f. ● Macchina agricola a traino animale o meccanico per sarchiare il terreno negli interfilari di piante: *s. semplice, multipla*; *s. a utensili fissi, a utensili rotanti* | Zappatrice.

sarchiatùra s. f. ● Lavoro, tempo e spesa del sarchiare.

sarchiellàre v. tr. (*io sarchièllo*) ● Togliere le malerbe col sarchiello: *s. l'aia, le aiuole*.

sarchièllo [da *sarchio*] s. m. **1** Dim. di *sarchio*. **2** Piccola zappa a manico lungo, spec. per orto e giardino. || **sarchiellétto**, dim. | **sarchiellìno**, dim.

sàrchio [lat. *sărculu*(*m*), da *sarīre* 'sarchiare', vc. di origine indeur.] s. m. ● Piccola zappa a manico lungo e pala stretta, o anche a pale opposte, di forma diversa, che serve a smuovere il terreno e a togliere le erbe infestanti. || **sarchièllo**, dim. (V.) | **sarchiétto**, dim. | **sarchiolìno**, dim. | **sarchioncèllo**, dim.

†**sàrcina** [lat. *sărcina*(*m*) 'carico', da *sarcīre* 'racconciare', vc. di origine indeur.] s. f. **1** Fagotto che il soldato portava in cima a una stanga. **2** (*lett., est.*) Peso, soma, bagaglio.

sarcìte (**1**) [vc. dotta, dal lat. *sarcītis* (nom.) 'pietra preziosa', dal gr. *sarkítis*, genit. *sarkítidos*, da *sárx*, genit. *sarkós* 'carne', di origine indeur.] s. f. ● (*miner.*) Sarcolite.

†**sarcìte** (**2**) [vc. dotta, dal gr. *sárx*, genit. *sarkós* 'carne', con *-ite* (*1*)] s. f. ● Obesità, infiammazione dei muscoli, reumatismo.

sàrco- [dal gr. *sárx*, genit. *sarkós* 'carne'] primo elemento ● In parole composte dotte o scientifiche, significa 'carne', 'parte carnosa': *sarcofilo, sarcoplasma*.

Sarcodìni [vc. dotta, dal gr. *sarkṓdēs* 'di carne', da *sárx*, genit. *sarkós* 'carne'] s. m. pl. ● Nella tassonomia animale, classe di Protozoi il cui corpo può modificare la sua forma per l'emissione di pseudopodi e può essere protetto da un guscio calcareo o siliceo (*Sarcodina*) | (al sing. *-o*) Ogni individuo di tale classe.

sarcòfaga [vc. dotta, dal lat. *sarcŏphaga*(*m*), f. di *sarcŏphagus* 'carnivoro'. V. *sarcofago*] s. f. ● Insetto dittero simile a un moscone, viviparo, che depone le larve sulla carne o su sostanze in decomposizione (*Sarcophaga carnaria*).

sarcofàgidi [da *sarco-*, *-fago* e la terminazione *-idi*] s. m. pl. ● Nella tassonomia animale, famiglia di Ditteri comprendente in prevalenza forme vivipare, con larve saprofaghe o parassite di organismi animali (*Sarcophagidae*) | (al sing. *-e*) Ogni individuo di tale famiglia.

sarcòfago [vc. dotta, dal lat. *sarcŏphagu*(*m*) 'carnivoro', dal gr. *sarkophágos*, comp. di *sárx*, genit. *sarkós* 'carne' e *-phágos*, da *phagêin* 'mangiare'] s. m. (pl. *-ghi*, o *-gi*) ● Cassone in pietra, marmo, terracotta, alabastro, legno, racchiudente uno o più defunti.

sarcofìllo [comp. di *sarco-* e *-fillo*] s. m. ● (*bot.*) Foglia modificata come organo di riserva per l'acqua o sostanze organiche.

sarcòfilo [comp. di *sarco-* e *-filo*] s. m. ● Marsupiale carnivoro con pelame scuro a macchie bianche, simile a un piccolo orso ma con lunga coda, aggressivo e feroce (*Sarcophylus harrisii*).

sarcòide [comp. di *sarc*(*o*)*-* e *-oide*] s. m. ● (*med.*) Neoformazione a decorso benigno che somiglia a tumore sarcomatoso senza esserlo.

sarcoidòsi [comp. di *sarcoid*(*e*) e del suff. *-osi*] s. f. ● (*med.*) Malattia sistemica, cronica, caratterizzata dalla presenza di granulomi in vari organi del corpo, spec. polmoni, linfonodi e fegato.

sarcolèmma [comp. di *sarco-* e *lemma*, dal gr. *lémma*, genit. *lémmatos* 'involucro', da *lépein* 'scortecciare', di origine indeur.] s. m. (pl. *-i*) ● (*anat.*) Membrana plasmatica di una cellula muscolare o di una fibra muscolare.

sarcolìte [comp. di *sarco-* e *-lite*] s. f. ● Silicato sodico calcico in bei cristalli trasparenti.

sarcòma [vc. dotta, dal lat. *sarcōma* (nom. acc. nt.), dal gr. *sárkōma*, genit. *sarkṓmatos* 'escrescenza carnosa', da *sárx*, genit. *sarkós* 'carne'] s. m. (pl. *-i*) ● (*med.*) Tumore maligno originato da uno qualunque dei tessuti connettivi.

sarcomatòsi [da *sarcoma* (V.), con *-osi* e la *-t-* dei casi obliqui] s. f. ● (*med.*) Manifestazione plurima di sarcomi.

sarcomatóso [da *sarcoma* (V.), con la *-t-* dei casi obliqui] agg. ● Attinente a sarcoma: *cellule sarcomatose*.

sarcòmero [comp. di *sarco-* e *-mero*] s. m. ● (*anat.*) Ciascuna delle unità strutturali che formano le miofibrille delle fibre muscolari striate.

sarcoplàsma [comp. di *sarco-* e *plasma* (V.)] s. m. (pl. *-i*) ● (*biol.*) Citoplasma delle cellule e delle fibre muscolari.

sarcràuti o **salcràuti** [dal ted. *Sauerkraut*, comp. di *sauer* 'acido' e *Kraut* 'cavolo'] s. m. pl. ● Crauti.

sàrda (**1**) [lat. *sărda*(*m*) 'sarda', f. di *Sărdus* 'della Sardegna'. V. *sardina*] s. f. ● Sardina | *Pasta con le sarde*, minestra asciutta di maccheroni o spaghetti condita con sarde fresche, acciughe salate, finocchio selvatico e olio; specialità di Palermo.

sàrda (**2**) [lat. *sărda*(*m*) 'pietra preziosa', dal gr. *Sárdeis* 'Sardi', città della Lidia] s. f. ● Varietà bruna di corniola.

sàrda (**3**) [da *sarda* (*1*)] s. f. ● Genere di pesci della famiglia degli Scombridi, che comprende la palamita (*Sarda*).

sardàgata [comp. di *sard*(*a*) (*2*) e *agata* (V.)] s. f. ● Varietà di corniola a zone chiare e scure.

sardagnòlo ● V. *sardegnolo*.

sardàna [vc. catalana di etim. incerta] s. f. ● Antica danza catalana a catena, di ritmo molto vivace.

sardanapalésco [da *Sardanapalo*] agg. (pl. m. *-schi*) ● (*lett.*) Che è dedito alla crapula, al lusso, ai piaceri | (*est.*) Sfarzoso, lussuoso.

†**sardanapalìtico** agg. ● (*raro*) Sardanapalesco.

sardanapàlo [lat. *Sardanapālu*(*m*), dal gr. *Sardanápal*(*l*)*os* 'Sardanapalo' (669-627 ca. a.C.), n. di un antico re assiro di leggendaria dissolutezza] s. m. ● (*per anton., lett.*) Persona dedita al lusso e ai piaceri: *il lombardo ... Sardanapalo* (FOSCOLO).

sardegnòlo o **sardagnòlo**, **sardignòlo**. agg. ● (*pop.*) Della Sardegna, spec. riferito agli animali: *somaro s.*

sardèlla [da *sarda* (*1*)] s. f. **1** (*zool.*) Sardina. **2** Sarda in salamoia o in barile. || **sardellìna**, dim. | **sardellùccia**, dim.

†**sardésco** [da *sardo*] agg. ● Della Sardegna.

sardìgna [da *Sardigna*, variante ant. di *Sardegna*: dal lat. *Sardĭnia*(*m*), da *Sărdus* 'Sardo', forse con allusione all'aria malsana della Sardegna] s. f. ● Anticamente, luogo fuori porta ove si ammucchiano le carogne e i rifiuti della macellazione | (*dial.*) Reparto del macello adibito alla distruzione delle carni infette o avariate.

sardignòlo ● V. *sardegnolo*.

sardìna [lat. tardo *sardīna*(*m*), da *sărda* 'sardina'. V. *sarda* (*1*)] s. f. ● Pesce dei Clupeidi verde olivastro e argenteo sul ventre con carni commestibili, sia fresche che conservate (*Sardina pilchardus*). SIN. Sarda, sardella.

sardìsmo [da *sardo*] s. m. **1** Movimento per l'autonomia amministrativa sarda, formatosi in Sardegna dopo la prima guerra mondiale. **2** (*ling.*) Parola, locuzione, struttura sintattica propria del dialetto sardo.

sardìsta [da *sardo*] **A** s. m. e f. (pl. m. *-i*) ● Seguace del sardismo. **B** anche agg.: *movimento s.*

sàrdo [lat. *Sărdu*(*m*) 'Sardo'] **A** agg. ● Della Sardegna | *Razza sarda*, pregiata razza ovina a prevalente attitudine per la produzione del latte. **B** s. m. (f. *-a*) ● Abitante, nativo della Sardegna. **C** s. m.; anche agg. ● Lingua del gruppo romanzo, parlata in Sardegna: *i dialetti sardi*.

sardònia [vc. dotta, dal lat. *sardŏnia*(*m*), dal gr. *sardónion* 'sardonio', per etim. pop. 'pianta della Sardegna'] s. f. ● Pianta delle Ranuncolacee, velenosa, comune in fossi e paludi, con fusto fistoloso, foglie palmate e trifide a piccoli fiori gialli (*Ranunculus sceleratus*).

sardònica (**1**) [vc. dotta, dal lat. *Sardŏnica*(*m*), f. sost. dal gr. *Sardonikós* 'Sardo'. V. *sardonia*] s. f. ● (*bot.*) Sardonia.

sardònica (**2**) [comp. da *sarda* (*2*) e *onice*] s. f. ● (*miner.*) Varietà di calcedonio a strati alternativamente bianchi e bruni, usata spec. per cammei. SIN. Sardonice.

sardònice s. m. ● (*miner.*) Sardonica (2).

sardònico [dal fr. *sardonique*, dal gr. *sardánios* 'amaro, convulso'] agg. (pl. m. *-ci*) ● Maligno, ironico, beffardo, detto di riso e (*est.*) di espressione del volto: *riso s.*; *ghigno s.*; *espressione, faccia sardonica* | (*med.*) *Riso s.*, atteggiamento stirato delle labbra nel tetano per contrattura dei muscoli labiali e delle guance. || **sardonicaménte**, avv.

†**sargàno** [da avvicinare all'ant. it. *sarga* 'specie di pannolano', della stessa etim. di *sargia* (V.)] s. m. ● Panno grossolano.

sargàsso [dal fr. *sargasse*, dallo sp. *sargazo*, da *sarga* 'vimine', lat. parl. **sălica*(*m*) 'salice'] s. m. ● Alga oceanica delle Fucali con tallo frondoso laminare con margini seghettati e vescicole aerifere grosse come piselli, spesso in grandi banchi (*Sargassum bacciferum*). SIN. Uva di mare | *Mar dei Sargassi*, parte dell'Oceano Atlantico a nord-est delle Antille, caratterizzato dalla copiosa presenza di sargassi. ➡ ILL. **alga**.

†**sargènte** ● V. *sergente*.

sàrgia [dall'ant. fr. *sarge*, lat. parl. **sārica*, variante di *sērica* (nt. pl.) 'stoffe di seta', da *Sēres*, dal gr. *Sḗres* 'Seri', popolo asiatico. V. *serico*] s. f. (pl. *-ge*) **1** Stoffa di lana a più colori per tendaggi, in uso in epoca medioevale e rinascimentale. **2** †Coperta da letto, di cotone, a righe multicolori e con frange. **3** Tessuto di lana pettinata in cui il diritto è a effetto di ordito, usato per mobili.

sàrgo • V. *sarago*.

sàri [deriv., attraverso l'ingl., dall'indiano *sāri*] **s. m.** • Ampia veste delle donne indiane, che copre il petto girando su una spalla e lasciando scoperta l'altra.

sariga [dal fr. *sarigue*, risalente, attraverso il port. *sarigue*, alla vc. sudamericana (tupi) *sarighe*] **s. f.** • Marsupiale americano a lunga coda squamosa e prensile, muso appuntito, orecchie membranose prive di peli e morbida pelliccia (*Didelphis*).

sarissa [vc. dotta, dal lat. *sarī(s)sa(m)*, dal gr. *sárisa* 'lancia macedone', vc. macedone di origine oscura] **s. f.** • Lunga asta usata dai Macedoni in guerra.

sarissòforo [vc. dotta, dal lat. *sari(s)sŏphoru(m)*, dal gr. *sarisophóros* 'portatore di sarissa, lanciere', comp. di *sárisa* 'sarissa' e *-phóros* '-foro'] **s. m.** • Soldato armato di sarissa.

sarmàtico [vc. dotta, dal lat. *Sarmăticu(m)*, da *Sarmătia* 'paese dei Sarmati', sul modello del gr. *Sarmatikós* 'Sarmatico'] **agg.** (**pl. m.** *-ci*) • Della Sarmazia, pianura situata a nord del Mar Nero.

sarmentàceo **agg.** • (*raro*) Di sarmento, che è simile a sarmento.

sarménto o †**serménto** [lat. *sarmĕntu(m)* 'tralcio, pollone', da *sărpere* 'potare, tagliare', di origine indeur.] **s. m.** • Fusto prostrato o rampicante con internodi molto lunghi e foglie distanziate, che produce gemme che si fissano originando nuove piante | Tralcio di vite, edera o altre piante rampicanti.

sarmentóso [lat. *sarmentōsu(m)*, da *sarmĕntum* 'tralcio'] **agg.** • Che è ricco di sarmenti.

†**sarnàcchio** • V. †*sornacchio*.

saròng [deriv., attraverso l'ingl., dal mal. *sārung*, prob. dal sanscrito *sāranga* 'variegato'] **s. m. inv.** • Veste propria di entrambi i sessi dell'arcipelago malese, generalmente di seta o di cotone stampato.

sàros [dal gr. *sáros* (*sarós*) 'ciclo di anni babilonese', di origine orientale] **s. m. inv.** • (*astron.*) Periodo di 18 anni e 11 giorni, alla fine del quale ricorrono ciclicamente le eclissi di luna e di sole.

sàrpa • V. *salpa*.

†**sarpàre** • V. *salpare*.

sarracènia [deriv. scient. moderna dal n. del naturalista canadese J. F. *Sarrazin* (XVII sec.)] **s. f.** • Pianta erbacea delle Sarraceniacee originaria americana, a foglie trasformate in ascidi tubolari con parte superiore a forma di coperchio, fiori gialli o cremisi (*Sarracenia*).

Sarraceniàcee [da *sarracenia*] **s. f. pl.** • Nella tassonomia vegetale, famiglia di piante dicotiledoni, palustri, perenni, con foglie ascidiate, fiori emiciclici e frutto a capsula (*Sarraceniaceae*) | (al sing. *-a*) Ogni individuo di tale famiglia.

sarracìno • V. †*saracino* (*1*).

sarrocchìno • V. *sanrocchino*.

sarrussòfono o **sarrușòfono** [dal fr. *sarrusophone*, comp. di *Sarrus*, n. dell'inventore, e *-phone* '-fono'] **s. m.** • (*mus.*) Strumento di ottone a colonna d'aria conica, messa in vibrazione a mezzo di un'ancia doppia.

sàrta [f. di *sarto*] **s. f.** *1* Donna che taglia e confeziona abiti, spec. femminili. *2* Addetta alla manutenzione dei costumi di un teatro o di una compagnia teatrale. ‖ **sartina**, **dim.** | **sartorèlla**, **dim.**

sàrtia o (*evit.*) **sartìa** [dal gr. tardo *exártia*, nt. pl. di *exártion* 'attrezzatura della nave'] **s. f.** (**pl.** *sàrtie* o (*evit.*) *sartìe*, †*sàrte*) *1* (*mar.*) Ciascuno dei canapi che tengono ferma la cima dell'albero perché non crolli | *Sartie di scale*, quelle che sostengono le griselle di scalinata per salire in alto | *Sartie maggiori*, quelle che tengono fermi i fusti principali dell'alberatura | *Sartie minori*, quelle per gli alberi di gabbia. ➡ **ILL.** p. 1291 SPORT; p. 1756 TRASPORTI. *2* (*al pl.*) †Corde, cavi, di ogni specie. ‖ **sartiètta**, **dim.** | **sartióne**, **accr. m.**

sartiàme [da *sartie*] **s. m.** *1* Cordame, sartie. *2* †Insieme di corde e cavi di ogni specie.

sartiàre [da *sartia*] **v. tr.** (*io sàrtio*) • (*mar.*) Fare scorrere nelle pulegge e sim. una manovra.

sartiòla [da *sartia*] **s. f.** • (*spec. al pl.*, *mar.*) Sartie degli alberetti.

sàrto o (*lett.*) †**sartóre** [lat. tardo *sărtor* (nom.) 'rammendatore', da *sărtus*, part. pass. di *sarcīre* 'rammendare'. V. *sarcina*] **s. m.** (**f.** *-a* (V.), †*-essa*, †*-ora*, †*-oressa*) • Chi esegue abiti su misura per un cliente | (*est.*) Ideatore ed esecutore di modelli per una casa di moda: *un grande s. italiano*. ‖ **sartino**, **dim.**

sartorìa [da †*sartore*] **s. f.** • Casa di mode: *abito fatto in s.* | Insieme dei sarti e delle loro attività: *la s. italiana è apprezzata ovunque* | *S. teatrale*, specializzata nella confezione di costumi per rappresentazioni teatrali o cinematografiche.

sartoriàle [da *sartoria*, sul modello dell'ingl. *sartorial*] **agg.** • Che si riferisce alla sartoria o ai sarti: *industria, attività, s.* ‖ **sartorialménte**, **avv.**

sartòrio [dal lat. *sărtor*, genit. *sartōris* 'sarto', cosiddetto dalla posizione dei sarti, a gamba flessa, quando cuciono] **s. m.** • (*anat.*) Muscolo lungo e stretto della coscia dall'anca alla faccia interna del ginocchio, che flette la gamba e abduce la coscia. ➡ **ILL.** p. 362 ANATOMIA UMANA.

sartotècnica [comp. di *sarto* e *tecnica*] **s. f.** • Tecnica della sartoria.

sartriàno [fr. *sartrien*, da J.-P. *Sartre* (1905-1980)] **agg.** • Relativo a Jean-Paul Sartre, alla sua filosofia e alla sua produzione letteraria.

sartù [vc. nap. d'origine sconosciuta] **s. m.** • (*cuc.*) Specialità napoletana consistente in uno sformato di riso condito con sugo e polpettine di carne, uova sode, mozzarella, funghi e cotto al forno.

sasànide o **sassànide** [dal persiano *Sâsân*, n. del re fondatore della dinastia] **agg.** • Relativo alla dinastia persiana regnante dal III al VII secolo d.C. | Relativo alla Persia nel periodo in cui fu governata da tale dinastia.

sassafràsso o **sassofràsso** [dal fr. *sassafras*, dallo sp. *sasafrás*, attraverso l'andaluso, dal lat. *saxĭfraga(m)* 'sassifraga' (V.)] **s. m.** • Pianta arborea delle Lauracee, dell'America settentrionale, utilizzata in medicina e per il suo legname rossiccio e aromatico (*Sassafras officinale*).

sassàia [da *sasso*] **s. f.** *1* Luogo pieno di sassi | Strada sassosa. *2* Riparo di sassi costruito in zona franosa, spec. lungo i fiumi.

sassaiòla o (*lett.*) **sassaiuòla** [da *sasso*] **s. f.** • Lancio ripetuto di sassi: *lo accolsero con una violenta s.* | Battaglia coi sassi, spec. fra ragazzi: *fare la s.*; *essere ferito in una s.*

sassaiòlo o (*lett.*) **sassaiuòlo** **agg.** • Che sta tra i sassi | *Colombo s.*, piccione selvatico.

†**sassaiuòla** • V. *sassaiola*.

sassànide • V. *sasanide*.

sassarése **A** **agg.** • Di Sassari, città della Sardegna. **B** **s. m. e f.** • Abitante, nativo di Sassari. **C** **s. m. solo sing.** • Dialetto sardo, parlato a Sassari.

sassàta **s. f.** • Colpo di sasso: *tirare una s.*; *prendere a sassate*; *fare alle sassate* | *Dare il pane e la s.*, (*fig.*) fare del bene in modo villano e scostante. ‖ **sassatèlla**, **dim.**

†**sassàtile** [vc. dotta, dal lat. *saxātile(m)* 'rupestre', da *săxum* 'roccia'] **agg.** • Che vive sulle rocce.

sassèfrica • V. *salsefrica*.

sassèlla [dal n. di luogo *Sassella*, propriamente la costa vinifera della Valtellina, deriv. di *sassa* 'sasseto', dal lat. *săxea(m)* (*tĕrra(m)*) '(terra) sassosa'] **s. m. inv.** • Vino rosso rubino, dal profumo delicato e persistente, asciutto e nervoso, prodotto dal vitigno Chiavennasca (denominazione locale del Nebbiolo).

sassèllo [da *sasso*] **A** **s. m.** • Specie di tordo poco più piccolo del tordo comune, bruno sul dorso, rossastro sui fianchi, macchiettato inferiormente (*Turdus musicus*). **B** **anche agg.**: *tordo s.*

sàsseo [vc. dotta, dal lat. *săxeu(m)* 'di pietra', da *săxum* 'roccia'] **agg.** • Di sasso | Simile a sasso.

sassèto [lat. *saxētu(m)* 'luogo sassoso', da *săxum* 'pietra'] **s. m.** • Tratto di terreno coperto di sassi.

sassìcolo [vc. dotta, lat. tardo *saxĭcola(m)* 'abitante (V. *-colo*) fra i sassi'] **agg.** • (*biol.*) Detto di organismo vegetale o animale che vive in ambiente sassoso.

†**sassificàre** [comp. di *sasso* e *-ficare*] **v. tr.** • Pietrificare.

†**sassìfico** [vc. dotta, dal lat. *saxĭficu(m)* 'che pietrifica', comp. di *săxum* 'sasso' e *-fĭcus* '-fico'] **agg.** • (*poet.*) Che ha virtù di mutare in sasso.

sassìfraga o †**sassifràgia** [vc. dotta, dal lat. *saxĭfraga(m)* (*hĕrba(m)*) '(erba) che spezza i sassi', f. di *saxĭfragus*, comp. di *săxum* 'sasso' e *-frăgus*, connesso con *frăngere* 'rompere'] **s. f.** • Sassifragacea che cresce fra le rupi con rosette di foglie carnose e seghettate, portanti al centro fusti eretti con fiori bianchi a grappolo (*Saxifraga aizoon*).

Sassifragàcee [da *sassifraga*] **s. f. pl.** • Nella tassonomia vegetale, famiglia di piante dicotiledoni, erbacee e fruticose, con piccoli fiori in infiorescenza (*Saxifragaceae*) | (al sing. *-a*) Ogni individuo di tale famiglia. ➡ **ILL.** **piante** /6.

†**sassifràgia** • V. *sassifraga*.

sassìșmo [da *sasso*] **s. m.** • Pratica sportiva che consiste nell'arrampicarsi su massi o piccole formazioni rocciose.

sassista **s. m. o f.** (**pl. m.** *-i*) • Chi pratica il sassismo.

sàsso [lat. *săxu(m)* 'pietra, masso', di origine indeur.] **s. m.** *1* Pietra, di forma e dimensioni varie, così come si trova in natura | Masso, blocco, macigno: *il nudo, il duro s.*; *sedere sopra un s.*; *mettersi un s. al collo*; *spaccare i sassi* | (*fig.*) *Essere un s.*, *essere di s.*, *essere duro come un s.*, essere duro, insensibile d'animo | *Non essere di s.*, essere soggetto alle tentazioni, ai sentimenti e sim. tipici dell'uomo in quanto carne e spirito | *Avere un cuore di s.*, essere crudele e spietato | *Rimanere di s.*, profondamente stupito, sorpreso, spaventato e perciò incapace di muoversi, di parlare e sim. | (*raro*) *Mettere un s. sopra a q.c.*, non parlarne, dimenticare, chiudere definitivamente l'argomento. *2* Materia pietrosa: *s. arenoso, da calce, spezzato*; *casa fondata sul s.*; *scolpire, incidere, scavare nel s.* *3* Ciottolo, frammento di pietra: *tirare sassi a qc.*; *un tiro di s.*; *fare ai sassi*; *una strada tutta sassi* | *Lanciare un s. nello stagno*, (*fig.*) in una situazione di quiete e pigra immobilità, provocare deliberatamente una serie sempre più vasta di discussioni e contestazioni sollevando un problema che inizialmente può apparire di lieve entità | *Tirare, gettare sassi in piccionaia, in colombaia*, (*fig.*) agire in modo da danneggiare sé e gli altri | *Gettare il s. e nascondere la mano*, (*fig.*) cercare di danneggiare qc. senza esporsi | *Far piangere i sassi*, *fare pena, compassione, ai sassi*, (*fig.*) di persona, cosa, situazione particolarmente triste, penosa o ridicola. *4* Parete rocciosa e scoscesa di un monte | (*est.*) Monte dai fianchi scoscesi: *nel crudo s. intra Tevero e Arno* (DANTE *Par.* XI, 106) | Luogo sassoso, montuoso: *è nato fra quei sassi*; *i sassi alpestri*. *5* (*lett.*) Pietra sepolcrale, sepolcro: *duro s. / che 'l mio caro tesoro in terra asconde* (PETRARCA). ‖ †**sassarèllo**, **dim.** | **sassatèllo**, **dim.** | **sasserèllo**, **dim.** | **sassettino**, **dim.** | **sassétto**, **dim.** | **sassolétto**, **dim.** | **sassolino**, **dim.** | **sassóne**, **accr.** | **sassuòlo**, **dim.**

sassofonista o **saxofonista**. **s. m. e f.** (**pl. m.** *-i*) • Chi suona il sassofono.

sassòfono o **saxòfono** [adattamento del fr. *saxophone*, comp. dal nome dell'inventore, il belga A. *Sax* (1814-1894), e *-phone* '-fono'] **s. m.** • (*mus.*) Strumento di ottone la cui colonna d'aria racchiusa in un tubo conico è posta in vibrazione a mezzo di un'ancia simile a quella del clarinetto: *s. soprano, contralto, tenore, baritono, basso*. ➡ **ILL.** **musica**.

sassofràsso • V. *sassafrasso*.

sàssola o **sèssola** [di etim. incerta, prob. onomat.] **s. f.** *1* (*mar.*) Cucchiaia di legno di forma rettangolare con corta impugnatura, con la quale si sgotta l'acqua entrata accidentalmente nelle imbarcazioni. **SIN.** Gottazza. *2* (*est.*) Cucchiaia di vario materiale che serve per asportare o trasportare piccole quantità di farina, granaglie e sim.

sassolino (**1**) [dal toponimo *Sasso*, in Toscana, dove si trovano i soffioni che danno questo minerale] **s. m.** • Sassolite in pagliuzze o in incrostazioni bianche.

sassolino (**2**) [dal n. della località di *Sassuolo* (Modena)] **s. m.** • Liquore aromatizzato con anice.

sassolite [dal toponimo *Sasso*, con *-lite* (*2*)] **s. f.** • Idrossido di boro in cristalli tabulari, madreperlacei, solubili in acqua.

sàssone [vc. dotta, dal lat. *Săxone(m)*] **A** **agg.** • Della Sassonia. **B** **s. m. e f.** • Abitante, nativo della Sassonia. **C** **s. m. solo sing.** • Lingua degli antichi Sassoni | Dialetto della Sassonia.

sassóso [lat. *saxōsu(m)* 'pietroso', da *săxum* 'sasso'] **agg.** • Pieno di sassi: *terreno s.* | (*raro, lett.*) Simile a sasso: *grandine sassosa.*

sassotrómba o **saxotrómba** [adattamento di *saxotromba*, comp. di *saxo-*, dal n. del belga A. *Sax*, inventore dello strumento, e *tromba*] **s. f.** • Famiglia di strumenti a fiato a pistoni brevettati da A. Sax nel 1845.

Sàtana o †**Satànno** [lat. tardo *sătan*, dal gr. *satân*, dall'ebr. *śāṭān* 'nemico, avversario'] **s. m. inv.** • Nella Bibbia, il nemico di Dio e del bene | Nel Cristianesimo, lo spirito del male.

satanàsso (**1**) [lat. tardo (eccl.) *sātanas*, dal gr. *satanâs*, variante di *satân* 'Satana'] **s. m.** ***1*** (*pop.*) Satana | (*raro*) *Darsi a s.*, disperarsi. ***2*** (*est.*) Persona violenta, furiosa: *gridare come un s.*; *sembrare un s.* | Persona irrequieta, sempre in attività: *è un s. che non sta fermo un momento* | Ragazzo molto vivace.

satanàsso (**2**) [da *satanasso* (*1*), per l'aspetto] **s. m.** • Scimmia sudamericana con imponente capigliatura e lunga barba di colore scuro (*Chiropotes satanas*).

sataneggiàre [da *Satana*] **v. intr.** (*io satanéggio*; aus. *avere*) • Manifestare spec. in opere letterarie e sim. sentimenti di violenza, ribellione, di esaltazione del male in ogni sua forma, di negazione della divinità, e sim.

satànico [vc. dotta, dal gr. *satanikós*, da *satân* 'Satana'] **agg.** (pl. m. *-ci*) ***1*** Di Satana: *culto satanico* | Diabolico. ***2*** (*fig.*) Che rivela perfidia, malignità, disumanità: *piano, progetto s.* || **satanicaménte**, avv.

satanìsmo [da *Satana*, con *-ismo*, sul modello dell'ingl. *satanism*] **s. m.** ***1*** Indirizzo che, all'interno di alcune religioni, pratica il culto dello spirito del male e predica la ribellione a Dio | Indirizzo proprio di alcune sètte religiose o del quale alcune di esse furono accusate. ***2*** Nella letteratura del romanticismo e del decadentismo, atteggiamento libertario di cosciente lotta contro le idee morali e spec. religiose viste come limite a una libera espansione delle forze intellettuali.

satanista **s. m. e f.** (pl. m. *-i*) • Chi pratica, segue il satanismo.

†**Satànno** • V. *Satana.*

satellitàre [den. di *satellite*] **A agg.** • Di un satellite | Detto di dispositivo basato sull'impiego di segnali scambiati con satelliti artificiali: *telefono s.*, *localizzatore s.* **B** anche **s. m.**

satellitàrio **agg.** • Satellitare.

satèllite [vc. dotta, dal lat. *satĕllite(m)* 'guardia del corpo', di presunta origine etrusca] **A s. m.** ***1*** †Guardia del corpo, accompagnatore di persona potente | (*lett.*) Sbirro, sgherro: *Renzo era levato; i due satelliti gli stavano ai fianchi* (MANZONI). ***2*** (*est.*) Seguace, persona di fiducia | (*spreg.*) Chi sta continuamente al fianco di una persona autorevole e potente tributandogli cieca obbedienza, per motivi di interesse, opportunismo, adulazione, e sim.: *l'onorevole e i suoi satelliti.* ***3*** (*astron.*) Corpo celeste oscuro orbitante intorno a un pianeta: *la Luna è l'unico s. della Terra*; *i satelliti di Giove* | *Satelliti galileiani*, i satelliti di Giove, scoperti da G. Galilei. ➡ ILL. p. 830, 831 SISTEMA SOLARE. ***4*** (*aer.*) *S. artificiale*, oggetto fabbricato dall'uomo e da questi messo in orbita mediante un razzo vettore intorno a un corpo celeste, gener. la Terra, a scopo di comunicazione, osservazione, ricerca e sim. | *S. attivo*, satellite artificiale contenente sistemi di comunicazione, alimentazione, stabilizzazione di assetto e propulsione e usato come stazione ripetitrice di ponte radio per telecomunicazioni commerciali, assistenza alla navigazione aerea e marittima, osservazione meteorologica, ricerca di risorse terrestri e ricognizione militare | *S. passivo*, satellite artificiale che non contiene apparecchiature elettroniche ma è costituito da materiali capaci di riflettere le radioonde | *S. meteorologico*, satellite artificiale destinato alla sorveglianza continua della superficie e dell'atmosfera terrestre | *Trasmissione, collegamento via s.*, quella televisiva intercontinentale effettuata per mezzo di satelliti artificiali | *S. pellicolare*, satellite artificiale costituito da un involucro in sottilissima pellicola che viene lanciato ripiegato nello spazio e qui gonfiato. ***5*** (*mecc.*) Ruota dentata, montata su braccio mobile di un ruotismo epicicloidale, che ingrana sul solare e sulla corona. SIN. Ruota planetaria | Ruota intermedia spostabile di un cambio di velocità. ***6*** (*anat.*) Struttura vascolare, nervosa o muscolare che si affianca ad altra struttura con funzione più importante: *il sartorio è chiamato anche s. dell'arteria femorale.* ***7*** (*biol.*) Parte di cromosoma collegata al corpo di questo da un filamento sottilissimo, più o meno lungo. ***8*** (*elab.*) Calcolatore elettronico collegato a distanza con un altro più potente. **B** in funzione di **agg.** • (posposto a un s.) Che sta attorno | *Stato, partito s.*, che dipende politicamente da un altro | *Città s.*, complesso di abitazioni autosufficienti nelle vicinanze di una città più importante.

satellitìsmo **s. m.** • Condizione di dipendenza politico-economica di uno stato da un altro più potente.

†**satellìzio** [vc. dotta, dal lat. tardo *satellĭtiu(m)* 'guardia, scorta', da *satĕlles*, genit. *satĕllitis* 'guardia del corpo'] **s. m.** • Insieme di guardie del corpo, seguaci e sim.

satellizzàre [comp. di *satell(ite)* e *-izzare*] **v. tr.** ***1*** Inviare nello spazio un corpo con velocità e traiettoria tali da farne un satellite artificiale. ***2*** Mettere Paesi più piccoli in stato di dipendenza politica, militare, economica e sim. nei confronti di un Paese più grande.

satellizzazióne **s. f.** • Atto, modo ed effetto del satellizzare.

satellòide [comp. di *satell(ite)* e *-oide*] **s. m.** • Satellite artificiale previsto per orbitare nell'altissima atmosfera, dotato di mezzi di propulsione per superare la pur minima resistenza aerodinamica.

sàtem /'satem, *avestico* 'satəm/ [adattamento dell'avestico *satem* 'cento', dalla base indeur. **kmtom*] **agg. inv.** • (*ling.*) *Lingue s.*, insieme di lingue indoeuropee del gruppo orientale che hanno cambiato la velare occlusiva sorda |k| in una sibilante |s| e |ʃ|.

satì o **sàti** [fr. *sâti*, dall'hindi *sâti*, f. di *sat* 'saggio'] **A s. f.**; anche **agg.** • (*relig. induista*) Sposa virtuosa e fedele che alla morte del marito si sacrifica sul rogo assieme al cadavere di lui: *vedova s.* **B s. m.** • Il sacrificio stesso della vedova.

satin /fr. sa'tɛ̃/ [vc. fr., dall'ar. *Zaitūm*, n. della città cinese da cui veniva il prodotto] **s. m. inv.** • Tessuto di cotone che imita all'apparenza e al tatto la seta, usato spec. per fodere.

satinàre [adattamento del fr. *satiner*] **v. tr.** ***1*** (*tess.*) Calandrare una stoffa, dandole lucentezza serica. ***2*** (*cart.*) Sottoporre a satinatura. ***3*** (*tecnol.*) Rendere opaca la superficie di un oggetto di metallo spec. d'oro o d'argento.

satinàto part. pass. di *satinare*; anche **agg.** • Nei sign. del v.

satinatrìce [da *satinare*] **s. f.** • (*tess.*) Tipo di calandra impiegata per l'operazione di stiramento del satin.

satinatùra **s. f.** ***1*** Atto, effetto del satinare. ***2*** Operazione di levigatura e lucidatura del foglio di carta o di cartone.

satinèlla [da *satin* (V.)] **s. f.** • Stoffa di seta simile al satin.

sàtira [vc. dotta, dal lat. *sătira(m)*, variante di un ant. *sătura* 'satira, componimento misto di prosa e versi', abbreviazione di *sătura lănx* 'piatto ricolmo, macedonia di frutta e legumi'. V. *saturo*] **s. f.** ***1*** Componimento poetico che critica argutamente le debolezze umane | Insieme dei componimenti satirici di un autore, un periodo, una letteratura: *la s. di Giovenale*; *la s. classica*; *la s. latina.* ***2*** (*est.*) Discorso, scritto, atteggiamento e sim. che ha più o meno esplicitamente lo scopo di mettere in ridicolo ambienti, concezioni, modi di vivere e sim.: *il suo racconto è una s. del mondo artistico*; *essere portato alla s.*; *mettere in s.*; *fare oggetto di s.*; *la s. dei costumi moderni*; *dare la s. a qc.*, canzonarlo. || **satiràccia**, pegg. | **satirétta**, dim.

†**satiràle** [da *satiro* (*1*)] **agg.** • (*raro*) Di satiro.

satireggiàre [da *satira*] **A v. tr.** (*io satiréggio*) • Mettere in satira, biasimare mediante la satira: *s. i costumi.* **B v. intr.** (aus. *avere*) • Fare della satira | Scrivere satire.

satirésco [da *satiro* (*1*)] **agg.** (pl. m. *-schi*) ***1*** Di, da satiro: *orecchie satiresche.* ***2*** Nella loc. *dramma s.*, dramma giocoso rappresentato dopo una trilogia in Grecia. || **satirescaménte**, avv. A maniera di satiro.

satirìași [vc. dotta, dal lat. tardo *satyrĭasi(m)* 'priapismo doloroso', dal gr. *satyríasis*, da *Sátyros* 'satiro, essere licenzioso'] **s. f.** • (*psicol.*) Esagerazione morbosa del desiderio sessuale nell'uomo.

satìrico (**1**) [vc. dotta, dal lat. tardo *satĭricu(m)*, da *sătira* 'satira'] **A agg.** (pl. m. *-ci*) • Di satira, che ha caratteri di satira: *discorso, componimento, s.* SIN. Burlesco, caustico, ironico, mordace, sarcastico, sferzante. || **satiricaménte**, avv. In modo satirico, per mezzo della satira. **B s. m.** • Scrittore di satire.

†**satìrico** (**2**) [vc. dotta, dal lat. *satўricu(m)* 'satiresco', dal gr. *satyrikós*, da *Sátyros* 'satiro'] **agg.** • Di satiro, proprio dei satiri.

satirióne [dal lat. *satўrion* (nt.), prestito del gr. *satýrion*, da *Sátyros* 'satiro, essere licenzioso'] **s. m.** • (*bot.*) Fungo velenoso dei Gasteromiceti con gambo bianco e cappello con alveoli grigio-olivastri viscidi e puzzolenti (*Phallus impudicus*).

†**satirìsco** [vc. dotta, dal lat. *satyrĭscu(m)* 'satiretto', dal gr. *Satyrískos*, dim. di *Sátyros* 'satiro'] **s. m.** • Piccolo satiro.

satirìsta [vc. dotta, dal gr. *satyristḗs* (nom.) 'attore di dramma satiresco', da *satyrízein* 'fare il satiro', da *Sátyros* 'satiro'] **s. m.** (pl. *-i*) • Scrittore di satire.

satirizzàre **v. tr. e intr.** (aus. *avere*) • (*raro*) Satireggiare.

sàtiro (**1**) [vc. dotta, dal lat. *Sătyru(m)*, dal gr. *Sátyros* 'divinità boschereccia compagna di Bacco', di origine incerta] **s. m.** ***1*** Nella mitologia greco-romana, divinità dei boschi, avente figura umana, con piedi e orecchie caprini, coda di cavallo o di capro, comunemente, con le Ninfe, nel corteo di Bacco. ***2*** (*fig.*) Uomo lascivo, morbosamente lussurioso: *un vecchio s.* ***3*** (*fig.*) †Uomo rozzo e selvatico: *il s. si anderà a poco a poco addomesticando* (GOLDONI). || **satirétto**, dim. | **satirìno**, dim.

†**sàtiro** (**2**) [da *satira*, con sovrapposizione di *satiro* (*1*)] **s. m.** • Autore di satire, poeta satirico.

†**satisfàre** e *deriv.* • V. *soddisfare* e *deriv.*

satisfattòrio [dal lat. *satisfăctus* 'soddisfatto'] **agg.** ***1*** (*dir.*) Che libera da una obbligazione: *pagamento s.* ***2*** †V. †*soddisfattorio.*

satìvo [vc. dotta, dal lat. *satīvu(m)* 'coltivato', da *sătus*, part. pass. di *sĕrere* 'seminare'. V. *seme*] **agg.** ***1*** Atto a essere seminato: *terreno, campo s.* ***2*** Coltivato, coltivabile: *piante sative.*

†**sàto** [lat. tardo (eccl.) *sătum*, dal gr. *sáton*, dall'ebr. *seah*] **s. m.** • Antica misura di capacità, presso gli Ebrei.

satólla [da *satollare*] **s. f.** • (*tosc.*) Quantità di cibo tale da satollare: *prendere, fare, una s.* | *Dormire la s.*, dormire dopo i pasti.

satollaménto **s. m.** • (*raro*) Modo e atto del satollare o del satollarsi.

†**satollànza** **s. f.** • Satollamento.

satollàre [lat. *satullāre*, da *satŭllus* 'satollo'] **A v. tr.** (*io satóllo*) • Rendere satollo, saziare di cibo. SIN. Rimpinzare. **B v. intr. pron.** • Mangiare a sazietà, riempirsi di cibo: *satollarsi di dolci.*

†**satollézza** [da *satollo*] **s. f.** • Satollamento.

satóllo [lat. *satŭllu(m)*, da *sătur*, genit. *sătŭri* 'sazio'. V. *saturo*] **agg.** ***1*** Sazio, pieno di cibo. ***2*** †Pago, soddisfatto: *essere s. di piangere.*

†**sàtoro** • V. *saturo.*

†**sàtrapa** • V. *satrapo.*

sàtrape • V. *satrapo.*

satrapéssa [f. di *satrapo*] **s. f.** ***1*** Moglie del satrapo. ***2*** (*fig.*) Donna eccessivamente autoritaria.

satrapìa [vc. dotta, dal lat. *satrapīa(m)* 'provincia governata da un satrapo', dal gr. *satrapéia*, da *satrápēs* 'satrapo'] **s. f.** • Nell'impero persiano, distretto governato da un satrapo | Dignità di satrapo | Durata di tale dignità.

satràpico [vc. dotta, dal gr. *satrapikós*, da *satrápēs* 'satrapo'] **agg.** (pl. m. *-ci*) • Di satrapo, proprio dei satrapi.

sàtrapo o †**sàtrapa**, (*raro*) **sàtrape** [vc. dotta, dal lat. *sătrape(m)*, dal gr. *satrápēs* 'governatore persiano di provincia', adattamento dell'ant. persiano *xšathrapa* 'signore (*-pā*) del regno (*xšathra-*)'] **s. m.** (f. *-essa* (V.)) ***1*** Nell'impero persiano, dignitario posto a capo di un distretto. ***2*** (*fig.*) Chi approfitta della propria carica, posizione e sim. per spadroneggiare sugli altri, ignorando e calpestando i loro diritti, esigenze e sim., con l'autoritarismo considerato tipico dei dignitari orientali: *essere un s.*; *fare il s.* ‖ **satrapóne**, accr.

sàtura [vc. dotta, dal lat. *sătura(m)*, prob. ellissi di *sătura lanx* 'piatto farcito, macedonia', con allusione a un genere letterario misto di prosa e di versi. V. *satira*] s. f. ● Nell'antica letteratura latina, forma teatrale con mescolanza di musica, canto e parti danzate.

saturàbile agg. ● Che si può saturare.

saturabilità s. f. ● Qualità di ciò che è saturabile.

saturàre [vc. dotta, dal lat. *saturāre* 'saziare', da *sătur*, genit. *sături* 'saturo, pieno'] **A** v. tr. (*io sàturo*) *1* (*chim.*) Sciogliere sostanze in un solvente fino alla massima concentrazione possibile | Trasformare un composto contenente legami multipli in un altro avente solo legami semplici. *2* (*elettr.*, *elettron.*) Portare a saturazione un circuito magnetico o un dispositivo elettronico. *3* (*fig.*) Riempire eccessivamente oltre il giusto e il dovuto: *studiare non significa saturarsi il cervello di date e nomi*; *s. il mercato di autoveicoli*. *4* †Saziare. **B** v. intr. pron. ● Riempirsi, saziarsi (*anche fig.*): *si satura di giornali a fumetti*.

saturatóre [da *saturare*: cfr. il lat. tardo *saturātor*, genit. *saturatōris*] s. m. (f. *-trice*) ● Qualunque dispositivo atto a produrre una saturazione.

saturazióne [vc. dotta, dal lat. *saturatiōne(m)* 'satollamento', da *saturātus* 'saziato'] s. f. *1* Atto, effetto del saturare o del saturarsi (*anche fig.*): *la s. di un composto chimico*; *s. del mercato*. *2* (*fis.*) Condizione in cui un aumento in una causa di qualsiasi tipo non produce un ulteriore aumento nell'effetto risultante | (*gener.*) Presenza, in un dato ambiente, della massima quantità possibile di una sostanza | *Punto di s.*, temperatura alla quale, per una data pressione costante, il vapore di una sostanza diventa saturo, cioè inizia la liquefazione | *Arrivare al punto di s.*, (*fig.*) averne abbastanza, non sopportare oltre e sim. | *Tensione di s.*, pressione esercitata dal vapore di una data sostanza, quando, nell'unità di volume dello spazio occupato dal vapore, se ne trova la massima quantità possibile | *S. magnetica*, stato raggiunto da un circuito magnetico per il quale un aumento della corrente eccitatrice non fa più aumentare sensibilmente il flusso. *3* (*psicol.*) *S. cromatica*, proprietà psicologica del colore, determinata dal numero delle diverse lunghezze d'onda presenti nella luce | *S. psichica*, condizione determinata dalla presenza di un'azione che si ripete a lungo in un contesto invariato.

saturèia [vc. dotta, dal lat. *saturēia(m)* 'santoreggia'. V. *santoreggia*] s. f. ● Pianta erbacea delle Labiate con radice a fittone, caule rossastro, foglie lanceolate e fiori bianchi punteggiati di rosa (*Satureja hortensis*). SIN. Santoreggia.

†**saturità** [vc. dotta, dal lat. *saturitāte(m)* 'sazietà', da *sătur*, genit. *sături* 'sazio'] s. f. ● Qualità di ciò che è saturo.

saturnàle [vc. dotta, dal lat. *Saturnāle(m)* 'proprio di Saturno', da *Satŭrnus* 'Saturno'] **A** agg. ● (*lett.*) Del dio Saturno, che è sacro al dio Saturno. **B** s. m. al pl. (*Saturnàli* nel sign. 1) *1* Feste popolari, presso gli antichi Romani, celebrate a dicembre, in onore di Saturno, a chiusura dell'anno vecchio e ad apertura dell'anno nuovo. *2* (*fig.*, *lett.*) Tempo di baldorie, di licenza sfrenata: *questi saturnali del caldo* (MONTALE).

†**saturnalìzio** [vc. dotta, dal lat. *Saturnalĭciu(m)* 'proprio dei saturnali', da *Saturnālis* 'saturnale'] agg. ● Saturnale: *feste saturnalizie*.

satùrnia [vc. dotta, dal lat. *Satŭrnia(m)* 'Giunone, figlia di Saturno', f. di *Satŭrnius*, da *Satŭrnus* 'Saturno': così detta per le macchie sulle ali, simili a quelle del pavone (sacro a Giunone)] s. f. ● Farfalla notturna spesso di grandi dimensioni a livrea elegante, ma non appariscente, con larve voracissime divoratrici di qualunque vegetale (*Saturnia*).

saturniàno [dal n. del pianeta *Saturno*, sul modello dell'ingl. *Saturnian*] **A** agg. ● Del pianeta Saturno | *Temperamento s.*, caratterizzato dal prevalere degli influssi di Saturno sul temperamento del tipo astrologico. **B** s. m. ● Ipotetico abitante del pianeta Saturno.

saturnìno [vc. dotta, dal lat. *Saturnīnu(m)* 'di Saturno', da *Satŭrnus* 'Saturno'] agg. *1* (*raro*) Del pianeta Saturno. *2* (*lett.*) Malinconico, triste. *3* (*med.*) Detto di malattia di chi lavora il piombo.

satùrnio [vc. dotta, dal lat. *Satŭrniu(m)*, da *Satŭrnus* 'Saturno'] **A** agg. ● (*lett.*) Del dio Saturno, sacro al dio Saturno | *Terra saturnia*, l'Italia che, secondo la leggenda, ebbe Saturno come re. **B** agg.; anche s. m. ● Verso della poesia latina arcaica.

saturnìsmo [da *saturno* (*2*) con *-ismo*] s. m. ● (*med.*) Intossicazione cronica da piombo che si manifesta principalmente con disturbi intestinali, orletto gengivale grigio-bluastro e talvolta con lesioni muscolari e nervose.

Satùrno (**1**) [dal lat. *Satŭrnu(m)*, forse di origine etrusca] s. m. ● (*astron.*) Sesto pianeta, in ordine di distanza dal Sole, dal quale in media dista 1428 milioni di kilometri, la cui massa è 95 volte quella della Terra; è circondato dai caratteristici anelli e di esso si conoscono 11 satelliti | (*astrol.*) Pianeta che domina i segni zodiacali del Capricorno e dell'Acquario. ➡ ILL. p. 831 SISTEMA SOLARE; **zodiaco**.

satùrno (**2**) [dal n. del pianeta *Saturno*, secondo l'attribuzione degli alchimisti] s. m. ● Nell'alchimia medievale, piombo.

sàturo o (*lett.*) †**sàtoro** [vc. dotta, dal lat. *săturu(m)* 'sazio', di origine indeur. V. *saziare*] agg. *1* (*lett.*) †Satollo, sazio. *2* (*chim.*, *fis.*) Che ha raggiunto la saturazione | *Soluzione satura*, in cui non si può sciogliere ulteriore sostanza | *Aria satura d'umidità*, in cui il grado igrometrico è 100. *3* (*fig.*) Pieno, traboccante: *sguardi saturi di odio*.

saudade /*port.* sau'dadə, *port. bras.* sau'dadʒi/ [vc. port., che continua il lat. *solitāte(m)* 'isolamento, solitudine', da *sōlus* 'solo'] s. f. inv. ● Nostalgia, rimpianto malinconico tipico della cultura letteraria e musicale portoghese.

saudiàno agg. ● Saudita.

saudìta [dalla dinastia di *Ibn Sa'ūd* (1902-1969)] **A** agg. (pl. m. *-i*) ● Che si riferisce alla dinastia di Ibn Sa'ūd, al territorio o sim. su cui tale dinastia regna: *Arabia Saudita*. **B** s. m. e f. ● Abitante, nativo dell'Arabia Saudita.

sàuna [vc. finnica, propriamente 'stanza da bagno'] s. f. *1* Pratica fisioterapica di origine nordica consistente in un bagno di vapore alternato con docce fredde e massaggi. *2* Luogo ove si fa questo bagno.

Sàuri [vc. dotta, dal lat. tardo *sāuri* (nom. pl.) 'rettili', dal gr. *sâuros*, pl. *sâuroi*] s. m. pl. ● Nella tassonomia animale, Rettili con corpo allungato, quattro arti pentadattili talora rudimentali o mancanti per riduzione secondaria, pelle rivestita da squame, riproduzione ovipara (*Sauria*) | (al sing. *-o*) Ognuno di tali Rettili.

Saurìschi [comp. di *saur(o)* e *ischio*] s. m. pl. ● Nella tassonomia animale, gruppo di Arcosauri estinti, caratterizzati da una cintura pelvica tipicamente rettiliana (*Saurischia*) | (al sing. *-sco*) Ogni individuo di tale gruppo.

sàuro [dal provz. *saur* 'bruno chiaro', dal francone *saur* 'secco, giallo-bruno'] **A** agg. ● Detto di mantello equino con peli di colore variato dal biondo al rosso. **B** s. m. ● Cavallo sauro.

sauròctono [vc. dotta, dal lat. *Sauroctŏnu(m)*, dal gr. *Sauroktónos* '(Apollo) uccisore di lucertole', comp. di *sâuros* 'lucertola' e *-któnos*, da *ktéinein* 'uccidere'] agg. ● (*lett.*) Uccisore di lucertole.

Sauròpsidi [comp. di *saur(o)* e del gr. *ópsis* 'aspetto', 'apparenza'] s. m. pl. ● Nella tassonomia animale, superclasse comprendente i Rettili e gli Uccelli in quanto organismi filogeneticamente e anatomicamente affini (*Sauropsida*) | (al sing. *-e*) Ogni individuo di tale categoria.

Sauroptèrigi [comp. del gr. *sâuros* 'lucertola' e *pterýgion* 'paletta', dim. di *ptéryx*, genit. *ptérygos* 'ala'] s. m. pl. ● Rettili marini di grandi dimensioni, con arti pinniformi, vissuti nel Trias e nel Cretaceo (*Sauropterygia*) | (al sing. *-gio*) Ognuno di tali rettili.

Saurùri [comp. del greco *sâuros* 'lucertola', e di *-uro* (*2*)] s. m. pl. ● Sottoclasse di Uccelli fossili con lunga coda, tre dita con unghie alle ali e mascelle fornite di denti (*Saururae*) | (al sing. *-o*) Ogni individuo di tale sottoclasse.

saussuriàno /sossu'rjano/ [fr. *saussurien*, da F. de *Saussure* (1857-1913)] agg. ● (*ling.*) Relativo al linguista svizzero F. de Saussure, alle sue teorie e alla sua produzione scientifica.

sauté /*fr.* so'te/ [vc. fr., part. pass. di *sauter* 'saltare', poi 'rosolare'] **A** agg. inv. ● (*cuc.*) Rosolato a fuoco vivo, saltato | *A la s.*, al salto, di cibo rapidamente rosolato in padella. **B** s. m. inv. ● (*cuc.*) Vivanda cotta al salto: *un s. d'agnello*.

sauvignon /*fr.* sovi'ɲɔ̃/ [n. fr. di orig. sconosciuta] s. m. inv. ● (*enol.*) Vitigno della Francia occidentale (Loira e Bordeaux) da cui si ricava il vino bianco omonimo.

savàna o (*raro*) **savànna** [dallo sp. *sabana*, da una vc. aruaca di Haiti] s. f. ● Formazione vegetale di alte erbe e alberi sparsi, estesa ai margini della foresta equatoriale, con alterne stagioni secche e umide.

savarin /*fr.* sava'rɛ̃/ [vc. fr., dal n. del gastronomo A. Brillat-*Savarin* (1755-1826)] s. m. inv. ● Dolce a forma di ciambella, il cui impasto è simile a quello del babà.

†**savére** ● V. *sapere*.

savétta [vc. dell'Italia sett., d'orig. sconosciuta] s. f. ● Pesce dei Ciprinidi che vive nei fiumi dell'Italia settentrionale (*Chondrostoma soetta*).

saviézza s. f. ● Qualità di chi, di ciò che è savio.

savina ● V. *sabina*.

sàvio [dal provz. *sabi*, *savi*, dal lat. parl. **sāpiu(m)* 'saggio', da *săpere* 'esser saggio'. V. *sapere*] **A** agg. *1* Che possiede assennatezza, saggezza, accortezza, prudenza: *essere*, *diventare*, *mostrarsi s.*; *è una ragazza poco savia per l'età che ha* | Quieto, posato, giudizioso, detto spec. di bambini: *sii s.*; *cerca di fare il bambino s.* | Che è pensato, detto o fatto in modo savio: *consiglio s.*; *parole savie*; *comportamento s.* | †*Fare qc. s. di q.c.*, informarlo, farlo accorto. SIN. Accorto, assennato, avveduto, prudente, saggio, sensato. *2* Che è in pieno possesso delle proprie facoltà mentali: *parlare*, *comportarsi*, *agire*, *da persona savia*; *quel fanciullo non sarà mai un uomo s.* CONTR. Matto, pazzo. *3* †Dotto, abile, in una scienza o disciplina: *questo re fu s. di scienze e di costumi* (VILLANI) | †*Savia donna*, levatrice. ‖ **saviaménte**, avv. Con saviezza, da saggio, prudente. **B** s. m. *1* Uomo assennato, saggio, accorto. *2* Chi è in pieno possesso delle proprie facoltà mentali: *i savi e i matti*. CONTR. Matto, pazzo. *3* Uomo dotato di grande esperienza e sapienza: *i grandi savi dell'antichità*; *i sette savi di Grecia*; *quel s. gentil, che tutto seppe* (DANTE *Inf.* VII, 3) | *Il Savio*, (*per anton.*) Salomone. *4* Nel Medioevo e nel Rinascimento, magistrato anziano e particolarmente esperto avente funzioni spec. consultive in organi collegiali: *il consiglio dei savi*; *i venti savi* ‖ PROV. Bisogna che il savio porti il pazzo in spalla. ‖ **savierèllo**, dim. | †**savióne**, accr. | †**saviòtto**, accr.

savoiàrdo [da *Savoia*, dal lat. tardo *Sapāudia(m)*, dall'etnico ant. *Sapāudi*, *Sabāudi*] **A** agg. ● Della Savoia. **B** s. m. (f. *-a* nel sign. 1) *1* Abitante della Savoia. *2* Biscotto oblungo, soffice e molto nutriente, a base di farina, uova e zucchero. **C** s. m. solo sing. ● Dialetto parlato nella Savoia.

savoir-faire /*fr.* sa'vwar 'fɛr/ [vc. fr., propriamente 'saper (*savoir*) fare (*faire*)'] loc. sost. m. inv. ● Capacità di destreggiarsi in ogni evenienza con tatto e signorile eleganza.

savoir-vivre /*fr.* savwar'vivr/ [vc. fr., propr. 'saper vivere'] s. m. inv. ● Capacità di muoversi e comportarsi con tatto e disinvoltura, basata sulla conoscenza del mondo e sul rispetto delle convenienze sociali.

savonaròla [dalla sedia di G. *Savonarola* (1452-1498), frate domenicano, in S. Marco a Firenze] s. f. ● Tipo di sedia o poltrona d'antica origine toscana, costituita da un numero variabile di stecche incrociate, da braccioli diritti e da una spalliera di cuoio, stoffa o legno.

savonése **A** agg. ● Di Savona. **B** s. m. e f. ● Abitante, nativo di Savona.

savonétta (**1**) ● V. *saponetta* (*2*).

savonétta (**2**) ● V. *saponetta* (*1*).

†**savóre** ● V. *sapore*.

savoréggia [variante di *santoreggia* (V.), con sovrapposizione di *savore* 'sapore', per l'uso culinario] s. f. (pl. *-ge*) ● (*bot.*) Santoreggia.

†**savórna** ● V. *zavorra*.

†**savòrra** o **savórra** ● V. *zavorra*.

†**savorràre** ● V. *zavorrare*.

sax [dal n. del belga A. *Sax* (1814-1894), l'inventore] s. m. inv. ● (*mus.*) Abbr. di saxofono.

saxhorn /*ingl.* 'sæks hɔ:n/ [vc. ingl., comp. di *sax*

(V.) e *horn* 'corno'] **s. m. inv.** ● Strumento a fiato in ottone, a bocchino e pistoni, con tubo leggermente conico terminante in un ampio padiglione.

saxofonista ● V. *sassofonista*.

saxòfono ● V. *sassofono*.

saxotrómba ● V. *sassotromba*.

saziàbile [vc. dotta, dal lat. tardo *satiābile(m)*, da *satiāre* 'saziare'] **agg.** ● (*raro*) Che si può saziare. || **saziabilménte**, **avv.** Con sazietà, con saziamento.

saziabilità **s. f.** ● (*raro*) Qualità di chi, di ciò che è saziabile.

saziaménto **s. m.** ● (*raro*) Atto, effetto del saziare o del saziarsi.

saziàre [vc. dotta, dal lat. *satiāre* 'saziare', da *sătis* 'abbastanza', della stessa radice di *sătur* 'sazio'. V. *saturo*] **A** **v. tr.** (*io sàzio*) **1** Soddisfare interamente la fame, l'appetito, il desiderio di cibo (*anche ass.*): *s. la fame, lo stomaco, un affamato*; *s. il digiuno*; *questo pane non basta a s. tutto il paese*; *è un cibo che sazia* | (*raro*) *S. la sete*, dissetare | (*est.*) Nauseare, stuccare (*anche ass.*): *tutto questo dolce mi ha saziato*; *i gelati saziano*. **2** (*fig.*) Appagare, soddisfare completamente: *s. il desiderio di gloria, la sete di sapere*; *s. la vista, le brame, la mente, l'anima*; *quanti libri tiene il mondo / non saziâr l'appetito mio profondo* (CAMPANELLA) | (*est.*) Annoiare (*anche ass.*): *quel tipo ormai ha saziato*. **B** **v. intr. pron.** e †**intr.** **1** Riempirsi di cibo fino alla completa soddisfazione dell'appetito: *saziarsi di dolci, di frutta*; *non si sazia mai*. **2** (*fig.*) Appagarsi, contentarsi: *non si sazia di contemplarla*.

sazietà [vc. dotta, dal lat. *satietāte(m)* 'abbondanza', da *sătis* 'abbastanza'. V. *saziare*] **s. f.** ● Qualità e condizione di chi è sazio (*anche fig.*): *s. di cibo, di piaceri*; *raggiungere la s.*; *mangiare fino alla s.*; *Ci aiuta la scienza, ci aiuta la s.* (SCIASCIA) | *A s.*, fino a essere sazio e (*est.*) in abbondanza: *mangiare, bere, ballare, a s.*; *di libri ne ho a s.* | (*est.*) Disgusto, noia, fastidio: *provare un senso di s.*

†**sazievolàggine** **s. f.** ● Qualità di chi, di ciò che è sazievole.

saziévole **agg.** **1** (*lett.*) Saziabile | Che si sazia facilmente. **2** (*fig.*) Stucchevole. || **sazievolùzzo**, **dim.** || **sazievolménte**, **avv.** (*raro*) Con sazievolezza; in modo da indurre sazietà, fastidio.

sazievolézza **s. f.** ● (*raro*, *lett.*) Qualità di ciò che è sazievole | Sazietà (*anche fig.*).

sàzio [da *saziare*] **agg.** **1** Che ha mangiato fino a soddisfare completamente la fame, l'appetito, il desiderio di cibo: *essere, sentirsi, s.*; *essere s. di frutta* | *Mai s.*, insaziabile. **SIN.** Pieno, satollo, saturo. **2** (*est.*) Che è completamente appagato in ogni desiderio fino a provare quasi un senso di noia: *essere s. di divertimenti, di giochi* | (*est.*) Nauseato, stufo: *siamo sazi di chiacchiere*; *sono ormai s. di questa vita*.

ṣbaccanàre [da *baccano*, con *s-*] **v. intr.** (aus. *avere*) ● (*raro*) Fare molto baccano.

†**ṣbaccaneggiàre** **v. intr.** ● Sbaccanare.

ṣbaccanìo **s. m.** ● (*raro*) Atto dello sbaccanare continuo.

ṣbaccanóne [da *sbaccanare*] **s. m.** ● (*pop.*) Chi fa molto baccano.

ṣbaccellàre [da *baccello*, con *s-*] **v. tr.** (*io ṣbaccèllo*) ● Togliere dal baccello, sgranare, sgusciare: *s. le fave, i piselli*.

ṣbaccellàto **part. pass.** di *sbaccellare*; anche **agg.** ● Nel sign. del v.

ṣbaccellatùra **s. f.** ● Atto dello sbaccellare.

ṣbacchettàre [da *bacchettare*, con *s-*] **v. tr.** (*io ṣbacchétto*) **1** Battere con una bacchetta o sim. abiti, tappeti, coperte e sim. per scuoterne via la polvere. **2** (*sett.*) Dire o fare cose strane e contraddittorie.

ṣbacchettàta **s. f.** ● Atto dello sbacchettare una sola volta.

ṣbacchettatùra **s. f.** ● Atto, effetto dello sbacchettare.

ṣbacchiàre [comp. di *s-* e *bacchiare*] **v. tr.** (*io ṣbàcchio*) ● (*tosc.*) Gettare, sbattere con violenza: *s. qc. in terra*; *s. q.c. sul muso a qc.* | *Non sapere dove s. il capo*, non sapere a chi ricorrere.

ṣbàcchio (1) [da *sbacchiare*] **s. m.** ● (*raro*) Sbattimento.

ṣbacchìo (2) **s. m.** ● (*raro*) Atto dello sbacchiare continuo.

ṣbaciucchiaménto **s. m.** ● Atto, effetto dello sbaciucchiare o dello sbaciucchiarsi.

ṣbaciucchiàre [comp. di *s-* e *baciucchiare*] **A** **v. tr.** (*io ṣbaciùcchio*) ● Baciare ripetutamente spec. in modo sdolcinato. **B** **v. rifl. rec.** ● Baciarsi ripetutamente spec. in modo sdolcinato.

ṣbaciucchìo **s. m.** ● Atto dello sbaciucchiare o dello sbaciucchiarsi continuo.

ṣbaciucchióne **s. m.** (f. *-a*) ● (*fam.*) Chi ha l'abitudine di sbaciucchiare.

ṣbadatàggine **s. f.** **1** Qualità di chi è sbadato. **2** Atto, gesto, parola, fatto o detto per disattenzione, distrazione, negligenza.

ṣbadàto [da *badare* con *s-* priv.] **A** **agg.** ● Che non bada a quello che fa, che non riflette | *Alla sbadata*, (*ell.*) in modo sbadato, senza riflettere, senza far attenzione. **SIN.** Disattento, distratto, inavveduto, irriflessivo, sventato. || **sbadataménte**, **avv.** Da sbadato, inconsideratamente. **B** **s. m.** (f. *-a*) ● Persona sbadata. || **sbadatèllo**, **dim.** | **sbadatìno**, **dim.**

ṣbadigliaménto o (*raro*, *pop.*, *tosc.*) †**ṣbavigliaménto** **s. m.** ● Atto dello sbadigliare | Atto dello sbadigliare frequente.

ṣbadigliàre o (*pop.*, *tosc.*) †**ṣbavigliàre** [comp. di *s-* e un desueto *badigliare*, dal lat. tardo *batac(u)lāre* 'sbadigliare', dal lat. parl. **batāre*, *badāre* 'aprire la bocca'] **A** **v. intr.** (*io ṣbadìglio*; aus. *avere*) **1** Fare sbadigli: *s. di noia, di fame*; *s. per il sonno*. **2** (*est.*, *fig.*, *lett.*) Mostrarsi in atto di chi sbadiglia: *porte spalancate che sbadigliano*. **B** **v. tr.** ● (*lett.*, *fig.*) Fare q.c., spec. scrivere, parlare, ascoltare, e sim., senza alcun interesse: *l'oratore sbadigliò qualche parola di ringraziamento*.

ṣbadiglierèlla o **ṣbadigliella** [da *sbadigliare*] **s. f.** ● (*fam.*) Seguito irreprimibile di sbadigli: *farsi prendere dalla s.*

ṣbadìglio o (*pop.*, *tosc.*) †**ṣbavìglio** [da *sbadigliare*] **s. m.** ● Atto respiratorio accessorio, che consiste in una lenta e profonda inspirazione seguita da una breve espirazione, cui si accompagnano caratteristici rumori e stiramenti delle braccia e del tronco: *lo s. è contagioso*; *sbadigli sguaiati* | *Fare degli sbadigli*, (*fig.*) patire la fame. || **sbadigliétto**, **dim.** | **sbadiglìno**, **dim.** | **sbadiglióne**, **accr.**

ṣbadìre [da *ribadire*, con cambio di pref.] **v. tr.** (*io ṣbadìsco*) ● Togliere la ribaditura di chiodi, uncini, graffe e sim.

ṣbafàre [vc. rom. dalla radice onomat. **baf(f)*-, con *s-*] **v. tr.** ● (*pop.*) Mangiare con avidità: *si è sbafato in un attimo tutto il pranzo* | Mangiare a ufo, scroccare (*anche ass.*): *io pago e lui sbafa*.

ṣbafàta [da *sbafare*] **s. f.** ● (*pop.*) Mangiata abbondante, spec. a ufo: *fare, farsi, una s.*, *una bella s.*

ṣbafatóre **s. m.** (f. *-trice*) ● (*pop.*) Chi sbafa.

ṣbaffàre [da *sbaffo*] **A** **v. tr.** (*io ṣbàffo*) ● Fare degli sbaffi su qc. o q.c.: *s. un muro*. **B** **v. rifl.** ● Farsi degli sbaffi: *sbaffarsi di rossetto*.

ṣbàffo [da *baffo* con pref. *s-*] **s. m.** ● Macchia, sgorbio, segno a forma di baffo.

ṣbàfo [da *sbafare*] **s. m.** ● Atto dello sbafare, spec. nella loc. avv. *a s.*, senza pagare, a spese d'altri: *mangiare, vivere a s.*

ṣbafóne **s. m.** (f. *-a*) ● (*pop.*) Sbafatore, scroccone.

†**ṣbagagliàre** [comp. di *s-* e di *bagaglio*] **v. intr.** ● (*raro*) Deporre il bagaglio.

†**ṣbagliaménto** **s. m.** ● (*raro*) Modo, atto dello sbagliare.

ṣbagliàre [comp. di *s-* e di un ant. *bagliare*, affine ad *abbagliare* (V.)] **A** **v. tr.** (*io ṣbàglio*) **1** Compiere un'azione ottenendo un risultato impreciso, non esatto, errato: *s. il colpo, la mira, il passo*; *s. i conti, i calcoli*; *ha sbagliato la costruzione della frase* | Fare una cattiva scelta: *ha sbagliato mestiere* | *S. un selvatico*, nel linguaggio venatorio, mancare il colpo. **2** Scambiare, confondere, una persona o una cosa con un'altra simile: *s. strada, indirizzo, porta, treno* | *S. numero*, nelle comunicazioni telefoniche, compiere un errore nel comporre il numero voluto ottenendo risposta da una persona diversa da quella con cui si desiderava parlare. **3** (*fam.*) Ingannarsi, illudersi, nella loc. *sbagliarla*. **B** **v. intr.** (aus. *avere*) **1** Commettere un errore di ordine materiale o morale: *s. di molto, di poco, di grosso*; *la memoria sbaglia*; *spesso l'occhio sbaglia*; *il cuore non sbaglia mai*; *si è pentito di aver sbagliato* | Equivocare: *mi scusi, ma lei sbaglia*; *s. di persona* | *Non vorrei s., sbaglierò*, e sim., formule usate per attenuare un'affermazione | Commettere una colpa, un delitto: *se ho sbagliato, è giusto che paghi*. **2** Operare, lavorare in modo impreciso, non esatto, errato: *s. nel prendere una misura, nell'applicare una regola, nel fare i conti, nel copiare un compito*; *s. a leggere, a scrivere, a tradurre*. **3** Agire, comportarsi in modo non giusto, non adatto, non conveniente, non buono: *sbagli a parlare così*; *sbagliano a tenere quell'atteggiamento*; *hai proprio sbagliato con tuo padre*. **C** **v. intr. pron.** ● Essere in errore, giudicare erroneamente: *credevo che fosse colpevole, ma mi sono sbagliato*; *se credi che ti chieda scusa ti sbagli* | *Se non mi sbaglio, mi sbaglierò*, e sim., formule usate per attenuare un'affermazione.

ṣbagliàto **part. pass.** di *sbagliare*; anche **agg.** **1** Nei sign. del v. **2** Fatto male: *lavoro s.* | Preveduto, pensato, male: *impresa, mossa, sbagliata*. **3** Erroneo: *giudizio s.* | Che è contrario o non conforme a precise norme: *pronuncia sbagliata*.

ṣbàglio o (*raro*) **iṣbàglio**, spec. nel sign. 2. **s. m.** **1** Atto dello sbagliare: *grosso, piccolo s.*; *fare, commettere, uno s.*; *s. di calcolo, di misura*; *che s. ad agire così!* **2** Equivoco, disattenzione, svista: *è stato uno s.* | *Per s.*, *per isbaglio*, in seguito a disattenzione, inavvedutezza: *per s. ho preso il suo libro*. **3** Errore, colpa morale (*anche euf.*): *sono sbagli di gioventù*. || **sbagliùccio**, **dim.**

†**ṣbaiaffàre** [comp. di *s-*, *baia* (*1*) (V.) e *fare* (V.)] **v. intr.** ● (*raro*, *pop.*) Cianciare, ciarlare.

ṣbaionettàre [comp. di *s-* e di *baionetta*] **v. tr.** (*io ṣbaionétto*) ● (*raro*) Percuotere con la baionetta.

†**ṣbaldanzìre** [da *imbaldanzire*, con cambio di pref. (*s-*)] **A** **v. tr.** ● Privare della baldanza. **B** **v. intr.** ● Perdere la baldanza.

†**ṣbaldiménto** [da *sbaldire*, sul modello del provz. *esbaldement*] **s. m.** ● (*lett.*) Baldanza, allegria.

†**ṣbaldìre** [dall'ant. fr. *esbaldir*, moderno *ébaudir* 'mettere allegria', da *bald*, *baud* 'gioioso'. V. *baldo*] **v. intr.** e **intr. pron.** ● (*lett.*) Divenire allegro, felice.

ṣbaldoriàre [comp. di *s-* e di *baldoria* (V.)] **v. intr.** (*io ṣbaldòrio*; aus. *avere*) ● (*raro*) Fare baldoria.

ṣbalestraménto **s. m.** ● Modo e atto di sbalestrare | Qualità di chi è sbalestrato.

ṣbalestràre [comp. di *s-* e *balestrare*, da *balestra* (V.)] **A** **v. intr.** (*io ṣbalèstro*; aus. *avere*) **1** †Sbagliare il colpo tirando con la balestra. **2** (*est.*, *fig.*) Divagare, parlare in modo irragionevole. **B** **v. tr.** **1** Tirare, gettare, scagliare: *il vento sbalestrò la barca contro gli scogli*. **2** (*fig.*) Mandare via, assegnare a una sede lontana: *s. un impiegato in una zona disagevole*. **SIN.** Scaraventare. **3** (*fig.*) Mettere in uno stato di disagio, di confusione. **C** **v. intr. pron.** ● (*raro*) Sbilanciarsi | (*raro*) Rovinarsi economicamente.

ṣbalestràto **part. pass.** di *sbalestrare*; anche **agg.** **1** Nei sign. del v. **2** Che si sente a disagio: *è ancora s. nella nuova città*. **3** Disordinato, dissestato, spostato: *vita sbalestrata*.

ṣballaménto [da *sballare* (*1*)] **s. m.** ● (*raro*) Sballatura.

ṣballàre (1) [comp. di *s-* sottratt. e di *balla* nel sign. 1 (V.)] **A** **v. tr.** ● Disfare, aprire la balla, togliere dalla balla: *la merce deve essere sballata con precauzione*. **B** **v. intr.** (aus. *essere*) **1** In alcuni giochi di carte, oltrepassare il numero dei punti stabiliti, perdendo la posta. **2** (*est.*) Sbagliare per eccesso uscendo dai limiti fissati: *s. nel fare un conto*. **3** (*raro*, *pop.*) Morire.

ṣballàre (2) [comp. di *s-* durativo ints. e di *balla* nel sign. 3 (V.)] **v. tr.** ● (*pop.*) Raccontare balle, fandonie: *sballarle grosse*.

†**ṣballàre (3)** [comp. di *s-* sottratt. e *ballare* (V.)] **v. tr.** ● (*scherz.*) Smettere di ballare.

ṣballàto o (*raro*) **spallàto**. **part. pass.** di *sballare* (*1*); anche **agg.** **1** Nei sign. del v. **2** Privo di equilibrio, di fondamento, di logica: *affare s.*; *notizia sballata*; *ragionamento s.*

ṣballatùra [da *sballare* (*1*)] **s. f.** ● Atto, effetto dello sballare.

ṣbàllo [dev. di *sballare*] **s. m.** **1** Sballatura. **2** (*gerg.*) Effetto di una sostanza stupefacente.

3 (*est.*, *fig.*) Situazione esaltante, entusiasmante: *la festa è stata un vero s.!*; *una moto da s.*

ṣballonàta [da *sballone*] s. f. ● Fandonia, smargiassata.

ṣballóne [da *sballare* (*2*)] s. m. (f. *-a*) ● Chi racconta balle, frottole.

ṣballottaménto s. m. ● Modo e atto di sballottare.

ṣballottàre [comp. di *s-* e *ballottare*] v. tr. (*io ṣballòtto*) ● Agitare in qua e in là, come una palla, q.c. che si tiene fra le mani: *sballottava il bambino per farlo tacere* | Scuotere, muovere rapidamente, in qua e in là: *il treno in corsa sballotta i passeggeri.*

ṣballottìo s. m. ● Atto dello sballottare continuo.

ṣballottolàre v. tr. (*io ṣballòttolo*) ● (*raro*) Sballottare.

ṣbalordiménto s. m. ● Atto dello sbalordire | L'essere sbalordito.

ṣbalordìre [comp. di *s-* e di *balordo* (V.)] **A** v. tr. (*io ṣbalordisco, tu ṣbalordìsci*) **1** Far perdere i sensi, stordire: *s. qc. con un pugno*; *il colpo improvviso lo sbalordì.* **2** (*est.*) Frastornare, intontire: *il chiasso mi sbalordisce* | (*est.*) Impressionare, turbare, stupire profondamente: *lo spettacolo ci sbalordì tutti*; *la storia romana sbalordisce qualunque scortissimo leggitore* (VICO). **B** v. intr. (aus. *avere*) **1** Rimanere privo di sensi, stordito. **2** (*est.*) Rimanere profondamente impressionato, stupito, stupefatto: *sono cose da s.*; *a quella notizia sbalordì.*

ṣbalorditàggine [da *sbalordito*] s. f. **1** Storditaggine, sventatezza, balordaggine. **2** Atto, discorso, e sim. da persona sbalordita.

ṣbalorditìvo agg. ● Che fa sbalordire: *abilità, capacità sbalorditiva* | Incredibile, straordinario, esagerato: *prezzo, affitto s.* ‖ **sbalorditivaménte**, avv. In modo da sbalordire.

ṣbalordìto part. pass. di *sbalordire*; anche agg. **1** Nei sign. del v. **2** Balordo, tonto: *avere un'espressione sbalordita.*

ṣbalorditóio agg. ● (*raro*) Sbalorditivo.

ṣbaluginàre o **ṣbalugginàre** [comp. di *s-* e *baluginare* (V.)] v. intr. (*io ṣbalùgino*; aus. *essere* e *avere*) ● (*raro*) Mandare scintille, bagliori.

ṣbalzaménto [da *sbalzare* (*1*)] s. m. ● (*raro*) Atto, effetto dello sbalzare.

ṣbalzàre (**1**) [comp. di *s-* e *balzare* (V.)] **A** v. tr. **1** Far balzare, far saltare, lanciare violentemente: *fu sbalzato da cavallo*; *la tempesta lo sbalzò in mare.* **2** (*fig.*) Allontanare improvvisamente da una carica, un ufficio, una sede, e sim.: *il direttore è stato sbalzato dalla sede a una filiale.* **B** v. intr. (aus. *essere*) **1** Balzare di scatto (*anche fig.*): *s. da una sedia*; *la temperatura è sbalzata sotto zero.* **2** Rimbalzare.

ṣbalzàre (**2**) [da *sbalzo* (*2*)] v. tr. ● Modellare figure e ornamentazioni a sbalzo.

†**ṣbalzàta** [da *sbalzare* (*1*)] s. f. ● Sbalzo, nel sign. di *sbalzo* (*1*).

ṣbalzàto part. pass. di *sbalzare* (*2*); anche agg. ● Nel sign. del v.

ṣbalzatóre [da *sbalzare* (*2*)] s. m. (f. *-trice*) ● Chi esegue lavori a sbalzo.

ṣbalzellàre [comp. di *s-* e *balzellare*] v. intr. (*io ṣbalzèllo*; aus. *avere*) ● Fare piccoli e frequenti sbalzi.

ṣbalzellìo s. m. ● (*raro*) Atto dello sbalzellare continuo.

ṣbalzellóni o (*raro*) **ṣbalzellóne** [da *sbalzellare*] avv. ● (*raro*) Balzelloni.

ṣbàlzo (**1**) [da *sbalzare* (*1*). V. *balzo* (*1*)] s. m. **1** Rapido e inatteso spostamento: *fare uno s.*; *dare uno s.*; *con uno s. cadde per terra*; *avanzare, procedere, a sbalzi.* **2** (*fig.*) Oscillazione improvvisa: *s. dei prezzi*; *con questi sbalzi di temperatura è facile ammalarsi* | Progresso, avanzamento, rapido e imprevisto: *ha fatto un bello s. nella carriera* | *Di s.*, di scatto, senza passare attraverso i gradi intermedi: *è stato nominato dirigente di s.* | *A sbalzi*, a salti, saltuariamente, senza continuità.

ṣbàlzo (**2**) [comp. di *s-* e *balzo* (*1*)] s. m. **1** Arte del modellare figure e ornati su lastre d'oro, argento, rame e altri metalli con i ceselli mediante spinta dal rovescio. **2** Elemento che sporge da una struttura o da una costruzione.

ṣbambagiàre [comp. di *s-* e di *bambagia* (V.)] v. intr. pron. (*io ṣbambàgio*; aus. *essere*) ● Sfilacciarsi: *questo cotone sbambagia facilmente*; *è un tessuto che non si sbambagia.*

ṣbancaménto [da *sbancare* (*2*)] s. m. ● (*edil.*) Opera di scavo destinata a modificare in modo permanente la superficie preesistente del terreno.

ṣbancàre (**1**) [comp. di *s-* e di *banco* 'cassa'] **A** v. tr. (*io ṣbànco, tu ṣbànchi*) **1** In un gioco d'azzardo, vincere tanto da superare la somma disponibile da chi tiene banco. **2** (*fig.*) Mandare in rovina: *le ultime spese lo hanno sbancato.* **B** v. intr. pron. ● (*fig.*) Rovinarsi economicamente: *per comprare l'automobile si è sbancato.* **C** v. intr. (aus. *essere*) ● (*raro*) Perdere tutta la posta e abbandonare il banco, in un gioco: *il banco sbanca.*

ṣbancàre (**2**) [comp. di *s-* e di *banco* 'rialzo di terreno'] v. tr. (*io ṣbànco, tu ṣbànchi*) ● Asportare uno strato di terreno, un banco di roccia, e sim.

ṣbanchettàre (**1**) [comp. di *s-* e *banchettare*] v. intr. (*io ṣbanchétto*; aus. *avere*) ● (*raro, fam.*) Banchettare frequentemente | (*est.*) Mangiare abbondantemente.

†**ṣbanchettàre** (**2**) [comp. di *s-* e *banchetto* 'mensa'] v. tr. ● Togliere q.c. da un banchetto.

†**ṣbandagióne** [da *sbandare* (*1*)] s. f. ● (*raro*) Sbandamento.

ṣbandaménto (**1**) [da *sbandare* (*1*)] s. m. **1** Atto, effetto dello sbandarsi, spec. di truppe. **2** (*fig.*) Dispersione di membri di un gruppo sociale, familiare e sim. che provoca disordine e scompiglio morale: *s. di un partito politico*; *lo s. del dopoguerra.*

ṣbandaménto (**2**) [da *sbandare* (*2*)] s. m. **1** Inclinazione laterale di aereo o natante: *s. a dritta, a sinistra*; *s. forte, lieve* | *S. reale*, rispetto alla verticale | *S. apparente*, rispetto alla verticale apparente. **2** (*fig.*) Allontanamento da principi e idee ritenute precedentemente valide: *s. morale, politico.*

†**ṣbandaménto** (**3**) [variante di *sbandimento*, per sovrapposizione di *sbandare* (*1*)] s. m. ● (*raro*) Sbandimento.

ṣbandàre (**1**) [comp. di *s-* e di *banda* (*3*)] **A** v. tr. **1** †Sciogliere una banda armata | (*est.*) Smobilitare un esercito. **2** (*raro*) Disperdere, sparpagliare: *s. la folla.* **B** v. intr. pron. **1** Separarsi, disperdersi andando in direzioni diverse: *la folla si era sbandata disordinatamente.* **2** (*fig.*) Dividersi, perdere il senso di coesione esistente in precedenza: *la famiglia si è sbandata dopo il disastro.*

ṣbandàre (**2**) [comp. di *s-* e di *banda* (*1*)] v. intr. (aus. *avere*) **1** Detto di nave, ruotare intorno all'asse longitudinale, rimanendo inclinata su un fianco. **2** Procedere serpeggiando o di traverso, senza guida, detto di autoveicoli, per rottura dello sterzo, strada ghiacciata e sim. **3** (*fig.*) Deviare verso teorie, idee ritenute peggiori rispetto ad altre precedenti (*anche ass.*): *la rivoluzione sbanda verso l'anarchia.*

ṣbandàta [da *sbandare* (*2*)] s. f. ● Atto dello sbandare, spec. di una nave o di un veicolo: *s. in curva* | (*fig.*) *Prendere, prendersi una s. per qc.*, innamorarsene violentemente.

ṣbandàto (**1**) **A** part. pass. di *sbandare* (*1*); anche agg. **1** Nei sign. del v. **2** Disperso: *soldati sbandati* | (*raro*) *Luogo s.*, trascurato, incolto. **3** Che, nel modo di pensare, agire, vivere, manifesta uno stato di confusione e disorientamento morale e ideologico dovuto a gravi avvenimenti esteriori o a particolari conflitti interiori: *la gioventù sbandata del dopoguerra.* **B** s. m. (f. *-a*) ● Persona, spec. giovane, sbandata.

ṣbandàto (**2**) part. pass. di *sbandare* (*2*); anche agg. ● Nei sign. del v.

†**ṣbandeggiaménto** s. m. ● Atto dello sbandeggiare | L'essere in bando, in esilio.

†**ṣbandeggiàre** [comp. di *s-* e *bandeggiare*, da *bando* (V.)] v. tr. ● Mandare in bando.

ṣbandellàre [comp. di *s-* e *bandella* (V.)] v. tr. (*io ṣbandèllo*) ● Togliere le bandelle: *s. un uscio.*

ṣbandieraménto s. m. ● Atto dello sbandierare.

ṣbandieràre [comp. di *s-* e *bandiera* (V.)] v. tr. (*io ṣbandièro*) **1** Fare sventolare le bandiere in segno di festa (*anche ass.*): *s. i vessilli*; *la folla sbandiera davanti all'eroe.* **2** (*fig.*) Ostentare: *s. i propri meriti.*

ṣbandieràta [da *sbandierare*] s. f. ● Sventolamento di bandiere | Cerimonia folcloristica che comprende varie evoluzioni compiute dagli sbandieratori.

ṣbandieratóre [da *sbandierare*] s. m. (f. *-trice*) ● Chi, nel corso di manifestazioni folcloristiche, cortei o parate, fa volteggiare, lancia in alto e poi riprende la bandiera di cui è portatore.

†**ṣbandigióne** [da *sbandire*] s. f. ● (*raro*) Sbandimento.

ṣbandiménto [da *sbandire*] s. m. ● (*raro*) Modo e atto di sbandire | Esilio | Luogo di esilio.

ṣbandìre [comp. di *s-* ints. e *bandire*] v. tr. (*io ṣbandìsco, tu ṣbandìsci*) **1** (*lett.*) Dare il bando, bandire, mandare in esilio. **2** (*est., lett.*) Cacciare via, scacciare, allontanare (*anche fig.*): *s. i propositi folli dalla mente.* **3** (*raro*) †Rendere pubblico con un bando: *aveva per nuova legge sbandito che ... non si portassi ... più tali cinture* (CELLINI).

ṣbandìto part. pass. di *sbandire*; anche agg. ● Nei sign. del v.

†**ṣbàndo** (**1**) [sovrapposizione di *bando* (V.) a *sbandare* (*1*)] s. m. ● Bando, esilio.

ṣbàndo (**2**) [dev. da *sbandare* (*2*)] s. m. ● Nella loc. *allo s.*, alla deriva, senza guida, subendo passivamente gli eventi: *governo allo s.*

†**ṣbandolàre** [comp. di *s-* neg. e *bandolo* (V.)] v. tr. ● Sciogliere il bandolo.

ṣbaraccàre [da *baracca*, con *s-*] v. tr. (*io ṣbaràcco, tu ṣbaràcchi*) ● (*fam.*) Togliere di mezzo, rimuovere: *hanno sbaraccato via tutto il personale anziano* | (*ass.*) Lasciare libero un luogo, andarsene portandosi dietro tutta la propria roba: *ormai fa freddo, è meglio s.*

ṣbaragliaménto s. m. ● (*raro*) Atto dello sbaragliare.

ṣbaragliàre [dal provz. *baralhar* 'agitarsi, battersi', da *baralh* 'disordine, rumore', di etim. incerta, con *s-* ints.] v. tr. (*io ṣbaràglio*) **1** Mettere in rotta il nemico, travolgendolo completamente: *s. le schiere avversarie* | Disperdere, mettere in fuga: *la polizia sbaragliò i dimostranti.* **2** (*est.*) Infliggere una dura sconfitta in gare sportive, lotte politiche, e sim.: *s. la squadra avversaria*; *il nostro partito sbaraglierà tutti gli altri.*

ṣbaraglìno [da *sbaragliare*] s. m. ● Tric-trac, tavola reale.

ṣbaràglio s. m. **1** Atto, effetto dello sbaragliare o dell'essere sbaragliato | *Condurre, mandare, mettere, porre, qc. allo s.*, esporlo a un grave pericolo che quasi certamente si volgerà in rovina | *Buttarsi, gettarsi, allo s.*, avventurarsi, avventarsi, in un'impresa rischiosa senza prendere alcuna precauzione. **2** Gioco di tavola simile allo sbaraglino, con tre dadi.

†**ṣbaràtta** [da †*sbarattare*] s. f. ● (*raro*) Confusione, mischia.

†**ṣbarattàre** [comp. di *s-* e *barattare* 'sbaragliare', d'uso rom., marchigiano e umbro, come *baratta* 'contesa'; V. *sbrattare* (*1*) 'sgombrare'] v. tr. ● (*lett.*) Rompere, sconfiggere, sbaragliare: *come de' Teucri sbarattar le file / videlo Enea, si mosse* (MONTI).

ṣbarazzàre [da *imbarazzare* (V.) con cambio di pref. (*s-*)] **A** v. tr. ● Liberare una persona, una cosa, un luogo, da tutto ciò che impedisce, impaccia, ingombra: *s. qc. da un peso, da una seccatura*; *s. la strada, il passo*; *s. una stanza dai mobili* | *S. la tavola*, sparecchiarla. **B** v. rifl. ● Liberarsi da chi, da ciò che procura impiccio o fastidio: *sbarazzarsi di un intruso, di un vecchio mobile.*

ṣbarazzìna [da *sbarazzino*] s. f. ● Gioco di carte, simile alla scopa, in cui chi ha in mano un determinato asso prende tutte le carte in tavola.

ṣbarazzinàta [da *sbarazzino*] s. f. ● Azione da sbarazzino.

ṣbarazzìno [da *sbarazzare*] **A** s. m. (f. *-a*) ● Ragazzo irrequieto, vivace e scanzonato: *me ne combina una ogni giorno, quello s.!*; *aria, atteggiamento, gesto da s.* ‖ **sbarazzinàccio**, pegg. **B** agg. ● Di, da, sbarazzino: *ragazzo s.*; *maniere sbarazzine* | *Asso s.*, nel gioco della sbarazzina, quello che permette di prendere tutte le carte in tavola | *Alla sbarazzina*, (*ell.*) a modo di sbarazzino | *Cappello alla sbarazzina*, inclinato e portato molto all'indietro.

ṣbarbàre [comp. di *s-* e *barbare* (V.), da *barba* (*1*)] **A** v. tr. **1** Svellere dalle barbe, sradicare: *s. un'erba, una pianta.* **2** (*fig.*) Estirpare, fare scomparire: *s. abusi, vizi, errori, opinioni false.* **3** Radere la barba. *4* (*est.*) Togliere la peluria dal feltro per cappelli. *5* †Riuscire in q.c., spuntarla, nella loc. tosc. (*fam.*) *non ce la sbarba*. **B** v. rifl. ● Radersi, farsi la barba: *ogni giorno si sbarba con cura*.

ṣbarbarìre [da *imbarbarire*, con cambio di pref. (*s-*)] v. tr. (*io ṣbarbarìsco, tu ṣbarbarìsci*) ● (*raro*) Togliere dalla barbarie, dirozzare, incivilire.

†**ṣbarbarizẓàre** [comp. di *s-* e *barbarizzare* (V.), da *barbaro*] v. tr. ● Sbarbarire.

ṣbarbatèllo s. m. *1* Dim. di *sbarbato*. *2* Ragazzo giovane, immaturo e privo di esperienza che ostenta una certa presunzione di sapere. || **sbarbatellino**, dim.

ṣbarbàto part. pass. di *sbarbare*; anche agg. ● Nei sign. del v., spec. di persona con la barba rasata | (*raro*) Imberbe. || **sbarbatèllo**, dim. (V.).

ṣbarbatóre [da *sbarbare*] s. m. (f. *-trice*) *1* Nell'industria dei cappelli, operaio addetto all'eliminazione della peluria dal feltro. *2* In siderurgia, sbavatore.

ṣbarbatrìce [da *sbarbare* nel senso di 'asportare peli metallici'] s. f. ● (*mecc.*) Macchina utensile per la finitura di ingranaggi mediante rodaggio per strisciamento con un utensile, simile a una ruota dentata.

ṣbarbatùra [da *sbarbare*] s. f. ● Atto, effetto dello sbarbare.

†**ṣbarbazzàre** [da *barbazzale* (V.), arnese situato dietro la *barbozza* 'labbro inferiore del cavallo', con *s-*] v. tr. *1* Dare strappate di barbazzale alla cavalcatura tirando con violenza le briglie. *2* (*raro, fig.*) Riprendere, rimproverare.

†**ṣbarbazzàta** s. f. *1* Atto, effetto dello sbarbazzare. *2* (*fig.*) Rimprovero, riprensione: *fare, dare, una s.*

ṣbarbettàre [da *barbetta*, dim. di *barba* 'radice', con *s-*] v. tr. (*io ṣbarbétto*) ● Eseguire la sbarbettatura.

ṣbarbettatùra [da *sbarbettare*] s. f. ● (*agr.*) Soppressione delle radici eventualmente emesse al di sopra del punto d'innesto per evitare l'affrancamento della marza.

ṣbarbicaménto s. m. ● (*raro*) Atto dello sbarbicare.

ṣbarbicàre [comp. di *s-* e *barbicare* 'mettere le radici' (V.)] v. tr. (*io ṣbàrbico, tu ṣbàrbichi*) ● (*raro*) Sbarbare, sradicare, estirpare, svellere (*anche fig.*).

ṣbarbificàre [comp. di *barba* e *-ficare*, con *s-*] **A** v. tr. (*io ṣbarbìfico, tu ṣbarbìfichi*) ● (*scherz.*) Radere, fare la barba. **B** v. rifl. ● (*scherz.*) Radersi, farsi la barba.

ṣbarbìno [dim. di *sbarbo*] s. m. (f. *-a*) ● (*sett.*) Ragazzo privo di esperienza che vuole apparire già smaliziato.

ṣbàrbo [da *sbarb(at)o*] s. m. (f. *-a*) ● (*sett.*) Ragazzo molto giovane, sbarbatello. || **sbarbétta**, dim. f. | **ṣbarbino**, dim. (V.).

ṣbarcàre (*1*) [comp. di *s-* e *barca* (*2*)] **A** v. tr. (*io ṣbàrco, tu ṣbàrchi*) *1* Scaricare, fare scendere a terra da un'imbarcazione persone o cose: *s. passeggeri, truppe, merci* | (*est.*) Fare scendere da un qualsiasi mezzo di trasporto: *l'autobus ci sbarca in centro*; *l'aereo sbarcò il malato al più vicino aeroporto*. *2* (*fig.*) Passare, trascorrere, più o meno bene un determinato periodo di tempo: *abbiamo sbarcato anche questo inverno* | *S. il lunario*, riuscire a vivere alla meno peggio a forza di piccoli espedienti, rinunce, sacrifici | (*pop.*) *Sbarcarla, sbarcarsela*, e sim., tirare avanti, superare un momento critico | (*fam.*) *S. qc.*, allontanarlo da un incarico, liberarsene: *s. un partito dal governo*. **B** v. intr. (aus. *essere*) *1* Scendere a terra da una nave: *sbarcammo a Napoli* | (*est.*) Scendere da un qualsiasi mezzo di trasporto: *i passeggeri sbarcano dall'aereo*. *2* Mettere piede su un territorio nemico, o controllato, governato o sim. da nemici, spec. come operazione offensiva eseguita da soldati, ribelli, e sim.: *gli alleati sbarcarono di notte*.

†**ṣbarcàre** (*2*) [comp. di *s-* e di *barca* (*1*)] v. tr. ● Disfare il cumulo del grano.

ṣbarcàto part. pass. di *sbarcare* (*1*); anche agg. ● Nei sign. del v.

ṣbarcatóio [da *sbarcare* (*1*) sul modello di *imbarcatoio*] s. m. ● (*mar.*) Ogni impianto a riva per l'imbarco o lo sbarco di persone.

ṣbàrco [da *sbarcare* (*1*)] s. m. (pl. *-chi*) *1* Atto, effetto dello sbarcare: *lo s. dei passeggeri, dell'equipaggio*; *procedere a uno s. in forza*; *lo s. in Normandia*; *lo s. di Anzio* | (*mil.*) *Forza da s.*, unità militare addestrata a sbarcare in assalto per conquistare un territorio nemico | *Testa di s.*, zona occupata inizialmente nel corso di un'operazione di sbarco e (*per est.*) complesso delle forze da sbarco | *Mezzo da s.*, speciale nave a ridotta immersione con grande portello anteriore per consentire lo sbarco diretto di truppe e materiali sulla costa. *2* Luogo in cui si sbarca.

ṣbardàre [comp. di *s-* e *bardare* (V.)] v. tr. ● Togliere la bardatura del cavallo.

ṣbardellàre [comp. di *s-* e *bardellare* (V.)] v. tr. (*io ṣbardèllo*) *1* Cavalcare puledri col bardellone, per domarli. *2* (*raro, fig.*) †Palesare, spiattellare: *s. un segreto*.

†**ṣbardellàto** part. pass. di *sbardellare*; anche agg. *1* Nei sign. del v. *2* Sfrenato, enorme, smisurato: *una voglia sbardellata*. || **sbardellataménte**, avv. Fuor di misura: *ridere sbardellatamente*.

†**ṣbardellatóre** [da *sbardellare*] s. m. ● (*raro*) Scozzonatore.

†**ṣbardellatùra** [da *sbardellare*] s. f. *1* (*raro*) Scozzonatura. *2* (*fig., scherz.*) Dirozzamento.

ṣbarellaménto [da *sbarellare*] s. m. *1* Atto, effetto dello sbarellare. *2* (*gerg.*) Effetto della droga.

ṣbarellàre [da *barellare* 'vacillare', col prefisso *s-* nel sign. 5] v. intr. (*io ṣbarèllo*; aus. *avere*) *1* (*fam.*) Camminare ondeggiando, vacillando. *2* (*fam.*) Comportarsi da persona che non si controlla, non sa quello che dice.

ṣbarèllo [comp. di *s-* e *barella, barellare*] s. m. ● Barroccio a cassone ribaltabile e scarico posteriore.

ṣbàrra [comp. di *s-* e *barra* (V.)] s. f. *1* Asta, spranga di materiale vario, usata spec. per limitare, impedire, chiudere, un passaggio e sim.: *le sbarre del passaggio a livello*; *le sbarre della dogana*; *sollevare, alzare le sbarre* | *Essere dietro le sbarre*, (*fig.*) essere in prigione | (*est.*) Asta, spranga di materiale vario, usata per rinforzo, chiusura o per collegamento e sostegno. ➡ ILL. p. 1752 TRASPORTI. *2* Tramezzo che nell'aula giudiziaria separa la parte riservata ai giudici da quella ove stanno gli imputati | (*est.*) *Andare, presentarsi* e sim. *alla s.*, in tribunale, in giudizio | (*fig.*) *Mettere qc., q.c. alla s.*, sottoporlo a un severo giudizio, spec. pubblico. *3* (*gener.*) Bastone, spranga: *il ladro lo colpì con una s.* | Barra: *la s. del timone*; *una s. metallica*. *4* (*sport*) Attrezzo ginnico composto da due sostegni e da un corrente: *esercizi alla s.* | Nel sollevamento pesi, l'asta che porta alle estremità i pesi. *5* (*arald.*) Pezza formata da una striscia, che attraversa il campo di uno scudo diagonalmente dall'angolo sinistro del capo all'angolo destro della punta. || **sbarrétta**, dim. (V.).

ṣbarraménto s. m. *1* Atto dello sbarrare: *disporre lo s. delle strade*. *2* Insieme di elementi, opere, strutture e sim. atte a chiudere, a impedire un passaggio, una via di comunicazione, d'accesso e sim.: *s. stradale*; *uno s. di travi, di filo spinato* | *Diga di s.*, diga di ritenuta | *Azione di s.*, nella tecnica militare, azione di fuoco effettuata dalle artiglierie per arrestare l'attaccante.

ṣbarràre [da *sbarra*] v. tr. *1* Chiudere con una sbarra o con sbarre: *s. il cancello, la porta* | *S. un assegno*, tracciare sulla faccia anteriore dell'assegno due righe trasversali parallele, allo scopo di renderlo riscuotibile solo tramite banca. *2* (*est.*) Ostacolare, impedire, l'accesso, il passaggio, e sim.: *un carro sbarrava il passaggio*; *un mendicante gli sbarrò il passo*; *il guardiano ha sbarrato tutte le uscite del palazzo*. *3* Spalancare, aprire largamente in seguito a forte stupore, paura, terrore e sim., detto degli occhi: *a quelle parole sbarrò gli occhi e tacque* | †*S. le braccia*, stenderle, allargarle. *4* (*raro*) †Fendere il ventre per toglierne le interiora: *sulla piazza dei priori ... sbarrato come porco* (VILLANI).

†**ṣbarràta** [da *sbarrare*] s. f. ● Riparo di sbarre.

ṣbarràto A part. pass. di *sbarrare*; anche agg. *1* Nei sign. del v. *2* Spalancato, detto degli occhi. *3* *Assegno s.*, assegno bancario sulla cui faccia anteriore sono state poste due righe trasversali parallele, a indicare che la banca sulla quale è stato emesso può pagare solo a un proprio cliente o a un'altra banca. *4* (*arald.*) Detto di scudo col campo costituito da sbarre in regola in numero di sei, a smalti alternati | Detto di figura coperta da sbarre a smalti alternati. **B** s. m. ● (*arald.*) Scudo sbarrato.

ṣbarratùra [da *sbarrare*] s. f. ● Chiusura con una sbarra o con sbarre | *S. di un assegno*, linea tracciata trasversalmente spec. nella faccia anteriore di un assegno per renderlo riscuotibile solo tramite banca.

ṣbarrétta s. f. *1* Dim. di *sbarra*. *2* Segno grafico costituito da una lineetta orizzontale, verticale od obliqua.

ṣbarrìsta s. m. e f. (pl. m. *-i*) ● Ginnasta o acrobata specialista negli esercizi alla sbarra.

†**ṣbàrro** [da *sbarrare*] s. m. ● Sbarramento | (*fig.*) Ostacolo: *secure d'ogn'intoppo e d'ogni s.* (DANTE *Purg.* XXXIII, 42).

†**ṣbaṣìre** [comp. di *s-* e *basire* (V.)] v. intr. ● Venir meno, basire.

ṣbassaménto s. m. ● (*raro*) Atto, effetto dello sbassare o dello sbassarsi.

ṣbassàre [da *abbassare*, con cambio di pref. (*s-*)] v. tr. *1* Abbassare, fare più basso: *s. i piedi del tavolino, i tacchi delle scarpe*; *s. il livello di un fiume* | Porre più basso: *s. un bottone*. *2* (*raro, fig.*) Diminuire: *s. l'orgoglio, la potenza* | †*S. i prezzi*, ribassarli.

ṣbàsso [da *sbassare*] s. m. ● (*raro*) Ribasso.

ṣbastìre [contr. di *imbastire*, con cambio di pref. (*s-*)] v. tr. (*io ṣbastìsco, tu ṣbastìsci*) ● Scucire togliendo l'imbastitura.

ṣbatacchiaménto s. m. ● Atto, effetto dello sbatacchiare.

ṣbatacchiàre (*1*) [comp. di *s-* e *batacchiare*] **A** v. tr. (*io ṣbatàcchio*) ● Sbattere violentemente e ripetutamente in qua e in là: *il vento sbatacchia porte e finestre*; *s. le ali*; *s. per terra q.c.* | Agitare con forza: *s. le campane*. **B** v. intr. (aus. *avere*) ● Sbattere violentemente: *c'è una porta che sbatacchia*. **C** v. rifl. ● (*raro*) Agitarsi, dibattersi: *si sbatacchiava qua e là per la disperazione*.

ṣbatacchiàre (*2*) [da *sbatacchio* (*1*)] v. tr. (*io ṣbatàcchio*) ● Puntellare mediante sbatacchi le pareti di uno scavo.

ṣbatacchiàta [da *sbatacchiare* (*1*)] s. f. ● Atto dello sbatacchiare una volta.

ṣbatacchiatóre s. m. (f. *-trice*) ● (*raro*) Chi sbatacchia.

ṣbatàcchio (*1*) [da *batacchio* 'bastone'] s. m. ● Trave di sostegno in lavori di scavo, puntello.

ṣbatacchìo (*2*) [da *sbatacchiare* (*1*)] s. m. ● Atto dello sbatacchiare continuo: *uno s. di porte*.

ṣbatacchióne [da *sbatacchiare* (*1*)] s. m. ● Violento colpo con cui si provoca lo sbatacchiamento di q.c.: *dare uno s. alla finestra*.

ṣbattagliàre [comp. di *s-* e di *battaglio* (V.)] v. intr. (*io ṣbattàglio*; aus. *avere*) ● (*raro*) Sbatacchiare, detto del battaglio delle campane | (*est.*) Suonare a distesa: *le campane sbattagliano a festa*.

ṣbàttere [comp. di *s-* e *battere* (V.)] **A** v. tr. *1* Battere forte e ripetutamente: *s. le ali, i panni, i tappeti, i piedi per terra*. *2* Gettare violentemente, scagliare: *s. la porta*; *s. q.c. per terra, contro il muro* | *S. q.c. in faccia*, presentarlo con sdegno, violenza | *S. la porta in faccia a qc.*, (*fig.*) rifiutargli un aiuto. *3* (*est., fig.*) Mandare, cacciare qc. sgarbatamente, in malo modo, con violenza: *s. qc. fuori* (*della porta*); *s. in galera* | Mettere, riporre a casaccio, senza badare: *sbatti la borsa dove ti pare* | Urtare contro q.c.: *la nave sbatté la prua contro gli scogli* | *Non sapere dove s. la testa*, (*fig.*) essere ridotto alla disperazione. *4* Agitare una sostanza spec. liquida, affinché assuma consistenza, si amalgami con altre, e sim.: *s. la panna per farla montare*; *s. le uova per la frittata* | *S. gelatina*, (*fig.*) nel gergo teatrale, esagerare nel sentimentalismo dei gesti e della recitazione per accattivarsi il pubblico. *5* (*giorn.*) Dare gran rilievo a una notizia: *la storia fu sbattuta in prima pagina*. *6* (*volg.*) Possedere carnalmente. *7* (*fig., fam.*) Conferire un colorito pallido, un aspetto smorto (*anche ass.*): *quel verde ti sbatte il viso*; *è un colore che sbatte molto*. *8* †Diminuire, sminuire | †Defalcare, detrarre. *9* †Ribattere, confutare. **B** v. intr. pron. ● Agitarsi, dibattersi. **C** v. intr. (aus. *avere*) ● Battere violentemente, per vento e sim.: *attento, che la porta sbatte* | Scuotersi, agitarsi, gonfiarsi e sgonfiarsi alternativamente, per il vento: *la tenda sbatte contro la ringhiera*; *le vele sbattono* | (*fig.*) *Sbattersene*, (*pop.*, *volg.*) infischiarsene.

ṣbattezzàre [comp. di *s-* e *battezzare* (V.)] **A** v. tr. (*io ṣbattéẓẓo*) **1** Costringere ad abbandonare la religione cristiana. **2** (*raro*) Cambiare nome a qc. **B** v. intr. pron. **1** Rinnegare la religione cristiana. **2** Cambiare nome. **3** (*fig.*, *scherz.*) Fare qualunque cosa, essere pronto a tutto: *si sbattezzerebbe pur di andare alla festa!* **4** (*fig.*, *fam.*) Arrabattarsi, darsi da fare | (*raro*) †Disperarsi.

ṣbattighiàccio [comp. di *sbattere* e *ghiaccio*] s. m. inv. ● Shaker.

ṣbattiménto s. m. ● Atto, effetto dello sbattere o dello sbattersi.

ṣbattiòva ● V. *sbattiuova*.

ṣbàttito [da *sbattere*. V. *battito*] s. m. **1** (*raro*) Sbattimento. **2** †Sottrazione, detrazione.

ṣbattitóia s. f. ● Arnese per sbattere | *S. del lavatoio*, lastra inclinata su cui la lavandaia sbatte e torce i panni.

ṣbattitóio s. m. ● Sbattitoia.

ṣbattitóre A s. m.; anche agg. (f. *-trice*) ● Chi, che sbatte. **B** s. m. ● Elettrodomestico munito di una frusta per sbattere uova, maionese, creme, verdure, e sim.

ṣbattitùra s. f. ● Atto, effetto dello sbattere.

ṣbattiuòva o **ṣbattiòva** [comp. di *sbattere* e il pl. di *uovo*] s. m. inv. ● Frusta o frullino per le uova.

ṣbattùta s. f. ● Atto dello sbattere una volta. || **sbattutina**, dim.

ṣbattùto part. pass. di *sbattere*; anche agg. **1** Nei sign. del v. **2** Frullato: *uovo s.* **3** Abbattuto, smorto, pallido: *viso s.*; *avere un'aria sbattuta*.

†ṣbaudìre [dal provz. *esbaudir*. V. *†sbaldire*] v. intr. e intr. pron. ● Sbaldire.

†ṣbaulàre [comp. di *s-* e *baule* (V.)] v. tr. ● (*tosc.*) Trarre dal baule.

ṣbavaglìàre [da *imbavagliare* (V.) con cambio di pref. (*s-*)] v. tr. (*io ṣbavàglio*) ● (*raro*) Liberare dal bavaglio.

ṣbavaménto [da *sbavare* (*2*)] s. m. ● Atto dello sbavare.

ṣbavàre (**1**) [comp. di *s-* e *bava* nel sign. 4] v. tr. ● (*tecnol.*) Togliere le bave ai pezzi ottenuti per fusione.

ṣbavàre (**2**) [comp. di *s-* e *bava* nel sign. 1] **A** v. intr. (aus. *avere*) **1** Mandare bava dalla bocca: *il bambino sbava*. **2** Spandersi al di fuori della linea di contorno, detto di colore, vernice, e sim.: *il rossetto ha sbavato*. **B** v. tr. ● Sporcare di bava: *i bambini sbavano spesso i vestiti*. **C** v. rifl. ● Sporcarsi di bava: *si è tutto sbavato*.

ṣbavàto part. pass. di *sbavare*; anche agg. ● Nei sign. del v.

ṣbavatóre [da *sbavare* (*1*)] s. m. (f. *-trice*) ● In siderurgia, operaio addetto alla sbavatura. SIN. Sbarbatore, scalpellatore.

ṣbavatrice [da *sbavare*] s. f. ● (*mecc.*) Macchina operatrice avente come utensile caratteristico una mola usata per asportare le bave dai pezzi grezzi di fusione.

ṣbavatùra (**1**) [da *sbavare* (*1*)] s. f. ● In siderurgia, asportazione delle bave metalliche rimaste dopo lo stampaggio a caldo di due pezzi.

ṣbavatùra (**2**) [da *sbavare* (*2*)] s. f. **1** Atto dello sbavare | Strascico di bava: *le sbavature delle lumache*. **2** Traccia di colore che esce dalla linea di contorno. **3** (*fig.*) Divagazione, dispersione, allontanamento dal tema principale, in scritti, narrazioni e sim. **4** Bava di fusione.

†ṣbavazzàre [comp. di *s-* e *bava*] v. intr. e tr. ● Sbavare.

†ṣbavazzatùra [da *†sbavazzare*] s. f. ● Sbavatura.

†ṣbavigliàre e *deriv.* ● V. *sbadigliare* e *deriv.*

ṣbavóne [da *sbavare* (*2*)] s. m.; anche agg. (f. *-a*) ● (*fam.*) Chi, che sbava continuamente.

ṣbeccàre [da *becco* (*1*), con *s-*] **A** v. tr. (*io ṣbécco, tu ṣbécchi*) ● Rompere un recipiente di terracotta, porcellana o sim. facendone saltare il beccuccio. **B** v. intr. pron. ● Rompersi al beccuccio o all'orlo, detto di recipienti di terracotta, porcellana o sim.: *il vaso si è sbeccato*.

ṣbeccucciàre [comp. di *s-* e *beccuccio* (V.)] v. tr. e intr. pron. (*io ṣbeccùccio*) ● Sbeccare.

ṣbèffa [da *beffa* (V.) con *s-*] s. f. ● (*raro*) Beffa.

ṣbeffaménto s. m. ● Atto dello sbeffare.

ṣbeffàre [comp. di *s-* e *beffare* (V.)] v. tr. (*io ṣbèffo*) ● Beffare, deridere in modo crudele e maligno: *nè gli bastò ... avere offeso il pontefice, ... lo volle ancora con le parole ... s.* (MACHIAVELLI).

ṣbeffatóre s. m.; anche agg. (f. *-trice*) ● (*raro*) Chi, che sbeffa.

ṣbeffatùra s. f. ● (*raro*, *tosc.*) Sbeffa.

ṣbeffeggiaménto s. m. ● (*raro*) Atto, effetto dello sbeffeggiare.

ṣbeffeggiàre [da *beffeggiare* (V.), con *s-*] v. tr. (*io ṣbefféggio*) ● Beffeggiare continuamente e con malignità: *tutti lo sbeffeggiano*.

ṣbeffeggiatóre s. m. (f. *-trice*) ● (*raro*) Chi sbeffeggia.

ṣbellicàre [comp. di *s-* e *bellico* (*2*) (V.)] **A** v. tr. (*io ṣbellìco, tu ṣbellìchi*) ● †Rompere l'ombelico. **B** v. intr. pron. ● Nella loc. *sbellicarsi dalle risa*, *dal ridere*, ridere smodatamente, crepare dal ridere.

ṣbendàre [comp. di *s-* e *bendare* (V.)] v. tr. (*io ṣbèndo* o *ṣbéndo*) ● Levare la benda o le bende: *s. una ferita, gli occhi*.

ṣbèrcia [da *sberciare* (*1*)] s. f. (pl. *-ce*) **1** (*fam.*, *tosc.*) Persona poco pratica, maldestra, incapace, spec. nel proprio lavoro, nel gioco, e sim. | Tiratore maldestro, che non coglie nel segno. SIN. Schiappa. **2** †Persona schizzinosa nel mangiare. || **sbercióne**, accr. m.

ṣberciàre (**1**) [da *imberciare* 'colpire nel segno', con cambio di pref. (*s-*)] v. intr. (*io ṣbèrcio*; aus. *avere*) ● (*fam.*, *tosc.*) Deviare dal segno tirando al bersaglio.

ṣberciàre (**2**) [comp. di *s-* e *berciare* (V.)] v. intr. (*io ṣbèrcio*; aus. *avere*) **1** (*tosc.*) Fare atti di spregio. **2** Gridare, parlare, in modo sguaiato.

ṣbèrcio [da *sberciare* (*2*)] s. m. ● (*tosc.*) Urlo, grido sguaiato.

†ṣbèrgo ● V. *usbergo*.

ṣbèrla [vc. dial. sett., di etim. incerta] s. f. ● Schiaffo, manrovescio. || **sberlóne**, accr. m. | **sberlòtto**, dim. m.

†ṣberleffàre v. tr. ● Schernire con sberleffi.

ṣberlèffo o **†ṣberlèffe** [da *berleffe* (V.), dall'ant. ted. *leffur* 'labbro', con *s-*] s. m. **1** †Taglio, sfregio, sul viso. **2** Gesto, espressione di scherno: *fare uno s. a qc.*; *fare gli sberleffi*; *lo s. tra sprezzante e violento della bocca* (MORAVIA).

†ṣberlingacciàre [comp. di *s-* e *berlingaccio* (V.)] v. intr. ● (*tosc.*) Far baldoria, spec. festeggiando il giovedì grasso.

ṣberrettàre [comp. di *s-* e *berretta* (V.)] **A** v. tr. (*io ṣberrétto*) ● (*raro*) †Togliere il berretto. **B** v. intr. pron. ● (*raro*) Levarsi il berretto in segno di saluto, spec. esageratamente rispettoso.

ṣberrettàta s. f. ● Atto dello sberrettarsi.

ṣbertàre [comp. di *s-* e di *berta* (*1*) (V.)] v. tr. (*io ṣbèrto*) ● (*lett.*) Schernire.

ṣbertucciàre [comp. di *s-* e di *bertuccia* (V.)] v. tr. (*io ṣbertùccio*) **1** Gualcire, trattare come un cencio: *s. un cappello, un vestito* | (*est.*) Trattare male. **2** (*est.*) Schernire, beffare.

ṣbevacchiàre [comp. di *s-* ints. e *†bevere*] v. intr. (*io ṣbevàcchio*; aus. *avere*) ● (*raro*) Sbevazzare.

ṣbevazzaménto s. m. ● (*raro*) Atto dello sbevazzare.

ṣbevazzàre [comp. di *s-* e *bevazzare* (V.), da *†bevere*] v. intr. (aus. *avere*) ● (*spreg.*) Bere molto, con avidità, in modo sregolato: *va sbevazzando da un'osteria all'altra*.

ṣbevazzatóre [da *sbevazzare*] s. m. (f. *-trice*) ● (*raro*) Chi ha l'abitudine di sbevazzare: *Alceo poeta, taverniere e s.* (BARTOLI).

†ṣbévere [comp. di *s-* e *†bevere*] v. tr. ● (*raro*) Consumare bevendo, gozzovigliando.

ṣbevicchiàre [comp. di *s-* e *bevicchiare* (V.)] v. intr. (*io ṣbevìcchio*; aus. *avere*) ● Sbevucchiare.

ṣbevucchiàre [comp. di *s-* e *bevucchiare*] v. intr. (*io ṣbevùcchio*; aus. *avere*) ● Bere poco per volta, ma molto spesso.

†ṣbiadàto (**1**) o **†ṣbiavàto** [comp. di *s-* e *†biado* (*1*) (V.)] **A** agg. ● Sbiadito, tenue, pallido, detto di colori: *azzurro s.* || **sbiadatèllo**, dim. **B** s. m. ● Tessuto di colore azzurro.

†ṣbiadàto (**2**) [comp. di *s-* e *biada* (V.)] agg. ● (*raro*) Che è tenuto senza biada.

ṣbiadìre [comp. di *s-* e *†biado* (*1*) (V.)] **A** v. intr. e intr. pron. (*io ṣbiadìsco, tu ṣbiadìsci*; aus. *essere*) ● Diventare pallido, smorto, perdere intensità e vivacità, detto di colori: *col sole il rosso sbiadisce* | (*est.*) Perdere il colore: *questo tessuto si è sbiadito subito*. SIN. Scolorire, stingere. **B** v. tr. ● Far perdere il colore: *il sole ha sbiadito la tappezzeria*.

ṣbiaditézza s. f. ● Caratteristica di ciò che è sbiadito (*anche fig.*): *la s. di un'immagine, di un ricordo*.

ṣbiadito part. pass. di *sbiadire*; anche agg. **1** Nei sign. del v. **2** (*fig.*) Scialbo, privo di vivacità: *stile s.* | Sfiorito: *bellezza sbiadita*.

ṣbiànca [da *sbiancare*] s. f. ● Nell'industria tessile e cartaria, candeggio, imbianchimento.

ṣbiancànte part. pres. di *sbiancare*; anche agg. ● Nei sign. del v.

ṣbiancàre [comp. di *s-* e *bianco* (V.)] **A** v. tr. (*io ṣbiànco, tu ṣbiànchi*) **1** Far diventare bianco: *s. un lenzuolo* | *S. il riso*, toglierne il pericarpo, raffinarlo. **2** Sottoporre q.c. all'operazione di sbianca. **B** v. intr. e intr. pron. (aus. *essere*) ● Diventare bianco | Perdere il colore, impallidire: *dallo spavento si sbiancò in viso*.

ṣbiancàto part. pass. di *sbiancare*; anche agg. ● Nei sign. del v.

ṣbiancatóre [da *sbiancare*] s. m. (f. *-trice*) ● Operaio di riseria addetto alla pulitura.

ṣbiancatrice [da *sbiancare*] s. f. ● Macchina per raffinare il riso scortecciato attraverso successive operazioni.

ṣbianchiménto [da *sbianchire*] s. m. **1** Atto, effetto dello sbianchire. **2** Nell'industria tessile e cartaria, sbianca.

ṣbianchìre [comp. di *s-* e *bianchire* (V.)] **A** v. tr. (*io ṣbianchìsco, tu ṣbianchìsci*) **1** Far diventare bianco. **2** Tuffare carne o verdura in acqua bollente. SIN. Sbollentare, scottare. **B** v. intr. (aus. *essere*) ● Diventare bianco, sbiancare.

†ṣbiancicànte [comp. di *s-* e del part. pres. di *biancicare* (V.)] agg. ● (*raro*) Che ha un colore bianco non vivo.

ṣbiasciàre [comp. di *s-* e *biasciare* (V.)] v. tr. e intr. (*io ṣbiàscio*; aus. *avere*) ● (*pop.*, *tosc.*) Biascicare.

†ṣbiavàto ● V. *†sbiadato* (*1*).

ṣbicchieràre [comp. di *s-* e *bicchiere* (V.)] v. intr. (*io ṣbicchièro*; aus. *avere*) **1** (*tosc.*) †Vendere il vino a bicchieri. **2** Bere allegramente in compagnia.

ṣbicchieràta [da *bicchierata*, con *s-*] s. f. ● Atto del bere in allegra compagnia: *farsi una bella s.*

ṣbiecàre [da *sbieco*] **A** v. tr. (*io ṣbièco, tu ṣbièchi*) **1** Mettere in posizione sbieca. **2** †Pareggiare, rendere diritto | †Levare lo sbieco. **B** v. intr. (aus. *avere* e *essere*) **1** (*raro*) Avere una direzione sbieca. **2** (*raro*) †Diventare losco, detto degli occhi.

ṣbièco [da *bieco* (V.), con *s-*] **A** agg. (pl. m. *-chi*) ● Non diritto, fuori di squadra: *muro*, *pavimento s.*; *linea*, *stoffa sbieca* | Obliquo, storto | *A s.*, *di s.*, obliquamente: *mettere di s.* | *Guardare di s.*, guardare di traverso, torcendo gli occhi e (*fig.*) con sdegno, diffidenza | *Per s.*, per traverso, obliquamente. || **sbiecaménte**, avv. Obliquamente, di sbieco. **B** s. m. ● Tessuto tagliato obliquo rispetto al dritto filo.

ṣbiellàre [comp. parasintetico di *biella*, col pref. *s-*] v. intr. (*io ṣbièllo*; aus. *essere* o *avere*) ● Rompere una o più bielle, detto di motore a scoppio | (*fig.*) Perdere l'equilibrio psichico, uscire di senno.

†ṣbièscio [da *†biescio* (V.)] agg. ● Sbieco.

†ṣbietolàre [comp. di *s-* e *bietola* (V.)] v. intr. ● Intenerirsi, piangere scioccamente.

ṣbiettàre [comp. di *s-* e *bietta* (V.)] **A** v. tr. (*io ṣbiétto*) ● Togliere la bietta. **B** v. intr. (aus. *essere* e *avere* nel sign. 1, *essere* nel sign. 2) **1** (*raro*, *fig.*) Non poggiare con sicurezza, detto spec. dei piedi. **2** (*est.*, *raro*, *fig.*) Sfuggire, sgusciare via.

ṣbiettatùra s. f. ● Atto, effetto, dello sbiettare | Segno che lascia la bietta uscendo dal legno che ha spaccato.

ṣbigonciàre [da *bigoncia* (V.), con *s-*] v. intr. (*io ṣbigóncio*; aus. *avere* e *essere*) **1** Uscire dalla bigoncia per sovrabbondanza, detto di liquidi.

2 (*est., tosc.*) Essere troppo largo, detto di indumenti: *le scarpe gli sbigonciano*.

ṣbigottiménto s. m. ● Atto dello sbigottire o dello sbigottirsi: *lo s. generale*.

ṣbigottìre [di etim. discussa: dall'ant. fr. *esbahir*, provz. *esbair* 'sbalordire', per sovrapposizione di *bagutta* 'maschera' (?)] **A** v. tr. (*io ṣbigottìsco, tu ṣbigottìsci*) **1** Intimorire, turbare profondamente, in modo da far quasi perdere la capacità di reagire: *le notizie disastrose sbigottirono l'intera città*. SIN. Sconcertare, sgomentare. **2** (*raro*) Stordire. **B** v. intr. e intr. pron. (aus. *essere*) ● Turbarsi profondamente, perdersi d'animo, perdere ogni ardimento: *non s. davanti ai pericoli; si sbigottì per quello che vide*.

ṣbigottìto part. pass. di *sbigottire*; anche agg. ● Nei sign. del v. ‖ **sbigottitùccio**, dim. ‖ †**sbigottitaménte**, avv. Con sbigottimento.

†**ṣbigottitóre** s. m.; anche agg. (f. *-trice*) ● (*raro*) Chi, che sbigottisce.

ṣbilanciaménto s. m. ● Atto, effetto dello sbilanciare o dello sbilanciarsi.

ṣbilanciàre [comp. di *s-* e *bilanciare* (V.)] **A** v. tr. (*io ṣbilàncio*) **1** Far perdere l'equilibrio, far traboccare da una parte: *quelle casse sbilanciano il carico del camioncino*. **2** (*fig.*) Causare difficoltà, impedimenti, nei programmi fissati: *il viaggio improvviso mi sbilancia tutti gli appuntamenti* | Dissestare economicamente: *l'acquisto dell'automobile li ha sbilanciati*. **B** v. intr. (aus. *avere*) ● Perdere l'equilibrio, pendere da una parte: *il carico sbilancia su un fianco*. **C** v. intr. pron. ● Non contenersi nell'agire o nel parlare, andare oltre i limiti della prudenza, promettere troppo: *con quelle parole si è sbilanciato; sbilanciarsi troppo; non voler sbilanciarsi*.

ṣbilanciàto part. pass. di *sbilanciare*; anche agg. ● Nei sign. del v.

ṣbilàncio [da *sbilanciare*] s. m. **1** Squilibrio, disegualità: *s. di spese rispetto alle entrate*. **2** Saldo, somma da iscriversi a pareggio di un conto.

ṣbilancióne [da *sbilanciare*] s. m. ● (*raro*) Salto spropositato, balzo | *A sbilancioni*, a salti, a balzi.

ṣbilencàre [da *sbilenco*] v. intr. (*io ṣbilènco* o *ṣbilénco, tu ṣbilènchi* o *ṣbilénchi*; aus. *essere*) ● (*raro*) Diventare sbilenco.

ṣbilènco, **ṣbilénco** o †**ṣbilèncio**, †**ṣbiléncio** [comp. di *s-* e *bilenco* (V.)] **A** agg. (pl. m. *-chi*) ● Storto, pendente da una parte, detto spec. di persona: *vecchietta sbilenca; camminare tutto s.; spalle sbilenche; andatura sbilenca; muro, tavolo s.* | (*fig.*) Malfatto, balordo: *ragionamento s.; idea sbilenca*. **B** s. m. ● (*raro, tosc.*) Nella loc. *fare sbilenchi, fare certi sbilenchi*, fare gestacci, per canzonatura.

ṣbiliardàre [comp. parasintetico di *biliardo* col pref. *s-*] v. intr. (*io ṣbiliàrdo*; aus. *avere*) ● Nel biliardo, urtarsi, toccarsi più volte, detto delle palle in gioco.

†**ṣbillàcco** ● V. *bislacco*.

ṣbiluciàre [sovrapposizione di *sbirciare* (V.) a *luciare* 'guardare fissamente' (?)] v. intr. (*io ṣbilùcio*; aus. *avere*) ● (*dial.*) Guardare qua e là curiosamente.

ṣbilucióne s. m. (f. *-a*) ● (*raro, dial.*) Chi sbilucia spesso e volentieri.

ṣbiòbba ● V. *bobbia* (2).

ṣbiòbbo [metatesi di *sbobbio*, da *sbobbia* (V.)] agg. ● (*pop., tosc.*) Piccolo, storto e rachitico, detto di persona. ‖ **sbiobbàccio**, pegg. | **sbiobbétto**, dim.

ṣbirbàre [comp. di *s-* e *birba* (2) (V.)] v. tr. ● (*tosc.*) Ottenere q.c. usando modi da birbante, non onesti | (*fam.*) *Sbirbarsela*, spassarsela.

ṣbirbonàre [comp. di *s-* e di *birbone* (V.)] **A** v. tr. (*io ṣbirbóno*) ● (*raro*) Trattare villanamente. **B** v. intr. (aus. *avere*) ● (*raro*) Fare il birbone.

ṣbirciàre [comp. di *s-* e *bircio* 'di vista corta, losco' (V.). V. *sbiluciare*] v. tr. (*io ṣbìrcio*) **1** (*raro*) Socchiudere gli occhi per vedere meglio | (*est.*) Guardare attentamente, squadrare: *s. un quadro; s. qc. da capo a piedi*. **2** (*fam.*) Guardare di sfuggita, senza farsi notare: *s. una vetrina; s. in qua e in là*.

ṣbirciàta s. f. ● Atto dello sbirciare in fretta e una sola volta: *dare una s. a qc.* ‖ **sbirciatina**, dim.

ṣbìrcio ● V. *bircio*.

ṣbirichinàre [comp. di *s-* e *birichino* (V.)] v. intr. (aus. *avere*) ● (*raro*) Fare il birichino.

ṣbirràglia o **birràglia** [da *sbirro* (1), sul modello di *canaglia*] s. f. ● Insieme di sbirri: *il capo della s.* | (*spreg.*) Insieme di poliziotti.

ṣbirreggiàre [comp. di *sbirro* (1) e *-eggiare*] v. intr. (*io ṣbirréggio*; aus. *avere*) ● (*raro*) Comportarsi da sbirro.

†**ṣbirrerìa** o †**birrerìa** (2) [da *sbirro* (1)] s. f. **1** Sbirraglia. **2** Residenza degli sbirri.

ṣbirrésco o (*raro*) **birrésco** [da *sbirro* (1)] agg. (pl. m. *-schi*) ● Di, da sbirro | Brutale, violento: *modi sbirreschi*.

ṣbìrro (1) o **bìrro** (1) [da *birro* (1), con *s-*, dal lat. tardo *bĭrru(m)* 'rosso', per il colore della veste, per *bŭrru(m)*, dal gr. *pyrrós*, di etim. incerta] **A** s. m. (f. *-a* nel sign. 2) **1** †Agente di polizia, guardia | (*raro*) *Dire le proprie ragioni agli sbirri*, (*fig.*) a chi non può e non vuole aiutare | *Essere furbo quanto sette sbirri*, essere furbissimo. **2** (*spreg.*) Poliziotto, sgherro: *avere grinta, faccia, modi, da s.; gli sbirri lo costringevano a fare infamità* (SCIASCIA) ‖ **sbirracchióne**, pegg. | **sbirràccio**, pegg. (V. nota d'uso STEREOTIPO). **B** agg. **1** †Sbirresco. **2** (*dial., fam.*) Furbo, vivace: *espressione sbirra; donna sbirra*.

ṣbìrro (2) ● V. *birro* (2).

†**ṣbiṣacciàre** [comp. di *s-* e *bisaccia* (V.)] **A** v. tr. ● Togliere dalla bisaccia. **B** v. intr. pron. ● Togliersi la bisaccia, o altro carico, di dosso.

ṣbiṣoriàre [sovrapposizione di *orare* a *bisbigliare* (?)] v. intr. (*io ṣbiṣòrio*; aus. *avere*) ● (*raro, pop., tosc.*) Pregare bisbigliando, biascicando.

†**ṣbittàre** [comp. di *s-* e *bittare* (V.)] v. tr. ● (*mar.*) Sciogliere dalla bitta, disfare i giri delle gomene o catene dalle colonne della bitta.

ṣbiẓẓarrìre [comp. di *s-* e *bizzarro*, V. *imbizzarrire*] **A** v. tr. (*io ṣbiẓẓarrìsco, tu ṣbiẓẓarrìsci*) ● Togliere i capricci, i vizi: *la disciplina militare ha sbizzarrito tuo figlio*. **B** v. intr. pron. ● Sfogare i propri capricci, le proprie bizzarrie, i propri desideri: *sbizzarrirsi a dipingere, in molti modi*.

ṣbiẓẓìre [comp. di *s-* e *bizza*. V. *imbizzire*] v. intr. e intr. pron. (*io ṣbiẓẓìsco, tu ṣbiẓẓìsci*; aus. *essere*) ● (*raro*) Sfogare le bizze.

ṣbloccàggio s. m. ● Sbloccamento.

ṣbloccaménto s. m. ● Atto, effetto dello sbloccare.

ṣbloccàre [comp. di *s-* e *bloccare* (V.)] **A** v. tr. (*io ṣblòcco, tu ṣblòcchi*) **1** Liberare da un blocco: *s. un meccanismo; s. una città assediata* | (*fig.*) Eliminare ostacoli, impedimenti: *s. una situazione*. **2** (*fig.*) Svincolare abolendo limitazioni e divieti: *s. gli affitti, i prezzi*. **B** v. intr. (aus. *avere*) ● Nel biliardo, rimbalzare della palla avversaria dalla buca verso la quale era stata mal diretta. **C** v. intr. pron. ● Tornare a condizioni o funzioni normali interrotte da un blocco (*anche fig.*): *dopo quel terribile shock non parlava più, ma ora si è sbloccato; il traffico si è sbloccato*.

ṣblòcco s. m. (pl. *-chi*) ● Atto, effetto dello sbloccare (*spec. fig.*): *lo s. degli affitti*.

ṣbòbba o **bòba** (1), **bòbba**, **bòbbia** (1), **ṣbòba**, **ṣbòbbia** [vc. onomat.] s. f. **1** (*pop.*) Minestra, brodaglia o sim. dall'aspetto e dal sapore sgradevoli. **2** (*gerg.*) Vitto che passa il carcere. **3** (*raro, fig.*) Miscuglio, guazzabuglio.

ṣbòbbia ● V. *bobbia* (2).

ṣbobinàre [da *bobina* (di nastro magnetico) col pref. *s-*] v. tr. ● Trascrivere il contenuto della registrazione su nastro magnetico di un discorso, un'intervista e sim.

ṣbobinatùra s. f. ● Atto, effetto dello sbobinare.

ṣboccaménto [da *sboccare*] s. m. ● Modo e atto dello sboccare.

ṣboccàre [comp. di *s-* e *boccare*, da *bocca* (V.)] **A** v. intr. (*io ṣbócco, tu ṣbócchi*; aus. *essere*) **1** (*raro*) †Uscire dalla bocca. **2** Mettere foce, gettarsi, detto di corsi d'acqua: *non tutti i fiumi sboccano nel mare* | Uscire fuori: *l'acqua sbocca da una polla*. **3** Aver fine, riuscire, detto di strade: *molte strade sboccano in piazza Maggiore*. **4** Arrivare in un dato luogo, detto di persone: *la colonna degli scioperanti sboccò in piazza*. **5** Fuoriuscire da una trincea o da una galleria nell'interno di un'opera fortificata assediata. **6** (*fig.*) Andare a finire, concludersi: *il malcontento generale sboccò in una rivolta*. **7** (*raro*) Prorompere, scoppiare: *s. in maledizioni, in contumelie*. **8** †Straripare, traboccare, detto di acque. **B** v. tr. **1** Togliere da un recipiente una parte del liquido che lo riempie: *s. un fiasco*. **2** Rompere all'imboccatura, alla bocca: *s. un vaso; s. un pezzo d'artiglieria*.

†**ṣboccàta** s. f. ● (*raro*) Sbocco: *qualche improvvisa s. del monte* (BARTOLI).

ṣboccatàggine s. f. ● Vizio di chi parla in modo sboccato.

ṣboccàto (1) part. pass. di *sboccare*; anche agg. ● Nei sign. del v.

ṣboccàto (2) [da *bocca*, con *s-*] agg. **1** Che non ha freno, ritegno, nel parlare, nello scrivere, e sim.: *quella ragazza dovrebbe essere meno sboccata*. SIN. Scurrile, spudorato. **2** Che ha l'imboccatura rotta, detto di recipienti: *fiasco s.* | *Puleggia sboccata*, che ha il cavetto fuori della gola, tra la girella e le pareti. **3** †Che ha l'imboccatura più larga del collo, detto spec. di recipienti. ‖ **sboccatàccio**, pegg. ‖ **sboccataménte**, avv. In modo sboccato; senza freno e ritegno: *parlare sboccatamente*.

†**ṣboccatóio** [da *sboccato* (1)] s. m. ● Sbocco di un condotto, un corso d'acqua, e sim.

ṣboccatùra s. f. **1** Atto, effetto, dello sboccare un fiasco o una bottiglia | Liquido che viene espulso in tal modo: *bere, gettare via, la s.* **2** †Sbocco di un corso d'acqua | †Termine di una strada e sim.

ṣbocciàre (1) [da *boccia* nel sign. 8, con *s-*] v. intr. (*io ṣbòccio*; aus. *essere*) **1** Aprirsi, schiudersi, detto di fiori, di gemme, e sim.: *i fiori sono sbocciati di notte*. **2** (*fig.*) Nascere, avere origine, rivelarsi: *la poesia sboccia nell'animo*.

ṣbocciàre (2) ● V. *bocciare*.

ṣbòccio [da *sbocciare* (1)] s. m. ● Atto dello sbocciare dei fiori | *Fiori di s.*, appena sbocciati | *Di primo s.*, (*fig.*) nel fiore degli anni.

ṣbócco s. m. (pl. *-chi*) **1** Atto dello sboccare: *s. di acque* | Luogo in cui sfocia un fiume, mette capo una strada, e sim.: *s. di una valle* | (*est.*) Uscita, apertura: *strada senza s.; lo s. della grotta*. **2** Fuoruscita | *S. di sangue*, (*pop.*) emottisi. **3** (*econ.*) Collocamento dei prodotti sul mercato: *si prevede una crisi degli sbocchi* | Mercato, complesso degli acquirenti di un prodotto o di più prodotti.

ṣbocconcellàre (1) [comp. di *s-* ints. e *bocconcello*] v. tr. (*io ṣbocconcèllo*) ● Mangiare a piccoli bocconi spec. svogliatamente: *s. pasticcini, pezzetti di pane; vorrei qualcosa da s.*

ṣbocconcellàre (2) [come il precedente, con *s-* neg.] v. tr. (*io ṣbocconcèllo*) **1** (*est.*) Sboccare leggermente recipienti di terracotta, ceramica, vetro, e sim. **2** (*fig.*) Dividere in piccole parti q.c.

ṣbocconcellatùra [da *sbocconcellare* (2)] s. f. ● Atto, effetto dello sbocconcellare | Pezzetto separato dall'oggetto sbocconcellato | Segno che resta sull'oggetto sbocconcellato.

†**ṣbociàre** [dal tosc. *bociare*, da *boce* 'voce', con *s-*] v. tr. ● (*tosc.*) Propalare.

ṣbòffo o **ṣbùffo** nel sign. 2 [var. di *sbuffo*] s. m. ● (*abbigl.*) Rigonfiamento di manica o altro, spec. in abito femminile: *vestito con gli sboffi*.

ṣbofonchiàre ● V. *bofonchiare*.

†**ṣboglientàre** ● V. *sbollentare*.

ṣbolgiàre [comp. di *s-* e *bolgia* nel sign. 1] v. intr. (*io ṣbòlgio*; aus. *avere*) ● (*raro, tosc.*) Fare sacco, fare borsa, detto di vestiti difettosi.

ṣbolinàto [comp. di *s-* e del part. pass. di *bolinare* 'tirare le boline, le vele', da *bolina* (V.)] agg. ● (*pop., fam.*) Trasandato, disordinato, trascurato.

ṣbollàre [comp. di *s-* e *bollare*, da *bollo* (2) (V.)] v. tr. (*io ṣbóllo*) ● Privare del bollo.

ṣbollentàre o †**ṣboglientàre** [comp. di *s-* e *bollente*] **A** v. tr. (*io ṣbollènto*) **1** Immergere cibi, spec. verdure, nell'acqua bollente, tenendoveli pochissimo tempo. **2** †Accendere, infiammare. **B** v. rifl. ● (*raro*) Scottarsi. **C** v. intr. ● †Bruciare, ardere.

ṣbollìre [comp. di *s-* e *bollire*] v. intr. (*io ṣbollìsco* o *ṣbóllo, tu ṣbollìsci* o *ṣbólli*; aus. *avere* nel sign. 1, *essere* nel sign. 2) **1** Cessare di bollire. **2** (*fig.*) Calmarsi, placarsi, raffreddarsi: *la rabbia gli è sbollita*.

ṣbolognàre [comp. di *s-* e *Bologna*, città dove si facevano oggetti d'oro falso] v. tr. (*io ṣbológno*) **1** (*fam.*) Appioppare monete false o fuori corso | (*est.*) Dare via oggetti difettosi o inutili: *s. un* *vecchio soprammobile*. **2** (*fig.*) Levarsi di torno, togliersi dai piedi: *s. un rompiscatole* | *Sbolognarsela*, andarsene, svignarsela.

†**ṣbolzonàre** ● V. *†bolzonare*.

†**ṣbombardàre** [comp. di *s-* e *bombardare*] **v. tr. e intr.** ● Scaricare le bombarde.

†**ṣbombazzàre** [da *bombare* (*1*) (V.), con *s-* e suff. iter.-ints.] **v. intr.** ● Sbevazzare.

ṣbombóne [da *bomba* nel sign. 4] **s. m.** (f. *-a*) ● (*fam.*) Chi racconta fandonie, balle.

†**ṣbontadiàto** **agg.** ● (*raro*) Inutile, buono a nulla.

†**ṣbonẓolàre** [comp. di *s-* e di *bónzola*, tosc. per *bondiola* con *s-* (V.)] **v. intr. e intr. pron.** *1* Penzolare. **2** Allentarsi e cadere di intestini per sforzo o dolore | (*fig.*) *S. dalle risa*, sbellicarsi.

sboom /zbum/ [da *boom* con *s-* neg.] **s. m. inv.** ● Improvvisa e rapida inversione di tendenza di un fenomeno o di una moda, di una positiva congiuntura economica o demografica: *lo s. delle nascite*. CONTR. Boom.

ṣborbottàre [comp. di *s-* e *borbottare* (V.)] **v. tr.** ● Rimbrottare, rimproverare.

ṣbordàre [comp. di *s-* e *bordare* (*1*), da *bordo* 'orlo' (V.)] **v. tr.** (*io ṣbórdo*) ● (*raro*) Togliere il bordo: *s. un vestito*.

ṣbordellàre [comp. di *s-* e *bordellare*, da *bordello* (V.)] **v. intr.** (*io ṣbordèllo*; aus. *avere*) ● (*raro*, *pop.*) Fare chiasso e confusione.

ṣbòrnia [lat. parl. **ebriōnia*(*m*), da *ēbrius* 'ubriaco' (?). V. *ebbro*] **s. f.** *1* (*pop.*) Ubriacatura: *prendere*, *prendersi, una s.*; *smaltire la s.*; *una bella s.*; *una s. solenne*. **2** (*fig.*) Infatuazione, cotta. **3** (*pop.*, *tosc.*) Fiacca. || **sborniàccia**, **pegg.** | **sborniétta**, **dim.**

ṣborniàre (**1**) [da *sbornia*] **A v. tr.** (*io ṣbòrnio*) ● (*pop.*, *raro*) Ubriacare. **B v. intr. pron.** ● Ubriacarsi, prendersi una sbornia.

ṣborniàre (**2**) [da *bornio* (*1*) (V.), con *s-*] **v. intr.** (*io ṣbòrnio*; aus. *avere*) ● (*fam.*, *tosc.*, *raro*) Scorgere, distinguere: *senza occhiali non ci sbornio*.

ṣbornióne [da *sborniare* (*1*)] **s. m.** (f. *-a*) ● (*pop.*) Chi ha l'abitudine di sborniarsi.

ṣborràre (**1**) [comp. di *s-* e di *borro* 'fosso, torrente' (V.)] **v. intr.** (*io ṣbórro*; aus. *essere* nel sign. 1, *avere* nel sign. 2) *1* †Uscire con impeto, sgorgare. **2** (*volg.*) Eiaculare.

ṣborràre (**2**) [comp. di *s-* e di *borra* 'cimatura, lana grezza' (V.)] **v. tr.** (*io ṣbórro*) ● Levare la borra.

ṣborsaménto **s. m.** ● Atto dello sborsare.

ṣborsàre [comp. di *s-* e di *borsa* (*1*) (V.)] **v. tr.** (*io ṣbórso*) ● Tirar fuori danaro dalla borsa | (*est.*) Pagare in contanti: *s. diecimila lire*.

ṣbórso **s. m.** ● Atto dello sborsare | Denaro sborsato: *un forte s.*; *rifondere lo s.*

ṣboscaménto [da *sboscare*] **s. m.** ● (*pop.*) Disboscamento.

ṣboscàre [comp. di *s-* e di *bosco*. V. *disboscare*] **v. tr.** (*io ṣbòsco, tu ṣbòschi*) ● (*pop.*) Disboscare.

ṣbottàre [da *botta* (*1*), con *s-*] **v. intr.** (*io ṣbòtto*; aus. *essere*) ● Erompere, scoppiare: *s. in un pianto dirotto*; *s. a piangere, a ridere* | Non riuscire a contenere i propri sentimenti o a trattenere le parole: *ho provato a tacere ma poi sono sbottato*.

ṣbottàta **s. f.** ● Atto dello sbottare | Parole dette sbottando: *la sua s. fu clamorosa*.

ṣbòtto **s. m.** ● Atto dello sbottare: *s. di pianto, di risa*; *dare in uno s. di pianto*.

ṣbottonàre (**1**) [da *abbottonare*, da *bottone* (V.), con cambio di pref. (*s-*)] **A v. tr.** (*io ṣbottóno*) ● Aprire un indumento facendo uscire i bottoni dagli occhielli: *s. il soprabito a qc.*; *sbottonarsi la giacca*. CONTR. Abbottonare. **B v. rifl.** ● (*fig.*, *fam.*) Aprirsi, confidarsi, palesare liberamente i propri pensieri: *è un tipo che non si sbottona*.

†**ṣbottonàre** (**2**) [da *sbottare*, rifatto secondo *sbottonare* (*1*)] **v. tr.** ● (*tosc.*, *fam.*) Dire in modo sconsiderato: *s. improperi*, *insulti*.

ṣbottonàto **part. pass.** di *sbottonare* (*1*); anche **agg.** *1* Nei sign. del v. **2** Non abbottonato: *aveva il cappotto tutto s.*

ṣbottonatùra [da *sbottonare* (*1*)] **s. f.** *1* Atto, effetto dello sbottonare, o dello sbottonarsi. **2** (*agr.*) Eliminazione di bottoni fiorali per aumentare lo sviluppo di quelli rimasti: *s. di garofani, dalie, rose, crisantemi*.

ṣbottoneggiàre [da *sbottonare* (*2*)] **v. intr.** (*io ṣbottonéggio*; aus. *avere*) ● (*raro*, *tosc.*) Sparlare di qc.

ṣbòvo [prob. connesso con *boa* (*2*)] **s. m.** ● (*mar.*) Molinello, argano orizzontale.

ṣbozzacchìre o **ṣbozẓacchire** [da *imbozzacchire* 'intristire' (V.) con cambio di pref. (*s-*)] **A v. intr.** (*io ṣbozzacchìsco, tu ṣbozzacchìsci*; aus. *essere*) ● Riaversi riacquistando freschezza e vigore, detto di piante e animali. **B v. tr.** *1* Far riacquistare freschezza e vigore. **2** (*fig.*) Dirozzare, ingentilire.

ṣbozzaménto [da *sbozzare*] **s. m.** ● (*raro*) Atto dello sbozzare.

ṣbozzàre [comp. di *s-* e *†bozzare* (V.)] **v. tr.** (*io ṣbòzzo*) *1* Dare la prima forma alla materia da scolpire: *s. il marmo* | (*est.*) Tracciare le linee essenziali di una figura, un dipinto, e sim.: *s. una statua, un paesaggio*. **2** (*fig.*) Delineare in modo sintetico ed essenziale un progetto, uno scritto e sim.: *s. un discorso, un dramma*.

ṣbozzatóre [da *sbozzare*] **A agg.**; anche **s. m.** (f. *-trice*) ● Che, chi sbozza: *fresa sbozzatrice*. **B s. m. e f.** ● Marmoraio che digrossa il blocco prima di passarlo allo scultore.

ṣbozzatùra [da *sbozzare*] **s. f.** ● Atto, effetto dello sbozzare | Operazione che precede lo stampaggio a caldo di un pezzo metallico, dandogli la forma grossolana che dovrà raggiungere.

ṣbozẓimàre [comp. di *s-* e di *bozzima* 'appretto, salda' (V.)] **v. tr.** (*io ṣbòẓẓimo*) ● Levare la bozzima.

ṣbozẓimatrìce **s. f.** ● (*tess.*) Macchina per sbozzimare.

ṣbozẓimatùra **s. f.** ● (*tess.*) Atto, effetto dello sbozzimare.

ṣbozzìno [da *sbozzare*] **s. m.** ● Arnese per levare al legno la sua ruvidità.

ṣbòzzo [da *sbozzare*. V. *abbozzo*] **s. m.** *1* Atto dello sbozzare | Abbozzo. **2** Blocco di vetro grezzo avente approssimativamente la forma della lente che se ne deve ricavare.

ṣbozzolàre (**1**) [comp. di *s-* nel sign. 4 e *bozzolo* (*1*) (V.)] **v. tr.** (*io ṣbòzzolo*) ● Levare i bozzoli del baco da seta dal bosco.

ṣbozzolàre (**2**) [comp. di *s-* nel sign. 3 e *bozzolo* (*1*) (V.)] **v. intr.** (*io ṣbòzzolo*; aus. *avere*) ● Uscire dal bozzolo, detto della crisalide.

†**ṣbozzolàre** (**3**) [comp. di *s-* e *bozzolo* (*2*) (V.)] **v. tr.** *1* Come compenso per la macinatura, prendere una parte del cereale lavorato, misurandone nei bozzoli la quantità spettante. **2** (*fig.*) Portar via, scroccare: *vedendo ... che non potea s. come volea* (SACCHETTI).

ṣbozzolàto (**1**) **part. pass.** di *sbozzolare* (*1*) ● Nel sign. del v.

ṣbozzolàto (**2**) **part. pass.** di *sbozzolare* (*2*); anche **agg.** *1* Nel sign. del v. **2** (*fig.*) Cresciuto: *otto figli / già sbozzolati* (PASCOLI).

ṣbozzolatóre [da *sbozzolare* (*1*)] **s. m.** (f. *-trice*, pop. *-tora*) ● Chi sbozzola.

ṣbozzolatùra [da *sbozzolare* (*1*)] **s. f.** ● Raccolta dei bozzoli del baco da seta | Tempo in cui avviene questa raccolta.

ṣbracalàto [comp. di *s-* e *†bracale* (V.). V. *bracalone, sbracato*] **agg.** ● (*fam.*) Che ha i calzoni cascanti | (*est.*) Che è vestito in modo disordinato e trasandato: *in casa se ne sta tutto s.*

ṣbracalìo [comp. di *s-* neg.-sottratt. e di *†bracale* (V.)] **s. m.** ● (*raro*) L'essere sbracalato.

ṣbracàre o (*dial.*) **ṣbragàre** [comp. di *s-* e *braca* (V.)] **A v. tr.** (*io ṣbràco, tu ṣbràchi*) ● Togliere le brache, i pantaloni. **B v. intr.** (aus. *avere*) ● (*fam.*) Lasciarsi andare, degenerare. **C v. rifl.** *1* (*raro*) Togliersi le brache, i pantaloni. **2** Slacciarsi, sbottonarsi gli abiti per mettersi più comodo, a proprio agio | *Sbracarsi per qc., per q.c.*, dimostrare grande sollecitudine | *Sbracarsi dalle risa*, ridere smodatamente. **3** (*fig.*) Lasciarsi andare ad atteggiamenti sguaiati, scomposti.

ṣbracàto o (*dial.*) **ṣbragàto** **part. pass.** di *sbracare*; anche **agg.** *1* Nei sign. del v. **2** Sbracalato. **3** (*fig.*) Sboccato, sguaiato: *riso s.*; *vita sbracata*. || **sbracataménte**, **avv.** Spensieratamente, a tutto agio; *ridere sbracatamente*, di gran gusto, sguaiatamente.

ṣbraccettàre [den. di *braccetto*, con *s-*] **A v. tr.** (*io ṣbraccétto*) ● (*raro*) Condurre a braccetto (*anche scherz.*). **B v. rifl. rec.** ● Andare a braccetto.

†**ṣbracciàre** [comp. di *s-* e *braccio*] **v. tr.** ● Levare dal braccio.

ṣbracciàrsi [comp. di *s-* e *braccio*] **v. intr. pron** (*io mi ṣbràccio*) *1* Denudarsi le braccia tirandosi su le maniche: *s. fino al gomito* | Indossare vestiti privi di maniche: *s. per il caldo*. **2** Muovere le braccia facendo grandi gesti: *si sbraccia a salutare*; *si sbraccia per mostrarmi il pericolo*. **3** (*fig.*) Darsi d'attorno in ogni modo, con ogni forza e mezzo, fare di tutto per q.c. o per qc.: *s. a favore di un amico*; *s. per farsi notare*.

ṣbracciàta [da *sbracciarsi*] **s. f.** ● (*raro*) Brusco e rapido movimento delle braccia.

ṣbracciàto **part. pass.** di *sbracciarsi*; anche **agg.** *1* Nei sign. del v. **2** Che ha le braccia nude: *ragazze sbracciate*. **3** Che ha le maniche molto corte, o ne è completamente privo, detto di indumento: *vestito s. e scollato*.

ṣbràccio (**1**) [da *sbracciarsi*] **s. m.** ● (*sport*) Movimento del braccio nell'atto di lanciare un giavellotto, un disco e sim. | Atto di abbassare il fucile già portato alla spalla.

ṣbràccio (**2**) [da *braccio*, con *s-*] **s. m.** *1* (*tosc.*) Spazio necessario a muovere liberamente le braccia: *qui non c'è s.* **2** (*cine*, *tv*) Massimo allungamento possibile del braccio mobile di una giraffa, di una gru e sim.

ṣbracerìa **s. f.** ● Atto da sbracione.

ṣbràcia [da *sbraciare*] **s. m. inv.** ● (*raro*) Sbracione.

†**ṣbraciaménto** **s. m.** ● Atto dello sbraciare.

ṣbraciàre [comp. di *s-* e *bracia, brace*] **A v. tr.** (*io ṣbràcio*) ● Allargare la brace accesa, stuzzicare la brace, per ravvivarla: *s. il fuoco*. **B v. intr.** (aus. *avere*) ● (*tosc.*) Vantarsi, fare lo smargiasso. **C v. intr. e intr. pron.** (aus. intr. *avere*) ● Alzarsi dalle braci.

ṣbraciàta o (*dial.*) **ṣbraṣàta** nel sign. 2 **s. f.** *1* (*raro*) Atto dello sbraciare il fuoco, una sola volta o frettolosamente. **2** (*fig.*) Spacconata, smargiassata. || **sbraciatina**, **dim.**

ṣbraciatóio **s. m.** ● Arnese per sbraciare i forni a legna.

ṣbràcio **s. m.** ● (*raro*) Atto dello sbraciare il fuoco.

ṣbracionàta o (*dial.*) **ṣbraṣonàta** [da *sbracione* (V.)] **s. f.** ● (*raro*) Sbraciata.

ṣbracióne o (*dial.*) **ṣbraṣóne** [da *sbraciare*] **s. m.** (f. *-a*) ● (*tosc.*) Spaccone, smargiasso.

ṣbragàre (**1**) e *deriv.* ● V. *sbracare* e *deriv.*

ṣbragàre (**2**) [prob. dal dial. *sbregare* 'strappare' con intrusione di *sbragare* (*1*)] **A v. tr.** ● (*region.*) Strappare, squarciare. **B v. intr. pron.** ● (*region.*) Strapparsi, rompersi: *la tenda si è sbragata*.

ṣbràgo [da *sbragare* (*2*)] **s. m.** *1* (*region.*) Squarcio, strappo. **2** (*region.*, *fig.*) Scadimento, evidente peggioramento del livello di un ambiente, un gruppo sociale, una collettività: *in quel paese la classe politica è allo s.* **3** (*gerg.*) Spettacolo, situazione, personaggio molto divertenti o eccitanti: *che s.!*; *quel comico è uno s.*

†**ṣbraìre** ● V. *†braire*.

ṣbraitaménto **s. m.** ● Atto dello sbraitare.

ṣbraitàre [comp. di *s-* e *braitare* 'urlare' (V.)] **v. intr.** (*io ṣbràito*; aus. *avere*) ● Gridare, strepitare, vociare adiratamente: *s. contro qc.*

ṣbraitìo **s. m.** ● Atto dello sbraitare continuo.

ṣbraitóne **s. m.** (f. *-a*) ● (*fam.*) Chi ha il vizio di sbraitare.

ṣbramàre (**1**) [comp. di *s-* e *brama* (V.). V. *bramare*] **v. tr.** ● (*lett.*) Togliere la brama (*spec. fig.*): *lo sdegno, / premilo in petto, se sbramarlo or vuoi* (ALFIERI).

ṣbramàre (**2**) [da un dial. piemontese *bran*, *bren* 'crusca', dal lat. parl. **brĕnnu*(*m*), di origine gallica, con *s-*] **v. tr.** ● Spogliare delle glumelle il risone con lo sbramino.

ṣbramatùra [da *sbramare* (*2*)] **s. f.** ● Atto, effetto, dello sbramare il riso.

ṣbramìno [da *sbramare* (*2*), con *-ino* suff. di mestiere] **s. m.** ● Macchina per togliere le glumelle e l'embrione al risone.

ṣbranaménto **s. m.** ● Atto dello sbranare o dello sbranarsi.

ṣbranàre [da *brano*, con *s-*] **A v. tr.** *1* Fare a pezzi, divorare: *la tigre sbrana il vitello* | (*est.*) Lacerare, strappare. **2** (*est.*, *fig.*) Causare grande dolore: *una paura che sbrana l'anima*. **3** (*fig.*, *iperb.*) Detestare qc. e tentare con ogni mezzo di nuocergli, di distruggerlo: *s. l'avversario.* **B** v. rifl. rec. *1* Lacerarsi l'un l'altro, distruggersi (*anche fig.*): *sbranarsi come lupi; quelle popolazioni si sbranarono con continue lotte.* *2* (*fig., iperb.*) Detestarsi e tentare con ogni mezzo di nuocersi reciprocamente: *le due rivali si sbranano tra loro.*

ṣbranàto part. pass. di *sbranare*; anche agg. ● Nei sign. del v.

†**ṣbranatóre** s. m.; anche agg. (f. *-trice*) ● Chi, che, sbrana: *artiglio s.*

ṣbrancaménto [da *sbrancare* (*1*)] s. m. ● (*raro*) Atto dello sbrancare o dello sbrancarsi.

ṣbrancàre (**1**) [comp. di *s-* e *branco* (V.) V. *imbrancare*] **A** v. tr. (*io ṣbrànco, tu ṣbrànchi*) ● Fare uscire dal branco: *s. gli agnelli dal gregge* | Disfare, disperdere, il branco: *s. il gregge* | (*est.*) Disfare, disperdere, un gruppo di persone: *la polizia sbrancò i curiosi.* **B** v. intr. pron. *1* Uscire dal branco | (*est.*) Sparpagliarsi, fuggire: *sbrancarsi per la campagna.* *2* (*raro*) Abbandonare una schiera o una colonna di soldati per combattere isolatamente, per viltà, per far preda e sim.: *numerosi soldati si sbrancarono sulle montagne.*

ṣbrancàre (**2**) [comp. di *s-* e *branca* 'ramo' (V.)] **A** v. tr. (*io ṣbrànco, tu ṣbrànchi*) ● Troncare, tagliare via i rami grossi. **B** v. intr. pron. ● Suddividersi in branche, detto di tronco d'albero.

ṣbrancicàre [comp. di *s-* e *brancicare* (V.)] v. tr. (*io ṣbràncico, tu ṣbràncichi*) ● (*fam.*) Brancicare frequentemente e insistentemente.

ṣbrancicóne s. m. (f. *-a*) ● (*fam.*) Chi sbrancica.

ṣbrandellàre [comp. di *s-* e di *brandello* (V.)] v. tr. (*io ṣbrandèllo*) ● (*raro*) Fare a brandelli.

ṣbràno [da *sbranare*] s. m. *1* (*raro*) Atto dello sbranare. *2* (*tosc.*) Strappo, lacerazione: *farsi uno s. nella giacca, nel braccio.*

ṣbraṣàta ● V. *sbraciata.*

ṣbraṣonàta ● V. *sbracionata.*

ṣbraṣóne ● V. *sbracione.*

ṣbrattàre (**1**) [da *imbrattare* (V.), con cambio di pref. (*s-*)] v. tr. ● Liberare da ciò che imbratta, insudicia, impiccia (*anche ass.*): *s. una camicia; s. le strade; se andate via tutti posso s.* | *S. la tavola*, dopo il pasto, levarne quanto vi era stato apparecchiato | *S. un luogo, un paese*, andarsene.

ṣbrattàre (**2**) ● V. *brattare.*

ṣbrattàta [da *sbrattare* (*1*)] s. f. ● Atto dello sbrattare frettolosamente. || **sbrattatina**, dim.

ṣbràtto (**1**) [da *sbrattare* (*1*)] s. m. ● Atto, effetto, dello sbrattare | *Stanza di s.*, ove si accumulano le masserizie per il momento non utilizzate.

ṣbràtto (**2**) ● V. *bratto.*

ṣbravazzàre [comp. di *s-* e *bravazzare*, da *bravazzo* (V.)] v. intr. (aus. *avere*) ● Fare il bravaccio, lo smargiasso. SIN. Bravare, bravazzare, braveggiare.

ṣbravazzàta [da *bravazzata*, con *s-*] s. f. ● Atto da bravaccio.

ṣbravazzóne [comp. di *s-* e un deriv. di *bravazzo* (V.)] s. m. (f. *-a*) ● (*raro*) Spaccone, smargiasso.

ṣbreccàre [dal longob. *brehhan*, V. ted. *brechen* 'rompere', con *s-*] v. tr. (*io ṣbrécco, tu ṣbrécchi*) ● Rompere all'orlo un vaso, un piatto, e sim.

ṣbreccàto part. pass. di *sbreccare*; anche agg. ● Nel sign. del v.

ṣbrecciàre [comp. di *s-* e di *breccia* (*1*) 'rottura' (V.)] v. tr. (*io ṣbréccio*) ● Rompere, spaccare.

ṣbrégo [dev. del sett. *sbregar* 'strappare', dal gotico *brikan* 'rompere'] s. m. ● (*sett.*) Strappo, squarcio, lacerazione.

ṣbrendolàre [da *sbrendolo*] v. intr. (*io ṣbrèndolo* o *ṣbréndolo*; aus. *avere*) ● (*tosc.*) Cadere a brandelli: *quel vestito sbrendola da ogni parte.*

ṣbrèndolo o **ṣbréndolo** [da *brendolo*, con *s-*] s. m. ● (*tosc.*) Brandello cascante di abito.

ṣbrendolóne [da *sbrendolare*] s. m. (f. *-a*) ● (*tosc.*) Chi indossa un abito con molti sbrendoli | (*est.*) Persona trascurata e disordinata nel vestire.

†**ṣbriccàre** [da *bricco* (*2*) (V.), con *s-*] **A** v. tr. ● (*raro*) Scagliare, vibrare. **B** v. intr. ● (*raro*) Saltare giù.

†**ṣbricco** [dal provz. *bric* 'masnadiere', con *s-*. V. *briccone*] s. m. ● Masnadiere, briccone, sgherro | *Alla sbricca*, (*ell.*) alla sgherra, al modo degli sgherri.

ṣbriciàre [da *bricia* (V.), con *s-*] v. tr. e intr. pron. (*io ṣbrìcio*) ● Sbriciolare, sbriciolarsi.

ṣbrìcio [da *sbriciare*] agg. (pl. f. *-cie*, raro *-ce*) ● (*tosc.*) Meschino, povero: *abito s.*

ṣbriciolaménto s. m. ● Atto, effetto dello sbriciolare o dello sbriciolarsi.

ṣbriciolàre [da *briciola*, con *s-*. V. *sbricio*] **A** v. tr. (*io ṣbrìciolo*) *1* Ridurre in briciole: *s. un biscotto* | (*est., iperb.*) Annientare, distruggere: *se non taci ti sbriciolo con un pugno.* *2* (*fig., fam.*) Cospargere di briciole: *ha sbriciolato tutta la poltrona.* **B** v. intr. pron. ● Ridursi in briciole, in piccoli pezzi: *i biscotti si sono sbriciolati.*

ṣbriciolàto part. pass. di *sbriciolare*; anche agg. ● Nei sign. del v.

ṣbriciolatùra s. f. ● Atto, effetto dello sbriciolare o dello sbriciolarsi.

ṣbrigaménto s. m. ● (*raro*) Atto dello sbrigare.

ṣbrigàre [da *briga* (V.), con *s-*] **A** v. tr. (*io ṣbrigo, tu ṣbrìghi*) *1* Porre fine, con sollecitudine, a quello che si sta facendo: *s. una faccenda, una pratica, un affare* | (*bur.*) *S. la posta*, evaderla, smistarla | *Sbrigarsela*, disimpegnarsi: *con tuo padre me la sbrigo io; me la sbrigo presto.* SIN. Disbrigare, disimpegnare, sbrogliare. *2* (*est.*) Prendere congedo da una persona dopo averne soddisfatte le richieste: *in un attimo sbrigo il cliente; aspetta che sbrighi quel seccatore.* **B** v. intr. pron. *1* Fare presto, in fretta, spicciarsi: *sbrigati a vestirti; su, sbrigati! bisogna sbrigarsi altrimenti perderemo il treno.* *2* Liberarsi di qc. o di q.c.: *sbrigarsi da, di, una noia.*

ṣbrigatività [da *sbrigativo*] s. f. ● Caratteristica di chi, di ciò che è sbrigativo.

ṣbrigatìvo agg. *1* Che serve a sbrigare presto: *modi sbrigativi* | Che si fa in fretta, in poco tempo: *lavoro s.; pranzo s.* *2* Deciso, risoluto, nell'agire, nel comportarsi, e sim. | (*est.*) Superficiale: *è un parere un po' troppo s.* || **sbrigativaménte**, avv.

ṣbrigliaménto s. m. ● Atto, effetto dello sbrigliare o dello sbrigliarsi.

ṣbrigliàre [da *briglia* (V.), con *s-*] **A** v. tr. (*io ṣbrìglio*) *1* Levare la briglia | (*fig.*) Togliere ogni freno, dare piena libertà: *s. la fantasia, l'immaginazione.* *2* (*chir.*) Liberare da tessuti che strozzano o comprimono: *s. un'arteria, un nervo.* **B** v. intr. pron. ● (*fig.*) Perdere ogni freno, manifestarsi in piena libertà: *la fantasia del poeta si è sbrigliata.*

ṣbrigliàta [da *sbrigliare*] s. f. *1* (*raro*) Strappata di briglie. *2* (*fig.*) Ramanzina, rabbuffo: *prendersi, dare, una s.* || **sbrigliatàccia** pegg. | **sbrigliatèlla**, dim. | **sbrigliatina**, dim.

ṣbrigliatézza s. f. ● Qualità di chi è sbrigliato.

ṣbrigliàto part. pass. di *sbrigliare*; anche agg. ● Nei sign. del v. || **sbrigliataménte**, avv. Senza freno.

†**ṣbrigliatùra** s. f. ● Sbrigliata.

ṣbrinaménto [da *sbrinare*] s. m. ● Operazione che tende a rimuovere lo strato di brina o di ghiaccio che va accumulandosi sulle superfici di raffreddamento negli impianti frigoriferi | Negli autoveicoli, operazione di disappannamento del parabrezza o del lunotto.

ṣbrinàre [da *brina*, con *s-*] v. tr. ● Eliminare da un impianto frigorifero le fini incrostazioni di ghiaccio | Negli autoveicoli, effettuare il disappannamento del parabrezza e del lunotto.

ṣbrinatóre [da *sbrinare*] s. m. ● Nei frigoriferi domestici, dispositivo automatico che ne arresta periodicamente il funzionamento per effettuare lo sbrinamento | Negli autoveicoli, impianto che invia aria calda sulla superficie interna del parabrezza per impedirne l'appannamento | Analogo impianto costituito da resistenze elettriche inserite nel lunotto posteriore (che prende il nome di *lunotto termico*).

ṣbrinatùra s. f. ● Atto, effetto dello sbrinare.

ṣbrindellàre [da *brindello*, con *s-*] **A** v. tr. (*io ṣbrindèllo*) ● Ridurre a brindelli. **B** v. intr. (aus. *avere* e *essere*; raro nei tempi composti) ● Cadere a brandelli: *il vestito sbrindella qua e là.*

ṣbrindellàto part. pass. di *sbrindellare*; anche agg. *1* Nei sign. del v. *2* Sbracciato.

ṣbrindèllo [da *sbrindellare*] s. m. ● (*pop.*) Brindello.

ṣbrindellóne [da *sbrindellare*] s. m. (f. *-a*) ● Sbrendolone.

ṣbrinz [da *Brienz*, città svizzera del cantone di Berna, con *s-*] s. m. inv. ● Formaggio svizzero da tavola, di pasta dura, cotta, confezionato in grandi forme.

†**ṣbrizzàre** ● V. *sprizzare.*

ṣbroccàre (**1**) [da *brocco* nel sign. 5, con *s-*] v. tr. (*io ṣbròcco, tu ṣbròcchi*) ● Ripulire la seta dalla sporcizia che vi si è attaccata durante la filatura.

ṣbroccàre (**2**) [da *brocco* nel sign. 1, con *s-*] v. tr. (*io ṣbròcco, tu ṣbròcchi*) ● Ripulire le piante dai brocchi o rami inutili.

†**ṣbroccàre** (**3**) ● V. *sbrucare.*

ṣbroccatùra [da *sbroccare* (*1*)] s. f. ● Atto, effetto dello sbroccare.

†**ṣbròcco** (**1**) [da *brocco* nel sign. 1, con *s-*] s. m. ● Piccolo ferro a punta usato un tempo dai calzolai come lesina.

ṣbròcco (**2**) [sovrapposizione di *brocco* a *sprocco* (V.)] s. m. (pl. *-chi*) ● Brocco, ramo secco.

ṣbrodàre [da *brodo* (V.), con *s-*] v. tr. e rifl. (*io ṣbròdo*) ● Macchiare, macchiarsi di brodo o di unto.

ṣbrodolaménto s. m. ● Atto, effetto dello sbrodolare o dello sbrodolarsi.

ṣbrodolàre [da *brodo* (V.), con suff. iter. e *s-*] **A** v. tr. (*io ṣbròdolo*) *1* Insudiciare di brodo, di sugo, di unto e sim.: *s. la tovaglia; sbrodolarsi il vestito.* *2* (*fig.*) Rendere prolisso, noioso un discorso, uno scritto: *ha sbrodolato una lunga conferenza.* **B** v. rifl. ● Insudiciarsi con brodo, sugo, unto, o sim., spec. mangiando: *ti sei tutto sbrodolato.*

ṣbrodolàta [da *sbrodolare*] s. f. ● (*fig.*) Scritto o discorso prolisso e noioso: *non me la sento di sorbirmi un'altra s.*

ṣbrodolàto part. pass. di *sbrodolare*; anche agg. ● Nei sign. del v.

ṣbrodolóne s. m. (f. *-a*) *1* Chi è solito sbrodolarsi, spec. mangiando o bevendo. *2* (*fig.*) Chi è prolisso, noioso, confuso nello scrivere o nel parlare.

ṣbròglia [da *sbrogliare*] s. f. ● La parte più scadente dello scarto della lana.

ṣbrogliaménto s. m. ● (*raro*) Atto, effetto dello sbrogliare o dello sbrogliarsi.

ṣbrogliàre [calco di *imbrogliare* (V.) con cambio di pref. (*s-*)] **A** v. tr. (*io ṣbròglio*) *1* Sciogliere nodi, grovigli | *S. una matassa*, trovarne il bandolo e (*fig.*) trovare la soluzione di una faccenda complicata | (*mar.*) Sciogliere gli imbrogli delle vele. *2* (*fig.*) Risolvere una questione particolarmente intricata e complessa: *devo s. un affare delicato* | *Sbrogliarsela*, togliersi da un imbroglio, da un impiccio. *3* Sgombrare, sbarazzare: *s. un armadio.* **B** v. rifl. ● (*fig.*) Liberarsi da un imbroglio, da un pasticcio.

ṣbròglio [da *sbrogliare*] s. m. ● (*raro*) Sbratto, sgombro: *stanza di s.*

†**ṣbronciàre** [calco di *imbronciare*, da *broncio* (V.), con *s-*] v. intr. ● Fare il broncio.

ṣbrónza o **ṣbrònẓa** [vc. rom. di etim. incerta, ma prob. affine a *sbornia* (V.)] s. f. ● (*fam.*) Ubriacatura, sbornia.

ṣbronzàrsi o **ṣbronẓàrsi** [da *sbronza*] v. rifl. (*io mi ṣbrónzo* o *ṣbrónẓo*) ● (*fam.*) Ubriacarsi, prendersi una sbronza.

ṣbrónzo o **ṣbrónẓo** [agg. da *sbronzar(si)*] agg. ● (*fam.*) Ubriaco.

ṣbròscia ● V. *broscia.*

ṣbrucàre o †**ṣbroccàre** (**3**) [da *brucare* (V.), con *s-*] v. tr. (*io ṣbrùco, tu ṣbrùchi*) *1* Togliere tutte le foglie a un ramo facendo scivolare su di esso con forza la mano chiusa. *2* †Portare via, strappare via.

ṣbruffàre [da una radice onomat. *sbruff-*] v. tr. *1* Spruzzare spec. un liquido, dalla bocca o dal naso | Aspergere, irrorare: *s. di profumo.* *2* (*fig.*) Raccontare fatti, imprese esagerate, spec. vantandosi (*anche ass.*). *3* (*fig.*) Corrompere con doni e sim.

ṣbruffàta s. f. *1* Atto dello sbruffare una volta. *2* (*raro*) Spruzzo d'acqua.

ṣbrùffo s. m. *1* Atto dello sbruffare | Materia, liquido sbruffato. *2* (*fig.*) Denaro, dono che si dà per qc.: *dare, pigliare, lo s.*

ṣbruffonàta s. f. ● (*dial.*) Atto, discorso, e sim. da sbruffone.

ṣbruffóne [da *sbruffare*] s. m. (f. *-a*) ● (*dial.*) Spaccone, gradasso: *fare lo s.*

†**ṣbruttàre** [da *bruttare*, con *s-*] v. tr. ● (*raro*) Ripulire, nettare.

ṣbucàre [da *buco*, *buca* (V.), con *s-*] **A** v. intr. (*io ṣbùco*, *tu ṣbùchi*; aus. *essere*) **1** Uscire fuori dalla buca, dalla tana, detto di animali: *due topi sbucarono da quella crepa* | (*est.*) Uscire fuori da un luogo buio, chiuso: *sbuco finalmente all'aria*. **2** Apparire, comparire improvvisamente: *da dove sarà sbucato?* **B** v. tr. ● Stanare un animale selvatico dalla sua buca | (*est.*, *raro*) †Fare uscire.

†**ṣbucchiàre** ● V. *sbucciare*.

†**ṣbucciafatiche** [comp. di *sbuccia(re)* e il pl. di *fatica*] s. m. e f. inv. ● (*pop.*) Scansafatiche.

ṣbucciaménto s. m. ● (*raro*) Atto dello sbucciare.

ṣbucciapatàte [comp. di *sbuccia(re)* e il pl. di *patata*] s. m. inv. ● Pelapatate.

ṣbucciàre o (*tosc.*) †**ṣbucchiàre** [da *buccia* (V.), con *s-*] **A** v. tr. (*io ṣbùccio*) **1** Levare la buccia, mondare della buccia: *s. le castagne*, *una mela* | (*fig.*, *fam.*) *Sbucciarsela*, cavarsela, riuscire a evitare una fatica, una noia. **2** Produrre un'abrasione, una piccola ferita: *lo spigolo gli sbucciò un braccio*; *si è sbucciato il gomito*. **B** v. intr. pron. ● Spogliarsi dell'involucro, cambiare la pelle: *un rettile che si sbuccia a primavera*.

ṣbucciàto part. pass. di *sbucciare*; anche agg. ● Nei sign. del v.

ṣbucciatóre s. m. (f. *-trice* nel sign. 1) **1** Chi sbuccia. **2** Coltellino da cucina per sbucciare frutta, verdura e sim.

ṣbucciatùra s. f. **1** Atto, effetto dello sbucciare o dello sbucciarsi. **2** Ferita superficiale: *farsi una s.* || **sbucciaturina**, dim.

†**ṣbuccinàre** ● V. *buccinare*.

ṣbucciòne [da *sbucciare*] s. m. (f. *-a*) ● (*tosc.*) Scansafatiche.

ṣbudellaménto s. m. ● Atto dello sbudellare.

ṣbudellàre [da *budello* (V.), con *s-*] **A** v. tr. (*io ṣbudèllo*) **1** Aprire il ventre di un animale per farne uscire le interiora: *s. un vitello*. **2** Ferire in modo grave al ventre: *lo sbudellò con una sciabolata*. **B** v. rifl. rec. ● Fare alle coltellate: *per una cosa da nulla quasi si sbudellavano*. **C** v. rifl. ● (*fig.*) Nella loc. *Sbudellarsi dalle risa*, sbellicarsi dalle risa, ridere a più non posso.

ṣbudellàto part. pass. di *sbudellare*, anche agg. ● Nei sign. del v.

ṣbudellatóre s. m.; anche agg. (f. *-trice*) ● (*raro*) Chi, che, sbudella.

ṣbuffaménto s. m. ● (*raro*) Atto dello sbuffare.

ṣbuffànte part. pres. di *sbuffare*; anche agg. **1** Nei sign. del v. **2** Detto di abito o di parte di abito, spec. femminile, rigonfio, a sboffi.

ṣbuffàre [da *buffare* (V.), con *s-*] **A** v. intr. (aus. *avere*) **1** Soffiare forte, emettere buffi, per sforzo fisico, impazienza, noia, collera e sim., detto di persona: *s. per il caldo*; *era appena arrivato e già sbuffava per andarsene* | Soffiare, detto del cavallo: *i cavalli sbuffavano per lo spavento*. **2** Gettare buffi di fumo: *la locomotiva arriva sbuffando*. **B** v. tr. ● (*raro*) Emettere sbuffando, spec. fumo.

ṣbuffàta s. f. ● Atto dello sbuffare, spec. di persona. || **sbuffatina**, dim.

ṣbùffo [dev. di *sbuffare*] s. m. **1** Atto dello sbuffare | (*est.*) Aria, fumo, vapore, e sim. sbuffato | (*est.*) Soffio impetuoso, folata: *uno s. di vento fece sbattere le finestre*. **2** (*abbigl.*) V. *sboffo*.

ṣbufonchiàre ● V. *bofonchiare*.

ṣbugiardàre [da *bugiardo* (V.), con *s-*] v. tr. ● Dimostrare, convincere gli altri, che una data persona è bugiarda.

ṣbullettàre [da *bulletta* (V.), con *s-*] **A** v. tr. (*io ṣbullétto*) ● Togliere le bullette. **B** v. intr. (aus. *avere*) ● Detto di intonaco, coprirsi di buchi simili a quelli che possono lasciare i chiodi, per effetto del rigonfiamento e della successiva caduta dei pezzettini di calce non bene spenta. **C** v. intr. pron. ● Perdere le bullette: *le sedie si sono sbullettate*.

ṣbullettatùra s. f. ● Atto, effetto, dello sbullettare dell'intonaco.

ṣbullonaménto s. m. ● Atto, effetto dello sbullonare.

ṣbullonàre [da *bullone* (V.), con *s-* V. *imbullonare*] v. tr. (*io ṣbullóno*) ● Togliere i bulloni.

ṣburocratiẓẓàre [da *burocrate*, con *-izzare* e *s-*] v. tr. ● (*raro*) Ridurre gli eccessi burocratici.

ṣburocratiẓẓazióne s. f. ● Atto, effetto dello sburocratizzare.

ṣburràre [da *burro* (V.), con *s-*] v. tr. ● Togliere il grasso dal latte per farne burro o panna.

ṣbuẓẓàre [da *buzzo* (*1*) 'pancia' (V.), con *s-*] **A** v. tr. **1** (*tosc.*) Aprire il buzzo, sbudellare: *s. i polli* | (*est.*, *pop.*) Ferire gravemente al ventre: *lo sbuzzò con un colpo di baionetta*. **2** (*est.*) Aprire togliendo l'involucro: *s. un pacco*, *una lettera* | *S. il materasso*, sventrarlo per rinnovargli la lana. **B** v. intr. pron. ● (*fig.*, *fam.*) Scoppiare, aprirsi, lasciando uscire il contenuto: *il materasso si è sbuzzato*.

†**ṣbuẓẓatóio** s. m. ● Coltello appuntito per sbuzzare polli, pesci, e sim.

scàbbia [lat. tardo *scăbia(m)* 'asperità, rugosità', per il classico *scăbies*, da *scăbere* 'grattare', di origine indeur.] s. f. **1** (*med.*) Infestazione cutanea pruriginosa dell'uomo causata dalla femmina dell'acaro *Sarcoptes scabiei* (varietà *hominis*), che scava cunicoli nella pelle e produce vescicole spec. fra le dita e nelle pieghe cutanee in genere. CFR. Rogna. **2** (*est.*, *raro*) Aridità, secchezza: *asciutta s. / che mi scolora ... la pelle* (DANTE *Purg.* XXIII, 49-50).

scabbiósa ● V. *scabiosa*.

scabbióso [lat. *scabiōsu(m)* 'rugoso', da *scăbies* 'scabbia'] **A** agg. **1** Che è affetto da scabbia. **2** †Ruvido, scabroso. **B** s. m. (f. *-a*) ● Chi è affetto da scabbia.

†**scabèllo** ● V. *sgabello*.

scabinàto s. m. ● Carica, ufficio e dignità di scabino.

scabìno [lat. mediev. *scabīnu(m)*, adattamento del francone *skapīns* 'colui che fa', appartenente alla fam. del ted. *schaffen* 'fare'] s. m. ● Nel diritto franco, funzionario eletto dal popolo per l'organizzazione e il funzionamento dei tribunali.

scabiósa o **scabbiósa** [dal lat. *scabiōsa(m)*, da *scabĭes -ēi* 'scabbia', perché ritenuta antidoto contro la scabbia] s. f. ● Erba delle Dipsacacee alta fino a 1 m, con capolini rosati circondati da brattee (*Knautia arvensis*).

scabrézza [lat. *scabrĭtia(m)* 'ruvidità', da *scăber*, genit. *scăbri* 'ruvido'] s. f. ● Qualità di ciò che è scabro.

scàbro [lat. *scăbru(m)* 'scabroso, ruvido', connesso con *scăbere* 'grattare', di origine indeur. V. *scabbia*] **A** agg. **1** Ruvido, aspro al tatto, non liscio: *superficie scabra*. **2** (*lett.*, *fig.*) Pietroso, brullo, detto di terreno. **3** Conciso, essenziale, privo di ornamenti: *stile s.*; *prosa scabra*. **B** s. m. ● (*raro*) Scabrezza.

scabrosità s. f. ● Qualità di ciò che è scabroso | Parte o punto ruvido, scabroso: *togliere*, *limare*, *le s.*

scabróso [lat. tardo *scabrōsu(m)*, da *scăber*, genit. *scăbri* 'ruvido'] agg. **1** Scabro, non liscio né piano: *ramo s.* **2** (*est.*) Difficile, malagevole: *percorso s.*; *sentiero s.* **3** (*est.*, *fig.*) Non facile da intendere, risolvere e sim.: *poesia scabrosa*; *problema s.* | Non facile né semplice da trattare per la materia delicata che coinvolge o per la possibilità di turbare la sensibilità, l'innocenza, il pudore, di chi ascolta, vede, assiste: *affare s.*; *discorso s.*; *dallo spettacolo fu tagliata una scena molto scabrosa*; *bisogna parlare con cautela ai ragazzi di questi argomenti scabrosi*. || **scabrosétto**, dim. | **scabrosino**, dim. || **scabrosaménte**, avv.

scacazzaménto s. m. ● (*volg.*) Atto, effetto dello scacazzare.

scacazzàre o (*dial.*) **scagazzàre** [da *cacare*, con un suff. iter.-ints. e *s-*] **A** v. intr. (aus. *avere*) ● (*volg.*) Defecare qua e là | Defecare a tratti, con frequenza. **B** v. tr. ● (*volg.*) Lordare defecando.

†**scaccàta** s. f. ● (*raro*) Mossa al gioco degli scacchi: *una s. col re* | (*raro*) Colpo dato con uno scacco: *un gentiluomo ... diede in sulla testa alla scimia una grande s.* (CASTIGLIONE).

scaccàto agg. ● Fatto, disegnato a scacchi: *calze scaccate*; *bandiera scaccata*.

scaccheggiàto [da *scaccato*, con suff. iter.-ints.] agg. ● (*raro*) Scaccato.

scacchiàre [da *cacchio* (*2*), con *s-*] v. tr. (*io scàcchio*) ● Togliere in primavera i cacchi o germogli inutili: *s. le viti*, *il pomodoro*.

scacchiatùra [da *scacchiare*] s. f. ● Soppressione dei getti inutili lungo il tronco e le branche.

scacchièra [da *scacco*, sul modello dell'ant. fr. *eschaquier*] s. f. **1** Tavola quadrata divisa in sessantaquattro scacchi, alternati a due colori, per giocare a scacchi o a dama | (*fig.*) *Sciopero a s.*, a reparti alternati. **2** Rete da pesca simile alla bilancia.

scacchière o †**scacchièro** nel sign. 1 [da *scacco*: nel sign. 1 e 2 sul modello dell'ant. fr. *eschaquier* 'scacchiere', nel sign. 3 sul modello dell'ingl. *exchequer*, ant. 'tavola a caselle per fare i conti' e oggi 'erario', anch'esso a sua volta dall'ant. fr. *eschaquier*] s. m. **1** †Scacchiera | (*est.*, *mar.*, *mil.*) *A s.*, detto di unità alternate nella loro disposizione come i riquadri della scacchiera: *formazione a s.*; *avanzare a s.* **2** (*mil.*) Parte di un teatro di operazioni con propria individualità geografica e strategica che consente condotta unitaria di operazioni belliche: *s. del Mediterraneo*; *s. atlantico*. **3** Nella loc. *cancelliere dello s.*, ministro delle finanze e del tesoro inglese.

scacchìṣmo [da *scacco*] s. m. ● Insieme di operazioni, comportamenti, decisioni inerenti al gioco degli scacchi.

scacchìsta s. m. e f. (pl. m. *-i*) ● Chi gioca a scacchi.

scacchìstico agg. (pl. m. *-ci*) ● Di scacchista: *circolo s.* | Che si riferisce al gioco degli scacchi: *torneo s.* || **scacchisticaménte**, avv.

scàccia [da *scaccia(re)*] s. m. inv. ● (*caccia*) Chi, in una battuta, scaccia gli animali spingendoli alla posta | Battuta di caccia, compiuta spingendo gli animali alla posta.

scacciacàni [comp. di *scaccia(re)* e il pl. di *cane*] **A** s. f. o m. ● Pistola che spara a salve, usata per spaventare o nei giochi infantili. **B** anche agg.: *pistola s.*

scacciadiàvoli [comp. di *scaccia(re)* e il pl. di *diavolo*] s. m. ● Pezzo di artiglieria, in uso nel XVI e nel XVII sec., che lanciava granate esplosive.

scacciafùmo [comp. di *scaccia(re)* e *fumo*] s. m. inv. ● Dispositivo automatico ad aria compressa per espellere da una bocca da fuoco i gas residui della carica di lancio.

scacciaménto s. m. ● (*raro*) Atto, effetto dello scacciare.

scacciamósche o **cacciamósche** [comp. di *scaccia(re)* e il pl. di *mosca*] s. m. inv. ● Arnese usato per scacciare le mosche.

scacciapensièri [comp. di *scaccia(re)* e il pl. di *pensiero*] s. m. **1** (*mus.*) Piccolo strumento costituito di una lamina metallica, che, collocata dinanzi all'apertura della bocca, si pone in vibrazione per mezzo di un dito. ➡ ILL. **musica**. **2** (*raro*, *fig.*) Passatempo, svago.

scacciàre [da *cacciare*, con *s-*] v. tr. (*io scàccio*) **1** Mandare via bruscamente, cacciare via, fuori: *s. qc. di casa*; *s. le mosche* | (*raro*) *S. le mosche di torno al naso*, non sottostare a prepotenze. **2** (*fig.*) Far dileguare, far passare: *s. le tenebre*; *s. la malinconia*, *la noia* | *S. i grilli dalla testa*, levare le fisime, i capricci.

scacciàta [da *cacciata*, con *s-* ints.] s. f. ● Atto dello scacciare. || **scacciatèlla**, dim. | **scacciatina**, dim.

scacciàto **A** part. pass. di *scacciare*; anche agg. ● Nei sign. del v. **B** s. m. ● †Bandito, esule.

scacciatóre (**1**) s. m.; anche agg. (f. *-trice*) ● Chi, che scaccia.

scacciatóre (**2**) [da *cacciatore*, con *s-*] s. m. (f. *-trice*) ● (*tosc.*, *scherz.*) Cacciatore poco abile.

scaccìno [da *scacciare*, col suff. *-ino* di mestiere] s. m. ● Inserviente addetto alla pulizia della chiesa.

scàcco [dal provz. *escac*, risalente, attraverso lo sp. e l'ar., al persiano *šāh* 're'. V. *scià*] s. m. (pl. *-chi*) **1** (*al pl.*) Antichissimo gioco d'origine indiana, con trentadue pezzi che si muovono nelle sessantaquattro caselle della scacchiera: *giocare agli scacchi*. **2** Ciascuno dei pezzi del gioco degli scacchi. **3** Mossa della partita che minaccia un pezzo importante dell'avversario: *s. alla regina* | *Dare s. matto al re*, mettere il re avversario nell'impossibilità di difendersi; V. anche *scaccomatto*. **4** (*fig.*) Insuccesso, sconfitta: *ricevere*, *subire*, *uno s.* | *Tenere qc. in s.*, tenerlo impedito, isolato, in stato di inferiorità. **5** Ciascuno dei quadratini della scacchiera. **6** (*est.*) Piccolo riquadro, quadretto: *stoffa a scacchi*; *lavorato*, *disegnato*, *a scacchi* | *Vedere il sole a scacchi*, (*scherz.*) vederlo attraverso le inferriate, cioè essere in prigione. || **scacchétto**, dim.

scaccografìa [comp. di *scacco* e *-grafia*] s. f. ● Trascrizione con numeri e sigle delle mosse di una partita a scacchi.

scaccogràmma [comp. di *scacco* e *-gramma*] s. m. (pl. *-i*) ● Rappresentazione grafica di un determinato momento di una partita a scacchi.

scaccolàre [da *caccola* (V.), con *s-*] **A** v. tr. (*io scàccolo*) ● (*pop.*) Togliere le caccole dal naso. **B** v. rifl. ● (*pop.*) Togliersi le caccole dal naso.

scaccomàtto o **scàcco màtto** [dal persiano ar. *šāh māt* 'il re è morto'. V. *scacco*] s. m. solo sing. *1* Nel gioco degli scacchi, mossa con cui si mette l'avversario nell'impossibilità di difendersi ponendo fine alla partita. *2* (*fig.*) Sconfitta, insuccesso, completo e definitivo: *dare s. a qc.*

scaciàto [da *cacio*, con *s-*] agg. *1* Nella loc. (*tosc.*) *bianco s.*, bianchissimo. *2* (*centr.*) Trasandato, trascurato.

scadènte part. pres. di *scadere*; anche agg. *1* Nei sign. del v. *2* Di poco pregio, di qualità inferiore: *prodotto, merce, s.* SIN. Difettoso, imperfetto, mediocre. *3* Insufficiente, scarso: *voto, alunno, s.*; *è s. in matematica.*

scadènza [da *scadente*] s. f. *1* Termine di tempo in cui cessa di aver valore un documento, in cui si deve effettuare un pagamento, adempiere un'obbligazione e sim. *2* (*est.*) Pagamento da effettuare, obbligazione da adempiere, e sim.: *far fronte alle scadenze annuali.* *3* Periodo di tempo, più o meno lungo, entro il quale si verifica, o deve verificarsi, un determinato evento, spec. nelle loc. *a breve s., a lunga s.*

scadenzàre [da *scadenza*] v. tr. (*io scadènzo*) ● Nel linguaggio burocratico, mettere a scadenza stabilendo la data entro cui dovrà essere compiuto un dato atto o alla cui scadenza dovrà essere riesaminata una data pratica.

scadenzàrio [da *scadenza*] s. m. ● Libro, schedario, raccolta di documenti e sim., disposti, in modo da registrare in ordine cronologico le scadenze: *s. dei pagamenti*; *s. degli incassi.*

†**scadenzière** s. m. ● Scadenzario.

scadére [lat. parl. **excadēre* 'venir meno, cadere', rifacimento del classico *excĭdere* e comp. di *ĕx-* (*s-*) e **cadēre* per il classico *cădere* 'cadere'] v. intr. (coniug. come *cadere*; aus. *essere*) *1* Declinare, perdere pregio, valore, stima, forza e sim.: *s. nel credito, nell'opinione pubblica*; *s. nella salute.* *2* Giungere al tempo fissato di pagamento o di adempimento, detto di obbligazioni, contratti e sim.: *domani scade la cambiale* | Superare il limite massimo di validità o di durata: *la tua patente è scaduta*; *questo farmaco è scaduto.* *3* (*mar.*) Spostarsi lateralmente per effetto del vento o della corrente | Rimanere indietro rispetto a un'altra nave per minore velocità. *4* †Occorrere, accadere: *era ... scaduto una differenza tra lui e i Sanesi* (COMPAGNI). *5* †Venire per via d'eredità.

scadiménto [da *scadere*] s. m. ● Decadenza, declino: *lo s. delle arti, della nazione.*

scadùto part. pass. di *scadere*; anche agg. *1* Nei sign. del v. *2* Che ha superato il termine di validità: *passaporto s.*; *medicina scaduta.*

†**scàfa** [lat. *scăpha(m)* 'navicella, barchetta', dal gr. *skáphē*, da *skáptein* 'scavare'] s. f. ● Rozzo battello fluviale usato per traghettare persone o cose | Nel Seicento, bastimento di cabotaggio a tre vele. || †**scafàccia**, pegg.

†**scafaiuòlo** s. m. ● Chi guida la scafa.

scafàndro [dal fr. *scaphandre* 'cintura di salvataggio', vc. dotta, comp. del gr. *skáphos* 'scafo' e *anḗr*, genit. *andrós* 'uomo'] s. m. ● Speciale indumento impermeabile dotato di dispositivi vari, che consente di operare in ambienti altrimenti incompatibili con la resistenza umana, cioè sott'acqua, nell'alta atmosfera, nello spazio, tra le fiamme, e sim.: *lo s. dei palombari, degli aviatori, degli astronauti, dei pompieri* | (*mar.*) *S. metallico snodato*, usato in marina per immersioni fino a una profondità massima di 250 m.

scafàre [dial. rom. da *scafa* 'baccello', trasl. di *scafa* 'bacino, barchetta'] **A** v. tr. *1* (*dial.*) Sgusciare, togliere dal baccello. *2* (*dial., est.*) Rendere meno rozzo, impacciato, goffo: *l'ambiente universitario lo scaferà.* **B** v. intr. pron. ● (*dial.*) Acquistare spigliatezza, disinvoltura: *devi scafarti, ragazzo mio.*

scafàto part. pass. di *scafare*; anche agg. ● Nei sign. del v.

scàffa [dal longob. *skafa* 'palco di tavole'] s. f. *1* (*region.*) Ripiano, scaffale. *2* (*sport*) Nell'alpinismo, sorta di gradino praticabile formato dalla rientranza o dalla sporgenza di una parete rocciosa.

scaffalàre v. tr. *1* Munire di scaffali, spec. una parete, una stanza e sim. *2* Mettere negli scaffali: *s. i libri.*

scaffalàta [da *scaffalare*] s. f. ● Quantità di oggetti, spec. libri, che riempiono uno scaffale.

scaffalatùra s. f. *1* Atto dello scaffalare. *2* Serie di scaffali: *la s. è in legno bianco.*

scaffàle [da un desueto *scaffa*, dal longob. *skafa* 'palco di tavole'] s. m. ● Tipo di mobile, composto da una serie di ripiani sovrapposti sui quali si ripongono libri od oggetti di qualsiasi genere. || **scaffalàccio**, pegg. | **scaffalétto**, dim. | **scaffalìno**, dim. | **scaffalóne**, accr.

†**scaffàre** [da *caffo* 'dispari', con *s-*] v. intr. ● (*tosc.*) Giuocare a pari e caffo | (*raro*) *S. dall'arcione*, cadere.

scafìsta s. m. (pl. *-i*) ● (*mar.*) Operaio addetto alla manutenzione di scafi di navi o aerei.

scàfo [dal gr. *skáphos* 'carena, scafo', connesso con *skáptein* 'scavare', di origine indeur. V. †*scafa*] s. m. *1* (*mar.*) Nelle navi, barche, idrovolanti e sim., l'insieme degli elementi che costituiscono quella parte cui è affidato il galleggiamento. ➡ ILL. p. 1291 SPORT. *2* (*est.*) Nucleo centrale corazzato di un carro armato, cannone semovente e sim., che contiene gli organi di comando e l'equipaggio. *3* (*est.*) Nello scarpone da sci, struttura rigida di forma appropriata atta a contenere e proteggere il piede.

scàfo- [dal gr. *skáphos* 'scafo'] primo elemento ● In parole composte, indica forma o struttura simile a quella di una barca: *scafocefalo.*

-scàfo /'skafo, skafo/ [dal gr. *skáphos* 'scafo, imbarcazione', da *skáptein* 'scavare'] secondo elemento ● In parole composte, indica natante, mezzo marino le cui caratteristiche sono specificate dal primo elemento: *aliscafo, batiscafo, motoscafo.*

scafocefalìa [da *scafocefalo*] s. f. ● (*med.*) Alterazione di forma del cranio che appare allungato in alto a forma di scafo.

scafocefàlico agg. (pl. m. *-ci*) ● (*med.*) Di scafocefalia.

scafocèfalo [comp. di *scafo-* e *-cefalo*] agg.; anche s. m. (f. *-a*) ● Che, chi è affetto da scafocefalia.

scafòide [vc. dotta, dal gr. *skaphoeidḗs* 'a forma di barca', comp. di *skáphos* 'barca' e *-eidḗs* '-oide'] **A** s. m. ● (*anat.*) Nome di due ossa del carpo e del tarso | *S. del carpo*, si articola col radio e con alcune ossa del carpo | *S. del tarso*, si articola con l'astragalo e con le tre ossa cuneiformi. **B** anche agg.: *osso s.*

Scafòpodi [comp. di *scafo* e *-pode*] s. m. pl. ● Nella tassonomia animale, classe di Molluschi marini con conchiglia conica o tubolare aperta alle due estremità, da cui sporgono assieme al piede cirri filiformi (*Scaphopoda*) | (al sing. *-e*) Ogni individuo di tale classe.

scagazzàre ● V. *scacazzare.*

†**scàggia** o (*dial.*) †**scàia** [vc. merid., della stessa origine di *scabbia* (V.)] s. f. ● Infermità, malattia.

scaggiàle ● V. *scheggiale.*

scagionàre [da *cagionare* 'incolpare' (V.), con *s-*] **A** v. tr. (*io scagióno*) ● Scolpare, scusare, giustificare. **B** v. rifl. ● Scolparsi: *scagionarsi da una colpa, da un'accusa.*

scàglia (1) [dal got. *skalja* 'scheggia, squama'] s. f. *1* (*zool.*) Ciascuna delle placchette ossee di varia forma, talora munite di spine, dalle quali è formato il dermascheletro dei pesci. *2* Ciascuna delle piastre di rivestimento nelle corazze e armature antiche. *3* (*est., gener.*) Falda, placca, frammento di spessore e dimensioni varie, spec. di forma appiattita: *scaglia di roccia, di pietra*; *scaglie metalliche*; *sapone in scaglie* | *Tetto, cupola, a scaglie*, con disposizione delle tegole in file parallele, appoggiate e un poco sporgenti su quelle sottostanti | (*est.*) Scheggia che si stacca da pietra o metallo lavorati con martello e scalpello. *4* (*bot.*) Catafillo. *5* (*raro*) †Testuggine.

†**scàglia (2)** [da *scagliare* (*1*)] s. f. ● (*spec. al pl.*) Mitraglia | *Tirare a s.*, a mitraglia.

scagliàbile [da *scagliare* (*1*)] agg. ● (*raro*) Che si può scagliare.

scagliàme [da *scaglia* (*1*)] s. m. ● (*raro*) Quantità di scaglie.

scagliaménto [da *scagliare* (*1*)] s. m. ● Atto, effetto dello scagliare.

scagliàre (1) [da *scaglia* (*1*)] **A** v. tr. (*io scàglio*) *1* Lanciare, gettare via con forza, spec. lontano: *s. sassi, pietre, frecce*; *stese una mano di sonnambulo, lo prese, mollemente lo scagliò* (MORAVIA). SIN. Proiettare, scaraventare, tirare. *2* (*fig.*) Dire, pronunciare con rabbia, ira: *s. insulti, ingiurie.* **B** v. rifl. *1* Avventarsi, gettarsi, lanciarsi: *scagliarsi contro qc., addosso a qc.* *2* (*fig.*) Inveire, aggredire con ingiurie, accuse e sim.: *si scagliò contro di noi con parole d'odio.*

scagliàre (2) [da *scaglia* (*1*)] **A** v. tr. (*io scàglio*) *1* (*raro*) Levare le scaglie ai pesci. *2* Rompere in scaglie. **B** v. intr. pron. *1* Rompersi in scaglie. *2* Squamarsi, detto spec. dei pesci.

scagliàto part. pass. di *scagliare* (*1*) ● Nei sign. del v.

scagliatóre [da *scagliare* (*1*)] s. m.; anche agg. (f. *-trice*) ● (*raro*) Chi, che scaglia.

scagliòla o (*lett.*) **scagliuòla** [da *scaglia* (*1*)] s. f. *1* Polvere di gesso utilizzata variamente per la prontezza della presa | *Lisciatura a s.*, finimento interno dell'intonaco di abitazioni con scagliola lisciata | Tipo di stucco usato un tempo a imitazione del marmo per paliotti d'altare, per piani di tavoli, mensole, cornici e sim. *2* Erba delle Graminacee a spiga nuda verde e bianca i cui semi si usano come mangime per gli uccelli (*Phalaris canariensis*).

scaglionaménto [da *scaglionare* (*1*)] s. m. *1* Atto, effetto dello scaglionare. *2* (*mil.*) Ripartizione in profondità delle forze, per garantirne la sicurezza e per assicurare continuità ed elasticità all'azione.

scaglionàre (1) [da *scaglione* (*2*)] v. tr. (*io scaglióno*) *1* Disporre a scaglioni: *s. le truppe* | Disporre a distanza, a intervalli, opportunamente calcolati: *s. i pagamenti.* *2* Distribuire in profondità truppe, organi logistici, opere di difesa.

scaglionàre (2) [da *scaglione* (*3*), con *s-*] v. tr. (*io scaglióno*) ● (*veter.*) Estrarre i denti scaglioni.

scaglióne (1) [da *scaglia* (*1*)] s. m. *1* Ampio gradino sulle pendici di un monte o lungo una costa. *2* (*arald.*) Pezza formata da una banda e da una sbarra, moventi dagli angoli inferiori dello scudo, riunite e terminanti al centro. *3* †Gradino, scalino. || **scaglioncìno**, dim.

scaglióne (2) [da *scaglione* (*1*), con influenza del fr. *échelon* 'gradino'] s. m. *1* (*mil.*) Aliquota di forza che costituisce un'unità tattica o logistica | *S. di marcia*, frazione di un'autocolonna in movimento per rendere più elastica e ordinata la marcia | Contingente di leva: *partire col secondo s.* | (*al pl.*) Liste di passamano ad angolo anticamente cucite sulle maniche per distintivo. *2* (*econ.*) Frazionamento del reddito imponibile in quote successive, ai fini dell'applicazione delle aliquote crescenti di un'imposta.

scaglióne (3) [da *scaglione* (*1*)] s. m. ● (*zool.*) Ciascuno dei quattro denti canini degli equidi presenti normalmente nei soli maschi.

scaglióso [da *scaglia* (*1*)] agg. *1* Pieno di scaglie, fatto a scaglie: *pelle, superficie, scagliosa.* *2* Che si divide in scaglie: *pietre scagliose.*

scagliuòla ● V. *scagliola.*

scagnàrdo [comp. di *scagnare*, e *-ardo*] agg. ● (*spreg.*) Ringhioso come cane.

scagnàre [da *cagna*, con *s-*] v. intr. (aus. *avere*) ● Abbaiare ritmicamente, acutamente, detto dei cani da séguito al primo sentire l'usta della selvaggina.

†**scagnétto** s. m. *1* Dim. di *scagno.* *2* Ultimo camerino all'estrema poppa della galera.

scagnìo s. m. ● (*raro*) Atto dello scagnare continuo.

scàgno [lat. *scămnu(m)* 'scanno' attraverso i dial. sett. V. *scanno*] s. m. *1* †Scanno | Scanno del maestro vetraio che lavorava il vetro a caldo. *2* (*dial.*) Banca, ufficio. || †**scagnétto**, dim. (V.).

scagnozzàre [da *scagnozzo*] v. intr. (*io scagnòzzo*; aus. *avere*) ● (*tosc.*) Fare lo scagnozzo, cercare messe, elemosine, e sim.

scagnòzzo [da *scagnare*, col suff. pegg. *-ozzo*]

s. m. (f. *-a* nei sign. 2 e 3) ***1*** Prete povero e privo di dignità che va in cerca di messe, elemosine, funerali, per guadagnare q.c. ***2*** (*est.*) Persona di scarso valore o di poca dignità. ***3*** (*spreg.*) Passivo esecutore di ordini al servizio di un personaggio potente. SIN. Tirapiedi.

†scàia ● V. *†scaggia.*

scàla (1) [lat. *scāla(m)* 'scala, gradino', connesso con *scăndere* 'salire', di origine indeur. V. *scandire*] s. f. **I** Struttura fissa o mobile, a scalini o a pioli, che permette di superare a piedi un dislivello. ***1*** (*edil.*) Elemento architettonico, che fa parte integrante di un edificio a più piani, costruito in un apposito vano detto gabbia, costituito da una o più serie di scalini dette rampe, disposte secondo piani variamente inclinati, separate da pianerottoli se più di una, che consente di superare un dislivello posando il piede su elementi piani detti pedate: *s. di pietra, di marmo*; *s. larga, stretta, interna, esterna*; *s. ripida, pericolosa*; *s. principale*; *la ringhiera della s.*; *la tromba delle scale* | *S. regia*, quella principale in un palazzo signorile | *S. di sicurezza, s. antincendio*, costruita gener. all'estremità di edifici in cui possono essere presenti numerose persone, con accessi esterni sui vari pianerottoli allo scopo di facilitare il rapido sfollamento in caso di incendio | *S. di servizio*, in un edificio provvisto di scala principale, quella che dal sotterraneo si estende al sottotetto ed è riservata al passaggio di domestici, fornitori, facchini, addetti alla manutenzione e sim. | *S. a chiocciola*, scala elicoidale su pianta circolare, senza pozzo centrale, con pedate triangolari, usata spec. per dare accesso a sottotetti e terrazze | *S. alla marinara*, quella a rampe verticali, costituite da gradini di ferro murati in una parete | *S. alla cappuccina*, quella costituita da una sola rampa in cui gli scalini hanno grande alzata e piccola pedata | *S. a pozzo*, scala su pianta rettangolare o quadrata, a rampe separate da pianerottoli, nel mezzo della quale rimane uno spazio residuo detto pozzo o tromba | *S. mobile*, scala a gradini articolati e mobili, destinata a trasportare rapidamente i passeggeri da un piano all'altro, in edifici a intenso traffico di persone | (*fam., est.*) *Capelli tagliati a s.*, male, con disuguaglianze qua e là. ***2*** (*al pl.*) Scalinata, insieme di rampe di scale: *salire, scendere le scale*; *ruzzolare, cadere per le scale, giù per le scale* | (*fam.*) *Fare le scale*, salirle. ***3*** Apparecchio di legno, metallo o vetroresina, spostabile dove si rende necessario, costituito essenzialmente da due montanti paralleli collegati da una serie di pioli trasversali ugualmente intervallati sui quali poggia il piede di chi sale o scende: *s. a pioli*; *s. portatile* | *S. a libretto*, quella che è costituita da una scala semplice incernierata superiormente con un telaio della stessa lunghezza e che, aprendosi, è capace di reggersi su qualsiasi pavimento senza necessità di appoggi. SIN. Scaleo | *S. di corda*, successione di staffe collegate lateralmente da una corda di nylon o da un cavetto di acciaio, usata spec. dagli speleologi | *S. Porta, s. aerea*, scala retrattile, montata mediante una piattaforma girevole su un carro o su un autocarro, costituita da più tronchi che si sfilano successivamente mediante una fune rinviata da carrucole e avvolgentesi su un argano a mano o a motore, usata per raggiungere notevoli altezze per operazioni di manutenzione e salvataggio | *S. romana, all'italiana*, scala a pioli, gener. di legno, costituita da più tronchi conformati in modo che nell'estremità superiore di uno possa essere incastrata l'estremità inferiore del successivo da parte di chi sale, usata da vigili del fuoco, elettricisti e sim. per raggiungere notevoli altezze | *S. a ganci*, scala a pioli di legno, munita di grandi ganci di ferro alle estremità superiori dei montanti e usata dai vigili del fuoco per salire ai piani superiori di un edificio dall'esterno, sfruttando le rientranze di finestre e terrazzi | (*mar.*) *S. reale, s. di dritta*, il barcarizzo di dritta sulle navi mercantili; anche la scala di bordo che fa capo al barcarizzo di dritta sulle navi mercantili | (*mar.*) *S. volante, a tarozzi*, biscaglina. ➡ ILL. **vigili del fuoco**. **II** Ogni strumento, dispositivo, struttura a forma o con funzione di scala. ***1*** *S. di Caronte*, meccanismo che, nel teatro greco antico, permetteva agli attori di scendere sottoterra nella finzione scenica. ***2*** *S. di monta, di risalita*, dispositivo costruito lungo un corso d'acqua, in corrispondenza di un ostacolo, per consentire ai pesci migratori di risalire la corrente. ***3*** (*anat.*) *S. timpanica*, tratto inferiore del canale spirale della chiocciola dell'orecchio interno, comunicante con la cassa del timpano attraverso la finestra rotonda | *S. vestibolare*, tratto superiore del canale spirale della chiocciola dell'orecchio interno, comunicante con il vestibolo. ***4*** (*sport*) *S. svedese*, attrezzo ginnico simile a una scala a pioli, che può essere verticale per eseguire esercizi di salita o discesa, oppure orizzontale per eseguire esercizi di traslazione e rotazione con le braccia. ***5*** Nell'alpinismo, roccia a scaglioni | Nell'alpinismo, successione di cenge. **III** Successione regolare di valori o sempre crescente o sempre decrescente | Insieme di enti, qualità, oggetti, organismi e sim. ordinati dal meno al più complesso, dal meno al più importante o viceversa. ***1*** *S. di misura, s. di misurazione*, in uno strumento di misura tarato mediante una graduazione, la parte dove si legge, indicato da un indice, il valore della grandezza fisica misurata dallo strumento: *s. della bilancia*; *s. del regolo calcolatore*. ***2*** (*biol.*) Prima dell'affermazione delle teorie evoluzionistiche, ordinamento degli esseri viventi secondo gradi crescenti e impercettibili di complessità strutturale, ma senza rapporto di discendenza. ***3*** (*econ.*) *S. mobile dei salari, degli stipendi*, sistema in cui una parte o la totalità della retribuzione di un lavoratore dipendente varia al variare dell'indice del costo della vita secondo criteri convenzionali | (*econ.*) *Economia di s.*, vantaggio che si ricava, in termini di risparmio di costi medi unitari di produzione, dall'adeguamento a dimensioni ottimali di un impianto, una fabbrica o un'azienda. ***4*** (*elettron.*) *S. di sintonia*, in un radioricevitore sonoro o televisivo, scala su cui un indice solidale con la manopola di sintonia indica la frequenza o la lunghezza d'onda o il canale relativi al segnale ricevuto o che si vuole ricevere | *S. parlante*, in un radioricevitore sonoro, scala di sintonia che indica i nomi delle principali stazioni di radiodiffusione. ***5*** (*filos.*) *S. di valori*, quella in cui i valori sono ordinati dal meno al più importante. ***6*** (*fis.*) *S. di riferimento*, successione di numeri che fornisce, secondo un criterio convenzionale, il valore di una grandezza fisica | *S. termometrica, s. della temperatura*, scala di misurazione della temperatura, definita o attribuendo valori convenzionali a due stati termici, detti punti fissi, di un materiale e stabilendo la regola di interpolazione fra di essi o ricorrendo ai principi della termodinamica | *S. Celsius, s. centigrada*, scala termometrica empirica, usata nella maggior parte dei Paesi europei, nella quale è attribuito valore 0 alla temperatura del ghiaccio fondente e valore 100 alla temperatura di ebollizione dell'acqua alla pressione di 1 atmosfera e l'intervallo fra i due punti fissi è diviso in 100 parti uguali, ciascuna delle quali è detta grado Celsius | *S. Fahrenheit*, scala termometrica empirica, usata principalmente nei Paesi anglosassoni, nella quale è attribuito valore 32 alla temperatura del ghiaccio fondente e valore 212 alla temperatura di ebollizione dell'acqua alla pressione di 1 atmosfera e l'intervallo fra i due punti fissi è diviso in 180 parti uguali, ciascuna delle quali è detta grado Fahrenheit | *S. Réaumur, s. ottantigrada*, scala termometrica empirica, ormai caduta in disuso, nella quale è attribuito valore 0 alla temperatura del ghiaccio fondente e valore 80 alla temperatura di ebollizione dell'acqua alla pressione di 1 atmosfera e l'intervallo fra i due punti fissi è diviso in 80 parti uguali, ciascuna delle quali è detta grado Réaumur | *S. Kelvin, s. assoluta di temperatura*, scala termometrica termodinamica nella quale è attribuito valore 273,15 alla temperatura del ghiaccio fondente e valore 373,15 alla temperatura di ebollizione dell'acqua alla pressione di 1 atmosfera, l'intervallo fra i due punti fissi è diviso in 100 parti uguali ciascuna delle quali è detta kelvin, e lo zero coincide con lo zero assoluto. ➡ TAV. **temperatura** (**scale della**). ***7*** (*geogr.*) *S. di riduzione*, in cartografia, rapporto fra una lunghezza misurata sulla carta, detta lunghezza grafica, e la corrispondente lunghezza reale ridotta all'orizzonte, detta lunghezza oggettiva | *S. numerica*, in cartografia, scala di riduzione espressa sotto forma di frazione avente come numeratore uno e come denominatore il numero per cui si deve moltiplicare la lunghezza misurata sulla carta per ottenere la lunghezza reale: *s. di uno a venticinquemila, a centomila*; *rappresentare in s.*, *riproduzione in s.* | *S. grafica*, in cartografia, segmento di retta suddiviso in centimetri o in millimetri e recante le indicazioni delle corrispondenti lunghezze reali | (*est., fig.*) *Su larga s., su piccola s., su scala ridotta*, in grande, in piccolo, in proporzioni minori | *S. della latitudine, della longitudine*, in una carta geografica, ciascuna delle due graduazioni uguali stampate lungo i margini verticali od orizzontali e riportanti rispettivamente i valori della latitudine e della longitudine. ***8*** (*geol.*) *S. sismica, s. dei terremoti*, scala di intensità dei terremoti | *S. Mercalli*, scala sismica suddivisa in 12 gradi, nella quale l'intensità di un terremoto in una certa zona è definita in base ai suoi effetti prodotti sugli edifici presenti in quella particolare zona ed è quindi indipendente dalle caratteristiche intrinseche del terremoto stesso | *S. Richter*, suddivisa in 9 gradi, per valutare l'intensità dei terremoti. ➡ TAV. **terremoti** (**scala dei**). ***9*** (*giochi*) Nel gioco del poker, serie di cinque carte di valore crescente. SIN. Sequenza | *S. reale*, se le cinque carte in scala sono dello stesso seme | *S. quaranta*, gioco di carte simile al ramino. ***10*** (*ing.*) *Effetto di s.*, in ingegneria, spec. navale e aeronautica, influenza perturbatrice che ha sul prototipo l'avere trascurato nel modello alcuni fattori relativi alle grandezze che intervengono nei fenomeni studiati. ***11*** (*mat.*) Successione o crescente o decrescente di numeri reali | *S. graduata*, ente unidimensionale, gener. una retta, su cui è stabilita una graduazione, ossia un sistema di ascisse | *S. metrica*, scala graduata in cui gli intervalli fra graduazioni corrispondenti sono uguali a uno stesso segmento o a sottomultipli decimali del segmento stesso | *S. funzionale*, con riferimento a una funzione di una variabile, scala metrica a ciascun punto della quale è associato il valore che la funzione assume in tale punto | *S. logaritmica*, scala funzionale di una funzione logaritmica | *S. dei quadrati, dei cubi*, in un regolo calcolatore, la scala che permette di calcolare, rispettivamente, il quadrato o il cubo di un dato numero. ***12*** (*meteor.*) *S. di Beaufort, s. dei venti, s. del vento*, scala numerica della forza del vento, suddivisa in 17 gradi legati alla velocità media del vento, dalla calma all'uragano. ➡ TAV. **vento** (**scala del**). ***13*** (*miner.*) *S.* (*di*) *Mohs*, scala di durezza all'incisione dei minerali, formata da dieci minerali posti in corrispondenza con i primi dieci numeri naturali, costituenti la misura convenzionale della durezza, e tali che ciascuno scalfisce i precedenti ed è scalfito dai successivi. ➡ TAV. **minerali** (**scala di durezza dei**). ***14*** (*mus.*) *S. musicale*, la successione ordinata di suoni su cui si basa un sistema musicale: *s. pitagorica, naturale o diatonica, temperata, cromatica, maggiore, minore* | *Fare le scale*, eseguirle per esercizio su uno strumento. SIN. Gamma. ➡ ILL. **musica**. ➡ TAV. **musica**. ***15*** (*ott.*) *S. dei colori*, successione di colori ordinati dal più chiaro al più scuro. SIN. Gamma. ***16*** (*sport*) *S. delle difficoltà*, in alpinismo, classificazione delle difficoltà di un'ascensione secondo 6 gradi convenzionali successivi, dal meno al più difficile. ***17*** (*psicol.*) *S. mentale*, serie di test di intelligenza, disposti in ordine di difficoltà, usata per valutare le capacità intellettive. || **scalàccia**, pegg. | **scalèlla**, dim. (V.) | **scalétta**, dim. (V.) | **scalóne**, accr. m. (V.).

†scàla (2) [f. di *scalo* (V.)] s. f. ● Luogo di approdo, porto, scalo: *fare s.*, prendere porto.

†scalabrino [di etim. incerta: dal lat. mediev. *scanabrīnu(m)*, da **scarrabrīnus*, corrispondente all'ant. fr. *escarrabin* 'seppellitore di appestati', da *scarabăeus* 'scarabeo', che sotterra gli escrementi: la v. indicherebbe il ladro che nasconde abitualmente la refurtiva] s. m. ● Uomo scaltro.

†scalabróne ● V. *calabrone*.

scalaménto [da *scalare (2)*] s. m. ● (*raro*) Atto dello scalare.

scalàndo [gerundio di *scalare (2)*] s. m. inv. ● (*borsa*) Condizione di prezzo per cui la vendita o l'acquisto sono eseguiti in due o più volte, a prezzi progressivamente migliori.

scalandróne [dal gr. *skálanthron* 'pertica', connesso con *skaléuein* 'smuovere, sarchiare', avvicinato a *scala*] s. m. *1* (*mar.*) Parte di uno scalo che si prolunga in mare a pendio per agevolare il varo o la tratta a terra. *2* (*mar.*) Passerella mobile fra la nave e la terra per carico e scarico merci e passeggeri.

scalappiàre [da *calappio* (V.), con *s-*] **A** v. tr. (*io scalàppio*) ● (*raro*) Liberare dal calappio. **B** v. rifl. ● (*raro*) Liberarsi, sciogliersi da ciò che trattiene, impedisce.

scalàre (1) [vc. dotta, dal lat. *scalāre(m)* 'di scala, di gradino', da *scāla* 'scala'] **A** agg. *1* Fatto, disposto a scala | (*fig.*) Graduato. *2* (*mat., fis.*) Detto di grandezza, individuata solo da un numero reale, spec. in contrapposizione a grandezza vettoriale | *Funzione s.*, funzione della posizione e del tempo il cui valore in ciascun punto è uno scalare, in contrapposizione a funzione vettoriale. *3* (*banca*) Detto di metodo per la tenuta di conti correnti, in base al quale gli interessi sono calcolati sui saldi e per il periodo di tempo intercorrente fra la scadenza di una operazione e quella della successiva | *Forma s.*, di conto in cui i capitali a debito e a credito sono rilevati in un'unica colonna ed accompagnati dal relativo segno. || **scalarménte**, avv. Gradualmente, a scala. **B** s. m. *1* (*mat., fis.*) Grandezza scalare | Funzione scalare. *2* (*banca*) Prospetto per il calcolo degli interessi nei conti correnti bancari.

scalàre (2) [da *scala* (*1*)] v. tr. *1* Salire, per mezzo di una scala, fino alla sommità: *s. le mura, una fortezza*. *2* (*sport*) In alpinismo, salire in arrampicata, effettuare una ascensione: *s. la parete nord del Cervino*. *3* Detrarre, diminuire | *S. un debito*, estinguerlo con pagamenti rateali. *4* Disporre in ordine decrescente: *s. i capelli, i colori*.

scalàre (3) [da *scalo*] v. intr. (aus. *essere*) ● (*raro*) Fare scalo.

scalària [da *scala* (*1*), per la forma della conchiglia, sul modello del lat. *scalārius*, da *scāla*] s. f. ● Mollusco gasteropodo dei mari tropicali con conchiglia a forma di torre (*Scalaria praetiosa*).

scalarifórme [comp. di *scalare* (*1*) e *-forme*] agg. ● A forma di scala.

scalàta [da *scalare* (*2*)] s. f. *1* Atto dello scalare (*anche fig.*): *dare la s. alle mura della città, a una fortezza*; *la s. al potere, al governo* | (*econ.*) *Dare la s. a un titolo*, rastrellarne sul mercato il maggior quantitativo possibile al fine di assicurarsi il controllo della società. *2* (*sport*) In alpinismo, arrampicata, ascensione | Nel ciclismo, azione di superamento di un percorso in salita.

scalàto part. pass. di *scalare* (*2*); anche agg. ● Nei sign. del v.

scalatóre [da *scalare* (*2*)] s. m. (f. *-trice*) *1* Chi scala. *2* (*sport*) In alpinismo, arrampicatore | Nel ciclismo, corridore abile nei percorsi di montagna. *3* (*econ.*) Chi tenta di acquisire il controllo di una società con il rastrellamento di azioni sul mercato o con offerte pubbliche di acquisto.

scalcagnàre [da un desueto *calcagnare*, da *calcagno*, con *s-*] **A** v. tr. ● Pestare col calcagno: *s. le scarpe*. **B** v. intr. (aus. *avere*) ● Battere i calcagni l'uno contro l'altro.

scalcagnàto part. pass. di *scalcagnare*; anche agg. *1* Nei sign. del v. *2* Che ha i calcagni consumati, che è senza calcagno, detto di scarpa: *scarpe vecchie e scalcagnate*. *3* (*est.*) Male in arnese, malridotto, detto di persona: *un poveraccio tutto s.* SIN. Scalcinato, sgangherato.

†**scalcàre** (1) [da *calcare* (*1*), con *s-*] v. tr. ● Calcare, pestare.

scalcàre (2) [da *scalco*] v. tr. (*io scàlco, tu scàlchi*) ● Trinciare le carni cotte per la mensa.

†**scalcàto** part. pass. di †*scalcare* (*1*); anche agg. ● (*raro*) Nel sign. del v.

†**scalcatóre** [da †*scalcare* (*1*)] s. m.; anche agg. (f. *-trice*) ● Chi, che scalca.

†**scalcheggiàre** [comp. di †*scalcare* (*1*) e *-eggiare*] **A** v. intr. ● Scalciare, recalcitrare. **B** v. tr. ● (*raro*) Maltrattare: *sicch'ogni villanel te non scalcheggi* (SACCHETTI).

†**scalcherìa** [da *scalco*] s. f. ● Ufficio o arte dello scalco | Luogo di scalco delle carni.

scalciàre [da *calciare*, con *s-*] v. intr. (*io scàlcio*; aus. *avere*) ● Tirare calci, detto spec. di animali.

scalciàta s. f. ● Atto, effetto dello scalciare.

scalcinàre [da *calcina*, con *s-*] **A** v. tr. ● Levare, togliere, la calcina dai muri. **B** v. intr. pron. ● (*raro*) Perdere la calcina: *il muro si scalcina per l'umidità*.

scalcinàto part. pass. di *scalcinare*; anche agg. *1* Nei sign. del v. *2* (*fig.*) Mal ridotto, in cattivo stato, trasandato: *professore s.*; *appartamento s.*

scalcinatùra s. f. ● Atto dello scalcinare, scalcinata: *le scalcinature del muro*.

scàlco [dal longob. *skalk* 'servo'. V. *siniscalco*] s. m. (pl. *-chi*) *1* Servo incaricato di trinciare le vivande alla mensa dei signori medievali e rinascimentali | (*est.*) Maggiordomo, direttore di mensa. SIN. Trinciante (1). *2* Nell'antica corte pontificia, cameriere che presiedeva alla mensa del Papa. *3* (*raro*) Atto dello scalcare, nel sign. di *scalcare* (*2*).

scaldaàcqua o **scaldàcqua** [comp. di *scalda(re)* e *acqua*] s. m. inv. ● Apparecchio impiegato per scaldare acqua, spec. per scopi industriali, nell'impiego domestico e sim.: *s. a gas, elettrico, istantaneo* | *S. ad accumulazione*, boiler.

scaldabàgno [comp. di *scalda(re)* e *bagno*] s. m. (pl. *scaldabàgno* o *scaldabàgni*) ● Scaldaacqua di uso domestico.

scaldabànchi [comp. di *scalda(re)* e il pl. di *banco*] s. m. e f. ● Chi, a scuola, non ascolta le lezioni e non ne ricava alcun profitto.

scaldàcqua ● V. *scaldaacqua*.

scaldalètto [comp. di *scalda(re)* e *letto*] s. m. (pl. *scaldalètti* o *scaldalètto*) ● Arnese per scaldare il letto: costituito un tempo da una pentola di rame contenente la brace, da una bottiglia con acqua calda, da un'intelaiatura (detta *prete* o *trabiccolo*) contenente uno scaldino o sim.; oggi, da una sorta di disco riscaldato elettricamente.

scaldamàni o **scaldamàno** [comp. di *scalda(re)* e *mano*] s. m. *1* Arnese di forma e materiale vari, usato per scaldarsi le mani. *2* Gioco da ragazzi che si fa tra due o più persone, mettendo le mani a vicenda una sopra l'altra e battendo forte, quando si sovrappone l'ultima in basso alla prima in alto.

scaldaménto [da *scaldare*] s. m. ● Atto, effetto dello scaldare.

scaldamùscoli [comp. di *scalda(re)* e il pl. di *muscolo*] s. m. inv. ● Specie di calza pesante, gener. di lana, senza piede, che va dalla caviglia al ginocchio o poco oltre, usata spec. da ballerini, acrobati e sim. durante gli allenamenti.

scaldapànche [comp. di *scalda(re)* e il pl. di *panca*] s. m. e f. inv. ● Scaldabanchi.

scaldapiàtti [comp. dell'imperat. di *scaldare* e del pl. di *piatto*] s. m. ● Apparecchio, di tipo e funzionamento vari, per scaldare i piatti da portare in tavola e talvolta le vivande stesse. CFR. Scaldavivande.

scaldapièdi [comp. di *scalda(re)* e il pl. di *piede*] s. m. ● Arnese, di forma e materiale vari, usato per scaldarsi i piedi.

scaldarància [comp. di *scalda(re)* e *rancio*] s. m. ● Cartuccia combustibile ideata durante la prima guerra mondiale e distribuita ai soldati per scaldare il rancio in pochi minuti.

scaldàre [lat. tardo *excaldāre* 'riscaldare', da *călidus* 'caldo', con *ĕx-* (*s-*)] **A** v. tr. *1* Rendere caldo o più caldo: *s. l'acqua, il letto, il ferro da stiro* | *S. la sedia, il posto, il banco*, e sim., di impiegati o studenti oziosi e svogliati che si limitano a essere presenti col fisico, senza minimamente partecipare al lavoro, alla lezione, e sim. che si svolge attorno a loro. *2* (*fig.*) Accendere, agitare, eccitare: *s. la testa*; *l'entusiasmo lo scalda subito*. **B** v. rifl. ● Procurarsi calore: *scaldarsi al fuoco, al sole*; *scaldarsi camminando*. **C** v. intr. pron. *1* Divenire caldo o più caldo: *la stanza comincia a scaldarsi*. *2* (*fig.*) Eccitarsi, appassionarsi: *tutto il teatro si scaldò a quella vista* | Accalorarsi: *scaldarsi nel discutere* | Irritarsi, perdere il controllo di se stesso: *su, non scaldarti tanto!*; *è un tipo che si scalda in fretta*. **D** v. intr. (aus. *avere*) *1* Raggiungere un calore eccessivo: *il ferro da stiro scalda troppo*. *2* Procurare calore: *oggi il sole scalda*.

scaldasèggiole [comp. di *scalda(re)* e il pl. di *seggiola*] s. m. e f. inv. ● Persona pigra, inetta, che partecipa passivamente e svogliatamente a lezioni, lavori, spettacoli e sim., senza trarne alcun profitto | Persona oziosa, che sta volentieri seduta a perdere tempo.

scaldàta s. f. ● Atto dello scaldare, spec. in fretta e una volta: *dare una s. al brodo*. || **scaldatìna**, dim.

scaldàto part. pass. di *scaldare*; anche agg. ● Nei sign. del v.

scaldatóre s. m.; anche agg. (f. *-trice*) ● (*raro*) Chi, che scalda.

scaldavivànde [comp. di *scalda(re)* e il pl. di *vivanda*] s. m. inv. ● Arnese per tenere in caldo le vivande che si servono in tavola, di forma e funzionamento vari.

scàldico agg. (pl. m. *-ci*) ● Di scaldo, degli scaldi.

scaldìglia [da *scaldare*] s. f. ● Qualunque recipiente metallico riempito d'acqua calda e usato, spec. in passato, per riscaldare la persona.

scaldìno [da *scaldare*] s. m. ● Recipiente di rame, terracotta o sim. riempito di braci e usato, spec. in passato, per scaldarsi le mani o riscaldare il letto. || **scaldinàccio**, pegg. | **scaldinóne**, accr. | **scaldinùccio**, dim.

scàldo [dall'ant. nordico *skald* 'rapsodo', di etim. incerta] s. m. ● Presso gli antichi scandinavi, poeta di corte.

scalducciàrsi [da *calduccio* 'un po' caldo', con *s-*] v. rifl. (*io mi scaldùccio*) ● (*fam.*) Scaldarsi alquanto | Starsene al calduccio.

scalèa [lat. parl. **scalēria*, var. di *scalāria* 'scala', nt. pl. sost. di *scalārius*, da *scāla* 'scala (1)'] s. f. ● Scala monumentale all'aperto, avente funzione urbanistica, che dà accesso a una chiesa, a un edificio architettonicamente notevole, a un parco e sim.

scalèlla [propriamente dim. di *scala* (*1*)] s. f. ● (*caccia*) Piccola scala di legno usata nei capanni e nei roccoli, per appendere gabbie e sim. | Scalini di discesa per entrare in un capanno o paretaio.

scalèno [vc. dotta, lat. tardo *scalēnu(m)* 'scaleno', dal gr. *skalēnós* 'disuguale, zoppicante', di origine indeur.] agg. *1* (*mat.*) Detto di triangolo con i tre lati disuguali o di trapezio con i lati a due a due disuguali. *2* (*anat.*) Detto di tre muscoli del collo tesi dalle vertebre cervicali alle prime due coste.

scalenoèdro [comp. di *scaleno* e *-edro*] s. m. ● Solido geometrico le cui dodici facce sono triangoli scaleni uguali | In cristallografia, una delle forme semplici di cristalli.

scalèo [lat. parl. **scalēriu(m)*, variante di *scalārius* 'a scala', da *scāla* 'scala (1)'] s. m. *1* Scala a pioli doppia e incernierata nella parte superiore, quindi apribile e capace di reggersi senza bisogno di appoggi. SIN. Scala a libretto | Mobile di legno o metallo a due o tre scalini con larghi ripiani per tenervi vasi di fiori o per arrivare ai palchetti superiori di una scaffalatura di negozio, magazzino, biblioteca. *2* †Scala, scalea.

scalèra [forma sett. di *scalea* (V.)] s. f. ● Scala diramata in due rampe semicircolari.

†**scaleràta** [da *scalera*] s. f. ● (*raro*) Scalinata, gradinata.

†**scalessàre** [da *calesse*, con *s-*] v. intr. ● Andare girando qua e là in calesse.

†**scalessàta** [da *scalessare*] s. f. ● Corsa, gita, fatta in calesse.

scalétta s. f. *1* Dim. di *scala* (*1*). *2* Primo e schematico abbozzo di elaborazione cinematografica, televisiva e sim. *3* Abbozzo scritto di un discorso, relazione e sim. che ne individua gli argomenti essenziali in maniera rapida e sommaria. *4* (*fam.*) Disuguaglianza nel taglio dei capelli. || **scalettìna**, dim.

scalettàre v. tr. (*io scalétto*) ● Tagliare o disporre a scaletta.

scalfàre [metat. di **sfalcare*, dal longob. *falkan* 'spogliare, togliere', con *s-* (?)] v. tr. ● Allargare lo scalfo.

scalferòtto o **scalfaròtto** [da *scalfare*] s. m. ● (*dial.*) Pantofola con pelo, calzatura di lana per stare caldo.

†**scalficcàre** [sovrapposizione di *ficcare* a un deriv. dal lat. tardo *scarificāre*, prob. prestito dal gr. *skariphásthai* 'scalfire', dalla radice indeur. che genera anche il lat. *scrībere* 'scrivere' (V.). V. *scalfire*] v. tr. ● Scalfire.

scalfìre [di etim. discussa: dal lat. parl. **scalfire*, variante di *scarifāre* 'incidere' (?). V. *scalficcare*, *scarificare*] v. tr. (*io scalfìsco, tu scalfìsci*) ● Incidere, intaccare alla superficie (*anche fig.*): *il chiodo ha scalfito il cristallo; quelle calunnie non hanno nemmeno scalfito la sua reputazione* | Ferire leggermente: *la scheggia gli ha scalfito il braccio.*

scalfito o **scalfitto** **A** part. pass. di *scalfire*; anche agg. • Nei sign. del v. **B** s. m. • †Scalfittura.

scalfittùra s. f. • Atto, effetto dello scalfire | Lesione superficiale: *uscì dall'incidente con qualche s.*

scàlfo [da *scalfare* (V.)] s. m. • Parte della manica che si attacca alla spalla.

scalificio [comp. di *scala* e *-ficio*] s. m. • Fabbrica di scale.

scalìgero [vc. dotta, dal lat. mediev. *Scalìgeru(m)* 'colui che porta (*-gerus*, da *gĕrere* 'portare') la scala', latinizzazione del cognome dei signori *Della Scala*] agg. *1* Che si riferisce ai Della Scala antichi signori di Verona. *2* (*est.*) Di Verona: *la città scaligera.* *3* Che si riferisce al teatro della Scala di Milano: *le serate scaligere.*

scalinàre [da *scalino*] v. tr. • (*sport*) In alpinismo, gradinare.

scalinàta [da *scalino*] s. f. • Scala di notevoli dimensioni, che dà accesso a un edificio di importanza architettonica.

scalinatùra [da *scalinare*] s. f. • (*sport*) In alpinismo, gradinamento.

scalino [da *scala* (*1*)] s. m. *1* Elemento costruttivo di cui si compone la scala, composto da un tratto piano orizzontale o *pedata* e uno verticale o *alzata* corrispondente a un passo umano in salita. *2* (*sport*) In alpinismo, gradino. *3* (*fig.*) Grado, condizione: *scendere di uno s. nella scala sociale.* || **scalinétto**, dim. | **scalinóne**, accr.

†scallàre (1) [da *calle*, *calla* (*1*) 'via, apertura', con *s-*] v. tr. • (*raro, tosc.*) Aprire le cateratte.

scallàre (2) [da *callo*, con *s-*] v. tr. • (*pop., tosc.*) Togliere i calli.

scalmàna o **†scarmàna** [da *calma*, con *s-*] s. f. *1* Raffreddore, malessere, causato da brusco raffreddamento dopo essersi riscaldato correndo o affaticandosi | Vampata di calore al viso. *2* (*fig.*) Infatuazione, entusiasmo eccessivo: *prendersi una s. per qc. o per q.c.* || **scalmanàccia**, pegg.

scalmanàrsi [da *scalmana*] v. intr. pron. *1* Affaticarsi, sudare, nel correre, nel fare q.c. in fretta e sim. *2* (*fig.*) Agitarsi, darsi da fare con grande impegno: *non scalmanarti a cercarlo* | Scaldarsi, accendersi, nel dire, nel parlare: *non si scalmani tanto, per favore.*

scalmanàta s. f. • Atto dello scalmanarsi.

scalmanàto **A** part. pass. di *scalmanarsi*; anche agg. • Nei sign. del v. **B** s. m. (f. *-a*) • Persona turbolenta, fanatica, sfrenata: *un gruppo di scalmanati provocò l'incidente.*

scalmanatùra s. f. • Atto dello scalmanarsi | Atto del prendere una scalmana: *è una s. passeggera.*

†scalmàto [da *calmare*, sul modello di *scalmanato*] agg. • Scalmanato.

scalmièra [da *scalmo*] s. f. • Incavo o forcella di metallo inserita sul bordo di una imbarcazione, in cui viene appoggiato il remo senza essere assicurato con un legaccio.

scalmière s. m. • (*mar.*) Scalmiera.

scàlmo o **†scàrmo** [lat. *scălmu(m)* 'scalmo', dal gr. *skalmós*, connesso con *skállein* 'scavare', di origine indeur.] s. m. *1* Caviglia di legno o ferro nella quale lavora il remo, ritenutovi dallo stroppo | *S. a forcella*, che ritiene il remo sopra la caviglia forcuta. *2* Pezzo di rovere che fa parte delle coste di una nave in prolungamento degli staminali o dei madieri | *Fuori s.*, outrigger.

scàlo [da *scalare* (*2*)] s. m. *1* Graticolato di travi e tavoloni a pendio verso l'acqua che prolungano il cantiere per varare il bastimento o ritirarlo in secca | *S. di alaggio*, su cui si ala una nave per ripararla o pulirla | *S. coperto*, cantiere con tutte le sue attinenze | *S. scoperto*, piano inclinato senza tettoia, costruito per le costruzioni navali | *S. fisso*, scalandrone. *2* (*est.*) Complesso di attrezzature necessarie all'arrivo, alla sosta e alla partenza di merci e passeggeri, in stazioni ferroviarie, porti e aeroporti | *S. merci*, in una stazione o in un porto, complesso dei piani caricatori, magazzini, binari di carico e scarico e uffici per tutte le operazioni relative al traffico delle merci | *S. aereo*, aeroscalo. *3* Fermata intermedia per imbarcare o sbarcare passeggeri o merci, per fare rifornimento e sim.: *volo senza s.*; *fare s. in un porto* | *S. tecnico*, per operazioni tecniche e non commerciali. *4* Luogo in cui si fa scalo: *questo è l'ultimo s. prima della grande traversata.*

scalòccio [da *scala* (*1*)] **A** s. m. • (*mar.*) Scala non molto grande, nella galera | *Remo a s.*, remo lungo nelle galere maneggiato da più uomini disposti a scala. **B** anche agg.: *remo s.*

scalógna (1) o (*pop.*) **scarógna** [di etim. discussa: dal lat. *calŭmnia(m)* 'raggiro, frode', con *s-*. V. *calunnia*] s. f. • Iettatura, sfortuna: *che s.!*; *avere s.*; *portare s.*

scalógna (2) s. f. • Scalogno.

scalognàto o (*pop.*) **scarognàto** [da *scalogna* (*1*)] agg. • Sfortunato, disgraziato: *quello per noi fu un periodo veramente s.*

scalógno [dal lat. *ascalōnia(m)*, ell. di *Ascalōnia cēpa* 'cipolla di Ascalonia', città della Palestina] s. m. • Liliacea originaria dell'Asia Minore, con foglie a lesina e fiori rossi, il cui bulbo, dall'odore simile a quello della cipolla, è usato in cucina (*Allium ascalonicum*).

scalóne [da *scala* (*1*)] s. m. *1* Accr. di *scala*. *2* Scala interna di palazzo, di grandi e imponenti proporzioni.

scàlopo [vc. dotta, dal gr. *skálops*, genit. *skálopos* 'talpa', connesso con *skállein* 'scavare, frugare', di origine indeur.] s. m. • Mammifero americano molto simile alla talpa, eccellente scavatore (*Scalopus aquaticus*).

scalòppa [dal fr. *escalope*, prob. dall'ingl. *scallop*, risalente, attraverso l'ant. fr. *escalope* 'guscio', al medio ol. *scholpe*] s. f. • Scaloppina.

scaloppina [da *scaloppa*] s. f. • Fettina di carne di vitello, cotta a fuoco vivo talora con aggiunta di vino: *scaloppine al marsala.*

scalpàre v. tr. *1* Privare dello scalpo. *2* (*med.*) Produrre uno scalpo.

scalpellàre o (*pop.*) **scarpellàre** [lat. tardo *scalpellāre* 'incidere', da *scalpĕllum* 'scalpello'] v. tr. (*io scalpèllo*) *1* Lavorare con lo scalpello per incidere, intagliare, scheggiare e sim.: *s. il marmo, la pietra* | *S. un'iscrizione*, cancellarla con lo scalpello. *2* (*chir.*) Incidere, modellare con lo scalpello.

scalpellàto part. pass. di *scalpellare* • Nei sign. del v.

scalpellatóre o (*pop.*) **scarpellatóre** **A** s. m.; anche agg. (f. *-trice*) • (*raro*) Chi, che scalpella. **B** s. m. • In siderurgia, sbavatore.

scalpellatùra o (*pop.*) **scarpellatùra**. s. f. • Atto, effetto dello scalpellare.

scalpellinàre o (*pop.*) **scarpellinàre** [da *scalpellino*] v. tr. • (*tosc.*) Scalpellare.

scalpellino o (*pop.*) **scarpellino** [da *scalpello*, col suff. di mestiere *-ino*] s. m. *1* Operaio che lavora pietre e marmo con lo scalpello. *2* (*spreg.*) Scultore privo di abilità.

scalpèllo o (*pop.*) **scarpèllo** [lat. *scalpĕllu(m)*, dim. di *scălprum* 'lancetta, scalpello', connesso con *scălpere* 'grattare', di etim. incerta] s. m. *1* Utensile da taglio in acciaio, usato nella lavorazione a mano di legni, pietre e metalli, su cui si picchia col martello: *s. da muratore*; *s. per metalli* | *S. da falegname, per legno*, con taglio unghiato e manico di legno. *2* Strumento usato dallo scultore | (*anton.*) *Arte dello s.*, la scultura | *Lavoro, opera di s.*, scultura | (*est.*) *Un valente s.*, un valente scultore. *3* (*chir.*) Strumento tagliente per operare sulle ossa o sulle formazioni dure. *4* Attrezzo usato per perforare pozzi, spec. petroliferi: *s. a diamanti*; *s. a rulli conici.* || **scalpellétto**, dim. | **scalpellóne**, accr. | **scalpellùccio**, dim.

scalpicciaménto s. m. • Atto dello scalpicciare | Rumore che si fa scalpicciando.

scalpicciàre o **†calpicciàre**, (*pop.*) **scarpicciàre** [connesso con *scalpitare*, con sovrapposizione di *pesticciare* (?)] **A** v. tr. (*io scalpìccio*) *1* †Calpestare ripetutamente con i piedi | *†S. un luogo*, frequentarlo. *2* (*raro*) †Maltrattare. **B** v. intr. (aus. *avere*) • Camminare strisciando i piedi sul pavimento, con movimento rapido e leggero.

scalpiccìo o (*pop.*) **scarpiccìo**. s. m. • Atto dello scalpicciare continuo | Rumore che si fa scalpicciando.

scalpitaménto s. m. • (*raro*) Atto dello scalpitare.

scalpitànte part. pres. di *scalpitare*; anche agg. • Nei sign. del v.

scalpitàre o **†calpitàre** [lat. parl. **scalpitāre*, freq. di *scălpere* 'grattare', di etim. incerta] **A** v. tr. (*io scàlpito*) *1* †Calpestare: *le rugiadose erbe con lento passo scalpitando* (BOCCACCIO). *2* (*fig.*) †Opprimere. **B** v. intr. (aus. *avere*) • Pestare il terreno con gli zoccoli, in segno di impazienza o irrequietezza, detto spec. del cavallo: *un incalzar di cavalli accorrenti / scalpitanti su gli elmi a' moribondi* (FOSCOLO) | (*fig.*) Detto di persona, manifestare impazienza, irrequietezza.

scalpitìo s. m. • Atto dello scalpitare continuo.

scàlpito s. m. • (*lett.*) Atto dello scalpitare.

scàlpo [dall'ingl. *scalp* 'cuoio capelluto', con vari corrisp. nelle ant. lingue germ.] s. m. *1* Cuoio capelluto asportato dai pellirosse dal cranio del nemico vinto per conservarlo come trofeo. *2* (*med.*) Lesione traumatica con scollamento del cuoio capelluto dal cranio.

scalpóre [da *scalpitare*, sul modello di *bagliore*, *rumore* e sim.] s. m. • Manifestazione rumorosa di risentimento, indignazione e sim. | *Destare, fare s.*, fare parlare molto di sé, suscitando la curiosità e l'interesse generali, sollevando commenti e critiche e sim.: *la sua rinuncia ha fatto s.* SIN. Chiasso, rumore.

†scalterire • V. *scaltrire*.

†scaltràre v. tr. • (*raro*) Scaltrire.

scaltrézza s. f. • Qualità di chi, di ciò che è scaltro.

†scaltriménto [da *scaltrire*] s. m. • Scaltrezza, astuzia | Stratagemma: *certi scaltrimenti suoi malvagi* (PULCI).

scaltrire o **†scalterire** [da *†calterire* (V.) con *s-*, nel senso di 'bruciare fino in fondo'] **A** v. tr. (*io scaltrisco, tu scaltrisci*) • Rendere scaltro, accorto, avveduto: *l'esperienza lo ha scaltrito* | *S. la lingua, lo stile*, dirozzare, ingentilire. **B** v. intr. pron. *1* Diventare scaltro, o più scaltro. *2* Acquistare perizia, sicurezza, padronanza nell'esercizio di un mestiere, una professione, un'arte.

†scaltrità s. f. • Scaltrezza.

†scaltritézza [da *scaltrito*] s. f. • (*raro*) Scaltrezza.

scaltrito part. pass. di *scaltrire*; anche agg. • Nei sign. del v. || **scaltritaménte**, avv. In modo scaltrito, da persona provetta e perita; accortamente.

scàltro [da *scaltrire*] agg. • Che, nell'agire, nel comportarsi, nel parlare, e sim. mostra di possedere astuzia, avvedutezza, esperienza, unite a una certa malizia: *commerciante s.*; *bada a quel tipo, è molto s.* | Che è pensato, detto o fatto in modo scaltro: *idea, risposta, mossa scaltra.* SIN. Accorto, astuto, dritto, furbo. CONTR. Ingenuo, semplice, sempliciotto, sprovveduto. || **scaltraménte**, avv. In modo scaltro, con scaltrezza.

scalvàre [da un ant. *calvare*, da *calvo* nel sign. 2, con *s-*] v. tr. *1* *S. una pianta*, tagliare i rami rasente il fusto per ottenere nuovi germogli. *2* †Rendere calvo.

scalvatùra s. f. • Atto, effetto, dello scalvare.

scàlvo s. m. • Scalvatura.

scalzacàne o **scalzacàni** [comp. di *scalza(re)* e *cane*] s. m. e f. *1* (*spreg.*) Persona malvestita, misera, di umile condizione sociale: *non crediate ... che io tratti soltanto con gaglioffi e scalzacani* (BACCHELLI). *2* Chi manca di abilità e capacità nell'esercizio del proprio mestiere o della propria professione: *quel chirurgo è uno s.*

†scalzagàtto o **†scalzagàtti** [comp. di *scalza(re)* e *gatto*] s. m. • Scalzacane.

scalzaménto s. m. • Atto, effetto dello scalzare.

scalzapèlli [comp. di *scalza(re)* e il pl. di *pelle*] s. m. • Arnese usato per scalzare le pelli dalle unghie.

scalzàre [lat. *excalceāre*, comp. di *ĕx-* (*s-*) e di *calceāre*, da *călceus* 'scarpa'. V. *calza*] **A** v. tr. *1* Togliere le scarpe e le calze: *s. i piedi per lavarli.* *2* Rimuovere il terreno intorno al pedale o radici di piante per abbatterle, irrigarle o concimarle. *3* (*fig.*) Smuovere dalla base, privare del sostegno: *s. un muro*; *s. q.c. dalle fondamenta* | Indebolire, scuotere, con accuse, calunnie e sim.: *s. l'autorità, il credito, di qc.* | Manovrare in modo da togliere qc. dal posto che occupa, dalla carica che riveste e sim.: *è riuscito a s. il collega e* *ne ha preso il posto.* **4** (*fig., fam.*) Interrogare abilmente una persona riuscendo a farsi dire ciò che essa sa ma che non vorrebbe rivelare. **B** v. rifl. • Togliersi le scarpe e le calze.

scalzatóre s. m.; anche agg. (f. *-trice*) • (*raro*) Chi, che scalza.

scalzatùra s. f. • Atto, effetto dello scalzare o dello scalzarsi.

scàlzo [lat. tardo (eccl.) *excălciu(m)*, *excălceu(m)* 'scalzato', da *excalceāre* 'scalzare'] agg. **1** Che ha i piedi nudi, che non ha né scarpe, né calze: *camminare, andare s.* | *A piedi scalzi*, a piedi nudi | (*spreg.*) Di bassa condizione: *è sporco e s. ma pieno di presunzione.* **2** (*relig.*) Detto degli appartenenti ad alcuni ordini e congregazioni che, per stretta osservanza della regola o per riforma della medesima, vanno senza calze, con i soli sandali ai piedi: *carmelitane scalze.*

scamatàre o †**camatàre**. v. tr. • (*raro*) Battere materassi, cuscini e sim. con lo scamato.

scamàto o †**camàto** [gr. *kámax*, genit. *kámakos* 'bastone, pertica', con diversi riscontri indeur.] s. m. **1** Bacchetta usata per battere la lana di materassi, cuscini e sim. **2** Nell'antica liturgia cattolica, bacchetta con cui i penitenzieri toccavano i penitenti in segno di assoluzione.

scambiàbile [da *scambiare*] agg. • Che si può scambiare.

scambiaménto [da *scambiare*] s. m. • (*raro*) Atto dello scambiare o dello scambiarsi.

scambiàre [da *cambiare* (V.), con *s-*] **A** v. tr. (*io scàmbio*) **1** Prendere una persona o una cosa per un'altra, per errore, distrazione e sim.: *ti ho scambiato per tua madre*; *scambiarono l'aceto per il vino* | (*ass.*) †Sbagliare. **2** Dare, prendere, una cosa altrui come propria confondendola con un'altra simile, per errore, distrazione e sim.: *al cinema mi hanno scambiato il cappello.* **3** Barattare, fare uno scambio: *s. merci*; *s. un disco con un libro* | Cambiare una banconota o una moneta con altre di valore equivalente e di taglio inferiore: *mi può s. diecimila lire?* **4** Discorrere, conversare, spec. nelle loc.: *s. una parola, due parole*; *s. impressioni, opinioni* e sim. **B** v. rifl. rec. • Darsi, dirsi, farsi e sim. scambievolmente: *scambiarsi sguardi, confidenze, insulti, regali, visite.*

scambiatóre s. m. (f. *-trice* nel sign. 1) **1** Chi scambia. **2** Dispositivo atto a trasferire spec. energia termica da un fluido ad un altro: *s. di calore* | *S. a controcorrente*, in cui i due fluidi si muovono in sensi opposti.

†**scambiettàre** [da *scambietto*] v. tr. e intr. • Fare scambietti nel ballo: *poi torna indietro, e due salti scambietta* (L. DE' MEDICI).

scambiétto [da *scambio*] s. m. **1** Saltello che si fa ballando, invertendo la posizione dei piedi. **2** (*fig.*) Gioco di parole, doppio senso.

scambiévole [da *scambiare*] agg. • Vicendevole, reciproco: *aiuto, affetto s.* || **scambievolménte**, avv. **1** In modo scambievole, vicendevolmente. **2** †Invece, viceversa, in cambio.

scambievolézza s. f. • (*raro*) Qualità di ciò che è scambievole.

scàmbio [da *scambiare*] s. m. **1** Atto, effetto, dello scambiare o dello scambiarsi: *uno s. di persone*; *c'è stato uno s. di posti* | *In s.*, invece, in luogo, al posto: *prendere, pigliare, in s.* **2** Atto, effetto, del dare una cosa e di riceverne un'altra dello stesso genere in cambio: *s. di saluti, di cortesie, di insulti*; *s. di doni* | *S. di prigionieri*, reciproca restituzione di prigionieri da parte di Paesi in guerra | *S. delle consegne*, tra guardie e ufficiali di servizio montanti e quelli cedenti | *S. del pallone*, nel calcio, passaggio. **3** (*raro*) Persona o cosa provvisoria, che sostituisce un'altra temporaneamente indisponibile o inservibile. **4** (*econ.*) Cessione di un bene contro un altro, commercio | *Libero s.*, commercio non gravato di dazi protettivi. **5** (*chim.*) *S. ionico, di ioni*, reazione chimica in cui avviene il passaggio di uno ione da una soluzione elettrolitica a un solido ionico e il passaggio inverso di uno ione proveniente dal solido: *resine a s. ionico.* **6** (*ferr.*) Dispositivo che, mediante opportuni congegni di manovra e comando, effettua uno dei raccordi possibili fra più binari confluenti, al fine di consentire il passaggio dei veicoli ferroviari o tranviari. SIN. Deviatoio. ➡ ILL. p. 1752, 1754 TRASPORTI. **7** Gioco enigmistico consistente nell'ottenere da una parola data una parola di significato diverso, scambiando di posto due lettere. **8** Nella loc. prep. †*s. di*, in cambio di, invece di.

scambìsta [comp. di *scamb(io)* e *-ista*] s. m. e f. (pl. m. *-i*) **1** (*ferr.*) Deviatore. **2** (*econ.*) Chi svolge attività di scambio.

scameràre [da *camera* (*1*) 'erario pubblico', con *s-*. V. *incamerare*] v. tr. (*io scàmero*) • (*raro*) Fare uscire determinate somme da un bilancio. CONTR. Incamerare | Liberare da sequestro, confisca.

scamiciaménto [comp. parasintetico di *camicia*, col pref. *s-*] s. m. • In un proiettile di arma da fuoco, perdita della camicia nell'attraversamento di un ostacolo molto resistente.

scamiciàrsi [da *camicia*, con *s-*] v. rifl. (*io mi scamìcio*) • Togliersi la giacca rimanendo in maniche di camicia: *s. per il caldo.*

scamiciàto (**1**) **A** part. pass. di *scamiciarsi*; anche agg. • Nel sign. del v. **B** s. m. • Abito, tunica o giacca scollati e senza maniche indossati su una camicetta o una maglietta.

scamiciàto (**2**) [calco sullo sp. *descamisado*, t. con cui nei paesi di lingua sp. si sono definiti i rivoluzionari o, in genere, gli appartenenti alle classi infime] s. m. • Fanatico sostenitore di un partito, spec. rivoluzionario.

scammonèa • V. *scamonea.*

scamóne [vc. lombarda, di etim. incerta] s. m. • Parte posteriore delle bestie macellate, esclusa la coscia, usato spec. per bistecche e fettine.

scamonèa o **scammonèa** [vc. dotta, dal lat. *scammōnea(m)* 'scamonea', dal gr. *skammōnía*, connesso con l'ebr. *kammōn* 'comino'] **A** s. f. • Convolvulacea dalla cui radice si estrae una resina usata in medicina (*Convolvolus scammonia*). **B** s. m. e f. • (*fig., raro*) Persona malaticcia, noiosa e senza importanza.

†**scamònio** [vc. dotta, dal lat. *scammōniu(m)* 'sugo di scamonea', dal gr. *skammṓnion* 'pianta della scammonea'] s. m. • (*bot.*) Scamonea.

scamòrza o (*raro*) **scamòzza** [da *scamozzare* (V.)] s. f. **1** Formaggio tenero non fermentato, a pasta filata, in forma di pera o fiaschetta, ottenuto con latte di vacca o misto di vacca e capra. **2** (*fig., scherz.*) Persona di scarso valore intellettuale, di scarsa abilità e sim. | Persona fisicamente debole o cagionevole di salute.

scamoscerìa [da *scamosciare*] s. f. • Concia all'olio, usata per le pelli da scamosciare.

scamosciàre [da *camosciare*, con *s-*] v. tr. (*io scamòscio* o *scamóscio*) • Conciare e lavorare le pelli in modo da farle sembrare di camoscio.

scamosciàto A part. pass. di *scamosciare*; anche agg. • Nel sign. del v. **B** s. m. • Pellame ottenuto per concia all'olio di croste ovine.

scamosciatóre [da *scamosciato*] s. m. (f. *-trice*) • Conciatore di pelli in olio.

scamosciatùra s. f. • Atto, effetto dello scamosciare.

scamòscio (**1**) o **scamóscio** [da *scamosciare*] agg. (pl. f. *-sce*) • Scamosciato.

†**scamòscio** (**2**) o **scamóscio** • V. *camoscio* (*1*).

scamòzza • V. *scamorza.*

scamozzàre [da *ca(po)mozzare*, comp. di *capo* e *mozzare*, con *s-*] v. tr. (*io scamòzzo*) • Scapezzare, scapitozzare.

scamozzatùra s. f. • Atto, effetto dello scamozzare | Parte tolta scamozzando.

†**scamózzolo** • V. †*scamuzzolo.*

†**scàmpa** [da *scampare*] s. f. • (*lett.*) Scampo: *perché guardi intorno / le scampe della pugna?* (MONTI).

scampafórca [comp. di *scampa(re)* e *forca*] s. m. e f. (pl. *scampafórca*, o *scampafórche*) • (*raro*) Chi è scampato alla forca | (*est.*) Furfante.

scampagnàre [da *campagna*, con *s-*] v. intr. (aus. *avere*) • (*raro*) Andare a divertirsi in campagna | Fare una scampagnata.

scampagnàta [da *scampagnare*] s. f. • Gita in campagna.

scampaménto [da *scampare*] s. m. • (*raro*) Scampo.

scampanacciàta [da *campanaccio*, sul modello di *scampanata* (V.)] s. f. • Frastuono che si fa con campanacci, tegoli, oggetti metallici, e sim. in segno di scherno.

scampanaménto s. m. **1** (*raro*) Atto, effetto dello scampanare. **2** Battito irregolare dello stantuffo nel cilindro dei motori a scoppio e sim. per eccessiva usura.

scampanàre [da *campana*, con *s-*] **A** v. intr. (aus. *avere*) **1** Suonare a distesa, detto delle campane. **2** Fare la scampanacciata a qc. per deriderlo. **3** Allargarsi sul fondo, detto di abiti. **B** v. tr. • Modellare q.c. secondo una forma tronco-conica, a campana: *s. una gonna.*

scampanàta [da *scampanare*] s. f. **1** Suonata a distesa di campane. **2** Scampanacciata. **3** Figura acrobatica di aeromobile.

scampanàto part. pass. di *scampanare*; anche agg. • Nei sign. del v.

scampanatùra [da *scampanato*] s. f. • Modellatura a campana del fondo di un abito femminile.

scampanellàre [da *campanello* (*1*), con *s-*] v. intr. (*io scampanèllo*; aus. *avere*) • Suonare un campanello con forza e insistenza.

scampanellàta [da *scampanellare*] s. f. • Suonata di campanello forte e prolungata.

scampanellìo s. m. • Atto dello scampanellare continuo.

scampanìo s. m. • Atto dello scampanare continuo: *lo s. delle campane a festa.*

scampàre [da *campo*, con *s-*] **A** v. tr. • Liberare, salvare, da un male, da un grave pericolo, e sim.: *s. qc. dalla morte*; (*escl.*) *Dio ci scampi, Dio ce ne scampi e liberi* e sim. | Evitare un male, un grave pericolo e sim.: *s. le malattie, la morte, la prigione* | *Scamparla, scamparsela, scamparla bella, scamparla per miracolo* e sim., salvarsi, uscire indenne da un grave pericolo, incidente, e sim. (*anche fig.*). **B** v. intr. (aus. *essere*) • Uscire salvo, illeso, da un male, un grave pericolo, e sim.: *pochi scamparono dalla strage*; *riuscì a s. al disastro*; *s. al naufragio, al massacro* | Trovare scampo, rifugio: *scamparono all'estero.*

scampàto A part. pass. di *scampare*; anche agg. • Nei sign. del v. **B** s. m. (f. *-a*) • Chi si è salvato da un grave pericolo: *gli scampati al disastro si sono rifugiati sulle montagne.*

scampionatùra [comp. parasintetico di *campione* col pref. *s-*] s. f. • (*tess.*) Insieme delle analisi cui viene sottoposto un campione di tessuto per conoscerne le caratteristiche necessarie per riprodurlo.

scàmpo (**1**) [da *scampare*] s. m. • Atto dello scampare, salvezza, liberazione | Mezzo, modo, con cui si scampa a un pericolo: *cercare, trovare uno s.*; *cercare, trovare una via di s.*; *cercare s. nella fuga*; *quella vostra seccatura di dover morire, tutti, senza s.* (LEVI) | *Non c'è via di s.*, non c'è più niente da fare, la situazione è disperata.

scàmpo (**2**) [vc. venez., dal gr. (*hippó*)*kampos* 'cavalluccio marino', con *s-*] s. m. • Crostaceo decapode marino, roseo, con antenne sottili e carni pregiate (*Nephrops norvegicus*). SIN. Nefrope.

scàmpolo [da *scampare* 'fuggire', e quindi 'avanzare'] s. m. **1** Avanzo di una pezza di tessuto, generalmente venduto a prezzo ridotto: *uno s. di due metri*; *vendita di scampoli di fine stagione.* **2** (*est.*) Pezza, avanzo, rimasuglio: *s. di terreno, di carta, di tempo* | *S. d'uomo*, persona piccola e gracile. || **scampolétto**, dim. | **scampolino**, dim. | **scampolùccio**, dim.

†**scamùzzolo** o †**scamózzolo**, †**scomùzzolo** [da *scamozzare*] s. m. • (*tosc.*) Minuzzolo, minima parte: *vorrei della sua grazia uno s.* (POLIZIANO).

†**scàna** [sovrapposizione di *cane* (*1*) a *san(n)a* 'zanna'] s. f. • Zanna: *con l'agute scane / mi parea lor veder fender li fianchi* (DANTE *Inf.* XXXIII, 35-36).

scanagliàre [da *canaglia*, con *s-* ints.] **A** v. intr. (*io scanàglio*; aus. *avere*) • (*raro*) Comportarsi da canaglia. **B** v. rifl. rec. • (*raro*) Trattarsi al modo tipico della canaglia.

scanagliàrsi [da *canaglia*, con *s-* estrattivo] v. intr. pron. (*io mi scanàglio*) • (*raro*) Perdere modi e abitudini tipici della canaglia.

scanalàre (**1**) [da *canale* con *s-* estrattivo] v. tr. • Incavare longitudinalmente legno, pietra, metallo, e sim., formando come un piccolo canale: *s. una colonna.*

scanalàre (**2**) [da *canale* con *s-* sottratt.] v. intr. (aus. *avere*) • (*raro*) Uscire dal canale: *le acque* *hanno scanalato.*

scanalàto part. pass. di *scanalare* (*1*); anche agg. *1* Nel sign. del v. *2 Colonna scanalata*, che presenta scanalature verticali lungo la superficie del fusto | *Albero s.*, organo meccanico con scanalature longitudinali che, impegnandosi in una sede corrispondente su altro elemento, ne impediscono la rotazione.

scanalatrice s. f. ● Macchina per scanalare.

scanalatùra s. f. *1* Atto, effetto dello scanalare. *2* Incavo ricavato longitudinalmente su q.c.: *le scanalature di una colonna.*

scancellàre e *deriv.* ● V. *cancellare* e *deriv.*

†**scanceria** s. f. ● (*raro*) Scansia.

†**scancia** ● V. *scansia.*

scanciò o **schianciò**, **sguanciò** (**2**) [di etim. discussa: dall'ant. fr. *guenchier, guenchir* 'piegare, sviarsi', di origine germ. (?)] s. m. ● (*tosc.*) Sghembo, sbieco, linea obliqua, spec. nelle loc. avv. *a, di, per s.*; *porta, finestra a s.*; *mettere di s.*; *tagliare a s.* | *Tiro di s.*, obliquo rispetto al fronte dell'obiettivo.

scandagliaménto s. m. ● Misurazione della profondità delle acque per mezzo di uno scandaglio.

scandagliàre [da *scandaglio*] v. tr. (*io scandàglio*) *1* Misurare la profondità di mari, laghi, e sim. mediante lo scandaglio. *2* (*fig.*) Tentare di conoscere, indagare, saggiare: *s. l'anima, i sentimenti, le intenzioni di qc.* *3* (*raro*) Calcolare esattamente.

scandagliàta s. f. ● (*raro*) Atto dello scandagliare una volta.

scandagliatóre A agg.; anche s. m. (f. *-trice*) ● Che, chi scandaglia. **B** s. m. ● (*mar.*) Chi è addetto alla manovra dello scandaglio.

scandàglio [lat. parl. **scandāc(u)lu(m)* 'scaletta', connesso con *scāndere* 'salire', attraverso i dial. sett.] s. m. *1* Strumento per la misurazione della profondità di mari, laghi, e sim.: *s. a sagola*; *s. idropneumatico, acustico*; *ruotare, gettare lo s.* *2* Atto dello scandagliare. *3* (*fig.*) Calcolo, esperimento, esame preventivo e accurato: *fare uno s. delle opinioni altrui.*

†**scandaleggiàre** ● V. *scandalizzare.*

†**scandalezzàre** ● V. *scandalizzare.*

scandalismo [comp. di *scandal(o)* e *-ismo*] s. m. ● Tendenza a promuovere, esagerare o inventare scandali, per attirare l'interesse e la curiosità della gente.

scandalista s. m. e f. (pl. m. *-i*) ● Chi promuove scandali, spesso esagerandoli o inventandoli, per trarre profitto, per nuocere ad altri e sim.

scandalistico agg. (pl. m. *-ci*) ● Che tende a provocare scandali: *settimanale s.* || **scandalisticaménte**, avv.

scandalizzaménto s. m. ● (*raro*) Atto dello scandalizzare.

scandalizzàre o †**scandaleggiàre**, †**scandalezzàre**, †**scandolezzàre** [vc. dotta, dal lat. tardo (ecclesiastico) *scandalizāre* 'scandalizzare', calco sul gr. *skandalízein*, da *skándalon* 'insidia, scandalo'] **A** v. tr. ● Dare scandalo | Suscitare sdegno e indignazione negli altri con atti, discorsi, comportamenti scandalosi: *scandalizzò tutti col suo linguaggio sboccato* | Turbare col cattivo esempio: *non bisogna s. gli innocenti.* **B** v. intr. pron. *1* Provare sdegno, indignazione, vergogna, per atti, discorsi, comportamenti contrari alla morale, alla decenza, alla convenienza, al decoro: *si scandalizzò a quella proposta*; *non scandalizzarti per così poco*; *si è scandalizzato del nostro abbigliamento.* *2* †Adirarsi, spazientirsi.

scandalizzàto part. pass. di *scandalizzare*; anche agg. ● Nei sign. del v.

†**scandalizzatóre** s. m. (f. *-trice*) ● Chi scandalizza.

scàndalo o (*pop.*) **scàndolo** [vc. dotta, dal lat. tardo (ecclesiastico) *scăndalu(m)* 'impedimento', dal gr. *skándalon* 'pietra d'inciampo, insidia', di origine indeur.] s. m. *1* Sconvolgimento della coscienza, della sensibilità, della moralità e sim. altrui suscitato da atto, discorso, comportamento, avvenimento, contrario alle leggi della morale, del pudore, della decenza e sim.: *fare, dare s.*; *essere di s.*; *gridare allo s.* | Atto, discorso, comportamento, avvenimento e sim. che suscita sdegno, riprovazione, disgusto in quanto contrario alle leggi della morale, del pudore, della decenza e sim.: *quel film è un vero s.*; *si veste che è uno s.*; *non dovremmo permettere certi scandali*; *costei è la causa principale degli scandali di questa casa* (GOLDONI) | *Essere la pietra dello s.*, dare il cattivo esempio. *2* Fatto, avvenimento, che presenta aspetti contrastanti con la morale corrente e suscita l'interesse e la curiosità dell'opinione pubblica spec. in quanto coinvolge persone o ambienti in vista: *lo s. della droga*; *hai sentito dello s. Rossi?*; *quel settimanale è stato il primo a denunciare lo s.* *3* (*est.*) Chiasso, clamore, indesiderato attorno a un avvenimento spiacevole: *bisogna evitare gli scandali*; *se non paghiamo farà uno s.*; *cerca di non fare scandali*; *soffocare, sopire, lo s.* *4* †Discordia: *i seminatori degli scandoli* (COMPAGNI).

scandalóso [vc. dotta, dal lat. tardo *scandalōsu(m)*, da *scăndalum* 'scandalo'] agg. *1* Che dà scandalo, che è causa di scandalo: *libro s.*; *condotta scandalosa.* *2* (*scherz.*) Eccessivo, smodato: *hai una fortuna scandalosa!* || **scandalosétto**, dim. || **scandalosaménte**, avv. In modo scandaloso, con scandalo.

scandènte part. pres. di *scandere*; anche agg. *1* Nei sign. del v. *2* Detto di fusto che si attacca ai sostegni vicini con cirri, spine e sim.

scàndere [vc. dotta, dal lat. *scăndere* 'salire, scandire', di origine indeur. V. *scala*, *scandaglio*] v. tr. (pass. rem. *io scandéi*, o *scandètti*, *tu scandésti*; dif. del part. pass.) *1* †Salire: *Lo ben che tutto il regno che tu scandi / volge e contenta* (DANTE *Par.* VIII, 97-98). *2* (*raro*) Scandire.

†**scandescènza** ● V. *escandescenza.*

scandinàvo o (*evit.*) **scandìnavo A** agg. ● Della Scandinavia. **B** s. m. (f. *-a*) ● Abitante, nativo della Scandinavia.

scàndio [vc. dotta, dal lat. *Scăndia(m)* 'Scandinavia', perché scoperto dallo scienziato Nilson, di nazionalità svedese e perciò di origine scandinava] s. m. ● Elemento chimico, metallo del gruppo delle terre rare. SIMB. Sc.

scandìre [vc. dotta, lat. *scăndere*, propriamente 'misurare (i versi)', dalla radice indeur. **sk-* col sign. fondamentale di 'saltare', passato a diversa coniug.] v. tr. (*io scandìsco, tu scandìsci*) *1* Isolare l'uno dall'altro i piedi del verso. *2* (*est.*) Pronunciare le parole in modo lento e distinto, staccando le sillabe. *3* (*tv*) Esplorare, mediante un fascio elettronico che passa in sequenza per ogni punto, linea o campo del mosaico di un tubo per telecamera, o dello schermo di un tubo televisivo.

scàndola [lat. *scăndula(m)* 'assicella', di etim. incerta] s. f. ● Assicella di legno, generalmente di abete rosso, usata, spec. nei paesi nordici, per copertura di tetti.

†**scandolàro** [da *scandola*] s. m. ● (*mar.*) Sulle galere, camera contigua a quella di poppa, dove si conservavano le armi.

†**scandolezzàre** ● V. *scandalizzare.*

scàndolo ● V. *scandalo.*

†**scanfàrda** [dal sign. primitivo di 'scodella (sporca)': da *scafa*, nel senso di 'vasca' (?)] s. f. ● (*raro, spreg.*) Sgualdrina, cialtrona.

scangèo [etim. incerta] s. m. ● (*pop., tosc.*) Disastro, imbroglio | Confusione.

†**scanicàre** [lat. parl. **excanicāre*, comp. di *ĕx-* (*s-*) *ecănicae* (nom. pl.) 'crusca del grano', di origine indeur.] v. intr. e intr. pron. ● (*raro*) Spaccarsi, disgregarsi, spec. d'intonaco.

scannafòsso [comp. di *scanna(re)* (*1*) e *fosso*] s. m. *1* Canaletto, pozzo, scavato nei campi, per la raccolta e il convogliamento delle acque di scolo. *2* Nell'antica fortificazione, condotto murato per raggiungere il fosso.

scannaménto s. m. ● Atto dello scannare, nel sign. di *scannare* (*1*).

†**scannaminèstre** [comp. di *scanna(re)* (*1*) e *minestra*] s. m. e f. inv. ● (*spreg.*) Millantatore | Fannullone.

†**scannapagnòtte** [comp. di *scanna(re)* (*1*) e *pagnotta*] s. m. e f. inv. ● Persona fannullona, buona a nulla.

†**scannapàne** [comp. di *scanna(re)* (*1*) e *pane*] s. m. e f. inv. ● Scannapagnotte.

scannàre (**1**) [da *canna* (*della gola*), con *s-*] v. tr. *1* Uccidere, spec. animali, tagliando la canna della gola: *s. una pecora* | (*est.*) Uccidere brutalmente: *i barbari scannarono donne e bambini.* *2* (*fig.*) Opprimere con tasse, prezzi e sim. troppo gravosi: *s. qc. con le usure.* *3* *S. il fosso*, tagliarlo per derivarne l'acqua.

scannàre (**2**) [da *canna*, con *s-*] v. tr. ● (*tess.*) Scannellare (1).

scannàto part. pass. di *scannare* (*1*); anche agg. *1* Nei sign. del v. *2* *Tasso s.*, ridotto all'osso, non remunerativo per chi lo applica.

scannatóio [da *scannare* (*1*)] s. m. *1* Luogo in cui si scannano gli animali da macello. *2* (*fig.*) Locale equivoco, casa di malaffare, da gioco, e sim. in cui si attira gente ricca per farle perdere molto denaro.

scannatóre [da *scannare* (*1*)] s. m.; anche agg. (f. *-trice*) ● (*raro*) Chi, che scanna.

scannatùra [da *scannare* (*1*)] s. f. ● Atto, effetto dello scannare | Punto in cui l'animale è stato scannato.

†**scannauòmini** [comp. di *scanna(re)* e il pl. di *uomo*] s. m. ● Strozzino.

scannellaménto s. m. ● Atto, effetto dello scannellare, nel sign. di *scannellare* (*2*).

scannellàre (**1**) [da *cannello*, con *s-* sottratt.] v. tr. (*io scannèllo*) ● (*tess.*) Svolgere, togliere il filo dal cannello. SIN. Scannare (2).

scannellàre (**2**) [da *cannello*, con *s-* ints.] v. tr. (*io scannèllo*) ● Scanalare, ornare di scanalature.

scannellàto A part. pass. di *scannellare* (*2*); anche agg. ● Nel sign. del v. **B** s. m. ● Lavoro di scannellatura su metallo, vetro, marmo.

scannellatùra [da *scannellare* (*2*)] s. f. ● Scanalatura.

scannèllo (**1**) [lat. tardo *scamnĕllu(m)* 'sgabello', dim. di *scămnum* 'scanno'] s. m. ● Specie di banchetto rettangolare con leggio coperto di panno, tenuto sulla scrivania per leggere o scrivere più comodamente, o usato per conservarvi carte, documenti e sim.

scannèllo (**2**) [da *cannello*, dim. di *canna*, con *s-*] s. m. ● Taglio magro di carne bovina, nella regione del culaccio più vicina alla coscia. SIN. Controgirello.

scànner /'skanner, *ingl.* 'skænə*/ [vc. ingl., da *to scan* 'esaminare minuziosamente' (dal lat. *scăndere* 'scandire')] s. m. inv. ● In varie tecnologie e tecniche di ricerca scientifica, dispositivo che può esplorare, in maniera sistematica, una certa zona o parte di un oggetto in esame, registrando le emissioni di elettroni provenienti da essa.

scanning /*ingl.* 'skæniŋ/ [da *to scan* (V. *scanner*)] s. m. inv. ● Scansione nel sign. 2.

scànno [lat. *scămnu(m)* 'scanno', di origine indeur.] s. m. *1* Sedile, seggio, isolato o facente parte di un ordine, che si trova spec. in luoghi particolarmente importanti e solenni: *gli scanni del parlamento, del tribunale*; *gli scanni del coro dei canonici.* *2* (*fig., lett.*) Grado. *3* (*sett.*) Banco di sabbia sommerso sul quale frange il mare.

scansabrighe [comp. dell'imperat. di *scansare* e del pl. di *briga*] s. m. e f. inv. ● Chi, per indole o per tutelare la propria quiete, cerca di evitare fastidi e seccature.

scansafatiche [comp. di *scansa(re)* e il pl. di *fatica*] s. m. e f. inv. ● Chi ha poca voglia di lavorare e cerca di evitare il più possibile qualunque fatica.

scansaménto s. m. ● (*raro*) Atto dello scansare.

scansàre [da *cansare* (V.), con *s-*] **A** v. tr. *1* Allontanare, rimuovere, trarre da parte: *s. un mobile dalla parete.* *2* Schivare, evitare: *s. un colpo, un pugno* | (*est.*) Sfuggire, sottrarsi, a situazioni pericolose, indesiderate e sim.: *s. un pericolo, una difficoltà, una fatica, un cattivo incontro, una punizione* | (*est.*) Evitare una persona, fare in modo di non incontrarla: *devi s. quella compagnia*; *per il suo brutto carattere tutti lo scansano.* **B** v. rifl. ● Scostarsi, farsi da parte per far largo ad altri, per non essere colpito e sim.: *scansati che devo passare*; *se non si fosse scansato in tempo l'avrebbero investito.*

scansaròte [comp. di *scansa(re)* e *rota* 'ruota'] s. m. inv. ● Paracarro di ferro ai lati di un portone.

scansàto part. pass. di *scansare* ● Nei sign. del v.

†**scansatóre** s. m. (f. *-trice*) ● (*raro*) Chi scansa.

scansìa o (*tosc.*) †**scancia** [dal venez. *scansia*, di etim. incerta] s. f. ● Mobile a ripiani usato per contenere libri, carte, oggetti vari, e sim. | Scaffale.

scansióne [vc. dotta, dal lat. *scansiōne(m)* 'scansione', da *scānsus*, part. pass. di *scāndere* 'salire'. V. *scandire*] **s. f.** *1* Divisione del verso nei suoi elementi costitutivi | *S. delle parole, delle sillabe*, pronuncia distinta | †Prosodia. *2* Metodo di esplorazione scientifica basato sull'impiego di onde elettromagnetiche, ultrasuoni e sim. e sulla successiva misurazione del diverso potere riflettente delle varie parti che formano l'oggetto in esame | (*med.*) Tecnica per la diagnosi morfologica di diverse malattie cellulari | *Microscopio elettronico a s.*, microscopio elettronico in cui un fascio di elettroni opportunamente accelerati esplora una superficie da osservare fornendo una immagine tridimensionale, usato in fisica, in metallurgia, in medicina. **SIN.** Scanning.

scànso [da *scansare*] **s. m.** *1* †Scansamento. *2* Nella loc. prep. *a s. di*, per evitare, per prevenire: *a s. di equivoci, di oneri, di responsabilità*, e sim.

scantinàre [da *cantino* 'corda più sottile del violino', da *canto*, con *s-*] **v. intr.** (aus. *avere*) *1* (*raro*) Uscire di tono nel suonare uno strumento a corda. *2* (*raro, fig.*) Dire, fare, q.c. che non si dovrebbe fare: *s. nel parlare*.

scantinàto [da *cantina*, con *s-*] **s. m.** ● Piano dell'edificio interamente o parzialmente sotto il livello del terreno.

scantonaménto **s. m.** ● (*raro*) Atto, effetto dello scantonare, nel sign. di *scantonare* (*2*).

scantonàre (**1**) [da *cantone* (*1*), con *s-* estrattivo] **v. tr.** (*io scantóno*) ● (*raro*) Togliere gli spigoli, smussare gli spigoli: *s. un tavolo*.

scantonàre (**2**) [da *cantone* (*1*), con *s-* ints.] **v. intr.** (*io scantóno*; aus. *avere*) ● Voltare rapidamente l'angolo di una strada per sfuggire a qc., per non essere visto, e sim.: *quando ci vede scantona* | Svignarsela | (*fig.*) Uscire d'argomento, dire q.c. del tutto errata: *il tema, verso la fine, scantona*.

scantonatùra **s. f.** *1* (*raro*) Atto dello scantonare, nel sign. di *scantonare* (*1*). *2* Smussatura di spigoli di pareti, in modo da evitare lo spigolo vivo.

scantucciàre [da *cantuccio*, con *s-*] **v. tr.** (*io scantùccio*) ● (*tosc.*) Levare i cantucci, rompere in pezzetti: *s. il pane*.

scanzonàto [da *canzone*, con *s-*] **agg.** ● Che evita, con scherzosa ironia, di prendere le cose sul serio, anche problemi o fatti generalmente considerati gravi e importanti: *gioventù scanzonata*.

scapaccionàre [da *scapaccione*] **v. tr.** (*io scapaccióno*) ● (*fam.*) Dare scapaccioni.

scapacciòne [doppio accr. di *capo*, con *s-*] **s. m.** ● Colpo dato a mano aperta sulla parte posteriore del capo: *dare, prendere uno s.*; *prendere qc. a scapaccioni* | *Essere promosso a scapaccioni*, senza meritarlo, per indulgenza di chi esamina | *Passare a scapaccioni*, in un locale pubblico, entrare senza pagare, per concessione altrui.

scapàre [da *capo*, con *s-* estrattivo] **v. tr.** ● Levare la testa alle acciughe prima di salarle.

scapàrsi [da *capo*, con *s-* privativo] **v. rifl.** ● (*fig., tosc., fam.*) Perdere la testa, confondersi a pensare, a risolvere problemi complicati e sim.

scapatàggine **s. f.** *1* Qualità di chi è scapato. *2* Azione da persona scapata.

scapàto [da *capo*, con *s-* neg.] **A** **agg.** ● Che non ha la testa a posto, senza senno, senza giudizio: *ragazzaccio s.* | (*est.*) Sventato, leggero, ma simpatico | †*Alla scapata*, (*ell.*) in modo scapato, sventatamente. || **scapataménte**, **avv.** Sventatamente. **B** **s. m.** (f. *-a*) ● Persona scapata. || **scapatàccio**, **pegg.** | **scapatèllo**, **dim.** | **scapatóne**, **accr.**

scapecchiàre [da *capecchio*, con *s-*] **v. tr.** (*io scapécchio*) ● Pulire lino o canapa dal capecchio.

†scapestràre o **†scaprestàre** [da *capestro*, con *s-*] **A** **v. intr.** e **intr. pron.** *1* Liberarsi dal capestro. *2* (*fig.*) Liberarsi da un impaccio, da un legame. **B** **v. intr.** ● Sfrenarsi, vivere dissolutamente. **C** **v. tr.** ● (*raro*) Guastare, corrompere.

scapestratàggine **s. f.** *1* Qualità di chi è scapestrato. *2* Azione da persona scapestrata.

scapestràto **A** **part. pass.** di †*scapestrare*; anche **agg.** *1* Nei sign. del v. *2* Che conduce una vita licenziosa, dissoluta, priva di freno e di ordine. **SIN.** Dissoluto, scapigliato, scioperato, sregolato. || **scapestrataménte**, **avv.** Dissolutamente; sfrenatamente. **B** **s. m.** (f. *-a*) ● Persona scapestrata: *quel locale è un ritrovo di scapestrati*. || **scapestratàccio**, **pegg.** | **scapestratèllo**, **dim.**

scapezzaménto **s. m.** ● (*raro*) Atto, effetto dello scapezzare.

scapezzàre o **scavezzàre** (**1**) [dall'ant. *capezzo*, lat. *capĭtium* 'estremità', con *s-*] **v. tr.** (*io scapézzo*) *1* Tagliare i rami sino al tronco. **SIN.** Scamozzare, scapitozzare. *2* (*est.*) Mozzare nella parte superiore: *s. una torre* | †Decapitare.

†scapezzóne [da *capezzo*, con *s-* ints.] **s. m.** ● Scapaccione.

scapicollàrsi [da un comp. di *capo* e *collo*, con *s-*] **v. intr. pron.** (*io mi scapicòllo*) ● (*dial.*) Precipitarsi a rompicollo giù per un pendio | (*est.*) Accorrere velocemente | (*est., fig.*) Affannarsi, agitarsi, per un determinato fine: *si è scapicollato per arrivare in tempo*.

scapicollàto **part. pass.** di *scapicollarsi*; anche **agg.** *1* Nei sign. del v. *2* Rompicollo.

scapicòllo [da *scapicollarsi*] **s. m.** ● Luogo scosceso, pendio | *A s.*, a rompicollo, a precipizio.

scapigliàre [da *capegli*, pl. ant. di *capello*, con *s-*. V. *capigliatura, accapigliare*] **A** **v. tr.** (*io scapìglio*) ● Scompigliare i capelli: *il vento la scapiglia*. **B** **v. rifl.** e **intr. pron.** ● Scompigliarsi i capelli. **C** **v. intr. pron.** ● (*fig.*) †Vivere dissolutamente, da scapigliato.

scapigliàto **A** **part. pass.** di *scapigliare*; anche **agg.** *1* Nei sign. del v. *2* (*fig.*) Sfrenato, dissoluto. *3* Detto di artista aderente alla scapigliatura. **B** **s. m.** ● Artista aderente alla scapigliatura.

scapigliatùra [da *scapigliato*; nel sign. 2 attraverso parte del titolo di un romanzo di Carlo Righetti (*La scapigliatura e il 6 febbraio*) a sua volta traduz. del fr. *bohème*] **s. f.** *1* Dissolutezza e sfrenatezza di vita. *2* Movimento letterario e artistico sorto alla fine del XIX sec. in ambiente lombardo, spec. milanese, che, in opposizione a certo gusto borghese o tardo-romantico, proponeva, anche nei modi di una vita anarchica e dissipata vissuta dai suoi protagonisti, un'arte realistica, libera nelle forme, aperta agl'influssi della cultura europea e in rapporto con le urgenze e i temi di una società in via d'industrializzazione.

†scapitaménto [da *scapitare*] **s. m.** ● Scapito.

scapitàre [da *capitare* 'far capo' con *s-* e sovrapposizione di *capitale*] **A** **v. intr.** (*io scàpito*; aus. *avere*) ● Rimetterci del proprio, ricevere un danno materiale o morale: *con simili prezzi ci si scapita*; *scapitare nella stima, nella reputazione*. **B** **v. tr.** ● †Perdere.

scàpito [da *scapitare*] **s. m.** ● Perdita di guadagno, di denaro: *vendere a s.* | Danno materiale o morale: *avere, ricevere s. da q.c.*; *con grave s. dell'onore*; *ciò ti reca s.*; *va tutto a tuo s.* | *A s. di*, con pregiudizio, danno: *agisce così a s. della nostra amicizia*.

scapitozzàre [da *capitozzare*, con *s-*. V. *capitozza*] **v. tr.** (*io scapitòzzo*) ● Scapezzare, scamozzare: *s. i gelsi*.

scàpo [vc. dotta, dal lat. *scāpu(m)* 'fusto', prob. prestito dal gr. *skápos* 'ramo'] **s. m.** *1* Fusto di colonna. *2* (*bot.*) Asse fiorifero privo di foglie che parte dalla radice | Peduncolo fiorale. *3* (*zool.*) Articolo basale delle antenne genicolate degli insetti. *4* (*zool.*) Parte assile della penna che si divide in calamo e rachide. *5* (*anat.*) La porzione di un pelo esterna alla cute.

scapocchiàre [da *capocchia*, con *s-*] **v. tr.** (*io scapòcchio*) ● Privare della capocchia: *s. un fiammifero*.

scàpola o **†scàpula** [vc. dotta, dal lat. tardo *scăpula(m)*, variante del classico *scăpulae* (pl.) 'spalle', forse da *scăbere* 'grattare', per la forma appuntita] **s. f.** ● (*anat.*) Osso piatto, triangolare, applicato alla parete posteriore del torace. **SIN.** Omoplata. ➡ **ILL.** p. 362 ANATOMIA UMANA.

scapolàggine [da *scapolo*] **s. f.** ● (*scherz.*) Stato, condizione, di chi è scapolo.

scapolàre (**1**) **agg.** ● (*anat.*) Della scapola | *Cingolo s.*, complesso delle formazioni ossee che uniscono l'arto superiore al torace.

scapolàre (**2**) o **†scapulàre** [vc. dotta, dal lat. tardo *scapulāre* 'scapolare', agg. nt. sost. da *scăpula* 'scapola'] **s. m.** ● Parte dell'abito monastico, striscia di stoffa con apertura per la testa, pendente sul petto e sul dorso | Distintivo dei terziari carmelitani e di altre confraternite, consistente in due piccoli pezzi di stoffa con immagine sacra riuniti da nastri che poggiano sulle spalle | Sopravveste senza maniche per religiosi.

scapolàre (**3**) [lat. parl. **excapulāre* 'disbrigarsi', comp. di *ĕx* (*s-*) e di *căpulus* 'cappio'. V. *cappio*] **A** **v. tr.** (*io scàpolo*) *1* (*mar.*) Passare oltre un ostacolo, fisso o mobile, a poca distanza o con qualche difficoltà. *2* (*fig., fam.*) Sfuggire, evitare, una situazione difficile, pericolosa, indesiderata: *il passo più rischioso è scapolato* (BACCHELLI) | *Scapolarsela*, svignarsela. *3* †Mettere in libertà, far fuggire. **B** **v. intr.** (aus. *essere*) ● (*fam.*) Sottrarsi a una situazione difficile, pericolosa o indesiderata: *s. da un pericolo, da un impegno insostenibile*.

scàpolo [da *scapolare* (*3*)] **A** **agg.** ● †Libero da soggezione, vincolo, dovere: *s. e libero dall'altre stelle* (GALILEI). **B** **agg.**; anche **s. m.** ● Che, chi non è ammogliato: *uomo s.*; *vita da s.*; *è uno s. impenitente*; *un vecchio s.* **SIN.** Celibe. || **scapolóne**, **accr.** (V.). **C** **s. m.** *1* Chi militava su navi e galere libero da catena. *2* Pietra grezza, a forma irregolare, usata nelle costruzioni.

scapolóne **s. m.** *1* Accr. di *scapolo* nel sign. B. *2* (*fam.*) Uomo piuttosto anziano rimasto scapolo, ma ancora in cerca di avventure: *uno s. impenitente*.

scàpolo-omeràle [comp. di *scapolo-*, da *scapola*, e *omerale* (*1*)] **agg.** (pl. *scàpolo-omeràli*) ● (*anat.*) Che si riferisce alla scapola e all'omero | *Articolazione scapolo-omerale*, tra la testa dell'omero e la scapola.

scaponìre [calco di *incaponire* (V.) con cambio di pref. (*s-*)] **v. tr.** (*io scaponìsco, tu scaponìsci*) ● (*tosc.*) Persuadere una persona caparbia | (*est.*) Rendere docile, arrendevole.

scapotàre ● V. *scappottare* (*2*).

scappaménto [da *scappare*] **s. m.** *1* Slancio dei gas combusti dai motori a scoppio e sim. e complesso di tubazioni per convogliarli all'aria aperta | *S. aperto*, da cui è stato tolto il tappo bucherellato che ne chiude lo sbocco, per guadagnare potenza, ma con maggior rumore, nei motocicli | *S. libero*, ove il motore scarica direttamente nell'atmosfera. *2* Parte dell'orologio, situata fra il rotismo e l'organo regolatore, che riceve la forza del rotismo e la distribuisce al bilanciere.

scappàre [lat. parl. **excappāre* 'togliersi la cappa, fuggire', comp. di *ĕx-* (*s-*) e di *căppa* 'cappa (1)'] **v. intr.** (aus. *essere*) *1* Darsi alla fuga, sottrarsi con la fuga a un pericolo, un rischio, un danno, e sim.: *il ladro scappò col bottino*; *scappa altrimenti sei finito!*; *vieni qui, non s.* | *Di qui non si scappa*, la situazione ha una scelta obbligata | Fuggire: *s. di casa, dal collegio*; *sono scappati in America*; *sono scappati insieme*; *il canarino è scappato dalla gabbia* | Evadere: *s. di prigione*. *2* Correre, andare via, allontanarsi in fretta: *è tardi, scappo a telefonare*; *scusami ma devo s.*; *scappo in ufficio e torno* | *S. a rotta di collo, a gambe levate*, in gran fretta | (*tosc.*) *A scappa e fuggi*, in fretta e furia. *3* Sfuggire: *lasciarsi s. l'occasione*; *il vaso mi è scappato di mano*; *gli è scappato il treno*. *4* (*sport*) Nel ciclismo, effettuare una fuga. *5* (*fig.*) Sfuggire inavvertitamente, detto di cose o sentimenti che non si riesce a trattenere o a controllare: *mi è scappato di mente il tuo indirizzo*; *ogni tanto gli scappa qualche errore*; *quelle parole mi scapparono di bocca*; *non farti s. ciò che ti ho detto*; *se continui così, mi farai s. la pazienza* | Non potersi contenere ed erompere, detto di stimolo fisico, bisogno, necessità e sim.: *mi scappa da ridere*; *gli scappava da orinare*, (*fam., ell.*) *gli scappa*; *gli scappò di dirlo*; *non volevo dirlo, mi è proprio scappato*. *6* Uscire, saltar fuori, da ciò che contiene, copre, protegge, e sim.: *un foglio bianco scappa dal quaderno*; *mi scappa fuori il vestito dal cappotto*. *7* (*fig.*) Fare, dire, e sim. inaspettatamente e inconsideratamente: *s. fuori a dire*; *ogni tanto scappa fuori con una nuova trovata*; *s. su a raccontare*; *scappò in un'imprecazione, in una risata*.

scappàta [da *scappare*] **s. f.** *1* Atto dell'andare in un luogo di corsa e per ritornarne presto: *devo fare una s. in centro*; *faremo una s. al mare*; *fai una s. da noi!* *2* Atto del dire q.c. inaspettatamente o inconsideratamente | Parola, frase, detta inaspettatamente o inconsideratamente: *questa s. da te non me l'aspettavo*; *ha certe scappate divertenti!*; *a quella s. rimasi offeso*. **3** Mancanza commessa per debolezza, leggerezza, imprudenza: *ogni tanto fa le sue scappate*; *è una s. giovanile*. **4** Scoppio contemporaneo, levata in alto: *la s. dei razzi*. **5** Rapida corsa di cavalli | Partenza veloce di cavalli. || **scappatàccia**, pegg. | **scappatèlla**, dim. (V.) | **scappatina**, dim.

scappatèlla s. f. **1** Dim. di *scappata*. **2** Leggerezza, trasgressione temporanea e non grave di certe leggi morali solitamente accettate: *s. di gioventù*; *s. coniugale*.

scappàto part. pass. di *scappare*; anche agg. **1** Nei sign. del v. **2** *Uccelli scappati*, involtini di carne guarniti con lardo ed erba salvia e arrostiti allo spiedo come se fossero uccelli.

scappatóia [da *scappare*] s. f. ● Espediente per uscire da una situazione difficile, pericolosa, e sim.: *cercare, trovare una s.*; *c'è una s.*; *non c'è nessuna s.* SIN. Scappavia, sotterfugio.

scappatóre agg. (f. *-trice*, pop. *-tora*) ● (*pop., tosc.*) Che scappa, corre velocemente: *cavallo s.* | (*raro*) *Alla scappatora*, (*ell.*) alla lesta.

scappavia [comp. di *scappa(re)* e *via*] s. m. inv. **1** (*raro*) Piccolo corridoio segreto di uscita. **2** (*raro, fig.*) Scappatoia: *trovare degli s.* **3** (*raro*) Nella loc. avv. *a s.*, in fretta e furia, alla svelta: *è un lavoro fatto a s.* **4** (*mar.*) Imbarcazione a remi, leggera e sottile, simile alla iole.

scappellàre [da *cappello*, con *s-*] **A** v. tr. (*io scappèllo*) **1** Privare del cappello | †Togliere il cappuccio ai falconi. **2** (*raro*) Salutare levandosi il cappello: *s. un superiore*. **B** v. rifl. ● Levarsi il cappello per salutare, in segno di rispetto, omaggio, anche esagerato od ostentato: *scappellarsi davanti a una signora*.

scappellàta s. f. ● Atto dello scappellarsi | Saluto fatto levandosi il cappello: *fare grandi scappellate a qc.*

scappellàto part. pass. di *scappellare* ● Nei sign. del v.

scappellatùra s. f. ● (*raro*) Atto dello scappellare o dello scappellarsi.

scappellottàre v. tr. (*io scappellòtto*) ● (*fam.*) Dare scappellotti.

scappellòtto [da *cappello*, con *s-*] s. m. ● Leggero scapaccione dato in modo confidenziale: *dare, prendere, uno s.*; *prendere qc. a scappellotti* | *Entrare, passare e sim. con lo s., con uno s., a scappellotti*, per grazia, indulgenza altrui e (*est.*) senza pagare.

†**scàppia** ● V. *schiappa* (*1*).

†**scappiàre** [da *cappio*, con *s-*] **A** v. tr. ● Liberare dal cappio. **B** v. rifl. ● (*raro*) Sciogliersi, svincolarsi.

†**scappino** [vc. dial. sett. da *scarpa*: V. il veneto *scapin* 'pedùle, scarpino'] s. m. ● Pedule di calza o scarpa: *rattoppare gli scappini*.

scapponàta [da *capponata* (*1*), con *s-*] s. f. ● (*tosc.*) Mangiata di capponi.

†**scapponeàre** [da *scapponeo*] v. tr. ● (*tosc.*) Fare una ramanzina.

†**scapponèo** [forse da *scapponata* in senso ironico, con passaggio semantico affine a quello che troviamo in *cicchetto*] s. m. ● (*tosc.*) Ramanzina, rampogna.

scappottàre (1) [da *cappotto* (*2*), con *s-*] v. intr. (*io scappòtto*; aus. *avere*) ● Salvarsi dal cappotto, giocando a carte.

scappottàre (2) o **scapotàre** [da *cappotta* (*1*), con *s-*] v. tr. (*io scappòtto*) ● Scoprire un'automobile togliendo o abbassando la cappotta.

scappucciàre (1) [da *cappuccio* (*1*), con *s-* sottrattivo] **A** v. tr. (*io scappùccio*) ● Levare il cappuccio. **B** v. rifl. ● Levarsi il cappuccio.

scappucciàre (2) o (*dial.*) **scapuzzàre** [di etim. incerta: da *cappuccio* (*1*) (sugli occhi) con *s-* ints. (?)] v. intr. (*io scappùccio*; aus. *avere*) ● (*raro*) Inciampare | (*fig.*) Sbagliare.

scappucciàta [da *scappucciare* (*2*)] s. f. ● Scappuccio, inciampo.

scappùccio o (*dial.*) **scapùzzo** [da *scappucciare* (*2*)] s. m. ● Inciampo | (*raro, fig.*) Errore, fallo.

†**scaprestàre** ● V. †*scapestrare*.

scapricciàre [da *capriccio*, con *s-*. V. *incapricciare*] **A** v. tr. (*io scapriccio*) ● Levare un capriccio o i capricci. **B** v. intr. pron. ● Togliersi un capriccio, i capricci | Sfogarsi, sbizzarrirsi: *scapricciarsi a leggere*.

scapriccire [da *scapricciare*, con cambio di suff.] v. tr. e intr. pron. (*io scapriccìsco, tu scapriccìsci*) ● Scapricciare.

scapsulàre [da *incapsulare*, con cambio di pref.] v. tr. (*io scàpsulo*) ● Privare della capsula.

†**scàpula** ● V. *scapola*.

†**scapulàre** ● V. *scapolare* (*2*).

scapuzzàre ● V. *scappucciare* (*2*).

scapùzzo ● V. *scappuccio*.

scarabàttola (1) s. f. ● Scarabattolo.

scarabàttola (2) ● V. *carabattola*.

scarabàttolo [di etim. incerta: dallo sp. *escaparate* 'vetrina', dall'ol. *schaprade* 'armadio, credenza', con sovrapp. di *carabattola* (V.)] s. m. **1** Elegante stipetto a vetri in cui si conservano ninnoli, oggetti pregiati e sim. **2** Edicola a vetri in cui una immagine sacra è esposta alla devozione dei fedeli. || **scarabattolino**, dim.

Scarabèidi [comp. di *scarabeo* e *-idi*] s. m. pl. ● Nella tassonomia animale, famiglia di Insetti dei Coleotteri a corpo tozzo, ali atte al volo, larve a mandibole robuste (*Scarabeidae*) | (al sing. *-e*) Ogni individuo di tale famiglia.

scarabèo [vc. dotta, lat. *scarabǎeu(m)* 'scarafaggio', dal gr. *kárabos*, di origine mediterr.] s. m. (*Scarabeo* nel sign. 3) **1** Insetto a corpo tozzo protetto da un tegumento durissimo, ali atte al volo e gli ultimi segmenti delle antenne trasformati in lamelle | *S. sacro*, con livrea nera e zampe anteriori capaci di plasmare lo sterco di mammifero in sfere che sono poi trasportate in buchette del terreno e utilizzate come riserve di cibo, spec. per le larve (*Ateuchus sacer*) | *S. stercorario*, V. *stercorario* | *S. rinoceronte*, il cui maschio porta sul capo un corno arcuato (*Orycotes nasicornis*) | *S. ercole*, grosso e robusto con due corni sul capo (*Dynastes hercules*). **2** Antico sigillo egiziano a imitazione del coleottero omonimo, eseguito in pietra dura e montato su anelli o ciondoli. **3** *Scarabeo*® Nome commerciale di un gioco consistente nel formare su una scacchiera con apposite pedine, sulle quali è riportata una lettera alfabetica, parole di senso compiuto.

†**scarabillàre** [etim. incerta] v. tr. ● Pizzicare la corda di uno strumento musicale.

scarabillo [V. *scarabillare*] s. m. ● (*raro*) Sorta di antico carillon.

scarabocchiàre [da *scarabocchio*] v. tr. (*io scarabòcchio*) **1** Coprire di scarabocchi: *ha scarabocchiato tutto il quaderno*. **2** (*fig.*) Scribacchiare svogliatamente: *s. una lettera* | Scrivere male, senza attitudine: *s. un romanzo, una commedia*.

scarabocchiàto part. pass. di *scarabocchiare*; anche agg. ● Nei sign. del v.

scarabocchiatóre s. m. (f. *-trice*) ● (*raro, spreg.*) Chi scarabocchia.

scarabocchiatùra s. f. ● Atto, effetto dello scarabocchiare | Scarabocchio.

scarabòcchio [dal fr. *escarbot* 'scarafaggio', sovrapposizione di *escargot* 'chiocciola' all'ant. *écharbot* 'scarafaggio'] s. m. **1** Macchia d'inchiostro fatta scrivendo: *un quaderno pieno di scarabocchi* | Parola scritta male, illeggibile, che sembra una macchia: *ha fatto quattro scarabocchi e se n'è andato*; *questa firma è uno s.* SIN. Sgorbio. **2** Disegno fatto alla peggio. **3** (*fig.*) Persona piccola e mal fatta: *uno s. presuntuoso*.

scarabocchióne [da *scarabocchiare*] s. m. (f. *-a*) ● Chi è solito scarabocchiare.

†**scarabóne** [dal lat. *crabrōne(m)* 'calabrone', vc. di origine indeur., forse con sovrapposizione di *scarabeo*] s. m. ● Scarafaggio.

scaracchiàre o (*dial.*) **scaracciàre** [dalla radice onomat. *(s)cr-*, cfr. il lat. *screāre* 'spurgarsi'] v. intr. (*io scaràcchio*; aus. *avere*) ● (*pop.*) Emettere sputi catarrosi.

scaràcchio o (*dial.*) **scaràccio** [da *scaracchiare*] s. m. ● (*pop.*) Sputo catarroso.

scaracchióne o (*dial.*) **scaraccióne** s. m. (f. *-a*) ● (*pop.*) Chi scaracchia frequentemente.

scaracciàre e *deriv.* ● V. *scaracchiare* e *deriv.*

scarafàggio [lat. parl. **scarafāiu(m)* 'scarafaggio', variante di *scarabāeus*. V. *scarabeo*] s. m. ● Insetto infestatore di case, magazzini e sim. con corpo piatto e lucido di colore bruno scuro, antenne filiformi e lunghe zampe (*Blatta orientalis*). || **scarafaggétto**, dim. | **scarafaggino**, dim.

†**scarafaldóne** [da *scaraf(f)one*, dial. merid. per *scarafaggio*, col doppio suff. *-aldo* e *-one*] s. m. ● (*raro*) Sgherro.

†**scaraffàre (1)** [dal longob. *skarpfan* 'grattare' (?)] v. tr. ● (*raro*) Arraffare.

scaraffàre (2) [da *caraffa* con *s-*] v. tr. (*io scaràffo*) ● Versare in una caraffa | Travasare un vino rosso di pregio in una caraffa a bocca larga, in modo da favorirne la decantazione e l'ossigenazione.

scarafóne o **scaraffóne**, **scardafóne**, **scardofóne** [dial. merid. per *scarafaggio* (V.)] s. m. ● (*merid.*) Scarafaggio.

scaramàntico [da *scaramanzia*] agg. (pl. m. *-ci*) ● Di, relativo a, scaramanzia: *gesto s.* || **scaramanticaménte**, avv.

scaramanzia [sovrapposizione pop. di *gramanzia* 'negromanzia' a *chiromanzia*, con *s-*] s. f. ● Parola, gesto, segno, e sim. che, nella superstizione popolare, libera dal malocchio o difende da esso: *fare s.*; *per s.*; *fare, dire, q.c. per s.*

scaramàzza [di etim. incerta] **A** agg. solo f. ● Detto di perla di forma non perfetta, non perfettamente sferica. **B** s. f. ● Perla scaramazza.

scaramùccia [di etim. discussa: sovrapposizione del francone *skara* 'schiera' a un dim. di *scherma* (V.)] s. f. (pl. *-ce*) **1** Scontro non decisivo e di breve durata tra forze di scarsa consistenza. **2** (*fig.*) Piccola polemica, breve scontro: *scaramucce letterarie*. SIN. Contesa, contrasto, schermaglia.

scaramucciàre **A** v. intr. (*io scaramùccio*; aus. *avere*) ● (*raro*) Combattere in una scaramuccia, per scaramuccia (*anche fig.*). **B** v. rifl. ● (*raro, fig.*) †Difendersi.

†**scaramucciatóre** s. m. ● (*raro*) Chi scaramuccia.

†**scaramùccio** o †**scaramùgio** s. m. ● Scaramuccia.

scaraventàre [di etim. discussa: dal lat. parl. **crepantāre* 'rompere, spezzare', da *crepāre*, attraverso i dial. sett., con sovrapp. di *scagliare* (?)] **A** v. tr. (*io scaravènto*) **1** Scagliare, gettare contro, con impeto: *scaraventò i libri dalla finestra*; *con un pugno l'ha scaraventato per terra*. **2** (*fig.*) Trasferire un funzionario, un impiegato, e sim. in una sede molto lontana da quella attuale: *lo hanno scaraventato in un'isola*. SIN. Sbalestrare. **B** v. rifl. ● Gettarsi con impeto, foga: *scaraventarsi contro, addosso, a qc.*; *si scaraventò giù dalla discesa*.

scarbonàre [da *carbone*, con *s-*] v. tr. e intr. (*io scarbóno*; aus. *avere*) ● (*raro*) Disfare la carbonaia, toglierne il carbone.

scarbonatùra s. f. ● (*raro*) Atto, effetto dello scarbonare.

†**scarbóncolo** [da *carboncolo* 'pietra preziosa', dal lat. *carbŭnculu(m)*, con *s-*. V. l'ant. fr. *escarboncle*] s. m. ● (*raro*) Carbonchio, pietra preziosa.

scarcàre ● V. *scaricare*.

scarcassàto [da *carcassa*, con *s-*] agg. ● (*fam.*) Sgangherato, mal ridotto: *una vecchia automobile scarcassata*.

scarceraménto s. m. ● Scarcerazione.

scarceràre [da *carcere*, con *s-*] v. tr. (*io scàrcero*) ● Liberare dal carcere.

scarcerazióne [da *scarcerare*] s. f. ● Liberazione dell'imputato sottoposto a carcerazione preventiva, al verificarsi delle ipotesi previste dalla legge | Correntemente, liberazione di un detenuto dal carcere.

†**scarciùme** [sovrapposizione di *scarcare*, *carcame* (V.) a *marciume*] s. m. ● (*raro*) Carcame, fradiciume.

scàrco ● V. *scarico* (*1*) e (*2*).

scardaccióne o **scardàccio**, **scardiccióne** [da *cardo*, con *s-*] s. m. ● (*bot.*) Cardo selvatico | Stoppione.

scardafóne ● V. *scarafone*.

scardàre [da *cardo* (*1*) 'riccio', con *s-*] v. tr. ● Togliere alle castagne il riccio, dirricciare.

scardassàre v. tr. **1** Cardare la lana con lo scardasso. **2** (*fig.*) Maltrattare.

scardassàto part. pass. di *scardassare* ● Nei sign. del v.

scardassatóre s. m. (f. *-trice*, pop. *-tora*) ● Chi scardassa la lana.

scardassatùra s. f. ● Atto, effetto dello scardassare.

scardassière o †**scardazzière** [da *scardasso*] s. m. (f. *-a*) ● Scardassatore.

scardàsso o (*dial.*) †**scardàzzo** [sett. da *cardo* (*1*) 'pettine', con *s-*] s. m. ● Arnese a denti uncinati per pettinare la lana.

†**scardazzière** ● V. *scardassiere*.

†**scardàzzo** ● V. *scardasso*.

scardiccióne ● V. *scardaccione*.

scardinaménto s. m. ● Atto, effetto dello scardinare.

scardinàre [da *cardine*, con *s-*] **A** v. tr. (*io scàrdino*) *1* Levare con forza dai cardini: *s. una finestra, una porta*. *2* (*fig.*) Demolire: *s. un impianto accusatorio* | Disgregare: *s. le istituzioni democratiche*. **B** v. intr. pron. *1* Uscire dai cardini. *2* (*fig.*) Disgregarsi.

scardofóne ● V. *scarafone*.

scàrdola o **scàrdova** [dal lat. tardo *scărda(m)* 'specie di pesce', di etim. incerta] s. f. ● Ciprinide bruno verdastro e argenteo sul ventre che popola laghi e stagni a fondo fangoso (*Scardinius erythrophtalmus*).

†**scarduffàre** [sovrapp. di *scardare, scardassare* (V.) a *scarruffare*] v. tr. ● (*tosc.*) Scarruffare.

scaréggio [da *ascaro, aschero* (V.) con aferesi] s. m. ● (*tosc.*) Senso di schifo, ribrezzo, avversione.

scareggióso [da *scareggio*] agg. ● (*tosc.*) Che fa schifo, ribrezzo, spec. nella loc. *vecchio s.*

scàrica [da *scaricare*] s. f. *1* Atto dello scaricare o dello scaricarsi | Sparo simultaneo di più armi da fuoco: *s. di fucileria*. *2* Grande quantità di cose che si scaricano, cadono, colpiscono, e sim.: *s. di grandine, di sassi, di pugni, di improperi*. SIN. Rovescio, subisso. *3* Violenta evacuazione: *s. intestinale*. *4* *S. elettrica*, passaggio di cariche elettriche da un conduttore a un altro a potenziale diverso, attraverso un dielettrico interposto che si è ionizzato | *S. di un accumulatore*, fase in cui l'accumulatore cede l'energia elettrica precedentemente accumulata | *Tubo a s.*, tubo a gas.

scaricabarili o **scaricabarile** [comp. di *scarica(re)* e il pl. di *barile*] s. m. solo sing. ● Gioco di ragazzi che si fa a coppie, e consiste nel sollevarsi a vicenda, volgendosi le spalle l'un l'altro e tenendosi per le braccia | *Fare a s.*, (*fig.*) addossarsi l'un l'altro responsabilità o colpe.

scaricalàsino [comp. di *scarica(re)* e *asino* con *-l-* art. concresciuto] s. m. solo sing. ● Gioco di ragazzi consistente nel portarsi a vicenda a cavalcioni.

scaricaménto s. m. ● Atto dello scaricare | *Piano di s.*, piazzale sopraelevato sul piano stradale, posto davanti alle aperture di entrata e uscita delle merci in mercati, officine e industrie, destinato a facilitare il carico e lo scarico degli autocarri. SIN. Piano caricatore.

scaricàre o (*poet.*) **scarcàre** [da *caricare*, con *s-*] **A** v. tr. (*io scàrico, tu scàrichi*) *1* Levare il carico, sgravare del carico: *s. il carro, il camion*; *s. la merce dalla nave*; *s. la zavorra* | Deporre il carico: *s. le valigie in terra* | Portare a destinazione: *l'automobile ci scaricò nella piazza*. *2* (*est.*) Svuotare: *bisogna s. la cisterna* | *S. un'arma*, vuotarla dei proiettili | (*raro*) *S. la testa*, liberarla dal senso di pesantezza | (*raro*) *S. la vescica*, orinare | (*raro*) *S. il ventre*, andare di corpo. *3* Immettere, versare, detto di corsi d'acqua: *il fiume scarica le sue acque in mare*. *4* (*fig.*) Rendere libero da un peso morale: *s. la propria coscienza di un peccato* | Sfogare: *s. l'ira repressa* | Riversare, far ricadere su altri: *s. le proprie responsabilità, i propri compiti, su qc.* | (*fam.*) *S. qc.*, abbandonarlo, lasciarlo, liberarsene spec. perché ritenuto molesto o sgradito. *5* Scagliare, scaraventare (*anche fig.*): *gli scaricò addosso una gragnuola di pugni*; *s. ingiurie* | Sparare: *gli ha scaricato contro la rivoltella*; *scaricò sull'animale tutti i proiettili*. *6* (*fis.*) Privare della carica elettrica: *s. l'elettroscopio*. **B** v. rifl. *1* Togliersi un peso di dosso: *scaricati dello zaino*. *2* (*fig.*) Liberarsi da un peso morale, un dolore, e sim.: *si è scaricato con noi del suo segreto*. *3* (*ass., fig.*) Distendersi, rilassarsi, allentare la propria tensione fisica e psichica: *per scaricarmi ogni sera faccio una lunga passeggiata*. **C** v. intr. (aus. *essere*) ● (*raro*) Perdere vivacità, sbiadire, detto di colore: *è un rosso che scarica facilmente*. **D** v. intr. pron. *1* Mettere foce, versarsi, detto di corsi d'acqua: *il fiume si scarica in mare*. *2* Scoppiare: *il fulmine si è scaricato nel giardino*; *il temporale si scarica lontano*. *3* Di orologio o accumulatore, perdere, esaurire la carica.

scaricàto part. pass. di *scaricare*; anche agg. ● Nei sign. del v.

scaricatóio [da *scaricare*] s. m. *1* Luogo adibito allo scarico. *2* Deposito di merci di rifiuto o di scarico. *3* Canale di scarico.

scaricatóre [da *scaricare*] **A** s. m. *1* Operaio addetto al carico e allo scarico di merci: *gli scaricatori del porto* | †Chi porta a domicilio carbone o vino. *2* Dispositivo per lo scarico: *s. per carri*. *3* Apparecchio di protezione di un impianto elettrico, che serve a scaricare a terra eventuali sovratensioni che si manifestassero lungo la linea di alimentazione. **B** anche agg. (f. *-trice*) ● Che scarica: *fossato s.*; *chiavica scaricatrice*.

scaricatùra [da *scaricare*] s. f. ● (*raro*) Scarico, nel sign. di *scarico* (*2*).

scaricazióne [da *scaricare*] s. f. ● (*raro*) Scarico, nel sign. di *scarico* (*2*).

scàrico (**1**) o (*poet.*) **scàrco** [da *carico*, con *s-*] agg. (pl. m. *-chi*) *1* Libero dal carico: *carro, automezzo, s.*; *il carretto ritorna s.* | *Automobile scarica*, senza passeggeri. *2* Privo, vuoto (*spec. fig.*): *coscienza scarica di rimorsi* | *Sentirsi l'animo s.*, sentirsi tranquillo | *Cielo s.*, sereno, senza nubi | (*fam.*) *Capo s.*, buontempone; V. anche *caposcarico*. *3* Che ha esaurito la carica: *orologio s.*; *batteria scarica* | *Fucile s.*, senza cartucce. *4* †Chiaro, limpido: *vino s.*

scàrico (**2**) o (*poet.*) **scàrco** [da *scaricare*] s. m. (pl. *-chi*) *1* Atto del togliere un carico dal mezzo che lo sostiene o lo trasporta: *s. delle merci*; *s. del legname da un carro*; *s. di una nave*; *operazioni di s.*; *iniziare lo s.* *2* Atto del gettare via rifiuti, immondizie, e sim.: *divieto di s.*; *qui è vietato lo s.* | Luogo in cui vengono scaricati rifiuti, immondizie, e sim.: *lo s. dei rifiuti*; *gettare allo s.* *3* (*raro, fig.*) Discarico, giustificazione: *a mio, a tuo, a suo, s.*; *per mio s.* *4* In varie tecnologie, eliminazione di materiali, svuotamento, deflusso: *valvola, tubo di s.* | (*est.*) Dispositivo che consente e regola lo scarico | *S. sincrono*, quello, usato spesso nelle turbine, che permette di chiudere rapidamente il distributore che invia l'acqua alla girante e lentamente la condotta forzata, così da evitare il colpo d'ariete. *5* Quarta e ultima parte del funzionamento del motore a scoppio, che consiste nell'espulsione dei prodotti della combustione | *Tubo di s.*, nei motori a scoppio, parte del tubo di scappamento. *6* Uscita di merce o denaro: *registro di carico e s.*

scarificàre [vc. dotta, dal lat. tardo *scarificāre* 'incidere', variante di *scarifāre*, dal gr. *skariphásthai* 'scalfire'. V. *scalfire, scalficcare*] v. tr. (*io scarìfico, tu scarìfichi*) *1* (*chir.*) Incidere leggermente alla superficie cute o mucosa per terapia o profilassi. *2* (*agr.*) Incidere con strumenti scarificatori: *s. un tronco*; *s. un prato*.

scarificatóre [da *scarificare*] **A** s. m. ● Attrezzo agricolo munito di robusti corpi operatori per rompere gli strati profondi del terreno senza rivoltarlo. SIN. Ripper. **B** anche agg. (f. *-trice*): *Strumento s.*

scarificatùra [da *scarificare*] s. f. ● Scarificazione.

scarificazióne [vc. dotta, dal lat. tardo *scarificatiōne(m)* 'incisione', da *scarificātus* 'scarificato'] s. f. ● Atto, effetto dello scarificare: *s. della pelle*; *s. di un tronco, di un terreno*.

scarióla ● V. *scarola*.

scariolànte o **scarriolànte** [da *scariolare*] s. m. ● Bracciante che, tra la fine dell' '800 e l'inizio del '900, prestava la sua opera nei lavori di bonifica del delta padano, spec. trasportando la terra con la carriola.

scariolàre o **scarriolàre** [comp. parasintetico di *car(r)iola* col pref. *s-*] v. tr. (*io scariòlo*) ● Trasportare materiali con la carriola o sim.: *s. sacchi di cemento*.

scarióso [fr. *scarieux*, da un lat. mod. *scariosus* di oscura orig.] agg. ● (*bot.*) Detto di parte della pianta di consistenza membranacea e colore simile alla pergamena.

scarlattìna [comp. di *scarlatto* e *-ina*] s. f. ● Malattia infettiva acuta esantematica, a carattere contagioso e diffusivo, prodotta da streptococco, caratterizzata da angina, esantema puntiforme e tendenza alla desquamazione.

†**scarlattìno** **A** agg. ● Scarlatto | *Febbre scarlattina*, scarlattina. **B** s. m. ● Panno tinto di scarlatto.

scarlattinóso agg. ● Di scarlattina: *esantema s.*

scarlàtto [dal persiano *sāqirlāt* 'abito tinto di rosso con chermes o cocciniglia'] **A** agg. ● Che ha un colore rosso molto vivace: *guance scarlatte*; *fiori scarlatti*; *farsi s. in viso*. **B** s. m. *1* Il colore scarlatto. *2* †Panno pregiato tinto in colore scarlatto: *una cappa di s.*

scarlèa ● V. *sclarea*.

†**scarmàna** ● V. *scalmana*.

scarmigliàre [lat. tardo *excarmināre* 'cardare', comp. di *ĕx* (*s-*) e di *cărmen*, genit. *cărminis* 'pettine per cardare', con sovrapposizione di *scapigliare*. V. *carminare* (*1*)] **A** v. tr. (*io scarmiglio*) ● Spettinare, scompigliare i capelli | †*S. la lana*, carminarla, cardarla, pettinarla. **B** v. rifl. e intr. pron. ● Spettinarsi, scompigliarsi i capelli: *non vedi come ti sei scarmigliata?* **C** v. intr. pron. ● †Azzuffarsi.

scarmigliàto part. pass. di *scarmigliare*; anche agg. ● Nei sign. del v.

†**scarmigliatùra** s. f. ● Atto, effetto dello scarmigliare.

scarmiglióne [da *scarmigliare*] s. m. (f. *-a*) ● (*raro*) Chi ha i capelli scompigliati.

†**scàrmo** ● V. *scalmo*.

scarnaménto s. m. ● (*raro*) Atto dello scarnare.

scarnàre [lat. tardo *excarnāre* 'scarnare', comp. di *ĕx-* (*s-*) e di *cāro*, genit. *cărnis* 'carne'] **A** v. tr. *1* Togliere un po' di carne, in superficie | (*est., raro*) Graffiare. *2* Effettuare la scarnatura. **B** v. intr. pron. ● †Dimagrire.

†**scarnascialàre** [da †*carnasciale* (V.), con *s-*] v. intr. ● Darsi ai passatempi di carnevale.

scarnàto part. pass. di *scarnare*; anche agg. ● Nei sign. del v.

scarnatóio s. m. ● Coltello per scarnare le pelli da conciare.

scarnatùra [da *scarnare*] s. f. ● Eliminazione del tessuto sottocutaneo dalle pelli in trippa.

scarnificàre [vc. dotta, dal lat. *excarnificāre* 'dilaniare, strappare la carne', comp. di *ĕx-* (*s-*) e *carnificāre*, da *cāro*, genit. *cărnis* 'carne' e *-ficāre*] v. tr. (*io scarnìfico, tu scarnìfichi*) *1* Levare la carne che sta attorno: *s. un'unghia*. *2* Lacerare, strappare la carne, spec. la muscolatura scheletrica.

scarnificàto part. pass. di *scarnificare*; anche agg. *1* Nei sign. del v. *2* (*fig.*) Ridotto all'essenziale: *linguaggio s.*; *prosa scarnificata*.

scarnificazióne s. f. ● Atto, effetto dello scarnificare.

scarnìre [da *carne*, con *s-*. V. *scarnare*] v. tr. (*io scarnisco, tu scarnisci*) *1* Liberare della carne che sta attorno: *s. un'unghia*. *2* (*fig.*) Rendere scarno, spoglio: *s. il proprio linguaggio*.

scarnìto part. pass. di *scarnire*; anche agg. ● Nei sign. del v.

scarnitùra s. f. ● Atto, effetto dello scarnire.

scàrno [da *scarnare*] agg. *1* Magro, affilato: *viso s.*; *mani scarne*. *2* (*fig.*) Povero di contenuto, insufficiente: *trattazione scarna*. *3* (*fig.*) Ridotto all'essenziale, spoglio: *stile, linguaggio s.*

scàro [lat. *scăru(m)* 'scaro', dal gr. *skáros*, di origine indeur.] s. m. ● Pesce marino dei Perciformi, erbivoro, a bellissimi colori rosso, arancio e violaceo (*Scarus cretensis*). SIN. Pesce pappagallo.

scarógna e *deriv.* ● V. *scalogna* (*1*) e *deriv.*

scarognàre [da *carogna*, con *s-* ints.] v. intr. (*io scarógno*; aus. *avere*) ● Fare la carogna, lavorare svogliatamente.

scarognìre [da *carogna*, con *s-* sottrattivo] **A** v. tr. (*io scarognisco, tu scarognisci*) ● Levare il vizio di fare la carogna, far diventare meno carogna. **B** v. intr. pron. ● Diventare meno carogna.

scaròla o **scarióla**, †**scheruòla** [lat. tardo *scariŏla(m)*, da un precedente **escarīola*, da *ēsca* 'cibo'. V. *esca*] s. f. ● Varietà di indivia che si consuma come ortaggio | (*dial.*) Lattuga, cicoria.

scàrpa (**1**) [dal germ. **skarpa* 'tasca di pelle'] s. f. *1* Insieme della tomaia e suola che copre il piede sia sulla parte superiore, sia inferiore: *scarpe di cuoio, raso, seta, corda; scarpe nuove, vecchie; scarpe scollate, accollate, alte, basse; scarpe col tacco alto, col tacco basso; aggiustare, rattoppare, risuolare le scarpe; consumare, sfondare le scarpe; comprare un paio di scarpe; quale numero di scarpe porti?; scarpe fatte su misura; mettersi, infilarsi, togliersi le scarpe; scarpe che stringono, che fanno male; scarpe che calzano bene, che non calzano* | (*fig., scherz.*) *Scarpe che ridono, che hanno fame*, e sim., scarpe rotte, con la parte anteriore della tomaia completamente separata dalla suola e voltata in alto, a mo' di bocca spalancata | *Scarpe bullonate*, quelle dei calciatori, coi tacchetti sulla suola | *Fare le scarpe a qc.*, (*fig.*) fargli del male nascondendosi sotto una falsa apparenza di amico | *Rimetterci anche le scarpe, anche le suole delle scarpe*, aver camminato molto per conto di altri e non averne ricavato alcun utile; (*est.*) rovinarsi economicamente in un affare sfortunato | *Avere il cervello nelle scarpe, avere il giudizio sotto la suola delle scarpe*, avere pochissimo giudizio o niente del tutto | *Morire con le scarpe ai piedi, mettere le scarpe al sole*, morire ammazzato di morte improvvisa e violenta, cadere in combattimento | *Non avere scarpe ai piedi*, essere molto povero | *Non esser degno di lustrare le scarpe a qc.*, essergli molto inferiore. **2** (*fig., fam.*) Persona incapace: *al gioco sei proprio una s.* | (*fam., spreg.*) *S. vecchia*, persona ormai sorpassata, inutile o invecchiata. **3** Ferro incurvato che agisce da freno sulla ruota di carro o carrozza | Cuneo di puntello che si pone sotto la ruota di un veicolo fermo su terreno in pendenza. **4** Sostegno della barra falciante posto alle estremità. **5** (*ferr.*) Fermacarro | Staffa. **6** (*raro*) *s. dell'ancora*, piano di lamiera leggermente inclinato, su cui si appoggiano le marre dell'ancora traversata | Fodera di legno con cui si ricoprono le marre dell'ancora affinché non graffino il bordo nel salpare. || **scarpàccia**, pegg. | **scarpétta**, dim. (V.) | **scarpina**, dim. | **scarpino**, dim. m. (V.) | **scarpóne**, accr. m. (V.) | **scarpùccio**, dim. m.

scàrpa (2) [dal got. **skrapa* 'appoggio, sostegno'] s. f. ● Scarpata | Parete inclinata, di un parapetto, di un terrapieno e sim. | *A s.*, in pendio. ➡ ILL. p. 360 ARCHITETTURA.

scarpàio o (*dial.*) **scarpàro** [da *scarpa* (*1*)] s. m. **1** (*raro*) Calzolaio. **2** Venditore ambulante di scarpe e sim.

†**scarpàre** [da *scarpa* (*2*)] v. tr. ● Ridurre a scarpa, a pendio.

scarpàro ● V. *scarpaio*.

scarpàta (1) [da *scarpa* (*1*)] s. f. ● Colpo dato con una scarpa.

scarpàta (2) [da *scarpa* (*2*)] s. f. **1** Superficie laterale di un terreno o terrapieno a forte pendenza | (*geogr.*) *S. continentale*, tratto della parte sommersa dei continenti, in forte pendenza, che salda la piattaforma continentale al fondo degli oceani. ➡ ILL. p. 818, 821 SCIENZE DELLA TERRA ED ENERGIA. **2** Costruzione militare a superficie fortemente inclinata.

scarpèllo e *deriv.* ● V. *scalpello* e *deriv.*

scarpétta s. f. **1** Dim. di *scarpa* (*1*). **2** Scarpa da bambino o da donna | Scarpa bassa e leggera: *scarpette da ginnastica; scarpette da ballo* | *Scarpette chiodate, da corsa*, quelle calzate dai corridori podisti, fornite di punte d'acciaio per meglio aderire al terreno | *Scarpette da pugile*, stivaletto in pelle leggera e morbida. ➡ ILL. p. 1295-1296 SPORT. **3** (*fig., fam.*) *Fare la s.*, raccogliere il sugo rimasto in un piatto servendosi di un pezzetto di pane. **4** (*bot.*) *S. di Venere*, cipripedio. || **scarpettàccia**, pegg. | **scarpettino**, dim. m. | **scarpettóna**, accr. | **scarpettùccia**, dim.

scarpicciàre e *deriv.* ● V. *scalpicciare* e *deriv.*

scarpièra s. f. ● Mobile, custodia, per riporvi le scarpe | Borsa da viaggio a scomparti, per le scarpe.

scarpinàre [da *scarpina*, dim. di *scarpa* (*1*)] v. intr. (aus. *avere*) ● (*fam.*) Camminare a lungo e con fatica.

scarpinàta [da *scarpinare*] s. f. ● (*fam.*) Camminata lunga e faticosa.

†**scarpinèllo** [da *scarpino*, dim. di *scarpa* (*1*)] s. m. ● Calzolaio.

scarpino s. m. **1** Dim. di *scarpa* (*1*). **2** Calzatura elegante che lascia scoperta gran parte del piede: *scarpini da ballo, di raso.*

†**scarpióne** ● V. *scorpione*.

†**scarponàre** [da *scarpone*] v. intr. ● (*raro, scherz.*) Correre, fuggire.

scarpóne s. m. **1** Accr. di *scarpa* (*1*). **2** Grossa scarpa con suola doppia: *scarponi da montagna, da roccia, da soldato* | *S. per alta montagna*, con suola di gomma rigida, disegno appositamente studiato per la progressione su qualunque tipo di terreno, con tomaia alta, talvolta doppia per le ascensioni invernali e su ghiaccio | *S. da sci*, con suola liscia, struttura rigida, particolarmente sagomato nella parte anteriore e posteriore per l'aggancio agli attacchi degli sci | *S. a iniezione*, scarpone da sci la cui parte interna è costituita di materiale modellabile col calore del piede. ➡ ILL. p. 1294, 1295, 1296 SPORT. **3** (*fig., scherz.*) Chi appartiene, o ha appartenuto, alle truppe alpine. **4** (*scherz., spreg.*) Giocatore di calcio mediocre e dal tiro impreciso. || **scarponcèllo**, dim. | **scarponcino**, dim.

†**scarrièra** [da *carriera*, con *s-*] vc. ● Solo nelle loc. avv. *di s., per s.*, occultamente, di contrabbando | *Gente di s.*, di malaffare.

scarriolànte ● V. *scariolante*.

scarriolàre ● V. *scariolare*.

scarrocciàre [da *carro*, con *s-* e suff. iter.-ints.] v. intr. (*io scarròccio*; aus. *avere*) ● Andare a scarroccio.

scarròccio [da *scarrocciare*] s. m. **1** (*mar.*) Moto di un natante che va un po' di traverso rispetto alla chiglia, spec. a causa di vento laterale | *Ala di s.*, tavolone applicato, a mo' di deriva, sottovento, a un veliero per contrastare lo scarroccio. **2** (*aer., raro*) Derapata | Derapata verso l'esterno in virata.

scarrozzàre [da *carrozza*, con *s-*. V. *carrozzare*] **A** v. tr. (*io scarròzzo*) ● Portare qua e là in giro, con la carrozza e (*est.*) con un altro veicolo: *s. un ospite per la città.* **B** v. intr. (aus. *avere*) ● Andare qua e là in giro, con la carrozza, con un altro veicolo, o a piedi.

scarrozzàta [da *scarrozzare*] s. f. ● Passeggiata in carrozza o con altro veicolo.

scarrozzìo [da *scarrozzare*] s. m. ● (*raro*) Andirivieni di carrozze | Rumore continuo di ruote di carrozze o sim.

scarrucolaménto [da *scarrucolare* (*1*) e (*2*)] s. m. ● (*raro*) Atto dello scarrucolare.

scarrucolàre (1) [da *carrucola*, con *s-* ints.] v. intr. (*io scarrùcolo*; aus. *avere*) ● Scorrere sulla girella della carrucola, detto di funi, catene, e sim.

scarrucolàre (2) [da *carrucola*, con *s-* estrattivo] v. tr. (*io scarrùcolo*) ● Togliere la fune, la catena, e sim. dalla carrucola.

scarrucolìo s. m. ● Atto, effetto dello scarrucolare continuo, nel sign. di *scarrucolare* (*1*).

scarrucolóne [da *scarrucolare* (*2*)] s. m. ● (*dial.*) Sdrucciolone | (*fig.*) Sbaglio.

scarruffàre o **scaruffàre** [sovrapposizione di *scarmigliare* ed *arruffare* (V.)] **A** v. tr. ● Arruffare, scompigliare i capelli. **B** v. intr. pron. ● Arruffarsi i capelli.

scarseggiàre [comp. di *scarso* e *-eggiare*] v. intr. (*io scarséggio*; aus. *avere*) **1** Essere scarso: *i viveri scarseggiano; il denaro comincia a s.* | Avere scarsezza di q.c.: *mi sembra che a educazione scarseggi; la stanza scarseggia di luce.* **2** (*mar.*) Detto del vento, diminuire di forza, d'intensità senza cambiare direzione.

scarsèlla [di etim. discussa: dal provz. *escarsela* 'borsa del mendicante o del pellegrino', prob. dal francone *skërpa* (?). V. *scarpa* (*1*)] s. f. **1** Anticamente, borsa di cuoio tenuta appesa al collo o alla cintura, usata per riporvi il denaro. **2** (*dial.*) Tasca | *In s.*, in tasca | *Mettere mano alla s.*, accingersi a sborsare denaro. **3** (*arch.*) Tipo di abside della chiesa a pianta rettangolare. **4** Nelle antiche armature, fiancale. || **scarsellàccia**, pegg. | **scarsellétta**, dim. | **scarsellina**, dim. | **scarsellùccia**, dim.

scarsellóne [da *scarsella*] s. m. ● Nelle antiche armature del cavallo in battaglia, piastra laterale di copertura atta a proteggere il fianco del cavallo dalle offese del nemico.

scarsézza s. f. ● Qualità di chi, di ciò che è scarso: *s. di mezzi, di personale, di denaro, di fantasia.*

scarsità s. f. ● Scarsezza, mancanza: *c'è una grande s. di verdura.*

scàrso [lat. parl. **excărpsu(m)*, tardo rifacimento di *excĕrptus*, part. pass. di *excĕrpere* 'tirar fuori, togliere', da *ĕx-* (*s-*) e *cărpere* 'prendere'. V. *carpire*] agg. **1** Manchevole, insufficiente, inadeguato, rispetto a quanto sarebbe necessario: *raccolto, patrimonio, nutrimento, s.; mezzi scarsi; acque scarse; annata scarsa* | *Tempi scarsi*, di carestia | *Luce scarsa*, fioca | *Vento s.*, che non ha forza | (*est.*) Mancante, povero, di q.c.: *essere s. di ingegno, di fantasia* | (*raro*) *S. di corpo*, esile | *Essere s. a quattrini*, averne pochi. CONTR. Abbondante, dovizioso, esuberante. **2** Inferiore di poco alla misura fissata: *è un kilo s.; ha percorso cento metri scarsi* | *Colpo s.*, che non coglie in pieno il bersaglio | Stretto, corto, o sim., detto di abiti: *il cappotto gli va s.* **3** †Avaro, limitato nello spendere, nel concedere, e sim.: *ho servito a signor crudele e s.* (PETRARCA) | †*Andare s. nel fare q.c.*, usare parsimonia | †Restio: *essere s. a fare, a dire* e sim. | †Lento, rado: *passi scarsi.* || **scarsétto**, dim. || **scarsaménte**, avv. Con scarsezza, in modo scarso: *profittare, partecipare scarsamente.*

scartabellàre [da *scartabello* (V.)] v. tr. (*io scartabèllo*) ● Voltare, scorrere in fretta e piuttosto disordinatamente le pagine di un libro o sim. alla ricerca di ciò che interessa (*anche ass.*): *s. vocabolari, schedari, elenchi; s. senza trovare nulla.*

scartabèllo [etim. incerta] s. m. ● Libro, quaderno, scartafaccio | Opuscolo.

scartafàccio [vc. d'orig. sconosciuta] s. m. **1** Quaderno di più fogli, anche non legati insieme, usato per minute, per prendere appunti, e sim. | Libro mal ridotto. **2** Libro o scheda in cui vengono registrate le prime note di un'azienda.

scartaménto [da *scartare* (*3*)] s. m. **1** (*ferr.*) Distanza fra due rotaie misurata fra le facce interne | *S. normale*, adottato in quasi tutti i Paesi, con misura di 1435 mm | *S. ridotto*, adottato in alcune ferrovie secondarie, con misure variabili da 600 a 1 100 mm | *A s. ridotto*, (*fig.*) in proporzioni inferiori a quelle normali. **2** Distanza fra le due funi portanti di una funivia.

scartàre (1) [da *carta* nel sign. 1, con *s-* nel sign. 4. V. *incartare*] v. tr. ● Togliere un oggetto dalla carta in cui è avvolto: *s. un regalo, un pacco.*

scartàre (2) [da *carta* nel sign. 8, con *s-* nel sign. 3] v. tr. **1** Eliminare, buttare a monte le carte da gioco che si hanno in più o si rifiutano: *s. un fante* | (*ass.*) *S. alto, s. basso.* **2** Respingere, eliminare, mettere da parte, come non buono, non utile, non idoneo, e sim.: *s. un piano, un'ipotesi; tre dei concorrenti sono stati scartati; alla visita di leva lo hanno scartato.*

scartàre (3) [dal fr. *écarter* 'separare', che è dal lat. parl. **exquartāre* 'dividere', da *ĕx-* (*s-*) e *quărtus* 'quarto'. V. *squartare*] **A** v. intr. (aus. *avere*) ● Deviare bruscamente dal proprio cammino, piegarsi da una parte, detto di veicoli o animali: *l'automobile scartò improvvisamente.* **B** v. tr. ● (*sport*) Nel calcio: *s. un avversario*, superarlo eludendone l'intervento, o in dribbling | Nel ciclismo, spostarsi di lato con azione improvvisa per ostacolare gli avversari durante la disputa della volata.

scartàta (1) [da *scartare* (*1*)] s. f. ● (*raro*) Atto del togliere un oggetto dalla carta in cui è avvolto.

scartàta (2) [da *scartare* (*3*)] s. f. **1** Atto del deviare bruscamente da una parte: *una s. del cavallo.* **2** (*raro, fig.*) Partaccia, ramanzina: *fare una s. a qc.*

scartavetràre [da *carta vetrata*] v. tr. (*io scartavétro*) ● (*fam.*) Levigare con la carta vetrata una superficie in legno o metallo.

scartavetràta [da *scartavetrare*] s. f. ● Rapida e superficiale levigatura con la carta vetrata.

scartellaménto s. m. ● Atto, effetto dello scartellare.

scartellàre [da *cartello* (*2*) 'accordo tra imprenditori', con *s-*] v. intr. (*io scartèllo*; aus. *avere*) ● (*econ.*) Derogare alle norme del cartello bancario praticando alla clientela della banca condizioni più favorevoli delle minime per gli impieghi, spec. sotto forma di prestiti, e delle massime per i depositi.

scartìna [da *scarto* (*1*)] s. f. *1* Carta da gioco di poco valore. *2* (*fam.*) Persona che non vale nulla nell'attività che esplica: *quell'atleta è proprio una s.*

scartinàre [da *scartino*] v. tr. ● In tipografia, intercalare gli scartini.

scartìno [da *scarto* (*1*)] s. m. *1* Scartina. *2* In tipografia, taglio intercalato tra un foglio di stampa e l'altro per evitare sporchi, controstampe, e sim.

scàrto (**1**) [da *scartare* (*2*)] s. m. *1* Atto dello scartare carte da gioco. *2* Insieme delle carte scartate. *3* Atto dell'escludere in una scelta: *fare lo s.*; *fare lo s. dei libri, dei vestiti*; *roba, mercanzia di s.* *4* Ciò che viene scartato, in quanto inutile, inservibile, non buono e sim.: *s. di magazzino, di fabbrica.* *5* (*fig.*) Persona che non vale niente: *è uno s. d'uomo* | (*spreg.*) *S. di leva*, chi è stato dichiarato inabile al servizio militare | *Mettere qc. fra gli scarti*, non tenerne conto. *6* Gioco enigmistico consistente nel trovare una parola scartando qualche lettera da un'altra.

scàrto (**2**) [da *scartare* (*3*)] s. m. *1* Salto brusco, improvviso spostamento laterale del cavallo e (*est.*) di veicoli: *il cavallo fece uno s. e disarcionò il cavaliere*; *la macchina ebbe uno s.* *2* (*est.*) Deviazione, spostamento: *il proiettile ha pochi centimetri di s.* *3* (*mat.*) Differenza fra i valori d'una variabile e un valore fisso | Misura dell'insieme di tali differenze | (*stat.*) *S. semplice medio*, media aritmetica dei valori assoluti degli scarti | (*stat.*) *S. quadratico medio*, media quadratica degli scarti dalla media aritmetica. *4* Differenza, distacco: *fra i due concorrenti c'è uno s. di cinque punti.*

scàrto (**3**) [agg. da *scartare* (*2*)] agg. ● (*dial.*) Di qualità scadente, di poco valore: *roba scarta.*

scartocciaménto s. m. ● Scartocciatura.

scartocciàre [da *cartoccio*, con *s-*] v. tr. (*io scartòccio*) *1* Disfare un cartoccio. *2* Levare le brattee o cartocci alle spighe di mais.

scartocciatùra s. f. ● Atto dello scartocciare il granoturco | Epoca in cui ciò avviene.

scartòccio [da *cartoccio*, con *s-*] s. m. ● (*raro*) Cartoccio. ‖ **scartoccìno**, dim.

scartòffia o (*raro*) **cartòffia** [dal milan. *scartoffia* 'cartaccia (nel gioco)', da *carta*, con *s-* e il suff. pegg. *-offia*] s. f. ● (*scherz.* o *spreg.*, *spec. al pl.*) Incartamento, pratica di ufficio, foglio di studio, e sim.: *oggi pianto le mie scartoffie e vado al mare.*

scartòmetro [comp. di *scarto* (*2*) e *-metro*] s. m. ● Parte essenziale di un sistema per la guida dei missili che misura istante per istante lo scarto tra la rotta seguita dal missile e quella programmata, fornendo il dato di scarto utile per calcolare la correzione da far osservare al sistema di guida.

scaruffàre ● V. *scarruffare.*

†**scàrzo** [variante tosc. di *scarso* (?)] agg. ● Esile, snello: *io paio ... più giovane, più s.* (MACHIAVELLI).

scasàre [da *casa*, con *s-*] **A** v. tr. ● (*dial.*) Sfrattare da una casa o da un podere. **B** v. intr. (aus. *avere*) ● Cambiare casa, traslocare.

scàṣimo [abbr. di *scasimodeo*, variante di *squasimodeo* (V.)] s. m. ● (*spec. al pl.*, *dial.*) Smorfie leziose per mostra di non volere una cosa.

†**scaṣimodèo** ● V. *Squasimodeo.*

scàssa [da *scasso*] s. f. ● (*mar.*) Armatura di legno o ferro fissata sul paramezzale per fermarvi il maschio del piede degli alberi.

scassaquìndici [comp. di *scassa*(*re*) (*2*) e *quindici*] s. m. solo sing. ● Gioco simile alla morra, che si svolge fra due giocatori, e in cui vince chi, per primo, raggiunge o si avvicina di più ai quindici punti.

scassàre (**1**) [da *cassa*, con *s-*] v. tr. ● Estrarre, levare dalla o dalle casse: *s. le merci.*

scassàre (**2**) [dal lat. *quassāre* 'sbattere, fracassare', ints. da *quăssus*, part. pass. di *quătere* 'scuotere', con *s-*. V. *scuotere*] **A** v. tr. *1* Arare il terreno a notevole profondità per l'impianto di vigneti, frutteti, oliveti e sim. o per metterlo a coltura. *2* (*fam.*) Rompere, rovinare: *ha già scassato la bicicletta nuova.* **B** v. intr. pron. ● (*fam.*) Rompersi, rovinarsi: *una macchina che si scassa presto.*

scassàre (**3**) ● V. *cassare.*

scassàto part. pass. di *scassare* (*2*); anche agg. ● Nei sign. del v.

scassatóre [da *scassare* (*2*)] s. m.; anche agg. (f. *-trice*) ● (*raro*) Chi, che scassa un terreno.

scassatùra s. f. ● Atto dello scassare, nel sign. di *scassare* (*1*).

scassettàre [da *cassetta*, con *s-*] v. tr. (*io scassétto*) ● Togliere dalla cassetta.

scassinaménto s. m. ● Atto dello scassinare.

scassinàre [da *scassare* (*1*), con suff. ints.] v. tr. ● Rompere per aprire con la forza: *s. porte, finestre, serrature.*

scassinatóre s. m. (f. *-trice*) ● Chi scassina | Chi compie furti con scasso.

scassinatùra s. f. ● Atto, effetto dello scassinare.

scàsso [da *scassare* (*2*)] s. m. *1* (*dir.*) Azione violenta e delittuosa tendente a rompere determinate difese | *Furto con s.*, aggravato da effrazione. *2* Lavorazione profonda del terreno per piantarvi alberi, vivai, colture erbacee speciali o metterlo per la prima volta a coltura. *3* (*mar.*) Incavo praticato per la scassa.

†**scastagnàre** [dal gerg. *castagna* 'errore', con *s-*] v. intr. ● Tergiversare, deviare.

scat /ingl. skæt/ [vc. ingl. da *to scatter* 'frammentare'] s. m. inv. ● (*mus.*) Nel jazz, esecuzione improvvisata su sillabe prive di senso e atta a imitare il suono degli strumenti.

scatàccio [vc. onomat.] s. m. ● (*raro*) Fruscio prolungato: *si udiva uno s. di foglie.*

scatafàscio ● V. *catafascio.*

scataròscio [sovrapposizione di *catarro* a *scroscio*] s. m. ● (*pop.*) Scroscio improvviso di pioggia.

scatarràre [da *catarro*, con *s-*] v. intr. (aus. *avere*) ● Tossire ed emettere catarro.

scatarràta s. f. ● Atto dello scatarrare.

scatarróne s. m. (f. *-a*) ● (*pop.*) Chi scatarra spesso e molto.

scatenacciàre (**1**) [da *catenaccio*, con *s-* priv.] v. intr. (*io scatenàccio*; aus. *avere*) ● Togliere il catenaccio.

scatenacciàre (**2**) [da *catenaccio*, con *s-* ints.] v. intr. (*io scatenàccio*; aus. *avere*) ● Agitare catene facendo grande rumore.

scatenàccio [da *scatenacciare* (*2*)] s. m. ● Rumore continuo di catenacci o di catene trascinate.

scatenaménto s. m. ● Atto, effetto dello scatenare o dello scatenarsi.

scatenàre [da *catena*, con *s-*. V. *incatenare*] **A** v. tr. (*io scaténo*) *1* (*raro*) Liberare dalla catena. *2* (*fig.*) Aizzare, sollevare, incitare: *s. il popolo alla rivolta.* **B** v. rifl. ● (*raro*) Liberarsi della catena. **C** v. intr. pron. ● (*fig.*) Sollevarsi, agitarsi, con furia e impeto: *la folla si è scatenata*; *scatenarsi contro qc.* | Prendere a infuriare: *si sta scatenando una bufera.*

scatenàto part. pass. di *scatenare*; anche agg. *1* Nei sign. del v. *2 Essere, sembrare, parere* e sim. *un diavolo s.*, essere infuriato, agitato o (*est.*) vivace e sempre in movimento.

scatenìo [da *catena*, con *s-*] s. m. ● Rumore continuo di catene e sim.

†**scatènte** [vc. dotta, dal lat. *scatĕnte*(*m*), part. pres. di *scatēre* 'scaturire', di origine indeur.] agg. ● (*lett.*) Che sgorga, scaturisce.

†**scatizzàre** [sovrapposizione di *scaturire* ad *attizzare*] v. intr. ● (*lett.*) Scaturire, sgorgare.

scàto- [dal gr. *skôr*, genit. *skatós* 'sterco'] primo elemento ● In parole composte del linguaggio scientifico, significa 'sterco', 'escrementi': *scatofagia, scatologia.*

scatofagìa [comp. di *scato-* e *-fagia*] s. f. ● Coprofagia.

scàtola [con metatesi, dal lat. mediev. *căstula*(*m*) 'cassa, cesta', dal francone *kasto*] s. f. *1* Contenitore con coperchio, a forma cilindrica, o più spesso parallelepipeda, di limitate dimensioni, realizzato in legno, metallo, cartone, plastica e sim., e destinato a contenere i più svariati prodotti: *s. di latta, d'argento* | Quantità di roba contenuta in una scatola: *una s. di confetti, di biscotti, di fiammiferi* | *Cibi in s.*, conservati in recipienti per lo più di latta stagnata | *Comprare, accettare* e sim. *a s. chiusa*, (*fig.*) senza controllare ciò che si compra o si riceve: *ho accettato la proposta a s. chiusa* | *Caratteri, lettere, di s.*, (*fig.*) cubitali | (*pop.*, *fig.*) *Rompere le scatole a qc.*, infastidirlo, seccarlo | *Levarsi, togliersi, dalle scatole*, andarsene, lasciare in pace | *Averne piene le scatole*, non poterne più di q.c. o qc. *2* (*est.*) Oggetto, elemento, dispositivo e sim., a forma di scatola, chiuso come una scatola o destinato a contenere, a custodire q.c. | *S. armonica, musicale*, carillon | *S. cranica*, involucro osseo della testa | *S. a mitraglia*, antico proietto di artiglieria formato da un involucro metallico pieno di pallette di ferro | *S. di derivazione*, quella contenente i collegamenti delle condutture in diramazione con la conduttura elettrica principale | (*elettron.*, *tecnol.*) *S. nera*, qualsiasi componente o sistema, gener. elettronico, di cui si conoscono i parametri di ingresso e di uscita ma di cui si può non conoscere la struttura interna particolareggiata | (*aer.*) *S. nera*, apparecchio elettronico contenuto in un involucro metallico resistente al fuoco e agli urti violenti, che registra automaticamente i principali dati del volo quali ora, altitudine, velocità dell'aria, prua magnetica, accelerazione verticale. SIN. Registratore di volo | (*autom.*) *S. sterzo*, *s. guida*, quella contenente il meccanismo che trasmette il moto dal volante di guida al sistema di aste e leve destinato a sterzare le ruote | *Scatole cinesi*, serie di scatole di misura decrescente, che si possono inserire una dentro l'altra; (*fig.*) sottile e raffinato gioco a incastro | *S. vuota*, (*est.*, *fig.*) detto di ente o istituzione privo di compiti o poteri reali o di società che non esercita un'effettiva attività economica. ‖ **scatolàccia**, pegg. | **scatolétta**, dim. (V.) | **scatolìna**, dim. | **scatolìno**, dim. m. (V.) | **scatolóne**, accr. m. | **scatolùccia**, dim.

scatolàio s. m. ● Chi fabbrica e vende scatole.

scatolàme s. m. *1* Insieme di scatole. *2* Commestibili vari conservati in scatola.

scatolàre agg. ● Fatto a scatola, che ha forma di scatola, in particolare in edilizia: *struttura s.*

scatolàta s. f. ● Quantità di roba contenuta in una scatola.

scatolàto [da *scatola*] agg.; anche s. m. ● Conservato in scatola: *prodotti scatolati*; *aumento del prezzo degli scatolati.*

scatolétta s. f. *1* Dim. di *scatola.* *2* Piccola scatola di latta a chiusura ermetica, destinata a contenere prodotti conservati dell'industria alimentare.

scatolifìcio [comp. di *scatola* e *-ficio*] s. m. ● Stabilimento in cui si fabbricano scatole e contenitori di carta.

scatolìno s. m. *1* Dim. di *scatola.* *2* (*fig.*, *fam.*) *Sembrare uscito dallo s.*, essere vestito di tutto punto, con accurata eleganza | *Tenere, stare, nello s.*, usare, usarsi, molti riguardi.

scatòlo [comp. di *scato-* e (*ind*)*olo*] s. m. ● (*chim.*) Molecola organica costituita da un nucleo aromatico e da uno eterociclico azotato, responsabile dell'odore sgradevole delle feci.

scatologìa [vc. dotta, dal fr. *scatologie*, comp. di *scato-* e *-logia*] s. f. ● Trattazione scherzosa di argomenti triviali riguardanti spec. gli escrementi.

scatològico [da *scatologia*, sul modello del fr. *scatologique*] agg. (pl. m. *-ci*) ● Che si riferisce alla scatologia.

scatòrcio ● V. *catorcio.*

†**scatricchiàre** [da *incatricchiare* (V.), con cambio di pref. (*s-*)] v. tr. ● (*pop.*, *tosc.*) Districare, ordinare i capelli.

†**scatrìcchio** [da *scatricchiare*] s. m. ● (*pop.*, *tosc.*) Pettine lungo con denti radi usato per scatricchiare i capelli.

scattànte part. pres. di *scattare*; anche agg. *1* Nei sign. del v. *2* Svelto, veloce: *impiegato s.* | (*est.*) Agile: *figura s.*

scattàre [lat. parl. **excaptāre*, comp. di *ĕx-* (*s-*) e *captāre* 'afferrare', ints. da *căptus*, part. pass. di *căpere* 'prendere'] **A** v. intr. (aus. *essere* e *avere* nel sign. 1, *essere* nei sign. 2, 3, 4) *1* Liberarsi dello stato di tensione, detto di congegni, molle e sim.: *il grilletto è scattato*; *la trappola scatta.* *2* (*est.*) Balzare, saltare, muoversi repentinamente: *s. in piedi, sull'attenti, alla partenza* | Aumentare di colpo la velocità durante una corsa: *s. sul rettilineo d'arrivo.* *3* (*fig.*) Prorompere in manifestazioni o parole di ira, insofferenza e sim.: *non gli si può parlare che subito scatta*; *non ha resistito all'insinuazione ed è scattato.* *4* (*tosc.*) †Mancarci, correrci, esserci differenza, nelle loc.: *poco ci* *scatta che ...*; *ci scatta un pelo, un capello*; *non ci scatta nulla*; e sim. **B** v. tr. ● Agire sull'otturatore di una macchina fotografica per riprendere un'immagine impressionando la pellicola: *s. un'istantanea.*

scattering /*ingl.* 'skætəriŋ/ [vc. ingl., gerundio di *to scatter* 'sparpagliare, disseminare'] s. m. inv. ● (*fis.*) Deviazione, diffusione, sparpagliamento.

scattinàre e *deriv.* ● V. *schettinare* e *deriv.*

scattino [da *scattare*] s. m. ● (*rom.*) Fotografo ambulante | Fotoreporter, paparazzo.

scattista [da *scatto*] s. m. e f. (pl. m. -*i*) **1** Atleta dotato di scatto | Nell'atletica leggera, specialista delle gare di velocità su breve percorso. **2** (*abbigl.*) Chi adatta, mediante i drop, le taglie convenzionali degli abiti confezionati.

scattivàre [da *cattivo*, con *s-*] v. tr. ● (*tosc.*) Levare il cattivo, il guasto, spec. a frutta o verdura | (*tosc.*) *S. una stoffa*, rammendarla.

scàtto [da *scattare*] s. m. **1** Atto, effetto dello scattare: *lo s. del grilletto, del cane, del percussore, dell'otturatore* | *S. a vuoto*, quello in cui per difettoso funzionamento del congegno di sparo di un'arma o di una bocca da fuoco, non si accende la carica di lancio e quindi il colpo non parte. **2** Dispositivo, congegno e sim. che scatta, che funziona a scatto | *S. dell'otturatore*, meccanismo che determina l'apertura e la successiva chiusura dell'otturatore, in una macchina fotografica | Nelle armi da fuoco, dente mobile che tiene il cane o il percussore nella posizione di sparo | *Tacca di s.*, quella dove lo si incastra per tenere il cane o il percussore nella suddetta posizione | (*tecnol.*) *Trasmissione a s. libero*, nella bicicletta, sistema di trasmissione del moto dall'asse della pedaliera al mozzo posteriore, che si stacca automaticamente quando si cessa di pedalare permettendo di procedere per inerzia o gravità | (*est.*) Rumore che un congegno, una molla e sim. fa, scattando: *udire uno s.* **3** Balzo, movimento brusco e impetuoso: *ebbe uno s.* | *Di s.*, con impeto repentino: *alzarsi, sedersi, partire, di s.* | *A scatti*, con movimenti bruschi, senza continuità. SIN. Slancio, sussulto. **4** Accelerazione massima, rapida e improvvisa, della velocità | Azione per cui un atleta assume di colpo un'andatura assai veloce, da una posizione di fermo: *s. iniziale, s. finale*; *effettuare uno s.*; *vincere allo s.* | Capacità fisica di effettuare tali azioni: *atleta dotato di un notevole s.* | *S. bruciante*, nel finale di una corsa, accelerazione improvvisa e velocissima con cui ci si impone all'avversario. **5** Nel servizio telefonico interurbano teleselettivo e anche in quello urbano in numerose città, unità tariffaria la cui frequenza di conteggio, dipendente da determinate fasce orarie ed eventualmente dalla distanza, permette di effettuare l'addebito periodico nei confronti dell'abbonato. **6** (*tess.*) Proprietà dei tessuti di riacquistare la forma primitiva dopo avere subìto una piegatura. **7** (*cine*) *Rapporto di s.*, con riferimento al sistema di avanzamento della pellicola in una macchina cinematografica da presa o da proiezione, il rapporto fra il tempo necessario per cambiare fotogramma e il tempo corrispondente a un ciclo completo di funzionamento. **8** (*elettron.*) *Segnale di s.*, (*ell.*) *scatto*, segnale di comando che viene applicato a certi dispositivi o circuiti per farli passare da un particolare stato di funzionamento a un altro. **9** (*fig.*) Manifestazione nelle parole, negli atti o nel comportamento, di ira, collera, nervosismo e sim.: *uno s. d'ira*; *ha degli scatti da matto.* **10** (*fig.*) Aumento di grado, di livello, di qualità: *s. d'anzianità* | *S. di stipendio, di retribuzione*, aumento del corrispettivo spettante al lavoratore subordinato, in base a contratto o al regolamento interno dell'impresa, o all'avanzamento in carriera del lavoratore stesso.

scattolicizzàre [da *cattolico*, con *s-*] v. tr. ● (*raro*) Rendere non cattolico.

scaturìgine [dal lat. *scaturīgine(m)* 'sorgente', da *scaturīre* 'scaturire'] s. f. **1** (*lett.*) Sorgente: *si vedeano molte scaturigini ... che rifondevano acque* (SANNAZARO). **2** (*lett., fig.*) Origine: *le scaturigini della filosofia.*

†**scaturigióne** [da *scaturire*] s. f. ● (*raro*) Scaturigine.

†**scaturiménto** s. m. ● Atto dello scaturire.

scaturìre [lat. *scaturīre*, iter. di *scatēre* 'zampillare', di origine indeur.] v. intr. (*io scaturìsco, tu scaturìsci*; aus. *essere*) **1** Zampillare dalla terra, dalla roccia e sim., detto spec. di acque | (*est.*) Sgorgare: *un pianto dirotto le scaturì dagli occhi.* **2** (*fig.*) Derivare, provenire, avere origine: *da queste premesse scaturiscono interessanti conseguenze.*

scautìsmo e *deriv.* ● V. *scoutismo* e *deriv.*

scavabùche [comp. dell'imperat. di *scavare* e del pl. di *buca*] s. m. inv. ● (*agr.*) Attrezzo agricolo, gener. montato su trattore, per lo scavo di buche.

scavafòssi [comp. dell'imperat. di *scavare* e del pl. di *fosso*] s. f. ● (*agr.*) Macchina agricola per lo scavo di fossi.

scavalcaménto s. m. **1** (*raro*) Atto dello scavalcare. **2** (*mil.*) Operazione tattica mediante la quale una unità oltrepassa una unità antistante proseguendone l'azione.

scavalcàre [da *cavalcare*, con *s-*] **A** v. tr. (*io scavàlco, tu scavàlchi*) **1** Gettare giù da cavallo, sbalzare a terra | (*est.*) *S. una bocca da fuoco*, toglierla dall'affusto. **2** Passare al disopra: *s. un ostacolo* | *S. un punto*, nei lavori a maglia, passarlo senza lavorarlo. **3** (*fig.*) Superare chi si trova in posizione più avanzata, in una corsa, una competizione, una professione e sim.: *ha scavalcato tutti i concorrenti*; *è riuscito a s. il capufficio* | Assumere una posizione politica più avanzata, in una determinata direzione, rispetto ad altri: *s. a destra, a sinistra.* **B** v. intr. (aus. *essere*) ● (*raro*) Scendere, smontare, da cavallo | (*est.*) †Fermarsi, sostare.

scavallàre (1) [da *cavallo*, con *s-* ints.] v. intr. (aus. *avere*) **1** Correre, far rumore, come cavalli in libertà, detto spec. di ragazzi che giocano. **2** (*fig.*) Fare una vita sregolata.

†**scavallàre (2)** [da *cavallo*, con *s-* sottratt.] v. tr. ● Scavalcare, disarcionare, sbalzare a terra.

scavallatrìce [da *scavallare (2)* 'scavalcare'] **A** s. f. ● (*agr.*) Macchina agricola in grado di operare tra coltivazioni a filari. **B** anche agg. f.: *macchina s.*

scavaménto s. m. ● (*raro*) Atto dello scavare.

scavàre o (*raro*) **escavàre** [lat. *excavāre* 'scavare', comp. di *ĕx-* (*s-*) e *cavāre* 'cavare'] v. tr. **1** Rendere cavo, vuoto: *la goccia scava la pietra.* **2** Formare una cavità nel terreno, di forma e destinazione particolari: *s. una buca, un fosso, un cunicolo, una galleria, una trincea* | *Scavarsi la fossa* (*con le proprie mani*), (*fig.*) essere la causa della propria rovina | (*est.*) Fare un incavo: *s. un tronco per fare una barca* | *S. il collo di un abito, l'attaccatura di una manica* e sim., allargarne il giro. **3** (*fig.*) Indagare, studiare, a fondo (*spec. ass.*): *a forza di s. seppi che mentiva.* **4** Riportare alla luce, trarre di sottoterra: *s. una città sepolta* | (*fig.*) Trovare, escogitare: *da dove avrà scavato questa storia?*

scavàto part. pass. di *scavare*; anche agg. **1** Nei sign. del v. **2** Di volto particolarmente magro e sofferente.

scavatóre o **escavatóre** nel sign. A e B2 **A** agg.; anche s. m. (f. -*trice*) ● Chi, che scava: *macchina scavatrice.* **B** s. m. **1** V. *escavatore nel sign. B.* **2** Operaio addetto a lavori di scavo. **3** Strumento chirurgico.

scavatrìce ● V. *escavatrice.*

scavatùra s. f. **1** Atto, effetto dello scavare | Terra, materiale scavato. **2** Scavo, scollo, di un vestito.

scavazióne ● V. *escavazione.*

scavezzacòllo [comp. di *scavezza(re)* (*1*) e *collo*] **A** s. m. (pl. *scavezzacòlli*, raro *scavezzacòllo*) ● Precipizio, discesa ripida | (*est.*) Caduta rovinosa | *A s.*, a precipizio, di gran furia: *correre, scendere, gettarsi, venir giù a s.* **B** s. m. e f. ● (*fig.*) Persona, spec. giovane, che conduce una vita sregolata o si comporta in modo imprudente.

scavezzàre (1) [variante sett. di *scapezzare*] **A** v. tr. (*io scavézzo*) **1** V. *scapezzare.* **2** Rompere, spezzare | *Scavezzarsi il collo*, fare una caduta rovinosa, rompersi il collo. **3** Nella lavorazione della canapa, ridurre in frammenti gli steli legnosi della fibra. **B** v. intr. pron. ● (*raro*) Rompersi, spezzarsi.

scavezzàre (2) [comp. parasintetico di *cavezza*, con *s-* priv.] v. tr. (*io scavézzo*) ● Togliere la cavezza.

scavezzàto part. pass. di *scavezzare* (*1*); anche agg. ● (*raro*) Nei sign. del v.

scavezzatrìce [da *scavezzare* (*1*)] s. f. ● Macchina per scavezzare la canapa.

scavezzatùra [da *scavezzare* (*1*)] s. f. ● Operazione dello scavezzare la canapa.

scavézzo [part. pass. contratto di *scavezzare* (*1*)] **A** agg. **1** Ciascuno dei cavi che uniscono la rete a strascico al divergente. **2** †Scavezzato: *strascinavasi come le serpi scavezze a mezzo* (BARTOLI). **3** †Detto di arma da fuoco portatile con la cassa in due pezzi incernierati e ripiegabili. **B** s. m. **1** †Pendio, scoscendimento. **2** †Scampolo.

†**scavezzóne** [da *scavezzo*] s. m. ● (*raro*) Polvere di materia fragile.

scavino [da *scavare*, con *-ino* di mestiere] s. m. ● Arnese domestico usato per svuotare frutta, ortaggi e sim.

scavizzolàre o (*pop., tosc.*) †**scavitolàre** [lat. parl. **excavitiāre*, ints. di *excavāre* 'scavare', con suff. dim. *-ol-*] v. tr. (*io scavìzzolo*) ● (*raro, tosc.*) Tirare fuori frugando (*anche fig.*): *s. un documento*; *s. pretesti.*

scàvo s. m. **1** Atto, effetto dello scavare: *lo s. di una galleria*; *lavori di s.* | Luogo scavato. **2** (*archeol.*) Esplorazione scientifica del terreno per ricercare strutture e manufatti dell'antichità che permettano di ricostruire la storia delle civiltà. **3** Incavo, incavatura: *lo s. del collo della camicia.*

scazónte o †**scazzónte** [vc. dotta, dal lat. *scazōnte(m)*, da gr. *skázon*, gen. *skázontos*, part. pres. di *skázein* 'zoppicare', di origine indeur.] **A** s. m. ● Trimetro giambico ipponatteo | Coliambo. **B** anche agg.: *metro s.*

scazóntico agg. (pl. m. -*ci*) ● Di scazonte.

scazzàrsi [da *incazzarsi* con cambio di pref.] v. intr. pron. **1** (*volg.*) Litigare, adirarsi con qc. | Scontrarsi con un problema difficile, un'impresa ardua. **2** (*est.*) Perdersi d'animo, essere preso dallo sconforto, dallo smarrimento e sim. | Annoiarsi.

scàzzo [dev. di *scazzarsi*] s. m. **1** (*volg.*) Dissapore, dissenso, screzio | Problema difficile, impresa ardua. **2** (*est.*) Rissa, tafferuglio.

scazzóne [prob. da *cazzo* per la forma] s. m. ● Pesce teleosteo della famiglia dei Cottidi, con testa grande, spinosa, bocca larga, grandi labbra, occhi molto ravvicinati e situati in alto, diffuso nelle acque dolci europee (*Cottus gobio*). SIN. Magnarone.

†**scazzónte** ● V. *scazonte.*

scazzottàre [da *cazzottare*, con *s-*] **A** v. tr. (*io scazzòtto*) ● (*pop.*) Prendere a cazzotti, picchiare con forza. **B** v. rifl. rec. ● (*pop.*) Prendersi a cazzotti: *si sono scazzottati di santa ragione.*

scazzottàta [da *scazzottare*] s. f. ● (*pop.*) Scontro a cazzotti, scambio reciproco di cazzotti.

scazzottatùra s. f. ● (*pop.*) Atto dello scazzottarsi.

sceccàrio [da *chèque*, secondo la pronunzia fr.] s. m. ● Libretto di assegni per un conto corrente bancario.

sceccheràre v. tr. ● Adattamento di *scekerare* (V.).

†**scéda** o **iscéda** [dal lat. *schĕda(m)* 'foglio di papiro', dal gr. *schédē*, di origine indeur.] s. f. **1** Burla, facezia | *Fare i. di qc.*, schernirlo. **2** Smorfia, leziosaggine: *si va con motti e con iscede / a predicare* (DANTE *Par.* XXIX, 115-116). **3** (*pop., tosc.*) Modello, forma: *i. di chiave, di carta.*

†**scederìa** [da †*sceda*] s. f. ● (*raro*) Beffa, burla.

scégliere o (*poet.*) **scèrre** [lat. parl. **exelĭgere*, comp. di *ĕx-* (*s-*) ed *elĭgere* 'scegliere'. V. *eleggere*] v. tr. (pres. *io scélgo*, pop. †*scéglio, tu scégli*; fut. *io sceglierò*, poet. *scerrò*; pass. rem. *io scélsi, tu scegliésti*; congv. pres. *io scélga*, pop. †*scéglia*; condiz. pres. *io sceglierèi*, poet. *scerrèi, tu sceglierésti*, poet. *scerrésti*; part. pass. *scélto*) **1** Distinguere, indicare, prendere, tra più persone, cose, soluzioni, e sim. quella che, secondo un determinato criterio o per un determinato fine, sembra la migliore (*anche ass.*): *s. una stoffa, un vestito, una professione, un lavoro, una casa*; *hai scelto le parole adatte*; *scegli tra questi libri quello che preferisci*; *s. qc. per moglie, per amico, per guida*; *s. qc. in isposa, in moglie*; *come residenza ho scelto un piccolo paese*; *si sceglie sempre la cosa più bella* | *C'è da s.!, abbiamo da s.*, *possiamo s.* e sim., c'è molta abbondanza, le possibilità sono molte e varie | *Non c'è molto da s., non c'è da s., c'è poco da s.* e sim., la scelta è delimitata o limitata a ben poche possibilità. *2* Prendere la parte migliore separandola da quella peggiore: *s. la frutta, la lana; s. fior da fiore.* *3* Eleggere, preferire: *piuttosto che stare con loro scelgo la solitudine; ha scelto l'amore.*

†sceglimènto s. m. ● Atto dello scegliere.

scegliticcio [da *scegliere*] s. m. ● (*raro*) Parte peggiore delle cose scelte.

sceglitóre s. m. (f. *-trice*) *1* Chi sceglie. *2* Operaio addetto a operazioni di scelta: *s. di frutta e verdura.*

sceiccàto s. m. *1* Titolo, ufficio e dignità di sceicco. *2* Territorio soggetto al dominio di uno sceicco.

sceìcco [dal fr. *scheik*, dall'ar. *šaih* 'vegliardo'] s. m. (pl. *-chi*) *1* Capo dei clan delle tribù beduine o libico-berbere che governa grazie al prestigio personale o alla ricchezza. *2* Presso i Musulmani, titolo di distinzione usato per le persone investite di autorità pubblica o tribale, per gli alti dignitari religiosi, per i ministri di culto e per chiunque sia degno di rispetto.

scekeràre ● V. *shakerare.*

†scelleràre e *deriv.* ● V. *†scellerare* e *deriv.*

†scèlere o **†scèllere** [vc. dotta, dal lat. **scēlere(m)*, da *scĕlus*, genit. *scĕleris* 'delitto', di origine indeur.] s. m. ● (*lett.*) Scelleratezza, delitto.

†scelèsto [vc. dotta, dal lat. *scelĕstu(m)* 'scellerato', da *scĕlus*, genit. *scĕleris* 'delitto'] agg. ● (*lett.*) Scellerato.

scelleràggine o **†sceleràggine** [da *†scellere*] s. f. ● (*lett.*) Scelerataggine: *doviamo esser puniti ... per le gravissime sceleraggini e delitti* (BRUNO).

†scellerànza [da *†scellerare*] s. f. ● (*lett.*) Scelleratezza.

†scelleràre o **†sceleràre** [dal lat. *scelerāre* 'macchiare di un delitto', da *scĕlus*, genit. *scĕleris* 'delitto'] v. tr. ● (*lett.*) Macchiare di delitto, di colpa.

scelleratàggine s. f. *1* Qualità di chi, di ciò che è scellerato. *2* Atto, comportamento e sim. da scellerato: *compiere una s.*

scelleratézza o **†sceleratézza** s. f. *1* Qualità di chi è scellerato | Inclinazione naturale al male, al delitto. *2* Misfatto, scelleratagine.

scelleràto o (*lett.*) **†sceleràto** [lat. *scelerātu(m)*, part. pass. di *scelerāre* 'macchiare di un delitto'] **A** agg. *1* Che si è macchiato di atroci delitti: *anima scellerata; mani scellerate; sono ... molti animi scelerati che hanno grazia di bello aspetto* (CASTIGLIONE). SIN. Infame, iniquo, nefando. *2* Malvagio, cattivo, tristo, detto di cose: *parole scellerate, vita scellerata.* || **scellerataménte**, avv. **B** s. m. (f. *-a*) ● Persona scellerata. || **scelleratàccio**, pegg. | **scelleratóne**, accr.

†scèllere ● V. *†scelere.*

†scellerità [da *†scellere*] s. f. ● (*raro*) Scelleratezza.

scellìno [dal fr. *schelling*, dall'ingl. *shilling*, risalente al germ. **skilling* 'specie di scudo'] s. m. ● Unità monetaria inglese, pari alla ventesima parte della sterlina, in uso fino al 1971 | Unità monetaria circolante in Austria, Kenia, Somalia, Tanzania e Uganda.

†scèlo [vc. dotta, dal lat. *scĕlus* (nom. acc. nt.) 'delitto'. V. *†sce(l)lere*] s. m. ● (*lett.*) Scelleratezza, misfatto: *ecco / dove tu commettesti il grande s.!* (PULCI).

scélta [f. sost. di *scelto*] s. f. *1* Atto dello scegliere: *fare una s.; è una buona, una cattiva s.; la sua è stata una libera s.* | *Di prima s.*, di prima qualità | *Di seconda s.*, di qualità piuttosto scadente | Possibilità, facoltà, di scegliere: *qui c'è poca s.* | *Non c'è s., non c'è altra s.*, e sim., la situazione ha una via di uscita obbligata | *A s.*, come si preferisce. *2* Parte migliore, di maggior qualità, valore, e sim.: *una s. di liriche; la s. e 'l fior d'ogni guerriero* (ARIOSTO). SIN. Selezione. *3* (*filos.*) Decisione volontaria in base alla quale tra le tante possibili si assume una determinata possibilità.

sceltézza s. f. ● Qualità di ciò che è scelto: *s. di stile, di espressione.*

scélto part. pass. di *scegliere*; anche agg. *1* Nei sign. del v. *2* Di ottima qualità: *merce, frutta, roba scelta; di fiori scelti mi fa ghirlandette* (ALBERTI). SIN. Eccellente, selezionato. *3* (*est.*) Elegante, raffinato, distinto: *maniere scelte; uno s. pubblico.* *4* Particolarmente abile e addestrato in un settore di una determinata disciplina: *tiratore s.; guardia scelta.* SIN. Specializzato. || **sceltaménte**, avv. Con distinzione, eleganza, squisitezza: *mangiare, scrivere, parlare sceltamente.*

sceltùme [da *scelto*, col suff. *-ume*] s. m. ● (*raro*) Ciò che rimane di una scelta.

scemàbile agg. ● (*raro*) Che si può scemare.

scemaménto s. m. ● (*raro*) Atto dello scemare.

scemànte part. pres. di *scemare*; anche agg. *1* Nei sign. del v. *2* *Luna s.*, tra il plenilunio e il novilunio.

scemàre [lat. parl. **exsemāre*, comp. di *ĕx-* (*s-*) e dell'agg. tardo *sēmus* 'mezzo', da *sēmis* 'metà': propriamente 'togliere la metà'] **A** v. tr. (*io scémo*) ● Ridurre, diminuire: *s. il prezzo, le spese, i debiti* | (*raro*) Levare vino o altro liquido dal recipiente colmo che lo contiene: *s. il fiasco.* **B** v. intr. (aus. *essere*) *1* Venir calando, diminuire di intensità, energia, quantità, e sim.: *s. di peso, di autorità; la piena delle acque tende a s.; la febbre scema; le giornate già scemano; le forze vanno scemando.* *2* Diminuire di luminosità o di fase, detto di un astro. **C** v. intr. pron. ● Ridursi: *La sesta compagnia in due si scema* (DANTE *Inf.* IV, 148).

scemàta [da *scemo*] s. f. ● Sciocchezza, irritante banalità: *quante scemate in quell'articolo!* | Comportamento, frase da scemo: *fare, dire scemate.*

scemènza s. f. *1* Qualità di chi, di ciò che è scemo: *la s. di quei discorsi.* *2* Atto, parola, atteggiamento, e sim. da scemo: *non badare alle sue scemenze.* || **scemenzuòla**, dim.

scemenzàio [da *scemenza* col suff. *-aio* (*1*)] s. m. ● Insieme, repertorio di scemenze, sciocchezze e banalità: *quella trasmissione è uno s.* SIN. Sciocchezzaio.

scémo [agg. da *scemare*] **A** agg. *1* (*raro*) Che non è pieno, non è intero: *luna scema; fiasco, vaso, s.* | *Arco s.*, arco a sesto ribassato, costituito da un arco di circonferenza minore della semicirconferenza | *Monte s.*, avvallato. *2* Che manca di giudizio, di senno, di intelligenza, detto di persona: *ragazza scema; non perderti con compagnie sceme* | Che è pensato, detto o fatto in modo scemo: *la tua idea è proprio scema; frasi, parole, sceme* | (*est.*) Insulso, privo di valore e di significato: *libro, film, s.* *3* †Privo, mancante: *per farla rimaner d'effetto scema* (ARIOSTO). *4* †Troncato, mozzo. **B** s. m. (f. *-a* nel sign. 1) *1* Persona scema: *su, non fare lo s.; è un povero s.; si perde con quella scema; non voglio passare da s.* | *Lo s. del villaggio, del paese*, persona beffeggiata, fatta oggetto di scherno collettivo per il suo comportamento ritenuto strano o ridicolo. SIN. Deficiente, imbecille. *2* †Diminuzione, calo | †Difetto | †Mancanza.

scempiàggine [da *scempio* (*1*)] s. f. *1* (*raro*) Qualità di chi è scempio, scemo. *2* Atto, parola, comportamento, da scempio.

scempiaménto [da *scempiare* (*1*)] s. m. ● Modo e atto di scempiare, nel sign. di *scempiare* (*1*) | (*ling.*) Riduzione di consonanti lunghe o geminate a brevi o semplici.

scempiàre (**1**) [da *scempio* (*1*)] v. tr. (*io scémpio*) ● Rendere scempio, sdoppiare.

scempiàre (**2**) [da *scempio* (*2*)] v. tr. (*io scémpio*) ● (*lett.*) Straziare, fare scempio.

scempiatàggine [da *scempiato*] s. f. ● (*raro*) Scempiaggine.

†scempiatézza [da *scempiato*] s. f. ● Scempiaggine.

scempiàto part. pass. di *scempiare* (*1*); anche agg. *1* Nel sign. del v. *2* Sciocco, scemo. || **scempiataménte**, avv. Da sciocco, semplice, scempio.

scempietà [da *scempio* (*1*)] s. f. ● (*raro*) Scempiaggine.

scémpio (**1**) [sovrapposizione di *scemo* al lat. *sĭmplu(m)* 'semplice', variante di *sĭmplex*, genit. *sĭmplicis*. V. *semplice*] **A** agg. *1* Semplice, non doppio: *filo, fiore s.* CONTR. Doppio. *2* (*ling.*) Breve, semplice, detto spec. di consonanti. || **scempiaménte**, avv. Da scempio. **B** agg.; anche s. m. (f. *-a*) ● Sciocco, scemo: *quel che più ti graverà le spalle, / sarà la compagnia malvagia e scempia* (DANTE *Par.* XVII, 61-62). || **scempióne**, accr.

scémpio (**2**) [lat. *exĕmplu(m)* 'esempio, pena'. V. *esempio*] s. m. *1* Strazio, grave tormento: *da ... lungo s. / vedi afflitta costei* (LEOPARDI) | *Fare s. di qc.*, straziarlo | Massacro, strage, sterminio. *2* (*fig.*) Rovina, deturpazione, spec. di ciò che possiede un valore particolare: *quel grattacielo è uno s. della piazza; fare s. di q.c.*, rovinarla completamente.

†scemunìto ● V. *scimunito.*

scèna [lat. *sc(ă)ena(m)*, dal gr. *skēnḗ* 'tenda', poi 'scena', di etim. incerta] s. f. *1* Parte unitaria del dramma teatrale, in cui agiscono gli stessi attori | *Comparire, entrare in s., essere di s.* | *Mettere in s.*, rappresentare | *Andare in s.*, essere rappresentato spec. per la prima volta: *l'Amleto va in s. domenica.* *2* (*est., spec. al pl.*) Teatro: *è la prima volta che la commedia compare sulle nostre scene; è un dramma nuovo per le scene romane* | *Darsi alle scene, calcare le scene*, e sim., intraprendere la carriera teatrale | *Ritirarsi dalle scene*, lasciare, abbandonare la carriera teatrale. *3* Parte dell'antico teatro greco costituita dalla piattaforma su cui recitavano gli attori e dalla parete che le faceva da sfondo | (*est.*) Palcoscenico: *salire sulla s.* | (*est.*) Insieme degli elementi scenografici fissi o montati sul palcoscenico | *S. multipla*, composta di vari ambienti | *Dietro le scene*, dietro le quinte | *Cambiamento di s.*, (*fig.*) mutamento improvviso e radicale: *in ufficio c'è stato un cambiamento di s.* *4* Luogo in cui avviene, o si finge avvenuta, l'azione teatrale: *nell'ultimo atto del Faust la s. è in Paradiso.* *5* Azione, comportamento dei personaggi teatrali | *Fare s.*, possedere la capacità di richiamare l'attenzione e l'interesse degli spettatori | *Avere s.*, essere disinvolto nel recitare | *Non avere s.*, essere goffo, impacciato, nel recitare | *S. muta*, senza dialogo | *Fare s. muta*, (*est.*) rispondere col silenzio assoluto a una domanda, un'interrogazione e sim. *6* Momento unitario dell'azione drammatica, definibile mediante la compiutezza del dialogo e la presenza in scena di un numero determinato di attori | *S. madre*, quella più importante, fondamentale; (*est., fig.*) in un litigio, una scenata e sim., momento in cui si raggiunge l'acme | *Colpo di s.*, (*fig.*) avvenimento improvviso che produce notevoli cambiamenti. *7* (*est., fig.*) Attività, vita, umana | *Essere di s.*, avere un ruolo importante, essere molto noto, in un'attività | *Scomparire, uscire, ritirarsi e sim. dalla s. politica, letteraria* e sim., abbandonare tali attività | *Scomparire, uscire, dalla s. del mondo*, morire. *8* (*est.*) Spettacolo naturale: *l'incantevole s. dell'alta montagna* | Fatto, azione, della vita reale: *assistere a una s. di sangue* | Avvenimento, situazione, paesaggio e sim. fatti oggetto di rappresentazioni artistiche: *il bassorilievo rappresenta una s. di guerra.* *9* (*spec. al pl.*) Dimostrazione, spec. ostentata e insincera, di sentimenti o passioni: *ti prego di non fare scene; qui non voglio scene.* || **scenétta**, dim. (V.) | **scenùccia**, dim.

scenàrio [vc. dotta, dal lat. *sc(a)enāriu(m)*, nt. sost. di *sc(a)enārius* 'attinente al teatro', da *sc(ă)ena* 'scena'] s. m. *1* Insieme dei fondali e delle quinte che costituiscono la scena in cui ha luogo l'azione teatrale o viene ripresa un'azione cinematografica o televisiva. SIN. Apparato scenico. *2* (*est.*) Paesaggio, spec. naturale, che fa da sfondo a un avvenimento: *l'incomparabile s. della costa ligure.* *3* (*teat.*) Canovaccio scritto della commedia dell'Arte, contenente lo schema della trama e le annotazioni sceniche utili per la recitazione improvvisata. *4* (*cine*) Soggetto e sceneggiatura di un film. *5* (*est.*) Nel linguaggio giornalistico, sviluppo o piano d'azione, spec. quando sia uno fra i tanti possibili, di una situazione od operazione spec. politica: *gli scenari della crisi ministeriale sono tre; uno s. alternativo.*

scenarista [da *scenario*, con *-ista*] s. m. e f. (pl. m. *-i*) ● Soggettista o sceneggiatore cinematografico.

scenàta [da *scena*] s. f. ● Violenta manifestazione di sdegno, ira e gelosia, accompagnata da urla, minacce, e sim., fatta anche in presenza di terzi: *fare una s. a qc.; assistere a una s.* SIN. Chiassata, piazzata.

scéndere o **scèndere** [aferesi di *discendere* (V.)] **A** v. intr. (pres. *io scéndo* o *scèndo*; pass. rem. *io scési, tu scendésti*; part. pass. *scéso*; aus. *essere*)

1 Dirigersi, muoversi dall'alto verso il basso, o verso un luogo più basso: *s. dal colle, dalla torre, dal quarto piano*; *s. nel baratro, nel fosso, in cantina*; *s. all'inferno*; *il Po scende dal Monviso* | *S. di cattedra*, (*fig.*) assumere atteggiamenti meno saccenti | Smontare: *s. da cavallo, dal treno, dal tram*; *s. di sella*; *s. dalla nave*; *s. a terra*; *alla prossima fermata devo s.* *2* Provenire da un luogo posto più a settentrione: *il Barbarossa scese in Italia nel 1154.* *3* Sostare, prendere alloggio: *s. a una locanda, a un albergo.* *4* Presentarsi, venire, nelle loc.: *s. in lizza, in campo, in pista* e sim., accingersi ad affrontare una gara, uno scontro, (*anche fig.*) | *S. in piazza*, prendere parte a una manifestazione popolare di protesta, spec. politica. *5* Essere in pendenza, in discesa: *la strada scende*; *il sentiero scende verso la costa.* *6* (*fig.*) Indursi, piegarsi: *s. a patti, a più miti consigli* | *S. al cuore*, di parole, situazioni e sim., commuovere | Abbassarsi: *s. a suppliche, a villanie, a insulti* | Pervenire a una condizione peggiore, più bassa: *s. di grado, di condizione*; *è sceso nella nostra stima*; *non credevo che fossero scesi così in basso.* *7* (*fig.*) Diminuire di intensità, valore, livello, e sim.: *la voce è scesa di tono*; *la temperatura scende sotto lo zero*; *il livello delle acque continua a s.*; *il prezzo della frutta è sceso di poco* | Calare: *scende la notte* | Pendere: *dal soffitto scende un ricco lampadario*; *i capelli le scendono sulle spalle.* *8* (*sport*) *S. a rete*, nel calcio, eseguire una discesa verso la porta avversaria; nel tennis, portarsi a giocare vicino alla rete, dal fondo del campo. *9* †Avere origine, discendere. **B** v. tr. *1* Percorrere andando dall'alto verso il basso: *s. una montagna, le scale, i gradini.* *2* (*dial., impr.*) Calare, porre giù: *s. un paniere.*

scendibàgno [comp. di *scendere* e *bagno*] s. m. inv. • Piccolo tappeto, di forma e materiale vari, che si pone accanto alla vasca da bagno.

scendìbile agg. • (*raro*) Che si può scendere.

scendilètto [comp. di *scendere* e *letto*] s. m. inv. *1* Piccolo tappeto, di forma e materiale vari, che si stende accanto al letto. *2* Veste da camera da indossare appena alzati.

sceneggiaménto s. m. • (*raro*) Atto dello sceneggiare.

sceneggiàre [da *scena*] v. tr. (*io scenéggio*) • Ridurre un soggetto narrativo in forma adatta per il teatro, per il cinema o per la televisione | *S. un soggetto cinematografico*, sviluppare in forma dialogata e con tutte le annotazioni tecniche necessarie il nucleo narrativo contenuto nel soggetto.

sceneggiàta [vc. nap., da *scenejà* 'mettere in scena'] s. f. *1* Genere teatrale napoletano, nato sul finire dell'Ottocento, che si compone di un esile dialogo intervallato da canzoni, e che culmina in una canzone di successo che dà il titolo all'intero spettacolo. *2* (*est.*) Messinscena per commuovere o per indurre a un atteggiamento di benevolenza o per far credere il contrario di quello che si pensa o si ha intenzione di fare.

sceneggiàto **A** part. pass. di *sceneggiare*; anche agg. • Nel sign. del v. **B** s. m. • Rappresentazione televisiva, gener. a puntate, di un soggetto narrativo spesso tratto da un'opera letteraria.

sceneggiatóre [da *sceneggiare*] s. m. (f. *-trice*) • Autore di una sceneggiatura cinematografica o televisiva; scrittore specializzato nella elaborazione di sceneggiature cinematografiche o televisive.

sceneggiatùra [da *sceneggiare*] s. f. • Testo definitivamente elaborato di un film o di un programma televisivo, con le annotazioni tecniche necessarie al lavoro di produzione | *S. di ferro*, rigorosissima, che prevede la lavorazione del film in tutti i particolari.

scenétta s. f. *1* Dim. di *scena*. *2* Scena comica di breve durata | (*est.*) Episodio che diverte, che suscita ilarità.

scènico [vc. dotta, dal lat. *sc(ă)enicu(m)* 'della scena, attore', da *sc(ă)ena* 'scena', sul modello del gr. *skēnikós* 'scenico'] **A** agg. (pl. m. *-ci*) • Che si riferisce alla scena: *apparato, effetto s.* | *Palco s.*, V. *palcoscenico*. ‖ **scenicaménte**, avv. Con rappresentazione scenica. **B** s. m. • †Attore.

scenografìa [vc. dotta, dal gr. *skēnographía* 'scenografia', comp. di *skēné* 'scena' e *-graphía* '-grafia'] s. f. *1* Arte di inventare e disegnare le scene. *2* Insieme degli elementi scenici montati o da montare per uno spettacolo. *3* †Prospettiva.

scenogràfico [vc. dotta, dal gr. *skēnographikós* 'scenografico', da *skēnographía* 'scenografia'] agg. (pl. m. *-ci*) *1* Di, da, scenografia. *2* (*fig., spreg.*) Appariscente, sfarzoso: *matrimonio s.* ‖ **scenograficaménte**, avv.

scenògrafo [vc. dotta, dal gr. *skēnográphos* 'scenografo', comp. di *skēné* 'scena' e *-gráphos* '-grafo'] s. m. (f. *-a*) *1* Realizzatore del bozzetto scenico teatrale, dipinto di solito da un architetto o da un pittore. *2* Creatore della scenografia cinematografica o televisiva.

Scenopegìa [vc. dotta, dal gr. *skēnopēgía* 'alzamento di una tenda', comp. di *skēné* 'tenda' e della radice di *pēgnýnai* 'piantare'] s. f. • Festa ebraica delle Capanne o dei Tabernacoli.

scenotècnica [comp. di *scena* e *tecnica*] s. f. • Tecnica dell'allestimento scenico.

scenotècnico [comp. di *scena* e *tecnico*] **A** agg. (pl. m. *-ci*) • Che si riferisce alla scenotecnica. **B** s. m. • (*raro*) Tecnico di scena.

scentràre [comp. parasintetico di *centro*, col pref. *s-* nel sign. 3] v. tr. (*io scèntro*) • (*tecnol.*) Determinare una scentratura.

scentràto part. pass. di *scentrare*; anche agg. *1* Nel sign. del v. *2* Svitato, fuori fase, detto di persona.

scentratùra s. f. • (*tecnol.*) Sbilanciamento di organo rotante di cui l'asse di rotazione non è asse principale d'inerzia.

scèpsi o (*raro*) **schèpsi** [vc. dotta, dal gr. *sképsis* 'revisione', da *sképtesthai* 'osservare', di origine indeur.] s. f. • (*filos.*) Atteggiamento di dubbio verso i risultati di un processo cognitivo che costituisce punto di partenza per ulteriori e più rigorose ricerche.

sceratrice /*ʃera'tritʃe, stʃera'tritʃe/ [da *cera* (*1*), con *s-*] s. f. • Macchina per sciogliere la cera dei favi.

scerbàre [lat. *exherbāre* 'togliere via le erbe', comp. di *ĕx-* (*s-*) ed *herbāre*, da *hĕrba* 'erba'] v. tr. (*io scèrbo*) • Togliere a mano o mediante sarchiature le piante che infestano le colture.

scerbatùra s. f. • Atto dello scerbare.

sceriffo (1) [dal fr. *chérif*, dall'ingl. *sheriff*, risalente all'anglosassone *scírgeréfa* 'magistrato (*geréfa*, ingl. *reeve*) di contea (*scíir*, ingl. *shire*)'] s. m. *1* In Inghilterra e in Irlanda, chi è preposto all'amministrazione della giustizia in una contea | Negli Stati Uniti, capo della polizia in una provincia. *2* (*est.*) Sorvegliante, guardia privata che presta servizio di protezione a favore di enti o istituti privati o di cittadini che temono per la loro incolumità. SIN. Vigilante (2).

sceriffo (2) [dall'ar. *šarīf* 'nobile'] s. m. • Titolo spettante ai discendenti di Maometto.

scèrnere [aferesi di *discernere* (V.)] v. tr. (pres. *io scèrno*; pass. rem. *io scèrsi*, o *scernéi*, o *scernètti*, *tu scernésti*; dif. del part. pass. per cui si usa *scernìto*) *1* (*lett.*) Discernere, distinguere | (*est.*) Intendere, capire | (*est.*) Vedere. *2* (*lett.*) Scegliere: s ... *i pochi per averli migliori* (MACHIAVELLI).

†scerniménto [da *scernere*] s. m. • Discernimento.

†scernìre v. tr. • Scernere.

†scerpàre [lat. *excĕrpere* 'estrarre', con sovrapposizione di *strappare*. V. *scerpere*] v. tr. • Svellere, strappare | Schiantare: *ella ... gli scavava il petto, glielo scerpava* (D'ANNUNZIO).

scerpellàto o **†sciarpellàto** [etim. incerta: forse sovrapp. di *scerpellino* a *scalpellato*] agg. • (*raro*) Scerpellino.

scerpellino o **cerpellino**, (*raro*) **†sciarpellino** [etim. incerta: forse da *scerpare*] agg. • (*pop., tosc.*) Che ha le palpebre rovesciate e arrossate, detto di occhio | (*est.*) Che ha gli occhi scerpellini, detto di persona.

scerpellóne o **cerpellóne** [forse da *scerpellino*, come se fosse errore compiuto da persona che non vede bene] s. m. • (*raro*) Errore grossolano, strafalcione.

†scèrpere [lat. *excĕrpere* 'strappare', comp. di *ĕx-* (*s-*) e *cărpere* 'afferrare'] v. tr. • Scerpare.

scèrre • V. *scegliere.*

scervellàrsi [da *cervello*, con *s-*] v. intr. pron. (*io mi scervèllo*) • Stillarsi il cervello, perdere la testa, su un problema, una questione, e sim. particolarmente complicati: *s. su, intorno a, un compito.*

scervellàto **A** agg. • Privo di senno, di giudizio, sbadato. **B** s. m. (f. *-a*) • Persona sbadata, senza giudizio.

scésa [aferesi di *discesa* (V.)] s. f. *1* Atto dello scendere: *qui la s. è difficile.* *2* Strada in pendio, discesa: *fare una s.*; *al principio, a metà, della s.*; *la s. è molto ripida.* *3* (*fig.*) Capriccio, ghiribizzo, nella loc. *s. di testa* | (*pop.*) *A s. di testa*, con impegno, con ostinazione. *4* †Infreddatura, catarro.

scéso **A** part. pass. di *scendere* • Nei sign. del v. **B** prep. • (*tosc.*) †In fondo a: *s. la scala.*

scespiriàno o **shakespeariàno** [adattamento dell'ingl. *shakespearian*] agg. • Relativo al poeta inglese W. Shakespeare (1564-1616).

scetticìsmo [dal fr. *scepticisme*, da *sceptique* col suff. *-isme* '-ismo'] s. m. *1* Indirizzo filosofico secondo cui l'uomo, non potendo decidere con sufficiente certezza della verità o della falsità di una proposizione, si astiene dal giudizio e perciò consegue una inalterabile imperturbabilità. *2* (*est.*) Incredulità abituale, inclinazione a dubitare di tutto.

scèttico [vc. dotta, dal fr. *sceptique*, dal gr. *skeptikós*, da *sképtesthai* 'osservare'. V. *scepsi*] **A** agg. (pl. m. *-ci*) *1* Che concerne e interessa lo scetticismo. *2* (*est.*) Incredulo, proclive a dubitare di tutto, sia in assoluto sia in relazione a realtà particolari: *l'esperienza lo ha reso s.*; *in fatto di politica è s.*; *sono s. sull'effetto di questa cura*; *la borghesia gaudente e scettica* (DE SANCTIS). ‖ **scetticaménte**, avv. In modo scettico, come chi non è disposto a credere, con freddezza e incredulità: *considerare scetticamente.* **B** s. m. (f. *-a*) *1* Chi segue o si ispira allo scetticismo. SIN. Aporetico. *2* (*est.*) Persona scettica | (*iron.*) *S. blu*, chi, con enfasi e ostentazione, si atteggia a persona cinica, resa tale da molteplici esperienze di vita.

scettràto agg. • (*lett.*) Munito di scettro | (*est.*) Che ha il potere regale.

scèttro [vc. dotta, dal lat. *scēptru(m)*, dal gr. *skêptron* 'bastone', da *skḗptesthai* 'appoggiarsi', di origine indeur.] s. m. *1* Simbolo della maestà | (*est.*) Potere monarchico: *prendere, usurpare lo s.* *2* (*est., fig.*) Potere assoluto, primato, in una disciplina, un'arte, uno sport, e sim.: *conquistare, detenere, deporre lo s.*

scevà [ebr. *shewà*, da *shwa* 'niente'] s. m. inv. • (*ling.*) Simbolo grafico della vocale neutra, indistinta, presente nella pronuncia di varie lingue e di alcuni dialetti italiani.

sceveraménto s. m. • (*raro*) Atto, effetto dello sceverare.

sceveràre o **†scevràre**, (*raro*) **†severàre** [lat. parl. **exseperāre*, comp. di *ĕx-* (*s-*) e **seperāre*, per il classico *separāre* 'dividere'. V. *separare*] v. tr. (*io scévero* o *scèvero*) *1* (*lett.*) Separare, distinguere: *il generoso ... orgoglio / che ti scevra dal vulgo* (PARINI). *2* (*fig.*) Vagliare.

sceveràto part. pass. di *sceverare*; anche agg. • (*raro*) Nei sign. del v.

†scévero o **scèvero** • V. *scevro.*

sceviò s. m. • Adattamento di *cheviot* (V.).

†scevràre • V. *sceverare.*

scévro o **†scévero**, **†sèvro** [da *sceverare*] agg. *1* (*lett.*) Privo, esente: *essere s. di colpa*; *dottrina non scevra di errori.* *2* †Separato, lontano.

schèda [vc. dotta, dal lat. *schĕda(m)* 'scheda', dal gr. *schédē* 'foglio di papiro'. V. *†sceda*] s. f. *1* Rettangolo di cartoncino di dimensioni gener. unificate, destinato a registrare dati bibliografici, linguistici, scientifici, economici, personali e sim., secondo criteri prestabiliti, e a essere raccolto, secondo un ordine determinato, in uno schedario che ne rende rapida e agevole la consultazione | *S. bibliografica*, cartoncino di formato internazionale, provvisto inferiormente di un foro in cui passa un'asta che ne impedisce l'asportazione accidentale dal cassetto dello schedario, destinato a registrare, secondo determinate regole di catalogazione, i dati che individuano un'opera conservata in una biblioteca e permettono di reperirla negli scaffali | *S. anagrafica*, nell'anagrafe, scheda contenente varie informazioni concernenti un individuo, una famiglia o una convivenza | *S. segnaletica*, modulo su cui la polizia scientifica registra dati descrittivi, fotografici, dattiloscopici e antropologici riguardanti la persona identificata | *S. del casellario giudiziario*, scheda contenente l'estratto di una sentenza, compilata dal cancelliere del giudice che ha emesso la sentenza stessa e che viene trasmessa agli uffici del casellario giudiziario | (*elab.*) *S. perforata*, su cui vengono registrati dati mediante fori; sempre più in disuso per la diffusione dei supporti magnetici e dei videoterminali | (*elab.*) *S. magnetica*, tessera in materiale plastico recante una banda magnetica, che, inserita in appositi dispositivi di lettura, permette di accedere a molteplici servizi | *S. telefonica*, quella magnetica che, inserita nell'apposita fessura di un apparecchio telefonico pubblico, ne consente il funzionamento | (*org. az.*) *S. di macchina*, in varie tecnologie, quella che di una macchina reca annotati i dati relativi alla costruzione, al funzionamento, ai risultati delle prove preliminari, alla manutenzione e sim. *2* Modulo stampato su foglio di carta o cartone di vario formato usato nel compimento di attività burocratiche e amministrative | *S. elettorale*, modulo stampato su cui l'elettore esprime il proprio voto segnandovi una croce e scrivendovi il nome del candidato prescelto | *S. bianca*, quella che l'elettore consegna senza avervi espresso il proprio voto | *S. nulla*, scheda elettorale non valida ai fini delle votazioni a causa di errori o irregolarità nella compilazione | *S. di valutazione*, nella scuola dell'obbligo, quella su cui gli insegnanti annotano dati e notizie utili al giudizio su ciascun alunno | (*stat.*) *S. di rilevazione*, scheda su cui si registrano, gener. in forma convenzionale, i dati concernenti un individuo della massa oggetto di rilevazione | (*stat.*) *S. di spoglio*, scheda, gener. perforata, su cui si registrano, in forma gener. convenzionale, i dati di un rilevamento per poterli classificare secondo un criterio determinato di volta in volta dal tipo di indagine condotta. *3* (*econ.*) *S. di domanda*, le varie quantità di un bene con i relativi prezzi domandate da un individuo o da una collettività | (*econ.*) *S. di offerta*, le varie quantità di un bene con i relativi prezzi offerte da un individuo o da una collettività. *4* (*edit.*) In un'opera a stampa, breve testo, gener. racchiuso in un riquadro, destinato a chiarire, approfondire o ampliare un argomento circoscritto, per integrare la trattazione dell'argomento principale | In taluni testi didattici spec. per la scuola elementare e media inferiore, ciascuna delle parti, di ampiezza gener. non superiore a una pagina, stampata su cartoncino, in cui è frazionata la materia ed è trattato un argomento ben individuato, allo scopo di graduare l'insegnamento e l'apprendimento | (*est.*) Breve servizio radiofonico o televisivo, a carattere illustrativo. *5* (*dir.*) *S. testamentaria*, documento che contiene un testamento. *6* In papirologia, ciascuno degli strati di strisce tagliate dal fusto del papiro, i quali, sovrapposti trasversalmente e incollati fra loro, costituiscono il foglio papiraceo. || **schedina**, dim. (V.) | **schedóne**, accr. m. (V.).

schedàre [da *scheda*] v. tr. (*io schèdo*) *1* Registrare su apposita scheda dati relativi a persone o cose a scopo di consultazione, studio, e sim. | *S. un libro, un autore*, prendere nota degli argomenti, dei dati e sim. che più interessano. *2* Registrare qc. negli schedari della polizia per precedenti penali, ragioni politiche, o sim.: *hanno schedato tutti gli oppositori del regime*.

schedàrio [da *scheda*] s. m. *1* Raccolta di schede ordinate nei modi più atti a consentirne la consultazione e la manipolazione | *S. elettorale*, raccolta dei nominativi degli elettori iscritti nelle liste del comune. *2* (*est.*) Mobile o dispositivo destinato alla raccolta e alla consultazione di schede | *S. verticale*, classificatore | *S. orizzontale*, in cui le schede sono disposte orizzontalmente su appositi supporti | *S. visibile*, in cui le schede sono disposte in modo che il lembo di esse recante gli indicativi principali possa essere letto anche senza estrarre le schede | *S. rotante o rotativo*, in cui le schede, allo scopo di facilitarne la consultazione, sono disposte mediante opportuni accorgimenti su supporti fatti a ruota | *S. magnetico*, quello in cui le schede recano all'interno una sottilissima lamina magnetica che le fa aprire a ventaglio consentendo la visibilità del margine superiore. *3* (*est.*) Ufficio destinato alla conservazione e gestione di schedari: *s. generale dei titoli azionari* | *S. tributario*, anagrafe tributaria.

schedarìsta s. m. e f. (pl. m. *-i*) ● Persona addetta alla gestione di schedari.

schedarìstico agg. (pl. m. *-ci*) ● Che si riferisce allo schedario o alle schede.

schedàto A part. pass. di *schedare*; anche agg. ● Nei sign. del v. **B** s. m. (f. *-a*) ● Persona registrata negli schedari della polizia per precedenti penali, per ragioni politiche, o sim.: *l'elenco degli schedati*.

schedatóre [da *schedare*] s. m. (f. *-trice*) ● Chi è addetto alla compilazione di schede.

schedatùra s. f. *1* Atto dello schedare. *2* Redazione o compilazione delle indicazioni e dei dati idonei a identificare un elemento bibliografico o archivistico.

schedìna s. f. *1* Dim. di *scheda*. *2* Foglietto predisposto per i giochi del totocalcio, totip ed enalotto, recante i nomi delle squadre del torneo spec. nazionale di calcio, dei cavalli in gara sui vari ippodromi e delle ruote del lotto, nonché le file di caselle in cui vanno scritti i risultati che si suppone si verificheranno nelle varie gare o estrazioni: *giocare una s.*

schedogràfico [da *scheda*] agg. (pl. m. *-ci*) ● Relativo a scheda o a schedario | *Cartoncino s.*, quello con caratteristiche idonee alla fabbricazione di schede, spec. meccanografiche.

schedóne (1) s. m. *1* Accr. di *scheda*. *2 S. indicatore*, scheda più alta e gener. più spessa del normale, talvolta colorata diversamente, che viene interposta fra le altre schede per suddividerle | *S. amministrativo*, scheda bibliografica di dimensioni maggiori del consueto | (*org. az.*) *S. contabile*, scheda intestata a ogni voce di spesa o di ricavo in cui vengono registrati i movimenti contabili.

†**schedóne** (2) ● V. *schidione*.

schèdula [vc. dotta, dal lat. tardo *schĕdula(m)*, dim. di *schĕda*] s. f. ● (*raro*) Cedola.

schéggia [lat. *schĭdia(m)*, dal gr. *schídia*, n. pl. di *schídion* 'scheggia', connesso con *schízein* 'fendere', di origine indeur.] s. f. (pl. *-ge*) *1* Pezzetto, frammento, di legno, pietra, vetro, o sim. che viene a staccarsi da un corpo | *S. di granata*, prodotta dallo scoppio | (*fig.*) *S. impazzita*, frammento (individuo, gruppo o settore) di un fenomeno più generale, che agisce in modo imprevedibile e gener. dannoso | (*fig., fam.*) *A s.*, a gran velocità. *2* (*raro, lett.*) Blocco di pietra di forma irregolare e scosceso: *il resto è schegge e macigni* (MANZONI). || **scheggétta**, dim. | **scheggettìna**, dim. | **scheggìna**, dim. | **scheggiolìna**, dim. | **scheggiùzza**, dim.

scheggiàle o **scaggiàle** [di etim. incerta] s. m. ● Nel Medioevo e nel Rinascimento, cintura di cuoio o stoffa preziosa con fibbia ornata di smalto o di gioielli, cui gli uomini appendevano la spada o il corno da caccia e le donne la scarsella, il necessario per il lavoro, uno specchio e sim.

scheggiaménto s. m. ● (*raro*) Atto dello scheggiare o dello scheggiarsi.

scheggiàre [da *scheggia*] **A** v. tr. (*io schéggio*) ● Fendere, rompere, facendo schizzare via una o più schegge: *s. un piatto*. **B** v. intr. pron. ● Rompersi in schegge: *il bicchiere si è scheggiato*.

scheggiàto part. pass. di *scheggiare*; anche agg. *1* Nei sign. del v. *2* (*poet.*) Frastagliato, coperto di detriti rocciosi: *lo s. colle* (MANZONI).

scheggiatùra s. f. ● Effetto dello scheggiare o dello scheggiarsi | Punto in cui un oggetto è scheggiato | Insieme delle schegge saltate via.

†**schéggio** [m. di *scheggia*] s. m. ● Macigno, masso, irregolare e scosceso. || **scheggiolìno**, dim. | **scheggióne**, accr.

scheggióso agg. ● (*raro*) Che si scheggia con facilità: *marmo s.* | Che è scabro per molte punte e spigoli: *roccia scheggiosa*.

schèi o **sghèi** [dalla scritta *scheid.munz* (abbreviazione di *Scheidemünze* 'moneta divisionale', che si leggeva su alcune monete austriache)] s. m. pl. ● (*ven.*) Quattrini.

scheletògeno o **scheletrògeno** [comp. del gr. *skeletós* 'scheletro' e *-geno*] agg. ● (*anat., biol.*) Detto di struttura o di processo coinvolto nella formazione di segmenti scheletrici: *mesenchima s.*

†**scheletràme** s. m. ● (*raro*) Massa di scheletri.

scheletràto [da *scheletro*] s. m. ● (*med.*) In odontotecnica, protesi mobile inserita tra due denti così da sostituire quelli mancanti.

schelètrico agg. (pl. m. *-ci*) *1* Di scheletro: *apparato s.*; *sistema s.* *2* (*est.*) Scarno, scarnito, estremamente magro: *corpo s.* *3* (*fig.*) Secco, essenziale, ridotto al minimo: *componimento s.*; *note scheletriche*.

scheletrìre A v. tr. (*io scheletrìsco, tu scheletrìsci*) ● Ridurre come uno scheletro: *la sofferenza lo ha scheletrito*. **B** v. intr. pron. ● Ridursi come uno scheletro.

scheletrìto part. pass. di *scheletrire*; anche agg. *1* Nei sign. del v. *2* Secco, nudo: *ramo s.* | (*fig.*) Ridotto al minimo, all'essenziale: *stile s.*

schèletro o (*poet.*) **schèltro**, †**schèretro** [vc. dotta, dal gr. *skeletós* 'mummia, scheletro', da *skéllein* 'disseccare', di origine indeur., con inserzione di *-r-*] s. m. *1* (*anat.*) Complesso delle ossa e delle cartilagini che costituiscono l'apparato di sostegno del corpo dell'uomo e degli altri Vertebrati | *Sembrare uno s., essere ridotto uno s., essere magro come uno s.*, essere molto magro | (*fig.*) *Lo s. nell'armadio*, fatto o avvenimento, privato o pubblico, del passato, che si preferisce tenere nascosto in quanto ritenuto riprovevole. ➡ ILL. p. 362 ANATOMIA UMANA. *2* (*bot.*) Insieme dei fasci vascolari più resistenti di fusti, foglie o fiori che rimangono inalterati allorché si lascia macerare un vegetale in acqua. *3* (*est.*) Ossatura, intelaiatura, struttura di sostegno: *lo s. di una nave, di un mobile* | (*fig.*) Schema, trama: *s. di un romanzo*. || **scheletrìno**, dim.

scheletrògeno ● V. *scheletogeno*.

schélmo [variante di *scalmo* (V.)] s. m. *1* (*mar.*) Battello, palischermo. *2* (*mar.*) Lo spazio tra due scalmi.

schèltro ● V. *scheletro*.

schèma [vc. dotta, dal lat. *schēma* (nom. acc. nt.) 'atteggiamento, figura', dal gr. *schêma*, genit. *schḗmatos* 'configurazione', connesso con *échein* 'avere'] s. m. (pl. *-i*) *1* Complesso delle linee principali di un disegno, un progetto, un fenomeno, e sim.: *lo s. di un aereo* | *S. elettrico*, rappresentazione grafica di un circuito elettrico | *S. di flusso*, rappresentazione grafica del flusso di un prodotto attraverso la fabbrica o di un documento attraverso gli uffici, ottenuto registrando mediante simboli tutte le operazioni che lo riguardano; (*elab.*) diagramma di flusso. *2* Trama, abbozzo, progetto: *lo s. di un romanzo* | *S. di legge*, disegno, proposta | *S. natale*, oroscopo. *3* Sistema, modello, che non ammette variazioni, mutamenti o innovazioni, spec. in campo letterario, artistico, politico e sim.: *ribellarsi agli schemi*; *rinnovare i vecchi schemi*; *gli schemi retorici*. *4* Nella filosofia di Kant, rappresentazione intermediaria tra il fenomeno e le categorie. || **schemìno**, dim.

schematicità s. f. ● Qualità di ciò che è schematico.

schemàtico [vc. dotta, dal gr. *schēmatikós*, da *schêma*, genit. *schḗmatos* 'configurazione'] agg. (pl. m. *-ci*) *1* Che rappresenta q.c. nelle sue linee essenziali: *disegno, racconto s.*; *forma schematica*. SIN. Abbozzato, sommario. *2* (*spreg.*) Rigido, limitato, angusto: *ragionamento s.* || **schematicaménte**, avv.

schematìşmo [vc. dotta, dal gr. *schēmatismós* 'figura, espressione', da *schêma*, genit. *schḗmatos* 'configurazione', con *-ismós* '-ismo'] s. m. *1* Qualità di chi, di ciò che è schematico: *un critico che pecca di s.* *2* Nella filosofia di Kant, il sistema degli schemi trascendentali che assicurano la mediazione tra le categorie e i dati sensibili.

schematiẓẓàre [da *schema*, sul modello del lat. tardo *schematizāre*, adattamento del gr. *schēmatízein*, da *schêma*, genit. *schḗmatos* 'schema'] v. tr. ● Semplificare q.c. riducendolo alle sue linee principali ed essenziali.

schematiẓẓazióne s. f. ● Atto, effetto dello schematizzare.

schèpsi ● V. *scepsi*.

scheràno [dal provz. *escaran* 'brigante', dal got. *skarja* 'capitano'. V. *schiera, sgherro*] **A** s. m. (f. *-a*, raro) ● (*lett.*) Uomo facinoroso, brigante | (*lett.*) Sgherro, sicario. **B** anche agg.: *gente scherana o sbandita* (SACCHETTI).

†**schèretro** ● V. *scheletro*.

†**schericàre** ● V. †*schiericare* (2).

schérma o **schèrma** [da *schermire*] s. f. *1* Arte e tecnica del combattimento con fioretto, sciabola e spada | Disciplina sportiva che si pratica con le armi bianche suddette. ➡ ILL. p. 1286 SPORT. *2* Nel pugilato, tecnica, abilità di eludere gli attacchi avversari, di proteggersi da essi, e contemporaneamente di riuscire a colpire: *avere una buona s.*

schermàggio [da *schermare*] s. m. ● Difesa di apparecchi, strumenti e macchine dall'azione di campi elettrici e magnetici esterni.

schermàglia [da *scherma*] s. f. *1* †Battaglia, duello. *2* (*fig.*) Polemica discussione vivace, condotta con abili mosse di attacco e di difesa. SIN. Scaramuccia.

†**schermàglio** (1) [da *scherma*] s. m. ● Scherma.

†**schermàglio** (2) [da *schermo*] s. m. ● (*raro*) Riparo, schermo.

schermàre [da *schermo*] v. tr. (*io schérmo* o *schèrmo*) *1* †Riparare, proteggere. *2* Fare schermo, riparare con uno schermo: *s. un riflettore.* *3* Racchiudere organi elettrici in schermi per impedire che subiscano o producano induzioni.

schermàta [da *schermo* (*video*)] s. f. ● (*elab.*) Videata.

schermàto part. pass. di *schermare*; anche agg. ● Nei sign. del v.

schermatùra s. f. ● Atto, effetto dello schermare | (*est.*) Ciò che viene usato per schermare.

schermidóre o †**eschermidóre**, **schermitóre** s. m. (f. *-dora*, *-tora*, *-trice*) *1* Chi pratica lo sport della scherma. ➡ ILL. p. 1286 SPORT. *2* Pugile non dotato di grande forza di pugno, che gareggia impiegando una tattica di scherma.

schermìre [dal longob. *skirmjan* 'proteggere'] **A** v. intr. (*io schermìsco, tu schermìsci*; aus. *avere*) ● Tirare di scherma. **B** v. tr. ● Difendere, riparare, proteggere: *schermirsi il viso dal sole.* **C** v. rifl. ● Sottrarsi abilmente, eludere: *schermirsi da domande importune, dagli attacchi dei nemici.*

schermìstico agg. (pl. m. *-ci*) ● Della scherma, relativo alla scherma: *incontro s.*; *azione schermistica.*

schermitóre ● V. *schermidore.*

schérmo o **schèrmo** [da *schermire*] s. m. *1* Riparo, difesa (*anche fig.*): *trovare s.*; *fare*, *farsi s. di qc. o di q.c.* *2* †Ostacolo. *3* Qualsiasi dispositivo atto a sottrarre una determinata regione dello spazio all'influenza di un campo di forze: *s. elettrico, magnetico, elettromagnetico* | *S. luminescente* o *fluorescente*, superficie di materiale trasparente a cui aderisce uno strato di sostanza resa luminescente da radiazioni elettromagnetiche e da particelle dotate di una certa energia. *4* Superficie bianca su cui vengono proiettate le immagini della pellicola cinematografica | *S. ottico*, superficie piana per la riproduzione delle immagini luminose | *S. televisivo*, parte anteriore del cinescopio che rende visibile l'immagine elettronica | *S. piatto*, schermo televisivo che, essendo costituito da cristalli liquidi, non necessita della normale forma ricurva | *Piccolo s.*, lo schermo televisivo, la televisione | *Grande s.*, lo schermo cinematografico, il cinema. *5* (*est.*) Cinematografo: *artisti, divi, dello s.*; *adattare per lo s.* *6* (*mar.*) Gruppo di navi o aerei, che svolge azione di esplorazione e pattugliamento a protezione del grosso della squadra.

schermografàre v. tr. (*io schermògrafo*) ● Eseguire la schermografia.

schermografìa [comp. di *schermo* e *-grafia*] s. f. ● (*med.*) Ripresa fotografica delle immagini radiologiche prodotte su uno schermo fluorescente.

schermogràfico agg. (pl. m. *-ci*) ● Di schermografia: *centro s.*; *indagine schermografica.*

†**schérna** o †**schérnia** [da *schernire*] s. f. ● (*raro*) Scherno: *grande s. ne fecero i Sanesi* (VILLANI).

schernévole [da *schernire*] agg. *1* (*lett.*) Di scherno, pieno di scherno: *occhi aggressivi e schernevoli* (BACCHELLI). *2* †Degno di scherno. || **schernevolménte**, avv. Con scherno.

†**schérnia** ● V. †*scherna.*

†**scherniàno** [da †*schernia*] s. m. ● (*raro*) Schernitore.

†**schernidóre** ● V. *schernitore.*

†**schernimènto** [da *schernire*] s. m. ● (*lett.*) Scherno.

schernìre [dal francone *skernjan* 'burlare'] v. tr. (*io schernìsco, tu schernìsci*) *1* Deridere, dileggiare, con disprezzo insultante. *2* (*raro*) Ingannare, beffare: *Questi per noi / sono scherniti con danno e con beffa* (DANTE *Inf.* XXIII, 13-14).

schernìto part. pass. di *schernire*; anche agg. ● Nei sign. del v.

schernitóre o †**schernidóre**. s. m.; anche agg. (f. *-trice*) ● Chi, che schernisce: *s. della patria*; *sguardo s.*

schérno [da *schernire*] s. m. *1* Atto dello schernire: *fare s.*; *farsi s. di qc., di q.c.*; *fare, dire e sim. q.c. per s.* *2* Parole, gesti e sim. con i quali si schernisce: *grido di s.*; *essere oggetto di s.* *3* Chi viene schernito: *essere lo s. di tutti.*

†**scheruòla** ● V. *scarola.*

†**scherzaménto** [da *scherzare*] s. m. ● Scherzo.

scherzàndo [gerundio sost. di *scherzare*] s. m. inv. ● (*mus.*) Notazione di movimento brioso, capriccioso.

scherzàre o (*lett.*) †**ischerzàre** [dal longob. *skërzôn*, cfr. ted. *scherzen* 'scherzare'] **A** v. intr. (*io schérzo*; aus. *avere*) *1* Giocare allegramente, trastullarsi: *i bambini scherzano tra loro*; *il cagnolino scherza col padrone.* *2* (*lett.*) Muoversi, agitarsi, graziosamente: *il vento le scherza fra i capelli*; *era nel tempo ... / ... ch'a scherzar comincian le farfalle* (PULCI). *3* Agire, parlare, e sim. alla leggera, senza serietà e impegno, dicendo arguzie e motti di spirito, prendendosi gioco di qc. o di q.c., riuscendo a far credere ciò che non è vero, e sim.: *è un tipo a cui piace s.*; *scherza su tutto*; *non s., è una cosa seria*; *non te la prendere, volevo solo s.*; *con voi non si può s.!*; *scherzavo quando ho detto che sarei partito* | *Non scherzo*, dico davvero, sul serio | *C'è poco da s.*, *non si scherza*, e sim., si fa sul serio, è cosa di una certa gravità | *S. col fuoco, colla morte*, e sim., agire in modo leggero e imprudente in un'impresa pericolosa, rischiosa o mortale. **B** v. tr. ● (*dial.*, *pop.*) Schernire: *perché scherzate quel povero ragazzo?*

†**scherzatóre** s. m.; anche agg. (f. *-trice*) ● Chi, che scherza.

scherzeggiàre [da *scherzare*, con suff. iter.-ints.] v. intr. (*io scherzéggio*; aus. *avere*) ● (*raro*) Scherzare spesso e in tono piacevole.

scherzévole agg. ● (*lett.*) Scherzoso. || **scherzevolménte**, avv. Con scherzo, da scherzo.

schérzo o (*lett.*) †**ischérzo** spec. nel sign. 5 [da *scherzare*] s. m. *1* Atto dello scherzare: *prendere q.c., tutto, in s.*; *volgere q.c. in s.*; *lasciare, mettere, da parte gli scherzi* | *Senza scherzi*, sul serio | *Non* (*saper*) *stare allo s.*, essere facile a offendersi. *2* Gesto, atto, parola e sim. fatto o detto scherzando: *s. innocente, licenzioso, riuscito, simpatico, villano, di cattivo gusto* | (*pop.*) *S. da prete*, di cattivo gusto | *S. di natura*, qualunque cosa fuori dell'ordinario; (*est.*) persona, animale, cosa, mal fatti o ripugnanti | *S. di penna*, ghirigoro | *Scherzi d'acqua*, zampilli d'acqua disposti in modo da produrre particolari effetti | *Scherzi di luce*, particolari effetti di luce. *3* (*antifr.*) Tiro, sorpresa, sgradevole: *la malattia gli ha fatto un brutto s.*; *a volte il vino fa certi scherzi ...* *4* (*fig.*) Cosa che non presenta nessuna difficoltà, cosa da nulla: *oggi andare da Roma a New York in aereo è uno s.*; *per lui risolvere l'equazione è stato uno s.* *5* Nella loc. avv. *per s.*, non sul serio | *Neppure per ischerzo*, per nessuna ragione, assolutamente no. *6* (*letter.*) Componimento poetico di tono scherzoso, burlesco o faceto. *7* (*mus.*) Brano capriccioso, bizzarro | Piccole frasi con movimento vivo, brioso, ritmico | Capriccio. || **scherzàccio**, pegg. | **scherzétto**, dim. | **scherzucciàccio**, pegg. | **scherzùccio**, dim.

scherzóso agg. *1* Che scherza, che ama scherzare: *fanciullo, cagnolino s.* | (*est.*, *lett.*) Capriccioso, grazioso: *auretta scherzosa.* *2* Che è detto, fatto, o sim. scherzando: *parole scherzose*; *tono s.*; *gesto s.* || **scherzosétto**, dim. || **scherzosaménte**, avv. Con scherzo, in modo scherzoso.

schettinàggio o (*dial.*) **scattinàggio** [da *schettinare*, sul modello di *pattinaggio*] s. m. ● Pattinaggio a rotelle.

schettinàre o (*dial.*) **scattinàre** [adattamento dell'ingl. *skating* 'pattinaggio', gerundio di *to skate* 'pattinare'] v. intr. (*io schèttino*; aus. *avere*) ● Pattinare con i pattini a rotelle.

schettinatóre o (*dial.*) **scattinatóre** [da *schettinare*] s. m. (f. *-trice*) ● Pattinatore con i pattini a rotelle.

schèttino o (*dial.*) **scàttino** [da *schettinare*, sul modello di *pattino*] s. m. ● Pattino a rotelle.

†**schi** ● V. *sci.*

schiàccia o (*pop.*, *tosc.*) **stiàccia** [da *schiacciare*] s. f. (pl. *-ce*) *1* Tipo di caccia proibita per uccelli, che rimangono schiacciati sotto una lastra di pietra in bilico | (*fig.*) *Rimanere alla s.*, in una situazione pericolosa, in un grave danno. *2* Arnese di due dischi imperniati come le forbici, sui quali si versa la pasta per fare cialde, ostie, brigidini. *3* (*region.*) Focaccia appiattita. SIN. Schiacciata.

schiacciabiàde [comp. di *schiaccia(re)* e il pl. di *biada*] s. m. inv. ● Arnese per schiacciare granaglie, spec. quelle destinate a cavalli o altre bestie da soma.

schiacciaforàggi [comp. di *schiacciare* e il pl. di *foraggio*] s. m. ● Condizionatrice.

schiacciaménto s. m. *1* Atto, effetto dello schiacciare o dello schiacciarsi. *2* (*astron.*) *S. degli astri*, diminuzione del raggio polare rispetto a quello equatoriale per astri in rotazione.

schiaccianóci [comp. di *schiaccia(re)* e il pl. di *noce*] s. m. ● Arnese da tavola a tenaglia, per schiacciare noci, nocciole, mandorle.

schiacciànte part. pres. di *schiacciare*; anche agg. *1* Nei sign. del v. *2* Che vince ogni dubbio, irrefutabile: *prove schiaccianti*; *accusa s.*

schiacciapatàte [comp. di *schiaccia(re)* e il pl. di *patata*] s. m. inv. ● Arnese da cucina per schiacciare le patate bollite.

schiacciàre o (*pop.*, *tosc.*) **stiacciàre** [vc. di origine onomat.] **A** v. tr. (*io schiàccio*) *1* Calcare e comprimere fortemente, spec. con movimento diretto dall'alto verso il basso, in modo da far perdere la forma originaria, ammaccare, rompere, e sim.: *s. il ferro col martello*; *s. le olive, le uova, le patate, le noci*; *si è seduto sul cappello e lo ha schiacciato*; *si schiacciò un dito* | (*est.*) Investire: *la macchina lo ha schiacciato sulle strisce* | Pigiare forte: *la folla mi schiaccia* | *S. un pisolino*, dormire brevemente | (*pop.*) *S. moccoli*, bestemmiare. *2* (*fig.*) Deformare, rendere piatto (*anche ass.*): *quel modello ti schiaccia la figura*; *è una pettinatura che schiaccia.* *3* (*fig.*) Annientare sotto il peso della forza fisica o morale: *s. l'avversario*; *s. qc. sotto il peso della propria cultura*; *s. qc. con prove evidenti* | (*tosc.*) Bocciare: *s. un ragazzo all'esame.* *4* (*sport*) Nella pallavolo, nel tennis e nel ping-pong: *s. la palla*, rinviarla con una schiacciata. **B** v. intr. pron. ● Perdere la forma originaria diventando piatto, ammaccato, e sim.: *la torta si è schiacciata.*

schiacciasàssi [comp. di *schiaccia(re)* e il pl. di *sasso*] s. m. ● Macchina fornita di rullo compressore, usata per la compressione della pavimentazione stradale.

schiacciàta o (*pop.*, *tosc.*) **stiacciàta** [da *schiacciare*] s. f. *1* Atto dello schiacciare in una volta. *2* Pestata, ammaccatura. *3* (*dial.*) Bocciatura. *4* Focaccia appiattita. SIN. Schiaccia. *5* (*sport*) Nella pallavolo, nel tennis e nel ping-pong, forte colpo con cui si rimanda una palla alta a battere sul terreno avversario, in modo tale che per la rapidità con la quale giunge e per la sua angolazione difficilmente può essere rilanciata | Nel basket, colpo con cui il giocatore riesce a segnare, spingendo direttamente, spec. con forza, la palla nel canestro avversario. || **schiacciatìna**, dim. | **schiacciatóna**, accr.

schiacciàto o (*pop.*, *tosc.*) **stiacciàto** part. pass. di *schiacciare*; anche agg. *1* Nei sign. del v. *2* Piatto, compresso: *naso s.*; *forma schiacciata* | *Becco s.*, (*per anton.*) quello delle anatre selvatiche. *3* (*ling.*) Detto di suono nella cui articolazione la lingua è schiacciata contro il palato. || **schiacciatìno**, dim.

schiacciatóre s. m. (f. *-trice*) *1* (*raro*) Chi schiaccia. *2* (*sport*) Giocatore abile nello schiacciare la palla.

schiacciatùra s. f. ● Atto, effetto dello schiacciare o dello schiacciarsi | Punto in cui un oggetto è schiacciato.

schiacciolàre [da *schiacciare*, col suff. *-ol-* dim.] v. tr. (*io schiàcciolo*) ● (*raro*, *tosc.*) Schiacciare leggermente.

†**schiàdica** ● V. *sciatica.*

schiaffàre [da *schiaffo*] **A** v. tr. *1* Mettere con malgarbo e in fretta, gettare, sbattere: *s. i libri in un angolo*; *s. qc. in terra* | *S. qc. in prigione*, *s. qc. dentro*, e sim., imprigionarlo. *2* †Schiaffeggiare. **B** v. intr. pron. ● Buttarsi, gettarsi con malgarbo: *si è schiaffato in poltrona.*

schiaffeggiàre [da *schiaffare*, con suff. iter.-ints.] v. tr. (*io schiafféggio*) *1* Prendere a schiaffi, colpire con uno o più schiaffi: *lo schiaffeggiò in pubblico.* *2* (*fig.*) Colpire con forza: *gli spruzzi gli schiaffeggiarono il viso* | *S. la palla*, colpirla con il palmo della mano.

schiaffeggiàto part. pass. di *schiaffeggiare*; anche agg. ● Nei sign. del v.

schiaffeggiatóre s. m. (f. *-trice*) ● (*raro*) Chi schiaffeggia.

schiaffétto s. m. *1* Dim. di *schiaffo.* *2* Nel basket, leggero colpo dato con le dita alla palla su rimbalzo offensivo o difensivo.

schiàffo o (*pop.*, *tosc.*) **stiàffo** [di etim. incerta; da una radice onomat. *sklaf-* (?)] s. m. *1* Colpo dato sulla guancia a mano aperta: *dare*, *prendere*, *uno s.*; *prendere qc. a pugni e a schiaffi* | *Misurare uno s.*, fare il gesto di darlo | *Avere una faccia da schiaffi*, avere un'espressione, un atteggiamento, irritante o tale da destare antipatia | *Pettinatura con lo s.*, *allo s.*, con metà dei capelli gettati indietro lateralmente al viso. *2* (*fig.*) Umiliazione, mortificazione: *s. morale.* *3* *Tiro di s.*, nel biliardo, quello effettuato colpendo con la propria la palla avversaria dopo averla fatta rimbalzare contro la sponda. || **schiaffettino**, dim. | **schiaffétto**, dim. (V.) | **schiaffóne**, accr.

schiamazzàre [lat. *exclamāre* 'gridare' (V. *esclamare*), con suff. iter.-pegg.] v. intr. (aus. *avere*) ● Emettere gridi rauchi e scomposti, detto delle galline e (*est.*) di volatili: *le oche che schiamazzarono in Campidoglio* | Vociare, strepitare, di persone.

schiamazzatóre s. m.; anche agg. (f. *-trice*) ● Chi, che schiamazza: *schiamazzatori notturni.*

schiamazzìo s. m. ● Atto dello schiamazzare continuo.

schiamàzzo [da *schiamazzare*] s. m. ● Atto dello schiamazzare: *che cos'è questo s.?*; *smettetela con quello s.*; *schiamazzi notturni* | *Fare s.*, schiamazzare e (*est.*) fare confusione, agitarsi, darsi dA fare: *fa un grande s. per mettersi in mostra.*

schiàncio ● V. *scancio.*

†**schiancìre** [dall'ant. fr. *guenchir* 'andar di traverso', con *s-*. V. *sguanciare* (*2*)] v. tr. e intr. ● (*tosc.*) Colpire di traverso.

schiantàre o (*pop.*, *tosc.*) **stiantàre** [di etim. discussa: sovrapposizione di *spiantare* a *schiattare* (?)] **A** v. tr. *1* Rompere, spezzare, con forza e violenza: *il temporale schianta gli alberi*; *l'urto ha schiantato la macchina* | (*est.*) Strappare, svellere. *2* Provocare uno schianto, un grande dolore, spec. nella loc. *s. il cuore*: *mi schianterai il cuore.* **B** v. intr. pron. ● Scoppiare, spezzarsi, rompersi violentemente: *la barca si schiantò contro lo scoglio*; *mi si schianta il cuore.* **C** v. intr. (aus. *essere*) ● (*fam.*) Scoppiare, crepare, spec. nelle loc.: *s. dalla fatica*, *dal dolore*, *dalla rabbia*, *dal ridere e sim.* | Morire.

schiantatùra s. f. ● Atto dello schiantare.

†**schianteréccio** agg. ● Che si schianta facilmente.

schiànto o (*pop.*, *tosc.*) **stiànto** s. m. *1* Atto dello schiantare o dello schiantarsi. *2* Rumore improvviso prodotto da ciò che si schianta: *lo s. del tuono*, *del legno non stagionato.* *3* (*fig.*) Dolore improvviso e lancinante: *provare uno s. al cuore.* *4* (*fig.*, *fam.*) Persona o cosa estremamente bella, che provoca sensazione: *è uno s. di ragazza*; *il tuo nuovo vestito è uno s.* *5* Nella loc. avv. *di s.*, all'improvviso, d'un tratto.

†**schiànza** [di etim. discussa: sovrapposizione di *schiantare* a *chiazza* (?)] s. f. ● Crosta su piaga, ferite, e sim.: *le mani ... incise di porri*, *di verruche*, *di schianze* (CARDUCCI).

schiàppa (*1*) o †**scàppia** nel sign. 1 [da †*schiappare* (V.)] s. f. *1* Lunga scheggia di legno. *2* Mezza pelle, ottenuta sezionando una pelle intera lungo la linea dorsale. *3* (*fig.*) Persona che si dimostra incapace e inesperta nel lavoro, nel gioco, nello sport e sim.: *come impiegato è una s.*; *al poker è proprio una s.* SIN. Sbercia. || **schiappino**, dim. m.

†**schiàppa** (*2*) [di etim. discussa: sovrapposizione di *schiacciare* a *cappa* o *cioppa* (?)] s. f. ● Veste giovanile stretta in vita.

†**schiappàre** [di etim. incerta: dalla radice onomat. *sclapp-* (?)] v. tr. ● Fare schiappe tagliando legna.

schiaràre [lat. *exclarāre* 'illuminare', comp. di *ĕx-* (*s-*) e *clarāre*, da *clārus* 'luminoso'] **A** v. tr. ● (*raro*, *lett.*) Illuminare, rendere chiaro | (*est.*, *fig.*) Dichiarare, spiegare. **B** v. intr. e intr. pron. (aus. *essere*) ● (*raro*, *lett.*) Diventare chiaro: *schiarando il giorno*, *la gente cominciò ad andare al Prato* (VILLANI).

schiariménto s. m. *1* Atto dello schiarire o dello schiarirsi. *2* (*fig.*) Spiegazione, delucidazione: *chiedere uno s.*; *avere bisogno di schiarimenti.*

schiarìre [da *chiarire*, con *s-*] **A** v. tr. (*io schiarìsco*, *tu schiarìsci*) *1* Rendere chiaro, più chiaro: *s. un colore*; *schiarirsi i capelli*; *schiarirsi la voce.* *2* Diradare, spec. di piante, di boschi. *3* (*raro*) †Dichiarare, spiegare. **B** v. intr. e intr. pron. (aus. *essere*) *1* Diventare chiaro, più chiaro: *è un colore che schiarisce subito*; *i capelli si sono schiariti.* *2* Farsi chiaro, tornare sereno: *il cielo schiarisce.* **C** v. intr. impers. (aus. *essere* e *avere*) *1* Tornare sereno: *dopo il temporale schiarirà.* *2* Farsi giorno: *in estate schiarisce presto.*

schiarìta [da *schiarire*] s. f. ● Rasserenamento: *c'è stata una breve s.* | (*fig.*) Miglioramento: *è prevista una s. nei rapporti fra i due paesi.*

schiaritóio [da *schiarire*] s. m. ● Locale in cui si schiarisce l'olio, lasciandolo depositare.

schiaritùra s. f. ● Atto, effetto dello schiarire.

†**schiàro** [da *schiarire*] agg. ● (*raro*) Che ha un colore grigio molto chiaro.

schiassolàre [da *chiass*(*u*)*olo* 'vicolo', dim. di *chiasso* (*2*), con *s-*] v. intr. (*io schiassòlo*; aus. *essere* o *avere*) ● (*raro*, *dial.*) Andare per i chiassi, svicolare.

schiàtta [dal got. **slahta* 'stirpe'] s. f. ● (*lett.*) Stirpe, discendenza: *essere di antica*, *di nobile s.*

schiattàre o (*pop.*, *tosc.*) **stiattàre** [di etim. incerta: lat. parl. **exclappitāre* 'scoppiare', dalla radice onomat. **clapp-*, con *ĕx-* (*s-*) (?)] v. intr. (aus. *essere*) ● Scoppiare, crepare (*spec. fig.*): *c'è da s.*; *s. di rabbia*, *di impazienza*; *s. dall'invidia.*

schiattìre [variante ant. di *squittire*] v. intr. (*io schiattìsco*, *tu schiattìsci*; aus. *avere*) *1* (*raro*) Emettere guaiti brevi e acuti, detto spec. di cani. *2* †V. *squittire* (*1*).

schiavacciàre (*1*) [da *chiavaccio*, con *s-* estrattivo] v. tr. (*io schiavàccio*) ● (*raro*) Levare il chiavaccio.

schiavacciàre (*2*) [da *chiavaccio*, con *s-* durativo-ints.] v. intr. (*io schiavàccio*; aus. *avere*) ● Fare rumore con chiavi.

schiavardàre [da *chiavarda*, con *s-*] v. tr. ● Togliere le chiavarde.

†**schiavàre** [da *chiavare*, con *-s*] v. tr. ● Schiodare, scardinare: *schiavava ... il perno che reggeva l'angelo* (VASARI).

schiavésco agg. (pl. m. *-schi*) ● (*raro*) Di, da, schiavo (*spec. spreg.*).

schiavìna [da *schiavo* 'slavo'] s. f. *1* Nel Medioevo, lunga veste con cappuccio dei pellegrini e dei penitenti. *2* Coperta da letto di panno pesante. *3* (*raro*) †Prigione.

schiavìsmo [da *schiavo*, con *-ismo*] s. m. ● Dottrina e sistema economico-sociale fondato sulla schiavitù.

schiavista **A** s. m. e f. (pl. m. *-i*) ● Chi sostiene lo schiavismo. **B** agg. ● Schiavistico.

schiavìstico agg. (pl. m. *-ci*) ● Che si riferisce allo schiavismo e agli schiavisti | *Economia schiavistica*, sistema economico basato sull'utilizzazione, come forza-lavoro fondamentale, di schiavi.

schiavitù [da *schiavo*] s. f. *1* Condizione di chi è schiavo: *ribellarsi alla s.*; *liberarsi dalla s.*; *ridurre in s.* | *Riduzione in s.*, reato di chi priva completamente una persona della propria libertà individuale riducendola in condizioni di schiavo o analoghe a quelle di schiavo | *Vivere in s.*, di animale selvatico tenuto in costrizione | *Allevare in s.*, allevare animali, presi da piccoli, dal covo o dal nido. *2* Mancanza delle libertà politiche | Condizione di dipendenza, di soggezione allo straniero: *la s. dell'Italia sotto la Austria.* *3* (*fig.*) Soggezione, dipendenza forzata, ad altre persone, a passioni, abitudini, e sim.: *la s. della famiglia*, *del fumo*, *del cerimoniale.*

schiavizzàre [da *schiavo*] v. tr. (*io schiavìzzo*) ● Ridurre in schiavitù, rendere schiavo | (*est.*) Sottoporre a un'autorità dispotica e intransigente.

schiavizzazióne [da *schiavizzare*] s. f. ● Atto, effetto dello schiavizzare.

schiàvo o (*pop.*, *tosc.*) **stiàvo** nel sign. A [lat. mediev. *sclāvu*(*m*), *slāvu*(*m*) '(prigioniero) slavo', dal gr. mediev. *sklabós*] **A** s. m.; anche agg. (f. *-a*) *1* Chi, che è totalmente privo della libertà individuale e gener. di ogni diritto, soggetto interamente alla proprietà privata di un padrone per nascita o per cattura in guerra o per vendita o per condanna: *gli schiavi greci*, *romani*; *acquistare*, *uccidere uno s.*; *commercio*, *tratta*, *degli schiavi* | *Vita da schiavi*, dura, faticosa | *Essere trattato come uno s.*, duramente, senza pietà. *2* Chi, che soffre soggezione, padronanza, e sim. che vincolano e impediscono, in parte o completamente, la sua libertà: *popolo s.*; *essere s. delle apparenze*, *dei pregiudizi*, *delle passioni*; *non è s. di nessuno*; *s. d'amore.* *3* (*dial.*) †Forma di saluto: *s. suo*, *s. vostro*; *amici vi sono s.* (GOLDONI). || **schiavétto**, dim. | **schiavolino**, dim. **B** agg. *1* *Alla schiava*, (*ell.*) alla maniera degli schiavi | *Braccialetto alla schiava*, alto, pesante e privo di motivi ornamentali, simile all'anello che incatenava gli schiavi | *Sandali alla schiava*, legati al piede da lacci che salgono oltre la caviglia. *2* †Della Slavonia: *il mar s. e il tosco* (ARIOSTO).

schiavóne [da *schiavo*. V. il lat. mediev. *S*(*c*)*lavones* 'Slavi'] **A** s. m.; anche agg. (f. *-a*, raro) ● Anticamente, slavo delle coste orientali del Mar Adriatico. **B** s. m. ● (*spec. al pl.*) Soldati slavi al servizio della repubblica di Venezia.

schiccheracàrte [comp. di *schicchera*(*re*) (*1*) e il pl. di *carta*] s. m. e f. inv. ● Schiccherafogli.

schiccherafògli [comp. di *schicchera*(*re*) (*1*) e il pl. di *foglio*] s. m. e f. ● (*raro*) Scrittore di nessun valore: *questo mestiere dello s.* (MANZONI).

schiccheràre (*1*) [vc. di origine onomat. (?)] v. tr. (*io schìcchero*) ● Disegnare, scrivere, e sim. imbrattando ciò su cui si disegna o si scrive | (*est.*) Disegnare, scrivere, e sim. alla peggio.

schiccheràre (*2*) [da *chicchera*, con *s-*] v. tr. e intr. (*io schìcchero*; aus. *avere*) ● (*raro*) Bere molto e ripetutamente: *il nonno schicchera spesso*; *si sono schiccherati due bottiglie.*

schiccheràto part. pass. di *schiccherare* (*1*); anche agg. ● (*raro*) Nei sign. del v.

schiccheratóre s. m. (f. *-trice*) ● (*raro*) Chi schicchera, nel sign. di *schiccherare* (*1*).

schiccheratùra s. f. ● Atto, effetto dello schiccherare, nel sign. di *schiccherare* (*1*).

schiccheróne s. m. (f. *-a*) ● (*raro*) Chi schicchera spesso e volentieri, nel sign. di *schiccherare* (*2*).

†**schicchirillàre** [da *schiccherare* (*1*), con suff. iter.-vezz.] v. tr. ● (*raro*) Schiccherare, nel sign. di *schiccherare* (*1*).

schidionàre v. tr. (*io schidióno*) ● (*raro*) Infilare sullo schidione.

schidionàta s. f. ● Quantità di carne che si può infilare in una sola volta sullo schidione.

schidióne o †**schedóne** (*2*), (*pop.*, *tosc.*) **stidióne** [di etim. discussa: variante di un ant. *schedone*, sovrapposizione di *scheggia* a *spiedo* (?)] s. m. ● Spiedo lungo e sottile nel quale si infilzano volatili per cuocerli arrosto.

schièna [dal longob. *skëna*] s. f. *1* Regione dorsale del corpo: *avere mal di s.*; *sentire un dolore alla s.*; *avere molti anni sulla s.* | *Filo della s.*, spina dorsale | *Lavoro di s.*, duro, faticoso | *A forza di s.*, con fatica, lavorando duro | *Avere buona s.*, essere forte, robusto | *Colpire alla s.*, a tradimento | *Curvare la s.*, dimostrarsi umile, sottomesso | *Rompersi la s.*, lavorare troppo, o troppo duramente | *Voltare la s.*, andarsene, fuggire | †*Stare sulla s.*, fare il superbo | (*raro*) Groppa di animale: *trasportare q.c. a s. di mulo*, *a s. di asino* | *Ponte*, *strada* e sim. *a s. di mulo*, *a s. di asino*, con sezione ad arco rialzato al centro e spiovente ai lati. *2* (*geogr.*, *raro*) Dorsale. || **schienàccia**, pegg.

schienàle [da *schiena*] s. m. *1* (*raro*) †Schiena. *2* Parte di sedia, poltrona, divano, cui si appoggia la schiena. SIN. Spalliera. *3* Schiena di animale da macello | Midollo spinale di bestia macellata. *4* †Parte della corazza che copre la schiena. *5* (*mar.*) Tavola al traverso di poppa di una lancia per appoggiarvisi e per separazione dalla timoniera.

schienàta s. f. *1* Colpo dato con la schiena. *2* (*sport*) Colpo della lotta, con il quale si pone l'avversario con la testa e le spalle al tappeto, ottenendo così la vittoria.

schienùto agg. ● Che ha schiena larga e forte.

schièra o (*pop., tosc.*) †**stièra** [dal provz. *esquiera*, dall'ant. fr. *eschiere*, risalente al francone *skara*. V. *scherano, sgherro*] s. f. *1* Reparto di soldati armati disposti su una stessa linea nel senso del fronte: *prima, seconda s.*; *schiere numerose, folte, invitte, gloriose*; *muovere le proprie schiere*; *sbaragliare, raccogliere le schiere*. *2* (*est.*) Moltitudine ordinata di persone o di animali: *s. di collegiali, di seminaristi, di angeli, di gru* | (*est.*) Gruppo, compagnia, di persone che hanno q.c. in comune: *la s. dei critici, dei giornalisti* | (*est., gener.*) Stuolo, massa, folla: *quei ... / ch'uscì per te de la volgare s.?* (DANTE *Inf.* II, 104-105) | *A s.*, in gruppo ordinato | *A schiere*, in gran quantità.

schieraménto s. m. *1* Atto dello schierare o dello schierarsi. *2* Disposizione sul terreno, nel senso della fronte e della profondità, di unità, opere di difesa, organi di servizio: *s. serrato, diradato, a scacchiera, offensivo, difensivo* | *S. per ala*, nel senso del fronte | *S. per linea*, in profondità | *S. iniziale*, in primo assunto | *S. di artiglieria*, per l'impiego. *3* Composizione di una squadra di giocatori e loro disposizione in campo, formazione. *4* Insieme di persone, mezzi, e sim. che si trovano uniti nel sostenere e difendere un'idea, un programma, un partito, e sim.: *lo s. dei partiti di sinistra*.

schieràre [da *schiera*] **A** v. tr. (*io schièro*) *1* Ordinare, disporre in schiera: *s. l'esercito a battaglia* | *S. in campo una squadra, una formazione*, far scendere in campo, o designare i giocatori e il loro schieramento per una partita. *2* (*est.*) Disporre in file ordinate: *s. i libri negli scaffali*. **B** v. rifl. *1* Ordinarsi in schiera: *schierarsi in ordine di combattimento*. *2* (*fig.*) Prendere posizione tra i difensori o gli oppositori di una persona, un'idea, una polemica e sim.: *schierarsi con qc., dalla parte di qc., contro qc.*

schiericàre (1) [da *chierico*, con *s-*] **A** v. tr. (*io schiérico, tu schiérichi*) ● (*raro*) Togliere la dignità di chierico. **B** v. intr. pron. ● (*raro*) Abbandonare l'ufficio di chierico.

†**schiericàre** (2) o †**schericàre** [da *chierica*, con *s-*] v. tr. ● Togliere la punta a un diamante.

schiettézza s. f. ● Qualità di chi, di ciò che è schietto.

schiètto o **schiétto**, (*pop., tosc.*) **stiétto** [dal got. *slaíhts* 'semplice', cfr. il ted. *schlecht* 'cattivo'] **A** agg. *1* Puro, scevro di contaminazioni e di mescolanze: *la schietta ispirazione artistica* (DE SANCTIS); *vino, colore, oro s.* | *Linguaggio s.*, non mescolato con elementi dialettali o stranieri: *parlare un fiorentino s.*; *avere una pronuncia schietta*. *2* (*est.*) Sano, scevro di magagne, imperfezioni: *frutta schietta*; *sano e s.* | *Vino s.*, senza aggiunta di acqua, genuino | *Oro s.*, senza lega, puro | Liscio, uniforme, privo di nodosità: *non rami schietti, ma nodosi e 'nvolti* (DANTE *Inf.* XIII, 5). *3* (*est.*) Semplice, privo di ornamenti eccessivi: *vestire in modo s.*; *architettura schietta* | (*arald.*) *Arena schietta*, stemma di famiglia senza brisure o partizioni di dipendenza. *4* Agile e asciutto: *magro e s.*; *membra schiette*. *5* (*fig.*) Sincero, leale: *parole schiette*; *sentimento s.*; *amicizia schietta*; *io sono una donna schietta ... quando devo dir, dico* (GOLDONI) | *A dirla, a dirvela schietta*, parlando francamente, chiaramente. || **schiettaménte**, avv. Con schiettezza, sincerità. **B** in funzione di avv. ● Sinceramente, francamente: *parlare s.*; *te lo dirò s.*

†**schifaménto** [da *schifare*] s. m. ● (*raro*) Atto dello schifare.

schifàre o †**eschifàre** [variante arcaica di *schivare* (V.)] **A** v. tr. *1* Avere a schifo, in dispregio: *s. un ambiente*; *s. una compagnia*. *2* Fare schifo, provocare nausea, disgusto: *vedere certi film mi schifa*. *3* †Ricusare, rifiutare. *4* †V. *schivare*. **B** v. intr. pron. ● Provare schifo, nausea, disgusto: *si è schifato della carne*.

schifàto part. pass. di *schifare*; anche agg. *1* Nei sign. del v. *2* Nauseato, disgustato: *ha sempre un'aria schifata*. *3* (*raro*) Disprezzato, evitato, rifiutato.

†**schifatóre** s. m.; anche agg. (f. *-trice*) ● (*raro*) Chi, che schifa.

schifeltà ● V. *schifiltà*.

schifènza ● V. *schifezza*.

schiferìa [da *schifare*] s. f. ● (*raro*) Schifezza.

†**schifévole** [da *schifare*] agg. *1* Schifoso. *2* Schivo. || †**schifevolménte**, avv. In modo schifoso; con schifo.

schifézza o (*dial.*) **schifènza** [da *schifo* (*1*)] s. f. *1* Qualità di chi, di ciò che fa schifo. *2* (*est.*) Cosa schifosa, ripugnante, mal fatta o mal riuscita.

schifiltà o **schifeltà**, †**schifità** [da *schifo* (*1*)] s. f. *1* (*raro*) Sentimento di ripugnanza, nausea, ritrosia verso persona o cosa. *2* (*est., raro*) Atto schifiltoso, ritroso.

schifiltosità s. f. ● (*raro*) Qualità di chi è schifiltoso.

schifiltóso [da *schifiltà*] agg.; anche s. m. (f. *-a*) ● Che, chi ha gusti difficili, esigenti: *è molto s. nel mangiare* | Che, chi è difficile a contentarsi: *non essere troppo s.*; *non fare la schifiltosa*. SIN. Schizzinoso, smorfioso, sofistico. || **schifiltosaménte**, avv.

schifìo [da *schifare* col suff. *-io* (*1*)] s. m. ● Solo nella loc. avv. *a schifio*, malamente, nel modo peggiore: *finire a s.*

†**schifità** ● V. *schifiltà*.

schifo (1) [dall'ant. fr. *eschif*, risalente al francone *skiuhjan* 'aver riguardo'] **A** s. m. ● Senso di ripugnanza, nausea, disgusto: *provare, sentire, mettere, s.* | *Fare s.*, destare ripugnanza: *quel cibo mi fa s.*; (*est., fig.*) essere fatto male, brutto: *il tuo vestito fa s.*; (*est.*) dare un pessimo risultato: *i nostri campioni hanno fatto s.* | *Che s.!*, escl. che esprime ribrezzo, riprovazione per ciò che è fatto male, che dà cattivi risultati, e sim. | (*lett.*) *Avere a s.*, avere a noia. **B** agg. *1* (*tosc.*) Schifoso, ripugnante. *2* (*raro, lett.*) Schifiltoso: *e tu s. rifuggi / ogni vivanda* (PARINI). *3* †Schivo, ritroso: *Laura mia, coi suoi santi atti schifi* (PETRARCA). || **schifaménte**, avv. *1* In maniera da fare schifo. *2* In modo schifiltoso.

schifo (2) [dal longob. *skif* 'nave'] s. m. *1* (*mar.*) Anticamente, battello per servizio di nave grande | Imbarcazione da corsa, lunga e sottile, per un solo vogatore. *2* (*arch.*) *Volta a s.*, a chiglia. || **schifétto**, dim.

schifo (3) ● V. *scifo*.

schifosàggine s. f. ● Qualità di chi, di ciò che è schifoso | Cosa, azione, e sim. schifosa.

schifosità s. f. ● Qualità di chi, di ciò che è schifoso | Cosa, azione, e sim. schifosa.

schifóso [da *schifo* (*1*)] agg. *1* Che dà senso di schifo, repulsione: *spettacolo s.*; *piaghe schifose*; *uno di quegli insetti strani, schifosi* (PIRANDELLO). *2* Detto di persona che si comporta in modo contrario al pudore e alla decenza o che tale risulta in relazione all'età, alla posizione, alla situazione, e sim.: *un vecchio s.*; *una donna schifosa*. *3* (*est., pop.*) Molto scadente: *scrive in modo s.* *4* (*antifr., pop.*) Grande, smisurato: *avere una fortuna schifosa*. || **schifosétto**, dim. | **schifosino**, dim. || **schifosaménte**, avv. In modo da fare schifo; in maniera disgustosa.

†**schimbèscio** ● V. *sghimbescio*.

†**schìmbo** ● V. *sghembo*.

†**schinchèrche** [ingl. *shining kerchief*, propriamente 'splendente scialle (o fazzoletto)', comp. di *shining* 'splendente' (da *to shine* 'risplendere': vc. d'origine germ.) e *kerchief* 'fazzoletto da testa, scialle' (propriamente 'copricapo')] s. m. ● Tipo di ornamento in antiche vesti femminili.

†**schindàre** ● V. *sghindare*.

†**schinièra** s. f. ● Schiniere.

schinière [dal francone *skina* 'tibia', col suff. *-iere*] s. m. ● Pezzo di armatura di origine antichissima a difesa dello stinco, a foggia tubolare di cuoio, bronzo, acciaio.

schino [vc. dotta, dal lat. tardo (ecclesiastico) *schīnu(m)* 'lentisco', dal gr. *schînos*, di etim. incerta] s. m. ● Anacardiacea diffusa nelle alberate e nei giardini mediterranei (*Schinus molle*). SIN. Falso pepe.

†**schiòcca** [vc. nap., propriamente 'ciocca', perché ivi si trovavano la scultura e l'intaglio] s. f. ● (*mar.*) Parte superiore dello specchio di poppa, con fregi e intagli.

schioccàre [da †*chioccare*, con *s-*] **A** v. tr. (*io schiòcco, tu schiòcchi*) ● Agitare, muovere e sim. in modo da produrre uno schiocco: *s. la frusta, le dita, un bacio* | *S. la lingua*, staccarla dopo averne premuto la punta contro il palato | (*raro, tosc.*) *Schioccarla a qc.*, fargli un tiro. **B** v. intr. (aus. *avere*) ● Produrre uno schiocco: *s. con le dita*; *la lingua schiocca*.

schioccàta s. f. ● Atto dello schioccare.

schiòcco [da *schioccare*] s. m. (pl. *-chi*) ● Rumore secco e sonoro, simile a quello che si ottiene agitando rapidamente una frusta in aria: *fare uno s. con le dita*; *ascoltare ... / schiocchi di merli* (MONTALE).

schioccolàre [da *chioccolare*, con *s-*] v. intr. (*io schiòccolo*; aus. *avere*) ● Chioccolare.

schiodàre [da *chiodo*, con *s-*] v. tr. (*io schiòdo*) *1* Privare dei chiodi | Aprire togliendo i chiodi. *2* †Togliere il chiodo dal focone di una bocca da fuoco per utilizzarlo di nuovo.

schiodàto part. pass. di *schiodare*; anche agg. ● Nei sign. del v.

schiodatùra s. f. ● Atto dello schiodare.

schiomàre [da *chioma*, con *s-*] v. tr. (*io schiòmo*) ● (*lett.*) Scompigliare la chioma.

†**schioppàre** ● V. *scoppiare* (*1*).

schioppettàre ● V. *scoppiettare*.

schioppettàta o †**scoppiettàta** [da *schioppettare*] s. f. ● Colpo sparato con lo schioppo o il fucile: *fare alle schioppettate* | *A una s. da qui*, a un tiro di schioppo.

†**schioppetterìa** o †**scoppietterìa** [da *schioppetto*] s. f. ● (*raro*) Quantità di soldati armati di schioppo.

†**schioppettière** o †**scoppettière** [da *schioppetto*] s. m. ● Soldato armato di schioppo | Fuciliere.

schioppétto s. m. *1* Dim. di *schioppo*. *2* V. *scoppietto*.

schiòppo o †**scòppio**, (*pop., tosc.*) **stiòppo** [lat. tardo *sclŏppu(m)*, variante di *stlŏppus* 'rumore fatto con la bocca', di origine onomat. V. *scoppio*] s. m. ● (*gener.*) Arma da fuoco portatile, fucile | *A un tiro di s.*, non molto lontano, cioè alla distanza cui può giungere una palla da schioppo. || **schioppétto**, dim. (V.) | **schioppùccio**, dim.

†**schiostràrsi** [da *chiostro*, con *s-*] v. intr. pron. ● (*raro*) Uscire dal chiostro | (*fig.*) Liberarsi.

schipetàro [adattamento dell'etnico *Shqiptár* 'Albanese', da *Shqipëri* 'Albania'] agg.; anche s. m. (f. *-a*) ● (*lett.*) Albanese.

schiribilla [di etim. incerta] s. f. ● Uccello paludicolo dei Gruiformi, bruno rossiccio a macchie bianche e fianchi a strisce bianche e nere (*Porzana parva*). SIN. Gallinella palustre.

schiribillóso [da *schiribilla*] agg. ● (*tosc.*) Arzillo.

schiribìzzo o **schiribìzzo** ● V. *sghiribizzo*.

schiribizzóso o **schiribizzóso** ● V. *sghiribizzoso*.

schiṣàre [v. deriv. dal gr. *schísis* 'divisione', da *schízein* 'dividere'] v. tr. ● (*tosc.*) Nella loc. *s. la palla*, nel gioco del biliardo, colpirla di striscio.

schìṣi [vc. dotta, dal gr. *schísis* 'divisione', da *schízein* 'dividere', di origine indeur.] s. f. ● (*med.*) Scissione, fenditura: *s. vertebrale, cranica*.

†**schìṣma** ● V. *scisma*.

schiṣmèna [da †*schisma*, con *-ema*] s. m. (pl. *-i*) ● (*ling.*) Giuntura.

schiṣo [agg. da *schisare*] **A** agg. ● (*tosc.*) Storto, obliquo | *A, di, per, s.*, obliquamente, di traverso | *Alla, per, schisa*, (*ell.*) obliquamente, di traverso. **B** s. m. ● †Resto, residuo | (*fig.*) †*Non c'è schisi*, non c'è dubbio.

schisto e *deriv.* ● V. *scisto* e *deriv.*

schisto- [dal gr. *schistós* 'diviso'] primo elemento ● In parole composte del linguaggio scientifico, indica 'scissura', 'fenditura', 'capacità di fendersi': *schistosoma*.

schistosòma [comp. di *schisto-* e *-soma*] s. m. (pl. *-i*) ● Genere di vermi dei Platelminti, parassita dell'uomo e di animali (*Schistosoma*).

schistosomìaṣi [comp. di *schistosom(a)* e *-iasi*] s. f. ● (*med.*) Ogni malattia parassitaria cronica causata dai vermi Trematodi del genere *Schistosoma*, parassiti dei vasi sanguigni. SIN. Bilharziosi.

schitarraménto s. m. ● Atto dello schitarrare prolungato.

schitarràre [da *chitarra*, con *s-*] v. intr. (aus. *avere*) ● Suonare la chitarra a lungo e non bene.

schiùdere [lat. *exclūdere* 'far uscire', comp. di *ĕx-* (*s-*) e *clāudere* 'chiudere'] **A** v. tr. (coniug. come *chiudere*) **1** Aprire appena e lentamente (*anche fig.*): *s. le labbra al sorriso*; *le margherite schiudono i petali*; *s. l'animo alla pietà*. **2** (*fig., lett.*) †Insegnare, spiegare. **3** (*raro*) †Escludere. **B** v. intr. pron. **1** Venire fuori, aprirsi, uscire da un involucro: *la rosa si schiuse all'alba*; *i pulcini si sono schiusi dal guscio*. **2** (*fig.*) Manifestarsi, mostrarsi: *la lirica è un fiore delicato, che si schiude al sole della poesia* (CROCE).

schiudiménto s. m. ● Atto dello schiudere o dello schiudersi.

schiùma [dal longob. *skūm*, con sovrapposizione di *spuma*] s. f. **1** Aggregato instabile di piccole bolle che si forma alla superficie dei liquidi per effetto dell'ebollizione o di un'agitazione violenta o del gorgogliamento in essi di aria o gas | *Bagno di s.*, V. *bagnoschiuma* | *Fare s. dalla bocca*, *avere la s. alla bocca* e sim., (*fig.*) essere in preda a un accesso di collera. **2** (*fig.*) Feccia, rifiuto: *la s. della società*. CONTR. Crema. **3** (*miner.*) *S. di mare*, sepiolite | *Pipa, bocchino di s.*, di sepiolite.

schiumaiòla o †**schiumaiuòla**, **schiumaròla**, (*lett.*) **schiumaruòla** [da *schiumare* (*1*)] s. f. ● Sorta di paletta bucherellata, leggermente concava, usata in cucina per schiumare la pentola e per levare il fritto dall'olio.

schiumànte [da *schiuma*, sul modello di *deodorante* e sim.] part. pres. di *schiumare* (*2*); anche agg. ● Nei sign. del v.

schiumàre (**1**) [da *schiuma*, con *s-* estrattivo concresciuto] v. tr. ● Togliere la schiuma: *s. il brodo* | (*fig.*) †*s. il mare*, fare il pirata.

schiumàre (**2**) [da *schiuma*] v. intr. (aus. *avere*) **1** Fare schiuma: *la birra schiuma*. **2** (*fig.*) Essere sopraffatto dall'ira: *s. di rabbia*.

schiumaròla ● V. *schiumaiola*.

schiumaruòla ● V. *schiumaiola*.

schiumatóio [da *schiumare* (*1*)] s. m. ● (*raro*) Schiumaiola.

schiumògeno [comp. di *schiuma* e *-geno*] **A** agg. ● Detto di sostanza che, aggiunta a un liquido, favorisce la formazione e il mantenimento della schiuma. **B** s. m. ● Estintore.

schiumosità [da *schiumoso*] s. f. ● Qualità di ciò che è schiumoso | Proprietà di una sostanza di produrre schiuma.

schiumóso agg. **1** Che è simile a schiuma: *latte s.* **2** Che fa schiuma: *sapone s.*

schiùsa [da *schiuso*] s. f. ● Atto dello schiudersi, spec. delle uova di animali: *la s. dei pulcini*; *la s. dei bachi da seta*.

schiùso part. pass. di *schiudere*; anche agg. ● Nei sign. del v.

schivàbile agg. ● Che si può schivare.

schivafatiche [comp. di *schiva(re)* e il pl. di *fatica*] s. m. e f. inv. ● Scansafatiche.

schivaménto [da *schivare*] s. m. ● Atto dello schivare.

schivàre o †**eschivàre**, †**schifàre** [dal francone *skiuhjan* 'aver riguardo'. V. *schifo* (*1*)] v. tr. **1** Scansare, evitare (*anche ass.*): *s. un colpo*, *una persona*, *un pericolo*; *s. i pugni dell'avversario*; *bisogna s. e attaccare immediatamente*. **2** †Proteggere, difendere: *da grandine il ciel sempre ti schivi* (ARIOSTO). **3** (*raro*) †Disprezzare.

schivàta s. f. ● Atto dello schivare | Mossa fatta per schivare un colpo: *s. laterale*; *s. in dietro*.

†**schivézza** [da *schivo*] s. f. ● Senso di ripugnanza | Schifiltà.

schìvo [da *schivare*] **A** agg. **1** Che è alieno dal ricercare ciò che comunemente si desidera: *s. di lodi*, *di onori*; *mostrarsi s. a frequentare la società*. **2** Ritroso, sdegnoso, spec. per timidezza, orgoglio, e sim.: *giovane s. e vergognoso in atto* (PETRARCA). **B** s. m. ● †Schifo, disgusto, noia, spec. nelle loc. *avere*, *prendere a s.*

schiẓo- [dal gr. *schízein* 'dividere', di origine indeur., connesso col lat. *scĭndere*] primo elemento ● In parole scientifiche composte, significa 'fenditura', 'scissione', 'divisione' (*schizomiceti*) e (*fig.*) 'dissociazione' (*schizofrenia*).

schiẓoblefarìa [comp. di *schizo-* e di un deriv. dal gr. *blépharon* 'palpebra'] s. f. ● (*med.*) Fenditura della palpebra.

schiẓofaṣìa [comp. di *schizo-* e di un deriv. del gr. *phásis* 'voce'] s. f. ● (*psicol.*) Disturbo del linguaggio, tipico degli schizofrenici, caratterizzato soprattutto da incoerenza, produzione di parole nuove e perdita dei legami associativi. SIN. Schizolalia.

Schiẓofìcee [comp. di *schizo-* e *-ficee*] s. f. pl. ● (*bot.*) Cianoficee.

schiẓòfita [da *Schizofite*] s. f.; anche agg. f. ● (*bot.*) Organismo delle Schizofite. SIN. Schizofito.

Schiẓòfite [comp. di *schizo-* e *-fito*] s. f. pl. ● (*bot.*) Nella tassonomia vegetale, divisione comprendente Batteriofite e Cianoficee, organismi che si riproducono esclusivamente per scissione | (al sing. *-a*) Ognuno di tali organismi.

schiẓòfito s. m.; anche agg. ● (*bot.*) Schizofita.

schiẓofrenìa [comp. di *schizo-* e *-frenia*] s. f. ● (*med., psicol.*) Gruppo di disturbi mentali psicotici, caratterizzato da un'alterazione profonda del rapporto con la realtà, da dissociazione mentale, da autismo e altri disturbi della sfera affettiva e del comportamento.

schiẓofrènico **A** agg. (pl. m. *-ci*) ● Di schizofrenia | (*est., ip.*) Folle, pazzesco. **B** agg.; anche s. m. (f. *-a*) ● Che, chi è affetto da schizofrenia.

schiẓofrenògeno [da *schizofren(ia)* e *-geno*] agg. ● (*psicol.*) Che genera schizofrenia. SIN. Schizogeno.

schiẓogèneṣi s. f. ● Schizogonia.

schiẓògeno agg. **1** (*biol.*) Detto di spazio intercellulare che si forma per schizogenesi. **2** (*med., psicol.*) Schizofrenogeno.

schiẓogonìa [comp. di *schizo-* e *-gonia*] s. f. ● (*biol.*) Riproduzione per divisione multipla della cellula. SIN. Schizogenesi.

schiẓografìa [comp. con *-grafia*, sul modello di *schizofrenia*] s. f. ● (*psicol.*) Turba nervosa che si manifesta attraverso scritti incomprensibili formati da parole spesso inventate.

schiẓòide [comp. di *schiz(o)-* e *-oide*] **A** agg. ● (*med., psicol.*) Che assomiglia allo schizofrenico | *Personalità s.*, individuo poco socievole, chiuso in se stesso, incapace di esprimere i propri sentimenti ad altri e il cui modo di pensare presenta caratteristiche di autismo. **B** anche s. m. e f.

schiẓoidìa s. f. ● (*med., psicol.*) Caratteristica della personalità propria dello schizoide.

schiẓolalìa [comp. di *schizo-* e *-lalia*] s. f. ● (*psicol.*) Schizofasia.

schiẓomanìa [comp. di *schizo-* e *mania*] s. f. ● (*med., psicol.*) Forma minore di schizofrenia, manifestantesi più che altro sotto forma di episodi, su di uno sfondo schizoide, ma senza dissociazione.

schiẓomicète [comp. di *schizo-* e *-micete*, dal gr. *mýkēs*, genit. *mýkētos* 'fungo'] s. m. ● (*biol.*) Batterio.

schiẓonòia [da *schizo-*, sul modello di *paranoia*] s. f. ● (*psicol.*) Contrasto tra le scelte di vita consapevolmente volute da un individuo e l'inconscio che gli impone un diverso indirizzo.

schiẓónte [deriv. di *schizo-*] s. m. ● (*biol.*) Nel ciclo degli Sporozoi, organismo intermedio tra trofozoite e merozoite.

schiẓotimìa [comp. di *schizo-* e del gr. *thymós* 'animo' (d'orig. incerta)] s. f. ● (*med., psicol.*) Tendenza alla chiusura in sé stessi, all'isolamento e alla difficoltà nei rapporti con gli altri.

schiẓoẓoìte [comp. di *schizo-*, *zo(o)-* e *-ite*] s. m. ● (*biol.*) Merozoite.

†**schizzaménto** s. m. ● Atto dello schizzare.

schizzàre [vc. di origine onomat.] **A** v. tr. **1** Emettere, gettare fuori, schizzi di sostanza liquida o semiliquida: *il rubinetto schizza acqua*; *la ferita schizza sangue* | *S. bile*, (*fig.*) manifestare rancore, odio | *S. salute*, (*fig.*) mostrare un aspetto sano | *S. veleno*, (*fig.*) manifestare invidia o rancore | *S. fuoco dagli occhi*, (*fig.*) manifestare grande collera. **2** Insudiciare con schizzi: *si è schizzato il vestito di vino*; *hanno schizzato il pavimento di fango*. **3** (*fig.*) Disegnare alla grossa, con pochi tratti rapidi ed essenziali: *s. un ritratto*, *un paesaggio* | (*est.*) Descrivere, trattare, per sommi capi: *mi ha schizzato un quadro della situazione*. **B** v. intr. (aus. *essere*) **1** Zampillare, uscire fuori con getto impetuoso, detto di sostanza liquida: *s. in aria*; *l'acqua schizza dalla fontana*; *il vino gli schizzò negli occhi*. **2** (*est.*) Guizzare, saltar fuori, scappare via: *l'anguilla schizza nell'acqua*; *s. come un fulmine*; *s. dal letto* | (*fig.*) *Gli occhi schizzano dalla testa*, *dalle orbite*, e sim., per esprimere lo stato di agitazione provocato da grande rabbia, spavento, terrore, e sim. **3** †Sgretolarsi, screpolarsi.

schizzàta s. f. ● Atto dello schizzare | Schizzo: *una s. di fango*. ‖ **schizzatina**, dim.

schizzàto part. pass. di *schizzare*; anche agg. ● Nei sign. del v.

schizzatóio s. m. ● Arnese a pompa per schizzare.

schizzettàre [da *schizzare*, con suff. dim.-iter.] v. tr. (*io schizzétto*) **1** Umettare, lavare con lo schizzetto. **2** (*fam.*) Bagnare con piccoli schizzi.

schizzettàta s. f. ● (*raro*) Atto dello schizzettare.

schizzettatùra s. f. ● (*raro*) Atto, effetto dello schizzettare.

schizzétto [da *schizzo*] s. m. **1** (*med.*) Siringa per lavature esterne o di cavità. **2** Giocattolo con pompetta per schizzare acqua o altro liquido addosso alla gente. **3** (*scherz.*) Fuciletto di poca efficacia. **4** (*pop.*) Cocomero asinino. ‖ **schizzétto**, dim. | **schizzettino**, dim.

schizzinóso o (*pop.*) **schizzignóso** [dal dial. sett. *schizza*, *schissa* 'naso schiacciato (per disgusto)', da *schizzar*, *schissar* 'schiacciare'] agg.; anche s. m. (f. *-a*) ● Che, chi è difficile a contentarsi, ad adattarsi, e sim.: *lo inviterei volentieri*, *ma è così s. per il mangiare!* SIN. Schifiltoso, smorfioso, sofistico. ‖ **schizzinosaménte**, avv. In maniera schizzinosa.

schìzzo [da *schizzare*] s. m. **1** Atto dello schizzare | Liquido, o sim., schizzato: *s. d'acqua*, *di calce* | Macchia prodotta dal liquido, o sim., schizzato: *è difficile fare andar via dai vestiti gli schizzi di inchiostro* | (*pop.*) Spruzzo di liquore con cui si corregge una bevanda: *caffè con lo*, *allo*, *s.* | (*raro*) *Di primo s.*, di primo acchito, d'un tratto. **2** Primo, rapido disegno per fissare un tema | Prima idea di un'opera letteraria: *quell'opera è ... un geniale ... s. di storia politica* (CROCE) | (*est., fig.*) Descrizione rapida e sommaria: *uno s. dell'accaduto*. **3** (*fig., tosc., fam.*) Persona svelta e vivace.

Schnauzer /*ted.* 'ʃnautsər/ [vc. ted., propriamente deriv. di *Schnauze* 'muso, grugno'] s. m. inv. ● Cane da guardia caratteristico per il suo pelo ispido e la barba rigida.

Schnorchel /*ted.* 'ʃnɔrxəl/ [vc. ted., connesso con *schnarchen* 'russare', a causa del rumore dell'apparecchio] s. m. inv. (pl. ted. inv.) ● Dispositivo che consente ai sommergibili, navigando in immersione, di ricambiare l'aria per la respirazione e l'alimentazione dei motori diesel e di ricaricare le batterie, consistente in tubo affiorante alla superficie, attraverso cui avviene l'aspirazione dell'aria, munito di una valvola che impedisce l'entrata dell'acqua.

schola cantorum /*lat.* 'skɔla kan'tɔrum/ [vc. lat., propriamente 'collegio dei cantori'] loc. sost. f. inv. ● Recinto per i cantori spesso sopraelevato e circondato da chiusura, frequente nelle basiliche antiche | Insieme dei cantori di una chiesa.

schooner /*ingl.* 'sku:nə*/ o **scooner** [vc. ingl., di etim. incerta] s. m. inv. ● Yacht a due o più alberi, con l'albero anteriore più basso di quello (o di quelli) posteriore.

Schuss /*ted.* ʃus/ [vc. ted., propriamente 'colpo, lancio'] s. m. inv. (pl. ted. *Schüsse*) ● Nello sci, parte di pista particolarmente ripida e impegnativa.

Schützen /*ted.* 'ʃytsən/ [ted. *Schützen* 'tiratori', da *schutzen* 'proteggere' (vc. d'origine germanica)] s. m. pl. ● Nelle regioni altoatesine e gener. tirolesi e bavaresi, appartenenti a sodalizi popolari, militarmente organizzati, che, richiamandosi alle tradizioni di antichi corpi di tiratori scelti, intendono promuovere e tutelare i valori del folclore e della cultura locale.

schwatzite /ʃvat'tsite/ [da *Schwatz*, località nel Tirolo, con *-ite* (*2*)] s. f. ● Minerale della famiglia delle tetraedriti, contenente mercurio.

Schwester /ted. 'ʃvɛstər/ [vc. ted., di origine indeur., propriamente 'sorella'] s. f. inv. (pl. ted. *Schwestern*) ● Bambinaia tedesca.

sci o †**schi**, (*raro*) **ski** [dal norv. *ski*, dall'ant. isl. *skīth* 'scheggia, pezzo di legno', di origine indeur., connesso col lat. *scĭndere* 'dividere'] s. m. inv. *1* Ciascuno dei due attrezzi costituiti da una assicella di materiale leggero ed elastico, quale materia plastica, metallo o legno, a punta ricurva verso l'alto, atto a scivolare sulla neve: *un paio di sci* | *Sci da fondo*, quelli particolarmente adatti per la marcia sulla neve | *Sci d'acqua, acquatici, nautici*, analoghi nella forma agli sci da neve ma di larghezza maggiore, usati per scivolare sull'acqua trainati da un motoscafo | *Sci d'erba*, attrezzo provvisto di rotelle, che consente di allenarsi nello sport dello sci anche in assenza di neve. *2* Attività sportiva o di svago praticata con gli sci: *gara di sci*; *praticare lo sci* | *Sci di fondo*, pratica sportiva o di svago che consiste nel percorrere con gli sci itinerari innevati pianeggianti o di modesto dislivello e di varia lunghezza | *Sci nordico*, specialità sportiva comprendente il fondo, il salto con gli sci e il biathlon | *Sci acrobatico*, attività sportiva che utilizza gli sci per compiere esercizi acrobatici | *Sci estremo*, quello praticato discendendo, con grande difficoltà e rischio, pareti e canaloni ghiacciati a fortissima pendenza | *Sci alpinismo*, V. *sci--alpinismo* | *Sci alpino*, (*gener.*) lo sport dello sci sulla neve nelle specialità discesa e slalom | *Sci acquatico, nautico*, attività sportiva o di svago, praticata con gli sci d'acqua. ➡ ILL. p. 1294, 1295 SPORT.

scia [dev. da *sciare* (*2*)] s. f. (pl. *scie*) ● Traccia spumosa che un'imbarcazione lascia dietro di sé sulla superficie dell'acqua: *navigare nell'altrui s.* | (*est.*) Traccia di fumo, odore, profumo e sim. che una persona o una cosa lasciano dietro di sé nel passare: *la s. di un aereo a reazione* | *Mettersi sulla s., seguire la s. di qc.*, (*fig.*) imitarlo.

scià o (*raro*) **sciah** [dal persiano *šāh* 're'. V. *scacco*] s. m. ● Titolo spettante ai regnanti dell'Iran.

sciabécco [dall'ar. *šabbāk* 'piccola nave', attraverso lo sp. *jabeque*] s. m. (pl. *-chi*) *1* Nave a vela a due o tre alberi attrezzati con vele latine e quadre, usata nel Mediterraneo nei secc. XVII e XVIII, spec. dai pirati algerini. *2* (*scherz.*) Nave malfatta | Nave mal ridotta.

sciàbica o (*raro*) †**sciàpica** nel sign. 1 [dall'ar. *šabaka* 'rete', prob. attraverso il siciliano *sciabbica*] s. f. *1* Rete a strascico per piccole profondità, costituita da due ali e un sacco a maglie diverse | (*est., dial.*) Minutaglia da frittura pescata con la sciabica. *2* (*est.*) Imbarcazione a remi per la pesca con l'omonima rete. *3* (*zool.*) Gallinella d'acqua. ‖ **sciabichèlla**, dim. | **sciabicóne**, accr. m.

sciabicàre [da *sciabica*] A v. intr. (*io sciàbico, tu sciàbichi*; aus. *avere*) ● Trascinare la sciabica. B v. tr. ● Trascinare sul fondo: *s. un cavo*.

sciàbile [da *sciare* (*1*)] agg. ● Nel linguaggio sciistico, detto di neve che si presta all'uso degli sci.

sciabilità s. f. ● Qualità e condizione della neve sciabile.

sciàbola o †**sciàbla** [dal polacco *szabla*, di origine orient., prob. attraverso il ted.] s. f. *1* Arma manesca da taglio e punta a lunga lama più o meno curva, a un filo dal lato convesso | *Governo della s.*, autoritario | (*scherz.*) *Gambe a s.*, storte. *2* Una delle tre armi della scherma, il cui colpo è valido sia che arrivi di punta, o di taglio o controtaglio: *scherma di s.* ➡ ILL. p. 1286 SPORT. ‖ **sciabolétta**, dim. | **sciabolino**, dim. m. (V.) | **sciabolóne**, accr. m. | **sciabolùccio**, dim. m.

sciabolàre A v. tr. (*io sciàbolo*) ● Colpire con la sciabola: *s. il nemico* | (*fig.*) *S. giudizi*, avventarli. B v. intr. (aus. *avere*) ● Dare sciabolate.

sciabolàta s. f. ● Colpo di sciabola: *tirare una s.*; *essere colpito da una s.* | (*fig.*) Giudizio avventato.

sciabolatóre [da *sciabolare*] s. m. (f. *-trice*) *1* Che dà sciabolate. *2* Chi pratica la scherma di sciabola.

sciabolino s. m. *1* Dim. di *sciabola*. *2* (*fig., scherz., raro*) Persona piccola e con le gambe storte.

sciabordàre [sovrapposizione di *sciacquare* e *bordare* (*1*)] A v. tr. (*io sciabórdo*) ● Agitare un liquido nel recipiente che lo contiene: *s. vino, olio* | Agitare un oggetto immerso in un liquido: *s. i panni nell'acqua*. B v. intr. (aus. *avere*) ● Battere contro la riva, la chiglia di una nave o sim., detto di piccole onde tranquille.

sciabordio s. m. ● Atto dello sciabordare continuo, spec. di onde.

sciacallàggio [da *sciacallo* nei sign. 2 e 3] s. m. ● Azione, comportamento da sciacallo nel sign. di *sciacallo 2* e *3*.

sciacallismo s. m. ● Sciacallaggio.

sciacàllo [dal fr. *chacal*, dal turco *çakal*, risalente al persiano *šagāl*, a sua volta dal sanscrito *ṣṛgālá*] s. m. *1* Mammifero carnivoro affine al lupo, di colore rosso fulvo, attivo di notte, che si nutre anche di carogne (*Canis aureus*). *2* (*fig.*) Chi ruba nelle case o nei luoghi abbandonati o distrutti in seguito a guerre, terremoti, catastrofi e sim. *3* (*fig.*) Persona avida e vile, che approfitta delle disgrazie altrui.

sciacchetrà [vc. lig., propriamente comp. di *sciacca* 'schiaccia' e *tra* 'togli, tira via', con riferimento al processo di vinificazione, cioè alla pigiatura e alla rapida separazione del mosto dalla vinaccia] s. m. ● Vino bianco pregiato prodotto nella zona delle Cinque Terre, in Liguria.

sciaccò [dal fr. *schako*, dall'ungh. *csákó* 'casco'] s. m. ● Copricapo militare in uso nell'esercito ungherese nell'Ottocento.

†**sciacquabarili** [comp. di *sciacqua(re)* e il pl. di *barile*] s. m. ● Solo nella loc. avv. *andare a s.*, camminare tenendo le gambe allargate.

sciacquabócca [comp. di *sciacqua(re)* e *bocca*] s. m. inv. ● (*raro*) Vasetto, bicchiere di vetro o altro materiale usato per sciacquarsi la bocca.

sciacquabudèlla [comp. di *sciacqua(re)* e *budella*] s. m. inv. *1* Vinello leggero | Brodaglia. *2* Nella loc. *bere a s.*, bere a stomaco vuoto, senza mangiare.

sciacquadita [comp. di *sciacqua(re)* e il pl. di *dito*] s. m. inv. ● Piccola coppa nella quale viene posta dell'acqua per una svelta e sommaria lavatura delle dita durante il pranzo.

†**sciacquaménto** s. m. ● Atto dello sciacquare | Atto dello sciacquare in una volta.

sciacquàre [lat. tardo *exaquāre*, comp. di *ĕx-* (*s-*) e di *ăqua* 'acqua'] v. tr. (*io sciàcquo*) ● Lavare più volte con acqua, spec. per togliere ogni residuo di sapone o altra sostanza detergente: *s. i bicchieri, i panni* | *Sciacquarsi la bocca*, fare sciacqui con acqua o altro liquido; (*est.*) bere una piccola quantità di q.c. | (*fig.*) *Sciacquarsi la bocca sul conto di qc.*, sparlarne, dirne male | *Sciacquarsi lo stomaco*, bere a digiuno.

sciacquàta s. f. ● Atto, effetto dello sciacquare o dello sciacquarsi veloce e sommario. ‖ **sciacquatina**, dim.

†**sciacquatòrio** [da *sciacquare*] vc. ● (*raro*) Solo nella loc. *andare in s.*, in rovina.

sciacquatùra s. f. *1* Atto, effetto dello sciacquare: *la s. dei panni*. *2* Acqua servita per sciacquare: *s. di piatti* | (*est., spreg.*) Minestra, bevanda, e sim. di sapore sgradevole: *questo brodo sembra s. di piatti*; *un vino che è s. di bicchieri*.

sciacquétta [orig. 'servetta', che *sciacquetta* 'sciacqua' i piatti] s. f. ● (*centr.*) Donna mediocre e insignificante, dal comportamento frivolo e leggero, spec. per il desiderio di apparire e di farsi notare.

sciacquio s. m. *1* Atto dello sciacquare continuo. *2* Sciabordio: *fra 'l fievole s. della risacca* (PASCOLI).

sciàcquo [da *sciacquare*] s. m. *1* Atto dello sciacquarsi la bocca, spec. a scopo igienico o curativo: *fare gli sciacqui*; *ordinare degli sciacqui*. *2* Liquido che si usa per sciacquarsi la bocca: *uno s. di acqua ossigenata*.

sciacquóne [da *sciacquare*] s. m. ● Dispositivo del water-closet per cui l'acqua si scarica dal serbatoio nel vaso | Serbatoio di gabinetto all'inglese.

sciafilia [da *sciafilo*] s. f. ● Eliofobia nel sign. 1.

sciàfilo [comp. del gr. *skiá* 'ombra' (d'origine indeur.) e *-filo*] agg. ● Eliofobo.

sciàfita [comp. del gr. *skiá* 'ombra' (V. *sciafilo*) e *-fita*] s. f.; anche agg. ● Pianta che vegeta solo in luoghi ombrosi, pianta sciafila.

sciaguattaménto s. m. ● (*raro*) Atto dello sciaguattare.

sciaguattàre [di etim. discussa: sovrapposizione di *guattero*, *guazzare* a *sciacquare* (?)] A v. tr. ● (*tosc.*) Sciacquare, sbattere nell'acqua: *s. i panni*. B v. intr. (aus. *avere*) *1* Diguazzare in un recipiente non completamente pieno, detto di liquidi. *2* Diguazzare in un liquido.

sciagùra o †**sciaùra** [da *sciagurato*] s. f. ● Disgrazia di estrema gravità: *è successa una s.*; *una s. irreparabile*; *rimanere vittima di una s.* | (*est.*) Sfortuna, destino avverso: *essere perseguitato dalla s.*; *raccontare le proprie sciagure*.

sciaguratàggine s. f. ● Qualità di chi, di ciò che è sciagurato | Azione, comportamento e sim., sciagurato.

†**sciaguratézza** s. f. ● Sciaguràtaggine.

sciaguràto o †**sciauràto** [lat. *exaugurātu(m)* 'profanato, sconsacrato', comp. di *ĕx-* (*s-*) e di *augurātus*, part. pass. di *augurāre* 'consacrare con gli auguri'] A agg. *1* Colpito, perseguitato, dalla sciagura: *casa, famiglia, sciagurata*. *2* Che arreca sciagura: *evento s.*; *è stato un periodo s.* | (*est.*) Malaugurato, inopportuno: *di chi è la sciagurata idea?* *3* Iniquo, malvagio, scellerato: *padre s.*; *madre sciagurata*. ‖ **sciaguratamente**, avv. *1* Disgraziatamente, disavventuratamente. *2* In maniera empia, malvagia: *si comportò sciaguratamente*. B s. m. (f. *-a*) *1* Persona colpita dalla sciagura: *aiutiamo i poveri sciagurati*. SIN. Disgraziato. *2* Persona che arreca sciagura: *è l'ultimo delitto di quello s.* ‖ **sciaguratàccio**, pegg. | **sciaguratèllo**, dim. | **sciaguratino**, dim. | **sciaguratonàccio**, pegg. | **sciaguratóne**, accr.

sciah /*ʃa*/ ● V. *scià*.

scialacquaménto s. m. ● Atto dello scialacquare.

scialacquàre [sovrapposizione di (*ann*)*acquare* a *scialare*] v. tr. (*io scialàcquo*) *1* Spendere con eccessiva prodigalità, sperperare, dissipare (*anche ass.*): *ha scialacquato il patrimonio di famiglia*; *devi abituarti a non s.* SIN. Dilapidare. *2* (*fig.*) Profondere, prodigare: *s. complimenti, saluti*.

scialacquàto part. pass. di *scialacquare*; anche agg. ● (*raro*) Nei sign. del v.

scialacquatóre s. m.; anche agg. (f. *-trice*, tosc. *-tora*) ● Chi, che scialacqua, sperpera: *s. di patrimoni*. ‖ **scialacquatoràccio**, pegg.

†**scialacquatùra** s. f. ● (*raro*) Scialacquamento.

scialacquìo s. m. ● (*raro*) Atto dello scialacquare continuo e disordinato.

scialàcquo s. m. ● Atto dello scialacquare | Spreco, sperpero, profusione: *s. di capitali, di parole* | *A s.*, a profusione, senza economia.

scialacquóne s. m. (f. *-a*) ● (*pop.*) Chi ha l'abitudine di scialacquare, di dissipare.

scialagògo [comp. del gr. *síalon* 'saliva' e un der. di *ágein* 'condurre' (d'origine indeur.)] agg.; anche s. m. (pl. m. *-ghi*) ● Detto di sostanza o farmaco che aumenta la secrezione salivare o ne provoca un flusso temporaneo.

scialaménto s. m. ● (*raro*) Atto dello scialare.

scialàppa ● V. *gialappa*.

scialàre [lat. *exhalāre* 'esalare', comp. di *ĕx-* (*s-*) e *halāre*. V. *esalare*] A v. tr. ● (*raro*) Dissipare, spendere senza risparmio: *ha scialato tutto quello che aveva*. B v. intr. (aus. *avere*) ● Fare vita comoda, lussuosa, spendendo e largheggiando: *in quella casa si usa s.* | *C'è poco da s., non c'è da s.*, e sim., non c'è troppa abbondanza (*anche fig.*).

scialatóre s. m.; anche agg. (f. *-trice*) ● (*raro*) Chi, che sciala.

scialbàre [lat. tardo *exalbāre* 'imbiancare', comp. di *ĕx-* (*s-*) e di *ălbus* 'bianco'] v. tr. ● (*raro*) Imbiancare, intonacare: *s. una stanza*.

†**scialbàto** [lat. tardo *exalbātu(m)*, part. pass. di *exalbāre* 'imbiancare'] agg. ● Imbiancato.

scialbatùra [da *scialbare*] s. f. *1* Imbiancatura, intonacatura. *2* (*fig.*) Apparenza superficiale: *ciò che di me sapeste / non fu che la s.* (MONTALE).

scialbo [da *scialbare*] A agg. *1* Pallido, scolorito, smorto: *colore s.* *2* (*fig.*) Privo di personalità, di carattere, di attrattive: *la ragazza non è brutta ma* *è scialba.* **B** s. m. ● †Intonaco, scialbatura.

scialbóre s. m. ● Qualità di chi, di ciò che è scialbo (*spec. fig.*).

scialìtico [comp. di *scia-*, dal gr. *skiá* 'ombra', e *-litico*, dal gr. *lytikós* 'dissolvente', da *lýein* 'sciogliere'] agg. (pl. m. *-ci*) ● Detto di dispositivo illuminante che evita la formazione di ombre | *Lampada scialitica*, che sovrasta e illumina il tavolo operatorio.

†scialìva ● V. *saliva.*

sciallàre [da *scialle*] v. tr. (*io sciàllo*) ● (*raro*) In sartoria, dare forma di scialle al collo di un abito e sim.: *s. un bavero.*

sciallàto [da *scialle*] agg. ● Fatto a forma di scialle | *Collo, bavero s.*, più o meno ampio e prolungato verso la vita, senza dentellatura.

sciallatùra [da *scialle*] s. f. ● Atto, effetto dello sciallare.

sciàlle o (*dial.*) **sciàllo** [dal fr. *châle*, risalente al persiano *šāl*] s. m. ● Riquadro o triangolo di tessuto, seta o lana, che si indossa per proteggere le spalle. || **sciallettìno**, dim. | **scialletto**, dim. | **sciallóne**, accr. | **scialluccio**, dim.

sciàlo [da *scialare*] s. m. **1** Atto, effetto dello scialare: *qui non c'è s. di niente* | *A s., a tutto s.*, in grande abbondanza | *Fare s. di q.c.*, consumarne, usarne, senza riguardo o economia (*anche fig.*): *fare s. di citazioni.* **2** Pompa, magnificenza, sfoggio.

scialo- [dal gr. *síalon* 'saliva'] primo elemento ● In parole composte del linguaggio scientifico, indica rapporto con la saliva, con le ghiandole e i condotti salivari: *scialografia, scialorrea.*

scialoadenìte o **sialoadenìte** [comp. di *scialo-* e *adenite*] s. f. ● (*med.*) Infiammazione di una o più ghiandole salivari.

scialografìa [comp. di *scialo-* e *-grafia*] s. f. ● (*med.*) Esame radiografico delle ghiandole salivari, eseguito mediante iniezione di un mezzo di contrasto radiopaco attraverso il dotto escretore principale.

scialóne s. m. (f. *-a*) ● (*fam.*) Chi ha l'abitudine di scialare.

scialorrèa o **sialorrèa** [comp. di *scialo-* e *-(r)rea*] s. f. ● (*med.*) Ptialismo.

†scialóso [da *scialare*] agg. ● (*raro*) Magnifico, pretenzioso.

sci-alpinismo o **scialpinismo** [comp. di *sci* e *alpinismo*] s. m. inv. ● Attività sportiva che utilizza gli sci per effettuare ascensioni ed escursioni in montagna, caratterizzate da notevole dislivello e discese fuori pista.

sci-alpinista o **scialpinista** s. m. e f. (pl. m. *-i*) ● (*sport*) Chi pratica lo sci alpinismo.

scialpinìstico o **sci-alpinistico** agg. (pl. m. *-ci*) ● Relativo allo sci alpinismo.

scialùppa [dal fr. *chaloupe*, deriv. forse dall'ol. *sloep* 'imbarcazione'] s. f. ● Imbarcazione a remi o a motore a bordo delle navi per eventuali servizi: *s. di salvataggio*; *gettare una s. a mare.*

sciamanésimo ● V. *sciamanismo.*

sciamànico agg. (pl. m. *-ci*) ● Relativo allo sciamano e allo sciamanismo.

sciamanismo o **sciamanésimo** [dall'ingl. *shamanism.* V. *sciamano*] s. m. ● Concezione del mondo e pratica rituale proprie delle religioni di tipo sciamanico | Tendenza ideologica e rituale di tipo sciamanico anche all'interno di altre religioni.

sciamanìstico agg. (pl. m. *-ci*) ● Di, relativo allo sciamanismo.

sciamannàre [sovrapposizione del pref. neg. *sci-*, variante di *s-* (lat. *ĕx-*) ad *ammannare* 'apparecchiare'. V. *ammannire*] **A** v. tr. ● (*tosc.*) Trattare senza ordine e riguardo: *s. un abito nuovo.* **B** v. rifl. ● (*tosc.*) Scomporsi nelle vesti e nella persona.

sciamannàto part. pass. di *sciamannare*; anche agg. **1** Nei sign. del v. **2** (*raro*) *Alla sciamannata*, (*ell.*) alla buona, senza eleganza.

sciamànno [vc. giudeo-rom.: prob. dall'aramaico *sīmān* 'segno', dal gr. *sêma*, genit. *sḗmatos*] s. m. ● Nei regolamenti antisemitici degli antichi Stati italiani, distintivo, generalmente costituito da un pezzo di stoffa gialla sul cappello, che dovevano portare gli Ebrei come segno di riconoscimento.

sciamannóne [da *sciamannare*] s. m. (f. *-a*) ● Persona abitualmente sciamannata.

sciamàno [dall'ingl. *shaman*, che è dal tunguso (lingua uralo-altaica) *šamān*, a sua volta dal pali (medio indiano) *samana*, deriv. dal sanscrito *śramana* 'monaco'] s. m. ● Nelle religioni siberiane e nord-americane, personaggio che acquista eccezionali poteri, in conseguenza di una personale vocazione, di eredità o di un'esperienza di malattia e morte apparente, e che intermedia presso il gruppo i contatti con il mondo celeste e infernale, guarisce le malattie, pratica l'estasi e accompagna le anime nel regno dei morti.

sciamàre [da *sciame*] v. intr. (aus. *avere* nel sign. 1, *essere* nel sign. 2) **1** Raccogliersi in sciame, formare un nuovo sciame, detto delle api. **2** (*fig.*) Partire, allontanarsi in massa, da un luogo a un altro.

sciamatùra s. f. **1** Atto dello sciamare. **2** Uscita delle api in sciame.

sciàme o (*raro*) **†esciàme**, **†sciàmo** [lat. *exāmen* (nom. acc. nt.) 'sciame', connesso con *exĭgere* 'cacciar fuori', comp. di *ĕx-* (*s-*) e *ăgere* 'spingere'] s. m. **1** Gruppo di api che in primavera esce dall'alveare raccogliendosi attorno alla vecchia regina per creare una nuova colonia. **2** (*astron.*) *S. meteorico*, gruppo di meteore che viaggiano con velocità uguali su orbite eliocentriche, originando il fenomeno della pioggia di stelle cadenti se assai numerose. **3** (*geol.*) *s. sismico*, rapido succedersi di scosse sismiche di lieve entità. **4** (*fig.*) Moltitudine di persone, animali o cose, in movimento: *uno s. di scolari, di moscerini, di isole* | *A sciami*, in gran quantità.

†sciamitàro s. m. ● Tessitore di sciamiti.

sciàmito o **†sàmeto** [dal gr. biz. *hexámitos* 'tessuto a sei licci', da *héx, héxa-* 'sei' e *mítos* 'filo'] s. m. ● Drappo fine vellutato. || **sciamitèllo**, dim.

sciàmma o **sciammà**, **scimma**, **sciùma** [dall'amarico *šämmā* 'manto'] s. m. (pl. *-a* o *-i*) ● Toga bianca di cotone, tipica di alcune popolazioni etiopiche.

†sciàmo ● V. *sciame.*

sciampàgna s. m., raro f. (pl. *sciampagna*, m., o *sciampagne*, f.) ● Adattamento di *champagne* (V.).

sciampagnìno [da *sciampagna*] s. m. **1** Bibita di acqua gassosa con alcol e zucchero. **2** (*fam.*) Spumante.

sciampagnòtta [da *sciampagna*] s. f. e agg. solo f. ● Detto di bottiglia da vino spumante, di vetro spesso molto resistente alla pressione e della capacità di circa 3/4 di litro.

†sciampannàre [sovrapposizione di *†sciampiare* a *sciamannare*] v. tr. ● (*dial., tosc.*) Allargare, spargere.

†sciampiaménto s. m. ● (*raro*) Atto dello sciampiare.

†sciampiàre o (*raro*) **†sciampràre** [lat. tardo *exampliāre*, **examplāre* 'allargare', comp. di *ĕx-* (*s-*) e *ampl(i)āre*, da *ămplus* 'ampio'] **A** v. tr. ● Allargare, ampliare, stendere. **B** v. intr. pron. ● (*raro*) Stendersi, allargarsi.

†sciàmpio [da *†sciampiare*] s. m. ● (*raro*) Ampiezza, distesa.

sciampìsta o **shampoìsta** [da *sciampo*] s. m. o f. ● Lavorante di un negozio di parrucchiere per signora che lava i capelli alle clienti.

sciàmpo s. m. ● Adattamento di *shampoo* (V.).

†sciampràre ● V. *†sciampiare.*

sciancàre [da *anca*, con *sci-* (variante di *s-*)] **A** v. tr. (*io sciànco, tu sciànchi*) ● Rendere sciancato, storpio. **B** v. intr. pron. ● Diventare sciancato, storpio.

sciancàto A part. pass. di *sciancare*; anche agg. **1** Nei sign. del v. **2** Che non si regge in piedi, malandato: *mobile s.* || **sciancataménte**, avv. Da sciancato. **B** s. m. (f. *-a*) ● Persona sciancata: *Zio Mommu lo s.* (VERGA). SIN. Storpio. || **sciancatèllo**, dim. | **sciancatìno**, dim.

sciancràre [dal fr. *échancrer* (V. *sciancrato*)] v. tr. (*io sciàncro, tu sciàncri*) ● Sfiancare.

sciancràto [adattamento del fr. *échancré*, part. pass. di *échancrer* 'scavare, scollare', da *chancre* 'cancro, ulcera'] agg. ● Detto di abito scavato nel punto di vita | (*sport*) Detto di uno sci che presenti un lieve restringimento nella parte centrale.

sciancratùra [da *sciancrato*, sul modello del fr. *échancrure*, da *échancrer* 'scavare, scollare'] s. f. ● Punto in cui l'abito aderisce maggiormente alla vita.

sciangài [dal n. della città di *Shang-hai*, perché il gioco è di origine cinese] s. m. ● Gioco da tavola consistente nel lasciar cadere alla rinfusa numerosi bastoncini di legno o plastica e nel raccoglierli uno per uno senza muovere quelli vicini o sovrapposti.

sciànto [da un dial. tosc. *sciantare*, sovrapposizione di *scialare a cantare* (?)] s. m. ● (*tosc.*) Spasso, riposo, svago: *darsi s.*; *e Joe godrebbe questo po' di s.* (PASCOLI).

sciantósa [adattamento del fr. *chanteuse* 'cantante'] s. f. ● Canzonettista spec. di caffè concerto.

sciàntung [adattamento dell'ingl. *shantung*, dal cin. *Shantung*, n. della regione di origine di questa stoffa] s. m. ● Adattamento di *shantung* (V.).

sciaperonàre [fr. *chaperonner*, da *chaperon* (V.)] v. tr. (*io sciaperóno*) ● Fare da chaperon.

†sciàpica ● V. *sciabica.*

†sciapidìre [da *sciapido*. V. *scipidire*] v. intr. ● (*raro*) Scipidire.

sciàpido [dal lat. tardo *săpidu(m)* 'saporito', con *sci-* (variante di *s-*). V. *sapido*] agg. ● (*dial.*) Che ha poco sapore, che contiene poco sale: *cibo s.* SIN. Insipido, sciocco, scipito.

sciapìto ● V. *scipito.*

sciàpo agg. ● (*dial.*) Sciapido.

sciàra [vc. siciliana di origine ar. (*harra* 'zona petrosa, terreno vulcanico, campo di lava', da *harr* 'calore' (?))] s. f. ● Insieme dei materiali magmatici espulsi da un vulcano, che scivolano lungo le pendici.

sciaràda [dal fr. *charade*, che è dal provz. *charrado* 'chiacchierata', da *charrá* 'chiacchierare', di origine onomat.] s. f. **1** Gioco enigmistico consistente nell'indovinare una parola della quale sono state indicate le parti in cui essa può venire scomposta, per esempio: *rosa-rio, indo-vino.* **2** (*fig.*) Problema, questione, e sim. difficile da risolvere, interpretare, capire, e sim.

sciaradìsta s. m. e f. (pl. m. *-i*) ● Chi è abile nel comporre o nel risolvere sciarade.

†sciaràppa ● V. *gialappa.*

†sciàrbo [da *sciarbare*, variante tosc. di *scialbare* (V.)] s. m. ● Vasca per la raccolta delle sanse rimacinate.

sciàre (1) [da *sci*] v. intr. (aus. *avere*) ● Procedere, spostarsi con gli sci su terreno coperto di neve | Praticare lo sport dello sci.

sciàre (2) o **†sïàre** [vc. di origine onomat.] v. intr. (aus. *avere*) ● (*mar.*) Vogare a ritroso mandando la poppa innanzi | *Scia!*, escl. di comando di sciare rivolta ai rematori | *Scia, voga, scorri*, comandi per far sciare da un lato e vogare per diritto dall'altro, e girare più rapidamente in un ristretto specchio d'acqua.

sciàrpa o (*tosc.*) **ciàrpa** [dal fr. *écharpe*, dal francone **skerpa* 'bandoliera'] s. f. **1** Lembo di tessuto più o meno stretto, ma lungo, che si avvolge attorno al collo come ornamento o per proteggersi dal freddo | Fascia che portano a tracolla o attorno alla vita pubblici funzionari o militari nelle parate o in altre occasioni speciali: *la s. tricolore*; *la s. azzurra degli ufficiali.* **2** Fasciatura triangolare per sostenere il braccio nelle fratture o nelle lussazioni. || **sciarpétta**, dim. | **sciarpettìna**, dim. | **sciarpìna**, dim. | **sciarpóna**, accr. | **sciarpóne**, accr. m.

†sciarpellàto ● V. *scerpellato.*

†sciarpellìno ● V. *scerpellino.*

†sciàrra [dall'ar. *šarra* 'lite, contesa', da *šarr* 'cattivo, malvagio'] s. f. ● Alterco violento, rissa rumorosa | *Fare s.*, fare un gran fracasso.

†sciarraménto s. m. ● (*raro*) Atto dello sciarrare.

sciarràno o **serràno** [lat. parl. **serrānu(m)*, da *sĕrra* 'sega'] s. m. ● Pesce marino dei Perciformi, ermafrodita, bruno chiaro con fasce scure sul tronco (*Serranus cabrilla*) | *S. gigante*, cernia.

†sciarràre [da *†sciarra*] v. tr. ● Scompigliare, sbaragliare, separare.

†sciarràta [da *†sciarrare*] s. f. ● Rissa, sciarra.

sciartrósa o **sciartrósa** s. f. ● Adattamento pop. di *chartreuse* (V.).

sciàta (1) s. f. ● Atto dello sciare sulla neve o sull'acqua | Percorso compiuto sciando. || **sciatìna**, dim.

sciàta (2) s. f. ● Atto dello sciare, nel sign. di *sciare (2).*

sciatalgìa [comp. di *sciat(ico)* e *-algia*] s. f. (pl.

-*gie*) ● (*med.*) Sciatica.

sciàtica o †**schiàdica** [f. sost. di *sciatico*] s. f. ● (*med.*) Nevralgia del nervo sciatico, caratterizzata da dolori all'anca e all'arto inferiore, accompagnati da disturbi della motilità.

sciàtico [dal lat. tardo *sciăticu(m)*, variante di *ischiădicus*, dal gr. *ischiadikós*, da *ischíon* 'ischio'] agg. (pl. m. -*ci*) ● Detto di ciascuno dei nervi dell'ischio | *Nervo s.*, detto del principale nervo del plesso sacrale, che dal bacino va alla parte posteriore dell'arto inferiore innervando la maggior parte dei muscoli della coscia, della gamba e del piede.

sciatóre [da *sciare* (*1*)] s. m. (f. -*trice*) ***1*** Chi scia | Atleta che pratica lo sport dello sci | *S. acquatico, nautico*, chi si dedica allo sci acquatico. ➡ ILL. p. 1294 SPORT. ***2*** (*spec. al pl.*) Reparti alpini particolarmente addestrati all'uso dello sci.

sciatòrio agg. ● Sciistico.

†**sciàtta** [adattamento del fr. *chatte*, dal lat. tardo *cătta(m)* 'naviglio', propriamente 'gatta'] s. f. ● Chiatta.

sciattàggine s. f. ● (*raro*) Sciatteria.

sciattàre [lat. parl. **exaptāre* 'sciattare', da *ĕx-* (*s-*) e *aptāre*, da *ăptus* 'in buon ordine, conveniente'] v. tr. ● Gualcire, guastare, sciupare, spec. oggetti nuovi o messi in ordine: *ho sciattato i pantaloni appena stirati*.

sciatterìa s. f. ● Qualità di chi è sciatto | Atto, comportamento, e sim. di persona sciatta | Cosa sciatta.

sciattézza s. f. ● Qualità di chi, di ciò che è sciatto.

sciattìo [da *sciatto*] s. m. ● (*raro*) Atto dello sciattare continuo.

sciàtto [lat. parl. **exăptu(m)*, da *ĕx-* (*s-*) e *ăptus* 'in buon ordine, conveniente'. V. *atto* (*2*)] agg. ● Negligente, trasandato, trascurato, nella cura della propria persona, nel vestire, nel lavoro, e sim. | Goffo, rozzo, non curato: *prosa sciatta*; *scrittore s. nell'uso degli aggettivi*. ‖ **sciattìno**, dim. | **sciattóne**, accr. (V.) | **sciattorèllo**, dim. ‖ **sciattaménte**, avv. Con sciattaggine, trascuratezza.

sciattóne s. m. (f. -*a*) ● (*fam.*) Persona sciatta.

†**sciaùra** e *deriv.* ● V. *sciagura* e *deriv.*

sciàvero [da **sciaverare*, variante ant. di *sceverare* (V.)] s. m. ***1*** Ciascuna delle assi curve esteriormente che si ricavano da una trave tonda o da un tronco segandolo longitudinalmente. ***2*** Ritaglio di cuoio, di pelle o di stoffa | (*est.*) Ogni cartoncino che si ottiene tagliando le copertine dei libri inutilizzati e che può servire per appunti e sim.

scìbile [vc. dotta, dal lat. *scībile(m)* 'conoscibile', da *scīre* 'sapere'. V. *scire* (*1*)] **A** agg. ● †Che si può comprendere, conoscere, sapere: *il pensiero dell'autore ... mi si rappresenta più s.* (GALILEI). **B** s. m. ● Tutto ciò che si può conoscere, sapere, apprendere: *l'immensità dello s.*; *i rami dello s.*; *lo s. umano*; *dare fondo allo s.*

sciìcche agg. e s. m. inv. ● Adattamento pop. di *chic* (V.).

sciccherìa [da *scicche*] s. f. ● (*pop.*) Eleganza: *che s.!* | Cosa elegante: *il tuo vestito è proprio una s.*

sciccóso [da *scicche*] agg. ● (*pop.*) Elegante (*anche iron.* o *scherz.*).

scichìmico [da *chimico*, con un pref. non chiaramente identificato] agg. (pl. m. -*ci*) ● Detto di acido che si forma in natura dai carboidrati, presente in molte piante e intermedio da cui derivano composti aromatici di origine naturale.

science fiction /*ingl.* 'saiəns 'fikʃən/ [vc. ingl., comp. di *science* 'scienza' e *fiction* 'finzione'] loc. sost. f. inv. ● Fantascienza.

sciènte /*'ʃɛnte, *ʃi'ɛnte/ o (*raro*) †**sciéntre** [vc. dotta, dal lat. *sciĕnte(m)*, part. pres. di *scīre* 'sapere'] agg. ● (*raro, lett.*) Che sa | †Esperto: *essere s. in q.c.* ‖ **scienteménte**, avv. In modo consapevole; con piena cognizione.

scientificità s. f. ● Qualità di ciò che è scientifico.

scientìfico [vc. dotta, dal lat. tardo *scientĭficu(m)* 'scientifico', comp. di *sciĕntia* 'scienza' e *-fĭcus* '-fico'] agg. (pl. m. -*ci*) ***1*** Che è proprio della scienza, che si riferisce alla scienza: *concetto s.*; *ricerca scientifica* | †*Uomo s.*, scienziato. ***2*** Che si fonda sulla scienza o sulle scienze, o le ha come oggetto: *società scientifica*; *studi scientifici*; *liceo s.* ***3*** Che usa metodi e criteri caratteristici di una scienza: *piano di azione s.* | *Polizia scientifica*, reparto della polizia che si avvale degli apporti più moderni della scienza nella ricerca della verità relativa ai reati commessi. ‖ **scientificaménte**, avv. In modo scientifico; secondo i metodi della scienza.

scientifismo [da *scientif(ico)*, con *-ismo*] s. m. ● Tendenza a sopravvalutare l'importanza della scienza.

scientifizzazióne [da *scientifico*] s. f. ● Processo con il quale si attribuiscono caratteri scientifici a una disciplina.

scientismo (**1**) [dal fr. *scientisme*, da *science* 'scienza', con *-isme* '-ismo'] s. m. ● (*filos.*) Atteggiamento di chi subordina alle scienze empiriche ogni altra possibile attività umana.

scientismo (**2**) [dall'ingl. *scientism*, da *science* 'scienza (cristiana)', con *-ism* '-ismo'] s. m. ● (*relig.*) Dottrina e pratica proprie del movimento della Scienza Cristiana.

scientista [dal fr. *scientiste*, da *science* 'scienza', con *-iste* '-ista'] s. m. e f. (pl. m. -*i*) ● (*filos.*) Chi aderisce allo scientismo.

scientìstico agg. (pl. m. -*ci*) ● (*filos.*) Relativo allo scientismo.

†**sciéntre** ● V. *sciente*.

sciènza o †**sciènzia** /*'ʃɛntsja, *ʃi'ɛntsja/ [lat. *sciĕntia(m)* 'sapere', da *sciēns*, genit. *sciĕntis*, part. pres. di *scīre* 'sapere'; nel sign. 6 calco dell'ingl. *Christian Science*] s. f. ***1*** (*raro*) Conoscenza, cognizione: *a sua s.*; *l'albero della s. del Bene e del Male*; *tutti i filosofi studiarono di conseguire la s. di questo mondo naturale* (VICO) | *Di certa s., di sicura s.*, certamente, sicuramente | *Con s.*, con cognizione della cosa | *S. ufficiale del giudice*, complesso di nozioni che legislativamente si presumono conosciute dalla autorità giudiziaria. ***2*** Conoscenza esatta e ragionata che qc. ha grazie allo studio, all'esperienza, all'osservazione: *amore della s.* | *Uomo di s.*, uomo colto | *Persona senza s.*, ignorante, incolta | *Senza s. di lettere*, ignorante nel campo delle lettere | *Arca, pozzo, di s.*, persona dottissima | *Spezzare il pane della s.*, insegnare | *Avere la s. infusa*, (*fam.*) pretendere di sapere tutto senza che ciò sia giustificato da adeguati studi. ***3*** Complesso dei risultati dell'attività speculativa umana volta alla conoscenza di cause, leggi, effetti e intorno a un determinato ordine di fenomeni, e basata sul metodo, lo studio e l'esperienza: *i progressi della s.*; *le scoperte della s.* | *S. pura*, fine a se stessa | *Scienze applicate*, quelle i cui risultati sono utilizzati per applicazioni tecniche | *Scienze sperimentali*, quelle la cui metodologia si fonda sull'esperienza | *Scienze esatte*, la matematica e le altre discipline che si basano sul calcolo. ***4*** (*spec. al pl.*) Insieme di discipline aventi tra loro caratteri di affinità: *scienze storiche, sociali, fisiche, filosofiche, politiche, economiche*; *scienze della Terra, della Natura, dell'uomo*; *s. delle finanze* | *Scienze naturali*, quelle che studiano gli aspetti della natura, come fisica, chimica, botanica, geologia, zoologia e sim. | *Scienze umanistiche*, quelle che hanno per oggetto lo studio delle lingue e delle letterature spec. classiche | *Scienze umane*, il gruppo delle discipline comprendente la sociologia, l'antropologia, la psicologia, la pedagogia e sim., contrapposto al gruppo umanistico, nel senso ristretto di letterario | *Scienze occulte*, quelle che studiano, spec. a fini pratici, i fenomeni ritenuti non spiegabili scientificamente come teosofia, spiritismo, pratiche magiche e sim. ***5*** (*al pl.*) Insieme delle discipline fondate essenzialmente sul calcolo e l'osservazione, come matematica, fisica, chimica, scienze naturali, astronomia: *un allievo dotato per le scienze*; *le scienze e le lettere* | (*per anton.*) Le scienze naturali: *essere rimandato in scienze*; *laurearsi in scienze*. ***6*** (*relig.*) *Scienza Cristiana*, setta cristiana, fondata negli Stati Uniti d'America per combattere, con la preghiera, ogni male fisico e morale. ‖ **scienzuòla**, dim.

†**scienziàle** [vc. dotta, dal lat. tardo *scientiāle(m)* 'scientifico', da *sciĕntia* 'scienza'] agg. ● Scientifico.

scienziàto [da †*scienzia*] **A** agg. ● (*raro, lett.*) Dotto, fornito di scienza. **B** s. m. (f. -*a*) ● Chi si dedica alla scienza o a una scienza, studiandola, cercandone e promuovendone gli sviluppi, e sim.: *un grande, un famoso s.*; *un congresso di scienziati*.

sciffonièra s. f. ● Adattamento di *chiffonnière* (V.).

scìfo o **schìfo** (**3**) [vc. dotta, dal gr. *skýphos* 'vaso', di etim. incerta] s. m. ● Vaso greco pressoché tronconico provvisto di due anse orizzontali all'altezza dell'orlo.

scifo- [dal gr. *skýphos* 'tazza'] primo elemento ● In parole composte del linguaggio scientifico, indica una struttura concava, a forma di vaso, di tazza.

Scifozòi [comp. di *scifo-* e *-zoo*] s. m. pl. ● Nella tassonomia animale, classe di Celenterati a forma prevalentemente medusoide (*Scyphozoa*) | (al sing. -*o*) Ogni individuo di tale classe.

sciftàre ● V. *shiftare*.

†**scìgnere** ● V. *scingere*.

†**scigrìgna** [da una variante di *sagrino*, *sigrino* 'zigrino' (V.)] s. f. ● Segno lasciato sulla pelle da una frusta.

†**scigrignàta** o (*raro*) †**scirignàta** [da †*scigrigna*] s. f. ● (*raro*) Colpo di taglio | Ferita provocata da un colpo di taglio.

sciìstico [da *sci* (*1*)] agg. (pl. m. -*ci*) ● Relativo allo sport dello sci, e agli sciatori: *gare, competizioni sciistiche*.

sciìta [dall'ingl. *shiite*, dall'ar. *šī'ah* 'setta, fazione', abbr. di *šī'at Alī* 'la setta di Alì', da *šā'a* 'seguire'] s. m. e f. (pl. m. -*i*) ● Musulmano che sostiene il diritto esclusivo del califfo Alì, genero di Maometto, e dei suoi discendenti a governare la comunità dei fedeli. CFR. Sunnita.

scilàcca [di etim. incerta: var. di *salacca*, scherz. per 'sciabola', con sovrapposizione di questa (?)] s. f. ● Colpo dato col piatto della sciabola, con la mano aperta o con la frusta.

scilaccàre v. tr. (*io scilàcco, tu scilàcchi*) ● (*raro*) Colpire con scilacche.

†**scilécca** ● V. *cilecca*.

†**scilìnga** ● V. *siringa* (*1*).

scilinguàgnolo [lat. parl. **sublinguānĕu(m)* 'che sta sotto (*sŭb*) la lingua (*lĭngua*)', con suff. dim., rifatto su †*scilinguare* (V.)] s. m. ***1*** (*raro*) Frenulo della lingua. ***2*** (*fig.*) Parlantina | *Sciogliere lo s.*, parlare molto dopo un prolungato silenzio | *Avere lo s. sciolto*, parlare molto e velocemente.

†**scilinguàre** [lat. parl. **exelinguāre*, comp. di *ĕx-* (*sci-*, variante di *s-* ints.) ed *elinguāre*, connesso con *elĭnguis* 'senza lingua, muto'] v. intr. ● Balbettare, pronunciare male le parole, come chi non avesse lingua o non la potesse muovere.

scilinguàto **A** part. pass. di †*scilinguare*; anche agg. ● Nel sign. del v. ‖ **scilinguataménte**, avv. Da scilinguato. **B** s. m. ● Balbuziente.

scilinguatùra s. f. ● Atto dello scilinguare | Qualità di chi è scilinguato | Parole pronunciate in modo difettoso.

†**scilìva** ● V. *saliva*.

scilivàto [da *lisciva* (V.), con metatesi] agg. ● (*raro, tosc.*) Detto di pane, poco sodo e poco saporito | Detto dell'odore sgradevole che danno i panni lavati male.

scìlla [lat. *scĭlla(m)* 'cipolla marina', dal gr. *skílla*, di etim. incerta] s. f. ● Liliacea che cresce sulle sabbie con grandi foglie basali, lunghi grappoli di fiori e bulbi utili in medicina (*Scilla maritima*).

scìllaro [dal gr. *skýllaros* 'sorta di granchio'] s. m. ● Crostaceo marino con corpo tozzo, fortemente corazzato, privo di chele e con antenne a lamella (*Scyllarus arctus*). SIN. Cicala di mare, magnosa.

†**scilòcco** ● V. *scirocco*.

†**scilòppo** ● V. *sciroppo*.

scilp [di origine onomat.] inter. ● (*raro, poet.*) Riproduce il canto della rondine.

†**scìmia** (**1**) o †**scìmmia** (**2**) [da *scimmia* (*1*) in senso metaforico] s. f. ● Strumento di controllo per il rilevamento delle imperfezioni esistenti nella calibratura dell'anima delle artiglierie.

†**scìmia** (**2**) ● V. *scimmia* (*1*).

scimiottàre ● V. *scimmiottare*.

scimitàrra [dal persiano-turco *šimšīr* 'spada', attraverso il fr. *cimeterre* e lo sp. *cimitarra*] s. f. ● Corta sciabola con lama larga ricurva a un taglio, usata fin dai tempi più antichi dai Persiani.

†**scimitarràta** s. f. ● Colpo di scimitarra.

scìmma ● V. *sciamma*.

scimmia (*1*) o †**scimia** (*2*), †**simia** [lat. *sĭmia(m)*, da *sīmus* 'col naso schiacciato', dal gr. *simós*] **s. f.** *1* Correntemente, ogni animale appartenente all'ordine dei Primati | *S. cappuccina*, cebo | *S. leonina*, scimmietta brasiliana con folta criniera giallo-rossastra, arboricola (*Leontocebus rosalia*) | *S. ragno*, atele | *S. urlatrice*, scimmia forestale americana a coda fortemente prensile, erbivora e con voce potente (*Alouatta seniculus*). SIN. Aluatta. *2* (*fig.*) Persona di aspetto sgradevole e di maniere dispettose, d'animo maligno e sim.: *brutta s.!*; *essere brutto come una s.* | *Arrampicarsi come una s.*, essere molto agile | Chi contraffà e imita gesti, voce, maniere, di altri | *Fare la s. a qc.*, imitarlo, rifargli il verso. *3* (*dial.*) Sbornia, sbronza: *prendersi la, una s.* *4* (*gerg., fig.*) *Avere la s. sulla spalla*, essere drogato, sentire il desiderio e la necessità continua di sostanze stupefacenti. || **scimmiétta**, **dim.** | **scimmióne**, **accr. m.** (V.).

†**scimmia** (*2*) ● V. †*scimia* (*1*).

scimmiàggine [da *scimmia* (*1*)] **s. f.** ● (*raro*) Qualità di chi è brutto, dispettoso o maligno come una scimmia.

scimmiàta [da *scimmia* (*1*)] **s. f.** ● (*raro*) Atto goffo da scimmia.

scimmiàtico [da *scimmia* (*1*)] **agg.** (**pl. m.** *-ci*) ● (*raro*) Di scimmia, proprio della scimmia.

scimmieggiàre [da *scimmia* (*1*)] **v. tr.** (*io scimmiéggio*) ● (*raro*) Imitare, scimmiottare.

scimmieggiatùra [da *scimmieggiare*] **s. f.** ● (*raro*) Scimmiottatura.

scimmiésco **agg.** (**pl. m.** *-schi*) ● Di scimmia: *natura scimmiesca* | Da scimmia (*spec. spreg.*): *movimenti scimmieschi*. || **scimmiescaménte**, **avv.**

scimmióne **s. m.** (**f.** *-a* **nel sign. 2**) *1* Accr. di *scimmia*. *2* (*fig.*) Persona di grossa corporatura, goffa e sgraziata, talvolta un po' ottusa.

scimmiottàre o (*impr.*) **scimiottàre** [da *scimmiotto*] **v. tr.** (*io scimmiòtto*) *1* Beffeggiare qc. riproducendone in maniera ridicola i gesti, il modo di parlare o di muoversi, la voce, e sim. *2* Imitare in maniera goffa, pedestre: *s. usanze straniere*.

scimmiottàta [da *scimmiottare*] **s. f.** ● Scimmiottatura.

scimmiottatùra **s. f.** ● Atto, effetto dello scimmiottare.

scimmiòtto [da *scimmia* (*1*)] **s. m.** *1* Scimmia piccola, giovane | *Fare lo s.*, scimmiottare. *2* (*fig.*) Persona brutta, mal fatta. *3* (*fig., fam., scherz.*) Bambino, spec. piccolo: *adesso il mio s. va a nanna*. || **scimmiottino**, **dim.** | **scimmiottòlo**, **dim.**

scimpanzé o **scimpanzè** o †**cimpanzé** [dal fr. *chimpanzé*, adattamento di una vc. di un dialetto congolese] **s. m.** ● Scimmia antropomorfa africana piuttosto alta, robusta, a pelame scuro, di carattere docile, vivace e addomesticabile (*Pan troglodytes*).

scimunitàggine **s. f.** ● Qualità di chi è scimunito | Atto, comportamento da scimunito.

scimunito o (*dial.*) †**scemunito** [connesso con *scemo*] **agg.**; anche **s. m.** (**f.** *-a*) ● Che, chi è sciocco, scemo, senza cervello: *che guaio ha combinato quello s.!* || **scimunitèllo**, **dim.** || **scimunitaménte**, **avv.** Da scimunito.

scinàuta **s. m. e f.** (**pl. m.** *-i*) ● (*sport*) Chi pratica lo sci nautico.

scinco [lat. *scĭncu(m)*, dal gr. *skínkos*] **s. m.** (**pl.** *-chi*) ● Rettile sauro con muso appuntito, zampe robuste a paletta, squame lucide ed embricate, che vive sprofondato nelle sabbie (*Scincus scincus*).

scìndere [vc. dotta, dal lat. *scĭndere*, di origine indeur.] **A** **v. tr.** (**pass. rem.** *io scìssi, tu scindésti*; **part. pass.** *scìsso*) *1* Separare, dividere, trattare separatamente (*spec. fig.*): *hanno scisso il partito*. *2* (*chim.*) Frazionare un composto in altri più semplici. *3* †Stracciare. *4* †Solcare. **B** **v. intr. pron.** ● Separarsi, dividersi nettamente: *la società si è scissa in due*.

scindìbile **agg.** ● Che si può scindere.

†**scìndula** [lat. *scĭndula(m)*, variante di *scăndula* (V. *scandola*)] **s. f.** ● Scandola.

scìngere o †**scignere** [da *cingere*, con *s-*] **A** **v. tr.** (**coniug. come** *cingere*) ● (*lett.*) Slegare, slacciare, un indumento | Togliere la spada dalla cintura cui essa è appesa. **B** **v. rifl.** *1* (*raro, lett.*) Togliersi le vesti | Togliersi la spada dalla cintura. *2* (*fig.*) †Svincolarsi, liberarsi.

scintigrafìa [comp. di *scinti(lla)* e *-grafia*] **s. f.** ● (*med.*) Esame diagnostico che consente, mediante appositi apparecchi, di registrare impulsi emessi da un organo, quale fegato, tiroide, pancreas, milza, rene, sistema nervoso, in cui si siano fatti pervenire isotopi radioattivi. SIN. Scintillografia.

scintigràmma [comp. di *scinti(lla)* e *-gramma*] **s. m.** (**pl.** *-i*) ● (*med.*) Tracciato che si ottiene come risultato della scintigrafia.

scintilla o †**sintilla** [lat. *scintĭlla(m)*, di origine indeur.] **s. f.** *1* Fenomeno transitorio di fuoco nettamente localizzato che sprizza da carboni e legna accesi, metalli roventi battuti, e sim. | *S. elettrica*, effetto luminoso di una scarica elettrica. *2* (*med.*) Sensazione visiva anomala in alcune affezioni del nervo ottico. *3* (*fig.*) Illuminazione, sprazzo: *la s. del genio, della creazione*. *4* (*fig.*) Motivo, causa: *quella fu la s. che fece scoppiare la lite*. || **scintillàccia**, **pegg.** | **scintillétta**, **dim.** | **scintillùzza**, **dim.**

scintillaménto [da *scintillare*] **s. m.** ● Particolare tipo di disturbo nei tubi elettronici causato da irregolare emissione catodica.

scintillànte **part. pres.** di *scintillare*; anche **agg.** ● Nei sign. del v.

scintillàre [lat. *scintillāre*, da *scintĭlla*] **v. intr.** (**aus.** *avere*) *1* Produrre, emettere scintille: *il tizzone acceso scintilla*. *2* Risplendere di vivi sprazzi di luce: *il mare scintilla sotto la luna* | Sfavillare, luccicare: *gli occhi le scintillarono di contentezza*. *3* (*astron.*) Subire il fenomeno della scintillazione atmosferica.

scintillatóre [da *scintillare*] **s. m.** ● (*fis.*) Sostanza che ha la proprietà di emettere radiazioni luminose quando è sottoposta a irradiazione.

scintillazióne [dal lat. *scintillatiōne(m)* 'scintillio', da *scintillātus*, part. pass. di *scintillāre*] **s. f.** *1* (*lett.*) Atto dello scintillare. *2* (*astron.*) Fluttuazione rapida della posizione apparente delle stelle e della loro luminosità, dovuta alla incessante variabilità dei coefficienti di rifrazione e di assorbimento dell'atmosfera della Terra. *3* (*fis.*) Emissione di radiazioni luminose da parte di sostanze sottoposte a irradiazione. SIN. Radioluminescenza.

scintillìo **s. m.** ● Atto, effetto, dello scintillare continuo e intenso: *s. di luci, di vetrine illuminate*.

scintillografìa [comp. di *scintilla* e *-grafia*] **s. f.** ● Scintigrafia.

scintillògrafo [comp. di *scintilla* e *-grafo*] **s. m.** ● (*med.*) Strumento meccanico-elettronico per l'esame delle glandole, che capta le onde emanate dopo la somministrazione al paziente di isotopi radioattivi visualizzandole in un tracciato.

scintillòmetro [comp. di *scintilla* e *-metro*] **s. m.** ● Strumento che dà la misura della scintillazione degli astri.

scinto **part. pass.** di *scingere*; anche **agg.** ● Nei sign. del v.

scintoìsmo o **shintoìsmo** [dal cino-giapp. *šin-tō* 'la via (*tō*) degli dei (*šin*)', con *-ismo*] **s. m.** ● Religione nazionale del Giappone, anteriore al buddismo, fondata sul culto delle forze naturali e sull'origine divina dell'Imperatore.

scintoìsta o **shintoìsta**. **A** **s. m. e f.** (**pl. m.** *-i*) ● Fedele dello scintoismo. **B** **agg.** ● Scintoistico.

scintoìstico o **shintoìstico**. **agg.** (**pl. m.** *-ci*) ● Proprio dello scintoismo o degli scintoisti.

sciò /*ʃɔ*, *ʃo*/ [vc. onomat.] **inter.** ● (*spec. iter.*) Si usa per disperdere o scacciare i polli o animali molesti e (*scherz.*) per allontanare bambini o anche adulti.

†**scioccàggine** [da *sciocco*] **s. f.** ● Sciocchezza.

scioccàre ● V. *shockare*.

†**scioccheggiàre** [da *sciocco*] **v. intr.** ● Fare lo sciocco | Fare, dire, sciocchezze.

scioccherìa **s. f.** ● (*raro*) Qualità di chi è sciocco | Azione, comportamento, e sim. da sciocco. || **scioccheruòla**, **dim.**

sciocchézza **s. f.** *1* Qualità di chi, di ciò che è sciocco. *2* Azione, parola, fatta o detta senza riflettere, senza prudenza: *fare, dire, un sacco di sciocchezze*. SIN. Fesseria, stupidaggine. *3* Cosa da nulla, inezia: *non preoccuparti per questa s.*; *regalare una s.* | *Costare, pagare, una s.*, molto poco. || **sciocchezzina**, **dim.** | **sciocchezzuòla**, **dim.**

sciocchezzàio **s. m.** ● (*raro*) Raccolta, quantità di sciocchezze. SIN. Scemenzaio.

sciòcco [lat. tardo (eccl.) *exsūc(c)u(m)* 'senza sugo', comp. di *ĕx-* (*s-*) e *sūcus* 'sugo' (?). V. *sugo*] **A** **agg.** (**pl. m.** *-chi*) *1* (*tosc.*) Che è privo, o quasi privo, di sale, che è senza sapore: *brodo s.*; *minestra sciocca*. SIN. Insipido, scipito. *2* Che non ha giudizio, senno, criterio, intelligenza, detto di persona: *uomini sciocchi*; *ragazza sciocca* | Che è pensato, detto o fatto in modo sciocco: *idea sciocca*; *parole sciocche*; *azione sciocca* | Insulso, stolido: *riso, sorriso, s.*; *espressione sciocca*. *3* (*lett.*) †Vano, inoffensivo: *per ... / ... gli ... incanti di colui far sciocchi / ti mostrerò un rimedio* (ARIOSTO). || **scioccaménte**, **avv.** Da sciocco. **B** in funzione di **avv.** ● (*raro, tosc.*) In modo insipido: *cucinare, mangiare, s.* | Scioccamente: *parlare s.* **C** **s. m.** (**f.** *-a*) ● Persona sciocca: *è da sciocchi comportarsi così* | *Non è uno s.*, è una persona che sa il fatto suo. SIN. Babbeo, citrullo, grullo, sempliciotto, tonto. || **sciocchèrello**, **dim.** | **sciocchellóne**, **accr.** | **sciocchino**, **dim.** | **scioccònàccio**, **pegg.** | **scioccóne**, **accr.**

scioglìbile **agg.** ● (*raro*) Che si può sciogliere.

sciògliere o (*poet.*) **sciòrre** [lat. *exsŏlvere* 'disciogliere', comp. di *ĕx-* (*s-*) e *sŏlvere* 'sciogliere' (V. *solvere*)] **A** **v. tr.** (**pres.** *io sciòlgo, tu sciògli*; **fut.** *io scioglierò*, poet. *sciorrò*; **pass. rem.** *io sciòlsi, tu sciogliésti*; **part. pass.** *sciòlto*) *1* Disfare, rendere libero, ciò che si trova legato, avvolto, intrecciato, e sim.: *s. un nodo*; *s. un pacco, un sacco, una balla*; *s. le chiome, i capelli* | (*lett.*) *S. le vele*, salpare (*anche ass.*) | (*raro*) *S. la borsa*, spendere, pagare, regalare, e sim. | *S. una chiusura, una serratura* e sim., aprirle | *S. la lingua*, parlare dopo una certa reticenza | *Fare s. la lingua a qc.*, indurlo a parlare | (*lett.*) *S. la voce al canto*, cominciare a cantare | (*lett.*) *S. un canto*, innalzarlo: *e scioglie all'urna un cantico / che forse non morrà* (MANZONI). *2* Liberare persone o animali da ciò che li tiene legati: *s. i prigionieri*; *s. i buoi dal giogo*; *s. il cane dalla catena*. *3* Fare soluzione: *s. il sale nell'acqua*; *s. l'oro nell'acquaragia* | (*fam.*) Liquefare, portare allo stato liquido: *il calore scioglie il ghiaccio*. *4* Porre fine a un impegno, un'obbligazione, e sim.: *s. un contratto, una società, una compagnia* | Soddisfare: *s. un obbligo* | Adempiere: *s. un voto, una promessa* | Liberare una persona da un impegno, un obbligo, e sim. assunto: *s. qc. da un voto, da una promessa, da un segreto*. *5* Porre fine a una riunione, un gruppo, e sim. di persone riunite per uno scopo comune, anche non pacifico, licenziandole temporaneamente o definitivamente: *s. una seduta, un'assemblea, un'adunanza, un circolo, un'associazione*; *la polizia sciolse la manifestazione*; *squilli di tromba hanno sciolto l'assembramento* | *S. le Camere*, far cessare, da parte del Presidente della Repubblica, prima della scadenza del termine ordinario, l'attività di una o di entrambe le Camere parlamentari dichiarandone decaduti i componenti. *6* Spiegare, risolvere: *s. un quesito, un problema, una sciarada, una difficoltà, un imbroglio* | Dissipare: *s. un dubbio, un sospetto*. *7* Disimpacciare, rendere agile o più agile: *s. i muscoli, le gambe, le braccia* | (*fam.*) *S. il corpo*, evacuare abbondantemente. **B** **v. rifl.** ● Liberarsi, svincolarsi, da ciò che tiene legato (*anche fig.*): *sciogliersi dai lacci, dal guinzaglio, dalle catene*; *sciogliersi dal ritegno, da un patto, da un obbligo*. **C** **v. intr. pron.** ● Liquefarsi, fondersi: *la neve si scioglie al sole* | (*fig.*) *Sciogliersi in lacrime*, piangere accoratamente.

scioglilìngua [comp. di *sciogli(ere)* e *lingua*] **s. m. inv.** ● Frase o serie di parole difficili a pronunciarsi rapidamente causa la presenza in esse di iati, allitterazioni, e sim.: *uno dei più noti s. è*: *sopra la panca la capra campa, sotto la panca la capra crepa*.

scioglimento **s. m.** *1* Atto, effetto dello sciogliere (*anche fig.*): *s. dei ghiacci*; *s. del Parlamento, di un'assemblea*. *2* (*fig.*) Conclusione, epilogo: *il dramma ha uno s. inatteso*.

scioglitóre **s. m.**; anche **agg.** (**f.** *-trice*) ● (*lett.*) Chi, che scioglie.

sciografìa [vc. dotta, dal gr. tardo *skiographía*, variante di *skiagraphía* 'disegno in prospettiva', comp. di *skiá* 'ombra' e *-graphía* '-grafia'] **s. f.** ● (*astron.*) Antico metodo per trovare l'ora del giorno o della notte mediante l'ombra prodotta dal sole o dalla luna.

sciolina [comp. di *sci* e *olio*, con *-ina*] s. f. ● Preparato a base di resine e di altre sostanze che si applica sotto gli sci per accrescerne la scorrevolezza.

sciolinàre [da *sciolina*] v. tr. ● Applicare la sciolina agli sci.

sciolinatùra [da *sciolinare*] s. f. ● Atto, effetto dello sciolinare.

sciolo [vc. dotta, dal lat. tardo *sciŏlu(m)* 'saputello', dim. di *scĭus* 'che sa', da *scīre* 'sapere'] s. m. ● (*raro, lett.*) Saputello, saccente.

sciòlta [f. sost. di *sciolto*] s. f. ● (*fam.*) Diarrea.

scioltézza s. f. **1** Qualità di chi, di ciò che è sciolto: *s. di mano, di lingua.* **2** Agilità, destrezza, nei movimenti: *di ... s. di piedi avanzano tutti gli altri pastori* (SANNAZARO) | Disinvoltura nel parlare, nello scrivere, nel comportarsi: *s. di stile, di modi.*

sciòlto part. pass. di *sciogliere*; anche agg. **1** Nei sign. del v. **2** *Essere di, avere la, lingua sciolta*, parlare con facilità, essere loquace | *Avere le dita sciolte*, essere agile nei movimenti | *Fare s.*, disinvolto | *A briglia sciolta*, di gran carriera. **3** Che è privo di legami, vincoli, connessioni, concatenazioni, compattezza e sim. | *Nota sciolta*, che non ha legatura | *Terreno s.*, poco coerente, permeabile, sabbioso | *Vela sciolta*, che non ha pennone sottoposto | *Versi sciolti*, non rimati | *Abito s.*, *di linea sciolta*, ampio, morbido, non attillato. || **scioltaménte**, avv. **1** In maniera sciolta, disinvolta: *parlare, muoversi scioltamente.* **2** †Dissolutamente, licenziosamente.

†**sciòlvere** ● V. *asciolvere.*

†**scionnàrsi** [vc. dial. tosc. e umbra, dal lat. parl. **exsomnāre* 'svegliare', comp. di *ĕx-* (*s-*) e di *sŏmnus* 'sonno' (V. *sonno*)] v. intr. pron. ● (*tosc.*) Destarsi, risvegliarsi | (*est.*) Spicciarsi.

scioperàggine [da *scioperare*] s. f. ● (*raro*) Scioperataggine.

†**scioperalibrài** [comp. di *sciopera(re)* e il pl. di *libraio*] s. m. ● (*raro*) Letterato, scrittore, da poco.

†**scioperaménto** [da *scioperare*] s. m. ● Scioperatezza.

scioperànte A part. pres. di *scioperare*; anche agg. ● Nei sign. del v. **B** s. m. e f. ● Chi prende parte a uno sciopero.

scioperàre o †**sciopràre** [lat. parl. **exoperāre*, comp. di *ĕx-* (*sci-*, variante di *s-*) e *operāre* 'lavorare' (V. *operare*)] **A** v. intr. (*io sciòpero*; aus. *avere*) ● Astenersi dal lavoro aderendo a uno sciopero. **B** v. tr. ● †Distogliere dal lavoro. **C** v. intr. pron. ● †Smettere, interrompere, il lavoro.

scioperatàggine s. f. ● Qualità di chi è scioperato | Azione, comportamento, da scioperato.

scioperatézza s. f. ● Qualità di chi è scioperato.

scioperàto [lat. parl. **exoperātu(m)*, comp. di *ĕx-* (*sci-*, variante di *s-*) e *operātus*, da *ŏpus*, genit. *ŏperis* 'lavoro'] **A** agg. ● †Sfaccendato, disoccupato. **B** agg.; anche s. m. (f. *-a*) ● Che, chi non ha voglia di lavorare e vive alla giornata, in modo disordinato: *da quel perfetto studente s. che sono sempre stato* (SVEVO); *essere uno s.*; *fare una vita da s.* | (*raro*) *Alla scioperata*, (*ell.*) in modo ozioso, senza nessun impegno. SIN. Scapestrato, sfaccendato, fannullone. || **scioperatàccio**, pegg. | **scioperatèllo**, dim. | **scioperatino**, dim. | **scioperatóne**, accr. || **scioperataménte**, avv. Da scioperato, oziosamente.

scioperio [da *scioperare*] s. m. ● (*raro*) Impiego inutile del proprio tempo.

sciòpero [da *scioperare*] s. m. ● Astensione collettiva dal lavoro da parte di lavoratori, per raggiungere determinati fine d'ordine sindacale (economico o normativo) oppure sociale e politico: *diritto di s.*; *mettersi in s.*; *ricorrere allo s.* | *S. articolato*, attuato settorialmente e programmato in modo tale che le astensioni dal lavoro avvengano secondo determinate scadenze collegate alle fasi della contrattazione sindacale | *S. generale*, di tutti gli addetti a tutti i settori economici | *S. a oltranza, a tempo indeterminato*, fino al raggiungimento del fine inizialmente prefissato | *S. a catena*, serie di astensioni dal lavoro, in un settore o in diversi settori, a breve distanza fra loro | *S. a scacchiera*, realizzato in tempi diversi dagli addetti alle diverse fasi della produzione | *S. a singhiozzo*, con brevi intervalli di lavoro | *S. a sorpresa*, spontaneo, non voluto né appoggiato dalle organizzazioni sindacali | *S. bianco*, consistente nell'eseguire il lavoro attuando con puntigliosa meticolosità le norme e i regolamenti a questo relativi, in modo da rallentare la produzione o produrre ingorghi nei servizi ovvero rifiutando ogni prestazione straordinaria e a cottimo | *S. selvaggio*, sciopero improvviso, non regolamentato, spec. attuato in modo autonomo rispetto alle maggiori organizzazioni sindacali e spesso in forme tali da ledere anche gli interessi degli utenti di un determinato servizio | *S. di solidarietà*, proclamato in appoggio ad altre categorie in lotta | *S. della fame*, astensione volontaria dal cibo in segno di protesta | (*fam., scherz.*) *Giorno di s.*, di festa, di vacanza.

scioperóne [da *scioperare*] s. m. (f. *-a*) ● (*raro*) Amante dell'ozio.

†**sciopràre** ● V. *scioperare.*

scioràre o †**soràre** [lat. parl. **exaurāre*, comp. di *ĕx-* (*sci-*, variante di *s-*) e di un denominale di *āura* 'aria', propriamente 'spargere all'aria'] v. intr. (*io sciòro*; aus. *essere*) **1** †Trovare sfogo, spandersi, detto dell'acqua. **2** (*dial.*) Sfogarsi, effondersi, rinfrescarsi.

sciorinaménto s. m. ● (*raro*) Atto, effetto dello sciorinare.

sciorinàre [da *sciorare*] **A** v. tr. **1** Spiegare, stendere all'aria: *s. il bucato, la biancheria.* **2** (*fig.*) Mettere in mostra, esporre, ostentare: *s. la propria merce*; *s. lodi, complimenti, la propria cultura.* **3** †Vibrare: *s. colpi.* **B** v. rifl. ● †Slacciarsi i vestiti per rinfrescarsi, prendere ristoro. **C** v. intr. ● (*raro*) †Scorrere, sgorgare.

sciorìno [da *sciorinare*] s. m. ● Atto dello sciorinare al sole e all'aria cose bagnate, detto spec. della biancheria dell'equipaggio di una nave e delle attrezzature, come vele, corde e sim., d'un veliero.

sciòrre ● V. *sciogliere.*

sciott /*ʃɔt/ [dal fr. *chott*, dall'ar. *šatt* 'sponda, riva'] s. m. ● Bacino chiuso senza sfogo verso il mare, proprio della morfologia desertica, che nei tempi normali si presenta come una vasta pianura nuda, disseminata di pantani.

†**scioveràrsi** [lat. parl. **exhibernāre* 'svernare', comp. di *ĕx-* (*sci-*, variante di *s-*) e *hibernāre*, da *hibĕrnus* 'invernale' (V. *svernare*)] v. intr. pron. ● (*raro*) Riposarsi, rinfrancarsi.

sciovia [comp. di *sci* e *via*, sul modello di *ferrovia*, *funivia*] s. f. ● Impianto di traino meccanico di cui si servono gli sciatori per risalire le piste agganciandosi a una fune metallica a corsa continua. SIN. Ski-lift. ➡ ILL. **funivia**.

scioviàrio agg. ● Di sciovia: *impianto s.*; *attrezzature scioviarie.*

sciovinismo [dal fr. *chauvinisme*, dal n. di N. *Chauvin* (sec. XVIII-XIX), soldato di Napoleone noto per l'ingenuo fanatismo patriottico] s. m. ● Nazionalismo esagerato e fanatico.

sciovinista [dal fr. *chauviniste*] s. m. e f.; anche agg. (pl. m. *-i*) ● Chi, che dà prova di sciovinismo.

sciovinistico agg. (pl. m. *-ci*) ● Di sciovinismo, di, da sciovinista: *tendenze sciovinistiche.*

†**scipàre** [lat. parl. **exsipāre* 'gettar via', comp. di *ĕx-* (*sci-*, variante di *s-*) e *supāre* 'gettare', di etim. incerta (V. *sciupare*)] **A** v. tr. **1** Sciupare, guastare. **2** (*fig.*) Turbare: *la memoria il sangue ancor mi scipa* (DANTE *Inf.* XXIV, 84). **B** v. intr. pron. ● Abortire.

†**scipidézza** ● V. *scipitezza.*

†**scipidire** [da *scipido*] **A** v. intr. ● Diventare scipito. **B** v. tr. ● Rendere scipito.

†**scipido** [lat. parl. **exsĭpidu(m)* 'insipido', comp. di *săpidus* 'saporito' con *ĕx-* (*sci-*, variante di *s-*) (V. *insipido*)] agg. ● Insipido, scipito.

scipitàggine s. f. ● Scipitezza | Atto, parola, scipita.

scipitézza o †**scipidézza** s. f. ● Qualità di chi, di ciò che è scipito.

scipito o (*dial.*) **sciapito** [part. pass. di *scipire*, variante ant. di †*scipidire*] agg. **1** Privo di sapore, insipido: *carne scipita.* CONTR. Salato. **2** (*fig.*) Sciocco, privo di spirito: *barzelletta scipita.* || **scipitèllo**, dim. | **scipitino**, dim. || **scipitaménte**, avv. In maniera scipita.

scippàre [vc. nap. di etim. incerta: propriamente 'strappare'] v. tr. **1** Derubare qc. strappandogli, con rapidità e talora violenza, q.c. di mano o di dosso spec. in una pubblica via. **2** (*fig., est.*) Privare qc., senza che se lo aspetti, di q.c. ritenuta ormai acquisita, certa, ovvia e sim.: *nel finale della partita, la Juve ha scippato il Torino della vittoria.*

scippatóre [da *scippare*] s. m. (f. *-trice*) ● Chi fa uno scippo.

scippo [da *scippare*] s. m. ● Furto compiuto strappando q.c. di mano o di dosso a qc., spec. in una pubblica via.

†**scire (1)** [vc. dotta, dal lat. *scīre*, di origine indeur.] v. tr. (dif. usato solo all'inf. e al part. pres. *sciente*, lett.) ● (*raro*) Sapere.

†**scìre (2)** ● V. *uscire.*

†**scirignàta** ● V. †*scigrignata.*

†**sciringa** ● V. *siringa (1).*

sciroccàle agg. ● Di scirocco.

sciroccàta s. f. ● Lo spirare dello scirocco | (*est.*) Tempesta di mare provocata dallo scirocco.

sciroccàto [da *scirocco*, il vento che provocherebbe mutamenti di umore] agg.; anche s. m. (f. *-a*) ● (*gerg.*) Che, chi ha un comportamento bizzarro e stravagante o appare imbambolato e un po' tonto.

sciròcco o †**scilòcco**, †**silòcco**, †**siròcco** [dall'ar. magrebino *šulūq* 'vento di mezzogiorno', attraverso il genov.] s. m. (pl. *-chi*) ● Vento caldo da sud-est, proveniente dall'Africa, che si arricchisce di umidità attraversando il Mediterraneo. || **sciroccàccio**, pegg.

sciroppàre v. tr. (*io sciròppo*) ● Preparare la frutta in uno sciroppo zuccherato per conservarla | (*fig.*) *Sciropparsi qc. o q.c.*, sopportare con pazienza persona o cosa noiosa, indesiderata, e sim.

sciroppàto A part. pass. di *sciroppare*; anche agg. ● Nei sign. del v. **B** s. m. ● (*raro*) †Sciroppo.

sciròppo o †**scilòppo**, (*raro*) **siròppo** [dall'ar. *šarūb* 'bibita'] s. m. ● Soluzione concentrata di zucchero in acqua | *S. di frutta*, nell'industria alimentare, prodotto liquido denso a base di succo di frutta o concentrato di succo e zucchero | *S.* (*medicinale*), soluzione dolciastra addizionata di farmaci | (*scherz.*) *S. di cantina*, vino. || **sciroppétto**, dim. | **sciroppino**, dim.

sciropposità [da *sciropposo*] s. f. ● Qualità di cosa o persona sciropposa.

sciroppóso agg. **1** Che ha la densità e la consistenza di uno sciroppo: *liquido, vino, s.* **2** (*fig.*) Che eccede in sentimentalismo, in ottimismo, in dolcezza, e sim.: *film, romanzo, s.*

scirpéto [da *scirp(o)* con il suff. *-eto*] s. m. ● Zona ai margini di laghi e paludi, caratterizzata da una vegetazione parzialmente sommersa.

scirpo [dal lat. *scĭrpu(m)* 'giunco', di etim. incerta] s. m. ● (*raro, lett.*) Giunco: *lo s. che riveste / il gonfio vetro* (D'ANNUNZIO).

scirro [dal lat. *scĭrru(m)*, dal gr. *skírros* 'tumore', di etim. incerta] s. m. ● (*med.*) Tumore epiteliale maligno duro, fibroso, a carattere infiltrante.

scisma o †**schisma** [vc. dotta, dal lat. tardo (ecclesiastico) *schĭsma* (nom. acc. nt.) 'separazione', dal gr. *schísma*, genit. *schísmatos*, da *schízein* 'dividere'] s. m. o †f. (pl. m. *-i*) **1** Separazione da una chiesa o da una comunità, rifiutandone l'autorità come illegittima e costituendosi in chiesa o in comunità autonoma. **2** (*est.*) Divisione, separazione che ha luogo in comunità, partiti politici, e sim. a causa di discordie o divergenze intorno ad argomenti fondamentali.

scismàtico [vc. dotta, dal lat. tardo (ecclesiastico) *schismătĭcu(m)*, dal gr. *schismatikós*, da *schísma*, genit. *schísmatos* 'scisma'] **A** agg. (pl. m. *-ci*) ● Che si riferisce a scisma. || **scismaticaménte**, avv. In modo scismatico, che presenta caratteri di scisma. **B** s. m. ● Chi provoca o segue uno scisma.

scissile [vc. dotta, dal lat. *scĭssile(m)* da *scĭssus*, part. pass. di *scĭndere* 'scindere'] agg. ● Che si sfalda o si scinde facilmente.

scissióne [vc. dotta, dal lat. *scissiōne(m)*, da *scĭssus* 'scisso'] s. f. **1** Atto, effetto dello scindere o dello scindersi: *la s. di un composto*; *la s. di un gruppo, di un partito* | *S. nucleare*, scissione del nucleo atomico prodotta con bombardamento di neutroni. SIN. Fissione. **2** (*biol.*) Processo di riproduzione agamica in cui l'individuo si divide semplicemente in due. SIN. Scissiparità. **3** (*psicoan.*) Coesistenza di due personalità nell'apparato psichico, come risultato della presenza di un conflitto.

scissionismo s. m. ● Tendenza a provocare scissioni all'interno del proprio partito.

scissionista s. m. e f. (pl. m. *-i*) ● Chi aderisce a un movimento scissionistico.

scissionistico agg. (pl. m. *-ci*) ● Relativo allo scissionismo o agli scissionisti.

scissiparità [da *scissiparo*, sul modello dell'ingl. *scissiparity*] s. f. ● (*biol.*) Scissione.

scissiparo [comp. di *scissi(one)* e *-paro*] agg. ● (*biol.*) Detto di organismo che si riproduce per scissione.

scisso part. pass. di *scindere*; anche agg. ● Nei sign. del v.

scissùra [vc. dotta, dal lat. *scissūra(m)* 'divisione', da *scĭssus* 'diviso'] s. f. *1* (*raro*) Fessura. *2* (*fig.*) Discordia, dissidio: *s. in famiglia, nella nazione*. *3* (*anat.*) Fessura | *S. cerebrale*, fenditura fra le circonvoluzioni cerebrali | *S. di Rolando*, che divide il lobo frontale cerebrale da quello parietale.

scisto o (*raro*) **schisto** [vc. dotta, dal lat. *schĭstu(m) lăpide(m)* '(pietra) che si divide', dal gr. *schistós*, agg. verb. di *schízein* 'dividere'] s. m. ● Roccia scistosa.

scistosità o (*raro*) **schistosità** [da *scistoso*] s. f. ● (*miner.*) Facile divisibilità in piani paralleli di alcune rocce metamorfiche.

scistóso o (*raro*) **schistóso** [da *scisto*] agg. ● (*miner.*) Detto di struttura nella quale gli elementi della roccia sono distribuiti in piani paralleli o quasi | Detto di roccia con struttura scistosa.

scitale (1) o **scitala** [vc. dotta, dal gr. *skytálē* 'bastone', di origine indeur.] s. f. ● Presso gli Spartani, lettera scritta su una striscia avvolta a un bastoncino, che poteva essere letta solo se riavvolta su un bastoncino analogo.

†**scitale (2)** [vc. dotta, dal gr. *skytálē*, di etim. incerta] s. m. ● Serpente favoloso dai bellissimi colori.

Scitaminee [dal lat. *scitamĕnta* 'leccornie, delicatezze' (nel lat. mediev. 'aromi'): forse da *scīre* 'sapere' (V. †*scire (1)*)] s. f. pl. ● Nella tassonomia vegetale, ordine di piante monocotiledoni tropicali, comprendente piante utili nell'alimentazione, aromatiche, ornamentali (*Scitamineae*) | (al sing. *-a*) Ogni individuo di tale ordine.

scìtico [vc. dotta, dal lat. *Scȳthicu(m)*, dal gr. *Skythikós*, da *Skythía* 'Scizia'] agg. (pl. m. *-ci*) ● Degli Sciti, antico popolo della Russia meridionale.

sciugàre e *deriv.* ● V. *asciugare* e *deriv.*

sciùma ● V. *sciamma*.

sciumbàsci [dall'amarico *šumbāšī*, sovrapposizione di *šum* 'capo' al turco *yüzbaşı* 'capitano', da *yüz* 'cento'] s. m. ● Nei reparti coloniali indigeni di un tempo, il più elevato grado di truppa.

sciuntàre ● V. *shuntare*.

sciupacàrte [comp. di *sciupa(re)* e il pl. di *carta*] s. m. e f. inv. ● (*raro*) Imbrattacarte.

sciupacchiàre v. tr. (*io sciupàcchio*) ● (*fam.*) Sciupare alquanto.

sciupàre [lat. parl. **exsupāre* 'gettar via', comp. di *ĕx-* (*sci-*, variante di *s-*) e *supāre* 'gettare', di etim. incerta (V. *scipare*)] **A** v. tr. *1* Conciare male, ridurre in cattivo stato: *s. un indumento nuovo, un monile; sciuparsi la salute, la vista, l'appetito*. *2* (*est.*) Impiegare senza ricavare alcuna utilità: *s. tempo, fatica, le proprie forze, un'occasione; sciupa la sua intelligenza in lavori banali* | Consumare in quantità eccessiva: *qui si sciupa il pane; la carne costa, non sciuparla* | Dissipare, spendere male: *s. denaro, un patrimonio, un'eredità*. **B** v. intr. pron. ● Ridursi in cattivo stato, guastarsi: *gli indumenti delicati si sciupano a lavarli senza precauzioni* | Deperire nel fisico: *si è sciupata a studiare tanto* | (*fam., iron.*) Fare q.c. che, sebbene rientri nella normalità di chi lo fa o di chi lo considera, ha un aspetto di concessione, eccezionalità, e sim.: *si è sciupata a farci un regalo!*

sciupatèste [comp. di *sciupa(re)* e il pl. di *testa*] s. m. e f. inv. ● (*raro, fam.*) Chi guasta le menti altrui.

sciupàto part. pass. di *sciupare*; anche agg. ● Nei sign. del v.

sciupatóre s. m.; anche agg. (f. *-trice*, pop. *-tora*) ● (*raro*) Chi, che sciupa.

sciupinàre [da *sciupare*] v. tr. ● (*raro, tosc.*) Sciupare con rabbia, per dispetto.

sciupinìo [da *sciupinare*] s. m. ● (*tosc.*) Sciupio.

sciupìo s. m. ● Atto dello sciupare continuo o abituale: *s. di tempo, di denaro; fare s.; è tutto uno s.*

sciùpo s. m. ● (*raro*) Atto, effetto dello sciupare | Spreco, sperpero.

sciupóne s. m.; anche agg. (f. *-a*) ● Chi, che sciupa molto.

Sciùridi /*ˈʃuridi, *ʃiˈuridi/ [dal lat. *sciūru(m)* 'scoiattolo', dal gr. *skíouros*, letteralmente 'che fa ombra (*skiá*) con la coda (*ourá*)', col suff. *-ide*] s. m. pl. ● Nella tassonomia animale, famiglia di Mammiferi dei Roditori con testa tondeggiante e coda coperta di peli (*Sciuridae*) | (al sing. *-e*) Ogni individuo di tale famiglia.

sciuscià [adattamento pop. merid. dell'ingl. *shoe-shine* 'lustrascarpe'] s. m. ● Ragazzino che fa il lustrascarpe | Durante l'occupazione anglo-americana dell'Italia, successiva alla seconda guerra mondiale, ragazzo che si prestava a umili servizi, o trafficava più o meno illecitamente con i soldati stranieri, per guadagnarsi da vivere.

sciusciuliàre [vc. onomat.] v. intr. (aus. *avere*) ● Battere contro la riva, detto di piccole onde tranquille.

scivolaménto s. m. ● Atto dello scivolare (*anche fig.*).

scivolàre [vc. di origine onomat. (?)] v. intr. (*io scìvolo*; aus. *essere* e *avere* nel sign. 1, *essere* nel sign. 2) *1* Scorrere leggermente e rapidamente su una superficie liscia, levigata, o in pendenza: *s. sul ghiaccio, su una pista, lungo una china* | Sdrucciolare: *sulle strade bagnate si scivola facilmente*. *2* (*est.*) Sfuggire dalle mani, venir meno alla presa: *l'anguilla scivola via; i libri mi scivolano da sotto il braccio* | *Far s. q.c. in tasca a qc.*, dargliela di nascosto | Cercare di evitare incontri, colloqui, e sim., detto di persona: *riesce sempre a s. via* | (*fig.*) *S. su un argomento, su un discorso*, e sim., evitarlo, non insistere, passare oltre; toccarlo anche se involontariamente. *3* (*fig.*) Slittare.

scivolàta s. f. *1* Atto dello scivolare. *2* Derapata verso il lato basso dell'aereo | *S. d'ala*, figura acrobatica dei velivoli, consistente in una scivolata generalmente ripida e prolungata. *3* †Componimento in settenari sdruccioli senza rima.

scivolàto part. pass. di *scivolare*; anche agg. *1* Nei sign. del v. *2 Abito s.*, di linea sciolta, non aderente | *Note scivolate*, eseguite passando rapidamente la mano sui tasti o sulle corde di uno strumento musicale.

scìvolo [da *scivolare*] s. m. *1* Piano inclinato, spec. quello utilizzato in varie tecnologie per fare scivolare materiali, macchine e sim. in una data direzione. *2* Gioco costituito da un piano inclinato su cui ci si lascia scivolare cadendo in acqua, sulla sabbia e sim. *3* (*raro*) Scivolamento. ‖ **scivolétto**, dim. | **scivolino**, dim.

scivolóne [da *scivolare*] s. m. *1* Atto, effetto dello scivolare, lunga scivolata: *fare uno s.* | (*est.*) Caduta. *2* (*fig.*) Grave errore o peccato | Sconfitta inaspettata, spec. nel linguaggio calcistico | Brusco peggioramento: *s. della lira*.

scivolosità s. f. ● Qualità di chi, di ciò che è scivoloso. SIN. Sdrucciolevolezza.

scivolóso [da *scivolare*] agg. *1* Detto di superficie o sim. su cui si scivola con facilità. SIN. Sdrucciolevole. *2* Che sfugge alla presa | (*fig.*) Detto di persona che nasconde le sue vere intenzioni dietro un'apparenza esageratamente cortese e complimentosa.

†**sclamàre** e *deriv.* ● V. *esclamare* e *deriv.*

sclarèa o (*tosc.*) **scarlèa** [lat. *sclārea(m)*, d'orig. sconosciuta] s. f. ● Varietà di salvia presente in Europa e Asia e coltivata per le sommità fiorite con profumo di moscato (*Salvia sclarea*).

sclèra [vc. dotta, dal gr. *sklērós* 'duro'] s. f. ● (*anat.*) Porzione biancastra, non trasparente della membrana esterna dell'occhio. SIN. Sclerotica. ➡ ILL. p. 367 ANATOMIA UMANA.

scleràle agg. ● Della sclera, relativo alla sclera | *Lente s.*, lente a contatto per la correzione dei difetti della vista, composta da una parte centrale correttiva e da una parte marginale che serve da supporto.

sclerèide [da *sclero-*] s. f. ● (*bot.*) Cellula vegetale a parete ispessita e lignificata.

sclerènchima [comp. di *scler-* ed *-enchima*, sul modello di *parenchima* (V.)] s. m. (pl. *-i*) ● Tessuto vegetale di cellule con membrana totalmente ispessita, lignificata o mineralizzata.

sclerenchimàtico agg. (pl. m. *-ci*) ● Dello sclerenchima.

sclerite (1) [da *scler(a)* con *-ite (1)*] s. f. ● (*med.*) Infiammazione della sclera.

sclerite (2) [da *scler-*, con *-ite (2)*] s. f. ● (*zool.*) Ognuna delle spicole calcaree o silicee delle spugne.

sclèro- [dal gr. *sklērós* 'duro'] primo elemento (*scler-* davanti a vocale) ● In parole scientifiche composte, significa 'indurimento', 'irrigidimento', o anche 'sclera': *scleroso, sclerometro*.

sclerodermìa [comp. di *sclero-* e *-dermia*] s. f. ● Malattia della pelle che diventa dura, sclerotica, retratta: *s. generalizzata, s. circoscritta*.

scleròma [vc. dotta, dal gr. *sklḗrōma*, genit. *sklērṓmatos* 'durezza', da *sklērós* 'duro'] s. m. (pl. *-i*) *1* (*med.*) Sclerosi. *2* (*bot.*) Stereoma.

sclerometrìa [comp. di *sclero-* e *-metria*] s. f. ● Tecnica di misurazione della durezza dei minerali.

scleròmetro [comp. di *sclero-* e *-metro*] s. m. ● Particolare durometro che determina la forza necessaria perché una punta scalfisca un dato materiale.

scleroproteìna [comp. di *sclero-* e *proteina*] s. f. ● (*biochim.*) Qualsiasi proteina semplice caratterizzata da notevole resistenza alle sollecitazioni meccaniche e ai trattamenti chimici.

sclerosànte [dal v. *sclerosare* 'provocare la sclerosi', den. di *sclerosi*] **A** s. m. ● (*med.*) Sostanza chimica che, iniettata in un vaso, produce infiammazione e fibrosi della sua parete, con conseguente obliterazione del lume e degenerazione del vaso stesso; è usata nel trattamento delle vene varicose. **B** anche agg.: *iniezioni sclerosanti*.

sclerosàre v. tr. (*io scleròso*) ● Rendere sclerotico.

scleròsi o **sclèrosi** [vc. dotta, dal gr. tardo *sklḗrōsis* 'indurimento', da *sklērós* 'duro'] s. f. *1* (*med.*) Indurimento, perdita di elasticità dei tessuti | *S. a placche, multipla*, malattia demielinizzante del sistema nervoso centrale caratterizzata da focolai di rammollimento della sostanza bianca, con alterazione della funzione motoria muscolare. *2* (*fig.*) Perdita di elasticità da parte di persone, enti e sim. che impedisce di adattarsi a situazioni mutevoli: *la s. della vita politica*.

scleróso [da *sclero-*] agg. ● Relativo allo sclerenchima.

scleròtica [vc. dotta, dal lat. mediev. *sclerōtica(m)*, dal gr. *sklērótēs* 'durezza', da *sklērós* 'duro'] s. f. ● (*anat.*) Sclera.

scleròtico agg.; anche s. m. (f. *-a*; pl. m. *-ci*) ● Che, chi è affetto da sclerosi.

sclerotizzàre [da *sclerotico*] **A** v. tr. ● (*fig.*) Irrigidire, privare di elasticità, rendere inerte, detto di principio ideologico, sistema economico e sim. **B** v. intr. pron. *1* (*med.*) Subire un processo di sclerosi. *2* (*fig.*) Irrigidirsi, perdere elasticità.

sclerotizzàto part. pass. di *sclerotizzare*; anche agg. ● Nei sign. del v.

sclerotizzazióne [da *sclerotizzare*] s. f. ● Atto, effetto dello sclerotizzare o dello sclerotizzarsi (*spec. fig.*): *per evitare la s., coltiva molti interessi*.

sclerotomìa [comp. di *sclero-* e *-tomia*] s. f. ● (*med.*) Incisione della sclera.

scleròtomo [comp. di *sclero-* e *-tomo*] s. m. *1* (*med.*) Strumento utilizzato per la sclerotomia. *2* (*anat.*) Porzione di un somite implicata nella formazione di una vertebra.

scleròzio [dal gr. *sklērótēs* 'durezza' (V. *sclerotica*)] s. m. ● (*bot.*) Insieme di ife fungine intrecciate strettamente, protette da membrane ispessite, in cui sono accumulate sostanze nutritive.

†**sclùso** ● V. *escluso*.

†**scòbbia** ● V. *sgorbia*.

scòcca [dal dial. sett. *scòca* 'cassetta', dal longob. *skokka* 'dondolo'] s. f. *1* Insieme dell'ossatura e dei rivestimenti esterni di una carrozzeria d'automobile | *S. portante*, carrozzeria portante | Nell'arredamento, insieme della struttura portante e del rivestimento esterno di poltrone, divani e sim. *2* Cassetta, serpa di carrozza, ove sta il cocchiere.

scoccàre [da *cocca (3)*, con *s-*] **A** v. tr. (*io scòc-*

co o *scócco, tu scòcchi* o *scócchi*) *1* Tirare, scagliare, con forza: *s. una freccia, un tiro, un pugno. 2* Suonare, battere le ore, detto degli orologi a suoneria: *l'orologio scoccò le sei. 3* (*fig.*) Mandare, rivolgere, con impeto o rapidità: *s. un bacio, occhiate d'intesa.* **B** v. intr. (aus. *essere*) *1* Di filo, sciogliersi dalla cocca del fuso | Scattare: *la trappola è scoccata. 2* Suonare, battere, detto delle ore: *scoccano le sei. 3* Sprigionarsi, balenare: *è scoccata una scintilla.*

scoccàto part. pass. di *scoccare* • Nei sign. del v.

†**scoccatóre** s. m.; anche agg. (f. *-trice*) • (*raro*) Chi, che scocca, spec. frecce.

scocciànte part. pres. di *scocciare* (*2*); anche agg. • Nei sign. del v.

scocciàre (1) [da *coccio*, con *s-*] v. tr. (*io scòccio*) • (*dial.*) Rompere oggetti fragili: *s. uova, vasi.*

scocciàre (2) [da *coccia* 'testa, guscio', con *s-*] **A** v. tr. (*io scòccio*) • (*fam.*) Importunare, infastidire, seccare: *lo sai che mi hai scocciato?*; *non scocciarmi con le tue storie.* **B** v. intr. pron. • (*fam.*) Seccarsi, annoiarsi: *si è scocciato di ascoltarci.*

scocciàre (3) [comp. di *s-* e di un deriv. del dial. *coccia* 'testa' sul modello di *incocciare*] **A** v. tr. (*io scòccio*) • (*mar.*) Sfilare un gancio, l'estremità di un cavo e sim. da un anello e sim. **B** v. intr. pron. • (*pesca*) Liberarsi dall'amo, detto del pesce.

scocciàto part. pass. di *scocciare* (*2*); anche agg. • Nei sign. del v.

scocciatóre [da *scocciare* (*2*)] s. m. (f. *-trice*) • (*fam.*) Persona noiosa, importuna e seccatrice: *liberarsi degli scocciatori.*

scocciatùra [da *scocciare* (*2*)] s. f. • (*fam.*) Seccatura, fastidio, noia.

scocciglìare [da *coccio*, con *s-* e suff. iter.] v. intr. (*io scocciglio*; aus. *avere*) • (*raro, pop.*) Muovere piatti, tegami, e sim. facendo rumore.

scòcco [da *scoccare*] s. m. (pl. *-chi*) • Atto dello scoccare | (*mar.*) *Gancio a s.*, con braccio mobile tenuto chiuso da un anello scorrevole che, fatto scivolare, ne determina l'apertura.

scoccolatùra [da *coccola*, con *s-*] s. f. • (*bot.*) Asportazione dei fiori del fico d'India in maggio, allo scopo di ottenere una seconda fioritura e una fruttificazione tardiva, commercialmente pregiata, in ottobre-dicembre.

scocuzzolàre [da *cocuzzolo*, con *s-*] v. tr. (*io scocùzzolo*) • (*raro*) Privare del cocuzzolo.

scodàre [da *coda*, con *s-*] v. tr. (*io scódo*) • Privare della coda: *s. un cavallo.*

scodàto part. pass. di *scodare*; anche agg. *1* Nel sign. del v. *2* (*raro*) Che ha la coda mozza: *scimmia scodata.*

scodèlla o †**scudèlla** [lat. *scutĕlla(m)*, da *scŭtra* 'piatto', di etim. incerta] s. f. *1* Piatto fondo, usato spec. per servire la minestra: *s. di legno, di porcellana* | Quantità di cibo contenuta in una scodella: *mangiare due scodelle di minestra* | (*fam.*) *Fare le scodelle*, mettere il cibo nelle scodelle versandolo dalla zuppiera. *2* Ciotola, tazza priva di manico, di grandezza e materiale diversi, adibita a vari usi. *3* Cavità a forma di scodella, nel terreno, nella roccia e sim. || **scodellìna**, dim. (V.) | **scodellìno**, dim. m. (V.) | **scodellóna**, accr. | **scodellóne**, accr. m. | **scodellùccia**, dim.

scodellàio s. m. • Chi fa o vende scodelle.

scodellàre v. tr. (*io scodèllo*) *1* Versare minestra o altri cibi, spec. brodosi, nella scodella (*anche ass.*): *s. la polenta. 2* (*fig., fam., scherz.*) Dire, dare, fare e sim. con grande facilità: *s. bugie, fandonie, giustificazioni*; *scodella un figlio ogni anno.*

scodellàta s. f. • Quantità di cibo contenuta in una scodella: *una s. di minestra.*

scodellàto part. pass. di *scodellare*; anche agg. *1* Nei sign. del v. *2* (*fig., fam.*) *Volere la pappa bell'e scodellata*, volere le cose bell'e fatte.

scodellìna [da *scodella*] s. f. *1* Dim. di *scodella. 2* (*bot.*) Ombelico di Venere.

scodellìno s. m. *1* Dim. di *scodella. 2* Mensoletta concava fissata sotto il focone della canna delle armi da fuoco ad avancarica per porvi il polverino da innesco. *3* (*pitt.*) Piccolo contenitore per il diluente.

scodinzolàre [da *codinzolo*, doppio dim. di *coda*, con *s-*] v. intr. (*io scodìnzolo*; aus. *avere*) *1* Dimenare la coda: *il cane scodinzola in segno di festa. 2* (*fig., pop.*) Dimenarsi camminando, detto spec. di donna.

scodinzolìo s. m. • Atto dello scodinzolare continuo.

scodìnzolo [dev. di *scodinzolare*] s. m. • Nello sci, serie di curve a corto raggio con gli sci paralleli e ravvicinati.

†**scofacciàre** [da *cofaccia*, metatesi di *focaccia*, con *s-*] v. tr. • (*raro*) Schiacciare come una focaccia.

scoffìna e *deriv.* • V. *scuffina* e *deriv.*

scòglia (1) [dal lat. *spŏlia*, nt. pl. di *spŏlium* 'spoglia, pelle', con sovrapposizione di *scaglia*] s. f. *1* (*lett.*) Involucro corneo deposto dai rettili con la muta. *2* (*raro, lett.*) Involucro (*anche fig.*).

†**scòglia** (2) [f. di *scoglio* (*1*)] s. f. • Scoglio (1). || †**scogliétta**, dim.

scoglièra [da *scoglio* (*1*)] s. f. • Successione di scogli che affiorano o emergono dal mare | *S. corallina*, cintura di scogli formata da colonie di coralli che si sviluppano intorno alle coste nei mari caldi.

scòglio (1) [adattamento tosc. del genov. *scogiu*, dal lat. *scŏp(u)lu(m)* 'scoglio', risalente al gr. *skópetos*, di origine prob. indeur.] s. m. *1* Porzione di roccia che emerge dalle acque del mare. ➡ ILL. p. 821 SCIENZE DELLA TERRA ED ENERGIA. *2* (*est., lett.*) Rupe, masso scosceso. *3* (*fig.*) Ostacolo, grave difficoltà: *questo è uno s. per il buon esito del progetto.* || **scogliàccio**, pegg. | **scogliétto**, dim. | **scogliùzzo**, dim.

†**scòglio** (2) [m. di *scoglia* (*1*)] s. m. • Scoglia (1).

scoglionaménto s. m. • (*volg.*) Atto, effetto dello scoglionare o dello scoglionarsi. CFR. Scoglionatura.

scoglionàre [da *coglione* con *s-* intensivo] **A** v. tr. (*io scoglióno*) • (*volg.*) Seccare profondamente, infastidire. **B** v. intr. pron. • (*volg.*) Seccarsi, annoiarsi, non poterne più di qc. o di q.c. SIN. Scocciare (2).

scoglionàto [da *coglione*, con *s-*] agg. • (*volg.*) Sfortunato | Annoiato, infastidito | Scontento.

scoglionatùra [da *scoglionato*] s. f. • (*volg.*) Noia, fastidio | Scontento. CFR. Scoglionamento.

scoglióso [da *scoglio* (*1*)] agg. • Pieno di scogli: *mare s.* | Fatto di scogli: *riva scogliosa.*

†**scognóscere** • V. *sconoscere.*

scoiaménto o (*lett.*) **scuoiaménto**. s. m. • Atto dello scoiare.

scoiàre o **scuoiàre**, (*raro*) †**squoiàre** [lat. tardo (ecclesiastico) *excoriāre* 'scorticare', comp. di *ĕx-* (*s-*) e di un denominale di *cŏrum* 'cuoio'] v. tr. (*io scuòio*, pop. *scòio*; in tutta la coniug. la *o* dittonga preferibilmente in *uo* se tonica) • Levare il cuoio, la pelle, ad animali uccisi o macellati: *s. un'anguilla, un coniglio.*

scoiatóre o (*lett.*) **scuoiatóre**. s. m. • Addetto allo scoiamento, in macelleria o conceria.

†**scoiàtto** s. m. • (*raro*) Scoiattolo.

scoiàttolo [dal lat. *scuriŏlu(m)*, dim. dissimilato di *sciūrus* 'scoiattolo', col suff. dim. *-attolo* (V. *Sciuridi, scheruolo*)] s. m. • Roditore degli Sciuridi con grandi occhi vivaci e lunga coda, arboricolo e vivacissimo (*Sciurus vulgaris*): *essere agile, svelto, come uno s.* | *Correre, arrampicarsi e sim. come uno s.*, in modo agile e veloce | *S. volante*, (*gener.*) piccolo roditore arboricolo notturno la cui pelle dai fianchi si estende come una membrana tesa fra le zampe anteriori e posteriori di ciascun lato. || **scoiattolìno**, dim.

scoiatùra o (*lett.*) **scuoiatùra** s. f. • (*conciar.*) Atto, effetto dello scoiare.

scòla • V. *scuola.*

scolabottìglie [comp. di *scola(re)* (*1*) e il pl. di *bottiglia*] s. m. inv. *1* Struttura, spec. metallica, su cui si infilano le bottiglie capovolte a scolare. *2* (*fig., fam.*) Ubriacone.

scolabròdo • V. *colabrodo.*

scolafèccia [comp. di *scola(re)* (*1*) e *feccia*] s. f. (pl. *-ce*) • Sacco a punta dove si pone a scolare la feccia del vino.

scolafritto [comp. di *scola(re)* (*1*) e *fritto*] s. m. inv. • Utensile da cucina costituito da un recipiente metallico bucherellato in cui si mette a scolare il fritto.

†**scolàio** • V. *scolaro.*

scolaménto [da *scolare* (*1*)] s. m. • (*raro*) Atto dello scolare.

scolapàsta • V. *colapasta.*

scolapiàtti [comp. di *scola(re)* (*1*) e il pl. di *piatto*] s. m. • Arnese in cui si ripongono i piatti lavati, perché ne scoli l'acqua.

scolàrca [vc. dotta, dal gr. *scholárchēs*, comp. di *scholḗ* 'scuola' e *-árchēs*, da *árchein* 'comandare, guidare'] s. m. (pl. *-chi*) • Capo riconosciuto di una scuola filosofica, spec. nell'antichità greco-latina.

scolarcàto s. m. • Titolo, funzione e dignità di scolarca.

scolàre (1) [da *colare*, con *s-*] **A** v. tr. (*io scólo*) • Estrarre da un recipiente il liquido, o il residuo di liquido, in esso contenuto: *occorre s. le bottiglie prima di riempirle* | Far sgocciolare da verdure, cibi, o sim. l'acqua in cui sono stati cotti, lavati, e sim.: *s. la pasta, l'insalata* | *Scolarsi un fiasco, una bottiglia*, e sim., berne tutto il contenuto. **B** v. intr. (aus. *essere*) • Scorrere verso il basso, colare giù, detto di liquidi.

scolàre (2) [vc. dotta, dal lat. tardo *scholāre(m)*, agg. da *schŏla* 'scuola'] agg. • Solo nella loc. *età s.*, da cui hanno inizio gli obblighi scolastici.

†**scolàre** (3) • V. *scolaro.*

scolarésca s. f. • Insieme degli scolari di una classe, di una scuola, di un istituto.

scolarésco agg. (pl. m. *-schi*) • Di, da scolaro (*anche spreg.*). || **scolarescaménte**, avv. Da scolaro.

scolarétto s. m. (f. *-a*) *1* Dim. di *scolaro. 2* (*est.*) Persona ingenua o goffa: *arrossire, comportarsi, essere impacciato, come uno s.*

scolarità [fr. *scolarité*, dal lat. mediev. *scholaritāte(m)*, der. di *scholāris*: V. *scolare* (*2*)] s. f. • Indice di frequenza scolastica.

scolarizzàre [fr. *scolariser*, da *scolaire* 'scolastico'] v. tr. • Porre in atto provvedimenti idonei per recuperare all'istruzione obbligatoria quanti, per ragioni diverse, ne sono rimasti esclusi | Sottoporre all'obbligo scolastico.

scolarizzazióne [fr. *scolarisation*, da *scolariser* 'scolarizzare'] s. f. • Atto, effetto dello scolarizzare.

scolàro o (*raro*) †**scolàio**, †**scolàre** (3) [dalla forma sost. dell'agg. lat. tardo *scholāre(m)* 'di scuola', da *schŏla* 'scuola' (V. *scuola*)] s. m. (f. *-a*) *1* Chi frequenta una scuola, spec. dell'ordine inferiore: *s. delle elementari, delle medie.* SIN. Allievo, alunno. *2* Discepolo, seguace, di un maestro o di una scuola: *gli scolari del De Sanctis.* || **scolarétto**, dim. (V.).

scolàstica [vc. dotta, dal lat. mediev. *scholāstica(m)*, f. sost. di *scholāsticus* 'scolastico'] s. f. • Complesso delle dottrine filosofiche sviluppatesi nel corso del Medioevo, che si proponevano di guidare l'uomo a intendere la verità rivelata.

scolasticàggine [da *scolastico*] s. f. • (*raro, spreg.*) Lavoro, insegnamento e sim., da scolastico.

scolasticàto [da *scolastico*] s. m. *1* Periodo successivo ai primi due anni di noviziato dei gesuiti. *2* L'edificio sede di scolasticato.

scolasticherìa [da *scolastico*] s. f. *1* (*raro*) Pedanteria scolastica. *2* (*raro*) Ragionamento pedante e astruso caratteristico dei seguaci della Scolastica.

scolasticìsmo s. m. • (*raro*) Qualità di ciò che è scolastico.

scolasticità [da *scolastico*] s. f. • Qualità di chi, di ciò che è scolastico (*spec. spreg.*).

scolàstico [vc. dotta, dal lat. *scholăsticu(m)* 'scolastico', dal gr. *scholastikós*, da *scholḗ* 'scuola'] **A** agg. (pl. m. *-ci*) *1* Che si riferisce alla scuola, che riguarda la scuola: *legislazione scolastica*; *doveri, libri, scolastici*; *questioni scolastiche*; *aula scolastica*; *ispettore, calendario, s.* | *Anno s.*, periodo, solitamente da settembre a giugno, durante cui si svolge l'attività della scuola primaria e secondaria in Italia. *2* (*fig., spreg.*) Che risente troppo di schemi, regole, principi, della scuola, che è privo di apporti personali: *stile s. 3* Che si riferisce alla scolastica. **B** s. m. *1* (*filos.*) Seguace della filosofia e teologia scolastica. *2* Nel Medioevo, maestro di scuola. *3* (*dir.*) Nei secc. XIV e XV, giurista commentatore. || **scolasticaménte**, avv. *1* In modo scolastico. *2* Da un punto di vista scolastico, didattico. *3* Secondo i principi della filosofia scolastica.

scolasticùme [da *scolasti(co)* con il suff. spreg. *-ume*] s. m. ● (*spreg.*) Dogmatismo e formalismo propri dei filosofi scolastici | (*est., spreg.*) Pedanteria, eccessiva cavillosità.

scolatìccio s. m. ● Colaticcio.

scolàto part. pass. di *scolare (1)* ● Nei sign. del v.

scolatóio A s. m. ● Piano inclinato su cui si pone roba da scolare: *lo s. della lavanderia.* **B** agg. ● (*raro*) Che serve a scolare o a fare scolare: *solco s.*

scolatùra s. f. ● Atto dello scolare | Materia scolata.

scolecìte [vc. dotta, dal gr. *skṓlēx*, genit. *skṓlēkos* 'verme', di origine indeur., con *-ite (1)*] s. f. ● Varietà fibrosa di zeolite, simile alla natrolite con la quale forma miscugli isomorfi.

scoliàste o (*raro*) **scoliàsta** [vc. dotta, dal gr. *scholiastḗs*, da *schólion* 'scolio'] s. m. (pl. *-i*) ● Anticamente, chiosatore, annotatore di antichi poeti.

scòlice [dal lat. *scolēce(m)* 'verme', dal gr. *skṓlēx*, gen. *skṓlēkos*, di origine indeur.] s. m. ● (*zool.*) Estremità cefalica del corpo dei Cestodi, munita di organi di attacco alla parete intestinale.

scolìna [da *scolo*] s. f. ● Fossa campereccia ai margini dell'appezzamento per raccolta delle acque.

scòlio (1) [vc. dotta, dal gr. *schólion* 'scolio, glossa', da *scholḗ* 'scuola' (V. *scuola*)] s. m. ● Chiosa, annotazione.

scòlio (2) [vc. dotta, dal gr. *skólion* (*mélos*) '(canto) obliquo', perché i convitati vi si avvicendavano senza un ordine stabilito] s. m. ● Carme conviviale.

scòlio (3) s. m. ● Atto dello scolare continuo.

scolïòsi [vc. dotta, dal gr. tardo *skolíōsis* 'incurvamento', da *skolíos* 'curvo', di origine indeur.] s. f. ● (*med.*) Deviazione laterale a larga curvatura della colonna vertebrale.

scoliòtico agg.; anche s. m. (f. *-a*; pl. m. *-ci*) ● Che, chi è affetto da scoliosi.

Scolìtidi [lat. scient. *Scolytidae*, dal nome del genere *Scolytus*, dal gr. *skolýptein* 'tagliare, lacerare', di origine indeur., allusivo all'azione distruttrice di questi insetti] s. m. pl. ● Nella tassonomia animale, famiglia di Insetti dei Coleotteri che scavano gallerie nel legno e sotto la corteccia (*Scolytidae*) | (al sing. *-e*) Ogni individuo di tale famiglia.

scollacciàrsi [da *scollare (1)*, con suff. pegg.] v. rifl. (*io mi scollàccio*) ● Indossare abiti che scoprono troppo il collo e il petto.

scollacciàto part. pass. di *scollacciarsi*; anche agg. *1* Nel sign. del v. *2* (*fig.*) Licenzioso, audace: *discorsi scollacciati.*

scollacciatùra [da *scollacciare*] s. f. ● Scollatura troppo ampia.

scollaménto [da *scollare (2)*] s. m. *1* Atto dello scollare o dello scollarsi. *2* Distacco di due superfici o di due organi ottenuto con manovre di taglio o di strappo. *3* (*fig.*) Perdita di coesione, distacco fra persone o parti di organismo politico, sociale e sim. legate ideologicamente od organizzativamente: *lo s. fra i partiti della maggioranza.*

scollàre (1) [da *collo (1)*, con *s-*] **A** v. tr. (*io scòllo*) *1* Modellare con le forbici la parte anteriore di un indumento, aprendola più o meno in corrispondenza della parte da cui esce il collo: *s. un vestito, una camicia* | Fare lo scollo, o la scollatura a un abito femminile: *s. a punta, a tondo, a quadro.* *2* (*tosc.*) Rompere il collo di una bottiglia, un fiasco, e sim. **B** v. intr. pron. ● Vestire abiti eccessivamente aperti sul petto: *ti sei scollata troppo.*

scollàre (2) [da *colla (2)*, con *s-*] **A** v. tr. (*io scòllo*) *1* Staccare cose incollate fra loro. *2* (*chir.*) Disgiungere due organi normalmente o patologicamente uniti. **B** v. intr. pron. ● Disgiungersi, sconnettersi, detto di cose incollate fra loro.

scollàto (1) part. pass. di *scollare (1)*; anche agg. *1* Nei sign. del v. *2* Che lascia scoperto il collo, il petto, le spalle, detto di abito | *Scarpa scollata*, scarpa di linea classica che lascia scoperto il collo del piede. *3* Che indossa un abito scollato: *signore scollate.*

scollàto (2) part. pass. di *scollare (2)*; anche agg. *1* Nei sign. del v. *2* (*raro, fig.*) *Testa scollata*, di persona confusionaria, disordinata.

scollatùra (1) [da *scollare (1)*] s. f. *1* Atto dello scollare un indumento. *2* Apertura di un indumento, spec. femminile, sul collo, sul petto o sulle spalle: *s. tonda, quadrata, a goccia, a V, a U* | Parte del collo, del petto o delle spalle che la scollatura lascia vedere.

scollatùra (2) [da *scollare (2)*] s. f. ● Atto, effetto dello scollare o dello scollarsi, di cose incollate fra loro.

scollegaménto s. m. *1* (*raro*) Atto dello scollegare. *2* Asindeto.

scollegàre [da *collegare*, con *s-*] v. tr. (*io scollégo* o *scollègo, tu scolléghi* o *scollèghi*) ● Disunire, disgiungere.

scollettatrìce [da *colletto*, con *s-*] s. f. ● Macchina per effettuare la scollettatura.

scollettatùra [da *colletto*, con *s-*] s. f. ● Asportazione del colletto e delle foglie da radici di barbabietole e di altre piante.

scollinàre [da *collina*, con *s-*] v. intr. ● (*raro*) Valicare colline | (*est.*) †Passeggiare per le colline.

scòllo [da *scollare (1)*] s. m. ● Apertura di un indumento, spec. femminile, sul collo, sul petto o sulle spalle: *s. a V, a U* | Parte del collo o del petto che lo scollo lascia vedere.

scolmàre [da *colmare*, con *s-*] v. tr. (*io scólmo*) ● (*raro*) Diminuire la colmatura di q.c.

scolmatóre [da *scolmare*] **A** s. m. ● Canale che scarica l'eccesso delle piene di un fiume convogliandone le acque in altro di portata maggiore, in un lago o nel mare. **B** anche agg.: *canale s.*

scolmatùra [da *scolmatore*] s. f. ● Abbassamento delle acque di piena di un fiume per mezzo di scolmatori.

scólo [da *scolare (1)*] s. m. *1* Atto dello scolare di un liquido: *lo s. delle acque* | Materia che scola: *lo s. ha otturato la tubatura* | Condotto, tubatura, o sim. attraverso cui un liquido scola | *Canale di s.*, nel quale vengono trasportate le acque, o sim., di scarico. *2* (*med.*) Fuoruscita a goccia di umori | (*volg.*) Blenorragia.

scolopèndra [vc. dotta, dal lat. *scolopĕndra(m)*, dal gr. *skolópendra*, di etim. incerta] s. f. ● Piccolo chilopode a corpo appiattito diviso in anelli, bruno, agile, dotato di veleno per paralizzare le prede (*Scolopendra cingulata*).

scolopèndrio [lat. *scolopendrium*] s. m. ● (*bot.*) Lingua cervina.

scolòpio [vc. dotta, comp. dal lat. *schŏla* 'scuola' e *pĭus* 'pio'] s. m. ● Membro della comunità religiosa regolare delle Scuole Pie, fondata da S. Giuseppe Calasanzio, prima riconosciuta come congregazione, indi elevata a ordine.

scoloraménto s. m. ● (*raro*) Atto dello scolorare o dello scolorarsi.

scoloràre [da *colorare*, con *s-*] **A** v. tr. (*io scolóro*) ● Far perdere il colore, la vivacità del colore | (*est.*) Fare impallidire. **B** v. intr. pron. e lett. intr. (aus. *essere*) ● Perdere il colore, la vivacità del colore | (*est.*) Impallidire: *scolorarsi in viso.*

scoloriménto s. m. ● Atto, effetto dello scolorire o dello scolorirsi: *tinta soggetta a s.*

scolorìna ® [da *scolor(are)*, con *-ina*] s. f. ● Nome commerciale di un preparato a carattere ossidante, generalmente a base di cloro o di permanganato, atto a togliere macchie d'inchiostro dalla carta e dai tessuti.

scolorìre [da *colorire*, con *s-*] **A** v. tr. (*io scolorìsco, tu scolorìsci*) ● Far perdere il colore: *il sole scolorisce le tinte vivaci* | (*fig.*) Far perdere vivezza, intensità: *il tempo ha scolorito quell'episodio.* **B** v. intr. e intr. pron. (aus. *essere*) ● Perdere il colore, la vivacità del colore: *il rosso scolorisce facilmente; è una stoffa che non si scolorisce* | (*est.*) Impallidire: *s., scolorirsi, in volto, in viso.*

scolorìto part. pass. di *scolorire*; anche agg. ● Nei sign. del v.

†scólpa [da *scolpare* (V. *discolpa*)] s. f. ● Discolpa.

†scolpaménto s. m. ● Atto dello scolpare o dello scolparsi.

scolpàre [da *colpa*, con *s-*] **A** v. tr. (*io scólpo*) ● Difendere, liberare, da un'accusa, da una colpa. **B** v. rifl. ● Difendersi da un'accusa, da una colpa.

scolpiménto s. m. ● (*raro*) Atto dello scolpire.

scolpìre [dal lat. *scŭlpere* (con cambio di coniug.), vc. di origine indeur. affine a *scalpĕllum* 'scalpello'] v. tr. (*io scolpìsco, tu scolpìsci*) *1* Lavorare pietra, marmo, legno, metallo e sim. in modo da formare una o più figure: *s. il marmo* | Ritrarre, effigiare, con la scultura: *s. una statua.* *2* Incidere: *scolpirono i loro nomi su un tronco d'albero.* *3* (*fig.*) Imprimere, fissare: *s. un ricordo nell'anima, nella mente.* *4* Rilevare con la voce, con la pronuncia, scandire: *scolpisci meglio le parole* (LEOPARDI). *5* †Riconoscere, ravvisare.

scolpitézza s. f. ● (*fig.*) Qualità di ciò che sembra scolpito.

scolpìto part. pass. di *scolpire*; anche agg. *1* Nei sign. del v. *2* Adorno di sculture, di fregi: *marmo s.* *3* (*fig.*) Distinto, rilevato, netto: *carattere ben s.* | Detto di battistrada di pneumatico da fuoristrada o motocross con tacche molto rilevate e incavi profondi. || **scolpitaménte**, avv. Come scolpendo; distintamente; incisivamente.

†scolpitóre s. m.; anche agg. (f. *-trice*) ● Chi, che scolpisce | (*raro*) Scultore.

scolpitrìce [da *scolpire*] s. f. ● Macchina per lavorare il legno e riprodurre in serie uno stesso modello scolpito.

scolpitùra [da *scolpito* (V. *scultura*)] s. f. *1* (*raro*) Scultura | Effigie, impronta. *2* Disegno in rilievo del battistrada del pneumatico, per conferirgli aderenza.

scólta, **scòlta** o **†ascólta (1)** [dal lat. tardo *scŭlca(m)* 'guardia', dal got. **skulka* 'spia', con sovrapposizione di *ascoltare*] s. f. ● Sentinella, guardia: *fare la s.*

†scoltàre ● V. *ascoltare.*

scólto ● V. *sculto.*

†scoltùra ● V. *scultura.*

scombaciàre [da *combaciare*, con *s-*] v. tr. (*io scombàcio*) ● Disgiungere due cose, parti o sim. combaciate fra loro.

†scombavàre [da *bava*, con doppio pref. *s-* e *con-*] v. tr. e rifl. ● Imbavare.

scombiccheràre [variante dell'ant. *scorbicchierare*, da *scorbio* 'sgorbio', con suff. iter.] v. tr. (*io scombìcchero*) ● (*raro, fam.*) Scrivere, disegnare, malamente, scarabocchiare. SIN. Schicchierare.

scombiccheràto part. pass. di *scombiccherare*; anche agg. ● Nel sign. del v.

scombiccheratóre s. m. (f. *-trice*) ● (*raro*) Chi scombicchera.

scombinaménto s. m. ● (*raro*) Atto, effetto dello scombinare.

scombinàre [da *combinare*, con *s-* sottratt.-neg.] v. tr. *1* Scomporre, disordinare, cose combinate, messe insieme, ordinate: *hai scombinato tutti i fogli.* *2* Mandare a monte: *s. un matrimonio, un affare.*

scombinàto A part. pass. di *scombinare*; anche agg. *1* Nei sign. del v. *2* Sconclusionato, stravagante, incoerente: *mente, testa, scombinata.* **B** s. m. (f. *-a*) ● Persona scombinata.

Scómbridi o **Scombrìdi** [da *scombro*, con *-ide*] s. m. pl. ● Nella tassonomia animale, famiglia di Pesci ossei veloci nuotatori, con squame piccole, bocca ampia e carni commestibili (*Scombridae*) | (al sing. *-e*) Ogni individuo di tale famiglia.

scómbro o **ṣgómbro (3)** [lat. *scŏmbru(m)*, dal gr. *skómbros*, di etim. incerta] s. m. ● Pesce degli Scombridi blu metallico con strie sinuose nere, apprezzato per le carni bianche e sode (*Scomber scombrus*). SIN. (*sett., pop.*) Lacerto.

†scombugliàre ● V. *scombuiare.*

†scombùglio [sovrapposizione di *sobbuglio* a *scompiglio*] s. m. ● Scompiglio, confusione.

scombuiaménto s. m. ● (*raro*) Atto, effetto dello scombuiare: *lo s. del dopoguerra.*

scombuiàre o **†scombugliàre** [lat. parl. **combulliāre*, da *bŭlla* 'bolla d'aria', con *s-* (V. *subbuglio*)] v. tr. (*io scombùio*) ● (*raro*) Disordinare, mettere sossopra | Confondere, frastornare: *la notizia lo ha scombuiato.*

scombussolaménto s. m. ● Atto, effetto dello scombussolare.

scombussolàre [da *bussola*, col doppio pref. *s-* e *con-*] v. tr. (*io scombùssolo*) ● Causare disordine, confusione, scompiglio: *il suo arrivo scombussola i nostri progetti* | Confondere, frastornare: *la giornata faticosa ci ha scombussolati.*

scombussolìo [da *scombussolare*] s. m. ● Confusione, grande scombussolamento.

†scómma [dal lat. *scōmma* (nom. acc. nt.) 'sarcasmo', dal gr. *skômma*, genit. *skômmatos*, di etim. incerta] s. m. (pl. *-i*) ● (*lett.*) Motto pungente, arguzia: *non è ... tanto armato di raggioni, quanto di ... scommi* (BRUNO).

scomméssa [f. sost. di *scommesso*] s. f. **1** Atto dello scommettere, nel sign. di *scommettere* (2): *fare, vincere, perdere, una s.*; *una s. alle corse dei cavalli, al gioco.* **2** Somma impegnata nello scommettere: *la s. è di centomila lire*; *una s. troppo alta.* **3** Impresa difficile, rischiosa: *questo lavoro è una s.*

scommésso (1) part. pass. di *scommettere* (1); anche agg. ● Nei sign. del v.

scommésso (2) part. pass. di *scommettere* (2); anche agg. ● Nei sign. del v.

scomméttere (1) [da *commettere*, con *s*-] v. tr. (coniug. come *mettere*) **1** Disunire cose o parti congiunte fra loro: *s. le assi di un pavimento.* **2** (*raro*) †Slogare. **3** (*fig.*) †Mettere in contrasto, dividere | †Spargere discordia.

scomméttere (2) [dal precedente, in senso fig.] v. tr. (coniug. come *mettere*) **1** Fare una previsione, una affermazione, e sim. fra due o più persone impegnandosi reciprocamente a pagare una data somma, a soddisfare un dato impegno e sim. secondo che il risultato dell'evento su sbarcate dal mare o dall'aria in territorio nemicocui si discute dimostrerà esatte o inesatte le previsioni o le affermazioni degli uni e degli altri (*anche ass.*): *s. diecimila lire*; *s. un pranzo*; *s. sull'esito delle elezioni*; *s. a favore di qc.*; (*iperb.*) *s. la testa, l'osso del collo* e sim.; *non mi piace s.*; *non scommetto mai.* **2** (*est.*) Affermare con certezza, dichiararsi sicuro: *scommetto che oggi piove*; *scommettiamo che non ce la fa?* **3** Puntare denaro al gioco (*anche ass.*): *s. due contro dieci*; *s. somme molto forti*; *s. su un cavallo.*

†**scommettiménto** [da *scommettere* (1)] s. m. ● Scommettitura.

†**scommettitóre** (1) [da *scommettere* (1)] s. m.; anche agg. (f. *-trice*) ● (*raro*) Chi, che mette discordia.

scommettitóre (2) [da *scommettere* (2)] s. m. (f. *-trice*) ● Chi fa scommesse.

scommettitùra [da *scommettere* (1)] s. f. **1** Atto dello scommettere. **2** Parte scommessa.

†**scommezzàre** [da *mezzo*, con doppio pref. *s*- e *con*-] v. tr. ● (*raro*) Dividere a metà.

†**scommiatàre** [da un ant. *commiatare*, con *s*- (V. *accomiatare*)] v. tr. e intr. pron. ● Accomiatare.

†**scommòssa** [f. sost. di †*scommosso*] s. f. ● (*raro*) Agitazione, commozione.

†**scommòsso** part. pass. di *scommuovere*; anche agg. ● Nel sign. del v.

scommòvere ● V. *scommuovere.*

scommoviménto [da *commovimento*, con *s*-] s. m. ● (*raro*) Atto dello scommuovere | Qualità, condizione di ciò che è scommosso.

†**scommovitóre** [da *commovitore*, con *s*-] s. m.; anche agg. (f. *-trice*) ● (*raro*) Chi, che scommuove.

†**scommovizióne** [da †*commovizione*, con *s*-] s. f. ● (*raro*) Scommovimento.

†**scommozióne** [da *commozione*, con *s*-] s. f. ● (*raro, lett.*) Scommovizione.

†**scommunicàre** e *deriv.* ● V. *scomunicare* e *deriv.*

scommuòvere o (*lett.*) **scommòvere** [da *commuovere*, con *s*-] v. tr. (coniug. come *muovere*) ● (*raro*) Scuotere, agitare con violenza: *l'uragano scommuove gli alberi.*

scomodàre [variante di *incomodare*, con cambio di pref. (*s*-)] **A** v. tr. (*io scòmodo*) **1** Mettere in una situazione scomoda: *scusa se ti scomodo per passare* | Arrecare disagio, disturbo: *è inutile s. il medico per un raffreddore.* **2** (*fig.*) Rivolgersi a persone autorevoli spec. per questioni banali: *per avere il biglietto ha scomodato il ministro.* **B** v. intr. (aus. *avere*) ● Causare disagio, spec. di natura economica: *in questo periodo mi scomoda fare un prestito.* **C** v. rifl. ● Muoversi, spostarsi, dal luogo in cui ci si trova: *non si scomodi a venirmi ad aprire* | Prendersi incomodo, fare q.c. che arreca disagio, disturbo: *non voglio che vi scomodiate per me*; *perché ti sei scomodato a farmi un regalo?*

†**scomodézza** [da *scomodo* (1)] s. f. ● Scomodità.

scomodità [da *scomodo* (1)] s. f. ● Qualità di ciò che è scomodo | Posizione, situazione, e sim. scomoda: *abitare lontano dal centro è una s.*

scòmodo (1) [da *comodo*, con *s*-] agg. **1** Che non è comodo, che arreca disagio, disturbo, fastidio: *letto s.*; *posizione scomoda*; *vestito s. da indossare*; *località scomoda da raggiungere.* SIN. Disagevole, malagevole. **2** Che non si sente a proprio agio, che prova fastidio, detto di persona: *su questo treno si sta scomodi.* **3** (*fig.*) Difficile da trattare, detto di persona: *un tipo s.* | Che può creare problemi: *un testimone s.* ‖ **scomodùccio**, dim. ‖ **scomodaménte**, avv. **1** Senza comodità. **2** Disgraziatamente.

scòmodo (2) [da *scomodare*] s. m. ● Incomodo, disturbo, fastidio: *oggi mi fa s. pagare*; *se non ti è di s. preferisco uscire*; *quanto vi devo per lo s.?*

scompaginaménto s. m. ● Atto dello scompaginare o dello scompaginarsi.

scompaginàre [da *compaginare*, con *s*-] **A** v. tr. (*io scompàgino*) **1** Turbare, disfare l'ordine, la struttura, l'armonia e sim. di q.c. (*anche fig.*). **2** (*raro*) In tipografia, disfare le pagine. **3** Disfare, rovinare, la legatura di libri, quaderni, e sim. **B** v. intr. pron. ● Scomporsi, disgregarsi: *l'unità dello Stato si è ormai scompaginata.*

scompaginàto part. pass. di *scompaginare*; anche agg. **1** Nei sign. del v. **2** (*raro, fig.*) In disordine, scomposto: *equilibrio s.*

scompaginatùra s. f. ● Scompaginazione.

scompaginazióne s. f. ● In tipografia, l'operazione dello scompaginare.

scompagnaménto s. m. ● Atto dello scompagnare.

scompagnàre [da *compagno*, con *s*- (V. *accompagnare*)] **A** v. tr. **1** (*raro, lett.*) Dividere dal compagno o dai compagni. **2** Dividere, separare, due o più cose che, accompagnate tra loro, costituiscono un unico complesso: *s. un servizio di piatti.* **B** v. intr. pron. ● (*lett.*) Separarsi, allontanarsi, dal compagno o dai compagni: *dal tuo fianco ormai / non mi scompagno* (ALFIERI).

scompagnàto part. pass. di *scompagnare*; anche agg. **1** Nei sign. del v. **2** Spaiato: *calze scompagnate.*

scompagnatùra s. f. ● (*raro*) Qualità di ciò che è scompagnato.

scompàgno [da *compagno*, con *s*-] agg. ● Che non è compagno, che non è uguale, ad altre cose dello stesso genere con cui si dovrebbe costituire un unico complesso: *scarpe scompagne l'una dall'altra.* SIN. Scompagnato, spaiato.

scompannàre [da *panno*, con doppio pref. *s*- e *con*-] **A** v. tr. ● (*pop., tosc.*) Scoprire dai panni, dalle coperte, spec. chi si trova a letto. **B** v. rifl. ● (*pop., tosc.*) Scoprirsi dai panni, dalle coperte, spec. stando a letto.

scomparìre [da *comparire*, con *s*-] v. intr. (pres. *io scompàio* nel sign. 1, *scomparisco* soprattutto nel sign. 2, *tu scompàri* nel sign. 1, *scomparìsci* soprattutto nel sign. 2; pass. rem. *io scompàrvi*, raro *scompàrsi* nel sign. 1, *scomparìi* soprattutto nel sign. 2, *tu scomparisti*; part. pass. *scompàrso* nel sign. 1, *scomparito* soprattutto nel sign. 2; aus. *essere*) **1** Sottrarsi alla vista, non farsi più vedere, detto di persona o cosa che prima era presente o visibile: *un attimo fa era qui, ora è scomparso*; *la luce appare e scompare a intervalli regolari.* **2** (*fig.*) Fare poca o cattiva figura: *s. in presenza di estranei*; *di fronte alla vostra impresa, noi scompariamo* | Non avere spicco, non risaltare: *in quell'angolo il quadro scomparisce.*

scomparito part. pass. di *scomparire* ● Nel sign. 2 del v.

scompàrsa [f. sost. di *scomparso*] s. f. **1** L'atto, il fatto di scomparire: *la s. di un documento*; *la s. della febbre* | *Letto a s.*, che si può ripiegare dentro un mobile | (*euf.*) Morte: *la notizia della sua s. è inaspettata.* **2** (*dir.*) Mancata comparsa di una persona, di cui non si hanno più notizie, nel luogo del suo domicilio o della sua residenza.

scompàrso **A** part. pass. di *scomparire*; anche agg. ● Nel sign. 1 del v. **B** s. m. (f. *-a*) ● (*euf.*) Persona morta: *il caro s.*

scompartiménto s. m. **1** (*raro*) Atto, effetto dello scompartire. **2** Ciascuna porzione in cui è suddiviso uno spazio disponibile secondo le diverse funzioni alle quali esso è destinato. **3** (*ferr., mar.*) Compartimento: *trovare posto in uno s.*; *s. stagno.*

scompartire [da *compartire*, con *s*-] v. tr. (*io scompartisco*, o *scompàrto*, *tu scompartisci*, o *scompàrti*) ● Dividere in parti, spartire, distribuire: *s. un terreno.*

scompàrto [da *scompartire*] s. m. **1** Scompartimento: *armadio a due scomparti.* **2** (*arch.*) Suddivisione di una parete in varie zone delimitate da modanature o variamente colorate.

scompensàre [da *compensare*, con *s*-] v. tr. (*io scompènso*) **1** Alterare, rompere un equilibrio. **2** (*med.*) Provocare scompenso.

scompensàto **A** part. pass. di *scompensare*; anche agg. ● Nei sign. del v. **B** agg.; anche s. m. ● (*med.*) Che, chi è in stato di scompenso.

scompènso [da *compenso*, con *s*- sottratt.] s. m. **1** Mancanza di compensazione. **2** (*med.*) Stato di anormalità fra richieste funzionali e capacità di risposta di un organo o apparato: *s. cardiaco*, *surrenale*, *renale.*

scompiacènte part. pres. di *scompiacere*; anche agg. ● Nei sign. del v.

scompiacènza s. f. ● (*raro*) Qualità di chi è scompiacente.

scompiacére [da *compiacere*, con *s*-] v. intr. (coniug. come *piacere*; aus. *avere*) ● Mostrarsi scortese nei confronti di qc. rifiutandogli ciò che desidera o domanda: *non voglio s. a nessuno.*

scompigliàbile agg. ● (*raro*) Che si può scompigliare.

scompigliaménto s. m. ● Atto dello scompigliare.

scompigliàre [da *compigliare* 'ordinare', ints. di *pigliare*, con *s*-] v. tr. (*io scompiglio*) ● Mettere in disordine, in scompiglio: *ha scompigliato tutta la casa* | *S. i capelli*, spettinarli, arruffarli | (*fig.*) Turbare, confondere: *s. le idee, i progetti di qc.*

scompigliàto part. pass. di *scompigliare*; anche agg. ● Nei sign. del v. ‖ **scompigliataménte**, avv. In modo scompigliato, confuso, arruffato.

scompigliatóre s. m. (f. *-trice*) ● (*raro*) Chi scompiglia.

scompiglio (1) [da *scompigliare*] s. m. ● Atto, effetto dello scompigliare | Grande confusione, disordine, agitazione (*anche fig.*): *mettere in s.*; *portare lo s.*; *essere in s.*; *qui regna lo s.*; *s. di carte, di libri*; *s. di idee, di menti.*

scompiglio (2) [da *scompigliare*] s. m. ● (*raro*) Grande scompiglio.

†**scompigliùme** [da *scompiglio* (1)] s. m. ● Insieme di cose scompigliate.

scompisciàre [da *pisciare*, con doppio pref. *s*- e *con*-] **A** v. tr. (*io scompiscio*) ● (*raro, pop.*) Orinare addosso | Imbrattare di orina. **B** v. intr. pron. ● (*pop.*) Pisciarsi addosso | (*fig.*) *Scompisciarsi dalle risa*, sbellicarsi, ridere smodatamente.

scompletàre [da *completare*, con *s*-] v. tr. (*io scomplèto*) ● (*raro*) Rendere incompleto.

scomplèto [da *completo*, con *s*- (V. *incompleto*)] agg. ● Che non è completo, che è privo, mancante di qualche elemento, dato e sim.: *collezione scompleta.*

†**scompónere** ● V. *scomporre.*

scomponibile [da *componibile*, con *s*-] agg. ● Che si può scomporre: *mobili scomponibili.*

scomponibilità s. f. ● Qualità di ciò che è scomponibile.

†**scomponiménto** [da †*scomponere*] s. m. ● Atto dello scomporre.

scompórre o †**scompónere** [da *comporre*, con *s*-] **A** v. tr. (coniug. come *porre*) **1** Disfare ciò che era stato composto in un insieme ordinato: *s. gli elementi di una libreria.* **2** Disfare una composizione tipografica e riporne gli elementi. **3** Separare un tutto unico nelle parti che lo compongono | (*mat.*) Fare in parti, eseguire una scomposizione: *s. un numero in fattori.* **4** Disordinare, scompigliare: *scomporsi le vesti, i capelli.* **5** Alterare, turbare profondamente: *la notizia le scompose i lineamenti*; *appena la vede, si scompone.* **B** v. intr. pron. ● Alterarsi, mostrare turbamento: *è un tipo che non si scompone*; *osservò la scena senza scomporsi.*

scompositivo [da *compositivo*, con *s*-] agg. ● (*raro*) Atto a scomporre.

scompositóre [da *compositore*, con *s*- sottratt.] s. m. (f. *-trice*) **1** (*raro*) Chi scompone. **2** (*raro*) In tipografia, operaio addetto alla scomposizione.

scomposizióne [da *composizione*, con *s*-] s. f. **1** Atto, effetto dello scomporre: *s. di un vocabolo in radice, tema e desinenza* | *S. dei treni*, i cui veicoli vengono selezionati a seconda delle destinazioni. **2** (*mat.*) Divisione in parti, determinazione di insiemi che riuniti diano l'insieme assegnato. **3** In tipografia, il rimettere nella cassa i caratteri mobili e (*est.*) il disfare una qualsiasi composizione tipografica e riporre caratteri, fregi, filetti, cliché e sim.

scompostézza s. f. ● Qualità, condizione di chi è scomposto.

scompósto part. pass. di *scomporre*; anche agg. **1** Nei sign. del v. **2** Sconveniente, sguaiato: *atteggiamento s.*; *gesti scomposti*. CONTR. Composto. **3** (*fig.*) Che manca di equilibrio, di coesione: *stile s.* || **scompostaménte**, avv. Senza compostezza.

scomputàbile agg. ● Che si può scomputare: *debito s. a rate*.

scomputàre [da *computare*, con *s-*] v. tr. (*io scòmputo*) ● Detrarre dal computo: *s. l'anticipo dallo stipendio*; *s. un debito*.

scòmputo [da *computo*, con *s-*] s. m. ● Atto dello scomputare.

†**scomunàre** [da *comune*, con *s-* (V. *accomunare*)] **A** v. tr. ● Disunire, dividere, rendere discorde: *ordinarono due per contrada, che avessono a corrompere e s. il popolo* (COMPAGNI). **B** v. intr. pron. ● (*raro*) Dividersi, disunirsi.

scomùnica o (*raro*) †**escomùnica**, †**scommùnica** [da *scomunicare*] s. f. **1** Pena o censura di diritto canonico, comminata soltanto alle persone fisiche o ai singoli componenti delle persone morali, comportante l'esclusione dalla comunione dei fedeli, con i relativi effetti definiti dai canoni | *Avere la s. addosso*, (*fig.*) essere perseguitato dalle disgrazie | (*raro, fam., fig.*) *Essere una s.*, di persona, spec. ragazzo, che non lascia in pace nessuno. **2** (*est.*) Espulsione da un partito.

†**scomunicagióne** ● V. †*scomunicazione*.

†**scomunicaménto** [da *scomunicare*] s. m. ● Scomunica.

scomunicàre o (*raro*) †**escomunicàre**, †**scommunicàre** [dal lat. tardo (eccl.) *excommunicāre* 'scomunicare', comp. di *ĕx-* (*s-*) e *communicāre* 'render partecipe alla comunione' (V. *comunicare*)] v. tr. (*io scomùnico, tu scomùnichi*) **1** Comminare la censura o la pena canonica della scomunica. **2** Escludere dal proprio ambiente, riprovare pubblicamente: *dopo l'accaduto la famiglia lo ha scomunicato* | (*est.*) Espellere da un partito.

scomunicàto o (*raro*) †**escomunicàto**, †**scommunicàto** **A** part. pass. di *scomunicare*; anche agg. **1** Nei sign. del v. **2** (*raro, lett.*) Profano, sacrilego. **3** (*fig.*) Losco, sospetto: *due facce scomunicate* (MANZONI). || **scomunicataménte**, avv. Da scomunicato. **B** s. m. (f. *-a*) ● Persona colpita da scomunica.

scomunicatóre [dal lat. tardo (ecclesiastico) *excommunicatōre(m)*, da *excommunicātus* 'scomunicato'] s. m.; anche agg. (f. *-trice*) ● (*raro*) Chi, che scomunica.

†**scomunicazióne** o (*raro*) †**escomunicazióne**, †**scommunicazióne**, †**scomunicagióne** [dal lat. tardo (ecclesiastico) *excommunicatiōne(m)* 'scomunica', da *excommunicātus* 'scomunicato'] s. f. ● Scomunica.

†**scomùzzolo** ● V. †*scamuzzolo*.

sconcàre [da *conca*, con *s-*] v. tr. (*io scónco, tu scónchi*) **1** †Togliere dalla conca. **2** Scavare il terreno intorno al piede d'un albero in modo da formare una specie di conca.

sconcatenaménto s. m. ● (*raro*) Atto, effetto dello sconcatenare.

sconcatenàre [da *concatenare*, con *s-*] v. tr. (*io sconcaténo*) ● (*raro*) Dividere, disgiungere cose concatenate fra loro.

sconcatenàto [comp. di *s-* e *concatenato*] part. pass. di *sconcatenare*; anche agg. **1** Nel sign. del v. **2** Slegato, privo di nessi logici: *discorso s.*

sconcatùra s. f. ● Atto, effetto dello sconcare.

sconcertaménto s. m. ● (*raro*) Atto, effetto dello sconcertare o dello sconcertarsi.

sconcertànte part. pres. di *sconcertare*; anche agg. ● Nei sign. del v.

sconcertàre [da *concertare*, con *s-*] **A** v. tr. (*io sconcèrto*) **1** Alterare l'ordine, lo svolgimento, il funzionamento, e sim.: *s. i piani, i progetti*; *la bevanda ghiacciata mi ha sconcertato lo stomaco*. **2** Turbare profondamente, disorientare: *è una notizia che sconcerta tutti*. **B** v. intr. pron. ● Turbarsi, rimanere disorientato.

sconcertàto part. pass. di *sconcertare*; anche agg. **1** Nei sign. del v. **2** (*mus.*) Discorde, senza armonia e accordo. || **sconcertataménte**, avv. In modo disordinato, senza congruenza.

sconcertatóre s. m.; anche agg. (f. *-trice*) ● (*raro*) Chi, che sconcerta.

sconcèrto [da *sconcertare*] s. m. ● Mancanza o cessazione di armonia, tranquillità, benessere | Turbamento, sconvolgimento. || **sconcertùccio**, dim.

sconcézza [da *sconcio*] s. f. ● Qualità di chi, di ciò che è sconcio | Azione, parola, cosa sconcia: *fare, dire, sconcezze*; *è una vera s.!*

†**sconchiùdere** e deriv. ● V. *sconcludere* e deriv.

sconciaménto s. m. ● (*raro*) Atto, effetto dello sconciare.

sconciàre [da *conciare*, con *s-*] **A** v. tr. (*io scóncio*) ● (*raro*) Guastare, deformare | †*Sconciarsi una gamba, un braccio*, e sim., slogarli. **B** v. intr. pron. ● †Abortire.

sconciatóre s. m.; anche agg. (f. *-trice*) ● (*raro*) Chi, che sconcia.

sconciatùra [da *sconciare*] s. f. **1** Cosa imperfetta e mal fatta | Sconcio. **2** †Aborto. || **sconciaturèlla**, dim. | **sconciaturina**, dim.

†**sconciliàre** [da *conciliare*, con *s-*] v. tr. ● Mettere in disaccordo. CONTR. Conciliare.

scóncio [da *sconciare*] **A** agg. (pl. f. *-ce*) **1** †Non acconcio, disordinato nella persona o nelle vesti: *piuttosto s. che acconcio* (TASSO). **2** Brutto, deforme, schifoso: *corpo s.* | Vergognoso, turpe, osceno: *azioni, parole sconce*; *atti sconci*. **3** †Smodato: *dimenticato a qual partito gli avesse lo s. a spendere ... recati* (BOCCACCIO). **4** †Slogato | †Storpio. || **sconciaménte**, avv. In modo sconcio, sconveniente. **B** s. m. **1** Cosa sconcia: *il tuo modo di parlare è uno s.* SIN. Indecenza. **2** Cosa fatta male: *questa traduzione è uno s.* **3** †Danno, inconveniente.

sconclùdere o (*raro*) †**sconchiùdere** [da *concludere*, con *s-*] **A** v. tr. (coniug. come *concludere*) ● (*raro*) Disfare, rompere un'intesa, un accordo, e sim. già concluso o quasi concluso. **B** v. intr. (aus. *essere*) ● Mancare di conclusione, di ordine, di coerenza spec. in fine di discorso, svolgimento di problemi, narrazione letteraria e sim.

sconclușionatézza s. f. ● Qualità di chi, di ciò che è sconclusionato.

sconclușionàto [da *conclusione*, con *s-*] agg. **1** Che manca di conclusione, di ordine, di coerenza: *discorso, racconto s.* SIN. Inconcludente, incongruente, sconnesso. **2** Che ragiona senza ordine e coerenza, che conclude poco: *è gente sconclusionata*. || **sconclusionataménte**, avv.

sconclùșo o †**sconchiùso**. part. pass. di *sconcludere*; anche agg. ● (*raro*) Nei sign. del v.

sconcordànte part. pres. di *sconcordare*; anche agg. ● Nei sign. del v.

sconcordànza s. f. **1** Qualità o condizione di chi, di ciò che è sconcordante. **2** Errore di concordanza.

sconcordàre [da *concordare*, con *s-*] v. intr. (*io sconcòrdo*; aus. *avere*) ● (*raro*) Non concordare, non essere in concordanza: *due colori che sconcordano tra loro*.

sconcòrde [da *concorde*, con *s-*] agg. ● (*lett.*) Che non è concorde: *essere disuniti e sconcordi*.

sconcòrdia [da *concordia*, con *s-*] s. f. ● (*lett.*) Qualità di chi, di ciò che è sconcorde.

scondìto [da *condito*, con *s-*] agg. **1** Che non è condito o è scarso di condimento: *carne scondita*. **2** (*fig.*) †Sciocco, insulso.

scondizionàrsi [comp. parasintetico di (*buona*) *condizione*, col pref. *s-*] v. intr. pron. ● Rovinarsi, deteriorarsi, detto dell'imballaggio di un pacco, spec. inviato per posta, con possibile danneggiamento o perdita del contenuto: *il pacco si è scondizionato nello smistamento*.

scondizionàto part. pass. di *scondizionarsi*; anche agg. ● Nel sign. del v.

sconfacènte [da *confacente*, con *s-*] agg. ● (*lett.*) Che non è confacente, non è appropriato: *condotta s. alla propria posizione*.

†**sconfacévole** [da *confacevole*, con *s-*] agg. ● Sconfacente.

sconférma [da *conferma*, con *s-*] s. f. ● (*raro*) Smentita. CONTR. Conferma.

sconfessàre [da *confessare*, con *s-*] v. tr. (*io sconfèsso*) **1** Riprovare, non ammettere o non riconoscere più ciò che si era fatto, detto o professato in precedenza: *s. la propria fede politica*. SIN. Ritrattare. **2** Disapprovare, rinnegare pubblicamente ciò che è fatto, detto o professato da altri: *il partito sconfessò la dichiarazione del segretario*. SIN. Smentire.

sconfessióne [da *confessione*, con *s-*] s. f. ● Atto dello sconfessare.

sconficcàbile agg. ● (*raro*) Che si può sconficcare.

sconficcaménto s. m. ● Atto dello sconficcare.

sconficcàre [da *conficcare*, con *s-*] v. tr. (*io sconficco, tu sconficchi*) ● Levare ciò che è conficcato: *s. i chiodi da una cassa*.

sconficcàto part. pass. di *sconficcare*; anche agg. ● (*raro*) Nel sign. del v.

sconficcatùra s. f. ● (*raro*) Sconficcamento | Segno lasciato dallo sconficcare.

†**sconfidànza** [da *confidanza*, con *s-*] s. f. ● (*raro*) Diffidenza.

†**sconfidàre** [da *confidare*, con *s-*] v. intr. e intr. pron. ● Non confidare più, non avere più fiducia, speranza in sé o in altri.

†**sconfidènza** [da *confidenza*, con *s-*] s. f. ● Mancanza di confidenza, di fiducia.

sconfìggere (1) [di etim. discussa: dal provz. *esconfire*, dal lat. **exconfĭcere* 'annientare', da *confĭcere* 'abbattere', con *ĕx-* (*s-*), con sovrapposizione di *configgere* (?)] v. tr. (pres. *io sconfiggo, tu sconfiggi*; pass. rem. *io sconfissi, tu sconfiggésti*; part. pass. *sconfitto*) **1** Vincere in combattimento, in battaglia: *Corradino di Svevia fu sconfitto a Tagliacozzo*. **2** (*est.*) Superare, vincere, uno o più avversari in gare, elezioni, lotte politiche, e sim.: *la rappresentativa italiana ha sconfitto quella francese*.

sconfìggere (2) [da *configgere*, con *s-*] v. tr. (pres. *io sconfiggo, tu sconfiggi*; pass. rem. *io sconfissi, tu sconfiggésti*; part. pass. *sconfitto*) ● (*raro*) Levare ciò che era confitto.

†**sconfiggiménto** s. m. ● Atto dello sconfiggere, nel sign. di *sconfiggere (1)*.

sconfiggitóre s. m.; anche agg. (f. *-trice*) ● (*raro*) Chi, che sconfigge, nel sign. di *sconfiggere (1)*.

sconfinaménto s. m. ● Atto, effetto dello sconfinare.

sconfinàre [da *confinare*, con *s-*] v. intr. (aus. *avere* o raro *essere*) **1** Uscire dal confine, entrare in territorio di altri: *truppe italiane hanno sconfinato in Austria*. **2** (*fig.*) Varcare i limiti fissati: *ha sconfinato dal tema assegnato*; *non bisogna mai s.*

sconfinatézza [da *sconfinato*] s. f. ● Estensione senza limiti, priva d'ogni confine.

sconfinàto part. pass. di *sconfinare*; anche agg. **1** Nei sign. del v. **2** Senza limiti, immenso, infinito: *potere s.* || **sconfinataménte**, avv. Immensamente, illimitatamente.

†**sconfiscàre** [da *confiscare*, con *s-*] v. intr. ● Confiscare.

sconfìtta [f. sost. di *sconfitto* (*1*)] s. f. **1** Disfatta totale di un esercito in combattimento, in battaglia: *dare, infliggere, una s.*; *riportare, patire, subire una s.* **2** (*est.*) Perdita, grave insuccesso: *s. elettorale*; *s. nelle votazioni*. SIN. Batosta, fallimento, smacco. **3** Insuccesso in una gara sportiva: *s. dura, umiliante, clamorosa*; *la squadra ha subito una imprevedibile s. sul proprio campo*.

sconfittișmo [da *sconfitta* in senso fig.] s. m. ● Delusione, indifferenza e disimpegno conseguenti al crollo o alla perdita di credibilità di una posizione ideologica o politica.

sconfìtto (1) **A** part. pass. di *sconfiggere (1)*; anche agg. ● Nei sign. del v. **B** s. m. (f. *-a*) ● Chi ha subìto una sconfitta: *gli sconfitti divenivano schiavi*.

sconfìtto (2) part. pass. di *sconfiggere (2)*; anche agg. ● Nel sign. del v.

†**sconfóndere** [da *confondere*, con *s-*] v. tr. ● Confondere grandemente.

†**sconfortaménto** s. m. ● Atto, effetto dello sconfortare o dello sconfortarsi.

sconfortànte part. pres. di *sconfortare*; anche agg. ● Nei sign. del v.

sconfortàre [da *confortare*, con *s-*] **A** v. tr. (*io* *sconfòrto*) *1* Togliere coraggio, fiducia, speranza: *il cattivo esito dell'esame lo ha sconfortato.* *2* (*lett.*) †Dissuadere, sconsigliare: *sconfortava il Re di Francia l'andata del Pontefice ai Principi* (GUICCIARDINI). **B** v. intr. pron. ● Perdersi d'animo, avvilirsi.

sconfortàto part. pass. di *sconfortare*; anche agg. ● Nei sign. del v.

sconfortévole [da *confortevole*, con *s-*] agg. ● (*raro*) Sconfortante.

sconfòrto [da *conforto*, con *s-*] s. m. ● Stato di grave abbattimento dell'animo, di afflizione, di avvilimento: *essere preso dallo, essere preda dello s.*; *cadere nello s.*; *un attimo di s.* | Ciò che provoca sconforto: *che s. vederti ridotto così!*

scongegnàre [da *congegnare*, con *s-*] v. tr. (*io scongégno*) ● (*raro*) Disfare un congegno.

scongelaménto s. m. ● Atto, effetto dello scongelare.

scongelàre [da *congelare*, con *s-*] v. tr. (*io scongèlo*) ● Riportare a temperatura ambiente gli alimenti surgelati o congelati.

scongelazióne s. f. ● Scongelamento.

scongiùngere [da *congiungere*, con *s-*] v. tr. (coniug. come *congiungere*) ● (*raro*) Separare cose congiunte fra loro. CONTR. Congiungere.

†scongiungiménto s. m. ● Atto, effetto dello scongiungere.

scongiuraménto s. m. ● (*raro*) Atto dello scongiurare.

scongiuràre [da *congiurare*, con *s-*] v. tr. *1* (*lett.*) Costringere con esorcismi o magie uno spirito maligno a lasciare la persona o la cosa che ne è posseduta: *s. Satana.* *2* (*fig.*) Pregare insistentemente, supplicare, in nome o per amore di persona o cosa potente, sacra, particolarmente cara e sim.: *ti scongiuro in nome di Dio*; *lo scongiurava per amore della madre.* *3* (*fig.*) Allontanare, scansare: *s. un pericolo, un disastro.*

scongiuràto part. pass. di *scongiurare*; anche agg. ● Nei sign. del v.

scongiuratóre s. m.; anche agg. (f. *-trice*) ● (*raro*) Chi, che scongiura.

scongiurazióne s. f. *1* (*raro*) Atto, effetto dello scongiurare. *2* †Giuramento esecratorio.

scongiùro [da *scongiurare*] s. m. *1* Atto rituale, con o senza formula orale, per allontanare spiriti malefici e demoni | Nelle superstizioni popolari, atto e formula contro il malocchio e la iettatura: *fare gli scongiuri.* *2* †Giuramento.

sconnessióne [da *sconnesso* (V. *connessione*)] s. f. ● Mancanza di connessione.

sconnèsso o **sconnésso** part. pass. di *sconnettere*; anche agg. *1* Nei sign. del v. *2* (*fig.*) Privo di nesso, di logica, di coerenza: *discorso s.*; *parole sconnesse.* SIN. Incongruente, sconclusionato. ‖ **sconnessaménte**, avv.

sconnessùra s. f. ● Qualità, condizione di ciò che è sconnesso | Punto in cui una cosa è sconnessa.

sconnèttere o **sconnéttere** [da *connettere*, con *s-*] **A** v. tr. (coniug. come *connettere*) ● Separare, disgiungere, cose connesse tra loro. **B** v. intr. (aus. *avere*) ● (*fig.*) Non connettere: *l'ubriaco sconnette.*

sconocchiàre [da *conocchia*, con *s-*] v. tr. (*io sconòcchio*) *1* Trarre il pennecchio dalla conocchia, filare. *2* (*fig., tosc.*) Mangiare con avidità e senza lasciare avanzi: *sconocchiarsi un pollo.* *3* (*fig., centr.*) Ridurre in cattive condizioni: *la malattia lo ha sconocchiato.*

sconoscènte o (*lett.*) **†isconoscènte**. part. pres. di *sconoscere*; anche agg. *1* Nei sign. del v. *2* Che non è riconoscente. *3* †Che non sa distinguere, non sa discernere. ‖ **sconoscenteménte**, avv. Da sconoscente.

sconoscènza [da (*re*)*conoscenza*, con *s-*] s. f. *1* Mancanza di riconoscenza, ingratitudine. *2* †Ignoranza.

sconóscere o (*raro*) **†scognóscere** [da *conoscere*, con *s-*] v. tr. (coniug. come *conoscere*) ● (*raro*) Disconoscere, non volere riconoscere: *s. i meriti altrui.*

sconosciménto s. m. ● (*raro*) Atto dello sconoscere.

sconosciùto **A** part. pass. di *sconoscere*; anche agg. *1* Nel sign. del v. *2* Che non è conosciuto, che è ignoto: *paese s.*; *terre sconosciute* | Oscuro, privo di fama: *pittore, scrittore s.* | Che non è mai stato provato, esperimentato, prima: *sensazione sconosciuta.* *3* Di cui non è stata ancora accertata la natura, l'identità, e sim.: *malattia sconosciuta*; *i rapinatori sono ancora sconosciuti.* *4* (*lett.*) Misconosciuto, non sufficientemente apprezzato. **B** s. m. (f. *-a*) ● Persona di cui si ignora l'identità.

sconquassaménto s. m. ● Atto dello sconquassare.

sconquassàre [da *conquassare*, con *s-*] v. tr. *1* Scuotere con violenza in modo da rompere, danneggiare, rovinare, e sim. *2* Provocare indisposizione, malessere fisico: *quel giro in giostra mi ha sconquassato.*

sconquassàto part. pass. di *sconquassare*; anche agg. ● Nei sign. del v.

sconquassatóre s. m.; anche agg. (f. *-trice*) ● (*raro*) Chi, che sconquassa.

sconquàsso s. m. *1* Atto, effetto dello sconquassare: *mettere a s.*; *fare s.* *2* (*fig.*) Rovina, scompiglio, grande confusione: *ha portato lo s. in famiglia*; *che s. per nulla!*

sconquassùme [da *sconquasso*] s. m. ● (*raro*) Insieme di cose sconquassate.

sconsacràre [da *consacrare*, con *s-*] v. tr. ● Togliere il carattere sacro a un luogo, un ambiente, un oggetto.

sconsacràto part. pass. di *sconsacrare*; anche agg. ● Nel sign. del v.

sconsacrazióne s. f. ● Atto, effetto dello sconsacrare.

sconsentiménto s. m. ● (*raro*) Atto dello sconsentire.

sconsentìre [da *consentire*, con *s-*] v. tr. e intr. (*io sconsènto*; aus. *avere*) ● (*raro*) Non consentire: *in maniera che io non poteva sconsentirlo* (LEOPARDI). CONTR. Consentire.

†sconsiderànza [da *†consideranza*, con *s-*] s. f. ● Sconsideratezza.

sconsideratézza s. f. ● Qualità di chi è sconsiderato.

sconsideràto [da *considerato*, con *s-*] **A** agg. ● Che non considera, non riflette, prima di agire: *ragazzi sconsiderati* | Che è pensato, detto, o fatto senza alcuna considerazione o riflessione: *idee, parole, sconsiderate.* SIN. Avventato, inconsulto, sbadato, sventato. ‖ **sconsiderataménte**, avv. Da sconsiderato, senza riflessione. **B** s. m. (f. *-a*) ● Persona sconsiderata.

sconsiderazióne [da *sconsiderato*] s. f. ● (*raro*) Mancanza di considerazione.

sconsigliàbile [da *sconsigliare*] agg. ● Che si deve sconsigliare per sconvenienza o rischio.

sconsigliàre [da *consigliare*, con *s-*] v. tr. (*io sconsìglio*) ● Non consigliare: *ti sconsiglio quel vestito*; *vi sconsiglio di uscire* | Dissuadere, distogliere, dal fare, dal dire, o sim.: *lo sconsigliò dal tentare l'affare.*

sconsigliatézza s. f. ● Qualità di chi è sconsigliato, nel sign. di *sconsigliato (2)*.

sconsigliàto (1) part. pass. di *sconsigliare*; anche agg. ● Nei sign. del v.

sconsigliàto (2) [da *consiglio*, con *s-*] agg. *1* †Privo di consiglio. *2* Che è privo di giudizio, di riflessione. SIN. Inavveduto, incauto, sconsiderato. ‖ **sconsigliataménte**, avv. In modo inconsulto, sconsideratamente.

sconsigliatóre s. m.; anche agg. (f. *-trice*) ● (*raro, lett.*) Chi, che sconsiglia.

sconsolaménto [da *sconsolare*] s. m. ● (*raro*) Sconsolazione.

sconsolànte part. pres. di *sconsolare*; anche agg. ● Nei sign. del v.

†sconsolànza [da *consolanza*, con *s-*] s. f. ● Sconsolazione.

sconsolàre [da *consolare*, con *s-*] **A** v. tr. (*io sconsólo*) ● Privare di consolazione, sollievo, conforto. **B** v. intr. pron. ● Essere o diventare privo di conforto, speranza e sim.

sconsolatézza s. f. ● (*raro*) Qualità, condizione di chi è sconsolato.

sconsolàto part. pass. di *sconsolare*; anche agg. *1* Nei sign. del v. *2* Che è privo di consolazione, che non può essere consolato: *vedova sconsolata in veste negra* (PETRARCA). SIN. Inconsolabile. *3* Che esprime dolore, sconforto, desolazione: *atteggiamento s.*; *espressione, faccia, sconsolata.* SIN. Afflitto, rattristato. ‖ **sconsolataménte**, avv. Con desolazione, senza conforto: *disperarsi sconsolatamente.*

sconsolatóre s. m.; anche agg. (f. *-trice*) ● (*raro*) Chi, che sconsola.

sconsolatòrio [da *consolatorio*, con *s-*] agg. ● (*raro*) Di sconsolazione.

†sconsolazióne [da *consolazione*, con *s-*] s. f. ● Sconsolatezza.

scontàbile agg. ● Che si può scontare.

scontabilità [da *scontabile*] s. f. ● Caratteristica dell'essere scontabile, detto di titoli di credito.

†scontaménto s. m. ● Atto dello scontare una pena.

scontànte **A** part. pres. di *scontare*; anche agg. ● Nei sign. del v. **B** s. m. ● Chi effettua operazioni di sconto, pagando cambiali prima della scadenza.

scontàre [da *conto* (*1*), con *s-* (V. *contare*)] v. tr. (*io scónto*) *1* Detrarre da un conto | *S. una cambiale*, ottenerne il pagamento presso banche o privati, prima della scadenza, lasciando una somma a compenso dell'anticipato pagamento | *S. un debito*, estinguerlo con pagamenti rateali | Praticare un ribasso sul prezzo di listino o su quello abitualmente praticato: *su quest'articolo mi ha scontato mille lire.* *2* Fare ammenda, pagare il fio di un male commesso da se stessi o da altri: *s. un peccato*; *spesso i figli scontano le colpe dei genitori* | Espiare la pena prevista per il reato commesso: *deve s. dieci anni di carcere*; *ha scontato quasi tutta la pena* | Patire le conseguenze di uno sbaglio, una cattiva azione, e sim.: *ora che è vecchio, sconta gli eccessi della gioventù* | (*fam.*) *Scontarla*, pagarla cara. *3* Prevedere, ritenere molto probabile un evento futuro: *il fallimento della società era scontato*; *il risultato della gara era dato per scontato.* *4* Nella critica letteraria e artistica, superare influssi, modelli, tecniche, e sim. altrui, assimilandoli in modo originale nella propria opera: *non tutti riescono a s. la poetica dell'ermetismo.*

scontatàrio [da *scontare*] s. m. ● Chi cede una cambiale allo sconto, incassandone l'importo prima della scadenza.

scontàto part. pass. di *scontare*; anche agg. *1* Detratto da un conto | *Prezzo s.*, ridotto. *2* Espiato. *3* Assimilato, acquisito: *un'esperienza scontata* | Ampiamente prevedibile, previsto: *una vittoria scontata.* ‖ **scontataménte**, avv. In modo prevedibile.

scontentàre [da *contentare*, con *s-*] v. tr. (*io scontènto*) ● Non accontentare, lasciare insoddisfatto, inappagato e sim.: *quella politica scontenta la classe operaia.*

scontentézza s. f. ● Qualità, condizione di chi è scontento.

scontènto (1) [da *contento*, con *s-*] agg. ● Non contento, insoddisfatto: *essere s. di q.c.*; *rimanere, mostrarsi s.*; *avere una espressione scontenta.*

scontènto (2) [da *scontentare*] s. m. ● Sentimento di insoddisfazione, di scontentezza: *provocare, suscitare lo s. generale*; *c'è un grande s. fra la gente*; *sentire, provare s.*; *essere preso dallo s.*

scontèssere [da *contessere*, con *s-*] v. tr. (coniug. come *tessere*) *1* Disfare, detto di ordito o tessitura. *2* (*est., raro, lett.*) Scomporre: *s. un verso, un periodo.*

†scontinuàre [da *continuare*, con *s-*] v. tr. ● Togliere la continuità.

scontista [da *sconto*] s. m. e f. (pl. m. *-i*) ● Chi presenta in anticipo cambiali, da cui dedurre lo sconto.

scónto [da *scontare*] s. m. *1* (*dir.*) Contratto con cui una banca, previa deduzione di un interesse corrispettivo, anticipa al cliente l'importo di crediti non ancora scaduti, che questi vanta verso terzi: *s. bancario*; *s. cambiario.* *2* (*banca*) Compenso spettante a chi paga anticipatamente un debito, proporzionale al debito e al tempo di anticipato pagamento | *S. commerciale*, calcolato sull'ammontare nominale del debito a scadenza | *S. razionale*, calcolato sul valore attuale | Abbuono, riduzione, indicato in percentuale e che costituisce il margine di guadagno del rivenditore: *s. librario* | Operazione di sconto. *3* Ribasso praticato dal venditore sul prezzo di listino o sul prezzo abitualmente praticato: *s. di quantità*; *s. su pronta cassa.* ‖ **sconticino**, dim.

scontòrcere [da *contorcere*, con *s-*] **A** v. tr.

(coniug. come *torcere*) ● Contorcere, storcere con violenza: *s. il viso, la bocca* | (*raro, fig.*) Travisare: *né vi è chi voglia scontorcer luoghi della scrittura* (GALILEI). **B** v. rifl. ● Contorcersi, divincolarsi: *scontorcersi dal dolore, da una stretta.*

scontorciménto s. m. ● (*raro*) Atto dello scontorcere o dello scontorcersi.

scontornàre [comp. di *s-* e *contornare*] v. tr. ● In una fotografia, o gener., illustrazione, mettere in evidenza un soggetto eliminando tutto ciò che di superfluo vi si trova intorno.

scontòrto part. pass. di *scontorcere*; anche agg. ● Nei sign. del v.

†**scontraménto** s. m. ● Atto dello scontrare.

scontràre [da un ant. *scontra* 'contro', dal lat. parl. *ĕx cŏntra*, raff. dall'avv. *cŏntra* 'di fronte, contro'] **A** v. tr. (*io scóntro*) **1** Incontrare: *s. un conoscente per la strada*; *così andando, si venne scontrato in que' due suoi compagni* (BOCCACCIO). **2** †Attaccare combattimento, battaglia. **3** (*mar.*) Nell'accostata, volgere il timone dalla parte opposta per contrastare l'abbrivo residuo. **B** v. intr. pron. **1** (*raro*) Imbattersi, incontrarsi: *scontrarsi in qc.* **2** Andare a cozzare con violenza contro q.c., detto spec. di veicoli in movimento: *un motociclista si scontrò con l'autotreno.* **C** v. rifl. rec. **1** Cozzare con violenza l'uno contro l'altro, detto spec. di veicoli in movimento: *sull'autostrada si sono scontrate due automobili.* **2** Venire a combattimento, a battaglia: *le due fazioni nemiche si scontrarono in piazza.* **3** (*fig.*) Divergere: *le loro opinioni si scontrano.*

†**scontràzzo** [da *scontro*] s. m. **1** Zuffa improvvisa e disordinata di armati. **2** (*raro*) Incontro amichevole.

†**scontrévole** [da *scontrare*] agg. ● (*raro*) Accessibile.

†**scontrinàre** [sovrapposizione di *scontrare* a *scrutinare*] v. tr. ● (*raro*) Scrutinare.

scontrìno [da (*ri*)*scontro* (V.)] s. m. **1** Piccolo biglietto di riscontro che serve a comprovare un pagamento, a testimoniare il diritto a una prestazione, l'adempimento di un obbligo e sim. **2** †Scrutinio.

scóntro [da *scontrare*] **A** s. m. **1** Cozzo violento di due o più veicoli: *uno s. stradale.* SIN. Collisione, urto. **2** Mischia, combattimento | Combattimento di breve durata tra forze contrapposte di limitata consistenza casualmente imbattutesi. **3** (*sport*) Nella scherma, combattimento, gara tra due contendenti: *direttore di s.* **4** (*tecnol.*) Ciascuno dei risalti della mappa di una chiave a cannello. **5** (*tecnol.*) Finecorsa. **6** (*mar.*) Dispositivo o sistema destinato a impedire a una nave di scivolare sul piano di varo fino al momento voluto | Dispositivo destinato ad arrestare la corsa di una parte mobile o a fissarla in una posizione voluta. **7** (*fig.*) Manifestazione accesa o violenta di opinioni divergenti: *avere uno s. con qc.*; *s. verbale.* **8** †Disgrazia, disavventura. **9** (*raro*) †Riscontro. **B** nella loc. prep. †*s. a* ● (*raro*) †Di fronte a, di rimpetto a.

scontrosàggine s. f. ● Qualità di chi è scontroso | (*est.*) Carattere, temperamento, scontroso.

scontrosità s. f. **1** Qualità di chi è scontroso. **2** Azione, parola, e sim. da persona scontrosa.

scontróso [da *scontro*] agg. ● Che ha un carattere poco socievole, che è facile a offendersi, a irritarsi, a contraddire. SIN. Ombroso. || **scontrosàccio**, pegg. | **scontrosétto**, dim. | **scontrosino**, dim. | **scontrosóne**, accr. | **scontrosùccio**, dim. || **scontrosaménte**, avv.

sconturbàre [da *conturbare*, con *s-*] v. tr. e intr. pron. ● (*raro, tosc.*) Turbare profondamente.

†**sconvenébole** ● V. *sconvenevole.*

†**sconvenènza** ● V. *sconvenienza.*

sconvenévole o (*raro*) †**sconvenébole** [da *convenevole*, con *s-*] agg. ● (*lett.*) Che non si addice, non si conviene alla decenza, alla morale e sim.: *parole sconvenevoli.* || **sconvenevolménte**, avv. In modo non convenevole.

sconvenevolézza s. f. ● (*lett.*) Qualità di ciò che è sconvenevole.

sconveniènte [da *conveniente*, con *s-*] agg. **1** Che manca di convenienza, decoro, garbo e sim.: *parole, atteggiamenti, s.*; *risposta s.* SIN. Disdicevole, scorretto. CONTR. Conveniente, corretto. **2** Che manca di convenienza economica: *prezzi sconvenienti.* || **sconvenienteménte**, avv.

sconveniènza o †**sconvenènza** [da *convenienza*, con *s-*] s. f. **1** Mancanza di convenienza, decoro, opportunità, e sim. **2** Qualità di ciò che è sconveniente economicamente.

sconvenìre [da *convenire*, con *s-* (V. *disconvenire*)] v. intr. e intr. pron. (coniug. come *convenire*; aus. *essere*) ● (*lett.*) Non essere degno, conveniente, adatto, opportuno, decoroso e sim.: *lento passo / sconviensi a chi del sospirato fine / tocca la meta* (ALFIERI).

sconvertìre [da *convertire*, con *s-*] v. tr. (coniug. come *convertire*) ● (*raro*) Distruggere l'opera della conversione.

sconvocàre [comp. di *s-* e *convocare*] v. tr. (coniug. come *convocare*) ● Disdire, annullare, detto di convocazione, adunanza, assemblea e sim.

sconvolgènte part. pres. di *sconvolgere*; anche agg. **1** Nei sign. del v. **2** Che impressiona, colpisce, turba profondamente: *è stata un'esperienza s.*

sconvòlgere [da †*convolgere*, con *s-*] **A** v. tr. (coniug. come *volgere*) **1** Causare un profondo turbamento di ordine fisico o morale: *l'alluvione ha sconvolto le campagne*; *una notizia che sconvolse il mondo.* **2** Mettere in disordine, in agitazione, in scompiglio (*anche fig.*): *il vento sconvolge le carte*; *s. le idee, i piani, i progetti di qc.* | Rimescolare: *s. lo stomaco.* **B** v. intr. pron. ● Turbare profondamente (*anche fig.*).

sconvolgiménto o †**isconvolgiménto**. s. m. ● Atto, effetto dello sconvolgere: *s. del suolo*; *lo s. prodotto dalla guerra.*

sconvolgitóre s. m.; anche agg. (f. *-trice*) ● (*raro*) Chi, che sconvolge.

sconvòlto part. pass. di *sconvolgere*; anche agg. ● Nei sign. del v.

†**sconvoltùra** s. f. ● (*raro*) Sconvolgimento.

scooner /ingl. 'sku:nə*/ ● V. *schooner.*

scoop /skup, *ingl.* sku:p/ [vc. ingl. d'origine germ.] s. m. inv. ● Buon colpo giornalistico, notizia sensazionale pubblicata in esclusiva da un giornale.

scoordinaménto [comp. di *s-* e *coordinamento*] s. m. ● Mancanza di coordinamento | Incapacità di coordinare le idee.

scoordinàto [da *coordinato* con *s-* neg.] agg. ● Che è privo di coordinazione: *gesto s.*; *azione scoordinata.* || **scoordinataménte**, avv.

scoordinazióne [comp. di *s-* e *coordinazione*] s. f. ● Scoordinamento.

scooter /'skuter, *ingl.* 'sku:tə/ [vc. ingl., dal v. fam. *to scoot* 'guizzar via'] s. m. inv. **1** Acrt. di *motorscooter* | *S. acquatico, s. d'acqua, s. marino*, acqua-scooter. ➡ ILL. p. 1746 TRASPORTI. **2** Imbarcazione a vela fornita di due chiglie che, sotto l'azione del vento, è in grado di slittare sul ghiaccio.

scooterìsta /skute'rista/ ● V. *scuterista.*

scópa (**1**) [lat. *scōpa*(*m*), sing. del più frequente *scōpae* 'grecchia, scopa', di origine prob. mediterr.] s. f. ● Arbusto sempreverde delle Ericacee a rami pelosi e piccole foglie lineari verticillate, utile per confezionare scope (*Erica arborea*).

scópa (**2**) [dal precedente, in senso metaforico] s. f. **1** Arnese per spazzare i pavimenti, costituito per lo più da un fascio di steli di saggina o d'erica, oppure di filamenti di materia plastica o di frange di cotone, legato a un lungo manico | *S. metallica*, attrezzo per il giardinaggio | *Essere magro come una s.*, essere molto magro | *Avere ingoiato il manico della s.*, (*fig.*) di persona che cammina diritta e impettita. **2** †Supplizio in uso nel Medioevo e nel Rinascimento consistente nel colpire il condannato con una frusta di fusti di scopa. || **scopétta**, dim. (V.) | **scopétto**, dim. m. (V.) | **scopina**, dim. | **scopino**, dim. m. (V.) | **scopóna**, accr.

scópa (**3**) [dal precedente, in senso metaforico] s. f. ● Gioco di carte tra due giocatori o due coppie, con un mazzo di 40 carte: *giocare a s.*; *fare a s. la primiera e il settebello* | Particolare presa del gioco omonimo, quando non si lasciano carte sul tavolo: *fare s.*

†**scopachiàssi** [comp. di *scopa*(*re*) e il pl. di *chiasso* (*2*)] s. m. ● (*spreg.*) Uomo vizioso e ripugnante.

†**scopagógne** [comp. di *scopa*(*re*) e il pl. di *gogna*] s. m. inv. ● (*spreg.*) Furfante.

scopàio s. m. ● Chi fabbrica o vende scope, granate, ramazze e sim.

scopamàre [comp. di *scopa*(*re*) e *mare*] s. m. ● (*mar.*) Vela di bel tempo, aggiunta lateralmente alle vele quadre più basse, per prendere più vento.

†**scopamestièri** [comp. di *scopa*(*re*) e il pl. di *mestiere*] s. m. e f. ● (*spreg.*) Chi cambia sempre mestiere.

scopàre [lat. tardo *scopāre*, da *scōpae* (nom. pl.) 'scopa'] v. tr. (*io scópo*) **1** Spazzare il pavimento, pulire il suolo con la scopa (*anche ass.*): *s. la stanza.* **2** †Sottoporre al supplizio della scopa. **3** (*volg.*) Possedere sessualmente | (*est., ass.*) Avere rapporti sessuali, compiere il coito.

scopàta s. f. **1** Atto dello scopare. **2** Colpo dato con la scopa. **3** (*volg.*) Coito.

†**scopatìccio** [da *scopato*] agg. ● (*raro*) Radunato con la scopa.

scopàto part. pass. di *scopare*; anche agg. **1** Nei sign. del v. **2** (*raro*) †Spazzolato.

scopatóre s. m. (f. *-trice*) **1** Chi scopa | *S. segreto*, nell'antica Corte pontificia, domestico investito di umili servizi. **2** (*volg.*) Chi ha frequenti o intensi rapporti sessuali.

scopatùra s. f. **1** Atto, effetto dello scopare. **2** Immondizia raccolta nello scopare. **3** †Supplizio della scopa | (*est.*) Rampogna, rabbuffo.

scopàzzo [da *scopa* (*1*)] s. m. ● (*bot.*) Deformazione dei rami di molti alberi, spec. conifere, provocata da piccoli funghi parassiti.

scoperchiàre o †**scoverchiàre** [da *coperchio*, con *s-*] v. tr. (*io scopèrchio*) ● Scoprire levando il coperchio: *s. una pentola* | (*est.*) Togliere la copertura | *S. una casa*, toglierle il tetto.

scoperchiàto part. pass. di *scoperchiare*; anche agg. ● Nei sign. del v.

scoperchiatùra s. f. **1** Atto, effetto dello scoperchiare. **2** (*tosc.*) Striscia di carne che copre le costole delle bestie macellate, di qualità scadente.

scoperéccio [da *scopare* nel senso di 'unirsi carnalmente'] agg. (pl. f. *-ce*) ● (*scherz.*) Che riguarda il sesso o l'attività sessuale: *discorsi scoperecci* | Che è molto disponibile ai rapporti sessuali o può favorirli: *compagnia, atmosfera scopereccia.*

scopèrta o (*poet.*) **scovèrta** [f. sost. di *scoperto*] s. f. **1** Atto, effetto dello scoprire ciò che prima era ignoto a tutti: *la s. dell'America*; *le grandi scoperte geografiche*; *la s. di un tesoro sepolto*; *una grande s. nel campo della medicina* | (*iron.*) *Che s.! che bella s. fare la s.* e sim., di cose che tutti sanno, o a tutti evidenti. **2** †Spianata. **3** †Esplorazione, ricognizione. **4** (*mar.*) *Segnale di s.*, emesso da navi o aerei in esplorazione nell'avvistare altre navi o aerei.

scopèrto o (*poet.*) **scovèrto**. **A** part. pass. di *scoprire*; anche agg. **1** Nei sign. del v. **2** Privo di copertura, di riparo, di tetto: *terrazzo s.*; *automobile scoperta* | *Dormire s.*, senza coperte, o con le coperte allontanate dal corpo. **3** Privo, parzialmente o completamente, di indumenti: *spalle, braccia scoperte* | *A capo s.*, senza cappello. **4** *Assegno s.*, quando l'importo del conto corrente da cui è tratto risulta inferiore alla somma dell'assegno stesso. **5** Visibile | *Giocare a carte scoperte*, tenendole sulla tavola con semi e numeri visibili a tutti; (*fig.*) agire senza finzioni. **6** (*fig.*) Aperto, franco, sincero, spec. nelle loc. avv. *a viso s.*; *a fronte scoperta* | *Alla scoperta*, (*ell.*) palesemente, senza nascondere nulla | †*Di s.*, alla scoperta. || **scopertaménte**, avv. In modo scoperto, palesemente: *dichiarare scopertamente le proprie intenzioni.* **B** in funzione di avv. ● (*lett.*) In modo aperto, franco, esplicito: *parlare s.* **C** s. m. **1** Luogo aperto, libero alla vista, non riparato, nella loc. *allo s.*: *dormire, pernottare, avanzare, trovarsi, rimanere allo s.*; *noi alloggeremo quasi tutti allo s.* (GUICCIARDINI) | *Agire, procedere allo s.*, senza protezione, esponendosi o non curandosi delle offese. **2** *S. di conto*, posizione di credito della banca verso il cliente, per prelevamenti superiori ai depositi | *Andare allo s.*, prelevare una somma superiore a quella depositata in un conto corrente bancario | *Credito allo s.*, senza garanzie reali | *Vendere allo s.*, senza avere la merce disponibile.

scopertùra [da *copertura*, con *s-*] s. f. ● (*raro*) Atto dello scoprire.

scopéto [da *scopa* (*1*)] s. m. ● Bosco di eriche.

scopétta [da *scopa* (*2*)] s. f. **1** Dim. di *scopa.* **2** Piccola scopa per spazzare angoli, mobili e sim.

3 (*dial.*) Spazzola. || **scopettina**, dim.

scopettàre [da *scopetta*] v. tr. (*io scopétto*) ● (*tosc.*) Spazzolare.

scopétto [da *scopa* (2)] s. m. 1 Dim. di *scopa*. 2 Scopetta. || **scopettóne**, accr. (V.).

scopettóne s. m. 1 Accr. di *scopetto*. 2 Spazzolone per pulire i pavimenti. 3 (*spec. al pl.*) Strisce di barba che scendono lungo le gote e lasciano scoperto il mento.

-scopìa [gr. *-skopía*, dal v. *skopêin* 'vedere attentamente', di origine indeur.] secondo elemento ● In parole composte dotte e scientifiche, significa 'esame', 'osservazione', eseguiti mediante strumenti ottici o a vista: *endoscopia*, *laringoscopia*.

scopiazzàre [deriv. pegg. di *copiare*, con *s-*] v. tr. ● (*spreg.*) Copiare male, rabberciando qua e là (*anche ass.*).

scopiazzatóre s. m. (f. *-trice*) ● (*spreg.*) Chi scopiazza (*anche scherz.*).

scopiazzatùra s. f. ● Atto dello scopiazzare | Cosa scopiazzata.

-scòpico secondo elemento ● Forma aggettivi derivati per lo più da nomi in *-scopia* e *-scopio*: *laringoscopico*, *microscopico*, *retroscopico*.

scopièra [da *scopa* (2)] s. f. ● Armadio usato per tenere le scope.

scopinàre [da *scopa* (2)] v. tr. ● Sottoporre i bozzoli a scopinatura.

scopinatùra [da *scopinare*] s. f. ● Nell'industria della seta, operazione compiuta mediante spazzole rotanti per cercare i capi esterni del filo dei bozzoli.

scopìno (1) [da *scopa* (2), col suff. *-ino* di mestiere] s. m. ● (*dial.*) Spazzino.

scopìno (2) [da *scopa* (2)] s. m. 1 Dim. di *scopa*. 2 Piccola scopa, scopetta. 3 Arnese simile a una scopa usato nel gioco del curling.

-scòpio [dalla seconda parte di comp. gr. (-*-skópion*, *-skopêion*), assunta anche in formazioni autonome, deriv. da *skopêin* 'vedere, osservare', di origine indeur.] secondo elemento ● In parole scientifiche composte, indica strumenti impiegati per l'osservazione di determinati fenomeni: *giroscopio*, *laringoscopio*, *microscopio*, *telescopio*.

scopista s. m. e f. (pl. m. *-i*) ● Chi gioca a scopa.

scopìstica [da *scopo*] s. f. ● (*psicol.*) Analisi del comportamento psicologico e linguistico di una persona, condotta in base agli scopi che agendo si intendono raggiungere.

scòpo [lat. tardo *scŏpu(m)*, dal gr. *skopós* 'meta, mira', connesso con *sképtesthai* 'guardare', di origine indeur.] s. m. 1 †Bersaglio | Oggi solo nella loc. *falso s.*, punto naturale o artificiale del terreno al quale, nel puntamento indiretto di un'artiglieria, viene diretta la linea di mira del pezzo per dirigere sull'obiettivo la bocca da fuoco. 2 In topografia, parte mobile delle mire a scopo, costituita da una tavoletta dipinta a quadri bianchi e rossi, o bianchi e neri, la cui mediana orizzontale costituisce la linea di fede. 3 Fine, intento, proposito che si vuole raggiungere e alla cui realizzazione è rivolto tutto un modo di agire: *s. degno*, *indegno*, *sublime*, *supremo*; *mirare*, *tendere a uno s.*; *conseguire*, *ottenere*, *prefiggersi*, *raggiungere*, *uno s.*; *il suo è lo s. della scienza*; *a che s. fai ciò?*; *a questo s.*; *con questo s.*; *con lo s. di ...*; *allo s. di ...* | *Senza s.*, senza un fine valido, inutile: *vita senza uno s.* | (*est.*) Persona, cosa, che costituisce uno scopo: *i figli sono lo s. dei suoi sacrifici*; *il lavoro è l'unico s. della sua vita*.

-scopo [dal gr. *skopêin* 'osservare'] secondo elemento ● Forma parole composte designanti persona che compie gli esami e le osservazioni indicati dal corrispondente termine in *-scopia*: *necroscopo*.

scopofilìa [comp. di *scopo-* e *-filia*] s. f. ● (*psicol.*) Voyeurismo.

scopòfilo s. m. (f. *-a*) ● Chi è affetto da scopofilia.

scopofobìa [comp. di *scopo-* (V. *scopofilia*) e *-fobia*] s. f. ● (*psicol.*) Paura morbosa di essere visti.

scòpola ● V. *scoppola*.

scopolamìna [comp. di un deriv. dal n. del botanico trentino G. A. *Scopoli*, e *am(m)ina*] s. f. ● (*chim.*) Alcaloide contenuto in diverse Solanacee, usato come sedativo, ipnotico e nella terapia di alcune forme nervose.

†scòpolo ● V. *†scopulo*.

scopóne [da *scopa* (3)] s. m ● Gioco a carte simile alla scopa, in cui si distribuiscono in una sola volta 36 carte del mazzo ai giocatori e si mettono le altre 4 in tavola | *S. scientifico*, in cui non si mettono quattro carte scoperte in tavola.

†scoppettière ● V. *†schioppettiere*.

†scoppiàbile [da *scoppiare* (1)] agg. ● Che può scoppiare.

scoppiaménto s. m. ● Atto, effetto dello scoppiare, nel sign. di *scoppiare* (2).

scoppiàre (1) o **†schioppàre** [da *scoppio*] v. intr. (*io scòppio*; aus. *essere*) 1 Rompersi, spaccarsi improvvisamente, a causa dell'eccessiva tensione, pienezza o forza interna producendo un grande fragore: *la caldaia è scoppiata*; *è scoppiato uno pneumatico*; *il palloncino scoppiò all'improvviso*; *l'ascesso è scoppiato* | Esplodere, detto di arma o di materiale esplosivo: *è scoppiata una bomba*; *fecero s. molti petardi*. 2 (*fig.*) Prorompere: *s. in pianto*, *in lacrime*, *in singhiozzi*, *in invettive* | (*iperb.*) Crepare: *s. dal caldo*, *dal ridere*, *dalle risa*, *dalla rabbia*, *dall'invidia*; *mangiare fino a s.* | *Sentirsi s. il cuore*, per la troppa emozione. 3 (*fig.*) Non riuscire a frenarsi, non potersi contenere: *devo dirgli ciò che penso*, *altrimenti scoppio*. 4 (*fig.*) Accadere, manifestarsi, in modo improvviso e violento, detto spec. di avvenimento grave e tale da diffondersi con rapidità: *è scoppiata una rivolta*; *presto scoppierà la rivoluzione*; *bisogna che l'epidemia non scoppi*. 5 Nel linguaggio sportivo, cedere improvvisamente per esaurimento delle energie: *s. alla distanza*; *s. in salita*. 6 (*fig.*) Non reggere a eccezionali condizioni di sovraffollamento: *all'inizio delle ferie estive l'autostrada del Sole scoppia per il traffico*. 7 †Schioccare. 8 †Sgorgare, dell'acqua.

scoppiàre (2) [da *coppia*, con *s-*] v. tr. (*io scòppio*) ● Dividere, separare, cose o persone accoppiate tra loro.

scoppiàto (1) part. pass. di *scoppiare* (1); anche agg. 1 Nei sign. del v. 2 (*raro*) Spaccato, screpolato: *mani scoppiate dal*, *per il freddo*. 3 (*fig.*) Detto di atleta che ha ceduto bruscamente allo sforzo | (*gerg.*) Che è sotto l'effetto di sostanze stupefacenti | (*fam.*) Suonato, rimbambito.

scoppiàto (2) part. pass. di *scoppiare* (2); anche agg. ● Nei sign. del v.

scoppiatùra [da *scoppiare* (1)] s. f. ● (*tosc.*) Screpolatura della pelle.

scoppiettaménto s. m. ● Atto, effetto dello scoppiettare.

scoppiettànte part. pres. di *scoppiettare*; anche agg. ● Nei sign. del v.

scoppiettàre o (*raro, pop.*) **schioppettàre** [da *scoppietto* (V.), con valore iter. rispetto a *scoppiare*] v. intr. (*io scoppiétto*; aus. *avere*) 1 Fare scoppi piccoli e frequenti: *la legna che brucia scoppietta*. 2 (*fig.*) Risuonare: *la stanza scoppiettò di risate* | Succedersi senza interruzione: *le arguzie scoppiettavano fra gli invitati*.

†scoppiettàta ● V. *schioppettata*.

†scoppietterìa ● V. *†schioppetteria*.

scoppiettìo s. m. ● Atto dello scoppiettare continuo.

scoppiétto o **schioppétto** nel sign. 2 s. m. 1 Dim. di *scoppio*. 2 Anticamente, arma da fuoco portatile. || **scoppiettino**, dim.

scòppio [lat. *sclŏppu(m)* 'rumore fatto battendo le guance a bocca chiusa', di origine onomat.] s. m. 1 Atto, effetto dello scoppiare, nel sign. di *scoppiare* (1) | Esplosione: *lo s. di una bomba* | *Motore a s.*, a combustione interna, in cui l'esplosione della miscela è provocata dalla candela | *Camera di s.*, parte del cilindro in cui avviene l'esplosione della miscela aria-benzina | *A s. ritardato*, (*fig.*) di azione o reazione che ha luogo in ritardo rispetto a ciò che l'ha provocata. 2 Rumore di uno scoppio, detonazione | (*raro*) Schiocco: *lo s. della frusta*. 3 (*fig.*) Improvvisa e violenta manifestazione di avvenimenti gravi, pericolosi e sim.: *lo scoppio della peste*; *lo s. della guerra* | Improvvisa e violenta manifestazione di sentimenti o stati d'animo: *uno s. di risa*, *d'ira*, e sim. 4 (*raro*) Schianto, colpo, spec. nella loc. avv. *di s.*: *arrivare*, *cadere*, *morire* e sim. *di s.* 5 †V. *schioppo*. || **scoppiétto**, dim. (V.).

scòppola o **scòpola** [dim. di *coppa*, con *s-*] s. f. 1 (*dial.*) Colpo dato con la mano sulla nuca: *prendere qc. a scoppole* | (*fig.*, *merid.*) *Entrare con la s.*, mediante una forte raccomandazione. 2 (*centr.*) Berretto.

scopribile agg. ● (*raro*) Che si può scoprire.

scopriménto s. m. 1 Atto dello scoprire | *S. di una statua*, *di un monumento*, e sim., cerimonia inaugurale. 2 †Scoperta: *lo s. del Nuovo Mondo*.

scoprire o (*poet.*) **scovrire** [da *coprire*, con *s-*] A v. tr. (coniug. come *coprire*) 1 Liberare da ciò che copre, ripara, chiude, nasconde e sim.: *s. una pentola* | *S. una statua*, *una lapide e sim.*, inaugurarla, facendo cadere il velo o sim., che la riparava | *S. un altare per ricoprirne un altro*, (*fig.*) fare un debito nuovo per pagarne uno vecchio | Liberare dai panni, dagli indumenti e sim. che coprono il corpo o una parte del corpo: *un colpo di vento le scoprì le gambe*; *scoprirsi il viso*, *le braccia* | *Scoprirsi il capo*, togliersi il cappello in segno di ossequio. 2 Lasciare privo di protezione, di difesa: *s. il petto* | *S. il fianco*, esporsi agli attacchi degli avversari. 3 Rendere visibile, lasciar vedere: *s. i denti nel sorridere* | Palesare, mostrare, manifestare: *s. le proprie intenzioni*, *il proprio animo*, *i propri sentimenti* | *S. le carte*, *il gioco*, (*fig.*) rivelare i propri piani. 4 Arrivare a conoscere e a far conoscere agli altri l'esistenza di fatti, luoghi, cose, persone, prima ignoti: *s. la verità*; *s. la ragione*, *la causa di qc.*; *s. un segreto*, *una congiura*; *hanno scoperto un nuovo farmaco*; *s. un poeta*, *un'attrice*; *Cristoforo Colombo scoprì l'America* | *S. l'America*, *l'acqua calda*, *il filo per tagliare il burro*, (*fig.*, *iron.*) per sottolineare q.c. di ovvio e scontato che viene presentato come nuovo e originale | Trovare, in seguito a ricerche o casualmente: *s. un tesoro*, *una miniera*, *una sorgente*, *un nascondiglio* | Identificare: *l'assassino è stato scoperto*. 5 (*lett.*) Riuscire a vedere, a distinguere, spec. in lontananza: *quei monti azzurri / che di qua scopro* (LEOPARDI). 6 †Esplorare (*anche ass.*): *s. un paese*, *un terreno*; *quelli cavalli*, *che si mandano avanti a s.* (MACHIAVELLI) | (*est.*, *raro*, *fig.*) Informarsi, prendere notizia. B v. rifl. 1 Liberarsi dei panni, degli indumenti, che coprono il corpo o una parte del corpo: *oggi ti sei scoperto troppo* | Alleggerirsi degli indumenti: *in primavera non bisogna avere fretta di scoprirsi*. 2 Manifestare, rivelare, dare a conoscere, il proprio modo di pensare, di agire, e sim.: *quando parli con lui stai attento a non scoprirti*. 3 Uscire dai ripari, venire in luogo aperto: *per attaccare aspettate che il nemico si scopra* | †*Scoprirsi contro qc.*, *addosso a qc.*, andargli incontro, affrontarlo. 4 (*sport*) Nel pugilato, abbandonare la posizione di guardia, dando però la possibilità all'avversario di mettere a segno un colpo.

scopritóre s. m.; anche agg. (f. *-trice*) ● Chi, che scopre, chi, che rivela cose prima ignote.

scopritùra s. f. ● (*raro*) Atto, effetto dello scoprire.

†scòpulo o **†scòpolo** [vc. dotta, dal lat. *scŏpulu(m)* 'scoglio', dal gr. *skópelos* (V. *scoglio*)] s. m. ● (*lett.*) Scoglio: *quegli scopuli / dove temprava Amor suo' ardenti spiculi* (SANNAZARO).

scoraggiaménto s. m. ● Atto dello scoraggiarsi | Stato d'animo di chi è scoraggiato: *essere preso dallo s.*; *reagire allo s.*

scoraggiànte part. pres. di *scoraggiare*; anche agg. ● Nei sign. del v.

scoraggiàre [da *coraggio*, con *s-*] A v. tr. (*io scoràggio*) ● Togliere il coraggio, indurre timore e sfiducia: *la dura sconfitta scoraggiò l'esercito* | (*est.*) Frenare, sconsigliare: *il maltempo ha scoraggiato i turisti*; *la politica del governo scoraggia gli investimenti*. B v. intr. pron. ● Perdere il coraggio, la fiducia.

scoraggiàto part. pass. di *scoraggiare*; anche agg. ● Nei sign. del v.

scoraggiménto [da *scoraggire*] s. m. ● (*raro*, *tosc.*) Scoraggiamento.

scoraggire v. tr. e intr. pron. (*io scoraggìsco*, *tu scoraggìsci*) ● (*tosc.*) Scoraggiare.

scoraménto [da *scorare*] s. m. ● (*lett.*) Stato d'animo di chi è scorato.

scoràre [da *c(u)ore*, con *s-* (V. *accorare*)] v. tr. (*io scuòro*, o *scòro*; in tutta la coniug. la *o* dittonga preferibilmente in *uo* se tonica) ● (*lett.*) Avvilire, scoraggiare.

scoràto part. pass. di *scorare*; anche agg. ● Nel sign. del v.

scorazzàre ● V. *scorrazzare*.

scorbacchiaménto [da *scorbacchiare*] s. m. ● (*raro*) Scorbacchiatura.

scorbacchiàre [da †*corbacchio* (V.), con *s-*] v. tr. (*io scorbàcchio*) ● (*raro*) Mettere in pubblico le vergogne di qc. | Schernire. SIN. Svergognare.

scorbacchiàto part. pass. di *scorbacchiare*; anche agg. ● Nei sign. del v.

scorbacchiatùra s. f. ● (*raro*) Atto, effetto dello scorbacchiare.

scorbellàto [da *corbello*, euf. per 'coglione', con *s-*] agg.; anche s. m. ● (*pop.*) Che non ha riguardo o pazienza per nessuno, intrattabile. SIN. Sminchionato.

†**scòrbio** e *deriv.* ● V. *sgorbio* e *deriv.*

scorbutamina [comp. di *scorbut(o)* e (*vit)amina*] s. f. ● Acido ascorbico, vitamina C.

scorbùtico A agg. (pl. m. *-ci*) ● Di scorbuto. **B** agg.; anche s. m. (f. *-a*) **1** Che, chi è affetto da scorbuto. **2** (*fig.*) Che, chi ha un carattere difficile, bisbetico, scontroso.

scorbùto o **scòrbuto** [dal lat. scient. mediev. *scŏrbut(h)u(m)*, attrav. il neerl. *scuerbuyck*. Cfr. il russo mediev. *skrobotŭ* 'grattare'] s. m. ● Malattia dovuta a carenza di vitamina C, caratterizzata da cachessia ed emorragie diffuse.

scorciaménto s. m. ● (*raro*) Atto dello scorciare.

scorciàre [lat. parl. **excurtiāre*, comp. di *ĕx-* (*s-*) e di un denominale di *cŭrtus* 'corto'] **A** v. tr. (*io scórcio*) **1** Rendere più corto, accorciare: *s. un vestito, i capelli* | *S. la vita*, abbreviarla. **2** Rappresentare in scorcio: *s. un paesaggio*. **B** v. intr. pron. ● Divenire più corto: *le giornate si scorciano*. **C** v. intr. e intr. pron. (aus. *essere*) ● Apparire in scorcio: *secondo che questa o quella parte campeggia o si scorcia* (MANZONI).

scorciàto part. pass. di *scorciare*; anche agg. **1** Nei sign. del v. **2** (*arald.*) Detto di pezza che non tocca gli orli dello scudo. || **scorciataménte**, avv. In modo abbreviato.

scorciatóia [da *scorciare*] s. f. **1** Strada secondaria che mette in comunicazione due luoghi con un percorso più breve rispetto a quello della strada principale: *prendere una s.*; *andare per la s.* **2** (*fig.*) Mezzo più rapido, più spiccio: *per ottenere in tempo il visto è necessaria una s.*

†**scorciatóre** s. m.; anche agg. (f. *-trice*) ● (*raro*) Chi, che scorcia.

scorciatùra s. f. ● (*raro*) Atto, effetto dello scorciare.

scórcio (**1**) [da *scorciare*] s. m. **1** Rappresentazione di un oggetto che giace su un piano obliquo rispetto all'osservatore in modo da apparire, secondo le norme di una visione prospettica, accorciato | *Di s.*, di sfuggita, da lontano. **2** Breve tempo che resta alla fine di un'epoca, di un periodo, di una stagione e sim.: *questo s. di secolo, d'autunno* | Breve periodo immediatamente precedente a una situazione, a un avvenimento, e sim.: *nello s. della prima guerra mondiale*. **3** (*dial.*) Mozzicone di candela.

scórcio (**2**) [da *scorciato*] agg. (pl. f. *-ce*) ● (*tosc.*) Scorciato.

scorcióne [da *scorciare*] s. m. ● (*tosc.*) Scorciatoia.

scorcìre v. tr. (*io scorcìsco, tu scorcìsci*) ● (*tosc.*) Scorciare.

†**scordaménto** (**1**) [da *scordare* (*1*)] s. m. ● Dimenticanza.

scordaménto (**2**) s. m. ● (*raro*) Scordatura.

†**scordànza** [da *scordare* (*2*)] s. f. ● Discordia, discordanza | Sconcordanza.

scordàre (**1**) [calco su *ricordare*, con cambio di pref. (*s-*)] **A** v. tr. (*io scòrdo*) ● Dimenticare, non ricordare più: *s. un nome, un indirizzo*; *s. le offese ricevute* | Tralasciare di fare q.c. per distrazione: *ho scordato un appuntamento*; *ha scordato di telefonarmi*. **B** v. intr. pron. ● Dimenticarsi, non ricordare più: *scordarsi di un nome, un indirizzo*; *mi sono scordato di un appuntamento*.

scordàre (**2**) [calco su *accordare*, con *s-*] **A** v. tr. (*io scòrdo*) ● Guastare l'accordatura a uno strumento. **B** v. intr. pron. **1** Essere in disaccordo: *gli autori si scordan qui con meco* (PULCI). **2** Perdere l'accordatura: *il pianoforte si è scordato*.

scordàto (**1**) part. pass. di *scordare* (*1*); anche agg. ● Nei sign. del v.

scordàto (**2**) part. pass. di *scordare* (*2*); anche agg. ● Nei sign. del v. || **scordataménte**, avv. In modo stonato, senza accordo.

scordatùra [da *scordare* (*2*)] s. f. ● Alterazione dell'accordatura fondamentale di uno strumento a corde.

scòrdeo ● V. *scordio*.

scordévole [da *scordare* (*1*)] agg. ● (*raro*) Che si scorda facilmente.

scòrdio o **scòrdeo** [dal lat. *scŏrdiu(m)*, dal gr. *skórdion*, di etim. incerta] s. m. ● Labiata con foglie dal forte odore agliaceo che cresce nei luoghi paludosi (*Teucrium scordium*).

scordonàre [da *cordone*, con *s-* (V. *cordonare*)] v. tr. (*io scordóno*) ● (*raro*) Disfare un cordone.

scordóne [da *scordare* (*1*)] agg.; anche s. m. (f. *-a*) ● (*pop.*, *tosc.*) Smemorato.

score /ingl. skɔ:*/ [vc. ingl., propriamente 'tacca, intaglio', poi 'punto'] s. m. inv. **1** Punti segnati al bridge | Taccuino segnapunti. **2** Punteggio, risultato finale, di una gara.

scoréggia (**1**) o †**coréggia** (**2**), †**corréggia** (**2**), **scorréggia**, (*pop.*) **scuréggia** [da *cor(r)eggia* (*2*), con *s-*] s. f. (pl. *-ge*) ● (*volg.*) Emissione rumorosa di gas intestinali.

†**scoréggia** (**2**) ● V. *correggia* (*1*).

scoreggiàre (**1**) o **scorreggiàre**, (*pop.*) **scureggiàre** [da *scoreggia* (*1*)] v. intr. (*io scoréggio*; aus. *avere*) ● (*volg.*) Fare scoregge.

†**scoreggiàre** (**2**) [da *coreggia* (*1*) con *s-* ints.] v. tr. ● Percuotere con la coreggia.

†**scoreggiàta** [da *scoreggiare* (*2*)] s. f. **1** Colpo di coreggia: *voglio ... che mi facciate dare cinquanta o bastonate o scoreggiate* (SACCHETTI). **2** (*raro*) Frusta, coreggia.

scòrfano o (*raro*) **scròfano** [m. dal lat. *scorpāena(m)* 'scorpena', dal gr. *skórpaina*, da *skorpíos* 'scorpione marino': la vc. gr. è prob. di origine mediterr.] s. m. (f. *-a* nel sign. 2) **1** (*zool.*) Scorpena. **2** (*fig.*, *pop.*) Persona molto brutta.

scòrgere [lat. parl. **excorrĭgere* 'guidare, accompagnare con l'occhio', comp. di *ĕx-* (*s-*) e *corrĭgere* 'drizzare, metter sulla retta via' (V. *correggere*)] v. tr. (pres. *io scòrgo, tu scòrgi*; pass. rem. *io scòrsi, tu scorgésti*; part. pass. *scòrto*) **1** (*raro*, *lett.*) Guidare, scortare, accompagnare per la via buona. **2** Riuscire a vedere, discernere, riconoscere: *s. una luce*; *s. qc. da lontano*; *scorse l'amico tra la folla* | *Farsi s.*, attirare l'attenzione su di sé e (*est.*) fare brutta figura: *io non ho da farmi s., non ho da scomparire* (GOLDONI). **3** (*fig.*) Accorgersi di q.c.: *s. un pericolo, un inganno*; *s. il vero*. **4** (*raro*) †Domare, ammaestrare, spec. puledri.

†**scorgiménto** [da *scorgere*] s. m. **1** Discernimento. **2** (*raro*) Cattiva figura.

†**scorgitóre** s. m. (f. *-trice*) ● Chi scorge | Guida, scorta.

scòria [vc. dotta, dal lat. *scōria(m)* 'scoria', dal gr. *skōría*, da *skôr* 'escremento', di origine indeur.] s. f. **1** Residuo della fusione del ferro costituito dalle impurità del minerale e dalle materie aggiuntevi per fonderlo | Boraci o altro rimaste dopo la fusione dell'oro e dell'argento e conservate dall'orefice per il recupero del metallo prezioso ancora rimasto | *Scorie Thomas*, sottoprodotto dell'industria dell'acciaio usato, ridotto in polvere, come concime fosfatico. **2** Brandello di lava, spesso spugnoso, espulso da un vulcano come elemento piroclastico o costituente la crosta di una colata. **3** (*fis.*) *Scorie radioattive*, materiali di rifiuto, radioattivi, di un reattore o di un impianto nucleare. **4** (*fig.*) Residuo privo di valore, parte deteriore: *si vuole ... gittar via le scorie e le male erbe* (DE SANCTIS).

scorificànte A part. pres. di *scorificare*; anche agg. ● Nei sign. del v. **B** s. m. ● (*metall.*) Fondente.

scorificàre [comp. di *scoria* e *-ficare*, sul modello del fr. *scorifier*] v. tr. (*io scorìfico, tu scorìfichi*) ● Sottoporre un metallo al processo di scorificazione.

scorificazióne [comp. di *scori(a)* e *-ficazione*] s. f. ● In metallurgia, operazione con cui si promuove la separazione della ganga sotto forma di scoria.

scornacchiaménto s. m. ● Atto dello scornacchiare.

scornacchiàre [da *cornacchia*, con *s-*] v. tr. (*io scornàcchio*) ● (*tosc.*) Scorbacchiare.

†**scornacchiàta** [da *scornacchiare*] s. f. ● Scornacchiamento.

scornàre [da *corno*, con *s-*] **A** v. tr. (*io scòrno*) **1** Rompere le corna. **2** (*fig.*) Svergognare, dileggiare, mettere in ridicolo. **B** v. intr. pron. **1** Rompersi le corna. **2** (*fig.*) Fallire in ciò che si è intrapreso traendone delusione e vergogna.

scornàto part. pass. di *scornare*; anche agg. ● Nei sign. del v.

scornatùra [da *scornare*] s. f. ● (*raro*) Rottura delle corna.

†**scorneggiàre** [da *corneggiare*, con *s-*] v. intr. ● Dare cornate.

scorniciaménto s. m. ● (*raro*) Atto dello scorniciare (1).

scorniciàre (**1**) [da *cornice*, con *s-* ints.] v. tr. (*io scornìcio*) ● Lavorare a forma di cornice.

scorniciàre (**2**) [da *cornice*, con *s-* neg.] v. tr. (*io scornìcio*) ● Togliere dalla cornice.

scorniciàto [da *scorniciare*] s. m. ● (*arch.*) Rifinitura con cornici modanate realizzata in un elemento architettonico.

scorniciatrìce [da *scorniciare* (*1*)] s. f. ● In falegnameria, fresatrice con frese a taglienti sagomati per ricavare vari profili sui listelli usati per fabbricare cornici, per la lavorazione delle perline e sim.

scorniciatùra [da *scorniciare* (*2*)] s. f. ● Atto, effetto dello scorniciare.

scòrno [da *scornare*] s. m. ● Vergogna, profonda umiliazione, cui spesso s'aggiungono beffe e ridicolo, conseguenti a una sconfitta, un fallimento, un insuccesso: *avere s.*; *sentire uno s.*; *a s. di qc.*; *con grave s. di qc.* | †*Avere q.c. a s.*, considerarla vergognosa.

scoronàre [da *coronare*, con *s-*] v. tr. (*io scoróno*) **1** Tagliare gli alberi a corona. **2** Togliere la corona: *s. un dente*.

scorpacciàta [comp. di *s-*, *corpacci(o)* e un deriv. collettivo f. da *-ato* (*1*)] s. f. ● Grande mangiata, fino alla sazietà (*anche fig.*): *fare, farsi una s. di q.c.*

scorpèna o **scòrpena** [lat. *scorpāena(m)*, dal gr. *skórpaina*, ampliamento di *skorpíos* 'scorpione marino' (V. *scorfano*)] s. f. ● Pesce marino degli Scorpeniformi con testa corazzata e munita di spine, ghiandole velenifere connesse ai raggi delle pinne e carni commestibili (*Scorpaena*). SIN. Scorfano.

Scorpenifórmi [comp. di *scorpena* e il pl. di *-forme*] s. m. pl. ● Nella tassonomia animale, ordine dei Teleostei prevalentemente marini, comprendente, tra le altre, le forme note come scorpene o scorfani, della famiglia degli Scorpenidi, e i caponi, della famiglia dei Triglidi (*Scorpaeniphormes*) | (al sing. *-e*) Ogni individuo di tale ordine.

†**scòrpio** ● V. *scorpione*.

scorpiòide [dal lat. *scŏrpio*, genit. *scorpiōnis* 'scorpione', con *-oide*, per una qualche somiglianza con la coda di quell'animale] agg. ● Detto di infiorescenza che si sviluppa con fiori da un lato solo piegandosi come una coda di scorpione | *Ramificazione s.*, terminale, in cui l'accrescimento avviene sempre dalla stessa parte per atrofia dei rami di un lato.

scorpióne o (*tosc.*) †**scarpióne**, †**scòrpio** nel sign. 3 [lat. *scorpiōne(m)*, dal gr. *skorpíos*, genit. *skorpíou*, prob. di origine mediterr.] s. m. (*Scorpióne* nei sign. 2 e 3) **1** (*zool.*) Nome di vari generi di Aracnidi, con addome che si prolunga in una coda sormontata all'apice da un pungiglione ricurvo velenoso e chele robuste per catturare la preda | *S. acquatico*, nepa. **2** (*astron.*) Costellazione dello zodiaco che si trova fra quella del Sagittario e quella della Bilancia. **3** (*astrol.*) Ottavo segno dello zodiaco, compreso tra 210 e 240 gradi dell'anello zodiacale, che domina il periodo compreso tra il 24 ottobre e il 22 novembre | (*est.*) Persona nata sotto il segno dello Scorpione. ➡ ILL. **zodiaco**. **4** (*fig.*) Persona brutta e maligna. **5** Arma da getto usata dai Romani per lanciare dardi. || **scorpionàccio**, pegg. | **scorpioncèllo**, dim. | **scorpioncino**, dim.

scorporàre [calco su *incorporare* (V.), con *s-*] v. tr. (*io scòrporo*) **1** Suddividere in più porzioni beni, spec. terreni, precedentemente riuniti e appartenenti a uno stesso proprietario attribuendo le singole porzioni a diversi proprietari | Assegnare, da parte di una azienda ad un'altra azienda, una propria attività economica. **2** (*rag.*) Separare i costi di un bene o di un servizio | *S. l'IVA*, determinare l'importo da versare all'erario a titolo di imposta sul valore aggiunto a partire dagli importi complessivi annotati sul registro dei corrispettivi | (*com.*) Indicare separatamente il costo e l'IVA relativi a un bene o servizio.

scorporàto part. pass. di *scorporare*; anche agg. ● (*raro*) Nei sign. del v.

scòrporo s. m. ● Atto, effetto dello scorporare | Porzione di beni scorporata.

scorrazzaménto s. m. ● (*raro*) Atto dello scorrazzare.

scorrazzàre o (*evit.*) **scorazzàre** [da *scorrere*, con suff. iter. *-azzare*] **A** v. intr. (aus. *avere*) **1** Correre in qua e in là spec. per divertimento: *i ragazzi scorrazzano in giardino inseguendosi.* **2** (*fig.*) Cambiare spesso l'oggetto della propria attività senza soffermarsi su nessuna: *scorrazza da un lavoro all'altro.* **3** †Fare scorrerie. **B** v. tr. ● Percorrere rapidamente: *ha scorrazzato mezzo mondo.*

scorrazzàta s. f. ● Atto dello scorrazzare rapidamente.

scorredàre [da *corredare*, con *s-*] v. tr. (*io scorrèdo*) ● (*raro*) Privare del corredo.

scorrèggere [da *correggere*, con *s-*] v. tr. (coniug. come *correggere*) ● (*raro*) Correggere male, aggiungendo errori a ciò che era invece corretto.

scorréggia e *deriv.* ● V. *scoreggia* (*1*) e *deriv.*

scorrènte part. pres. di *scorrere*; anche agg. ● Nei sign. del v.

†**scorrènza** [da *scorrente*] s. f. ● Fluidità | Diarrea.

scórrere [lat. *excŭrrere* 'correr fuori', comp. di *ĕx-* (*s-*) e *cŭrrere* 'correre'] **A** v. intr. (coniug. come *correre*; aus. *essere*) **1** Muoversi, spostarsi, lungo un percorso tracciato, dentro un condotto, su un supporto, e sim.: *la fune scorre nella carrucola*; *il sangue scorre nelle vene*; *il paletto scorre fra gli anelli* | (*est.*) Fluire: *il fiume scorre fra due rive* | (*est.*) Colare: *dagli occhi le scorrono abbondanti lacrime* | (*raro*) †Straripare. **2** Correre rapidamente, senza incontrare ostacoli: *il film scorre sullo schermo* | Procedere bene, con coerenza: *il ragionamento non scorre.* **3** Trascorrere, passare: *il tempo scorre rapido.* **4** †Lasciarsi andare, eccedere: *scorrono spesso in costumi poco moderati* (CASTIGLIONE) | †*s. col cervello*, impazzire. **B** v. tr. **1** Percorrere saccheggiando, fare scorrerie: *s. un territorio, le campagne.* **2** Percorrere con lo sguardo, leggere in fretta: *s. un libro, un giornale* | (*lett.*) Percorrere col pensiero, con la memoria: *s. il passato.*

scorrerìa [da *scorrere*] s. f. ● Incursione di banditi, soldati nemici, o sim. in un territorio per saccheggiarlo, devastarlo, portarvi offesa.

scorrettézza s. f. ● Qualità di chi, di ciò che è scorretto | (*est.*) Errore, inesattezza | (*est.*) Atto, discorso, e sim. scorretto.

†**scorrettivo** [da *correttivo*, con *s-*] agg. ● (*raro*) Alterativo.

scorrètto [da *corretto*, con *s-*] **A** agg. **1** Che non è corretto, che contiene degli errori: *compito s.*; *traduzione scorretta.* SIN. Errato. **2** Che non è conforme ai principi dell'educazione, dell'onestà, della lealtà, del garbo e sim.: *comportamento, gesto s.*; *maniera, parola scorretta*; *giocatore s.*; *essere s. nell'agire* | Falloso: *gioco, giocatore s.*; *partita scorretta.* **3** Licenzioso, intemperante: *parola scorretta*; *termini scorretti*; *assumere una posa scorretta.* SIN. Disdicevole, sconveniente. || **scorrettaménte**, avv. **1** In modo scorretto: *scrivere scorrettamente.* **2** Viziosamente: *vivere scorrettamente.* **B** in funzione di avv. ● (*raro*) In modo licenzioso, sconveniente: *parlare s.*

scorrévole [da *scorrere*] **A** agg. **1** Che scorre: *nastro s.* **2** Che scorre facilmente: *inchiostro s.* SIN. Fluente, fluido. CONTR. Viscido, viscoso. **3** Che procede con scioltezza, agilità, disinvoltura: *stile, discorso s.*; *prosa colorita e s.* || **scorrevolménte**, avv. In maniera scorrevole. **B** s. m. ● Elemento che può scorrere lungo una superficie, un asse, una guida, e sim. | *S. del regolo calcolatore*, parte centrale che si fa scorrere rispetto alla parte fissa.

scorrevolézza s. f. ● Qualità di ciò che è scorrevole.

scorrezióne [da *correzione*, con *s-*] s. f. ● (*raro*) Scorrettezza | Errore, inesattezza. || **scorrezioncèlla**, dim.

scorribànda [comp. di *scorrere* e *banda* (*3*)] s. f. **1** Breve scorreria di una banda armata: *la recente s. ha portato il panico.* **2** Rapida escursione: *facciamo una s. in città?* **3** (*fig.*) Rapida digressione in una materia, un argomento, un campo di studi, e sim. che evade dai propri interessi e studi abituali: *facemmo un'affascinante s. nella letteratura orientale.*

scorribandàre v. intr. (aus. *avere*) ● (*raro*) Compiere scorribande.

†**scorribàndola** s. f. ● Scorribanda.

scorridóra [f. di *scorridore*] s. f. ● Nei secoli passati, imbarcazione armata percorrente le coste per servizi di finanza, sanità, polizia.

†**scorridóre** [da *scorrere*] s. m. **1** Soldato in servizio di avanscoperta. **2** (*raro*) Vagabondo: *alcuni ... si gloriano, d'avere a pascere molti oziosi o scorridori* (ALBERTI).

scorriménto s. m. **1** Atto, effetto dello scorrere: *lo s. delle acque, del traffico* | *Irrigazione per s.*, consistente nel far scorrere, sul terreno opportunamente sistemato, l'acqua in sottile strato | *Strada di s.*, strada urbana di comunicazione veloce, percorribile invece di altra soggetta a congestione. **2** (*fis.*) Deformazione elastica dei corpi, consistente nello slittamento di strati l'uno sull'altro, dovuta a sollecitazione di taglio o torsione. **3** (*mecc.*) Differenza di velocità angolare tra il campo magnetico rotante e il rotore nei motori elettrici a induzione. **4** (*raro*) †Scorreria.

†**scorritóio** [da *scorrere*] agg. ● (*raro*) Scorsoio.

†**scorrubbiàrsi** [sovrapposizione di *arrabbiare* e *scorrucciarsi*] v. intr. pron. ● Crucciarsi, arrabbiarsi: *con Morgante assai si scorrubbiava* (PULCI).

scorrucciàrsi [da *corrucciare*, con *s-*] v. intr. pron. (*io mi scorrùccio*) ● (*raro*) Adirarsi, corrucciarsi.

scorrùccio [da *corruccio*, con *s-*] s. m. ● (*raro*) Atto, effetto dello scorrucciarsi.

scórsa [f. sost. di *scorso*] s. f. **1** Atto dello scorrere q.c. in fretta | Lettura rapida e frettolosa: *dare una s. al giornale.* **2** †Viaggio e conseguente soggiorno in un luogo di brevissima durata: *dare una s. in città*; *dare una s. a Roma.* || **scorserèlla**, dim. | **scorsettina**, dim.

scórso **A** part. pass. di *scorrere*; anche agg. **1** Nei sign. del v. **2** Detto del più recente tempo già passato: *l'anno, il secolo s.*; *nei giorni scorsi.* **3** (*lett.*) Trascorso, passato. **B** s. m. ● Errore involontario, sfuggito per fretta o distrazione: *uno s. di lingua, di penna.*

scorsóio [da *corsoio* (V.), con *s-*] agg. ● Che è fatto per scorrere, spec. nella loc. *nodo s.*, nodo fatto all'estremità di una fune, un cavo, e sim. in modo tale da formare un laccio che quanto più si tira tanto più si stringe.

scòrta o (*lett.*) †**iscorta** nei sign. A [f. sost. di *scorto* (*1*)] **A** s. f. **1** Atto dello scortare per accompagnare, proteggere: *fare la s. a qc.*; *essere di s. a qc.* | *Sotto la s. di qc., con la s. di qc.*, con l'aiuto, la guida, di qc. **2** (*est.*) Persona o insieme di persone che scortano qc. o q.c.: *fare da s.*; *personale di s.*; *la s. di un treno*; *amor ... / sia la mia s. e 'nsegnimi 'l cammino* (PETRARCA) | (*mil.*) Drappello o reparto armato al seguito di persone, convogli e sim. per dare protezione contro eventuali offese nemiche. **3** Provvista di beni e materiali vari accantonata per essere usata in caso di necessità: *avere una piccola s. di denaro*; *fare s. di medicinali*; *portarsi dietro una buona s. di viveri*; *l'esercito ha esaurito le scorte* | *Di s.*, si dice di tutto ciò che si conserva per i casi imprevisti, i bisogni improvvisi e sim.: *materiali di s.*; *ruota di s.* **4** (*spec. al pl.*) Riserve di materiali necessari alla produzione, o dei prodotti semilavorati, o di quelli finiti, accantonate da una azienda e in attesa di essere utilizzate: *scorte di magazzino*; *s. minima, massima.* **5** (*al pl.*) Capitale agrario dell'azienda | *Scorte vive*, bestiame | *Scorte morte*, macchine, attrezzi, mangimi, lettimi, letame, sementi e sim. **B** in funzione di agg. inv. ● (posposto al s.) Che serve o deve servire di scorta: *nave s.*; *auto s.*

scortàre (**1**) [da *scorta*] v. tr. (*io scòrto*) ● Fare la scorta, accompagnare per proteggere, difendere, onorare, e sim.: *s. un prigioniero*; *l'automobile del ministro è scortata da due motociclisti.*

scortàre (**2**) [dal lat. *curtāre* 'scortare', da *cŭrtus* 'corto', con *s-*] **A** v. tr. (*io scórto*) **1** (*dial.*) Abbreviare, accorciare. **2** (*raro, lett.*) Rappresentare, dipingere in scorcio. **B** v. intr. ● †Apparire in scorcio: *negli spicchi della volta ... sono molti putti che scortano* (VASARI).

scortecciaménto s. m. ● Atto dello scortecciare.

scortecciàre [da *corteccia*, con *s-*] **A** v. tr. (*io scortéccio*) **1** Togliere la corteccia: *s. un tronco.* **2** (*est.*) Togliere l'intonaco, il colore, la vernice e sim. | *S. il pane*, levarne la crosta. **B** v. intr. pron. ● Perdere la corteccia, l'intonaco, la vernice, e sim.

scortecciàto part. pass. di *scortecciare*; anche agg. ● Nei sign. del v.

scortecciatóio [da *scortecciare*] s. m. ● Arnese tagliente, di varia foggia, per togliere la corteccia.

scortecciatóre s. m. (f. *-trice*) ● Operaio addetto alla scortecciatura delle piante.

scortecciatrìce [da *scortecciare*] s. f. **1** Macchina che asporta la corteccia dal legno per cellulosa. **2** Macchina usata per pulire il grano. SIN. Spuntatrice.

scortecciatùra s. f. ● Atto, effetto dello scortecciare | Parte, superficie, scortecciata.

scortése [da *cortese*, con *s-* priv.] agg. ● Che manca di cortesia, garbo, gentilezza, educazione: *non essere s. con gli altri* | Che è fatto, detto o sim. in modo scortese: *risposta, rifiuto s.*; *parole scortesi.* SIN. Maleducato, sgarbato, villano. CONTR. Cortese, gentile. || **scortesemènte**, avv. Senza cortesia, in modo sgarbato.

scortesìa [da *cortesia*, con *s-*] s. f. ● Qualità di chi, di ciò che è scortese | Atto, discorso e sim. scortese: *dire, fare, farsi, scortesie*; *è gran s. / a voler contrastar con avvantaggio* (BOIARDO).

scorticagàtti [comp. di *scortica(re)* e il pl. di *gatto*] s. m. e f. ● (*scherz., fam.*) Medico, chirurgo, particolarmente incapace.

scorticaménto o (*raro*) †**escorticaménto**. s. m. **1** Atto dello scorticare. **2** (*med., raro*) Decorticazione.

scorticàre [lat. tardo *excorticāre* 'scortecciare', comp. di *ĕx-* (*s-*) e di un denominale di *cŏrtex*, genit. *cŏrticis* 'corteccia' (V. *corteccia*)] v. tr. (*io scórtico* o *scòrtico*, *tu scórtichi* o *scòrtichi*) **1** Levare la pelle ad animali uccisi. **2** Produrre un'abrasione, una leggera lacerazione della pelle: *il chiodo m'ha scorticato un dito*; *scorticarsi un braccio, un ginocchio.* **3** (*fig.*) Richiedere prezzi esagerati: *in quel ristorante scorticano i clienti* | *S. il pidocchio*, di persona avida e attaccata al denaro. **4** (*fig.*) Esaminare con rigore ed eccessiva severità: *all'esame ci hanno scorticati.*

scorticatóio s. m. **1** Luogo addetto alla scorticatura di animali uccisi. **2** Coltello usato per scorticare gli animali uccisi.

scorticatóre s. m. (f. *-trice*) **1** Chi scortica. **2** (*fig.*) Strozzino, usuraio.

scorticatùra s. f. **1** Atto, effetto dello scorticare. **2** Abrasione della pelle.

†**scorticavillàni** [comp. di *scortica(re)* e il pl. di *villano*] s. m. ● (*raro*) Padrone angariatore di contadini.

†**scorticazióne** s. f. ● Scorticatura.

scortichìno s. m. **1** Chi scortica le bestie macellate. **2** Coltello per scorticare, scorticatoio. **3** (*fig.*) Strozzino, usuraio. **4** (*fam., iron.*) Studente di medicina.

†**scortìre** v. tr. ● (*tosc.*) Scortare, nel sign. di *scortare* (*2*).

scòrto (**1**) **A** part. pass. di *scorgere*; anche agg. **1** Nei sign. del v. **2** †Accorto, avveduto. **3** †Chiaro, manifesto. || †**scortaménte**, avv. Avvedutamente, accortamente. **B** in funzione di avv. ● †Chiaramente, apertamente: *parlare, giudicare, vedere, s.*; *il tuo parlare assai ci mostra s. / che tu sia grato* (PULCI).

†**scórto** (**2**) [da *scortare* (*2*) 'accorciare'] s. m. ● Scorcio, nel sign. di *scorcio* (*1*).

scòrza o **scórza** [lat. *scŏrtea* 'pelle, pelliccia', f. sost. dell'agg. *scŏrteus*, da *scŏrtum* 'pelle, cuoio', connesso con *cŏrium* 'cuoio' (V. *cuoio*)] s. f. *1* Parte della corteccia degli alberi all'esterno del fellogeno, costituita da elementi morti. *2* (*est.*) Grossa buccia di alcuni frutti: *s. del limone, dell'arancia, delle castagne.* *3* (*est.*) Pelle di alcuni animali: *la s. del serpente.* *4* (*est., fig.*) Pelle umana | *Avere la s. dura, essere di s. dura,* e sim., essere particolarmente resistente alle fatiche | (*raro, lett.*) Corpo, involucro carnale: *lasciando in terra la terrena s.* (PETRARCA). *5* (*fig.*) Esteriorità, aspetto superficiale: *penetrare entro, oltre, la s.; passare la s.; sotto una ruvida s. si nasconde un timido.* *6* (*raro*) Niente, con valore raff. nelle loc. negative *non valere, non capire, una s.* e sim. || **scorzétta**, dim. (V.) | **scorzettina**, dim.

scorzàre o **scorzàre** v. tr. (*io scòrzo* o *scòrzo*) ● Levare la scorza, scortecciare, sbucciare.

scorzatrìce o **scorzatrìce** [da *scorzare*] s. f. ● Attrezzo usato per togliere la corteccia dalle piante.

scorzatùra o **scorzatùra** s. f. ● Atto dello scorzare | Parte scorzata.

scorzétta s. f. *1* Dim. di *scorza*. *2* Piccola e sottile striscia della buccia di frutti, spec. limoni o arance: *aperitivo con la s.; scorzette candite.*

scòrzo o **scòrzo** [lat. *scŏrteu(m)* 'sacco di pelle', da *scŏrtum* 'pelle, cuoio'] s. m. ● Unità di misura di superficie ancora usata nella campagna romana, pari a 11,55 are | Unità di misura di volume, pari a 13,4 litri.

scorzóne (1) o **scorzóne** [lat. tardo *curtiōne(m)* 'vipera', con prob. sovrapposizione di *scŏrtea* 'pelle'] s. m. ● (*zool.*) Pesce della famiglia degli Sparidi con carni abbastanza pregiate (*Cantharus orbicularis*).

scorzóne (2) o **scorzóne** [da *scorza*] s. m. ● (*raro*) Persona rozza e scontrosa. || **scorzonàccio**, pegg.

scorzonèra o **scorzonèra** [dallo sp. *escorzonera*, dal catalano *escurçonera*, da *escurçó* 'vipera', che ha uguale origine dell'it. *scorzone (1)*] s. f. ● Composita spontanea dei prati alpini e appenninici con fusto fistoloso e fiori gialli (*Scorzonera humilis*).

scorzonerìa o **scorzonerìa** [da *scorzone (2)*] s. f. ● Atto, parola e sim. da persona rozza e scontrosa.

scorzóso o **scorzóso** [da *scorza*] agg. ● (*raro*) Che ha scorza dura e spessa.

†**scorzùto** o **scorzùto** agg. ● (*raro*) Che ha scorza.

scoscéndere o **scoscèndere** [dal lat. *conscĭndere* 'lacerare', comp. di *cŭm* e *scĭndere* 'strappare', con *s-* e inserito nella sfere di *scendere*] **A** v. tr. (pres. *io scoscéndo* o *scoscèndo*; pass. rem. *io scoscési, tu scoscendésti*; part. pass. *scoscéso*) ● (*lett.*) Rompere, spaccare con forza: *s. alberi, rami.* **B** v. intr. e intr. pron. (aus. *essere*) *1* Rovinare, franare. *2* (*lett.*) Aprirsi, spaccarsi, scendere in pendio: *greppo che scoscende, / discende verso il mare* (MONTALE).

scoscendiménto s. m. *1* Atto, effetto dello scoscendere o dello scoscendersi. *2* Luogo scosceso. *3* Frana rapida e improvvisa | Caduta di rocce.

scoscéso part. pass. di *scoscendere*; anche agg. ● Nei sign. del v.

scosciàre [da *coscia*, con *s-*] **A** v. tr. (*io scòscio*) *1* Slogare le cosce, spec. in seguito a cadute, urti, e sim. *2* Rompere, staccare, le cosce di un animale cucinato: *s. un pollo.* **B** v. intr. pron. ● Nella danza, divaricare al massimo le gambe.

scosciàta s. f. ● Atto dello scosciare o dello scosciarsi, spec. in figure di danza. || **scosciatina**, dim.

scosciàto part. pass. di *scosciare*; anche agg. *1* Nei sign. del v. *2* Detto di indumento che scopre molto le cosce: *slip, costume da bagno s.* CFR. Sgambato.

scosciatùra [da *scosciare*] s. f. ● Rottura per cause accidentali di una branca o di un ramo di un albero in corrispondenza del punto di inserzione.

scòscio [da *scosciare*] s. m. *1* Movimento di danza in cui il ballerino divarica al massimo le gambe. SIN. Spaccata. *2* Incavatura tra le cosce dei calzoni.

scòssa [f. sost. di *scosso*] s. f. *1* Atto, effetto dello scuotere o dello scuotersi: *dare, ricevere, una s.* | Balzo, sussulto improvviso: *una s. di terremoto* | *S. di pioggia*, breve rovescio | *S. elettrica*, senso di tremito che si riceve dalla scarica di una corrente elettrica | *A scosse*, a balzi: *camminare, procedere, a scosse.* *2* (*med.*) Applicazione elettroterapica nell'elettroshock. *3* (*fig.*) Grande dolore, profondo turbamento: *la morte dell'amico per lui è stata una s.* | Danno, contrarietà, di ordine finanziario, economico, e sim.: *il fallimento della ditta è stato una brutta s.* || **scosserèlla**, dim. | **scossétta**, dim. | **scossettina**, dim. | **scossóne**, accr. m. (V.).

scossàle [vc. dial. sett. dal longob. *skauz* 'lembo dell'abito'] s. m. ● (*sett.*) Grembiule.

scossalìna [da *scossale* 'grembiule' in senso fig.] s. f. ● (*edil.*) Elemento, gener. in lamiera di rame o di ferro zincato, posto a protezione dalle infiltrazioni di acqua piovana sulle giunzioni tra le falde.

scossàre [da *scossa*] v. tr. (*io scòsso*) ● (*raro*) Scuotere, agitare in qua e in là.

scossàta s. f. ● (*raro*) Atto dello scossare. || **scossatina**, dim.

scòsso part. pass. di *scuotere*; anche agg. *1* Nei sign. del v. *2* †Privato, spogliato: *quand'i' sia di questa carne s. / sappia 'l mondo che dolce è la mia morte* (PETRARCA) | (*tosc.*) *Cavallo s.*, senza cavaliere.

scossóne [da *scossa*] s. m. *1* Accr. di *scossa*. *2* (*anche fig.*) Brusca scossa improvvisa.

scostaménto s. m. *1* Atto, effetto dello scostare o dello scostarsi. *2* (*tecnol.*) Distanza dalla dimensione nominale dei limiti di tolleranza massimi e minimi. *3* (*stat.*) Indice di variabilità | *S. semplice medio dalla media aritmetica*, media aritmetica delle differenze in valore assoluto degli scarti di ciascun termine dalla loro media aritmetica | *S. quadratico medio dalla media aritmetica*, media quadratica degli scarti di ciascun termine dalla loro media aritmetica.

scostànte part. pres. di *scostare*; anche agg. *1* Nei sign. del v. *2* Che allontana da sé, che suscita antipatia.

scostàre [da *costa*, con *s-* (V. *accostare*)] **A** v. tr. (*io scòsto*) *1* Discostare, allontanare, una persona o una cosa da un'altra cui stava vicino: *s. un tavolo dal muro.* *2* Evitare, sfuggire: *ora che è malato tutti lo scostano.* *3* (*ass.*) Discostare, allontanare un'imbarcazione da un'altra, dalla riva o sim. **B** v. intr. (aus. *avere*) ● (*raro*) Rimanere scostato, non accostare: *la poltrona scosta dalla parete.* **C** v. rifl. e intr. pron. *1* Allontanarsi, discostarsi, da una cosa o da una persona cui si stava vicino. *2* (*fig.*) Deviare: *scostarsi dalle proprie abitudini.*

†**scòsto** [da *scostare*] agg. ● (*raro*) Discosto, lontano.

scostolàre [da *costola*, con *s-*] v. tr. (*io scòstolo*) ● Levare la costola, spec. alle verdure.

†**scostumatàggine** s. f. ● Scostumatezza.

scostumatézza s. f. ● Qualità di chi, di ciò che è scostumato | Atto, discorso, e sim. da persona scostumata.

scostumàto [da *costume*, con *s-*] agg.; anche s. m. (f. *-a*) *1* Che, chi ha cattivi costumi, che, chi è privo di freni morali: *donna, vita scostumata.* SIN. Dissoluto, licenzioso, sfrenato. CONTR. Castigato, morigerato. *2* (*lett., dial.*) Maleducato, zotico. || **scostumataménte**, avv. In modo scostumato, senza creanza.

†**scostùme** [da *costume*, con *s-*] s. m. ● Scostumatezza.

scòtano [lat. *rōs* (*rhūs*) *cŏtanu(m)*, variante di *cŏtinus*, dal gr. *kótinos* 'cotino', di etim. incerta] s. m. ● Arbusto delle Anacardiacee dal fusto a forte odore resinoso, foglie semplici ovali, ricche di tannino (*Rhus cotinus*) | *S. americano*, coltivato come arbusto ornamentale, a foglie imparipennate e frutti rossi e pelosi (*Rhus typhina*).

scotch® /ingl. skɔtʃ/ [vc. ingl., propriamente 'scozzese'] s. m. inv. *1* Whisky scozzese. *2* Nome commerciale di un nastro autoadesivo.

scotennaménto s. m. ● Atto dello scotennare.

scotennàre [da *cotenna*, con *s-*] v. tr. (*io scoténno*) *1* Levare la cotenna, spec. ai maiali macellati. *2* (*etnol.*) Levare il cuoio capelluto: *alcune tribù usavano s. i nemici.*

scotennàto part. pass. di *scotennare*; anche agg. ● Nei sign. del v.

scotennatóio s. m. ● Arnese affilato usato per scotennare i maiali.

scotennatóre s. m.; anche agg. (f. *-trice*) ● Chi, che scotenna.

scotennatùra s. f. *1* Atto, effetto dello scotennare. *2* (*etnol.*) Usanza tribale di togliere al nemico vinto o comunque ucciso il cuoio capelluto per ornarsene la persona, tipica degli Amerindi settentrionali e di alcune popolazioni siberiane e centro-asiatiche.

scòtere ● V. *scuotere.*

scoticàre [lat. parl. **excuticāre*, comp. di *ĕx-* (*s-*) e di un denominale di **cŭtica* 'cotica'] v. tr. (*io scòtico, tu scòtichi*) ● Scotennare.

scoticatóre [da *scoticare*] s. m. ● Avanvomere usato per rimuovere la cotica erbosa di prati e sim.

scotiménto o **scuotiménto**. s. m. ● Atto dello scuotere.

scotìo s. m. ● (*raro*) Atto dello scuotere prolungato e ripetuto.

scotìsmo [da G. D. *Scoto* (1266 ca.-1308)] s. m. ● Complesso delle dottrine del pensatore medievale G. Duns Scoto, filtrate nella tradizione filosofica successiva.

scotìsta s. m. e f. (pl. m. *-i*) ● Chi segue lo scotismo.

scotìstico agg. (pl. m. *-ci*) ● Che si riferisce a G. Duns Scoto e allo scotismo.

scotitóio o **scuotitóio** [da *sc(u)otere*] s. m. *1* Macchina in cui un materiale viene sottoposto a scosse durante un processo di lavorazione. *2* Shaker.

scotitóre o **scuotitóre**. s. m.; anche agg. (f. *-trice*) *1* (*lett.*) Chi, che scuote: *Nettuno scotitor de la Terra* (TASSO). *2* Vibratore meccanico munito di un braccio metallico articolato, usato per la raccolta spec. di olive, noci e sim.

scòto o **scòtto (3)** [vc. dotta, dal tardo lat. *Scōtu(m)*, sing. di *Scōti* (nom.), n. degli antichi abitanti della Caledonia e dell'Irlanda] agg.; anche s. m. *1* Appartenente a un antico popolo celtico, originario dell'Irlanda. *2* (*lett.*) Scozzese: *Lì si vedrà la superbia ... / che fa lo Scotto ... folle* (DANTE *Par.* XIX, 121-122).

scòto- [dal gr. *skótos* 'tenebre, oscurità' con altri riscontri indeur.] primo elemento ● In parole composte della terminologia scientifica, significa 'oscurità', 'tenebre': *scotofilo, scotofobia.*

scotòfilo [comp. del gr. *skótos* 'oscurità' e *-filo*] agg. ● (*biol.*) Detto di organismo che predilige i luoghi poco illuminati.

scotofobìa [comp. di *scoto-* e *-fobia*] s. f. ● (*psicol.*) Paura morbosa dell'oscurità.

scotòfobo [da *scotofobia*] agg. ● (*psicol.*) Che è affetto da scotofobia.

scòtola [da *scotolare*] s. f. ● Stecca di legno o ferro per scotolare lino o canapa.

scotolàre [lat. parl. **excutulāre*, iter. di *excŭtere* 'scuotere' (V. *scuotere*)] v. tr. (*io scòtolo*) ● Battere lino o canapa con la scotola o con apposita macchina per separare le fibre tessili dalle legnose.

scotolatùra s. f. ● Atto, effetto dello scotolare lino o canapa | Lische, fibre legnose cadute da canapa o lino scotolati.

scotòma [comp. di *scot(o)-* e *-oma*] s. m. (pl. *-i*) ● (*med.*) Difetto nel campo visivo causato da lesione di un punto qualsiasi delle vie ottiche, per cui la facoltà di percezione è ridotta o del tutto abolita.

scotomàtico [vc. dotta, dal lat. *scotomătĭcu(m)* 'sofferente di scotomia', dal gr. *skotōmatikós*, da *skótōma* 'vertigine'] agg. (pl. m. *-ci*) ● (*med.*) Di scotoma | Che soffre di scotoma.

scotomizzàre [comp. di *scotom(a)* e *-izzare*] v. tr. *1* (*raro*) Occultare, oscurare. *2* (*psicol.*) Rifiutarsi di percepire gli aspetti dell'ambiente e di sé che creino un conflitto intrapsichico.

scotomizzazióne [da *scotomizzare*] s. f. ● Atto, effetto dello scotomizzare.

scòtta (1) [dallo sp. *escota*, deriv., attraverso l'ant. fr. *escote*, dall'ant. nordico *skaut* 'angolo inferiore della vela'] s. f. ● (*mar.*) Cavo di manovra che serve a tirare gli angoli inferiori delle vele per distenderle al vento. ➡ ILL. p. 1291 SPORT; p. 1757 TRASPORTI. || **scottina**, dim.

scòtta (2) [lat. *excŏcta(m)*, part. pass. f. sost. di *excŏquere* 'cuocere', comp. di *ĕx-* (*s-*) e *cŏquere* 'cuocere'] s. f. ● Siero non rappreso che rimane nella caldaia quando si fa il formaggio o la ricotta.

scottadito [comp. di *scotta(re)* e *dito*] vc. ● Solo nella loc. avv. *a s.*, di vivande arrostite, sbollentate, e sim. e subito mangiate: *abbacchio, polipi, a s.*

scottaménto s. m. ● Atto dello scottare o dello scottarsi.

scottànte part. pres. di *scottare*; anche agg. *1* Nei sign. del v. *2* Grave, urgente, che necessita una pronta soluzione: *problemi scottanti.*

scottàre [lat. parl. **excoctāre*, da *excŏctus*, part. pass. di *excŏquere* 'cuocere', comp. di *ĕx-* (*s-*) e *cŏquere* 'cuocere'] **A** v. tr. (*io scòtto*) *1* Dare senso di bruciore, produrre un'ustione, a causa dell'accostamento a una fonte di calore intenso, al fuoco, ai raggi solari, e sim.: *la fiamma mi ha scottato una mano*; *il sole ci scotta le spalle* | *Scottarsi la lingua, il palato* e sim., bevendo o mangiando cibi troppo caldi. *2* (*est.*) Sottoporre a una brevissima cottura: *s. la carne, la verdura.* *3* (*fig.*) Recare irritazione, dolore, dispiacere: *è stato scottato da quelle parole*; *il giudizio degli amici lo scotta.* **B** v. rifl. e intr. pron. ● Prodursi un'ustione, un senso di bruciore, a causa dell'accostamento a una fonte di calore intenso, al fuoco, ai raggi solari, e sim.: *si è scottato con un ferro rovente*; *al mare spesso ci si scotta.* **C** v. intr. (aus. *avere*) *1* Emettere molto calore, tanto da poter bruciare, ustionare, e sim.: *oggi il sole scotta*; *non mangiare subito la minestra perché scotta* | Essere molto, troppo, caldo: *mi scotta la fronte*; *gli scottano le mani* | *S. la terra sotto i piedi*, essere impaziente di fare q.c., avere timore di qc. o di q.c. | †*S. la soglia*, non potere uscir di casa per timore di incontrare creditori o sim. *2* (*fig.*) Causare profondo interesse, viva preoccupazione, e sim.: *la situazione politica scotta*; *è una questione che scotta*; *il bottino scotta.* **D** v. intr. pron. ● Passare attraverso esperienze spiacevoli rimanendone amareggiato, addolorato: *con le donne si è scottato diverse volte.*

scottàta s. f. ● Atto dello scottare leggermente, spec. cibi: *dare una s. al pollo.* || **scottatina**, dim.

scottàto part. pass. di *scottare*; anche agg. ● Nei sign. del v.

scottatrice s. f. ● Macchina per scottare cibi da inscatolare.

scottatùra s. f. *1* Atto, effetto dello scottare o dello scottarsi: *s. grave, leggera, dolorosa.* *2* Ustione. *3* (*fig.*) Esperienza spiacevole che lascia un senso di delusione, dolore e sim. || **scottaturina**, dim.

scòttico [vc. dotta, dal lat. *Scŏtticu(m)*, da *Scŏtus* 'Scoto'] agg. (pl. m. *-ci*) ● (*lett.*) Scozzese.

scòtto (1) [dal francone *skot* 'tassa'] s. m. *1* (*raro, lett.*) Conto che si paga all'oste | (*fig.*) *Pagare lo s.*, pagare il fio. *2* †Vitto | †*Tenere qc. a s.*, a pensione | †*Stare a s. da qc.*, mangiare presso di lui.

scòtto (2) part. pass. di *scuocere*; anche agg. ● Nel sign. del v.

scòtto (3) ● V. *scoto.*

scout /ingl. skaut/ [vc. ingl., abbr. di *boy-scout* 'esploratore'] **A** s. m. e f. inv. ● Boy-scout. **B** in funzione di agg. inv. ● (posposto al s.) Che si riferisce ai boy-scout: *campo, raduno, s.*

scoutismo /skau'tizmo/ o **scautismo** [da *scout*, con *-ismo*] s. m. ● Movimento giovanile fondato nel 1908 da R. Baden-Powell, che si propone di sviluppare nei giovani l'interesse alla vita democratica, di favorire il loro spirito d'avventura, di porli a diretto contatto con la natura.

scoutista /skau'tista/ o **scautista**. s. m. e f. (pl. m. *-i*) ● Chi fa parte di un gruppo di scout.

scoutistico /skau'tistiko/ o **scautistico**. agg. (pl. m. *-ci*) ● Che è proprio dello scoutismo.

†scovacciàre [da *covaccio*, con *s-*] **A** v. tr. ● Cacciare dal covo. **B** v. intr. pron. ● (*raro*) Uscire dal covo.

scovaménto s. m. ● (*raro*) Atto dello scovare.

scovàre [da *covo*, con *s-*] v. tr. (*io scóvo*) *1* Fare uscire dal covo: *s. la lepre.* *2* (*fig.*) Scoprire, riuscire a trovare, spec. qc. o q.c. a lungo cercato o generalmente difficile a trovarsi: *ti ho scovato, finalmente!*; *ho scovato un negozietto molto conveniente.*

†scoverchiàre ● V. *scoperchiare.*

scovolàre v. tr. (*io scóvolo*) ● Nettare con lo scovolo.

scovolino s. m. *1* Dim. di *scovolo.* *2* Arnese filiforme di feltro per pulire pipe, pistole, bottiglie e sim.

scóvolo [lat. *scōpula(m)*, dim. di *scōpa*, *scōpae* 'scopa' con cambio di genere, attraverso i dial. veneti] s. m. ● Spazzola cilindrica inastata per nettare l'interno della bocca da fuoco o della canna di un'arma da fuoco. || **scovolino**, dim. (V.).

scovrìre e *deriv.* ● V. *scoprire* e *deriv.*

scòzia [dal lat. *scŏtia(m)*, dal gr. *skotía*, da *skótos* 'oscurità'] s. f. ● (*arch.*) Modanatura concava, usata spesso nelle basi delle colonne. ➡ ILL. p. 357 ARCHITETTURA.

scozzàre [calco su *accozzare*, con cambio di pref. (*s-*)] v. tr. (*io scòzzo*) *1* Mescolare le carte da gioco prima di distribuirle o di iniziare il gioco. *2* Detto delle palle da biliardo, battere contro le sponde e tornare sulla palla da colpire.

scozzàta s. f. ● Atto dello scozzare. || **scozzatina**, dim.

scozzése [da *Scozia*, dal lat. tardo *Scōtia(m)* 'Scozia', da *Scōti*] **A** agg. *1* Della Scozia | *Stoffa, tessuto e sim. s.*, caratterizzati dal disegno variamente quadrettato a colori contrastanti che servivano un tempo a distinguere le diverse tribù scozzesi | *Doccia s.*, fatta alternando acqua calda e acqua fredda; (*est., fig.*) successione rapida e violenta di avvenimenti piacevoli e spiacevoli | *Danza s.*, antica danza popolare della Scozia, di movimento rapido, accompagnata dal suono della cornamusa | *Alla s.*, (*ell.*) secondo l'uso degli scozzesi. *2* *Scuola s.*, scuola filosofica fiorita in Scozia tra la seconda metà del XVIII secolo e la prima metà del XIX, che faceva appello al senso comune come garante di una serie di principi che non possono essere revocati in dubbio senza cadere in numerose assurdità speculative e pratiche. **B** s. m. e f. *1* Abitante, nativo della Scozia. *2* (*fig., spreg.*) Spilorcio. **C** s. m. solo sing. ● Lingua del gruppo gaelico, parlata in Scozia. **D** s. f. ● Antica danza popolare della Scozia, di movimento rapido, accompagnata dal suono della cornamusa.

scòzzo [dev. di *scozzare*] s. m. ● Atto dello scozzare le carte da gioco spec. quando un mazzo di carte viene usato per la prima volta.

scozzonàre [da *cozzone*, con *s-*] v. tr. (*io scozzóno*) *1* Domare e ammaestrare spec. cavalli. *2* (*fig.*) Dare i primi rudimenti di un mestiere, di una disciplina, e sim.: *s. qc. nel latino* | (*est.*) Dirozzare: *s. qc. negli usi della città.*

scozzonàto part. pass. di *scozzonare*; anche agg. ● (*raro*) Nei sign. del v.

scozzonatóre s. m. (f. *-trice*) ● Chi scozzona.

scozzonatùra s. f. ● Atto, effetto dello scozzonare.

scozzóne [da *cozzone*, con *s-*] s. m. ● Chi è addetto alla scozzonatura di cavalli e sim.

†scramàre ● V. *esclamare.*

scrambler /ingl. 'skræmblə*/ [vc. ingl., da *to scramble* 'arrampicarsi', d'origine sconosciuta] s. m. inv. ● Moto sportiva dal manubrio alto e largo, forcella a cannocchiale, ruote piccole e ben distanziate dal parafango.

scramblerista [da *scrambler*] s. m. e f. (pl. m. *-i*) ● Chi guida uno scrambler.

scrànna [dal longob. *skranna* 'panca' (V. *ciscranna*)] s. f. *1* Sedia con braccioli e schienale particolarmente alti | *Sedere a s.*, (*fig.*) sentenziare, atteggiarsi a giudice. *2* (*dial.*) Sedia. || **scrannàccia**, pegg. | **scrannétta**, dim. | **scrannùccia**, dim.

scrànno s. m. ● Scranna.

scraper /ingl. 'skreipə*/ [vc. ingl., propriamente 'grattatore, raspatore', da *to scrape* 'raschiare, grattare' (d'origine germ.)] s. m. inv. ● Ruspa.

scratch /ingl. skrætʃ/ [vc. ingl., propriamente 'scalfittura, riga'] s. m. inv. ● (*sport*) Nel tennis, *vincere per s.*, essere dichiarato vincitore per rinuncia dell'avversario.

screanzàto [da *creanza*, con *s-*] agg.; anche s. m. (f. *-a*) ● Che, chi non ha creanza, educazione. SIN. Insolente, maleducato, villano. || **screanzatamente**, avv. Senza creanza, maleducatamente.

†screàto o **†scriàto** [da *creato*, part. pass. di *creare*, con *s-*] agg. *1* Che è cresciuto a stento, che è piccolo e debole. *2* (*raro*) Scemato, diminuito. || **screatello**, dim.

†scredènte part. pres. di *†scredere*; anche agg. *1* Nel sign. del v. *2* Incredulo, diffidente.

†scrédere [da *credere*, con *s-*] v. tr. e intr. ● Non credere, non credere più.

screditaménto [da *screditare*] s. m. ● (*raro*) Modo, atto dello screditare e dello screditarsi.

screditàre [da *credito*, con *s-*] **A** v. tr. (*io scrédito*) ● Privare di credito, danneggiare nella reputazione e nella stima. **B** v. intr. pron. ● Perdere di credito, agire in modo da danneggiare la propria reputazione: *si è screditato agli occhi di tutti.*

screditàto part. pass. di *screditare*; anche agg. ● Nei sign. del v.

scrédito [da *credito*, con *s-*] s. m. ● (*raro*) Discredito.

screening /ingl. 'skri:niŋ/ [vc. ingl., da *to screen* 'vagliare' (d'etim. incerta)] s. m. inv. *1* (*biol., med.*) Indagine di massa, condotta gener. su soggetti esposti ad alto rischio di malattie, atta a rilevare l'esistenza di determinate affezioni o condizioni morbose o la predisposizione verso di esse: *fare uno s. per svelare casi di diabete iniziale.* *2* (*est.*) Qualunque indagine atta a selezionare qc. o q.c. in base a determinate caratteristiche.

scremàre [da *crema*, con *s-*] v. tr. (*io scrèmo*) *1* Privare il latte della crema, della panna. *2* (*fig.*) Selezionare.

scremàto part. pass. di *scremare*; anche agg. ● Nei sign. del v.

scrematrice s. f. ● Macchina centrifuga per scremare il latte.

scrematùra s. f. ● Atto, effetto dello scremare.

†screménto e *deriv.* ● V. *escremento* e *deriv.*

†screpàre [da *crepare*, con *s-*] v. intr. ● (*raro*) Crepare.

screpolàre [da *crepolare*, con *s-*] **A** v. tr. (*io scrèpolo*) ● Aprire crepe piccole e sottili in più punti: *i detersivi screpolano le mani*; *screpolarsi le labbra.* **B** v. intr. pron. e intr. (aus. *essere*) ● Aprirsi in crepe piccole e sottili: *con l'umidità l'intonaco si è screpolato*; *la pelle lucida screpola facilmente.*

screpolàto part. pass. di *screpolare*; anche agg. ● Nei sign. del v.

screpolatùra s. f. ● Atto, effetto dello screpolare o dello screpolarsi | Parte screpolata: *le screpolature del muro.*

scrèpolo s. m. ● Screpolatura | Crepa.

†screpolóso [da *screpolo*] agg. ● (*raro*) Che ha screpolature.

†scréscere [da *crescere*, con *s-*] v. intr. ● Farsi più piccolo | Diminuire, decrescere.

screspàre [da *crespa*, con *s-* (V. *increspare*)] v. tr. e intr. pron. (*io scréspo*) ● (*raro*) Disfare le crespe.

screziàre [da *screzio*] v. tr. (*io scrèzio*) ● Macchiare di più colori | Variare un fondo con macchie di più colori.

screziàto part. pass. di *screziare*; anche agg. *1* Nei sign. del v. *2* †Che è eccessivamente ornato di colore.

screziatùra s. f. *1* (*raro*) Qualità, condizione di ciò che è screziato. *2* Serie di macchie di colore: *tessuto pieno di screziature.*

scrèzio [di etim. incerta: dal lat. *discrētio* (nom.) 'differenza' (?). V. *discrezione*] s. m. *1* †Varietà di colore. *2* Discordia, dissenso, nato tra persone prima in armonia tra loro: *c'è qualche s. tra noi*; *sono screzi tra fratelli*; *è nato, è sorto, uno s.*; *appianare gli screzi.* SIN. Disaccordo, dissapore.

scrìa ● V. *cria* (*1*).

†scrìato ● V. *†screato.*

scrìba [vc. dotta, dal lat. *scrība(m)* 'scrivano', da *scrībere* 'scrivere'] s. m. (pl. *-i*) *1* Nel periodo romano e medievale, scrivano di professione | (*gener.*) †Scrivano. *2* Nel Giudaismo, ciascuno degli esegeti che interpretarono la Bibbia e sistemarono la tradizione orale, associati nell'Evangelo ai Farisei, come rappresentanti della rigida ortodossia e dell'osservanza zelante.

scribacchiàre o (*raro*) **scrivacchiàre** [sovrapposizione di *scriba* a un deriv. di *scrivere*, con suff. iter.-dim.] v. tr. (*io scribàcchio*) ● Scrivere malamente e pigramente | (*spreg.*) Scrivere cose da poco, senza valore: *s. romanzi, novelle.*

scribacchiatóre o (*raro*) **scrivacchiatóre**. s. m. (f. *-trice*) ● (*raro*) Chi scribacchia.

scribacchino [da *scribacchiare*] s. m. (f. *-a*, raro) *1* Scrittore privo di valore. *2* Impiegato adibito a lavori di poco conto.

scricchiàre [da *cricchiare*, con *s-*] v. intr. (*io scrìcchio*; aus. *avere*) ● (*raro*) Scricchiolare.

scricchio [da *scricchiare*] s. m. ● (*raro*) Rumore prodotto da q.c. che scricchiola: *lo s. delle scarpe nuove*.

scricchiolaménto s. m. ● Atto, effetto dello scricchiolare.

scricchiolàre o (*raro*) †**sgricchiolàre** [da *scricchiare*, col suff. *-ol(o)* iter.-dim.] v. intr. (*io scrìcchiolo*; aus. *avere*) **1** Mandare un suono secco e crepitante, detto spec. di cosa dura, secca, o sim. che si fende o si rompe: *il pane scricchiola sotto i denti* | Mandare un cigolio nel muoversi, nello spostarsi, e sim.: *la sedia scricchiola sotto il nostro peso*; *mi sembra che la porta scricchioli*. **2** (*fig.*) Dare segni lievi o iniziali di incrinatura, rottura nella continuità di un rapporto personale o nella stabilità di istituzioni e sim.: *quel matrimonio scricchiolava ormai da sette anni*; *il governo scricchiola per la slealtà di alcuni suoi membri*.

scricchiolàta s. f. ● (*raro*) Rumore prodotto da ciò che scricchiola.

scricchiolìo s. m. **1** Atto dello scricchiolare continuo: *s. delle ossa* | (*med.*) *S. polmonare*, crepitio | (*med.*) *S. osseo*, scroscio. **2** (*fig.*) Segno lieve o iniziale di incrinatura, rottura nella continuità di un rapporto personale o nella stabilità di istituzioni e sim.

scrìcchiolo s. m. ● (*raro*) Rumore prodotto da ciò che scricchiola.

†**scrìccio** s. m. ● Scricciolo.

scrìcciolo o †**sgrìcciolo** [vc. di origine onomat.] s. m. **1** Uccelletto dei Passeriformi con codina diritta e corta, denso piumaggio bruno-rossiccio, voce trillante e melodiosa (*Troglodytes troglodytes*). SIN. Troglodita | *Mangiare quanto uno s.*, pochissimo | (*fig.*) *Avere il cervello di uno s.*, essere poco intelligente | (*raro*) *Tirare a uno s.*, (*fig.*) mirare a guadagni meschini. **2** (*fig.*) Persona piccola e gracile. || **scricciolìno**, dim.

scrigno o (*raro*) †**sgrigno** [lat. *scrīniu(m)* 'cassetta', di etim. incerta] s. m. **1** Forziere, cassa, per conservarvi gioielli, oggetti preziosi, e sim. | (*fig.*) *Essere uno s. di virtù, di bontà*, e sim., essere molto virtuoso, molto buono, e sim. **2** †Gobba, spec. del cammello: *Morgante diè di morso nello s. / e tutto lo spiccò* (PULCI). || **scrignétto**, dim.

†**scrignùto** [da *scrigno*] **A** agg. ● Gobbo | (*est.*) Arcuato: *naso s.* **B** s. m. (f. *-a*) ● Persona gobba. || **scrignutùzzo**, dim.

†**scrìma** [variante ant. di *scherma*, prob. dal provz. *escrima* 'scherma'] s. f. ● Scherma | *Perdere la s.*, (*fig.*) perdere la bussola, confondersi.

†**scrimàglia** [variante ant. di *schermaglia*, prob. dal provz. *escrima* 'scherma'] s. f. ● Difesa, riparo.

†**scrimatóre** [variante ant. di *schermatore*, prob. dal provz. *escrima* 'scherma'] s. m. ● (*raro*) Schermidore.

scriminàle [variante ant. di *discriminale* (V.)] s. m. ● Scriminatura.

scriminànte **A** part. pres. di *scriminare*; anche agg. **1** Nel sign. del v. **2** (*dir.*) Che costituisce causa di giustificazione del reato: *ragione s.* **B** s. f. ● (*dir.*) Causa di giustificazione del reato.

scriminàre [variante di *discriminare* (V.)] v. tr. (*io scrìmino*) ● (*raro*) Discriminare.

scriminatùra [da *scriminare*] s. f. ● Linea di spartizione dei capelli in alcuni tipi di pettinatura: *portare la s. nel mezzo*.

scrìmolo [dim. di un deriv. dal lat. *discrīme(n)* (nom. acc. nt.) 'linea di divisione', connesso con *discĕrnere* 'discernere' (V.)] s. m. **1** Orlo, bordo, ciglio: *lo s. del tetto, di un burrone*. **2** (*geogr.*) Cresta montuosa con un versante in dolce declivio e l'altro a precipizio.

†**scrìna** [da un ant. *scrinare* 'farsi la scriminatura', da *crine*, con *s-*] s. f. ● (*raro*) Scriminatura.

scrinàre [da *crine*, con *s-*] v. tr. ● (*raro*) Levare i crini: *s. un cavallo*.

scrinatùra s. f. ● (*raro*) Atto dello scrinare.

scrìo o (*raro*) †**scrìvo** [da **scriare*, dal lat. *screāre* 'sputare', di origine onomat.] agg. **1** Schietto, integro, che conserva intatte le sue caratteristiche naturali (*anche iter.*): *vino s.*; *acqua scria scria*. **2** (*fig.*) Schietto, puro: *bugia scria*.

scripofilìa [dall'ingl. *scripophily*, comp. di *scrip* 'certificato provvisorio' e *-phily* '-filia'] s. f. ● Collezionismo di titolo azionari e obbligazionari fuori mercato.

scripòfilo [dall'ingl. *scripophile*, comp. di *scrip* 'certificato azionario' e *-phile* '-filo'] s. m. (f. *-a*) ● Chi si dedica alla scripofilia.

script /skript/ [vc. ingl., corrispondente a 'scrittura'] s. m. inv. ● Copione di un film.

scripta /*lat.* 'skripta/ [vc. lat. *scrīpta* (V. *scritta*)] s. f. inv. ● In paleografia, termine usato per indicare la lingua scritta dei testi delle origini, spesso molto lontana da quella parlata.

scriptorium /skrip'tɔrjum/ [vc. lat. mediev., da *scrībere*, propr. 'scrittoio'] s. m. inv. (pl. lat. *scriptoria*) ● Nei conventi medievali, ambiente generalmente annesso alla biblioteca, riservato alla trascrizione dei manoscritti.

scristianaménto s. m. ● (*raro*) Atto, effetto dello scristianare.

scristianàre [da *cristiano*, con *s-*] v. tr. e intr. pron. ● Scristianizzare.

†**scristianìre** v. tr. ● Scristianare.

scristianizzàre [da *cristianizzare*, con *s-*] **A** v. tr. ● Far perdere la fede, la religione cristiana, il carattere di cristiano. **B** v. intr. pron. ● Passare dalla civiltà e dalla cultura cristiane al paganesimo o ad altre religioni, o a cultura non religiosa.

scristianizzazióne [da *scristianizzare*] s. f. ● Progressivo abbandono del cristianesimo da parte di culture di origine e di influenza cristiana.

scriteriàto [da *criterio*, con *s-*] agg.; anche s. m. (f. *-a*) ● Che, chi è privo di criterio, di giudizio, di senno. || **scriteriataménte**, avv.

†**scriticàto** [da *critica*, con *s-*] agg. ● (*raro*) Che non ha critica.

scrìtta [lat. *scrīpta* 'scrittura', pl. di *scrīptum*, part. pass. nt. sost. di *scrībere* 'scrivere'] s. f. **1** Parola, frase, insieme di parole o di frasi scritte su un foglio, un cartello, una lapide, e sim.: *la s. è indecifrabile*; *sul portone c'è una s. in greco*. **2** Obbligo, patto, steso per iscritto: *firmare, stracciare la s.* **3** †Lista, nota | †Scrittura.

scrìtto o (*lett.*) **iscrìtto** (2), spec. nel sign. B 3. **A** part. pass. di *scrivere*; anche agg. **1** Nei sign. del v. **2** *Legge scritta*, spesso in opposizione a quella naturale | *Lingua scritta*, di uso letterario e meno corrente di quella parlata | *Norma scritta*, codificata in un testo. CONTR. Norma consuetudinaria | *Carattere s.*, carattere tipografico che imita una scrittura corsiva. **3** Destinato, decretato: *era s. in cielo, nei libri del destino*; *era s. che fosse così*. **4** (*fig.*) Impresso: *il suo nome è s. nel mio cuore* | *Portare q.c. s. in fronte*, mostrarlo chiaramente a tutti. **B** s. m. **1** Qualunque notazione, espressione, comunicazione e sim. realizzata mediante la scrittura: *con lo s. non si può mentire*; *una riga di s.*; *questo s. non si legge*; *è uno s. confuso*. **2** Cosa scritta | Opera, lavoro, saggio letterario, scientifico, e sim.: *scritti scelti, giovanili, postumi, inediti*; *scritti divulgativi*; *uno s. minore del Leopardi*. **3** Nelle loc. avv. *per s.*, *in s.*, per mezzo di uno scritto: *impegnarsi, rispondere, comunicare, esprimersi e sim. per s.* | *Mettere q.c. per, in, s.*, scriverla. || **scritterèllo**, dim. | **scrittìno**, dim. | **scrittùccio**, dim.

scrittogràfico [comp. di *scritto* e *grafico*] agg. (pl. m. *-ci*) ● (*bur.*) Di, relativo a scrittura a mano.

scrittóio [dal lat. mediev. *scriptōriu(m)* 'stanza per scrivere', nt. sost. del lat. tardo *scriptōrius* 'atto a scrivere', da *scrīptus* 'scritto'] s. m. **1** (*raro*) Saletta appartata per scrivere, leggere, e sim.: *si ritirava in casa nello s., dove egli ragguagliava sue scritture* (MACHIAVELLI). **2** Tavola per scrivere, scrivania. **3** (*tosc.*) †Ufficio. || **scrittoiùccio**, dim.

scrittóre [dal lat. *scriptōre(m)* 'scrittore', da *scrīptus* 'scritto'] s. m. (f. *-trice*) **1** Chi scrive opere letterarie in prosa: *gli scrittori del Novecento*; *uno s. del Settecento inglese*; *s. mediocre, ottimo, di prima grandezza*. **2** (*raro*) Autore di un determinato scritto: *lo s. di queste lettere*. **3** Nel Medioevo, funzionario di cancelleria o notaio che redigeva materialmente i documenti. || **scrittorèllo**, dim. | **scrittorétto**, dim. | **scrittorùccio**, **scrittorùzzo**, dim. | **scrittorùcolo**, pegg.

†**scrittorìa** [da *scrittore*] s. f. ● Scrivania.

scrittòrio [vc. dotta, dal lat. tardo *scriptōriu(m)* 'atto a scrivere', da *scrīptus* 'scritto'] **A** agg. ● (*lett.*) Che serve per scrivere: *materiale s.*; *la mia impotenza scrittoria era ogni dì più assoluta* (ALFIERI). **B** s. m. ● Nei conventi medievali, il locale destinato al lavoro degli amanuensi.

scrittùra [dal lat. *scriptūra(m)* 'scrittura', da *scrīptus* 'scritto'] s. f. **1** Atto dello scrivere: *essere assorto nella s.*; *esercitarsi nella s.*; *apprendere l'uso della s.*; *sala di s.*; *il punto d'inizio della storia umana, ... talora è stato segnato nell'invenzione della s.* (CROCE) | Modo di scrivere: *s. maiuscola, minuscola, a mano, a macchina* | (*est.*) Calligrafia: *s. bella, chiara, nitida, incerta, leggibile, illeggibile, indecifrabile*. **2** Espressione scritta, stesura per iscritto: *affidare q.c. alla s.* **3** (*lett.*) Opera storica, letteraria, e sim. **4** (*per anton.*) La Bibbia: *la Sacra Scrittura*; *la Scrittura*; *leggere, interpretare, le Scritture*. **5** (*dir.*) Documento | *S. privata*, documento contenente la redazione scritta di una manifestazione negoziale sottoscritta dal dichiarante. **6** Contratto stipulato fra un attore, un regista, un musicista, e sim. e un impresario teatrale, cinematografico o televisivo per una prestazione artistica. **7** (*spec. al pl.*) Note scritte relative a fenomeni della gestione di un'azienda: *scritture di rettifica, di completamento, di rinvio* | *Scritture contabili*, libri che l'imprenditore commerciale è obbligato per legge a tenere, per annotarvi tutte le operazioni compiute. SIN. Libri di commercio; libri contabili. **8** †Conoscenza di lettere, nella loc.: *senza s.*, illetterato, analfabeta || PROV. Chi non sa leggere la sua scrittura è un asino di natura. || **scritturàccia**, pegg. | **scritturétta**, dim.

scritturàbile agg. ● Che si può scritturare.

scritturàle (1) [da *scrittura*] **A** agg. ● Che deriva da scrittura | *Moneta s.*, costituita da giroconti bancari, senza che esista un titolo o documento rappresentativo. **B** s. m. **1** Scrivano, copista. **2** Soldato che, nell'ambito di un comando militare, svolge in un ufficio compiti di scrivano.

scritturàle (2) [dal lat. tardo (ecclesiastico) *scripturāle(m)* 'scritturale', da *scriptūra* 'Sacra Scrittura'] **A** agg. ● Che si riferisce alla Sacra Scrittura: *interpretazione s.* **B** s. m. ● Chi si attiene rigorosamente all'interpretazione letterale della Sacra Scrittura.

scritturalìsmo [da *scritturale* (2), con *-ismo*] s. m. ● Teoria e metodo esegetici che, nell'interpretazione dei fatti teologici cristiani, danno preminenza alla loro origine biblica o scritturale.

scritturàre [da *scrittura*] v. tr. **1** Impegnare per una prestazione professionale, con un contratto di scrittura, un attore o un tecnico dello spettacolo. **2** Annotare, registrare su libri o scritture spec. contabili.

scritturazióne s. f. **1** Atto dello scritturare un attore, o sim. **2** Atto dello scritturare dati contabili | *S. contabile*, accreditamento in conto di un assegno bancario da accreditare. **3** Riproduzione con vari mezzi, quali normografo, trasferibili e sim., di lettere, cifre e gener. di ogni segno grafico nelle annotazioni scritte dei disegni tecnici.

scritturìsta [da (*Sacra*) *Scrittura*, con *-ista*] s. m. e f. (pl. m. *-i*) ● Chi è esperto nelle Sacre Scritture, nella Bibbia.

scritturìstico [da *scritturista*] agg. (pl. m. *-ci*) ● Che si riferisce alle Scritture, alla Bibbia.

scrivacchiàre e *deriv.* ● V. *scribacchiare* e *deriv.*

†**scrivanàre** v. intr. ● (*scherz.*) Fare da scrivano.

scrivanìa [da *scrivano*] s. f. **1** Mobile per scrivere di forma e dimensioni svariate, solitamente provvisto di cassetti. **2** †Ufficio, carica.

scrivàno [lat. parl. **scribāne(m)* 'scrivano', variante del classico *scrība*, genit. *scrībae*, con passaggio alla categoria dei n. in *-o*] s. m. (f. *-a*, scherz. nei sign. 1 e 2) **1** Impiegato che attende alla stesura o alla copiatura di documenti di ufficio. **2** Copista, amanuense. **3** †Secondo ufficiale sulle piccole navi mercantili | Qualifica conferita ai diplomati di istituto nautico dopo trenta mesi di imbarco come marinaio, che li abilita a imbarcarsi come ufficiali. **4** (*zool.*) *S. della vite*, insetto coleottero parassita della vite (*Bromius obscurus*). || **scrivanèllo**, dim. | **scrivanùccio**, dim.

scrivènte **A** part. pres. di *scrivere*; anche agg. ● Nei sign. del v. **B** s. m. e f. ● Chi scrive, spec. un'opera letteraria, una domanda, un esposto e sim.: *ai tempi dello s.*; *lo s. dichiara che ...*

scrìvere [lat. *scrībere* 'tracciare con lo stilo, scrivere', da una radice indeur.] v. tr. (pass. rem. *io scrìssi, tu scrivésti*; part. pass. *scrìtto*) **1** Significare, esprimere, idee, suoni, e sim. mediante il tracciamento su una superficie di segni grafici convenzionali, lettere, cifre, note musicali, e sim. (*anche ass.*): *carta da s.*; *l'occorrente per s.*; *s. con la matita, col gesso, con lo stilo, con la penna*; *s. sulla lavagna, sul foglio, sui muri, sulla sabbia*; *insegnare, imparare, a s.*; *s. musica, una lettera*; *s. a mano, a macchina*; *macchina per* o *da s.*; *s. sotto dettatura*; *s. in maiuscolo, in minuscolo, in stampatello, in corsivo, in rotondo, in gotico, a caratteri cubitali, a caratteri di scatola*; *s. in tedesco, in francese*; *s. rapidamente, lentamente, in modo chiaro, in modo illeggibile*. **2** Esprimere una parola usando i segni grafici ad essa appropriati: *cuore si scrive con la 'c' e non con la 'q'*. **3** Fissare, annotare, per mezzo della scrittura: *s. appunti*; *s. la nota della spesa*; *s. la data*; *sul cartello è scritto 'Vietato l'ingresso agli estranei'* | Redigere un documento: *s. una domanda, una richiesta, un certificato, il testamento* | *Chi scrive*, il sottoscritto. **4** Esprimere, rendere noti i propri pensieri, sentimenti e sim. per mezzo della scrittura: *scrisse ciò che l'ira gli dettava*; *non puoi scrivergli questo*; *sono cose che si scrivono*; *scrivilo se hai il coraggio*; *ha deciso di s. le sue memorie*; *s. concisamente, stringatamente, prolissamente, sciattamente*; *s. con eleganza, con garbo, con disinvoltura*. **5** Comporre un'opera letteraria, teatrale scientifica, musicale e sim. (*anche ass.*): *s. un poema, un'ode, un'orazione, un articolo, una cronaca, un romanzo, una novella, un dramma, un trattato, una sinfonia*; *s. in versi, in prosa*; *s. su Dante*; *s. di astronomia, di grammatica*; *s. per il teatro, per una rivista* e sim. | *S. in, su, un giornale, una rivista* e sim., collaborarvi | *S. molto, poco*, produrre molto, poco. **6** Comunicare con altre persone mediante rapporti epistolari (*anche ass.*): *s. lettere, cartoline, biglietti, circolari, avvisi*; *s. spesso, raramente, senza avere risposta*; *s. a nome proprio, a nome di altri*; *s. alla moglie, ai genitori*; *mi ha scritto una notizia importante*; *gli ho scritto che venga subito*; *è un anno che non scrive*. **7** Detto di scrittori, dire, affermare, sostenere, nelle proprie opere: *come scrive Cicerone ...*; *Dante scrisse che ...* **8** (*fig., lett.*) Imprimere, fissare, profondamente: *s. q.c. nella mente, nel cuore* | *S. q.c. nel libro dell'eternità*, compiere q.c. che sarà sempre ricordato | *S. una bella, una grande, pagina nella storia*, compiere un'impresa altamente onorevole, eroica. **9** (*raro*) Registrare: *s. una partita, un conto*; *s. il dare e l'avere*. **10** †Ascrivere, attribuire: *s. i beni al fisco*; *s. q.c. a lode, a colpa, a miracolo*. **11** †Descrivere: *s. le gesta di qc.*

scrivìbile agg. ● Che si può scrivere.

scrivicchiàre ● V. *scrivucchiare*.

†**scriviménto** [da *scrivere*] s. m. **1** (*raro*) Censimento di popolazione. **2** (*raro, scherz.*) Atto dello scrivere | (*est.*) Scritto.

scrivirìtto [comp. di *scrivere* e *ritto*] s. m. inv. ● Tavolino più alto del comune usato per scrivere comodamente stando in piedi.

†**scrìvo** ● V. *scrio*.

scrivucchiàre o **scrivicchiàre** [da *scrivere*, con suff. iter.-dim.] v. tr. e intr. (*io scrivùcchio*; aus. *avere*) ● Scrivere poco, di malavoglia, spec. cose senza interesse o importanza.

scrizióne (1) [dal lat. *scriptiōne(m)* 'scrittura', da *scrīptus* 'scritto'] s. f. **1** Trascrizione, sistema di trascrizione. **2** †Scrittura.

†**scrizióne (2)** ● V. *iscrizione*.

scroccàre (1) [da *crocco* 'uncino', con *s-*] v. tr. (*io scròcco, tu scròcchi*) **1** (*fam.*) Ottenere, assicurarsi q.c. a spese d'altri (*anche ass.*): *s. un pranzo, la colazione*; *campa scroccando qua e là*. **2** (*est.*) Ottenere, assicurarsi senza alcun merito: *s. lo stipendio, l'impiego*.

†**scroccàre (2)** [sovrapposizione di *crocco* 'uncino' a *scoccare*] v. intr. ● Scoccare, scattare.

scroccatóre s. m. (f. *-trice*) ● Chi scrocca o tenta di scroccare, nel sign. di *scroccare (1)*. SIN. Parassita, scroccone.

scroccherìa [da *scrocco*] s. f. ● (*raro*) Abitudine, vizio, di scroccare, nel sign. di *scroccare (1)*.

scrocchiàre [da *crocchiare*, con *s-*] v. intr. (*io scròcchio*; aus. *avere*) ● (*raro*) Crocchiare.

†**scrocchiatóre** [da *scroccare (1)*] s. m. (f. *-trice*) ● Strozzino.

†**scrocchìno** s. m. (f. *-a*) ● (*scherz.*) Scroccone.

scròcchio (1) o **scròcco (3)** [da *scrocchiare*] s. m. ● Rumore prodotto da ciò che scrocchia: *lo s. della legna secca*.

scròcchio (2) o **scròcco (1)** [da *scroccare (1)*] s. m. ● Anticamente, contratto usurario per cui l'usuraio consegna oggetti di poco valore stimandoli un prezzo altissimo che il debitore si impegna a dare alla scadenza.

†**scrocchióne** [da *scrocchiare*] s. m. (f. *-a*) ● Strozzino.

scròcco (1) s. m. (pl. *-chi*) **1** Atto dello scroccare, nel sign. di *scroccare (1)* | *A, di, s.*, a ufo, a spese d'altri: *vivere a, di, s.* **2** V. *scrocchio (2)*.

scròcco (2) [da *scroccare (2)*] s. m. (pl. *-chi*) ● Scatto | Suono prodotto dallo scatto | *Coltello a s.*, a serramanico | *Serratura, lucchetto*, e sim. *a s.*, che si chiudono con una semplice pressione, senza ricorrere alla chiave. ‖ **scrocchétto**, dim.

scròcco (3) ● V. *scrocchio (1)*.

scroccóne s. m. (f. *-a*) ● Chi ha l'abitudine di scroccare, nel sign. di *scroccare (1)*: *essere uno s.*; *fare lo s.*; *fare la figura dello s.* SIN. Parassita, scroccatore. ‖ **scrocconàccio**, pegg.

scrociàre [da *croce*, con *s-* (V. *incrociare*)] v. tr. (*io scrócio*) ● (*mar.*) Disporre verticalmente un pennone lungo l'albero e ammainarlo in coperta.

scròfa [lat. *scrōfa(m)*, vc. di carattere rustico e dial., di etim. incerta] s. f. **1** Femmina del maiale | Femmina del cinghiale. **2** (*fig., spreg.*) Donna di cattivi costumi. ‖ **scrofàccia**, pegg. | **scrofétta**, dim. (V.).

scròfano ● V. *scorfano*.

scrofétta [da *scrofa*] s. f. **1** Dim. di *scrofa*. **2** Giovane scrofa femmina da riproduzione dalla maturità sessuale sino al momento del primo parto.

scròfola o (*lett.*) **scròfula** [lat. tardo *scrōfulae* (nom. pl.): calco sul gr. *choirádes* 'scrofole', da *chôiros* 'maiale' (d'orig. indeur.), perché assomiglia a una malattia dei maiali] s. f. ● (*med.*) Ingrossamento delle linfoghiandole del collo, spesso di natura tubercolare.

scrofolòsi o **scrofulòsi** [da *scrofola*, con *-osi*] s. f. ● (*med.*) Scrofola diffusa.

scrofolóso o **scrofulóso** [lat. parl. **scrofulō-su(m)*, da *scrōfulae* 'scrofola'] **A** agg. ● Di scrofola. **B** s. m. (f. *-a*) ● Chi è affetto da scrofolosi.

scròfula e *deriv.* ● V. *scrofola* e *deriv.*

scrofulària [da *scrofula*, in quanto ritenuta efficace contro la scrofolosi] s. f. ● Pianta erbacea o suffruticosa delle Scrofulariacee di cui sono note numerose specie, di aspetto vario, spesso tossiche (*Scrophularia*).

Scrofulariàcee [da *scrofularia*] s. f. pl. ● Nella tassonomia vegetale, famiglia di piante dicotiledoni erbacee o arbustive con foglie sparse e fiori irregolari in infiorescenze (*Scrofulariaceae*) | (al sing. *-a*) Ogni individuo di tale famiglia. ➡ ILL. piante /8.

†**scrogiolàre** [di origine onomat.] v. intr. ● (*raro*) Scrosciare, scricchiolare.

scrollaménto s. m. ● Atto dello scrollare.

scrollàre (1) o (*dial.*) **ṣgrollàre** [da *crollare*, con *s-*] **A** v. tr. (*io scròllo*) ● Scuotere, agitare con forza: *s. un ramo* | *S. il capo*, tentennarlo in segno di disapprovazione, diniego, e sim. | *S. le spalle*, alzarle in segno di indifferenza, disprezzo, e sim. | *Scrollarsi q.c. di dosso*, togliersela muovendosi energicamente. **B** v. intr. pron. **1** Scuotersi, muoversi energicamente. **2** (*fig.*) Scuotersi dall'abbattimento, dall'indifferenza: *finalmente si è scrollato*.

scrollàre (2) [dal v. ingl. *to scroll* 'far scorrere'] v. intr. (*io scròllo*; aus. *essere*) ● (*elab.*) Scorrere sullo schermo, detto di flusso di dati.

scrollàta s. f. ● Atto, effetto dello scrollare: *dare una s. di spalle*. ‖ **scrollatìna**, dim.

scrollatùra s. f. ● Scrollata.

scròllo [da *scrollare*] s. m. ● Atto dello scrollare o dello scrollarsi. ‖ **scrollóne**, accr. (V.).

scrollóne s. m. **1** Accr. di *scrollo*. **2** Scossa, scotimento vigoroso. **3** (*fig.*) Azione, accadimento che provoca mutamenti vistosi: *le invasioni barbariche hanno inferto un violento s. all'impero romano*.

†**scròpolo** ● V. *scrupolo*.

scrosciànte part. pres. di *scrosciare*; anche agg. ● Nei sign. del v.

scrosciàre [da *crosciare*, con *s-*] v. intr. (*io scròscio*; aus. *essere* e *avere*) **1** Cadere, riversarsi, facendo un rumore forte, assordante e continuo, detto di acque: *la pioggia scroscia*; *la cascata scroscia dal monte*. **2** (*fig.*) Susseguirsi rapidamente producendo un rumore simile a quello di acque scroscianti: *al suo apparire gli applausi scrosciarono*; *in sala scrosciano le risate*. **3** (*tosc.*) Bollire molto forte, detto di liquidi: *la pentola scroscia*. **4** (*tosc.*) Scricchiolare: *il pane fresco scroscia*; *le scarpe scrosciano nel camminare*.

scròscio s. m. **1** Atto, effetto dello scrosciare: *s. di pioggia*; *lo s. di un torrente in piena*; *uno s. di applausi* | *A s.*, con impeto, con violenza: *piove a s.* **2** (*med.*) Rumore crepitante suscitato dalle superfici di un osso fratturato. **3** Nel linguaggio televisivo, interruzione momentanea del segnale video accompagnata da disturbi sonori.

scrostaménto s. m. ● Atto dello scrostare o dello scrostarsi.

scrostàre [da *crosta*, con *s-*] **A** v. tr. (*io scròsto*) **1** Levare la crosta a una ferita: *s. una bolla, una piaga*. **2** (*est.*) Levare la parte più esterna e superficiale: *s. l'intonaco*. **B** v. intr. pron. ● Perdere la crosta, lo strato superficiale, e sim.

scrostàto part. pass. di *scrostare*; anche agg. ● Nei sign. del v.

scrostatùra s. f. ● Atto dello scrostare | Parte scrostata.

scrotàle [da *scroto*] agg. ● (*anat.*) Relativo allo scroto.

scròto [dal lat. *scrōtu(m)*, di etim. incerta] s. m. ● (*anat.*) Sacco muscolo-membranoso in cui sono contenuti i testicoli. ➡ ILL. p. 364 ANATOMIA UMANA.

scrùpolo o †**scròpolo**, †**scrùpulo** [vc. dotta, dal lat. *scrūpulu(m)* 'pietruzza, peso, dubbio', dim. di *scrūpus* 'sasso puntuto', di etim. incerta] s. m. **1** Timore, apprensione, inquietudine, che turba l'animo facendo considerare colpa o peccato ciò che in realtà non è tale, facendo sorgere dubbi riguardo alla bontà, all'opportunità, di un'azione e sim.: *s. religioso, morale, di coscienza*; *essere tormentato dagli scrupoli*; *essere pieno di scrupoli*; *farsi, avere, s. di q.c.*; *venire lo s. di q.c.*; *lasciare da parte gli scrupoli* | (*est.*) Riguardo, premura: *mi faccio s. di disturbarlo*; *non ha nessuno s. a chiedere favori*; *non avere tanti scrupoli per lui* | (*est.*) *Persona, gente* e sim. *senza scrupoli*, disonesta. **2** Meticolosa diligenza nell'adempimento di un dovere, di un compito e sim.: *un impiegato che lavora con s.*; *lavoro fatto con s.* | *Essere onesto, esatto* e sim. *fino allo s.*, essere onestissimo, esattissimo e sim. **3** †Difficoltà, ostacolo: *faceva s. in contrario il timore che il Re ... abbandonasse gli altri* (GUICCIARDINI). **4** Antica unità di peso, equivalente alla 24ª parte dell'oncia. **5** †Piccolissima quantità. ‖ **scrupolosétto**, dim. | **scrupolosùccio**, dim.

scrupolosità [vc. dotta, dal lat. *scrupulositā(-tem)* 'meticolosità', da *scrupulōsus* 'meticoloso'] s. f. ● Qualità di chi, di ciò che è scrupoloso.

scrupolóso [dal lat. *scrupulōsu(m)*, da *scrūpulus* 'scrupolo'] agg. **1** Che si fa scrupoli, che è pieno di scrupoli, spec. di natura religiosa o morale: *coscienza scrupolosa*. **2** Che agisce con coscienza, senso di responsabilità, diligenza e sim.: *funzionario attivo e s.* | (*est.*) Pedante: *essere s. all'eccesso*. **3** Che è eseguito con precisione, accuratezza, e sim.: *resoconto, lavoro, inventario s.* SIN. Meticoloso, minuzioso. ‖ **scrupolosaménte**, avv. In modo scrupoloso, con cura e diligenza: *lavorare scrupolosamente*.

†**scrùpulo** ● V. *scrupolo*.

scrutàbile agg. ● (*lett.*) Che si può scrutare.

scrutaménto s. m. ● (*raro*) Atto dello scrutare.

scrutàre [dal lat. tardo *scrutāre*, variante del classico *scrutāri* 'rovistare', da *scrūta* 'stracci', di etim. incerta] v. tr. **1** Guardare, esaminare, indagare con attenzione per vedere, trovare, capire e sim. ciò che non è visibile, trovabile, comprensibile e sim. a un'indagine affrettata: *s. l'orizzonte, le intenzioni di qc., la causa di q.c., un mistero*. **2** (*raro*) Scrutinare.

scrutàta [da *scrutare*] s. f. ● Sguardo rapido ma intenso e indagatore.

scrutatóre [dal lat. *scrutatōre(m)* 'ricercatore', da *scrutātus* 'scrutato'] **A** s. m. (f. *-trice*) **1** (*lett.*) Chi scruta. **2** Scrutinatore. **B** agg. • (*lett.*) Che scruta: *occhio s.*

scrutinaménto s. m. • (*raro*) Atto dello scrutinare.

scrutinàre o †**scruttinàre** [dal lat. tardo *scrutināre* 'esaminare', iter. di *scrutāre* 'frugare'] v. tr. **1** (*raro, lett.*) Indagare, investigare a fondo: *scrutinando sé medesimo e i suoi prossimi* (D'ANNUNZIO). **2** Procedere allo spoglio delle schede di una votazione. **3** Decidere sui voti da assegnare agli alunni.

scrutinatóre s. m. (f. *-trice*) **1** (*lett.*) Chi scrutina. **2** Persona addetta allo scrutinio delle schede, in una votazione.

scrutìnio o †**scruttìno** [vc. dotta, dal lat. tardo *scrutīniu(m)* 'investigazione, esame', da *scrutināre*] s. m. **1** †Esame accurato. **2** Spoglio dei voti in una votazione | *S. segreto*, in cui non è resa palese l'identità dei votanti | *S. uninominale*, sistema elettorale in cui si vota per un solo candidato | *S. di lista*, sistema elettorale in cui si vota una lista di candidati. **3** Operazione mediante la quale un'apposita commissione di insegnanti valuta il profitto degli alunni di una classe alla fine di un trimestre, quadrimestre o di un intero anno scolastico.

†**scruttinàre** • V. *scrutinare*.

†**scruttìno** • V. *scrutinio*.

scùcchia [etim. incerta] s. f. • (*dial.*) Mento assai sporgente.

scucchiaiàre [da *cucchiaio*, con *s-*] v. intr. (*io scucchiàio*; aus. *avere*) • Fare rumore con i cucchiai, forchette, e sim. mangiando.

†**scuccumèdra** [di etim. incerta: deformazione pop. del lat. *chimǣra(m)* 'mostro favoloso', con *s-* (?)] s. f. • (*raro, scherz.*) Cavallo di nessun pregio.

scucìre [da *cucire*, con *s-*] **A** v. tr. (*io scùcio*) **1** Disfare una o più cuciture | Disgiungere, separare, parti cucite insieme: *s. le maniche di un abito*. **2** (*pop.*) Tirare fuori: *avanti, scuci i soldi*. **B** v. intr. pron. • Perdere, disfare la cucitura o le cuciture: *si è scucita una tasca*.

scucìto part. pass. di *scucire*; anche agg. **1** Nei sign. del v. **2** (*fig.*) Sconnesso, incoerente: *discorso s.*

scucitùra s. f. **1** Atto dello scucire o dello scucirsi | Parte scucita. **2** (*fig., est.*) Distacco, separazione.

†**scudàio** [lat. *scutāriu(m)* 'scudaio', da *scūtum* 'scudo'] s. m. • Fabbricante, venditore, di scudi, nel sign. di *scudo (1)*.

scudàto o †**scutàto** [lat. *scutātu(m)* 'armato di scudo', da *scūtum* 'scudo'] agg. • (*lett.*) Armato di scudo | Protetto da scudo | *Artiglieria scudata*, dotata di pezzi protetti da scudo.

†**scudèlla** • V. *scodella*.

†**scuderésco** [da *scud(i)ero*] agg. • (*raro*) Di scudiere.

scuderìa [da *scud(i)ero*] s. f. **1** Impianto edilizio che ospita i cavalli ed è opportunamente attrezzato per il loro ricovero, allevamento e sim. | Complesso di cavalli, spec. da corsa, di uno stesso proprietario o allenatore | (*est.*) Organizzazione di una scuderia. **2** (*est.*) Nell'automobilismo, complesso delle macchine da corsa che gareggiano per una casa, e relativa organizzazione.

scudétto [da *scudo (1)*] s. m. **1** Distintivo tricolore che gli atleti vincitori di un campionato nazionale portano sulla maglia nella stagione di gare successiva | *Puntare allo s.*, puntare alla vittoria del massimo campionato nazionale | *Vincere lo s.*, vincere tale campionato | *Squadra da s.*, che ha probabilità di vincerlo. **2** (*mil.*) Distintivo a forma di piccolo scudo, con l'emblema dell'unità o dell'ente di appartenenza, applicato alla manica sinistra dell'uniforme. **3** Piccolo schermo metallico eretto dietro lo scodellino degli antichi schioppi a protezione dell'occhio del tiratore dalla fiammata dell'innesco. **4** (*agr.*) Pezzo di corteccia provvisto di gemma, staccato dal nesto, per eseguire l'innesto a occhio.

scudièro o †**scudière**, (*raro*) †**scudièri** [dal provz. *escudier*, risalente al lat. tardo *scutārius* 'armato di scudo', da *scūtum* 'scudo'] **A** s. m. **1** Valletto d'armi, che portava lo scudo del cavaliere al cui servizio si trovava. **2** Titolo di un dignitario di corte | *Grande s.*, titolo di corte. **3** Nel linguaggio del ciclismo, gregario che il caposquadra sceglie come il più idoneo per l'aiuto diretto in gara. **4** †Familiare, servitore: *niuno scudiere, o famigliar che dir vogliamo* (BOCCACCIO). **B** agg. • Nella loc. *alla scudiera*, (*ell.*) alla maniera degli scudieri | *Calzoni alla scudiera*, di pelle, stretti alla coscia | *Stivali alla scudiera*, con il risvolto di pelle di colore diverso.

scudisciàre v. tr. (*io scudìscio*) • Percuotere con lo scudiscio.

scudisciàta [da *scudisciare*] s. f. • Colpo di scudiscio: *dare, prendere una s.*

scudìscio o †**scurìscio**, (*raro*) †**scutìscio** [vc. di origine sett., dal lat. parl. **scutīciu(m)*, da *scūtica* 'staffile', f. sost. di *scūticus* 'scitico', dal gr. *Skythikós*, da *Skýthai* 'Sciti'] s. m. • Frustino flessibile di legno, cuoio o sim. per frustare il cavallo allo scopo di incitarlo, correggerlo, o sim. | (*est.*) Sferza, frusta. || **scudiscétto**, dim. | **scudiscióne**, accr.

scùdo (1) o (*raro*) †**scùto** [lat. *scūtu(m)* 'scudo', di origine prob. indeur.] s. m. **1** Arma da difesa in vario materiale di forma quadrata, oblunga o tonda o ovale che infilata nel braccio sinistro serviva a difendere il corpo | *Portare qc. sugli scudi*, esaltarlo, acclamarlo | *Alzata, levata, di scudi*, dimostrazione ostile, ribellione. **2** Riparo in lamiera d'acciaio fissato agli affusti di pezzi d'artiglieria e mitragliere, per proteggere i serventi da schegge e proiettili di piccolo calibro. **3** (*est.*) Struttura di rivestimento, protezione e sim. | *S. termico*, di materiale resistente al calore per proteggere parti di veicoli spaziali dal surriscaldamento aerodinamico, spec. al rientro nell'atmosfera | *S. di prua*, parte irrigidita della prua del dirigibile. **4** (*fig.*) Difesa, riparo: *fare, farsi, s. di, con q.c.* | *S. aereo, missilistico*, insieme delle forze aeree e delle attrezzature missilistiche che costituiscono l'armamento di protezione e difesa di uno Stato | *S. spaziale*, sistema difensivo globale basato su satelliti e armamenti spaziali. **5** (*zool.*) Ciascuna delle piastre ossee del dermascheletro dei cheloni e dei coccodrilli. **6** (*arald.*) Parte essenziale dello stemma, formato dal campo e dalle sue eventuali partizioni, su cui sono poste pezze e figure | *S. crociato*, il simbolo del partito politico della Democrazia Cristiana. ➡ ILL. **araldica**. **7** Struttura mobile impiegata per praticare gallerie sotterranee in terreni acquiferi o al di sotto di corsi d'acqua. || **scudicìno**, dim. | **scudóne**, accr.

scùdo (2) [da *scudo (1)*, per la figura effigiatavi, per calco sul fr. *écu* 'scudo', incrociato con la sigla inglese *ECU* 'European currency unit', unità monetaria europea nel sign. 2] s. m. **1** Moneta d'oro o d'argento di vario valore portante lo scudo del principe o dello Stato emittente raffigurato su una delle facce. **2** *S. europeo*, ecu.

scudocrocìato [da *scudo crociato*, simbolo del partito della Democrazia Cristiana] agg.; anche s. m. • Relativo, appartenente al partito politico della Democrazia Cristiana.

scùffia [da *cuffia*, con *s-*] s. f. **1** V. *cuffia*. **2** (*fig., pop.*) Forte innamoramento: *prendersi, avere una s. per qc.* | Forte ubriacatura: *prendere una s.* **3** Capovolgimento di una imbarcazione, spec. nella loc. *fare s.* || **scuffiàccia**, pegg. | **scuffióne**, accr. m. | **scuffiòtto**, dim. m.

scuffiàre [vc. di origine onomat.] **A** v. intr. (*io scùffio*; aus. *avere*) **1** (*mar.*) Capovolgersi, ribaltarsi, spec. riferito a imbarcazioni. **2** (*raro*) Soffiare rumorosamente aria dalle narici mangiando o uscendo dall'acqua: *e scuffian, che parean dell'acqua usciti* (PULCI). **B** v. rifl. • (*fig., pop.*) Innamorarsi.

scuffìna o **scoffìna** [lat. parl. **scoffīna(m)*, variante dial. di *scobīna* 'raspa', connesso con *scăbere* 'grattare', di origine indeur.] s. f. • Tipo di lima o raspa piatta da falegname.

scuffinàre o **scoffinàre**. v. tr. • Limare, raspare con la scuffina.

†**scugnàre** [da †*cugno*, per *cuneo*, con *s-*] v. tr. • (*raro*) Togliere il cuneo.

scugnìzzo [vc. nap., da *scugnare* 'scalfire, rompere', dal lat. parl. **excuneāre*, comp. di *ĕx-* (*s-* estratt.) e *cuneāre* 'finire in punta' (V. *cuneo*)] s. m. • Monello napoletano | (*est.*) Monello di strada.

sculacciàre [da *culo*, *culaccio*, con *s-*] v. tr. (*io sculàccio*) • Percuotere con la mano aperta sul sedere, spec. i bambini | (*raro, pop.*) *Farsi s.*, far parlare male di sé.

sculacciàta [da *sculacciare*] s. f. • Colpo, insieme di colpi, dati sculacciando: *dare una s.*; *prendere a sculacciate*. || **sculacciatìna**, dim.

sculacciòne [da *sculacciare*] s. m. • Forte sculacciata.

sculdàscio [dal longob. *skuldhaizo* 'capo di circoscrizione' (V. ted. *Schultheiss* 'giudice, podestà')] s. m. • Nel mondo medioevale, funzionario di nomina ducale con funzioni amministrative, fiscali, giudiziarie.

sculettàre [da *culo*, con *s-* e suff. iter.-vezz.] v. intr. (*io sculétto*; aus. *avere*) • Dimenare le anche e il sedere camminando.

†**scùlpere** v. tr. • (*lett.*) Scolpire.

†**scultàre** [da *sculto*] v. tr. • Scolpire.

scùlto o **scólto**, part. pass. di †*sculpere*; anche agg. **1** (*poet.*) Nei sign. del v. **2** (*letter.*) Fissato, stabilito.

scultóre [lat. tardo *sculptōre(m)* 'scultore', da *scūlptus* 'scolpito'] s. m. (f. *-trice*) • Chi esercita la scultura: *s. in marmo, in legno, in pietra, in avorio*; *i grandi scultori greci*.

scultòreo agg. • Scultorio.

scultòrio [da *scultore*] agg. **1** Che si riferisce alla scultura: *produzione scultoria*. **2** (*est.*) Statuario: *atteggiamento s.*; *posa scultoria*. **3** (*fig.*) Incisivo, forte, rilevato: *stile s.*; *prosa scultoria*.

scultùra o (*pop.*) †**scoltùra** [lat. tardo *sculptūra(m)* 'scultura', da *scūlptus* 'scolpito'] s. f. **1** Arte e tecnica dello scolpire: *la s. e la pittura presentano alla nostra mente gli oggetti* (FOSCOLO). **2** (*est.*) Opera scolpita: *le sculture del Partenone*. **3** (*est.*) Insieme di sporgenze e rientranze formatesi naturalmente su una superficie | (*biol.*) Insieme di disegni in rilievo sulla superficie di rivestimento di un organo: *s. sui semi delle piante*; *s. sulle elitre degli insetti*. **4** (*geol.*) Insieme di minute cavità di varia forma che gli agenti atmosferici producono su talune rocce mediante moti vorticosi coadiuvati dalla presenza di particelle minerali che agiscono da abrasivo.

sculturàle agg. • (*lett.*) Che è proprio della scultura (*anche fig.*): *linguaggio ... musicale, pittorico, s., architettonico* (CROCE).

†**sculturésco** agg. • Sculturale.

scùna s. f. • Adattamento di *schooner* (V.).

scùner s. m. • Adattamento di *schooner* (V.).

scuòcere [da *cuocere*, con *s-*] v. intr. e intr. pron. (coniug. come *cuocere*; aus. *essere*) • Cuocersi eccessivamente, detto di cibi: *la pasta si è scotta*.

scuoiàre e *deriv.* • V. *scoiare* e *deriv.*

scuoiatùra • V. *scoiatura*.

scuòla o (*lett., pop.*) **scòla** [lat. *schŏla(m)* 'scuola', dal gr. *scholḗ* 'tempo libero, occupazione studiosa', connesso con *échein* 'intrattenersi'] **A** s. f. **1** Istituzione che persegue finalità educative attraverso un programma di studi o di attività metodicamente ordinate | *S. materna*, quella per i bambini dai tre ai cinque anni | *S. elementare*, quella per i bambini dai sei agli undici anni | *S. media*, quella per i ragazzi dai dodici ai quattordici anni | *S. dell'obbligo*, quelle che ogni ragazzo, entro limiti d'età stabiliti dalla legge, è tenuto a frequentare, e che comprende la scuola elementare e la scuola media inferiore | *S. primaria*, quella comprensiva di scuola materna e scuola elementare | *S. secondaria inferiore*, scuola media | *S. secondaria superiore*, *s. secondaria di secondo grado*, quella che, al termine della scuola dell'obbligo, prevede, per un periodo dai quattro ai cinque anni, la continuazione facoltativa dell'istruzione preuniversitaria | *S. pubblica*, quella che dipende direttamente dallo Stato | *S. privata*, quella gestita da enti o da persone private | *S. mista*, quella frequentata da allievi di sesso sia maschile che femminile | *S. serale*, quella frequentata da chi lavora durante il giorno | *S. speciale*, quella che un tempo forniva educazione e istruzione ai bambini portatori di handicap. **2** Insieme delle istituzioni scolastiche vigenti in un paese: *urge una riforma della s.*; *per molti la s. italiana è arretrata*. **3** (*est.*) Attività che ha per scopo l'insegnamento metodico di una disciplina, un'arte, un mestiere, e sim.: *frequentare la s.*; *andare a s.*; *fare, tenere, s.*; *mettere qc. a s. da un insegnante*; *mettere qc. alla s.*

di un insegnante; *compagno di s.*; *s. di taglio*, *di danza* | *S. guida*, autoscuola e (*est.*) l'insegnamento della guida automobilistica | *Oggi non c'è s.*, è vacanza | Periodo di tempo durante il quale ha luogo l'attività della scuola: *oggi ho tre ore di s.*; *dopo la s. andremo al cinema*. **4** Sede in cui si svolge l'attività scolastica: *accompagnare i bambini a s.*; *in città c'è scarsità di scuole*; *la s. è in via Castiglione* | (*est.*) Edificio scolastico: *s. vecchia*, *nuova*, *moderna*; *non scrivete sui muri nuovi della s.*; *i bambini escono dalla s.* **5** Complesso di insegnanti, alunni, e sim. facenti parte di una scuola: *tutta la s. è in festa*; *gita organizzata dalla s.* **6** (*fig.*) Ammaestramento, pratica, esercizio: *crescere alla s. del dolore* | Ammonimento, esempio: *questo ti serva di s.*; *sotto la s. della madre crescerà educato*. **7** Insieme di poeti, artisti, filosofi, scienziati, e sim. che seguono e sviluppano il metodo e la dottrina di uno stesso maestro: *la s. del De Sanctis*, *del Bartoli* | Insieme di poeti, artisti, filosofi, scienziati e sim. che seguono lo stesso indirizzo o metodo: *i poeti della s. siciliana*; *i medici della s. salernitana* | Indirizzo seguito da un insieme di poeti, artisti, filosofi, scienziati, e sim.: *la s. senese*, *fiorentina*, *hegeliana*. **8** Insieme dei discepoli di un grande maestro (*anche spreg.*): *un dipinto di s.*; *il quadro non è del maestro ma di s.* | (*spreg.*) *Si sente troppo la s.*, *sa di s.*, e sim., di opera letteraria, artistica, e sim. in cui l'originalità dell'autore non riesce a superare l'influsso dell'insegnamento. **9** (*sport*) *Alta s.*, in equitazione, il complesso di esercizi o arie di alto grado di virtuosismo eseguiti da cavallo e cavaliere in perfetta e affinata sincronia | Tecnica, addestramento, diretti a questo scopo. **10** †Associazione, corporazione: *s. dei gladiatori*. || **scuolétta**, **dim.** **B** in funzione di **agg. inv.** ● (posposto a un s.) Che ha lo scopo di istruire, ammaestrare, e sim.: *cantiere s.* | (*mar.*) *Nave s.*, grande veliero impiegato per l'addestramento dei marinai, degli allievi ufficiali e sottufficiali della marina militare e mercantile | *Aereo s.*, a doppio comando per allievi piloti.

scuòlabus o **scuolabùs** [comp. di *scuola* e *-bus*] **s. m.** ● Autobus per il trasporto degli scolari da casa a scuola e viceversa, gener. a cura di un'amministrazione comunale: *servizio di s.*

scuolaguida [da *scuola* (*di*) *guida*] **s. f.** ● Scuola per l'insegnamento teorico e pratico della guida degli autoveicoli: *la s. si trova vicino alla piazza*. **SIN.** Autoguida, autoscuola.

scuòtere o †**escuòtere**, (*lett.*, *pop.*) **scòtere** [lat. parl. **exquŏtere*, falsa ricomposizione di *excŭtere*, comp. di *ĕx-* (*s-*) e *quătere* 'scuotere'] **A v. tr.** (**pres.** *io scuòto*, pop. poet. *scòto*; **pass. rem.** *io scòssi*, *tu scotésti*; **part. pass.** *scòsso*; in tutta la coniug. la *o* dittonga preferibilmente in *uo* se tonica, tranne se è preceduta da *t* o da *ss*) **1** Agitare, sbattere, con violenza facendo muovere in più direzioni: *il vento scuote gli alberi*; *il terremoto scuote la terra* | *S. i panni*, per togliere la polvere | *S. il capo*, *la testa*, in segno di scontentezza, dubbio, o rifiuto | *S. le spalle*, in segno di indifferenza | *S. il dito*, in segno di rimprovero, minaccia, rifiuto, e sim. | *S. qc.*, scrollarlo con forza per svegliarlo e (*est.*) incoraggiarlo ad agire, e sim.: *s. qc. dal sonno*, *dal torpore*, *dall'inerzia*. **2** (*est.*) Cacciare fuori agitando, far cadere (*anche fig.*): *s. la polvere*; *scuotersi i pregiudizi di dosso* | *S. il giogo*, *la schiavitù*, e sim., liberarsene. **3** (*fig.*) Agitare, eccitare (*anche ass.*): *questo ronzio scuote i nervi*; *il traffico scuote* | Turbare, commuovere (*anche ass.*): *le sue parole mi scossero*; *è una scena che scuote*. **B v. intr. pron. 1** Scrollarsi, sobbalzare, con movimento repentino: *a quel fragore tutti si scossero* | *Scuotersi dal sonno*, svegliarsi bruscamente | *Scuotersi dal sonno*, *dal torpore*, *dal letargo* e sim., (*fig.*) uscire da uno stato di inerzia, di abbattimento. **2** (*fig.*) Agitarsi, turbarsi, commuoversi: *all'annuncio si scosse*; *è un tipo che non si scuote mai*. **C v. intr.** (aus. *avere*) ● Dondolare, muoversi in qua e in là: *ho un dente che scuote*.

scuotiménto ● V. *scotimento*.

scuotipàglia [comp. di *scuotere* e *paglia*] **s. m. inv.** ● Organo della trebbiatrice che con moto alternativo consente alla paglia di fuoriuscire all'esterno separando nel contempo le granelle.

scuotitòio ● V. *scotitoio*.

scuotitóre ● V. *scotitore*.

scuponàto [comp. parasintetico di *cupone* col pref. *s-*] **agg.** ● (*banca*) Detto di titolo di credito da cui sia stata staccata la cedola di interesse o il dividendo.

scuponatùra [da *scuponato*] **s. f.** ● (*banca*) L'atto dello staccare la cedola d'interesse o il dividendo da un titolo di credito.

†**scùra** ● V. *scure*.

†**scuràre** ● V. *oscurare*.

scùre o †**scùra**, †**secùre** [lat. *secūre*(*m*), con sincope della voc. protonica: vc. deriv. dalla radice indeur. **sek-* 'tagliare' (V. *secare*)] **s. f. 1** Utensile destinato all'abbattimento degli alberi e alla lavorazione del legname, costituito da una lama d'acciaio provvista di occhio in cui è inserito il manico di legno e da un tagliente più o meno arcuato, sullo stesso piano con l'asse del manico | *S. d'arme*, azza | *Colpo di s.*, (*fig.*) decisivo, violento | *Tagliato con la s.*, (*fig.*) fatto, modellato grossolanamente | *Darsi la s. sui piedi*, (*fig.*) darsi la zappa sui piedi, fare il proprio danno | (*est.*, *fig.*) Detto di ogni organo di controllo chiamato a operare tagli o decurtazioni su preventivi di spese di enti o aziende spec. pubblici | (*est.*, *fig.*) Netto taglio, drastica riduzione in campo economico o finanziario: *la s. del Governo sulla previdenza*. **2** (*fig.*) Sanzione: *ricadere sotto la s. dell'illegittimità*. || **scurèlla**, **dim.** | **scurétta**, **dim.** | **scuricèlla**, **dim.** | **scuricìna**, **dim.**

scuréggia e *deriv.* ● V. *scoreggia* (*1*) e *deriv.*

scurétto [dim. di *scuro* (*2*)] **s. m.** ● Scuro, spec. di piccola finestra.

scurézza [da *scuro* (*1*)] **s. f.** ● Qualità di chi, di ciò che è scuro.

scuriàta o †**scuriàda** [lat. parl. **excorrigiāta*, dal classico *corrĭgia* 'correggia'] **s. f. 1** †Sferza di cuoio, scudiscio. **2** (*raro*, *lett.*) Sferzata, scudisciata: *i cavalli*, *condotti a furia di speroni e di scuriate* (BACCHELLI).

scurìccio [da *scuro* (*1*)] **agg.** (**pl. f.** *-ce*) ● Di colore tendente allo scuro.

scuriosàre ● V. *curiosare*.

scuriosìre [da *curioso*, con *s-*] **A v. tr.** (*io scuriosìsco*, *tu scuriosìsci*) ● (*raro*, *tosc.*) Togliere la curiosità. **B v. intr. pron.** ● (*raro*, *tosc.*) Togliersi la curiosità: *ora che hai letto la lettera ti sei scuriosito?*

scurìre [da *scuro* (*1*)] **A v. tr.** (*io scurisco*, *tu scurìsci*) ● Rendere scuro o più scuro: *l'aria scurisce i metalli*. **B v. intr.** e **intr. pron.** (aus. *essere*) ● Diventare scuro o più scuro: *i capelli biondi col tempo scuriscono*; *al sole la pelle scurisce*. **C v. intr. impers.** (aus. *essere* e *avere*) ● Annottare: *già scurisce*.

†**scurìscio** ● V. *scudiscio*.

†**scurità** ● V. *oscurità*.

scùro (**1**) [lat. *obscūru*(*m*) 'oscuro', prob. comp. di *ŏb-* 'davanti' e di un deriv. dalla radice indeur. **skū-* 'coprire'] **A agg. 1** Che è privo, parzialmente o completamente, di luce: *notte*, *stanza*, *prigione*, *scura* | (*merid.*) *Colpo s.*, nelle sagre paesane, quello sparato senza figurazione luminosa per segnare, con il solo rumore, la fine di uno spettacolo di fuochi artificiali. **CONTR.** Luminoso. **2** Detto di colore, che non è chiaro, che ha toni cupi e spenti, che tende al nero: *abito s.*; *pelle scura*; *occhi scuri*. **CONTR.** Chiaro. **3** Posposto a un agg. qual. dei colori, col quale costituisce una loc. inv., indica tonalità più cupa di quella espressa dall'agg. qual.: *verde*, *rosso*, *s.* **4** (*fig.*) Fosco, turbato, torvo: *faccia scura*; *essere s. in volto*, *in viso*. **5** (*fig.*) Che è difficile a comprendersi, a intendersi: *linguaggio s.*; *parole scure*. **CONTR.** Chiaro. **6** (*fig.*) Triste, penoso: *tempi scuri*. **7** (*fig.*, *lett.*) Ignoto, privo di fama: *millecent'anni e più dispetta e scura / fino a costui si stette* (DANTE *Par.* XI, 65-66). **8** (*ling.*) Detto di vocale, posteriore. || †**scuraménte**, **avv.** Oscuramente. **B** in funzione di **avv.** ● (*fig.*, *lett.*) In modo non chiaro: *parlare s.* **C s. m. 1** Buio, oscurità: *lo s. del pozzo* | *Essere allo s. di q.c.*, (*fig.*) non esserne informato, ignorarla. **2** Colore scuro, tonalità scura: *essere vestito di s.*; *preferire lo s.*; *lo s. ti dona*. **3** Parte ombreggiata o tratteggiata di un'opera pittorica: *il chiaro e lo s. di un disegno*.

scùro (**2**) [dal longob. *skūr* 'riparo contro la luce e il sole', della stessa origine del precedente] **s. m.** ● Ciascuna delle ante in legno completamente cieche, applicabili all'interno di finestre e porte per oscurare gli ambienti. || **scurétto**, **dim.** (V.).

†**scùrra** [vc. dotta, dal lat. *scŭrra*(*m*) 'buffone', prob. di origine etrusca] **s. m.** (**pl.** *-i*) ● Buffone, giullare.

scurrìle [vc. dotta, dal lat. *scurrīle*(*m*) 'buffonesco', da *scŭrra* 'buffone'] **agg.** ● Che dimostra, contiene, e sim. una comicità licenziosa, triviale e sguaiata: *aveva costui / di scurrili indigeste dicerie / pieno il cerèbro* (MONTI). **SIN.** Salace, sboccato, sguaiato, volgare. || **scurrilménte**, **avv.** In maniera scurrile.

scurrilità [vc. dotta, dal lat. *scurrilitāte*(*m*) 'buffoneria', da *scurrīlis* 'buffonesco'] **s. f.** ● Qualità di chi, di ciò che è scurrile | Atto, parola, e sim. scurrile.

scùṣa o †**escùsa** [da *scusare*] **s. f. 1** Atto dello scusare o dello scusarsi: *chiedere*, *domandare s.*; *presentare*, *fare*, *le proprie scuse a qc.* | *Chiedo s.*, formula di cortesia usata quando si interrompe qc. in ciò che sta facendo, dicendo e sim. **2** Parole, argomenti, atti e sim. con cui ci si scusa: *s. buona*, *valida*, *magra*, *banale*; *parole*, *biglietto*, *lettera di s.* **3** Argomento, motivazione, che, costituendo una giustificazione o una parziale discolpa dell'errore in cui si è caduti, ne attenua la gravità: *questa volta non hai scuse*; *il suo ritardo trova una s. nel traffico intenso*; *non ammetto le tue scuse*; *non si accettano scuse*. **4** Pretesto, finta ragione: *sono tutte scuse*; *ha sempre una s. pronta*; *prendere la s. di ...*; *è una s. bell'e buona*; *con la s. di uscire mi ha piantato in asso*; *tutte le scuse sono buone per non lavorare*; *ha trovato una s. per andarsene*. || **scusarèlla**, **scuserèlla**, **dim.** | **scusétta**, **dim.**

scuṣàbile o †**escuṣàbile**, †**iscuṣàbile** [dal lat. *excusābile*(*m*), da *excusāre* 'scusare'] **agg.** ● Che si può scusare. || **scusabilménte**, **avv.**

scuṣabilità **s. f.** ● (*raro*) Qualità di ciò che è scusabile.

†**scuṣaménto** [dal lat. tardo *excusamĕntu*(*m*) 'scusa', da *excusāre* 'scusare'] **s. m.** ● Scusa.

scuṣànte A part. pres. di *scusare*; anche **agg.** ● Nei sign. del v. **B s. f.** ● Motivo addotto a discolpa, circostanza attenuante: *cercare una s.*; *avere*, *non avere*, *scusanti*.

†**scuṣànza** [da *scusare*] **s. f.** ● (*raro*) Scusa.

scuṣàre o †**escuṣàre**, (*lett.*) †**iscuṣàre** [lat. *excūsāre* 'scusare', comp. di *ĕx-* (*s-*) e di un denominale di *cāusa* 'causa'] **A v. tr. 1** Scolpare, scagionare, una persona dall'errore che ha commesso o che le viene attribuito: *s. la negligenza di qc.*; *non è possibile scusarlo ancora*; *niente può s. il suo comportamento*; *non bisogna s. sempre i figli*. **2** Addurre a scusa, a difesa, a discolpa: *certe cose si possono s. solo con la giovinezza*; *l'inesperienza lo scusa dell'accaduto*. **3** Perdonare, spec. in formule di cortesia (*anche ass.*): *scusi il ritardo*; *scusate l'ardire*, *la libertà*; *mi scusi il disturbo*; *scusa ma devo andare*; *scusi*, *dov'è via Veneto?*; *scusi*, *che ore sono?*; *scusi tanto*; *scusate del disturbo*; *scusate per la seccatura* | *Scusate se è poco!*, escl. antifr. che sottolinea q.c. di grande, insolito: *ho camminato per dieci kilometri*, *e scusate se è poco!* **4** †Risparmiare | Evitare: *la dipinse volta di spalle*, *scusando il difetto con l'astuzia* (SANNAZARO). **5** †Esentare, liberare. **6** †Rifiutare, ricusare. **B v. rifl.** ● Difendersi, giustificarsi, chiedere scusa: *scusarsi dell'assenza*, *dell'equivoco*, *della dimenticanza*; *scusarsi con l'amico*, *con la signora*; *scusarsi presso il ministro*; *scusarsi di non essere intervenuto*.

†**scuṣàta** [da *scusare*] **s. f.** ● (*raro*) Scusa.

scuṣàto **part. pass.** di *scusare*; anche **agg. 1** Nei sign. del v. **2** *Essere s. da q.c.*, perdonato, dispensato | (*raro*) *Avere per s.*, scusare, assolvere da una colpa.

scuṣatóre [vc. dotta, dal lat. tardo *excusatōre*(*m*) 'che scusa', da *excusātus* 'scusato'] **s. m.** (**f.** *-trice*) ● (*raro*) Chi scusa.

†**scuṣazióne** ● V. †*escusazione*.

†**scuṣévole** **agg.** ● (*raro*) Scusabile.

scùsso [lat. *excŭssu*(*m*), part. pass. di *excŭtere* 'scuoter via' (V. *scuotere*)] **A agg. 1** (*lett.*) Privato di tutto, spogliato. **2** (*dial.*) Schietto, semplice, nudo e crudo: *la verità scussa*; *vino s.*; *acqua scussa* | *Pane s.*, senza companatico. **B** in funzione di **avv.** ● (*raro*) Senza riguardi, con franca semplicità (*spec. iter.*): *parlare s. s.*

†**scutàto** ● V. *scudato.*

scutellària [vc. dotta, dal lat. *scutĕlla(m)* 'scodella', col suff. agg. *-aria*; detta così per la forma del calice] s. f. ● Labiata perenne spontanea nei luoghi umidi con fiori azzurro-violacei a corolla tubolare (*Scutellaria galericulata*).

scùter s. m. ● Adattamento di *scooter* (V.).

scuterìsta o **scooterìsta** [da *scuter*, con *-ista*] s. m. e f. (pl. m. *-i*) ● Chi viaggia in motoscuter.

scùtica [lat. *scŭtica(m)* 'sferza' (V. *scudiscio*)] s. f. ● (*raro, lett.*) Sferza, scudiscio.

†**scutìfero** [comp. di †*scuto* e *-fero*] agg. ● (*raro*) Che porta uno scudo.

†**scutìscio** ● V. *scudiscio.*

†**scùto** ● V. *scudo* (*1*).

scutrettolàre [da *cutrettola*, con *s-*] v. intr. (*io scutréttolo* o *scutrèttolo*; aus. *avere*) ● (*raro*) Dimenare la coda, detto di alcuni uccelli | (*est.*) Camminare ancheggiando, detto di persona. SIN. Sculettare.

ṣdamàre [da *dama*, con *s-*] v. intr. (aus. *avere*) ● Nel gioco della dama, essere costretto a muovere una propria pedina dall'ultima fila.

ṣdàrsi [da *dar(si)*, con *s-*] v. intr. pron. (coniug. come *dare*) ● (*tosc.*) Non darsi, non applicarsi più, a un'attività, uno studio, e sim.: *s. al lavoro* | (*est.*) Avvilirsi, abbattersi.

ṣdàto part. pass. di *sdarsi*; anche agg. *1* Nei sign. del v. *2* (*fam., gerg.*) Banale, scontato, troppo visto.

ṣdaziàbile agg. ● Che si può sdaziare.

sdaziaménto s. m. ● Atto, effetto dello sdaziare.

ṣdaziàre [da *dazio*, con *s-*] v. tr. (*io ṣdàzio*) ● Liberare una merce dal dazio di cui è gravata attraverso il pagamento del dazio stesso.

ṣdebitàre [da *debito*, con *s-*] **A** v. tr. (*io ṣdébito*) ● Rendere libero dai debiti. **B** v. rifl. ● Rendersi libero dai debiti | (*fig.*) Disobbligarsi: *sdebitarsi con qc. di q.c.*

†**ṣdébito** [da *sdebitare*] s. m. ● Pagamento di un debito.

ṣdegnaménto [da *sdegnare*] s. m. *1* (*raro*) Sdegno. *2* †Nausea: *s. di stomaco.*

ṣdegnàre [lat. parl. **disdignāre* 'sdegnare', comp. di *dĭs-* (*s-*) e *dignāre* 'stimar degno' (V. *disdegnare*)] **A** v. tr. (*io ṣdégno*) *1* Avere in dispregio, aborrire, respingere qc. o q.c. ritenendolo indegno: *s. la viltà, la malafede*; *non s. di rispondere, di chiedere*; *s. gli amici interessati*; *sdegnereste dunque l'offerta di un cavaliere che ... aspirasse a servirvi?* (GOLDONI). *2* (*lett., tosc.*) Provocare sdegno, risentimento, irritazione: *la sua risposta mi ha sdegnato.* **B** v. intr. pron. e †intr. *1* Adirarsi, indignarsi, irritarsi: *sdegnarsi con, contro, qc.* *2* (*tosc.*) Non voler mangiare o svolgere altre normali funzioni, detto di animali: *la gatta si è sdegnata e non allatta più i gattini* | Detto di volatili, abbandonare le uova quando si accorgono della scoperta del proprio nido. *3* (*raro, tosc.*) Provare nausea: *lo stomaco mi si sdegna.* *4* †Irritarsi, infiammarsi, detto di piaga, ferita, e sim.

ṣdegnàto part. pass. di *sdegnare*; anche agg. *1* Nei sign. del v. *2* Indignato, adirato, preso da sdegno: *essere s. verso, contro, qc.*; *voce sdegnata.*

ṣdegnatóre s. m. (f. *-trice*) ● (*raro, lett.*) Chi sdegna.

†**ṣdegnazióne** [da *sdegnare*] s. f. ● (*raro*) Indignazione.

ṣdégno [da *sdegnare*] s. m. *1* Sentimento di riprovazione, indignazione, ira e sim. provocato da chi o da ciò che sembra indegno, intollerabile: *provare, sentire, prendere, s.*; *s. nobile, santo, giusto*; *trattenere lo s.*; *non poter nascondere lo s.*; *muovere a s.*; *muovere lo s.*; *parole, gesto, di s.* *2* (*lett.*) Disprezzo, disdegno: *atteggiamento di s.* | *Avere, tenere, a s. qc. o q.c.*, disprezzare.

ṣdegnosàggine s. f. ● (*raro*) Sdegnosità (*spec. spreg.*).

ṣdegnosità s. f. ● Qualità di chi è sdegnoso.

ṣdegnóso [da *sdegnare*] agg. *1* Che sente e dimostra sdegno per tutto quanto sembra in contrasto coi propri gusti, coi propri principi, e sim.: *essere s. di viltà, di menzogna* | Che esprime sdegno: *sguardo, rifiuto, s.* *2* Disdegnoso, altero, alieno dall'umiltà: *è sempre s. con tutti*; *ha s. il cor quella superba* (BOIARDO). SIN. Sprezzante. || **sdegnosétto**, dim. | **sdegnosùccio**, **sdegnosùzzo**, dim. || **sdegnosaménte**, avv. In modo sdegnoso, altero.

ṣdemanializzàre [da *demanializzare* col pref. *s-* neg.] v. tr. ● Rendere un bene non più demaniale.

ṣdemanializzazióne s. f. ● Atto, effetto dello sdemanializzare.

ṣdentàre [da *dente*, con *s-*] **A** v. tr. (*io ṣdènto*) ● Rompere uno o più denti, spec. a una macchina, un congegno, e sim.: *s. la sega, la ruota.* **B** v. intr. pron. ● Rompersi, perdere, i denti: *la sega si è sdentata*; *così giovane si è già sdentato.*

ṣdentàto [da *dentato*, con *s-*] **A** agg.; anche s. m. (f. *-a*) ● Che, chi non ha denti, che, chi ha perso i denti: *vecchio s.* || **sdentatèllo**, dim. **B** s. m. al pl. ● (*zool.*) Ordine di Mammiferi privi di denti o con denti tutti uguali e senza smalto. SIN. Maldentati.

ṣdentatùra s. f. ● Atto, effetto dello sdentare.

ṣderenàre ● V. *sdirenare.*

ṣdiacciàre [da *diaccio* (*1*), con *s-*] **A** v. tr. (*io ṣdiàccio*) ● (*tosc.*) Rendere q.c. meno ghiacciata, riscaldandola un poco. **B** v. intr. (aus. *essere* e *avere*) ● Diventare meno freddo: *l'aria, l'acqua è sdiacciata.*

†**ṣdicévole** [variante di *disdicevole*, con *s-* al posto di *dis-* (*1*)] agg. ● Disdicevole.

ṣdifferenziaménto [da *differenziamento*, col pref. *s-*] s. m. ● (*biol.*) In un tessuto animale o vegetale, in un organo o in un suo frammento, perdita totale o parziale, da parte di una o più cellule, delle caratteristiche peculiari realizzate col differenziamento.

ṣdigiunàrsi [da *digiunare*, con *s-*] v. intr. pron. ● Rompere il digiuno | Fare la prima colazione.

†**ṣdilacciàre** ● V. *dislacciare.*

ṣdilegàre ● V. *dislegare.*

ṣdilinquiménto s. m. ● Atto dello sdilinquirsi | Svenevolezza, smanceria.

ṣdilinquìre [dal lat. *delĭnquere* 'mancare', con cambio di coniug. ed *s-* (V. *deliquio*)] **A** v. tr. (*io ṣdilinquìsco, tu ṣdilinquìsci*) ● (*raro*) Rendere languido, fiacco, svenevole. **B** v. intr. pron. e tosc. †intr. (aus. *essere*) *1* Venir meno, andare in deliquio: *mi sdilinquisco dalla fame.* *2* (*fig.*) Essere eccessivamente tenero, svenevole, smanceroso: *per una parola dolce si sdilinquisce subito.*

†**ṣdimenticàre** e *deriv.* ● V. *dimenticare* e *deriv.*

†**ṣdiméttere** ● V. *dismettere.*

†**ṣdimezzàre** ● V. *dimezzare.*

ṣdipanàre [da *dipanare*, con *s-*] v. tr. ● Disfare un gomitolo o sim. dipanato.

ṣdipìngere [da *dipingere*, con *s-*] v. tr. (coniug. come *dipingere*) ● (*raro*) Cancellare ciò che è dipinto.

†**ṣdìre** [variante di *disdire*, con *s-* al posto di *dis-* (*1*)] v. tr. ● Disdire, ritrattare, ciò che si era detto.

ṣdirenàre o **ṣderenàre** [da †*direnare*, con *-s*] **A** v. tr. (*io ṣdiréno*) ● (*raro*) Rompere le reni per eccessiva fatica. **B** v. intr. pron. ● Affaticarsi eccessivamente.

ṣdiricciàre [da *diricciare*, con *s-*] v. tr. (*io ṣdirìccio*) ● Togliere le castagne dal riccio.

ṣdiricciàto part. pass. di *sdiricciare*; anche agg. ● (*raro*) Nel sign. del v.

ṣdiricciatùra s. f. ● Atto dello sdiricciare | Epoca in cui si sdiricciano le castagne.

†**ṣdiṣocchiàre** [da †*disocchiare*, con *s-*] v. intr. ● (*raro*) Cavare gli occhi.

ṣdoganaménto s. m. ● Atto, effetto dello sdoganare.

ṣdoganàre [da *dogana*, con *s-*] v. tr. ● Svincolare la merce trattenuta in dogana pagandone i relativi diritti doganali.

ṣdogàre [da *doga*, con *s-*] **A** v. tr. (*io ṣdógo* o *ṣdògo*, *tu ṣdóghi* o *ṣdòghi*) ● Togliere le doghe: *s. una botte.* **B** v. intr. pron. ● Scommettersi, detto delle doghe.

†**ṣdogliàrsi** [da *doglia*, con *s-*] v. intr. pron. ● Liberarsi dal dolore.

†**ṣdolciàto** [da *dolce*, con *s-*] agg. ● Sdolcinato.

ṣdolcinatézza s. f. ● Qualità di chi, di ciò che è sdolcinato | Atto, discorso e sim. sdolcinato.

ṣdolcinàto [da *dolcino*, dim. di *dolce*, con *s-*] agg. *1* (*raro*) Che è troppo dolce al gusto: *crema sdolcinata.* *2* (*fig.*) Languido, svenevole, stucchevole: *maniere sdolcinate*; *certi sdolcinati versi del Settecento.* || **sdolcinataménte**, avv. In modo sdolcinato, languido, svenevole.

ṣdolcinatùra s. f. ● Atto, discorso, comportamento, sdolcinato.

ṣdolenzìre [calco su *indolenzire*, con *s-*] **A** v. tr. (*io ṣdolenzìsco, tu ṣdolenzìsci*) ● (*raro*) Togliere, mitigare, l'indolenzimento. **B** v. intr. pron. ● Diventare meno indolenzito.

†**ṣdolére** [da *dolere*, con *s-*] v. intr. ● Smettere di dolere, non far più male.

ṣdondolàre e *deriv.* ● V. *dondolare* e *deriv.*

†**ṣdonnàrsi** [da †*donno*, con *s-*] v. intr. pron. ● (*raro*) Privarsi di ogni potere.

†**ṣdonneàre** [da †*donneare*, con *s-* neg.-sottratt.] v. intr. ● Smettere di donneare.

ṣdoppiaménto [da *sdoppiare* (*2*)] s. m. *1* Atto, effetto dello sdoppiare o dello sdoppiarsi | *S. di un composto*, in chimica, scissione in due altri. *2* (*med., psicol.*) *S. della personalità*, dissociazione della personalità nella schizofrenia; anche sensazione provata da alcuni individui, spec. sonnambuli o isterici, di avere o aver avuto, accanto alla propria, un'altra esistenza.

ṣdoppiàre (1) [da *doppiare*, con *s-* ints.] v. tr. (*io ṣdóppio*) ● Rendere semplice ciò che è doppio.

ṣdoppiàre (2) [da *doppiare*, con *s-* neg.-sottrattivo] **A** v. tr. (*io ṣdóppio*) ● Scindere in due parti: *s. un reggimento.* **B** v. intr. pron. ● Dividersi in due: *la fila si è sdoppiata.*

†**ṣdoràre** [da *dorare*, con *s-*] **A** v. tr. (*io ṣdòro*) ● Privare della doratura. **B** v. intr. pron. ● Perdere la doratura.

†**ṣdormentàre** [calco su *addormentare*, con *s-*] **A** v. tr. *1* Svegliare, destare. *2* (*fig.*) Incitare, stimolare. **B** v. intr. pron. ● Svegliarsi, destarsi.

†**ṣdormìre** [da *dormire*, con *s-*] v. intr. ● (*raro*) Smettere di dormire.

ṣdossàre [calco su *indossare*, con cambio di pref. (*s-*)] **A** v. tr. (*io ṣdòsso*) ● (*raro*) Togliere di dosso: *a gran ventura si recò di sdossarsi quel carico* (BARTOLI). **B** v. intr. pron. *1* (*raro*) Togliersi di dosso. *2* (*mar., raro*) Allontanarsi dalla costa, dagli scogli.

ṣdótto ● V. *sdutto.*

ṣdottoraménto [da *sdottorare* (*2*)] s. m. ● (*raro*) Atto dello sdottorare.

†**ṣdottoràre (1)** [da *dottore*, con *s-* sottrattivo] v. tr. ● Privare del titolo o della dignità di dottore.

ṣdottoràre (2) [da *dottore*, con *s-* durativo-ints.] v. intr. (*io ṣdottóro*; aus. *avere*) ● (*raro*) Sdottoreggiare.

ṣdottoreggiàre [da *sdottorare* (*2*), con suff. iter.-ints.] v. intr. (*io ṣdottoréggio*; aus. *avere*) ● Parlare in tono saputo, saccente o ostentando la propria cultura.

ṣdràia [da *sdraiare*] s. f. ● Sedia a sdraio.

ṣdraiàre [lat. parl. **exderadiāre*, da *rădius* 'raggio', con doppio pref. *ĕx-dē-* 'disporre le membra a raggio'] **A** v. tr. (*io ṣdràio*) ● Mettere a giacere: *s. un bambino sul letto.* **B** v. rifl. ● Mettersi a giacere, stendersi: *sdraiarsi sull'erba.*

ṣdraiàta s. f. ● (*raro*) Atto dello sdraiarsi. || **sdraiatina**, dim.

ṣdraiàto part. pass. di *sdraiare*; anche agg. *1* Nei sign. del v. *2* Detto di organo vegetale che si sviluppa adagiato sul terreno.

ṣdràio [da *sdraiare*] s. m. ● Atto dello sdraiarsi, posizione di chi è sdraiato, disteso, spec. nella loc. avv. *a s.*, sdraiato: *mettersi, stare, a s.* | *Sedia a s.*, (*ell.*) *sdraio*, sedia sulla quale ci si può sdraiare, costituita da un telaio regolabile cui è fissata una robusta tela.

sdraióni o (*raro*) **ṣdraióne** [da *sdraiare*] avv. ● Nella posizione di chi sta sdraiato: *buttarsi s. sul letto.*

sdrammatizzàre [da *drammatizzare*, con *s-*] v. tr. ● Togliere carattere drammatico a un avvenimento, un racconto o una notizia.

ṣdrammatizzazióne [da *drammatizzazione* col pref. *s-* neg.] s. f. ● Atto, effetto dello sdrammatizzare.

ṣdrogàrsi [da *drogarsi* col pref. *s-* neg.] v. rifl. ● Liberarsi dalla tossicodipendenza.

†**sdruccévole** [forma sincopata di *sdrucciolevole*] agg. ● Sdrucciolevole.

ṣdrucciolaménto s. m. ● (*raro*) Atto dello sdrucciolare.

ṣdrucciolàre o (*raro*) †**drusciolàre** [lat. parl. **exderoteolāre* 'rotolar giù' comp. di un denominale iter. di **rōteus*, agg. da *rŏta* 'ruota', con doppio pref.

ĕx-dē- (V. *ruzzolare*)] v. intr. (*io sdrùcciolo*; aus. *essere* e *avere* nel sign. 1, *avere* nei sign. 2 e 3, *essere* nel sign. 4) **1** Cadere a causa dell'improvviso scorrere del piede su una superficie liscia o su q.c. che non offre appiglio: *ha sdrucciolato sul sapone, sulla cera; è sdrucciolato giù per la china; s. dalle scale.* **2** (*raro*) Pattinare: *s. sul ghiaccio.* **3** (*fig., raro*) Incorrere, incappare, in q.c. di sconveniente: *s. in un argomento scabroso; s. a parlare male di qc.* | *S. nella colpa*, cadere in colpa. **4** (*fig., raro*) Sorvolare, passare oltre: *s. su un argomento delicato.*

†**sdrucciolativo** agg. ● Sdrucciolevole.

†**sdrucciolènte** o (*raro*) †**drucciolènte**, (*raro*) †**drusciolènte**. agg. ● Sdrucciolevole.

sdrucciolévole [da *sdrucciolare*] agg. ● Su cui si sdrucciola facilmente (*anche fig.*): *terreno, strada s.; discorso s.* SIN. Scivoloso. || **sdrucciolevolménte**, avv.

sdrucciolevolézza s. f. ● Caratteristica di ciò che è sdrucciolevole: *la s. del fondo stradale.* SIN. Scivolosità.

sdrucciolìo s. m. ● Atto dello sdrucciolare continuo.

sdrùcciolo (**1**) [da *sdrucciolare*] **A** agg. ● Che ha l'accento sulla terzultima sillaba: *parola sdrucciola* | *Verso s.*, che finisce con parola sdrucciola, e ha una sillaba di più rispetto alla misura normale | *Endecasillabo s.*, usato nel sec. XVI in luogo del trimetro giambico latino | *Ottave s.*, composte di versi sdruccioli | *Rime a s.*, sdrucciole. **B** s. m. ● Verso sdrucciolo (V. nota d'uso ACCENTO).

sdrùcciolo (**2**) o †**drùsciolo** [da *sdrucciolare*] s. m. **1** (*raro*) Atto dello sdrucciolare: *fare uno s., un brutto s.* **2** Pendenza, inclinazione del terreno | Sentiero in pendio: *avanzavano su per uno s.* | *A s.*, in pendio. || **sdrucciolóne**, accr. (V.).

sdrucciolóne s. m. **1** Accr. di *sdrucciolo* (*2*) nel sign. 1. **2** Caduta fatta sdrucciolando: *fare, prendere, uno s.; fare gli sdruccioloni sul ghiaccio.*

sdruccioloni [da *sdrucciolare*] avv. ● Sdrucciolando: *scendere s. per una china.*

sdrucciolóso [da *sdrucciolare*] agg. ● Sdrucciolevole.

sdrùcio s. m. **1** (*tosc.*) Atto, effetto dello sdrucire | Punto sdrucito | (*est.*) Strappo, buco: *farsi uno s. nella camicia.* **2** (*est., fam.*) Ferita, lacerazione.

sdrucìre o (*evit.*) **sdruscire** [lat. parl. **exderesŭere*, comp. di *resŭere* 'scucire', con doppio pref. *ĕx-dē-* e cambio di coniug. (V. *cucire*)] **A** v. tr. (*io sdrucisco* o *sdrùcio, tu sdrucisci* o *sdrùci*) **1** Scucire strappando: *s. una camicia.* **2** (*est.*) Lacerare, stracciare: *s. un panno* | (*fig.*) Fendere, tagliare: *s. il ventre, la pelle.* **B** v. intr. ● †Fendersi, aprirsi.

sdrucito **A** part. pass. di *sdrucire*; anche agg. ● Nei sign. del v. **B** s. m. ● (*raro*) Punto sdrucito, taglio, spaccatura.

sdrucitùra s. f. ● Atto, effetto dello sdrucire | Strappo, squarcio.

sdruscire ● V. *sdrucire*.

†**sducàre** [da *duca*, con *s-*] v. tr. ● (*raro*) Privare del titolo di duca.

sduràre [calco su †*indurare*, con cambio di pref. (*s-*)] v. tr. ● (*raro*) Sdurire.

sdurìre [calco su *indurire*, con cambio di pref. (*s-*)] **A** v. tr. (*io sdurisco, tu sdurisci*) ● (*raro*) Privare della durezza | Rendere meno duro. **B** v. intr. pron. ● (*raro*) Perdere la durezza.

sdùtto o (*raro*) **sdótto**, spec. nei sign. 2 e 3 [lat. parl. **exdūctu*(*m*), part. pass. di *e*(*x*)*dūcere* 'tirare (*dūcere*) via (*ĕx*)'] agg. **1** (*lett., dial.*) Sottile, magro, esile. **2** Logoro. **3** Detto di pianta, che non cresce bene: *piante sdutte.*

sé [lat. *sē* 'sé', di origine indeur.] **A** pron. pers. di terza pers. m. e f. sing. e pl. **1** Indica, con valore rifl., le persone e (*fam.*, anche gli animali e le cose) cui si riferisce il sogg. stesso e si usa al posto di 'lui', 'lei', 'loro' nei vari compl. quando non vi sia reciprocità d'azione: *parlare di sé; non sono soddisfatte di sé; pensano solo a sé; lo ha tirato a sé con troppa forza; lo hanno allontanato da sé; porta sempre l'ombrello con sé; se lo è serbato per sé; custodire in sé un segreto; i bambini vogliono tutto per sé; lo tiene presso di sé come lavorante; ha molto tempo ancora davanti a sé; dentro di sé si rode per il rancore; ha lasciato il rimpianto dietro di sé* | Con valore raff. con 'stesso' e 'medesimo': *si preoccupano solo di sé stessi; ha pensato solo a sé stesso; lo fanno per sé medesimi* | *Avere operai, persone sotto di sé*, alle proprie dipendenze | *Dio lo ha chiamato a sé*, (*euf.*) lo ha fatto morire | *Essere pieno di sé*, essere vanitoso, borioso, presuntuoso | *Essere chiuso in sé*, essere introverso | *Tenere q.c. per sé*, non riferirla né confidarla a nessuno | *Dentro di sé, fra sé e sé*, nel proprio intimo | *Essere, non essere in sé*, essere, non essere nel pieno possesso delle facoltà mentali | *Uscire, essere fuori di sé*, perdere il senno o la pazienza | *Rientrare in sé*, riprendere i sensi e (*est.*) rientrare in possesso delle proprie facoltà mentali | *Da sé*, senza l'aiuto o l'intervento d'altri, con le proprie forze: *fare da sé; si è fatto da sé; farsi giustizia da sé; lo sa da sé; la cosa ormai procede da sé* | *Va da sé*, è ovvio, è naturale: *va da sé che ora dovete arrangiarvi* | *A sé*, a parte, separatamente: *formano un gruppo a sé; fatemi un pacco a sé; è un caso da considerarsi a sé; starsene a sé* | *Di per sé, in sé stesso, in sé e per sé, di per sé stesso*, nel suo significato o valore assoluto, nella sua essenza, nella sua sostanza, considerato indipendentemente da ogni altra cosa: *la cosa di per sé non ha alcuna importanza; il fatto in sé non è allarmante* | *Fare parte per sé stesso*, non fare lega con altri. **2** Si usa come compl. ogg. in luogo del pron. atono 'si', quando gli si vuole dare particolare rilievo ed allora è per lo più rafforzato da 'stesso' o 'medesimo': *cerca di scusare sé e incolpa gli altri; per non danneggiare sé non ha avuto scrupoli; cerca di migliorare sé stesso; cercano di convincere sé stessi* | Se seguito da *stesso*, anche senza accento: *se la prende con se stesso.* **B** in funzione di s. m. ● La propria coscienza, il proprio intimo: *si illudeva nel suo sé di riuscire* | (*psicol.*) Sistema costituito dai tratti costanti della personalità, che viene percepito dal soggetto come continuo nel tempo, in relazione con gli altri e portatore di valori (V. nota d'uso ACCENTO).

†**se** (**1**) /se*/ [lat. *sīc* 'così', di origine indeur., con sovrapposizione di *se* (*2*)] cong. ● (*lett.*) Così, voglia il cielo che (introduce una prop. condiz. con valore deprecativo, o un'incisiva con valore augurale o ottativo, con il v. al congv.): *cotal m'apparve, s'io ancor lo veggia, / un lume per lo mar venir sì ratto* (DANTE *Purg.* II, 16-17); *deh, se Iddio ti dea buona ventura, ... diccelo come tu le guadagnasti* (BOCCACCIO).

se (**2**) /se*/ o (*poet.*) †**sed** [lat. tardo *sē*(*d*), incrocio del classico *sī* 'se', di origine indeur., con *quĭd* 'che cosa'] **A** cong. (si può elidere davanti a parola che cominci per vocale: *s'Affrica pianse, Italia non ne rise* (PETRARCA)). **1** Posto che, nel caso, nell'eventualità che (introduce una prop. condiz. subordinata, di un periodo ipotetico con il v. all'indic. o al congv.): *se tu lo desideri, lo faremo; resta pure, se preferisci; se proprio lo vuoi sapere, gli ho telefonato; se è possibile, fate meno rumore; se stesse in me, farei diversamente; se fosse arrivato, mi avrebbe avvertito!; se partivi prima, non avevi queste difficoltà; e se non piangi, di che pianger suoli?* (DANTE *Inf.* XXXIII, 42) | Con valore raff. seguito da avv. o loc. avv.: *se poi vi stancaste, potrete ritornare subito a casa; se per caso lo incontri, salutamelo* | *Se mai*, qualora (*anche ell.*): *se mai arrivasse, chiamami; se mai fatemi sapere q.c.*; V. anche *semmai* | (*fam., enf.*) Con l'apodosi sottintesa in frasi escl. o interr. retoriche, per esprimere desiderio, rammarico, meraviglia, minaccia e sim.: *se voi sapeste!; se vedeste com'è bello!; ma se tutti lo sanno!; se gliel'avessi detto!; ma se l'ho visto con i miei occhi!; se succede un'altra volta! ...; se ti prendo! ...; se almeno potessi uscire!; se lo avessi saputo!; se potessi vederlo!* **2** (*enf.*) Nel caso che, qualora (introduce una prop. incidentale con valore attenuativo, deprecativo, di modestia, di cortesia e sim. con il v. all'indic. o al congv.): *che io non possa più muovermi di qui se non è vero!; non lo venderei neanche se lo pagassero a peso d'oro; non lo perdono neanche se mi prega in ginocchio; domani, se non sbaglio, è la vostra festa; se ben ricordo, c'eri anche tu; voi, se ho ben capito, mi aiuterete; anche lui, se proprio vogliamo dire la verità, ha un po' di colpa; così è, se vi pare* | *Se Dio vuole*, finalmente: *se Dio vuole che l'ho fatta!* | *Se non altro*, (*ell.*) almeno: *se non altro, ho avuto soddisfazione.* **3** Nella loc. cong. *se non*, eccetto, tranne che (introduce una prop. eccettuativa implicita con il v. all'inf.): *non puoi fare altro se non ubbidire; liberi non sarem se non siamo uni* (MANZONI) | (*ell.*) Soltanto (in espressioni negative): *non ho parlato se non con lui; non ho telefonato se non perché temevo di disturbare.* **4** Poiché, dato che, dal momento che (introduce una prop. caus. con il v. all'indic.): *se ti hanno detto così, non c'è più niente da fare; se sei stato tu, perché non l'hai detto?* **5** Quand'anche, ammesso che (introduce spec. rafforzato da altre cong., una prop. condiz. con valore concessivo, con il v. al congv.): *se anche lo volessi, non potrei più modificare nulla; credo a quanto dice, se pure è vero; non lo prenderei neanche se me lo regalasse.* **6** Nella loc. cong. *come se*, quasi, nella maniera di (introduce una prop. compar. ipotetica con il v. al congv.): *agisce come se fosse lui il padrone; se l'è presa con me come se la colpa fosse mia; fai come se niente fosse* | (*enf.*) Con la prop. principale sottintesa in espressioni escl. per esprimere rammarico, sdegno, e sim.: *come se non lo conoscessimo bene!; come se fosse facile parlargli!; come se me ne importasse di lei!* **7** Introduce una prop. dubitativa, semplice o disgiuntiva, con il v. al congv., all'indic. o all'inf.: *vedi se puoi aiutarmi; cerca se ti è possibile di fare in tempo; guarda in libreria se è uscito qualche nuovo libro; tenta se ce la fai o no; vedrò se sia il caso di aiutarlo o se invece sia meglio che si arrangi.* **8** Introduce una prop. interr. indiretta semplice o disgiuntiva con il v. al congv., all'indic. o all'inf.: *non so se potrò partire; dimmi se intendi continuare così; domandagli se accetta o no; voglio sapere se davvero abbia queste intenzioni; non so se scrivere o telefonare; non so se sarei capace di mentire* | Con ellissi del v.: *chiedigli quando è in casa, se al mattino o al pomeriggio; dimmi cosa scegli, se il cinema o il teatro* | (*enf.*) In espressioni escl. o interr. con ellissi della prop. principale: *se sono stanco?, certo che lo sono!; se ho detto tutto quello che sapevo?, certo!; se ha pazienza?, moltissima!; se è ricco!, altro che!* **9** Come, quanto (introduce una prop. dubitativa con valore modale con il v. all'indic. o al congv.): *tu sai se mi è dispiaciuto farlo; vedi se ce ne vogliono di soldi!; puoi immaginare se io ci sia rimasto male!* **10** Con valore concessivo e, talvolta, temporale o avversativo in espressioni del tipo: *se la nevicata ha creato disagi in città, non minori sono stati i danni nelle campagne; se finora avevo dei dubbi sulla sua sincerità, ormai sono certo che aveva mentito.* **B** in funzione di s. m. inv. **1** Condizione: *è tutto a posto, c'è solo un ultimo se; sono disposto a esaudire la tua richiesta, ma c'è un se; accetto la proposta, c'è solo un se!* **2** Esitazione, incertezza, dubbio: *con tutti i suoi se non conclude nulla; tu sei l'uomo dei se e dei ma* (V. nota d'uso ACCENTO).

se (**3**) /se/ [lat. *sē* 'sé' di origine indeur.] pron. pers. atono m. e f. di terza pers. sing. e pl. (forma che il pron. *si* assume davanti ai pron. atoni *la, le, li, lo* e alla particella *ne*) **1** A sé (come compl. di termine, sia encl., sia procl.): *se lo vide innanzi; se lo sono proposto come un dovere; se li sono lasciati sfuggire.* **2** Con valore pleon. sia encl. sia procl.: *se lo bevve tutto; se la spassa allegramente; se l'è vista brutta; conviene darsela a gambe; non se n'è accorto nessuno; lo vidi andarsene senza salutare; se l'è mangiato in un boccone.* **3** †Si (nelle forme rifl. e intr. pron., in posizione encl., senza essere seguito da altre particelle pron.): *vostra vista in lui non po' fermarse* (PETRARCA).

sebàceo [vc. dotta, dal lat. tardo *sebāceu*(*m*) 'di sego', da *sēbum* 'sego'] agg. ● Del sebo | *Ghiandola sebacea*, annessa alla cute, che produce sebo | *Cisti sebacee*, formatesi in seno a una ghiandola sebacea.

sebbène o †**se bène** [comp. di *se* (*2*) e *bene*] cong. ● Benché, quantunque (introduce una prop. concessiva con il v. al congv. o (*lett.*) †all'indic.): *s. non sia compito mio, tuttavia lo farò; s. fosse in ritardo, lo fecero entrare; non son fanciullo, / se ben ho volto fanciullesco* (TASSO) | Con ellissi del v.: *s. indisposto, lo ricevette; lo farò, s. malvolentieri.*

sèbo [vc. dotta, dal lat. *sēbum* 'sego', di etim. incerta] s. m. ● Sostanza grassa secreta dalle ghiandole sebacee della cute.

†seborragìa [comp. di *sebo* e *-(r)ragia*] s. f. ● Seborrea.

seborrèa [comp. di *sebo* e *-(r)rea*] s. f. ● Aumento e alterazione della secrezione del sebo.

seborròico o **seborrèico** agg. (pl. m. *-ci*) ● Di seborrea: *acne seborroica*.

secànte o **†segànte**. **A** part. pres. di *secare*; anche agg. **1** Nei sign. del v. **2** (*mat.*) Che interseca, che ha punti comuni. **B** s. f. ● (*mat.*) Retta secante | Inverso del coseno.

secàre [vc. dotta, dal lat. *secāre* 'tagliare' (V. *segare*)] v. tr. **1** †Tagliare, segare | (*est.*, *fig.*) Strisciare, guizzare, scivolare. **2** (*mat.*) Intersecare.

sécca (1) [da *secco (1)*] s. f. **1** Rilievo del fondo del mare che impedisce o rende difficile la navigazione: *andare in s.*; *dare in s.*; *dare nelle secche* | *S. cieca*, sott'acqua | *S. allo scoperto*, a fior d'acqua. **2** (*fig.*) Difficoltà, stato di necessità, pericolo, spec. nelle loc.: *lasciare qc. sulle secche*; *essere, restare, in s.* | *†Rimanere, trovarsi, nelle secche*, non poter procedere, non potere andare avanti. **3** Aridità, siccità, mancanza d'acqua: *i fiumi della zona sono in s.*

sécca (2) [f. di *secco (1)*] s. f. **1** (*raro, tosc.*) Donna molto magra. **2** (*per anton., raro, tosc.*) La morte: *quando verrà la s.*

seccàbile [vc. dotta, dal lat. tardo *siccābile(m)* 'essiccativo', da *siccāre* 'seccare'] agg. ● (*raro*) Che si può seccare: *frutta s.*

seccàggine [da *seccare*] s. f. **1** (*raro*) Siccità, aridità. **2** (*raro, fig.*) Seccatura, noia.

†seccagginóso [da *seccaggine*] agg. **1** Arido, secco. **2** (*fig.*) Noioso, seccante.

seccagióne [da *seccare*] s. f. ● (*raro*) Seccamento, inaridimento, delle piante.

†seccàgna [lat. *siccānea* (nt. pl.) 'luoghi secchi', da *siccāneus* 'arido'] s. f. ● Grande secca | Estensione di secche.

†seccàgno [lat. *siccāneu(m)* 'arido', da *sĭccus* 'secco'] agg. ● (*dial.*) Arido, asciutto, detto spec. di terreno | *Coltura seccagna*, non irrigata.

seccàia [da *secco (1)*] s. f. ● (*tosc.*) Insieme di rami, alberi secchi e sim.

seccaménto s. m. ● (*raro*) Atto del seccare.

seccànte part. pres. di *seccare*; anche agg. ● Nei sign. del v. | (*fig.*) Fastidioso, spiacevole: *un contrattempo s.* SIN. Molesto.

seccàre [lat. *siccāre* 'seccare', da *sĭccus* 'secco'] **A** v. tr. (*io sécco, tu sécchi*) **1** Rendere secco, privare dell'umidità: *il caldo ha seccato il raccolto* | *S. frutta, verdura, carne*, e sim., farle asciugare al sole o al forno per conservarle. **2** Prosciugare, vuotare dell'acqua: *s. una sorgente, uno stagno, un pozzo* | (*mar.*) *S. la barca*, sgottare l'acqua dalla barca con la sassola | Prosciugare tratti di un torrente mediante deviazione dell'acqua per prendere i pesci rimasti all'asciutto. **3** (*fig.*) Esaurire, svigorire: *la sventura ha seccato la sua vena di artista*. **4** (*fig.*) Importunare, infastidire, annoiare: *ci secca con continue telefonate*; *sapete che mi avete proprio seccato?* **B** v. intr. (aus. *essere*) ● Diventare secco: *i fiori seccarono dopo pochi giorni*; *far s. la verdura al sole*. **C** v. intr. pron. **1** Diventare secco, perdere l'umidità: *le piante si sono seccate*. **2** Prosciugarsi, diventare asciutto (*anche fig.*): *il torrente si seccherà presto*; *se continui a parlare così ti si seccherà la gola* | *La ferita si secca*, si essicca, si rimargina. **3** (*fig.*) Annoiarsi, infastidirsi, stancarsi: *si è seccato di aspettare*.

seccarèllo ● V. *seccherello*.

seccàta s. f. **1** Atto del seccare. **2** (*fig., raro*) Seccatura.

seccatàsche [comp. di *secca(re)* e il pl. di *tasca*] s. m. e f. inv. ● (*raro, tosc.*) Seccatore.

seccatìccio [da *seccato*] **A** agg. (pl. f. *-ce*) ● Che è alquanto secco, rinsecchito: *legna seccaticcia*. **B** s. m. ● (*raro*) Insieme di cose secche.

seccatìvo [lat. tardo *siccatīvu(m)* 'essiccativo', da *siccātus* 'seccato'] agg. ● (*raro*) Siccativo.

seccàto part. pass. di *seccare*; anche agg. ● Nei sign. del v.

seccatóio [lat. tardo *siccatōriu(m)* 'essiccativo', da *siccātus* 'seccato'] s. m. **1** Luogo usato per seccarvi frutta, verdura e sim. **2** (*mar.*) Raschiatoio di gomma per far defluire l'acqua della coperta agli ombrinali.

seccatóre [da *seccare*] s. m.; anche agg. (f. *-trice*, pop. *-tora*) ● Chi, che importuna, infastidisce, annoia: *liberarsi dai seccatori*; *è un terribile s.* SIN. Disturbatore, importuno, scocciatore.

seccatùra s. f. **1** (*raro*) Atto, effetto del seccare: *la s. del fieno*; *è l'epoca della s.* **2** (*fig.*) Ciò che reca noie, importunità, disturbo, fastidio: *è una vera s.*; *vorrei evitare questa s.*; *mi hai dato proprio una s.*; *che s.!*

†seccazióne [vc. dotta, dal lat. *siccatiōne(m)* 'essiccazione', da *siccātus* 'seccato'] s. f. ● (*raro*) Atto del seccare.

seccheréccio o **†secchericcio** [da *secco (1)*] **A** agg. (pl. f. *-ce*) ● (*raro, tosc.*) Alquanto secco, quasi secco. **B** s. m. **1** (*raro, tosc.*) Siccità. **2** (*raro, tosc.*) Insieme di cose secche.

secherèllo o **seccarèllo** [da *secco (1)*] s. m. ● (*tosc.*) Tozzo, frammento, rimasuglio di pane secco: *mangiare i seccherelli*. || **seccherellùccio**, dim.

seccherìa [da *secco*] s. f. ● (*cart.*) Sezione dell'impianto per la fabbricazione della carta nella quale avviene l'essiccazione del prodotto.

†secchericcio ● V. *secchereccio*.

secchézza [da *secco (1)*] s. f. **1** Qualità di ciò che è secco: *la s. dell'aria*; *s. di stile* | Arsura. **2** (*raro*) Magrezza accentuata.

sécchia [lat. parl. *sĭcla(m)* per il classico *sĭtula* 'secchia', di etim. incerta] s. f. **1** Recipiente di metallo, legno e sim. a forma di cono tronco a fondo convesso, con manico curvo a semicerchio, usato spec. per attingere acqua: *una s. di rame, di zinco* | *Fare come le secchie*, andare in su e in giù | *†Ripescare le secchie*, (*fig.*) rimediare a errori, mancanze | (*tecnol.*) *S. di colata*, siviera. **2** Quantità di liquido contenuta in una secchia: *una s. di acqua, di latte* | *A secchie*, in grande quantità | *Piovere a secchie*, a dirotto. **3** (*fam., spreg.*) Alunno di intelligenza e capacità limitate che riesce a raggiungere risultati discreti, o anche buoni, grazie a un'ostinata volontà e a una continua applicazione. SIN. Secchione. **4** Antica unità di misura per liquidi. || **secchierèlla**, dim. | **secchiétta**, dim. | **secchiolina**, dim.

secchiàio [da *secchia*] s. m. ● (*dial.*) Acquaio.

secchiàta s. f. **1** Quantità di liquido contenuto in una secchia: *una s. d'acqua*. **2** Colpo dato con una secchia o con un secchio. **3** (*fig., fam.*) Studio faticoso e laborioso.

secchìccio [da *secco (1)*] agg. (pl. f. *-ce*) ● Alquanto secco.

secchièllo [da *secchia*] s. m. **1** Contenitore a forma tronco-conica o cilindrica, di ridotta capacità, realizzato in banda stagnata, materia plastica o legno, dotato di manico mobile, destinato a contenere prodotti chimici e generi alimentari | Secchio di piccole dimensioni usato nella liturgia cattolica per l'acqua benedetta. **2** Borsetta, di forma simile a un secchio, che si porta con lunga tracolla sulla spalla. || **secchiellóne**, accr. (V.).

secchiellóne [da *secchiello*] s. m. **1** Accr. di *secchiello*. **2** Contenitore per liquidi di forma troncoconica con manico.

†secchiginóso [da *secco (1)*, sul modello di *pruriginoso*] agg. ● Che è secco qua e là.

sécchio [lat. parl. *sĭclu(m)* per il classico *sĭtulus*, variante di *sĭtula* 'secchia'] s. m. **1** Recipiente di forma simile a quella della secchia, e di dimensioni generalmente più grandi: *il s. per il latte* | Recipiente di forma cilindrica e di materiale vario, fornito di coperchio: *il s. della spazzatura*. **2** Quantità di liquido contenuta in un secchio. || **secchìno**, dim. | **secchiolino**, dim.

secchióne [da *secchio*] s. m. (f. *-a* nel sign. 2) **1** Grosso secchio per il trasporto del calcestruzzo, sollevato meccanicamente | Nell'industria metallurgica, *s. di colata*, siviera. **2** (*fam., spreg.*) Secchia, sgobbone.

†secchità [da *secco (1)*] s. f. ● Secchezza.

†secchitùdine [da *secco (1)*] s. f. ● Secchezza.

séccia [lat. (*feni*)*sĭcia(m)* 'fienagione', comp. di *fēnum* 'fieno' e di un deriv. di *secāre* 'tagliare'] s. f. (pl. *-ce*) ● (*tosc.*) Stoppia: *tacciono le cicale / nelle stridule seccie* (PASCOLI).

secciàio s. m. ● (*tosc.*) Campo di secce.

sécco (1) [lat. *sĭccu(m)* 'secco', di origine indeur.] **A** agg. (pl. m. *-chi*) **1** Che è privo di umidità, di acqua: *aria secca*; *vento, clima, s.* | Arido: *terra, pelle, secca* | Asciutto, esausto: *pozzo s.*; *palude, terra, sorgente, fonte, secca* | *Botte secca*, senza più vino | (*chim.*) *Analisi per via secca*, eseguita senza preventiva dissoluzione della sostanza. **2** Essiccato, disseccato: *rami, fiori, secchi*; *legna, carne, secca*; *fra gli arbor secchi stassi il lauro lieto* (L. DE' MEDICI) | (*est.*) Duro | *Pane s.*, raffermo e (*est.*) solo, senza companatico | *Frutto s.*, con pericarpo membranoso, coriaceo o legnoso. **3** Molto magro: *diventare s.*; *essere s. s.*; *essere lungo e s. come un chiodo, come uno stecco*; *braccia, gambe, secche*. **4** (*fig.*) Privo di garbo, di grazia, di cordialità: *tono s.*; *un no s.*; *risposta secca*; *maniere secche* | Privo di morbidezza, ricchezza, vivacità, movimento, detto di stile artistico o letterario. **5** (*fig.*) Reciso, improvviso, netto: *colpo s.* | *Colpo, accidente, tiro, s.*, colpo apoplettico | *Fare s. qc.*, ucciderlo fulmineamente | *Restarci s.*, morire sul colpo. **6** Detto di vino, non dolce | Detto di liquore, non dolce e molto alcolico. **7** Nel gioco del lotto, detto di combinazione, giocata sola, su una sola ruota: *ambo, terno s.* **8** (*borsa*) *Corso s.*, quotazione al puro valore capitale, escludendo cioè gli interessi maturati | *Cedolare secca*, imposta che colpisce il reddito cedolare dei titoli pagando la quale si soddisfano interamente gli obblighi fiscali derivanti dal titolo stesso. || **seccàccio**, pegg. | **seccherèllo**, dim. | **seccùccio**, dim. || **seccaménte**, avv. In modo secco, brusco, arido: *parlare seccamente*. **B** s. m. (f. *-a* (V.)) **1** Luogo asciutto, privo di acqua o di umidità: *mettere, tirare, in, a s., una barca* | (*fig., pop.*) *Lasciare qc. in s.*, abbandonarlo in mezzo alle difficoltà | (*fig., pop.*) *Rimanere in, a, s.*, rimanere abbandonato in mezzo alle difficoltà; (*est.*) rimanere al verde, senza soldi. **2** Aridità, siccità: *tempo di gran s.* **3** Nella loc. *a s.*, senz'acqua | *Lavatura a s.*, eseguita con sostanze chimiche | *Mulino a s.*, non mosso dalla forza dell'acqua | *Muro a s.*, muro di pietra, conci, mattoni senza materiale legante | *Murare a s.*, senza calcina e (*est., scherz.*) mangiare senza bere | *Pittura a s.*, fatta sull'intonaco non più fresco | *A s.*, (*fig., raro*) all'improvviso, inaspettatamente, a un tratto: *voltare, deviare, a s.*; *a s. mi balenò un'idea*. **4** (*raro, tosc.*) Persona molto magra.

†sécco (2) agg. (pl. m. *-chi*) ● Seccato.

†seccomòro ● V. *sicomoro*.

seccóre [da *†secco (2)*] s. m. ● (*raro*) Siccità.

seccùme [da *secco (1)*] s. m. ● Insieme di rami, foglie, frutta o altra cosa secca (*anche spreg.*).

secentènne o (*raro*) **seicentènne** [comp. di *secent(o)* ed *-enne*] agg. **1** (*raro*) Che ha seicento anni, detto di cosa. **2** (*raro*) Che dura da seicento anni.

secentésco o (*raro*) **seicentésco**. agg. (pl. m. *-schi*) ● Del Seicento, del secolo XVII: *ampollosità secentesca*.

secentèṣimo ● V. *seicentesimo*.

secentìṣmo o (*raro*) **seicentìṣmo** [comp. di *secent(o)* e *-ismo*] s. m. **1** Gusto letterario dominante nell'Europa del XVII sec., caratterizzato dall'esasperato artificio delle forme poetiche e prosastiche e dalla scelta di temi filosofici, morali, storici o grotteschi rivissuti con una sensibilità concettistica e scenografica. **2** (*est.*) Preziosismo (*anche spreg.*).

secentìsta o (*raro*) **seicentìsta**. s. m. e f. (pl. m. *-i*) ● (*lett.*) Scrittore, artista, del Seicento.

secentìstico o (*raro*) **seicentìstico**. agg. (pl. m. *-ci*) ● Che si riferisce al Seicento, ai secentisti, o al secentismo.

secènto ● V. *seicento*.

secèrnere [vc. dotta, dal lat. *secĕrnere* 'separare', comp. di *sē(d)*-, pref. di separazione, e *cĕrnere* 'dividere'] v. tr. (pres. *io secèrno*; part. pass. *secrèto*; oggi usato spec. nelle terze pers. sing. e pl. dei tempi semplici) **1** (*biol., fisiol.*) Produrre ed elaborare sostanze da immettere in un organismo animale o vegetale, detto di una o più ghiandole o cellule: *il fegato secerne la bile*. **2** (*med.*) Essudare.

secessióne [vc. dotta, dal lat. *secessiōne(m)* 'separazione', da *secēssus*, part. pass. di *secēdere* 'ritirarsi', comp. di *sē(d)*-, pref. di separazione, e *cēdere* 'andare'] s. f. **1** Ritiro, defezione, di un gruppo dall'unità sociale, militare, politica, e sim. di cui faceva parte: *le secessioni della plebe ro-*

mana; *la s. aventiniana del 1924*. **2** (*dir.*) Separazione di parte del territorio da uno Stato, senza il consenso di quest'ultimo | *Guerra di s.*, negli Stati Uniti d'America, quella svoltasi dal 1861 al 1865 fra gli Stati del Nord favorevoli alla soppressione della schiavitù e quelli del Sud, contrari, che si erano staccati dalla confederazione. **3** (*est.*) Allontanamento di un gruppo dal movimento artistico, letterario e sim. di cui fa parte | (*per anton.*) Movimento di scultura e pittura fiorito tra la fine dell'Ottocento e l'inizio del Novecento, spec. nei paesi di cultura germanica, che propugnava il distacco dalle accademie e gener. dalle associazioni e istituzioni artistiche ufficiali, a favore della formazione di gruppi autonomi, liberamente rinnovatori del gusto e dello stile.

secessionìsmo [comp. di *secession(e)* e *-ismo*] **s. m.** **1** Atteggiamento, comportamento, di chi è secessionista. **2** (*raro*) Secessione.

secessionista **A** **s. m. e f.** (**pl. m.** *-i*); anche **agg.** ● Promotore, fautore di una secessione. **B** **agg.** ● Secessionistico.

secessionìstico **agg.** (**pl. m.** *-ci*) ● Che si riferisce al secessionismo o ai secessionisti.

†**secèsso** [vc. dotta, dal lat. *secĕssu(m)* 'separazione', da *secēdere* 'ritirarsi'] **s. m.** **1** Ritiro, recesso. **2** Luogo di decenza. **3** (*raro*) Evacuazione del ventre.

séco [lat. *sēcum*, comp. di *sē* 'sé' e *cŭm* 'con'] forma **pron.** **1** (*lett.*) Con sé, presso di sé: *la vecchiezza ... porta s. tutti i dolori* (LEOPARDI) | (Con valore raff. e ints.) *s. stesso, s. medesimo*: *s. medesmo a suo piacer combatte!* (DANTE *Par.* V, 84) | (*ints., pleon.*) †*Con s.*: *in Susa con s. la menò* (BOCCACCIO). **2** (*est.*) Tra sé, dentro di sé: *e s. pensa al dì del suo riposo* (LEOPARDI) | (*lett.*) †Tra loro: *s. pensarono di fargli ... alcuna beffa* (BOCCACCIO). **3** (*poet.*) †Con lui, con lei, con loro: *quel giorno ch'i' lasciai grave e pensosa / Madonna, e 'l mio cor s.!* (PETRARCA) | (*ints., lett.*) †*s. lui*; *s. lei*; *s. loro*.

secolàre [vc. dotta, dal lat. *saeculāre(m)* 'secolare', e, nel sign. eccl., 'laico', da *sāeculum* 'secolo'] **agg.** **1** Che ha uno o più secoli: *quercia s.* | Che dura da secoli: *tradizione s.* **2** Che si verifica ogni secolo: *guerre secolari*. **3** Che appartiene al secolo, alla vita laica e civile, spec. in contrapposizione a ecclesiastico: *abito s.* | *Braccio s.*, il potere civile cui venivano affidati i condannati dai tribunali ecclesiastici, per l'esecuzione delle sentenze | *Clero s.*, gli ecclesiastici che non appartengono a ordini o congregazioni, non hanno regola monastica e vivono in contatto con i laici | *Foro s.*, in diritto canonico, il tribunale e la giurisdizione non ecclesiastici. **4** Mondano, terreno, spec. in contrapposizione a spirituale: *ricchezze, beni, secolari*. **5** (*raro*) †Che non ha l'istruzione dei chierici. ‖ **secolarménte**, **avv.** Nel secolo, nella vita terrena e mondana.

secolarésco [da *secolare*] **agg.** (**pl. m.** *-schi*) ● (*lett.*) Laico, mondano: *abito s.*; *ambizioni secolaresche*. ‖ **secolarescaménte**, **avv.** In modo secolare, mondano.

secolarità **s. f.** ● (*lett.*) Durata secolare.

secolarizzàre [dal fr. *séculariser*, da *séculaire* 'secolare'] **v. tr.** ● Sottoporre a secolarizzazione | *S. la scuola*, affidarla a insegnanti laici, spogliarla dall'indirizzo clericale e religioso.

secolarizzazióne [dal fr. *sécularisation*, da *séculariser* 'secolarizzare'] **s. f.** ● Riduzione a vita laica di chi ha ricevuto ordini religiosi o vive secondo regola conventuale | Riduzione di beni destinati dal culto all'uso profano.

sècolo o †**sèculo** [vc. dotta, dal lat. *sāeculu(m)* 'generazione', di prob. origine indeur.] **s. m.** **1** Spazio di tempo di cento anni: *è un s. che è morto*; *ha vissuto un s.*; *ha quasi un s.*; *un s. prima*; *due secoli dopo*; *nel primo s. dopo Cristo*; *quel regno durò tre secoli*; *al principio del s.*; *verso la metà del s.*; *alla fine del s.* | (*iperb.*) Periodo di tempo generalmente non lungo ma che tale sembra o si vuol far sembrare: *è un s. che ti aspetto*; *a venire ci mette un s.*; *mi sembra un s. che non lo vedo*. **2** Periodo chiaramente determinato nella storia, ma di durata temporale piuttosto vaga: *il s. di Pericle, di Augusto, di Dante*; *il s. delle grandi scoperte*; *il s. d'oro della pittura* | *Il s. della riforma religiosa*, il Cinquecento | *Il s. di Luigi XIV*, il Seicento | *Il s. dei lumi, del razionalismo*, il Settecento | *Il s. delle grandi invenzioni*, l'Ottocento | Età: *s. dell'oro, dell'argento*; *s. barbaro, crudele, folle, malvagio*; *s. di grande splendore, di decadenza*. **3** Epoca in cui si vive, tempo presente, attuale: *i costumi, la moda del s.*; *le meraviglie del s.*; *il male del s.*; *non mi piacque il vil mio secol mai* (ALFIERI) | *Avvenimento del s.*, che desta grande risonanza e che, per i suoi aspetti, viene considerato caratteristico dell'epoca in cui si è verificato | *Figlio del s.*, particolarmente rappresentativo della generazione cui appartiene | *Roba dell'altro s.*, ormai superata | *Uomo del s. scorso*, arretrato. **4** (*al pl., gener.*) Tempo: *per molti secoli*; *dall'inizio dei secoli*; *essere benedetto nei secoli*; *coll'andar dei secoli* | *Nel buio, nella notte, dei secoli*, nel passato più lontano | *Per tutti i secoli dei secoli*, eternamente. **5** Vita mortale, terrena, spec. in contrapposizione alla vita eterna: *di Silvio il parente, / ... ad immortale / s. andò* (DANTE *Inf.* II, 13-15) | †*Partire, passare e sim. di questo s.*, morire. **6** Vita mondana, mondanità, spec. in contrapposizione alla vita religiosa: *le cure, le vanità, le pompe, del s.* | *Ritirarsi, fuggire, dal s., abbandonare, lasciare, il s.*, darsi a vita monastica | *Al s.*, loc. preposta al nome e cognome di un religioso e (*est.*) di chi ha adottato uno pseudonimo: *padre Alessandro, al s. Mario Rossi*; *la cantante Mimì, al s. Maria Rossi*. ‖ **secolétto**, **dim.**

secónda (1) [da *secondo (1)*] **A** **s. f.** **1** (*ell.*) Seconda classe di una scuola: *frequentare la s. elementare*; *fa la s. liceo*. **2** (*ell.*) La seconda marcia di un cambio di velocità. **3** (*mus.*) Intervallo che abbraccia due gradi | *S. del tono*, nota che si trova subito dopo la tonica di una scala diatonica ascendente | Corda di minugia che viene subito dopo il cantino nel violino e sim. **4** (*sport*) Atteggiamento schermistico: *invito, legamento di s.* | Azione difensiva: *parata di s.* | *Punizione di s., nel calcio*, quella per cui non si può tirare il pallone direttamente contro la porta avversaria, ma lo si deve passare a un compagno che può effettuare il tiro a rete. **5** Nella danza classica, posizione a braccia aperte, gambe divaricate, piedi rivolti in fuori e con la distanza di circa un piede tra un tallone e l'altro | Nella ginnastica, posizione in cui le braccia sono unite in basso dietro la schiena. **6** †Direzione che segue la corrente: *alla s.* | *Andare a s.*, navigare secondo la corrente dell'acqua. **7** Nella loc. avv. *in s.*, usata per indicare la posizione subordinata di chi è secondo di grado: *pilota, comandante in s.* **8** Nella loc. avv. *a s.*, nel senso della corrente di un corso d'acqua o nella direzione in cui spira il vento; (*fig.*) in modo favorevole: *andare, navigare a s.*; *tutto gli va a s.* | †*Seguire, seguitare alla s.*, secondare (1). **B** nella **loc. cong.** *a s. che* ● (*raro*) Come, secondo che (introduce una prop. modale con il v. al congv.): *mi regolerò per uscire a s. che tu venga o no*. **C** nella **loc. prep.** *a s. di* ● Conformemente a, secondo: *decideremo a s. delle circostanze*.

secónda (2) [sing. di un deriv. dal lat. tardo *secŭndae (membrānae)* 'seconde (membrane)', f. pl. di *secŭndus* 'secondo'] **s. f.** ● (*anat., pop.*) Placenta.

secondaménto (1) [da *secondare (1)*] **s. m.** ● Atto di secondare, di assecondare, di compiacere.

secondaménto (2) [da *secondare (2)*] **s. m.** ● (*med.*) Espulsione o estrazione manuale della placenta e del sacco amniotico dall'utero dopo il parto.

secondàre (1) [dal lat. *secundāre*, da *secŭndus* 'secondo'] **A** **v. tr.** (*io secóndo*) **1** Favorire, aiutare, indulgere, assecondare: *s. le voglie, i desideri, di qc.*; *s. qc. in ogni cosa*; *s. le inclinazioni di qc.*; *poco mi costa secondar l'umore di questa pazza* (GOLDONI). **2** (*lett.*) Accompagnare, seguire nello stesso verso: *s. un movimento*; *turba d'aure vezzosa ... / ti corteggia d'intorno e ti seconda* (MARINO). **3** †Seguire, tener dietro, venire dopo, nel muoversi, nel pensare, nel parlare. **B** **v. intr.** ● (*raro*) †Cedere, consentire: *però ch'al e percosse non seconda* (DANTE *Purg.* I, 105).

secondàre (2) [da *seconda (2)*] **v. intr.** (*io secóndo*; aus. *avere*) ● Espellere la placenta.

secondarietà [da *secondario*] **s. f.** ● Qualità di chi, di ciò che è secondario.

secondàrio [dal lat. *secundāriu(m)*, da *secŭndus* 'secondo'] **A** **agg.** **1** Che, in una successione, viene dopo il primo | *Scuola secondaria inferiore*, scuola media | *Scuola secondaria superiore*, *scuola secondaria di secondo grado*, quella che al termine della scuola dell'obbligo prevede, per un periodo dai quattro ai cinque anni, la continuazione facoltativa dell'istruzione preuniversitaria. **2** Che, in ordine di importanza, valore, e sim. viene dopo il principale: *causa, questione secondaria* | *Proposizione secondaria*, che dipende da un'altra | (*ling.*) *Accento s.*, che cade con minore intensità su una sillaba diversa da quella su cui cade l'accento primario di una parola | *Norma secondaria*, che irroga una sanzione contro chi non osservi una norma primaria | *Parte secondaria*, accessoria, collaterale. **CONTR.** Principale. **3** Detto di processo geologico, giacimento, minerale, struttura, formatosi successivamente alle rocce in cui si trova. **4** Detto di stella, meno brillante di una binaria. **5** (*chim.*) Detto di composto in cui il gruppo funzionale è legato a due radicali: *alcol s.* | Detto di atomo di carbonio unito a due altri atomi di carbonio | Detto di reazione che avviene contemporaneamente a un'altra detta principale. **6** (*econ.*) *Attività secondaria*, industria. **7** (*psicoan.*) *Processo s.*, V. *processo*. ‖ **secondariaménte**, **avv.** **1** In secondo luogo; in grado minore, meno importante. **2** In un secondo tempo. **B** **s. m.** **1** (*geol.*) Era Mesozoica. **2** (*elettr.*) Parte del trasformatore comprendente gli avvolgimenti d'uscita collegati generalmente all'utilizzatore. **3** (*econ.*) Il settore dell'industria.

secondatóre [da *secondare (1)*] **s. m.**; anche **agg.** (f. *-trice*) ● (*lett.*) Che, chi seconda.

secondìno [da *secondo (1)*] **s. m.** ● Guardia carceraria.

secóndo (1) [dal lat. *secŭndu(m)*, ant. part. pres. del v. *sĕqui* 'seguire'] **A** **agg. num. ord.** **1** Corrispondente al numero due in una sequenza, in una successione (rappresentato da II nella numerazione romana, da 2° in quella araba): *abitare al s. piano*; *il s. volume di un'opera*; *il s. capitolo di un libro*; *essere al s. anno di vita*; *il II secolo d.C.*; *il s. atto della commedia*; *atto terzo, scena seconda*; *poltrona di seconda fila*; *classificarsi s. in una gara*; *ingranare la seconda marcia*; *frequentare la seconda classe*; *l'impero di Napoleone III fu detto 'Secondo Impero'*; *papa Giulio II*; *Federico II* | *La seconda elementare, liceo scientifico e sim.*, (*ell.*) la seconda classe di tale ordine di studi: *ripetere la seconda* | *Per s.*, con funzione appositiva: *l'ho visto per s.*; *il deputato della sinistra ha parlato per s.*; *sono stata chiamata per seconda* | *Seconda colazione*, quella di mezzogiorno | *Seconda portata, s. piatto*, in un pranzo, le vivande servite in tavola dopo la prima portata | *Olio s.*, ottenuto con una seconda spremitura | *S. vino*, ottenuto dalla rifermentazione delle vinacce non torchiate. **SIN.** Vinello | *Il s. caso*, il caso del compl. di specificazione, il genitivo | *In s. luogo*, secondariamente, considerando, enunciando possibilità, fatti, condizioni e sim.: *in s. luogo egli ha dei debiti con te* | (*raro*) *In s.*, in seconda: *comandante in s.* | *Ustioni di s. grado*, non gravissime | *Figli di s. letto*, (*fig.*) nati dalle seconde nozze del padre o della madre | *Passare a seconde nozze*, risposarsi dopo la morte del primo coniuge o l'annullamento del primo matrimonio | *Innalzare un numero alla seconda*, (*ell.*) alla seconda potenza, elevarlo al quadrato | *È la seconda che mi fai oggi!*, (*ell.*) la seconda malefatta | *Minuto s.*, la sessantesima parte di un minuto primo. **2** (*est.*) Altro, nuovo e differente rispetto al primo: *non ti verrà offerta una seconda possibilità, se fallisci ora*; *verrò nella seconda metà del mese*; *è stato per noi un s. padre*; *questa è una seconda giovinezza*; *si sente nella seconda giovinezza*; *lo giudicano un s. Raffaello*; *è un s. Nerone per la sua ferocia* | *Avere un s. fine*, uno scopo nascosto e diverso da quello palesato o dichiarato | *Seconda casa*, quella acquistata in località di villeggiatura, quando se ne possiede già una in città. **3** (*est.*) Inferiore per valore, pregio, costo, importanza, e sim.: *vettura, cabina di seconda classe*; *albergo, pensione di seconda categoria, di second'ordine*; *personaggio, figura di s. piano* | *Di seconda qualità, di second'ordine*, scadente | *Pas-*

sare in seconda linea, non primeggiare, perdere importanza | *Non essere, non ritenersi s. a nessuno*, essere, ritenersi assai abile: *come giocatore di dadi non è s. a nessuno; nella mira non mi ritengo s. a nessuno* | *Fare le seconde parti*, quelle meno importanti in una commedia, in un'opera e sim. | *Notizie, informazioni di seconda mano*, (*fig.*) non originali, avute tramite terze persone | *Oggetti di seconda mano*, che si vendono già usati | *Oggetti di seconda scelta*, scelti fra quelli già scartati e quindi scadenti | *Seconda donna*, ruolo del teatro italiano ottocentesco comprendente parti di donna galante, donna maritata, avventuriera e sim., gener. rivale della prima donna. **4** (*lett.*) Favorevole, prospero, propizio: *avere la fortuna, la sorte seconda; procedere in mare, navigare con vento s.; così gli andaron le cose seconde!* (BOCCACCIO). || **secondaménte**, avv. In secondo luogo; seguentemente. **B** s. m. (f. *-a* nel sign. 1) **1** Chi o ciò che è secondo in una successione, in una sequenza (per ell. di un s.): *sono il s. a tentare questa impresa; mio figlio è il s. della classe; il s. da sinistra è mio fratello; fra questi libri preferisco il s.* **2** (*ell.*) La seconda portata: *cosa vuoi per s.?; cameriere! il s.!; come s. vorrei qualcosa di leggero.* **3** (*fis.*) Unità di misura del tempo nel Sistema Internazionale, pari alla durata di 9 192 631 770 periodi della radiazione emessa in una particolare transizione da un isotopo dell'atomo di cesio; un tempo definito come 1/86400 del giorno solare medio. SIMB. s. | *Minuto s.*, erroneamente usato per secondo | *In un s.*, (*fig.*) in un attimo, subito: *sarò pronta in un s.* **4** (*fis.*) Unità derivata di misura d'angoli, definita con la 3 600ª parte del grado sessagesimale. SIMB. ″. **5** Nei duelli, padrino: *mandare i secondi* | Nel pugilato, assistente del pugile, in numero di due per i professionisti, durante lo svolgimento di un incontro | *Fuori i secondi*, invito dell'arbitro perché i secondi abbandonino il quadrato, prima di ogni round | *Zona dei tre secondi*, nella pallacanestro, area segnata in entrambe le metà campo dove un giocatore in attacco non può rimanere più di tre secondi. **6** (*mar.*) Ufficiale che viene dopo il capitano o il comandante, e in caso di necessità ne fa le veci.

secóndo (2) [dal lat. *secŭndum* 'dietro, lungo', da *secŭndus* 'seguente'] **A** prep. **1** Lungo, nella direzione di: *avanzate s. la linea tratteggiata; sono andati s. la direzione sbagliata; la barca, senza remi, andava s. la corrente; la navigazione s. il vento è più veloce.* **2** (*fig.*) Nel modo richiesto, voluto, prescritto, o indicato da: *comportarsi, agire s. coscienza, la legge, gli ordini ricevuti; vivere s. natura; operare s. giustizia; comportarsi s. le regole; pettinarsi s. la moda; regolarsi s. le prescrizioni del medico.* **3** Stando a, conformemente a: *s. la mia opinione, stiamo sbagliando; s. quello che dicono, dovrebbero essere molto ricchi; s. quanto è stato dichiarato, il ministro sarà presto sul luogo del disastro; s. ciò che si afferma, sono stati presi i provvedimenti del caso* | *S. me, lui, noi*, e sim., stando a come la penso io, lui, noi e sim.: *s. me, qui c'è sotto qualcosa; s. alcuni la ricchezza è un bene, s. altri è un male* | Stando a, riferendoci a quanto qc. afferma o scrive: *Vangelo s. Matteo; s. la sentenza di Platone* (DANTE *Par.* IV, 24); *s. fonti ufficiali i danni sono rilevanti.* **4** In rapporto a, in proporzione a: *saranno premiati ciascuno s. il proprio merito; bisogna infliggere le punizioni s. la gravità della colpa; ciascuno sarà aiutato s. il bisogno.* **5** In base a, in dipendenza di: *agiremo s. il caso; so comportami s. le circostanze; 'ti tratterrai molto?' 's. il tempo!'; 'vieni anche tu domani?' 's. come starò!'* | (*ass.*) In base alle circostanze, le esigenze del momento (nelle risposte, con valore dubitativo): *'vieni o no?' 's.!'; 'e voi cosa fareste?' 's.!'*. **6** †Sebbene, per quanto (con valore limitativo): *io ti saprò bene, s. donna, fare un poco d'onore* (BOCCACCIO). **B** cong. **1** Nella maniera in cui (introduce una prop. modale con il v. all'indic.): *scrive e parla s. pensa; bisogna comportarsi s. si conviene; per giuoco insomma qui facean, s. / fan gli inimici capitali* (ARIOSTO) | Come, stando a quello che: *s. si dice, sarà un'annata fredda* | V. anche *secondoché.* **2** (*raro*) Se, nel caso, nell'ipotesi che (introduce una prop. condiz., spec. disgiuntiva, con il v. al congv.): *si può fare in entrambi i modi; s. si voglia o no sfruttare lo spazio* | V. anche *secondoché.*

secondoché o **secóndo che** [comp. di *secondo* (*2*) e *che* (cong.)] cong. **1** Come, nel modo che (introduce una prop. modale con il v. all'indic.): *agisce s. gli piace; consentendo di tremare dal freddo o affogare dal caldo secondo che io voglio* (LEOPARDI). **2** Nel caso che, nell'ipotesi che (introduce una prop. condiz., spec. disgiuntiva, con il v. al congv. o pop., all'indic.): *lo aiuterò s. riesca o fallisca; s. lo voglia o meno, andrò a trovarlo.*

secondogènito [comp. di *secondo* (*1*) e *genito* 'nato', sul modello di *primogenito*] **A** agg. ● Che è nato per secondo: *figlio s.* **B** anche s. m. (f. *-a*): *ecco il nostro s.*

secondogenitùra s. f. ● (*raro*) Qualità, condizione di chi è secondogenito.

secondonàto [comp. di *secondo* (*1*) e *nato*] agg.; anche s. m. (f. *-a*) ● (*raro*) Secondogenito.

secréta (1) ● V. *segreta* (*1*).

secréta (2) ● V. *segreta* (*2*).

secretàggio [dal fr. *secrétage*, deriv. di *secret* 'secreto (3)'] s. m. ● Operazione del secretare.

secrétaire /fr. səkreˈtɛr/ [dal fr. *secrétaire* (V. *segretario*)] s. m. inv. ● Mobile a due corpi, di cui l'inferiore con cassetti o ante e il superiore con facciata ribaltabile che, aperta, forma il piano per scrivere | Piccola scrivania a gambe alte con ribalta | Scrivania | Stipo, armadio per carte e documenti.

secretàre [da *secreto* (*3*) nel sign. 2] v. tr. (*io secréto*) ● Inumidire le pelli, destinate alla fabbricazione dei cappelli, con una apposita soluzione chimica, usando contropelo una spazzola, per renderle atte a essere feltrate.

†**secretàrio** ● V. *segretario* (*1*).

secretina [ingl. *secretin*, da *secret*(*ion*) 'secrezione' e *-in* '-ina'] s. f. ● (*biol.*) Ormone polipeptidico prodotto dalle cellule del duodeno, la cui azione consiste principalmente nella stimolazione della secrezione pancreatica.

secretivo [da *secreto* (*3*)] agg. ● (*biol.*) Relativo alla secrezione, caratterizzato da secrezione | *Fase secretiva*, fase progestinica.

secréto (1) ● V. *segreto* (*1*).

secréto (2) ● V. *segreto* (*2*).

secréto (3) **A** part. pass. di *secernere*; anche agg. ● Nei sign. del v. **B** s. m. **1** (*biol., fisiol., med.*) Prodotto di secrezione. **2** Nell'industria dei cappelli, particolare soluzione chimica con cui viene trattato il pelo per aumentarne la capacità di feltrare.

secretóre [da *secreto* (*3*)] agg.; anche s. m. (f. *-trice*) ● (*biol., fisiol.*) Che, chi secerne.

secretòrio [da *secreto* (*3*)] agg. ● (*biol., fisiol.*) Della, relativo alla secrezione: *dotto s.; attività secretoria.*

secrezióne [vc. dotta, dal lat. *secretiōne*(*m*) 'separazione', da *secrētus* 'separato'] s. f. **1** Atto, effetto del secernere: *la s. della saliva; il latte è la s. della mammella* | (*biol., fisiol.*) Elaborazione ed espulsione di una sostanza da parte di una o più ghiandole o cellule in un organismo animale o vegetale | *S. esterna*, compiuta da ghiandole fornite di dotti escretori, che riversano il secreto in cavità preformate | *S. interna*, di ghiandole prive di dotti escretori, che riversano il secreto direttamente nel sangue | (*med.*) Essudazione sierosa, mucosa o purulenta da una ferita o da una piaga per un processo infiammatorio o irritativo. **2** (*ling.*) Fenomeno per il quale un elemento componente di parola acquista un significato e un uso autonomo o serve a formare nuove parole; ad es. *auto*, che viene da *automobile*, ed è usato anche come prefisso (*autobus, autofficina*).

†**sèculo** ● V. *secolo.*

†**secùre** ● V. *scure.*

securitizzazióne [vc. ingl. *securitization*, da *security* 'obbligazione'] s. f. ● Emissione di obbligazioni garantite da crediti vantati dall'emittente.

†**secùro** e *deriv.* ● V. *sicuro* e *deriv.*

†**secutóre** [vc. dotta, dal lat. *secutōre*(*m*) 'sorvegliante, gladiatore', da *secūtus*, part. pass. di *sĕqui* 'seguire'] s. m. **1** (*raro*) Seguitore. **2** (*archeol.*) Gladiatore armato di scudo, elmo e spada, che combatteva contro il reziario.

†**secuzióne** ● V. *esecuzione.*

†**sed** /sed/ ● V. *se* (*2*).

sedanino s. m. ● Sedano nel sign. 2.

sèdano o (*dial.*) **sèllero** [gr. *sélinon*, di etim. incerta] s. m. **1** Ombrellifera coltivata di cui si usano come ortaggio le costole delle foglie, aromatiche, bianche e carnose (*Apium graveolens*): *s. a costola, s. da costa* | *S. rapa*, varietà con radice a forma di tubero, tenera e carnosa | *S. dei prati*, ombrellifera perenne, spontanea a foglie basali pelose, usata in liquoreria (*Heracleum sphondylium*). **2** (*al pl.*) Pasta di media pezzatura a forma cilindrica ricurva.

sedàre [vc. dotta, dal lat. *sedāre* 'calmare', causativo di *sedēre* 'sedere': propriamente 'far sedere'] v. tr. (*io sèdo*) ● Calmare, placare: *s. il dolore, l'ira* | Reprimere: *s. il tumulto, la rivolta.*

sedativo [dal lat. mediev. *sedatīvu*(*m*), da *sedātus* 'sedato'] **A** agg. ● Che calma, che placa spec. il dolore. **B** s. m. ● Farmaco che calma l'azione di un organo o di un sistema, spec. del sistema nervoso.

sedàto part. pass. di *sedare*; anche agg. ● Nei sign. del v.: *correggano e' padri coll'animo s. e vacuo d'ogni iracondia* (ALBERTI). || **sedataménte**, avv. Quietamente.

sedatóre [dal lat. tardo *sedatōre*(*m*), da *sedātus* 'sedato'] s. m.; anche agg. (f. *-trice*) ● (*raro*) Che, chi seda.

sedazióne [dev. di *sedare*] s. f. ● (*med.*) Condizione di minor reattività di un soggetto cui siano stati somministrati farmaci a lieve azione depressiva, spec. sul sistema nervoso centrale.

sède [vc. dotta, dal lat. *sēde*(*m*) 'sede, dimora', connesso con *sedēre* 'sedere'] s. f. **1** †Seggio | Oggi solo nelle loc. *Sede apostolica; Sede di Pietro; s. papale; Santa Sede*, la sede del Papa come rappresentante del governo di tutta la chiesa cattolica; (*est.*) il governo stesso della Chiesa, come organo di potere | *S. episcopale, patriarcale, archiepiscopale*, sede e giurisdizione di vescovo, patriarca, arcivescovo | *S. vacante*, periodo di interregno fra la morte di un papa e l'elezione di un nuovo papa; (*est.*) governo e suoi organi che rappresentano la Chiesa in tale periodo. **2** Luogo di residenza, dimora, domicilio: *prendere, avere, s. in un luogo; cambiare s.* | (*dir.*) *S. legale della persona giuridica*, domicilio della persona giuridica in base all'atto costitutivo o allo statuto. **3** Città, luogo, edificio, in cui esplica la sua attività un'autorità, un ufficio, un ente pubblico o privato e sim.: *la s. del governo, del parlamento, dell'ambasciata, del tribunale, del partito; Bologna è s. di un'antica università; s. ampia, decorosa; cambiare s.; essere trasferito, destinato, ad altra s.; ritornare alla propria s.; rientrare alla s.; abbandonare la s.* | *S. stanziale*, quella stabilita dal ministero della Difesa per ogni comando, corpo e reparto in relazione a varie esigenze. **4** Luogo dove sono istituite le sezioni più importanti di un'azienda, che godono generalmente di maggior autonomia: *la s. centrale di una società.* **5** Luogo in cui si svolge, spec. temporaneamente, una determinata attività: *Venezia è la s. di un importante festival; la scuola sarà s. di esami* | (*est.*) Spazio, ambito, punto in cui q.c. si trova o che è predisposto per ricevere, contenere e sim. q.c. | *S. stradale*, parte della strada riservata ai veicoli. SIN. Carreggiata | *S. tranviaria*, riservata al tram | (*mecc.*) *S. di valvola*, superficie su cui poggiano o fanno tenuta le valvole | (*ling.*) *S. dell'accento*, sillaba su cui esso cade. **6** Parte, organo del corpo in cui prende origine una malattia. **7** Nella loc. *in s. di*, durante, nel momento in cui si svolge q.c.: *in s. di esami, di bilancio, di liquidazione* | *In s. legislativa*, nell'uso del Parlamento, detto di una commissione avente il compito di approvare definitivamente una legge senza rinviarla all'assemblea plenaria | *In s. referente*, nell'uso del Parlamento, detto di una commissione che esamina un disegno o una proposta di legge senza decidere ma solo allo scopo di riferire poi all'assemblea plenaria | *In s. redigente*, nell'uso del Parlamento, detto di commissione che redige il testo legislativo, lo prepara e sostanzialmente lo approva nei singoli articoli ma lo rinvia all'assemblea plenaria per la sua approvazione nel complesso | *In separata s.*, (*fig.*) in privato.

†**sedècimo** [comp. di *se(dici)* e *decimo*] agg. num. ord. ● (*raro*) Sedicesimo.

sedentarietà [da *sedentario*] s. f. ● Qualità di chi, di ciò che è sedentario: *la tua s. mi sorprende.*

sedentàrio [vc. dotta, dal lat. *sedentāriu(m)*, da *sĕdens*, genit. *sedĕntis*, part. pres. di *sedēre* 'sedere'] **A** agg. *1* Che si svolge stando seduti, che comporta poco movimento: *occupazione, vita sedentaria* | *Servizio s.*, cui un tempo erano destinati i soldati non completamente idonei al servizio militare ma atti a disimpegnare servizi di caserma. *2* Detto di popolazione che risiede stabilmente in un luogo, spec. in contrapposizione a *nomade*. *3* Detto di persona, che si muove poco, che trascorre gran parte del suo tempo stando a sedere. **B** s. m. (f. *-a*) ● Persona sedentaria.

sedentarizzàre [da *sedentario*] v. tr. e intr. pron. ● (*antrop.*) Trasformare o trasformarsi da nomade in sedentario, detto di un gruppo umano.

sedentarizzazióne [da *sedentarizzare*] s. f. ● Atto, effetto del sedentarizzare.

sedènte part. pres. di *sedere*; anche agg. *1* Nei sign. del v. *2* (*arald.*) Detto dei quadrupedi, posati sul treno posteriore.

sedére [lat. *sedēre* 'star seduto', dalla radice indeur. **sed-* 'sedere'] **A** v. intr. (pres. *io sièdo*, lett. *sèggo*, poet. †*sèggio, tu sièdi, egli siède, noi sediàmo*, poet. †*seggiàmo, voi sedéte, essi sièdono*, lett. *sèggono*, poet. †*sèggiono*; fut. *io sederò* o *siederò*; pass. rem. *io sedéi* o *sedètti, tu sedésti, ... essi sedèttero*; imper. *siédi, sedéte*; congv. pres. *io sièda*, lett. *sègga, noi sediàmo*, poet. †*seggiàmo, voi sediàte*, poet. †*seggiàte, essi sièdano*, lett. *sèggano*; condiz. pres. *io sederèi*, o *siederèi, tu sederésti*; ger. *sedèndo*, poet. †*seggèndo*; part. pres. *sedènte*, poet. †*seggènte*; aus. *essere*) *1* Posare le parti posteriori del corpo sopra un appoggio qualsiasi, piegando le gambe o tenendole distese, accavallate, incrociate, e sim.: *s. su una sedia, su uno sgabello, sul letto, sui gradini* | *S. su due poltrone*, (*fig.*) avere contemporaneamente due lavori o incarichi, spec. ben retribuiti | *S. in poltrona, in sella, in groppa, in grembo a qc.*; *s. a tavola, al banco, allo sportello*; *s. compostamente, scompostamente* | *S. a gambe larghe*, (*fig.*) vivere spensieratamente | *S. alla turca, come i turchi*, con le gambe incrociate | *Essere, stare, restare a s.*; *essere, stare, restare, seduto*; *invitare qc. a s.*; *accomodarsi a s.* | *Mettersi a s., mettersi seduto*, sedersi e (*fig.*) mettersi a riposo | *Non stare mai a s.*, (*fig.*) essere sempre in movimento | *Porre, mettere, qc. a s.*, (*fig.*) privarlo del grado, deporlo da un ufficio | *Tenere qc. a s.*, (*fig.*) tenerlo in ozio, impedirgli lo svolgimento della sua attività | *Posti a s.*, nei luoghi pubblici, mezzi di trasporto pubblico, e sim., poltrone, sedili, e sim. su cui sedersi. CONTR. Posti in piedi | *Dare, porgere, offrire, da s. a qc.*, offrirgli q.c. su cui sedersi | *Alzarsi da s.*, smettere di stare seduto | *Trovare da s.*, trovare un posto a sedere. *2* Esercitare il proprio ufficio in un luogo o in una circostanza che richiedono lo stare seduti: *s. in adunanza, in uditorio, in confessionale*; *s. arbitro, giudice*; *l'assemblea sedette a lungo* | *S. in giudizio*, †*s. pro tribunali*, esercitare l'ufficio di giudice | *S. in cattedra*, insegnare e (*est.*) sdottoreggiare | *S. sulla cattedra di San Pietro*, essere papa | *S. in trono*, regnare | Avere seggio: *s. in parlamento, in tribunale, in consiglio*. *3* (*poet.*) Stare, trovarsi (*anche fig.*): *giustizia entro al tuo seno / siede* (PARINI). *4* (*lett.*) Essere situato, stendersi, spec. in luogo basso: *la villa siede tra il piano e il monte*; *siede Parigi in una gran pianura* (ARIOSTO). **B** v. intr. pron. ● Compiere i movimenti necessari per posarsi con le parti posteriori del corpo sopra un appoggio qualsiasi, tenendo le gambe variamente piegate: *mi siedo perché sono stanco*; *non stare in piedi, siediti*; *perché non vi sedete?*; *dove ci sediamo?*; *si è seduto di schianto e la sedia s'è rotta*. **C** s. m. *1* Atto del sedere: *il s. a tavola*. *2* Parte posteriore del corpo, su cui si siede: *battere il s. per terra* | *Prendere qc. a calci nel s.*, (*fig.*) trattarlo male, mostrargli ingratitudine. SIN. Culo, deretano, didietro, posteriore. *3* †Sedia | †Parte della sedia su cui ci si siede. ‖ **sederino**, dim. (V.) | **sederóne**, accr.

sederino s. m. *1* Dim. di *sedere* nel sign. C2. *2* †Sedile ribaltabile nelle carrozze a due posti.

sèdia [metatesi di un ant. *sieda*, da *sedere*] s. f. *1* Sedile, d'antica origine, per una sola persona, di forma svariata secondo le epoche, gli stili e i materiali impiegati, costituito da una spalliera, un piano orizzontale o sedile e quattro gambe o piedi uniti o no da traverse: *s. imbottita, impagliata*; *s. a braccioli*; *s. da giardino, a dondolo, a sdraio*; *s. di vimini, di ferro* | *S. curule*, sedile usato dagli antichi magistrati curuli romani, simbolo del potere giudiziario | *S. di comodo*, comoda | *S. gestatoria*, trono mobile sul quale il papa è portato dai sediari | *S. elettrica*, congegno per eseguire le condanne a morte mediante folgorazione, in uso in alcuni Stati degli USA | *S. a rotelle*, munita di piccole ruote per consentire il trasporto di persone che non possono camminare per infermità. *2* †Trono: *mettere in s.* | †*Levare di s.*, spodestare | †*S. apostolica*, Santa Sede | †*S. vacante*, sede vacante, per la morte del Pontefice. *3* †Sede, residenza, dimora (*anche fig.*): *la malinconia è s. di spiriti maligni* (CAMPANELLA). ‖ **sediàccia**, pegg. | **sedìna**, dim. | **sediòla**, dim. | **sediolìna**, dim. | **sediolino**, dim. m. (V.) | **sediòlo**, dim. m. (V.) | **sedióna**, accr. | **sedióne**, accr. m. | **sediùccia**, dim.

sediàrio [da *sedia*] s. m. ● Chi è addetto a reggere la sedia gestatoria papale.

sedicènne [vc. dotta, dal lat. tardo *sedecĕnne(m)*, comp. di *sēdecim* 'sedici' e *ănnus* 'anno'] **A** agg. *1* Che ha sedici anni, detto di cosa o di persona: *una ragazza s.* *2* (*raro, lett.*) Che dura da sedici anni. **B** s. m. e f. ● Chi ha sedici anni d'età: *capricci da s.*

sedicènte [comp. di *sé* e *dicente* sul modello del fr. *soidisant*] agg. ● Che dice di essere ciò che non è, che si qualifica in modo abusivo: *un s. dottore.*

sedicèsimo [da *sedici*] **A** agg. num. ord. ● Corrispondente al numero sedici in una sequenza, in una successione, in una classificazione, in una serie (rappresentato da XVI nella numerazione romana, da 16° in quella araba): *si è classificato s.*; *arrivò s.*; *ne ho avuto la sedicesima parte*; *è uscito il s. fascicolo*; *Luigi XVI, re di Francia* | *Tre alla sedicesima*, (*ell.*) tre elevato alla sedicesima potenza | *Il secolo XVI*, gli anni dal 1501 al 1600. SIN. (*lett.*) Decimosesto. **B** s. m. *1* Ciascuna delle sedici parti uguali di una stessa quantità: *calcolare i tre sedicesimi di un numero* | *In s.*, in tipografia, di foglio su ognuna delle cui facce vengono stampate sedici pagine; in legatoria, del tipo di formato ottenuto piegando in sedici parti tali fogli; (*fig., scherz.*) di persona o cosa di ridotte dimensioni o di scarso valore: *volume in s.*; *pianista in s.* *2* (*sport*) *Sedicesimi di finale*, fase di una gara, un torneo, e sim. a eliminazione, che qualifica i concorrenti che disputeranno gli ottavi di finale.

sédici [lat. *sēdecim* 'sedici', comp. di *sĕx* 'sei' e *dĕcem* 'dieci'] agg. num. card.; anche s. m. e f. ● (*mat.*) Numero naturale successivo di quindici, rappresentato da 16 nella numerazione araba, da XVI in quella romana. **I** Come agg. ricorre nei seguenti usi. *1* Rispondendo o sottintendendo la domanda 'quanti?' indica la quantità numerica di sedici unità (spec. preposto a un s.): *ho una figlia di s. anni*; *è lungo s. centimetri*; *dista s. kilometri.* *2* Rispondendo o sottintendendo la domanda 'quale?', identifica q.c. in una pluralità, in una successione, in una sequenza (posposto a un s.): *leggete a pagina s.*; *sono nato il giorno s.*; *sono le ore s.*; *anno primo, numero s.*; *abito al numero s. di via Roma* | (*pop.*) Sedicesimo: *Luigi s., re di Francia.* **II** Come s. ricorre nei seguenti usi. *1* Il numero sedici (per ell. di un s.): *il s. nel trentadue sta due volte*; *abito al s. di via Manzoni*; *sarò da te il s. del mese prossimo*; *il negozio apre alle s.*; *è stato estratto il s. sulla ruota di Cagliari* | *Nel 16*, nel 1816 o nel 1916 | (*pop., scherz.*) Deretano (rappresentato dal numero sedici nella cabala): *ha battuto il s. per terra.* *2* Il segno che rappresenta il numero sedici.

sedicìna [da *sedici*] s. f. ● Complesso, serie di sedici, o circa sedici, unità: *una s. di persone*; *una s. di pagine.*

†**sedìgito** [vc. dotta, deriv. dal lat. *sedīgitu(m)* 'con sei dita', comp. di *sĕx* 'sei' e *dīgitus* 'dito'] agg. ● (*raro*) Che ha sei dita alla mano o al piede.

sedìle [lat. *sedīle* (acc. nt.) 'sedile', da *sedēre* 'sedere'] s. m. ● Qualunque arnese fatto per sedervi, di forma e materiale vari: *s. imbottito, pieghevole*; *s. anteriore, posteriore*; *s. della carrozza, del tram, di un'automobile* | *S. della botte*, trave di sostegno, calastra | (*est.*) Piano di una sedia su cui ci si siede.

sedìme [dal lat. *sĕdime(n)* (acc. nt.) 'sedimento', da *sedēre* 'sedere'] s. m. ● (*raro*) Sedimento, posatura.

sedimentàre [da *sedimento*] v. intr. (*io sediménto*; aus. *essere* e *avere*) ● Depositarsi sul fondo, detto di particelle solide sospese in un liquido.

sedimentàrio [da *sedimento*] agg. ● Che deriva, si è formato, e sim. da sedimentazioni | *Processo s.*, formazione dei sedimenti e delle rocce sedimentarie | *Rocce sedimentarie*, derivate dalla diagenesi dei sedimenti.

sedimentatóre [da *sedimentare*] s. m.; anche agg. (f. *-trice*) ● Apparecchio o impianto, spec. industriale, destinato all'operazione di sedimentazione: *bacino s.*

sedimentazióne [da *sedimentare*] s. f. *1* Deposizione spontanea o provocata, sul fondo di un recipiente, di particelle che si trovano in sospensione in un liquido: *s. di un composto*; *s. del sangue*; *velocità di s.* *2* (*geol.*) Azione meccanica della corrente dell'acqua fluviale che, diminuendo di velocità, lascia depositare il materiale trasportato depositando pietrisco, ciottoli e banchi di sabbia | *S. marina*, deposito in fondo al mare di materiali detritici portati dai fiumi e prodotti dalla erosione delle coste.

sediménto [dal lat. *sedimĕntu(m)*, da *sedēre* 'sedere'] s. m. *1* Strato di sostanza solida che si deposita per gravità sul fondo di un recipiente contenente un liquido torbido. *2* (*geol.*) Materiale depositato alla superficie subaerea o subacquea del globo per effetto della sedimentazione | *S. bioclastico*, processo di fratturazione delle rocce causato da organismi viventi. *3* (*fig., lett.*) Deposito, accumulo: *un s. di esperienze passate.*

sedimentologìa [comp. di *sedimento* e *-logia*] s. f. (pl. *-gie*) ● Scienza che studia i processi di sedimentazione e di diagenesi che portano alla formazione di rocce sedimentarie, i meccanismi, la distribuzione, gli ambienti della sedimentazione.

sedimentològico [da *sedimentologia*] agg. (pl. m. *-ci*) ● Che concerne o interessa la sedimentologia.

sedimentóso agg. ● (*raro*) Che determina la formazione di un sedimento | Che risulta da sedimento.

†**sèdio** [da *sedere* (V. *sedia*)] s. m. *1* Seggio. *2* (*fig.*) Sede, residenza.

sediolino [da *sedia* sul modello di *seggiolino*] s. m. *1* Dim. di *sedia*. *2* Seggiolino.

sediòlo o (*lett.*) **sediuòlo** s. m. *1* Dim. di *sedia*. *2* Antico carrozzino a due ruote per le corse al trotto | (*est.*) Seggiolino della carrozza. *3* (*sport*) Sulky.

†**seditùra** s. f. ● (*raro, scherz.*) Sedere.

sedizióne [vc. dotta, dal lat. *seditiōne(m)*, comp. di *sēd-*, pref. di allontanamento e *ĭtio*, genit. *itiōnis* 'andata', da *ĭtus*, part. pass. di *īre* 'andare'] s. f. ● Ribellione, sommossa di popolo contro l'autorità costituita: *domare, placare, la s.*; *non si è vista ancor in terra repubblica ... senza s. e senza tirannia* (CAMPANELLA).

sedizióso [vc. dotta, dal lat. *seditiōsu(m)*, da *sedĭtio* 'sedizione'] **A** agg. *1* Che è causa o effetto di sedizione: *notizie sediziose*; *adunate sediziose.* *2* Che provoca, favorisce, partecipa a una sedizione, detto di persona: *cittadini sediziosi*. SIN. Ribelle, sovversivo. ‖ **sediziosaménte**, avv. **B** s. m. (f. *-a*) ● Persona sediziosa: *un gruppo di sediziosi.*

sèdo [dal lat. *sĕdu(m)* 'erba pignola, vermicularia', di origine prelatina] s. m. ● Genere di piante delle Crassulacee, annue o perenni, con foglie carnose e fiori a stella bianchi, gialli o azzurri (*Sedum*).

sedótto part. pass. di *sedurre*; anche agg. ● Nei sign. del v.

seducènte part. pres. di *sedurre*; anche agg. ● Nei sign. del v.

†**sedùcere** ● V. *sedurre.*

seducìbile [da †*seducere*] agg. ● (*raro*) Che si può, si lascia, sedurre.

†**seduciménto** [da †*seducere*] s. m. ● Atto del sedurre.

†**sedulità** [vc. dotta, dal lat. *sedulitāte(m)* 'solle-

citudine', da *sēdulus* 'sollecito'] s. f. ● (*lett.*) Diligenza, assiduità.

†**sèdulo** [vc. dotta, dal lat. *sēdulu(m)* 'sollecito', comp. di *sē(d)-* 'senza' e *dōlus* 'insidia, malizia'] agg. ● (*lett.*) Diligente, assiduo, sollecito.

sedùrre o †**sedùcere** [dal lat. *sedūcere* 'sviare', comp. di *sē(d)-* 'via' e *dūcere* 'condurre' (V.)] v. tr. (pres. *io sedùco, tu sedùci*; pass. rem. *io sedùssi, tu seducésti*; part. pass. *sedótto*) **1** Trascinare al male con lusinghe, allettamenti, inganni. **2** Lusingare, allettare, circuire qc. allo scopo di avere con lui rapporti sessuali: *è stata sedotta e abbandonata*. **3** (*est.*) Attrarre, avvincere: *l'idea mi seduce*.

sedùta [f. sost. di *seduto*] s. f. **1** Atto dello stare seduto, spec. nella loc. *per alzata e s.*, sistema di votazione in cui chi vota a favore si alza in piedi e chi vota a sfavore rimane seduto. **2** Riunione, adunanza, di più persone per discutere, esaminare, deliberare: *aprire, levare, chiudere, sciogliere, rimandare, la s.*; *avere s.*; *s. lunga, breve, tranquilla, agitata*; *s. segreta*; *le sedute del Parlamento* | *S. stante*, durante la seduta stessa e (*est.*) immediatamente, subito: *te ne andrai s. stante* | (*dir.*) Adunanza di un organo collegiale o rappresentativo | *S. comune del Parlamento*, riunione congiunta dei componenti di entrambi i rami del Parlamento. **3** Posa di modello, o di persona che fa da modello, per ritratti in pittura o scultura: *ci mise dieci sedute a finire il ritratto* | Incontro, appuntamento, che un professionista ha nel suo studio con un cliente per una cura, una visita, un parere: *avere una s. con il dentista, dallo psicoanalista*. || **sedutina**, dim.

sedùto part. pass. di *sedere* **1** Nei sign. del v. **2** (*aer.*) †Cabrato.

seduttìvo [calco sull'ingl. *seductive*] agg. ● (*raro*) Seducente, attraente | Allettante.

seduttóre [vc. dotta, dal lat. tardo *seductōre(m)* 'seduttore', da *sedūctus* 'sedotto'] s. m.; anche agg. (f. *-trice*) ● Chi, che seduce: *un affascinante s.*; *quella ragazza è una stupenda seduttrice*; *promesse seduttrici*.

†**seduttòrio** [vc. dotta, dal lat. tardo *seductōriu(m)*, da *sedūctus* 'sedotto'] agg. ● (*raro*) Seducente.

seduzióne [vc. dotta, dal lat. tardo *seductiōne(m)*, da *sedūctus* 'sedotto'] s. f. **1** Atto, effetto del sedurre: *fare opera di s.* | Ciò che seduce: *le seduzioni del mondo*. **2** Capacità di affascinare; attrattiva, malia: *la s. della musica*.

seeding /ingl. 'si:diŋ/ [vc. ingl., da *to seed* 'produrre seme' e quindi 'selezionare'] s. m. inv. ● (*sport*) Elenco dei partecipanti a un torneo, spec. di tennis | Elenco delle teste di serie di un torneo.

seedling /ingl. 'si:dliŋ/ [vc. ingl., da *seed* 'seme'] s. m. inv. ● Piccola pianta, germogliata da un seme, nel suo primo stadio di vita.

seennàle [da *seenne*, sul mod. di *biennale*] agg. **1** (*raro, lett.*) Che dura sei anni. **2** (*raro, lett.*) Che ha sei anni, detto di cosa.

seènne ● V. *seienne*.

seènnio [da *seenne*, sul mod. di *biennio*] s. m. ● (*raro*) Spazio di tempo di sei anni.

sefardita o **shefardita** [dall'ebr. *Sĕfāraddī*, da *Sĕfārad* 'Spagna'] **A** s. m. e f. (pl. m. *-i*) ● Ebreo appartenente ai gruppi della diaspora che si stanziarono nella Penisola Iberica, e che di lì successivamente si diffusero. **B** anche agg.

séga [lat. parl. **sĕca(m)* 'sega', da *secāre* 'segare' (V.)] **A** s. f. **1** Attrezzo o macchina per tagliare legno o metallo facendovi penetrare solitamente con moto alternato una lama dentata di acciaio: *s. a mano*; *s. circolare* | *S. meccanica*, segatrice | *S. per pietre*, con lama senza denti | *Coltello a s.*, con lama seghettata, per affettare pane, dolci e sim. | (*fig.*) *A denti di s.*, detto di opera fortificatoria dotata di numerosi salienti e rientranti | Strumento chirurgico di analoga forma. **2** (*elettron.*) *A dente di s.*, detto di grandezza che cresce o decresce linearmente nel tempo da un certo valore a un altro valore, raggiunto il quale ritorna rapidamente al primo valore ripetendo gener. questo andamento nel tempo: *segnale, tensione, corrente, a dente di s.* **3** (*dial.*) Mietitura. **4** (*pop., volg.*) Masturbazione maschile. **5** Niente, con valore raff. nelle loc. pop. *non valere, non capire, una s.* | (*fig., pop.*) *Mezza s.*, uomo di bassa statura, di costituzione mingherlina; anche, persona che vale poco. **6** (*centr.*) Nella loc. *fare s.* (*a scuola*), marinare la scuola. || **segàccia**, pegg. | **seghétta**, dim. (V.) | **seghétto**, dim. m. (V.) | **segóne**, accr. m. **B** in funzione di agg. inv. ● (posposto al s.) Nella loc. *pesce s.*, V. *pesce*.

segàbile agg. ● Che si può segare.

†**segàce** ● V. *sagace*.

†**segacità** ● V. *sagacità*.

†**segaiuòlo** [da *sego*] s. m. ● Chi fabbrica o vende sego o candele di sego.

ségale o **ségala** [lat. *sēcale* (acc. nt.), di etim. incerta] s. f. **1** Graminacea con fusto sottile, poche foglie e cariossidi allungate e grigiastre (*Secale cereale*) | *S. cornuta*, malattia della segale e di altre Graminacee, provocata da un fungo parassita dell'ovario; anche la droga che se ne ricava per uso terapeutico. **2** I granelli commestibili di tale pianta.

segalìgno [da *segale*: il sign. di 'persona magra' prob. per analogia col fusto sottile della pianta] agg. **1** (*raro*) Segalino. **2** (*fig.*) Detto di persona, lunga e magra ma sana: *vecchio s.*

segalìno agg. ● Di segale: *pane s.*

segaménto s. m. **1** (*raro*) Atto del segare. **2** †Intersezione, intersecazione.

segànte **A** part. pres. di *segare*; anche agg. **1** Nei sign. del v. **2** †V. *secante*. **B** s. f. ● †V. *secante*.

segantìno [da *segante*, con *-ino* di mestiere] s. m. ● Chi per mestiere sega i tronchi.

segaòssa o **segaòssi** [comp. di *segare* e il pl. di *osso*] s. m. inv. **1** Sega a mano o elettrica per segare le ossa delle bestie macellate. **2** (*pop., spreg.*) Chirurgo.

segàre [lat. *secāre* 'tagliare', dalla radice indeur. **sek-* 'tagliare' (V. *secare*)] **A** v. tr. (*io ségo, tu séghi*) **1** Dividere in due o più parti mediante la sega: *s. un tronco, una trave, un albero* | (*scherz.*) *S. il violino*, suonarlo. **2** Recidere, tagliare (*anche ass.*): *s. la gola, le vene*; *il coltello non sega bene*. **3** (*iperb.*) Stringere tanto forte da solcare la pelle: *la cintura troppo stretta mi sega i fianchi*. **4** (*dial.*) Mietere, falciare: *s. la biada, il fieno*. **5** (*fig., gerg.*) Bocciare a scuola. **B** v. tr. e rifl. rec. ● †Intersecare: *l'onde colonnali che ... non si segano a mezzo* (LEONARDO).

†**segastóppia** [comp. di *sega(re)* e *stoppia*] s. m. inv. ● (*raro, spreg.*) Contadino.

segàta s. f. ● (*raro*) Atto del segare in una volta, alla meglio. || **segatina**, dim.

segàto **A** part. pass. di *segare*; anche agg. ● Nei sign. del v. **B** s. m. ● Foraggio d'erba e paglia tritate.

segatóre [da *segato*] s. m. (f. *-trice*) **1** Segantino. **2** Chi sega pietra o marmo, con sega a telaio o filo elicoidale. **3** (*dial.*) Falciatore, mietitore.

segatrìce [f. di *segatore*] s. f. ● Macchina utensile, azionata da un motore, che esegue il taglio di metalli, legnami, marmi e sim.: *s. a nastro, a disco, alternativa*.

segatùra s. f. **1** Atto del segare | Taglio di materiali, eseguito a mano con seghe o seghetti o meccanicamente con segatrici. **2** Insieme dei piccoli frammenti prodotti segando il legno o metalli teneri. **3** (*dial.*) Mietitura, falciatura.

†**sègeta** [vc. dotta, dal lat. *sĕgete(m)* 'seminato', 'messe', di etim. incerta] s. f. ● (*lett.*) Biada.

†**seggènza** [da *seggio*] s. f. ● (*raro*) Seggio, sedia.

seggétta s. f. **1** Dim. di †*seggia*. **2** Comoda. **3** †Seggiola portatile con due stanghe, portantina. || **seggettina**, dim.

†**seggettière** [da *seggetta*] s. m. ● Portantino.

†**sèggia** [variante ant. di *seggio*] s. f. ● Sedia. || **seggétta**, dim. (V.).

sèggio [da *seggere*, variante ant. di *sedere*] s. m. (pl. *†sèggiora*, f.) **1** †Sedia. **2** (*est., lett.*) Sedia importante e solenne destinata ad alti personaggi, trono: *s. reale, episcopale, papale* | *S. di San Pietro*, il papato | *S. dell'Altissimo*, il paradiso. **3** (*est.*) Sedia, sedile, in cui siedono personaggi autorevoli nell'esercizio delle loro funzioni: *s. della presidenza, dei deputati, degli accademici, dei canonici* | Autorità: *balzare, togliere qc. di s.*, privarlo dell'autorità, del grado che ricopre. **4** (*est.*) Ciascuno dei posti in un'assemblea elettiva ottenuti da un partito o movimento politico in seguito a elezioni politiche o amministrative: *quel partito ha perso tre seggi*. **5** *S. elettorale*, luogo ove si svolgono le operazioni di voto, di spoglio delle schede e di calcolo dei risultati per una elezione | L'insieme delle persone che radunate nel seggio stesso curano lo svolgimento di tali operazioni.

sèggiola [dim. di *seggio*, *-a*] s. f. ● (*tosc.*) Sedia. || **seggiolàccia**, pegg. | **seggiolétta**, dim. | **seggiolìna**, dim. | **seggiolìno**, dim. m. (V.).

seggiolàio s. m. ● Chi fabbrica, ripara o vende seggiole.

seggiolàme s. m. ● (*raro*) Quantità di seggiole (*spec. spreg.*).

seggiolàta s. f. ● Colpo di seggiola.

seggiolìno s. m. **1** Dim. di *seggiola*. **2** Sedia piccola e bassa per bambini | Seggiola pieghevole. **3** (*aer.*) *S. eiettabile*, che in caso d'emergenza può essere espulso violentemente insieme al pilota dall'abitacolo dell'aereo in volo | *S. regolabile*, congegnato in modo che il pilota possa adattarselo per altezza, distanza dai comandi, e sim.

sèggiolo s. m. ● (*raro*) Seggiola.

seggiolóne [da *seggiola*] s. m. ● Grande e pesante sedile per una persona, in legno talvolta imbottito e ricoperto di cuoio o tessuto con o senza braccioli | Alto sedile per bambini munito di un piano ribaltabile che serve d'appoggio al piatto e al bicchiere e impedisce al bambino seduto di cadere in avanti.

seggiovìa [comp. di *seggio(la)* e *via*, sul modello di *funivia*] s. f. ● Impianto costituito da un sistema di seggiolini uniti, mediante un'asta metallica, a una fune azionata con movimento continuo, per poter superare dislivelli in montagna, spec. nell'ambito di attività sciatorie. ➡ ILL. **funivia**.

seghedìglia ● V. *seghidiglia*.

segherìa [da *segare*] s. f. **1** Stabilimento per la segatura a macchina di tronchi | Reparto di uno stabilimento per la lavorazione del legno. **2** Reparto o stabilimento dove si segano i blocchi di marmo o pietra provenienti dalle cave.

seghétta s. f. **1** Dim. di *sega*. **2** Piccola sega per fiale di vetro. **3** (*raro*) Stringilabbro per animali da tiro.

seghettàre [da *seghetta*] v. tr. (*io seghétto*) ● Dentellare come la lama di una sega.

seghettàto part. pass. di *seghettare*; anche agg. ● Nel sign. del v.

seghétto s. m. **1** Dim. di *sega*. **2** Tipo di sega a mano, spec. per metalli | Sega a lama libera a un solo manico per il taglio dei piccoli rami.

seghidìglia o **seghedìglia**, **seguidìglia**. s. f. ● Adattamento di *seguidilla* (V.).

segmentàle agg. **1** Che si riferisce a un segmento. **2** (*ling.*) Detto delle caratteristiche che seguono l'una all'altra nella catena parlata. **3** (*biol.*) Riferito ai segmenti in cui è diviso il corpo di molti animali | (*anat.*) Detto di qualsiasi struttura anatomica costituita da una successione di parti di aspetto simile.

segmentàre [da *segmento*] **A** v. tr. (*io segménto*) **1** Dividere in segmenti. **2** (*fig.*) Dividere ulteriormente ciò che è già diviso. **B** v. intr. pron. ● Dividersi in segmenti.

segmentàrio [da *segmento*] agg. **1** Che si riferisce a un segmento. **2** (*med.*) Relativo a una parte di un organo: *resezione segmentaria*.

segmentazióne s. f. **1** Atto, effetto del segmentare o del segmentarsi. **2** (*ling.*) Suddivisione del discorso parlato nelle unità componenti, ciascuna delle quali rappresenta un morfema. **3** (*biol.*) Divisione dell'uovo in blastomeri, che costituisce l'inizio della formazione dell'embrione.

segménto [vc. dotta, dal lat. *segmĕntu(m)* 'ritaglio', da *secāre* 'tagliare'] s. m. **1** (*mat.*) Insieme dei punti d'una retta compresi fra due suoi punti dati: *estremi del s.* | *S. circolare*, parte di cerchio delimitata da una corda, o compresa fra due corde parallele | *S. sferico*, parte di sfera delimitata da un piano secante, o compresa fra due piani secanti paralleli. **2** Parte di un corpo qualsiasi compreso tra due estremi | (*biol.*) Ciascuna delle sezioni del corpo di vari animali che presentano più o meno le stesse caratteristiche. **3** Piccola striscia, parte tagliata, e sim.: *un s. di stoffa*. **4** Fascia elastica di stantuffo. **5** (*fig.*) Sezione, parte: *segmenti di sapere*; *operare in diversi segmenti di mercato*. **6** (*telecom.*) *S. spaziale*, l'insieme dei satelliti e delle stazioni a terra destinati a uno specifico progetto.

ségna-accènto • V. *segnaccento.*

segnacàrte [comp. di *segna(re)* e il pl. di *carta*] s. m. inv. • Segnalibro.

segnacàṣo [comp. di *segna(re)* e *caso*] s. m. • (*ling.*) Elemento grammaticale che, premesso al nome, ne indica il caso in cui andrebbe posto in latino; ad es. le prep. *di* per indicare il caso genitivo, *da* per indicare l'ablativo, *a* il dativo ecc.

segnaccènto o **ségna-accènto** [comp. di *segn(o)* e *accento*] s. m. • Segno di accento.

segnàcolo o †**signàcolo**, †**signàculo** [dal lat. tardo *signăculu(m)* 'segno', da *signāre* 'segnare'] s. m. *1* (*lett.*) Segno, insegna, simbolo: *poste ha pria le mani / sopra i santi segnacoli cristiani* (CARDUCCI). *2* †Segnalibro, segnacarte.

segnafile [comp. di *segna(re)* e il pl. di *fila*] s. m. inv. • (*agr.*) Rigatore.

segnaleménto s. m. *1* Atto del segnalare, uso di segnali spec. per disciplinare il traffico stradale, ferroviario, marittimo e sim. *2* (*est., mar.*) Luogo in cui si eseguono certi segnali marittimi. ➡ ILL. p. 1755 TRASPORTI.

†**segnalànza** [da *segnalare*] s. f. • (*raro*) Eccellenza.

segnalàre [da *segnale*] **A** v. tr. *1* Trasmettere, comunicare, avvisare per mezzo di segnali: *s. un arrivo, una partenza*; *s. un cambio di corsia*; *s. l'arrivo del treno* | (*est.*) Comunicare, annunciare: *una perturbazione è segnalata sull'Atlantico.* *2* (*fig.*) Far conoscere, far distinguere, additare: *mi segnalò un caso interessante*; *il premio ha segnalato un nuovo poeta* | Raccomandare: *il candidato è stato segnalato da persone autorevoli.* *3* †Distinguere con un segnale, mettere il marchio: *s. il bestiame.* **B** v. rifl. • Distinguersi, farsi notare: *segnalarsi nell'arte, in guerra*; *segnalarsi per un'interpretazione teatrale.*

segnalàto part. pass. di *segnalare*; anche agg. *1* Nei sign. del v. *2* Insigne, illustre: *persona di s. valore*; *donna segnalata per virtù* | Eccezionale, cospicuo: *segnalate imprese* | (*est.*) Grande, notevole: *mi ha fatto un s. favore.* ‖ **segnalataménte**, avv. In modo segnalato; particolarmente, segnatamente.

segnalatóre **A** s. m. (f. *-trice* nel sign. 1) *1* Chi segnala | Persona addetta ai servizi di segnalazione. *2* Strumento per segnalazioni. **B** anche agg.: *apparecchio s.*

segnalazióne s. f. *1* Atto del segnalare | Trasmissione per segnale: *segnalazioni ottiche, acustiche, luminose* | *Bandiera da s., teli da s.*, per il collegamento con gli aerei in volo. *2* (*est.*) Trasmissione di notizie: *la s. di attacco giunse in ritardo.* *3* (*fig.*) Indicazione di qc. o di q.c. di cui conviene interessarsi: *la s. di un giovane pittore*; *è giunta la s. di un nuovo libro* | Raccomandazione: *fare, ricevere, una s. per qc.*

segnàle [lat. tardo *signāle*, nt. sost. di *signālis*, agg. da *sĭgnum* 'segno'] s. m. *1* Segno conosciuto o convenuto fra due o più persone col quale si dà notizia, avvertimento, e sim. di q.c.: *s. ottico, acustico*; *dare, aspettare, ricevere, il s.*; *al s. convenuto il plotone si fermò* | *S. orario*, trasmesso dalla radio o dalla televisione a ore fisse per dare l'ora esatta | *S. di soccorso*, radiotelefonico o radiotelegrafico col quale una nave o un aeromobile richiede immediata assistenza; in alpinismo, segnale luminoso o acustico con cui si chiede aiuto, o si risponde alla richiesta di aiuto | *S. stradale*, simbolo, disegno, cartello o luce indicante una prescrizione, un divieto o altra notizia relativa alla circolazione stradale | *S. di tromba*, nell'uso militare, mezzo di comando e di collegamento per indicazioni e ordini da trasmettere in marcia e in manovra. ➡ ILL. p. 1755 TRASPORTI. *2* (*est.*) Dispositivo ottico o acustico atto ad emettere segnali | *S. d'allarme, d'emergenza*, nei treni, dispositivo mediante il quale il viaggiatore, in caso di grave necessità, può fare fermare il treno in moto. *3* Segnacarte: *mettere il s. nel libro.* *4* *S. elettrico*, variazione di tensione o di corrente presente in un circuito radio-elettronico o telefonico | *S. audio*, grandezza elettrica o variabile nel tempo, con la stessa legge di variazione dell'intensità sonora | *S. video*, grandezza elettrica variabile nel tempo, con la stessa legge di variazione dell'intensità luminosa di corrente. *5* †Segno, indizio. ‖ **segnalétto**, dim. | **segnalino**, dim. | **segnalùzzo**, dim.

segnalètica [f. sost. di *segnaletico*] s. f. • Insieme di segnali: *s. stradale* | *S. orizzontale*, i cui segnali sono costituiti di strisce, frecce, scritte e sim. sulla carreggiata.

segnalètico [dal fr. *signalétique*, da *signaler* 'segnalare'] agg. (pl. m. *-ci*) • Che segnala, contraddistingue, serve a riconoscere | *Dati segnaletici*, quelli che caratterizzano una persona e ne permettono il riconoscimento | *Cartellini segnaletici*, su cui sono impresse le impronte digitali di persone pericolose o sospette.

segnalibro [comp. di *segna(re)* e *libro*] s. m. • Laccetto, striscia di stoffa, cartoncino che si mette fra le pagine di un libro per ritrovare prontamente la pagina voluta.

segnalimite [comp. dell'imperat. di *segnare* e *limite*] s. m. • Elemento mobile (paletto, prisma di pietra o sim.) che rende visibili i limiti e l'andamento di una carreggiata stradale.

segnalinee [comp. di *segna(re)* e il pl. di *linea*] s. m. inv. • (*sport*) Guardalinee.

†**segnaménto** s. m. • Atto del segnare.

segnapàssi [comp. di *segnare* e il pl. di *passo*: calco sull'ingl. *pace-maker*] s. m. • (*med., raro*) Pace-maker.

segnapósto [comp. di *segna(re)* e *posto*] s. m. • Biglietto, targhetta indicante, mediante il nome e cognome che porta impresso, il posto assegnato a qc. in riunioni, congressi, pranzi ufficiali e anche in particolari uffici o istituti a contatto col pubblico.

segnaprèzzo [comp. di *segna(re)* e *prezzo*] s. m. • Cartellino su cui è indicato il prezzo di una merce esposta al pubblico.

segnapùnti [comp. di *segna(re)* e il pl. di *punto*] **A** s. m. e f. • Persona addetta alla segnatura dei punti di una partita, spec. di pallacanestro. **B** s. m. • Arnese, lavagnetta, cartoncino, su cui si segnano i punti fatti al gioco.

segnàre [lat. *signāre* 'segnare' da *sĭgnum* 'segno'] **A** v. tr. (*io ségno*) *1* Notare, rilevare, mediante uno o più segni: *s. le note in margine a un libro*; *s. le correzioni da fare*; *s. gli errori col lapis rosso*; *s. una località sulla pianta.* *2* Indicare mediante un segno particolare, contrassegnare: *s. la pagina con un segnalibro*; *s. q.c. coi piombi, con un sigillo, con una sigla*; *una linea bianca segna il confine*; *uno spillo segna il punto da tagliare* | *S. le pecore, i cavalli*, marcarli | *S. il passo*, nella marcia, marcarlo ritmicamente da fermi e (*fig.*) arrestarsi nel mezzo di un'azione | Tracciare: *s. la strada* | Truccare: *s. le carte da gioco.* *3* (*est.*) Prendere nota di ciò che è necessario ricordare: *s., segnarsi, un indirizzo, un numero telefonico, un appuntamento, un appunto* | (*fig.*) *S. q.c. nella memoria*, imprimerselo in mente | Registrare: *s. la spesa*; *s. nel libro del dare*; *s. a debito, a credito*; *il negoziante segna la spesa sul suo conto* | (*est.*) Scrivere: *s. il nome di qc. in un elenco*; *s. il prezzo della merce.* *4* Indicare | *S. a dito*, esporre alla riprovazione generale | Indicare mediante la lancetta, la colonna di mercurio e sim., detto di orologi, manometri, termometri e sim.: *l'orologio segna le ore*; *l'orologio segna le cinque*; *il barometro segna pioggia.* *5* (*fig.*) Annunciare, rappresentare: *il suono delle campane segna il mezzogiorno*; *quel gesto segnò la fine dell'amicizia.* *6* Scalfire, graffiare, lasciare il segno: *il diamante segna il vetro*; *ha segnato la tavola con la lama del coltello*; *lo schiaffo gli ha segnato la guancia.* *7* (*raro*) Fare il segno della croce a qc.: *s. le schiere dei fedeli.* *8* †Firmare: *date qua ...: presolo, di sua mano subito lo segnò* (CELLINI). *9* †Mirare | †Cogliere nel segno. *10* (*sport*) Nel calcio e sim., realizzare un punto a favore della propria squadra (*anche ass.*): *s. un goal*; *s. un cesto*; *s. al decimo minuto del secondo tempo.* **B** v. rifl. • Farsi il segno della croce | (*pop.*) *Segnarsi bene, male*, cominciare la giornata bene, male.

†**segnatàrio** [dal fr. *signataire*, da *signer* 'firmare, sottoscrivere'] s. m. • Firmatario.

segnatàsse [comp. di *segna(re)* e il pl. di *tassa*] **A** s. m. inv. • Francobollo speciale, che, applicato sulla corrispondenza con affrancatura mancante o insufficiente, indica la tassa che il destinatario deve pagare al momento della consegna. **B** anche agg.: *francobollo s.*

segnatèmpo [comp. di *segnare* e *tempo*] s. m. inv. • Marcatempo.

segnàto part. pass. di *segnare*; anche agg. *1* Che reca segni, tracce e sim.: *un foglio s.*; *un viso s. dalla sofferenza* | *S. da Dio, da Cristo*, di persona fisicamente deforme e dall'animo cattivo | *Pecora segnata*, persona sospetta per precedenti non buoni. *2* Deciso, stabilito: *il loro destino è s.* *3* (*ling.*) Marcato. ‖ **segnataménte**, avv. *1* (*lett.*) Particolarmente, specialmente, principalmente. *2* †Espressamente; †apposta.

segnatóio [da *segnare*] s. m. • Arnese a punta per segnare, tracciare linee o segni che servano di guida in un lavoro.

segnatóre [lat. tardo *signatōre(m)* 'firmatario', da *signātus* 'segnato, firmato'] s. m.; anche agg. (f. *-trice*) • (*raro*) Chi, che segna.

segnatùra o †**signatùra** [dal lat. mediev. *signatūra(m)*, da *signātus* 'sigillato, firmato'] s. f. *1* Atto, effetto del segnare | Nel calcio e sim., complesso dei punti realizzati da una squadra in una partita; il punto realizzato da una squadra. *2* Sistema di cifre o di lettere e cifre, stabilito per identificare ogni unità archivistica o bibliografica in rapporto alla sua collocazione. *3* (*edit.*) Numero, lettera, segno convenzionale indicante, in un volume, l'esatta progressione dei gruppi di pagine che sono state stampate su un unico foglio, poi piegato e rilegato | Ciascuno dei gruppi di pagine così individuato. *4* †Firma | Nell'antica terminologia ecclesiastica, atto con il quale il Papa firmava i provvedimenti di grazia e di giustizia, e approvazione da lui apposta a tali provvedimenti. *5* *S. apostolica*, Tribunale ecclesiastico supremo della Curia Romana, con competenza speciale stabilita nel Codice di Diritto Canonico e senza obbligo di motivare la propria sentenza.

segnavènto [comp. di *segna(re)* e *vento*] s. m. inv.; anche agg. inv. • Banderuola o elemento simile, posto generalmente sui tetti delle case, destinato a indicare la direzione del vento.

segnavia [comp. di *segna(re)* e *via*] s. m. inv. • In alpinismo, contrassegno di itinerario costituito da un segno convenzionale, ad es. bandierine, dischi o rettangoli colorati con un numero al centro, ripetuto con vernice sulle rocce e su tronchi di alberi lungo la via da percorrere.

segnicità [da *segnico*] s. f. • Qualità di ciò che è segnico.

ségnico agg. (pl. m. *-ci*) *1* Del, relativo al segno, nel linguaggio della semiologia: *sistema s.* *2* Detto di pittura non figurativa che si vale di particolari elementi grafici, tipica degli anni cinquanta.

ségno [lat. *sĭgnu(m)* 'segno', prob. da *secāre* 'tagliare' (V. *segare*)] s. m. *1* Indizio, accenno palese da cui si possono trarre deduzioni, conoscenze, e sim. riguardo a q.c. di latente: *segni premonitori*; *buono, cattivo s.*; *questo è un s. di sciagura*; *nell'aria c'è s. di scirocco*; *questo silenzio è aperto s. di disgrazia*; *il cielo nuvoloso è s. di pioggia*; *vedo già i segni della riuscita dell'affare*; *è un piccolo s. del futuro genio* | In medicina, ogni manifestazione di malattia rilevata dal medico mediante esame del paziente. CFR. Sintomo | Contrassegno, elemento distintivo: *segni di riconoscimento*; *lo riconobbi per certi segni sulla schiena* | *Segni caratteristici*, imperfezioni fisiche, spec. lievi, quali nei, cicatrici, voglie e sim., che rendono più rapido il riconoscimento di una persona e che, generalmente, vengono citati nei documenti di identità | (*raro*) Marchio. *2* Gesto, atto, parola, e sim. che manifesta un determinato modo di essere, di fare, e sim.: *dare segni di gioia, di malvagità, di impazienza, di rabbia, di pazzia*; *non dà s. di andarsene*; *non dava alcun s. di smettere*; *vorrei un s. di comprensione da parte tua*; *è un s. della volontà divina* | *Non dare segni di vita*, essere esanime; (*est.*) non dare più notizie di sé da lungo tempo | *In, come, s. di*, come prova, attestazione, di: *gli porse la mano in s. di amicizia*; *gradisca questo dono come s. di riconoscenza* | *S. della Croce*, simbolo iconografico della crocifissione del Cristo; (*est.*) atto con il quale il cristiano traccia, sul proprio corpo, a mezzo della mano destra, la croce, pronunziando una formula corrispondente: *fare, farsi, il s. della Croce* | *Segni sacramentali*, forme esteriori dei sacramenti, simboli attraverso i quali si attribuisce la grazia.

3 Cenno, gesto: *mi fece s. di fermarmi*; *mi ha fatto un s. di saluto*; *gli feci s. di tacere*; *mi fa s. di no*; *parlare, capirsi, a segni*. *4* Qualunque espressione grafica, punto, linea, curva, figura e sim. convenzionalmente assunta a rappresentare ed esprimere un'entità, spec. astratta: *segni alfabetici, ortografici, algebrici*; *segni di punteggiatura, d'interpunzione*; *segni di richiamo, di omissione*; *s. dell'addizione, della sottrazione, della moltiplicazione*; *la parola è il s. dell'idea* | *S. di croce*, tracciato dagli analfabeti in sostituzione della firma | (*tip.*) *Segni speciali*, caratteri non comuni impiegati per comporre testi specialistici. *5* Procedimento visivo di comunicazione del pensiero | *S. linguistico*, rapporto tra un concetto o significato o contenuto e un'immagine fonica o significante o espressione. *6* (*mat.*) Uno dei simboli + e -, i quali, in un numero relativo, indicano se questo è rispettivamente positivo o negativo. *7* *S. astronomico*, simbolo | *S. dello zodiaco, s. zodiacale*, ciascuna delle dodici parti in cui anticamente veniva diviso lo zodiaco a partire dall'equinozio di primavera e assegnando nell'ordine i nomi delle costellazioni dello zodiaco: *di che s. sei?* *8* Qualunque traccia, impronta e sim. visibile lasciata da un corpo su una superficie: *sulla sabbia c'è il s. dei tuoi passi*; *sul letto c'è il s. di un corpo*; *il gatto ha lasciato il s. delle zampe sul tappeto*; *sul muro c'è il s. di un chiodo*; *non fate segni col temperino sui banchi*; *lo schiaffo gli ha lasciato il s. sul viso* | *Lasciare il s.*, (*fig.*) rimanere impresso, avere conseguenze | Conio, impronta. *9* Linea, figura e sim. che si traccia per contrassegnare il punto a cui si è arrivati, o si deve arrivare, nel fare q.c.: *fate un s. a pagina dieci*; *taglia fino al s.*; *hai saltato fino a quel s.* | Segnalibro: *mettere il, un, s.* | *Tenere, perdere, il s.*, il punto in cui si è interrotta la lettura | Limite, misura: *passare, oltrepassare, il s.* *10* Punto, grado: *è arrivato a questo s.?*; *a un certo s. non lo sopporto più* | *A s.*, a punto, in sesto | *Mettere una macchina a s.*, metterla in grado di funzionare bene | *Mettere, tenere, qc. a s.*, richiamarlo ai suoi doveri | *Avere la testa a s.*, essere pienamente padrone di se stesso | (*raro*) *Tornare a s.*, tornare ai propri doveri | *A s. che, a tale s. che*, talmente: *son tranquillo a s. / che in me non trova sdegno / per mascherarsi Amor* (METASTASIO) | *Per filo e per s.*, punto per punto, ordinatamente, con tutti i particolari. *11* Punto a cui si mira con un'arma, bersaglio: *tirare a s.*; *tiro a s.* | *Tiro a s.*, sport che consiste nello sparare con armi da fuoco di vario tipo a bersagli fissi e mobili | *Mettere a s. un colpo*, colpire il bersaglio | *Cogliere, colpire, dare, nel s.*, mirare giusto e (*est., fig.*) indovinare, sortire l'effetto voluto | *Fallire il s.*, sbagliare la mira (*anche fig.*) | *Essere fatto s. a, di*, essere oggetto di: *è fatto s. all'esecrazione generale*. *12* (*lett.*) Scopo, fine: *tendere a un s.*; *rivolgere q.c. a un s.* | †*Condurre a s.*, a effetto. *13* Simbolo: *la colomba è s. di pace*. *14* (*raro, lett.*) Insegna, bandiera. *15* †Segnale. *16* †Statua, effigie: *fermava il piè ciascun di questi segni / sopra due belle imagini più basse* (ARIOSTO). *17* †Campione di orina da analizzare. ‖ **segnàccio**, pegg. | **segnétto**, dim. | **segnettino**, dim. | **segnino**, dim. | **segnolino**, dim. | **segnùccio**, **segnùzzo**, dim.

†**segnóre** e *deriv.* ● V. *signore* e *deriv.*

ségo [lat. *sēbu(m)* 'sego' (V. *sebo*)] s. m. ● Grasso di equini, ovini e spec. bovini, usato in saponeria per fabbricare candele, per estrarne varie sostanze grasse e come antischiumante. SIN. Sevo (1).

ségolo [dal lat. *sēcula* 'falce', connesso con *secāre* 'tagliare', con cambio di gen.] s. m. ● Falcetto per potare. SIN. Roncola.

segóso [lat. *sebōsu(m)*, da *sēbum* 'sego'] agg. ● Che contiene sego | Che è simile al sego.

segregaménto s. m. ● Atto del segregare, nel sign. di *segregare* (*1*).

segregàre (1) [vc. dotta, dal lat. *segregāre* 'separare dal gregge', comp. di *sē(d)-* 'via' e di un denominale di *grĕx*, genit. *grĕgis* 'gregge'] **A** v. tr. (*io sègrego, tu sègreghi*) ● Allontanare, appartare, isolare dal gruppo, dalla massa: *s. l'ammalato per evitare un contagio*; *s. un prigioniero pericoloso*. **B** v. intr. pron. ● Isolarsi, appartarsi: *segregarsi in casa*.

segregàre (2) [da *segregare* (*1*); per calco sull'ant. fr. *ségréger* 'separare', incrociato col fr. *sécretér* 'secernere'] v. tr. (*io sègrego, tu sègreghi*) ● (*biol., raro*) Secernere.

segregàto part. pass. di *segregare* (*1*); anche agg. *1* Nei sign. del v. *2* Solitario, in disparte: *vivere s. dal mondo*.

segregazióne [vc. dotta, dal lat. tardo *segregatiōne(m)*, da *segregātus* 'segregato'] s. f. *1* Atto del segregare o del segregarsi | Condizione di chi è segregato. *2* *S. razziale*, in Paesi a popolazione mista, politica di discriminazione, attuata da governi razzisti, che costringe la popolazione non bianca a una rigida separazione da quella bianca nella vita civile (scuola, ospedali, locali, mezzi pubblici, ecc.) e politica.

segregazionìsmo [da *segregazione*, con *-ismo*] s. m. ● Politica di segregazione razziale.

segregazionìsta **A** s. m. e f. (pl. m. *-i*) ● Chi sostiene il segregazionismo. **B** agg. ● Segregazionistico.

segregazionìstico agg. (pl. m. *-ci*) ● Che è proprio del segregazionismo.

†**segrénna** [di etim. incerta] s. f. ● (*tosc.*) Persona magra e sparuta. ‖ †**segrennùccia**, dim.

segréta (1) o (*raro*) **secréta (1)** [da *segreto* (*1*) (V.)] s. f. *1* Nell'armatura del cavaliere medievale, calotta sottile o cuffia di maglia di acciaio indossata sotto l'elmo, a protezione del capo. *2* Cella bassa, angusta e priva di finestre in cui erano tenuti i prigionieri perché non avessero alcun contatto con l'esterno. *3* Parte nascosta di un mobile antico per celare documenti, oggetti e sim.

segréta (2) o **secréta (2)** [dal lat. *secrēta*, part. pass. nt. pl. di *secĕrnere* 'separare': propriamente 'le offerte'] s. f. ● Nella liturgia precedente il Concilio Vaticano II, l'orazione recitata a bassa voce, nella Messa, dopo l'offertorio; attualmente, orazione sulle offerte, recitata ad alta voce.

†**segretàle** [da *segreto* (*1*)] **A** agg. ● (*raro*) Segreto. **B** s. m. ● (*raro*) Segretario.

†**segretàno** [da *segreto* (*1*)] **A** agg. ● (*raro*) Confidente | Intrinseco. **B** s. m. ● (*raro*) Segretario.

segretària [f. di *segretario* (*1*)] s. f. ● Donna che lavora come segretario.

segretariàle agg. ● Che si riferisce al segretario, nel sign. di *segretario* (*1*).

segretariàto [da *segretario* (*1*)] s. m. ● Ufficio, carica di segretario | Durata dell'ufficio e della carica di segretario | Luogo ove il segretario lavora | Insieme degli uffici e delle persone facenti capo a un segretario.

segretarièsco [da *segretario* (*1*)] agg. (pl. m. *-schi*) ● Da segretario, da segretaria (*spec. spreg.*): *stile, gergo, s.*

segretàrio (1) o †**secretàrio** [dal lat. mediev. *secretāriu(m)* 'cancelliere', da *secrētus* 'segreto'] s. m. (f. *-a* (V.)) *1* Anticamente, persona di fiducia di un principe, un sovrano, e sim. | *Il s. fiorentino*, (*per anton.*) Niccolò Machiavelli in quanto fece parte della segreteria della Signoria di Firenze. *2* Chi è addetto a una persona o a un ufficio con l'incarico di svolgere mansioni esecutive di fiducia, di curare il buon svolgimento del lavoro dell'ufficio e di assistere la persona a cui è assegnato nell'espletamento delle sue funzioni: *s. di direzione* | *Fare da s. a qc.*, aiutarlo nello svolgimento della sua attività | *S. di edizione*, impiegato con funzioni specifiche di segretario durante le lavorazioni di un film o di un programma televisivo | *S. di produzione*, assistente del direttore di produzione durante le lavorazioni di un film o di un programma televisivo | *S. di scena*, impiegato addetto all'organizzazione scenografica durante le lavorazioni di un film o di un programma televisivo | *S. di redazione*, redattore che, presiedendo alla segreteria del giornale, segnala al direttore i fatti più importanti, segue il lavoro dei corrispondenti e dei collaboratori, tiene i contatti con il pubblico, e sim. | (*est.*) *S. galante*, raccolta di modelli di lettere amorose. *3* Chi, nell'esercizio delle proprie funzioni, dirige un organismo, un'associazione, un partito e sim.: *s. dell'ONU*; *il s. del partito di maggioranza* | *S. di Stato*, nel governo degli Stati Uniti d'America, ministro degli Esteri; nella curia romana, prelato investito delle funzioni proprie della segreteria di Stato. *4* (*gener.*) †Persona fidata, che tiene i segreti. *5* (*zool.*) Sagittario. SIN. Serpentario (1). ‖ **segretariétto**, dim. | **segretarino**, dim. | **segretarióne**, accr. | **segretariùccio**, dim.

†**segretàrio (2)** [dal lat. tardo *secretāriu(m)* 'luogo appartato', da *secrētus* 'segreto'] s. m. ● Sacrario | Luogo segreto, ripostiglio.

segreterìa [da *segretario* (*1*)] s. f. *1* Ufficio, carica, di segretario: *lasciare la s. del partito* | Insieme delle persone addette a una segreteria: *la s. è in ferie*. *2* *S. telefonica*, servizio pubblico a disposizione degli abbonati al telefono che fornisce le più disparate informazioni; apparecchio che risponde automaticamente alle telefonate in arrivo con un messaggio registrato e registra la risposta dell'interlocutore. *3* *S. di Stato di Sua Santità*, organo della Santa Sede che presiede agli affari politico-religiosi della Chiesa cattolica. *4* Nelle banche, ufficio addetto all'amministrazione dei fidi. *5* Antico mobile a cassetti segreti o scrivania con cassetti, per tenervi riposti documenti, lettere, gioielli e sim.

segretézza [da *segreto* (*1*)] s. f. ● Qualità di chi, di ciò che è segreto | *In tutta s., in gran s., con la massima s.*, e sim., in segreto, di nascosto.

†**segretière** [da *segreto* (*2*)] s. m. (f. *-a*) ● (*raro*) Chi serba segreti.

segréto (1) o (*lett.*) **secréto (1)** [dal lat. *secrētu(m)*, part. pass. di *secĕrnere* 'separare' (V. *secernere*)] **A** agg. *1* (*lett.*) Appartato, nascosto: *luogo s.* *2* Occulto, celato, che non deve essere divulgato: *restare, rimanere, tenere, s.*; *uscita segreta*; *passaggio s.*; *misteri segreti*. *3* Che è fatto di nascosto dagli altri: *convegno, amore, matrimonio, colloquio s.*; *relazione segreta*; *maneggi segreti*; *società segreta* | *In s.*, (*ell.*) in modo segreto, di nascosto. SIN. Clandestino. *4* Che è accessibile soltanto a pochi | *Voto s.*, votazione in cui non risulta quale voto abbia espresso ogni singolo votante. CONTR. Palese | *Spese segrete, fondi segreti*, del cui impiego non si deve rendere conto. *5* Che non rivela agli altri la sua vera identità, professione e sim.: *agente s.* *6* Che sa custodire quanto gli viene confidato senza riferirlo ad altri: *è una persona segreta e fidata*. *7* (*fig.*) Intimo, recondito: *gioia segreta*; *pensiero s.*; *come chi finge una pena secreta* (SABA). *8* Privato, particolare | *Cameriere s.*, dignitario della corte pontificia, laico o ecclesiastico, con titolo spesso solo onorifico. ‖ **segretaménte**, avv. In segreto, di nascosto: *partire, accordarsi segretamente*. **B** in funzione di avv. ● (*raro*) Di nascosto, segretamente.

segréto (2) o (*lett.*) **secréto (2)** [dal lat. *secrētu(m)*, nt. sost. di *secrētus* 'segreto'] s. m. *1* Ciò che si tiene celato nel proprio animo senza rivelarlo a nessuno: *ha sempre qualche s.*; *è il suo dolce s.*; *la sua vita è un doloroso s.*; *quel s. se lo porterà nella tomba*; *è una persona senza segreti*; *non ha segreti per nessuno*. *2* Ciò che è conosciuto da pochi e che non deve essere divulgato ad altri: *confidare, rivelare, svelare un s.*; *custodire, mantenere, un s.*; *venire a conoscenza di un s.*; *mettere qc. a parte di un s.*; *strappare un s. di bocca a qc.*; *non posso dirtelo, è un s.*; *ciò che ti ho detto deve rimanere un s.* | *Non è un s., non è un s. per nessuno, non è certo un s.*, (*scherz.*) *è il s. di Pulcinella*, di cosa che tutti sanno | *S. di Stato*, notizia che nell'interesse della sicurezza dello Stato deve rimanere segreta | (*raro, pop.*) *Tenere i segreti come il paniere*, di persona che non sa mantenere un segreto. *3* Vincolo, ideale o no, con cui ci si impegna a non divulgare ciò che è segreto o molto riservato: *avere l'obbligo del s.*; *tradire, rompere il s.* | *S. professionale, di ufficio*, quello per cui una persona preposta a un ufficio si impegna a non divulgare notizie apprese in ragione di quest'ultimo | *S. della confessione, confessionale*, obbligo del sacerdote confessore di non rivelare ciò che ha appreso in confessione | *s. epistolare*, obbligo previsto dalla legge di non aprire la corrispondenza altrui: *violare il s. epistolare* | *S. istruttorio*, divieto imposto ai soggetti del processo penale di rivelare ad altri il contenuto degli atti istruttori | *S. bancario*, quello per cui la banca si impegna, salvo eccezioni spec. per uso fiscale, a non divulgare le operazioni avvenute fra la banca stessa e il cliente. *4* Mezzo, metodo particolare, con cui una persona raggiunge determinati scopi, che viene tenuto nascosto agli altri o divulgato solo a pochissimi: *conosce il s. per essere felice*; *conosco il s. di convincerlo*; *possiede il s. del successo*; *ti insegnerò i segreti del mestiere*. *5* Congegno, serratura, e sim. complicato e particolare: *il s. del forziere, del baule*; *cassaforte col s.* *6* Parte recondita, intimità, spec. nella loc. *nel s. di*: *nel s. del bosco*; *nel s. del proprio animo*; *nel s. del cuore*. ‖ **segretino**, dim.

segretùme [da *segreto* (*1*) e (*2*)] s. m. ● (*raro*) Insieme di cose dette o fatte in segreto.

seguàce [dal lat. tardo *sequāce(m)*, da *sĕqui* 'seguire'] **A** agg. ● (*raro, lett.*) Che segue: *donna dagli occhi seguaci* (D'ANNUNZIO) | †*Nel s. mese*, nel mese prossimo. **B** s. m. e f. ● Chi segue una dottrina, una scuola, una corrente, un maestro, e sim.: *i seguaci del marxismo*; *i seguaci di Aristotele*.

seguènte A part. pres. di *seguire*; anche agg. ● Nei sign. del v. ‖ **seguenteménte**, avv. *1* In seguito, successivamente. *2* Per conseguenza. **B** in funzione di avv. ● (*raro*) †In seguito, poi. **C** s. m. e f. *1* Chi segue, chi viene dopo: *entri il s.* *2* (*spec. al pl., raro*) †Posteri.

†**seguènza** ● V. *sequenza* (*1*).

segùgio [lat. tardo *segūsiu(m)*, di prob. origine gallica] s. m. *1* Cane da seguito di media mole, caratterizzato da testa allungata, orecchie ampie e pendenti, corpo snello e asciutto, pelo corto, unito e aderente. *2* (*fig.*) Agente di polizia, investigatore.

seguidìglia ● V. *seghidiglia*.

seguidilla /*sp.* segi'diʎa/ [vc. sp., da *seguida* 'seguito', part. pass. f. sost. di *seguir* 'seguire'] s. f. inv. ● Vivace danza spagnola, in tempo ternario, spesso accompagnata da nacchere.

seguiménto s. m. ● (*raro*) Atto del seguire | Seguito.

seguìre [lat. parl. **sequīre*, accanto a *sĕquere*, variante del classico *sĕqui* 'seguire', vc. di origine indeur.] **A** v. tr. (pres. *io séguo*, †*seguìsco*, *tuségui*, †*seguìsci*; pass. rem. *io seguìi*, †*seguètti*, *tu seguìsti*) *1* Camminare dopo, andare dietro a un altro, o ad altri, che precedono, guidano, scortano, e sim.: *s. una guida, un custode, un agente*; *ci ordinò di seguirlo*; *lo seguii per le scale*; *seguimi che ti mostro la strada*; *una folla commossa seguiva il feretro*; *il cane segue il padrone* | Pedinare: *si accorse di essere seguito*; *uno sconosciuto la seguiva* | (*lett.*) Inseguire: *s. il nemico* | Accompagnare (*anche fig.*): *lo segue dappertutto*; *quel ricordo mi seguirà sempre*. *2* Procedere, avanzare lungo una direzione determinata: *s. la rotta, la via giusta*; *segui la strada fino al bivio*; *segui quel sentiero e sarai in paese* | *S. le orme, i passi, di qc.*, andargli dietro e (*fig.*) imitarlo | *S. la corrente*, navigare nel verso della corrente e (*fig.*) fare quello che fa la maggioranza. *3* (*fig.*) Accettare e professare un'idea, un'opinione, una dottrina e sim.: *s. l'aristotelismo*; *s. l'ultima corrente letteraria* | Farsi seguace di un maestro: *s. Marx* | Attenersi a quanto detto da altri: *s. le massime degli antichi*; *s. le prescrizioni dei medici*; *s. un consiglio* | Osservare, conformarsi: *s. la moda* | Mettere in atto, in pratica: *s. un sistema, una norma di vita* | (*est.*) Imitare: *s. uno stile, l'esempio dei grandi*. *4* (*fig.*) Accompagnare, tenere dietro, con lo sguardo, l'udito, l'attenzione e sim.: *s. qc., q.c., con lo sguardo, con l'occhio, con la coda dell'occhio*; *s. un rumore con l'orecchio*; *s. i propri pensieri*; *s. la lezione* | Fare attenzione (*anche ass.*): *da un certo punto in poi non ti ho seguito*; *segui quello che dico?*; *mi segui?*; *non seguo più* | (*est.*) Tenersi informato, al corrente: *s. le novità teatrali, una trasmissione*; *hai seguito gli ultimi sviluppi del fatto?* | (*est.*) Frequentare: *seguo un ciclo di lezioni su Kant*; *ha seguito un corso di inglese*. *5* †Eseguire, osservare: *quantunque, per s. il comandamento fattole dal marito, ella tacesse* (BOCCACCIO). **B** v. tr. e intr. (aus. intr. *essere* nel sign. 1, *avere* nel sign. 2) *1* Venire dopo, in una successione, una serie, una disposizione e sim.: *nel nostro alfabeto la B segue la A*; *nel nostro alfabeto alla A segue la B*; *le conclusioni seguono le premesse*; *alle premesse seguono le conclusioni* | Venire dopo nel tempo: *spesso il pianto segue il riso*; *spesso al riso segue il pianto*; *l'arcobaleno segue i temporali*; *ai temporali segue l'arcobaleno* | *Segue lettera*, clausola che può accompagnare l'accettazione telegrafica di una proposta di contratto. *2* (*raro, lett.*) Seguitare, proseguire: *s. il parlare, il dire*; *s. a parlare, a dire*. **C** v. intr. (aus. *essere*) *1* Venire dopo in un racconto, un discorso, una citazione e sim.: *mi disse ciò che segue ...*; *ti ordino quanto segue ...* | *Con (tutto) quel che segue*, per abbreviare q.c. nota a tutti: *mi disse: 'A buon intenditor ...' con tutto quel che segue*. *2* Conseguire, derivare, venire di conseguenza: *ne seguì una disgrazia*; *spero che non seguano complicazioni*. *3* Accadere, avvenire: *sono cose che seguono!*; *il che seguì l'anno 1082* (MACHIAVELLI) | (*fam.*) *Segua che vuole, segua che può* e sim., accada quel che vuole. *4* Continuare, spec. di libri, giornali e sim.: *il testo segue a pag. 12*; *segue al prossimo numero* | *Segue*, indicazione che, posta in fondo alla pagina, indica che lo scritto continua alla pagina seguente o al prossimo numero.

†**seguìta** [f. sost. di *seguito*] s. f. ● (*raro*) Accompagnamento.

seguitàbile agg. ● (*raro*) Che si può seguitare.

†**seguitaménto** s. m. *1* Atto del seguitare. *2* Continuazione.

seguitàre [sovrapposizione di *seguire* e un deriv. dal lat. parl. **secūtāre*, ints. da *secūtus*, part. pass. di *sĕqui* 'seguire'] **A** v. tr. (*io séguito*) *1* †Seguire. *2* Continuare, proseguire: *s. un discorso, un lavoro, gli studi*. *3* Detto del cane, continuare a inseguire selvaggina da pelo. *4* †Inseguire, perseguitare. *5* †Conseguire. **B** v. intr. (aus. *avere* e *essere* nel sign. 1, *essere* nei sign. 2 e 3) *1* Continuare, durare: *ha seguitato a dire, a parlare, a piovere* e sim.; *la pioggia è seguitata fino a sera*. *2* (*lett.*) Venire dopo, di seguito, in conseguenza: *seguitarono ... quei luttuosi effetti che egli aveva preveduto* (LEOPARDI). *3* †Avvenire.

seguitàto part. pass. di *seguitare* ● Nei sign. del v.

†**seguitatóre** [da *seguitare*] s. m. (f. *-trice*) ● Chi segue. SIN. Seguace.

séguito (*1*) **A** part. pass. di *seguire*; anche agg. ● Nei sign. del v. ‖ **seguitaménte**, avv. *1* In modo continuativo. *2* Successivamente. **B** s. m. ● (*raro*) †Ciò che è avvenuto, che è successo.

séguito (*2*) [da *seguitare*] s. m. *1* Gruppo di persone che costituiscono l'accompagnamento, il corteo, la scorta, di un personaggio autorevole: *la regina e il suo s.*; *il presidente viaggia senza s.* *2* Insieme di discepoli, scolari, ammiratori, seguaci, di una dottrina, una scuola, un maestro: *Marx ha avuto un gran s. nel Novecento*. *3* Aderenza, favore, consenso: *avere molto s.*; *non avere s.* *4* Sequela, strascico, serie: *è un s. di disgrazie*; *fu tutto un s. di imbrogli*. *5* Continuazione, proseguimento: *il s. della storia*; *leggimi il s.*; *qui manca il s.*; *il s. al prossimo numero* | Conseguenza, risultato: *la cosa ebbe un s.*; *tutto si fermò lì e non ebbe s.* | *Di s.*, continuando, senza interruzione | *In s.*, appresso, in un secondo tempo | *In s. a, a s. di*, a causa di, in conseguenza di | (*bur.*) *Fare, dare s. a*, rispondere, riferirsi, ricollegarsi a q.c. *6* Inseguimento, spec. nella loc. *cane da s.*, adibito unicamente a scovare o inseguire selvaggina da pelo | *Caccia al s.*, fatta con cani da seguito. *7* (*dir.*) *Diritto di s.*, facoltà di rivendicare la proprietà di un bene anche nei confronti di un terzo acquirente.

†**seguitóre** s. m. (f. *-trice*) ● Chi segue, seguace.

segusìno [dal n. lat. della città, *Segusium*, in lat. mediev. *Segusia(m)*, dalla radice gallica **sego* 'forte'] **A** agg. ● Di Susa. **B** s. m. (f. *-a*) ● Abitante, nativo di Susa.

sèi [lat. *sĕx*, di origine indeur.] agg. num. card.; anche s. m. e f. ● (*mat.*) Numero naturale successivo di cinque, rappresentato da 6 nella numerazione araba, da VI in quella romana. **I** Come agg. ricorre nei seguenti usi. *1* Rispondendo o sottintendendo la domanda 'quanti?', indica la quantità numerica di sei unità (spec. preposto a un s.): *starò assente da Milano sei giorni*; *saremo in sei persone a tavola*; *metti in tavola sei cucchiaini e sei piattini*; *è un'opera in sei volumi*; *dividi in sei parti*; *sarà lontano circa sei kilometri*; *il cubo è un prisma a sei facce*. *2* Rispondendo o sottintendendo la domanda 'quale?', identifica q.c. in una pluralità, in una successione, in una sequenza (posposto a un s.): *verrò il giorno sei*; *prendi il tram numero sei*; *fare l'esercizio numero sei*. *3* In composizione con altri numeri semplici o composti, forma i numeri superiori: *trentasei*, *centosei*, *centoventisei*, *seicento*, *seimila*. **II** Come s. ricorre nei seguenti usi. *1* Il numero sei (per ell. di un s.): *siamo in sei*; *è un servizio da sei*; *apparecchia per sei*; *dividi in sei*; *giocherò il sei di picche*; *moltiplica il risultato per sei*; *parto il sei gennaio*; *oggi è il sei*; *mi alzo alle sei*; *è uscito il sei* | *Tiro a sei*, con tre pariglie di cavalli | *Le sei del pomeriggio*, le ore diciotto | Nella valutazione scolastica, il voto di minima sufficienza: *ha strappato un misero sei*; *ho la media del sei*. *2* Il segno che rappresenta il numero sei. ‖ **seìno**, dim. | **seiùccio**, dim.

seicentènne ● V. *secentenne*.

seicentésco ● V. *secentesco*.

seicentèṣimo o **secentèṣimo** [lat. *sexcentēsimu(m)*, da *sexcĕnti* 'seicento'] **A** agg. num. ord. ● Corrispondente al numero seicento in una sequenza, in una successione, in una classificazione, in una serie (rappresentato da DC nella numerazione romana, da 600° in quella araba): *la seicentesima parte di un intero*. **B** s. m. ● Ciascuna delle seicento parti uguali di una stessa quantità.

seicentìṣmo e *deriv.* ● V. *secentismo* e *deriv.*

seicènto o (*lett., tosc.*) **secènto** [lat. *sexcĕnti*, con sovrapposizione di *cento*] **A** agg. num. card. inv.; anche s. m. inv. ● (*mat.*) Sei volte cento, sei centinaia, rappresentato da *600* nella numerazione araba, da *DC* in quella romana **I** Come agg. ricorre nei seguenti usi. *1* Rispondendo o sottintendendo la domanda 'quanti?', indica la quantità numerica di seicento unità (spec. preposto a un s.): *ho fatto un viaggio di s. kilometri*; *costa solo s. lire*; *la nuova sede conta s. iscritti*; *il volume è di s. pagine*; *un motore di s. centimetri cubi di cilindrata*. *2* Corrispondendo o sottintendendo la domanda 'quale?', identifica q.c. in una pluralità, in una successione, in una sequenza (posposto a un s.): *siamo arrivati, nella lettura, a pagina s.* **II** Come s. ricorre nei seguenti usi. *1* Il numero seicento (per ell. di un s.): *moltiplica s. per tre* | *Il Seicento*, (*per anton.*) il secolo XVII: *la musica del Seicento*; *l'arte del Seicento*. *2* Il segno che rappresenta il numero seicento. **B** s. f. inv. ● Autovettura utilitaria di circa seicento centimetri cubi di cilindrata.

seiènne o **seènne** [comp. di *sei* ed *-enne*] agg. *1* (*raro*) Che ha sei anni, detto di cosa o di persona: *un bambino s.* *2* (*raro, lett.*) Che dura da sei anni: *una tirannia s.*

seigiórni o **sèi giórni** [comp. di *sei* e il pl. di *giorno*] s. f. ● Gara ciclistica su pista della durata di sei giorni, disputata da coppie di corridori che si alternano in corsa dandosi liberamente il cambio: *correre, vincere, una s.*

seigiornìsta s. m. (pl. *-i*) ● Corridore ciclista che prende parte alle seigiorni.

sèiṣmo- ● V. *sismo-*.

sèiuga [vc. dotta, dal lat. *sēiugae* (f. pl.) 'tiro a sei cavalli', comp. di *sĕx* 'sei' e *iŭgum* 'giogo', con sovrapposizione di *biga*] s. f. ● Cocchio a sei cavalli. SIN. Sestiga.

Selàci [vc. dotta, pl. di un deriv. del gr. *sélachos* 'pesce cartilaginoso', da *sélas* 'splendore', di origine indeur.] s. m. pl. ● (*zool.*) Nella tassonomia animale, sottoclasse di Pesci degli Elasmobranchi con scheletro cartilagineo, corpo fusiforme o appiattito, bocca in posizione ventrale armata di numerose file di denti aguzzi (*Selachii*) | (al sing. *-cio*) Ogni individuo di tale classe. SIN. Plagiostomi.

selaginèlla [dim. di un deriv. del lat. *selāgine(m)* 'licopodio abetino', di etim. incerta] s. f. ● Piantina delle Licopodiali dei pascoli alpini, con piccole foglie e fusto sdraiato-ascendente (*Selaginella helvetica*).

Selaginellàcee [da *selaginell(a)* e *-acee*] s. f. pl. ● Nella tassonomia vegetale, famiglia di piante erbacee delle Pteridofite con fusto generalmente strisciante e foglioline squamose, comuni nei luoghi umidi e ombrosi (*Selaginellaceae*) | (al sing. *-a*) Ogni individuo di tale famiglia.

†**selbastrèlla** ● V. *salvastrella*.

sélce o †**sélice** [lat. *sĭlice(m)* 'pietra dura', di etim. incerta] s. f. *1* Roccia costituita in prevalenza da silice colloidale, molto dura, a frattura concoide; usata in epoca preistorica per fabbricare armi e utensili, nell'antichità anche come pietra focaia, e oggi spec. per pavimentazioni stradali, per ricavarne mole o come materiale da costruzione. **2** (*spec. al pl.*) Pezzo di selce squadrato o foggiato a cuneo, per pavimentazione stradale. **3** (*poet.*) †Pietra. **4** †Selciato.

selciàio [da *selce*] s. m. ● Selciatore di strade.

selciaiòlo o (*dial.*) **selciaròlo** [da *selce*] s. m. ● Selciaio, selciatore.

selciàre [da *selce*] v. tr. (*io sélcio*) ● Lastricare, pavimentare con lastre o cubetti.

selciaròlo ● V. *selciaiolo*.

†**selciàta** s. f. ● Selciato.

selciàto A part. pass. di *selciare*; anche agg. ● Nel sign. del v. **B** s. m. ● Pavimento costituito di ciottoli, usato per strade, piazze, cortili, sotterranei.

selciatóre s. m. ● Chi è addetto alla selciatura.

selciatùra s. f. ● Atto, effetto del selciare | Selciato | Modo in cui è fatto il selciato.

†**selcìgno** [lat. tardo *silicĭneu(m)* 'siliceo', da *sĭlex*, genit. *sĭlicis* 'selce'] agg. ● (*raro*) Selcioso.

selcìno [da *selce*, con *-ino*] s. m. ● (*dial.*) Selciatore.

selcióso agg. ● Di selce | Simile a selce.

selenìano [fr. *sélénien*, dal gr. *selḗnē* 'luna' (da *sélas* 'luce, splendore', d'origine sconosciuta)] agg. ● (*lett.*) Lunare, della Luna, spec. con riguardo ai suoi ipotetici abitanti.

selènico (1) [dal gr. *selḗnē* 'luna'] agg. (pl. m. *-ci*) ● (*raro, lett.*) Lunare, della luna.

selènico (2) [da *selenio*, con *-ico*] agg. (pl. m. *-ci*) **1** Detto di minerale contenente selenio. **2** Detto di composto del selenio esavalente | *Acido s.*, ossiacido del selenio ottenuto ossidando l'acido selenioso.

selènio [vc. dotta, dal gr. *selḗnē* 'luna'] s. m. ● Elemento chimico spesso presente in natura nelle piriti, noto in vari stati allotropici, impiegato per cellule fotoelettriche, come catalizzatore nelle reazioni organiche, nella decorazione di ceramiche, nella colorazione del vetro, e sim. SIMB. Se.

selenióso [da *selenio*, con *-oso*] agg. ● Detto di composto del selenio tetravalente | *Acido s.*, ossiacido del selenio ottenuto sciogliendo l'anidride seleniosa in acqua | *Anidride seleniosa*, formata bruciando il selenio in ossigeno.

selenìta o **selenìte (2)** [vc. dotta, dal gr. *selēnítēs* 'lunare', da *selḗnē* 'luna'] s. m. e f. (pl. m. *-i*) ● (*lett.*) Ipotetico abitante della Luna.

selenìte (1) [vc. dotta, dal lat. *selenīte(m)* 'selenite', adattamento del gr. *selēnítēs* 'pietra lunare', da *selḗnē* 'luna'] s. f. ● Varietà di gesso in grossi individui cristallini.

selenìte (2) ● V. *selenita*.

selenìtico (1) [da *selenite (1)*, con *-ico*] agg. (pl. m. *-ci*) ● Di selenite | Che contiene selenite.

selenìtico (2) [V. *selenico (1)*] agg. (pl. m. *-ci*) ● Della luna, lunare: *paesaggio s.*

selèno- o **sèleno-** [gr. *selēno-*, da *selḗnē* 'luna'] primo elemento ● In parole composte indica riferimento alla Luna o con forma di luna o mezza luna: *selenografia, selenodonte*.

selenodeṣìa [fr. *sélénodésie*, comp. del gr. *selḗnē* (V. *seleniano*) e di (*géo*)*désie* 'geodesia'] s. f. ● Studio della forma della Luna, della sua superficie e del campo gravitazionale a essa connesso.

selenodónte [comp. di *seleno-* e del gr. *odóus*, genit. *odóntos* 'dente'] agg.; anche s. m. ● Detto dei molari di Ruminanti e di Erbivori, la cui corona presenta creste incurvate a mezza luna.

selenografìa [comp. di *seleno-* e *-grafia*] s. f. ● Descrizione della superficie della Luna.

selenogràfico agg. (pl. m. *-ci*) ● Che si riferisce alla selenografia.

selenògrafo [comp. di *seleno-* e *-grafo*] s. m. (f. *-a*) ● Studioso della selenografia.

selenologìa [comp. di *seleno-* e *-logia*] s. f. (pl. *-gie*) ● Studio della Luna e della sua formazione.

selenològico agg. (pl. m. *-ci*) ● Che riguarda la selenologia.

selenòlogo [comp. di *seleno-* e *-logo*] s. m. (f. *-a*; pl. m. *-gi*) ● Studioso di selenologia.

selenòṣi [da *selenio*, col suff. *-osi*] s. f. ● Malattia professionale provocata da intossicazione da selenio.

selenotopografìa [comp. di *seleno-* e *topografia*] s. f. ● Studio del suolo lunare.

selettività [da *selettivo*] s. f. **1** Qualità di ciò che è selettivo | *S. di un filtro*, in fotografia, potere separatore dei colori nella rosa cromatica di un filtro. **2** (*elettr.*) Idoneità di un radioricevitore a selezionare trasmissioni di diverse lunghezze d'onda di valore prossimo tra di loro.

selettìvo [da *seletto*] **A** agg. **1** Capace di selezionare: *una mente selettiva*. **2** Che tende a selezionare: *s. nella scelta degli amici*. **3** Basato sulla selezione: *schedatura selettiva*. **4** (*elettr.*) Che presenta selettività. **5** (*chim.*) Detto di solvente, che scioglie solo determinate sostanze e non altre. **6** Detto di collegamento telefonico che utilizza una sola coppia di fili per collegare più abbonati. **B** anche s. m. nel sign. 6.

†**selètto** [vc. dotta, dal lat. *selēctu(m)*, part. pass. di *selĭgere* 'scegliere', comp. di *sē(d)-*, pref. di allontanamento, e *lĕgere* 'cogliere'] agg. ● (*lett.*) Prescelto, eletto.

selettocoltùra [comp. di *selett(ivo)* e *coltura*] s. f. ● Riproduzione controllata per migliorare la qualità di alcuni animali o piante. SIN. Breeding.

selettóre [vc. dotta, dal lat. tardo *selectōre(m)* 'sceglitore', da *selēctus* 'scelto'] **A** s. m.; anche agg. ● (*lett.*) Chi, che, seleziona. **B** s. m. ● Dispositivo che permette di ricevere una determinata gamma d'onda nei radioricevitori e televisori, o di comunicare su una determinata linea, nelle centrali telefoniche automatiche.

selezionaménto s. m. ● Atto del selezionare.

selezionàre [da *selezione*] v. tr. (*io selezióno*) ● Sottoporre a selezione, compiere una selezione: *s. il bestiame*.

selezionàto part. pass. di *selezionare*; anche agg. ● Nel sign. del v.

selezionatóre A s. m.; anche agg. (f. *-trice*) ● Chi, che seleziona. **B** s. m. ● (*sport*) Tecnico che opera la scelta degli atleti per la formazione di una squadra rappresentativa nazionale, regionale o provinciale, seguendone anche la preparazione.

selezionatrìce s. f. **1** (*elab.*) Macchina destinata alla selezione e all'ordinamento delle schede perforate. **2** (*agr.*) Macchina destinata a suddividere semi della stessa specie in base alle caratteristiche fisiche per selezionare sementi pregiate.

selezióne [vc. dotta, dal lat. *selectiōne(m)* 'scelta', da *selēctus* 'scelto'] s. f. **1** Scelta degli elementi migliori o più adatti a un determinato fine: *fare, operare, una s.*; *s. dei candidati*. **2** Valutazione delle attitudini e delle capacità professionali o lavorative di un candidato in occasione della assunzione | *S. attitudinale*, complesso delle operazioni intese a stabilire le qualità psicofisiche dei giovani da arruolare. **3** (*biol.*) *S. naturale*, processo per il quale, nella lotta biologica per l'esistenza, gli individui meno dotati vengono eliminati | *S. artificiale*, scelta degli individui migliori compiuta dall'uomo per ottenere con la riproduzione razze con pregi particolari. **4** (*elab.*) Operazione consistente nell'estrarre da una sequenza di dati quelli contrassegnati da certi indicativi. **5** Insieme di cose o persone scelte: *una s. dei migliori atleti*; *una s. di prose*. **6** (*tel.*) Atto con cui si forma un numero telefonico a mezzo del disco combinatore: *eseguire una s.* | *S. passante*, sistema per cui i telefoni di una rete interna possono essere chiamati dall'esterno formando un numero comune seguito dal numero dell'interno desiderato.

selezionìstico agg. (pl. m. *-ci*) ● Che si basa sulla selezione.

self-control /*ingl.* 'self kən'troul/ [vc. ingl., propriamente 'controllo di se stesso'] s. m. inv. ● Capacità di controllare i propri nervi, autocontrollo.

self-government /*ingl.* self'gʌvənmənt/ [vc. ingl., propriamente 'governo di se stesso'] s. m. inv. ● Autogoverno | Sistema politico fondato sulla più ampia partecipazione dei cittadini alla vita pubblica.

self help /*ingl.* 'self 'help/ [loc. ingl., che vale 'salvare (*to help*) sé stessi (*self*)'] loc. sost. m. inv. ● Tecnica e pratica dell'aiutarsi da sé a risolvere problemi psicologici, spec. comportamentali e di relazione.

self-made man /*ingl.* 'self meid 'mæn/ [vc. ingl., propriamente 'uomo fatto (*made*) da sé'] loc. sost. m. inv. (f. ingl. *self-made woman*, pl. m. *self-made men*, pl. f. *self-made women*) ● Uomo che si è fatto da sé, e nulla deve alla nascita, ai favori altrui o alla fortuna.

self-service /*ingl.* self'sə:vis/ [vc. ingl., comp. di *self* 'se stesso' e *service* 'servizio'] s. m. inv. **1** Tecnica di vendita che elimina o riduce al minimo l'opera dei commessi, permettendo ai clienti di scegliere direttamente e di servirsi da soli delle merci esposte in un punto di vendita. **2** (*est.*) Ristorante, negozio e sim., in cui ci si serve da sé.

†**sélice** ● V. *selce*.

sèlla [lat. *sĕlla(m)* 'sedia', connesso con *sedēre* 'sedere'] s. f. **1** Tipo di sedile solitamente rivestito in cuoio che si pone sulla schiena di un equino per cavalcarlo comodamente: *fusto, arcioni, staffe, cinghie della s.*; *s. all'inglese*; *cavallo da s.* | *Montare in s.*, a cavallo | *Stare in s.*, stare a cavallo, cavalcare | *Non saper stare in s.*, cavalcare male | (*raro*) *Vuotare la s.*, cadere da cavallo. ➡ ILL. p. 1288, 1289 SPORT. **2** (*est.*) Sedile di vari mezzi di locomozione che si montano a cavalcioni: *la s. della bicicletta, della motocicletta*. ➡ ILL. p. 1281 SPORT; p. 1745, 1746 TRASPORTI. **3** (*fig.*) Posizione eminente, carica importante, spec. nelle loc.: *sbalzare, levare, cavare, qc. di s.*; *rimanere in s.*; *rimettersi in s.* **4** (*geogr.*) Valico attraverso una dorsale montuosa, generalmente meno aperto di un colle. **5** Struttura concava, di varie dimensioni, con funzioni di sostegno, supporto e sim. | (*anat.*) *S. turcica*, fossetta del corpo dello sfenoide, dove è accolta l'ipofisi. **6** Taglio di carne del vitello e dell'agnello macellati costituito dalla parte lombare che parte dai cosci e comprende tutte le costolette. **7** †Seggio, trono. **8** †Seggetta per bisogni corporali | †*Andare a s.*, andare di corpo. || **sellàccia**, pegg. | **sellétta**, dim. | **sellìno**, dim. m. (V.) | **sellùccia**, dim.

sellàio o (*dial.*) **sellàro** [lat. *sellăriu(m)*, da *sĕlla* 'sedia'] s. m. ● Chi fabbrica o ripara selle e, gener., oggetti di cuoio | *Cucitura a s.*, vistosa cucitura di guanti o borse.

sellàre v. tr. (*io sèllo*) ● Mettere la sella (*anche ass.*): *s. i cavalli*.

sellàro ● V. *sellaio*.

sellatùra s. f. ● Atto del sellare.

sellerìa [da *sella*] s. f. **1** Bottega del sellaio. **2** Fabbricazione, riparazione e commercio di tutte le parti che compongono i finimenti dei cavalli. **3** Fabbricazione di tutto ciò che costituisce il rivestimento dell'interno delle automobili. **4** Nei reparti militari dotati di quadrupedi, locale adibito a magazzino di materiali di equipaggiamento dei quadrupedi stessi | Complesso dei finimenti, bardature e sim. relativi ai quadrupedi.

sèllero ● V. *sedano*.

sellifìcio [comp. di *sella* e *-ficio*] s. m. ● Fabbrica di selle e finimenti.

sellìno s. m. **1** Dim. di *sella*. **2** Sella, nel sign. 2. **3** Parte del finimento sulla schiena del cavallo da tiro. **4** Nell'Ottocento, cuscinetto imbottito fissato sotto le gonne negli abiti femminili per rialzarne il drappeggio.

sellistèrnio [vc. dotta, dal lat. *sellistĕrniu(m)*, comp. di *sĕlla* 'sedile' e *-sternium*, da *stĕrnere* 'porre, stendere'. V. *lettisternio*] s. m. ● Presso gli antichi Romani, rito consistente nell'offerta di un banchetto solenne a divinità femminili.

sèltz /sɛlts, *fr.* sɛls/ o **selz** [fr. *seltz*, dal nome di *Seltz*, ted. *Selters*, città della Prussia nota per le sorgenti di acqua gassata] s. m. inv. ● Acqua addizionata di anidride carbonica, che si usa per allungare un liquore, un aperitivo, e sim.: *un rabarbaro al s. e uno liscio*.

sélva [lat. *sĭlva(m)* 'bosco', di etim. incerta] s. f. **1** Bosco esteso con folto sottobosco, foresta. **2** (*est., raro, poet.*) Albero, legno. **3** (*fig.*) Moltitudine grande e confusa di persone, cose, e sim.: *una s. di ammiratori*; *una s. di errori, di capelli, di numeri*. **4** Raccolta di passi d'autore e di pensieri per valersene a comporre | Materiali per la composizione.

selvaggìna o †**salvaggìna** [dal provz. *salvatgina*, da *salvatge* 'selvaggio'] s. f. ● Qualunque animale commestibile, mammifero o uccello, che vive allo stato selvaggio, oggetto di caccia | *S. di penna*, costituita dagli uccelli | *S. di pelo*, costituita dai mammiferi | *S. di allevamento*, allevata artificialmente in voliere o recinti | *S. stanziale*, che risiede in un paese, non migratrice | *S. stanziale protetta*, a cui per legge è proibito cacciare

| *S. nobile*, che si caccia con cani da ferma.

selvàggio o †**salvàggio** [dal provz. *salvatge*, dal lat. tardo *salvāticu(m)*, per il classico *silvāticus*. V. *selvatico*] **A** agg (pl f *-ge*) **1** Chi vive, cresce nelle selve, nelle foreste: *piante selvagge animali selvaggi*. **2** (*est.*) Che è privo di coltivazione, di vita umana, detto di luogo: *piana, landa, valle, selvaggia* | Orrido: *gola selvaggia* | (*geogr.*) *Acque selvagge*, acque dilavanti. **3** Rozzo, zotico, rustico: *natio borgo s.* (LEOPARDI). **4** Che esprime una società ancora primitiva, fuori della civiltà: *riti selvaggi*; *danze, credenze, selvagge*. **5** (*poet.*) Ignaro, inesperto, straniero: *La turba ... selvaggia / parea del loco* (DANTE *Purg.* II, 52-53). **6** (*fig.*) Disumano, crudele, feroce: *un s. assassinio*; *furia selvaggia* | Violento: *passione selvaggia*; *vento s.* **7** Indiscriminato, al di fuori di ogni regola o controllo: *lottizzazione, ristrutturazione selvaggia* | *Sciopero s.*, V. *sciopero* | *Aquila selvaggia*, sciopero della categoria dei piloti civili. || **selvaggiaménte**, avv. **1** Come un selvaggio: *vivere selvaggiamente*. **2** (*fig.*) Con impeto disumano, crudele: *furono trucidati selvaggiamente*. **B** agg.; anche s. m. (f. *-a*) ● Che, chi vive al di fuori della civiltà, in una società ancora primitiva: *tribù selvagge*; *i selvaggi del Borneo*; *vivere come i selvaggi*. CONTR. Civile. **C** s. m. (f. *-a*) ● Persona scontrosa, burbera, schiva dei contatti umani.

selvaggiùme o †**salvaggiùme** [da *selvaggio*] s. m. ● (*raro, lett.*) Selvaggina.

†**selvàno** ● V. *silvano*.

†**selvaréccio** [da *selva*, sul modello di *boschereccio*] agg. ● Di selva.

selvastrèlla ● V. *salvastrella*.

selvatichézza o (*raro*) **salvatichézza**. s. f. **1** Qualità di chi, di ciò che è selvatico. **2** (*lett.*) Rozzezza, mancanza di cultura, di arte, di finezza.

selvàtico o (*pop., tosc.*) **salvàtico** [dal lat. *silvāticu(m)*, da *sĭlva* 'bosco'] **A** agg. (pl. m. *-ci*, dial. †*-chi*) **1** Detto di pianta, che cresce e si sviluppa spontaneamente, senza l'intervento e le cure dell'uomo: *erbe selvatiche*; *ulivo, pino, s.*; *rosa selvatica*. **2** Detto di animale, che cresce e vive in libertà, spec. in contrapposizione a *domestico* e ad *addomesticato*: *lo scoiattolo è un animale s.*; *gatto, cavallo, s.* | Indocile, non mansueto: *i gatti sono spesso selvatici*. **3** Detto di persona poco socievole, priva di garbo, di belle maniere: *non essere così s.*; *è un uomo s. ma buono* | †*Essere s. a q.c.*, esserne alieno. **4** (*raro, lett.*) Rustico, zotico, barbaro: *parole ... così bisbetiche, così salvatiche* (MANZONI). **5** †Solitario, romito. **6** †Aspro, severo, inumano. || **selvaticaménte**, avv. **B** s. m. **1** Odore, sapore, e sim. caratteristico della selvaggina: *sapere, puzzare di s.*; *perdere il s.*; *togliere il s.*; *mi seccò un certo odore di s ... che emanava da loro* (SVEVO). **2** Qualunque animale da pelo o da penna, oggetto di caccia. **3** †Luogo ricoperto di piante selvatiche. || **selvaticàccio**, pegg. | **selvatichèllo**, dim. | **selvaticonàccio**, pegg. | **selvaticóne**, accr. | **selvaticòtto**, dim. | **selvaticùccio**, dim.

selvaticùme s. m. ● Insieme di cose o persone selvatiche (*spec. spreg.*).

selvicoltóre o **silvicoltóre**, **silvicultóre** [comp. di *selva* e *-coltore*, sul modello di *agricoltore*] s. m. ● Chi pratica la selvicoltura.

selvicoltùra o **silvicoltùra**, **silvicultùra** [comp. di *selva* e *-coltura*, sul modello di *agricoltura*] s. f. ● Scienza che si occupa della conservazione, utilizzazione e costituzione delle foreste.

selvóso o †**silvóso** [dal lat. *silvōsu(m)*, da *sĭlva* 'selva'] agg. **1** Coperto, pieno di selve: *montagne selvose*. **2** (*fig.*) Fittamente ricoperto di capelli, peli e sim.: *testa selvosa*; *mento s.*

selz /selts/ ● V. *seltz*.

sèma [vc. dotta, dal gr. *sêma* (nom. acc. nt.) 'segno', di origine indeur.] s. m. (pl. *-i*) ● (*ling.*) Tratto semantico pertinente del significato di una parola.

semafòrico agg. (pl. m. *-ci*) ● Del semaforo, che si riferisce al semaforo.

semaforìsta [da *semaforo*, con *-ista*] s. m. (pl. *-i*) ● Addetto alla manovra di un semaforo.

semaforizzàre [da *semaforo*] v. tr. ● Provvedere di semafori.

semàforo [vc. dotta, comp. del gr. *sêma* 'segnale' e di *-foro*, sul modello del fr. *sémaphore*] s. m. **1** Apparecchio di segnalazione luminosa che serve a disciplinare il traffico dei veicoli e dei pedoni negli incroci stradali, indicando con luce verde la via libera, con luce rossa l'ordine di arresto e con luce gialla il prossimo passaggio dal verde al rosso | Segnale ferroviario luminoso. ➡ ILL. p. 1752 TRASPORTI. **2** Stazione costiera per vedetta e comunicazioni, in grado di trasmettere e ricevere segnali ottici con le navi.

se mài o (*raro*) **semmài** [comp. di *se* (*1*) e *mai*] **A** cong. ● Qualora, nel caso che (introduce una prop. condiz. subordinata di un periodo ipotetico con il v. al congv.): *se mai arrivasse il medico, chiamatemi*; *se mai vi pentiste, io sono sempre a vostra disposizione*. **B** avv. ● V. *semmai*.

semainier /fr. səme'nje/ [vc. fr., da *semaine* 'settimana'] s. m. inv. ● Settimanile.

semàio [da *seme*] s. m. **1** (*raro*) Venditore ambulante di semi di zucca salati e abbrustoliti. **2** (*raro*) Chi alleva e vende seme da bachi da seta o semi di piante.

semantèma [dal fr. *sémantème*, da *sémantique* 'semantico', sul modello di *phonème*, *morphème*, ecc. V. *fonema*, *morfema*] s. m. (pl. *-i*) ● (*ling.*) Unità dei semi specifici di un semema o lessema.

semàntica [dal fr. *sémantique*, f. sost. dal gr. *sēmantikós*, da *sēmáinein* 'significare', sul modello di *grammatica* (V.)] s. f. **1** Studio del significato delle parole. **2** Nella logica contemporanea, parte della semiotica che, trascurando le implicazioni sociologiche e psicologiche del linguaggio, analizza il rapporto tra segno e referente.

semanticità s. f. ● Carattere di ciò che è semantico.

semàntico [vc. dotta, dal lat. tardo *semănticu(m)*, dal gr. *sēmantikós* 'significativo', da *sēmáinein* 'segnalare'] agg. (pl. m. *-ci*) **1** Che concerne il significato delle parole. **2** Che concerne o interessa la semantica | *Componente s.*, parte di una grammatica generativa che assegna a una struttura sintattica una determinata interpretazione di significato. || **semanticaménte**, avv.

semantìsta [fr. *sémantiste*, da *sémantique* 'semantica'] s. m. e f. (pl. m. *-i*) ● Studioso di semantica.

semaṣìa [vc. dotta, dal gr. *sēmasía* 'segno, misura del tempo', da *sēmáinein* 'segnare, significare', da *sêma*, genit. *sḗmatos* 'segno'] s. f. ● Atto del segnare il ritmo con la mano.

semaṣiologìa [vc. dotta, comp. del gr. *sēmasía* 'significato', astratto di *sēmáinein* 'significare', e *-logia*] s. f. (pl. *-gie*) ● (*ling.*) Studio del significato e del mutamento di significato di ogni parola.

semaṣiològico [da *semasiologia*] agg. (pl. m. *-ci*) ● Che concerne il significato delle parole.

semaṣiòlogo s. m. (f. *-a*; pl. m. *-gi*, pop. *-ghi*) ● Studioso di semasiologia.

semàta [da *seme*] s. f. ● Bibita preparata stemperando in acqua mandorle o semi pesti di orzo, melone, zucca, cocomero. SIN. Lattata, orzata.

†**sembiàbile** ● V. †*sembrabile*.

†**sembiàbole** ● V. †*sembrabile*.

†**sembiaménto** ● V. †*sembramento*.

sembiànte o †**semblànte** [dal provz. *semblan*, part. pres. di *semblar* 'sembrare'] **A** agg. ● (*poet.*) †Somigliante: *egregi dicitor, sembianti / alle cicade* (MONTI). || †**sembianteménte**, avv. Similmente. **B** s. m. o †f. **1** (*poet.*) Aspetto, apparenza: *in un istante / par che tutto per me cangi s.* (METASTASIO) | *In s., in sembianti*, in apparenza | †*Mostrar s.*, manifestare, dare a vedere | †*Nel primo s.*, a prima vista. **2** (*est., poet.*) Volto, viso: *con s. lieto e peregrino* (POLIZIANO) | *Far s., far sembianti*, mostrare col volto, con l'atteggiamento, far vista.

sembiànza o (*raro*) †**sembrànza** [dal provz. *semblanza*, da *semblar* 'sembrare'] s. f. **1** (*poet.*) Somiglianza, spec. nella loc. *a s. di* | †Immagine. **2** Sembiante, aspetto: *aveva s. di galantuomo*. **3** (*spec. al pl.*) Lineamenti, fattezze, spec. aggraziate: *una donna di belle sembianze*. **4** (*gener.*) Apparenza, aspetto: *l'estreme sembianze e le reliquie / della terra e del ciel* (FOSCOLO) | Apparenza falsa, ingannevole: *presentare il male sotto le sembianze del bene* | (*raro*) *In sembianze*, in apparenza. **5** †Cenno, vista, nella loc. *far s.*, o *far sembianze*.

†**sembiàre** ● V. *sembrare*.

†**sembiévole** [da *sembiare*] agg. ● Somigliante.

†**semblànte** ● V. *sembiante*.

†**semblàre** ● V. *sembrare*.

†**semblèa** [dall'ant. fr. (*bataille*) *semblee* '(battaglia) attaccata', part. pass. f. di *sembler* 'riunire', dal lat. tardo *similāre*, variante del class. *simulāre* 'esser simile'. V. *simulare*] s. f. ● (*raro*) Battaglia.

†**sembràbile** o †**sembiàbile**, †**sembiàbole** [da *sembrare*] agg. ● Somigliante.

†**sembraménto** o †**sembiaménto** [da *sembrare*] s. m. ● (*raro*) Sembianza.

†**sembrànza** ● V. *sembianza*.

sembràre o †**sembiàre**, †**semblàre** [dal provz. *semblar*, dal lat. tardo *similāre* 'somigliare', da *sĭmilis* 'simile'] **A** v. intr. (*io sémbro*; aus. *essere*) ● Parere | Avere l'aspetto, l'apparenza, la sembianza, di altra persona o cosa: *mi sembri tuo fratello*; *sembrava un galantuomo*; *così pettinato non sembri più tu*; *questi fiori sembrano finti*; *quella donna sembra un angelo*. **B** v. intr. impers. (aus. *essere*) ● Dare l'impressione: *sembra che tutto vada bene*; *in questo posto sembra di essere soli*; *sembra sconveniente non accettare*.

séme [lat. *sēme(n)* (nom. acc. nt.), dalla radice indeur. **sē-* 'seminare, piantare'] s. m. **1** Organo di dispersione caratteristico delle Spermatofite, racchiuso o no da un frutto, derivato dalla modificazione di un ovulo fecondato e contenente l'embrione e sostanze di riserva | *Porre un terreno a s.*, lavorarlo per la semina | *S. bachi, s. da bachi*, uova del baco da seta pronte per l'incubatrice | *Semi duri*, che non germinano o germinano dopo molto tempo, spec. quelli di leguminose | *S. della fonte*, quello della partita di fondazione che ne conserva intatte le caratteristiche | *S. ibrido*, derivato da incrocio originario | *S. santo*, capolini essiccati dell'Artemisia Cina contenenti santonina, potente antielmintico | *Semi di zucca*, che si mangiano salati e abbrustoliti | *Semi oleosi*, tutti quei semi o frutti di piante o di specie agrarie, diverse dall'olivo, da cui si ricava un olio alimentare: *olio di semi* | *Si è perso il s.*, (*fig.*) non ce n'è più, non ne nasce più | *Tenere q.c. per s.*, custodire gelosamente quel che resta di q.c. di cui esistevano molti esemplari. **2** (*est., pop.*) Nocciolo: *ha ingoiato i semi delle ciliegie*. **3** (*biol.*) Sperma, elemento germinale maschile. **4** (*al pl.*) Pastina da brodo a forma di semi di cereali. **5** (*lett.*) Razza, discendenza | Antenati, progenitori. **6** (*fig.*) Origine, principio, causa: *gettare il s. della discordia*. **7** Ciascuno dei quattro simboli o colori in cui si dividono le carte da gioco, cioè *cuori, quadri, picche, fiori* nelle carte francesi e *coppe, denari, bastoni, spade* nelle carte napoletane. || **semàccio**, pegg. | **semìno**, dim. (V.).

semeiografìa ● V. *semiografia*.

semeiologìa ● V. *semiologia*.

semeiològico o **semiològico** agg. (pl. m. *-ci*) **1** (*med.*) Semeiotico. **2** (*raro*) V. *semiologico* nel sign. 1.

semeiòlogo o **semiòlogo** [comp. del gr. *sēmêion* 'segno', e *-logo*] s. m. (f. *-a*; pl. m. *-gi*) **1** (*med.*) Specialista in semeiotica. **2** (*raro*) V. *semiologo* nel sign. 1.

semeiòtica [vc. dotta, dal gr. *sēmeiōtikḗ*, f. sost. di *sēmeiōtikós* 'che osserva i segni', da *sēmeiōun* 'esaminare'] s. f. **1** (*med.*) Studio dei segni e dei sintomi delle malattie e dei modi per rilevarle: *s. medica, s. chirurgica*. SIN. Semiologia. **2** (*raro*) Nelle scienze umane, semiologia.

semeiòtico agg. (pl. m. *-ci*) ● (*med.*) Che riguarda la semeiotica.

sèmel o (*pop., tosc.*) **sèmelle** [dal ted. *Semmel*, risalente al lat. *sĭmila* 'semola'] s. m. ● Panino soffice da inzuppare nel caffellatte.

semelfattìvo [ingl. *semelfactive*, comp. del lat. *sĕmel* 'una volta' (da una radice che indica l'unità) e un deriv. del lat. *făcere* 'fare' (V. *fattivo*)] agg. ● (*ling.*) In alcune grammatiche, detto di forma o aspetto verbale che esprime un'azione in quanto singola nella sua realizzazione, senza ripetizione o continuazione.

semellàio s. m. ● (*pop., tosc.*) Venditore di semel.

sèmelle ● V. *semel*.

semèma [da *sema*, col suff. *-ema* di *fonema*, *morfema*, ecc.] s. m. (pl. *-i*) ● (*ling.*) Unità di tratti semantici corrispondente al lessema.

seménta (1) [da *sementare*] s. f. ● Atto del seminare, spec. il grano: *fare la s.* | Epoca in cui si semina: *quest'anno la s. è in ritardo.*

seménta (2) • V. *semente.*

sementàbile agg. • (*raro*) Che si può sementare: *terreno s.*

sementàre [lat. *sementāre* 'produrre semenza', da *sementis* 'seminagione'. V. *semente*] v. tr. (*io seménto*) • Spargere la semente, seminare (*anche ass.*).

†**sementàrio** [da *sementare*] s. m. • Semenzaio.

sementatìvo [da *sementare*] agg. • (*raro*) Seminativo.

sementàto part. pass. di *sementare* • (*raro*) Nel sign. del v.

†**sementatóre** [da *sementare*] s. m. • Seminatore.

seménte o **seménta (2)** [lat. *semĕnte(m)*, connesso con *sēmen* 'seme'. V. *seme*] s. f. • Seme destinato alla semina, che si raccoglie per seminare: *affidare la s. al terreno.*

sementière [da *semente*] s. m. • Selezionatore di sementi.

sementìno [dal lat. *sementīnu(m)* 'del tempo della semina', da *semĕntis* 'semina'] agg. • (*raro*) Atto alla semina: *tempo s.* | *Aratro s.*, aratro più piccolo del consueto con cui si tracciano solchi per la semina.

sementìre [da *sementare*, con cambio di coniug.] v. intr. (*io sementisco, tu sementisci*; aus. *avere*) • Far seme, produrre seme.

semènza [lat. parl. **semĕntia(m)*, connesso con *semĕntis* 'semente'] s. f. **1** Semente. **2** (*spec. al pl., pop.*) Semi di zucca salati e abbrustoliti. **3** (*fig.*) Origine: *Considerate la vostra s.: / fatti non foste a viver come bruti* (DANTE *Inf.* XXVI, 118-119) | Discendenza, stirpe. **4** Bullettame minuto da scarpe. **5** Insieme di perle minutissime.

semenzàio [da *semenza*] s. m. **1** Terreno destinato alla semina per ottenere piantine da trapiantare in vivaio o a dimora. **2** (*fig.*) Luogo di primo sviluppo: *Firenze è il s. della lingua italiana* | Luogo in cui si trovano molti esemplari dello stesso tipo.

semenzàle [da *semenza*] s. m. • (*agr.*) Piantina ottenuta da seme.

semenzièro [da *semenza*] agg. • (*raro*) Che si riferisce alle sementi.

†**semenzìre** [da *semenza*] v. intr. • Sementire.

semestràle [da *semestre*] agg. **1** Che dura sei mesi: *corso s.* **2** Che si verifica ogni sei mesi: *pagamento s.* || **semestralménte**, avv. Ogni semestre, di semestre in semestre.

semestralità s. f. • Rata, importo semestrale.

semestralizzàre [da *semestrale*] v. tr. • Rendere semestrale: *s. una scadenza, una rata.*

semèstre [dal lat. *semēstrem*, comp. di *sĕx* 'sei' e *-mēstris*, da *mēnsis* 'mese'] s. m. **1** Spazio di tempo di sei mesi: *un s. di scuola*; *il lavoro di un s.*; *dividere l'anno in due semestri* | *S. bianco, s. in bianco*, nella Repubblica Italiana, periodo degli ultimi sei mesi della carica presidenziale durante il quale il capo dello Stato perde la facoltà di sciogliere le Camere. **2** (*est.*) Somma che si deve pagare o riscuotere ogni semestre: *un s. anticipato*; *due semestri di affitto.*

sèmi- o **sémi-** [anche in comp. lat. vale 'metà' (*sēmis*, di origine indeur.)'] primo elemento • In numerose parole composte, significa 'mezzo', 'a metà', o 'parzialmente', 'quasi': *semiaperto, semibarbaro.*

-semia [gr. *-sēmía*, da *sêma* 'segno', di origine indeur.] secondo elemento • In parole composte della terminologia linguistica, vale 'significato': *polisemia.*

semiacèrbo [vc. dotta, dal lat. *semiacĕrbu(m)*, comp. di *sēmi-* 'semi-' e *acĕrbus* 'acerbo'] agg. • Detto di frutto, non ancora del tutto maturo.

semiàla [comp. di *semi-* e *ala*] s. f. • (*aer.*) Parte di ala compresa tra la fusoliera e l'estremità dell'ala stessa.

semiàlbero [comp. di *semi-* e *albero* 'asse'] s. m. • (*mecc.*) Semiasse.

semianalfabèta [comp. di *semi-* e *analfabeta*] agg.; anche s. m. e f. (pl. m. *-i*) • Che, chi sa, a stento e male, leggere e scrivere | (*est.*) Ignorante, illetterato.

semianalfabetìsmo [da *semianalfabeta*] s. m. • Condizione di semianalfabeta.

semiapèrto [vc. dotta, dal lat. *semiapĕrtu(m)* 'semiaperto', comp. di *sēmi-* 'semi-' e *apĕrtus* 'aperto'] agg. **1** Mezzo aperto, più aperto che chiuso: *uscio s.*; *occhi semiaperti.* **2** (*ling.*) Detto delle vocali intermedie *o* ed *e* articolate con la lingua abbassata non tanto quanto per l'articolazione della vocale più aperta *a.*

semiàsse [comp. di *semi-* e *asse (2)*] s. m. **1** (*mat.*) Semiretta d'un asse cartesiano spiccata dall'origine | *S. d'una conica*, metà d'un asse. **2** (*mecc.*) Ciascuno dei due alberi che trasmettono il moto dal differenziale alle ruote dell'autoveicolo. SIN. Semialbero.

semiautomàtico [comp. di *semi-* e *automatico*] agg. (pl. m. *-ci*) • Detto di macchina in grado di eseguire automaticamente tutte le operazioni tranne, in genere, quelle finali | Detto di meccanismo in grado di compiere una certa operazione solo se azionato di volta in volta.

semibàrbaro [vc. dotta, dal lat. *semibărbaru(m)* 'semibarbaro', comp. di *sēmi-* 'semi-' e *bărbarus* 'barbaro'] agg. • Quasi barbaro, rozzo, incivile.

semibarrièra [comp. di *semi-* e *barriera*] s. f. • In un passaggio a livello o in un passo carraio, barriera che chiude solo una delle corsie stradali.

semibiscròma [comp. di *semi-* e *biscroma*] s. f. • (*mus.*) Figura di nota avente durata di 1/64 di semibreve.

semibràdo [comp. di *semi-* e *brado*] agg. • Detto di bestiame o allevamento che è stabulare solo d'inverno: *cavalli semibradi.*

semibrève [comp. di *semi-* e *breve*] **A** agg. • Detto di sillaba quasi breve. **B** s. f. • (*mus.*) Figura di nota avente durata di 4/4.

semibùio [comp. di *semi-* e *buio*] agg. • Che è parzialmente oscuro o non illuminato: *scantinato s.*; *periferia semibuia.*

semicabinàto [comp. di *semi-* e *cabinato*] s. m. • Imbarcazione da diporto a propulsione meccanica, con parte abitabile ridotta, generalmente a prua.

semicanùto [comp. di *semi-* e *canuto*] agg. • (*raro*) Quasi canuto.

semicàpro [vc. dotta, dal lat. *semĭcapru(m)* 'semicapro', comp. di *sēmi-* 'semi-' e *căper* 'capro', con spostamento dell'accento] **A** s. m. • Chi ha corpo metà umano e metà caprino. **B** anche agg.: *gli Dei semicapri.*

semicatìno [comp. di *semi-* e *catino*] s. m. • Cupola, costituita da una mezza calotta sferica, che ricopre l'abside di una chiesa.

semicavàllo [comp. di *semi-* e *cavallo*] s. m. • (*raro, lett.*) Centauro.

semicérchio [comp. di *semi-* e *cerchio*. V. *semicircolo*] s. m. • Metà d'un cerchio | Segmento circolare staccato da un diametro.

semichiùso [comp. di *semi-* e *chiuso*. V. lat. tardo *semiclūsus* 'semichiuso'] agg. **1** Mezzo chiuso, quasi chiuso, più chiuso che aperto: *occhi semichiusi.* **2** (*ling.*) Detto delle vocali intermedie *o* ed *e* articolate con la lingua sollevata non tanto quanto per l'articolazione delle vocali chiuse *u* e *i.*

semicingolàto [comp. di *semi-* e *cingolato*] **A** agg. • Detto di veicolo munito di cingoli di trazione e di ruote anteriori sterzanti. **B** anche s. m.

semicircolàre o †**semicirculàre** [vc. dotta, dal lat. mediev. *semicirculāre(m)* 'semicircolare', dal classico *semicĭrculus* 'semicerchio'] agg. • Che ha forma di semicerchio | (*anat.*) *Canali semicircolari*, formazioni ad anello dell'orecchio medio, che presiedono al senso dell'equilibrio.

semicìrcolo [vc. dotta, dal lat. *semicĭrculu(m)* 'semicerchio', comp. di *sēmi-* 'semi-' e *cĭrculus* 'cerchio'] s. m. • Semicerchio.

semicirconferènza [comp. di *semi-* e *circonferenza*] s. f. • Metà di una circonferenza.

†**semicirculàre** • V. *semicircolare.*

sèmico [da *sema*] agg. (pl. m. *-ci*) • (*ling.*) Relativo al sema: *analisi semica.*

semicolonnàle [comp. di *semi-* e *colonnale*] agg. • (*raro*) Che ha forma di mezza colonna: *l'onda s.* (LEONARDO).

semiconduttóre [comp. di *semi-* e *conduttore*] s. m.; anche agg. • Sostanza solida cristallina la cui conducibilità elettrica, gener. dipendente dalla temperatura, è intermedia fra quella di un conduttore e quella di un isolante.

semiconservatìvo [comp. di *semi-* e *conservativo*] agg. • (*biol., chim.*) *Replicazione semiconservativa*, replicazione di una molecola di DNA per separazione longitudinale dei due filamenti complementari da cui è composta, ciascuno dei quali si conserva e funge da modello, o stampo, per la sintesi di un nuovo filamento complementare.

semiconsonànte [comp. di *semi-* e *consonante*] s. f. • Semivocale.

semiconsonàntico agg. (pl. m. *-ci*) • Che si riferisce alla semiconsonante.

semiconvìtto [comp. di *semi-* e *convitto*] s. m. • In un convitto, frequenza limitata alle ore di lezione e di studio.

semiconvittóre [comp. di *semi-* e *convittore*] s. m. (f. *-trice*) • Studente che si trattiene in un convitto solo durante le ore del giorno dedicate alle lezioni e allo studio.

semicopèrto [comp. di *semi-* e *coperto*] agg. • Appena coperto, coperto per metà.

semicòro [comp. di *semi-* e *coro*] s. m. • Metà del coro nel dramma greco.

semicòtto [comp. di *semi-* e *cotto*] agg. • Che è cotto parzialmente o in modo imperfetto | *Formaggio s.*, tipo di formaggio trattato a una temperatura tra i 35 e i 48 °C. CFR. Semicrudo.

semicristallìno [comp. di *semi-* e *cristallino*] agg. • (*raro*) Quasi cristallino.

semicròma [comp. di *semi-* e *croma*] s. f. • (*mus.*) Figura di nota avente durata di 1/16 di semibreve.

semicrùdo [comp. di *semi-* e *crudo*] agg. • Che non è del tutto crudo o è cotto in modo insufficiente | *Formaggio s.*, tipo di formaggio trattato a una temperatura tra i 32 e i 35 °C. CFR. Semicotto.

semicuòio [comp. di *semi-* e *cuoio*] s. m. • (*cart.*) Cartoncino usato per cartelle per documenti, carpette e sim., il cui colore tendente al rosso ricorda il cuoio.

semicùpio [dal lat. mediev. *semicūpiu(m)* 'semicupio', comp. di *sēmi-* 'semi-' e di un deriv. del classico *cūpa* 'botte', di etim. incerta] s. m. **1** Piccola vasca da bagno in cui si sta seduti. **2** (*est.*) Bagno fatto in un semicupio.

semidènso [comp. di *semi-* e *denso*] agg. • (*fis.*) Che ha densità media: *liquido s.*

†**semidèo** • V. *semidio.*

semideponènte [comp. di *semi-* e *deponente*] agg.; anche s. m. • Detto di verbo latino che in alcuni tempi, nel perfetto e nei tempi da esso derivati, si coniuga come deponente.

semidetenùto [comp. di *semi-* e *detenuto*] agg.; anche s. m. (f. *-a*) • Che, chi fruisce della semidetenzione.

semidetenzióne [comp. di *semi-* e *detenzione*] s. f. • (*dir.*) Sanzione penale, sostitutiva delle pene detentive brevi, che comporta l'obbligo di trascorrere almeno dieci ore al giorno in un istituto di reclusione.

semidiàfano [comp. di *semi-* e *diafano*] agg. • Semitrasparente.

semidiàmetro [vc. dotta, dal lat. tardo *semidiămetru(m)* 'semidiametro', comp. di *sēmi-* 'semi-' e *diămetros* 'diametro'] s. m. • Mezzo diametro | *S. d'una conica*, segmento avente un estremo nel centro e l'altro sulla conica.

semidiapènte [comp. di *semi-* e *diapente*] s. f. • Nella musica greca, intervallo di quinta minore.

semidìo /semi'dio, semid'dio/ o †**semidèo** [dal lat. *semĭdeu(m)* 'semidio', comp. di *sēmi-* 'semi-' e *dĕus* 'dio', sul modello del gr. *Hēmítheos*, con l'accento spostato] s. m. (f. *semidèa*; pl. m. *semidèi*, raro *semidii*) **1** Nella mitologia greco-romana, chi, nato da una divinità e da un essere umano, partecipa di qualità divine e tuttavia non è immortale. **2** (*fig., iron.*) Persona superiore agli altri, o che si crede tale.

semidistéso [comp. di *semi-* e *disteso*] agg. • Non del tutto disteso, detto spec. di persona con il busto appoggiato e il resto del corpo disteso: *dormiva s. sul divano.*

semidistrùtto [comp. di *semi-* e *distrutto*] agg. • Mezzo distrutto, distrutto in parte.

semidiùrno [comp. di *semi-* e *diurno*] agg. • Che si riferisce alla metà di un giorno.

semidóppio [comp. di *semi-* e *doppio*] **A** agg. •

(*bot.*) Detto di fiore, in cui parte degli stami sono trasformati in petali. **B** s. m.; anche agg. ● Nella liturgia cattolica precedente il Concilio Vaticano II, ufficio nel quale non si duplicava la recita delle antifone.

semidòtto [dal lat. *semidŏctu(m)* 'semidotto', comp. di *sēmi-* 'semi-' e *dŏctus* 'dotto'] agg. ● Che ha un'istruzione superficiale.

semidottoràle [comp. di *semi-* e *dottorale*] agg. ● (*raro*) Di, da semidottore (*spec. spreg.*).

semidottóre [comp. di *semi-* e *dottore*] s. m. (f. *-essa*) ● (*raro*) Quasi dottore (*spec. spreg.*).

semidùro [comp. di *semi-* e *duro*] agg. ● (*miner.*) Che può essere scalfito dall'acciaio.

semierètto [comp. di *semi-* ed *eretto*] agg. ● Che è parzialmente eretto: *pianta col fusto s.*

semiesònero [comp. di *semi-* ed *esonero*] s. m. ● Esonero parziale, limitato alla metà dell'intero obbligo.

semifinàle [comp. di *semi-* e *finale*] s. f. ● Gara destinata alla selezione dei concorrenti per l'ammissione alle finali: *entrare in s.*; *vincere le semifinali.*

semifinalista [comp. di *semi-* e *finalista*] s. m. e f. (pl. m. *-i*) ● Concorrente che ha superato i quarti di finale entrando nella semifinale.

semifinìto [comp. di *semi-* e *finito*] agg. ● Che è finito o è lavorato solo parzialmente: *prodotto, materiale s.*

semiflùido [comp. di *semi-* e *fluido*] agg. ● (*fis.*) Detto di corpo prossimo allo stato fluido: *olio s.*

semifréddo [comp. di *semi-* e *freddo*] **A** agg. ● Detto di un particolare tipo di dolce che viene conservato e servito molto freddo. **B** anche s. m.

semigòtico [dal fr. *semigothique*, comp. di *semi-* 'semi-' e *gothique* 'gotico'] agg. (pl. m. *-ci*) ● Detto di scrittura fondamentalmente simile alla gotica, ma semplificata e alleggerita nel tratto.

semigràsso [comp. di *semi-* e *grasso*] agg. ● Che non è completamente grasso | *Formaggi semigrassi*, uno dei tre tipi in cui la legge italiana classifica i formaggi.

semigratùito o **semigratuìto** [comp. di *semi-* e *gratuito*] agg. ● Mezzo gratuito, gratuito in parte.

semiinfermità ● V. *seminfermità.*

semiinférmo /semiin'fermo, semin'fermo/ ● V. *seminfermo.*

semiinterràto /semiinter'rato, seminter'rato/ ● V. *seminterrato.*

semilavoràto [comp. di *semi-* e *lavorato*] **A** agg. ● Detto di prodotto che ha subito una parziale lavorazione, e viene impiegato in un successivo processo produttivo che lo utilizza come materia prima. **B** anche s. m.

semilìbero [vc. dotta, dal lat. *semilīberu(m)* 'semilibero', comp. di *sēmi-* 'semi-' e *līber* 'libero'] **A** agg. ● Che non gode di una perfetta libertà. **B** agg.; anche s. m. *1* (*dir.*) Anticamente, che, chi era in condizione intermedia tra quella di libero e quella di schiavo, in modo da godere solo parzialmente dei diritti sociali e delle capacità giuridiche. *2* (*dir.*) Detenuto che gode della condizione di semilibertà.

semilibertà [comp. di *semi-* e *libertà*] s. f. ● Condizione di chi è semilibero | (*dir.*) Opportunità, per i detenuti che abbiano scontato metà della pena e abbiano tenuto un buon comportamento, di uscire dal carcere nelle ore diurne per lavorare e reinserirsi così nel contesto sociale.

semilìquido [comp. di *semi-* e *liquido*] agg. ● Quasi liquido.

semilùcido [comp. di *semi-* e *lucido*] agg. ● Quasi lucido, poco lucido.

semilunàre [comp. di *semi-* e *lunare*] agg. ● Che ha forma di mezzaluna | (*anat.*) *Osso s.*, osso del carpo.

semilùnio [comp. di *semi-* e *-lunio*, cfr. *plenilunio*] s. m. ● Epoca in cui la Luna è al primo o all'ultimo quarto.

semimetallo [comp. di *semi-* e *metallo*] s. m. ● (*chim.*) Elemento di proprietà intermedie fra quelle dei metalli e dei non metalli.

semimìnima [comp. di *semi-* e *minima*] s. f. ● (*mus.*) Figura di nota avente durata di 1/4 di semibreve.

semimorfèma [comp. di *semi-* e *morfema*] s. m. (pl. *-i*) ● (*ling.*) Elemento morfologico che amplia la radice e la collega al morfema vero e proprio.

semimòrto [dal lat. *semimŏrtuu(m)* 'mezzo morto', comp. di *sēmi-* 'semi-' e *mŏrtuus* 'morto'] agg. ● (*raro, lett.*) Mezzo morto, quasi morto.

semimpermeàbile [comp. di *semi-* e *impermeabile*] agg. ● Che è parzialmente impermeabile.

sémina (1) [da *seminare*] s. f. ● Atto del seminare | Epoca in cui si semina.

semina (2) [da *sema*, variante ant. e dial. di *seme*] s. f. ● (*spec. al pl.*) Semi di zucca salati.

seminàbile agg. ● Che si può seminare.

seminagióne o †**seminazióne** [vc. dotta, dal lat. *seminatiōne(m)*, propriamente 'riproduzione', da *seminātus* 'seminato'] s. f. ● (*lett.*) Semina (1).

seminàle [vc. dotta, dal lat. *semināle(m)* 'seminale', da *sēmen*, genit. *sēminis* 'seme'] agg. *1* Che si riferisce al seme, alla semente. *2* Che si riferisce al seme, allo sperma: *ghiandola, vescichetta, liquido s.*

seminàre [lat. *semināre*, da *sēmen*, genit. *sēminis* 'seme'] v. tr. (*io sémino*) *1* Spargere il seme, le sementi (*anche ass.*): *s. il grano*; *s. un terreno a grano* | *S. sulla, nella rena*, fare q.c. di inutile. *2* (*fig.*) Spargere qua e là, lasciar cadere: *ha seminato i suoi vestiti per la stanza.* SIN. Disseminare. *3* (*fig.*) Diffondere, far nascere, suscitare: *s. discordia, zizzania.* *4* Nel linguaggio sportivo, distaccare con facilità gli avversari, prendere su di essi un notevole vantaggio: *s. il gruppo, gli inseguitori* ‖ PROV. Chi semina vento, raccoglie tempesta; chi non semina, non miete.

seminariàle [da *seminario* nel sign. 2] agg. ● Che si riferisce a un seminario: *esercitazioni seminariali*; *tecnica seminariale.*

seminarile [da *seminario* nel sign. 1] agg. ● Che si riferisce a un seminario: *collegio s.*

seminàrio [vc. dotta, dal lat. *seminārium(m)*, da *sēmen*, genit. *sēminis* 'seme'] s. m. *1* Istituto per la preparazione dei chierici: *s. vescovile, arcivescovile* | *S. diocesano*, soggetto al vescovo della diocesi | *S. regionale*, costituito fra più diocesi. *2* Esercitazione universitaria di carattere specialistico riservata a un numero ristretto di studenti | (*est.*) Tecnica di aggiornamento o addestramento di dirigenti spec. aziendali consistente in riunioni di gruppo, guidate da un relatore, per approfondire determinati problemi. *3* Istituto o aula universitaria riservata allo svolgimento di esercitazioni seminarili: *il s. di inglese.* *4* †Semenzaio. ‖ **seminarùccio**, dim.

seminarìsta [da *seminario*, con *-ista*] s. m. (pl. *-i*) *1* Chierico o laico di un seminario. *2* (*est., fig.*) Giovane inesperto, ingenuo: *essere timido, goffo, come un s.*

seminarìstico [da *seminarista*] agg. (pl. m. *-ci*) ● Di seminario | Di, da seminarista (*anche iron.*): *educazione seminaristica.*

seminasàle [comp. di *semi-* e *nasale*] agg. ● Quasi nasale.

seminàta s. f. ● (*raro*) Atto, effetto del seminare (*anche fig.*) | Insieme delle cose seminate.

seminatìvo [da *seminare*] **A** agg. ● Detto di terreno lavorato e coltivato a cereali, leguminose, piante foraggere, e sim. **B** anche s. m.

seminàto **A** part. pass. di *seminare*; anche agg. *1* Nei sign. del v. *2* Cosparso (*anche fig.*): *sentiero s. di fiori*; *una carriera seminata di difficoltà.* *3* (*arald.*) Detto dello scudo o di una figura cosparsi di figure più piccole. ‖ †**seminataménte**, avv. Sparsamente. **B** s. m. ● Terreno seminato: *danneggiare il s.*; *non camminare sul s.* | *Uscire dal, fuori del, s.*, (*fig.*) deviare dall'argomento trattato; †impazzire, uscire di senno.

seminatóio s. m. ● Arnese per seminare: *un s. a mano.*

seminatóre [dal lat. *seminatōre(m)*, da *seminātus* 'seminato'] s. m. (f. *-trice*) ● Chi semina.

seminatrice [f. di *seminatore*] s. f. ● Macchina per la semina | *S. di precisione*, per la semina in fila di semi isolati a distanza prestabilita | *S. spandiconcime*, per localizzare il concime a contatto o in vicinanza del seme contemporaneamente alla semina. ➡ ILL. p. 354 AGRICOLTURA.

seminatùra s. f. ● (*raro*) Atto del seminare | Semina.

†**seminazióne** ● V. *seminagione.*

seminfermità o **semiinfermità** [comp. di *semi-* e *infermità*] s. f. ● Infermità parziale: *s. di mente.*

seminférmo o **semiinférmo** [comp. di *semi-* e *infermo*] agg.; anche s. m. (f. *-a*) ● Che, chi è parzialmente infermo.

seminìfero [comp. del lat. *sēmen*, genit. *sēminis* 'seme', e *-fero*] agg. *1* (*bot.*) Che porta semi. *2* (*anat.*) Che conduce il seme: *dotto s.*

seminìo s. m. ● Atto del seminare continuo (*spec. fig.*).

semino s. m. *1* Dim. di *seme*. *2* (*al pl.*) Pasta minuta da minestra, a forma di semi.

seminòma [da *seme* col suff. *-oma*] s. m. (pl. *-i*) ● (*med.*) Tumore del testicolo.

seminòmade [comp. di *semi-* e *nomade*] **A** agg. ● (*etn.*) Detto di gruppi che praticano il seminomadismo o di individui che appartengono a tali gruppi. **B** s. m. e f. ● Chi pratica il seminomadismo.

seminomadìsmo [da *seminomade*] s. m. ● (*etn.*) Forma di esistenza fondata sull'alternanza di periodi di nomadismo legato ad attività pastorali o di caccia e raccolta, e di periodi di stanzialità dovuti alla pratica dell'agricoltura.

semintéro [comp. di *semi-* e *intero*] agg. ● Detto di numero razionale multiplo dispari di 1/2, quale 1/2, 3/2, 5/2 ecc.

seminterràto o (*raro*) **semiinterràto** [comp. di *semi-* e *interrato*] s. m. ● Piano di edificio i cui locali sono parzialmente sotto il livello stradale.

seminùdo [dal lat. *seminūdu(m)* 'seminudo', comp. di *sēmi-* 'semi-' e *nūdus* 'nudo'] agg. ● Mezzo nudo, quasi nudo.

sèmio- [dal gr. *sēmêion* 'segno'] primo elemento ● In parole scientifiche composte, significa 'segno' o indica relazione coi segni: *semiologia.*

semiocclusìvo [comp. di *semi-* e *occlusivo*] agg. ● (*ling.*) Affricato.

semiografia o **semeiografia** [comp. di *semio-* e *-grafia*] s. f. ● Scrittura abbreviata, per mezzo di segni convenzionali: *la stenografia è una s.*

semiologìa o **semeiologia** [comp. di *semio-* e *-logia*] s. f. (pl. *-gie*) *1* Nelle scienze umane, teoria e studio di ogni tipo di segno linguistico, visivo, gestuale ecc., prodotto in base a un codice accettato nell'ambito della vita sociale. SIN. Semiotica. *2* (*raro, med.*) Semeiotica.

semiològico o **semeiològico** agg. (pl. m. *-ci*) *1* Nelle scienze umane, relativo alla semiologia. *2* (*raro*) V. *semeiologico* nel sign. 1.

semiòlogo o **semeiòlogo** s. m. (f. *-a*; pl. m. *-gi*) *1* Nelle scienze umane, studioso di semiologia. *2* (*raro*) V. *semeiologo* nel sign. 1.

semióncia [comp. di *semi-* e *oncia*] s. f. (pl. *-ce*) ● A Roma e in alcune città italiche, unità di misura ponderale e monetaria equivalente a metà dell'oncia o a 1/24 dell'asse.

semionciàle o (*raro*) †**semunciàle** [comp. di *semi-* e *onciale*] agg.; anche s. f. ● Detto di un tipo di scrittura derivata dall'onciale con caratteristiche analoghe ad essa, in uso nell'alto Medioevo.

semiònda [comp. di *semi-* e *onda*] s. f. ● (*fis.*) Parte di un'onda periodica relativa a un semiperiodo, in cui la grandezza oscillante mantiene lo stesso segno.

semiopàco [comp. di *semi-* e *opaco*] agg. (pl. m. *-chi*) ● Mezzo opaco, quasi trasparente.

semiopàle [comp. di *semi-* e *opale*] s. m. ● (*miner.*) Varietà di opale traslucido di durezza moderata.

semioscurità [comp. di *semi-* e *oscurità*] s. f. ● Oscurità parziale.

semioscùro [comp. di *semi-* e *oscuro*] agg. ● Che è parzialmente oscuro.

semiòsi [dall'ingl. *semiosis*, dal gr. *sēméiōsis* 'significazione', da *sēmeiôun* 'indicare, segnalare'] s. f. ● Nelle scienze umane, processo in base al quale q.c. assume la funzione di segno.

semiòtica [dall'ingl. *semiotic*. V. *semeiotica*] s. f. *1* Nelle scienze umane, semiologia. *2* (*med., raro*) Semeiotica.

semiòtico [vc. dotta, dal gr. *sēmeiōtikós* 'diagnostico', da *sēmeiôun* 'osservare'] agg. (pl. m. *-ci*) ● Relativo alla semiosi o alla semiotica.

semipagàno [comp. di *semi-* e *pagano*] agg. ● Mezzo pagano, quasi pagano.

semiparassita [comp. di *semi-* e *parassita*] s. m.; anche agg. ● (*bot.*) Emiparassita.

semiperiferia [comp. di *semi-* e *periferia*] s. f. ● La zona periferica più vicina al centro della città.

semiperifèrico [comp. di *semi-* e *periferico*] agg. (pl. m. *-ci*) ● Che si trova nella semiperiferia: *quartiere s.*

semiperìmetro [comp. di *semi-* e *perimetro*] s. m. ● Metà del perimetro.

semiperìodo [comp. di *semi-* e *periodo*] s. m. ● (*fis.*) Metà del periodo di un'oscillazione.

semipermeàbile [comp. di *semi-* e *permeabile*] agg. ● (*fis.*) Detto di membrana o setto che manifesta il fenomeno della semipermeabilità.

semipermeabilità [comp. di *semi-* e *permeabilità*] s. f. ● (*fis.*) Proprietà di alcune membrane che permettono il passaggio del solvente, ma non del soluto.

semipiàno [comp. di *semi-* e *piano*] s. m. ● Insieme dei punti del piano che stanno da una parte rispetto a una retta assegnata.

semipièno [dal lat. *semiplēnu(m)*, comp. di *sēmi-* e *plēnus* 'pieno'] agg. ● Mezzo pieno, quasi pieno.

semipoètico [dal lat. tardo *semipōeta(m)*, comp. di *sēmi-* 'semi-' e *poēta* 'poeta'] agg. (pl. m. *-ci*) ● Fatto di poesia e di prosa insieme | (*spreg.*) Scarsamente poetico.

semipotenziàto [comp. di *semi-* e *potenziato*] agg. ● (*arald.*) Detto di pezza, le cui estremità terminano ad angolo retto: *croce semipotenziata.*

semiprò s. m. e f. inv. ● Acrt. di *semiprofessionista.*

semiprodòtto [comp. di *semi-* e *prodotto*] s. m. ● (*mat.*) La metà del prodotto di due o più fattori.

semiprofessionìsmo [comp. di *semi-* e *professionismo*] s. m. ● (*sport*) Condizione di atleti impegnati per contratto a svolgere la propria attività sportiva esclusivamente sotto il patrocinio di una società, rimanendo comunque liberi di esercitare altra attività lavorativa.

semiprofessionìsta [comp. di *semi-* e *professionista*] s. m. e f. (pl. m. *-i*) ● (*sport*) Chi pratica una attività sportiva in condizioni di semiprofessionismo.

semipùbblico [comp. di *semi-* e *pubblico*] agg. (pl. m. *-ci*) ● (*raro*) Che non è del tutto pubblico.

semiquinària [comp. di *semi-* e *quinaria*] agg. solo f. ● Pentemimera.

semiraffinàto [comp. di *semi-* e *raffinato*] agg. ● Che è stato raffinato solo parzialmente, detto spec. di prodotto alimentare o industriale: *zucchero, sale s.*

semirètta [comp. di *semi-* e *retta*] s. f. ● Insieme dei punti d'una retta orientata che seguono un punto dato.

semirìgido [comp. di *semi-* e *rigido*] agg. ● Non completamente rigido | *Dirigibile s.*, con armatura parzialmente articolata.

semirimòrchio [comp. di *semi-* e *rimorchio*] s. m. ● Rimorchio stradale, la cui parte anteriore, priva di ruote, poggia sulla parte posteriore di un trattore, su cui è articolata.

semirotóndo [dal lat. tardo *semirotŭndu(m)* 'semicircolare', comp. di *sēmi-* 'semi-' e *rotŭndus* 'rotondo'] agg. ● (*raro*) Parzialmente rotondo.

semisconosciùto [comp. di *semi-* e *sconosciuto*] agg. ● Quasi sconosciuto o non ancora affermato: *ha vinto il premio uno scrittore s.*

semiscopèrto [comp. di *semi-* e *scoperto*] agg. ● Mezzo scoperto, quasi scoperto.

semisécco [comp. di *semi-* e *secco*] agg. (pl. m. *-chi*) ● Detto di vino, che non è né dolce né secco.

semisecolàre [comp. di *semi-* e *secolare*] agg. ● Che dura mezzo secolo: *alleanza s.* | Che ricorre ogni mezzo secolo: *celebrazione semisecolare.*

semiselvàggio [comp. di *semi-* e *selvaggio*] agg.; anche s. m. (f. *-a*; pl. f. *-ge*) ● Mezzo selvaggio, poco addomesticato, poco civile.

semisèrio [comp. di *semi-* e *serio*] agg. ● Che sta fra il serio e il buffo, il faceto: *tono s.*; *opera semiseria.*

semisèrvo [comp. di *semi-* e *servo*] agg. ● (*raro*) Quasi servo.

semisettenària [comp. di *semi-* e *settenaria*] agg. solo f. ● Eftemimera.

semisfèra [comp. di *semi-* e *sfera*] s. f. ● Metà d'una sfera | Segmento sferico determinato da un piano per il centro.

semisfèrico agg. (pl. m. *-ci*) ● Di semisfera.

semisòlido [comp. di *semi-* e *solido*] agg. ● Non del tutto solido.

semisómma [comp. di *semi-* e *somma*] s. f. ● Metà della somma: *s. di due numeri, di due quantità.*

semispàzio [comp. di *semi-* e *spazio*] s. m. ● Insieme dei punti dello spazio che stanno da una stessa parte rispetto a un piano.

semispènto o **semispénto** [comp. di *semi-* e *spento*] agg. ● Mezzo spento: *fuoco s.* | (*fig.*) Tenue: *voce semispenta.*

semisse [vc. dotta, dal lat. *semīsse(m)* 'semisse', comp. di *sēmi-* 'semi-' e *ās*, genit. *ăssis* 'asse'. V. *asse (3)*] s. m. ● Moneta romana di bronzo, di valore equivalente a metà dell'asse nelle varie serie, recante sul dritto la testa di Giove e l'indicazione del valore espresso con la lettera S o con sei pallini.

semiṣvòlto [comp. di *semi-* e *svolto*] agg. ● Svolto solo in parte.

semita (1) [da *Sem*, figlio di Noè, dall'ebr. *Shēm*, con *-ita*] **A** s. m. e f. (pl. m. *-i*) ● Chi appartiene ai popoli, collegati tra loro per nessi razziali, linguistici e culturali, abitanti in ampie zone del Medio Oriente, dell'Africa settentrionale e dell'Etiopia, con fortissime radici culturali in tempi preistorici e storici. **B** agg. ● Semitico.

†**sèmita (2)** [dal lat. *sēmita(m)* 'sentiero', di etim. incerta] s. f. ● Sentiero.

semitàppa [comp. di *semi-* e *tappa*] s. f. ● Nei giri ciclistici, ciascuna delle due parti in cui è divisa qualche tappa, con un proprio ordine d'arrivo.

semitendinóso [comp. di *semi-* e *tendinoso*] **A** agg. ● (*anat.*) Detto di muscolo posteriore della coscia. **B** s. m. ● Muscolo semitendinoso.

semiternària [comp. di *semi-* e *ternario*] agg. solo f. ● Tritemimera.

semìtico [dal ted. *semitisch*, da *Sem*, figlio di Noè; V. *semita (1)*] **A** agg. (pl. m. *-ci*) ● Che si riferisce ai semiti | *Lingue semitiche*, famiglia di lingue geneticamente affini, come l'aramaico, l'ebraico e l'arabo | *Filologia semitica*, studio comparativo delle lingue e letterature semitiche. **B** s. m. ● Famiglia delle lingue semitiche.

semitista [da *semita (1)*, con *-ista*] s. m. e f. (pl. m. *-i*) ● Chi studia la lingua, la civiltà, la storia e sim. dei semiti.

semitìstica [da *semita (1)*, con *-istico*] s. f. ● Studio comparativo delle lingue, culture, storia dei popoli semiti.

semitóndo [comp. di *semi-* e *tondo*] agg. ● Mezzo tondo, quasi tondo.

semitònico [da *semitono*] agg. (pl. m. *-ci*) ● Detto della sillaba su cui cade un accento secondario.

semitòno [comp. di *semi-* e *tono (1)*] s. m. ● (*mus.*) Intervallo di mezzo tono, 12ª parte dell'ottava.

semitrasparènte [comp. di *semi-* e *trasparente*] agg. ● Quasi trasparente.

semitrasparènza [comp. di *semi-* e *trasparenza*] s. f. ● Qualità di ciò che è semitrasparente.

semiufficiàle [comp. di *semi-* e *ufficiale*] agg. ● Quasi ufficiale: *lettera s.*

semivelàto [comp. di *semi-* e *velato*] agg. ● Mezzo velato.

semivestito [comp. di *semi-* e *vestito*] agg. ● Mezzo vestito, che non ha finito di vestirsi.

semivìvo [dal lat. *semivīvu(m)*, comp. di *sēmi-* 'semi-' e *vīvus* 'vivo'] agg. ● (*lett.*) Mezzo morto, più morto che vivo.

semivocàle [vc. dotta, lat. *semivocāle(m)*, comp. di *sēmi-* 'semi-' e *vocālis* 'vocale': calco sul gr. *hēmíphōnos*] s. f. ● (*ling.*) Suono nella cui articolazione l'aria espirata scorre per un canale più stretto di quello della vocale. SIN. Semiconsonante.

semivocàlico agg. (pl. m. *-ci*) ● Di semivocale.

semivuòto [comp. di *semi-* e *vuoto*, sul modello di *semipieno*] agg. ● Mezzo vuoto, quasi vuoto.

semmài o **se mai** [comp. di *se (1)* e *mai*, con radd. sintattico] **A** cong. ● V. *se mai.* **B** avv. ● Tutt'al più, caso mai: *s. arrivasse, fatemelo sapere*; *s. verrò a piedi.*

†**semmàna** ● V. *settimana.*

semnopitèco [vc. dotta, comp. del gr. *semnós* 'venerabile' e *píthēkos* 'scimmia'] s. m. (pl. *-chi* o *-ci*) ● Scimmia snella con arti lunghi, musetto piccolo e tasche nelle guance per immagazzinare il cibo (*Semnopithecus*).

sémola [lat. parl. **sīmula(m)*, per il classico *sīmila*, di origine mediterr.] s. f. **1** Farina grossolana che si ottiene dalla macinazione dei semi di alcuni cereali, spec. grano duro e mais, usata nella fabbricazione della pasta alimentare | Crusca: *pane di s.* **2** (*pop.*) Efelidi, lentiggini.

†**semolàio** agg. ● (*raro*) Di semola.

semolàta [da *semola*] s. f. ● Beverone di crusca e acqua, per cavalli.

semolàto [da *semola*] agg. ● Detto di zucchero raffinato.

semolìno [da *semola*] s. m. **1** Farina di riso o di grano duro macinata grossa, usata per minestre o per budini. **2** (*est.*) Minestra fatta con tale farina: *s. in brodo.*

semolóso agg. **1** Ricco di semola. **2** (*fig., pop.*) Lentigginoso.

semovènte [comp. di *sé* e *movente*, part. pres. di *muovere*] **A** agg. ● Che si muove da sé, che ha la proprietà del moto | *Pontone s.*, munito di un piccolo apparato motore, per effettuare limitati spostamenti. **B** s. m. ● Pezzo d'artiglieria installato su scafo corazzato cingolato che ne costituisce affusto mobile.

semovènza s. f. ● Qualità di chi, di ciò che è semovente.

†**sémpice** ● V. *semplice (1).*

†**sempiternàle** agg. ● Sempiterno.

†**sempiternàre** v. tr. ● (*lett.*) Rendere sempiterno.

†**sempiternità** [vc. dotta, dal lat. tardo *sempiternitāte(m)* 'eternità', con troncamento fin.; da *sempitērnus* 'eterno', come *aetērnitas*, genit. *aeternitātis*, da *aetērnus*] s. f. ● Qualità di ciò che è sempiterno.

sempitèrno [vc. dotta, dal lat. *sempitĕrnu(m)* 'eterno', comp. di *sĕmper* 'sempre' ed *aetĕrnus* 'eterno'] agg. ● (*lett.*) Che è sempre esistito e non avrà mai fine | *In s.*, in eterno, perpetuamente. SIN. Eterno, perpetuo. ‖ **sempiternaménte**, avv. Perpetuamente.

sémplice (1) o (*pop.*) †**sémpice**, †**sémprice**, †**sìmplice** [lat. *sĭmplice(m)* 'semplice, puro', comp. di *sĕm-* 'una volta' (V. *sempre*) e di un deriv. dal tema di *plĕctere* 'piegare', dalla radice indeur. **plek-* (V. *piegare*): propriamente 'piegato una sola volta'] **A** agg. **1** Che consta di un solo elemento, spec. in contrapposizione a *doppio*: *filo, nodo s.*; *consonante s.* | *Intervallo s.*, in musica, quello che non eccede l'ottava | *Partita s.*, tipo di scrittura contabile che non ha per regola base la costante uguaglianza fra addebitamenti e accreditamenti e che mira semplicemente a registrare o evidenziare i principali fatti di gestione, secondo metodi variabili da caso a caso. **2** Che consta di un solo elemento e non ha nulla di aggiunto o mescolato, spec. in contrapposizione a *composto*: *i tempi semplici di un verbo*; *parola s.* | *Caffè s.*, liscio | *Colonna s.*, senza altre colonne sovrapposte | *Corpo s.*, elemento chimico | *Rocce semplici*, costituite per la maggior parte da un unico tipo di minerale | *Corimbo, fusto, radice, spina, s.*, non ramificati | *Infiorescenza s.*, con fiori inseriti immediatamente sul graspo. **3** Elementare, privo di complicazioni o di difficoltà: *ragioni semplici da capire*; *comincerò la lezione dagli argomenti più semplici*; *l'esposizione dei fatti è stata s. e piana* | Facile: *non sarà s. indurlo a partire.* **4** Privo di ornamenti eccessivi, di artifici: *vestito, decorazione, arredamento s.* | Privo di affettazione, di ricercatezza: *stile s.*; *vita s.*; *abitudini, gusti, semplici*; *cose semplici* | (*raro*) *Alla s.*, (*ell.*) in modo semplice, schietto e (*est.*) senza superbia, senza sussiego. **5** Detto di persona, schietto, sincero, senza malizia: *gente s.*; *è un ragazzo s. e buono* | Inesperto, ingenuo: *una contadina s. e rozza* | (*est.*) Sciocco, poco accorto: *ma quanto sei s.!*; *che anima s.!* **6** Preposto a un s. ha valore enfatico e rafforzativo e significa 'solamente, nient'altro che, niente più che': *è una s. domanda*; *non offenderti per un s. dubbio*; *mi basta una s. firma*; *è un s. soldato*; *non è che un s. impiegato* | Anche unito a *puro*, preposto o posposto a un s.: *dimmi la pura e s. verità*; *è ignoranza pura e s.* **7** Posposto a un s. indica il grado più basso di una carriera, una gerarchia, e sim.: *segretario s.* | *Soldato s.*, non graduato. **8** (*ling.*) Breve. ‖ **sempliceménte**, avv. **1** In modo semplice, con naturalezza: *parlare, vestire semplicemente.* **2** Solamente: *dico* *semplicemente questo!*; veramente: *un film semplicemente meraviglioso.* **B** s. m. e f. ● Persona schietta, priva di malizia, e spesso sciocca, poco accorta: *gabbare i semplici.* ‖ **semplicèllo**, dim. | **semplicétto**, dim. | **semplicino**, dim. | **semplicióne**, accr. (V.) | **sempliciòtto**, dim. (V.).

sémplice (2) [dal lat. mediev. *medicamĕntum sĭmplex* 'medicina semplice'] s. m. ● (*al pl.*) Erba medicinale | Farmaco, rimedio composto con erbe medicinali | *Giardino dei semplici*, in cui si coltivano erbe medicinali | *Lettura dei semplici*, antico insegnamento universitario in ambito medico che riuniva i contenuti di botanica, farmacognosia, farmacologia ed era dedicato alla descrizione delle piante e delle loro applicazioni medicinali.

sempliciàrio [da *semplice (2)*] s. m. ● Libro che tratta delle erbe medicinali e delle loro virtù terapeutiche.

semplicióne [accr. di *semplice (1)*] agg.; anche s. m. (f. *-a*) ● Che, chi è ingenuo, sincero, alla buona.

semplicionerìa s. f. ● Qualità di chi è semplicione | Dabbenaggine.

sempliciòtto [dim. di *semplice (1)*] agg.; anche s. m. (f. *-a*) ● Che, chi è eccessivamente ingenuo e poco accorto. SIN. Babbeo, citrullo, grullo. CONTR. Furbacchione.

semplicismo [da *semplice (1)*, con *-ismo*] s. m. ● Maniera troppo semplice e superficiale di ragionare, considerare, e sim.: *peccare di s.*

semplicista (1) [da *semplice (1)*, con *-ista*] **A** s. m. e f. (pl. m. *-i*) ● Chi ragiona, giudica, e sim. con semplicismo. **B** agg. ● Semplicistico.

semplicista (2) [da *semplice (2)*, con *-ista*] s. m. e f. (pl. m. *-i*) **1** Anticamente, studioso delle proprietà delle erbe medicinali. **2** Erborista.

semplicìstico [da *semplicista (1)*] agg. (pl. m. *-ci*) ● Che pecca di semplicismo | Di, da semplicista. ‖ **semplicisticaménte**, avv.

semplicità o †**simplicità** [dal lat. *simplicitāte(m)*, da *sĭmplex*, genit. *sĭmplicis* 'semplice', con troncamento fin.] s. f. **1** Qualità di chi, di ciò che è semplice. **2** Naturalezza, disinvoltura, sobrietà: *vestire, comportarsi, vivere, con s.*; *s. di modi, di stile.* **3** Inesperienza, ingenuità, dabbenaggine: *tutti approfittano della sua s.*

semplicizzàre [da *semplice (1)*] v. tr. ● (*raro*) Semplificare.

semplificàre [dal lat. mediev. *simplificāre*, comp. di *sĭmplex* (nom.) 'semplice' e *-ficāre*] **A** v. tr. (*io semplìfico, tu semplìfichi*) ● Rendere semplice o più semplice: *bisogna s. le cose, non complicarle* | *S. una frazione*, ridurre una frazione ai minimi termini, cioè con numeratore e denominatore primi tra loro. **B** v. intr. pron. ● Diventare più semplice, più facile: *la questione si semplifica.*

semplificativo agg. ● Atto a semplificare.

semplificatóre s. m.; anche agg. (f. *-trice*) ● Chi, che semplifica.

semplificazióne [dal lat. mediev. *simplificatiōne(m)*, da *simplificāre* 'semplificare'] s. f. ● Atto del semplificare o del semplificarsi.

sèmpre [lat. *sĕmper* 'sempre', comp. di *sĕm-*, dalla radice indeur. **sem-* 'una volta' e *pĕr* 'per': propriamente 'una volta per tutte'. V. *semplice (1)*] avv. **1** Senza interruzione, senza termine di tempo (indica continuità ininterrotta nel tempo passato o futuro o in entrambi): *Dio s. è stato e s. sarà*; *il mondo non durerà s.*; *è s. stato così*; *la virtù sarà s. premiata e il male sarà s. punito*; *ti vorrò s. bene*; *ho s. fatto del mio meglio*; *s. caro mi fu quest'ermo colle* (LEOPARDI); *le cose, dal niente nate, / tornare s. al niente* (CAMPANELLA) | Con valore raff. (*fam.*) *s. e poi s.*: *ne avrò s. e poi s. rimorso* | Con valore raff. (*lett.*) *s. mai, mai s.*: *per far s. mai verdi i miei desiri* (PETRARCA) | (*Per*) *S. tuo*, (*per*) *s. vostro*, nella chiusa delle lettere o nelle dediche, precede la firma ed esprime devozione immutata | (con valore raff.) *Per s.*, per tutto il tempo, per l'eternità: *Dio regnerà per s.*; *ci ameremo per s.*; *gli avari sono dannati per s.* | *Lasciarsi, dirsi addio per s.*, in modo definitivo | *Te lo dico una volta per s.*, una sola volta, una volta per tutte | *Da s.*, fin dall'origine, da lunghissimo tempo, fin dove giunge il ricordo: *il mondo è così da s.*; *ci conosciamo da s.* | *Di s.*, di tutti i tempi, di ogni occasione o circostanza (con valore aggettivale): *è la storia di s.*; *resterò per te quello di s.* **2** Continuamente, con persistenza (indica il perdurare o il frequente ripetersi di q.c.): *tossisce s.*; *parlate s.*; *tu sei s. allegro*; *in questo posto piove s.*; *arrivate s. tardi*; *viene s. a trovarmi*; *è s. di malumore*; *s. dispiaceri*; *s. preoccupazioni!*; *s. fortunato!*; *sei s. la solita!* **3** Ogni volta: *ho telefonato, ma era s. occupato*; *quando viene gli faccio s. buona accoglienza*; *non s. è in casa* | Con valore raff. seguito da un compar.: *lo desidero s. più*; *gli affari gli vanno s. meglio*; *faccio s. maggior fatica a camminare*; *capisce s. meno*; *Leopardo diventava s. più cupo e taciturno* (NIEVO) | Con il 'più' sottinteso quando nel v. stesso sia contenuto il concetto dell'aumento o della diminuzione: *cresce s.*; *cala s.*; *i prezzi aumentano s.* **4** Ancora: *fai s. lo stesso lavoro?*; *abiti s. con tua cognata?*; *soffre s. di mal di fegato?*; *continua a vedere s. quella ragazza*; *sei venuto un po' tardi, ma s. in tempo per goderti lo spettacolo.* **5** Ma, però, a patto che (con valore restrittivo esprime una riserva): *posso di nuovo lavorare, però s. con una certa cautela*; *puoi uscire, ma s. molto coperto*; *vorrei incominciare subito, s. col tuo permesso.* **6** Nondimeno, pur tuttavia (con valore concessivo): *è anzianotto, ma s. agile*; *ha sbagliato, ma è pur s. tuo fratello*; *il tema non è svolto pienamente, è s. però sufficientemente trattato*; *non si sono comportati bene, ma è s. nostro dovere aiutarli.*

sèmpre che /'sempre 'ke*/ o **sémpre che** /'sempre ke*/, (*raro*) **sempreché** [comp. di *sempre* e *che* (cong.)] loc. cong. **1** Purché, ammesso che (introduce una prop. condiz. con il v. al congv.): *lo farò, sempre che tu lo voglia*; *rimedieremo, sempre che sia ancora possibile*; *ti scriverò anche domani, sempre che trovi il tempo di farlo.* **2** †Ogni volta che (introduce una prop. rel. con valore temp. e il v. all'indic.): *sempre che presso gli venia, quanto potea con mano ... la lontanava* (BOCCACCIO). **3** †Finché (introduce una prop. temp. con il v. all'indic.): *tu con tuo danno ti ricorderai, sempre che tu ci viverai, del nome mio* (BOCCACCIO).

sempreverde [comp. di *sempre* e *verde*] **A** s. m. e f. **1** Vegetale che non rimane mai completamente privo di foglie: *siepe di sempreverdi.* **2** (*fig.*) Calco dell'ingl. *evergreen* (V.). **B** anche agg.: *pianta s.*

†**sempreviva** s. f. ● (*bot.*) Semprevivo.

semprevìvo [dal lat. tardo *sempervīvu(m)*, comp. di *sĕmper* 'sempre' e *vīvus* 'vivo', con sovrapposizione di *sempre*] s. m. ● Erba delle Crassulacee con foglie carnose a rosetta e fiori rossicci (*Sempervivum tectorum*).

†**sémprice** ● V. *semplice (1)*.

sempronio [dal lat. *Semprōniu(m)*, gentilizio rom.] s. m. (f. *-a*) ● Designazione di persona ipotetica qualsiasi, o che per qualche ragione non si vuole nominare.

†**semunciàle** ● V. *semionciale.*

†**semùto** agg. ● (*raro*) Fornito di semi.

sèna (1) o **sènna** [dall'ar. *sanā*] s. f. ● Leguminosa arbustiva a foglie pennate e grappoli di fiori gialli, usata in medicina (*Cassia angustifolia*).

sèna (2) [lat. *sēna*, nt. pl. sost. dell'agg. distr. *sēni* 'sei a sei', da *sĕx* 'sei'] s. f. ● (*tosc.*) Doppio sei nel gioco dei dadi o del domino: *fare, avere s.*

senàle [dal lat. *sēni* (nom. pl.) 'sei a sei', con *-ale*] s. m. ● (*mar.*) Albero cilindrico disposto lungo la generatrice poppiera degli alberi maggiori portanti vele quadre e destinato alla guida della gola dal picco che vi corre sopra | Canapo a sei cordoni, usato per sartia degli alberi maggiori. ‖ **senalétto**, dim.

sènapa ● V. *senape.*

senapàto agg. ● Che contiene senape | Che è preparato con senape: *empiastro, cataplasma, s.*

sènape o **sènapa**, †**sènepa** [lat. *sināpe(m)*, dal gr. *sínapi*, di origine egiz.] **A** s. f. **1** Pianta erbacea delle Crocifere coltivata per i semi giallo-rossastri o rosso-nerastri finemente zigrinati, impiegati in medicina e in culinaria (*Brassica alba, Brassica nigra*) | (*fig.*) *Venire, far venire la s. al naso*, stizzirsi, fare stizzire. ➡ ILL. **spezie**. **2** Salsa piccante a base di farina di senape: *bollito con s.*; *mostarda di s.*; *s. bianca, nera.* **B** in funzione di agg. inv. ● (posposto a un s.) Che ha il colore intermedio tra il marrone e il giallo spento caratteristico delle salse omonime.

senapièra s. f. ● Vasetto per contenere la salsa di senape o altre salse piccanti.

senapismo [vc. dotta, dal lat. *sinapĭsmu(m)*, dal gr. *sinapismós*, da *sínapi* 'senape'] s. m. **1** Cataplasma revulsivo fatto con farina di senape. **2** (*fig.*) Persona o cosa noiosa e insopportabile.

senàrio [vc. dotta, dal lat. *senāriu(m)*, da *sēni* (nom. pl.), distr. di *sĕx* 'sei'] **A** agg. ● Detto di verso di sei piedi | Detto di verso di sei sillabe. **B** anche s. m. ‖ **senariétto**, dim.

senàta [da *seno (1)*] s. f. ● (*raro, tosc.*) Quantità di roba che si può portare in una sola volta in seno.

senàto (1) o †**sanàto (2)** [dal lat. *senātu(m)* 'assemblea di anziani', da *sĕnex* 'vecchio', di origine indeur. V. †*sene*] s. m. (spesso scritto con iniziale maiuscola nei sign. 1, 2 e 3) **1** Nell'antica Roma, consiglio composto prima di anziani, poi di dignitari, a fianco del magistrato e dell'assemblea popolare nel governo della cosa pubblica. **2** Uno dei due rami del Parlamento: *il disegno di legge è già stato approvato dal s.* **3** *S. accademico*, organo deliberativo costituito dai presidi delle facoltà che, nelle singole università, affianca il rettore nel governo dell'ateneo. **4** (*est.*) Sede del senato: *recarsi in s.* | Adunanza, riunione, del senato: *parlare in s.* **5** (*raro, scherz.*) Gruppo, riunione, di persone anziane.

senàto (2) [associazione scherz. di parole, per *seno*] s. m. ● (*pop., scherz.*) Voluminoso seno femminile.

senatoconsùlto [vc. dotta, dal lat. *senātus consŭltu(m)* 'decreto del senato'. V. *consulto*] s. m. ● Nell'antica Roma, parere espresso dal Senato sulle questioni sottopostegli.

senatoràto s. m. ● (*raro*) Ufficio, carica di senatore.

senatóre [dal lat. *senatōre(m)*, connesso con *senātus* 'senato'] s. m. (f. *-trice*) **1** Membro del Senato: *essere eletto s.*; *è stato nominato s. a vita.* **2** (*fig., scherz.*) Persona autorevole, spec. anziana.

senatoriàle [da *senatore*, sul modello del fr. *sénatorial*] agg. ● Di, da senatore.

senatòrio [vc. dotta, dal lat. *senatōriu(m)*, da *senātor* 'senatore'] agg. ● (*lett.*) Che si riferisce al Senato o ai senatori | *Provincia senatoria*, nell'antica Roma, quella il cui governatore era nominato dal Senato. ‖ **senatoriaménte**, avv. Alla maniera dei senatori.

†**sène** [vc. dotta, dal lat. *sĕne(m)* 'vecchio', dalla radice indeur. **seno-* 'vecchio'] agg.; anche s. m. ● (*poet.*) Vecchio.

senècio o **senecióne** [dal lat. *senecióne(m)*, propriamente 'vecchio', da *sĕnex* 'vecchio' per la peluria dei capolini simili a capelli bianchi] s. m. ● (*bot.*) Genere di piante della famiglia delle Composite, d'aspetto molto vario, diffuse spec. in climi temperati (*Senecio*).

senegalése **A** agg. ● Del Senegal. **B** s. m. e f. ● Abitante del Senegal.

†**sènepa** ● V. *senape.*

senescènte [vc. dotta, dal lat. *senescĕnte(m)*, part. pres. di *senēscere* 'invecchiare', da *sĕnex* 'vecchio'] agg. ● (*lett.*) Che sta invecchiando, che è nel periodo della senescenza, detto spec. di persona.

senescènza [da *senescente*] s. f. ● Insieme dei fenomeni involutivi e di esaurimento di molte funzioni organiche che seguono al periodo di accrescimento e di stato di un organismo.

senése o †**sanése** [da *Siena*, con *e* non dittongato perché in posizione atona] **A** agg. ● Di Siena. **B** s. m. e f. ● Abitante, nativo di Siena. **C** s. m. solo sing. ● Dialetto del gruppo toscano parlato a Siena.

senesismo [da *senese*, con *-ismo*] s. m. ● Espressione tipica del dialetto senese entrata in un altro dialetto o nella lingua italiana.

†**senéstro** ● V. *sinistro.*

†**senètta** [vc. dotta, dal lat. *senĕcta(m)* 'vecchiaia', da *sĕnex* 'vecchio'] s. f. ● (*poet.*) Vecchiaia: *l'anima nobile nella s. si è prudente* (DANTE).

†**senettùte** o †**senettù**, †**senettùde** [vc. dotta, dal lat. *senectūte(m)* 'vecchiaia', da *sĕnex* 'vecchio'] s. f. ● (*lett.*) Vecchiaia.

senhal /*provz.* se'ɲal/ [vc. provz., propriamente 'segnale' (V.)] s. m. inv. ● Nell'antica poesia provenzale, nome fittizio che adombrava la donna amata, secondo un uso cortese diffusosi anche nella lirica italiana dei primi secoli.

senile [dal lat. *senīle(m)*, da *sĕnex* 'vecchio'] agg. ● Di, da vecchio, attinente a vecchio: *età, esperienza, malattia s.* || **senilménte**, avv. Da vecchio.

senilismo [da *senile*, con *-ismo*] s. m. ● Vecchiezza prematura.

senilità [da *senile*] s. f. ● Vecchiezza, vecchiaia | (*med., biol.*) Insieme dei caratteri morfologici e funzionali propri dell'uomo in età avanzata.

senilizzazióne [da *senile*] s. f. ● Invecchiamento, con riferimento alle persone e al loro livello generazionale: *la s. dell'agricoltura*.

†**sènio** [vc. dotta, dal lat. *sĕniu(m)* 'decrepitezza', connesso con *sĕnex* 'vecchio'] s. m. ● (*lett.*) Massima età dell'uomo.

senior /lat. 'senjor/ [vc. lat., propriamente compar. di *sĕnex* 'vecchio'] **A** agg. inv. ● Posposto a nomi propri di persona significa 'più vecchio', ed è usato in caso di omonimie nell'ambito di una stessa famiglia: *Mario Rossi s.* CONTR. Junior. **B** agg. inv.; anche s. m. e f. (pl. *seniores* nel sign. 1) **1** (*sport*) Che, chi appartiene a una categoria superiore sia per età che per requisiti tecnici. **2** (*org. az.*) Persona con cultura ed esperienza professionali nella mansione, acquisite in precedenti attività: *consulenti s.* CONTR. Junior.

senióre o **seniòre** [vc. dotta, dal lat. *seniōre(m)*, compar. di *sĕnex* 'vecchio'. V. *signore*] s. m. **1** (*lett.*) Persona più vecchia e autorevole. **2** (*st.*) Grado della milizia fascista corrispondente a quello di maggiore nell'esercito.

†**seniscàlco** ● V. *siniscalco*.

sènna ● V. *sena* (*1*).

†**sennàto** [da *senno*. V. *assennato*] agg. ● (*dial.*) Assennato.

sénno [dall'ant. fr. *sen*, risalente al francone *sin* 'senno'. V. ted. *Sinn*] s. m. **1** Facoltà di discernere, giudicare, agire e sim. con sensatezza, prudenza, saviezza: *il s. vince l'astuzia*; *il s. dei vecchi*; *il s. antico*; *chi non sa con s. correggere, ... merita essere nè maestro nè padre* (ALBERTI) | *Il s. di poi*, il dare consigli, suggerimenti e sim. riguardo a q.c. che, ormai risolta e conclusa, rende inutile ogni commento | (*dial.*) †*Da s.*, sul serio. **2** (*raro*) Capacità di intendere, di ragionare, di capire: *Astolfo andò nella luna a cercare il s. di Orlando* | *Perdere il s., uscire di s.*, impazzire | *Tornare in s.*, rinsavire. **3** †Parere, sentimento | †*Di s.*, secondo il parere | †*A s.*, secondo la volontà, l'arbitrio: *a s. mio*; *a s. altrui*. **4** †Senso | †*S. comune*, senso comune | †*S. naturale*, buonsenso || PROV. Del senno di poi son piene le fosse. || **sennino**, dim. | **sennùccio**, dim.

sennò ● V. *se no*.

sennonché ● V. *se non che*.

se no /se n'nɔ*/ o (*raro*) **sennò**, †**se non** [comp. di *se* (*1*) e *no*] avv. ● (*fam.*) Altrimenti, diversamente, in caso contrario: *se sai, parla, se no taci*; *bisogna che ci impegniamo di più, se no non si conclude nulla*; *fai presto, se no me ne vado*.

séno (**1**) [lat. *sĭnu(m)* 'seno, golfo', di etim. incerta] s. m. **1** Petto: *essere ferito al s.*; *stringersi qc. al s.*; *chinare il capo sul s.* | (*est.*) Petto muliebre, mammelle femminili: *s. eburneo, candido, floscio*; *il s. sinistro, il s. destro*; *coprire, coprirsi, scoprirsi il s.*; *allattare un neonato al s.* | *Tenere un neonato al s.*, allattarlo. **2** (*euf.*) Utero, ventre materno: *il s. materno*; *frutto del suo s.*; *portare un figlio in s.* **3** Spazio situato sotto un indumento che copre il petto: *trarre q.c. di s.*; *nascondere, mettere, q.c. in s.* | *Scaldare, scaldarsi una serpe in s.*, (*fig.*) beneficare chi si rivelerà ingrato o nemico. **4** (*fig.*) Animo, cuore, intimità della coscienza: *nutrire un sentimento in s.*; *confidare, versare i propri dolori in s. a un amico*; *deporre un segreto in un s. fidato*. **5** Sinuosità, piega: *il s. della veste, della toga* | Parte interna, cavità, viscere: *nel s. della terra, della montagna* | †*Dal s. del nulla*, dal nulla. **6** Nelle loc. *in s. a*, (*raro*) *nel s. di*, entro, nel mezzo, nell'ambito: *tornare in s. alla famiglia*; *vivere in s. alla società*; *in s. all'assemblea, alla commissione*; *nel s. della fede, della Chiesa*. **7** (*anat.*) Cavità | *S. mammario*, depressione compresa tra le mammelle | *S. carotideo*, piccola dilatazione fusiforme dell'arteria carotide che regola la pressione del sangue | *S. durale*, formazione venosa della dura madre | *S. paranasale*, cavità delle ossa della faccia e della volta cranica, comunicante con il naso | *S. delle vene cave*, porzione dell'atrio destro che riceve lo sbocco delle vene sistemiche e di quelle cardiache | *S. venoso*, qualsiasi struttura vasale relativamente ampia nella quale scorre sangue venoso. ➡ ILL. p. 367 ANATOMIA UMANA. **8** Insenatura | Porzione di mare che si insinua dentro terra. **9** (*lett.*) †Capacità di comprendere: *hanno a tanto comprender poco s.* (DANTE *Inf.* XXVIII, 6).

séno (**2**) [dal lat. mediev. *sĭnu(m)* 'seno', calco sull'ar. *gaib* 'apertura della veste' e anche 'seno', in quest'ultimo sign. risalente al sanscrito *jīva* 'corda'] s. m. ● (*mat.*) Funzione trigonometrica | *S. di un angolo*, funzione che associa a un angolo, formato da un segmento unitario e da una retta, la misura con segno della distanza tra l'estremo libero del segmento e la retta; in un triangolo rettangolo, misura con segno del rapporto tra il lato opposto all'angolo dato e l'ipotenusa.

sèno- ● V. *xeno-*.

senoatriàle [comp. di *seno* (*1*) e *atriale*] agg. ● (*anat.*) Relativo al seno delle vene cave e all'atrio destro | *Nodo s.*, gruppo di cellule specializzate del miocardio che danno l'avvio alla contrazione cardiaca.

senodòchio ● V. *xenodochio*.

senofilìa ● V. *xenofilia*.

senòfilo ● V. *xenofilo*.

senofobìa ● V. *xenofobia*.

senòfobo ● V. *xenofobo*.

senoglossìa ● V. *xenoglossia*.

senologìa [comp. di *seno* (*1*) e *-logia*] s. f. ● (*med.*) Branca specialistica della medicina che studia gli aspetti anatomo-patologici del seno.

senològico agg. (pl. m. *-ci*) ● (*med.*) Pertinente alla senologia.

senòlogo [da *senologia*] s. m. (f. *-a*; pl. m. *-gi*) ● (*med.*) Medico specialista in senologia.

†**se non** /se n'non/ ● V. *se no*.

se non che /se non ke*/ o **senonché** nel sign. A 1, **sennonché** nel sign. A 2 [comp. di *se* (*1*), *non* e *che* (cong.)] **A** cong. **1** (*lett.*) Tranne che, fuorché (introduce una prop. eccettuativa con il v. all'indic.): *non so altro se non che bisogna fare ogni sforzo per riuscire* | (*lett.*) †Se non è, se non fosse che: *e se non ch'al disio cresce la speme, / i' cadrei morto* (PETRARCA). **2** Ma (con valore avversativo, introduce una prop. coord.): *avrei voluto finire il lavoro ieri, se non che un'improvvisa difficoltà me l'ha impedito*. **B** avv. ● †Altrimenti, in caso contrario: *noi intendiamo che tu ci doni due paia di capponi, se non che noi diremo a monna Tessa ogni cosa* (BOCCACCIO).

†**sensàio** s. m. ● Sensale.

sensàle [dall'ar. *simsār* 'mediatore', dal persiano *säpsär*] s. m. (f. †*-a*, raro) ● Mediatore, agente | *S. marittimo*, mediatore in noleggi di navi. || **sensalàccio**, pegg. | **sensalétto**, dim. | **sensalùccio**, dim.

†**sensalerìa** [da *sensale*] s. f. ● (*raro*) Senseria.

†**sensarìa** ● V. *senseria*.

sensatézza [da *sensato* (*1*)] s. f. ● Qualità di chi, di ciò che è sensato.

sensàto (**1**) [dal lat. tardo *sensātu(m)*, da *sēnsus* 'senso, intelligenza'] agg. ● Che ha, che dimostra buon senso, giudizio, assennatezza: *discorso s.*; *ragazzo s.*; *risposta sensata*. || **sensataménte**, avv. **1** In modo sensato, con assennatezza. **2** Attraverso i sensi.

†**sensàto** (**2**) [da *senso*] **A** agg. ● Sensibile, percepibile dai sensi. **B** s. m. ● (*lett.*) Cosa sensibile.

sensazionàle [dal fr. *sensationnel*, da *sensation* 'sensazione'] agg. ● Che suscita grande curiosità, interesse, commozione e sim.: *notizia, avvenimento, spettacolo, s.*

sensazionalismo [fr. *sensationnalisme*, da *sensationnel* 'sensazionale'] s. m. ● Tendenza a diffondere notizie sensazionali o a presentarle in modo esagerato.

sensazionalìstico [da *sensazionale*] agg. (pl. m. *-ci*) ● Che tende al sensazionalismo o lo alimenta: *notizia, stampa sensazionalistica*.

sensazióne [dal lat. mediev. *sensatiōne(m)*, dal classico *sēnsus* 'senso'; per calco sul fr. *faire sensation, à sensation* 'ad effetto' nel sign. 3] s. f. **1** (*fisiol.*) L'unità elementare e non analizzabile di ciò che si percepisce quando certi organi recettori sono stimolati. **2** (*gener.*) Impressione, presentimento: *ho la s. che quel ragazzo finirà male*. **3** Senso di viva impressione, stupore, sorpresa, interesse, e sim., spec. nella loc. *fare s., gran s., molta s.* | *A s.*, a forti tinte, che produce grandi effetti: *dramma a s.*

senserìa o (*raro*) †**sensarìa** [da *sensale*] s. f. ● Attività svolta dal sensale | Compenso spettante al sensale per le sue prestazioni.

sensìbile [vc. dotta, dal lat. *sensĭbile(m)*, da *sēnsus*, part. pass. di *sentīre* 'percepire'] **A** agg. **1** Che si apprende, si percepisce, si conosce e sim. mediante i sensi: *mondo s.*; *esperienza s.*; *cose sensibili*. **2** Che si manifesta ai sensi in modo evidente: *rumore, suono, s.* | Che si fa sentire con una certa intensità: *s. miglioramento* | Notevole, rilevante: *la differenza fra i due è s.*; *è stato un s. danno*. **3** Che sente, riceve impressioni attraverso i sensi: *l'uomo è un essere s.* | Che risponde in modo intenso a uno stimolo: *gli occhi sono molto sensibili alla luce artificiale*. **4** (*fig.*) Che si dimostra particolarmente accessibile a dati stimoli: *essere s. al fascino femminile, alla bellezza, alle lodi, ai rimproveri, e sim.* **5** Che sente in modo particolarmente intenso determinate situazioni emotive, ambientali, e sim.: *ha un carattere troppo s.*; *è una bambina molto s.* SIN. Sensitivo. CONTR. Insensibile. **6** (*tecnol.*) Detto di strumento di misura, che avverte le variazioni della grandezza da misurare. **7** (*fot.*) *Materiale s.*, ricoperto da una speciale emulsione che lo rende atto a essere impressionato dalla luce. || **sensibilménte**, avv. **1** In modo sensibile, con i sensi: *comprendere sensibilmente*. **2** Molto, notevolmente: *la qualità è sensibilmente aumentata*. **3** †Fisicamente. **B** s. m. ● Ciò che si può apprendere, percepire, conoscere e sim. mediante i sensi. **C** s. f. ● (*mus.*) Settimo grado della scala diatonica.

sensibilità [vc. dotta, dal lat. tardo *sensibilitāte(m)*, da *sensĭbilis* 'sensibile'] s. f. **1** Facoltà di ricevere impressioni mediante i sensi: *perdere, riacquistare, la s.*; *la s. di un muscolo*; *avere s. al dolore*. **2** Disposizione a sentire vivamente emozioni, sentimenti, affetti: *persona di grande s.*; *s. d'animo*; *s. acuta, morbosa, malata*; *avere s. per il dolore degli altri* | Squisitezza, finezza, delicatezza: *un'opera di raffinata s.*; *suona con grande s.* **3** *S. delle emulsioni fotografiche*, capacità delle emulsioni di dare immagini sotto l'azione delle radiazioni elettromagnetiche | *S. della pellicola*, grado di rapidità con la quale i granuli dell'emulsione fotografica si modificano sotto l'azione della luce | *S. di un radioricevitore*, capacità di un radioricevitore di ricevere segnali deboli.

sensibilizzàre [da *sensibile*] **A** v. tr. **1** Rendere sensibile o più sensibile. **2** (*fig.*) Rendere cosciente, consapevole, di un problema, una situazione, e sim.: *occorre s. politicamente i giovani*. **3** In fotomeccanica, stendere sulla lastra l'emulsione sensibile alla luce. **B** v. intr. pron. **1** (*fig.*) Diventare consapevole, sensibile, nei confronti di un determinato problema. **2** (*biol., med.*) Subire un processo di sensibilizzazione.

sensibilizzatóre [da *sensibilizzare*] **A** agg. (f. *-trice*) ● (*med.*) Detto di agente che determina la sensibilizzazione. **B** s. m. ● (*chim.*) Composto alterabile alla luce usato nella preparazione di gelatine fotografiche | Sostanza capace di accelerare una reazione a catena.

sensibilizzazióne s. f. **1** Atto, effetto del sensibilizzare. **2** (*fot.*) Operazione mediante la quale l'emulsione sensibile viene resa idonea a subire l'azione fotochimica della luce. **3** (*biol., med.*) Esposizione di un organismo a un determinato allergene (farmaco, polline, siero o altro), che provoca una successiva reazione di ipersensibilità nei confronti dello stesso.

sensìle [prob. sp. *sencillo*, dal lat. parl. **singĕllu(m)*, dim. di *sĭngulus* 'singolo'] **A** agg. ● Semplice, ordinario | *Remo s.*, maneggiato da un solo rematore. **B** s. m. ● Remo di palischermo, di braccio lungo, spinto da rematore di faccia a prua e ritto in piedi, come nella gondola.

†**sensióne** [da *senso*, sul modello di *sensazione*] s. f. ● (*raro*) Atto del sentire.

sensismo [da *senso*, con *-ismo*] s. m. ● Ogni dottrina filosofica per cui la sensazione rappresenta la condizione necessaria e sufficiente di ogni conoscenza.

sensìsta [da *senso*, con *-ista*] **A** s. m. e f. (pl. m. *-i*) ● Chi segue o si ispira al sensismo. **B** agg. ● (*raro*) Sensistico.

sensìstico agg. (pl. m. *-ci*) ● Che concerne o interessa il sensismo.

sensitìva [f. sost. di *sensitivo*] s. f. *1* Mimosacea a fusto erbaceo e spinoso, foglie composte che si ripiegano appena toccate e fiori rosa (*Mimosa pudica*). *2* (*fig.*) Persona delicata, sensibile.

sensitività s. f. ● Qualità di chi è sensitivo.

sensitìvo [dal lat. mediev. *sensitīvu(m)*, dal classico *sĕnsus*, part. pass. di *sentīre* 'percepire'] **A** agg. *1* Atto a sentire, a conoscere, e sim. attraverso i sensi: *facoltà sensitiva*; *istinto s.* | *Vita sensitiva*, dei sensi, comune agli uomini e agli animali, spec. in contrapposizione a *vita vegetativa* | *Anima sensitiva*, nella psicologia aristotelica, una delle determinazioni fondamentali dell'anima che presiede alle funzioni motorie, sensoriali e percettive degli animali e dell'uomo. *2* Della sensazione | *Sistema nervoso s.*, che ha la funzione di avvertire e analizzare gli stimoli. *3* Detto di persona che si lascia facilmente influenzare da situazioni emotive: *carattere s.*; *natura troppo sensitiva*. SIN. Sensibile. || **sensitivaménte**, avv. **B** s. m. (f. *-a*) *1* Persona sensitiva. *2* (*psicol.*) In parapsicologia, persona che può ricevere stimoli che normalmente non vengono avvertiti.

sensitogràmma [comp. di *sensit(ivo)* e *-gramma*] s. m. ● (*ott.*) Striscia di materiale fotografico impressionata da un'estremità all'altra con intensità di luce crescente e sviluppata in condizioni standard, mediante un sensitometro.

sensitometrìa [comp. di *sensit(ivo)* e *-metria*] s. f. ● (*ott.*) Misurazione della sensibilità delle emulsioni fotografiche alle radiazioni visibili e invisibili.

sensitomètrico agg. (pl. m. *-ci*) ● (*ott.*) Relativo alla sensitometria o al sensitometro: *scala sensitometrica*, *gradi sensitometrici*.

sensitòmetro [comp. di *sensit(ivo)* e *-metro*] s. m. ● (*ott.*) Apparecchio destinato alla misurazione della sensibilità delle emulsioni fotografiche.

†**sensìvo** agg. ● (*raro*) Di senso | Atto a sentire. || †**sensivaménte**, avv. Sensibilmente.

sènso [dal lat. *sēnsu(m)*, da *sentīre* 'percepire'] s. m. (pl. †*sènsora*, f., raro) *1* Facoltà di sentire, di ricevere impressioni prodotte da stimoli esterni: *l'uomo è dotato di s.*; *i cinque sensi*; *il s. della vista, dell'udito, dell'odorato, del gusto, del tatto*; *organi del s.*; *organi dei sensi*; *errore, illusione, dei sensi* | *Cadere sotto i sensi*, di cosa concreta, tangibile | *Sesto s.*, sensibilità particolarmente acuta di cui sono, o credono di essere, dotate alcune persone. *2* (*al pl.*) Coscienza, consapevolezza, di sé e delle proprie azioni: *perdere, recuperare, riacquistare, i sensi*; *tornare in sensi*. *3* (*al pl.*) Sensualità, appetito sensuale: *vita dei sensi*; *piaceri dei sensi*; *peccato dei sensi*; *languore, sopore, dei sensi*; *abbandonarsi ai sensi*; *mortificare i sensi*. *4* Percezione, avvertimento, di sensazioni fisiche, spec. vaghe: *avvertire, provare, un s. di benessere, di malessere, di stanchezza, di disgusto, di languore allo stomaco*, e sim. *5* Moto dell'animo, avvertimento di determinate situazioni psichiche: *provare un s. di tristezza*; *sentire un s. di vuoto*; *penso a lui con un s. di nostalgia*; *quelle parole ci lasciarono un s. di delusione* | Sentimento: *provare un s. di vergogna*; *andai per un s. di dignità*; *provo per loro un vivo s. di gratitudine*; *è una donna di alti sensi* | *S. di colpa*, sensazione di aver violato principi etici o religiosi, accompagnata da rimorso | Impressione, spec. sgradevole, nella loc. *fare s.*: *quell'uomo mi fa s.* *6* (*al pl.*) Espressione di un sentimento, spec. in clausole epistolari di cortesia: *con i sensi della nostra stima*; *gradite i sensi della mia devozione*, e sim. *7* Criterio generale intuitivo, discretivo, intellettivo: *avere, non avere, s. della giustizia, della decenza, dell'onore, dell'opportunità*, e sim.: *avere il s. della proporzione*; *essere scarso, privo di s. dell'orientamento*; *quel quadro offende il nostro s. estetico* | *S. comune*, maniera ordinaria e semplice, propria della maggior parte della gente, di intendere e giudicare | *S. critico*, obiettività nel giudicare | *S. morale*, capacità di discernere tra il bene e il male | *S. pratico*, capacità di affrontare e risolvere i fatti della vita pratica | *Buon s.*, capacità di giudicare e comportarsi saggiamente; V. anche *buonsenso*. *8* (*spec. al sing.*) Significato, concetto espresso da una parola, una frase, e sim.: *s. chiaro, oscuro*; *s. letterale, proprio*; *s. estensivo, traslato, figurato*; *spiegare il s. di un vocabolo*; *nel pieno, nel vero s. della parola*; *il s. riposto, recondito, ambiguo, misterioso di una frase*; *capire il s. di un brano*; *il s. di questo verso non è chiaro*; *non ha colto il s. della frase*; *non interpreti il passo nel suo vero s.*; *dimmi in breve il s. del racconto* | *Ripetere q.c. a s.*, ripetere il contenuto di ciò che si è letto, ascoltato, e sim. con parole proprie, non a memoria | *Spiegare, tradurre q.c. a s.*, rendendone il significato, non alla lettera | *Costruzione a s.*, senza rigore grammaticale | *Doppio s.*, parola, frase, e sim. che si presta a una doppia interpretazione, spec. licenziosa, data a una parola, una frase e sim.: *non mi piacciono i doppi sensi*; *barzelletta a doppio s.* | Contenuto valido, sorretto dalla logica, spec. in frasi limitative o negative: *sono discorsi senza s.*; *ciò che scrivi non ha s.*; *è una lettera vuota di s.* | Significato logico di un fatto, un atteggiamento, e sim.: *in quello che fai non c'è s.*; *è un atteggiamento senza s.*; *il suo modo di parlare è privo di s.* *9* Modo: *diglielo in questo s.*; *gli ho risposto in s. affermativo*; *mi hanno risposto in s. negativo*; *in un s. o nell'altro ci vedremo*; *ti consiglio di agire in questo s. piuttosto che nell'altro* | *In un certo s.*, da un certo punto di vista, sotto un certo aspetto. *10* Direzione, verso: *nel s. della lunghezza, della larghezza*; *in s. inverso, nel s. opposto*; *in un s. o nell'altro*; *in tutti i sensi* | *S. unico*, l'unico verso in cui è consentito ai veicoli di percorrere una strada | *S. vietato*, nel quale non è consentito ai veicoli di transitare, segnalato da apposito cartello. *11* (*bur.*) Conformità, tenore, nelle loc. *a s. di, ai sensi di*: *a s. dell'articolo di legge*; *ai sensi del regolamento*. *12* †Opinione, parere: *ella mi comanda che io ... le debba ... comunicare il mio s. circa le dette opposizioni* (GALILEI). *13* (*raro*) †Formula, clausola.

sensóre [dall'ingl. *sensor* (stessa etim. dell'it. *sensorio* (2))] s. m. *1* (*fis.*) Dispositivo meccanico, elettronico o di altro tipo, che, in un sistema di controllo, rileva i valori di una grandezza fisica o i suoi cambiamenti. SIN. Sensorio (2). *2* (*mil.*) Insieme di apparati radar, laser, acustico e sim. che consente di individuare un obiettivo. *3* (*est.*) Sistema di sicurezza di un alloggio, ufficio, azienda e sim., che rivela l'intruso quando entra nella zona protetta, basato sull'impiego di raggi infrarossi, ultrasuoni, microonde.

sensoriàle [da *sensorio*, sul modello del fr. *sensorial*] agg. ● Che concerne le attività di senso. || **sensorialménte**, avv.

sensòrio (1) [da *senso*] agg. ● Del senso, dei sensi: *attività sensorie*.

sensòrio (2) [vc. dotta, dal lat. tardo *sensōriu(m)*, da *sēnsus*, part. pass. di *sentīre* 'percepire'] s. m. *1* Complesso delle funzioni sensoriali: *s. integro, obnubilato*. *2* (*fis.*) Sensore.

sensorizzàre [da *sensore*] v. tr. ● Munire di sensori.

sensuàle [dal lat. tardo *sensuāle(m)*, da *sēnsus* 'senso'] agg. *1* †Che si riferisce ai sensi, alle sensazioni fisiche o che ne deriva. *2* Relativo o incline ai piaceri dei sensi spec. nella sfera sessuale: *appetito, istinto, vita, godimento s.* | Che è sensibile e incline agli impulsi e desideri sessuali: *uomo, donna s.* *3* Che rivela o stimola sensibilità agli impulsi e desideri sessuali: *voce s.*; *movenze sensuali*; *trattare argomenti sensuali*. || **sensualménte**, avv. In modo sensuale.

sensualìsmo [da *sensuale*, con *-ismo*] s. m. *1* Atteggiamento che consiste nel considerare il piacere dei sensi come solo criterio direttivo della vita etica. *2* In arte, letteratura, e sim., propensione a dare risalto agli aspetti sensuali di quello che è l'oggetto della rappresentazione artistica.

sensualìsta [da *sensuale*, con *-ista*] s. m. e f. (pl. m. *-i*) ● Chi aderisce al sensualismo.

sensualìstico agg. (pl. m. *-ci*) ● Che concerne o interessa il sensualismo.

sensualità [vc. dotta, dal lat. tardo *sensualitā-te(m)* da *sensuālis* 'sensuale'] s. f. *1* Qualità di chi, di ciò che è sensuale: *Berni ... mena in trionfo la sua ... s.* (DE SANCTIS). *2* †Sensibilità.

sensualizzàre [da *sensuale*, sul modello dell'ingl. *to sensualize*] v. tr. ● (*lett.*) Rendere sensuale o più sensuale.

sensuóso [dall'ingl. *sensuous*, deriv. dal lat. *sēnsus* 'senso'] **A** agg. ● (*lett.*) Che si riferisce ai sensi, alle sensazioni, alla sensualità, detto spec. di atteggiamenti, ispirazioni, e sim.: *la sensuosa immaginazione del poeta*. **B** s. m. solo sing. ● (*raro, lett.*) Ciò che è sensuoso: *allora si celebrò il 'sensibile' o 's.' che è nelle immagini della poesia* (CROCE).

sentàcchio [prob. connesso con *sentire*] agg. ● (*raro*) Che ha acuto odorato, detto di animale.

†**sentacchióso** agg. ● (*raro*) Sentacchio.

†**sentàre** [lat. parl. **sedentāre*, da *sĕdens*, genit. *sedĕntis*, part. pres. di *sedēre* 'sedere'] v. intr. e intr. pron. ● (*dial.*) Sedere: *lasciate s. a mangiar questi signori* (CASTIGLIONE).

†**sentàta** [da †*sentare*] s. f. ● (*raro, dial.*) Seduta.

sentènza o †**sentènzia** [dal lat. *sentĕntia(m)* 'opinione, parere', da *sentīre* 'percepire'] s. f. *1* Il tipo più rilevante di provvedimento giurisdizionale con cui sono decise generalmente tutte o parte delle questioni sottoposte all'esame del giudice: *deliberare una s.*; *s. di condanna*; *s. passata in giudicato* | *S. non definitiva*, interlocutoria | *S. di rettificazione*, con cui la Corte di Cassazione corregge nella sentenza penale impugnata errori di diritto che, per non aver avuto influenza decisiva sul dispositivo, non possono giustificare l'annullamento della sentenza stessa. *2* (*raro, lett.*) Avviso, parere, opinione: *rimuoversi dalla propria s.*; *mutare s.*; *tenere per s.* | †Decisione | †*In s.*, in conclusione. *3* Massima, breve frase che esprime concisamente un principio, una norma, spec. di natura morale, e sim.: *un'aurea s.*; *un'antica s.* | *Sputare sentenze*, dare giudizi e consigli non richiesti, e spesso inutili, ostentando una presuntuosa autorità. *4* †Senso, significato. || **sentenzàccia**, pegg. | **sentenzétta**, dim. | **sentenzóna**, accr. | **sentenzùccia**, dim. | **sentenzuòla**, dim.

sentenziàle [vc. dotta, dal lat. tardo *sententiāle(m)* 'sentenzioso', da *sentĕntia* 'sentenza, massima'] agg. ● (*raro*) Che si riferisce alla sentenza | Che contiene sentenze: *libro s.* || **sentenzialménte**, avv. Sentenziosamente.

sentenziàre [dal lat. mediev. *sententiāre* 'dar sentenze', dal classico *sentĕntia* 'sentenza'] v. tr. e intr. (*io sentènzio*; aus. *avere*) *1* Giudicare con sentenza, emanare una sentenza: *il tribunale sentenziò che fosse liberato*; *hanno sentenziato la pena di morte*. *2* (*raro*) Esprimere con autorità e competenza un parere, una decisione: *il consiglio sentenziò di respingere la proposta*. *3* Giudicare con sussiego e con scarsa competenza: *quando sentenzia è insopportabile*.

sentenziàto part. pass. di *sentenziare* ● (*raro*) Nei sign. del v.

†**sentenziatóre** s. m. (f. *-trice*) ● (*lett.*) Chi sentenzia.

sentenziosità s. f. ● Qualità di chi, di ciò che è sentenzioso.

sentenzióso [dal lat. *sententiōsu(m)*, da *sentĕntia* 'sentenza, massima'] agg. *1* Ricco di massime, di sentenze: *libro s.* *2* (*est.*) Che ha forma di sentenza: *stile s. ed efficace*. *3* Che fa uso eccessivo di massime e di sentenze: *un parlatore s. e monotono*. || **sentenziosaménte**, avv. *1* In modo autorevole, sentenzioso. *2* †Giudiziosamente, saviamente.

sentierìsmo [da *sentiero*] s. m. ● Pratica che consiste nel percorrere sentieri o mulattiere che collegano località anche lontane fra loro seguendo vecchi tracciati.

sentièro o †**sentière**, (*raro*) †**sentièri** [dall'ant. fr. *sentier*, dal lat. tardo *semitāriu(m)*, agg. sost. da *sēmita* 'sentiero', di origine prob. indeur.] s. m. *1* Viottolo, gener. stretto, che in luoghi campestri, montani, e sim. si è formato in seguito al frequente passaggio di persone e animali: *un s. attraversa il bosco*; *prendiamo il s.*; *passarono per un s.* *2* (*fig.*) Via: *è sul s. del vizio*; *seguire il retto s.* | *Essere, marciare, sul s. di guerra*, (*fig., scherz.*) dare inizio a una controversia, a un litigio; (*est.*)

avere intenzioni bellicose. || **sentierétto**, dim. | **sentierino**, dim. | **sentierùccio**, †**sentierùzzo**, dim. | **sentieruòlo**, dim.

sentimentàle [da *sentimento*, sul modello del fr. *sentimental*] **A** agg. **1** Che si riferisce al sentimento o ai sentimenti: *la sua arte ... aveva ... un'efficacia s.* (CROCE). **2** Che prova sentimenti teneri, gentili, malinconici, anche esageratamente o affettatamente: *ragazza s.*; *per me sei troppo s.* SIN. Romantico. **3** Che dimostra, ispira, e sim. sentimenti teneri, gentili, delicati: *libro, canzone, commedia s.* || **sentimentalménte**, avv. **B** s. m. e f. ● Persona sentimentale: *fare il s.*; *è una s.* SIN. Romantico. || **sentimentalóne**, accr.

sentimentalismo [dal fr. *sentimentalisme*, da *sentimental*, con *-isme* '-ismo'] s. m. **1** Tendenza a una sentimentalità esagerata e affettata: *il s. di fine Ottocento* | Azione, parola, e sim. sentimentale: *detesto i sentimentalismi*. **2** Indirizzo filosofico inglese del XVIII sec. che, opponendosi all'intellettualismo etico, fonda il criterio dell'agire morale sul sentimento.

sentimentalista [da *sentimentale*] s. m. e f. (pl. m. *-i*) **1** Chi mostra eccessivo sentimentalismo nel parlare, nell'agire, e sim. | Chi si atteggia a sentimentale (*spec. spreg.*). **2** Chi attribuisce eccessiva importanza ai sentimenti, dimostrando scarse capacità pratiche. **3** Chi segue o si ispira all'indirizzo filosofico del sentimentalismo.

sentimentalistico [da *sentimentale*] agg. (pl. m. *-ci*) ● Che rivela sentimentalismo: *atteggiamento, romanzo s.* || **sentimentalisticaménte**, avv.

sentimentalità s. f. ● Qualità di chi, di ciò che è sentimentale.

sentiménto [lat. mediev. *sentimĕntu(m)* 'sentimento', da *sentīre* 'percepire'] s. m. (pl. †*sentiménta* f. raro) **1** (*raro*) Atto, facoltà del sentire, senso: *i cinque sentimenti*. **2** Coscienza, consapevolezza di sé, della propria esistenza, delle proprie azioni: *avere s. di sé* | *Perdere, riacquistare il s. di sé*, la propria dignità | *Perdere i sentimenti*, svenire e (*est.*) entrare in agonia | *Uscire di s., di sentimenti, essere fuori del s., dei sentimenti*, perdere il senno, la ragione; (*est.*) essere fuori di sé per ira, rabbia, e sim. | *Levare, togliere di s.*, stordire, confondere fortemente | *Tornare in sentimenti*, tornare in sé, rinvenire | (*pop.*) *Fare q.c. con tutti i sentimenti, mettere tutto il s. nel fare q.c.*, farla con ogni cura, alla perfezione. **3** Coscienza, consapevolezza dell'esistenza di q.c. diverso da sé e modo di sentirlo, considerarlo, accettarlo e sim. dentro di sé: *il s. della famiglia è vivo in tutti noi*; *il s. del bene e del male*; *avere, non avere, s. religioso, estetico, morale*; *ha un alto s. dell'onore*; *ha perso il s. del pudore*. **4** Ogni moto dell'animo, affetto, passione, emozione e sim., chiuso dentro di sé o manifestato agli altri: *s. di gioia, di allegria, di gratitudine, di pietà*; *s. di odio, di vendetta*; *manifestare, nascondere, un s.*; *provare, nutrire, un s. di ... verso qc.*; *in lui c'è un s. nuovo*; *siamo legati da un s. d'amicizia*; *il s. che li unisce è profondo*; *non ha nascosto i suoi sentimenti verso di me*; *l'ha offeso nei suoi sentimenti più cari*. **5** (*spec. al pl.*) Modo di pensare, di sentire, di comportarsi moralmente: *persona di nobili, elevati, sani, buoni, ottimi, onesti, sentimenti*; *persona di sentimenti cattivi, bassi, volgari, ignobili* | Parere, opinione: *siamo del tuo stesso s.*; *ha mutato sentimenti*. **6** (*al sing., ass.*) Sfera affettiva, emozionale, spec. in contrapposizione a *ragione*: *parlare al s.*; *ascoltare il s. e non la ragione* | *Toccare la corda del s.*, portarsi su argomenti capaci di commuovere gli altri | Sensibilità, disposizione a sentire vivamente: *educare il s.*; *parlare, amare, cantare, suonare*, e sim. *con s.*; *poesia piena di s.*; *scrive bene ma senza s.* **7** Senno, giudizio: *è un ragazzo con poco s.*; *per la sua età ha molto s.* | †*S. comune*, senso comune.

sentina [lat. *sentīna(m)*, di etim. incerta] s. f. **1** Parte più bassa e interna della nave, dove si raccolgono gli scoli. **2** (*fig.*) Ricettacolo di brutture, scelleratezze, e sim.: *o d'ogni vizio fetida s.* (ARIOSTO).

sentinèlla [di etim. discussa: dall'ant. *sentina* 'accortezza', da *sentire*. V. il lat. tardo *sentināre* 'evitare con astuzia un pericolo'] s. f. **1** Soldato armato che, a turno fra quelli componenti la guardia e per un determinato tempo, vigila a custodia e protezione di persone o cose militari | *Consegna della s.*, prescrizioni e doveri cui si deve attenere la sentinella durante il suo servizio | *Doppia s.*, costituita da due uomini | *Fare la s., stare di s., montare di s., essere di s.*, eseguire il servizio di sentinella; (*fig.*) stare fermo e attento a guardare, a vigilare, sorvegliare e sim. **2** (*mar.*) *S. sottomarina*, aquilone.

†**sentìo** [da *sentire*] s. m. ● (*raro*) Sentore.

sentire [lat. *sentīre* 'percepire, sentire', di origine indeur.] **A** v. tr. (*io sènto*) **I** In un primo gruppo di significati, con riferimento alle facoltà sensoriali, esprime l'acquisizione di conoscenze dal mondo esterno attraverso gli organi dei sensi. **1** Apprendere con l'udito, udire: *s. un suono, un rumore, uno sparo*; *non senti che confusione?*; *sento una musica*; *avete sentito il campanello?*; *non sento nulla*; *sento dei passi in camera*; *ho sentito qc. suonare*, (*ell.*) *ho sentito suonare*; *sento arrivare tuo fratello*, (*ell.*) *sento tuo fratello* | (*ass.*) *Sentirci bene, sentirci poco*, avere l'udito buono, poco buono | (*ass.*) *Non sentirci da quell'orecchio*, (*fig.*) di q.c. di cui non si vuole assolutamente parlare, su cui non si è disposti a fare concessioni e sim. | Udire ciò che viene detto da altri e comprenderne il significato: *non sento la tua voce*; *parla più forte che non ti sento*; *muoviti, hai sentito quello che ho detto?* | *A s. lui* ..., secondo quanto dice lui | *Adesso mi sentirà*, gli darò il rimprovero che si merita | Ascoltare: *i bambini non devono s. queste cose*; *s. la lezione, una conferenza* | (*ass.*) *Sentiamo!, su sentiamo, sentiamo allora*, e sim., incoraggiando a parlare qc. che ci si accinge ad ascoltare | (*ass.*) *Senti, senta, sentite, senti tu*, e sim., per richiamare l'attenzione di qc. | *Ma senti un po'!, sentite!, sentitelo!, senti che roba!* e sim., escl. di meraviglia, incredulità, sdegno, e sim. | *Hai sentito l'ultima?, vuoi sentirne una?, senti questa*, e sim., per sottolineare la sorpresa, lo sdegno e sim. suscitato dal fatto che si sta per raccontare | *S. tutte e due le campane*, ascoltare le due versioni diverse e contrastanti di uno stesso fatto | Dare retta, ascolto: *senti il mio consiglio*; *sente solo suo padre*; *stammi a s.*; *stammi bene a s.* | *Non voler s. ragioni*, ostinarsi a non voler dare retta a niente e a nessuno | Sapere, conoscere: *vorrei s. il tuo parere al riguardo* | Consultare: *voglio s. il medico* | Venire a sapere, apprendere: *hai sentito la notizia?*; *se ne sentono delle belle sul suo conto*; *al giorno d'oggi se ne sentono di tutti i colori*; *dalla tua lettera ho sentito che partirai* | Informarsi: *senti che cosa vogliono*; *vai a s. se ha bisogno di q.c.*; *vuoi s. se la cena è pronta?* | Assistere a: *s. la Messa*; *vado a s. la Traviata* | (*pop.*) *In quella casa ci si sente*, si sentono rumori, ci sono i fantasmi. **2** Apprendere con l'olfatto: *s. un odore, un profumo*; *senti che puzzo!* | *S. q.c. all'odore*, riconoscerla, giudicarla, annusandola. **3** Apprendere col gusto: *s. un sapore*; *senti la dolcezza di questo vino*; *senti com'è buono questo dolce* | Assaggiare: *senti se la minestra è cotta*; *ti dispiace s. se il caffè è amaro?* | *S. q.c. al gusto*, riconoscerla, giudicarla, assaggiandola. **4** Apprendere col tatto: *senti la morbidezza di questa lana* | *S. se a qc. scotta la fronte, s. se qc. scotta*, per controllare se ha la febbre | *S. il polso a qc.*, per controllarne le pulsazioni | *S. q.c. al tatto*, riconoscerla, giudicarla, toccandola. **II** In un secondo gruppo di significati, con riferimento alle facoltà fisiche e psichiche, esprime l'avvertimento di sensazioni, impressioni, e sim. **1** Provare una sensazione fisica generale o localizzata in una parte del corpo: *s. caldo, freddo, fame, sete, appetito, sonno, stanchezza, malessere*; *sentirsi la febbre addosso*; *s. male alla testa*; *s. pesantezza alle gambe*; *s. bruciore allo stomaco*; *s., sentirsi, i brividi lungo la schiena*; *s., sentirsi, l'acquolina in bocca* | *Non s., non sentirsi, le gambe, le braccia*, e sim., avere perso, gener. temporaneamente, la sensibilità a causa di forte stanchezza, sforzi, e sim. | *Il caldo, il freddo*, e sim. *si fanno s.*, sono molto forti e hanno ripercussioni sul fisico | *Il cavallo sente il freno*, è sensibile al freno, docile. **2** Provare una sensazione psichica, isolata o accompagnata da una sensazione fisica: *s. dolore, tristezza, nostalgia, piacere, per qc. o per q.c.*; *sentirsi allargare il cuore*; *s., sentirsi, la tremarella addosso*; *s., sentirsi, un nodo in gola*. **3** Provare le conseguenze di q.c., risentire: *s. la fatica, la noia*; *s. gli anni*; *gli anni si fanno s.*; *le piante sentono la siccità* | *S. il tempo*, di individuo meteoropatico | *S. la primavera*, di chi si mostra particolarmente vivace e inquieto, o comunque diverso dal solito. **4** Accorgersi, avere sentore di q.c.: *s. la presenza di qc.*; *sente gli sguardi di tutti addosso a lui*; *sento che c'è q.c. sotto*; *sento che quell'uomo non è sincero* | Presentire, presagire: *sentivo che sarebbe finita così*; *sento che presto se ne andrà*. **III** In un terzo gruppo di significati, con riferimento alle facoltà emotive, affettive, intellettive e sim., esprime sentimenti e stati d'animo. **1** Provare un sentimento, o un insieme di sentimenti: *s. affetto, amore, gratitudine, riconoscenza, stima, pena, compassione, pietà, per qc.*; *s. rimorso per aver fatto q.c.*; *sento q.c. per lui*; *non so definire quello che sento per te* | *Non s. nulla*, essere insensibile, indifferente. **2** Avere coscienza di un sentimento, di una situazione emotiva, sentimentale, e sim.: *sento degli obblighi verso di voi*; *sente molto la nostra mancanza*; *sento di non amarlo più*; *sento di essermi comportato male*. **3** Essere in grado di ammirare, gustare, comprendere, q.c.: *s. la musica, la poesia, la bellezza, il bello*; *senti la bontà del suo gesto?* | (*ass.*) Essere dotato di sensibilità, di alti sentimenti morali: *s. altamente, nobilmente*; *una persona che sente poco*. **4** (*raro*) Essere di parere, stimare, giudicare: *dice le cose come le sente*; *io la sento diversamente da te* | *S. bene q.c.*, approvarla | (*lett., ass.*) *S. molto, altamente, umilmente* e sim. *di sé*, avere una grande, una modesta, opinione di se stesso. **5** (*raro*) †Acconsentire, approvare: *confessarono che sentirono il trattato* (VILLANI). **B** v. intr. (aus. *avere*) **1** Avere odore, sapore, di q.c.: *le cantine sentono di muffa*; *questa carne sente di rancido*. **2** Avere sentore di q.c.: *questa storia sente d'inganno*. **3** (*fig.*) †Avere qualità, somiglianza: *frate Alberto conobbe incautamente che costei sentia dello scemo* (BOCCACCIO). **C** v. rifl. **1** Provare una sensazione fisica: *sentirsi bene, male, meglio, peggio*; *sentirsi debole, forte, in gamba*; *sentirsi in vena di fare q.c.*; *sentirsi svenire, venir meno, mancare, morire, riavere*; *sentirsi debole, sfinito, a pezzi*. **2** Provare una sensazione psichica: *sentirsi a proprio agio, a disagio*; *sentirsi come un pesce fuor d'acqua*; *sentirsi sollevato*. **3** Provare un sentimento, avere coscienza di un sentimento, di una situazione emotiva, sentimentale, e sim.: *sentirsi commosso, turbato, offeso*; *sentirsi in debito, in obbligo, verso qc.*; *sentirsi fiero, orgoglioso di qc. o di q.c.*; *sentirsi legato a qc. o a q.c.*; *sentirsi in colpa colpevole, dalla parte del torto*; *sentirsi in grado, capace di fare q.c.* | Essere disposto a: *non mi sento di uscire*; *ti senti di leggere questo libro?* | (*fam.*) *Sentirsela*, essere disposto, avere la forza: *non me la sento di fare sacrifici*. **D** in funzione di s. m. solo sing. ● (*lett.*) Sentimento, sensibilità: *donna di alto s.*

sentita [da *sentire*] s. f. **1** †Atto del sentire. **2** †Accortezza: *con buona s. di guerra* (BARTOLI). **3** (*tosc.*) Nelle loc. *andare a s.*, procedere con accortezza | *Camminare a s.*, tastando per non inciampare.

sentito part. pass. di *sentire*; anche agg. **1** Nei sign. del v. **2** *Per s. dire*, (*ell.*) *per sentita dire*, per averlo sentito dire da altri, per conoscenza indiretta. **3** Vivo, sincero, cordiale, spec. in formule di cortesia o in clausole epistolari: *sentiti ringraziamenti*; *voglia gradire i più sentiti auguri*. **4** †Accorto, cauto, giudizioso. || **sentitaménte**, avv. Con tutto il sentimento: *ringraziare sentitamente*.

sentóre [dal lat. parl. **sentōre(m)*, da *sentīre* 'percepire'] s. m. **1** Impressione o informazione vaga e indistinta: *ho avuto s. di qualche novità in ufficio*; *io aveva già avuto s. di quello che doveva succedere* (NIEVO). **2** Sentimento indistinto. **3** Profumo, odore: *s. di rose*. **4** †Rumore.

senussìa s. f. ● Confraternita, comunità dei Senussi.

senussismo [da *senusso*, con *-ismo*] s. m. ● Dottrina e predicazione proprie del movimento religioso e politico dei Senussi.

senussita **A** agg. ● Dei Senussi. **B** s. m. e f. (pl. m. *-i*) ● Chi aderisce alla confraternita dei Senussi.

senùsso [dal n. pr. ar. M. ibn 'Alī as *Sanūsi*

(1787-1859)] s. m. (f. *-a*) ● Membro della confraternita islamica dei Senussi, che predicava il ritorno al puro Islam con larga influenza politica | Ciascuno dei capi della confraternita e dei discendenti del fondatore Muhammad ibn 'Alī as Sanūsi (1787-1859).

sènza o **sénza**, †**sànza** [lat. *absĕntia*, propriamente 'in assenza di'] **A** prep. **1** Privo di (indica mancanza e regge il compl. di privazione): *è un povero orfano s. padre e s. madre*; *sono rimasto s. soldi e s. lavoro*; *cosa farei s. il vostro affetto?*; *il signore viaggia s. bagaglio?*; *non uscire s. ombrello*; *è sempre s. scarpe*; *le finestre sono s. vetri*; *mangia tutto s. sale*; *sono rimasto s. parole*; *è un uomo s. pietà e s. scrupoli*; *è una bambina s. malizia*; *una donna s. pretese*; *è un caso s. precedenti*; *è di una bellezza s. paragone*; *si tratta di una malattia s. speranza*; *chi può vantarsi / s. difetti* (METASTASIO); *s. baci moriste e s. pianto* (LEOPARDI); *senz'amor, s. vita* (LEOPARDI); *soli eravamo e sanza alcun sospetto* (DANTE *Inf.* V, 129) | In contrapposizione a 'con': *pantaloni con o s. risvolti*; *caffè con panna o s.?* | *Essere, rimanere s. q.c.*, esserne, rimanerne privo, sprovvisto | *Vivere, fare s. q.c.*, farne a meno, rinunziarvi | (con valore raff.) *Non s.*, con (per litote): *me ne sono andato non s. rimpianto*; *ho perdonato non s. fatica* | Nella loc. prep. *s. di* (sempre se seguito da pron. pers., spesso se seguito da un pron. dimostr.): *dovrò arrangiarmi s. di voi*; *s. di te non posso stare*; *s. di quello la ricetta non riesce*. CONTR. Con. **2** Escludendo, con assenza di (regge il compl. d'esclusione): *è stata operata s. anestesia*; *non ci sono gioie s. dolori*; *ho speso ottantamila lire d'albergo, s. le mance*; *non fa scienza, / sanza lo ritenere, avere inteso* (DANTE *Par.* V, 41-42); *pini ed abeti s. aura di vento* (CARDUCCI) | Per ellissi del v. 'fare': *svelto, s. tante chiacchiere!*; *studiate, s. tante storie*; *me ne sono andato s. cerimonie*; *si accomodi, prego, s. complimenti!* | In correl. con 'né' o con 'e': *agisci s. amore né carità* | *S. numero*, innumerevoli: *ha patito sofferenze s. numero* | *S. riposo, s. sosta, s. tregua*, incessantemente: *correva s. sosta*; *lavora s. tregua* | *S. modo*, smisuratamente: *mangia e beve s. modo* | *S. indugio*, subito: *verrò s. indugio* | *S. dubbio, s. forse, senz'altro*, sicuramente, con certezza: *s. dubbio gliene hai parlato*; *telefonerò senz'altro* | (*lett.*) *S. più*, subito, immediatamente | *S. meno*, immancabilmente | *S. impegno*, non assumendosi alcun impegno, non con certezza assoluta: *verrò s. impegno per un colloquio*; *ci vediamo domani, ma s. impegno*. **3** (*dir.*) *S. spese*, clausola con cui il traente o il girante o l'avallante di una cambiale dispensano il portatore dal protesto per mancata accettazione o pagamento. **4** (*elettr.*) *S. fili*, detto di comunicazione che avviene tramite radioonde. **B** cong. ● Non (introduce una prop. esclusiva con valore modale, impl. con il v. all'inf., espl. nella loc. cong. *s. che* con il v. al congv.): *ho trascorso tutta la notte s. chiudere occhio*; *non devi parlare s. riflettere né rispondermi s. essere interpellato*; *è uscito s. che io lo sapessi*; *ha ascoltato i rimproveri s. batter ciglio* | *S. dire, s. contare che*, tanto più che, e inoltre: *doveva sapere che c'era pericolo, s. dire che l'avevo avvertito anch'io*; *non gli hanno dato quanto gli spettava, s. contare il modo in cui l'hanno trattato*.

senzacàsa s. m. e f. inv.; anche agg. inv. ● Chi, che non ha casa. SIN. Senzatetto.

senzadìo o **sénza Dìo** [comp. di *senza* e *Dio*] s. m. e f. inv. ● Chi non crede in Dio o manca di senso religioso | (*est.*) Chi è privo di scrupoli morali.

senzapàtria [comp. di *senza* e *patria*] s. m. e f. inv. ● Chi non ha patria | (*est., spreg.*) Chi rinnega la propria patria.

senzatétto [comp. di *senza* e *tetto*] s. m. e f. inv. ● Chi non ha tetto, casa, alloggio in cui ripararsi. SIN. Senzacasa.

senziènte [vc. dotta, dal lat. *sentiĕnte(m)*, part. pres. di *sentīre* 'percepire'] agg. **1** (*lett.*) Che è dotato di senso, di sensibilità, e li esercita. **2** (*raro*) †Pensante.

sepaiòla o †**sepaiuòla** [da *s(i)epe*] s. f. ● (*zool., pop.*) Scricciolo.

sèpalo [dal fr. *sépale*, dal lat. *sāepes* 'recinto', sul modello di *pĕtalum* 'petalo'] s. m. ● (*bot.*) Ciascuna delle foglioline che formano il calice.

separàbile [vc. dotta, dal lat. *separābile(m)*, da *separāre*] agg. ● Che si può separare. CONTR. Inseparabile.

separabilità s. f. ● Qualità di ciò che è separabile.

separaménto s. m. ● (*raro*) Separazione.

separàre [dal lat. *separāre*, comp. di *sē(d)*- 'via' e *parāre* 'apprestare'] **A** v. tr. (*io sepàro*, (*lett.* o *raro*) *sèparo*) **1** Disgiungere, disunire, persone o cose vicine, unite, mescolate e sim. fra loro, materialmente o spiritualmente: *s. i letti*, *due litiganti*; *nuove teorie hanno separato gli appartenenti al gruppo*; *la politica separa anche gli amici*; *oltre la virtù di separar le cose unite, ha la mente virtù d'unir le separate* (SARPI). **2** Tenere distinto, sceverare: *s. il bene dal male*; *s. i quaderni dai libri*. **3** Tenere diviso, fare da ostacolo fra due (*anche ass.*): *le Alpi separano l'Italia dalla Francia*; *un giardino separa la casa dalla strada*; *il mare unisce, non separa*. **4** (*raro*) Segregare, tenere in disparte: *s. un malato contagioso dagli altri*. **B** v. rifl. e rifl. rec. ● Dividersi, lasciarsi, disfacendo un rapporto di lavoro, amicizia, affetto, e sim.: *si è separato per sempre dal socio*; *si sono separati dalla famiglia*; *i due amici si separarono con dolore* | Di coniugi, disfare la convivenza, andare a vivere ognuno per proprio conto: *dopo pochi anni di matrimonio si separarono*.

†**separatézza** s. f. ● Qualità di chi, di ciò che è separato.

separatìsmo [da *separato*, con *-ismo*] s. m. ● Movimento che, per ragioni etniche, economiche, geografiche, tende a rendere autonoma una regione nei confronti dell'organizzazione statale di cui fa parte | Sistema di separazione tra la Chiesa e lo Stato.

separatìsta [da *separato*, con *-ista*] **A** s. m. e f. (pl. m. *-i*) ● Chi propugna il separatismo. **B** agg. ● Separatistico.

separatìstico agg. (pl. m. *-ci*) ● Che si riferisce al separatismo o ai separatisti.

separatìvo [dal lat. tardo *separatīvu(m)* 'disgiuntivo', da *separātus* 'separato'] agg. ● (*raro*) Che serve a separare | *Congiunzione separativa*, disgiuntiva. || **separativaménte**, avv.

separàto A part. pass. di *separare*; anche agg. **1** Nei sign. del v. **2** *In separata sede*, in privato, senza testimoni. **3** Detto di coniuge, che ha cessato di convivere con l'altro. **B** s. m. (f. *-a*) ● Coniuge separato: *il problema dei separati* | *Separati in casa*, coniugi legalmente separati che tuttavia convivono; (*fig.*) persone, organismi o realtà contraddittorie che coesistono in una medesima situazione. || **separataménte**, avv. In modo separato: *vivere separatamente*; uno alla volta: *interrogare separatamente*.

separatóre [dal lat. tardo *separatōre(m)*, da *separātus* 'separato'] **A** s. m.; anche agg. (f. *-trice*) ● Chi, che separa: *imbuto, diaframma, s.* **B** s. m. ● Macchina per selezionare sostanze o prodotti diversi: *s. di sementi* | *S. magnetico*, che impiega elettromagneti per liberare sostanze polverose, granulose e sim., da parti metalliche ferrose | *S. elettrostatico*, purificatore che utilizza le forze di natura elettrostatica per fare precipitare particelle, goccioline e sim.

separazióne [dal lat. *separatiōne(m)*, da *separātus* 'separato'] s. f. **1** Atto del separare o del separarsi: *s. dolorosa, triste*; *s. dagli amici, dai parenti*; *s. della Chiesa dallo Stato*. **2** (*dir.*) Condizione di persona o cosa che è separata | *S. personale dei coniugi*, cessazione della convivenza | *S. di fatto*, per concorde volontà dei coniugi non omologata dall'autorità giudiziaria | *S. giudiziaria*, chiesta da uno o entrambi i coniugi all'autorità giudiziaria, quando si verificano fatti tali da rendere intollerabile la prosecuzione della convivenza | *S. consensuale*, omologata dal giudice sulla base dell'accordo fra i coniugi di cessare la convivenza | *S. dei beni*, quando i coniugi hanno convenuto che ciascuno di essi conserva la titolarità dei beni acquistati durante il matrimonio | *S. dei beni del defunto*, atto con cui i creditori del defunto acquistano il diritto di soddisfare, con i beni del defunto, i propri crediti a preferenza dei creditori dell'erede | *Diritto di s.*, dei creditori del defunto di ottenere la separazione dei beni ereditari da quelli dell'erede | *S. dei giudizi*, disposta dal giudice quando ritiene che la trattazione congiunta di più cause ritarderebbe o renderebbe più gravoso il processo.

séparé /fr. sepa're/ [vc. fr., propriamente part. pass. di *séparer* 'separare'] s. m. inv. ● Salottino appartato, in caffè, ristoranti, locali pubblici.

†**sèpari** [vc. dotta, dal lat. *sēpare(m)* 'distinto', da *separāre* 'separare', con sovrapposizione di *pār*, genit. *pāris*, 'pari'] agg. ● (*raro*) Dispari.

†**sepelire** ● V. *seppellire*.

†**sèpia** ● V. *seppia*.

sepiménto [vc. dotta, dal lat. *saepimĕntu(m)* 'recinto', da *saepīre* 'cingere', da *sāepes* 'siepe'] s. m. ● (*anat., bot.*) Setto (1).

sepìola [dal lat. *sepīola(m)*, dim. di *sēpia* 'seppia'] s. f. ● Mollusco cefalopode marino simile alla seppia, con due brevi alette ai lati del sacco (*Sepiola*).

sepiolìte [comp. del gr. *sēpía*, nel senso erroneo di 'schiuma di mare', e *-lite*] s. f. ● Silicato idrato di magnesio in masse omogenee, compatte, bianche o grigiastre.

sepolcràle o †**sepulcràle** [vc. dotta, dal lat. *sepulcrāle(m)*, da *sepŭlcrum* 'sepolcro'] agg. **1** Di, da sepolcro: *iscrizione, monumento, lapide s.* | *Aria s.*, che sa di chiuso | *Poesia s.*, genere letterario molto diffuso tra il XVIII e il XIX sec. con tematiche funebri oscillanti tra visioni di paesaggi cimiteriali e soliloqui metafisici. **2** (*fig.*) Triste, mesto, come di tomba, di sepolcro: *silenzio, buio, s.* | *Voce s.*, cupa, cavernosa, come se uscisse da un sepolcro.

sepolcréto [vc. dotta, dal lat. *sepulcrētu(m)*, da *sepŭlcrum* 'sepolcro'] s. m. ● Cimitero, luogo in cui sono più tombe o sono inumate, anche senza tomba, più persone | Cimitero antico.

sepólcro o †**sepùlcro** [vc. dotta, dal lat. *sepŭlcru(m)*, da *sepelīre* 'seppellire'] s. m. **1** Monumento funebre che custodisce e insieme commemora un defunto illustre: *il s. degli Scipioni*; *il s. di Cecilia Metella* | *Santo Sepolcro*, quello di Gesù Cristo a Gerusalemme | *Essere con un piede nel s.*, essere vicino alla morte | *Scendere nel s.*, morire | *Condurre al s.*, far morire | *S. imbiancato*, ipocrita, secondo quanto Gesù dice nel Vangelo agli scribi e ai farisei, paragonandoli a sepolcri imbiancati che, belli all'aspetto esteriore, intimamente sono pieni di ogni marciume. **2** (*spec. al pl., pop.*) Repositorio, luogo in cui viene conservato il SS. Sacramento per la comunione dopo la messa del giovedì santo e per l'azione liturgica del venerdì santo | (*dial.*) Speciale addobbo delle chiese nella settimana santa, fino alla Resurrezione. || **sepolcrétto**, dim.

sepólto o †**sepùlto A** part. pass. di *seppellire*; anche agg. **1** Nei sign. del v. **2** *Morto e s.*, (*fig., pop.*) di persona o cosa dimenticata e non cercata più da nessuno. **3** (*fig.*) Immerso, sprofondato: *essere s. nel sonno, nel dolore, nello studio*. **4** (*fig.*) Occultato, coperto, nascosto: *manoscritti sepolti in fondo a un cassetto*; *segreto s. nel proprio cuore*. **B** s. m. (f. *-a*) ● Persona morta e seppellita | *Le sepolte vive*, suore di clausura.

sepoltùra o †**sepultùra** [dal lat. *sepultūra(m)*, da *sepŭltus* 'sepolto'] s. f. **1** Atto effetto, del seppellire: *privare della s.* | *Dare s.*, seppellire | Cerimonia funebre, funerale: *intervenire, essere presente, alla s.* **2** Luogo in cui viene sepolto un morto, tomba, sepolcro: *non conoscere la s. di qc.*

sepoy /ingl. 'si:pɔi/ [vc. ingl., dal persiano *sipāhi* 'soldato a cavallo', da *sipāh* 'esercito'] s. m. inv. ● Soldato indigeno dell'esercito regolare britannico in India, nell'antico periodo coloniale.

seppelliménto s. m. ● Atto, effetto del seppellire.

seppellìre o (*raro*) †**sepelìre**, †**soppellìre** [lat. *sepelīre*, vc. indeur. di carattere rituale] **A** v. tr. (pres. *io seppellìsco, tu seppellìsci*; part. pass. *sepólto*, o *seppellìto*, †*sepùlto*) **1** Deporre nella tomba: *s. un morto*; *s. qc. con grande onore* | (*fam., fig.*) Veder morire gli altri, rimanere in vita dopo gli altri: *i giovani seppelliscono i vecchi*. **2** Mettere sotto terra, spec. per nascondere: *s. un oggetto rubato, un tesoro* | Nascondere, occultare: *ha sepolto l'arma nel solaio* | Ricoprire: *la strada è sepolta dalla neve*. **3** (*fig.*) Dimenticare, non parlare più di q.c.: *s. il passato, i torti subiti*. **B** v. intr.

pron. ● (*fig.*) Stare rinchiuso, nascosto, appartato: *si è seppellito in casa* | Immergersi: *seppellirsi tra i libri.*

seppellìto part. pass. di *seppellire*; anche agg. *1* Nei sign. del v. *2 Morto e s.*, (*fig., pop.*) di persona o cosa dimenticata o non cercata più da nessuno.

seppellitóre s. m. (f. *-trice*) ● (*raro*) Chi seppellisce.

†**seppellizióne** s. f. ● Seppellimento.

séppia o †**sèpia** [lat. *sēpia(m)*, dal gr. *sēpía*, di etim. incerta] **A** s. f. ● (*gener.*) Mollusco cefalopode marino commestibile con corpo ovale, depresso e bocca circondata da 10 braccia | *Osso di s.*, formazione calcarea corrispondente a una conchiglia interna rudimentale | *Nero di s.*, liquido nero secreto dall'animale per nascondersi in caso di pericolo; (*est.*) colore intermedio fra il grigio, il bruno e il nero. || **seppiétta**, dim. | **seppiolina**, dim. **B** in funzione di agg. inv. ● (posposto a un s.) Che ha il colore intermedio tra il grigio, il bruno e il nero caratteristico del mollusco omonimo.

seppiàre [da *seppia*] v. tr. (*io séppio*) ● Levigare strofinando con osso di seppia.

seppiàto agg. ● Che ha color seppia.

seppùre o **se pùre** [comp. di *se* (*2*) e *pure*] cong. *1* Se anche, quand'anche, ammesso pure che (introduce una prop. condiz. con valore concessivo con il v. al congv.): *s. tutto finisse bene, la tua trascuratezza non potrà essere perdonata*; *lo farò s. dovessi rimetterci del mio.* *2* Anche se (introduce una prop. incisiva condiz. con il v. al congv. ed esprime dubbio, riserva e sim.): *il suo appoggio, s. ci sarà, non servirà a nulla.*

sèpsi [vc. dotta, dal gr. *sêpsis* 'putrefazione', da *sḗpein* 'imputridire'] s. f. ● (*med.*) Infezione e suppurazione delle ferite.

†**septicemìa** ● V. *setticemia.*

†**sepulcràle** ● V. *sepolcrale.*

†**sepùlcro** ● V. *sepolcro.*

†**sepùlto** ● V. *sepolto.*

†**sepultuàrio** [da *sepolto*] **A** agg.; anche s. m. (f. *-a*) ● Che, chi possiede una propria sepoltura o ha diritto di sepoltura in una chiesa e sim. **B** s. m. ● Libro in cui sono registrate le sepolture delle famiglie.

†**sepultùra** ● V. *sepoltura.*

se pùre ● V. *seppure.*

sequèla [vc. dotta, dal lat. tardo *sequēla(m)* 'seguito', da *sĕqui* 'seguire'. V. *seguire*] s. f. *1* Serie di cose e fatti, spec. sgradevoli, che accadono uno di seguito all'altro: *s. di noie, di accidenti, di guai.* SIN. Catena, sfilza. *2* †Conseguenza | †*Tirare in s.*, portare di conseguenza | †*In s. di*, in conseguenza di | †Seguito.

sequènza (**1**) o †**seguènza** [vc. dotta, dal lat. tardo *sequĕntia(m)*, da *sĕquens*, genit. *sequĕntis* 'seguente'] s. f. ● Nella liturgia di rito romano, canto che viene dopo l'alleluia, in alcune messe | Nelle messe dei Santi, inno sostitutivo dei melismi e contenente le lodi del Santo.

sequènza (**2**) [dal fr. *séquence* 'sequenza'] s. f. *1* Serie ordinata di cose, fatti e sim. che si susseguono: *una s. di notizie.* *2* In varie tecnologie, serie di elementi, dati, operazioni e sim. successivi: *s. di lavorazione di un pezzo* | (*elab.*) *S. di dati, di schede perforate*, insieme di dati o schede perforate ordinato in base a certi indicativi | *S. di programma*, parte di programma costituente, da un punto di vista logico, una unità di trattamento a sé stante | (*ling.*) Successione ordinata di elementi sintatticamente connessi nella frase. *3* Serie di inquadrature cinematografiche atte a esprimere un singolo nucleo narrativo unitario | (*est.*) Serie di elementi narrativi, poetici e sim. *4* Nel poker e giochi affini, serie progressiva di carte. SIN. Scala. *5* (*mat.*) Applicazione dell'insieme dei numeri 1, ..., *n* in un insieme | Insieme ben ordinato.

sequenziàle (**1**) [da *sequenza* (*1*)] **A** s. m. ● Libro liturgico che contiene le sequenze, disposto secondo i vari giorni dell'anno. **B** anche agg.: *libro s.*

sequenziàle (**2**) [da *sequenza* (*2*)] agg. ● Relativo a una sequenza nel sign. di *sequenza* (*2*).

sequenzialità [da *sequenziale* (*2*)] s. f. ● Caratteristica di ciò che è sequenziale, nel sign. di *sequenziale* (*2*).

sequenziàre v. tr. (*io sequènzio*) ● Stabilire o ricostruire l'ordine di una sequenza: *s. il genoma umano.*

sequestràbile agg. ● Che si può sequestrare.

sequestrabilità [da *sequestrabile*] s. f. ● Condizione di un bene passibile di sequestro.

sequestraménto [da *sequestrare*] s. m. ● (*raro*) Sequestro, nel sign. di *sequestro* (*1*).

sequestrànte **A** part. pres. di *sequestrare*; anche agg. *1* Nei sign. del v. *2* (*dir.*) Che chiede all'autorità giudiziaria di disporre il sequestro di dati beni: *parte s.* *3* (*chim.*) Detto di sostanza capace, in soluzione, di alterare o mascherare le proprietà chimiche delle sostanze con cui si combina. **B** s. m. ● Chi promuove o esegue un sequestro, nel sign. di *sequestro* (*1*).

sequestràre [vc. dotta, dal lat. tardo *sequestrāre* 'mettere in deposito', da *sequĕstrum* 'deposito'] v. tr. (*io sequèstro*) *1* (*dir.*) Disporre o eseguire un sequestro, porre sotto sequestro. *2* (*est.*) Togliere dalla circolazione q.c. il cui uso è vietato da determinate norme, principi, regole e sim.: *s. un giornale*; *s. la grammatica a uno scolaro.* *3* Costringere a non uscire, a rimanere isolato, a stare fermo in un luogo, e sim.: *s. un malato per motivi igienici*; *essere sequestrato in una stanza*; *la pioggia ci sequestra in casa.* *4* (*raro, lett.*) Allontanare, separare: *conosco di essermi alquanto sequestrato dalle strade dritte e popolari* (GALILEI).

sequestratàrio [da *sequestrato*] s. m. ● Custode di beni sequestrati.

sequestràto **A** part. pass. di *sequestrare*; anche agg. *1* Nei sign. del v. *2* Di cosa o persona sottoposta a sequestro: *bene s.* **B** s. m. (f. *-a*) ● Proprietario o possessore di beni sottoposti a sequestro.

sequestratóre [vc. dotta, dal lat. tardo *sequestratōre(m)*, da *sequestrātus* 'sequestrato'] s. m.; anche agg. (f. *-trice*) ● (*raro*) Chi, che chiede o esegue un sequestro. SIN. Sequestrante.

sequèstro (**1**) [dal lat. *sequĕstru(m)* 'deposito', nt. sost. di *sequĕster* 'intermediario, depositario', da *sĕcus* 'a fianco': propriamente 'deposito a fianco'] s. m. *1* (*dir.*) Provvedimento giurisdizionale cautelare che fa sorgere un vincolo di indisponibilità sui beni colpiti dalla stessa: *s. conservativo, giudiziario, speciale*; *s. di cose pertinenti al reato* | *S. di un film, di un libro*, provvedimento volto a ritirare tale materiale dalla circolazione | *S. convenzionale*, accordo per cui più persone depositano presso un terzo ciò che è oggetto di controversia tra loro, affinché venga custodito e restituito successivamente a chi di diritto. *2* *S. di persona*, reato di chi priva qc. della libertà personale per un certo tempo.

sequèstro (**2**) [dal precedente, in senso fig.] s. m. ● (*med.*) Frammento necrotico di osso trattenuto nel contesto dell'osso sano.

sequestrotomìa [comp. di *sequestro* (*2*) e *-tomia*] s. f. ● (*chir.*) Incisione per l'asportazione del sequestro.

sequòia [dall'ingl. *sequoia*, adattamento della vc. indiana (amer. sett.) *Sequoiah*, n. pr. del meticcio civilizzatore degli indiani *Cherokee*] s. f. ● Genere di alberi delle Tassodiacee originari della California, comprendente solo due specie viventi che possono raggiungere età e dimensioni eccezionali (*Sequoia gigantea* e *S. sempervirens*).

†**ser** /sɛr/ s. m. ● Forma tronca di †*sere.*

séra [lat. tardo *sēra(m)*, ell. per *sēra dies* 'giorno tardo', dall'agg. *sērus* 'tardo'. V. *seriore, sezzo*] **A** s. f. *1* Tarda parte del giorno che va dal tramonto al principio della notte: *scende la s.*; *viene la s.*; *si fa s.*; *fa s.* | *Di prima s.*, *verso s.*, *sul far della s.*, quando comincia l'imbrunire | *A s.*, *di s.*, (*lett.*) *da s.*, quando è sera | *Da mattina a s.*, *dalla s. alla mattina*, *da mane a s.*, continuamente, senza interruzione | *Lavorare*, *studiare*, e sim. *dalla mattina alla s.*, tutto il giorno | *Giornale della s.*, edito nel pomeriggio | *Domani s.*, *ieri s.*, *questa s.*, *lunedì s.*, e sim., la sera di domani, di oggi, di lunedì, e sim. | *Una s.*, *una di queste sere*, una sera non precisata ma vicina nel tempo | *S. inoltrata*, quasi notte. CONTR. Mattina. *2* Periodo di tempo compreso tra l'ora di cena, o dopocena, e la notte: *questa s. andremo al cinema*; *esco spesso di s.* | *Abito da s.*, da società | *Abito da mezza s.*, meno impegnativo di quello da sera, adatto per pranzi, cocktail, e sim. *3* (*fig., poet.*) Vecchiaia | Morte: *di dì in dì spero ormai l'ultima s.* (PETRARCA). **B** in funzione di agg. inv. ● (posposto al s.) Della sera, riferito a edizioni di giornali che compaiono in edicola nel tardo pomeriggio: *stampa s.*

seraccàta s. f. ● Nel linguaggio alpinistico, tratto di ghiacciaio ricoperto di seracchi.

seràcco [dal fr. *sérac*, risalente al dial. savoiardo *serac* 'formaggio bianco, compatto', dal lat. *sĕrum* 'siero'] s. m. (pl. *-chi*) ● Nel linguaggio alpinistico, blocco di ghiaccio di vari metri di altezza a forma di guglia, piramide, torre, originato dal frantumarsi della superficie di un ghiacciaio per il sollevamento del fondo o per l'incontro con un altro ghiacciaio. ➡ ILL. p. 820 SCIENZE DELLA TERRA ED ENERGIA.

†**seracìno** ● V. †*saracino* (*1*).

seràfico [dal lat. mediev. *seraphicu(m)*, dal lat. tardo (eccl.) *Sĕraphin* 'i Serafini'. V. *serafino*] agg. (pl. m. *-ci*) *1* Di, da serafino: *ardore s.* | *Il padre s.*, *il s.*, *il s. d'Assisi*, San Francesco d'Assisi | *Ordine s.*, *serafica famiglia*, l'ordine dei francescani | *Dottore s.*, San Bonaventura. *2* (*fig., fam.*) Tranquillo, sereno, pacifico: *espressione serafica.*

serafìno o (*poet.*) **sèrafo** [lat. tardo (eccl.) *Sĕraphin*, risalente, attraverso il gr. *Seraphín*, all'ebr. *sĕrāphīm* (pl.) 'gli ardenti', da *sāraph* 'ardere'] s. m. ● Nell'angelologia biblica, ciascuno degli angeli ardenti o di fuoco che sono intorno al trono di Dio | Nell'angelologia cristiana, ciascuno degli angeli che formano il più alto coro della prima gerarchia.

seràle agg. ● Della sera: *ore serali* | Che ha luogo di sera: *spettacolo s.*; *passeggiata s.* | *Scuola s.*, istituzione educativa istruttiva le cui lezioni si svolgono di sera | *Permesso s.*, di soldato, fino ad una determinata ora dopo il termine della libera uscita. || **seralménte**, avv. Ogni sera; di sera.

serapèo [vc. dotta, dal lat. *Serapēu(m)*, dal gr. *Serapêion* 'tempio di Serapide', da *Sérapis* 'Serapide'] s. m. ● Tempio dedicato al dio greco-egiziano Serapide.

seràta [da *sera*] s. f. *1* Periodo della sera con riguardo alla sua durata, al modo di trascorrerla e alle condizioni atmosferiche: *verrò da te in s.*; *la s. non finiva mai*; *è stata una bella s.*; *dove vai in s.?*; *le lunghe serate invernali*; *una s. calda, afosa, primaverile* | *Prima*, *seconda s.*, nella programmazione televisiva, la fascia oraria serale che prevede o, rispettivamente, segue le 22.30 circa: *un film presentato in seconda s.* *2* (*est.*) Festa, ricevimento, spettacolo e sim. che ha luogo di sera: *una s. a teatro, al circolo, al night*; *s. danzante*; *l'incasso della s.* | *S. di gala*, spettacolo, festa, ballo e sim. particolarmente elegante | *S. d'onore*, spettacolo in onore del primo attore o della prima attrice, o (*est.*) di qc. | Recita compiuta per un attore | Recita di una compagnia teatrale, dedicata a una particolare circostanza: *s. d'addio*; *s. di beneficenza.* || **seratàccia**, pegg. | **seratìna**, dim. | **seratóna**, accr.

seratànte [da *serata*] s. m. e f. ● Attore, attrice, per cui viene compiuta una speciale recita, detta beneficiata, o serata di gala.

serbàbile [dal lat. *servābile(m)* 'conservabile', da *servāre* 'conservare'] agg. ● (*raro*) Che si può serbare.

†**serbànza** [astr. dal lat. *servānte(m)*, part. pres. di *servāre* 'conservare'] s. f. *1* Atto del serbare | *Dare in s.*, in deposito. *2* (*raro*) Collegio, ritiro: *entrare in s.*

serbàre o †**servàre** nei sign. A 1 e 2 [lat. *servāre* 'conservare, sorvegliare', prob. da *sĕrvus* 'servo, guardiano'. V. *servo*] **A** v. tr. (*io sèrbo*) *1* Mettere da parte q.c. in luogo sicuro per servirsene a suo tempo, al momento opportuno: *s. del pane*; *s. una lettera*; *s. denaro per la vecchiaia.* *2* Conservare, mantenere, custodire: *s. intatto il decoro*; *s. un segreto, una promessa*; *s. qc. in vita*; *s. la tradizione* | Nutrire in sé: *s. odio, rancore, verso qc.* | (*raro*) *Serbarla a qc.*, tenere a mente una offesa ricevuta. *3* †Differire, indugiare | (*lett.*) †*s. fuori*, eccettuare. **B** v. rifl. ● Conservarsi, mantenersi, riservarsi: *serbarsi puro, onesto*; *serbarsi a giorni migliori*; *serbarsi per grandi prove.*

†**serbastrèlla** ● V. *salvastrella.*

serbatóio [lat. tardo *servatōriu(m)* 'magazzino', da *servātus* 'conservato', con sovrapposizione di *serbare*] **A** s. m. *1* Recipiente di varia forma e grandezza atto a contenere spec. gas o liquidi per la loro conservazione o come scorta per il loro consumo | *S. della benzina, del lubrificante*, negli autoveicoli, negli aeromobili | †*Stare in s.*, (*fig.*) stare chiuso, guardato. *2* Recipiente fisso o amovibile che nelle armi da fuoco portatili contiene le cartucce per il tiro a ripetizione. *3 S. magmatico*, spazio interno alla crosta terrestre occupato da magma, che può essere in comunicazione con l'esterno attraverso un condotto vulcanico. **B** in funzione di agg. • (posposto al s.) Nella loc. *carro s.*, per trasporto di acqua, cereali alla rinfusa, carburanti, oli vegetali e animali, acidi, e sim.

serbatóre [dal lat. *servatōre(m)* 'conservatore', da *servātus* 'conservato'] s. m. (f. *-trice*) • (*raro*) Chi serba.

serbévole [forma pop. di *serbabile*] agg. • Che si può conservare, che si conserva facilmente, detto spec. di vino e di frutta.

serbevolézza s. f. • Caratteristica di ciò che è serbevole, detto spec. di vini o prodotti agricoli. CFR. Conservabilità.

sèrbico [da *serbo (2)*] agg. (pl. m. *-ci*) • (*raro*) Serbo.

sèrbo (1) [da *serbare*] s. m. • Atto del serbare, solo nelle loc. *in s.*, †*a s.*: *mettere, tenere, dare, avere, q.c. in s.*

sèrbo (2) [dal serbocroato *srbin* 'serbo', abitante della Serbia (*Srbija*)] **A** agg. • Della Serbia. **B** s. m. (f. *-a*) • Abitante, nativo della Serbia. **C** s. m. solo sing. • Lingua dei serbi (propriamente, *serbocroato*).

serbocroàto [comp. di *serbo* e *croato*] **A** agg. • Che si riferisce ai Serbi e ai Croati | *Lingua serbocroata*, lingua del gruppo slavo, parlata dai serbi e croati. **B** s. m. solo sing. • Lingua nazionale della ex Iugoslavia, scritta in Serbia in caratteri cirillici, in Croazia nell'alfabeto latino.

†**sère** [lat. *sĕ(ni)or* (nom.), compar. di *sĕnex* 'vecchio' con epitesi voc. V. *signore*] s. m. (troncato in *ser* se proclitico) *1* Signore: *donna Berta e ser Martino* (DANTE *Par.* XIII, 139) | (*tosc.*) Anche in senso ironico: *ser cattivo, ser saccente*. *2* Titolo onorifico dato spec. a notaio o a prete: *Siete voi qui, ser Brunetto?* (DANTE *Inf.* XV, 30) | (*est.*) Notaio, prete.

serème [comp. di *sei* e *remo*, sul modello di *trireme* (V.)] s. f. • Nave a sei ordini di remi sovrapposti.

†**seréna** • V. *sirena (1)*.

serenàre [lat. *serenāre* 'far sereno', da *serēnus* 'sereno'] **A** v. tr. e intr. pron. (*io seréno*) • (*lett.*) Rasserenare. **B** v. intr. (aus. *avere*) • (*raro, lett.*) Accamparsi all'aria aperta | Dormire all'aria aperta, all'addiaccio: *bisogna s. dieci notti prima di trovare una capanna* (NIEVO).

serenàta [da *sereno*] s. f. *1* Cantata con accompagnamento musicale che si fa o si fa fare di sera all'aperto in onore o presso la casa dell'amata. *2* (*antifr., raro*) Canti rumorosi e sguaiati, schiamazzi, e sim. fatti sotto le finestre di qc. in segno di beffa. *3* (*mus.*) Composizione vocale e strumentale, a volte in parecchi tempi.

serenatóre [dal lat. *Serenatōre(m)*, propriamente epiteto di Giove 'rasserenatore (del cielo)', da *serenātus* 'rasserenato'] agg.; anche s. m. (f. *-trice*) • (*lett.*) Che, chi serena (*anche fig.*): *parole serenatrici*.

serendipità [ingl. *serendipity*, da *Serendip*, antico nome dell'isola di Ceylon: vc. coniata da H. Walpole nei *Tre principi di Serendip* pubblicato nel 1754] s. f. • Il trovare una cosa non cercata e imprevista mentre se ne cerca un'altra: *la scoperta dell'America fa un caso di s.* | Nella ricerca scientifica, attitudine, capacità di individuare e valutare correttamente dati o risultati imprevisti rispetto ai presupposti teorici di partenza.

serenèlla [da *sereno*] s. f. • (*bot., dial.*) Lillà.

Serenissima A agg. solo f. • Titolo attribuito alla Repubblica di Venezia. **B** s. f. • (*per anton.*) La repubblica di Venezia.

serenissimo [sup. di *sereno*] agg. *1* Sup. di *sereno*. *2* Titolo attribuito ai principi cadetti di famiglie reali: *principe s.*; *altezza serenissima* | Titolo attribuito a grandi principi, e rimasto al doge della Repubblica di Venezia.

serenità [dal lat. *serenitāte(m)*, da *serēnus* 'sereno'] s. f. *1* Qualità di chi, di ciò che è sereno (*anche fig.*): *s. del cielo, dell'animo*; *affrontare la vita con s.*; *Goethe, poeta di passione e di s.* (CROCE). *2* Titolo adulatorio rivolto ai principi.

seréno [lat. *serēnu(m)*, propriamente 'secco', poi 'sereno', di origine indeur.] **A** agg. *1* Chiaro, limpido, sgombro di nuvole e privo di vento: *cielo, mattino, s.*; *aria serena*; *la luna ... / chiara fulgea nel ciel quieto e s.* (L. DE' MEDICI) | *A ciel s.*, all'aria aperta | *Fulmine a ciel s.*, (*fig.*) fatto, spec. spiacevole, improvviso e inaspettato. CONTR. Nuvoloso. *2* (*fig.*) Quieto, tranquillo, libero da ogni turbamento, preoccupazione, passione e sim.: *vita serena*; *animo s.*; *pensieri sereni*; *aspetto s.*; *fronte serena* | Obiettivo, imparziale: *giudizio s.* || **serenissimo**, sup. (V.). || **serenaménte**, avv. *1* In modo sereno, senza turbamenti: *parlare serenamente*. *2* In modo imparziale: *giudicare serenamente*. **B** s. m. *1* Cielo, tempo, sereno: *che bel s.!*; *il s. della notte*; *il s. durerà poco* | *È tornato il s.*, (*fig.*) è tornata la calma, la quiete. CONTR. Nuvolo. *2* Aria aperta: *dormire, accamparsi, al s.* | (*poet.*) Freddo notturno: *né aveva dove porsi a sedere né dove fuggire il s.* (BOCCACCIO). *3* (*lett.*) Aspetto limpido del cielo | (*fig., poet.*) Fulgore dello sguardo.

serge /fr. sɛrʒ/ [dall'ant. fr. *sarge*. V. *sargia*] s. f. inv. • Tessuto leggero di lana per abiti, con intreccio diagonale.

sergènte o †**sargènte** [dall'ant. fr. *sergent* 'servo', dal lat. *serviĕnte(m)*, part. pres. di *servīre* 'servire'] s. m. *1* Fino al XVIII secolo, grado relativo a varie categorie di ufficiali da subalterni a generali; successivamente, grado della categoria dei sottufficiali | Grado relativo al primo gradino della gerarchia dei sottufficiali, cui corrisponde il comando di una squadra o unità equivalente | *S. d'ispezione*, coadiutore dell'ufficiale di picchetto | *S. furiere*, un tempo addetto alla contabilità dell'ufficio di compagnia | *S. maggiore*, grado immediatamente superiore a quello di sergente, con gli stessi compiti. *2* (*fig.*) Persona di carattere duro e dispotico: *sua moglie è un vero s.* *3* Arnese usato in falegnameria per stringere i pezzi di legno appena incollati. *4* †Inserviente, servitore: *ben vanno perciò de' suoi sergenti spesso dattorno* (BOCCACCIO). *5* †Soldato a piedi | †Sbirro.

sergentina [da *sergente*] s. f. • Arma in asta simile allo spuntone usata anticamente dai graduati della fanteria.

†**sergière** [da *sergente*, con cambio di suff. (*-iere*)] s. m. • (*raro*) Valletto.

sergozzóne o (*lett.*) †**sorgozzóne** [comp. di *sor-* e di un deriv. di *gozzo*] s. m. • (*tosc.*) Colpo dato al mento o alla gola col pugno chiuso.

sèri- [ricavato da *seri(co)*] primo elemento • In parole composte, significa 'di seta', 'della seta', 'serico': *sericoltura, serigrafia*.

serial /ingl. 'siəriəl/ [vc. ingl., propriamente 'di serie', da *serial (story)* 'romanzo a puntate'] s. m. inv. • Trasmissione radiofonica o televisiva in più puntate o episodi in cui figurano gli stessi personaggi.

seriàle [da *serie*] agg. *1* In varie discipline e tecnologie, appartenente a una serie, costitutivo di una serie, ordinato secondo una serie | (*elab.*) *Stampante s.*, quella che stampa un carattere per volta. *2* Detto di musica basata sull'uso della serie. || **serialménte**, avv. Secondo una serie, in serie.

serialismo s. m. • Carattere della musica seriale.

serialità s. f. • Qualità di ciò che è seriale | La ripetitività caratteristica spec. di una trasmissione televisiva in più puntate o episodi.

serializzàre v. tr. • In varie discipline e tecnologie, ordinare, disporre secondo una serie | (*elab.*) Trasformare una informazione fornita sotto forma parallela in una informazione sotto forma seriale.

serializzazióne s. f. • Atto, effetto del serializzare.

seriàre v. tr. (*io sèrio*) • Ordinare, disporre secondo una serie | Classificare allo scopo di esaminare analiticamente.

seriàto [da *seriare* 'disporre in serie'] agg. • (*biol.*) Detto di organo, di organismo o di colonia di individui formati da una serie ordinata di elementi | *Sezione seriata*, ognuna delle sezioni di un organo raccolte in una precisa sequenza, utilizzate dalla microscopia ottica.

seriazióne s. f. *1* Atto, effetto del seriare | (*stat.*) Successione ordinata delle frequenze di un fenomeno, in cui si tiene conto delle loro caratteristiche quantitative, operando una graduazione secondo le grandezze, le quali possono essere continue o discontinue. *2* (*biol.*) Formazione o disposizione di parti anatomiche o di organismi in una serie più o meno ordinata.

sericeo [vc. dotta, dal lat. tardo *serīceu(m)*, da *sēricus* 'di seta'] agg. *1* (*lett.*) Simile alla seta: *lucentezza, morbidezza sericea*. *2* (*bot.*) Rivestito di peli setosi.

sericigeno [comp. di *serico* e *-geno*] agg. • Che produce, che secerne seta: *ghiandole sericigene*.

sericina [da *serico*, con *-ina*] s. f. • Sostanza proteica gommosa, solubile nel sapone, che riveste e incolla insieme due bave di fibroina di cui è costituito il filo di seta. SIN. Gomma della seta.

sericite [da *serico*, con *-ite (2)*] s. f. • Varietà di mica sfaldabile in piccole lamelle.

sèrico [dal lat. *sēricu(m)*, dal gr. *sērikós*, propr. 'dei Seri' (popolo asiatico)] agg. (pl. m. *-ci*) • (*lett.*) Che si riferisce alla seta: *industria serica* | Di seta: *veste serica* | (*fig.*) Simile alla seta: *capelli serici*.

sericolite [comp. di *serico* e *-lite*] s. f. • (*miner.*) Varietà fibrosa di gesso simile a seta bianca.

sericolo [comp. di *seri-* e *-colo*] agg. • Che si riferisce alla sericoltura.

sericoltóre o **sericultóre** [comp. di *seri-* e *-coltore*] s. m. • Chi esercita la sericoltura.

sericoltùra o **sericultùra** [comp. di *seri-* e *coltura*] s. f. • Bachicoltura e produzione della seta greggia.

sericultóre • V. *sericoltore*.

sericultùra • V. *sericoltura*.

sèrie [dal lat. *sĕrie(m)* 'fila', da *sĕrere* 'mettere in fila, concatenare', di origine indeur.] s. f. inv. *1* Successione ordinata di cose, fatti, persone, connesse tra loro e disposte secondo un certo criterio d'ordine: *una s. di colpi, di avvenimenti, di teorie, di guai, di sventure, di numeri, di clienti*; *s. di suoni* | (*elettr.*) *In s.*, di componenti elettrici attraversati dalla stessa corrente. *2* Raccolta di fascicoli o numeri di periodici progressivamente sino a un numero stabilito o che seguono un particolare indirizzo | Complesso di atti e documenti archivistici, formatosi nell'espletamento di affari analoghi. *3* Insieme di francobolli di diverso valore facciale, facenti parte della stessa emissione. *4* (*mat.*) Algoritmo che a una successione di numeri o funzioni (addendi o termini) associa la successione delle somme dei primi *n* (somme parziali), e, se esiste, il limite di quest'ultima | (*impr.*) Successione, sequenza. *5* Successione di dati statistici di frequenza o di intensità in corrispondenza di modalità qualitative. *6* (*mus.*) Successione rigorosamente preordinata di note o di intervalli che nella dodecafonia, ma anche in altre tendenze della musica contemporanea, costituisce il nucleo su cui si sviluppa la composizione. *7* (*org. az.*) Molteplicità di pezzi finiti uguali fra loro e prodotti di seguito in un certo periodo in modo unitario relativamente a mezzi produttivi e metodi di lavoro | *Produzione, lavorazione, fabbricazione in s.*, con tecniche industriali secondo un unico modello | (*est.*) *In s.*, detto di prodotto di poco pregio, senza originalità | *Di s.*, detto di autoveicoli e sim., prodotti in serie. *8* Suddivisione comprendente atleti o squadre in base al loro valore: *giocatori, pugilatori, di prima, seconda serie*; *squadre di serie A, B*; *campionato di s. A*; *passare da una s. inferiore a una superiore* | (*est., fig.*) *Di s. B*, di seconda scelta, di minor valore, di scarto: *cittadino di s. B*. *9* (*lett.*) †Discendenza.

serietà [dal lat. tardo *serietāte(m)*, da *sērius* 'serio'] s. f. • Qualità di chi, di ciò che è serio: *parlare con s.*; *agire senza s.*; *atteggiare il viso a s.*; *s. di vita, di costumi*; *donna di discutibile s.*; *casa senza s.*; *s. vuol dire che l'intelletto non si arresti alla superficie, ma scruti le cose nella loro intimità* (DE SANCTIS).

serigrafia [comp. di *seri-* e *-grafia*] s. f. • Metodo di stampa in cui l'inchiostro viene fatto passare attraverso le maglie di un tessuto di seta, preventivamente otturate nelle zone non stampanti | Stampa così ottenuta.

serigràfico agg. (pl. m. *-ci*) • Che serve alla serigrafia, che si ottiene con la serigrafia.

serimetro [comp. di *seri-* e *-metro*] s. m. • Apparecchio che serve a misurare la tenacità della seta, cioè la resistenza che il filo, stirato nel senso della lunghezza, oppone alla rottura.

serina [da *seri(co)*, poiché fu isolata dalla seta, col suff. *-ina*] s. f. • (*chim.*) Amminoacido a tre atomi di carbonio presente in molte proteine, impiegato in cosmesi per le sue proprietà protettive della pelle.

sèrio [dal lat. *sēriu(m)* 'serio, grave', di origine indeur.] **A** agg. **1** Che nel comportamento, negli atti, nelle parole, e sim. denota ponderatezza, gravità, attenta considerazione dei fatti e delle loro conseguenze, coscienza dei propri doveri e compiti, risultando alieno da leggerezza e superficialità: *uomo s.*; *impiegato s. e coscienzioso*; *ditta seria*; *è una persona seria*; *conduce una vita seria*; *ha abitudini molto serie* | Che ha coscienza e rispetto della propria moralità e del proprio onore, detto spec. di donna: *donna, ragazza, seria*; *quella non è una casa seria*. CONTR. Leggero. **2** Severo, accigliato, triste e cupo insieme: *viso, sguardo, s.*; *espressione seria*. CONTR. Allegro, gaio, lieto. **3** Detto di cosa, importante, grave, che dà preoccupazioni per se stessa o per le sue eventuali conseguenze: *è un affare s.*; *le condizioni del malato sono serie*; *le cose si fanno serie*; *il matrimonio è una cosa seria* | Profondo, schietto: *sentimento s.* **4** Detto di opera musicale o letteraria, di contenuto non scherzoso, priva di parti buffe. CONTR. Buffo, giocoso. || **seriùccio**, dim. || **seriaménte**, avv. **1** In modo serio, con serietà: *comportarsi seriamente*. **2** Gravemente: *è seriamente ammalato*. **B** s. m. solo sing. • Ciò che è serio: *tra il s. e il faceto* | *Sul s.*, davvero, senza scherzi: *sul s. mi porterai con te?*; *dici sul s.?* | *Fare sul s.*, non scherzare, avere intenzioni serie | *Prendere q.c. sul s.*, affrontarla con impegno, con intenzioni serie.

seriografìa [comp. di *serie* e *-grafia*] s. f. • (*med.*) Tecnica che consiste nell'eseguire diverse radiografie, a brevi intervalli di tempo, utile spec. nello studio della mobilità degli organi quali stomaco e intestino e nella ricerca di lesioni delle pareti degli organi stessi.

seriògrafo [comp. di *serie* e *-grafo*] s. m. • (*med.*) Accessorio di apparecchio radiologico usato nella seriografia.

serìola [dal lat. *serīola(m)*, dim. di *sēria* 'giara', di origine mediterr.] s. f. • Pesce marino dei Perciformi, ottimo nuotatore, con corti aculei dorsali e carni molto ricercate (*Seriola dumerili*).

serióre o **serióre** [vc. dotta, dal lat. *seriōre(m)*, comp. di *sērus* 'tardo'. V. *sera*] agg. • (*lett.*) Che accade, si manifesta e sim. in un tempo successivo, in epoca posteriore.

seriorità [da *seriore*] s. f. • (*lett.*) L'essere posteriore, che viene dopo nel tempo.

seriosità [da *serioso*] s. f. • Caratteristica di chi o di ciò che è serioso.

serióso [dal lat. tardo *seriōsu(m)*, da *sērius* 'serio'] agg. • Serio, grave, spec. in modo ostentato o ironico. || **seriosaménte**, avv.

serìr [ar. *serīr*] s. m. inv. • Deserto pietroso con ciottoli e ghiaie misti a sabbia, tipico del Sahara orientale.

serittèrio [vc. scient. moderna, comp. di *seri-* e *-(t)terio*, dal gr. *thērion* 'animale'] s. m. • Organo del baco da seta, in cui si forma la massa filabile, disposta ai lati e sotto la faccia inferiore del tubo intestinale e completato da una filiera da cui escono le bave che servono al baco per costruire il bozzolo.

serizzo [dal milan. e lombardo *sarìz* 'granito', deriv. dal lat. *silĭceu(m)* 'siliceo', da *sĭlex* 'selce'. V. *selce*] s. m. • Varietà di granito a grossi cristalli di ortoclasio.

serliàna [dal nome dell'architetto S. *Serlio*] s. f. • (*arch.*) Finestra o porta trifora con le aperture laterali architravate e quella centrale ad arco.

†**serménto** • V. *sarmento*.

†**sèrmo** • V. *sermone (1)*.

†**sermocinàle** [da *sermocinare*] agg. • (*lett.*) Che si riferisce al sermone | *Arte s.*, la retorica.

†**sermocinàre** [vc. dotta, dal lat. tardo *sermocināre*, per il classico *sermocināri* 'discorrere, sermonare', sovrapposizione di forme come *patrocināre*, *vaticināri*, a *sĕrmo*, genit. *sermōnis* 'discorso'] v. intr. • (*lett.*) Fare sermoni, discorrere.

†**sermocinatóre** [da †*sermocinare*] s. m. • (*raro*) Predicatore, oratore.

†**sermocinazióne** [vc. dotta, dal lat. *sermocinatiōne(m)* 'conversazione', da *sermocināri* 'discorrere'] s. f. **1** (*raro*) Discorso, predica. **2** Dialogismo.

sermollìno • V. *serpollino*.

sermonàre [dal lat. tardo *sermonāre*, variante di *sermonāri* 'conversare', da *sĕrmo*, genit. *sermōnis* 'discorso'] v. intr. (*io sermóno*; aus. *avere*) • (*raro, lett.*) Fare sermoni | Parlare a lungo.

†**sermonàto** part. pass. di *sermonare* • Nei sign. del v.

†**sermonatóre** [da *sermonare*] s. m. (f. *-trice*) • (*lett.*) Chi tiene, fa, sermoni.

sermoncìno s. m. **1** Dim. di *sermone (1)*. **2** Breve poesia recitata dai bambini a Natale davanti al presepio.

sermóne (1) o (*poet.*) †**sèrmo** [vc. dotta, dal lat. *sermōne(m)* 'discorso', da *sĕrere* 'allineare, mettere in serie', di origine indeur. V. *serie*] s. m. **1** (*lett.*) †Lingua, linguaggio, idioma: *temprar non sanno / con le galliche grazie il sermon nostro* (PARINI). **2** Discorso, conversazione: *tenere s. con qc.*; *cambiare s.* **3** Discorso fatto dal sacerdote ai fedeli raccolti in chiesa per illuminarli su argomenti di religione o di morale | Discorso scritto su argomenti religiosi | Predica rivolta ai fedeli da pastore o ministro di comunità protestante. **4** Discorso di ammonimento, lunga riprensione (*anche scherz.*): *fare un s. a qc.*; *sono stanco dei tuoi sermoni*. **5** Componimento morale, quasi satirico, in versi sciolti. || **sermoncèllo**, dim. | **sermoncìno**, dim. (V.) | **sermonétto**, dim.

†**sermóne (2)** • V. *salmone*.

sermoneggiàre [da *sermone (1)*, con suff. iter. ints.] v. intr. (*io sermonéggio*; aus. *avere*) • (*raro*) Fare sermoni, predicare.

†**sermonière** [da *sermone (1)*] s. m. • (*raro*) Predicatore.

sèro- (1) • V. *xero-*.

sèro- (2) • V. *siero-*.

†**seròcchia** • V. †*sirocchia*.

serologìa • V. *sierologia*.

†**seróso** e *deriv.* • V. *sieroso* e *deriv.*

seròtino o (*evit.*) **serotìno** [dal lat. *serōtinu(m)* 'serotino, tardivo', dall'avv. *sēro* 'tardi', da *sērus* 'tardo'. V. *sera*] agg. **1** (*lett.*) Di sera. **2** Tardivo, che matura o fiorisce tardi: *frutto s.*; *pianta serotina* | *Parto s.*, tardivo, oltre il duecentonovantesimo giorno di gravidanza. || **serotinaménte**, avv. Tardivamente.

serotonìna [vc. scient. moderna, comp. del lat. *sĕrum* 'siero' e *(vaso)tonina*] s. f. • (*biol.*) Sostanza distribuita in tutte le specie del regno animale, dotata di azione antiemorragica e protettiva sui capillari; è uno dei mediatori chimici dei processi infiammatori e un neurotrasmettitore del sistema nervoso centrale.

sèrpa o (*tosc.*) **sèrpe (2)** [lat. *scĭrpea(m)*, *sĭrpea(m)* 'cestone da porre sul carro', da *scĭrpus*, *sĭrpus* 'giunco', di etim. incerta] s. f. **1** Cassetta a due posti su cui siede il cocchiere a destra: *montare in s.* | Sedile coperto di diligenza, situato dietro la cassetta del cocchiere. **2** Seggetta posta all'estrema prora delle navi a vela, utilizzata quale latrina.

serpàio (1) [da *serpe (1)*, con suff. *-aio (1)*] s. m. • Luogo pieno di serpi.

serpàio (2) o (*dial.*) **serpàro** [da *serpe (1)*, con suff. *-aio (2)*] s. m. • Chi cattura e addomestica serpenti.

serpànte [da *serpa*] s. m. • Marinaio addetto alla pulizia delle latrine di bordo.

serpàro • V. *serpaio (2)*.

†**serpàto** [da *serpe (1)*] agg. • Che è screziato, come la pelle del serpente, detto di colore.

sèrpe (1) [lat. *sĕrpens* (nom.) 'serpe', part. pres. di *sĕrpere* 'strisciare'. V. *serpente*] s. f. e dial. lett. m. **1** Serpente | Biscia | *S. nasuto*, driofide | *S. d'acqua*, natrice | *A s.*, a spirale | *Scaldare, scaldarsi, una s. in seno*, beneficare chi poi si rivelerà ingrato, nemico. **2** (*fig.*) Persona perfida e ipocrita || PROV. Le cose lunghe diventano serpi. || **serpàccia**, pegg. | **serpàccio**, pegg. m. | **serpétta**, dim. | **serpettìna**, dim. | **serpétto**, dim. m. | **serpicèlla**, dim. | **serpicìna**, dim. | **serpóne**, accr. m.

sèrpe (2) • V. *serpa*.

serpeggiaménto s. m. **1** Atto, effetto del serpeggiare. **2** Moto con traiettoria sinusoidale in un piano orizzontale percorsa a mo' di serpente da un aereo, missile, siluro.

serpeggiànte part. pres. di *serpeggiare*; anche agg. **1** Nei sign. del v. **2** (*bot.*) Detto di fusto che si allunga sul terreno emettendo radici.

serpeggiàre [da *serpe (1)*, con suff. iter.-ints. V. *serpere*] v. intr. (*io serpéggio*; aus. *avere*) **1** Andare, avanzare, procedere, con movimento tortuoso, simile a quello dei serpenti: *la strada serpeggiando arriva fino in cima*; *una bella corrente d'acqua, ... serpeggiava nella pianura* (NIEVO). **2** (*mar.*) Avanzare seguendo una rotta non rettilinea, per cattivo governo, avaria al timone o per evitare attacchi nemici, detto di nave e sim. **3** (*fig.*) Insinuarsi, circolare occultamente, prima di manifestarsi in forma più ampia: *il malcontento serpeggia tra la popolazione*.

serpéggio s. m. • Serpeggiamento.

†**serpentàre** [da *serpente*] v. tr. • (*pop.*) Molestare, importunare.

serpentària [dal lat. tardo *serpentāria(m)*, ell. per *serpentāria hĕrba* 'erba dracontea', da *sĕrpens*, genit. *serpĕntis* 'serpente'] s. f. • (*bot.*) Pianta erbacea delle Aracee con rizoma ritorto come un serpente, foglie che ricoprono quasi totalmente lo scapo e una grande spata che avvolge l'infiorescenza dall'odore cadaverico (*Dracunculus vulgaris*).

serpentàrio (1) [dal lat. mediev. *serpentāriu(m)*, dal classico *sĕrpens*, genit. *serpĕntis* 'serpente'] s. m. • Uccello falconiforme africano divoratore di serpenti, con zampe altissime, ciuffo erigibile occipitale e coda con due lunghe penne (*Sagittarius serpentarius*). SIN. Sagittario, segretario.

serpentàrio (2) [da *serpente*] s. m. • Istituto in cui si allevano e si studiano i serpenti.

†**serpentàto** agg. • (*raro*) Dotato di serpenti: *caduceo s.*

serpènte [lat. *serpĕnte(m)*, part. pres. di *sĕrpere* 'strisciare'. V. *serpe (1)*] s. m. **1** Ogni animale dei Rettili avente corpo allungato, cilindrico, senza arti, rivestito di squame e, in alcune specie, ghiandole situate nella testa che secernono liquidi velenosi | *S. a sonagli*, crotalo | *S. corallo*, nome generico di serpenti americani dai colori bellissimi, velenosi ma non aggressivi (*Micrurus*) | *S. dagli occhiali*, cobra | *S. d'acqua*, natrice | *S. di mare*, serpente che vive in mare e sulla terraferma, vivacemente colorato, velenoso (*Laticauda colubrina*) | *S. di mare*, (*fig.*) fandonia, notizia falsa, ma sensazionale, pubblicata da un giornale, in tempi scarsi di avvenimenti, per interessare il pubblico | *L'antico s.*, il diavolo tentatore | *Fossa dei serpenti*, (*fig.*) manicomio e, all'interno di questo, il reparto degli agitati. **2** Pelle conciata dell'animale omonimo, usata in pelletteria: *una borsetta di s.* **3** (*fig.*) Persona malvagia e maligna | (*fam.*) Persona vivace o furba: *sei un s. negli affari*. **4** (*econ.*) *S. europeo*, *monetario*, forma di oscillazione congiunta di varie monete europee, rispetto al valore del dollaro, entro una fascia compresa all'incirca tra il 2,25% in più o in meno, attuata spec. negli anni Settanta. || **serpentàccio**, pegg. | **serpentèllo**, dim. | **serpentóne**, accr. (V.).

serpentésco [da *serpente*] agg. (pl. m. *-chi*) • (*fig.*) Di, da serpente, proprio di un serpente: *scaltrezza serpentesca*.

serpentìfero [comp. di *serpente* e *-fero*] agg. • (*lett.*) Che produce serpenti.

serpentifórme [vc. dotta, dal lat. tardo *serpentifōrme(m)*, comp. di *sĕrpens*, genit. *serpĕntis* 'serpente' e *-fōrmis* '-forme'] agg. • Che ha forma di serpente.

†**serpentìle** [da *serpente*] agg. • (*raro*) Serpentino, nel sign. di *serpentino (1)*.

serpentìna (1) [da *serpente*] s. f. • Grossa artiglieria antica.

serpentìna (2) [da *serpentino (2)*] s. f. **1** Roccia costituita in prevalenza da serpentino. **2** (*chim.*) Serpentino (2).

serpentìna (3) [da *serpentino (1)*] s. f. **1** Linea serpeggiante: *sentiero a s.* | Nello sci, serie di curve descritte dallo sciatore durante una discesa. **2** (*aer.*) Traiettoria sinusoidale percorsa serpeggiando.

†**serpentinàto** [da *serpentino* (*1*)] agg. ● (*raro*) Tortuoso come un serpente.

serpentino (1) [lat. tardo *serpentīnu(m)*, da *sĕrpens*, genit. *serpĕntis* 'serpente'] agg. ● Di serpente: *pelle serpentina* | Che ha forma, colore, qualità, e sim. di serpente (*anche fig.*): *denti, occhi, serpentini*; *lingua serpentina* | (*zool.*) *Lingua serpentina*, atteggiamento anomalo degli animali, spec. bovini ed equini, consistente nell'estroflettere e nel ritirare rapidamente la lingua, alla maniera dei serpenti.

serpentino (2) [uso sost. del precedente per analogia di colore nel sign. 1, di forma negli altri sign.] s. m. *1* Associazione di diversi idrosilicati magnesiaci e ferro-magnesiaci, comunemente di colore verde con screziature. *2* (*chim.*) Tubo a spirale usato per scambiare calore fra un fluido che circola all'interno e uno che circola all'esterno. SIN. Serpentina (2). *3* Levetta imperniata alla cassa degli antichi schioppi per abbassare la miccia accesa sul focone all'atto dello sparo | Nel Rinascimento, apparecchio di accensione a miccia sistemato su una lastra di metallo a cartella, applicabile alla cassa di ogni arma da fuoco portatile.

serpentóne [propriamente accr. di *serpente*; detto così per la forma] s. m. *1* Accr. di *serpente*. *2* Strumento a fiato in uso fino all'Ottocento, dalla caratteristica forma a S, che aveva la funzione di cornetto contrabbasso. *3* Sorta di lungo corteo di dimostranti, pellegrini e sim. ad andamento serpeggiante. *4* Sbarramento longitudinale che delimita corsie preferenziali in strade urbane per agevolare il traffico ai mezzi di trasporto pubblico. SIN. Cordolo.

†**serpentóso** agg. ● (*raro*) Pieno di serpenti.

†**serpentùto** [da *serpente*] agg. ● (*raro, lett.*) Che ha serpenti in luogo dei capelli.

sèrpere [vc. dotta, dal lat. *sĕrpere* 'serpeggiare', di origine indeur.] v. intr. (*io sèrpo*; dif. del part. pass. e dei tempi composti) ● (*lett.*) Serpeggiare (*spec. fig.*): *il tedio a la fine serpe tra i vostri / così lunghi ritiri* (PARINI).

serpìgine o (*lett.*) **serpigo** [lat. parl. **serpīgine(m)*, variante del tardo *serpēdo*, genit. *serpēdinis* 'erisipela', da *sĕrpere* 'serpeggiare', sul modello del gr. *hérpēs* 'erpete'. V. *erpete*] s. f. ● Irritazione, eruzione, a carattere serpiginoso.

serpiginóso [da *serpigine*] agg. ● (*med.*) Detto di irritazione, eruzione, che ha decorso tortuoso, a figura di serpe.

†**serpigno** [da *serpe* (*1*)] agg. ● Di serpe.

serpigo ● V. *serpigine*.

serpillo [dal lat. *serpĭllu(m)*, variante di *serpŭllum*, *serpȳllum* 'sermollino'. V. *serpollo*] s. m. ● (*bot.*) Timo.

serpollino o (*pop., tosc.*) **sermollino** [dim. di *serpollo*] s. m. ● (*bot.*) Timo.

serpóllo [dal lat. *serpŭllu(m)* 'sermollino', sovrapposizione del lat. *sĕrpere* 'serpeggiare' al gr. *hérpyllon* 'sermollino', da *hérpein* 'strisciare', di origine indeur.] s. m. ● (*bot., sett., pop.*) Timo.

serpóso [da *serpe* (*1*)] agg. ● (*raro*) Pieno di serpi: *bosco s.*

sèrpula [vc. dotta, dal lat. tardo *sĕrpula(m)* 'biscia', da *sĕrpere* 'strisciare'] s. f. ● Anellide polichete che vive entro tubi calcarei rossi fissati a corpi sommersi (*Serpula*).

sérqua o **sèrqua** [lat. *sĭliqua(m)* 'baccello', di etim. incerta] s. f. *1* Dozzina: *s. d'uova*. *2* (*est.*) Grande numero o quantità: *una s. di pugni, di parolacce*. ‖ **serquettina**, dim.

sèrra (1) [da *serrare*] s. f. *1* Ambiente chiuso, di solito protetto da grandi vetrate, ove si coltivano piante in condizioni climatiche particolari | *S. olandese*, quella che ha il tetto vetrato a due versanti e riceve la luce da ambo i lati | *S. fredda*, quella sprovvista di condizionamento termico artificiale | *S. calda*, quella riscaldata artificialmente | (*est.*) *Effetto s.*, V. *effetto* | *Essere allevato in una s., essere un fiore di s.* e sim., di persona delicata e cagionevole. ➡ ILL. p. 353 AGRICOLTURA. *2* (*tosc.*) Parte superiore dei calzoni o delle mutande, dove si stringono alla vita. *3* †Luogo chiuso. *4* †Calca, ressa, tumulto.

sèrra (2) [lat. *sĕrra(m)* 'sega', di etim. incerta] s. f. *1* Catena montuosa allungata e senza forti avvallamenti. *2* (*raro, dial.*) †Sega.

serrabòzze [comp. di *serra(re)* e il pl. di *bozza*] s. m. inv. ● (*mar.*) Pezzo di cavo o catena fermato al bordo, destinato a cingere il fuso delle àncore quando non servono in mare.

serradàdi [comp. di *serra(re)* e il pl. di *dado*] s. m. ● Arnese per avvitare i dadi.

serradèlla [dal port. *serradela*] s. f. ● (*bot.*) Pianta erbacea annuale delle Papilionacee, spontanea nell'Europa sud-occidentale e nell'Africa settentrionale, coltivata come foraggiera su terreni sabbiosi aridi (*Ornithopus sativus*).

serrafila [comp. di *serra(re)* e *fila*, sul modello del fr. *serre-file*] **A** s. m. e f. (pl. *-e*) *1* Ultimo ginnasta di una fila in opposizione al capofila. *2* †Ufficiale o sottufficiale posto in coda a un reparto schierato. **B** s. f. ● Nave che marcia all'estremità di un reparto.

serrafilo [comp. di *serra(re)* e *filo*] s. m. ● Congegno a vite o a pinzetta per eseguire collegamenti elettrici.

serrafórme [comp. di *serrare* e il pl. di *forma*] s. m. inv. ● Attrezzo meccanico usato in tipografia per fissare le forme tipografiche nel telaio di stampa.

serràggio [dal fr. *serrage*, da *serrer* 'stringere'] s. m. ● Atto del serrare viti, bulloni e sim. di una macchina.

serràglia [da *serraglio* (*1*)] s. f. *1* †Ciò che chiude | †Sbarramento. *2* (*arch.*) Chiave d'arco, di volta.

serraglière [da *serraglio* (*1*)] s. m. ● (*raro*) Custode di un serraglio di bestie feroci.

serràglio (1) [dal provz. *serralh*, dal lat. tardo *serrăculu(m)* 'chiusura', da **serrāre* 'chiudere'. V. *serrare*] s. m. *1* †Chiusura di difesa | †Luogo chiuso. *2* Raccolta di animali rari, esotici o sim. a scopo di spettacolo o attrazione | Luogo in cui tali animali sono raccolti.

serràglio (2) [dal turco *saray* 'corte, palazzo'] s. m. *1* Nell'impero ottomano, la residenza del sultano o di personaggi d'alto rango. *2* Harem.

serramànico [comp. di *serra(re)* e *manico*] s. m. ● Solo nella loc. *coltello a s.*, a lama mobile, fissata al manico con un dente a scatto.

serràme [da *serrare*] s. m. ● Qualunque dispositivo atto a serrare porte, finestre, e sim.

serraménto [da *serrare*] s. m. ● Complesso degli infissi e delle imposte nelle chiusure di finestre e porte.

serrànda [vc. di origine sett., da *serrare*, sul modello del gerundio lat.] s. f. *1* Chiusura a saracinesca, spec. di negozio: *abbassare la s.*; *s. avvolgibile*. *2* Chiusino del forno.

serràno ● V. *sciarrano*.

serranòdo [comp. di *serra(re)* e *nodo*] s. m. ● (*chir.*) Strumento chirurgico utilizzato per stringere le suture chirurgiche nelle cavità profonde.

serrapennóne [comp. di *serra(re)* e *pennone*] s. m. ● (*mar.*) Imbroglio ai trevi e alle gabbie che conduce la ralinga di caduta del lembo esterno al mezzo del braccio del pennone.

serrapièdi [comp. di *serra(re)* e il pl. di *piede*] s. m. ● (*sport*) Nel ciclismo, fermapiedi.

serràre [lat. parl. **serrāre*, da *sĕra* 'serratura', di etim. incerta, con sovrapposizione di *sĕrra* 'sega' o *fĕrrum* 'ferro'] **A** v. tr. (*io sèrro*) *1* Chiudere, sbarrare in modo da impedire il passaggio, il transito, e sim.: *s. con la chiave, col catenaccio, col lucchetto*; *s. la porta, la finestra*; *s. una cassa, un baule* | *S. bottega*, (*fig.*) smettere il lavoro che in essa si svolgeva e (*est.*) sospendere un'attività. *2* Stringere con forza, chiudere stringendo: *s. i pugni, le mani, gli occhi* | *S. gli occhi*, (*fig.*) morire | *S. il cuore, la gola* e sim., (*fig.*) di emozione, turbamento, e sim. intenso che sembra impedisca di respirare, parlare, e sim. | *S. le file, le fila*, accostarsi, di più persone riunite in fila, le une alle altre, in modo che fra loro non vi siano spazi vuoti | (*mar.*) *S. le vele*, arrotolarle e stringerle con legature ai pennoni e alle antenne. *3* Rendere più intenso, più rapido: *s. il ritmo di lavoro* | (*mar.*) *S. la voga*, accelerare il ritmo della palata. *4* Premere, incalzare | *S. il nemico*, incalzarlo da presso | Cingere d'assedio. *5* (*raro*) Chiudere dentro, rinchiudere: *s. qc. dentro casa*; *s. il cavallo nella stalla* | Chiudere circondando: *s. un castello con un fossato*; *felici, o voi, cui breve spazio serra* (ALFIERI). *6* †Nascondere, celare. *7* (*tosc.*) †Rendere compatto, indurire. **B** v. intr. (aus. *avere*) ● (*tosc.*) Combaciare, commettere: *la finestra non serra bene*. **C** v. rifl. ● Chiudersi, stringersi: *serrarsi in difesa*.

serraschière [dal turco *serasker* 'generale in capo', comp. di *ser* 'capo' e *âsker* 'esercito'] s. m. ● Capo delle forze armate nell'Impero turco.

sèrra sèrra [propriamente imperat. di *serrare*] s. m. inv. ● Affannoso e disordinato incalzare di persone, animali, e sim.

serràta s. f. *1* †Atto del serrare. *2* Sospensione dell'attività imprenditoriale da parte del datore di lavoro, al fine di imporre la sua volontà ai prestatori d'opera in occasione di controversie salariali o come rappresaglia. *3* †Riparo, sbarramento | †Diga.

serràte [propriamente imperat. (II pers. pl.) di *serrare*] **A** s. m. inv. ● (*sport*) Nel calcio e sim., *s. finale*, sforzo, vigorosa azione collettiva d'attacco in cui si produce una squadra sul finire di una partita. **B** in funzione di inter. ● Si usa come ordine impartito a ginnasti schierati a intervalli perché riprendano l'ordine chiuso.

serràto part. pass. di *serrare*; anche agg. *1* Nei sign. del v. *2* Fitto, compatto: *tessuto, panno, s.* | Folto: *schiere serrate*. *3* (*fig.*) Stringato, conciso: *discorso, ragionamento, s.* | Veloce, incalzante: *ritmo, trotto s.* *4* (*zoot.*) Detto di cavallo in cui, per difetto di appiombo, lo spazio esistente fra gli zoccoli anteriori è minore della lunghezza di uno di essi. ‖ **serrataménte**, avv. *1* In modo serrato, conciso. *2* †Profondamente: *dormire serratamente*.

†**serratóre** s. m.; anche agg. (f. *-trice*) ● (*raro*) Chi, che serra.

serràtula [vc. dotta, dal lat. *serrātu(m)* 'seghettato', da *sĕrra* 'sega', con suff. dim.] s. f. ● Composita di ambiente umido, con foglie seghettate e capolini color porpora (*Serratula tinctoria*).

serratùra [da *serrare*] s. f. ● Congegno meccanico, costituito da uno o più catenacci scorrevoli che entrano in apposite cavità e dai relativi comandi, manovrabili gener. mediante una chiave e destinato a chiudere con sicurezza porte, cancelli, cassetti, casseforti e sim. | *S. a leve*, quella in cui il catenaccio è comandato da un sistema di leve, variamente sagomate e disposte, che la chiave, recante intagli e risalti corrispondenti alla sagomatura e disposizione delle leve, sposta tutta insieme facendo scorrere il catenaccio | *S. a cilindro*, quella in cui il catenaccio è comandato da un cilindro girevole entro un tamburo, recanti entrambi una serie di perni di varia lunghezza spinti in basso da molle, i quali bloccano il cilindro e consentono la sua rotazione e lo scorrimento del catenaccio solo quando vengono spinti verso l'alto da una chiave di profilo opportuno | *S. a combinazione*, quella in cui lo scorrimento del catenaccio è consentito dall'azionamento, secondo un certo codice, di una serie di bottoni o di una manopola graduata | *S. elettrica*, quella destinata alla chiusura di portoni e porte esterne, apribile dall'esterno mediante una chiave e dall'interno mediante un elettromagnete agente sul catenaccio e azionato a distanza.

serrétta [da *serra* (*1*)] s. f. ● (*mar.*) Chiusura reticolata | Nelle navi in legno, ognuna delle tavole costituenti il pagliolo.

serrettàme [da *serretta*] s. m. ● (*mar.*) Quantità di serrette.

sèrto [dal lat. *sĕrtu(m)* 'corona', nt. sost. di *sĕrtus*, part. pass. di *sĕrere* 'intrecciare'. V. *serie*] s. m. ● (*lett.*) Ghirlanda, corona: *s. di fiori* | *S. nuziale*, corona intrecciata di fiori d'arancio che la sposa porta sul capo; (*est., fig.*) raccolta di versi scritti per nozze | *S. regale*, corona regale.

sèrva [lat. *sĕrva(m)*, f. di *sĕrvus* 'servo, schiavo'] s. f. *1* Donna di servizio (termine oggi usato solo in senso spreg., e sostituito da *domestica, cameriera, collaboratrice familiare* o *colf*): *queste sono faccende da s.* | *S. padrona*, domestica che ha preso il sopravvento sui padroni | (*pop.*) *Dormire con la s.*, di chi ignora cose note a tutti | (*fam.*) *Essere il figlio della s.*, essere maltrattato, non curato. *2* (*fig., spreg.*) Persona meschina, di mentalità ristretta: *pettegolezzi da s.* ‖ **servàccia**, pegg. | **servétta**, dim. (V.) | **servettina**, dim. | **servettuòla**, dim. | **servicciuòla**, dim. | **servicèlla**, dim. | †**servicìna**, dim. | **servòtta**, accr. | **servottìna**, dim.

servàggio [dall'ant. fr. *servage*, dal lat. *sĕrvu(m)* 'schiavo, servo'] s. m. ● (*lett.*) Stato di servitù morale, sociale, politica.

servaiòlo [da *serva*] s. m. ● (*tosc.*) Chi amoreggia con le serve.

serválo [dal fr. *serval*, adattamento dello sp. o port. (*gato-*)*cerval* 'cerviere, che attacca il cervo', da *ciervo* 'cervo'] s. m. ● (*zool.*) Gattopardo africano.

†**servàre** [dal lat. *servāre* 'serbare'. V. *serbare*] v. tr. *1* V. *serbare*. *2* Osservare, seguire | Eseguire, non trasgredire: *servi le leggi tue l'auriga* (PARINI).

†**servatóre** [dal lat. *servatōre(m)* 'conservatore'. V. *serbatore*] s. m.; anche agg. (f. *-trice*) ● Chi, che serba | Chi, che osserva, adempie.

servènte [da *servire*; per calco sull'ingl. *server* 'battitore', da *to serve* 'battere, servire' nel sign. C1] **A** part. pres. di *servire*; anche agg. *1* Nei sign. del v. *2* †Servizievole, cortese | *Cavalier s.*, damerino, cicisbeo. *3* (*dir.*) *Fondo s.*, su cui grava una servitù prediale. **B** s. m. ● Soldato o marinaio addetto al servizio di un pezzo d'artiglieria o di un'arma da fuoco pesante. **C** s. m. e f. *1* (*sport*) Nel tennis e nel ping-pong, battitore. *2* †Inserviente, persona che serve.

serventése ● V. *sirventese*.

server /'server, *ingl.* 'sə:və*/ [vc. ingl., propr. 'servitore', dal v. medioingl. *serven* 'servire'] s. m. inv. ● (*elab.*) In una rete locale, elaboratore, gener. di elevate prestazioni, cui vengono assegnate funzioni particolarmente gravose così da disimpegnare i singoli elaboratori collegati.

servétta s. f. *1* Dim. di *serva*. *2* Ruolo del teatro italiano comprendente parti di cameriera vivace e spigliata.

serviàno agg. ● Che si riferisce o appartiene all'antico re romano Servio Tullio: *mura serviane*; *costituzione serviana*.

servìbile agg. *1* Che si può servire a tavola: *il gelato è s.* *2* Che si può utilizzare. CONTR. Inservibile.

servidoràme ● V. *servitorame*.

†**servidóre** ● V. *servitore*.

serviènte [dal lat. *serviĕnte(m)*, part. pres. di *servīre* 'servire'] s. m. ● Chi serve il sacerdote durante la celebrazione della messa.

†**servigiàle** o †**servizìale** (2) [dal lat. tardo *servitiāle(m)* 'servente', da *servītiu(m)* 'servizio', con sovrapposizione di *servigio*] s. m. e f. ● Chi adempie un servizio, inserviente: *per mezzo d'una s. del monastero riceveva qualche notizia* (NIEVO).

servìgio [lat. *servītiu(m)* 'servitù', attraverso i dial. sett. V. *servizio*] s. m. *1* Azione compiuta a beneficio di altri senza mirare ad alcuna ricompensa: *rendere un s. a qc.*; *fare un s. a qc.*; *i servigi resi alla patria* | Beneficio. *2* †Negozio, faccenda: *tiratevi indietro e lasciate questo s. fare a me* (BOCCACCIO). || **servigétto**, dim.

servìle [dal lat. *servīle(m)*, da *sĕrvus* 'schiavo, servo'] agg. *1* Di servi, che si riferisce ai servi: *lavoro*, *mestiere*, *opera s.*; *imitazione s.* | *Opera*, *lavoro s.*, opera soprattutto manuale che costituisce, nella dottrina cristiana, violazione del precetto festivo. *2* (*spreg.*) Basso, vile, privo di dignità: *animo s.*; *maniere servili*. *3* *Verbo s.*, che si unisce con un altro di modo infinito per esprimere possibilità, volontà, dovere, e sim. || **servilménte**, avv.

servilìsmo [da *servile*, con *-ismo*] s. m. ● Inclinazione a seguire e obbedire gli ordini e i desideri altrui, spec. dei potenti, per fama, interesse, viltà e sim.

servilità s. f. ● Qualità di chi è servile | (*raro*) Atto servile.

†**serviménto** s. m. ● Modo e atto del servire | Servitù.

servìre [lat. *servīre*, da *sĕrvus* 'servo, schiavo'] **A** v. tr. e intr. (*io sèrvo*; aus. *avere*) *1* Essere in stato di schiavitù, di soggezione ad altri: *s. lo straniero*; *s. a due padroni*; *sempre fu chi serve e chi comanda* (MACHIAVELLI). *2* Lavorare alle dipendenze altrui, detto di domestici: *s. una famiglia ricca*; *sono vari anni che serve in casa nostra*; *s. come cameriere*, *come autista* | Esercitare un'attività militare: *s. in marina*, *nell'artiglieria*; *s. sotto le bandiere* | *S. lo Stato*, esercitare un pubblico impiego, rivestire una carica pubblica | *S. Dio*, *il Signore*, *al Signore*, scegliere la vita ecclesiastica, ufficiare il culto divino, vivere conformemente alla norma religiosa imposta da Dio | *S. Messa*, nella liturgia cattolica precedente il Concilio Vaticano II, il rispondere al celebrante e assisterlo nella celebrazione da parte di chierico o di laico, che sostituiva, nella risposta, il popolo di Dio. *3* Detto di bottegai, commercianti e sim., fornire ciò che occorre al cliente, soddisfarne le richieste: *servire la signora*; *vi servo subito*; *chi serve a questo banco?*; *in quel negozio sono pochi a s.* | (*fig.*) *S. qc. di barba e capelli*, *di barba e di parrucca*, trattarlo come si merita (*anche iron.*) | Avere come cliente abituale: *da dieci anni serviamo di scarpe la famiglia Rossi*. *4* Presentare le vivande in tavola, mettendo o togliendo il vasellame che è o non è più necessario: *s. a tavola*, *in tavola*; †*s. la tavola*, *le tavole*; *s. i convitati*, *un rinfresco* | *S. di coltello*, a tavola, trinciare la carne. **B** v. tr. *1* Adoperarsi ai bisogni altrui, essere utile agli altri: *s. la patria*, *la nazione*; *per servirla*; *in che cosa posso servirla?*; *la signora sarà servita* | *Adesso la servo io*, *l'ho servito a dovere* e sim., ha avuto quello che si meritava | (*lett.*) Corteggiare: *s. una donna*. *2* Nel calcio, *s. un compagno*, passargli la palla mentre si trova vicino, perché imposti o sviluppi un'azione d'attacco. *3* †Meritare | †Rimeritare. **C** v. intr. (aus. *essere*, raro *avere*, nei sign. 1 e 2, *avere* nel sign. 3) *1* Giovare, essere utile: *molti animali servono all'uomo*; *le note servono alla chiarezza del testo*; *a che serve questo arnese?*; *a che servirebbe fuggire?*; *non serve ripetere le stesse cose* | Svolgere una funzione, fare l'ufficio di, essere utile per q.c.: *le posate servono per mangiare*; *nostro padre ci servì di maestro*; *la notizia mi serve di indizio*; *quanto è accaduto ti servirà di esempio*. *2* (*fam.*) Bisognare, occorrere; *mi serve un libro*; *ti serve q.c.?*; *non ci serve nulla*; *mi servirebbe il tuo aiuto* | (*tosc.*) Bastare al bisogno: *non mi occorre nulla*, *mi serve ciò che ho* | *Tanto serve*, *serve così*, basta così, è sufficiente. *3* (*sport*) Nel tennis e nel ping-pong, effettuare il servizio | In altri sport (come la pallavolo), eseguire la battuta. **D** v. intr. pron. *1* Usare, adoperare: *posso servirmi della tua macchina?*; *ha un ottimo registratore, ma non sa servirsene*; *non servirti delle dita per mangiare il pollo* | Giovarsi di q.c., o dell'operato, dell'aiuto, e sim. di qc.: *per fargli capire il discorso mi sono servito di un esempio*; *in India ci servimmo di un interprete*; *si è servita di lui*, *poi l'ha cacciato via* | Prendere ciò che viene offerto: *serviti pure*; *prego*, *si serva*. *2* Essere cliente abituale: *da molti anni mi servo in quel negozio*.

servìta [da *servo*, sul modello di *cenobita*, *eremita*, ecc.] s. m. (pl. *-i*) ● Religioso dei Servi di Maria, ordine fondato in Firenze nel Duecento.

servìto **A** part. pass. di *servire*; anche agg. *1* Nei sign. del v. *2* Detto di pasto, pronto per essere consumato: *il pranzo è s.*; *la cena è servita*. *3* Detto di persona, che ha ricevuto quanto ordinato o richiesto: *il signore è s.* | *Resti s.*, formula usata per invitare qc. a pranzo. *4* Detto di giocatore di poker che non intende ricevere altre carte. **B** s. m. *1* (*tosc.*) Servizio da tavola. *2* †Portata di vivande.

servitoràme o (*lett.*) **servidoràme** [da *servitore*] s. m. *1* (*raro*) Insieme dei servitori. *2* (*fig.*, *spreg.*) Insieme di adulatori, di piaggiatori.

servitóre o †**servidóre** [dal lat. tardo *servitōre(m)*, da *servītus* 'servito'] s. m. (f. *-tora*, lett. *-trice* nei sign. 1 e 2) *1* Chi presta servizio in casa privata: *un vecchio s.*; *il suo fedele s.* SIN. Cameriere, domestico. *2* (*est.*) Chi si dedica con devozione e fedeltà a servire una persona, un ideale, e sim.: *s. della patria*, *dello Stato*, *del sovrano* | *S. suo*, *vostro*, *e sim.*, formule di cortesia usate in passato spec. nelle clausole epistolari: *mi creda suo devotissimo s.* *3* Attaccapanni mobile | †Tavolinetto spostabile tenuto presso la tavola da pranzo per cambiarsi da sé i piatti. || **servitorèllo**, dim. | **servitorétto**, dim. | **servitorìno**, dim. | **servitorùccio**, dim.

servitorésco agg. (pl. m. *-schi*) ● Di, da servitore (*spec. spreg.*): *inchini servitoreschi*. || **servitorescaménte**, avv. In modo servitoresco.

servitù o †**servitùde**, †**servitùte** [dal lat. *servitūte(m)* 'condizione servile', da *sĕrvus* 'servo'] s. f. *1* Condizione, stato di chi serve, è schiavo, soggetto: *vivere*, *ridurre*, *in s.*; *liberare*, *liberarsi*, *dalla s.*; *s. al peccato* | *S. della gleba*, colonato | Prigionia, cattività: *animale nato in s.* *2* (*fig.*) Ciò che obbliga a un'applicazione intensa e continua, limitando la libertà di azione: *la s. della famiglia*. *3* Insieme dei servitori, delle persone di servizio: *la casa richiede una grande s.*; *rinnovare la s.* *4* (*dir.*) *S. prediale* o (*ass.*) *servitù*, diritto reale gravante su un fondo per l'utilità di un altro fondo appartenente a diverso proprietario: *s. di passaggio*, *di scolo* | *S. apparente*, per il cui esercizio occorrono opere visibili e permanenti sul fondo servente | *S. legale*, imposta dalla legge | *S. volontaria*, costituita per contratto o testamento | †*S. personale*, usufrutto, uso, abitazione | *S. militari*, disposte per esigenze delle forze armate.

servizìale (1) [da *servizio*] s. m. ● (*raro*) Clistere | *Aver avuto*, *aver preso il s.*, (*pop.*, *scherz.*) essere stati ingannati, spec. in un acquisto.

†**servizìale** (2) ● V. †*servigiale*.

†**servizìario** [da *servizio*] s. m. ● Uomo di servizio.

servizièvole [da *servizio*] agg. ● Che presta volentieri la sua opera, il suo aiuto.

servìzio [dal lat. *servītiu(m)* 'servitù', da *sĕrvus* 'servo'; per calco sull'ingl. *service* 'servizio, battuta' nel sign. 14] s. m. *1* (*raro*) Atto del servire e condizione di chi è servo, soggetto, suddito | (*est.*, *euf.*) L'essere a completa disposizione di qc. o di q.c.: *sono al vostro s.!*; *essere al s. della patria*, *di un ideale*. *2* Attività lavorativa prestata in casa altrui come domestico: *prendere*, *mettere a s.*; *andare a s.*; *lasciare il s.*; *donna*, *persona di s.* | *I servizi*, i lavori domestici | *Donna a mezzo s.*, che lavora solo per mezza giornata | *Scala*, *porta*, *di s.*, in abitazioni signorili, quella riservata alla servitù e ai fornitori | (*est.*) Prestazione del cameriere di un ristorante e sim.: *il conto è di trentamila lire*, *compreso il s.* *3* Attività lavorativa di un prestatore di lavoro subordinato, spec. pubblico impiegato: *anzianità di s.*; *entrare in s.*; *prendere s.*; *fare*, *prestare s.*; *essere al s. dello Stato*; *lasciare*, *abbandonare il s.*; *andare in pensione dopo trenta anni di s.* *4* *S. militare*, quello svolto sotto le armi, secondo gli obblighi e nelle forme previste dalle leggi dello Stato | *S. permanente effettivo*, degli ufficiali e sottufficiali di carriera | *S. civile*, servizio di leva sostitutivo di quello militare spec. per gli obiettori di coscienza, che viene espletato in opere o enti di utilità pubblica | (*est.*) Singola prestazione cui è tenuto il militare delle varie armi: *s. di caserma*, *di guardia*, *di ronda*, *d'ispezione*, *di picchetto* | *Essere in*, *di s.*, durante le ore in cui si è tenuti a svolgere una serie di tali prestazioni | *Fuori s.*, nelle ore libere; (*est.*) detto di materiali non più utilizzabili perché inefficienti. *5* Incarico particolare conferito a un inviato o collaboratore di giornale, ente radiofonico, televisivo e sim., e l'articolo o il reportage preparati in base a tale incarico: *essere in s. speciale*; *s. speciale del giornale radio* | *S. in voce*, *s. in video*, servizio giornalistico radiotelevisivo in diretta o registrato dal giornalista stesso e non letto dallo speaker. *6* (*fig.*) Favore, cortesia (*spec. antifr.*): *ti ringrazio del s. che mi hai reso*; *mi avete fatto proprio un bel s.!* *7* (*econ.*, *spec. al pl.*) Effetti economicamente utili di beni materiali o di attività umane, di cui beneficiano altri beni o gli uomini stessi: *beni e servizi*. *8* (*pop.*) Faccenda, affare: *ho vari servizi da fare* | *Fare un viaggio e due servizi*, ottenere un duplice risultato con una sola azione | (*euf.*) Bisogno corporale: *vai a fare quel s.* *9* Serie di prestazioni organizzate su vasta scala dallo Stato, da un ente pubblico e sim., destinate a provvedere ai bisogni di una collettività: *il s. telefonico*, *postale* | (*est.*) Insieme di persone, uffici e mezzi destinati a fornire tali prestazioni: *s. sociale* | *S. sanitario nazionale*, complesso delle attività di carattere pubblico svolte a tutela della salute dei cittadini | *S. segreto*, *s. di sicurezza*, qualunque organismo solitamente alle dipendenze delle forze armate, che abbia per compito istituzionale la difesa dello Stato tramite l'organizzazione di servizi d'informazione e della lotta contro lo spionaggio | *S. meteorologico*, quello che si occupa su scala nazionale di studi, ricerche e attività pratiche nel campo della meteorologia. *10* (*org. az.*)

Raggruppamento di uffici o reparti non a livello direttivo. ***11*** Insieme di oggetti che servono a un determinato scopo: *s. da tè*; *s. per dodici* | *S. da tavola*, ogni serie completa di posate, stoviglie, tovagliato e sim. per apparecchiare la tavola | *S. all'americana*, V. *americano*. ***12*** Insieme di attrezzature destinate a uno scopo determinato: *s. antincendio* | *Area, stazione di s.*, spiazzo, edificio munito di attrezzature per il rifornimento e l'assistenza ad automobilisti e autoveicoli. ***13*** (*al pl.*) In una abitazione e sim., complesso di vani e attrezzature destinate alla cucina e agli apparecchi igienici: *due locali più i servizi*; *doppi servizi*. ***14*** (*sport*) Nel tennis e nel ping-pong, ciascun colpo con cui il giocatore mette la palla in gioco quando ciò gli spetta | In altri sport (come la pallavolo), battuta. || **serviziàccio**, **pegg.** | **serviziétto**, **dim.** | **servizióne**, **accr.** | **serviziùccio**, **serviziùzzo**, **dim.** | **servizuòlo**, **dim.**

sèrvo [lat. *sĕrvum* 'schiavo', in origine 'guardiano', dalla radice indeur. **swer-* 'osservare'] **A** s. m. (f. *-a* nei sign. 1, 2, 3) ***1*** Chi è in stato di servitù (*anche fig.*): *i servi dello straniero*; *essere servi delle passioni* | *Servi della gleba*, nel diritto feudale, i contadini, privi di diritti politici e civili, legati di padre in figlio a un terreno che non potevano abbandonare. ***2*** Chi presta la propria opera come domestico (termine oggi disusato, o usato in senso spreg., e sostituito da *domestico* o *cameriere*): *casa piena di servi* | (*raro*) *S. suo*, *s. vostro*, *s. umilissimo*, e sim., formule di cortesia | *S. di scena*, facchino di teatro a cui è affidato il lavoro di trasporto dell'arredamento di scena dal magazzino al palcoscenico. ***3*** (*est.*) Chi si dedica con devozione e fedeltà a servire una persona, un ideale, e sim. | *S. di Dio*, cristiano morto in fama di santità, che può essere venerato con il culto pubblico solo dopo la sua elevazione a Beato, mediante la causa di beatificazione | *S. dei servi di Dio*, formula usata dai papi in segno di umiltà. ***4*** *S. muto*, piccolo scaffale o tavolino a ripiani collocato vicino alla tavola da pranzo; piccolo mobile spostabile da camera su cui riporre gli abiti e gli indumenti quando ci si sveste. ***5*** *S. scala*, congegno provvisto di sedile per il trasporto di persone invalide lungo una scala. ***6*** (*tecnol.*) Elemento asservito di un servosistema. || **servàccio**, **pegg.** | **servétto**, **dim.** | **servóne**, **accr.** | **servùccio**, **dim.** **B** agg. ***1*** (*lett.*) Schiavo. ***2*** (*lett.*) Di servo, servile.

sèrvo- [da *servo* con l'idea di 'asservimento'] primo elemento ● In parole composte della terminologia tecnica, sta a indicare che il dispositivo o lo strumento espresso dal secondo elemento è asservito o appartiene a un sistema asservito: *servofreno*, *servosistema*.

servoassistere [comp. di *servo-* e *assistere*] v. tr. ● (*tecnol.*) Azionare mediante un servomeccanismo.

servoassistito part. pass. di *servoassistere*; anche agg. ● Nel sign. del v.

servocomàndo [comp. di *servo-* e *comando*] s. m. ***1*** (*tecnol.*) Servosistema in cui la grandezza variabile d'uscita segue prontamente le variazioni di quella d'ingresso. ***2*** (*tecnol.*) Comando attuato mediante un servosistema o un servomeccanismo.

servocontròllo [comp. di *servo-* e *controllo*] s. m. ● (*tecnol.*) Sistema di regolazione ad anello chiuso | Servosistema in cui la grandezza d'ingresso assume un valore fisso e la grandezza d'uscita viene mantenuta costante a un valore corrispondente, indipendentemente dalle perturbazioni esterne: *s. della temperatura ambiente*.

servofréno o **servofrèno** [comp. di *servo-* e *freno*] s. m. ● (*autom.*, *tecnol.*) Negli autoveicoli pesanti quali autobus, autocarri e sim., e in talune autovetture di grossa cilindrata, servomeccanismo comandato gener. dal freno a pedale e destinato ad amplificare, mediante un servomotore, la forza esercitata sul pedale dal guidatore.

servomeccànica [comp. di *servo-* e *meccanica*] s. f. ● Parte della meccanica che studia i servomeccanismi.

servomeccanìṣmo [comp. di *servo-* e *meccanismo*] s. m. ● (*tecnol.*) Servocontrollo in cui la grandezza d'uscita è una grandezza meccanica, e cioè la posizione, la velocità o l'accelerazione di un elemento meccanico.

servomotóre [comp. di *servo-* e *motore*] **A** s. m. ● (*tecnol.*) In un servomeccanismo, attuatore o motore ausiliario il cui moto determina quello dell'organo comandato | (*mar.*) *S. del timone*, quello che è comandato dalla ruota di governo e determina la posizione del timone. **B** agg. (f. *-trice*) ● (*aer.*) *Aletta servomotrice*, in un velivolo di grandi dimensioni, aletta destinata al comando indiretto della relativa superficie mobile.

servosistèma [comp. di *servo-* e *sistema*] s. m. (pl. *-i*) ● (*tecnol.*) Sistema di regolazione in cui una grandezza variabile dipendente d'uscita, detta asservita o controllata, varia secondo una determinata legge al variare di una grandezza variabile indipendente d'ingresso, detta di comando | *S. ad anello chiuso*, *a ciclo chiuso*, *a catena chiusa*, *chiuso*, quello in cui l'asservimento fra le grandezze d'uscita e d'ingresso è effettuato mediante retroazione negativa e in cui, perciò, le eventuali perturbazioni all'ingresso hanno scarso effetto sull'uscita | *S. ad anello aperto*, *a ciclo aperto*, *a catena aperta*, *aperto*, *diretto*, quello privo di retroazione negativa.

servostèrzo [comp. di *servo-* e *sterzo*] s. m. ● (*autom.*, *tecnol.*) Negli autoveicoli pesanti quali autobus, autocarri e sim. e in talune autovetture di grossa cilindrata, servomeccanismo comandato dal volante di guida e destinato ad amplificare gli sforzi di sterzata del conducente, attraverso l'azione di un fluido in pressione su un servocomando costituito da una valvola e da un martinetto idraulico.

sèṣamo o †**sìṣamo** [dal lat. *sēsamu(m)*, dal gr. *sḗsamon*, di origine orient.] s. m. ● Pianta tropicale erbacea della famiglia delle Pedaliacee dai cui semi si estrae un olio commestibile (*Sesamum indicum*) | *Apriti s.!*, secondo una novella orientale, formula magica; (*est.*, *fig.*) aiuto prodigioso. ➡ ILL. **spezie**.

seṣamòide [vc. dotta, dal lat. *sesamoīde(m)*, dal gr. *sēsamoeidḗs* 'simile a sesamo', comp. di *sḗsamon* 'sesamo' ed *-eidḗs* '-oide'] **A** s. m. ● (*anat.*) Osso contenuto nello spessore di tendini o di capsule articolari. **B** anche agg.: *osso s.*

seṣduzióne [fr. *sexduction*, comp. di *sexe* 'sesso' e del lat. *ductiōne(m)* (da *dūcere* 'tirare': V. *ducere*)] s. f. ● (*biol.*) Trasferimento di un carattere ereditario da una cellula batterica a un'altra a mezzo del fattore del sesso.

sèṣia [dal gr. *sḗs* 'tignola', di etim. incerta] s. f. ● Farfalla ad ali strette, lunghe e trasparenti e con larve dannose per le gallerie scavate nel legno degli alberi (*Sesia*). SIN. Trochilia.

seṣìno [milan. *sesin*, moneta da sei denari, da *ses* 'sei'] s. m. ● Antica moneta coniata in diverse zecche italiane dalla metà del XIV sec. fino al XVI sec. e del valore prima di sei poi di otto denari.

sèsqui- [lat. *sēsqui-*, per *sēm(i)sque*, letteralmente 'e (*-que*) metà (*sēmis*)' sottinteso 'in più'] primo elemento ● In parole composte dotte e scientifiche, indica un rapporto di tre a due: *sesquiossido*.

sesquiàltera [vc. dotta, lat. *sesquiăltera(m)*, agg. col sign. propriamente di 'e metà in più (V. *sesqui-*) dell'altra'] s. f. ● (*mus.*) Misura nella quale la nota principale era calcolata la metà di più del suo valore ordinario | Registro d'organo a due canne, che suonano tra loro in proporzione di sesquialtera.

sesquiòssido [comp. di *sesqui-* e *ossido*] s. m. ● (*chim.*) Ossido di elemento chimico trivalente, formato da due atomi del metallo e da tre di ossigeno.

sesquipedàle [vc. dotta, dal lat. *sesquipedā-le(m)* 'di un piede e mezzo', comp. di *sēsqui-* e *pedālis* 'pedale'] agg. ● (*lett.*) Grande, enorme: *naso s.*

sèssa [adattamento del fr. svizzero *seiche*, n. che indica le oscillazioni del lago di Ginevra] s. f. ● Variazione periodica di livello dell'acqua di un lago o anche di un mare interno prodotta da turbamenti atmosferici.

sessagenàrio [vc. dotta, dal lat. *sexagenā-riu(m)*, da *sexagēni*, da *sexagīnta* 'sessanta'] agg.; anche s. m. (f. *-a*) ● (*lett.*) Che, chi ha sessant'anni di età: *un servitore s.*; *una sessagenaria in gamba*.

sessagèṣima [f. sost. di *sessagesimo*] s. f. ● Ottava domenica prima di Pasqua che precede di due settimane la prima domenica di Quaresima, cadente circa sessanta giorni prima di Pasqua.

sessageṣimàle [da *sessagesimo*] agg. ● (*fis.*) Detto di divisione successiva in sessantesimi come quella dell'angolo e quella del tempo.

sessagèṣimo [vc. dotta, dal lat. *sexagēsimu(m)* 'sessantesimo', ord. di *sexagīnta* 'sessanta'] agg. num. ord.; anche s. m. ● (*lett.*) Sessantesimo.

sessàggio s. m. ● Operazione del sessare.

sessànta [lat. parl. **sexā(g)inta*, da *sĕx* 'sei'] agg. num. card. inv.; anche s. m. inv. ● (*mat.*) Sei volte dieci, sei decine, rappresentato da 60 nella numerazione araba, da LX in quella romana. **I** Come agg. ricorre nei seguenti usi. ***1*** Rispondendo o sottintendendo la domanda 'quanti?', indica la quantità numerica di sessanta unità (spec. preposto a un s.): *ha già sessant'anni*; *abito a circa s. kilometri dalla città*; *è lungo s. centimetri*. ***2*** Rispondendo o sottintendendo la domanda 'quale?', identifica q.c. in una pluralità, in una successione, in una sequenza (posposto a un s.): *riguardati il paragrafo s.*; *abito al numero s. di via Mazzini* | *Gli anni s.*, in un secolo, spec. il XIX e il XX, quelli compresi fra sessanta e sessantanove | *Il s.*, nel secolo di cui si parla, il sessantesimo anno: *nel s. si è realizzata l'unità d'Italia*, nel 1860. ***3*** In composizione con altri numeri semplici o composti, forma i numeri superiori: *sessantadue*; *centosessanta*; *milleduecentosessantotto*; *sessantamila*. **II** Come s. ricorre nei seguenti usi. ***1*** Il numero sessanta (per ell. di un s.): *il cinque nel s. sta dodici volte*; *era presente il s. per cento degli invitati* | *I s.*, i sessant'anni nell'età di un uomo | *Essere sui s.*, avere circa sessant'anni. ***2*** Il segno che rappresenta il numero sessanta.

sessantamìla [comp. di *sessanta* e *mila*] agg. num. card. inv.; anche s. m. inv. ● Sessanta volte mille, sessanta migliaia, rappresentato da 60 000 nella numerazione araba, da $\overline{LX}$ in quella romana. **I** Come agg. ricorre nei seguenti usi. ***1*** Rispondendo o sottintendendo la domanda 'quanti?', indica la quantità numerica di sessantamila unità (spec. preposto a un s.): *ho già versato s. lire*; *la mia macchina ha già fatto s. kilometri*; *una popolazione di s. abitanti*. ***2*** Rispondendo o sottintendendo la domanda 'quale?', identifica q.c. in una pluralità, in una successione, in una sequenza (posposto a un s.): *abbonamento numero s.* **II** Come s. ricorre nei seguenti usi. ***1*** Il numero sessantamila (per ell. di un s.): *il s. nel centottantamila sta tre volte*. ***2*** Il segno che rappresenta il numero sessantamila.

sessantaquattrèṣimo **A** agg. num. ord. ● Corrispondente al numero sessantaquattro in una sequenza, in una successione, in una serie (rappresentato da LXIV nella numerazione romana, da 64° in quella araba): *la sessantaquattresima parte di un foglio*; *classificarsi s.* **B** s. m. ● Ciascuna delle sessantaquattro parti uguali di una stessa quantità: *calcolare i tre sessantaquattresimi di cento* | *In s.*, in tipografia, di foglio su ognuna delle cui facce vengono stampate sessantaquattro pagine; in legatoria, del tipo di formato ottenuto piegando in sessantaquattro parti tali fogli; (*fig.*, *scherz.*) di persona o cosa di ridotte dimensioni o di scarso valore: *volume in s.*; *è un Cesare in s.*

sessantenàrio [da *sessanta*, sul modello di *centenario* (V.)] **A** agg. ***1*** (*raro*) Che ha sessant'anni, detto di cosa o di persona. ***2*** Che ricorre ogni sessant'anni. **B** s. m. ● Ricorrenza del sessantesimo anno da un avvenimento memorabile: *celebrare il s. della nascita di q.c.* | (*est.*) La cerimonia che si celebra in tale occasione.

sessantènne [comp. di *sessant(a)* ed *-enne*] agg.; anche s. m. e f. ***1*** Che, chi ha sessant'anni. ***2*** (*raro*) Che dura da sessant'anni.

sessantènnio [comp. di *sessant(a)* ed *-ennio*] s. m. ● Spazio di tempo di sessant'anni: *un s. di guerre*.

sessantèṣimo [da *sessanta*] **A** agg. num. ord. ***1*** Corrispondente al numero sessanta in una sequenza, in una successione, in una classificazione, in una serie (rappresentato da LX nella numerazione romana, da 60° in quella araba): *il s. compleanno*; *il s. anniversario della fondazione*; *classificarsi s.* | *Due alla sessantesima*, (*ell.*) due elevato alla sessantesima potenza. SIN. (*lett.*) Sessagesimo. *2* In composizione con altri numerali, semplici o composti, forma gli ordinali superiori: *sessantesimoprimo*, *centosessantesimo*; *millecentosessantesimo*. **B** s. m. ● Ciascuna delle sessanta parti uguali di una stessa quantità: *un s. del totale*; *nove sessantesimi*.

sessantìna [da *sessanta*] s. f. *1* Complesso, serie di sessanta o circa sessanta unità: *una s. di persone*; *una s. di biglietti da visita*. *2* I sessant'anni nell'età dell'uomo: *avvicinarsi alla s.* | *Essere sulla s.*, avere circa sessant'anni di età.

sessantottésco [da *sessantotto*, anno in cui scoppiò la contestazione giovanile] agg. (pl. m. *-chi*) ● Del sessantotto, che si riferisce alla contestazione giovanile, spec. studentesca, del 1968: *movimento s.*

sessantottino s. m. (f. *-a*) ● Chi ha partecipato al movimento di contestazione giovanile, spec. studentesca, del 1968.

sessantottismo s. m. ● Ideologia che si richiama ai motivi ispiratori della contestazione giovanile, spec. studentesca, del 1968.

sessantòtto [comp. di *sessant(a)* e *otto*] agg. num. card. inv.; anche s. m. inv. ● Sei volte dieci, o sei decine, più otto unità, rappresentato da 68 nella numerazione araba, da LXVIII in quella romana. **I** Come agg. ricorre nei seguenti usi. *1* Rispondendo o sottointendendo la domanda 'quanti?', indica la quantità numerica di sessantotto unità (spec. preposto a un s.): *ha già compiuto s. anni*. *2* Rispondendo o sottintendendo la domanda 'quale?', identifica q.c. in una pluralità, in una successione, in una sequenza (posposto a un s.): *abito al numero s. di questa strada*; *ho preso l'autobus s.* **II** Come s. ricorre nei seguenti usi. *1* Il numero sessantotto (per ell. di un s.): *abito al s.*; *sessantadue e sei fa s.* | *Il s.*, *il '68*, l'anno 1968, quello in cui esplose il movimento di contestazione giovanile, spec. studentesca, in alcuni paesi industrializzati occidentali. *2* (*fam.*) Il movimento di contestazione giovanile esploso nel 1968. *3* Il segno che rappresenta il numero sessantotto.

sessàre [da *sesso*] v. tr. ● In pollicoltura, distinguere il sesso dei pulcini.

sessatóre s. m. (f. *-trice*) ● Specialista addetto al sessaggio.

sessennàle [da *sessennio*] agg. *1* (*lett.*) Che dura sei anni: *contratto s.* *2* (*lett.*) Che ricorre ogni sei anni: *rinnovo s.*

sessènne [vc. dotta, dal lat. *sexĕnne(m)*, comp. di *sĕx* 'sei' ed *-ĕnnis*, da *ănnus*, 'anno'] agg. ● (*lett.*) Seienne.

sessènnio [vc. dotta, dal lat. *sexĕnniu(m)*, comp. di *sĕx* 'sei' e *ănnus* 'anno'] s. m. ● (*lett.*) Periodo di tempo di sei anni | Durata in carica per sei anni di un organo pubblico.

sèssile [vc. dotta, dal lat. *sĕssile(m)*, da *sĕssus*, part. pass. di *sedēre*] agg. *1* (*bot.*) Detto di organo che è attaccato a un altro direttamente mediante la base e non è sostenuto da una parte ristretta | *Fiore s.*, quello privo di peduncolo | *Foglia s.*, quella priva di picciolo. *2* (*zool.*) Detto di organo non peduncolato: *occhi sessili*. *3* (*zool.*) Detto di organismo fissato mediante una base estesa: *polipo s.* *4* (*zool.*) Detto di organismo incapace di movimento, fissato in permanenza a un substrato: *animali e piante marini sessili*. *5* (*med.*) Detto di formazione normale o patologica fissata mediante una base estesa su un tessuto o un organo: *polipo*, *verruca*, *tumore s.*

sessióne [vc. dotta, dal lat. *sessiōne(m)* 'seduta', da *sĕssus*, part. pass. di *sedēre*] s. f. *1* †Atto del sedersi. *2* Seduta o serie di sedute collegiali e periodiche di un'assemblea, un consiglio e sim.: *la s. del Consiglio*; *s. di esami*; *s. estiva*, *autunnale*.

sessismo [fr. *sexisme*, da *sexe* 'sesso'] s. m. ● Tendenza per cui, nella vita sociale, la valutazione delle capacità intrinseche delle persone viene fatta sulla base del sesso e dei ruoli sessuali.

sessìsta [fr. *sexiste*, da *sexisme* 'sessismo'] agg.; anche s. m. e f. (pl. m. *-i*) ● Che, chi considera inferiore la donna o l'uomo e si comporta di conseguenza.

sessitùra [lat. tardo *subsutūra(m)* 'balza, orlo', comp. di *sŭb* 'sotto' e *sutūra* 'cucitura'] s. f. ● Balza imbastita in fondo alla gonna per allungarla in seguito.

sèsso [vc. dotta, dal lat. *sĕxu(m)*, di etim. incerta] s. m. *1* Insieme dei caratteri che in individui della stessa specie contraddistinguono soggetti diversamente predisposti alla funzione riproduttiva | *S. forte*, gli uomini | *S. debole*, *gentil s.*, le donne | *Terzo s.*, gli omosessuali | *Di ambo i sessi*, uomini e donne, maschi e femmine | (*fig.*) *Il s. degli angeli*, problema irresolubile e immaginario. *2* (*est.*) L'attività sessuale sul piano individuale e sociale: *affrontare il tema del s.* | *Fare s.*, avere rapporti sessuali. *3* (*est.*) Insieme degli organi genitali esterni maschili o femminili.

sèssola ● V. *sassola*.

sessuàle [vc. dotta, dal lat. tardo *sexuāle(m)* 'pertinente al sesso', da *sĕxus* 'sesso'] agg. ● Che si riferisce al sesso | *Ormone s.*, prodotto prevalentemente dalle ghiandole sessuali e responsabile dei caratteri sessuali secondari | *Psicopatia s.*, alterazione dell'istinto sessuale, perversione | *Educazione s.*, volta a dare al bambino corrette e opportune informazioni sul tema della riproduzione sessuale. ‖ **sessualménte**, avv. ● Dal punto di vista sessuale.

sessualità s. f. *1* Carattere o qualità di ciò che è sessuale. *2* Insieme dei caratteri fisici, funzionali, psicologici e culturali legati all'attività sessuale.

sessualizzazióne [da *sessuale*, sul modello del fr. (o ingl.) *sexualisation*] s. f. ● Assunzione di proprietà sessuali di certe parti dell'organismo.

sessuàto [da *sesso*, con sovrapposizione di *sessuale*] agg. ● Detto di essere vivente provvisto di organi della riproduzione.

sessuofobìa [comp. di *sessu(ale)* e *-fobia*] s. f. ● (*psicol.*) Paura morbosa della sessualità.

sessuofòbico [da *sessuofobia*] agg. (pl. m. *-ci*) ● (*psicol.*) Che si riferisce alla sessuofobia.

sessuòfobo [da *sessuofobia*] s. m. ● (*psicol.*) Affetto da sessuofobia.

sessuologìa [comp. di *sessu(ale)* e *-logia*] s. f. ● Studio dei fenomeni relativi al sesso.

sessuològico agg. (pl. m. *-ci*) ● Che si riferisce alla sessuologia.

sessuòlogo s. m. (pl. *-gi*, pop. *-ghi*) ● Studioso, esperto, di problemi di sessuologia.

sessuòmane [comp. di *sessu(ale)* e *-mane*] s. m. e f.; anche agg. ● Chi, che manifesta sessuomania.

sessuomanìa [comp. di *sessu(ale)* e *-mania*] s. f. ● (*psicol.*) Attrazione morbosa per tutto ciò che riguarda il sesso | (*est.*) Eccessiva o non sempre controllata propensione al sesso.

sèsta (1) [ell. per *ora sesta*, dal lat. *hōra(m) sĕxta(m)*] s. f. *1* Ora canonica corrispondente al mezzogiorno. *2* (*mus.*) Intervallo che abbraccia sei gradi: *s. maggiore*, *minore*. *3* Nella danza classica, posizione a piedi uniti e corpo fermo, come sull'attenti | Atteggiamento schermistico: *invito*, *legamento di s.*

sèsta (2) [f. sost. di *sesto (1)*, perché misura la sesta parte del cerchio tracciato dalla sua apertura] s. f. *1* (*spec. al pl.*, *raro*, *lett.*) Compasso | *Cosa fatta con le seste*, a puntino, con grande precisione | (*fig.*) *Avere le seste negli occhi*, saper misurare bene a occhio. *2* (*al pl.*, *fam.*, *scherz.*) Gambe molto lunghe.

sestànte [vc. dotta, dal lat. *sextānte(m)* 'sesta parte dell'unità', da *sĕxtus* 'sesto'] s. m. *1* Strumento ottico che serve a misurare l'angolo formato dalle visuali di due oggetti, e in particolare l'altezza degli astri sull'orizzonte, costituito da un settore circolare ampio sessanta gradi. *2* Moneta romana repubblicana di bronzo uguale a un sesto di asse o due once recante sul dritto la testa di Mercurio.

†**sestàre** ● V. *assestare*.

sestàrio [vc. dotta, dal lat. *sextāriu(m)* 'sesta parte di una misura', da *sĕxtus* 'sesto'] s. m. ● Nell'antica Roma, misura di capacità.

sestèrno o **sesternióne** [da *sesto (1)*, sul modello di *quaderno*] s. m. ● Gruppo di sei fogli piegati in due e inseriti l'uno dentro l'altro.

sestèrzio [vc. dotta, dal lat. *sestĕrtiu(m)*, ell. per *sestĕrtius nŭmmus* 'moneta di due assi e mezzo', da **semistĕrtius*, comp. di *sēmi(s)*- 'semi-' e *tĕrtius* 'terzo'] s. m. ● Piccola moneta romana originariamente d'argento, poi di bronzo, del valore di due assi e mezzo, poi di quattro assi. ➡ ILL. **moneta**.

sestétto [da *sesto (1)*] s. m. *1* Insieme di sei persone che fanno la medesima cosa contemporaneamente | *S. difensivo*, nel calcio, il portiere, i due terzini e i tre mediani di una squadra considerati nel loro complesso. *2* (*mus.*) Pezzo a sei parti vocali o strumentali | Complesso di sei voci o strumentisti.

sestière [dall'ant. fr. *se(s)tier* 'sesta parte di una misura', dal lat. *sextāriu(m)*] s. m. *1* Anticamente, ciascuna delle sei parti in cui erano divise alcune città italiane: *furono deputati i Cremonesi ad atterrare il s. di Porta Romana* (MURATORI). *2* Ciascuna delle sei parti in cui è divisa la città di Venezia: *il s. di Dorsoduro*.

sestìga [da *sesto (1)*, sul modello di *biga*, *quadriga*, ecc.] s. f. ● Seiuga.

sestìle [vc. dotta, dal lat. *sextīle(m)*, ell. per *sextīlis mēnsis* 'mese sesto', da *sĕxtus* 'sesto', perché l'antico calendario romano cominciava con marzo] s. m. *1* Sesto mese dell'anno romano, corrispondente all'odierno mese di agosto. *2* (*astrol.*) Posizione di due pianeti distanti tra loro 60 gradi.

sestìna [da *sesto (1)*] s. f. *1* Canzone di sei stanze, ciascuna di sei endecasillabi, con rime ripetute dalla prima stanza per tutte le altre, così che la seguente le prende dalla precedente | Stanza di sei endecasillabi, o versi minori, di cui i primi quattro a rima alternata, e gli ultimi a rima baciata. *2* (*mus.*) Figura ritmica comprendente sei note la cui durata complessiva è uguale a quella di quattro note della stessa specie. *3* Nel gioco della roulette, combinazione di sei numeri, disposti in due file orizzontali di tre numeri, una sotto l'altra, su cui si può puntare. SIN. Trasversale semplice.

sèsto (1) [lat. *sĕxtu(m)*, da *sĕx* 'sei'] **A** agg. num. ord. ● Corrispondente al numero sei in una sequenza, in una successione, in una classificazione, in una serie (rappresentato da VI nella numerazione romana, da 6° in quella araba): *la sesta sinfonia di Beethoven*; *il s. battaglione*; *giugno è il s. mese dell'anno*; *sabato è il s. giorno della settimana*; *Giorgio VI d'Inghilterra*; *io fui s. tra cotanto senno* (DANTE *Inf.* IV, 102) | *Due alla sesta*, (*ell.*) due elevato alla sesta potenza | *Ora sesta*, (*ell.*) *sesta*, ora canonica, corrispondente a mezzogiorno e (*est.*) l'ufficio che si diceva a quell'ora | *Sesta rima*, sestina: *poema in sesta rima* | *Eroe della sesta giornata*, poiché a Milano nel 1848 le giornate dell'insurrezione furono cinque, si dice (*scherz.*) di chi, a cose fatte, si imbranca con i vincitori | *S. grado*, nella scala tradizionale delle difficoltà alpinistiche, stava ad indicare il limite delle possibilità umane fino all'introduzione di gradi successivi | Massimo grado di difficoltà finora superato nella discesa dei fiumi in kayak | *Il s. continente*, il mondo subacqueo; l'Antartide | *Il s. senso*, presunta capacità intuitiva di avvertire ciò che sfugge ai più, spec. nell'ambito psicologico o affettivo | *Sesta malattia*, (*med.*) malattia esantematica dell'infanzia, che interessa i bambini al di sotto dei quattro anni. **B** s. m. (f. *-a* nel sign. 2) *1* Ciascuna delle sei parti uguali di una stessa quantità: *i cinque sesti di un numero*; *un s. di cento*. *2* Chi, ciò che viene a trovarsi dopo altre cinque, che viene al sesto posto: *è il s. di otto fratelli*; *stai più attento con quei piatti*: *è il s. che rompi in una settimana!* *3* †Sestiere.

sèsto (2) [da *sesto (1)*] s. m. *1* (*arch.*) Curvatura di un arco | *Arco a tutto s.*, semicircolare | *Arco a s. rialzato*, *arco a s. ribassato*, con saetta maggiore o minore del raggio. *2* †Compasso.

sèsto (3) [variante di *assesto*] s. m. *1* Posizione, disposizione, normale, ordine: *essere*, *mettere*, *porre*, *in*, *a s.*; *non essere in s.* | *Essere*, *sentirsi*, *fuori s.*, *fuori di s.*, non essere in condizioni normali | *Rimettersi in s.*, tornare alla condizione normale. *2* †Riparo, rimedio, modo.

sestodècimo [vc. dotta, dal lat. *sĕxtu(m) dĕcimu(m)* 'sedicesimo', comp. di *sĕxtus* 'sesto' e *dĕcimus* 'decimo'] agg. num. ord.; anche s. m. ● (*raro*, *lett.*) Sedicesimo.

sestogradista s. m. e f. (pl. m. *-i*) ● Arrampicatore che compie scalate su vie di sesto grado.

sestùltimo o **sest'ùltimo** [comp. di *sest(o) (1)* e *ultimo*] agg. ● Corrispondente al numero sei, partendo a contare dall'ultimo, in una sequenza, in una successione, in una classificazione, in una serie.

sestuplicàre [da *sestuplice*] v. tr. (*io sestùplico*, *tu sestùplichi*) ● Moltiplicare per sei, accrescere di sei volte: *s. i propri guadagni*.

sestùplice [da *sesto* (*1*), sul modello di *quadruplice*] agg. • (*lett.*) Che si compone di sei parti, anche diverse fra loro: *una s. intesa*.

sèstuplo [da *sesto* (*1*), sul modello di *quadruplo*] **A** agg. • Che è sei volte maggiore, relativamente ad altra cosa analoga: *ora ha un rendimento s. rispetto a prima*. **B** s. m. • Quantità, misura sei volte maggiore: *ho guadagnato il s. di quanto avevo speso*.

set /*ingl.* set/ [vc. ingl., propriamente 'partita'] s. m. inv. *1* Partita di tennis, composta di giochi o game | *Incontro al meglio dei cinque set*, incontro di tennis articolato in cinque partite. *2* Luogo in cui vengono effettuate le riprese cinematografiche: *abbandonare il set*; *essere impegnato sul set*. *3* Serie di oggetti dello stesso tipo, insieme di cose affini: *un set di valigie*; *set di pelle da scrivania*.

séta (**1**) [lat. *sēta*(*m*), variante rustica di *sāeta* 'setola', di etim. incerta] s. f. *1* Fibra tessile prodotta dal baco da seta, costituita dai filamenti continui, lunghi fino a 800 metri, con i quali il baco forma i bozzoli | *S. greggia*, ottenuta dipanando i bozzoli | *S. cruda*, non sgommata | *S. cotta*, *sgommata*, privata della sericina | *S. artificiale*, denominazione data un tempo alle fibre artificiali di cellulosa | *S. selvatica*, prodotta da bachi selvatici, non allevati | *S. marina*, bisso | (*est.*) Tessuto di seta: *una camicia di s.*; *vestirsi di s.* | (*raro*, *fig.*) *Camminare su un filo di s.*, procedere con cautela e delicatezza. *2* (*est.*) Cosa sottile, morbida e vellutata: *capelli di s.*; *pelle che è una s.*; *barba che pare una s.*

†**séta** (**2**) • V. *sete*.

setacciàre [lat. tardo *s*(*a*)*etaciāre*, da *s*(*a*)*etācium* 'crivello'] v. tr. (*io setàccio*) *1* Separare le parti più grossolane dalle più fini dei cereali macinati: *s. la farina*. *2* (*fig.*) Esaminare con minuzia e accuratezza: *s. un archivio*.

setacciàta s. f. • Atto del setacciare una volta | Quantità di farina o altro che si fa passare in una volta nel setaccio. || **setacciatìna**, dim.

setacciàto part. pass. di *setacciare*; anche agg. • (*raro*) Nei sign. del v.

setacciatóre s. m.; anche agg. (f. *-trice*) • Chi, che setaccia.

setacciatùra s. f. • Atto, effetto, del setacciare | Cruschello o altro residuo che non passa attraverso il setaccio.

setàccio [lat. tardo *s*(*a*)*etāciu*(*m*) 'crivello', da *sāeta* 'setola, crine'] s. m. • Apparecchio costituito da una rete di seta, tela, crine o fili metallici, usato per separare i vari prodotti della macinazione dei cereali: *una rada e polverosa oscurità forata come un s. da mille fili di luce* (MORAVIA) | *Passare al s.*, (*fig.*) esaminare con minuzia e accuratezza. || **setaccétto**, dim. | **setaccìno**, dim. | **setacciòlo**, **setacciuòlo**, dim.

setàceo [da *seta* (*1*)] agg. • Che per finezza, morbidezza, lucentezza e sim. è simile alla seta.

setaiòlo o (*lett.*) **setaiuòlo** [da *seta* (*1*)] s. m. • Chi lavora o commercia in seta | Operaio di setificio.

setàle [da *seta* (*1*)] s. m. • (*pesca*) Finale.

†**setardènte** [comp. di *set*(*e*) e *ardente*] agg. • (*raro*, *lett.*) Che fa venire sete ardente.

set ball /*ingl.* 'set bɔːl/ [loc. ingl., propr. 'palla (*ball*) del set (V.)'] loc. sost. m. inv. (pl. ingl. *set balls*) • (*sport*) Nelle discipline le cui competizioni sono articolate in set, la palla decisiva ai fini della conquista della frazione che si sta giocando.

séte o (*dial.*) †**séta** (**2**) [lat. *sĭti*(*m*), di origine indeur.] s. f. *1* Sensazione che spinge l'individuo ad assumere acqua: *s. ardente*, *insopportabile*; *avere s.*; *soffrire la s.*; *spegnere*, *appagare*, *togliere la s.* | *Bruciare*, *morire*, e sim. *di s.*, (*iperb.*) essere molto assetato. *2* (*est.*) Aridità, secchezza, nelle piante, nel terreno, e sim.: *la terra ha s.* *3* (*fig.*) Ardente desiderio, avidità, bramosia: *s. di denaro*, *di potere*, *di sangue*.

seterìa [da *seta* (*1*)] s. f. *1* Setificio | Negozio di tessuti di seta. *2* (*al pl.*) Filati e tessuti di seta.

seticoltùra [comp. di *seta* e *-coltura*] s. f. • (*raro*) Sericoltura.

setificàto [da *seta*] agg. • Detto di tessuto o di fibra tessile che hanno subìto un processo di lavorazione che li ha resi simili alla seta: *collant s.*; *filato sintetico s.*

setifìcio [comp. di *seta* (*1*) e *-ficio*] s. m. *1* Stabilimento per la lavorazione della seta. *2* Arte di produrre e lavorare la seta per farne tessuti.

sétola (**1**) [lat. tardo *sētula*(*m*), variante di *sāetula*, dim. di *sāeta* 'setola, crine'] s. f. *1* Pelo grosso, duro, rigido, che si ottiene da alcuni animali quali il porco, il cinghiale, il cavallo | *S. di Firenze*, filo grosso di seta, impermeabile e resistente, ottenuto spremendo leggermente il baco da seta. *2* (*est.*, *scherz.*) Pelo duro di barba, capello ispido. *3* Spazzola di setole, spec. quella usata in tipografia per ripulire i caratteri dall'inchiostro. || **setolàccia**, accr. | **setolétta**, dim. | **setolìna**, dim.

sétola (**2**) [deriv. dim. del lat. *sĕcta*, f. sost. del part. pass. di *secāre* 'tagliare', con sovrapposizione di *setola* (*1*)] s. f. *1* (*pop.*) Ragade. *2* (*veter.*) Fenditura longitudinale dell'unghia degli equini.

setolàre [da *setola* (*1*)] v. tr. (*io sétolo*) *1* In tipografia, pulire una forma e sim. con una spazzola imbevuta di benzina o altro solvente. *2* †Spazzolare: *s. i panni*.

setolinàre v. tr. • (*raro*) Spazzolare col setolino: *s. un cappello*.

setolìno [da *setola* (*1*)] s. m. • Piccola spazzola di setola usata spec. per pulire cappelli, panni, e sim.

setolóso [da *setola* (*1*)] agg. • Pieno, rivestito di setole | Ispido come setola.

setolùto [da *setola* (*1*)] agg. • (*lett.*) Coperto di setole.

setosità s. f. • Qualità di ciò che è setoso: *la s. di un tessuto*.

†**setóso** (**1**) [lat. *setōsu*(*m*), var. di *saetōsus* 'setoloso', da *sāeta* 'setola'] agg. • Setoloso.

†**setóso** (**2**) [da *sete*] agg. • Sitibondo.

setóso (**3**) [da *seta* (*1*)] agg. • Che ha l'aspetto e la consistenza della seta: *stoffa setosa*.

set point /*ingl.* 'set-pɔint/ [loc. ingl., propr. 'punto (*point*) del set (V.)'] loc. sost. m. inv. (pl. ingl. *set points*) • (*sport*) Nelle discipline le cui competizioni sono articolate in set, punto che, se vinto dal giocatore o dalla squadra in vantaggio, determina la conquista della frazione parziale | *Annullare un set point*, conquistare il punto che avrebbe dato all'avversario la vittoria del set.

sètta [dal lat. *sĕcta*(*m*) 'parte, frazione', f. sost. di **sĕctus* per *secūtus*, part. pass. di *sĕqui* 'seguire'] s. f. *1* Gruppo di persone che professano una particolare dottrina politica, filosofica, religiosa, e sim. in contrasto o in opposizione a quella riconosciuta o professata dai più: *s. clericale*, *s. eretica* | *S. cristiana*, ciascuno dei movimenti che respingono l'organizzazione e le dottrine del Cattolicesimo e delle chiese derivate dalla Riforma | (*raro*) *Fare s.*, congiurare. *2* Società segreta: *s. massonica*, *dei carbonari*. *3* †Compagnia, moltitudine di seguaci. || **settàccia**, pegg.

settànta [lat. parl. **septuā*(*g*)*inta*, per il classico *septuagĭnta*, da *sĕptem* 'sette'] agg. num. card. inv.; anche s. m. inv. • (*mat.*) Sette volte dieci, sette decine, rappresentato da 70 nella numerazione araba, da LXX in quella romana. **I** Come agg. ricorre nei seguenti usi. *1* Rispondendo o sottintendendo la domanda 'quanti?', indica la quantità numerica di settanta unità (spec. preposto a un s.): *ha ormai settant'anni*; *vado a una media di s. kilometri all'ora* | *S. volte sette*, (*est.*) infinite volte: *bisogna perdonare s. volte sette*. *2* Rispondendo o sottintendendo la domanda 'quale?', identifica q.c. in una pluralità, in una successione, in una sequenza (posposto a un s.): *leggi a pagina s.*; *abito al numero s.* | *Gli anni s.*, in un secolo, quelli compresi fra il settanta e il settantanove. *3* In composizione con altri numeri semplici o composti, forma i numeri superiori: *i settantadue discepoli di Gesù*; *settantamila*; *trecentosettanta*. **II** Come s. ricorre nei seguenti usi. *1* Il numero settanta (per ell. di un s.): *il cinque nel s. sta quattordici volte*; *ho pagato solo il s. per cento del totale* | *I s.*, i settant'anni nell'età dell'uomo | *Essere sui s.*, avere circa settant'anni | *Versione dei Settanta*, *i Settanta*, la prima traduzione greca dell'Antico Testamento | *Il s.*, nel secolo di cui si parla, il settantesimo anno: *Roma divenne capitale d'Italia nel s.*, nel 1870 | *Consiglio dei Settanta*, nella Firenze medicea, magistratura con funzioni deliberative. *2* Il segno che rappresenta il numero settanta.

settantamìla [comp. di *settanta* e *mila*] agg. num. card. inv.; anche s. m. inv. • Settanta volte mille, settanta migliaia, rappresentato da 70 000 nella numerazione araba, da $\overline{\text{LX}}$ in quella romana. **I** Come agg. ricorre nei seguenti usi. *1* Rispondendo o sottintendendo la domanda 'quanti?', indica la quantità numerica di settantamila unità (spec. preposto a un s.): *ho già versato s. lire*; *la mia macchina ha già fatto s. kilometri*; *una popolazione di s. abitanti*. *2* Rispondendo o sottintendendo la domanda 'quale?', identifica q.c. in una pluralità, in una successione, in una sequenza (posposto a un s.): *abbonamento numero s.* **II** Come s. ricorre nei seguenti usi. *1* Il numero settantamila (per ell. di un s.): *il s. nel duecentodiecimila*, *sta tre volte*. *2* Il segno che rappresenta il numero settantamila.

settantenàrio [da *settanta*, sul modello di *centenario* (V.)] **A** agg. *1* (*raro*) Che ha settant'anni, detto di cosa o di persona. *2* Che ricorre ogni settant'anni. **B** s. m. • Ricorrenza del settantesimo anno da un avvenimento memorabile: *oggi si celebra il s. della sua morte* | (*est.*) La cerimonia che si celebra in tale occasione.

settantennàle [da *settantenne*] agg. *1* (*raro*) Che dura settant'anni. *2* (*raro*, *lett.*) Che ricorre ogni settant'anni: *celebrazione s.*

settantènne [comp. di *settant*(*a*) ed *-enne*] agg.; anche s. m. e f. • Che, chi ha settant'anni di età.

settantènnio [comp. di *settant*(*a*) ed *-ennio*] s. m. • Spazio di tempo di settant'anni: *la fondazione compie oggi un s. di vita*.

settantèṣimo [da *settanta*] **A** agg. num. ord. *1* Corrispondente al numero settanta in una sequenza, in una successione, in una classificazione, in una serie (rappresentato da LXX nella numerazione romana, da 70° in quella araba): *compie il s. anno d'età*; *oggi ricorre il s. anniversario* | *Due alla settantesima*, (*ell.*) due elevato alla settantesima potenza. SIN. (*lett.*) Settuagesimo. *2* In composizione con altri numerali, semplici o composti, forma gli ordinali superiori: *settantesimoprimo*, *centosettantesimo*, *milletrecentosettantesimo*. **B** s. m. • Ciascuna delle settanta parti uguali di una stessa quantità: *un s. del totale*; *cinque settantesimi*.

settantìna [da *settanta*] s. f. *1* Complesso, serie di settanta o circa settanta unità: *una s. di invitati*. *2* I settant'anni nell'età dell'uomo: *avvicinarsi alla s.* | *Essere sulla s.*, avere circa settanta anni di età.

settàrio [da *setta*] **A** agg. *1* Di setta, che si riferisce a una setta: *movimento*, *scopo*, *fine s.* *2* (*fig.*) Fazioso: *spirito s.* || **settariaménte**, avv. Con spirito settario. **B** s. m. *1* Seguace di una setta, un partito, una fazione. *2* Persona faziosa.

settariṣmo s. m. • Tendenza ad accentuare l'esclusivismo e lo spirito di setta.

settàto agg. • (*biol.*) Che è provvisto di setti.

settatóre [vc. dotta, dal lat. *sectatōre*(*m*) 'seguace', da *sectātus*, part. pass. di *sectāri*, ints. di *sĕqui* 'seguire'] s. m. (f. *-trice*) • (*raro*, *lett.*) Seguace, partigiano.

sètte [lat. *sĕptem*, di origine indeur.] agg. num. card. inv.; anche s. m. o f. inv. (pl. tosc. †*setti*) • (*mat.*) Numero naturale successivo di sei, rappresentato da 7 nella numerazione araba, da VII in quella romana. **I** Come agg. ricorre nei seguenti usi. *1* Rispondendo o sottintendendo la domanda 'quanti?', indica la quantità numerica di sette unità (spec. preposto a un s.): *i s. giorni della settimana*; *le s. meraviglie del mondo*; *i s. sacramenti*; *i s. dolori di Maria*; *le s. virtù*; *i s. doni dello Spirito Santo*; *le s. chiese di Roma*; *la leggenda dei s. dormienti*; *gli stivali delle s. leghe*; *la guerra dei s. anni*; *'I s. a Tebe' è una tragedia di Eschilo*; *i s. sapienti*; *i s. ottavi di un numero* | *Elevare*, *portare qc. ai s. cieli*, (*fig.*) magnificarlo, esaltarlo facendone le lodi | *Chiudere a s. chiavi*, *con s. sigilli*, chiudere ermeticamente | *Avere s. spiriti come i gatti*, avere una vitalità eccezionale | *Di s. in s.*, *a s. a s.*, sette per volta | Moltissimo (con valore indet.): *per ogni volta che passarvi solea*, *credo che poscia vi sia passato s.* (BOCCACCIO). *2* Rispondendo o sottintendendo la domanda 'quale?', identifica q.c. in una pluralità, in una successione, in una sequenza (posposto a un s.): *prendi l'autobus numero s.*; *abito al numero s.*; *sono le ore s. e trenta*. *3* In composizione con altri numeri, semplici o composti, forma i numeri superiori: *settantasette*; *settecento*; *settecentomila*; *milleduecentosettanta*. **II** Come s. ricorre nei seguenti usi. ***1*** Il numero sette (per ell. di un s.): *posso farti uno sconto del s. per cento*; *gioca il s. di spade*; *ho in mano il s. bello*; *verrò il s. gennaio*; *è questa la fermata del s.?*; *il s. nel quaranta sta cinque volte e avanza cinque* | *Giocare a s. e mezzo*, V. *sette e mezzo* | Nella valutazione scolastica, il voto superiore di un punto alla sufficienza: *avere la media del s.*; *ho in pagella tutti s. e due sei* | (*fam.*) *Le s. del pomeriggio*, le ore diciannove | *Il s. del mese*, il settimo giorno. ***2*** Il segno che rappresenta il numero sette: *scrivo il s. e riporto il due* | (*est.*, *fam.*) Strappo, spec. nella stoffa, a forma della cifra araba: *sono rimasto impigliato in un chiodo e mi sono fatto un s. nei pantaloni*. ***3*** (*sport*) Squadra di pallanuoto, in quanto formata da sette componenti: *il s. azzurro* | Nel calcio, l'incrocio dei pali della porta: *il pallone si è infilato nel s.*

settebèllo o **sètte bèllo**, spec. nel sign. 1 [comp. di *sette* e *bello*] **s. m.** ***1*** Sette di quadri o di denari, che nel gioco della scopa vale un punto. ***2*** Elettrotreno rapido di lusso che collegava Roma e Milano. ***3*** Nel linguaggio del giornalismo sportivo, nome attribuito alla nazionale italiana di pallavolo nei suoi momenti di maggior successo.

settecentésco **agg.** (**pl. m.** *-schi*) ● Del Settecento, del secolo XVIII: *la cultura e l'arte settecentesca*.

settecentèsimo [dal lat. *septingentēsimu(m)*, con sovrapposizione di *settecento*] **A agg. num. ord.** ● Corrispondente al numero settecento in una sequenza, in una successione, in una classificazione, in una serie (rappresentato da DCC nella numerazione romana, da 700° in quella araba): *la settecentesima parte*. **B s. m.** ● Ciascuna delle settecento parti uguali di una stessa quantità.

settecentista **A s. m. e f.** (**pl. m.** *-i*) ● Scrittore, artista del Settecento. **B agg.** ● Del Settecento: *scrittore s.*

settecentìstico [da *settecentista*] **agg.** (**pl. m.** *-ci*) ● Proprio del Settecento, dei settecentisti: *il pensiero s.*

settecènto [comp. di *sette* e *cento*. V. lat. *septingĕnti* (nom. pl.) 'settecento'] **agg. num. card. inv.**; anche **s. m. inv.** ● (*mat.*) Sette volte cento, sette centinaia, rappresentato da 700 nella numerazione araba, da DCC in quella romana. **I** Come agg. ricorre nei seguenti usi. ***1*** Rispondendo o sottintendendo la domanda 'quanti?', indica la quantità numerica di settecento unità (spec. preposto a un s.): *costa s. lire*; *ho fatto un viaggio di s. chilometri*. ***2*** Rispondendo o sottintendendo la domanda 'quale?', identifica q.c. in una pluralità, in una successione, in una sequenza (posposto a un s.): *leggete a pagina s.*; *nell'anno s. d.C.*; *il numero s.* **II** Come s. ricorre nei seguenti usi. ***1*** Il numero settecento (per ell. di un s.): *moltiplica s. per tre*; *elevare s. al quadrato* | *Il Settecento*, (*per anton.*) il secolo XVIII: *erudizione, enciclopedismo del Settecento*; *il sensismo e il materialismo del Settecento*; *i sovrani riformatori del Settecento in Italia*. ***2*** Il segno che rappresenta il numero settecento.

sètte e mèzzo **loc. sost. m. inv.** ● Gioco d'azzardo, fatto con un mazzo di quaranta carte, nel quale i giocatori devono raggiungere, ma non oltrepassare, i sette punti e mezzo.

settèmbre [lat. *septĕmbre(m)*, ell. per *mēnsis septĕmbris* 'settimo mese', da *sĕptem* 'sette', perché il calendario arcaico romano cominciava con marzo] **s. m.** ● Nono mese dell'anno nel calendario gregoriano, di 30 giorni.

†**settembrìa** [da *settembre*] **s. f.** ● (*raro*) Autunno.

settembrìno **agg.** ● Di settembre, relativo a settembre: *giornata settembrina* | *Lana settembrina*, di pecore tosate in settembre | *Fichi settembrini*, che maturano in settembre.

settembrizzatóre [fr. *septembrisateur*, da *septembre* 'settembre'] **s. m.** ● Durante la rivoluzione francese, chi prese parte ai massacri di settembre del 1792 | (*est.*, *lett.*) Autore di spietati delitti politici.

settèmplice [vc. dotta, dal lat. *septĕmplice(m)*, da *sĕptem* 'sette', sul modello di *sĭmplex*, genit. *sĭmplicis* 'semplice' (V. *semplice*)] **agg.** ● (*lett.*) Che è formato di sette parti, anche diverse tra loro | Che è rinforzato a sette doppi: *saettò d'Aiace* / *il s. scudo* (MONTI).

settemviràto /settenvi'rato/ o **settenviràto** **s. m.** ● Ufficio, dignità di settemviri | Durata di tale ufficio.

settèmviro /set'tɛnviro/ o **settènviro** [vc. dotta, dal lat. *septĕmviri* (nom. pl.), comp. di *sĕptem* 'sette' e *vĭr*, genit. *vĭri* 'uomo'] **s. m.** ● Nell'antica Roma, ciascuno degli appartenenti a un collegio di sette magistrati | *Settemviri epuloni*, che curavano la divisione dell'agro pubblico ai coloni.

settenàrio [vc. dotta, dal lat. *septenāriu(m)* 'di sette', da *septēni* (nom. pl.) 'sette a sette'] **A agg.** ***1*** Detto di verso di sette piedi e mezzo | Detto di verso di sette sillabe. ***2*** (*mus.*) Detto di misura di sette tempi. **B s. m.** ● Verso settenario.

settennàle [da *settenne*] **agg.** ***1*** Che dura da sette anni: *incarico s.* ***2*** Che ricorre ogni sette anni: *nomina s.*

settennàto [da *settenne*] **s. m.** ● Settennio.

settènne [vc. dotta, dal lat. tardo *septĕnne(m)* 'di sette anni', comp. di *sĕptem* 'sette' e *ănnus* 'anno'] **agg.** ***1*** Che ha sette anni, detto di cosa o di persona: *una bambina s.* ***2*** Che dura da sette anni.

settènnio [vc. dotta, dal lat. tardo *septĕnniu(m)* 'spazio di sette anni', da *sĕptem* 'sette' e *ănnus* 'anno'] **s. m.** ● (*lett.*) Spazio di tempo di sette anni | Durata in carica di sette anni di un organo pubblico | (*per anton.*) Periodo in cui resta in carica il Presidente della Repubblica: *il s. di Einaudi*.

settentrionàle [dal lat. *septemtrionāle(m)*, da *septemtriōnes* 'Orsa Maggiore'] **A agg.** ***1*** Che si trova a settentrione: *paesi settentrionali*; *Europa s.* | Che guarda verso settentrione: *versante s.*; *lato s. del portico*. ***2*** Che proviene da settentrione: *venti settentrionali* | Che è proprio del settentrione: *usanze settentrionali*. ***3*** Che è nativo delle zone settentrionali di un paese: *i francesi settentrionali*; *gli abitanti settentrionali*. **CONTR.** Meridionale. **B s. m. e f.** ● Chi è nativo della zona settentrionale di un paese. **CONTR.** Meridionale.

settentrionalìsmo [comp. di *settentrional(e)* e *-ismo*] **s. m.** ***1*** Nella seconda metà dell'Ottocento, tendenza politica ed economica italiana a porre il Nord dell'Italia in una posizione di predominio rispetto al Sud. ***2*** Particolarità dei dialetti settentrionali.

settentrionalista [da *settentrionale*] **s. m. e f.** (**pl. m.** *-i*); anche **agg.** ● Chi, che è sostenitore del settentrionalismo.

settentrionalìstico **agg.** (**pl. m.** *-ci*) ● Che riguarda il settentrionalismo o i settentrionalisti: *politica, teoria, prospettiva settentrionalistica*.

settentrióne [dal lat. *septemtriōne(m)*, sing. di *septemtriōnes*, propriamente 'sette buoi', nome delle stelle dell'Orsa Maggiore, comp. di *sĕptem* 'sette' e *trĭo*, genit. *triōnis* 'bue da lavoro'] **s. m.** ***1*** Nord: *la bussola indica il s.*; *dirigersi a s.* | *Vento di s.*, che viene dal nord. **CONTR.** Sud. ***2*** (*gener.*) Regione posta a nord in un dato paese | Insieme di regioni situate a nord in un dato paese: *il s. d'Italia*. **CONTR.** Meridione, mezzogiorno.

settenviràto ● V. *settemvirato*.

settènviro ● V. *settemviro*.

sètte ottàvi [comp. di *sette* e il pl. di *ottavo*] **loc. sost. m.** ● Giaccone lungo che ricopre di sette ottavi la lunghezza dell'abito che accompagna.

sètter /'sɛtter, *ingl.* 'setə*/ [vc. ingl., da *to set* 'fermare'] **s. m. inv.** ● Cane da ferma di origine inglese, di grossa taglia, elegante, con orecchie pendenti e lungo pelo setoso.

setterème ● V. *settireme*.

setticemìa o †**septicemìa** [comp. di *settic(o)* ed *-emia*] **s. f.** ● (*med.*) Stato morboso infettivo caratterizzato dalla penetrazione e dalla permanenza nel sangue di germi patogeni.

setticèmico **A agg.** (**pl. m.** *-ci*) ● Di, relativo a setticemia. **B agg.**; anche **s. m.** (**f.** *-a*) ● Che, chi è affetto da setticemia.

setticlàvio [comp. di *sette* e di un deriv. del lat. *clāvis* 'chiave', sul modello di *laticlavio*] **s. m.** ● (*mus.*) Complesso delle sette chiavi.

sèttico [vc. dotta, dal lat. *sēpticu(m)*, dal gr. *sēptikós* 'putrefattivo', connesso con *sēpein* 'putrefare'] **agg.** (**pl. m.** *-ci*) ● (*med.*) Relativo a sepsi | Che produce sepsi.

settifórme [vc. dotta, dal lat. tardo (eccl.) *septifōrme(m)*, comp. di *sĕptem* 'sette' e di un deriv. di *fōrma*] **agg.** ● (*raro*, *lett.*) Che ha sette forme, solo nella loc. *la s. grazia dello Spirito Santo*.

sèttile [vc. dotta, dal lat. *sĕctile(m)* 'segato', da *sĕctus*, part. pass. di *secāre* 'tagliare'] **agg.** ● Che è tagliato in lamine, frammenti | *Opera s.*, tecnica di esecuzione di un pavimento consistente nell'adattamento l'uno all'altro di frammenti di marmo di diversa forma e di vari colori.

settilùstre [comp. di *sette* e di un deriv. agg. di *lustro*] **agg.** ● (*raro*, *lett.*) Di sette lustri, cioè di trentacinque anni.

sèttima [f. sost. di *settimo*] **s. f.** ***1*** (*mus.*) Intervallo che abbraccia sette gradi. ***2*** (*sport*) Atteggiamento schermistico: *invito, legamento di s.*

settimàna o †**semmàna** [dal lat. tardo *septimāna(m)*, f. sost. di *septimānus* 'di sette', da *sĕptimus* 'settimo'; calco sul gr. *hebdomás*] **s. f.** ***1*** Periodo di sette giorni, spec. dal lunedì alla domenica successiva: *lavorare tutta la s.*; *la prima s. del mese*; *l'ultima s. di settembre*; *il principio, la fine della s.*; *a metà s.* | *S. corta*, suddivisione dell'orario di lavoro settimanale in cinque giorni anziché in sei | *S. bianca*, quella trascorsa d'inverno in una località di montagna dedicandosi alle attività sciistiche | *S. santa*, quella che precede la domenica di Pasqua | *Essere di s.*, in un lavoro, un servizio, e sim., essere di turno per una settimana | *Servizio di s.*, svolto a turno tra gli ufficiali inferiori e subalterni e tra i sottufficiali | *S. dei tre giovedì*, periodo felice che non verrà mai. ***2*** Salario corrispondente a una settimana di lavoro: *lavorare a s.*; *pagare, riscuotere, la s.* ***3*** (*est.*, *gener.*) Periodo di sette giorni: *starò via circa una s.*; *è una s. che non lo vedo*. ***4*** Gioco di ragazzi. **SIN.** Campana.

settimanàle **A agg.** ● Della settimana, di ogni settimana: *lavoro, orario s.* | *Giornale s.*, che esce una volta la settimana, ebdomadario | *Libro s.*, tascabile a periodicità fissa, come le riviste. || **settimanalménte**, **avv.** Ogni settimana. **B s. m.** ***1*** Periodico che esce ogni settimana: *s. sportivo, per la donna, di moda, di cucina, umoristico* | *S. politico d'informazione*, formula dei più diffusi rotocalchi, che compendiano in uno tutti gli altri generi. ***2*** (*raro*) Settimanile.

settimanalizzazióne [da *settimanale*] **s. f.** ● Pubblicazione da parte di un quotidiano di inserti speciali o rotocalchi che gli fanno assumere le caratteristiche di un settimanale.

settimanìle [forse da *settimana*; nel lat. mediev. *septimanālis* voleva dire anche 'quotidiano', quindi si tratterebbe d'un mobile ove tenere i vestiti di tutti i giorni] **s. m.** ● Piccolo mobile con sette cassetti sovrapposti.

†**settimèstre** [vc. dotta, dal lat. tardo *septemmēstre(m)* 'di sette mesi', da *sĕptem*, sul modello di *bimĕstris* 'bimestre', con sovrapposizione di *settimo*] **agg.** ● (*lett.*) Settimino, nel sign. A.

†**settimìna** [da *settimo*, sul modello di *decina*, ecc.] **s. f.** ● Complesso, serie di sette, o circa sette, unità.

settimìno [da *settimo*] **A agg.**; anche **s. m.** (**f.** *-a*) ● Che, chi è nato al settimo mese di gravidanza: *una bambina settimina*; *spesso i settimini sono delicati*. **B s. m.** ***1*** (*mus.*) Pezzo a sette parti, vocali o strumentali. ***2*** (*region.*) Settimanile.

sèttimo [lat. *sĕptimu(m)*, da *sĕptem* 'sette'] **A agg. num. ord.** ● Corrispondente al numero sette in una sequenza, in una successione, in una classificazione, in una serie (rappresentato da VII nella numerazione romana, da 7° in quella araba): *luglio è il s. mese dell'anno*; *classificarsi s. in una gara*; *Enrico VII*; *papa Gregorio VII*; *il s. giorno Dio si riposò*; *il s. comandamento è: non rubare*; *il s. sacramento è il matrimonio* | *Il s. sigillo*, l'ultimo, dell'Apocalisse, con cui è sigillato il libro del giudizio universale | *Essere al s. cielo*, (*fig.*) essere al colmo della gioia | *S. grado*, nella scala delle difficoltà alpinistiche attualmente in uso ma in continua evoluzione, designa passaggi in arrampicata libera riconosciuti più difficili del tradizionale sesto grado | *Due alla settima*, (*ell.*) elevato alla settima potenza. **B s. m.** (**f.** *-a* nel sign. 2) ***1*** Ciascuna delle sette parti uguali di una stessa quantità: *calcolare i tre settimi di un numero*; *ho avuto un s. dell'eredità*. ***2*** Chi, che viene al settimo posto: *si è classificato s.*; *basta cioccolatini: è il s. che mangi!*

settirème o **setterème** [vc. dotta, dal lat. *septirēme(m)* 'nave a sette ordini di remi', comp. di *sēptem* 'sette' e di un deriv. di *rēmus* 'remo'; calco sul gr. *heptḗrēs*] s. f. ● Presso gli antichi greci e romani, nave a sette ordini di remi.

sètto (1) [vc. dotta, dal lat. *sāeptu(m)* 'recinto, barriera', connesso con *sāepes* 'recinto, siepe'] s. m. *1* (*anat.*) Parete, membrana che divide una cavità dall'altra: *s. nasale*. SIN. Sepimento. ➡ ILL. p. 363, 367 ANATOMIA UMANA. *2* (*zool.*) Lamina membranosa che divide i vari segmenti del corpo degli Anellidi. *3* (*bot.*) Ogni parete che divide un frutto in varie logge. SIN. Sepimento. *4* (*tecnol.*) Elemento, struttura e sim. con funzione di separazione o diaframma.

†**sètto** (2) [dal lat. *sēctu(m)*, part. pass. di *secāre* 'tagliare'] agg. ● (*raro*) Diviso, separato.

settónce [dal lat. *septūnce(m)*, comp. di *sēptem* 'sette' e di un deriv. di *ūncia* 'oncia, porzione'] s. m. o f. inv. ● Modo di piantare gli alberi a dimora disponendoli ai vertici di un triangolo equilatero.

settóre (1) [dal lat. *sectōre(m)* 'tagliatore, settore', da *sēctus*, part. pass. di *secāre* 'tagliare'] **A** s. m. (f. *-trice*) ● (*med.*) Chi pratica la sezione dei cadaveri: *s. anatomico*. **B** in funzione di agg. (f. *-trice*) (posposto al s.) *1* (*med.*) Nella loc. *perito s.*, chi pratica la sezione dei cadaveri per fini legali. *2* (*mat.*) Nella loc. *curva settrice*, V. *settrice*.

settóre (2) [vc. dotta, dal tardo lat. *sectōre(m)*, da *sēctus*, part. pass. di *secāre* 'tagliare'] s. m. *1* (*mat.*) *S. circolare*, parte d'un cerchio compresa in un angolo il cui vertice è nel centro | *S. sferico*, parte di sfera compresa entro un cono circolare il cui vertice è nel centro. *2* Zona, spazio, a forma di settore circolare: *il s. di sinistra, di centro, della Camera dei deputati*. *3* (*est., gener.*) Spazio materialmente o idealmente delimitato: *s. di attacco* | *S. d'azione*, parte di terreno assegnata a un'unità spec. militare come spazio di manovra | *S. di tiro*, spazio angolare entro cui può intervenire un'arma automatica | *S. telefonico*, ciascuna delle aree geografiche in cui è idealmente suddiviso il territorio nazionale agli effetti del servizio telefonico | (*sport*) Nei campi per i giochi della palla, ciascuna delle due parti in cui si schierano i contendenti. *4* (*fig.*) Ramo, sfera, campo di una attività: *il s. della ricerca scientifica, dell'istruzione*; *s. pubblico, privato* | *S. primario*, insieme delle attività economiche produttive agricole | *S. secondario*, insieme delle attività industriali | *S. terziario*, insieme dei servizi.

settoriàle [da *settore* (2)] agg. *1* Che si riferisce a un settore, spec. economico. *2* (*fig.*) Particolare, circoscritto. *3* Nella teleselezione, detto di comunicazione interurbana che si svolge fra abbonati di reti urbane dello stesso settore e la cui tariffa teleselettiva è indipendente dalla distanza. ‖ **settorialménte**, avv. In modo settoriale; per settori.

settorialìsmo [da *settoriale*, con *-ismo*] s. m. ● Tendenza a vedere i problemi particolari, perdendo la visione d'insieme.

settorialìstico [da *settoriale*] agg. (pl. m. *-ci*) ● Ispirato, improntato a settorialismo: *politica settorialistica*.

settorializzazióne [da *settoriale*] s. f. ● Divisione in settori chiusi: *la s. del mercato del lavoro* | Rigida visione settoriale: *evitare la s.*

settorìsta [da *settore* (2), con *-ista*] s. m. (pl. *-i*) ● Funzionario di banca che segue i clienti di alcune categorie economiche affidategli.

settrìce [f. di *settore* (1); V. anche *bisettrice*] s. f.; anche agg. ● In geometria, curva che divide un angolo in parti uguali.

settuagenàrio [vc. dotta, dal lat. tardo *septuagenāriu(m)* 'di settanta anni', da *septuagēni*, num. distr. di *septuagīnta* 'settanta'] agg.; anche s. m. (f. *-a*) ● (*lett.*) Che, chi ha settant'anni di età: *un vecchio s.*; *una settuagenaria molto arzilla*.

settuagèsima [dal lat. tardo (eccl.) *Septuagēsima(m)*, f. sost. di *septuagēsimus* 'settantesimo'] s. f. ● Terza domenica prima di Quaresima, cadente a circa settanta giorni dalla domenica di Pasqua.

settuagèsimo [vc. dotta, dal lat. *septuagēsimu(m)*, num. ord. di *septuagīnta* 'settanta'] agg. num. ord.; anche s. m. ● (*lett.*) Settantesimo.

†**settuplàre** [da *settuplo*] v. tr. ● Settuplicare.

settuplicàre [da *settuplo*, sul modello di *duplicare*] v. tr. (*io settùplico, tu settùplichi*) ● Moltiplicare per sette, accrescere di sette volte: *s. i propri incassi*.

sèttuplo [dal lat. tardo *sēptuplu(m)*, da *sēptem* 'sette', sul modello di *quādruplus* 'quadruplo'] **A** agg. ● Che è sette volte maggiore, relativamente ad altra cosa analoga: *un guadagno s. rispetto al precedente*. **B** s. m. ● Quantità, misura sette volte maggiore: *rendere il s.*

†**severàre** ● V. *sceverare*.

severità [dal lat. *severitāte(m)* 'severità, gravità', da *sevērus* 'severo'] s. f. ● Qualità di chi, di ciò che è severo: *la scuola ora ha perduto la s. di una volta*.

sevèro [lat. *sevēru(m)*, di origine indeur.] agg. *1* Rigorosamente legato a certi principi etici e sociali: *un padre s.*; *una famiglia severa e intransigente*. *2* Alieno dall'indulgenza, dai compromessi, dalle concessioni: *giudice, esaminatore s.* *3* (*est.*) Austero, serio, grave: *aspetto s.*; *uno sguardo severo* | *Studi severi*, eseguiti con il massimo impegno. *4* Sobrio, privo di elementi meramente esornativi, spec. con riferimento alle arti plastiche e figurative: *la severa linearità di un palazzo cinquecentesco*. *5* Rilevante: *l'esercito ha conquistato la posizione subendo severe perdite*. ‖ **severaménte**, avv. Con severità: *guardare qc. severamente*.

sevìzia [vc. dotta, dal lat. *saevĭtia(m)* 'ferocia', da *sāevus* 'crudele'] s. f. ● (*spec. al pl.*) Tormento fisico e morale, tortura crudele: *essere sottoposto a sevizie* | (*fig., scherz.*) Persecuzione psicologica: *non fa che subire sevizie dal capufficio*.

seviziàre v. tr. (*io sevìzio*) ● Usare sevizie, assoggettare a sevizie | Violentare sessualmente | (*fig.*) Maltrattare, tormentare: *il marito la sevizia continuamente*.

seviziatóre s. m. (f. *-trice*) ● Chi sevizia.

sévo (1) [lat. *sēvu(m)* 'sego', variante di *sēbu(m)* (V. *sebo*)] s. m. ● Sego.

†**sèvo** (2) [dal lat. *sāevu(m)* 'crudele', forse di origine indeur.] agg. ● Crudele, spietato.

†**sèvro** ● V. *scevro*.

sex appeal /*ingl.* 'seks ə'pi:l/ [vc. ingl., comp. di *sex* 'sesso' e *appeal* 'richiamo', propriamente 'richiamo del sesso'] loc. sost. m. inv. ● Fascino costituito prevalentemente da fattori erotici.

sex-shop /*ingl.* 'seks ʃɔp/ [vc. ingl., comp. di *sex* 'sesso' e *shop* 'negozio' (dal fr. *eschope*, forma ant. di *échoppe* 'baracchetta', d'origine olandese)] s. m. inv. (pl. ingl. *sex-shops*) ● Negozio in cui si vendono oggetti che riguardano ogni aspetto dell'attività sessuale.

sex symbol /*ingl.* 'seks 'simbəl/ [loc. ingl., propr. 'simbolo (*symbol*) di sesso (*sex*)'] loc. sost. m. inv. (pl. ingl. *sex symbols*) ● Personaggio pubblico, generalmente del mondo dello spettacolo, che per la sua avvenenza fisica e la sua carica sessuale diventa il simbolo erotico di un'epoca, una società, un ambiente: *Rita Hayworth è stato uno dei primi sex symbol del cinema americano*.

sexy /*ingl.* 'seksi/ [agg. ingl. da *sex* 'sesso': propriamente 'erotico, conturbante'] agg. inv. ● Eroticamente conturbante, dotato di sex appeal: *donna, attrice s.*

sezionàle agg. ● Di, relativo a sezione.

sezionaménto s. m. ● Atto, effetto del sezionare.

sezionàre v. tr. (*io sezióno*) *1* Dividere in sezioni. *2* (*med.*) Praticare una sezione. *3* (*elettr.*) Isolare una parte d'un impianto elettrico mediante sezionatori.

sezionàto part. pass. di *sezionare*; anche agg. *1* Nei sign. del v. *2* (*bot.*) Detto di foglia le cui divisioni giungono alla rachide.

sezionatóre [da *sezionare*] s. m. ● (*elettr.*) Apparecchio di manovra negli impianti elettrici che apre e chiude circuiti non percorsi da corrente ma che possono essere in tensione allo scopo di rendere visibile l'avvenuta apertura dei circuiti stessi.

sezionatùra [da *sezionare*] s. f. ● Sezionamento.

sezióne [dal lat. *sectiōne(m)*, da *sēctus*, part. pass. di *secāre* 'tagliare'] s. f. *1* (*med.*) Separazione di organi o tessuti per incisione chirurgica. *2* (*mat.*) Operazione che consiste nel tagliare una figura con una retta o con un piano: *retta, piano di s.* | Risultato di tale operazione | *S. piana*, intersezione con un piano | *S. aurea*, parte d'un segmento che sia media proporzionale fra l'intero segmento e la parte complementare | (*fis.*) *S. d'urto*, area caratteristica delle reazioni atomiche o nucleari proporzionale alla probabilità delle reazioni stesse. *3* In varie tecnologie, figura intercettata da un oggetto sul piano col quale si immagina tagliato, particolarmente utile nel disegno tecnico e architettonico per rappresentare le strutture interne di organi, pezzi, edifici e sim.: *s. longitudinale, s. trasversale, s. frontale* | (*mar.*) *S. maestra*, quella perpendicolare alla sezione longitudinale nel punto di maggior larghezza della nave. *4* (*fig.*) Ripartizione, suddivisione interna attuata in base a precisi criteri, nell'ambito di enti, organizzazioni, istituti, uffici e sim.: *scuola divisa in numerose sezioni*; *la s. C del nostro liceo*; *le sezioni cittadine di un partito*; *sezioni civili e penali del Tribunale* | *S. elettorale*, suddivisione della circoscrizione elettorale. *5* (*mil.*) Unità organica esistente in alcune armi e specialità, corrispondente al plotone | Unità organica di taluni organi dei servizi: *s. di sanità, di commissariato*. *6* Succursale di un'azienda. *7* Parte di una trattazione: *il manuale è diviso in dieci sezioni*.

†**sezzàio** [da †*sezzo*] agg.; anche s. m. (f. *-a*) ● Ultimo: *da i primieri a i sezzai ... / passa il terror* (TASSO).

†**sézzo** [lat. *sētius* 'più tardi', prob. connesso con *sērus* 'tardivo'] agg. ● Ultimo | *Da s.*, in ultimo, alla fine | V. anche †*dassezzo*.

†**sfabbricàre** [da *fabbricare*, con *s-*] v. tr. ● Disfare un fabbricato.

sfaccendàre [da *faccenda*, con *s-* durat.-ints.] v. intr. (*io sfaccèndo*; aus. *avere*) ● Compiere con zelo una serie di lavori diversi, spec. domestici: *sua moglie sfaccenda tutto il giorno*.

sfaccendàto [calco su *affaccendato*, con cambio di pref. (*s-*)] agg.; anche s. m. (f. *-a*) *1* Che, chi non ha lavoro, occupazione e sim. di sorta. *2* Che, chi non ha voglia di lavorare, dedicarsi a q.c. e sim.: *non lavora perché è uno s.* SIN. Fannullone, ozioso, scioperato, sfaticato.

sfaccettàre [da *faccetta*, con *s-*] v. tr. (*io sfaccétto*) ● Faccettare | Fare le faccette alle pietre preziose | (*fig.*) *S. un argomento, una questione*, e sim., considerarli sotto diversi aspetti e punti di vista.

sfaccettàto part. pass. di *sfaccettare*; anche agg. *1* Nei sign. del v. *2* (*fig.*) Che si presenta sotto molteplici aspetti.

sfaccettatùra s. f. ● Atto, effetto dello sfaccettare | Parte sfaccettata.

sfacchinàre [da *facchino*, con *s-*] v. intr. (aus. *avere*) ● Fare un lavoro faticoso, pesante, come quello di un facchino: *per sistemare la casa ha sfacchinato un mese*.

sfacchinàta [da *facchinata*, con *s-*] s. f. ● Lavoro fisicamente affaticante | (*est.*) Lavoro, compito, faticoso.

†**sfacciaménto** [da un ant. *sfacciare*, da *faccia*, con *s-*] s. m. ● Sfacciataggine.

sfacciàre [da *faccia* nel sign. 3] v. tr. (*io sfàccio*) ● (*raro*) Sfaccettare.

sfacciatàggine s. f. ● Qualità di chi, di ciò che è sfacciato | Azione sfacciata.

sfacciatézza s. f. ● (*raro*) Sfacciataggine.

sfacciàto [da *faccia*, con *s-*] **A** agg.; anche s. m. (f. *-a*) ● Che, chi non ha modestia, ritegno, pudore: *ragazzo, discorso s.* SIN. Impudente, sfrontato. **B** agg. *1* Vistoso, chiassoso: *abbigliamento, colore s.* *2* Detto di cavallo che presenta una macchia bianca sulla fronte e sulla faccia. ‖ **sfacciatàccio**, pegg. | **sfacciatèllo**, dim. | **sfacciatóne**, accr. ‖ **sfacciataménte**, avv. Da sfacciato, sfrontatamente.

sfacciatóre [da *sfacciare*] s. m. ● (*tecnol.*) Intestatore.

sfacciatùra [da *sfacciare*] s. f. ● (*tecnol.*) Intestatura.

sfacèlo [vc. dotta, dal gr. *sphákelos* 'cancrena', forse di origine indeur.] s. m. *1* Dissoluzione necrotica di un organo o di un membro | Gangrena umida. *2* (*fig.*) Disfacimento, rovina: *abitazione in s.*; *lo s. di una famiglia*.

sfaciménto [da *disfacimento*] s. m. ● (*raro*) Disfacimento.

sfagiolàre [da *fagiolo* 'favore, voto favorevole (?)', con *s-*] v. intr. (*io sfagiòlo*; aus. *essere*) ● (*fam.*) Andare a genio, piacere: *quel tizio non mi* *sfagiola.*

sfagliàre (1) o **fagliàre** [dallo sp. *fallar* 'scartare' nel gioco delle carte, der. di *falla* 'carenza, difetto', con *s-* ints.] v. tr. e intr. (*io sfàglio*; aus. *avere*) ● Nel gioco, disfarsi di una carta, scartare: *s. un fante*; *s. a cuori.*

sfagliàre (2) [da *sfagliare* (*1*), per analogia con *scartare* (V.)] v. intr. (*io sfàglio*; aus. *avere*) ● Fare uno scarto improvviso, detto di animale.

sfàglio (1) o **fàglio** [da *sfagliare* (*1*)] s. m. ● Atto dello scartare al gioco | Carte sfagliate, scarto.

sfàglio (2) [da *sfagliare* (*2*)] s. m. ● Scarto veloce e imprevedibile di un cavallo adombrato, un animale selvatico e sim.

sfagnéto [da *sfagno*] s. m. ● (*bot.*) Tipo di vegetazione formato da sfagni.

sfàgno [dal lat. *sphăgnu(m)* 'stagno', dal gr. *sphágnos*, di origine prob. indeur.] s. m. ● (*bot.*) Briofita con ramificazioni regolari, foglioline prive di nervature, colore verde biancastro.

sfàlcio [da *falciare*, con *s-*] s. m. ● Taglio delle colture da foraggio, degli erbai: *primo, secondo s.*

sfàlda [da *falda*, con *s-*] s. f. ● (*raro*) Falda che si separa facilmente dal resto.

sfaldàbile agg. ● Che si può sfaldare.

sfaldaménto s. m. ● Atto, effetto dello sfaldare o dello sfaldarsi.

sfaldàre [da *falda*, con *s-*] **A** v. tr. ● Dividere in falde. **B** v. intr. pron. *1* Dividersi in falde. *2* (*fig.*) Disgregarsi, scomporsi.

sfaldatùra s. f. *1* Sfaldamento. *2* Proprietà di molti cristalli di rompersi, secondo superfici piane, parallele a facce del cristallo.

sfaldellàre [da *faldella*, con *s-*] v. tr. (*io sfaldèllo*) ● Disfare in faldelle lana, ovatta e sim.

†**sfallàre** [da *fallare*, con *s-* ints.] v. tr. e intr. ● (*raro*) Fallare.

†**sfallìre** [da *fallire*, con *s-* ints.] v. tr. e intr. ● (*raro*) Fallire.

sfalsaménto s. m. ● Atto, effetto dello sfalsare.

sfalsàre [da *falso*, con *s-*] v. tr. *1* Disporre due o più oggetti verticalmente od orizzontalmente in modo che non risultino allineati: *s. i piani di un armadio.* *2* Deviare, scansare: *s. i colpi dell'avversario*; *s. il tiro.*

sfamàre [da *fame*, con *s-*] **A** v. tr. ● Levare, placare la fame: *il pranzo non lo sfamò.* **B** v. rifl. ● Levarsi la fame, saziarsi: *non ha neppure da sfamarsi.*

†**sfanfanàre** [da *fanfano* (*1*), con *s-*] v. tr. e intr. pron. ● (*raro*) Consumare, disfare.

sfangaménto [da *sfangare*] s. m. ● Operazione consistente nell'asportare dal minerale utile le parti terrose o argillose che vi aderiscono.

sfangàre [da *fango*, con *s-* estratt.] **A** v. tr. (*io sfàngo, tu sfànghi*) *1* †Nettare, tergere dal fango. *2* (*fig., fam.*) *Sfangarla, sfangarsela*, cavarsela, riuscire a sottrarsi a un pericolo, una difficoltà, un lavoro non desiderato e sim. *3* Sottoporre i minerali a sfangamento. **B** v. intr. (aus. *essere* o *avere*) ● (*raro*) Uscire dal fango.

sfangatóre s. m. ● Operaio di miniera che sfanga i minerali.

sfàre [da *fare*, con *s-*] v. tr. e intr. pron. (pres. *io sfàccio* o *sfo* /sfɔ*/, *tu sfài*; anche nelle altre forme coniug. come *fare*) ● Disfare.

sfarfallaménto (1) [da *sfarfallare* (*1*)] s. m. ● (*zool.*) Modo e atto dello sfarfallare, dell'uscire dal bozzolo.

sfarfallaménto (2) [da *sfarfallare* (*2*)] s. m. *1* Variazione ritmica di luminosità dell'immagine cinematografica o televisiva | Tremolio nella luce delle lampade elettriche spec. fluorescenti. *2* Sfarfallamento di valvole o ruote.

sfarfallàre (1) [da *farfalla*, con *s-* estrattivo-ints.] v. intr. (aus. *avere*) ● Uscire dal bozzolo, detto della crisalide divenuta farfalla.

sfarfallàre (2) [da *farfalla*, con *s-* durativo-ints.] v. intr. (aus. *avere*) *1* Volare qua e là come una farfalla. *2* (*est., fig.*) Mostrare incostanza, leggerezza, nei sentimenti, nelle occupazioni, e sim.: *sfarfalla da un'amicizia all'altra.* *3* (*est.*) Commettere errori grossolani, fare sfarfalloni. *4* Provocare un effetto di sfarfallio, detto di proiettori cinematografici, lampade fluorescenti e sim.

sfarfallàto part. pass. di *sfarfallare* (*1*); anche agg. *1* Nel sign. del v. *2* Detto di bozzolo forato per la fuoriuscita della farfalla.

sfarfallatùra [da *sfarfallare* (*1*)] s. f. ● Sfarfallamento (1).

sfarfallìo [da *sfarfallare* (*2*)] s. m. *1* Atto dello sfarfallare continuo. *2* Sfarfallamento (2).

sfarfallóne [da *farfallone* (*2*), con *s-*] s. m. ● (*fam.*) Grosso sproposito, grave errore.

sfarinàbile agg. ● Che si può sfarinare.

sfarinaménto s. m. ● Atto dello sfarinare o dello sfarinarsi.

sfarinàre [da *farina*, con *s-*] **A** v. tr. ● Ridurre in farina: *s. il frumento* | (*est.*) Ridurre in polvere simile a farina. **B** v. intr. e intr. pron. (aus. intr. *avere*) *1* Ridursi in farina, in polvere simile a farina. *2* (*fig., merid.*) Disgregarsi, scomporsi.

sfarinàto A part. pass. di *sfarinare*; anche agg. *1* Nei sign. del v. *2 Pere, mele sfarinate*, che non reggono al dente, scipite e slavate. **B** s. m. ● (*spec. al pl.*) Alimenti ridotti in farina.

sfàrzo o **sfàrẓo** [dal nap. *sfarzo* 'vanto bugiardo', da *sfarzare*, risalente allo sp. *disfrazar* 'travestire, truccare', di etim. incerta] s. m. ● Grande sfoggio di ricchezze, lusso appariscente: *un ricevimento pieno di s.*; *palazzo addobbato con s.*; *uno s. di luci.* || **sfarzàccio**, pegg.

sfarzosità o **sfarẓosità** s. f. ● Qualità di ciò che è sfarzoso | Ostentazione di sfarzo.

sfarzóso o **sfarẓóso** agg. ● Pieno di sfarzo, fatto con sfarzo: *apparato s.* || **sfarzosétto**, dim. || **sfarzosaménte**, avv. Con sfarzo: *illuminare sfarzosamente.*

sfaṣaménto [da *sfasare*] s. m. *1* (*elettr.*) Differenza di fase tra due grandezze alternate di ugual periodo. *2* (*fig., fam.*) Stato di disorientamento, di confusione: *un periodo di s.*

sfaṣàre [da *fase*, con *s-*] v. tr. *1* (*elettr.*) Assegnare alla differenza di fase fra due grandezze alternative valori diversi da zero. *2* (*fig., fam.*) Disorientare.

sfaṣàto part. pass. di *sfasare*; anche agg. *1* Nei sign. del v. *2* Che è fuori fase, detto di motore. *3* (*fig., fam.*) Che non sa adeguare le proprie azioni alle necessità del momento e appare disorientato e stordito: *essere, sentirsi, apparire, s.*

sfaṣatùra s. f. ● Sfasamento.

sfasciacarròzze [comp. di *sfascia(re)* (*2*) e il pl. di *carrozza*] s. m. inv. ● (*centr.*) Chi acquista vecchie automobili per smontarle e rivenderne le parti utilizzabili. SIN. Demolitore.

sfasciaménto s. m. ● Modo, atto dello sfasciare o dello sfasciarsi, nei sign. di *sfasciare* (*2*).

sfasciàre (1) [da *fasciare*, con *s-*] v. tr. (*io sfàscio*) ● Levare dalle fasce: *s. un bambino* | Disfare la fasciatura: *s. una ferita.*

sfasciàre (2) [da *fascio*, con *s-* sottratt.-neg.] **A** v. tr. (*io sfàscio*) *1* Rompere, sconquassare: *s. una porta, una sedia* | (*fig.*) Mandare in rovina, dissolvere. *2* Smantellare, abbattere mura, opere di fortificazione. **B** v. intr. pron. *1* Rompersi, sconquassarsi. *2* (*fig.*) Andare in rovina, crollare, dissolversi. *3* Perdere la snellezza, l'agilità del corpo, detto spec. di donna: *dopo il parto si è sfasciata.*

sfasciàto part. pass. di *sfasciare* (*2*); anche agg. *1* Nei sign. del v.: *mobile s.*; *corpo s.* *2* (*fig.*) Che si è disgregato, si è dissolto o è andato in rovina: *una famiglia sfasciata*; *un grande impero ormai s.*

sfasciatùra s. f. ● Atto dello sfasciare, nel sign. di *sfasciare* (*1*).

sfascicolàre [da *fascicolo*, con *s-*] v. tr. (*io sfascìcolo*) ● Scomporre un libro, un quaderno, e sim. nei fascicoli da cui è formato.

sfàscio [da *sfasciare* (*2*)] s. m. ● Sfacelo, rovina totale: *il paese è allo s.*

sfascìṣmo [da *sfasciare*] s. m. ● (*polit.*) Atteggiamento negativo di chi, in un periodo di crisi istituzionale, politica e morale di uno Stato, ne favorisce o ne accelera la disgregazione.

sfascista A s. m. e f. (pl. m. *-i*) ● Chi favorisce, alimenta lo sfascismo. **B** anche agg.: *atteggiamento, politicante s.*

sfasciùme [da *sfasciare* (*2*)] s. m. *1* Insieme di cose sfasciate | Insieme di rottami | (*fig., spreg.*) Sfacelo. *2* (*fig.*) Persona dal corpo sfiorito, cascante. *3* (*geol.*) Ammasso incoerente di terriccio derivato dalla disgregazione di pareti rocciose che si accumula alla base di queste: *s. morenico.*

sfataménto s. m. ● (*raro*) Atto dello sfatare.

sfatàre [da *fatare*, con *s-*] v. tr. *1* (*raro*) Togliere l'incantesimo. *2* (*est.*) Dimostrare inattendibile, inconsistente, ciò in cui si credeva: *s. una leggenda, una diceria.*

sfaticàre [da *faticare*, con *s-*] v. intr. (*io sfatìco, tu sfatìchi*; aus. *avere*) ● (*tosc.*) Affaticarsi molto, fare gran fatica.

sfaticàto (1) [da *fatica*, con *s-*] agg.; anche s. m. (f. *-a*) ● Che, chi non ha voglia di lavorare. SIN. Fannullone, ozioso, scioperato, sfaccendato.

sfaticàto (2) part. pass. di *sfaticare*; anche agg. ● Nel sign. del v.

sfàtto part. pass. di *sfare*; anche agg. *1* Nel sign. del v. *2* Troppo cotto: *minestra sfatta* | Troppo maturo: *frutta sfatta.* *3* Di persona, appesantita, avvizzita, nel corpo.

sfavillaménto s. m. ● Atto dello sfavillare.

sfavillànte part. pres. di *sfavillare*; anche agg. ● Nei sign. del v. || **sfavillanteménte**, avv.

sfavillàre [da *favilla*, con *s-*] **A** v. intr. (aus. *avere*) *1* Mandare faville: *le fiamme sfavillano* | (*est.*) Risplendere di luce intensa: *il diamante sfavilla.* *2* (*fig.*) Mostrare intensamente un sentimento: *il suo viso sfavilla di gioia.* **B** v. tr. ● (*raro, lett.*) Dardeggiare (*anche fig.*): *s. ardore, amore.*

sfavillìo s. m. ● Atto dello sfavillare continuo.

sfavóre [da *favore*, con *s-*] s. m. ● Contrarietà, disfavore | *A s. di, in s. di*, a danno, a svantaggio.

sfavorévole [da *favorevole*, con *s-*] agg. ● Non favorevole, contrario, avverso: *opinione, giudizio, voto, s.* | Negativo: *risposta s.* CONTR. Favorevole. || **sfavorevolménte**, avv.

sfavorìre [da *favorire*, con *s-*] v. tr. (*io sfavorìsco, tu sfavorìsci*) ● Non favorire.

sfebbràre [da *febbre*, con *s-*] v. intr. (*io sfèbbro*; aus. *essere*) ● Cessare di avere la febbre: *entro una settimana sfebbrerà.*

sfebbràto part. pass. di *sfebbrare*; anche agg. ● Nel sign. del v.

Sfècidi o **Sfègidi** [dal gr. *sphḗx*, genit. *sphēkós* 'vespa', di etim. incerta] s. m. pl. ● Nella tassonomia animale, famiglia di Insetti degli Imenotteri aculeati, alati, che nutrono le loro larve con prede che hanno prima paralizzate (*Sphecidae*) | (al sing. *-e*) Ogni individuo di tale famiglia.

sfederàre [da *federa*, con *s-*] v. tr. (*io sfèdero*) ● (*raro, tosc.*) Togliere dalle federe: *s. i cuscini.*

sfegatàrsi [da *fegato*, con *s-*] v. intr. pron. (*io mi sfégato*) ● Adoperarsi in ogni modo, con fatica, sforzi, e sim. per la riuscita di q.c.: *non sfegatarti tanto per difenderlo.*

sfegatàto A part. pass. di *sfegatarsi*; anche agg. *1* Nel sign. del v. *2* Appassionato, sviscerato: *amore s.* | Incallito: *è un giocatore s.* || **sfegataménte**, avv. In modo sfegatato, svisceratamente. **B** s. m. (f. *-a*) ● (*fam.*) Persona impetuosa, violenta, irriflessiva.

Sfègidi ● V. *Sfecidi.*

sfeltràre [da *feltro*, con *s-*] v. tr. (*io sféltro*) ● Raddrizzare le fibre della lana cardata, prima di pettinarla.

sfeltratùra s. f. ● Atto, effetto dello sfeltrare.

sfemminellatùra [da *femminella*, con *s-*] s. f. ● Asportazione della femminella, o germogli secondari, dalla vite.

sfènda [retroformazione di *sfendone* (?)] s. f. ● Sfendone.

†**sfèndere** e *deriv.* ● V. *fendere* e *deriv.*

sfendóne [vc. dotta, dal gr. *sphendónē* 'fionda, benda', di etim. incerta] s. m. ● Striscia o nastro di tessuto ricamato usato dalle donne greche nell'antichità, per ornare e raccogliere i capelli. SIN. Sfenda.

Sfenisciformi [comp. del gr. *sphēnískos* (dim. di *sphḗn* 'cuneo', d'origine incerta) e del pl. di *-forme*, detti così per il loro aspetto] s. m. pl. ● Nella tassonomia animale, ordine di Uccelli marini, tuffatori, con ali corte atte al nuoto, non al volo, becco lungo, piedi palmati, posizione quasi eretta (*Sphenisciformes*). SIN. Impenni | (al sing. *-e*) Ogni individuo di tale ordine.

sfenodónte [comp. del gr. *sphḗn*, genit. *sphēnós* 'cuneo' (V. *sfenoide*) e *-odonte*] s. m. ● (*zool.*) Specie di enorme lucertola, appartenente all'ordine dei Rincocefali, con una cresta longitudinale sul dorso e sulla coda formata da protuberanze spinose (*Sphenodon punctatum*).

sfenoidàle [da *sfenoide*, sul modello del fr. *sphénoïdal*] agg. ● (*anat.*) Relativo allo sfenoide.

sfenòide [vc. dotta, dal gr. *sphēnoeidḗs* 'cuneiforme', comp. di *sphḗn*, genit. *sphēnós* 'cuneo' e *-eidḗs* '-oide'] s. m. *1* (*anat.*) Osso impari mediano della base del cranio, tra l'etmoide e l'occipite. *2* (*miner.*) Forma cristallina costituita di 2 facce a cuneo.

sfèra [vc. dotta, dal lat. *sphǣra(m)*, dal gr. *sphâira*, di origine indeur.] s. f. *1* (*mat.*) Luogo dei punti dello spazio che, da un punto fisso, detto centro, hanno distanza non superiore a un numero dato, detto raggio | Luogo dei punti che in uno spazio hanno distanza costante da un punto dato | Spazio topologico omeomorfo a una sfera. *2* (*est.*) Corpo, oggetto, strumento, a forma di sfera: *s. di metallo* | *S. di cristallo*, usata dagli indovini per prevedere il futuro | *S. di cuoio*, (*ass.*) *sfera*, nel calcio, il pallone | *S. armillare*, in astronomia, strumento usato per spiegare i moti apparenti del sole e degli astri | *A s.*, sferico | *Penna a s.*, in cui il pennino è costituito da una sfera di materiale vario, cui affluisce un inchiostro particolare denso e pastoso | *Cuscinetto a sfere*, tipo di cuscinetto a rotolamento, che contiene piccole sfere d'acciaio | (*est.*) Formazione sferica | *S. celeste*, quella che idealmente ci circonda e nella quale abbiamo l'impressione che avvengano i fenomeni celesti | (*biol.*) *Apparato della s.*, insieme di formazioni endocellulari particolarmente evidenti al momento della divisione cellulare. *3* Parte dell'ostensorio comprendente vari elementi simbolici. *4* (*dial.*) Lancetta di orologio. *5* (*fig.*) Condizione, grado sociale: *fare parte di una s. elevata*; *essere nelle alte sfere*. *6* (*fig.*) Ambito, campo, settore: *s. d'azione*; *nella s. delle idee*; *ciò va oltre la mia s. di attività* | *S. d'influenza*, territorio sul quale si riconosce che uno Stato eserciti la propria predominante influenza politica, economica e militare; (*fig.*) limite entro il quale si esercita l'influenza o il potere di una persona, un partito, un ente e sim. | *S. sessuale*, insieme degli elementi psichici relativi al sesso. || **sferétta**, dim. | **sfericciuòla**, dim.

†**sferàle** [vc. dotta, dal lat. tardo *sphaerāle(m)* 'sferico', da *sphǣra* 'sfera'] agg. ● (*raro*) Sferico.

Sferiàli [vc. scient. moderna, dal gr. *sphâira* 'sfera'] s. m. pl. ● Nella tassonomia vegetale, ordine di Funghi degli Ascomiceti con corpo fruttifero rotondo, per la maggior parte parassiti o saprofiti (*Sphaeriales*) | (al sing. *-e*) Ogni individuo di tale ordine.

sfericità s. f. ● Qualità di ciò che è sferico | Forma di sfera.

sfèrico [vc. dotta, dal lat. tardo *sphǣricu(m)*, dal gr. *sphairikós*, da *sphâira* 'sfera'] agg. (pl. m. *-ci*) *1* Proprio della sfera: *forma sferica* | *Astronomia sferica*, parte dell'astronomia che studia le posizioni e i moti dei corpi celesti sulla sfera celeste apparente. *2* A forma di sfera | *Lente sferica*, avente per facce delle porzioni di superficie sferica. || **sfericaménte**, avv. In maniera sferica.

sferire [da *infierire*, con cambio di pref. (*s-*)] v. tr. (*io sferisco, tu sferisci*) ● (*mar.*) Togliere ciò che è inferito: *s. le vele*.

sferistèrio [vc. dotta, dal lat. *sphaeristēriu(m)*, dal gr. *sphairistḗrion* 'luogo per il gioco della palla', da *sphairistḗs* 'giocatore', da *sphâira* 'palla'] s. m. ● Luogo attrezzato per lo svolgimento del gioco del pallone a bracciale, del tamburello, della pelota e sim.

sferoidàle agg. ● Che ha forma di sferoide.

sferòide [vc. dotta, dal lat. *sphaeroīde(m)*, dal gr. *sphairoeidḗs* 'sferoide', da *sphâira* 'sfera' con *-eidḗs* '-oide'] s. m. ● Solido approssimativamente sferico.

sferolite o (*raro*) **sferulite** [comp. di *sfer(a)* e *-lite*] s. f. ● (*miner.*) Aggregato tondo di uno o più minerali a struttura fibroso-concentrica, depositato da una soluzione in una roccia diversa, in genere vulcanica o sedimentaria.

sferòmetro [comp. di *sfera* e *-metro*] s. m. ● Strumento per la misura del raggio di curvatura di superfici sferiche di solidi, spec. delle lenti.

sferoscòpio [comp. di *sfera* e *-scopio*] s. m. ● (*fis.*) Strumento usato per identificare gli astri.

sfèrra [da *sferrare*] s. f. ● Ferro rotto o vecchio, tolto dallo zoccolo del cavallo.

sferracavàllo [comp. di *sferra(re)* e *cavallo*] s. m. ● (*bot.*) Pianta erbacea delle Papilionacee a foglie composte e fiori gialli con lungo peduncolo, così chiamata per il legume a siliqua a forma di ferro di cavallo (*Hippocrepis comosa*).

sferragliaménto s. m. ● Atto dello sferragliare | Suono prodotto sferragliando.

sferragliàre [da *ferraglia*, con *s-*] v. intr. (*io sferràglio*; aus. *avere*) ● Produrre un forte rumore di ferri smossi.

sferràre [da *ferro*, con *s-*] **A** v. tr. (*io sfèrro*) *1* Togliere i ferri dai piedi di cavalli, e sim. *2* Liberare dai ferri, dalle catene, chi è imprigionato: *sferrare i prigionieri* | †Togliere i ceppi ai galeotti che stanno al remo. *3* (*fig.*) Tirare, lanciare, con forza: *s. un calcio, un assalto*. *4* †Togliere un ferro, spec. un'arma da taglio, da dove è confitto: *sferrarsi una spada dal petto*. *5* (*mar.*, *ass.*) Perdere violentemente la ritenuta, detto delle ancore. **B** v. intr. pron. *1* Perdere, togliersi i ferri dai piedi, detto di cavalli e sim. *2* (*raro*) Liberarsi dai ferri, dalle catene. *3* Avventarsi, scagliarsi, con impeto: *sferrarsi contro qc.*; *un bello e orribile / mostro si sferra* (CARDUCCI).

sferràto part. pass. di *sferrare*; anche agg. ● Nei sign. del v.

sferratùra s. f. ● Atto dello sferrare, spec. cavalli e sim.

sferruzzàre [da *ferro* (*da maglia*), con *s-* e suff. vezz.-iter.] v. intr. (aus. *avere*) ● Lavorare alacremente a maglia coi ferri.

sfèrula [vc. dotta, lat. *sphǣrula(m)* dim. di *sphǣra* 'sfera'] s. f. ● (*lett.*) Piccola sfera. || **sferulétta**, dim.

sferulite ● V. *sferolite*.

sfervoràto [da *infervorato*, con cambio di pref. (*s-*)] agg. ● (*raro*) Che non ha più fervore, entusiasmo.

sfèrza o **fèrsa** (2), **fèrza** [da *sferzare*] s. f. *1* Frusta: *un colpo di s.* *2* (*fig.*) Ciò che colpisce violentemente, come una sferza: *la s. del caldo, del sole* | (*est.*) Censura, acerba riprensione: *la s. del maestro, della critica*.

sferzànte part. pres. di *sferzare*; anche agg. ● Nei sign. del v. (*spec. est. o fig.*): *un vento s.*; *una critica s.*

sferzàre [etim. incerta] v. tr. (*io sfèrzo*) *1* Battere con la sferza | (*est.*) Colpire con violenza: *le onde sferzavano la riva*. *2* (*fig.*) Riprendere, biasimare aspramente | (*fig.*) Incitare, pungolare.

sferzàta s. f. *1* Colpo di sferza. *2* (*fig.*) Critica, detto mordace, pungente | (*fig.*) Energico stimolo. || **sferzatina**, dim.

sferzàto part. pass. di *sferzare* ● (*raro*) Nei sign. del v.

sferzatóre s. m.; anche agg. (f. *-trice*) ● (*raro*) Chi, che sferza.

sferzìna [da *sferza*] s. f. ● (*mar.*) Corda di canapa scelta, ben torta, che serve a tirare lo strascico del gran sacco di rete e ai lavori di tonneggio e di rimorchio.

sferzino [da *sferza*] s. m. ● Sverzino.

sfèrzo [da *ferzo*, con *s-*] s. m. ● (*mar.*) Ferzo | Copertura di tela usata per proteggere materiali e sim. in coperta.

sfessàre [comp. parasintetico di *fesso* (*3*) col pref. *s-*] v. tr. (*io sfésso*) ● (*dial.*) Indebolire, stancare, fiaccare.

sfessàto part. pass. di *sfessare*; anche agg. ● Nel sign. del v.

sfiaccolàggine s. f. ● (*raro*, *tosc.*) Qualità di chi è sfiaccolato.

sfiaccolàre [da *fiaccolare* (V.), con *s-* durat.-ints.] v. intr. (*io sfiàccolo*; aus. *avere*) ● Risplendere vivamente, fare una fiamma troppo grande, detto di lumi, candele e sim.

sfiaccolàto [da *fiacco*, con *s-*, sul modello di *dinoccolato*] agg. ● (*raro*, *tosc.*) Che mostra stanchezza nel camminare, nel muoversi, e sim.

sfiammàre [da *fiamma*, con *s-*] **A** v. tr. ● Attenuare, togliere l'infiammazione. **B** v. intr. (aus. *avere*) ● Consumarsi in fiamma, fare molta fiamma bruciando. **C** v. intr. pron. ● Attenuarsi, mitigarsi, detto di infiammazione: *la ferita va sfiammandosi*.

sfiancaménto s. m. ● Atto dello sfiancare o dello sfiancarsi | Dilatazione.

sfiancàre [da *fianco*, con *s-*] **A** v. tr. (*io sfiànco, tu sfiànchi*) *1* Rompere nei fianchi, nelle parti laterali: *la piena sfiancò gli argini*. *2* (*est.*) Spossare, affaticare, togliere ogni forza: *la lunga marcia ci ha sfiancati*. *3* Segnare marcatamente con un incavo il punto della vita. SIN. Sciancrare. **B** v. intr. pron. *1* Rompersi nei fianchi: *la nave si è sfiancata*. *2* (*est.*) Cedere per troppo sforzo: *gli si è sfiancato il cuore dal dolore*.

†**sfiancatìvo** agg. ● (*raro*) Atto a sfiancare.

sfiancàto part. pass. di *sfiancare*; anche agg. *1* Nei sign. del v. *2* Detto di animale che presenta il fianco infossato, incordato e serrato nello stesso tempo.

sfiataménto s. m. ● Atto dello sfiatare o dello sfiatarsi.

sfiatàre [da *fiatare*, con *s-*] **A** v. intr. (aus. *avere* nel sign. 1, *avere* e *essere* nel sign. 2) *1* Mandare fuori fiato, vapori, e sim.: *l'animale sfiata per la fatica*. *2* Sfuggire da un'apertura naturale o artificiale, detto di vapori, gas, e sim.: *il vecchio fucile sfiata*; *il gas sfiata dalla tubazione*. **B** v. intr. pron. *1* Perdere il timbro, detto di strumenti musicali. *2* (*fam.*) Perdere il fiato a parlare, gridare: *ci sfiatammo a chiamarlo*. **C** v. tr. ● †Soffiare, emettere fiato.

sfiatàto part. pass. di *sfiatare*; anche agg. *1* Nei sign. del v. *2* (*fam.*) Senza voce: *cantare s.*

sfiatatóio [da *sfiatare*] s. m. *1* Dispositivo di cui possono essere muniti serbatoi, tubazioni, macchine, gallerie e sim. che serve a lasciare sfuggire all'esterno aria, gas o vapori indesiderati. SIN. Sfiato. *2* (*zool.*) Apertura singola o doppia sulla parte dorsale del capo dei cetacei, corrispondente alle narici e con funzione prevalentemente respiratoria, da cui vengono emessi getti di vapore che, condensandosi, simulano uno zampillo d'acqua.

sfiatatùra s. f. *1* Sfiatamento. *2* Apertura da cui sfiatano gas, vapori e sim.

sfiàto [da *sfiatare*] s. m. ● Sfiatatoio.

sfibbiaménto s. m. ● (*raro*) Atto dello sfibbiare o dello sfibbiarsi.

sfibbiàre [lat. tardo *exfibulāre*, da *fībula* 'fibbia', con *ĕx-* (*s-*)] v. tr. (*io sfìbbio*) ● Aprire, slacciare sciogliendo la fibbia o le fibbie: *s. un abito*; *sfibbiarsi le scarpe*.

sfibbiàto part. pass. di *sfibbiare*; anche agg. ● (*raro*) Nel sign. del v.

sfibbiatùra s. f. ● (*raro*) Sfibbiamento.

sfibraménto s. m. ● Atto, effetto dello sfibrare o dello sfibrarsi.

sfibrànte part. pres. di *sfibrare*; anche agg. ● Nei sign. del v.

sfibràre [da *fibra*, con *s-*] **A** v. tr. *1* Privare delle fibre vegetali tessuti, carta e sim.: *s. il legno*. *2* (*est.*) Indebolire, svigorire, la fibra di un organismo: *il lavoro lo sfibra*. **B** v. intr. pron. ● Logorarsi, ridursi allo stremo.

sfibràto part. pass. di *sfibrare*; anche agg. *1* Nei sign. del v. *2* Spossato, privo di energia.

sfibratrìce s. f. ● Macchina per la sfibratura.

sfibratùra s. f. ● Operazione industriale dello sfibrare tessuti vegetali.

†**sficcàre** [da *ficcare*, con *s-*] v. tr. e intr. pron. ● (*raro*) Sconficcare | Distogliersi: *tanto più vi si ferma e affligge, e con più fatica si sficca* (ALBERTI).

sfida [da *sfidare* (*1*)] s. f. *1* Invito a battersi con le armi o a misurarsi in una gara, spec. sportiva: *mandare, lanciare, la s.*; *accettare, rifiutare, la s.* | *Cartello, lettera, di s.*, che contiene una sfida | (*fig.*) Provocazione: *sguardo, parole, di s.* | (*fig.*) Atteggiamento competitivo, rifiuto di sottomissione verso qc. o q.c.: *la s. dell'Europa verso gli Stati Uniti*. *2* (*sport*) Nel pugilato, incontro valevole per l'assegnazione di un titolo.

†**sfidaménto** s. m. ● Sfida.

sfidànte **A** part. pres. di *sfidare* (*1*); anche agg. ● Nei sign. del v. **B** s. m. e raro f. ● Chi sfida qc., con le armi o in una gara sportiva: *lo s. e lo sfidato* | Nel pugilato, atleta cui è stato riconosciuto il diritto di incontrare il detentore di un titolo.

†**sfidànza** [da †*fidanza*, con *s-*] s. f. ● Sfiducia.

sfidàre (1) [da (*di*)*sfidare* (*1*)] **A** v. tr. *1* Invitare un avversario a battersi con le armi o a misurarsi in una gara, spec. sportiva: *s. qc. a duello, a battaglia, a poker, alla corsa*; *ti sfido a chi arriva primo laggiù*; †*s. qc. di morte*. *2* (*est.*) Incitare qc. a dire, fare e sim. q.c. che si ritiene impossibile, non corrispondente alla realtà e sim.: *ti sfido a presentarmi le prove di quanto dici*; *vi sfido a fare quello che faccio io* | (*fam.*, *ass.*) *Sfido!*, *Sfi-*

do io!, *Sfido che ...*, escl. che sottolineano l'ovvietà di un dato fatto: *sfido che sei stanco! Non ti riposi mai.* **3** (*fig.*) Affrontare con coraggio: *s. il pericolo, la morte, la tempesta, la furia degli elementi.* **4** †Disanimare, togliere fiducia. **B** v. rifl. rec. ● Mandarsi la sfida, chiamarsi l'un l'altro a misurarsi con le armi o in una gara: *sfidarsi a duello*; *i due campioni si sono sfidati.*

†**sfidàre** (**2**) [da *fidare*, con *s-*] v. intr. e intr. pron. ● (*raro*) Diffidare.

†**sfidatézza** [da *fidatezza*, con *s-*] s. f. ● Diffidenza.

sfidàto (**1**) **A** part. pass. di *sfidare* (*1*); anche agg. ● Nei sign. del v. **B** s. m. (f. *-a*) ● Chi ha ricevuto una sfida: *lo sfidante e lo s.*

sfidàto (**2**) [da *sfidare* (*2*)] agg. ● (*tosc.*) Diffidente.

sfidatóre [da *sfidare* (*1*)] s. m.; anche agg. (f. *-trice*) ● (*lett.*) Sfidante.

sfidùcia [da *fiducia*, con *s-*] s. f. (pl. *-cie*) ● Mancanza di fiducia, opinione sfavorevole sulle proprie o altrui capacità e sim.: *avere s. in qc.*; *nutrire s. per qc. o per q.c.*; *guardare a un'impresa con s.*; *esprimere la propria s.* | *Voto di s.*, quello con cui il Parlamento fa cadere il Governo. CONTR. Fiducia.

sfiduciàre [da *fiducia*, con *s-* sottratt.] **A** v. tr. (*io sfidùcio*) **1** Privare della fiducia. SIN. Avvilire, scoraggiare. **2** (*polit.*) Votare la sfiducia al governo. **B** v. intr. pron. ● Perdere la fiducia: *ti sfiduci troppo.*

sfiduciàto part. pass. di *sfiduciare*; anche agg. ● Nei sign. del v.: *essere, sentirsi s.* SIN. Avvilito, scoraggiato.

sfiga [da *figa*, var. dial. di *fica*] s. f. ● (*volg.*) Sfortuna, iella.

sfigàto agg. ● (*volg.*) Sfortunato, iellato | (*gerg.*) Che vale poco, incapace.

sfigmico [vc. dotta, dal gr. *sphygmikós* 'del polso', da *sphygmós* 'pulsazione', connesso con *sphýzein* 'palpitare', di origine indeur.] agg. (pl. m. *-ci*) ● (*med.*) Relativo al polso, alle pulsazioni.

sfigmo- [dal gr. *sphygmós* 'pulsazione'] primo elemento ● In parole composte della terminologia medica, significa 'pulsazione' o indica relazione con pulsazione: *sfigmografo.*

sfigmografìa [comp. di *sfigmo-* e *-grafia*] s. f. ● (*med.*) Registrazione grafica dell'onda pulsatile arteriosa.

sfigmògrafo [comp. di *sfigmo-* e *-grafo*] s. m. ● Apparecchio per la sfigmografia.

sfigmomanòmetro [comp. di *sfigmo-* e *manometro*] s. m. ● (*med.*) Apparecchio per la misurazione della pressione sanguigna nelle arterie. ➡ ILL. **medicina e chirurgia.**

sfigmòmetro [comp. di *sfigmo-* e *-metro*] s. m. ● Apparecchio per la misurazione della forza e frequenza del polso.

sfiguràre [comp. parasintetico di *figura*, col pref. *s-*] **A** v. tr. ● Alterare, deturpare la figura e i lineamenti: *l'incidente gli sfigurò il viso.* **B** v. intr. (aus. *avere*) ● Fare cattiva figura, dare agli altri una cattiva impressione: *tra quella gente sfigura*; *di fronte a noi sfigurate*; *non fatemi s.*

sfiguràto part. pass. di *sfigurare*; anche agg. ● Nei sign. del v.

sfilàccia [da *sfilacciare*] s. f. (pl. *-ce*) ● Materiale tessile costituito da fibre ricavate dalla sfilacciatura di manufatti tessili, spec. cordami.

sfilacciaménto s. m. ● (*raro*) Sfilacciatura | (*fig.*) Progressivo deterioramento: *lo s. della situazione politica.*

sfilacciàre [da *filaccia*, con *s-*] **A** v. tr. (*io sfilàccio*) ● Ridurre in filacce, sfilare un tessuto. **B** v. intr. e intr. pron. (aus. *essere*) **1** Ridursi in filacce, perdere le fila dell'ordito: *il tessuto sfilaccia facilmente*; *la corda si è sfilacciata.* **2** (*fig.*) Disgregarsi, scomporsi.

sfilacciàto **A** part. pass. di *sfilacciare*; anche agg. **1** Nei sign. del v. **2** (*fig.*) Sconnesso, disorganico, disunito. **B** s. m. ● Cotone o altro ricavato dalla sfilacciatura degli stracci.

sfilacciatrìce [da *sfilacciare*] s. f. ● Macchina tessile a tamburi rotanti con denti d'acciaio per disintegrare gli stracci e ridurli in fibre da riutilizzare.

sfilacciatùra s. f. **1** Atto dello sfilacciare o dello sfilacciarsi | Parte sfilacciata. **2** Operazione tessile per ricavare dagli stracci fibre da riutilizzare.

sfilaccicàre [da *filaccica*, con *s-*] v. tr., intr. e intr. pron. (*io sfilàccico, tu sfilàccichi*; aus. intr. *essere*) ● Sfilacciare.

sfilaménto (**1**) [da *sfilare* (*1*)] s. m. **1** Atto, effetto dello sfilare o dello sfilarsi. **2** Fase iniziale dell'apertura del paracadute, nella quale escono dalla custodia la calotta e il fascio funicolare.

sfilaménto (**2**) [da *sfilare* (*3*)] s. m. ● (*raro*) Sfilata.

sfilàre (**1**) [da (*in*)*filare*, con cambio di pref. (*s-*)] **A** v. tr. **1** Disfare l'infilato: *s. le perle di una collana, l'ago* | *S. l'arrosto*, toglierlo dallo spiedo | *S. il rosario*, recitare il rosario; (*fig.*) dire ogni sorta di male su qc. | *S. la corda*, nell'alpinismo, farla uscire da un moschettone o da un anello, tirandola a sé. **2** Togliere di dosso: *sfilarsi le scarpe*; *si sfilò il vestito*; *sfilarsi l'anello dal dito.* **3** Levare qualche filo spec. da un tessuto: *s. l'orlo di un lenzuolo per ricamarlo* | (*est.*) *S. la carne*, toglierne i nervi. **B** v. intr. pron. **1** Uscire o sfuggire dal filo, dall'infilato: *la collana si è sfilata.* **2** Disfarsi nel filato, perdere i fili, detto di tessuto | Smagliarsi: *la calza si è sfilata.*

sfilàre (**2**) [da *filo*, con *s-*] **A** v. tr. ● (*raro*) Far perdere il filo a una lama. **B** v. intr. pron. ● (*raro*) Perdere il filo, detto di lame e sim.

sfilàre (**3**) [da *fila*, con *s-*] v. intr. (aus. *essere* e *avere*) **1** Procedere in fila: *s. tra due ali di popolo* | Passare in fila davanti a superiori, autorità, pubblico, durante una rivista, detto di reparti inquadrati: *s. in parata* | Passare in fila in una stretta, in una gola, che costringa a rompere l'ordinanza per restringere la fronte. **2** (*fig.*) Susseguirsi, succedersi, spec. rapidamente: *nella sua mente sfilano mille pensieri.*

sfilàta [da *sfilare* (*3*)] s. f. **1** Atto dell'incedere disposti in fila: *assistere a una s.*; *la s. dei soldati* | *S. di moda*, presentazione di nuovi modelli fatta sfilando davanti al pubblico. **2** Serie di cose disposte in fila: *una s. di stanze, di alberi.*

sfilatìno [comp. parasintetico di *filo*] s. m. ● (*fam.*) Filoncino di pane.

sfilàto **A** part. pass. di *sfilare* (*1*); anche agg. ● Nei sign. del v. **B** s. m. ● Ricamo eseguito sfilando un numero variabile di fili di un tessuto e riunendo in maniera diversa quelli rimasti onde ottenere svariati motivi | *S. siciliano*, antico ricamo a telaio eseguito con fili sfilati, cordoncino e punto tela a disegni di stemmi, animali, fiori e piante | *S. sardo*, tipo di ricamo sfilato, simile al siciliano con in più nodi, motivi a punto reale e rilievi.

sfilatùra [da *sfilare* (*1*)] s. f. ● Atto, effetto dello sfilare o dello sfilarsi | Parte sfilata | Smagliatura: *una s. nella calza.*

sfilettàre [comp. parasintetico di *filetto* (*3*) nel sign. 2, col pref. *s-*] v. tr. (*io sfilétto*) ● (*cuc.*) Ridurre in filetti levando le lische, detto di pesce o con riferimento al pesce.

sfilza [da *filza*, con *s-*] s. f. ● Lunga serie, grande numero: *una s. di case, di errori.* SIN. Catena, sequela.

sfilzàre [da *infilzare*, con cambio di pref. (*s-*)] **A** v. tr. ● Disfare l'infilzato: *s. un pollo dallo spiedo.* **B** v. intr. pron. ● (*raro*) †Sfilarsi.

sfinge [vc. dotta, dal lat. *Sphīnge*(*m*), dal gr. *Sphínx*, genit. *Sphingós*, connesso con *sphíngein* 'stringere', di origine indeur.] s. f. **1** Nella mitologia greco-romana, mostro alato, con corpo leonino, testa umana, coda di serpente, che proponeva enigmi insolubili | Nella mitologia egizia, la stessa rappresentazione, ma priva di coda e di ali. **2** (*fig.*) Persona enigmatica di cui non si riesce a capire il pensiero, i sentimenti, le intenzioni. **3** Correntemente, farfalla della famiglia degli Sfingidi | *S. del ligustro*, sfingide dalla bellissima livrea, il cui bruco divora le foglie del ligustro (*Hyoloicus ligustri*) | *S. testa di morto*, acheronzia.

sfingenìna [dal gr. *sphíngein* 'stringere' (V. *sfinge*)] s. f. ● (*biol., chim.*) Amminoalcol insaturo, solido cristallino presente nelle sfingomieline. SIN. Sfingosina.

sfingeo agg. ● (*lett.*) Di sfinge | (*fig.*) Enigmatico.

Sfingidi [vc. scient. moderna, comp. da *sfing*(*e*) e *-idi*] s. m. pl. ● Nella tassonomia animale, famiglia di farfalle con corpo robusto e molto peloso, ali strette e appuntite, abitudini crepuscolari e notturne (*Sphingidae*) | (al sing. *-e*) Ogni individuo di tale famiglia.

sfingomielìna [comp. del gr. *sphíngein* 'condensare' (d'etim. incerta) e *mielina*] s. f. ● Fosfolipide insolubile in etere, costituente essenziale della guaina mielinica delle fibre nervose.

sfingosìna s. f. ● Sfingenina.

sfiniménto [da *sfinire*] s. m. ● Grave prostrazione, grande indebolimento: *uno s. di origine nervosa.*

sfinìre [da *finire*, con *s-*] **A** v. tr. (*io sfinisco, tu sfinìsci*) **1** Provocare uno stato di grave prostrazione, lasciare senza forze (*anche ass.*): *la fatica lo sfinisce*; *quest'ansia sfinisce.* **2** †Definire. **B** v. intr. pron. ● Perdere la capacità di resistenza, le energie, la forza: *a forza di studiare si è sfinito.*

sfinitézza [da *sfinito*] s. f. ● Stato di grave prostrazione, mancanza di forza, energia e sim.

sfinìto part. pass. di *sfinire*; anche agg. ● Nei sign. del v.

sfintère [vc. dotta, dal lat. tardo *sphinctēre*(*m*), dal gr. *sphinktḗr*, connesso con *sphíngein* 'stringere', di origine indeur.] s. m. ● (*anat.*) Muscolo anulare: *s. pilorico, anale.*

sfintèrico agg. (pl. m. *-ci*) ● (*anat.*) Relativo a sfintere: *apparato s.*

sfioccaménto s. m. ● (*raro*) Atto dello sfioccare o dello sfioccarsi.

sfioccàre [da *fiocco*, con *s-*] **A** v. tr. (*io sfiòcco, tu sfiòcchi*) ● Sfilacciare facendo fiocchi, nappe e sim.: *s. una stoffa.* **B** v. intr. pron. ● Ridursi, rompersi in fiocchi: *nel cielo si sfioccano le nuvole.*

sfiocinàre [da *fiocinare*, con *s-*] v. tr. (*io sfiòcino*) ● (*mar.*) Fiocinare, colpire con la fiocina.

sfiondàre [da *fionda*, con *s-*] v. tr. (*io sfióndo*) ● (*raro*) Scagliare con la fionda.

sfioraménto s. m. ● Atto dello sfiorare, nel sign. di *sfiorare* (*1*).

sfioràre (**1**) [da *fiore*, nel senso di 'sommità', con *s-*] v. tr. (*io sfióro*) **1** Passare accanto toccando leggermente di sfuggita: *un'automobile mi ha sfiorato*; *l'aereo sfiora l'acqua*; *gli sfiorò il viso con un bacio* | Trattare superficialmente: *s. un argomento* | Essere molto vicino al conseguimento di q.c.: *s. il successo, la vittoria, il trionfo.* **2** (*lett.*) Toccare, raggiungere.

sfioràre (**2**) [da *fiore*, nel senso di 'parte migliore', con *s-*] v. tr. (*io sfióro*) **1** †Privare del fiore o dei fiori. **2** Scremare, privare della panna, del fiore: *s. il latte.* **3** (*tosc.*) †Scegliere, prendere il meglio di una merce.

sfioratóre [da *sfiorare* (*2*)] s. m. ● Dispositivo che impedisce che la superficie libera di un serbatoio o di un canale superi una quota massima stabilita. ➡ ILL. p. 826 SCIENZE DELLA TERRA ED ENERGIA.

sfioratùra s. f. ● Atto, effetto dello sfiorare, nel sign. di *sfiorare* (*2*).

sfiorentinàre [da *fiorentino*, con *s-*] v. intr. e intr. pron. (aus. *essere*) ● (*raro*) Perdere le caratteristiche di fiorentino.

sfiorettàre [da *fiorettare*, con *s-*] v. intr. (*io sfiorétto*; aus. *avere*) ● (*raro*) Fare uso eccessivo di ornamenti nel linguaggio letterario o musicale.

sfiorettatùra s. f. ● Atto, effetto dello sfiorettare | Ornamento, abbellimento, eccessivo.

sfiorìre [da *fiorire*, con *s-*] v. intr. (*io sfiorisco, tu sfiorìsci*; aus. *essere*) **1** Perdere il fiore, appassire. **2** (*fig.*) Perdere la freschezza, il rigoglio giovanile: *la bellezza sfiorisce presto.*

sfiorìto part. pass. di *sfiorire*; anche agg. ● Nei sign. del v.

sfiorìtùra s. f. ● Atto dello sfiorire.

sfióro [dev. di *sfiorare* in senso tecnico] s. m. ● (*idraul.*) *Canale di s.*, canale per la scolmatura di un bacino, spec. artificiale.

sfiossàre [da *fiosso*, con *s-*] v. tr. (*io sfiòsso*) ● (*calz.*) Fare il fiosso nelle scarpe.

sfiossatùra [da *sfiossare*] s. f. ● (*calz.*) Atto, effetto dello sfiossare.

sfirèna [dal lat. *sphyrāena*(*m*), dal gr. *sphýraina*, da *sphŷra* 'martello', di origine indeur.] s. f. ● Voracissimo pesce osseo marino dei Perciformi dal muso allungato con mandibola prominente e denti robusti, apprezzato per le sue carni (*Sphyraena sphyraena*). SIN. Luccio di mare, luccio imperiale.

sfissàre [da *fissare*, con *s-*] v. tr. ● (*raro, fam.*)

Annullare, disdire ciò che si era fissato.

sfittàre [da *affittare*, con cambio di pref. (*s*-)] **A** v. tr. ● Rendere sfitto. **B** v. intr. pron. ● Rimanere sfitto.

sfittìre [comp. parasintetico di *fitto* col pref. *s*-] v. tr. (*io sfittìsco, tu sfittìsci*) ● Diradare, rendere meno fitto.

sfitto [da *sfittare*] agg. ● Non affittato: *appartamento s.*

sfizio [vc. merid. di etim. incerta] s. m. ● (*region.*) Voglia, capriccio, divertimento: *levarsi lo s. di q.c.* | *Per s.*, per puro capriccio, per divertimento.

sfizióso [da *sfizio*] agg. ● (*region.*) Che diverte o attrae | Che soddisfa un capriccio, fatto per capriccio.

sflanellàre [fr. *flâner*, dapprima 'passeggiare senza una meta', poi 'indugiare, perder tempo' (dall'antico scandinavo *flana* 'correre di qua e di là')] v. intr. (*io sflanèllo*; aus. *avere*) *1* (*dial.*) Amoreggiare contenendosi nelle effusioni. *2* (*dial.*) Oziare, perdere tempo spec. facendo lavorare gli altri.

sfocàre o **sfuocàre** [da *f*(*u*)*oco*, con *s*-] v. tr. (*io sfuòco* o *sfòco, tu sfuòchi* o *sfòchi*; in tutta la coniug. la *o* può dittongare in *uo* soprattutto se tonica) ● Attenuare la nitidezza di una immagine, spec. fotografica.

sfocàto o **sfuocàto**. part. pass. di *sfocare*; anche agg. *1* Nel sign. del v. *2* (*fig.*) Che non è ben delineato, ben definito: *personaggio s.* SIN. Insignificante, scialbo.

sfocatùra o **sfuocatùra** [da *sfocare*] s. f. ● Imprecisione dei dettagli di una immagine fotografica dovuta a difettosa messa a fuoco.

sfociaménto s. m. ● (*raro*) Atto dello sfociare.

sfociàre [da *foce*, con *s*-] **A** v. tr. (*io sfócio*) ● (*raro*) Rendere più larga la foce di un corso d'acqua. **B** v. intr. (aus. *essere*, raro *avere*) *1* Mettere foce, sboccare: *i fiumi sfociano nel mare.* *2* (*fig.*) Andare a finire, concludersi: *la divergenza di opinioni sfociò in una rissa.*

sfociatùra [da *sfociare*] s. f. ● Atto, effetto del rendere più larga la foce di un corso d'acqua.

sfócio s. m. *1* Atto dello sfociare. *2* (*fig.*) Soluzione, esito: *trovare uno s. nel lavoro*; *situazione senza s.*

sfoconàre [da *focone*, con *s*-] v. tr. (*io sfocóno*) ● (*dial.*) Sbraciare, ravvivare il fuoco.

sfoconatóio [comp. parasintetico di *focone*] s. m. ● Sfondatoio.

sfoderàbile [da *sfoderare* (*2*)] agg. ● Detto di poltrona, divano e sim., la cui tappezzeria può essere asportata, come una fodera, per essere lavata o sostituita.

sfoderaménto s. m. ● Atto dello sfoderare, nel sign. di *sfoderare* (*1*).

sfoderàre (1) [da *fodero*, con *s*-] v. tr. (*io sfòdero*) *1* Levare dal fodero | *S. la spada*, sguainarla. *2* (*fig.*) Mostrare, presentare, in modo improvviso e inaspettato: *ha sfoderato certe domande che hanno messo tutti in imbarazzo* | Ostentare, sfoggiare: *s. la propria cultura.*

sfoderàre (2) [da *foderare*, con *s*-] v. tr. (*io sfòdero*) ● Levare la fodera, la copertura: *s. una giacca.*

sfoderàto part. pass. di *sfoderare* (*2*); anche agg. *1* Nel sign. del v. *2* Privo di fodera: *impermeabile s.*

sfogaménto s. m. ● (*raro*) Atto dello sfogare o dello sfogarsi.

sfogàre [da *foga*, con *s*-] **A** v. tr. (*io sfógo, tu sfóghi*) ● Dare libera manifestazione a sentimenti, passioni, stati d'animo, fino a quel punto contenuti o repressi: *s. la rabbia, la stizza, l'ira*; *gli uomini sfogano le grandi passioni* (VICO). **B** v. intr. (aus. *essere*) *1* Uscir fuori dal chiuso, esalare: *il gas sfoga attraverso il tubo.* *2* Prorompere in manifestazioni esteriori, detto di passioni, sentimenti e sim. a lungo trattenuti o controllati: *il malcontento generale sfogò in una rivolta.* **C** v. intr. pron. *1* Alleggerirsi delle proprie pene, preoccupazioni, ansie e sim. spec. confidandole a qc.: *mi sono sfogato a raccontarle tutto*; *si è sfogato con me dell'umiliazione subita* | *Sfogarsi su qc.*, far ricadere ingiustamente su di lui il malumore, l'ira, e sim. provocati da altri. *2* Levarsi la voglia, soddisfare un desiderio, un istinto: *sfogarsi a correre, a saltare, a mangiare.*

sfogatèllo [da *sfogato*] s. m. ● Fungo delle Agaricacee, carnoso, privo di volva e di anello (*Tricholoma effecatellum*).

sfogàto part. pass. di *sfogare*; anche agg. *1* Nei sign. del v. *2* (*raro*) Ampio, arioso: *stanza sfogata* | *Voce sfogata*, che esce liberamente e quasi con foga. || **sfogataménte**, avv. Liberamente, senza impedimento.

sfogatóio [da *sfogare*] s. m. ● Apertura fatta per dare sfogo.

sfoggiaménto s. m. ● (*raro*) Atto dello sfoggiare.

sfoggiàre [da *foggia*, con *s*-] **A** v. tr. (*io sfòggio*) *1* Possedere, indossare, con compiaciuta ostentazione q.c. di elegante, lussuoso, e sim.: *s. la nuova automobile, una pelliccia di visone.* *2* (*fig.*) Mettere in mostra, ostentare: *s. bravura, erudizione.* **B** v. intr. (aus. *avere*) ● Fare sfoggio: *s. nel vestire*; *s. in pellicce* | Vivere con pompa e sfarzo: *quella famiglia sfoggia molto*; *hanno sempre sfoggiato.*

sfòggio [da *sfoggiare*] s. m. *1* Ostentazione di lusso, sfarzo, sontuosità: *fare s. di abiti*; *c'era un grande s. di argenteria.* *2* (*fig.*) Ostentazione delle proprie doti: *fare s. di cultura.*

sfòglia (1) o (*dial.*) **spòglia** (2) [da *sfogliare* (*2*)] s. f. *1* Falda, lamina sottilissima: *una s. d'oro.* *2* (*cuc.*) Impasto di farina e uova ridotto in strato sottile col matterello o con apposita macchina: *tagliare la s.* | *Pasta s.*, pasta a base di burro e farina, che, per cottura, si sfalda in sottili strati. *3* (*dial.*) Cartoccio del granturco. || **sfogliétta**, dim.

sfòglia (2) [da *foglia*, con *s*-, per la forma] s. f. ● (*dial., tosc.*) Sogliola.

sfogliàre (1) [lat. tardo *exfoliāre*, comp. di *ĕx*- (*s*-) e di un deriv. di *fŏlium* 'foglia'] **A** v. tr. (*io sfòglio*) ● Levare le foglie: *s. un ramoscello.* **B** v. intr. pron. ● Perdere le foglie, i petali: *in autunno gli alberi si sfogliano.*

sfogliàre (2) [da *foglio*, con *s*-] **A** v. tr. (*io sfòglio*) *1* Scorrere rapidamente le pagine di un libro, un giornale, una rivista e sim., leggendo qua e là: *sfogliò tutto il volume per trovare una frase.* *2* (*raro*) Tagliare le pagine di un libro intonso. **B** v. intr. pron. ● Ridursi in lamine sottili: *quel minerale si sfoglia facilmente.*

sfogliasgranatrìce [comp. di *sfoglia*(*trice*) e *sgranatrice*] s. f. ● (*agr.*) Macchina agricola combinata per scartocciare e sgranare le pannocchie di mais.

sfogliàta (1) [da *sfogliare* (*1*)] s. f. ● Atto dello sfogliare un albero completamente o parzialmente.

sfogliàta (2) [da *sfogliare* (*2*)] s. f. ● Atto dello scorrere in fretta un libro e sim.

sfogliàta (3) [da *sfoglia* (*1*)] s. f. ● Torta di pasta sfoglia con ripieno: *una s. con crema e uva passa.* || **sfogliatèlla**, dim. (V.) | **sfogliatina**, dim.

sfogliatèlla s. f. *1* Dim. di *sfogliata* (*3*). *2* Piccolo dolce di pasta sfoglia ripiegata, farcita di ricotta, canditi e spezie, e cotta al forno: *s. riccia, liscia.*

sfogliàto part. pass. di *sfogliare* (*1*); anche agg. ● (*raro*) Nei sign. del v.

sfogliatrìce [da *sfogliare* (*2*) 'ridurre in fogli'] s. f. *1* In falegnameria, macchina per ricavare fogli di legno per impiallacciature da un tronco d'albero fatto ruotare contro uno speciale coltello. *2* (*agr.*) Macchina agricola per scartocciare le pannocchie di mais.

sfogliatùra (1) s. f. ● Atto, effetto dello sfogliare un albero, un ramo e sim. | *S. del gelso*, per alimentare i bachi da seta | *S. del granoturco*, per scartocciarlo | *S. della vite*, per soleggiare i grappoli.

sfogliatùra (2) [da *sfogliare* (*2*)] s. f. *1* Difetto del formaggio, consistente in una serie di sfaldature interne, per difetto di lavorazione. *2* Sfaldatura prodotta nel ferro dal maglio.

†**sfoglióso** [da *sfoglio*, antico m. di *sfoglia* (*1*)] agg. ● Che si sfoglia.

sfognàre [da *fogna*, con *s*-] v. intr. (*io sfógno*; aus. *essere*) ● (*raro*) Sboccare, sfociare, nella fogna o dalla fogna.

sfógo [da *sfogare*] s. m. (pl. *-ghi*) *1* Atto dello sfogare | Passaggio attraverso cui sgorgano liquidi, gas, vapori, e sim.: *trovare, avere, uno s.*; *dare, aprire, uno s.* | *Senza s.*, chiuso, angusto, detto di ambienti: *stanza senza s.* *2* Sbocco, apertura: *un paese senza s. sul mare.* *3* (*fig.*) Libera manifestazione di stati d'animo, sentimenti, passioni, e sim.: *dare s. al dolore*; *cercare s. nel pianto*; *non trovare s.*; *avere bisogno di uno s.*; *io mai altro ho cercato nell'amicizia se non ... il reciproco s. delle umane debolezze* (ALFIERI). *4* (*pop.*) Eruzione cutanea.

sfolgoraménto s. m. ● (*raro*) Atto dello sfolgorare.

sfolgorànte part. pres. di *sfolgorare*; anche agg. ● Nei sign. del v.

sfolgoràre [da *folgorare*, con *s*-] **A** v. intr. (*io sfólgoro*; aus. *avere*) ● Risplendere di luce intensa (*anche fig.*): *il sole sfolgora nel cielo*; *il viso gli sfolgorava di contentezza.* **B** v. tr. ● (*raro*) †Cacciare via.

sfolgoràto part. pass. di *sfolgorare*; anche agg. *1* Nei sign. del v. *2* †Vistoso, ricco, ingente. *3* (*raro*) †Disgraziato, malconcio. || **sfolgorataménte**, avv. Con grande fulgore.

sfolgoreggiaménto [da *sfolgoreggiare*] s. m. ● (*raro, lett.*) Sfolgoramento.

sfolgoreggiàre [da *folgoreggiare*, con *s*-] v. intr. (*io sfolgoréggio*; aus. *avere*) ● (*raro, lett.*) Sfolgorare.

sfolgorìo s. m. ● Atto dello sfolgorare continuo: *uno s. di luci.*

sfollagènte [comp. di *sfolla*(*re*) e *gente*] s. m. inv. ● Bastone piuttosto corto, rivestito di gomma o sim., usato dalla polizia in occasione di tumulti, disordini, e sim.

sfollaménto s. m. *1* Atto dello sfollare: *lo s. dalla scuola.* *2* Diminuzione di personale.

sfollàre [da *folla*, con *s*-] **A** v. tr. (*io sfóllo*) *1* Sgombrare, liberare dall'affollamento: *sfollate la piazza!* *2* Diminuire il personale di un'azienda. **B** v. intr. (aus. *essere*, raro *avere*) *1* Diradarsi della folla: *la gente cominciò a s.* *2* Allontanarsi dai centri popolosi, o da luoghi particolarmente esposti alle offese del nemico, in tempo di guerra: *s. in campagna, sulle montagne*; *s. dalla città.*

sfollàto **A** part. pass. di *sfollare*; anche agg. ● Nei sign. del v. **B** s. m. (f. *-a*) ● Chi si è trasferito in luogo diverso da quello di residenza abituale, per evitare offese belliche, epidemie, frane, alluvioni e sim.

sfoltiménto s. m. ● Atto dello sfoltire.

sfoltìre [da *folto*, con *s*-] **A** v. tr. (*io sfoltìsco, tu sfoltìsci*) ● Rendere meno folto: *s. un bosco.* **B** v. intr. pron. ● Diventare meno folto: *la vegetazione si sfoltisce.*

sfoltìta s. f. ● Atto dello sfoltire, spec. rapido: *dare una s. ai capelli.*

sfoltitrìce [da *sfoltire*] s. f. ● Tipo di rasoio a mano libera con lama seghettata per sfoltire i capelli.

sfoltitùra [da *sfoltire*] s. f. ● Atto, effetto dello sfoltire o dello sfoltirsi.

sfondagiàco [comp. di *sfonda*(*re*) e *giaco*] s. m. (pl. *-chi*) ● Antico pugnale con lama quadrangolare assai robusta, atta a trapassare il giaco di maglia di ferro.

sfondaménto s. m. *1* Atto, effetto dello sfondare. *2* Rottura del fronte nemico e penetrazione nello stesso.

sfondàre [lat. parl. **exfundāre* 'distruggere', comp. di *ĕx*- (*s*-) e *fŭndus* 'fondo'] **A** v. tr. (*io sfóndo*) *1* Rompere il fondo: *s. una cassa di legno* | *S. le scarpe*, consumarne la suola camminando | (*iperb., tosc.*) *S. lo stomaco*, di cibo pesante, dalla digestione laboriosa | *S. il pavimento*, farlo crollare. *2* (*est.*) Schiantare, aprirsi un passaggio: *s. una porta, una parete* | *S. una porta aperta*, (*fig.*) sprecare la fatica, affannarsi per q.c. di inutile | Scassinare: *s. una bottega.* *3* Rompere il fronte difensivo nemico e penetrarvi. **B** v. intr. (aus. *avere*) ● Affermarsi, avere successo, in un ambiente, un'attività, riuscendo a vincere i competitori: *è riuscito a s.*; *ha sfondato nel cinema.* **C** v. intr. pron. ● Rompersi, cedere nel fondo: *il baule sta per sfondarsi.*

sfondastòmaco [comp. di *sfonda*(*re*) e *stomaco*] s. m. (pl. *-chi* o *-ci*) *1* (*tosc.*) Cibo pesante, poco digeribile. *2* (*fig.*) Persona noiosa, pesante.

sfondàto **A** part. pass. di *sfondare*; anche agg. *1* Nei sign. del v. *2* (*fam.*) Insaziabile, senza fondo. *3* Nella loc. (*fam.*) *ricco s.*, ricchissimo, enormemente ricco. **B** s. m. ● Tipo di decorazione pittorica, già in uso nell'epoca ellenistico-romana e ripreso poi nel sec. XV, il quale apre illusoriamente pareti, volte, soffitti e cupole su visioni di liberi cieli e prospettive architettoniche.

sfondatóio [da *sfondare*] s. m. ● Arnese che serviva per pulire il focone delle artiglierie a retrocarica dalla polvere incombusta o per forare il cartoccio che conteneva la carica di lancio per facilitarne l'accensione. SIN. Sfoconatoio.

sfondatóre s. m.; anche agg. (f. *-trice*) ● Chi, che sfonda (*spec. scherz.*) | Nel calcio, chi segna numerose reti.

sfondatùra s. f. *1* (*raro*) Atto, effetto dello sfondare. *2* †Sfondo.

sfóndo [da *sfondare*] s. m. *1* Incassatura di archi o volte per dipingervi ornati e figure. *2* Campo di un quadro nel quale è dipinto il soggetto: *figure di s.*; *lo s. dell'Annunciazione*; *uno s. d'oro.* *3* Parte ultima di una scena teatrale | Parete variamente colorata o disegnata che costituisce il fondo di una scena. *4* In un campo visivo, la parte più distante rispetto a chi guarda: *il mare ha come s. una catena di monti*; *uno s. di boschi.* *5* (*abbigl.*) *S. piega*, rovescio di un piegone doppio o cannone. *6* (*fig.*) Ambiente storico, sociale e sim. in cui si svolge una data azione: *il romanzo ha per s. la guerra di secessione*; *film a s. sociale.*

†**sfondolàre** [lat. parl. **exfunderāre* 'sfondare', comp. di *ĕx-* (*s-*) e di un deriv. dal tardo *fŭndus*, genit. *fŭnderis*, per il classico *fŭndus*, genit. *fŭndi* 'fondo'] v. tr. ● Sfondare.

sfondóne [vc. umbro-rom., propriamente 'colpo dato sotto le coste': da *sfondare*] s. m. ● (*fam.*) Sbaglio madornale, grosso errore.

sfontanàre [da *fontana*, con *s-*] v. tr. e intr. (aus. *avere*) ● (*raro*) Gettare a fontana.

sforacchiàre [da *foracchiare*, con *s-*] v. tr. (*io sforàcchio*) ● Fare piccoli fori qua e là. SIN. Bucherellare.

sforacchiàto part. pass. di *sforacchiare*; anche agg. ● Nel sign. del v.

sforacchiatùra s. f. ● Atto, effetto dello sforacchiare.

sforaménto s. m. ● Atto, effetto dello sforare: *lo s. di un budget, di un limite di tempo.*

sforàre [da *foro* col pref. *s-* e intrusione di *sfondare*] **A** v. tr. (*io sfóro*) ● Oltrepassare un limite consentito o programmato, superare un tempo stabilito: *il disavanzo ha sforato le ultime previsioni*; *la lunghezza del suo intervento sforò ogni limite.* **B** v. intr. (aus. *avere*) ● Andare oltre i limiti di tempo stabiliti, detto spec. di una trasmissione televisiva o radiofonica: *spesso il telegiornale sfora di qualche minuto* | Sfondare un tetto di spesa: *abbiamo sforato per pochi milioni.*

sforbiciàre [da *forbice*, con *s-*] **A** v. tr. (*io sfòrbicio*) ● Tagliare qua e là con le forbici (*anche ass.*). **B** v. intr. (aus. *avere*) ● (*sport*) Eseguire una sforbiciata.

sforbiciàta [da *sforbiciare*] s. f. *1* Colpo di forbici. *2* (*sport*) Nel calcio, nel nuoto, nel salto in alto e nel sollevamento pesi, rapido movimento a forbice delle gambe.

sformàre [da *forma*, con *s-*] **A** v. tr. (*io sfórmo*) *1* Deformare, alterare nella forma: *s. le scarpe*, *un cappello.* *2* Levare dalla forma: *s. un dolce.* **B** v. intr. pron. ● Perdere la forma.

sformàto **A** part. pass. di *sformare*; anche agg. *1* Nei sign. del v. *2* (*raro*) Deforme. *3* †Smisurato, smoderato, eccessivo | †Stravagante: *venutogli uno pensiero assai s.* (SACCHETTI). **B** s. m. ● Vivanda a base di verdure, carni, formaggi o altro, cotta in stampi e da questi levata a cottura avvenuta: *s. di carciofi.* || **sformatìno**, dim.

sformatùra s. f. *1* (*raro*) Atto, effetto dello sformare. *2* (*tecnol.*) Operazione, a mano o a macchina, che separa il modello dalla formatura o l'anima dalla scatola.

sfornaciàre [da *fornace*, con *s-*] v. tr. (*io sfornàcio*) ● Estrarre dalla fornace il materiale cotto.

sfornàre [da *forno*, con *s-*] v. tr. (*io sfórno*) *1* Estrarre dal forno i prodotti già cotti. *2* (*fig.*) Mandare fuori, produrre in abbondanza: *quel produttore sforna un film al mese.*

sfornellàre [da *fornello*, con *s-*] v. intr. (*io sfornèllo*; aus. *avere*) ● (*fam.*) Stare fra i fornelli, occuparsi della cucina.

sfornìre [da *fornire*, con *s-*] v. tr. (*io sfornìsco, tu sfornìsci*) ● Privare dei rifornimenti, delle provviste: *s. l'accampamento delle vettovaglie.*

sfornìto part. pass. di *sfornire*; anche agg. ● Privo, mancante: *una casa sfornita di mobili* | Non fornito: *un negozio s.*

sfóro [da *foro*, con *s-*] s. m. ● (*teat.*) Spazio libero fra due elementi di scena sottratto alla vista degli spettatori.

sfortùna [da *fortuna*, con *s-*] s. f. ● Cattiva fortuna, sorte avversa: *avere s.*; *avere s. al gioco, con le donne*; *essere perseguitato dalla s.*; *s. volle che ...*; *è proprio una s.*; *che s.!* CONTR. Fortuna.

†**sfortunaménto** [da *sfortunare*] s. m. ● Sfortuna, disgrazia.

†**sfortunàre** [da *sfortuna*] v. tr. ● (*raro*) Portare sfortuna.

sfortunàto [da *fortunato*, con *s-*] agg. *1* Che è perseguitato dalla sfortuna, dalla sorte avversa: *essere s. al gioco, in amore.* CONTR. Fortunato. *2* Che non ha avuto o non ha fortuna, successo: *un'impresa sfortunata*; *un film s.* | Che non ha apportato o non apporta fortuna: *quello per noi fu un anno s.* || **sfortunatìno**, dim. || **sfortunataménte**, avv. Disgraziatamente, per sfortuna.

†**sfortùnio** [da *infortunio*, con cambio di pref. (*s-*)] s. m. ● Infortunio.

†**sfortunóso** agg. ● Che è cagione di sfortuna.

sforzaménto s. m. ● (*raro*) Atto dello sforzare o dello sforzarsi, nel sign. di *sforzare* (*1*) | (*mus.*) *S. della corda*, spingendo il dito in fuori o stendendola per ottenere un suono che con la regolare posizione non sarebbe possibile.

sforzàndo [da *sforzare* (*1*)] s. m. inv. ● (*mus.*) Indicazione dinamica che viene applicata a singoli suoni o accordi per indicare una marcata accentuazione. SIN. Sforzato.

sforzàre (1) [da *forzare*, con *s-*] **A** v. tr. (*io sfòrzo*) *1* Assoggettare a sforzo: *s. il motore dell'auto*; *s. la voce nel parlare* | *S. le vele*, spiegarne al vento il maggior numero possibile. *2* Usare la forza, per aprire o cercare di aprire q.c.: *s. un cancello, una porta* | Scassinare: *s. uno scrigno, un cassetto, una serratura* | †Occupare di forza, superare con la forza. *3* Costringere, fare forza su qc.: *s. qc. a parlare*; *se non mangia devi sforzarlo.* *4* †Violentare. **B** v. intr. pron. ● Adoperarsi con tutte le forze per il raggiungimento di un dato fine: *sforzarsi di studiare*; *sforzarsi a stare tranquillo*; *sforzarsi per vincere la paura.*

†**sforzàre** (2) [da *forza*, con *s-*] v. tr. ● Indebolire, privare di forza.

†**sforzatìccio** agg. ● (*raro*) Alquanto sforzato.

sforzàto **A** part. pass. di *sforzare* (*1*); anche agg. *1* Nei sign. del v. *2* Non semplice, non naturale, artificioso: *sorriso s.* *3* Arbitrario: *l'interpretazione del testo è sforzata.* || **sforzataménte**, avv. ● A forza, contro voglia: *mangiare sforzatamente*; in modo artefatto, forzato: *sorridere sforzatamente.* **B** s. m. inv. ● (*mus.*) Sforzando.

†**sforzatóre** [da *sforzare* (*1*)] s. m. ● Chi sforza, chi usa violenza.

sforzatùra s. f. ● (*raro*) Atto, effetto dello sforzare, nel sign. di *sforzare* (*1*).

sforzésco [dal n. degli *Sforza*, signori di Milano] agg. (pl. m. *-schi*) ● Che si riferisce agli Sforza: *dinastia sforzesca.*

†**sforzévole** agg. ● (*raro*) Che sforza. || †**sforzevolménte**, avv. Con sforzo, violenza.

sfòrzo (1) [da *sforzare* (*1*)] s. m. *1* Impiego di forza straordinaria, fisica o psichica, fatto nell'intento di raggiungere un dato scopo: *s. muscolare, mentale*; *s. di ingegno, di memoria*; *fare uno s.*; *fare uno s. di volontà*; *fare uno s. per riuscire in q.c.* | *Costare molto, poco, nessuno, s.*, di cosa che richiede molto, poco o nessun impegno | *Fare ogni s., tutti gli sforzi, tutti i propri sforzi per ...*, metterci tutto il proprio impegno | *Con s.*, con difficoltà | *Senza s.*, con facilità | (*iron.*) *Che s.!*, *Bello s.!*, *Ha fatto lo s.!*, e sim., di azione che non richiede alcun impegno, sacrificio, fatica, e sim. da parte di chi la compie. *2* (*mecc.*) Forza generata da sollecitazioni esterne nelle strutture di macchine o costruzioni.

†**sfòrzo** (2) [da *forza*, con *s-*] s. m. ● Esercito, moltitudine di armati: *per l'Engadina due scomunicati / arcivescovi trassero lo s.* (CARDUCCI) | *Fare s.*, radunare un esercito.

†**sforzóso** [da *sforzo* (*1*)] agg. ● (*raro*) Che fa forza. || †**sforzosaménte**, avv. Per forza, con violenza.

sfossàre [da *fossa*, con *s-*] v. tr. (*io sfòsso*) *1* Levare dalla fossa: *s. il grano.* *2* Scavare fosse (*anche ass.*).

sfossatóre s. m. (f. *-trice*) ● (*raro*) Chi sfossa.

sfossatùra s. f. ● (*raro*) Atto, effetto dello sfossare.

sfóttere [da *fottere*, in senso fig., con *s-*] **A** v. tr. ● (*pop.*) Farsi gioco di qc., canzonare: *lo sfottono per la sua inesperienza* | Perseguitare, tormentare. **B** v. rifl. rec. ● Prendersi in giro l'un l'altro.

sfotticchiàre [da *sfott(ere)* col suff. dim. e freq. *-icchiare*] **A** v. tr. (*io sfottìcchio*) ● Sfottere ripetutamente, ma senza acrimonia. **B** v. rifl. rec. ● Sfottersi l'un l'altro ripetutamente ma senza acrimonia: *si divertono a sfotticchiarsi.*

sfottiménto s. m. ● (*pop.*) Atto dello sfottere.

sfottitóre [da *sfottere*] s. m. (f. *-trice*) ● Chi sfotte.

sfottitùra s. f. ● (*pop.*) Sfottimento | Atto, discorso, e sim. con cui si sfotte.

sfottò [deriv. scherz. di *sfottere*] s. m. ● (*pop.*, *fam.*) Sfottitura, presa in giro.

sfracassàre e *deriv.* ● V. *fracassare* e *deriv.*

sfracellàre o (*pop.*) †**sfragellàre** [da *fracellare*, variante di *fragellare* (V.), con *s-*] **A** v. tr. (*io sfracèllo*) ● Rompere, schiacciare, massacrare, con urti, colpi, e sim. di grande violenza: *la frana sfracellò un intero paese*; *l'incidente gli ha sfracellato le gambe.* **B** v. intr. pron. ● Rimanere schiacciato, massacrato, in seguito a urti, colpi, e sim. di grande violenza: *l'automobile si è sfracellata contro un treno.*

sfracèllo [da *sfracellare*] s. m. *1* Macello, strage, sconquasso. *2* (*fam.*) Grande quantità.

sfragìstica [dal fr. *sphragistique*, dal gr. *sphragistikḗ* (*téchnē*) '(arte) sfragistica', da *sphragís* 'sigillo', di etim. incerta] s. f. ● Scienza che si occupa dello studio delle tecniche di incisione, della classificazione e della datazione dei sigilli. SIN. Sigillografia.

sfragìstico agg. (pl. m. *-ci*) ● Della, relativo alla sfragistica.

sfranàre e *deriv.* ● V. *franare* e *deriv.*

francesàre (1) [da *francese*, con *s-* sottrattivo] v. tr. (*io sfrancéso*) ● (*raro*) Liberare da modi, usi, e sim. tipicamente francesi: *s. la lingua.*

sfrancesàre (2) [da *francese*, con *s-* durativo-ints.] v. intr. (*io sfrancéso*; aus. *avere*) ● (*raro*) Parlare francese male o a sproposito.

sfranchìre [da *franco*, con *s-*] **A** v. tr. (*io sfranchìsco, tu sfranchìsci*) ● (*raro*) Rendere franco o più franco: *s. la mano a scrivere.* **B** v. intr. pron. ● Acquistare una maggior franchezza.

sfrangiàre [da *frangia*, con *s-*] v. tr. (*io sfràngio*) ● Sfilacciare, ridurre in frange l'orlo di un tessuto: *s. una coperta.*

sfrangiàto part. pass. di *sfrangiare*; anche agg. *1* Nel sign. del v. *2* (*bot.*) Detto del margine di un organo vegetale suddiviso in molte lacinie sottili: *foglia sfrangiata.*

sfrangiatùra s. f. ● Atto, effetto dello sfrangiare | Parte sfrangiata.

sfrascàre (1) [da *frasca*, con *s-* sottrattivo] v. tr. (*io sfràsco, tu sfràschi*) *1* Privare delle frasche: *s. un albero.* *2* Levare dalle frasche: *s. i bozzoli.*

sfrascàre (2) [da *frasca*, con *s-* durativo-ints.] v. intr. (*io sfràsco, tu sfràschi*; aus. *avere*) ● (*raro*) Stormire, muoversi delle frasche.

sfratàrsi [da *frate*, con *s-*] v. intr. pron. ● Uscire da un ordine religioso, lasciare la tonaca di frate.

sfrattàre [da *fratta* 'recinto', con *s-*] **A** v. tr. ● Obbligare, da parte dell'autorità giudiziaria, il detentore di un immobile ad abbandonare lo stesso | (*est.*) Compiere, a opera di un privato, l'attività necessaria a fare entrare in funzione l'autorità giudiziaria a tal fine. **B** v. intr. (aus. *avere*, raro *essere*) ● Andare via da un paese, un fondo, una casa: *è stato costretto a s.* | (*est.*) Lasciare un luogo con prestezza.

sfrattàto **A** part. pass. di *sfrattare*; anche agg. ● Nei sign. del v. **B** s. m. (f. *-a*) ● Chi ha ricevuto uno sfratto.

sfràtto s. m. *1* Atto dello sfrattare: *decreto di s.* | *Procedimento per convalida di s.*, processo civile destinato a soddisfare la pretesa di un locatore a ottenere la riconsegna dell'immobile locato, per scadenza del termine di locazione o morosità del conduttore. *2 Palla a s.*, gioco in cui ciascuno dei cinque componenti la squadra deve lanciare la palla al di là della linea di sfratto; V. anche *pallasfratto* | *Linea di s.*, linea che delimita il fondo del campo nel gioco della palla a sfratto.

sfrecciàre [da *freccia*, con *s-*] v. intr. (*io sfréccio*; aus. *essere*) ● Passare veloce come una freccia: *gli aerei sfrecciano nel cielo.*

sfreddàre [da *freddo*, con *s-*] v. tr. (*io sfréddo*) ● (*raro*) Freddare.

sfregacciàre [da *fregaccio*, con *s-*] v. tr. (*io sfregàccio*) ● (*raro*) Sfregare con forza.

†**sfregàcciolo** [da *fregacciolo*, con *s-*] s. m. ● Scarabocchio.

sfregaménto s. m. *1* Atto, effetto dello sfregare. *2* (*med.*) Rumore prodotto dall'attrito tra i due foglietti di una sierosa nelle forme infiammatorie senza versamento: *s. pleurico, pericardico.*

sfregàre [da *fregare*, con *s-*] **A** v. tr. (*io sfrégo, tu sfréghi*) *1* Passare più volte con la mano, o con un oggetto tenuto in mano, su una superficie, esercitando una certa pressione: *sfregarsi gli occhi*; *s. i mobili per lucidarli*; *s. la gomma sul foglio.* *2* Fare uno o più sfreghi: *s. il muro con la sedia*; *s. una sedia contro il muro.* **B** v. tr. e intr. (aus. *avere*) ● Urtare di striscio: *mi ha sfregato il motorino*; *s. contro il muro.*

sfregàta [da *sfregare*, sul modello di *fregata*] s. f. ● (*raro*) Atto dello sfregare una volta. || **sfregatìna**, dim.

sfregàto part. pass. di *sfregare*; anche agg. ● (*raro*) Nei sign. del v.

sfregatùra s. f. ● Atto dello sfregare | Traccia lasciata sfregando.

sfregiàre [da *fregio*, con *s-*] **A** v. tr. (*io sfrégio* o **sfrègio**) *1* Rovinare con uno o più sfregi: *s. l'avversario, il rivale*; *s. un quadro*; *sfregiarsi il viso.* *2* (*lett.*) †Togliere un merito, una virtù. **B** v. intr. pron. ● Prodursi uno sfregio: *nell'incidente si è sfregiato.*

sfregiàto A part. pass. di *sfregiare*; anche agg. ● Nei sign. del v. **B** s. m. (f. *-a*) ● Chi ha il viso deturpato da uno sfregio (usato spec. come soprannome): *piglia con te ... lo sfregiato e il tira dritto* (MANZONI).

sfregiatóre s. m. (f. *-trice*) ● Chi sfregia.

sfrégio o **sfrègio** [da *sfregiare*] s. m. *1* Taglio, ferita, bruciatura e sim. che altera o deturpa il viso: *fare, farsi uno s.* | (*est.*) Cicatrice deturpante rimasta sul viso: *avere uno s. sulla guancia* | (*est.*) Graffio: *la scrivania è piena di sfregi.* *2* (*fig.*) Grave offesa, disonore: *fare, ricevere, sopportare, uno s.*

sfrenaménto s. m. ● (*raro*) Atto dello sfrenare o dello sfrenarsi.

sfrenàre [da *freno*, con *s-*] **A** v. tr. (*io sfréno* o **sfrèno**) *1* (*raro*) Togliere il freno: *s. un'automobile in discesa.* *2* (*raro, poet.*) Scagliare, scoccare. *3* (*fig.*) Lasciare libero da ogni freno, moderazione, controllo: *s. le passioni, gli istinti, la fantasia.* **B** v. intr. pron. ● (*fig.*) Abbandonarsi senza ritegno o controllo ai propri impulsi: *sfrenarsi nel bere*; *oggi i bambini si sono sfrenati troppo.*

†**sfrenatàggine** s. f. ● Sfrenatezza.

sfrenatézza s. f. *1* Qualità di chi, di ciò che è sfrenato. *2* (*spec. al pl.*) Atto, comportamento, e sim. licenzioso e sfrenato: *si abbandona a ogni sorta di sfrenatezze.*

sfrenàto part. pass. di *sfrenare*; anche agg. *1* Nei sign. del v. *2* (*fig.*) Che non possiede o non sente correzione o ritegno alcuno: *passione, ambizione, sfrenata* | Eccessivo, smodato: *lusso s.* | (*raro*) *Alla sfrenata*, (*ell.*) in modo sfrenato, senza moderazione alcuna. || **sfrenatìno**, dim. || **sfrenataménte**, avv. Senza ritegno, freno; licenziosamente.

sfrenellàre [da †*frenellare*, con *s-*] v. tr. (*io sfrenèllo*) ● (*mar.*) Sciogliere il frenello.

sfrido [vc. dial. merid. di etim. discussa: lat. parl. **frīvidu(m)*, connesso con *frīvolus* 'ridotto in frammenti' (?)] s. m. *1* Calo cui vanno soggette le merci nelle operazioni di carico, scarico, travasamento e sim. *2* Parte del materiale che viene scartata durante la lavorazione in quanto eccedente rispetto al semilavorato o pezzo finito da ottenere.

sfriggere [da *friggere*, con *s-* durativo-ints.] v. intr. (coniug. come *friggere*; aus. *avere*) ● Emettere continui scoppiettii, crepitii, caratteristici di cosa che frigge: *il pesce sfrigge nell'olio bollente* | (*est.*) Scoppiettare, crepitare: *il ferro nell'acqua sfrigge.*

sfrigolàre o **sfriggolàre** [da *friggere*, con *s-* durativo-ints.] v. intr. (*io sfrìgolo*; aus. *avere*) ● Sfriggere.

sfrigolìo s. m. ● Atto dello sfrigolare continuo.

sfringuellàre [da *fringuello*, con *s-*] **A** v. intr. (*io sfringuèllo*; aus. *avere*) *1* (*raro*) Cantare a distesa, incessantemente, detto spec. dei fringuelli. *2* (*raro, fig.*) Parlare con troppa facilità e poco ponderatamente. **B** v. tr. ● (*raro, fig.*) Riferire, raccontare, segreti, cose riservate, e sim.

sfrisàre [da *frisare*, con *s-*] v. tr. *1* Frisare. *2* (*dial.*) Fare sfreghi, graffi, o sim. a q.c.: *mi hanno sfrisato la carrozzeria dell'automobile.*

sfrisatùra [da *sfrisare*] s. f. ● (*dial.*) Segno lasciato sfrisando.

sfrìso s. m. *1* Atto dello sfrisare: *urtare di s.* *2* (*dial.*) Sfrisatura.

sfrittellàre [da *frittella*, con *s-*] **A** v. tr. (*io sfrittèllo*) ● (*fam.*) Macchiare di unto: *sfrittellarsi il vestito*; *hai sfrittellato la tovaglia pulita.* **B** v. intr. (aus. *avere*) ● (*raro, fam.*) Cucinare molte frittelle.

sfritto [da *fritto*, col pref. *s-*] agg. ● (*dial.*) Detto di olio già usato per friggere.

sfrombolàre [da *frombolare*, con *s-*] v. tr. (*io sfrómbolo*) ● (*raro*) Frombolare.

sfrombolàta [da *sfrombolare*] s. f. ● (*raro*) Colpo di frombola.

sfrondaménto s. m. ● (*raro*) Atto, effetto dello sfrondare o dello sfrondarsi.

sfrondàre [da *fronda*, con *s-*] **A** v. tr. (*io sfróndo*) *1* Levare, diradare le fronde: *s. un albero, un ramo.* *2* (*fig.*) Eliminare tutto ciò che è superfluo, inutile: *s. un discorso, uno scritto.* **B** v. intr. pron. ● Perdere le fronde.

sfrondàto part. pass. di *sfrondare*; anche agg. ● Nei sign. del v.

sfrondatóre s. m.; anche agg. (f. *-trice*) ● (*raro*) Chi, che sfronda.

sfrondatùra s. f. ● Atto dello sfrondare.

†**sfrontàre** [da *fronte*, con *s-*] **A** v. tr. ● (*raro*) Togliere la vergogna: *l'assuefare ad uno la fronte al rossore della vergogna ... è ... sfrontarlo* (BARTOLI). **B** v. intr. pron. ● (*raro*) Divenire troppo ardito.

sfrontatàggine s. f. ● (*raro*) Sfrontatezza.

sfrontatézza s. f. ● Qualità di chi, di ciò che è sfrontato | (*raro*) Azione sfrontata.

sfrontàto [da *fronte*, con *s-*] **A** agg. ● Che commette o dice cose in sé vergognose senza provarne vergogna: *si abbrutì, divenne cinico, s. e volgare* (DE SANCTIS). SIN. Impudente, sfacciato. || **sfrontataménte**, avv. Sfacciatamente, senza vergogna. **B** s. m. (f. *-a*) ● Persona sfrontata. || **sfrontatàccio**, pegg. | **sfrontatèllo**, dim. | **sfrontatùccio**, dim.

†**sfrottolàre** [da *frottola*, con *s-*] v. intr. ● (*fam.*) Raccontare frottole.

sfruconàre [da *frucone*, con *s-*] v. tr. (*io sfrucóno*) ● (*raro*) Cercare di rimuovere un ostacolo che ostruisce un condotto e sim., con un oggetto allungato e sottile: *s. il tubo del lavandino*; *s. il cannello della pipa.*

sfruconàta s. f. ● (*raro*) Atto, effetto dello sfruconare, spec. in una sola volta.

sfrucóne [da *frucone*, var. †di *frugone*, con *s-*] s. m. ● (*raro*) Frugone.

sfruculiàre [nap. *sfruculià*: prob. dal lat. parl. **furiculāre*, var. di **furicāre* (V. *frugare*)] v. tr. ● (*merid.*) Infastidire, stuzzicare con ironia pungente.

sfrusciàre [da *frusciare*, con *s-*] v. intr. (*io sfrùscio*; aus. *avere*) ● Frusciare lungamente.

sfruscìo [da *sfrusciare*] s. m. ● Fruscio continuato.

sfruttàbile [da *sfruttare*] agg. ● Che si può sfruttare.

sfruttaménto s. m. ● Atto, effetto dello sfruttare | *S. della prostituzione*, reato che consiste nel farsi mantenere da una persona con ciò che questa guadagna prostituendosi.

sfruttàre [da *frutto*, con *s-*] v. tr. *1* Far rendere al terreno più di quel che potrebbe senza sostenerlo con adeguate concimazioni e lavorazioni | *S. una miniera, una cava*, trarne il massimo rendimento, esaurirla. *2* (*fig.*) Trarre grande utile dal lavoro altrui senza rimunerarlo convenientemente: *s. gli operai, i dipendenti* | *S. una donna*, farsi mantenere da lei con ciò che guadagna, spec. prostituendosi. *3* (*est.*) Mettere a profitto: *s. la situazione propizia, l'occasione, la sorpresa, la propria superiorità* | Abusare, approfittare, di: *s. l'ingenuità altrui.*

sfruttàto part. pass. di *sfruttare*; anche agg. e s. m. (f. *-a*) ● Nei sign. del v.

sfruttatóre agg.; anche s. m. (f. *-trice*) ● Che, chi sfrutta: *industriale s.*; *s. di donne.*

sfuggènte part. pres. di *sfuggire*; anche agg. *1* Nei sign. del v. *2* (*fig.*) Ambiguo, equivoco, non chiaro: *sguardo, sorriso s.* | *Fronte s.*, bassa e volta all'indietro.

sfuggévole agg. *1* Che è facile a sfuggire, a dileguarsi: *immagine s.* | (*est.*) Che ha breve durata: *sguardo, occhiata, s.* SIN. Fugace, fuggevole. *2* †Liscio, sdrucciolevole. || **sfuggevolménte**, avv. Fugacemente.

sfuggevolézza s. f. ● Qualità di ciò che è sfuggevole.

†**sfuggiàsco** [da *fuggiasco*, con *s-*] agg. ● Fuggiasco | *Alla sfuggiasca*, (*ell.*) di nascosto, di passaggio, di sfuggita. || †**sfuggiascaménte**, avv. Fuggiascamente.

†**sfuggiménto** s. m. ● Atto dello sfuggire.

sfuggìre [da *fuggire*, con *s-*] **A** v. tr. (*io sfùggo, tu sfùggi*) ● Schivare, evitare: *s. un incontro non desiderato, un pericolo, una discussione*; *le foglie di lauro sfuggono il fuoco e resistono inarcandosi contro il calore* (CAMPANELLA). **B** v. intr. (aus. *essere*) *1* Riuscire a sottrarsi a qc. o a q.c.: *s. agli inseguitori, alla polizia, alla strage, alla cattura, alla giustizia.* *2* Cadere, scappare inavvertitamente, detto di cose (*anche fig.*): *mi è sfuggito il piatto di mano*; *gli è sfuggito un colpo dal fucile*; *nello scrivere mi è sfuggito un errore* | Parlare senza riflettere: *gli sfuggì di bocca il nome del complice*; *nell'ira gli è sfuggita una parola offensiva* | *Lasciarsi s. l'occasione*, non approfittarne. *3* Far passare senza notare, senza prestare la dovuta attenzione: *nel rileggere le bozze gli sono sfuggiti molti errori*; *nulla sfugge alla sua osservazione* | Uscire di mente, dimenticare: *mi è sfuggito che oggi è il tuo onomastico*; *ho letto il libro ma ora mi sfugge il titolo.* *4* †Apparire all'occhio come sfuggente, degradante.

sfuggìta s. f. ● Atto dello sfuggire, rapida corsa in un luogo, spec. nella loc. *fare una s.* | *Di s.*, *alla s.*, rapidamente, in fretta: *ci siamo salutati di s.*

sfuggìto part. pass. di *sfuggire*; anche agg. ● Nei sign. del v.

†**sfumaménto** s. m. ● Atto dello sfumare.

sfumàre o †**sfummàre** [da *fumo*, con *s-*] **A** v. tr. *1* Diminuire gradatamente la tonalità di un colore: *s. l'azzurro nel celeste* | Far rilevare un disegno con tenui passaggi dal chiaro allo scuro. *2* (*est.*) Attenuare gradatamente l'intensità di un suono, di una voce e sim. | (*est.*) Interrompere l'esecuzione radiofonica o discografica di un brano musicale, attenuandolo gradatamente, ma rapidamente, per passare a un pezzo o a un programma successivi. *3* (*est.*) Accorciare gradatamente dall'alto verso il basso, spec. sulla nuca, detto dei capelli. *4* (*raro*) †Fare svaporare | †Affumicare. **B** v. intr. (aus. *essere*) *1* Dissolversi, dileguarsi: *la nebbia sfuma lentamente* | (*fig.*) Andare in fumo, svanire: *il nostro sogno è sfumato.* *2* Diminuire gradualmente d'intensità, detto della tonalità di un colore: *un blu che sfuma nell'azzurro* | Farsi vago, impreciso: *nell'allontanarsi, il paesaggio andava sfumando ai suoi occhi.* *3* †Esalare, evaporare.

sfumàto A part. pass. di *sfumare*; anche agg. *1* Nei sign. del v. *2* (*fig.*) Vago, impreciso, indefinito: *sentimento s.*; *colori sfumati.* *3* Detto di tessuto stirato con ferro caldissimo. **B** s. m. ● Chiaroscuro estremamente sottile nei passaggi dalla luce all'ombra, morbido e ombroso, che spoglia le forme della loro determinatezza fondendole con l'atmosfera che le attornia.

sfumatùra [da *sfumare*] s. f. *1* Passaggio di tono dal chiaro allo scuro o, viceversa, di un medesimo colore: *una delicata s. di rosa.* *2* Leggero, sapiente effetto di stile in un'opera letteraria, musicale, e sim. mirante a ottenere una maggiore espressività: *cogliere tutte le sfumature di un'opera*; *una* *prosa ricca di sfumature* | *S. di significato*, mutamento di significato lieve, quasi impercettibile. *3* (*fig.*) Particolare intonazione di voce, lieve accenno mimico, e sim. esprimenti un moto dell'animo: *una s. di ironia, di scherno*; *nel suo sguardo c'è una s. di pietà*. *4* Taglio graduato dei capelli sulla nuca: *fare la s. alta, bassa*.

sfumino [da *sfumare*] s. m. ● Rotoletto cilindrico di pelle, seta o carta, usato per sfumare disegni a matita, a carbone o a pastello.

†sfummare ● V. *sfumare*.

sfumo [da *sfumare*] s. m. ● Attenuazione graduata dei tratti di un disegno a matita o a carboncino ottenuta sfregandovi sopra un pezzo di carta, stoffa, e sim.

sfunare [da *fune*, con *s-*] **A** v. tr. ● (*raro*) Sciogliere la fune, le funi che legano qc. o q.c. **B** v. intr. pron. ● (*raro*) Sciogliersi dalla fune o dalle funi.

sfuocare e *deriv.* ● V. *sfocare* e *deriv.*

sfuriare [da *furia*, con *s-*] v. tr. e intr. (*io sfùrio*; aus. *avere*) ● (*raro*) Sfogare l'ira con discorsi o atti di violenza: *lasciatelo s.*

sfuriata [da *sfuriare*] s. f. *1* Sfogo violento di impazienza, ira, rabbia e sim.: *sopportare le sfuriate di qc.* | Rabbuffo, rimprovero furioso: *fare una s. a qc.* *2* (*est.*) Pioggia, tempesta violenta e di breve durata: *una s. di vento*. || **sfuriatàccia**, pegg.

sfuso [da *fuso* (*1*), con *s-*] agg. *1* Sciolto, reso liquido: *strutto s.* *2* Detto di merce che si vende sciolta, non confezionata: *vino s.*; *cioccolatini sfusi*.

sgabbiare [da *gabbia*, con *s-*] v. tr. (*io sgàbbio*) ● (*raro*) Levare dalla gabbia.

sgabellare [da *gabellare*, con *s-*] **A** v. tr. (*io sgabèllo*) *1* †Sdaziare. *2* (*raro, fig.*) †Uccidere. **B** v. intr. pron. ● (*raro*) Liberarsi di qc. o q.c. noioso, sgradito, e sim.

sgabellata s. f. ● Colpo di sgabello.

sgabello o **†scabello** [lat. *scabĕllu(m)*, dim. di *scămnum* 'scanno'] s. m. ● Sedile (in legno o altro materiale) per una persona, senza spalliera, talora con due braccioli ai lati corti, retto da quattro gambe unite da traverse, o da tre gambe divaricate o da due assi sagomate o da un'asta centrale su tre piedi | (*fig.*) *Farsi s. di qc.*, servirsene senza riguardo per i propri fini. || **sgabellàccio**, pegg. | **sgabellétto**, dim. | **sgabellino**, dim.

sgabuzzino [dal medio ol. *kabuis* 'cambusa'] s. m. ● Stanzino, bugigattolo, che funge da ripostiglio.

sgagliardire [da *gagliardo*, con *s-*] v. tr. (*io sgagliardìsco, tu sgagliardìsci*) ● (*raro*) Privare della gagliardia, del coraggio.

†sgalante [da *galante*, con *s-*] agg. ● (*raro*) Privo di galanteria.

sgallare [da *galla*, con *s-*] v. tr. ● (*raro*) Formare una galla, una vescica, per scottature, percosse, e sim.

sgallatura [da *sgallare*] s. f. ● (*raro*) Formazione di galla o vescica.

sgallettare [da *galletto*, con *s-*] v. intr. (*io sgallétto*; aus. *avere*) ● Fare il galletto con le donne | Essere vivace e ardito anche eccessivamente.

sgallettato agg.; anche s. m. (f. *-a*) ● (*region.*) Che, chi non si regge bene sulle gambe | Che, chi ostenta brio, vivacità e vuole apparire disinvolto.

sgallettio s. m. ● (*raro*) Atto dello sgallettare continuo.

sgamare [prob. dal rom. *sgam(uffà)* 'camuffare'] **A** v. intr. (aus. *avere*) ● (*gerg.*) Cogliere, intuire q.c. che si vuole tacere o nascondere: *per poco non ha sgamato*. **B** v. tr. ● (*dial.*) Scoprire, sorprendere, cogliere sul fatto.

sgambare (**1**) [da *gambo*, con *s-*] v. tr. ● (*raro*) Levare il gambo a un fiore.

sgambare (**2**) [da *gamba*, con *s-*] v. intr. e intr. pron. (aus. intr. *essere*) ● Camminare a lunghi passi | Camminare molto e in fretta: *per arrivare laggiù bisogna s.*; *per prendere il treno si è sgambato*.

sgambata [da *sgambare* (*2*)] s. f. *1* Camminata lunga e faticosa: *è stata una bella s.!* *2* (*sport*) Sgambatura.

sgambato part. pass. di *sgambare* (*2*); anche agg. *1* Nei sign. del v. *2* Detto di indumento che non copre le cosce: *costume da bagno s.* CFR. Scosciato.

sgambatura [da *sgambare* (*2*)] s. f. *1* Piccola corsa, breve passeggiata, che si fa compiere a un cavallo e (*est.*) agli atleti, per riscaldare i muscoli prima di uno sforzo, di un incontro. SIN. Sgambata. *2* Apertura di un indumento in corrispondenza della coscia.

sgambettamento s. m. ● Atto dello sgambettare.

sgambettare [da *gambetta*, con *s-*] **A** v. intr. (*io sgambétto*; aus. *avere*) *1* Dimenare le gambe in qua e in là, stando seduti o sdraiati: *il neonato sgambetta sul lettino*. *2* Camminare a passi piccoli e veloci | Di bambini, cominciare a camminare, muovere i primi passi. **B** v. tr. ● Fare cadere qc. mediante uno sgambetto (*anche fig.*): *il calciatore fu sgambettato in area di rigore*.

sgambettata s. f. ● (*raro*) Atto dello sgambettare.

sgambetto [da *gambetto*, con *s-*] s. m. ● Mossa con cui si fa inciampare e cadere qc. che sta camminando | *Fare lo s. a qc.*, (*fig.*) prendere il suo posto servendosi di mezzi sleali; giocargli un tiro mancino, danneggiarlo.

sgamollatura [vc. d'orig. sconosciuta] s. f. ● (*agr.*) Potatura per piante cedue consistente nell'asportazione periodica dei rami laterali lasciando intatta la parte superiore della chioma.

sgamollo s. m. ● (*agr.*) *Ceduo a s.*, tipo di ceduo nel quale si fa il taglio dei rami lasciando intatto il fusto di un albero.

sganasciamento s. m. ● (*raro*) Atto, effetto dello sganasciare o dello sganasciarsi.

sganasciare (**1**) [da *ganascia*, con *s-* durativo-estrattivo] **A** v. tr. (*io sganàscio*) *1* Slogare le ganasce: *s. qc. con un pugno*. *2* (*fig., tosc.*) Sfasciare, rompere: *s. un mobile, una sedia* | Disgiungere, sconnettere: *s. un libro*. **B** v. intr. pron. ● Slogarsi le ganasce: *sganasciarsi dalle, per le, risa*.

sganasciare (**2**) [da *ganascia*, con *s-* durativo-ints.] v. intr. (*io sganàscio*; aus. *avere*) ● (*raro*) Mangiare con ingordigia, avidità | (*fig.*) Rubare in gran quantità.

sganasciata s. f. ● (*raro*) Atto dello sganasciare o dello sganasciarsi, nel sign. di *sganasciare* (*1*) | Risata lunga, piena.

sganascione o (*dial.*) **sganassone** [da *sganasciare* (*1*)] s. m. ● (*dial.*) Ceffone.

sganciabile agg. ● Che si può sganciare.

sganciabombe [comp. di *sganciare* e il pl. di *bomba*] s. m. inv. ● Negli aerei da bombardamento, lanciabombe.

sganciamento s. m. ● Atto dello sganciare o dello sganciarsi.

sganciare [da *gancio*, con *s-*] **A** v. tr. (*io sgàncio*) *1* Liberare dal gancio o dai ganci: *s. un rimorchio* | *S. veicoli*, staccarli dagli altri | *S. bombe, spezzoni, siluri*, lanciarli da bombardieri, da aerosiluranti (*anche ass.*): *i bombardieri hanno rinunciato a s.* *2* (*fig., fam.*) Sborsare denaro, spec. malvolentieri e dopo continue richieste: *quante storie per s. mille lire!*; *avanti, sgancia i soldi*. **B** v. intr. pron. *1* Liberarsi dal gancio: *il rimorchio si è sganciato dalla motrice*. *2* Rompere il contatto col nemico per sottrarsi alla sua pressione o evitare il combattimento. *3* (*fig., fam.*) Riuscire a liberarsi di chi, o di ciò che, è inadatto, inopportuno, molesto, e sim.: *sganciarsi da un ambiente equivoco, da un amico noioso*.

sgancio [dev. di *sganciare*] s. m. ● Atto, effetto dello sganciare.

sgangheramento s. m. ● Atto, effetto dello sgangherare.

sgangherare [da *ganghero*, con *s-*] **A** v. tr. (*io sgànghero*) ● Levare dai gangheri: *s. la porta* | (*est.*) Sfasciare: *s. un baule, una cassa* | *S. la mascella*, spalancarla smoderatamente. **B** v. intr. pron. ● (*scherz.*) Sganasciarsi: *sgangherarsi dalle risa, per il ridere*.

sgangheratàggine s. f. ● (*raro*) Qualità di chi, di ciò che è sgangherato | Comportamento sguaiato.

sgangherato part. pass. di *sgangherare*; anche agg. *1* Nei sign. del v. *2* Sconnesso, illogico: *periodo, stile s.* | Volgare, sguaiato: *risata, voce, sgangherata* | Male in arnese: *è un vecchio s.* || **sgangheratàccio**, pegg. || **sgangherataménte**, avv. In modo sguaiato, scompostamente.

†sgangheritùdine [da *sgangherare*] s. f. ● (*raro*) Cosa disordinata.

†sgannamento s. m. ● Atto, effetto dello sgannare o dello sgannarsi.

†sgannare [calco su *ingannare*, con cambio di pref. (*s-*)] **A** v. tr. ● Liberare dall'inganno facendo comprendere la verità: *e questo sia suggel ch'ogn'uomo sganni* (DANTE). **B** v. intr. e intr. pron. ● (*raro*) Liberarsi dall'inganno.

†sgaraffare [da *sgraffiare*, in senso metaforico] v. tr. ● (*raro*) Sgraffignare.

†sgarare [da *gara*, con- *s-*] v. tr. ● Vincere, superare.

sgarbatàggine s. f. ● Qualità di chi, di ciò che è sgarbato | Atto, parola sgarbata.

sgarbatezza s. f. ● Sgarbataggine.

sgarbato [da *garbato*, con *s-*] agg.; anche s. m. (f. *-a*) *1* Che, chi non ha garbo, grazia: *voce sgarbata*. CONTR. Garbato. *2* Che, chi non ha garbo, cortesia nei rapporti con gli altri: *ragazzo s.* | Scortese, villano: *risposta sgarbata*. || **sgarbatèllo**, dim. | **sgarbatóne**, accr. | **sgarbatùccio**, dim. || **sgarbataménte**, avv. In modo sgarbato, scortese.

sgarbellato [dall'emiliano *sgarblé* 'privo di garbo'] agg. ● (*dial.*) Privo di garbatezza | Inelegante | Sgangherato.

sgarberia [da *sgarbo*] s. f. ● Atto, frase o comportamento sgarbato.

sgarbo [da *garbo*, con *s-*] s. m. *1* (*raro*) Mancanza di garbo nel trattare. *2* Atto sgarbato, villano: *fare uno s. a qc.*; *sopportare gli sgarbi di qc.* || **sgarbàccio**, pegg.

sgarbugliare [contr. di *ingarbugliare*, con cambio di pref. (*s-*)] v. tr. (*io sgarbùglio*) *1* Districare un garbuglio: *s. un gomitolo*. *2* (*fig.*) Chiarire q.c. di complicato, oscuro: *s. una faccenda poco chiara*.

sgarettare e *deriv.* ● V. *sgarrettare* e *deriv.*

sgargarizzare ● V. *gargarizzare*.

sgargiante [da *sgargiare*, sul modello del fr. *criard* 'chiassone', da *crier* 'urlare' (?)] agg. *1* Di colore intenso e vivo: *rosso s.* *2* (*raro*) Appariscente, chiassoso: *oggi è tutta s.*

sgargiare [dial. merid. *sgargiare* 'gridare a perdifiato' da *gargia* 'bocca aperta', di origine onomat.] v. intr. (*io sgàrgio*; aus. *avere*) ● (*raro*) Essere eccessivamente vivace o vistoso, detto di colori, abiti, e sim.

†sgariglio o **†sgheriglio** [da *sgherro* (V.)] s. m. ● Sgherro, scherano: *v'erano tutti i gonfaloni del popolo, co' soldati e con gli sgarigli* (COMPAGNI).

†sgarramento s. m. ● Atto dello sgarrare.

sgarrare (**1**) [dall'ant. fr. *esguarer* 'errare', da *guarer* 'proteggere', risalente al francone *warôn* 'aver cura' (?)] v. tr. e intr. (aus. *avere*) *1* Commettere inesattezze, imprecisioni, errori e sim.: *quell'orologio non sgarra mai*. *2* Venir meno al proprio dovere: *in vent'anni di lavoro non ha mai sgarrato*.

sgarrare (**2**) [vc. onomat.] **A** v. tr. ● (*region.*) Strappare, lacerare. **B** v. intr. pron. ● (*region.*) Strapparsi, lacerarsi, rompersi: *gli si sono sgarrati i pantaloni*.

sgarrettare o **sgarettare** [da *garretto*, con *s-*] v. tr. (*io sgarrétto*) *1* Tagliare i garretti a un animale. *2* (*agr., region.*) Tagliare una piantina alla base per rinforzarla.

sgarrettatura o **sgarettatura** [da *sgarrettare*] s. f. ● Atto, effetto dello sgarrettare (nei sign. 1 e 2).

sgarrista [forse dal nap. *sguarrà* 'strappare, squarciare' (di etim. incerta)] s. m. (pl. *-i*) ● (*gerg., dial.*) Ladro specializzato nei furti con scasso.

sgarro (**1**) [dev. di *sgarrare*] s. m. *1* Atto dello sgarrare | Mancanza di esattezza, di precisione: *non ammetto il minimo s.* *2* Nel linguaggio della malavita, spec. meridionale, offesa, onta | Imbroglio. || **†sgarróne**, accr.

sgarro (**2**) [dev. di *sgarrare* (*2*)] s. m. ● (*region.*) Strappo, squarcio, lacerazione.

sgarza [da *garza* (*1*), con *s-*] s. f. ● (*zool.*) Airone cinerino.

sgarzare [da avvicinare a *garzare*] v. tr. ● Cancellare mediante sgarzino.

sgarzino [da avvicinare a *garzare*] s. m. ● Sorta di coltello a lama intercambiabile assai affilata, gener. retrattile nel manico per maggior sicurezza, usato per eseguire tagli netti di carte, cartoni, pellicole, pelli e sim. | Piccola lama usata dai grafici e dai disegnatori per cancellare mediante raschiatura.

ṣgaṣàre (**1**) o **ṣgassàre** nel sign. A [comp. parasintetico di *gas*, col pref. *s-* sottratt.] **A** v. tr. ● Privare di gas, detto spec. di bevande. **B** v. intr. pron. ● (*gerg.*) Abbattersi, smontarsi. CONTR. Gasarsi.

ṣgaṣàre (**2**) o **ṣgassàre** [comp. parasintetico di gas, col pref. *s-* ints.] v. tr. ● (*fam.*) Dare gas all'automobile da fermo o in partenza per fare chiasso o per un avvio più rapido.

ṣgaṣàto part. pass. di *sgasare* (*1*); anche agg. **1** Nel sign. del v. **2** (*fam., gerg.*) Depresso, giù di corda, privo di energia.

ṣgassàre ● V. *sgasare* (*1*).

ṣgattaiolàre [da *gattaiola*, con *s-*] v. intr. (*io ṣgattàiolo* o *raro ṣgattaiòlo*; aus. *avere*) ● Uscire con grande sveltezza attraverso un'apertura, come fa il gatto | (*est.*) Allontanarsi silenziosamente, senza farsi notare: *è sgattaiolato via e nessuno se n'è accorto.*

ṣgavazzàre [da *gavazzare*, con *s-*] v. intr. ● Gavazzare.

ṣgelàre [da *gelare*, con *s-*] **A** v. tr. e intr. (*io ṣgèlo*; aus. intr. *essere*) ● Disgelare. **B** v. intr. impers. (aus. *essere* e *avere*) ● Sciogliersi, del ghiaccio: *presto sgelerà.*

ṣgelatóre [da *sgelare*] agg.; anche s. m. (f. *-trice*) ● Che, chi è atto a rimuovere il ghiaccio, spec. con mezzi termici.

ṣgèlo [da *sgelare* (V. *disgelo*)] s. m. ● Disgelo.

ṣghèi ● V. *schei.*

ṣghembàre [da *sghembo*] v. intr. (*io ṣghémbo*; aus. *avere*) ● (*raro*) Cadere a sghembo, non pari: *il vestito sghemba a destra.*

ṣghémbo o †**schimbo** [lat. tardo *sclĭmbu(m)* 'obliquo', dal got. **slimbs* 'obliquo'] **A** agg. **1** Che è storto, tortuoso: *soffitto, sentiero, s.* | Obliquo: *muro s.* | *A s.*, a sghimbescio, per storto: *camminare a s.* **2** (*mat.*) Detto di rette non complanari: *rette sghembe.* **B** in funzione di avv. ● Obliquamente, a sghimbescio: *camminare s.*

†**ṣgheríglio** ● V. †*sgariglio.*

†**ṣghermíre** [da *ghermire*, con *s-*] v. tr. ● Lasciare ciò che era ghermito.

ṣghermitóre [da *ghermitore*, con *s-*] s. m.; anche agg. (f. *-trice*) ● Chi, che sghermisce.

ṣgheronàto [da *gherone*, con *s-*] agg. **1** Detto di abito, allargato con l'inserimento di uno o più gheroni. **2** (*raro, fig.*) †Che è senza garbo ed eleganza nei modi e nel vestire.

ṣghèrro [dal longob. *skarr(j)o* 'capitano' (V. *scherano, schiera*)] **A** s. m. **1** Uomo d'armi al servizio di un privato: *assoldare degli sgherri* | (*est.*) Uomo, spec. d'armi, prepotente e violento: *maniere, faccia da s.* **2** (*spreg.*) Poliziotto, spec. di un regime oppressivo. ‖ **sgherràccio**, pegg. | **sgherróne**, accr. **B** agg. ● (*raro, lett.*) Di, da sgherro: *un giovinastro di malavita ... riconoscibile ... ad una sua camminata sgherra* (BACCHELLI) | *Alla sgherra*, (*ell.*) alla maniera degli sgherri, in modo spavaldo: *portare il cappello alla sgherra.*

ṣghiacciàre [da *ghiacciare*, con *s-*] **A** v. tr. (*io ṣghiàccio*) ● Ricondurre ciò che è ghiacciato a una temperatura normale o più elevata: *s. la carne surgelata prima della cottura.* **B** v. intr. e intr. pron. (aus. intr. *essere*, raro *avere*) ● Diventare meno ghiacciato.

ṣghiacciatóre [da *sghiacciare*] agg.; anche s. m. (f. *-trice*) ● Che, chi è atto a rimuovere il ghiaccio, spec. con mezzi meccanici.

ṣghiaiàre [da *ghiaia*, con *s-*] v. tr. (*io ṣghiàio*) ● Sgombrare canali, fiumi, bacini artificiali e sim. dalla ghiaia che vi si deposita.

ṣghiaiatóre [da *sghiaiare*] s. m. ● Dispositivo che si pone all'imbocco di un canale derivato per impedire l'ingresso della ghiaia.

ṣghignàre ● V. *ghignare.*

ṣghignazzaménto s. m. ● Atto dello sghignazzare | Sghignazzata.

ṣghignazzàre [da *ghignazzare*, con *s-*] v. intr. (aus. *avere*) ● Ridere in modo rumoroso, sguaiato con intenzione di scherno: *stanno sghignazzando di te.*

ṣghignazzàta s. f. ● Atto dello sghignazzare | Risata provocatoria.

ṣghignazzío s. m. ● (*raro*) Atto dello sghignazzare continuo.

†**ṣghignóso** [da *ghigno*, con *s-*] agg. ● (*raro*) Schizzinoso, ritroso.

ṣghilèmbo [sovrapposizione di *sghembo* a *sbilenco*] agg. ● (*tosc.*) Sbilenco, storto.

ṣghimbèscio o †**schimbèscio** [sovrapposizione di *sghembo* all'ant. *biescio* 'bieco', o *rovescio*] agg. (pl. f. *-scie*) ● Sghembo, obliquo, storto, spec. nelle loc. *a s., di s.*: *camminare a s.*; *scrivere di s.*

ṣghindàre o †**schindàre** [da *ghindare*, con *s-*] v. tr. ● (*mar.*) Ammainare in coperta gli alberetti.

ṣghindàto part. pass. di *sghindare*; anche agg. ● Nel sign. del v.

†**ṣghingheróso** [da *ghingheri*, con *s-*] agg. ● (*pop., tosc.*) Che è in ghingheri.

ṣghiribiẓẓàre o **ṣghiribizzàre** [da *ghiribizzare*, con *s-*] v. intr. (aus. *avere*) ● (*raro*) Ghiribizzare.

ṣghiribiẓẓo o (*pop.*) **schiribiẓẓo**, **ṣghiribizzo** [da *ghiribizzo*, con *s-*] s. m. ● Ghiribizzo.

ṣghiribiẓẓóso o (*pop.*) **schiribiẓẓóso**, **ṣghiribizzóso** [da *ghiribizzoso*, con *s-*] agg. ● Ghiribizzoso.

†**ṣgiudiziàto** [da *giudizio*, con *s-*] agg. ● (*raro*) Senza giudizio.

ṣgnaccàre [vc. gerg. militare, propriamente 'schiacciare', di origine onomat.] v. tr. (*io ṣgnàcco, tu ṣgnàcchi*) ● Nel gergo militare, punire, infliggere la camera di punizione: *s. qc. dentro*; *s. qc. in prigione.*

ṣgobbàre [da *gobbo, gobba*, con *s-*] v. intr. (*io ṣgòbbo*; aus. *avere*) ● (*fam.*) Applicarsi a un lavoro, uno studio, e sim. con grande impegno e costanza: *s. sui libri, a tavolino*; *s. otto ore al giorno.*

ṣgobbàta [da *sgobbare*] s. f. ● (*fam.*) Sforzo prolungato e senza soste, spec. sul lavoro e nello studio: *la tradizionale s. prima degli esami.*

ṣgòbbo s. m. ● Atto dello sgobbare | Sforzo, lavoro, fatica.

ṣgobbóne [da *sgobbare*] s. m. (f. *-a*) ● Chi si applica allo studio, al lavoro, con grande fatica e impegno, spec. per compensare la limitata intelligenza (*anche spreg.*).

ṣgocciolaménto [da *sgocciolare* (*1*)] s. m. ● Lenta caduta di gocciole.

ṣgocciolàre (**1**) [da *gocciolare*, con *s-*] v. intr. (*io ṣgócciolo*; aus. *essere*) ● Cadere a gocciole, gocciolare: *la pioggia sgocciola sui vetri*; *il vino sgocciola sul pavimento.*

ṣgocciolàre (**2**) [da *gocciola*, con *s-*] **A** v. tr. (*io ṣgócciolo*) **1** Far cadere a gocciole: *hai sgocciolato l'acqua sul tavolo.* **2** Vuotare un recipiente delle ultime gocce di liquido in esso contenuto: *s. un fiasco, una bottiglia* | (*fig.*) *Sgocciolarsi un fiasco, una bottiglia*, e sim., berne tutto il contenuto | †*S., sgocciolarsi il bariletto*, (*fig.*) dire tutto ciò che si sa. **B** v. intr. (aus. *avere*) ● Vuotarsi delle ultime gocce di liquido contenuto, detto di recipienti: *la botte ha sgocciolato*; *ho messo la bottiglia a s. sul lavandino.*

ṣgocciolatóio [da *sgocciolare* (*1*)] s. m. **1** Recipiente atto a raccogliere ciò che sgocciola. **2** Scolapiatti.

ṣgocciolatùra s. f. **1** Atto, effetto dello sgocciolare nel sign. di *sgocciolare* (*1*) | Gocciole cadute, sparse, o residue in fondo a un recipiente | †*Ridursi alla s.*, ridursi agli sgoccioli. **2** (*est.*) Segno lasciato dalle gocciole cadute.

ṣgocciolío [da *sgocciolare* (*1*)] s. m. ● Atto dello sgocciolare continuo.

ṣgócciolo s. m. ● Sgocciolatura, spec. nella loc. *agli sgoccioli*, al finire, al termine, agli ultimi residui, di q.c.: *essere, trovarsi, ridursi, agli sgoccioli.*

ṣgodévole [comp. di *s-* priv. e *godevole*] agg.; anche s. m. e f. ● (*dial.*) Poco piacevole, antipatico, scontroso.

ṣgolàrsi [da *gola*, con *s-*] v. intr. pron. (*io mi ṣgólo*) ● Affaticare la voce nel cantare, nel parlare, nel gridare: *s. a far lezione, a dire, a spiegare.*

†**ṣgolàto** [da *scollato*, con sovrapposizione di *gola*] agg. ● Scollato: *andava con un tabarro sempre s.* (SACCHETTI).

†**ṣgomberaménto** ● V. †*sgombramento.*

ṣgomberàre ● V. *sgombrare.*

ṣgomberàto ● V. *sgombrato.*

ṣgomberatóre o **ṣgombratóre**. s. m. (f. *-trice*) ● (*raro*) Chi sgombera | Chi per mestiere fa i trasporti per gli sgomberi.

ṣgomberatùra s. f. ● (*raro*) Atto dello sgombrare, spec. da una casa | Spesa sostenuta per sgombrare.

ṣgómbero (**1**) o **ṣgómbro** (**2**) [da *sgomberare*] s. m. **1** Atto, effetto dello sgomberare | (*mil.*) Attività logistica diretta a liberare l'area della battaglia di quanto non è utilizzabile o è stato catturato al nemico: *s. dei feriti, degli ammalati*; *s. dei materiali.* **2** Cambiamento di casa, di abitazione: *si avvicina il tempo dello s.* SIN. Trasloco.

ṣgómbero (**2**) ● V. *sgombro* (*1*).

†**ṣgombraménto** o †**ṣgomberaménto**. s. m. ● Atto dello sgombrare (*spec. fig.*).

ṣgombranéve [comp. di *sgombra(re)* e *neve*] s. m. inv. ● Speciale autoveicolo attrezzato per sgombrare la neve dalle strade.

ṣgombràre o **ṣgomberàre**, spec. nel sign. A2 [calco su *ingombrare*, con cambio di pref. (*s-*)] **A** v. tr. (*io ṣgómbro*) **1** Liberare un luogo da ciò che lo ingombra (*anche fig.*): *s. il mercato, la strada, una stanza*; *il vento sgombra il cielo dalle nuvole*; *s. l'anima dalle passioni* | Liberare un luogo andandosene o obbligando chi lo occupa ad andarsene: *in caso di agitazioni il presidente farà s. l'aula*; *s. la piazza dai dimostranti* | *S. una posizione*, abbandonarla. **2** Evacuare un luogo (*anche ass.*): *s. il paese*; *s. tutta la zona*; *l'esercito comincia a s.* | Lasciare libero un appartamento, un locale, e sim. trasferendosi altrove con le proprie masserizie (*anche ass.*): *bisogna s. il palazzo*; *tutti gli inquilini sgombreranno la casa*; *il mese prossimo sgomberiamo.* **3** Portare via ciò che costituisce un ingombro: *s. la propria roba*; *il vento sgombra le nuvole* | †*S. q.c. in un luogo*, portarvela per metterla al sicuro. **4** (*raro, lett.*) Scacciare, allontanare: *sgombri il Padre del Ciel / da i nostri petti / peste sì rea* (TASSO) | †Mandare via: *s. da sé.* **B** v. intr. pron. ● (*lett.*) Liberarsi da ogni ingombro: *sgombrasi la campagna* (LEOPARDI).

ṣgombraròba [comp. di *sgombrare* e *roba*] s. m. ● (*dial.*) Ripostiglio.

ṣgombràto o **ṣgomberàto**. part. pass. di *sgombrare*; anche agg. ● (*raro*) Nei sign. del v.

ṣgombratóre ● V. *sgomberatore.*

ṣgómbro (**1**) o **ṣgómbero** (**2**) [da *sgombrare*] agg. ● Libero, vuoto da ingombri (*anche fig.*): *stanza sgombra*; *appartamento s.*; *mente sgombra dalle passioni.*

ṣgómbro (**2**) ● V. *sgombero* (*1*).

ṣgómbro (**3**) ● V. *scombro.*

†**ṣgomentaménto** s. m. ● (*raro*) Atto dello sgomentarsi.

ṣgomentàre [lat. parl. **excommentāre* 'turbare', comp. di *ĕx-* (*s-*) e **commentāre* per il classico *commentāri* 'meditare', connesso con *mēns*, genit. *mĕntis* 'mente'] **A** v. tr. (*io ṣgoménto*) ● Produrre sgomento: *la responsabilità è tale da s. chiunque.* **B** v. intr. pron. ● Provare sgomento, perdersi d'animo: *sgomentarsi di q.c.*; *sgomentarsi a vedersi abbandonato*; *sgomentarsi per un insuccesso.*

ṣgomentàto part. pass. di *sgomentare*; anche agg. **1** Nei sign. del v. **2** Che esprime, denota sgomento: *viso s.*; *espressione sgomentata.*

†**ṣgomentíre** [da *sgomentare*, con cambio di coniug.] v. tr. e intr. pron. ● Sgomentare.

ṣgoménto (**1**) [da *sgomentare*] s. m. ● Stato di turbamento, depressione, ansia angosciosa, provocato da avvenimenti esterni: *essere in preda allo s.*; *lasciarsi prendere, vincere, dallo s.*; *superare, vincere, lo s.*; *riaversi dallo s.*

ṣgoménto (**2**) agg. ● Sgomentato: *occhi sgomenti*; *facce sgomente.*

ṣgomentóso agg. **1** (*lett.*) Che incute sgomento. **2** (*lett.*) Che prova sgomento.

ṣgominàre [lat. parl. **excombināre* 'disunire', comp. di *ĕx-* (*s-*) e *combināre* 'mettere insieme'. V. *combinare*] v. tr. (*io ṣgòmino* o *ṣgómino*) **1** Sconfiggere, sbaragliare, mettere in fuga rovinosa. **2** †Mettere in disordine, in stato di confusione.

ṣgominío [da *sgominare*] s. m. ● (*raro*) Scompiglio, dispersione.

ṣgomitàre [comp. parasintetico di *gomito*, col pref. *s-*] **A** v. tr. (*io ṣgómito*) ● (*raro*) Colpire con i gomiti. **B** v. intr. (aus. *avere*) ● Farsi largo a gomitate (*anche fig.*).

ṣgomitolàre [da *gomitolare*, con *s-*] **A** v. tr. (*io ṣgomìtolo*) ● Disfare un gomitolo. **B** v. intr. pron. **1** Disfarsi, detto di gomitoli. **2** (*raro, fig.*) Venir fuori, presentarsi, con ordine: *quelle parole ... venivano una dopo l'altra come sgomitolandosi* (MANZONI).

ṣgommàre [da *gomma*, con *s-*] **A** v. tr. (*io ṣgómmo*) **1** Togliere l'ingommatura. **2** Trattare la seta con soluzioni saponose per liberarla dalla sericina. **B** v. intr. (aus. *avere*) ● Stridere su un terreno spec. asfaltato, detto degli pneumatici di un autoveicolo: *la macchina è partita sgommando verso Porta Romana*. **C** v. intr. pron. ● Perdere l'ingommatura: *spesso i francobolli si sgommano*.

ṣgommàta s. f. ● Partenza rapida dell'automobile, che provoca un forte stridio degli pneumatici sull'asfalto stradale.

ṣgommàto part. pass. di *sgommare*; anche agg. **1** Nei sign. del v. **2** Detto di autoveicolo o sim. privo di pneumatici.

ṣgommatùra s. f. ● Operazione dello sgommare la seta.

ṣgonfiaménto s. m. ● Atto dello sgonfiare o dello sgonfiarsi, nel sign. di *sgonfiare (1)*.

ṣgonfiàre (1) [da *gonfiare*, con *s-* sottrattivo] **A** v. tr. (*io ṣgónfio*) **1** Togliere parzialmente o totalmente aria o gas da una cavità elastica: *s. un salvagente di gomma*. **2** (*est.*) Togliere il gonfiore: *un bagno ti sgonfierà le caviglie*. **3** (*fig.*) Sminuire l'eccessiva considerazione che si ha di sé o di altri: *s. l'orgoglio, la superbia* | *S. una notizia, un avvenimento*, nel gergo giornalistico, togliere importanza, minimizzare, accordando poco spazio e usando titoli non appariscenti. **4** (*pop.*) Annoiare, seccare. **5** (*fig.*) †Sbudellare, sventrare. **B** v. intr. pron. e intr. (aus. *essere*) **1** Perdere la gonfiezza: *la gengiva si è sgonfiata*. **2** (*fig.*) Perdere la superbia, la tracotanza: *con la brutta figura che ha fatto si è sgonfiato*.

ṣgonfiàre (2) [da *gonfiare*, con *s-* durativo-ints.] v. intr. (*io ṣgónfio*; oggi dif. dei tempi composti) ● Fare gonfiezza in qualche parte, detto di abiti: *il vestito sgonfia sulle spalle*.

ṣgonfiàto part. pass. di *sgonfiare (1)*; anche agg. **1** Nei sign. del v. **2** *Pallone s.*, (*fig., fam.*) persona che ha improvvisamente perso tutta la superbia, la boria, e sim. che prima ostentava. CONTR. Gonfiato.

ṣgonfiatùra s. f. ● Atto, effetto dello sgonfiare o dello sgonfiarsi, nel sign. di *sgonfiare (1)*.

ṣgónfio (1) [da *sgonfiare (1)*] agg. ● Sgonfiato, non gonfio: *pallone, pneumatico, s.* CONTR. Gonfio.

ṣgónfio (2) [da *sgonfiare (2)*] s. m. ● Rigonfiatura di veste o di una sua parte: *manica con lo s.*

ṣgonfiòtto [da *sgonfio (2)*] s. m. **1** Sorta di frittella lievitata che cuocendo si gonfia: *sgonfiotti con ripieno di marmellata*. **2** Sgonfio, nel sign. di *sgonfio (2)*.

ṣgonnellàre [da *gonnella*, con *s-*] v. intr. (*io ṣgonnèllo*; aus. *avere*) ● (*fam.*) Affaccendarsi, mostrarsi molto affaccendata dandosi importanza, detto di donna | (*est.*) Andare in giro qua e là per mostrarsi, cercare e sim.

ṣgonnellóna [da *sgonnellare*] s. f. ● (*fam., tosc.*) Donna che è solita sgonnellare.

ṣgórbia o **ṣgòrbia**, †**scóbbia** [da *gorbia*, con *s-*] s. f. **1** Scalpello incavato per lavori di falegnameria e intaglio. **2** (*chir.*) Strumento per l'asportazione di schegge ossee. **3** Scalpello concavo a sezione semicircolare, usato in xilografia. || **sgorbiétta**, dim.

ṣgorbiàre o †**scorbiàre** v. tr. (*io ṣgòrbio*) ● Imbrattare con sgorbi | Scarabocchiare.

ṣgorbiatóre s. m. (f. *-trice*) ● (*raro*) Chi sgorbia.

ṣgorbiatùra s. f. ● Atto, effetto dello sgorbiare.

ṣgòrbio o †**scòrbio** [lat. *scŏrpiu(m)*, dal gr. *skorpíos* 'scorpione', in senso metaforico] s. m. **1** Macchia d'inchiostro fatta per disattenzione, disavventura, e sim. spec. scrivendo: *lettera costellata di sgorbi* | (*est.*) Parola scritta male: *non riesco a leggere i tuoi sgorbi* | (*est.*) Scritto, disegno, e sim. malfatto: *il tuo libro è uno s.* SIN. Scarabocchio. **2** (*fig.*) Persona brutta e sgraziata. || **sgorbiàccio**, pegg. | **sgorbiétto**, dim.

ṣgorgaménto s. m. ● (*raro*) Atto dello sgorgare.

ṣgorgàre [da *gorgo*, con *s-*] **A** v. intr. (*io ṣgórgo, tu ṣgórghi*; aus. *essere*) **1** Uscire con impeto e in abbondanza, detto di liquidi: *l'acqua sgorga dalla sorgente*; *il sangue sgorgava dalla ferita* | (*fig.*) Provenire direttamente: *queste parole sgorgano dal cuore*. **2** †Mettere foce, detto di corsi d'acqua. **B** v. tr. ● Liberare un condotto da ciò che lo ostruisce: *s. un lavandino*.

ṣgorgàta [da *sgorgare*] s. f. ● (*raro*) Quantità di liquido che sgorga in una volta sola.

ṣgorgatóio [da *sgorgare*] s. m. ● (*raro*) Punto, luogo, da cui sgorga un liquido.

ṣgórgo s. m. (pl. *-ghi*) ● Atto dello sgorgare | †*A s.*, in abbondanza.

ṣgottàre [da *aggottare*, con sostituzione di pref. (*s-*)] v. tr. (*io ṣgòtto*) ● (*mar.*) Togliere l'acqua da una imbarcazione con la sassola.

†**ṣgovernaménto** [da *sgovernare*] s. m. ● Malgoverno.

ṣgovernàre [da *governare*, con *s-*] v. tr. e intr. (*io ṣgovèrno*; aus. *avere*) ● (*raro, lett.*) Governare male.

ṣgovèrno [da *governo*, con *s-*] s. m. ● (*raro, lett.*) Malgoverno.

ṣgozzaménto [da *sgozzare (1)*] s. m. ● Atto, effetto dello sgozzare nel sign. di *sgozzare (1)*.

ṣgozzàre (1) [da *gozzo*, con *s-*] v. tr. (*io ṣgózzo*) **1** Scannare: *s. un capretto*. **2** (*fig.*) Imporre condizioni da usura prestando danaro.

†**ṣgozzàre (2)** [da *ingozzare*, con cambio di pref. (*s-*)] v. tr. **1** Ingozzare, smaltire. **2** Tollerare.

ṣgozzàto part. pass. di *sgozzare (1)*; anche agg. ● Nei sign. del v.

ṣgozzatóre s. m. (f. *-trice*) ● (*raro*) Chi sgozza, nel sign. di *sgozzare (1)*.

ṣgozzatùra s. f. ● Atto dello sgozzare, nel sign. di *sgozzare (1)* | (*fig.*) Atto dell'essere sgozzato da uno strozzino, o sim.

†**ṣgozzìno** [da *sgozzare (1)*, sul modello di *strozzino*] s. m. ● (*fam., spreg.*) Strozzino.

ṣgradévole [da *gradevole*, con *s-*] agg. ● Che non si gradisce: *sapore s.* | Che risulta sgradito: *persona, compagnia, s.* CONTR. Gradevole. || **sgradevolménte**, avv.

ṣgradevolézza [da *sgradevole*] s. f. ● Qualità di chi o di ciò che è sgradevole.

ṣgradìre [da *gradire*, con *s-*] **A** v. tr. (*io ṣgradìsco, tu ṣgradìsci*) ● (*raro*) Mal gradire, non accettare: *s. un invito, un regalo*. **B** v. intr. (aus. *essere*) ● (*raro*) Dispiacere.

ṣgradìto part. pass. di *sgradire*; anche agg. ● Nei sign. del v.

ṣgraffiàre [da *graffiare*, con *s-*] v. tr. (*io ṣgràffio*) **1** (*pop.*) Graffiare. **2** Incidere decorazioni sul metallo in maniera affrettata e mal fatta | Segnare inavvertitamente una pietra preziosa provocandone un difetto. **3** (*raro*) Rubare, portare via. **4** (*raro*) Chi sgraffia.

ṣgraffiatóre s. m. (f. *-trice*) ● Chi, che sgraffia.

ṣgraffiatùra [da *sgraffiare*] s. f. ● (*pop.*) Graffiatura.

ṣgraffignàre o **graffignàre** [prob. da avvicinare a *graffa* nel sign. di 'artiglio'] v. tr. ● (*fam.*) Portare via di nascosto e con destrezza: *s. il portafoglio a qc.*

ṣgràffio [da *sgraffiare*, sul modello di *graffio*] s. m. ● (*pop.*) Graffio. || **sgraffióne**, accr.

†**ṣgramaticàre** ● V. *sgrammaticare*.

†**ṣgrammaticaménto** s. m. ● Atto di sgrammaticare.

ṣgrammaticàre o †**ṣgramaticàre** [da *grammatica*, con *s-*] v. intr. (*io ṣgrammàtico, tu ṣgrammàtichi*; aus. *avere*) ● Fare errori di grammatica parlando o scrivendo.

ṣgrammaticàto part. pass. di *sgrammaticare*; anche agg. **1** Nel sign. del v. **2** Che, parlando o scrivendo, fa molti errori di grammatica. **3** Che è pieno di errori di grammatica: *tema s.*

ṣgrammaticatùra [da *sgrammaticare*] s. f. ● Errore di grammatica.

ṣgrammaticóne [da *sgrammaticare*] s. m. (f. *-a*) ● (*fam.*) Chi commette molti errori di grammatica.

†**ṣgranàbile** agg. ● Che si può sgranare, nel sign. di *sgranare (1)*.

ṣgranaménto s. m. ● Atto dello sgranare, nel sign. di *sgranare (1)*.

ṣgranàre (1) [da *grano*, con *s-*] **A** v. tr. ● Far uscire i grani di un frutto dalla loro sede: *s. i fagioli* | *S. il granoturco*, staccarne i grani dalle pannocchie | *S. il cotone*, staccare i semi dalle fibre | *S. il rosario*, (*fig.*) recitarlo, facendo scorrere fra le dita i grani della catena | (*fam., fig.*) *S. gli occhi*, spalancarli, come se stessero per uscire dall'orbita. **B** v. intr. pron. ● Disfarsi, rompersi, in pezzetti, in grani: *quel tipo di pietra si sgrana con facilità*.

ṣgranàre (2) [contr. di *ingranare* (V.), con cambio di pref. (*s-*)] v. tr. ● (*mecc.*) Togliere dall'ingranaggio | Disinserire una o più parti da un ingranaggio | Disfare un ingranaggio.

ṣgranàre (3) [da *grana* col pref. *s-* neg.] **A** v. tr. **1** Disfare, rompere la grana di un materiale. **2** (*fig., fam.*) Mangiare con gusto: *s. pagnotte, biscotti* | (*ass.*) Mangiare: *pensa sempre a s.* **B** v. intr. pron. ● Rompersi, disfarsi, disgregarsi, perdendo la compattezza o mutando nella struttura: *con il calore l'acciaio si sgrana*; *una roccia che non si sgrana facilmente*.

ṣgranàto part. pass. di *sgranare (1)*; anche agg. ● Nei sign. del v.

ṣgranatóio [da *sgranare (1)*] s. m. ● Macchina azionata a mano per sgranare le pannocchie di mais.

ṣgranatóre s. m.; anche agg. (f. *-trice*) ● Chi, che sgrana, nel sign. di *sgranare (1)*.

ṣgranatrìce [f. di *sgranatore*] s. f. **1** Macchina ad azionamento meccanico per sgranare le pannocchie di mais già scartocciate. **2** Macchina per la sgranatura del cotone.

ṣgranatùra s. f. **1** Atto dello sgranare, nel sign. di *sgranare (1)*: *s. di legumi, del granturco*. **2** Azione esercitata dalla sgranatrice per separare il cotone dai semi.

ṣgranchiàre [da *granchio* 'crampo', con *s-*] v. tr. (*io ṣgrànchio*) ● (*dial.*) Sgranchire.

ṣgranchìre [contr. di *aggranchire*, con cambio di pref. (*s-*)] v. tr. (*io ṣgranchìsco, tu ṣgranchìsci*) ● Sciogliere gli arti o il corpo dall'irrigidimento dovuto all'immobilità, al freddo, e sim.: *devi sgranchire le gambe con la ginnastica* | (*est.*) *Sgranchirsi le gambe*, fare due passi, fare una breve passeggiata a piedi.

†**ṣgrandìre** [comp. parasintetico di *grande*, con *s-* nel sign. 5] v. tr. e intr. pron. ● Ingrandire.

ṣgranellaménto s. m. ● (*raro*) Atto dello sgranellare.

ṣgranellàre [da *granello*, con *s-*] **A** v. tr. (*io ṣgranèllo*) ● Staccare i granelli dal grappolo: *s. l'uva* | Privare dei granelli. **B** v. intr. pron. ● (*raro*) Frantumarsi in granelli.

ṣgranellatùra s. f. ● Atto, effetto dello sgranellare.

ṣgranocchiàre [da *sgranare*, con suff. iter.-ints.] v. tr. (*io ṣgranòcchio*) ● (*fam.*) Mangiare con gusto, a piccoli morsi, cibi che crocchiano sotto i denti: *s. pasticcini*.

ṣgrappolàre [da *grappolo*, con *s-*] v. tr. (*io ṣgràppolo*) ● Separare i graspi dagli acini, dopo la vendemmia.

ṣgrappolatóio [da *grappolo*, con *s-*] s. m. ● Graticcio di legno per levare i raspi all'uva.

ṣgrappolatrìce s. f. ● Macchina per sgrappolare l'uva.

ṣgrassàre [da *grasso*, con *s-*] v. tr. **1** Rendere privo o povero di grasso: *s. il brodo* | *S. le pelli*, togliere l'eccesso di sostanze grasse naturali da talune pelli, spec. prima della concia. **2** (*est.*) Ripulire da macchie di unto: *s. un vestito*.

ṣgrassatùra s. f. **1** Atto, effetto dello sgrassare. **2** Operazione con la quale si asporta dalla lana greggia la parte grassa e cerosa.

†**ṣgratàre** [da *grato*, con *s-*] v. intr. ● (*raro*) Dispiacere: *lo star mi sgrata* (BOCCACCIO).

ṣgraticciàre [da *graticciare*, con *s-* sottratt.-neg.] v. tr. (*io ṣgratìccio*) ● (*raro*) Disfare il graticciato | (*est.*) Districare, sbrogliare.

ṣgravaménto s. m. ● (*raro*) Atto dello sgravare o dello sgravarsi.

ṣgravàre [da *gravare*, con *s-*] **A** v. tr. ● Liberare, alleggerire, alleviare, da un peso (*spec. fig.*): *s. le spalle dal carico*; *s. la coscienza da un rimorso*; *s. il popolo da un'imposta*. **B** v. intr. pron. ● Liberarsi, alleggerirsi (*anche fig.*): *sgravarsi di una responsabilità*. **C** v. intr. e intr. pron. (aus. intr. *avere*) ● Partorire: *sgraverà alla fine del mese*; *si è sgravata ieri*.

ṣgravàto part. pass. di *sgravare* ● Nei sign. del v.

ṣgravatóre s. m. (f. *-trice*) ● (*raro*) Chi sgrava.

†**ṣgravidànza** [da *gravidanza*, con *s-*] s. f. ● (*ra-*

ro) Parto.

†**ṣgravidàre** [da †*gravidare*, con *s-*] v. intr. ● Sgravarsi, partorire.

ṣgràvio [contrario di *aggravio*, con cambio di pref. (*s-*)] s. m. *1* Atto, effetto dello sgravare o dello sgravarsi: *s. dalle imposte*; *s. fiscale*. *2* (*fig.*) Eliminazione di pesi morali, nelle loc. *a s. di*, *per s. di*: *a s. di coscienza devi confessare*; *per s. di responsabilità partirò*. *3* (*fig.*) †Giustificazione, discolpa, nelle loc. *a s. di*, *a mio*, *tuo*, *suo*, *s.* *4* †Evacuazione di escrementi.

ṣgraziatàggine s. f. ● Qualità di chi è sgraziato.

ṣgraziàto [da *grazia*, con *s-*] agg. *1* Privo di grazia, di garbo, di armonia: *andatura*, *persona*, *voce*, *sgraziata*. CONTR. Aggraziato. *2* †Disgraziato, sfortunato. ‖ **sgraziatàccio**, pegg. | **sgraziatóne**, accr. ‖ **sgraziataménte**, avv. *1* Senza garbo, grazia. *2* †Per disgrazia.

ṣgretolaménto s. m. ● Atto, effetto dello sgretolare o dello sgretolarsi.

ṣgretolàre [da *gretola*, con *s-*] **A** v. tr. (*io ṣgrétolo*) *1* Spezzare, ridurre in piccole schegge: *l'umidità sgretola l'intonaco*. *2* (*fig.*) Distruggere, consumare lentamente, a poco a poco, vanificare: *s. il discorso dell'avversario*; *s. la società*. *3* (*raro*) Scricchiolare: *s. i denti*. **B** v. intr. pron. ● Fendersi, rompersi in schegge: *il muro si sgretola*.

ṣgretolàto part. pass. di *sgretolare*; anche agg. ● Nei sign. del v.

ṣgretolìo s. m. ● Atto dello sgretolare continuo | Rumore prodotto da q.c. che si sgretola.

†**ṣgretolóso** agg. ● Che si sgretola facilmente.

ṣgreẓẓàre [da *grezzo* col pref. *s-*] **A** v. tr. (*io ṣgréẓẓo*) *1* Lavorare un materiale ancora grezzo avviandolo a una successiva rifinitura. *2* (*fig.*) Migliorare, raffinare, ingentilire. SIN. Sgrossare, dirozzare. **B** v. intr. pron. ● (*fig.*) Migliorarsi, raffinarsi, ingentilirsi.

†**ṣgricchiolàre** ● V. *scricchiolare*.

†**ṣgricciolo** ● V. *scricciolo*.

ṣgridacchiàre [da *gridacchiare*, con *s-*] v. tr. (*io ṣgridàcchio*) ● (*raro*) Sgridare un poco.

ṣgridaménto s. m. ● (*raro*) Atto dello sgridare, nel sign. di *sgridare* (*1*).

ṣgridàre (**1**) [da *gridare*, con *s-*] v. tr. *1* Riprendere severamente, gridando | (*est.*) Rimproverare, spec. bambini: *il padre lo ha sgridato per il brutto voto*. *2* †Rivolgersi a qc. gridando.

†**ṣgridàre** (**2**) [da *grida* 'bando', con *s-*] v. tr. ● Rendere pubblico con una grida, un bando e sim.

ṣgridàta [da *sgridare* (*1*)] s. f. ● Rabbuffo, rimprovero, spec. fatto ad alta voce: *prendersi una s.*; *fare una s.* ‖ **sgridatàccia**, pegg. | **sgridatina**, dim.

ṣgridàto part. pass. di *sgridare* (*1*); anche agg. ● Nei sign. del v.

†**ṣgridatóre** s. m.; anche agg. (f. *-trice*) ● (*raro*) Chi, che sgrida, nel sign. di *sgridare* (*1*).

†**ṣgrido** [da *sgridare* (*1*), sul modello di *grido*] s. m. ● Sgridamento.

†**ṣgrigiàto** [da *grigio*, con *s-*] agg. ● (*raro*) Tinto di grigio.

ṣgrigiolàre ● V. *sgrigliolare*.

ṣgrigliatóre [da *griglia*, con *s-*] s. m. ● Dispositivo per ripulire la griglia dai materiali trattenuti, che viene posto all'imbocco delle derivazioni idrauliche.

ṣgrigliolàre o **ṣgrigiolàre** [var. tosc. di *scricchiolare*] v. intr. (*io ṣgrìgliolo*; aus. *avere*) ● (*raro*) Scricchiolare.

ṣgrìgliolo s. m. ● (*raro*) Atto dello sgrigliolare | Suono prodotto da ciò che sgrigliola.

†**ṣgrigno** ● V. *scrigno*.

ṣgrillettàre [da *grillettare*, con *s-*] v. intr. (*io ṣgrillétto*; aus. *avere*) ● Sfrigolare, crepitare, di vivanda messa a friggere in olio bollente.

ṣgrìnfia ● V. *grinfia*.

ṣgrollàre ● V. *scrollare*.

ṣgrommàre [da *gromma*, con *s-*] v. tr. (*io ṣgrómmo*) ● Ripulire dalla gromma: *s. le botti*.

ṣgrommatùra [da *sgrommare*] s. f. ● Atto, effetto dello sgrommare | Strato di gromma.

ṣgrondàre [da *grondare*, con *s-*] **A** v. tr. (*io ṣgróndo*) ● Vuotare un recipiente delle ultime gocce di liquido in esso contenuto: *s. un fiasco*. **B** v. intr. (aus. *avere* nel sign. 1, *essere* nel sign. 2) *1* Grondare: *l'albero sgronda di acqua*. *2* Fare scolare verso il basso il liquido che riempie un recipiente o che impregna di sé un oggetto: *metti l'ombrello a s.*; *fai s. i panni sul lavatoio*.

ṣgrondatóre s. m. ● (*enol.*) Macchina costituita da un grosso cilindro ruotante a pareti forate, atta alla separazione per caduta del mosto dalle vinacce.

ṣgrondatùra s. f. ● Atto, effetto dello sgrondare.

ṣgrondìo s. m. ● (*raro*) Atto dello sgrondare continuo.

ṣgróndo s. m. ● Atto dello sgrondare | Acqua, liquido che sgronda | *Mettere*, *tenere*, *q.c. a s.*, a sgrondare | *Tetto a s.*, con una pendenza maggiore di quella normale.

ṣgroppàre (**1**) o (*raro*) **ṣgruppàre** (**2**) [da *groppo*, con *s-*] **A** v. tr. (*io ṣgróppo* o *ṣgròppo*) ● Sciogliere un groppo, un nodo: *s. la corda*. **B** v. intr. pron. ● (*lett.*, *fig.*) Distendere le membra rattrappite.

ṣgroppàre (**2**) [da *groppa*, con *s-*] **A** v. tr. (*io ṣgròppo*) ● Rovinare, guastare la groppa a cavalli, bestie da soma e sim. | (*est.*) Stancare, affaticare. **B** v. intr. (aus. *avere*) ● Compiere una sgroppata, detto di cavalli. **C** v. intr. pron. ● Stancarsi, sfiancarsi.

ṣgroppàta [da *groppata*, con *s-*] s. f. *1* Movimento mediante il quale gli arti pelvici del cavallo vengono sollevati ed estesi posteriormente. *2* Breve cavalcata. *3* (*sport*) Nel ciclismo, corsa breve di allenamento.

ṣgroppàto part. pass. di *sgroppare* (*2*); anche agg. *1* Nel sign. del v. *2* Magro, privo di groppa, di fianchi, detto di cavallo, bestia da soma e sim. *3* †Magro, detto di persona.

ṣgropponàre [da *groppone*, con *s-*] v. intr. e intr. pron. (*io ṣgroppóno*; aus. intr. *avere*) ● (*fam.*) Sgobbare, faticare a lungo in un lavoro pesante: *sgropponarsi a lavare pavimenti*.

ṣgropponàta s. f. ● (*fam.*) Atto dello sgropponarsi. SIN. Sgobbata.

ṣgrossaménto s. m. ● Atto, effetto dello sgrossare (*anche fig.*).

ṣgrossàre [da *grosso*, con *s-*] **A** v. tr. (*io ṣgròsso*) *1* Togliere il superfluo a un oggetto per portarlo alla forma voluta | (*est.*) Dare la prima forma a un lavoro: *s. un blocco di marmo*, *la trama di un romanzo*. SIN. Sgrezzare. *2* (*fig.*) Rendere meno rozzo, istruendo, correggendo e sim.: *la scuola è servita a sgrossarlo*; *s. qc. nella tecnica del comporre*. **B** v. intr. pron. ● Raggentilirsi, dirozzarsi.

ṣgrossàta [da *sgrossare*] s. f. ● Veloce e superficiale sgrossamento (*anche fig.*). ‖ **sgrossatina**, dim.

ṣgrossatùra s. f. ● Atto, effetto dello sgrossare.

ṣgrottaménto s. m. *1* †Atto dello sgrottare. *2* (*agr.*) Operazione dello sgrottare.

ṣgrottàre [da *grotta*, con *s-*] **A** v. tr. (*io ṣgròtto*) *1* (*agr.*) Ampliare la buca per la messa a dimora di un albero. *2* †Scavare una grotta, una fossa. **B** v. intr. ● †Smottare.

ṣgrottatùra [da *sgrottare*] s. f. *1* †Atto, effetto dello sgrottare. *2* (*agr.*, *raro*) Sgrottamento.

ṣgrovigliàre [da *groviglio*, con *s-*] v. tr. (*io ṣgrovìglio*) ● Disfare un groviglio (*anche fig.*): *s. un gomitolo*; *s. una questione complicata*.

ṣgrovigliolàre [da *sgrovigliare*, con suff. iter.] v. tr. (*io ṣgrovìgliolo*) ● (*raro*) Sgrovigliare.

ṣgrugnàre [da *grugno*, con *s-*] **A** v. tr. ● (*pop.*) Rompere, pestare, il grugno a qc. **B** v. intr. pron. ● (*pop.*) Rompersi il grugno.

ṣgrugnàta [da *sgrugnare*] s. f. ● (*pop.*) Pugno, colpo, dato o preso sul grugno.

ṣgrùgno [da *sgrugnare*, sul modello di *grugno*] s. m. ● (*pop.*) Sgrugnata. ‖ **sgrugnóne**, accr.

ṣgrumàre [da *gruma*, con *s-*] v. tr. ● Sgrommare.

ṣgruppàre (**1**) [da *gruppo*, con *s-*] v. tr. ● (*raro*) Disfare un gruppo.

ṣgruppàre (**2**) ● V. *sgroppare* (*1*).

ṣguaiatàggine s. f. ● Qualità di chi, di ciò che è sguaiato | Atto, discorso, e sim. sguaiato.

ṣguaiaterìa s. f. ● (*raro*) Sguaiataggine.

ṣguaiàto [da *guaio*, con *s-*, propriamente 'fuori dai guai' (?)] **A** agg. *1* Che manca di decoro, convenienza, educazione, decenza: *un ragazzo s.* *2* Scomposto, volgare: *gesto s.*; *risata sguaiata*. ‖ **sguaiataménte**, avv. In modo sguaiato. **B** s. m. (f. *-a*) ● Persona sguaiata: *non sopporto gli sguaiati*. ‖ **sguaiatàccio**, pegg. | **sguaiatèllo**, dim. | **sguaiatino**, dim. | **sguaiatóne**, accr. | **sguaiatùccio**, dim.

ṣguainàre [da *guaina*, con *s-*] v. tr. (*io ṣguaìno* o *pop. ṣguàino*) ● Estrarre dalla guaina (*anche fig.*): *s. la sciabola*, *le unghie*. SIN. Sfoderare.

ṣgualcìre [da *gualcire*, con *s-*] **A** v. tr. (*io ṣgualcìsco*, *tu ṣgualcìsci*) ● Deformare con pieghe, grinze e sim., spec. stoffa o carta: *s. un vestito*; *sgualcirsi la gonna*. **B** v. intr. pron. ● Prendere pieghe, grinze.

ṣgualcìto part. pass. di *sgualcire*; anche agg. ● Nei sign. del v.

ṣgualcitùra [da *sgualcire*] s. f. ● Atto, effetto dello sgualcire.

ṣgualdrina [prob. deriv., con cambio di suff., di *sgualdracca*, variante ant. di *baldracca*] s. f. ● Donna dal comportamento sessuale contrario alle norme di pudore, morale e onestà prevalenti in un dato ambiente sociale | (*est.*) Puttana. ‖ **sgualdrinàccia**, pegg. | **sgualdrinèlla**, dim. spreg.

ṣguància [da *guancia*, con *s-*] s. f. (pl. *-ce*) ● Nella testiera del cavallo, montante.

†**ṣguanciàre** (**1**) [da *guancia*, con *s-*] v. intr. ● Urtare con la guancia.

ṣguanciàre (**2**) [di etim. discussa: dall'ant. fr. *guenchier*, *guenchir* 'piegare, sviarsi', di origine germ. V. *sguancio*, *scancio*] v. tr. (*io ṣguàncio*) ● (*raro*) Fare gli sguanci a porte o finestre.

†**ṣguanciàta** [da *sguanciare* (*1*)] s. f. ● Colpo, urto, dato con la guancia.

ṣguàncio (**1**) o **ṣguìncio** [da *sguanciare* (*2*)] s. m. ● Spalletta di porta o finestra tagliata obliquamente dietro lo stipite.

ṣguàncio (**2**) ● V. *scancio*.

†**ṣguaraguatàre** [da *sguaraguato*, variante di un ant. *scaraguaiata* 'sentinella', dal francone *skarawahta*, comp. di *skara* 'schiera' e *wahta* 'sentinella'. V. *guaita*, *guatare*] v. tr. ● (*raro*) Guardare ripetutamente.

†**ṣguardaménto** s. m. ● Atto dello sguardare.

†**ṣguardàre** o (*raro*) †**eṣguardàre** [da *guardare*, con *s-*] v. tr. e intr. *1* Guardare, osservare. *2* Considerare, riflettere.

†**ṣguardàta** [da *sguardare*] s. f. ● Sguardo, occhiata. ‖ **sguardatàccia**, pegg.

ṣguardàto [da *sguardare* (?)] agg. ● (*mar.*) Detto di oggetto o anche cavo o catena distesi che fanno un angolo con l'asse longitudinale della nave.

†**ṣguardatùra** [da *guardatura*, con *s-*] s. f. ● (*raro*) Sguardata.

ṣguàrdo [da *sguardare*] s. m. *1* Atto del guardare | Occhiata: *dare*, *gettare*, *uno s.*; *gettare uno s. intorno*; *rispondere allo s. di qc.*; *non degnare d'uno s.* | *Al primo s.*, a prima vista, subito | Occhiata che esprime uno stato d'animo: *s. languido*, *furtivo*, *penetrante*, *fiero*, *truce*, *dolce*, *ridente*; *s. pieno d'amore*; *s. d'amore*; *quest'uomo ... gitta sul passato lo s. del disinganno* (DE SANCTIS). *2* Complesso delle funzioni sensitiva e motoria dei due occhi considerati insieme: *occhi senza s.*; *fin dove arriva lo s.* | (*est.*) Occhi: *un lampo dello s.*; *accennare con lo s.*; *abbassare*, *alzare*, *sollevare*, *lo s.*; *tenere lo s. fisso*, *basso*; *fissare lo s. su q.c.* *3* Veduta: *da qui si ha uno splendido s. sul mare* | *Bello s.*, luogo da cui si gode un bel panorama, usato spec. in toponomastica: *la villa di Bellosguardo presso Firenze*. *4* (*raro*) †Riguardo. ‖ **sguardolino**, dim. | **sguardùccio**, dim.

ṣguarnire o (*lett.*) **ṣguernire** [da *guarnire*, con *s-*] v. tr. (*io ṣguarnìsco*, *tu ṣguarnìsci*) *1* Rendere privo di guarnizioni: *s. un cappello*. *2* Levare mezzi e truppe da un settore, da una posizione, da una fortezza | Togliere le difese.

ṣguarnìto o (*lett.*) **ṣguernìto**. part. pass. di *sguarnire*; anche agg. ● Nei sign. del v.

ṣguàttero o (*raro*) **guàttero** [da *guattero*, longob. *wàhtari* 'guardiano', con *s-*] s. m. (f. *-a*) ● Aiutante cuoco, addetto ai più umili servizi di cucina | (*fam.*) *Trattare da s.*, *come uno s.*, e sim., trattare male, senza nessun riguardo.

ṣguazzaménto [da *sguazzare*] s. m. ● Atto, effetto dello sguazzare.

ṣguazzàre [da *guazzare*, con *s-*] **A** v. intr. (aus. *avere*) *1* Stare nell'acqua muovendosi e sollevando schizzi e spruzzi: *il bambino si diverte a s. nella vasca*; *i porci sguazzano nel brago*. *2* Trovarsi a proprio agio: *io nel freddo ci sguazzo*. *3* (*fig.*)

Avere q.c. in abbondanza: *s. nell'oro, nell'abbondanza, nella contentezza* | *S. nelle scarpe, nel vestito*, starci largo. *4* †Godersela, divertirsi. *5* Sbattere, sciaguattare, detto di liquido nel fondo di un recipiente: *l'acqua sguazza nel secchio*. **B** v. tr. ● (*raro*) Scialacquare, dissipare: *s. quattrini*; *sguazzarsi un patrimonio*.

ṣguerciàre [da *guercio*, con *s-*] **A** v. tr. (*io ṣguèrcio*) ● (*raro*) Rovinare gli occhi, la vista: *leggere con poca luce ti sguercerà*. **B** v. intr. pron. ● Rovinarsi la vista, divenire guercio.

ṣguercìre v. tr. e intr. pron. (*io ṣguercìsco, tu ṣguercìsci*) ● (*raro*) Sguerciare.

ṣguerguènza [dallo sp. *vergüenza* 'vergogna', risalente al lat. *verecŭndia(m)*, con *s-*] s. f. ● (*pop., tosc.*) Birichinata, malestro | Atto, comportamento, sciatto, maleducato.

ṣguernìre e *deriv.* ● V. *sguarnire* e *deriv.*

ṣguinciàre [da *sguincio*] v. tr. (*io ṣguìncio*) ● Tagliare a sguincio.

ṣguìncio o (*tosc.*) **squìncio** [dall'ant. fr. *guenchir*, dal francone *wenkjan* 'andar di traverso', con *s-*] s. m. *1* Sbieco, sghembo, spec. nelle loc. avv. *a, di, s.* *2* V. *sguancio* (*1*).

ṣguinzagliàre [da *guinzaglio*, con *s-*] v. tr. (*io ṣguinzàglio*) *1* Sciogliere dal guinzaglio: *s. i cani*. *2* (*fig.*) Mettere alle calcagna, mandare alla ricerca, di qc.: *s. i poliziotti dietro a un ladro*.

ṣguisciàre [sovrapposizione di *guizzare* a *sgusciare*] v. intr. (*io ṣguìscio*; aus. *essere*) ● (*tosc.*) Sgusciare, nel sign. di *sgusciare* (*2*).

†**ṣguittìre** ● V. †*squittire* (*2*).

ṣguizzàre ● V. *guizzare*.

ṣguìzzo [da *sguizzare*, sul modello di *guizzo*] s. m. ● Guizzo.

ṣguràre [etim. incerta] v. tr. ● (*dial.*) Strofinare per pulire, lucidare | Sfruconare, stasare.

ṣgusciàre (**1**) [da *guscio*, con *s-*] **A** v. tr. (*io ṣgùscio*) ● Togliere dal guscio, privare del guscio: *s. piselli, fave*; *s. le castagne*. **B** v. intr. (aus. *essere*) ● Uscire dal guscio dell'uovo: *i pulcini sono già sgusciati*. **C** v. intr. pron. *1* Uscire dal guscio: *questi fagioli non si sgusciano*. *2* Perdere la spoglia, detto di rettili: *è la stagione in cui i serpenti si sgusciano*.

ṣgusciàre (**2**) [prob. vc. onomat.] v. intr. (*io ṣgùscio*; aus. *essere*) *1* Scappare via, scivolare di mano, sfuggire alla presa: *s. come un'anguilla*; *mi è sgusciato un bicchiere di mano*; *il gatto gli sgusciò tra i piedi*. *2* (*fig.*) Sottrarsi a q.c. di sgradito, indesiderato, e sim.: *non gli si può parlare, sguscia sempre via*.

ṣgusciàta [da *sgusciare* (*1*)] s. f. ● (*raro*) Quantità di gusci.

ṣgusciàto part. pass. di *sgusciare* (*1*); anche agg. ● Nei sign. del v.

ṣgusciatrìce [da *sgusciare* (*1*)] s. f. ● Macchina per sgusciare i semi vegetali.

ṣgusciatùra s. f. ● Atto, effetto dello sgusciare, nel sign. di *sgusciare* (*1*).

ṣgùscio [da *sgusciare* (*1*)] s. m. *1* Modanatura a profilo concavo. *2* Lavoro fatto con lo sguscio. *3* (*mar.*) Sulle navi da guerra, rientranza dell'opera morta per aumentare l'angolo di tiro delle artiglierie. *4* Sorta di sgorbia per argentieri e cesellatori.

†**ṣgustàre** [da *gustare*, con *s-*] v. tr. e intr. ● Disgustare.

shake /*ingl.* 'ʃeik/ [vc. ingl., propriamente 'scuotimento', da *to shake* 'scuotere'] s. m. inv. ● Ballo moderno dal ritmo veloce e scandito.

shaker /*ingl.* 'ʃeikə*/ [vc. ingl., propr. 'sbattitore', da *to shake* 'scuotere'] s. m. inv. ● Recipiente nel quale, scuotendoli, si mescolano i vari ingredienti di un cocktail. SIN. Sbattighiaccio.

shakeràre /*ʃake'rare/ o **scekeràre** [da *shaker*] v. tr. (*io scèkero*) ● Scuotere, amalgamare gli ingredienti dei cocktail con lo shaker.

shakespeariàno /*ʃeikspi'rjano/ ● V. *scespiriano*.

shampoista /*ʃampo'ista/ ● V. *sciampista*.

shampoo /*'ʃampo, *ingl.* ʃæm'pu:/ [vc. ingl., propriamente 'lavatura dei capelli', V. *shampooing*] s. m. inv. (pl. ingl. *shampoos*) ● Miscela detersiva liquida o in polvere, profumata e schiumogena, usata per lavare i capelli | *Fare lo s.*, lavare i capelli; (*fig.*) dare una lavata di capo, rimproverare severamente.

shampooing /*ingl.* ʃæm'pu:iŋ/ [vc. ingl., gerundio di *to shampoo* 'frizionare', dall'indiano *čāmpō*, imperat. di *čāmpuā* 'massaggiare'] s. m. inv. ● Lavatura e frizione dei capelli con lo shampoo.

shantung /*'ʃantun(g), *ingl.* ʃæn'tʌŋ/ [dal cin. *Shantung*, n. della regione di provenienza di questo tessuto] s. m. inv. ● Tessuto di seta originario della Cina, caratterizzato da una superficie ineguale dovuta a ingrossamenti di fili con sete non molto pregiate, o con scarti | (*est.*) Tessuto di qualsiasi fibra avente aspetto simile al vero shantung.

share /*ingl.* ʃɛə*/ [vc. ingl. di orig. indeur., propr. 'parte, porzione, quota'] s. m. inv. ● Percentuale di spettatori sintonizzati su una rete televisiva in una determinata fascia oraria.

shea /*ingl.* ʃi:/ [dal n. in lingua bambara, *si*, così reso in ingl.] s. f. inv. ● (*bot.*) Karité.

shearling /*ingl.* 'ʃiəliŋ/ [comp. ingl. di *to shear* 'tosare' e della terminazione di appartenenza a un gruppo *-ling*] s. m. inv. ● Pelle di montone conciata e opportunamente trattata per la confezione di giacconi, cappotti e sim. | Capo confezionato con tale pelle.

shed /*ingl.* ʃed/ [vc. ingl., alterazione dell'ant. *shadde* 'luogo scuro'] s. m. inv. ● (*edil.*) Tipo di copertura con profilo a denti di sega, che assicura una buona illuminazione diurna e favorisce il ricambio dell'aria, usata spec. per strutture o edifici industriali: *capannone, stalla con copertura a s.*

shefardita /*ʃefar'dita/ ● V. *sefardita*.

sheffield /*ingl.* 'ʃefi:ld/ [vc. ingl., dal n. della città di *Sheffield*, riduzione di *sheffield plate* 'foglio metallico (di) Sheffield'] s. m. inv. ● Procedimento che consiste nel fare aderire a caldo un foglio d'argento su una lastra di rame, in uso spec. fino alla prima metà del XIX sec.: *placcatura a s.* | Il materiale metallico così ottenuto.

sheqel /*ebr.* 'ʃɛkel/ [vc. ebr.] s. m. inv. ● (*econ.*) Unità monetaria di Israele.

shèrpa /*'ʃɛrpa, *ingl.* 'ʃə:pə/ [adattamento del tibetano *Sharpa*, n. di una popolazione mongolica di lingua tibetana: propriamente 'abitante delle regioni orientali'] s. m. inv. (pl. ingl. *sherpa* o *sherpas*) *1* Guida, portatore nelle spedizioni alpinistiche sull'Himalaya, appartenente all'omonima popolazione abitante lungo le frontiere del Nepal e del Tibet. *2* (*fig.*) Spec. nel linguaggio giornalistico, denominazione di diplomatici e alti funzionari rappresentanti di capi di Stato e di governo, che conducono le riunioni preparatorie di importanti vertici o incontri internazionali.

sherry /*ingl.* 'ʃeri/ [vc. ingl., dallo sp. *Xeres* (oggi *Jerez de la Frontera*), città dell'Andalusia produttrice del famoso vino bianco] s. m. inv. ● Vino bianco liquoroso prodotto nel territorio di Jerez, in Spagna.

shetland /*ingl.* 'ʃetlənd/ [dal n. delle isole britanniche *Shetland*] **A** s. m. inv. ● Filato o tessuto ruvido e peloso, ricavato dalla lana di pecora delle omonime isole britanniche. **B** anche agg. inv.: *lana s.*

shiatsu /*giapp.* ʃi'atsu/ o **shatzu** [vc. giapp.] **A** s. m. inv. ● Pratica terapeutica mirante al riequilibrio energetico del soggetto trattato e consistente nell'esercitare con le mani un massaggio a pressione sui punti generalmente trattati con l'agopuntura. **B** in funzione di agg. inv. (posposto al s.): *tecnica, massaggi s.*

shiftàre /*ʃif'tare/ o **sciftàre** [dall'ingl. *to shift* 'spostare, trasferire' (vc. d'origine germ.)] v. tr. ● Spostare, trasferire, traslare.

shimmy /*ingl.* 'ʃimi/ [vc. ingl.-amer., abbr. di *shimmy shake*, propriamente 'scuotimento (*shake*) della camicia (*shimmy*, adattamento del fr. *chemise*)'] s. m. inv. *1* Ballo di origine nordamericana, simile al fox-trot ma di ritmo più vivace. *2* Farfallamento delle ruote e conseguente forte vibrazione dell'avantreno degli autoveicoli.

shintoiṣmo /*ʃinto'izmo/ e *deriv.* ● V. *scintoismo* e *deriv.*

shoccàre ● V. *shockare*.

shock /*ingl.* ʃɔk/ [vc. ingl., propr. 'colpo', da *to shock* 'percuotere'. V. *choc*] s. m. inv. *1* Condizione morbosa caratterizzata da abbassamento improvviso di tutte le facoltà vitali, vegetative e di relazione, causato da un disturbo circolatorio periferico di varia origine. *2* (*est.*) Emozione improvvisa e violenta.

shockàre /*ʃɔk'kare/ o **shoccàre** /*ʃɔk'kare/, **scioccàre**, (*raro*) **choccàre** [da *shock*] v. tr. ● Sbalordire, emozionare fortemente.

shocking /*ingl.* 'ʃɔkiŋ/ [vc. ingl., propr. part. pres. del v. *to shock* 'colpire, impressionare'] agg. inv. ● Impressionante, emozionante, irritante | *Rosa s.*, rosa molto intenso e brillante.

shockterapìa /*ʃoktera'pia/ [comp. di *shock* e *terapia*] s. f. ● Metodo di cura, spec. di malattie psichiatriche, basato sulla provocazione brusca di uno stato di shock con meccanismi vari.

shogun /*giapp.* 'ʃɔ:gun/ [vc. giapp. di orig. cin., propr. 'generale'] s. m. inv. ● Titolo che nell'antico Giappone era conferito al capo di una spedizione militare | Nel Giappone dal XIII al XIX sec., titolo ereditario dei governatori del Paese | (*est., fig.*) Personaggio autoritario e dispotico o capo che esercita il potere in modo tirannico.

shogunàto /*ʃogu'nato/ [da *shogun* con il suff. *-ato*, come nell'ingl. *shogunate*] s. m. ● Nell'antico Giappone, carica e potere dello shogun | Epoca storica del dominio degli shogun.

shopper /*ingl.* 'ʃɔpə*/ [vc. ingl., dove ha, però, il sign. di 'acquirente, chi va a comperare (*to shop*)'] s. m. inv. ● Sacchetto con manici, di plastica o di carta, fornito ai clienti da negozi o grandi magazzini per il trasporto della merce acquistata.

shopping /*'ʃɔppin(g), *ingl.* 'ʃɔpiŋ/ [vc. ingl., propriamente gerundio di *to shop* 'comperare'] s. m. inv. ● Attività consistente nell'andare in giro per negozi allo scopo di fare acquisti: *fare lo s.*; *dedicare il pomeriggio allo s.*

shopping center /*'ʃɔppin(g) 'sɛnter, *ingl.* 'ʃɔpiŋ 'sentə*/ [loc. ingl., propriamente 'centro di acquisti', comp. di *shopping* 'acquisti, compere' (da *to shop* 'fare acquisti', d'origine germ.) e *center* 'centro'] loc. sost. m. inv. (pl. ingl. *shopping centers*) ● Centro di vendita al dettaglio, situato spec. agli estremi margini delle grandi città, che comprende negozi, bar, ristoranti ed è circondato da ampi spazi destinati al parcheggio.

short /*ʃɔrt, *ingl.* ʃɔ:t/ [vc. ingl., abbr. di *short film* 'breve pellicola, cortometraggio'] s. m. inv. ● Cortometraggio cinematografico: *s. pubblicitario*.

shorts /*ʃɔrts, *ingl.* ʃɔ:ts/ [vc. ingl., pl. sost. dell'agg. *short* 'corto'] s. m. pl. ● Corti calzoncini da uomo o da donna.

short track /*ingl.* 'ʃɔ:t træk/ [loc. ingl., propr. 'pista (*track*) breve (*short*)'] loc. sost. m. inv. ● (*sport*) Gara di pattinaggio su ghiaccio su breve percorso ovale o circolare, nella quale i concorrenti, oltre a cimentarsi contro il cronometro, devono anche ottenere un piazzamento valido per accedere al turno successivo.

show /*ʃo, *ingl.* 'ʃou/ [vc. ingl., propriamente 'mostra, esibizione', da *to show* 'mostrare'] s. m. inv. ● Spettacolo di varietà | Spettacolo televisivo leggero o di varietà imperniato sulla partecipazione di un attore presentatore protagonista.

showboat /*ingl.* 'ʃou bout/ [vc. ingl.-amer., propriamente 'nave (*boat*) per spettacoli (*show*)'] s. m. inv. (pl. ingl. *showboats*) ● Battello attrezzato a teatro, frequente durante il XIX secolo sui grandi fiumi dell'America del Nord, per offrire al pubblico più popolare varie forme di spettacolo.

show business /*ingl.* 'ʃou 'biznis/ [loc. ingl., propr. 'affari (*business*) con lo spettacolo (*show*)'] loc. sost. m. inv. ● Industria dello spettacolo | Affari, attività economiche che gravitano intorno al mondo dello spettacolo.

show-down /*ʃo'daun, *ingl.* 'ʃou daun/ [loc. ingl., propriamente 'mostra giù', comp. di *to show* 'mostrare' (d'origine germ.) e *down* 'giù' (V. *count down*)] loc. sost. m. inv. ● Il mettere le carte in tavola, l'agire o l'esprimersi chiaramente e definitivamente | Prova di forza.

showgirl /*ʃo'gerl, *ingl.* 'ʃou gə:l/ [vc. del gergo teatrale ingl.-amer., comp. di *show* 'spettacolo' e *girl* 'ragazza'] s. f. inv. (pl. ingl. *showgirls*) ● Attrice o ballerina in grado di esibirsi in varie forme di spettacolo, dotata di molta simpatia e comunicativa con gli spettatori.

showman /*ʃo'mɛn, *ingl.* 'ʃoumən/ [vc. del gergo teatrale ingl.-amer., comp. di *show* 'spettacolo' e *man* 'uomo'] s. m. inv. (pl. ingl. *showmen*) ● Attore o presentatore dotato di molta simpatia e comunicativa, animatore principale di varie forme di spettacolo | (*est.*) Persona che si comporta in pubblico con preordinata esibizione delle proprie qualità allo scopo di guadagnarsi il favore o il consenso della gente.

show-room /*ʃo'rum, *ingl.* 'ʃou ru:m/ [vc. ingl., 'sala d'esposizione', comp. di *show* 'mostra' (V. *show-down*) e *room* 'sala, stanza' (V. *tea-room*)] **s. m. inv.** (**pl.** ingl. *show-rooms*) ● (*org. az.*) Ambiente che, nel sistema distributivo di un'azienda di prodotti industriali a largo consumo, spec. autoveicoli e articoli di arredamento, costituisce punto di esposizione e talora di vendita promozionale in appoggio alla linea di negozi e punti di vendita convenzionali | (*est.*) Qualunque ambiente adibito all'esposizione di prodotti vari.

shrapnel /*ingl.* 'ʃræpnəl/ [vc. ingl., dal n. del gen. H. *Shrapnel* (1761-1842) che l'inventò] **s. m. inv.** ● Granata contenente pallette e una piccola carica che, azionata da una spoletta a tempo, esplode a una prestabilita altezza dall'obiettivo proiettando le pallette a guisa di altrettanti proiettili.

shunt /*ingl.* ʃʌnt/ [vc. ingl., propriamente 'derivazione'] **s. m. inv.** ***1*** Conduttore elettrico che viene inserito fra due punti di un circuito allo scopo di deviare parte della corrente, usato comunemente negli amperometri | Derivatore. ***2*** (*med.*) Raccordo anomalo, naturale o creato chirurgicamente, che comporta la deviazione di un flusso.

shuntàre /*ʃun'tare/ o **sciuntàre** [dalla vc. ingl. *shunt* 'derivazione, circuito'] **v. tr.** ● (*elettr.*) Inserire uno shunt: *s. un amperometro.*

shuttle /*ingl.* 'ʃʌtəl/ [vc. ingl. d'origine germ.: 'navetta'] **s. m. inv.** ● Acrt. di *space-shuttle* (V.).

sì (**1**) [lat. *sē* 'sé', in posizione proclitica. V. *sé*] **pron. pers.** atono di terza pers. sing. e **pl.** (formando gruppo con altri **pron.** atoni si pospone a *mi, ti, ci, vi, gli*: *mi si è rotto*; *lo vedemmo buttarglisi addosso.* Assume la forma *se* (V.) davanti ai **pron.** atoni *la, le, li, lo* e alla particella *ne.* Si usa in posizione procl. con i **v.** al modo finito (e poet. o bur. con i **v.** di modo **inf.**, **part.**, **ger.**), in posizione encl. con i **v.** di modo **inf.**, **part.** e **ger.**: *si lava*; *non si fa credito*; *nascondersi*; *vistosi perduto*; *sentendosi osservato*; *fecesi avanti*; *affittansi camere*; *vendonsi pellicce*) ***1*** Sé (come compl. ogg. encl. e procl. nella coniug. dei v. rifl. e rifl. rec.): *si rade ogni mattina*; *si specchia tutto il giorno*; *può pettinarsi meglio*; *deve considerarsi fortunata*; *non riesce a nascondersi*; *si devono armare di coraggio*; *si colpiscono a vicenda*; *si aiutano molto fra loro*; *li ho uditi ingiuriarsi*; *non possono sopportarsi a vicenda.* ***2*** Sé (encl. e procl. nella coniug. dei v. intr. pron.): *deve vergognarsi della sua condotta*; *si sono molto pentiti dell'acquisto*; *si stupisce di tutto*; *si è dimenticato di noi*; *la corda si è spezzata.* ***3*** A sé (come compl. di termine, encl. e procl. nella coniug. dei v. rifl. apparenti): *è meglio darsi la morte*; *si è tolto due denti*; *non si è fatta male*; *si tolga il cappello!*; *si guardi intorno* | Per sé: *si è comprato un vestito*; *si sono fatti un nome*; *deve prepararsi tutto da sola* | Come dativo etico, con valore ints., per esprimere partecipazione: *si faccia gli affari suoi!*; *si godano i loro giorni di vacanza*; *si fa le sue nove ore di sonno.* ***4*** Uno, qualcuno (premesso alla terza pers. sing. di tutti i tempi di tutti i verbi, dà loro la forma impers.): *si dice che sia molto ricco*; *si racconta che il Santo si sia fermato in questa casa*; *non si vive di solo pane*; *tra poco si parte*; *qui si fa come dico io*; *si raccomanda di non fumare*; *qui si fa l'Italia o si muore*; *ci si accorge tardi dei propri errori* | (*poet.* o *bur.*) In posizione procl.: *vuolsi così colà dove si puote / ciò che si vuole* (DANTE *Inf.* III, 95-96) | (*fam.*) In espressioni esortative o che esprimono comando: *non si sta seduti in quel modo*; *non si risponde in questi termini!* | (*fam.*, *spec. tosc.*) Riferito a un sogg. di prima pers. pl.: *noi si credeva che avrebbe acconsentito*; *noi si aveva paura di disturbare*; *è proprio ciò che si diceva noi*; *noi si parte domani.* ***5*** Premesso alla terza pers. sing. e pl. di tutti i tempi semplici di un verbo nella forma attiva, lo rende passivo: *queste cose si usavano una volta*; *l'ufficio si apre alle ore nove*; *non si fa credito*; *sono film che si vedono volentieri* | (*procl.*) *Affittasi, vendonsi appartamenti.* ***6*** (*pleon.*) Con valore raff. e ints.: *alla fine si tacque*; *non sa più quel che si dica* (MANZONI); *et ella si sedea / umile in tanta gloria* (PETRARCA) (V. note d'uso ACCENTO ed ELISIONE e TRONCAMENTO).

si (**2**) [dalle iniziali *S*(*ancte*) *J*(*ohannes*) 'o San Giovanni' dell'inno di Guido d'Arezzo. V. *do, re*] **s. m.** ● Settima nota della scala musicale di *do* (V. nota d'uso ACCENTO).

sì (**1**) o (*tosc.*, *enf.*) **sie** nel sign. A 1 [lat. *sīc* 'così', particl. aff. nella formula *sīc ĕst* 'così è'] **A avv.** ***1*** Si usa come affermazione di ciò che viene domandato o proposto ed ha valore olofrastico: *'avete terminato il lavoro?' 'sì'*; *'vuoi uscire con noi?' 'sì!'*; *'hai proprio capito bene?' 'sì'* | (*iter.*) Con valore raff.: *'allora, ti sbrighi?' 'sì sì!'* | Con valore ints. accompagnato da rafforzativi: *oh sì!*; *sì certo*; *certo che sì!*; *sì certamente*; *sì e poi sì* | *Ma sì!*, spec. accondiscendendo con tono annoiato a chi domanda con insistenza | *Sì, domani!*, *sì davvero!*, *sì, proprio!*, (*iron.*, *antifr.*) no, assolutamente no | *Forse* (*che*) *sì*, *forse* (*che*) *no*, può darsi (come risposta che esprime incertezza) | *Più sì che no*, probabilmente sì | *Più no che sì*, probabilmente no | *Dire*, *rispondere*, *accennare*, *fare di sì*, accettare, acconsentire, dare risposta affermativa, fare segno di affermare: *ha fatto di sì con la testa*; *scuoteva la testa ma gli occhi dicevano di sì*; *devi dirmi o sì o no* | *Pare*, *sembra di sì*, pare, sembra vero | *Speriamo* (*proprio*) *di sì*, speriamo che sia vero, che sia così, che accada | *Se sì*, in caso affermativo: *pensaci e se sì, telefona* | *E sì che*, e pensare, e dire che (esprimendo rammarico, disappunto, dispiacere, rimpianto e sim.): *e sì che l'avevamo avvisata!*; *e sì che avevamo tanto insistito!* **CONTR.** No. ***2*** Con funzione olofrastica affermativa in una prop. disgiuntiva o in contrapposizione con un altro termine: *voglio una risposta*: *o sì o no!*; *chi sì e chi no* | *Uno sì e uno no*, uno ogni due, alternativamente (con valore distributivo); *fate un passo avanti uno sì e uno no* | *Un giorno sì e uno no*, a giorni alterni | *Sì o no?*, esprime impazienza: *volete finirla, sì o no?*; *ci muoviamo, sì o no?* | *Sì e no*, a mala pena, neanche: *saranno sì e no quaranta persone.* **CONTR.** No. ***3*** (*enf.*) Davvero, proprio: *questa sì che è nuova!*; *questa sì è giustizia!*; *questa sì è bella.* ***4*** (*impr.*) In tono interrogativo rispondendo al telefono con il sign. di 'pronto?' o rispondendo a qc. che chiama con il sign. di 'eccomi', 'dica' e sim. **B cong.** ● (*lett.*) †Tuttavia, nondimeno (con valore avversativo): *e se io nol credo, sì 'l fa* (BOCCACCIO). **C s. m.** ***1*** Assenso, risposta affermativa: *per noi è sì*; *la risposta è sì*; *non mi aspettavo un sì così pieno d'entusiasmo*; *gli sposi hanno già pronunciato il fatidico sì*; *al momento del sì la sposa è svenuta*; *che sì e no nel capo mi tenciona* (DANTE *Inf.* VIII, 111) | *Essere*, *stare tra il sì e il no*, essere incerto, indeciso su q.c. | *Concludere*, *decidere*, *risolversi per il sì*, decidere di fare q.c.; concludere, in senso positivo | *La lingua del sì*, l'italiano: *del bel paese là dove 'l sì suona* (DANTE *Inf.* XXXIII, 80) | *I cattolici del sì*, coloro che, all'interno della Chiesa cattolica, si pongono in posizione tradizionale e di approvazione rispetto a tutti gli orientamenti della Chiesa stessa. **CONTR.** No. ***2*** (*spec. al pl.*) Voto, risposta favorevole a ciò che è stato proposto, domandato: *duecento sì*; *centoventi sì e quaranta astenuti*; *i sì sono stati più dei no.* **CONTR.** No (V. nota d'uso ACCENTO).

sì (**2**) [abbr. di (*co*)*sì*] **A avv.** ***1*** (*lett.*) †Così, in questo modo, con valore modale: *presso a Gaeta, / prima che sì Enea la nomasse* (DANTE *Inf.* XXVI, 92-93) | (*fam.*) *†sì e sì*, in questo e quel modo (alludendo a cose già dette): *hanno cotante galee in mare, con le quali v'hanno fatto e sì e sì* (SACCHETTI) | In correl. con 'come', nelle similitudini: *Come la navicella esce di loco / in dietro, in dietro, sì quindi si tolse* (DANTE *Inf.* XVII, 100-101). ***2*** (*lett.*) Tanto, talmente (preposto a un agg. o a un avv.): *non ho mai visto nessuno agire sì freddamente*; *quali a noi secoli / sì mite e bella ti tramandarono?* (CARDUCCI) | (con valore correl.) Sì ... sì, sia ... sia, tanto ... quanto: *m'apparecchiava a sostener la guerra / sì del cammino e sì de la pietate* (DANTE *Inf.* II, 4-5) | In correl. con 'come' e 'quanto': *volta ver me, sì lieta come bella* (DANTE *Par.* II, 28). **B cong.** ***1*** A tal punto (in correl. con 'che' introduce una prop. consec. espl. con il v. all'indic., al condiz., o al congv., in correl. con 'da', introduce una prop. consec. impl. con il v. all'inf.): *gli amorosi affanni / mi spaventar sì ch'io lasciai / l'impresa* (PETRARCA); *da' medici fu guarita, ma non sì, che tutta la gola e una parte del viso non avesse ... guasta* (BOCCACCIO) | In modo che: *provvediamo per tempo, sì da non essere colti alla sprovvista*; *e faccian siepe ad Arno in su la foce, / sì ch'elli annieghi in te ogne persona!* (DANTE *Inf.* XXXIII, 83-84) | *Fare sì che*, *fare sì da*, fare in modo che, da: *fate sì che nessuno rimanga scontento.* ***2*** Così (introduce una prop. coord. con valore concl.): *Vegna Medusa*; *sì 'l farem di smalto* (DANTE *Inf.* IX, 52). ***3*** Non appena che (seguito da 'come', introduce una prop. temp. con il v. all'indic.): *m'era in disio d'udir lor condizioni, / sì come a li occhi mi fur manifesti* (DANTE *Par.* V, 113-114). ***4*** †Finché (introduce una prop. temp. con il v. all'indic.): *né ci addemmo di lei, sì parlò pria* (DANTE *Purg.* XXI, 12).

sìa [terza pers. del congv. pres. di *essere*, tratta dal lat. *sīt*] **cong.** ● Tanto, così, non solo, come (introduce una prop. disgiuntiva sempre in correl. con 'sia', 'che', 'o', 'quanto', 'come' e sim.): *voglio essere informato subito, sia di giorno, sia di notte*; *non è mai stanco, sia che lavori, sia che non lavori*; *sia lui come un altro, per me è indifferente*; *sia che tu lo voglia o non lo voglia, verrò anch'io*; *verremo sia io che mia moglie.*

sial [abbr. di *si*(*licati*) di *al*(*luminio*)] **s. m. inv.** ● (*geol.*) Strato superficiale della sfera terrestre, sovrastante il sima, caratterizzato da prevalenza di silicati alluminiferi.

sialoadenite ● V. *scialoadenite.*

sialorrèa ● V. *scialorrea.*

siamése [da *Siam*, vecchio nome della Tailandia] **A agg.** ***1*** Del Siam. ***2*** *Fratelli siamesi*, gemelli uniovulari uniti per una parte del corpo; (*fig.*, *scherz.*) persone che stanno sempre insieme. ***3*** *Gatto s.*, color avana con mascherina scura, estremità delle zampe e della coda scure, e occhi azzurri. **B s. m. e f.** ***1*** Abitante, nativo del Siam. ***2*** (*ell.*) Gatto siamese. **C s. m.** solo **sing.** ● Lingua della famiglia cino-tibetana, parlata nel Siam.

†siàre ● V. *sciare* (*2*).

sibarìta [dal lat. *sybarīta*(*m*), dal gr. *sybarítēs* 'abitante di Sibari', da *Sýbaris* 'Sibari'] **s. m. e f.** (**pl. m.** *-i*) ***1*** Abitante dell'antica città di Sibari, nella Magna Grecia. ***2*** (*fig.*) Persona dedita ai piaceri e al lusso più raffinato.

sibarìtico [dal lat. *sybarīticu*(*m*) 'voluttuoso', dal gr. *Sybaritikós*, da *Sýbaris* 'Sibari'] **agg.** (**pl. m.** *-ci*) ***1*** Che si riferisce a Sibari o ai Sibariti. ***2*** (*fig.*) Da sibarita, voluttuoso, lussuoso: *piaceri sibaritici.* || **sibariticaménte**, **avv.**

sibbène o **sì bène** [comp. di *sì* (*2*) e *bene*, con radd. sintattico] **cong.** ● (*raro*, *lett.*) Ma invece, bensì (con valore avversativo e sempre preceduto da una prop. negativa): *non è colpa sua*, *s. di chi l'ha educato male*; *non è con i facili entusiasmi che si costruisce*, *s. con la costanza e la ponderazione.*

sibèria [dal nome della *Siberia*, russo *Sibir'*, regione famosa per il suo rigidissimo clima invernale] **s. f.** ● (*per anton.*, *fam.*) Luogo molto freddo: *questa stanza è una s.*

siberiàno A agg. ● Della Siberia | (*est.*) *Freddo s.*, molto intenso. **B s. m.** (**f.** *-a*) ● Abitante, nativo della Siberia.

siberìte [comp. di *Siberia*, e *-ite* (*2*)] **s. f.** ● Varietà rosso-scura di tormalina.

sibilànte [part. pres. di *sibilare*, sul modello del fr. *sifflant*, part. pres. di *siffler*, dal lat. *sifilāre*, variante rustica di *sibilāre*] **A agg.** ● (*ling.*) Detto di suono della voce umana nella cui articolazione l'aria espirata produce un effetto di sibilo. **B s. f.** ● Consonante sibilante.

sibilàre [vc. dotta, dal lat. *sibilāre* 'fischiare', da *sībilus* 'fischio'. V. *zufolare*] **v. intr.** (*io sìbilo*; aus. *avere*) ● Emettere fischi molto acuti: *il serpente sibila*; *il vento sibila tra le vele.*

sibilatóre [dal lat. tardo *sibilatōre*(*m*), da *sibilātus*, part. pass. di *sibilāre*] **s. m.**; anche **agg.** (**f.** *-trice*) ● (*raro*) Chi, che sibila.

sìbilo **s. m.** ● Atto del sibilare continuo.

sibìlla [dal lat. *Sibýlla*(*m*), dal gr. *Síbylla* 'profetessa', di origine orient.] **s. f.** ***1*** Presso i Greci e i Romani, profetessa che, ispirata da Apollo, concedeva presagi e oracoli. ***2*** (*fig.*, *scherz.*) Donna che predice il futuro.

sibillìno [dal lat. *Sibyllīnu(m)*, da *Sibўlla*] **agg.** *1* Che si riferisce alla Sibilla | *Oracoli sibillini*, raccolte di profezie attribuite alle Sibille, di varia origine ed epoca | *Libri sibillini*, nell'antica Roma, libri profetici consultati in occasioni eccezionali. *2* (*fig.*) Oscuro, misterioso, enigmatico: *linguaggio s.*; *parole sibilline*. || **sibillinaménte**, **avv.** In modo enigmatico, misterioso.

sìbilo [dal lat. *sībilu(m)* 'fischio', forse di origine indeur.] **s. m.** *1* Fischio acuto, sottile e continuo. *2* (*med.*) Rumore patologico di origine bronchiale. || **sibilétto**, **dim.**

†**sibilóso** [da *sibilo*] **agg.** ● Sibilante, fischiante.

sic /*lat.* sik/ [dal lat. *sīc* 'così', da un ant. **sēi*, con la partcl. *-c(e)*] **avv.** ● Così, proprio così (posto tra parentesi dopo una parola o una intera frase, citata o riportata, richiama su di essa l'attenzione rilevandone l'inesattezza, l'errore o la stranezza fedelmente trascritta o riportata e perciò non imputabile a svista).

sìca [dal lat. *sīca(m)* 'pugnale', di etim. incerta] **s. f.** ● Pugnale con lama ricurva e aguzza, proprio degli antichi Traci.

sicàno [dal lat. *Sicānu(m)* 'della Sicilia', n. dell'antichissima popolazione della Sicilia occidentale] **agg.** ● Dei Sicani.

sicàrio [dal lat. *sicāriu(m)* 'assassino', da *sīca* 'pugnale'] **s. m.** ● Chi uccide o commette azioni malvagie per mandato altrui.

siccatività **s. f.** ● Qualità, proprietà di ciò che è siccativo.

siccatìvo [dal lat. *siccāre* 'seccare'] **agg.** ● Detto di composto che ha la facoltà di indurire o di fare indurire le sostanze alle quali viene mescolato.

†**sìccera** o †**sìcera** [lat. tardo (eccl.) *sīcera(m)* 'pozione inebriante', dal gr. *síkera*, di origine ebr.] **s. f.** ● Sorta di bevanda.

sicché o (*lett.*) **sì che** spec. nel sign. 1 e (*raro*) nel sign. 2 [comp. di *sì* (2) e *che* (2)] **cong.** *1* Così che, di modo che (introduce una prop. consec. con il v. all'indic. o, raro, al condiz. o al congv.): *si è comportato male, s. ho dovuto punirlo*; *Fieramente furo avversi / a me e a miei primi e a mia parte, / sì che per due fiate li dispersi* (DANTE *Inf.* X, 46-48). *2* E perciò, e quindi (introduce una prop. concl. con il v. all'indic.): *non trovammo nessuno, s. tornammo a casa*. *3* (*ass.*) Allora, dunque, e così (in espressioni interr. come invito, sollecitazione a concludere un discorso o a trarne le conseguenze): *s.? si parte o no?*; *s.? come hai impostato l'affare?*

sìcciolo ● V. *cicciolo*.

siccità o †**siccitàde**, †**siccitàte** [vc. dotta, dal lat. *siccitāte(m)*, da *sĭccus* 'secco'] **s. f.** ● Periodo di tempo caratterizzato da scarsezza o assoluta mancanza di pioggia: *i danni della s.* | (*gener.*) Aridità, secchezza: *la s. dell'aria*. **CONTR.** Umidità.

siccitóso [da *siccità*] **agg.** ● Che è caratterizzato da frequenti periodi di siccità.

siccóme o (*lett.*) **sì cóme** nei sign. 2, 3, 4 A e nel sign. B. [comp. di *sì* (2) e *come*] **A** **cong.** *1* Poiché, giacché (introduce una prop. caus. con il v. all'indic.): *s. insiste, non sarà facile rifiutare l'invito*; *s. era tardi, abbiamo rimandato ogni decisione*; *era caro, ma s. mi piaceva molto, l'ho acquistato*. *2* (*lett.*) Come, nel modo in cui (introduce una prop. modale con il v. all'indic.): *accolgono lo straniero con festeggiamenti, s. vuole la loro tradizione*; *onde, s. suole, / ornare ella si appresta* (LEOPARDI). *3* (*lett.*) Come, in quel modo (introduce una prop. dichiarativa con il v. all'indic., al congv. o al condiz.): *ti raccontai s. la conobbi*. *4* (*raro*, *lett.*) Appena che (introduce una prop. temp. con il v. all'indic.): *s. seppi che era venuto, mi precipitai a salutarlo*. **B** **avv.** ● (*lett.*) Come: *s. il sol che schiude / dal pigro germe il fior* (MANZONI).

†**siccóso** [dal lat. *sĭccus* 'secco'] **agg.** ● (*raro*) Siccitoso.

siceliòta o **siciliòta** [vc. dotta, dal gr. *Sikeliṓtēs* 'greco stanziato in Sicilia', da *Sikelía* 'Sicilia'] **s. m.** (**pl.** *-i*) ● Anticamente, greco abitante nelle colonie greche della Sicilia.

†**sìcera** ● V. †*siccera*.

sic et simpliciter /*lat.* 'sik et sim'plitʃiter/ [vc. lat., propriamente 'così e semplicemente'] **loc. avv.** ● Senza altra aggiunta.

sì che /si k'ke*, 'si kke*/ ● V. *sicché*.

siciliàna [f. sost. di *siciliano*] **s. f.** ● Antica danza in movimento grave e lento.

sicilianìsmo [da *siciliano*, con *-ismo*] **s. m.** ● Vocabolo, locuzione, costrutto e sim. tipico del dialetto siciliano.

sicilianità [da *siciliano*] **s. f.** ● Indole, natura, qualità di siciliano.

siciliàno o †**ciciliàno**. **A** **agg.** ● Della Sicilia | *Scuola siciliana, scuola poetica siciliana*, quella fiorita alla corte di Federico II di Svevia nel 1200 | *Vespri siciliani*, moto popolare scoppiato a Palermo nel marzo 1282 contro la dominazione angioina | †*Grano s.*, granoturco | *Alla siciliana*, (*ell.*) alla maniera dei siciliani, conformemente alle loro abitudini e tradizioni: *gelato alla siciliana*. **B** **s. m.** (**f.** *-a*) ● Abitante, nativo della Sicilia. **C** **s. m.** **solo sing.** ● Dialetto italiano meridionale, parlato in Sicilia.

siciliòta ● V. *siceliota*.

sicìnno [vc. dotta, dal gr. *síkinnon*, di origine tracio-frigia. V. *sicinnide*] **s. m.** ● Danza di satiri accompagnata da suoni e canti.

sìclo [lat. tardo (eccl.) *sīclu(m)*, risalente all'ebr. *sheqel*] **s. m.** ● Unità della moneta d'argento della Persia antica e in genere dell'Oriente.

†**sicofànta** [variante di *sicofante*, tratto dall'adattamento lat. *sycophănta(m)*] **s. m.** (**pl.** *-i*) ● (*lett.*) Sicofante.

sicofànte [vc. dotta, dal gr. *sykophántēs* 'denunziatore', comp. di *sŷkon* 'fico' e *-phántes*, da *pháinein* 'manifestare': propriamente 'delatore (di ladri) di fichi'] **s. m.** *1* Nella Grecia antica, accusatore di professione, calunniatore, ricattatore | Nella Roma antica, imbroglione. *2* (*est.*, *lett.*) Delatore, spia, calunniatore.

sicofantìa **s. f.** ● Attività di sicofante.

sì cóme /si k'kome/ ● V. *siccome*.

sicomòro o (*raro*) **sicòmoro**, †**seccomòro** [dal lat. *sycŏmoru(m)*, dal gr. *sykómoros*, comp. di *sŷkon* 'fico' e *móron* 'mora'] **s. m.** ● Grande albero africano delle Moracee, anticamente fornitore del legno per i sarcofagi egiziani (*Ficus sycomorus*). **SIN.** Loto bianco | (*est.*) Frutto di tale albero.

sicònio o **sicòno** [vc. dotta, dal gr. *sykṓn*, genit. *sykônos* 'fichereto', da *sŷkon* 'fico', di origine mediterr.] **s. m.** ● (*bot.*) Infiorescenza e infruttescenza formata dal ricettacolo carnoso e chiuso sulle cui pareti sono inseriti fiorellini da cui si origineranno piccoli acheni.

sicòsi [vc. dotta, dal lat. *sycōsiu(m)*, dal gr. *sýkosis*, da *sŷkon* 'fico'] **s. f.** ● (*med.*) Suppurazione diffusa dei peli del viso.

sìculo [dal lat. *Sīculu(m)*] **A** **agg.** *1* Dei Siculi, popolo anticamente abitante in Sicilia. *2* (*est.*, *lett.*, *scherz.*) Siciliano. **B** **s. m.** (**f.** *-a*) *1* Antico abitante della Sicilia. *2* (*est.*, *lett.*, *scherz.*) Abitante della Sicilia.

sicumèra [di etim. discussa: da *sicuro* (?)] **s. f.** ● Ostentazione di grande sicurezza di sé.

sicùra [f. sost. di *sicuro*] **s. f.** *1* Congegno di sicurezza che nelle armi da fuoco portatili consente di bloccare il meccanismo di sparo, impedendone il funzionamento accidentale: *mettere*, *togliere*, *la s.* | *Mettere in s.*, mettere un fucile in posizione di non sparo. *2* (*est.*, *gener.*) Congegno che impedisce il funzionamento di un meccanismo: *mettere la s. alla portiera dell'automobile*; *la s. del bracciale, della collana*.

†**sicuraménto** [da *sicurare*] **s. m.** ● (*raro*) Sicurezza.

†**sicurànza** o †**securànza** [da *sicuro*, sul modello del provz. *seguranza*, da *segur* 'sicuro'] **s. f.** *1* Certezza, sicurezza. *2* Baldanza, sicumera.

†**sicuràre** o †**securàre** [da *sicuro*] **v. tr.** e **rifl.** ● Assicurare, rendere sicuro: *chi altri offende sé non sicura* (LEONARDO).

sicurézza [da *sicuro*] **s. f.** *1* Condizione o qualità di chi, di ciò che è sicuro: *la s. del viaggio, della strada*; *automobile che offre la massima s.*; *garantire la s. economica*; *problemi della s. militare* | *Per maggior s.*, per evitare comunque che si verifichi q.c. di spiacevole, di dannoso e sim. | *Margine, limite di s.*, oltre il quale sussistono reali possibilità di pericolo, danno e sim. | *Uscita di s.*, nei locali pubblici, porta che si apre in caso di pericolo per rendere più celere lo sfollamento | *Serratura di s.*, munita di un dispositivo che ne impedisce il funzionamento se non si usa la chiave costruita appositamente per tale serratura | *Cassette di s.*, collocate in camere corazzate, predisposte dalle banche perché i clienti vi possano riporre gioielli, valori, documenti e sim. | *Congegno, dispositivo di s.*, quello che impedisce il funzionamento accidentale o prematuro dei più vari meccanismi, o lo blocca in caso di anomalie | *Valvola di s.*, per impedire lo scoppio di caldaie e sim. | *Fiammifero di s.*, che si può accendere solo sfregandolo su materiale apposito | *Lampada di s.*, per minatori, che si spegne in presenza di grisù | *Vetro di s.*, infrangibile, ottenuto mediante particolari tecniche di lavorazione | (*ferr.*) *Impianto di s.*, complesso di apparecchiature e segnali atti a garantire la marcia dei treni | *Carico di s.*, frazione del carico di rottura di un dato materiale, rispetto a una data sollecitazione, che consente sufficiente stabilità alla struttura | *Grado di s.*, rapporto fra il carico di rottura e il corrispondente carico di sicurezza | (*dir.*) *Misura di s.*, provvedimento applicabile dall'autorità giudiziaria a soggetti che abbiano commesso un reato e siano socialmente pericolosi; (*fig.*) precauzione: *lo faccio solo per misura di s.* | *Pubblica s.*, attività della pubblica amministrazione diretta alla tutela dell'ordine pubblico; (*est.*) apparato che esplica tale attività | *Agente di pubblica s.*, agente della polizia di Stato | *S. sociale*, complesso di misure stabilite dalla legge, atte a garantire ai membri di una comunità o ai lavoratori di certe categorie produttive un reddito minimo e l'assistenza medica quando si trovino in particolari condizioni | *Carcere di massima s.*, quello per detenuti di particolare pericolosità sociale, dove il rigore della sorveglianza personale e l'alto grado di perfezionamento tecnico degli ostacoli edilizi e gener. fisici rendono minime le possibilità di fuga | *Camera di s.*, ove si rinchiudono individui sospetti di reato in commissariati e questure. *2* Qualità, condizione, di chi è sicuro di sé: *agire*, *muoversi*, *scrivere*, *parlare*, *con s.*; *s. d'animo*; *acquistare s. nel ballare*. *3* Certezza: *ho la s. della vittoria*; *mi dimostrò la s. delle prove in suo potere* | Fiducia: *avere s. nell'avvenire*; *ispirare s. a qc.*

†**sicurità** ● V. †*sicurtà*.

sicùro o †**secùro** [lat. *secūru(m)*, da *sē(d)* 'senza' e *cūra* 'affanno', propriamente 'senza preoccupazione'] **A** **agg.** *1* Che è scevro di qualsiasi timore, che si sente tranquillo, quieto: *dormire*, *sentirsi*, *vivere*, *s.*; *essere s. da un pericolo* | (*raro*) *Fare s. qc.*, rassicurarlo, liberarlo da un timore. *2* Che non presenta pericoli: *viaggio s.*; *strada sicura* | Che è immune da pericoli, che è ben difeso: *luogo*, *asilo*, *s.*; *mura sicure*; *luogo s. da offesa*, *dal pericolo*; *questo giardino è s. dai cani*; *non temere, la barca è sicura*. *3* Che sa con certezza, detto di persona: *essere s. di q.c.*; *sei s. di quello che dici?*; *sono bene s. di averlo visto*; *sei proprio s. che fosse lui?*; *sono s. che domani pioverà*; *farò come dici, sta' s.* **CONTR.** Dubbioso, incerto. *4* Che nell'agire, nel comportarsi, nel compiere determinati atti, mostra abilità, perizia, fiducia in sé stesso, mancanza assoluta di esitazioni o timori: *è molto s. nel maneggiare le armi*; *avanza con passo lento e s.*; *non mi sento ancora s. per l'esame*; *non si sente s. nel tradurre*; *è molto s. di sé*; *è troppo s. di sé* | (*fam.*) *Essere, mostrarsi, s. del fatto proprio*, di chi agisce sapendo bene ciò che vuole | Che non sbaglia: *colpire con mira sicura*; *prendere q.c. con mano sicura*; *tiro, colpo, s.* *5* Che non dà motivo di sospetto, dubbio e sim.: *la notizia è sicura*; *l'informazione viene da fonte sicura* | Fidato, detto di persona: *quello è un amico s.* *6* Che dà la certezza di avvenire secondo le previsioni: *l'affare, il guadagno, è s.*; *questo è un rimedio s. per te*; *salvare qc. da morte sicura*; *ormai la vittoria è sicura* | *Tempo, mare, s.*, che dà la certezza di mantenersi buono | *Cavallo s.*, su cui si può scommettere con la certezza di vincere | *Andare a colpo s.*, (*fig.*) affrontare un'impresa sapendo in anticipo quale ne sarà lo svolgimento o l'esito | *Di s.*, sicuramente, con certezza, senza dubbio. **SIN.** Certo. *7* Detto di congegno, arnese, e sim. che funziona perfettamente: *arma, macchina, sicura*. *8* †Audace, coraggioso: *i più sicuri uomini ... avevan paura* (BOCCACCIO). || **sicuraménte**, **avv.** *1* Con sicurezza, in modo sicuro: *asserire sicuramente*. *2* Certamente: *arriveranno sicura-*

mente. **B** in funzione di avv. ● Certamente, sì, certo (spec. nelle risposte con valore fortemente affermativo): *s. che ci sarò anch'io!*; *'l'hai visto proprio?' 's.!'*; *'verrai con me?' 'Ma s.!'*. **C** s. m. solo sing. **1** Ciò che è sicuro, certo | *Dare q.c. per s.*, averne la certezza | *Dare per s. che ...*, essere certo che. **2** Luogo sicuro, protetto, esente da pericoli: *andare, trovarsi, credersi, al s.*; *qui siamo al s. dalla pioggia* | *Camminare sul s.*, in un luogo sicuro; (*fig.*) non correre alcun pericolo.

†sicurtà o **†securtà**, **†sicurità** [lat. *securitā-te(m)* 'sicurezza', da *secūrus* 'sicuro'] s. f. **1** Sicurezza | *Mettersi in s.*, al sicuro. **2** Fidanza, ardire. **3** Cauzione, garanzia, mallevadoria: *fare s.*; *ricevere la s.* | (*est.*) Persona che porta la cauzione, la garanzia. **4** Assicurazione | Oggi usato in alcune loc. del linguaggio giuridico: *polizza, premio, ordinativo, di s.*

sicurvìa [comp. di *sicur(ezza)* e *via*] s. m. ● (*raro*) Guardrail.

sidecar /*ingl.* 'saidka:*/ [vc. ingl., propriamente 'carrozzino (*car*) a lato (*side*)'] s. m. inv. ● Carrozzino di motocicletta | Motocarrozzetta.

siderale [vc. dotta, dal lat. *siderāle(m)*, da *sīdus*, genit. *sīderis* 'stella', di etim. incerta] agg. ● (*astron.*) Sidereo | (*fig.*) Enorme, abissale. ‖ **sideralménte**, avv. (*fig.*) Incommensurabilmente: *due concezioni sideralmente lontane*.

siderazióne [vc. dotta, dal lat. tardo *sideratiō-ne(m)* 'disseccamento degli alberi', da *siderātus*, part. pass. di *siderāri* 'soffrire un colpo di sole', da *sīdus*, genit. *sīderis* 'astro'; nel sign. 2, dal lat. *si-deratiōne(m)* 'l'esser fulminato'] s. f. **1** (*agr.*) Sovescio di piante concimate con fertilizzanti minerali. **2** Morte provocata da un investimento di corrente elettrica ad alta tensione. SIN. Folgorazione.

†sidere [vc. dotta, dal lat. *sīdere* 'posarsi, giacere'] v. intr. ● (*lett.*) Stare, trovarsi: *O luce etterna che sola in te sidi* (DANTE *Par.* XXXIII, 124).

sideremìa [comp. di *sider(o)-* ed *-emia*] s. f. ● (*med.*) Quantità di ferro presente nel sangue.

sidèreo [vc. dotta, dal lat. *sidēreu(m)*, da *sīdus*, genit. *sīderis* 'astro'] agg. ● Che si riferisce agli astri, ai corpi celesti e allo spazio cosmico in cui essi si trovano: *tempo s.*; *anno s.* | *Giorno s.*, unità di tempo usata in astronomia, corrispondente all'intervallo che separa due passaggi consecutivi superiori di una stella nel piano del meridiano | *Rivoluzione siderea*, intervallo di tempo tra due successive congiunzioni di un pianeta con una stessa stella | *Universo s.*, l'insieme dei corpi celesti e dello spazio in cui risiedono | *Pietre sideree*, sideroliti.

siderite [vc. dotta, dal lat. *siderīte(n)*, dal gr. *sidē-rítēs*, da *sídēros* 'ferro', di etim. incerta] s. f. **1** Carbonato di ferro in cristalli romboedrici dalla lucentezza madreperlacea, ma più spesso in masserelle o noduli di colore giallastro o bruno. **2** Meteorite costituito essenzialmente da una lega ferro-nichel, con piccole percentuali di silicati.

sidero- [dal gr. *sídēros* 'ferro'] primo elemento ● In parole scientifiche composte, significa 'ferro' o indica relazione col ferro: *siderosi*.

siderografìa [comp. di *sidero-* e *-grafia*] s. f. ● Incisione su lastra di acciaio.

siderolite [comp. di *sidero-* e *-lite*] s. f. ● Meteorite costituito da silicati e leghe ferro-nichel in parti circa uguali.

sideròsi [comp. di *sidero-* e *-osi*] s. f. ● Colorazione bruna della pelle e degli organi interni del corpo per assunzione eccessiva di sali di ferro.

sideròstato [comp. di *sidero-* e *-stato*] s. m. ● (*astron.*) Celostata.

siderurgìa [dal gr. *sidērourgía*, comp. di *sídēros* 'ferro' e *-ourgía*, da *érgon* 'lavoro'] s. f. ● (*tecnol.*) Branca della metallurgia che concerne la preparazione e la lavorazione del ferro.

siderùrgico **A** agg. (pl. m. *-ci*) ● Della siderurgia: *industria siderurgica*. **B** s. m. ● Operaio, impiegato, dell'industria siderurgica | Industriale siderurgico.

si dice [comp. di *si* (*1*) e della terza pers. del pres. indic. di *dire*] loc. sost. m. inv. ● Affermazione corrente e ripetuta, diffusa tra la gente, diceria: *stando al si dice, è un ragazzo che si droga*.

†sido [lat. *sīdus* (nom. acc. nt.) 'astro, stella', di etim. incerta. V. *assiderare*] s. m. ● Freddo eccessivo.

sidro [dal fr. *cidre*, dal lat. tardo (eccl.) *sīcera(m)* 'bevanda inebriante', risalente attraverso il gr. *sí-kera* all'ebr. *šēchār* 'bevanda di frutta e miele'] s. m. ● Bevanda a bassa gradazione alcolica, di sapore dolce acidulo, ottenuta dalla fermentazione di succhi di frutta, spec. di mele e pere.

sie ● V. *sì* (*1*).

†sième [retroderivazione di *assieme*] avv. (preceduto dalla prep. *di*) ● (*pop., tosc.*) Insieme: *quei ragazzi vanno levati di s.*

siemens /'simens, *ted.* 'zi:məns/ [dal nome dello scienziato ted. W. von *Siemens* (1816-1892)] s. m. inv. ● Unità elettrica di misura della conduttanza pari a 1 (ohm)$^{-1}$. SIMB. S.

sienite /sie'nite, sje'nite/ [da *Siene*, città egiziana (oggi Assuan); dal lat. *Syēne(n)*, dal gr. *Syḗnē*] s. f. ● Roccia feldspatica composta di ortoclasio, plagioclasio e orneblenda, cui spesso si associano piccole quantità di quarzo e biotite.

siepàglia s. f. ● Siepe folta e disordinata.

siepàia s. f. ● Siepaglia.

†siepàio agg. ● (*raro*) Di, da siepe.

†siepàre v. tr. ● Cingere di siepe.

sièpe [lat. *sāepe(m)*, di etim. incerta] s. f. **1** Riparo di piante, rami o materiali diversi intorno a orti, campi, giardini e sim. | *S. viva, naturale*, con piante vegetanti | *S. morta, artificiale*, con frasche, rami secchi, e sim. | *S. ornamentale*, nei giardini per segnare i limiti tra le varie parti. **2** (*est.*) Quantità di persone o cose disposte insieme in modo tale da formare un riparo, un ostacolo, un impedimento: *una s. di poliziotti, di baionette* | (*raro*) *Far s.*, sbarrare, impedire. **3** (*sport*) Nelle gare ippiche, tipo di ostacolo costituito da vegetazione o arbusti | *Corsa siepi*, nell'atletica leggera, gara con ostacoli vari sulla distanza di tremila metri. ‖ **siepóne**, accr.

sièrico agg. (pl. m. *-ci*) ● Del siero.

sièro [lat. *sēru(m)* 'parte acquosa del latte', di origine indeur.] s. m. **1** Liquido giallo verdastro, torbido, che resta nella caldaia dopo la separazione del formaggio. **2** Parte liquida del sangue quale si separa dalle parti solide per effetto della coagulazione | Medicamento iniettabile, preparato utilizzando il siero del sangue di animali immunizzati contro determinate malattie, usato per la cura o la prevenzione delle medesime: *s. antivipera* | (*med., psicol.*) *S. della verità*, farmaco ad azione nervosa centrale, spec. barbiturico, che rimuove le inibizioni nel soggetto favorendo la disponibilità al dialogo, usato per ottenere da qc. informazioni. ‖ **sieràccio**, pegg.

sièro- o **sèro-** (2) [da *siero*] primo elemento ● In parole composte usate nel linguaggio medico e biologico indica relazione con il siero sanguigno o con un siero: *sieroprofilassi, sierologia*.

sieroalbumìna [comp. di *siero-* e *albumina*] s. f. ● (*chim.*) Albumina presente nel siero ematico.

sierodiàgnosi [comp. di *siero-* e *diagnosi*] s. f. ● (*med.*) Diagnosi di malattie infettive mediante l'esame del siero ematico per la ricerca di antigeni o anticorpi specifici.

sierodiagnòstica [da *sierodiagnosi*] s. f. ● (*med.*) Insieme delle tecniche volte all'individuazione e al dosaggio di antigeni o anticorpi specifici nel siero ematico, eseguite per la diagnosi delle malattie infettive o autoimmuni.

sierodiagnòstico agg. (pl. m. *-ci*) ● (*med.*) Relativo a sierodiagnostica.

sieroglobulìna [comp. di *siero-* e *globulina*] s. f. ● (*chim.*) Globulina presente nel siero ematico.

sierologìa o **serologìa** [comp. di *siero-* e *-logia*] s. f. ● Studio delle proprietà dei sieri.

sierològico agg. (pl. m. *-ci*) ● Della sierologia.

sieromucóso [comp. di *siero-* e *mucoso*] agg. ● (*med.*) Di essudato tipico nelle flogosi delle mucose.

sieronegatività [comp. di *siero-* e *negatività*] s. f. ● (*med.*) Risposta negativa in un test diagnostico sierologico per assenza di anticorpi specifici contro un determinato antigene (es. microrganismo).

sieronegativo [comp. di *siero-* e *negativo*] agg.; anche s. m. ● Detto di chi, sottoposto a esame sierologico per la ricerca di anticorpi specifici verso un determinato antigene, ne risulta privo.

sieropositività [comp. di *siero-* e *positività*] s. f. ● (*med.*) Risposta positiva in un test diagnostico eseguito sulle immunoglobuline del siero per presenza di anticorpi specifici contro un determinato antigene (es. microrganismo).

sieropositivo [comp. di *siero-* e *positivo*] **A** agg. ● Detto di chi, sottoposto a esame sierologico, presenta anticorpi specifici verso un determinato antigene | (*per anton.*) Detto di individuo portatore del virus dell'AIDS. **B** anche s. m. (f. *-a*).

sieroprofilàssi [comp. di *siero-* e *profilassi*] s. f. ● (*med.*) Profilassi mediante siero contenente gli anticorpi di una determinata malattia.

sieroproteìna [comp. di *siero-* e *proteina*] s. f. ● (*chim.*) Proteina presente nel siero ematico.

sieròsa [f. sost. di *sieroso*] s. f. ● (*anat.*) Membrana di rivestimento delle grandi cavità del corpo umano, derivata dalla primitiva membrana celomatica: *s. peritoneale, pleurica, pericardica*.

sierosità o **†serosità**. s. f. ● Qualità di ciò che è sieroso | Liquido sieroso.

sieróso o **†seróso**. agg. ● Di siero: *versamento s.* | Simile a siero: *liquido s.*

sieroterapìa [comp. di *siero-* e *terapia*] s. f. ● Cura di malattie infettive mediante siero di animali opportunamente trattati o di uomo che ha superato la stessa malattia, contenenti anticorpi specifici.

sieroteràpico agg. (pl. m. *-ci*) ● Della sieroterapia: *istituto s.*

sièrra /'sjɛrra, *sp.* 'sjerra/ [vc. sp., propriamente 'sega', dal lat. *sĕrra(m)* 'sega'] s. f. ● Contrafforte montuoso con creste seghettate, caratteristico della Spagna e dell'America meridionale.

sièsta [dallo sp. *siesta* '(ora) sesta', dal lat. *sĕxta(m)* (*hōra(m)*) 'ora sesta, mezzogiorno'] s. f. ● Breve riposo dopo il pasto di mezzogiorno, spec. nella stagione calda: *fare la s.*

sievert /'sivert/ [dall'ingl. *sievert* (*unit*), n. dato in onore del radiologo svedese R. M. *Sievert* (1896-1966)] s. m. inv. ● (*fis.*) Unità di misura dell'equivalente di dose nel Sistema Internazionale, definita come la dose assorbita di qualsiasi radiazione ionizzante che ha la stessa efficacia biologica di 1 gray di raggi X. SIMB. Sv.

siffatto o **sì fatto** [comp. di *sì* (*2*) e *fatto*] agg. ● (*raro*) Così fatto, tale: *a siffatte domande non rispondo*; *aveva un s. vestito che suscitò l'ilarità di tutti*. ‖ **siffattaménte**, avv. In tal modo, in maniera siffatta.

sifilide [dal n. del pastore *Sȳphilus*, di origine classica, protagonista del poemetto scient. di G. Fracastoro *Syphilis, sive de morbo gallico*] s. f. ● Malattia infettiva trasmessa con il contatto venereo, prodotta dalla Spirocheta pallida, che colpisce diffusamente l'organismo, spesso con gravi ripercussioni sul sistema nervoso. SIN. Lue, mal francese.

sifilìtico **A** agg. (pl. m. *-ci*) ● Della sifilide. **B** agg.; anche s. m. (f. *-a*) ● Che, chi è affetto da sifilide.

sifilodèrma [comp. di *sifil(ide)* e *-derma*] s. m. (pl. *-i*) ● (*med.*) Qualsiasi manifestazione a carico della cute nel periodo secondario della sifilide.

sifilòma [comp. di *sifil(ide)* e del suff. *-oma*] s. m. (pl. *-i*) ● (*med.*) Lesione ulcerativa della cute o delle mucose caratteristica del primo stadio della sifilide, che si manifesta nel sito di penetrazione del batterio infettante (*Treponema pallidum*).

sifonàggio [da *sifone*] s. m. ● (*tecnol., edil.*) Svuotamento del sifone di un apparecchio igienico-sanitario, con conseguente rigurgito di miasmi, dovuto al risucchio prodotto dalla rapida caduta di materie nella condotta verticale di scarico a cui è collegato l'apparecchio nel caso in cui la ventilazione dell'impianto sia insufficiente.

Sifonàli [da *sifono-* e *-ali*] s. f. pl. ● Nella tassonomia vegetale, classe di alghe verdi con tallo formato da un'unica grande cellula con numerosi nuclei (*Siphonales*) | (al sing. *-e*) Ogni individuo di tale classe.

sifonaménto [da *sifone*] s. m. ● (*ing.*) Insieme di opere civili e idrauliche necessarie alla realizzazione del sottopassaggio, a strade o fabbricati, di canali che scorrono nei centri urbani | Insieme di opere civili e idrauliche necessarie per realizzare l'incrocio sotterraneo di due canali di cui si vogliono mantenere separate le acque. SIN. Imbottamento.

sifóne [dal lat. *siphōne(m)*, dal gr. *síphōn*, genit. *síphōnos* 'tubo, doccia', di etim. incerta] s. m.

1 Conduttura idraulica che porta un liquido da un serbatoio a un altro posto a livello inferiore, toccando quote superiori al livello dell'acqua nel serbatoio più alto. *2* Specie di bottiglia molto resistente, atta a contenere acqua gassata la cui fuoriuscita si ottiene premendo una levetta: *il s. del seltz*. *3* (*zool.*) Tromba degli insetti | Tubo carnoso retrattile che sporge dalla conchiglia dei molluschi bivalvi per permettere la circolazione dell'acqua. *4* (*enol.*) Prodotto ottenuto dal mosto, di gradazione alcolica complessiva naturale non inferiore a 12°, reso non fermentabile mediante aggiunta di acquavite di vino o di alcol in quantità tale da portare la gradazione alcolica svolta a non meno di 16° e a non più di 22°. *5* (*bot.*) *S. pollinico*, tubo pollinico. || **sifoncino**, dim.

sifòno- [dal gr. *síphōn*, genit. *síphōnos* 'tubo', di etim. incerta] primo elemento ● In parole composte della terminologia scientifica, indica la presenza di un organo a forma di tubo: *sifonali*, *Sifonofori*, *sifonogamo*.

Sifonòfori [comp. di *sifono-* e del pl. di *-foro*] s. m. pl. ● Nella tassonomia animale, ordine di Celenterati marini degli Idrozoi che formano colonie galleggianti costituite da molti individui diversi fra loro (*Siphonophora*) | (al sing. *-o*) Ogni individuo di tale ordine.

sifonògamo [comp. di *sifono-* e *-gamo*] agg. ● (*bot.*) Detto di pianta fornita di tubo pollinico.

sigaràia [f. di *sigaraio*] s. f. *1* Operaia di una manifattura di tabacco. *2* Venditrice di sigari e sigarette in caffè, teatri, sale da ballo.

sigaràio [da *sigaro*] s. m. (f. *-a* nel sign. 1) *1* Operaio che lavora la foglia di tabacco in una manifattura. *2* (*zool.*) Rinchite | *S. del pioppo, della vite*, le cui femmine avvolgono le foglie a guisa di sigaro per deporvi nell'interno le uova.

sigarétta [da *sigaro*, sul modello del fr. *cigarette*] s. f. *1* Cilindretto di carta velina ripieno di tabacco trinciato, da fumare: *un pacchetto di sigarette*; *s. col bocchino*. *2* (*est.*) Oggetto dalla forma simile a quella di una sigaretta | *S. di cioccolato*, cioccolatino cilindrico a forma di sigaretta. *3* Filato di seta o cotone avvolto su un cilindretto di cartone. SIN. Spagnoletta.

sigarétto [da *sigaretta*] s. m. ● Sigaro di piccole dimensioni | Sigaretta rivestita di foglia di tabacco, anziché di carta.

sigarièra s. f. ● (*raro*) Scatola di materiale vario per riporvi i sigari.

sìgaro [dallo sp. *cigarro*, da *jigar* della lingua Maia (Messico)] s. m. ● Rotoletto di foglia di tabacco, da fumare: *fumare, fumarsi, un s.* | *S. toscano*, fusiforme | *S. napoletano*, cilindrico | *S. virginia*, lungo e sottile, confezionato con foglie di vari tipi di tabacchi pregiati. || **sigaràccio**, pegg. | **sigarétto**, dim.

sigh /ingl. 'sai/ [vc. ingl., propriamente 'sospiro', di origine onomat.] inter. ● Riproduce il rumore di un sospiro o di un flebile singhiozzo che esprime malinconia.

sigillànte **A** part. pres. di *sigillare*; anche agg. ● Nei sign. del v. **B** s. m. ● Materiale plastico, generalmente a base di silicone, usato per chiudere ermeticamente fessure di serramenti, strutture, elementi componibili.

sigillàre [dal lat. tardo *sigillāre*, da *sigīllum* 'sigillo'] **A** v. tr. *1* Chiudere con un sigillo, mettere il sigillo a una chiusura: *s. un plico*; *s. con l'anello, con la ceralacca*. *2* (*est.*) Chiudere bene, ermeticamente: *s. una botte di vino*; *s. con un turacciolo* | (*raro, tosc.*) *S. il pranzo*, prendendo l'ultimo cibo o bevanda di un pranzo. *3* (*dir.*) Apporre i sigilli, da parte dell'autorità giudiziaria o di un pubblico ufficiale nella esplicazione delle proprie funzioni. **B** v. intr. (aus. *avere*) ● (*raro*) Chiudere bene, combaciare: *il coperchio non sigilla*. **C** v. intr. pron. ● Chiudersi (*anche fig.*).

sigillària [dal lat. *sigīllum* 'impronta, segno' (V. *sigillo*)] s. f. ● Pianta fossile delle Sigillariacee, tipica del Carbonifero superiore, con fusto eretto, midollo sviluppato e foglie lineari. ➡ ILL. **paleontologia**.

Sigillariàcee [vc. dotta, comp. di *sigillari(a)* e *-acee*] s. f. pl. ● Nella tassonomia vegetale, famiglia di Pteridofite fossili reperite in strati geologici risalenti al Carbonifero superiore (*Sigillariaceae*) | (al sing. *-a*) Ogni individuo di tale famiglia.

sigillàrio [vc. dotta, dal lat. *sigillāriu(m)*, agg. da *sigīllum* 'sigillo'] s. m. ● Incisore specializzato nel fabbricare sigilli.

sigillàto part. pass. di *sigillare*; anche agg. *1* Nei sign. del v. *2* *Terra sigillata*, V. *terra*. || †**sigillataménte**, avv. Punto per punto.

†**sigillatóre** [lat. tardo *sigillatōre(m)*, da *sigillātus* 'cesellato, adorno di figurine in rilievo'] s. m.; anche agg. (f. *-trice*) ● Chi, che sigilla.

sigillatùra s. f. ● Atto, effetto del sigillare.

sigìllo [vc. dotta, dal lat. *sigīllu(m)*, dim. di *sīgnum* 'segno'] s. m. *1* Impronta su materia molle, spec. cera, metallo, e sim., ottenuta con una matrice incisa in negativo | (*est.*) La matrice medesima. *2* Accessorio di metallo o plastica a forma di piccolo disco o di fascetta, applicato sull'imballaggio quale garanzia dell'integrità del prodotto contenuto. *3* (*dir.*) Segno materiale, che si appone su locali al fine di impedire che alcuno vi penetri o su documenti al fine di autenticarli o di impedire che alcuno ne prenda conoscenza: *apporre i sigilli* | *S. dello Stato, governativo*, quale simbolo dell'autorità dello Stato | *Violazione dei sigilli*, reato di chi rompe i sigilli. *4* (*est.*) Qualsiasi mezzo usato per sigillare: *mettere un s. al cassetto* | (*fig.*) *Avere il s. alle labbra*, non poter parlare | *Mettere il s. alle labbra a qc.*, impedirgli di parlare | *S. sacramentale*, dovere imposto al confessore di non rivelare il contenuto di una confessione. *5* (*bot.*) *S. di Salomone*, nella tassonomia vegetale, nome volgare delle specie di *Polygonatum* spontanee in Italia.

sigillografìa [comp. di *sigillo* e *-grafia*] s. f. ● Sfragistica.

sigìzia e *deriv.* ● V. *sizigia* e *deriv.*

sìgla [dal lat. tardo *sīgla* (nt. pl.) 'abbreviature', abbr. di *sīngula sīgna* 'abbreviazioni'] s. f. *1* Abbreviatura di una o più parole, spec. nomi di enti, ditte, associazioni e sim., generalmente formata dalle loro iniziali: *ACI è la s. dell'Automobile Club Italiano*. *2* Firma abbreviata, variamente composta, apposta a un articolo, una lettera, un documento, e sim.: *spesso i giornalisti usano la s. invece della firma*. *3* *S. musicale*, breve brano musicale che introduce o conclude uno spettacolo o annuncia e sottolinea un comunicato commerciale radiofonico e televisivo. || **siglétta**, dim.

siglàre v. tr. ● Segnare con una sigla | Apporre la propria sigla.

siglàrio s. m. ● Elenco di sigle, con la relativa spiegazione.

siglatùra s. f. ● Atto, effetto del siglare.

sìgma [vc. dotta, dal lat. *sīgma* (nom. acc. nt.), dal gr. *sígma*, n. della lettera *S* (Σ, σ ο ς); nel sign. B per la forma] **A** s. m. o f. inv. ● Diciottesima lettera dell'alfabeto greco. **B** s. m. ● (*anat.*) Tratto dell'intestino crasso, posto a sinistra nella cavità addominale, tra colon discendente e retto.

sigmàtico [da *sigma*] agg. (pl. m. *-ci*) ● (*ling.*) Detto di forma linguistica caratterizzata dalla presenza di una *s* | *Futuro, aoristo, perfetto s.*, quelli che in greco e in latino sono caratterizzati dalla presenza di una *s*.

sigmatìsmo [da *sigma*, sul modello del fr. *sigmatisme*] s. m. ● Pronuncia difettosa delle sibilanti.

sigmoidèo [vc. dotta, dal gr. *sigmoeidḗs* 'in forma di sigma', comp. di *sígma* ed *-eidḗs* '-oide'] agg. ● Che ha la forma di un sigma o di una esse | (*anat.*) Relativo al sigma: *ansa sigmoidea*.

sigmoidite [da *sigmoid(eo)*, e *-ite* (*1*)] s. f. ● (*med.*) Infiammazione del sigma.

†**signàcolo** ● V. *segnacolo*.

†**signàculo** ● V. *segnacolo*.

†**signatùra** ● V. *segnatura*.

signìfero [vc. dotta, dal lat. *signĭferu(m)* 'portainsegna', comp. di *sīgnum* 'segno, insegna' e *-fĕr* '-fero'] agg.; anche s. m. ● Che, chi porta l'insegna.

significaménto s. m. ● (*raro*) Atto del significare.

significànte (**1**) part. pres. di *significare*; anche agg. *1* Nei sign. del v. *2* (*lett.*) Espressivo, efficace: *occhiata s.* *3* Importante per quel che rivela, per ciò che implica, che comporta e sim.: *indizio s.* CONTR. Insignificante.

significànte (**2**) [da *significante* (*1*), sost., sul modello del fr. *signifiant*] s. m. ● (*ling.*) Aspetto grafico o fonico che, insieme al significato, costituisce il segno linguistico.

†**significànza** [vc. dotta, dal lat. tardo *significāntia(m)* 'significato', da *significāre*] s. f. *1* Significato. *2* Segnale, indizio | *Fare s.*, dimostrare.

significàre [dal lat. *significāre*, comp. di *sīgnum* 'segno' e *-ficāre* '-ficare'] v. tr. (*io signìfico, tu signìfichi*) *1* (*lett.*) Esprimere pensieri, sentimenti, idee e sim. mediante il linguaggio, scritto o orale, o mediante cenni, gesti e sim.: *s. il proprio pensiero a qc.*; *s. q.c. per lettera*; *in tutte le lingue ... i vocaboli sono trasportati da' corpi ... a s. le cose della mente e dell'animo* (VICO). *2* Voler dire, avere un dato senso o significato, detto di parole, locuzioni e sim.: *la parola 'osfialgia' significa sciatica*; *che cosa significa questa parola inglese?* | Essere indizio, segnale: *il suo ritardo significa disinteresse per noi*; *che cosa significa il tuo atteggiamento?*; *per la gente superstiziosa le comete significano la fine del mondo* | Simboleggiare: *il rosso significa passione*. *3* Avere importanza, valore: *per lui quella donna significa la vita*; *le tue parole non significano niente*.

significatività s. f. ● (*raro*) Qualità di ciò che è significativo.

significatìvo [dal lat. tardo *significatīvu(m)*, da *significātus*, part. pass. di *significāre* 'significare'] agg. *1* Che serve a significare: *parola significativa di verità*. *2* Ricco di significato, espressivo: *sguardo s.* *3* (*mat.*) *Cifre significative*, nel risultato di operazioni fra numeri approssimati, le cifre decimali che hanno un effettivo significato. || **significativaménte**, avv. In modo significativo; efficacemente.

significàto (**1**) part. pass. di *significare*; anche agg. ● Nei sign. del v.

significàto (**2**) [dal lat. tardo *significātu(m)*, da *significāre* 'significare'] s. m. *1* Concetto racchiuso in un qualunque mezzo di espressione: *s. chiaro, ambiguo*; *il s. di una parola, di un vocabolo, di un simbolo, di un disegno, di una locuzione straniera*; *s. proprio e s. figurato*; *discorsi, parole*, e sim. *senza s.* SIN. Senso. *2* (*ling.*) Elemento concettuale del segno linguistico | Contenuto semantico, mentale, emotivo di una qualsiasi espressione linguistica, parola o frase. *3* Ciò che esprime, vuole o può esprimere, un'azione, una parola e sim. o il modo in cui q.c. viene fatto, detto, e sim.: *il s. del suo comportamento mi è oscuro*; *la sua presenza qui ha un s. ben preciso*; *mi rivolse uno sguardo pieno di s.*; *quelle parole hanno assunto un s. di rivelazione*. *4* (*fig.*) Importanza, valore: *il lavoro ha per lui un grande s.*

significatóre [dal lat. tardo (eccl.) *significatōre(m)* 'che indica', da *significātus*, part. pass. di *significāre* 'significare'] s. m.; anche agg. (f. *-trice*) ● (*raro*) Chi, che significa.

significazióne [dal lat. *significatiōne(m)*, da *significātus*, part. pass. di *significāre* 'significare'] s. f. ● (*raro*) Atto, effetto del significare | Significato.

signóra o †**segnóra** [f. di *signore*] s. f. *1* (*lett.*) Padrona, dominatrice: *Venezia fu la s. dei mari* | *Nostra Signora*, (*per anton.*) la Madonna, Maria Vergine: *Nostra Signora del Rosario, della Misericordia* e sim. | (*scherz.*) *La Signora, la vecchia Signora del calcio italiano*, (*per anton.*) la squadra torinese della Juventus. *2* Padrona di casa, per i domestici: *la s. è partita*. *3* Titolo di reverenza, appellativo, premesso o al nome, o al cognome, o al nome e cognome, o al titolo, di una donna sposata: *la s. Maria*; *la s. Bianchi*; *le presento la s. Maria Bianchi*; *buongiorno, s. marchesa*; (*raro*) *la s. professoressa, la s. maestra* | *Sì s.*, per rispondere affermativamente | *No s.*, per rispondere negativamente | *Signore e signori*, frase con cui ci si rivolge al pubblico prima di iniziare un discorso, una conferenza e sim. *4* Moglie: *il professor Rossi e s.*; *intervennero tutti gli insegnanti e le rispettive signore*; *i miei ossequi alla s.*; *come sta la s.?*; *mi saluti la sua s.* *5* (*gener.*) Persona di sesso femminile: *la s. seduta accanto a noi*; *una s. vuole parlarti*; *parrucchiere per s.*; *club per signore* | Cliente: *la s. è servita*; *servi subito la s.* *6* Donna che mostra educazione, gentilezza nel trattare, raffinatezza di gesti, abitudini e sim.: *è una s.*; *è una vera s.*; *è un gesto da s.* *7* Donna benestante, ricca: *vivere da s.*; *fare la s.*; *fare una vita da s.* || **signoràccia**, **signoràzza**, pegg. | **si-**

gnorétta, dim. | **signoróna**, accr.

signoràggio [dal provz. *senhoratge*, da *senhor* 'signore'] s. m. *1* †Dominio, signoria. *2* (*econ.*) Un tempo, provento diverso dal monetaggio che gli Stati ricavavano dalla coniazione delle monete, attribuendo ad esse un valore più alto di quello del metallo in esse contenuto.

†**signorànza** o †**segnorànza** [dal provz. *senhoranza*, da *senhor* 'signore'] s. f. ● Signoria, dominio.

†**signoràto** [da *signore*, sul modello di *principato*] s. m. ● (*raro*) Ufficio e dignità di signore.

signóre o †**segnóre** [lat. *seniōre(m)*, compar. di *sĕnex* 'vecchio'] s. m. (troncato in *signor* davanti a nomi propri o comuni, titoli, e sim.; f. *-a* (V.), †*-essa*) *1* Anticamente, possessore di un dominio | Principe, sovrano: *Cangrande della Scala s. di Verona*; *i Medici erano signori di Firenze*; *'Ai Signori d'Italia' è il titolo di una canzone del Petrarca* | Governatore, reggitore | *Palazzo dei Signori*, in alcune città italiane, palazzo del Governo. *2* (*est.*) Padrone: *il s. del castello, del paese*; *Dio è il s. dell'universo* | †*Essere s. di fare q.c.*, avere la libertà di fare q.c. | Padrone di casa, per i domestici: *il s. non è in casa*. *3* (*per anton.*) Dio, Gesù Cristo: *Signore Iddio*; *Dio Signore*; *con l'aiuto del Signore*; *nella pace del Signore*; *pregare, adorare, ringraziare, il Signore*; *che il Signore ti assista*; *il Signore sia con te* | *Nostro Signore*, Gesù Cristo | *Addormentarsi nel bacio del Signore*, (*euf.*) morire | *La vigna del Signore*, la Chiesa | *La casa del Signore*, qualsiasi chiesa. *4* Titolo di reverenza, appellativo, premesso o al nome, o al cognome, o al nome e cognome, o al titolo, di un uomo: *ecco il signor Ettore*; *è in casa il signor Bianchi?*; *le presento il signor Ettore Bianchi*; *vorrei parlare col signor dottore*; *buon giorno, signor barone*; *il signor ministro oggi non riceve*; (*iron.*) *anche i signori professori sbagliano* | *Sì s., signor sì*, per rispondere affermativamente; V. anche *signorsì* e *sissignore* | *No s., signor no*, per rispondere negativamente; V. anche *nossignore* e *signornò*. *5* (*gener.*) Persona di sesso maschile: *c'è un s. che chiede di te*; *lo conosci quel s. che ha salutato?*; (*iron.*) *dì a quel s. che non si faccia più vedere* | *Locale per signori*, per soli uomini | Cliente: *il s. desidera?*; *il s. è servito*; *il s. è rimasto soddisfatto?* *6* (*al pl.*) Insieme di persone di sesso diverso: *ci sono dei signori che desiderano visitare l'appartamento*; *servite subito i signori*; *avanti, signori!*; *signori, c'è posto* | *Signori e signore*, frase con cui ci si rivolge al pubblico prima di iniziare un discorso, una conferenza e sim. *7* Uomo che mostra educazione, gentilezza nel trattare, raffinatezza di gesti, abitudini, e sim.: *è un vero s.*; *è proprio un s.*; *ha modi da s.*; *se fosse un s. non agirebbe così*. SIN. Gentiluomo. *8* Uomo ricco, ragguardevole: *prima era povero, adesso è un s.* | *Trattarsi da s., fare la vita del s., fare il s.*, trattarsi con ogni agio, spendere a profusione | *Un gran s.*, un uomo molto ricco. *9* (*al pl., gener.*) L'insieme delle persone ricche: *i signori e i poveri*; *queste cose i signori non le vogliono vedere*. *10* (*enf.*) Ammirevole per eccellenza, bellezza e sim.: *un signor cappotto*. || **signoràccio**, **signoràzzo**, pegg. | **signorèllo**, dim. | **signorétto**, dim. | **signoróne**, accr. (V.) | **signoròtto**, accr. (V.).

†**signoreggévole** agg. ● Che vuole signoreggiare.

signoreggiaménto s. m. ● (*raro*) Atto del signoreggiare.

signoreggiàre o †**segnoreggiàre** [da *signore*] **A** v. tr. (*io signoréggio*) *1* Dominare, tenere sotto la propria autorità: *s. un paese, una città*; *voler s. il mondo*. *2* (*fig.*) Tenere a freno: *s. le passioni*. *3* (*fig., raro*) Soprastare, detto di edifici o luoghi situati in posizione elevata: *la casa signoreggia tutto il paesaggio*. **B** v. intr. (aus. *avere*) ● Esercitare un dominio, un'autorità: *s. su un paese, su una città*.

†**signoreggiatóre** s. m.; anche agg. (f. *-trice*) ● Chi, che signoreggia.

signorésco agg. (pl. m. *-schi*) ● (*raro*) Da signore, proprio di un signore (*spec. spreg.*): *sussiego s.* || **signorescaménte**, avv.

†**signorévole** o †**signorévile** [da *signore*] agg. *1* Che signoreggia. *2* (*lett.*) Signorile. || †**signorevolménte**, avv. Da signore, signorilmente.

signorìa o †**segnorìa**. s. f. *1* Condizione di signore, facoltà di comandare | Dominio, potestà, governo: *tenere qc. in s. di qc.*; *essere sotto la s. di qc.* *2* Forma di governo instauratasi in molte città italiane nella seconda metà del sec. XIII, caratterizzata dall'accentramento dei poteri comunali in una sola persona, la quale li esercitava a vita: *palazzo della Signoria*; *l'epoca delle signorie*; *dalla s. si passò al principato* | (*est.*) Città governata da una signoria: *la s. di Verona, di Milano*. *3* Anticamente, titolo di onore attribuito a persona autorevole: *vostra Signoria*; *Sua Signoria* | Oggi usato nel linguaggio burocratico: *il sottoscritto fa domanda alla Signoria Vostra ...* *4* †Facoltà, arbitrio, potere.

signorìle agg. *1* Di signore, attinente o adatto a signore (*anche spreg.*): *palazzo, casa, s.*; *superbia s.* *2* Che è caratteristico di chi possiede educazione, gentilezza nel trattare, raffinatezza di gesti, abitudini e sim.: *educazione s.*; *maniere, gesti, signorili*. SIN. Distinto, raffinato. || **signorilménte**, avv. In maniera signorile.

signorilità s. f. ● Qualità di chi, di ciò che è signorile.

signorina [da *signora*] s. f. *1* Titolo di reverenza, appellativo, premesso o al nome o al cognome o al nome e cognome o al titolo di una donna non sposata: *la s. Carla*; *la s. Bianchi*; *la s. Carla Bianchi*; *la s. maestra*; *la s. contessa*. *2* Donna giovane non ancora sposata: *libro per signorine*; *questo gioiello non è adatto a una s.*; *giovanotti e signorine* | Donna non sposata: *alla sua età è ancora s.*; *ha preferito rimanere s.* SIN. Zitella | Fanciulla in età puberale: *è già s.*; *è diventata s.* | Fanciulla cresciuta rapidamente: *è diventata una s.!*; *si è fatta proprio una s.!* || **signorinèlla**, dim. | **signorinétta**, dim.

signorino [da *signore*] s. m. *1* Figlio giovane del padrone di casa, per i domestici: *il s. è uscito*. *2* Giovanetto delicato, difficile a contentare (*spec. iron.* o *spreg.*): *non sono un s. avvezzo a star nel cotone* (MANZONI).

†**signorìo** [forma m. di *signoria*] s. m. ● (*raro*) Signoria.

†**signórmo** [comp. di *signor(e)* e dell'enclitico *-mo*, dal lat. *mĕu(m)* 'mio'] s. m. ● (*raro*) Mio signore.

signornò o (*scherz., dial.*) **gnornò**, (*raro, dial.*) **gnor no**, (*raro*) **signór no**, (*raro*) **signórno** [comp. di *signor(e)* e *no*] avv. ● No, signore! (si usa, come forma di rispettosa negazione assoluta nel linguaggio militare o scherz. nel linguaggio fam., nelle risposte a un superiore).

signoróne s. m. (f. *-a*) *1* Accr. di *signore*. *2* (*fam.*) Persona molto ricca.

signoròtto s. m. *1* Accr. di *signore*. *2* Signore di un piccolo dominio o di una modesta proprietà: *un s. di campagna*.

signorsì o (*scherz., dial.*) **gnorsì**, (*raro, dial.*) **gnor sì**, (*raro*) **signór sì** [comp. di *signor(e)* e *sì*] avv. ● Sì, signore (si usa come forma di rispettosa affermazione assoluta nel linguaggio militare o, scherz., nel linguaggio fam., nelle risposte a un superiore) | Eccomi, presente (rispondendo a una chiamata di un superiore).

†**signórso** o †**segnórso** [comp. di *signor(e)* e dell'enclitico *-so*, dal lat. *sŭu(m)* 'suo'] s. m. ● (*raro*) Suo signore.

†**signórto** [comp. di *signor(e)* e dell'enclitico *-to*, dal lat. *tŭu(m)* 'tuo'] s. m. ● (*raro*) Tuo signore: *ma tu, perché non vai per s.?* (BOCCACCIO).

†**sigrino** ● V. *zigrino*.

sikh /sik, *hindi* sikh/ [vc. hindi, propr. 'discepolo'] s. m. e f. inv.; anche agg. ● (*relig.*) Membro di una comunità religiosa del Punjab, costituitasi in base all'insegnamento del guru Nanak (sec. XVI) che propose una sintesi tra induismo e islam su base monoteistica.

sikhìsmo [da *sikh* col suff. *-ismo*] s. m. ● (*relig.*) La religione dei sikh.

sil- ● V. *sin-*.

silàggio [da *silo*] s. m. ● Atto, effetto dell'insilare.

silàno [vc. dotta, lat. *Silānu(m)*] agg. ● Della Sila, zona montuosa della Calabria: *turismo s.*

silèma e *deriv.* ● V. *xilema* e *deriv.*

silène [dal n. di *Sileno*, essere mitologico che si rappresenta gonfio come un otre] s. f. ● (*bot.*) Erba del cucco.

silèno [dal lat. *Silēnu(m)*, dal gr. *Silēnós*] s. m. ● Scimmia indiana bruna con capigliatura e barba bianche e callosità ischiatiche rosse (*Macaca albibarbata*).

silènte [dal lat. *silĕnte(m)*, part. pres. di *silēre* 'tacere'] agg. ● (*lett.*) Silenzioso, tacito: *l'atra notte e la s. riva* (LEOPARDI). || †**silenteménte**, avv. Silenziosamente.

silenziàbile [da *silenziare*] agg. ● Che si può o si deve silenziare.

silenziàre [da *silenzio*] v. tr. (*io silènzio*) *1* (*raro*) Ridurre al silenzio. *2* Rendere il più silenziosi possibile motori e sim. | (*est.*) *S. una pistola*, dotarla di silenziatore.

silenziàrio [dal lat. tardo *silentiāriu(m)*, propriamente 'schiavo o usciere incaricato dell'ordine e del silenzio', da *silĕntium* 'silenzio'] s. m. ● Servo addetto a far osservare il silenzio nelle case patrizie dell'antica Roma.

silenziatóre [adattamento dell'ingl. *silencer*, sul modello dei m. in *-tore*] s. m. *1* Dispositivo inserito sul tubo di scappamento dei motori a combustione interna per attenuare il rumore provocato dai gas di scarico. *2* Dispositivo applicato alla bocca delle armi da fuoco portatili per attutire il rumore dello sparo. *3* (*fig.*) Ostacolo, impedimento a esprimere pubblicamente le proprie idee od opinioni: *mettere il s. a un giornale*.

silènzio [dal lat. *silĕntiu(m)*, da *sĭlens*, genit. *silĕntis*, part. pres. di *silēre* 'tacere', di origine indeur.] s. m. *1* Mancanza completa di suoni, rumori, voci, e sim.: *s. profondo, perfetto, glaciale, di tomba, assoluto*; *s. del chiostro*; *nel s. della notte*; *qui c'è un gran s.*; *un grido ruppe il s.* | (*est.*) Quiete: *il s. della campagna, dei boschi* | (*mil.*) *Ridurre al s.*, mettere fuori uso artiglierie, mitragliatrici e gener. bocche da fuoco nemiche, colpendole con mezzi di varia natura bellica. *2* Cessazione del parlare, astensione dal parlare: *imporre, raccomandare, esigere, il s.*; *restare, rimanere, ascoltare, in s.* | *Fare s.*, tacere | *S.!*, invito, comando, e sim. a tacere | *S., si gira*, avvertimento gridato dal regista cinematografico o da un suo assistente all'inizio di ogni ripresa | *Rompere il s.*, cominciare a parlare dopo aver taciuto per un periodo più o meno lungo | *Costringere, ridurre, l'avversario, l'interlocutore* e sim. *al s.*, metterlo a tacere confutandolo in modo tale da non ammettere repliche | (*est., fig.*) *Chiesa del s.*, espressione usata per indicare le condizioni delle chiese cristiane nei Paesi a regime comunista | *S. radio*, nelle operazioni militari o di polizia, totale astensione delle comunicazioni radio fra unità operative per evitare di essere individuati o intercettati dal nemico o dai delinquenti | (*aer.*) *S. radio*, interruzione delle trasmissioni radio tra le basi di terra e le capsule spaziali per la mancata propagazione delle onde dovuta a cause ambientali | *S. stampa*, astensione o divieto di pubblicare notizie relative a un fatto, avvenimento o a una persona: *la famiglia del rapito chiese il s. stampa* | (*dir.*) *S. rifiuto*, quando la mancata risposta dell'autorità amministrativa ad una domanda deve considerarsi un diniego | (*dir.*) *S. accoglimento*, quando la mancata risposta dell'autorità amministrativa deve intendersi come una concessione di quanto richiesto. *3* (*est.*) Il fatto di non dare notizie di sé: *sono meravigliato del suo s.*; *questo lungo s. mi preoccupa*. *4* Oblio, dimenticanza: *avvolgere un fatto nel s.* | *Cadere nel s.*, essere dimenticato | *Vivere nel s.*, senza far parlare di sé | *Passare q.c. sotto s.*, non farne menzione, tralasciare di parlarne | (*raro*) *Mettere q.c. in s.*, metterla a tacere, fare in modo che non se ne parli. *5* Segnale di tromba che impone il silenzio e stabilisce l'inizio del riposo notturno dei soldati: *suonare il s.* | *S. fuori ordinanza*, variante musicale del segnale regolamentare, che viene suonata in occasione di particolari ricorrenze. *6* Regola religiosa o monastica che obbliga a tacere e ad astenersi da qualsiasi rumore | *Dispensare dal s.*, autorizzare gli obbligati al silenzio a parlare, a conversare liberamente in talune occasioni || PROV. Il silenzio è d'oro, la parola d'argento.

silenziosità s. f. ● Qualità di chi, di ciò che è

silenzioso.

silenzióso [dal lat. tardo *silentiōsu(m)*, da *silĕntium* 'silenzio'] **agg.** *1* Privo di rumori, quieto, detto di luogo o di tempo: *quartiere s.*; *notte silenziosa.* CONTR. Rumoroso. *2* Che non fa rumore: *motore s.* CONTR. Rumoroso. *3* Che parla poco, taciturno, detto di persona: *se ne stava s. in un angolo.* || **silenziosaménte**, **avv.** In silenzio, in modo silenzioso.

†**silére** o **silere** [vc. dotta, dal lat. *silēre* 'tacere', di origine indeur.] **v. intr.** ● (*raro*) Tacere: *Or dubbi tu e dubitando sili* (DANTE *Par.* XXXII, 49).

silèsia [dall'ingl. *silesia*, latinizz. di *Slesia*, regione di origine del tessuto] **s. f.** ● Tessuto di cotone apprettato e calandrato, per fodere.

sìlfide [da *silfo*] **s. f.** *1* Compagna e sposa del silfo. *2* (*fig.*) Donna snella, leggera, agile e graziosa.

sìlfio [dal gr. *sílphion* 'laserpizio', di origine mediterr. (?)] **s. m.** ● (*bot.*) Pianta erbacea ornamentale delle Composite a fusto quadrangolare alto fino a 2 metri, con foglie opposte grandi e fiori gialli (*Silphium perfoliatum*).

sìlfo [da *sylphus*, vc. coniata da Paracelso adattando al ted. il lat. *silvĕster* 'silvestre'] **s. m.** ● Nella mitologia nordica, genio maschile dell'aria, delle foreste e delle acque.

silhouette /*fr.* si'lwɛt/ [vc. fr., dal nome del finanziere E. de *Silhouette* (1709-1767), con allusione all'estrema parsimonia della sua amministrazione] **s. f. inv.** *1* Modo di rappresentare figure, spec. ritratti di profilo, indicandone i contorni pieni contro un fondo contrastante. *2* (*est.*) Sagoma, linea del corpo: *aver una bella s.*

silicàtico [da *silicato*] **agg.** (**pl. m.** *-ci*) ● A base di silice o di silicati.

silicàto [da *silice*, con *-ato*] **s. m.** *1* (*miner.*) Minerale appartenente al gruppo più diffuso nella litosfera, costituente essenziale di quasi tutte le rocce. *2* (*chim.*) Sale degli acidi silicici, principali costituenti della crosta terrestre.

sìlice [vc. dotta, dal lat. *sĭlice(m)* 'selce'] **s. f.** ● (*miner.*) Biossido di silicio molto diffuso in natura, sia in cristalli ben sviluppati sia in aggregati microcristallini.

silìceo [dal lat. *silĭceu(m)*, da *sĭlex* 'selce'] **agg.** ● Di silice | Che contiene silice: *roccia silicea.*

silìcico **agg.** (**pl. m.** *-ci*) ● Di, del silicio: *acido s.*

silìcio [da *silice*] **s. m.** ● Elemento chimico diffusissimo in natura ma non allo stato libero, metalloide bruno, polverulento. SIMB. Si.

silicizzàre [da *silice*] **A v. tr.** ● Provocare un processo di silicizzazione. **B v. intr. pron.** ● Subire un processo di silicizzazione.

silicizzàto **part. pass.** di *silicizzare*; anche **agg.** ● Nei sign. del v.

silicizzazióne [da *silicizzare*] **s. f.** ● Processo di arricchimento in silice di rocce o parte di rocce di diversa composizione.

silicóne [da *silic(io)*] **s. m.** ● (*chim.*) Polimero contenente nella catena principale atomi alternati di ossigeno e di silicio e gruppi alchilici o arilici legati chimicamente al silicio; è usato come lubrificante, elastomero, sigillante.

silicònico **agg.** (**pl. m.** *-ci*) ● (*chim.*) Detto di sostanza derivata o a base di silicone.

silicòsi [da *silic(e)*, con *-osi*] **s. f.** ● (*med.*) Pneumoconiosi da inalazione di polvere di silicio.

sìlio ● V. *psillio*.

sìliqua (1) [vc. dotta, dal lat. *sĭliqua(m)* 'baccello' e 'misura', di etim. incerta] **s. f.** ● (*bot.*) Frutto secco deiscente che si apre in due valve e porta i semi attaccati a un setto mediano. || **siliquétta**, **dim.**

sìliqua (2) [vc. dotta, lat. *sĭliqua(m)* nel senso di 'misura', di etim. incerta] **s. f.** *1* Nell'antica Roma, unità ponderale equivalente a un sesto dello scrupolo, cioè a 0,9 grammi. *2* (*numism.*) Moneta romana coniata in argento dall'età di Costantino.

siliquàstro [dal lat. *siliquăstru(m)*, da *sĭliqua*] **s. m.** ● Albero mediterraneo delle Leguminose che in primavera si copre di fiori rossi a mazzetti (*Cercis siliquastrum*). SIN. Albero di Giuda.

sìllaba [vc. dotta, dal lat. *sȳllaba(m)*, dal gr. *syllabḗ*, connesso con *syllambánein* 'prendere insieme'] **s. f.** *1* Elemento della parola formato da un suono o da un complesso di suoni raggruppati intorno a un centro | *S. breve*, *s. lunga*, nella prosodia classica, sillaba contenente una vocale breve o una vocale lunga. *2* Niente, nessuna parola, con valore raff. nelle loc. (*fam.*), *non dire*, *non proferire*, *non rispondere*, *una s.*; *non capire una s.*, *una sola s.*; *non cambiare una s.*; *non mancare di una s.* || **sillabétta**, **dim**.

SILLABA

Quando dobbiamo spezzare una parola alla fine della riga per andare a capo, si presenta il problema concreto della divisione in sillabe: *i-so-la* o *is-o-la? pas-ta* o *pa-sta? pa-rco* o *par-co? a-cca-nto* o *ac-can-to?* E come comportarsi quando c'è di mezzo un apostrofo, ad es. se dobbiamo dividere *nell'/officina?* Per risolvere questi dubbi è importante conoscere le regole per la divisione dei vocaboli in sillabe. Le ricordiamo brevemente con gli opportuni esempi:

- una vocale iniziale di parola seguita da una consonante semplice (cioè non raddoppiata né unita con altre consonanti) fa sillaba a sé: *a-la*, *e-re-mo*, *i-so-la*, *o-pa-co*, *u-ti-le*;
- una consonante semplice fa sillaba con la vocale che segue: *vo-la-re*, *ro-to-lo*, *te-go-la*, *pa-ri-fi-ca-re*;
- le consonanti doppie si dividono a metà: *ac-can-to*, *at-trez-zo*, *stel-la*, *oc-chio*, *an-nes-so*, *ber-ret-to*, *soq-qua-dro*; si comporta analogamente il gruppo *cq* (assimilato a *qq*): *ac-qua*, *nac-que*;
- nel caso di due o tre consonanti diverse tra loro: a) se si tratta di un gruppo di consonanti che nella nostra lingua può venire a trovarsi in principio di parola, allora tale gruppo **non si divide** e fa sillaba con la vocale che segue: *o-stri-ca*, *ve-tro*, *qua-dro*, *a-gro*, *vi-bra-re*. Infatti in italiano abbiamo parole che cominciano con *str-*: *stret-to*, *stra-da*; parole che cominciano con *tr-*: *tra-ma*, *tre-no*; con *spr-*: *spro-lo-quio*, *spro-na-re*; con *dr-*: *dram-ma*, *dre-nag-gio*; con *gr-*: *gran-de*, *grep-pia*; con *br-*: *bra-vo*, *bre-ve*. In questo gruppo va considerata la *s impura* (cioè la *s* seguita da consonante), che si unisce sempre alle consonanti che seguono e mai alla vocale che precede: *pa-sta*, *a-stro*, *o-spi-te* e **non** *pas-ta*, *as-tro*, ecc.;
  b) se invece si tratta di un gruppo di due o più consonanti che nella nostra lingua non può venire a trovarsi in principio di parola, allora tale gruppo **si divide**: la prima consonante del gruppo va con la vocale precedente, l'altra o le altre con la vocale della sillaba che segue: *ar-ma*, *tec-ni-ca*, *par-co*, *rit-mo*, *lam-po*, *en-tra-re*, *ol-trag-gio*. Non ci sono infatti in italiano parole che cominciano con *rm-* né con *cn-* e neppure con *rc-*, con *tm-*, con *mp-*, con *ntr-* o con *ltr-*;
- le vocali che formano dittongo o trittongo non si possono dividere: *cau-sa*, *buoi*. Si possono invece dividere due vocali che formano iato: *pa-u-ra*, *sci-a-re*. Per evitare errori è consigliabile tuttavia non andare mai a capo con una vocale, dividendo quindi: *pau-ra*, *scia-re*, *quie-te*, *ae-reo*, ecc.;
- nel caso in cui si giunga in fin di riga con un apostrofo, è consigliabile mantenere l'integrità della sillaba che comprende l'apostrofo. Perciò si dividerà: *del-l'a-mi-ca*, *quel-l'uo-mo*, *nel-l'i-so-la*. È da evitare invece la divisione *del-la/anima*, *quello/uomo*, *la/isola*, che modifica il testo originale ed è sgradevole alla lettura. Tende ad affermarsi invece, specialmente sui giornali, l'uso non scorretto di lasciare l'apostrofo (senza trattino, in quanto non si tratta di divisione di sillaba) in fin di riga: perciò *dell'/anima*, *quell'/uomo*, *l'/isola*;
- nel caso in cui si debba dividere in fin di riga una parola composta contenente un trattino (ad es. *guerra russo-giapponese*, *fox-terrier*) è opportuno segnare il trattino due volte, una in fin di riga (*russo-/*, *fox-/*), l'altra all'inizio della riga seguente (*-giapponese*, *-terrier*). Infatti la presenza di un solo trattino in fin di riga eliminerebbe dal testo un'informazione preziosa, quella dell'esistenza del trattino in mezzo alle due parole che altrimenti potrebbero invece essere state scritte *russogiapponese* o *foxterrier*.

sillabàre [da *sillaba*] **v. tr.** (*io sìllabo*) ● Proferire le parole staccando le sillabe | Compitare.

sillabàrio [tratto dal lat. tardo *syllabārii* (nom. pl.) 'ragazzi che sanno soltanto compitare', da *sȳllaba* 'sillaba'] **s. m.** ● Testo scolastico sul quale gli scolari delle prime classi della scuola primaria imparano a leggere e a scrivere secondo il metodo sillabico.

sillabazióne **s. f.** ● Modo, atto del sillabare.

†**sillabicàre** [da *sillabico*] **v. tr.** ● Sillabare.

sillàbico [vc. dotta, dal lat. *syllăbicu(m)*, dal gr. *syllabikós*, da *syllabḗ* 'sillaba'] **agg.** (**pl. m.** *-ci*) ● Di, relativo a sillaba | *Accento s.*, che cade su una sillaba della parola | *Ritmo s.*, che è fondato sul numero delle sillabe | *Aumento s.*, secondo la grammatica greca, sillaba premessa al tema verbale nella formazione dei tempi storici | *Scrittura sillabica*, i cui segni rappresentano sillabe | *Canto s.*, in musica, stile di canto in cui a ogni sillaba corrisponde una nota. || **sillabicaménte**, **avv.**

sìllabo [vc. dotta, dal lat. tardo *sȳllabu(m)* 'sommario', dal gr. *sýllabos* 'collezione', da *syllambánein* 'raccogliere'] **s. m.** *1* (*raro*) Indice, sommario | *S. universitario*, ruolo dei professori universitari e dei corsi che essi trattano. *2* Elenco di ottanta proposizioni estratte da vari documenti pontifici di Pio IX, le quali condannavano le posizioni ideologiche, teologiche e politiche moderne, considerate come errori dell'epoca. *3* Programma di insegnamento delle lingue, spec. straniere.

sillèssi o **sillèpsi** [vc. dotta, dal lat. tardo *syllēpsi(m)*, dal gr. *sýllēpsis*, connesso con *syllambánein* 'raccogliere insieme'] **s. f.** ● (*ling.*) Concordanza a senso (in genere, numero, persona o tempo) di due o più termini, che grammaticalmente richiederebbero invece una diversa costruzione: *però che gente di molto valore / conobbi che 'n quel limbo eran sospesi* (DANTE *Inf.*, IV, 44-45).

sìllio ● V. *psillio*.

sìllo [vc. dotta, dal gr. *síllos*, di etim. incerta] **s. m.** ● Nell'antica poesia greca, componimento satirico e parodistico.

sìlloge [vc. dotta, dal gr. *syllogḗ* 'raccolta', da *syllégein*, comp. di *sýn* 'insieme' e *légein* 'raccogliere', di origine indeur.] **s. f.** ● (*lett.*) Collezione, raccolta, di decreti, editti, scritture, brani di uno o più scrittori, e sim. SIN. Antologia, florilegio.

sillogìsmo [vc. dotta, dal lat. *syllogĭsmu(m)*, dal gr. *syllogismós*, connesso con *syllogízesthai* 'dedurre'] **s. m.** ● Tipo di ragionamento deduttivo formale tale che, date due proposizioni, le premesse, ne segua di necessità una terza, la conclusione (ad es.: *tutti gli Stati hanno dei confini*; *l'Italia è uno Stato*; *quindi, l'Italia ha dei confini*).

sillogìstica [f. sost. di *sillogistico*] **s. f.** ● Parte della logica che tratta del sillogismo | Dottrina del sillogismo.

sillogìstico [vc. dotta, dal lat. *syllogĭsticu(m)*, dal gr. *syllogistikós*, da *syllogismós* 'sillogismo'] **agg.** (**pl. m.** *-ci*) ● Che concerne o interessa il sillogismo | Che procede per sillogismi. || **sillogisticaménte**, **avv.** In modo sillogistico, per via di sillogismo.

sillogizzàre [vc. dotta, dal lat. *syllogizāre*, adattamento del gr. *syllogízesthai* 'ragionare conseguentemente', comp. di *sýn* 'con' e *logízesthai*, da *lógos* 'parola'] **A v. tr.** ● Dedurre per sillogismi, esporre sotto forma di sillogismo. **B v. intr.** (aus. *avere*) ● Argomentare, filosofare, con sillogismi | (*est.*) Almanaccare.

silo /'silo, *sp.* 'silo/, (*evit.*) **silos** [vc. sp., risalente al lat. *sīru(m)*, dal gr. *seirós* 'buca da grano', di etim. incerta] **s. m.** *1* Costruzione a uno o più elementi verticali in muratura, cemento armato, lamiera, plastica, destinato a contenere e conservare merci e prodotti sciolti polverulenti o granulosi. ➡ ILL. p. 353 AGRICOLTURA; p. 1755 TRASPORTI. *2* (*mil.*) Pozzo cilindrico atto a contenere la rampa di lancio di un missile a medio o a lungo raggio | *S. sigillato*, posto in località segreta e la cui apertura è celata dal terreno circostante. *3* Vasto locale per parcheggio urbano di autoveicoli, a più piani, anche sotterraneo.

silo- o **xilo-** [dal gr. *xýlon* 'legno'] primo elemento ● In parole composte, significa 'legno' o relazione col legno: *silografia*, *silometro*, *siloteca*.

†**silòcco** ● V. *scirocco*.

siloétta ● V. *siluetta*.

silòfago ● V. *xilofago*.

silòfono e *deriv.* ● V. *xilofono* e *deriv.*

silografìa e *deriv.* ● V. *xilografia* e *deriv.*

silogràfico o **xilogràfico**. agg. (pl. m. *-ci*) ● Che si riferisce alla silografia.

silògrafo o **xilògrafo** [comp. di *silo-* e *-grafo*] s. m. ● Chi esegue incisioni silografiche.

silologìa o **xilologìa** [comp. di *silo-* e *-logia*] s. f. ● Studio dei legnami e delle piante.

silològico o **xilològico**. agg. (pl. m. *-ci*) ● Che si riferisce alla silologia.

silòlogo o **xilòlogo** [comp. di *silo-* e *-logo*] s. m. (f. *-a*; pl. m. *-gi*) ● Studioso di silologia.

silòmetro [comp. di *silo-* e *-metro*] s. m. ● (*mar.*) Apparecchio per misurare la velocità di una nave.

silotèca o **xilotèca** [comp. di *silo-* e *teca*] s. f. ● Luogo di raccolta e conservazione del legno a scopo di studio.

siltìte [comp. dell'ingl. *silt* 'materiale detritico', di area germ. e origine scandinava, e *-ite* (*2*)] s. f. ● (*geol.*) Roccia clastica costituita spec. da quarzo, minerali argillosi, miche ed altri silicati, a granuli angolosi minutissimi e con struttura compatta o laminata.

siluétta o **siloétta**. s. f. ● Adattamento di *silhouette* (V.).

silumìn ® [abbr. di *sil*(*icio*) e (*all*)*umin*(*io*)] s. m. inv. ● Nome commerciale di una lega di alluminio e silicio.

siluraménto s. m. ● Atto, effetto del silurare (*anche fig.*).

silurànte **A** part. pres. di *silurare*; anche agg. *1* Nei sign. del v. *2* Detto di nave, aereo, e sim. dotati di lanciasiluri: *nave s.* **B** s. f. ● (*ell.*) Nave silurante.

siluràre [da *siluro* (*2*)] v. tr. *1* Colpire con siluro. *2* (*fig.*) Privare improvvisamente del comando: *s. un generale*, *un alto funzionario*. *3* (*fig.*) Mandare a monte, far fallire: *s. una proposta di legge*.

siluratóre s. m.; anche agg. (f. *-trice*) ● Chi, che silura.

siluriàno [dall'ingl. *silurian*, tratto dal n. dei *Sìlures*, ant. popolazione del Galles orient.] **A** agg. ● Del secondo periodo del Paleozoico. SIN. Silurico. **B** anche s. m.

silùrico agg.; anche s. m. (pl. m. *-ci*) ● Siluriano.

Silùridi [da *siluro* (*1*)] s. m. pl. ● Nella tassonomia animale, famiglia di Pesci teleostei dei Cipriniformi, con corpo siluriforme, pelle sprovvista di scaglie ma a volte con scudi ossei, bocca grande e barbigli, che vivono spec. in acque dolci (*Siluridae*) | (al sing. *-e*) Ogni individuo di tale famiglia.

silurifìcio [comp. di *siluro* (*2*) e *-ficio*] s. m. ● Stabilimento per la fabbricazione dei siluri.

silurifórme [comp. di *siluro* (*2*) e *-forme*] agg. ● Che ha forma di siluro, nel sign. di *siluro* (*2*).

siluripèdio [comp. di *siluro* (*2*) e *-pedio*, sul modello di *balipedio* (V.)] s. m. ● (*mar.*) Impianto di collaudo per siluri.

silurìsta s. m. (pl. *-i*) ● Marinaio specializzato in siluri.

silùro (**1**) [dal lat. *silūru*(*m*), dal gr. *sílouros*, comp. di **sil-* 'ripiegato' e *ourá* 'coda', propriamente 'pesce che dimena la coda'] s. m. ● *s. d'Europa*, pesce dei Siluridi d'acqua dolce, carnivoro, vorace, con testa grandissima munita di sei barbigli, pelle nuda e viscida (*Silurus glanis*).

silùro (**2**) [dal precedente, per analogia di forma] **A** s. m. *1* Grosso proiettile fusiforme carico d'esplosivi, che, lanciato mediante uno speciale tubo ad aria compressa, prosegue sott'acqua, grazie a un proprio motore e a un organo di direzione, e scoppia urtando contro un corpo solido | *S. aereo*, atto a essere lanciato da un aeromobile | *S. umano*, in operazioni di guerra navale del primo e secondo conflitto mondiale, combattente volontario che in immersione o in superficie dirigeva, su un siluro da lui stesso guidato, una carica esplosiva contro la nave nemica. *2* (*fig.*) Manovra, intrigo nascosto che tende, spec. improvvisamente, a screditare, esautorare una o più persone, a far fallire un'iniziativa e sim.: *un s. al governo*. **B** in funzione di agg. inv. ● (posposto al s.) Nella loc. *uomo s.*, siluro umano.

siluròtto [da *siluro* (*2*)] s. m. ● (*mar.*) Siluro di peso e di dimensioni inferiori, rispetto al siluro normale, che viene lanciato da mas o aerei.

silvàno o (*raro*) †**selvàno** [dal lat. *Silvānu*(*m*), n. di divinità silvestre, da *sĭlva* 'selva'] agg. ● (*lett.*) Di selva, proprio delle selve: *pianta silvana*.

silverplate /ingl. 'silvəpleit/ [vc. ingl., propr. 'rivestito (dal v. *to plate*) d'argento (*silver*)'] s. m. inv. ● Metallo, generalmente ottone, placcato d'argento: *posate in s.*

silvèstre o †**silvèstro** [vc. dotta, dal lat. *silvĕstre*(*m*), da *sĭlva* 'selva'] agg. *1* Di selva, che vive, cresce nelle selve: *fiore s.* | Selvatico: *frutto s.* | Selvoso: *luogo s.* *2* (*est.*) †Duro, difficile, faticoso: *nel cielo è voluto / ch'i' mostri altrui questo cammin silvestro* (DANTE *Inf.* XXI, 83-84).

sìlvia (**1**) [dal lat. *sĭlva* 'foresta'] s. f. ● Passeraceo piccolo o piccolissimo con zampe sottili, becco diritto e poco robusto, abile costruttore di nidi (*Sylvia*).

sìlvia (**2**) [tratto dal lat. *sĭlva*(*m*) 'selva'] s. f. ● (*bot.*) Pianta erbacea delle Ranuncolacee con fiori a tepali bianchi o rosa e foglie che si sviluppano dopo la fioritura (*Anemone nemorosa*).

silvìcolo [vc. dotta, dal lat. *silvĭcola*(*m*), comp. di *sĭlva* 'selva' e *-cŏla* '-cola'] agg. ● Che riguarda le selve, i boschi: *patrimonio s.* | Che vive nelle selve, nei boschi: *animali silvicoli*.

silvicoltùra e *deriv.* ● V. *selvicoltura* e *deriv.*

silvicultùra e *deriv.* ● V. *selvicoltura* e *deriv.*

sìlvio [dal n. dell'autore della prima opera stampata con questo carattere (?)] s. m. ● (*raro*) Specie di carattere tipografico analogo all'agostino per stile e dimensioni.

silvìte [dall'ant. n. scient. lat. (*sāl digestīvus*) *Sȳlvii* 'sale digestivo di Silvio' (dal n. del professore di medicina, Franz de la Boë *Sylvius*), col suff. *-ite* (*2*)] s. f. ● Cloruro di potassio in cristalli di forma cubica o ottaedrica, oppure in masse cristalline entro giacimenti salini.

†**silvóso** ● V. *selvoso*.

sily /'sili/ [prob. vc. orig. della Guinea] s. m. ● Unità monetaria della Guinea.

SIM [sigla di *S*(*ocietà*) di *I*(*ntermediazione*) *M*(*obiliare*)] s. f. inv. ● (*econ.*) Società di intermediazione mobiliare.

sim- ● V. *sin-*.

sìma (**1**) [vc. dotta, dal lat. *sīma*(*m*) 'gola dritta'] s. f. ● (*archeol.*) Parte terminale del tetto di un tempio o di un edificio comprendente i gocciolatoi per lo scarico delle acque piovane. ➡ ILL. p. 357 ARCHITETTURA.

sìma (**2**) [abbr. di *si*(*licato*) di *ma*(*gnesio*)] s. m. solo sing. ● (*geol.*) Livello inferiore della litosfera a composizione basica e densità elevata.

Simarubàcee [dal fr. *simarouba*, risalente al caraibico *simaruba*] s. f. pl. ● Nella tassonomia vegetale, famiglia di piante legnose tropicali delle Dicotiledoni (*Simarubaceae*) | (al sing. *-a*) Ogni individuo di tale famiglia.

simbiónte [adattamento del gr. *symbiōntes*, part. pres. pl. di *symbiôun*, comp. di *sýn* 'insieme' e *biôun* 'vivere'] s. m. ● Ognuno degli individui viventi in simbiosi.

simbiòsi /simbi'ɔzi, sim'bjɔzi/ [vc. dotta, dal gr. *symbíōsis* 'convivenza', da *symbiôun* 'vivere insieme'] s. f. *1* (*biol.*) Associazione fra individui di specie diversa che vivono in stretta relazione; tale rapporto determina una serie di vantaggi o di svantaggi, di entità variabile per gli organismi contraenti | *S. antagonistica*, quando previlegia un organismo al limite del parassitismo | *S. mutualistica*, quando comporta vantaggi reciproci. *2* (*fig.*) Stretto rapporto fra cose, fatti, o persone diverse: *la s. tra storia e filosofia*. *3* (*psicol.*) Rapporto di dipendenza totale ed esclusiva con la madre che caratterizza i primi trenta mesi di vita del bambino.

simbiòtico agg. (pl. m. *-ci*) ● Di, relativo a simbiosi.

simboleggiaménto s. m. ● Atto del simboleggiare.

simboleggiàre [da *simbolo*. V. *simbolizzare*] v. tr. (*io simbolèggio*) ● Significare, rappresentare, con simboli: *le chiavi simboleggiano la potestà spirituale del papa*.

simboleggiatùra [da *simboleggiare*] s. f. ● Insieme di simboli | Uso di un insieme di simboli per un dato scopo.

†**simboleità** [dal gr. *symbólaion*, da *sýmbolon* 'contrassegno'] s. f. *1* Simpatia di suoni fra loro. *2* Conformità, similitudine.

simbòlica [f. sost. di *simbolico*] s. f. ● Scienza che studia i simboli e il loro uso: *la s. cristiana*. SIN. Simbologia.

simbolicità [da *simbolico*] s. f. ● Qualità di ciò che è simbolico.

simbòlico [vc. dotta, dal lat. tardo *symbŏlicu*(*m*), dal gr. *symbolikós*, da *sýmbolon* 'contrassegno'] agg. (pl. m. *-ci*) *1* Di simbolo, attinente a simbolo. *2* Che ha natura di simbolo: *gesto s.* | Che ha valore non tanto in sé, quanto per ciò che rappresenta: *dono s.*; *protesta simbolica*. *3* Che si esprime mediante simboli: *linguaggio s.* | (*filos.*) *Logica simbolica*, logistica. ‖ **simbolicaménte**, avv. In modo simbolico, mediante simboli.

simbolìsmo [da *simbolo*, con *-ismo*; per calco sul fr. *symbolisme* nel sign. 5] s. m. *1* Qualità di ciò che è simbolico. *2* Uso di particolari simboli per rappresentare q.c.: *il s. della fisica* | Complesso dei simboli usati per rappresentare q.c. *3* (*psicoan.*) Insieme dei processi tramite i quali un'idea, un conflitto o un desiderio rimossi vengono rappresentati in modo indiretto e figurato. *4* (*relig.*) Tendenza spontanea a trasformare le esperienze conoscitive in simboli mitici | Forma di interpretazione dei materiali storico-religiosi (miti, riti, espressioni figurative) che vengono considerati rappresentazioni di realtà spirituali, di idee e di istinti diversi da quelli risultanti dalla loro forma esteriore | Forma di espressione del linguaggio e della comunicazione religiosa, quando un segno contiene un messaggio diverso o più ampio di quello letterale o esterno: *s. della Bibbia*, *dell'Apocalisse*. *5* (*arte*, *letter.*) In arte e letteratura, l'impiego, spec. sistematico, di simboli all'interno di un'esigenza espressiva: *il s. delle incisioni del Dürer* | Corrente letteraria di origine francese, diffusasi in Europa nella seconda metà del XIX sec., che vedeva nel simbolo, ottenuto con trapassi analogici e metaforici, un archetipo della poesia e una proiezione di situazioni esistenziali.

simbolìsta **A** s. m. e f. (pl. m. *-i*) ● Seguace del simbolismo, spec. in letteratura. **B** agg. ● Simbolistico.

simbolìstico agg. (pl. m. *-ci*) ● Del simbolismo, dei simbolisti.

simbolizzàre [vc. dotta, dal lat. mediev. *symbolizāre*, da *sȳmbolus* 'simbolo'] v. tr. ● (*raro*) Attribuire un significato simbolico: *s. gli eventi quotidiani* | Simboleggiare.

simbolizzazióne s. f. ● Atto del simbolizzare.

sìmbolo [vc. dotta, dal lat. *sȳmbolu*(*m*), dal gr. *sýmbolon* 'contrassegno', connesso con *symbállein*, comp. di *sýn* 'insieme' e *bállein* 'mettere'] s. m. *1* Elemento materiale, oggetto, figura animale, persona e sim., considerato rappresentativo di un'entità astratta: *la bandiera è il s. della patria*; *la colomba è il s. della pace*. *2* Espressione grafica convenzionalmente assunta a rappresentare in modo sintetico un qualsiasi ente: *'m' è il s. della massa* | *S. astronomico*, per indicare brevemente il Sole, la Luna e le sue fasi, i pianeti, le costellazioni dello zodiaco, e sim. | *S. cartografico*, segno che serve a indicare su una carta un qualsiasi oggetto geografico. *3* Abbreviazione convenzionale formata da una o due lettere, usata per designare un elemento chimico. *4* Segno che rappresenta una religione o una particolare forma della vita e del pensiero religiosi: *s. della Croce*, *del Tao*, *del Giudaismo* | *S. Niceno*, degli Apostoli, il Credo, come compendio degli articoli della fede cristiana.

simbologìa [comp. di *simbo*(*lo*) e *-logia*] s. f. ● Simbolica.

Simbranchifórmi [comp. di *simbranchi-*, da *sin-* e *branchia*, e *-forme*] s. m. pl. ● (*zool.*) Nella tassonomia animale, ordine di Pesci ossei di acqua dolce con le aperture branchiali unite ventralmente a dare una sola fessura (*Synbranchiformes*) | (al sing. *-e*) Ogni individuo di tale ordine.

simetrìa ● V. *simmetria*.

†**sìmia** ● V. *scimmia* (*1*).

sìmico [da *sima* (*2*)] agg. (pl. m. *-ci*) ● Del sima, nel sign. di *sima* (*2*).

simigliàre e *deriv.* ● V. *somigliare* e *deriv.*

†**sìmila** [forma ant. di *semola*, dal lat. *sĭmila*(*m*), di origine orient.] s. f. ● (*lett.*) Semola.

similàre [da *simile*, forse sul modello del fr. *similaire*] **agg.** ● Simile, omogeneo, della stessa natura: *prodotti similari*.

similarità **s. f.** ● Qualità di ciò che è similare.

sìmile o (*poet.*) **simìle** [dal lat. *sĭmile(m)*, dalla radice indeur. **sem-* 'unico'. V. *semplice*] **A agg.** (**sup.** *similissimo*, o †*simillimo*) **1** Che nelle caratteristiche, nelle qualità, nell'aspetto, e sim. presenta parziale identità con altra, o altre, persone o cose: *avere gusti simili*; *persone di s. condizione*; *quell'albero è s. a una quercia*; *i due libri sono simili nella sostanza*; *questi abiti sono simili di forma* | Somigliante: *il ritratto è molto s. all'originale*. **SIN.** Analogo. **CONTR.** Dissimile. **2** Tale, di tale fatta, di tale sorta: *con gente s. non si può parlare*; *non ho mai visto una cosa s.*; *non mi aspettavo un s. trattamento*. **SIN.** Siffatto. **3** (*mat.*) Corrispondente in una similitudine | Che ha uguale forma. ‖ **similménte**, **avv.** Allo stesso modo, analogamente. **B** in funzione di **avv.** ● †Così pure, similmente: *di Firenze vi fu molta buona gente, e s. di Pisa* (VILLANI). **C** **s. m.** ● (*raro, lett.*) Cosa simile, cosa analoga: *il s. toccò ad Agamede* (LEOPARDI) | *E simili*, per indicare un seguito di cose dello stesso genere di quelle già nominate. **D** **s. m. e f.** **1** Compagno, persona della stessa condizione, qualità, classe: *s. qui con s. è sepolto* (DANTE *Inf.* IX, 130). **2** (*spec. al pl., gener.*) Gli uomini, il prossimo: *bisogna amare i propri simili*.

†**similitudinàrio** **agg.** ● Di similitudine | Fondato su una similitudine. ‖ †**similitudinariaménte**, **avv.** Per via di similitudine.

similitùdine [dal lat. *similitūdine(m)*, da *sĭmilis* 'simile'] **s. f.** **1** (*raro, lett.*) Somiglianza, conformità: *a s. di*. **2** (*ling.*) Figura retorica che consiste nel paragonare tra loro concetti, immagini o cose, sulla base della somiglianza di alcuni caratteri comuni: *La memoria, / amica come l'edera alle tombe* (SABA). **3** (*mat.*) Affinità tale che il rapporto di segmenti corrispondenti sia costante.

†**simìllimo** [vc. dotta, dal lat. *simĭllimu(m)*, sup. di *sĭmilis* 'simile'] **agg.** (**sup.** di *simile*) ● Molto simile: *la ignoranza è simillima alla notte* (BOCCACCIO).

similòro [comp. di *simil(e)* e *oro*] **s. m. inv.** ● Lega di zinco, stagno e rame, gialla come l'oro.

similpèlle [da *pelle*, sul modello di *similoro*] **s. f. inv.** ● Materiale sintetico simile alla pelle naturale, usato per fabbricare valigie, borse e sim. e per rivestimenti di divani e poltrone.

simmetrìa o (*raro*) **simetrìa** [vc. dotta, dal gr. *symmetría*, comp. di *sýn* 'sin-' e *-metría* '-metria'] **s. f.** **1** (*gener.*) In un oggetto, un corpo, un insieme, una struttura e sim., disposizione dei vari elementi che lo compongono tale che rispetto a un dato punto, asse o piano cui si fa riferimento vi sia tra esse piena corrispondenza di forma, dimensione, posizione e sim.: *edificio privo di s.*; *questo dipinto eccede in s.* **2** (*biol.*) Disposizione regolare delle parti di un organismo rispetto a un piano o a un asse. **3** Rispondenza nella struttura dei cristalli rispetto a linee rette, o assi, e a piani. **4** (*mus.*) Rispondenza di frasi o periodi nel giro delle melodie, o nella qualità degli accordi, o nella durata delle note o nella dimensione dei membri. **5** Armonia di proporzioni, combinazioni, disposizione, e sim.: *distribuire gli ornamenti con s.*

†**simmetriàto** [da *simmetria*] **agg.** ● Simmetrico.

simmetricità **s. f.** ● (*mat.*) Qualità di ciò che è simmetrico.

simmètrico [vc. dotta, dal gr. *symmetrikós*, connesso con *symmetría*] **agg.** (**pl. m.** *-ci*) ● Che ha simmetria, dotato di simmetria: *la porta è simmetrica rispetto alla finestra* | (*mat.*) *Proprietà simmetrica*, detto di relazione nella quale se *a* è associato a *b* anche *b* è associato ad *a*. **CONTR.** Asimmetrico. ‖ **simmetricaménte**, **avv.** Con simmetria.

simmetrizzàre [dall'ingl. *to symmetrize*] **v. tr.** ● Rendere simmetrico | Mettere, disporre in simmetria.

simmorìa [vc. dotta, dal gr. *symmoría*, da *sýmmoros* 'che contribuisce', da *sýn* 'insieme' e *méiresthai* 'avere in sorte'] **s. f.** ● Nell'antica Atene, uno dei raggruppamenti nei quali erano divisi i cittadini agiati per la riscossione dei tributi.

sìmo [dal lat. *sīmu(m)* 'camuso', dal gr. *simós*, di etim. incerta. V. *scimmia*] **agg.** ● (*lett.*) Che ha il naso schiacciato, ripiegato in dentro: *va con l'altra schiera / del s. gregge* (ARIOSTO). **SIN.** Camuso.

simolàcro ● V. *simulacro*.

simoneggiàre o †**simonizzàre**. **v. intr.** (*io simonéggio*; aus. *avere*) ● (*raro*) Fare simonia.

simonìa [dal lat. tardo (eccl.) *simonīa(m)*, da *Simon* 'Simon Mago' (8/9-24), n. ebr. di un Samaritano che cercò di comperare da S. Pietro il potere di trasmettere i doni dello Spirito Santo] **s. f.** ● Nel diritto canonico, delitto consistente nel vendere o comprare, o anche nella sola intenzione di commerciare, cose sacre o spirituali | Peccato corrispondente al delitto di simonia.

simonìaco [dal lat. tardo (eccl.) *simonīacu(m)*, da *simonīa*] **A agg.**; anche **s. m.** (**f.** *-a*; **pl. m.** *-ci*) ● Che, chi si rende colpevole di simonia. **B agg.** ● Che deriva da simonia: *beni simoniaci*.

†**simonizzàre** ● V. *simoneggiare*.

†**simonizzatóre** **s. m.**; anche **agg.** (**f.** *-trice*) ● Chi fa simonia.

simpamina® **s. f.** ● Nome commerciale di un farmaco stimolante del sistema nervoso centrale ad azione euforizzante, che consente una maggiore resistenza all'affaticamento fisico e mentale ma porta a fenomeni di farmacodipendenza.

simpatètico [vc. dotta, dal gr. *sympathētikós*, da *sympathêin* 'soffrire, sentire insieme'. V. *simpatia*] **agg.** (**pl. m.** *-ci*) ● (*lett.*) Che è in perfetto accordo con le qualità, le caratteristiche, di altra persona o cosa. ‖ **simpateticaménte**, **avv.**

simpatìa [vc. dotta, dal lat. *sympathīa(m)*, dal gr. *sympátheia* 'conformità nel sentire', da *sýn* 'sin-' e *-pátheia* '-patia'] **s. f.** **1** Attrazione e inclinazione istintiva verso persone o cose: *avere, nutrire, provare, sentire, s. per, verso, qc. o q.c.*; *ispirare s.*; *entrare in s. a qc.* | *Giudicare per s.*, *andare a s.*, *a simpatie*, *badare alle simpatie*, e sim., giudicare con parzialità, seguendo le simpatie personali. **CONTR.** Antipatia. **2** Comunanza di sentimenti, somiglianza di caratteri, idee, gusti e sim. fra due persone di sesso diverso: *tra loro c'è una certa s.*; *è una semplice s.*; *si tratta di s., non di amore*. **3** Qualità di chi è simpatico: *un tipo di una s. eccezionale*. **4** (*med.*) Tendenza delle parti dell'organismo a subire le stesse malattie. **5** (*est.*) Fenomeno per cui in oggetti non posti a contatto tra loro si verificano le stesse modificazioni: *scoppio per s.*

simpaticità [da *simpatico*] **s. f.** ● Qualità di chi, di ciò che è simpatico.

simpàtico (1) [da *simpatia*] **A agg.** (**pl. m.** *-ci*) **1** Che desta simpatia: *essere s. a qc.*; *non essere, non riuscire, s. a qc.*; *non è bello ma è s.* | (*est.*) Divertente, gradevole, piacevole: *ritrovo, locale, s.*; *compagnia simpatica*. **CONTR.** Antipatico. **2** *Inchiostro s.*, che non lascia traccia sulla carta, e compare solo per mezzo di reagenti chimici. ‖ **simpaticaménte**, **avv.** Con simpatia, destando simpatia. **B** **s. m.** (**f.** *-a*) ● Persona simpatica. **CONTR.** Antipatico. ‖ **simpaticóne**, **accr.**

simpàtico (2) [vc. dotta, dal gr. *sympathikós* 'che sente la stessa influenza', connesso con *sympátheia* 'simpatia'] **A s. m.** (**pl.** *-ci*) ● (*anat.*) Componente del sistema nervoso autonomo controllata dal tratto toracico e da quello lombare del nevrasse | *Gran s.*, il complessivo sistema nervoso autonomo. **B** anche **agg.**

simpaticolìtico [comp. di *simpatico (2)* e *litico (2)*] **A agg.** (**pl. m.** *-ci*) ● (*farm.*) Detto di agente capace di bloccare la trasmissione sinaptica del sistema nervoso simpatico: *farmaco s.* **B** anche **s. m.**

simpaticomimètico [comp. di *simpatico (2)* e *mimetico*] **A agg.** (**pl. m.** *-ci*) ● (*farm.*) Detto di agente capace di evocare effetti fisiologici analoghi a quelli prodotti dalla stimolazione del sistema nervoso simpatico: *farmaco s.* **B** anche **s. m.**

simpaticotònico [comp. di *simpatico (2)* e *-tonico*] **A agg.** (**pl. m.** *-ci*) ● (*farm.*) Detto di agente capace di accentuare gli effetti della stimolazione del sistema nervoso simpatico. **B** anche **s. m.**

simpatizzànte **A** **part. pres.** di *simpatizzare*; anche **agg.** ● Nei sign. del v. **B** **s. m. e f.** ● Chi ha o dimostra affinità di opinioni, idee, con un movimento, un partito, e sim. pur senza aderirvi completamente e pubblicamente.

simpatizzàre [da *simpatia*, forse sul modello del fr. *sympathiser*] **v. intr.** (aus. *avere*) ● Entrare in simpatia, riuscire simpatico: *s. con qc.* | (*est.*) Avere affinità di sentimenti, idee, opinioni con persone, movimenti, ideologie: *s. per il movimento studentesco*.

simpatrìa [comp. di *sim-* e *patria*] **s. f.** ● (*biol.*) Condizione di coabitazione geografica fra due o più differenti specie.

simpètalo [comp. di *sim-* e *petalo*] **agg.** ● (*bot.*) Gamopetalo.

simplèsso [comp. di *sim-* e *plesso*] **s. m.** ● (*mat.*) *s. estratto*, o (*ell.*) *simplesso*, insieme di elementi che costituiscono una generalizzazione del concetto di segmento, triangolo e sim.: *metodo, criterio del s.* | *S. orientato*, in cui gli elementi sono ordinati | *S. non orientato*, in cui gli elementi non sono ordinati.

simplex /*lat.* 'simpleks/ [vc. lat., propriamente 'semplice, univoco'. V. *semplice*] **A** **s. m. inv.** ● Collegamento telefonico nel quale l'abbonato dispone interamente di una linea. **B** in funzione di **agg. inv.** ● In una trasmissione seriale, detto di collegamento che permette la comunicazione in una sola direzione.

†**sìmplice** ● V. *semplice (1)*.

Simplicidentàti [comp. del lat. *sĭmplex*, genit. *sĭmplicis* 'semplice' e dell'it. *dentato*] **s. m. pl.** ● Nella tassonomia animale, sottordine di Roditori caratterizzati dalla presenza, sulla mascella superiore, di un solo paio di incisivi (*Simplicidentata*) | (al sing. *-o*) Ogni individuo di tale sottordine.

simploche [gr. *symplokḗ* 'intreccio'] **s. f.** ● (*ling.*) Figura retorica che consiste nella ripetizione della medesima parola, o gruppo di parole, all'inizio e alla fine di due o più frasi o versi successivi; è l'unione di anafora ed epifora: *E il giovinetto non intese, e pianse. / E la fanciulla si confuse, e pianse* (PASCOLI).

simpodiàle [da *simpodio*] **agg.** ● (*bot.*) Simpodico.

simpòdico [da *simpodio*] **agg.** (**pl. m.** *-ci*) ● (*bot.*) Detto di ramificazione nella quale uno dei due rami che si formano a ciascuna biforcazione cresce più dell'altro, in modo da simulare la presenza di un ramo principale. **SIN.** Simpodiale.

simpòdio [vc. dotta, dal gr. *sýmpous*, genit. *sýmpodos* 'legato ai piedi', comp. di *sýn* 'insieme' e *póus*, genit. *podós* 'piede'] **s. m.** ● (*bot.*) Organo o ramificazione simpodiale.

simposìaco [vc. dotta, dal lat. *symposīacu(m)*, dal gr. *symposiakós*, da *sympósion* 'simposio'] **agg.** (**pl. m.** *-ci*) ● (*lett.*) Di simposio, che si riferisce a un simposio.

simposìarca [vc. dotta, adattamento del gr. *symposiárchēs*, comp. di *sympósion* 'simposio' e *-árchēs* '-arca'] **s. m.** (**pl.** *-chi*) **1** Nell'antichità greca, capo di un simposio. **2** (*lett.*) Chi presiede a un simposio, a un convito.

simpòsio [vc. dotta, dal lat. *sympŏsiu(m)*, dal gr. *sympósion*, comp. di *sýn* 'insieme' e di un deriv. di *pósis* 'bevuta', da *pínein* 'bere'; per calco sull'ingl. *symposium* nel sign. 3] **s. m.** **1** Nell'antichità greca, riunione che si svolgeva dopo il pranzo e durante la quale si assisteva a danze e canti bevendo copiosamente. **2** (*lett.*) Banchetto, convito. **3** Convegno organizzato per consentire a più persone, spec. studiosi, ricercatori e sim., di discutere questioni e argomenti di comune interesse. **SIN.** Symposium.

simulàcro o †**simolàcro**, †**simulagro** [vc. dotta, dal lat. *simulācru(m)*, da *simulāre* 'rappresentare'] **s. m.** **1** Statua, ritratto, immagine, spec. di divinità, personaggi illustri, e sim.: *un s. di bronzo*; *il s. di Ilaria del Carretto*. **2** (*lett., fig.*) Parvenza, immagine lontana dal vero: *un s. dell'antica potenza*; *vani simulacri del vero*; *non potendo avere la realtà mi appago del suo s.* (DE SANCTIS). **3** †Ombra, spettro. **4** †Vista, spettacolo. **5** (*raro*) †Modello.

simulaménto [dal lat. *simulamĕntu(m)*, da *simulāre*] **s. m.** ● Modo, atto del simulare.

simulàre [vc. dotta, dal lat. *simulāre*, da *sĭmilis* 'simile'] **v. tr.** (*io sìmulo*) **1** Fingere, far parere che ci sia q.c. che in realtà non c'è: *s. un sentimento, un affetto, un furto*; *s. amicizia per qc.* **2** (*raro*) Imitare: *s. il verso del merlo*. **3** (*tecnol.*) Riprodurre q.c. artificialmente in modo che sembri vero: *s. un volo*.

simulàto **part. pass.** di *simulare*; anche **agg.** ● Nei sign. del v. ‖ **simulataménte**, **avv.** Con simulazione.

simulatóre [dal lat. *simulatōre(m)*, da *simulātus* 'simulato'] s. m. (f. *-trice* nel sign. 1) *1* Chi simula. SIN. Bugiardo, impostore, ipocrita. *2* Dispositivo, o complesso di dispositivi, che riproducono particolari condizioni di funzionamento e di ambiente per l'addestramento di piloti, astronauti e sim. o per l'allenamento sportivo.

simulatòrio [vc. dotta, dal lat. tardo (eccl.) *simulatōriu(m)*, da *simulātus* 'simulato'] agg. ● (*lett.*) Fatto con simulazione | Di simulazione.

simulazióne [vc. dotta, dal lat. *simulatiōne(m)*, da *simulātus* 'simulato'] s. f. *1* Atto, effetto del simulare | Finzione. *2* (*dir.*) Accordo con cui due o più parti fingono di porre in essere un negozio giuridico mentre in realtà non ne pongono nessuno o uno diverso da quello apparente: *s. assoluta, relativa* | *S. di reato*, illecito di chi afferma falsamente che è avvenuto un reato o ne simula le tracce in modo che si possa iniziare un procedimento penale per accertarlo.

Simùlidi [comp. del v. lat. *simul(āre)* 'simulare' e *-idi*] s. m. pl. ● Nella tassonomia animale, famiglia di Ditteri, ampiamente diffusa, con larve a vita acquatica e con femmine ematofaghe (*Simulidae*) | (al sing. *-e*) Ogni individuo di tale famiglia.

simùlio [dal lat. *simulāre* 'somigliare', per la loro somiglianza con le mosche] s. m. ● Genere di Ditteri simili a una piccola mosca con larve acquatiche e adulti ematofagi (*Simulium*).

simultànea [f. sost. di *simultaneo*] s. f. ● Traduzione simultanea.

simultaneìṣmo [da *simultaneo*, con *-ismo*] s. m. ● Tecnica pittorica consistente nella sovrapposizione, nello stesso oggetto, di due diversi punti di vista.

simultaneìsta [da *simultaneo*] s. m. e f.; anche agg. (pl. m. *-i*) *1* Interprete, specialista di traduzioni simultanee. *2* Nel gioco degli scacchi, chi conduce un certo numero di partite simultanee.

simultaneità s. f. ● Qualità di ciò che è simultaneo.

simultàneo [vc. dotta, dal lat. mediev. *simultāneu(m)*, dall'avv. *sĭmul* 'nello stesso tempo', sul modello del lat. tardo *momentāneus* 'momentaneo'] agg. ● Che avviene o si fa nel medesimo tempo: *moto s.*; *avvenimento s. a un altro* | *Traduzione simultanea*, in congressi, assemblee e sim. dove si parlino lingue diverse, quella compiuta da un interprete che, mediante un apposito impianto di cabine, cuffie, microfoni, traduce nella lingua richiesta ogni intervento, ripetendo esattamente e contemporaneamente ciò che l'oratore viene man mano dicendo | (*scacchi*) *Partite simultanee*, quelle disputate contemporaneamente da un unico giocatore contro diversi avversari, di solito meno abili di lui, ognuno dei quali gioca separatamente su una scacchiera diversa. || **simultaneaménte**, avv. In modo simultaneo, nello stesso lasso di tempo.

simùn o (*raro*) **samùm** [attraverso il fr. *simoun*, dall'ar. *samūm*] s. m. inv. ● Vento caldo e secco che soffia nei deserti africani sollevando dense nuvole di sabbia.

sin- [riproduce la prep. gr. *sýn* 'assieme, con', senza sicure corrispondenze fuori del gr.] pref. (subisce assimilazione davanti a parole che iniziano con *l-*, *m-*, *r-*, *s-*, e la *-n-* si muta in *-m-* davanti a *b-* e *p-*) ● Indica, in parole composte di origine greca o di moderna formazione, unione, connessione, coesione, completamento, contemporaneità: *sincefalia, sillaba, sinclinale, simpatia, simmetria, sissizio.*

sinafìa [vc. dotta, dal lat. *synaphīa(m)*, dal gr. *synápheia* 'congiunzione, collegamento', da *sýn* 'insieme' e *-apheia*, da *háptein* 'attaccare, unire'] s. f. ● (*ling.*) Legame metrico tra due versi, per il quale la sillaba finale del primo (spesso ipermetro) viene contata nella misura metrica del secondo: *E' l'alba*: *si chiudono i peta-li / un poco gualciti; si cova...* (PASCOLI).

sinagòga [vc. dotta, dal lat. tardo (eccl.) *synagōga(m)*, dal gr. *synagōgḗ* 'assemblea', da *synágein*, comp. di *sýn* 'insieme' e *ágein* 'condurre'] s. f. *1* Edificio destinato al culto religioso degli ebrei | Tempio | Adunanza di Israeliti. *2* (*est.*) Nazione, religione, ebraica: *le persecuzioni sofferte dalla s.* *3* (*raro, fig.*) Luogo pieno di confusione e rumore.

sinagogàle agg. ● Che si riferisce alla sinagoga e ai suoi riti: *canto s.*; *libri sinagogali.*

sinaìtico [ingl. *Sinaitic*, dal monte *Sinai*] agg. (pl. m. *-ci*) ● Del monte Sinai.

sinalèfe [vc. dotta, dal lat. tardo *synalōephe(m)*, dal gr. *synaloiphḗ* 'fusione', comp. di *sýn* 'insieme' e *aloiphḗ*, da *aléiphein* 'ungere', di origine indeur.] s. f. ● (*ling.*) In metrica, fusione in un'unica sillaba della vocale finale e della vocale iniziale di due parole contigue: *A qualunque animale alberga in terra* (PETRARCA). CONTR. Dialefe.

sinallàgma [vc. dotta, dal gr. *synállagma* (nom. acc. nt.) 'contratto', connesso con *synallássein*, comp. di *sýn* 'insieme' e *allássein* 'scambiare'] s. m. (pl. *-i*) ● (*dir.*) Nesso di reciprocità che lega le prestazioni nei contratti a prestazioni corrispettive.

sinallagmàtico [vc. dotta, dal gr. *synallagmatikós*, agg. da *synállagma*, genit. *synallágmatos* 'contratto'] agg. (pl. m. *-ci*) ● Di sinallagma, spec. nella loc. *contratto s.*, a prestazioni corrispettive.

Sinandràli [comp. di *sin-* e *-andro* 'stame': dette così per la congiunzione dei due stami più lunghi per mezzo delle antere] s. f. pl. ● Nella tassonomia vegetale, ordine di piante dicotiledoni con fiori pentameri (*Synandrae*) | (al sing. *-e*) Ogni individuo di tale ordine.

sinàntropo [comp. di *sin(a)*, dal lat. mediev. *Sīna(m)* 'Cina', e *-antropo*] s. m. ● Tipo fossile da taluni ritenuto umanoide, benché con caratteristiche fisiche ancora proprie delle scimmie antropomorfe, i cui resti fossili furono rinvenuti in località cinesi.

sinàpsi [vc. dotta, dal gr. *sýnapsis* 'unione', da *synáptein*, comp. di *sýn* 'insieme' e *háptein* 'connettere'] s. f. ● (*med.*) Giunzione tra fibre e cellule nervose o tra fibre ed effettori nervosi. ➡ ILL. p. 364 ANATOMIA UMANA.

Sinàpsidi [comp. del gr. *sýnapsis* 'unione, collegamento', dal v. *synáptein* 'attaccare (*áptein*) assieme (*syn-*)', e *-idi*] s. m. pl. ● Nella tassonomia animale, sottoclasse dei Rettili, completamente estinta, alla quale appartenevano i progenitori dei Mammiferi (*Synapsida*) | (al sing. *-e*) Ogni individuo di tale sottoclasse.

sinàptico agg. (pl. m. *-ci*) ● Di, relativo a sinapsi.

sinartròṣi [dal gr. *synárthrōsis* 'giuntura', comp. di *sýn* 'insieme' e *árthrōsis* 'articolazione', da *árthron* 'giuntura, articolazione'] s. f. ● (*med.*) Articolazione fissa.

sinàssi [vc. dotta, dal lat. tardo (eccl.) *sȳnaxi(m)*, dal gr. *sýnaxis* 'riunione', da *synágein*, da *sýn* 'insieme' e *ágein* 'condurre'] s. f. ● Presso gli antichi cristiani, riunione dei fedeli per la lettura dei testi sacri | (*est.*) Assemblea eucaristica dei fedeli.

sinattantoché [comp. di *sino*, *a*, *tanto* (avv.), *che* (cong.)] cong. ● Fintantoché, finché: *non cederò s. non avrò ottenuto ciò che voglio.*

sincàrpico agg. (pl. m. *-ci*) ● (*bot.*) Sincarpo.

sincàrpio [da *sincarpo*] s. m. ● (*bot.*) Frutto unico all'aspetto, ma composto di tanti frutti riuniti fra loro.

sincàrpo [comp. di *sin-* e *-carpo*] agg. ● (*bot.*) Detto di organo vegetale formato di parti saldate fra loro | *Frutto s.*, formato da più carpelli uniti | *Gineceo s.*, formato da più pistilli fusi. SIN. Sincarpico.

sincategorematico [vc. dotta, dal gr. *synkatēgorēmatikós*, da *synkatēgórēma*, genit. *synkatēgorḗmatos* 'vc. significante con altre', da *sýn* 'insieme' e *katēgórēma* 'predicato', da *katēgorêin* 'asserire, mostrare'] agg. (pl. m. *-ci*) ● Nella logica medievale, detto di quei termini che acquistano una dimensione semantica solo quando entrano in relazione con altre parti del discorso.

sincèllo [biz. *sýnkellos* 'compagno di cella', comp. di *sýn* (V. *sin-*) e del lat. *cĕlla*] s. m. ● Nella chiesa bizantina, ecclesiastico posto al fianco di un prelato come persona di fiducia o come presunto successore.

sinceràre [da *sincero*] **A** v. tr. (*io sincèro*) *1* (*lett.*) Rendere certo, convinto, persuaso, della verità di q.c.: *ho pregato, l'ho sincerata, l'ho vinta* (GOLDONI). *2* †Giustificare. **B** v. intr. pron. ● Accertarsi, assicurarsi: *sincerarsi di q.c.*; *sincerarsi della realizzazione di q.c.*

sinceratóre s. m.; anche agg. (f. *-trice*) ● (*raro*) Chi, che sincera.

†sincerazióne s. f. ● Atto del sincerare o del sincerarsi.

sincerità o **†sinceritàde**, **†sinceritàte** [dal lat. *sinceritāte(m)* 'purezza', da *sincērus* 'puro, schietto'] s. f. *1* Qualità di chi, di ciò che è sincero. *2* (*raro*) Autenticità: *la s. di un codice.*

sincèro [dal lat. *sincēru(m)* 'schietto, puro', comp. di *sin-*, dalla radice **sem-* 'unico' e *-cērus*, da *crēscere*, propriamente 'di una sola origine'] agg. *1* †Non mescolato con altro, puro, genuino, non alterato | Oggi solo nelle loc. *olio*, *vino*, e sim. s. *2* Che nell'agire, nel parlare, e sim. esprime con assoluta verità ciò che sente, ciò che pensa: *devi essere s. con tuo padre*; *un amico s.*; *sono un vostro s. ammiratore.* CONTR. Bugiardo. *3* (*est.*) Alieno da simulazione o da finzione: *dolore, pianto, s.*; *amicizia sincera*; *parole di sincera gratitudine.* CONTR. Falso. *4* †Chiaro, evidente. *5* †Sano, non affetto da alcun male. || **sinceróne**, accr. || **sinceraménte**, avv. *1* Con sincerità: *credere sinceramente.* *2* Davvero, in verità: *sinceramente non riesco a comprenderti.*

sinché o **sin che** [comp. di *sin(o)* e *che* (cong.)] cong. ● (*raro*) Finché: *proverò s. non sarò riuscito.*

sinchìṣi [vc. dotta, dal lat. tardo *sȳnchysi(m)* 'iperbato', dal gr. *sýnchysis* 'confusione', da *synchêin* 'mescolare'] s. f. ● (*ling.*) Confusione nell'ordine delle parole risultante da una costruzione sintattica intricata | Figura retorica che consiste nelle, anche numerose, combinazioni di anastrofi e iperbati: *il divino del pian silenzio verde* (CARDUCCI).

sincineṣìa [comp. di *sin-* e *-cinesia*, dal gr. *kínēsis* 'movimento'] s. f. ● (*med.*) Movimento involontario suscitato irresistibilmente da movimenti volontari con i quali non è necessariamente legato.

sincìpite [vc. dotta, dal lat. *sĭnciput*, genit. *sincĭpitis* 'mezza testa', da **sēm(i)căput*, comp. di *sēmi-* 'semi-' e *căput*, genit. *căpitis* 'testa'] s. m. ● (*anat.*) Parte più elevata del cranio.

sinciziàle [da *sincizi(o)* con il suff. *-ale* (*1*)] agg. ● (*biol.*) Relativo a sincizio | *Trofoblasto s.*, strato esterno, plurinucleato, del trofoblasto.

sincìzio [vc. scient. moderna, comp. di *sin-* e *-cizio*, dal gr. *kýtos* 'cavità'. V. *cito-*] s. m. ● (*biol.*) Massa citoplasmatica contenente molti nuclei derivata dalla fusione di più cellule.

sinclàṣi [vc. dotta, gr. *sýnklasis* 'collisione, rottura', comp. di *syn-* 'sin-' e *klásis* 'frattura'] s. f. ● (*geol.*) Frattura nella roccia determinata da forte escursione termica.

sinclinàle [comp. di *sin-* e di un deriv. dal gr. *klínein* 'piegare'. V. *-clino*] s. f. ● (*geol.*) Piega al cui nucleo si trova il termine più recente di una serie di strati facenti parte della piega stessa.

sincopàle agg. ● (*med.*) Relativo a, caratterizzato da sincope.

sincopàre [da *sincope*] v. tr. (*io sìncopo*) *1* Sottoporre una parola a sincope. *2* Effettuare delle sincopi in musica.

sincopàto part. pass. di *sincopare*; anche agg. *1* Nei sign. del v. *2* (*mus.*) Detto di stile o di brano musicale caratterizzato da sincopi. || **sincopataménte**, avv.

sìncope [vc. dotta, dal lat. tardo *sȳncope(m)*, dal gr. *synkopḗ*, der. di *synkóptein* 'spezzare', comp. di *sýn* 'insieme' e *kóptein* 'tagliare'] s. f. *1* (*ling.*) Caduta di una vocale, e quindi di una sillaba, all'interno di una parola: *scrivi quel che vedesti in lettre d'oro* (PETRARCA). *2* (*med.*) Improvvisa, completa perdita di coscienza, ad andamento transitorio. *3* (*mus.*) Nota in contrattempo, equivalente al valore riunito delle due note che la precedono e la seguono.

sincràṣi [vc. dotta, dal gr. *sýnkrasis* 'mescolanza', connesso con *synkerannýnai*, comp. di *sýn* 'insieme' e *kerannýnai* 'mescolare'] s. f. ● (*ling.*) Fusione di più sillabe in una sola sillaba, come *acciaio* che è bisillabo anziché trisillabo nel verso: *con un baston d'acciaio, chiaro e forbito* (BOCCACCIO).

sincrètico agg. (pl. m. *-ci*) *1* Che si riferisce al sincretismo. *2* (*ling.*) Detto di caso che esprime la propria funzione, e quella di casi scomparsi.

sincretiṣmo [vc. dotta, dal gr. *synkrētismós*, propriamente 'confederazione alla maniera cretese', da *synkretízein*, comp. di *sýn* 'insieme' e di un deriv. di *Krḗtē* 'Creta'] s. m. *1* Fusione di elementi mitologici, culturali e dottrinari di varie religioni, anche in forme incoerenti. *2* Conciliazione arbitraria e acritica di dottrine filosofiche tra loro inconciliabili. *3* (*ling.*) Fenomeno per il quale una forma adempie più di una funzione.

sincretista s. m. e f. (pl. m. *-i*) ● Chi sostiene il sincretismo.

sincretistico agg. (pl. m. *-ci*) ● Che si riferisce al sincretismo o ai sincretisti.

sincro- [sta per *sincrono*, sul modello dell'ingl. *synchro-* per *synchronous*] primo elemento ● In parole composte della terminologia tecnica e scientifica, fa riferimento al sincronismo o alla sincronizzazione: *sincrociclotrone*.

sincrociclotróne [comp. di *sincro-* e *ciclotrone*] s. m. ● Acceleratore a campo magnetico fisso, in cui le particelle vengono accelerate da un campo elettrico di frequenza variabile e percorrono una traiettoria a spirale di raggio crescente.

sincronìa [da *sincrono*, sul modello del fr. *synchronie*] s. f. *1* Qualità di ciò che è sincrono: *essere, stare, in s. con q.c.* *2* (*ling.*) Insieme di fatti o elementi (storici, linguistici ecc.) considerati in un preciso momento, indipendentemente dalla loro evoluzione nel tempo. CONTR. Diacronia.

sincrònico agg. (pl. m. *-ci*) ● Di, relativo a, sincronia | *Linguistica sincronica*, studio dei fenomeni linguistici in una data fase, indipendentemente dal loro evolversi nel tempo. CONTR. Diacronico. || **sincronicaménte**, avv.

sincronìsmo [vc. dotta, dal gr. *synchronismós*, da *sýnchronos* 'sincrono'] s. m. *1* Qualità di ciò che è sincrono. *2* (*fis.*) Uguaglianza dei periodi di fenomeni periodici. *3* Contemporaneità di fatti o fenomeni diversi | Nella tecnica cinematografica e televisiva, contemporaneità di immagini e di suoni a esse attinenti | *Regolatore di s.*, negli apparecchi televisivi, particolare circuito destinato a mantenere il sincronismo.

sincronìstico agg. (pl. m. *-ci*) ● (*raro*) Che concerne il sincronismo | Che si verifica in sincronismo.

sincronizzàre [adattamento del gr. *synchronízein* 'essere contemporaneo', da *sýnchronos* 'sincrono'] **A** v. tr. *1* Rendere sincroni più periodi, funzioni, fenomeni, e sim. (*anche fig.*): *s. l'orologio con quello di un amico.* *2* (*cine*) Abbinare esattamente le immagini e i suoni ad esse attinenti in un film. **B** v. intr. pron. ● Rendersi sincrono (*anche fig.*).

sincronizzàto part. pass. di *sincronizzare*; anche agg. ● Nei sign. del v. | *Nuoto s.*, specialità sportiva che prevede evoluzioni e figure nell'acqua accompagnate dalla musica.

sincronizzatóre s. m. *1* Apparecchio atto a sincronizzare: *s. di alternatori.* *2* Dispositivo facente parte del cambio di velocità degli autoveicoli, che facilita il cambiamento di marcia tendendo a eguagliare la velocità degli organi rotanti da accoppiare prima che l'accoppiamento sia completo.

sincronizzazióne s. f. ● Atto, effetto del sincronizzare.

sìncrono [vc. dotta, dal lat. tardo (eccl.) *sýnchronu(m)*, dal gr. *sýnchronos* 'contemporaneo', comp. di *sýn* 'insieme' e *chrónos* 'tempo'] agg. *1* Che avviene nel medesimo tempo o nello stesso spazio di tempo: *movimento s. con altri.* *2* (*lett.*) Contemporaneo: *avvenimenti, fatti sincroni.* *3* Detto di macchina elettrica la cui velocità di rotazione dipende rigidamente dalla frequenza della corrente e dal numero di poli. *4* (*aer.*) *Satellite s.*, satellite geostazionario.

sincronoscòpio o **sincroscòpio** [comp. di *sincrono* e *-scopio*] s. m. ● Dispositivo che indica se due grandezze fisiche, due fenomeni periodici e sim. sono sincroni.

sincrotróne [adattamento dell'ingl. *synchrotron*, fusione di *synchro(nized elec)tron* 'elettrone sincronizzato'] s. m. ● Acceleratore di particelle a funzionamento ciclico usato per produrre fasci di elettroni o protoni di altissima energia.

sindacàbile agg. ● Che si può sindacare. CONTR. Insindacabile.

sindacabilità s. f. ● (*raro*) Qualità di ciò che è sindacabile.

sindacale (1) [da *sindaco*] agg. *1* (*raro, bur.*) Proprio del, relativo al sindaco di un comune: *ordinanza s.* *2* (*dir.*) Dei, relativo ai sindaci di una società per azioni: *collegio s.*

sindacàle (2) [dal fr. *syndical*, con sovrapposizione di *sindaco*] agg. ● Del sindacato, dei sindacati, nel sign. di *sindacato (3)*: *organizzazione, lotta s.* | *Diritto s.*, complesso degli atti legislativi che disciplinano le attività dei sindacati e i rapporti alle stesse conseguenti | *Libertà s.*, di costituzione di sindacati e partecipazione agli stessi. || **sindacalménte**, avv. In modo sindacale; alla maniera dei sindacati o di un sindacato.

sindacalése [da *sindacal(e)* col suff. *-ese (2)*] **A** s. m. ● (*iron.*) Linguaggio tipico di chi milita in un'organizzazione sindacale, di difficile comprensione per i termini e i riferimenti tecnici, politici, burocratici. **B** anche agg.: *gergo s.*

sindacalìsmo [da *sindacale (2)*, con *-ismo*, sul modello del fr. *syndicalisme*] s. m. ● Programma mirante a organizzare i lavoratori in sindacati al fine di garantirne gli interessi nei confronti dei datori di lavoro | *S. rivoluzionario*, dottrina politica che vuole ricostruire la società partendo dal sindacato in polemica con il sistema dei partiti dei regimi parlamentari.

sindacalista [dal fr. *syndacaliste*] s. m. e f. (pl. m. *-i*) *1* Chi sostiene il sindacalismo. *2* Dirigente e membro di un sindacato, nel sign. di *sindacato (3)*.

sindacalistico agg. (pl. m. *-ci*) ● Che si riferisce al sindacalismo.

sindacalizzàre [da *sindacale (2)*] **A** v. tr. ● Organizzare in sindacato | Rendere sensibile, aderente, adeguato alle idee e agli scopi del sindacato. **B** v. intr. pron. ● Acquisire una coscienza sindacale, aderire a un sindacato.

sindacalizzazióne s. f. ● Atto, effetto del sindacalizzare.

sindacaménto s. m. ● (*raro*) Modo e atto del sindacare.

sindacàre (1) [da *sindaco*] v. tr. (*io sìndaco, tu sìndachi*) *1* Esaminare minutamente, rivedere, controllare, l'operato di persone, enti, amministrazioni, e sim. *2* (*fig.*) Sottoporre a controlli, critiche, e sim.: *s. la vita privata di qc.*

sindacàre (2) [da *sindacato (3)*] v. tr. *1* Iscrivere una persona a un sindacato, a una associazione sindacale. *2* (*econ.*) Immettere una azione in un sindacato, in un cartello.

sindacàto (1) part. pass. di *sindacare*; anche agg. ● Nei sign. del v.

sindacàto (2) [da *sindacare (1)*] s. m. *1* (*raro*) Atto, effetto del sindacare l'attività di un subordinato. *2* Anticamente, rendiconto dovuto da alcuni magistrati o amministratori ai loro superiori.

sindacàto (3) [dal fr. *syndicat*, con sovrapposizione del precedente] s. m. *1* Organizzazione che associa i membri di una categoria operante sul mercato del lavoro, allo scopo di rappresentarne e difenderne gli interessi economici e professionali: *s. dei lavoratori, s. dei datori di lavoro, s. dei dirigenti d'azienda, s. dei coltivatori diretti.* *2* Correntemente, associazione rappresentativa dei lavoratori dipendenti: *sindacati di categoria* | (*fig.*) *Sindacati gialli, sindacati di comodo*, quelli costituiti nel XIX sec. in Francia e in Germania in opposizione a quelli rossi socialisti e contrari allo sciopero; (*est.*) quelli promossi o finanziati dai datori di lavoro per difendere i loro interessi anziché quelli delle classi lavoratrici. *3* (*banca*) *S. di collocamento, s. di sottoscrizione, s. finanziario*, raggruppamento temporaneo di più banche che si prefigge la collocazione fra i risparmiatori di titoli di nuova emissione e l'acquisto di un certo numero di questi o, eventualmente, della parte rimasta invenduta | *S. di controllo, s. di voto, s. azionario*, in una società per azioni, gruppo di alcuni soci, che si accordano fra loro per votare in assemblea allo stesso modo e quindi orientare la conduzione della società | *S. di blocco*, in una società per azioni, accordo fra i soci che limita la libertà di vendita delle azioni. *4* (*econ.*) Ogni forma di accordo a carattere monopolistico fra più imprese quali il cartello, il pool e il trust. *5* (*gerg.*) Racket.

sindacàto (4) [da *sindaco*] s. m. ● (*raro*) Ufficio di sindaco | Durata di tale ufficio.

sindacatóre s. m.; anche agg. (f. *-trice*) ● Chi, che sindaca (*anche fig.*).

sindacatùra s. f. ● (*raro*) Sindacamento.

sindacazióne s. f. ● (*raro*) Sindacamento.

†**sindacherìa** s. f. ● Sede dell'ufficio del sindaco.

sìndaco o †**sìndico** [lat. tardo *sýndicu(m)* 'rappresentante di una comunità', dal gr. *sýndikos*, da *sýn* 'insieme' e un deriv. di *díkē* 'giustizia'] s. m. (f. raro *-a*, scherz. *-essa*; pl. m. *-ci*; V. anche nota d'uso FEMMINILE) *1* Capo dell'amministrazione comunale e ufficiale del governo | *S. aggiunto*, nelle borgate, frazioni o quartieri, il soggetto delegato a rappresentare il sindaco. *2* (*spec. al pl., dir.*) Nelle società per azioni, professionista avente l'obbligo di vigilare sull'osservanza della legge e dell'atto costitutivo. || **sindacàccio**, pegg. | **sindachétto**, dim. | **sindacùzzo**, dim.

sindattilìa [comp. di *sin-* e un deriv. di *-dattilo*] s. f. *1* (*biol.*) Nei Vertebrati, fusione o ancoraggio reciproco tra le dita di un arto specializzato, quale l'arto scavatore della talpa o la pinna dei Mammiferi acquatici. *2* (*med.*) Malformazione trasmessa per via ereditaria, consistente nella fusione più o meno estesa di due o di più dita adiacenti.

sindèreṣi o **sintèreṣi** [vc. dotta, dal gr. *syntérēsis* 'esame', da *syntérein* 'vigilare', passato attraverso la pron. biz. al lat. mediev. *syndēresis*] s. f. *1* Nella filosofia medievale, facoltà per cui è possibile distinguere il bene dal male. *2* (*est., fam.*) Coscienza di sé, capacità di connettere: *perdere la s.*

sìndeṣi [gr. *sýndesis* 'collegamento', da *syndêin* 'collegare', comp. di *sýn-* 'sin-' e *dêin* 'legare' (prob. d'orig. indeur.)] s. f. ● (*ling.*) Procedimento retorico che consiste nel coordinare fra loro mediante congiunzioni i membri di un'enumerazione: *Vergine chiara et stabile in eterno* (PETRARCA). CFR. Polisindeto.

sindètico agg. (pl. m. *-ci*) ● (*ling.*) Di sindesi, realizzato mediante sindesi.

†**sìndico** ● V. *sindaco*.

sìndone [dal lat. tardo *sīndone(m)* 'mussolina', dal gr. *sindṓn*, genit. *sindónos*, di origine semitica] s. f. ● Presso gli antichi Ebrei, lenzuolo di lino in cui avvolgere i morti | *Sacra Sindone*, secondo la convinzione tradizionale di molti fedeli della Chiesa cattolica, lenzuolo nel quale fu avvolto Gesù morto e che porta impressa l'immagine del corpo di lui.

sindonologìa [comp. di *sindone* e *-logia*] s. f. ● Studio storico e scientifico della Sacra Sindone.

sindonòlogo s. m. (pl. *-gi*) ● Esperto di sindonologia.

sìndrome [vc. dotta, dal gr. *sindromḗ* 'concorso', comp. di *sýn* 'insieme' e *-dromḗ*, connesso con *drómos* 'corsa'] s. f. ● (*med.*) Insieme di sintomi che caratterizzano una malattia | *S. di Down*, dovuta a una anomalia cromosomica congenita, solitamente la trisomia del cromosoma 21; si manifesta con una serie di difetti di gravità variabile come ritardo mentale, aspetto mongoloide, macroglossia. SIN. Mongolismo, trisomia 21 | *S. da immunodeficienza acquisita*, AIDS | *S. di Hansen*, lebbra | *S. da astinenza*, quella determinata spec. in un tossicodipendente dall'astinenza dalla droga a cui è dedito | *S. di Stoccolma*, condizione di dipendenza e collaborazione di un sequestrato nei confronti dei sequestratori (dal comportamento di alcuni ostaggi in una banca di Stoccolma nel 1973) | *S. di Stendhal*, stato di forte emozione e serie di disturbi conseguenti alla visione di opere d'arte (che Stendhal confessò di aver provato durante una visita alla chiesa di Santa Croce a Firenze) | (*est., fig.*) Insieme di segni tramite i quali si palesa una determinata condizione: *s. da innamoramento*; *la s. degli esami*; *la s. del teledipendente.*

†**sine** [da *sì (1)* con componente rafforzativa] avv. ● Con valore raff. (*centr., merid.*) Sì.

sinechìa o **sinèchia** [vc. dotta, dal gr. *synécheia* 'continuità', da *synéchein* 'tenere insieme', da *sýn* 'insieme' ed *échein* 'avere'] s. f. ● (*med.*) Aderenza abnorme che si stabilisce tra gli organi.

sinecìṣmo [vc. dotta, dal gr. *synoikismós* 'unione', da *synoikízein* 'unire, ridurre sotto un'unica capitale', comp. di *sýn* 'insieme' e *oikízein* 'colonizzare', da *oikía* 'casa, abitazione'] s. m. *1* Nell'antica Grecia, fenomeno per cui gli abitanti di due o più Stati si raccoglievano a vivere in un unico agglomerato diventando cittadini di uno stesso Stato. **2** (*est.*) Accentramento in un'unica città della popolazione prima dispersa per le campagne.

sinecùra [lat. *sīne cūra* 'senza cura (d'anime)'] **s. f.** **1** Beneficio ecclesiastico senza obbligo di uffizi e funzioni. **2** (*est.*) Ufficio, occupazione, poco faticoso e di poca responsabilità.

sinèddoche [vc. dotta, dal lat. *synĕcdoche*, dal gr. *synekdochḗ*, da *synekdéchesthai* 'ricevere insieme', da *sýn* 'insieme' e *déchesthai* 'accogliere'] **s. f.** ● (*ling.*) Figura retorica che consiste nel trasferire un termine dal concetto cui strettamente si riferisce ad un altro con cui è in rapporto di quantità (il tutto per la parte, il singolare per il plurale, il genere per la specie e sim., e viceversa): *il Turco sollicitava l'armata, che sarìa di 150 vele* (MACHIAVELLI).

sine die /*lat.* 'sine 'die/ [vc. lat., propriamente 'senza un giorno (stabilito)'] **loc. avv.** ● A tempo indeterminato, indefinitamente: *aggiornare i lavori sine die.*

sinèdrio [vc. dotta, dal lat. tardo (eccl.) *synĕdriu(m)*, dal gr. *synédrion* 'assemblea', comp. di *sýn-* 'con' e un deriv. di *hédra* 'seggio'] **s. m.** **1** Nell'antichità greca, assemblea, consiglio, senato. **2** Presso gli antichi ebrei, supremo organo legislativo e giurisdizionale | Luogo dove si riuniva il sinedrio. **3** (*fig.*) Complesso, consesso (*spec. scherz.*).

sinedrita **s. m.** (pl. *-i*) ● Chi fa parte di un sinedrio.

Sinentognàti [comp. di *sin-*, *ento-*, del gr. *entós* 'dentro', e il pl. di *-gnato*] **s. m. pl.** ● (*zool.*) Esocetoidei (*Synenthognati*).

sinèreṣi [vc. dotta, dal lat. tardo *synaeresi(m)*, dal gr. *synáiresis* 'restringimento', da *synairêin* 'raccogliere', comp. di *sýn* 'insieme' e *hairêin* 'prendere'] **s. f.** **1** (*ling.*) In metrica, fusione di due vocali in un'unica sillaba all'interno di parola: *Morte bella parea nel suo bel viso* (PETRARCA). CONTR. Dieresi. **2** (*chim.*) Espulsione dell'elemento liquido da parte di un colloide.

sinerètico **agg.** (pl. m. *-ci*) ● (*ling.*) Caratterizzato o prodotto da sineresi: *dittongo s.*

sinergia [vc. dotta, dal gr. *synergía* 'cooperazione', da *sýn* 'con' ed *-ergía*, da *érgon* 'opera'] **s. f.** **1** (*fisiol.*) Azione simultanea di vari organi per compiere una determinata funzione. **2** (*farm.*) Sinergismo. **3** Spec. nel campo economico o editoriale, azione combinata, concentrazione di due o più elementi, che risulta di efficacia potenziata rispetto a una loro semplice sommatoria: *le sinergie fra giornali e reti televisive.*

sinèrgico [da *sinergia*] **agg.** (pl. m. *-ci*) ● (*fisiol.*, *farm.*) Di, relativo a sinergia | *Muscoli sinergici*, che hanno la stessa azione | *Farmaci sinergici*, che determinano il sinergismo farmacologico.

sinergismo [comp. di *sinerg(ia)* e *-ismo*] **s. m.** **1** (*farm.*) Potenziamento dell'effetto terapeutico prodotto dall'associazione di due o più farmaci. **2** Dottrina teologica che fonda la salvezza dell'anima non solo sulla grazia divina ma anche sul libero arbitrio umano e sulle opere buone.

sìneṣi [gr. *sýnesis* 'riunione, punto di riunione', da *syniénai* 'mettere insieme', comp. di *sýn-* 'sin-' e *iénai* 'mandare' (d'origine indeur.)] **s. f.** ● (*gramm.*) Costruzione a senso consistente nell'accordo di un sostantivo singolare con un verbo plurale o viceversa.

sinestèṣi [vc. dotta, dal gr. *synáisthēsis* 'percezione simultanea', comp. di *sýn* 'con' e *áisthēsis*, da *aisthánesthai* 'percepire'] **s. f.** ● (*psicol.*) Sinestesia.

sinesteṣìa [vc. scient. moderna, dal gr. *synáisthēsis* 'percezione simultanea'. V. *sinestesi*] **s. f.** **1** (*psicol.*) Fenomeno per cui la percezione di determinati stimoli è accompagnata da particolari immagini proprie di un'altra modalità sensoriale. **2** (*ling.*) Figura retorica consistente nell'associazione di due parole relative a sfere sensoriali diverse: *stava con gli orecchi levati per vedere* (BOCCACCIO).

†**sinéstro** ● V. *sinistro.*

sinfaròṣa ● V. *sinforosa.*

sìnfiṣi [vc. dotta, dal gr. *sýmphysis* 'coesione', da *symphýein*, comp. di *sýn* 'insieme' e *phýein* 'crescere'] **s. f.** ● (*med.*) Sinartrosi in cui il mezzo di unione dei due capi ossei è rappresentato da tessuto fibroso: *s. pubica* | Aderenza di due superfici sierose, per infiammazione: *s. pleurica*; *s. pericardica.* ➡ ILL. p. 364 ANATOMIA UMANA.

sinfonìa [vc. dotta, dal gr. *symphōnía* 'concerto', comp. di *sýn* 'insieme' e un deriv. di *phōnḗ* 'voce'] **s. f.** **1** Composizione orchestrale, di solito in quattro movimenti | Brano strumentale preposto a un'opera o a un oratorio. **2** (*fig.*) Complesso armonioso di suoni, colori, e sim. **3** (*fig.*, *fam.*, *antifr.*) Complesso sgradevole di suoni, rumori, grida, e sim.: *che s. fanno quei due che litigano!* **4** (*fig.*, *fam.*) Discorso noioso, rimprovero, e sim. ripetuto monotonamente: *ogni giorno comincia la sua s.* ‖ **sinfonietta**, dim. (V.).

sinfònico **agg.** (pl. m. *-ci*) ● (*mus.*) Di sinfonia o di altra forma per orchestra. ‖ **sinfonicaménte**, **avv.** Dal punto di vista sinfonico; nel genere musicale della sinfonia.

sinfoniétta **s. f.** **1** Dim. di *sinfonia.* **2** Sinfonia di piccole dimensioni o di strumentale ridotto.

sinfoniṣmo [da *sinfonia*] **s. m.** ● L'insieme delle caratteristiche proprie della forma sinfonica | Il genere musicale della sinfonia: *il s. romantico*; *il s. del Novecento.*

sinfonista **s. m. e f.** (pl. m. *-i*) ● Compositore o esecutore di sinfonie.

sinforòṣa o **sinfaròṣa** [dal n. di un personaggio di una commedia di G. Giraud] **s. f.** **1** Donna di una certa età che si veste e si comporta come una ragazzina | Ragazza dai modi leziosi. **2** Nell'Ottocento, cappello femminile a tesa larga fissato sotto il mento con un largo nastro annodato.

singalése o **cingalése** [dal sanscrito *Simhala*, n. dell'isola di Ceylon, da *simhah* 'leone'] **A** **agg.** ● Dell'isola di Ceylon (oggi Sri Lanka). **B** **s. m. e f.** ● Abitante, nativo dell'isola di Ceylon. **C** **s. m.** solo sing. ● Lingua della famiglia indoeuropea, parlata nell'isola di Ceylon; oggi, lingua ufficiale dello Sri Lanka.

singaporiàno [da *Singapore*] **A** **agg.** ● Di Singapore. **B** **s. m.** (f. *-a*) ● Abitante, nativo della città e dell'isola di Singapore.

singèneṣi [vc. dotta, dal gr. *syngénēsis* 'unione', comp. di *sýn* 'insieme' e *génēsis* 'origine'] **s. f.** ● Origine, formazione, contemporanea.

singenètico [da *singenesi*] **agg.** (pl. m. *-ci*) ● Che presenta il fenomeno o il carattere della singenesi | *Giacimento minerario s.*, formatosi in seguito agli stessi processi che hanno originato le rocce che lo includono.

†**singhiottóso** ● V. †*singhiozzoso.*

singhiozzàre [lat. parl. **singluttiāre*, sovrapposizione di *gluttīre* 'inghiottire' a *singultāre*, da *singŭltus* 'singhiozzo'] **v. intr.** (*io singhiózzo*; aus. *avere*) **1** Avere il singhiozzo: *smettila di s.* **2** Piangere a singhiozzi, dirottamente: *s. per il dolore.* **3** (*fig.*) Andare avanti a scatti, a balzi: *la vecchia motocicletta cammina singhiozzando.*

singhiozzio **s. m.** ● Atto del singhiozzare continuo.

singhiózzo [da *singhiozzare*] **s. m.** **1** Movimento respiratorio spastico, caratterizzato da repentina contrazione del diaframma cui si associa una brusca, parziale chiusura della glottide: *avere il s.*; *soffrire di s.*; *far passare il s. a qc.* SIN. Singulto. **2** (*spec. al pl.*) Rapida successione di inspirazioni ed espirazioni accompagnate da pianto convulso: *scoppiare, prorompere in singhiozzi*; *voce rotta dai singhiozzi.* **3** (*fig.*) Sbalzo, frequente interruzione, nella loc. *a s.*, *a singhiozzi*: *procedere, avanzare, a s.* | *Sciopero a s.*, con alternanze di sospensioni e riprese del lavoro.

†**singhiozzóso** o †**singhiottóso** [da *singhiozzare*] **agg.** ● (*lett.*) Mescolato a singhiozzi.

single /'singol, *ingl.* 'siŋgəl/ [vc. ingl., propr. 'singolo, solo'] **s. m. e f. inv.** ● Persona che vive sola o senza legami sentimentali stabili e duraturi.

singleton /*ingl.* 'siŋgəltən/ [vc. ingl., da *single* 'singolo'] **s. m. inv.** **1** Nel bridge, unica carta di un dato seme posseduta da un giocatore. **2** (*mat.*) Insieme composto di un solo elemento.

Singnàtidi /siɲ'ɲatidi/ **s. m. pl.** ● Nella tassonomia animale, famiglia di pesci Teleostei dei Singnatiformi cui appartengono, tra le specie più note, il pesce ago e il cavalluccio marino (*Syngnathidae*) | (al sing. *-e*) Ogni individuo di tale famiglia.

Singnatifórmi /siɲɲati'formi/ [comp. di *si(n)-gnato*, nome italianizzato del genere di pesci *Syngnatus*, e *-forme*] **s. m. pl.** ● Nella tassonomia animale, ordine di Pesci ossei marini con bocca priva di denti, muso tubolare e corpo allungato (*Syngnathiformes*) | (al sing. *-e*) Ogni individuo di tale ordine.

singolàre o †**singulàre** [dal lat. *singulāre(m)*, da *sĭngulus* 'unico'] **A** **agg.** **1** (*lett.*) Che si riferisce a uno solo, a un singolo individuo: *avrà dal re de' Catalani / di pugna singular le prime glorie* (ARIOSTO) | (*scherz.*) *Venire a singolar tenzone*, *affrontarsi in singolar tenzone*, e sim., battersi, scontrarsi (*anche fig.*) | *Numero s.*, in grammatica, quello proprio delle forme che indicano una sola persona o cosa e l'azione fatta o subita da una sola persona o cosa. **2** (*est.*) Unico, caratteristico, particolare: *ha un modo s. di parlare* | Raro, insolito, eccellente: *un'opera s.*; *donna di s. bellezza*; *uomo di s. ingegno* | (*est.*) Originale, strano: *spesso i filosofi sono tipi singolari.* **3** (*mat.*) *Punto s.*, punto di discontinuità di una funzione. SIN. Singolarità. ‖ **singolarménte**, **avv.** **1** Particolarmente, specialmente: *attendere singolarmente a una cosa.* **2** Uno a uno: *ringraziare singolarmente.* **B** **s. m.** **1** (*gramm.*) Caso grammaticale della categoria del numero che esprime la singolarità dei nomi numerabili: *aggettivo, sostantivo, verbo al s.* **2** (*sport*) Incontro disputato tra due giocatori: *s. di tennis*; *s. maschile, femminile.*

singolarista **s. m. e f.** (pl. m. *-i*) ● (*sport*) Chi disputa incontri di singolare.

singolarità o †**singularità** [vc. dotta, dal lat. tardo *singularitāte(m)* 'unicità', da *singulāris* 'singolare'] **s. f.** **1** Qualità di chi, di ciò che è singolare. **2** (*mat.*) Punto singolare.

singolarizzàre [da *singolare*, con suff. iter.-ints.] **v. tr.** **1** (*gramm.*, *raro*) Ridurre al singolare. **2** Elencare, spiegare uno per uno, specificare caso per caso.

singolativo [da *singolo*] **agg.** ● (*ling.*) Detto di nome che indica una persona o una cosa singola. CONTR. Collettivo.

singolétto [da *singolo*] **s. m.** ● (*mat.*) Insieme dotato di un unico elemento.

singolista [da *singolo*] **s. m. e f.** (pl. m. *-i*) ● (*sport*) In alcuni sport, chi pratica la specialità del singolo.

singolo o †**singulo** [vc. dotta, dal lat. *sĭngulu(m)* 'unico' (usato spec. al pl. come distr. di *ūnus* 'uno'), connesso con *sĭmplex*. V. *semplice*] **A** **agg.** **1** Che è considerato in sé, separatamente dagli altri: *i singoli casi*; *le singole prove*; *ogni s. avvenimento della vita.* **2** Che è costituito da un solo elemento | *Camera, cabina singola*, per una sola persona | *Collegamento s.*, in telefonia, simplex. **B** **s. m.** **1** Uomo, individuo: *l'interesse del s. non può andare a scapito della collettività.* **2** Tipo di collegamento telefonico che utilizza una coppia di fili per ogni abbonato. **3** (*sport*) Nel tennis, incontro disputato tra due giocatori. SIN. Singolare | Nel canottaggio, imbarcazione a un solo vogatore.

singrafe o (*raro*) **singrafa** [vc. dotta, dal lat. *syngrapha(m)* 'cambiale', adattamento del gr. *syngraphḗ* 'contratto', da *syngráphein* 'redigere', comp. di *sýn* 'insieme' e *gráphein* 'scrivere'] **s. f.** ● Nel diritto greco antico e nel diritto romano, documento contenente un contratto scritto e sottoscritto dai contraenti.

Singspiel /*ted.* 'ziŋ ʃpi:l/ [vc. ted., comp. di *singen* 'cantare' e *Spiel* 'recitazione, spettacolo'] **s. m. inv.** ● Genere di teatro musicale tedesco dei secc. XVIII e XIX, con brani parlati e cantati di tipo favolistico e popolaresco.

†**singulàre** e *deriv.* ● V. *singolare* e *deriv.*

†**singulo** ● V. *singolo.*

singultio **s. m.** ● (*lett.*) Atto del singultire continuo.

singultire [vc. dotta, dal lat. tardo *singultīre*, da *singŭltus* 'singhiozzo'] **v. intr.** (*io singultisco, tu singultisci*; aus. *avere*) ● (*lett.*) Singhiozzare, piangere con singulti.

singùlto [vc. dotta, dal lat. *singŭltu(m)* 'singhiozzo', di origine indeur.] **s. m.** ● Singhiozzo: *avere il s.*; *scoppiare in singulti.*

sinibbio [etim. incerta: forse lat. parl. **subnībulu(m)* per il class. *subnūbilu(m)* 'oscuro, tenebroso' (comp. di *sub-* 'sub-' e *nūbilus* 'nuvoloso' (V.

nuvolo))] s. m. • Vento sferzante con neve.

siniscalcàto s. m. *1* Ufficio del siniscalco | Durata di tale ufficio. *2* †Provincia governata dal siniscalco.

siniscàlco o †**seniscàlco** [dal lat. mediev. *siniscălcu(m)*, dal francone *siniskalk*, comp. di *sini-* 'vecchio', di origine indeur. (V. *signore, senato*) e *skalk* 'servo'] s. m. (pl. *-chi*) • Nell'alto Medioevo, ufficiale di palazzo incaricato di sovrintendere al servizio di tavola della mensa del re | Alto grado militare e amministrativo dell'epoca carolingia.

sinìstr o **sinìst** [abbr. di *sinistro*] **A** inter. • Si usa per indicare la parte sinistra nei comandi di esecuzione a militari e ginnasti dopo un comando di avvertimento: *attenti a s.!*; *s.!*; *squadra s.!* **B** in funzione di s. f. • La parte sinistra, in loc. inter. che valgono come comando di avvertimento a militari e ginnasti: *attenti a s.!*; *fronte a s.!*; *squadra a s.!* e sim.

sinìstra [f. sost. di *sinistro*] s. f. *1* Mano che è dalla parte del cuore: *scrivere con la s.*; *agitare la s.* *2* Parte, lato, che è dalla mano sinistra: *alla mia s.*; *girare a s.*; *a s. risponde uno squillo* (MANZONI) | *Sulla s., alla s., di qc.*, sulla parte sinistra di chi percorre una strada, un sentiero e sim. o osserva da un punto determinato | *A destra e a s.*, da ogni parte, di qua e di là | *Tenere la s.*, mantenersi sul lato sinistro di una strada e sim. o rispetto a un punto di riferimento | *Attenti a s., fronte a s., squadra a s.*, comandi di avvertimento a militari e ginnasti; V. anche *sinistr.* *3* (*mar.*) Parte sinistra della nave (V. anche *babordo*). *4* In Parlamento, il raggruppamento politico che sta a sinistra del banco del Governo | (*est.*) Ala progressista, radicale, all'interno di un partito o di un raggruppamento di partiti. *5* *S. hegeliana*, corrente filosofica che, procedendo dalle dottrine di Hegel, perviene a una critica radicale dell'hegelismo medesimo orientata in senso naturalistico e umanistico.

sinistràre [da *sinistro*] **A** v. tr. • Danneggiare, colpire con un sinistro: *il terremoto ha sinistrato l'intera regione.* **B** v. intr. (aus. *avere*) *1* †Opporsi, non ubbidire | Tergiversare. *2* †Imperversare, infuriare. **C** v. intr. pron. • (*raro*) †Scomodarsi.

sinistràto A part. pass. di *sinistrare*; anche agg. • Nei sign. del v. **B** s. m. (f. *-a*) • Chi è stato colpito, danneggiato, da un sinistro: *i sinistrati di guerra.*

sinistrése [da *sinistra*, sul modello di *francese, inglese*] s. m.; anche agg. • (*iron.*) Insieme delle parole, delle locuzioni tipiche o frequenti in chi milita nell'area politica della sinistra italiana.

sinistrìṣmo [da *sinistro, -a*, con *-ismo*] s. m. *1* (*raro*) Mancinismo. *2* Tendenza politica, culturale e sim. a portarsi verso posizioni ideologiche di sinistra (*anche spreg.*): *il s. degli intellettuali.*

sinistro o †**senéstro**, (*raro*) †**sinéstro** [lat. *sinĭstru(m)*, propriamente 'differente (dal destro)', di origine indeur.] **A** agg. *1* Che sta dalla parte del cuore: *fianco, braccio, piede, s.*; *mano sinistra.* *2* Che è a sinistra rispetto a un punto di riferimento: *lato s.*; *parte, ala, sinistra* | *Riva sinistra di un corso d'acqua*, quella a sinistra di chi guarda la foce voltando le spalle alla sorgente. *3* (*fig.*) Non favorevole, contrario, avverso: *presagi, tempi, sinistri* | Minaccioso, bieco: *sguardo s.*; *un s. figuro*; *luogo s.* || **sinistraménte**, avv. *1* Minacciosamente, lugubremente: *un urlo risuonò sinistramente nella notte*; trucemente: *rise sinistramente.* *2* In modo funesto, infausto. **B** s. m. *1* Evento fortuito dannoso, disgrazia: *è accaduto un s.*; *assicurazione contro i sinistri della grandine*; *s. marittimo.* *2* Nel linguaggio sportivo, piede sinistro, mano sinistra, pugno sinistro: *giocare, tirare, colpire di s.*

sinistrochèrio [parziale traduzione del gr. *aristerócheir*, propriamente 'mancino', comp. di *aristerós* 'sinistro' (propr. 'migliore', denominazione eufemistica, essendo ritenuta la parte sinistra sfavorevole) e *chéir* 'mano', ma anche 'braccio'] s. m. • (*arald.*) Braccio sinistro uscente dal fianco destro dello scudo.

sinistrogìro [comp. di *sinistro* e *-giro*, da *girare*] agg. *1* Sinistrorso. *2* Di sistema chimico o fisico capace di far ruotare a sinistra il piano di polarizzazione di un fascio di luce polarizzata che l'attraversa.

sinistròide [comp. di *sinistr(o)* e *-oide*] s. m. e f.; anche agg. • Chi, che manifesta simpatie politiche per la sinistra (*spec. scherz.* o *spreg.*).

sinistròrso [vc. dotta, dall'avv. lat. *sinistrōrsus* 'a sinistra', comp. di *sinĭster* 'sinistro' e *vĕrsus* 'verso'] **A** agg. *1* Che è volto o può volgersi da destra verso sinistra. *2* Detto del verso di rotazione di eliche, viti e sim., che all'osservatore appare come antiorario. *3* (*chim., fis.*) Sinistrogiro. **B** agg.; anche s. m. (f. *-a*) • Sinistroide.

sinistrosità [da *sinistro* nel senso di 'evento dannoso'] s. f. • Nel linguaggio assicurativo, numero o percentuale di sinistri che si verificano in un'area geografica o in un determinato periodo di tempo, interessando singoli o categorie di assicurati: *area, zona ad alta s.*

siniẓeṣi [vc. dotta, dal lat. tardo *synizēsi(m)*, dal gr. *synízēsis*, propriamente 'caduta', da *synizánein* 'tornare allo stato di prima'] s. f. • (*ling.*) Sineresi.

sìno [sovrapp. di *sì* (*2*) a *fino* (*1*)] **A** prep. (troncato in *sin*. Ha gli stessi sign. di 'fino'. Si preferisce l'una o l'altra forma per evitare la cacofonia: s. a Firenze) • Fino: *giungerò sin lassù*; *aspetta s. a domani*; *spende s. all'ultima lira*; *lo conosco sin dall'infanzia* | V. anche *sinattantoché*; *sinché*; *sinora*; *sintantoché.* **B** avv. • (*raro*) Perfino: *ho parlato sin troppo.*

sìno- [dal lat. mediev. *Sina* 'Cina'] primo elemento • In parole composte, indica riferimento alla Cina: *sinologia, sinologo.*

sinodàle [vc. dotta, dal lat. tardo (eccl.) *synodāle(m)*, da *sўnodus* 'sinodo'] agg. • Attinente a sinodo, relativo a decisione presa in sinodo | *Padri sinodali*, sacerdoti che partecipano a un sinodo | *Età s.*, quella, non inferiore ai quaranta anni, prescritta per le donne che possono andare a servizio di un prete. || **sinodalménte**, avv. Secondo le prescrizioni del sinodo.

sinòdico [vc. dotta, dal lat. tardo ed eccl. *synŏdicu(m)*, dal gr. *synodikós*, da *sýnodos* 'convegno, congiunzione'] agg. (pl. m. *-ci*) *1* (*relig.*) †Che si riferisce al sinodo. *2* (*astron.*) *Rivoluzione sinodica*, intervallo di tempo tra due successive congiunzioni di un pianeta col Sole.

sìnodo (1) [vc. dotta, dal lat. tardo *sўnodu(m)*, dal gr. *sýnodos* 'convegno', comp. di *sýn* 'insieme' e *hodós* 'via'] s. m. o lett. †f. • Riunione, consiglio, assemblea di sacerdoti, di vescovi, di prelati, per decidere su questioni normative o di fede | *S. ecumenico*, concilio ecumenico | *S. episcopale*, nella Chiesa cattolica, riunione dei Vescovi convocata dal Pontefice | *S. diocesano*, riunione dei canonici e sacerdoti di una diocesi | *S. protestante*, delle Chiese evangeliche | *Santo s.*, organo sovrano che regge ciascuna delle chiese ortodosse autocefale.

†**sìnodo** (2) [vc. dotta, dal gr. *sýnodos* 'congiunzione'] s. m. • (*astron.*) Congiunzione.

sìnolo [vc. dotta, dal gr. *sýnolon*, nt. sost. di *sýnolos* 'totale, complessivo', comp. di *sýn* 'insieme' e *hólos* 'tutto'] s. m. • Nella filosofia di Aristotele, l'individuo singolo, o sostanza concreta, in quanto composto di materia e di forma.

sinologìa [comp. di *sino-* e *-logia*] s. f. • Scienza che studia la lingua, la letteratura, la civiltà, dei cinesi.

sinològico [da *sinologia*] agg. (pl. m. *-ci*) • Che riguarda la sinologia: *studi sinologici.*

sinòlogo [comp. di *sino-* e *-logo*] s. m. (f. *-a*; pl. m. *-gi*, pop. *-ghi*) • Chi si occupa di sinologia.

sinonimìa [vc. dotta, dal gr. *synōnymía*, da *synṓnymos* 'sinonimo'] s. f. • (*ling.*) Condizione di intercambiabilità di parole in ogni contesto dato, senza sostanziali variazioni di significato | (*est.*) Sinonimo: *usare una s.*

sinonìmico agg. (pl. m. *-ci*) • (*ling.*) Di sinonimo, dei sinonimi.

sinonimiẓẓàre [da *sinonimo*, con suff. iter.-ints.] v. intr. (aus. *avere*) • (*ling.*) Fare uso, spec. eccessivo, di sinonimi.

sinònimo [vc. dotta, dal lat. *synōnymu(m)*, dal gr. *synṓnymos* 'di ugual nome', comp. di *sýn* 'insieme' e *ónyma* 'nome'. V. *onomastico*] s. m. • (*ling.*) Vocabolo che ha lo stesso significato fondamentale di un altro ma forma fonetica diversa.

sinòpia [adatt. del lat. *sinōpis*, genit. *sinōpidis*, dal gr. *sinōpís* 'terra rossa', da *Sinṓpē* 'Sinope', città del Mar Nero donde proveniva l'ocra] s. f. *1* Terra rossa usata per tracciare il disegno negli affreschi | *Filo della s.*, cordicella sporcata con ocra rossa che imbianchini e falegnami usano per segnare la riga da seguire nell'imbiancare o nel segare. *2* Disegno preparatorio di un affresco tracciato sull'intonaco.

sinòpsi [dall'ingl.-amer. *synopsis*. V. *sinossi*] s. f. *1* (*raro*) Sinossi. *2* Prima e schematica stesura del soggetto di un film.

sinóra [comp. di *sino* (*ad*) *ora*] avv. • Finora: *s. non è venuto nessuno.*

sinòssi [vc. dotta, dal lat. tardo *synŏpsi(m)* 'elenco', dal gr. *sýnopsis* 'compendio', comp. di *sýn* 'insieme' e *ópsis* 'sguardo'] s. f. *1* (*lett.*) Prospetto della materia di un trattato | Compendio che presenta tutt'insieme la materia. *2* *S. biblica, del Nuovo Testamento*, il giustapporre brani di diversi testi biblici che hanno analogie o che riferiscono la medesima narrazione.

sinostòṣi [comp. di *sin-* e *ostosi*, dal gr. *ostéon* 'osso', con *-osi*] s. f. • (*med.*) Saldatura tra due ossa.

sinotibetàno [comp. di *sino-*, dal lat. mediev. *Sīna(m)* 'Cina', e *tibetano*] agg. • Detto di una famiglia di lingue, di cui fanno parte il cinese e il tibetano.

sinòttico [vc. dotta, dal gr. *synoptikós* 'comprensivo', da *sýnopsis* 'compendio'] agg. (pl. m. *-ci*) • Esposto, presentato, in forma di sinossi | *Tavole sinottiche*, in cui le notizie sono disposte in modo tale da farne facilmente cogliere e ricordare l'ordine e le connessioni | *Evangeli sinottici*, gli Evangeli di S. Matteo, di S. Marco e di S. Luca, che, nella Sinossi, presentano numerosi elementi comuni e paralleli della narrazione e della dottrina. || **sinotticaménte**, avv. In modo sinottico; dal punto di vista della sinossi.

sinòvia [vc. coniata da Paracelso, di formazione ignota] s. f. • (*anat.*) Liquido contenuto nelle cavità articolari.

sinoviàle agg. • Di sinovia: *membrana s.*

sinovìte [da *sinovia*, con *-ite* (*1*)] s. f. • Infiammazione della membrana sinoviale.

sinsàcro [comp. di *sin-* e (*osso*) *sacro*] s. m. • (*zool.*) Osso sacro degli Uccelli, molto esteso in lunghezza poiché derivato dalla fusione di numerose vertebre.

sinsemàntico [comp. di *sin-* e *semantico*] agg. (pl. m. *-ci*) • (*ling.*) Detto di parola che ha solo una funzione sintattica e acquista significato dal contesto in cui si trova. CONTR. Autosemantico.

sinsèpalo [comp. di *sin-* e *sepalo*] agg. • (*bot.*) Gamosepalo.

sintàgma [vc. dotta, dal gr. *sýntagma* (nom. acc. nt.) 'composizione', da *syntássein* 'comporre', comp. di *sýn* 'insieme' e *tássein* 'ordinare'. V. *sintassi*] s. m. (pl. *-i*) • (*ling.*) Gruppo minimo di elementi significativi che forma l'unità base della struttura sintattica di una frase | *S. nominale*, unità costituita da un nome e da un determinante, articolo, dimostrativo ecc. | *S. preposizionale*, unità costituita da una preposizione seguita da un nome | *S. verbale*, unità costituita da una voce verbale con il suo ausiliare ed eventualmente seguita da un sintagma nominale o preposizionale.

sintagmàtico [vc. dotta, dal gr. *syntagmatikós*, agg. da *sýntagma*, genit. *syntágmatos* 'sintagma'] agg. (pl. m. *-ci*) • Che è proprio delle unità di lingua considerate in successione nell'ambito del contesto | *Rapporto s.*, relazione di successione tra gli elementi della catena parlata. CONTR. Paradigmatico.

†**sintànto** [comp. di *sin(o)* e *tanto*] cong. • Fintanto | V. anche *sintantoché.*

sintantoché o **sintànto che** [comp. di *sino, tanto* (avv.) e *che* (cong.)] cong. • (*enf.*) Finché: *aspetterò s. non si sarà deciso a dire la verità.*

sintàssi [vc. dotta, dal lat. tardo *syntăxi(m)*, dal gr. *sýntaxis* 'ordinamento, sistema', da *syntássein* 'comporre', comp. di *sýn* 'insieme' e *tássein* 'ordinare'] s. f. *1* (*ling.*) La parte della grammatica che contiene le regole di combinazione degli elementi lessicali e significativi, e quindi di formazione delle frasi. *2* (*filos.*) *S. logica*, sintattica. *3* Nelle arti figurative, grafiche, della musica e dello spettacolo, il complesso di rapporti intercorrenti fra le parti significative di una certa composizione espressiva o fra le loro rispettive funzioni: *la s. dei colori in un quadro*; *la s. del montaggio in un film*; *la s. armonica di Wagner.*

sintàttica [f. sost. di *sintattico*, sul modello dell'ingl. *syntactic*] s. f. ● Nella logica contemporanea, parte della semiotica che all'interno di un determinato sistema linguistico studia i rapporti tra i segni facendo astrazione dal loro significato.

sintàttico [vc. dotta, dal gr. *syntaktikós*, da *sýntaxis* 'composizione, sintassi'] agg. (pl. m. *-ci*) ● (*ling.*) Attinente alla sintassi | *Componente s.*, parte di una grammatica generativa comprendente regole di riscrittura e trasformazionali tali da assegnare a ciascuna frase due livelli di rappresentazione, profondo e superficiale | *Fonetica sintattica*, relativa ai punti di giuntura tra elementi fonici appartenenti a parole diverse unite in un medesimo contesto frasale. || **sintatticaménte**, avv. In modo sintattico; dal punto di vista della sintassi.

sintèma [gr. *sýnthēma* 'relazione, rapporto comune', da *syntithénai* 'mettere insieme', comp. di *sýn-* 'sin-' e *tithénai* 'porre' (di origine indeur.)] s. m. ● (*ling.*) Nella terminologia usata da A. Martinet, segmento minimo di una frase formato da monemi lessicali.

sinterèsi ● V. *sinderesi*.

sinterizzàre [dall'ingl. *to sinter*, con suff. iter.-ints.] v. tr. ● Agglomerare in una massa solida le particelle di polveri metalliche, mediante conveniente riscaldamento.

sinterizzazióne s. f. ● (*tecnol.*) Operazione del sinterizzare.

sìntesi [vc. dotta, dal lat. tardo *sȳnthesi(m)*, dal gr. *sýnthesis* 'composizione', da *syntithénai* 'riunire' comp. di *sýn* 'insieme' e *tithénai* 'porre'] s. f. *1* (*filos.*) Momento in cui si realizza l'unità dialettica di tesi-antitesi | Metodo che procede dal semplice al composto. CONTR. Analisi | *S. a priori*, nella filosofia di Kant attività mediante la quale l'intelletto unifica la molteplicità dei fenomeni dati nello spazio e nel tempo. *2* (*est.*) Riduzione a un'unità di più idee, concetti, nozioni, e sim.: *s. di elementi diversi* | (*est.*) Riepilogo, compendio. *3* Esposizione conclusiva, riassuntiva: *dimmi la s. di quello che hai letto*; *dire, esporre, esprimere, in s.*; *fare una s. di q.c.* *4* Operazione di riunione delle parti divise in chirurgia. *5* (*chim.*) Processo per cui si ottengono composti a partire dagli elementi componenti o da composti più semplici | *S. clorofilliana*, fotosintesi. *6* (*biol.*, *chim.*) *S. proteica*, fenomeno per cui, nelle cellule viventi, partendo dagli aminoacidi si giunge alla formazione di nuove strutture e sostanze indispensabili per la vita di un organismo.

sinteticità s. f. ● Qualità di ciò che è sintetico.

sintètico [vc. dotta, dal gr. *synthetikós*, da *sýnthesis* 'composizione'] agg. (pl. m. *-ci*) *1* Di sintesi, proprio della sintesi, che procede per via di sintesi: *metodo s.* | Atto alla, capace di sintesi: *intelligenza sintetica*. *2* (*est.*) Ridotto all'essenziale: *trattazione sintetica*. SIN. Conciso, succinto. *3* (*ling.*) *Lingua sintetica*, quella che esprime i rapporti grammaticali per mezzo di modificazioni interne delle parole. *4* (*mat.*) Detto dello studio d'un problema geometrico, che non faccia uso di metodi analitici. *5* Detto di sostanze, prodotti e sim., ottenuti artificialmente per mezzo di sintesi chimiche: *fibre sintetiche* | *Pietra sintetica*, ottenuta artificialmente, ma che riproduce con precisione il prodotto naturale. || **sinteticaménte**, avv.

sintetìsmo [vc. dotta, dal gr. *synthetismós*, da *synthetízesthai* 'disporre insieme con ordine'] s. m. ● Ogni filosofia basata sul presupposto dell'unità di spirito e materia, di essere e di sapere.

sintetizzàre [da *sintetico*, con suff. iter.-ints. V. il gr. *synthetízesthai* 'disporre con ordine'] v. tr. *1* Riunire in sintesi, riassumere in forma sintetica (*anche ass.*): *s. una situazione in poche parole*; *cerca di s.!* *2* (*chim.*) Ottenere, produrre per mezzo di sintesi.

sintetizzatóre [da *sintetizzare*] **A** s. m.; anche agg. (f. *-trice*) ● Chi, che sintetizza. **B** s. m. ● (*mus.*) Strumento elettronico costituito da un insieme di circuiti in grado di controllare i principali parametri, come estensione, timbro, dinamica espressiva del suono | Nella musica elettronica, controllo e modificazione delle varie componenti del suono.

sintetizzazióne [da *sintetizzare*] s. f. ● Atto, effetto del sintetizzare.

sìnti [vc. zingarica di etim. oscura] s. m. e f. inv.; anche agg. inv. ● (*etn.*) Nome di alcuni gruppi di nomadi dell'Europa occidentale di cui è incerta l'appartenenza al popolo degli zingari.

†**sintìlla** ● V. *scintilla*.

sintoamplificatóre [comp. di *sinto(nizzatore)* e *amplificatore*] s. m. ● (*elettron.*) In un impianto ad alta fedeltà, dispositivo che combina le funzioni di un sintonizzatore e di un amplificatore.

sintogràmma [comp. di *sinto(nia)* e *-gramma*] s. m. (pl. *-i*) ● Dispositivo che in un apparecchio radio ricevente rende visibile l'operazione di sintonia.

†**sintòma** ● V. *sintomo*.

sintomaticità [da *sintomatico*] s. f. ● Qualità di ciò che è sintomatico.

sintomàtico [vc. dotta, dal gr. *symptōmatikós* 'accidentale', da *sýmptōma* 'avvenimento fortuito'] agg. (pl. m. *-ci*) *1* (*med.*) Attinente a sintomo. *2* (*fig.*) Significativo: *questo silenzio è s.* || **sintomaticaménte**, avv. In maniera sintomatica.

sintomatologìa [dal gr. *sýmptōma*, genit. *symptṓmatos* 'sintomo' e *-logia*] s. f. ● Insieme di sintomi.

sìntomo o †**sintòma** [variante di un desueto *sintoma*, vc. dotta dal gr. *sýmptōma* (nom. acc. nt.) 'avvenimento fortuito', da *sympíptein* 'accadere', comp. di *sýn* 'insieme' e *píptein* 'cadere'] s. m. *1* (*med.*) Ogni manifestazione che accompagna una malattia e che viene avvertita dal paziente: *s. patognomonico*. CFR. Segno. *2* (*fig.*) Indizio: *s. di pervertimento, di bassezza d'animo*.

sintonìa [vc. dotta, dal gr. *syntonía* 'accordo', comp. di *sýn* 'insieme' e *-tonía*, da *tónos* 'tono'] s. f. *1* Accordo, concordanza di frequenza fra un trasmettitore e un ricevitore | *Comando di s.*, dispositivo che nei circuiti radio e televisivi permette di scegliere la frequenza di valore voluto, cioè la trasmissione desiderata. *2* (*fig.*) Accordo, armonia: *essere in s. con qc.*, *con q.c.*; *non c'è s. tra voi*.

sintònico agg. (pl. m. *-ci*) ● Di sintonia | Che è in sintonia.

sintonìsmo [da *sintonia*, con *-ismo*] s. m. ● (*fis.*) Accordo in sintonia.

sintonizzàre [da *sintonia*] **A** v. tr. ● Portare in risonanza su di una determinata frequenza uno o più circuiti elettrici allo scopo predisposti. **B** v. intr. pron. ● Porsi in sintonia: *sintonizzarsi su una stazione radio* | (*fig.*) Essere in armonia, in accordo con qc.

sintonizzatóre [da *sintonizzare*] s. m. ● Negli impianti ad alta fedeltà, apparecchio che consente la ricezione dei programmi radiofonici.

sintonizzazióne s. f. ● Atto del sintonizzare.

sintropìa [comp. di *sin-* e *-tropia*] s. f. ● (*fis.*) Grandezza fisica caratterizzante una classe di fenomeni, detti sintropici, i quali sarebbero governati da un principio di finalità e tenderebbero a realizzare sistemi materiali sempre più ordinati e differenziati, a differenza dei fenomeni entropici, i quali, governati da un principio di causalità, tendono a disgregare i sistemi materiali e a degradare l'energia. CONTR. Entropia.

sintròpico agg. (pl. m. *-ci*) ● (*fis.*) Relativo alla sintropia: *fenomeni sintropici* | *Differenziazione sintropica*, principio tendente a ritardare la degradazione dell'energia e a realizzare sistemi materiali sempre più ordinati e differenziati.

sinuàto [vc. dotta, lat. *sinuātu(m)*, part. pass. di *sinuāre* 'curvare, piegare', da *sĭnus* 'seno, sinuosità'] agg. ● (*bot.*) Detto di organo che presenta pieghe od ondulazioni.

sinuosità o †**sinuositàde**, †**sinuositàte** s. f. ● Qualità di ciò che è sinuoso.

sinuóso [dal lat. *sinuōsu(m)* 'tortuoso', da *sĭnus* 'sinuosità'. V. *seno*] agg. ● Che si svolge alternando convessità e concavità: *corso s. del fiume*; *figura sinuosa*. || **sinuosaménte**, avv. Con sinuosità, in modo sinuoso, tortuoso.

sinusàle [comp. del lat. *sĭnu(m)* e del suff. *-ale* (*1*)] agg. ● (*anat.*) Relativo a un seno venoso o a una struttura complessa comprendente un seno venoso | *Ritmo s.*, il normale ritmo cardiaco controllato dal nodo senoatriale.

sinusìa [vc. dotta, dal gr. *synousía* 'unione, coessenza', comp. di *sýn* 'insieme' e *ousía*, da *êinai* 'essere', di origine indeur.] s. f. ● Nel linguaggio teologico cristiano, unione delle tre persone della Trinità in un'unica sostanza, secondo alcune correnti di pensiero orientale.

sinusiàsta [vc. dotta, dal gr. *synousiastḗs*, da *synousía* 'sinusia'] s. m. (pl. *-i*) ● Seguace antitrinitario delle dottrine eretiche proclamanti la sinusia.

sinusìte [vc. dotta, dal lat. *sĭnus* 'seno (paranasale)', con *-ite* (*1*)] s. f. ● (*med.*) Infiammazione dei seni paranasali.

sinusìtico agg. (pl. m. *-ci*) ● Di, relativo a sinusite.

sinusoidàle agg. ● Di, a forma di sinusoide.

sinusòide (**1**) [vc. dotta, dal lat. *sĭnus* 'seno', con *-oide*] s. f. ● (*mat.*) Curva rappresentativa della funzione trigonometrica seno.

sinusòide (**2**) s. m. ● (*anat.*) Ognuno dei voluminosi capillari, caratterizzati da discontinuità nella parete, presenti in corrispondenza di ghiandole endocrine o di altri organi.

-sióne ● V. *-zione*.

sionìsmo [da *Sion*, dall'ebr. *Syyon*, attraverso il gr. *Sión*, lat. *Sīon*, con *-ismo*] s. m. ● Movimento sorto verso la fine dell'Ottocento tendente a costituire uno Stato ebraico in Palestina.

sionìsta **A** s. m. e f. (pl. m. *-i*) ● Chi sostiene il sionismo. **B** anche agg.

sionìstico agg. (pl. m. *-ci*) ● Del sionismo, dei sionisti.

siór /*ven.* 'sjor/ ● V. *sor*.

†**sìpa** [variante di *sipo*, comp. di *sì* (*1*) e *po* raff., dal lat. *pŏst* 'poi'] avv. ● (*dial.*) Sia pure, sì (con valore fortemente asseverativo): *tante lingue non son ora apprese / a dicer 's.' tra Savena e Reno* (DANTE *Inf.* XVIII, 60-61).

sipahi /sipa:'hi:/ s. m. inv. ● Sepoy.

sipài s. m. inv. ● Adattamento di *sipahi*.

sipariétto s. m. *1* Dim. di *sipario*. *2* Leggero sipario supplementare usato fra un quadro e l'altro della rivista, durante le mutazioni di scena | Breve numero di intermezzo eseguito davanti al sipariettto durante le mutazioni di scena.

sipàrio [vc. dotta, dal lat. *sipāriu(m)* 'paravento', connesso con *sŭpparus* 'velo', di etim. incerta] s. m. *1* Pesante tendaggio posto tra palcoscenico e sala teatrale che nasconde al pubblico la scena prima o dopo lo spettacolo o durante le sue eventuali pause: *alzare, abbassare, calare il s.* | *Calare il s. su q.c.*, (*fig.*) concluderla, o non nominarla. *2* (*polit.*) *S. di ferro*, cortina di ferro (V. *cortina* (*1*)) | *S. di bambù*, confine che separa la Cina dal mondo occidentale. || **sipariétto**, dim. (V.).

siparìsta s. m. e f. (pl. m. *-i*) ● Chi è incaricato della chiusura e apertura del sipario.

Sipuncùlidi [vc. scient. moderna, dal lat. *sip(h)ŭnculus*, dim. di *sīpho*, genit. *siphōnis* 'tubo, sifone'] s. m. pl. ● Nella tassonomia animale, gruppo di vermi marini cilindrici, affini agli Anellidi, privi di metameria, con cuticola chitinosa e proboscide cefalica (*Sipunculoidea*) | (al sing. *-e*) Ogni individuo di tale gruppo.

sir /*ingl.* sə:*/ [vc. ingl., dal fr. *sire* 'signore' (V. *sire*)] s. m. inv. ● Titolo inglese riservato a baronetti e cavalieri | Titolo inglese di cortesia.

sir- ● V. *sin-*.

siracusàno **A** agg. ● Di Siracusa. **B** s. m. (f. *-a*) ● Abitante, nativo di Siracusa.

sire o †**siri** [dall'ant. fr. *sire*, dal lat. *seniōre(m)*. V. *signore*] s. m. *1* †Signore, sovrano | †*L'alto, l'eterno, il giusto, s.*, Dio. *2* Titolo usato per rivolgersi a un re.

sirèna (**1**) o †**serèna** [dal lat. tardo *sirēna(m)*, variante del classico *Sīren*, dal gr. *Seirḗn*, genit. *Seirênos* 'Sirena', di etim. incerta] s. f. *1* Creatura favolosa della mitologia classica, raffigurata come donna giovane e bella con la parte inferiore a forma di uccello (e più tardi, spec. nel Medioevo, a forma di pesce), il cui canto affascinava i naviganti e provocava i naufragi. *2* (*est.*) Donna allettatrice, incantevole. *3* Anfibio urodelo americano, vermiforme, con branchie persistenti, privo di arti posteriori (*Siren lacertina*). || **sirenèlla**, dim. | **sirenétta**, dim. (V.).

sirèna (**2**) [dal fr. *sirène*, deriv. come il precedente, nel senso di 'colei che attira l'attenzione'] s. f. ● Apparecchio che genera segnali acustici continui e intensi, usato da alcuni stabilimenti industriali, da veicoli di impiego urgente (vigili del fuoco, polizia, pronto soccorso), per allarmi aerei in guerra e sim., generalmente costituito da un disco girevole munito di ugelli, attraverso i quali è spinta l'aria: *il fischio della s.* | *S. d'allarme*, in tempo di guerra, per segnalare alla popolazione l'avvicinarsi di aerei nemici.

sirenètta s. f. *1* Dim. di *sirena* (*1*). *2* Strumento musicale che imita il canto degli uccelli.

Sirèni [vc. scient. moderna, dal lat. *Sīren*, genit. *Sirēnis* 'sirena', per l'aspetto di questi animali] s. m. pl. ● Nella tassonomia animale, ordine di Mammiferi con corpo tozzo, grossa testa, orecchie prive di padiglioni, arti anteriori trasformati in pinne, pelle spessa e setole sulle grosse labbra (*Sirenia*) | (al sing. *-e*) Ogni individuo di tale ordine.

Sirènidi [da *sirena* (*1*), sul modello del gr. *Seirḗnides* 'Sirene'] s. m. pl. (sing. *-e*) ● Sireni.

†**siri** ● V. *sire*.

siriaco [vc. dotta, dal lat. *Syrĭacu(m)*, dal gr. *Syriakós*, da *Syría* 'Siria'] **A** agg. (pl. m. *-ci*) ● Dell'antica Siria: *arte siriaca* | *Chiesa siriaca*, quella propria della Siria e della Mesopotamia, dalla quale si staccarono varie chiese autonome. **B** s. m. solo sing. ● Lingua letteraria della chiesa siriaca.

siriàno A agg. ● Della Siria, moderno Stato arabo: *territorio s.* **B** s. m. (f. *-a*) ● Abitante, nativo della Siria. **C** s. m. solo sing. ● Lingua araba moderna della Siria.

sirice [vc. scient. moderna, adattamento irr. del lat. *Sīren*, genit. *Sirēnis* 'Sirena'] s. m. ● Genere di grossi insetti imenotteri siricidi che vivono spec. nelle foreste di regioni fredde e temperate (*Sirex*).

Sirìcidi [da *sirice*] s. m. pl. ● Nella tassonomia animale, famiglia di Insetti degli Imenotteri con corpo robusto, allungato, munito di lunghe antenne, le cui femmine depongono le uova nei tronchi degli alberi (*Siricidae*) | (al sing. *-e*) Ogni individuo di tale famiglia.

sirima o **sirma** [vc. dotta, dal lat. *sȳrma* (nom. acc. nt.), dal gr. *sýrma*, genit. *sýrmatos* 'veste tragica, strascico', poi 'coda della strofe', connesso con *sýrein* 'trascinare', di origine indeur.] s. f. ● (*ling.*) Nella metrica italiana, seconda parte della stanza di canzone, talora divisibile in due parti uguali o volte.

siringa (*1*) o (*pop., tosc.*) †**scilinga**, †**sciringa** [vc. dotta, dal lat. tardo *syrĭnga(m)*, variante del classico *sȳrinx*, dal gr. *sŷrinx*, genit. *sýringos* 'siringa, zampogna', di etim. incerta] s. f. *1* Strumento musicale a fiato, formato di uno o più canne tenute insieme da cera o corda, usato spec. dagli antichi pastori della Grecia. ➡ ILL. **musica**. *2* Cilindro di vetro con stantuffo per iniezioni | *S. a perdere, usa e getta*, siringa sterilizzata di materiale plastico, che si getta dopo l'uso. *3* Arnese a stantuffo usato in cucina per introdurre la crema nei bignè o per decorare variamente le torte.

siringa (*2*) [vc. scient. moderna, dal gr. *sŷrinx*, genit. *sýringos* 'zampogna'] s. f. ● (*bot.*) Lilla.

siringàre [da *siringa* (*1*)] v. tr. (*io sirìngo, tu sirìnghi*) *1* (*med.*) Introdurre una siringa in una cavità naturale dell'organismo per svuotarla o per immettervi sostanze medicamentose: *s. la sinovia.* *2* (*med., raro*) Cateterizzare.

siringatùra s. f. ● Operazione del siringare.

sirìnge [vc. dotta, dal lat. *sȳrinx*, genit. *syrĭngis*, dal gr. *sŷrinx*, genit. *sýringos* 'zampogna, cannello'. V. *siringa* (*1*)] s. f. ● (*zool.*) Organo vocale degli uccelli.

sìrma [variante di *sirima*] s. f. *1* V. *sirima*. *2* Nell'antica Grecia, lunga veste con strascico, tipica degli attori tragici.

siro [dal lat. *Sȳru(m)*, dal gr. *Sýros* 'Siro, della Siria'] **A** agg. ● (*lett.*) Siriaco. **B** s. m. (f. *-a*) ● Abitante, nativo dell'antica Siria.

†**siròcchia** o †**seròcchia** [lat. *sorŏcula(m)*, dim. di *sŏror*, genit. *sorōris* 'sorella'. V. *sorella, suora*] s. f. ● Sorella: *non aveva costui altri che una s.* (MACHIAVELLI).

†**sirocchiévole** [da *sirocchia*] agg. ● (*raro*) Di sorella. || †**sirocchievolménte**, avv. Da sorella, con affetto di sorella.

†**siròcco** ● V. *scirocco*.

siròppo ● V. *sciroppo*.

sirtaki /sir'taki, *gr. mod.* sirta'ki/ [vc. gr., dim. (-*-aki*) di *syrtós* 'tipo di danza'] s. m. inv. ● Danza popolare greca originaria dell'isola di Creta | Musica dal ritmo cadenzato che accompagna tale danza.

sirte [vc. dotta, dal lat. *Sȳrte(m)*, dal gr. *Sýrtis*, genit. *Sýrtidos* 'Sirte'] s. f. *1* Bassofondo di sabbie mobili, pericoloso per la navigazione. *2* (*fig., lett.*) Pericolo, insidia.

sìrtico [vc. dotta, dal lat. *Sȳrticu(m)*, da *Sȳrtis* 'Sirte'] agg. (pl. m. *-ci*) ● Della Sirte, delle Sirti.

sirventése o **serventése** [dal provz. *sirventes*, da *sirven* 'servente', propriamente 'poesia da servi' o 'poesia del trovatore servente al signore'] s. m. ● Componimento strofico di origine provenzale, di contenuto originariamente politico, poi morale, religioso e sim.

sis- ● V. *sin-*.

sìṣal [dal porto di *Sisal* nello Yucatán (Messico)] s. f. *1* Fibra tessile ricavata dalle foglie di una varietà di agave. *2* Varietà di agave dalle cui foglie si ricava la fibra omonima (*Agave sisalana*).

†**sìṣamo** ● V. *sesamo*.

sìṣaro [lat. parl. **sīsaru(m)*, variante di *sīser*, genit. *sīseris* (nt.), dal gr. *sísaron* 'pastinaca', di etim. incerta] s. m. ● (*bot.*) Pastinaca.

siṣìfo [dal lat. *Sīsiphu(m)*, dal gr. *Sísyphos* 'Sisifo'] s. m. ● Genere di insetti coleotteri coprofagi, di modeste dimensioni e con lunghe zampe (*Sisyphus*).

sì signóre /'si ssiɲ'ɲore/ ● V. *sissignore*.

sìṣma ● V. *sismo*.

siṣmicità [da *sismico*] s. f. ● Caratteristica di una regione di essere soggetta a frequenti scosse di terremoto.

sìṣmico [da *sismo*] agg. (pl. m. *-ci*) ● Che si riferisce ai sismi: *movimento s.* | *Zona, regione, sismica*, colpita più frequentemente dai terremoti | *Carta sismica*, in cui sono riportate le zone sismiche | *Lampo s., boato s.*, lampo, boato, che spesso accompagnano terremoti.

sìṣmo o **sìṣma** [vc. dotta, dal gr. *seismós* 'scossa', da *séiein* 'scuotere', di origine indeur.] s. m. ● Movimento della crosta terrestre. SIN. Terremoto.

sìṣmo-, -sìṣmo o (*raro*) **sèiṣmo-** solo come primo elemento [dal gr. *seismós* 'scossa (di terremoto)', dal v. *séiein* 'scuotere', di origine indeur.] primo o secondo elemento ● In parole scientifiche composte, fa riferimento a movimento tellurico, a terremoto: *sismografo, sismologia, sismologo*; *bradisismo*.

siṣmografìa [comp. di *sismo-* e *-grafia*] s. f. ● Tecnica di registrazione dei fenomeni sismici basata sull'impiego dei sismografi e sull'ottenimento di sismogrammi.

siṣmogràfico agg. (pl. m. *-ci*) ● Di, relativo a sismografia: *registrazione sismografica*.

siṣmògrafo [comp. di *sismo-* e *-grafo*] s. m. ● Strumento di osservazione e registrazione delle vibrazioni della crosta terrestre: *s. verticale, orizzontale*.

siṣmogràmma [comp. di *sismo-* e *-gramma*] s. m. (pl. *-i*) ● Diagramma tracciato da un sismografo mentre si manifesta il movimento tellurico.

siṣmologìa [comp. di *sismo-* e *-logia*] s. f. ● Parte della geofisica che studia le scosse telluriche e oceaniche e le oscillazioni secondarie della crosta terrestre.

siṣmològico agg. (pl. m. *-ci*) ● Di sismologia.

siṣmòlogo [comp. di *sismo-* e *-logo*] s. m. (f. *-a*; pl. m. *-gi*) ● Studioso di sismologia.

sissignóre o **sì signóre** (anche nelle forme *sissignóri, sissignóra, sissignóre* se ci si rivolge a più persone maschili o a una o più persone femminili) [comp. di *sì* (*1*) e *signore*] avv. *1* (*ints.*) Sì (si usa come risposta affermativa rivolgendosi a un superiore o a persona di riguardo): *s., vado subito.* *2* (*fam., iron.*) Certo, proprio così: *l'ho detto e lo ripeto, s.!*; *s.! faccio proprio quello che voglio.*

sissìzio [vc. dotta, dal gr. *syssítion* 'banchetto comune', connesso con *syssitéin*, comp. di *sýn* 'insieme' e *sitéin* 'mangiare', da *sítos* 'grano, cibo', di etim. incerta] s. m. ● (*spec. al pl.*) Pasti in comune che usavano fare i cittadini greci di origine dorica e ai quali contribuivano versando cibarie e una certa somma.

sistàltico [vc. dotta, dal lat. tardo *systăltĭcu(m)*, dal gr. *systaltikós* 'contraente', connesso con *systéllein* 'restringere', comp. di *sýn* 'insieme' e *stéllein* 'porre'] agg. (pl. m. *-ci*) ● (*med., raro*) Sistolico.

sistèma [vc. dotta, dal lat. tardo *systēma* (nom. acc. nt.), dal gr. *sýstēma*, genit. *systḗmatos*, propriamente 'riunione', da *synistánai* 'riunire', comp. di *sýn* 'insieme' e *histánai* 'porre', dalla radice indeur. **sthā-* 'stare'] s. m. (pl. *-i*) **I** Pluralità di elementi materiali coordinati tra loro in modo da formare un complesso organico soggetto a date regole. *1* (*astron.*) Insieme di corpi celesti appartenenti a un unico complesso organico | *S. solare*, costituito dal Sole e dai pianeti che orbitano attorno ad esso. ➡ ILL. p. 830, 831 SISTEMA SOLARE. *2* Insieme di organi, animali o vegetali, che svolgono una funzione vitale ben definita: *s. nervoso, respiratorio*; *s. fogliare* | *S. immunitario*, V. *immunitario*. SIN. Apparato. *3* Insieme di organi, meccanismi, elementi strutturali e sim. destinati a utilizzazioni tecniche: *s. di pulegge, di ingranaggi*; *s. di navigazione aerea* | (*mil.*) *S. d'arma*, complesso comprendente un'arma, l'ordigno offensivo che essa è atta a lanciare, e le apparecchiature destinate ad acquisire il bersaglio, a calcolare i dati di tiro e a trasmetterli all'arma o all'ordigno. *4* (*geol.*) Complesso di rocce formatesi durante un periodo: *s. cretacico, eocenico* | (*geogr.*) *S. orografico, montuoso*, insieme di montagne di una data zona, aventi caratteristiche analoghe | *S. idrografico, fluviale*, insieme dei fiumi di una data zona. *5* (*econ.*) *S. bancario*, insieme degli istituti bancari operanti in un dato paese | *S. monetario*, complesso delle monete aventi corso legale in uno Stato o in un'unione di Stati | *S. economico nazionale*, complesso delle attività produttive di beni e servizi, dei rapporti economici e sociali e degli indirizzi di politica economica, che caratterizza la vita economica di un dato paese. **II** Pluralità di elementi astratti coordinati fra loro. *1* (*mat.*) Insieme di enti, i quali solitamente sono a loro volta degli insiemi: *s. di curve, di superfici* | *S. di equazioni*, insieme di equazioni simultanee, le cui soluzioni sono cioè le soluzioni contemporanee di tutte le equazioni. *2* (*fis.*) Corpi, elementi o enti che, per essere considerati cumulativamente o per le loro proprietà, costituiscono un insieme: *s. di punti* | *S. elastico*, che permette qualche modificazione negli elementi o nelle parti che lo compongono | *S. rigido*, che non permette alcuna modificazione | *S. di coordinate*, sistema di riferimento, atto a individuare, mediante un insieme ordinato di numeri, un ente geometrico | *S. di riferimento*, insieme di elementi, origine, assi, unità di misura e sim., variabile da caso a caso, che permette di associare a ogni ente geometrico un ente analitico. *3* (*chim.*) Insieme di una o più fasi | *S. omogeneo*, che contiene una sola fase | *S. eterogeneo*, con più fasi. *4* (*ling.*) Insieme di elementi in reciproco rapporto fra di loro: *s. fonematico, morfologico*. *5* (*etn., antrop.*) L'insieme dei termini e delle relazioni di parentela vigenti presso una determinata popolazione. *6* (*mus.*) Insieme di regole che governano i rapporti armonici: *s. modale, tonale, dodecafonico* | *S. perfetto*, nell'antica musica greca, quello che arrivava a includere due ottave. **III** Pluralità di elementi coordinati fra loro secondo un determinato metodo allo scopo di servire a una data operazione. *1* Insieme dei dati convenzionalmente stabiliti che consentono di misurare una grandezza: *s. di misura* | *S. metrico decimale*, sistema di misura basato sul principio della suddivisione dell'unità in sottomultipli, il cui rapporto con l'unità sia un multiplo di dieci | *S. CGS*, sistema assoluto di unità di misura, avente per unità fondamentali il centimetro, il grammo e il secondo | *S. Internazionale*, sistema assoluto di unità di misura avente per unità fondamentali il metro, il kilogrammo, il secondo, l'ampere, il kelvin, la candela e la mole. *2* *Scienza dei sistemi*, disciplina che studia i sistemi viventi, socioeconomici e materiali, considerati come entità concettuali o fisiche costituite da elementi interdipendenti, rappresentandoli mediante modelli matematici realizzati e analizzati con ampio impiego dell'elaboratore elettronico, scegliendo e attuando azioni di intervento atte a raggiungere gli obiettivi ottimali prefissati. SIN. Sistemistica | *Ingegneria dei sistemi*, scienza dei sistemi applicata ai sistemi materiali che sono almeno in parte opera dell'uomo e sono suscettibili di controllo da parte sua, allo scopo di determinare le modalità con cui possono assolvere correttamente alle funzioni a cui sono destinati | (*elab.*) *S. per l'elaborazione dei dati*, insieme di apparecchiature, destinato all'elaborazione dei dati | *S. a schede perforate per l'elaborazione dei dati*, costituito da macchine che accettano come unico supporto dei dati le schede perforate | *S. elettronico per l'elaborazione dei dati*, composto da una unità centrale e di elaborazione alla quale sono collegate unità di entrata e di uscita dei dati e unità di memoria ausiliarie | *S. di trattamento automatico delle informazioni*, qualunque insieme di apparecchiature che permette il trattamento automatico di informazioni opportunamente formalizzate e materializzate negli opportuni supporti | (*elab.*) *S. esperto*, programma di elaborazione in grado di assistere l'utente, in modo interattivo, nella soluzione di uno specifico problema | (*elab.*) *Analisi dei sistemi*, studio che ha lo scopo di determinare se, in quale misura e come si deve usare un elaboratore elettronico per progettare un nuovo sistema e che si svolge attraverso la definizione del problema, l'indagine sui sistemi esistenti, l'analisi dei risultati per definire i requisiti del nuovo sistema, la sua progettazione in modo da utilizzare efficacemente ed economicamente l'hardware e il software esistente, e la sua diffusione, realizzazione e manutenzione. *3* In ragioneria, complesso di scritture che hanno un dato scopo e oggetto: *s. del reddito*; *s. patrimoniale*; *s. della partita semplice, della partita doppia*. **IV** Pluralità di elementi disposti secondo determinati criteri di ordinamento, classificazione, e sim. *1* (*miner.*) Ciascuno dei gruppi in cui si suddividono i cristalli secondo la forma. *2* (*chim.*) *S. periodico degli elementi*, classificazione degli elementi chimici, in base al loro numero atomico e alla forma massima di combinazione, con disposizione degli stessi elementi in serie orizzontali, dette periodi, e verticali, dette gruppi, che mettono in evidenza certe proprietà essenziali ricorrenti. **V** Complesso di teorie, principi, ragionamenti e sim. logicamente connessi e riferentisi a uno stesso argomento o attività. *1* Insieme dei principi ispiratori della disciplina relativa a un istituto o complesso di istituti: *s. di segregazione cellulare*; *s. processuale inquisitorio* | *S. elettorale*, metodo previsto dalla legge per l'elezione delle assemblee rappresentative | *S. costituzionale*, modo di organizzazione dei poteri supremi dello Stato | (*anton.*) Insieme di principi ideali, valori, norme che condizionano e governano un modello di società, comunità e sim.: *integrarsi nel s.*; *contestare il s.* *2* (*filos.*) Complesso organizzato di idee o di dottrine interdipendenti che si lasciano dedurre da un principio unico o da un piccolo numero di principi. *3* Teoria matematica o filosofica che si propone di spiegare il meccanismo dei sistemi astronomici: *s. tolemaico*; *s. copernicano*. *4* Metodo seguito nel fare, realizzare, organizzare q.c.: *s. di fortificazione*; *nuovi sistemi di riscaldamento, illuminazione, irrigazione*; *i vari sistemi di coltivazione*. *5* Metodo che tende a razionalizzare i giochi incentrati su pronostici: *molti si illudono di avere un s. sicuro per vincere al Totocalcio* | Nel calcio, schieramento tattico ideato dagli Inglesi e introdotto in Italia negli anni Quaranta, basato su una diversa marcatura degli attaccanti avversari e su una maggiore verticalità del centrocampo e dell'attacco, rispetto all'altra tecnica di gioco chiamata *metodo* (V.). *6* (*fig.*) Ordine che si segue nelle proprie azioni, regola di condotta: *s. di vita*; *avere, adottare, seguire, un s.*; *cambiare, mutare, s.* | (*est.*) Consuetudine, attitudine: *fare q.c. per s.*; *avere il s. di fare q.c.* *7* (*fig., fam.*) Modo, maniera: *bel s.*; *brutto s.*; *che s. sarebbe?*; *questo non è il s. di studiare*; *se non cambi adotterò il s. forte*.

sistemàre [da *sistema*] **A** v. tr. (*io sistèmo*) *1* (*raro*) Ridurre, organizzare, un sistema: *s. lo Stato, l'amministrazione*. *2* Ordinare, mettere in assetto: *s. la casa, le proprie cose, i conti* | Mettere al proprio posto, disporre: *s. i libri sullo scaffale*. *3* Risolvere, definire: *s. una faccenda, una lite*. *4* (*est.*) Dare un alloggio adeguato: *ha sistemato la famiglia in un grande appartamento*. *5* Procurare un'occupazione, un lavoro: *ha sistemato il figlio in banca*; *bisogna aiutarla a s. il marito*. *6* Far sposare, spec. in modo economicamente vantaggioso: *ha sistemato tutte le figlie*. *7* (*fam.*) Dare una punizione, un castigo: *se non studi ti sistemo io*; *il padre l'ha sistemato per le feste*. **B** v. rifl. *1* Trovare un alloggio adeguato: *ci siamo sistemati in una villa* | Mettersi, accomodarsi: *s. sulla poltrona*. *2* Trovare un'occupazione, un lavoro: *si è sistemato alle Poste*. *3* Sposarsi: *quella ragazza si sistemerà presto*; *si è sistemato con una bella ragazza*.

sistemàta [da *sistemare*] s. f. ● Veloce e sommaria sistemazione, spec. per fare ordine o rassettare: *dare una s. all'archivio*.

sistemàtica [f. sost. di *sistematico*] s. f. ● Branca della biologia che studia le norme e i procedimenti che consentono di classificare gli organismi viventi in base ai loro caratteri.

sistematicità s. f. ● Qualità di ciò che, di chi è sistematico.

sistemàtico [vc. dotta, dal lat. tardo *systemàticu(m)*, dal gr. *systēmatikós*, da *sýstēma*, genit. *systḗmatos* 'sistema'] **A** agg. (pl. m. *-ci*) *1* Che si riferisce al, a un sistema | Che è conforme a un sistema: *metodo, ordine, s.* | *Unità sistematiche*, in biologia, i generi, le famiglie, gli ordini, animali o vegetali. *2* Che si svolge secondo un sistema: *classificazione sistematica* | (*est.*) Regolare: *fatto, fenomeno, s.* *3* (*filos.*) Che costituisce o tende a costituirsi in un sistema. *4* Rigido e tenace nell'attenersi a un sistema, detto di persona: *studioso, ricercatore, s.*; *mente sistematica*. *5* Fatto per principio, in modo preconcetto: *opposizione sistematica*. || **sistematicaménte**, avv. *1* In modo sistematico, rigoroso: *portare a termine un progetto sistematicamente*. *2* Troppo rigidamente: *rifiutò sistematicamente ogni confronto*. **B** s. m. (f. *-a*) ● Studioso che si occupa della classificazione degli esseri viventi.

sistematizzàre [da *sistematico*] v. tr. ● Rendere sistematico, regolare secondo criteri sistematici.

sistematizzazióne s. f. ● Atto, effetto del sistematizzare.

sistemazióne s. f. ● Atto, effetto del sistemare o del sistemarsi: *s. definitiva, provvisoria*; *buona, cattiva s.*

sistèmico agg. (pl. m. *-ci*) *1* Relativo a un sistema, proprio di un sistema, che interessa un sistema | (*fisiol.*) *Circolazione sistemica*, circolazione del sangue arterioso attraverso le arterie, i capillari e le vene, dal ventricolo sinistro all'atrio destro | (*med.*) *Malattia sistemica*, quella che interessa la totalità o una parte di un sistema o di un apparato organico di un organismo superiore | (*farm.*) *Farmaco per via sistemica*, quello che, dopo il suo assorbimento, agisce raggiungendo le sedi di azioni desiderate, trasportato dal sistema ematico | (*agr.*) *Malattia sistemica*, malattia parassitaria in cui il parassita attacca tutti gli organi della pianta | (*chim.*) *Insetticida s.*, insetticida che è innocuo a una pianta o a un animale superiore ma viene assorbito nella corrente della linfa o del sangue rendendo l'intero organismo tossico per artropodi quali gli afidi, gli acari e le zecche | (*ling.*) *Linguistica sistemica*, quella avente per oggetto la struttura profonda della frase, e cioè la sua organizzazione a livello astratto. *2* Sistemistico | *Approccio s.*, analisi dei sistemi. || **sistemicaménte**, avv.

sistemista [da *sistema*, nel sign. V 5] **A** s. m. e f. (pl. m. *-i*) *1* Giocatore di concorsi a pronostico che effettua le giocate secondo un sistema. *2* Esperto in ingegneria dei sistemi | (*elab.*) Esperto in analisi dei sistemi. **B** agg. ● (*sport*) Nel calcio, *squadra s.*, che applica la tattica del sistema.

sistemistica [da *sistema*] s. f. ● Scienza dei sistemi.

sistemistico agg. (pl. m. *-ci*) ● Di, relativo alla, sistemistica, alla scienza dei sistemi: *problema s.*

sistilo [vc. dotta, dal gr. *sýstylos* 'a colonne fitte' (lat. *systȳlus*), comp. di *sýn* 'insieme' e *-stilo*] s. m. ● (*arch.*) Misura dell'intercolunnio con distanza tra una colonna e l'altra di due diametri.

sistino agg. ● Relativo a uno dei papi di nome Sisto | *Cappella Sistina*, quella fatta edificare da Sisto IV nei palazzi vaticani.

sistola [sovrapposizione del lat. *fĭstula* 'tubo' a un deriv. dal lat. *sĭtula(m)* 'secchia' (?)] s. f. ● Tubo di canapa impermeabile, gomma o plastica, munito di chiavetta metallica, per innaffiare o per estinguere incendi.

sistole [vc. dotta, dal gr. *systolḗ* 'contrazione', da *systéllein* 'contrarre', comp. di *sýn* 'insieme' e *stéllein* 'porre'] s. f. *1* (*med.*) Fase di contrazione del muscolo cardiaco. CFR. Diastole. *2* (*ling.*) Nella metrica latina abbreviamento di vocale normalmente lunga | Nella metrica italiana, spostamento dell'accento per ragioni ritmiche verso l'inizio della parola: *dai quai per tanto spazio oggi mi dívido* (SANNAZZARO).

sistòlico agg. (pl. m. *-ci*) ● (*med.*) Relativo a sistole: *soffio s.*

sistro [dal lat. *sīstru(m)*, dal gr. *sêistron*, connesso con *séiein* 'scuotere', di origine indeur.] s. m. ● Antico strumento musicale sacro al culto di Iside, consistente in una lamina metallica ripiegata, con manico, attraversata da verghe mobili che risuonano alla scossa.

sitar [da una vc. urdu] s. m. ● Strumento musicale indiano, simile al liuto.

sitàre [da *sito (2)*] v. intr. (oggi dif. dei tempi composti) ● (*lett., tosc.*) Mandare cattivo odore: *s. di muffa*.

sitarista s. m. e f. (pl. m. *-i*) ● Suonatore di sitar.

sitibóndo [vc. dotta, dal lat. tardo *sitibŭndu(m)* 'assetato', da *sĭtis* 'sete'] agg. *1* (*lett.*) Che ha sete, assetato. *2* (*lett., fig.*) Avido, bramoso: *s. di onori, di potere*; *sono venuto ... per cercar libertà ... assai s. dopo tanti guai* (CAMPANELLA).

sit-in /ingl. 'sit in/ [vc. ingl., comp. del v. sostantivo *sit* 'atto di sedere' e *in* 'dentro' con valore loc. di stato] loc. sost. m. inv. (pl. ingl. *sit-ins*) ● Raduno di dimostranti che, stando seduti per terra, occupano luoghi pubblici a scopo di protesta.

sitiofobia ● V. *sitofobia*.

sitiologia ● V. *sitologia*.

sitiòlogo ● V. *sitologo*.

sitiomania ● V. *sitomania*.

†sitire [vc. dotta, dal lat. *sitīre* 'aver sete', da *sĭtis* 'sete'] v. tr. e intr. (dif. dei tempi composti) ● Avere sete, brama di q.c.: *Sangue sitisti, ed io di sangue t'empio* (DANTE *Purg.* XII, 57).

sito (1) [dal lat. *sĭtu(m)* 'positura', da *sĭnere* 'porre, lasciare', di origine indeur.] s. m. *1* †Situazione, posizione. *2* (*lett.*) Luogo, località: *alcuni siti lontani*. *3* In balistica, dislivello dell'obiettivo rispetto all'orizzonte del pezzo | *Linea di s.*, congiungente la bocca da fuoco puntata con il segno | *Angolo di s.*, tra la linea di sito e l'orizzonte del pezzo. *4* (*biol.*) Localizzazione nelle strutture organiche della sede di importanti processi biologici | (*farm.*) *S. di azione di un antibiotico*, nelle cellule batteriche, il punto in cui un farmaco interferisce con i processi vitali dei batteri stessi.

sito (2) [dal lat. *sĭtu(m)* 'muffa', propriamente 'abbandono, trascuratezza', come il precedente (V.)] s. m. ● (*tosc.*) Cattivo odore, tanfo: *sull'aia stagnava ... un s. umano e di truppe* (BACCHELLI). || **sitaccio**, pegg. | **siterèllo**, dim.

sito (3) [vc. dotta, dal lat. *sĭtu(m)*, part. pass. di *sĭnere* 'porre, lasciare', di origine indeur.] agg. ● Situato, posto, collocato: *la casa è sita in via Roma*.

sito- [dal gr. *sîtos* 'grano, cibo'] primo elemento ● In parole scientifiche composte, significa 'cibo' o indica relazione con cibo: *sitomania*.

sitofobia o **sitiofobia** [comp. di *sito-* e *-fobia*] s. f. ● Avversione morbosa per il cibo.

sitologia o **sitiologia** [comp. di *sito-* e *-logia*] s. f. ● Scienza dell'alimentazione.

sitòlogo o **sitiòlogo** [comp. di *sito-* e *-logo*] s. m. (pl. *-gi*) ● Studioso di sitologia.

sitomania o **sitiomania** [comp. di *sito-* e *-mania*] s. f. ● Bisogno insaziabile di mangiare.

†situagióne ● V. *situazione*.

†situaménto s. m. ● Atto del situare.

situàre [vc. dotta, dal lat. mediev. *situāre*, dal classico *sĭtus* 'positura'. V. *sito (1)*] **A** v. tr. (*io sìtuo*) ● Porre, collocare (anche in senso fig.): *l'albergo è situato sulla costa*; *la villa è situata a oriente*; *s. uno scrittore nel suo contesto culturale*. **B** v. intr. pron. ● Porsi, collocarsi (anche in senso fig.): *un pittore che si situava nella corrente impressionista*.

situation comedy /ingl. sitju'eiʃən 'kɔmədi/ [loc. ingl., propr. 'commedia (*comedy*) di situazioni (*situation*)'] loc. sost. f. inv. (pl. ingl. *situation come-*

dies) ● Serie di telefilm girati sempre negli stessi ambienti, con personaggi che vivono situazioni di vita quotidiana e generalmente divertenti.

situàto part. pass. di *situare*; anche agg. ● Nel sign. del v.

situazionàle agg. ● Che concerne una situazione | (*ling.*) *Contesto s.*, insieme di condizioni extralinguistiche (psicologiche, sociali, culturali) che condizionano l'emissione e la comprensione di espressioni linguistiche in determinati momenti e luoghi | (*ling.*) *Programma s.*, schema di insegnamento delle lingue che prevede diverse situazioni in cui possono collocarsi differenziati usi della lingua appresa.

situazióne o (*raro*) †**situagióne** [da *situare*] s. f. **1** Condizione, stato, di qc. o di q.c.: *la presente s.*; *la s. politica del paese* | *S. contabile*, prospetto che si forma con tutti i saldi dei conti in un determinato momento | *S. economica*, ciò che si riferisce alla redditività aziendale | *S. finanziaria*, capacità dell'azienda di far fronte a impegni con incassi | *S. mercantile*, prospettive di collocamento della produzione aziendale | *S. patrimoniale*, elenco di tutte le attività, passività e capitale netto di un'azienda in un determinato momento. **2** Circostanza, complesso di circostanze: *essere, trovarsi, in una brutta s.*; *mettersi nella s. di qc.*; *nella tua s. io partirei* | *Essere, mostrarsi, all'altezza della s.*, sapersi comportare nel modo più adatto alla circostanza in cui ci si trova. **3** (*filos.*) Complesso delle interazioni tra l'uomo e il mondo. **4** (*ling.*) Contesto situazionale. **5** Dislocazione, forza ed efficienza di una unità, in un determinato momento operativo, in rapporto alle forze amiche e nemiche | *S. della forza*, documento amministrativo, ai fini della paga e del vettovagliamento. **6** †Posizione.

sìtula [vc. dotta, lat. *sītula(m)* (V. *secchia*)] s. f. ● (*archeol.*) Vaso in metallo o in argilla a forma di tronco di cono, poggiante sulla parte stretta, con o senza manici, diffusosi dall'antico Egitto e dalla Grecia al mondo etrusco e romano.

sivè [adattamento del fr. (*lièvre en*) *civet* '(lepre col) sugo di cipolle', da *cive* 'cipolla', che è il lat. *cāepa(m)*] s. m. ● (*sett.*) Lepre in civet.

sivièra [vc. sett., dal lat. parl. **cibāria(m)*, f. sost. dell'agg. lat. *cibārius*, da *cĭbus* 'cibo'; propriamente 'cesto per i cibi'] s. f. ● Secchione metallico, rivestito di materiale refrattario, nel quale viene colato dal forno il metallo liquido, per colarlo poi nelle forme.

sizìgia o (*evit.*) **sigizia** [dal lat. tardo *syzȳgia(m)*, dal gr. *syzygía* 'congiunzione', *sýzygos* 'accoppiato', da *sýn* 'insieme' e *zygón* 'giogo', di origine indeur.] s. f. (pl. *-gie*) **1** (*ling.*) Dipodia | Triade lirica. **2** (*al pl.*, *astron.*) Posizioni dell'orbita della Luna in cui questa si trova in congiunzione o in opposizione al Sole.

sizigiàle o (*evit.*) **sigiziàle**. agg. ● (*astron.*) Relativo o che si verifica alle sizigie: *marea s.*

sìzio [adattamento del lat. *sĭtio*, prima pers. sing. del pres. indic. di *sitīre* 'aver sete', da *sĭtis* 'sete'. La sua popolarità deriva dal testo evangelico, secondo il quale tra le ultime parole pronunciate da Gesù crocifisso vi fu anche: 'ho sete'] s. m. ● (*tosc.*) Fatica, lavoro gravoso, spec. nelle loc. *essere, mettersi, tornare, venire*, e sim. *al s.*

sìzza [di origine onomat. (?)] s. f. ● (*tosc.*) Vento molto freddo: *senti che s.!*; *soffia una s. che toglie il respiro.* || **sizzétta**, dim. | **sizzettìna**, dim. | **sizzolìna**, dim.

ska /*ingl.* ska:/ [etim. incerta] s. m. inv. ● (*mus.*) Tipo di reggae molto sincopato e accompagnato da ottoni che ha favorito la diffusione del genere fuori dalla Giamaica, specie in Gran Bretagna.

skài ® s. m. ● Nome commerciale di un tipo di similpelle usata in valigeria e per ricoprire divani, poltrone e sim.

skate-board /*ingl.* 'skeit bɔ:d/ [vc. ingl., comp. di *skate* 'pattino' e *board* 'asse' (entrambe d'origine germ.)] s. m. inv. (pl. ingl. *skate-boards*) ● Specie di monopattino a quattro piccole ruote senza appoggio per le mani.

skating /*ingl.* 'skeitiŋ/ [vc. ingl., gerundio di *to skate* 'pattinare'. V. *schettinare*] s. m. inv. **1** Pattinaggio, su ghiaccio e a rotelle. **2** Nello sci di fondo, passo pattinato. **3** Tendenza del braccio del giradischi a spostarsi verso l'interno del disco.

skeet /*ingl.* ski:t/ [vc. ingl. di etim. incerta] s. m. inv. ● (*sport*) Particolare gara di tiro al piattello nella quale il concorrente, che ha a disposizione un solo colpo per ogni bersaglio, deve sparare da otto postazioni diverse.

skeleton /*ingl.* 'skelitn/ [vc. ingl., propriamente 'scheletro', per la semplicità della sua struttura] s. m. inv. ● Slitta monoposto a pattini d'acciaio che sviluppa notevole velocità.

sketch /*ingl.* sketʃ/ [vc. ingl., a sua volta deriv., attraverso l'ol. *schets*, dall'it. *schizzo*] s. m. inv. (pl. ingl. *sketches*) ● Breve numero comico parlato, o parlato e cantato, eseguito da uno o più attori nel teatro di varietà.

ski /ski, *norv.* ʃi:/ ● V. *sci*.

ski-bob /*ingl.* 'ski: bɔb/ [vc. ingl., comp. di *ski* 'sci' e *bob*] s. m. inv. (pl. ingl. *ski-bobs*) ● Veicolo leggero per scivolare sulla neve, costituito da una specie di slitta che si guida mediante un manubrio stando seduti su un sellino. SIN. Bicicletta da neve.

skiff /*ingl.* skif/ [Cfr. *schifo* (2)] s. m. inv. ● Nel canottaggio, singolo.

ski-lift /ski'lift, *ingl.* 'ski: lift/ o **skilift** [vc. ingl., comp. di *ski* 'sci' e *lift* 'ascensore'] s. m. inv. ● Sciovia.

skiman /*ingl.* 'ski:mən/ [comp. di *ski* 'sci' e *man* 'uomo' (d'origine germ.)] s. m. inv. (pl. ingl. *skimen*) ● (*sport*) Addetto all'assistenza tecnica di un campione di sci nelle competizioni sportive.

skimmer /*ingl.* 'skimə*/ [vc. ingl., propriamente 'scrematore', da *to skim* 'scremare' (forse dal fr. ant. *escumer* 'schiumare')] s. m. inv. ● Dispositivo che nelle piscine aspira ogni impurità depositata sulla superficie dell'acqua.

skin /skin/ s. m. e f. inv. ● Acrt. di *skinhead*.

skinhead /*ingl.* 'skin hed/ [vc. ingl. di orig. gergale, propr. 'testa (*head*) rasata fino alla pelle (*skin*)'] s. m. e f. inv. ● Appartenente a un movimento giovanile, sorto in Gran Bretagna negli anni Settanta, che professa simpatie filo-naziste, si caratterizza per il cranio rasato a zero e per le manifestazioni di fanatismo, violenza o razzismo. SIN. Testa rasata.

skinneriàno [da B. F. *Skinner*, psicologo americano] **A** agg. ● Proprio dello psicologo B. F. Skinner (1904-1990) e della sua opera. **B** s. m. ● Seguace, sostenitore delle idee di B. F. Skinner.

ski-pass /*ingl.* 'ski: pa:s/ o **skipass** [vc. ingl., comp. di *ski* 'sci' e *pass* 'passaggio'] s. m. inv. ● Tessera personale di libera circolazione su tutti gli impianti di una determinata zona sciistica: *ski-pass settimanale, stagionale*.

skipper /*ingl.* 'skipə*/ [vc. ingl., dal medio basso ted. *schipper*, da *schip* 'nave'] s. m. inv. ● (*mar.*) Comandante di piccolo mercantile | Chi dirige la manovra di una barca a vela in regata.

ski-roll /*ingl.* 'ski: roul/ [vc. ingl., comp. di *ski* 'sci' e *roll* 'rullo', quest'ultimo dal fr. ant. *rolle*, dal lat. *rŏtulu(m)*, dim. di *rŏta* 'ruota'] s. m. inv. ● (*sport*) Ognuno dei due piccoli sci da fondo montati su rotelle sui quali è possibile percorrere tracciati stradali o campestri | L'attività sportiva nella quale si usano tali attrezzi.

ski-stopper /*ingl.* 'ski:-stɔpə*/ [vc. ingl., comp. di *ski* 'sci' e *stopper* 'che ferma, arresta' (V. *stopper*)] s. m. inv. (pl. ingl. *ski-stoppers*) ● Dispositivo gener. metallico a due punte che, applicato agli sci in corrispondenza dello scarpone, in caso di apertura dell'attacco di sicurezza sporge dal profilo dello sci arrestandolo.

skunk /*ingl.* skʌŋk/ [vc. ingl., dall'algonchino *segongue* 'moffetta'] s. m. inv. **1** (*zool.*) Moffetta. **2** (*est.*) Pelliccia di moffetta.

skylab /*ingl.* 'skai læb/ [comp. ingl., propr. 'laboratorio (*lab* per *laboratory*) del cielo (*sky*)'] s. m. inv. ● Laboratorio spaziale attrezzato ed equipaggiato per ricerche ed esperimenti tecnici e scientifici.

skylight /*ingl.* 'skailait/ [vc. ingl., comp. di *sky* 'cielo' e *light* 'luce'] s. m. inv. ● Filtro fotografico che permette di migliorare le riprese in esterni.

ṣlabbràre [da *labbro*, con *s-*] **A** v. tr. ● Rovinare, rompere, ai labbri, agli orli: *s. una tazza, un tessuto* | Lacerare i margini di una ferita. **B** v. intr. (aus. *essere* e *avere*) ● Traboccare: *l'acqua slabbrò dal secchio.* **C** v. intr. pron. ● Subire una rottura o una lacerazione agli orli, ai labbri o ai margini.

ṣlabbràto part. pass. di *slabbrare*; anche agg. ● Nei sign. del v.

ṣlabbratùra s. f. ● Atto, effetto dello slabbrare | Parte slabbrata.

ṣlacciàre [da *laccio*, con *s-*] **A** v. tr. (*io ṣlàccio*) ● Sciogliere dal laccio, da ciò che allaccia: *s. i bottoni della giacca*; *slacciati il cappotto.* **B** v. intr. pron. ● Sciogliersi da ciò che allaccia: *la camicia continua a slacciarsi.* **C** v. rifl. ● †Sciogliersi dai lacci.

ṣladinàre [vc. d'origine sett., da *ladino* 'facile, scorrevole', con *s-*. V. *ladino* (2)] v. tr. **1** (*mecc.*, *raro*) Rodare: *s. un meccanismo, un motore.* **2** (*est.*, *dial.*) Allenare: *s. un reparto.*

ṣladinatùra s. f. ● (*raro*) Atto, effetto dello sladinare.

ṣlàlom [vc. norv., comp. di *sla* 'piegato' e *lăm* 'traccia dello sci'] s. m. inv. **1** (*sport*) Nello sci, gara di discesa lungo un tracciato delineato da una serie di passaggi obbligati segnati da coppie di paletti | *S. speciale*, gara che si disputa su di un percorso di notevole pendenza in cui vengono disposte 55-75 porte a tre o quattro metri l'una dall'altra | *S. gigante*, gara che si disputa su di un percorso molto maggiore di quello dello slalom speciale con un minor numero di porte più distanziate fra loro (V. anche *supergigante*) | *S. parallelo*, gara di slalom speciale in cui due concorrenti alla volta scendono contemporaneamente su due percorsi paralleli e quasi identici, su cui si alternano nelle due manche. **2** In altre specialità sportive, ogni percorso segnato da passaggi obbligati o da ostacoli da superare: *canoa da s.* | *Fare lo s.*, (*fig.*) evitare, eludere ostacoli o problemi.

ṣlalomìsta s. m. e f. (pl. m. *-i*) ● Specialista delle gare di slalom.

slam (1) /*ingl.* slæm/ [vc. ingl., di etim. incerta] s. m. inv. **1** Nel bridge, serie di dodici o tredici prese di carte effettuate in una manche dalla stessa coppia di giocatori: *piccolo, grande, s.* **2** *Grande s.*, nel tennis, la vittoria, nella stessa stagione e da parte di un unico giocatore, nei quattro principali tornei internazionali (Open d'Australia; Roland Garros, a Parigi; Wimbledon, a Londra; Flushing Meadows, a New York).

ṣlam (2) /zlam, *ingl.* slæm/ [vc. ingl., di origine onomat.] inter. ● Riproduce il rumore di una porta sbattuta violentemente.

ṣlamàre (1) [da *lama* 'motta di terra', con *s-*] v. intr. (aus. *essere*) ● Smottare.

ṣlamàre (2) [da *amo*, col pref. *s-* (la *l* è forse analogica su parole come *slargare*, *slogare* ecc.)] **A** v. tr. ● Togliere un pesce dall'amo quando lo si è pescato: *s. un pesce.* **B** v. intr. pron. ● Liberarsi dall'amo, detto del pesce: *il pesce si è slamato.*

ṣlanatùra [comp. parasintetico di lana, col pref. *s-*] s. f. ● Nell'industria laniera, operazione mediante la quale si separa la lana dalle pelli degli animali morti o macellati.

ṣlanciaménto s. m. ● (*raro*) Atto dello slanciare o dello slanciarsi.

ṣlanciàre [da *lanciare*, con *s-*] **A** v. tr. (*io ṣlàncio*) ● (*raro*) Lanciare con impeto. **B** v. rifl. ● Gettarsi con impeto e accanimento (*anche fig.*): *slanciarsi nella mischia, contro il nemico, all'assalto*; *slanciarsi nel commercio.* **C** v. intr. pron. ● Protendersi: *la torre si slancia verso l'alto.*

ṣlanciàto (1) part. pass. di *slanciare*; anche agg. ● Nei sign. del v.

ṣlanciàto (2) [calco semantico sul fr. *élancé* 'slanciato'] agg. ● Che ha corporatura alta e snella: *ragazza, figura, slanciata.*

ṣlàncio s. m. **1** Atto dello slanciarsi: *con uno s. fu sul treno* | *Prendere lo s.*, prendere la rincorsa | *Di s.*, di scatto, con un balzo. SIN. Scatto. **2** (*sport*) Nel sollevamento pesi, alzata del bilanciere sino al petto e successivamente al di sopra del capo a braccia tese | In ginnastica, movimento per il quale si passa dalla posizione di appoggio a quella di sospensione: *s. in sospensione*; *s. in sospensione frontale*; *s. in sospensione dorsale.* **3** (*fig.*) Impeto, impulso irrefrenabile: *uno s. di passione, di amore, di affetto.* **4** *S. vitale*, nella filosofia di H.-L. Bergson, forza omogenea che penetra nella materia e, orientandosi in molteplici direzioni divergenti, realizza in essa il mondo organico. **5** Aspetto slanciato: *lo s. di un palazzo.*

ṣlàndra [vc. milan. d'origine incerta (forse da avvicinare a *malandrino*)] s. f. ● (*dial.*) Ragazza poco seria.

slang /*ingl.* slæŋ/ [vc. ingl., propriamente 'gergo', di etim. incerta] s. m. inv. ● Linguaggio particolare di determinate categorie, classi, gruppi di persone, usato in luogo di quello usuale perché più espressivo e immediato.

slapstick /*ingl.* 'slæpstik/ [vc. ingl. 'spatola, bastone'] s. m. inv. ● Genere di cinema o teatro in cui l'effetto comico viene ottenuto con azioni violente e rapide, quali lanci di torte in faccia, cadute, inseguimenti e sim.

ṣlargaménto s. m. ● Atto dello slargare o dello slargarsi (*anche fig.*).

ṣlargàndo [propriamente gerundio di *slargare*] s. m. inv. ● (*mus.*) Indicazione che avverte di allargare il tempo.

ṣlargàre [da *largo*, con *s-*] **A** v. tr. (*io ṣlàrgo, tu ṣlàrghi*) ● Accrescere in larghezza, in ampiezza: *s. una porta, una strada* | (*raro, fig.*) *S. il cuore*, consolare, rendere felice. **B** v. intr. pron. *1* Diventare più largo. *2* Lasciare maggiore larghezza, non rimanere stretti: *slargatevi un po', così entro anch'io.*

ṣlargatùra s. f. ● Slargamento | Punto slargato.

ṣlàrgo [da *slargare*] s. m. (pl. *-ghi*) ● Punto in cui si allarga una strada, un terreno, o sim.

†**ṣlàscio** [adattamento dell'ant. fr. *eslais* 'slancio', sul modello di *rilascio, lasciare*; V. *a slais* 'con tutte le proprie forze'] s. m. ● (*lett.*) Rilascio | *A s.*, senza ritegno, con impeto.

slat /*ingl.* slæt/ [vc. ingl., propr. 'assicella', dalla vc. germ. **slaitan* 'fendere'] s. m. inv. ● (*aer.*) Sorta di ipersostentatore posto sul bordo delle ali per ritardare lo stallo e migliorare la controllabilità dell'aereo.

ṣlatinàre [da *latino*, con *s-*] v. intr. (aus. *avere*) ● (*scherz., spreg.*) Citare passi latini, mescolare parole latine nel discorso.

ṣlatinàta s. f. ● Atto dello slatinare.

ṣlattaménto s. m. ● Modo e atto dello slattare.

ṣlattàre [calco su *allattare*, con cambio di pref. (*s-*)] v. tr. ● Levare il latte materno: *s. un bambino.* SIN. Divezzare, svezzare.

ṣlattàto part. pass. di *slattare*; anche agg. ● Nel sign. del v.

ṣlattatùra s. f. ● (*raro*) Slattamento.

ṣlavàto [da *lavato*, con *s-*] agg. *1* Che ha un colore sbiadito, smorto, scialbo: *occhi di un azzurro s.; tinta slavata.* *2* (*fig.*) Che manca di vivacità, forza espressiva: *stile, narratore s.; figure slavate.*

ṣlavatùra s. f. ● Qualità di chi, di ciò che è slavato | Cosa, parte, slavata.

ṣlavìna [da *lavina*, con *s-*] s. f. ● Massa di neve che scivola da un pendio montano.

ṣlaviṣmo [comp. di *slavo* e *-ismo*] s. m. *1* Parola o locuzione di origine slava. *2* Tendenza degli slavi a costituirsi in unità.

ṣlavìsta [da *slavo*] s. m. e f. (pl. m. *-i*) ● Chi si occupa di slavistica.

slavìstica [da *slavista*] s. f. ● Studio comparativo delle lingue, letterature e culture degli slavi.

slavizzàre **A** v. tr. ● Rendere slavo: *s. un paese* | *S. una lingua*, introdurvi slavismi. **B** v. intr. pron. ● Acquistare modi slavi.

ṣlavizzazióne s. f. ● Atto, effetto dello slavizzare.

ṣlàvo [dal lat. mediev. *Slāvu(m)*, adattamento dell'originario etnico slavo. V. *schiavo*] **A** agg. ● Che si riferisce ai popoli che abitano la parte orientale dell'Europa: *popolazioni slave* | *Lingue slave*, gruppo di lingue della famiglia indoeuropea. **B** s. m. (f. *-a*) ● Chi fa parte di un popolo slavo: *slavi orientali, meridionali, occidentali.* **C** s. m. solo sing. ● Lingua slava.

ṣlàvo-, -ṣlàvo primo o secondo elemento ● In parole composte, fa riferimento alle popolazioni di razza slava, alla loro cultura e civiltà: *slavofilia, slavofobo; iugoslavo.*

ṣlavofilìa [comp. di *slavo-* e *-filia*] s. f. ● Simpatia per la cultura, civiltà e popolazione slava.

slavofiliṣmo [da *slavofilia*] s. m. ● Movimento culturale russo di ispirazione romantica sviluppatosi nella prima metà del sec. XIX, che propugnava il ritorno alla tradizione popolare e religiosa russa in forte polemica con il pensiero occidentale.

ṣlavòfilo [comp. di *slavo-* e *-filo*] agg.; anche s. m. (f. *-a*) ● Che, chi dimostra simpatia per gli slavi.

ṣlavofobìa [comp. di *slavo-* e *-fobia*] s. f. ● Antipatia, avversione, odio per la cultura, civiltà, popolazione slava.

ṣlavòfobo [comp. di *slavo-* e *-fobo*] agg.; anche s. m. (f. *-a*) ● Che, chi dimostra antipatia, avversione, odio per gli slavi.

ṣlavòfono [comp. di *slavo-* e *-fono*] agg.; anche s. m. (f. *-a*) ● Che, chi parla slavo.

ṣleàle [da *leale*, con *s-*] agg. *1* Che manca di lealtà, di senso dell'onore, di onestà: *uomo, avversario s.* CONTR. Leale. *2* Che è fatto in modo sleale: *atto, mezzo s.* | *Concorrenza s.*, che si vale di mezzi scorretti allo scopo di danneggiare gli altri concorrenti. CONTR. Leale. || **slealménte**, avv. In modo sleale, senza lealtà.

ṣlealtà s. f. ● Qualità di chi, di ciò che è sleale.

ṣlèbo [ingl. *slab* 'piastra', vc. d'origine oscura] s. m. ● (*metall.*) Bramma.

slèdog /'zlɛdog/ [vc. ingl., propr. 'slitta (*sled*, di orig. germ.) trainata dal cane (*dog*, di orig. incerta)'] s. m. inv. ● (*sport*) Gara di slitte trainate da una muta di cani, gener. husky.

sleeping-car /*ingl.* 'sli:piŋ ka:/ [vc. ingl., comp. di *sleeping*, propriamente gerundio di *to sleep* 'dormire', e *car* 'carrozza'] s. m. inv. (pl. ingl. *sleeping-cars*) ● (*ferr.*) Vagone letto.

ṣlegaménto s. m. ● Modo e atto dello slegare, dell'essere slegato (*spec. fig.*).

ṣlegàre [da *legare*, con *s-*] **A** v. tr. (*io ṣlégo, tu ṣléghi*) *1* Sciogliere da un legame: *s. un pacco, il cane dalla catena.* *2* (*fig., lett.*) Liberare: *s. l'immaginazione.* **B** v. intr. pron. ● Sciogliersi da un legame: *i cavalli si sono slegati.* **C** v. rifl. ● (*raro, lett., fig.*) Liberarsi: *sì com'om che dal sonno si slega* (DANTE *Purg.* XV, 119).

ṣlegàto part. pass. di *slegare*; anche agg. *1* Nei sign. del v. *2* Non rilegato: *libro s.* *3* (*fig.*) Sconnesso, non coerente: *idee, frasi, slegate; concetti slegati.*

ṣlegatùra s. f. *1* Atto, effetto dello slegare. *2* (*fig.*) Sconnessione.

ṣlégo [prob. dev. di *slegare*] s. m. (pl. *-ghi*) ● (*gerg.*) Ballo veloce e convulso | (*gerg.*) Corsa velocissima.

ṣlembàre [da *lembo*, con *s-*] v. intr. (*io ṣlémbo*; aus. *essere*) ● Non essere in pari, pendere con un lembo da una parte, detto di orli, coperte, e sim.: *la coperta slemba a sinistra.*

ṣlentàre [da *allentare*, con cambio di pref. (*s-*)] v. tr. e intr. pron. (*io ṣlènto*) ● (*tosc.*) Allentare (*anche fig.*): *s. il busto, la briglia.*

ṣlentatùra s. f. ● (*raro*) Atto dello slentare.

ṣléppa [vc. onomat.] s. f. *1* (*dial.*) Schiaffo, sberla. *2* (*dial., fig.*) Grande quantità.

slice /*ingl.* slais/ [vc. ingl., propr. 'fetta', da *to slice* 'tagliare a fette'] **A** s. m. inv. ● (*sport*) Nel tennis, ping pong e sim., rotazione, effetto che si imprime alla palla affinché questa descriva una traiettoria tendente a farla uscire lateralmente dal campo di gioco dopo il rimbalzo | Colpo eseguito imprimendo alla palla tale effetto. **B** anche agg. inv.: *servizio, rotazione s.*

slide /*ingl.* 'slaid/ [vc. ingl., da *to slide* 'scivolare, scorrere' (d'origine germ.)] s. m. inv. ● Diapositiva, filmina.

slinky /*ingl.* 'sliŋki/ [vc. ingl., prob. da *to slink* 'strisciare' (d'origine germ.)] s. f. inv. (pl. ingl. *slinkies*) ● Molla elicoidale di acciaio lunga, sottile, molto flessibile ed elastica, usata come giocattolo e come modello didattico in esperimenti sulle oscillazioni.

ṣlip [vc. ingl., da *to slip* 'scivolare, scorrere', propriamente 'indumento che s'infila con facilità'] s. m. inv. ● Mutandine cortissime sgambate, anche da bagno. || **slippino**, dim.

ṣliricàto [da *lirico*, con *s-*] agg. ● (*lett.*) Che ha perso il lirismo, la liricità.

ṣlitta [dal longob. *slita*] s. f. *1* Veicolo privo di ruote, a trazione animale o a mezzo fune, che si sposta generalmente su superfici ghiacciate o innevate. *2* (*gener.*) Congegno scorrevole | *S. del tornio*, gruppo scorrevole su guide rettilinee al quale è fissato l'utensile. *3* Parte superiore degli affusti a deformazione sulla quale scorre la massa rinculante costituita dalla bocca da fuoco e da parte degli organi elastici. || **slittina**, dim. | **slittino**, dim. m. (V.).

ṣlittaménto s. m. *1* Atto, effetto dello slittare (*anche fig.*) | *S. monetario*, perdita progressiva del valore di una moneta. *2* (*ling.*) Fenomeno per il quale un elemento fonetico o semantico è sostituito da un equivalente vicino.

ṣlittàre [da *slitta*] v. intr. (aus. *avere* nel sign. 1, *essere* e *avere* nei sign. 2, 3, 4, 5) *1* Andare in slitta. *2* Scivolare su superfici bagnate, gelate, o sim. per mancanza di attrito, detto spec. di autoveicoli: *la macchina slitta sulla neve* | Girare su se stesse, a vuoto, per mancanza di attrito, detto delle ruote di autoveicoli. *3* (*fig.*) Allontanarsi dalla linea di condotta tradizionalmente seguita, spec. nell'ambito politico: *il partito tende a s. a sinistra; una corrente che slitta verso posizioni più avanzate.* *4* (*fig.*) Ribassare, detto di monete: *la sterlina continua a s.* *5* (*fig.*) Tardare, scorrere, scivolare a data successiva: *l'uscita del dizionario è slittata di sei mesi.*

ṣlittino s. m. *1* Dim. di *slitta.* *2* Tipo di slitta, a uno o due posti, con pattini d'acciaio, che il guidatore, seduto o sdraiato, dirige spostando il peso del corpo e frena con i talloni o le punte delle scarpe di tipo speciale.

ṣlittovìa [comp. di *slitta* e *via*, sul modello di *funivia*] s. f. ● Funicolare terrestre nella quale il veicolo, una slitta, corre su di una pista di neve.

ṣlivoviz [dal ted. *Sliwowitz*, adattamento (con sovrapposizione di *Witz* 'alcol, spirito') del serbo-croato *šljivovica*, da *šljiva* 'prugna'] s. m. inv. ● Distillato di prugne, molto diffuso nella penisola balcanica, in Austria e, in Italia, nel Friuli.

ṣlòca [dal sanscrito *śloka-* 'distico', propriamente 'suono, inno', di origine indeur., attraverso l'ingl. *sloka*] s. m. (pl. *-chi*) ● Distico dell'antico indiano, con versi di sedici sillabe e ritmo determinato.

ṣlogaménto s. m. ● Atto dello slogare | (*raro*) Slogatura.

ṣlògan /'zlɔgan, *ingl.* 'slougən/ [vc. ingl., dallo scozzese *sluagh-ghairm* 'grido (*ghairm*) di guerra (*sluagh*)'] s. m. inv. ● Breve frase che esprime in modo sintetico ed efficace un concetto, usato nella propaganda e nella pubblicità.

ṣlogàre [da *l(u)ogo*, con *s-*, propriamente 'togliere dal suo luogo'] **A** v. tr. (*io ṣlògo, tu ṣlòghi*) ● Produrre una slogatura. **B** v. intr. pron. ● Riportare una slogatura: *mi si è slogata una mano.*

ṣlogàto part. pass. di *slogare*; anche agg. *1* Nei sign. del v. *2* Che è capace di movimenti eccezionalmente ampi e liberi.

ṣlogatùra [da *slogare*] s. f. ● Nell'uso com., distorsione o lussazione articolare.

ṣloggiaménto s. m. ● (*raro*) Atto dello sloggiare.

ṣloggiàre [calco su *alloggiare*, con cambio di pref. (*s-*)] **A** v. tr. (*io ṣlòggio*) ● Cacciare da un alloggio, da un luogo: *il padrone di casa ha sloggiato gli inquilini; s. il nemico da una posizione, da una zona.* **B** v. intr. (aus. *avere*) ● Andarsene da un alloggio, da un luogo: *s. da un appartamento* | Abbandonare una posizione occupata | (*fam.*) Andarsene: *sloggia di qui che ho da fare.*

ṣlòggio s. m. ● (*raro*) Atto dello sloggiare.

ṣlombàre [da *lombo*, con *s-*] **A** v. tr. (*io ṣlómbo*) ● (*raro*) Sfiancare, indebolire: *questo lavoro mi ha slombato.* **B** v. intr. pron. ● Sfiancarsi, indebolirsi: *slombarsi a lavare un pavimento.*

ṣlombàto part. pass. di *slombare*; anche agg. *1* Nei sign. del v. *2* (*fig.*) Fiacco, debole: *la slombata prosa settecentesca* (CROCE). *3* Dilombato.

ṣlontanaménto [da *slontanare*] s. m. ● (*raro*) Allontanamento.

ṣlontanàre [da *allontanare*, con cambio di pref. (*s-*)] v. tr. e intr. pron. ● (*raro*) Allontanare.

sloop /*ingl.* slu:p/ [vc. ingl., dall'ol. *sloep* (prn. *slup*) passato nel fr. *chaloupe* e poi nell'it. *scialuppa* (V.)] s. m. inv. *1* (*mar.*) Piccola nave a vela del XVII-XVIII sec. | Piccola nave da guerra di scorta e di vigilanza, usata nella prima guerra mondiale. *2* (*mar.*) Piccola e media imbarcazione da diporto a vela, armata a cutter | *S. Marconi*, yacht a un albero con un solo fiocco, in testa d'albero.

slop /*ingl.* slɔp/ [vc. ingl., propr. 'acqua sporca, brodaglia'] s. m. inv. ● (*chim.*) Miscela di prodotti di scarto della raffinazione del petrolio che viene unita al petrolio grezzo per essere sottoposta a una ulteriore raffinazione.

slot /*ingl.* slɔt/ [vc. ingl. d'origine germ.] s. m. inv. ● (*aer.*) Regolatore a fessura del flusso d'aria praticato sul bordo d'attacco alare allo scopo di abbassare la velocità di stallo e migliorare la controllabilità dell'aereo.

slot-machine /*ingl.* 'slɔt mə'ʃi:n/ [vc. ingl., comp. di *slot* 'fessura, scanalatura', e *machine* 'macchina'] s. f. inv. (pl. ingl. *slot-machines*) ● Apparecchio automatico o semiautomatico a gettone o a monete, installato in un pubblico locale, per il gioco d'azzardo.

ṣlovàcco [dallo slovacco *Slovák*] **A** agg. (pl. m. *-chi*) ● Della Slovacchia. **B** s. m. (f. *-a*) ● Abitante della Slovacchia. **C** s. m. solo sing. ● Lingua del gruppo slavo parlata nella Slovacchia.

ṣlovèno [adattamento dallo sloveno *slovenski*] **A** agg. ● Della Slovenia. **B** s. m. (f. *-a*) ● Abitante della Slovenia. **C** s. m. solo sing. ● Lingua del gruppo slavo parlata nella Slovenia.

slow /zlo, *ingl.* slou/ [vc. ingl., propriamente 'lento'] s. m. inv. ● Fox-trot o ritmo lento.

slum /zlam, *ingl.* slʌm/ [vc. ingl., di etim. incerta] s. m. inv. ● Quartiere di case povere e malsane.

ṣlumacàre [da *lumacare*, con *s-*] v. tr. (*io ṣlumàco, tu ṣlumàchi*) ● Allumacare.

ṣlumacatùra [da *slumacare*] s. f. ● Allumacatura.

ṣlumàre [da *(al)lumare* 'guardare attentamente' da *lumi* 'occhi' con *s-* intensivo] v. tr. ● (*gerg.*) Sbirciare, adocchiare | Guardare attentamente. SIN. Lumare (2).

ṣlungàre [da *lungo*, con *s-*] **A** v. tr. (*io ṣlùngo, tu ṣlùnghi*) ● Rendere più lungo, allungare. **B** v. intr. pron. *1* Allungarsi, prolungarsi. *2* Dilungarsi. *3* †Allontanarsi.

ṣlungatùra s. f. ● (*raro*) Atto dello slungare o dello slungarsi.

ṣlurp /zlurp, *ingl.* slə:p/ [vc. ingl., di origine onomat.] inter. ● Riproduce il rumore che si fa mangiando ingordamente o pregustando q.c. di succulento.

ṣlustràre [da *lustrare*, con *s-*] v. tr. ● (*raro*) Togliere il lustro.

†ṣmaccàre [di etim. discussa: dal longob. *smahh(j)an* 'rendere piccolo, basso' (?)] v. tr. ● Svergognare, umiliare | *S. una cosa*, avvilirla, svilirla.

ṣmaccàto part. pass. di *†smaccare*; anche agg. *1* Nei sign. del v. *2* Troppo dolce, nauseante: *dolce s.* *3* (*fig.*) Esagerato, eccessivo: *adulazione smaccata; lodi smaccate.* ‖ **ṣmaccataménte**, avv. ● In modo esagerato, sfacciato.

ṣmacchiàre (1) [da *macchiare*, con *s-*] v. tr. (*io ṣmàcchio*) ● Togliere le macchie.

ṣmacchiàre (2) [da *macchia*, con *s-*] **A** v. tr. (*io ṣmàcchio*) ● (*raro*) Tagliare la macchia, disboscare. **B** v. intr. ● †Uscire dalla macchia.

ṣmacchiàto part. pass. di *smacchiare (1)*; anche agg. ● Nel sign. del v.

ṣmacchiatóre s. m. (f. *-trice*, tosc. *-tora* nel sign. 1) *1* Chi per mestiere smacchia i vestiti. *2* Sostanza usata per eseguire la smacchiatura.

ṣmacchiatùra [da *smacchiare (1)*] s. f. ● Operazione che ha per scopo di togliere le macchie dai tessuti.

ṣmàcchio [dev. di *smacchiare (2)*] s. m. ● (*raro*) Atto di smacchiare, nel sign. di *smacchiare (2)*.

ṣmàcco [da *smaccare*] s. m. (pl. *-chi*) ● Insuccesso, sconfitta umiliante: *subire uno s.; non aver vinto è stato per lui un grave s.* | *†Fare uno s. a qc.*, svergognarlo.

†ṣmàcio ● V. *†smagio*.

ṣmack /zmak, *ingl.* smæk/ [vc. ingl., di origine onomat.] inter. ● Riproduce il rumore che si fa baciando qc. o q.c. impetuosamente, con slancio e in modo sonoro.

†ṣmacràre ● V. *smagrare*.

ṣmadonnàre [da *madonna* nel senso di 'bestemmia' con *s-* ints.] v. intr. (*io ṣmadònno*; aus. *avere*) ● (*gerg.*) Bestemmiare, imprecare.

†ṣmagaménto s. m. ● Atto, effetto, dello smagare o dello smagarsi.

†ṣmagàre [lat. parl. **exmagāre*, dal got. *magan* 'potere', con *ĕx* (*s-*)] **A** v. tr. ● Indebolire, sbigottire, turbare. **B** v. intr. pron. ● (*lett.*) Smarrirsi, distogliersi, distrarsi: *tu ti smaghi / di buon proponimento* (DANTE *Purg.* X, 106-107).

ṣmagàto part. pass. di *†smagare*; anche agg. *1* †Nei sign. del v. *2* (*lett.*) Svagato, astratto dalla realtà: *il passionato e s. incanto della fortuna* (BACCHELLI).

†ṣmàgio o **†ṣmàcio**, **†ṣmiàcio** [adattamento del fr. *hommage* 'omaggio', con *s-* (?)] s. m. ● (*spec. al pl., tosc.*) Smanceria.

ṣmagliànte A part. pres. di *†smagliare (2)*; anche agg. ● Nei sign. del v. **B** agg. *1* Splendente, rifulgente: *colori, tinte smaglianti.* *2* (*fig.*) Acceso di viva e intensa luminosità: *una bellezza s.; la accolse con uno s. sorriso.*

ṣmagliàre (1) [da *maglia*, con *s-* sottratt. V. *magliare*] **A** v. tr. (*io ṣmàglio*) *1* Rompere le maglie: *s. una corazza.* *2* Sciogliere dalle maglie: *s. le balle.* *3* Disfare le maglie: *lo spillo mi ha smagliato le calze.* *4* (*raro*) Provocare smagliature sulla cute: *il parto le ha smagliato la pelle.* **B** v. intr. pron. *1* Rompersi, disfarsi, detto delle maglie, spec. di calze femminili: *queste calze si smagliano con facilità.* *2* Presentare smagliature, detto della cute: *col parto le si è smagliata la pelle.*

†ṣmagliàre (2) [di etim. discussa: dall'ant. fr. *esmal(t)*, dal francone *smalt* 'smalto', propriamente 'brillare come smalto' (?)] v. intr. (aus. *avere*) ● Brillare, risplendere, scintillare.

ṣmagliàto part. pass. di *smagliare (1)*; anche agg. *1* Nei sign. del v. *2* Che presenta smagliature: *calza, pelle, smagliata.*

ṣmagliatùra s. f. *1* Atto, effetto dello smagliare, nel sign. di *smagliare (1)* | Negli indumenti a maglia, rottura dovuta al disfacimento di una o più maglie: *ha una s. nella calza.* *2* (*med.*) Linea atrofica che si presenta sulla cute a causa di un cedimento dello strato elastico: *smagliature del ventre.* *3* (*fig.*) Mancanza di continuità, di coesione, fra le varie parti di un insieme: *il film mostra varie smagliature.*

ṣmagnetizzàre [da *magnetizzare*, con *s-*] **A** v. tr. ● (*fis.*) Privare del magnetismo. **B** v. intr. pron. ● Perdere la magnetizzazione.

ṣmagnetizzatóre [da *smagnetizzare*] **A** s. m. ● (*fis.*) Apparecchio atto a smagnetizzare un corpo. **B** anche agg. (f. *-trice*): *testina smagnetizzatrice.*

ṣmagnetizzazióne s. f. ● (*fis.*) Atto, effetto dello smagnetizzare.

ṣmagràre o **†ṣmacràre**. v. tr., intr. e intr. pron. (aus. intr. *essere*) ● (*raro*) Smagrire.

ṣmagriménto s. m. ● Atto, effetto dello smagrire o dello smagrirsi.

ṣmagrìre [da *magro*, con *s-*] **A** v. tr. (*io ṣmagrìsco, tu ṣmagrìsci*) ● Rendere magro: *la malattia lo ha smagrito* | *S. un fiume*, renderlo povero di acqua | *S. un terreno*, esaurire le sostanze che lo rendono fertile. **B** v. intr. e intr. pron. (aus. *essere*) ● Divenire magro, dimagrire: *con la malattia è molto smagrito; si smagrisce con continui digiuni.*

ṣmagrìto part. pass. di *smagrire*; anche agg. ● Nei sign. del v.

ṣmaliziàre [da *malizia*, con *s-*] **A** v. tr. (*io ṣmalìzio*) ● Privare dell'ingenuità, rendere più esperto, più scaltro: *le nuove amicizie lo hanno smaliziato.* **B** v. intr. pron. ● Divenire più scaltro, esperto: *smaliziarsi in un lavoro.*

ṣmaliziàto part. pass. di *smaliziare*; anche agg. ● Nei sign. del v.

ṣmalizzìre v. tr. e intr. pron. (*io ṣmalizzìsco, tu ṣmalizzìsci*) ● (*raro*) Smaliziare.

ṣmallàre [da *mallo*, con *s-*] v. tr. ● Privare le noci del mallo | (*est.*) Privare della buccia.

ṣmaltaménto s. m. ● (*raro*) Atto dello smaltare.

ṣmaltàre [da *smalto*] **A** v. tr. *1* Ricoprire di smalto: *s. un vaso, una padella di ferro; smaltarsi le unghie.* *2* (*lett., fig.*) Coprire, cospargere di colori brillanti, smaglianti. **B** v. intr. pron. ● (*raro, lett.*) †Ornarsi: *le valli e i campi che si smaltano / di color mille* (SANNAZARO).

ṣmaltàto part. pass. di *smaltare*; anche agg. ● Nei sign. del v.

ṣmaltatóre A s. m. (f. *-trice*) *1* Chi smalta | Orafo che fa lavori di smalto. *2* Operaio addetto alla smaltatura. **B** agg. ● *Pressa smaltatrice*, smaltatrice.

ṣmaltatrìce [f. di *smaltatore*] s. f. ● (*fot.*) Attrezzo per ottenere, generalmente mediante calore, la smaltatura delle fotografie.

ṣmaltatùra s. f. *1* Atto, effetto dello smaltare | Smalto applicato. *2* (*fot.*) Procedimento per ottenere una superficie lucida sulle copie fotografiche.

ṣmalterìa [da *smalto*] s. f. ● Fabbrica di oggetti smaltati.

†ṣmalticóso agg. ● (*raro*) Facile da smaltire.

ṣmaltiménto s. m. ● Modo, atto dello smaltire.

ṣmaltìre [dal got. *smaltijan* 'fondere'; V. il ted. *schmelzen* 'rendere fluido'] v. tr. (*io ṣmaltìsco, tu ṣmaltìsci*) *1* Digerire: *è difficile s. questo cibo; è un cibo duro da s.* | (*fig.*) Far passare: *s. la sbornia.* *2* (*raro, fig.*) Tollerare, sopportare: *s. un'ingiuria, un'offesa, un dolore.* *3* Vendere completamente, liquidare: *in pochi giorni smaltì tutte le confezioni.* *4* Dare sfogo, scolo, ad acque, immondizie e sim.: *un canale per s. le acque di scarico.*

ṣmaltìsta s. m. e f. (pl. m. *-i*) ● Artigiano, artista, che decora in smalto.

ṣmaltìte [comp. di *smalto* e *-ite (2)*] s. f. ● Arseniuro di cobalto in incrostazioni microcristalline di color grigio chiaro e dalla lucentezza metallica.

ṣmaltìto part. pass. di *smaltire*; anche agg. ● Nei sign. del v.

ṣmaltitóio [da *smaltire*] s. m. ● Luogo in cui si dà esito alle acque superflue o sporche, in modo che vengano assorbite dal terreno.

ṣmaltitóre s. m.; anche agg. (f. *-trice*) ● Chi, che smaltisce: *canale, fosso, s.*

ṣmàlto [dal francone *smalt*, vc. tecnica della ceramica, dal ted. *Schmelz* 'smalto'] s. m. *1* Massa vetrosa di composizione varia generalmente opaca, colorata o no, usata per rivestire e decorare superfici metalliche o ceramiche | *Oggetto a s.*, smaltato. *2* Oggetto smaltato, spec. artistico: *Palazzo Pitti vanta una bella collezione di smalti.* *3* *S. per unghie*, cosmetico femminile usato per colorare o rendere brillanti le unghie. *4* (*med.*) Sostanza dura, bianca, che ricopre la corona dentaria. *5* (*al pl., arald.*) Nome generico dei metalli e dei colori. *6* †Impasto di ghiaia, calce e acqua, per rivestire pavimenti e muri in pietra. *7* (*lett.*) Cosa dura come smalto: *vedete che madonna ha 'l cor di s.* (PETRARCA). *8* (*fig.*) Capacità combattiva, alto rendimento, impeto agonistico, spec. nella loc. *perdere lo s.*: *la squadra di calcio ha perso lo s.; oggi gli atleti non hanno lo s. dei giorni migliori.* *9* (*lett.*) †Cosa che si stende come smalto: *si ritrova in sull'erboso s.* (ARIOSTO). *10* †Lastrico, nella loc. *rimanere in su lo s.*

ṣmammàre [vc. region., prob. da *mamma*, con *s-*] v. intr. (aus. *avere*) ● (*dial., pop.*) Levarsi di torno, andarsene via: *su ragazzi, smammate!*

ṣmammolàrsi [da *mammolo*, con *s-*] v. intr. pron. (*io mi ṣmàmmolo*) ● (*raro, tosc.*) Struggersi, intenerirsi | *S. dalle risa*, ridere di gusto.

ṣmanacciàre o (*dial.*) **ṣmanazzàre** [da *mano*, con suff. iter.-ints. e *s-*] v. intr. (*io ṣmanàccio*; aus. *avere*) ● (*fam.*) Muovere le mani, gesticolare troppo, parlando, lavorando, e sim. | Respingere alla meglio il pallone con le mani in una gara sportiva.

ṣmanacciàta o (*dial.*) **ṣmanazzàta**. s. f. ● (*raro*) Atto dello smanacciare | Colpo dato con la mano.

ṣmanaccióne o (*dial.*) **ṣmanazzóne**. s. m. (f. *-a*) ● (*fam.*) Chi è solito smanacciare.

ṣmanazzàre e *deriv.* ● V. *smanacciare* e *deriv.*

ṣmancerìa [dall'ant. *smanziere* (V.)] s. f. ● (*spec. al pl.*) Leziosaggini, svenevolezze, moine: *non sopporto le smancerie; non fare tante smancerie.*

ṣmanceróso o **†ṣmanzeróso**, **†ṣmanzieróso**. agg. ● Che fa smancerie, che è pieno di smancerie. SIN. Affettato, lezioso, smorfioso.

ṣmandrappàto [forse da *gualdrappato* con *s-* neg.] agg. ● (*gerg.*) Malvestito, malmesso, male in arnese | Malridotto, sfinito, spossato.

ṣmanettàre [prob. da *manetta* nel sign. 2, col pref. *s-*] v. intr. (aus. *avere*) ● (*gerg.*) Azionare continuamente la manopola dell'acceleratore della motocicletta così da correre a gran velocità.

ṣmanettóne [da *smanettare*] s. m. (f. *-a*) ● (*gerg.*) Chi continua a smanettare.

ṣmangiàre [da *mangiare*, con *s-*] **A** v. tr. (*io ṣmàngio*) ● (*raro*) Consumare, corrodere. **B** v. intr. pron. ● (*raro*) Consumarsi, corrodersi (*anche fig.*): *smangiarsi per la rabbia.*

ṣmangiatùra s. f. ● (*raro*) Atto, effetto dello smangiare.

ṣmàngio [da *smangiare*] s. m. ● In tipografia, lembo di pagina rimasto non impresso.

ṣmangiucchiàre ● V. *mangiucchiare.*

ṣmània o **iṣmània** [da *smaniare*] s. f. *1* Agitazione, inquietudine, fisica e psichica dovute a impazienza, tensione, nervosismo, fastidio, e sim.: *avere, sentirsi, la s.*; *avere una gran s.*; *avere la s. addosso*; *dare, mettere, la s. a qc.*; *mettere la s. addosso a qc.*; *Quella, per Nino, fu la stagione della s.* (MORANTE). **2** (*fig.*) Desiderio intenso: *avere la s. di andarsene*; *s. di successo, di divertimenti*.

†**ṣmaniaménto** s. m. ● Smania.

ṣmaniàre [di etim. discussa: lat. *imaginãre* 'rappresentare', con *s-* (?)] v. intr. (*io ṣmànio*; aus. *avere*) **1** Agitarsi, dare in ismanie: *s. per la febbre, per il caldo*; *ha smaniato tutta la notte*. **2** (*fig.*) Desiderare fortemente: *smania di partire*; *io smaniavo di averla finalmente accanto* (SVEVO).

†**ṣmaniatùra** s. f. ● (*raro*) Smania.

ṣmanicàre [da *manico*, con *s-*] **A** v. tr. (*io ṣmànico, tu ṣmànichi*) ● Levare, rompere il manico: *s. un tegame*. **B** v. intr. pron. ● (*raro*) Rompersi, sfilarsi, detto del manico.

ṣmanicàrsi [da *manica*, con *s-*] v. rifl. (*io mi ṣmànico, tu ti ṣmànichi*) ● (*raro*) Rimboccarsi le maniche.

ṣmanicatùra [da *smanicare*] s. f. ● Lo spostare la mano sul manico di uno strumento ad arco, per ottenere suoni più acuti.

ṣmanieràto [da *maniera*, con *s-*] agg. ● Che non ha buone maniere, sgarbato.

†**ṣmanìglia** o (*raro*) †**maniglia** [dallo sp. *manilla* 'braccialetto', dim. dal lat. *mãnu(m)* 'mano', con *s-*] s. f. ● Braccialetto d'oro con pietre preziose su sfondo di velluto nero | (*gener.*) Monile.

ṣmanigliàre [calco su *ammanigliare*, con cambio di pref. (*s-*)] v. tr. (*io ṣmaniglio*) ● (*mar.*) Disgiungere un pezzo di catena da un altro, o dall'ancora.

†**ṣmaniglio** o (*raro*) †**maniglio**. s. m. ● Smaniglia.

ṣmanióso agg. **1** Che ha la smania, che è pieno di smanie. **2** Bramoso, molto desideroso: *s. di avere q.c.* **3** (*raro*) Che dà la smania: *caldo s.*; *attesa smaniosa*. || **smaniosaménte**, avv. In modo smanioso, con bramosia.

†**ṣmannàta** [da *manna* (*2*), con *s-*] s. f. ● Frotta, brigata.

†**ṣmantàre** [da *manto*, con *s-*] **A** v. tr. ● Levare il manto. **B** v. rifl. ● Levarsi il manto.

ṣmantellaménto s. m. ● Atto dello smantellare.

ṣmantellàre [da *mantello*, con *s-*] v. tr. (*io ṣmantèllo*) **1** Abbattere le mura di una città, di una piazzaforte: *s. una fortezza, un'opera di difesa*. **2** Demolire il fasciame di una nave. **3** (*est.*) Demolire, rendere inefficiente: *s. i macchinari di una fabbrica* | (*fig.*) *S. una tesi, un'accusa*, e sim., mostrarle prive di fondamento.

ṣmantellatóre s. m.; anche agg. (f. *-trice*) ● (*raro*) Chi, che smantella.

†**ṣmanzeróso** ● V. *smanceroso*.

†**ṣmanzière** [da (*a*)*manza* 'amore', con *s-*] s. m. (f. *-a*) ● (*lett.*) Persona vaga di amori: *non prendete alcuno sdegno / d'esser chiamati smanzieri* (L. DE' MEDICI).

†**ṣmanzieróso** ● V. *smanceroso*.

ṣmarcaménto s. m. ● Atto, effetto dello smarcare o dello smarcarsi.

ṣmarcàre [da *marcare* 'controllare, bollare l'avversario', con *s-*] **A** v. tr. (*io ṣmàrco, tu ṣmàrchi*) ● Nel calcio e sim., fare in modo che un compagno si sottragga alla marcatura dell'avversario. **B** v. intr. pron. ● Sottrarsi al marcamento avversario.

ṣmargiassàre v. intr. (aus. *avere*) ● (*raro*) Fare lo smargiasso.

ṣmargiassàta s. f. ● Atto, discorso, impresa, da smargiasso.

ṣmargiasserìa s. f. ● (*raro*) Atteggiamento da smargiasso | Smargiassata.

ṣmargiàsso [di etim. discussa: da *maxazo*, possibile accr. dello sp. *majo* 'spaccone', con *s-* (?)] s. m. ● Chi si vanta di aver compiuto o di poter compiere imprese eccezionali. SIN. Fanfarone, gradasso, spaccone. || **smargiassóne**, accr.

ṣmarginàre [da *margine*, con *s-*] v. tr. (*io ṣmàrgino*) ● In tipografia, disfare una forma. CONTR. Marginare.

ṣmarginàto part. pass. di *smarginare*; anche agg. **1** Nel sign. del v. **2** *Esemplare s.*, composizione tipografica nella quale la riga non copre tutta la giustezza, venendo lasciato un margine bianco sia a destra che a sinistra. **3** (*bot.*) Detto di organo che presenta intaccature superficiali o terminali.

ṣmarginatùra s. f. **1** Atto, effetto dello smarginare. **2** (*bot.*) Incisione leggera all'apice di un organo.

ṣmargottàre [da *margotta*, con *s-*] v. tr. (*io ṣmargòtto*) ● Separare le margotte dalla pianta madre per porle a dimora.

ṣmarràre [da *marra*, con *s-*] v. tr. ● Pulire le ceppaie con la marra.

ṣmarriménto s. m. **1** Atto, effetto dello smarrire. **2** Momentanea perdita di coscienza, di lucidità: *andare soggetto a smarrimenti*; *avere uno s. improvviso*; *s. di coscienza*. **3** Turbamento, sbigottimento: *un attimo di s.*; *riprendersi dallo s.*; *lo s. che al fervore / dei miei sogni seguiva* (SABA).

ṣmarrire [dal francone *marrjan* 'disturbare', con *s-*] **A** v. tr. (*io ṣmarrìsco, tu ṣmarrìsci*) **1** Non trovare più, non sapere più dove trovare ciò che prima si possedeva o si sapeva dove cercare: *s. gli occhiali, le chiavi di casa*; *s. la strada, il cammino* | (*fig.*) *S. la ragione*, impazzire | *S. i sensi*, svenire | *S. il filo del discorso*, non riuscire a proseguire un discorso, dimenticare ciò che si stava dicendo | †*S. l'ora*, sbagliarla. **2** †Perdere di vista. **3** (*fig.*) †Confondere, turbare. **4** (*raro*) †Dimenticare. **B** v. intr. pron. **1** Perdersi, non trovare più la strada: *smarrirsi nel bosco*. **2** (*fig.*) Sbigottirsi, turbarsi, venir meno dell'animo: *alla notizia si smarrì*; *in quell'occasione mi sono smarrito*. **3** †Allontanarsi, non farsi più trovare: *smarrirsi da qc.* **4** †Offuscarsi, dello sguardo: *La vista mia ne l'ampio e ne l'altezza / non si smarriva* (DANTE *Par.* XXX, 118-119). **C** v. intr. e intr. pron. ● †Perdere il colore, sbiadire.

ṣmarrito o (*poet.*) †**ṣmarrùto** part. pass. di *smarrire*; anche agg. **1** Nei sign. del v. **2** Sbigottito, confuso: *mostrarsi, apparire, s.* | Che mostra smarrimento: *occhio, sguardo, s.* **3** (*raro*) †Perfido, scellerato.

ṣmarronàre [da *marrone* (*1*) nel sign. 3] v. intr. (*io ṣmarróno*; aus. *avere*) ● (*fam.*) Dire o fare errori dovuti a ignoranza o imperizia | Comportarsi a sproposito.

ṣmarronàta [da *smarronare*] s. f. ● (*fam.*) Grosso sproposito | Mancanza di discrezione o diplomazia nel modo di comportarsi.

ṣmartellàre [da *martellare*, con *s-*] v. tr. e intr. (*io ṣmartèllo*; aus. *avere*) ● Percuotere col martello, martellare.

smart set /ingl. 'sma:t set/ [loc. ingl., propr. 'società (*set*) brillante (*smart*)'] loc. sost. m. inv. ● Bel mondo, ambiente elegante e raffinato dell'alta società.

ṣmascellaménto s. m. ● (*raro*) Atto, effetto dello smascellare o dello smascellarsi.

ṣmascellàre [da *mascella*, con *s-*] **A** v. tr. (*io ṣmascèllo*) ● (*raro*) Slogare le mascelle. **B** v. intr. pron. e †intr. ● Solo nella loc. *smascellarsi dalle risa*, ridere a crepapelle, smodatamente.

ṣmascheraménto s. m. ● Atto, effetto dello smascherare (*anche fig.*).

ṣmascheràre [da *mascherare*, con *s-*] **A** v. tr. (*io ṣmàschero*) **1** Togliere la maschera. **2** (*fig.*) Rivelare la vera natura di persone o azioni camuffate sotto false apparenze: *s. un nemico, un traditore, l'impostura di qc.* **B** v. rifl. ● Togliersi la maschera (*anche fig.*).

ṣmascheràto part. pass. di *smascherare*; anche agg. ● Nei sign. del v.

ṣmascheratóre s. m.; anche agg. (f. *-trice*) ● (*raro, fig.*) Chi, che smaschera: *s. di imbrogli*.

ṣmascolinàre [rifatto su *smascolinato*] v. tr. ● (*raro*) Svirilizzare | Svigorire.

ṣmascolinàto [da *mascolino*, con *s-*] agg. ● (*raro*) Effeminato: *individuo s.* | (*fig.*) Privo di forza, di vigore: *stile s.*

smash /ingl. smæʃ/ [vc. ingl., da *to smash* 'colpire con violenza'] s. m. inv. (pl. ingl. *smashes*) ● Nel tennis, schiacciata.

ṣmassàre [comp. parasintetico di *massa*, col pref. *s-*] v. tr. ● (*raro*) Rimuovere il materiale infiammabile o già bruciato, per evitare che un eventuale focolaio rimanga dopo lo spegnimento ad acqua: *i vigili del fuoco sono rimasti fino a tarda ora per s. il materiale carbonizzato*.

ṣmatassàre [da *matassa*, con *s-*] v. tr. ● (*raro*) Disfare la matassa.

ṣmaterializzàre [da *materializzare*, con *s-*] **A** v. tr. ● Liberare dalla materia, dalla realtà materiale. **B** v. intr. pron. ● Liberarsi dalla materia, dalla realtà materiale, acquistare spiritualità.

ṣmaterializzazióne s. f. ● Atto, effetto dello smaterializzare o dello smaterializzarsi.

†**ṣmattanàrsi** [da *mattana*, con *s-*] v. intr. pron. ● (*raro*) Svagarsi, divertirsi.

ṣmattonàre [da *mattonare*, con *s-*] v. tr. (*io ṣmattóno*) ● Levare i mattoni: *s. un muro, un pavimento*.

ṣmattonatùra s. f. ● Atto, effetto dello smattonare | Punto in cui un ammattonato è rotto.

ṣmazzàre [da *mazzo* col pref. *s-*] v. tr. ● Distribuire ai giocatori le carte di un mazzo.

ṣmazzàta [da *mazzo*, con *s-*] s. f. ● Distribuzione di un intero mazzo di carte ai giocatori durante una partita.

ṣmèctico o **ṣmèttico** [dal gr. *smēktikós*, der. di *smḗchein* 'pulire, lavare', con allusione alle proprietà sgrassanti e decoloranti] agg. (pl. m. *-ci*) ● (*chim., fis.*) Detto di stato mesomorfo in cui le molecole sono disposte in strati perpendicolari al loro asse e facilmente scorrevoli l'uno sull'altro, conferendo gener. alla sostanza la viscosità della vaselina | *Argilla smectica*, varietà di argilla caratterizzata da alta plasticità, alto potere assorbente selettivo e alta capacità di scambio di cationi, usata oggi spec. per decolorare gli oli alimentari e minerali e rigenerare questi ultimi e un tempo per feltrare la superficie delle stoffe.

ṣmègma [vc. dotta, dal lat. *smēgma* (nom. acc. nt.), dal gr. *smêgma*, genit. *smḗgmatos* 'unguento', connesso con *smḗchein* 'ripulire', di etim. incerta] s. m. (pl. *-i*) ● (*anat.*) Materiale di secrezione e di desquamazione che si raccoglie attorno agli organi genitali.

ṣmelàre e *deriv.* ● V. *smielare* e *deriv.*

ṣmelensito [da *immelensito*, con cambio di pref. (*s-*)] agg. ● (*raro*) Che è diventato melenso.

†**ṣmelmàrsi** [da *melma*, con *s-* sottratt.] v. intr. pron. ● Togliersi dalla melma.

ṣmembraménto s. m. ● Atto dello smembrare (*spec. fig.*).

ṣmembràre o (*raro*) †**ṣvembràre** [da *membro*, con *s-*] v. tr. (*io ṣmèmbro*) **1** (*raro*) Squartare, tagliare a pezzi un corpo. **2** (*fig.*) Scindere, frazionare un complesso organico in più parti: *s. uno stato, una tenuta, un podere*; *s. un'opera d'arte, una raccolta di opere d'arte* | *S. un libro*, spec. se illustrato, per togliere le tavole illustrate o le altre figure e utilizzarle singolarmente.

ṣmembràto part. pass. di *smembrare*; anche agg. ● Nei sign. del v.

ṣmembratùra s. f. ● (*raro*) Smembramento.

†**ṣmemoràbile** [da *memorabile*, con *s-*] agg. ● (*raro*) Non memorabile.

†**ṣmemoràggine** [da *smemorare*] s. f. ● Smemorataggine.

ṣmemoraménto s. m. ● (*raro*) Atto dello smemorare.

ṣmemoràre [da *memore*, con *s-*] **A** v. intr. (*io ṣmèmoro*; aus. *essere*) ● †Perdere la memoria | (*est.*) Divenire stupido, insensato. **B** v. intr. pron. ● (*raro, lett.*) Dimenticarsi di tutto: *non potrò mai più / smemorarmi in un grido* (UNGARETTI).

ṣmemoratàggine s. f. ● Qualità di chi è smemorato | Atto da persona smemorata.

ṣmemoratézza s. f. ● Qualità di chi è smemorato.

ṣmemoràto o †**ṣmimoràto**. **A** part. pass. di *smemorare*; anche agg. **1** Nei sign. del v. **2** †Stupido, insensato. **3** †Dimenticato, obliato. || **smemorataménte**, avv. Da smemorato. **B** s. m. (f. *-a*) ● Chi ha perduto la memoria | (*est.*) Chi è sbadato, distratto.

ṣmemoriàto [sovrapposizione di *memoria* a *smemorato*] agg. ● (*tosc., pop.*) Smemorato. || **smemoriatino**, dim. | **smemoriatóne**, accr.

ṣmencire [da *mencio*, con *s-*] **A** v. tr. (*io ṣmencìsco, tu ṣmencìsci*) ● (*tosc.*) Far diventare floscio. **B** v. intr. pron. ● (*tosc.*) Diventare floscio.

†**ṣmenticàre** [da *dimenticare*, con cambio di pref. (*s-*)] v. tr. e intr. pron. ● Dimenticare.

ṣmentire [da *mentire*, con *s-*] **A** v. tr. (*io ṣmentìsco, tu ṣmentìsci*) **1** Negare, dimostrare falso ciò che altri asserisce o ha asserito: *la notizia è stata smentita dall'interessato*; *ha smentito ogni voce sul suo conto* | Sbugiardare: *riuscirò a smentirlo pubblicamente*. **2** Non riconoscere ciò che si era precedentemente affermato: *il testimone smentì la sua deposizione*. SIN. Sconfessare. *3* Deludere le aspettative altrui, venir meno alla considerazione, alla stima di altri: *s. la propria fama, la propria serietà, il proprio buon nome*. **B** v. rifl. ● Agire in modo contrario a quello abituale: *neppure in questa occasione si è smentito* | *Non smentirsi mai*, non cambiare mai, rimanere coerente con la propria linea di condotta.

ṣmentita s. f. ● Atto, effetto dello smentire | Parola, azione, che smentisce: *dare una s. a q.c.*; *una s. recisa*; *s. ufficiale*; *una s. dei fatti*.

ṣmentito part. pass. di *smentire*; anche agg. ● Nei sign. del v.

ṣmentitóre s. m.; anche agg. (f. *-trice*) ● (*raro*) Chi, che smentisce.

ṣmeraldàre v. tr. ● (*raro*) Dare apparenza di smeraldo.

ṣmeraldìno [da *smeraldo*] agg. ● Che ha colore verde smeraldo: *verde s.*; *occhi smeraldini*.

ṣmeràldo [lat. parl. **smarăudu(m)* per il classico *smarăgdus* 'smeraldo', dal gr. *smáragdos*, di origine orient.] **A** s. m. *1* Varietà di berillo di colore verde, limpido e puro, usato come pietra preziosa. *2* (*poet.*) Colore verde: *una gran pianta / che fronde ha di s.* (POLIZIANO). **B** in funzione di agg. inv. ● (posposto a un s.) Che ha un colore verde vivo e brillante, caratteristico della pietra preziosa omonima: *color s.*; *verde s.*

†**ṣmeràre** [lat. parl. **exmerāre* 'purificare', comp. di *ex-* (*s-*) e da *mērus* 'puro'. V. *mero* (*1*)] v. tr. e intr. pron. ● (*raro*) Pulire, nettare, depurare.

ṣmerciàbile agg. ● Che si può smerciare.

ṣmerciabilità [da *smerciabile*] s. f. ● Qualità di ciò che è smerciabile.

ṣmerciàre [da *merce*, con *s-*] v. tr. (*io ṣmèrcio*) ● Vendere, spacciare, la merce: *s. le rimanenze*.

ṣmèrcio s. m. ● Atto, effetto dello smerciare: *un articolo che ha poco s.*; *di questo prodotto c'è un grande s.*

ṣmerdàre [da *merda*, con *s-*] **A** v. tr. (*io ṣmèrdo*) *1* (*volg.*) Sporcare di merda | (*est.*) Insudiciare, insozzare. *2* (*fig.*, *volg.*) Svergognare. *3* (*raro*, *volg.*) Pulire dalla merda. **B** v. intr. pron. *1* (*volg.*) Sporcarsi di merda | (*est.*) Insudiciarsi. *2* (*fig.*, *volg.*) Coprirsi di vergogna, di disonore. SIN. Sputtanarsi.

ṣmèrgo o **mèrgo** [lat. *mĕrgu(m)*, propriamente 'l'uccello che s'immerge', da *mĕrgere* 'immergere', con *s-*] s. m. (pl. *-ghi*) ● Correntemente, uccello degli Anseriformi, abile nel nuoto sopra e sotto la superficie dell'acqua | *S. maggiore*, con ciuffo di penne sul capo (*Mergus merganser*) | *S. minore*, vive in Italia d'inverno (*Mergus serrator*).

ṣmerigliàre [da *smeriglio* (*1*)] v. tr. (*io ṣmeriglio*) *1* Strofinare con smeriglio o altro abrasivo per lucidare e levigare: *s. il pavimento*. *2* Lavorare con lo smeriglio sì da rendere traslucido: *s. i vetri*.

ṣmerigliàto part. pass. di *smerigliare*; anche agg. *1* Nei sign. del v. *2* *Carta smerigliata*, con una faccia ricoperta di polvere di smeriglio, per lucidare, pulire, lisciare superfici varie. *3* Reso traslucido mediante smerigliatura: *vetro s.* | *Tappo s.*, in vetro smerigliato nella parte che entra nel collo della bottiglia, così da chiudere meglio.

ṣmerigliatóre [da *smerigliare*] s. m. (f. *-trice*) ● Operaio che esegue lavori di smerigliatura.

ṣmerigliatrìce [f. di *smerigliatore*] s. f. ● Macchina impiegata per smerigliatura, che ha per utensile un nastro rotante sulla cui superficie attiva sono fissati con adesivo i grani abrasivi.

ṣmerigliatùra s. f. ● Finitura di superficie ottenuta facendovi passare sopra il nastro abrasivo della smerigliatrice oppure, a mano, la polvere smeriglio.

ṣmeriglio (1) o (*raro*) †**ṣmirillo** [dal gr. biz. **smyrídion*, dim. del classico *smýris*, genit. *smýridos* 'smeriglio', di etim. incerta] s. m. *1* Varietà di corindone finemente granulare, di colore brunastro. *2* Polvere dello smeriglio con cui si brunisce l'acciaio, si segano e puliscono i marmi, e sim.

ṣmeriglio (2) [fr. ant. *esmeril*, dal francone *smiril*] s. m. ● Piccolo falco macchiettato di bianco e nero, aggressivo (*Falco columbarius*).

ṣmeriglio (3) [dal gr. *smarís*, gen. *smarídos* 'pesce di scarsa qualità', di etim. incerta] s. m. ● Squalo con muso prominente, ampia bocca, feroce ed aggressivo, ottimo nuotatore (*Lamna nasus*). SIN. Squalo nasuto.

†**ṣmerigliόso** [da *smeriglio* (*1*)] agg. ● Che contiene molto smeriglio, detto di marmo: *essendo il marmo che lavorava ... s. e cattivo, gli pareva gittar via il tempo* (VASARI).

ṣmerinto [vc. dotta, dal gr. (*s*)*mḗrinthos* 'cordicella', di etim. incerta] s. m. ● Farfalla delle Sfingi con ali posteriori ornate di macchie simili a occhi (*Smerinthus ocellata*).

†**ṣmeritàre** [da *meritare*, con *s-*] v. intr. ● Demeritare.

ṣmerlàre [da *merlo*, con *s-*] v. tr. (*io ṣmèrlo*) ● Orlare con un ricamo a smerlo: *s. una tovaglia*.

ṣmerlàto part. pass. di *smerlare*; anche agg. *1* Nel sign. del v. *2* (*bot.*) Detto di foglia a denti ottusi.

ṣmerlatùra s. f. ● Atto, effetto dello smerlare.

ṣmerlettàre [da *merletto*, con *s-*] v. tr. (*io ṣmerlétto*) ● Smerlare.

ṣmèrlo [da *smerlare*] s. m. ● Orlatura a festone eseguita per rifinire biancheria personale o da casa | *Punto a s.*, quello a punti fissi e regolari fermati da piccoli nodi. ‖ **smerlétto**, dim.

ṣmésso part. pass. di *smettere*; anche agg. *1* Nei sign. del v. *2* (*tosc.*) Detto di persona, che non esercita più la propria professione (*spec. spreg.*): *serva smessa* | *Prete s.*, spretato.

ṣméttere [da *mettere*, con *s-*] **A** v. tr. (coniug. come *mettere*) *1* Interrompere momentaneamente o definitivamente ciò che si sta facendo: *s. il lavoro, gli studi, una discussione, una lite*; *smettila di raccontare storie*; *smettetela di litigare* | (*tosc.*) *S. la casa*, disfarsi di tutto ciò che è in essa e sistemarsi diversamente. *2* Non indossare più, non usare più, detto di indumenti: *s. un abito, un cappello*. **B** v. intr. (aus. *avere*) ● Non continuare ciò che si sta facendo: *smetti di parlare*; *è ora di s.*; *appena smetterà di piovere uscirò*; *smetti con questa storia*.

ṣmèttico ● V. *smectico*.

smeẓẓaménto s. m. ● (*raro*) Atto, effetto dello smezzare.

ṣmeẓẓàre [da *mezzo*, con *s-*] v. tr. (*io ṣmèẓẓo*) *1* Dividere a metà: *s. il pane*. *2* Ridurre alla metà: *s. una bottiglia di liquore*.

†**ṣmiàcio** ● V. †*smagio*.

†**ṣmicciàre** [da *miccia*, con *s-*] v. tr. ● Levare la miccia.

ṣmidollàre [da *midolla*, con *s-*] **A** v. tr. (*io ṣmidóllo*) *1* Levare il midollo o la midolla: *s. una canna, il pane*. *2* (*fig.*) Svigorire, infiacchire. **B** v. intr. pron. ● (*raro*, *fig.*) Svigorirsi, divenire debole, fiacco.

ṣmidollàto **A** part. pass. di *smidollare*; anche agg. *1* Nei sign. del v. *2* (*fig.*) Privo di vigore, di forza: *sentirsi s.* | (*est.*) Privo di carattere, di energia morale, di forza di volontà: *uomini smidollati*. **B** s. m. (f. *-a*) ● Persona smidollata.

ṣmielàre o **ṣmelàre** [da *m(i)ele*, con *s-*] v. tr. (*io ṣmièlo*) ● Levare il miele dai favi, dall'alveare.

ṣmielàto o **ṣmelàto**. part. pass. di *smielare*; anche agg. ● Nel sign. del v.

ṣmielatóre o **ṣmelatóre**. s. m. ● Macchina centrifuga per smielare i favi senza romperli.

ṣmielatùra o **ṣmelatùra**. s. f. ● Operazione dello smielare | Tempo in cui tale operazione si effettua.

ṣmilitariẓẓàre [da *militarizzare*, con *s-*, sul modello del fr. *démilitariser*] v. tr. *1* Restituire alla condizione civile ciò o chi prima era militare o era stato militarizzato. *2* Privare un paese, un territorio di qualsiasi installazione militare.

ṣmilitariẓẓàto part. pass. di *smilitarizzare*; anche agg. *1* Nei sign. del v. *2* *Zona smilitarizzata*, striscia di terra spec. tra belligeranti ove non è ammesso alcun militare, generalmente custodita dalle forze armate delle Nazioni Unite.

ṣmilitariẓẓazióne [da *smilitarizzare*] s. f. ● Atto, effetto dello smilitarizzare: *s. della polizia*.

†**ṣmillantàre** e *deriv.* ● V. *millantare* e *deriv.*

ṣmilzo [dall'ant. *milzo*, forse connesso con *milza*, con *s-* ints.] agg. *1* Che ha corporatura magra, snella, sottile: *un ragazzo s.* *2* (*lett.*, *fig.*) Inconsistente, esile: *uno stile s.*

†**ṣmimoràto** ● V. *smemorato*.

ṣminaménto s. m. ● Operazione dello sminare.

ṣminàre [da *minare*, con *s-*] v. tr. ● Bonificare una zona minata, liberandola dalle mine mediante rimozione o brillamento.

ṣminatóre s. m. ● Chi esegue lo sminamento.

ṣminatùra s. f. ● Sminamento.

†**ṣminchionàre** [da *minchionare*, con *s-*] **A** v. tr. ● Minchionare. **B** v. intr. ● Cessare di essere minchione.

ṣminchionàto [comp. parasintetico di *minchione*, col pref. *s-*] agg.; anche s. m. ● (*pop.*) Che non ha riguardo o pazienza per nessuno, intrattabile.

†**ṣminchionìre** v. tr. e intr. ● †Sminchionare.

ṣminuiménto s. m. ● (*raro*) Atto, effetto dello sminuire.

ṣminuìre [calco su *diminuire*, con cambio di pref. (*s-*)] **A** v. tr. (*io ṣminuìsco, tu ṣminuìsci*) ● Rendere minore (*spec. fig.*): *s. l'importanza di q.c.*; *s. i meriti di qc.* **B** v. intr. (aus. *essere*) ● (*raro*, *lett.*) Ridursi a meno, divenire sempre più piccolo: *e sminuiva, e già di lui non c'era / ... che cinque sterline d'oro* (PASCOLI).

ṣminuìto part. pass. di *sminuire*; anche agg. ● Nei sign. del v.

†**ṣminuitóre** s. m.; anche agg. (f. *-trice*) ● (*raro*) Chi, che sminuisce.

ṣminuzzaménto s. m. ● Atto, effetto dello sminuzzare.

ṣminuzzàre [da *minuzzare*, con *s-*] **A** v. tr. *1* Ridurre in pezzettini: *s. i biscotti*. *2* (*fig.*) Esporre con minuzia, in ogni particolare: *s. il resoconto di un fatto*. **B** v. intr. pron. ● Ridursi in pezzettini.

ṣminuzzàto part. pass. di *sminuzzare*; anche agg. ● Nei sign. del v.

ṣminuzzatóre s. m.; anche agg. (f. *-trice*) ● (*raro*) Chi, che sminuzza: *macchina sminuzzatrice*.

ṣminuzzatrìce [f. di *sminuzzatore*] s. f. ● Macchina che riduce in minuzzoli il legno da cellulosa. SIN. Truciolatrice.

ṣminuzzatùra s. f. ● Atto, effetto dello sminuzzare | Insieme di minuzzoli.

ṣminuzzolaménto s. m. ● Atto, effetto dello sminuzzolare.

ṣminuzzolàre [da *minuzzolare*, con *s-*] **A** v. tr. (*io ṣminùzzolo*) *1* Ridurre in minuzzoli: *s. il pane* | Sbriciolare: *s. il basilico secco*. *2* (*raro*, *fig.*) Frammentare: *s. una descrizione*. **B** v. intr. pron. ● (*lett.*) †Struggersi per la gioia.

ṣmiracolàre [da *miracolo*, con *s-*] v. intr. (*io ṣmiràcolo*; aus. *avere*) ● (*raro*, *tosc.*) Meravigliarsi di fronte a cose banali come se fossero miracoli: *s. di ogni cosa*.

ṣmiracolóne s. m. (f. *-a*) ● (*pop.*, *tosc.*) Persona che smiracola.

†**ṣmiràglio** [da *miraglio*, con *s-*] s. m. ● Apertura fatta nel muro, o sim. per dare luce.

†**ṣmiràre** ● V. *mirare*.

†**ṣmirillo** ● V. *smeriglio* (*1*).

ṣmistaménto s. m. ● Operazione dello smistare: *lo s. della corrispondenza*; *fascio, stazione di s.*

ṣmistàre [da *misto*, con *s-*] v. tr. *1* Suddividere un insieme avviandone i componenti alle rispettive destinazioni: *s. la corrispondenza*; *s. le reclute*. *2* Ripartire i carri di un treno secondo le rispettive destinazioni sui binari di un fascio di smistamento. *3* (*sport*) Nel calcio e sim., *s. il pallone*, passarlo a un compagno di squadra.

ṣmistatóre agg.; anche s. m. (f. *-trice*) ● Che, chi smista.

†**ṣmiṣuràbile** [da †*smisurare*] agg. ● (*lett.*) Che eccede ogni misura | (*est.*) Immenso.

†**ṣmiṣurànza** [da †*smisurare*, prob. sul modello del provz. *desmesuransa*] s. f. ● Immensità, enormità.

†**ṣmiṣuràre** [da *misura*, con *s-*] v. intr. ● Eccedere la misura.

ṣmiṣuratézza s. f. ● Qualità di ciò che è smisurato.

ṣmiṣuràto [da *misura*, con *s-*] **A** agg. *1* Che eccede le normali misure, che non si può misurare: *spazio s.*; *smisurata altezza / quando può una saetta ... salire* (BOIARDO) | (*est.*) Grandissimo, straordinario, enorme: *amore s.*; *bontà smisurata*; *guadagni smisurati*. *2* Intemperante. ‖ **smisuratamente**, avv. In maniera smisurata, eccessiva. **B** in funzione di avv. ● (*raro*) †Oltre misura, smisuratamente.

ṣmithiàno /zmi'tjano/ [da A. *Smith* (1723-1790), filosofo ed economista] **A** agg. ● Che è proprio del pensiero economico di A. Smith. **B** s. m. ● Seguace, sostenitore delle idee di A. Smith.

smithsonite /zmitso'nite/ [dal n. del chimico J.

L. *Smithson* (1765-1829)] s. f. ● Carbonato di zinco in masse stalattitiche o in incrostazioni cristalline di colore vario.

ṣmitizẓàre [da *mito*, con *s-*] v. tr. ● Togliere il carattere di mito | Attribuire a un personaggio, un movimento, un periodo storico, e sim. una valutazione più obiettiva e realistica di quella avuta finora: *bisogna s. il Romanticismo*.

ṣmitizẓazióne s. f. ● Atto, effetto dello smitizzare.

ṣmobiliàre [da *mobilia*, con *s-*] v. tr. (*io ṣmobìlio*) ● Vuotare, in tutto o in parte, dal mobilio: *s. un appartamento*. CONTR. Ammobiliare.

ṣmobilitàre [da *mobilitare*, con *s-*] v. tr. (*io ṣmobìlito*) *1* Riportare le forze armate mobilitate all'organizzazione di pace, adottando i necessari provvedimenti. CONTR. Mobilitare. *2* (*fig.*) Riportare alla situazione di normalità ciò che prima si era mobilitato.

ṣmobilitazióne [da *smobilitare*, sul modello di *mobilitazione* (V.)] s. f. *1* Atto, effetto dello smobilitare (*anche fig.*). *2* Complesso delle operazioni mediante le quali, a pace conclusa, le forze armate di uno Stato belligerante passano dallo stato di mobilitazione all'organizzazione di pace.

ṣmobilizẓàre [da *mobilizzare* con *s-*] v. tr. ● Convertire in moneta valori immobilizzati: *s. un credito*.

ṣmobilìzzo [contr. di *immobilizzo*, con cambio di pref. (*s-*)] s. m. ● Operazione con cui valori mobiliari divengono liquidi | *Effetto di s.*, cambiale rilasciata in bianco a favore della banca da chi ottiene una concessione di credito allo scoperto.

ṣmocciàre [da *moccio*, con *s-*] v. tr. (*io ṣmóccio*) ● (*fam.*) Togliere il moccio dal naso: *s. un bambino*.

ṣmoccicàre [da *moccicare*, con *s-*] **A** v. tr. (*io ṣmóccico, tu ṣmócciichi*) ● (*fam.*) Sporcare di moccio. **B** v. intr. (aus. *avere*) ● (*fam.*) Colare moccio: *gli smoccica il naso*.

ṣmoccolàre [da *moccolo*, con *s-*] **A** v. tr. (*io ṣmòccolo* o *ṣmóccolo*) ● Levare il moccolo | Accorciare lo stoppino o il lucignolo carbonizzato: *s. una candela, un lume a petrolio*. **B** v. intr. (aus. *avere*) ● (*fam.*) Bestemmiare, tirar moccoli.

ṣmoccolatóie s. f. pl. ● Smoccolatoio.

ṣmoccolatóio s. m. ● Arnese per smoccolare, a forma di forbici con un piccolo incavo nella parte superiore in cui si chiude la smoccolatura.

ṣmoccolatóre s. m. (f. *-trice*) ● (*raro*) Chi smoccola.

ṣmoccolatùra s. f. *1* Atto, effetto dello smoccolare. *2* Parte carbonizzata del lucignolo o dello stoppino.

†**ṣmodaménto** [da †*smodarsi*] s. m. ● Intemperanza.

†**ṣmodàrsi** [da *modo*, con *s-*] v. intr. pron. ● (*raro*) Diventare smodato.

ṣmodatézza [da *smodato*] s. f. ● Qualità di chi, di ciò che è smodato.

ṣmodàto [da *modo*, con *s-*] agg. ● Che eccede la giusta misura, smoderato, eccessivo: *ambizione smodata*; *s. desiderio di potere*; *risa smodate*. || **smodataménte**, avv. In maniera smodata, oltre misura.

†**ṣmoderaménto** [da †*smoderarsi*] s. m. ● Smoderatezza.

†**ṣmoderànza** [da †*smoderarsi*] s. f. ● Mancanza di moderazione.

†**ṣmoderàrsi** [da *moderare*, con *s-*] v. intr. pron. ● Trasmodare, diventare smoderato.

ṣmoderatézza s. f. ● Qualità di chi, di ciò che è smoderato.

ṣmoderàto [contr. di *moderato*, con *s-*] agg. ● Che eccede la moderazione, i giusti limiti: *comportamento s.*; *essere s. nel bere, nel mangiare*. || **smoderataménte**, avv. Senza moderazione.

†**ṣmoderazióne** [da *moderazione*, con *s-*] s. f. ● Smoderatezza.

smog /zmɔg, *ingl.* smɔg/ [vc. ingl., sovrapposizione di *smoke* 'fumo' a *fog* 'nebbia'] s. m. inv. ● Insieme di nebbia, fumo e fini residui di combustione che inquinano l'atmosfera spec. dei grandi centri industriali.

†**ṣmoggiàre** [da *moggio*, con *s-*] v. intr. ● Traboccare dal moggio.

†**ṣmogliàrsi** [da *moglie*, con *s-* sottratt. V. *ammogliare*] v. intr. pron. ● (*raro*) Abbandonare lo stato coniugale.

ṣmòking /'zmɔkin(g)/ [vc. ingl., abbr. di *smoking-jacket* 'giacca per fumare'; propriamente gerundio di *to smoke* 'fumare'] s. m. inv. ● Abito maschile da sera, gener. di panno nero con risvolti di seta, a volte con giacca bianca o colorata.

ṣmollàre [da *molle*, con *s-* durat.-ints. V. *ammollare*] v. tr. (*io ṣmòllo*) ● Mettere e lasciare per qualche tempo a mollo i panni sudici, prima di lavarli.

†**ṣmollicàbile** agg. ● Che si può smollicare.

ṣmollicàre [da *mollica*, con *s-*] **A** v. tr. (*io ṣmollìco, tu ṣmollìchi*) ● Ridurre in molliche: *s. il pane*. **B** v. intr. pron. ● Ridursi in molliche: *il pane si è smollicato*.

ṣmonacàre [da *monacare*, con *s-*] **A** v. tr. (*io ṣmònaco, tu ṣmònachi*) ● Far abbandonare lo stato e l'abito monastico. **B** v. intr. pron. ● Abbandonare lo stato e l'abito monastico.

ṣmontàbile agg. ● Che si può smontare: *libreria s.* | *Casa s.*, le cui pareti sono costituite da pannelli di legno uniti da cerniere, che ne permettono l'appiattimento.

ṣmontàggio [da *smontare* (macchine), sul modello del fr. *démontage*] s. m. ● Atto dello smontare meccanismi, macchine, e sim.

ṣmontaménto [da *smontare*] s. m. ● (*raro*) Smontaggio.

ṣmontàre [da *montare*, con *s-*] **A** v. tr. (*io ṣmónto*) *1* Far scendere da un mezzo di trasporto: *smontami in centro*. *2* Scomporre un meccanismo nei pezzi che lo compongono: *s. un orologio, un armadio, una macchina* | *S. pietre preziose*, toglierle dalla loro montatura, dal castone | *S. una bocca da fuoco*, toglierla dall'affusto | (*est.*) Distruggere, rendere inefficiente: *s. coi propri tiri le artiglierie nemiche*. *3* Far sgonfiare, afflosciare, sostanze liquide o semiliquide, sbattute o frullate: *il caldo smonta la panna*. *4* (*fig.*) Rendere privo di entusiasmo, foga, fiducia in sé e nei propri propositi: *la tua risposta mi ha smontato* | *S. una notizia, un avvenimento* e sim., diminuirne l'importanza, sgonfiarla. **B** v. intr. (aus. *essere* nei sign. 1, 2, 5, 6, 7, *essere* e *avere* nei sign. 3 e 4) *1* Scendere giù: *s. dalla scala, da una sedia* | Scendere da un mezzo di trasporto: *s. dal tram, da cavallo*; *s. di sella, di macchina* | (*raro*) *S. a terra, in terra*, sbarcare. *2* Terminare il proprio turno di lavoro e sim.: *s. di guardia, di servizio*; *la sentinella smonta alle nove*. *3* Schiarire, scolorire, stingere, detto di colori: *il blu di quel vestito ha smontato subito*. *4* Sgonfiarsi, detto di sostanze liquide o semiliquide battute, frullate o sim.: *il soufflé smonta*. *5* (*raro*) Calare, detto di prezzi. *6* †Prendere alloggio, fermarsi in un luogo durante un viaggio: *s. in un albergo*. *7* †Tramontare, del sole. **C** v. intr. pron. ● Perdere l'entusiasmo, la fiducia in se stessi e nei propri propositi: *è un tipo che non si smonta mai*.

ṣmontàto part. pass. di *smontare*; anche agg. ● Nei sign. del v.

ṣmontatóre [da *smontare*] s. m. (f. *-trice*) ● Chi esegue lavori di smontaggio.

ṣmontatùra s. f. ● Atto, effetto dello smontare (*spec. fig.*).

ṣmonticatùra [da *monticare*, con *s-*] s. f. ● Ritorno al piano del bestiame che prima stava all'alpeggio.

ṣmonticazióne s. f. ● Smonticatura.

ṣmorbàre [da *morbo*, con *s-*] v. tr. (*io ṣmòrbo*) ● Liberare, purificare dal morbo, da ciò che ammorba: *s. l'aria*.

ṣmòrfia (1) [dall'ant. *morfia* 'bocca', con *s-* e sviluppo semantico gerg.] s. f. *1* Contrazione del viso, tale da alterarne il normale aspetto, dovuta a spiacevoli sensazioni: *una s. di dolore*; *non potersi trattenere dal fare una s.*; *non fare quelle smorfie con la bocca!* *2* Atto svenevole, lezioso, affettazione, posa: *ragazza tutta smorfie*; *le tue smorfie non m'incantano*. || **smorfiàccia**, pegg. | **smorfiétta**, dim. | **smorfiùccia**, dim.

ṣmòrfia (2) [sovrapposizione di *smorfia* (1) a *Morfeo*, n. del mitico dio del sonno] s. f. ● (*merid.*) Manuale usato nel gioco del lotto, contenente il valore numerico da uno a novanta di immagini ricavate da sogni o da altri avvenimenti.

ṣmorfiàta [da *smorfia* (1)] s. f. ● (*raro*) Atto da persona smorfiosa.

ṣmorfióso [da *smorfia* (1)] **A** agg. ● Che ha l'abitudine di fare smorfie: *bambino s.* | Lezioso, svenevole, smanceroso: *ragazza smorfiosa*. || **smorfiosaménte**, avv. In maniera smorfiosa. **B** s. m. (f. *-a*) ● Persona smorfiosa: *non sopporto quella smorfiosa*; *non fare la smorfiosa*. || **smorfiosétto**, dim.

†**ṣmorìre** [da *morire*, con *s-*] v. intr. e intr. pron. (dif. dei tempi composti) ● Divenire pallido, smorto.

†**ṣmorsàre** [da *morso* (2) nel sign. 7] v. tr. ● Togliere il morso | (*fig.*) Liberare.

†**ṣmortézza** s. f. ● Qualità di chi, di ciò che è smorto.

†**ṣmortìgno** [da *smorto*] agg. ● Smorticcio.

ṣmortìre **A** v. intr. (*io ṣmortìsco, tu ṣmortìsci*; aus. *essere*) ● (*raro*) Divenire smorto, sbiadire, scolorare. **B** v. tr. ● (*raro*) Scolorare, smorzare: *s. i colori*.

ṣmortìto part. pass. di *smortire*; anche agg. ● Nei sign. del v.

ṣmòrto part. pass. di †*smorire*; anche agg. *1* Nel sign. del v. *2* Che ha un colorito pallido, spento: *faccia smorta*; *avere il viso s.*; *essere s. in viso*; *al tuo partir pallida e smorta / ... restai* (L. DE' MEDICI). *3* Che è privo di splendore e vivacità, detto di colori e sim.: *tinta smorta*; *rosso s.* | (*raro*) *Oro, argento, s.*, dalla superficie non lucida. *4* (*fig.*) Che è privo di vigore espressivo: *stile s.*; *rappresentazione smorta*. || **smorticcio**, dim.

†**ṣmortóre** [da *smorto*] s. m. ● Pallore.

ṣmorzaménto s. m. ● Atto, effetto dello smorzare o dello smorzarsi.

ṣmorzàndo [propriamente gerundio di *smorzare*] s. m. inv. ● (*mus.*) Didascalia indicante un progressivo indebolimento dei suoni.

ṣmorzàre [calco su *ammorzare*, con cambio di pref. (*s-*)] **A** v. tr. (*io ṣmòrzo*) *1* Spegnere: *s. il fuoco, l'incendio, una candela* | *S. la calce viva*, spegnerla nell'acqua. *2* (*fig.*) Attutire, estinguere: *s. la sete, il desiderio, le passioni*. *3* Attenuare, diminuire d'intensità, forza e sim.: *s. i suoni* | *S. la voce*, abbassarla | *S. le tinte, i colori*, attenuarne la vivacità | (*tosc.*) *S. un lume*, attenuarne la luce | *S. la palla*, nel tennis, effettuare una smorzata. *4* (*fis.*) Ridurre progressivamente, facendo perdere o diminuire energia, un fenomeno ondulatorio. **B** v. intr. pron. ● Spegnersi: *il fuoco va smorzandosi* | Attenuarsi, attutirsi: *i rumori si sono smorzati*.

ṣmorzàta [da *smorzare*] s. f. ● (*sport*) Nel tennis, colpo dato alla palla in modo da diminuirne notevolmente la velocità di rinvio rispetto a quella d'arrivo e farla cadere nel campo avversario appena oltre la rete.

ṣmorzàto part. pass. di *smorzare*; anche agg. ● Nei sign. del v.

ṣmorzatóre **A** s. m.; anche agg. (f. *-trice*) ● (*raro*) Chi, che smorza. **B** s. m. ● (*mus.*) Ognuna delle bacchettine ricoperte di flanella o feltro che, passando sulle corde del pianoforte, servono a contenere o a fermare la sonorità.

ṣmorzatùra s. f. ● Smorzamento.

†**ṣmòssa** [da *mossa*, con *s-*] s. f. ● Movimento, mossa | *S. di corpo*, diarrea.

ṣmòsso part. pass. di *smuovere*; anche agg. *1* Nei sign. del v. *2* *Terreno s.*, arato, lavorato di recente | *Dente s.*, malfermo.

†**ṣmostacciàre** [da *mostaccio* per *mustacchio*, con *s-*] v. tr. ● (*raro*) Dare mostaccioni.

†**ṣmostacciàta** [da †*smostacciare*] s. f. *1* Colpo dato nel mostaccio. *2* Atto di spregio fatto col mostaccio.

ṣmòtta [da *motta*, con *s-*] s. f. ● (*raro*) Smottamento.

ṣmottaménto [da *smottare*] s. m. ● Frana di un terreno imbevuto d'acqua, generalmente lenta | Colata di fango.

ṣmottàre [da *motta*, con *s-*] v. intr. (*io ṣmòtto*; aus. *essere*) ● Franare.

ṣmottatùra [da *smottare*] s. f. *1* (*raro*) Smottamento. *2* Punto in cui si è verificato uno smottamento | Terra smottata.

ṣmòvere ● V. *smuovere*.

†**ṣmovitóre** s. m.; anche agg. (f. *-trice*) ● Chi, che smuove.

†**ṣmovitùra** s. f. ● Atto, effetto dello smuovere.

ṣmozzàre [da *mozzare*, con *s-*] v. tr. (*io ṣmózzo*) ● Mozzare: *s. i rami di un albero*.

ṣmozzatùra s. f. ● Atto, effetto dello smozzare

| †*S. di strada*, scorciatoia.
ṣmozzicaménto s. m. ● Atto dello smozzicare.
ṣmozzicàre [da *mozzicare*, con *s-*] v. tr. (*io ṣmózzico, tu ṣmózzichi*) **1** Tagliare in piccoli pezzi: *s. un dolce, il pane* | †Fare a pezzi, dilaniare: *s. un corpo*. **2** Pronunciare male, in modo confuso o spezzettato: *s. il discorso, le parole*.
ṣmozzicàto part. pass. di *smozzicare*; anche agg. ● Nei sign. del v.
ṣmozzicatùra s. f. ● Atto, effetto dello smozzicare.
†**ṣmucciàre** [da *mucciare*, con *s-*] v. intr. ● Scivolare, sdrucciolare.
ṣmùngere o †**ṣmùgnere** [da *mungere*, con *s-*] v. tr. (coniug. come *mungere*) **1** (*raro*) Mungere fino all'ultimo | (*est.*) Asciugare, esaurire. **2** (*fig.*) Inaridire, togliere la floridezza. **3** (*fig.*) Sfruttare, togliere denaro: *s. i cittadini con le tasse*.
ṣmungitóre s. m.; anche agg. (f. *-trice*) ● (*raro*) Chi, che smunge.
ṣmùnto part. pass. di *smungere*; anche agg. **1** Nei sign. del v. **2** Pallido, emaciato, scarno: *viso s.*; *essere s. in viso*; *faccia smunta dalla fatica*.
ṣmuòvere o (*pop., lett.*) **ṣmòvere** [lat. parl. **exmovēre*, comp. di *ĕx-* (*s-*) e *movēre* 'muovere', con sovrapposizione di *muovere*] **A** v. tr. (coniug. come *muovere*) **1** Spostare un oggetto pesante vincendo la resistenza che esso offre: *riuscimmo a s. l'armadio* | *S. il terreno*, con la zappa, l'aratro, e sim. | (*pop., fam.*) *S. il corpo*, scioglierlo, disporlo alla defecazione. **2** (*fig.*) Allontanare, deviare da un proposito, da una decisione: *bisogna smuoverlo da questa idea* | Riuscire a commuovere, a piegare alla propria volontà: *con preghiere e suppliche smosse l'animo del padre* | Riuscire a far abbandonare uno stato di inerzia, di torpore: *beato chi riesce a smuoverlo!*; *quello lo smuove solo il denaro!* **B** v. intr. pron. **1** Non stare più fermo, spostarsi per non essere ben connesso, legato, piantato, e sim.: *con la piena del fiume si sono smosse tutte le barche*. **2** (*fig.*) Cambiare proposito, idea: *si è smosso infine dalla sua idea*.
ṣmuràre [da *murare*, con *s-*] v. tr. **1** Disfare il murato, buttar giù un muro. **2** Togliere dal muro ciò che vi era infisso: *s. una lapide*.
ṣmuṣàre [da *muso*, con *s-*] **A** v. tr. ● (*raro*) Rompere il muso a qc. **B** v. intr. (aus. *avere*) ● Fare una smusata.
ṣmuṣàta [da *smusare*, sul modello di *musata*] s. f. ● (*raro*) Atto di spregio, disgusto e sim. fatto torcendo il viso.
†**ṣmuṣicàre** [da *musicare*, con *s-*] v. intr. ● (*raro*) Musicare a proprio capriccio.
ṣmussaménto s. m. ● Atto dello smussare.
ṣmussàre [dal fr. *émousser*, da *mousse* 'mozzo'. V. *mozzo* (*2*), *smozzare*] **A** v. tr. **1** Privare dell'angolo vivo, arrotondare lo spigolo: *s. uno stipite* | Far perdere il filo a una lama o alla sua punta: *s. un coltello*. **2** (*fig.*) Togliere asprezza, attenuare, addolcire: *s. il proprio carattere*; *s. ogni motivo di litigio*. **B** v. intr. pron. ● Perdere il filo, la punta, detto di lame: *il coltello si è smussato*.
ṣmussàto part. pass. di *smussare*; anche agg. ● Nei sign. del v.
ṣmussatùra s. f. ● Atto, effetto dello smussare | Parte smussata.
ṣmussettìno [da *smusso* (*1*)] s. m. ● Scalpello per smussare.
ṣmùsso (**1**) s. m. **1** Atto, effetto dello smussare. **2** Arrotondamento degli spigoli di pezzi metallici avente lo scopo di evitare il pericolo di tagli per chi li maneggia. **3** Smussettino.
ṣmùsso (**2**) agg. ● Smussato.
snack /*ingl.* snæk/ [vc. ingl.] s. m. inv. **1** Spuntino. **2** Acrt. di *snack-bar*.
snack-bar /znɛk'bar, *ingl.* 'snæk ba:/ [vc. ingl., comp. di *snack* 'spuntino' e *bar*] s. m. inv. ● Bar dove si consumano anche spuntini.
†**ṣnamoràre** [calco su *innamorare*, con cambio di pref. (*s-*)] v. tr. e intr. pron. ● Disinnamorare (*spec. scherz.*).
snap /*ingl.* snæp/ [vc. ingl., di origine onomat.] inter. ● Riproduce lo schiocco di due dita.
ṣnaṣàre [da *naso*, con *s-*] v. tr. ● (*scherz.*) Tagliare il naso, mutilare del naso.
ṣnaturaménto s. m. ● (*raro*) Atto dello snaturare o dello snaturarsi.
ṣnaturàre [da *natura*, con *s-*] **A** v. tr. **1** Far cambiar natura, far degenerare la natura di qc.: *il vizio snatura l'uomo*. **2** (*est.*) Alterare q.c. nelle sue caratteristiche fondamentali: *i critici hanno snaturato le intenzioni dell'autore*. **B** v. intr. pron. ● (*raro*) Cambiare in peggio la propria natura: *in quell'ambiente ci si snatura*.
ṣnaturatézza [da *snaturato* (*1*)] s. f. ● (*raro*) Qualità di chi, di ciò che è snaturato.
ṣnaturàto (**1**) part. pass. di *snaturare*; anche agg. ● Nei sign. del v.
ṣnaturàto (**2**) [da *natura*, con *s-*] agg.; anche s. m. (f. *-a*) ● Che, chi si comporta in modo contrario ai sentimenti, ai principi, ai doveri e sim. della natura umana: *padre, figlio s.*; *essere uno s.* SIN. Degenere, disumano, inumano. || **snaturataménte**, avv. In modo snaturato.
ṣnazionalizzàre [da *nazionale*, con *s-*] v. tr. **1** Privare dei caratteri nazionali: *s. una popolazione*. **2** (*econ.*) Ripristinare la proprietà e la gestione privata di attività economiche.
ṣnazionalizzazióne s. f. ● Atto, effetto dello snazionalizzare.
ṣnebbiàre [da *nebbia*, con *s-*] v. tr. (*io ṣnébbio*) **1** Sgombrare dalla nebbia. **2** (*fig.*) Rendere più chiaro, più comprensibile: *s. il senso, il significato* | Liberare da ciò che impedisce la comprensione: *s. la mente*.
ṣneghittìre [da *neghitt(oso)*, con *s-*] v. tr. (*io ṣneghittìsco, tu ṣneghittìsci*) ● (*raro*) Rendere svelto chi è neghittoso.
ṣnèkar [dal nordico antico *snákr*] s. m. inv. ● Tipo di nave a vela e a remi, usata dai pirati normanni.
ṣnellènte part. pres. di *snellire*; anche agg. ● Nei sign. del v.
ṣnellézza s. f. ● Qualità di chi, di ciò che è snello.
ṣnelliménto s. m. ● Atto, effetto dello snellire (*spec. fig.*): *lo s. della procedura giudiziaria*.
ṣnellìre **A** v. tr. (*io ṣnellìsco, tu ṣnellìsci*) **1** Rendere snello, o più snello (*anche ass.*): *quel vestito ti snellisce i fianchi*; *è un modello che snellisce*. **2** (*fig.*) Rendere più rapida, più efficiente, più spigliata l'esecuzione di q.c. eliminando ogni ostacolo o intralcio: *s. i servizi pubblici, una pratica burocratica*; *s. lo stile*. **B** v. intr. pron. ● Diventare snello, o più snello: *con lo sport si è snellito*.
†**ṣnellità** s. f. ● Snellezza.
ṣnèllo [dal francone *snël* 'rapido'; V. ted. *schnell*] agg. **1** Agile, svelto, leggero, nei movimenti: *gli snelli piedi e le canore labbra* (PARINI). **2** Che ha forma slanciata, sottile ed elegante: *ragazza snella*; *forme snelle*; *dita, gambe, snelle*; *torre snella*. CONTR. Tarchiato, tozzo. **3** (*fig.*) Spigliato, scevro da ogni elemento superfluo: *stile s.*; *architettura snella*. || **snellétto**, dim. | **snellìno**, dim. || **snellaménte**, avv. In modo snello, svelto, leggero.
†**ṣnerbàre** ● V. *snervare*.
ṣnervaménto s. m. **1** Atto, effetto dello snervare o dello snervarsi. **2** (*mecc.*) Fenomeno che si presenta nei materiali quando, avendo la sollecitazione raggiunto un determinato valore, cessano di comportarsi come corpi elastici e si comportano come plastici, presentando forti deformazioni permanenti.
ṣnervànte o †**iṣnervànte** part. pres. di *snervare*; anche agg. ● Nei sign. del v.
ṣnervàre o †**iṣnervàre**, †**ṣnerbàre** [da *nervo*, con *s-* sottratt.] **A** v. tr. (*io ṣnèrvo*) ● Infiacchire i nervi, spossare nel fisico e nel morale (*anche ass.*): *questa continua incertezza mi snerva*; *è un lavoro che snerva*; *l'ozio snerva*. **B** v. intr. pron. ● Diventare fiacco, spossato, nel fisico e nel morale.
ṣnervatézza s. f. ● Qualità di chi, di ciò che è snervato.
ṣnervàto o †**iṣnervàto** part. pass. di *snervare*; anche agg. ● Nei sign. del v. || **snervatèllo**, dim. || **snervataménte**, avv. Con fiacchezza, senza forza.
†**ṣnervatóre** s. m.; anche agg. (f. *-trice*) ● Chi, che snerva.
ṣnervatrìce [da *snervare*] s. f. ● In macelleria, apparecchio costituito da una placca di metallo, fornita di lamine lunghe e sottili, che si abbassa su un pezzo di carne e ne spezza i tendini e i nervi rendendola più tenera.
†**ṣnicchiàre** [da *nicchia*, con *s-*] v. tr. ● (*raro*) Togliere dalla nicchia.
ṣnidàre [da *nido*, con *s-*] **A** v. tr. **1** Far uscire un animale dalla tana o dal nido: *s. una lepre, una volpe*. **2** (*fig.*) Fare uscire qc. da un nascondiglio, da un rifugio, e sim.: *la polizia snidò i ricercati dal loro rifugio* | Costringere nuclei nemici a uscire fuori dai propri accampamenti o ricoveri. **B** v. intr. ● †Uscire dal nido.
sniff /*ingl.* snif/ [vc. ingl., di origine onomat.] inter. ● Riproduce l'annusare del cane o di altro animale (*spec. iter.*) | (*est., fig.*) Esprime curiosità e ricerca.
ṣniffàre [ingl. *to sniff* 'annusare, aspirare, fiutare' (vc. d'origine imitativa)] v. tr. ● (*gerg.*) Fiutare, annusare cocaina.
ṣniffàta [da *sniffare*] s. f. ● (*gerg.*) Atto dello sniffare, spec. cocaina o altre droghe.
ṣnìffo [da *sniffare*] s. m. ● (*gerg.*) Sniffata | Dose, presa di cocaina.
snipe /*ingl.* snaip/ [vc. ingl., corrispondente all'it. *beccaccino*] s. m. inv. ● Imbarcazione da regata, con scafo a spigolo e deriva mobile.
snob /znɔb, *ingl.* snɔb/ [vc. ingl., di origine scandinava, propriamente 'calzolaio, uomo rozzo'; divulgata dal *Libro degli Snob*, di Thackeray, ma presente nel gergo ant. dell'università di Cambridge per indicare ogni estraneo a quell'ambiente e come tale non socialmente qualificato] **A** s. m. e f. inv. ● Chi ammira e imita ciecamente tutto ciò che è, o che crede sia, caratteristico dei ceti e degli ambienti più elevati | Chi affetta distinzione e singolarità di gusti, di maniera. **B** agg. inv. ● Che è caratteristico degli snob: *gusti s.*
ṣnobbàre [adattamento dell'ingl. *to snub* 'umiliare'] v. tr. (*io ṣnòbbo*) ● Umiliare qc. trattandolo con spregio altero, fingendo indifferenza nei suoi confronti, e sim.
ṣnobiṣmo [dall'ingl. *snobbism*, da *snob* con *-ism* '-ismo'] s. m. ● Qualità di chi, di ciò che è snob | Atto, comportamento, da snob.
ṣnobìsta s. m. e f. (pl. m. *-i*) ● Chi si comporta da snob, chi si atteggia a snob.
ṣnobìstico [da *snob*] agg. (pl. m. *-ci*) ● Di, relativo a snobismo | Tipico dello snob o dello snobista. || **snobisticaménte**, avv.
ṣnocciolaménto s. m. ● Atto dello snocciolare (*anche fig.*).
ṣnocciolàre [da *nocciolo*, con *s-*] v. tr. (*io ṣnòcciolo*) **1** Togliere il nocciolo dalla frutta. **2** (*fig.*) Proferire rapidamente: *s. bugie, orazioni* | Dire per filo e per segno: *snocciolò tutto il fatto*; *ha snocciolato la verità*. **3** (*fig., fam.*) Metter fuori denaro in abbondanza: *gli ha snocciolato una serie di banconote*.
ṣnocciolatóio [da *snocciolare*] s. m. ● Arnese atto a estrarre il nocciolo da olive, ciliegie, prugne, e sim.
ṣnocciolatùra [da *snocciolare* nel sign. 1] s. f. ● Atto, effetto dello snocciolare nel sign. 1.
ṣnodàbile agg. ● Che si può snodare.
ṣnodaménto s. m. ● (*raro*) Atto dello snodare.
ṣnodàre [da *nodo*, con *s-*] **A** v. tr. (*io ṣnòdo*) **1** Disfare il nodo, i nodi: *s. una fune, una corda* | Liberare dal nodo. **2** Sciogliere e sveltire nei movimenti, rendere agile e scattante: *un po' di ginnastica ti snoderà le gambe* | *S. il passo*, muoverlo | *S. la lingua*, cominciare a parlare. **3** Rendere mobile e pieghevole un elemento rigido o formato di più elementi rigidi connessi tra loro. **B** v. intr. pron. **1** Piegarsi, flettersi: *la serpe si snoda tra l'erba*. **2** Articolarsi in varie direzioni, detto di elementi rigidi: *la tubazione si snoda in due parti*. **3** Avere un andamento serpeggiante: *la strada si snoda lungo i fianchi del monte*.
ṣnodàto part. pass. di *snodare*; anche agg. ● Nei sign. del v.
ṣnodatùra s. f. **1** Atto, effetto dello snodare | Punto in cui un oggetto si snoda. **2** Snodo.
ṣnodévole [da *snodare*, sul modello di *pieghevole*] agg. ● (*raro*) Snodabile.
ṣnòdo [da *snodare*] s. m. ● Giunzione articolata tra due pezzi in modo che possano muoversi senza perdere coesione. || **snodino**, dim.
†**ṣnodolàre** [da *nodolo* 'giuntura', dim. raro di *nodo*, con *s-*] v. tr. ● (*raro, scherz.*) Rompere l'osso del collo.
snort /*ingl.* snɔ:t/ [vc. ingl., di origine onomat.] inter. ● Riproduce lo sbuffare e il soffiare di un animale, spec. di un toro, infuriato | (*est., fig.*) Esprime sdegno, ira e sim.
snowboard /*ingl.* 'snou bɔ:d/ [vc. ingl., propr. 'asse (*board*) da neve (*snow*)'] s. m. inv. ● (*sport*)

Sorta di tavola simile a un surf, sulla quale è possibile rimanere in piedi e compiere discese ed evoluzioni su pendii innevati o ghiacciati | Lo sport praticato con tale mezzo. ➡ ILL. p. 1295 SPORT.

snudare [da *nudo*, con *s-*. V. il lat. tardo *enudāre*, comp. di *ĕx-* (*s-*) e *nudāre*, da *nūdus* 'nudo'] v. tr. *1* †Denudare: *snudarsi il petto*. *2* Levare dal fodero, sguainare: *s. la spada*.

so- /so/ [dal lat. *sŭb-* 'sotto'] pref. ● In parole di derivazione latina o di formazione italiana, per lo più verbi, esprime un valore connesso con quello etimologico o ha una funzione attenuativa: *soccombere*; *soffiare*, *sommergere*, *sospingere*.

soap opera /so'pɔpera, *ingl.* 'soup 'ɔp(ə)rə/ [loc. ingl., comp. di *soap* 'sapone' (vc. di orig. germ.) e *opera* 'opera', perché furono le società produttrici di detersivi a patrocinare per prime il tipo di trasmissione negli Stati Uniti] loc. sost. f. inv. ● Serie di trasmissioni radiofoniche o televisive, aventi sempre gli stessi protagonisti principali, che narra spec. la vita di una famiglia e si caratterizza per il convenzionale sentimentalismo delle vicende.

†**soatto** ● V. †*sogatto*.

soàve (1) o †**suàve** [lat. *suāve(m)* 'attraente, dolce', corradicale di *suadēre*, di origine indeur. V. *persuadere*, *suadente*] **A** agg. *1* Che riesce grato, dolce, piacevole, ai vari sensi: *odore*, *profumo*, *s.*; *s. al gusto*, *al tatto*, *alla vista*, *all'udito* | Che infonde calma, pace e tranquillità: *armonia*, *canto*, *visione*, *sguardo*, *s.* | *Occhi soavi*, che danno dolcezza a guardarli | (*lett.*) Tenero, dolce, amabile: *questi soavi nomi / non son per me* (METASTASIO). *2* †Che non dà fatica, agevole | †Tranquillo, placido: *s. passo*. *3* †Morbido, liscio, delicato. || **soaveménte**, avv. Con soavità; †*vivere soavemente*, nelle mollezze. **B** in funzione di avv. ● (*raro*, *poet.*) Soavemente, dolcemente: *fatto silenzio*, *alto e s. parla / il Podestà* (PASCOLI).

soàve (2) [da *Soave* (Verona), centro di produzione di questo vino] s. m. inv. ● Vino giallo paglierino chiaro, dal profumo delicato e caratteristico, secco e vellutato, prodotto dal vitigno omonimo.

soaveolènte [comp. di *soave* (*1*) e *olente*] agg. ● (*raro*, *poet.*) Che manda soave odore.

†**soavézza** [da *soave* (*1*)] s. f. ● Soavità.

soavità o †**suavità** [dal lat. *suavitāte(m)* 'dolcezza', da *suāvis* 'soave'] s. f. ● Qualità di chi, di ciò che è soave.

†**soavizzaménto** s. m. ● Atto del soavizzare o del soavizzarsi.

†**soavizzàre** [da *soave* (*1*)] **A** v. tr. ● Rendere soave. **B** v. intr. pron. ● Diventare soave.

sobbàggio ● V. *sovvaggio*.

sobbàggiolo ● V. *sovvaggiolo*.

sobbalzàre [comp. di *so-* e *balzare*] v. intr. (aus. *avere*) *1* Fare sbalzi continui, detto di cose: *la corriera sobbalzava a ogni curva*. *2* Trasalire, dare un balzo: *s. di sorpresa*; *s. al sentire un nome*.

sobbàlzo s. m. ● Atto del sobbalzare | *Di s.*, di scatto, di soprassalto.

sobbarcàre [lat. parl. **subbrachiāre* 'prendere sotto braccio', comp. di *sŭb* 'sotto' e *brāchium* 'braccio', con sovrapposizione di *barca*] **A** v. tr. (*io sobbàrco*, *tu sobbàrchi*) ● Sottoporre a una seria responsabilità: *s. qc. a una spesa*, *a un lavoro*. **B** v. rifl. ● Solo nella loc. *sobbarcarsi a q.c.*, assumersi un impegno gravoso, sottoporsi a un'impresa faticosa: *non voglio sobbarcarmi a un così grosso sacrificio*.

†**sobbarcolàrsi** [da *sobbarcare*, con suff. iter.] v. rifl. ● (*raro*) Alzarsi il manto o le vesti.

sobbattitùra [comp. di *so-* e *battitura*] s. f. ● (*veter.*) Ecchimosi del derma villoso riscontrabile su tutta la faccia soleare del piede.

sobbillàre ● V. *sobillare*.

†**sobbissàre** ● V. *subissare*.

sobbolliménto s. m. *1* (*raro*) Atto del sobbollire. *2* Malattia di vini poco alcolici causata da batteri. SIN. Girato.

sobbollire o (*raro*) **subbollire** [lat. tardo *subbullīre* 'bollire un poco', comp. di *sŭb* 'sotto' e *bullīre* 'bollire'] v. intr. (*io sobbóllo*; aus. *avere*) *1* Bollire piano: *il mosto in fermentazione sobbolle*. *2* (*raro*, *fig.*) Cominciare a manifestarsi, detto di passioni e sim.: *la vendetta gli sobbolle in animo*.

sobbollìto part. pass. di *sobbollire*; anche agg. *1* Nei sign. del v. *2* (*agr.*) *Fieni sobbolliti*, resi friabili e nericci per cattiva conservazione.

†**sobborghigiàno** [da *sobborgo*, sul modello di *borghigiano*] s. m. (f. *-a*) ● Abitatore di sobborgo.

sobbórgo [sovrapposizione di *so-* e *borgo* a un deriv. dal lat. *subŭrbiu(m)* 'sobborgo', comp. di *sŭb* 'sotto' e di un deriv. di *ŭrbs*, genit. *ŭrbis* 'città'] s. m. (pl. *-ghi*) *1* Anticamente, borgo contiguo o vicino alla città. *2* Piccolo centro abitato, disposto nelle immediate vicinanze di un centro abitato più importante: *i sobborghi di Parigi*, *di Londra*.

†**sobbrevità** [comp. di *so-* e *brevità*] s. f. in funzione di avv. ● (*raro*) Brevemente.

sobbùglio ● V. *subbuglio*.

sobillaménto s. m. ● Atto, effetto del sobillare.

sobillàre o (*pop.*) **sobbillàre**, †**subbillàre** [lat. parl. **subilāre*, variante del classico *sibilāre*, propriamente 'fischiare', nel senso di 'soffiare negli occhi a qc.'] v. tr. ● Istigare di nascosto a manifestazioni di ostilità: *s. gli animi*; *farsi s. da qc.*; *s. il popolo contro il governo*.

sobillàto part. pass. di *sobillare*; anche agg. ● Nel sign. del v.

sobillatóre s. m.; anche agg. (f. *-trice*) ● Chi, che sobilla.

sobillazióne [da *sobillare*] s. f. ● Istigazione.

†**sobissàre** ● V. *subissare*.

†**sòbole** [vc. dotta, lat. *sŏbole(m)*, variante del classico *sŭboles* 'schiatta, prole', comp. di *sŭb* 'sotto' e di un corradicale di *ălere* 'nutrire', di origine indeur.] s. f. solo sing. ● (*raro*) Prole.

†**sobranzàre** o †**sovranzàre** [dal prov. *sobransar* 'sopraffare', da *sobransa*, a sua volta da *sobrar* 'superare' (lat. *superāre*)] v. tr. e intr. ● Superare: *Quel che ti sobranza / è virtù da cui nulla si ripara* (DANTE *Par.* XXIII, 35-36).

sobrietà [vc. dotta, dal lat. *sobrietāte(m)* 'temperanza', da *sōbrius* 'sobrio'] s. f. ● Qualità di chi, di ciò che è sobrio.

sòbrio [vc. dotta, dal lat. *sōbriu(m)* 'non ubriaco', comp. di *sō-*, variante di *sē-*, partcl. separativa di origine indeur., ed *ēbrius* 'ebbro'] agg. *1* Parco, temperante, moderato, nel mangiare e nel bere e (*est.*) nel soddisfare altri istinti naturali: *popolo s.*; *essere s. nel vino*, *nel cibo* | Che non ha bevuto alcolici nel tempo immediatamente precedente. CONTR. Intemperante, smodato. *2* (*fig.*) Alieno da eccessi o superfluità: *condurre una vita sobria*; *persona di sobrie abitudini*; *essere s. nel vestire*; *vestire in modo s.* | Moderato, contenuto: *risposta sobria*; *sobrie parole*. || **sobriaménte**, avv. Con sobrietà, parsimonia.

sòcca [dal venez. ant. *soca*, dall'istriano *suòchena* 'mantello', di origine slava] s. f. ● Sopravveste del costume medioevale femminile.

†**socchiamàre** [comp. di *so-* e *chiamare*] v. tr. ● (*raro*) Chiamare sottovoce.

socchiùdere [comp. di *so-* e *chiudere*] v. tr. (coniug. come *chiudere*) ● Chiudere non completamente, lasciando un'apertura, una fessura e sim.: *s. la porta*, *le finestre* | *S. gli occhi*, accostare appena le palpebre.

socchiuso part. pass. di *socchiudere*; anche agg. ● Nel sign. del v.

sòccida o †**sòccita** [lat. parl. **sŏcietas* (nom.) per il classico *socĭetas* 'società', da *sŏcius* 'compagno'] s. f. ● Contratto con cui due parti si associano per l'allevamento di bestiame e l'esercizio delle attività a esso connesse | *S. semplice*, con conferimento di bestiame da parte del soccidante e di lavoro da parte del soccidario | *S. parziaria*, in cui il bestiame viene conferito da ambo le parti e diviene proprietà comune | *S. con conferimento di pascolo*, in cui il soccidante conferisce l'uso del terreno e il soccidario il bestiame.

soccidànte s. m. e f. ● Chi, nella soccida, conferisce generalmente il capitale.

soccidàrio s. m. ● Chi, nella soccida, conferisce generalmente il lavoro.

†**soccinto** ● V. *succinto*.

sòccio [lat. *sŏciu(m)* 'compagno'. V. *socio*] s. m. *1* Soccidario. *2* (*tosc.*) Soccida. *3* (*tosc.*) Bestiame della soccida.

†**sòccita** ● V. *soccida*.

sòcco [vc. dotta, dal lat. *sŏccu(m)* 'sandalo', forse di origine mediterr. V. *zoccolo*] s. m. (pl. *-chi*) ● Calzare usato dagli antichi nella commedia | *Calzare il s.*, (*fig.*) scrivere commedie.

soccombènte **A** part. pres. di *soccombere*; anche agg. *1* Nei sign. del v. *2* (*dir.*) Di parte di un processo le cui pretese o ragioni sono state riconosciute in tutto o in parte infondate dal giudice: *parte totalmente*, *parzialmente s.* **B** s. m. e f. ● Parte soccombente.

soccombènza s. f. ● Condizione di chi è soccombente.

soccómbere [dal lat. *succŭmbere* 'cadere', comp. di *sŭb* 'sotto' e **cŭmbere*, connesso con *cubāre* 'giacere'] v. intr. (pres. *io soccómbo*; pass. rem. *io soccombéi* o *soccombètti*, *tu soccombésti*; aus. *essere*; raro †nei tempi composti) *1* Non reggere, essere costretto a cedere: *s. alla violenza* | *S. al male*, *all'assalto del male*, morire a causa di una grave malattia. *2* Restare vinto, perdente: *in gara il più inesperto dovrebbe s.* | *S. in giudizio*, perdere una causa giudiziaria | Morire: *preferì s. piuttosto che essere catturato*.

soccórrere [dal lat. *succŭrrere* 'correre sotto', comp. di *sŭb* 'sotto' e *cŭrrere* 'correre'] **A** v. tr. e intr. (pass. rem. *io soccórsi*, *tu soccorrésti*; part. pass. *soccórso*; aus. *avere*) ● Accorrere in aiuto, dare aiuto: *s. chi è in pericolo*; *s. gli assediati*; *a noi di lieti / inganni ... soccorse / Natura stessa* (LEOPARDI). **B** v. intr. (aus. *essere*) *1* (*lett.*) Venire alla mente, sovvenire: *non mi soccorre quell'indirizzo*. *2* †Giovare, valere di rimedio: *s. a qc.* *3* (*raro*) †Accorrere.

soccorrévole agg. ● (*lett.*) Che soccorre, che è pronto a soccorrere: *la memoria dei nostri patimenti ci renda ... soccorrevoli ai nostri prossimi* (MANZONI). || **soccorrevolménte**, avv.

soccorribile agg. ● (*raro*) Che si può soccorrere.

soccorriménto s. m. ● (*raro*) Atto del soccorrere.

soccorritóre **A** s. m.; anche agg. (f. *-trice*) ● Chi, che soccorre: *l'arrivo dei soccorritori*; *mano soccorritrice*. **B** s. m. ● (*mecc.*) Relais.

soccórso (1) part. pass. di *soccorrere*; anche agg. ● Nei sign. del v.

soccórso (2) [da *soccorrere*, sul modello di *corso* (*2*)] s. m. *1* Aiuto prestato a chi si trova in stato di grande bisogno, pericolo e sim.: *dare*, *prestare s. a qc.*; *gridare al s.*; *invocare s.*; *chiamare s.*; *chiamare a s.*; *chiamare qc. in s.*; *andare*, *correre*, *in s. di qc.* | *S. aereo*, aerosoccorso | *Pronto s.*, prima assistenza prestata a persona malata; luogo di prima cura | *Omissione di s.*, reato di chi, trovando abbandonato o smarrito un incapace o un corpo umano inanimato o una persona ferita o in pericolo, non presta assistenza o non avvisa immediatamente l'Autorità | (*fig.*, *scherz.*) *S. di Pisa*, inutile e tardivo, con riferimento a quello che i pisani, assediati dai fiorentini, attesero invano dall'imperatore Massimiliano. *2* Aiuto di forze o mezzi di difesa a una fortezza o piazza assediata, per accrescerne la resistenza o liberarla | *Porta del s.*, nelle antiche fortezze, per l'ingresso dei soccorsi e per le sortite. *3* (*est.*) Sussidio, sovvenzione: *un s. in denaro*; *gli manderò un piccolo s.* *4* (*spec. al pl.*) Rifornimenti, rinforzi: *bisogna mandare soccorsi agli alluvionati*; *arrivano i soccorsi agli assediati*. *5* (*lett.*) Persona che porge soccorso: *E 'l mio fido s. / vedem' arder nel foco, e non m'aita* (PETRARCA).

soccòscio [comp. di *so-* e *coscio*] s. m. ● Parte superiore della coscia di bue o manzo macellato. SIN. Sottocoscio.

soccotrino [da *Soc(c)otra*] s. m. ● Varietà di aloe dell'isola di Socotra (*Aloe soccotrina*).

soccutàneo [dal lat. tardo *subcutāneu(m)*, comp. di *sŭb* 'sotto' e di un deriv. di *cŭtis* 'pelle'. V. *cute*] agg. ● (*raro*) Sottocutaneo.

sòcera ● V. *suocera*.

sòcero ● V. *suocero*.

sociàbile [dal lat. *sociābile(m)* 'atto a unirsi facilmente', da *sociāre* 'associare', da *sŏcius* 'compagno'] agg. ● (*lett.*) Socievole.

sociabilità s. f. ● (*lett.*) Qualità di chi è sociabile.

socialdemocràtico [comp. di *social(e)* e *democratico*, sul modello del ted. *sozialdemokratisch*] **A** agg. (f. *-a*; pl. m. *-ci*) ● Della socialdemocrazia. **B** agg.; anche s. m. *1* Che, chi segue la socialdemocrazia. *2* Relativo o appartenente al Partito Socialista Democratico Italiano.

socialdemocrazìa [comp. di *social(e)* e *democrazia*, sul modello del ted. *Sozialdemokratie*] s. f. ● Socialismo di tipo riformista, che rifiuta i metodi rivoluzionari.

sociàle [vc. dotta, dal lat. *sociāle(m)*, agg. da *sŏcius* 'compagno' (V. *socio*)] **A** agg. *1* Che fa vita associata | *Animale s.*, (*per anton.*) l'uomo. *2* Che si riferisce alla società umana: *doveri, virtù sociali* | *Giustizia s.*, quella che attua l'uguaglianza sostanziale dei diritti e dei doveri di tutti i membri di una determinata società, spec. con l'equa distribuzione dei beni economici | *Questione s.*, il problema del miglioramento delle condizioni di vita e di lavoro delle classi lavoratrici | *Ordine s.*, condizione di una società caratterizzata dall'assenza, stabilita anche coattivamente, di conflitti che possano comprometterne l'equilibrio globale; particolare disposizione delle varie strutture di una società tale da determinare un armonico funzionamento. *3* Che si riferisce all'ambiente in cui si svolge la propria vita, per tutto ciò che concerne il lavoro, i rapporti con gli altri, i contatti umani a ogni livello e sim.: *rapporti, convenzioni sociali*. *4* Che tende ad assicurare benessere e sicurezza a tutti i cittadini: *Ministero del lavoro e della previdenza s.*; *assicurazione s.* | *Stato s.*, che pone tra i suoi fini quello della cura del benessere di tutti i cittadini | *Legislazione s.*, complesso di leggi aventi per oggetto immediato e specifico la tutela della classe lavoratrice per fini di interesse generale | *Assistenza s.*, V. *assistenza* | *Assistente s.*, V. *assistente*. *5* Che si riferisce a un'associazione, una società: *attività s.*; *capitale s.* | *Libri sociali*, insieme di registri che una società deve per legge tenere per documentare la propria attività. *6* Che si svolge tra i membri di un'associazione, di una società: *pranzo, gita s.* *7* Di alleato | *Guerre sociali*, quelle insorte tra i membri di una stessa confederazione | *Guerra s.*, quella degli alleati italici contro Roma. || **socialménte**, avv. In maniera sociale; dal punto di vista sociale: *un comportamento socialmente rilevante*. **B** s. m. ● L'ambito dei problemi sociali: *impegnarsi nel s.*; *avere il senso del s.*

socialìṣmo [da *sociale*, con *-ismo*, sul modello del fr. *socialisme*] s. m. ● Teoria e movimento politico-economico che propugnano il possesso e il controllo dei mezzi di produzione da parte delle classi lavoratrici per realizzare, mediante una nuova organizzazione della società, l'uguaglianza politica, sociale ed economica di tutti gli uomini: *s. democratico, riformista, rivoluzionario* | *S. reale*, quello realizzato di fatto come sistema politico e sociale, spec. sino alla fine degli anni Ottanta, nell'Unione Sovietica e in altri Paesi dell'Europa orientale.

socialìsta [da *sociale*, con *-ista*, sul modello del fr. *socialiste*] **A** agg. (pl. m. *-i*) ● Proprio del, relativo al, socialismo. **B** agg.; anche s. m. e f. *1* Che, chi segue e sostiene il socialismo. *2* Relativo o appartenente al Partito Socialista Italiano.

socialìstico agg. (pl. m. *-ci*) ● Del socialismo, dei socialisti.

socialistòide [da *socialista*, con *-oide*] **A** s. m. e f. ● Chi è incline al socialismo, ma non lo professa apertamente (*spec. spreg.*). **B** anche agg.: *idee socialistoidi*.

socialità [vc. dotta, dal lat. *socialitāte(m)* 'socievolezza', da *sociālis* 'sociale' (V. *sociale*)] s. f. *1* Tendenza umana alla convivenza sociale. *2* Complesso di rapporti esistenti fra gli appartenenti a una determinata società o a un determinato ambiente: *la s. di un'iniziativa* | (*est.*) Consapevolezza di tali rapporti e dei doveri da essi derivanti: *avere, non avere senso di s.*

socializzàre [da *sociale*, sul modello del fr. *socialiser*] **A** v. tr. *1* Trasferire la proprietà e la gestione di mezzi di produzione e distribuzione, o di servizi, allo Stato. *2* (*sociol., psicol.*) Adattare, educare un individuo, spec. di giovane età, alle norme sociali prevalenti, alle relazioni di gruppo o di società. **B** v. intr. (aus. *avere*) ● (*sociol., psicol.*) Sviluppare, intrattenere rapporti sociali nell'ambiente in cui si vive od opera, adattandosi senza difficoltà alle norme di comportamento in questo prevalenti.

socializzazióne s. f. *1* Atto, effetto del socializzare. *2* (*sociol., psicol.*) Processo di apprendimento e di adattamento alle norme sociali prevalenti | *S. primaria*, quella che si riferisce alla famiglia e a rapporti diretti, primari | *S. secondaria*, quella mediata dalle istituzioni sociali.

società o †**societàde** †**societàte** [lat. *societāte(m)*, da *sŏcius* 'compagno' (V. *socio*)] s. f. *1* Unione tra esseri viventi con scopi comuni da raggiungere: *vivere in s.* *2* Gruppo umano, più o meno ampio e complesso, costituito al fine di sviluppare la cooperazione tra gli individui e caratterizzato da particolari strutture di relazioni gerarchiche: *s. umana, civile*; *far parte della s.*; *vivere nella s.*; *essere utile alla s.*; *essere pericoloso per la s.*; *essere bandito dalla s.*; *essere un rifiuto della s.*; *la legislazione considera l'uomo qual è, per farne buoni usi nella umana s.* (VICO) | *S. industriale*, caratterizzata dalla prevalenza dell'attività economica di tipo industriale | *S. di massa*, in cui l'influenza della massa, a livello sia economico sia culturale, è divenuta decisiva | *S. opulenta, affluente del benessere, consumistica, dei consumi*, in cui l'alto reddito individuale viene speso in beni voluttuari. *3* (*zool.*) Associazione di individui di una specie animale che vivono insieme e fanno fronte alle necessità della comunità dividendosi i compiti: *la s. delle api, delle formiche*. *4* Associazione di persone aventi determinati fini comuni: *s. sportiva*; *s. di mutuo soccorso* | *L'onorata s.*, la camorra napoletana e (*est.*) la mafia | *S. segreta*, associazione i cui membri devono mantenere il silenzio sui riti di iniziazione, sui fini perseguiti e sulle azioni commesse. *5* (*dir.*) Contratto con cui due o più persone conferiscono beni e servizi per l'esercizio di un'attività economica, allo scopo di dividerne gli utili | *S. di capitali*, che dà luogo alla creazione di un nuovo soggetto fornito di personalità giuridica | *S. di persone*, non dotata di personalità giuridica, con almeno un socio illimitatamente responsabile | *S. di fatto*, determinata dal comportamento dei soci e non basata su un contratto | *S. a catena*, collegate da una serie di partecipazioni azionarie, in modo che una prima società detiene il controllo di una seconda, che a sua volta ne controlla una terza e così via | *S. semplice*, società di persone che non svolge attività commerciale | *S. in nome collettivo*, società commerciale in cui vi è responsabilità solidale e illimitata di tutti i soci | *S. in accomandita*, società commerciale caratterizzata dalla diversa responsabilità verso i terzi dei soci che vi partecipano | *S. per azioni*, società di capitali in cui le quote sociali sono rappresentate da azioni | *S. a responsabilità limitata*, in cui le quote di partecipazione sociale non possono essere rappresentate da azioni | *S. cooperativa*, che persegue uno scopo mutualistico | *S. finanziaria*, avente come scopo l'investimento dei propri capitali in titoli di altra società o enti e il finanziamento di attività produttive anche di privati | *S. di intermediazione mobiliare*, operatore autorizzato dalla legge a svolgere una o più fra le attività di negoziazione, collocamento, raccolta di ordini, consulenza e gestione in materia di valori mobiliari, nonché attività di sollecitazione del pubblico risparmio | *S. di revisione*, che svolge un controllo sull'attendibilità dei bilanci di aziende clienti, valutando l'opportunità di rilasciare apposita lettera di certificazione. *6* (*est.*) Unione di due o più persone che decidono di partecipare insieme a un affare, dividendosi le spese, gli utili e le perdite da esso derivanti: *fare s. con qc.*; *essere, mettersi, in s. con qc.*; *fare un affare in s. con qc.*; *avere q.c. in s. con qc.* *7* Ambiente sociale elevato: *la buona s.*; *la s. elegante*; *la migliore s. del paese* | *Alta s.*, l'insieme delle persone ricche, influenti o prestigiose appartenente ai ceti socialmente più elevati | Vita di relazioni, di trattenimenti mondani: *debuttare in s.* | *Abito da s.*, per ricevimenti e feste mondane | *Giochi di s.*, passatempi da salotto. *8* Compagnia di certe persone: *amare, fuggire, la s.*; *cercare la s. di qc.*; *della molestia degli uomini mi liberai facilmente, separandomi dalla loro s.* (LEOPARDI). CONTR. Isolamento, solitudine.

societàrio [da *società*, sul modello del fr. *sociétaire*] agg. ● (*dir.*) Delle società, che riguarda le società: *organi societari*.

†**societàte** ● V. *società*.

sociévole [lat. *sociābile(m)* 'socievole'] agg. *1* Che ama e cerca la compagnia dei suoi simili: *uomo, animale, s.* CONTR. Solitario. *2* (*lett.*) Che vive facilmente in società: *l'uomo è un essere s.* *3* Che sta volentieri in compagnia: *è un tipo molto s.* | (*est.*) Che è cortese e affabile nei rapporti con gli altri: *indole s.*; *è poco s.* CONTR. Scontroso, selvatico. || **socievolménte**, avv.

socievolézza s. f. ● Qualità di chi, di ciò che è socievole.

socinianìṣmo o **socinianéṣimo** [da *sociniano*, con *-ismo*] s. m. ● Dottrina di Fausto e Lelio Socini, teologi del XVI secolo che affermavano la superiorità della ragione umana sulla rivelazione biblica e negavano il dogma trinitario e la divinità del Cristo.

sociniàno [da F. e L. *Socini*, teologi del XVI sec.] **A** agg. ● Del socinianismo | Relativo ai teologi Socini e al loro pensiero. **B** s. m. (f. *-a*) ● Seguace del socinianismo.

sòcio o †**sòzio** [vc. dotta, dal lat. *sŏciu(m)* 'compagno', di origine indeur.] s. m. (f. *-a*; pl. f. *-ie*) *1* Chi partecipa con altri a q.c.: *i soci dell'impresa*; *in quest'affare ho due soci*. *2* Chi è parte di un contratto di società: *soci fondatori* | *S. d'opera, d'industria*, colui che nel contratto di società conferisce il proprio lavoro. *3* Membro di un'associazione, un circolo, e sim.: *s. del circolo sportivo*; *s. ordinario*; *s. sostenitore*.

sòcio- [pref. di origine ingl., rappresentante il lat. *sŏcius* 'compagno', ma inteso più spesso come abbr. di *socio(logico)*, *soci(ale)*, *soci(età)*] primo elemento ● In parole composte, significa 'società' o fa riferimento a un fenomeno, a un fattore sociale: *sociogramma, sociologia*.

sociobiologìa [comp. di *socio-* e *biologia*] s. f. (pl. *-gie*) ● Studio sistematico delle basi biologiche, spec. genetiche, di ogni tipo di comportamento sociale degli animali e dell'uomo, nell'ambito della biologia evoluzionistica.

sociobiològico agg. (pl. m. *-ci*) ● Relativo alla sociobiologia.

sociobiòlogo s. m. (pl. *-gi*) ● Studioso di sociobiologia.

socioculturàle [comp. di *socio-* e *culturale*] agg. ● Di, relativo al livello sociale e culturale di un individuo o di un gruppo sociale.

sociodràmma [comp. di *socio-* e *dramma* (*1*)] s. m. (pl. *-i*) *1* Tecnica simile allo psicodramma, nella quale i soggetti improvvisano una drammatizzazione di determinati ruoli sociali, permettendo al sociologo e allo psicologo sociale di studiare gli atteggiamenti di un gruppo sociale verso un altro o le reazioni e i comportamenti di un ruolo sociale diverso. *2* Psicodramma recitato in riunioni di gruppo.

socioeconòmico [comp. di *socio-* ed *economico*] agg. (pl. m. *-ci*) ● (*sociol., econ.*) Detto di fenomeno, avvenimento o aspetto di una data società, che viene colto sinteticamente nelle sue caratteristiche economiche e sociali.

sociogèneṣi [comp. di *socio-* e *genesi*] s. f. ● Genesi, riconducibile a fattori sociali, di un fenomeno o di un evento: *la s. della criminalità minorile*.

sociogràmma [comp. di *socio-* e *-gramma*] s. m. (pl. *-i*) ● Diagramma che permette di stabilire l'andamento di un fenomeno sociale.

sociogrùppo [comp. di *soci(ale)* e *gruppo*] s. m. ● (*sociol.*) Gruppo di persone in cui domina la preoccupazione dell'affinità di complesso e del rendimento funzionale.

sociolètto [da *socio-*, sul modello di *dialetto*] s. m. ● (*ling.*) L'insieme degli usi linguistici che caratterizza uno stato sociale o un gruppo di parlanti determinato professionalmente o geograficamente.

sociolinguìsta s. m. e f. (pl. m. *-i*) ● Studioso di sociolinguistica.

sociolinguìstica [comp. di *socio-* e *linguistica*] s. f. ● Ramo della linguistica che studia i rapporti tra le condizioni sociali e gli usi linguistici dei parlanti.

sociolinguìstico agg. (pl. m. *-ci*) ● Di, relativo a sociolinguistica.

sociologìa [dal fr. *sociologie*, comp. di *soci(été)* e *-logie* '-logia'] s. f. ● Scienza che studia i vari fenomeni e processi sociali mediante tecniche di analisi ispirate alla metodologia delle scienze naturali, al fine di elaborare previsioni operative: *s. generale, applicata; s. economica, urbana, rurale, del diritto, della religione, dell'arte* | *S. della conoscenza*, studia le relazioni tra i sistemi ideologici e le strutture e i processi sociali | *S. del lavoro*, indaga sui rapporti che in una data società si stabiliscono tra le condizioni di lavoro, lo sviluppo della tecnica e le strutture socioeconomiche | *S. criminale*, studia le cause sociali del delitto, cioè la società sotto il profilo dei fenomeni criminosi che in essa si verificano.

sociològico [dal fr. *sociologique*, comp. di *soci(été)* e *-logique* '-logico'] agg. (pl. m. *-ci*) ● Che attiene alla sociologia: *rivista sociologica*. || **sociologicaménte**, avv. Dal punto di vista della sociologia.

sociologìsmo [da *sociologia*, con *-ismo*] s. m. ● (*spreg.*) Tendenza a considerare i fatti umani unicamente dal punto di vista sociologico.

sociòlogo [dal fr. *sociologue*, comp. di *soci(été)* e *-logue* '-logo'] s. m. (f. *-a*; pl. m. *-gi*, pop. *-ghi*) ● Studioso, esperto di sociologia.

sociometrìa [adattamento dell'ingl. *sociometry*, comp. di *socio(logy)* 'sociologia' e *-metry* '-metria'] s. f. ● Branca della sociologia che studia le relazioni sociali mediante tecniche basate sulla misurazione quantitativa.

sociomètrico agg. (pl. m. *-ci*) ● Relativo alla sociometria.

sociopatìa [comp. di *socio-* e *-patia*] s. f. ● Stato patologico prodotto da fattori sociali.

sociopàtico [comp. di *socio-* e *-patico*] **A** agg. (pl. m. *-ci*) ● Che riguarda la sociopatia. **B** agg.; anche s. m. (f. *-a*) ● Che, chi rivela o è affetto da sociopatia: *personalità sociopatica; non isolare i sociopatici*.

sociopolìtico [comp. di *socio-* e *politico*] agg. (pl. m. *-ci*) ● Detto di fenomeno, evento o aspetto di una data società, che viene colto sinteticamente nelle sue caratteristiche politiche e sociali.

sociosanitàrio [comp. di *socio-* e *sanitario*] agg. ● Relativo all'assistenza medica pubblica | *Agente s.*, barelliere.

socioterapìa [comp. di *socio-* e *terapia*] s. f. ● (*psicol.*) Metodo psicoterapeutico in cui le interazioni fra i pazienti e il contesto sociale sono rivolte a favorire l'adattamento all'ambiente.

socràtico [vc. dotta, dal lat. *Socrăticu(m)*, dal gr. *Sōkratikós*, da *Sōkrátēs* 'Socrate' (469-399 a.C.)] **A** agg. (pl. m. *-ci*) ● Del filosofo Socrate: *ironia socratica; metodo s.* || **socraticaménte**, avv. Alla maniera di Socrate. **B** s. m. ● Chi segue e si ispira alla filosofia di Socrate.

socratìsmo [da *Socrate*, con *-ismo*] s. m. ● Complesso delle dottrine di Socrate che sono passate nella tradizione filosofica successiva.

sòda [lat. mediev. *sōda(m)*, di etim. discussa: dall'ar. *sarwwād*, n. della pianta dalle cui ceneri si ricavava la soda (?)] s. f. *1* Nome commerciale del carbonato di sodio, ottenuta industrialmente dal cloruro di sodio mediante processo Solvay, usata nella produzione dei saponi, dei detersivi, dei vetri, della carta | *S. caustica*, ® nome commerciale dell'idrossido di sodio, ottenuta industrialmente per elettrolisi di una soluzione acquosa di cloruro di sodio in speciali celle a diaframma, usata per fabbricare saponi, nelle industrie della carta, della cellulosa e sim. *2* Acqua gassosa simile al seltz ma con una dose superiore di carbonato di sodio, usata per allungare bevande alcoliche: *un whisky con s.*

sodàglia [da *sodo* (V.), sul modello di *boscaglia*, ecc.] s. f. ● Terreno sodo, non dissodato.

sodàle [vc. dotta, dal lat. *sodāle(m)* 'membro d'una confraternita', di origine indeur.] s. m. e f. *1* (*lett.*) Compagno, amico. *2* Nell'antica Roma, chi apparteneva a un sodalizio.

sodalità [vc. dotta, lat. *sodalitāte(m)*, da *sodālis* 'sodale'] s. f. ● (*raro, lett.*) Associazione, sodalizio.

sodalite [comp. di *soda* e *-lite*, indicante un minerale ricco di soda] s. f. ● Alluminosilicato di sodio contenente cloro, spesso di colore azzurro e in questo caso usato come pietra semipreziosa, a imitazione del lapislazzuli.

sodalìzio [vc. dotta, dal lat. *sodalĭciu(m)* 'confraternita', da *sodālis* 'sodale'] s. m. *1* Associazione, società | *S. sportivo*, società sportiva. *2* (*lett.*) Comunanza di vita di compagni, amici e sim. *3* (*poet.*) †Gruppo, compagnia: *O s. eletto a la gran cena / del benedetto Agnello* (DANTE *Par.* XXIV, 1-2). *4* Nell'antica Roma, associazione religiosa e politica.

†**sodaménto** [da *sodare* (*1*) e (*2*)] s. m. *1* Consolidamento. *2* (*fig.*) Mallevadoria, obbligo.

sodanìtro [comp. di *soda* e *nitro*] s. m. ● (*chim.*) Nitrato di sodio, bianco, usato come concime azotato e per l'industria degli esplosivi.

sodàre (1) [da *sodo* (*1*) (V.)] v. tr. (*io sòdo*) ● Rassodare un tessuto con la gualchiera, feltrare.

†**sodàre** (2) [da †*sodo* (*2*) (V.)] v. tr. e intr. ● Obbligarsi, impegnarsi, confermare con le proprie responsabilità.

†**sodàre** (3) [da *dissodare*] v. tr. ● Dissodare.

sodàto [da *soda* nel sign. 2] agg. ● Detto di aperitivo addizionato di soda e gener. offerto al consumo in bottiglietta con tappo a corona contenente una singola dose.

sodatóre [da *sodare* (*1*)] s. m. (f. *-trice*) ● Operaio addetto alla sodatura dei pannilani.

sodatrìce [f. di *sodatore*] s. f. ● (*tess.*) Macchina per eseguire la follatura dei panni di lana. SIN. Follone.

sodatùra [da *sodare* (*1*)] s. f. ● Operazione ed effetto del sodare i feltri per cappelli, i tessuti di lana.

†**soddiàcono** /soddi'akono, sod'djakono/ ● V. *suddiacono*.

soddisfacènte o (*tosc., lett.*) **sodisfacènte**. part. pres. di *soddisfare*; anche agg. *1* Nei sign. del v. *2* Esauriente. || **soddisfacenteménte**, avv.

soddisfaciménto o (*tosc., lett.*) **sodisfaciménto** [da *soddisfare*, sul modello di *facimento*] s. m. ● Atto del soddisfare | (*lett.*) *A s., in s., di s.*, in compenso.

soddisfàre o †**satisfàre**, (*tosc., lett.*) **sodisfàre** [lat. *satisfăcere* 'soddisfare', comp. di *sătis* 'abbastanza' e *făcere* 'fare'] **A** v. tr. e intr. (pres. *io soddisfàccio* o *soddisfò* o *soddìsfo, tu soddisfài* o *soddìsfi, egli soddisfà* o *soddìsfa, noi soddisfacciàmo* o evit. *soddisfiàmo, voi soddisfàte, essi soddisfànno* o *soddìsfano*; fut. *io soddisfarò* o fam. *soddisferò*; congv. pres. *io soddisfàccia* o *soddìsfi, noi soddisfacciàmo* o evit. *soddisfiàmo, voi soddisfacciàte* o evit. *soddisfiàte, essi soddisfàcciano* o *soddìsfino*; condiz. pres. *io soddisfarèi* o fam. *soddisferèi, tu soddisfarésti* o fam. *soddisferésti*; nelle altre forme coniug. come *fare*; aus. *avere*) *1* Adempiere, appagare: *s. una domanda, una richiesta, una preghiera, un desiderio; s. a una domanda, a una richiesta, a una preghiera, a un desiderio*. *2* Contentare: *s. il pubblico, i lettori, i propri gusti; s. ai gusti di qc.*; (*raro*) *s. al pubblico, ai lettori* | Piacere: *la tua idea non mi soddisfa; la nostra scelta non soddisfece Giovanni*. *3* Eseguire ciò che è dovuto, richiesto, e sim.: *s. i propri impegni; s. ai propri impegni* | *S. un debito, s. a un debito*, pagarlo | *S. le proprie obbligazioni, s. alle proprie obbligazioni*, farvi fronte | *S. i creditori, s. ai creditori*, dare loro quanto spetta | Dare soddisfazione, fare ammenda, riparare: *s. un'offesa, un peccato, un danno; s. a un'offesa, a un peccato, a un danno*. *4* Essere in corrispondenza, in accordo: *la teoria soddisfa certe premesse; la teoria soddisfa a certe premesse*. *5* (*mat.*) Rendere vero (detto spec. nel caso di una relazione contenente delle variabili, di valori di queste). **B** v. intr. pron. ● (*raro*) Contentarsi, appagarsi.

soddisfattìvo o †**satisfattìvo** [da *soddisfatto*] agg. ● (*raro, lett.*) Atto a soddisfare.

soddisfàtto o †**satisfàtto**, (*tosc., lett.*) **sodisfàtto**. part. pass. di *soddisfare*; anche agg. *1* Nei sign. del v. *2* Che è completamente appagato nei desideri, nelle richieste, e sim.: *essere, dichiararsi, mostrarsi, s.* CONTR. Insoddisfatto.

†**soddisfattòrio** o †**satisfattòrio** nel sign. 2 [da *soddisfatto*] agg. ● Soddisfattivo.

soddisfazióne o †**satisfazióne**, (*tosc., lett.*) **sodisfazióne** [dal lat. *satisfactiōne(m)* 'soddisfazione', da *satisfāctus* 'soddisfatto'] s. f. *1* Atto, effetto del soddisfare: *la s. di un desiderio, di una richiesta, delle proprie aspirazioni* | Riparazione di offesa, danno, e sim.: *chiedere, esigere, dare, ricevere, s. di q.c.; voglio s. dell'offesa ricevuta*. *2* Compiacimento che prova chi è soddisfatto: *provò una gran s. nel ricevere il premio; ebbe la s. di essere premiato; non voglio dargli la s. di rivolgermi a lui; si prese la s. di piantarlo in asso* | Contentezza, gioia: *le soddisfazioni della vita; i figli le danno molte soddisfazioni* | (*est.*) Gusto, piacere: *è un lavoro che dà s.; che s. provi a tormentarlo così?* || **soddisfazioncèlla**, dim.

†**soddomìa** e deriv. ● V. *sodomia* e *deriv.*

†**soddùrre** [sovrapposizione di *so-* a *sedurre*] v. tr. ● Sedurre.

†**sodduttóre** [sovrapposizione di *so-* a *seduttore*] s. m.; anche agg. (f. *-trice*) ● Seduttore.

sodézza s. f. ● Qualità di ciò che è sodo.

sòdico agg. (pl. m. *-ci*) ● Del sodio | Contenente sodio.

sòdio [dall'ingl. *sodium*, da *soda*, prestito dall'it. *soda* (V.)] s. m. ● Elemento chimico, metallo alcalino bianco argenteo, ottenuto in generale per elettrolisi del cloruro sodico fuso, largamente distribuito in natura nei suoi sali. SIMB. Na.

sodisfàre e deriv. ● V. *soddisfare* e *deriv.*

sòdo (1) [di etim. discussa: lat. mediev. *sāudu(m)*, da un precedente **săldus* 'saldo' (?)] **A** agg. *1* Compatto, duro al tatto, privo di parti vuote o molli: *carni sode; pietra soda; legname s.* | *Terreno s.*, incolto, non arato | *Uova sode*, bollite nell'acqua col guscio. CONTR. Molle. *2* Pesante, forte: *mani sode* | (*ell.*) *Darle, prenderle, sode*, picchiare, essere picchiato, duramente. *3* (*fig.*) Saldo, solido: *argomenti sodi; ragioni sode* | Ponderato, fondato, serio: *cultura, istruzione, soda*. *4* †Tutto d'un pezzo, pieno: *muro, oro, s.* | †*Pepe, grano s.*, non macinato | †*Denaro s.*, non spicciolo. *5* Fermo: *stare s. in un proposito* | †*Beni sodi*, immobili. || **sodaménte**, avv. In maniera soda, saldamente; *dormire sodamente*, profondamente. **B** in funzione di avv. *1* Con forza, duramente: *picchiare s.* *2* Con intensità, con serietà: *lavorare, studiare, s.* *3* Profondamente: *dormire s.* **C** s. m. *1* Terreno duro, massiccio, fermo: *costruire sul s.* | (*raro*) *Posare, camminare, sul s.*, (*raro, fig.*) su q.c. di consistente. *2* Consistenza, reale valore, spec. nelle loc. *esserci del s.*: *c'è del s. in quell'affare* | *Venire al s.*, parlare dell'argomento più importante, giungere a una conclusione | (*raro*) *Sul s.*, sul serio, seriamente: *tu folleggi veramente, se parli sul s.* (LEOPARDI). *3* †Sodaglia.

†**sòdo** (2) [dal precedente, in senso metaforico] s. m. ● (*raro*) Sicurezza, garanzia.

sodoku /giapp. so'doku/ [vc. giapp., propriamente 'veleno da topo'] s. m. inv. ● (*med.*) Malattia provocata da uno spirillo, inoculato dal morso di topo o di roditori che si manifesta con febbre elevata, eritema e ingrossamento di linfonodi.

sodomìa o †**soddomìa** [da *Sodoma*, dall'ebr. *S(e)dōm*, attraverso il gr. *Sódoma* e il lat. tardo *Sŏdoma* (nt. pl.). V. il lat. tardo (eccl.) *sodŏmia*] s. f. *1* Omosessualità maschile. *2* Rapporto sessuale per via anale.

sodomìta o †**soddomìta**, †**soddomìto**, †**sodomìto** [vc. dotta, dal lat. tardo (eccl.) *Sodomīta(m)*, dal gr. *Sodomítēs*, da *Sódoma* 'Sodoma'] s. m. (pl. *-i*) ● Chi è dedito alla sodomia. || **sodomitàccio**, pegg.

sodomìtico o †**soddomìtico** [vc. dotta, dal lat. *Sodomĭticu(m)*, da *Sodomīta* 'abitante di Sodoma'] agg. (pl. m. *-ci*) ● Di sodomia, di sodomita: *vizio s.* || **sodomiticaménte**, avv.

†**sodomìto** ● V. *sodomita*.

sodomizzàre v. tr. ● Sottoporre a sodomia.

sodomizzazióne s. f. ● Atto, effetto del sodomizzare.

†**soduciménto** [sovrapposizione di *so-* a *seducimento*] s. m. ● Seducimento.

†**soduzióne** [sovrapposizione di *so-* a *seduzione*] s. f. ● Seduzione.

sofà [dal fr. *sofa*, dall'ar. *suffa* 'cuscino, panchina'] s. m. ● Tipo di sedile basso, imbottito e ricoperto di tessuto, a due o più posti, con schienali e braccioli | *S. a orecchioni*, di stile barocchetto, con braccioli grandi fortemente incurvati in fuori, e volute.

sofferènte o (*raro*) **soffrènte**. **A** part. pres. di *soffrire*; anche agg. ● Nei sign. del v. || **sofferenteménte**, avv. Con sofferenza. **B** s. m. e f. ● Chi soffre: *pregare per i sofferenti*.

sofferènza o †**soffrènza**, †**sofrènza** [dal lat. tardo *sufferĕntia(m)* 'pazienza', da *sŭfferens*, genit. *sufferĕntis* 'paziente'] s. f. *1* Atto, effetto del soffrire nel fisico o nel morale: *vivere nella s.*; *le sofferenze dei poveri*; *una vita piena di sofferenze*; *morire fra atroci sofferenze*. *2* (*econ.*) Ritardo nella riscossione di un credito | *In s.*, detto di crediti non rimborsati alla data di scadenza o di interessi non versati alla data di maturazione; nel gergo bancario, riferito a quelle posizioni per le quali è già stato interessato l'ufficio legale per tentarne il recupero. *3* †Sopportazione, pazienza: *questo è un volere provocare la mia s.* (GOLDONI).

†sofferére [variante ant. di *soff(e)rire*] v. tr. e intr. • Soffrire.

†sofferévole [da *sofferire*] agg. • Soffribile.

†sofferiménto • V. *soffrimento*.

†sofferire • V. *soffrire*.

†sofferitóre • V. *soffritore*.

soffermàre [comp. di *so-* e *fermare*] **A** v. tr. (*io soffèrmo*) • Fermare per breve tempo, trattenere: *s. lo sguardo su q.c.* **B** v. intr. pron. • Fermarsi alquanto: *soffermarsi a parlare* | Indugiare: *soffermarsi sui particolari*.

soffermàta s. f. • (*raro*) Atto del soffermarsi.

soffèrto A part. pass. di *soffrire*; anche agg. *1* Nei sign. del v. *2* Detto di qualsiasi manifestazione spirituale o artistica che riveli la sofferenza interiore da cui ha avuto origine o sviluppo: *una teoria molto sofferta*; *è un quadro s.* | (*est.*) Detto di qualunque azione o comportamento che sia frutto o manifestazione di un profondo travaglio interiore o fisico: *è stata una partita sofferta*; *un fidanzamento s.* **B** s. m. *1* Ciò che si è patito: *pensare al s.* (TOMMASEO). *2* † Periodo di detenzione scontato anteriormente alla condanna.

soffì • V. *sofì*.

soffiaménto s. m. • Atto del soffiare (*spec. fig.*).

soffiànte A part. pres. di *soffiare*; anche agg. *1* Nei sign. del v. *2 Macchina s.*, quella che ha la funzione di trasmettere a un fluido gassoso, spec. aria, energia di pressione e velocità necessarie a convogliarlo in un percorso di utilizzazione. **B** s. f. • Macchina soffiante | *S. a stantuffi*, macchina soffiante a movimento alternativo.

soffiàre [lat. *sufflāre* 'soffiare', comp. di *sŭb* e *flāre* 'spirare' (V. *fiato*)] **A** v. tr. (*io sóffio*) *1* Spingere fuori con forza dalla bocca fiato, aria, fumo, e sim.: *s. l'aria col mantice*; *s. il fumo della sigaretta* | *Soffiarsi il naso*, liberarlo dal muco espellendo soffio attraverso le narici | *S. il naso a qc.*, aiutarlo a soffiarselo | (*raro, pop., tosc.*) *S. il naso ai fagiani, alle galline, ai pavoni*, oziare od occuparsi di cose di poco conto, ostentando un gran daffare. *2 S. il vetro*, lavorarlo con il soffio a caldo, usando la canna da vetraio. *3* (*pop.*) Riferire in segreto, spec. con intenzioni maligne o sobillatrici: *s. un segreto, una parola, e sim. nell'orecchio a qc.*; *s. malignità* | (*ass.*) Fare la spia: *il complice ha soffiato alla polizia*; *i due arrestati hanno soffiato*. *4* Nel gioco della dama, eliminare la pedina avversaria che non ha compiuto una mossa obbligatoria. *5* (*est.*) Sottrarre, portare via, ciò che appartiene o spetta ad altri: *gli ha soffiato il posto*; *si è fatto s. la ragazza dall'amico* | *S. la palla*, nel calcio, sottrarla a un avversario con azione rapida mentre questi si accinge a giocarla. **B** v. intr. (aus. *avere*) *1* Spingere con forza il fiato fuori dalle labbra semichiuse, gonfiando le gote: *s. sulla minestra bollente*; *s. nella tromba, nell'occhio a qc.* | *S. sul fuoco, nel fuoco*, perché si accenda o si ravvivi; (*fig.*) aizzare. *2* Sbuffare per ira, impazienza, stanchezza, fatica, e sim.: *s. di rabbia*; *saliva le scale soffiando*; *s. come un mantice*. *3* Spirare, detto di venti: *soffia la tramontana*; *vento che soffia da nord-est*.

soffiàta s. f. *1* Atto del soffiare una volta. *2* (*pop.*) Comunicazione di notizia riservata o segreta fatta da anonimi | Spiata: *la polizia ha ricevuto una s.* || **soffiatina**, dim.

soffiàto (1) part. pass. di *soffiare*; anche agg. *1* Nei sign. del v. *2 Vetro s.*, modellato a caldo mediante processo di soffiatura.

soffiàto (2) s. m. • (*raro*) Adattamento di *soufflé* (V.).

soffiatóio [lat. tardo (eccl.) *sufflatōriu(m)* 'soffietto', da *sufflātus* 'soffiato'] s. m. • (*gener.*) Strumento per soffiare.

soffiatóre [da *soffiare*] s. m. (f. *-trice* nei sign. 1 e 2) *1* Operaio vetraio, che, soffiando nella canna, fa assumere al vetro la forma e le dimensioni desiderate. *2* (*fig., pop.*) Spia. *3* Apparecchio per iniettare aria supplementare in un focolare.

soffiatùra s. f. *1* Atto, effetto del soffiare. *2* Metodo di fabbricazione di oggetti di vetro che consiste nell'attingere del vetro fuso con l'estremità di una canna e nel modellarlo soffiandovi attraverso. *3* (*metall.*) Piccola cavità, dovuta allo sviluppo di gas disciolti nel metallo fuso, che non si liberano completamente durante il raffreddamento.

†sofficcàre [comp. di *so-* e *ficcare*] **A** v. tr. • Nascondere, celare. **B** v. rifl. • Nascondersi.

sòffice o **sóffice** [lat. *sŭpplice(m)* 'supplichevole', con sovrapposizione di **suffiĕctere*, comp. di *flĕctere* 'piegare' (?)] agg. *1* Che si piega e cede con facilità alla pressione: *lana morbida e s.*; *guanciale, materasso s.* | *Terreno s.*, reso sciolto dalle lavorazioni, oppure tale per sua natura | (*fig.*) Soft. SIN. Morbido. CONTR. Duro. *2* (*ecol.*) Dolce. *3* (*aer.*) *Volo s.*, quello effettuato mediante aeromobili, derivati dal deltaplano, che utilizzano, per la propulsione, l'energia muscolare umana o l'energia solare. || **sofficeménte**, avv. In modo soffice.

†sofficiènza e *deriv.* • V. *sufficienza* e *deriv.*

sofficità s. f. • Qualità di ciò che è soffice. SIN. Morbidezza.

soffierìa [da *soffiare*, sul modello del fr. *soufflerie* 'mantice'] s. f. *1* Impianto, la cui parte essenziale è formata da una o più macchine soffianti, atto a fornire aria sotto pressione per diversi procedimenti industriali. *2* In laboratori chimici e fisici, apparecchio che sfrutta aria od ossigeno a pressione moderata per raggiungere temperature elevate in apposito bruciatore.

soffiétto [da *soffiare*, sul modello del fr. *souflet*] s. m. *1* Piccolo mantice a mano per accendere o ravvivare il fuoco, per dare lo zolfo alle viti, e sim. *2* Mantice di carrozza | Involucro a fisarmonica di tela impermeabile, con telai metallici, per i mantici dei veicoli ferroviari. *3* Dispositivo allungabile, in pelle o tela impenetrabili alla luce, posto fra il dorso e la parte anteriore delle vecchie macchine fotografiche. *4* Articolo o brano di giornale chiaramente inteso a esaltare persona od opera, anche non meritevole. *5* (*fig.*) Chi suggerisce ad altri comportamento o parole | (*pop.*) Spia: *fare il s.* || **soffiettino**, dim.

soffino [da *soffiare*] s. m. • Solo nelle loc. *fare, giocare, a s.*, gioco di ragazzi consistente nel far cadere a terra, soffiandovi sopra, una monetina posta sul dorso della mano.

sóffio [da *soffiare*] s. m. *1* Atto del soffiare. *2* Aria, fiato, vento e sim. emesso nel soffiare: *un s. di vento*; *un s. gelato*; *con un s. spense la candela* | *In un s., d'un s.*, in un attimo | (*fig.*) *S. animatore, vitale, divino*, quello con cui Dio donò la vita ad Adamo. *3* (*fig., lett.*) Ispirazione: *il s. dell'arte, della poesia*. *4* Leggero rumore, leggero ronzio: *il s. del ventilatore elettrico*. *5* (*med.*) Rumore patologico che si ascolta sul cuore o in corrispondenza dell'albero respiratorio: *s. sistolico, bronchiale*.

soffióne (1) [da *soffiare*] s. m. (f. *-a* nei sign. 3 e 4) *1* Canna di ferro per ravvivare il fuoco col soffio. *2* Emissione violenta di vapori e gas surriscaldati e sotto pressione, di origine magmatica, da condotti e spaccature del suolo: *s. boracifero*. *3* (*raro, fig.*) Spia. *4* (*fig.*) †Persona presuntuosa e superba. || **†soffionétto**, dim.

soffióne (2) [da *soffiare*, così detto per il gioco dei bambini che vi soffiano] s. m. • (*bot.*) Tarassaco.

†soffionerìa [da *soffione (1)*] s. f. • (*raro*) Qualità di chi è soffione.

†soffìsmo • V. *sofisma*.

†soffìstico • V. *sofistico*.

†sóffito [da **soffitare* 'soffiare' variante ant. di *soffiare*] s. m. • (*raro*) Soffio.

soffìtta [da *soffitto*] s. f. *1* Vano a tetto, solaio: *mettere, relegare in s.*; *ridursi ad abitare in una s.* *2* Parte del palcoscenico al di sopra degli elementi di scena, adibita ai servizi. || **soffittàccia**, pegg.

soffittàre [da *soffitto*] v. tr. • Munire del soffitto: *s. una stanza*.

soffittatùra [da *soffittare*] s. f. • Rivestimento per soffitti che nasconde la travatura.

soffìtto [lat. parl. **suffīctu(m)*, variante del classico *suffīxus*, part. pass. di *suffīgere* 'coprir sotto'; per calco sul fr. *plafond* nel sign. 3] s. m. *1* Superficie inferiore di un solaio o di una volta che fa da cielo a un ambiente | (*est.*) Qualsiasi elemento di scena che finga il soffitto di un interno o la parte alta di un ambiente. *2* Nell'alpinismo, parte di una parete rocciosa che sporge in fuori ad angolo retto. *3* (*aer.*) Tangenza. || **soffittóne**, accr.

soffocaménto o (*dial.*) **†soffogaménto**. s. m. • Atto del soffocare o dell'essere soffocato.

soffocànte part. pres. di *soffocare*; anche agg. *1* Nei sign. del v. *2 Gas s.*, aggressivo chimico che agisce sulle vie respiratorie | (*fig.*) Opprimente: *un'atmosfera s.*

soffocàre o (*dial.*) **†soffogàre**, **†suffocàre** [lat. *suffocāre*, comp. di *sŭb* 'sotto' e da *fāux*, genit. *fāucis* 'gola'] **A** v. tr. (*io sòffoco, tu sòffochi*) *1* Impedire di respirare: *questo caldo mi soffoca* | Uccidere impedendo di respirare: *Otello soffocò Desdemona* | *S. le fiamme, il fuoco*, spegnerli. *2* (*fig.*) Far sì che q.c. non appaia, non si manifesti, non si sviluppi e sim.: *s. uno scandalo, una passione*; *s. la libertà* | *S. un fatto*, fare in modo che non se ne parli | *S. una rivolta nel sangue*, reprimerla con uccisioni, tumulti e sim. | (*lett.*) Opprimere: *le spine ... degli appetiti, i quali spesso tanto adombrano e suffocano gli animi nostri* (CASTIGLIONE). *3* Opprimere privando dell'aria e della luce: *s. le malerbe, il grano*. *4* (*lett.*) †Sommergere, affogare. **B** v. intr. e intr. pron. (aus. *essere*) • Non poter respirare, sentirsi mozzare il respiro: *qui si soffoca dal caldo*; *quasi mi soffocavo nel bere*.

soffocàto part. pass. di *soffocare*; anche agg. *1* Nei sign. del v. *2* (*fig.*) Represso, impedito: *grido, gemito, s.* || **soffocataménte**, avv. In modo soffocato: *piangere soffocatamente*.

soffocatóre s. m.; anche agg. (f. *-trice*) • (*raro*) Chi, che soffoca.

soffocazióne o **†soffogazióne**, **†suffocazióne** [vc. dotta, dal lat. *suffocatiōne(m)* 'soffocamento', da *suffocātus* 'soffocato'] s. f. • Atto, effetto del soffocare o dell'essere soffocato.

sòffoco [da *soffocare*] s. m. (pl. *-chi*) • (*dial.*) Afa, aria calda e pesante.

†soffogàre e *deriv.* • V. *soffocare* e *deriv.*

†soffólcere o **†soffólgere**, **†suffólcere** [vc. dotta, dal lat. *suffulcīre* 'puntellare', comp. di *sŭb* 'sotto' e *fulcīre* 'sostenere'] **A** v. tr. (dif. usato solo al pres. indic. *io soffólco, tu soffólci*, al pass. rem. *io soffólsi, tu soffolgésti* e al part. pass. *soffólto*) • (*lett.*) Sorreggere, sostenere. **B** v. intr. pron. • (*lett.*) Appoggiarsi, appuntarsi.

†soffólto o **†suffùlto**. part. pass. di *†soffolcere*; anche agg. • Nei sign. del v.

soffóndere o **†suffóndere** [dal lat. *suffūndere* 'spargere', comp. di *sŭb* 'sotto' e *fūndere* 'versare'] **A** v. tr. (coniug. come *fondere*) • (*lett.*) Cospargere, colorire delicatamente. **B** v. intr. pron. • (*lett.*) Cospargersi, colorirsi: *il viso le si soffuse di rossore*.

sofforàre [comp. di *so-* e *forare*] v. tr. • Forare di sotto.

†soffornàto [comp. di *so-* e di *forno*, nel senso di 'caverna'] agg. • (*raro*) Incavato.

†soffragàneo • V. *suffraganeo*.

†soffràtta [lat. parl. **suffrācta(m)*, f. sost. del part. pass. di **suffrāngere* 'spezzare': propriamente 'rottura, mancanza'] s. f. • Penuria, mancanza | Bisogno.

†soffrattóso [da *soffratta*] agg. • (*raro*) Bisognoso.

soffreddàre [comp. di *so-* e *freddare*] **A** v. tr. (*io soffréddo*) • (*raro*) Raffreddare alquanto: *lasciar s. la minestra*. **B** v. intr. e intr. pron. (aus. *essere*) • Diventare piuttosto freddo.

soffréddo [lat. *suffrīgidu(m)* 'freddino', comp. di *sŭb* 'sotto' e *frīgidus* 'freddo'] agg. • (*raro*) Alquanto freddo.

soffregaménto s. m. • (*raro*) Atto del soffregare.

soffregàre [lat. tardo *suffricāre* 'strofinar leggermente', comp. di *sŭb* 'sotto' e *fricāre* 'fregare'] v. tr. (*io soffrégo, tu soffréghi*) • (*raro*) Fregare, stropicciare, strofinare leggermente: *soffregarsi gli occhi*.

soffrènte • V. *sofferente*.

†**soffrènza** ● V. *sofferenza.*

soffribile **A** agg. ● (*raro*) Tollerabile. **B** s. m. solo sing. ● (*raro*) Ciò che si può soffrire, sopportare, tollerare.

soffriggere [comp. di *so-* e *friggere*] **A** v. tr. (coniug. come *friggere*) ● Far friggere leggermente, a fuoco basso: *s. una cipolla nel burro.* **B** v. intr. (aus. *avere*) **1** Friggere leggermente: *la cipolla sta soffriggendo.* **2** (*raro, fig.*) Rammaricarsi borbottando.

soffriménto o †**sofferiménto.** s. m. ● (*raro*) Atto del soffrire.

soffrire o †**sofferire** [lat. parl. **suff(e)rīre*, variante del classico *suffĕrre* 'sopportare', comp. di *sŭb* 'sotto' e *fĕrre* 'portare', dalla radice indeur. **bher-*] **A** v. tr. (pres. *io sòffro*; pass. rem. *io soffrìi* o *soffèrsi, tu soffrìsti*; part. pres. *soffrènte* o *sofferènte*; part. pass. *soffèrto*) **1** Patire dolori fisici o morali: *s. gravi tormenti, affanni, preoccupazioni, pene* | *S. le pene dell'inferno,* (*fig.*) soffrire molto | Sopportare situazioni particolarmente penose: *s. la fame, la sete, la miseria* | Risentire, con particolare disagio, di determinate situazioni: *s. il caldo, il freddo, il mal d'auto.* **2** Sopportare, tollerare: *non posso s. i rumori*; *ha la colite e non soffre il latte*; *è costretto a s. ogni tribolazione*; *soffre pazientemente gli insulti*; *io t'ho sofferto un pezzo* (MARINO) | Avere in antipatia, in odio, determinate persone o cose, usato spec. in espressioni negative: *non posso s. le persone ipocrite.* **3** †Reggere, sostenere: *l'un sofferia l'altro con la spalla* (DANTE *Purg.* XIII, 59). **4** †Permettere, acconsentire. **5** †Aspettare, indugiare: *convenne loro sofferir di passar tanto che quelle passate fossero* (BOCCACCIO). **B** v. intr. (aus. *avere*) **1** Patire dolori fisici o morali: *quella donna ha molto sofferto*; *è un tipo chiuso, ma si vede che soffre.* **2** Essere soggetto a un disturbo, a una malattia: *s. di mal di testa, di amnesie, di cuore*; *s. agli occhi.* **3** Andare a male, avvizzire, detto di piante: *i gerani hanno sofferto per il freddo.* **C** v. intr. pron. ● †Contenersi, astenersi.

soffritóre o †**sofferitóre** [da *soffrito*, desueto part. pass. di *soffrire*] s. m. (f. *-trice*) ● (*raro*) Chi soffre.

soffritto **A** part. pass. di *soffriggere* ● (*raro*) Nei sign. del v. **B** s. m. ● Battuto di cipolla, erbe odorose, pancetta o prosciutto, che si fa soffriggere con olio e burro prima di aggiungervi la carne. ‖ **soffrittino,** dim.

soffrùtice ● V. *suffrutice.*

†**soffùlto** ● V. †*soffolto.*

soffùso o †**suffùso.** part. pass. di *soffondere*; anche agg. ● (*lett.*) Nei sign. del v.

sofi o **soffi** [adattamento dell'ar. *sáfawī* 'discendente di Safi al-Din', dinastia reale persiana dal 1502 al 1736] s. m. ● Anticamente, sovrano persiano.

sofia [dal gr. *sophía* 'sapienza, saggezza' da *sophós* 'colui che sa', di etim. sconosciuta] s. f. ● (*lett.*) Sapienza, scienza: *un sillogismo di mistica s.* (CARDUCCI).

-sofia /so'fia, zo'fia/ [gr. *-sophía*, da *sophía* 'saggezza, conoscenza', deriv. da *sophós* 'saggio, sapiente'] secondo elemento ● In parole composte della terminologia dotta, significa 'scienza', 'dottrina', 'studio' e sim.: *antroposofia, filosofia, teosofia.*

sofianismo [dal gr. *sophía* col doppio suff. *-ano* e *-ismo*, come in *messianismo*] s. m. ● (*relig.*) Corrente teologico-mistica sviluppatasi in Russia nell'ambito del cristianesimo nel sec. XIX. SIN. Sofiologia.

-sòfico /'sɔfiko, 'zɔfiko/ secondo elemento ● Forma aggettivi derivanti da nomi in *-sofia*: *filosofico, teosofico.*

sofiologia [comp. di *sophio-*, dal gr. *sophía* 'sapienza, saggezza', e *-logia*] s. f. ● (*relig.*) Sofianismo.

sofisma o (*raro*) †**soffismo**, †**sofismo** [vc. dotta, dal lat. *sophĭsma* (nom. acc. nt.), dal gr. *sóphisma*, genit. *sophísmatos* 'artifizio', da *sophízesthai* 'cavillare', da *sophía* 'sapienza'] s. m. (pl. *-i*) **1** (*filos.*) Ragionamento fallace, tipico della sofistica presocratica. **2** (*est.*) Ragionamento apparentemente logico, ma in realtà falso e capzioso.

sofista o †**sofisto** [vc. dotta, dal lat. *sophĭsta(m)*, adattamento del gr. *sophistḗs* 'uomo dotto, sofista', connesso con *sophízesthai* 'cavillare', da *sophía* 'sapienza'] s. m. e f. (pl. m. *-i*) **1** Nel mondo greco dei secoli V e IV a.C., maestro di retorica e di saggezza per professione. **2** (*est.*) Chi si serve di sofismi, cavillatore.

†**sofisterìa** [da *sofista*] s. f. ● Sofisticheria.

sofistica [vc. dotta, dal gr. *sophistikḗ* (*téchnē*) '(arte) di cavillare', f. sost. di *sophistikós*, da *sophistḗs* 'sofista'] s. f. ● Indirizzo filosofico in Grecia, nei secoli V e IV a.C.

sofisticàggine s. f. **1** (*raro*) Qualità di chi è sofistico. **2** (*raro*) Atto, discorso e sim. sofistico.

sofisticaménto s. m. ● Atto del sofisticare.

sofisticàre [dal lat. mediev. *sophisticāri* (dep.), da *sophĭsticus* 'capzioso' (V. *sofistico*)] **A** v. intr. (*io sofìstico, tu sofìstichi*; aus. *avere*) ● Ragionare per sofismi, sottilizzare, cavillare: *è inutile stare a s. su tutto.* **B** v. tr. ● Alterare con frode gli alimenti posti in commercio: *s. il vino.*

sofisticàto part. pass. di *sofisticare*; anche agg. **1** Nei sign. del v. **2** Che mostra raffinatezza e ricercatezza eccessive, a scapito della naturalezza: *donna sofisticata*; *maniere sofisticate.* **3** Detto di impianto, congegno, attrezzatura ad altissimo grado di perfezione tecnologica sia nei materiali e nei procedimenti, sia nell'affinamento dei risultati e delle prestazioni.

sofisticatóre s. m. (f. *-trice*) ● Chi sofistica una merce.

sofisticazióne s. f. ● Modo e atto del sofisticare: *s. di un prodotto, di un alimento.*

sofisticherìa s. f. **1** Qualità di chi, di ciò che è sofistico. **2** Ragionamento, discorso, atto, e sim. sofistico.

sofìstico o (*raro*) †**soffìstico** [vc. dotta, dal lat. tardo *sophĭsticu(m)*, dal gr. *sophistikós*, agg. tratto da *sophistḗs* 'sofista'] **A** agg. (pl. m. *-ci*) **1** Che concerne o interessa i sofisti o la sofistica. **2** Che è eccessivamente scrupoloso, cavilloso, pedante. **B** agg.; anche s. m. (f. *-a*) ● Che, chi è esigente, schizzinoso, di gusti difficili: *come sei diventato s.!*; *non fare il s.!* SIN. Schifiltoso, schizzinoso, smorfioso. ‖ **sofisticùzzo**, dim. ‖ **sofisticaménte**, avv.

†**sofistizzàre** [da *sofista*] v. intr. ● (*raro*) Sofisticare.

†**sofisto** ● V. *sofista.*

sòfo [vc. dotta, dal lat. *sŏphu(m)*, dal gr. *sophós* 'saggio', di etim. incerta] s. m. ● (*lett.*) Sapiente, saggio, savio (*spec. iron. o spreg.*): *né scelleranza di sacerdoti né oltracotanza di sofi sequestrerà Dio dalla storia* (CARDUCCI).

-sofo /sofo, zofo/ [gr. *-sophos*, da *sophós* 'sapiente, saggio', di etim. incerta] secondo elemento ● Usato in parole composte designanti persona che svolge l'attività indicata dal corrispondente termine in *-sofia*: *filosofo.*

sofoclèo [vc. dotta, dal lat. *Sophoclēu(m)*, dal gr. *Sophókleios*, da *Sophoklês* 'Sofocle' (497-406 a.C.)] agg. ● Di Sofocle, poeta tragico dell'antica Grecia.

sofòra [dall'ar. *sufayrā*] s. f. ● Pianta arborea ornamentale delle Leguminose, con grappoli di fiori gialli (*Sophora japonica*).

†**sofrènza** ● V. *sofferenza.*

sofrologia [comp. del gr. *sṓphrōn* 'saggio' (comp. di *sôs* 'sano', d'orig. indeur. e *phrḗn*, genit. *phrenós* 'diaframma', poi 'mente', d'orig. incerta) e *-logia*] s. f. (pl. *-gie*) ● Pratica di rilassamento psicologico basata sull'uso combinato di parole e musica che infonde calma e serenità nei pazienti prima di piccoli interventi operatori.

soft /ingl. sɔft/ [vc. ingl., propr. 'morbido'] agg. inv. ● Detto di ciò che ha toni sfumati, tenui e delicati, che è gradevole, rilassante o non impegnativo, conciliante, spec. in contrapposizione a *hard*: *voce, musica s.*; *atmosfera, ambiente s.* SIN. Dolce, morbido, soffice. CONTR. Duro, rigido, deciso.

softball /ingl. 'sɔft bɔ:l/ [vc. ingl., propr. 'soffice palla'] s. m. inv. ● Gioco simile al baseball che si svolge su un campo di dimensioni minori.

soft-core /ingl. 'sɔft kɔ:*/ [vc. ingl., comp. di *soft* (V.) e *core* 'nocciolo, centro, nucleo' (d'origine incerta)] agg. inv. ● Detto di film, pubblicazione a stampa e sim. di carattere pornografico, in cui però le scene non sono rappresentate o descritte in modo tanto realistico da turbare profondamente la morale corrente.

soft drink /ingl. 'sɔft driŋk/ [loc. ingl., propr. 'bevanda (*drink*) leggera (*soft*)'] loc. sost. m. inv. (pl. ingl. *soft drinks*) ● Bevanda non alcolica.

software /'sɔftwer, ingl. 'sɔft wɛə*/ [vc. ingl., letteralmente 'elementi (*ware*) molli (*soft*)', in contrapposizione a *hardware* 'elementi (duri: *hard*) di un apparato'] s. m. inv. **1** (*elab.*) Corredo dei linguaggi e dei programmi che permettono di svolgere le elaborazioni di un sistema. **2** (*est.*) L'insieme dei programmi e della documentazione necessari per una data attività tecnologica.

software house /'sɔftwer 'aus, ingl. 'sɔftwɛə 'haus/ [loc. ingl., comp. di *software* (V.) e *house* 'casa' (V. *house boat*)] loc. sost. f. inv. (pl. ingl. *software houses*) ● (*elab.*) Azienda la cui attività consiste nello sviluppo e nella commercializzazione di programmi per elaboratori.

softwarista /softwe'rista/ [da *software*] s. m. e f. (pl. m. *-i*) ● Tecnico specializzato nella progettazione e applicazione dei software.

sóga [lat. tardo *sōca(m)* 'fune', di origine celtica (?)] s. f. **1** †Correggia, cinghia: *di guerrier sudore / bagnerassi la s. dello scudo* (MONTI). **2** (*dial.*) Fune, grossa corda.

†**sogàtto** o †**soàtto**, †**sovàtto**, †**sugàtto** [di etim. discussa: dal lat. *subāctu(m)* (*cōrium*) '(cuoio) conciato', part. pass. sost. di *subĭgere* 'mettere (*ăgere*) sotto (*sŭb*), trattare, lavorare' (?)] s. m. ● (*dial.*) Striscia di cuoio per cavezza o guinzaglio. ‖ †**sogattòlo**, dim.

soggettàbile [da *soggettare*] agg. ● (*raro*) Assoggettabile.

soggettaménto [da *soggettare*] s. m. ● (*raro*) Assoggettamento.

†**soggettàre** o †**suggettàre** [da *soggetto* (*1*)] v. tr. e intr. pron. ● Assoggettare.

†**soggettatóre** [da *soggettare*] s. m.; anche agg. (f. *-trice*) ● Assoggettatore.

soggettìsta [da *soggetto* (*2*), con *-ista*] s. m. e f. (pl. m. *-i*) ● Autore di soggetti cinematografici, televisivi e sim.

soggettìva s. f. ● (*cine.*) Inquadratura ripresa dal punto di vista dell'attore, che compare nella sequenza e che pertanto tende a far identificare soggettivamente lo spettatore col personaggio.

soggettivàre v. tr. ● Rendere soggettivo | Interpretare i fatti e le cose in modo soggettivo.

soggettivazióne s. f. **1** Atto, effetto del soggettivare. **2** (*cine*) Soggettiva.

soggettivismo [da *soggettivo*, con *-ismo*] s. m. **1** Ogni dottrina filosofica secondo cui i valori o i criteri di verità risultano essere determinati dagli stati d'animo del soggetto. **2** (*est.*) Modo di interpretare i fatti e le cose secondo il proprio pensiero.

soggettivìsta s. m. e f. (pl. m. *-i*) **1** Chi segue o si ispira al soggettivismo. **2** (*est.*) Chi interpreta i fatti e le cose secondo il proprio pensiero.

soggettivìstico agg. (pl. m. *-ci*) ● Che concerne o interessa il soggettivismo | Che è proprio del soggettivista.

soggettività s. f. ● Qualità di chi, di ciò che è soggettivo.

soggettìvo [dal lat. tardo *subiectīvu(m)* 'relativo al soggetto', da *subiĕctu(m)* 'soggetto' (V. *soggetto* (*2*))] agg. **1** Che deriva dal modo di sentire, pensare e giudicare propri dell'individuo in quanto tale: *giudizio s.*; *opinione, considerazione, soggettiva*; *la sua interpretazione del testo è piuttosto soggettiva.* CONTR. Oggettivo. **2** (*gramm.*) Del soggetto | *Proposizione soggettiva*, che fa da soggetto. **3** (*filos.*) Che concerne o interessa il soggetto in quanto realtà pensante. **4** (*psicol.*) *Metodo s.*, metodo di osservazione che si fonda sull'introspezione. ‖ **soggettivaménte**, avv.

soggètto (1) o †**suggètto** [lat. *subiĕctu(m)*, part. pass. di *subĭcere* 'sottoporre' comp. di *sŭb* 'sotto' e *iăcere* 'gettare'] agg. **1** †Posto sotto, sottostante. **2** Sottomesso, sottoposto, all'autorità o al potere altrui, a un obbligo, a una condizione e sim.: *popolo s. agli stranieri*; *essere s. a vigilanza speciale*; *il corpo è s. allo spirito.* **3** (*est.*) Esposto a un'azione proveniente dall'esterno: *il nostro piano è s. a mutamenti* | Esposto a danni, disgrazie, e sim.: *il paese è s. a frane.* **4** Detto di persona, che soffre con una certa continuità di un disturbo, una malattia, e sim. o che contrae con facilità una determinata malattia: *va soggetta a forti emicranie*; *è molto s. alle coliche*. || **soggettaménte**, avv. (*raro*) Con soggezione.

soggètto (2) [lat. tardo *subiĕctu(m)* 'soggetto', nt. sost. di *subiĕctus*, part. pass. di *subĭcere* 'sottoporre'. (V. *soggetto (1)*)] s. m. **1** Argomento, tema: *il s. della conversazione, della lettura*; *un s. ben scelto, infelice, felice*; *allontanarsi dal s. trattato*; *il s. di un film, di una commedia* | *Batttuta a s.*, improvvisata dall'attore in scena, sull'argomento fornitogli dalla situazione e dal dialogo | *Film a s.*, narrativo, non documentario. **2** (*mus.*) Tema della fuga, pensiero melodico, motivo fondamentale. **3** (*filos.*) L'io in quanto realtà pensante, spec. in contrapposizione all'oggetto pensato. CONTR. Oggetto. **4** (*gramm.*) La persona o la cosa che fa o subisce l'azione espressa dal verbo o si trova nella condizione indicata dal verbo. **5** (*med.*) Individuo, persona: *s. anemico, isterico, nevrotico*; *la gravità della malattia varia secondo i soggetti*. **6** (*dir.*) *S. di diritto*, possibile titolare di diritti e doveri | *Soggetti del processo*, parti processuali, organo giudiziario e ausiliari di giustizia | *S. attivo del reato*, chi pone in essere il reato | *S. passivo del reato*, la persona offesa dal reato. **7** (*fam.*) Persona, tipo (*spec. iron.* o *spreg.*): *quel tuo amico è un bel s.*; *cattivo, tristo, pessimo s.* **8** †Suddito. **9** (*agr.*) Pianta o parte di pianta che riceve l'innesto. || **soggettàccio**, pegg. | **soggettinàccio**, pegg. | **soggettino**, dim. | **soggettóne**, accr.

soggezióne o (*pop.*) †**suggezióne** [dal lat. *subiectiōne(m)* 'sottomissione', da *subiĕctus* 'soggetto' (V. *soggetto (1)*)] s. f. **1** Condizione di chi è soggetto: *s. alla volontà altrui, alla legge*. **2** Riguardo timoroso, rispetto misto a imbarazzo e timore che si prova nel trovarsi in ambienti nuovi, insoliti, o al cospetto di persone particolarmente importanti: *dare, ispirare s.*; *provare s.*; *avere s. di qc. o di q.c.*; *avere s. a fare q.c.*; *provare s. alla presenza dei superiori* | *Mettere, tenere, in s.*, intimorire | *Mettersi in s.*, sentirsi intimorito | *Non avere s. di nessuno*, non temere nessuno | (*fam.*) *Persona di s.*, che incute soggezione, che va trattata con molto riguardo. || **soggezioncèlla**, dim.

sogghignàre [comp. di *so-* e *ghignare*] v. intr. (aus. *avere*) ● Fare sogghigni, in segno di disprezzo, sarcasmo, ironia.

sogghignatóre s. m. (f. *-trice*) ● (*raro*) Chi sogghigna.

sogghìgno [da *sogghignare*] s. m. ● Ghigno dissimulato, leggero, che esprime disprezzo, malignità, ironia: *fare un s.*; *un s. di amarezza*; *Mi accolse ... con un s. pieno di sottintesi* (LEVI).

soggiacènte part. pres. di *soggiacere*; anche agg. **1** Nei sign. del v. **2** (*geol.*) *Roccia s.*, che si trova sotto allo strato o alla roccia che serve da riferimento | *Plutone s.*, di cui non è conosciuto il letto e che presumibilmente si congiunge allo strato continuo di sial sottostante i sedimenti. **3** (*ling.*) Sottostante.

soggiacére [dal lat. *subiacēre* 'giacer sotto', comp. di *sŭb* 'sotto' e *iacēre* 'giacere'] v. intr. (coniug. come *giacere*; aus. *essere* e *avere*) **1** Essere sottoposto, soggetto: *s. all'autorità, alla legge, alla volontà altrui*; *s. ai capricci di qc.*; *le cose materiali vaganti confusamente nello spazio soggiacquero da molti secoli ad una forza ordinatrice* (NIEVO) | Soccombere: *dopo una strenua resistenza il nemico dovette s.* **2** †Essere posto al di sotto: *il mare alto è sempre in quella parte che soggiace alla Luna* (GALILEI).

soggiaciménto s. m. ● (*raro*) Atto del soggiacere.

soggiogaménto s. m. ● (*raro*) Atto, effetto del soggiogare.

soggiogàre o (*raro*) †**suggiugàre** [dal lat. tardo *subiugāre* 'far passare sotto il giogo', comp. di *sŭb* 'sotto' e di *iŭgum* 'giogo'] **A** v. tr. (*io soggiógo, tu soggióghi*) **1** Debellare, mettere sotto il proprio dominio: *Napoleone soggiogò regni e imperi*; *avea fatto proponimento di non portar più corona, se prima non soggiogava il populo di Milano* (MURATORI). **2** (*fig.*) Dominare: *s. qc. con lo sguardo*. **3** †Sovrastare, dominare dall'alto. **B** v. intr. pron. ● (*raro*) †Sottomettersi | †*Soggiogarsi da qc. o q.c.*, riscuotersi dal giogo.

soggiogatóre [dal lat. tardo *subiugatōre(m)* 'vincitore', da *subiugātus* 'soggiogato'] s. m.; anche agg. (f. *-trice*) ● (*lett.*) Chi, che soggioga.

†**soggiogazióne** [vc. dotta, dal lat. tardo *subiugatiōne(m)* 'soggiogamento', da *subiugātus* 'soggiogato'] s. f. ● Soggiogamento.

†**soggiógo** [comp. di *so-* e *giogo*] s. m. ● Giogaia dei ruminanti.

soggiornàre [lat. parl. **subdiurnāre*, comp. di *sŭb* 'sotto' e di *diŭrnus* 'giornaliero' (V. *giorno*)] **A** v. intr. (*io soggiórno*; aus. *avere*) ● Trattenersi, fermarsi nello stesso luogo per un certo numero di giorni: *s. in Riviera*. **B** v. tr. **1** (*raro*) †Ospitare, ricoverare, mantenere | †Alloggiare, custodire, il bestiame. **2** (*tosc.*) †*s. una stanza*, darle aria.

soggiórno [da *soggiornare*] s. m. **1** Atto del soggiornare per un certo periodo di tempo in un luogo: *s. lungo, breve*; *s. estivo, invernale*; *luogo di s.* | (*raro*) *Prendere, fare, s. in un luogo*, stabilirvisi per un certo tempo | (*dir.*) *Obbligo di s., s. obbligato, divieto di s.*, misura di sorveglianza applicata nei confronti di una persona ritenuta pericolosa, consistente nell'obbligo (o nel divieto) di risiedere temporaneamente in un determinato comune | *Imposta di s.*, corrisposta all'ente locale da chi temporaneamente dimora in località diversa dalla propria residenza, entro il territorio dello Stato. **2** Luogo in cui si soggiorna: *la montagna è un incantevole s.*; *questo paese è un s. tranquillo*. **3** (*est., lett.*) Dimora: *tempo verrà ... / ch'a l'usato s. / torni la fera bella* (PETRARCA). **4** Stanza di dimensioni relativamente ampie dove si vive durante il giorno. **5** †Indugio.

soggiùngere o †**soggiùgnere** [dal lat. *subiŭngere* 'unire', comp. di *sŭb* 'sotto' e *iŭngere* 'attaccare' (V. *giungere*)] v. tr. e intr. (pres. *io soggiùngo, tu soggiùngi*; pass. rem. *io soggiùnsi, tu soggiungésti*; part. pass. *soggiùnto*; aus. *avere*) **1** Dire in aggiunta a quanto già detto, riprendendo il discorso, ribattendo, e sim.: *s. un particolare al racconto dei fatti*; *rispose di no e soggiunse che non avrebbe mai accettato*; *è tardi, soggiunse Giovanni, dobbiamo andare*. **2** †Unire, congiungere.

soggiungiménto s. m. ● (*raro*) Atto del soggiungere.

soggiuntìvo o †**subiuntivo**, spec. nel sign. B [vc. dotta, dal lat. tardo *subiunctīvu(m)* 'soggiuntivo', da *subiŭnctus* 'soggiunto'] **A** agg. ● (*raro*) Che soggiunge, che unisce | (*gramm.*) *Modo s.*, congiuntivo. **B** s. m. ● (*gramm.*) Congiuntivo.

soggiùnto part. pass. di *soggiungere* ● Nei sign. del v.

†**soggiunzióne** [vc. dotta, dal lat. *subiunctiōne(m)* 'soggiunzione', da *subiŭnctus* 'soggiunto'] s. f. ● Soggiungimento | Ciò che si soggiunge.

†**soggóla** s. f. ● Soggolo.

soggolàre [comp. di *so-* e *gola*] v. tr. (*io soggólo*) ● Fornire del soggolo | Far aderire una veste alla gola.

soggólo [comp. di *so-* e *gola*] s. m. **1** Benda, fascia a largo nastro che passa sotto il mento. **2** Benda, velo, che le monache portano sotto o intorno alla gola. **3** Striscia di cuoio che si porta sotto il mento, nei copricapi militari. **4** Striscia di cuoio che passa sotto la gola del cavallo e si attacca alla testiera.

sogguardàre [comp. di *so-* e *guardare*] v. tr. e intr. (aus. *avere*) ● Guardare di sottecchi.

†**sogguatàre** [comp. di *so-* e *guatare*] v. tr. e intr. ● Sogguardare.

sòglia [lat. *sŏlea(m)* 'suola', connesso con *sŏlu(m)* 'suolo'. (V. *suolo*)] s. f. **1** Parte inferiore del vano della porta, spesso formata da una lastra di marmo, che comprende tutta la lunghezza dell'apertura. **2** (*est.*) Porta, entrata, ingresso: *fermarsi, stare, sulla s.*; *varcare la s.*; *non oltrepassare la s.*; *la compagnia piena di doglia / tutta pensosa entrò dentro alla s.* (POLIZIANO). **3** (*geogr.*) *S. glaciale*, specie di gradino che separa un circo glaciale dalla valle sottostante. ➡ ILL. p. 820 SCIENZE DELLA TERRA ED ENERGIA. **4** (*fig.*) Primordio, principio: *essere alla, sulla s. della vecchiaia*; *alle soglie della vita*; *siamo alle soglie della primavera*; *la primavera è alle soglie*. **5** (*fis.*) Limite inferiore, valore minimo perché un agente produca un certo effetto | *S. di udibilità*, intensità di un'onda sonora nell'aria, al disotto della quale il suono non viene più udito | *S. di mortalità di corrente*, la minima intensità che, attraversando organi vitali dell'uomo, ne produce la morte. **6** (*fisiol.*) *S. del dolore*, il minimo livello di pressione sonora che determina una sensazione di dolore localizzata nell'apparato acustico. **7** (*psicol.*) Punto, determinato statisticamente, in cui uno stimolo è ancora capace di provocare una risposta specifica da un organismo.

†**sogliàio** [lat. parl. **soleāriu(m)*, da *sŏlea* 'suola'] s. m. ● (*raro*) Soglia.

†**sogliàre** [lat. parl. **soleāre*, nt. sost. dell'agg. *soleāris*, da *sŏlea* 'suola'] s. m. ● Soglia: *la porta / lo cui s. a nessuno è negato* (DANTE *Inf.* XIV, 86-87).

sòglio (1) o (*poet.*) **sòlio** [lat. *sŏliu(m)* 'seggio, trono', da un precedente **sŏdium*, corradicale di *sedēre* (V. *sedere*)] s. m. **1** Trono, seggio di un sovrano: *s. reale, imperiale, pontificio*. **2** Sede, regno di un sovrano | Dignità, potere, di un sovrano.

†**sòglio (2)** s. m. ● (*lett.*) Soglia.

sògliola [deriv. dim. del lat. *sŏlea(m)* 'suola' e 'sogliola' (V. *suola*)] s. f. ● Pesce osseo marino dei Soleidi, dal corpo appiattito, di colore variabile e mimetico con i fondali sabbiosi, dalle carni pregiate (*Solea*). || **sogliolétta**, dim. | **sogliolina**, dim. | **sogliolóna**, accr. | **sogliolùccia**, dim.

sognàbile agg. ● Che si può sognare.

sognànte part. pres. di *sognare*; anche agg. **1** Nei sign. del v. **2** Degno di un sogno, una fantasia e sim.: *s. visione*; *atmosfera s.*

sognàre o (*lett.*) †**somniàre** [lat. *somniāre*, da *sŏmnium* 'sogno' (V. *sogno*)] **A** v. tr. (*io sógno*) **1** Vedere, credere di vedere, dormendo, in sogno: *ho sognato mio padre*; *ho sognato di morire*; *ho sognato che ero morto*; (*fam., pleon.*) *mi sono sognato mio padre*; *mi sono sognato di morire*; *mi sono sognato che ero morto* | Anche col compl. dell'ogg. interno: *s. un brutto sogno*; *s. sogni belli* | (*fig., fam., pleon.*) *Me lo sono sognato, me lo sarò sognato, e sim.*, per far capire, pur ammettendo apparentemente opinioni contrarie al riguardo, che si crede in ciò che si dice. **2** (*fig.*) Vagheggiare con la fantasia, desiderare ardentemente: *sogno una casa in campagna*; *molti sognano la ricchezza*; (*fam., pleon.*) *me la sogno da tanto una casa in campagna* | *S. q.c. a occhi aperti*, desiderarla con tutto se stesso: *sogno quel viaggio a occhi aperti*. **3** (*fig.*) Illudersi, sperare invano (*spec. pleon.*): *non sognarti di venire con me*; *tu te la sogni la promozione!* **4** (*fig.*) Immaginare, supporre, q.c. di completamente inaspettato, spec. in frasi interrogative o negative: *chi avrebbe mai sognato di rivederti?*; (*fam., pleon.*) *non me lo sognavo proprio di trovarti qui*. **B** v. intr. (aus. *avere*) ● Fare sogni: *i bambini sognano molto*; *quando dormo non sogno mai*; *mi hai svegliato mentre stavo sognando* | *Credere, parere, sembrare*, e sim. *di s.*, trovarsi di fronte a q.c. tanto straordinaria o insolita da parere incredibile | (*fig.*) Fantasticare: *che fai, sogni?* | *S. a occhi aperti*, immaginare cose lontane dalla realtà, farsi illusioni. **C** v. intr. e intr. pron. (aus. intr. *avere*) ● Vedere, credere di vedere, in sogno: *ho sognato di mio padre*; *sogna spesso della sua giovinezza*; *mi sono sognato di mio padre*; *si sogna spesso della sua giovinezza*.

sognatóre [dal lat. *somniatōre(m)*, da *somniātus* 'sognato'] s. m.; anche agg. (f. *-trice*) **1** Chi, che sogna. **2** (*fig.*) Chi, che è portato a fantasticare, a illudersi: *i sognatori mancano di spirito pratico*; *ragazzo s.*

sógno [lat. *sŏmniu(m)*, da *sŏmnus* 'sonno' (V. *sonno*)] s. m. **1** (*psicol.*) Attività psichica che caratterizza prevalentemente il sonno paradosso ed è accompagnata da modificazioni dell'attività elettrica dei neuroni, da immagini, pensieri, emozioni: *s. rivelatore, mattutino*; *nel s.*; *s. spaventoso*; *fare un s.*; *vedere in s.*; *apparire in s.*; *fare q.c. in s.*; *credere ai sogni*; *nel s. i simolacri sono in noi, ma paiono fuori* (SARPI) | *S. diurno*, fantasia a occhi aperti | *S. lucido*, in cui è presente la consapevolezza di stare sognando | *Libro dei sogni*, manuale che riduce le immagini dei sogni a numeri, usato per il gioco del lotto; (*fig.*) progetto irrealizzabile, utopistico | *Sembrare, parere*, e sim. *un s.*, di cosa talmente straordinaria e insolita da parere incredibile | (*fam., enf.*) *Nemmeno, neppure, neanche* e sim. *per s.*, neanche per idea, no nel modo più assoluto. *2* Immaginazione, fantasia, cosa lontana dalla realtà: *era solo un s.*; *è stato un s.*; *è tutto un s.*; *la nostra speranza è un s.*; *una vita di sogni, di estasi, di fantasia* (DE SANCTIS) | Illusione in cui è dolce cullarsi: *i dolci sogni della gioventù*; *l'uomo dei propri sogni*; *coronare il proprio s. d'amore*. *3* Avvenimento svanito, dileguato fin nelle ultime tracce: *gli antichi imperi sono ora un s.*; *questo periodo è passato come un s.* *4* Persona, cosa, molto bella: *quella ragazza è un s.*; *è un s. di ragazza*; *la loro casa è un s.* *5* (*letter.*) Narrazione di cose che si fingono vedute in sogno. || **sognàccio**, **pegg**.

sòia (*1*) [dal giapp. *shōyū*, di origine manciù] **s. f.** ● Erba cespugliosa delle Leguminose, con baccelli pelosi e semi ricchi di proteine e grassi, usati per l'estrazione di olio, la produzione di sfarinati e sim. o consumati direttamente, spesso anche in germogli. **SIN.** Fagiolo cinese.

†**sòia** (*2*) [propriamente 'seta', dal fr. *soie*, dal lat. *sāeta(m)* 'setola, seta'] **s. f.** *1* Seta. *2* Adulazione mista a scherno | *Dare la s. a qc.*, adularlo, piaggiarlo.

soigné /*fr.* swa'ɲe/ [vc. fr., propr. part. pass. del v. *soigner* 'curare', di orig. germ.] **agg. inv.** ● Ben curato, elegante, ricercato nei modi e nell'abbigliamento, detto di persona | Preciso, molto rifinito, detto di cosa.

soirée /*fr.* swa're/ [vc. fr., propriamente 'serata', da *soir* 'sera'] **s. f. inv.** ● Festa mondana, elegante, che ha luogo di tarda sera.

sol (*1*) /sɔl/ [sillaba iniziale di *solve* 'libera', prima parola del quinto versetto nell'inno lat. a S. Giovanni, solfeggiato da Guido d'Arezzo] **s. m.** ● (*mus.*) Quinta nota della scala musicale di *do* (V. nota d'uso ACCENTO).

sol (*2*) /sɔl/ [vc. ingl., da *hydrosol*, comp. di *hydro-* 'idro-' e *solution* 'soluzione'] **s. m. inv.** ● Sospensione finissima di sostanze colloidali in acqua o altro liquido.

sol (*3*) /*sp.* sol/ [vc. sp., propriamente 'sole', così chiamata per l'immagine che vi si trova raffigurata] **s. m. inv.** ● Vecchia unità monetaria del Perù, oggi sostituita dall'*inti*.

sòla ● V. *suola*.

†**solàccio** e *deriv.* ● V. *sollazzo* e *deriv.*

solàio o †**solàro** [lat. *solāriu(m)* 'luogo esposto al sole', da *sōl*, genit. *sōlis* 'sole'] **s. m.** *1* Struttura orizzontale a travi di legno, travetti di ferro e laterizi, cemento armato, cemento armato e laterizi, che nei fabbricati sopporta il pavimento dei singoli piani e i carichi gravanti su di essi | Soffitta, sottotetto. *2* (*tosc.*) Locale sotto il tetto con un lato aperto, frequente nelle case dei contadini. *3* †Ciascuno dei piani di un edificio: *casa a tre solai*.

Solanàcee [comp. del lat. *solānum*, letteralmente 'pianta del sole (*sōl*)', col suff. *-acee*] **s. f. pl.** ● Nella tassonomia vegetale, famiglia di piante dicotiledoni erbacee con frutto a bacca o a capsula talora commestibile; vi appartengono vari generi e numerose specie, alcune (ad es. la patata, la melanzana, il pomodoro) coltivate, altre contenenti principi medicinali velenosi o narcotici (*Solanaceae*) | (al sing. *-a*) Ogni individuo di tale famiglia. ➡ **ILL. piante** /8.

solanìna **s. f.** ● Alcaloide velenoso contenuto in molte Solanacee.

solàre (*1*) [vc. dotta, dal lat. *solāre(m)*, da *sōl*, genit. *sōlis* 'sole'] **A agg.** *1* Attinente al Sole: *luce, calore, raggio s.* | *Orologio s.*, meridiana | (*astron.*) *Sistema s.*, insieme del Sole e dei corpi che gravitano intorno a esso. *2* Di congegno, dispositivo atto a fornire energia di fonte solare | *Batteria s.*, che per funzionare utilizza i raggi del Sole | *Cella s.*, *cellula s.*, congegno che converte la luce del Sole in energia elettrica | *Collettore s.*, V. *collettore* | *Pannello s.*, congegno che converte la luce del Sole in energia termica | *Impianto s.*, insieme di strutture che sfruttano energia, per lo più termica, derivata dal Sole. *3* (*astrol.*) *Temperamento s.*, in cui prevalgono gli influssi del Sole. *4* (*med.*) *Plesso s.*, plesso celiaco. *5* (*poet.*) Luminoso, radioso: *risonò la parola s.* (D'ANNUNZIO). *6* (*fig.*, *lett.*) Lampante, evidentissimo. **B s. m.** *1* Il complesso degli studi e delle ricerche sull'energia solare e delle tecniche applicative di questa. *2* (*mecc.*) In un rotismo epicicloidale semplice, ciascuna delle due ruote dentate d'estremità, intorno al cui asse fisso comune ruota il portatreno.

solàre (*2*) ● V. *suolare*.

solàre (*3*) [da *solaio*] **agg.** ● Spec. nella loc. *lastrico s.*, tetto piano e praticabile di un edificio.

solarìano [dal n. della rivista *Solaria*, pubblicata a Firenze fra il 1925 e il 1936] **A agg.** ● Della rivista culturale e letteraria Solaria. **B s. m.** (f. *-a*) ● Collaboratore di tale rivista, seguace delle tendenze di questa.

solarìgrafo [comp. di *solare* (*1*) e *-grafo*] **s. m.** ● Solarimetro registratore.

solarìmetro [comp. di *solare* (*1*) e *metro*] **s. m.** ● In geofisica, strumento che misura l'intensità del calore irraggiato dal sole.

solàrio **s. m.** ● Adattamento di *solarium* (V.).

solarità [da *solare* (*1*)] **s. f.** ● (*lett.*) Luminosità, radiosità.

solarium /*lat.* so'larjum/ [vc. dotta, dal lat. *solāriu(m)* 'luogo esposto al sole', da *sōl*, genit. *sōlis* 'sole' (V. *solaio*)] **s. m. inv.** *1* Terrazzo esposto al sole, adatto per praticare l'elioterapia. *2* Lettino solare.

solarizzàre [fr. *solariser*, dal lat. *solāris* 'solare (1)'] **v. tr.** *1* (*edil.*) Applicare collettori solari e relativi impianti a un edificio, spec. a scopo di riscaldamento. *2* (*fot.*, *bot.*, *ott.*) Effettuare, far subire, la solarizzazione.

solarizzazióne [fr. *solarisation*, da *solariser* 'solarizzare'] **s. f.** *1* (*fot.*) *S. di un'emulsione fotografica*, diminuzione dell'annerimento di un'immagine negativa determinata da un tempo di esposizione eccessivo con la conseguenza che nell'immagine positiva le aree più chiare del soggetto appaiono più o meno scure. *2* (*bot.*) *S. dei cloroplasti*, fenomeno per cui un'eccessiva esposizione alla luce determina una temporanea o definitiva inattivazione dei cloroplasti con conseguente interruzione della fotosintesi. *3* (*ott.*) Fenomeno per cui in certi vetri il fattore di trasmissione dell'ultravioletto si riduce notevolmente dopo lunghe esposizioni all'ultravioletto estremo.

†**solàro** ● V. *solaio*.

solàta [da *sole*, V. il lat. *solātus* 'colpito dal sole', da *sōl*, genit. *sōlis* 'sole'] **s. f.** *1* (*pop.*) Colpo di sole. *2* †Tratto di strada al sole.

solatìo o †**solatìvo** [lat. parl. **solatīvu(m)*, dal classico *solātus* 'colpito dal sole', da *sōl*, genit. *sōlis* 'sole'] **A agg.** ● Che è esposto al sole, a mezzogiorno. **SIN.** Assolato, soleggiato. **B s. m.** ● Luogo volto a mezzogiorno | *A s.*, dal lato volto a mezzogiorno. **CONTR.** Bacio (2).

solàto ● V. *suolato*.

solatùra ● V. *suolatura*.

solazióne [da *sol* (*2*)] **s. f.** ● Trasformazione di una sostanza da gel a sol.

solcàbile [vc. dotta, dal lat. tardo *sulcābile(m)* 'arabile', da *sulcāre* 'solcare'] **agg.** ● (*raro*) Che si può solcare.

solcaménto **s. m.** ● (*raro*) Solcatura.

solcàre [lat. *sulcāre* 'far solchi', da *sŭlcus* 'solco'] **v. tr.** (*io sólco, tu sólchi*) *1* Fendere con solchi prodotti dall'aratro, arare: *s. il campo* | Aprire solchi con la zappa. *2* (*fig.*) Fendere l'acqua, detto di imbarcazioni: *s. il mare, le onde*; *la nave solca il mare*. *3* (*fig.*) Lasciare un solco, un segno, una ruga, e sim.: *un fulmine solcò il cielo*; *una cicatrice le solca il viso*.

solcàta **s. f.** ● (*raro*) Atto del solcare un tratto di terreno | Direzione del solco.

solcàto **part. pass.** di *solcare*; anche **agg.** ● Nei sign. del v.

solcatóre [dal lat. *sulcatōre(m)* 'che solca', da *sulcātus* 'solcato'] **A s. m.**; anche **agg.** (f. *-trice*) ● (*lett.*) Chi, che solca. **B s. m.** ● (*agr.*) Assolcatore.

solcatùra **s. f.** ● Atto, effetto del solcare.

sólco o †**sólgo** [lat. *sŭlcu(m)* 'solco', di origine indeur.] **s. m.** (pl. *-chi*) *1* Scavo aperto nel terreno con aratro, assolcatore, zappa, e sim.: *aprire i solchi*; *seminare nei solchi* | *S. acquaio*, aperto dopo la semina per raccogliere l'acqua e allontanarla dal campo | *Uscire dal s.*, (*fig.*) deviare, divagare. *2* (*est.*) Incavatura simile a un solco impressa su una superficie: *i solchi delle ruote dell'automobile* | (*est.*) Grinza, ruga: *ha profondi solchi sulla fronte*. *3* (*est.*) Scia, spec. di imbarcazioni: *il motoscafo lascia un s. sul lago* | (*raro*) Striscia di luce lasciata da corpi luminosi, o sim.: *il s. di una stella cadente nel cielo*. || **solcherèllo**, **dim.** | **solchétto**, **dim.**

solcòmetro [comp. di *solco*, nel sign. 3, e *-metro*] **s. m.** ● (*mar.*) Apparecchio che serve a misurare la velocità di una nave: *s. a barchetta*; *s. meccanico*.

†**soldaménto** **s. m.** ● (*raro*) Atto del soldare.

†**soldanàtico** [da *soldano*] **s. m.** ● Sultanato.

†**soldanàto** [da *soldano*] **s. m.** ● Sultanato.

soldanèlla [da *soldo* perché le foglie sono rotonde come una moneta (?)] **s. f.** ● Piantina alpina delle Primulacee a foglie basali, arrotondate, inferiormente di colore viola (*Soldanella alpina*).

†**soldàno** ● V. *sultano*.

†**soldàre** [da *assoldare*] **v. tr.** ● Assoldare, ingaggiare a pagamento: *il Papa cerca di s. Svizzeri* (MACHIAVELLI).

soldatàglia [da *soldato*] **s. f.** ● (*spreg.*) Quantità di soldati disordinati e indisciplinati.

†**soldaterìa** [da *soldato*] **s. f.** *1* Soldatesca. *2* Ufficio del soldato.

soldatésca [f. sost. di *soldatesco*] **s. f.** ● Quantità di soldati (*spec. spreg.*).

soldatésco [da *soldato*] **agg.** (pl. m. *-schi*) ● Da soldato (*spec. spreg.*): *arroganza soldatesca*; *maniere soldatesche* | (*raro*) *Alla soldatesca*, (*ell.*) alla maniera dei soldati. || **soldatescaménte**, **avv.** Da soldato; alla maniera militare.

soldatéssa [f. di *soldato*] **s. f.** *1* Donna arruolata in unità di truppe femminili. *2* (*scherz.*) Donna autoritaria.

soldatìno **s. m.** *1* Dim. di *soldato*. *2* Figurina di soldato in piombo, plastica o carta, usata come giocattolo.

soldàto **A part. pass.** di †*soldare* ● †Nei sign. del v. **B s. m.** (f. *-essa* (V.); V. anche nota d'uso FEMMINILE, raro *soldata*) *1* Anticamente, chi esercitava il mestiere delle armi per mercede | *S. mercenario*, *s. di ventura*, delle Compagnie di ventura del Rinascimento. *2* (*gener.*) Militare | *Fare il s.*, *andare s.*, prestare servizio di leva | *Tornare da s.*, tornare a casa dopo aver compiuto il servizio di leva. **CONTR.** Borghese, civile. *3* Gradino più basso della gerarchia militare: *gli ufficiali e i soldati* | *S. semplice*, che non ha alcun grado | *S. scelto*, qualificato per speciale addestramento in un particolare incarico. *4* (*spec. al pl.*, *gener.*) Uomini armati, unità di truppa, senza distinzione di armi e di specialità: *soldati a piedi, a cavallo*; *un presidio di soldati*. *5* (*fig.*) Chi esercita una missione, lotta per un ideale, milita in un partito, e sim. con fede, coraggio e abnegazione: *un s. della pace fra i popoli* | *Soldati di Cristo*, i sacerdoti e tutti i fedeli cresimati. *6* (*zool.*) Individuo che fa parte delle società delle formiche e delle termiti, privo di ali, con grande sviluppo del cranio e delle mandibole, con compiti spec. difensivi. || **soldatàccio**, **pegg.** | **soldatèllo**, **dim.** | **soldatino**, **dim.** (V.) | **soldatóne**, **accr.** | **soldatùccio**, **soldatùzzo**, **dim.**

sòldo [lat. tardo *sŏl(i)du(m)* (*nŭmmu(m)*) '(moneta) d'oro massiccio', da *sŏlidus* 'massiccio' (V. *solido* (*2*))] **s. m.** *1* Antica moneta europea in uso tra Goti, Franchi e Longobardi, derivata dal solido del tardo Impero romano | Ventesima parte della lira sino all'inizio della seconda guerra mondiale | *A s. a s.*, un soldo dopo l'altro | *Quattro soldi*, poco denaro (*anche spreg.*): *in quell'impiego guadagna quattro soldi*; *per quei quattro soldi che ci dà chissà cosa crede di fare* | (*fig.*, *scherz.*) *Essere alto quanto un s. di cacio*, essere molto basso di statura | †*Spendere una lira per quattro soldi*, *spendere il s. per quattro quattrini*, spendere bene il proprio denaro | †*Pagare cinque soldi*, (*fig.*) uscire dall'argomento. *2* (*est.*) Quantità minima di denaro, scarso valore, nelle loc.: *essere senza un s.*; *non aver neppure un s.*; *non dare neppure un s. per qc. o per q.c.*; *da me non avrà un s.*; *roba da pochi soldi*. *3* Nulla, nelle loc. *non spendere*, *non guadagnare*, *non valere*, e sim. *un s.*, *un s. bucato*. *4* (*al pl.*, *gener.*) Denari, quattrini: *essere pieno di soldi*; *avere molti soldi*; *avere un sacco di soldi*; *portare i soldi con sé*; *con i soldi si fa tutto* | *Fare i soldi*, arricchire | *Mettere da parte i soldi*, risparmiare | *Avere dei soldi da parte*, avere dei risparmi. *5* Anticamente, paga del soldato mercenario | *Prendere al s.*, reclutare a mercede | *Andare, essere, al s. di qc.*, andare, essere, al suo servizio | Paga militare, stipendio | *Mezzo s.*, mezza paga: *tenere, essere a mezzo s.* **6** (*est.*) Condotta, milizia, attività militare: *uomini che usavano lo esercizio del s. per loro propria arte* (MACHIAVELLI). || **soldàccio**, dim. | **soldarèllo**, **solderèllo**, dim. | **soldino**, dim. | **soldóne**, accr.

sóle [lat. *sōle(m)*, di origine indeur.] s. m. (con iniziale maiuscola nell'uso scientifico e astronomico) **1** (*astron.*) La stella più vicina alla Terra attorno alla quale orbitano i pianeti con i loro satelliti, gli asteroidi, le comete e le meteore: *eclissi di s.*; *il moto apparente del s. intorno alla Terra*; *i raggi del s.*; *uscita, levata, tramonto del s.*; *al levare, al calar del s.*; *innanzi a tutti te s. altissimo, onoro* (CAMPANELLA) | *Sotto il s.*, sulla Terra: *nulla di nuovo sotto il s.* | *S. vero*, quello effettivamente osservabile e che si muove sull'eclittica di moto non uniforme | *S. medio*, punto fittizio che transita all'equinozio di primavera insieme al Sole vero e descrive l'equatore celeste di moto uniforme, e su cui si regola il tempo civile | *S. di mezzanotte*, visibile in estate da luoghi situati a latitudini superiori ai circoli polari. ➡ ILL. p. 832 SISTEMA SOLARE. **2** (*astrol.*) Pianeta che domina il segno zodiacale del Leone. ➡ ILL. **zodiaco**. **3** (*est.*) Luce solare: *c'è s.*; *non c'è s.*; *c'è un bel s.*; *giornata senza s.*; *s. scialbo, debole, velato, pallido*; *s. splendente*; *s. di marzo, di luglio, d'agosto*; *il riflesso del s.*; *casa piena di s.*; *luogo ove batte il s.* | *Occhiali da s.*, usati per proteggere gli occhi dalle radiazioni solari | *Orologio a s.*, meridiana | *Essere esposto al s.*, a mezzogiorno | (*scherz.*) *Vedere il s. a scacchi*, essere in prigione | *Essere chiaro come il s.*, *come la luce del s.*, *essere più chiaro del s.*, essere evidente, manifesto | *Alla luce del s.*, (*fig.*) apertamente, senza nascondere nulla: *agire alla luce del s.* | (*raro*) *Aprire gli occhi al s.*, venire alla luce, nascere | *Avere q.c. al s.*, (*fig.*) avere qualche proprietà immobile | (*fig.*) *Farsi onore, farsi bello, del s. di luglio*, vantarsi di q.c. di cui non si ha merito | Luce, calore del sole: *il s. è calato*; *il s. batte, dardeggia, picchia, scotta* | *Ombrello da s.*, parasole | *Prendere il s.*, *fare la cura del s.*, esporre il proprio corpo ai raggi solari | *Mettere, mettersi, sdraiarsi, stare, al s.*, in un luogo riscaldato dalla luce solare. **4** In alcune loc., spec. del linguaggio turistico, appartenenza o pertinenza al mezzogiorno d'Italia: *autostrada del s.*; *treno del s.* **5** (*gener.*) Ogni corpo celeste che irradia luce propria. **6** (*poet.*) Giorno: *intero un s. al lagrimar si doni* (MONTI) | Anno: *nell'isola ... vidi più soli in molta miseria* (BOCCACCIO). **7** (*fig.*) Simbolo di splendore, bellezza, potenza, e sim.: *essere bello come il s.*; *essere un raggio di s.*; *uno spirito celeste, un vivo s. fu quel ch'i' vidi* (PETRARCA) | *Re Sole*, appellativo di Luigi XIV, re di Francia. | *S. che ride*, simbolo e denominazione di un movimento politico di ispirazione ambientalista, appartenente al movimento dei *Verdi*. **8** (*fig., poet.*) Persona amata sopra ogni altra: *meglio è morire, / che senza te, mio sol, viver poi cieco* (ARIOSTO) | *Il sommo Sole, il Sole degli angeli*, Dio. **9** (*fig.*) Meta auspicata, ideale: *il s. della libertà, dell'avvenire.* **10** (*al pl., poet., fig.*) Occhi di donna, spec. amata: *duo negri occhi, anzi duo chiari soli* (ARIOSTO). **11** Una delle figure nel gioco dei tarocchi || PROV. Dove entra il sole non entra il medico. || **solicèllo**, dim. | **solicino**, dim.

soleàre [vc. dotta, lat. tardo *soleāre(m)* 'a forma di sandalo', da *sŏlea* 'sandalo, scarpa, suola' (V. *suola*)] agg. ● (*zoot.*) Relativo alla suola dello zoccolo.

solécchio o †**solicchio** [lat. parl. **solĭculu(m)*, dim. di *sōl*, genit. *sōlis* 'sole'] s. m. ● Nelle loc. *fare, farsi s.*, farsi schermo con la mano aperta, accostandola alle sopracciglia, per evitare che una luce troppo viva colpisca gli occhi.

solecismo [vc. dotta, dal lat. *soloecĭsmu(m)*, dal gr. *soloikismós* 'sgrammaticatura', da *sóloikos* 'sgrammaticato'] s. m. ● (*ling.*) Uso errato di forme linguistiche in morfologia o in sintassi: *di che la donna poco curò, piacendogli esso per altro* (BOCCACCIO).

solecizzàre [vc. dotta, dal gr. *soloikízein* 'sgrammaticare', da *sóloikos* 'abitante di Soli (*Sóloi*)'] v. intr. (aus. *avere*) ● (*raro*) Fare solecismi, nel parlare o nello scrivere.

soleggiaménto s. m. ● Esposizione al sole | Esposizione del vino ai raggi solari per accelerarne il processo di invecchiamento.

soleggiànte [da *sole*] agg. ● (*raro, poet.*) Che splende come il sole: *Giuseppe Mazzini ... ebbe sublime, splendente, s., la visione della terza Roma* (CARDUCCI).

soleggiàre v. tr. (*io soléggio*) ● Esporre, fare stare al sole, spec. per asciugare: *s. il grano.*

soleggiàto part. pass. di *soleggiare*; anche agg. **1** Nel sign. del v. **2** Bene esposto al sole: *camera soleggiata*. SIN. Assolato, solatìo.

soléggio [da *soleggiare*] s. m. ● Nella loc., tipica del linguaggio marinaresco, *al s.*, ad asciugare: *mettere le vele al s.*

Solèidi [vc. scient. moderna, dal lat. *sŏlea* (nom.) 'suola, sogliola'] s. m. pl. ● Nella tassonomia animale, famiglia di Pesci dei Pleuronettiformi di dimensioni modeste, con corpo ovale e appiattito, occhi entrambi sul lato destro (*Soleidae*) | (al sing. *-e*) Ogni individuo di tale famiglia.

soleil /fr. sɔ'lɛj/ [vc. fr., propriamente 'sole', dal lat. parl. **solĭculu(m)*, dim. di *sōl*, genit. *sōlis* 'sole'] agg. inv. ● Detto di pieghettatura eseguita sul tessuto in sbieco, in modo che le pieghe molto strette in alto si vadano allargando come raggi: *plissé s.*; *gonna a pieghe s.*

solenite [da *solene*, dal gr. *sōlḗn*, genit. *sōlênos* 'tubo', con *-ite* (*2*)] s. f. ● Polvere senza fumo, formata da fulmicotone, cotone collodio, nitroglicerina, olio minerale, usata spec. a scopo militare.

solènne [vc. dotta, dal lat. *sollĕmne(m)*, comp. di *sŏllus* 'tutto' e di un corradicale di *ănnus* 'anno'; propriamente 'ricorrente ogni anno'] agg. **1** Che si celebra con cerimonia particolare: *festa, funzione, benedizione, s.* | *Messa s.*, cantata | *Voto s.*, che si svolge secondo le formalità prescritte dai canoni | *Giorno s.*, in cui ricorre una festività | *Abito s.*, da cerimonia | Che si compie con grande cerimoniale: *adunanza, seduta, ricevimento, s.*; *giuramento, encomio, s.* **2** Formale: *negozio giuridico s.* **3** Insigne, eccellente: *fammi in tra gli altri, o gloria, sì s. / ch'io batta insino al ciel teco le penne* (POLIZIANO). **4** (*antifr.*) Famoso, matricolato: *sei un s. briccone*; *è un s. bugiardo* | Molto forte, grave e sim.: *schiaffo, castigo, bastonata, s.* **5** Imponente, serio, maestoso: *aspetto, aria, portamento, s.*; *parlare con tono s.* **6** †Squisito, detto di vino. **7** †Molto grande, molto forte. **8** (*mus.*) Indicazione di movimento prescrivente una esecuzione grave e grandiosa. || **solenneménte**, avv.

†**solenneggiàre** v. tr. e intr. ● Solennizzare.

solennità o †**solennitàde**, †**solennitàte** [vc. dotta, dal lat. tardo *sol(l)emnitāte(m)*, da *sollĕmnis* 'solenne'] s. f. **1** Qualità di chi, di ciò che è solenne. **2** Ricorrenza, festività solenne: *s. religiosa*; *la s. della Pasqua.*

solennizzaménto s. m. ● (*raro*) Atto del solennizzare.

solennizzàre [vc. dotta, dal lat. tardo *sollemnizāre* 'celebrare solennemente', da *sollĕmnis* 'solenne'] v. tr. ● Celebrare con solennità: *s. il giorno della Vittoria.*

solennizzazióne s. f. ● Atto, effetto del solennizzare.

solèno- [dal gr. *sōlḗn*, genit. *sōlênos* 'tubo'] primo elemento ● In parole composte della terminologia scientifica, significa 'a forma di tubo', 'tubiforme'.

Solenogàstri [comp. di *soleno-* e *-gastro*] s. m. pl. ● Nella tassonomia animale, ordine di Molluschi a corpo vermiforme con cuticola a spicole calcaree, marini e carnivori (*Solenogastres*) | (al sing. *-o*) Ogni individuo di tale ordine.

solenoidàle [da *solenoide*] agg. ● (*fis.*) Di campo vettoriale avente divergenza nulla in ogni punto.

solenòide [vc. dotta, dal gr. *sōlēnoeidḗs* 'a forma di tubo', da *sōlḗn*, genit. *sōlênos* 'tubo', con *-eidḗs* '-oide'] s. m. ● (*elettr.*) Avvolgimento cilindrico di filo conduttore disposto a elica, nel cui interno, al passaggio della corrente, si manifesta un intenso campo magnetico.

sòleo [dal lat. *sŏlea(m)* 'pianta del piede', per la sua forma] s. m. ● (*anat.*) Muscolo della gamba che provoca la flessione della pianta del piede e il sollevamento del calcagno.

solère [lat. *solēre*, di origine indeur. (V. *solito*)] **A** v. intr. (pres. *io sòglio, tu suòli, egli suòle, noi sogliàmo, voi soléte, essi sògliono*; pass. rem. *io soléi, tu solésti*, raro; congv. pres. *io sòglia, noi sogliàmo, voi sogliàte, essi sògliano*; part. pass. *sòlito*; dif. del fut., del condiz. pres. e imperf., dell'imper., del part. pres. e di tutti i tempi composti; per queste forme si usa la loc. *èssere sòlito*; è sempre seguito da un v. all'inf.) ● Avere l'uso, la consuetudine, il costume, essere avvezzo: *suole fare una passeggiata ogni sera*; *i saggi sogliono parlar poco.* **B** v. intr. impers. (aus. *essere*) ● Essere solito, consueto: *come si suol dire*; *come suole accadere*; *qui suole piovere d'estate.*

solèrte o †**solèrto** [lat. *sollĕrte(m)* 'abile, capace', comp. di *sŏllus* 'tutto' e *ărs*, genit. *ărtis* 'arte': propriamente 'capace d'ogni arte'] agg. ● Che adempie alle proprie mansioni con cura, diligenza, attenzione estrema: *insegnante, funzionario s.* || **solerteménte**, avv. Con solerzia.

solèrzia [vc. dotta, dal lat. *sollĕrtia(m)* 'capacità', da *sŏllers*, genit. *sollĕrtis* 'abile, capace'] s. f. ● Qualità di chi è solerte: *lavorare con s.*; *attendere con s. a un ufficio.*

solétta o **suolétta**. s. f. **1** Dim. di *suola*. **2** Pedule della calza che ricopre la pianta del piede. **3** Suola di feltro o sughero che si inserisce nella scarpa affinché sia più aderente al piede o come protezione del piede: *s. ortopedica.* **4** Lastra di piccolo spessore, di cemento armato, usata spec. nella costruzione di solai. **5** Rivestimento della faccia inferiore dello sci. || **solettóne**, accr.

solettàre v. tr. (*io solétto*) ● Munire una scarpa di soletta.

solettatùra [da *solettare*] s. f. **1** Atto di solettare una scarpa. **2** Costruzione, messa in opera, di solette per solai.

solettificio [da *soletta*] s. m. ● Stabilimento per la produzione e la lavorazione di solette per calzature.

solétto agg. **1** Dim. di *solo*. **2** Nella loc. *solo s.*: *se ne stava solo s. in un angolo.*

sòlfa o (*pop.*) **zòlfa** [comp. di *sol* e *fa*] s. f. **1** Solfeggio: *cantare, battere, la s.* **2** (*fig.*) Ripetizione monotona e noiosa di suoni, parole, discorsi, atti e sim.: *è sempre la stessa s.*; *basta con questa s.*; *ogni giorno è la solita s.* | *Battere la s.*, (*fig.*) ripetere q.c. insistentemente.

solfamidico ● V. *sulfamidico*.

solfanellàio s. m. (f. *-a*) ● (*raro*) Venditore di zolfanelli.

solfanèllo ● V. *zolfanello*.

solfanilico ● V. *sulfanilico*.

solfàra o **zolfàra** [da *solfo*] s. f. ● Miniera di zolfo di natura sedimentaria: *le solfare della Sicilia.*

solfàre o **zolfàre** [da *solfo*] v. tr. (*io sólfo*) ● (*agr.*) Solforare.

solfatàio ● V. *solfataro*.

solfatàra o (*raro*) **zolfatàra** [da *solfo*] s. f. ● Emissione di gas e vapori caldi di origine vulcanica da condotti e fenditure del suolo | Deposito, miniera di zolfo.

solfatàro o **solfatàio** s. m. ● Cavatore in una solfara.

solfatazióne [da *solfato*] s. f. ● Reazione chimica che avviene durante la scarica degli accumulatori al piombo e per la quale sulle piastre positive e negative si forma del solfato di piombo.

solfàtico agg. (pl. m. *-ci*) ● Che contiene solfati, detto di concime.

solfàto [da *solfo*, con *-ato*] s. m. ● Sale o estere dell'acido solforico: *s. di sodio*; *s. acido di metile* | Composto di addizione di alcuni composti organici di natura basica con l'acido solforico: *s. di chinina.*

solfatùra [da *solfare*] s. f. ● (*agr.*) Solforazione.

solfeggiaménto s. m. ● Modo e atto del solfeggiare.

solfeggiàre [da *solfa*, con suff. iter.-ints.] v. tr. e intr. (*io solféggio*; aus. *avere*) ● (*mus.*) Leggere un brano musicale secondo il solfeggio: *s. uno spartito*; *imparare a s.*

solfeggiàto part. pass. di *solfeggiare*; anche agg. ● (*raro*) Nei sign. del v.

solfeggiatóre s. m. (f. *-trice*) ● Chi solfeggia.

solféggio [da *solfeggiare*] s. m. ● (*mus.*) Lettura solo ritmica o anche intonata della musica, sopra i nomi delle note | Breve pezzo che esercita alla lettura della musica: *s. parlato*; *s. cantato*.

solferino [da *Solferino*, luogo della sanguinosa battaglia] **A** agg. inv. • Detto di tonalità molto viva di rosso, venuta di moda dopo la battaglia omonima: *color s.*; *rosa s.*; *rosso s.* **B** s. m. inv. • Color solferino.

solfidràto [da *solfidrico*, con cambio di suff. (-*ato*)] s. m. • Sale ottenuto per parziale neutralizzazione dell'acido solfidrico con una base.

solfìdrico [comp. di *solfo* e *idro*(*geno*), con -*ico*] agg. (pl. m. -*ci*) • Detto di acido velenoso, con caratteristico odore di uova marce, ottenuto per sintesi dagli elementi o trattando un solfuro metallico con acido cloridrico o solforico.

solfidrìle [da (*acido*) *solfidrico* col suff. -*ile* (*2*)] s. m. • (*chim.*) Radicale monovalente costituito da un atomo di idrogeno e da uno di zolfo, derivato dall'acido solfidrico per perdita di un atomo di idrogeno.

solfièro [da *solfo*] agg. • (*raro*) Attinente allo zolfo.

solfìfero [comp. di *solfo* e -*fero*] agg. • Che contiene zolfo: *depositi solfiferi*.

solfìmetro [comp. di *solfo* e -*metro*] s. m. • Apparecchio usato nell'industria enologica per dosare l'anidride solforosa.

solfìno • V. *zolfino*.

solfitàre [da *solfito*] v. tr. • Trattare mosto o zucchero greggio con anidride solforosa.

solfitazióne s. f. • Operazione del solfitare.

solfìto [da *solfo*, con -*ito*] s. m. • Sale o estere dell'acido solforoso: *s. di sodio*.

sólfo • V. *zolfo*.

solfobattèrio [comp. di *solfo* e *batterio*] s. m. • (*biol.*) Qualsiasi batterio che ricavi energia per il proprio metabolismo ossidando lo zolfo o composti dello zolfo.

solfonàre [da *solfonico*] v. tr. (*io solfóno*) • (*chim.*) Introdurre uno o più gruppi solfonici in una molecola organica per trattamento con acido solforico concentrato.

solfonazióne s. f. • Operazione del solfonare.

solfóne o **sulfóne** [da *solfo*] s. m. • (*chim.*) Composto caratterizzato da uno o più gruppi solfonici uniti a radicali organici.

solfònico [da *solfone*] agg. (pl. m. -*ci*) • Detto di composto organico, generalmente della serie aromatica, contenente uno o più gruppi solfonici | *Gruppo s.*, costituito da un atomo di zolfo, tre atomi di ossigeno, uno di idrogeno e avente una valenza libera.

solfonìtrico [comp. di *solfo* e *nitrico*] agg. (pl. m. -*ci*) • (*chim.*) *Miscela solfonitrica*, miscela di acido nitrico e acido solforico concentrato, in proporzioni variabili, usata nelle reazioni di nitrazione.

solforàre [lat. tardo *sulphurāre* 'dare lo zolfo', da *sŭlphur*, genit. *sŭlphuris* 'zolfo'] v. tr. (*io sólforo*) **1** (*agr.*) Coprire le piante di polvere di zolfo a scopo anticrittogamico: *s. le viti*. **2** (*chim.*) Esporre ai vapori di zolfo | Ricoprire o intridere di zolfo.

solforàto [lat. *sulphurātu*(*m*) 'solforato', da *sŭlphur*, genit. *sŭlphuris* 'zolfo'] agg. • Che contiene zolfo, che è trattato con zolfo | *Idrogeno s.*, acido solfidrico.

solforatóio [da *solforare*] s. m. • Locale in cui si esegue una solforazione.

solforatrìce [da *solforare*] s. f. • Apparecchio di piccole dimensioni usato per distribuire lo zolfo in polvere nei trattamenti antiparassitari.

solforatùra [da *solforare*] s. f. • (*agr.*) Atto, effetto del solforare.

solforazióne [dal lat. *sulphuratiōne*(*m*), propriamente 'infiltrazione solforosa', da *sulphurātus* 'solforato' (V.)] s. f. • Atto, effetto del solforare | *S. dei vini*, pratica enologica, eseguita a ogni travaso, per preservarli dalle malattie | *S. delle botti*, per la conservazione.

†**solforeggiàre** [da *solforare*, con suff. iter.-ints.] v. intr. • (*lett.*) Eruttare fuoco e fumo sulfureo, di colore tra il verde e l'azzurrigno.

†**solfòreo** • V. *sulfureo*.

solfòrico [dal fr. *sulphorique*, dal lat. *sŭlphur*, genit. *sŭlphuris* 'zolfo'] agg. (pl. m. -*ci*) • Detto di composto dello zolfo esavalente: *anidride solforica* | *Acido s.*, il più ossigenato dello zolfo, liquido oleoso, pesante, incolore, fortemente corrosivo, di uso svariatissimo nell'industria chimica.

solforóso [lat. *sulphurōsu*(*m*), da *sŭlphur*, genit. *sŭlphuris* 'zolfo'] agg. • Detto di composto dello zolfo tetravalente | *Acido s.*, ipotetico acido meno ossigenato del solforico, che si ammette si formi trattando l'acqua con anidride solforosa | *Anidride solforosa*, ottenuta industrialmente per arrostimento delle piriti | *Acqua solforosa*, contenente acido solfidrico e solfuri di sodio e calcio.

solfùreo • V. *sulfureo*.

solfùro [da *solfo*, con -*uro*] s. m. • Sale dell'acido solfidrico | *S. di carbonio*, composto liquido usato in agricoltura nella disinfezione del terreno e dei magazzini per la conservazione delle granaglie.

†**sólgo** • V. *solco*.

†**solicchio** • V. *solecchio*.

solidàle [dalla loc. giuridica lat. *in sŏlidum* '(obbligato) in solido'] agg. **1** (*dir.*) Di creditore o debitore in solido | Di obbligazione, caratterizzata dal vincolo della solidarietà. **2** (*fig.*) Che divide con altri opinioni, propositi, idee e sim. e le responsabilità che possono derivarne: *essere, dichiararsi, s. con qc.* **3** (*mecc.*) Detto di elemento di un meccanismo rigidamente collegato a un altro. || **solidalménte**, avv.

†**solidàre** [vc. dotta, lat. *solidāre* 'render solido', da *sŏlidus* 'solido'] v. tr. • Rendere solido | (*fig.*) Consolidare.

solidarietà [da *solidario*] s. f. **1** Qualità, condizione, di chi è solidale con altri. **2** Sentimento di fratellanza, di vicendevole aiuto, materiale e morale, esistente fra i membri di una società, una collettività: *la s. nazionale*; *fare appello alla s. umana*. **3** (*dir.*) Nelle obbligazioni con più soggetti, vincolo in forza del quale ciascun creditore ha diritto di esigere l'intero credito e ciascun debitore può essere costretto a pagare tutto il debito, con l'effetto di estinguere l'intera obbligazione: *s. attiva, passiva*.

solidàrio [dal fr. *solidaire*, dalla loc. giuridica lat. *in sŏlidum* '(obbligato) in solido' (V. *solidale*)] agg. • (*raro*) Solidale.

solidarìsmo [da *solidario*, con -*ismo*, sul modello del fr. *solidarisme*] s. m. **1** Sentimento di solidarietà verso altri. **2** Dottrina sociale dei movimenti cattolici, la quale fa appello alla solidarietà fra le classi.

solidarìsta agg.; anche s. m. e f. (pl. m. -*i*) • Che, chi è fautore del solidarismo.

solidarìstico agg. (pl. m. -*ci*) • Della solidarietà, che si basa sulla solidarietà: *movimento s.*

solidarizzàre [adattamento del fr. *solidariser*, da *solidaire* 'solidario'] v. intr. (aus. *avere*) • Dichiararsi, essere, solidale: *s. con qc.*

solidézza [da *solido* (*1*)] s. f. • (*raro*) Solidità.

solidificàbile agg. • (*raro*) Che si può solidificare.

solidificàre [da *solido* (*1*), con -*ficare*] **A** v. tr. (*io solidìfico, tu solidìfichi*) • Ridurre un liquido allo stato solido. **B** v. intr. e intr. pron. (aus. *essere*) • Diventare solido.

solidificazióne s. f. • Atto, effetto del solidificare o del solidificarsi, passaggio di un corpo dallo stato liquido allo stato solido.

solidità o †**soliditàde**, †**soliditàte** [vc. dotta, dal lat. *soliditāte*(*m*) 'compattezza', da *sŏlidus* 'solido'] s. f. • Qualità di ciò che è solido (*anche fig.*).

sòlido (**1**) [vc. dotta, dal lat. *sŏlidu*(*m*) 'intero, compatto', di origine indeur.] **A** agg. **1** Detto di corpo difficilmente deformabile dato l'elevato valore della forza di coesione fra le sue molecole: *stato s.*; *corpi solidi e corpi liquidi*. CONTR. Liquido. **2** (*mat.*) Tridimensionale | *Geometria solida*, che studia le figure geometriche solide. CONTR. Piano. **3** Stabile, resistente: *edificio s.*; *base solida*; *casa con fondamenta solide* | *Stoffa di tinta solida*, che può essere senza danno lavata, esposta al sole, o trattata in vario modo | Forte, robusto: *avere un paio di solide braccia*. **4** (*fig.*) Ben basato, ben fondato: *ditta, banca, solida*; *offrire solide garanzie*; *avere una solida posizione economica*; *ragionamento che parte da solide basi* | Profondo, radicato: *un s. retroterra culturale*; *solide tradizioni contadine* | *Testa solida*, di chi pensa e ragiona con chiarezza e avvedutezza. **5** (*dir.*) Nella loc. *in s.*, in qualità di parte di un'obbligazione solidale: *creditori, debitori in s.* || **solidaménte**, avv. Con solidità, fermezza e sim. **B** s. m. **1** Corpo solido: *i solidi e i liquidi*. **2** (*mat.*) Regione tridimensionale dello spazio ordinario.

sòlido (**2**) [dal lat. tardo *sŏlidu*(*m*) 'soldo, moneta'] s. m. • Moneta d'oro romana coniata da Costantino, del peso di 1/72 di libbra.

solidùngo [comp. di *solido* (*1*) e del lat. *ŭnguis* 'unghia, zoccolo'] agg. (pl. m. -*ghi*) • Detto di mammifero con piedi forniti di una sola unghia intera, detta anche zoccolo.

solidùngolo [comp. di *solido* (*1*) e del lat. *ŭngula* 'unghia, zoccolo'] agg. • (*zool.*) Solidungo.

soliflussióne [comp. di *soli-*, dal lat. *sŏlum* 'suolo', e *flussione*] s. f. • (*geogr.*) Soliflusso.

soliflùsso [comp. di *soli-*, dal lat. *sŏlum* 'suolo', e *flusso*] s. m. • (*geogr.*) Scivolamento di terreno imbevuto d'acqua, frequente lungo i pendii montani di regioni umide e fredde.

Solifughi [comp. di *sole* e un deriv. di -*fugo*] s. m. pl. • Nella tassonomia animale, ordine di Aracnidi dei paesi caldi e desertici, simili a ragni, notturni, con morso velenoso (*Solifugae*) | (al sing. -*go*) Ogni individuo di tale ordine.

solilòquio [vc. dotta, dal lat. tardo *solilŏquiu*(*m*) 'monologo', calco su *collŏquiu*(*m*) 'colloquio' con l'introduzione di *soli-*, da *sōlus* 'solo'] s. m. • Discorso tra sé e sé, fatto con un tono di voce più o meno alto: *fare dei soliloqui*; *abbandonarsi a un s.* | In teatro, monologo.

†**solimàre** • V. *sublimare* (*1*).

†**solìna** [f. sost. di un deriv. dal lat. parl. **solīnu*(*m*) 'assolato', da *sōl*, genit. *sōlis* 'sole'] s. f. • Luogo battuto dal sole.

soling /ingl. 'souliŋ/ [vc. ingl., da *sole* 'suola', dal fr. ant. *sole* 'suola' (con passaggio semantico analogo a quello di *sandalo* (*3*))] s. m. inv. • Grande imbarcazione a vela da regata, a scafo tondo e deriva fissa.

solìngo [da *solo*, col suff. -*ingo*, di origine germ. (V. *guardingo*)] **A** agg. (pl. m. -*ghi*) **1** (*lett.*) Detto di luogo, non frequentato, deserto. **2** (*lett.*) Detto di persona o animale, solitario, che ama star solo: *Pan l'eterno che su l'erme alture / a quell'ora e ne i pian s. va* (CARDUCCI). **3** (*lett.*) †Solo. || **solingaménte**, avv. Senza compagnia, da solo. **B** s. m. • (*raro*) †Solitudine: *ricorso al s. d'una mia camera, puosimi a pensare* (DANTE).

solìno [da *solo*, propriamente 'staccato dalla camicia'] s. m. **1** Colletto staccato per camicia da uomo: *s. inamidato, floscio, da prete*. **2** Ampio bavero azzurro listato di bianco usato dai marinai. || **solinàccio**, pegg. | **solinóne**, accr.

sòlio • V. *soglio* (*1*).

solìpede [vc. dotta, sovrapposizione di *solo* al lat. *solidĭpede*(*m*) 'solidungolo', comp. di *sŏlidus* 'solido' e *pēs*, genit. *pĕdis* 'piede, zoccolo' (V. *solidungolo*)] **A** agg. • (*zool.*) Detto di mammifero, come il cavallo, che poggia al suolo con lo zoccolo del solo terzo dito e ha lo zoccolo intero. SIN. Imparidigitato. **B** anche s. m.

solipsìsmo [vc. dotta, comp. del lat. *sōlus* 'solo' e *ĭpse* 'stesso', con -*ismo*] s. m. **1** Tesi filosofica in base alla quale il soggetto pensante non ammette altra realtà al di fuori di se stesso e considera tutti gli altri enti soltanto come sue momentanee percezioni. **2** (*est., lett.*) Soggettivismo, individualismo.

solipsìsta s. m. e f. (pl. m. -*i*) **1** Chi aderisce al solipsismo. **2** (*est., lett.*) Chi è estremamente soggettivista.

solipsìstico agg. (pl. m. -*ci*) • Che attiene al solipsismo o ai solipsisti.

solìsta [da *solo*] **A** s. m. e f. (pl. m. -*i*) **1** In una composizione vocale o strumentale, cantante o strumentista che ha una sua parte specifica distinta dal coro e dall'orchestra: *i solisti vocali del Requiem di Verdi*; *il s. dei concerti di Mozart*. SIN. Solo. **2** Ballerino o ballerina con ruolo principale. **B** anche agg.: *cantante, ballerino, ballerina, violino, s.*

solìstico agg. (pl. m. -*ci*) • Di solista.

solitària [da (*ascensione*) *solitaria*] s. f. • Ascensione alpinistica compiuta in totale solitudine.

solitàrio [vc. dotta, dal lat. *solitāriu*(*m*), da *sōlus* 'solo'; per calco sul fr. *solitaire* 'solitario' (V. *solo*) nel sign. B 2] **A** agg. **1** Che fugge ogni compagnia preferendo la solitudine: *uno giovine gentile ... cortese e ardito, ma sdegnoso e s.* (COMPAGNI) |

Che è solo, isolato, appartato: *viandante, passeggero s.* | *Navigatore s.*, chi affronta da solo una lunga navigazione che lo costringa a organizzare la guida dell'imbarcazione, durante i necessari periodi di riposo, con l'ausilio di attrezzature atte a mantenere la rotta. *2* Detto di luogo, non frequentato: *contrada, strada solitaria.* SIN. Deserto, romito. *3* Detto di animale che vive isolato, non in branchi: *passero s.* | *Verme s.*, (*pop.*) tenia | Detto di organo vegetale isolato: *fiore s.* || **solitariaménte**, avv. **B** s. m. *1* Ogni gioco a carte che un giocatore fa da solo, con combinazioni varie. *2* Brillante incastonato da solo spec. in un anello; (*est.*) anello su cui è montato un solitario. *3* †Eremita, anacoreta. **C** in funzione di avv. ● Nella loc. *in s.*, da solo: *navigare in s.*; *regata, crociera in s.* || **solitariétto**, dim.

sòlito [dal lat. *sŏlitu(m)*, part. pass. di *solēre* 'essere solito' (V. *solere*)] **A** agg. *1* Che non si differenzia da quello delle altre volte, che deriva da lunga abitudine: *troviamoci al s. bar*; *prendere il s. tram*; *fare le solite chiacchiere, i soliti discorsi*; *far la solita vita*; *incontrare le solite persone*; *è sempre la solita storia*; *io prendo il s. caffè*; (*ell.*) *io prendo il s.* | Di situazione e sim., che si ripete frequentemente e sempre uguale: *siamo alle solite storie*; (*ell.*) *siamo alle solite*; *ha fatto un'altra delle solite sciocchezze*; (*ell.*) *ne ha fatta un'altra delle solite* | Di persona, che mantiene immutate le sue caratteristiche: *tu sei sempre il s. ottimista*; (*ell.*) *tu sei sempre il s.*; *Maria è la solita bugiarda*; (*ell.*) *Maria è la solita.* *2* Nella loc. *essere s.*, solere, usato in unione con un v. all'inf., preceduto o no dalla prep. *di*: *sono solita (di) leggere prima di addormentarmi*; *è s. (di) partire presto.* || **solitaménte**, avv. Abitualmente, per lo più. **B** s. m. solo sing. ● Ciò che è solito, consueto, che deriva da lunga abitudine: *oggi fa più caldo del s.*; *ha mangiato meno del s.*; *come il s.*; (*pop.*) *come al s., oggi studio*; *secondo il mio s. di sera leggo* | *Al s.*, come sempre: *al s. è uscito senza avvertire* | *Di s., per s., per il s.*, d'abitudine, generalmente: *di s. rientra alle sette.*

solitùdine [vc. dotta, dal lat. *solitūdine(m)*, da *sōlus* 'solo'] s. f. *1* Stato di chi è, di chi vive, solo: *vivere in s.*; *desiderare, amare, la s.*; *avere paura, timore, della s.*; *il poeta aveva ... inclinazione alla s., alla contemplazione, al raccoglimento* (DE SANCTIS). CONTR. Società. *2* Luogo solitario, non frequentato, disabitato: *la s. del deserto*; *le solitudini alpine.*

solìvago [vc. dotta, dal lat. *solĭvagu(m)* 'che vaga solitario', comp. di *soli-*, da *sōlus* 'solo', e *văgus* 'errante'] agg. (pl. m. *-ghi*) ● (*raro, lett.*) Che va vagando solo.

solìvo [vc. sett., lat. parl. **solīvu(m)* 'esposto al sole', da *sōl*, genit. *sōlis* 'sole'] agg.; anche s. m. ● (*raro, lett.*) Solatio.

†**sollàccio** ● V. *sollazzo.*

sollazzaménto s. m. ● (*raro*) Atto del sollazzare o del sollazzarsi | Sollazzo.

sollazzàre o (*raro*) †**solacciàre** [da *sollazzo*] **A** v. tr. ● Divertire, rallegrare, intrattenere piacevolmente. **B** v. intr. pron. e †intr. ● Divertirsi, ricrearsi.

†**sollazzatóre** s. m. (f. *-trice*) ● Chi sollazza.

sollazzévole [da *sollazzare*] agg. *1* (*lett.*) Che ama i sollazzi, le burle, i divertimenti. *2* Che dà sollazzo, divertimento. || **sollazzevolménte**, avv.

sollàzzo o (*raro*) †**solàccio**, (*raro*) †**sollàccio** [lat. *solātiu(m)*, variante tarda di *solācium* 'conforto, sollievo', da *solāri* 'ristorare', di etim. incerta] s. m. *1* †Conforto, consolazione, sollievo. *2* (*lett.*) Piacere, divertimento: *con suo grande s.*; (*scherz.*) *darsi ai sollazzi* | *Dare, recare s., essere di s.*, recare piacere, divertire: *alla primavera la villa ti dona infiniti sollazzi* (ALBERTI). || **sollazzétto**, dim.

†**sollazzóso** agg. ● Sollazzevole.

sollèciola [dim. dal lat. *seneciōne(m)*, propriamente 'vecchio', da *sĕnex* 'vecchio' per la peluria dei capolini simili a capelli bianchi] s. f. ● (*bot.*) Erba delle Composite a capolini cilindrici e fiori minuti (*Senecio vulgaris*). SIN. Calderugia.

sollecitaménto s. m. ● Modo e atto del sollecitare.

sollecitàre o †**sollicitàre** [vc. dotta, dal lat. *sollicitāre* 'agitare', da *sollĭcitus* 'agitato, sconvolto' (V. *sollecito (1)*)] **A** v. tr. (*io sollécito*) *1* Far fretta, premura, a qc. affinché esegua al più presto ciò che gli si chiede o gli si è chiesto: *s. un operaio perché finisca il lavoro*; *s. una risposta, una richiesta* | Affrettare: *s. il passo.* *2* Chiedere con insistenza, brigare per ottenere q.c.: *s. lavori, missioni, incarichi.* *3* Stimolare, spronare: *s. la fantasia*; *s. qc. a muoversi* | (*lett.*) Istigare, incitare: *s. qc. al peccato.* *4* (*mecc.*) Sottoporre a sollecitazione. **B** v. intr. e intr. pron. ● †Affrettarsi.

sollecitàto part. pass. di *sollecitare* ● Nei sign. del v.

sollecitatóre [vc. dotta, dal lat. *sollicitatōre(m)*, propriamente 'seduttore', da *sollicitātus* 'agitato, turbato'] s. m.; anche agg. (f. *-trice*) ● Chi, che sollecita: *il s. di un affare*; *forza sollecitatrice.*

sollecitatòria [f. sost. di *sollecitatorio*] s. f. ● Lettera di sollecitazione.

sollecitatòrio agg. ● Detto di lettera o sim. scritta per sollecitare q.c. o qc.

sollecitazióne [vc. dotta, dal lat. *sollicitatiōne(m)* 'pensiero, istigazione', da *sollicitātus* 'agitato'] s. f. *1* Atto del sollecitare: *scrivere una lettera di s.*; *non ha risposto alle nostre sollecitazioni.* *2* (*fig.*) Incitamento: *trovare una s. a migliorare.* *3* (*fis.*) Forza o momento applicato a un corpo | *S. esterna*, azione di una forza esterna su un corpo elastico | *S. interna*, in corrispondenza di una certa sezione del solido, risultante delle forze elementari che le due parti nel solido si trasmutano attraverso quella sezione | *Sollecitazioni semplici*, trazione, compressione, flessione, taglio, torsione | *Sollecitazioni composte*, formate da due o più sollecitazioni semplici.

†**sollecitézza** [da *sollecito (1)*] s. f. ● Sollecitudine.

sollécito (1) o †**sollìcito** [vc. dotta, dal lat. *sollĭcitu(m)* 'agitato, turbato', comp. di *sŏllus* 'tutto' e *cĭtus*, part. pass. di *ciēre* 'agitare', di origine indeur.] agg. *1* (*lett.*) Che si dà cura, pensiero, per qc. o per q.c.: *s. dell'educazione dei figli, della salute di qc.* | *Essere s. di q.c.*, preoccuparsene. SIN. Premuroso. *2* Che agisce senza indugio, con zelo e diligenza: *impiegato s.*; *essere s. nell'adempiere il proprio dovere*; *essere s. ad alzarsi dal letto.* SIN. Pronto, solerte. *3* Che è detto o fatto in modo sollecito: *risposta sollecita*; *le sollecite cure materne.* || **sollecitaménte**, avv. Prontamente: *rispondere sollecitamente*; in modo premuroso; diligentemente.

sollécito (2) [da *sollecitare*] s. m. ● (*bur.*) Sollecitazione: *fare un s. telefonico* | Sollecitatoria: *ricevere il s. di un ordine.*

†**sollecitóso** [da *sollecito (1)*] agg. ● (*raro*) Sollecito.

sollecitùdine o †**sollicitùdine** [vc. dotta, dal lat. *sollicitūdine(m)* 'preoccupazione', da *sollĭcitus* 'agitato'] s. f. *1* Qualità di chi, di ciò che è sollecito: *con gran s. lavoravo, per finire la mia opera* (CELLINI). *2* (*lett.*) Affanno, pensiero, preoccupazione per qc. o q.c.: *stare in s.*; *le sollecitudini della vita.*

†**sollenàre** [lat. parl. **sublenāre*, da *sublēnis* 'leggero, mitigato', comp. di *sŭb* 'sotto' e *lēnis* 'dolce, lieve'] v. tr. ● (*poet.*) Lenire, alleviare.

solleóne o (*pop.*) **sollióne** [comp. di *sol(e)* e *leone*] s. m. *1* Periodo compreso tra la seconda metà di luglio e la prima decade di agosto, quando il Sole si trova nel segno zodiacale del Leone e il caldo è maggiore. *2* (*est.*) Estate torrida | Grande caldo estivo. SIN. Canicola.

solleticaménto s. m. ● Modo e atto del solleticare (*spec. fig.*).

solleticàre [lat. parl. **subtitillicāre*, comp. di *sŭb* 'sotto' e *titillĭcāre*, v. iter. di *titillāre* 'solleticare', di origine onomat.] v. tr. (*io sollético, tu sollétichi*) *1* Stuzzicare provocando il solletico: *s. i piedi a qc.*; *un capello mi solletica il braccio.* *2* (*fig.*) Eccitare, lusingare, stimolare piacevolmente: *s. l'appetito, lo stomaco, i sensi, la vanità, l'amor proprio, di qc.*

sollético [da *solleticare*] s. m. (pl. *-chi*) *1* Sensazione piacevole o fastidiosa da sfregamento lieve della cute: *fare il s. a qc.*; *fare il s. sotto i piedi, sul collo* | *Sentire, soffrire il s.*, essere sensibile a ciò che lo provoca | *Non sentire, non soffrire il s.*, rimanere indifferente a ciò che lo provoca | *Non fare neanche il s.*, di cosa che lascia indifferente: *i suoi pianti non mi fanno neanche il s.* *2* (*fig.*) Eccitamento, stimolo piacevole: *il s. dell'amor proprio* | *Sentire il s. di q.c.*, sentirne la voglia.

†**solleticóso** agg. ● (*lett.*) Che sente solletico, voglia di q.c.

sollevàbile agg. ● Che si può sollevare.

sollevaménto s. m. *1* Atto del sollevare o del sollevarsi. *2* (*sport*) *S. pesi*, specialità dell'atletica pesante consistente nel sollevare da terra con la forza delle braccia particolari attrezzi di peso graduato. SIN. Pesistica. *3* †Sollievo, conforto. *4* †Sollevazione, tumulto. *5* (*raro*) †Elevazione a una dignità. *6* (*raro*) †Tassa.

sollevàre o †**sullevàre** [lat. *sublevāre* 'alzar da terra', comp. di *sŭb* 'sotto' e *levāre* 'alzare' (V. *levare*)] **A** v. tr. (*io sollèvo*) *1* Levare, spostare verso una posizione più alta: *s. qc. da terra*; *s. un peso, una pietra, un mobile*; *il vento solleva la polvere della strada* | Alzare appena: *s. la testa dal cuscino*; *s. gli occhi dal lavoro.* CONTR. Abbassare. *2* (*fig.*) Innalzare: *s. una preghiera a Dio*; (*lett.*) *s. qc. al trono, ai più alti onori.* *3* (*fig.*) Porre in una condizione materialmente o spiritualmente migliore: *s. qc. dalla miseria, dal dolore, dall'abbattimento* | Rendere libero da un onere materiale o morale: *s. qc. da un lavoro faticoso, da un grave compito* | Dar sollievo, lenire le sofferenze: *il calmante lo solleverà un po'* | (*est.*) Dare conforto: *la lettera del figlio l'ha molto sollevata.* *4* (*fig.*) Fare insorgere, sommuovere: *s. il popolo contro il tiranno*; *s. il popolo alla ribellione.* *5* (*fig.*) Far sorgere: *s. una questione, una protesta, un putiferio.* **B** v. intr. pron. *1* Levarsi verso l'alto: *il pallone si solleva nel cielo*; *un turbine si sollevò* | Rizzarsi, levarsi: *sollevarsi da terra, dal letto.* CONTR. Abbassare. *2* (*fig.*) Provar sollievo: *con questa cura ti solleverai* | Riaversi, riprendersi: *sollevarsi da una malattia, da uno spavento.* *3* (*fig.*) Ribellarsi, insorgere: *sollevarsi contro il tiranno*; *la popolazione si sollevò in massa.*

sollevàto part. pass. di *sollevare*; anche agg. *1* Nei sign. del v. *2* (*fig.*) Rianimato, confortato, non più abbattuto: *essere, sentirsi, apparire, s.*; *animo s.* *3* (*fig.*) †Insorto, ribellato: *contadini ... sollevati e tumultuosi, per i danni e per le ingiurie ricevute* (GUICCIARDINI).

sollevatóre **A** s. m.; anche agg. (f. *-trice*) ● Che, chi solleva | *S. di pesi*, pesista. **B** s. m. *1* Dispositivo, meccanismo per sollevare | *S. elettromagnetico*, potente elettromagnete, usato nell'industria per sollevare materiali ferromagnetici. *2* Autoveicolo dotato di braccio telescopico oleodinamico, per sollevare carichi. *3* Grosso martinetto idraulico munito superiormente di rotaie su cui si pongono gli autoveicoli per sollevarli a scopo di manutenzione e riparazione.

sollevazióne [vc. dotta, dal lat. *sublevatiōne(m)* 'alleggerimento', da *sublevātus* 'sollevato'] s. f. *1* (*fig., raro*) Atto, effetto del sollevarsi: *s. dell'animo*; *un ribollimento, una s. di pensieri e d'affetti* (MANZONI). *2* Insurrezione, rivolta armata: *preparare, reprimere, soffocare una s. popolare.* *3* (*fig.*) †Sollievo | Ristoro.

†**sollìcito** e *deriv.* ● V. *sollecito (1)* e *deriv.*

sollièvo [da *sollevare*] s. m. ● Alleviamento di sofferenza fisica o morale: *dare, portare, porgere, s.*; *trovare un attimo di s.*; *cercare s. alla miseria* | Conforto: *le tue parole mi furono di gran s.* | *Tirare un respiro di s.*, sentirsi sollevato da una preoccupazione, un affanno, e sim.

sollióne ● V. *solleone.*

†**sóllo** [di etim. incerta] agg. *1* (*tosc.*) Morbido, soffice. *2* (*fig.*) Pacifico, docile.

sollùchero ● V. *solluchero.*

†**sollucheraménto** s. m. ● (*raro*) Atto del sollucherare.

sollucheràre [comp. di *so-* e dell'ant. *lucherare* 'stralunare gli occhi (per la beatitudine)'] **A** v. tr. (*io sollùchero*) ● (*raro, tosc.*) Mandare in solluchero. **B** v. intr. pron. ● (*raro, tosc.*) Andare in solluchero.

†**sollucheràta** [da *sollucherare*] s. f. ● Dimostrazione di tenerezza.

sollùchero o (*tosc.*) **sollùcchero** [da *sollucherare*] s. m. ● Solo nelle loc. *andare, mandare, in s.*, provare, far provare, un senso di intimo orgoglio, di compiaciuto piacere, derivante dal vedere soddisfatti i propri desideri, lusingata la propria vanità e sim.: *i complimenti mandano in s. i vanitosi.*

solmiṣazióne o **solmiẓẓazióne** [deriv. da *sol* e *mi*] **s. f.** ● (*mus.*) Sistema usato fino al sec. XVI per individuare i suoni attraverso l'uso delle sei sillabe *ut, re, mi, fa, sol, la.*

sólo [lat. *sōlu(m)*, dalla radice indeur. **sē-* che indica separazione (V. *severo, sobrio*)] **A agg.** (poet. troncato in *sol* al **m.**, e †al **f. sing.** nella **loc.** *una sol volta*) **1** Che è senza compagnia, che non ha nessuno accanto, vicino, o insieme: *essere s.*; *rimanere s.*; *stare, starsene s.*; *tutto s.*; (*iter.*) *stare, starsene s. s.*; *camminare s.*; *vivere, mangiare, dormire, s.*; *essere s. come un cane*; *essere s. al mondo*; *essere s. in casa*; *è triste essere soli.* **2** Nella loc. *da s.*, senza l'aiuto, l'intervento, la compagnia di altri, unito o no a un pron. pers.: *faccio tutto da me s.*; *si fa il letto da sé s.*; *studierete da voi soli*; (*fam.*) *faccio tutto da s.*; *si fa il letto da s.*; *studierete da soli* | *Essersi fatto da s.*, di persona che ha raggiunto una buona, o notevole, posizione culturale, economica, sociale e sim. partendo dal nulla e valendosi unicamente delle proprie forze | *Parlare da s., da sé s.*, parlare ad alta voce, fare soliloqui. **3** (*spec. al pl.*) Che è in compagnia unicamente della persona di cui si parla, escludendo chiunque altro: *cenammo soli*; *finalmente ci lasciarono soli*; *siamo stati soli tutto il giorno* | *Da s. a s.*, (*raro*) *a s. a s.*, limitatamente alle persone di cui si parla, senza la presenza di nessun altro: *voglio vederti da s. a s.* **4** Posposto a un agg. num. ha valore restrittivo e significa 'solamente, nient'altro che': *verrà uno s.*; *andammo noi tre soli*; *vennero loro due soli*; *due soli di voi verranno con me.* **5** Preceduto dall'art. indet. *un*, dall'art. det., dall'agg. num. *uno* o da un agg. dimostr. ha valore restrittivo e significa 'unico, singolo': *c'è un s. Dio*; *ha un s. figlio*; *è il s. amico che abbiamo*; *la camera ha una sola finestra*; *la verità è una sola*; *ha quei soli libri*; *di uomini come lui ce n'è uno s.* | *Non un s.*, neppure uno: *non un s. amico si è ricordato di noi.* **6** (*al pl.*) Preposto a un s. ha valore restrittivo e significa 'solamente, nessun altro che': *ingresso riservato ai soli soci*; *giornale per soli uomini*; *club per sole donne.* **7** Detto di cosa, semplice, senza altre aggiunte: *non si vive di s. pane*; *la sua sola parola mi è di garanzia.* **8** Che risulta dall'unione di più cose uguali tra loro: *gridare a una sola voce*; *tanti ruscelli diventano un s. fiume.* **9** (*mus.*) Detto di composizioni riservate a un unico interprete: *suite per violino s.* **10** (*poet.*) Solitario, deserto, detto di luogo: *cercar le selve e le rive più sole* (ARIOSTO). || **solétto**, **dim.** (V.). || **solaménte**, **avv.** Soltanto. **B** in funzione di **avv.** ● Solamente, soltanto: *s. il padre mancava*; *s. Dio può fare ciò*; *mi è rimasto s. questo*; *mangio s. pane*; *non s. nega, ma anche insiste* | V. anche *soltanto.* **C** in funzione di **cong.** **1** Ma, però (con valore avversativo e limitativo): *ho capito bene, s. vorrei mi fossero chiariti alcuni punti*; *ho telefonato, s. non ho trovato nessuno* | Con valore raff. nella loc. cong. *s. che*: *ci andrò, s. che tu verrai con me.* **2** Nella loc. cong. *s. che*, purché, basta che (introduce una prop. subordinata condiz. con il v. al congv.): *s. che tu lo voglia, potrai utilizzare tutti i miei libri.* **D s. m. 1** (*spec. al pl., mus.*) Solista nel sign. A1: *concerto per soli, coro e orchestra.* **2** (*mus.*) Nella loc. *a s.*, pezzo eseguito da una sola voce o da un solo strumento | V. anche *assolo.*

solóne [dal lat. *Solōne(m)*, dal gr. *Sólōn*, genit. *Sólōnos* 'Solone' (460 ca.-560 ca. a.C.), celebre legislatore ateniese del VII sec. a.C.] **s. m.** ● (*per anton.*) Legislatore, riformatore di leggi (*anche spreg.*): *i moderni soloni.*

solstiziàle [vc. dotta, dal lat. *solstitiāle(m)*, da *solstĭtium* 'solstizio'] **agg.** ● Di solstizio | *Punti solstiziali*, in cui avvengono i solstizi.

solstìzio [vc. dotta, dal lat. *solstĭtiu(m)* 'solstizio', comp. di *sōl*, genit. *sōlis* 'sole', e di un corradicale di *sĭstere* 'fermarsi'] **s. m.** ● Istante e punto dell'eclittica in cui il Sole, due volte all'anno, si trova alla massima distanza dall'equatore celeste | *S. d'estate*, il 22 giugno | *S. d'inverno*, il 22 dicembre.

soltànto o †**sol tànto** [comp. di *sol(o)* e *tanto*] **A avv.** ● Unicamente, semplicemente (limita una quantità o un'estensione nel tempo o nello spazio, a quanto si sta affermando): *è s. pronto a ricevere, mai a dare*; *è arrivato s. ora*; *l'ho saputo s. in questo momento*; *ho fatto s. un errore.* **SIN.** Solamente, solo. **B cong. 1** Ma, però, tuttavia (con valore avversativo e limitativo): *è un bell'appartamento, s. lo trovo un po' caro*; *sono due brave ragazze, s. un po' presuntuose.* **2** Nella loc. cong. *s. che*, purché (introduce una prop. subordinata condiz. con il v. al congv.): *potresti riuscire s. che tu fossi disposto a qualche sacrificio.*

solùbile [vc. dotta, dal lat. tardo *solūbile(m)* 'dissolvibile', da *sŏlvere* 'sciogliere'] **agg.** **1** Che si può sciogliere: *s. in acqua.* **2** (*fig.*) Che si può risolvere, spiegare: *dubbio, problema s.* **CONTR.** Insolubile, irresolubile.

solubilità [vc. dotta, dal lat. tardo *solubilitāte(m)*, da 'dissolvibile'] **s. f.** **1** (*chim.*) Proprietà di una sostanza consistente nel formare una soluzione con una o più altre. **2** (*fig.*) Condizione di ciò che è solubile.

solubiliẓẓàre **v. tr.** ● Rendere solubile.

solubiliẓẓazióne **s. f.** ● Atto, effetto del solubilizzare | Trattamento termico che rende omogenea una lega metallica.

†**solutìvo** [da *soluto*] **A agg.** ● Che serve a sciogliere, a purgare: *medicamento s.* **B s. m.** ● Purgante: *prendere un s.*

solùto A part. pass. di †*solvere*; anche **agg.** **1** †Nei sign. del v. **2** †Libero da vincoli di matrimonio, da voti religiosi, e sim. || †**solutaménte**, **avv.** Scioltamente, liberamente. **B s. m.** ● Sostanza, solida, liquida o gassosa, presente, in quantità minore rispetto al solvente, in una soluzione, in cui è disciolta dal solvente stesso.

solutóre [da *soluto*, sul modello del tardo lat. *solūtor*, genit. *solutōris* 'colui che scioglie, paga', da *solūtus* 'sciolto'] **s. m.** (**f.** *-trice* nel sign. 1) ● Chi risolve, spec. un gioco, un enigma e sim.: *i solutori del cruciverba.*

soluzióne [vc. dotta, dal lat. *solutiōne(m)* 'liberazione, dissolvimento', da *solūtus* 'sciolto'] **s. f.** **1** Operazione dello sciogliere una sostanza in un liquido: *la s. del sale in acqua* | Risultato di tale operazione: *una s. di sale in acqua.* **2** (*chim.*) Insieme fisicamente omogeneo di solvente e soluto | *S. tampone*, soluzione di una sostanza, che si oppone alla variazione di acidità dovuta all'aggiunta di acido o alcali. **3** (*mat.*) Risoluzione | *S. di un problema*, ente che risponde alle domande poste dal problema | *S. d'una equazione, a una incognita*, valore che sostituito all'incognita rende vera l'uguaglianza. **4** Spiegazione: *s. di un quesito, di un indovinello, di un cruciverba.* **5** Modo in cui si risolve o si spiega q.c.: *escogitare una s.*; *trovare una s.*; *proporre una s.*; *non c'è altra soluzione* | Risultato ottenuto risolvendo o spiegando q.c.: *s. giusta, sbagliata.* **6** Decisione, appianamento di complicazione: *venire a una s.*; *s. pacifica.* **7** Pagamento, liberazione da un debito | *Pagare in una sola, in un'unica s.*, in una sola volta. **8** Interruzione, solo nelle loc.: *s. di continuità*, interruzione nella continuità temporale o spaziale di un fenomeno: *tra i due fatti c'è s. di continuità* | *Senza s. di continuità*, senza interruzione | (*med.*) *S. di continuo*, interruzione della continuità di un tessuto per ferite o incisioni.

solvatàre **v. tr.** ● (*chim.*) Effettuare la solvatazione.

solvatazióne **s. f.** ● (*chim.*) Formazione di un solvato.

solvàto [adattamento dell'ingl. *solvate*, da *to solve* 'sciogliere'] **s. m.** ● (*chim.*) Complesso costituito da ioni del soluto associati a un certo numero di molecole di solvente.

solvènte A part. pres. di †*solvere*; anche **agg.** **1** Nei sign. del v. **2** (*chim.*) Detto di sostanza, generalmente liquida, atta a portare in soluzione altre sostanze senza alterarne la natura chimica. **3** Detto di chi è in grado di fare fronte alle passività, alle scadenze fissate, con mezzi normali di pagamento: *debitore s.* **CONTR.** Insolvente. **B s. m.** ● Sostanza solvente. **C s. m. e f.** ● Persona solvente.

solvènza [da *solvente*, nel sign. A 2] **s. f.** ● Capacità, spec. di imprenditori commerciali, di fare fronte ai propri impegni finanziari: *stato di s.*

†**sòlvere** [vc. dotta, dal lat. *sŏlvere* 'sciogliere', comp. di *sŏ-* pref. di separazione, e *lŭere* 'sciogliere, pagare', di origine indeur.] **A v. tr.** **1** Sciogliere (*spec. fig.*): *s. un matrimonio* | *S. un desiderio*, appagarlo | *S. il digiuno*, romperlo. **2** Slegare: *s. un nodo* | (*fig.*) Liberare. **3** (*fig.*) Chiarire, spiegare: *desidero ora che mi solviate un altro dubbio* (MACHIAVELLI) | Dichiarare. **4** (*fig.*) Soddisfare, pagare: *s. un impegno, un debito.* **B v. intr. pron.** ● (*raro*) Sciogliersi | (*fig.*) Liberarsi.

solvìbile [da *solvere*] **agg.** **1** Che è in grado di adempiere le obbligazioni assunte. **2** Che si può pagare: *debito s.* **3** (*raro, lett.*) Che si può risolvere. **SIN.** Solubile.

solvibilità **s. f.** ● Qualità di chi, di ciò che è solvibile.

†**solviménto** [da *solvere*] **s. m.** ● Scioglimento.

†**solvitóre** **s. m.** (**f.** *-trice*) ● Chi solve (*spec. fig.*).

sòma (**1**) [lat. tardo *sāuma(m)*, variante di *sāgma*, dal gr. *ságma*, genit. *ságmatos* 'basto'] **s. f.** **1** Carico posto sulla groppa di un quadrupede | *Bestia da s.*, atta al trasporto di carichi; (*fig.*) chi si sottopone a un lavoro eccessivo, sfibrante | †*Pareggiare le some*, (*fig.*) fare le cose in modo cauto, equilibrato | (*fig.*) †*A some*, in gran quantità. **2** (*fig., lett.*) Onere morale, impegno gravoso. **3** (*fig., lett.*) Oppressione, spec. politica: *sofferto abbiam ... / sette anni omai sotto la iniqua s.* (TASSO). **4** Unità di misura per materiali e derrate, usata prima dell'adozione del sistema metrico decimale, con valori variabili fra 66 e 145 litri. || **somèlla**, **dim.** | **somellìna**, **dim.** | **sométta**, **dim.** | **somettìna**, **dim.**

sòma (**2**) [vc. dotta, dal gr. *sôma*, genit. *sṓmatos* 'corpo', di origine indeur.] **s. m.** (**pl.** *-i*) **1** (*biol.*) Insieme delle cellule non riproduttive che costituiscono, come elementi caduchi, il corpo di un metazoo. **2** (*biol., zool.*) Corpo, considerato spec. in riferimento alla muscolatura del tronco e degli arti, contrapposto ai visceri e alle loro componenti muscolari. **3** (*med.*) Corpo, inteso in contrapposizione a psiche.

sòma (**3**) [dall'ant. indiano *soma-*, attraverso l'ingl. *soma*] **s. m. inv.** ● Nella religione indiana antica, succo di una pianta usato sacramentalmente e capace di conferire la comunione con il mondo divino.

-sòma [gr. *sôma* 'corpo', ma etim., secondo riscontri dell'area indeur., '(oggetto) gonfio'] secondo elemento ● In parole scientifiche composte specialmente della biologia, significa 'corpo': *cromosoma.*

sòmalo o (*raro*) **somàlo** [adattamento del somalo *Sōmāli* 'somalo'] **A agg.** ● Della Somalia. **B s. m.** (**f.** *-a* nel sign. 1) **1** Abitante, nativo della Somalia. **2** Antica unità monetaria della Somalia. **C s. m.** solo **sing.** ● Lingua del gruppo cuscitico meridionale.

somaràggine **s. f.** ● (*fig.*) Qualità di chi è somaro | Atto, comportamento, discorso da somaro.

somaràta **s. f.** ● (*raro, fam.*) Atto, comportamento, discorso da somaro.

somàro [lat. parl. **saumāriu(m)*, per *sagmārius* 'bestia da soma', da *sāgma* 'basto'] **A s. m.** (**f.** *-a*) **1** Asino, bestia da soma: *lavorare, faticare, e sim. come un s.* **2** (*fig.*) Persona ignorante: *guarda che cosa ha combinato quel s. di commesso!*; *che s.! entra senza salutare* | *S. bardato*, persona ricca, maleducata e ignorante | Ragazzo dallo scarso rendimento scolastico: *una classe di somari.* **SIN.** Asino. || **somaràccio**, **pegg.** | **somarèllo**, **dim.** | **somarìno**, **dim.** | **somaróne**, **accr.** | **somarùccio**, **dim.** **B** in funzione di **agg.** ● Ignorante: *che gente somara!* | Che non rende nello studio: *è il più s. della scuola.* **SIN.** Asino.

somàsco [da *Somasca* (Bergamo), sede principale della congregazione] **A agg.** (**pl. m.** *-schi*) ● Che è membro della Congregazione di chierici regolari, istituita da S. Girolamo Emiliani (1481-1537), in Somasca (Bergamasco). **B** anche **s. m.**: *un gruppo di somaschi.*

somàtico [vc. dotta, dal gr. *sōmatikós*, da *sôma*, genit. *sṓmatos* 'corpo', di origine indeur.] **agg.** (**pl. m.** *-ci*) **1** (*biol.*) Del, relativo al, soma: *cellule somatiche.* **2** Del, relativo al, corpo umano: *tratti somatici.* || **somaticaménte**, **avv.** Da un punto di vista somatico.

somatiẓẓàre [dal fr. *somatiser*, da *somatique* 'somatico'] **v. intr.** (aus. *avere*) ● (*psicol.*) In varie malattie psicosomatiche, convertire disturbi psichici inconsci in sintomi organici o funzionali.

somatizzazióne [dal fr. *somatisation*, da *somatiser* 'somatizzare'] s. f. ● (*psicol.*) Atto, effetto del somatizzare.

sòmato- [dal gr. *sôma*, genit. *sṓmatos* 'corpo'] primo elemento ● In parole composte della terminologia biologica e medica indica attinenza o pertinenza con il corpo e con caratteri fisici di individui e organi: *somatologia*.

somatoestèṣico [comp. di *somato-* ed *estes(ia)* (dal gr. *aísthēsis* 'sensibilità') col suff. *-ico*] agg. (pl. m. *-ci*) ● (*anat.*, *fisiol.*) Riferito alla raccolta di sensazioni provenienti dall'esterno dell'organismo.

somatologìa [comp. di *somato-* e *-logia*] s. f. ● Antropologia fisica.

somatològico agg. (pl. m. *-ci*) ● Di, relativo a somatologia.

somatometrìa [comp. di *somato-* e *-metria*] s. f. ● Antropometria.

somatopsìchico [comp. di *somato-* e *psichico*] agg. (pl. m. *-ci*) ● (*med.*) Psicosomatico.

somatotropìna [da *somatotropo*] s. f. ● Ormone somatotropo.

somatòtropo [comp. di *somato-* e *-tropo*] agg. ● Detto di ormone secreto dal lobo anteriore dell'ipofisi e che ha la funzione di favorire lo sviluppo corporeo.

sombrèro /som'brɛro, *sp.* som'brero/ [vc. sp., da *sombra* 'ombra'] s. m. (pl. inv. o *sombrèri* o sp. *sombreros*) ● Copricapo a cupola alta e a tesa larga piatta o rialzata, tipico della Spagna, dell'America latina e del Messico.

someggiàbile agg. ● Che si può someggiare | Che è fatto per essere someggiato, detto spec. di materiali militari.

someggiàre [da *soma*, con suff. iter.-ints.] v. tr. e intr. (*io soméggio*; aus. *avere*) ● Trasportare a soma, spec. materiali militari.

someggiàto part. pass. di *someggiare*; anche agg. *1* Nel sign. del v. *2* *Artiglieria someggiata*, per le truppe da montagna.

†**somerìa** s. f. ● Salmeria.

-somìa [da *-soma*] secondo elemento ● In parole scientifiche composte spec. della medicina, significa 'corpo': *ipersomia*, *iposomia*.

somièro o **somièro** nel sign. 1 [dall'ant. fr. *somier* 'somaro', dal lat. *sagmāriu(m)* (V. *somaro*)] s. m. *1* (*lett.*) Bestia da soma. *2* (*mus.*) Cassa dell'organo mediante la quale l'aria passa dai mantici alle canne, secondo i comandi trasmessi | Nel clavicembalo, pezzo di legno rigido sul quale sono infisse le caviglie | Nel pianoforte, tavola di legno sulla quale sono infissi i pironi incaricati di tendere le corde. SIN. Pancone.

somigliànte o (*lett.*) **simigliànte**. **A** part. pres. di *somigliare*; anche agg. ● Nei sign. del v. || **somigliantemént**e, avv. In maniera simile, allo stesso modo. **B** s. m. solo sing. ● Cosa simile, uguale ad altra | *Fare*, *dire*, e sim. *il s.*, fare, dire, la stessa cosa.

somigliànza o (*lett.*) **simigliànza**. s. f. *1* Qualità di chi, di ciò che è somigliante ad altri o ad altro: *tra i due c'è una certa s.*; *c'è s. con l'originale*; *c'è s. di gusti* | (*lett.*) *A s.*, in modo simile: *a immagine e s. di Dio*; *comportarsi a s. di qc.* *2* †Figura, immagine.

somigliàre o (*lett.*) **simigliàre** [lat. parl. **similiāre*, da *sĭmilis* 'simile'] **A** v. tr. e intr. (*io somìglio*; aus. intr. *essere* e *avere*) ● Essere simile ad altra persona o cosa nella figura, nell'aspetto, nelle qualità: *somiglia a suo padre*; *somiglia suo padre*; *questa storia somiglia a un'altra*; *questa storia somiglia un'altra*. **B** v. tr. ● (*lett.*) Paragonare, far similitudine: *l'Ariosto somigliò la verginella a una rosa*. **C** v. intr. ● †Sembrare, parere: *I suoi occhi, fra i cigli ritoccati col rimmel, somigliavano a due stelle more* (MORANTE). **D** v. rifl. rec. ● Essere simili, avere somiglianza l'uno con l'altro: *quei due fratelli si somigliano come due gocce d'acqua*. **E** v. intr. pron. ● (*raro*) †Farsi, rendersi, simile: *somigliarsi a Dio*.

†**somigliévole** [da *somigliare*] agg. ● Somigliante.

sòmite [dal gr. *sôma* 'corpo' col suff. *-ite* (*3*)] s. m. ● (*anat.*) Ognuno dei gruppi cellulari, metamerici e pari, che costituiscono l'epimero.

sómma [lat. *sŭmma(m)*, propriamente 'la parte più alta', f. sost. di *sŭmmus* 'sommo'] s. f. *1* Risultato di un'addizione: *la s. ascende*, *ammonta*, *a mille* | *La s. delle somme*, il risultato di più addizioni. *2* Correntemente, addizione: *fare la s.*; *sbagliare la s.* | *Tirare le somme*, eseguire un'addizione e (*fig.*) venire a una conclusione. CONTR. Sottrazione. *3* Determinata quantità di denaro; *s. di denaro*: *costare una bella s.*; *depositare una s. in banca*; *ha disponibilità fino a una certa s.*; *ho perso una forte s.* *4* Complesso risultante dall'insieme di più cose: *la s. degli affari*; *realizzare una grande s. di opere*. *5* Sostanza, essenzialità, conclusione: *questa è la s. del discorso* | *La s. delle somme*, (*fig.*) la conclusione finale. *6* (*farm.*) Sinergismo in cui l'azione corrispondente all'associazione di due farmaci è pari o inferiore alla somma delle singole azioni. *7* (*lett.*) Esposizione scolastica medioevale di materia teologica o giuridica. *8* (*raro*, *lett.*) Compendio, sintesi, sommario: *riflettere nelle somme delle leggi ... i particolari motivi dell'equità* (VICO) | *In s.*, in breve, sommariamente | V. anche *insomma*. *9* (*raro*, *lett.*) Sommità, massimo grado, nelle loc. *la s. delle cose*, *la s. del comando*, il potere supremo. *10* V. *summa*. || †**sommarèlla**, †**sommerèlla**, dim. | **sommétta**, dim. | **sommettìna**, dim.

sommàbile agg. ● Che può essere sommato.

sommabilità s. f. ● Caratteristica di ciò che è sommabile: *la s. di una grandezza*, *di un numero*.

sommàcco [dall'ar. *summāq*] s. m. (pl. *-chi*) ● Albero delle Anacardiacee di cui si usano rami, corteccia e foglie per trarne infusi ad azione febbrifuga e prodotti concianti (*Rhus coriaria*).

sommàre [da *somma*] **A** v. tr. (*io sómmo*) *1* Eseguire un'addizione, trovare una somma. *2* (*est.*) Aggiungere (*anche fig.*): *al guadagno devi s. la fatica per fare il lavoro*. **B** v. intr. (aus. *avere* e *essere*) ● Ammontare, ascendere: *le offerte raccolte sommano a un milione*.

sommarietà s. f. ● (*raro*) Qualità di ciò che è sommario.

sommàrio (**1**) [da *somma*] agg. *1* Fatto, esposto, per sommi capi: *lavoro*, *racconto*, *esame*, *s.* SIN. Schematico. *2* Condotto con formalità semplificate rispetto a quelle ordinarie: *interrogatorio*, *procedimento s.* | *Istruzione sommaria*, nel processo penale, istruzione dotata di formalità più semplici rispetto a quelle dell'istruzione formale e a cui procede il pretore per i reati di sua competenza o il pubblico ministero per taluni reati nei casi in cui la prova del reato o della commissione di esso da parte dell'imputato appare evidente | *Procedimento*, *rito s.*, istituto della procedura civile per cui la legge prevede, in determinate circostanze, forme abbreviate | (*est.*) *Giustizia*, *esecuzione sommaria*, eseguita con metodi sbrigativi, al di fuori delle procedure di legge. || **sommariaménte**, avv. In modo sommario, per sommi capi; conclusivamente.

sommàrio (**2**) [vc. dotta, dal lat. *summāriu(m)* 'compendio', da *sŭmma* 'somma'] s. m. *1* Compendio, trattazione ristretta e fatta per sommi capi: *Cesare Balbo scrisse il 'Sommario della storia d'Italia'*. *2* Trattazione sintetica di materia scolastica: *un s. di storia moderna*. *3* Breve riassunto degli argomenti trattati nelle singole parti dell'opera, premesso a ciascuna o collocato nell'indice generale | Sunto in stile telegrafico del contenuto di un articolo di giornale.

†**sommàte** [vc. dotta, dal lat. *summāte(m)* 'nobile, eminente', da *sŭmmus* 'sommo'] s. m. ● (*raro*) Ottimate.

sommatività [da *sommativo*] s. f. *1* (*raro*, *gener.*) Proprietà di ciò che può essere sommato, cumulato. *2* (*psicol.*) Nella psicologia gestaltica o della forma, proprietà che ha un tutto di essere una pura somma di parti solo quando può essere composto da queste parti, una dopo l'altra, senza che alcuna di esse cambi per effetto della composizione.

sommatìvo [dall'ingl. *summative*, da *summation* 'addizione', a sua volta dal lat. mediev. *summatio*] agg. ● (*raro*) Cumulativo, complessivo | (*pedag.*) *Valutazione sommativa*, in docimologia, giudizio globale ed espresso gener. mediante una scheda, sulle abilità, capacità e competenze che un allievo ha acquisito complessivamente al termine di un periodo scolastico, quale un quadrimestre, un anno o un triennio.

sommàto **A** part. pass. di *sommare*; anche agg. *1* Nei sign. del v. *2* *Tutto s.*, tutto considerato, fatto calcolo di tutto. || **sommataménte**, avv. Sommariamente. **B** s. m. ● †Somma.

sommatóre s. m. *1* (*raro*) Chi somma. *2* (*elab.*) In un elaboratore elettronico, dispositivo che esegue l'operazione aritmetica di addizione.

sommatòria [da *sommare*] s. f. ● Simbolo (Σ, solitamente munito di indici: Σ_i, Σ_{ik}, ...) indicante che, nell'espressione che segue, bisogna dare all'indice, o agli indici, tutti i valori compresi fra i limiti assegnati, e quindi sommare tutte le espressioni ottenute.

sommatòrio agg. ● Della sommatoria: *procedimento s.*

sommazióne [ingl. *summation*, propriamente 'addizione, somma', dal fr. *sommation* (da *sommer* 'sommare')] s. f. *1* (*fisiol.*) In neurofisiologia, il processo con cui più stimoli, incapaci singolarmente di scatenare un impulso nervoso, riescono a farlo quando raggiungono simultaneamente o in rapida successione un neurone. *2* (*farm.*) Somma. *3* (*mat.*) Somma di più quantità, indicata con Σ.

sommelier /*fr.* sɔmə'lje/ [vc. fr., propriamente 'conduttore di bestie da soma'; dal lat. *sagmārius*, poi, man mano, 'addetto ai viveri' e, quindi, 'domestico incaricato della tavola'] s. m. inv. ● Nei ristoranti di lusso, esperto addetto al servizio dei vini e alla custodia della cantina.

sommèrgere [dal lat. *submĕrgere* 'sommergere', comp. di *sŭb* 'sotto' e *mĕrgere* 'immergere', di origine indeur.] v. tr. (pres. *io sommèrgo*, *tu sommèrgi*; pass. rem. *io sommèrsi*, *tu sommergésti*; part. pass. *sommèrso*) *1* Coprire interamente, detto di acqua che dilaga, straripa, e sim.: *l'acqua della diga sommerse l'intera vallata* | Affondare, mandare a fondo: *alte onde sommersero l'imbarcazione* | (*fig.*) Rovinare: *fu sommerso dai debiti* | (*fig.*) Ricoprire: *s. qc. di doni*. *2* (*fig.*) Estinguere, far scomparire, far dimenticare: *il tempo sommerge ogni ricordo*.

sommergìbile **A** agg. ● Che si può sommergere. **B** s. m. ● Battello atto a navigare in superficie e in immersione grazie alla possibilità di variare il dislocamento riempiendo d'acqua o svuotando con aria compressa appositi compartimenti dello scafo.

sommergibilìsta s. m. (pl. *-i*) ● Marinaio di un sommergibile.

sommergiménto s. m. ● (*raro*) Atto del sommergere.

†**sommergitùra** [da *sommergere*] s. f. ● (*lett.*) Sommersione.

†**sommersàre** [dal lat. tardo *submersāre* 'sommergere', da *submĕrsus* 'sommerso'] v. tr. ● (*lett.*) Sommergere.

sommersióne [vc. dotta, dal lat. tardo *submersiōne(m)* 'sommersione', da *submĕrsus* 'sommerso'] s. f. ● (*raro*) Atto, effetto del sommergere.

sommèrso **A** part. pass. di *sommergere*; anche agg. *1* Nei sign. del v. *2* (*fig.*) Detto di attività economica che sfugge a ogni controllo fiscale e previdenziale o statistico: *economia sommersa*; *lavoro s.* **B** s. m. ● Economia sommersa.

†**sommessévole** [da *sommesso* (*1*)] agg. ● (*raro*) Umile, sottomesso.

†**sommessióne** ● V. *sommissione*.

†**sommessìvo** [da *sommesso* (*1*)] agg. ● (*raro*) Che ha sommissione.

somméssо (**1**) [dal lat. *submĭssu(m)*, part. pass. di *submĭttere* 'abbassare'] **A** agg. *1* Sottomesso, umile: *atteggiamento s.*; *essere s. a qc.* *2* Basso, contenuto, detto di suono: *voce sommessa*; *pianto s.* || **sommessaménte**, avv. *1* A bassa voce: *lamentarsi sommessamente*. *2* Umilmente. **B** in funzione di avv. ● (*lett.*) Piano, sottovoce.

†**somméssо** (**2**) [vc. ant. e region. prob. deriv. dal lat. *semĭsse(m)* 'mezzo asse, mezza misura', comp. di *sēmi-* 'semi-' e *ās*, genit. *ăssis* 'asse'] s. m. ● (*dial.*) Lunghezza del pugno col dito pollice alzato: *una ... che non era alta un s.* (BOCCACCIO).

†**sommèttere** [dal lat. *submĭttere* 'abbassare', comp. di *sŭb* 'sotto' e *mĭttere* 'mandare'] v. tr. (coniug. come *mettere*) ● Sottomettere.

sommier /*fr.* sɔ'mje/ [vc. fr., abbr. di *sommier de lit* 'saccone, rete da letto', originariamente 'bestia da soma', poi 'trave' e 'materasso, rete da letto': lat. tardo *sagmāriu(m)* 'somaro', *sāgma* 'soma'] s. m. inv. ● Divano letto.

somministraménto s. m. ● (*raro*) Somministrazione.

somministrànte A part. pres. di *somministrare*; anche agg. ● Nei sign. del v. **B** s. m. e f. ● Nel contratto di somministrazione, chi è obbligato alla fornitura continuativa o periodica di cose.

somministràre [dal lat. *subministrāre* 'somministrare', comp. di *sŭb* 'sotto' e *ministrāre* 'porgere' (V. *ministrare*)] v. tr. *1* Dare, fornire, eseguendo un compito, svolgendo una mansione, e sim.: *s. viveri ai poveri, medicine ai malati; il sacerdote somministra i Sacramenti* | (*gener.*) Dare, produrre: *erbe e ... frutta che la terra e gli arbori somministravano ... spontaneamente* (LEOPARDI). *2* Fornire periodicamente o continuativamente prestazioni di cose, dietro corrispettivo di un prezzo. *3* (*scherz.*) Affibbiare, appioppare: *s. schiaffoni.*

somministrativo agg. ● (*raro*) Che serve a somministrare.

somministràto A part. pass. di *somministrare*; anche agg. ● Nei sign. del v. **B** s. m. ● (*dir.*) Avente diritto alla somministrazione.

somministratóre [dal lat. *subministratōre(m)*, da *subministrātus* 'somministrato'] s. m.; anche agg. (f. *-trice*) ● Chi, che somministra.

somministrazióne [vc. dotta, dal lat. tardo (ecclesiastico) *subministratiōne(m)* 'somministrazione', da *subministrātus* 'somministrato'] s. f. *1* Atto del somministrare | Cosa somministrata: *una s. di medicine.* *2* (*dir.*) *Contratto di s.*, con cui una parte si obbliga, dietro corrispettivo di un prezzo, a fornire prestazioni continuative o periodiche di cose. SIN. Contratto di fornitura.

sommissióne o †**sommessióne**, (*raro*) †**summessióne** [vc. dotta, dal lat. *submissiōne(m)* 'abbassamento', da *submīssus* 'sommesso'] s. f. *1* Atteggiamento umile e dimesso, conscio dell'altrui superiorità: *avere s. per qc.*; *essere pieno di s.*; *parlare con s.* *2* (*raro, lett.*) Sottomissione ad altri, spec. in senso politico.

sommista o **summista** [da *somma*] s. m. (pl. *-i*) ● (*lett.*) Autore di somme, di esposizioni scolastiche medioevali di materia teologica o giuridica.

sommità o †**sommitàde**, †**sommitàte** [dal lat. tardo *summitāte(m)* 'cima', da *sŭmmus* 'sommo'] s. f. *1* Parte più alta, cima, vertice: *la s. della collina; sulla s. del monte.* SIN. Vetta. *2* (*fig.*) Eccellenza, sommo grado: *la s. del sapere; toccare la s.* | *Conferenza, incontro alla s.*, (*raro*) summit, vertice.

sommitàle agg. ● (*raro*) Che si trova sulla sommità | Che forma la sommità: *la parte s. del monte.*

†**sommitàte** ● V. *sommità.*

sómmo o †**sùmmo** [lat. *sŭmmu(m)* 'il più alto', da *sŭb*, che indica movimento dal basso in alto] **A** agg. *1* Che è il più alto di tutti: *salia dell'Athos nella somma vetta* (FOSCOLO). *2* (*fig.*) Che è superiore a ogni altro, spec. in una gerarchia, una valutazione, e sim.: *il s. grado raggiungibile; il s. Sacerdote* | *Il s. Pontefice*, il papa | *L'Essere s.*, Dio | *In s. grado*, al massimo | Massimo: *il s. bene; ho per lui s. rispetto; tributare sommi onori* | Eccellente, insigne: *un s. maestro, poeta* | *Il s. poeta*, (*per anton.*) Dante. *3* Nella loc. *per sommi capi*, limitandosi ai punti più rilevanti. ‖ **sommaménte**, avv. *1* Grandemente, soprattutto: *amare sommamente la pace, l'onestà.* *2* †Sommariamente. **B** s. m. ● Sommità, colmo, apice (*anche fig.*): *riempire q.c. fino al s.*; *il s. del cielo; raggiungere il s. del successo* | *A s., al s. di,* (*lett.*) *a s. il, in s. a*, in cima, sulla sommità | †*In s.*, in sommo grado, moltissimo.

†**sómmolo** [da *sommo*] s. m. ● Estremità, punta: *tagliò li sommoli dell'alie* (SACCHETTI).

sommómmolo o **sommómolo** [comp. di *so-* e *mommolo*, di origine onomat.] s. m. *1* (*tosc.*) Frittellina di riso. *2* (*region.*) Forte pugno sferrato al mento dal basso in alto.

†**sommormoràre** [lat. tardo *submurmurāre*, comp. di *sŭb* 'sotto' e *murmurāre* 'mormorare'] v. intr. ● Mormorare leggermente.

sommoscàpo [comp. di *sommo* e *scapo*] s. m. ● (*arch.*) Parte superiore della colonna, sotto il capitello.

†**sommosciàre** [da *ammosciare*, con cambio di pref. (*so-*)] v. intr. ● Ammosciare, appassire.

†**sommóscio** [comp. di *so-* e *moscio*] agg. ● Alquanto moscio.

sommòssa [f. sost. di *sommosso*] s. f. *1* Sedizione, sollevazione popolare: *fare una s.*; *è scoppiata una s.* SIN. Insurrezione, ribellione, rivolta, tumulto. *2* †Istigazione, nella loc.: *a s. di qc.*

sommòsso part. pass. di *sommuovere*; anche agg. ● Nei sign. del v.

sommòvere ● V. *sommuovere.*

sommoviménto [da *sommuovere*, sul modello di *movimento*] s. m. *1* Atto del sommuovere | Stato di chi è sommosso. *2* Tumulto, sollevazione | (*raro*) †Istigazione.

sommovitóre [da *somm(u)overe*] s. m.; anche agg. (f. *-trice*) ● (*raro*) Chi, che sommuove.

†**sommozióne** [da *sommuovere*, sul modello di *commozione*] s. f. ● (*raro*) Agitazione.

sommozzatóre [dal nap. *sommozzare* 'tuffarsi', dal lat. parl. **subputeāre* 'immergersi' (V. *soppozzare*)] s. m. (f. *-trice* nel sign. 1) *1* Nuotatore subacqueo capace di eseguire, restando immerso anche senza speciale attrezzatura, lavori di una certa durata. *2* (*mil.*) Nuotatore munito di pinne e di respiratore per il nuoto subacqueo, operante nei reparti d'assalto della marina. SIN. Uomo rana | (*mar., mil.*) *S. sminatore*, incaricato di disinnescare e rimuovere un ordigno esplosivo sommerso.

sommuòvere o (*pop., lett.*) **sommòvere** [dal lat. *submovēre* 'allontanare', comp. di *sŭb* 'sotto' e *movēre* 'muovere'] v. tr. (coniug. come *muovere*) *1* (*lett.*) Smuovere con violenza, agitare (*anche fig.*): *l'onda sommovi, e pesca / insidioso nel turbato stagno* (PARINI); *s. gli animi.* *2* (*fig.*) Indurre, istigare, alla rivolta: *s. il popolo contro l'oppressore.*

†**somniàre** ● V. *sognare.*

somnòsi [dal lat. *sŏmnus* 'sonno', col suff. *-osi*] s. f. ● (*psicol.*) Sonnambulismo provocato durante il sonno ipnotico.

son /sɔn/ [da *son(oro)*, come parallelo di *fon* (*2*)] s. m. inv. ● (*fis.*) Unità di misura dell'intensità sonora soggettiva; il valore di 1 son corrisponde a un livello di intensità sonora soggettiva di 40 phon; successivamente un aumento di 10 phon comporta un raddoppio dei son.

sonàbile o **suonàbile** [vc. dotta, dal lat. *sonābile(m)* 'risonante, sonoro', da *sonāre* 'risuonare'] agg. ● (*raro*) Che si può suonare.

sonacchiàre ● V. *sonicchiare.*

†**sonagliàre** v. intr. ● Suonare i sonagli: *non lo veggendo, cheto usava stare, / per udir se lo sente s.* (L. DE' MEDICI).

sonaglièra [da *sonaglio*] s. f. ● Fascia di cuoio o tela con sonagli pendenti, che si mette al collo di cavalli, muli, asini.

sonàglio [dal provz. *sonalh*, dal lat. parl. **sonāculu(m)*, da *sonāre* 'suonare'] s. m. *1* Globetto cavo di rame, bronzo, o sim., con due fori tondi collegati da una fessura, contenente una pallottolina di ferro che urtando contro le pareti tintinna. *2* (*zool.*) *Serpente a sonagli*, crotalo. *3* †Bolla che si forma in un liquido in ebollizione, agitato, e sim.: *fa già l'acqua qualche s.* (PASCOLI). *4* †Gioco simile alla mosca cieca. ‖ **sonagliaccio**, pegg. | **sonagliétto**, dim. | **sonaglino**, dim. | **sonagliolino**, dim. | **sonagliòlo**, dim.

sonaménto s. m. ● (*raro*) Modo, atto del suonare.

sonànte (1) part. pres. di *suonare*; anche agg. *1* Nei sign. del v. *2* *Moneta s.*, metallica; (*est.*) moneta contante: *pagare, riscuotere, in moneta s.* *3* (*fig.*) Che ha proporzioni clamorose: *vittoria, punteggio, s.*

sonànte (2) [dal ted. *Sonant* (fr. *sonante*), estratto da *Konsonant* 'consonante'] agg. solo f.; anche s. f. ● (*ling.*) Detto di consonanti la cui articolazione presenta il più debole grado di ostacolo, come nasali, liquide, semivocali.

sònar [vc. ingl., abbr. di *so(und) n(avigation) a(nd) r(anging)*, propriamente 'navigazione e misurazione per mezzo del suono'] s. m. inv. ● Ecogoniometro.

sonàre ● V. *suonare.*

sonàta o **suonàta** nei sign. 1, 3 e 4. s. f. *1* Atto, effetto del sonare. *2* (*mus.*) Composizione strumentale per due violini e basso continuo, per clavicembalo, per uno strumento solista e clavicembalo o pianoforte, classicamente distinta in quattro movimenti: *s. a tre; le 32 sonate per pianoforte di Beethoven* | Forma di un pezzo strumentale che espone, sviluppa e infine riprende due temi, spec. usato in epoca classico-romantica per i primi movimenti di sinfonie, concerti, quartetti, sonate: *allegro di s., la forma s. nella scuola di Vienna.* *3* (*fam.*) Spesa forte, conto salato: *vedrete che s. in quel negozio!* *4* (*fam.*) Imbroglio: *prendersi una s.* | (*fam.*) Bastonatura: *dare una s., una bella s., a qc.* ‖ **sonatina**, dim. (V.).

sonatina s. f. *1* Dim. di *sonata*. *2* (*mus.*) Pezzo strumentale solitamente più breve, facile o leggero della sonata.

sonatismo [da *sonata*] s. m. ● (*raro*) Stile compositivo strettamente legato alla forma sonata.

sonatista [da *sonata*] s. m. e f. (pl. m. *-i*) ● (*mus.*) Autore di sonate e di musiche in forma sonata.

sonatistico [da *s(u)onare*] agg. (pl. m. *-ci*) ● Di, relativo a sonata nel sign. 2.

sonàto ● V. *suonato.*

sonatóre ● V. *suonatore.*

sonatùra s. f. ● (*raro*) Atto del suonare.

†**sonazióne** s. f. ● Atto del suonare.

sónda [dal fr. *sonde*, abbr. dell'anglosassone *sundgyrd*, comp. di *sund* 'braccio di mare' e *gyrd* 'pertica'] **A** s. f. *1* Macchina per la perforazione profonda del suolo ed eventualmente il prelievo di campioni delle rocce attraversate: *s. petrolifera* | *S. a rotazione, a percussione*, a seconda del tipo di movimento dell'utensile perforante | (*ing.*) Tubo d'acciaio con bordo inferiore tagliente usato per eseguire pali trivellati di fondazione. *2* (*fis., tecnol.*) Dispositivo atto a effettuare rilevazioni e misurazioni che gli strumenti ordinari potrebbero perturbare o in posizioni o luoghi a essi inaccessibili o difficilmente accessibili | Elemento sensibile di dispositivo o strumento di misurazione | *S. acustica*, dispositivo destinato a misurare la pressione sonora, costituito da un tubicino aperto a un'estremità, quella di misurazione, e collegato a un trasduttore quale un microfono all'altra estremità. *3* (*aer.*) *S. spaziale*, veicolo spaziale lanciato mediante razzi vettori e contenente apparecchiature atte a effettuare rilevamenti, misurazioni e fotografie nello spazio extraterrestre, spec. in prossimità di pianeti e satelliti del sistema solare, e a trasmettere alla Terra le informazioni raccolte: *s. lunare, s. solare* | *S. atmosferica*, razzo o pallone contenente apparecchiature per ricerche negli strati alti dell'atmosfera | *S. meteorologica*, apparecchio o dispositivo per misurazioni meteorologiche in alta quota. *4* (*med.*) Strumento tubolare cavo o pieno, per dilatare un organo o per esplorarlo, o per aspirarne il contenuto o introdurre liquidi: *s. gastrica, s. uretrale.* ➡ ILL. **medicina e chirurgia**. *5* (*med.*) Spec. in odontoiatria, specillo. **B** in funzione di agg. ● (posposto al s.) Spec. nella loc. *pallone s.*, piccolo aerostato munito di strumenti per registrare la pressione, la temperatura e sim. delle regioni aeree attraversate. ‖ **sondino**, dim. m.

sondàbile agg. ● Che si può sondare.

sondàggio [dal fr. *sondage*, da *sonde* 'sonda'] s. m. *1* Atto, effetto del sondare, dell'esaminare mediante sonda: *il s. del sottosuolo; s. gastrico; s. atmosferico.* *2* (*fig.*) Indagine, inchiesta, compiuta per conoscere q.c., saggiare eventuali reazioni e sim.: *fare, effettuare, compiere, un s.*; *s. d'opinioni.* *3* (*stat.*) Procedimento di raccolta di dati individuali per campione.

sondàre [dal fr. *sonder*, da *sonde* 'sonda'] v. tr. (*io sóndo*) *1* Esaminare con la sonda: *s. il fondo del mare.* *2* (*fig.*) Saggiare, cercare di conoscere, di sapere: *s. le intenzioni di qc.*; *s. il terreno*; *s. gli umori di qc.*

sondatóre [da *sondare*] s. m. ● Tecnico addetto al funzionamento e alla manovra di una sonda.

sondatùra [da *sondare*] s. f. ● (*raro*) Sondaggio.

sondrièse A agg. ● Di Sondrio. **B** s. m. e f. ● Abitante, nativo di Sondrio.

†**sonecchiàre** ● V. *sonicchiare.*

sonerìa ● V. *suoneria.*

†**sonettàre** v. intr. ● Comporre sonetti.

†**sonettatóre** s. m. (f. *-trice*) ● Sonettista.

sonettéssa [da *sonetto*] s. f. *1* Sonetto caudato. *2* †Sonetto privo di valore.

†**sonettière** s. m. (f. *-a*) ● Sonettista (*spec. spreg.*).

sonettìsta s. m. e f. (pl. m. *-i*) ● Compositore di sonetti.

sonétto [dal provz. *sonet*, dim. di *son* 'melodia, poema'] s. m. ● Composizione lirica formata di quattordici endecasillabi, variamente rimati, di cui i primi otto formano due periodi di quattro ciascuno, o quartine, e gli altri sei formano due periodi di tre ciascuno, o terzine | *S. caudato, con la coda*, che ha un verso in più, ovvero tre, di cui il primo settenario. || **sonettàccio**, pegg. | **sonettèllo**, dim. | **sonettellùccio**, dim. | **sonetterèllo**, dim. | **sonettìno**, dim. | **sonettóne**, accr. | **sonettucciàccio**, pegg. | **sonettùccio**, **sonettùzzo**, dim.

†**sonévole** [da *s(u)onare*] agg. ● Risonante.

sonicchiàre o **sonacchiàre**, †**sonecchiàre** [da *s(u)onare*, con suff. dim.] v. tr. e intr. (*io sonìcchio*; aus. *avere*) ● Suonare in modo svogliato o inesperto: *s. una canzone, il pianoforte*; *divertirsi a s.*

sònico [da *suono*, sul modello dell'ingl.-amer. *sonic*] agg. (pl. m. *-ci*) ● Relativo alla velocità del suono: *muro, boato, s.*; *barriera sonica.*

sonìo [da *s(u)onare*] s. m. ● Atto del suonare continuo.

sònito [vc. dotta, dal lat. *sŏnitu(m)* 'rumore, strepito', connesso con *sonāre* 'risuonare'] s. m. ● (*poet.*) Suono, strepito.

†**sonnacchiàre** ● V. *sonnecchiare*.

†**sonnacchióni** [da *sonnacchiare*] avv. ● (*raro*) Sonnecchiando.

sonnacchióso o †**sonnocchióso** [lat. *somniculōsu(m)* 'sonnolento', da *somnĭculus*, dim. di *sŏmnus* 'sonno'] agg. *1* Pieno di sonno, intontito dal sonno: *occhi sonnacchiosi*; *finalmente il cappellano tutto s. venne ad aprire* (NIEVO). *2* (*fig., lett.*) Torpido, ottuso, negligente. *3* †Che induce al sonno: *i sonnacchiosi papaveri con le inclinate teste* (SANNAZARO). || **sonnacchiosaménte**, avv. In modo sonnacchioso.

sonnambòlico [fr. *somnambulique*, da *somnambule* 'sonnambulo'] agg. (pl. m. *-ci*) ● (*raro*) Di, da sonnambulo.

sonnàmbolo e *deriv.* ● V. *sonnambulo* e *deriv.*

sonnàmbula o (*raro*) **sonnàmbola** [f. di *sonnambulo*] s. f. *1* Donna che è affetta da sonnambulismo. *2* (*pop.*) Donna che, facendosi credere in stato ipnotico, predice l'avvenire.

sonnambulìsmo o (*raro*) **sonnambolìsmo** [dal fr. *somnambulisme*, da *somnambule*, con *-isme* '-ismo'] s. m. ● Stato caratteristico di chi, durante il sonno, intraprende azioni più o meno complesse senza svegliarsi.

sonnàmbulo o (*raro*) **sonnàmbolo** [dal fr. *somnambule*, comp. del lat. *sŏmnus* 'sonno' e *ambulāre* 'camminare', sul modello di *funāmbulus* 'funambolo'] agg.; anche s. m. (f. *-a* (V.)) ● Che, chi è affetto da sonnambulismo.

sonnecchiàre o (*tosc.*) †**sonnacchiàre** [lat. parl. **somniculāre*, da *somnĭculus*, dim. di *sŏmnus* 'sonno'] v. intr. (*io sonnécchio*; aus. *avere*) *1* Stare fra la veglia e il sonno, dormire a tratti. *2* (*fig.*) Non impegnarsi a fondo in un lavoro, mostrare minor diligenza del solito.

†**sonneferàre** ● V. †*sonniferare*.

sonnellìno [doppio dim. di *sonno*] s. m. ● Sonno non profondo né lungo: *fare un s.*; (*fam.*) *schiacciare un s.*

†**sonniferaménto** [da †*sonniferare*] s. m. ● (*raro*) Addormentamento.

†**sonniferàre** o †**sonneferàre** [da *sonnifero*] v. intr. ● Sonnecchiare.

sonnìfero [vc. dotta, dal lat. *somnĭferu(m)* 'sonnifero', comp. di *sŏmnus* 'sonno' e *-fĕr* '-fero'] **A** agg. ● (*raro, lett.*) Che provoca il sonno: *oppio s.*; *sostanze sonnifere*. **B** s. m. ● Preparato medicinale che provoca il sonno.

sonnilòquio [comp. di *sonno* e *-loquio* 'parlata', sul modello di *soliloquio*] s. m. ● Discorso pronunciato nel sonno | (*raro, fig.*) Discorso privo di senso.

sonnìloquo [comp. di *sonno* e *-loquo*, dal lat. *-lŏquus* 'che parla', da *lŏqui* 'parlare' (V. *loquace*)] s. m. (f. *-a*) ● Chi parla dormendo.

sónno [lat. *sŏmnu(m)* 'sonno', di origine indeur.] s. m. *1* (*psicol.*) Stato fisiologico di sospensione delle attività psichiche superiori e della iniziativa motoria, soprattutto in rapporto alla vita di relazione: *s. tranquillo, agitato*; *s. ristoratore*; *s. leggero, pesante, duro*; *s. del giusto, dell'innocenza*; *la durata del s.*; *essere immerso nel s.*; *fare un bel s.*; *dormire di un s. tranquillo*; *avere il s. tranquillo*; *conciliare, facilitare, il s.*; *far passare, levare, togliere, il s.*; *parlare, gridare, nel s.*; *il s. ha similitudine colla morte* (LEONARDO) | *Prendere s.*, addormentarsi | *Riprendere s.*, riaddormentarsi dopo essersi, o essere stato, svegliato | *Essere nel primo s.*, *nel più bello del s.*, nelle prime ore da che ci si è addormentati, quando il sonno è più profondo | *Fare tutto un s.*, dormire dalla sera alla mattina senza risvegli intermedi | *Rubare tempo, ore, al s.*, *perdere il s.*, dormire meno del necessario, vegliare | *Dormire sonni tranquilli*, vivere in tranquillità | *Difendere i propri sonni*, difendere la propria tranquillità | *Terapia, cura del s.*, trattamento usato per la cura di affezioni mentali o connesse a fenomeni mentali, consistente nel provocare al paziente, mediante farmaci, uno stato di sonno quasi ininterrotto per più giorni | *S. lento o NREM*, fase caratterizzata da contenuti mentali simili al pensiero | *S. paradosso o REM*, fase in cui compaiono i sogni | (*fig.*) *L'ultimo s.*, *il s. eterno*, la morte. *2* (*med.*) *Malattia del s.*, tripanosomiasi. *3* Senso di torpore, di inerzia, di pesantezza, che induce al sonno: *avere, non avere, s.*; *essere preso dal s.*; *vincere il s.* | (*iperb.*) *Cadere, cascare, dal s.*, *essere morto di s.*, avere molto sonno | *Far venire s.*, *mettere s.*, (*fig.*) essere causa di grande noia: *certi film fanno venire s.* *4* (*fig.*) Calma, silenzio: *un paese immerso nel s.* *5* (*poet.*) Sogno: *e Iulio a lui dentro al fallace s.* / *parea risponder* (POLIZIANO). *6* (*raro, gerg.*) Sospensione dell'attività di un adepto in una società segreta. || **sonnellìno**, dim. (V.) | **sonnerèllo**, dim. | **sonnétto**, dim.

†**sonnocchióso** ● V. *sonnacchioso*.

sonnolènto o †**sonnolènte** [dal lat. tardo *somnolĕntu(m)* 'sonnolento', da *sŏmnus* 'sonno'] agg. *1* Che è assonnato, pieno di sonno. *2* Che induce al sonno: *pomeriggio s.*

sonnolènza o †**sonnolènzia** [dal lat. tardo *somnolĕntia(m)*, da *somnolĕntus* 'sonnolento'] s. f. *1* Gravezza, torpore, che assale chi sente necessità di dormire: *s. febbrile*; *avere addosso una gran s.*; *essere preso dalla s.*; *la s. del pomeriggio*; *l'aria calda dà s.* *2* (*fig.*) Pigrizia, lentezza, mancanza di vivacità mentale, spirituale e sim.

†**sonnottàre** [comp. di *so-* e *notte*] v. intr. ● (*raro*) Pernottare.

sòno ● V. *suono*.

sòno- [da *s(u)ono*] primo elemento ● In parole composte della terminologia tecnica, fa riferimento a fenomeni o effetti sonori: *sonografo, sonogramma.*

sonografìa [comp. di *sono-* e *-grafia*] s. f. ● (*med.*) Ecografia.

sonògrafo [comp. di *sono* e *-grafo*] s. m. ● (*fis.*) Strumento per rappresentare graficamente le caratteristiche di un segnale sonoro.

sonogràmma [comp. di *sono* e *-gramma*] s. m. (pl. *-i*) ● (*fis.*) Grafico delle proprietà di un segnale sonoro.

sonòmetro [comp. di *sono-* e *-metro*] s. m. ● (*fis.*) Strumento per sperimentare le vibrazioni delle corde sonore.

sonorànte [da *sonoro*] agg.; anche s. f. ● (*ling.*) Detto di suoni della voce umana comprendenti articolazioni vocaliche, semivocaliche, liquide e nasali.

sonorìsta [da *sonoro*] s. m. e f. (pl. m. *-i*) ● Tecnico che si occupa della colonna sonora di un film.

sonorità o †**sonoritàde**, †**sonoritàte** [dal lat. tardo *sonoritāte(m)*, da *sonōrus* 'sonoro'] s. f. *1* Qualità di ciò che è sonoro. *2* (*fis.*) Proprietà di un ambiente di riverberare i suoni. *3* (*ling.*) Carattere dei suoni sonori.

sonorizzàre [da *sonoro*] **A** v. tr. *1* (*ling.*) Trasformare un suono sordo nel corrispondente sonoro. *2* (*cine*) Effettuare una sonorizzazione. **B** v. intr. pron. ● (*ling.*) Subire una sonorizzazione.

sonorizzatóre [da *sonorizzare*] s. m. (f. *-trice*) ● Tecnico che cura la sonorizzazione di un film, una trasmissione radiofonica o televisiva.

sonorizzazióne [da *sonorizzare*] s. f. *1* (*ling.*) Passaggio di un suono sordo al corrispondente suono sonoro. *2* (*cine*) Aggiunta della colonna sonora a un film.

sonòro [lat. *sonōru(m)*, da *sŏnor*, genit. *sonōris* 'suono', connesso con *sŏnus* 'suono'] **A** agg. *1* Che dà suono, che risuona: *nel cavo ventre del s. legno* (MARINO) | Che dà risonanza: *volta sonora*. *2* Che ha un suono forte, chiaro: *voce sonora* | (*est.*) Rumoroso: *risa sonore*. *3* (*fig.*) Enfatico, altisonante: *dimmi tu le tue frasi sonore* (VERGA). *4* (*ling.*) Detto di consonante la cui emissione è accompagnata da vibrazioni laringee. CONTR. Sordo. *5* *Cinema s.*, che fa uso della colonna sonora. CONTR. Muto. || **sonoraménte**, avv. In modo sonoro, con sonorità. **B** s. m. *1* Cinema sonoro: *l'avvento del s.* *2* Parte sonora di una ripresa cinematografica, spec. se eseguita in registrazione diretta.

†**sonoróso** agg. ● (*raro*) Sonoro.

sontuàrio ● V. *suntuario*.

sontuosità o **suntuosità** [vc. dotta, dal lat. tardo *sumptuōsitāte(m)*, da *sumptuōsus* 'sontuoso'] s. f. ● Qualità di ciò che è sontuoso.

sontuóso o **suntuóso** [vc. dotta, dal lat. *sumptuōsu(m)*, da *sŭmptus* 'spesa' (V. *suntuario*)] agg. ● Pieno di lusso, fasto, sfarzo: *ricevimento s.* || **sontuosaménte**, avv. In modo sontuoso, con sontuosità.

soperchiànte ● V. *soverchiante*.

soperchiàre ● V. *soverchiare*.

soperchiatóre o **soverchiatóre**. s. m.; anche agg. (f. *-trice*) ● Chi, che soverchia: *uomo terribile, s. e abisso d'ogni malizia* (PIRANDELLO).

soperchierìa o **soverchierìa** [da *soverchiare*] s. f. ● Sopraffazione, prepotenza, atto arrogante.

†**soperchiévole** ● V. †*soverchievole*.

†**sopèrchio** ● V. *soverchio*.

sopiménto s. m. ● Atto, effetto del sopire (*spec. fig.*).

sopìre [dal lat. *sopīre* 'assopire', dalla radice indeur. **swep-* di *sŏpor* e *sŏmnus* (V. *sopore* e *sonno*)] v. tr. (*io sopìsco, tu sopìsci*) *1* (*raro, lett.*) Addormentare, assopire. *2* (*fig.*) Acquietare, calmare, lenire (*anche ass.*): *sopìan gli affanni e raddolcìano i cori* (TASSO).

sopìto part. pass. di *sopire*; anche agg. ● Nei sign. del v.

sopitóre s. m.; anche agg. (f. *-trice*) ● (*lett.*) Chi, che sopisce.

†**soporàre** [dal lat. *soporāre* 'sopire', da *sŏpor*, genit. *sopōris* 'sopore'] v. tr. ● Addormentare.

sopóre [vc. dotta, dal lat. *sopōre(m)*, dalla stessa radice di *sŏmnus* 'sonno'] s. m. ● Stato di rilassamento fisico e psichico simile al sonno, da cui differisce per la non completa sospensione della coscienza: *essere immerso nel s.*; *placido, leggero, s.*

soporìfero [vc. dotta, dal lat. *soporĭferu(m)*, comp. di *sŏpor*, genit. *sopōris* 'sopore', e *-fĕr* '-fero'] agg. *1* Che dà sopore, sonno: *preparato s.*; *sostanza soporifera*. SIN. Soporoso. *2* (*fig., scherz.*) Noioso, che fa venire sonno: *film s.*

soporóso [da *sopore*] agg. ● (*lett.*) Soporifero.

soppalcàre v. tr. (*io soppàlco, tu soppàlchi*) ● (*raro*) Munire, dotare di un soppalco: *s. un soggiorno.*

soppàlco [comp. di *so-* e *palco*] s. m. (pl. *-chi*) *1* Palco o soffitto morto, soffittatura. *2* Locale accessorio ricavato suddividendo orizzontalmente ambienti di una certa altezza | Specie di armadio a palco ricavato nella parte alta di un locale.

soppannàre [da *soppanno*] v. tr. ● Mettere il soppanno, foderare.

soppànno [comp. di *so-* e *panno*] **A** s. m. ● Tipo di fodera pesante per mantelli o per interno di scarpe. **B** avv. ● †Sotto i panni: *avendosi tutte le carni dipinte s. di lividori* (BOCCACCIO).

soppàsso [comp. di *so-* e *passo* (2)] agg. ● (*dial.*) Quasi appassito: *uva soppassa* | Quasi asciutto, quasi secco: *muro s.*; *calcina soppassa.*

soppedàneo ● V. *suppedaneo*.

†**soppediàno** o †**soppidiàno** [lat. tardo (eccl.) *suppedāneu(m)* 'da tenere ai piedi'] s. m. ● Cassone per capi di vestiario, e oggetti di valore, posto ai piedi del letto | Cassone della farina | (*tosc.*) Ripostiglio delle castagne secche | Cassa

da morto | Cassa per conservare valori e documenti pubblici e privati.

†**soppellire** • V. *seppellire*.

soppélo [comp. di *so-* e *pelo*] s. m. • Taglio di carne bovina costituito dalla punta attaccata alla spalla.

sopperire [da *supplire*, attraverso **sopprire*, con anaptissi] v. intr. (*io sopperisco, tu sopperisci*; aus. *avere*) • Far fronte, provvedere: *s. a un bisogno, a una spesa*.

soppesàre [comp. di *so-* e *pesare*] v. tr. (*io soppéso*) *1* Giudicare il peso di un oggetto alzando e abbassando ripetutamente la mano su cui lo si tiene. *2* (*fig.*) Esaminare con cura, prendere in attenta considerazione: *s. i vantaggi e gli svantaggi, i pro e i contro*.

soppéso [comp. di *so-* e *peso*] vc. • (*tosc.*) Solo nella loc. avv. *di s.*, alzando da terra e sostenendo dal basso: *prendere q.c. di s.*

soppestàre [comp. di *so-* e *pestare*] v. tr. (*io soppésto*) • (*raro, tosc.*) Pestare un po'.

†**soppiàno** [comp. di *so-* e *piano*] avv. • (*raro*) Sottovoce, anche nella loc. avv. *di s.*

soppiantaménto s. m. • (*raro*) Atto del soppiantare.

soppiantàre o (*raro*) †**supplantàre** [lat. *supplantāre* 'sgambettare', comp. di *sŭb* 'sotto' e *plănta* 'pianta del piede'] v. tr. *1* †Mettere sotto i piedi. *2* (*fig.*) †Disprezzare | Ingannare. *3* Subentrare a qc. in una data posizione, talvolta con metodi non corretti: *s. i colleghi nella simpatia del direttore* | Prendere il posto, sostituire: *l'aereo ha soppiantato il treno*.

†**soppiattàre** [da *soppiatto*] v. tr. • Nascondere, rimpiattare.

soppiatterìa s. f. • (*raro*) Soppiattoneria.

soppiàtto [comp. di *so-* e *piatto* 'nascosto'] agg. *1* (*raro*) †Nascosto, celato. *2* Nella loc. avv. *di s.*, di nascosto, badando a non farsi scorgere: *agire di s.*; *entrare, guardare*, e sim. *di s.*

soppiattóne [da *soppiatto*] **A** s. m. (f. *-a*) • (*raro*) Persona finta, doppia, che fa le cose di nascosto. || **soppiattonàccio**, pegg. **B** in funzione di avv. • (*raro*) †Di soppiatto.

soppiattonerìa [da *soppiattone*] s. f. • (*raro*) Qualità di soppiattone | Atto da soppiattone.

†**soppidiàno** • V. †*soppediano*.

†**soppórre** [dal lat. *suppōnere* 'metter sotto', comp. di *sŭb* 'sotto' e *pōnere* 'porre' (V. *supporre*)] v. tr. • (*lett.*) Sottoporre: *essi / sopporran volontari a te se stessi* (TASSO).

sopportàbile agg. • Che si può sopportare (*spec. fig.*). CONTR. Insopportabile. || **sopportabilménte**, avv. In modo sopportabile.

sopportabilità s. f. • Qualità di ciò che è sopportabile.

†**sopportaménto** s. m. • Sopportazione.

sopportànte **A** part. pres. di *sopportare*; anche agg. • Nei sign. del v. **B** s. m. e f. • (*tosc.*) †Contribuente.

sopportàre o (*raro*) †**supportàre** [lat. tardo *supportāre* 'sostenere', comp. di *sŭb* 'sotto' e *portāre*] v. tr. (*io soppòrto*) *1* Reggere, sostenere su di sé: *il pavimento non sopporta carichi pesanti*. *2* (*fig.*) Subire, sostenere un disagio, un onere, e sim.: *s. una perdita, una spesa*. *3* (*fig.*) Soffrire, patire: *s. miserie, dolori*; *la poveretta sopporta continui sacrifici*. *4* (*fig.*) Resistere a situazioni più o meno disagevoli senza risentirne: *s. il freddo, il caldo*; *quando dormo non sopporto la luce*; *gli agrumi non sopportano il freddo intenso* | Tollerare, accettare, senza reagire: *non sopporto le persone maleducate*; *sopporto tutto ma non questo*. *5* (*est., fig., lett.*) Concedere, permettere: *parlerò in quel modo ... che la materia per sé medesima sopporta* (MACHIAVELLI).

sopportàto part. pass. di *sopportare*; anche agg. • Nei sign. del v.

sopportatóre s. m. (f. *-trice*) • (*raro*) Chi sopporta.

sopportazióne [vc. dotta, dal lat. tardo *supportatiōne(m)*, da *supportātus* 'sopportato'] s. f. *1* Atto del sopportare. *2* Pazienza, tolleranza: *possedere una grande s.*; *spirito, capacità, di s.*; *la nostra s. ha un limite*; *hai raggiunto il limite della s.* *3* Atteggiamento di degnazione, di malcelata sufficienza: *trattare qc. con un'aria di s.* *4* †Permesso, licenza, nelle loc. *con s.*, *con s. di qc.*, *con vostra s.*

†**sopportévole** [da *sopportare*] agg. • Sopportabile. || †**sopportevolménte**, avv.

soppòrto (1) • V. *supporto*.

†**soppòrto (2)** [da *sopportare*] s. m. • (*raro*) Sopportazione.

†**soppottière** [di etim. incerta] s. m. (f. *-a*) • (*raro*) Persona presuntuosa, petulante.

†**soppozzàre** [lat. parl. **subputeāre* 'sommergere', comp. di *sŭb* 'sotto' e di un deriv. di *pŭteus* 'pozzo' (V. *sommozzatore*)] **A** v. tr. • (*raro*) Affogare, sommergere. **B** v. intr. pron. • (*raro*) Tuffarsi.

†**sopprèndere** • V. *sorprendere*.

sopprèssa [da *soppressare*] s. f. *1* †Pressa, torchio, macchina di compressione. *2* Salame di puro suino con spiccato gusto di aglio, tipico del basso e medio Veneto.

soppressàre [comp. di *so-* e *pressare*] v. tr. (*io sopprèsso*) *1* Stringere sotto la soppressa, pressare forte. *2* (*fig.*) †Opprimere, sopraffare.

soppressàta o (*tosc.*) **soprassàta**, **sopressàta** [di etim. discussa: dal provz. moderno *saupressado* '(carne) pressata col sale' (?)] s. f. • (*merid.*) Salume di carne di maiale macinata o tritata con pezzetti di lardo, condita con sale e pepe e ben calcata | (*tosc., sett.*) Salume fatto con carne, grasso, cartilagini e cotiche ricavate dalla testa del maiale, bollite, tritate, salate e insaccate.

†**soppressatùra** s. f. • Atto, effetto del soppressare.

soppressióne [vc. dotta, dal lat. *suppressiōne(m)* 'sottrazione', da *supprĕssus* 'soppresso'] s. f. *1* Atto, effetto del sopprimere o dell'essere soppresso | *S. di stato*, delitto di chi occulta un neonato, così da eliminarne lo stato civile. *2* Uccisione violenta.

soppressìvo [da *soppresso*] agg. • Che sopprime, che serve a sopprimere: *legge soppressiva*.

sopprèsso part. pass. di *sopprimere*; anche agg. • Nei sign. del v.

soppressóre [da *soppresso*] s. m. *1* (*raro*) Chi sopprime. *2* (*tel.*) Dispositivo che sopprime l'eco telefonico: *s. d'eco*.

soppprìmere [vc. dotta, dal lat. *supprĭmere* 'trattenere, impedire', comp. di *sŭb* 'sotto' e *prĕmere*] v. tr. (pass. rem. *io sopprèssi, tu sopprimésti*; part. pass. *sopprèsso*) *1* Abolire, annullare: *s. una disposizione, una legge* | Eliminare: *s. un giornale*; *s. tutte le copie di un libro*. *2* Uccidere, togliere di mezzo: *s. un prigioniero, un testimone pericoloso*. *3* (*raro*) †Calcare, calpestare. *4* †Reprimere, soffocare.

soppùnto [comp. di *so-* e *punto*] s. m. • Punto leggero e rado per cui non si trapassa tutto lo spessore del tessuto in modo che dal lato esterno il punto stesso rimanga invisibile.

sopr- • V. *sopra-*.

sópra /'sopra*, 'sopra *nel sign. A*; solo 'sopra *nei sign. B, C, D*/ o (*lett.*) **sóvra** [lat. *sŭpra*, avv. di origine indeur.] **A** prep. (*raro, lett.*) Si può elidere davanti a parola che comincia per vocale: *sopr'ogni altra considerazione*. *1* Indica una posizione più elevata rispetto a q.c. che, posta inferiormente e a contatto con questa, ne costituisce il sostegno o l'appoggio (con v. di stato o di moto regge il compl. di stato in luogo o di moto a luogo, anche fig.): *metti un coperchio s. la pentola*; *non appoggiare il ferro s. il mobile*; *posa pure tutto s. il tavolo*; *sedetevi s. quegli sgabelli*; *il monastero poggia s. un roccione*; *porterai il peso più facilmente caricandotelo s. le spalle o s. la testa*; *è inutile scrivere s. la sabbia*; *segnati l'indirizzo e il numero telefonico s. il taccuino*; *appoggia pure la mano s. il mio braccio*; *la facciata poggia s. due colonne*; *fondo i miei sospetti s. buone ragioni e valide supposizioni*; *tu ti fondi s. semplici congetture* | Con riferimento a q.c. che ne avvolge, ricopre o riveste un'altra: *indossa una maglia s. quell'abito*; *s. la pelle porta solo la camicia*; *mettiti il cappotto s. le spalle*; *stendete una coperta s. il letto* | *S. la terra*, nel mondo | *Essere, andare s. coperta, s. tolda*, sul ponte di una nave, di un'imbarcazione | Anche nella loc. prep. *al di s. di*: *noi stiamo al di s. della media*; *sono al di s. di ogni sospetto*; *vivono al di s. delle loro possibilità*. CONTR. Sotto. *2* Indica il disporsi o l'accumularsi di cose in posizioni gradatamente più alte e (*fig.*) il succedersi di q.c. a ritmo incalzante: *abito un appartamento s. il negozio*; *ho conosciuto gli inquilini che stanno s. di noi*; *si costruì la casa mattone s. mattone*; *il terremoto non ha lasciato pietra s. pietra*; *restituirò i denari uno s. l'altro*; *riporta vittoria s. vittoria*; *provano dolore s. dolore*; *mi rivolge domande s. domande*; *fate spropositi s. spropositi*; *raccontano bugie s. bugie*; *accumula debiti s. debiti* | *Mettere una pietra s. q.c.*, (*fig.*) cercare di dimenticarsene. *3* Indica luogo più alto o posizione superiore, incombente o dominante rispetto a q.c. (con v. di stato o di moto, regge i compl. di stato in luogo o di moto a luogo, anche fig.): *è stato costruito un nuovo ponte s. il fiume*; *il lampadario deve pendere s. il tavolo*; *l'aeroplano vola s. le nubi*; *gli stava s. con la spada sguainata*; *una grave minaccia pende s. il suo capo*; *una maledizione grava s. di loro* | (*fig.*) Indica superiorità, protezione, dominio e sim.: *governare s. un popolo*; *vigilare s. i lavori*; *Minerva sta s. le arti e le battaglie*; *avere un grande vantaggio s. il nemico*; *comandare s. una città* | Indica vicinanza immediata a q.c. in una posizione però dominante: *l'albergo è proprio s. il mare*; *si costruisce una villa s. la città*; *si trova s. Sorrento*; *abitano una casa s. il fiume* | †*S. sera*, verso sera. *4* Addosso (con v. di moto, indica q.c. o qc. che cade o cala dall'alto e regge il compl. di moto a luogo, anche fig.): *la pioggia scende s. i campi*; *la maledizione è scesa s. il nostro capo*; *l'aquila volò lenta s. gli agnelli*; *la sera calava s. i borghi e le vallate*; *le nostre colpe ricadono s. i nostri figli* | (*est.*) Contro: *gli si gettarono s. in quattro*; *si è buttato s. il nemico con coraggio*; *mi si è scagliato s. per immobilizzarmi* | *S. stomaco*, contro voglia | *Dare s. a qc.*, dargli addosso, dargli torto | *Stare s. qc.*, stargli addosso, insistere presso qc. per ottenere q.c. *5* Dopo (regge il compl. di tempo determinato): *bevi un po' di vino s. la pastasciutta*; *prendi dello zucchero s. la medicina*. *6* Oltre, più in su di: *cento metri s. il livello del mare*; *porta le gonne s. il ginocchio*; *è già s. i sessant'anni*; *votano solo le persone s. i diciotto anni*; *sono cinque gradi centigradi s. lo zero* | Al di là da, più a Nord di: *s. l'equatore*; *s. il 30° parallelo*; *dieci kilometri s. Bologna* | Superiore a, più di: *i bambini s. il metro pagano il biglietto*; *si dovrà spendere s. i dieci milioni*; *peserà s. il quintale* | *Essere s. pensiero*, essere distratto | *Averne fin s. i capelli*, (*fig.*) essere nauseato o stufo di qc. o q.c. *7* Intorno a, riguardo a (regge il compl. di argomento o, più genericamente, indica interessamento per q.c. o qc.): *una conferenza s. la riforma monetaria*; *considerazioni s. la situazione politica*; *voglio un parere s. quanto hai sentito*; *piangere s. la morte di un amico*; *fare assegnamento s. qc. o q.c.*; *accampare i propri diritti s. un terreno* | *Tornare s. una decisione*, rimetterla in discussione o annullarla | *Avere delle idee s. qc. o q.c.*, avere delle mire, farci assegnamento | *Giocare, puntare s. un numero, una carta, un cavallo* e sim., puntare su quel numero, carta, cavallo e sim., una somma di denaro o altro bene | *Prestito s. pegno*, garantito da un pegno | *Giurare s. il proprio capo, s. qc. o q.c.*, giurare per, in nome del proprio capo, di qc. o q.c.: *lo giuro s. il Vangelo*. *8* Più di, più che (indica preminenza o preferenza): *mi interessa s. ogni altra cosa*; *è meritevole s. tutti gli altri*; *si distingue s. tutti gli allievi del corso*; *lo amo s. ogni cosa* | V. anche *soprattutto*. *9* (*raro*) Prima, innanzi di (regge il compl. di tempo determinato): *la notte s. il sabato*. *10* †Durante, sul momento di: *essendo s. rinnovare le leggi* (COMPAGNI) | †*Essere, stare s. q.c.*, essere in procinto o intento a farla | V. anche *soprapposto*. *11* †Conforme a, secondo: *fare q.c. s. modello*; *s. misura*. *12* Anche nella loc. prep. *s. di* (spec. seguito dai pron. pers.) e *s. a*: *guarda s. al tavolo*; *cerca di passare s. a queste sciocchezze*; *non devi prendere s. di te questi impegni*; *abita s. di noi*. **B** avv. *1* In luogo o posizione o parte più elevata rispetto ad altra: *il libro si è un po' rovinato s.*; *sotto è di ferro, ma s. è ricoperto in plastica*; *s. puoi verniciarlo di bianco*; *voglio un dolce con s. uno strato di cioccolata* | *Più s.*, più in alto: *appoggialo più s.* | *Berci s.*, per mandare giù e (*fig.*) per dimenticare q.c. | *Dormirci s.*, (*est., fig.*) rimandare al giorno seguente o a tempo indeterminato una decisione, un problema e sim. | *Non dor-*

mirci s., (*est.*) non perdere tempo | (*iter., ints.*) Alla sommità: *s. s. abita un'altra famiglia* | Con valore raff. preceduto da altro avv. di luogo: *appoggia tutto lì s.*; *cerca qua s.*; *qui s. deve esserci il libro che cerchiamo* | (*est.*) Al piano superiore: *s. sono venuti ad abitare nuovi inquilini*; *la mamma è s. che fa i letti* | Anche nelle loc. avv. *di s.* e (*raro*) *al di s.*: *vado a cercare di s.*; *guarda di s.*; *chi sta di s. fa dispetto a chi sta di sotto*; *le nuvole al di s. passano veloci* | Preceduto da una prep.: *i rumori vengono da s.*; *passate per s.*; *lenzuola con s. il monogramma* | (*raro*) Addosso: *chi porta s. questa reliquia, è immune*. **2** Precedentemente: *con riferimento a quanto detto s.*; *come ho già spiegato s., la questione è spinosa*; *le parole s. citate sono di un'autorevole persona* | *Vedi s., come s.*, nei rinvii. **3** Oltre: *cerca di passar s.* | *Essere s.*, prevalere. **C** in funzione di **agg. inv.** ● Superiore, più alto: *cercalo nel piano s. dello scaffale*; *l'errore è nella riga s.* | Anche nella loc. agg. *di s.*: *la parte di s. è rovinata*; *a tutti altri sapori esto è di s.* (DANTE *Purg.* XXVIII, 133). **D** in funzione di **s. m. inv.** ● La parte superiore, più alta, soprastante: *il s. è bianco*; *lava il s. del tavolo* | Anche nella loc. s. *il di s.*: *il di s. della scrivania è di mogano*.

sópra- o **sóvra-** [lat. *sŭpra*, subentrato al pref. *super-*, che in lat. aveva analoghe funzioni] **pref.** (*sopr-*, o *sovr-* davanti a vocale) **1** Indica che una cosa si trova sopra un'altra, o la copre, la riveste: *sopracciglio, soprascarpe*. **2** Indica aggiunta, supplemento: *soprannome, soprattassa*. **3** Esprime il superamento di un limite (quindi anche eccesso): *soprannumero, sopravvalutare*. **4** Indica superiorità di grado o funzione: *soprintendente* o *sovrintendente*. **5** Esprime trascendenza: *soprannaturale, sovrumano*. **6** Conferisce all'aggettivo valore di superlativo: *sopraffino, sovrappieno*.

†**soprabbèllo** [comp. di *sopra-* e *bello*] **agg.** ● (*raro*) Molto bello.

†**soprabbévere** [comp. di *sopra-* e *bevere* (V. il lat. *superbĭbere*, comp. di *sŭper* 'oltre' e *bĭbere* 'bere')] **v. tr.** ● (*raro*) Bere sopra a q.c.

†**soprabbollìre** [comp. di *sopra-* e *bollire*] **v. intr.** ● Bollire troppo a lungo.

soprabbondàre e *deriv.* ● V. *sovrabbondare* e *deriv.*

soprabbùsto [comp. di *sopra-* e *busto*] **s. m.** ● Copribusto.

sopràbito [comp. di *sopr-* e *abito*] **s. m.** ● Cappotto leggero per la mezza stagione. || **soprabitàccio**, **pegg.** | **soprabitino**, **dim.** | **soprabitóne**, **accr.** | **soprabitùccio**, **dim.**

sopraccàlza [comp. di *sopra-* e *calza*] **s. f.** ● Calzino corto, spec. di lana, infilato sulla calza più lunga.

sopraccamìcia [comp. di *sopra-* e *camicia*] **s. f.** (**pl.** *-cie*) ● (*raro*) Camicia che si porta sopra un'altra.

sopraccàpo [comp. di *sopra-* e *capo*] **s. m.** **1** †Soprintendente, superiore. **2** (*raro*) Pensiero molesto, preoccupazione: *avere dei sopraccapi*.

sopraccaricàre ● V. *sovraccaricare*.

sopraccàrico ● V. *sovraccarico*.

sopraccàrta [comp. di *sopra-* e *carta*] **s. f.** **1** Carta che ne ricopre un'altra. **2** Anticamente, prima dell'uso delle buste, faccia esterna del foglio piegato su cui era scritto l'indirizzo del destinatario | (*est.*) Indirizzo.

†**sopraccàssa** [comp. di *sopra-* e *cassa*] **s. f.** ● Nell'orologio, controcassa.

†**sopraccelèste** o †**sovraccelèste** [vc. dotta, dal lat. tardo *supracaelēste(m)*, comp. di *sŭpra* 'sopra' e *caelēstis* 'celeste'] **agg.** ● Che sta sopra il cielo.

†**sopraccelestiàle** [comp. di *sopra-* e *celestiale*] **agg.** ● Che sta sopra i cieli.

sopraccennàto [comp. di *sopr-* e *accennato*] **agg.** ● Predetto, suddetto.

sopracciélo [comp. di *sopra-* e *cielo*] **s. m.** **1** (*raro*) Soffitto di un ambiente. **2** Specie di baldacchino quadrangolare della grandezza del letto fissato in alto vicino al soffitto | Cielo del baldacchino del letto | Cielo della carrozza.

sopraccigliàre ● V. *sopracciliare*.

sopracciglio [lat. *supercĭliu(m)* 'sopracciglio', comp. di *sŭper* 'sopra' e *cĭlium* 'ciglio', con sovrapposizione di *sopra-*] **s. m.** (**pl.** *sopraccìgli*, **m.**, o *sopracciglia*, **f.**) ● Rilievo arcuato, ricoperto di peli, sul margine superiore della cavità orbitale.

sopracciliàre o **sopraccigliàre**, **sopraciliàre**. **agg.** ● Del sopracciglio: *arcata s.*

sopracciò [comp. di *sopra-* e *ciò*] **s. m. e f.** **1** †Soprintendente, supervisore. **2** (*fig.*) Chi vuole comandare, vuole imporre la propria volontà (*anche fig.*): *fare il s.*; *fare da s.*

sopraccitàto o **sopracitàto** [comp. di *sopra-* e *citato*] **agg.** ● Citato in precedenza.

sopraccóda o **sopracóda** [comp. di *sopra-* e *coda*] **s. f. o m.** (**pl.** *sopraccóde*, **f.**, o *sopraccóda*, **m.**) ● Insieme delle penne copritrici che ricoprono le remiganti della coda degli uccelli.

†**sopraccòllo** [comp. di *sopra-* e *collo* (*2*)] **s. m.** ● Sovraccarico | *Milizie di s.*, imbarcate su navi per essere trasportate.

sopraccolóre [comp. di *sopra-* e *colore*] **s. m.** ● (*raro*) Colore che si sovrappone a un altro della stessa qualità ma di gradazione diversa.

sopraccòmito o **sovraccòmito** [comp. di *sopra-* e *comito*] **s. m.** ● Comandante della galea.

†**sopraccomperàre** [comp. di *sopra-* e *comperare*] **v. tr. e intr.** ● (*raro*) Comperare a un prezzo maggiore del valore.

sopraccopèrta o **sovraccopèrta**, **sovracopèrta**, nei sign. A [comp. di *sopra-* e *coperta*] **A** **s. f.** **1** Coperta che si pone per ornamento sopra il letto. **2** Foglio di carta avvolto intorno a un volume per proteggere la copertina e utilizzato a scopo pubblicitario e di richiamo. **3** (*mar.*) Tutto ciò che sta sul ponte di coperta, in contrapposizione a *sottocoperta*. **B** in funzione di **avv.** ● Nelle costruzioni navali, sul ponte di coperta: *andare, salire, stare s.*

†**sopraccórrere** [dal lat. tardo *supercŭrrere* 'avanzare', comp. di *sŭper* 'sopra' e *cŭrrere* 'correre', con sovrapposizione di *sopra-*] **v. intr.** (coniug. come *correre*; aus. *essere*) **1** (*raro*) Correre sopra. **2** (*raro*) Inondare, detto di fiumi.

sopraccréscere [dal lat. *supercrēscere* 'crescer sopra', comp. di *sŭper* 'sopra' e *crēscere*, con sovrapposizione di *sopra-*] **v. intr.** (coniug. come *crescere*; aus. *essere*) **1** Crescere sempre più. **2** Crescere dalla parte di sopra.

sopraciliàre ● V. *sopracciliare*.

sopracitàto ● V. *sopraccitato*.

sopracóda ● V. *sopraccoda*.

sopraconduttóre [comp. di *sopra-* e *conduttore*] **s. m.** ● (*fis.*) Superconduttore.

sopraconduzióne [comp. di *sopra-* e *conduzione*] **s. f.** ● (*fis.*) Superconduzione.

sopràcqueo [comp. di *sopr-* e *acqueo*] **agg.** ● Che è sopra l'acqua. **CONTR.** Subacqueo.

sopracùto [comp. di *sopr-* e *acuto*] **agg.** ● Acutissimo, il più acuto possibile: *mi s.*

sopraddàzio o **sovraddàzio** [comp. di *sopra-* e *dazio*] **s. m.** ● Diritto supplementare pagato oltre al dazio ordinario.

sopraddétto o **sopradétto**, (*raro*) **sópra détto**, †**sovraddétto** [comp. di *sopra-* e *detto*] **agg.** ● Detto prima, suddetto.

†**sopraddìre** [lat. tardo *superdīcere* 'aggiungere dicendo', comp. di *sŭper* 'sopra' e *dīcere* 'dire', con sovrapposizione di *sopra-*] **v. tr. e intr.** ● (*raro*) Aggiungere q.c. a quanto già detto.

sopraddominànte o **sopradominànte** [comp. di *sopra-* e *dominante*] **s. f.** ● (*mus.*) In armonia, sesto grado della scala maggiore e minore, collocato sopra la dominante che è il quinto.

†**sopraddòta** ● V. *sopraddote*.

sopraddotàle [comp. di *sopra-* e *dotale*] **agg.** ● Di sopraddote.

sopraddotàre [comp. di *sopra-* e *dotare*] **v. tr.** (*io sopraddòto*) ● Dotare di sopraddote.

sopraddòte o †**sopraddòta** [comp. di *sopra-* e *dote*] **s. f.** ● Controdote.

†**sopraddovére** [comp. di *sopra-* e *dovere*] **avv.** ● (*raro*) Oltre il proprio dovere.

sopradétto o **sópra détto** ● V. *sopraddetto*.

sopradominànte ● V. *sopraddominante*.

sopraebollizióne [comp. di *sopra-* ed *ebollizione*] **s. f.** ● Stato di un liquido che non bolle pur avendo superato la sua normale temperatura di ebollizione.

sopraeccèdere e *deriv.* ● V. *sopreccedere* e *deriv.*

†**sopraeccellènte** ● V. †*sopreccellente*.

sopraeccitàre e *deriv.* ● V. *sovreccitare* e *deriv.*

sopraedificàre e *deriv.* ● V. *sopredificare* e *deriv.*

sopraelencàto o **soprelencàto** [comp. di *sopra-* ed *elencato*] **agg.** ● In uno scritto o discorso, elencato in precedenza.

sopraeminènte ● V. †*sovreminente*.

†**sopraeminènza** ● V. †*sovreminenza*.

sopraespósto o **sopraespósto** [comp. di *sopra-* ed *esposto*] **agg.** ● Esposto innanzi, precedentemente.

†**sopraffàccia** o †**soprafàccia** [comp. di *sopra-* e *faccia*] **s. f.** ● Superficie.

†**sopraffaciménto** [comp. di *sopra-* e *facimento*] **s. m.** ● Sopraffazione.

sopraffàre [comp. di *sopra-* e *fare*] **v. tr.** (**pres.** *io sopraffàccio* o *sopraffò*, *tu sopraffài*, *egli sopraffà*; nelle altre forme, coniug. come *fare*) **1** Soverchiare, dominare, usando prepotenza, soprusi: *s. i deboli*; *non credere di sopraffarci con le tue chiacchiere* | Superare, vincere (*anche fig.*): *s. l'avversario in battaglia*; *il rumore della strada sopraffà le nostre voci*; *una dolcezza tale, che tu ne sarai sopraffatto* (LEOPARDI). **2** (*ass.*) †Strafare, fare più di ciò che si dovrebbe. **3** †Sovrastare, dominare, essere a cavaliere: *un aspro monte che sopraffà la Murata* (GUICCIARDINI).

sopraffàscia [comp. di *sopra-* e *fascia*] **s. f.** (**pl.** *-sce*) ● (*raro*) Fascia che ne ricopre un'altra.

sopraffàtto **part. pass.** di *sopraffare*; anche **agg.** ● Nei sign. del v.

sopraffattóre [da *sopraffare*] **s. m.**; anche **agg.** (**f.** *-trice*) ● Chi, che sopraffà.

sopraffattòrio **agg.** ● Che tende a sopraffare: *atto, temperamento s.*

sopraffazióne [da *sopraffatto*] **s. f.** ● Atto, effetto del sopraffare: *patire una s.* **SIN.** Prepotenza, soperchieria, sopruso.

sopraffilàre [da *sopraffilo*] **v. tr.** ● (*raro*) Fare il sopraffilo.

sopraffìlo [comp. di *sopra-* e *filo*] **s. m.** ● Punto lungo e rado usato per orlare il tessuto, dove non c'è cimosa, in modo che non si sfilacci.

sopraffinèstra [comp. di *sopra-* e *finestra*] **s. f.** ● Finestrella posta sopra una porta o la finestra principale, per dare aria e luce all'ambiente.

sopraffìno [comp. di *sopra-* e *fino*] **agg.** ● Molto fino, eccellente: *pranzo s.* | (*fig.*) Raffinato, straordinario: *malizia, astuzia, sopraffina*.

sopraffollàto ● V. *sovraffollato*.

†**sopraffóndere** [dal lat. tardo *suprafŭndere* 'spargere sopra', comp. di *sŭpra* 'sopra' e *fŭndere* 'spargere'] **v. tr.** ● Spargere sopra.

sopraffóndo [comp. di *sopra-* e *fondo*] **s. m.** ● Cornice di cartone in cui si introduce un foglio con ritratto, disegno e sim.

sopraffusióne o **soprafusióne** [comp. di *sopra-* e *fusione*] **s. f.** ● Condizione instabile di un corpo che si trova allo stato liquido pur trovandosi a temperatura inferiore a quella di solidificazione.

sopraffùso [comp. di *sopra-* e *fuso* (*1*)] **agg.** ● (*fis.*) Detto di corpo in stato di sopraffusione.

†**sopraggioìre** [comp. di *sopra-* e *gioire*] **v. intr.** ● (*raro*) Gioire sommamente.

sopraggittàre [comp. di *sopra-* e *gittare*] **v. tr.** ● (*raro*) Cucire con il sopraggitto.

sopraggìtto [da *sopraggittare*] **s. m.** ● Cucitura molto fitta per unire due pezzi di tessuto: *cucire q.c. a s.* **SIN.** Soprammano (1).

†**sopraggiudicàre** [comp. di *sopra-* e *giudicare*] **v. tr.** ● (*raro*) Sovrastare.

sopraggiùngere o †**sopraggiùgnere**, †**sovraggiùgnere**, †**sovraggiùngere** [comp. di *sopra-* e *giungere*] **A** **v. intr.** (coniug. come *giungere*; aus. *essere*) **1** Arrivare improvvisamente: *sopraggiunse un messaggero*; *è sopraggiunta la notizia della sua morte* | Arrivare in aggiunta ad altri: *è sopraggiunto un nuovo ospite*. **2** Accadere improvvisamente: *è sopraggiunta una difficoltà nell'affare*; *mi sopraggiunse ch'e' s'appiccò fuoco nella bottega* (CELLINI) | Accadere in aggiunta ad altro: *sono sopraggiunte complicazioni nella malattia*. **B** **v. tr.** **1** Cogliere, prendere di sorpresa: *lo sopraggiunse un malore*; *il temporale ci ha sopraggiunti per la strada*. **2** Raggiungere: *il coniglio fu sopraggiunto dai cani*. **3** †Aggiungere in più.

†**sopraggiungiménto** s. m. • Atto del sopraggiungere.

sopraggiùnta [comp. di *sopra-* e *giunta*] s. f. *1* Nuova aggiunta | *Per s.*, per di più, per giunta. *2* †Arrivo improvviso.

sopraggiùnto part. pass. di *sopraggiungere*; anche agg. • Nei sign. del v.

†**sopraggrànde** o †**sovraggrànde** [comp. di *sopra-* e *grande*] agg. • Molto grande | Più grande della norma.

sopraggravàre [dal lat. tardo *supragravāre* 'sovraccaricare', comp. di *sūpra* 'sopra' e *gravāre*] v. tr. • (*raro*) Aggravare ulteriormente.

sopraggràvio [comp. di *sopr-* e *aggravio*] s. m. • (*raro*) Aggravio aggiunto, maggiore.

†**sopraggridàre** o †**sopragridàre** [comp. di *sopra-* e *gridare*] v. intr. • Gridare più forte degli altri.

†**sopraillùstre** • V. †*sovraillustre*.

sopraimbótte o **soprimbótte** [comp. di *sopra-* e *imbotte*] s. f. • Superficie esterna della struttura di una volta. SIN. Estradosso.

sopraindicàto o **soprindicàto** [comp. di *sopra-* e *indicato*] agg. • Indicato precedentemente.

soprainnestàre • V. *sovrainnestare*.

soprainnèsto • V. *sovrainnesto*.

soprainségna o **sopranségna**, †**soprasségna**, **soprinségna** [comp. di *sopra-* e *insegna*] s. f. • Anticamente, contrassegno particolare sull'armatura per distinguere i cavalieri nei fatti d'armi ovvero i soldati di una stessa parte o di uno stesso Stato.

soprainsième [comp. di *sopra-* e *insieme*] s. m. • (*mat.*) Insieme che contiene tutti gli elementi dell'insieme dato.

soprainténdere e deriv. • V. *soprintendere* e *deriv*.

sopraliminàle [sul modello di *subliminale*, con sostituzione di *sub-* con *sopra-*] agg. • (*psicol.*) Detto dello stimolo che opera al di sopra della soglia della percezione e della coscienza e quindi viene percepito. CONTR. Subliminale.

soprallegàto [comp. di *sopra* e *allegato*] agg. • (*raro*) Allegato, citato, precedentemente.

soprallodàto [comp. di *sopra-* e *lodato*] agg. • (*raro*) Sullodato, già ricordato con lode.

†**soprallunàre** [comp. di *sopra-* e *lunare*] agg. • (*raro*) Che sta sopra la luna.

sopralluògo o **sopraluògo** [comp. di *sopra-* e *luogo*] **A** s. m. (pl. *-ghi*) *1* Ispezione di luoghi disposta ed eseguita di persona dall'autorità giudiziaria per fini probatori. *2* (*est., gener.*) Visita, ispezione, eseguita da tecnici direttamente sul luogo. **B** avv. • †Sul luogo stesso: *fare un'indagine s.*

sopralùce [propr. 'luce di sopra'] s. m. inv. • (*edil.*) Piccola finestra situata sopra una porta per dare più aria e luce a un ambiente. SIN. Sopraporta.

sopràlzo o **sovràlzo** [comp. di *sopr-* e *alzo*] s. m. • Parte di edificio eseguita successivamente alla costruzione principale esistente, sovrastante gli ultimi piani | Sopraelevamento di rotaie.

sopramàno • V. *soprammano* (*1*).

†**sópra màno** • V. †*soprammano* (*2*).

sopramentovàto • V. *soprammentovato*.

sopramenzionàto • V. *soprammenzionato*.

soprammànica [comp. di *sopra-* e *manica*] s. f. *1* Mezza manica di rasatello nero che, spec. in passato, si infilava a protezione della manica della giacca o della camicia. *2* Anticamente, parte di abito che, per ornamento, ricopriva le maniche degli abiti femminili.

soprammàno (1) o **sopramàno** [comp. di *sopra-* e *mano*] s. m. • Sopraggitto: *ella / facea l'imbastitura e il sopramano* (PASCOLI).

†**soprammàno** (2) o †**sópra màno** [comp. di *sopra-* e *mano*] **A** avv. *1* Con la mano alzata al di sopra della spalla, detto spec. di colpi inferti con armi, bastoni e sim.: *ferì con una lancia sopra mano / al supplicante il delicato petto* (ARIOSTO). *2* Ostentatamente: *i cittadini di parte Nera parlavano sopra mano* (COMPAGNI). *3* (*raro*) Sommamente. **B** in funzione di s. m. • Percossa o colpo d'arma, spec. di spada, vibrato dall'alto al basso.

soprammattóne [comp. di *sopra-* e *mattone*] s. m. • Esile muro divisorio di mattoni disposti a coltello l'uno sopra l'altro.

soprammentovàto o **sopramentovàto**, †**soprammentovàto** [comp. di *sopra-* e *mentovato*] agg. • (*lett.*) Mentovato prima.

soprammenzionàto o **sopramenzionàto** [comp. di *sopra-* e *menzionato*] agg. • Menzionato prima.

soprammercàto [comp. di *sopra-* e *mercato*] vc. • Solo nella loc. avv. *per s.*, per giunta, per di più.

soprammésso part. pass. di *soprammettere*; anche agg. • Nel sign. del v.

soprammèttere [comp. di *sopra-* e *mettere* (V. il lat. tardo *supermĭttere*, comp. di *sŭper* 'sopra' e *mĭttere* 'versare')] v. tr. (coniug. come *mettere*) • (*raro*) Mettere sopra.

†**soprammiràbile** o †**sovrammiràbile** [comp. di *sopra-* e *mirabile*] agg. • (*raro*) Molto mirabile.

soprammişùra [comp. di *sopra-* e *misura*] avv. • (*raro*) Grandemente, oltremodo: *è bella s.*

soprammòbile [comp. di *sopra-* e *mobile*] s. m. • Oggetto artistico, ninnolo, che si pone per ornamento sopra un mobile.

†**soprammòdo** o †**sopramòdo** [comp. di *sopra-* e *modo*] avv. • (*lett.*) Oltremodo, sommamente: *meravigliandosene sopra modo* (LEOPARDI).

soprammondàno • V. *sopramondano*.

soprammóndo • V. *sopramondo*.

†**soprammontàre** [comp. di *sopra-* e *montare*] **A** v. tr. • Soverchiare. **B** v. intr. *1* Montare sopra. *2* Crescere, sovrabbondare.

†**sopramòdo** • V. †*soprammodo*.

sopramondàno o **soprammondàno** [comp di *sopra-* e *mondano*] agg. • (*raro*) Che va oltre le cose del mondo.

sopramóndo o **soprammóndo** [comp. di *sopra-* e *mondo*] s. m. • (*filos.*) Iperuranio.

sopràna [f. sost. di *soprano*] s. f. • Sopravveste senza maniche indossata sulla veste da alcuni seminaristi.

sopranasàle [comp. di *sopra-* e *naso*, con suff. aggettivale] agg. • Che è situato sopra il naso.

sopranazionàle o **soprannazionàle**, **sovranazionàle** [comp. di *sopra-* e *nazionale*] agg. • Che gode della sopranazionalità.

sopranazionalità o **soprannazionalità**, **sovranazionalità** [comp. di *sopra-* e *nazionalità*] s. f. • Autonomia e ampiezza dei poteri e funzioni di date organizzazioni internazionali rispetto agli Stati membri delle stesse: *la s. della CECA*.

sopranìle [da *soprano*] agg. • (*raro*) Da soprano, alla maniera di soprano: *voce s.*

†**soprànimo** [comp. di *sopr-* e *animo*] avv. • (*raro*) Con passione, con animosità.

sopranista [da *soprano*] s. m. (pl. *-i*) • Uomo, di solito evirato, con voce di soprano di cui sosteneva il ruolo, spec. nei secoli diciassettesimo e diciottesimo.

soprannarràto [comp. di *sopra-* e *narrato*] agg. • Narrato prima.

soprannaturàle o **sovrannaturàle** [comp. di *sopra-* e *naturale*] **A** agg. • Che supera la natura, che trascende la natura | Che appartiene al mondo divino, che si manifesta al di fuori dell'ordine della natura: *ordine s.* | Che si produce o si manifesta nell'uomo, in virtù della grazia, in forme che superano la sua natura: *felicità, virtù, fede, grazia, s.* | (*fig., ip.*) Straordinario: *ha una forza s.* ‖ **soprannaturalménte**, avv. **B** s. m. solo sing. • Ciò che supera, che trascende la natura.

soprannaturalişmo [da *soprannaturale*, con *-ismo*] s. m. • Dottrina filosofica che si fonda sulla credenza nel soprannaturale.

soprannaturalità [da *soprannaturale*] s. f. • Qualità di ciò che è soprannaturale.

soprannazionàle • V. *sopranazionale*.

soprannazionalità • V. *sopranazionalità*.

soprannestàre • V. *sovrainnestare*.

sopranno [comp. di *sopr-* e *anno*] agg. • Detto di animale che ha più di un anno di età.

soprannòlo [comp. di *sopra-* e *nolo*, sul modello del fr. *surcharge*] s. m. • Sovraprezzo imposto, in certe situazioni, al carico imbarcato a bordo di navi.

†**soprannomàre** [comp. di *sopra-* e *nomare*] v. tr. • Soprannominare.

soprannóme o †**sopranóme** [dal lat. mediev. *supernōme(n)*, comp. di *sŭper* 'sopra' e *nōmen*, genit. *nōminis* 'nome', con sovrapposizione di *sopra-*] s. m. *1* †Casato, cognome: *gli era de' Grimaldi caduto il s.* (BOCCACCIO). *2* Nome particolare che, spec. in determinati ambienti, si sostituisce al vero nome e cognome di una persona: *Gianfrancesco Barbieri è noto con il s. di 'il Guercino'; nel quartiere è conosciuto col s. di Gambacorta; è così furbo che per s. lo chiamano la volpe*.

soprannominàre [dal lat. tardo *supernomināre* 'soprannominare', comp. di *sŭper* 'sopra' e *nomināre*, con sovrapposizione di *sopra-*] v. tr. (*io soprannòmino*) • Designare con un soprannome: *Venezia fu soprannominata la Serenissima*.

soprannominàto (1) part. pass. di *soprannominare*; anche agg. *1* Nei sign. del v. *2* Chiamato con soprannome: *Mario Rossi, s. il Riccio*.

soprannominàto (2) • V. *sopranominato*.

†**soprannotàre** • V. †*soprannuotare*.

soprannotàto o **sopranotàto**, **sópra notàto** [comp. di *sopra-* e *notato*] agg. • Notato, indicato, prima.

soprannumeràrio [vc. dotta, dal lat. tardo *supernumerāriu(m)*, comp. di *sŭper* 'sopra' e *numerārius*, da *nŭmerus* 'numero'] **A** agg. • Che è in soprannumero | Che va oltre il numero prestabilito. **B** s. m. • (*spec. al pl.*) †In tempo di guerra, soldati immessi nei reparti in più dell'organico per sopperire alle perdite.

soprannùmero [comp. di *sopra-* e *numero*] **A** avv. • Oltre il numero prestabilito: *ho carta e penne s.* | Anche nella loc. avv. *in s.*: *gli impiegati sono in s.*; *questa scuola ha insegnanti in s.* **B** in funzione di agg. inv. • Extra, più dell'usuale o del prestabilito: *il lavoro s. verrà pagato a parte*.

†**soprannuotàre** o †**soprannotàre** [comp. di *sopra-* e *nuotare*] v. intr. • Nuotare alla superficie, stare a galla.

sopràno [lat. parl. **sup(e)rānu(m)* 'che sta sopra', da *sŭper* 'sopra'] **A** agg. *1* †Che sta sopra, più in alto: *contrade soprane* (D'ANNUNZIO). *2* (*fig.*) †Superiore per qualità e pregio: *non apprezzò ... cosa sì soprana* (ARIOSTO). *3* (*fig.*) †Regale, che si riferisce al sovrano. *4* Che sta sopra, superiore, spec. usato in toponomastica in contrapposizione a *sottano*: *Petralia Soprana e Petralia Sottana*. **B** s. m.; anche agg. • (*mus.*) La più acuta delle voci femminili: *voce di s., voce soprana*. **C** s. m. e f. (pl. *soprani*, m., *soprano*, f.) • Chi canta con voce di soprano: *la sala ha applaudito entusiasticamente il soprano*. ‖ **sopranétto**, dim. | **sopranino**, dim.

†**sopranóme** • V. *soprannome*.

sopranominàto o **sópra nominàto**, (*raro*) **soprannominàto** (2) [comp. di *sopra-* e *nominato*, sul modello del lat. tardo *supranominātus*] agg. • Nominato precedentemente.

sopranormàle [comp. di *sopra-* e *normale*] **A** agg. • Superiore al normale. **B** s. m. • Insieme dei fenomeni metapsichici.

sopranotàto o **sópra notàto** • V. *soprannotato*.

sopranségna • V. *soprainsegna*.

†**soprantèndere** • V. *soprintendere*.

†**sopraordinàrio** [comp. di *sopra-* e *ordinario*] agg. • Straordinario, detto di ufficio o sim.

sopraòsso • V. *soprosso*.

soprapagàre o **soprappagàre** [comp. di *sopra-* e *pagare*] v. tr. e intr. (*io soprapàgo, tu soprapàghi*; aus. *avere*) • (*raro*) Pagare più del consueto, del normale.

†**soprapagatóre** s. m. (f. *-trice*) • (*raro*) Chi soprapaga.

sópra pàrto • V. *soprapparto*.

soprapassàggio [comp. di *sopra-* e *passaggio*] s. m. • Ponte, spec. stradale, che scavalca una strada o ferrovia. SIN. Cavalcavia.

sópra pensièro • V. *soprappensiero*.

†**soprapórre** • V. *sovrapporre*.

soprapòrta • V. *sovrapporta*.

soprappàga [comp. di *sopra-* e *paga*] s. f. *1* Paga corrisposta in più della paga normale. *2* (*fig.*) Nella loc. avv. *per s.*, per di più, inoltre, per giunta.

soprappagàre • V. *soprapagare*.

soprappàrto o **sópra pàrto** nel sign. B [comp. di *sopra-* e *parto*] **A** s. m. • Parto che segue immediatamente il primo nei parti gemellari. **B** avv. • Sul punto di partorire: *essere, stare, s.*; *morire s.*

soprappassàggio • V. *sovrappassaggio*.

soprappàsso ● V. *sovrappasso*.

soprappensièro o **sópra pensièro**, (*raro*) **sovrappensièro** [comp. di *sopra-* e *pensiero*] **avv.** ● Assorto nei propri pensieri in modo da non prestare attenzione a ciò che avviene intorno o da agire distrattamente: *essere s.*; *fare q.c. s.*; *stavo s. e non ho capito quanto hai detto.*

soprappéso [comp. di *sopra-* e *peso*] **s. m.** *1* (*raro*) Peso che si aggiunge al peso normale | *Per s.*, per giunta, per di più. *2* (*med.*) V. *sovrappeso.*

†**soprappienézza** [comp. di *sopra-* e *pienezza*] **s. f.** ● (*raro*) Qualità di ciò che è soprappieno.

†**soprappièno** o †**sovrappièno** [comp. di *sopra-* e *pieno*] **agg.** ● Molto pieno, sovrabbondante.

soprappiù o **sovrappiù** [comp. di *sopra-* e *più*] **s. m.** *1* Cosa data o avuta in più | Cosa che è in più: *quel vestito nuovo è proprio un s.* | *Essere di s.*, essere di troppo, più del numero stabilito. *2* Aggiunta | *Di s.*, *per s.*, per giunta, in aggiunta, per di più: *gli pagò il lavoro e per s. gli fece un regalo.*

soprappórre e *deriv.* ● V. *sovrapporre* e *deriv.*

soprappòrta o **sopraporta**, **sovrappòrta** [comp. di *sopra-* e *porta*] **s. f.** *1* Ornamento scultorio o pittorico sovrastante l'architrave o il fregio di una porta nell'interno di un edificio. *2* Finestrino situato sopra una porta, per dare più aria e luce all'ambiente. **SIN.** Sopraluce.

†**soprapprèndere** [comp. di *sopra-* e *prendere*] **v. tr.** ● Sorprendere: *la notte oscura il soprapprese di lungi del castello* (BOCCACCIO).

†**soprappréso** **part. pass.** di †*soprapprendere* ● Nel sign. del v.

soprapprèzzo o **sopraprèzzo**, **sovrapprèzzo**, **sovraprèzzo** [comp. di *sopra-* e *prezzo*] **s. m.** *1* Somma pagata in più oltre il prezzo ordinario. *2* Maggiorazione, all'atto dell'emissione di valori mobiliari, del prezzo da pagarsi da parte dei sottoscrittori in seguito a plusvalore attribuito alle azioni rispetto al loro valore nominale, a conguaglio dividendi, a rimborso spese.

sopprapproduzióne ● V. *sovrapproduzione*.

soprapprofitto o **sopraprofitto**, **sovrapprofitto**, **sovraprofitto** [comp. di *sopra-* e *profitto*] **s. m.** ● (*econ.*) Profitto eccedente il livello normale, in genere dovuto ad avvenimenti eccezionali, come la guerra, o a congiunture particolari.

sopraprèzzo ● V. *soprapprezzo*.

sopraprofitto ● V. *soprapprofitto*.

soprapùbico [comp. di *sopra* e *pubico*] **agg.** (**pl. m.** *-ci*) ● (*anat.*) Relativo alla regione del bacino al di sopra del pube | (*med.*) *Prostatectomia soprapubica*, rimozione della prostata tramite un'incisione addominale al di sopra della sinfisi pubica.

soprarazionàle o (*raro*) **sovrarazionàle** [comp. di *sopra-* e *razionale*] **agg.**; anche **s. m.** ● Detto di ciò su cui la ragione con gli strumenti a sua disposizione non può pronunciarsi.

†**sopràre** ● V. *superare*.

soprariferito ● V. *soprarriferito*.

†**soprariprensióne** [comp. di *sopra-* e *riprensione*] **s. f.** ● Parte del discorso che segue alla riprensione.

soprariscaldaménto ● V. *soprarriscaldamento*.

soprarizzo [comp. di *sopra-* e di una var. sett. di *riccio* (*1*)] **A** **s. m.** ● Tipo di velluto con motivi in rilievo su fondo liscio. **B** anche **agg.**: *velluto s.*

†**soprarragionàre** [comp. di *sopra-* e *ragionare*] **v. intr.** ● (*raro*) Ragionare più del necessario.

†**soprarrecàto** [comp. di *sopra-* e *recato*] **agg.** ● Recato precedentemente.

soprarriferito o **soprariferito** [comp. di *sopra-* e *riferito*] **agg.** ● (*raro*) Riferito precedentemente.

soprarriscaldaménto o **soprariscaldaménto** [comp. di *sopra-* e *riscaldamento*] **s. m.** ● (*fis.*) Surriscaldamento.

soprarrivàre [comp. di *sopr-* e *arrivare*] **v. intr.** (aus. *essere*) ● (*raro*) Sopraggiungere, sopravvenire.

soprarrivàto **A** **part. pass.** di *soprarrivare*; anche **agg.** ● Nei sign. del v. **B** **s. m.** (**f.** *-a*) ● Persona soprarrivata.

soprasaturazióne ● V. *soprassaturazione*.

soprasàturo ● V. *soprassaturo*.

soprascàrpa [comp. di *sopra-* e *scarpa*] **s. f.** ● Caloscia.

soprascritta [comp. di *sopra-* e *scritta*] **s. f.** *1* (*raro*) Indirizzo, di lettere o sim. *2* (*raro*) Iscrizione su lapidi, cartelli, e sim.

†**soprascritto** **part. pass.** di †*soprascrivere*; anche **agg.** ● Nei sign. del v.

†**soprascrìvere** [dal lat. tardo *suprascrībere*, variante di *superscrībere*, comp. di *sūpra* 'sopra' e *scrībere* 'scrivere'] **v. tr.** *1* Scrivere sopra. *2* Apporre l'indirizzo a una lettera.

†**soprascrizióne** [vc. dotta, dal lat. tardo (ecclesiastico) *superscriptiōne*(*m*) 'iscrizione', da *superscrīptus* 'soprascritto', con sovrapposizione di *sopra*] **s. f.** ● (*raro*) Inscrizione.

soprasegmentàle o **sovrasegmentàle** [ingl. *suprasegmental*, comp. di *supra-* 'sopra-' e *segmental* 'segmentale'] **agg.** ● (*ling.*) Detto dei tratti prosodici (come l'accento, l'intonazione, la durata) che, nella catena parlata, contraddistinguono un tratto più lungo del fonema.

soprasensìbile o **sovrasensìbile** [comp. di *sopra-* e *sensibile*] **A** **agg.** ● Detto di ciò di cui è impossibile avere qualsiasi tipo di conoscenza sensibile. **B** anche **s. m.** solo **sing.** ● Ciò che è soprasensibile.

soprasènso o **sovrasènso** [comp. di *sopra-*, *sovra-* e *senso*] **s. m.** *1* (*lett.*) Capacità sensoriale superiore a quella normale. *2* (*letter.*) Nella critica letteraria, significato nascosto, metaforico.

†**soprasforzàto** [comp. di *sopra-* e *sforzato*] **agg.** ● (*raro*) Violento, veemente.

soprasottàna [comp. di *sopra-* e *sottana*] **s. f.** ● Negli antichi costumi, gonna generalmente aperta davanti o ripresa in un drappeggio in modo da lasciar vedere la gonna sottostante.

†**sopraspèndere** [comp. di *sopra-* e *spendere*] **v. tr.** e **intr.** ● Spendere eccessivamente.

†**sopraspéso** **part. pass.** di †*sopraspendere* ● Nel sign. del v.

†**soprassalàre** [comp. di *sopra-* e *salare*] **v. tr.** e **intr.** ● Salare oltre il dovuto.

soprassàlto [comp. di *sopra-* e *salto*] **s. m.** ● Movimento del corpo brusco e repentino: *avere*, *fare*, *un s.*; *essere preso da un s.* | *Di s.*, con un sussulto, con un movimento brusco; (*est.*) d'un tratto: *svegliarsi di s.*

†**soprassapére** [comp. di *sopra-* e *sapere*] **v. intr.** ● (*raro*) Sapere molto.

soprassàta ● V. *soppressata*.

soprassaturazióne o **soprasaturazióne** [comp. di *sopra-* e *saturazione*] **s. f.** ● Condizione di ciò che è soprassaturo: *grado di s.*

soprassàturo o **soprasàturo** [comp. di *sopra-* e *saturo*] **agg.** ● Detto di vapore o di soluzione che contiene una quantità di soluto superiore a quella massima consentita nelle stesse condizioni di temperatura e di pressione.

†**soprassedènza** [da *soprassedente*, da *suprasedènte*(*m*), part. pres. di *suprasedēre* 'differire'] **s. f.** ● (*raro*) Atto, effetto del soprassedere.

soprassedére [dal lat. tardo **suprasedēre* 'differire', variante di *supersedēre*, comp. di *sūpra* 'sopra' e *sedēre*] **v. intr.** (coniug. come *sedere*; aus. *avere*) *1* Differire l'esecuzione di q.c., aspettare prima di decidere o di agire: *è meglio s. a questo lavoro.* *2* †Sedere sopra, essere sopra, sovrastare. *3* †Dimorare.

†**soprasségna** ● V. *soprainsegna*.

†**soprassegnàle** [comp. di *sopra-* e *segnale*] **s. m.** ● (*raro*) Segnale, contrassegno.

soprassegnàre [comp. di *sopra-* e *segnare*] **A** **v. tr.** (*io soprasségno*) ● Segnare al disopra | Contrassegnare. **B** **v. rifl.** ● †Mettersi una soprainsegna.

soprasségno [comp. di *sopra-* e *segno*] **s. m.** ● Contrassegno.

soprassèllo [lat. tardo *supersĕlliu*(*m*), propriamente 'gualdrappa', comp. di *sūper* 'sopra' e *-sĕllium*, da *sĕlla*. V. *sella*] **s. m.** *1* †Carico aggiunto alla soma normale. *2* (*fig.*) Giunta, aggiunta, spec. nella loc. avv. *per s.*, in aggiunta.

†**soprasservìre** [comp. di *sopra-* e *servire*] **v. tr.** e **intr.** ● (*raro*) Servire più del dovuto.

†**soprassèrvo** [comp. di *sopra-* e *servo*] **s. m.** ● (*raro*) Chi è più che servo.

soprassicurazióne [comp. di *sopra-* e *assicurazione*] **s. f.** ● Assicurazione per una somma superiore al valore di ciò che si assicura. **CFR.** Sottoassicurazione.

soprassòglio [comp. di *sopra-* e *soglio* 'soglia'] **s. m.** *1* Architrave. *2* Rialzo provvisorio costruito con sacchi di terra sugli argini di un corso d'acqua per fronteggiare una piena eccezionale.

soprassòldo [comp. di *sopra-* e *soldo*] **s. m.** ● Aumento di paga per particolari incarichi.

soprassuòla [comp. di *sopra-* e *suola*] **s. f.** *1* Mezza suola in gomma sulla parte anteriore della scarpa per isolare maggiormente il piede dalle asperità del terreno. *2* (*est.*) Protezione che si mette ai cingoli di trattori e sim. quando avanzano su una superficie rigida, perché non la rovinino.

soprassuòlo o (*impr.*) **soprasuòlo** [comp. di *sopra-* e *suolo*] **s. m.** *1* Strato coltivabile del terreno, spec. in contrapposizione a sottosuolo. *2* Insieme delle piante arboree di un terreno.

soprastallìa [comp. di *sopra-* e *stallia*] **s. f.** ● (*spec. al pl.*) Sosta di una nave in un porto per attendere il carico.

soprastampàre e *deriv.* ● V. *sovrastampare* e *deriv.*

soprastànte **A** **part. pres.** di *soprastare*; anche **agg.** ● Nei sign. del v. **B** **s. m.** ● (*raro*) Vigilante, sorvegliante, custode: *il s. della prigione*; *il s. ai lavori.*

†**soprastànza** **s. f.** *1* Condizione di soprastante. *2* Soprintendenza.

soprastàre [comp. di *sopra-* e *stare*, sul modello del lat. *superstāre* 'stare (*stāre*) sopra (*sūper*)'] **A** **v. intr.** (**pres.** *io soprastò*, *tu soprastài*, *egli soprastà*; nelle altre forme coniug. come *stare*; aus. *essere*, raro *avere*) *1* Stare a capo, essere superiore, soprintendere. **CONTR.** Sottostare. *2* (*raro*, *lett.*) Dominare, sopraffare. *3* †Trattenersi in un luogo: *soprastette la notte di fuori* (SACCHETTI) | (*fig.*) †Indugiare, soprassedere. *4* †Cessare. *5* V. *sovrastare*. **B** **v. tr.** ● †Vincere, sopraffare.

†**soprastévole** [da *soprastare*] **agg.** ● Che soprasta.

†**soprastràto** [lat. tardo *superstrātu*(*m*), part. pass. di *superstĕrnere* 'stendere (*stĕrnere*) sopra (*sūper*)', con sovrapposizione di *sopra-*] **agg.** ● Selciato.

soprastruttùra ● V. *sovrastruttura*.

soprasuòlo ● V. *soprassuolo*.

sopratàcco ● V. *soprattacco*.

†**sopratàglio** [comp. di *sopra-* e *taglio*] **vc.** ● Solo nella loc. *a s.*, di indumento con spacchi orlati di passamano che lasciano vedere il tessuto sottostante d'altro colore: *brache*, *giustacuore*, *a s.*

sopratàssa ● V. *soprattassa*.

sopratassàre ● V. *soprattassare*.

sopratemporàle ● V. *sovratemporale*.

sópra tèrra o **sopratèrra** ● V. *soprattерra*.

sopraterréno [comp. di *sopra-* e *terreno*] **agg.** ● Che è o va al di là delle cose della terra.

sopratestàta [comp. di *sopra-* e *testata*] **s. f.** ● (*edit.*) Segnalazione che si fa sopra la testata del giornale di particolari notizie o articoli.

sopratònica [comp. di *sopra-* e *tonica*] **s. f.** ● (*mus.*) In armonia, secondo grado della scala maggiore o minore, collocato sopra la tonica.

soprattàcco o **sopratàcco** [comp. di *sopra-* e *tacco*] **s. m.** (**pl.** *-chi*) ● Tacco di rinforzo, consistente in un pezzo di cuoio o di gomma, che si sovrappone al tacco originario della scarpa.

soprattàssa o **sopratàssa**, **sovrattàssa** [comp. di *sopra-* e *tassa*] **s. f.** ● Sanzione fiscale costituita da una somma di denaro di ammontare pari all'imposta, o a una frazione o a un multiplo della stessa.

soprattassàre o **sopratassàre** [comp. di *sopra-* e *tassare*] **v. tr.** ● Gravare di soprattassa.

soprattènda [comp. di *sopra-* e *tenda*] **s. f.** ● Ciascuna delle due strisce di tessuto poste ai lati di una tenda di finestra spec. per ornamento.

†**soprattenére** [comp. di *sopra-* e *tenere*] **v. tr.** ● Trattenere oltre il dovuto.

soprattèrra o **sópra tèrra**, **sopratèrra** [comp. di *sopra-* e *terra*] **avv.** ● (*raro*) A fior di terra, sopra la superficie del suolo: *sporgere mezzo metro s.* | (*raro*, *fig.*) Sulla terra, nel mondo.

soprattétto [comp. di *sopra-* e *tetto*] **A** **avv.** ● (*raro*) Sopra il tetto di un edificio: *un'ampia terrazza costruita s.*; *un ripostiglio posto s.* **B** in funzione di **agg. inv.** ● (*raro*) Che sta sopra il tetto: *una stanza s.* **C** **s. m.** ● Nelle tende canadesi, telo esterno spec. in materiale impermeabile.

soprattitolo [comp. di *sopra-* e *titolo*] s. m. • (*tip.*) Occhiello nel sign. 5.

soprattùtto o (*raro*) **sópra tùtto**, (*pop.*) **sopratùtto** [comp. di *sopra-* e *tutto*] avv. • Prima o più d'ogni altra cosa: *ciò che conta è s. l'onestà*; *mi piace s. il teatro*; *desidero s. che stiate sereni* | Specialmente, più di tutto: *mi raccomando s. la puntualità*; *e cercate s. di non fare rumore.*

†**sopraumàno** • V. *sovrumano.*

sopravalutàre e *deriv.* • V. *sopravvalutare* e *deriv.*

†**sopravanzaménto** [da *sopravanzare*] s. m. • Sopravanzo.

sopravanzàre [comp. di *sopr-* e *avanzare*] **A** v. tr. • (*raro*) Superare. **B** v. intr. (aus. *essere* nel sign. 1, *avere* nel sign. 2) **1** Avanzare, restare d'avanzo: *il tempo che ci sopravanza lo occuperemo giocando.* **2** †Sporgere in fuori | †Sovrastare.

sopravànzo [da *sopravanzare*] s. m. • Ciò che sopravanza | (*raro*) *Di s.*, per soprappiù.

sopravènto • V. *sopravvento.*

†**sopravèste** • V. *sopravveste.*

sopravvalutàre o **sopravalutàre** [comp. di *sopra-* e *valutare*] v. tr. (*io sopravvàluto* o, raro, *sopravvalùto*) • Considerare con eccessiva stima persone o cose, attribuendo loro poteri, importanza, valore e sim., maggiori di quelli reali: *s. il nemico, le forze nemiche.* CONTR. Sottovalutare.

sopravvalutazióne o **sopravalutazióne** [da *sopravvalutare*] s. f. • Valutazione eccessiva, oltre il reale o il giusto.

†**sopravvedére** [comp. di *sopra-* e *vedere*] v. tr. e intr. • Esplorare, osservare.

†**sopravvegliànza** [comp. di *sopra-* e *vegliànza*] s. f. • Sorveglianza.

†**sopravvegnènte** • V. †*sopravveniente.*

†**sopravvegnènza** • V. *sopravvenienza.*

†**sopravveniènte** o †**sopravvegnènte** [vc. dotta, dal lat. *superveniĕnte(m)*, part. pres. di *supervenīre* 'sopravvenire'] agg. • Che sopravviene.

sopravveniènza o †**sopravvegnènza** [da *sopravveniente*] s. f. **1** (*raro*) Atto del sopravvenire | Evento che sopravviene. **2** Entrata o uscita che si verifica imprevedibilmente in un'azienda, causata da fatti estranei alla normale gestione.

sopravveniménto s. m. • (*raro*) Modo, atto del sopravvenire.

sopravvenire [dal lat. *supervenīre*, comp. di *sŭper* 'sopra' e *venīre*, con sovrapposizione di *sopra-*] **A** v. intr. (coniug. come *venire*; aus. *essere*) **1** Sopraggiungere, arrivare all'improvviso o in aggiunta ad altro o ad altri: *sopravvenne il maestro e tutti tacquero.* **2** Accadere, succedere all'improvviso: *sono sopravvenute complicazioni.* **B** v. tr. • †Sorprendere, cogliere.

sopravventàre [da *sopravvento*] v. tr. (*io sopravvènto*) • (*mar.*) Guadagnare al vento, lasciare sottovento un'altra nave, un'isola, una punta di terra (*anche ass.*).

sopravvènto o **sopravènto** nei sign. A e C 1 [comp. da *sopra-* e *vento*] **A** avv. • Dal lato da cui spira il vento | (*mar.*) *Essere, navigare s.*, trovarsi più vicino al lato da cui spira il vento rispetto ad un oggetto fisso o mobile in mare. CONTR. Sottovento. **B** in funzione di agg. inv. • Detto del fianco di una montagna esposto all'azione diretta del vento, ove, con condizioni atmosferiche particolari, si hanno nubi cumuliformi e precipitazioni: *lato, versante s.* **C** in funzione di s. m. solo sing. **1** (*mar.*) Lato da cui spira il vento, rispetto all'asse longitudinale della nave. **2** (*fig.*) Vantaggio, posizione vantaggiosa, predominio: *avere, prendere il s. su qc.*

sopravvenùta [comp. di *sopra-* e *venuta*] s. f. • (*raro*) Venuta improvvisa.

sopravvenùto part. pass. di *sopravvenire*; anche agg. • Nei sign. del v.

sopravvèste o †**sopravèste**, †**sopravvèsta** [comp. di *sopra-* e *veste*] s. f. • Veste interamente aperta sul davanti in modo da lasciar vedere l'abito sottostante, tipica spec. del Medioevo.

†**sopravvestire** [dal lat. tardo (eccl.) *supervestīre* 'rivestire', comp. di *sŭper* 'sopra' e *vestīre*. V. *vestire*] v. tr. • Mettere la sopravveste.

sopravvia [comp. di *sopra-* e *via*] s. f. • Strada urbana che passa sopra altre strade od ostacoli, per consentire il traffico veloce.

†**sopravvincere** [dal lat. tardo *supervĭncere* 'stravincere', comp. di *sŭper* 'sopra' e *vĭncere*, con sovrapposizione di *sopra*] v. tr. e intr. • Stravincere.

†**sopravvinto** part. pass. di *sopravvincere*; anche agg. **1** Nel sign. del v. **2** Sopraffatto: *molti sopravvinti dal sonno si addormentarono* (SANNAZARO).

sopravvissùto A part. pass. di *sopravvivere*; anche agg. **1** Nei sign. del v. **2** Che è rimasto in vita dopo la morte di altri. **3** (*fig.*) Che ha mentalità, idee, e sim. arretrate, sorpassate. **B** s. m. (f. *-a*) • Persona sopravvissuta (*anche fig.*).

sopravvitto [comp. di *sopra-* e *vitto*] s. m. • Nelle grandi comunità carcerarie, vitto sostitutivo o aggiuntivo dei pasti ordinari, che l'ospite o il recluso si procura a proprie spese.

sopravvivènte A part. pres. di *sopravvivere*; anche agg. • Nei sign. del v. **B** s. m. e f. • Chi sopravvive.

sopravvivènza s. f. • Fatto del sopravvivere, condizione o stato di chi, di ciò che sopravvive: *dubito della sua s.*; *la s. di istituzioni arcaiche* | *Certificato di s.*, che attesta la sopravvivenza di una persona | (*stat.*) *Tavola di s.*, tavola di mortalità | (*stat.*) *Probabilità di s.*, rappresenta la probabilità che un individuo di una data età sopravviva per un dato numero di anni | Survival: *corso di s.*

sopravvivere [dal lat. tardo *supravīvere*, variante di *supervīvere*, comp. di *sŭpra* 'sopra' e *vīvere*. V. *vivere*] v. intr. (fut. *io sopravvivrò* o *sopravviverò*; condiz. pr. *io sopravvivrèi* o *sopravviverèi, tu sopravvivrésti* o *sopravviverésti*; nelle altre forme coniug. come *vivere*; aus. *essere*) **1** Continuare a vivere dopo la morte di altre persone: *è sopravvissuto al figlio* | Scampare a disgrazie, sciagure, e sim. in cui altri hanno trovato la morte: *sopravvissero al naufragio.* **2** (*fig.*) Rimanere vivo: *gli artisti sopravvivono nelle loro opere.* **3** (*fig.*) Perdurare, mantenersi: *antiche superstizioni che tuttora sopravvivono.*

sopravvìvolo [dim. dal lat. tardo *sempervīvu(m)*, variante di *sempervīva* (*hĕrba*) '(erba) sempreviva', con sovrapposizione di *sopra-*] s. m. • (*tosc.*) Solo nella loc. *avere il s.*, correre un pericolo serio senza morire.

sopreccedènte o (*raro*) **sopraeccedènte**, **sovreccedènte**; part. pres. di *sopreccedere*; anche agg. • Nei sign. del v.

sopreccedènza o (*raro*) **sopraeccedènza**, **sovreccedènza**. s. f. • Atto del sopreccedere | Ciò che sopreccede | *In s.*, in più.

sopreccèdere o (*raro*) **sopraeccèdere**, **sovreccèdere** [comp. di *sopr-* ed *eccedere*] **A** v. tr. (coniug. come *eccedere*) • Eccedere superando: *il problema sopreccede la mia comprensione.* **B** v. intr. (aus. *avere*) • Essere in più, essere d'avanzo.

†**sopreccellènte** o †**sopraeccellènte** [vc. dotta, dal lat. tardo *superexcellĕnte(m)* 'superiore a tutto', comp. di *sŭper* 'sopra' ed *excĕllens* 'eccellente', con sovrapposizione di *sopra-*] agg. • Molto eccellente.

sopreccitàre e *deriv.* • V. *sovreccitare* e *deriv.*

sopredificàre o **sopraedificàre** [vc. dotta, dal lat. tardo *superaedificāre*, comp. di *sŭper* 'sopra' ed *aedificāre* 'costruire', con sovrapp. di *sopra-*] v. tr. (*io sopredìfico, tu sopredìfichi*) • Edificare sopra un preesistente edificio.

sopredificazióne o **sopraedificazióne** [vc. dotta, dal lat. tardo *superaedificatiōne(m)*, da *superaedificāre* 'sopredificare'] s. f. • Atto del sopredificare.

soprelencàto • V. *sopraelencato.*

soprelevaménto o **sopraelevaménto**. s. m. • Soprelevazione.

soprelevàre o **sopraelevàre** [comp. di *sopra-* ed *elevare*; V. il lat. tardo ecclesiastico *superelevāre*, comp. di *sŭper* 'sopra' ed *elevāre*] v. tr. (*io soprelèvo*) • Alzare il fabbricato di uno o più piani | Elevare al disopra del piano normale: *s. una strada.*

soprelevàta o **sopraelevàta** [f. sost. di *soprelevato*] s. f. • Ferrovia, strada, curva soprelevata.

soprelevàto o **sopraelevàto** part. pass. di *soprelevare*; anche agg. **1** Nei sign. del v. **2** *Strada, ferrovia soprelevata*, che corre su un viadotto, scavalcando le altre | *Curva soprelevata*, avente pendenza verso l'interno per opporsi alla forza centrifuga, consentendo maggiore velocità.

soprelevazióne o **sopraelevazióne** s. f. **1** Atto del soprelevare | Parte soprelevata di una costruzione. SIN. Sopralzo. **2** (*ferr.*) Dislivello esistente tra le due rotaie di un binario in curva.

†**sopreminènte** • V. †*sovreminente.*

†**sopreminènza** • V. †*sovreminenza.*

soprespósto • V. *sopraesposto.*

sopressàta • V. *soppressata.*

†**soprésso** • V. †*sovresso.*

†**soprillùstre** • V. †*sovraillustre.*

soprimbótte • V. *sopraimbotte.*

soprindicàto • V. *sopraindicato.*

soprinnalzàre [comp. di *sopr-* e *innalzare*] v. tr. • (*raro*) Innalzare su cosa già alzata, o a maggiore altezza.

soprinnestàre • V. *sovrainnestare.*

soprinnèsto • V. *sovrainnesto.*

soprinségna • V. *soprainsegna.*

soprintendènte o **sopraintendènte**, **sovraintendènte**, **sovrintendènte**. **A** part. pres. di *soprintendere*; anche agg. • Nei sign. del v. **B** s. m. e f. **1** Chi soprintende all'esecuzione di q.c.: *il s. ai lavori*; *il s. della fabbrica.* **2** Funzionario statale con mansioni direttive e di vigilanza nei settori di Belle Arti e Antichità, spec. in uffici periferici del Ministero per i beni culturali e ambientali. **3** V. *sovrintendente* nel sign. B 3.

soprintendènza o **sopraintendènza**, **sovraintendènza**, **sovrintendènza** [da *soprintendente*] s. f. **1** Atto, attività, del soprintendere. **2** Ufficio distaccato del Ministero per i beni culturali e ambientali, cui spetta il compito di tutelare il patrimonio monumentale, artistico o archeologico di una data zona: *s. ai beni monumentali e architettonici, ai beni storici e artistici, ai beni archeologici.*

soprintèndere o **sopraintèndere**, †**soprantèndere**, **sovraintèndere**, **sovrintèndere** [vc. dotta, dal lat. *superintĕndere* 'sorvegliare', comp. di *sŭper* 'sopra' e *intĕndere* 'attendere, badare', sul modello del gr. *episkopêin*] v. intr. (pass. rem. *io soprintési, tu soprintendésti*; part. pass. *soprintéso*; aus. *avere*) • Avere la cura e il comando di q.c.: *donna Prassede si trovava ... aver tre monasteri e due case a cui s.* (MANZONI) | Vigilare sulla regolare esecuzione di un lavoro, un ufficio, e sim.: *s. alla costruzione di una chiesa*; *s. a un lavoro di ricerca.*

†**soprordinàrio** [comp. di *sopr(a)-* e *ordinario*] agg. • (*raro*) Straordinario. ‖ **sopraordinariaménte**, avv. Oltre l'ordinario.

sopròsso o **sopraòsso**, **sovraòsso**, **sovròsso** [comp. di *sopr-* e *osso*] s. m. • (*pop., med.*) Callo osseo.

†**soprumàno** • V. *sovrumano.*

soprùso [comp. di *sopr-* e *uso*] s. m. • Prepotenza, soperchieria, sopraffazione: *fare un s. a qc.*; *fare, commettere, un s.*; *ricevere, subire, un s.*; *è stato un s. dei superiori.*

soqquàdro [comp. di *so-* e *squadro*, loc. del linguaggio dei muratori: propriamente 'non ad angolo retto'] s. m. • Confusione, scompiglio, grande disordine, spec. nella loc. *mettere a s.*: *metteremo il mondo a s ...!* (VERGA).

soqquadróne [da *soqquadro*] s. m. (f. *-a*) • (*tosc.*) Chi mette a soqquadro.

sor /sor/ o (*sett.*) **siór** [abb. di *signor(e)*, in posizione procl.] s. m. (f. *sora*) • (*pop.*) Signore (si usa davanti a nomi propri o comuni, titoli, e sim.): *ecco il sor Mario*; *hai visto il sor dottore?*

sor- [dal lat. *sŭper* 'sopra'] pref. • In parole composte di formazione italiana o modellate sul francese, significa 'sopra': *sorciglio, sorprendere.*

†**soràre** • V. *sciorare.*

sòrba [da *sorbo*] **A** s. f. **1** Frutto del sorbo, simile a una piccola pera arrotondata, che si raccoglie acerbo e si lascia maturare nella paglia. SIN. Sorbola. **2** (*dial., fig.*) Botta, percossa. **B** al pl. in funzione di inter. • (*dial., fam.*) Esprime sorpresa, meraviglia e sim.: *sorbe! che botte!*

sorbàre [da *sorba* 'percossa'] v. tr. (*io sòrbo*) • (*dial.*) Percuotere, picchiare: *lo sorbò di santa ragione.*

†**sorbecchiàre** [da *sorbire*, prob. sul modello di *bevicchiare*] v. tr. • (*raro*) Sorseggiare.

sorbettàre [da *sorbetto*] v. tr. (*io sorbétto*) **1** Gelare un liquido per farne un sorbetto. **2** (*fam., fig.*) Subire con rassegnazione ma contro voglia persone o cose fastidiose, sgradite: *sorbettarsi una persona antipatica.*

sorbetterìa [da *sorbetto*] s. f. ● (*raro*) Gelateria.

sorbettièra [da *sorbetto*] s. f. *1* Recipiente cilindrico di rame stagnato, circondato di ghiaccio e sale da cucina, usato un tempo per fare sorbetti o gelati. *2* (*fig., scherz.*) Stanza molto fredda.

sorbettière [da *sorbetto*] s. m. (f. *-a*) ● Nell'industria dolciaria, addetto alla confezione dei gelati.

sorbétto [dal turco *şerbet* 'bevanda fresca', dall'ar. *šarba* (V. *sciroppo*), con sovrapposizione di *sorbire*] s. m. ● Preparazione semidensa e appena ghiacciata a base di sciroppo di zucchero mescolato a succo o polpa di frutta tritata, talvolta con aggiunta di albume d'uovo montato a neve. || **sorbettino**, dim.

†**sorbévole** agg. ● Sorbibile.

sorbìbile agg. ● (*raro*) Che si può sorbire.

sòrbico [da *sorb(o)* col suff. *-ico*] agg. (pl. m. *-ci*) ● (*chim.*) Detto di acido carbossilico insaturo a sei atomi di carbonio presente nei frutti di sorbo, largamente impiegato come conservante per alimenti.

†**sòrbile** [vc. dotta, dal lat. *sŏrbile(m)* 'da sorbire', da *sorbēre* 'sorbire'] agg. ● Che si può sorbire.

sorbillàre [vc. dotta, dal lat. *sorbi(l)lāre* 'centellinare', da *sorbēre* 'sorbire'] v. tr. ● (*raro, lett.*) Sorseggiare lentamente.

†**sorbino** [da *sorba*] agg. ● Di sorba | Che ha sapore simile a quello della sorba. SIN. Sorbitico.

sorbire [lat. *sorbēre* 'inghiottire', di origine indeur., con cambio di coniug.] v. tr. (*io sorbisco, tu sorbisci*) *1* Prendere lentamente una bevanda, aspirando a sorsi: *s. un liquore, un caffè; sorbirsi un gelato.* *2* (*fig.*) Sopportare con rassegnazione ma controvoglia persone o cose moleste, noiose e sim.: *dovremo sorbirci una lunga predica.* *3* †Assorbire liquido, di panni, legname, pietra e sim.: *la pietra ... non sorbisce quanto fa la tavola e la tela* (VASARI).

sorbite [comp. di *sorbo* e *-ite (2)*] s. f. *1* (*chim.*) Sorbitolo. *2* Costituente degli acciai, cui impartisce ottime caratteristiche costruttive.

†**sorbitico** [da *sorba*] agg. ● Sorbino.

sorbitòlo [da †*sorbit(ico)*, con *-olo*] s. m. ● (*chim.*) Alcol esavalente presente spec. nei frutti di sorbo selvatico. SIN. Sorbite.

sòrbo [lat. *sŏrbu(m)*, di etim. incerta] s. m. ● Pianta delle Rosacee a foglie pennate e frutti commestibili (*Sorbus domestica*) | *S. selvatico, s. degli uccellatori*, spontaneo nei boschi montani, con piccoli frutti rossi e tondi appetiti dagli uccelli (*Sorbus aucuparia*).

sòrbola A s. f. ● (*bot.*) Sorba. B al pl. in funzione di inter. ● (*fam., dial.*) Esprime meraviglia, stupore e sim.: *sorbole! quante arie ti dai!*

sórca [f. di *sorcio*] s. f. *1* (*region.*) Topo di fogna. *2* (*volg.*) Vulva.

†**sórce** ● V. *sorcio.*

†**sorciglio** [comp. di *sor-* e *ciglio*] s. m. ● (*raro*) Sopracciglio.

sorcigno [da *sorcio*] agg. ● (*raro, lett.*) Che ha il colore del topo: *aveva ... un abito lustro, s., che gli sgonfiava da tutte le parti* (PIRANDELLO).

sorcino [lat. *soricīnu(m)*, agg. da *sōrex*, genit. *sōricis* 'sorcio'] agg. ● Di sorcio, del colore del sorcio | *Mantello s.*, formato di peli di color cenere, frequente negli asini e raro nei cavalli.

sórcio o (*dial.*) †**sórce**, †**sórco**, †**sórgo** (*2*), (*dial.*) †**sórice**, (*raro*) †**sórico** [lat. *sōrice(m)* 'topo', di etim. incerta] s. m. (f. *sórca*, V.) ● Topo | *Far vedere i sorci verdi a qc.*, sbalordire con azioni stupefacenti; (*est.*) mettere qc. in seria difficoltà; (*est.*) suscitare paura. || **sorcétto**, dim. | **sorcino**, dim.

sorcòtto [dall'ant. fr. *so(u)rcot*, propriamente 'veste sopra la cotta'] s. m. ● Corta sopravveste indossata dagli antichi cavalieri e dai soldati sulla cotta d'armi.

sordàggine [da *sordo*] s. f. ● Durezza di udito.

†**sordaménto** [da *sordo*] s. m. ● (*raro*) Sordità.

sordàstro [vc. dotta, dal lat. *surdăstru(m)*, da *sŭrdus* 'sordo'] agg.; anche s. m. (f. *-a*) ● Che, chi è affetto da lievi disturbi di udito.

†**sordetto** [comp. di *sor-* e *detto*] agg. ● Sopraddetto.

†**sordézza** [lat. tardo *surdĭtia(m)* 'sordità', da *sŭrdus* 'sordo'] s. f. ● Sordità.

†**sordidàto** [vc. dotta, dal lat. *sordidātu(m)* 'vestito sudiciamente', da *sŏrdidus* 'sudicio'] agg. ● (*raro*) Sordido | Mal vestito.

sordidézza s. f. *1* Qualità di chi, di ciò che è sordido. *2* Grettezza, spilorceria.

sòrdido o **sórdido** [vc. dotta, dal lat. *sŏrdidu(m)*, da *sŏrdes* 'sporcizia'] agg. *1* Sporco, lordo, sozzo (*anche fig.*): *veste sordida; luogo, ambiente, s.; un s. vizio.* *2* (*fig.*) Avaro, spilorcio: *un s. strozzino* | Gretto: *sordida avarizia.* || **sordidaménte**, avv. Con sordidezza, in modo sordido.

sordìna [da *sordo*] s. f. *1* Utensile applicabile a uno strumento, a corda, a fiato o a percussione, per attutirne il suono: *mettere la s.* | *In s., alla s.*, senza far rumore e (*fig.*) nascostamente. *2* Strumento musicale a tasti dal suono sordo e soave.

sordìno s. m. *1* (*mus.*) Sordina. *2* Fischio leggero simile al verso dei falchi, che si fa ai richiami per farli tacere. *3* Nel gergo teatrale, sibili e mormorii sommessi del pubblico, per disapprovare un attore o una scena.

sordità o †**sorditàde**, †**sorditàte** [dal lat. *surditāte(m)* 'sordità', da *sŭrdus* 'sordo'] s. f. *1* Riduzione più o meno grave dell'udito. *2* Mancanza di sensibilità: *filosofo ... reso coraggioso dalla sua s. stessa* (CROCE). *3* (*ling.*) Carattere dei suoni sordi.

†**sordìzia** [vc. dotta, lat. tardo *sordĭtie(m)*, da *sŏrdes* 'sporcizia'] s. f. ● Sordidezza.

sórdo [lat. *sŭrdu(m)* 'sordo', di etim. incerta] A agg. *1* Che è affetto da sordità: *essere s. dalla nascita; essere s. da un orecchio; essere mezzo s.* | *Essere s. spaccato, s. come una campana*, completamente privo dell'udito. *2* (*fig.*) Che non presta orecchio, non ascolta: *rimase s. ai nostri inviti* | Che non si piega, non si lascia commuovere: *essere s. alle preghiere, alla voce del cuore; la ninfa fugge, e sorda a' prieghi fassi* (L. DE' MEDICI). *3* Che ha poca sonorità, detto di ambienti: *teatro s.; sala sorda* | Cupo, smorzato, privo di sonorità, detto di suoni: *rumore, mormorio, s.* | *Lima sorda*, che limando non fa rumore; (*est., fig.*) chi agisce copertamente, senza farsi scorgere. *4* (*fig.*) Tacito, celato, non manifesto: *rancore s.; guerra, lotta sorda; nutrire una sorda invidia verso qc.* | *Dolore s.*, non acuto ma continuo, diffuso. *5* (*ling.*) Detto di consonante la cui emissione è priva di vibrazioni laringee. CONTR. Sonoro. || **sordaménte**, avv. In modo sordo, senza rumore; (*fig.*) In modo tacito ma tenace: *odiare sordamente.* B s. m. (f. *-a*) ● Chi è affetto da sordità | *Fare il s.*, fingere di non sentire | *Cantare, parlare, ai sordi*, invano | *Non dire a s.*, parlare a chi intende subito | *Non intendere a s.*, intendere, capire, subito. || **sordacchióne**, accr. | **sordàccio**, pegg. | **sordettino**, dim. | **sordóne**, accr. | **sordòtto**, dim.

sordomutìsmo [da *sordomuto*] s. m. ● (*med.*) Mutismo derivante dalla sordità congenita o acquisita prima dei cinque anni di vita.

sordomùto [comp. di *sordo* e *muto*, sul modello del fr. *sourd-muet*] agg.; anche s. m. (f. *-a*) ● Che, chi è affetto da sordomutismo.

sordóne (*1*) [da *sordo*] s. m. ● (*mus.*) Antico strumento a fiato simile all'oboe.

sordóne (*2*) [da *sordo*, per il suo cantare in sordina] s. m. ● Passeriforme a dorso grigio, fianchi rosso mattone e gola bianca a macchie nere, onnivoro e cantore melodioso (*Prunella collaris*).

-sóre ● V. *-tore.*

sorèlla [dal lat. *sŏror*, genit. *sorōris* 'sorella', di origine indeur., sul modello di *fratello*. V. *suora*] A s. f. *1* Ciascuna delle persone di sesso femminile nate dallo stesso padre e dalla stessa madre | (*dir.*) Parente di sesso femminile in linea collaterale di secondo grado | *S. germana*, nata dallo stesso padre e dalla stessa madre | *S. consanguinea*, nata dallo stesso padre ma da madre diversa | *S. uterina*, nata dalla stessa madre ma da padre diverso | *S. adottiva*, che trae il suo legame di sorellanza da un atto di adozione | *S. di latte*, allattata dalla medesima balia che allatta un'estranea | *Sembrare sorelle, assomigliarsi come sorelle*, essere molto simili | *Amarsi come fratello e s.*, di amore casto. *2* (*fig.*) Cosa dotata di natura affine ad altra: *la malignità è s. dell'invidia.* *3* Suora. || **sorellina**, dim. | **sorellóna**, accr. | **sorellùccia**, dim. B in funzione di agg. ● (posposto al s.) Che ha relazione di affinità con altra cosa simile: *arti, città, nazioni, lingue, sorelle* | (*fig.*) *Le sette sorelle*, le sette maggiori società petrolifere del mondo.

sorellànza s. f. *1* Relazione naturale e civile che intercorre tra sorelle. *2* (*est.*) Reciproco legame fra cose simili: *la s. delle lingue neolatine.*

sorellàstra s. f. ● Sorella che ha in comune con gli altri figli della stessa famiglia solo il padre o la madre.

†**sorellévole** [da *sorella*] agg. ● Da sorelle, come si conviene tra sorelle. || †**sorellevolménte**, avv. Da sorella, con affetto di sorella.

sorgènte (*1*) part. pres. di *sorgere* (*1*); anche agg. ● Nei sign. del v.

sorgènte (*2*) [f. sost. del precedente] s. f. *1* Acqua che sgorga dal terreno: *una fresca s.* | Punto in cui l'acqua scaturisce dal terreno: *le sorgenti del Tevere; acqua di s.* SIN. Fonte. *2* (*fis.*) Corpo che emette onde elettromagnetiche o elastiche o radiazioni corpuscolari e sim.: *s. luminosa, di elettroni* | *S. di energia*, corpo potenzialmente atto a fornire energia | Punto di un particolare campo vettoriale da cui fuoriescano le linee di flusso. *3* (*fig.*) Origine, causa: *l'odio è s. di ogni male; quel lavoro è una s. di ricchezza* | *Risalire alla s.*, indagare la genesi di q.c., ricercare le cause di un fatto.

sorgentìfero [comp. di *sorgente (2)* e *-fero*] agg. ● Che si riferisce alle sorgenti di un corso d'acqua | *Bacino s.*, area nella quale sgorgano le sorgenti di un corso d'acqua. SIN. Sorgentizio.

sorgentìzio [da *sorgente (2)*] agg. ● Sorgentifero.

sorgènza [da *sorgere*] s. f. ● (*lett.*) Atto del sorgere | Il punto in cui sgorga una vena d'acqua naturale. CFR. Sgorgo, scaturigine.

sórgere (*1*) o †**sùrgere** [lat. *sŭrgere*, forma sincopata di *subrĭgere* 'alzarsi', comp. di *sŭb* 'sotto' e *rĕgere* 'reggere, dirigere'] A v. intr. (pres. *io sórgo, tu sórgi*; pass. rem. *io sórsi, tu sorgésti*; part. pass. *sórto*; aus. *essere*) *1* Alzarsi, levarsi, da sedere o da giacere, detto di persone: *s. a parlare; s. dal letto* | Insorgere: *voi stesso sorgete a condannare la vostra vita* (MANZONI). *2* Stare in posizione alta, eretta, detto di cose: *il monte sorge maestoso; la villa sorge in montagna.* *3* Riapparire all'orizzonte per effetto della rotazione della Terra, detto degli astri: *il Sole non è ancora sorto* | Spuntare: *è sorto un nuovo giorno.* *4* Scaturire, detto di acqua o corsi d'acqua: *un ruscello sorge dal sasso.* *5* (*fig.*) Nascere, venire a crearsi: *mi è sorto un sospetto; sono sorte complicazioni* | Venir su improvvisamente: *sorse una tempesta; è sorto un incendio.* *6* (*fig.*) Assurgere, elevarsi: *s. a grande potenza* | Progredire: *s. in fama, in ricchezza.* B s. m. solo sing. ● Il riapparire degli astri all'orizzonte: *vedere il s. del Sole.*

†**sórgere** (*2*) [dal catalano *surgir* 'ancorare, approdare', propriamente 'sorgere (dal mare)'] v. intr. ● Ancorarsi | (*mar.*) *S. sulle ancore, su un'ancora*, essere alla fonda.

†**sorgévole** agg. ● (*lett.*) Che sorge.

†**sorgiménto** s. m. ● Modo e atto del sorgere, nel sign. di *sorgere* (*1*).

sorgitóre s. m. (f. *-trice* nel sign. 1) *1* †Chi sorge. *2* (*mar.*) Ancoraggio in rada o golfo in cui si può stare agevolmente alla fonda | Porto militare.

†**sorgiùngere** [comp. di *sor-* e *giungere*] v. intr. ● Sopraggiungere: *nova saetta ecco sorgiunge* (TASSO).

sorgiva [f. sost. di *sorgivo*] s. f. ● (*lett.*) Sorgente d'acqua.

sorgìvo [da *sorgere* (*1*)] agg. *1* Di sorgente: *acque sorgive.* *2* (*fig.*) Fresco, spontaneo: *stile s.*

sórgo (*1*) [lat. *sŭricu(m)* (*grānu(m)*) '(grano) di Siria', da *Sŭria*, variante di *Sўria* 'Siria'] s. m. (pl. *-ghi*) ● (*bot.*) Saggina.

†**sórgo** (*2*) ● V. *sorcio.*

†**sorgozzóne** ● V. *sergozzone.*

soriàno [dall'ant. *Soria*, dal lat. *Sŭria(m)*, variante del classico *Sўria(m)* 'Siria'] A s. m. (f. *-a*) ● Gatto di razza europea tigrata, pelo corto e di colore vario (fulvo, ardesia o argentato), dotato di forme massicce e di mantello striato. B anche agg.: *gatto s.*

†**sórice** ● V. *sorcio.*

†**sòrico** ● V. *sorcio*.

sorìte [vc. dotta, dal lat. *sorīte(m)*, dal gr. *sōréitēs* 'sillogismo in massa', da *sōrós* 'cumulo'] **s. m.** ● (*filos.*) Polisillogismo | Acervo.

sormontaménto **s. m.** ● (*raro*) Atto del sormontare.

sormontàre [comp. di *sor-* e *montare*] **A v. tr.** (*io sormónto*) **1** Montare al disopra: *le acque hanno sormontato gli argini* | (*fig.*) Superare, vincere: *s. ostacoli, contrarietà, competitori*. **2** Nella ginnastica, superare un ostacolo o un attrezzo ponendovi sopra il piede. **B v. intr.** (aus. *essere*) **1** †Elevarsi, innalzarsi: *poi che sormonta riscaldando il sole* (PETRARCA) | Salire di grado, d'importanza: *allora cominciò a s. Messer Maffeo Visconti* (COMPAGNI). **2** Sovrapporsi con la dovuta precisione, detto di lembi di stoffa: *i davanti della giacca non sormontano*. **3** †Passare, sorvolare.

sormontàto **part. pass.** di *sormontare*; anche **agg.** **1** Nei sign. del v. **2** (*arald.*) Detto di scudo o figura che ne ha un'altra posta sopra.

†**sormontatóre** **s. m.**; anche **agg.** (f. *-trice*) ● Chi, che sormonta.

sornacchiàre [dal longob. *snarhhjan* 'russare'; V. ted. *schnarchen*] **v. intr.** (*io sornàcchio*; aus. *avere*) **1** †Fare sornacchi. **2** (*dial.*) Russare, ronfare.

†**sornàcchio** o †**sarnàcchio** [da *sornacchiare*] **s. m.** ● Sputo catarroso.

sornióne [di etim. incerta: dal lat. **sŭrnia* 'civetta' (?)] **A agg.** ● Che non lascia trapelare quel che sente, pensa o sim. tenendo un atteggiamento apparentemente tranquillo e indifferente. **B s. m.** (f. *-a*) ● Persona sorniona: *dinanzi agli altri la sorniona mi dava del lei* (SVEVO). || **sornionàccio**, **pegg.**

sòro (**1**) [vc. dotta, dal gr. *sōrós* 'mucchio', di origine indeur.] **s. m.** ● (*bot.*) Ciascuna delle formazioni simili a prominenze rossastre formate da un gruppo di sporangi e situate sulla pagina inferiore delle foglie delle felci.

†**sòro** (**2**) [dall'ant. fr. *sor*, lat. mediev. *sāuru(m)* 'giallo-bruno', dal francone *saur* 'giallastro, arido'] **agg.** **1** Semplice, ingenuo, inesperto, sciocco. **2** Sauro: *un gran destrier di pelo s.* (BOCCACCIO). || †**soraménte**, **avv.** Scioccamente, senza esperienza.

sororàle [da †*sorore*] **agg.** ● (*lett.*) Di, da sorella: *affetto s.*

sororàto [dal lat. *sŏror*, genit. *sorōris* 'sorella' (V. †*sorore*), sul modello di *matriarcato* e sim.] **s. m.** ● (*antrop.*) Istituzione, presente in numerosi popoli primitivi, che prevede l'unione del vedovo con la sorella della moglie defunta.

†**soróre** [lat. *sorōre(m)* 'sorella', di origine indeur.] **s. f.** ● (*lett.*) Sorella.

sororicìda [vc. dotta, lat. *sororicīda(m)*, comp. di *sŏror*, genit. *sorōris* 'sorella' (V. †*sorore*) e *-cīda*] **A s. m. e f.** (pl. m. *-i*) ● Uccisore della propria sorella. **B agg.** ● Che si riferisce a chi uccide una sorella.

sororicìdio [da *sororicida*] **s. m.** ● Uccisione della propria sorella.

soròsio [vc. scient. moderna, dal gr. *sōrós* 'mucchio', con *-osio*. V. *soro* (*1*)] **s. m.** ● (*bot.*) Infruttescenza formata da drupe saldate fra loro.

sorpassàre [comp. di *sor-* e *passare*, sul modello del fr. *surpasser*] **v. tr.** **1** Superare: *s. qc. in altezza*; *s. qc. di un palmo*; *l'acqua sorpassa il livello ordinario*. **2** Detto di veicoli, oltrepassare un altro veicolo compiendo un'apposita manovra (*anche ass.*): *s. un camion*; *non si può s. sulla destra*. **3** (*fig.*) Sopravanzare: *s. qc. in intelligenza* | *S. il limite, ogni limite, i limiti*, eccedere.

sorpassàto **A part. pass.** di *sorpassare*; anche **agg.** **1** Nei sign. del v. **2** Superato, non più attuale: *mentalità sorpassata*. **B s. m.** (f. *-a*) ● Chi è già stato superato da altri nelle concezioni: *siete ormai dei sorpassati in questo campo*.

sorpàsso **s. m.** ● Atto del sorpassare, spec. veicoli: *effettuare un s.* | *Divieto di s.*, segnalato da apposito cartello o da una striscia continua doppia o semplice sulla carreggiata | (*fig.*) Il fatto di sopravanzare qc. in una classifica, in una competizione e sim.: *s. del Milan ai danni dell'Inter*; *s. elettorale*.

sorprendènte **part. pres.** di *sorprendere*; anche **agg.** **1** Nei sign. del v. **2** Che provoca meraviglia, sorpresa, stupore: *avvenimento, fatto, s.* | (*est.*) Eccezionale: *la cura dà effetti sorprendenti*. || **sorprendenteménte**, **avv.** In modo sorprendente; meravigliosamente.

sorprèndere o (*raro*) †**sopprèndere** [comp. di *sor-* e *prendere*, propriamente 'prendere dal di sopra'] **A v. tr.** (coniug. come *prendere*) **1** Prendere a un tratto, improvvisamente: *il temporale l'ha sorpreso per strada*; *la morte lo sorprese mentre scriveva*. **2** Cogliere all'improvviso, spec. durante il compimento di q.c. di disonesto o che si vorrebbe tenere nascosto: *l'ha sorpreso a fumare*; *l'hanno sorpreso sul fatto*; *sorpresero il ladro in flagrante* | *S. la buona fede di qc.*, ingannarlo. **3** Meravigliare vivamente (*anche ass.*): *la sua imprudenza ci sorprende*; *mi sorprende che tu sia mancato all'appuntamento*; *ciò che più sorprende è il suo carattere*. **B v. intr. pron.** ● Meravigliarsi, stupirsi vivamente: *non si sorprende più di nulla*.

†**sorprendiménto** [da *sorprendere*] **s. m.** ● Sorpresa.

sorprésa [f. sost. di *sorpreso*] **s. f.** **1** Atto del sorprendere: *fare una s. a qc.*; *una s. della polizia*; *che bella s.!* | *Di s.*, all'improvviso, senza preavviso: *agire di s.*; *cogliere, prendere, qc. di s.* **2** Cosa, fatto, che cagiona meraviglia, stupore, dolore, e sim.: *il tuo arrivo è proprio una s.*; *ha avuto la sgradita s. di non trovare nessuno in casa*; *che brutta s. mi hai fatto!* | Piccolo dono contenuto nelle uova di cioccolato che si regalano a Pasqua. **3** Meraviglia, stupore: *ho saputo la notizia con grande s.*; *ho provato viva s. nell'apprendere la notizia*; *mi aveva veduto in viso un lampo di s.* (FOGAZZARO). || **sorpresina**, **dim.** (V.).

sorpresìna **s. f.** **1** Dim. di *sorpresa*. **2** (*spec. al pl.*) Sorta di pasta piccola di forma conica.

sorpréso o †**sorprìso** **part. pass.** di *sorprendere*; anche **agg.** **1** Nei sign. del v. **2** †Preso in cambio. **3** †Occupato, compreso.

sórra [dal catalano *sorra*, dall'ar. *sorra* 'fianco di animale'] **s. f.** **1** (*tosc.*) Taglio di carne nella parte anteriore del vitello o del manzo. **2** Parte del tonno costituita dal ventre.

sorràdere [lat. tardo *subrādere* 'rasentare', comp. di *sŭb* 'sotto' e *rādere*] **v. tr.** (coniug. come *radere*) ● (*raro, lett.*) Raschiare, corrodere, leggermente: *nel riale / che l'accidie sorrade* (MONTALE).

†**sorrecchiàre** [comp. di *so-* e *(o)recchiare*] **v. intr.** ● Orecchiare, origliare.

sorrèggere [comp. di *so-* e *reggere*; V. il lat. *subrĭgere* 'sorreggere'] **A v. tr.** (coniug. come *reggere*) **1** Sostenere, reggere dal disotto: *sorreggi il bambino mentre si alza*; *un pilastro sorregge il palco*. **2** (*fig.*) Confortare, aiutare: *i suoi consigli mi sorreggono nel dolore*. **B v. rifl.** ● Tenersi ritto, reggersi in piedi: *non sorreggersi per il troppo vino bevuto*. **C v. intr. pron.** ● (*raro*) †Fermarsi.

†**sorreggiménto** **s. m.** ● Atto del sorreggere.

sorrentìno [lat. *Surrentīnu(m)*, da *Surrĕntum* 'Sorrento'] **A agg.** ● Di Sorrento | Della penisola di Sorrento. **B s. m.** (f. *-a*) ● Abitante, nativo di Sorrento.

†**sorrettìzio** ● V. *surrettizio*.

sorrètto **part. pass.** di *sorreggere*; anche **agg.** ● Nei sign. del v.

sorridènte **part. pres.** di *sorridere*; anche **agg.** ● Nei sign. del v. || **sorridenteménte**, **avv.**

sorrìdere [lat. *subridēre* 'sorridere', comp. di *sŭb* 'sotto' e *ridēre* 'ridere', con cambio di coniug.] **A v. intr.** (coniug. come *ridere*; aus. *avere*) **1** Ridere leggermente, pianamente, con un lieve movimento della bocca e degli occhi: *s. dolcemente, mestamente, ironicamente*; *s. di piacere, di compiacenza, di sdegno*; *s. di qc., di q.c.* **2** (*fig.*) Apparire favorevole, propizio, arridere: *la vita sorride ai fanciulli* | Apparire tale da ispirare letizia, serenità: *tutta la città sorride nel sole*. **3** (*fig.*) Destare piacere, riuscire gradito: *l'idea di partire mi sorride*. **B v. tr.** **1** (*lett.*) Dire sorridendo: *una parola sorridono: 'Pace!'* (PASCOLI). **2** (*lett., col compl. dell'ogg. interno*) Manifestare un sentimento mediante il sorriso: *sorrise il buon Tancredi un cotal riso / di sdegno* (TASSO). **C v. rifl. rec.** ● Scambiarsi reciprocamente sorrisi: *i due si sorrisero*.

sorrisétto **s. m.** **1** Dim. di *sorriso* (*1*). **2** Sorriso privo di benevolenza o spontaneità: *un s. di circostanza*; *un s. sarcastico*.

sorrìso (**1**) [da *sorridere*, sul modello di *riso*] **s. m.** **1** Modo e atto del sorridere: *s. dolce, amabile, mesto, malinconico*; *inaspettati sorrisi storti e gialli* (CALVINO); *s. di gioia, di sdegno, di compassione*; *fare, abbozzare, un s.*; *avere un bel s.*; *avere sempre il s. sulle labbra*; *avere un s. per tutti*. **2** (*fig., lett.*) Letizia, bellezza: *il s. della natura*. || **sorrisétto**, **dim.** (V.) | **sorrisìno**, **dim.**

sorrìso (**2**) **part. pass.** di *sorridere*; anche **agg.** ● (*raro, poet.*) Nei sign. del v.

†**sorrogàre** e *deriv.* ● V. *surrogare* e *deriv.*

sorsàre [da *sorso*] **v. tr.** (*io sórso*) ● (*raro*) Bere a sorsi, sorseggiare.

sorsàta [da *sorso*] **s. f.** ● Quantità di liquido bevuta in un sorso. || **sorsatina**, **dim.**

sorseggiàre [da *sorsare*, con suff. iter.-ints.] **v. tr.** (*io sorséggio*) ● Bere a piccoli sorsi, centellinare: *s. un liquore*.

sórso [lat. parl. **sōrsu(m)*, nt. sost. di **sōrsus* per il classico *sŏrptus*, part. pass. di *sorbēre* 'sorbire'] **s. m.** **1** Quantità di liquido che si beve in una volta: *un s. d'acqua, di vino*; *bere q.c. a piccoli sorsi*; *bere q.c. a lunghi sorsi* | *In un s.*, tutto in una volta | *A s. a s.*, poco alla volta (*anche fig.*). **2** (*est.*) Piccola quantità di liquido: *vorrei un s. d'acqua*. || **sorsellino**, **dim.** | **sorsèllo**, **dim.** | **sorsettino**, **dim.** | **sorsétto**, **dim.** | **sorsino**, **dim.**

sort /sɔrt, *ingl.* sɔːt/ [vc. ingl., propr. 'classe, ordinamento', di orig. lat.] **s. m. inv.** ● (*elab.*) Ordinamento di una serie di dati secondo un criterio prestabilito.

sòrta (**1**) o (*tosc.*) †**sòrte** (**2**) [dall'ant. fr. *sorte*, prob. dal lat. parl. **sŏrta(m)* per *sŏrs*, genit. *sŏrtis* 'sorte'] **s. f.** (pl. *sorte*, raro *sorti*, pop. dial. *sorta*) **1** Specie, qualità, genere: *ogni s. di gente*; *gente di ogni s.*; *questa s. di persone non mi piace*; *che s. di uomo è?*; *libri di tutte le sorte* | (*ell.*) *Di s.*, di nessun tipo, di nessuna specie: *non c'è spesa di s.*; *senza spesa di s.* | (*tosc., raro*) *In sorte*, in assortimento: *abiti in sorte*. **2** †Capitale, patrimonio. **3** (*raro*) †Progenie, razza.

†**sòrta** (**2**) ● V. *sorte* (*1*).

sòrte (**1**) o †**sòrta** (**2**) [lat. *sŏrte(m)* 'sorte', in origine 'tavoletta di legno per tirare a sorte', connesso con *sĕrere* 'allineare (le tavolette per il sorteggio)'. V. *serie*] **s. f.** **1** Ipotetica forza misteriosa e sovrumana che si immagina presiedere agli avvenimenti umani e regolarne, secondo sue leggi imperscrutabili, lo svolgimento: *la s. ha voluto così*; *la s. volle che ...*; *sperare nella s.*; *affidarsi, rimettersi, alla s.*; *essere in balia della s.*; *buona, cattiva, mala, s.*; *s. favorevole, sfavorevole, contraria, avversa, nemica*; *la mala s. ha voluto così*; *la buona s. volle che ...*; *sperare nella buona s.*; *imprecare contro la mala s.* | *Tentare la s.*, tentare la fortuna, spec. al gioco. **SIN.** Caso, destino, fato. **2** Condizione, stato, che la sorte riserba agli uomini: *essere contento, scontento, della propria s.*; *compiacersi, lamentarsi, della propria s.*; *avere una buona, una cattiva, s.*; (*lett.*) *le sorti della patria*; *avrei potuto io chiuderla con me nel vuoto della mia s.?* (PIRANDELLO) | *Avere, toccare in s.*, possedere, ottenere, q.c. indipendentemente dalla propria volontà: *ha avuto in s. una grande intelligenza* | †*Avere s.*, avere una sorte favorevole | Vita, condizione, futura: *decidere della s. di qc.*; *so quale sarà la mia s.*; *la tua s. è già segnata* | *Abbandonare qc. alla sua s.*, a quello che sarà il suo destino, senza soccorrerlo, consigliarlo, e sim. **3** Evento fortuito, caso imprevisto: *ebbe la s. di conoscerlo* | *Per s.*, per caso: *si trovò per s. a passare di lì* | *A s.*, a caso: *fanciulli, donne, uomini, vecchi, ... si radunavano a s.* (MANZONI) | *Estrarre, tirare, a s.*, sorteggiare: *tiriamo a s. chi deve pagare*. **4** †Sortilegio, pronostico, oracolo | Mezzo o strumento con cui è tratto l'oracolo | *Gettare le sorti*, lanciare tessere, sassi, astragali o altri mezzi oracolari per trarne il presagio.

†**sòrte** (**2**) ● V. *sorta* (*1*).

sorteggiàbile **agg.** ● Che si può sorteggiare.

sorteggiàre [da *sorte* (*1*), con suff. iter.-ints.] **A v. tr.** (*io sortéggio*) ● Scegliere qc. o q.c., assegnare q.c. a qc., mediante metodi basati sulla sorte: *s. i nuovi consiglieri, i numeri della tombola*; *s. i premi di una lotteria*. **B v. intr.** ● †Prendere l'augurio, l'auspicio.

sortéggio **s. m.** ● Atto del sorteggiare: *fare il s.*; *assegnare q.c. per s.*

†**sortière** [sovrapposizione di *sorte* (*1*) a un deriv. dell'ant. fr. *sorcier*, da *sŏrs*, genit. *sŏrtis* 'sorte'] **s. m.** (f. *-a*) ● Chi fa sortilegi.

BICICLETTA

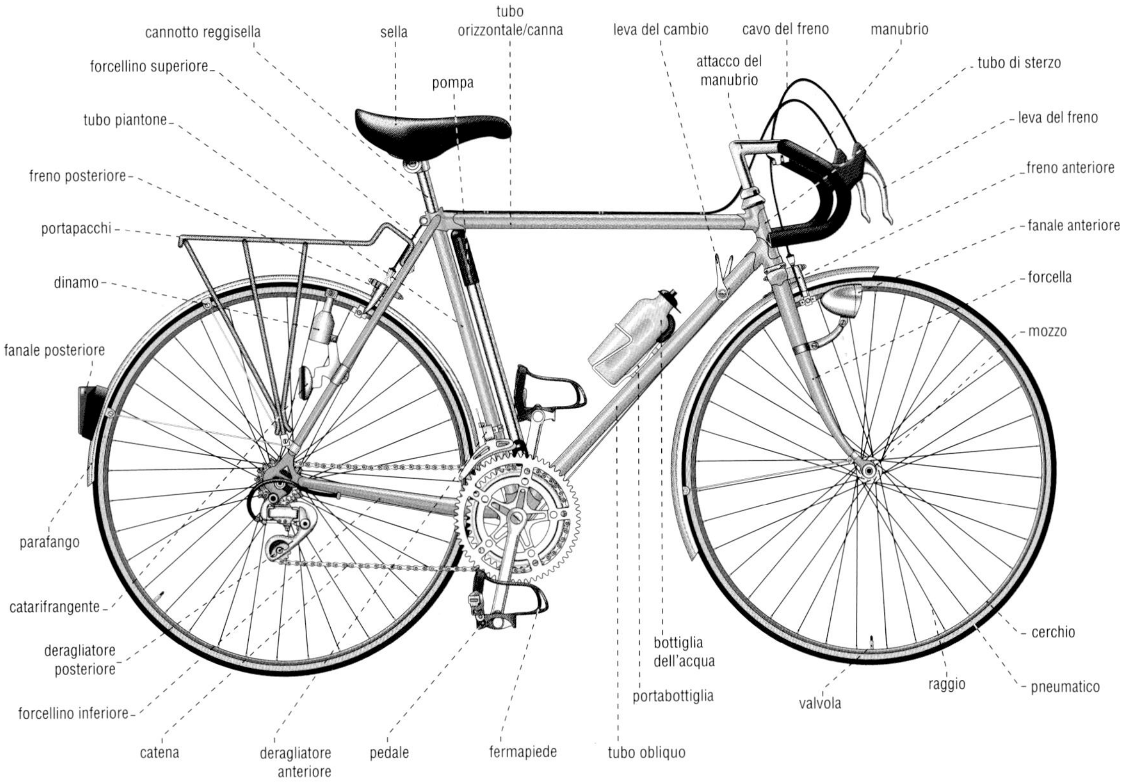

cannotto reggisella
sella
tubo orizzontale/canna
leva del cambio
cavo del freno
manubrio
forcellino superiore
pompa
attacco del manubrio
tubo di sterzo
tubo piantone
leva del freno
freno posteriore
freno anteriore
portapacchi
fanale anteriore
dinamo
forcella
fanale posteriore
mozzo
parafango
catarifrangente
cerchio
deragliatore posteriore
bottiglia dell'acqua
forcellino inferiore
portabottiglia
valvola
raggio
pneumatico
catena
deragliatore anteriore
pedale
fermapiede
tubo obliquo

ORGANI DI TRASMISSIONE

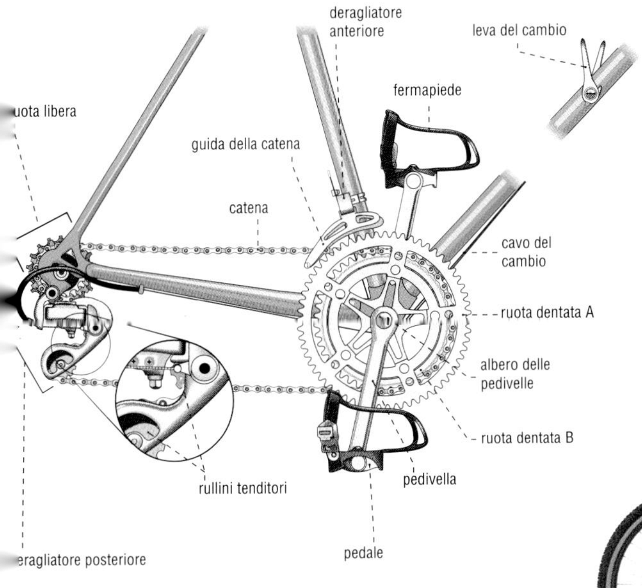

deragliatore anteriore
leva del cambio
fermapiede
ruota libera
guida della catena
catena
cavo del cambio
ruota dentata A
albero delle pedivelle
ruota dentata B
rullini tenditori
pedivella
pedale
deragliatore posteriore

Mountain bike.

MOTOCICLETTA

VISTA LATERALE

specchietto retrovisore
parabrezza
serbatoio
leva della frizione
cruscotto
lampeggiatore anteriore sinistro
proiettore
manopola
parafango anteriore
forcella telescopica anteriore
carenatura
pinza del freno a disco
cerchio
disco del freno
telaio
sella biposto
carburatore
cavalletto laterale
spoiler
motore
leva del cambio

CASCO DI PROTEZIONE

calotta
visiera
presa d'aria
protezione del mento
cerniera della visiera

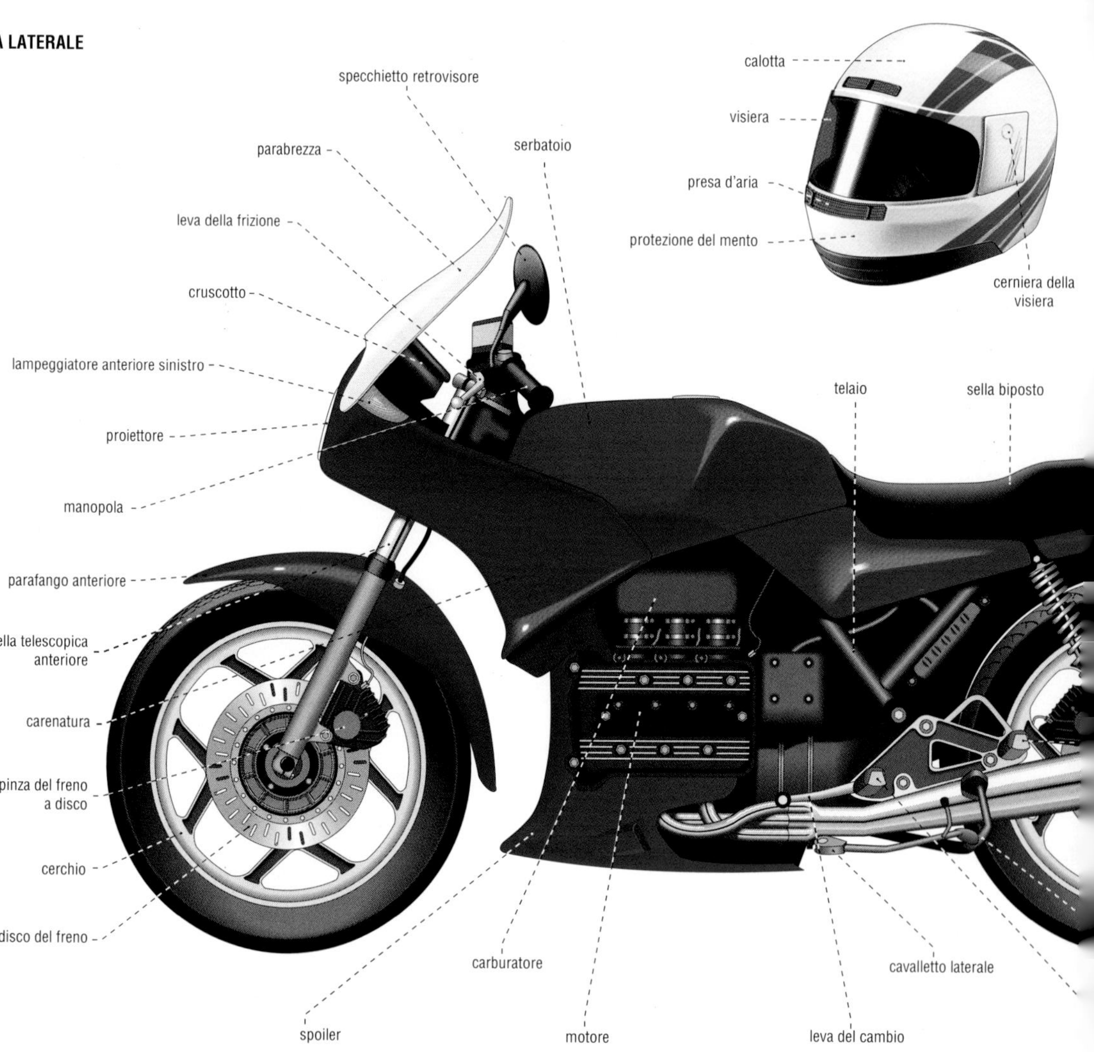

Ciclomotore.

Scooter.

VISTA DALL'ALTO

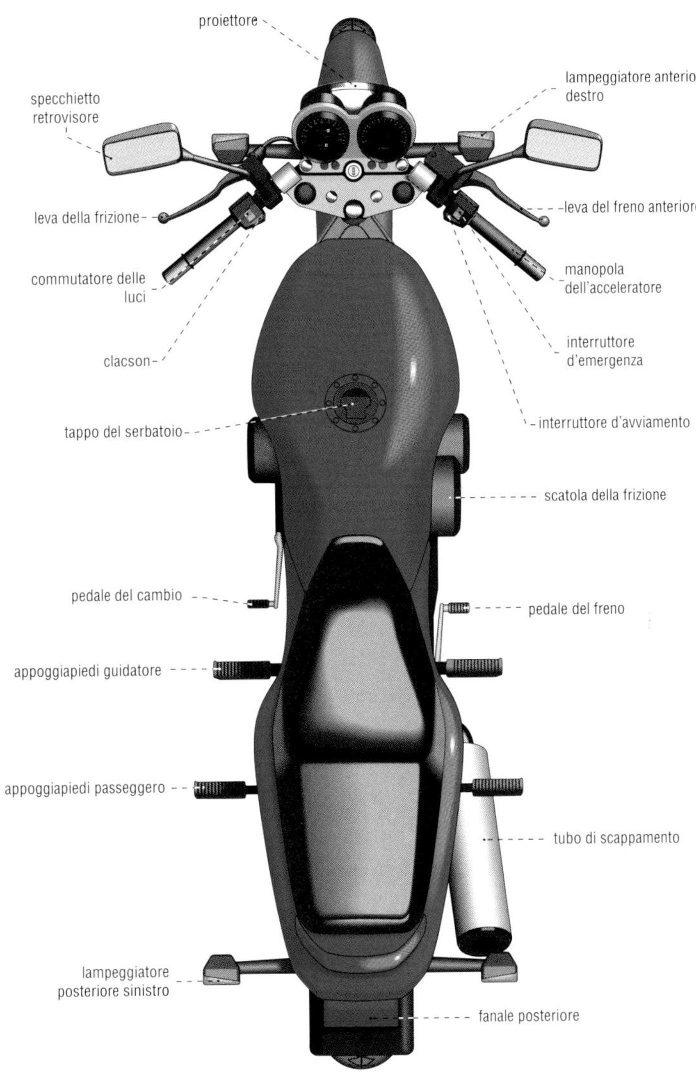
proiettore
lampeggiatore anteriore destro
specchietto retrovisore
leva della frizione
leva del freno anteriore
commutatore delle luci
manopola dell'acceleratore
interruttore d'emergenza
clacson
interruttore d'avviamento
tappo del serbatoio
scatola della frizione
pedale del cambio
pedale del freno
appoggiapiedi guidatore
appoggiapiedi passeggero
tubo di scappamento
lampeggiatore posteriore sinistro
fanale posteriore

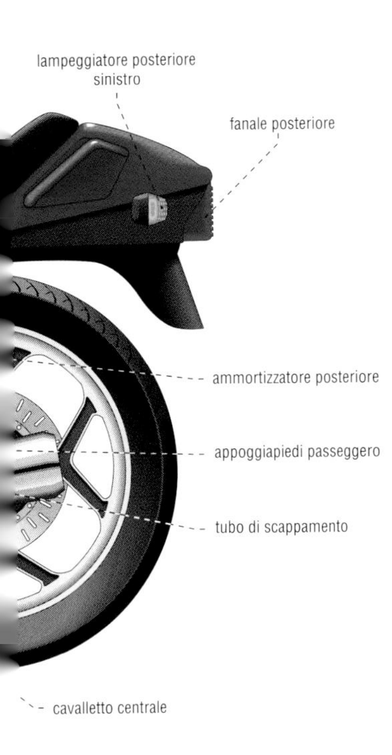
lampeggiatore posteriore sinistro
fanale posteriore
ammortizzatore posteriore
appoggiapiedi passeggero
tubo di scappamento
cavalletto centrale
ppoggiapiedi guidatore

CAGIVA

Enduro.

MOTO GUZZI
DAYTONA 1000

Maximoto.

AUTOMOBILE

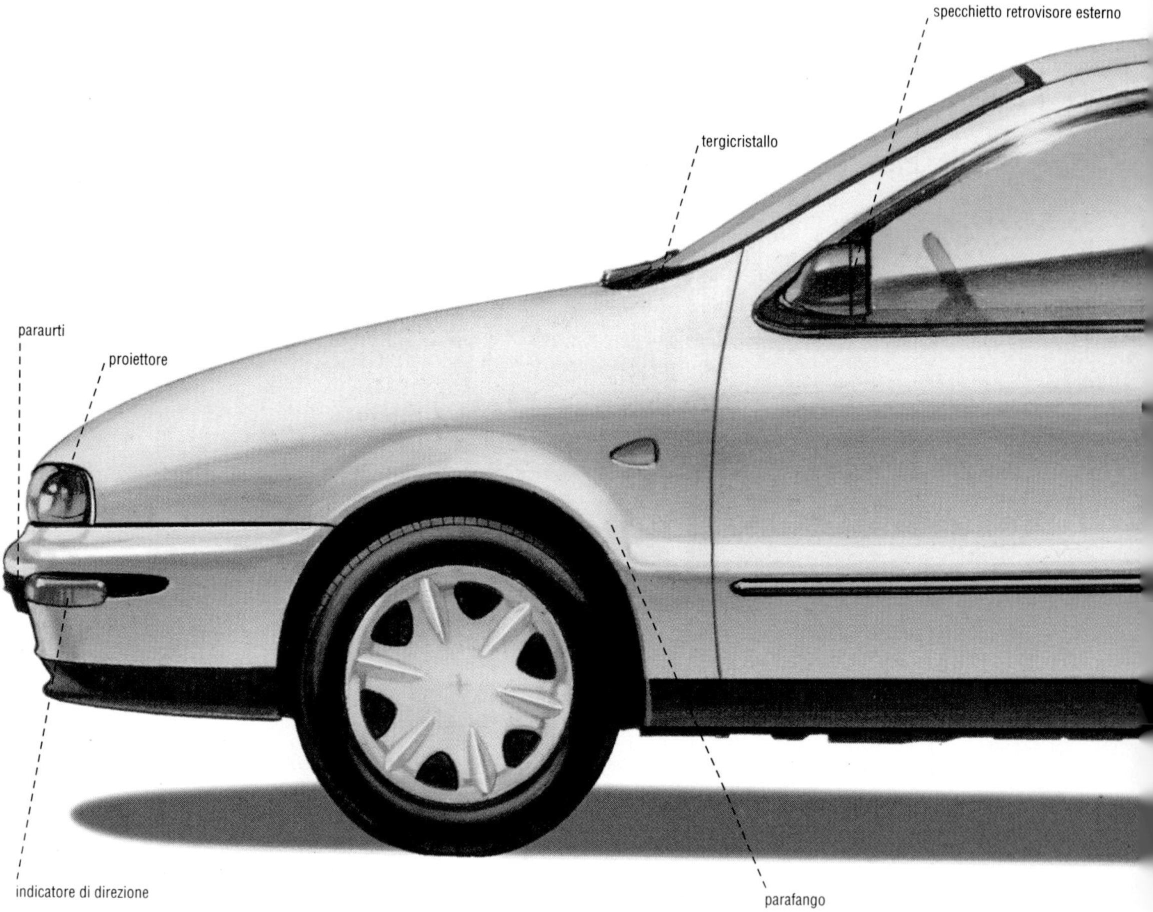

specchietto retrovisore esterno
tergicristallo
paraurti
proiettore
indicatore di direzione
parafango

specchietto retrovisore interno
parabrezza
tergicristallo
cofano
specchietto retrovisore esterno
proiettore abbagliante e anabbagliante
indicatore di direzione
griglia

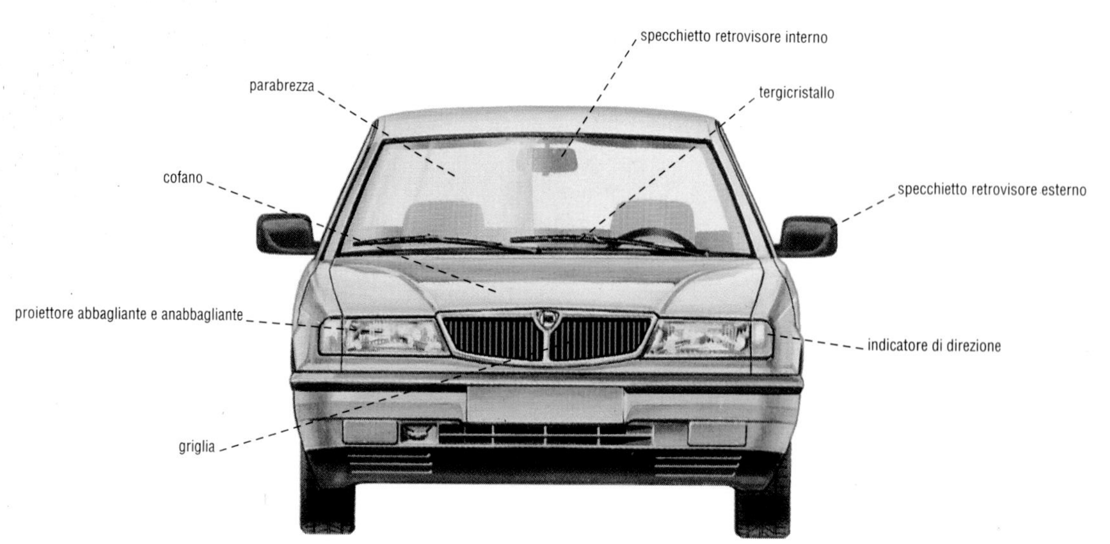

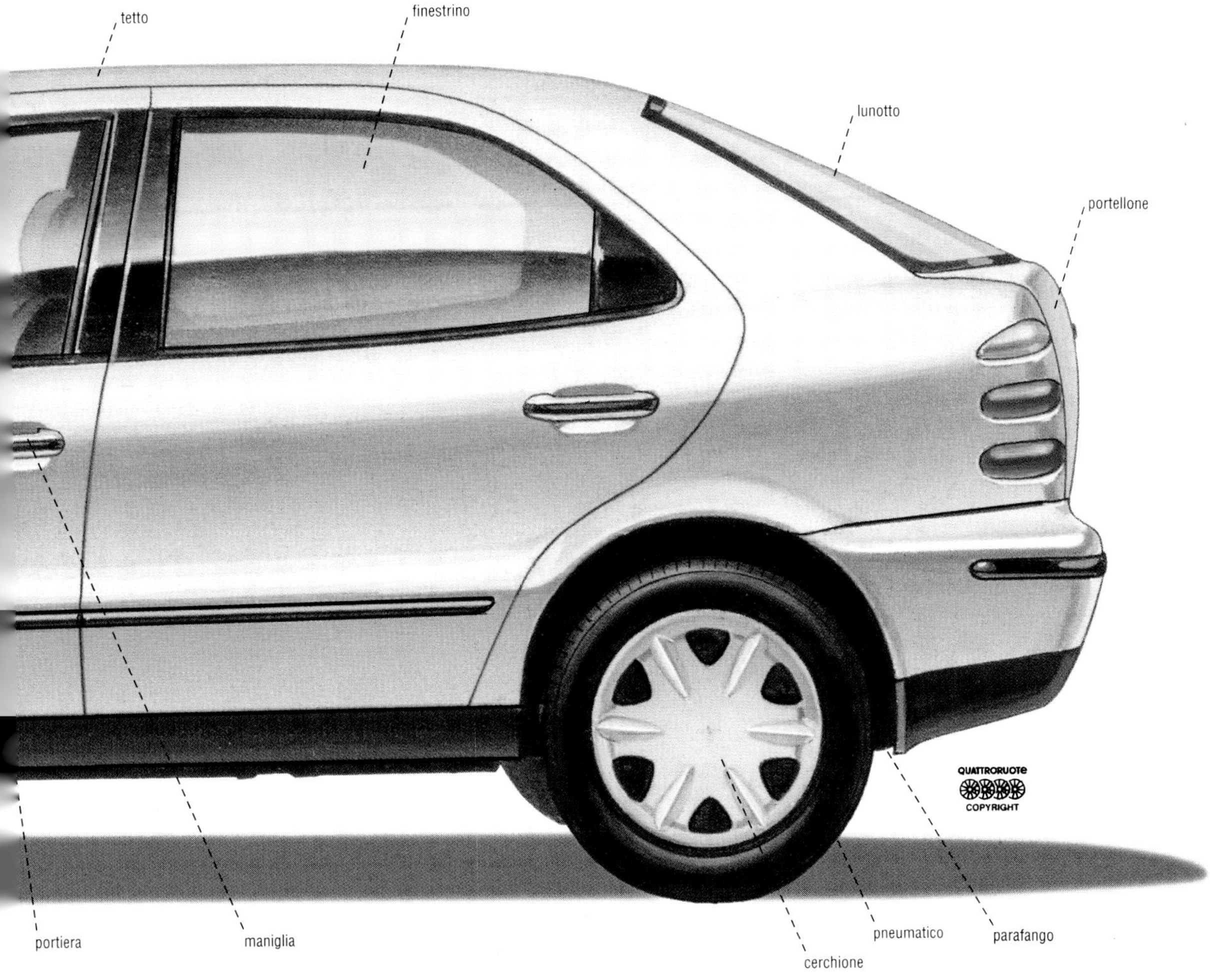

tetto
finestrino
lunotto
portellone
QUATTRORUOTE
COPYRIGHT
portiera
maniglia
pneumatico
parafango
cerchione

specchietto retrovisore interno
lunotto termico
specchietto
retrovisore esterno
indicatore di direzione
luce di posizione
e di arresto
luce di retromarcia
luce posteriore antinebbia

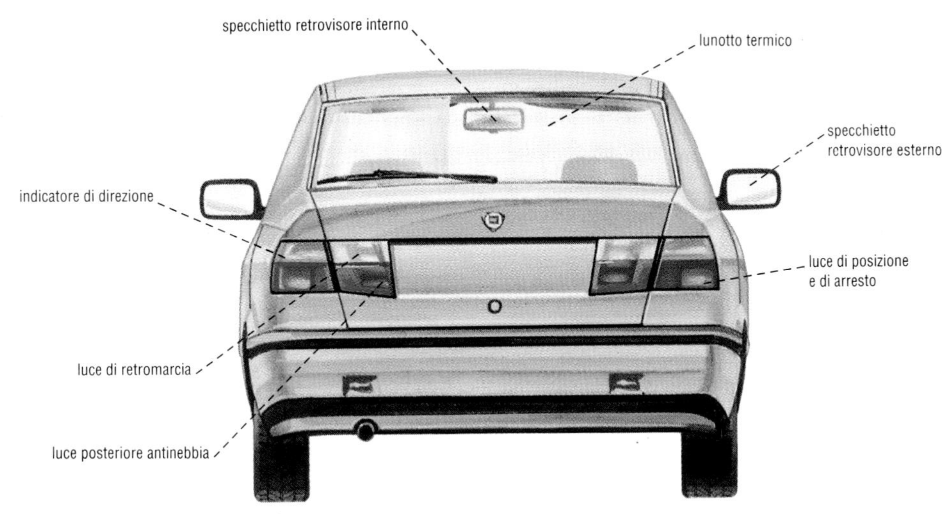

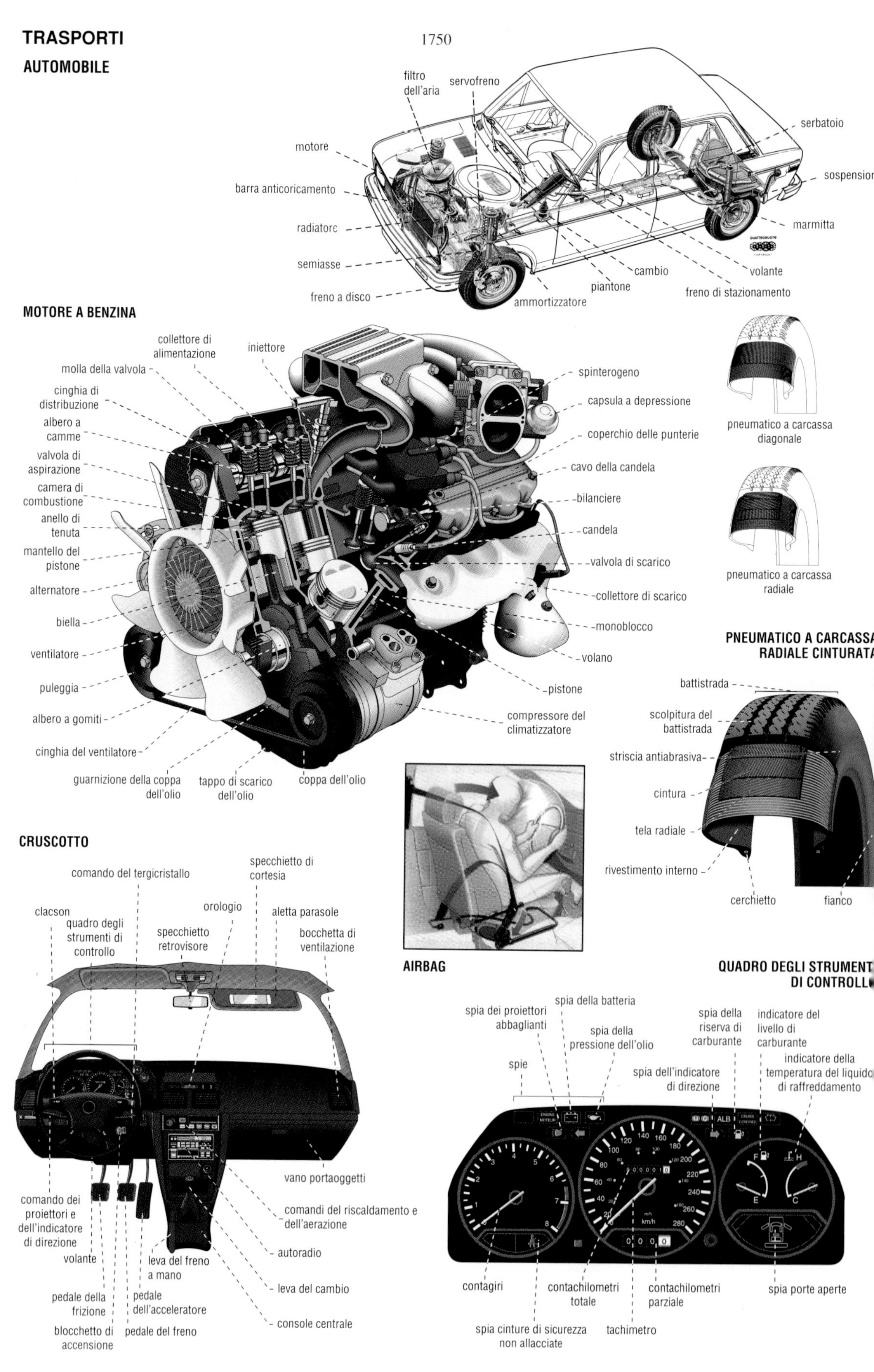
AUTOMOBILE
filtro dell'aria
servofreno
serbatoio
sospensione
marmitta
motore
barra anticoricamento
radiatore
semiasse
freno a disco
ammortizzatore
piantone
cambio
volante
freno di stazionamento
MOTORE A BENZINA
collettore di alimentazione
iniettore
molla della valvola
cinghia di distribuzione
albero a camme
valvola di aspirazione
camera di combustione
anello di tenuta
mantello del pistone
alternatore
biella
ventilatore
puleggia
albero a gomiti
cinghia del ventilatore
guarnizione della coppa dell'olio
tappo di scarico dell'olio
coppa dell'olio
spinterogeno
capsula a depressione
coperchio delle punterie
cavo della candela
bilanciere
candela
valvola di scarico
collettore di scarico
monoblocco
volano
pistone
compressore del climatizzatore
pneumatico a carcassa diagonale
pneumatico a carcassa radiale
PNEUMATICO A CARCASSA RADIALE CINTURATA
battistrada
scolpitura del battistrada
striscia antiabrasiva
cintura
tela radiale
rivestimento interno
cerchietto
fianco
AIRBAG
CRUSCOTTO
comando del tergicristallo
specchietto di cortesia
clacson
quadro degli strumenti di controllo
specchietto retrovisore
orologio
aletta parasole
bocchetta di ventilazione
vano portaoggetti
comandi del riscaldamento e dell'aerazione
autoradio
leva del cambio
console centrale
comando dei proiettori e dell'indicatore di direzione
volante
leva del freno a mano
pedale della frizione
pedale dell'acceleratore
blocchetto di accensione
pedale del freno
QUADRO DEGLI STRUMENTI DI CONTROLLO
spia dei proiettori abbaglianti
spia della batteria
spia della pressione dell'olio
spie
spia dell'indicatore di direzione
spia della riserva di carburante
indicatore del livello di carburante
indicatore della temperatura del liquido di raffreddamento
contagiri
contachilometri totale
contachilometri parziale
spia porte aperte
spia cinture di sicurezza non allacciate
tachimetro

AUTOMOBILE

city car

monovolume

station wagon

berlina

cabriolet

coupé

spider

granturismo

pick up

monoposto da competizione

fuoristrada

TRENO RAPIDO

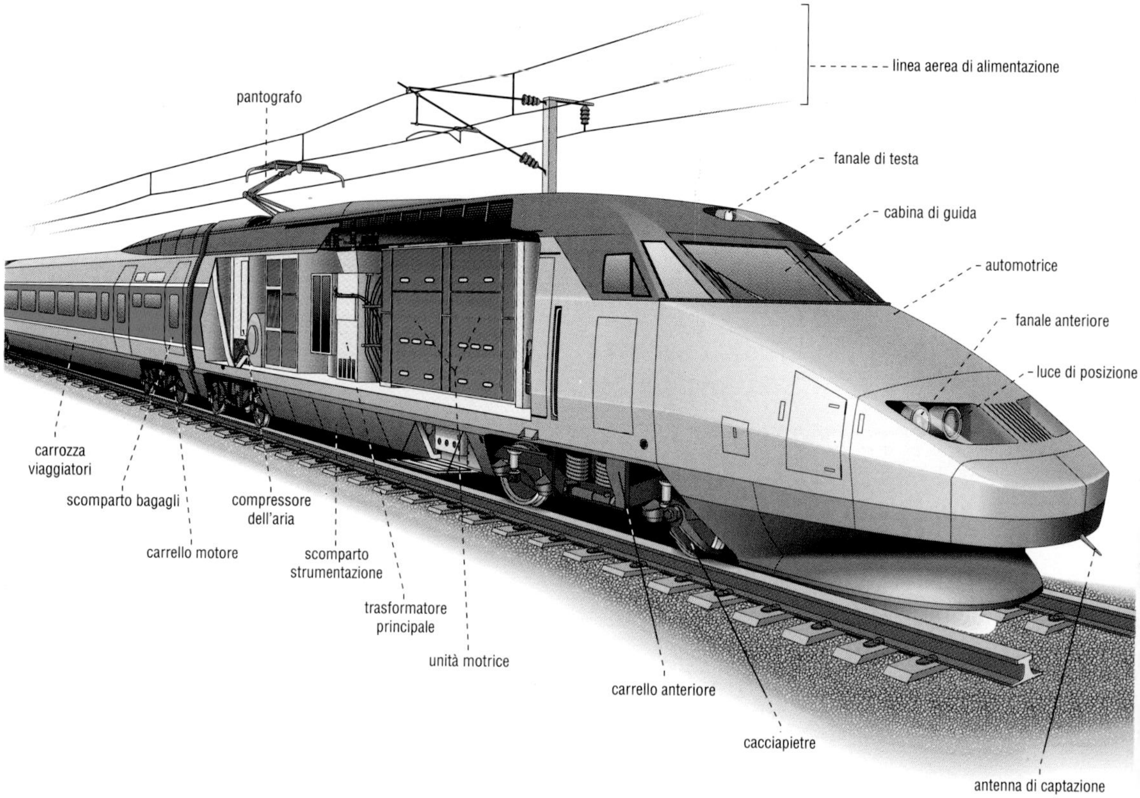

linea aerea di alimentazione
pantografo
fanale di testa
cabina di guida
automotrice
fanale anteriore
luce di posizione
carrozza viaggiatori
scomparto bagagli
compressore dell'aria
carrello motore
scomparto strumentazione
trasformatore principale
unità motrice
carrello anteriore
cacciapietre
antenna di captazione

SCAMBIO AUTOMATICO

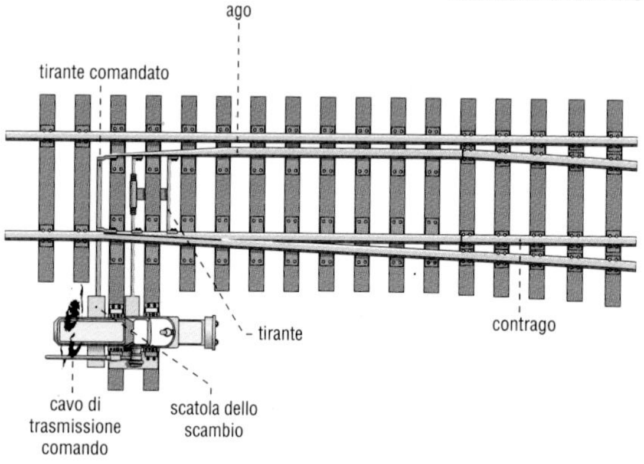

ago
tirante comandato
tirante
contrago
cavo di trasmissione comando
scatola dello scambio

SCAMBIO MANUALE

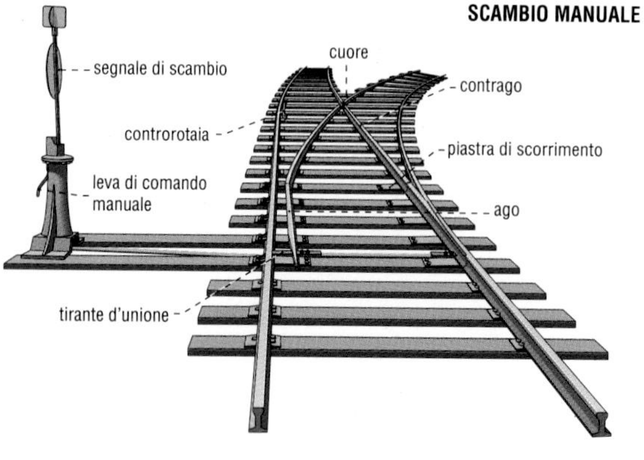

segnale di scambio
cuore
contrago
controrotaia
piastra di scorrimento
leva di comando manuale
ago
tirante d'unione

PASSAGGIO A LIVELLO

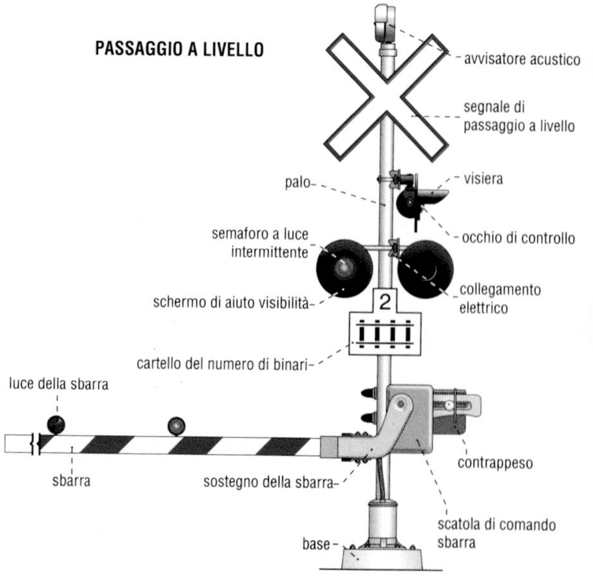

avvisatore acustico
segnale di passaggio a livello
palo
visiera
occhio di controllo
semaforo a luce intermittente
collegamento elettrico
schermo di aiuto visibilità
2
cartello del numero di binari
luce della sbarra
contrappeso
sbarra
sostegno della sbarra
scatola di comando sbarra
base

ETR 500 e la cabina di guida dell'ETR 450, il "Pendolino".

LOCOMOTIVA DIESEL-ELETTRICA

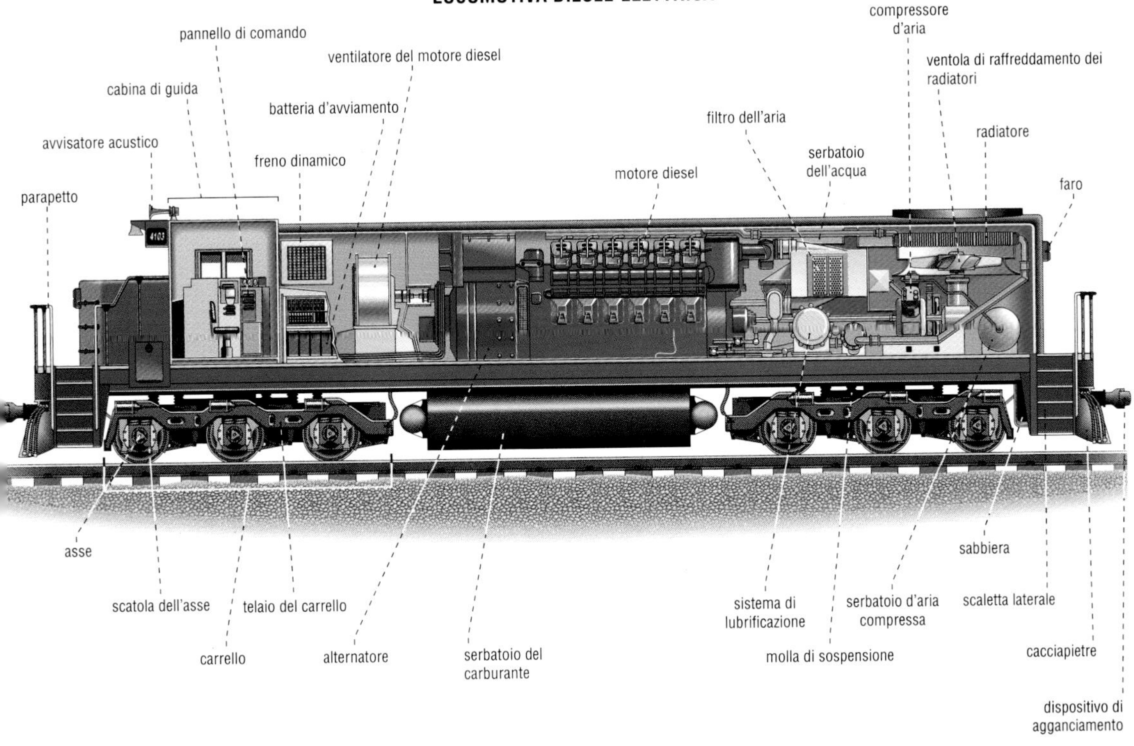

STAZIONE DI SMISTAMENTO

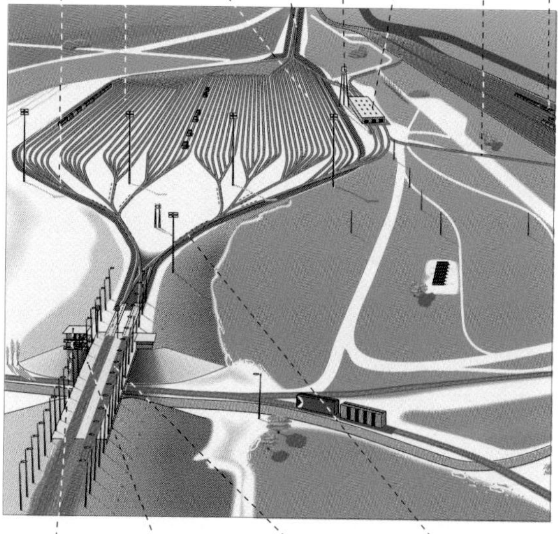

area di smistamento
binario di secondo smistamento
binario di uscita
area di lavaggio carrozze
officina di manutenzione
serbatoio d'acqua soprelevato
area ricevitrice
binario per le locomotive
cabina di controllo della parigina
sella di smistamento a gravità/parigina
binario di rampa
binario di primo smistamento

STAZIONE FERROVIARI

marciapiede
ponte pedonale
linea ferroviar principa
stazione
treno locale
passaggio a livello
linea locale
binario morto
semaforo
parcheggio
pensilina
respingente
cabina di manovra
ponte segnali
pilone
sottopassaggio
carro merci
scalo merci
binario di raccordo
scambio
officina riparazio locomotori dies

STAZIONE VIAGGIATORI

uffici
tettoia vetrata
tabellone degli orari
struttura metallica
carrello portabagagli
servizio pacchi
deposito bagagli
treno passeggeri
striscia di sicurezza
marciapiede viaggiatori
atrio
numero del binario
cancello d'entrata ai binari
orari
indicatore generale degli orari
destinazione
controllore
ingresso al marciapiede
controllo biglietti
cassette di deposito per bagagli
binario

PORTO

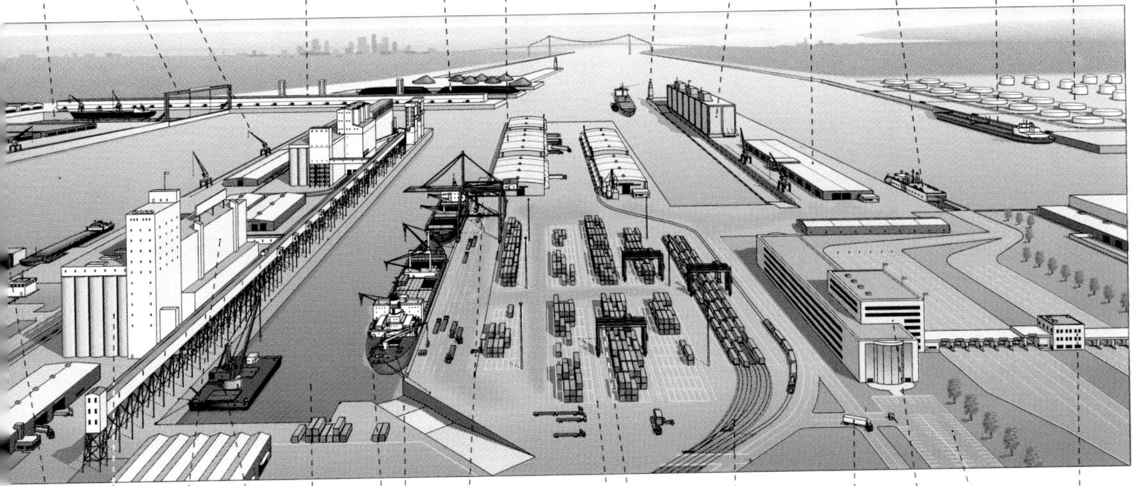

porta del bacino
bacino di carenaggio
gru mobile a braccio
banchina
capannoni merci in transito
terminal rinfuse
faro
magazzino frigorifero
terminal passeggeri
traghetto
petroliera
deposito petrolio
chiusa di un canale
silo
terminal cereali
gru su pontone
bacino
nave portacontainer
ponte di caricamento per container
scivolo di banchina
terminal container
gru a portale
scalo ferroviario
trasporto su strada
uffici
parcheggio
dogana

SEGNALI MARITTIMI

LANTERNA DI FARO

cappa di ventilazione
lampada ad incandescenza
anello diottrico
base della lampada
alloggiamento

cupola
lanterna
pannelli di vetro
ballatoio
torre

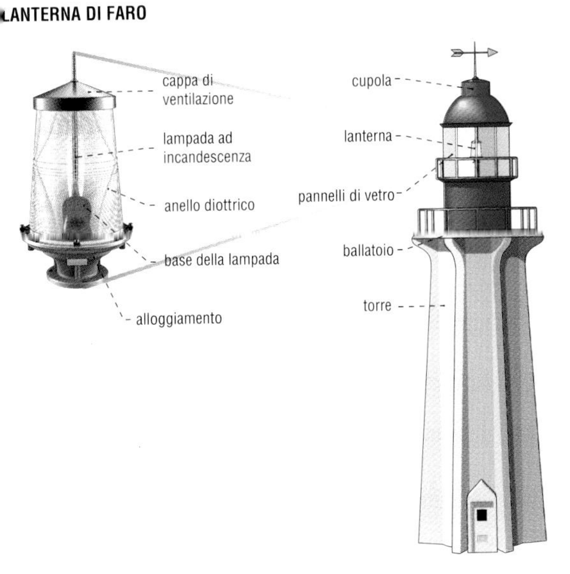

SISTEMA DI SEGNALAZIONE MARITTIMA PER MEZZO DI BOE

SEGNALAMENTO DEI PUNTI CARDINALI

miraglio conico
direzione dei punti
luce bianca
nord
nord-ovest
nord-est
ovest
est
sud-ovest
sud-est
acque sicure
pericolo
sud

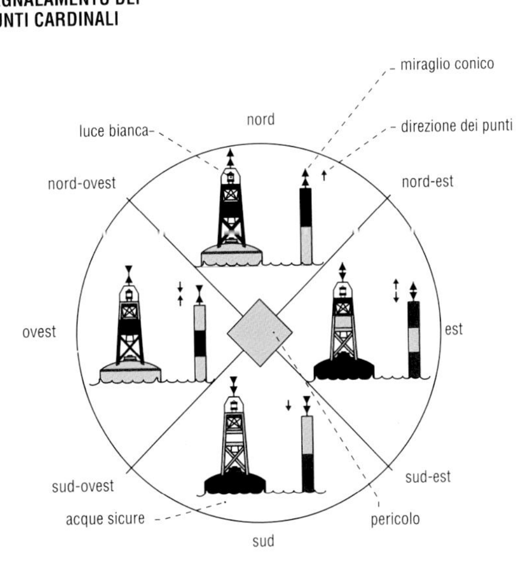

VELIERO A QUATTRO ALBERI

ALBERATURA

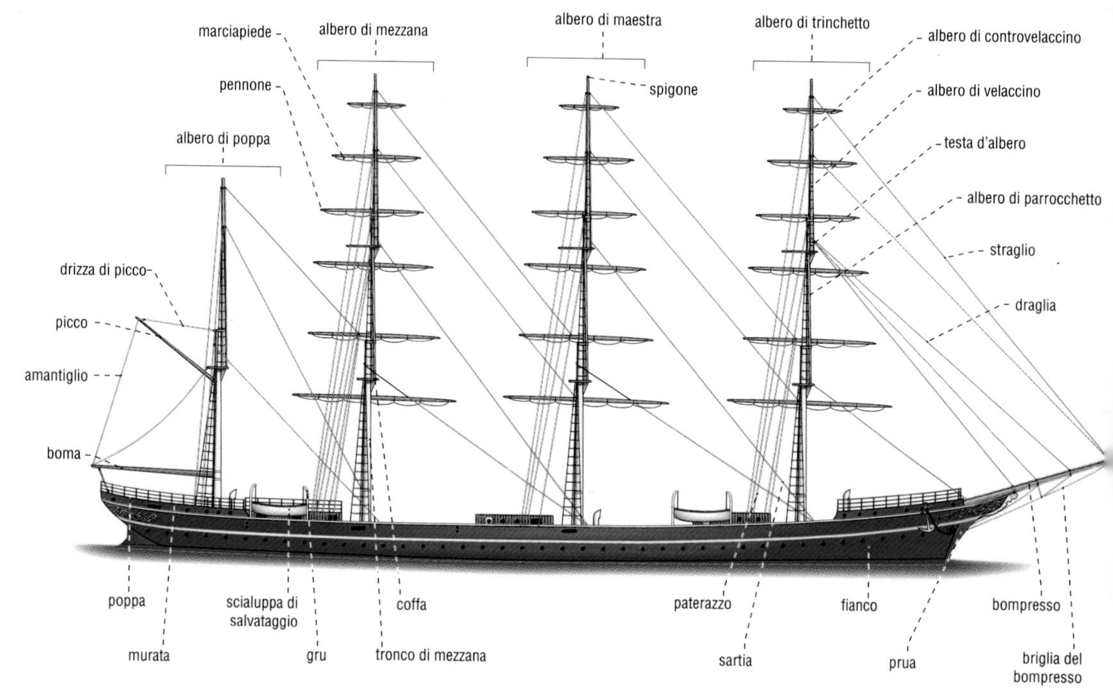
marciapiede
albero di mezzana
albero di maestra
albero di trinchetto
albero di controvelaccino
pennone
spigone
albero di velaccino
albero di poppa
testa d'albero
albero di parrocchetto
straglio
drizza di picco
draglia
picco
amantiglio
boma
poppa
scialuppa di salvataggio
coffa
paterazzo
fianco
bompresso
murata
gru
tronco di mezzana
sartia
prua
briglia del bompresso

TRANSATLANTICO

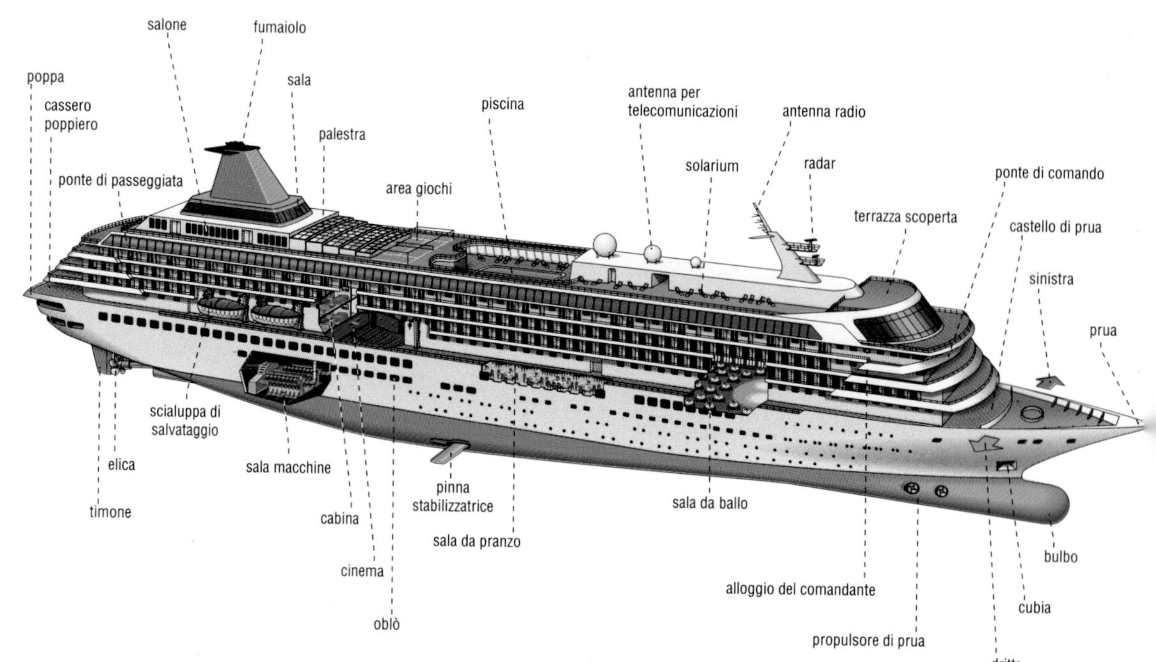
salone
fumaiolo
poppa
sala
cassero poppiero
piscina
antenna per telecomunicazioni
antenna radio
palestra
solarium
radar
ponte di passeggiata
ponte di comando
area giochi
terrazza scoperta
castello di prua
sinistra
prua
scialuppa di salvataggio
elica
sala macchine
timone
pinna stabilizzatrice
sala da ballo
cabina
sala da pranzo
bulbo
cinema
alloggio del comandante
cubia
oblò
propulsore di prua
dritta

VELE

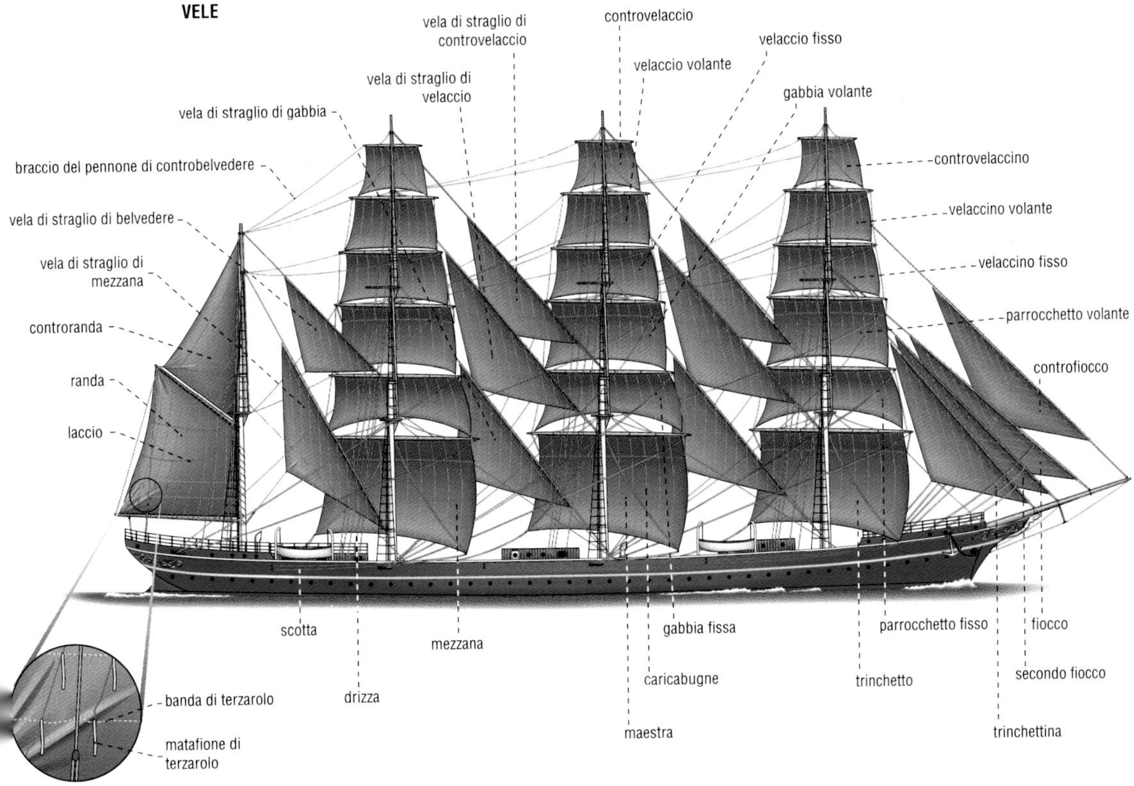

vela di straglio di controvelaccio
controvelaccio
velaccio fisso
velaccio volante
vela di straglio di velaccio
gabbia volante
vela di straglio di gabbia
braccio del pennone di controbelvedere
controvelaccino
vela di straglio di belvedere
velaccino volante
vela di straglio di mezzana
velaccino fisso
parrocchetto volante
controranda
controfiocco
randa
laccio
scotta
mezzana
gabbia fissa
parrocchetto fisso
fiocco
secondo fiocco
caricabugne
trinchetto
banda di terzarolo
drizza
maestra
trinchettina
matafione di terzarolo

NAVE-TRAGHETTO

ponte di comando
radar
antenna radio
antenna per telecomunicazioni
impianto di climatizzazione
portellone prodiero di carico
ristorante
ponte per le autovetture
sala passeggeri
rampa di accesso

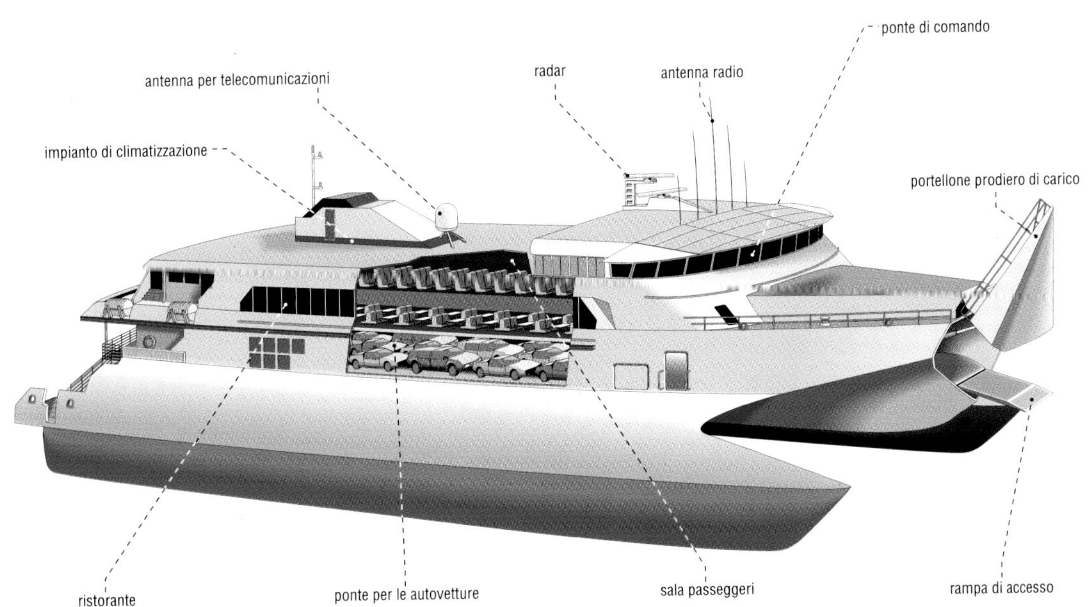

AVIOGETTO A LUNGO RAGGIO

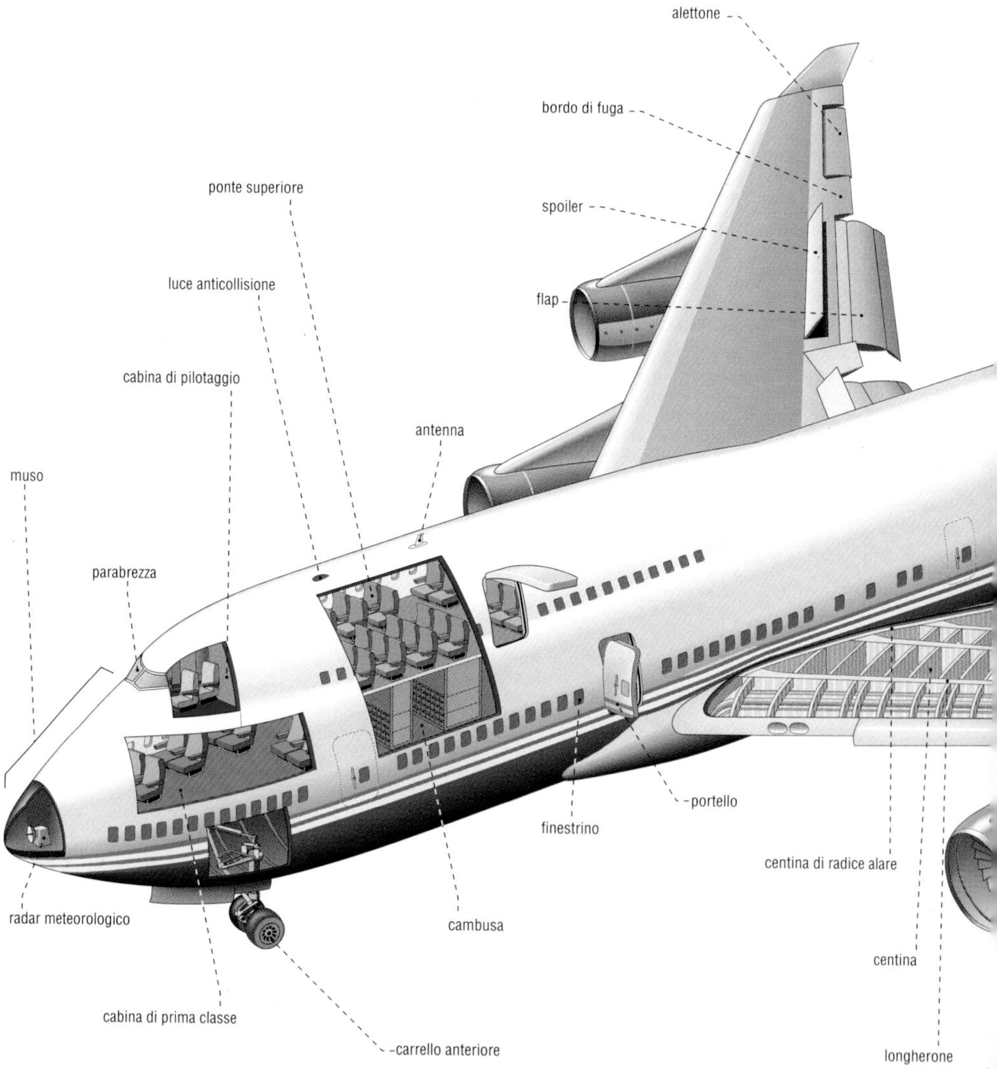

alettone
bordo di fuga
spoiler
flap
ponte superiore
luce anticollisione
cabina di pilotaggio
antenna
muso
parabrezza
portello
finestrino
centina di radice alare
radar meteorologico
cambusa
centina
cabina di prima classe
carrello anteriore
longherone

Aereo da turismo.

Concorde.

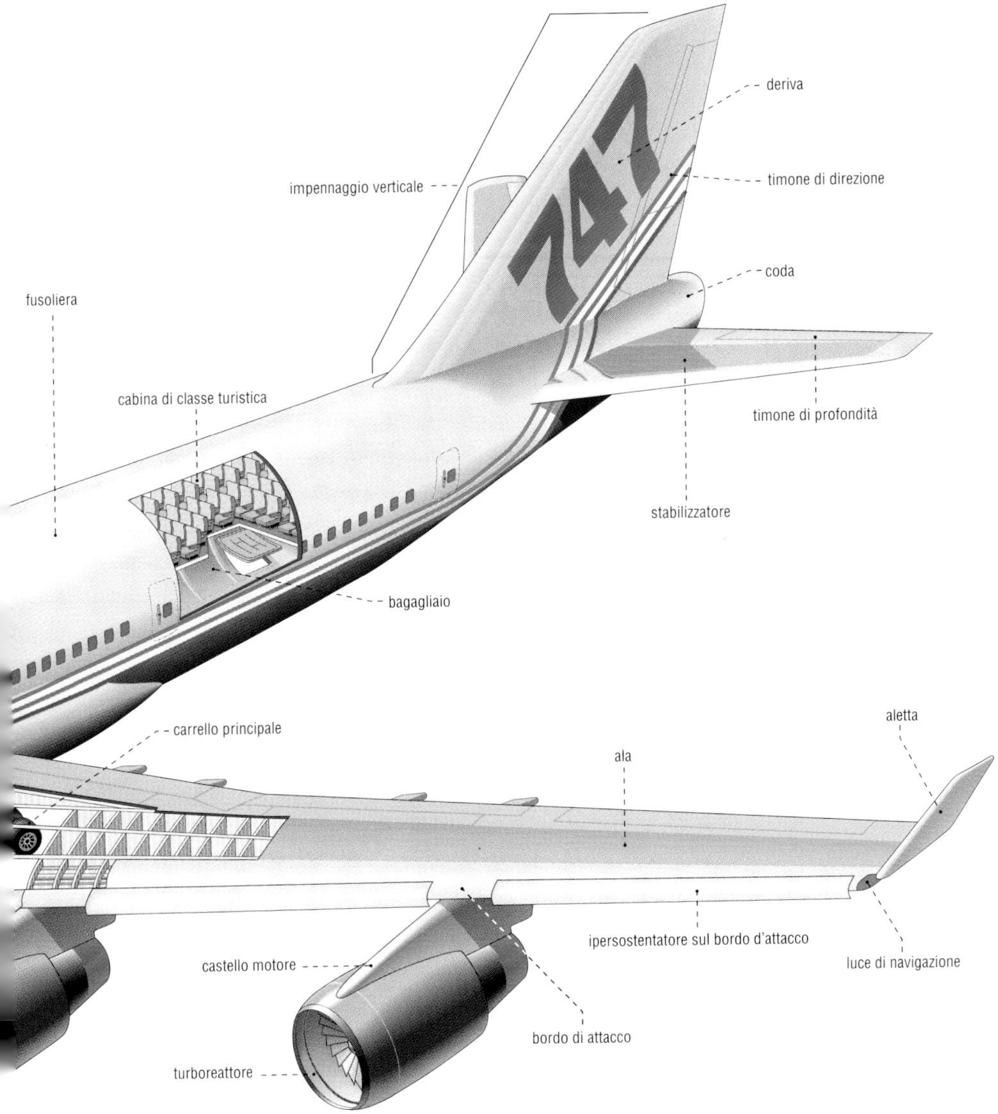

deriva
impennaggio verticale
timone di direzione
coda
fusoliera
cabina di classe turistica
timone di profondità
stabilizzatore
bagagliaio
carrello principale
aletta
ala
ipersostentatore sul bordo d'attacco
castello motore
luce di navigazione
bordo di attacco
turboreattore

licottero.

Aereo militare.

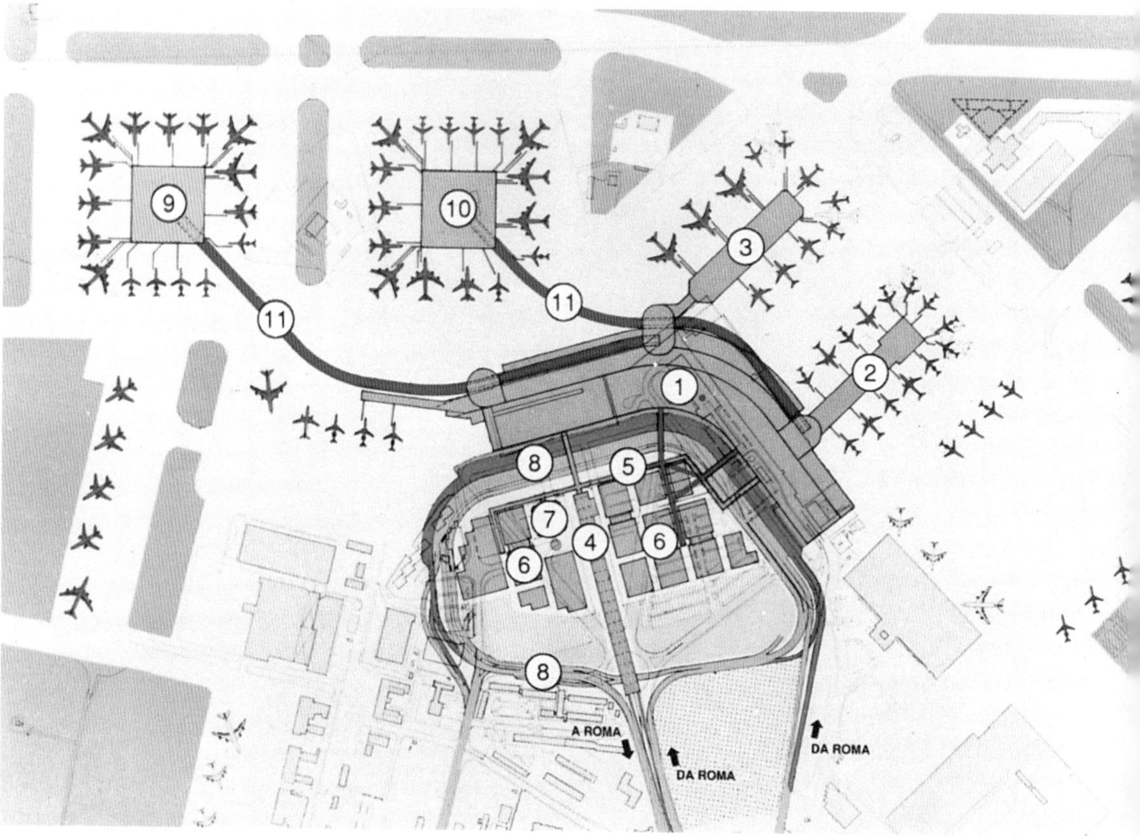

1 Sistema aerostazioni passeggeri (nazionali e internazionali) 2 e 3 Moli 4 Stazione ferroviaria 5 Collegamenti pedonali sopraelevati 6 Parcheggi multipiano 7 Torre uffici 8 Anello viario 9 e 10 Satelliti 11 Sistema trasporto passeggeri automatizzato.

Passerella telescopica.

sortilègio [dal lat. mediev. *sortilēgiu(m)*, astr. del classico *sortĭlegus* 'indovino', sul modello di *sacrilēgium* 'sacrilegio'. V. *sortilego*] **s. m.** ***1*** Magia, operazione di incantesimo, spec. con intenti malefici, nei confronti di persone o di cose. ***2*** Nella pratica divinatoria delle religioni antiche e primitive, atto del raccogliere le sorti o strumenti divinatori, dopo averli gettati, e del trarne i presagi secondo interpretazione tradizionale | Divinazione.

sortìlego [vc. dotta, dal lat. *sortĭlegu(m)* 'indovino', comp. di *sŏrs*, genit. *sŏrtis* 'sorte' e *-lĕgus*, da *lĕgere* 'raccogliere'] **agg.**; anche **s. m.** (f. *-a*; **pl. m.** *-ghi*, †*-gi*) ● Che, chi trae le sorti e pronunzia il responso divinatorio | Divinatore.

sortìre (**1**) [lat. *sortīre*, variante del classico *sortīri* 'sorteggiare', da *sŏrs*, genit. *sŏrtis* 'sorte'] **v. tr.** (*io sortisco, tu sortisci*) ***1*** (*lett.*) Tirare a sorte, sorteggiare. ***2*** (*lett.*) Assegnare in sorte, destinare: *ineffabili ... / giorni ... / che sì fugaci e brevi / il cielo a noi sortì* (LEOPARDI). ***3*** Avere in sorte | Ottenere: *la cura ha sortito il suo effetto*; *felice ... quella repubblica, la quale sortisce uno uomo ... che gli die leggi ordinate* (MACHIAVELLI).

sortìre (**2**) [dal fr. *sortir*, prob. dal lat. *sortīre* 'uscire in sorte' e poi genericamente 'uscire'] **v. intr.** (*io sòrto*; aus. *essere*) ***1*** Uscire a sorte, per sorteggio: *il 67 non è sortito.* ***2*** (*pop.*) Uscire: *oggi non sorto di casa.* ***3*** (*mil.*) Fare una sortita. ***4*** †Accadere, succedere.

sortita [da *sortire* (*2*), sul modello del fr. *sortie*] **s. f.** ***1*** Azione delle truppe assediate per assaltare di sorpresa gli assedianti, distruggerne le opere, ostacolarne l'attività. ***2*** Entrata in scena di un personaggio. ***3*** (*pop.*) Uscita. ***4*** Battuta, frase spiritosa: *senti che sortite!*

†**sortiva** [f. sost. di *sortivo*] **s. f.** ● (*raro*) Sorgiva.

†**sortivo** [da *sorto*] **agg.** ● Sorgivo.

sórto o †**sùrto**. **part. pass.** di *sorgere* (*1*) ● Nei sign. del v.

sorvegliànte **A** **part. pres.** di *sorvegliare* ● Nei sign. del v. **B** **s. m. e f.** ● Chi sorveglia: *s. notturno*; *fare la s.*; *il s. ai lavori.*

sorveglianza **s. f.** ● Atto, effetto del sorvegliare: *essere soggetto a s.*; *affidare a qc. la s. di q.c.* | *S. speciale*, misura di prevenzione applicabile alle persone pericolose | *Giudice di s.*, giudice incaricato di applicare, modificare o revocare le misure di sicurezza.

sorvegliàre [comp. di *sor-* e *vegliare*, sul modello del fr. *surveiller*] **v. tr.** (*io sorvéglio*) ***1*** Tenere d'occhio o sotto controllo persone o cose, come misura di sicurezza, per assicurare un normale svolgimento della loro attività e sim.: *la polizia sorveglia tutte le strade*; *un caposquadra sorveglia gli operai*; *i vigili sorvegliano il traffico*; *la maestra sorveglia gli alunni* | Seguire con costante e particolare attenzione: *i tecnici sorvegliano i mercati esteri*; *devi s. la sua salute.* ***2*** Vigilare: *non ha nessuno che gli sorvegli la casa.*

sorvegliàto **A** **part. pass.** di *sorvegliare*; anche **agg.** ● Nei sign. del v. | (*fig.*) Controllato, sobrio. **B** **s. m.** (f. *-a*) ● Chi è sorvegliato | *S. speciale*, soggetto a sorveglianza speciale.

†**sorvenìre** [comp. di *sor-* e *venire*] **v. intr.** ● (*lett.*) Sopravvenire.

†**sorviziàto** [comp. di *sor-* e *viziato*] **agg.** ● (*raro*) Che ha molti vizi.

sorvolaménto **s. m.** ● (*raro*) Atto del sorvolare.

sorvolàre [comp. di *sor-* e *volare*] **v. tr. e intr.** (*io sorvólo*; aus. *avere*) ***1*** Volare sopra: *s. una città*; *s. su una città.* ***2*** (*fig.*) Passar sopra senza toccare, senza considerare e sim.: *s. un particolare*; *s. su un particolare.*

sorvolatóre [da *sorvolare*] **s. m.** (f. *-trice*) ● Chi sorvola, chi ha compiuto un sorvolo.

sorvólo [da *sorvolare*] **s. m.** ● (*aer.*) Passaggio in volo al di sopra di un punto, di una zona, e sim.

S.O.S. /ˈɛsse ɔ ˈɛsse/ [interpretata come sigla dell'espressione ingl. *Save Our Souls* 'salvate le nostre anime': in realtà il segnale dipende dalla facilità di trasmissione e ricezione radiotelegrafica (tre punti, tre linee, tre punti rispettivamente)] **s. m.** ● Segnale internazionale di richiesta di soccorso per navi, aerei e sim. consistente in un gruppo di lettere dell'alfabeto Morse, emesso mediante radiotelegrafia, segnali luminosi o altri mezzi di trasmissione a distanza | *Lanciare un S.O.S.*, (*fig.*) chiedere aiuto, soccorso.

†**soscrìtto** **part. pass.** di †*soscrivere* ● Nel sign. del v.

†**soscrittóre** [dal lat. *subscriptōre(m)* 'sottoscrittore', da *subscrīptus* 'sottoscritto'] **s. m.** (f. *-trice*) ● Sottoscrittore.

†**soscrìvere** [dal lat. *subscrībere*, comp. di *sŭb* 'sotto' e *scrībere* 'scrivere'] **v. tr.** ● Sottoscrivere.

soscrizióne [vc. dotta, dal lat. *subscriptiōne(m)* 'sottoscrizione', da *subscrīptus* 'sottoscritto'] **s. f.** ***1*** Breve dicitura apposta di solito alla fine del volume in cui vengono dichiarati i nomi dello stampatore e dell'editore e la data in cui è terminata la stampa. ***2*** †Sottoscrizione.

sòsia [dal fr. *sosie*, lat. *Sōsia(m)*, dal gr. *Sōsías*, n. di schiavo assai frequente nella commedia antica, servo di Anfitrione nell'omonima commedia di Plauto e Molière] **s. m. e f. inv.** ● Persona che somiglia tanto a un'altra da poter essere scambiata per essa: *Carlo sembra il tuo s.*; *Francesca sembra il s.* (o *la s.*) *di Anna.*

†**sóso** ● V. *suso.*

†**sospecciàre** o †**sospicciàre** [dal provz. *sospechar*, dal lat. *suspectāre* 'sospettare' (V.)] **v. tr.** e **intr.** ● Sospettare.

†**sospeccióne** [dal lat. *suspiciōne(m)* 'sospetto', da *suspĭcere* 'guardare con diffidenza', sul modello del provz. *sospecio(n)*] **s. f.** ● Sospetto.

†**sospeccióso** [da *sospecciare*] **agg.** ● Sospettoso.

sospèndere [lat. *suspĕndere*, comp. di *sŭb* 'sotto' e *pĕndere*, propriamente 'pesare'. V. *pendere*] **A** **v. tr.** (**pass. rem.** *io sospési, tu sospendésti*; **part. pass.** *sospéso*) ***1*** Attaccare q.c., in alto, per una estremità, lasciandola pendere, penzolare: *s. un lampadario al soffitto*; *al tempio ... / qui l'armi sospende* (TASSO) | (*raro, lett.*) Sollevare da terra, tenere in aria | (*raro*) Impiccare. ***2*** (*chim.*) Disperdere particelle solide in un liquido. ***3*** (*fig.*) Interrompere per un dato periodo di tempo: *s. le ricerche*; *la seduta è sospesa*; *le lezioni sono sospese per qualche giorno* | *S. un treno, una corsa, e sim.*, *sopprimerli, spec. temporaneamente* | *S. la paga, lo stipendio*, smettere temporaneamente di corrisponderli | *S. i pagamenti*, non far fronte temporaneamente ai propri impegni | (*raro*) *S. le armi*, far tregua | (*raro*) *S. una decisione*, differirla. ***4*** (*fig.*) Privare per qualche tempo dall'esercizio di un ufficio, una carica e sim. spec. a scopo punitivo: *s. un funzionario dall'impiego*; *lo hanno sospeso per dieci giorni*; *lo hanno sospeso a tempo indeterminato* | *S. un alunno dalle lezioni*, nelle scuole come punizione | *S. a divinis*, proibire a un sacerdote di celebrare gli uffizi e la messa. ***5*** (*raro*) †Sollevare, confortare. **B** **v. rifl.** ● †Impiccarsi: *alcuni miserabilmente si sospesero da se stessi* (GUICCIARDINI).

sospendìbile **agg.** ● (*raro*) Che si può sospendere.

sospendiménto **s. m.** ● (*raro*) Atto del sospendere.

sospenditóre **s. m.**; anche **agg.** (f. *-trice*) ● (*raro*) Chi, che sospende.

sospensióne o †**suspensióne** [vc. dotta, dal lat. tardo *suspensiōne(m)* 'interruzione', da *suspēnsus* 'sospeso'] **s. f.** ***1*** Atto, effetto del sospendere | Posizione di chi, di ciò che è sospeso: *stare in s.*; *lume a s.* | *Ginnastica in s.*, quando le spalle dell'atleta sono più in basso delle mani che impugnano l'attrezzo o quando il centro di gravità è più in basso del sostegno | *Tiro in s.*, nella pallacanestro, lancio del pallone dopo aver saltato a piè pari, nel momento in cui ci si trova alla massima elevazione da terra. ***2*** (*chim.*) Dispersione di particelle liquide o solide in un gas o in un liquido | *S. colloidale*, (*raro*) colloide. ***3*** Dispositivo meccanico che nei veicoli collega elasticamente la carrozzeria agli assali delle ruote generalmente mediante balestre, molle elicoidali, barre di torsione e ammortizzatori | *S. pneumatica*, ove aria contenuta in appositi involucri funge da molla, usata negli autoveicoli. ***4*** Interruzione: *s. del lavoro* | Dilazione, differimento: *s. di una seduta* | *S. del processo*, temporanea quiescenza del processo civile, durante la quale non viene compiuto alcun atto processuale; nel processo penale, interruzione del dibattimento già formalmente aperto per essere continuato in altra udienza | *S. della prescrizione*, momentaneo non decorrere del termine di prescrizione di un diritto per temporanea impossibilità di esercitare lo stesso | *S. d'armi*, cessazione delle ostilità per breve durata e in una determinata zona, onde soddisfare esigenze che non influenzano la condotta generale della guerra. ***5*** Sanzione disciplinare o pena accessoria che importa la temporanea esclusione da un impiego, una carica, un ufficio, o la temporanea privazione di diritti o di privilegi: *s. dall'esercizio di una professione o di un'arte*; *s. dall'esercizio della patria potestà o dell'autorità maritale* | *S. a divinis*, pena canonica che consiste nel privare il sacerdote, totalmente o parzialmente, temporaneamente o definitivamente dell'esercizio del ministero e della celebrazione della messa | *S. dal grado*, punizione dell'ufficiale per gravissima mancanza disciplinare o a seguito di sentenza di tribunale militare | *S. dall'impiego*, provvedimento a carico di un impiegato che abbia riportato una condanna penale. ***6*** (*ling.*) Figura retorica che consiste nell'annunciare vagamente una cosa e poi interrompere o cambiare discorso: *Io cominciai: 'O frati, i vostri mali...'; / ma più non dissi* (DANTE *Inf.* XXIII, 109-110). ***7*** (*fig.*) Incertezza, apprensione: *il principe era stato ... in una s. molto penosa* (MANZONI). ***8*** (*anat., zool.*) Articolazione tra neurocranio e arco orale.

sospensiva [f. sost. di *sospensivo*] **s. f.** ● (*bur.*) Proposta o deliberazione di sospendere q.c. che sta per essere discussa, attuata, e sim.

sospensìvo [dal lat. mediev. *suspensīvu(m)*, da *suspĕnsus* 'sospeso'] **agg.** ● Che sospende | Che è atto a sospendere | *Punti sospensivi*, nell'interpunzione, punti successivi che indicano sospensione, interruzione e sim. | *Effetto s.*, effetto dell'impugnazione per cui l'esecuzione del provvedimento è sospesa, in pendenza del termine per impugnare e del giudizio sull'impugnazione. ‖ **sospensivaménte**, **avv.**

†**sospènso** [vc. dotta, dal lat. *suspēnsu(m)*, part. pass. di *suspĕndere* 'sospendere'] **agg.** ● (*raro*) Sospeso.

sospensóre [da *sospenso*] **s. m.** ● Dispositivo che serve a tenere sospeso q.c.

sospensòrio [dal lat. tardo *suspensōriu(m)*, da *suspēnsus* 'sospeso'] **A** **agg.** ● Detto di formazione anatomica con funzione di sostegno. **B** **s. m.** ● Tipo di cinto per sostenere lo scroto durante l'esercizio di alcuni sport.

sospéso **part. pass.** di *sospendere*; anche **agg.** ***1*** Nei sign. del v. ***2*** *Ponte s.*, sostenuto da funi metalliche. ***3*** Che è in attesa di una definizione, spec. nella loc. *in s.*: *tenere in s.* | *Avere un conto in s.*, in attesa di essere saldato. ***4*** Incerto, ansioso: *essere, stare, con l'animo, col cuore, s.* | *Stare col fiato s.*, trattenendo il respiro, per forte emozione, o sim. | *Essere s. a un filo*, essere in una condizione instabile, poco sicura. ‖ **sospesaménte**, **avv.** In modo sospeso, incerto.

sospettàbile **agg.** ● Che si può sospettare: *persona s.* **CONTR.** Insospettabile.

sospettabilità **s. f.** ● Qualità di chi, di ciò che è sospettabile.

sospettàre [lat. *suspectāre*, ints. di *suspĭcere* 'guardare con diffidenza', comp. di *sŭb* 'sotto' e *-spĕcere* 'guardare'. V. *specchio*] **A** **v. tr.** (*io sospètto*) ***1*** Credere qc. colpevole di un reato basandosi su indizi, supposizioni, e sim.: *s. qc. di tradimento, di furto*; *lo sospettano dell'uccisione della moglie*; *sospettano che abbia ucciso la moglie.* ***2*** Possedere indizi sufficienti per ritenere qc. o q.c. in realtà diversi da come sembrano o come si vuole che sembrino: *in quelle parole sospetto un tranello*; *nonostante le apparenze, tutti sospettano un assassinio.* ***3*** Credere, pensare, immaginare: *non sospettavo in voi tanta crudeltà*; *non sospettavo che in voi ci fosse tanta crudeltà.* **B** **v. intr.** (aus. *avere*) ***1*** Nutrire sospetti di colpevolezza nei confronti di qc.: *la polizia sospetta della moglie.* ***2*** Diffidare, temere: *s. di qc., di tutti, di tutto*; *è un tipo che non sospetta di nessuno.*

sospettàto **A** **part. pass.** di *sospettare*; anche **agg.** ● Nei sign. del v. **B** **s. m.** (f. *-a*) ● Chi è sospettato di un reato. **SIN.** Sospetto (1) B.

†**sospettévole** **agg.** ● Sospettabile.

sospètto (**1**) [lat. *suspĕctu(m)*, part. pass. di *suspĭcere* 'guardare con diffidenza'] **A** **agg.** ● Che desta diffidenza, che fa temere, sospettare: *perso-*

na sospetta; *tipo, individuo, s.* | *Luogo s.*, che può celare insidie, pericoli | *Merce di provenienza sospetta*, probabilmente rubata | *Funghi sospetti*, probabilmente velenosi. ‖ **sospettaménte**, avv. In modo sospetto, che dà sospetto. **B** s. m. (f. *-a*) ● Persona sospettata.

sospètto (**2**) [da *sospettare*] s. m. **1** Diffidenza, dubbio, nei confronti di altri, della loro condotta in determinate circostanze, della loro responsabilità, colpevolezza e sim.: *s. fondato, infondato, giustificato, ingiustificato, lieve, grave*; *dare, destare, s.*; *guardare qc., q.c., con s.*; *mettere in s.*; *scacciare, tenere lontano ogni s.*; *il s. è divenuto certezza*; *c'è il s. che si tratti di furto*; *avere, nutrire, dei sospetti*; *avere dei sospetti su qc., circa qc., circa q.c.* | *Essere, venire, in s.*, sospettare | *Cadere, essere, venire in s. di qc., a qc.*, essere sospettato. **2** Timore, presentimento, di danni, pericoli, e sim.: *ho il s. che voglia ingannarmi*; *aveva il s. di essere gravemente malato*; *ebbi il s. che ci fosse sotto q.c.* **3** †Timore: *con grandissimo s. che fosse morto* (LEOPARDI). **4** (*raro*) †Indizio, traccia, segno. ‖ **sospettùccio**, dim.

sospètto (**3**) [trad. del fr. *soupçon* 'sospetto, ombra, traccia, piccola quantità', dal tardo lat. *suspectiōne(m)*, variante del classico *suspīcio*, genit. *suspiciōnis* 'sospetto'. V. *sospezione*] s. m. ● (*fam.*) Quantità minima: *caffè con un s. di cognac.*

sospettosità s. f. ● Qualità di chi, di ciò che è sospettoso.

sospettóso [da *sospetto* (*2*)] agg. **1** Che è facile alla diffidenza, al sospetto: *la natura degli uomini è sospettosa e ambiziosa* (MACHIAVELLI) | Pieno di sospetto: *sguardo, contegno, s.* **2** †Che dà sospetto, timore. ‖ **sospettosétto**, dim. ‖ **sospettosaménte**, avv. Con diffidenza o timore.

†**sospezióne** o †**sospizióne** [dal provz. *sospecio(n)*, dal lat. *suspiciōne(m)* 'sospetto', da *suspĭcere* 'guardare con diffidenza'] s. f. ● Sospetto.

†**sospicàce** [vc. dotta, dal lat. *suspicāce(m)* 'diffidente', da *suspicāri* 'sospettare'] agg. ● Sospettoso.

†**sospicàcia** [da †*sospicace*] s. f. ● Sospettosità.

†**sospicàre** o †**suspicàre** [vc. dotta, dal lat. *suspicāre*, variante del classico *suspicāri* 'sospettare', da *suspĭcere* 'guardare con diffidenza'] v. tr. e intr. ● Sospettare: *non s ... per questa volta, / ché in veritade io non gli die' veleno* (BOIARDO).

†**sospicciàre** ● V. †*sospecciare*.

†**sospìgnere** e *deriv.* ● V. *sospingere* e *deriv.*

sospìngere o †**sospìgnere** [comp. di *so-* e *spingere*] v. tr. (coniug. come *spingere*) **1** Spingere in avanti, con movimento lieve e continuo: *il vento li sospinse al largo.* **2** (*fig.*) Spronare, incitare: *s. qc. a un atto temerario.*

sospingiménto o †**sospigniménto** s. m. ● (*raro*) Atto del sospingere.

†**sospìnta** [da *sospingere*, sul modello di *spinta*] s. f. ● Spinta | Istigazione.

sospìnto part. pass. di *sospingere*; anche agg. **1** Nei sign. del v. **2** Nella loc. *a ogni piè s.*, a ogni passo e (*fig.*) molto spesso, di continuo.

sospiràre o (*raro*) †**suspiràre** [lat. *suspirāre*, comp. di *sŭb* 'sotto' e *spirāre*] **A** v. intr. (aus. *avere*) ● Inspirare ed espirare l'aria in modo lento e profondo, in segno di angoscia, desiderio, dolore e sim.: *piangere e s.*; *che hai da s.?*; *perché sospiri tanto?*; *sospira continuamente* | Nutrire sentimenti di angoscia, desiderio, dolore, e sim.: *s. per la felicità perduta.* **B** v. tr. **1** Desiderare ardentemente, rimpiangere: *s. la famiglia, la patria lontana, il ritorno di qc.*; *viva l'amai, morta sospirolla* (SANNAZARO). **2** (*est.*) Aspettare con ansia: *s. la promozione, le vacanze* | *Farsi s.*, farsi attendere a lungo, stare molto tempo senza farsi vedere, e sim. **3** (*lett.*) †Lamentare, deplorare: *levò gli occhi al figliuol ... / ch'avea per morto sospirato e pianto* (ARIOSTO).

sospirévole [da *sospirare*] agg. ● (*lett.*) Sospiroso.

sospìro o †**suspìro** [lat. *suspīru(m)* 'sospiro', da *suspirāre* 'sospirare'] s. m. **1** Profonda e lenta inspirazione, seguita da uguale espirazione, che dà luogo a un rumore simile a quello di un soffio ed è indice di turbamento spirituale: *un gran s.*; *un s. profondo, leggero, lungo, lieve*; *lagrime e sospiri*; *sospiri ardenti*; *un s. di dolore, di sollievo, d'amore*; *fare, mandare, un s.*; *pria flebilmente il suo lamento esprime / poi rompe in un sospiro* (MARINO) | *A sospiri*, (*fig.*) a lunghi e lenti intervalli: *fare q.c. a sospiri.* **2** (*lett.*) Cosa sospirata, poiché desiderata, rimpianta, e sim.: *amore, / s. acerbo de' provetti giorni* (LEOPARDI). **3** (*lett.*) Respiro | *Dare, mandare, rendere, l'ultimo s., l'estremo s.*, morire. **4** (*lett.*) Alito, soffio, di vento. **5** †Affanno, difficoltà di respiro. **6** Piccola pasta dolce e leggera spesso coperta di cioccolata. ‖ **sospirétto**, dim. | **sospirìno**, dim. | **sospiróne**, accr.

sospiróso [da *sospiro*] agg. **1** Che sospira | Malinconico, triste: *fanciulla sospirosa.* **2** Pieno di sospiri | Languido, sentimentale: *poesia sospirosa*; *d'udirti parmi in sospirosi accenti / chiamarmi a nome* (ALFIERI). ‖ **sospirosaménte**, avv.

†**sòspite** o †**sòspita** [vc. dotta, dal lat. *sōspite(m)*, f. di *sōspes*, genit. *sōspitis* 'salvatore', di etim. incerta] agg. (f. *sospite*, o *sospita*) ● (*lett.*) Che libera, salva, detto di Giove e di Giunone.

†**sospizióne** ● V. †*sospezione*.

†**sossannàre** ● V. *subsannare*.

sossópra [comp. di *so-* e *sopra*. V. *sottosopra*] avv. ● (*dial.*, *lett.*) Sottosopra: *a s. cader fa d'ambo i lati / cavalieri e cavalli, arme ed armati* (TASSO).

†**sossopràre** v. intr. **1** (*raro*) Andare sossopra. **2** (*raro*) Naufragare.

sòsta [da *sostare*] s. f. **1** Atto, effetto del sostare, fermata: *una breve s.*; *far s., fare una s.* | *S. a giorni alterni*, consentita da un lato della via nei giorni pari e dall'altro nei giorni dispari | *S. limitata*, consentita per un tempo limitato, spesso con l'esposizione del disco orario | *S. vietata*, segnalata dal cartello di divieto di sosta | *Merce in s.*, non ritirata entro il periodo di svincolo. **2** (*est.*) Pausa, tregua, interruzione spec. breve: *lavorare senza s.*; *un attimo di s.*; *una s. dal lavoro*; *non dare s.*

sostantivàle [da *sostantivo*] agg. ● (*ling.*) Che è in funzione di sostantivo.

sostantivàre [da *sostantivo*] v. tr. ● (*ling.*) Rendere sostantivo, usare come sostantivo un'altra parte del discorso.

sostantivàto part. pass. di *sostantivare*; anche agg. ● Nei sign. del v.

sostantivazióne s. f. ● (*ling.*) Atto, effetto del sostantivare.

sostantìvo o †**sustantìvo** [vc. dotta, dal lat. tardo *substantīvu(m)* (*nōmen*) '(nome) sostantivo', da *substăntia* 'sostanza'] **A** agg. **1** (*ling.*) Detto della categoria del nome che serve a indicare persone, animali, cose, qualità | *Verbo s.*, il verbo essere. **2** (*chim.*) Detto di colorante organico capace di tingere direttamente le fibre vegetali. ‖ **sostantivaménte**, avv. In funzione di sostantivo. **B** s. m. ● (*ling.*) Nome sostantivo: *'libro' è un s.* | *Battere il s.*, nel gergo teatrale, accentuare enfaticamente la recitazione.

sostànza o †**sustànza**, †**sustànzia** [dal lat. *substăntia(m)* 'essenza', da *substāre*, propriamente 'stare (*stāre*) sotto, fermo (*sŭb*)'] s. f. **1** (*filos.*) Essenza necessaria di una cosa o di un fatto | *S. materiale*, la sostanza considerata come sostrato di tutti i fenomeni di ordine fisico | *S. spirituale*, la sostanza considerata come sostrato di tutti i fenomeni di ordine psichico | *S. increata*, Dio | *Una s. in tre persone*, Dio, uno nella sostanza e trino nelle persone. **2** (*gener.*) Qualunque materia: *s. liquida, gassosa, organica, inorganica, molle, solida, vegetale, minerale, aerea, acquea* | (*gener.*) Elemento o composto chimico: *sostanze alimentari, medicinali, proteiche, coloranti* | *S. otticamente attiva*, dotata di potere rotatorio sulla luce polarizzata che la attraversa | (*anat.*) *S. bianca*, parte dell'encefalo e del midollo spinale formata dalle fibre nervose | *S. grigia*, parte dell'encefalo e del midollo spinale formata dalle cellule nervose. ➡ ILL. p. 364 ANATOMIA UMANA. **3** Parte utile, importante, fondamentale di q.c.: *badare alla s. e non alla forma*; *esponimi la s. del fatto*; *in questo libro c'è poca s.* | *In s.*, in somma, in conclusione | *In pura s.*, nella schietta realtà. **4** Parte nutritiva di un alimento: *cibo che non ha s., che ha poca s.*; *cibo di s., di poca s., di molta s.* | *Dare s.*, nutrire. **5** (*spec. al pl.*) Patrimonio, ricchezza, beni, averi: *una s. di cento milioni*; *le sue sostanze ammontano a ben poco*; *avere sostanze scarse*; *accumulare sostanze*; *ereditare le sostanze di qc.*; *dilapidare, consumare, le proprie sostanze.*

sostanziàle o †**sustanziàle** [vc. dotta, dal lat. *substantiāle(m)* 'sostanziale', da *substăntia* 'sostanza'] **A** agg. **1** (*filos.*) Che costituisce o appartiene a una sostanza. CONTR. Accidentale, formale. **2** Che è di fondamentale valore o importanza: *differenza s.*; *la parte s. del programma.* **3** (*dir.*) Non processuale: *eccezione s.* | *Questione s.*, fatto dedotto in giudizio considerato nella sua sussistenza concreta. SIN. Merito della causa | *Provvedimento s.*, con cui l'autorità giudiziaria statuisce sul merito della causa | *Legge in senso s.*, in quanto contenente delle regole di condotta per i propri destinatari. ‖ **sostanzialménte**, avv. **1** (*filos.*) Per ciò che concerne la sostanza. **2** In modo sostanziale, fondamentalmente. **B** s. m. solo sing. ● Ciò che è sostanziale, fondamentale: *occuparsi del s.*; *badare al s.*

sostanzialìsmo [da *sostanziale*, con *-ismo*] s. m. ● Ogni dottrina filosofica che pone a proprio fondamento una o più sostanze.

sostanzialìstico agg. (pl. m. *-ci*) ● (*filos.*) Che concerne o interessa il sostanzialismo.

sostanzialità o **sustanzialità** [vc. dotta, dal lat. tardo (eccl.) *substantialitāte(m)* 'sostanzialità', da *substantiālis* 'sostanziale'] s. f. **1** (*filos.*) Carattere di ciò che è sostanziale. **2** Qualità di ciò che è sostanziale.

sostanziàre [da †*sostanzia*] **A** v. tr. (*io sostànzio*) ● (*raro*, *lett.*) Fornire di sostanza, rendere sostanziale. **B** v. intr. pron. ● Ricevere sostanza, diventare sostanziale.

†**sostanziévole** [da *sostanz(i)a*] agg. ● Sostanzioso.

sostanziosità [da *sostanzioso*] s. f. ● Qualità di ciò che è sostanzioso.

sostanzióso [da *sostanz(i)a*] agg. **1** Che ha o dà sostanza, nutrimento: *cibo, pasto s.* | *Terreno s.*, fertile, ricco di elementi nutritivi. **2** (*fig.*) Denso di contenuti: *insegnamento, libro s.* | (*fig.*) Cospicuo, consistente: *un aumento s.* ‖ **sostanziosaménte**, avv.

sostàre [lat. *substāre* 'stare, tener fermo', comp. di *sŭb* 'sotto' e *stāre* 'stare'] **A** v. intr. (*io sòsto*; aus. *avere*) **1** Soffermarsi, restare in un luogo per un periodo di tempo piuttosto breve: *sostammo a Milano*; *sostano in un albergo per la notte*; *sostarono un'ora per riposarsi.* **2** Sospendere per breve tempo ciò che si sta facendo, fare una pausa: *s. dal lavoro, dallo studio.* **B** v. tr. ● †Far sostare.

†**sostegnènza** ● V. †*sostenenza*.

sostégno [dal provz. *sostenh*, da *sostener* 'sostenere'] s. m. **1** Ciò che sostiene, serve di appoggio, supporto, e sim.: *muro, pilastro, di s.*; *il s. del tetto* | Qualsiasi mezzo atto a sorreggere piante | *S. vivo*, costituito da altre piante. **2** (*fig.*) Chi, ciò che, è d'aiuto ad altri materialmente o moralmente: *è il s. della famiglia, della casa*; *il s. della sua vecchiaia*; *non gli manca il s. della speranza*; *addurre nuovi elementi a s. di quanto detto.* **3** (*scol.*) *Iniziative di s.*, quelle adottate dal collegio dei docenti per colmare i divari di partenza fra gli alunni e per superare gli scompensi che si possono creare nel corso degli studi sul piano dell'apprendimento | *Insegnante di s.*, quello assegnato a una classe con alunni handicappati e che ha il compito di favorire l'inserimento mediante una didattica integrata.

†**sostenènza** o (*raro*) †**sostegnènza** [lat. tardo (eccl.) *sustinĕntia(m)* 'tolleranza', da *sūstinens*, gen. *sustinĕntis* 'sostenente'] s. f. ● Atto del sostenere | Tolleranza.

sostenére [lat. *sustinēre*, comp. di *sŭb* 'sotto' e *tenēre*. V. *tenere*] **A** v. tr. (coniug. come *tenere*) **1** Reggere, portare su di sé il peso di q.c.: *gli stipiti sostengono l'architrave* | Tenere sospeso, sollevato: *la gru sostiene una pesante cassa* | Mantenere fermo, rendere saldo: *bisogna s. il muro con dei puntelli*; *una rete sostiene il terreno per impedire che smotti.* **2** (*fig.*) Sopportare, prendere su di sé, un impegno, una responsabilità, un onere morale o materiale: *s. le spese della famiglia*; *s. il carico della famiglia*; *il popolo sostenne una lunga guerra* | *S. gli esami*, darli | Esercitare un ufficio, una carica, e sim.: *s. una carica*; *s. la presidenza* | *S. una parte*, interpretarla. **3** (*fig.*) Tenere su, mantenere alto: *s. i prezzi, i titoli, le azio-*

ni | *S. la voce*, non abbassarne il tono, spec. nel cantare | (*mus.*) *S. una nota*, prolungarla. ***4*** (*fig.*) Aiutare, proteggere: *s. un amico*; *lo sostiene il pensiero della madre*; *lo sostenne molto nella disgrazia* | Difendere, patrocinare: *s. una causa*, *la candidatura di qc.* ***5*** (*fig.*) Nutrire, dare vigore, mantenere in forze (*anche ass.*): *un cibo che sostiene le forze*; *una bevanda che sostiene il cuore*; *la carne sostiene.* ***6*** (*fig.*) Affermare, asserire, con convinzione: *s. una tesi*, *un'idea*; *tutti sostengono la tua innocenza*; *tutti sostengono che è innocente* | Avere l'ardire di affermare q.c. che contrasta con l'opinione corrente: *l'ho detto e lo sostengo*; *sostiene di non sapere nulla*; *sostiene di essere in grado di scalare quella montagna.* ***7*** (*fig.*) Tollerare: *è un tipo che sostiene bene il vino*; *non può s. la luce del sole* | *S. il mare*, affrontarlo senza subire danni, detto di navi; non soffrirlo, detto di persone | Resistere: *s. l'impeto*, *l'urto*, *l'assalto*, *del nemico.* ***8*** †Soffrire, patire: *sosteneva dolore incomparabile* (BOCCACCIO). ***9*** †Prorogare, indugiare. ***10*** (*raro*) †Trattenere, fermare: *s. le lacrime.* **B** v. rifl. ***1*** Tenersi dritto, saldo: *la vecchietta si sostiene col bastone.* ***2*** (*fig.*) Mantenersi vigoroso, attivo e sim.: *beve molto caffè per sostenersi.* **C** v. intr. pron. ***1*** Stare su, stare dritto: *lo scaffale si sostiene senza altri puntelli.* ***2*** (*fig.*) Essere convincente, plausibile: *la tua idea non si sostiene.*

sostenìbile agg. ● Che si può sostenere (*spec. fig.*). CONTR. Insostenibile.

sostenibilità s. f. ● Qualità di ciò che è sostenibile.

sosteniménto s. m. ***1*** (*raro*) Atto del sostenere e del sostenersi. ***2*** (*fig.*) Sostentamento | Nutrimento.

sostenitóre A s. m. (f. *-trice*) ● (*raro*) Chi sostiene | (*fig.*) Difensore, propugnatore: *i sostenitori della riforma.* CONTR. Avversario, oppositore. **B** agg. ● Che difende, propugna | *Socio s.*, chi, per aiutare l'associazione, il circolo, o sim. cui è iscritto, paga una quota superiore a quella ordinaria | *Abbonamento s.*, quello dei soci sostenitori di un giornale, una rivista, o sim.

sostentàbile [vc. dotta, dal lat. tardo *sustentābile(m)* 'sopportabile', da *sustentāre* 'sostenere'] agg. ● (*raro*) Che si può sostentare.

†sostentàcolo [vc. dotta, dal lat. *sustentăculu(m)* 'sostegno', da *sustentāre* 'sostenere'] s. m. ● Sostegno.

sostentaménto s. m. ● Atto del sostentare | Ciò che è necessario per sostentare, nutrire: *ricevere*, *dare il s. necessario*; *avere pochi mezzi di s.*

sostentàre o (*raro*) **†sustentàre** [lat. *sustentāre* 'sostenere', da *sustĕntus*, part. pass. di *sustinēre*] **A** v. tr. (*io sostènto*) ***1*** †Reggere, sostenere un peso. ***2*** Dare quanto abbisogna per vivere: *s. la famiglia*; *s. qc. del necessario.* ***3*** †Mantenere | *†S. la guerra*, somministrare i mezzi necessari a continuarla. ***4*** †Difendere, propugnare. ***5*** (*fis.*) Equilibrare un sistema di forze, il peso di un sistema materiale, mediante l'applicazione di opportune forze. **B** v. rifl. ● Mantenersi in vita, in forze: *il poveretto non ha di che sostentarsi.* **C** v. intr. pron. ● †Schermirsi, difendersi.

sostentatìvo agg. ● (*raro*) Atto a sostentare.

sostentàto part. pass. di *sostentare* ● Nei sign. del v.

sostentatóre A s. m. (f. *-trice*) ● Chi sostenta | (*fig.*) †Sostenitore. **B** agg. ● Che sostenta: *gas s.*

sostentazióne [vc. dotta, dal lat. tardo *sustentatiōne(m)* 'sostentamento', da *sustentātus* 'sostentato'] s. f. ***1*** Sostentamento. ***2*** Atto e modo col quale un corpo, aereo, natante, missile e sim., si sostiene nell'elemento che gli è proprio | *S. aerea*, aerosostentazione | *S. a getto*, gettosostentazione. ***3*** (*fis.*) Atto, effetto del sostentare.

sostenutézza s. f. ● Qualità di chi, di ciò che è sostenuto.

sostenùto A part. pass. di *sostenere*; anche agg. ***1*** Nei sign. del v. ***2*** Che non dà confidenza, che mostra riservatezza e austerità: *essere s. con qc.*; *parlare con tono s.*; *mostrare un contegno s.* SIN. Austero, contegnoso, riservato. ***3*** Sorvegliato, elevato, alieno da modi volgari, detto di stile: *prosa sostenuta.* ***4*** (*mus.*) Di movimento largo e grave. ***5*** (*sport*) Elevato, intenso e duraturo: *velocità*, *andatura sostenuta*; *ritmo di gara s.* ***6*** Che si mantiene elevato: *prezzo s.* | *Corso s. dei valori mobiliari*, con tendenza all'aumento. **B** s. m. (f. *-a*) ● Chi non dà confidenza, chi tiene un atteggiamento riservato: *non fare il s.*

sostituènte part. pres. di *sostituire*; anche agg. ***1*** Nei sign. del v. ***2*** (*chim.*) Detto di atomo o raggruppamento atomico che durante una reazione può prendere il posto occupato da un altro atomo o raggruppamento in una molecola.

sostituìbile agg. ● Che si può sostituire. CONTR. Insostituibile.

sostituibilità s. f. ● Qualità di ciò che è sostituibile.

sostituìre o **†sustituìre** [vc. dotta, dal lat. *substitŭere* 'porre sotto, dietro', comp. di *sŭb* 'sotto' e *statŭere* 'stabilire', con cambio di coniug.] **A** v. tr. (*io sostituìsco, tu sostituìsci*) ***1*** Mettere una persona o una cosa al posto di un'altra: *il figlio ha sostituito il padre*; *sostituì un tappeto nuovo a quello logoro* | Togliere qc. dal posto che occupa, dalla carica che riveste, e sim. mettendo un altro al suo posto: *bisogna s. il vecchio cassiere con uno più giovane.* ***2*** Prendere il posto di un'altra persona o cosa: *un supplente sostituisce il professore*; *in certe diete la saccarina sostituisce lo zucchero* | (*dir.*) *S. nel processo*, nel processo civile, compiere attività processuali in nome proprio per garantire la tutela di un diritto altrui. ***3*** (*chim.*) Introdurre in una molecola un atomo o raggruppamento atomico in luogo di un altro. **B** v. rifl. ● Prendere il posto di un'altra persona o cosa: *il figlio si è sostituito al padre*; *in quel paese la dittatura si è sostituita alla democrazia.*

sostituìto part. pass. di *sostituire*; anche agg. ● Nei sign. del v.

sostitutìvo agg. ***1*** Atto a sostituire. ***2*** Detto di farmaco che si somministra a scopo terapeutico, per compensare quelle sostanze prodotte in quantità inadeguata dall'organismo.

sostitùto [vc. dotta, dal lat. *substitūtu(m)*, part. pass. di *substitŭere* 'sostituire'] s. m. (f. *-a* nel sign. 1) ***1*** Chi fa le veci altrui: *mettere*, *mandare un s.*; *s. procuratore* | (*dir.*) *S. processuale*, colui che fa valere in un processo civile un diritto altrui in nome proprio | *S. d'imposta*, chi è tenuto al pagamento dell'imposta in luogo di altri, per fatti a questi riferibili. ***2*** (*ling.*) Unità linguistica che ne sostituisce un'altra. ***3*** (*mus.*) Maestro che coadiuva il direttore in un'esecuzione musicale.

sostitutóre [vc. dotta, dal lat. mediev. *substitutōre(m)* 'sostitutore', da *substitūtus* 'sostituto'] s. m.; anche agg. (f. *-trice*) ● (*raro*) Chi, che sostituisce. SIN. Sostituto.

sostituzióne [vc. dotta, dal lat. tardo *substitutiōne(m)* 'sostituzione', da *substitūtus* 'sostituto'] s. f. ***1*** Atto, effetto del sostituire qc. o q.c. | *In s. di*, in luogo di | (*dir.*) *S. fedecommissaria*, fedecommesso | *S. processuale*, situazione nella quale un soggetto fa valere in giudizio in nome proprio un diritto altrui. ***2*** (*ling.*) Fenomeno per il quale una entità linguistica rimpiazza un'altra. ***3*** (*mat.*) Operazione che consiste nel sostituire a uno o più elementi di una espressione matematica, altri elementi | *Metodo di s.*, per risolvere un sistema di più equazioni a più incognite.

sostràto o **substràto** [vc. dotta, dal lat. *substrātu(m)*, da *substĕrnere* 'stendere (*stĕrnere*) sotto (*sŭb*)'. V. *strato*] s. m. ***1*** Strato sottostante a un altro: *un s. di roccia.* ***2*** (*ling.*) Lingua parlata costituita, per varie cause storiche, in una determinata regione, da un'altra di maggior prestigio | *Reazione*, *fenomeno di s.*, l'influenza che la lingua precedente ha esercitato sulla nuova modificandola. ***3*** (*fig.*) Essenza riposta: *un s. di barbarie.* ***4*** (*filos.*) La sostanza considerata come ciò che sta sotto agli accidenti. ***5*** (*biol.*, *agr.*, *chim.*) V. *substrato.*

sostruzióne [vc. dotta, dal lat. *substructiōne(m)* 'fondamenta', da *substrūctus*, part. pass. di *substrŭere* 'costruire (*strŭere*) sotto (*sŭb*)'] s. f. ● (*edil.*) Struttura più o meno sotterranea con funzione di fondazione per edifici, particolarmente usata per formare il piano di base orizzontale quando il terreno è in pendenza.

soteriologìa [comp. del gr. *sōtēría* 'salvezza', e *-logia*] s. f. ● Nelle religioni, dottrina che riguarda la salvezza.

soteriològico agg. (pl. m. *-ci*) ● Che si riferisce alla soteriologia.

sott- ● V. *sotto-.*

sottàbito [comp. di *sott-* e *abito*] s. m. ● Sottoveste.

sottacére [comp. di *so-* e *tacere*] v. tr. (coniug. come *tacere*) ● Tacere intenzionalmente q.c. che si sa, per ingannare.

sottacéto [comp. di *sott-* e *aceto*] **A** avv. ● Immerso nell'aceto, a bagno nell'aceto: *mettere*, *tenere*, *s.*; *conservare i peperoni s.*; *lasciare la carne s.* **B** in funzione di agg. inv. ● Conservato nell'aceto: *peperoni*, *cipolline s.* **C** in funzione di s. m. pl. ● Prodotti alimentari, spec. vegetali, conservati sott'aceto: *preparare una salsa con sottaceti tritati.*

sottaciùto part. pass. di *sottacere*; anche agg. ● Nei sign. del v.

sott'àcqua o (*raro*) **sottàcqua** [comp. di *sott-* e *acqua*] avv. ● Sotto l'acqua, senza emergere dall'acqua: *stare sott'acqua*; *resistere a lungo sott'acqua*; *rimanere sott'acqua*; *ritrovare q.c. sott'acqua* | *Lavorare sott'acqua*, (*fig.*) agire di nascosto.

sottàcqueo [comp. di *sott-* e *acqueo*. V. *subacqueo*] agg. ● (*raro*) Subacqueo.

sottalimentàre e *deriv.* ● V. *sottoalimentare* e *deriv.*

†sottambasciadóre o **†sottoambasciadóre** [comp. di *sott-* e *ambasciadore*] s. m. ● (*raro*) Aiutante dell'ambasciatore.

sottàna [f. sost. di *sottano*] s. f. ***1*** Indumento femminile indossato sotto ad altro indumento | Parte inferiore del vestito femminile | Gonna: *s. di lana*, *di tela*, *di cotone*; *s. larga*, *stretta*, *diritta*, *scampanata*, *corta*, *lunga* | (*fig.*) *Stare sempre attaccato*, *cucito*, *alla s. della mamma*, di bambino che non si separa mai dalla madre e (*est.*, *spreg.*) di adulto ancora soggetto alla madre. ***2*** (*spec. al pl.*, *per anton.*, *fam.*) Donna: *correre dietro alle sottane*; *gli piacciono le sottane.* ***3*** Veste talare nera degli ecclesiastici. || **sottanàccia**, pegg. | **sottanèlla**, dim. | **sottanétta**, dim. | **sottanìna**, dim. | **sottanìno**, dim. m.

sottanière [da *sottana*] s. m. ● (*tosc.*, *fam.*) Donnaiolo.

sottàno [lat. parl. **subtānu(m)* 'che sta sotto', da *sŭbtus* 'di sotto'] agg. ● †Che sta sotto | Oggi usato in toponomastica, spec. in contrapposizione a *soprano*: *Petralia Sottana e Petralia Soprana.*

sottàrco [comp. di *sott-* e *arco*] s. m. (pl. *-chi*) ● (*arch.*) Faccia inferiore della struttura di un arco. SIN. Intradosso.

sottascèlla ● V. *sottoascella.*

sottécchi o (*tosc.*) **sottécche** [di etim. discussa: lat. parl. **subtĭcule*, avv. da *sŭbtus* 'di sotto' (?)] avv. ● Con gli occhi socchiusi per non fare intendere le proprie intenzioni o i propri sentimenti o per non farsi notare: *guardare q.c. s.* | Spec. nella loc. avv. *di s.*: *ci ammiccammo di sottécchi* (CARDUCCI) | (*est.*, *fig.*) Di nascosto: *fare q.c.*, *lavorare di s.*

sottèndere o **†suttèndere** [vc. dotta, dal lat. *subtĕndere* 'tendere (*tĕndere*) sotto (*sŭb*)'] v. tr. (coniug. come *tendere*) ***1*** (*mat.*) Avere i medesimi estremi di un arco di circonferenza, detto della corda. ***2*** (*fig.*) Contenere in sé, implicare.

sottentraménto s. m. ● (*raro*) Modo e atto del sottentrare.

sottentràre [comp. di *sott-* ed *entrare*. V. *subentrare*] **A** v. tr. e intr. (*io sottèntro*; aus. intr. *essere*) ● †Entrare sotto. **B** v. intr. (aus. *essere*) ***1*** (*fig.*) Subentrare, succedere: *s. a qc. in q.c.* ***2*** Nella ginnastica, passare le gambe sotto o sopra l'attrezzo mediante movimento dall'indietro in avanti.

†sotterfuggìre [dal lat. *subterfŭgere* 'sfuggire', comp. di *sŭbter* 'sotto' e *fŭgere* 'fuggire', con sovrapposizione di *fuggire*] **A** v. tr. ● (*raro*) Scansare, schivare. **B** v. intr. ● (*raro*) Fuggire di nascosto.

sotterfùgio o **†sutterfùgio** [vc. dotta, dal lat. mediev. *subterfŭgiu(m)*, da *subterfŭgere* 'sotterfuggire'] s. m. ● Modo di sfuggire a un rischio, un danno, e sim. | Accorgimento fondato sulla finzione, l'inganno, la menzogna, usato per uscire da situazioni imbarazzanti, pericolose, o sim., per raggiungere fini illeciti o poco onesti, e sim.: *ricorrere a un s.*; *servirsi di un s.*; *usare un s.*; *vi-*

vere di sotterfugi | *Di s.*, di nascosto: *vedersi, incontrarsi, di s.*

sottèrra [comp. di *so-* e *terra*] **avv.** ● Sotto terra: *fare le cantine s.*; *nascondersi s. per la vergogna* | *Andare s.*, (*fig.*) morire.

sotterràbile **agg.** ● Che si può sotterrare.

sotterraménto **s. m.** ● Atto, effetto del sotterrare.

sotterrànea [f. sost. di *sotterraneo*] **s. f.** ● Ferrovia il cui tracciato si snoda sottoterra.

sotterràneo [vc. dotta, dal lat. *subterrāneu(m)*, comp. di *sŭb* 'sotto' e un deriv. di *tĕrra*] **A** **agg.** *1* Che è sotto terra: *luogo, corridoio, passaggio s.*; *cantina, ferrovia, sotterranea* | Che giunge di sottoterra: *fragore s.* | (*est.*) *Mondo s.*, l'oltretomba, l'inferno. *2* (*raro, fig.*) Nascosto, segreto: *manovre sotterranee.* **B** **s. m.** *1* Locale costruito a una certa profondità sotto il livello del terreno, generalmente privo di aperture verso l'esterno, comunemente usato come deposito, magazzino, e sim. *2* (*min.*) Nella loc. avv. *in s.*, detto di escavazione eseguita sotto la superficie terrestre.

sotterrapersóne [comp. di *sotterra(re)* e il pl. di *persona*] **s. m. inv.** ● (*raro, scherz.*) Medico ignorante.

sotterràre [da *sotterra*] **v. tr.** (*io sottèrro*) *1* Collocare sotterra: *s. i semi* | Nascondere sotto terra: *s. un tesoro.* *2* Seppellire: *s. i morti* | (*fig.*) *Averne sotterrati parecchi, averli sotterrati tutti*, e sim., di chi ha visto morire molte persone, ed è quindi vissuto più a lungo | *Andare a farsi s.*, di chi non vale più nulla, di chi ha fatto una pessima figura, e sim. | (*fig.*) *S. il Carnevale*, festeggiarne la fine.

sotterràto **part. pass.** di *sotterrare*; anche **agg.** *1* Nei sign. del v. *2* *Morto e s.*, morto da molto tempo e (*fig.*) dimenticato, superato.

sotterratóre **s. m.**; anche **agg.** (f. *-trice*) ● (*raro*) Chi, che sotterra.

†**sotterratòrio** [da *sotterrare*] **s. m.** ● Sepoltura.

sotterratùra **s. f.** ● (*raro*) Sotterramento.

sottéso **part. pass.** di *sottendere*; anche **agg.** *1* Nel sign. del v. *2* (*fig., lett.*) Venato, improntato: *una prosa sottesa di amarezza.*

†**sottésso** [comp. di *sott-* ed *esso*] **prep.** ● (*lett.*) Sotto, proprio sotto: *s. l'ombra delle frondi amate / da Febo* (BOCCACCIO).

†**sottigliaménto** [da *sottigliare*] **s. m.** ● Assottigliamento.

†**sottigliànza** [da *sottigliare*] **s. f.** ● Sottigliezza, acume.

†**sottigliàre** [lat. *subtiliāre* 'assottigliare', da *subtīlis* 'sottile'] **v. tr.** e **intr. pron.** ● Assottigliare.

sottigliézza [da *sottile*, con sovrapposizione di *sottigliare*] **s. f.** *1* Qualità di ciò che è sottile. *2* (*fig.*) Acutezza, acume, finezza: *s. d'ingegno.* *3* (*spec. al pl.*) Sofisticheria, pedanteria, cavillo: *perdersi in sottigliezze*; *lasciare da parte le sottigliezze*; *senza tante sottigliezze.*

sottigliùme [da *sottile*, con sovrapposizione di *sottigliare*] **s. m.** *1* (*raro*) Insieme di cose sottili. *2* (*raro*) Sofisticheria, sottigliezza.

sottìle o †**suttìle** [lat. *subtīle(m)* 'sottile', comp. di *sŭb* 'sotto' e di un deriv. di *tēla*; propriamente 'che passa attraverso la tela'] **A** **agg.** *1* Che ha uno spessore molto limitato, o più limitato del normale, o limitato relativamente alle altre dimensioni: *corda, filo, lama, strato, parete s.*; *s. come un foglio di carta, come una ragnatela* | *Spiaggia s.*, di estensione bassa, con pendio dolce e lungo, e poca acqua | (*mar.*) *Cavi sottili*, quelli leggeri e maneggevoli, usati per facilitare le manovre, quando la nave sta per partire | *Essere sui cavi sottili*, stare per partire, detto di navi. *2* (*est.*) Di forma snella, slanciata: *collo s.*; *vita, figura s.*; *gambe, caviglie sottili* | *Barca, imbarcazione s.*, leggera e veloce | (*fig.*) *Voce s.*, di tono esile, lieve | (*pop.*) *Mal s.*, tisi. *3* (*fig.*) Puro, fresco, leggero: *aria s.*; *brezzolina s. e penetrante*; *venticello s.* | *Profumo s.*, delicato. **CONTR.** Pesante. *4* (*fig.*) Acuto, fine: *vista, odorato, s.* *5* (*fig.*) Che è in grado di penetrare addentro alle questioni, ai problemi, e sim., cogliendone ogni particolarità, sfumatura, minuzia, e sim.: *ingegno, mente, intelligenza, spirito s.*; *persona molto s.* | Che è pensato, detto o fatto in modo sottile: *astuzia, malizia, s.*; *fare una sottile distinzione*; *investigando fra me cose sottili e rare* (ALFIERI) | (*est.*) Sofistico, astruso, cavilloso: *discorso, disputa, argomentazione, s.* *6* (*fig.*) †Meschino, scarso: *faccendo sottilissime spese* (BOCCACCIO). *7* (*fig., raro*) †Manchevole, debole. || **sottilménte**, †**sottileménte**, **avv.** *1* In modo sottile, minuto: *macinare sottilmente.* *2* Con acume: *ragionare sottilmente*; diligentemente: *studiare sottilmente la questione.* **B** in funzione di **avv.** ● (*lett.*) In modo acuto e penetrante: *io no lo intendo, sì parla s.* (DANTE). **C** **s. m.**, †**f.**, solo **sing.** ● Nelle loc. *guardare, andare, per il s.*, †*per la s.*, badare alle minuzie, a particolari di scarso rilievo o peso. **D** **s. m.** *1* Parte sottile | †Stremo: *ridurre al s.* | †*Trarre il s. dal s.*, non sciupare nulla, utilizzare ogni cosa. *2* (*raro*) †Parte migliore. || †**sottilèllo**, **dim.** | **sottilétto**, **dim.** | **sottilìno**, **dim.** | **sottilùccio**, **dim.**

sottilétte ® [da *sottile*] **s. f.** ● Nome commerciale di fette sottili di formaggio fuso, confezionato a fette sottili quadrangolari | (al sing. *-a*).

sottilità o †**sottilitàde**, †**sottilitàte** [vc. dotta, dal lat. *subtilitāte(m)* 'sottigliezza', da *subtīlis* 'sottile'] **s. f.** ● (*raro*) Sottigliezza | (*fig.*) Acutezza, accortezza, sagacità.

sottilizzaménto **s. m.** ● (*raro*) Atto del sottilizzare.

sottilizzàre [da *sottile*] **v. intr.** e **tr.** (aus. *avere*) ● Esaminare una questione, un argomento, indugiando in sottigliezze, perdendosi in ragionamenti sottili, cavillosi: *va sottilizzando, ... sminuzzando e allungando la descrizione per desiderio di fare effetto* (CROCE).

sottìno [comp. di *so-* e *tino*] **s. m.** ● Recipiente messo sotto il torchio per raccogliere l'olio d'oliva della prima spremitura.

sottinsù o **sott'in su**, **sótto in su**, (*tosc.*) **sottonsù** [comp. di *sott-*, *in* e *su*] **avv.** ● Solo nella loc. avv. *di s.*, dal basso verso l'alto: *guardare qc. di s.*

sottintèndere o †**sottontèndere** [comp. di *sott-* e *intendere*] **v. tr.** (coniug. come *intendere*) *1* Intendere, capire q.c. non espressamente detta, ma in qualche modo implicita in quanto si è detto, si è fatto, e sim.: *l'allusione lascia s. il suo rifiuto.* *2* Non esprimere, tacere, q.c. che si può facilmente capire o intuire: *s. il verbo in una proposizione*; *invitando tutti sottintendevo invitare anche te* | (*est.*) Implicare, comportare: *il lavoro sottintende dei sacrifici* | *Si sottintende*, si capisce, è chiaro anche senza bisogno di dirlo.

sottintendiménto **s. m.** ● (*raro*) Atto del sottintendere.

sottintéso **A** **part. pass.** di *sottintendere*; anche **agg.** *1* Nei sign. del v. *2* *Resta s.*, *è s.*, e sim., è ovvio, s'intende, anche senza bisogno di dirlo. **B** **s. m.** ● Giudizio, opinione, e sim. non espresso ma implicito e intuibile dal contesto: *parlare a, per, sottintesi*; *non mi piacciono i sottintesi*; *di' ciò che vuoi, senza sottintesi.*

sótto o (*raro*) †**sùtto** [dal lat. *sŭbtus*, da *sŭb* 'sotto': propriamente 'per di sotto'] **A** **prep.** (si può elidere davanti a parola che cominci per vocale: *sott'acqua, sott'aceto, sott'olio*) *1* Indica posizione inferiore rispetto a q.c. che, posta superiormente e a contatto con questa, la copra, l'avvolga o vi si appoggi semplicemente (con v. di stato e di moto regge il compl. di stato in luogo o di moto a luogo, anche fig.): *metti questi appunti s. il fermacarte*; *pose un piattino s. la bottiglia*; *tieni un cuscino s. la testa*; *la penna che cercate è s. il giornale*; *s. il soprabito indossava una giacca*; *l'hanno trovato incolume s. le macerie*; *era s. un cumulo di rovine*; *cercate s. la sabbia*; *l'ho sepolto s. terra*; *infilarsi s. le coperte, le lenzuola*; *portare i libri s. il braccio*; *camminare s. la pioggia battente*; *sono venuto s. un grande temporale*; *sono rimasto un'ora s. l'acqua*; *leggere s. la luce di una torcia* | *Mettersi q.c. o qc. s. i piedi*, calpestarlo e (*fig.*) assoggettarlo umiliandolo | *Ridere s. i baffi*, (*fig.*) sorridere senza farsi vedere | *Finire s. il treno, s. una macchina*, e sim., rimanerne schiacciato | *Andare s. terra*, (*euf.*) morire | Indica la superficie o la parte inferiore di q.c.: *avere un foruncolo s. il braccio*; *avere male s. i piedi*; *tagliarsi s. il mento* | V. anche *sottaceto*; *sottobanco*; *sottobraccio*; *sottocoperta*; *sottogamba*; *sottomano*; *sott'olio*; *sottovoce*. **CONTR.** Sopra. *2* Indica luogo più basso o posizione inferiore, sottostante o sottomessa rispetto a q.c. (con v. di stato o di moto, regge i compl. di stato in luogo o di moto a luogo, anche fig.): *si è nascosto s. il letto*; *è finito s. il tavolo*; *mi sono riparato dalla pioggia s. un albero*; *non restare s. quel cornicione, è pericolante*; *passeggiare s. i portici*; *dormire s. la tenda*; *vieni s. l'ombrello*; *la città è s. una cappa di nebbia*; *una passeggiata s. la luna* | *Dormire s. le stelle*, all'aperto | *Essere, andare s. le armi*, (*fig.*) nell'esercito per compiere il servizio militare | *Abitare s. qc.*, nel piano inferiore di un edificio rispetto all'abitante del piano superiore | *S. il sole*, nel mondo: *non c'è niente di nuovo s. il sole* | Vicinissimo: *avere q.c. s. il naso, s. gli occhi e non vederla* | *Avere q.c. o qc. sott'occhi*, davanti a sé. *3* Ai piedi di (indica immediata vicinanza o prossimità): *combattere s. le mura di una città*; *spingersi fin s. le mura*; *fare una serenata s. le finestre dell'innamorata*; *ti aspetto s. casa*; *la villa è proprio s. il monte.* *4* Più in basso di: *portare le gonne s. il ginocchio*; *essere s. il livello del mare*; *scendere s. la superficie del mare*; *nuotare s. il pelo dell'acqua*; *la temperatura è scesa s. lo zero* | Inferiore a, meno di: *il peso è s. il quintale*; *sono invitati i bambini s. i dieci anni* | Al di qua di, a sud di: *trenta kilometri s. Milano*; *il 45° parallelo s. l'equatore.* *5* (*fig.*) Esprime il concetto di dipendenza, soggezione, subordinazione, sudditanza: *combattere, militare s. qc.*; *combattere s. le insegne, s. la bandiera della propria patria*; *avere parecchi operai s. di sé*; *tenere qc. s. il proprio dominio*; *vivere s. dure leggi*; *gemere s. la tirannia*; *essere s. il dominio di qc.* | (*est.*) Durante il governo di (spec. per determinare un periodo, un'età storica): *s. il consolato di Cicerone*; *la rivoluzione francese scoppiò s. Luigi XVI*; *patì s. Ponzio Pilato*; *e vissi a Roma s. 'l buono Augusto* (DANTE *Inf.* I, 71). *6* (*fig.*) Indica vigilanza, custodia, appoggio, difesa e sim.: *il minore è s. la mia tutela*; *il prigioniero verrà condotto s. scorta alle prigioni*; *studia s. un bravo professore*; *è cresciuto s. la guida di un precettore*; *lo tengo s. la mia protezione*; *l'associazione nasce s. buoni auspici*; *la questione è s. l'alto patronato del presidente della repubblica* | *Chiudere, tenere qc. s. chiave*, (*est.*) nascosto, segregato | *Tenere qc., q.c. sott'occhio*, non perderlo di vista, controllarlo | Nell'influsso di: *essere nato s. una buona stella*; *trovarsi s. il segno zodiacale dei Gemelli.* *7* (*fig.*) Indica lo stato in cui si trova qc. su cui incombe, impende, sovrasta q.c. o una situazione minacciosa (con valore modale): *essere, finire s. processo*; *trovarsi s. la minaccia di un grave pericolo, di un'epidemia, di una malattia*; *vivere s. un continuo timore*; *vivere s. l'incubo di una guerra*; *è proibito espatriare s. pena di gravi sanzioni*; *trovarsi s. la minaccia di un fucile spianato*; *essere s. l'effetto dell'anestesia*; *trovarsi s. gli effetti del vino.* *8* Con valore modale indica come q.c. si compie o si presenta: *Cristo si offre s. le specie del pane e del vino*; *s. veste d'agnelli sono lupi rapaci*; *sono s. pressione per via degli esami*; *caffè confezionato s. vuoto*; *si è presentato s. l'apparenza più innocente*; *l'ha pubblicato s. falso nome*; *si esprime volentieri s. metafora*; *eseguito s. commissione* | Con garanzia di, al patto che: *promettere q.c. s. giuramento*; *prestare q.c. s. garanzia*; *dare q.c. s. pegno*; *concedere q.c. s. condizioni* | Da: *s. un certo punto di vista hai ragione tu*; *bisogna guardare certe cose s. un angolo diverso.* *9* A causa di: *ha parlato s. l'effetto dell'alcol*; *è impallidito s. l'impressione e la vivezza del ricordo*; *l'ha fatto s. la minaccia di rappresaglia*; *ho agito s. l'impulso del momento.* *10* Verso, nell'imminenza di, in prossimità di, durante (con valore temporale regge i compl. di tempo determinato e continuato): *gli ho scritto s. Natale*; *l'ho incontrato s. Pasqua*; *ci siamo visti s. esami.* *11* Anche nelle loc. prep. *s. di* (spec. seguito dai pron. pers.) e *s. a*: *guarda s. al tavolo*; *metti un braccio s. alla testa*; *non restare s. a quel muro pericolante*; *abita s. di noi*; *lo prenderò s. di me come garzone.* **B** **avv.** *1* In luogo o posizione o parte più bassa rispetto ad altra: *è più bello s. che sopra*; *s. c'è uno strato di pasta sfoglia*; *s., la scatola è bianca*; *firmate s.* | *Più s.*, più in basso: *guarda più s.*; *scavate più s.* | Con valore raff. preceduto da altro avv. di luogo: *guarda cosa c'è lì s.*; *cercate qui s.* | *Andare s.*, infilarsi nel letto

| (*est.*) Al piano inferiore: *non abita nessuno s.*; *la mamma è s., in cantina* | (*iter., ints.*) In fondo e (*fig.*) dentro di sé, copertamente, nell'intimo: *quello che cerchi è nel baule, s. s.; s. s. ride dei nostri sforzi; si mostrava spiacente, ma s. s. era contento; s. s. cercano di farmela* | *Qui c'è s. q.c.*, c'è q.c. di poco chiaro, di nascosto | *Farsi s.*, avvicinarsi prudentemente ma con decisione, spec. negli assalti, nei combattimenti o nelle gare | *Mettere, tenere s. qc.*, sopraffarlo, piegarlo alla propria volontà o obbligarlo a un lavoro faticoso | *Mettere s. qc.*, investirlo con l'automobile, la motocicletta e sim. | *Mettersi s.*, dare inizio con accanimento ad un'attività, ad un impegno | Anche nelle loc. avv. *di s.* e (*raro*) *al di s.*: *vado a vedere di s.; al di s. si apre un precipizio* | Preceduto da una prep.: *i rumori vengono da s.; sbucò di s.; passate per s.; una scatola con s. un buco.* CONTR. Sopra. **2** Oltre: *come dirò s., si possono fare tre tipi di distinzioni; dirò meglio s. di cosa si tratti!* | *Vedi s.*, vedi in nota. **3** Addosso (spec. con riferimento alla nuda pelle o alle parti intime del corpo): *s. non porto mai la maglia; lo spogliarono tutto e s. era pieno di cicatrici* | *L'ha fatta s.*, se l'è fatta addosso. **C** in funzione di **agg. inv.** ● Inferiore, più basso: *guarda se è al piano s.; leggi e traduci la riga s.; prendi il pezzo s.* | Anche nella loc. agg. *di s.*: *scelgo la parte di s.* **D** in funzione di **s. m. inv.** ● La parte inferiore, più bassa, sottostante: *bisogna rifare tutto il s. delle seggiole* | Anche nella loc. sost. *il di s.*: *devi scucire il di s. dell'orlo.*

sótto- [lat. *sŭbtus*, che, nei deriv. it., ha preso il posto del pref. lat. *sŭb-*] **pref.** (*sott-*, davanti a vocale) **1** Con valore locale, indica una cosa, un oggetto che si trovano o vengono collocati sotto ad altri, o indica una parte sottostante ad altra, oppure uno strato o un piano inferiore: *sottabito, sottopassaggio, sottosuolo.* **2** Indica inferiorità immediata di grado e funzione in composti che fanno riferimento a carica, ufficio: *sottosegretario, sottotenente.* **3** Con riferimento a inferiorità quantitativa rispetto a ciò che è normale o necessario: *sottoccupazione, sottoproduzione.* **4** Indica una suddivisione: *sottocommissione, sottogruppo.* **5** In composizione con verbi: *sottolineare, sottoscrivere.*

sottoalimentàre o **sottalimentàre** [comp. di *sotto-* e *alimentare*] **v. tr.** **1** Alimentare, nutrire qc. in misura inadeguata al suo bisogno spec. recando conseguenze dannose al suo organismo. **2** In varie tecnologie, rifornire del materiale pertinente una macchina, una attrezzatura, un impianto e sim., in misura insufficiente rispetto alla loro reale capacità di assorbimento produttivo, rendendo perciò non economico il complesso delle loro prestazioni reali.

sottoalimentàto **part. pass.** di *sottoalimentare*; anche **agg.** ● Nei sign. del v.

sottoalimentazióne o **sottalimentazióne** **s. f.** ● Atto, effetto del sottoalimentare.

†**sottoambasciadóre** ● V. †*sottambasciadore*.

sottoascèlla o **sottascèlla** [comp. di *sotto-* e *ascella*] **s. f.** ● Doppia lunetta, di cotone da un lato e impermeabile dall'altro, disposta all'interno del giromanica per assorbire il sudore.

sottoassicurazióne [comp. di *sotto-* e *assicurazione*] **s. f.** ● Assicurazione per una somma inferiore al valore di ciò che si assicura. CFR. Soprassicurazione.

sottobànco o **sótto bànco** [comp. di *sotto-* e *banco*] **avv.** ● Di nascosto: *vendere, acquistare q.c. s.* | *Mettere, passare, s.*, mettere a tacere, non dare seguito | Anche nella loc. avv. *di s.*: *smercia la carne di s.*

sottobicchière [comp. di *sotto-* e *bicchiere*] **s. m.** (**pl.** *sottobicchièri* o *sottobicchière*) ● Tondino che si pone sotto il bicchiere per evitare che si macchi il tavolo.

sottobórdo [comp. di *sotto-* e *bordo*] **avv.** ● Vicino, a fianco di una nave o di una imbarcazione, ma sempre sulla superficie dell'acqua: *essere, trovarsi, portarsi, s.*

sottobòsco [comp. di *sotto-* e *bosco*] **s. m.** (**pl.** *-schi*) **1** Insieme di tutte le piante spontanee, erbacee e legnose, che nascono nei boschi d'alto fusto, spec. nelle radure | (*est.*) L'insieme dei frutti che si trovano nei boschi, come mirtilli, fragole e sim. **2** (*fig.*) Insieme di persone che vivono e agiscono, spec. in modo illecito, o comunque non regolare, ai margini di un'attività: *il s. cinematografico.*

sottobottìglia [comp. di *sotto-* e *bottiglia*] **s. m.** (**pl.** *sottobottìglie* o *sottobottìglia*) ● Tondino che a tavola si pone sotto la bottiglia.

sottobràccio o **sótto bràccio** [comp. di *sotto-* e *braccio*] **avv.** ● A braccetto, con il braccio infilato a quello di un'altra persona: *passeggiare s. con la fidanzata; prendere, tenere qc. s.*

sottocapitalizzàto [comp. di *sotto-* e *capitalizzato*] **agg.** ● (*econ.*) Detto di imprese che dispongono di capitale insufficiente per il livello di attività economica svolto.

sottocàpo [comp. di *sotto-* e *capo*, sul modello del fr. *sous-chef*] **s. m.** **1** Aiutante o, in caso di necessità, sostituto del capo. **2** Graduato della marina militare corrispondente al caporalmaggiore.

sottòcchio o **sott'òcchio** [comp. di *sott-* e *occhio*] **avv.** ● Davanti agli occhi, in modo da potere guardare, seguire, controllare agevolmente e direttamente q.c. o qc.: *ho proprio s. la tua pratica; ho il libro proprio s.; bisogna tenere s. i bambini.*

sottoccupàto o **sottooccupàto** [comp. di *sott-* e *occupato*] **agg.**; anche **s. m.** (**f.** *-a*) ● Che, chi è soggetto a sottoccupazione.

sottoccupazióne o **sottooccupazióne** [comp. di *sott-* e *occupazione*] **s. f.** ● Occupazione dei lavoratori per un periodo di ore o giornate lavorative inferiore al normale. CONTR. Sovraoccupazione.

sottochiàve o **sótto chiàve** [comp. di *sotto-* e *chiave*] **avv.** ● Chiuso a chiave in luogo o mobile apposito: *tengo i documenti s.; metto sempre dolci e caffè s.; i prigionieri sono s.* | (*est.*) Ben chiuso, ben custodito: *è una ragazza da tenere s.* | (*est.*) *Tenere qc. s.*, tenerlo chiuso in casa, impedirgli di uscire.

sottocìpria [comp. di *sotto-* e *cipria*] **s. m.** e **f. inv.** ● Cosmetico che si stende sul viso, come base per la cipria.

sottoclàsse [comp. di *sotto-* e *classe*] **s. f.** ● Nella tassonomia animale e vegetale, ciascuna delle categorie sistematiche in cui è suddivisa una classe.

sottocóda [comp. di *sotto-* e *coda*] **s. m. inv.** **1** Finimento per equini. **2** Piumaggio che negli uccelli ricopre la parte posteriore dell'addome.

sottocòdice [comp. di *sotto-* e *codice*, calco dell'ingl. *subcode*] **s. m.** ● (*ling.*) Sistema di relazioni particolari che gli elementi del codice globale della lingua assumono in determinati usi funzionali o in determinate situazioni comunicative: *il s. del linguaggio politico.*

sottocommissióne [comp. di *sotto-* e *commissione*, sul modello del fr. *sous-commission*] **s. f.** ● Ogni gruppo in cui si può dividere una commissione per snellire lo svolgimento dei lavori.

sottoconsùmo [comp. di *sotto-* e *consumo*] **s. m.** ● Insufficienza del consumo complessivo di una collettività.

sottocopèrta o **sótto copèrta**, spec. nel sign. B [comp. di *sotto-* e *coperta*] **A** **s. f.** ● (*mar.*) Tutto ciò che sta sotto il ponte di coperta, in contrapposizione a *sopraccoperta*. **B** in funzione di **avv.** ● Sotto il ponte di coperta: *andare, scendere, stare s.*

sottocòppa [comp. di *sotto-* e *coppa*] **s. m.** o **f.** (**pl.** *sottocòppa* **m.**, *sottocòppe* **f.**) **1** Piattino o centrino che a tavola o nel servire vien posto sotto il bicchiere, la tazza, e sim. **2** Riparo metallico posto sotto la coppa dell'olio negli autoveicoli, per proteggerla dai sassi e sim.

sottocorrènte [comp. di *sotto-* e *corrente*] **s. f.** **1** Corrente degli strati più profondi di un corso d'acqua. **2** Nel linguaggio politico, ciascuno degli schieramenti in cui può ulteriormente dividersi una delle correnti di un partito politico.

sottocòscio [comp. di *sotto-* e *coscio*] **s. m.** ● Soccoscio.

sottocòsto o **sótto còsto** [comp. di *sotto-* e *costo*] **A** **avv.** ● A un prezzo inferiore a quello di costo: *vendere, comprare s.* **B** anche **agg. inv.**: *merce s.*

sottocrostàle [comp. di *sotto-* e *crosta*, con suff. agg.] **agg.** ● (*geol.*) Che si trova al di sotto della crosta terrestre.

sottocultùra [comp. di *sotto-* e *cultura*] **s. f.** ● Cultura scadente, deteriore, inferiore.

sottocuòco [comp. di *sotto-* e *cuoco*] **s. m.** (**f.** *-a*; **pl. m.** *-chi*) ● Aiutante del cuoco.

sottocutàneo [comp. di *sotto-* e *cutaneo*] **agg.** ● Relativo alla sottocute.

sottocùte o **sótto cùte** nel sign. B [comp. di *sotto-* e *cute*] **A** **s. m.** ● Strato di tessuto immediatamente sotto la cute. **B** in funzione di **avv.** ● Sotto la cute: *iniettare q.c. s.*

sottodialètto [comp. di *sotto-* e *dialetto*] **s. m.** ● Varietà di un dialetto.

sottodimensionàto [comp. di *sotto-* e *dimensionato*] **agg.** ● Che ha dimensioni inferiori a quelle usuali, stabilite o necessarie: *questo ufficio è s. per carenza di personale.*

sottodiminutìvo [comp. di *sotto-* e *diminutivo*] **agg.**; anche **s. m.** ● Diminutivo di un diminutivo: *suffisso s.; 'librettino' è il s. di 'libretto'.*

sottodivìdere [comp. di *sotto-* e *dividere*] **v. tr.** e **intr. pron.** (coniug. come *dividere*) ● (*raro*) Suddividere.

sottodivisióne [comp. di *sotto-* e *divisione*] **s. f.** ● (*raro*) Suddivisione.

sottodivìso **part. pass.** di *sottodividere* ● Nel sign. del v.

sottodominànte [comp. di *sotto-* e *dominante*] **s. f.** ● (*mus.*) Quarto grado della scala.

sottoelencàto [comp. di *sotto-* ed *elencato*] **agg.** ● In uno scritto o discorso, elencato dopo.

sottoespórre [comp. di *sotto-* ed *esporre*] **v. tr.** (coniug. come *esporre*) ● (*foto*) Nell'eseguire una fotografia, dare alla pellicola una esposizione di luce insufficiente.

sottoesposizióne [comp. di *sotto-* ed *esposizione*] **s. f.** **1** (*foto*) Esposizione troppo breve. **2** (*foto*) Pellicola sottoesposta.

sottoespósto **part. pass.** di *sottoesporre*; anche **agg.** ● Nel sign. del v.

sottofàlda [comp. di *sotto-* e *falda*] **s. f.** ● Parte inferiore delle falde di un cappello | Fodera della falda di un abito.

sottofamiglia [comp. di *sotto-* e *famiglia*] **s. f.** ● (*bot., zool.*) Ciascuna delle categorie sistematiche in cui è suddivisa una famiglia.

sottofàscia o **sótto fàscia** nel sign. A [comp. di *sotto-* e *fascia*] **A** **avv.** ● Avvolto in una fascia di carta recante l'indirizzo del destinatario (detto dell'inoltro per posta di libri, giornali, stampati): *spedire un libro s.* **B** in funzione di **s. m. inv.** ● Stampato spedito per posta avvolto in una fascia di carta recante l'indirizzo del destinatario. **C** in funzione di **s. f. inv.** ● Foglia di tabacco per la confezione dei sigari.

sottofatturàre [comp. di *sotto-* e *fatturare*] **v. tr.** ● (*econ.*) Emettere una fattura per un valore inferiore a quello della prestazione.

sottofinàle [comp. di *sotto-* e *finale*] **s. m.** ● In uno spettacolo teatrale o in una trasmissione televisiva, scena o numero immediatamente precedente al finale.

sottofondazióne [comp. di *sotto-* e *fondazione*] **s. f.** ● Parte inferiore della fondazione costituita da uno strato di calcestruzzo con bassa dosatura di cemento per livellare la superficie di appoggio e ripartire i carichi.

sottofóndo [comp. di *sotto-* e *fondo*] **s. m.** **1** Terreno che serve di appoggio alle sovrastrutture stradali. **2** Commento musicale che accompagna l'azione scenica di un film o di un programma televisivo mentre si svolgono i dialoghi o mentre è in corso la riproduzione realistica degli effetti sonori.

sottogàmba o **sótto gàmba** [comp. di *sotto-* e *gamba*] **avv.** ● Con eccessiva disinvoltura e leggerezza, senza valutare l'importanza e la difficoltà: *prendere s. il proprio avversario; prendere un esame s.* | (*raro*) Anche nella loc. avv. *di s.*

sottogènere [comp. di *sotto-* e *genere*] **s. m.** **1** (*raro*) Nella tassonomia animale e vegetale, ciascuna delle categorie sistematiche in cui è suddiviso un genere. **2** (*est.*) Ogni ulteriore suddivisione di un genere letterario o filmico sulla base di una più ristretta rosa di caratteri tipici affini: *il s. del romanzo giallo.*

†**sottogiacére** [comp. di *sotto-* e *giacere*] **v. intr.** ● (*lett.*) Soggiacere.

sottogóla [comp. di *sotto-* e *gola*] **s. m.** e **f. inv.**

1 (*abbigl.*) Cinghietta di cuoio che passando sotto la gola fissa berretti e sim. nelle uniformi militari. *2* Parte della testiera che passa sotto la gola del cavallo o di altri animali da sella e da tiro. ➡ ILL. p. 1288 SPORT.

sottogónna o **sottogònna** [comp. di *sotto-* e *gonna*] s. f. ● Gonna di tessuto rigido, o inamidata, indossata sotto a un abito ampio per tenerlo ben scostato dalla persona.

sottogovèrno [comp. di *sotto-* e *governo*] s. m. ● Insieme delle attività di favoritismo e corruttela svolte da chi detiene i poteri pubblici per avvantaggiare i propri elettori e consolidare la propria posizione politica | (*est.*) Le persone e gli enti che svolgono un'attività di sottogoverno.

sottogruppo [comp. di *sotto-* e *gruppo*] s. m. *1* (*gener.*) Ciascuno dei gruppi minori in cui si suddivide o può suddividersi un gruppo: *gruppi e sottogruppi di ricerca, di studio*; *s. di montagne*. *2* (*chim.*) Ciascuna delle due parti di un gruppo del sistema periodico, nella quale si raccolgono gli elementi ancor più somiglianti. *3* (*mat.*) Sottoinsieme d'un gruppo che sia stabile rispetto alla legge di composizione del gruppo e che rispetto a questa sia ancora un gruppo.

sottoinsième [comp. di *sotto-* e *insieme*] s. m. ● (*mat.*) Insieme i cui elementi appartengono tutti all'insieme dato | Insieme subordinato.

sótto in su ● V. *sottinsù*.

sottolineàre [comp. di *sotto-* e *lineare* (*2*)] v. tr. (*io sottolìneo*) *1* Segnare, con una linea scritta sotto, una parola o una frase per farla spiccare nel contesto o per ragioni particolari: *sottolineò il brano da tradurre*; *s. q.c. in blu, in rosso*; *s. gli errori di un compito*. *2* (*fig.*) Dare risalto, mettere in rilievo: *s. la riservatezza di un incarico* | *S. una frase, una parola*, rilevarla, dirla con maggiore intensità.

sottolineàto part. pass. di *sottolineare*; anche agg. ● Nei sign. del v.

sottolineatùra s. f. ● Atto, effetto del sottolineare | Parte sottolineata.

sottolinguàle [comp. di *sotto-* e *linguale*] agg. ● (*anat.*) Che è sotto la lingua: *ghiandola s.*

sott'òlio o **sottòlio** [comp. di *sott-* e *olio*] A avv. ● Immerso nell'olio, a bagno nell'olio: *mettere, conservare un cibo sott'olio*. B in funzione di agg. inv. ● Conservato a bagno nell'olio: *tonno sott'olio*.

sottolivèllo [comp. di *sotto-* e *livello*] s. m. ● Ciascuno dei piani orizzontali che ulteriormente suddividono la parte di giacimento compresa tra due livelli di miniera.

sottolunàre [comp. di *sotto-* e *lunare*] agg. ● (*raro*) Sublunare.

sottomàno [comp. di *sotto-* e *mano*; per calco sul fr. *sous-main* nel sign. B 1] A avv. *1* A portata di mano, vicino: *rompe tutto ciò che gli capita s.*; *ho s. ciò che mi occorre*; *tieni carta e penna s.* *2* (*raro*) Con la mano tenuta più bassa della spalla: *sferzare, frustare un cavallo s.* | *Tenere, condurre un cavallo s.*, tenerlo per le briglie alla propria destra cavalcando un altro cavallo. *3* Con la mano voltata a palmo in giù: *tirare la palla s.* | *Muovere s.*, negli scacchi, giocare in contromossa, avendo i pezzi neri. *4* (*fig.*) Di nascosto, senza che altri veda: *mi ha passato un biglietto s.*; *ho avuto una mancia s.* B s. m. *1* Cartella che si tiene sulla scrivania per scrivervi sopra. *2* Rimunerazione aggiunta allo stipendio | Mancia, regalia fatta di nascosto. *3* †Colpo dato di sotto in su.

sottomàrca [comp. di *sotto-* e *marca*] s. f. ● Prodotto o linea di prodotti di qualità e prezzo inferiori alla marca principale.

†sottomàre [comp. di *sotto-* e *mare*] s. m. ● (*raro*) Fondo del mare.

sottomarino [comp. di *sotto-* e *marino*] A agg. ● Che è sotto la superficie marina: *cavo s.*; *vegetazione, navigazione sottomarina*. B s. m. ● (*mar.*) Nave da guerra destinata ad agire e navigare quasi sempre sotto la superficie del mare | Correntemente, sommergibile.

sottomarino-ària [comp. di *sottomarino* e *aria*] loc. agg. inv. ● (*mil.*) Detto di missile destinato a essere lanciato da un sottomarino o un sommergibile in immersione contro un bersaglio aereo.

sottomarino-superficie [comp. di *sottomarino* e *superficie*] loc. agg. inv. ● (*mil.*) Detto di missile destinato a essere lanciato da un sottomarino o un sommergibile in immersione contro un bersaglio in superficie.

sottomascellàre [comp. di *sotto-* e *mascellare*] agg. ● (*anat.*) Che sta sotto l'osso mascellare: *ghiandola s.*

sottoménto [comp. di *sotto-* e *mento*] s. m. ● (*pop.*) Doppio mento, pappagorgia.

sottomercàto [comp. di *sotto-* e *mercato*] avv. ● (*raro*) A prezzo inferiore a quello praticato sul mercato: *svendere s.*

sottomésso part. pass. di *sottomettere*; anche agg. *1* Nei sign. del v. *2* Rispettoso, docile: *atteggiamento s.* CONTR. Insofferente, ribelle.

sottométtere [comp. di *sotto-* e *mettere*, sul modello del lat. *submittere*] A v. tr. (coniug. come *mettere*) *1* (*raro*) Mettere sotto: *s. i buoi al giogo* | *S. la vacca al toro*, farli accoppiare. *2* Assoggettare, soggiogare: *s. una popolazione al proprio dominio* | Rendere ubbidiente, rispettoso, e sim.: *vuole s. i compagni alla sua volontà*. *3* (*lett.*) Subordinare, posporre ad altro: *s. il senso alla ragione*. *4* (*raro*) Sottoporre: *fu sottomesso a una dura prova*; *sottomise il problema alla nostra attenzione*. B v. intr. pron. ● Piegarsi al dominio, ai voleri altrui: *dovettero sottomettersi agli invasori*.

sottomissióne [da *sottomesso*, sul modello del lat. *submissio*, genit. *submissiōnis*] s. f. *1* Atto del sottomettere o del sottomettersi: *fare atto di s. a qc.* *2* Qualità, condizione di chi è sottomesso | (*est.*) Docilità, ubbidienza.

sottomisùra o **sótto misùra** [comp. di *sotto-* e *misura*] avv. ● In misura inferiore al normale, al giusto | Nel linguaggio calcistico, sotto porta, vicino alla porta avversaria: *un attaccante molto valido s.*

†sottomòrdere [comp. di *sotto-* e *mordere*] v. tr. ● (*raro*) Mordere sotto.

sottomùltiplo [comp. di *sotto-* e *multiplo*] A s. m. ● (*mat.*) Quantità di cui quella data è un multiplo | Quantità che si ottiene dividendo quella data in un numero intero di parti. B anche agg.: *quantità sottomultipla di un'altra*.

sottonocchière [comp. di *sotto-* e *nocchiere*] s. m. ● Nella marina militare, sottocapo della categoria nocchieri.

sottonotàto [comp. di *sotto-* e *notato*] agg. ● Che è notato, citato, più in basso, oltre.

sottonsù ● V. *sottinsù*.

†sottontèndere ● V. *sottintendere*.

sottoccupàto ● V. *sottoccupato*.

sottooccupazióne ● V. *sottoccupazione*.

sottopagàre [comp. di *sotto-* e *pagare*] v. tr. ● Retribuire in misura inferiore al dovuto.

sottopàlco [comp. di *sotto-* e *palco*] s. m. (pl. *-chi*) ● Parte del palcoscenico posta sotto il piano scenico, e contenente parte del macchinario di scena.

sottopància [comp. di *sotto-* e *pancia*] s. m. inv. *1* Larga striscia di cuoio o di robusta tela che passando sotto la pancia del cavallo tiene ferma la sella. ➡ ILL. p. 1288, 1289 SPORT. *2* (*fig., scherz.*) Nel gergo militare, gli ufficiali aiutanti | Chi è al servizio di un personaggio potente e ne esegue ciecamente incarichi fiduciari spec. scabrosi o delicati. *3* (*tv*) Dicitura di identificazione di una persona, sovrapposta sul margine inferiore della sua immagine durante una trasmissione televisiva.

sottopassàggio [comp. di *sotto-* e *passaggio*] s. m. *1* Opera stradale costruita nell'incrocio di due vie per evitare l'attraversamento in superficie rispetto alla via superiore, più importante o preesistente. SIN. Sottovia | *S. pedonale*, che permette ai pedoni di passare sotto una strada o una piazza, senza doversi guardare dai veicoli o fare soste. *2* Passaggio sotterraneo ricavato nell'ambito della stazione per permettere l'accesso dei viaggiatori ai vari marciapiedi di partenza evitando l'attraversamento dei binari.

sottopassàre [comp. di *sotto-* e *passare*] v. tr. ● (*raro, urban.*) Passare sotto, spec. nel sistema viario cittadino: *la metropolitana milanese sottopassa Piazza del Duomo*.

sottopàsso [comp. di *sotto-* e *passo*] s. m. ● Ogni sottopassaggio, nelle costruzioni stradali e ferroviarie.

sottopèlle [comp. di *sotto-* e *pelle*] avv. ● Sotto la pelle | (*fig.*) In modo non evidente: *un impulso che si manifesta s.*

sottopéntola [comp. di *sotto-* e *pentola*] s. m. inv. ● Accessorio di piccole dimensioni e di materiale resistente al calore, usato in cucina come appoggio per pentole tolte dai fornelli.

sottopéso o **sótto péso** [comp. di *sotto-* e *peso*] A s. m. ● Peso inferiore a quello normale, usuale o stabilito: *studiare le cause di s. alla nascita*. B avv. ● In condizione di sottopeso: *dopo la dieta, è sempre s.* C anche agg. inv.

sottopiàtto [comp. di *sotto-* e *piatto*] s. m. ● Piatto usato in tavola per poggiarvi un altro piatto o la scodella col cibo.

sottopiède [comp. di *sotto-* e *piede*, sul modello del fr. *sous-pied*] s. m. *1* Parte di cuoio interna nella scarpa direttamente a contatto con il piede. *2* Passante di tessuto o di cuoio che, passando sotto al piede o sotto la scarpa, tiene il calzone ben teso, o ferma la ghetta.

†sottoponiménto [comp. di *sotto-* e *ponimento*] s. m. ● (*raro*) Atto del sottoporre.

sottopopolàto [comp. di *sotto-* e *popolato*] agg. ● Che ha una popolazione inferiore a quella che il territorio proporzionalmente potrebbe accogliere: *l'Australia è uno stato s.*

sottopórre [comp. di *sotto-* e *porre*, sul modello del lat. *suppōnere*. V. *supporre*] A v. tr. (coniug. come *porre*) *1* (*raro*) Porre sotto. *2* Assoggettare, soggiogare, ridurre alla propria dipendenza: *i conquistatori sottoposero molti paesi*; *molti paesi furono sottoposti ai conquistatori*. SIN. Sottomettere. *3* Costringere, indurre ad affrontare o a subire q.c. di spiacevole, gravoso, e sim.: *sottopose l'alunno a una lunga interrogazione*; *ha sottoposto i dipendenti a una rigida disciplina*. *4* (*fig.*) Presentare: *s. una proposta di legge all'approvazione del Parlamento*; *s. le proprie opere alla critica*. B v. intr. pron. ● Sottomettersi: *sottoporsi alla legge, al volere altrui* | Affrontare, subire q.c., spec. spiacevole, gravoso, o sim.: *sottoporsi a un intervento chirurgico, a un grande sacrificio*.

sottopòrtico [comp. di *sotto-* e *portico*] s. m. (pl. *-ci*) ● Spazio sotto il portico che serve di passaggio e anche di passeggio.

†sottoposizióne [da *sottoporre*, sul modello di *posizione*] s. f. ● (*raro*) Sottomissione.

sottopósto A part. pass. di *sottoporre*; anche agg. *1* Nei sign. del v. *2* Esposto: *essere s. ai pericoli*. *3* (*raro, lett.*) Dedito: *uomo ambiziosissimo e superbissimo, s. al vino* (GUICCIARDINI). B s. m. *1* Chi, in un rapporto di lavoro, è subordinato ad altri. *2* †Suddito.

sottopotére [comp. di *sotto-* e *potere*] s. m. ● Sottogoverno.

sottoprefètto [comp. di *sotto-* e *prefetto*, sul modello del fr. *sous-préfet*] s. m. ● Nel vecchio ordinamento amministrativo italiano, funzionario posto a capo di una sottoprefettura.

sottoprefettùra [comp. di *sotto-* e *prefettura*, sul modello del fr. *sous-préfecture*] s. f. *1* Nel vecchio ordinamento amministrativo italiano, ognuno dei circondari in cui era divisa una prefettura. *2* Grado, ufficio, di sottoprefetto.

sottoprèzzo [comp. di *sotto-* e *prezzo*] avv. ● A un prezzo più basso di quello corrente sul mercato: *acquistare s.*

sottoprodótto [comp. di *sotto-* e *prodotto*] s. m. ● Prodotto ottenuto, o come bene di valore economicamente inferiore, o come scarto, nel corso del processo produttivo rivolto a ottenere il prodotto principale.

sottoproduzióne [comp. di *sotto-* e *produzione*] s. f. ● Eccedenza della domanda sull'offerta effettiva nel mercato di un dato bene. CONTR. Sovrapproduzione.

sottoprogràmma [comp. di *sotto-* e *programma*] s. m. (pl. *-i*) ● (*elab.*) Gruppo autonomo di istruzioni richiamate più volte nell'esecuzione di un programma.

sottoproletariàto [comp. di *sotto-* e *proletariato*] s. m. ● Nella società capitalistica, il gruppo sociale più povero e privo di coscienza politica.

sottoproletàrio [comp. di *sotto-* e *proletario*] s. m. (f. *-a*) ● Membro del sottoproletariato.

sottopùnto [comp. di *sotto-* e *punto*] s. m. ● Sopppunto.

sottórdine [comp. di *sott-* e *ordine*] s. m. *1* Nella tassonomia animale e vegetale, ciascuna delle categorie sistematiche in cui è diviso un ordine. *2* Nella loc. avv. *in s.*, in grado subordinato, alle dipendenze di qc.: *aver un posto, un incarico in s.*; *essere in s. a tutti*; *non sopporto di stare in s.* | Di importanza secondaria, di interesse inferiore: *questione in s.*; *questa faccenda va posta in s.*

sottorégno [comp. di *sotto-* e *regno*] s. m. ● Nella tassonomia animale e vegetale, ciascuna delle categorie sistematiche in cui è diviso un regno.

†**sottorìdere** [comp. di *sotto-* e *ridere*] v. intr. ● (*raro*) Sorridere.

sottoscàla [comp. di *sotto-* e *scala*] s. m. inv. ● Vano che rimane sotto la rampa della scala, spesso utilizzato come ripostiglio.

sottoscàrpa [comp. di *sotto-* e *scarpa* (*2*)] s. f. ● Solo nella loc.: *muro di s.*, muro di sostegno di un terrapieno limitato alla porzione inferiore di esso.

sottoscàvo [comp. di *sotto-* e *scavo*] s. m. ● Cala (1).

sottoscrìtto A part. pass. di *sottoscrivere*; anche agg. ● Nei sign. del v. **B** s. m. (f. *-a*) ● Chi scrive e firma un'istanza, una domanda, spec. designando se stesso in terza persona: *il s. chiede che ...*; *la sottoscritta fa domanda per ...*; (*fam., scherz.*) per indicare se stesso: *il s. vorrebbe uscire.*

sottoscrittóre [da *sottoscritto*] s. m. (f. *-trice*) ● Chi sottoscrive: *i sottoscrittori della richiesta.*

sottoscrìvere [comp. di *sotto-* e *scrivere*] v. tr. (coniug. come *scrivere*) *1* Scrivere la propria firma in calce a un documento a una lettera e sim.: *s. una denuncia, un contratto.* *2* Aderire a un'iniziativa apponendo la propria firma o versando una somma: *s. una petizione*; *s. un abbonamento*; *s. diecimila lire* | *S. obbligazioni, azioni*, impegnandosi a versare il corrispettivo quando verranno emesse. *3* (*fig.*) Condividere, approvare pienamente: *sottoscrivo ciò che hai detto.*

sottoscrizióne [da *sottoscritto*. V. *soscrizione*] s. f. *1* Atto del sottoscrivere. *2* Raccolta di firme, adesioni o fondi a favore di un'iniziativa: *promuovere, aprire una s.* *3* Nei documenti medievali, indicazione non sempre autografa dell'autore o dei contraenti, dei testimoni e del redattore, posta nella parte finale.

†**sottosegnàto** [comp. di *sotto-* e *segnato*, sul modello del fr. *soussigné*. V. lat. *subsignāre* 'scrivere (*signāre*) sotto (*sŭb*)'] agg. ● Sottolineato.

sottosegretariàto [comp. di *sotto-* e *segretariato*] s. m. *1* Ufficio di sottosegretario | Complesso dei sottosegretari. *2* Personale che coadiuva il sottosegretario nella esplicazione delle proprie funzioni.

sottosegretàrio [comp. di *sotto-* e *segretario*, sul modello del fr. *sous-secrétaire*] s. m. (f. *-a*) ● Segretario di grado inferiore, vicesegretario | Collaboratore diretto del ministro segretario di Stato che esplica funzioni dallo stesso delegategli.

sottosèlla [comp. di *sotto-* e *sella*] s. m. inv. ● Imbottitura che si pone sotto la sella a protezione della groppa del cavallo.

sottosezióne [comp. di *sotto-* e *sezione*] s. f. ● Ognuno dei settori in cui è divisa una sezione, spec. nell'ordinamento amministrativo.

sottosistèma [comp. di *sotto-* e *sistema*] s. m. ● Sistema che fa parte integrante di un sistema più complesso.

sottosópra [comp. di *sotto-* e *sopra*] **A** avv. *1* Alla rovescia, in modo capovolto: *quella cassa è s., bisogna rivoltare s. i materassi.* *2* (*est., fig.*) In uno stato di grande disordine, scompiglio, confusione: *una stanza messa s.*; *mettere s. tutta la casa* | In grande agitazione, turbamento o sconvolgimento: *mi sento s.*; *c'è mancato poco che non m'hai messo s. l'oste* (MANZONI). **B** in funzione di agg. inv. ● Turbato, confuso: *ho la testa s.* **C** in funzione di s. m. inv. ● Confusione, scompiglio, sconvolgimento: *arrivando all'improvviso ho trovato un gran s.*

sottospàzio [comp. di *sotto-* e *spazio*] s. m. ● (*mat.*) Sottoinsieme di uno spazio dato, che dello spazio dato ha le stesse proprietà.

sottospècie [comp. di *sotto-* e *specie*] s. f. inv. *1* Nella tassonomia animale e vegetale, ciascuna delle categorie sistematiche in cui può essere suddivisa una specie. *2* (*est.*) Ogni possibile varietà di q.c. (*spec. spreg.*): *certi romanzi sono una s. della letteratura.*

sottospinàto [comp. di *sotto-* e un deriv. di *spina*] **A** agg. ● (*anat.*) Detto di muscolo posto sotto la spina della scapola. **B** s. m. ● Muscolo sottospinato.

sottosquàdro [comp. di *sotto-* e *squadro*] s. m. *1* (*edil.*) Superficie laterale di sporgenze o rientranze a coda di rondine o simili. *2* In varie tecnologie, incisione, intaglio o incavo profondo che forma un angolo acuto col piano di riferimento.

sottòssido [comp. di *sott-* e *ossido*] s. m. ● (*chim.*) Ossido in cui l'ossigeno legato al metallo è in quantità inferiore a quella spettante alla valenza di detto metallo.

sottostànte **A** part. pres. di *sottostare*; anche agg. *1* Nei sign. del v.: *dalla mia finestra domino tutta la campagna s.*; *la stalla s. il* (o *al*) *fienile.* *2* (*ling.*) Detto di un elemento che fa parte della struttura profonda e che non si manifesta in questa forma nella frase realizzata in superficie. **B** s. m. e f. ● (*raro*) Sottoposto, subordinato.

sottostàre [comp. di *sotto-* e *stare*] v. intr. (pr. *io sottostò, tu sottostài, egli sottostà*; nelle altre forme coniug. come *stare*; aus. *essere*) *1* (*raro, lett.*) Stare sotto, più sotto: *il paese sottostà a un bosco.* CONTR. Sovrastare. *2* (*fig.*) Essere soggetto, sottoposto: *s. a un padrone severo, alle minacce di qc.* | Affrontare, subire: *s. a una prova, a un controllo.*

sottostazióne [comp. di *sotto-* e *stazione*] s. f. ● (*elettr.*) Impianto adibito alla trasformazione della corrente elettrica (voltaggio, frequenza e sim.), che vi perviene ad alta tensione, e alla distribuzione all'utenza della corrente così trasformata | (*est.*) Il locale o l'edificio che accoglie tale impianto.

sottosterzànte [comp. di *sotto-* e *sterzante*, part. pres. di *sterzare*] agg. ● (*autom.*) Detto di autoveicolo che, in curva, tende a descrivere una traiettoria di raggio superiore a quello corrispondente alla posizione del volante, cioè ad allargare la curva, a causa di caratteristiche costruttive quali il passo, le sospensioni o la posizione del baricentro o di caratteristiche variabili quali la distribuzione del carico o l'aderenza delle ruote.

sottosterzàre [comp. di *sotto-* e *sterzare*] v. intr. (aus. *avere*) ● (*autom.*) Presentare un comportamento sottosterzante, detto di autoveicolo.

sottosterzàta [comp. di *sotto-* e *sterzata*] s. f. ● (*autom.*) Sterzata di autoveicolo sottosterzante.

sottostèrzo s. m. ● (*autom.*) Comportamento di un autoveicolo sottosterzante.

sottostimàre [comp. di *sotto-* e *stimare*] v. tr. ● Stimare qc. o q.c. al disotto del reale o del giusto.

sottostruttùra [comp. di *sotto-* e *struttura*] s. f. ● Parte inferiore di un complesso strutturale: *sottostrutture e sovrastrutture.*

sottosuòlo [comp. di *sotto-* e *suolo*] s. m. *1* Nel terreno, parte o strato che si trova al di sotto del suolo e non è raggiunto dalle radici delle piante: *s. permeabile, profondo.* CONTR. Soprassuolo. *2* Locale o gruppo di locali parzialmente o totalmente sotto il livello del suolo.

sottosviluppàto [comp. di *sotto-* e *sviluppato*] agg. ● Detto di paese o regione in condizione di sottosviluppo.

sottosvilùppo [comp. di *sotto-* e *sviluppo*] s. m. ● Condizione di arretratezza sociale ed economica in genere, e in particolare sul piano tecnico e produttivo, in cui si trova una collettività nei confronti di sistemi economici più avanzati, e quindi fruenti di un più elevato reddito nazionale.

sottotenènte [comp. di *sotto-* e *tenente*] s. m. ● Primo grado della gerarchia degli ufficiali | *S. di vascello*, nella marina militare, grado corrispondente a quello di tenente dell'esercito.

sottotèrra o **sótto tèrra** [comp. di *sotto-* e *terra*] **A** avv. ● Sotto la terra, sotto la superficie del suolo: *scavare s.*; *nascondere q.c. s.* | *Andare, mandare s.*, (*euf.*) morire, fare morire | *Essere s.*, (*euf.*) essere morto. **B** in funzione di agg. inv. ● (*raro*) Sotterraneo: *locale s.* **C** in funzione di s. m. inv. ● Ambiente sotterraneo, sotto il livello del suolo: *un s. umido e squallido.*

sottotèsi [comp. di *sotto-* e *tesi*] s. f. ● Discussione orale o scritta svolta da uno studente su un argomento scientifico attinente alle discipline da lui studiate, spec. nelle facoltà universitarie per integrare la tesi di laurea.

sottotétto [comp. di *sotto-* e *tetto*] s. m. *1* Spazio tra le falde del tetto e l'orizzontamento che copre l'ultimo piano di un edificio. *2* †Soffitto.

sottotìpo [comp. di *sotto-* e *tipo*] s. m. ● Nella tassonomia animale e vegetale, ciascuna delle categorie sistematiche in cui è diviso un tipo.

sottotitolàre [da *sottotitolo*] v. tr. (*io sottotìtolo*) *1* (*cine, tv*) Corredare di sottotitoli: *s. per i non udenti un programma televisivo.* *2* Aggiungere un titolo secondario a un libro e sim.

sottotìtolo [comp. di *sotto-* e *titolo*] s. m. *1* (*edit.*) Titolo secondario di un articolo di giornale o di un libro, spec. esplicativo del titolo principale, collocato sotto di questo in un corpo minore. *2* (*cine*) Didascalia disposta in sovraimpressione lungo il margine inferiore dell'immagine cinematografica o televisiva.

sottotòno [comp. di *sotto-* e *tono*] avv. *1* Con un tono di voce basso, poco percettibile. *2* (*fig.*) In uno stato di scarso vigore e benessere fisico: *sentirsi s.* *3* (*fig.*) In modo dimesso, modesto: *vivere s.*

sottotràccia [comp. di *sotto-* e *traccia*] agg. inv. ● (*elettr.*) Detto di impianto elettrico, telefonico e sim. i cui conduttori sono nascosti all'interno delle murature in canali appositamente predisposti, facendo capo a prese esterne.

sottotràtto [comp. di *sotto-* e *tratto*] avv. ● Solo nelle loc. *muovere, giocare s.*, nel gioco degli scacchi, avere i pezzi neri e muovere sempre dopo il bianco.

sótto-ufficiàle ● V. *sottufficiale.*

sottoutilizzàre [comp. di *sotto-* e *utilizzare*] v. tr. ● Utilizzare in modo incompleto o in misura insufficiente | *S. un dipendente*, non sfruttarne a pieno le capacità produttive.

sottovalutàre [comp. di *sotto-* e *valutare*] v. tr. (*io sottovalùto* o, raro *sottovàluto*) ● Valutare persone o cose al disotto del reale o del giusto. CONTR. Sopravvalutare.

sottovalutazióne [da *sottovalutare*] s. f. ● Atto del sottovalutare.

sottovàso [comp. di *sotto-* e *vaso*] s. m. ● Vaso o piatto in cui si pone un vaso da fiori, per ornamento o per ricevere l'acqua di scolo.

sottovéla [comp. di *sotto-* e *vela*] avv. ● Con le vele bordate: *navigare, essere, s.*

sottovènto [comp. di *sotto-* e *vento*] **A** avv. ● Dal lato opposto a quello da cui spira il vento: *essere, navigare, s.* CONTR. Sopravvento. **B** in funzione di agg. inv. ● Detto del fianco di una montagna opposto a quello sopravvento, ove si hanno venti di caduta, discendenti, e diradamento della nuvolosità: *lato, versante s.* **C** in funzione di s. m. solo sing. ● (*mar.*) Posizione contraria a quella di sopravvento.

sottovèste o (*pop.*) †**sottovèsta** [comp. di *sotto-* e *veste*] s. f. ● Indumento che si indossa sotto al vestito. SIN. Sottabito. || **sottovestìna**, dim.

sottovìa [comp. di *sotto-* e *via*] s. f. ● Strada urbana che passa sotto altre strade od ostacoli, per consentire il transito veloce.

sottovìta [comp. di *sotto-* e *vita*] s. f. ● Corpettino scollato e senza maniche portato un tempo dalle donne per coprire la parte superiore del busto.

sottovóce o **sótto vóce** [comp. di *sotto-* e *voce*] avv. ● A voce bassa, in tono basso o sommesso, per non disturbare, infastidire o per non far sentire agli altri quanto si dice: *discutete s.*; *parliamo s.*; *canterellava s. un vecchio motivo.*

sottovuòto o **sótto vuòto** [comp. di *sotto-* e *vuoto*] **A** avv. ● Col metodo impiegato per una lunga conservazione del prodotto mediante eliminazione dell'aria dal contenitore: *confezionare s.* | *S. spinto*, quando viene eliminata totalmente l'aria. **B** agg. inv. ● In varie tecnologie, di contenitore da cui è stata estratta l'aria: *confezione s.*; *impianto s.*

sottozèro o **sótto zèro** [comp. di *sotto-* e *zero*] **A** avv. ● A una temperatura inferiore a zero gradi. **B** in funzione di agg. inv. ● (*est.*) Che è al di sotto di un determinato livello, di un limite convenzionale.

sottraèndo [vc. dotta, dal lat. *subtrahĕndu(m)* 'da sottrarsi', gerundio di *subtrăhere* 'sottrarre'] s. m. ● (*mat.*) Secondo termine d'una sottrazione | Quantità che, aggiunta alla differenza, dà il minuendo.

†**sottràggere** ● V. *sottrarre.*

†**sottraiménto** [da *sottrarre*] s. m. ● Atto del sottrarre.

sottràrre o †**sottràggere**, (*raro*) †**suttràrre** [lat. *subtrăhere* 'trarre (*trăhere*) di sotto, via (*sŭb*)'] **A** v. tr. (coniug. come *trarre*) **1** Levare via, togliere: *s. q.c. alla vista altrui*; *s. qc. agli sguardi dei curiosi* | Liberare, salvare: *s. qc. a, da, un pericolo*. **2** (*fig.*) Rapire, rubare, togliere con l'inganno: *s. un documento a qc.*; *mi ha sottratto del denaro*. **3** (*mat.*) Eseguire una sottrazione. CONTR. Addizionare. **4** †Allettare, sedurre. **B** v. rifl. ● Sfuggire, liberarsi, evitare: *sottrarsi a un pericolo, alla vigilanza di qc.*

sottrattivo [da *sottratto*] agg. **1** Che sottrae. **2** (*ling.*) Privativo. **3** (*mat.*) Relativo alla sottrazione | *Termine s.*, che deve essere sottratto. **4** (*ott.*) *Sintesi sottrattiva*, formazione di una luce o di un'immagine colorata mediante eliminazione per filtrazione di alcune luci colorate da una luce bianca.

sottràtto **A** part. pass. di *sottrarre*; anche agg. **1** Nei sign. del v. **2** †Ingannevole. **B** s. m. ● (*lett.*) Lusinga, allettamento, astuzia.

sottrattóre [da *sottratto*] s. m.; anche agg. (f. *-trice*) **1** (*raro*) Chi, che sottrae. **2** †Seduttore.

†**sottrattóso** [da *sottratto*] agg. **1** Astuto, accorto. **2** Detrattore.

sottrazióne [vc. dotta, dal lat. tardo *subtractiōne(m)*, da *subtrăctus* 'sottratto'] s. f. **1** Atto, effetto del sottrarre o del sottrarsi | *S. alla leva*, reato di chi omette o cancella indebitamente un giovane dalla lista di leva. **2** (*mat.*) Operazione che a due quantità (minuendo e sottraendo) ne associa (quando esiste) una terza, detta differenza, che aggiunta al sottraendo dà il minuendo. CONTR. Addizione.

sottufficiàle o (*raro*) **sott'ufficiàle**, **sótto-ufficiàle** [comp. di *sott-* e *ufficiale*, sul modello del fr. *sous-officier*] s. m. **1** Nella gerarchia militare, grado intermedio tra i graduati di truppa e gli ufficiali, comprendente sergente, sergente maggiore e maresciallo | *S. di contabilità*, addetto alla registrazione contabile dei corpi e dei minori reparti. **2** (*mar.*) Nostromo, capofuochista, meccanico.

soubrette /*fr.* su'brɛt/ [vc. fr., dal provz. moderno *soubreto* '(ragazza) affettata', dall'ant. *sobrar* 'esser di troppo', risalente al lat. *superāre*] s. f. inv. **1** Nel teatro comico francese dell'epoca classica, confidente accompagnatrice, o servetta che affianca la padrona nello svolgimento dell'azione. **2** Nel teatro di varietà, prima attrice, ballerina e cantante.

soufflé /*fr.* su'fle/ [vc. fr., propriamente 'gonfiato', part. pass. di *souffler* 'soffiare, gonfiare'] s. m. inv. ● Vivanda a base di passati di carne, formaggio, verdura o altro e chiare d'uovo montate a neve, cotta al forno in modo che, al calore, si gonfi.

soul /*ingl.* soul/ **A** s. m. inv. ● Acrt. di *soul music*. **B** agg. inv. ● (posposto al s.) Della soul music: *stile s.*

soul jazz /'saul 'dʒɛts, *ingl.* 'soul dʒæz/ [loc. ingl., propriamente 'jazz spirituale', comp. di *soul* 'anima' (d'origine germ.) e *jazz*] s. m. inv. ● (*mus.*) Nel jazz moderno, corrente che recupera lo spirito religioso, umano e comunitario del gospel.

soul music /*ingl.* 'soul mju:zik/ [loc. ingl., propr. 'musica spirituale', comp. di *soul* e *music*] loc. sost. f. inv. ● (*mus.*) Nella musica americana degli anni Sessanta, corrente ispirata a forte impegno sociale che cerca di comunicare all'ascoltatore la stessa partecipazione emotiva dell'esecutore.

sound /*ingl.* saund/ [vc. ingl., propr. 'suono'] s. m. inv. ● (*mus.*) Nel jazz e nella pop-music, colore, timbro, carattere specifico e riconoscibile della sonorità creata da un solista o da un gruppo | (*est.*) Suono caratteristico dei diversi generi, stili, periodi della storia del jazz.

souplesse /*fr.* su'plɛs/ [vc. fr., *souple* 'flessibile, docile', dal lat. *sŭpplice(m)* 'supplice, che si umilia'] s. f. inv. **1** Scioltezza, agilità di un atleta nei suoi movimenti | *Vincere in s.*, agevolmente, anche in senso fig. **2** (*fig.*) Elasticità mentale, capacità di adattamento.

souvenir /*fr.* suv(ə)'nir/ [vc. fr., dal v. *souvenir* 'ricordare'. V. *sovvenire*] s. m. inv. ● Oggetto che si riporta da un viaggio per ricordo.

†**sovàtto** ● V. †*sogatto*.

sovchoz /*russo* saf'xɔs/ [vc. russa, abbr. di *sov(jétskoje) choz(jájstvo)* 'azienda agricola statale'] s. m. inv. ● Nell'Unione Sovietica, azienda agricola statale.

sovcòs s. m. ● Adattamento di *sovchoz* (V.).

sovcoṣiàno [da *sovchoz*] agg. ● Di, relativo a sovchoz.

†**sovenire** ● V. *sovvenire*.

sovènte [dall'ant. fr. *sovent* (moderno *souvent*), dal lat. *subīnde* 'subito dopo, ripetutamente', comp. di *sŭb* 'sotto' e *īnde* 'poi'] **A** avv. ● (*lett.*) Spesso: *mi accade s. di sbagliare*; *ti capita troppo s. di arrivare in ritardo*; *desidererei che tu scrivessi più s.*; *facea s. pe' boschi soggiorno* (POLIZIANO). **B** in funzione di agg. ● (*raro*) †Frequente: *soventi battaglie* (VILLANI).

†**soverchiaménto** s. m. ● Atto del soverchiare.

soverchiànte o **soperchiànte**. part. pres. di *soverchiare*; anche agg. ● Nei sign. del v.

†**soverchiànza** [da *soverchiante*] s. f. ● Soverchiamento | Soperchieria.

soverchiàre o (*raro*) **soperchiàre** [da *soverchio*] **A** v. tr. (*io sovèrchio*) **1** (*lett.*) Sormontare, oltrepassare: *il fiume in piena soverchia le sponde*. **2** (*fig.*) Sopraffare, usare soverchierie: *hanno messo innanzi il nome di vossignoria ... per s. due innocenti* (MANZONI). **3** (*fig.*) Vincere, superare: *applausi fragorosi ... soverchiavano la musica* (VERGA). **B** v. intr. (aus. *avere*) **1** †Sovrabbondare: *sempre erbe e frondi, et acque chiarissime ... ne soverchino* (SANNAZARO). **2** Sopravanzare, sporgere.

soverchiatóre ● V. *soperchiatore*.

soverchierìa ● V. *soperchieria*.

†**soverchiévole** o †**soperchiévole** [da *soverchiare*] agg. **1** Soverchio, eccessivo. **2** Oltraggioso, superbo. || †**soverchievolménte**, avv.

†**soverchiézza** [da *soverchio*] s. f. ● (*raro*) Soperchieria.

sovèrchio o †**sopèrchio** [lat. parl. **supĕrculu(m)*, da *sŭper* 'sopra, oltre'] **A** agg. ● (*lett.*) Eccessivo, esagerato, sovrabbondante: *s. amor proprio*; *s. caldo*; *sapevo ch'ella non faceva spesa soperchia* (CASTIGLIONE). || **soverchiaménte**, avv. In modo soverchio, eccessivamente. **B** in funzione di avv. ● †Troppo, soverchiamente. **C** s. m. **1** (*lett.*) Ciò che è in più, che sovrabbonda: *pretendere il s.* **2** †Soperchieria, oltraggio || PROV. Il soverchio rompe il coperchio.

†**sóvero** [lat. parl. **sōberu(m)*, variante del classico *sūber*, genit. *sūberis* 'sughero'] s. m. ● (*dial.*) Sughero.

sovesciàre [lat. parl. **subversiāre*, da *subvĕrsus*, part. pass. di *subvĕrtere* 'rivoltare (*vĕrtere*) sotto (*sŭb*)'] v. tr. (*io sovèscio*) ● (*agr.*) Trattare con la tecnica del sovescio (*anche ass.*): *s. i lupini*; *l'epoca in cui si sovescia*.

sovèscio [da *sovesciare*] s. m. ● Sotterramento di piante appositamente coltivate per arricchire il terreno di materia organica.

sovièt /so'vjɛt, 'sɔvjet/ [dal russo *sovjét* 'consiglio'] s. m. inv. ● Nella rivoluzione russa del 1917, comitato esecutivo di operai e soldati | Consiglio di delegati eletti dai lavoratori: *s. comunale*, *provinciale*, *regionale*, *nazionale*, *supremo*.

soviètico **A** agg. (pl. m. *-ci*) **1** Dei soviet, formato dai soviet: *Unione delle Repubbliche Socialiste Sovietiche*. **2** (*est.*) Dell'Unione Sovietica: *politica sovietica*; *i carri armati sovietici*. **B** s. m. (f. *-a*) ● Abitante, cittadino, dell'Unione Sovietica.

sovietiẓẓàre [da *sovietico*, sul modello del fr. *soviétiser*] v. tr. ● Trasformare il sistema economico, politico e sociale di un Paese per rendervi operanti i modelli del sistema sovietico.

sovietiẓẓazióne s. f. ● Atto, effetto del sovietizzare.

sovietologìa [comp. di *soviet(ico)* e *-logia*] s. f. ● Studio del sistema sociopolitico sovietico e della sua storia.

sovietòlogo [comp. di *soviet(ico)* e *-logo*] s. m. (f. *-a*; pl. m. *-gi*) ● Esperto di sovietologia.

sovr- ● V. *sovra-*.

sóvra /'sovra*, 'sovra/ ● V. *sopra*.

sóvra- o **sovr-** ● V. *sopra-*.

sovrabbondànte o (*raro*) **soprabbondànte**. part. pres. di *sovrabbondare*; anche agg. **1** Nel sign. del v. **2** (*ling.*) *Nome s.*, che ha due plurali di genere diverso, solitamente con significato differente. || **sovrabbondanteménte**, avv. Con sovrabbondanza, eccessivamente.

sovrabbondànza o (*raro*) **soprabbondànza** [dal lat. tardo (eccl.) *superabundāntiam*, astr. di *superabūndans*, genit. *superabundāntis* 'sovrabbondante'] s. f. ● Soverchia abbondanza | *In s.*, in grande quantità, in misura superiore al fabbisogno.

sovrabbondàre o (*raro*) **soprabbondàre** [vc. dotta, dal lat. tardo (eccl.) *superabundāre*, comp. di *sŭper* 'sopra' e *abundāre* 'abbondare', con sovrapp. di *sovra-*] v. intr. (*io sovrabbóndo*; aus. *essere* e *avere*) ● Abbondare molto: *in questa zona la frutta sovrabbonda*; *questa zona sovrabbonda in, di, frutta*.

sovraccaricàre o **sopraccaricàre** [comp. di *sovra-* e *caricare*] v. tr. (*io sovraccàrico, tu sovraccàrichi*) **1** Caricare oltre le capacità di resistenza (*anche fig.*): *s. un mezzo di trasporto*; *s. qc. di lavoro*. **2** (*elettr.*) Determinare un sovraccarico.

sovraccàrico o **sopraccàrico** [comp. di *sovra-* e *carico*] **A** agg. (pl. m. *-chi*) ● Eccessivamente carico (*anche fig.*): *il treno è s. di passeggeri*; *stile s.* | (*fig.*) Oberato: *essere s. di lavoro*. **B** s. m. **1** Carico eccessivo (*anche fig.*): *s. intellettuale*. **2** Carico che può gravare su una struttura, la quale deve essere in grado di sopportarlo qualora agisca. **3** (*elettr., elettron.*) Eccesso di potenza che supera quella corrispondente al carico normale.

†**sovraccelèste** ● V. †*sopracceleste*.

sovraccòmito ● V. *sopraccomito*.

sovraccopèrta ● V. *sopraccoperta*.

sovracompressióne [comp. di *sovra-* e *compressione*] s. f. ● Surcompressione.

sovracomprèsso [comp. di *sovra-* e *compresso*] agg. ● Surcompresso.

sovracopèrta ● V. *sopraccoperta*.

sovracorrènte [comp. di *sovra-* e *corrente*] s. f. ● (*elettr.*) Corrente avente intensità superiore a quella normale.

sovraddàzio ● V. *sopraddazio*.

†**sovraddétto** ● V. *sopraddetto*.

sovraespórre o **sovrespórre** [comp. di *sovra-* ed *esporre*] v. tr. (coniug. come *esporre*) ● Nell'eseguire una fotografia, dare un tempo di esposizione eccessivo a un materiale fotosensibile.

sovraespoṣizióne o **sovrespoṣizióne**. s. f. ● Atto, effetto del sovraesporre.

sovraespósto o **sovrespósto**. part. pass. di *sovraesporre*; anche agg. ● Nel sign. del v.

sovrafatturàre [comp. di *sovra-* e *fatturare*] v. tr. ● (*econ.*) Emettere una fattura per un valore superiore a quello della prestazione.

sovraffaticàre [comp. di *sovr-* e *affaticare*] **A** v. tr. (*io sovraffatìco, tu sovraffatichi*) ● (*raro*) Affaticare eccessivamente. **B** v. intr. pron. ● Sottoporsi a fatica eccessiva.

sovraffollaménto [comp. di *sovr-* e *affollamento*] s. m. ● Eccesso di folla in un luogo spec. chiuso rispetto alla capienza e allo spazio utile di questo.

sovraffollàto o **sopraffollàto** [comp. di *sovr-* e *affollato*] agg. ● Troppo affollato: *strade sovraffollate*.

†**sovraggiùgnere** ● V. *sopraggiungere*.

†**sovraggiùngere** ● V. *sopraggiungere*.

†**sovraggrànde** ● V. †*sopraggrande*.

†**sovraillùstre** o †**sopraillùstre**, †**soprillùstre** [comp. di *sovra-* e *illustre*] agg. ● (*raro*) Molto illustre, più che illustre.

sovraimpórre ● V. *sovrimporre*.

sovraimpósta o **sovraimpósta** ● V. *sovrimposta*.

sovraimpressióne ● V. *sovrimpressione*.

sovrainnestàre o **soprainnestàre**, **soprannestàre**, **soprinnestàre** [comp. di *sovra-* e *innestare*] v. tr. (*io sovrainnèsto*) ● Innestare una pianta già innestata.

sovrainnèsto o **soprainnèsto**, **soprinnèsto** [comp. di *sovra-* e *innesto*] s. m. ● Innesto eseguito su una pianta già innestata.

sovraintèndere e *deriv.* ● V. *soprintendere* e *deriv.*

sovralimentàre [comp. di *sovr-* e *alimentare*] v. tr. **1** Alimentare, nutrire qc. in misura eccessiva rispetto al suo bisogno, spec. procurando conseguenze dannose al suo organismo. **2** In varie tecnologie, rifornire del materiale pertinente una macchina, una attrezzatura, un impianto e sim., in misura eccessiva rispetto alla loro reale capacità di assorbimento produttivo, provocando sia accumulo di materiale non lavorato, sia guasti o interruzioni nella macchina stessa.

sovralimentàto part. pass. di *sovralimentare*; anche agg. • Nel sign. del v.

sovralimentatóre [comp. di *sovr-* e *alimentatore*] s. m. • (*mecc.*) Congegno che attua la sovralimentazione di un motore a scoppio.

sovralimentazióne [comp. di *sovr(a)-* e *alimentazione*] s. f. • Atto, effetto del sovralimentare.

sovrallenaménto [comp. di *sovr-* e *allenamento*] s. m. • (*raro*) Superallenamento.

sovràlzo • V. *sopralzo*.

sovramarèa [comp. di *sovra-* e *marea*] s. f. • (*geogr.*) Innalzamento delle acque sopra il livello previsto dell'alta marea.

sovrametàllo [comp. di *sovra-* e *metallo*] s. m. • Quantità di metallo eccedente che viene lasciata al pezzo, durante la sua formazione per fusione, per tener conto delle deformazioni di tempra durante le lavorazioni a freddo e per le lavorazioni delle macchine utensili.

†**sovrammentovàto** • V. *soprammentovato*.

†**sovrammiràbile** • V. †*soprammirabile*.

sovràna [f. di *sovrano*] s. f. • Antica moneta d'oro inglese del valore di venti scellini, recante il re in trono sul rovescio. ➡ ILL. **moneta**.

sovranazionàle • V. *sopranazionale*.

sovranazionalità • V. *sopranazionalità*.

sovraneggiàre [da *sovrano*] v. tr. e intr. (*io sovranéggio*; aus. *avere*) • (*raro*) Comandare come un sovrano o in qualità di sovrano: *s. un popolo*; *s. su un popolo*.

sovranità o †**sovranitàde**, †**sovranitàte** [da *sovrano*] s. f. **1** (*dir.*) Potestà suprema di comando: *s. statale* | *S. popolare*, potere supremo di comando riconosciuto alla collettività popolare che si autoorganizza a Stato | Autorità, obbligatorietà: *s. della legge*. **2** Diritto e qualità di sovrano: *rinunciare alla s.*; *esercitare la s.* **3** (*fig.*) Superiorità.

sovrannaturàle • V. *soprannaturale*.

sovràno [dall'ant. fr. *soverain* (moderno *souverain*), dal lat. parl. **superānu(m)*. V. *soprano*] **A** agg. **1** †Che sta sopra, al disopra: *il macigno sovran che 'l grano trita* (ARIOSTO). **2** Del capo di uno Stato retto a monarchia: *decreto s.* **3** Sommo, eminente, superiore a ogni altro: *onore, pregio, s.*; *maestro s.* **4** (*dir.*) Imperativo, dotato del sommo potere di comando: *la Costituzione è sovrana* | *Potere s.*, che non dipende da alcun altro. || **sovranaménte**, avv. **1** Da sovrano, con sovranità. **2** In modo superbo. **B** s. m. (f. *-a*) **1** Chi sta sopra, al disopra. **2** Capo di uno Stato retto a monarchia: *le prerogative del s.*; *alla presenza del s.* | *I sovrani*, la coppia costituita da chi esercita il potere sovrano e dal coniuge. **3** (*raro, fig.*) Padrone: *essere s. in casa propria*.

†**sovranzàre** • V. †*sobranzare*.

sovraoccupazióne [comp. di *sovra-* e *occupazione*] s. f. • Condizione in cui, raggiunta la piena occupazione, i lavoratori sono utilizzati per un numero di ore eccedente il normale orario giornaliero.

sovraordinàta s. f. • (*ling.*) Proposizione sovraordinata.

sovraordinàto [comp. di *sovra-* e *ordinato*] agg. • (*ling.*) *Proposizione sovraordinata*, reggente rispetto a una proposizione dipendente o subordinata. CONTR. Subordinato.

sovraòsso • V. *soprosso*.

sovrappassàggio o **soprappassàggio** [comp. di *sovra-* e *passaggio*] s. m. **1** Opera stradale che consente il passaggio, spec. dei pedoni, da un lato all'altro di una strada senza attraversarla a livello. **2** (*raro*) Cavalcavia.

sovrappàsso o **soprappàsso** [comp. di *sovra-* e *passo* (*3*)] s. m. • Ogni sovrappassaggio, nelle costruzioni stradali e ferroviarie.

sovrappensièro • V. *soprappensiero*.

sovrappéso o **soprappéso** [comp. di *sovra-* e *peso*] s. m. (inv. nel sign. 2) **1** (*med.*) Eccesso di peso rispetto a quello ottimale per un individuo. **2** (*med., raro*) Individuo che presenta eccesso di peso.

†**sovrappièno** • V. †*soprappieno*.

sovrappiù • V. *soprappiù*.

sovrapponìbile agg. • Che si può sovrapporre.

sovrapponiménto o (*raro*) **soprapponiménto** [da *sovrapporre*] s. m. • (*raro*) Sovrapposizione.

sovrappopolàre [comp. di *sovra-* e *popolare*] v. tr. (*io sovrappòpolo*) • Popolare un territorio in maniera eccessiva rispetto alle possibilità del territorio stesso.

sovrappopolàto part. pass. di *sovrappopolare*; anche agg. • Nel sign. del v.

sovrappopolazióne [comp. di *sovra-* e *popolazione*] s. f. • Popolazione in eccesso rispetto alle possibilità spaziali, produttive e sim. di un dato territorio.

sovrappórre o †**soprapórre**, (*raro*) **soprappórre** [comp. di *sovra-* e *porre*, sul modello del lat. *superpōnere* 'porre (*pōnere*) sopra (*sŭper*)'] **A** v. tr. (coniug. come *porre*) **1** Porre q.c. sopra ad altro, spec. in modo che coincidano o combacino: *s. due tagli di stoffa*; *s. un foglio al disegno*. **2** (*fig.*) Anteporre, preporre, far prevalere: *problemi ai quali egli aveva sovrapposto soluzioni ... fittizie* (CROCE). **3** (*mat.*) Portare una figura nel posto occupato da un'altra. **B** v. intr. pron. **1** Porsi sopra ad altro: *i due colori si sono sovrapposti*. **2** Venire ad aggiungersi a ciò che già c'era: *nuovi litigi si sono sovrapposti ai precedenti*. **3** †Riuscire superiore.

sovrappòrta • V. *soprapporta*.

sovrapposizióne o (*raro*) **soprapposizióne** [vc. dotta, dal lat. tardo *superpositiōne(m)*, da *superpŏsitus*, part. pass. di *superpōnere* 'sovrapporre'] s. f. **1** Atto del sovrapporre o del sovrapporsi | (*ling.*) *S. sillabica*, riduzione a una, di due sillabe simili in contatto. **2** (*mus.*) Operazione per cui taluni accordi sono posti l'uno sull'altro.

sovrappósto o (*raro*) **soprappósto** **A** part. pass. di *sovrapporre*; anche agg. **1** Nei sign. del v. **2** (*mus.*) Detto di nota scritta sopra un'altra. **3** *Fucile a canne sovrapposte, fucile s.*, fucile da caccia in cui le due canne, di stesso calibro o di calibri diversi, talvolta una liscia e l'altra rigata, sono disposte una sull'altra. **B** s. m. • Fucile a canne sovrapposte.

sovrapprèmio [comp. di *sovra-* e *premio*] s. m. • (*econ.*) Somma extra che l'assicurato deve aggiungere al premio per un qualsiasi motivo | *S. di rischio tarato*, quello pagato da un assicurato sulla vita che non goda di buona salute.

sovrappressióne [comp. di *sovra-* e *pressione*] s. f. • (*idraul.*) Aumento repentino e notevole della pressione che si verifica nelle condotte forzate degli impianti idroelettrici, allorché il flusso d'acqua viene bruscamente interrotto per chiusura dell'otturatore a valle.

sovrapprèzzo • V. *soprapprezzo*.

sovrapproduzióne o **soprapproduzióne** [comp. di *sovra-* e *produzione*] s. f. • Eccedenza dell'offerta sulla domanda effettiva nel mercato di un dato bene. CONTR. Sottoproduzione.

sovrapprofitto • V. *soprapprofitto*.

sovraprèzzo • V. *soprapprezzo*.

sovraprofitto • V. *soprapprofitto*.

sovrarazionàle • V. *soprarazionale*.

†**sovrasaltàre** [comp. di *sovra-* e *saltare*] v. intr. • (*raro*) Sobbalzare, saltellare | Palpitare, spec. del cuore.

sovrascorriménto [comp. di *sovra-* e *scorrimento*] s. m. • (*geol.*) Dislocazione tettonica di una vasta zolla rocciosa che viene sospinta sopra altri terreni durante il corrugamento di una catena montuosa.

sovrasegmentàle • V. *soprasegmentale*.

sovrasensìbile • V. *soprasensibile*.

sovrasènso • V. *soprasenso*.

sovraspessóre [comp. di *sovra-* e *spessore*] s. m. • Spessore sovrapposto a un altro.

sovrastàmpa o (*raro*) **soprastàmpa** [comp. di *sovra-* e *stampa*] s. f. • Segno, sigla, scritta e sim. che viene impressa sul francobollo per modificarne l'uso e le caratteristiche.

sovrastampàggio [comp. di *sovra-* e *stampaggio*] s. m. • Atto, effetto del sovrastampare.

sovrastampàre o (*raro*) **soprastampàre** [comp. di *sovra-* e *stampare*] v. tr. • Imprimere una stampa su un'altra stampa | Stampare su q.c. già stampata.

sovrastampàto o (*raro*) **soprastampàto**. part. pass. di *sovrastampare*; anche agg. **1** Nei sign. del v. **2** Detto di francobollo che reca una sovrastampa.

sovrastànte part. pres. di *sovrastare*; anche agg. • Nei sign. del v.

sovrastàre o **soprastàre** nei sign. 1 e 2 [comp. di *sovra-* e *stare*, sul modello del lat. *superstāre* 'stare (*stāre*) sopra (*sŭper*)'] v. tr. e intr. (aus. intr. *essere*, raro *avere*) **1** Stare sopra: *il monte sovrasta la valle*; *il monte sovrasta alla valle*. CONTR. Sottostare. **2** (*fig.*) Essere imminente: *una minaccia lo sovrasta*; *una minaccia gli sovrasta*; *soprastavano quello anno pericoli di perdere la libertà* (MACHIAVELLI). **3** (*fig.*) Avere superiorità, essere superiore: *s. i competitori*; *s. a tutti*.

sovrasterzànte [comp. di *sovra-* e *sterzante*, part. pres. di *sterzare*] agg. • (*autom.*) Detto di autoveicolo che, in curva, tende a descrivere una traiettoria di raggio inferiore a quello corrispondente alla posizione del volante e cioè a ruotare su se stesso verso l'interno, a causa di caratteristiche costruttive quali il passo, le sospensioni o la posizione del baricentro o di caratteristiche variabili quali la distribuzione del carico o l'aderenza delle ruote.

sovrasterzàre [comp. di *sovra-* e *sterzare*] v. intr. (aus. *avere*) • (*autom.*) Presentare un comportamento sovrasterzante, detto di autoveicolo.

sovrasterzàta [comp. di *sovra-* e *sterzata*] s. f. • (*autom.*) Sterzata di autoveicolo sovrasterzante.

sovrastèrzo [comp. di *sovra-* e *sterzo*] s. m. • (*autom.*) Comportamento di un autoveicolo sovrasterzante.

sovrastimàre [comp. di *sovra-* e *stimare*] v. tr. • Stimare al di sopra del valore o della consistenza reale: *s. un bene*; *s. le capacità di qc*.

sovrastruttùra o **soprastruttùra** [comp. di *sovra-* e *struttura*] s. f. **1** Parte superiore di un complesso strutturale | *S. delle strade ferrate*, insieme degli elementi al di sopra del piano di regolamento o piattaforma stradale della ferrovia. **2** (*mar.*) Ogni opera importante che si costruisce sopra coperta della nave per vari servizi. **3** (*filos.*) Secondo l'ideologia marxista, tutto ciò che, come la politica, la religione, l'arte, la filosofia e sim., appare come espressione culturale e istituzionale di un determinato modo di produzione. **4** (*fig.*) Aggiunta inutile, spesso dannosa.

sovrastrutturàle [comp. di *sovra-* e *strutturale*] agg. • Che riguarda una sovrastruttura.

sovratemporàle o **sopratemporàle** [comp. di *sovra-*, *sopra-* e *temporale*] agg. • (*filos.*) Che trascende le variazioni o le determinazioni temporali. SIN. Extratemporale.

sovratensióne [comp. di *sovra-* e *tensione*, sul modello del fr. *surtension*] s. f. • Incremento notevole della tensione normale di esercizio in un impianto elettrico, che si previene mediante appositi dispositivi limitatori.

sovrattàssa • V. *soprattassa*.

sovraumàno • V. *sovrumano*.

sovreccèdere e *deriv.* • V. *sopreccedere* e *deriv.*

sovreccitàbile o (*raro*) **sopraeccitàbile**, (*raro*) **sopreccitàbile** [comp. di *sovr-* e *eccitabile*] agg. • Che si può facilmente sovreccitare.

sovreccitabilità o (*raro*) **sopraeccitabilità**, (*raro*) **sopreccitabilità**. s. f. • Qualità di chi, di ciò che è sovreccitabile.

sovreccitaménto s. m. • Atto, effetto del sovreccitare o del sovreccitarsi.

sovreccitàre o (*raro*) **sopraeccitàre**, (*raro*) **sopreccitàre** [comp. di *sovr-* ed *eccitare*] **A** v. tr. (*io sovrèccito*) • Mettere in grande agitazione: *gli alcolici lo sovreccitano*. **B** v. intr. pron. • Mettersi in grande agitazione: *sovreccitarsi per un nonnulla*.

sovreccitàto part. pass. di *sovreccitare*; anche agg. • Nei sign. del v.

sovreccitazióne o (*raro*) **sopraeccitazióne**, (*raro*) **sopreccitazióne** [comp. di *sovr-* ed *eccitazione*] s. f. • Stato di grave eccitazione psicofisica.

†**sovreminènte** o †**sopraeminènte**, †**sopreminènte** [vc. dotta, dal lat. tardo *supereminĕnte(m)* 'sovrastante', comp. di *sŭper* 'sopra' ed *ēminens*, part. pres. di *eminēre* 'sovrastare', con so-

vrapposizione di *sopra-*] **agg.** ● Che si eleva sopra altre cose (*anche fig.*): *l'aria sopreminente* (GALILEI). || **sovreminentemente**, **avv.**

†**sovreminènza** o †**sopraeminènza**, †**sopreminènza** [vc. dotta, dal lat. tardo *supereminĕntia(m)* 'suprema eccellenza', da *superēminens*, genit. *supereminĕntis* 'sopraeminente'] **s. f.** ● Qualità di chi, di ciò che è sovreminente.

†**sovrèmpiere** [comp. di *sovr-* ed *empiere*] **v. tr.** ● (*raro*) Colmare.

sovrespórre e *deriv.* ● V. *sovraesporre* e *deriv.*

†**sovrésso** o (*raro*) †**sopresso** [comp. di *sovr-* ed *esso.*] **prep.** ● (*poet.*, *ints.*) Proprio sopra: *sen giva / s. l'acqua lieve* (DANTE *Purg.* XXXI, 95-96).

sovrimpórre o (*raro*) **sovraimpórre** [dal lat. *superimpōnere* 'imporre (*impōnere*) sopra (*sŭper*)'] **v. tr.** (coniug. come *porre*) **1** (*raro*) Imporre sopra. **2** (*ass.*) Imporre una sovrimposta.

sovrimpòsta o **sovraimpòsta**, **sovrimpósta** [comp. di *sovr-* e *imposta*] **s. f.** ● Addizionale a una imposta: *s. fondiaria.*

sovrimpressióne o **sovraimpressióne** [comp. di *sovr-* e *impressione*] **s. f.** ● Impressione di due o più immagini sulla stessa pellicola.

sovrimprèsso [comp. di *sovr-* e *impresso*] **agg.** ● Sovrastampato | Che reca impressa una immagine, didascalia e sim. sull'immagine di fondo.

†**sovrintelligènza** [comp. di *sovr-* e *intelligenza*] **s. f.** ● (*raro*) Intelligenza superiore.

sovrintendènte A part. pres. di *sovrintendere* ● V. *soprintendente A.* **B s. m. e f. 1** V. *soprintendente B 1.* **2** V. *soprintendente B 2.* **3** Nel nuovo ordinamento di polizia di Stato italiana, qualifica corrispondente ai gradi soppressi di brigadiere e maresciallo.

sovrintèndere e *deriv.* ● V. *soprintendere* e *deriv.*

sovròsso ● V. *soprosso.*

sovrumanità s. f. ● (*raro*) Qualità di chi, di ciò che è sovrumano.

sovrumàno o †**sopraumàno**, †**soprumàno**, (*raro*) **sovraumàno** [comp. di *sovr-* e *umano*] **agg. 1** Superiore a chi, a ciò che è umano: *di che altro poteva esser voce, che di alcuno spirito sopraumano?* (TASSO). **2** (*est.*, *fig.*) Molto grande, eccelso: *sapienza, virtù, sovrumana*; *fare sforzi sovrumani per q.c.* || **sovrumanaménte**, **avv.**

sovvàggio o **sobbàggio** [da *sovvaggiolo*] **s. m. 1** (*tosc.*) Sostegno, rincalzo, di materiale soffice che si mette intorno a cose fragili nel trasportarle. **2** Gonfiezza, rigonfiamento, nei vestiti o sim.

sovvàggiolo o **sobbàggiolo** [di etim. incerta; dall'ant. fr. *souage* 'rivestimento', da *soue* 'corda'. V. *soga*] **s. m.** ● (*raro*) Sovvaggio.

†**sovvàllo** [di etim. incerta] **s. m.** ● (*tosc.*) Cosa che si ha senza spesa | *A s.*, senza spendere nulla | *Andare a s.*, fare q.c. a spese d'altri, a ufo | *Mettere una somma a s.*, metterla da parte, riservandola spec. per i divertimenti | *Di s.*, per di più, inoltre. || **sovvallétto**, **dim.**

†**sovvenènza** o (*raro*) †**sovveniènza** [da *sovvenire*] **s. f.** ● Aiuto, soccorso.

†**sovvenévole** [da *sovvenire*] **agg.** ● Soccorrevole.

sovvenìbile [da *sovvenire*] **agg.** ● (*raro*) Che può sovvenire, venire in mente.

†**sovveniènza** ● V. †*sovvenenza.*

†**sovveniménto** [da *sovvenire*] **s. m.** ● Atto del sovvenire | Aiuto.

sovvenire o †**sovenire**, †**suvenire** [dal lat. *subvenīre* 'accorrere', comp. di *sŭb* 'sotto' e *venīre*] **A v. tr.** (coniug. come *venire*) ● (*lett.*) Aiutare, soccorrere: *s. l'amico*; *s. qc. di denaro.* **B v. intr.** (aus. *avere*) ● Venire in aiuto, in soccorso: *s. al bisogno di qc.*; *s. ai poveri*; *il conte ... non potrebbe alla ambizione di Filippo sovvenire* (MACHIAVELLI). **C v. intr. pron.** ● Tornare a mente, venire alla memoria, ricordarsi: *non mi sovvengo di te*; *non ti soven di quell'ultima sera ...?* (PETRARCA); *non mi sovvengo di quell'indirizzo*; *e tu chi sa se mai / ti sovverrai di me!* (METASTASIO). **D s. m.** ● (*raro*, *lett.*) Ricordo, memoria.

sovvenitóre [da *sovvenire*] **s. m.**; anche **agg.** (f. *-trice*) ● (*raro*) Chi, che sovviene, aiuta, spec. moralmente.

sovventóre [lat. tardo *subventōre(m)*, da *subvĕntus*, part. pass. di *subvenīre* 'sovvenire'] **s. m.**; anche **agg.** (f. *-trice*) **1** Chi, che fa una sovvenzione. **2** (*dir.*) *Soci sovventori*, quelli che partecipano a una società cooperativa o di mutua assicurazione con conferimenti speciali volti a costituire fondi di garanzia.

sovvenzionaménto [da *sovvenzionare*] **s. m.** ● Sovvenzione.

sovvenzionàre v. tr. (*io sovvenzióno*) ● Aiutare con una sovvenzione: *s. una azienda in pericolo.* SIN. Finanziare, sussidiare.

sovvenzionàto part. pass. di *sovvenzionare*; anche **agg.** ● Nel sign. del v.

sovvenzionatóre [da *sovvenzionare*] **s. m.**; anche **agg.** (f. *-trice*) ● Chi sovvenziona.

sovvenzióne [vc. dotta, dal lat. tardo *subventiōne(m)* 'soccorso', da *subvĕntus*, part. pass. di *subvenīre* 'sovvenire'] **s. f.** ● Aiuto in denaro: *accordare, ricevere una s.*; *godere di una s.* SIN. Finanziamento, sussidio. || **sovvenzioncèlla**, **dim.**

sovversióne o †**suvversióne** [vc. dotta, dal lat. tardo (ecclesiastico) *subversiōne(m)* 'rovina', da *subvĕrsus* 'sovverso'] **s. f. 1** Atto, effetto del sovvertire. **2** (*raro*) †Rivoltamento di stomaco.

sovversivìsmo [da *sovversivo*, con *-ismo*] **s. m.** ● Qualità di chi, di ciò che è sovversivo | Tendenza a essere sovversivo.

sovversivo [dal fr. *subversif*, dal lat. *subvĕrsus* 'sovverso'] **A agg.** ● Atto a sovvertire. **B agg.**; anche **s. m.** (f. *-a*) **1** Che, chi tenta di rovesciare le istituzioni dello Stato, e di alterarlo profondamente nella sua compagine: *partito s.*; *un gruppo di sovversivi.* **2** (*est.*) Che, chi tende a radicali innovazioni, al sovvertimento delle tradizioni. SIN. Ribelle, sedizioso.

†**sovvèrso part. pass.** di †*sovvertere*; anche **agg.** ● Nei sign. del v.

†**sovversóre** [dal lat. *subversōre(m)* 'sovvertitore', da *subvĕrsus* 'sovverso'] **s. m.** ● Sovvertitore.

†**sovvèrtere v. tr.** ● Sovvertire.

sovvertiménto s. m. ● Atto, effetto del sovvertire.

sovvertire [vc. dotta, dal lat. *subvĕrtere* 'rovesciare', comp. di *sŭb* 'sotto' e *vĕrtere* 'voltare', con cambio di coniug.] **v. tr.** (*io sovvèrto*) **1** Rovinare, mandare sossopra | Sconvolgere, alterare profondamente, nella struttura sociale o politica: *s. l'ordine pubblico, la struttura dello Stato.* **2** (*raro*, *fig.*) Pervertire: *s. la fede di qc.*

sovvertito part. pass. di *sovvertire*; anche **agg.** ● (*raro*) Nei sign. del v.

sovvertitóre s. m.; anche **agg.** (f. *-trice*) ● Chi, che sovverte.

sòzio s. m. 1 †V. *socio.* **2** (*scherz.*, *spreg.*) Compagno, compare.

†**sozzaménto** o **sozzaménto** [da *sozzare*] **s. m.** ● (*raro*) Insozzamento.

†**sozzàre** o **sozzàre** [da *sozzo*] **v. tr.** ● Insozzare.

sozzerìa o **sozzerìa**, (*dial.*) **zozzerìa** [da *sozzo*] **s. f.** ● (*dial.*) Cosa, azione, fatto e sim. sordido, turpe: *a volte si vedono certe sozzerie!*

sozzézza o **sozzézza** [da *sozzo*] **s. f.** ● (*raro*) Sozzura.

†**sozzità** o **sozzità**, †**sozzitàde**, †**sozzitàde**, †**sozzitàte**, †**sozzitàte** [da *sozzo*] **s. f.** ● Sozzura.

sózzo o **sózzo**, (*dial.*) **zózzo** [dal provz. *sotz*, dal lat. **sūcidu(m)*, variante di *sūcidus* 'grasso, sudicio', da *sūcus* 'sugo'] **agg. 1** Sporco, lordo, imbrattato: *aver le mani sozze di unto*; *essere s. di sangue.* **2** (*fig.*) Sordido, turpe, immorale: *ambiente s.*; *una sozza storia*; *film sozzi.* **3** †Brutto, deforme. || **sozzétto**, **dim.**, **spreg.** | **sozzóne**, **accr.**, **pegg.** || **sozzaménte**, **avv.** In modo sozzo; turpemente.

sozzóne o **sozzóne**, (*dial.*) **zozzóne** [da *sozzo*] **agg.**; anche **s. m.** ● (*centr.*) Che, chi è molto sporco (*anche fig.*).

†**sozzóre** o **sozzóre** [da *sozzo*] **s. m.** ● (*raro*) Sozzura.

sozzùme o **sozzùme** [da *sozzo*] **s. m.** ● Quantità di cose sozze | Sudiciume.

sozzùra o **sozzùra s. f. 1** Qualità di chi, di ciò che è sozzo. **2** Cosa sozza | (*fig.*) Cosa turpe, vergognosa.

spaccalégna [comp. di *spacca(re)* (*1*) e *legna*] **s. m. inv.** ● Chi per mestiere spacca legna da ardere.

spaccaménto [da *spaccare* (*1*)] **s. m.** ● (*raro*) Atto dello spaccare o dello spaccarsi.

spaccamontàgne [comp. di *spacca(re)* (*1*) e il pl. di *montagna*] **s. m. inv.** ● Spaccone | Gradasso.

spaccamónti [comp. di *spacca(re)* (*1*) e il pl. di *monte*] **s. m.** ● Spaccamontagne.

spaccaòssa [comp. di *spacca(re)* (*1*) e il pl. di *osso*] **s. m. inv.** ● Coltello a lama larga e pesante, usato in macelleria o cucina per spaccare le ossa dei pezzi di carne.

spaccapiètre [comp. di *spaccare* (*1*) e il pl. di *pietra*] **s. m. inv.** ● Operaio che spacca le pietre usate per lavori o pavimentazioni stradali.

spaccàre (**1**) [dal longob. *spahhan* 'fendere'] **A v. tr.** (*io spàcco, tu spàcchi*) ● Rompere, spezzare, in due o più parti mediante azione violenta: *s. la legna*; *s. le pietre con lo scalpello* | *S. la faccia, il muso, a qc.*, (*pop.*) picchiarlo o minacciare di picchiarlo duramente | *S. le pietre*, (*fig.*) detto di sole cocente | (*fig.*) *S. il minuto*, †*s. il sessanta*, di orologio preciso, esattissimo | (*fig.*) *S. il cuore*, di pianto, o sim. molto penoso. **B v. intr. pron.** ● Rompersi, fendersi: *il muro si spacca qua e là*; *col freddo la pelle si spacca* | Strapparsi: *cadendo mi si è spaccata la giacca.*

spaccàre (**2**) [contr. di *impaccare*, con cambio di pref. (*s-*)] **v. tr.** (*io spàcco, tu spàcchi*) ● (*raro*) Aprire un pacco, levare q.c. da un pacco.

spaccàta s. f. 1 Atto dello spaccare in una volta, nel sign. di *spaccare* (*1*). **2** Nella ginnastica e nella danza, posizione di massima apertura delle gambe che vengono a trovarsi in linea orizzontale | In alpinismo, posizione base adottata in camini e diedri, consistente nell'appoggiare un piede e una mano a ciascuna delle due pareti opposte. **3** (*gerg.*) Furto compiuto infrangendo una vetrina e asportandone il contenuto.

spaccàto A part. pass. di *spaccare* (*1*); anche **agg. 1** Nei sign. del v. **2** (*fig.*) Patente, manifesto: *spaccata adulazione*; *bugiardo s.* | Tale e quale: *quel bambino è suo fratello s.* **3** (*fig.*, *tosc.*) Dalla pronuncia fortemente scolpita: *parlare fiorentino s.* || **spaccataménte**, **avv.** Decisamente, recisamente. **B s. m. 1** Rappresentazione di un edificio o di una struttura in genere, eseguita mediante sezione verticale, in modo da mostrarne la composizione interna. **2** (*fig.*) Descrizione sintetica ma esauriente, particolareggiata: *uno s. della realtà italiana del secondo dopoguerra.*

spaccatùra [da *spaccare* (*1*)] **s. f. 1** Atto, effetto dello spaccare o dello spaccarsi. **2** Punto in cui q.c. si spacca o è spaccata | Fenditura tra i due lati di q.c. spaccata. **3** (*fig.*) Disaccordo, contrasto | (*fig.*) Rottura di rapporti.

spacchettàre [calco su *impacchettare*, con cambio di pref. (*s-*)] **v. tr.** (*io spacchétto*) ● Disfare un pacchetto, levare q.c. da un pacchetto.

spacchétto s. m. 1 Dim. di *spacco.* **2** Breve spacco ai lati o al centro del dietro nella giacca da uomo. || **spacchettino**, **dim.**

spacciàbile agg. ● Che si può spacciare.

†**spacciaménto s. m.** ● Atto dello spacciare.

spacciàre [dall'ant. *dispacciare*, adattamento del provz. *despachar*, calco su *empachar* (V. *impacciare*), con cambio di pref. (*des-*)] **A v. tr.** (*io spàccio*) **1** (*raro*) Sbrigare, spicciare: *s. le proprie faccende* | *S. una questione*, risolverla. **2** Esitare, vendere, in quantità notevole: *s. la propria merce.* **3** Mettere in circolazione: *s. moneta falsa* | Far passare una cosa o una persona per un'altra: *s. ottone per oro.* **4** (*fam.*) Dichiarare inguaribile: *i medici lo hanno spacciato.* **5** †Inviare, spedire: *s. corrieri, messi.* **6** Togliere di mezzo, uccidere. **B v. rifl. 1** †Spicciarsi, sbrigarsi. **2** Dare a credere di essere, farsi passare per: *spacciarsi per gran signore.*

†**spacciativo agg. 1** Che si spaccia facilmente. **2** Sbrigativo.

spacciàto part. pass. di *spacciare*; anche **agg. 1** Nei sign. del v. **2** *Essere s.*, non avere alcuna speranza di guarigione, e (*fig.*) essere rovinato. || **spacciataménte**, **avv.** Subito, presto.

spacciatóre s. m.; anche **agg.** (f. *-trice*) ● Chi, che spaccia, spec. cose illecite: *s. di moneta falsa, di droga.*

spàccio (**1**) [da *spacciare*] **s. m. 1** Atto, effetto dello spacciare: *s. di merci, di biglietti falsi.* **2** Vendita al pubblico: *questa merce ha molto s.*; *essere autorizzato allo s. di carne congelata.* **3** Bottega per la vendita al minuto spec. di generi alimentari | Nelle caserme o nell'ambito di una comunità, locale dove si vendono generi vari di conforto: *s. aziendale.* SIN. †Cantina. **4** †Commiato, separazione, partenza | †*Dare s.*, dare commiato: *si dà s. a la bestia trionfante, cioè a gli vizi che predominano* (BRUNO).

†spàccio (2) [da *dispaccio*] **s. m.** ***1*** Spedizione di un dispaccio. ***2*** Dispaccio | Lettera di avviso.

spàcco [da *spaccare* (*1*)] **s. m.** (**pl.** *-chi*) ***1*** Spaccatura, fenditura | (*agr.*) *Innesto a s.*, eseguito inserendo le marze all'estremità dello spacco praticato al ramo o al tronco della pianta da innestare | (*est.*) Vano, apertura. ***2*** Taglio, strappo: *farsi uno s. nell'abito.* ***3*** Lungo taglio sul davanti, sul dietro o da un lato della gonna. || **spacchétto**, **dim.** (V.).

spacconàta **s. f.** ● Azione, parola, da spaccone.

spaccóne [da *spaccare* 'sentenziare con sussiego'] **s. m.** (**f.** *-a*) ● Chi è solito attribuirsi virtù, meriti, capacità, coraggio e sim. eccezionali, ma in realtà del tutto immaginarie, e menarne vanto. **SIN.** Fanfarone, gradasso, smargiasso, spaccamontagne. || **spacconàccio**, **pegg**.

spacelab /*ingl.* 'speis læb/ [vc. ingl., propr. 'laboratorio (*lab* per *laboratory*) dello spazio (*space*)'] **s. m. inv.** ● Laboratorio spaziale orbitante.

space shuttle /*ingl.* 'speis 'ʃʌtəl/ [loc. ingl., comp. di *space* 'spazio' e *shuttle* 'navetta'] **s. m. inv.** (**pl.** ingl. *space shuttles*) ● (*aer.*) Navetta spaziale.

spàda o **†spàta** (**1**) [lat. *spătha(m)*, dal gr. *spáthē*, propriamente 'spatola', di origine indeur.] **A** **s. f.** ***1*** Arma bianca da punta e taglio costituita da una lama di acciaio rettilinea, appuntita e con uno o due fili: *impugnatura, elsa, pomo, fondina, fodero, filo, della s.*; *con la s. in pugno* | *S. nuda, sguainata* | *Cingere la s.*, armarsene e (*est.*) combattere | *Sguainare, snudare la s.*, toglierla dal fodero e (*est.*) iniziare un combattimento, una lotta | *Rimettere, riporre la s. nel fodero*, riporvela e (*est.*) smettere un combattimento, una lotta | *Incrociare le spade*, iniziare a combattere | *Incrociare la s. con qc.*, battersi con qc. | *Brandire la s.*, accingersi a un combattimento, una lotta (*anche fig.*) | *Mettere, passare a fil di s.*, uccidere trapassando con la spada | †*Mettere al taglio della s.*, uccidere | *A s. tratta*, (*fig.*) con slancio, vigore, impeto: *difendere, sostenere qc. a s. tratta* | (*fig.*) *Venire a mezza s.*, alla conclusione: *a mezza s. vengono di botto* (ARIOSTO) | (*pop., fig.*) *Dritto come una s.*, drittissimo | *S. di Damocle*, quella, trattenuta da un crine di cavallo, che Dionigi il Vecchio fece pendere dal soffitto sul trono ove sedeva il favorito Damocle per convincerlo della conturbante incertezza del potere; (*fig.*) minaccia sempre presente | *Cameriere di cappa e s.*, nella corte pontificia, dignitario laico o ecclesiastico con titolo e incarico onorifico. ***2*** Una delle tre armi della scherma, a lama triangolare e rigida d'acciaio, il cui colpo è valido solo se arriva di punta: *scherma di s.*; *s. elettrica* | Anticamente, gener. fioretto. ➡ **ILL.** p. 1286 SPORT. ***3*** (*raro*) Forza militare, armi | *Uomo di s.*, chi attende al mestiere delle armi | *Buona s.*, chi la maneggia bene. ***4*** Simbolo della Giustizia. ***5*** (*raro, fig.*) Trafittura, dolore: *sentire una s. nel cuore.* ***6*** (*spec. al pl.*) Uno dei quattro semi delle carte da gioco italiane e dei tarocchi || **PROV.** Ne ammazza più la gola che la spada. || **spadàccia**, **pegg.** | **spadétta**, **dim.** | **spadina**, **dim.** (V.) | **spadino**, **dim. m.** (V.) | **spadóna**, **accr.** (V.) | **spadóne**, **accr. m.** (V.) | **spadùccia**, **dim.** **B** in funzione di **agg. inv.** ● (posposto al s.) Nella loc. *pesce s.*, V. *pesce*.

†spadacciàta [da *spadaccia*] **s. f.** ● (*raro*) Spadata.

spadaccino **s. m.** (**f.** *-a*) ● Chi mostra abilità nell'adoperare la spada: *essere un abile, un bravo, s.*

spadacciòla [da *spada*] **s. f.** ● (*bot.*) Gladiolo.

spadàio o (*dial.*) **spadàro** [lat. *spathāriu(m)*, da *spătha* 'spada'] **s. m.** ● Fabbricante di spade.

spadàra **s. f.** ● (*pesca*) Rete pelagica di notevole lunghezza usata per la cattura del pesce spada.

spadàta **s. f.** ● (*raro*) Colpo di spada.

spadellàre o **padellàre** [da *padella* 'tiro mancato', con *s-*] **v. intr.** (*io spadèllo*; aus. *avere*) ● Nel linguaggio dei cacciatori e di chi pratica lo sport del tiro, fallire clamorosamente un colpo.

spadellatóre [da *spadellare*] **s. m.** (**f.** *-trice*) ● Cacciatore che abitualmente fallisce i colpi.

spadèrna [etim. incerta] **s. f.** ● (*pesca*) Lunga lenza costituita da una corda a cui sono attaccati braccioli recanti gli ami, usata per la pesca di fondo nelle acque dolci.

spàdice [vc. dotta, dal lat. *spadīce(m)*, dal gr. *spádix*, genit. *spádikos* 'ramo di palma', da *spân* 'tirare', di origine indeur.] **s. m.** ● (*bot.*) Infiorescenza formata da un asse ingrossato e carnoso con fiori sessili avvolto da una lunga brattea.

Spadiciflòre [comp. di *spadi(ce)* e *-flore*, dal lat. *flōs*, genit. *flōris* 'fiore'] **s. f. pl.** ● Nella tassonomia vegetale, ordine di Monocotiledoni con dense infiorescenze a spadice (*Spadiciflorae*) | (al sing. *-a*) Ogni individuo di tale ordine.

spadifórme [comp. di *spada* e *-forme*] **agg.** ● (*lett.*) Che ha forma di spada.

spadina **s. f.** ***1*** Dim. di *spada.* ***2*** Spillone in forma di spada con cui le donne si tenevano ferma l'acconciatura dei capelli.

spadino **s. m.** ***1*** Dim. di *spada.* ***2*** Piccola spada per uso militare e civile, usata spec. come arma da cerimonia.

spadista **s. m. e f.** (**pl. m.** *-i*) ● Chi pratica la scherma di spada.

spadóna [da *spada*] **A** **s. f.** ***1*** Accr. di *spada.* ***2*** Varietà coltivata di pero dal frutto allungato, verde, sugoso e saporito, che matura in agosto. **B** anche **agg.** solo **f.**: *pera s.*

spadonàta [da *spadone* (*1*)] **s. f.** ● (*raro*) Colpo di spadone.

spadóne (1) **s. m.** ***1*** Accr. di *spada.* ***2*** Spada a lama lunga e larga a due tagli a uso della cavalleria di grave armatura.

†spadóne (2) [vc. dotta, dal lat. *spadōne(m)* 'eunuco', dal gr. *spádōn*, genit. *spádōnos*, da *spân* 'tirare', di origine indeur.] **s. m.** ● Eunuco.

spadronàre [da *padrone*, con *s-*] **v. intr.** (*io spadróno*; aus. *avere*) ● (*raro, pop.*) Spadroneggiare.

spadroneggiàre [da *spadronare*, con suff. iter. ints.] **v. intr.** (*io spadronéggio*; aus. *avere*) ● Fare da padrone senza averne il diritto.

spaesàto [da *paese*, con *s-*] **agg.** ● Che sente disagio e imbarazzo per essere fra persone estranee, o troppo dissimili, o in ambiente diverso dal proprio e sim.: *essere, sentirsi, sembrare s.*

†spagàto [calco su *appagato*, con cambio di pref. (*s-*)] **agg.** ● (*raro*) Disappagato.

spagheria [da *spago* (*1*)] **s. f.** ● Fabbrica di spaghi.

spaghettàta **s. f.** ● (*pop.*) Scorpacciata di spaghetti: *fare una s.*; *la s. di mezzanotte.*

spaghetteria [comp. di *spaghet(ti)* con il suff. *-eria*] **s. f.** ● Ristorante o trattoria nel quale si servono quasi esclusivamente spaghetti o una grande varietà di primi piatti.

spaghétto (1) [da *spago* (*1*)] **s. m.** ***1*** Dim. di *spago* (*1*). ***2*** (*spec. al pl.*) Pasta alimentare lunga e sottile, non bucata, da minestra asciutta: *spaghetti al pomodoro*; *un piatto di spaghetti.* ***3*** (*cine, scherz.*) Nella loc. *spaghetti-western*, film western all'italiana. || **spaghettino**, **dim**.

spaghétto (2) [da *spago* (*2*)] **s. m.** ● (*dial.*) Paura, fifa: *prendersi uno s.*; *che s.!*

spaginàre [da *pagina*, con *s-*] **v. tr.** (*io spàgino*) ● Disfare l'impaginatura.

spaginatùra **s. f.** ● Atto, effetto dello spaginare.

spagirica [prob. comp. del gr. *spân* 'separare (le sostanze)' (d'etim. incerta) e *agéirein* 'riunire (le sostanze)' (da *ágein* 'condurre', d'origine indeur.)] **s. f.** ● Secondo la terminologia di Paracelso, l'antica scienza chimica intesa come arte che si occupa della composizione e decomposizione delle sostanze.

spagirico [vc. dotta, dal lat. *spargīricu(m)*, vc. usata, e forse inventata, da Paracelso] **agg.** (**pl. m.** *-ci*) ● Secondo la terminologia di Paracelso, detto dell'antica scienza chimica intesa come arte di composizione e decomposizione degli elementi.

spagliaménto [da *spagliare* (*1*)] **s. m.** ● Atto dello spagliare o dello spagliarsi.

spagliàre (1) [da *paglia*, con *s-*] **A** **v. tr.** (*io spàglio*) ● Levare la paglia che copre o riveste: *s. i piatti imballati*; *s. seggiole.* **B** **v. intr.** (aus. *avere*) ***1*** Muovere la paglia nelle stalle, detto di animali: *i buoi spagliano.* ***2*** (*raro*) Alimentarsi con paglia, detto di animali: *gli asini spagliano.* ***3*** (*fig.*) Scroccare, nella loc. *andare a s. in casa d'altri.* **C** **v. intr. pron.** ● Perdere la paglia che copre o riveste: *i fiaschi si spagliano con facilità.*

spagliàre (2) [di etim. discussa: da un tema mediterr. **palja-*, con *s-* (?)] **v. intr.** (*io spàglio*; aus. *avere*) ● Uscire dal proprio letto e distendersi per la pianura, detto di acqua.

spagliàto **part. pass.** di *spagliare* (*1*); anche **agg.** ● Nei sign. del v.

spagliatóre **agg.** e **s. m.** (**f.** *-trice*, o *-tora*) ● Che, o chi, spaglia, nel sign. di *spagliare* (*1*).

spagliatùra **s. f.** ● Atto, effetto dello spagliare nel sign. di *spagliare* (*1*) | Parte spagliata.

spàglio **s. m.** ● (*raro*) Atto dello spagliare, nel sign. di *spagliare* (*2*) | (*agr.*) *Seminare a s.*, distribuire il seme in modo sparso a mano o a macchina.

spagliucolàre [da *pagliucola*, con *s-*] **v. intr.** (*io spagliùcolo*; aus. *avere*) ● (*raro*) Lasciare cadere paglia qua e là.

spagliucolio **s. m.** ● (*raro*) Atto dello spagliucolare.

spàgna [detta così perché portata dalla *Spagna*, dove la introdussero gli Arabi] **agg.**; anche **s. f.** ● Nella loc. *erba s.*, (*ell.*) *spagna*, erba medica.

spagnàio **s. m.** ● Campo di erba medica, detta anche erba spagna.

spagnòla [f. sost. di *spagnolo*] **s. f.** ● Morbo spagnolo.

spagnolàggine [da *spagnolo*] **s. f.** ● (*raro*) Spagnolata.

spagnolàta [da *spagnolo*] **s. f.** ● (*raro*) Millanteria, spacconata.

spagnoleggiàre [da *spagnolo*, con suff. iter.-ints.] **v. intr.** (*io spagnoléggio*; aus. *avere*) ***1*** (*raro*) Usare voci, locuzioni, atteggiamenti e sim. spagnoli. ***2*** Comportarsi boriosamente, secondo il modo considerato tipico degli spagnoli.

spagnolésco **agg.** (**pl. m.** *-schi*) ● (*spreg.*) Proprio dei modi altezzosi e boriosi considerati un tempo tipici degli Spagnoli. || **spagnolescaménte**, **avv**.

spagnolétta [da *spagnolo*, con allusione all'origine] **s. f.** ***1*** (*raro*) Sigaretta: *l'avvocato ... stava facendo delle spagnolette* (VERGA). ***2*** Cilindro di cartoncino su cui si avvolge cotone o seta da cucire | Filato così avvolto. ***3*** Serrame per finestra costituito da una sottile spranga lunga quanto l'imposta e con ganci alle estremità, che si comanda mediante una maniglia. ***4*** Sciarpa o scialletto triangolare di pizzo che si porta sul capo con la punta che sfiora la fronte. ***5*** (*dial.*) Arachide.

spagnolismo [da *spagnolo*, con *-ismo*] **s. m.** ***1*** Parola o locuzione di origine spagnola. ***2*** Usanza, moda spagnola | Gusto del fastoso, dell'appariscente, dell'esteriore, considerato tipico degli spagnoli.

spagnòlo o (*lett.*) **spagnuòlo** [da *Spagna*, dal lat. *Hispānia(m)*] **A** **agg.** ***1*** Della Spagna: *lingua, letteratura spagnola*; *usanza spagnola* | *Alla spagnola*, (*ell.*) alla maniera degli spagnoli. ***2*** (*med.*) *Morbo s.*, forma influenzale grave diffusasi epidemicamente nel 1918. **B** **s. m.** (**f.** *-a*) ● Abitante della Spagna. **C** **s. m.** solo **sing.** ● Lingua del gruppo romanzo, parlata in Spagna.

spàgo (1) [lat. tardo *spăcu(m)* 'funicella', di etim. incerta] **s. m.** (**pl.** *-ghi*) ● Funicella di piccolo diametro, normalmente fatta con due soli fili ritorti, spec. di canapa: *s. grosso, sottile*; *legare con lo s.*; *un gomitolo di s.* | Speciale filo di canapa da adoperare per cucire la suola e i sottopiedi di una scarpa | *La lesina e lo s.*, l'arte del calzolaio | *Tirare lo s.*, fare il calzolaio | *Dare s. a qc.*, (*fig.*) secondarlo, incoraggiarlo a parlare, a prendersi certe libertà, e sim. || **spagàccio**, **pegg.** | **spaghétto**, **dim.** (V.)

spàgo (2) [di etim. incerta: deformazione gerg. di un deriv. del lat. *păvor*, genit. *pavōris* 'paura', con sovrapposizione di *spago* (*1*), avvicinato a *filo*, che aveva già questo significato nel gergo venez. del XVI sec. (?)] **s. m.** (**pl.** *-ghi*) ● (*fam.*) Paura, fifa: *prendersi uno s.*; *un bello s.*; *che s.!*

spàhi /'spai, *fr.* spa'i/ [dal fr. *spahi* nel sign. 2, vc. turca dal persiano *sipāhi* 'soldato di cavalleria'] **s. m. inv.** ***1*** Soldato turco a cavallo fra il 1500 e il 1800. ***2*** Soldato indigeno di cavalleria leggera dell'esercito francese, stanziato nel nord Africa durante la dominazione coloniale.

spài **s. m.** ● Adattamento di *spahi* (V.).

spaiaménto **s. m.** ● Atto dello spaiare.

spaiàre [da *paio*, con *s-*] **v. tr.** (*io spàio*) ● Separare chi o ciò che è appaiato.

spaiàto **part. pass.** di *spaiare*; anche **agg.** ● Nei sign.

del v.

spalancaménto s. m. • Atto dello spalancare o dello spalancarsi.

spalancàre [da *palanca* (*1*), con *s-*] **A** v. tr. (*io spalànco, tu spalànchi*) • Aprire interamente, del tutto: *s. la porta* | *S. gli occhi*, aprirli bene per osservare, per meraviglia, timore, o sim. | *S. la bocca*, per gridare, sbadigliare, mangiare, o per meraviglia e sim. | *S. le braccia*, per abbracciare qc. o per gioia, rassegnazione, e sim. **B** v. intr. pron. • Aprirsi del tutto, completamente.

spalancàto part. pass. di *spalancare*; anche agg. • Nei sign. del v.

spalancatóre s. m.; anche agg. (f. *-trice*) • (*raro*) Chi, che spalanca.

spalanchio s. m. • (*raro*) Atto dello spalancare continuo.

spalanéve [comp. dell'imperat. di *spalare* e *neve*] s. m. inv. • Macchina che libera le strade dalla neve.

spalàre (1) [da *pala*, con *s-* durativo-ints.] v. tr. • (*mar.*) Sollevare dall'acqua le pale dei remi tenendole orizzontali sull'acqua.

spalàre (2) [da *pala*, con *s-* sottrattivo] v. tr. • Levare via con la pala: *s. la neve* | *S. il grano*, aerarlo con la pala.

spalàta s. f. *1* Atto dello spalare una volta, nel sign. di *spalare* (*2*) | Colpo di pala. *2* Quantità di terra, grano, o sim. contenuta nella pala. *3* Distanza a cui si può gettare la terra con la pala.

spalatóre [da *spalare* (*2*)] s. m. (f. *-trice*) • Chi spala neve o terra.

spalatrice [f. di *spalatore*] s. f. • Macchina per ammassare e smuovere materiali sciolti, spec. cereali.

spalatùra s. f. • Atto, effetto dello spalare, nel sign. di *spalare* (*2*).

spalcàre [da *palco*, con *s-*] v. tr. (*io spàlco, tu spàlchi*) *1* Disfare il palco, l'impalcatura. *2* (*agr.*) Togliere a un albero gli ultimi palchi dei rami.

spalcatùra [da *spalcare*] s. f. • (*agr.*) Operazione di potatura consistente nell'eliminare i rami più bassi della chioma di un albero.

spàlco [da *spalcare*] s. m. • Solo nella loc. (*raro, tosc.*) *di s.*, disinvolto, che primeggia, anche con ostentazione: *attore, donna di s.*

†**spàldo** • V. *spalto*.

spàlla [lat. *spătula(m)*, dim. di *spătha* 'spatola' e poi 'scapola, spalla'] s. f. *1* (*anat.*) Nel corpo umano, ciascuna delle due parti comprese tra il collo e l'attaccatura del braccio: *s. sinistra, destra*; *tenere una s. più alta dell'altra*; *battere sulla s. di qc.*; *mettere una mano sulla s. di qc.*; *avere un bel paio di spalle*; *spalle robuste, magre, tonde*; *essere forte, debole, di spalle*; *tenere le spalle curve*; *mettersi la giacca sulle spalle*; *montare sulle spalle di qc.* | *A s.*, sulle spalle: *trasportare, portare, q.c. a s.* | *Mettere il fucile a s.*, tenerlo raccomandato a una cinghia che passa sulla spalla | *Articolo di s.*, quello in alto a destra, nella pagina di un giornale | *Violino di s.*, il primo violinista di un'orchestra (in quanto personalità musicale più importante dopo il direttore) | *Accarezzare le spalle a qc.*, (*fig., scherz.*) bastonarlo | *Gravare le spalle*, affliggere, dare molestia | *Lavorare di spalle*, farsi largo con qualsiasi mezzo | *Alzare le spalle, stringersi nelle spalle*, per esprimere rinuncia a fare o a dire, pensando che sarebbe inutile; (*est.*) disinteressarsi di q.c. | *Alzata di spalle*, in segno di noncuranza, disprezzo, o sim. | *Sulle spalle*, su di sé | *Prendersi q.c. sulle spalle*, assumersene la responsabilità | *Avere qc., la famiglia*, e sim. *sulle spalle*, doverla mantenere | *Gettare la responsabilità, la colpa* e sim. *sulle spalle di qc.*, addossargliele | *Avere x anni sulle spalle*, avere quella data età, spec. avanzata | *Vivere, mangiare* e sim. *alle spalle di qc.*, a suo carico, a sue spese | *Avere buone spalle*, essere forte, anche moralmente | (*al pl.*) Parte di dietro, dorso, schiena | *Voltare le spalle a qc.*, (*fig.*) abbandonarlo, negargli il proprio aiuto: *ora che vi hanno messo nell'impiccio vi voltano le spalle* (VERGA) | *Volgere le spalle*, fuggire | *Avere le spalle quadrate, le spalle grosse*, essere al sicuro, avere chi difende e protegge | *Gettarsi q.c. dietro le spalle*, non volersene più curare, dimenticarla | *Alle spalle di qc.* o *di q.c.*, dietro | *Ridere alle spalle di qc.*, farsi beffe in sua assenza | *Sparlare alle spalle di qc.*, dirne male in sua assenza | *Prendere, colpire, assalire, alle spalle*, di sorpresa, imprevedibilmente | *Guardarsi alle spalle, guardarsi le spalle*, difendersi da eventuali insidie o pericoli | *Mettere qc. con le spalle al muro*, costringerlo a far fronte alle sue responsabilità | (*raro*) *Mettersi con le spalle al muro*, ostinarsi in q.c. *2* (*zool.*) Nei quadrupedi, regione della parete toracica intimamente collegata all'arto anteriore | Taglio di carne del quarto anteriore, usato per cotolette, brasato, bollito ecc. *3* Negli indumenti, parte che copre la spalla: *spalla imbottita*. *4* Falda, fianco di montagna o collina. *5* Spalletta, rialzo laterale, argine. *6* (*arch.*) Piedritto d'arco o volta. *7* (*fig.*) Attore che nel teatro di rivista sostiene il ruolo di contraddittore del comico, per dargli la battuta | †*Dare di s. a qc., essere di, fare da s. a qc.*, dargli aiuto, soccorso. *8* Nella faccia superiore del fusto di un carattere tipografico, parte della forza di corpo non occupata dall'occhio della lettera. *9* (*mar.*) La parte della pala del timone a poppavia del suo asse di rotazione. SIN. Rovescio | †La parte poppiera di una nave a remi, a poppavia del palamento. || **spallàccia**, pegg. | **spallùccia**, dim. (V.).

spallàccio [da *spalla*] s. m. *1* Pezza d'armatura antica a protezione della spalla che si univa a incastro con il bracciale. *2* Specie di spallina in uniformi antiche. *3* Ciascuna delle due cinghie di cuoio o di grossa tela mediante cui si portano a spalla gli zaini. *4* Cinghia passante sulla spalla per sorreggere una giberna o un cinturone appesantito dalle cartuccere, dalla pistola e sim.

spallaménto s. m. • (*mecc.*) Piano normale all'asse di un albero o di un foro, ricavato mediante variazione dei rispettivi diametri.

spallàre (1) [da *spalla*] **A** v. tr. *1* Accostare il fucile alla spalla prima dello sparo. *2* †Fiaccare, rovinare le spalle di un animale da fatica per eccessivo sforzo. **B** v. intr. pron. • †Guastarsi le spalle.

spallàre (2) [den. di *palla* col pref. *s-*] **A** v. intr. e intr. pron. (aus. *avere*) • Nel gioco del biliardo, restare scoperto con la propria palla. **B** v. tr. • Fare in modo che l'avversario si trovi con la palla scoperta.

spallàrm o **spall'àrm** [comp. di *spall(a)* e *arm(a)*] **A** inter. • Si usa come comando a militari schierati perché portino il fucile alla spalla destra, con la canna rivolta all'indietro, e ve lo appoggino reggendolo nella giusta inclinazione, impugnando il calcio con la mano destra. **B** anche s. m. *1* Il comando stesso. *2* La posizione stessa.

spallàta s. f. *1* Urto dato con la spalla: *la s. lo fece cadere*. *2* Alzata di spalle, per indifferenza, disprezzo, e sim.

spallàto • V. *sballato*.

spallazióne [ingl. *spallation*, da *to spall* 'sbriciolare a martellate' (d'origine incerta)] s. f. • (*fis. nucl.*) Reazione nucleare in cui una particella di alta energia causa l'emissione di più frammenti da un nucleo.

spalleggiaménto s. m. • Atto dello spalleggiare o dello spalleggiarsi.

spalleggiàre [da *spalla*, con suff. iter.-ints.] **A** v. tr. (*io spalléggio*) *1* Sostenere, proteggere, dando aiuto e appoggio: *s. qc. contro qc. altro*. *2* (*mil.*) Trasportare sulle spalle: *s. i cannoni*. **B** v. rifl. rec. • Difendersi, sostenersi a vicenda.

spallétta [da *spalla*] s. f. *1* Parapetto di un ponte. *2* Parte rialzata del terreno, che serve di argine a un fiume. *3* Strombatura di porta o finestra, nella quale sono infisse le imposte.

spallièra [da *spalla*] s. f. *1* Appoggiatoio per la schiena di un sedile, spesso artisticamente decorato e di forma diversa. *2* Elemento verticale sovrastante il letto da capo e da piedi. *3* (*agr.*) Sistema consistente nel disporre in filare su intelaiatura appoggiata di solito a un muro piante da frutto e ornamentali, allevate in forme diverse: *peri, viti a s.*; *una s. di gelsomini*. *4* Attrezzo ginnico generalmente costituito da più montanti cui sono infissi orizzontalmente pioli o aste che danno l'idea di scale riunite. *5* (*mar.*) Primi banchi della galea vicino alla poppa. || **spallierétta**, dim. | **spallierina**, dim.

spallière [da *spalla*] s. m. • (*mar.*) Sulle galee, ciascuno dei due vogavanti che per primo regolava la voga.

spallina [da *spalla*] s. f. *1* Ornamento della giubba, sopra la spalla, di varia foggia e dimensione, che serve anche come distintivo | (*fig.*) *Guadagnarsi le spalline*, essere promosso ufficiale. *2* Striscia più o meno larga di tessuto che regge grembiuli, sottovesti e sim. | Imbottitura nelle spalle di abiti e cappotti.

spallino [da *spalla*] s. m. *1* (*tosc.*) Spallina. *2* (*raro, tosc.*) Chi porta carichi a spalla.

spallóne [da *spalla*] s. m. *1* Negli impermeabili o in giacche sportive, pezzo di stoffa aggiunto per meglio proteggere petto e spalle. *2* (*gerg.*) Portatore di merci di contrabbando. *3* Nel quotidiano, correntemente, il grande titolo di spalla della terza pagina.

spallùccia s. f. (pl. *-ce*) *1* Dim. di *spalla*. *2* Nella loc. *fare spallucce*, stringersi nelle spalle in segno di indifferenza, disprezzo o sim.

spallucciàta [da *spalluccia*] s. f. • Alzata di spalle.

†**spallùto** agg. • Che ha larghe spalle.

spalmàre [da *palma* (*1*), con *s-*] **A** v. tr. *1* Stendere con uniformità una sostanza pastosa od oleosa su una superficie solida: *s. il burro sul pane*; *s. il pane di burro*; *spalmarsi una crema sul viso*; *spalmarsi il viso di crema*. *2* (*mar.*) †Distendere il sego liquido con la lanata sopra la carena perché il bastimento scorra veloce. **B** v. rifl. • Cospargersi: *spalmarsi di unguenti*.

spalmàta s. f. • Atto dello spalmare spec. in una sola volta e affrettatamente. || **spalmatina**, dim.

spalmàto part. pass. di *spalmare*; anche agg. • Nei sign. del v.

spalmatóre **A** s. m.; anche agg. (f. *-trice*) • Chi, che spalma. **B** s. m. • Operaio addetto alla spalmatrice.

spalmatrice [f. di *spalmatore*] s. f. • Macchina per rivestire di gomma o di appretto un tessuto, una carta, e sim.

spalmatùra s. f. • Atto, effetto dello spalmare.

spàlmo [da *spalmare*] s. m. *1* (*raro*) Spalmatura. *2* (*mar.*) †Miscuglio di sego liquido, olio di pesce, catrame e sim., usato per spalmare le carene delle navi di legno.

spàlto o †**spàldo** [dal longob. *spalt* '(bastione) dalle molte aperture'. V. ted. *spalten* 'fendere'] s. m. *1* Massa coprente antistante al fosso delle antiche opere fortificate, a protezione dei difensori. ➡ ILL. p. 360 ARCHITETTURA. *2* (*al pl.*) Nel linguaggio sportivo, gradinata dello stadio: *la folla sugli spalti*.

spampanaménto s. m. • (*raro*) Atto dello spampanare o dello spampanarsi.

spampanàre o (*raro*) **spampinàre** [da *pampano*, variante di *pampino*, con *s-*] **A** v. tr. (*io spàmpano*) *1* Privare le viti dei pampini, spec. in vicinanza della vendemmia. *2* (*ass., dial.*) Vantarsi. **B** v. intr. pron. • Perdere i pampini | Detto dei fiori, spec. delle rose, allargarsi molto dei petali e stare per cadere.

spampanàta s. f. *1* (*raro*) Atto dello spampanare una volta. *2* (*ass., dial.*) Vanto, millanteria.

spampanàto part. pass. di *spampanare*; anche agg. • Nei sign. del v.

spampanatùra s. f. • Atto, effetto dello spampanare o dello spampanarsi.

spampinàre • V. *spampanare*.

spanàre (1) [da *pane* (*di terra*), con *s-*] v. tr. • Togliere il pane di terra alle radici delle piante da trapiantare.

spanàre (2) [da *pane* (*della vite*), con *s-*] **A** v. tr. • Guastare l'impanatura o filettatura della vite. **B** v. intr. pron. • Perdere la filettatura, per logorio o altro, detto di viti.

spanàto part. pass. di *spanare* (*2*); anche agg. • Nei sign. del v.

spanciàre [da *pancia*, con *s-*] **A** v. tr. (*io spàncio*) *1* (*raro*) Sbudellare, sventrare. *2* (*aer.*) Cabrare un velivolo fino ad alta incidenza, talvolta fino allo stallo ed oltre: *il pilota spanciò il velivolo*. **B** v. intr. (aus. *avere*) *1* Battere la pancia sull'acqua nel tuffarsi. *2* (*aer.*) Detto di velivoli, procedere cabrando fino ad alta incidenza | Urtare il suolo col ventre per rottura o assenza del carrello: *l'aereo spanciò a terra, in acqua, su una casa*. *3* (*raro, tosc.*) Presentare un ingobbimento, detto di muri, affreschi, e sim. **C** v. intr. pron. *1* (*fig.*) Nella loc. *spanciarsi dalle risa, dal ridere*, ridere a crepapelle. *2* Presentare un ingobbimento: *il dipinto si è spanciato.*

spanciàta [da *spanciare*] s. f. *1* Colpo dato battendo con la pancia: *dare una s.* *2* (*aer.*) Atto, effetto dello spanciare. *3* Scorpacciata: *farsi una s. di q.c.*

spàncio [dev. di *spanciare* nel sign. B 3] s. m. • (*raro, tosc.*) Ingobbimento, detto di muri, affreschi e sim.

spàndere [lat. *expăndere*, comp. di *ĕx-* (*s-*) e *păndere* 'allargare, stendere', di origine indeur.] **A** v. tr. (pass. rem. *io spandéi*, raro *spandètti*, raro *spànsi*, *tu spandésti*; part. pass. *spànto*, raro †*spandùto*) *1* Distendere su un piano spec. ampio e con una certa regolarità: *s. il grano sull'aia*; *s. la cera sul pavimento.* *2* Versare, spargere: *s. un liquido sul tavolo* | *S. lacrime*, piangere | *S. acqua*, (*euf.*) orinare. *3* Effondere: *s. profumo*; *la lampada spande luce chiara* | (*raro*) *S. la voce*, spiegarla chiara e sonora. *4* (*lett., fig.*) Divulgare, diffondere, propagare: *s. una notizia*; *incaute voci / spande il tuo labbro* (LEOPARDI). *5* Scialacquare, sperperare, spec. nella loc. *spendere e s.* (*anche ass.*). **B** v. intr. pron. *1* Spargersi, allargarsi: *le acque si spandono nella, per la campagna.* *2* Diffondersi: *la luce ... si spande sopra la terra per moltiplicarsi, generarsi e amplificarsi* (CAMPANELLA) | Effondersi. *3* (*lett.*) Riversarsi: *la folla si spandeva per le strade.*

spandicéra [comp. di *spandere* e *cera*] **A** s. m. inv. • Sorta di pattino con lungo manico, per spandere uniformemente la cera sul pavimento. **B** agg. inv. • *Spazzole s.*, quelle della lucidatrice, usate per spargere la cera sul pavimento.

spandiconcìme [comp. di *spandere* e *concime*] s. m. inv.; anche agg. • Macchina per spandere sul terreno, a spaglio o a righe, fertilizzanti e correttivi: *seminatrice s.*

spandifièno [comp. di *spandere* e *fieno*] s. m. inv. • Macchina per spargere e rivoltare il fieno in modo uniforme. SIN. Voltafieno.

spandighiàia [comp. dell'imperat. di *spandere* e *ghiaia*] s. m. inv. • Macchina usata per spandere uniformemente ghiaia o materiali simili sul fondo stradale.

spandiletàme [comp. di *spandere* e *letame*] s. m. inv.; anche agg. • Macchina per distribuire il letame sul terreno. ➡ ILL. p. 353 AGRICOLTURA.

spandiliquàme [comp. dell'imperat. di *spandere* e *liquame*] s. m. inv. • Macchina agricola per spandere liquami fertilizzanti sui campi.

spandiménto s. m. • Atto dello spandere o dello spandersi.

spandisàbbia [comp. di *spandere* e *sabbia*] s. m. inv. • Dispositivo, applicato solitamente su un autocarro, per spargere sulle strade sabbia, miscelata con anticongelante, spec. con sale.

spandisàle [comp. di *spandere* e *sale*] s. m. inv. • Dispositivo atto a spargere sale, a scopo anticongelante, sull'asfalto stradale.

spanditóre s. m.; anche agg. (f. *-trice*) • (*raro*) Chi, che spande.

spanditùra s. f. • (*raro*) Atto dello spandere.

†**spandùto** part. pass. di *spandere*; anche agg. • Nei sign. del v.

spanfieróne [deformazione scherz. di *fanfarone*] s. m. (f. *-a*) • (*raro, pop.*) Persona di grosse forme.

spaniàre [da *pania*, con *s-*] **A** v. tr. (*io spànio*) • Liberare un uccello preso alla pània. **B** v. intr. pron. • Liberarsi dalla pania | (*fig.*) Disimpacciarsi. **C** v. intr. (aus. *avere*) • Levare le paniuzze.

spàniel /'spanjel, *ingl.* 'spænjəl/ [vc. ingl., dall'ant. fr. *espaignol* 'spagnolo'] s. m. inv. • Razza di cani da salotto o da caccia, di piccola statura, a muso rincagnato, orecchie pendenti e lungo pelame ondulato.

spanieràre [da *paniere*, con *s-*] v. tr. (*io spanièro*) • (*raro*) Levare dal paniere.

spànna [dal longob. *spanna*. V. ted. *Spanne* 'palmo del piede'] s. f. *1* Lunghezza della mano aperta e distesa, dalla estremità del mignolo a quella del pollice | (*fig., fam.*) *A spanne*, a occhio e croce, in modo approssimativo. *2* (*est.*) Misura (spec. altezza o lunghezza) molto piccola. SIN. Palmo. *3* (*est.*) Piccola quantità | *Essere alto una s.*, essere molto piccolo | †*A s. a s.*, minuziosamente. *4* (*lett.*) †Mano distesa.

†**spannàle** agg. • Che è lungo una spanna.

spannàre [da *panna*, con *s-*] v. tr. • Levare la panna al latte.

spannaròla [da *spannare*] s. f. • Sorta di piatto d'alluminio usato nei caseifici per rompere e uniformare la cagliata del grana.

spannatóia [da *spannare*] s. f. • Mensola bucherellata per spannare il latte.

spannatùra s. f. • Atto, effetto dello spannare.

spannòcchia [da *pannocchia*, con *s-*] s. f. *1* V. *pannocchia* (*1*). *2* (*zool.*) Spannocchio.

spannocchiàre [da *pannocchia*, con *s-*] v. tr. (*io spannòcchio*) • Togliere le pannocchie alle piante di mais.

spannocchiatùra [da *spannocchiare*] s. f. • Atto, effetto dello spannocchiare.

spannòcchio [da (*s*)*pannocchia*, per una certa somiglianza di forma] s. m. • (*zool.*) Gambero di mare, molto ricercato per la grossezza e per le carni squisite.

†**spànso** [lat. *expānsu(m)*, part. pass. di *expăndere* 'spandere'. V. *espanso*] agg. • (*raro*) Aperto, disteso.

spantanàre [da *pantano*, con *s-*] **A** v. tr. • (*raro*) Togliere dal pantano | (*fig., scherz.*) Togliere da un impiccio, da un imbroglio, e sim. **B** v. intr. pron. • Uscire da un pantano e (*fig.*) da una difficoltà, da un imbroglio, e sim.

†**spantézza** [da *spanto*] s. f. • (*raro*) Magnificenza.

spànto part. pass. di *spandere*; anche agg. • Nei sign. del v.

spaparacchiàrsi [vc. nap., propriamente 'spalancare', prob. vc. d'origine espressiva] v. rifl. • Abbandonarsi, sdraiarsi, talora con atteggiamento scomposto, su una poltrona, divano e sim. gustando appieno il piacere del riposo. SIN. Spaparanzarsi.

spaparanzàrsi [vc. espressiva] v. rifl. • (*region.*) Spaparacchiarsi.

spappagallàre [da *pappagallo*, con *s-*] v. intr. (aus. *avere*) • Fare il pappagallo, parlando senza pensare, ripetendo senza capire.

spappolàbile agg. • (*raro*) Che si può spappolare.

spappolaménto s. m. • Atto, effetto dello spappolare o dello spappolarsi.

spappolàre [da *pappa*, con *s-* e suff. iter.] **A** v. tr. (*io spàppolo*) • Ridurre in pappa, in poltiglia: *s. la carne per troppa cottura.* **B** v. intr. pron. • Ridursi in poltiglia: *spappolarsi per schiacciamento* | (*fig., pop.*) *Spappolarsi dalle risa*, ridere a crepapelle.

sparacchiàre [da *sparare*, con suff. iter.-dim.] v. tr. e intr. (*io sparàcchio*; aus. *avere*) • Sparare ogni tanto, irregolarmente un limitato numero di colpi.

sparachiòdi [comp. di *spara*(*re*) e il pl. di *chiodo*] **A** s. f. • Apparecchio di piccole dimensioni, simile nella forma a una pistola, per configgere chiodi, usando l'azione dell'aria compressa. **B** anche agg.: *pistola s.*

sparadràppo [dal fr. *sparadrap*, dal lat. mediev. *sparadrāpu(m)*, di origine oscura] s. m. • (*raro*) Cerotto adesivo.

sparagèlla o **sparaghèlla** [da *sparagio*] s. f. • (*pop.*) Varietà di asparago selvatico.

sparagiàia • V. *asparagiaia.*

spàragio • V. *asparago.*

sparagnàre [lat. mediev. *sparniāre*, dal germ. **sparōn*. V. ted. *sparen*] v. tr. e intr. (aus. *avere*) • (*dial., spreg.*) Risparmiare: *consolati che la fortuna ti sparagna de' bei fastidi* (NIEVO).

sparagnìno [da *sparagnare*] agg.; anche s. m. (f. *-a*) • (*dial., spreg.*) Che, chi mostra eccessiva parsimonia nello spendere.

sparàgno [da *sparagnare*] s. m. • (*dial., spreg.*) Risparmio | *Esservi s. di q.c.*, non esservene, esservene poco.

spàrago • V. *asparago.*

sparaménto s. m. • Atto, effetto dello sparare, nel sign. di *sparare* (*2*).

spararàzzi [comp. dell'imperat. di *sparare* e del pl. di *razzo*] **A** s. m. • Congegno per lanciare razzi da segnalazione. **B** anche agg. (posposto al s.): *arma, pistola s.*

sparàre (**1**) [da *parare*, con *s-*] **A** v. tr. *1* Sventrare con lungo taglio, squartare: *s. il pesce, un coniglio* | †(*med.*) Sezionare. *2* †Aprire sul davanti un indumento. *3* †Squarciare, fendere in due: *Orlando ... / l'avria sparato fin sopra la sella* (ARIOSTO). **B** v. rifl. • (*fig.*) Nella loc. *spararsi per qc.*, essere pronto a fare tutto per lui.

sparàre (**2**) [da *sparare* (*1*)] **A** v. tr. *1* (*raro*) Far scattare, azionare, il congegno di un'arma da fuoco: *s. un fucile, un cannone*; *s. un colpo di fucile*; *s. un colpo in aria*; *s. una fucilata* | *Spararsi un colpo*, uccidersi con un colpo d'arma da fuoco. *2* Tirare, scagliare: *s. calci, pugni* | *S. il pallone in rete*, (*ass.*) *s. a rete*, in una partita di calcio, effettuare un forte tiro in porta. *3* (*fig.*) Dire cose false, esagerate: *s. fandonie*; *spararle grosse* | Dare grande risalto a una notizia giornalistica: *s. il fatto in prima pagina.* *4* (*mar.*) *S. le bozze*, farle aprire con scatto, lasciando libero ciò che era trattenuto. **B** v. intr. (aus. *avere*) *1* Tirare con un'arma da fuoco, far fuoco: *s. bene, male*; *non sapere s.*; *imparare a s.*; *il fucile non spara*; *s. alla testa di qc.*; *s. a salve, a mitraglia* | *S. a vista*, senza preavviso | *S. a zero*, con l'alzo in posizione orizzontale perché il bersaglio è vicinissimo; (*fig.*) sottoporre qc. a un fuoco di fila di domande, critiche e sim. | (*fig.*) *S. nel gruppo, nel mucchio*, colpire alla rinfusa senza distinguere chi si colpisce | *Spararsi*, uccidersi con un colpo d'arma da fuoco. *2* Nelle riprese televisive, produrre un abbagliamento, detto di superfici od oggetti troppo chiari.

sparàre (**3**) [da *parare* 'ornare, apprestare', con *s-*] **A** v. tr. • (*raro*) Privare dei paramenti: *s. la chiesa.* CONTR. Parare. **B** v. rifl. • (*raro*) Togliersi i paramenti.

†**sparàre** (**4**) [contr. di *imparare*, con cambio di pref. (*s-*)] v. tr. e intr. (aus. *avere*) • (*pop., tosc.*) Disimparare.

sparàta [da *sparare* (*2*)] s. f. *1* Scarica di arma da fuoco. *2* (*fig.*) Millanteria, vantamento.

sparàto (**1**) [da *sparare* (*1*)] **A** agg. *1* †Sventrato con un lungo taglio, squartato: *un coniglio s.* *2* †Aperto sul davanti, detto di indumento: *una veste sparata.* **B** s. m. • Petto inamidato di una camicia da uomo spec. da sera.

sparàto (**2**) part. pass. di *sparare* (*2*); anche agg. *1* Nei sign. del v. *2* Fulmineo, velocissimo, detto di chi o di cosa che corre: *andare s.* | †*Alla sparata*, (*ell.*) liberamente.

sparatóre s. m. (f. *-trice*) • Chi spara, nel sign. di *sparare* (*2*).

sparatòria [da *sparato* (*2*)] s. f. • Serie tumultuosa e violenta di spari.

†**sparavièri** • V. *sparviero* (*1*).

sparecchiaménto s. m. • Atto, effetto dello sparecchiare.

sparecchiàre [calco su *apparecchiare*, con cambio di pref. (*s-*)] v. tr. (*io sparécchio*) *1* Liberare la tavola su cui si è mangiato da stoviglie, posate, tovaglia, e sim. (*anche ass.*): *s. la tavola*; *la cameriera sparecchia.* CONTR. Apparecchiare. *2* Mangiare con avidità ogni cibo che vien portato in tavola (*anche ass.*). *3* †Consumare, finire.

sparéggio [da un ant. *spareggiare*, sul modello di *pareggio*] s. m. *1* Mancanza di pareggio, disavanzo, deficit. CONTR. Pareggio. *2* (*sport*) Incontro, partita supplementare decisiva fra due avversari o squadre che alla fine di una o più gare si trovino alla pari. SIN. (*pop.*) Bella.

sparentàre [da *parente*, con *s-*] v. intr. (*io sparènto*) • (*raro*) Lasciare i parenti morendo || PROV. Chi presto (o tardi) indenta, presto (o tardi) sparenta.

†**sparére** [dal lat. tardo *disparēre*. V. *sparuto*] v. intr. • (*lett.*) Sparire.

Sparganiàcee [da *sparganio*, dal gr. *spargánion*, da *spárgonna* 'fascia', per la forma delle foglie] s. f. pl. • Nella tassonomia vegetale, famiglia di piante monocotiledoni erbacee, con fiore a spadice e frutto a drupa (*Sparganiaceae*) | (al sing. *-a*) Ogni individuo di tale famiglia.

spàrgere o (*raro*) **espàrgere** [lat. *spărgere*, di origine indeur.] **A** v. tr. (pres. *io spàrgo, tu spàrgi*; pass. rem. *io spàrsi, tu spargésti*; part. pass. *spàrso*, poet. *spàrto*) *1* Gettare qua e là, in più parti: *s. fiori*; *s. il seme nei campi*; *s. la sabbia sul pavimento* | (*raro*) *S. zizzania*, (*fig.*) seminare discordia | (*lett.*) *S. le chiome, i capelli*, scioglierli. *2* Sparpagliare, mandare in più parti, persone o animali: *s. i cani all'inseguimento di qc.*; *i soldati furono* *sparsi lungo le vie d'accesso.* **3** Versare: *s. il vino sulla tovaglia* | *S. lacrime*, piangere | *S. sangue*, ferire o uccidere; essere ferito o ucciso | *S. il proprio sangue per un ideale*, essere ferito o ucciso combattendo in suo nome | *S. sudore*, sudare (*anche fig.*). **4** Emanare, mandare intorno: *s. luce, calore.* **5** (*lett.*) Cospargere: *s. il pavimento di sabbia*; *a sparger di celeste ambrosia / ... all'Italia nauseata i labbri* (PARINI). **6** Diffondere, divulgare: *s. una notizia*; *s. una voce ai quattro venti*; *per tutto el mondo ha nostre laude sparte* (POLIZIANO). **7** (*lett.*) Dare, elargire: *pene tu spargi a larga mano* (LEOPARDI). **8** (*fig.*) †Dissipare, scialacquare. **B** v. intr. pron. **1** Sparpagliarsi: *la folla si sparse per la campagna.* **2** Diffondersi, divulgarsi: *si è sparsa una voce sul suo conto*; *la notizia si sparse in un baleno.*

†spargifuòco [comp. di *spargere* e *fuoco*] agg. ● (*poet.*) Che sparge fuoco.

spargiménto s. m. ● Modo, atto dello spargere | *S. di sangue*, ferimento, uccisione.

spargipépe [comp. di *spargere* e *pepe*] s. m. inv. ● Pepiera.

spargisàle [comp. di *spargere* e *sale*] s. m. inv. ● Saliera a forma di vasetto con coperchio bucherellato.

spargitàlco [comp. dell'imperat. di *spargere* e *talco*] s. m. inv. ● Tappo bucherellato attraverso il quale è possibile spargere in modo uniforme il talco contenuto in un barattolo | Il barattolo stesso.

spargitóre s. m.; anche agg. (f. *-trice*) ● Chi, che sparge.

†spargizióne s. f. ● (*raro*) Spargimento.

spàrgolo [da *spargere*] agg. ● (*bot.*) Detto di grappolo che ha i granelli rari.

Spàridi [da *sparo* (*2*)] s. m. pl. ● Nella tassonomia animale, famiglia di Pesci ossei carnivori dei Perciformi, delle acque costiere, con carni pregiatissime (*Sparidae*) | (al sing. *-e*) Ogni individuo di tale famiglia.

sparigliàre [da *pariglia*, con *s-*] v. tr. (*io sparìglio*) **1** Disfare una pariglia, una coppia. **2** Nel gioco della scopa, far sì che rimanga scompagnata una carta: *s. i sette.*

sparìglio s. m. ● Nel gioco della scopa, azione dello sparigliare.

†spariménto s. m. ● Sparizione.

sparìre [calco su *apparire*, con cambio di pref. (*s-*). V. *disparire*] v. intr. (pres. *io sparisco, tu sparìsci*; pass. rem. *io sparìi*, lett. *spàrvi, tu sparìsti*; aus. *essere*) **1** Sottrarsi alla vista spec. improvvisamente o causando sorpresa, meraviglia e sim., detto di persona o cosa che prima era presente o visibile: *era qui e ora è sparito*; *come ha fatto a s. così in fretta?*; *una luce appariva e spariva*; *il sole sparisce dietro le nuvole*; *l'isola spariva alla vista*; *la visione sparì all'orizzonte* | *S. dalla terra, dalla faccia della terra*, morire | (*est.*) Dileguarsi, dissolversi (*anche fig.*): *la macchia è sparita*; *il ricordo di quel tempo è sparito.* CONTR. Apparire. **2** Essere, rendersi irreperibile, introvabile: *suo padre è sparito e nemmeno sa dove sia*; *mi è sparito un libro*; *in questa casa la roba sparisce* | *Far s. q.c.*, rubarla, sottrarla di nascosto: *in treno mi hanno fatto s. il portamonete*; *gli ha fatto s. una lettera.* **3** Consumarsi presto, detto spec. di cibi o sim.: *la torta è sparita in un'ora*; *ho comprato il vino ieri ed è già sparito* | *Far s. q.c.*, consumare rapidamente, spec. cibi: *il bambino in un attimo ha fatto s. la merenda.* **4** Cessare di esistere, morire: *questa usanza è ormai sparita* | *Far s. qc.*, sopprimerlo, ucciderlo.

sparìto part. pass. di *sparire*; anche agg. ● Nei sign. del v.

sparizióne s. f. ● Atto, effetto dello sparire (*spec. fig.*).

†sparlaménto s. m. ● (*raro*) Atto dello sparlare.

sparlàre [da *parlare*, con *s-*] v. intr. (aus. *avere*) **1** Parlare male di qc., far maldicenza: *s. alle spalle degli altri*; *s. di tutti.* **2** Parlare a sproposito, parlare volgarmente e sim.: *in casa mia non voglio sentire s.*

sparlatóre s. m. (f. *-trice*) ● Chi sparla.

sparnazzaménto s. m. ● (*raro*) Atto dello sparnazzare.

sparnazzàre [sovrapposizione di *spargere* e *starnazzare*] v. tr. **1** (*tosc.*) Sparpagliare | *S. il fuoco*, sbraciarlo. **2** (*pop., tosc.*) Razzolare, sparpagliando il becchime, detto dei polli (*anche ass.*). **3** (*fig.*) †Scialacquare.

†sparnazzatóre s. m. (f. *-trice*) ● Chi sparnazza.

sparnòcchia [variante region. merid. di *spannocchia*, da *pannocchia*, con *s-*, per la forma. V. *spannocchio*] s. f. ● (*zool., dial.*) Canocchia.

spàro (1) [da *sparare* (*2*)] s. m. ● Atto dello sparare: *congegno di s.* | Scatto, colpo, di arma da fuoco | Rumore prodotto da un colpo di arma da fuoco: *udire uno s.*

spàro (2) [lat. *spăru*(*m*), dal gr. *spáros*, di origine indeur.] s. m. ● (*pop.*) Pesce degli Sparidi.

sparpagliaménto s. m. ● Atto, effetto dello sparpagliare o dello sparpagliarsi.

sparpagliàre [di etim. incerta: lat. parl. **disparpalliāre*, da un tema mediterr. **palja-*. V. *spagliare* (*2*)] **A** v. tr. (*io sparpàglio*) **1** Spargere qua e là, senza ordine: *il vento ha sparpagliato questi fogli* | Mandare qua e là, in varie direzioni: *s. gli agenti*; *s. i cani.* **2** (*raro*) †Scialacquare, dissipare. **B** v. intr. pron. ● Dispergersi, spargersi in varie parti: *la folla si sparpagliò per il paese.*

sparpagliàto part. pass. di *sparpagliare*; anche agg. ● Nei sign. del v. ‖ **sparpagliataménte**, avv. In modo sparpagliato, in ordine sparso.

sparpàglio (1) s. m. ● (*raro*) Sparpagliamento.

sparpaglìo (2) s. m. ● Sparpagliamento continuo.

sparpaglióne [da *sparpagliare*] s. m. (f. *-a*) ● (*fam.*) Persona disordinata.

spàrring pàrtner /'sparrin(g) 'partner, *ingl.* 'spa:riŋ 'pa:tnə*/ [vc. ingl., propriamente 'compagno (*partner*) d'esercizio (*sparring*, propriamente gerundio di *to spar* 'combattere, esercitarsi nel pugilato')'] loc. sost. m. inv. (pl. ingl. *sparring partners*) ● Pugile che allena un altro pugile boxando con lui.

spàrso o (*poet.*) **spàrto (2)** part. pass. di *spargere*; anche agg. **1** Nei sign. del v. **2** Non riunito, non raccolto insieme, sciolto: *capelli sparsi*; *pagine, rime sparse*; *raccolta di scritti sparsi*; *la bella Europa / sparse le bionde trecce* (MARINO). **3** (*bot.*) Che ha disposizione apparentemente disordinata | (*mil.*) *Ordine s.*, formazione che assume un reparto a contatto del nemico, per procedere o attaccare, disponendosi con gli uomini irregolarmente distanziati e intervallati. **4** (*arald.*) Seminato.

spartachìsmo [da *spartachista*] s. m. ● Ideologia degli spartachisti.

spartachìsta [ted. *Spartakist*, da *Spartakusbund* 'gruppo Spartaco', dal n. del capo degli schiavi romani che si ribellarono nel 71 a.C., usato come pseudonimo da K. Liebknecht, uno dei leader del movimento] s. m. e f. (pl. m. *-i*) ● Membro della lega di Spartaco, organizzazione clandestina di sinistra sorta in Germania dopo lo scoppio della prima guerra mondiale.

spartàno [dal lat. *Spartānu*(*m*), da *Spărta*, dal gr. *Spártē* 'Sparta'] **A** agg. **1** Di Sparta. **2** (*fig.*) Fiero, austero, rigido, secondo i costumi considerati tipici degli Spartani antichi: *spirito s.*; *educazione spartana.* ‖ **spartanaménte**, avv. Secondo le usanze spartane. **B** s. m. (f. *-a*) ● Abitante di Sparta.

†spàrte [da *parte*, con *s-*] vc. ● (*raro*) Solo nella loc. avv. *a s.*, in disparte.

sparteìna [adattamento dell'ingl. *sparteine*, comp. del lat. *spărtum* 'sparto', dal quale è estratta, col suff. chim. *-in*(*e*) '-ina', ampliata con *-e-*, secondo la terminazione di altri comp., come *phthalein*] s. f. ● Alcaloide contenuto nei fiori della ginestra, stimolante del cuore e diuretico.

†spartènza [da *spartire*] s. f. ● (*raro*) Separazione, dipartita.

spartiàcque [comp. di *sparti*(*re*) e il pl. di *acqua*] s. m. inv. **1** Linea di separazione fra gli opposti versanti di due bacini idrografici. SIN. Linea di displuvio. **2** (*fig.*) Elemento discriminante.

spartiàta o **spartiàte** [vc. dotta, dal gr. *Spartiátēs*, da *Spártē* 'Sparta'] s. m. (pl. *-i*) ● Cittadino spartano che si occupava di tutto ciò che riguardava la guerra o in genere le armi e i soldati, anche in tempo di pace.

spartìbile agg. ● Che si può spartire.

sparticàmpo [comp. di *sparti*(*re*) e *campo*] s. m. inv. ● Parte della mietitrice che devia verso la lama i culmi da recidere. SIN. Spartigrano.

spartifuòco [comp. dell'imperat. di *spartire* e *fuoco*] s. m. inv. ● Nei teatri, sipario metallico di sicurezza per isolare il palcoscenico della sala in caso di incendio. CFR. Tagliafuoco.

spartigràno [comp. di *sparti*(*re*) e *grano*] s. m. inv. ● Sparticampo.

spartiménto s. m. ● (*raro*) Modo, atto dello spartire.

spartinéve [comp. di *sparti*(*re*) e *neve*] s. m. inv. ● Meccanismo a forma di cuneo normalmente disposto sul lato anteriore del veicolo motore allo scopo di liberare la sede stradale dalla neve spingendola ai lati della strada | (*est.*) Veicolo a motore munito del cuneo suddetto. SIN. Spazzaneve.

spartìre [da *partire* 'dividere', con *s-*] v. tr. (*io spartìsco*, raro *spàrto*, *tu spartìsci*, raro *spàrti*) **1** Dividere distribuendo a ciascuno la sua parte: *s. un patrimonio, un'eredità, un guadagno*; *spartirsi la preda*; *il bottino fu spartito fra i ladri* | *Non aver nulla da s. con nessuno*, (*fig.*) non avere o non voler avere nessun rapporto o relazione con qc. **2** Allontanare, separare: *s. due litiganti.* **3** (*raro*) Scompartire, fare lo scompartimento. **4** (*mus.*) Mettere in partitura.

spartisémi [comp. di *sparti*(*re*) e il pl. di *seme*] s. m. ● Apparecchio usato nell'industria enologica per separare meccanicamente dalle vinacce torchiate i vinaccioli destinati alla produzione di olio. SIN. Enovaglio.

spartìto (1) part. pass. di *spartire*; anche agg. ● Nei sign. del v. ‖ **spartitaménte**, avv. Divisamente, separatamente.

spartìto (2) [dal precedente, sost., perché trascrive separatamente le parti dei singoli esecutori] s. m. **1** Riduzione per canto e pianoforte di un componimento per orchestra e voci soliste. **2** Correntemente, partitura. ‖ **spartitino**, dim.

spartitóre s. m. (f. *-trice*) ● (*raro*) Chi spartisce.

spartitòrio [da *spartire*] agg. ● Che riguarda una spartizione, spec. nell'ambito politico e amministrativo: *equilibri di potere fondati su una logica spartitoria.*

spartitràffico [comp. di *sparti*(*re*) e *traffico*] **A** s. m. inv. ● Banchina, striscia bianca o altro elemento che suddivide una strada in varie corsie. **B** agg. inv.: *banchina, aiuola s.*

spartitùra s. f. ● Spartizione | Scriminatura: *s. dei capelli.*

spartivalànghe [comp. di *sparti*(*re*) e il pl. di *valanga*] s. f. inv. ● Struttura in muratura a forma di cuneo sul lato della casa volta verso il pendio.

spartizióne s. f. ● Atto, effetto dello spartire.

spàrto (1) [lat. *spărtu*(*m*), dal gr. *spárton*, di origine indeur.] s. m. **1** Pianta erbacea perenne delle Graminacee con foglie a lamina rigida utilizzate per la fabbricazione di cesti, corde e, dopo opportuna manipolazione, per la carta di riso (*Lygeum spartum*). SIN. Giunco marino. **2** Fibra ricavata dallo sparto | Cellulosa da carta.

spàrto (2) ● V. *sparso*.

sparutézza s. f. ● Qualità di chi, di ciò che è sparuto.

sparùto [part. pass. dell'ant. *sparere* 'sparire'] agg. **1** Piccolo e magro, gracile, smunto: *bimbi sparuti*; *avere un aspetto s.* **2** Di poca apparenza, di numero esiguo: *uno s. gruppetto di compagni.* ‖ **sparutèllo**, dim. | **sparutino**, dim.

†sparvieratóre [da *sparviero* (*1*)] s. m. ● Chi governava gli sparvieri.

sparvièro (1) o **†sparavièri**, **sparvière** [dal provz. *esparvier*, dal francone *sparvāri* 'aquila (*ari*) che mangia i passeri (*sparvo*)'] s. m. **1** Rapace diurno di forma snella con ali brevi, piumaggio grigio dorsalmente e bianco rossiccio ventralmente (*Accipiter nisus*) | *S. delle Asturie*, astore. **2** Tavoletta di legno con impugnatura sulla faccia inferiore, usata dal muratore per lisciare l'intonaco o per tenere a portata di cazzuola un po' di calcina. **3** †Padiglione di letto.

sparvièro (2) [adattamento dell'ant. fr. *esparvier* 'rete per sparvieri'] s. m. ● (*pesca, sett.*) Giacchio.

†spàṣa [lat. *expānsa*(*m*), f. sost. di *expānsus* 'spaso'] s. f. ● Costa piana e larga.

spaṣimànte **A** part. pres. di *spasimare* ● Nei sign. del v. **B** s. m. e raro f. ● (*scherz.*) Innamorato, corteggiatore.

spaṣimàre o **†spaṣmàre** [da *spasimo*] **A** v. intr. (*io spàṣimo*; aus. *avere*) **1** Patire spasimi fisici: *s.*

per il dolore; è una pena vederlo s. tanto. ***2*** (*fig.*) Soffrire per affanno, agitazione, ansia, desiderio ardente: *s. di rivedere qc.*; *s. di sposarsi* | *S. per qc.*, essere innamorato: *il crudel sa che per lui spasmo e moro* (ARIOSTO). **B** v. tr. ● (*tosc.*) †Spendere, consumare.

spaṣimàto **A** part. pass. di *spasimare*; anche agg. ***1*** Nei sign. del v. ***2*** †Fortemente innamorato. ***3*** (*arald.*) Detto del delfino a bocca aperta e senza lingua. **B** s. m. ● †Spasimante: *fare lo s.*

spàṣimo o †**spàṣmo** [lat. *spăsmu(m)*, dal gr. *spasmós* 'spasmo', da *spân* 'tirare', di origine indeur.] s. m. ● Dolore acuto, lancinante: *avere degli spasimi atroci*; *gli spasimi della fame, della morte*; *morire tra atroci spasimi* | Sofferenza dell'animo, pena tormentosa: *gli spasimi dell'amore.*

spaṣimóso o †**spaṣmóso**. agg. ● (*raro*) Che dà spasimo: *pensiero s.*

†**spaṣmàre** ● V. *spasimare.*

spàṣmo s. m. ***1*** †V. *spasimo.* ***2*** (*med.*) Contrazione prolungata di un muscolo o di una parte di esso, che non può essere vinta o riprodotta dalla volontà | *S. cinico*, contrattura dei muscoli masticatori, che fa digrignare i denti.

spaṣmòdico [vc. dotta, dal gr. *spasmṓdēs* 'convulsivo', comp. di *spasmós* 'spasmo' ed *-eidḗs* '-oide', col suff. iter. *-ico*] agg. (pl. m. *-ci*) ***1*** Che dà spasimo, angoscia, affanno: *attesa spasmodica.* ***2*** (*med.*) Relativo a spasmo. || **spasmodicaménte**, avv.

spaṣmofilìa [comp. di *spasmo* e *-filia*] s. f. ● Stato di ipereccitabilità neuromuscolare, con tendenza allo spasmo.

spaṣmòfilo [comp. di *spasmo* e *-filo*] agg. ● Che è caratterizzato da spasmofilia.

spaṣmolìtico [comp. di *spasmo* e *-litico*, dal gr. *lytikós* 'dissolvente', da *lýein* 'sciogliere'] **A** agg. (pl. m. *-ci*) ● Detto di farmaco, che risolve uno spasmo. **B** anche s. m.: *somministrare uno s.*

†**spaṣmóso** ● V. *spasimoso.*

†**spàṣo** [lat. *expānsu(m)*, part. pass. di *expāndere* 'spandere'] agg. ● Espanso, disteso, allungato.

spassàre [lat. parl. **expassāre*, da *expăssus*, part. pass. di *expāndere* 'allargare (l'animo)'] **A** v. tr. ● Dare spasso, divertire: *s. un bambino* | *Spassarsela*, divertirsi. **B** v. intr. pron. ● Trattenersi piacevolmente, divertirsi: *al cinema mi spasso.*

spasseggiaménto ● V. *passeggiamento.*

spasseggiàre ● V. *passeggiare.*

spasseggiàta ● V. *passeggiata.*

spasséggio ● V. *passeggio.*

†**spassévole** [da *spassare*] agg. ● Che dà spasso.

spassionàrsi [da *passione*, con *s-*] v. intr. pron. (*io mi spassióno*) ● (*raro*) Sfogarsi delle proprie preoccupazioni, dei propri dolori: *s. con qc.*

spassionatézza s. f. ● Qualità di chi, di ciò che è spassionato.

spassionàto [da *passione*, con *s-*] agg. ● Che è libero da parzialità, preferenze, interessi: *osservatore s.*; *giudizio, esame s.*; *dare un parere s.* SIN. Equo, imparziale, obiettivo. || **spassionataménte**, avv. In modo spassionato, imparzialmente.

spàsso [da *spassare*] s. m. ***1*** Divertimento, passatempo, svago: *prendersi un po' di s.*; *darsi s.*; *darsi agli spassi*; *è un vero s. uscire con lui* | *Per s.*, per divertimento: *fare, dire, q.c. per s.* | *Prendersi s. di qc.*, divertirsi alle sue spalle, farsene beffe. ***2*** (*fig.*) Persona spassosa: *quel ragazzo è uno s.*; *sei proprio uno s.!* ***3*** Passeggiata breve e fatta a scopo di svago, nelle loc. *andare, mandare, menare, portare, a s.* | (*fig.*) *Essere a s.*, essere disoccupato, senza lavoro | *Mandare qc. a s.*, licenziarlo, toglierselo di torno | *Menare, portare a s. qc.*, (*fig.*) illuderlo, prenderlo in giro | *Va' a s., andate a s., e sim.*, escl. di insofferenza nei confronti di qc.

spassóso agg. ● Che dà spasso, che diverte.

spastàre [da *pasto*, con *s-*] **A** v. tr. ● (*raro*) Togliere la pasta appiccicata: *spastarsi le mani.* **B** v. intr. pron. ● †Sciogliersi.

spasticità [da *spastico*] s. f. ● (*med.*) Condizione di ipertonia muscolare associata a esagerazione dei riflessi tendinei.

spàstico [vc. dotta, dal lat. *spăsticu(m)*, dal gr. *spastikós*, da *spân* 'tirare'] **A** agg. (pl. m. *-ci*) ● (*med.*) Di, relativo, caratterizzato da spasmo: *paralisi spastica* | Che è in stato di spasmo. **B** agg.; anche s. m. (f. *-a*) ● Che, chi è in stato di spasmo | Che, chi è affetto da paralisi spastica.

spastoiàre [da *pastoia*, con *s-*] **A** v. tr. (*io spastóio*) ● (*raro*) Liberare dalle pastoie: *s. il cavallo.* **B** v. intr. pron. ***1*** Liberarsi dalle pastoie. ***2*** (*fig.*) Liberarsi da legami, soggezioni, pregiudizi e sim.

†**spàta** (**1**) ● V. *spada.*

spàta (**2**) [dal lat. *spătha(m)*, dal gr. *spáthē*. V. *spada*] s. f. ● (*bot.*) Larga e vistosa brattea che avvolge l'infiorescenza a spadice. || **spatèlla**, dim.

spàtico agg. (pl. m. *-ci*) ● Di spato, simile a spato | *Struttura spatica*, di roccia caratterizzata da aggregati cristallini di grosse dimensioni, dotati di facile sfaldatura.

spàto [dal ted. *Spat*. V. *feldspato*] s. m. ● (*miner.*) Calcite | *S. d'Islanda*, varietà limpida di calcite che presenta la birifrazione del raggio di luce che l'attraversi.

spàtola [lat. *spătula(m)*, dim. di *spătha* 'spada, spatola'] s. f. ***1*** Stecca metallica o di legno a bordi smussati, usata dal muratore e dallo stuccatore per lavori di rifinitura | Arnese, costituito da una lamina metallica con manico, per trattare sostanze pastose: *la s. del dentista*; *s. del pittore* | Lista di legno per tagliare la polenta | Sorta di coltello usato nei caseifici per rompere la cagliata | *A s.*, a forma di spatola, con le estremità lunghe e piatte: *dita a s.* ***2*** (*med.*) Strumento largo e appiattito per scostare o comprimere i visceri. ***3*** Parte anteriore dello sci, appuntita e incurvata verso l'alto. ➡ ILL. p. 1294, 1295 SPORT. ***4*** Pesce dei fiumi americani con muso prolungato in un rostro sottile e lamellare (*Polydon spathula*) | Uccello di palude dei Ciconiformi con becco lungo, appiattito, dilatato all'estremità, atto alla cattura di animaletti sul fondo melmoso (*Platalea leucorodia*). || **spatolétta**, dim. | **spatolìna**, dim.

spatolàto [da *spatola*] agg. ● Detto di foglia allungata con apice arrotondato a base ristretta.

spatriaménto s. m. ● (*raro*) Atto, effetto dello spatriare.

spatriàre [da *patria*, con *s-*] **A** v. tr. (*io spàtrio*) ● (*raro*) Scacciare dalla patria, mandare via dalla patria. **B** v. intr. e intr. pron. (aus. intr., *essere* o *avere*) ● Andarsene dalla patria: *essere costretto a s.*

†**spàtrio** [da *spatriare*. V. *espatrio*] s. m. ● Spatriamento.

spauràcchio [da †*spaurare*] s. m. ***1*** Spaventapasseri. ***2*** (*fig.*) Persona o cosa che mette paura, spavento: *far da s.*; *essere lo s. di qc.*

†**spauràre** [da *paura*, con *s-*] v. tr. e intr. pron. ● Impaurire, impaurirsi.

†**spaurévole** [da †*spaurare*] agg. ● Spaventevole.

spauriménto s. m. ● Atto dello spaurire o dello spaurirsi.

spaurìre [calco su *impaurire*, con cambio di pref. (*s-*)] **A** v. tr. (*io spaurìsco, tu spaurìsci*) ● Mettere paura, impaurire: *s. un bambino.* **B** v. intr. ● (*raro*) †Uscire di paura. **C** v. intr. pron. ● Aver paura, provare paura.

spaurìto part. pass. di *spaurire*; anche agg. ***1*** Nel sign. del v. ***2*** Smorto, pallido, stanco: *perché hai il viso così s.?*

†**spauróso** [da *pauroso*, con *s-*] agg. ● (*raro*) Che prova o dà paura.

spavalderìa s. f. ● Qualità di chi, di ciò che è spavaldo | Atto, contegno, da spavaldo.

spavàldo [di etim. discussa: dal lat. *pāvidu(m)* 'pauroso', con *s-* e il suff. pegg. *-aldo* (?)] **A** agg. ● Sfrontato e temerario, troppo sicuro di sé: *ragazzo s.*; *aria spavalda*; *tenere un contegno s.* || **spavaldaménte**, avv. **B** s. m. (f. *-a*) ● Persona spavalda. || **spavaldóne**, accr.

spaventàbile agg. ● (*raro*) Che si può spaventare: *bambino s.*

†**spaventàcchio** [da *spaventare*. V. *spauracchio*] s. m. ● Spauracchio (*anche fig.*): *chi crede siano spaventacchi, e chi crede che sia vero* (MACHIAVELLI).

†**spaventaménto** s. m. ● Atto dello spaventare o dello spaventarsi.

spaventapàsseri [comp. di *spaventa(re)* e il pl. di *passero*] s. m. ***1*** Fantoccio di stracci imbottiti con paglia issato su una pertica in mezzo ai campi per spaventare gli uccelli granivori. ***2*** (*fig.*) Persona brutta e allampanata.

spaventàre [lat. parl. **expaventāre*, ints. di *expavēre* 'temere', comp. di *ĕx-* (*s-*) e *pavēre* 'temere'] **A** v. tr. (*io spavénto*) ***1*** Incutere spavento, rendere sbigottito e pieno di terrore: *la morte non lo spaventa*; *quella vista li spaventò* | (*est.*) Dare preoccupazione (*anche ass.*): *viaggiare con questo tempo mi spaventa*; *è un viaggio che spaventa.* ***2*** (*raro, lett.*) Tenere lontano, far rifuggire: *non vi spaventi dal beneficiare gli uomini la ingratitudine di molti* (GUICCIARDINI). **B** v. intr. pron. ● Provare spavento, farsi vincere dalla paura: *si spaventa di tutto*; *si spaventa per un nonnulla*; *il cavallo si è spaventato.*

spaventàto part. pass. di *spaventare*; anche agg. ***1*** Nei sign. del v. ***2*** †Che mette paura, spaventoso. ***3*** (*arald.*) Rampante.

spaventatóre s. m. (f. *-trice*) ● (*raro*) Chi spaventa.

†**spaventazióne** [da *spaventare*] s. f. ● (*raro*) Spavento: *se la vede, n'ha s.* (SACCHETTI).

spaventévole [da *spaventare*] agg. ● Spaventoso. || **spaventevolménte**, avv. In modo spaventevole, impressionante.

spaventevolézza s. f. ● (*raro*) Qualità di chi, di ciò che è spaventevole.

spavénto [da *spaventare*] s. m. ***1*** Intenso e improvviso timore dovuto alla presenza, alla vista, alla sensazione o all'eventualità di un avvenimento pericoloso o dannoso per sé o per altri: *fare, incutere, mettere, s.*; *provare un grande s.*; *essere preso dallo s.*; *tremare, morire di s., dallo s.*; *rimettersi dallo s.*; *per lo s. non riuscì a parlare*; *i bambini procurano continui spaventi*; *essere brutto da far s.* ***2*** (*est., fam.*) Persona o cosa che per la sua bruttezza spaventa: *quella donna è uno s.*; *ha uno s. di casa.*

spaventosità s. f. ● (*raro*) Qualità di chi, di ciò che è spaventoso.

spaventóso [da *spaventare*] **A** agg. ***1*** Che suscita spavento: *fracasso, sogno s.*; *burrasca spaventosa*; *una caverna ... tetra e spaventosa* (NIEVO) | Che colpisce, impressiona, turba profondamente: *fatto s.*; *disgrazia, sciagura, spaventosa.* ***2*** (*est., fam.*) Straordinario, incredibile: *avere una fortuna spaventosa*; *andare a una velocità spaventosa*; *avere una sete spaventosa.* || **spaventosaménte**, avv. ***1*** In modo spaventoso. ***2*** Eccessivamente, moltissimo. **B** in funzione di avv. ● (*raro*) †Spaventosamente.

spaziàle agg. ***1*** Dello spazio | *Carica s.*, in un tubo elettronico, elevata densità elettronica nello spazio compreso tra catodo e placca. ***2*** (*aer.*) Relativo allo spazio aereo o cosmico: *capsula, nave, veicolo, volo s.*; *medicina, ricerca s.* ***3*** *Arte s.*, quella tipica di un movimento di pittura e scultura fiorito spec. a cavallo degli anni '50 e ispirato alla necessità di mutare il rapporto tra l'uomo e lo spazio fisico circostante, collocandosi in antitesi sia con la rappresentazione figurativa tradizionale, sia con le più recenti rappresentazioni cubista e futurista.

spazialiṣmo [da (*arte*) *spaziale*] s. m. ● Movimento che si rifà al concetto dell'arte spaziale.

spazialìsta [da *spazialismo*] **A** s. m. e f. (pl. m. *-i*) ● Seguace dello spazialismo. **B** agg. ● Relativo all'arte spaziale e allo spazialismo.

spazialità s. f. ● Nel linguaggio della critica delle arti figurative, effetto di spazio relativo a un'opera figurativa o architettonica.

spazializẓàre v. tr. ● (*filos., raro*) Rappresentarsi oggetti nel pensiero come collocati nello spazio.

spazializẓazióne [da *spaziale*] s. f. ● Atto, effetto di spazializzare.

spaziaménto [da *spaziare*] s. m. ● Distanza fra aerei contigui in una formazione di volo | *S. longitudinale*, secondo la direzione del moto | *S. trasversale* o *laterale*, ortogonale alla direzione del moto.

spaziàre [vc. dotta, dal lat. tardo *spatiāre*, variante del classico *spatiāri* 'passeggiare, estendersi', da *spătium* 'spazio'] **A** v. intr. (*io spàzio*; aus. *avere*) ***1*** Muoversi liberamente e sicuramente in un ampio spazio: *gli uccelli spaziano nel cielo.* ***2*** (*fig.*) Vagare col pensiero in un vasto ambito di idee: *s. in, per tutti i campi dello scibile umano.* **B** v. intr. pron. ● †Muoversi liberamente in un ampio spazio. **C** v. tr. ***1*** Porre, distribuire oggetti nello spazio distanziandoli opportunamente tra loro. ***2*** Nella composizione tipografica e in dattilografia, mettere uno spazio fra parola e parola o tra lettera e lettera di una stessa riga o tra linea e linea.

spaziatóre agg. (f. *-trice*) ● Nelle macchine di fotocomposizione per la stampa e nelle macchine da scrivere, detto di congegno che si preme o gener. si usa per spaziare tra loro parole o lettere: *tasto s.*; *barra spaziatrice*.

spaziatùra s. f. *1* Atto, effetto dello spaziare. *2* (*tip.*) Bianchi tipografici con cui si ottiene lo spazio bianco fra le parole | Inserimento degli spazi fra parola e parola o tra lettera e lettera di una stessa riga o tra linea e linea nella composizione tipografica e in dattilografia: *s. differenziata*.

spazieggiàre [da *spaziare*, con suff. iter.-ints.] v. tr. (*io spaziéggio*) *1* Porre spazio tra una cosa e l'altra. *2* (*tip.*) Intercalare uno spazio bianco fra lettera e lettera di una parola per metterla in evidenza.

spazieggiatùra [da *spazieggiare*] s. f. ● Atto, effetto dello spazieggiare.

spazientìre [da *paziente*, con *s-*] **A** v. intr. e intr. pron. (*io spazientisco, tu spazientisci*; aus. *essere*) ● Perdere la pazienza: *si spazientisce subito*; *non farlo spazientire*. **B** v. tr. ● (*raro*) Far perdere la pazienza: *facendo così lo spazientisci*.

spazientito part. pass. di *spazientire*; anche agg. ● Nei sign. del v.

†spaziévole [da *spaziare*] agg. ● Spazioso.

spàzio [vc. dotta, dal lat. *spătiu(m)* 'intervallo, spazio', forse connesso con *patēre* 'essere aperto'. V. *patente*] s. m. (pl. *†spazia*, f.) *1* Nel linguaggio scientifico e filosofico, entità illimitata e indefinita, dotata oppure no di determinate proprietà geometriche, nella quale sono situati i corpi: *s. ordinario*; *s. euclideo*; *s. non euclideo*; *s. tridimensionale*; *s. pluridimensionale*; *per taluni filosofi lo s. è un'intuizione pura*. *2* Luogo esterno all'atmosfera terrestre in cui i corpi celesti sono e si muovono: *volare nello s.*; *lo s. cosmico*; *andare alla conquista dello s.*; *il lancio dell'astronave nello s.* | *S. interstellare*, tra le stelle | *S. interplanetario*, tra i pianeti | *S. intergalattico*, tra le galassie | *Eroe dello s.*, astronauta | *Pionieri dello s.*, i primi astronauti. *3* Correntemente, estensione di luogo, variamente limitata, vuota od occupata da corpi: *qui non c'è s.*; *c'è s. solo per due*; *non ha s. per muoversi*; *riempire lo s. libero*; *lo s. tra di noi*; *il tavolo occupa troppo s.* | *S. pubblico*, zona collocata sopra o sotto un'area pubblica, la cui occupazione è soggetta a particolari tasse | *S. vitale*, secondo la teoria nazista, territorio che un popolo deve necessariamente conquistarsi per garantirsi libertà di azione, sviluppo e potenza; (*est., scherz.*) spazio necessario per fare q.c. | *S. atmosferico*, sovrastante il territorio in senso stretto e il mare territoriale di uno Stato soggetto alla sovranità dello stesso per il principio dell'irradiazione | *S. aereo*, spazio atmosferico | *S. stratosferico*, libero e non soggetto alla sovranità esclusiva di alcuno Stato. *4* Intervallo: *lo s. tra le file dei banchi* | *S. pubblicitario*, la parte che, nelle pubblicazioni spec. giornalistiche e negli affissi stradali, è destinata alla pubblicità | (*anat.*) *S. intercostale*, ognuno di quelli esistenti fra le costole | (*zool.*) *Spazi interdentari*, i tratti delle mascelle in cui non vi sono denti, negli equini e nei ruminanti. *5* (*fig.*) Ambito, campo, margine di azione, di comportamento, di realizzazione, spettante o disponibile a qc. o q.c.: *un partito alla ricerca del proprio s. elettorale*; *non c'è s. per la spesa proposta* | Opportunità, agio: *dare, concedere s. a qc.* | Ambiente, ambito, spec. in loc. come *s. moda*, *s. musica* e sim. *6* (*tip.*) Ciascuno degli intervalli bianchi esistenti fra lettera e lettera o fra parola e parola | *S. mobile*, congegno costituito da due cunei che scorrono l'uno sull'altro aumentando l'entità dello spazio minimo e giustificando quindi la riga. *7* (*mus.*) Vuoto che nel pentagramma separa una linea dall'altra, o dal taglio. *8* Estensione di tempo: *fece tutto nello s. di un giorno*; *mi occorre un breve s. di tempo*; *durò lo s. di un secolo* | Determinato periodo di tempo destinato a una trasmissione radiofonica o televisiva spec. pubblicitaria. || **spaziétto**, dim.

spaziodròmo o (*evit.*) **spaziodròmo** [da *spazio* sul modello di *aerodromo*] s. m. ● Spazioporto.

spazionàve [dal fr. *spationef*, da *spatial* 'spaziale', sul modello di *astronef* 'astronave' e sim.] s. m. ● Nel linguaggio giornalistico, astronave, veicolo spaziale.

spazioporto [dall'ingl. *spaceport*, sul modello di *aeroporto*] s. m. *1* Poligono di lancio. *2* Nel linguaggio giornalistico, cosmodromo.

spaziosità o †**spaziositàde**, †**spaziositàte** [vc. dotta, dal lat. tardo *spatiositāte(m)*, da *spatiōsus* 'spazioso'] s. f. ● Qualità di ciò che è spazioso.

spazióso [vc. dotta, dal lat. *spatiōsu(m)*, da *spătium* 'spazio'] agg. ● Di grande spazio, che occupa grande spazio: *casa, piazza, strada, spaziosa*; *le braccia aprendo in spaziosi giri* (MARINO). SIN. Ampio, vasto. || **spaziosaménte**, avv. Con molto spazio, largamente.

spàzio-tèmpo o **spaziotèmpo** [comp. di *spazio* e *tempo*] s. m. inv. ● Spazio a quattro dimensioni della teoria della relatività, i cui punti sono gli eventi (ciascuno dei quali ha tre coordinate spaziali e una temporale).

spàzio-temporàle o **spaziotemporàle** agg. ● (*fis.*) Relativo allo spazio-tempo | In senso generico, relativo allo spazio e al tempo.

spazzacamìno [comp. di *spazza(re)* e *camino*] s. m. ● Chi per mestiere ripulisce i camini dalla fuliggine.

†spazzacampàgna [comp. di *spazza(re)* e *campagna*] s. m. inv. ● Grosso schioppo da appostamento per difesa delle fortezze e delle navi.

†spazzacovèrta [comp. di *spazza(re)* e *coverta*] s. f. ● (*mar.*) Sorta di scopamare, aggiunto come coltellaccio al fondo della vela latina di trinchetto.

spazzafórno [comp. di *spazza(re)* e *forno*] s. m. ● Arnese per spazzare il forno. SIN. Spazzatoio.

spazzamàre [comp. di *spazza(re)* e *mare*] s. m. ● Catamarano fornito di speciali apparecchiature per ripulire l'acqua del mare da nafta, olio e sim.

spazzaménto s. m. ● (*raro*) Atto dello spazzare.

spazzamìne [comp. di *spazza(re)* e il pl. di *mina*] s. m. inv. ● (*mar.*) Dragamine.

spazzanéve [comp. di *spazza(re)* e *neve*] s. m. inv. *1* Spartineve. *2* Nello sci, movimento che serve per rallentare e fermarsi in una discesa secondo la linea di massima pendenza, consistente nel divaricare le code degli sci a punte ravvicinate, premendo contemporaneamente sui talloni e riprendendo leggermente gli spigoli interni | *S. a punte larghe*, quello che consente una discesa controllata spec. con sci più corti della norma e dispone lo sciatore a una corretta impostazione sugli sci stessi.

spazzàre [lat. tardo *spatiāre*, variante del classico *spatiāri* 'passeggiare, estendersi', da *spătium* 'spazio'] v. tr. *1* Pulire pavimenti, o sim. con la scopa (*anche ass.*): *s. la strada, le stanze* | (*ass.*) *S. davanti a casa propria*, (*fig., pop.*) badare agli affari propri. *2* Levare via, scopando o comunque facendo pulizia: *s. l'immondezza*; *s. il fango, la neve* | (*est.*) Portare via: *il vento spazza (via) le nuvole*. *3* (*fam.*) Mangiare avidamente: *ha spazzato via il dolce*; *ha spazzato tutto ciò che c'era*. *4* (*fig.*) Liberare da ciò che è dannoso, pericoloso, o sim.: *s. la città dai ladri* | Lasciare da parte, eliminare: *bisogna s. via questi pregiudizi*. *5* †Abbattere le difese del nemico demolendo mura e ostacoli | *S. i nemici*, disperderli con tiri di artiglieria | *S. il terreno*, con tiro radente. *6* Nel calcio: *s. l'area*, liberare la propria area dal pallone lanciato dagli avversari | Nella pallacanestro: *s. il tabellone*, prendere molti rimbalzi spec. in difesa.

spazzàta s. f. ● Atto dello spazzare spec. rapidamente e alla meglio. || **spazzatina**, dim.

spazzatóio [da *spazzare*] s. m. ● Spazzaforno.

spazzatóre [da *spazzare*] s. m.; anche agg. (f. *-trice*) ● Chi, che spazza: *macchina spazzatrice*.

spazzatrice [f. di *spazzatore*] s. f. ● Veicolo automotore provvisto di meccanismi atti all'asportazione di rifiuti.

spazzatùra **A** s. f. *1* Atto dello spazzare. *2* Ciò che si spazza, immondizia, rifiuti: *cassetta della s.*; *buttare q.c. nella s.* | (*fig.*) *Trattare qc. o q.c. come s.*, con disprezzo, noncuranza. **B** in funzione di agg. inv. ● (posposto al s.) Volgare, di nessun pregio: *cinema s.*; *tv s.*

spazzaturàio s. m. ● Chi andava di casa in casa a raccogliere la spazzatura.

spazzino s. m. (f. *-a*) ● Chi fa il mestiere di spazzare le strade | Spazzaturaio. || **spazzinàccio**, pegg.

spàzzo [lat. *spătiu(m)* 'intervallo, distanza'. V. *spazio*] s. m. *1* (*raro, lett.*) Ampio tratto di terreno sgombro di ostacoli. *2* †Pavimento.

spàzzola [da *spazzare* (con sovrapposizione di *spatola*?)] s. f. *1* Oggetto costituito da un supporto in legno o altro materiale su cui sono infissi peli o fili di natura varia, usato per togliere la polvere, lucidare, ravviare i capelli, e sim.: *s. dura, morbida*; *s. di setola, di nailon*; *s. da scarpe, da capelli*; *s. elettrica*; *le spazzole della lucidatrice* | *A s.*, di capelli, peli duri, e sim. tagliati corti e pari: *baffi, capelli, a s.* *2* (*elettr.*) Organo di contatto montato sulla parte fissa di una macchina elettrica e che, strisciando sul collettore, serve ad addurvi corrente o a prelevarvela. *3* (*mus.*) Tipo di bacchetta che porta all'estremità un pennello di fili metallici per ottenere speciali effetti dai tamburi e dai piatti di una batteria. *4* (*autom.*) Nel tergicristallo, bordo di gomma a contatto con il parabrezza | (*est.*) La bacchetta del tergicristallo. || **spazzolétta**, dim. | **spazzolina**, dim. | **spazzolino**, dim. m. (V.) | **spazzolóne**, accr. m. (V.).

spazzolàre v. tr. (*io spàzzolo*) *1* Pulire con la spazzola: *s. un cappotto*; *spazzolarsi il vestito*. *2* (*fig.*) *s. la schiena di qc.*, colpirlo, batterlo, percuoterlo.

spazzolàta s. f. *1* Atto dello spazzolare una volta e alla meglio. *2* (*raro*) Colpo dato con la spazzola. || **spazzolatina**, dim.

spazzolàto **A** part. pass. di *spazzolare*; anche agg. ● Nei sign. del v. **B** s. m. ● (*mus.*) Modo di percuotere il rullante della batteria con apposite spazzole.

spazzolatrice [da *spazzolare*] s. f. ● In varie tecnologie, macchina destinata a operazioni di spazzolatura, pulitura e sim.

spazzolatùra s. f. ● Atto, effetto di spazzolare.

spazzolificio [comp. di *spazzola* e *-ficio*] s. m. ● Fabbrica di spazzole.

spazzolino s. m. *1* Dim. di *spazzola*. *2* Piccola spazzola per pulire denti, unghie, e sim.: *s. da, per denti*; *s. da, per unghie*.

spazzolóne s. m. *1* Accr. di *spazzola*. *2* Grossa spazzola di saggina con lungo manico, usata per pulire o lucidare pavimenti e sim.

speaker /ingl. 'spi:kə*/ [vc. ingl., propriamente 'annunciatore', da *to speak* 'parlare'] s. m. inv. *1* Nell'uso radiofonico e televisivo, annunciatore o lettore, commentatore di un documentario come voce fuori campo. *2* Nel linguaggio sportivo, chi, attraverso un altoparlante, comunica al pubblico di una gara varie informazioni relative alla gara stessa. *3* Nei paesi anglosassoni, presidente della camera dei deputati.

speakeràggio /spike'raddʒo/ [da *speaker*] s. m. (pl. *-gi*) *1* (*tv*) Trasmissione dell'audio di una trasmissione televisiva registrata su nastro videomagnetico. *2* Divulgazione di notizie, informazioni e sim. per mezzo di un megafono o di un altoparlante posto a bordo di un'automobile.

speakerina /spike'rina/ [da *speaker*] s. f. ● (*gerg.*) Annunciatrice televisiva.

specchiàio o (*pop.*) †**specchiàro** [dal lat. tardo *speculāriu(m)* 'fabbricante di specchi', da *spĕculum* 'specchio'] s. m. ● Fabbricante o venditore di specchi.

specchiaménto s. m. ● (*raro*) Atto dello specchiare o dello specchiarsi.

specchiàre [da *specchio*] **A** v. tr. (*io spècchio*) *1* (*lett.*) †Fissare: *avendo ciascuno i bicchieri in mano, e specchiando gli occhi loro nel vetro* (SACCHETTI). *2* (*lett.*) †Rimirare, contemplare: *a l'onde chiare specchiandosi il volto* (BOIARDO). **B** v. rifl. *1* Guardarsi, mirarsi allo specchio: *prima di uscire si specchia sempre*; *sta sempre a specchiarsi* | (*est.*) Guardarsi in una superficie che riflette le immagini: *specchiarsi nelle vetrine, nell'acqua, nel pavimento ben lucidato*. *2* (*fig.*) Prendere esempio da qc.: *specchiarsi in qc.*; *specchiarsi nelle imprese di qc.*; *specchiarsi in qc. per onestà*. **C** v. intr. pron. ● Riflettersi in uno specchio d'acqua, detto di cose: *la villa si specchia nel lago*.

†specchiàro ● V. *specchiaio*.

specchiàto part. pass. di *specchiare*; anche agg. *1* Nei sign. del v. *2* Fornito di specchio: *porta* *specchiata.* **3** †Riflesso, rispecchiato. **4** (*fig.*) Puro, integro, esemplare: *persona di specchiati costumi.*

specchiatùra [da *specchiare*] s. f. **1** (*raro*) Atto dello specchiarsi. **2** Caratteristica del legno di alcune piante che in sezione radiale presenta una superficie lucente dovuta ai raggi midollari. **3** In una porta, riquadro in legno, compensato e sim. liscio o lavorato.

specchièra [da *specchio*] s. f. ● Grande specchio da parete, spec. con funzioni decorative | Mobile a specchio in cui si vede l'intera persona | Specchio da caminetto | Tavolino da toeletta munito di un piccolo specchio nella parte interna della ribalta.

specchiétto s. m. **1** Dim. di *specchio.* **2** Specchio di ridotte dimensioni, variamente utilizzato: *s. tascabile, da borsetta* | *S. retrovisore, retrovisivo*, in un autoveicolo (ma anche in una motocicletta) piccolo specchio orientabile all'interno o all'esterno (*s. laterale*) dell'abitacolo, per controllare il tratto di strada dietro l'autoveicolo stesso | *S. di cortesia*, montato sul retro della visiera parasole dell'automobile, dal lato del passeggero. ➡ ILL. p. 1746, 1747, 1748, 1750 TRASPORTI. **3** Richiamo meccanico per le allodole, a mano o a orologeria, consistente in un brillare di specchietti girevoli che attira le allodole | *S. per le allodole*, (*fig.*) lusinga vana, inganno in cui cadono gli ingenui. **4** Prospetto, nota riassuntiva: *fare uno s. delle eccezioni grammaticali.*

spècchio o (*raro*) †**spècolo**, (*lett.*) †**spèculo** [lat. *spĕculu(m)*, da *spĕcere* 'osservare', dalla radice indeur. **spek-*, che indica il guardare durativo] s. m. **1** Superficie che riflette in modo regolare i raggi luminosi, generalmente costituita da una lastra di vetro con una faccia metallizzata | *S. con argento*, negli specchi comuni | *S. con platino*, negli specchi per strumenti scientifici | *S. concavo*, che riflette la luce dalla parte del centro della calotta | *S. convesso*, che riflette la luce nella parte opposta al centro della calotta | *S. parabolico*, la cui superficie ha la forma di un paraboloide | *S. sferico*, a forma di calotta sferica | *S. retrovisore, retrovisivo*, V. *specchietto.* ➡ ILL. p. 828 SCIENZE DELLA TERRA ED ENERGIA. **2** Lastra di specchio di dimensioni varie, liscia o ornata, incorniciata o priva di cornici, usata per la toeletta: *s. a mano, da tavolo, da parete, da muro*; *guardarsi, mirarsi allo, nello s.*; *ornarsi allo s.*; *stare sempre davanti allo s.*; *passare tutto il giorno allo s.* | *L'occhio corporale ... vede tutti gli obbietti fuori di sé ed ha dello s. bisogno per vedere se stesso* (VICO) | *Armadio a s.*, armadio con lo sportello o gli sportelli ricoperti di specchio che riflette l'intera persona. **3** (*fig.*) Casa eccezionalmente pulita: *tenere una casa come uno s.*; *la sua casa è uno s.* **4** (*fig.*) Cosa che riflette, che lascia vedere: *gli occhi sono lo s. dell'anima.* **5** (*fig.*) Esemplare, modello: *essere uno s. di onestà* | *Farsi s. di qc.*, prenderlo a esempio. **6** Superficie acquea non agitata da correnti, venti o sim.: *oggi il mare è uno s.* | *S. d'acqua*, determinato tratto di mare o di lago | *S. freatico*, superficie superiore di una falda acquifera | (*est.*) *S. di faglia*, superficie di roccia perfettamente polita e lisciata dallo sfregamento dei due lembi rocciosi separati da una faglia | *A s.*, di casa o località posta in riva al mare, lago o sim. in modo da potercisi specchiare: *il paese è a s. del mare.* **7** Nota, prospetto, specchietto: *lo s. delle assenze scolastiche.* **8** (*sport*) Nella pallacanestro, tabellone | Nel calcio: *s. della porta*, lo spazio frontale della porta. **9** (*mar.*) Quadro di poppa. **10** In topografia, il tavolo da disegno di una tavoletta pretoriana. **11** (*pesca*) Attrezzo di forma cilindrica o troncoconico, con la parte superiore talvolta sagomata per adattarsi al volto di chi l'usa e con quella inferiore chiusa da un cristallo, usato per vedere sul fondo marino in acque poco profonde. **12** *S. di Venere*, piccola pianta campestre delle Campanulacee con fiori violacei in corimbo (*Specularia speculum*). **13** Anticamente, in alcune città italiane, libro dei debitori del Comune: *essere a s.*; *essere sullo s.* || **specchiétto**, dim. (V.).

spècial /ˈspetʃal, *ingl.* ˈspeʃəl/ [vc. ingl., propriamente 'particolare, eccezionale'. V. *speciale*] s. m. inv. ● In televisione, numero unico di un programma di rivista eseguito da un solo complesso o da un unico cantante | Servizio speciale | Cortometraggio cinematografico sull'opera di un attore o di un regista, per favorirne la conoscenza.

speciàle o †**speziàle** (**1**) [vc. dotta, dal lat. *speciāle(m)* 'proprio della specie', da *spĕcies* 'specie'] **A** agg. **1** Che è proprio di una specie, spec. in contrapposizione a *generale*: *incarico, mandato s.* | (*est.*) Particolare, singolare: *trattare qc. con s. attenzione*; *avere una s. predilezione per qc.* | (*ling.*) *Lingua s.*, forma particolare di lingua usata da un gruppo determinato | *In modo s.*, in modo particolare. **2** (*dir.*) Previsto o disposto per uno o più casi particolari: *foro s.*; *domicilio s.* | *Giurisdizione s.*, potestà giurisdizionale esplicata da organi giudiziari non facenti parte dell'ordine giudiziario | *Giudice s.*, competente a esercitare la propria funzione in relazione a un determinato genere di processi | *Procura s.*, conferita per la rappresentanza in un dato o in più predeterminati rapporti concernenti il rappresentato | *Procedimento legislativo s.*, decentrato | *Legge s.*, diretta a regolare rapporti giuridici particolari non del tutto disciplinati dai codici e dalla legislazione generale. **3** Scelto, di qualità non comune: *un vino s.* CONTR. Comune, normale. **B** s. m. **1** Programma televisivo su un particolare argomento | Special. **2** (*sport*) Nello sci, slalom speciale. || **specialménte**, avv. Particolarmente, soprattutto.

specialista [da *speciale*, sul modello del fr. *spécialiste*] **A** s. m. e f. (pl. m. *-i*) **1** Chi attende a un ramo speciale di un'attività, uno studio, una professione e sim.: *uno s. di radiotecnica*; *uno s. in restauri.* **2** Medico diplomato in un particolare ramo della medicina: *consultare uno s.*; *s. per la gola*; *s. in malattie infantili.* **3** Atleta che pratica una specialità sportiva o ha una particolare abilità. **B** anche agg.: *medico, corridore, atleta, s.*

specialìstico agg. (pl. m. *-ci*) ● Di, da, specialista. || **specialisticaménte**, avv.

specialità o †**spezialità**, (*raro*) †**spezieltà** [vc. dotta, dal lat. tardo *specialitāte(m)*, da *speciālis* 'speciale'] s. f. **1** (*raro*) Qualità di ciò che è speciale | *Principio di s.*, quello che regola il concorso apparente di norme coesistenti nel senso della prevalenza della norma speciale rispetto a quella generale | (*raro*) †*In spezietà*, specialmente. **2** Ramo di un'attività, uno studio, una professione e sim. in cui si è particolarmente esperti e abili: *la sua s. è la storia romana.* **3** Ciascuno dei particolari tipi di attività agonistiche di uno sport: *la s. dei cento metri piani*; *la s. della pista nel ciclismo.* **4** Prodotto tipico ed esclusivo: *questa stoffa è una s. del nostro negozio* | Piatto caratteristico, manicaretto tipico: *i maccheroni alla chitarra sono una s. dell'Abruzzo* | *S. farmaceutica*, (*ass.*) *specialità*, ritrovato scientifico già in distribuzione, indicato per la cura di determinate varie malattie. **5** (*al pl.*) Corpi o reparti delle varie armi, addestrati per assolvere particolari compiti in relazione a particolari ambienti operativi o all'impiego di particolari armi o mezzi.

specializzàndo [da *specializzare*] agg.; anche s. m. (f. *-a*) ● Che, chi è in procinto di specializzarsi.

specializzàre [da *speciale*, sul modello del fr. *spécialiser*] **A** v. tr. ● Restringere un'attività a particolari mansioni per ottenere una maggior perizia nello svolgimento di questa: *s. un'industria in una data produzione.* **B** v. rifl. ● Dedicarsi a un ramo particolare di un'attività, uno studio, una professione: *specializzarsi in radiologia.*

specializzàto part. pass. di *specializzare*; anche agg. **1** Nei sign. del v. **2** Dotato di specializzazione: *operaio s.* | *Militare s.*, abilitato per assolvere mansioni tecniche o far funzionare armi e mezzi che richiedano specifica qualificazione. **3** (*biol.*) Che svolge una o più funzioni determinate: *cellula specializzata.* **4** (*biol.*) Detto di organismo che risulta strettamente adeguato al suo habitat tanto da non poterne seguire eventuali variazioni | (*biol.*) Detto di organo che, in base alla selezione naturale, ha assunto forma e funzione diverse rispetto a quelle originarie. **5** *Coltura specializzata*, esclusiva di un appezzamento o di tutta o parte della superficie aziendale.

specializzazióne [da *specializzare*, sul modello del fr. *spécialisation*] s. f. **1** Atto dello specializzare o dello specializzarsi | Qualità, condizione di chi è specializzato. **2** Divisione dello scibile umano in vari rami, per ognuno dei quali la ricerca si svolge con metodi autonomi: *la s. è tipica della cultura moderna* | *Scuola di s.*, quella che, attraverso un insieme di corsi, consente di ottenere un titolo professionale specifico dopo la laurea. **3** (*biol.*) Processo che modifica lo stato originario di un organo o di un oganismo in rapporto a precise condizioni funzionali o ambientali, ma che ne riduce le capacità di adattamento quando tali condizioni variano.

speciazióne [ingl. *speciation*, da *species* 'specie'] s. f. ● (*biol.*) Formazione di nuove specie partendo da specie già preesistenti.

spècie o (*raro*) **ispècie**, †**spèzie** (**1**) [vc. dotta, dal lat. *spĕcie(m)* 'vista, apparenza', da *spĕcere* 'osservare'] **A** s. f. inv. **1** (*lett.*) Immagine, apparenza, aspetto: *apparve in s. di angelo* | *Mutare s.*, mutare aspetto | *Sotto s. di*, con l'aspetto di e (*est.*) col pretesto di: *Gesù venne sulla terra sotto s. di uomo*; *sotto s. di volermi aiutare, m'ingannò.* **2** Aggruppamento di elementi distinti da altri dello stesso genere per certi comuni caratteri particolari: *la s. è una suddivisione del genere.* **3** (*biol.*) Complesso di individui aventi gli stessi caratteri biologici e morfologici e che riproducendosi danno una discendenza feconda | *S. elementare*, unità secondaria di suddivisione della specie zoologica e botanica secondo il criterio dello zoologo Jordan. SIN. Giordanone. **4** (*est.*) Genere umano, spec. nella loc.: *la s. umana.* **5** Caso particolare in cui si realizza un'entità più generale: *osservate questa s. particolare di esistenza* | *Nella s.*, nel caso particolare. **6** Sorta, qualità: *ogni s. di frutta*; *frutta di ogni s.*; *tutte le s. di merce*; *merce di tutte le s.*; *che s. di cibo vuoi?*; *è in vendita una nuova s. di detersivo.* **7** Impressione, meraviglia, stupore, nella loc. *fare s.*: *la sua assenza mi fa s.*; *mi fa proprio s. di voi sapere questo!* **8** Nella loc. *una s. di*, di cosa che ha vaga somiglianza con altra analoga (*anche spreg.*): *indossava una s. di mantello*; *abita in una s. di villa*; *venne ad aprirmi una s. di cameriera.* **9** Nella loc. avv. *in s.*, soprattutto, in modo particolare: *ringraziò tutti, ma in s. il suo maestro.* **B** in funzione di avv. ● Specialmente, in modo particolare: *mi piace il teatro, s. quello drammatico.*

spècie-specificità [dall'ingl. *species specificity*] s. f. ● (*biol.*) Condizione dell'essere specie-specifico.

spècie-specìfico [dall'ingl. *species-specific*] agg. (pl. m. *specie-specifici*) ● (*biol.*) Relativo a una particolare specie o alle cellule e ai tessuti di una particolare specie.

specìfica [da *specificare*] s. f. ● Descrizione analitica, schematica e quantitativa, spec. espressa in cifre, di una situazione campione a cui confrontare situazioni produttive di serie: *E neppure dovrebbe mancare una s. delle specifiche* (LEVI) | Descrizione dettagliata: *s. delle merci, delle spese.*

specificàbile agg. ● Che può essere specificato.

specificaménto s. m. ● (*raro*) Atto dello specificare.

specificàre [vc. dotta, dal lat. tardo *specificāre*, da *spĕcies* 'specie', con *-ficāre* '-ficare'] v. tr. (*io specìfico, tu specìfichi*) ● Dichiarare, indicare distintamente, in particolare (*anche ass.*): *devi s. di che cosa si tratta*; *specificò le sue ragioni*; *quello che dici non basta, devi s.* | (*pop., tosc.*) *S. le parole*, pronunziarle distintamente.

specificatìvo agg. ● Che serve a specificare | (*gramm.*) *Complemento s.*, di specificazione.

specificàto part. pass. di *specificare*; anche agg. ● Nel sign. del v. || **specificataménte**, avv. In modo specificato, con le determinazioni e spiegazioni particolari.

specificazióne [vc. dotta, dal lat. mediev. *specificatiōne(m)*, dal tardo *specificāre*] s. f. **1** Atto, effetto dello specificare: *è necessaria la s. dei prezzi delle merci* | *Complemento di s.*, quello che specifica il concetto espresso da un sostantivo di carattere più generale dal quale è retto. **2** (*dir.*) Modo di acquisto della proprietà di una cosa ricavata dall'utilizzazione di materie altrui, qualora il valore della materia impiegata non sorpassi notevolmente quello della mano d'opera | Individuazione, scelta: *s. di cose appartenenti al genere.* **3** Nella filosofia di Kant, regola che impone all'intelletto di suddividere una specie in un certo numero di sottospecie, un concetto in altri concetti raggruppabili sotto di essa.

specificità s. f. ● Qualità di ciò che è specifico.

specìfico [vc. dotta, dal lat. tardo *specìficu(m)*, da *spĕcies* 'specie', con *-fĭcus* '-fico'] **A** agg. (pl. m. *-ci*) **1** Che si riferisce alla specie | *Caratteri specifici*, caratteristiche proprie di tutti gli individui appartenenti a una stessa specie | *Differenza specifica*, caratteristica che distingue una specie da altre specie dello stesso genere. **2** Particolare, determinato: *nel caso s.* | (*est.*) Concreto, preciso: *rivolgere a qc. accuse specifiche.* CONTR. Generico. **3** (*med.*) Particolare, speciale | *Malattia specifica*, prodotta da germi ben noti, in particolare la tubercolosi e la sifilide | *Rimedio s.*, farmaco elettivo nella cura di una determinata malattia. **4** (*dir.*) *Imposta specifica*, che si commisura alle unità, al peso, alla misura e sim. di un dato bene | *Prova specifica*, nel diritto processuale penale, prova pertinente all'individuazione dell'autore di un reato di cui la prova generica abbia già mostrato la commissione. **5** Detto di una grandezza quando se ne consideri il valore corrispondente al valore unitario di un'altra grandezza quale il volume, l'area, la massa | (*fis.*) *Peso s. assoluto*, rapporto tra il peso e il volume di un corpo | *Peso s. relativo*, rapporto tra il peso del corpo e il peso di un ugual volume di acqua distillata a 4 °C, presa come campione. || **specificaménte**, avv. In modo specifico, particolare. **B** s. m. **1** (*farm.*) Rimedio specifico. **2** (*letter.*) Ogni manifestazione artistica considerata nella sua individualità intrinseca ed esclusiva, prescindendo dalle caratteristiche comuni ad altre manifestazioni: *lo s. filmico*; *lo s. televisivo*.

specillàre v. tr. ● (*med.*) Sondare con lo specillo.

specìllo [vc. dotta, dal lat. *specĭllu(m)* 'specillo, sonda', dim. di *spĕculum* 'specchio'. V. *specchio*] s. m. ● (*med.*) Strumento sottile e flessibile di metallo, terminante con punta smussa, che serve a sondare le ferite e i tragitti fistolosi.

spècime s. m. ● Adattamento di *specimen* (V.).

specimen /*lat.* 'spɛtʃimen, *ingl.* 'spesimin/ [attraverso l'ingl., dal lat. *spĕcimen*, genit. *specĭminis* 'saggio, prova', da *spĕcere* 'osservare'] s. m. inv. **1** Saggio, campione. **2** Pagina o fascicoletto di saggio di un'opera, distribuito a fini pubblicitari. **3** Firma di paragone richiesta dalla banca trattaria per controllare l'autenticità della sottoscrizione degli assegni bancari.

specìmine s. m. ● (*lett.*) Adattamento di *specimen* (V.).

speciosità o †**speziosità** [vc. dotta, dal lat. tardo *speciositāte(m)* 'apparenza, bellezza', da *speciōsus* 'apparente'] s. f. ● Qualità di chi, di ciò che è specioso.

speciόso o †**speziόso** [vc. dotta, dal lat. *speciōsu(m)* 'apparente', da *spĕcies* 'apparenza'. V. *specie*] agg. **1** (*raro, lett.*) Di bella apparenza, di gradevole aspetto: *vestite di tuniche speciose* (D'ANNUNZIO). **2** Che ha qualche apparenza di bello, di vero, di buono, ma senza sostanza: *argomenti, pretesti, speciosi.* **3** †Singolare, particolare. || **speciosaménte**, avv.

speck /*ted.* ʃpɛk/ [vc. ted., propriamente 'lardo' (d'origine germ.)] s. m. inv. ● Prosciutto crudo disossato, salato e affumicato, prodotto tipico della salumeria altoatesina, tirolese e bavarese.

spèco [vc. dotta, dal lat. *spĕcu(m)* 'caverna', di etim. incerta] s. m. (pl. *-chi*) **1** (*lett.*) Antro, spelonca, grotta, caverna: *prende dolcezza ... / l'anima, uscendo dal gravante e cieco / nostro terreno s.!* (CAMPANELLA) | *Sacro s.*, in Subiaco, dove S. Benedetto da Norcia assunse l'abito monastico e fondò il suo ordine. **2** (*anat.*) Canale | *S. vertebrale*, canale formato dall'insieme dei corpi vertebrali e dei rispettivi archi neurali.

spècola o (*raro*) **spècula** [vc. dotta, dal lat. *spĕcula(m)* 'vedetta, osservatorio', da *spĕcere* 'osservare'] s. f. **1** Osservatorio astronomico, situato in luogo eminente o nella parte più alta di un edificio. **2** †Luogo eminente da cui si può osservare il cielo.

specolàre e *deriv.* ● V. *speculare* (*1*) e *deriv.*

spècolo [vc. dotta, dal lat. *spĕculu(m)* 'specchio'. V. *specchio*] s. m. **1** (*med.*) Strumento formato da valve per esplorare le cavità del corpo comunicanti con l'esterno: *s. vaginale, rettale, nasale.* **2** †V. *specchio.*

spècula ● V. *specola.*

speculàbile [vc. dotta, dal lat. *speculābile(m)*, da *speculāri* 'osservare'] agg. ● Che si può considerare con l'intelletto.

speculaménto [da *speculare* (*1*)] s. m. ● (*raro*) Atto dello speculare filosoficamente.

speculàre (1) o (*raro*) **specolàre** [vc. dotta, dal lat. *speculāri* 'osservare, esplorare', da *spĕculum* 'specchio'] **A** v. tr. (*io spèculo*) **1** †Osservare da un luogo eminente | †Esplorare: *Pietro Navarra mandato ... a s. il sito* (GUICCIARDINI). **2** Indagare con l'intelletto: *s. la natura umana.* **B** v. intr. (aus. *avere*) **1** Considerare filosoficamente, meditare: *s. sulla natura umana*; *noi vogliamo speculando tentare di penetrare l'essenza vera ... delle sostanze naturali* (GALILEI). **2** Compiere operazioni commerciali o economiche, basate sulla previsione di futuri andamenti favorevoli del mercato, sovente influenzati da chi effettua tali operazioni. **3** (*est.*) Sfruttare, anche in senso illecito, possibilità che la situazione offre a proprio vantaggio e a svantaggio altrui: *s. sul lavoro degli operai.*

speculàre (2) [vc. dotta, dal lat. *speculāre(m)*, da *spĕculum* 'specchio'] agg. ● Di specchio, che ha le caratteristiche di uno specchio: *superficie s.* | *Immagine s.*, quella che uno specchio o una superficie speculare riproduce di un oggetto, o che è uguale a quella riprodotta in tale modo | *Scrittura s.*, che procede da destra a sinistra, o si legge riflessa in uno specchio. || **specularménte**, avv.

specularità s. f. ● Caratteristica di ciò che è speculare.

†**speculativa** [vc. dotta, dal lat. tardo *speculatīva(m)*, f. sost. di *speculatīvus* 'speculativo'] s. f. ● Facoltà di speculare filosoficamente.

speculatìvo [vc. dotta, dal lat. tardo *speculatīvu(m)*, da *speculāri* 'indagare, osservare'] **A** agg. **1** Che si riferisce alla speculazione intellettuale, alla teoria dell'indagine dottrinale: *facoltà speculativa e facoltà pratica.* **2** Atto alla speculazione intellettuale, alla teoria, all'indagine dottrinale: *intelletto s.*; *mente speculativa.* **3** (*econ.*) Che ha scopo di guadagno. || **speculativaménte**, avv. In modo speculativo, teorico. **B** s. m. ● (*spreg.*) †Dottrinario, teorico.

speculatóre [vc. dotta, dal lat. *speculatōre(m)* 'osservatore', da *speculātus* 'osservato'] **A** s. m.; anche agg. (f. *-trice*) **1** (*raro*) Chi, che specula filosoficamente. **2** Chi, che compie speculazioni economiche. **B** s. m. ● †Vedetta, esploratore: *mandando innanzi i cavalli leggieri come speculatori del paese* (MACHIAVELLI).

speculatòrio [da *speculare* (*1*)] agg. ● Che si riferisce a una speculazione economica.

speculazióne [vc. dotta, dal lat. tardo *speculatiōne(m)* 'contemplazione', da *speculātus* 'osservato'] s. f. **1** Ricerca dottrinale, contemplazione intellettuale avente fini esclusivamente teorici: *s. filosofica*; *s. astratta* | (*est.*) Meditazione, pensiero (*anche scherz.*): *essere assorto, immerso, in profonde speculazioni.* **2** Ricerca di guadagno in operazioni commerciali: *fare una s.*; *sbagliare una s.*; *una s. sbagliata, fortunata* | Insieme di operazioni commerciali, intese a ricercare un guadagno | Insieme di persone che operano in base a fini speculativi. **3** Pretesto per conseguire un vantaggio per sé o per il proprio partito: *una s. politica*; *è tutta una s. elettorale.* || **speculazioncèlla**, dim.

†**spèculo** ● V. *specchio.*

spedàle ● V. *ospedale.*

spedalière [da *spedale*] **A** agg. ● †V. *ospedaliero.* **B** s. m. ● Rettore di un ospedale.

spedalità o **ospedalità** [da *spedale*] s. f. ● Complesso delle pratiche inerenti al ricovero degli ammalati in ospedale: *ufficio s.*

spedalizzàre e *deriv.* ● V. *ospedalizzare* e *deriv.*

spedantìre [da *pedante*, con *s-*] v. tr. (*io spedantìsco, tu spedantìsci*) ● (*raro*) Rendere privo, scevro di pedanteria.

spedàre [da *p(i)ede*, con *s-*] **A** v. tr. (*io spèdo*) **1** Stancare i piedi per il troppo camminare. **2** (*mar.*) Svellere l'ancora dal fondo virando l'argano. **B** v. intr. pron. ● Stancarsi i piedi per il troppo camminare: *ad arrivare fin qui ci si speda.*

spedatùra s. f. ● (*raro*) Atto, effetto dello spedare o dello spedarsi.

†**spedicàre** [da †*pedica*, con *s-*] v. tr. **1** (*mar.*) Spedare. **2** (*raro*) Spacciare, liberare.

spediènte ● V. *espediente.*

spediménto [vc. dotta, dal lat. tardo *expedimĕntu(m)* 'soluzione, liberazione', da *expedīre* 'sciogliere'] s. m. ● (*raro*) Atto dello spedire.

spedìre [lat. *expedīre*, da *pēs*, genit. *pĕdis* 'piede', con *ĕx-* (*s-*). V. *impedire*] **A** v. tr. (*io spedisco, tu spedisci*) **1** †Sbrigare, eseguire | Oggi usato nella loc. *s. una bolla, un breve*, stendere e mandare al destinatario un documento curiale o pontificio | *S. la causa*, nel linguaggio forense, stabilire che si inizi la fase della decisione di una causa civile | *S. una ricetta*, preparare la medicina in essa prescritta, detto del farmacista. **2** Inviare, mandare, lettere, merci, o sim. tramite i servizi postali o un qualsiasi mezzo di trasporto: *s. una lettera, un pacco*; *s. q.c. per espresso, per via aerea*; *s. q.c. via terra, via mare*; *s. q.c. per corriere*; *s. q.c. al domicilio del destinatario*; *s. q.c. a Roma, in Francia*; *spedisce la sua merce in tutto il mondo.* **3** Inviare, mandare sollecitamente qc. cui è affidato un dato incarico, in un luogo o da una persona: *s. il fattorino in banca*; *s. un messo ad avvertire i compagni* | (*fig.*) *S. qc. all'altro mondo*, ucciderlo. **B** v. intr. pron. ● †Sbrigarsi, spicciarsi.

speditézza s. f. ● Qualità di chi, di ciò che è spedito.

speditìvo [da *spedito*] agg. ● (*raro*) Sbrigativo, spiccio | In varie tecnologie, che agisce, si svolge, o viene compiuto con prontezza ed efficienza: *rilevamento topografico s.*; *analisi chimica speditiva.* || **speditivaménte**, avv. Speditamente.

spedìto **A** part. pass. di *spedire*; anche agg. **1** Nei sign. del v. **2** Svelto e rapido: *essere s. nel fare q.c.*; *camminare con passo s.* | Facile, pronto: *lingua, pronuncia spedita.* **3** (*fam.*) Spacciato, destinato a morte sicura: *il poveretto è bell'e s.*; *i medici lo danno per s.* **4** †Sciolto, libero da legami. || **speditaménte**, avv. In modo spedito, lesto; con franchezza: *parlare, scrivere speditamente.* **B** in funzione di avv. ● In modo sciolto, veloce: *camminare s.* | Chiaramente: *parlare, scrivere s.*

speditóre s. m. (f. *-trice*) ● Chi spedisce, chi è addetto alle spedizioni in una azienda e sim.

spedizióne [vc. dotta, dal lat. *expeditiōne(m)* 'spedizione, uscita', da *expedītus* 'sciolto, liberato'] s. f. **1** Atto, effetto dello spedire: *s. di un pacco* | Collo spedito: *arrivo della s.* **2** Attività dello spedizioniere: *agenzia di s.*; *spese di s.* | (*dir.*) *Contratto di s.*, con cui lo spedizioniere si obbliga, verso provvigione, a provvedere per conto del committente, a concludere con un vettore un contratto di trasporto di determinate cose. **3** Viaggio di più persone compiuto a scopo di esplorazione, ricerca, studio: *compiere, organizzare una s.*; *partecipare a una s.* | Insieme di persone partecipanti a una spedizione: *non si hanno notizie della s. di soccorso.* **4** (*mil.*) Operazione portata in luogo lontano da quello in cui sono state approntate e organizzate le forze operative | *Corpo di s.*, complesso delle forze a essa destinate. **5** †Messaggio. || **spedizioncèlla**, dim.

spedizionière [da *spedizione*] s. m. ● (*dir.*) Nel contratto di spedizione, colui che si obbliga a concludere il contratto di trasporto con un vettore | *S. doganale*, libero professionista che cura il disbrigo delle formalità doganali per conto di terzi.

speedway /*ingl.* 'spi:d wei/ [vc. ingl., comp. di *speed* 'velocità' (d'origine germ.) e *way* 'via' (vc. germ. d'origine indeur.)] s. m. inv. ● Tipo di motocross su pista circolare di terra battuta (spesso cosparsa di cenere e sabbia) o di ghiaccio.

†**spèglio** [dal provz. *espelh*, dal lat. *spĕculu(m)* 'specchio'. V. *specchio*] s. m. ● (*lett.*) Specchio.

spegnàre [da *pegno*, con *s-*] v. tr. (*io spégno*) ● Liberare ciò che è stato dato in pegno. CONTR. Impegnare.

spègnere o **spégnere**, (*raro*) †**espingere**, (*tosc., lett.*) **spèngere** [lat. parl. **expĭngere* 'cancellare', comp. di *ĕx-* (*s-*) e *pĭngere* 'tingere'. V. *pingere*] **A** v. tr. (pres. *io spèngo* o **spéngo**, *tu spègni* o *spégni*; pass. rem. *io spènsi* o *spénsi, tu spegnésti*; part. pass. *spènto* o *spénto*) **1** Far sì che q.c. cessi di ardere, di dare luce, di emanare calore: *s. il fuoco, la fiamma, l'incendio*; *s. il lume, la candela*; *s. una sigaretta* | *S. la calce*, facendola lievitare con poca acqua nell'aria umida | *S. la farina*, gettarvi l'acqua per ridurla in pasta. CONTR. Accendere. **2** Rendere inattiva un'apparecchiatura elettrica: *s. la televisione*. CONTR. Accendere. **3** Chiudere, estinguere: *s. un conto, un debito*. **4** Far svanire, distruggere lentamente: *il tempo spegne i rancori*: *il vostro intervento ha spento la polemica* | Attenuare, smorzare: *la neve spegne i rumori* | Placare: *s. la sete*. **5** (*lett.*) Uccidere: *misero colui che in guerra è spento* (LEOPARDI) | †*S. qc. di vita*, ucciderlo. **B** v. intr. pron. **1** Cessare di avere, di dare luce o calore: *il fuoco si spense*; *l'incendio si è spento da solo*. **2** Smettere di funzionare, detto di apparecchiature elettriche: *la radio si è spenta*. **3** Venir meno, estinguersi: *il nostro ardore va spegnendosi*; *i ricordi si sono spenti*. **4** Morire: *si è spento serenamente*.

spegnìbile agg. ● (*raro*) Che si può spegnere.

spegnifiàmma [comp. di *spegn(ere)* e *fiamma*] s. m. inv. ● (*mil.*, *impr.*) Riduttore di vampa.

spegniménto s. m. ● Atto, effetto dello spegnere.

spegnitóio o (*tosc.*, *lett.*) **spengitóio** [da *spegnere*] s. m. ● Piccolo cono vuoto metallico fissato a un manico col quale si copre la fiamma di una candela o sim. per spegnerla.

spegnitóre o (*tosc.*, *lett.*) **spengitóre** s. m.; anche agg. (f. *-trice*) ● Chi, che spegne.

spegnitùra s. f. ● Atto dello spegnere.

spelacchiaménto s. m. ● Atto, effetto dello spelacchiare.

spelacchiàre [da *spelare*, con suff. iter.-ints.] **A** v. tr. (*io spelàcchio*) ● Togliere il pelo qua e là. **B** v. intr. pron. ● Perdere il pelo qua e là.

spelacchiàto o (*pop.*, *tosc.*) **spelacchito** part. pass. di *spelacchiare*; anche agg. **1** Nei sign. del v. **2** Che ha pochi capelli: *un vecchietto s.*

spelafili [comp. di *spela(re)* e il pl. di *filo*] agg. ● Detto di pinza per rimuovere la guaina di protezione dei conduttori elettrici.

†**spelagàre** [da *pelago*, con *s-*] **A** v. tr. **1** Fare uscire dal pelago. **2** (*fig.*) Levare dagli impacci. **B** v. intr. **1** Uscire dal pelago. **2** (*fig.*) Uscire da un impaccio.

spelàia o (*evit.*) **spellàia** [da *spelare*] s. f. ● Cascame della seta, tratto dalla bava filamentosa che avviluppa il bozzolo.

spelaiatùra [da *spelaia*] s. f. ● Asportazione della spelaia da bozzolo del baco da seta.

spelàre [da *pelo*, con *s-*] **A** v. tr. (*io spélo*) **1** Privare del pelo. **2** Rimuovere la guaina di protezione, gener. in plastica, dei conduttori elettrici. **B** v. intr. e intr. pron. (aus. *essere*) ● Perdere il pelo: *il tappeto si spela* | (*est.*) Perdere i capelli.

spelàto part. pass. di *spelare*; anche agg. ● Nei sign. del v.

spelatùra s. f. **1** Atto, effetto dello spelare o dello spelarsi. **2** Cascame di cotone.

spèlda ● V. *spelta*.

spelèo [vc. dotta, dal lat. *spelǎeu(m)*, dal gr. *spḗlaion* 'caverna', di etim. incerta] **A** s. m. ● (*raro*, *lett.*) Caverna, spelonca | *S. mitriaco*, luogo sotterraneo di riunione e di culto degli iniziati ai misteri del dio Mitra. **B** agg. ● Delle caverne, che vive in caverne, cavernicolo: *fauna spelea*.

spelèo- [V. *speleo*] primo elemento ● In parole composte dotte o scientifiche significa 'caverna': *speleologia*, *speleologo*.

speleobiologìa [comp. di *speleo-* e *biologia*] s. f. ● (*biol.*) Ramo della biologia che tratta gli organismi viventi nelle grotte.

speleobotànica [comp. di *speleo-* e *botanica*] s. f. ● (*bot.*) Studio degli organismi vegetali che vivono nelle caverne.

speleologìa [comp. di *speleo-* e *-logia*] s. f. ● Ramo della geografia fisica che studia le caverne naturali | Pratica di esplorare caverne naturali e tecnica che a ciò si richiede.

speleològico agg. (pl. m. *-ci*) ● Che si riferisce alla speleologia.

speleòlogo [comp. di *speleo-* e *-logo*] s. m. (f. *-a*; pl. m. *-gi*, pop. *-ghi*) ● Chi si occupa di speleologia.

speleonàuta [comp. di *speleo-* e *-nauta* sul modello di *astronauta*] s. m. e f. (pl. m. *-i*) ● Speleologo che sperimenta a livello scientifico le condizioni di sopravvivenza durante una lunga permanenza in ambiente sotterraneo.

speleopaleontologìa [comp. di *speleo-* e *paleontologia*] s. f. ● Ramo della speleologia che studia i fossili umani, animali e vegetali rinvenuti nelle caverne.

speleopaletnologìa [comp. di *speleo-* e *paletnologia*] s. f. ● Ramo della speleologia che studia i reperti dei manufatti dell'uomo preistorico rinvenuti nelle caverne.

speleozoologìa [comp. di *speleo-* e *zoologia*] s. f. ● (*zool.*) Ramo della zoologia inerente agli animali che vivono nelle grotte.

spellàia ● V. *spelaia*.

spellaménto s. m. ● (*raro*) Spellatura.

spellàre [da *pelle*, con *s-*] **A** v. tr. (*io spèllo*) **1** Levare la pelle a un animale ucciso, scuoiare: *s. un coniglio*. **2** (*fam.*) Scorticare, produrre lievi escoriazioni: *s. le mani, il naso*. **3** (*fam.*) Chiedere prezzi esosi: *certi negozianti spellano la gente*. SIN. Pelare. **B** v. intr. pron. ● Perdere la pelle: *i rettili si spellano* | Scorticarsi, prodursi lievi escoriazioni: *si è spellato cadendo*.

spellàto part. pass. di *spellare*; anche agg. ● Nei sign. del v.

spellatùra s. f. ● Atto, effetto dello spellare o dello spellarsi | Abrasione, escoriazione: *farsi una s. al braccio*.

spellicciàre [da *pelliccia*, con *s-*] **A** v. tr. (*io spelliccio*) **1** (*raro*) Levare la pelle o la pelliccia. **2** (*fig.*) Picchiare: *l'hanno spellicciato ben bene*. **3** (*fig.*, *fam.*) Sottoporre a un esame difficile: *s. i candidati*. **B** v. rifl. rec. ● Azzuffarsi levandosi la pelle e il pelo, detto di cani | (*est.*) Picchiarsi, azzuffarsi rabbiosamente, detto di persone.

spellicciatùra s. f. ● (*raro*) Atto dello spellicciare.

spelling /ingl. 'speliŋ/ [vc. ingl., da *to spell* 'compitare' (d'origine germ.)] s. m. inv. ● Pronuncia lenta e articolata delle singole lettere di una parola. SIN. Compitazione.

spelluzzicàre ● V. *spilluzzicare*.

spelónca o †**spelùnca**, †**spilónca**, (*raro*) †**spilùnca** [dal lat. *spelūnca(m)*, dal gr. *spêlunx*, genit. *spḗlungos* 'antro', corradicale di *spḗlaion*. V. *speleo*] s. f. **1** Grotta, caverna vasta e profonda. **2** (*fig.*) Casa squallida, triste. **3** †Ricettacolo di ladri e sim. || **spelonchétta**, dim.

spèlta o (*dial.*) **spèlda** [lat. tardo *spēlta(m)*, forse di origine germ.] s. f. ● (*bot.*) Farro.

†**spelùnca** ● V. *spelonca*.

spème o (*raro*) **spène** [dal lat. *spēm*, acc. di *spēs*, genit. *spēi* 'speranza', di origine indeur.] s. f. ● (*lett.*) Speranza: *altra s. non resta / che terminar la vita* (METASTASIO).

spencer /ingl. 'spensə*/ [vc. ingl., dal nome del conte J. Ch. *Spencer* (1738-1834)] s. m. inv. **1** Giacca di panno nero con colletto, paramani e bordo di astrakan, portata un tempo dagli ufficiali. **2** (*est.*) Giacca maschile di maglia di lana | Giacca femminile corta.

spendaccióne [da *spendere*] s. m. (f. *-a*) ● Chi spende molto e male. CONTR. Risparmiatore.

spèndere o (*raro*) †**espèndere** [lat. *expĕndere* 'pagare', comp. di *ĕx-* (*s-*) e *pĕndere* 'pesare', di origine indeur.] **A** v. tr. (pass. rem. *io spési*, *tu spendésti*; part. pass. *spéso*) **1** Trasferire a qc. una somma di denaro come pagamento di un acquisto, come compenso per una prestazione, e sim.: *s. molto denaro*; *s. tutto il proprio guadagno*; *s. duecentomila lire di affitto*; *s. molto per vestire*; *s. molto in vestiti* | *S. un occhio della testa*, *s. l'osso del collo*, *s. un patrimonio*, *s. un perù*, spendere moltissimo | *S. e spandere*, scialacquare, sperperare (*anche ass.*). **2** (*fig.*) Impiegare, consumare: *s. tutto il proprio tempo in uno studio*; *ho speso un mese per correggere il libro*; *spendete lietamente i vostri giorni, / ché giovinezza passa* (L. DE' MEDICI) | Dare via, sprecare: *ha speso i suoi anni migliori inutilmente*; *non s. il fiato con lui* | *S. il nome di qc.*, servirsene, giovarsene | *S. una parola, quattro parole*, e sim. *per qc.*, adoperarsi in suo favore, raccomandarlo a qc. **3** (*ass.*) Fare acquisti, fare spese: *s. molto, poco*; *s. bene, male*; *sapere, non sapere s.*; *andare al mercato a s.* **B** v. rifl. ● Solo nella loc. †*spendersi per q.c. o in q.c.*, occuparsene, adoperarsi per essa.

spenderéccio [da *spendere*] agg. (pl. f. *-ce*) **1** Che spende facilmente, che è largo nello spendere: *uomo ricco e s.* **2** (*est.*) Che comporta forti spese: *vita spendereccia*.

spendìbile agg. ● Che si può spendere.

spendibilità s. f. ● Qualità di ciò che è spendibile.

spendicchiàre o **spenducchiàre** [da *spendere*, con suff. iter.-dim.] v. tr. e intr. (*io spendìcchio*; aus. *avere*) **1** Spendere poco e con attenzione. **2** Spendere molto e senza riflettere.

†**spendiménto** s. m. ● (*raro*) Atto dello spendere.

†**spèndio** o (*raro*) †**espèndio** [da *spendere*. V. *dispendio*] s. m. ● Dispendio, spesa.

spèndita s. f. ● (*raro*) Atto dello spendere.

spenditóre s. m. (f. *-trice*, †*-tora*) ● Chi spende.

spenducchiàre ● V. *spendicchiare*.

spène ● V. *speme*.

spèngere o **spéngere** e *deriv.* ● V. *spegnere* e *deriv.*

spennacchiàre [da *spennare*, con suff. iter.-ints.] **A** v. tr. (*io spennàcchio*) **1** Privare in parte delle penne, spec. strappandole: *s. una gallina*. **2** (*fig.*, *fam.*) Ghermire denaro: *s. qc. al gioco*. SIN. Spennare. **B** v. intr. pron. ● Perdere le penne qua e là.

spennacchiàto part. pass. di *spennacchiare*; anche agg. **1** Nei sign. del v. **2** (*scherz.*) Che ha pochi capelli o ne è privo: *testa spennacchiata*.

†**spennàcchio** ● V. *pennacchio*.

spennàre [da *penna*, con *s-*] **A** v. tr. (*io spénno*) **1** Privare delle penne: *s. un pollo*. **2** (*fig.*) Far pagare troppo: *in quel negozio spennano i clienti* | Ghermire, carpire, denaro: *s. qc. al gioco*. SIN. Pelare, spennacchiare. **B** v. intr. pron. e poet. intr. (aus. *essere*) ● Perdere le penne.

spennàta s. f. ● Atto dello spennare.

spennatùra [da *spennare*] s. f. ● (*anche fig.*) Atto, effetto dello spennare.

spennellàre [da *pennellare*, con *s-*] **A** v. tr. (*io spennèllo*) ● Percorrere una superficie con un pennello intinto in una sostanza liquida. **B** v. intr. (aus. *avere*) ● Verniciare, dipingere: *spennella tutto il giorno*.

spennellàta [da *pennellata*, con *s-*] s. f. ● Atto dello spennellare.

spennellatùra s. f. **1** Atto, effetto dello spennellare. **2** (*med.*) Pennellatura.

†**spensàre** [dal lat. tardo *expensāre* 'pagare', comp. di *ĕx-* (*s-*) e *pensāre* 'pensare'] v. tr. ● (*raro*) Dispensare.

†**spensarìa** [da *spensare*] s. f. ● (*raro*) Spesa.

†**spensatóre** s. m. (f. *-trice*) ● (*raro*) Chi spensa.

spensieratàggine [da *spensierato*] s. f. ● Spensieratezza, inconsideratezza eccessiva | Azione inconsiderata.

spensieratézza s. f. ● Qualità di chi è spensierato: *la s. della gioventù*.

spensieràto [da *pensiero*, con *s-*] **A** agg. **1** Che non è preoccupato da pensieri tristi o molesti: *essere lieto e s.*; *un ragazzo s.*; *età spensierata* | (*raro*) *Alla spensierata*, (*ell.*) spensieratamente. **2** †Che non ha i pensieri che dovrebbe avere. || **spensierataménte**, avv. In modo spensierato. **B** s. m. (f. *-a*) ● Persona spensierata: *fare lo s.*; *vivere da s.*

spensierìto [calco su *impensierito*, con cambio di pref. (*s-*)] agg. ● (*raro*) Libero, liberato, da un pensiero o da pensieri.

spènto o **spénto** part. pass. di *spegnere*; anche agg. **1** Nei sign. del v. **2** Smorto: *colore s.* | Attutito, attenuato: *suono s.*; *voce spenta*. **3** Estinto, morto: *civiltà, lingua spenta* | †È s., è finito tutto. **4** (*poet.*) Privo: *essere s. di q.c. o di qc.*

spenzolàre [da *penzolare*, con *s-*] **A** v. tr. (*io spènzolo*) ● Far penzolare: *s. una corda nel pozzo*. **B** v. intr. (aus. *avere*) ● Penzolare: *s. con le gambe dalla finestra*. **C** v. rifl. ● Sporgersi molto in fuori, nel vuoto.

spenzolóni o **spenzolóne** [da *penzoloni*, con *s-*] avv. ● Penzoloni, spenzolando nel vuoto: *tenere le gambe s.*

speòto o **spèoto** [comp. del gr. *spéos* 'caverna' e *thṓs*, genit. *thōós* 'sciacallo'] s. m. ● Canide brasiliano, tozzo, a pelame bruno, feroce e selvaggio (*Speothos venaticus*).

spépa o **spépera** [da uno **spepare*, da *pepe*, con *s-*] s. f. ● (*tosc.*) Bambina, fanciulla, vispa e vivace.

spéra (**1**) [lat. tardo *spǎera(m)*, variante del classico *sphāera*, dal greco *sphâira* 'palla'. V. *sfera*] s. f. **1** (*raro, lett.*) Sfera | (*est.*) Sfera celeste: *indegne son di te l'eterne spere* (MARINO) | *La s. del sole*, il disco solare; (*est.*) i raggi solari. **2** (*tosc.*) Insieme di raggi luminosi: *una s. di luce*; *una s. di sole*. **3** (*tosc.*) Piccolo specchio rotondo da tavolo o da mano. **4** (*est.*) †Immagine riflessa. || **sperétta**, dim.

spèra (2) [dal gr. *spêira* 'gomena'] s. f. ● (*gener.*) Apparecchio, anche di fortuna, che si getta a mare come ancora galleggiante, per mantenere il natante, non più in grado di governare, perpendicolare alla direzione delle onde.

†spèra (3) [da *sperare* (*1*), sul modello del provz. *espera*] s. f. ● Speranza.

speràbile [dal lat. *sperābile*(*m*), da *sperāre*] agg. ● Che si può sperare | Desiderabile: *è s. che non sopravvengano complicazioni*. || **sperabilménte**, avv. In modo desiderabile, augurabile.

speranza [lat. parl. **sperāntia*(*m*) 'speranza', da *spērans*, genit. *sperāntis* 'sperante'] s. f. **1** Atto dello sperare, nel sign. di *sperare* (*1*) | Aspettazione fiduciosa di q.c. in cui si è certi o ci si augura che consista il proprio bene, o di q.c. che ci si augura avvenga secondo i propri desideri: *avere, nutrire, s.*; *avere, nutrire, riporre, s. in qc. o in q.c.*; *concepire una s.*; *dare, infondere s.*; *essere sostenuto, sorretto, dalla s.*; *aprire il cuore alla s.*; *la s. gli sorride*; *non c'è più s.*; *avere la s. di vincere*; *partì con la s. di ritornare*; *uscì nella s. di vederla*; *avere la s. della vittoria*; *non c'è più s. di scampo*; *s. debole, fallace, dileguata, perduta, vana*; *un filo, un raggio di s.*; *avere molta, poca s.*; *avere una pallida, una mezza s.*; *nella divina bontà conviene avere la principale s.* (SARPI); *Il voto nasce quando la s. muore* (LEONARDO); *vivere, pascersi di speranze*; *riporre tutte le proprie speranze in qc. o q.c.* | *Oltre ogni s.*, di ciò cui è preclusa ogni possibilità di riuscita, o che riesce a onta di tutto | *Il colore della s.*, il verde | *Ancore della s.*, che si tengono sistemate in coperta o in appositi pozzi, pronte per essere usate nei casi di cattivo tempo o di eccezionale bisogno | (*stat.*) *S. di vita*, numero medio di anni di vita che restano a ciascun componente di una data classe di età. **2** Cosa sperata: *le mie speranze sono finite*; *è un giovane di belle speranze*. **3** Persona o cosa in cui si ripone speranza: *il figlio è la sua unica s.*; *questo esame è la mia ultima s.* | Giovane che, all'inizio di un'attività, spec. sportiva o artistica, rivela buone doti: *una s. del calcio italiano*; *le speranze del nostro cinema*. **4** Una delle tre virtù teologali che, secondo la teologia cattolica, consiste nella sicura attesa della beatitudine eterna e dell'assistenza della grazia per conseguirla. **5** (*mat.*) Nella teoria dei giochi, prodotto del guadagno possibile di un giocatore per la probabilità che egli ha di realizzarlo. || **speranzàccia**, pegg. | **speranzèlla**, dim. | **speranzina**, dim. | †**speranzòtta**, dim. | **speranzuòla**, dim.

†speranzàre v. tr. ● Dare speranza.

speranzóso agg. ● Pieno di speranza (*anche scherz.*): *essere s. di fare q.c.* CONTR. Disperato.

speràre (1) o †**isperàre** [lat. *sperāre*, da *spēs*, genit. *spĕi* 'speranza', di origine indeur.] **A** v. tr. (*io spèro*) **1** Aspettare con desiderio e fiducia q.c. da cui si è certi o ci si augura che deriverà bene, gioia, piacere e sim.: *s. un bel voto, il successo, la promozione, la guarigione, una bella accoglienza*; *spero molto da voi*; *che cosa può s.?* | Aver fiducia che q.c. avvenga o sia avvenuta secondo i propri desideri: *spero di guarire*; *spero di rivederti presto*; *spero di aver fatto bene il compito*; *spero di non averti annoiato*; *spero che ci rivedremo presto*; *spero che oggi ci sia il sole*; *spero riverderti presto* | *Spero di sì, spero di no*, e sim., per indicare la speranza che un evento si verifichi oppure no: *pensi che pioverà? Lo spero, spero di no* | *Voglio s., vorrei s., spero bene*, e sim., espressioni indicanti la fiducia assoluta che q.c. si svolga secondo i propri desideri: *credi che sarò promosso? voglio s.!* **2** †Aspettare, attendere: *di dì in dì spero ormai l'ultima sera* (PETRARCA). **B** v. intr. (aus. *avere*) **1** Riporre fiducia, speranza: *s. in qc.*; *s. nella Provvidenza*; *s. nell'aiuto di qc.*; *s. in un bel voto, nella promozione, nella guarigione, in una bella accoglienza*. CONTR. Disperare. **2** †Credere, stimare.

speràre (2) [da *spera* (*1*)] **A** v. tr. (*io spèro*) ● Guardare controluce un corpo diafano | *S. le uova*, per controllarne la freschezza o vedere se sono fecondate | *S. un tessuto*, per vedere se è fitto o no. **B** v. intr. ● †Trasparire.

speràta [da *sperare* (*2*)] s. f. ● (*tosc.*) Solo nella loc. *s. di sole*, raggi di sole che entrano in una stanza.

speratura [da *sperare* (*2*)] s. f. ● Operazione dello sperare le uova.

sperauòvo [comp. di *spera*(*re*) (*2*) e *uovo*] s. m. (pl. *sperauova*) ● Apparecchio con sorgente luminosa propria per sperare le uova.

spèrdere [da *perdere*, con *s-*] **A** v. tr. (coniug. come *perdere*) **1** (*lett.*) Disperdere: *Sperdano i venti / ogni augurio infelice* (PARINI). **2** (*raro*) Smarrire: *s. le tracce*. **B** v. intr. pron. ● Smarrirsi, perdersi (*anche fig.*): *sperdersi nel bosco*; *in questo libro ci si sperde*.

sperdiménto s. m. ● (*raro*) Modo e atto dello sperdere o dello sperdersi.

sperditóre s. m.; anche agg. (f. *-trice*) ● (*raro, lett.*) Chi, che sperde.

sperdùto part. pass. di *sperdere*; anche agg. **1** Nei sign. del v. **2** Solitario, isolato, lontano dal resto del mondo: *uno s. paesetto di montagna*. **3** Di chi è o si sente a disagio, fuori del proprio ambiente abituale: *essere, sentirsi, trovarsi s.* SIN. Sperso.

sperèlla ● V. *asperella*.

sperequàre [da *perequare*, col pref. *s-*] v. tr. (*io sperèquo*) ● Distribuire non equamente.

sperequàto [da *perequato*, con *s-*] agg. ● Caratterizzato da sperequazione.

sperequazióne [da *perequazione*, con *s-*] s. f. ● Differenza non equa, mancanza di uniformità | *S. tributaria*, incidenza dell'onere tributario sui vari contribuenti, in modo ineguale e non proporzionato.

†spèrgere [lat. *expĕrgere*, comp. di *ĕx-* (*s-*) e *spărgere*. V. *spargere*] v. tr. ● Disperdere.

†spergitóre s. m.; anche agg. (f. *-trice*) ● (*raro*) Chi, che sperge.

spergiuràbile agg. ● (*raro*) Che si può spergiurare.

spergiuraménto s. m. ● (*raro*) Atto dello spergiurare.

spergiuràre [lat. *periurāre*, comp. di *pĕr-*, partcl. raff., e *iurāre* 'giurare', con *s-*] v. tr. e intr. (aus. *avere*) ● Giurare il falso | *S. il vero*, mentire | *S. il nome di Dio*, giurare il falso in suo nome | (con valore raff.) *Giurare e s.*, sostenere con ogni argomento la verità di q.c.

spergiuràto part. pass. di *spergiurare*; anche agg. ● Nei sign. del v.

spergiuratóre s. m. (f. *-trice*) ● (*lett.*) Chi spergiura.

spergiùro (1) [lat. *periūru*(*m*) 'spergiuro', con *s-*] agg.; anche s. m. (f. *-a*) ● Che, chi spergiura, che, chi manca ai giuramenti fatti: *uomo falso e s.* || **spergiuróne**, accr.

spergiùro (2) o †**spregiùro** [lat. *periūriu*(*m*) 'spergiuro', neutro sost. dell'agg. *periūrus* (V. precedente)] s. m. ● Giuramento falso.

spèrgola o **spèrgula** [etim. incerta: dal lat. *spĕrgere*, variante di *spārgere*, perché i semi si spargono lontano (?)] s. f. ● (*bot.*) Renaiola.

†spèrico [da *sferico*] agg. ● Sferico.

spericolàrsi [da *pericolo*, con *s-*] v. intr. pron. (*io mi sperìcolo*) **1** Esporsi con leggerezza a un pericolo. **2** (*tosc.*) Sgomentarsi, perdersi d'animo.

spericolàto A part. pass. di *spericolarsi*; anche agg. **1** Nei sign. del v. **2** Che non bada ai pericoli, che si espone ai pericoli con temerità. SIN. Temerario. **B** s. m. (f. *-a*) ● Persona spericolata.

spericolóne [da *spericolare*] s. m. (f. *-a*) ● (*fam., tosc.*) Chi è spericolato.

†speriènza ● V. *esperienza*.

†speriènzia ● V. *esperienza*.

sperimentàbile [da *sperimentare*] agg. ● Che si può sperimentare.

sperimentabilità [da *sperimentabile*] s. f. ● Caratteristica di ciò che può essere sperimentato.

sperimentàle o **esperimentàle** [da *sperimento*] agg. **1** Che si basa sull'esperienza, che procede per via di esperimenti: *metodo, prova s.* | *Scienza s.*, che si basa sul metodo sperimentale. CONTR. Teorico. **2** Detto di attività che mira alla ricerca e alle sperimentazioni di nuovi metodi e nuove tecniche in un dato campo | *Campo s.*, per prove di interesse agrario | *Cantina s.*, per esperimenti enologici | *Reparto, arma, materiale, s.*, in sperimentazione prima dell'adozione ufficiale | *Teatro s., cinema s.*, spettacolo teatrale o film che adotti procedimenti stilistici d'avanguardia. || **sperimentalménte**, avv. In modo sperimentale, per via di esperimenti.

sperimentalìsmo [da *sperimentale*, con *-ismo*] s. m. **1** Orientamento metodologico per cui la ricerca scientifica viene fondata sull'esperienza. **2** Corrente letteraria d'avanguardia contemporanea che prospetta nuove soluzioni linguistiche e artistiche.

sperimentalista [da *sperimentale*] **A** s. m. e f. (pl. m. *-i*) ● Chi segue lo sperimentalismo, spec. in campo artistico e letterario. **B** anche agg.: *corrente, critica s.*

sperimentàre o **esperimentàre**, (*raro*) †**espermentàre**, †**spermentàre** [dal lat. tardo *experimentāre*, da *experimĕntum* 'esperimento, prova'] **A** v. tr. (*io speriménto*) **1** Sottoporre q.c. a esperimento allo scopo di verificarne le caratteristiche, la funzionalità, e sim.: *s. l'efficacia di una medicina*; *s. la resistenza di una macchina*. **2** (*fig.*) Mettere al cimento: *s. i giovani nelle armi*; *s. le proprie forze in un'impresa*. **3** (*fig.*) Mettere alla prova qc. o i sentimenti di qc.: *s. la sincerità di un amico*. **4** (*fig.*) Conoscere per esperienza, per prova: *ho sperimentato spesso la sua amicizia* | Provare: *non si può conoscere il dolore se non lo si è sperimentato*. **5** (*fig.*) Tentare: *abbiamo sperimentato ogni mezzo*. **B** v. rifl. ● Mettersi al cimento: *sperimentarsi nelle armi, in un'impresa*.

sperimentàto o **esperimentàto**, (*raro*) †**spermentàto**. part. pass. di *sperimentare*; anche agg. **1** Nei sign. del v. **2** Che ha esperienza, esperto: *soldati sperimentati alla guerra* (GUICCIARDINI). **3** Che è riuscito bene alla prova: *rimedio già s.*

sperimentatóre o **esperimentatóre**. s. m. (f. *-trice*) ● Chi sperimenta, chi fa esperimenti.

sperimentazióne s. f. **1** Atto dello sperimentare, del fare esperimenti, a scopo scientifico. **2** Nelle scuole di ogni ordine e grado, la ricerca e la realizzazione di innovazioni sia sul piano metodologico e didattico che sul piano degli ordinamenti e delle strutture.

†speriménto ● V. *esperimento*.

sperlàno [di etim. incerta] s. m. ● Piccolo pesce marino costiero dei Clupeiformi con carni di odore caratteristico, che si usa per innescare gli ami (*Osmerus eperlanus*). SIN. Eperlano.

spèrma o (*raro*) †**spèrmo** [vc. dotta, dal lat. tardo *spĕrma* (nom. acc. nt.), dal gr. *spérma*, genit. *spérmatos* 'seme', da *spéirein* 'seminare', di origine indeur.] s. m. (pl. *-i*) ● Liquido espulso dall'uretra durante l'eiaculazione, formato dagli spermatozoi e dal secreto di altre ghiandole dell'apparato genitale maschile.

spermacèti [dalla formula lat. moderna *spermacēti* 'semi di cetaceo', da *spĕrma* e *cēti*, genit. di *cētus*, dal gr. *kêtos* 'balena'] s. m. ● Sostanza oleosa presente in alcune cavità della testa del capodoglio che, dopo la morte del cetaceo, solidifica in una massa bianca usata nella preparazione di candele, pomate, unguenti e cosmetici.

spermatèca [comp. di *sperma* e *-teca*] s. f. ● (*anat.*) Ricettacolo presente in alcune specie animali, quali anfibi e insetti, destinato a raccogliere e conservare gli spermatozoi in funzione di una successiva fecondazione.

spermàtico [vc. dotta, dal lat. tardo *spermăticu*(*m*), dal gr. *spermatikós* 'seminale', da *spérma*, genit. *spérmatos* 'seme'] agg. (pl. m. *-ci*) ● Di sperma: *dotto, cordone s.* | *Vie spermatiche*, insieme dei tubuli e canalicoli che conducono lo sperma all'esterno.

spermàtide [da *spermat*(*o*)- col suff. *-ide*] s. m. ● (*biol.*) Nella maturazione dei gameti maschili, cellula germinativa successiva allo stadio dello spermatocita e destinata a subire drastiche trasformazioni morfologiche per diventare spermatozoo.

spèrmato- [dal gr. *spérma*, genit. *spérmatos* 'seme' (V. *sperma*)] primo elemento ● In parole composte della terminologia scientifica indica relazione col seme o con lo sperma nel significato di gamete maschile.

spermatocita o **spermatocito** [comp. di *spermato-* e *-cita*] **s. m.** (pl. *-i*) ● (*biol.*) Elemento precursore dello spermatozoo degli organismi animali destinato a impegnarsi in processi meiotici.

Spermatòfite [comp. di *spermato-* e *-fito*] **s. f. pl.** ● (*bot.*) Fanerogame.

spermatòfora [comp. di *spermato-* e *-foro* adattato al f.] **s. f.** ● (*biol.*) Struttura specializzata, in grado di contenere e di mantenere vitali gli spermatozoi; è prodotta dagli esemplari maschi di numerosi gruppi animali.

spermatogènesi [comp. di *spermato-* e *genesi*] **s. f.** ● (*biol.*) Processo di formazione degli spermatozoi.

spermatogònio [comp. di *spermato-* e *-gonio*, dal gr. *gon(o)-*, da *gónos* 'procreazione, origine, genitali'] **s. m.** ● (*biol.*) Ognuna delle cellule capostipite della linea germinale maschile.

spermatorrèa [comp. di *spermato-* e *-rea*] **s. f.** ● (*med.*) Emissione involontaria di liquido spermatico in assenza di orgasmo.

spermatozòide [da *spermatozoo*] **s. m.** **1** (*zool.*) Cellula germinale maschile matura. **2** (*bot.*) Gamete maschile.

spermatozòo [comp. di *spermato-* e *-zoo*] **s. m.** ● (*biol.*) Cellula seminale maschile.

†**spermentàre** ● V. *sperimentare*.

†**spermentàto** ● V. *sperimentato*.

†**sperménto** ● V. *esperimento*.

spermicìda [comp. di *sperma* e *-cida*] **agg.**; anche **s. m.** (pl. *-i*) ● Di prodotto antifecondativo che, introdotto in vagina, ne aumenta l'acidità impedendo agli spermatozoi di vivere: *ovulo, pomata s.*

spèrmico [comp. di *spermi(o)* e del suff. *-ico*] **agg.** (pl. m. *-ci*) ● (*biol.*) Relativo a spermio: *nucleo s.*

spèrmio [da *sperma*, forse ispirato dall'agg. gr. *spermeîon* 'seminale'] **s. m.** ● (*biol.*) Spermatozoo.

spermiogràmma [comp. di *spermio* e *-gramma*] **s. m.** (pl. *-i*) **1** (*biol.*) Diagramma che illustra le varie fasi cellulari della maturazione dello spermatozoo a partire dallo spermatogonio. **2** (*med.*) Serie di dati che descrivono le condizioni funzionali dello sperma.

†**spèrmo** ● V. *sperma*.

spermòfilo [comp. di *sperma* e *-filo*, perché mangia i semi] **s. m.** ● (*zool.*) Citello.

spernacchiàre [den. di *pernacchia* con *s-* iter.] **A** **v. intr.** (*io spernàcchio*; aus. *avere*) ● Fare pernacchie. **B** **v. tr.** ● Sbeffeggiare, deridere.

†**spèrnere** [vc. dotta, dal lat. *spĕrnere* 'disprezzare', di origine indeur.] **v. tr.** (dif. usato solo al **pres.** e **imperf. indic.** e al **congv. pres.**) ● Disprezzare, ripudiare, scacciare.

speronaménto **s. m.** ● Atto, effetto dello speronare.

speronàre [da *sperone*] **v. tr.** (*io speróno*) **1** Detto di nave, colpire un'altra nave con lo sperone o con la prua | (*est., raro*) Detto di veicolo, colpirne un altro nel fianco: *l'auto fu speronata da un autotreno.* **2** (*mil.*) †Munire di speroni un'opera fortificatoria. **3** †V. *spronare*.

speronàta **s. f.** ● Colpo di sperone.

speronàto (1) **agg.** **1** Munito, dotato di speroni. **2** Detto di organo vegetale munito di un prolungamento cavo. **3** Detto di edificio rinforzato con speroni.

speronàto (2) **part. pass.** di *speronare*; anche **agg.** ● Nei sign. del v.

speróne o **spróne** nei sign. 1, 3 e 7 [dal francone *sporō*, da una radice indeur. che significa 'calcare col piede'] **s. m.** **1** Arnese di metallo a forma di U, portante o meno una rotella dentata, che viene applicato al tacco dello stivale del cavaliere e serve a pungolare l'animale. ➡ **ILL.** p. 1288 SPORT. **2** (*mar.*) Rostro. **3** (*zool.*) Escrescenza cornea nella parte posteriore del nodello degli equini e dei bovini | Residuo atrofico del primo dito del cane | Appendice del piede dei polli particolarmente sviluppata nei galli da combattimento. **4** (*med.*) Esostosi nella sede del calcagno. **5** (*geogr.*) Diramazione secondaria di una cresta o cima montuosa | Sporgenza sottomarina. ➡ **ILL.** p. 820 SCIENZE DELLA TERRA ED ENERGIA. **6** (*arch. edil.*) Struttura sporgente trasversalmente, costruita per rinforzare murature, dighe e sim. sottoposte a spinte oblique. **SIN.** Contrafforte | Diga trasversale costruita per la difesa delle sponde dei fiumi e delle spiagge. **SIN.** Pennello. **7** (*bot.*) Prolungamento cavo, ristretto e incurvato del calice o della corolla di alcuni fiori. **8** (*bot.*) Cornetto.

speronèlla o **spronèlla** [da *sperone*, forse per la forma] **s. f.** ● (*bot.*) Pianta erbacea annua delle Ranuncolacee con fusto ramoso, foglie laciniate, fiori azzurri con il sepalo superiore speronato (*Delphinium consolida*). **SIN.** Sprone di cavaliere.

sperperaménto **s. m.** ● (*raro*) Modo e atto dello sperperare.

sperperàre [lat. tardo (eccl.) *perperāre*, da *pĕrperus* 'di traverso, sconsiderato', propriamente 'gettare sconsideratamente', con *s-*] **v. tr.** (*io spèrpero*) **1** Spendere senza discernimento: *s. un'eredità.* **SIN.** Dilapidare, scialacquare. **2** (*est.*) Consumare malamente: *s. il proprio ingegno in studi inadatti.* **3** †Devastare, rovinare.

sperperàto **part. pass.** di *sperperare*; anche **agg.** ● Nei sign. del v.

sperperatóre **s. m.** (f. *-trice*) ● (*raro*) Chi sperpera.

sperperìo **s. m.** ● Atto dello sperperare continuo.

spèrpero **s. m.** ● Atto, effetto dello sperperare. **SIN.** Scialo, sciupo, sciupio.

sperpètua [deformazione scherz. della formula lat. dell'ufficio dei morti *lūx perpĕtua* 'luce perpetua'] **s. f.** **1** (*fam., tosc.*) Disgrazia, disdetta: *avere la s. addosso.* **2** Lamento uggioso.

spèrso (1) **part. pass.** di *sperdere*; anche **agg.** **1** Nei sign. del v. **2** Smarrito, privo di accompagnatori: *bambino s.* | (*raro*) Disperso: *famiglia spersa* | Smarrito, ritrovato qua e là: *lettere, pagine, sperse.* **3** *Essere, sentirsi, trovarsi, s.*, a disagio, fuori del proprio ambiente naturale. **SIN.** Sperduto.

†**spèrso (2)** **part. pass.** di †*spergere* ● Nel sign. del v.

spèrsola [da *sperso*, part. pass. di *sperdere* (?)] **s. f.** ● Tavolo sul quale si colloca il formaggio sistemato nelle rispettive forme.

spersonalizzàre [da *personale*, con *s-*] **A** **v. tr.** **1** Rendere privo di personalità. **2** Privare di ogni elemento personale una questione o un dibattito per garantirne l'obiettività. **B** **v. intr. pron.** ● Perdere la propria personalità o non tenerla in considerazione spec. nell'emettere giudizi, e sim.

spersonalizzazióne **s. f.** ● Atto, effetto dello spersonalizzare o dello spersonalizzarsi.

sperticàre [da *pertica*, con *s-*] **A** **v. intr.** (*io spèrtico, tu spèrtichi*; aus. *essere*) ● (*raro*) Allungarsi in alto come una pertica, detto di albero. **B** **v. intr. pron.** ● Fare q.c. in modo esagerato e poco sincero: *sperticarsi nel lodare qc.*

sperticàto [da *pertica*, con *s-*] **agg.** **1** Smisurato, di altezza o lunghezza: *collo, naso, s.* **2** (*fig.*) Esagerato: *elogi sperticati.* || **sperticataménte**, **avv.** In modo sperticato, eccessivamente.

spertìre [da *sperto*] **v. tr.** e **intr. pron.** (*io spertìsco, tu spertìsci*) ● (*pop., tosc.*) Rendere esperto, divenire esperto.

spèrto ● V. *esperto*.

†**spèrula** [lat. parl. **sp(ā)erula(m)*, variante del tardo *sphāerula*, dim. di *sphāera* 'sfera'] **s. f.** ● (*lett.*) Piccola spera, speretta.

spésa [lat. tardo *expēnsa(m)*, f. sost. di *expēnsus*, part. pass. di *expĕndere* 'pagare'. V. *speso*] **s. f.** **1** Atto, effetto dello spendere | Quantità di denaro che si spende o si deve spendere per acquistare, compensare, pagare tributi, e sim.: *s. modica, modesta, grande, enorme, eccessiva, insostenibile*; *la s. è di centomila lire*; *la s. è sulle centomila lire*; *la s. si aggira intorno alle mille lire*; *fare, sostenere una s.*; *far fronte a una s.*; *rifarsi di una s.*; *avere, incontrare, molte spese* | *Avere q.c. senza s.*, senza spendere denaro | *Avere q.c. con poca s.*, spendendo poco denaro; (*fig.*) con poca fatica | *Essere di poca s.*, (*fig.*) spendere poco | *Non badare a spese*, spendere senza economia; (*fig.*) essere disposto a tutto per raggiungere un dato scopo | *A spese di*, †*alle spese di*, pagando col denaro di, a carico di: *i funerali sono a spese dello Stato*; *studia a spese nostre*; (*fig.*) di persona, a proprio danno: *l'ho imparato a mie spese*; *si divertono a tue spese*; (*fig.*) a scapito di: *ottenne il denaro a spese della sua tranquillità* | (*fig.*) *Fare le spese di q.c.*, avere noia, incomodo, danno e sim. da qc. a vantaggio di altri: *il malcapitato fece le spese del nostro scherzo.* **2** Compera, acquisto: *uscire a fare spese, a fare delle spese*; *fare una bella, una buona, una cattiva, s.*; *è stata un'ottima s.* **3** (*al sing., fam.*) Acquisto dei generi alimentari e di prima necessità per il mantenimento di una famiglia: *andare a fare la s. ogni giorno*; *fare la cresta sulla s.* | (*est.*) L'insieme delle cose acquistate: *tornare a casa con la s.*; *dove hai messo la s.?* | *Borsa della s.*, di grandi dimensioni, fatta di materiale robusto, usata per trasportare le cose acquistate. **4** (*al pl., gener.*) Uscita di denaro, denaro liquido sborsato: *spese ordinarie o correnti*; *spese straordinarie*; *spese d'impianto*; *le spese sono superiori alle entrate* | *Con spese*, nella terminologia bancaria, detto di titolo di credito che, qualora non sia pagato alla scadenza, deve essere protestato | *Senza spese*, di titolo di credito da ritirarsi in caso di mancato pagamento senza protesto | Ciò che si spende per il vitto, l'alloggio e il mantenimento: *ha un salario oltre le spese* | *Stare sulle spese*, provvedere al proprio mantenimento stando in un luogo diverso da quello in cui si vive abitualmente, il che comporta una spesa superiore al previsto | *Lavorare per le spese*, in cambio del mantenimento, senza nessun guadagno | Nel conto della sarta, ciò che si paga oltre la fattura, per fodera, bottoni, filo e sim.: *pagare la fattura di un abito più le spese.* || **spesàccia**, **pegg.** | **spesarèlla**, **speserèlla**, **dim.** | **spesereIlìna**, **dim.** | **spesétta**, **dim.** | **spesicciuòla**, **dim.** | **spesìna**, **dim.** | **spesóna**, **accr.** | **spesùccia**, **dim.** | **spesùcola**, **dim.** | **spesùzza**, **dim.**

spesàre [da *spesa*] **v. tr.** (*io spéso*) ● Mantenere a proprie spese, sgravare dall'onere di spese: *la società lo spesa di tutto.*

†**spesarìa** ● V. †*speseria*.

spesàto **part. pass.** di *spesare*; anche **agg.** **1** Nel sign. del v. **2** Che ha le spese rimborsate: *è s. dalla società.*

†**speserìa** o †**spesarìa**. **s. f.** ● Spesa.

spéso **part. pass.** di *spendere*; anche **agg.** ● Nei sign. del v.

†**spessàre** o (*raro*) †**spissàre** [lat. *spissāre* 'ispessire', da *spĭssus* 'spesso'] **A** **v. tr.** ● Rendere spesso. **B** **v. intr.** e **intr. pron.** ● Diventare spesso.

spesseggiaménto **s. m.** ● (*raro*) Atto dello spesseggiare.

spesseggiàre [da *spesso*, con suff. iter.-ints.] **A** **v. tr.** (*io spességgio*) ● †Fare q.c. spesso: *s. gli assalti.* **B** **v. intr.** (aus. *essere*, raro nei tempi composti) ● (*raro*) Essere frequente, verificarsi frequentemente: *fra le macchie si udivano s. le fucilate* (VERGA).

spessézza **s. f.** **1** (*raro*) Qualità di ciò che è spesso. **2** Frequenza.

†**spessicàre** [da *spesso*] **v. tr.** e **intr.** ● Spesseggiare.

spessìmetro [comp. di *spesso* e *-metro*] **s. m.** **1** (*tecnol.*) Utensile costituito da una serie di lamelle di acciaio di diverso spessore, utilizzato per rilevare giochi tra due organi meccanici. **2** Piccolo apparecchio per misurare la profondità e lo stato di usura del battistrada di uno pneumatico.

†**spessìre** [da *spesso*] **v. tr.**, **intr.** e **intr. pron.** ● Rendere spesso, diventare spesso.

†**spessità** [lat. *spissitāte(m)* 'spessezza', da *spĭssus* 'spesso'] **s. f.** ● Spessezza.

spésso [lat. *spĭssu(m)* 'denso', di origine indeur.] **A** **agg.** **1** Denso: *vapori spessi*; *l'aria era oscura per la spessa pioggia* (LEONARDO). **2** Fitto, folto: *fugge nel bosco per gli arbori spessi* (BOIARDO). **3** Che ha un certo spessore: *muro s.*; *un cartone s. quattro centimetri.* **4** (*est.*) Numeroso, frequente | *Spesse volte*, frequentemente. || **spessaménte**, **avv.** Frequentemente. **B** in funzione di **avv.** ● Di frequente: *questo mi accade s.*; *passo s. davanti a casa tua*; *mi visita molto s.*; *lo fai troppo s.*; *mi serve non molto s.*; *ora lo vediamo meno s. di una volta* | (*fam.*) *S. e volentieri*, (*raro*) *bene s.*, molte volte: *mi prende in giro, s. e volentieri* | (*iter.*) *S. s. lo devo riprendere.* **SIN.** Sovente. **CONTR.** Raramente. **C** **s. m.** ● (*raro*) †Spessore.

†**spessóra** [comp. di *spess(o)* e *ora*] **avv.** ● (*raro*) Spesso.

spessóre [da *spesso*] **s. m.** **1** Dimensione di un corpo secondo una direzione quando le altre due sono prevalenti: *lo s. di un foglio, di un asse.* **2** (*fig.*) Densità, profondità, consistenza: *un contributo culturale di notevole s.*

spetezzaménto s. m. • (*raro, pop.*) Atto dello spetezzare.

spetezzàre [da *peto*, con *s-*] v. intr. (*io spetézzo*; aus. *avere*) • (*pop.*) Fare peti.

†**spetràre** [da *p(i)etra*, con *s-*] **A** v. tr. (*io spètro*) **1** Far perdere la durezza. **2** (*fig., lett.*) Intenerire, ammollire: *i duri cor ... / ammollisci e spetra* (TASSO). **B** v. intr. pron. **1** (*lett.*) Diventare meno duro | Intenerirsi. **2** (*fig., poet.*) Liberarsi, distaccarsi: *con quanta fatica oggi mi spetro / dall'errore, ov'io stesso m'era involto* (PETRARCA).

spettàbile [vc. dotta, dal lat. tardo *spectābile(m)*, titolo di dignitari imperiali, da *spectāre* 'osservare', ints. di *spĕcere* 'guardare'] agg. • Ragguardevole, rispettabile, usato spec. nella corrispondenza commerciale: *s. ditta*; *alla s. società*.

spettabilità [vc. dotta, dal lat. tardo *spectabilitāte(m)*, da *spectābilis* 'spettabile'] s. f. • Qualità di chi è spettabile.

spettacolàre [da *spettacolo*, sul modello del fr. *spectaculaire*] agg. • Che costituisce uno spettacolo eccezionale, grandioso: *apparato s.* | *Film s.*, contenente elementi spettacolari della massima efficacia | (*est.*) Straordinario, mai visto: *incidente s.* || **spettacolarménte**, avv.

spettacolarità s. f. • Qualità di ciò che è spettacolare.

spettacolarizzàre [da *spettacolare*] v. tr. • Rendere spettacolare, trasformare in spettacolo un evento o un fenomeno: *s. una gara sportiva*; *s. l'informazione televisiva*.

spettacolarizzazióne s. f. • Atto, effetto dello spettacolarizzare.

spettacolazióne [da *spettacolo*] s. f. • Nel linguaggio teatrale, organizzazione e realizzazione di uno spettacolo.

spettàcolo o (*raro*) †**spettàculo** [vc. dotta, dal lat. *spectāculu(m)*, da *spectāre* 'guardare'. V. *spettare*] **A** s. m. **1** Rappresentazione teatrale, cinematografica, canora e gener. artistica che ha luogo di fronte a un pubblico: *s. divertente, interessante, noioso, intelligente*; *assistere a uno s. di gala*; *la compagnia dà s. domani*; *andare all'ultimo s.*; *arrivare all'inizio dello s.*; *andarsene prima della fine dello s.* | *S. acquatico*, spettacolo di varietà avente come palcoscenico una piscina o un ambiente di tipo marino | *Dare s.*, *dare s. di sé*, attirare su di sé l'attenzione non sempre benevola di tutti i presenti. **2** Vista che, per bellezza, eccezionalità, bruttezza e sim., trae a sé l'attenzione e gli sguardi: *uno s. doloroso, penoso, commovente, magnifico*; *il sorgere del sole è uno s. indimenticabile*; *videro uno s. orribile*; *non desidero vedere certi spettacoli*; *non arride / spettacol molle ai disperati affetti* (LEOPARDI) | *Che s.!*, escl. di riprovazione. **3** †Spettatori: *ad una voce tutto lo s. chiamò vincitore Partenopeo* (SANNAZARO). **B** in funzione di agg. inv. • (posposto al s.) Basato sull'esteriorità, sul sensazionalismo e sim.: *informazione s.*; *politica s.* || **spettacolàccio**, pegg. | **spettacolino**, dim. | **spettacolóne**, accr. | **spettacolùccio**, pegg.

spettacolóso agg. **1** Che fa spettacolo, che costituisce uno spettacolo: *festa spettacolosa*; *il fondo scenico di qualche ballo spettacoloso* (NIEVO). **2** (*fig.*) Straordinario, grandioso: *bellezza spettacolosa*; *ebbe un successo s.* || **spettacolosaménte**, avv.

†**spettàculo** • V. *spettacolo*.

spettànte part. pres. di *spettare*; anche agg. • Nei sign. del v.

spettànza [da *spettante*] s. f. **1** Appartenenza, competenza, spec. nelle loc. *di mia, di tua, di sua, ecc. s.*: *la decisione non è di mia s.*; *la cosa è di tua s.* **2** Ciò che compete di diritto per l'attività prestata: *le spettanza di un reparto militare*; *farsi liquidare le proprie spettanze*.

spettàre [lat. *spectāre* 'osservare, rivolgersi', ints. di *spĕcere* 'guardare', di origine indeur.] v. intr. (*io spètto*; aus. *essere*) • Essere di spettanza: *s. per diritto, per dovere*; *la decisione spetta a voi*; *ai genitori spetta il mantenimento dei figli*; *questo è quanto vi spetta*; *mi spettano centomila lire*.

spettatóre [dal lat. *spectatōre(m)* 'osservatore', da *spectātus*, part. pass. di *spectāre* 'osservare'] s. m.; anche agg. (f. *-trice*) **1** Chi, che assiste ad uno spettacolo: *gli applausi degli spettatori*. **2** Chi, che è presente ad un fatto, a un avvenimento: *essere s. di un evento*; *essere tra gli spettatori di un incidente*; *la folla spettatrice*.

spettegolàre [da *pettegolare*, con *s-*] v. intr. (*io spettégolo*; aus. *avere*) • Fare pettegolezzi.

spettinàre [da *pettinare*, con *s-*] **A** v. tr. (*io spèttino*) • Arruffare i capelli, disfare la pettinatura. CONTR. Pettinare, ravviare. **B** v. rifl. e intr. pron. • Disfarsi la pettinatura, arruffarsi i capelli: *la pettinatura non mi piaceva, così mi sono spettinata*; *col vento ci si spettina*.

spettinàto part. pass. di *spettinare*; anche agg. • Nei sign. del v.

†**spettorezzàrsi** o †**spettorizzàrsi** [da *pettora*, pl. ant. di *petto*, con *s-*] v. intr. pron. • (*pop.*) Scoprirsi il petto.

spettràle agg. **1** Di spettro, simile a spettro: *figura, aspetto, s.* | *Luce s.*, sinistra, irreale. **2** (*fis.*) Relativo a uno spettro: *analisi, riga, serie s.*

spèttro [dal lat. *spĕctru(m)* (che traduce il gr. *éidōlon* 'idolo'), da *spĕcere* 'osservare', di origine indeur.] s. m. **1** Fantasma, larva, ombra con sembianze di persona morta: *gli apparve uno s.*; *la fantasia popolare crede agli spettri*; *lo s. di Banco nel Macbeth* | *Sembrare uno s.*, di persona pallida e magra. **2** (*fig.*) Ciò che incombe minacciosamente: *lo s. della fame, della miseria, della carestia*. **3** (*fis.*) Il risultato, sotto forma di figura o diagramma, dell'analisi delle componenti di una radiazione ondulatoria o corpuscolare, in funzione di una grandezza caratteristica della radiazione stessa, quale la frequenza, la lunghezza d'onda, l'energia, la velocità e sim. | Il campo di frequenza in cui una radiazione ha determinate caratteristiche: *s. ultravioletto, visibile, infrarosso* | *S. acustico*, distribuzione secondo la frequenza delle oscillazioni semplici che lo compongono in un dato suono composto | *S. d'assorbimento*, insieme delle radiazioni monocromatiche che una sostanza è capace di assorbire | *S. solare*, ottenuto esaminando con lo spettroscopio la luce del Sole | *S. di frequenza*, diagramma della frequenza dei termini sinusoidali componenti una grandezza periodica | *S. elettromagnetico*, insieme delle onde elettromagnetiche emesse da una sorgente, distribuite secondo la loro frequenza | *S. di emissione*, insieme delle radiazioni monocromatiche emesse da una sostanza | *Analisi dello s.*, esame del contenuto in frequenza di un segnale. **4** Campo o raggio di azione | Distribuzione di una proprietà o di una caratteristica di una classe di sostanze o fenomeni: *farmaco ad ampio s. di azione*. **5** (*zool.*) Grosso vampiro sudamericano che si nutre di frutta e fiori (*Vampyrum spectrum*).

spettrobolòmetro [comp. di *spettro(scopio)* e *bolometro*] s. m. • Bolometro accoppiato a uno spettroscopio e usato, spec. in astronomia, per misurare l'energia termica delle radiazioni elettromagnetiche monocromatiche.

spettrochìmica [comp. di *spettro* e *chimica*] s. f. • Branca della chimica che interpreta gli spettri delle varie sostanze ricavandone informazioni sulla costituzione molecolare.

spettrochìmico agg. (pl. m. *-ci*) • Relativo alla spettrochimica: *analisi spettrochimica*.

spettrocolorimetro [comp. di *spettro* e *colorimetro*] s. m. • Colorimetro applicato a uno spettroscopio e destinato a compiere misurazioni relative all'assorbimento per i vari colori dello spettro ottico.

spettrocomparatóre [comp. di *spettro* e *comparatore*] s. m. • Comparatore usato nella fotografia astronomica per misurare gli spostamenti delle righe spettrali di una sorgente rispetto a quelle di una sorgente di confronto.

spettroeliogràfico agg. (pl. m. *-ci*) • Relativo allo spettroeliografo, ottenuto mediante lo spettroeliografo.

spettroeliògrafo [comp. di *spettro* ed *eliografo*] s. m. • Strumento che, abbinato a un telescopio, permette di fotografare il Sole in luce monocromatica.

spettroeliogràmma [comp. di *spettro*, *elio-* e *-gramma*] s. m. • Fotografia del Sole in luce monocromatica ottenuta mediante uno spettroeliografo.

spettroelioscòpico agg. (pl. m. *-ci*) • Relativo allo spettroelioscopio, ottenuto mediante lo spettroelioscopio.

spettroelioscòpio [comp. di *spettro* e *elioscopio*] s. m. • Strumento per l'osservazione visuale del Sole in luce monocromatica.

spettrofotometrìa [comp. di *spettro* e *fotometria*] s. f. • Parte della fotometria che si avvale dello spettrofotometro.

spettrofotomètrico agg. (pl. m. *-ci*) • Relativo alla spettrofotometria o allo spettrofotometro.

spettrofotòmetro [comp. di *spettro* e *fotometro*] s. m. • Strumento per la determinazione dell'intensità di radiazione nelle varie parti dello spettro.

spettrografìa [comp. di *spettro* e *-grafia*] s. f. • Insieme dei sistemi di produzione, osservazione e registrazione degli spettri delle sostanze da analizzare.

spettrogràfico agg. (pl. m. *-ci*) • Che si riferisce alla spettrografia: *analisi spettrografica*.

spettrògrafo [comp. di *spettro* e *-grafo*] s. m. • (*fis.*) Strumento per eseguire la spettrografia | *S. di massa*, strumento che, mediante una combinazione di campi elettrici e magnetici, permette di analizzare una radiazione corpuscolare, formata da atomi o molecole ionizzati, nei suoi costituenti aventi lo stesso rapporto carica-massa.

spettrogràmma [comp. di *spettro* e *-gramma*] s. m. (pl. *-i*) • Immagine spettrografica, registrazione ottenuta mediante uno spettrografo.

spettrometrìa [comp. di *spettro* e *-metria*] s. f. • (*fis.*) Complesso delle tecniche di misurazione delle intensità delle righe degli spettri e delle loro lunghezze d'onda.

spettromètrico agg. (pl. m. *-ci*) • Relativo alla spettrometria o allo spettrometro.

spettròmetro [comp. di *spettro* e *-metro*] s. m. • (*fis.*) Goniometro a riflessione che permette di misurare l'indice di rifrazione delle sostanze col metodo del prisma.

spettroscopìa [comp. di *spettro* e *-scopia*] s. f. • Parte della fisica che studia gli spettri elettromagnetici | *S. nucleare*, insieme di metodi di misura degli spettri alfa, beta e gamma da decadimento nucleare | *S. elettronica*, ramo della spettroscopia che studia le modificazioni energetiche della struttura elettronica di un atomo, molecola o aggregato molecolare | *S. ottica*, insieme di tutte le tecniche spettroscopiche nelle quali l'elemento disperdente della radiazione elettromagnetica è un dispositivo ottico tipo prisma, reticolo e sim. | *S. acustica*, analisi spettrale delle vibrazioni elastiche, sia sonore sia infrasonore e ultrasonore, prodotte da un corpo vibrante | *S. neutronica*, studio della diffrazione di fasci di neutroni da parte delle sostanze allo scopo di analizzare la struttura di queste ultime.

spettroscòpico agg. (pl. m. *-ci*) • Che si riferisce alla spettroscopia.

spettroscòpio [comp. di *spettro* e *-scopio*] s. m. • (*fis.*) Strumento ottico per la produzione dello spettro e la determinazione della posizione delle righe spettrali mediante osservazione visuale.

†**spezìale (1)** e *deriv.* • V. *speciale* e *deriv.*

spezìale (2) [da *spezie (2)*] s. m. **1** †Venditore di spezie. **2** (*pop.*) Droghiere, farmacista | *A lettere di s.*, a lettere cubitali | *Cose che non vendono gli speziali*, che non si trovano in commercio. **3** †Bottega di speziale: *era entrato in quello s. che stava in sul canto* (CELLINI).

speziàre [den. di *spezia*] v. tr. (*io spèzio*) **1** Insaporire, condire con spezie. **2** (*fig.*) Rendere piccante o più interessante.

speziàto part. pass. di *speziare*; anche agg. • Nei sign. del v.: *evitare i cibi molto speziati*.

†**spèzie (1)** • V. *specie*.

spèzie (2) [vc. dotta, dal lat. tardo *spĕcie(m)* 'spezie, droga', nel classico 'specie'. V. *specie*] s. f. inv. spec. al pl. • Droghe, aromi di cucina e farmacia, come pepe, cannella, noce moscata, chiodi di garofano, zafferano e sim.: *il commercio delle s.*; *comprami un po' di s. dal droghiere*. ➡ ILL. **spezie**.

†**spezieltà** • V. *specialità*.

spezierìa [da *spezie (2)*] s. f. **1** Bottega dello speziale, drogheria. **2** (*spec. al pl.*) Assortimento di spezie.

†**spezióso** e *deriv.* • V. *specioso* e *deriv.*

spezzàbile agg. • Che si può spezzare.

spezzaménto s. m. • (*raro*) Atto, modo ed effetto dello spezzare o dello spezzarsi.

spezzàre [da *pezzo*, con *s-*] **A** v. tr. (*io spèzzo*) *1* Ridurre in due o più pezzi: *s. il pane, la legna, il ghiaccio*; *s. un osso* | *S. una lancia in favore di qc.*, (*fig.*) intervenire in sua difesa | †*S. una moneta*, cambiarla in spiccioli. *2* Infrangere, rompere: *s. un ramo*; *spezzarsi un braccio, una gamba* | *S. le catena, i ceppi*, liberarsene rompendoli e (*fig.*) riacquistare la libertà | *S. il cuore*, (*fig.*) schiantarlo, dare un grande dolore: *quando lo stral spezzai / ... / spezzar m'intesi il core* (METASTASIO). *3* (*fig.*) Dividere in due o più parti, interrompere: *s. il viaggio in quattro tappe* | *S. la giornata, la mattinata*, e sim., interrompere le consuete attività con un breve periodo di svago e di riposo; provocare una soluzione di continuità tale da impedire il normale sfruttamento del tempo: *per s. la giornata vado a passeggiare un po'*; *uscire nel pomeriggio mi spezza la giornata* | *S. il periodo*, dividere un unico periodo troppo lungo o prolisso in due o più periodi brevi e svelti | (*mus.*) *S. la nota*, sostituire una nota lunga con due o più note brevi. **B** v. intr. pron. ● Ridursi in due o più pezzi | Rompersi: *si sono spezzati due rami* | *Spezzarsi in due per qc.*, (*fig.*) adoperarsi in ogni modo per essergli d'aiuto | (*fam., fig.*) *Si spezza ma non si piega*, di chi preferisce essere abbattuto piuttosto che umiliato.

spezzàta [f. sost. di *spezzato*] s. f. ● (*mat.*) Linea costituita da una serie di segmenti tali che due segmenti consecutivi abbiano un vertice comune.

spezzatìno [da *spezzato*] s. m. ● Vivanda di carne a pezzetti, rosolata in tegame poi cotta a fuoco lento con pomodori e verdure varie | (*est.*) Carne tagliata a pezzetti: *un kilo di s. di vitello*.

spezzàto A part. pass. di *spezzare*; anche agg. *1* Nei sign. del v. *2 Orario s.*, orario di lavoro diviso in due o più turni | *Periodo s.*, eccessivamente articolato | (*mat.*) *Linea spezzata*, in geometria, sequenza di segmenti tali che due segmenti consecutivi abbiano un vertice comune | *Terra spezzata*, divisa, frazionata, non riunita in poderi | †*Moneta spezzata*, spicciola | (*raro*) *Alla spezzata*, (*ell.*) a pezzi, a intervalli. || **spezzataménte**, avv. Alla spezzata, spartitamente. **B** s. m. *1* Completo maschile con giacca di tessuto e colore diverso da quello dei pantaloni. *2* (*teat.*) Piccolo elemento di scena di profilo vario, adoperato anche per fingere particolari di ambienti naturali. *3* (*cuc.*) Spezzatino. *4* (*al pl.*) Monete spicciole: *contare gli spezzati*; *spezzati d'argento*.

spezzatóre A s. m.; anche agg. (f. *-trice*) ● (*raro*) Chi, che spezza. **B** s. m. ● Macellaio che separa i grossi pezzi.

spezzatrice [f. di *spezzatore*] s. f. ● Macchina del panificio atta a tagliare la pasta in pezzi aventi la forma e le dimensioni volute.

spezzatùra s. f. *1* Atto, effetto dello spezzare. *2* Volume scompagnato di un'opera. *3* Nelle operazioni di borsa, frazione di normale partita di compravendita.

spezzettaménto s. m. *1* Atto, effetto dello spezzettare. *2* Frazionamento della proprietà terriera in unità piccole e non funzionali.

spezzettàre [da *pezzetto*, con *s-*] **A** v. tr. (*io spezzétto*) ● Ridurre in piccoli pezzi | (*fig.*) *S. il discorso*, parlare in modo frammentario. **B** v. intr. pron. ● Ridursi in piccoli pezzi o parti (*anche fig.*).

spezzettàto part. pass. di *spezzettare*; anche agg. ● Nei sign. del v.

spezzettatùra s. f. ● Atto, effetto dello spezzettare.

spezzìno o **spezzìno A** agg. ● Di La Spezia. **B** s. m. (f. *-a*) ● Abitante, nativo di La Spezia.

spezzonaménto [da *spezzonare*] s. m. ● Atto, effetto dello spezzonare.

spezzonàre v. tr. (*io spezzóno*) ● Bombardare con spezzoni.

spezzóne [da *spezzare*] s. m. *1* Bomba d'aereo di piccole dimensioni, cilindrica, lanciata, con gran numero di altre, contro obiettivi poco consistenti: *spezzoni incendiari* | Tubo esplosivo usato spec. nella prima guerra mondiale mediante lancio a mano, per la distruzione dei reticolati e per difesa. *2* (*gener.*) Pezzo, parte, frammento di un tutto unitario | Corto pezzo di pellicola cinematografica | Parte di una grossa compagnia teatrale che si stacca temporaneamente per dare una serie di spettacoli in piazze di provincia.

spìa [dal got. **spaíha*, dalla radice indeur. **spek-* 'osservare'] **A** s. f. *1* Chi dietro compenso o per malvagità, malevolenza e sim. investiga di nascosto per riferire cose per cui altri possono subire punizioni, danni, e sim.: *fare la s.*; *scoprire una s.*; *una s. della direzione*; *fare la s. di q.c. a qc.* | Confidente della polizia. *2* Chi esercita l'attività dello spionaggio | *S. di guerra*, chi in guerra cerca di conoscere le mosse e la situazione di uno dei belligeranti per riferirne al nemico di quello. *3* (*est.*) Dispositivo collocato sulle linee di apparecchi telefonici per intercettare le telefonate. *4* Dispositivo ottico, acustico e sim. per segnalare determinate condizioni di funzionamento | *La s. del carburante*, in autovetture e sim., dispositivo luminoso che si accende per segnalare scarsità di carburante | *Spie starter*, in autovetture e sim., segnalatori luminosi che indicano il funzionamento dei dispositivi dell'avviamento a freddo. *5* (*fig.*) Indizio, sintomo: *il rialzo dei prezzi è una s. della crisi*. *6* Fessura in uscio o parete per vedere al di là senza essere visti. *7* Lista di intonaco, carta o vetro messa a cavallo di una fenditura di muro per vedere se si allarga | Nelle botti, buco presso l'orlo superiore, chiuso da un vetro, per vedere quando la botte è quasi piena. *8* (*mar.*) Segno convenzionale che si mette agli oggetti forniti da un arsenale per riconoscerne la provenienza. || **spiàccia**, pegg. **B** in funzione di agg. inv. ● (posposto al s.) In alcune loc.: *lampada s.*, tipo di lampada che, con la sua accensione, indica un particolare stato di funzionamento di un'apparecchiatura | *Vetro s.*, oblò in vetro di cui possono essere muniti serbatoi, autoclavi, e sim. per poterne osservare l'interno.

spiaccicàre [vc. di origine onomat.] **A** v. tr. (*io spiàccico, tu spiàccichi*) ● Schiacciare, spec. cosa molliccia o cedevole: *s. un insetto col piede*. **B** v. intr. pron. ● Schiacciarsi.

spiaccichìo s. m. *1* Atto dello spiaccicare o dello spiaccicarsi continuo. *2* Insieme di cose spiaccicate.

spiacènte part. pres. di *spiacere*; anche agg. *1* Nei sign. del v. *2* Dispiaciuto, rammaricato: *sono s. di doverle dire che ...*; *sono s. di non potere accettare*; *s., ma lei non può stare qui*. *3* †Odioso, sgradito.

†**spiacènza** [da *spiacente*] s. f. ● Dispiacere.

spiacére [da *piacere*, con *s-*] **A** v. intr. (coniug. come *piacere*; aus. *essere*) ● Causare risentimento, amarezza: *l'ingratitudine spiace a chi ha fatto del bene*. **B** v. intr. pron. ● Dispiacersi, rammaricarsi: *si è spiaciuto di non averti visto*. **C** s. m. ● (*lett.*) †Dispiacere.

spiacévole [da *spiacere*] agg. ● Che dà noie, disturbo, dolore: *un dovere, una necessità s.* | Increscioso: *avvenimento s.* CONTR. Piacevole. || **spiacevolménte**, avv.

spiacevolézza s. f. ● Qualità di ciò che è spiacevole.

†**spiacìbile** [da *spiacere*] agg. ● (*raro*) Spiacevole.

spiaciménto [da *spiacere*] s. m. ● (*raro*) Senso di dispiacere.

spiàggia [da *piaggia*, con *s-*] s. f. (pl. *-ge*) *1* Bene appartenente al demanio dello Stato consistente nella striscia costiera delimitata dal lido del mare e dai confini delle proprietà terriere | *A s.*, con dolce pendio. *2* Correntemente, fascia di costa pianeggiante, generalmente sabbiosa, frequentata dai bagnanti nei mesi estivi: *le spiagge dell'Adriatico, del Tirreno*; *una s. elegante, popolare, affollata, solitaria*; *andare alla, in s.*; *stare, giocare, sulla s.*; *essere vestito da s.* | *Vita di s.*, quella che si svolge nelle stazioni balneari | *Tipo da s.*, (*scherz.*) che si veste, si comporta, parla e sim. in modo stravagante, eccentrico | *Lettura da s.*, leggera, non impegnativa | *L'ultima s.*, (*fig.*) il

spezie

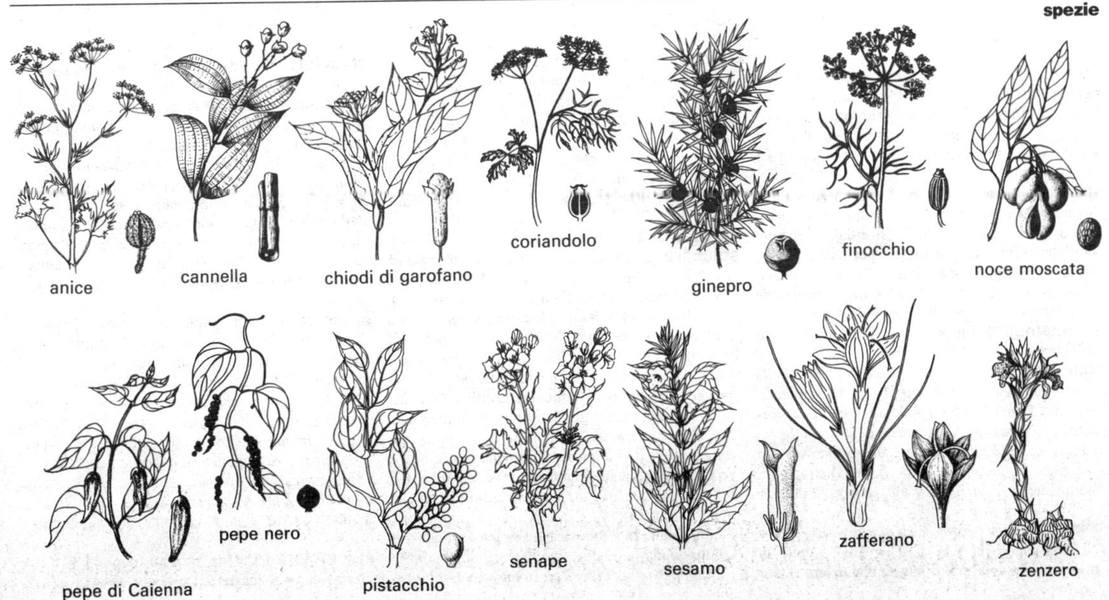

momento conclusivo della vita, intesa come una lunga navigazione; (*est.*) l'ultima possibilità, l'ultima speranza. ➡ ILL. p. 821 SCIENZE DELLA TERRA ED ENERGIA. *3* †Zona pianeggiante | †Riva di un corso d'acqua. || **spiaggerèlla**, dim. | **spiaggétta**, dim. | **spiaggettina**, dim. | **spiaggióne**, accr. m.

spiaggiaménto [da *spiaggia*] s. m. ● Atto, effetto dello spiaggiare.

spiaggiàre [da *spiaggia*] v. intr. (aus. *essere*) ● (*raro*) Arenarsi sulla spiaggia, detto di grandi cetacei (e, *est.*, di alghe o altri organismi).

spiaménto s. m. ● (*raro*) Atto dello spiare.

spianàbile agg. ● Che si può spianare.

spianaménto s. m. *1* Atto, effetto dello spianare. *2* †Spiegazione di un testo.

spianàre o (*raro*) †**esplanàre** nel sign. A4 [lat. *explanāre*, propriamente 'spiegare', comp. di *ĕx-* (*s-*) e di *plānus* 'piano, semplice'] **A** v. tr. *1* Rendere piana una superficie eliminandone le asperità: *s. il terreno, la strada, la via* | *S. la pasta*, stenderla, assottigliarla | *S. le cuciture, le costure di un abito*, stirarle, ribatterle | *S. i mattoni*, plasmare l'argilla per dare loro la forma | *S. la fronte*, appianarne le rughe, rasserenarsi | *S. il fucile*, e sim., puntarlo contro qc. | *S. il pane*, dividere la pasta nei pezzi desiderati | *S. le costure, le costole, a qc.*, (*fig.*) bastonarlo per bene. *2* (*fig.*) Appianare, togliere ostacoli, eliminare difficoltà: *s. la strada, la via, il cammino, a qc.* | (*raro*) *S. un debito*, estinguerlo. *3* Abbattere, demolire: *s. una casa*; *s. una città al suolo*; *proposero di s. per onore dell'imperatore ... le mura e le fosse della città* (MURATORI). *4* †Spiegare. **B** v. intr. (aus. *avere*) *1* (*raro*) Pianeggiare, diventare piano: *più in alto la strada spiana.* *2* †Posare in piano, alla pari. *3* (*raro, pop.*) Mangiare, spazzar via: *i ragazzi quando hanno fame spianano.* **C** v. intr. pron. ● Distendersi: *il suo viso si spianò in un sorriso* | †Ridursi in piano, detto spec. di liquidi.

spianàta s. f. *1* Atto dello spianare. *2* Luogo spianato, pianeggiante. *3* †Tratto di terreno sgombro di ogni ostacolo, naturale o artificiale, intorno allo spalto e fino a una certa distanza dalla fortezza | †Luogo piano interposto tra una città e i castelli e le cittadelle circostanti.

spianàto A part. pass. di *spianare*; anche agg. *1* Nei sign. del v. *2* *Canto s.*, continuo, largo. **B** s. m. ● Luogo piano e aperto.

spianatóia [da *spianato*] s. f. ● Asse su cui si spiana la pasta.

spianatóio s. m. ● Arnese per spianare in genere | Matterello.

spianatóre (1) s. m. (f. *-trice* (V.)) ● (*raro*) Chi spiana.

†**spianatóre** (2) o (*raro*) †**esplanatóre** [dal lat. *explanatōre(m)* 'interprete', da *explanātus*, part. pass. di *explanāre* 'spiegare'] s. m. ● Interprete di un testo.

spianatrice [f. di *spianatore* (*1*)] s. f. ● Veicolo automotore o a traino, provvisto di particolari attrezzature per la regolazione in piano di materiale già deposto in cumulo.

spianatùra s. f. ● Atto, effetto dello spianare.

†**spianazióne** (1) s. f. ● Spianatura.

†**spianazióne** (2) o (*raro*) **espianazióne** [vc. dotta, dal lat. *explanatiōne(m)* 'spiegazione', da *explanātus*, part. pass. di *explanāre* 'spiegare'] s. f. ● Interpretazione, spiegazione.

spiàno [da *spianare*] s. m. *1* (*raro*) Atto dello spianare | Luogo spianato. *2* Anticamente, quantità di grano assegnata in Firenze dal magistrato dell'abbondanza a ogni fornaio per fare il pane | *Mezzo s.*, assegnazione ridotta | *Tutto s.*, assegnazione intera | *A tutto s.*, (*fig.*) senza interruzione e in abbondanza: *spendere, divertirsi, a tutto s.*

spiantaménto s. m. ● (*raro*) Atto, effetto dello spiantare.

spiantàre [lat. *explantāre* 'sradicare', da *plānta* 'pianta', con *ĕx-* (*s-*)] **A** v. tr. *1* (*raro*) Sradicare, svellere: *s. un albero* | Togliere ciò che è conficcato: *s. un palo* | Abbattere, radere al suolo: *s. una fortezza.* *2* (*fig.*) Ridurre in miseria: *il vizio del gioco lo ha spiantato.* *3* (*fig.*) †Distruggere, sterminare: *s. il vizio.* **B** v. intr. pron. ● Andare in rovina, ridursi in miseria.

spiantàto A part. pass. di *spiantare*; anche agg. ● Nei sign. del v. **B** s. m. (f. *-a*) ● Chi è ridotto in miseria | Chi non gode di buone condizioni finanziarie: *sposare uno s.*

spiantatóre s. m. (f. *-trice* nel sign. 1) *1* (*raro*) Chi spianta. *2* (*agr.*) Ferro in forma di zappa molto ricurva o di embrice, con manico, per levare dal terreno le piccole piante con la zolla.

spiànto [da *spiantare*] s. m. ● Rovina, povertà assoluta, miseria, spec. nelle loc. *andare, mandare, a, in, s.*

spiàre [dal got. **spaihōn*. V. *spia*] v. tr. *1* Seguire di nascosto e con attenzione azioni e comportamento altrui per curiosità, per informazione o per riferire ad altri: *uno sconosciuto ci sta spiando*; *il nemico spia le nostre mosse*; *bisogna s. le mosse del nemico.* *2* Cercare di conoscere, di sapere: *s. qc. dal buco della serratura*; *s. i segreti altrui* | *S. l'avversario*, cercare di scoprire il suo gioco per poterlo prevenire | (*est.*) Aspettare con vigile attenzione: *s. l'occasione, il momento propizio.* *3* †Esplorare, indagare: *egli intorno spia s'adito alcuno / ... aprir si mira* (TASSO).

spiàta s. f. ● Atto dello spiare | Delazione: *è stato arrestato in seguito a una s.*

spiàto part. pass. di *spiare*; anche agg. ● Nei sign. del v.

spiatóre [da *spiato*] s. m. (f. *-trice*) ● (*raro*) Chi spia.

spiattellaménto s. m. ● (*raro*) Atto dello spiattellare.

spiattellàre [da *piattello*, con *s-*] v. tr. (*io spiattèllo*) *1* Dire, dichiarare, riferire apertamente e senza riguardi cose riservate, delicate, segrete, e sim.: *s. la verità in faccia a qc.*; *il complice ha spiattellato tutto*; *spiattellò il fatto per filo e per segno.* SIN. Spifferare. *2* Mettere sotto gli occhi, mostrare chiaramente: *gli spiattellò la lettera davanti agli occhi.*

spiattellàto part. pass. di *spiattellare*; anche agg. *1* Nei sign. del v. *2* Nella loc. *alla spiattellata*, (*ell.*) apertamente, senza riguardi: *dire le cose alla spiattellata.* || **spiattellataménte**, avv. Apertamente, chiaramente e senza alcun riguardo.

spiazzaménto s. m. ● (*sport*) Nel calcio, nel tennis, e sim., azione di spiazzare l'avversario.

spiazzàre [da *piazza*, con *s-*] v. tr. *1* (*sport*) Nel calcio, nel tennis e sim., far perdere all'avversario la sua normale posizione per impedirgli di svolgere opportunamente il suo gioco: *s. il portiere con una finta e segnare.* *2* (*fig.*) Porre, collocare, spec. con astuzia, qc. in posizione sfavorevole o inopportuna: *s. un avversario politico.*

spiazzàta [da *piazza* con *s-*] s. f. *1* (*raro*) Spazio libero e aperto, radura. *2* (*fig.*) Zona del cuoio capelluto priva di capelli. || **spiazzatèlla**, dim.

spiazzàto part. pass. di *spiazzare*; anche agg. ● Nei sign. del v.

spiàzzo [da *piazza*, con *s-*] s. m. ● Spazio, piuttosto ampio, libero e aperto: *uno s. erboso.*

†**spìca** ● V. *spiga.*

spicanàrdi ● V. *spigonardo.*

spicanàrdo ● V. *spigonardo.*

†**spicàre** ● V. *spigare.*

spicàstro [vc. scient. moderna, dal lat. *spīca* (nom.) 'spiga'] s. m. ● (*bot.*) Infiorescenza simile a una spiga, caratteristica delle Labiate.

spiccàce [da *spiccare*] agg. ● Detto di susina, pesca e sim., la cui polpa si stacca agevolmente dal nocciolo. SIN. Spiccagnolo, spiccatoio, spicco (2). CONTR. Duracino.

spiccàgnolo agg. ● Spiccace, spiccatoio, spicco (2).

spiccaménto s. m. ● (*raro*) Atto dello spiccare.

spiccàre [calco su *appiccare* con cambio di pref. (*s-*)] **A** v. tr. (*io spìcco, tu spìcchi*) *1* Staccare una cosa appiccata o attaccata a un'altra (*anche fig.*): *s. un fiore dalla pianta*; *s. la testa dal busto*; *Don Gesualdo spiccherebbe di lassù il sole ... per farvi piacere* (VERGA) | *S. il bollore*, cominciare a bollire | *S. un muro*, cominciare a elevarlo | *S. le parole, le sillabe*, pronunciarle distintamente. *2* Nel linguaggio giudiziario e commerciale, emettere: *s. un mandato di cattura*; *s. una tratta, un assegno.* *3* Compiere un movimento brusco e repentino staccandosi da terra, spec. nelle loc.: *s. un salto, un balzo* | *S. il volo*, elevarsi in volo, detto di uccelli; (*fig.*) evadere da un ambiente o da un luogo. **B** v. intr. (aus. *avere*) ● Fare spicco, comparsa, apparire distintamente, risaltare: *spicca fra tutti per bellezza*; *spicca su tutti per intelligenza*; *il bianco spicca sul nero*; *il tuo vestito spicca tra la folla*; *questo colore spicca poco* | *Fare s.*, dare risalto: *l'azzurro fa s. i suoi occhi.* SIN. Risaltare. **C** v. intr. pron. ● Staccarsi con facilità dal nocciolo, detto di frutta. **D** v. rifl. ● (*raro, lett.*) Staccarsi da un luogo con movimento brusco e improvviso: *veloce Ettorre / dalle soglie si spicca* (MONTI).

spiccàto A part. pass. di *spiccare*; anche agg. *1* Nei sign. del v. *2* Marcato: *uno s. accento americano* | Notevole, singolare: *possiede una spiccata intelligenza.* || **spiccataménte**, avv. Distintamente, con risalto. **B** s. m. *1* (*edil.*) Tracciamento dei piedritti sopra un basamento | *Piano di s.*, ogni piano sul quale i piedritti cambiano sezione, in particolare quello in cui i piedritti partono dalle fondamenta. *2* (*mus.*) Tipo di staccato praticato negli strumenti ad arco soprattutto in passaggi di note aventi uguale valore.

spiccatóio agg. ● Spiccace, spiccagnolo, spicco (2).

spicchiàre v. tr. (*io spìcchio*) ● (*raro*) Dividere in spicchi.

spìcchio [lat. *spīculu(m)* 'punta', dim. di *spīcus*, *spīca* 'spiga, spicchio'] s. m. *1* Ciascuna delle logge avvolte da una sottile pellicola e piena di cellule fusiformi colme di succo in cui è suddiviso l'endocarpo degli agrumi | Ciascuno dei piccoli bulbetti ovoidali che nell'insieme formano il bulbo dell'aglio | (*est.*) Ciascuna delle parti, simile per forma agli spicchi degli agrumi, in cui si può tagliare qualunque frutto: *uno s. di pera, di mela.* *2* (*est.*) Qualunque cosa la cui forma sia simile a quella di uno spicchio: *uno s. di torta, di formaggio*; *in ciel lo s. / della bianca luna nacque* (SABA) | *A spicchi*, formato di parti a forma di spicchi: *essere fatto a spicchi* | *Berretta a spicchi*, quella a tre punte dei preti | †*Di s.*, †*per s.*, di sghembo, di fianco | (*tosc.*) *S. di petto*, punta di manzo o di bue. *3* (*mat.*) *S. sferico*, intersezione d'una sfera con un diedro il cui spigolo passa per il centro. *4* (*arald.*) Porzione o raggio di una croce propria di ordine cavalleresco. || **spicchiétto**, dim.

†**spicchiùto** agg. ● Fatto a spicchi.

spicciàre [dall'ant. fr. *despeechier*, moderno *dépêcher* 'sbarazzare', dal lat. parl. **dispedicāre*, comp. di *dis-* 'via' e di *pĕdica* 'laccio per i piedi', da *pēs*, genit. *pĕdis* 'piede'. V. *spacciare, impicciare*] **A** v. tr. (*io spìccio*) *1* Sbrigare in fretta: *s. una faccenda* | (*pop.*) *Spicciarsela*, togliersi d'impiccio. *2* Rendere libera una persona da un impedimento, attesa, e sim.: *la spiccio subito*; *s. gli avventori, i clienti.* *3* (*tosc.*) Sgombrare: *s. una stanza.* *4* Spicciolare, cambiare in spiccioli: *s. un biglietto da diecimila.* *5* †Spiccare, staccare. **B** v. intr. (aus. *essere*) ● Sgorgare con impeto, detto dei liquidi: *il sangue spiccia dalla ferita.* **C** v. intr. pron. ● Fare presto, sbrigarsi: *su, spicciati!*

spicciatìvo [da *spicciare*] agg. *1* Sbrigativo, che serve a levare dagli impicci: *rimedio, metodo, s.* *2* Che usa metodi spicciativi: *padre s.*

spicciàto part. pass. di *spicciare*; anche agg. ● (*raro*) Nei sign. del v.

spiccicàre [calco su *appiccicare*, con cambio di pref. (*s-*)] **A** v. tr. (*io spìccico, tu spìccichi*) ● Staccare cosa appiccicata, separare cose appiccicate (*anche fig.*): *s. un francobollo attaccato a un foglio*; *non si riesce a s. quei due innamorati* | *S. le parole*, pronunciarle chiaramente | *Non s. parola*, non articolare, non proferire parola: *quando si emoziona non riesce a s. parola.* **B** v. intr. pron. ● (*fig., fam.*) Liberarsi da qc. o da q.c. noioso, indesiderato e sim.: *dobbiamo spiccicarci da quel ficcanaso.*

spiccicàto [part. pass. di *spiccicare*] agg. ● (*dial.*) Identico, tale e quale, molto simile nell'aspetto o nel carattere: *è suo padre s.!*

spìccio (1) [agg. da *spicciare*] agg. (pl. f. *-ce*) *1* Sollecito, sbrigativo: *è una cosa spiccia*; *usare mezzi spicci* | *Andare per le spicce*, (*ell.*) senza fare cerimonie e senza avere tanti riguardi. *2* (*raro*) Libero, disimpegnato: *avere le mani spicce* | Sgombro: *stanza spiccia.*

spìccio (2) ● V. *spicciolo.*

spicciolàme s. m. ● Quantità di monete spicciole.

spicciolàre (1) [da *picciolo*, con *s-*] v. tr. (*io spicciòlo*) ● Staccare dal picciolo gli acini d'uva.

SIN. Sgranellare | Staccare dal calice i petali dei fiori.

spicciolàre (2) [da *spicciolo*] v. tr. (*io spìcciolo*) ● Cambiare in moneta spicciola: *s. diecimila lire.*

spicciolàto part. pass. di *spicciolare* (*1*); anche agg. *1* Nei sign. del v. *2* Nella loc. *alla spicciolata*, (*ell.*) separatamente, a pochi per volta: *arrivare, giungere, alla spicciolata.*

spìcciolo o **spìccio (2)** [da *spicciare*] **A** agg. *1* Minuto, spezzato in piccoli tagli, detto di denaro: *soldi spiccioli*; *monete spicciole*. *2* (*tosc.*) Ordinario, semplice: *gente spicciola*. **B** s. m. ● (*spec. al pl.*) Moneta spicciola: *rimanere senza spiccioli*; *cambiare una banconota in spiccioli.*

spìcco (1) [dev. di *spiccare*] s. m. (pl. *-chi*) ● Modo e atto dello spiccare | Risalto, rilievo: *fare s.*

spìcco (2) [part. pass. contratto di *spiccare*] agg. (pl. m. *-chi*) ● Spiccace, spiccagnolo, spiccatoio.

spicconàre [da *picconare*, con *s-*] **A** v. tr. (*io spiccóno*) ● Demolire a colpi di piccone: *s. un muro*. **B** v. intr. (aus. *avere*) ● Lavorare di piccone: *sta tutto il giorno a s.*

spicilègio [vc. dotta, dal lat. *spicilĕgiu*(*m*) 'spigolatura', comp. di *spīca* 'spiga' e *-lĕgium*, da *lĕgere* 'raccogliere'] s. m. ● (*letter.*) Raccolta, scelta di scritti.

spicinàre [dal tardo lat. *micīna*, dim. di *mīca* 'briciola', con *s-* e prob. sovrapposizione di *piccino*] v. tr. (*io spìcino* o *spicìno*) *1* (*fam., tosc.*) Disfare in pezzettini | Sbriciolare | (*est.*) Stritolare. *2* (*est.*) Mangiare tutto.

spicinìo [da *spicinare*] s. m. ● (*fam., tosc.*) Atto, effetto dello spicinare | (*est.*) Consumo | (*est.*) Massacro, rovina.

spìcola [vc. scient. moderna, dal dim. del lat. *spīca* (nom.) 'spiga'] s. f. ● (*spec. al pl., zool.*) Formazioni minerali di forma varia presenti nel corpo di molti invertebrati ove costituiscono come un'impalcatura (es. spugne) o contribuiscono a rendere più resistente la pelle (es. oloturie).

spìculo [vc. dotta, dal lat. *spīculu*(*m*) 'punta', da *spīca* 'spiga'. V. *spicchio, spigolo*] s. m. ● (*lett.*) Punta di dardo.

spider /'spaider, *ingl.* 'spaidə*/ [vc. ingl., propriamente 'ragno'] s. m. o f. inv. ● Automobile scoperta a due posti, di tipo sportivo, munita di capote. || **spiderìno**, dim. m.

spidocchiàre [da *pidocchio*, con *s-*] **A** v. tr. (*io spidòcchio*) ● Levare i pidocchi: *s. un indumento*; *spidocchiarsi la testa*. **B** v. rifl. ● Levarsi i pidocchi.

spidòmetro [ingl. *speedometer*, comp. di *speed* 'velocità' (d'origine germ.) e *-meter* '-metro'] s. m. ● (*raro*) Tachimetro.

spiedàta s. f. ● Quantità di carne che si può infilare in uno spiedo in una sola volta: *una s. di quaglie.*

†**spiède** ● V. *spiedo*.

spiedìno s. m. *1* Dim. di *spiedo*. *2* (*al pl.*) Bocconcini di carni diverse o pesce fatti rosolare allo spiedo.

spièdo o (*tosc.*) †**spiède** [dall'ant. fr. *espiet*, dal francone *speut*. V. *schidione*] s. m. *1* Arma bianca costituita da un ferro lungo e acuminato a sezione generalmente poligonale, inastato, anticamente usato per la caccia e la guerra. *2* Ferro appuntito del girarrosto, sul quale si infilza la carne, spec. selvaggina o uccelli, da arrostire alla fiamma: *girare lo s.*; *tordi allo s.* *3* (*est.*) Spiedata: *uno s. di quaglie*. || **spiedàccio**, pegg. | **spiedétto**, dim. | **spiedìno**, dim. (V.) | **spiedóne**, accr.

spiegàbile [vc. dotta, dal lat. tardo *explicābile*(*m*), da *explicāre* 'spiegare'. V. *inesplicabile*] agg. ● Che si può spiegare. CONTR. Inspiegabile.

spiegacciàre e *deriv.* ● V. *spiegazzare* e *deriv.*

spiegaménto [da *spiegare*] s. m. *1* †Spiegazione. *2* (*mil.*) Insieme dei movimenti che una unità compie per assumere la formazione da combattimento | *S. di forze*, concentramento di grande quantità di truppe in armi pronte a entrare in azione.

spiegàre [lat. *explicāre*, propriamente 'svolgere, sciogliere', comp. di *ĕx-* (*s-* sottratt.) e *plicāre* 'piegare'. V. *piegare, esplicare*; per calco sul fr. *déployer* nel sign. A 5] **A** v. tr. (*io spiègo, tu spièghi*) *1* Distendere, allargare, svolgere, ciò che è piegato, involto, o sim.: *s. la tovaglia, il tovagliolo, la rete, la bandiera* | *S. le vele*, stenderle nella loro ampiezza | *S. le vele al vento*, (*lett.*) salpare e (*est.*) partire | *S. le ali*, aprirle per volare | *S. il volo*, volare ad ali spiegate | (*fig.*) *S. la voce, il canto*, emetterli in tutta la loro estensione. *2* (*fig.*) Rendere intelligibile, chiaro, piano, ciò che presenta difficoltà di comprensione: *s. il senso di una frase*; *s. il significato di una parola*; *s. un enigma, un rebus, una sciarada* | Esporre commentando, chiarendo, interpretando: *s. un teorema, una formula, un brano filosofico*; *s. le opere di Dante*, *ecc.*; *s. Dante*; *io potrei con ... molti esempi spiegar la ricchezza della natura* (GALILEI). *3* (*est.*) Insegnare, far capire: *spiegami come devo fare*; *gli ho spiegato la strada da prendere* | Manifestare, far conoscere: *mi spiegò il suo animo*; *spiegami come si è svolto il fatto*; *spiegami il fatto*. *4* (*pleon.*) Rendersi conto, capire: *non mi spiego il suo modo di agire*; *non riesco a spiegarmi quella frase*. *5* Manifestare, mostrare: *s. zelo, forza* | Svolgere: *s. una grande attività*. *6* (*mil.*) Disporre unità in formazione da combattimento: *s. le truppe, le schiere*. **B** v. rifl. ● Manifestare chiaramente il proprio pensiero: *vedo che non mi sono spiegato*; *con voi non mi spiego mai*; *in tedesco non riesco a spiegarmi*; *spiegati, spiegatevi*, e sim., come invito a parlar chiaro | *Mi spiego?, mi sono spiegato?*, per sottolineare quanto detto | *Non so se mi spiego ...*, per sottolineare le implicazioni o i sottintesi esistenti in quanto detto (*anche iron.*). **C** v. rifl. rec. ● Venire a una spiegazione: *dopo la lite si sono spiegati* | *Spieghiamoci*, beninteso: *l'automobile, spieghiamoci, non gliel'ho regalata*. **D** v. intr. pron. *1* Aprirsi, svolgersi: *le vele si spiegano al vento*; *le tenere fronde al sol si spiegano* (L. DE' MEDICI). *2* Diventare chiaro, comprensibile: *ecco che il problema si spiega.*

†**spiegativo** [da *spiegato*] agg. ● (*raro*) Dichiarativo.

spiegàto part. pass. di *spiegare*; anche agg. *1* Nei sign. del v. *2 A voce spiegata*, a piena voce | †*Alla spiegata*, (*ell.*) difilato, senza fermarsi. || **spiegataménte**, avv. *1* Apertamente, chiaramente. *2* Per esteso.

spiegatóre [dal lat. *explicatōre*(*m*), da *explicātus* 'spiegato'] s. m. (f. *-trice*) ● (*raro*) Chi spiega.

spiegatùra s. f. ● Atto, effetto dello spiegare, dello svolgere ciò che è piegato o involto.

spiegazióne [vc. dotta, dal lat. *explicatiōne*(*m*), da *explicātus* 'spiegato'] s. f. *1* Atto dello spiegare ciò che presenta difficoltà di comprensione: *la s. di un dubbio*; *la s. dell'enigma*; *ascoltare la s. dell'insegnante*; *la s. di un testo*; *s. chiara, confusa*; *poche parole di s.* *2* Ciò che serve a spiegare, a chiarire, a risolvere: *ecco la s. del mistero*; *non trovo s. a questo fatto*; *non c'è una s. plausibile*; *la s. è cervellotica*; *non c'è alcuna s.*; *chiedere spiegazioni a qc. di q.c.* *3* Manifestazione del pensiero proprio o altrui in relazione a parole, fatti, e sim. che siano stati intesi in altro senso o in senso grave: *chiedere una s. a qc.*; *dare, ottenere, una s.*; *pretendere una s.*; *avere una s. con qc.*; *venire a una s.*

spiegazzaménto o (*raro*) **spiegacciaménto**. s. m. ● Atto dello spiegazzare.

spiegazzàre o (*raro*) **spiegacciàre** [da *piegare*, con *s-* e suff. iter.-pegg.] **A** v. tr. ● Piegare in malo modo: *s. un foglio* | Sgualcire. **B** v. intr. pron. ● Piegarsi in malo modo | Sgualcirsi.

spiegazzatùra s. f. ● Atto, effetto dello spiegazzare.

spieggiàre [da *spiare*, con suff. iter.-ints.] v. tr. e intr. (*io spiéggio*; aus. *avere*) ● (*tosc.*) Andare spiando.

spiemontizzàre [da *Piemonte*, con *s-*] **A** v. tr. ● Rendere non piemontese o meno piemontese. **B** v. intr. pron. ● Perdere i modi, le caratteristiche piemontesi.

†**spietà** [da *pietà*, con *s-*] s. f. ● Spietanza.

†**spietànza** [da *pietanza* 'pietà', con *s-*] s. f. ● Mancanza di pietà.

spietatézza s. f. ● Qualità di chi, di ciò che è spietato.

spietàto [da *pietà*, con *s-*] agg. *1* Che è senza pietà, che non ha pietà: *essere, mostrarsi, s. verso qc.*; *tiranno s.*; *sentenza spietata* | Crudele, inesorabile: *tanto è spietata la mia sorte e dura, / che mostrar non la pon rime né verso* (BOIARDO). CONTR. Pietoso. *2* (*fig.*) Accanito, ostinato: *concorrenza spietata*; *fare una corte spietata a qc.* || **spietataménte**, avv. In modo spietato, crudele.

†**spietóso** [da *pietoso*, con *s-*] agg. ● Impietoso.

spietràre [comp. parasintetico di *pietra*, col pref. *s-*] v. tr. (*io spiètro*) ● (*agr.*) Togliere le pietre da un terreno, un pascolo e sim. per renderne più facile la coltivazione o l'uso.

spietratùra [da *spietrare*] s. f. ● (*agr.*) Atto dello spietrare.

spifferaménto s. m. ● (*raro*) Atto dello spifferare.

spifferàre [da *piffero*, con *s-*] **A** v. tr. (*io spìffero*) ● (*fam.*) Raccontare senza alcun riserbo ciò che si è visto, udito o saputo: *ha spifferato tutto* | Dire apertamente: *gli ho spifferato tutto ciò che pensavo*. SIN. Spiattellare. **B** v. intr. (aus. *avere*) ● Fischiare tra le fessure, detto di vento o sim.

spifferàta s. f. *1* Atto dello spifferare | Spiata. *2* (*raro*) Suonata di pifferi.

spìffero [da *spifferare*] s. m. ● (*fam.*) Soffio di vento proveniente da una stretta apertura: *da sotto la porta viene uno s.*

spifferóne s. m. (f. *-a*) ● (*fam.*) Chi spiffera con facilità.

spìga o †**spìca** [lat. *spīca*(*m*) 'punta', di etim. incerta] **A** s. f. *1* (*bot.*) Infiorescenza con fiori sessili inseriti su un asse allungato: *s. semplice* | *S. composta*, formata da piccole spighe o spighette. *2* (*ass.*) Correntemente, spiga di frumento: *le spighe biondeggiano*; *il grano ha messo le spighe*; *cogliere una s.* | (*pop., bot.*) *S. bianca*, pannocchina | *A s.*, a forma di spiga | *Pavimento a s.*, fatto con mattonelle che divergono obliquamente | *Tessuto a s.*, lavorato a spiga, spigato. || **spighétta**, dim. (V.). **B** in funzione di agg. inv. ● (posposto al s.) Nella loc. *punto s.*, punto di ricamo in cui i punti ripetono il motivo della spiga.

spigàme s. m. ● (*raro*) Quantità di spighe.

spiganàrdo ● V. *spigonardo*.

spigàre o †**spicàre** [lat. *spicāre*, da *spīca* 'spiga'] v. intr. (*io spìgo, tu spìghi*; aus. *essere* e *avere*) *1* Fare la spiga, detto di cereali: *il grano comincia a s. tra aprile e maggio*. *2* (*est.*) Allungarsi nella cima a mo' di spiga, perdendo freschezza, detto di ortaggi.

spigàto **A** agg. *1* (*bot.*) Che ha fiori disposti a spiga. *2* Fatto, lavorato a spiga | *Tessuto s.*, che nel disegno, per il suo intreccio diagonale, ricorda il tracciato, a componenti oblique, di una spiga. SIN. Spinato. **B** s. m. ● Tessuto spigato.

spigatùra s. f. ● Atto, effetto dello spigare | Epoca in cui i cereali spigano.

spighétta [da *spiga*] s. f. *1* Dim. di *spiga*. *2* (*bot.*) Insieme dei fiori riuniti e avvolti dalle glume che nelle Graminacee formano la spiga composta. *3* Nastro di seta o cotone intrecciato usato in sartoria o tappezzeria.

spigionaménto s. m. ● (*raro*) Atto dello spigionarsi, dell'essere spigionato.

spigionàrsi [da *pigione*, con *s-*] v. intr. pron. (*io mi spigióno*) ● Restare spigionato, sfitto: *l'appartamento si è appena spigionato.*

spigionàto part. pass. di *spigionarsi*; anche agg. *1* Nel sign. del v. *2* (*fig., tosc.*) *Avere l'ultimo piano s.*, non avere cervello.

†**spigliàre** [calco su *impigliare*, con cambio di pref. (*s-*)] v. tr. e intr. pron. ● Districare, districarsi.

spigliatézza s. f. ● Qualità di chi, di ciò che è spigliato.

spigliàto [calco su *impigliato*, con cambio di pref. (*s-*)] agg. ● Disinvolto, franco, privo di impacci: *maniere spigliate*; *parlare in modo s.* CONTR. Impacciato. || **spigliataménte**, avv. In modo spigliato, disinvolto.

spignattàre [da *pignatta*, con *s-*] v. intr. (aus. *avere*) ● (*fam.*) Darsi da fare intorno ai fornelli.

†**spìgnere** e *deriv.* ● V. *spingere* (*1*) e *deriv.*

spignoraménto s. m. ● Atto dello spignorare.

spignoràre [da *pignorare*, con *s-*] v. tr. (*io spignóro*) *1* Liberare ciò che era stato sottoposto a pignoramento. CONTR. Pignorare. *2* (*est.*) Riscattare ciò che era stato dato in pegno come garanzia di un prestito. CONTR. Impegnare.

spìgo [lat. *spīcu*(*m*), variante di *spīca* 'punta, spiga'] s. m. (pl. *-ghi*) ● (*bot.*) Lavanda.

spìgola [dim. di *spiga*, perché ha il dorso spinoso] s. f. ● Grosso pesce osseo marino dei Perciformi con due spine sull'opercolo e sulla prima pinna dorsale, carnivoro, con carni pregiate (*Dicentrarchus labrax*). SIN. Branzino.

spigolàme [da *spigolare*] s. m. ● (*raro*) Quantità di spighe | Cose spigolate.

spigolàre [da *spiga*, con suff. iter.] v. tr. (*io spìgolo*) **1** Raccattare le spighe rimaste sul campo dopo la mietitura (*spec. ass.*): *andare a s.* **2** (*fig.*) Raccogliere, ricercare, cose o fatti minuti, sparsi: *s. curiosità letterarie.*

spigolatóre s. m. (f. *-trice*) ● Chi spigola (*anche fig.*).

spigolatùra s. f. **1** Atto, effetto dello spigolare. **2** (*spec. al pl., fig.*) Fatterelli, notizie, curiosità: *spigolature di cronaca mondana.*

†**spigolìstro** [da *spigolo*, nel senso di 'arnese porta moccoli'] agg.; anche s. m. (f. *-a*) ● Bacchettone, bigotto | (*est.*) Falso, ipocrita.

spìgolo [lat. *spīculu(m)*, da *spīca*, *spīcus* 'punta'] s. m. **1** (*mat.*) *S. d'un poliedro*, uno dei lati delle facce del poliedro | *S. d'un diedro*, intersezione dei due semipiani che individuano il diedro | *S. d'un grafo*, uno degli elementi d'un grafo che congiungono due vertici | (*miner.*) Segmento che segna l'intersezione di due facce contigue di un cristallo. **2** Correntemente, parte angolare o laterale prominente di costruzioni, oggetti e sim.: *lo s. della casa, della finestra, del tavolo*; *battere, urtare, in, contro, uno s.* | *S. vivo*, non smussato. **3** (*spec. al pl., fig.*) Asprezza, ruvidezza: *smussare gli spigoli del proprio carattere* | *Essere tutto spigoli*, molto scontroso. || **spigolóne**, accr.

spigolosità s. f. **1** Caratteristica di ciò che è spigoloso. **2** (*fig.*) Durezza, asprezza.

spigolóso agg. **1** Pieno di spigoli. **2** (*fig.*) Che è difficile da comprendere e trattare: *un tipo s.*; *avere un carattere s.*

spigonàrdo o **spicanàrdi**, **spicanàrdo**, **spiganàrdo** [variante di *spiganardo*, *spicanardo*, *spicanardi*, più vicine all'origine lat. (da *spīca nārdi*, letteralmente 'la spiga del nardo')] s. m. ● (*bot.*) Lavanda coltivata.

spigóne [da *spiga*] s. m. ● (*mar.*) Asta che serve a prolungare pennone o antenna. ➡ ILL. p. 1756 TRASPORTI. || **spigoncino**, dim. | **spigonétto**, dim.

spigóso agg. ● (*raro*) Che ha molte spighe.

spigrìre [da *pigro*, con *s-*] **A** v. tr. (*io spigrìsco, tu spigrìsci*) ● Rendere meno pigro: *il lavoro lo ha spigrito.* CONTR. Impigrire. **B** v. intr. pron. e †intr. ● Diventare meno pigro.

spike /ingl. spaik/ [vc. ingl., propr. 'punta, lancia'] s. m. inv. **1** (*fis.*) Regione localizzata di un materiale che è stata danneggiata in seguito all'azione di radiazioni nucleari. **2** Segnale elettrico o sim. molto breve e intenso, la cui rappresentazione in un grafico su assi cartesiani ha una tipica forma appuntita.

spikeràggio s. m. ● Adattamento di *speakeraggio* (V.).

spìlla [lat. tardo *spīnula(m)*, dim. di *spīna*. V. *spina*] s. f. **1** (*dial.*) Spillo. **2** Gioiello che si appunta per ornamento: *una s. d'oro, di brillanti*; *s. da cravatta.* || **spillétta**, dim.

spillaccheràre [da *pillacchera*, con *s-*] v. tr. (*io spillàcchero*) ● (*tosc.*) Pulire dalle pillacchere: *spillaccherarsi i calzoni.* CONTR. Impillaccherare.

spillàio s. m. (f. *-a*) ● Chi fa o vende spilli.

spillàre (1) [da *spilla*] v. tr. ● Unire fogli di carta e sim. mediante spilli, punti metallici e sim.: *s. dei fogli.*

spillàre (2) [da *spillo*] **A** v. tr. **1** Forare con spillo la botte per cavarne vino, spec. per l'assaggio | Attingere vino dalla botte, facendolo uscire dall'apposito foro. **2** (*tecnol.*) Prelevare, fare uscire un liquido o un aeriforme da un recipiente: *s. vapore acqueo da un generatore di vapore.* **3** (*fig.*) Riuscire a prendere q.c. poco alla volta, usando la furbizia o l'inganno: *s. denaro a qc.* **4** Scoprire a poco a poco le carte da gioco che si hanno in mano, aprendole lentamente a ventaglio: *s. le carte.* **B** v. intr. (aus. *essere*, se il sogg. è il liquido, *avere* se il sogg. è il recipiente) ● (*raro*) Stillare, versarsi lentamente, detto di liquido: *il vino è spillato dalla botte*; *la botte ha spillato.*

spillàtico [da *spillo*, sul modello di *legnatico*, ecc.] s. m. (pl. *-ci*) ● In passato, parte della rendita dotale spettante annualmente alla donna per le sue spese personali in esecuzione di una apposita clausola dell'atto costitutivo di dote.

spillatrìce [da *spillare* (*1*)] s. f. ● Cucitrice, nel sign. B2.

spillatùra s. f. **1** Atto dello spillare le botti. **2** (*tecnol.*) Scarico di metallo fuso o lega metallica fusa da una siviera con foro di colata sul fondo o da un forno. **3** (*min.*) Scarico di materiale granulare da una tramoggia, per es. di un silo.

spillettóne [da *spillo*: detto così dal lunghi rostri appuntiti] s. m. ● (*bot.*) Acicula.

spìllo [da *spilla* (V.)] s. m. **1** Sottile filo di acciaio appuntito da un lato e terminante dall'altro con una capocchia: *appuntare un vestito con gli spilli*; *una scatola, una carta, di spilli* | *S. da balia, di sicurezza*, spillo doppio dotato di un fermaglio a molla che, quando lo spillo è chiuso, ne copre la punta | *A s.*, a forma di spillo, sottile e appuntito come uno spillo: *tacchi a s.* | *Colpo di s.*, (*fig.*) punzecchiatura, dispetto | *Uccidere qc. a colpi di s.*, (*fig.*) tormentarlo continuamente e sottilmente. **2** (*fig.*) Niente, con valore raff., nella loc. negativa *neanche, nemmeno uno s.* **3** Spilla: *uno s. di brillanti.* **4** Stiletto di ferro per forare le botti e assaggiarne il vino | Foro fatto sulla botte con lo stiletto. **5** Sfondatoio, per forare il cartoccio nelle artiglierie a retrocarica | *Fucile a s.*, uno dei primi sistemi di arma portatile a retrocarica | *S. di sicurezza*, congegno che impedisce lo scoppio prematuro della bomba a mano o della spoletta di un proietto d'artiglieria. **6** (*tecnol.*) Organo otturatore di valvola, carburatore e altri dispositivi: *valvola, carburatore a s.* || **spillàccio**, pegg. | **spillétto**, dim. | **spillóne**, accr. (V.).

spillóne s. m. **1** Accr. di *spillo*. **2** Lungo spillo, spesso con capocchia decorativa, usato per appuntare cappelli o abiti femminili.

spilluzzicaménto s. m. ● (*raro*) Atto dello spilluzzicare.

spilluzzicàre o (*raro*) **spelluzzicàre**, **spiluzzicàre** [di etim. incerta: da *piluccare*, con *s-* (?)] v. tr. (*io spillùzzico, tu spillùzzichi*) **1** Mangiare una vivanda a pezzetti minuti, come assaggiando, per inappetenza o ghiottoneria (*anche ass.*): *s. un pollo.* SIN. Piluccare, spizzicare. **2** (*fig.*) Racimolare | Impadronirsi di q.c. a poco a poco.

spilluzzichìno s. m. (f. *-a* nel sign. 1) **1** (*fam.*) Chi ama spilluzzicare. **2** (*fam.*) Cibo da spilluzzicare.

spillùzzico [da *spilluzzicare*] s. m. ● Solo nella loc. avv. *a s.*, a poco per volta: *lavorare, studiare, a s.*

†**spilónca** ● V. *spelonca.*

spilorcerìa s. f. ● Qualità di chi è spilorcio | Atto da spilorcio.

spilórcio [da †*pilorcio* (*2*), con *s-*] agg.; anche s. m. (f. *-a*; pl. f. *-ce*) ● Che, chi è molto avaro, anche nelle spese minute o necessarie. SIN. Taccagno, tirchio. || **spilorciaménte**, avv. Da spilorcio, con spilorceria.

spilosòma [comp. del gr. *spílos* 'macchia', e *-soma*, dal gr. *sôma* (nom. acc. nt.) 'corpo'] s. f. ● Piccola farfalla con ali chiare macchiettate, le cui larve sono diffuse e dannose a svariate piante (*Spilosoma menthastri*).

spiluccàre [da *piluccare*, con *s-*] v. tr. (*io spilùcco, tu spilùcchi*) ● (*tosc.*) Piluccare.

†**spilùnca** ● V. *spelonca.*

spilungóne [dal lat. *perlŏngu(m)* 'lunghissimo', comp. di *pĕr-* 'molto' e *lŏngus* 'lungo', con *s-*] s. m. (f. *-a*) ● Persona molto alta e magra: *una spilungona con gli occhi spauriti e malevoli* (CALVINO) || **spilungonàccio**, pegg.

spiluzzicàre ● V. *spilluzzicare.*

spin /ingl. spin/ [vc. ingl., propriamente abbr. di *spinning moment* 'momento di rotazione', da *to spin* 'ruotare'] s. m. inv. ● (*fis.*) Momento della quantità di moto, o momento angolare di una particella elementare o di un nucleo atomico: *s. elettronico, s. nucleare* | (*fis. nucl.*) *S. isobarico, isotopico*, grandezza fisica, introdotta per distinguere particelle elementari, quali nucleoni, che si comportano similmente rispetto alla forza nucleare forte ma hanno cariche elettriche diverse.

spìna [lat. *spīna(m)*, di etim. incerta] s. f. **1** (*bot.*) Formazione vegetale dura e pungente derivata dall'epidermide o da trasformazione di rami: *spine caulinari, fogliari, radicali.* **2** Correntemente, appendice lignificata del fusto di alcune piante, a punta diritta o ricurva, costituita dalle cellule epidermiche o sottoepidermiche: *le spine della rosa, del rovo*; *pungersi con una s.* SIN. Aculeo. **3** (*al pl.*) Insieme di piante o rami spinosi: *un cespuglio di spine*; *cadere fra le spine*; *corona di spine.* **4** (*fig.*) Tribolazione, cruccio, tormento: *avere una s. nel cuore, nel fianco*; *togliere una s. dal cuore*; *quel ragazzo è la loro s.* | (*fig.*) *Essere, stare, sulle spine*, in grande agitazione o ansia; a disagio. **5** (*pop.*) Dolore acuto, fitta: *mi sento una s. alla spalla destra.* **6** (*zool.*) Aculeo di ricci o istrici | Pungiglione di insetti | Lisca dei pesci | *A s. di pesce*, si dice di ciò che nel disegno, nella forma e sim. ripete il tracciato della spina di pesce: *tessuto a s. di pesce* | (*agr.*) *Sistemazione a s. di pesce*, tipo di sistemazione dei declivi | *Passo a s. di pesce*, nello sci, sistema usato per superare pendii secondo la linea di massima pendenza. **7** (*anat.*) Formazione ossea acuminata | *S. dorsale*, complesso dei processi spinosi vertebrali, colonna vertebrale; (*fig.*) carattere, coraggio | *S. bifida*, malformazione sulla parte posteriore della colonna vertebrale formata dal midollo e dalle sue membrane fuorusciti attraverso una fessurazione dell'arco vertebrale posteriore | *S. ventosa*, malattia ossea, spec. delle falangi, spesso di natura tubercolare, che dà aspetto rigonfio alle dita. **8** (*elettr.*) Organo di collegamento elettrico costituito da uno o più cilindretti metallici pieni che vanno a inserirsi in altrettanti cilindretti metallici cavi della corrispondente presa | *A s.*, detto di innesto, o di impianto spec. telefonico, in cui i collegamenti sono realizzati mediante spine e corrispondenti prese. **9** (*tecnol.*) Elemento metallico, gener. di acciaio, di forma cilindrica o troncoconica, destinato a collegare due organi o a stabilire la loro posizione relativa, inserendosi in appositi fori praticati in essi: *s. di collegamento*; *s. di riferimento, di centraggio*; *s. conica, cilindrica, a intagli, elastica, a estrazione rapida.* **10** (*tecnol.*) Dispositivo di fissaggio che si colloca fra le punte del tornio dopo avere inserito su di esso un pezzo recante un foro coassiale con la superficie da tornire esternamente: *s. conica, cilindrica, espansibile.* **11** (*tecnol.*) *S. dentata*, broccia (3). **12** In metallurgia, asta metallica rivestita di materiale refrattario e recante all'estremità il tampone di chiusura del foro di colata situato sul fondo della secchia di colata | Dispositivo di chiusura del foro di colata di un forno o di una fornace. **13** Foro della botte in cui entra la cannella per spillare il vino | La cannella stessa | *S. fecciaia*, cannella che si fa entrare nel fondo della botte per cavarne la feccia | *Birra alla s.*, spillata direttamente dalla botte o dal fusto. **14** (*archeol.*) Nell'antico circo romano, lunga barriera muraria, costituita e ornata da elementi diversi (edicola, obelischi, statue ecc.), che univa le due mete dividendo lo spazio di gara in due metà dette lizze | (*edil.*) Struttura o insieme di strutture disposte longitudinalmente rispetto ad altre strutture simili | (*edil.*) *Muro di s.*, muro maestro interno, parallelo ai due muri maestri perimetrali costituenti le facciate più lunghe dell'edificio e destinato a reggere il colmo del tetto | Muro longitudinale rispetto all'asse principale di un corpo di fabbrica. **15** (*mar.*) Golfare. || **spinòtto**, dim. m. (V.) || PROV. Non c'è rosa senza spina.

spinàcio o (*raro*) **spinàce** [dal persiano *ăspānāh*, attraverso l'ar. *isfānāğ, isfināğ*] s. m. ● Pianta erbacea delle Chenopodiacee con foglie triangolari di colore verde scuro, che si mangiano cotte (*Spinacia oleracea*) | *S. romano*, poligonacea alpina le cui foglie sono commestibili in insalata (*Rumex scutana*) | *S. buon-Enrico*, nome regionale di una specie di chenopodio.

spinacristi o **spina cristi** [adattamento del lat. *spīna Christi* 'spina di Cristo'] s. f. ● Arbusto spinoso, frequente nei luoghi marini, con bacche di forma allungata di colore rosso o giallo (*Lycium europaeum*). SIN. Agutoli, inchiodacristi, spino santo.

spinàio [da *spina*] s. m. ● (*raro*) Spineto.

spinàle [lat. tardo *spīnāle(m)*, da *spīna*. V. *spina*] agg. ● (*anat.*) Della spina vertebrale: *midollo s.* | *Nervo s.*, che nasce dal midollo vertebrale.

spinaloscòpio [comp. di *spinale* e *-scopio*] s. m. ● (*med.*) Apparecchio che permette di rilevare le alterazioni patologiche del midollo spinale mediante due tubi flessibili di fibra di vetro, uno dei quali trasmette la luce, l'altro l'immagine.

spinapésce [comp. di *spina* e *pesce*] s. m. inv. • Anticamente, lavoro in mattoni che ricorda la spina di un pesce | Ricamo a spina di pesce | *A s.*, a spina di pesce.

spinàre [da *spina*] v. tr. • Levare la lisca a un pesce: *s. una sogliola.*

spinarèllo [da *spina*] s. m. • Piccolo agilissimo pesce d'acqua dolce dei Gasterosteiformi con spine erettili sul dorso, il cui maschio costruisce il nido (*Gasterosteus aculeatus*).

spinaròlo [da *spina*] s. m. • Squalo con aculeo puntuto che precede le pinne dorsali, noto anche per le carni commestibili (*Squalus acanthias*). SIN. Spinello (2).

spinàto [da *spina*] **A** agg. ***1*** Fornito di spine, spec. nella loc. *filo s.*, filo di ferro doppio o multiplo munito di punte, per reticolato. ***2*** Fatto, lavorato a spina di pesce: *pavimento s.* | *Tessuto s.*, che nel disegno, per il suo intreccio diagonale, ricorda il tracciato della spina di pesce. SIN. Spigato. **B** s. m. • Tessuto spinato.

spinatrìce [da *spina*] s. f. • (*tecnol.*) Brocciatrice.

spinatùra (**1**) [da *spinare*] s. f. • (*fam.*) Operazione dello spinare.

spinatùra (**2**) [da *spino* (*1*) nel sign. 5] s. f. • Operazione eseguita con lo spino per rompere e agitare la cagliata durante la preparazione dei formaggi.

spincionàre [da *spincione*] v. intr. (*io spincióno* aus. *avere*) • Emettere un breve verso, detto dei fringuelli catturati da poco e ingabbiati | (*est.*) Imitare il verso dello spincione.

spincióne [da *pincione*, con *s-*] s. m. • Fringuello da richiamo.

spinellàre [den. di *spinello*] v. intr. (*io spinèllo*; aus. *avere*) • (*gerg.*) Fumare uno spinello.

spinèllo (**1**) [da *spina*, forse per la forma dei cristalli] s. m. • Minerale costituito da un ossido doppio di elementi metallici, che comunemente si presenta in ottaedri rosei o vinati, oppure limpidi, usati come gemme.

spinèllo (**2**) s. m. • Spinarolo.

spinèllo (**3**) [etim. incerta: da *spina* nel sign. 12 'cannello' (?)] s. m. • (*gerg.*) Sigaretta di marijuana o hascisc | *Farsi uno s.*, fumarlo. SIN. Canna.

spinescènte [lat. tardo *spinescente*(*m*), part. pres. di *spinescĕre* 'diventare spinoso'] agg. • (*bot.*) Che è o appare spinoso: *fusto s.* | Che termina in punta spinosa: *foglia s.*

spinètico [lat. *spinetĭcus*] agg. (pl. m. *-ci*) • Proprio della, relativo alla antica città di Spina: *vaso s.*

spinéto [lat. *spinētu*(*m*), da *spīna*. V. *spina*] s. m. • Luogo pieno di spine.

spinétta [da *spina*, la penna del salterello] s. f. • Strumento a corde pizzicate a mezzo di una tastiera fornita di tasti a leva con salterelli armati di linguette di penna di corvo o di tacchino | *S. sorda*, clavicordo. ➡ ILL. **musica**. || **spinettina**, dim.

spinettàio s. m. • Fabbricante di spinette.

spingàrda [dall'ant. fr. *espringale*, *espringarde* 'specie di balestra', da *espringuer* 'saltare', dal francone *springan* (ted. *springen*)] s. f. ***1*** Grosso fucile a canna lunga e di grande calibro, usato in passato per tiri a distanza su stormi di anatre posate. ***2*** Antica macchina da guerra che lanciava grosse pietre | Grossa arma da fuoco da posta del XV sec.

†**spingàre** o †**sprangàre** (**2**), †**springàre** [dal longob. *springan* 'saltare'] v. intr. • (*lett.*) Guizzare coi piedi, tirare calci.

spìngere (**1**) o †**pìgnere** (**2**), (*poet.*) **pìngere** (**2**), †**spìgnere** [lat. parl. **expĭngere*, comp. di *ex-* (*s-*) e *pāngere* 'ficcare', di origine indeur.] **A** v. tr. (pres. *io spìngo, tu spìngi*; pass. rem. *io spìnsi, tu spingésti*; part. pass. *spìnto*) ***1*** Esercitare una forte pressione, continua o temporanea, su qc. o su q.c. affinché si muova, si sposti e sim.: *s. un carro*; *s. un tavolo contro il muro*; *s. una persona da una parte*; *la folla lo spinse lontano*; *la corrente ha spinto la barca a riva* | *S. avanti*, sospingere | *S. dentro*, far entrare, far penetrare | *S. fuori*, fare uscire | *S. indietro*, respingere | Premere: *s. un pulsante*; *spinse l'arma nel petto del nemico* | (*mus.*) *S. l'arcata*, tirare l'arco in su. ***2*** (*fig.*) Protendere: *s. lo sguardo lontano*; *s. l'occhio fino a un dato punto.* ***3*** (*fig.*) Stimolare, indurre: *s. qc. a far male*; *il dolore lo ha spinto al suicidio.* ***4*** (*ass.*) Fare ressa, dare spinte: *nella calca tutti spingono*; *smettete di s.*; *non spingete*; *non c'è bisogno di s.* **B** v. intr. (aus. *avere*) • Fare pressione: *il fiume spinge contro gli argini.* **C** v. intr. pron. ***1*** Andare, inoltrarsi: *spingersi troppo avanti*; *si spinsero fino al Polo.* ***2*** (*fig.*) Osare: *la sua prepotenza si è spinta fino a questo punto.*

†**spìngere** (**2**) [da *pingere* (*1*) con *s-*] v. tr. • Disfare ciò che è dipinto.

spingidìsco [comp. di *spingere* (*1*) e *disco*] s. m. (pl. *-schi*) • Nelle automobili, parte della frizione che serve a spingere e premere il disco che porta il materiale d'attrito.

spingiménto o (*raro*) †**spignimento**. s. m. • (*raro*) Modo e atto dello spingere, nel sign. di *spingere* (*1*).

†**spingitóre** s. m. (f. *-trice*) • (*raro*) Chi spinge, nel sign. di *spingere* (*1*).

spingitùbo [comp. di *spingere* (*1*) e *tubo*] s. m. • (*tel.*) Attrezzo utilizzato nella posa di cavi telefonici sotterranei senza operare scavi a cielo aperto.

spinificàre [da *spina*] v. intr. (*io spinìfico, tu spinìfichi*; aus. *avere*) • (*bot.*) Modificarsi di un organo vegetale, come foglia, ramo o stipola, in spina.

spinifórme [comp. di *spina* e *-forme*] agg. • Che ha forma di spina.

spinnaker /ingl. 'spinəkə*/ [vc. ingl. di etim. discussa: da *spinx*, errata prn. di *Sphinx*, n. della prima barca a vela (?)] s. m. inv. • (*mar.*) Nelle imbarcazioni da regata, vela speciale a forma di sacco o di paracadute tesa fuori bordo per mezzo di un'asta per favorire l'azione del vento in poppa. SIN. Fiocco pallone.

spìno (**1**) [lat. *spīnu*(*m*) 'pruno', da *spīna*. V. *spina*] s. m. ***1*** (*gener.*) Pianta spinosa. ***2*** Pruno selvatico. ***3*** (*dial.*) Spina. ***4*** *S. bianco*, biancospino | *S. cervino*, alberello delle Ramnacee con foglie opposte e dentate, fiori ascellari e drupe purgative (*Rhamnus cathartica*) | *S. d'asino*, eringio | *S. nero*, prugnolo | *S. santo*, spinacristi | *S. di Giuda*, triacanto. ***5*** Utensile col quale nel caseificio si esegue la spinatura.

spìno (**2**) [da *spino* (*1*)] agg. • Spinoso, solo in denominazioni botaniche o zoologiche: *pero s.*; *porco s.*

spìnola [variante di *spigola*, da *spina*] s. f. • (*dial.*) Spigola.

spinóne [da *spina*, per la ruvidezza del pelo] s. m. • Cane da ferma rustico e vigoroso, adatto per caccia, con pelo abbondante, duro e ispido, di colore bianco, arancio o marrone.

spinosità o †**spinositàde**, †**spinositàte** s. f. • Qualità di ciò che è spinoso (*spec. fig.*).

spinóso [lat. *spinōsu*(*m*), da *spīna*. V. *spina*] **A** agg. ***1*** Pieno di spine: *ramo s.*; *pianta spinosa* | (*dial.*) *Porco s.*, porcospino. ***2*** (*fig.*) Difficile, irto di difficoltà: *linguaggio s.*; *materia spinosa* | Scabroso: *una questione spinosa* | (*raro*) Doloroso: *ha una vita spinosa.* ***3*** (*anat.*) *Processo s.*, prolungamento posteriore dell'arco delle vertebre. || **spinosétto**, dim. **B** s. m. • (*dial.*) Porcospino.

spinòtto [da *spina*] s. m. ***1*** Dim. di *spina*. ***2*** (*tecnol.*) Perno cilindrico che collega il pistone alla biella o altri organi meccanici fra loro. ***3*** (*elettr.*) Spina.

spinozìsmo [da *Spinoza*, adattamento ol. di Benedictus (ebr. Baruch) de *Spinoza*, n. di famiglia ebraica emigrata dal Portogallo, con *-ismo*] s. m. • (*filos.*) Complesso delle dottrine di B. Spinoza (1632-1677) passate nella tradizione filosofica posteriore.

spinozìsta s. m. e f. (pl. m. *-i*) • Chi segue o si ispira alla filosofia di B. Spinoza.

spìnta o †**pìnta** (**2**) [f. sost. di *spinto*] s. f. ***1*** Atto, effetto dello spingere: *la s. del vento*; *dare, ricevere, una s.*; *resistere a una s.*; *con una s. fu fatto cadere*; *a forza, a furia, di spinte*; *cacciare a spinte* | *Fare a s.*, *a spinte*, *alle spinte*, darsi delle spinte, giocando o scherzando | Impulso: *dare, darsi, una s. in avanti, verso l'alto*, e sim. ***2*** (*sport*) Nel ciclismo su strada, soccorso prestato da uno spettatore al corridore accompagnandolo e spingendolo in salita | *Mediano di s.*, nel calcio, giocatore della seconda linea particolarmente adatto a costruire il gioco di attacco. ***3*** (*fig.*) Stimolo: *senza una s. non fa nulla*; *l'orgoglio è per lui una s. a lavorare*; *questa è la s. decisiva.* ***4*** (*fig.*) Aiuto, appoggio, favoreggiamento, agevolazione: *dare una s. a qc.*; *per avere l'impiego ha bisogno di una s.*; *la sua è una buona s.*; *va avanti a forza di spinte.* ***5*** (*fis.*) Forza sulla superficie di un corpo, intensa, applicata dall'esterno e con una direzione preponderante | *S. idrostatica* o *s. di Archimede*, risultante delle forze esercitate su una superficie solida da un liquido in quiete | *S. idrodinamica*, risultante delle forze esercitate contro una superficie solida da un liquido in movimento | *S. delle terre*, azione esercitata su un muro o su un altro manufatto dal terreno contiguo. || **spintarèlla**, dim. (V.) | **spintóne**, accr. m. (V.).

spintarèlla s. f. ***1*** Dim. di *spinta*. ***2*** (*sport*) Spinta irregolare ai corridori per aiutarli nei tratti in salita. ***3*** (*fig.*) Appoggio, favoreggiamento, raccomandazione: *ci vorrebbe una s.*

spìnte [deriv. scherz. di *spinta*, sul modello dell'avv. lat. *spŏnte* 'spontaneamente'] vc. • Solo nella loc. (*scherz.*) *s. o sponte*, *di s. o di sponte*, di buona o di malavoglia, per amore o per forza.

spinterògeno [comp. del gr. *spinthḗr*, genit. *spinthêros* 'scintilla', di etim. incerta, e *-geno*] s. m. • Dispositivo costituito essenzialmente dal ruttore e dal distributore, che serve per fare arrivare ciclicamente l'alta tensione alle candele di un motore a scoppio.

spinteròmetro [comp. del gr. *spinthḗr*, genit. *spinthêros* 'scintilla', di etim. incerta, e *-metro*] s. m. • (*elettr.*) Dispositivo per provocare scariche nei gas e nei liquidi, consistente in due elettrodi, spec. sferici, tra cui si applica una tensione.

spìnto part. pass. di *spingere*; anche agg. ***1*** Nei sign. del v. ***2*** Disposto, inclinato, forzato: *sentirsi s. verso l'arte*; *si sentì s. a perdonarlo.* ***3*** Eccessivo: *fare una corte spinta a una donna* | Estremistico: *sono idee un po' troppo spinte* | Scabroso: *un discorso s.* | Piccante, salace: *barzellette spinte.*

spintonàre [da *spintone*] v. tr. (*io spintóno*) ***1*** (*sport*) Nel calcio, caricare rudemente e irregolarmente l'avversario con una spinta. ***2*** (*est.*, *gener.*) Urtare con spintoni.

spintóne s. m. ***1*** Accr. di *spinta*. ***2*** Aiuto, raccomandazione: *far carriera con gli spintoni.*

spintóre [da *spinta*] s. m. • Speciale imbarcazione, dotata di potente motore, con prora quadrata davanti a cui sono poste e collegate solidamente varie chiatte, di cui diviene apparato propulsore.

spiombàre (**1**) [da *piombo*, con *s-*] v. tr. (*io spiómbo*) ***1*** Rendere privo di piombatura | Togliere i piombini: *s. un pacco* | *S. un vagone ferroviario*, tagliare lo spago cui sono attaccati i piombini per chiusura. ***2*** (*chim.*) Privare una soluzione dei sali di piombo in essa contenuti precipitandoli con adatto reattivo.

spiombàre (**2**) [da *piombare* (*1*), con *s-*] **A** v. tr. (*io spiómbo*) ***1*** Spostare dalla linea a piombo. ***2*** (*est.*) Far cadere, gettare a terra. **B** v. intr. (aus. *avere* nel sign. 1, *essere* e *avere* nel sign. 2) ***1*** (*raro*) Spostarsi dalla linea a piombo, pendere. ***2*** Essere molto pesante: *è un carico che spiomba.*

spionàggio [dal fr. *espionnage*, da *espion* 'spia'] s. m. • Attività clandestina diretta a procurarsi notizie d'ordine politico, militare ed economico concernenti uno Stato, che, nell'interesse della sicurezza di questo, dovrebbero rimanere segrete o riservate, e a comunicarle a un altro Stato | *S. industriale*, ricerca illecita di notizie riservate o segrete relative a industrie concorrenti.

spionàre v. intr. e tr. (*io spióno*; aus. *avere*) • (*raro*) Fare la spia, lo spione.

spioncèllo [da *spione*] s. m. • Uccello dei Passeriformi delle catene montuose europee che predilige zone d'acqua e ha canto dolce e lamentoso (*Anthus spinoletta*).

spioncìno [da *spione*] s. m. • Spia di porta, per vedere senza essere visti, prima di aprire.

spióne [dal francone *spĕho*. V. *spia*] s. m. (f. *-a*) • (*spreg.*) Spia (*anche scherz.*). || **spionàccio**, accr.

spionìsmo [da *spione*, con *-ismo*] s. m. • Spionaggio.

spionìstico [da *spione*] agg. (pl. m. *-ci*) • Che si riferisce alle spie: *attività spionistica.*

spiovènte **A** part. pres. di *spiovere* (*2*); anche agg.

● Che ricade in giù: *la bocca aperta sotto i baffi spioventi ancora neri* (CALVINO) | Che ha una grande inclinazione verso terra: *tetto s.* | Nel calcio, detto di pallone lanciato, e del lancio stesso, con parabola abbastanza alta, che ricade obliquamente spec. nell'area di porta: *tiro s.*; *palla s.* **B** s. m. ***1*** Superficie superiore nella cornice della trabeazione per facilitare lo sgocciolamento delle acque | Falda inclinata di un tetto. ***2*** (*geogr.*, *raro*) Versante. ***3*** Nel calcio, tiro spiovente.

spiòvere (1) [da *piovere*, con *s-* sottrattivo] v. intr. impers. (*spiòve*; pass. rem. *spiòvve*; aus. *essere* e *avere*) ● Cessare di piovere: *è spiovuto verso sera*; *aspetto che abbia spiovuto.*

spiòvere (2) [da *piovere*, con *s-* durativo-ints.] v. intr. (coniug. come *piovere*; aus. *essere*) ***1*** Scolare, scorrere in giù, detto dell'acqua. ***2*** (*est.*) Ricadere: *i lunghi capelli le spiovono sul viso.*

†**spiovimènto** [da *spiovere* (*1*)] s. m. ● (*raro*) Cessazione della pioggia.

spìpola ● V. *pispola.*

spìppola ● V. *pispola.*

spippolàre [da *spippola*] v. tr. (*io spìppolo*) ***1*** (*tosc.*) Piluccare: *s. l'uva.* ***2*** (*raro*) Dire, comporre, cantare, e sim. con facilità e naturalezza: *s. bugie, sonetti, ariette.*

spìra [vc. dotta, dal lat. *spīra*(*m*), dal gr. *spêira* 'spirale', di origine indeur.] s. f. ***1*** Ciascuno dei giri che una curva descrive intorno a un punto iniziale, allontanandosi sempre più da esso | *A spire*, a spirale. ***2*** (*elettr.*) Conduttore elettrico avvolto una sola volta in modo da formare un poligono o, in particolare, una circonferenza. ***3*** (*al pl.*) Anelli che i serpenti formano avvolgendosi su se stessi.

spiràbile [vc. dotta, dal lat. *spirābile*(*m*) 'respirabile', da *spirāre*] agg. ● (*poet.*) Respirabile.

†**spiràcolo** o †**spiràculo** [vc. dotta, dal lat. *spirāculu*(*m*) 'spiraglio', da *spirāre*] s. m. ***1*** †Spiraglio. ***2*** (*zool.*) Fessura branchiale specializzata, la prima dopo l'arco orale, caratteristica dei Condroitti e degli Osteitti più antichi e corrispondente all'orecchio medio dei Tetrapodi. || **spiracolétto**, dim.

spiràglio [dal provz. *espiralh*, dal lat. *spirāculu*(*m*) 'spiraglio, stretta apertura', deriv. di spirāre 'soffiare, spirare'.] s. m. ***1*** Fessura attraverso la quale passano l'aria e la luce: *lo s. della finestra*; *aprire uno s.*; *guardare attraverso uno s.* | (*est.*) Soffio d'aria, raggio di luce, che passa attraverso uno spiraglio: *uno s. di luce entra dalla finestra.* ***2*** (*fig.*) Barlume, indizio: *uno s. di speranza* | (*raro*) *Aprire uno s.*, dare qualche speranza. || **spiraglino**, dim.

spiralàto [da *spirale*] agg. ● Disposto a spirale, a forma di spirale.

spiràle [da *spira*] **A** agg. ● Che è fatto a spire: *linea, molla s.* | (*astron.*) *Galassia s.*, costituita da un nucleo dal quale fuoriescono alcuni rami a forma di spirale. **B** s. f. ***1*** (*mat.*) Curva piana, caratterizzata da infiniti giri intorno a un punto: *s. di Archimede, iperbolica*; *spirali logaritmiche.* ***2*** Oggetto, struttura, formazione e sim. a forma di spirale d'Archimede: *una s. metallica*; *spirali di fumo* | *A s.*, a forma di spirale | *Molla a s.*, negli orologi, quella che regola il moto alternato del bilanciere | Correntemente anche oggetto, struttura, formazione e sim. a forma di elica geometrica | *Volo a s.*, volo ascendente o discendente lungo una traiettoria a spirale, con asse pressoché verticale. ***3*** (*fig.*) Sviluppo costante, e a intensità crescente, di un sentimento, fenomeno e sim.: *la s. dell'odio, della violenza, dell'inflazione.* ***4*** (*med.*) Dispositivo anticoncezionale intrauterino, ad azione meccanica, di varia forma e vario materiale, che ha inserita una piccolissima spirale di rame.

spiralifórme [comp. di *spirale* e *-forme*] agg. ● Che ha forma di spirale.

†**spiràme** [vc. dotta, dal lat. *spirāmen* (nom. acc. nt.) 'spiraglio', da *spirāre*] s. m. ● Spiraglio.

spiraménto [lat. *spiramĕntu*(*m*) 'soffio', da *spirāre*] s. m. ***1*** (*raro*) Atto dello spirare, nel sign. di *spirare* (*1*). ***2*** †Ispirazione.

spirànte (1) **A** part. pres. di *spirare* (*1*); anche agg. ***1*** Nei sign. del v. | *Essere, sembrare, vivo e s.*, sembrare proprio vivo | *Bronzi, marmi e sim. spiranti*, animati dall'arte. ***2*** (*ling.*) *Consonante s.*, costrittiva. **B** s. f. ● (*ling.*) Costrittiva.

spirànte (2) part. pres. di *spirare* (*2*); anche agg. ***1*** Nei sign. del v. ***2*** *Essere s.*, in agonia, morente | *Sembrare un Cristo s.*, di persona malconcia, deperita e afflitta

spirantizzàre v. tr. ● (*ling.*) Trasformare una consonante occlusiva in spirante.

spirantizzazióne [da *spirante* (*1*)] s. f. ● (*ling.*) Atto, effetto dello spirantizzare.

spiràre (1) [lat. *spirāre*, di origine onomat. V. *respirare*] **A** v. intr. (aus. *avere*) ***1*** Soffiare, detto dei venti: *spira un lieve venticello*; *non spira un alito di vento*; *oggi spira la bora* | (*fig.*) *Non spira buon vento, non spira aria buona, spira aria cattiva*, e sim., di chi si trova con persone o in ambienti maldisposti, ostili. ***2*** Esalare, emanare: *un pessimo odore spira dalla fossa*; *da questi fiori spira un grato profumo.* ***3*** Nel linguaggio biblico, emanare del Soffio o dello Spirito da Dio | Nel linguaggio teologico cristiano, procedere dello Spirito Santo dal Padre e dal Figlio. ***4*** †Respirare, alitare | (*est.*) †Vivere: *io vivo? io spiro ancora?* (TASSO). ***5*** †Fiutare, aspirare. **B** v. tr. ***1*** Emanare, spargere intorno: *il suo sguardo spira serenità*; *questi fiori spirano un grato profumo.* ***2*** (*poet.*) Ispirare: *voi spirerà l'altissimo subbietto* (LEOPARDI) | Infondere: *tu spira al petto mio celesti ardori* (TASSO). ***3*** †Esprimere, significare, dire.

spiràre (2) [lat. *expirāre*, comp. di *ĕx-* (*s-*) e *spirāre*] **A** v. intr. (aus. *essere*) ***1*** Morire, esalare l'ultimo respiro: *essere vicino a s.*; *stare per s.*; *spirò dopo lunga agonia*; *è spirato nel Signore.* ***2*** (*fig.*) Terminare, finire, scadere: *è appena spirato l'anno*; *il termine per la domanda spira oggi.* **B** v. tr. ● Nella loc. (*lett.*) †*s. l'anima*, morire.

spirazióne (1) [vc. dotta, dal lat. *spiratiōne*(*m*) 'soffio, respiro', da *spirātus* 'spirato'] s. f. ***1*** †Atto dello spirare, nel sign. di *spirare* (*1*). ***2*** †Respiro, alito | Ispirazione. ***3*** (*relig.*) *S. dello Spirito Santo*, nel linguaggio teologico cristiano, la modalità secondo la quale lo Spirito procede dal Padre e dal Figlio.

†**spirazióne** (2) [vc. dotta, dal lat. *exspiratiōne*(*m*), propriamente 'esalazione', da *expirātus* 'spirato', part. pass. di *spirare* (*2*)] s. f. ● (*raro*) Termine, fine.

spirèa [lat. *spirāea*(*m*), dal gr. *speiráia*] s. f. ● (*bot.*) Regina dei prati.

spirìfero [comp. di *spira* e *-fero*] s. m. ● Mollusco fossile a simmetria raggiata.

spirifórme [comp. di *spira* e *-forme*] agg. ● Che ha forma di spira.

Spirillàcee [da *spirillo*] s. f. pl. ● Nella tassonomia vegetale, famiglia di batteri a forma di virgola incurvati o spiralati con un flagello a un polo (*Spirillaceae*) | (al sing. *-a*) Ogni individuo di tale famiglia.

spirìllo [dim. dotto di *spira*] s. m. ● (*biol.*) Batterio filiforme, a spirale.

spiritàccio s. m. ***1*** Pegg. di *spirito* (*1*). ***2*** (*fam.*) Persona dall'ingegno vivace e arguto, piena di risorse e di inventiva.

spiritàle o †**spirtàle** [lat. tardo (eccl.) *spiritāle*(*m*), da *spīritus* 'spirito'] agg. ● (*raro*, *lett.*) Spirituale: *volti emaciati e spiritali* (D'ANNUNZIO). || †**spiritalménte**, avv. Spiritualmente.

†**spiritaménto** s. m. ● Atto dello spiritare.

spiritàre [da *spirito* (*1*)] v. intr. (*io spìrito*; aus. *essere*; raro nei tempi composti) ***1*** (*raro*) Essere ossesso, essere posseduto da uno spirito malefico. ***2*** (*fig.*) Essere fuori di sé, in preda a grande agitazione o paura: *s. dalla paura, dal freddo, dalla fame* | (*scherz.*) *Cose da fare s. i cani*, stranissime.

†**spiritatìccio** agg. ● Alquanto spiritato.

spiritàto A part. pass. di *spiritare*; anche agg. ***1*** Nei sign. del v. ***2*** Che è in preda a grande agitazione o eccitazione: *occhi spiritati*; *faccia spiritata.* ***3*** Che è pieno di vita, vivacità, energia: *bambino s.* || **spiritataménte**, avv. Da spiritato. **B** s. m. (f. *-a*) ***1*** Persona invasata da uno spirito malefico. SIN. Indemoniato, ossesso. ***2*** Persona piena di vita, vivacità, energia.

spiritèllo s. m. ***1*** Dim. di *spirito* (*1*). ***2*** (*fam.*) Persona, bambino, molto vivace. ***3*** Nelle mitologie nordiche, ciascuno dei geni o spiriti elementari che abitano i vari regni naturali.

spìritico [da *spirito* (*1*)] agg. (pl. m. *-ci*) ● Che si riferisce allo spiritismo e ai fenomeni propri dello spiritismo.

spiritìsmo [dall'ingl. *spiritism*, da *spirit* 'spirito' con *-ism* '-ismo'] s. m. ***1*** Sistema mistico-religioso fondato sulla base dell'interpretazione di fenomeni medianici e paranormali rilevati, per la prima volta, ad Hydesville, presso New York, nel XIX sec. | Movimento mondiale che derivò da tale sistema, con propria organizzazione. ***2*** Ipotesi interpretativa dei fenomeni metapsichici e paranormali | Pratica delle sedute spiritistiche, nelle quali, attraverso il medium, si prende contatto con gli spiriti e si determinano fenomeni paranormali.

spiritìsta s. m. e f. (pl. m. *-i*) ● Chi segue o pratica lo spiritismo.

spiritìstico agg. (pl. m. *-ci*) ● Che si riferisce a fenomeni propri dello spiritismo.

spìrito (1) o (*lett.*) **ispìrito**, (*poet.*) †**spirto** [vc. dotta, dal lat. *spīritu*(*m*), da *spirāre*. V. *spirare* (*1*)] s. m. ***1*** Principio immateriale attivo, spesso considerato immortale o di origine divina, che si manifesta come vita e coscienza: *le esigenze dello s.*; *l'arte è un'attività dello s.*; *i valori dello s.*; *essere dedito alle cose dello s.*; *la poesia eleva lo s.*; *nutrire il proprio s. di studi poetici*; *lo s. vince la materia.* ***2*** (*raro*) Anima, principio di vita individuale | *Rendere lo s. a Dio*, (*euf.*) morire. ***3*** (*gener.*) Anima, in quanto contrapposta al corpo e alla carne: *la vita dello s.*; *curare lo s.*; *fortificare lo s. contro le tentazioni*; *le necessità del corpo e quelle dello s.* | †*Uomo di s.*, dedito alle cose dell'anima. ***4*** Nelle religioni superiori, manifestazione ed essenza della divinità, riferita soprattutto al momento di creazione e di ordinamento del cosmo, ma anche all'ispirazione provvidenziale degli individui: *Dio è puro s.*; *lo s. di Dio si muoveva sopra le acque.* ***5*** Essenza personificata che ha vita autonoma, perché separata per morte dal corpo, o perché, per natura, priva di corpo: *gli spiriti dei morti, degli antenati, dei trapassati* | *I puri spiriti, gli spiriti celesti*, gli angeli | *Gli spiriti infernali, gli spiriti maligni*, i demoni | *Gli spiriti beati*, le anime dei beati in Paradiso | *Gli spiriti dannati*, le anime dei dannati nell'Inferno | *Lo Spirito Santo*, nella teologia cattolica, la terza delle tre persone della Trinità, che procede dal Padre e dal Figlio | (*fam.*) *Per opera e virtù dello Spirito Santo*, di cosa la cui origine è ignota. ***6*** (*est.*, *gener.*) Fantasma, spettro: *in quel luogo si vedono gli spiriti*; *avere paura degli spiriti*; *credere agli spiriti*; *evocare gli spiriti*; *quella casa è frequentata dagli spiriti.* ***7*** Rappresentazione di ciascuna delle potenze, benevole o malevole, che, nella mentalità primitiva, animano le singole realtà: *s. della foresta, della casa, del sole.* ***8*** Disposizione d'animo da cui deriva un modo d'essere e di agire: *s. cristiano, umanitario, comunitario*; *s. di carità, di giustizia, di sacrificio, di liberalità, di sopportazione* | *S. pratico*, capacità di considerare e risolvere le questioni su un piano eminentemente pratico | *S. di contraddizione*, tendenza ostinata a contraddire tutto e tutti | *S. di corpo*, sentimento di generosa solidarietà che si stabilisce fra tutti gli appartenenti a un gruppo, una società, una categoria, e sim. | *S. di parte*, partigianeria, parzialità | Inclinazione, attitudine: *avere lo s. del soldato, del conquistatore*; (*raro*) *avere lo s. della musica.* ***9*** Complesso delle facoltà morali, sentimentali, intellettuali, e sim. dell'animo umano: *avere lo s. calmo, tranquillo, inquieto, turbato, agitato*; *parlare con noi gli sollevò lo s.*; *mi sento lo s. rinfrancato da ciò che ho saputo*; *grandezza, piccolezza, meschinità, di s.*; *l'anima, il petto e il spirito li avampava* (BOIARDO) | *Bollenti spiriti*, (*fig.*) impulso istintivo d'ira, d'entusiasmo e sim. ***10*** Vivacità d'ingegno, intelligenza briosa: *avere molto s.*; *essere tutto s.* | *Presenza di s.*, capacità di sapersi comportare convenientemente in circostanze pericolose, difficili o imbarazzanti: *avere, non avere presenza di s.*; *avere la presenza di s. di fare q.c.* | Arguzia, senso dell'umorismo: *avere, non avere, s.*; *mancare di s.*; *essere pieno di s.* | *Fare dello s.*, dire cose divertenti, argute | *Persona di s.*, che accetta le battute, gli scherzi | *Povero di s.*, persona semplice; (*est.*) persona sciocca | *Battuta, motto, di s.*, frase arguta, spiritosa | (*fam.*) *S. di patata, di patate, di rapa*, tipo di umorismo insulso, che non diverte nessuno. ***11*** (*est.*) Persona, in quanto dotata di determinate facoltà morali, sentimentali, intellettuali, e sim.: *uno s. generoso, meschino, riflessivo,* *forte*; *è uno s. superiore*; *i grandi spiriti del passato* | *Un bello s.*, una persona arguta, brillante. ***12*** Complesso delle disposizioni morali, intellettuali e sim. tipiche di un'epoca o di un ambiente: *lo s. del Rinascimento*; *lo s. della nazione*; *c'è un mutamento nello s. dei tempi.* ***13*** Essenza, significato sostanziale: *lo s. di una legge*, *di un libro*; *ha falsato lo s. della poesia.* ***14*** Secondo l'antica fisiologia, fluido sottile che si credeva scorresse nel corpo umano determinandone le funzioni vitali: *s. vitale*; *s. sensitivo*, *visivo*, *auditivo.* ***15*** Nella poesia medievale, spec. nello Stilnovo, i sentimenti, le passioni umane. ***16*** (*lett.*) †Fiato, alito, respiro: *raccogliere lo s.*; *esalare l'estremo*, *l'ultimo s.* ***17*** (*poet.*) †Aria, vento. || **spiritàccio**, **pegg.** (V.) | **spiritèllo**, **dim.** (V.).

spìrito (**2**) [dal precedente, attraverso il sign. di 'esalazione'] **s. m.** ***1*** Sostanza alcolica ad alta gradazione, ottenuta per distillazione di liquidi fermentati di varia natura | *S. di vino*, ottenuto per distillazione del vino | *S. greggio*, alcol ricavato direttamente dai prodotti della fermentazione alcolica | *S. rettificato*, alcol che è stato assoggettato a trattamenti chimici per purificarlo | *S. denaturato*, alcol denaturato. ***2*** Correntemente, alcol etilico: *fornello a s.*; *ciliegie sotto s.*

spìrito (**3**) [dal precedente, calco semantico sul gr. *pnêuma*, genit. *pnéumatos* 'aspirazione', da *pnêin* 'soffiare'] **s. m.** ● Nella grammatica greca, *s. aspro* o *dolce*, segno grafico designante l'attacco vocalico aspirato o non aspirato.

†**spiritòcco** [da *spirito*] **s. m.** ● (*spreg.*) Uomo stizzoso.

spiritosàggine **s. f.** ***1*** Qualità di chi, di ciò che è spiritoso. ***2*** Atto, discorso spiritoso (*anche spreg.*).

spiritosità **s. f.** ● Spiritosaggine.

spiritóso [da *spirito* (*1*) e (*2*)] **A** **agg.** ***1*** (*raro*) Che contiene alcol, che è ricco di alcol: *bevanda spiritosa.* ***2*** Che è ricco di umorismo, arguzia, brio: *conversatore*, *narratore s.*; *risposta*, *uscita*, *frase spiritosa.* **SIN.** Brillante, brioso. ***3*** (*antifr.*) Che è improntato di uno spirito insulso o di cattivo gusto: *ma che idea spiritosa!* ***4*** †Ingegnoso, acuto: *il quesito ... ricercava qualche applicazione spiritosa* (GALILEI). || **spiritosaménte**, **avv.** **B** **s. m.** (**f.** *-a*) ● (*spreg.*) Chi fa dello spirito fuori luogo, di cattivo gusto, sgradito: *non fare troppo lo s.*

spiritrómba [comp. di *spira* e *tromba* nel sign. zoologico] **s. f.** ● (*zool.*) Nelle farfalle, l'apparato boccale succhiatore, che, in riposo, è avvolto a spirale.

spiritual /*ingl.* 'spiritʃuəl/ [vc. ingl., propriamente abbr. di *spiritual* (*song*) '(canto) spirituale'] **s. m. inv.** ● Canto popolare, corale e di ispirazione biblica, dei negri nordamericani.

spirituàle [vc. dotta, dal lat. *spirituāle*(*m*), da *spīritus* 'spirito'] **A** **agg.** ***1*** Che concerne lo spirito, spec. in contrapposizione ad animale: *facoltà spirituali* | Che si riferisce allo spirito, spec. in contrapposizione a sensuale: *amore*, *godimento*, *s.* ***2*** Che concerne lo spirito, come principio puro distinto dalla materia | *Sostanza s.*, l'anima | *Parentela s.*, quella contratta fra fedeli cattolici per vincolo di sacramento | *Potere*, *dominio s.*, quello della Chiesa cattolica sulle anime dei fedeli | *Esercizi spirituali*, pratica di ritiro e di meditazione per perfezionarsi nella vita cristiana | *Padre*, *direttore s.*, il sacerdote che assume la cura personale della vita religiosa di un fedele; nella vita monastica e regolare, chi è preposto alla direzione della vita interiore dei novizi, dei postulanti e degli studenti | *Libro*, *canto*, *laude*, *s.*, di argomento religioso. ***3*** Che nel modo di sentire, di agire, di vivere attribuisce grande importanza ai valori dello spirito: *persona s.*; *è una donna molto s.* ***4*** †Religioso, elevato, detto di persona. || **spiritualménte**, **avv.** **B** **s. m.** solo **sing.** ● Una delle due forme di giurisdizione della Chiesa cattolica sulle anime e sulle realtà del mondo: *lo s. e il temporale.* **C** **s. m.** ● (*al pl.*) Aderenti laici od ecclesiastici al movimento di povertà evangelica, di tendenze eretiche, il quale nei secoli XIII e XIV predicò il ritorno alla stretta osservanza della regola di S. Francesco d'Assisi.

spiritualìsmo [da *spirituale*, con *-ismo*] **s. m.** ● Ogni dottrina filosofica che afferma l'esistenza nell'uomo di un principio spirituale, diretta testimonianza della coscienza, dal quale è possibile desumere i dati della ricerca filosofica. **CONTR.** Materialismo.

spiritualìsta **A** **s. m. e f.** (**pl. m.** *-i*) ● Chi segue e si ispira allo spiritualismo. **B** **agg.** ● Spiritualistico.

spiritualìstico **agg.** (**pl. m.** *-ci*) ● Che concerne o interessa lo spiritualismo.

spiritualità o †**spiritualitàde**, †**spiritualitàte** [dal lat. tardo (eccl.) *spiritualitāte*(*m*), da *spirituālis* 'spirituale'] **s. f.** ***1*** Qualità di chi, di ciò che è spirituale: *quello che m'innamora del corpo è una certa s. che veggiamo in esso* (BRUNO). ***2*** Attitudine a vivere secondo le esigenze dello spirito e a dare loro preminenza | Indirizzo interno di ciascuna religione o di ciascun movimento religioso, come esperienza di vita spirituale, a prescindere dalle strutture organizzative e culturali: *la s. dell'Islam*, *del Buddhismo*, *della Compagnia di Gesù* | *Storia della s.*, indagine sugli sviluppi storici della vita spirituale di una religione.

spiritualizzaménto **s. m.** ● (*raro*) Spiritualizzazione.

spiritualizzàre **A** **v. tr.** ***1*** Rendere spirituale, ridurre su un piano puramente spirituale: *s. l'amore.* **CONTR.** Materializzare. ***2*** Idealizzare: *s. la donna amata.* **B** **v. intr. pron.** ● Rendersi spirituale, ridursi a puro spirito: *l'amore si spiritualizza nell'arte.*

spiritualizzazióne **s. f.** ● Atto, effetto dello spiritualizzare o dello spiritualizzarsi.

spiro [da *spirare* (*1*)] **s. m.** ***1*** (*poet.*) Alito, soffio. ***2*** (*poet.*) Spirito, anima. ***3*** (*poet.*, *per anton.*) Spirito Santo: *tal risonò moltiplice / la voce dello Spiro* (MANZONI).

spìro- [gr. *spêira* 'spira(le)', da una ant. base col senso fondamentale di 'avvolgere, piegare'] primo elemento ● In parole scientifiche composte, indica forma sinuosa o a spirale: *spirocheta.*

spirochèta [comp. di *spiro-* e del gr. *cháite* 'chioma'] **s. f.** ● (*biol.*) Genere di Batteri della famiglia delle Spirochetacee (*Spirochaeta*) | *S. pallida*, agente della sifilide, treponema pallido.

Spirochetàcee [da *spirocheta*] **s. f. pl.** ● (*biol.*) Famiglia di batteri con cellule relativamente grandi a forma di filo ondulato a spirale, capaci di continui movimenti (*Spirochaetaceae*).

spirochetòsi [da *spirocheta*, con *-osi*] **s. f.** ● Malattia provocata da spirochete | *S. ittero-emorragica*, infezione da leptospira, caratterizzata da ittero ed emorragie.

spirogìra [comp. di *spiro-* e *-gira*, dal gr. *gŷros* 'giro'] **s. f.** ● Alga verde delle acque stagnanti, filamentosa, contenente un cloroplasto a forma di lamina avvolta a spirale (*Spirogyra*).

spirografìa [comp. di *spir*(*are*) 'respirare' e *-grafia*] **s. f.** ● (*med.*) Metodo di registrazione grafica del volume d'aria inspirata ed espirata durante l'atto respiratorio per valutare la capacità respiratoria.

spirogràfide [comp. di *spiro-* e *-grafide*, vc. dotta dal lat. *grăphide*(*m*), dal gr. *graphís*, genit. *graphídos* 'stilo, penna'] **s. m.** ● Anellide policheta marino che vive entro tubi diritti da cui sporgono vistosi tentacoli retrattili piumosi (*Spirographis spallanzanii*).

spiroidàle [da *spiroide*] **agg.** ● Che ha forma di spirale.

spiròide [da *spiro-*, con *-oide*] **agg.** ● Spiroidale.

spirometrìa [da *spirometro*] **s. f.** ● (*med.*) Determinazione del volume d'aria inspirata ed espirata dal polmone in un profondo atto respiratorio.

spiromètrico **agg.** (**pl. m.** *-ci*) ● (*med.*) Della, relativo alla spirometria: *esame s.*

spiròmetro [comp. di *spirare* 'respirare' e *-metro*] **s. m.** ● Apparecchio per spirometria.

†**spirtàle** ● V. *spiritale.*

†**spìrto** ● V. *spirito* (*1*).

spìrula [vc. dotta, dal lat. *spīrula*(*m*), dim. di *spīra*. V. *spira*] **s. f.** ● Mollusco cefalopode marino munito di conchiglia interna a spirale e dotato di un organo luminoso impari (*Spirula peronii*).

†**spissàre** ● V. †*spessare.*

spit /*ingl.* spit/ [vc. ingl., propr. 'spiedo'] **s. m. inv.** ● (*sport*) Nell'alpinismo, speciale chiodo di sicurezza.

†**spìtamo** [vc. dotta, dal lat. *spīthama*(*m*), dal gr. *spithamḗ* 'palmo, spanna', da *spízein* 'estendere', di origine indeur.] **s. m.** ● (*raro*) Spanna, palmo.

spittinàre [di origine onomat.] **v. intr.** (*io spìttino*; aus. *avere*) ● (*tosc.*) Emettere un verso breve e acuto, detto del pettirosso.

spittinìo **s. m.** ● (*tosc.*) Atto dello spittinare continuo.

spiumacciàre [da *piumaccio*, con *s-*] **v. tr.** (*io spiumàccio*) ● (*raro*) Sprimacciare.

spiumacciàta [da *spiumacciare*] **s. f.** ● (*raro*) Sprimacciata.

spiumàre (**1**) [da *piuma*, con *s-* sottrattivo] **A** **v. tr.** ***1*** Privare delle piume. ***2*** (*fig.*) Sottrarre denaro a qc. **SIN.** Spennare. **B** **v. intr.** e **intr. pron.** (aus. intr. *avere*) ● (*raro*) Perdere le piume: *il guanciale spiuma*; *l'uccello si spiuma.*

†**spiumàre** (**2**) [da *piuma*, con *s-* durativo-ints.] **v. tr.** ● Sprimacciare.

spizzicàre [da *pizzico*, con suff. durativo-ints.] **v. tr.** (*io spìzzico*, *tu spìzzichi*) ● Spilluzzicare, pilucare (*anche ass.*).

spizzicatùra **s. f.** ● (*raro*) Atto, effetto dello spizzicare.

spìzzico [da *spizzicare*] **s. m.** (**pl.** *-chi*) ● Solo nelle loc. avv. *a s.*, *a spizzichi*, un po' per volta, a poco a poco, a piccole riprese: *pagare a s.*

splafonaménto [da *plafon*(*d*) con il pref. *s-*] **s. m.** ● Nel linguaggio commerciale, superamento di un plafond.

splancnocrànio [comp. del gr. *splánchnon* 'viscere' e *cranio*] **s. m.** ● (*anat.*) Nei Vertebrati, porzione del cranio corrispondente alle regioni orale, ioidea e laringea dei Tetrapodi o alle regioni orale, ioidea e branchiale dei Pesci.

splancnologìa [comp. del gr. *splánchnon* 'viscere' (da *splḗn* 'milza', d'etim. incerta) e *-logia*] **s. f.** ● (*med.*) Scienza che studia la parte di anatomia umana comprendente l'apparato digerente, respiratorio e urogenitale.

splancnoptòsi [comp. del gr. *splánchnon* 'viscere' (V. *splancnologia*) e *ptosi*] **s. f.** ● (*med.*) Abbassamento dei visceri, spec. di quelli addominali, per rilassamento dei legamenti di fissazione.

splash /*ingl.* splæʃ/ [vc. onomat.] **A** **inter.** ● Riproduce il tonfo di q.c. o qc. che cade in acqua. **B** **s. m. inv.** ● Nella loc.: *fare s.*, (*fig.*) subire un tracollo, fare fiasco.

splashdown /*ingl.* 'splæʃ daun/ [vc. ingl., comp. di *to splash* 'ammarare' (da *to plash* 'schizzare', d'origine germ.) e *down* 'giù' (d'origine indeur.)] **s. m. inv.** ● Ammaraggio, o istante di ammaraggio, di un veicolo spaziale o di un missile.

splatter /*ingl.* 'splætə*/ [dall'ingl. *to splatter* 'schizzare'] **s. m. inv.**; anche **agg.** ● Particolare tipo di film dell'orrore in cui per mezzo di effetti speciali si rappresentano direttamente scene raccapriccianti e spettacolari, come emorragie, ferite con armi da taglio e sim.

splebeìre [da *plebeo*, con *s-*] **v. tr.** (*io splebeìsco*, *tu splebeìsci*) ● (*raro*) Togliere la qualità di plebeo.

spleen /*ingl.* spli:n/ [vc. ingl., propriamente 'milza', considerata la sede delle emozioni umane. V. *splene*] **s. m. inv.** ● Stato di malessere, di malinconia, di totale insoddisfazione.

splendènte o †**splendiènte**. **part. pres.** di *splendere*; anche **agg.** ● Nei sign. del v. || †**splendenteménte**, **avv.**

†**splendènza** [vc. dotta, dal lat. tardo *splendentia*(*m*) 'splendore', da *splĕndens*, genit. *splendĕntis* 'splendente'] **s. f.** ● Splendore.

splèndere [vc. dotta, dal lat. *splendēre*, di origine indeur., con cambio di coniug.] **v. intr.** (**pass. rem.** *io splendéi* o *splendètti*, *tu splendésti*; aus. *essere* e *avere*; raro nei tempi composti) ***1*** Mandare vivida luce, essere intensamente luminoso: *nel cielo splendono le stelle*; *s. come l'oro*, *come la fiamma* | (*fig.*) Risplendere, rilucere: *la felicità splende nei tuoi occhi*; *i tuoi occhi splendono di felicità.* **SIN.** Brillare. ***2*** (*raro*, *fig.*) Essere insigne, illustre: *s. di gloria*, *di virtù*; *s. per insigni imprese.*

splendidézza **s. f.** ● Qualità di chi, di ciò che è splendido.

†**splendidità** [da *splendido*] **s. f.** ● (*raro*) Splendore.

splèndido o (*raro*) †**sprèndido** [vc. dotta, dal lat. *splĕndidu*(*m*), da *splendēre* 'splendere'] **A** **agg.** ***1*** Che manda vivo splendore: *sole*, *astro s.*; *luce* *splendida; una splendida giornata.* **2** Bellissimo, mirabile, stupendo: *donna, casa, splendida; possiede una splendida villa; che splendida automobile!* | (*est.*) Sfarzoso, lussuoso: *ricevimento s.; festa splendida.* **3** Ottimo, notevole: *è uno s. libro; possiede uno s. ingegno; ha fatto una splendida carriera; il film avrà uno s. successo; ha sostenuto uno s. esame; ha fatto uno s. lavoro.* **4** Munifico, liberale, largo nello spendere e nel donare: *uomo, signore s.* **5** Illustre, cospicuo: *persona di splendidi natali; ho fatto un matrimonio s.* || **splendidaménte**, avv. In modo splendido, con magnificenza. **B** s. m. (f. *-a*) ● Chi è splendido nello spendere e nel donare: *non fare troppo lo s.*

†splendiènte ● V. *splendente.*

†splendiménto [da *splendere*] s. m. ● Splendore.

splendóre o (*raro*) †**sprendóre** [vc. dotta, dal lat. *splendōre(m)*, da *splendēre* 'splendere'] s. m. **1** Luce vivida e intensa: *lo s. del sole, delle stelle; lo s. delle gemme, dell'oro; s. abbagliante.* **2** (*fig.*) Fulgore: *la bellezza di quella donna è nel pieno s.; quella donna è nel pieno s. della sua bellezza.* **3** Magnificenza, sfarzo: *lo s. di una festa, di un ricevimento, di una toilette femminile; che s. di gioielli!* **4** Ricchezza, nobiltà, fasto: *lo s. degli antenati; in quella famiglia è scomparso l'antico s.; i passati splendori; gli splendori delle corti italiane del Rinascimento.* **5** Persona, cosa, molto bella, mirabile: *che s. di ragazza!; che s. di casa!; ha una casa che è uno s.* **6** (*lett.*) Persona, cosa, che è causa di onore, lustro, vanto: *essere lo s. della patria.* **7** (*fis.*) Grandezza energetica che corrisponde alla brillanza. || **splendorùccio**, **splendorùzzo**, dim.

splène [vc. dotta, dal lat. *splēne(m)*, dal gr. *splḗn*, genit. *splēnós* 'milza', di origine indeur.] s. m. ● (*anat.*) Milza.

splenectomìa [comp. di *splen(o)*- ed *-ectomia*] s. f. ● (*chir.*) Asportazione chirurgica della milza.

splenètico [vc. dotta, dal lat. *splenēticu(m)*, da *splḗn* 'milza'] **A** agg. (pl. m. *-ci*) ● (*med.*) Splenico. **B** agg.; anche s. m. (f. *-a*) **1** (*raro*) Che, chi è affetto da male alla milza. **2** (*est.*) Che, chi ha carattere malinconico.

splènico [vc. dotta, dal lat. *splēnicu(m)*, dal gr. *splēnikós*, agg. da *splḗn*, genit. *splēnós* 'milza'] **A** agg. (pl. m. *-ci*) ● Della milza: *arteria, vena splenica.* **B** s. m. (f. *-a*) ● Chi è affetto da male alla milza.

splènio [vc. dotta, dal gr. *splēníon* 'fasciatura, compressa'] s. m. **1** (*anat.*) Muscolo del collo. ➡ ILL. p. 362 ANATOMIA UMANA. **2** (*anat.*) La porzione posteriore del corpo calloso.

splenite [vc. dotta, dal gr. *splēnítis*, genit. *splēnítidos* 'splenite', da *splḗn*, genit. *splēnós* 'milza', con sovrapposizione di *-ite* (*1*)] s. f. ● Infiammazione della milza: *s. tubercolare.*

splèno- [dal gr. *splḗn*, genit. *splēnós* 'milza' (V. *splene*)] primo elemento ● In parole composte di medicina significa 'milza': *splenomegalia.*

splenocontrazióne [comp. di *splen(e)* e *contrazione*] s. f. ● (*med.*) Contrazione della milza causata da fattori emotivi, da agenti fisici o farmacologici.

splenomegalìa [comp. di *spleno-* e *-megalia*] s. f. ● (*med.*) Aumento di volume della milza.

†splicàre ● V. *esplicare.*

split /*ingl.* split/ [vc. ingl. d'Amer., propriamente 'divisione, spaccata'] **A** s. m. inv. ● Nel bowling, colpo realizzato quando tutti i birilli non possono essere abbattuti neppure con la seconda boccia. **B** agg. inv. ● (*tecnol.*) Detto di meccanismo o dispositivo in due parti: *condizionatore d'aria in versione s.*

splitting /*ingl.* 'splitiŋ/ [vc. ingl., da *to split* 'dividere, scindere'] s. m. inv. **1** Divisione, separazione, scissione | Nel linguaggio tributario, frazionamento di un reddito fra più soggetti per ridurre le aliquote fiscali e le imposte. **2** (*fis.*) In meccanica quantistica, fenomeno per il quale livelli energetici che in condizioni normali sono degeneri vengono distinti dall'azione di una forza esterna.

†sploratóre ● V. *esploratore.*

spòcchia [di etim. incerta] s. f. ● Boria, vanteria, vanità: *essere pieno di s.; quanta s.!; che s.!*

spocchiàta [da *spocchia*] s. f. ● (*raro, tosc.*) Atto di vanità boriosa.

spocchióne s. m. (f. *-a*) ● (*raro, tosc.*) Vanitoso, borioso.

spocchióso agg. ● (*raro, tosc.*) Che è pieno di spocchia. || **spocchiosàccio**, pegg.

spoderàre [da *podere*, con *s-*] **A** v. tr. (*io spodèro*) ● Togliere da un podere: *s. i contadini.* **B** v. intr. (aus. *essere* e *avere*) ● Andare via da un podere.

spodestaménto s. m. ● (*raro*) Atto dello spodestare.

spodestàre o †**spotestàre** [da *podestà*, con *s-*] **A** v. tr. (*io spodèsto*) **1** Privare del potere, dell'autorità: *s. il re dal regno; il vecchio funzionario è stato spodestato.* **2** (*raro*) Privare della proprietà, della ricchezza: *s. qc. di tutto il denaro in suo possesso.* **B** v. intr. pron. ● (*raro*) Privarsi del dominio | Perdere la proprietà, il possesso.

spoetàre (**1**) [da *poeta*, con *s-*] **A** v. tr. (*io spoèto*) ● (*raro*) Togliere la qualifica di poeta. **B** v. intr. pron. ● Abbandonare la poesia.

spoetàre (**2**) [da *poetare*, con *s-*] v. intr. (*io spoèto*; aus. *avere*) ● (*scherz., spreg.*) Comporre grande quantità di versi.

spoetizzànte part. pres. di *spoetizzare*; anche agg. **1** Nei sign. del v. **2** Che delude, fa svanire un incanto, disgusta: *una volgarità s.*

spoetizzàre [comp. parasintetico di *poeta*, col pref. *s-*] **A** v. tr. ● Far perdere ogni disposizione poetica, ogni illusione sentimentale (*anche ass.*): *le sue parole mi hanno spoetizzata; il suo modo di parlare spoetizza* | (*est.*) Disgustare: *ha sovente un atteggiamento che spoetizza.* **B** v. intr. pron. ● Perdere ogni illusione.

spòglia (**1**) [lat. *spŏlia*, nt. pl. di *spŏlium* 'spoglia', di origine indeur.: in origine 'ritaglio'] s. f. **1** (*lett.*) Abito, vestito: *spoglie regali, sacerdotali; non è madre che sia schiva / della s. più festiva / i suoi bamboli vestir* (MANZONI) | *Sotto mentite spoglie*, con altra veste, sotto false apparenze, con altro nome | (*lett.*) †*Imbrunire la s.*, vestire il lutto. **2** (*poet.*) Cadavere, salma: *s. mortale; spoglie mortali; al ciel nuda è gita / lasciando in terra la sua bella s.* (PETRARCA). **3** Pelle che taluni animali (rettili, insetti, e sim.) perdono durante la muta: *la s. del serpente.* **4** (*lett.*) †Insieme delle foglie di un albero: *una pianta che si svelse ... / spargendo a terra le sue spoglie eccelse* (PETRARCA). **5** (*al pl.*) Armatura di guerriero vinto, presa dal vincitore in segno di vittoria: *né favor di regi / all'Itaco le spoglie ardue serbava* (FOSCOLO). **6** (*al pl., est.*) Preda, bottino: *le spoglie del Colosseo* | *Spoglie opime*, presso gli antichi Romani, quelle del re o condottiero vinto offerte agli dei; (*fig.*) ricco bottino.

spòglia (**2**) ● V. *sfoglia* (*1*).

†spogliagióne ● V. *spoliazione.*

spogliaménto [da *spogliare*] s. m. ● (*raro*) Spoliazione.

spogliàre [lat. *spoliāre*, da *spŏlium* 'spoglia'] **A** v. tr. (*io spòglio*) **1** Lasciare qc. senza uno o più indumenti, togliendoglieli uno dopo l'altro: *s. un bambino per fargli il bagno; s. qc. completamente; s. qc. delle vesti;* (*raro, lett.*) *s. le vesti a qc.* | *S. l'abito monacale, l'abito sacerdotale*, abbandonare la vita religiosa. CONTR. Vestire. **2** Privare di rivestimenti, ornamenti, e sim.: *s. l'altare dei paramenti; s. la sala degli addobbi, un guerriero delle armi, un albero delle foglie* | *S. il riso*, brillarlo. **3** (*fig.*) Rendere privo di ogni sovrastruttura, ogni elemento superfluo: *quell'autore spogliò la lingua della retorica.* **4** (*fig.*) Depredare, rubare, portare via con la violenza: *s. i nemici vinti; s. qc. di ogni avere; fu spogliato di tutti i suoi beni; i ladri gli hanno spogliato la casa* | *S. la città*, saccheggiarla | Privare di tutto il denaro: *si è fatto s. al gioco; ogni volta che gioca lo spogliano.* **5** Fare lo spoglio: *s. un testo, un documento, un vocabolario; s. la corrispondenza.* **B** v. rifl. **1** Restare senza uno o più indumenti, sfilandoseli di dosso: *spogliarsi del mantello, dei paramenti; spogliarsi in camicia; spogliarsi per andare a letto; spogliarsi nudo.* **2** Gettare la spoglia, cambiare la pelle, detto di alcuni animali: *la serpe si spoglia a primavera.* **C** v. intr. pron. **1** Privarsi di ciò che si possiede, spec. per darlo ad altri: *si è spogliato della casa; si spogliò di tutto a favore dei figli; si è spogliato di ogni avere per sistemare la famiglia.* **2** (*fig.*) Lasciare, abbandonare, deporre: *spogliarsi dei pregiudizi; chi vuol perfettamente giudicare ... deve saper spogliarsi dalla consuetudine di credere* (BRUNO). **3** Diventare spoglio: *in autunno gli alberi si spogliano.* **4** (*tosc.*) Diventare limpido, depositando la feccia, detto del vino.

spogliarellista s. f. ● Ballerina che esegue gli spogliarelli.

spogliarèllo [da *spogliare*] s. m. ● Spettacolo del teatro di varietà o dei locali notturni basato su una pantomima durante la quale una o più artiste si spogliano a ritmo di musica.

spogliàto part. pass. di *spogliare*; anche agg. ● Nei sign. del v.

spogliatóio [da *spogliare*] s. m. **1** Stanza in cui ci si può spogliare e depositare gli indumenti: *gli spogliatoi della scuola.* **2** (*tosc.*) Casetta di campagna per fermarvisi e, all'occorrenza, pernottarvi. || **spogliatoìno**, dim.

spogliatóre [lat. *spoliatōre(m)* 'depredatore', da *spoliātus* 'spogliato'] s. m.; anche agg. (f. *-trice*) ● Chi, che spoglia.

spogliatùra s. f. ● (*raro*) Atto, effetto dello spogliare o dello spogliarsi.

spogliazióne ● V. *spoliazione.*

†spogliàzza [da *spogliare*] s. f. ● Percossa data a qc. dopo averlo fatto spogliare | *Dare una s. a q.c.*, rubarla | *Dare una s. a qc.*, (*fig.*) svergognarlo.

spòglio (**1**) [agg. di *spogliare*] agg. **1** Spogliato, nudo, privo: *alberi, rami, spogli di foglie; rami spogli.* **2** (*fig.*) Esente, immune da: *essere s. di pregiudizi.*

spòglio (**2**) [da *spogliare*] s. m. **1** (*raro, lett.*) Spoliazione, privazione | (*dir.*) *Azione di s.*, azione di reintegrazione nel possesso. **2** Raccolta, ordinamento e classificazione di dati, notizie, e sim. eseguita attraverso l'analisi qualitativa e quantitativa di un dato numero di essi: *fare lo s., procedere allo s., dei giornali, della corrispondenza* | *Fare lo s. di un testo, di un autore*, leggerli per individuare determinati elementi utili ai fini di uno studio, una ricerca, e sim. | *S. delle schede*, operazione consistente nell'apertura, lettura e computo dei voti, nel corso delle attività tendenti all'accertamento dei risultati di una elezione. **3** (*dir.*) Sottrazione di un bene al suo possessore.

spòglio (**3**) [lat. *spŏliu(m)* 'spoglia, preda'] s. m. **1** Vestiario smesso: *regalare gli spogli al personale di servizio.* **2** (*poet.*) Spoglia di animale: *posa qui del leone il fero s.* (POLIZIANO) **3** †Spoglia, preda.

spòiler /'spɔiler, *ingl.* 'spɔilə*/ [vc. ingl., propriamente 'spogliatore, saccheggiatore' (da *to spoil* 'guastare, saccheggiare', dal fr. ant. *espoillier* 'spogliare')] s. m. inv. **1** (*aer.*) Disruttore. ➡ ILL. p. 1758 TRASPORTI. **2** (*autom.*) Elemento di metallo o di plastica applicato di solito alla parte posteriore di un autoveicolo per migliorarne le caratteristiche aerodinamiche, la stabilità e il consumo alle alte velocità. ➡ ILL. p. 1746 TRASPORTI. **3** (*sport*) Parte posteriore della tomaia di uno scarpone da sci o gener. di una scarpa sportiva, articolata alla parte anteriore per consentire la mobilità della caviglia. **4** (*sport*) Dispositivo in plastica che si applica a pressione a circa trenta centimetri dalla punta degli sci da discesa per evitare vibrazioni ad alte velocità e l'incrociarsi degli sci stessi.

spòla o (*lett.*) †**spuòla** [dal longob. *spōla*. V. ted. *Spule*] s. f. **1** Bobina di filato che si introduce nella navetta, per tessere | Navetta già armata, che passa avanti e indietro tra i fili dell'ordito | Spoletta di macchina per cucire | *Fare la s.*, (*fig.*) andare avanti e indietro da un luogo a un altro | *Gioco di s., lavoro di s.*, nel calcio, azione continua di spostamento di un calciatore da un settore all'altro del campo, per rifornire l'attacco e per mantenere i collegamenti tra i reparti. **2** (*dial.*) Pane di forma affusolata. **3** †Piccola nave, battelletto. || **spolétta**, dim. (V.) | **spolìno**, dim. m.

spolatrice [da *spola*] s. f. ● Macchina che avvolge i filati sulle bobine. SIN. Bobinatrice.

spolatùra [da *spola*] s. f. ● Operazione con cui si preparano le spole per i telai.

spolétta s. f. **1** Dim. di *spola*. **2** Rocchetto che si introduce nella navetta della macchina per cucire. **3** Congegno destinato a provocare l'esplosione della carica interna dei proietti | †*S. da bomba*, costituita da un tubo di legno contenente polvere nera e che si accende all'estremità esterna al momento del lancio | †*S. da granata*, simile alla precedente | †*S. a fuoco morto*, senza produzione di fiamma, per non fare individuare la direzione di provenienza della bomba | *S. a percussione*, messa in azione dall'urto del proietto contro il bersaglio | *S. a tempo*, entra in funzione allo scadere di un determinato intervallo di tempo | *S. a doppio effetto*, può funzionare sia a percussione sia a tempo. **4** (*dial.*) Forma di pane affusolata.

spolettàre v. tr. (*io spolétto*) ● Munire di spoletta un proietto o un ordigno esplosivo.

spolettificio [comp. di *spoletta* e *-ficio*] s. m. ● Fabbrica di spolette per proiettili.

spoliàrio [vc. dotta, dal lat. *spoliāriu(m)* 'spogliatoio', da *spŏlium* 'spoglia'] s. m. ● (*archeol.*) Luogo presso l'anfiteatro in cui erano svestiti i gladiatori uccisi | Spogliatoio degli stabilimenti balneari.

spoliazióne o †**spogliagióne**, (*raro*) **spogliazióne** [dal lat. *spoliatiōne(m)*, da *spoliātus* 'spogliato'] s. f. **1** Atto, effetto dello spogliare | Ingiusta appropriazione di roba altrui. **2** †Depredazione, saccheggio.

spolièra [da *spola*] s. f. ● (*tess.*) Spolatrice.

spoliticàre [da *politica*, con *s-*] v. intr. (*io spolìtico, tu spolìtichi*; aus. *avere*) ● (*raro*) Discorrere di politica in modo superficiale o incompetente.

spoliticizzàre [da *politico*, con *s-*] **A** v. tr. ● Rendere privo di caratteri politici: *s. i sindacati.* CONTR. Politicizzare. **B** v. intr. pron. ● Perdere ogni consapevolezza politica.

spoliticizzazióne [da *spoliticizzare*] s. f. ● Atto, effetto di spoliticizzare.

spollaiàre [da *pollaio*, con *s-*] **A** v. tr. (*io spollàio*) ● (*scherz.*) Nelle loc. *s. qc.*, *fare s. qc.*, distogliere qc. da ciò che sta facendo, dal luogo in cui si trova, e sim. **B** v. intr. pron. ● (*raro*) Smettere di stare appollaiato, detto di polli e sim. | Scuotersi vigorosamente le penne, detto di polli e sim.

spollinàrsi [da (*pidocchio*) *pollino* 'pidocchio dei polli', con *s-*] v. rifl. ● Scuotersi i pidocchi pollini di dosso, detto di polli e sim.

spollonàre [da *pollone*, con *s-*] v. tr. (*io spollóno*) ● (*agr.*) Sopprimere i polloni emessi dal pedale o dalle radici della pianta: *s. la vite.*

spollonatùra s. f. ● (*agr.*) Operazione dello spollonare.

spolmonàrsi [da *polmone*, con *s-* sottratt.] v. intr. pron. (*io mi spolmóno*) ● Parlare, cantare, gridare e sim. tanto forte o tanto insistentemente da affaticare i polmoni: *s. a far lezione, a spiegare, a chiamare qc.*

spolpaménto s. m. ● (*raro*) Atto dello spolpare.

spolpàre [da *polpa*, con *s-*] **A** v. tr. (*io spólpo*) **1** Levare la polpa: *s. un pollo, un osso.* **2** (*fig.*) Privare di gran parte degli averi, immiserire: *s. il popolo con le tasse; l'hanno spolpato al gioco.* **B** v. intr. pron. **1** (*raro*) Dimagrire. **2** (*fig.*) Impoverire.

spolpàto part. pass. di *spolpare*; anche agg. **1** Nei sign. del v. **2** Magro, secco: *cavallo s.* **3** (*tosc.*) Con valore raff. nelle loc. *matto, pazzo, tisico e sim. s.*, al massimo grado.

spólpo [da *spolpare*] agg. ● (*tosc.*) Spolpato, spec. con valore raff.: *matto, pazzo, tisico, s.*

spoltìglia [da *poltiglia*, con *s-*, forse per sovrapposizione di *smeriglio*] s. f. ● Polvere di smeriglio, per levigare marmi, metalli, e sim.

spoltìglio s. m. ● Spoltiglia.

†**spoltràre** v. tr. e intr. pron. ● Spoltrire.

spoltrìre [da *poltrire*, con *s-*] v. tr. e intr. pron. (*io spoltrìsco, tu spoltrìsci*) ● Spoltronire.

†**spoltronàre** v. tr. ● Spoltronire.

spoltroneggiàre [da *poltroneggiare*, con *s-*] v. intr. (*io spoltronéggio*; aus. *avere*) ● (*raro*) Fare il poltrone.

spoltronìre [da *poltrone*, con *s-*] **A** v. tr. (*io spoltronìsco, tu spoltronìsci*) ● Rendere meno poltrone. SIN. Spoltrire. **B** v. intr. pron. ● Diventare meno poltrone.

†**spolveramùra** [comp. di *spolvera(re)* e il pl. di *muro*] s. m. inv. ● (*raro*) Persona dappoco.

spolveràre (1) [da *polvere*, con *s-* sottrattivo] **A** v. tr. (*io spólvero*) **1** Pulire levando la polvere: *s. l'abito, i mobili; s. q.c. con la spazzola, col battipanni; spolverarsi le scarpe* | *S. le spalle, il groppone e sim. a qc.*, (*fig.*) bastonarlo. CONTR. Impolverare. **2** (*fig.*) Consumare tutto, mangiare con avidità: *ha spolverato un intero pollo; si è spolverato un intero pollo.* **3** (*fig.*) Rubare, portare via: *i ladri gli hanno spolverato la casa.* **4** *S. un disegno*, riprodurlo mediante la tecnica dello spolvero. **B** v. rifl. ● (*raro*) Levarsi la polvere di dosso: *sei sporco, spolverati un po'!* **C** v. intr. (aus. *avere*) ● Levare la polvere: *qui bisogna s.*

spolveràre (2) [da *polvere*, con *s-* durativo-ints.] v. tr. (*io spólvero*) ● Cospargere con una sostanza in polvere: *s. un dolce con zucchero vanigliato.*

spolveràta (1) [da *spolverare (1)*] s. f. ● Atto, effetto dello spolverare male e in fretta | *Dare una s. a qc.*, (*scherz.*) bastonarlo, redarguirlo. || **spolveratìna**, dim.

spolveràta (2) [da *spolverare (2)*] s. f. **1** Spargimento di una sostanza fine come polvere: *diede una s. di zucchero vanigliato alla torta.* **2** La sostanza così sparsa: *una s. di neve ha imbiancato i tetti della città; una s. di cacao sul cappuccino.*

spolveratóre s. m.; anche agg. (f. *-trice*) ● Chi, che spolvera, nel sign. di *spolverare (1)*.

spolveratùra (1) [da *spolverare (1)*] s. f. ● Atto, effetto dello spolverare, del togliere la polvere: *la s. dei libri; s. dei tappeti.*

spolveratùra (2) s. f. **1** Spolverata (2). **2** Farina impalpabile, spolvero. **3** (*fig.*) Conoscenza superficiale e generica, infarinatura: *ha solo una s. di scienza.*

†**spolverezzàre** e deriv. ● V. *spolverizzare* e deriv.

spolverìna s. f. ● (*abbigl.*) Spolverino (2).

spolverìno (1) [da *spolverare (1)*] s. m. **1** (*tosc.*) Piumino per togliere la polvere. **2** Piccola spazzola usata dai barbieri dopo il taglio dei capelli. **3** Vasetto bucherellato per cospargere di zucchero i dolci o spargere sostanze in polvere.

spolverìno (2) [da *polvere*, con *s-*] s. m. ● Leggero soprabito da viaggio usato un tempo per riparare gli abiti dalla polvere | Attualmente, leggero soprabito di seta, cotone e sim.

spolverìo [da *spolverare (1)*] s. m. **1** Polverio continuo. **2** (*fig.*, *scherz.*) Grande e abbondante mangiata.

spolverizzaménto s. m. ● (*raro*) Atto dello spolverizzare.

spolverizzàre o †**spolverezzàre** [da *polverizzare*, con *s-*] **A** v. tr. **1** Ridurre in polvere, polverizzare. **2** Cospargere con una sostanza in polvere: *s. una torta di zucchero.* **3** Ricavare un disegno mediante la tecnica dello spolvero. **B** v. intr. pron. ● (*raro*) Ridursi in polvere.

spolverizzatóre [da *spolverizzare*] s. m. ● (*med.*) Vaporizzatore.

spolverìzzo o †**spolverézzo**. s. m. **1** (*raro*) Atto dello spolverizzare. **2** (*raro*) Arnese per spolverizzare.

spólvero s. m. **1** (*raro*) Atto dello spolverare. **2** Strato impalpabile di sostanza polverosa: *dare lo s.* **3** Farina impalpabile che nel mulino o nel frullone vola per aria, depositandosi poi sui corpi vicini. **4** (*fig.*) Infarinatura, conoscenza superficiale: *uno s. di erudizione.* **5** (*fig.*, *raro*) Apparenza, esteriorità: *erudizione di s.; cose di s.* | *Avere dello s.*, nel gergo teatrale, recitare in modo apparentemente brillante ma superficiale, per accattivarsi il favore del pubblico meno provveduto. **6** (*tecnol.*) Particolare sistema di riporto di un disegno su una superficie, che si effettua praticando una serie di fori lungo i contorni del disegno stesso, sui quali viene successivamente passato un tampone.

spompàre [da *pompa (1)*, con *s-* priv.] **A** v. tr. (*io spómpo*) ● (*fam.*) Estenuare, sfinire | Privare di vigore, di volontà, della voglia di fare. **B** v. rifl. ● (*fam.*) Estenuarsi, sfinirsi.

spompàto part. pass. di *spompare*; anche agg. ● Nei sign. del v.

spónda [lat. *spŏnda(m)* 'legno da letto', di etim. incerta] s. f. **1** Superficie che limita lateralmente un corso d'acqua, il mare, un lago: *la s. del mare; le sponde del fiume.* **2** (*est.*, *lett.*) Regione, paese: *chiunque ... voglia o caso peregrinando adduce a queste sponde* (TASSO). **3** Bordo laterale, lato estremo: *sedersi sulla s. del letto; le sponde del carro* | Parapetto: *la s. del fosso, del ponte.* **4** Ciascuno dei quattro lati rilevati del tavolo da biliardo. **5** (*fig.*, *pop.*, *fam.*) Persona in grado di dare difesa, protezione: *farsi una s.* || **spondicìna**, dim. | **spondìna**, dim.

spondàico [vc. dotta, dal lat. *spondăicu(m)*, da *spondēus* 'spondeo'] agg. (pl. m. *-ci*) ● Nella metrica greca e latina, detto di esametro che nella quinta sede ha uno spondeo.

spondèo [vc. dotta, dal lat. *spondēu(m)*, dal gr. *spondêios*, da *spondḗ* 'libagione', perché originariamente usato durante le libagioni rituali] s. m. ● (*ling.*) Nella poesia greca e latina, piede metrico formato da due sillabe lunghe.

sponderuòla [da *sponda*] s. f. ● In falegnameria, pialletto adatto a spianare la fascia di contorno o sponda delle tavole di legno, con ceppo di larghezza ridotta e ferro largo quanto il ceppo.

spondilìte [da *spondilo*, con *-ite (1)*] s. f. ● (*med.*) Infiammazione della colonna vertebrale, in particolare dei corpi vertebrali.

spòndilo [vc. dotta, dal lat. *spŏndylu(m)* 'mollusco' e 'vertebra', dal gr. *spóndylos*, di origine indeur.] s. m. ● (*anat.*) Corpo vertebrale.

spondiloartrìte [comp. di *spondilo* e *artrite*] s. f. ● (*med.*) Artrite a carico delle articolazioni intervertebrali.

spondiloartròsi [comp. di *spondilo* e *artrosi*] s. f. ● (*med.*) Processo di artrosi localizzato alle articolazioni intervertebrali.

spondilolistèsi [vc. dotta, comp. di *spondil(o)* e del gr. *olísthēsis* 'scivolamento'] s. f. ● (*med.*) Progressivo e lento scivolamento in avanti di una vertebra rispetto alla vertebra sottostante.

spondilòsi [da *spondilo*, con *-osi*] s. f. ● (*med.*) Malattia di natura non infiammatoria delle vertebre caratterizzata da degenerazione dei dischi intervertebrali.

†**spónga** [forma ant. e dial. di *spugna*] s. f. ● (*dial.*) Spugna.

spongàta [da *sponga*, per l'aspetto] s. f. ● Dolce natalizio originario dell'Emilia, a base di marzapane, miele, canditi e frutta secca.

spòngia [V. *spugna*] s. f. ● Genere di Poriferi comprendente alcune specie, i cui scheletri di spongina vengono messi in commercio come spugne naturali.

Spongiàri [vc. dotta, dal gr. *spongía* 'spugna'. V. *spugna*] s. m. pl. ● (*zool.*) Poriferi.

spongìlla [dim. dotto, tratto dal lat. *spŏngia(m)* 'spugna'] s. f. ● Comunissima spugna silicea di acqua dolce che forma piccole masserelle grigiastre sui corpi sommersi (*Spongilla lacustris*).

spongìna [deriv. dotto del lat. *spŏngia(m)* 'spugna', con *-ina*] s. f. ● Sostanza albuminoide, costituente principale delle spugne naturali.

†**spongiosità** [da *spongioso*] s. f. ● Spugnosità.

†**spongióso** [lat. *spongiōsu(m)*, da *spŏngia* 'spugna'] agg. ● Spugnoso.

spongìte [vc. dotta, dal lat. *spongītis* (nom.), dal gr. *spongîtis*, genit. *spongítidos*, da *spongía* 'spugna'] s. f. ● (*miner.*) Pietra spugnosa e leggera.

†**spònsa** ● V. *sposa*.

sponsàle [vc. dotta, dal lat. *sponsāle(m)*, da *spōnsus*, part. pass. di *spondēre* 'promettere solennemente'. V. *sposo*] agg. ● (*lett.*) Nuziale, coniugale: *letto s.*

sponsàli [dall'agg. *sponsale* sost.] s. m. pl. **1** Promessa di futuro matrimonio. **2** (*est.*, *lett.*) Matrimonio: *solenni s.; sono stati celebrati gli s. del re.*

†**sponsalìzio** ● V. *sposalizio*.

†**spònso** ● V. *sposo*.

spònsor /'spɔnsor, *ingl.* 'spɔnsə*/ [vc. ingl., propriamente 'padrino, garante', dal lat. *spōnsor* (nom.) 'garante', der. di *spōnsus* (V. *sponsale*)] s. m. inv. ● Chi, per ricavarne pubblicità, finanzia l'attività di atleti singoli o in squadra, di cantanti o gener. artisti, l'organizzazione di spettacoli pubblici e mostre d'arte, la diffusione di trasmissioni televisive o radiofoniche | (*fig.*) Protettore, patrocinatore.

sponsorizzàre [da *sponsor*] v. tr. ● Nel mondo dello sport e dello spettacolo, finanziare con intento pubblicitario qc. o q.c. | (*fig.*) Sostenere, patrocinare.

sponsorizzàto part. pass. di *sponsorizzare*; anche agg. ● Nel sign. del v.

sponsorizzatóre [da *sponsorizzare*] s. m. (f. *-trice*); anche agg. ● Chi, che sponsorizza.

sponsorizzazióne s. f. ● Atto, effetto dello sponsorizzare qc. o q.c.

spontaneismo [da *spontaneo*] s. m. ● Comportamento o atteggiamento consistente in azioni ispirate a totale spontaneità, non fondate su principi teorici e non meditate strategicamente, tipico spec. della base di un partito politico, di un'organizzazione sindacale, di un movimento d'opinione, che tende a scavalcare le direttive e l'azione degli organi di vertice.

spontaneista [da *spontaneismo*] s. m. e f. (pl. m. *-i*) ● Chi si ispira a spontaneismo o si comporta con spontaneismo.

spontaneìstico agg. (pl. m. *-ci*) ● Di, relativo a spontaneismo. ‖ **spontaneisticaménte**, avv.

spontaneità s. f. ● Qualità di ciò che è spontaneo.

spontàneo o (*raro*) †**spontàno** [vc. dotta, dal lat. *spontāneu(m)*, connesso con l'avv. *spŏnte* 'volontariamente', di etim. incerta] agg. *1* Che si fa per proprio libero impulso, senza che vi siano costrizioni, imposizioni o sollecitazioni da parte di altri: *atto, aiuto s.*; *rinunzia, offerta, spontanea*; *il tributo di simpatia è stato s.* | *Di mia, tua, sua* ecc. *spontanea volontà*, spontaneamente, in seguito a una libera scelta. CONTR. Forzato, imposto. *2* Che nasce dal proprio animo, che è dettato dal sentimento, dall'istinto: *uno s. moto dell'animo*; *salutò con spontanea cordialità*; *quel pensiero gli venne s.*; *ha per noi un affetto sincero e s.* | Naturale, privo di artificio o finzione: *stile s.*; *espressione spontanea*. CONTR. Artificioso, innaturale. *3* Detto di fenomeno naturale che avviene per forza propria, senza l'opera dell'uomo: *moto s.*; *vegetazione spontanea* | *Combustione spontanea*, che si innesca da sola, per l'aumento di temperatura delle sostanze comburenti dovuto a fermentazione o a ossidazione da parte dell'ossigeno atmosferico | (*chim.*) Di processo che avviene con tale facilità da non richiedere alcun aiuto esterno. *4* (*ling.*) Detto di mutamento fonetico indipendente dall'influsso del contesto. *5* Detto di persona, che agisce, si esprime, e sim. in modo spontaneo: *bambino, scrittore, poeta, s.* ‖ **spontaneaménte**, avv. In modo spontaneo, senza costrizione alcuna.

spónte /lat. 'sponte/ [lat. *spŏnte* 'spontaneamente', propriamente abl. di **spŏns*, genit. *spŏntis* 'volontà', di etim. incerta] avv. *1* (*lett.*) †Spontaneamente. *2* Nella loc. (*scherz.*) *spinte o s.*, *di spinte o di s.*, di buona o di mala voglia, per amore o per forza.

†**spontóne** e *deriv.* ● V. *spuntone* e *deriv.*

spoon /ingl. spu:n/ [vc. ingl., propriamente 'cucchiaio', di origine indeur.] s. m. inv. ● (*sport*) Uno dei bastoni da golf con spatola in legno.

spopolaménto s. m. ● Atto, effetto dello spopolare o dello spopolarsi.

spopolàre [da *popolo*, con *s-*] **A** v. tr. (*io spòpolo*) *1* Rendere privo o povero di popolazione: *l'epidemia spopolò il paese*; *il fenomeno dell'urbanesimo spopola le campagne*. *2* Rendere meno affollato o frequentato: *la trasmissione televisiva di quella partita di calcio spopolò le strade cittadine*. **B** v. intr. (aus. *avere*) ● (*fam.*) Avere molto successo: *quella cantante spopola*. **C** v. intr. pron. *1* Diventare privo o povero di popolazione: *le campagne si spopolano per l'industrializzazione*. *2* Diventare meno affollato o frequentato: *le spiagge in settembre si spopolano*.

spopolàto part. pass. di *spopolare*; anche agg. ● Nei sign. del v.

spoppaménto s. m. ● (*raro*) Atto dello spoppare.

spoppàre [da *poppa* (*1*), con *s-*] v. tr. (*io spóppo*) ● Slattare, divezzare: *s. un bambino*.

spoppatùra s. f. ● (*pop.*) Spoppamento.

spòra [vc. dotta, dal gr. *sporá* 'semina', da *spéirein* 'seminare', di origine indeur.] s. f. *1* (*bot.*) Cellula riproduttiva delle Crittogame capace di originare un nuovo individuo. SIN. Sporula. ➡ ILL. **paleontologia**. *2* (*zool.*) Stadio della vita di alcuni protozoi, che consente la sopravvivenza in condizioni ambientali non favorevoli.

sporadicità s. f. ● Qualità di ciò che è sporadico.

sporàdico [vc. dotta, dal gr. *sporadikós*, da *spéirein* 'seminare'] agg. (pl. m. *-ci*) *1* Isolato, non continuo nel tempo e nello spazio: *casi sporadici*; *presenze sporadiche* | (*med.*) *Malattia sporadica*, che appare saltuariamente, senza connessione con altre malattie. CONTR. Continuo, costante. *2* (*ling.*) Detto di elemento linguistico isolato. ‖ **sporadicaménte**, avv. In modo sporadico, saltuario.

sporàle agg. ● (*bot.*) Sporico.

sporàngio [comp. di *spor(a)* e *-angio*] s. m. ● (*bot.*) Organo chiuso delle Crittogame, nel quale si formano le spore, di origine asessuale.

sporcacciόne [da *sporcare*, con suff. pegg.] agg.; anche s. m. (f. *-a*) *1* Che, chi è molto sporco: *quello s. non si lava mai*; *è un bambino s.* SIN. Sudicione. *2* Che, chi manifesta, spec. in pubblico, una sensualità volgare od oscena | Persona disonesta, immorale: *evita quello s.*; *un vecchio s.* SIN. Sudicione.

sporcàre [lat. *spurcāre*, da *spŭrcus* 'sporco'] **A** v. tr. (*io spòrco, tu spòrchi*) *1* Rendere sporco: *s. il vestito, il pavimento* | Imbrattare con cose che macchiano, insudiciano, insozzano: *s. la tovaglia di vino*; *sporcarsi la camicia di sugo*; *sporcarsi le scarpe di fango*. SIN. Imbrattare, insozzare, insudiciare, lordare, sozzare. *2* (*fig.*) Macchiare, deturpare moralmente, infamare: *s. il proprio nome*. *3* (*mar.*) *S. l'ancora*, impigliarla in cavi o catene sommerse, che ne impediscono il recupero a bordo. **B** v. rifl. e intr. pron. *1* Insudiciarsi, spec. involontariamente: *si è sporcato tutto*; *quando mangia si sporca sempre*. *2* (*fig.*) Fare q.c. di losco, vile o sim., tale da macchiare il proprio nome: *sporcarsi con un affare, in una faccenda* | Abbassarsi moralmente: *non mi sporco a trattare con voi*.

sporcàto part. pass. di *sporcare*; anche agg. ● Nei sign. del v.

sporcatóre s. m. (f. *-trice*) ● (*raro*) Chi sporca.

†**sporcherìa** [sovrapposizione di *sporco* e *porcheria*] s. f. ● Porcheria.

sporchévole agg. ● (*dial.*) Che si sporca con facilità: *abito, stoffa, s.*

sporchézza s. f. ● (*raro*) Qualità di ciò che è sporco.

sporcìzia o (*raro*) **sporchìzia** [dal lat. *spurcĭtia(m)*, da *spŭrcus* 'sporco'] s. f. *1* Qualità di chi, di ciò che è sporco. CONTR. Pulizia. *2* Cosa sporca: *togliere la s.*; *vivere nella s.* *3* (*fig.*) Cosa, azione, parola, volgare, oscena: *dire, fare, sporcizie*; *libro pieno di sporcizie*.

†**sporcìzio** s. m. ● Sporcizia.

spòrco [lat. *spŭrcu(m)* 'impuro', forse connesso con *spŭrius* 'bastardo' (V. *spurio*), di origine etrusca] **A** agg. (pl. m. *-chi*) *1* Che non è pulito: *viso s.*; *calzoni, piatti, sporchi*; *avere le mani sporche* | *Essere s.*, essersi accidentalmente insudiciato; essere abitualmente mancante di pulizia e di igiene: *il bambino è s., bisogna lavarlo*; *quella è gente sporca* | *Avere la lingua sporca*, patinosa, spec. per cattiva digestione | *Avere la fedina penale sporca*, (*fig.*) che reca annotate le condanne penali subite | (*fig.*) *Avere la coscienza sporca*, aver agito male ed esserne consapevole. SIN. Lordo, sozzo, sudicio. CONTR. Pulito. *2* Che è imbrattato, insudiciato, da cose che macchiano, insozzano, e sim.: *il foglio è s. di inchiostro*; *la tovaglia è sporca di vino*; *sei s. di unto*; *ha le mani sporche di fango*. *3* (*fig.*) Che è contrario all'onestà, alla morale, all'onore: *è una faccenda sporca*; *sono sporchi individui*; *quell'affare è s.*; *fanno una sporca politica* | *Denaro s.*, proveniente da attività criminose | Volgare, osceno, turpe: *film, libro, s.*; *parole, barzellette, sporche* | (*fam.*) *Farla sporca*, fare una cosa disonesta, senza cura o capacità di nasconderla | Nel gergo sportivo, irregolare, non perfetto: *rimbalzo s.*; *tiro s.* *4* Nella canasta, detto di ogni combinazione di sette o più carte in cui figurano uno o due jolly: *canasta sporca*. ‖ **sporchétto**, dim. | **sporchino**, dim. ‖ **sporcaménte**, avv. *1* Schifosamente. *2* Slealmente. **B** s. m. solo sing. ● Sporcizia: *togliere, levare lo s.*; *pulire dallo s.*; *vivere nello s.* CONTR. Pulito.

sporgènte **A** part. pres. di *sporgere*; anche agg. ● Nei sign. del v. **B** s. m. ● (*mar.*) Piazzale di varia forma e grandezza, attrezzato di calate di accosto, zone di deposito delle merci, vie di accesso stradali e ferroviarie, che sporge in un bacino portuale per aumentare la superficie utile all'attracco delle navi.

sporgènza s. f. *1* Qualità di ciò che è sporgente. *2* Ciò che sporge, esce in fuori: *la s. della parete*; *togliere le sporgenze*.

spòrgere [lat. *exporrĭgere*, comp. di *ĕx-* (*s-*) e *porrĭgere* 'porgere'] **A** v. tr. (pres. *io spòrgo, tu spòrgi*; pass. rem. *io spòrsi, tu sporgésti*; part. pass. *spòrto*) ● Protendere, stendere, in avanti, in fuori: *s. la testa dalla finestra*; *s. le mani verso qc. o q.c.* | (*dir.*) *S. querela*, presentarla. **B** v. intr. (aus. *essere*) ● Fare aggetto, venire in fuori: *lo scoglio sporge dal mare*; *dal muro sporge un chiodo*; *la terrazza sporge sul lago*. **C** v. rifl. ● Stendersi in avanti, in fuori: *è pericoloso sporgersi*; *sporgersi dal balcone*; *si sporge nel vuoto*.

sporgiménto s. m. ● (*raro*) Atto dello sporgere.

spòrico [da *spora*] agg. (pl. m. *-ci*) ● (*bot.*) Relativo alla spora. SIN. Sporale.

sporìdio [dim. dotto di *spora*, su modelli greci] s. m. ● (*bot.*) Spora | Basidiospora di Uredinali e Ustilaginali.

sporìfero [comp. di *sporo-* e *-fero*] agg. ● (*bot.*) Che porta spore.

sporìgeno ● V. *sporogeno*.

spòro- [gr. *sporá* 'seme', dal v. *spéirein* 'fare la semina', isolato in gr., ma di origine indeur.] primo elemento ● In parole scientifiche composte, significa 'spora', 'seme' o fa riferimento alla riproduzione: *sporocarpo, sporogonia, sporozoi*.

sporocàrpo [comp. di *sporo-* e *-carpo*] s. m. ● (*bot.*) Piccola formazione di natura fogliare che racchiude gli sporangi.

sporofillo [comp. di *sporo-* e *-fillo*] s. m. ● (*bot.*) Espansione fogliare che produce spore.

sporòfito [comp. di *sporo-* e *-fito*] s. m. ● (*bot.*) Individuo diploide che si forma dall'oosfera fecondata e produce le spore.

sporogènesi [comp. di *spora* e *genesi*] s. f. ● (*bot.*) Processo che origina spore | Formazione di una tetrade di spore aploidi da una cellula iniziale diploide.

sporògeno o **sporìgeno** [comp. di *sporo-* e *-geno*] agg. ● Che produce spore.

sporogonìa [comp. di *sporo-* e *-gonia*] s. f. ● (*bot.*) Forma di riproduzione sessuata degli sporozoi, a cui segue la formazione di spore.

sporogònio [comp. di *sporo-* e *-gonio*] s. m. ● (*bot.*) Sporofito dei muschi, formato da un piede, un filamento e una capsula.

sporologìa [comp. di *sporo-* e *-logia*] s. f. ● Disciplina che studia le spore vegetali, spec. sotto l'aspetto morfologico.

sporòlogo [comp. di *sporo-* e *-logo*] s. m. (f. *-a*; pl. m. *-gi*) ● Chi si occupa di sporologia.

Sporozòi [comp. di *sporo-* e *-zoo*] s. m. pl. ● Nella tassonomia animale, classe di Protozoi parassiti o saprofiti che alternano una riproduzione sessuata a una asessuata (*Sporozoa*) | (al sing. *-zoo*) Ogni individuo di tale classe.

sporozoite [da *sparozo(i)* col suff. *-ite* (*3*)] s. m. ● (*biol.*) Negli Sporozoi, ciascuno degli organismi derivati dallo zigote, in grado di infettare un ospite grazie anche alla capsula resistente che di solito li riveste.

†**spórre** e *deriv.* ● V. *esporre* e *deriv.*

sport /spɔrt, ingl. spɔ:t/ [vc. ingl., in origine 'divertimento', dall'ant. fr. *desport*. V. *diporto*] **A** s. m. inv. *1* L'insieme delle gare e degli esercizi compiuti individualmente o in gruppo come manifestazione agonistica o per svago o per sviluppare la forza e l'agilità del corpo: *fare dello s.*; *praticare lo s.*; *s. individuale*; *s. a squadre*; *lo s. del calcio, del pugilato*; *il ciclismo è uno s. molto diffuso* | *S. bianco*, lo sci, nelle sue varie specialità, in quanto praticato sulla neve | *S. di combattimento*, il pugilato e la scherma. ➡ ILL. p. 1281-1296 SPORT. *2* (*est.*) Divertimento, diletto, passatempo, spec. nella loc. *per s.*: *fare q.c. per s.* **B** in funzione di agg. inv. ● (posposto a un s.) Sportivo: *macchina s.*

spòrta [lat. *spŏrta(m)* 'paniere', venuto attraverso l'etr. dal gr. *spyrís*, genit. *spyrídos*, di origine indeur.] s. f. *1* Borsa grande e capace, di materiale vario, fornita di due manici, usata spec. per il trasporto delle cose acquistate per le necessità quotidiane: *avere la s. in mano*; *andare a fare la spesa con la s.*; *s. piena, vuota* | (*raro*) *Rubare sulla s.*, sulla spesa | *Cappello a s.*, con la tesa molto sporgente. *2* (*est.*) Quantità di roba contenuta in una sporta: *una s. di frutta*. *3* Grande quantità, abbondanza, nella loc. *un sacco e una s.*: *dirne*, *darne, prenderne, un sacco e una s.* ‖ **sportèlla**, dim. | **sportellina**, dim. | **sporticèlla**, dim. | **sporticciuòla**, dim. | **sporticina**, dim. | **sportina**, dim. | **sportóna**, accr. | **sportóne**, accr. m.

†**sportàre** [da *sporto (2)*] v. tr. e intr. ● Sporgere in fuori | Fare aggetto.

†**sportellàre** v. tr. ● (*raro*) Aprire uno sportello | Aprire.

sportellàto agg. *1* Fornito di sportelli. *2* Fatto come uno sportello.

sportellista s. m. e f. (pl. m. *-i*) ● Impiegato il cui lavoro si svolge a diretto contatto col pubblico, dietro uno sportello.

sportèllo [da *portello*, con *s-*] s. m. *1* Imposta girevole su cerniere verticali | Imposta, scuretto di infisso. *2* Porta di carrozza ferroviaria, automobile, aereo e veicoli in genere. *3* Piccolo uscio incluso in una porta grande. *4* Apertura attraverso la quale, nelle banche e in alcuni uffici, gli impiegati possono comunicare col pubblico: *fare la coda davanti allo s.* | *Chiudere gli sportelli*, nelle banche, sospendere operazioni e pagamenti | *S. automatico*, impianto computerizzato, collocato all'esterno di una banca, che consente a un correntista di effettuare prelievi di denaro contante, depositi, bonifici e altre operazioni bancarie, nell'intero arco delle ventiquattro ore, previa introduzione di una tessera magnetica e composizione di un numero di codice personale segreto. *5* (*est.*, *per anton.*) Ufficio di una banca a diretto contatto con il pubblico | Correntemente, filiale o agenzia di una banca: *la Cassa di risparmio delle province lombarde ha aperto altri numerosi sportelli in tutta Italia.* *6* Ognuna delle tavole laterali di un trittico che, per mezzo di cerniere, si rovesciano a coprire il dipinto. ‖ **sportellino**, dim. | **sportellóne**, accr.

sport-fisherman /*ingl.* 'spɔ:t 'fiʃəmən/ [vc. ingl., comp. di *sport* e *fisherman* 'pescatore'] s. m. inv. ● Imbarcazione, spec. grosso motoscafo, attrezzato per la pesca sportiva d'altura alla traina.

sportività s. f. ● Qualità di chi è sportivo | Spirito sportivo.

sportivo [da *sport*] **A** agg. *1* Di, dello sport: *spettacolo s.*; *manifestazione, stampa sportiva* | *Campo s.*, luogo dove si praticano gli sport all'aperto. *2* Che pratica gli sport o ne è appassionato: *un ragazzo s.* | *Spirito s.*, conforme alle norme di lealtà proprie dello sport. *3* Detto di abito particolarmente pratico, semplice e giovanile: *cappotto s.* ‖ **sportivaménte**, avv. *1* Dal punto di vista sportivo; in modo sportivo: *veste sportivamente.* *2* (*fig.*) Lealmente, cavallerescamente: *accettare sportivamente una sconfitta.* **B** s. m. (f. *-a*) ● Chi pratica gli sport o ne è appassionato: *gli sportivi del paese*; *deludere l'attesa degli sportivi*; *è un acceso s.*

spòrto (1) part. pass. di *sporgere*; anche agg. ● Nei sign. del v.

spòrto (2) [forma sost. dal precedente] s. m. *1* (*arch.*) Sporgenza dalla linea verticale del muro. SIN. Aggetto. *2* Imposta di bottega che si apre verso l'esterno: *è ora di chiudere gli sporti.* *3* Muricciolo eretto un tempo presso l'entrata di una bottega per mettervi in mostra la merce.

sportsman /*ingl.* 'spɔ:tsmən/ [vc. ingl., comp. di *sport* e *man* 'uomo'] s. m. inv. (pl. ingl. *sportsmen*) ● Chi pratica uno o più sport.

sportswear /*ingl.* 'spɔ:tswɛə*/ [vc. ingl., propr. 'abiti (*wear*) sportivi (*sports*)'] s. m. inv. ● Abbigliamento per lo sport e il tempo libero | Settore che produce tale abbigliamento. CFR. Casual.

spòrtula [vc. dotta, dal lat. *spŏrtula(m)* 'panierino', poi 'largizione', dim. di *spŏrta*. V. *sporta*] s. f. *1* Nell'antica Roma, largizione che il patrizio usava corrispondere periodicamente ai propri clienti. *2* Antica forma di compenso che il giudice aveva diritto di ricevere per il compimento di determinati atti. SIN. Propina. *3* (*gener.*, *est.*) Compenso.

spòrula [dim. di *spora*] s. f. ● (*biol.*) Spora.

sporulazióne [da *sporula*] s. f. *1* (*bot.*) Produzione di spore. *2* (*zool.*) Divisione asessuata di un individuo in numerosi individui figli.

spòṣa o (*lett.*) †**spónsa** [lat. *spōnsa(m)*, propriamente 'promessa sposa', f. sost. di *spōnsus*, part. pass. di *spondēre* 'promettere solennemente', di origine indeur.] s. f. *1* (*dial.*) Donna nubile promessa in matrimonio, fidanzata | *Promessa s.*, fidanzata. *2* Donna nel giorno nuziale: *abito, velo, da s.*; *i fiori d'arancio per la s.*; *i regali della s.*; *festeggiare la s.*; *l'arrivo della s.*; *ricevere la s.*; *baciare la s.* | (*fig.*) *S. monaca*, monaca nel giorno della sua vestizione religiosa. *3* Moglie: *dare una figlia in s. a qc.*; *andare s. a qc.*; *farsi s.*; *s. novella* | (*fig.*, *per anton.*) *La s. di Dio, di Cristo*, la Chiesa | (*fig.*) *S. di Cristo, di Gesù*, monaca, suora. *4* (*fig.*) Compagna: *la vite s. all'olmo.* *5* (*pop.*) Donna giovane, sposata da poco: *una bella s.* *6* (*zool.*) *Anatra s.*, V. *anatra.* ‖ **sposètta**, dim. | **sposina**, dim. (V.) | **sposóna**, accr. | **sposòtta**, accr.

spoṣalizio o †**sponsalizio** [forma sost. dal lat. tardo *sponsalīciu(m)* 'che riguarda gli sponsali', tratto da *sponsālis* 'sponsale'] s. m. *1* Cerimonia delle nozze: *celebrare lo s.*; *lo s. avrà luogo domani* | *Lo s. del mare*, antica cerimonia della repubblica di Venezia in cui il doge celebrava le nozze simboliche fra questa e il mare gettando un anello fra le onde. *2* †Promessa di matrimonio.

spoṣaménto s. m. ● (*raro*) Atto dello sposare.

spoṣàre [lat. tardo *sponsāre*, propriamente 'fidanzarsi, fidanzare', da *spōnsus* 'promesso'. V. *sposa*] **A** v. tr. (*io spòṣo*) *1* Prendere per marito: *sposa il suo primo amore*; *l'ha sposato contro il volere del padre*; *se l'è sposato a ogni costo* | *S. Gesù*, farsi monaca. *2* Prendere in moglie: *sposa una ricca vedova*; *ha sposato la cugina*; *anche se povera se l'è sposata lo stesso.* *3* Unire in matrimonio, celebrare il matrimonio: *li ha sposati il sindaco*; *ci sposò il parroco.* *4* Dare in moglie: *ha sposato la figlia a un uomo anziano.* *5* (*raro*) Dare in marito: *ha sposato il figlio a una brava ragazza.* *6* †Promettere in matrimonio | †Dare promessa di matrimonio. *7* (*raro*, *fig.*) Mescolare, congiungere: *s. la scienza alla filosofia.* *8* Abbracciare, sostenere, nelle loc.: *s. una causa, un'idea, un partito*, e sim. **B** v. intr. (aus. *avere*) ● (*dial.*) Unirsi in matrimonio: *sposano domenica*; *hanno sposato in municipio.* **C** v. intr. pron. e rifl. rec. *1* Unirsi in matrimonio: *si è sposata con un ottimo partito*; *si sposano oggi.* *2* (*raro*, *fig.*) Mescolarsi, congiungersi.

spoṣàto **A** part. pass. di *sposare*; anche agg. ● Nei sign. del v. **B** s. m. (f. *-a*) ● Persona sposata: *gli sposati e i celibi*; *le sposate e le nubili.*

†**spoṣeréccio** [da *sposare*] agg. ● Nuziale.

spoṣina s. f. *1* Dim. di *sposa.* *2* Giovane sposa | Donna appena sposata. *3* †Novizia, giovane che si prepara alla vita monastica. *4* Uccello degli Anseriformi a vivi colori e con bel ciuffo sul capo, originario dell'America sett. (*Aix sponsa*). SIN. Anatra sposa.

spoṣino s. m. *1* Dim. di *sposo.* *2* Sposo da poco tempo. *3* (*al pl.*) Sposi da pochissimo tempo.

spòṣo o (*lett.*) †**spónso** [lat. *spōnsu(m)* 'promesso sposo', part. pass. sost. di *spondēre* 'promettere solennemente'. V. *sposa*] s. m. *1* (*dial.*) Uomo celibe promesso in matrimonio, fidanzato | *Promesso s.*, fidanzato | *I promessi sposi*, i fidanzati. *2* Uomo nel giorno nuziale: *abito da s.*; *i regali dello s.*; *l'arrivo dello s.*; *lo s. ha baciato la sposa.* *3* Marito: *andare s. a qc.*; *s. novello* | *S. della Chiesa*, Gesù, secondo l'interpretazione cristiana del Cantico dei Cantici. *4* (*al pl.*) L'uomo e la donna nel giorno nuziale: *ecco gli sposi!*; *evviva gli sposi!*; *gli sposi escono dalla chiesa* | Marito e moglie, spec. sposati da poco: *sposi novelli*; *sono sposi da un anno.* ‖ **sposétto**, dim. | **sposino**, dim. (V.).

spossaménto s. m. ● Atto, effetto dello spossare o dello spossarsi | Spossatezza.

spossànte part. pres. di *spossare*; anche agg. ● Nei sign. del v.

spossàre [da *possa*, con *s-*] **A** v. tr. (*io spòsso*) ● Togliere forza, vigore, energia: *la fatica lo ha spossato*; *questo caldo ci spossa.* SIN. Debilitare, estenuare, fiaccare, sfibrare. **B** v. intr. pron. ● Perdere forza, vigore, energia.

spossatézza [da *spossato*] s. f. ● Grande debolezza, prostrazione di forze.

spossàto part. pass. di *spossare*; anche agg. ● Nei sign. del v. ‖ †**spossataménte**, avv.

spossatóre s. m.; anche agg. (f. *-trice*) ● (*raro*) Chi, che spossa.

†**spossedére** [da *possedere*, con *s-*] v. tr. ● Spossessare.

spossessaménto [da *spossessare*] s. m. ● Atto, effetto dello spossessare o dello spossessarsi.

spossessàre [da *possesso*, con *s-*] **A** v. tr. (*io spossèsso*) ● Privare del possesso o della proprietà di dati beni. **B** v. rifl. ● Privarsi di ciò che si ha.

spostàbile agg. ● Che può essere spostato.

spostaménto s. m. *1* Atto, effetto dello spostare o dello spostarsi | *S. di fronte*, nel calcio, cambiamento di fronte; contrattacco. *2* (*mar.*) Dislocamento.

spostàre [da *posto*, con *s-*] **A** v. tr. (*io spòsto*) *1* Rimuovere qc. o q.c. dal posto, la posizione, la condizione in cui si trova o che gli è abituale: *s. una sedia, un armadio*; *s. un impiegato da un ufficio a un altro* | Differire: *hanno spostato l'orario della conferenza.* *2* (*fig.*) Recare danno, dissestare: *questo imprevisto mi sposta.* *3* (*mus.*) Trasportare in altro tono. *4* (*mar.*) Dislocare. **B** v. rifl. ● Muoversi dal posto, dalla posizione, che si occupa o che è abituale, detto di persona: *spostati ché devo passare*; *da Roma mi sposterò a Napoli*; *si è spostato in un altro ufficio* | *Non spostarsi di un passo*, restare immobile al proprio posto; (*fig.*) restare fermo sulle posizioni prese. **C** v. intr. pron. e pop. intr. (aus. *essere*) ● Muoversi dal luogo o dalla posizione abituale, detto di cosa: *la lancetta si è spostata*; *l'accento si sposta sull'ultima sillaba.*

spostàto **A** part. pass. di *spostare*; anche agg. ● Nei sign. del v. **B** s. m.; anche agg. (f. *-a*) ● Chi, che per motivi dovuti ad avvenimenti esterni, a fattori sociali, ereditari, psicologici, interiori e sim. non riesce a realizzarsi nella vita pratica, e si trova costantemente in una condizione di vita diversa da quella che avrebbe voluto, gli sarebbe convenuta, e sim.: *la guerra ha formato molti spostati*; *i figli di genitori simili non possono essere altro che degli spostati*; *ragazzi spostati*; *gioventù spostata.*

spostatùra s. f. *1* (*raro*) Atto, effetto dello spostare. *2* (*fig.*, *tosc.*) Sgarbo: *fare una s. a qc.* ‖ **spostaturàccia**, pegg.

spot (1) /*ingl.* spɔt/ [vc. ingl., propriamente 'punto, macchia'] s. m. inv. *1* Spazio o comunicato pubblicitario televisivo o radiofonico. *2* (*elettron.*) Punto luminoso che appare su uno schermo fluorescente per azione di un pennello elettronico.

spot (2) /*ingl.* spɔt/ [abbrev. della vc. ingl. *spotlight* 'faro', 'proiettore orientabile'] s. m. inv. ● Proiettore atto a concentrare un fascio luminoso su un'area assai limitata, usato spec. sulle scene teatrali e negli studi fotografici, cinematografici e televisivi, nelle mostre, nei musei e sim. | (*est.*, *autom.*) *S. di lettura*, piccola lampada orientabile montata sul cruscotto o sul soffitto di talune autovetture e destinata alla lettura notturna di carte stradali e sim. senza arrecare fastidio al guidatore | Nell'arredamento, faretto.

†**spotestàre** ● V. *spodestare.*

spottista s. m. e f. (pl. m. *-i*) ● Chi produce uno spot pubblicitario per la televisione.

sprànga [dal longob. *spanga* 'sbarra', con sovrapposizione del got. **sparra*] s. f. *1* Sbarra di ferro o legno, traversa, per chiudere, tener serrati usci o sim.: *mettere la s. all'uscio* | (*est.*) *S. della stadera, della bilancia*, braccio | (*pop.*, *fig.*) *Mettere una s. alla bocca*, fare silenzio, imporre silenzio. *2* (*tosc.*) Filo di ferro con cui si riparano terraglie rotte. ‖ **spranghétta**, dim. (V.).

sprangàio [da *spranga*] s. m. ● (*tosc.*) Artigiano ambulante che con fili di ferro rimette insieme terraglie rotte.

sprangàre (1) [da *spranga*] v. tr. (*io sprànɡo, tu sprànghi*) *1* Mettere la spranga, sbarrare, chiudere con spranga: *s. l'uscio.* *2* (*tosc.*) Rimettere insieme i cocci delle terraglie con fil di ferro. *3* Colpire, percuotere qc. con una spranga.

†**sprangàre (2)** ● V. †*spingare.*

sprangàta [da *spranga*] s. f. ● Colpo dato con una spranga.

sprangàto part. pass. di *sprangare* (*1*); anche agg. ● Nei sign. del v.

sprangatùra s. f. ● Atto, effetto dello sprangare, nel sign. di *sprangare* (*1*) | (*est.*) Ciò che serve a sprangare.

spranghétta s. f. *1* Dim. di *spranga.* *2* (*pop.*, *fig.*) Peso alla testa, mal di capo. ‖ **spranghettina**, dim.

spràtto [dal francone *sprat*, che è dall'ingl. *sprat*] s. m. ● Pesce dei Clupeidi affine all'aringa ma più piccolo, commestibile sia fresco che salato o affumicato (*Clupea sprattus*).

spray /'sprai, *ingl.* 'sprei/ [vc. ingl., propriamente 'spruzzo, getto vaporizzato'] **A** s. m. inv. *1* Dispositivo per spruzzare mediante nebulizzazione o polverizzazione sostanze liquide, spec. prodotti di bellezza, profumi, insetticidi, e sim.: *dare il profumo con lo s.* *2* (*est.*) La sostanza liquida che si spruzza mediante lo spray: *dare lo s. sui capelli*; *dà un po' di s. nella stanza.* **B** in funzione di agg. inv. • (posposto al s.) Detto di prodotto fornito di spray: *profumo in confezione s.*; *bombola s.* | (*est.*) Detto di sostanza liquida che si spruzza mediante lo spray: *deodorante, insetticida, lacca s.*

†**sprazza** s. f. • (*raro*) Sprazzo.

†**sprazzare** [da *sprizzare, spruzzare*, vc. di origine onomat.] v. tr. *1* Spruzzare. *2* (*raro*) Spargere, aspergere.

sprazzo [da †*sprazzare*] s. m. *1* Spruzzo: *gli sprazzi delle onde.* *2* Raggio di luce repentino e fuggevole: *uno s. di sole.* *3* (*fig.*) Lampo: *ebbe uno s. d'intelligenza* | Manifestazione repentina e fuggevole di un sentimento: *uno s. di gioia.* || **sprazzetto**, dim.

spreadsheet /*ingl.* 'spred ʃi:t/ [vc. ingl., comp. di *sheet* 'foglio (di carta)' e *spread* 'disteso, allungato'] s. m. inv. • (*elab.*) Foglio elettronico.

sprecamento s. m. • (*raro*) Atto dello sprecare.

sprecare [di etim. discussa: lat. parl. **dispergicāre*, iter. da *dispĕrgere* 'gettare (*spărgere*) via (*dĭs-*)'. V. *spargere*] **A** v. tr. (*io sprèco, tu sprèchi*) • Usare malamente e inutilmente, consumare senza ottenere alcun frutto: *s. tempo, fatica*; *spreca la sua intelligenza in studi meschini* | Spendere male: *s. il denaro* | (*fig.*) *S. il fiato, le parole*, parlare inutilmente | *S. l'inchiostro*, scrivere inutilmente | (*sport*) *S. una palla, un pallone*, nel calcio, basket, tennis e sim., sbagliare, mancare un tiro, un lancio, spec. quando questo sia facile o determinante per il risultato finale. **B** v. intr. pron. *1* Rivolgere le proprie capacità, le proprie energie, a uno scopo che non le merita: *si spreca in lavori banali.* *2* (*dial.*) Fare q.c. in modo meschino, limitato, inadeguato alle reali possibilità: *si è sprecato a farmi un regalo!*; *non ti sei certo sprecato a studiare!*

sprecato part. pass. di *sprecare*; anche agg. • Nei sign. del v.

sprecatore s. m. (f. *-trice*) • (*raro*) Chi spreca.

†**sprecatura** s. f. • Spreco.

spreciso [da *preciso* con *s-* neg.] agg. • Che rivela trascuratezza e negligenza: *lavoro s.*; *esecuzione sprecisa.*

spreco s. m. (pl. *-chi*) • Atto, effetto dello sprecare, consumo inutile: *s. di tempo, di denaro, di luce*; *fare s. di energie*; *che s.!*; *non posso vedere gli sprechi*; *bisogna finirla con gli sprechi* | *A s.*, in grande quantità: *in quella casa di libri ce n'è a s.*

sprecone agg.; anche s. m. (f. *-a*) • Che, chi spreca.

spregevole [da *spregiare*] agg. • Che merita disprezzo: *uomo, condotta, s.* CONTR. Pregevole. || **spregevolmente**, avv. In modo spregevole, con senso di disprezzo.

spregevolezza [da *spregevole*] s. f. • (*lett., raro*) Qualità di chi, di ciò che è spregevole: *la s. del suo comportamento*; *la s. dello stile, della merce.*

†**spregiamento** s. m. • Atto dello spregiare.

†**spregianza** [da *spregiare*] s. f. • (*raro*) Dispregio.

spregiare [da *pregiare*, con *s-* V. *dispregiare*] **A** v. tr. (*io sprègio*) • Non tenere in pregio, considerare privo di pregio: *s. gli onori, le ricchezze*; *chi spesso giura con animo ... fallace s'avvezza a ... s. la religione* (ALBERTI). CONTR. Apprezzare, pregiare. **B** v. rifl. • (*raro*) Svalutarsi, trascurarsi.

spregiativo [da *spregiare*] **A** agg. *1* Che mostra o esprime disprezzo: *frase spregiativa.* *2* (*ling.*) Detto di forma alterata di un sostantivo o di un aggettivo che designa un oggetto considerato con disprezzo. || **spregiativamente**, avv. In modo spregiativo; in funzione spregiativa: *usare spregiativamente un aggettivo.* **B** s. m. • (*ling.*) Forma spregiativa di un aggettivo o di un sostantivo.

spregiato part. pass. di *spregiare*; anche agg. • Nei sign. del v. || **spregiatamente**, avv. In modo spregiato; trascuratamente.

spregiatore s. m.; anche agg. (f. *-trice*) • (*lett.*) Chi, che spregia.

sprègio [da *spregiare*] s. m. *1* Disprezzo: *mostrare s. per qc. o per q.c.* | *Avere in s.*, *a s.*, disprezzare, spregiare. *2* Atto che dimostra disprezzo: *recar s. a qc.*; *fare degli spregi*; *sopportare uno s.*; *il non averti salutato è stato uno s.*

†**spregionare** • V. *sprigionare*.

spregiudicare [da *pregiudicare*, con *s-*] **A** v. tr. (*io spregiùdico, tu spregiùdichi*) • (*raro*) Rendere libero da pregiudizi o preconcetti. **B** v. intr. pron. • Diventare libero da pregiudizi o preconcetti.

spregiudicatezza s. f. • Qualità di chi è spregiudicato | Comportamento da persona spregiudicata.

spregiudicato [da *pregiudicato*, con *s-*] **A** agg. • Libero da, privo di pregiudizi, preconcetti e sim.: *discorso, contegno s.* | Che non ha o mostra di non avere scrupoli d'indole morale o religiosa: *giovane s.* || **spregiudicatamente**, avv. **B** s. m. (f. *-a*) • Persona spregiudicata: *fare la spregiudicata*; *atteggiarsi a s.*

†**spregiuro** • V. *spergiuro (2)*.

†**spregnare** [calco su *impregnare*, con cambio di pref. (*s-* sottratt.)] v. intr. • Sgravare.

sprèlla • V. *asperella*.

sprèmere [lat. parl. **exprĕmere*, rideterminazione dal classico *exprĭmere* 'cacciare (*prĕmere*) fuori (*ĕx-*)'. V. *premere*] v. tr. (pass. rem. *io spreméi* o *sprémètti, tu spreméstí*; part. pass. *sprèmùto*) *1* Premere, stringere, schiacciare q.c. per trarne il liquido in essa contenuto: *s. un'arancia, un limone, le olive*; *s. il succo di un'arancia*; *s. l'olio delle olive* | *S. il sugo da q.c.*, (*fig.*) trarne l'essenza | (*fig.*) *S. lacrime*, muovere al pianto | (*fig.*) *Spremersi il cervello, le meningi*, pensare a lungo e intensamente, affaticarsi con la mente per risolvere un problema o superare una difficoltà. *2* (*fig.*) Far sborsare denaro, sfruttare finanziariamente: *s. i cittadini con le tasse*; *quel disgraziato spreme i suoi genitori* | *S. denaro a qc., da qc.*, ottenerlo con furbizia o raggiro. *3* (*raro*) †Esprimere.

spremiagrumi [comp. di *spremere* e *agrumi*] s. m. • Spremitoio per agrumi. SIN. Spremilimoni.

spremifrutta [comp. di *spremere* e *frutta*] s. m. inv. • Spremitoio, per estrarre il succo della frutta.

spremilimoni [comp. di *spremere* e il pl. di *limone*] s. m. • Spremiagrumi.

spremitoio [da *spremere*] s. m. • Utensile da cucina e bar per spremere frutta contenenti succo.

spremitore [da *spremere*] s. m.; anche agg. (f. *-trice*) • Chi, che spreme.

spremitura s. f. • Atto, effetto dello spremere.

spremuta [f. sost. di *spremuto*] s. f. *1* Atto dello spremere in una volta: *dare una s. a un'arancia.* *2* Bibita ottenuta da una spremitura: *s. di limone, d'arancia.*

spremuto part. pass. di *spremere*; anche agg. *1* Nei sign. del v. *2* *Trattare, gettare, come un limone s.*, disinteressarsi di qc. o q.c. dopo averne tratto tutto il profitto che si poteva.

†**sprèndido** • V. *splendido*.

†**sprèndore** • V. *splendore*.

spretarsi [da *prete*, con *s-*] v. intr. pron. (*io mi sprèto*) • Lasciare l'abito e la condizione di prete.

spretato **A** part. pass. di *spretarsi*; anche agg. • Nei sign. del v. **B** s. m. • Chi ha lasciato l'abito e la condizione di prete.

†**sprèto** [vc. dotta, dal lat. *sprētu(m)*, part. pass. di *spĕrnere* 'disprezzare'. V. †*spernere*] s. m. • Spregio, spec. nella loc. *in s. a*, contro: *commettere q.c. in s. alla legge.*

sprezzabile [da *sprezzare*] agg. • (*raro, lett.*) Disprezzabile.

sprezzamento s. m. • (*raro*) Atto dello sprezzare.

sprezzante part. pres. di *sprezzare*; anche agg. *1* Nei sign. del v. *2* Che sente e mostra disprezzo, che è pieno di alterigia: *essere, mostrarsi, s.*; *gesto, sguardo, frase, s.* || **sprezzantemente**, avv. In modo sprezzante, con evidente disprezzo.

sprezzare [lat. parl. **expretiāre*, da *prĕtium* 'stima', con *ĕx-* (*s-*). V. *disprezzare*] **A** v. tr. (*io sprèzzo*) • (*lett.*) Disprezzare, non curare, tenere a vile: *il mio cor lasso ogni altra vista sprezza* (PETRARCA). **B** v. rifl. • (*lett.*) Tenersi a vile, trascurarsi.

sprezzato part. pass. di *sprezzare*; anche agg. • (*raro*) Nel sign. del v.

sprezzatore s. m.; anche agg. (f. *-trice*) • (*raro*) Chi, che sprezza.

sprezzatura [da *sprezzare*] s. f. *1* Qualità di chi, di ciò che è sprezzante | Atteggiamento sprezzante. *2* Maniera negletta e disinvolta di fare, dire e sim. propria, di chi è molto sicuro di sé: *questa virtù ... contraria alla affettazione, ... noi per ora chiamiamo s.* (CASTIGLIONE).

†**sprezzévole** [da *sprezzare*] agg. • (*raro*) Spregevole.

sprèzzo [da *sprezzare*. V. *disprezzo*] s. m. • Disprezzo: *trattare con s.* | Noncuranza: *agire con s. del pericolo.*

sprigionamento s. m. • Atto dello sprigionare o dello sprigionarsi.

sprigionare o †**spregionare** [da *prigione*, con *s-*] **A** v. tr. (*io sprigióno*) *1* (*raro*) Liberare dalla prigione. SIN. Scarcerare. CONTR. Imprigionare. *2* (*fig.*) Emettere, dar fuori: *questa sostanza sprigiona un pessimo odore.* **B** v. rifl. • (*raro, lett.*) Svincolarsi. **C** v. intr. pron. • Uscir fuori, spec. con impeto: *dalla stufa si sprigiona un po' di calore*; *un fiotto d'aria si sprigionò dal tubo.*

sprillare [vc. di origine onomat.] v. intr. (aus. *essere*) • (*raro*) Sprizzare, zampillare.

sprimacciare [da *spiumacciare*] v. tr. (*io sprimàccio*) • Scuotere, battere con le mani un guanciale, un materasso, e sim., perché la lana o la piuma che lo riempiono si distribuiscano uniformemente nella fodera. SIN. Spiumacciare.

sprimacciata s. f. • Atto dello sprimacciare.

†**sprìmere** e *deriv.* • V. *esprimere* e *deriv.*

spring /*ingl.* spriŋ/ [vc. ingl., propriamente 'scatto, molla, cavetto', di origine indeur.] s. m. inv. • (*mar.*) Cavetto d'acciaio, molto robusto e maneggevole, usato spec. per facilitare le manovre di navi ormeggiate alla banchina.

†**springare** • V. †*spingare*.

sprinkler /*ingl.* 'spriŋklə*/ [vc. ingl., propriamente 'spruzzatore', da *to sprinkle* 'spruzzare' (d'origine germ.)] s. m. inv. • Speciale valvola, comprendente un fusibile e un ugello, destinata a spruzzare automaticamente l'acqua quando la temperatura dell'ambiente dove è installata supera una data temperatura, azionando simultaneamente una campana d'allarme | *Impianto a s.*, impianto antincendio automatico, costituito da una rete di tubazioni, applicate ai soffitti degli ambienti da proteggere e recanti più sprinkler, prescritto come protezione di navi, grandi magazzini, autorimesse e sim.

sprint /*ingl.* sprint/ [vc. ingl., propriamente 'scatto'] **A** s. m. inv. • (*sport*) Scatto improvviso, accelerazione brusca della velocità che un corridore o un cavallo compiono in un certo momento di una corsa, spec. quello finale | Capacità di compiere tale scatto: *mancare di s.* | *Avere dello s.*, (*fig.*) essere capace di concludere in maniera rapida e brillante un'azione, un'impresa e sim. **B** in funzione di agg. inv. (posposto al s.); anche s. f. inv. • Detto di automobile, dotata di caratteristiche tecniche che ne migliorano, rispetto al normale, la velocità, la ripresa, la prestazione in salita: *vettura s.*; *guidare una s.*

sprintare [da *sprint*] v. intr. (aus. *avere*) • Effettuare uno sprint.

sprinter /'sprinter, *ingl.* 'sprintə*/ [vc. ingl., propriamente 'velocista', da *sprint*] s. m. e f. inv. • (*sport*) Scattista, velocista | Cavallo da corsa particolarmente dotato per lo scatto e la velocità.

sprizzare o †**sbrizzare** [vc. d'origine onomat. V. †*sprazzare, spruzzare*] **A** v. intr. (aus. *essere*) • Scaturire, zampillare, uscire impetuosamente, detto di liquidi: *l'acqua sprizza dalla fontana*; *il sangue sprizzò dalla ferita.* **B** v. tr. *1* Emettere, far scaturire impetuosamente: *la sua ferita sprizza sangue.* *2* (*fig.*) Manifestare vivacemente un dato modo di essere, un sentimento, e sim.: *s. salute da tutti i pori*; *uno sguardo che sprizza allegria*; *l'ingegno di Dante sprizza poesia anche dove meno si aspetterebbe* (CROCE).

sprizzo [da *sprizzare*] s. m. *1* Getto impetuoso di liquido: *uno s. di sangue.* *2* (*fig.*) Manifestazione breve e vivace di un sentimento, un modo di essere, e sim.: *uno s. di allegria.*

†**sprocco** [dal longob. *sproh* 'germoglio'] s. m. (pl. *-chi*) *1* Ramo secco. *2* Pollone, germoglio.

sprofondaménto s. m. *1* Atto, effetto dello sprofondare | Parte sprofondata. *2* (*geol., geogr.*) Depressione dovuta al cedimento di alcuni strati della crosta terrestre. *3* (*raro, fig.*) †Avvilimento.

sprofondàre [da *profondo*, con *s-*] **A** v. tr. (*io sprofóndo*) ● Precipitare nel profondo: *Dio sprofondò il demonio* | Far cadere rovinando: *il terremoto ha sprofondato il paese.* **B** v. intr. (aus. *essere*) *1* Cadere nel profondo: *la nave sprofondò negli abissi marini*; *il tetto è sprofondato sotto il peso della neve* | Cadere rovinando: *tutte le case sono sprofondate per il terremoto.* CONTR. Emergere. *2* Aprirsi, formare una voragine: *il pavimento è sprofondato*; *il terreno sprofondò sotto di noi.* *3* Affondare per un buon tratto in q.c. di molle, cedevole: *s. nel fango, nella neve, nella melma.* *4* (*fig.*) Lasciarsi vincere da q.c.: *s. nel dolore, nell'angoscia.* **C** v. rifl. *1* Abbandonarsi, lasciarsi andare su q.c.: *sprofondarsi in un divano, in una poltrona.* *2* (*fig.*) Immergersi, lasciarsi assorbire da un lavoro, un'attività, e sim.: *sprofondarsi nello studio, nel lavoro, nella lettura.*

sprofondàto part. pass. di *sprofondare*; anche agg. ● Nei sign. del v.

†**sprofondatóre** s. m.; anche agg. (f. *-trice*) ● Chi, che sprofonda.

sprofóndo [dev. di *sprofondare*] s. m. *1* Sprofondamento | Cavità profonda. *2* (*geol.*) Cedimento degli strati calcarei di terreni alluvionali che si verifica in una pianura al piede di montagne calcaree. *3* In speleologia, cavità più o meno profonda, prodotta, spec. in zone carsiche, dal crollo delle volte di caverne.

†**sprolongàre** ● V. †*sprolungare.*

sproloquiàre v. intr. (*io sprolòquio*; aus. *avere*) ● Parlare inutilmente, dire sproloqui.

sprolòquio [vc. dotta, dal lat. *prolŏquiu(m)*, da *prōloqui* 'esprimere', con *s-*] s. m. ● Discorso lungo, enfatico e inconcludente.

†**sprolungaménto** [da *sprolungare*] s. m. ● Prolungamento.

†**sprolungàre** o (*raro*) †**sprolongàre** [da *prolungare*, con *s-*] v. tr. e intr. pron. ● Prolungare.

sprométtere [da *promettere*, con *s-*] v. tr. e intr. (coniug. come *promettere*; aus. *avere*) ● (*fam.*) Disdire quanto si era promesso: *promettere e s.*

spronàre o (*raro*) †**speronàre** [da *sprone*] v. tr. (*io spróno*) *1* Stimolare il cavallo con gli sproni per incitarlo a muoversi, a correre (*anche ass.*): *s. il cavallo*; *s. contro, verso, addosso a qc.*; *s. via.* *2* (*fig.*) Stimolare, incitare: *s. qc. a studiare, allo studio*; *quella gentil ch'a dir lo sprona* (POLIZIANO).

spronàta [da *spronare*] s. f. *1* Colpo di sprone. *2* (*fig.*) Incitamento: *ha bisogno di una s.* || **spronatìna**, dim.

spronàto part. pass. di *spronare*; anche agg. ● Nei sign. del v.

spronatóre s. m.; anche agg. (f. *-trice*) ● (*raro*) Chi, che sprona (*spec. fig.*).

spróne [variante di *sperone*] s. m. *1* Sperone nel sign. 1 | *Dar di s., dar di sproni*, ai cavalli, spronarli | *A spron battuto*, velocemente, di gran corsa; (*fig.*) in gran fretta: *andarsene, fuggire, a spron battuto*; *fare q.c. a spron battuto.* *2* (*fig.*) Stimolo, incitamento: *essere, servire, di s. a qc.*; *non aver bisogno di sproni.* *3* (*abbigl.*) Rettangolo di tessuto che, spec. nelle camicie maschili e in certe camicette sportive femminili, scende dalle spalle sul dorso e sul petto. SIN. Carré. *4* Arnese di cucina, formato da una rotellina a punte infilata in un manico, con la quale si taglia la sfoglia di pasta. *5* (*bot.*) *S. di cavaliere*, speronella. *6* (*anat.*) Struttura che sporge bruscamente dalla superficie piana di un organo, a esempio di un osso: *s. occipitale.* *7* V. *sperone* per tutti gli altri sign. || **spronétto**, dim.

spronèlla ● V. *speronella.*

spropiàre ● V. *espropriare.*

sproporzionàle [da *proporzionale*, con *s-*] agg. ● (*raro*) Non proporzionale. CONTR. Proporzionale. || **sproporzionalménte**, avv. Senza proporzione.

sproporzionalità s. f. ● (*raro*) Qualità di ciò che è sproporzionale.

sproporzionàre [da *proporzionare*, con *s-*] v. tr. (*io sproporzióno*) ● (*raro*) Rendere sproporzionato, togliere la proporzione. CONTR. Proporzionare.

sproporzionàto [da *proporzionato*, con *s-*] agg. *1* Che manca di proporzione: *il peso è s. all'altezza*; *la reazione è sproporzionata all'azione.* CONTR. Proporzionato. *2* (*est.*) Esagerato, eccessivo: *prezzo s.* || **sproporzionataménte**, avv. In modo sproporzionato, senza proporzione.

sproporzióne [da *proporzione*, con *s-*] s. f. ● Mancanza di proporzione, discordanza delle proporzioni tra loro: *c'è molta s. tra peso e altezza.* CONTR. Proporzione.

†**spropositàggine** s. f. ● (*raro*) Sproposito.

spropositàre v. intr. (*io spropòsito*; aus. *avere*) ● (*raro*) Fare, dire, scrivere, spropositi.

spropositàto part. pass. di *spropositare*; anche agg. *1* Nei sign. del v. *2* Pieno di spropositi, di sbagli: *lettera spropositata*; *discorso s.* *3* (*fig.*) Troppo grande, enorme: *naso s.*; *altezza spropositata* | Eccessivo (anche con valore raff.): *spesa spropositata*; *ricco s.* || **spropositataménte**, avv. In modo spropositato, eccessivamente.

spropòsito [da *proposito*, con *s-*] s. m. *1* Atto, cosa, fuor di proposito, contraria alla convenienza e alla saggezza: *è stato uno s. sposarsi così giovane*; *ha fatto lo s. di non accettare* | *Fare, commettere, uno s.*, un'azione grave, non meditata ma dettata dall'ira: *sapete cosa vi dico? Che mi fate fare uno s.!* (VERGA) | *Dire uno s., degli spropositi*, cose imprudenti, temerarie | *A s.*, fuori di proposito, inopportunamente: *parlare, rispondere, a s.* *2* Errore, grosso sbaglio: *uno s. di grammatica*; *un grave s.*; *uno s. madornale*; *un compito pieno di spropositi*; *uno s. da prendere con le molle*; *dire, fare un sacco di spropositi.* *3* Quantità enorme, eccessiva: *consuma uno s. di luce*; *ha mangiato uno s. di dolci* | Somma enorme, esagerata: *l'ho pagato uno s.*; *per quell'oggetto ho speso uno s.* || **spropositàccio**, pegg. | **spropositóne**, accr. | **spropositùccio**, dim.

spropriàre ● V. *espropriare.*

†**sprovàre** [da *provare*, con *s-*] v. tr. ● Esperimentare, provare.

†**sprovedùto** ● V. *sprovveduto.*

sprovincializzàre [da *provincia*, con *s-*] **A** v. tr. ● Togliere il carattere provinciale: *la permanenza all'estero lo ha sprovincializzato.* **B** v. intr. pron. ● Perdere i caratteri, gli aspetti provinciali: *gli abitanti della zona si sono sprovincializzati*; *la cultura del paese tarda a sprovincializzarsi.*

sprovincializzazióne s. f. ● Atto, effetto dello sprovincializzare e dello sprovincializzarsi.

sprovvedére [da *provvedere*, con *s-*] **A** v. tr. (coniug. come *provvedere*) ● (*raro, lett.*) Rendere, lasciare sfornito: *né volendo i Francesi s. lo Stato di Milano* (GUICCIARDINI). **B** v. rifl. ● Privarsi di ciò di cui si è provvisti: *sprovvedersi di ogni avere.*

sprovvedutézza s. f. ● Qualità di chi è sprovveduto: *la s. di certi lettori.*

sprovvedùto o (*lett.*) †**sprovedùto** [da *provveduto*, con *s-*] **A** agg. *1* Che manca della preparazione necessaria ad affrontare determinate situazioni: *essere s. di fronte alla vita* | (*est.*) Che ha scarse doti intellettuali o culturali: *il pubblico s.*; *rivolgersi ai lettori più sprovveduti*; *è gente sprovveduta.* CONTR. Provveduto. *2* †Impreveduto, improvviso | *Alla sprovveduta*, (*ell.*) inaspettatamente, alla sprovvista. || **sprovvedutaménte**, avv. *1* In maniera sprovveduta. *2* †Improvvisamente, inaspettatamente. **B** s. m. (f. *-a*) ● Persona sprovveduta.

sprovvìsto part. pass. di *sprovvedere*; anche agg. *1* Nei sign. del v. *2* Nella loc. *alla sprovvista*, in modo improvviso, di sorpresa: *cogliere qc. alla sprovvista*; *essere preso alla sprovvista.*

sprùe /'sprue, *ingl.* spru:/ [vc. ingl., di etim. incerta] s. f. inv. ● Malattia cronica dell'apparato digerente, caratterizzata da diarrea, anemia e profondo dimagramento.

†**sprunàre** [da *pruno*, con *s-*] v. tr. e intr. pron. ● Disprunare.

spruzzabiancherìa [comp. di *spruzza(re)* e *biancheria*] s. m. inv. ● Piccolo recipiente, di materiale e forma vari, munito di coperchio bucherellato, che contiene l'acqua con cui si aspergono i panni da stirare.

spruzzàglia [da *spruzzare*] s. f. ● (*raro*) Insieme di spruzzi | Pioggia breve e leggera.

spruzzaménto s. m. ● Atto dello spruzzare.

spruzzàre [di origine onomat. V. †*sprazzare*, *sprizzare*] v. tr. *1* Spargere una sostanza liquida a spruzzi, a piccole gocce: *s. acqua sul viso a qc.* *per farlo rinvenire*; *s. un po' di profumo sui capelli.* *2* Aspergere, bagnare, con spruzzi di sostanza liquida: *s. qc. d'acqua*; *spruzzare i capelli di profumo*; *s. la biancheria per stirarla*; *spruzzarsi il vestito di fango.* *3* (*est.*) Spargere sopra: *s. lo zucchero su una torta*; *s. una torta di zucchero.*

spruzzàta s. f. *1* Atto dello spruzzare o dell'essere spruzzato, spec. sommariamente: *una s. d'acqua di Colonia*; *una s. di cacao.* *2* (*fig.*) Pioggia leggera e minuta, di breve durata. || **spruzzatìna**, dim.

spruzzàto part. pass. di *spruzzare*; anche agg. ● Nei sign. del v.

spruzzatóre s. m. *1* (*gener.*) Oggetto per spruzzare. *2* Flaconcino a pompetta per spruzzare profumi. *3* (*autom.*) Getto di carburatore.

spruzzatùra s. f. ● Atto dello spruzzare | Sostanza spruzzata: *una s. di fango* | Segno lasciato da una sostanza spruzzata: *pulire le spruzzature di vino.*

spruzzétta s. f. ● Dispositivo usato nei laboratori chimici per spruzzare un liquido sotto forma di getto sottile.

sprùzzo [da *spruzzare*] s. m. ● Getto di liquido formato da minutissime gocce: *uno s. d'acqua*; *gli spruzzi del mare*; *uno s. di pioggia*; *il battello ballava ... inondato dagli spruzzi delle onde* (FOGAZZARO) | (*tecnol.*) *Essiccatore a s.*, nel quale una sostanza in soluzione viene spruzzata in una corrente d'aria calda e secca che ne evapora la parte liquida lasciando la parte solida in forma di finissima polvere secca | *Verniciatura a s.*, mediante una speciale pistola che lancia la vernice a schizzi. || **spruzzétto**, dim. | **spruzzìno**, dim.

spruzzolàre [da *spruzzare*, con suff. dim.] **A** v. tr. (*io sprùzzolo*) ● (*raro*) Spruzzare leggermente. **B** v. intr. impers. (aus. *essere* e *avere*) ● (*raro*) Piovigginare.

spruzzolàta s. f. ● (*raro*) Atto dello spruzzolare brevemente.

spruzzolìo s. m. ● Atto dello spruzzolare continuo.

sprùzzolo [da *spruzzolare*] s. m. ● (*raro*) Spruzzo piccolo, leggero: *uno s. di pioggia.* || **spruzzolìno**, dim.

spudoratézza s. f. ● Qualità di chi è spudorato.

spudoràto [vc. dotta, dal lat. *expudorātu(m)* 'svergognato', da *pŭdor*, genit. *pudōris* 'vergogna', con *ĕx-* (*s-*). V. *pudore*] **A** agg. ● Che non ha pudore, non sente vergogna: *uomo, ragazzo s.* | Che è fatto o detto in modo spudorato: *contegno s.*; *menzogna spudorata.* SIN. Impudente, svergognato. || **spudorataménte**, avv. Con spudoratezza. **B** s. m. (f. *-a*) ● Persona spudorata.

spùgna o (*raro*) †**spùngia** [lat. *spŏngia(m)*, dal gr. *spongía* 'spugna'] s. f. *1* Scheletro di alcuni Poriferi, costituito di una sostanza cornea, morbida, molto elastica, facilmente inzuppabile d'acqua, utile per svariati usi domestici e non: *lavare, lavarsi con la s.*; *passare la s. sul parabrezza* | *S. artificiale*, simile a quella naturale, ma fatta di gomma o materia plastica | *Passare la s. su q.c.*, *dare un colpo di s. su q.c.*, (*fig.*) cancellarla dalla memoria, non pensarci più | (*fig.*) *Diventare una s.*, inzupparsi completamente, detto spec. di persona | *Bere come una s.*, (*fig.*) essere un gran bevitore | *Essere una s.*, (*fig.*) un gran bevitore. ➡ ILL. **zoologia generale**. *2* (*est.*) Tessuto di cotone soffice e poroso, usato spec. per accappatoi da bagno e asciugamani | *Getto della s.*, nel pugilato, l'atto del secondo di un pugile che getta sul quadrato un asciugamano di spugna in segno di resa facendo in tal modo cessare il combattimento; (*fig.*) riconoscimento del proprio insuccesso. *3* (*chim.*) *S. di platino*, platino in massa estremamente porosa, leggerissima, con spiccate proprietà catalitiche. *4* (*miner.*) Spugnone. || **spugnétta**, dim. (V.) | **spugnùccia**, **spugnùzza**, dim.

spugnàre (1) [lat. tardo *spongiāre*, da *spŏngia* 'spugna'] v. tr. ● Pulire con la spugna: *s. i coralli.*

†**spugnàre (2)** e *deriv.* ● V. *espugnare* e *deriv.*

spugnàta [da *spugna*] s. f. *1* Atto dello spugnare, nel sign. di *spugnare (1)*. *2* Colpo di spugna inzuppata d'acqua.

spugnatùra [da *spugnare* (*1*)] s. f. *1* Applicazione di una spugna inzuppata d'acqua sul corpo. *2* Trattamento fisioterapico con acqua o liquidi medicamentosi applicati mediante spugna.

Spùgne s. f. pl. ● Nella tassonomia animale, tipo di invertebrati acquatici con corpo sacciforme sostenuto da una impalcatura silicea, cornea, calcarea (*Porifera*). ➡ ILL. **animali** /1.

spugnétta s. f. *1* Dim. di *spugna*. *2* Piccola spugna inumidita, contenuta in apposito recipiente, usata negli uffici per umettarsi le dita o per inumidire il retro dei francobolli.

†**spugnitóso** [da *spugna*] agg. ● Alquanto spugnoso.

spugnòla [da *spugna*] s. f. ● Fungo commestibile degli Ascomiceti con cappello conico alveolato, internamente cavo (*Morchella vulgaris*) | *S. d'autunno*, con cappello biancastro, lobato a forma di sella ma non alveolato (*Helvella crispa*). ➡ ILL. **fungo**.

spugnòlo s. m. ● (*bot.*) Spugnola.

spugnóne [da *spugna*] s. m. ● (*miner.*) Varietà di travertino molto cavernoso.

spugnosità s. f. ● Qualità di ciò che è spugnoso.

spugnóso [lat. *spongiōsu(m)*, da *spŏngia* 'spugna'] agg. ● Che ha l'aspetto, la natura, le caratteristiche della spugna: *pietra spugnosa*; *osso s.*; *stoffa spugnosa*.

spulàre [da *pula*, con *s-*] v. tr. ● Mondare dalla pula: *s. il grano*.

spulatùra s. f. ● Atto, effetto dello spulare.

†**spulcellàre** o †**spulzellàre** [da *pulcella*, con *s-*] v. tr. ● (*raro*) Sverginare.

spulciàre [da *pulce*, con *s-*] **A** v. tr. (*io spùlcio*) *1* Togliere le pulci. *2* (*fig.*) Compulsare, esaminare minuziosamente, cercando dati, notizie, errori e sim.: *s. documenti, testi antichi*. **B** v. rifl. ● Togliersi le pulci: *le scimmie si spulciano*.

spulciatóre s. m. (f. *-trice*) ● Chi spulcia testi, documenti, e sim.

spulciatùra s. f. ● Atto dello spulciare (*spec. fig.*).

†**spulezzàre** o (*raro*) †**spuleggiàre** [da *pula*, con *s-* e suff. iter.] v. intr. ● Fuggire in gran fretta, quasi volando via come fa la pula.

†**spulézzo** o †**spuléggio** [da *spulezzare*] s. m. ● Fuga precipitosa.

spulizzìre [da *pulizia*, con *s-*] v. tr. (*io spulizzìsco, tu spulizzìsci*) ● (*pop., tosc.*) Rendere pulito, far pulizia.

†**spulzellàre** ● V. †*spulcellare*.

spùma [lat. *spūma(m)*, di origine indeur. V. *pomice*] s. f. *1* Schiuma: *la s. delle onde, del mare, del vino*. *2* (*miner.*) *S. di mare*, magnesite, silicato idrato di magnesia usato per fare pipe e bocchini. *3* (*bot.*) *S. di primavera*, alga azzurra che forma colonie gelatinose e ondulate sulla terra umida (*Nostoc commune*). *4* Bibita analcolica gassata e aromatizzata. *5* (*cuc.*) Mousse.

spumànte **A** part. pres. di *spumare*; anche agg. ● Nei sign. del v. **B** s. m. ● Vino frizzante, solitamente bianco: *un bicchiere di s.*; *s. di Asti*; *s. secco*; *s. semisecco* | *S. naturale*, ottenuto per fermentazione, lenta in bottiglia, o rapida in autoclave | *S. artificiale*, ottenuto per immissione di anidride carbonica | *Allo s.*, al momento in cui si serve lo spumante, alla fine del pranzo.

spumantìstica [dall'agg. *spumantistico* sostantivato] s. f. ● Attività legata alla produzione e alla commercializzazione del vino spumante.

spumantizzàre [da *spumant(e)* col suff. *-izzare*] v. tr. ● (*enol.*) Sottoporre un vino al processo di spumantizzazione.

spumantizzazióne [da *spumantizzare*] s. f. ● (*enol.*) Processo di trasformazione di un vino in spumante.

spumàre [lat. *spumāre*, da *spūma*] v. intr. (aus. *avere*) ● Fare spuma: *lo champagne spuma nei calici* | (*fig.*) *S. dalla rabbia*, essere molto arrabbiato.

spumeggiànte part. pres. di *spumeggiare*; anche agg. *1* Nel sign. del v. *2* (*fig.*) Vivace, frizzante: *commedia s.* *3* (*fig., lett.*) Soffice, vaporoso: *pizzo s.*

spumeggiàre [da *spuma*, con suff. iter.-ints.] v. intr. (*io spuméggio*; aus. *avere*) ● Sollevare molta spuma, spec. continuamente: *il torrente spumeggia*; *lo champagne spumeggia nelle coppe*.

spùmeo [vc. dotta, dal lat. *spūmeu(m)*, da *spūma* 'spuma'] agg. ● (*raro, lett.*) Spumeggiante, spumoso.

spumìno [da *spuma*] s. m. ● Piccolo dolce a base di chiara d'uovo montata a neve con zucchero e cotta al forno.

spumóne [da *spuma*] s. m. *1* Sorta di dolce spumoso, fatto con chiara d'uovo, latte e zucchero. *2* Gelato soffice, ottenuto mescolandolo con panna montata.

spumosità s. f. ● Qualità di ciò che è spumoso.

spumóso [lat. *spumōsu(m)*, da *spūma* 'spuma'] agg. *1* Che è pieno di spuma, che fa molta spuma: *vino s.*; *odorose bevande che ... / ... ardenti, torbide, spumose, / inondavan le tazze* (PARINI). *2* (*fig.*) Che è soffice e leggero come la spuma: *dolce s.*

spungariòta [dal gr. *spongárion*, dim. di *spóngos* 'spugna'] s. m. o f. (pl. m. *-i*) ● (*raro*) Pescatore di spugne.

†**spùngia** ● V. *spugna*.

spungióne [da *spungia* 'spugna'] s. m. ● (*miner.*) Incrostazione calcarea spugnosa e leggera.

spùnta [da *spuntare* (*2*)] s. f. ● Nel linguaggio commerciale, operazione di controllo o revisione di conti, prospetti contabili e sim. | Segno usato per tale operazione.

spuntàre (**1**) [da *punta* (*1*), con *s-*] **A** v. tr. *1* Privare della punta: *s. la penna, il coltello, la freccia* | Accorciare leggermente: *s. i capelli, i baffi*; *s. i rami di un albero* | *S. un sigaro*, mozzarne l'estremità affinché tiri meglio. *2* Staccare ciò che era appuntato: *s. un nastro*; *s. un fermaglio dal vestito*. *3* (*fig.*) Superare: *s. una difficoltà* | (*raro*) *S. qc.*, rimuoverlo dalla sua opinione | *Spuntarla*, averla vinta, riuscire in ciò che si desidera: *alla fine l'ha spuntata*; *con me non la spunterà*; *ha finito per spuntarla*. **B** v. intr. (aus. *essere*) *1* Uscire con la punta | Nascere, venir fuori, cominciare a vedersi: *nuove foglie stanno spuntando*; *al bambino è spuntato un dente*; *sulle labbra gli spuntò un sorriso*; *all'orizzonte è spuntato il sole*; *cominciava a s. una scienza dell'uomo e della natura* (DE SANCTIS). *2* Apparire all'improvviso: *spuntò da un cespuglio*; *già d'una grotta / spunta giù 'l cavriol* (POLIZIANO). **C** v. intr. pron. *1* Perdere la punta: *la penna si è spuntata nel cadere* | *Spuntarsi contro q.c.*, non poter penetrare in q.c.; (*fig.*) rimanere senza effetto. *2* (*fig.*) Smussarsi, perdere forza: *la sua rabbia si spuntò di colpo*. **D** s. m. solo sing. ● Atto dell'apparire, del nascere, del venir fuori: *lo s. della luna*; *allo s. del sole*.

spuntàre (**2**) [da *punto*, con *s-*, sul modello di *appuntare*] v. tr. ● Controllare un elenco, una distinta e sim. apponendo un segno accanto a ciascuno dei dati man mano che questi vengono controllati: *s. le fatture*.

spuntàre (**3**) [da *punta* (*1*), con *s-*] v. intr. (aus. *avere*) ● (*mecc.*) Superare lo spunto, cioè l'attrito o lo sforzo dell'avviamento: *la slitta ha spuntato* | Disincagliare, disincagliarsi. CONTR. Gripparsi, incepparsi.

spuntàta (**1**) [da *spuntare* (*1*)] s. f. ● Atto del tagliare la punta. ‖ **spuntatina**, dim.

spuntàta (**2**) [da *spuntare* (*2*)] s. f. ● Atto del controllare velocemente.

spuntàto (**1**) part. pass. di *spuntare* (*1*); anche agg. ● Nei sign. del v.

spuntàto (**2**) [da *spunto* (*1*)] agg. ● Detto di vino che ha preso lo spunto.

spuntatóre s. m.; anche agg. (f. *-trice*) ● Chi, che spunta, nel sign. di *spuntare* (*1*).

spuntatrìce [da *spuntare* (*1*)] s. f. ● Scortecciatrice.

spuntatùra (**1**) [da *spuntare* (*1*)] s. f. *1* Atto del tagliare la punta | Parte tagliata. *2* Trinciato per pipa fatto con le punte tagliate via dai sigari: *spuntature di sigaro*. *3* Taglio di carne bovina o suina intorno alla punta delle costole | Ritagli di carne, nella vendita al minuto: *s. di coste, di lombo*. *4* (*centr.*) Budella di agnello di latte arrostite con spezie.

spuntatùra (**2**) [da *spuntare* (*2*)] s. f. ● (*bur.*) Spunta.

spuntellàre [da *puntello*, con *s-*] v. tr. (*io spuntèllo*) ● Levare i puntelli. CONTR. Puntellare.

spuntèrbo [da *punta* (?)] s. m. ● Mascherina della scarpa.

spuntigliàre [da *spuntiglio*] v. tr. (*io spuntiglio*) ● Lavorare, rifinire con lo spuntiglio.

spuntìglio [variante dell'ant. *spoltiglio* (V.)] s. m. ● Polvere abrasiva assai fine, per levigare superfici metalliche.

spuntinàre [comp. parasintetico di *puntino* col pref. *s-*] v. tr. ● (*fot.*) Eliminare, mediante ritocco, i puntini bianchi presenti su un negativo.

spuntinatùra [da *puntino*, con *s-*] s. f. ● (*fot.*) Operazione di spuntinare.

spuntìno [da *spunto* (*1*) e (*2*) con passaggio semantico non chiarito] s. m. ● Pasto leggero che si consuma tra i pasti principali o in sostituzione di uno di essi: *fare uno s.*

spùnto (**1**) [da *punta*, con *s-*] s. m. *1* Accenno che il suggeritore fa di una battuta teatrale | Prima battuta di un motivo musicale. *2* (*est.*) Occasione che suggerisce l'esecuzione di q.c.: *dare, offrire, lo s.*; *prendere lo s. da q.c.*; *lo s. per la novella glielo offrì un ricordo d'infanzia*. *3* (*enol.*) Difetto del vino debole o non ben conservato che incomincia a infortire, a sapere di acido: *s. acetico, s. lattico*.

spùnto (**2**) [da *spuntare* (*3*)] s. m. *1* (*mecc.*) Superamento dell'attrito o sforzo all'avviamento, di veicoli, motori e sim. *2* (*sport*) Scatto: *s. di velocità* | *S. finale*, volata conclusiva di una corsa.

†**spùnto** (**3**) [dal lat. *expūnctu(m)*, propriamente part. pass. di *expūngere* 'cancellare'. V. *espungere*] agg. ● Squallido, smorto.

spuntonàta o †**spontonàta**. s. f. ● Colpo di spuntone | (*est.*) Colpo di oggetto simile a uno spuntone.

spuntóne o †**spontóne** [accr. di *punta*, con *s-*] s. m. *1* Spina acuta e legnosa: *gli spuntoni del carciofo*. *2* †Pungiglione, spec. di vespa. *3* Grossa punta di legno o ferro: *gli spuntoni dell'inferriata*. *4* Arma antica, costituita da un ferro lungo e aguzzo infisso in un'asta, usata per la difesa delle brecce e negli arrembaggi. *5* Breve sporgenza acuminata di roccia, utilizzata in alpinismo come appiglio nell'arrampicata e per manovre di corda. *6* †Coltello a due tagli. ‖ **spuntoncino**, dim.

spunzecchiàre ● V. *punzecchiare*.

spunzonàre [da *punzone* 'pugno', con *s-*] v. tr. (*io spunzóno*) ● (*raro*) Colpire con uno spunzone.

spunzonàta [da *spunzonare*] s. f. ● (*tosc.*) Colpo di spunzone.

spunzóne [da *punzone*, con *s-*] s. m. *1* Colpo dato col gomito o con la mano raccolta. *2* (*tosc.*) Grossa punta di ferro.

†**spuòla** ● V. *spola*.

spupazzàre [da *pupo* 'bambino'] **A** v. tr. *1* (*dial.*) Coccolare, vezzeggiare con affettuosità insistente e sdolcinata, detto di bambini e gener. delle persone amate. *2* (*dial.*) Subire, sopportare controvoglia, ma con rassegnazione, persone o cose moleste e noiose. **B** v. intr. pron. ● (*dial.*) Compiere gesti affettuosi, amorosi, di sdolcinata insistenza, con qc.

†**spuràre** [da *purare*, con *s-*] v. tr. ● Pulire, spurgare, nettare.

spurgaménto s. m. ● Atto dello spurgare.

spurgàre [dal lat. *expurgāre*, comp. di *ĕx-* (*s-*) e *purgāre*. V. *purgare*] **A** v. tr. (*io spùrgo, tu spùrghi*) ● Liberare, pulire, da ciò che ingombra, ostruisce, insudicia: *s. un canale, una fogna*; *s. il petto dal catarro*; *spurgarsi il petto*. **B** v. intr. pron. ● Spurgarsi il petto, espettorare.

spurgatóre s. m.; anche agg. (f. *-trice*) ● Chi, che spurga | Chi, che serve a spurgare.

spurgatùra s. f. ● Atto, effetto dello spurgare | Spurgo.

†**spurgazióne** [vc. dotta, dal lat. *expurgatiōne(m)*, nel sign. etim. di 'purificazione', da *expurgātus* 'spurgato'] s. f. ● Spurgamento.

spùrgo s. m. (pl. *-ghi*) *1* Atto, effetto dello spurgare o dello spurgarsi | *S. di caldaia*, operazione che consiste nell'estrarre periodicamente dalla caldaia una percentuale dell'acqua in essa contenuta, per sostituirla con altrettanta acqua più pura. *2* Materia che si elimina spurgando. *3* (*edit., spec. al pl.*) Fondo di magazzino, scarto librario.

spùrio [vc. dotta, dal lat. *spūriu(m)* 'bastardo', di origine etrusca. V. *sporco*] agg. *1* Illegittimo: *figlio* *s.* **2** Privo di genuinità, di autenticità: *opere spurie* | *Edizione spuria*, quella non riconosciuta dall'autore. **3** (*anat.*) *Coste spurie*, fluttuanti.

sput [vc. onomat.] **inter.** ● Riproduce il rumore di un motore spec. automobilistico in avaria (*spec. iter.*).

sputacchiàre [da *sputare*, con suff. iter.-ints.] **A v. intr.** (*io sputàcchio*; aus. *avere*) **1** Sputare spesso: *mentre parla sputacchia qua e là.* **2** Emettere schizzi di saliva parlando. **B v. tr.** ● (*raro*) Colpire con sputi, coprire di sputi.

sputacchièra [da *sputacchiare*] **s. f.** ● Recipiente, talora fornito di coperchio, ripieno di segatura, calce, o sim., per sputarvi dentro quando se ne ha necessità.

sputacchìna [da *sputacchio*, per l'aspetto delle larve] **s. f.** ● Insetto omottero le cui larve compiono tutto lo sviluppo immerse in una schiuma bianca sull'erba medica o sul trifoglio (*Philaenus spumarius*).

sputacchìno **s. m.** ● Sputacchina.

sputàcchio **s. m.** ● Sputo grasso e denso.

sputapépe [comp. di *sputa(re)* e *pepe*] **s. m. e f. inv.** ● (*pop.*) Persona petulante e pungente.

sputàre [lat. *sputāre*, da *spūtus*, part. pass. di *spūere*] **A v. tr.** **1** Espellere dalla bocca: *s. saliva, catarro, sangue*; *s. la medicina, la pillola, il cibo, un nocciolo*; *s. ciò che si ha in bocca* | *S. sangue*, (*fig.*) faticare molto | *S. veleno, bile*, (*fig.*) dire parole piene di sdegno, rabbia, invidia | *S. l'osso*, (*fig.*) restituire ciò che si è preso; dire ciò che si vorrebbe tacere | (*fig.*) *S. i polmoni*, tossire molto forte; (*est.*) sfiatarsi a parlare | (*fig.*) *S. sentenze*, parlare con affettazione e sussiego | (*fig.*) *S. il proprio disprezzo in faccia a qc.*, dimostrarglielo apertamente: *sputandole in faccia tutto ... questo disprezzo* (VERGA) | (*fig.*) *S. il rospo*, esprimere liberamente, senza più esitazioni, un motivo di preoccupazione, uno stato d'animo di sofferenza tenuto celato a lungo per scrupolo o timore. **2** (*fig.*) Gettare fuori, lanciare con violenza: *il vulcano sputa lava*; *la locomotiva sputa fumo e fuoco.* **3** (*raro*) Trasudare: *s. salsedine.* **B v. intr.** (aus. *avere*) ● Espellere sputo dalla bocca: *è vietato s.*; *s. per terra, nel fazzoletto* | *S. su q.c., addosso a qc., a q.c., s. in faccia a qc.*, e sim., (*fig.*) dimostrargli grande disprezzo | *S. nel piatto in cui si mangia*, (*fig.*) disprezzare chi o ciò che dà aiuto, sostentamento, e sim. | (*raro, fig.*) *S. dolce*, nascondere il proprio astio dietro un'apparente gentilezza | (*pop.*) *S. tondo*, parlare con gravità.

sputasénno [comp. di *sputa(re)* e *senno*] **s. m. e f. inv.** ● Sputasentenze.

sputasentènze [comp. di *sputa(re)* e il pl. di *sentenza*] **s. m. e f. inv.** ● Chi parla sentenziosamente e con gravità.

sputàto **part. pass.** di *sputare*; anche **agg.** **1** Nei sign. del v. **2** (*fig.*) *Essere qc. nato e s.*, essere molto somigliante: *quella ragazza è la madre nata e sputata.*

sputatóndo [comp. di *sputa(re)* e *tondo*] **s. m. e f. inv.** ● (*scherz.*) Persona grave, solenne.

†**sputatóre** [dal lat. *sputatōre(m)*, da *sputāre* 'sputare'] **s. m.** (f. *-trice*) ● Chi sputa (*spec. fig.*): *s. di sentenze.*

sputavelèno [comp. di *sputa(re)* e *veleno*] **s. m.** **1** (*bot.*) Cocomero asinino. **2** Persona maldicente.

sputazùcchero [comp. di *sputa(re)* e *zucchero*] **s. m. e f. inv.** ● (*raro, pop.*) Persona melliflua.

sputnik /*russo* 'sputɲik/ [vc. russa, propr. 'compagno di viaggio'] **s. m. inv.** ● Nome del primo satellite artificiale, lanciato dall'Unione Sovietica il 4.10.1957 | (*est.*) Satellite artificiale.

spùto [lat. *spūtu(m)*, nt. sost. del part. pass. di *spūere* 'sputare', di origine indeur.] **s. m.** **1** (*raro*) Atto dello sputare. **2** Getto di saliva, o di escreti dell'apparato respiratorio quali muco, catarro e sim., espulsi dalla bocca: *s. sanguigno* | *Ricoprire qc. di sputi*, (*fig.*) insultarlo gravemente | *Essere fatto con lo s.*, (*fig.*) di cosa molto fragile | *Essere appiccicato con lo s.*, (*fig.*) di cosa che non tiene, che non regge. || **sputàccio**, **pegg.** | **sputétto**, **dim.**

sputtanaménto **s. m.** ● (*volg.*) Atto, effetto dello sputtanare.

sputtanàre [da *puttana*, con *s-*] **A v. tr.** **1** (*volg.*) Sparlare di qc. in modo da fargli perdere la reputazione, la considerazione degli altri. **2** (*est., volg.*) Sprecare, buttare via: *sputtanarsi centomila lire al gioco.* **B v. intr. pron.** ● (*volg.*) Comportarsi in modo tale da perdere la reputazione, la considerazione degli altri. **C v. intr.** ● †Puttaneggiare.

sputtanàta [da *sputtanare*] **s. f.** ● (*volg.*) Atto, effetto dello sputtanare.

sputtanàto **part. pass.** di *sputtanare*; anche **agg.** ● Nei sign. del v.

†**spùzza** e *deriv.* ● V. *puzza* e *deriv.*

spy story /*ingl.* 'spai 'stɔ:ri/ [loc. ingl., propr. 'racconto, storia (*story*) di spie (*spy*)'] **loc. sost. f. inv.** (pl. ingl. *spy stories*) **1** Racconto, romanzo o film di spionaggio. **2** Genere letterario o cinematografico di argomento spionistico.

†**squaccheràre** e *deriv.* ● V. *squacquerare* e *deriv.*

squaccheróne ● V. *squacquerone.*

squàcquera o †**squàcchera** [da *squacquerare*] **s. f.** ● (*fam.*) Diarrea.

squacqueràre o †**squaccheràre** [prob. sovrapp. di *cacca* ad *acqua*] **A v. intr.** (*io squàcquero*; aus. *avere*) ● (*fam., raro*) Avere la diarrea. **B v. tr.** ● (*fig., raro*) Fare q.c. alla svelta | *S. parole*, spifferare, rivelare tutto. **C v. intr. pron.** ● (*raro, fam.*) Diventare molle.

squacqueràto o †**squaccheràto** **part. pass.** di *squacquerare*; anche **agg.** **1** Nei sign. del v. **2** (*raro, fig.*) Sguaiato, sconcio: *riso s.* **3** †Molliccio, acquoso. || **squacquerataménte**, **avv.**

squacquerèlla o †**squacchèrella** [da *squacquera*] **s. f.** ● Diarrea.

squacqueróne o **squaccheróne** [da *squacquerare*] **s. m.** ● Formaggio di consistenza molto morbida, simile allo stracchino, tipico dell'Emilia Romagna.

squadernàre [da *quaderno*, con *s-*] **A v. tr.** (*io squadèrno*) **1** (*raro*) Voltare e rivoltare le pagine di libri, quaderni e sim. **2** Spalancare, per mostrare con evidenza: *gli squadernò la lettera davanti agli occhi* | (*raro*) *S. ogni cosa*, dirla francamente. **B v. intr. pron.** ● (*raro, lett.*) †Essere diviso, sparso.

squàdra (1) [da *squadrare (1)*] **s. f.** ● Strumento a forma di triangolo rettangolo, atto a tracciare le perpendicolari e le parallele a una retta data | *S. iperbolica*, strumento che permette di misurare aree, come un rudimentale planimetro | *S. zoppa, falsa s.*, accessorio della tavoletta pretoriana atto a far coincidere un punto del disegno col punto di stazione | *A s.*, ad angolo retto | *Essere, mettere, stare a, in, s.*, in perpendicolare | *Uscire di s.*, (*fig.*) uscire dall'ordine; (*est.*) perdere la pazienza | *Essere fuori di s.*, non essere perpendicolare; (*fig.*) essere fuori posto, in disordine.

squàdra (2) [da *squadrare (1)* con riferimento a gruppi squadrati] **s. f.** **1** Complesso di persone addette a uno stesso lavoro o riunite per uno stesso scopo: *una s. di operai, di tecnici, di pompieri*; *s. di soccorso* | (*ferr.*) *S. rialzo*, destinata alla riparazione e manutenzione delle vetture ferroviarie | *S. mobile*, reparto speciale di agenti della polizia giudiziaria | (*est.*) Brigata, comitiva, gruppo: *una s. di amici, di studenti.* **2** (*mil.*) Minima unità organica di alcune armi o specialità dell'esercito, comandata da un sergente o sergente maggiore ed eventualmente da un graduato di truppa: *s. fucilieri, mitraglieri, mortai* | Unità organica dell'aeronautica militare, costituita da due divisioni | Unità organica della marina militare, formata di due o più divisioni. **3** (*gener.*) Gruppo, schiera di soldati | *S. d'azione fascista*, nell'Italia fascista dei primi anni '20, ognuna delle squadre d'assalto formata da volontari armati che compivano azioni di violenza contro i partiti democratici, le organizzazioni sindacali e i loro appartenenti | (*al pl.*) †Moltitudine di soldati | *A squadre*, in gran numero. **4** (*sport*) Insieme dei giocatori o degli atleti che disputano partite o campionati o partecipano, collettivamente o individualmente, a competizioni per l'affermazione dei colori sociali o nazionali: *s. di calcio*; *squadra di ciclisti* | *Gioco di s.*, quello realizzato in una squadra di calcio, ciclistica e sim. dagli atleti che, secondo un disegno strategico predisposto, si aiutano e integrano vicendevolmente durante la competizione; (*fig.*) azione combinata di più persone collaboranti fra loro in perfetto accordo per il raggiungimento di un fine comune. || **squadràccia**, **pegg.** (V.) | **squadrétta**, **dim.** | **squadróne**, **accr. m.** (V.) | **squadrùccia**, **dim.**

squadràccia **s. f.** **1** Pegg. di *squadra* (2). **2** (*spreg.*) Squadra d'azione fascista.

squadràre (1) [lat. parl. **exquadrāre*, comp. di *ĕx-* (*s-*) e *quadrāre* 'ridurre in quadro'. V. *quadrare*] **v. tr.** **1** Disporre a squadra, disporre in modo da ottenere una figura con angoli retti | *S. un foglio*, tracciarvi, con squadra e compasso, il riquadro entro cui si svilupperà il disegno. **2** (*est.*) Ridurre a sezione quadra: *s. il legno, una trave* | Ridurre in forma quadra | *S. il terreno*, dividerlo in forme geometriche regolari, in quadrati o rettangoli, con squadri e traguardi. **3** (*mil.*) *S. il pezzo*, nelle antiche artiglierie, controllare che la bocca da fuoco fosse perfettamente incavalcata ed equilibrata sull'affusto. **4** (*est.*) Osservare, considerare attentamente, quasi misurando: *s. qc. con l'occhio, con lo sguardo*; *s. qc. da capo a piedi*; *lo squadrò minacciosamente.*

†**squadràre (2)** ● V. *squartare.*

squadràto **part. pass.** di *squadrare (1)*; anche **agg.** **1** Nei sign. del v. **2** (*fig.*) *Viso s.*, dai lineamenti duri e marcati.

squadratóre [da *squadrare (1)*] **s. m.** ● Operaio che squadra pietre. **SIN.** Scalpellino.

squadratrìce [da *squadrare (1)*] **s. f.** ● In falegnameria, macchina dotata di frese o di seghe a disco per la regolazione dei bordi e la squadratura in lunghezza e larghezza dei pannelli di compensato, truciolare e sim.

squadratùra **s. f.** ● Atto, effetto dello squadrare, nel sign. di *squadrare (1)*.

squadrìglia [dallo sp. *escuadrilla*, dim. di *escuadra* 'squadra (2)'] **s. f.** **1** (*raro*) Piccola squadra. **2** (*mar.*) Gruppo di piccoli navigli: *s. di motosiluranti* | (*aer.*) Unità organica dell'aeronautica militare, comprendente un numero di aerei variabile secondo la specialità: *s. di caccia, di bombardieri.*

squadrìno [da *squadrare (1)*] **s. m.** ● (*tosc.*) Operaio di fornace addetto alla squadratura dei mattoni.

squadrìsmo [da *squadra (2)*, con *-ismo*] **s. m.** ● L'insieme delle squadre d'azione fasciste e la loro attività politica negli anni 1921-25.

squadrìsta [da *squadra (2)*] **s. m. e f.** (pl. m. *-i*) ● Appartenente a una squadra d'azione fascista.

squàdro (1) **s. m.** **1** Atto dello squadrare, nel sign. di *squadrare (1)*: *opera di s.* **2** Strumento topografico che permette di tracciare allineamenti ad angolo retto: *s. agrimensorio*; *s. graduato*; *s. a specchi.* **3** †Squadra, nel sign. di *squadra (1)* | *A s.*, ad angolo retto | *Sotto s.*, ad angolo acuto | *Fuori di s.*, non ad angolo retto; (*fig.*) in disordine, fuori posto.

squàdro (2) [lat. tardo *squātu(m)*, di etim. incerta] **s. m.** ● Pesce degli Squaliformi con pinne pettorali larghissime, testa e tronco depressi (*Squatina squatina*). **SIN.** Angelo di mare, pesce angelo.

†**squadronàre** [da *squadrone (1)*] **A v. tr.** ● Ordinare in squadroni. **B v. intr. pron.** ● Muoversi in ordinanza, fare evoluzioni di guerra.

squadróne (1) **s. m.** **1** Accr. di *squadra (2)* | Gruppo folto, schiera numerosa. **2** (*mil.*) Unità organica di cavalleria, al comando di un capitano | Denominazione di alcuni reggimenti di mezzi corazzati e blindati. || **squadroncèllo**, **dim.** | **squadroncìno**, **dim.**

†**squadróne (2)** [sovrapp. di *spadone* a *squadra (2)*] **s. m.** ● Grossa sciabola.

squagliaménto **s. m.** ● Atto, effetto dello squagliare o dello squagliarsi.

squagliàre [da *quagliare*, con *s-*] **A v. tr.** (*io squàglio*) ● Liquefare, sciogliere, fondere: *il sole squaglia la neve.* **B v. intr. pron.** **1** Liquefarsi, sciogliersi: *la neve al sole si squaglia.* **2** (*fig.*; anche nella forma *squagliarsela*) Andarsene furtivamente, svignarsela: *al momento di pagare si sono squagliati*; *il ladruncolo è riuscito a squagliarsela.*

squàglio **s. m.** ● (*dial.*) Atto dello squagliare o dello squagliarsi | (*rom.*) *S. di cioccolata*, cioccolata in tazza.

squalène [comp. di *squal(o)* (è abbondante nell'olio di fegato di pescecane) ed *-ene*] **s. m.** ● (*chim.*) Idrocarburo insaturo a trenta atomi di carbonio della famiglia dei terpeni; è un importante intermedio del metabolismo del colesterolo e degli acidi biliari.

squalifica [da *squalificare*] s. f. *1* Atto, effetto dello squalificare. *2* (*sport*) Provvedimento disciplinare preso dagli organi federali nei confronti di un atleta o di una squadra che si sono resi colpevoli di una grave scorrettezza o infrazione al regolamento, consistente nell'esclusione da una o più gare o nella sospensione dell'attività per un determinato periodo di tempo | *S. del campo*, sanzione dovuta a incidenti provocati dal pubblico, che consiste nell'imporre a una squadra di giocare in campo neutro una o più partite di campionato che avrebbe dovuto giocare in casa.

squalificàbile agg. • Che può essere squalificato.

squalificàre [da *qualificare*, con *s-*] **A** v. tr. (*io squalìfico, tu squalìfichi*) *1* Riconoscere non idoneo. *2* (*sport*) Comminare la squalifica a un atleta o a una squadra. **B** v. rifl. • Dimostrarsi, col proprio comportamento, inadatto o incapace a un lavoro, indegno della stima e del credito altrui, e sim.

squalificàto part. pass. di *squalificare*; anche agg. • Nei sign. del v.

squalificazióne [da *squalificato*] s. f. • (*raro*) Squalifica.

Squalifórmi [vc. dotta, comp. di *squalo* e *-forme*] s. m. pl. • Nella tassonomia animale, ordine di Selaci con corpo fusiforme, cinque fessure branchiali, bocca ventrale, pinna caudale asimmetrica (*Squaliformes*) | (al sing. *-e*) Ogni individuo di tale ordine.

squallènte [vc. dotta, dal lat. *squalĕnte(m)*, part. pres. di *squalēre* 'essere squallido', da *squālus* 'rozzo, sudicio', di origine indeur. V. *squama*] agg. • (*raro, lett.*) Squallido.

squallidézza s. f. • Qualità di ciò che è squallido.

squàllido [vc. dotta, dal lat. *squālidu(m)* 'rozzo, sudicio', da *squalēre* 'essere ruvido', connesso con *squālus* 'ruvido, sporco'. V. *squallente*] agg. *1* Che si trova in uno stato di abbandono, miseria, assoluta mancanza di qualunque cosa dia conforto, gaiezza o allegria, tale da esprimere o infondere tristezza: *tugurio s.*; *abitazione, casa, squallida*; *terra, campagna, squallida*; *vivere nella più squallida miseria*; *vivere una vita squallida*. *2* Detto di persona, pallido, smunto, emaciato: *viso s.*; *con la squallida prole e con la nuda / consorte a lato* (PARINI). *3* (*raro, lett.*) Incolto, ispido: *barba squallida*. || **squallidaménte**, avv.

squallóre [vc. dotta, dal lat. *squalōre(m)*, da *squalēre* 'essere ruvido, aspro'. V. *squallente*] s. m. • Aspetto squallido: *là regna lo s.*; *lo s. di un luogo* | Stato di grave miseria, abbandono, tristezza: *vivere nello s.*; *che s.!*; *si sentiva invader l'anima ... da uno s. angoscioso* (PIRANDELLO).

squàlo [vc. dotta, dal lat. *squălu(m)*, di origine indeur.] s. m. • (*gener.*) Pesce degli Squaliformi | *S. azzurro*, verdesca | *S. balena*, il più grande pesce vivente, raro, grigiastro a macchie tondeggianti chiare (*Rhineodon typus*) | *S. bianco*, carcarodonte | *S. elefante*, *s. gigante*, cetorino | *S. volpe*, volpe di mare (V. *volpe*) | *S. tigre*, feroce, tropicale, bruno-grigio, con pelle pregiata e carni commestibili (*Galeocerdo arcticus*) | *S. nasuto*, smeriglio (3).

squàma o (*tosc.*) **squàmma** [vc. dotta, dal lat. *squăma(m)*, connesso con *squālus* 'ruvido'. V. *squallente*] s. f. *1* (*zool.*) Ciascuna delle laminette cornee di forma e grandezza varie sulla pelle di molti Vertebrati. *2* (*bot.*) Lamina fogliacea molto ridotta | *S. placentare*, lamina consistente delle Conifere, inserita sull'asse dello strobilo e portante gli ovuli. *3* (*anat.*) Formazione lamellare, sottile | *S. cutanea*, lamella di tessuto corneo che si esfolia dalla cute | *S. temporale*, parte superiore, assottigliata dell'osso temporale. *4* (*gener.*) Scaglia: *le squame di una corazza*. || **squamétta**, dim.

squamàre o (*tosc.*) **squammàre** [da *squama*] **A** v. tr. • Privare delle squame: *s. un pesce*. **B** v. intr. pron. • Detto della pelle umana o animale, sfaldarsi in squame, perdere le squame.

Squamàti [da *squamato*] s. m. pl. • Nella tassonomia animale, ordine di Rettili a corpo allungato, coperto di squame o scudi cornei (*Squamata*) | (al sing. *-o*) Ogni individuo di tale ordine.

squamàto o (*tosc.*) **squammàto** [vc. dotta, dal lat. tardo *squamātu(m)* 'coperto di squame', da *squāma*] agg. *1* Fatto a squame | Ricoperto di squame. *2* (*tess.*) Detto di tessuto composto di pagliuzze metalliche o lustrini.

squamifórme [comp. di *squama* e *-forme*] agg. • Che ha forma di squama.

squàmma e *deriv.* • V. *squama* e *deriv.*

squamóso [vc. dotta, dal lat. *squamōsu(m)*, da *squāma*] **A** agg. • Che è coperto di squame, che è pieno di squame: *pesce s.* **B** s. m. • (*zool.*) Osso laterale del neurocranio dei Vertebrati, localizzato dietro all'orbita e corrispondente alla squama dell'osso temporale dei Mammiferi.

squarciagóla [comp. di *squarcia(re)* e *gola*] vc. • Solo nella loc. avv. *a s.*, con tutta la forza della voce, in modo forte e violento: *cantare, gridare, urlare a s.*

squarciaménto s. m. • Atto, effetto dello squarciare o dello squarciarsi.

squarciàre [lat. parl. **exquartiāre*, da *quărtus* 'quarto' con *ĕx-* (*s-*), propriamente 'spaccare in quarti'] **A** v. tr. (*io squàrcio*) *1* Aprire lacerando con violenza, rompere in brandelli: *s. le bende*; *squarciarsi le vesti*; *taglia al pagano ogni armatura, / come squarciasse tegole di carte* (BOIARDO); (*fig.*) *un urlo squarciò il silenzio*; *l'esplosione squarciò le tenebre*. *2* (*fig.*) Aprire, svelare: *s. il velo del mistero, del destino*. **B** v. intr. pron. • Fendersi, aprirsi (*anche fig.*): *le nubi si squarciarono*; *il velo del mistero si squarciò*.

†**squarciasàcco** [comp. di *squarcia(re)* e *sacco*] vc. • Solo nella loc. avv. *a s.*, di sbieco: *guardare a s.*

†**squarciàta** s. f. • Colpo che squarcia.

squarciàto part. pass. di *squarciare*; anche agg. *1* Nei sign. del v. *2* (*raro*) *Voce squarciata*, forte, sgraziata.

squarciatóre s. m.; anche agg. (f. *-trice*) • (*raro*) Chi, che squarcia.

squarciatùra s. f. • Atto, effetto dello squarciare | Squarcio.

†**squarciavènto** [comp. di *squarcia(re)* e *vento*] s. m. inv. • Millantatore, smargiasso.

squarcìna [da *squarciare*] s. f. • Specie di coltellaccio, un tempo usato come daga dalla fanteria, adatto a squarciare le armature dei cavalieri caduti.

squàrcio [da *squarciare*] s. m. *1* Apertura, lacerazione, grande e profonda: *fare, produrre uno s.*; *avere uno s. nel vestito*; *un vestito pieno di squarci* | (*fig.*) Apertura tra le nuvole: *uno s. di sereno, di azzurro*. *2* (*fig.*) Brano letterario, poetico, musicale: *gli squarci più belli del romanzo*; *quei sì spessi squarci dei nostri poeti ... italiani ... venivano da me saltati a piè pari* (ALFIERI). SIN. Stralcio. *3* †Stracciafoglio. || **squarcétto**, dim. | **squarcino**, dim.

squarcióne [da *squarciare*] s. m.; anche agg. (f. *-a*) • (*raro*) Spaccone, millantatore | (*raro*) *Alla squarciona*, (*ell.*) alla brava, alla sgherra: *portare il cappello alla squarciona*.

square dance /*ingl.* 'skwɛə dæns/ [vc. ingl., propriamente 'danza (*dance*) in quadrato (*square*)'] loc. sost. f. inv. • Danza popolare nordamericana ballata da quattro coppie disposte in modo da formare un quadrato.

squarquòio [di etim. incerta] agg. • (*tosc.*) Molto vecchio, decrepito.

squartaménto s. m. • Atto dello squartare.

squartàre o (*lett.*) †**squadràre** (2), †**squatràre** [lat. parl. **exquartāre*, propriamente 'dividere in quarti', da *quărtus* 'quarto', con *ĕx-* (*s-*) (V. *squarciare*)] v. tr. *1* Dividere in quarti, tagliare in grossi pezzi: *s. un vitello macellato* | *Mandare qc. a farsi s.*, (*fig.*) mandarlo al diavolo, in malora | (*raro, tosc., fig.*) *S. lo zero*, fare i conti con esattezza | †*S. l'ora, i minuti*, fare buon uso del tempo. *2* †Uccidere persone.

squartaròla • V. *squatarola*.

squartàta s. f. • Nella loc. *dare una s.*, squartare frettolosamente, alla lesta.

squartàto part. pass. di *squartare*; anche agg. • Nei sign. del v.

squartatóio [da *squartare*] s. m. • Lungo e grosso coltello da macellaio, per squartare le bestie.

squartatóre s. m.; anche agg. (f. *-trice*) • Chi, che squarta.

squartatùra s. f. • Atto dello squartare.

†**squartavènto** [comp. di *squarta(re)* e *vento*] s. m. inv. • Smargiasso, millantatore.

squàrto s. m. • Atto, effetto dello squartare | *Carbone di s.*, ottenuto da legna squartata, cioè da tronchi spaccati secondo la lunghezza.

squash /*ingl.* skwɔʃ/ [vc. ingl., acrt. di *squash* (*rackets*), a sua volta da *to squash* 'schiacciare (con le racchette)'] s. m. inv. • (*sport*) Gioco di palla al chiuso, tra due avversari che con una racchetta devono lanciare una palla contro un muro in modo da farla rimbalzare oltre la linea di metà campo.

squaṣimodèo o **scaṣimodèo**, (*raro*) †**squaṣimoddèo** [alterazione pop. di *spasimo di Dio* (?)] **A** s. m. (pl. *squasimodei*, raro *squasimiddei*) *1* †Minchione, sciocco. *2* (*spec. al pl.*) Smorfie, moine. **B** in funzione di inter. • †Esprime meraviglia, sorpresa, ammirazione e sim.

†**squassafórche** [comp. di *squassa(re)* e il pl. di *forca*] s. m. inv. • (*raro*) Uomo di pessima vita, pendaglio da forca.

squassaménto s. m. • (*raro*) Atto dello squassare.

†**squassapennàcchi** [comp. di *squassa(re)* e il pl. di *pennacchio*] s. m. • (*scherz.*) Soldato smargiasso.

squassàre [dal lat. *quassāre*, ints. di *quătere* 'scuotere', con *s-* durat.-ints. (V. †*quassamento*, *scassare*)] **A** v. tr. • Scuotere con violenza: *il vento squassa gli alberi*. **B** v. rifl. • (*raro*) Scuotersi con violenza.

squàsso s. m. • (*raro*) Atto, effetto dello squassare | Scossa violenta.

squataròla o **squartaròla** [da una vc. sett. **scatarola*, connessa con l'ant. *scato* 'bastone', dal lat. tardo *scăptu(m)*, di origine got.: il n. è prob. dovuto alle lunghe gambe] s. f. • (*zool.*) Pivieressa.

†**squatràre** • V. *squartare*.

squattrinàre (1) [da *quattrino*, con *s-*] **A** v. tr. • (*raro*) Ridurre senza quattrini. **B** v. intr. pron. • Ridursi senza quattrini.

squattrinàre (2) [da *squittinare*, *scrutinare* (V.), con sovrapposizione di *quattrino*] v. tr. • (*fam., tosc.*) Esaminare minuziosamente.

squattrinàto [da *quattrino*, con *s-*] agg.; anche s. m. (f. *-a*) • Che, chi non ha quattrini. CONTR. Danaroso.

squaw /*ingl.* skwɔ:/ [adattamento ingl. di una vc. indiana delle tribù della famiglia algonchina] s. f. inv. • Sposa, moglie, nel linguaggio degli Indiani dell'America settentrionale.

squèro [vc. venez., dal gr. *eschárion* 'cantiere', da *eschára* 'legno, base'] s. m. • (*venez.*) Cantiere navale, spec. di piccole imbarcazioni | Scalo, riparo coperto per bastimenti in disarmo e piccole imbarcazioni, spec. gondole.

squilibràre [calco su *equilibrare*, con cambio di *e-* ritenuto prefisso (*s-*)] **A** v. tr. *1* (*raro*) Far uscire d'equilibrio | (*fig.*) Privare dell'equilibrio psichico. *2* (*fig.*) Dissestare finanziariamente. **B** v. intr. pron. • (*raro*) Perdere l'equilibrio.

squilibràto **A** part. pass. di *squilibrare*; anche agg. *1* Nei sign. del v. *2* Che non ha, o non ha più, l'equilibrio psichico, mentale o morale: *mente squilibrata*; *giovane s.* CONTR. Equilibrato. **B** s. m. (f. *-a*) • Persona squilibrata.

squilìbrio [calco su *equilibrio*, con *s-*] s. m. *1* Mancanza di equilibrio, anche psichico o mentale: *s. mentale*; *dare segni di s.* *2* Differenza, sbilancio | Situazione, di breve o lunga durata, in cui si altera l'equilibrio tra le forze che agiscono nel sistema economico: *s. tra la domanda e l'offerta*; *s. tra risparmi e investimenti*.

squìlla (1) [dal got. **skilla*, V. ted. *Schelle* 'campanello'] s. f. *1* Campana, spec. piccola e di suono acuto | Campano che si attacca al collo dei bovini. *2* (*est., lett.*) Campana | Suono di campana: *or la s. dà segno / della festa che viene* (LEOPARDI).

squìlla (2) [lat. *squĭlla(m)*, di etim. incerta] s. f. • (*dial.*) Canocchia, cicala di mare.

squillànte part. pres. di *squillare*; anche agg. *1* Nei sign. del v. *2* Chiaro, acuto, detto di suono: *voce s.*; *note squillanti*. *3* (*fig.*) Vivace, intenso, detto di colore: *colore s.*; *verde s.*

squillàre [da *squilla* (1)] **A** v. intr. (aus. *essere* e *avere*) *1* Rendere suono chiaro, acuto, alto: *il campanello sta squillando*; *squilla il telefono*; *la* *sua voce squillò nel silenzio.* **2** (*fig., raro*) †Muoversi velocemente, volare. **B** v. tr. ● †Far squillare: *chi mostra fuochi, chi squilla el suo corno* (POLIZIANO).

†squillìtico [vc. dotta, dal lat. *scillĭticu(m)*, dal gr. *skillitikós*, da *skílla* 'scilla, cipolla'] agg. ● Di squilla, nel sign. di *squilla* (2).

squìllo [da *squillare*] **A** s. m. ● Suono forte, acuto e vibrante, dalla durata breve: *uno s. di tromba*; *al primo s. di campanello*; *due squilli di telefono*; *uno s. di risa*; *s'udì lo s. della sua voce.* **B** in funzione di agg. inv. ● (posposto al s.) Nelle loc. *ragazza s.*, prostituta disponibile mediante chiamata telefonica | (*est.*) *Albergo, centrale, casa s.*, in cui si esercita tale tipo di prostituzione. **C** in funzione di s. f. inv. ● (*ell.*) Ragazza squillo.

†squinanzìa [vc. dotta, deriv. dal gr. *kynánchē* 'angina del cane', comp. di *kýōn*, genit. *kynós* 'cane' e di un deriv. di *ánchein* 'soffocare', con *s-*] s. f. ● Angina, mal di gola.

squìnci [da *quinci*, con *s-*] vc. ● (*pop., scherz.*) Nelle loc. *parlare in quinci e s.*, *in s. e squindi*, in modo affettato e pedante | *Senza tanti s. e squindi*, senza inutili parole e complimenti, semplicemente: *vieni al sodo, senza tanti s. e squindi.*

squìncio ● V. *sguincio.*

squìndi [da *quindi*, con *s-*] vc. ● (*pop., scherz.*) Nelle loc. *parlare in squinci e s.*, in modo affettato e pedante | *Senza tanti squinci e s.*, senza inutili parole e complimenti, semplicemente: *dimmi ciò che vuoi senza tanti squinci e s.*

squinternàre [da *quinterno*, con *s-*] v. tr. (*io squintèrno*) **1** Sconnettere i quinterni di un libro, un fascicolo, e sim. **2** (*fig.*) Scombussolare, turbare: *quel fatto mi ha squinternato.*

squinternàto **A** part. pass. di *squinternare*; anche agg. **1** Nei sign. del v. **2** Che ha un comportamento strano, che conduce una vita disordinata | Che non ha il cervello completamente a posto. **B** s. m. (f. *-a*) ● Persona squinternata.

squinternatùra s. f. **1** (*raro*) Atto dello squinternare. **2** In legatoria, scomposizione, scucitura dei fascicoli di un libro prima di una nuova legatura.

squìnzia [prob. da Donna *Squinzia*, personaggio di una commedia di C.M. Maggi (1630-1691)] s. f. ● (*region.*) Ragazza smorfiosa e saccente, dai modi leziosi e affettati.

squiṣitézza o †**esquiṣitézza**. s. f. **1** Qualità di ciò che è squisito. **2** (*spec. al pl., est.*) Cosa squisita: *le squisitezze della tavola.*

squiṣìto o †**esquiṣìto** [lat. *exquisītu(m)*, part. pass. di *exquīrere* 'cercare insistentemente', comp. di *ĕx-* (*s-*) e *quaĕrere* 'cercare' (V. †*quesire*)] agg. **1** Eccellente, prelibato, detto di cibi, bevande e sim., dal sapore delicato e gradevole: *dolce, gelato, s.*; *vini squisiti*; *una cena squisita.* **2** (*fig.*) Raffinato, perfetto: *gentilezza, cortesia, squisita*; *artista, scrittore, s.*; *una squisita padrona di casa*; *il Poliziano aveva uno s. sentimento della forma* (DE SANCTIS). **3** (*raro, lett.*) Ricercato. || **squisitaménte**, avv. **1** In modo squisito: *un piatto squisitamente buono*; *un uomo squisitamente gentile.* **2** Tipicamente, prettamente: *una raffinatezza squisitamente francese.*

squiṣitùdine o (*raro*) †**esquiṣitùdine**. s. f. ● (*raro, tosc.*) Squisitezza, gentilezza affettata.

squit [vc. onomat.] inter. ● Riproduce lo squittio di un topo.

†squittinàre [lat. tardo *scrutināre* 'investigare' (V. *scrutinare*)] v. tr. e intr. ● Scrutinare.

†squittinatóre [da *squittinare*] s. m. (f. *-trice*) ● Scrutinatore.

†squittìnio (**1**) o †**squittìno** [dal lat. tardo *scrutīniu(m)* 'inchiesta' (V. *scrutinio*)] s. m. ● Scrutinio.

squittìnio (**2**) [da *squittire* (*1*)] s. m. ● Atto dello squittire, nel sign. di *squittire* (*1*) | Verso dell'animale che squittisce.

†squittìno ● V. †*squittinio* (*1*).

squittìo s. m. ● Atto dello squittire continuo, nel sign. di *squittire* (*1*).

squittìre (**1**) o †**schiattìre** [vc. di origine onomat.] v. intr. (*io squittìsco, tu squittìsci*; aus. *avere*) **1** Emettere versi brevi, acuti e stridenti, detto di animali, spec. uccelli: *i pappagalli squittiscono*; *il topo squittisce* | Nel linguaggio venatorio, abbaiare sommessamente, detto dei cani da seguito. **2** (*raro, scherz., spreg.*) Emettere piccoli gridi striduli, detto di persona: *costui lavala con l'acqua bollente, la donna squittisce* (SACCHETTI).

†squittìre (**2**) o †**ṣguittìre** [etim. incerta] v. intr. ● Sguizzare, guizzare.

†squoiàre ● V. *scoiare.*

ṣradicàbile agg. ● Che si può sradicare.

ṣradicaménto s. m. ● Atto, effetto dello sradicare | *S. economico, sociale*, condizione di chi non ha rapporti organici con il mondo economico e con le forze sociali.

ṣradicàre [lat. parl. **exradicāre*, rideterminazione del classico *eradicāre*, comp. di *ĕx-* (*s-*) e di *rādix*, genit. *radīcis* 'radice'] v. tr. (*io ṣràdico, tu ṣràdichi*) **1** Strappare un vegetale con la radice: *s. un albero dal suolo.* SIN. Estirpare, svellere. **2** (*fig.*) Estirpare, distruggere: *s. il vizio, il male*; *s. l'ignoranza della società.*

ṣradicàto **A** part. pass. di *sradicare*; anche agg. **1** Nei sign. del v. **2** Che non sente legami, che rifiuta di avere rapporti organici, con l'ambiente o la società in cui vive: *artista s.* **B** s. m. (f. *-a*) ● Persona sradicata.

ṣradicatóre **A** s. m.; anche agg. (f. *-trice*) ● Chi, che sradica. **B** s. m. ● Attrezzo per togliere dal terreno ceppi o radici, o per abbattere alberi o arbusti.

ṣragionaménto s. m. ● Atto dello sragionare | Ragionamento sconnesso.

ṣragionàre [da *ragionare*, con *s-*] v. intr. (*io ṣragióno*, aus. *avere*) ● Ragionare male, a rovescio, fare ragionamenti sconnessi.

†ṣragionatóre s. m. (f. *-trice*) ● Chi sragiona.

ṣragionévole [da *sragionare*, sul modello di *ragionevole*] agg. ● (*raro*) Irragionevole.

ṣralingàre [da *ralinga*, con *s-*] v. tr. (*io ṣralìngo, tu ṣralìnghi*) ● (*mar.*) Togliere o scucire le ralinghe.

†ṣregolaménto [da *sregolare*] s. m. ● (*raro*) Sregolatezza.

†ṣregolàre [da *regola*, con *s-*] **A** v. tr. ● Fare uscire di regola. **B** v. intr. pron. ● Disordinarsi, deviare dalla regola.

ṣregolatézza s. f. **1** Qualità di chi, di ciò che è sregolato: *s. di vita, di costumi.* SIN. Dissolutezza. **2** Atto, comportamento, sregolato: *le sue sregolatezze lo porteranno alla rovina.*

ṣregolàto [da *regola*, con *s-*] agg. **1** Che non ha regola: *amministrazione sregolata*; *essere s. nel mangiare.* CONTR. Regolato. **2** Moralmente disordinato: *fare una vita sregolata.* CONTR. Sobrio. || **sregolataménte**, avv. Senza regola, senza misura: *vivere sregolatamente.*

ṣrotolaménto s. m. ● Atto dello srotolare.

ṣrotolàre [contr. di *arrotolare*, con cambio di pref. (*s-*)] **A** v. tr. (*io ṣròtolo*) ● Stendere ciò che era arrotolato. CONTR. Arrotolare. **B** v. intr. pron. ● Stendersi, detto di ciò che è arrotolato.

ṣrugginire [calco su *arrugginire*, con cambio di pref. (*s-*)] v. tr. (*io ṣrugginìsco, tu ṣrugginìsci*) ● (*raro*) Dirugginire.

ṣruvidìre [da *ruvido*, con *s-*] v. tr. (*io ṣruvidìsco, tu ṣruvidìsci*) ● (*raro, pop.*) Togliere la ruvidezza.

SS /'ɛsse 'ɛsse/ [vc. ted., dalle iniziali di *Schutz-Staffel* 'scaglione (*Staffel*) di difesa (*Schutz*)'] s. f. inv. ● Milite appartenente alla Schutz-Staffel, organizzazione militare del partito nazionalsocialista tedesco, con compiti di polizia, fino al 1945: *a Marzabotto le SS hanno sterminato donne, vecchi e bambini.*

st /s/ o **sst** /st/, **ssst** /st/, **sss** /s/, **ssh** /s/ [onomat.] inter. ● Riproduce il suono sibilante con cui si zittisce qc. ovvero si chiama o si richiama qc. sottovoce.

sta ● V. †*esta.*

stabaccàre [da *tabaccare*, con *s-*] v. intr. (*io stabàcco, tu stabàcchi*; aus. *avere*) ● (*pop.*) Fiutare spesso tabacco.

Stabat Mater /*lat.* 'stabat 'mater/ [loc. lat., propriamente 'stava', III pers. sing. imperf. ind. di *stāre* 'stare' e *māter* 'la madre'] loc. sost. m. inv. ● Parole con le quali inizia l'inno *Stabat Mater Dolorosa*, composto da Jacopone da Todi e usato nella liturgia cattolica del Venerdì Santo | (*est.*) L'inno stesso | Composizione musicale, gener. per voci e orchestra, che accompagna tale inno: *lo Stabat Mater di G. Rossini.*

stabbiàre [lat. *stabulāre* 'stare nella stalla', da *stăbulum* 'stalla'] **A** v. tr. (*io stàbbio*) **1** Tenere il bestiame nello stabbio. **2** Concimare con lo stabbio. **B** v. intr. (aus. *avere*) ● Stare nello stabbio per concimare il terreno, detto di pecore o sim.

stabbiàto part. pass. di *stabbiare*; anche agg. ● (*raro*) Nei sign. del v.

stabbiatùra s. f. ● Atto, effetto dello stabbiare.

stàbbio [lat. *stăbulu(m)* 'stalla', da *stāre* 'stare'] s. m. **1** Recinto ove sono raccolte di notte pecore o mandrie al pascolo. SIN. Addiaccio. **2** Sterco degli animali di stalla misto a paglia. SIN. Letame, stallatico. || **stabbiòlo**, dim. (V.).

stabbiòlo o †**stabbiuòlo** [dim. di *stabbio*] s. m. ● Piccola stalla | Porcile.

stàbile [vc. dotta, dal lat. *stăbile(m)*, da *stāre* 'stare'] **A** agg. **1** Che è ben saldo, fisso, inamovibile: *scala, ponte, s.*; *fondamenta stabili* | *Beni stabili*, beni immobili | †*Entrare in beni stabili*, comprare beni immobili. CONTR. Instabile. **2** (*fig.*) Durevole, costante: *essere s. nei propositi*; *dare a q.c. una sistemazione s.* | Permanente, duraturo, non provvisorio: *impiego s.*; *essere impiegato s. in un ufficio*; *essere impiegato in pianta s.*; *essere s. in un ufficio*; *avere dimora s. in un luogo* | Non variabile, detto del tempo: *tempo s.*; *bello s.*; *temperatura s.* | Che non sbiadisce, detto di colore: *tinta s.* **3** (*chim.*) Detto di composto o sistema chimico che non subisce alterazioni o variazioni nel tempo. **4** *Teatro s., compagnia s.*, organizzazione teatrale o compagnia stabilmente attiva presso una determinata città, a seguito anche di accordi finanziari con l'amministrazione comunale o statale. **5** (*fis.*) Detto di atomo o particella elementare non soggetta a disintegrazione spontanea | *Equilibrio s.*, in un sistema meccanico, posizione di equilibrio tale che il sistema, una volta allontanato anche di pochissimo da essa, tende a ritornarvi. || **stabilménte**, avv. **B** s. m. **1** Edificio, casa, fabbricato: *società di beni stabili*; *reddito degli stabili.* SIN. Immobile. **2** (*ell.*) Teatro stabile: *lo Stabile di Torino.* **3** (*raro*) †Stabilità. **C** s. f. ● Compagnia teatrale stabile: *la Stabile di Genova.*

†stabilézza s. f. ● (*lett.*) Stabilità.

stabiliménto [vc. dotta, dal lat. *stabilimĕntu(m)* 'appoggio, sostegno', da *stabilīre* 'stabilire' per calco sul fr. *établissement* nel sign. 2 e seguenti] s. m. **1** Atto, effetto dello stabilire: *lo s. della pace* | Istituzione: *lo s. di una società* | †Consolidamento. **2** Fabbricato, insieme di fabbricati, in cui si svolge una attività industriale: *s. industriale, siderurgico.* **3** Fabbricato, insieme di fabbricati adeguatamente attrezzati, in cui si svolge un servizio di pubblica utilità: *s. termale, balneare, idroterapico* | *S. carcerario*, carcere | *S. ospedaliero*, nel nuovo ordinamento del servizio sanitario nazionale, l'edificio o il complesso di edifici adibito ai servizi ospedalieri. **4** (*mar.*) *S. del porto*, intervallo di tempo tra l'istante del passaggio della luna al meridiano e quello in cui la marea raggiunge il massimo livello. **5** (*al pl.*) Colonia, possedimento, in alcune denominazioni geografiche: *stabilimenti francesi d'Oceania.*

stabilìre [vc. dotta, dal lat. *stabilīre* 'rendere stabile', da *stăbilis* 'stabile'] **A** v. tr. (*io stabilìsco, tu stabilìsci*) **1** Rendere stabile, fissare: *s. la propria sede, la propria dimora, in un luogo.* **2** Istituire, costituire: *Dario stabilì l'impero persiano.* **3** Statuire, deliberare, decretare: *s. norme, leggi, regole*; *s. i patti, le condizioni*; *s. il prezzo d'acquisto*; *s. q.c. per legge, per decreto* | Decidere: *s. il da farsi*; *stabilì di andare*; *stabilì che sarebbe andato*; *abbiamo stabilito di lavorare insieme* | Proporsi: *stabilì in cuor suo di fuggire*; *stabilì in cuor suo che sarebbe fuggito.* **4** †Rendere stabile, fermo: *s. una pianta sul terreno.* **B** v. rifl. **1** Prendere stanza, sede, dimora (*anche fig.*): *si è stabilito a Roma*; *si stabilirono in campagna*; *la costanza ... si stabilisce ... con lo studio della sapienza dei filosofi* (VICO). **2** (*lett.*) †Costituirsi, mettersi: *era necessitato di ... stabilirsi da se medesimo in perpetua suggezione* (GUICCIARDINI). **3** (*lett.*) †Confermarsi, ostinarsi.

stabilità o (*raro*) †**stabilitàde**, (*raro*) †**stabilitàte** [vc. dotta, dal lat. *stabilitāte(m)*, da *stăbilis* 'stabile'] s. f. **1** Qualità di ciò che è stabile: *s. di un edificio, di un ponte*; *s. di propositi*; *s. di un servizio, di un impiego*; *la s. dei prezzi.* **2** (*aer.*) Capacità dell'aereo di mantenersi, o ritornare prontamente in assetto normale dopo una perturbazione. **3** (*mar.*) Attitudine di una nave a riprendere la posizione iniziale dopo esserne stata spostata da una causa perturbatrice.

stabilito A part. pass. di *stabilire*; anche agg. **1** Nei sign. del v. **2** Disposto, fissato: *è s. che*; *resta s. che ...*; *resta s. così* | *L'ordine s.*, la legge. **B** s. m. ● (*dir.*) Documento contenente tutti gli elementi del contratto, che, se munito di clausola all'ordine, ne consente la cessione senza notificazione o accettazione del contraente ceduto.

stabilitóre [vc. dotta, dal lat. *stabilitōre(m)* 'consolidatore', da *stabilītus* 'stabilito'] s. m. (f. *-trice*) ● (*raro*) Chi stabilisce.

stabilitùra [da *stabilire*] s. f. ● Applicazione sulle pareti interne o esterne degli edifici dell'ultimo strato di smalto sull'intonaco.

stabilizzànte A part. pres. di *stabilizzare*; anche agg. **1** Nei sign. del v. **2** (*chim.*) Detto di additivo di varia natura atto a conservare stabile un composto o un sistema chimico. SIN. Stabilizzatore. **B** s. m. ● (*chim.*) Sostanza stabilizzante.

stabilizzàre [comp. di *stabil(e)* e *-izzare*] **A** v. tr. ● Rendere stabile. **B** v. intr. pron. ● Diventare stabile.

stabilizzàto A part. pass. di *stabilizzare*; anche agg. **1** Nei sign. del v. **2** Detto di professore universitario incaricato, che ha diritto a conservare l'incarico se in possesso di tre anni di anzianità di insegnamento. **B** s. m. ● Professore universitario stabilizzato.

stabilizzatóre A s. m.; anche agg. (f. *-trice*) ● Chi, che stabilizza: *apparecchio s.* **B** s. m. **1** (*elettr.*) Dispositivo che elimina le variazioni nella tensione o nella corrente destinate alla alimentazione di apparecchiature a tensione costante, come radio, televisione, strumenti di misura, e sim., o a corrente costante. **2** (*aer.*) Parte fissa dell'impennaggio orizzontale destinata ad assicurare la stabilità dell'aeromobile. ➡ ILL. p. 1293 SPORT; p. 1759 TRASPORTI. **3** (*mar.*) Apparecchio che estingue il rollio. **4** (*chim.*) Stabilizzante.

stabilizzazióne s. f. ● Atto, effetto dello stabilizzare.

stabulàre (1) [vc. dotta, dal lat. *stabulāre* 'stare nella stalla' (V. *stabbiare*)] **A** v. tr. (*io stàbulo*) ● Mettere, tenere nella stalla | *S. le trote*, *le anguille*, allevarle in recinti, in vivai appositi. **B** v. intr. (aus. *avere*) **1** Essere tenuto, allevato in stalla, detto di animali domestici. **2** (*lett.*) †Albergare: *qualunque ... pastor vi pasce o stabula* (SANNAZARO).

stabulàre (2) [dal lat. *stăbulu(m)* 'stalla' col suff. di agg.] agg. ● Detto di allevamento praticato al chiuso di una stalla.

stabulàrio [vc. dotta, dal lat. *stabulāriu(m)* 'albergatore, oste', da *stăbulum* 'stalla'] s. m. **1** Stalla pubblica. **2** Canile municipale per cani vaganti o smarriti. **3** Locale di un istituto di ricerca scientifica o di laboratorio, in cui si allevano animali a scopo di studio e osservazione. **4** †Oste, albergatore | Pastore.

stabulazióne [vc. dotta, dal lat. *stabulatiōne(m)* 'stallaggio', da *stabulāre* 'stallare' (V. *stabbiare*)] s. f. **1** Sistema di allevamento del bestiame nelle stalle | *S. fissa*, con bestiame legato | *S. libera*, con bestiame libero nell'interno della stalla, su lettiera permanente o su graticci. **2** Sistema di allevamento di alcuni pesci e molluschi in appositi recinti o impianti a mare, tali da eliminare il pericolo di infezioni e consentire una più abbondante e rapida riproduzione.

stacanovismo o **stachanovismo** [dal n. del minatore russo A. G. *Stachanov* che nel 1935 segnò un primato nella quantità di carbone estratto individualmente] s. m. **1** Movimento sorto nell'Unione Sovietica, nella seconda metà degli anni Trenta, per incrementare la produttività lavorativa mediante un'intensa applicazione degli uomini e la razionalizzazione scientifica dei mezzi tecnici. **2** (*iron.*) Esagerato entusiasmo, attività e premura eccessive sul lavoro.

stacanovista o **stachanovista**. **A** s. m. e f. (pl. m. *-i*) **1** Chi pratica lo stacanovismo. **2** (*iron.*) Chi lavora con entusiasmo esagerato. **B** agg. ● Che si riferisce allo stacanovismo: *sistema s.*

stacanovistico o **stachanovistico** agg. (pl. m. *-ci*) ● Che riguarda lo stacanovismo | Da stacanovista.

staccàbile agg. ● Che si può staccare.

staccaménto s. m. ● Atto dello staccare o dello staccarsi.

staccàre [da *tacca*, con *s-*] **A** v. tr. (*io stàcco, tu stàcchi*) **1** Levare da ciò che è attaccato o congiunto ad un altro: *s. un francobollo da una lettera*; *s. un quadro dal muro*; *s. un bottone*; *la coltellata gli staccò l'orecchio*; *s. un biglietto, una bolletta* | Scostare, rimuovere: *s. un mobile dalla parete* | *Non s. gli occhi di dosso a qc., non s. gli occhi da qc. o da q.c.*, guardare a lungo e insistentemente | (*raro*) *S. un vestito*, tagliare, far tagliare dalla pezza la stoffa necessaria per fare un vestito | *S. i cavalli*, togliere loro i finimenti per metterli nella stalla (*anche ass.*): *andare a s.* CONTR. Attaccare. **2** Spiccare: *s. un assegno* | (*raro*) *S. il bollore*, cominciare a bollire | †*S. un mandato*, emanarlo. **3** (*sport*) In una gara di corsa, distanziare gli avversari, prendere del vantaggio su di essi: *s. il gruppo*; *s. tutti in salita*. **4** (*mus.*) *S. le note*, eseguirle producendo un suono secco e disgiunto. **B** v. intr. (aus. *avere*) **1** Spiccare, risaltare, avere rilievo: *la figura stacca dal fondo*; *il bianco stacca sul nero*. **2** (*fam.*) Cessare il lavoro: *a che ora stacchi? Oggi stacco a mezzogiorno*. **C** v. intr. pron. **1** Separarsi (*anche fig.*): *si staccò lentamente dalla parete*; *staccarsi dalla famiglia, dai propri cari, dal mondo*. **2** Venir via: *si è staccato un bottone*; *il manifesto si stacca dal muro*. **3** Allontanarsi: *la barca si stacca dalla riva* | *Staccarsi da terra, dall'acqua*, alzarsi a volo, detto di un aeromobile.

staccàto A part. pass. di *staccare*; anche agg. **1** Nei sign. del v. **2** (*teatr.*) *Parte staccata*, quella limitata a una sola scena | (*mus.*) *Note staccate*, separate fra loro, sullo spartito, da apposite indicazioni, tali da dare l'impressione di una pausa fra suono e suono durante l'esecuzione | (*mil.*) *Opere staccate*, costruzioni difensive che si integrano sistematicamente in una cinta continua fortificata ma sono da questa distanziate pur ricevendone appoggio diretto. || **staccataménte**, avv. **B** s. m. ● (*mus.*) Modo di esecuzione a note staccate, e relativa indicazione sullo spartito.

staccatóre s. m.; anche agg. (f. *-trice*) ● (*raro*) Chi, che stacca.

staccatùra s. f. ● (*raro*) Atto, effetto dello staccare.

staccheggiàre [da *tacco*, con *s-* e suff. iter.-ints.] v. intr. (*io stacchéggio*; aus. *avere*) ● (*raro*) Fare rumore coi tacchi camminando.

stacchettàre [da *tacchettare*, con *s-* durat.-ints.] v. intr. (*io stacchétto*; aus. *avere*) ● Staccheggiare.

stacciaburàtta o **stacciabburàtta** [comp. di *staccia(re)* e *(ab)buratta(re)*] vc. ● Solo nella loc. *fare a s.*, gioco infantile consistente nel tirarsi avanti e indietro tenendosi per le mani e stando uno a riscontro dell'altro.

stacciàio s. m. ● Chi fabbrica o vende stacci.

stacciàre [lat. tardo *saetaciāre*, da *saetācium* 'staccio' (V. *setacciare*)] v. tr. (*io stàccio*) ● Setacciare.

stacciàta s. f. ● Atto dello stacciare in una volta.

stacciatóre s. m.; anche agg. (f. *-trice*) ● Chi, che staccia.

stacciatùra s. f. ● Atto, effetto dello stacciare | Residuo di ciò che è stato stacciato.

stàccio [lat. tardo *saetāciu(m)*, da *sāeta* 'setola' (V. *setaccio*)] s. m. ● Setaccio.

staccionàta [vc. laziale, dall'ant. *staccia*, dall'ant. fr. *estache* 'palo'] s. f. **1** Recinzione formata da traverse di legno sostenute da pali infissi nel terreno. **2** (*sport*) Nelle gare di salto ippiche, ostacolo formato di frasche e sterpi o di traverse di legno, che, se urtate, cadono.

stàcco [da *staccare* (V. *distacco*)] s. m. (pl. *-chi*) **1** Atto dello staccare o dello staccarsi | *S. d'abito*, taglio di stoffa staccato da una pezza per fare un abito. **2** (*fig.*) Intervallo, mancanza di continuità: *fare uno s. tra una parola e l'altra*; *c'è troppo s. fra le due scene* | (*est.*) Breve intervallo in una trasmissione radiotelevisiva: *s. musicale*; *s. pubblicitario*. **3** (*fig.*) Passaggio brusco, senza mediazioni: *fra i due colori c'è troppo s.* | *Fare s.*, risaltare, spiccare. **4** (*cine*) Passaggio da un'inquadratura a un'altra in un film, senza servirsi di dissolvenze. **5** (*sport*) Nel salto, azione con cui il corpo dell'atleta o del ginnasta abbandona il contatto con il terreno.

stachanovismo /stakano'vizmo, staxano'vizmo/ e deriv. ● V. *stacanovismo* e *deriv.*

stadèra [lat. *statēra(m)*, dal gr. *statḗr*, genit. *statêros* 'peso, moneta', da *histánai* 'stare', di origine indeur. (V. *stare*)] s. f. ● Tipo di bilancia con un peso costante scorrevole lungo un braccio graduato, in modo da costituire un momento equilibratore di quello che l'oggetto da pesare forma rispetto al punto fisso | *S. a ponte*, bilancia per la misura del carico di carri, autocarri, carri ferroviari e sim. || **staderina**, dim. | **staderóna**, accr. | **staderóne**, accr. m.

staderàio s. m. ● Chi fabbrica o vende stadere.

staderànte s. m. e f. ● (*tosc.*) Chi sta alla stadera per vendere la carne al minuto.

stàdia [V. *stadio*] s. f. ● Asta graduata di misura impiegata in rilevamenti topografici.

†stàdico ● V. †*statico* (*2*).

stàdio [vc. dotta, dal lat. *stădiu(m)*, dal gr. *stádion* 'stadio' (V. *staggio*) (*1*)] s. m. **1** Misura greca di lunghezza, corrispondente a seicento piedi, di valore variabile a seconda della dimensione del piede nelle diverse località ed epoche | *S. attico*, pari a m 177,6 | *S. alessandrino*, pari a m 184,85. **2** (*archeol.*) Nell'antica Grecia e Roma, edificio di forma rettangolare, della lunghezza pressoché di uno stadio, con uno dei lati corti arrotondato, circondato di gradinate che permettevano agli spettatori di assistere seduti alle gare di corsa a piedi. **3** (*sport*) Campo per lo svolgimento di gare sportive solitamente all'aperto, attrezzato di impianti vari, quali spogliatoi, sale di allenamento o ristoro, palestre, docce e servizi igienici, e circondato lungo il suo perimetro da una serie concentrica di gradinate, talora coperte, che accolgono un alto numero di spettatori: *le gradinate, le tribune dello s.*; *andare allo s.* ➡ ILL. p. 1282 SPORT. **4** (*fig.*) Fase, grado, periodo: *il processo si trova al primo s.*; *gli stadi di una malattia*; *uno s. avanzato*; *i primi stadi di una civiltà*. **5** (*aer.*) Ciascuno dei tronchi propulsivi di un missile vettore che si staccano via via, al procedere della salita, quando è esaurito il loro propellente | *Primo s.*, quello che imprime la fortissima accelerazione iniziale e si stacca per primo | *Ultimo s.*, quello che porta il satellite, la capsula, la sonda o altro veicolo spaziale. **6** (*elettron.*) Circuito che assolve una data funzione: *s. amplificatore*; *s. di alta o di bassa frequenza*; *s. mescolatore*; *s. rivelatore*.

staff /ingl. sta:f/ [vc. ingl., propriamente 'bastone', perché questo è simbolo d'autorità] s. m. inv. (evit. f.) ● Gruppo di persone addette a un particolare compito o assegnate alle dipendenze di qc. per aiutarlo nello svolgimento dei suoi compiti: *uno s. di ricercatori*; *lo s. del sindaco* | (*org. az.*) Ufficio o gruppo di funzionari con compiti ausiliari, privo di legami di gerarchia operativa diretta nella gestione aziendale.

stàffa (1) [dal longob. *staffa* 'predellino'] s. f. **1** Ciascuno dei due arnesi di ferro pendenti dalla sella, nei quali si mette il piede salendo a cavallo o ve lo si tiene appoggiato nel cavalcare: *mettere, infilare, tenere il piede nella s.*; *accorciare, allungare le staffe* | *Reggere le staffe*, per aiutare a montare a cavallo | *Essere con il piede nella s.*, essere pronto a partire (*anche fig.*) | *Perdere le staffe*, non avervi più i piedi infilati; (*fig.*) perdere la pazienza, non frenarsi più | *Tenere il piede in due staffe*, (*fig.*) attenersi a due partiti fra loro opposti, per uscire senza danno da una situazione, comunque essa si risolva | *Il bicchiere della s.*, l'ultimo bicchiere, offerto o bevuto al momento della partenza, del commiato | *Segnare il gol della s.*, nel calcio, ottenere il punto di prestigio. ➡ ILL. p. 1288 SPORT. **2** Montatoio, predellino della carrozza. **3** Striscia di tessuto o di cuoio che, passando sotto al piede o sotto alla scarpa, tiene fermi i calzoni o le ghette | *S. della calza*, parte fra il calcagno e il collo del piede | *S. della vanga*, staffale, vangile | *S. della balestra*, arnese di ferro a forma di staffa fissato all'estremità superiore dell'arma e in cui il balestriere infilava il piede tenendo capovolta la balestra per tendere la corda. **4** In alpinismo, attrezzo ottenuto fissando un anello di corda a uno spuntone o a un moschettone, usato come appoggio per il piede in arrampicate di grande difficoltà. **5** In varie tecnologie, pezzo di ferro con funzioni di collegamento, rinforzo e sim. *6* (*edil.*) Parte dell'armatura trasversale delle travi di cemento armato, formata da un tondo di acciaio di piccolo diametro e piegato a linea chiusa o quasi chiusa. *7* (*banca*) *S. scalare*, prospetto per il calcolo degli interessi nei conti correnti bancari.

stàffa (2) [dal precedente, per la forma] s. f. ● (*anat.*) Uno degli ossicini dell'orecchio medio. ➡ ILL. p. 366 ANATOMIA UMANA.

staffàle [da *staffa* (*1*)] s. m. ● Ferro sporgente del manico della vanga su cui poggia e preme il piede dell'operatore. SIN. Vangile.

staffàre (1) [da *staffa* (*1*) nel sign. 5] v. tr. ● (*tecnol.*) Attaccare, rinforzare e sim. con una o più staffe | Munire di staffe di sostegno.

staffàre (2) [da *staffa* (*1*) nel sign. 1, con *s-* sottratt. concresciuto] **A** v. intr. (aus. *avere*) ● (*raro*) Perdere la staffa | Levare il piede dalla staffa. **B** v. intr. pron. ● Restare con un piede impigliato nella staffa.

staffatùra s. f. ● Operazione dello staffare, nel sign. di *staffare* (*1*).

†**staffeggiàre** [da *staffa* (*1*), con *s-* e *-eggiare*] v. intr. ● Perdere la staffa.

staffétta [da *staffa* (*1*)] **A** s. f. *1* Corriere, anticamente a cavallo, incaricato di portare lettere, ordini, messaggi e sim.: *spedire una s.*; *è arrivata una s.*; *spedire un messaggio per s.*, *per la s.* | (*raro, fig.*) *A s.*, *di s.*, in gran fretta: *andare di s.* *2* (*sport*) Gara di corsa, nuoto e sim., tra squadre i cui componenti percorrono ciascuno un tratto successivo del percorso | La squadra che corre la staffetta | Nel nuoto, *s. mista*, gara in cui ogni frazionista adotta uno stile diverso | Nello sci, gara di fondo disputata da squadre che percorrono frazioni successive su un percorso di lunghezza fino a 50 km | *S. alpina*, comprendente una frazione in piano, una in salita e una in discesa | Nel calcio, avvicendamento, nel corso di una partita, fra calciatori che giocano nello stesso ruolo. *3* (*fig.*) Avvicendamento concordato, spec. in campo politico. || **staffettina**, dim. **B** in funzione di agg. inv. ● (posposto al s.) Detto di mezzo di trasporto che per motivi di sicurezza ne precede un altro, su cui viaggia un personaggio illustre o potente, allo scopo di verificare che il percorso sia libero di ostacoli e pericoli: *treno s.*, *vettura s.*

staffettìsta s. m. e f. (pl. m. *-i*) ● (*sport*) Concorrente di una gara a staffetta.

staffière [da *staffa* (*1*)] s. m. *1* Servo che un tempo reggeva la staffa al signore quando questi montava a cavallo. SIN. Palafreniere. *2* Servitore di casa signorile.

staffilaménto s. m. ● (*raro*) Atto dello staffilare.

staffilàre [da *staffile*] v. tr. *1* Percuotere con lo staffile. *2* (*fig.*) Sferzare, con critiche aspre, acerbe.

staffilàta s. f. *1* Colpo di staffile. *2* (*fig.*) Critica aspra, acerba. *3* Nel calcio, tiro forte e rapido contro la porta avversaria.

staffilatóre s. m. (f. *-trice*) ● (*raro*) Chi staffila.

staffilatùra s. f. ● (*raro*) Atto, effetto dello staffilare.

staffìle [da *staffa* (*1*)] s. m. *1* Sferza, spec. formata da una striscia di cuoio. *2* Striscia di cuoio a cui sta appesa la staffa, nella bardatura del cavallo. ➡ ILL. p. 1288 SPORT.

†**stàfile** [vc. dotta, dal gr. *staphylḗ* 'grappolo d'uva', poi 'ugola', d'origine oscura: per il passaggio semantico V. *ugola*] s. f. ● Ugola.

Stafilìnidi [da *stafilino* (*1*)] s. m. pl. ● Nella tassonomia animale, famiglia di Coleotteri con corpo allungato ed elitre accorciate, spesso ipogei (*Staphylinidae*) | (al sing. *-e*) Ogni individuo di tale famiglia.

stafilìno (1) [vc. dotta, dal gr. *staphylînos*, n. d'insetto, da *staphylḗ* 'grappolo d'uva' (V. *stafile*), per la forma] s. m. ● Coleottero comune nei prati, nero, opaco, carnivoro, con lunghe e forti mandibole (*Ocypus olens*).

stafilìno (2) [da *stafile*] agg. ● (*anat.*) Relativo al palato molle e all'ugola: *muscolo s.*

stàfilo- [dal gr. *staphylḗ* 'grappolo d'uva' (V. *stafile*)] primo elemento ● In parole composte della terminologia scientifica, indica struttura o disposizione a grappolo (*stafilococco*) e in qualche caso somiglianza con il chicco d'uva (*stafiloma*); nella terminologia medica, indica anche relazione con l'ugola o con il palato molle (*stafilofaringite*).

stafilocòccico agg. (pl. m. *-ci*) ● Di, relativo a stafilococco.

stafilocòcco [comp. di *stafilo-* e *cocco* (*4*)] s. m. (pl. *-chi*) ● (*biol.*) Varietà di microrganismo piogeno formato di cocchi che si dispongono a grappolo.

stafilodromìa [vc. dotta, dal gr. *staphylodrómos*, propriamente 'colui che corre col grappolo d'uva', comp. di *staphylḗ* 'grappolo, racemo' e *-dromos* 'corridore' (V. *velodromo*)] s. f. ● Gara di corsa tenuta nell'antica Sparta durante le feste in onore di Apollo Carneo.

stafilofaringìte [comp. di *stafilo-* e *faringite*] s. f. ● (*med.*) Infiammazione simultanea della faringe e del palato molle.

stafilòma [comp. di *stafil(o)-* e *-oma*] s. m. (pl. *-i*) ● (*med.*) Dilatazione di un tratto della parete oculare con protrusione del contenuto, simile a chicco d'uva.

stafiṣàgria [vc. dotta, lat. tardo *stăphis ăgria* (nom.), dal gr. *staphís agría*, propriamente 'uva (*staphís*, d'origine sconosciuta) selvatica (*agría*, f. di *ágrios*, da *agrós* 'campo', d'origine indeur.)'] s. f. ● Pianta erbacea delle Ranuncolacee con odore sgradevole, fiori azzurri o rosei in racemi terminali con sepali speronati (*Delphinium staphysagria*). SIN. Erba dei pidocchi.

stage /fr. staʒ, *ingl.* steidʒ/ [vc. fr., propriamente 'tirocinio'] s. m. inv. ● Fase di un addestramento consistente nel trascorrere un certo periodo di tempo in un ufficio, presso un istituto universitario o un'azienda, per imparare il lavoro che vi si svolge.

stagflazióne [comp. di *stag(nazione)* e *(in)flazione*] s. f. ● (*econ.*) Fase del ciclo economico caratterizzata dalla presenza simultanea di fenomeni di stagnazione e inflazione.

staggiàre [da *staggio* (*1*)] v. tr. (*io stàggio*) *1* (*agr.*) Puntellare gli alberi carichi di troppi frutti. *2* (*mar.*) †Controllare la portata di una nave, per mezzo dello staggio.

staggiatùra s. f. ● (*agr.*) Operazione dello staggiare.

†**staggiménto** [da †*staggire*] s. m. ● Sequestro.

†**staggìna** [sovrapposizione di (*o*)*staggio* a un deriv. dall'ant. fr. *saisine* 'impossessamento', da *saisir* 'impadronirsi'] s. f. ● Sequestro.

stàggio (1) [lat. *stădiu(m)* 'misura' (V. *stadio*)] s. m. *1* In vari oggetti o tecnologie, ciascuno dei pezzi di legno, aste, pertiche e sim. usati per sorreggere, tendere, limitare q.c. | Ciascuna delle due aste verticali della scala a mano, in cui sono infissi di traverso i pioli | Ciascuno dei due legni della sedia che delimitano lateralmente la spalliera | Ciascuno dei regoli che servono a stringere e allargare il telaio da ricamo | Regolo di gabbia | Ciascuno dei due legni cui è fissata la lama nella sega intelaiata. *2* (*caccia*) Pertica o stanga laterale per sostenere le reti dei paretai. *3* (*sport*) Ciascuna delle due sbarre orizzontali delle parallele usate in ginnastica. *4* †Asta graduata usata per fare misurazioni.

†**stàggio** (2) [dall'ant. fr. *estage*, dal lat. parl. **stăticu(m)*, da *stāre* 'stare'] s. m. ● (*raro*) Stallo, abitazione.

†**stàggio** (3) ● V. *ostaggio*.

†**staggìre** [sovrapposizione di (*o*)*staggio* a un deriv. dall'ant. fr. *saisir* 'impadronirsi'] v. tr. ● Pignorare, sequestrare | (*fig.*) *S. qc. in prigione*, *in carcere*, trattenervelo.

†**staggitóre** s. m.; anche agg. (f. *-trice*) ● (*raro*) Chi, che staggisce.

stagionàle **A** agg. *1* Che riguarda la stagione: *fenomeno s.* | Che è proprio di una stagione: *malattia s.* *2* Che dura una stagione, che si verifica durante una stagione: *emigrazione s.*; *lavoro s.* | *Primato s.*, il risultato migliore conseguito da un atleta durante una stagione di gare. || **stagionalménte**, avv. **B** s. m. e f. ● Chi lavora solo in determinati periodi dell'anno: *gli stagionali dell'agricoltura*.

stagionalità s. f. ● (*raro*) Qualità di ciò che è stagionale.

stagionaménto s. m. ● Stagionatura.

stagionàre [da *stagione*] **A** v. tr. (*io stagióno*) ● Tenere in serbo il tempo necessario per acquistare certe qualità: *s. il vino*, *il formaggio* | *S. il legname*, lasciarlo all'aria aperta sino a che abbia perso tutta l'umidità. **B** v. intr. e intr. pron. (aus. *essere*) *1* Acquistare determinate qualità rimanendo in determinate condizioni per il tempo necessario: *il formaggio pecorino deve stagionare almeno due mesi*. *2* (*raro*) †Ridursi a perfetta cottura.

stagionàto part. pass. di *stagionare*; anche agg. *1* Nei sign. del v. *2* (*scherz.*) Attempato, in là con gli anni: *una signora piuttosto stagionata*.

stagionatóre [da *stagionare*] s. m. (f. *-trice*) ● Operaio addetto alla stagionatura.

stagionatùra s. f. ● Operazione ed effetto dello stagionare | Tempo necessario per stagionare: *richiedere una lunga s.*

stagióne [lat. *statiōne(m)*, propriamente 'dimora', da *stātus*, part. pass. di *stāre* (V. *stare*, *stazione*)] s. f. *1* Ciascuno dei quattro periodi in cui gli equinozi e i solstizi dividono l'anno solare, e cioè primavera, estate, autunno, inverno: *l'alternarsi*, *il succedersi*, *il mutare*, *delle stagioni*; *l'inizio*, *la fine*, *della s.*; *s. avanzata*, *inoltrata*; *cambiamento di s.* | (*poet.*) *La nuova s.*, *la s. novella*, la primavera | *Mezza s.*, (*gener.*) primavera, autunno | *Abito da mezza s.*, né leggero, né pesante. *2* (*est.*) Condizioni meteorologiche e atmosferiche che accompagnano ogni stagione: *s. fredda*, *calda*, *piovosa*, *umida* | *La bella*, *la buona*, *s.*, la primavera, l'estate | *La brutta*, *la cattiva*, *s.*, l'autunno, l'inverno. *3* Periodo dell'anno in cui hanno luogo determinati lavori agricoli o in cui si hanno determinati raccolti: *la s. della semina*, *della vendemmia*, *del raccolto*; *la s. delle ciliege*, *delle pesche*, *dell'uva* | *La s. dei fiori*, (*per anton.*) la primavera. *4* Periodo dell'anno in cui hanno luogo determinate attività, manifestazioni, e sim.: *la s. teatrale*, *cinematografica*, *lirica*; *la s. della prosa*; *la s. delle vendite*; *i saldi di fine s.* | *Alta s.*, periodo dell'anno in cui l'attività turistica e alberghiera è particolarmente intensa | *Bassa s.*, periodo dell'anno in cui l'attività turistica e alberghiera è particolarmente ridotta | *S. morta*, periodo dell'anno in cui una qualsiasi attività si svolge a ritmo molto ridotto, o cessa del tutto. *5* (*sport*) Periodo di tempo, anche compreso entro due anni successivi, nel quale vengono disputate le gare annuali di un determinato sport: *s. ciclistica*; *s. calcistica 1982-83*. *6* Tempo adatto, propizio: *la s. dei bagni*, *degli amori*; *è finita la s. delle passeggiate*; *non è questa la s. per fare un viaggio*; *ogni cosa ha la sua s.* | *Frutto di s.*, giunto a maturazione nel suo tempo; (*fig.*) qualunque evento, anche spiacevole e noioso, normale per il periodo in cui si verifica: *il raffreddore è un frutto di s.* | *Frutto fuori s.*, giunto a maturazione prima o dopo il suo tempo; (*fig.*) qualunque evento che si verifichi in un periodo insolito o inopportuno. *7* (*poet.*) Tempo, periodo di tempo: *soffrii lunga stagion ciò che più spiace* (TASSO) | Età: *quando de' miei fiorenti anni fuggiva / la stagion prima* (FOSCOLO) | †*Alla s.*, secondo il tempo | †*Per s.*, talvolta | (*raro*) †*Tutta s.*, sempre. || **stagionàccia**, pegg.

†**stagionévole** agg. ● (*raro*) Che stagiona.

stagìrita [vc. dotta, dal lat. *Stagīrīta(m)*, dal gr. *Stagirítēs*, da *Stágira* 'Stagira'] **A** agg. (pl. m. *-i*) ● Di Stagira, antica città greca. **B** s. m. e f. ● Abitante di Stagira | *Lo Stagirita*, (*per anton.*) Aristotele.

stagliàre [da *tagliare*, con *s-*] **A** v. tr. (*io stàglio*) *1* Tagliare grossolanamente. *2* †Fare uno stralcio | (*est.*) Risolvere, regolare. **B** v. intr. e intr. pron. (aus. *essere*) ● Risaltare, fare spicco: *la montagna si staglia contro il cielo*; *i monti si stagliano nel cielo*.

stagliàto part. pass. di *stagliare*; anche agg. *1* Nei sign. del v. *2* Nella loc. †*andar alla stagliata*, (*ell.*) per la via più breve.

stagliatùra s. f. ● Atto dello stagliare.

†**stàglio** [da *stagliare*, sul modello di *taglio*] s. m. ● Computo fatto alla grossa, stralcio.

stàgna [da *stagnare*] s. f. ● Recipiente a chiusura ermetica di latta stagnata: *una s. di olio*, *di benzina*. CFR. Latta. || **stagnìna**, dim.

stagnàio o (*dial.*) **stagnàro** [lat. tardo *stagnāriu(m)*, da *stăgnum* 'stagno (1)'] s. m. ● Artigiano che salda con lo stagno e fa lavori in latta. SIN. Lattoniere.

stagnaménto s. m. ● Atto dello stagnare, nel sign. di *stagnare* (*3*).

stagnànte part. pres. di *stagnare* (*3*); anche agg. ● Nei sign. del v.

stagnàre (**1**) [lat. tardo *stagnāre* 'saldare', da *stăgnum* 'stagno (1)'] v. tr. *1* Rivestire con un sottile strato di stagno una superficie metallica | Aggiustare, saldare con lo stagno: *s. una pentola.* *2* (*est.*) Chiudere recipienti, serbatoi, e sim., in modo che il liquido in essi contenuto non fuoriesca: *s. un barile.*

stagnàre (**2**) [lat. *stagnāre*, da *stăgnum* 'stagno (2)' (V. *ristagnare* (*1*))] **A** v. tr. ● Far cessare il flusso di un liquido: *s. il flusso del sangue*; *s. il sangue di una ferita.* **B** v. intr. e intr. pron. (aus. intr. *avere*) ● Cessare di fluire: *il sangue si è stagnato.*

stagnàre (**3**) [lat. *stagnāre*, da *stăgnum* 'stagno (2)' (V. *ristagnare* (*1*))] v. intr. (aus. *avere*) *1* Fermarsi formando uno stagno, detto di acqua: *l'acqua del fiume stagna nelle campagne* | (*est.*) Essere fermo, non circolare: *nei luoghi chiusi l'aria stagna.* *2* (*fig.*) Ridursi notevolmente d'intensità, detto spec. di attività economica: *in questo periodo i commerci stagnano.*

stagnàro ● V. *stagnaio.*

stagnàta (**1**) s. f. ● Atto dello stagnare in fretta, nel sign. di *stagnare* (*1*).

stagnàta (**2**) [f. sost. di *stagnato*] s. f. ● (*dial.*) Recipiente di latta stagnata. SIN. Stagnina. ‖ **stagnatèlla**, dim. | **stagnatìna**, dim.

stagnàto part. pass. di *stagnare* (*1*); anche agg. ● Nei sign. del v.

stagnatùra [lat. *stagnatūra*(*m*), da *stagnāre* 'saldare, stagnare' (V. *stagnare* (*1*))] s. f. *1* Atto, effetto dello stagnare. *2* Rivestimento di superfici metalliche con uno strato di stagno, per immersione o per elettrodeposizione.

stagnazióne [da *stagnare* (*3*), sul modello dell'ingl. *stagnation*] s. f. ● Momento, fase di arresto nella crescita, nello sviluppo di una attività, di un fenomeno e sim. spec. economico, politico e culturale. SIN. Ristagno.

†**stàgneo** [vc. dotta, dal lat. *stăgneu*(*m*), da *stăgnum* 'stagno (1)'] agg. ● (*raro*) Di stagno.

†**stagnìcola** [comp di *stagno* (*2*) e *-cola* (V. *-colo*)] s. f. ● (*zool.*) Gallinella d'acqua.

stagnicoltóre s. m. (f. *-trice*) ● Chi si occupa di stagnicoltura.

stagnicoltùra [comp. di *stagno* (*2*) e *coltura*] s. f. ● Allevamento di pesci in stagni.

stagnìna [da *stagno* (*1*)] s. f. ● Recipiente di latta stagnata | Bricco di latta stagnata per tenervi l'olio.

stagnìno [da *stagno* (*1*)] s. m. ● (*dial.*) Stagnaio.

stàgno (**1**) [lat. *stăgnu*(*m*), di origine gallica] s. m. ● Elemento chimico, metallo bianco argenteo, malleabile, ottenuto per riduzione della cassiterite, usato per leghe, per saldature elettriche, per la produzione della latta, e sim. SIMB. Sn | *Grido dello s.*, caratteristico rumore emesso da una barra di tale metallo quando venga piegata | *Peste dello s.*, fenomeno per cui lo stagno, in un ambiente freddo, può passare a una sua forma allotropica, disgregandosi in una polvere grigia.

stàgno (**2**) [lat. *stăgnu*(*m*), di etim. incerta] s. m. ● Piccola distesa d'acqua, dolce o salmastra, poco profonda, che non scorre né defluisce: *sullo s. del parco affiorano le ninfee*; *s. artificiale.*

stàgno (**3**) [da *stagnare* (*1*)] agg. *1* Che è a tenuta d'acqua: *paratie stagne* | *Compartimenti stagni*, gli ambienti della parte sommersa di una nave divisi fra loro da paratie stagne; (*fig.*) ambienti, attività e sim. nei quali o fra i quali regna l'incomunicabilità più assoluta. *2* (*dial.*) Solido, robusto, ben piantato.

†**stàgno** (**4**) agg. ● (*lett.*) Stagnato.

stagnòla [da *stagno* (*1*)] s. f. *1* Lamina di stagno sottilissima, usata per l'avvolgimento protettivo di sostanze spec. alimentari deperibili. *2* (*dial.*) Lattina, bidone per olio o petrolio.

stagnòlo [da *stagno* (*1*)] agg. ● Di stagno, spec. nella loc. *carta stagnola*, carta comune a cui viene fatta aderire sotto pressione, mediante collanti, la stagnola, usata per imballo protettivo di sostanze deperibili.

staiàta s. f. ● Spazio di terreno per seminare uno staio di grano.

stàio o †**stàro** [lat. *sextārĭu*(*m*) 'sesta parte del congio', da *sĕxtus* 'sesto'] s. m. (pl. *stàia*, f. nei sign. 1 e 3, *stài*, m. nel sign. 2) *1* Misura di capacità per cereali o aridi: *uno s. di grano* | *A staia*, in grande quantità. *2* Recipiente cilindrico a doghe per misurare grano, avena e sim., di capacità diversa secondo i luoghi | *Ago dello s.*, ferro che dal centro del fondo dello staio arriva sino alla bocca di questo inserendosi nella maniglia | *Maniglia dello s.*, ferro che attraversa la bocca dello staio ed è fermato all'ago | *Colmare lo s.*, (*fig.*, *tosc.*) compiere l'opera | (*scherz.*) *Cappello a s.*, cappello a cilindro. *3* Misura agraria di superficie che indica quanta terra occorre alla semina di uno staio di grano e sim. SIMB. bu ‖ **staióne**, accr.

Stalag /*ted.* 'ʃtalag/ [vc. ted., abbr. di *Sta*(*mm*)*lag*(*er*) 'campo di base'] s. m. inv. ● Campo di prigionia per sottufficiali e soldati nemici nella Germania nazista durante la Seconda Guerra Mondiale.

stalagmìte o **stalammìte** [vc. dotta, comp. del gr. *stálagma*, genit. *stalágmatos* 'goccia' e *-ite* (*2*)] s. f. ● (*geol.*) Deposito colonnare di carbonato di calcio che s'innalza dal pavimento delle grotte nelle quali si sono infiltrate acque calcaree. ➡ ILL. p. 818 SCIENZE DELLA TERRA ED ENERGIA.

stalagmìtico agg. (pl. m. *-ci*) ● Di stalagmite | Che ha aspetto o natura di stalagmite.

stalagmòmetro [comp. del gr. *stálagma*, genit. *stalágmatos* 'goccia', e *-metro*] s. m. ● (*fis.*) Apparecchio che misura la tensione superficiale di un liquido.

stalammìte ● V. *stalagmite.*

stalattìte [vc. dotta, comp. del gr. *stalaktós* 'gocciolante', da *stalássein* 'stillare' e *-ite* (*2*)] s. f. ● (*geol.*) Deposito di carbonato di calcio di forma generalmente conica che pende dalla volta delle grotte nelle quali si sono infiltrate acque calcaree | *A s.*, detto spec. di decorazione che riprende la forma caratteristica delle stalattiti. ➡ ILL. p. 818 SCIENZE DELLA TERRA ED ENERGIA.

stalattìtico agg. (pl. m. *-ci*) ● Di stalattite | Che ha aspetto o natura di stalattite.

stalinìano agg. ● Di Stalin, che si riferisce a Stalin.

stalinìṣmo s. m. *1* (*polit.*) Complesso dei metodi e delle concezioni ideologiche e politiche che si richiamano a una particolare interpretazione del marxismo e del leninismo, proprie di Stalin (1879-1953) o che a lui si ispirano | (*est.*) Interpretazione dogmatica e deterministica delle teorie marxiste. *2* (*est.*, *fig.*) Esercizio del potere in maniera dura e repressiva.

stalinìsta **A** s. m. e f. (pl. m. *-i*) *1* (*polit.*) Chi segue o sostiene lo stalinismo. *2* (*est.*, *fig.*) Chi fa valere in modo duro e repressivo la propria volontà. **B** agg. ● Che si riferisce allo stalinismo.

stalinizẓàre v. tr. ● Trattare, reggere secondo i metodi e i criteri dello stalinismo, spec. per ciò che rientra nell'ambito politico e culturale.

stàlla [dal got. **stalla* 'dimora, sosta' (cfr. ted. *Stall*)] s. f. *1* Fabbricato rurale destinato al ricovero di animali domestici, spec. bovini ed equini: *pulire*, *spazzare*, *rigovernare la s.* | *Garzone*, *mozzo*, *ragazzo di s.*, addetto a tutto quanto concerne gli animali e la stalla | (*zoot.*) *Prezzo alla s.*, nella produzione lattiera, formula contrattuale designante l'obbligo dell'acquirente di accollarsi l'onere del trasporto del latte dalla stalla allo stabilimento di trasformazione | *Chiudere la s. dopo che i buoi sono scappati*, (*fig.*) adottare un rimedio quando ormai è tardivo e quindi inutile | (*fig.*) *Essere*, *sembrare una s.*, detto di ambiente molto sporco | *Sembrare allevato in una s.*, detto di persona molto sporca | *Dalle stelle alle stalle*, per indicare un brusco e improvviso passaggio da una situazione elevata a una infima. ➡ ILL. p. 353 AGRICOLTURA. *2* (*est.*) Insieme delle bestie allevate o ricoverate in una stalla: *avere una buona s.*; *la s. gli frutta molto.* *3* (*raro*) †Ricovero, riposo delle bestie, nella loc. *dare s.* ‖ **stallàccia**, pegg. | **stallùccia**, dim.

†**stallaggiàre** v. intr. ● (*raro*) Avere stallaggio.

stallàggio o (*dial.*, *sett.*) **stallàzzo** [dall'ant. fr. *estalage*, etim. corrispondente a *stallatico* (V.)] s. m. *1* Anticamente, alloggio per le bestie, spec. i cavalli, in stalle di alberghi, locande, osterie, e sim. *2* Spesa dello stallaggio.

†**stallàre** (**1**) **A** v. intr. *1* Dimorare nella stalla. *2* Defecare, detto di animali. **B** v. tr. ● Tenere nella stalla: *s. i cavalli.*

stallàre (**2**) [adatt. del fr. *étaler* (ant. *estaler*) 'arrestarsi', da *étal* 'stalla'] v. intr. e tr. (aus. *avere*) ● (*mar.*) Opporsi alla forza del vento, della corrente e sim. manovrando opportunemente le vele o le ancore.

stallàre (**3**) [da *stallo* (*2*)] v. intr. ● (*aer.*) Andare in stallo, superare il valore critico di incidenza dell'ala, provocando la caduta della portanza.

stallàta s. f. ● (*raro*, *pop.*) Quantità di bestie che stanno in una stalla.

stallàtico [da *stalla*] **A** agg. (pl. m. *-ci*) ● Di stalla, spec. nella loc. *concime s.*, letame di animali allevati in stalla. **B** s. m. *1* Concime stallatico. SIN. Concio, stabbio. *2* Stallaggio: *locanda con s.*

stallàzzo ● V. *stallaggio.*

stallerèccio agg. (pl. f. *-ce*) ● (*raro*) Di stalla | Di bestie da stalla.

stallìa [da *stallo* (*1*)] s. f. ● Nel contratto di trasporto marittimo, tempo normale di durata delle operazioni di carico o scarico della nave.

stallière s. m. ● Servitore addetto alla cura dei cavalli e della stalla in cui sono alloggiati.

stallìno agg. *1* Di stalla. *2* Nato o allevato nella stalla: *cavallo s.*

stallìvo o **stallìo** agg. ● † Detto di cavallo che è stato a lungo nella stalla, senza essere adoperato | Di stalla: *allevamento s.*

stàllo (**1**) [dal francone **stall* 'sosta, dimora' (V. *stalla*)] s. m. *1* Sedile di legno con braccioli e dorsale per persona importante | Sedile, spec. con braccioli e dorsale, unito ad altri uguali e allineati su cui siedono le persone riunite a convegno | *Stalli da coro*, di solito appoggiati con alti dorsali alle pareti delle chiese, spesso artisticamente decorati a intaglio e intarsio. *2* †Luogo ove si sta, si stanzia, si dimora | (*est.*) †Sosta, indugio. *3* Nel gioco degli scacchi, situazione del re che non può muoversi perché cadrebbe sotto scacco, mentre d'altra parte nessun altro pezzo è movibile | (*fig.*) Situazione bloccata, apparentemente senza vie d'uscita: *le trattative sono in una fase di s.*

stàllo (**2**) [dall'ingl. *stall*, V. *stallo* (*1*)] s. m. ● (*aer.*) In un'aerodina, distacco della corrente del fluido dai piani portanti e spec. dall'ala, che si realizza quando si raggiunge l'incidenza critica, con conseguente caduta della portanza dell'ala, aumento della resistenza e, talora, caduta in vite del velivolo.

stallòggi o (*tosc.*) **strallògi** [dal lat. *aristolŏchia*(*m*) 'aristolochia', per alterazione pop.] s. m. ● (*bot.*) Aristolochia.

stallóne [da *stalla*, anche sul modello dell'ant. fr. *estalon*, da cui l'attuale *étalon* 'stallone'] s. m. *1* Cavallo maschio destinato alla riproduzione | (*est.*, *gener.*) Animale maschio riproduttore di una specie domestica: *asino s.* *2* (*fig.*, *scherz.*) Uomo che dà prova di eccezionale vigoria sessuale.

stallùccio [propriamente dim. di *stalla*] s. m. ● Stabbiolo del maiale.

†**stamaiòlo** o †**stamaiuòlo** [da *stame*] s. m. ● Venditore, lavoratore, di stame.

stamàni o (*lett.*) **stamàne** [comp. di *sta* 'questa' e *mane*] avv. ● Stamattina: *s. il tempo è veramente bello*; *s. non sono ancora uscito* | (*pop.*, *tosc.*, *ints.*) *S. mattina.*

stamattìna [comp. di *sta* e *mattina*] avv. ● Questa mattina, nella mattinata di oggi: *l'ho visto s. alle nove*; *è da s. che ti cerco*; *il lavoro doveva essere finito per s.* SIN. Stamani.

stambécco [dal medio alto ted. *steinbock*, comp. di *stein* 'sasso, rupe' e *bock* 'becco'] s. m. (pl. *-chi*) ● Mammifero ruminante affine alla capra, grigio rossastro con corna massicce nodose curvate a scimitarra, che vive protetto sulla catena alpina (*Capra ibex*). SIN. Ibice.

stambèrga [dal longob. *stainberga* 'casa (*berga*) di pietra (*stain*)'] s. f. ● Abitazione squallida, misera e sporca: *una cupa, decrepita s ... guastava l'armonia della piazza* (PIRANDELLO). ‖ **stambergàccia**, pegg. | **stamberghétta**, dim. | **stamberghìna**, dim. | **stambergóna**, accr.

stambùgio [sovrapp. di *bugio* 'buco' a *stamberga* (?)] s. m. ● Stanzino buio e squallido. ‖ **stambugèllo**, dim. | **stambugétto**, dim. | **stambugiàccio**, pegg. | **stambugìno**, dim.

stamburaménto s. m. ● Atto dello stamburare

(*spec. fig.*).

stamburàre [da *tamburare*, con *s-*] **A** v. tr. e intr. (aus. *avere*) ● (*raro*) Suonare insistentemente il tamburo. **B** v. tr. ● (*fig.*) Vantare, decantare con eccesso di chiasso, propaganda e sim.: *s. i propri successi*.

stamburàta [da *stamburare*] s. f. *1* (*raro*) Lunga suonata, rullo, di tamburo. *2* (*fig.*) Vanteria, ostentazione prolungata ed eccessiva dei propri meriti.

stàme [lat. *stāme(n)*, connesso con *stāre* 'stare'] s. m. *1* La parte più fine, più resistente e lunga della lana, separata dal resto col pettine. *2* (*est.*) Filo, specie dell'ordito | *Lo s. della vita*, l'ipotetico filo a cui è legata la vita di ognuno: *recidere lo s. della vita*; *del mio viver Atropo / presso è a troncar lo s.* (PARINI). *3* (*bot.*) Organo maschile del fiore costituito da filamento e antera. || **stamétto**, dim.

stamenàle ● V. *staminale*.

staménto [dallo sp. *estamento* 'ramo del Parlamento, stato delle Cortes', da *estar* 'stare'] s. m. ● Ciascuno dei rami dell'antico parlamento sardo.

stamìgna o **stamìna** [lat. *stamīnea(m)*, f. sost. di *stamīneus* 'fatto di fili', da *stāmen*, genit. *stāminis* 'stame'] s. f. *1* Tessuto rado, ma resistente, per stacci e colini. SIN. Buratto, étamine | Tessuto rado e ruvido di lana col quale si fanno le bandiere. *2* †Veste mortuaria.

staminàle (1) o **stamenàle** [dal gr. *stamís*, genit. *stamínos* 'montante della nave'] s. m. ● (*mar.*) Nelle navi in legno, i pezzi che seguono i madieri.

staminàle (2) [da *stame* nel sign. 3] agg. ● (*bot.*) Relativo allo stame.

stamìneo [vc. dotta, dal lat. *stamīneu(m)* 'fatto di fili', da *stāmen*, genit. *stāminis* 'stame' (V. *stamigna*)] agg. ● (*bot.*) Dello stame | Che ha stami.

staminìfero [vc. dotta, comp. del lat. *stāmen*, genit. *stāminis* 'stame' e *-fero*] agg. ● (*bot.*) Detto di fiore che ha soltanto gli stami.

stàmno /*gr.* 'stamnos/ [vc. dotta, dal gr. *stámnos* 'anfora, giara', di origine indeur.] s. m. ● (*archeol.*) Vaso di produzione greca con corpo piriforme, strozzatura al piede, due anse orizzontali, bocca larga.

stàmpa [da *stampare*] s. f. *1* Particolare tecnica che permette di riprodurre uno scritto, un disegno e sim. in un numero illimitato di copie uguali, partendo da un'unica matrice: *s. tipografica*, *litografica*, *serigrafica*; *l'arte*, *l'invenzione della stampa*; *macchina da s.* | (*est.*) Insieme di concrete operazioni proprie di tale tecnica: *iniziare*, *curare la s. di un libro*; *andare in s.*; *essere in corso di s.*; *bozze*, *prove di s.* | *Dare un'opera alla s.*, *alle stampe*, farla pubblicare | *Sala s.*, reparto di uno stabilimento grafico in cui avviene la stampa. *2* Insieme di caratteri, immagini e sim. risultanti dalle operazioni di stampa: *brutta*, *buona s.*; *s. mal riuscita*; *la s. non è nitida*. *3* (*spec. al pl.*) Cose stampate, spec. in quanto oggetto di spedizione postale: *le stampe vanno spedite sotto fascia*; *stampe raccomandate*; *stampe con lettera di accompagnamento*. *4* (*gener.*) Complesso delle pubblicazioni giornalistiche: *s. quotidiana*, *periodica*; *la s. cittadina*, *locale*, *nazionale*, *estera*; *la s. di destra*, *di sinistra*; *s. cattolica*, *repubblicana*, *socialista*, *di opposizione*; *s. libera*, *indipendente*, *venduta*, *prezzolata* | *S. gialla*, scandalistica | *S. rosa*, di tono sentimentale e galante, destinata spec. al pubblico femminile | *Libertà di s.*, diritto di manifestare liberamente il proprio pensiero per mezzo della stampa | *Ufficio s.*, presso un ente, un partito, un'organizzazione e sim., l'ufficio che ha l'incarico di redigere stampati, opuscoli, e sim. e di trasmettere notizie ai giornalisti. *5* (*gener.*) Giornalisti, pubblicisti e sim. considerati nel loro insieme: *l'intervento della s.*; *invitare la s.*; *l'ingresso è vietato alla s.*; *poltrone riservate alla s.*; *i biglietti per la s.*; *la tribuna della s.*; *il tavolo della s.*; *Associazione della s.*; *circolo della s.*; *i giudizi*, *i commenti*, *le critiche*, *le opinioni*, *della s.* | *Sala s.*, quella riservata ai giornalisti presso la sede di un ente o istituzione o durante una manifestazione | *Conferenza s.*, in cui un personaggio illustre, famoso, potente risponde alle domande che gli pongono i giornalisti. *6* Ciò che si scrive, si pubblica, spec. nella loc. *avere una buona*, *una cattiva s.*: avere giudizi favorevoli o sfavorevoli sui giornali e (*fig.*) godere di buona o di cattiva reputazione presso altri, detto di persona. *7* Riproduzione di un disegno, un quadro, e sim. ottenuta mediante stampa: *la s. di un'incisione* | (*est.*) Foglio contenente la riproduzione di un disegno, un quadro, e sim.: *una s. del Settecento*; *una raccolta di stampe*. *8* (*foto*) Procedimento mediante il quale le immagini di una pellicola vengono trasferite su un'altra o su carta fotosensibile | *S. a contatto*, effettuata ponendo a contatto con carta o pellicola fotosensibili la pellicola negativa già sviluppata | *S. a ingrandimento*, effettuata ponendo nell'ingranditore la pellicola sviluppata per ottenere una copia su carta o pellicola di formato diverso. *9* (*tess.*) *S. dei tessuti*, impressione su stoffa, opportunamente preparata, di un disegno a colori, inciso su cilindri di rame o con altri sistemi | *S. a mano*, eseguita con matrici impresse a mano. *10* (*zoot.*) Ogni foro di passaggio per i chiodi posto sulla faccia inferiore del ferro da cavallo. *11* (*gener.*, *raro*) Stampo: *s. per le cialde*, *per i dolci*. *12* (*fig.*) Indole, carattere: *sono tutti della stessa s.*; *è un uomo di vecchia s.* | Sorta, specie: *non voglio parlare con gente di simile s.* *13* †Impronta: *sì ch'ogni memoria / segnar si possa di mia eterna s.* (POLIZIANO). *14* †Conio: *la s. del fiorino*. || **stampàccia**, pegg. | **stampétta**, dim. | **stampìna**, dim.

stampàbile agg. ● Che si può stampare.

stampàggio [da *stampare*, sul modello del fr. *estampage*] s. m. ● Operazione di foggiatura a freddo o a caldo di lamiere, pezzi metallici, materie plastiche e sim., entro stampi per dar loro la forma voluta | (*tecnol.*) *S. a iniezione*, pressoiniezione.

†**stampanàre** [prob. dal francone *stampōn* 'pestare'] v. tr. ● Stracciare, lacerare.

stampànte A part. pres. di *stampare*; anche agg. ● Nei sign. del v. **B** s. f. ● (*elab.*) Unità periferica di uscita dei dati sotto forma di prospetti stampati | *S. ad aghi*, nella quale una testina dotata di numerosi aghi si muove lungo la linea di stampa componendo le forme dei caratteri da stampare mediante impatto su un nastro inchiostrato | *S. a margherita*, nella quale, analogamente alle macchine per scrivere, l'elemento scrivente dispone delle forme in rilievo di tutti i caratteri e stampa mediante impatto su un nastro inchiostrato | *S. a getto di inchiostro*, nella quale l'inchiostro, emesso in minutissime gocce da ugelli posti su una testina mobile, va a formare i caratteri sulla carta | *S. laser*, nella quale la pagina viene tracciata da un raggio laser, opportunamente pilotato da un sistema ottico, sulla superficie di un cilindro di selenio che trasferisce l'immagine alla carta mediante l'uso di un inchiostro in polvere.

stampàre [dal francone *stampōn* 'pestare'] **A** v. tr. *1* Imprimere, lasciare impresso (*anche fig.*): *s. orme sulla sabbia*; *altri di lor ne la carriera illustre / stampa i primi vestigi* (PARINI) | *S. baci*, darli con trasporto. *2* Riprodurre mediante le operazioni di stampa: *s. un libro*, *un giornale* | *Si stampi*, formula con cui, dopo aver esaminato la bozza, si autorizza l'esecuzione di uno stampato. *3* Pubblicare, dare alla stampa: *s. un libro*, *un articolo* | (*est.*) Scrivere: *ha stampato tre volumi di memorie*. *4* Dire, fare, in abbondanza e con facilità, nelle loc. (*fam.*) *s. bugie*, *s. figli*, e sim. *5* Riprodurre mediante stampaggio: *s. pezzi metallici*. *6* (*foto*) Trasferire l'immagine di una pellicola su un'altra o su carta fotosensibile. *7* (*conciar.*) Conferire ai pellami una grana artificiale a mezzo della pressa idraulica. **B** v. intr. pron. ● Imprimersi, restare impresso (*anche fig.*): *quelle parole gli si stamparono nel cuore*.

stampatèllo [da *stampato*] **A** agg. ● Detto di carattere a mano che imita la stampa. **B** s. m. ● Carattere stampatello: *scrivere in*, *a*, *s.*

stampàto [da *stampare*; per calco sul fr. *imprimé* nel sign. A2 e B2] **A** part. pass. di *stampare*; anche agg. *1* Nei sign. del v. *2* Pubblicato per mezzo della stampa: *libro s.* | (*fig.*) *Parlare come un libro s.*, con grande proprietà di linguaggio; (*iron.*) in modo ricercato, non spontaneo. *3* Detto di tessuto con disegni a colori impressi dopo la tessitura. *4* (*fig.*) Impresso, chiaramente visibile: *portare s. in viso il proprio vizio*. *5* *Circuito s.*, circuito elettrico in cui alcuni componenti, quali conduttori, resistori, condensatori e induttori, sono fabbricati per stampaggio su una base di laminato fenolico. **B** s. m. *1* Foglio, opuscolo, e sim. stampato: *affrancare gli stampati*; *ricevere*, *distribuire*, *degli stampati* | Modulo: *riempire uno s.* *2* Tessuto stampato.

stampatóre [da *stampare*] s. m. (f. *-trice* (V.), pop. *-tora*) *1* (*gener.*) Chi stampa. *2* Operaio addetto alle macchine da stampa, in una tipografia. *3* Operaio addetto allo stampaggio. *4* †Tipografo, proprietario di una tipografia | Tipografo editore di opere a stampa. || **stampatorèllo**, dim. | **stampatorétto**, dim. | **stampatorìno**, dim. | **stampatoróne**, accr. | **stampatorùccio**, dim.

stampatrìce [f. di *stampatore*] s. f. *1* Macchina atta a compiere il procedimento di stampa delle pellicole fotografiche e cinematografiche. *2* Stampante.

stampatùra s. f. ● Atto dello stampare.

stampèlla [da *stampare*, nel senso di 'pestare, lasciar tracce' (?)] s. f. *1* Gruccia: *camminare con le stampelle* | *Reggersi sulle stampelle*, (*fig.*) essere in condizioni poco buone. *2* Gruccia per abiti: *appendere la giacca alla s.* || **stampellóne**, accr. m.

stamperìa [da *stampare*] s. f. ● Stabilimento in cui si eseguono stampati di vario genere. || **stamperiétta**, dim. | **stamperiùccia**, dim.

stampìglia [dallo sp. *estampilla*, da *estampar* 'stampare'] s. f. *1* Timbro di metallo o gomma che serve a imprimere numeri, diciture, firme. *2* (*raro*) Modulo, volantino a stampa, spec. di carattere pubblicitario | Striscia di carta, tavoletta, recante i numeri del lotto estratti.

stampigliàre v. tr. (*io stampìglio*) ● Timbrare con la stampiglia.

stampigliatrìce [da *stampigliare*] s. f. ● Macchina che effettua stampigliature.

stampigliatùra s. f. ● Atto, effetto dello stampigliare.

stampinàre v. tr. ● Riprodurre con lo stampino: *s. un disegno*.

stampinatùra s. f. ● Atto, effetto dello stampinare.

stampìno [da *stampo*] s. m. *1* Dim. di *stampo*. *2* Disegno traforato su cartone, gomma o lastra metallica, che si riproduce applicandolo su una superficie e passandovi il pennello. *3* Piccolo ferro tagliente per fare buchi regolari spec. nel cuoio. *4* †Bozza di stampa.

stampìsta s. m. (pl. *-i*) ● Operaio specializzato nella fabbricazione di stampi.

stampìta [dal provz. *estampida* 'canzone a ballo', da *estampir* 'battere i piedi' (V. *stampare*)] s. f. *1* Componimento a ballo, vivace, polimetrico, accompagnato dalla musica, diffuso spec. nell'antica Provenza. *2* (*raro*, *tosc.*) Discorso prolisso. *3* (*spec. al pl.*, *tosc.*) Smorfie: *quante stampite!*

stàmpo [da *stampare*] s. m. *1* Attrezzo da cucina, di forme e dimensioni varie, in cui si versano o plasmano sostanze allo stato liquido o semiliquido che, solidificando, assumono la forma dell'attrezzo stesso: *s. per dolci*, *per budino*. *2* Attrezzo meccanico di acciaio temperato che reca, improntata in vuoto, la modellatura dell'oggetto da riprodursi | *Fatto a s.*, ottenuto per mezzo di stampi al torchio | *Essere fatto con lo s.*, (*fig.*) di cosa o persona uguale a molte altre, mancante di originalità | *Se n'è perso lo s.*, (*fig.*) di cose o persone come non se ne trovano più | Conio | Punzone per stampaggio. *3* (*fig.*) Indole, carattere: *sono tutti dello stesso s.*; *un uomo di vecchio s.* | Sorta, specie: *non voglio parlare con gente di quello s.* *4* Arnese per stampare disegni su stoffa, cuoio, intonaco. *5* Nella caccia, spec. di palude, uccello finto usato per attirare gli uccelli selvatici. *6* (*biol.*, *chim.*) La struttura fungente da modello nella costruzione di una nuova struttura identica alla prima | La molecola di DNA fungente da modello nella replicazione del DNA. || **stampìno**, dim. (V.).

stampóne [da *stampa*] s. m. ● (*edit.*) Prova su carta di un cliché.

stanàre [da *tana*, con *s-*] **A** v. tr. *1* Fare uscire dalla tana. CONTR. Rintanare. *2* (*est.*) Fare uscire qc. dal luogo in cui sta rinchiuso, nascosto, e sim. *3* (*fig.*) Fare uscire allo scoperto, far prendere posizione. **B** v. intr. pron. ● †Uscire dalla tana.

stànca [da *stancare*] s. f. *1* Periodo dell'alta marea in cui l'acqua, avendo già raggiunto il livello più alto, rimane in stasi prima di cominciare a decrescere | (*est.*) In un corso d'acqua, periodo successivo all'istante di colmo, in cui la portata si mantiene prossima al valore di colmo: *il Po è in s.* *2* (*pop.*) Fase di quiete dei vulcani. *3* (*fig.*) Periodo di stasi, di stagnazione.

stancàbile agg. ● Che si stanca facilmente. CONTR. Instancabile.

stancaménto s. m. ● (*raro*) Atto dello stancare o dello stancarsi.

stancàre [da *stanco*] **A** v. tr. (*io stànco, tu stànchi*) *1* Rendere stanco, indebolire fisicamente o psichicamente: *quell'insegnante stanca i ragazzi*; *la corsa mi ha stancato*; *lo studio lo stanca*; *la lettura stanca gli occhi, la vista*; *il troppo camminare stanca le gambe.* *2* Far venir meno l'impegno, indebolire le capacità di resistenza: *s. l'avversario, il nemico*; *cerca di stancarci creandoci continue difficoltà* | Coinvolgere, implicare. *3* (*est.*) Annoiare, tediare, infastidire (*anche ass.*): *le sue chiacchiere stancano tutti*; *è un film che stanca.* **B** v. intr. ● †Mancare, venir meno. **C** v. intr. pron. *1* Affaticarsi grandemente provocando un indebolimento fisico o psichico nel proprio organismo: *non devi stancarti troppo*; *cerca di non stancarti*; *il ragazzo si stanca a studiare*; *non si stancherebbe mai di lavorare.* *2* Annoiarsi: *mi sono stancato di ascoltarti*; *si è stancato delle tue storie*; *la moglie si è stancata di lui* | *Non stancarsi di fare, di dire*, e sim. *q.c.*, continuare a farla, a dirla e sim.

stancheggiàre [da *stanco*, con suff. iter.-ints.] v. tr. (*io stanchéggio*) ● (*raro*) Rendere stanco con continue molestie, indebolire la capacità di resistenza.

stanchévole agg. ● (*raro*) Che stanca, che dà stanchezza.

stanchézza s. f. ● Stato, condizione di chi, di ciò che è stanco: *s. fisica, mentale*; *sentire una grande s., avere una grande s. addosso*; *sentire s. nelle gambe*; *avere le ossa rotte dalla s.*; *non reggersi in piedi dalla s.*; *dare segni di s.*

stànco [di etim. incerta: sovrapposizione di *stracco* a *manco* (?)] agg. (pl. m. *-chi*) *1* Che, spec. a causa di una fatica sostenuta, si sente spossato, svigorito, indebolito nelle forze fisiche e psichiche, e desidera tranquillità e riposo: *essere, sentirsi, s.*; *essere s. per la corsa, per il viaggio*; *essere s. dal troppo lavoro*; *essere fisicamente, psichicamente, intellettualmente s.*; *essere s. nella mente, negli occhi, nelle gambe*; *essere s. morto, s. sfinito*; *avere le gambe stanche*; *avere, sentirsi il cervello s.*; *parlare con voce stanca* | *Essere nato s.*, (*fig.*) battere la fiacca. *2* Che non sente più alcun desiderio di continuare a fare una determinata cosa: *essere s. di parlare, di camminare, di studiare, di lavorare*; *essere s. di vivere*; *essere s. della vita* | Che non può più sopportare oltre: *sono s. delle sue scenate*; *è s. di essere trattato male* | *Essere s. di qc.*, non volerne più sapere. *3* (*fig.*) Esaurito, spento: *fantasia stanca*; *scrittore s.* | (*agr.*) *Terreno s.*, esaurito, sfruttato, spossato | (*econ.*) *Mercato s.*, in cui c'è scarsità di contrattazioni. *4* (*fig.*) Detto di legatura di un libro antico, molto usurata e deteriorata. *5* †Sinistro, detto di mano, braccio, o sim. *6* (*poet.*) †Che sta per finire: *giorno s.* ‖ **stanchétto**, dim. | **stanchìno**, dim. | **stancùccio**, dim. ‖ **stancaménte**, avv. Con stanchezza, con gesti, frasi, azioni che mostrano stanchezza; (*fig.*) con fiacchezza: *la Borsa ha reagito stancamente.*

stand /*ingl.* stænd/ [vc. ingl., da *to stand* 'stare'] s. m. inv. *1* Spazio riservato a ciascun espositore o a ciascuna categoria di prodotti esposti, in un'esposizione, mostra, fiera e sim. *2* (*sport*) Campo per il tiro a volo. *3* (*sport*) Spazio destinato al pubblico in varie manifestazioni sportive.

stàndard /'standard, *ingl.* 'stændəd/ [vc. ingl., propriamente 'insegna' e poi 'livello, qualità', dall'ant. fr. *estendart* 'stendardo'] **A** s. m. inv. *1* Modello, esempio, punto di riferimento prestabilito: *attenersi a uno s. comune* | Livello qualitativo, tenore: *lo s. di vita di un paese* | *S. di un atleta*, il suo rendimento abituale: *mantenersi nel proprio s.*; *andare al di sotto del proprio s.* *2* (*comm.*) Ciascuno dei campioni di un certo prodotto che corrispondono ad altrettanti tipi o gradi della sua produzione e che servono a determinarne la qualità nelle classificazioni internazionali: *gli s. del grano, del rame.* *3* (*tecnol.*) Modello o tipo di un certo prodotto | Insieme di norme destinate a uniformare le caratteristiche di fabbricazione di un determinato prodotto. *4* Insieme di elementi che identificano un processo, un sistema, un gruppo di organismi e sim. | *S. televisivo*, l'insieme degli elementi, fra cui il numero di righe di analisi, che identificano le caratteristiche di un determinato sistema televisivo, sia in bianco e nero sia a colori | (*biol.*) Insieme dei caratteri somatici che caratterizzano una razza animale o vegetale. *5* (*urban.*) Norma relativa ai servizi e alla pianificazione territoriale. *6* (*ling.*) Lingua parlata in modo uniforme, senza molte differenze, dai parlanti di una comunità e proposta come modello da imitare nell'insegnamento. *7* (*stat.*) Valore significativo di una certa grandezza, ricavato come media di valori consuntivi o come valore statisticamente più probabile fra quelli verificatisi. **B** in funzione di agg. inv. (posposto al s.) *1* Tipico, unificato: *formato, prodotto, dimensioni, costo s.* | (*dir.*) *Minimum s.*, complesso minimo di diritti, poteri e facoltà che uno Stato deve concedere agli stranieri residenti nello stesso. *2* (*fis.*) *Stato s.*, stato di un corpo assunto come riferimento per definire altri stati. *3* (*mar.*) *Dislocamento s.*, quello di una nave militare in assetto completo, ma senza combustibile e acqua per i generatori di vapore. *4* (*dir.*) *Contratto s.*, predisposto da un contraente con clausole uniformi per tutte le possibili controparti.

standardizzàre [da *standard*, sul modello dell'ingl. *to standardize*] v. tr. ● Ridurre prodotti industriali a pochi tipi standard e stabilire le norme relative: *s. la produzione dei mattoni.* SIN. Unificare | (*est.*, *fig.*) Rendere uguale a q.c. che si assume come tipo, modello: *s. la propria vita.*

standardizzàto part. pass. di *standardizzare*; anche agg. *1* Nei sign. del v. *2* (*fig.*) Che è uniformato alla norma, privo di caratteristiche proprie: *teorie standardizzate.*

standardizzazióne s. f. ● Atto, effetto dello standardizzare. SIN. Unificazione.

stand-by /*ingl.* 'stændbai/ [vc. ingl., propr. 'stare (*to stand*) vicino (*by*)'] s. m. inv. *1* Negli aeroporti, lista di attesa per viaggiatori senza prenotazione. *2* (*gener.*) In informatica e nelle comunicazioni, posizione di attesa di una linea o di un collegamento | Dispositivo che regola tale posizione. *3* (*econ.*) Apertura di credito di una banca ad un'altra banca, a un'azienda o a uno Stato.

standing /*ingl.* 'stændiŋ/ [vc. ingl., propr. 'posizione, situazione': ger. di *to stand* 'stare'] s. m. inv. ● (*banca*) Posizione finanziaria e grado di solvibilità di una persona o di un'azienda.

standìsta /sten'dista, stan'dista/ [da *stand* nel sign. 1] s. m. e f. (pl. m. *-i*) ● Chi allestisce uno stand | Chi è addetto al ricevimento dei visitatori e dei clienti in uno stand.

standìstico agg. (pl. m. *-ci*) ● Che riguarda uno o più stand di una mostra, un'esposizione, una fiera e sim.: *attrezzatura, consulenza standistica.*

Standòlio ® [nome commerciale] s. m. ● (*chim.*) Nome commerciale di olio insaturo siccativo ricavato dall'olio di lino, utilizzato nella fabbricazione di inchiostri.

stanfèrna [vc. tosc., di etim. incerta: da un ant. **taferna*, variante di sostrato etrusco del lat. *tabĕrna* 'capanna, tugurio', con *s-* (?)] s. f. ● (*raro, pop., tosc.*) Squarcio, grossa apertura.

stànga [dal got. **stanga* (Cfr. ted. *Stange*)] s. f. *1* Lungo legno squadrato | *S. dell'uscio*, usata per sprangare per traverso i due battenti, facendone entrare le estremità in buchi negli stipiti | *S. dell'aratro*, bure | Attrezzo per esercizi ginnici, consistente in una trave di legno lunga cinque metri, larga dieci centimetri, usata spec. nella ginnastica correttiva. *2* Ciascuno dei due bracci paralleli di carro o carrozza tra i quali si pone l'animale da tiro. *3* Sbarra che separa i cavalli tra loro nelle stalle | (*fig., pop.*) *Essere la s. di mezzo*, intromettersi tra due litiganti. *4* (*fig., pop.*) Persona, spec. donna, alta e magra. *5* (*fig., tosc.*) Miseria, scarsità di denaro: *avere la s.*; *ridursi alla s.*; *patire la s.* ‖ **stanghétta**, dim. (V.) | **stanghìno**, dim. m. | **stangóna**, accr. | **stangóne**, accr. m. (V.).

stangàre [da *stanga*] v. tr. (*io stàngo, tu stànghi*) *1* Puntellare, chiudere, con la stanga: *s. l'uscio.* *2* Percuotere con la stanga. *3* (*fig.*) Infliggere un danno, una perdita e sim.: *s. i cittadini con tasse esose* | *S. un alunno*, sottoporlo a un'interrogazione, un esame e sim. molto difficili; (*est.*) dargli un cattivo voto. *4* (*ass.*) Nel calcio, effettuare un tiro molto forte contro la porta avversaria.

stangàta [da *stanga*] s. f. *1* Colpo di stanga. *2* (*fig.*) Spesa superiore al previsto: *dare, ricevere, una s.* | Sacrificio economico, gener. non previsto, richiesto alla collettività dallo Stato mediante l'aumento di tariffe, imposte e sim.: *la s. fiscale* | Danno economico, grave perdita finanziaria: *il fallimento è stato una vera s.* *3* (*fig.*) Cattivo risultato, esito duramente negativo: *prendere una s. agli esami.* *4* Nel calcio, tiro molto forte con traiettoria orizzontale: *una s. in porta.*

stangàto part. pass. di *stangare*; anche agg. *1* Nei sign. del v. *2* (*pop., tosc.*) Che ha poco denaro, che è quasi in miseria.

†stangheggiàre [sovrapposizione di *stanga* a *stancheggiare* (V.)] v. tr. ● (*raro*) Vessare.

stanghétta s. f. *1* Dim. di *stanga*. *2* Ferretto quadrangolare del chiavistello che, col volgere della chiave, esce fuori dalla toppa di un battente, entra nell'apposito alloggio dell'altro battente e serra l'uscio. *3* Ciascuna delle due piccole aste laterali che con una delle due estremità ricurve servono a fermare gli occhiali alle orecchie. *4* (*mus.*) Lineetta verticale che divide in quantità determinate e uguali i valori costituenti una data misura | Lineetta verticale di divisione in manoscritti o stampe. ‖ **stanghettina**, dim.

†stangonàre [da *stangone*] v. tr. ● Dimenare il metallo fuso mentre è nella fornace.

stangonàta [da *stangone*] s. f. ● (*raro*) Colpo dato con una grossa stanga.

stangóne s. m. (f. *-a* nel sign. 2) *1* Accr. di *stanga*. *2* (*fig.*) Persona alta e robusta.

stànnico [vc. dotta, comp. di *stann(o)* e *-ico*] agg. (pl. m. *-ci*) ● (*chim.*) Detto di composto dello stagno tetravalente | *Acido s.*, acido ossigenato dello stagno tetravalente.

stannìfero [comp. di *stanno* e *-fero*] agg. ● Che contiene stagno.

stannìte [comp. di *stann(o)* e *-ite (2)*] s. f. ● Calcopirite contenente stagno di colore grigio-acciaio.

stànno [lat. *stănnum*, variante di *stăgnum* 'stagno (1)'] s. m. ● (*raro*) Stagno (1).

stannóso [da *stanno*] agg. ● (*chim.*) Detto di composto dello stagno bivalente: *ossido s.*; *cloruro s.*

stanòtte [comp. di *sta* e *notte*] avv. ● Nella notte in corso, o in quella immediatamente passata, o in quella che sta per venire: *s. fa molto buio*; *s. sono rimasto alzato fino a tardi*; *partiremo s. alle due*; *hai sentito che tuoni s.?*; *la partenza è fissata per s.*

stànte (1) **A** part. pres. di *stare*; anche agg. *1* Nei sign. del v. *2* *A sé s.*, di ciò che è distinto, separato dagli altri: *è un appartamento a sé s.* | Con valore avverbiale, *seduta s.*, mentre si svolge la seduta; (*est.*) lì per lì, immediatamente: *mi ha risposto seduta s.* | †*Bene s.*, forte, ben messo, solido; V. anche *benestante* | †*Poco s., non molto s.*, poco dopo, non molto tempo dopo. *3* †Presente, corrente: *il mese s.* *4* †Fermo, stagnante: *acqua s.* **B** prep. ● A causa di, per la presenza o condizione di: *s. la presente carestia, verranno fatti tesseramenti*; *s. il cattivo tempo, non partiremo per il mare*; *s. le numerose richieste, hanno istituito un nuovo ufficio* | *S. il fatto che*, poiché: *s. il fatto che tu non vieni, dovrò cercarti un sostituto.*

†stànte (2) ● V. *istante (2)*.

stanteché o **stànte che** [comp. di *stante (1)* e *che* (cong.)] cong. ● (*raro*) Poiché (introduce una prop. caus. con il v. all'indic.): *la conferenza verrà rinviata, s. il professore è fuori sede.*

stantìo o (*dial.*) **†stantivo** [sovrapposizione di *stante (1)* a un deriv. dal lat. *statīvu(m)* 'stabile, fisso', da *stătus* 'stato'] **A** agg. *1* Che ha perso freschezza, odore, bontà di sapore, per essere stato conservato troppo a lungo, detto spec. di cibo: *pa-*

ne, burro, s.; *minestra stantia.* **2** (*est.*) Vecchio, disusato: *usanza stantia* | (*fig.*) Non più fresco, non più attuale: *notizie stantie* | (*fig.*) Attempato, maturo: *zitella stantia.* **B** s. m. solo sing. • Odore, sapore, di cosa stantia: *sapere, puzzare, di s.*; *sapore, odore, di s.*

stantùffo [di etim. incerta: forse adattamento dell'ant. fr. *fonfoufle*, (*es*)*tandeffe* 'strumento per lanciare sassi', dal lat. *fundĭbulu*(*m*), da *fŭndere* 'gettare'] s. m. • (*mecc.*) Elemento a sezione circolare che nelle macchine a moto alternativo riceve la spinta del fluido motore (motore a scoppio, a vapore) e la trasmette alla biella, o viceversa nelle macchine operatrici (pompe, compressori a stantuffo).

stànza (1) o †**stànzia (1)** [lat. parl. **stāntia*(*m*) 'dimora', da *stāns*, genit. *stāntis*, part. pres. di *stāre* 'stare'] s. f. **1** (*raro, lett.*) Atto dello stare, del dimorare in un luogo: *fare s., fare breve, lunga s.* | Dimora, luogo di dimora: *avere, prendere, trovare s. in un luogo*; *Penati di Troia avranno s. / in queste tombe* (FOSCOLO); *trova s. in cuore la speranza* (MONTALE) | (*mil.*) *Essere di s.*, avere sede abituale: *il 2° reggimento degli Alpini è di s. a Cuneo.* **2** (*gener.*) Ambiente interno di un edificio, spec. di un appartamento, destinato ad abitazione o a uso professionale: *un appartamento di sei stanze*; *s. interna, esterna*; *s. grande, piccola*; *s. a pianterreno*; *s. alta, bassa*; *s. vuota, ammobiliata, affittata*; *s. da ricevere, s. da pranzo, da letto*; *s. di soggiorno, di lavoro*; *s. degli uscieri, del direttore*; *s. di rianimazione* | *S. dei bottoni*, (*fig.*) luogo da cui si esercita un importante comando, in cui sono le leve del potere, spec. politico. SIN. Camera. **3** (*banca*) *S. di compensazione*, istituto bancario avente lo scopo di pareggiare le posizioni di debito e credito delle banche e degli agenti di cambio evitando movimenti di capitali e titoli. **4** (*letter.*) Strofa della canzone, della ballata | Ottava rima. **5** (*raro*) †Posto. || **stanzàccia**, pegg. | **stanzerèlla**, dim. | **stanzétta**, dim. | **stanzettàccia**, pegg. | **stanzettìna**, dim. | **stanzìna**, dim. | **stanzìno**, dim. m. (V.) | †**stanziolìno**, dim. m. | **stanzóna**, accr. | **stanzóne**, accr. m. | **stanzùccia**, dim. | **stanzucciàccia**, pegg. | **stanzuòla**, dim.

†**stànza (2)** • V. *istanza.*

†**stànzia (1)** • V. *stanza (1).*

†**stànzia (2)** • V. *istanza.*

stanziàbile agg. • (*banca*) Che si può stanziare.

stanziàle [da †*stanzia* (*1*)] agg. **1** Che dimora stabilmente in un luogo. **2** (*mil.*) Permanente, detto di soldato, corpo, e sim. **3** Detto di avifauna, non migratrice: *selvaggina s.* || **stanzialménte**, avv. Stabilmente, con dimora fissa.

stanziaménto s. m. • Modo e atto dello stanziare | Assegnazione di una somma in bilancio | *S. pubblicitario*, cifra predisposta per il finanziamento di una campagna pubblicitaria.

stanziàre [da †*stanzia* (*1*)] **A** v. tr. (*io stànzio*) **1** Inserire una spesa in un bilancio preventivo, assegnare una somma. **2** †Deliberare, decretare, ordinare: *s. di*; *s. che.* **B** v. intr. (aus. *avere*) • †Dimorare: *a Padova, dove allora stanziavo, ... mi posi a pensar sopra tal problema* (GALILEI). **C** v. intr. pron. • Prendere dimora stabile in un luogo: *gli invasori si stanziarono a sud del paese.*

stanziàto part. pass. di *stanziare*; anche agg. • Nei sign. del v.

stanziatóre s. m.; anche agg. (f. *-trice*) • Chi, che stanzia: *ente s.*

stanzìno s. m. **1** Dim. di *stanza* (*1*). **2** Piccola stanza, gener. buia, che serve come spogliatoio, ripostiglio, bagno | (*euf.*) Gabinetto. || **stanzinùccio**, dim.

stapedìfero [comp. di *stapedi*(*o*) e *-fero*] agg. • (*zool.*) Detto di Tetrapode, in quanto il suo orecchio medio è dotato di staffa.

stapèdio [dal lat. mediev. *stapēdiu*(*m*), prob. comp. di *stăpha*(*m*) 'staffa' e *pēde*(*m*) 'piede'] agg. • (*anat., zool.*) Relativo alla staffa: *arteria stapedia.*

stappàre [da *tappo*, con *s-*] v. tr. • Privare del tappo: *s. una bottiglia* | *S. gli orecchi*, toglierne il cerume; (*fig.*) fare intendere q.c. di spiacevole. CONTR. Tappare.

stappatùra s. f. • (*raro*) Atto dello stappare.

†**stàpula** [dall'ant. fr. *estaple*, moderno *étape*, dal medio ol. *stapel* 'magazzino'] s. f. • Mercato | Magazzino.

star /star, *ingl.* sta:*/ [vc. ingl., propriamente 'stella'] s. f. inv. **1** Attrice o attore molto famoso e importante. SIN. Stella. **2** (*est.*) Il personaggio più importante, di maggior richiamo in una certa attività: *Coppi fu una s. del ciclismo internazionale.* SIN. Stella. **3** (*mar.*) Imbarcazione a vela da regata con fiocco, randa e pallone, ed equipaggio formato da due persone. SIN. Stella.

staràre [da *tarare*, con *s-*] **A** v. tr. • Determinare un'alterazione nelle caratteristiche normali di funzionamento di un apparecchio. **B** v. intr. pron. • Detto di apparecchi, alterarsi nelle caratteristiche normali.

staràto part. pass. di *starare*; anche agg. • Nei sign. del v.

staratùra s. f. • Atto, effetto dello starare o dello ststararsi.

star del crédere [comp. di *star*(*e*), *del* e *credere* 'credenza, fiducia'] loc. sost. m. • (*dir., comm.*) Obbligazione eventuale del commissionario di garantire al committente il buon fine nell'esecuzione dell'affare | (*est.*) Il compenso speciale o la maggior provvigione corrisposta dal committente al commissionario per tale obbligazione.

stàre [lat. *stāre*, dalla radice indeur. **sthā* 'fermarsi'] **A** v. intr. (pres. *io sto* /stɔ*/, *tu stài, egli sta, noi stiàmo, voi state, essi stànno*; fut. *io starò*; pass. rem. *io stètti*, †*stéi*, †*stièi*, pop. *stièdi*, *tu stésti, egli stètte*, pop. †*sté*, †*stiè*, pop. *stiède*, *noi stémmo, voi stéste, essi stèttero*, †*stèttono*, †*stérono*, †*stièrono*; congv. pres. *io stìa*, poet. †*stèa*, *tu stìa*, poet. †*stìe*, *egli stìa*, poet. †*stèa*, poet. †*stìe*, *noi stiàmo, voi stiàte, essi stìano*, poet. †*stèano*; congv. imperf. *io stéssi*; condiz. pres. *io starèi, tu starésti*; imper. *sta* /sta, sta*/ o *sta'* (V. nota d'uso ELISIONE e TRONCAMENTO) o *stài, stàte*; part. pass. *stàto*; aus. *essere*) ATTENZIONE! *sto* e *sta* non vanno accentati. **I** In un primo gruppo di significati esprime il rimanere in un dato luogo, una data posizione, una data situazione e sim. **1** (*poet.*) Fermarsi, cessare il movimento o una serie di movimenti. **2** (*lett.*) Restare fermo, immobile. **3** (*raro, lett.*) Essere in piedi, rimanere ritto (*spec. fig.*): *chi possendo star cadde tra via / degno è che ... a terra giaccia* (PETRARCA). **4** Trattenersi, rimanere in un luogo per un periodo più o meno lungo: *era incerto se andare o s.*; *vado fuori, ma ci starò poco*; *sono stata a fare quattro chiacchiere*; *è stato fuori tutto il pomeriggio*; *staremo un anno in America*; *sto qui ancora un po'.* **5** Indugiare, tardare: *stette un po', poi rispose*; *stette alquanto prima di decidere*; *non starà molto a tornare.* **6** Durare, mantenersi: *il segno della ferita stette un mese*; *il suo ricordo starà a lungo* | †Trascorrere | †*Poco stando*, dopo poco tempo. **7** Nel gioco, non volere altre carte: *io sto.* **II** In un secondo gruppo di sign., sempre seguito da una determinazione che ne specifica il senso, esprime l'essere, il trovarsi, il venirsi a trovare, in un dato luogo, una data posizione, condizione, situazione e sim. **1** Essere, trovarsi, in una determinata situazione o in un determinato luogo (usato anche nella forma pleon. *starsene*): *s. ad aspettare qc.*; *s. in casa*; *s. a scuola, all'aria aperta, al chiuso, all'ombra, al sole*; *s. con la porta chiusa, con la finestra aperta*; *s. in fila, in compagnia, in attesa*; *s. sul trono, su uno sgabello, su un albero*; *s. per terra*; *s. a cavallo, a tavola*; *s. a cena, a colazione da qc.*; *s. al balcone, alla finestra*, (*fig.*) restare, inattivo, mentre gli altri agiscono. **2** Essere, trovarsi in una determinata posizione, condizione, situazione, e sim. con riferimento alla positura fisica, alla situazione spirituale e psichica e sim.: *s. fermo, immobile, sdraiato, supino, prono, seduto, composto, scomposto, comodo, scomodo, stretto, largo*; *s. bocconi, in ginocchio, a testa alta, a capo chino, a mani giunte, a bocca aperta*; *s. buono, calmo, attento, sicuro, tranquillo*; *s. in ansia, col cuore in gola, con l'acqua alla gola* | *S. sulle sue*, mostrarsi molto riservato | *S. sulla difensiva*, assumere un atteggiamento di difesa. **3** Essere, trovarsi, in un determinato modo, una determinata condizione, con riferimento allo stato di vita o di salute, alle condizioni economiche e sim.: *s. bene, male, di salute*; *stai bene d'intestino?*; *è stato male con la gola* | *Chiedere come sta qc.*; *chiedere a qc. come sta*, domandare notizie della sua salute | *S. bene, male*, essere in buona, in cattiva salute: *oggi non sto bene*; *ieri è stato male*; (*est.*) essere in buone, in cattive condizioni economiche: *è gente che sta bene.* **4** Essere, trovarsi in una determinata situazione o in un determinato luogo, con riferimento all'esecuzione della propria attività o del proprio lavoro: *s. a servizio, a servire*; *s. alla cassa, al banco, all'uscita*; *s. a guardia di q.c.*; *s. di guardia a qc.* **5** Essere, trovarsi, in una data posizione nello spazio, con riferimento alla posizione di altre persone o cose: *s. accanto, a fianco, davanti, dietro, di lato, addosso, sotto, sopra* | *S. addosso a qc.*, (*fig.*) incalzarlo, sollecitarlo | *S. sopra di sé*, (*fig.*) essere in dubbio, in sospeso | Mantenersi in una data posizione: *s. in equilibrio, a cavalcioni*; *s. a galla.* **6** Avere il proprio domicilio, la propria abitazione: *sta di casa in via Roma, sta in via Roma, sta a Milano, stanno al terzo piano*; *dove stai?*; *l'ufficio sta in piazza Mazzini*; *s. a pensione presso qc.* | (*est.*) Vivere: *sta con i genitori*; *andremo a s. in campagna* | *S. sulle spese*, vivere fuori di casa, sostenendo spese maggiori | *S. come un papa, come un re*, e sim., con ogni comodità. **7** Essere collocato situato, detto di cose: *il libro sta nel cassetto*; *dove sta il mio cappotto?*; *il paese sta a pochi kilometri dalla città*; *quel luogo sta ai confini del mondo*; *la villa sta in collina* | *Non s. né in cielo, né in terra*, di cosa assurda, priva di senso. **III** In un terzo gruppo di sign., si avvicina a taluni significati del v. essere. **1** (*gener.*) Essere: *le cose stanno così*; *adesso sto tranquillo*; *non c'è proprio da s. allegri* | *Il fatto sta così*; *il fatto sta così e così*, questa è la verità dei fatti | (*Il*) *fatto sta che, sta di fatto che*, per appoggiare, rafforzare, una affermazione: *puoi dire quel che vuoi, ma sta di fatto che la situazione peggiora* | *Sta scritto*, è scritto, è fissato | *Stando ciò, stando così le cose*, poiché la situazione è questa: *stando così le cose, vi lascio e me ne vado* | *S. a cuore*, importare molto: *la sua sorte mi sta a cuore* | *S. a dieta*, seguire una dieta | *S. sulle spine*, in grande agitazione o ansia, a disagio. **2** Dipendere: *sta a vedere se è vero* | *Sta in me, in lui*, ecc., dipende da me, lui ecc. | Toccare, essere in facoltà: *sta a lui decidere*; *sta in voi sapere come agire*; *non sta a noi pensarci*; *sta al governo provvedere ai cittadini.* **3** Consistere: *in questo sta il suo merito*; *qui sta il difficile*; *qui sta il bello*; *qui sta il suo debole* | *Tutto sta*, l'essenziale è: *tutto sta nel convincerlo*; *tutto sta che riesca a convincerlo.* **IV** In un quarto e più ristretto gruppo di sign. esprime un rapporto di quantità. **1** Essere contenuto, entrarci: *tanto olio quanto ne sta in un cucchiaio*; *in quella bottiglia ci sta un litro*; *nel nuovo stadio possono s. centomila persone*; *il 2 nell'8 ci sta 4 volte* | (*fig.*) *Non s. in sé dalla gioia*, non saperla trattenere, dimostrarla a tutti. **2** (*mat.*) Avere rapporto, proporzione: *20 sta a 100 come 5 sta a 25.* **3** (*raro*) Costare: *a quanto sta il pesce?*; *la frutta sta a duemila lire il kilo*; *il trasporto viene a s. troppo.* **V** In un quinto gruppo di sign. esprime varie relazioni grammaticali. **1** Seguito da un gerundio, indica la continuità dello svolgimento dell'azione espressa dal verbo stesso: *sta leggendo*; *stava mangiando*; *stavo camminando quando mi sentii chiamare*; *stavamo parlando di te.* **2** Seguito dalla prep. *a* e l'inf. indica l'esecuzione dell'azione espressa dal verbo stesso: *s. a chiacchierare, a leggere, a vedere, a guardare*; (*pleon.*) *non starmi a dire che hai cambiato idea*; *su, non starci tanto a pensare* | *S. a vedere, a guardare*, (*fig.*) restare inattivo aspettando gli eventi, mentre gli altri agiscono. **3** Seguito dalla prep. *per* e l'inf. indica l'imminenza dell'azione espressa dal verbo stesso: *stiamo per lasciarci*; *sta per piovere*; *stavo quasi per picchiarlo* | *Sto per dire, s. per dire*, e sim., frasi usate per attenuare un'affermazione. **VI** In un sesto gruppo di significati assume significati diversi a seconda delle loc. in cui ricorre. **1** Nella loc. *s. a*, attenersi: *s. ai fatti, alle regole, al regolamento, al testo* | Rimettersi: *s. al giudizio della Commissione, alla decisione dei giudici* | *S. alle apparenze*, giudicare basandosi solo su elementi esterni | *S. alle parole di qc.*, fidarsene | *S. al proprio posto*, saper mantenere le distanze, non immischiarsi nei fatti altrui | *S. al segno*, non passare i limiti | *S. allo scherzo, agli scherzi*, accettarli con spirito, senza risentirsene | *Stando a quanto si dice* ..., limitatamente, relativamente a quanto si dice. *2* Nella loc. *s. bene*, essere in buona salute e (*est.*) in buone condizioni economiche | Adattarsi bene, conferire grazia, spec. di indumenti: *quel vestito ti sta molto bene*; *il cappello ti sta bene al viso*; *con quel cappello stai molto bene*; *il soprammobile non sta bene su quel tavolo* | Essere opportuno, decente: *non sta bene sbadigliare in pubblico*; *questi modi non stanno bene ai bambini educati* | Essere meritato, detto di cosa spiacevole: *ti sta bene*; *ben ti sta*, *così impari*; *lo hanno imbrogliato e gli sta bene*, *e ben gli sta* | *Sta bene*, per esprimere approvazione | *S. bene a quattrini*, averne in abbondanza. *3* Nella loc. *s. male*, essere in cattiva salute e (*est.*) in cattive condizioni economiche | Non adattarsi, rovinare esteticamente: *quel cappello ti sta male*, *stai male con quel cappello* | *S. male a quattrini*, averne pochi. *4* Nella loc. *s. con*, abitare insieme con qc.: *sta con i genitori*; *andò a s. col fratello* | Convivere: *sta con quell'uomo da molti anni* | Stare in compagnia di qc.: *si sta bene con loro*; *è così antipatico che non si può s. con lui* | Essere d'accordo con qc., seguirne le idee, il modo di agire: *sto con voi*; *stettero con il popolo*; *tu con chi stai?* *5* Nella loc. *starci*, accettare, acconsentire: *ci state a fare una gita?*; *ho lanciato l'idea di un pranzo e tutti ci sono stati* | Lasciar fare, non reagire: *il marito gliene fa un sacco, eppure lei ci sta* | Accettare di avere relazioni, rapporti, spec. occasionali, detto di donna: *è una che ci sta*; *vorrei che uscisse con me, ma lei non ci sta*. *6* Nella loc. *lasciare s.*, non toccare una cosa, non prenderla, non muoverla: *lasciate s. i miei libri*; *i bambini devono lasciare s. le medicine* | (*fig.*) Non occuparsi di q.c.: *quest'affare scotta, lascialo s.*; *lasciate s., pago io* | Desistere da q.c.: *si stancò di quella storia e lasciò s.* | Non nominare, tenere fuori da una faccenda: *lascia s. mio padre, ché qui non c'entra* | Non dare disturbo, fastidio, noia: *lasciate s. il bambino*; *per favore lasciami s.* | *Lasciamo s. che* ..., a parte il fatto che: *lasciamo s., che la colpa è un po' di tutti* ... *7* Nella loc. *non poter s. senza q.c.* o *qc.*; *non poter s. senza fare q.c.*, non poterne fare a meno, non poter resistere: *non può s. senza quella donna*; *non posso s. senza di lui*; *non può s. senza scrivere*; *non può più s. senza fumare*. **B** v. intr. pron. *1* †Stare fermo. *2* †Rimanere, restare | †Desistere.

stark delicious /'stark de'litʃus, *ingl.* 'sta:k di'liʃəs/ [loc. ingl., propriamente 'completamente squisita', comp. di *stark* 'rigido, forte, assoluto' (d'origine germ.) e *delicious* 'delizioso, squisito'] **A** loc. sost. m. inv. ● Varietà coltivata di melo, dal frutto di color rosso e dal sapore delicato. **B** loc. sost. f. inv. ● Il frutto di tale albero.

stàrlet /'starlet, *ingl.* 'sta:lit/ [vc. ingl., propriamente dim. di *star* 'stella'] s. f. inv. ● Attrice cinematografica agli inizi della carriera, in cerca di rapide affermazioni. SIN. Stellina.

stàrna [vc. di origine mediterr.] s. f. ● (*zool.*) Uccello dei Galliformi affine alla pernice, grigiastro con strisce scure dorsali e macchie ventrali (*Perdix perdix*). SIN. Pernice grigia. || **starnino**, dim. m. | **starnòtto**, dim. m. (V.).

starnàre [lat. *exenterāre* 'cavar fuori le interiora', comp. di *ĕx-* (*s-*) e di un deriv. dal gr. *énteron* 'intestini' (V. *enterite*), con sovrapposizione di *starna* (?)] v. tr. ● Togliere le interiora alle starne e ad altri gallinacei, appena uccisi, affinché non si guastino.

starnazzàre [da *starna*, con suff. iter.-ints.] **A** v. intr. (aus. *avere*) *1* Agitare le ali gettandosi la terra addosso, detto dei gallinacei e di altri uccelli. *2* (*raro*, *fig.*, *scherz.*) Agitarsi scioccamente, facendo chiasso: *quelle ragazzine non fanno che s.* **B** v. tr. ● (*raro*) Sbattere, agitare, detto di gallinacei e di altri uccelli: *s. le ali*.

starnàzzio s. m. ● Atto dello starnazzare.

starnòtto s. m. *1* Dim. di *starna*. *2* Pulcino della starna. || **starnottino**, dim.

†**starnutadògmi** [comp. di *starnuta*(*re*) e il pl. di *dogma*] s. m. ● (*raro*, *scherz.*) Sputasentenze.

starnutaménto [lat. *sternutamĕntu*(*m*), da *sternutāre* 'starnutare'] s. m. ● Atto dello starnutare | Sequenza di starnuti.

starnutàre o (*raro*) **sternutàre**, (*pop.*) **stranutàre** [lat. *sternutāre*, ints. di *sternŭere*, di origine indeur.] v. intr. (aus. *avere*) ● Starnutire.

starnutatòrio [da *starnutare*] **A** agg. ● Che fa starnutire: *sostanza starnutatoria*. **B** s. m. ● Ogni prodotto irritante, che provoca lo starnuto.

starnutazióne [vc. dotta, dal lat. tardo *sternutatiōne*(*m*) 'starnuto', da *sternutāre* 'starnutare'] s. f. ● (*raro*) Atto dello starnutare.

starnutìre o (*raro*) **sternutìre**, (*pop.*) **stranutìre** [da *starnutare*, con cambio di coniug.] v. intr. (*io starnutìsco*, *tu starnutìsci*; aus. *avere*) ● Compiere starnuti.

starnùto o (*raro*) **sternùto**, (*pop.*) **stranùto** [lat. tardo *sternūtu*(*m*), da *sternŭere* 'starnutare'] s. m. ● Brusco e rumoroso atto espiratorio, riflesso, involontario, consecutivo a profonda inspirazione: *fare uno s.*, *una serie di starnuti*; *soffocare uno s.*; *gli è scappato uno s.*

†**stàro** ● V. *staio*.

starosta /*russo* 'starəstə/ [dal russo *stárosta*, propriamente 'anziano', da *stárost* 'vecchiaia'] s. m. (pl. *-i*) ● Anziano posto a capo di un villaggio o capo di una comunità agricola locale, nella Russia zarista e gener. nelle antiche culture slave.

star system /*ingl.* 'sta: 'sistəm/ [loc. ingl., propr. 'sistema (*system*) che riguarda la stella (*star*) dello spettacolo'] loc. sost. m. inv. ● Nel mondo del cinema e dello spettacolo, apparato tecnico-organizzativo che, con i sistemi della pubblicità, lancia, sostiene e può distruggere i divi.

start /start, *ingl.* sta:t/ [vc. ingl., propriamente 'partenza'] s. m. inv. ● Fotogramma d'inizio di un film, fotogramma di partenza.

stàrter /'starter, *ingl.* 'sta:tə*/ [vc. ingl., propriamente 'mossiere', da *to start* 'partire'] s. m. inv. *1* Chi dà il via in una gara di corsa. SIN. Mossiere. *2* Nei veicoli a motore, dispositivo per facilitarne l'avviamento.

stasàre o **staṣàre** [calco su *intasare*, con cambio di pref. (*s-*)] v. tr. ● Liberare da intasamenti, sturare: *s. un condotto*. CONTR. Intasare.

stasatóre o **staṣatóre** [da *stasare*] s. m. ● Dispositivo destinato a stasare e pulire condutture, costituito da una spirale d'acciaio, fatta ruotare e avanzare a mano o mediante un motore, e da un utensile idoneo a eliminare le ostruzioni e i depositi presenti nella conduttura.

staséra [comp. di *sta* e *sera*] avv. ● Questa sera, nella serata che sta per venire o che è già in corso: *s. andrò al cinema*; *per s. ancora non abbiamo fissato nulla*; *ci vedremo s. alle ventuno*; *lo spettacolo di s. è di beneficenza*; *da s. voglio andare a letto presto*.

stàṣi [vc. dotta, dal gr. *stásis*, connesso con *histánai* 'stare', di origine indeur. (V. *stare*)] s. f. *1* (*med.*) Rallentamento della corrente sanguigna in un organo. *2* (*fig.*) Ristagno, arresto momentaneo: *c'è una s. nel commercio*; *le operazioni hanno subito un periodo di s.*

-staṣi /stazi, 'stazi/ o **-staṣìa** [gr. *stásis*, propriamente 'lo stare (diritto)', dal v. *histánai* 'levare, drizzare', di origine indeur.] secondo elemento ● In parole composte della terminologia medica, significa 'intervento atto ad arrestare' o 'cessazione': *emostasi*, *batteriostasi*.

staṣifobìa [comp. del gr. *stásis* 'lo stare' (V. *-stasi*) e *-fobia*] s. f. ● (*med.*) Paura ossessiva di essere incapaci a mantenere la stazione eretta.

stàṣimo [dal lat. tardo *stāsimu*(*m*), dal gr. *stásimos* 'canto, a piè fermo', da *stásis* 'stasi, posizione' (V. *stasi*)] s. m. ● Nella tragedia greca, canto del coro che divide un episodio dall'altro.

stassaniẓẓàre v. tr. ● Sottoporre il latte alla stassanizzazione.

stassaniẓẓazióne [dal n. di E. *Stassano*, inventore del procedimento] s. f. ● Metodo di pastorizzazione celere del latte.

statàle [da *stato* (*3*)] **A** agg. ● Dello Stato: *organo*, *bilancio*, *s.*; *Ministero delle partecipazioni statali* | *Impiegato s.*, presso un ufficio dello Stato o di altro ente pubblico | *Strada s.*, ognuna delle strade che costituiscono la rete viabile principale della penisola e i suoi principali allacciamenti alle reti degli Stati finitimi, numerate e iscritte in apposito elenco. **B** s. m. e f. ● Chi è impiegato presso un ufficio dello Stato o di altro ente pubblico. **C** s. f. ● Strada statale.

stataliṣmo [comp. di *statale* e *-ismo*] s. m. *1* Teoria politica che riconosce, come unica fonte di diritto, lo Stato. *2* Concezione politica fautrice dell'intervento dello Stato nella vita economica e sociale.

statalìsta s. m. e f. (pl. m. *-i*) ● Chi sostiene lo statalismo.

statalìstico agg. (pl. m. *-ci*) ● Che si riferisce allo statalismo.

stataliẓẓàre [comp. di *statal*(*e*) e *-izzare*] v. tr. ● Rendere di proprietà statale. SIN. Statizzare.

stataliẓẓatóre s. m.; anche agg. (f. *-trice*) ● (*raro*) Chi, che statalizza. SIN. Statizzatore.

stataliẓẓazióne s. f. ● Trasferimento dai privati allo Stato sia della proprietà sia della gestione di imprese produttive o servizi. SIN. Statizzazione.

†**statàrio** [vc. dotta, dal lat. *statāriu*(*m*) 'che avviene sul posto', da *stătus*, part. pass. di *stāre* 'stare'] agg. ● Fermo, stabile, fisso in un dato luogo | *Battaglia stataria*, lungamente combattuta nello stesso luogo | *Soldato s.*, che combatte da fermo.

stàte ● V. *estate*.

statère [vc. dotta, dal lat. tardo *statēre*(*m*), dal gr. *statḗr*, genit. *statêros* 'peso, moneta', da *histánai* 'stare'] s. m. *1* Moneta greca che ebbe massimo corso nei secc. VI-IV a.C., d'oro o d'argento, del valore di due dramme e di peso variabile secondo i sistemi monetali di appartenenza | In età romana, tetradramma d'argento. ➡ ILL. **moneta**. *2* Peso da porsi sui due piatti della bilancia per stabilirne l'equilibrio.

†**stateréccio** [da *state*] agg. ● Estivo.

stàtica [f. sost. di *statico* (*1*)] s. f. *1* (*fis.*) Parte della meccanica che studia l'equilibrio dei corpi rigidi sottoposti a forze | *S. grafica*, risoluzione grafica di problemi riguardanti equilibri di forze. *2* (*est.*) Correntemente, complesso delle condizioni di stabilità e di equilibrio di una costituzione: *una buona*, *una cattiva s.*; *il palazzo ha una buona s.* *3* Considerazione dei fenomeni economici, indipendentemente dagli effetti del fattore tempo.

stàtice [dal lat. *stătice*(*m*), dal gr. *statikḗ*, f. sost. di *statikós* 'astringente', connesso con *histánai* 'stare fermo'] s. f. ● Pianta delle Plumbaginacee, perenne, che forma cespuglio con brattee ferruginose e fiori violacei (*Statice armeria*).

staticiṣmo [comp. di *statico* (*1*) e *-ismo*] s. m. ● (*raro*) Tendenza a un comportamento statico.

staticità [da *statico* (*1*)] s. f. ● Qualità, condizione di ciò che è statico.

stàtico (**1**) [vc. dotta, dal gr. *statikós* 'che riguarda l'equilibrio' (V. *stasi*)] agg. (pl. m. *-ci*) *1* (*fis.*) Relativo alla statica | *Sollecitazione statica*, sollecitazione applicata a un corpo in modo da non turbarne l'equilibrio | *Elettricità statica*, relativa a cariche elettriche in quiete. *2* Che ha buone condizioni di stabilità, di equilibrio: *ponte s.* *3* (*fig.*) Che è privo di movimento, di sviluppo in qualsiasi senso: *situazione*, *politica statica* | *Linguistica statica*, studio di una lingua nello stato in cui si trova. CONTR. Dinamico. || **staticaménte**, avv. *1* (*fis.*) Sotto l'aspetto, secondo i principi della statica. *2* (*fig.*) In modo statico. CONTR. Dinamicamente.

†**stàtico** (**2**) o †**stàdico** [variante ant. di *ostatico*, V. *ostaggio*] s. m. ● Ostaggio.

-stàtico [dal gr. *statikós*] secondo elemento ● Forma aggettivi composti, che per lo più sono connessi con sostantivi in *-stasi*, *-statica* e *-stato*, e significa 'che ferma, che arresta', e sim.: *batteriostatico*, *emostatico*, *elettrostatico*, *idrostatico*, *termostatico*.

statìno (**1**) [da *stato* 'registro, condizione' (V. *stato* (*2*))] s. m. *1* Prospetto, specchietto, piccolo inventario: *gli statini delle vendite*. *2* Modulo che le segreterie di alcune università rilasciano agli studenti, comprovante il pagamento delle tasse, l'iscrizione all'esame e sim., su cui viene in seguito segnato il voto riportato all'esame.

statìno (**2**) [da (*e*)*state*] agg. *1* (*dial.*) Detto di uccello che emigra d'estate. *2* (*raro*) Che matura d'estate, detto di frutta.

station wagon /*ingl.* 'steiʃən 'wægən/ [loc. ingl., comp. di *station* 'stazione, sosta' e *wagon* 'carro coperto'] loc. sost. f. inv. (pl. ingl. *station wagons*) ● Automobile fornita di portellone posteriore, sedili posteriori ribaltabili e ampio spazio per bagagli e merci. SIN. Familiare. ➡ ILL. p. 1751 TRASPORTI.

statìsta [da *stato* (*3*)] s. m. e f. (pl. m. *-i*) ● Persona che, per la sua capacità e competenza, ha assunto un ruolo rilevante nella vita politica di uno Stato | Chi governa, dirige, uno Stato.

statìstica [f. sost. di *statistico*] s. f. ***1*** Insieme di metodi aventi per oggetto lo studio di fenomeni collettivi. ***2*** (*fis.*) Legge probabilistica di distribuzione delle particelle di un sistema, che permette di calcolare le proprietà macroscopiche del sistema quando l'elevato numero delle particelle non consente lo studio di ogni singola particella | *S. classica*, quando le particelle seguono leggi classiche | *S. quantistica*, quando le particelle seguono leggi quantistiche | *S. di Bose-Einstein*, statistica quantistica applicabile a sistemi di particelle per le quali vale il principio di indistinguibilità, ma non il principio di esclusione | *S. di Fermi-Dirac*, statistica quantistica applicabile a sistemi di particelle per le quali vale il principio di indistinguibilità e quello di esclusione. ***3*** (*est.*) Raccolta organica e ordinata di dati: *fare la s. della popolazione* | (*est.*) Calcolo accurato: *fare una s.*

statìstico [da *stato* (*3*)] **A** agg. (pl. m. *-ci*) ● Della, relativo alla statistica: *metodo s.*; *tavole statistiche* | *Dato s.*, risultato di una classificazione di unità che compongono un collettivo, secondo le modalità di uno o più caratteri. || **statisticaménte**, avv. Secondo un punto di vista statistico. **B** s. m. (f. *-a*, raro) ● Chi si occupa di statistica.

stativo (**1**) [vc. dotta, dal lat. *statīvu(m)* 'stabile, fisso', da *stătus*, part. pass. di *stāre* 'stare'] agg. ***1*** (*raro*) Fermo, stazionario: *accampamento s.* ***2*** (*raro*) Stanziale: *uccello s.* ***3*** (*ling.*) Detto di verbi e aggettivi che indicano una durata, uno stato permanente.

stativo (**2**) [da *stativo* (*1*), sul modello del ted. *Stativ*] s. m. ● Supporto, molto robusto e stabile per microscopi, micrometri e altri strumenti di precisione.

statiẓẓàre [da *stato* (*3*)] v. tr. ● Statalizzare.

statiẓẓatóre [da *statizzare*] s. m.; anche agg. (f. *-trice*) ● (*raro*) Statalizzatore.

statiẓẓazióne [da *statizzare*] s. f. ● Statalizzazione.

stàto (**1**) part. pass. di *stare* (si usa inoltre come part. pass. del v. *essere* nella coniug. dei tempi composti) ● Nei sign. del v.

stàto (**2**) [dal lat. *stătu(m)* 'condizione, posizione', da *stāre* 'stare'] s. m. ***1*** Atto dello stare, dello stare fermo: *verbi di s. e verbi di moto* | *Complemento di s. in luogo*, indica il luogo, reale o figurato, in cui si trova un soggetto o accade un'azione. ***2*** Modo di essere, di trovarsi, condizione: *lo s. delle cose, lo s. della questione*; *lo s. del cielo, dell'aria, del mare*; *lo s. del mondo*; *lo s. presente, futuro*; *essere in uno s. lacrimevole, pietoso, da far pietà, da far paura* e sim.; *essere in buono, in cattivo, in ottimo, in pessimo s.* | *Essere in s. di fare q.c.*, essere in condizioni tali da poterlo fare: *oggi non sono in s. di studiare* | (*dir.*) Situazione di immutabilità di una sentenza: *la sentenza fa s. fra le parti.* ***3*** Modo di vivere, di persone o animali: *s. di civiltà*; *vivere allo s. selvaggio*; *vivere allo s. libero, brado*; *vivere in uno s. miserabile*; *vivere in s. d'indigenza.* ***4*** Condizione economica e sociale: *essere nato in, di, umile s.*; *essere venuto di basso s.*; *essere salito in grande s.*; *cambiare, mutare, s.*; *migliorare il proprio s.* | (*ass.*) Buona posizione economica e sociale: *farsi, formarsi, uno s.*; *persona di s.* ***5*** Condizione di una persona relativamente alla posizione che essa occupa nell'ambito della famiglia, della collettività, della propria professione, e sim.: *s. nubile, celibe, libero, coniugale, maritale, vedovile* | *S. giuridico*, qualificazione attribuita dall'ordinamento giuridico a un soggetto in relazione alla sua posizione nella collettività, come cittadino, coniuge, figlio e sim.: *s. civile*; *s. di famiglia*; *s. libero* | *Azioni di s.*, dirette a ottenere il riconoscimento del proprio stato giuridico | *S. clericale, religioso, laico*, le differenti condizioni rilevabili in diritto canonico riguardo alla persona fisica, che può liberamente eleggere la condizione sacerdotale o religiosa, ovvero restare nel mondo | *Scegliere il proprio s.*, decidere se sposarsi oppure no, se abbracciare la vita religiosa oppure no, e sim. | *Gli obblighi, gli impegni, i doveri* e sim. *del proprio s.*, quelli derivanti dalla particolare condizione in cui si è nell'ambito di una collettività, dalla professione che si esercita, e sim. ***6*** Condizione, situazione, di carattere eccezionale in cui si trova una persona, un gruppo di persone o una collettività: *essere in s. di accusa, di arresto*; *essere in s. di emergenza* | *S. d'assedio*, disposizione diretta a mantenere l'ordine pubblico turbato da sommosse, con conseguente trapasso dei poteri dalle autorità civili a quelle militari | *S. di guerra*, condizione di tutto o di parte del territorio nazionale, determinata mediante decreti, in relazione alle necessità di difesa o di resistenza del paese. ***7*** Condizione di salute, sia fisica sia psichica: *s. di salute*; *essere in buono o in cattivo s. di salute*; *essere in s. di debolezza, di prostrazione, di ubriachezza*; *essere in s. di gravidanza*; *essere in s. di depressione, di agitazione, di incoscienza, di ansia, di euforia* | *Essere in s. interessante*, in stato di gravidanza | Condizione spirituale o morale: *essere in s. di innocenza, di colpa* | *S. d'animo*, condizione di spirito | *S. di grazia*, nella teologia cattolica, condizione di chi ha la grazia santificante; (*fig.*) condizione di particolare euforia, rendimento, ispirazione, e sim.: *essere, sentirsi, in s. di grazia.* ***8*** (*stat.*) *S. della popolazione*, condizione, caratteri, in un dato momento, della popolazione considerata come un insieme di unità statistiche concrete. ***9*** Classe sociale, ceto: *anticamente il popolo francese era diviso in tre stati* | *Il terzo s.*, la borghesia | *Il quarto s.*, il proletariato | *Stati generali*, antico parlamento feudale francese, composto da rappresentanti delle tre classi della popolazione. ***10*** (*dir.*) Situazione della persona connessa con la sua appartenenza alla comunità | *S. civile*, situazione di un individuo relativamente alla cittadinanza o ai vincoli familiari: *atti dello s. civile*; *registro dello s. civile* | *S. di insolvenza*, incapacità di un imprenditore di soddisfare regolarmente le proprie obbligazioni | *S. di necessità*, causa di giustificazione che esclude la punibilità di chi ha commesso il fatto costrettovi dalla necessità di salvare sé o altri dal pericolo attuale di un danno grave alla persona | *S. passivo*, nel fallimento, elenco dei crediti di cui viene richiesta la soddisfazione. ***11*** (*chim.*) Particolare condizione in cui una sostanza si trova | *Stati di aggregazione*, ognuno dei diversi modi nei quali le molecole di una sostanza possono trovarsi associate: *s. solido, liquido, gassoso* | *S. atomico, nascente*, con riferimento ad atomi prima che si riuniscano in molecole poliatomiche o a molecole all'atto della loro formazione da reazioni chimiche | *S. nativo*, di metalli e metalloidi che esistono puri in natura | *S. colloidale*, dispersione di minutissime particelle di una sostanza in un solvente, sì da dare l'apparenza di una soluzione | *S. critico*, condizione di equilibrio fra due fasi di una sostanza che può essere alterata da piccolissime variazioni di temperatura, pressione o volume. ***12*** (*elettr.*) Insieme dei valori di tensione e di corrente che caratterizzano un circuito elettrico | Regime elettrico. ***13*** (*med.*) Periodo di stazionarietà di una malattia. ***14*** (*bur.*) Documento comprovante la posizione giuridica di una persona relativamente a determinate situazioni: *s. di famiglia*; *s. libero*; *richiedere all'anagrafe lo s. di famiglia* | *S. delle anime*, registro in cui si iscrivono tutti gli abitanti compresi nel territorio di una parrocchia | Documento, prospetto, di tipo contabile, economico, e sim.: *s. di previsione* | (*rag.*) *S. patrimoniale*, inventario di fine esercizio esposto in forma sinottica | (*rag.*) *S. attivo e passivo*, stato patrimoniale. ***15*** (*mil.*) *Stato Maggiore*, complesso di ufficiali qualificati posti alla guida e direzione dei comandi di grandi unità che collaborano con il rispettivo comandante nella sua azione direttiva | *Stato Maggiore della Difesa*, al vertice delle Forze Armate, retto dal Capo di Stato Maggiore che in tempo di pace dipende direttamente dal Ministro della Difesa | (*est., fig., scherz.*) *Stato Maggiore*, il gruppo di alti dirigenti di una qualunque organizzazione aziendale, sindacale, politica e sim., che collabora col capo dell'organizzazione stessa | (*fig.*) *Bombardare lo Stato Maggiore*, fare oggetto di critica serrata le decisioni e le azioni del vertice di una organizzazione, spec. partito politico. ***16*** †Ricchezza, patrimonio: *dare via il proprio s.* ***17*** †Signoria, dominio: *avere s.*

stàto (**3**) [dal precedente] **A** s. m. (spesso scritto con iniziale maiuscola) ***1*** Persona giuridica territoriale sovrana, costituita dalla organizzazione politica di un gruppo sociale stanziato stabilmente su di un territorio: *s. monarchico, repubblicano*; *s. indipendente*; *Stati federati, confederati*; *Stati Uniti d'America, Stato della Città del Vaticano*; *rapporti tra s. e chiesa*; *avvocatura dello s.*; *Capo dello s.*; *Consiglio di s.*; *Ferrovie dello s.* | *S. patrimoniale*, in cui i sudditi e il territorio vengono concepiti come oggetto della proprietà del monarca | *S. unitario*, in cui un solo ente è titolare della sovranità | *S. federale*, risultante dall'unione di più stati federati | *S. democratico*, che garantisce l'estensione dei diritti individuali a tutti i cittadini, e riconosce il diritto del popolo, come totalità organica, a governarsi da sé | *S. totalitario*, a partito unico, in cui tutto è subordinato a questo che organizza dittatorialmente le varie attività del paese | *S. cuscinetto*, in cui è preminente la funzione di evitare il contatto diretto fra altri due stati, altrimenti confinanti | *S. guida*, che ispira e condiziona l'azione politica di altri stati | *S. di diritto*, caratterizzato da una costituzione rigida e dal controllo di legittimità costituzionale delle leggi ordinarie | *S. di polizia*, in cui non c'è libertà e la polizia serve a mantenere al potere i governanti; nel sec. XVII, forma di Stato che riconosceva diritti civili ma non politici ai sudditi | *S. del benessere*, concepito come equo redistributore del reddito e fornitore di servizi assistenziali a tutti i cittadini | *Colpo di s.*, sovvertimento illegittimo dell'ordinamento costituzionale di uno Stato, operato da un organismo dello Stato stesso, quale governo | *Ragion di s.*, la logica dell'azione politica di uno Stato | *Affare di s.*, che concerne strettamente lo Stato | (*fig.*) *Fare un affare di s. di q.c.*, fare gran rumore attorno a q.c. di scarsa importanza | *Uomo di s.*, statista | *Scuola di s.*, pubblica | *Esami di s.*, quelli controllati dallo Stato e aventi valore ufficiale, da sostenersi per ottenere un diploma di scuola media o l'abilitazione all'esercizio di una data professione. ***2*** (*est.*) Territorio di uno Stato: *s. grande, piccolo*; *invadere, conquistare, occupare, uno s.*; *risiedere nello s. di X.* || **staterèllo**, dim. | **statùcolo**, dim. **B** in funzione di agg. inv. ● (posposto al s.) Nella loc. *città s.*, presso gli antichi Greci, tipica comunità politica costituita dal centro abitato cinto di mura e dal territorio dipendente.

stàto- [gr. *statós* 'che sta diritto', agg. v. di *histánai* 'porre in piedi, ritto', di origine indeur.] primo elemento ● In parole composte della terminologia scientifica, significa 'che sta ritto' o ha riferimento alla statica o a condizione di equilibrio: *statolite, statoreattore.*

-stato [dal gr. *státēs* (s.) e *-statós* (agg.), propriamente 'che ferma'] secondo elemento ● In parole composte della terminologia scientifica e tecnica, riferito per lo più a strumenti, indica capacità di stabilizzare, di rendere o mantenere stazionario (*girostato, eliostato, termostato*) o anche capacità di sostenersi (*aerostato*).

statocettóre [comp. di *stato* e (*re*)*cettore*] s. m. ● (*anat., fisiol.*) Statorecettore.

statocìsti o **statocìste** [comp. di *stato-* e del gr. *kýstis* 'vescica' (V. *cisti*)] s. f. ● (*zool.*) Cavità o fossetta chiusa o comunicante con l'esterno contenente statoliti, con funzione statica e di controllo sul tono muscolare.

statolàtra [comp. di *stato* (*3*) e *-latra*, dal gr. *-látrēs*, da *latréuein* 'esser servo'] s. m. e f. (pl. m. *-i*) ● Chi ha un atteggiamento di statolatria.

statolatrìa [comp. di *stato* (*3*) e *-latria* (V.)] s. f. ● Culto assoluto ed esclusivo dell'autorità dello Stato.

statòlder [adattamento dal fr. *stathouder*, dall'ol. *stathouder* 'governatore, luogotenente'] s. m. inv. ● Nei secc. XVI-XVIII, titolo dato ai governatori delle Province Unite dei Paesi Bassi.

statolderàto s. m. ● Carica, dignità di statolder.

statòlito o **statòlite**, (*evit.*) **statolito** [comp. di *stato-* e *-lite*] s. m. ● (*biol.*) Concrezione di materiali vari, organici e inorganici, che funziona da organo statico stimolando per gravità le cellule sensitive.

statóre (1) [vc. dotta, dal lat. *statōre(m)* 'che dà stabilità', da *stătus*, part. pass. di *stāre* 'star fermo'] agg. ● Presso gli antichi Romani, epiteto di Giove che dà agli eserciti la forza di resistere al nemico: *Giove Statore*.

statóre (2) [dall'ingl. *stator*, trad. del ted. *Ständer*] s. m. ● (*mecc.*) Parte non rotante di macchina elettrica, turbina e sim. CONTR. Rotore.

statoreattóre [comp. di *stato-* e *reattore*] s. m. ● (*aer.*) Autoreattore.

statorecettóre [comp. di *stato-* e *recettore*] s. m. ● (*anat.*, *fisiol.*) Organo sensoriale o elemento cellulare sensoriale devoluto alla raccolta di stimoli relativi alla posizione del corpo nello spazio. SIN. Statocettore.

statoscòpio [comp. di *stato-* e *-scopio*] s. m. ● Strumento che indica gli spostamenti di un aeromobile dalla quota prestabilita misurando le variazioni di pressione.

stàtua [vc. dotta, dal lat. *stătua(m)*, da *statŭere* 'stabilire, collocare' (V. *statuire*)] s. f. **1** Opera di scultura a tutto tondo, rappresentante una persona, un animale o una cosa personificata: *una s. d'oro, di marmo, di bronzo, di gesso*; *modellare, scolpire, una s.*; *fondere una s. di bronzo*; *fare, innalzare, una s.*; *una s. del Canova* | Figura scolpita: *la s. della Libertà*; *la s. di un condottiero*; *la s. di un cervo* | *S. equestre*, raffigurante una persona a cavallo. **2** (*fig.*) Persona dall'aspetto solenne | Persona muta e immobile: *essere, parere, sembrare, una s.* ‖ **statuétta**, dim. | **statuìna**, dim.

statuàle [da *stato* (3) (V. *statale*)] **A** agg. ● Dello Stato, quale persona giuridica territoriale sovrana: *organo s.*; *norma s.* **B** s. m. ● †Uomo di Stato | †Uomo di governo.

statualìsmo [comp. di *statual(e)* e *-ismo*] s. m. ● (*raro*) Statalismo.

statuàre v. intr. ● (*raro*) Fare statue: *allora era veramente tempo da ... s.* (CELLINI).

statuària [f. sost. di *statuario*, sul modello del lat. *ars statuāria* (nom.) 'arte statuaria'] s. f. ● (*raro*) Scultura: *benché diversa sia la pittura dalla s., pur l'una e l'altra da un medesimo fonte ... nasce* (CASTIGLIONE).

statuàrio [vc. dotta, dal lat. *statuāriu(m)*, da *stătua* 'statua'] **A** agg. **1** Di statua: *arte statuaria* | Da statua: *marmo s.* **2** (*est.*) Degno di una statua, solenne: *posa, bellezza, statuaria*. **B** s. m. ● (*raro*) Scultore.

statuìna s. f. ● Dim. di *statua*: *le statuine del presepio* | *Gioco delle belle statuine*, gioco infantile che consiste nel restare immobili assumendo, al termine di un girotondo o di una filastrocca, una posa originale e graziosa | (*fig.*) *Fare la bella statuina*, restare immobile, non lavorare, non darsi da fare.

statuìre [vc. dotta, dal lat. *statŭere* 'stabilire', da *stătus* 'stato, condizione' (V. *stato* (2))] v. tr. (pres. *io statuìsco, tu statuìsci*; part. pass. *statuìto*, †*statùto*) **1** (*lett.*) Stabilire, deliberare, decretare: *s. una legge*; †*s. il giorno, il tempo*. **2** †Porre, collocare, erigere.

statuìto part. pass. di *statuire*; anche agg. ● Nei sign. del v.

statuizióne [da *statuire*] s. f. ● (*dir.*) Affermazione di diritto posta dall'autorità: *s. giurisdizionale, normativa*.

statunitènse A agg. ● Degli Stati Uniti d'America. **B** s. m. e f. ● Abitante, nativo degli Stati Uniti d'America.

statu quo /lat. 'statu 'kwɔ/ o **status quo** (spec. se usato come sogg.) [loc. lat., propriamente *statu quo ante* 'nello stato in cui (si trovava) prima'] loc. sost. m. inv. ● Situazione di fatto, rilevante spec. in campo giuridico e politico che sussiste in un determinato momento storico: *l'invasione della Polonia interruppe lo statu quo europeo nel 1939*.

statùra [lat. *statūra(m)*, da *stătus*, part. pass. di *stāre* 'stare'] s. f. **1** Altezza del corpo umano che sta in posizione eretta: *s. alta, grande, bassa, piccola*; *essere di s. media*; *essere di normale s.*; *essere di s. superiore, inferiore alla media*; *essere di alta s.*; *essere alto di s.*; *avere alta s.*; *crescere di s.* | (*est.*) Altezza di alcuni animali, misurata dal piede alla spalla: *la s. di un cavallo*. **2** (*fig.*) Altezza morale, d'animo, d'ingegno: *essere di alta s. morale*; *è un uomo di grande s. intellettuale*. **3** †Positura del corpo. **4** (*raro*) †Stato, condizione.

status /lat. 'status/ [vc. lat., propriamente 'stato, condizione', giuntaci attrav. l'ingl.] s. m. inv. (pl. lat. inv.) ● Posizione di un individuo in una struttura sociale | Stato giuridico: *s. di un cittadino*.

status quo /lat. 'status 'kwɔ/ ● V. *statu quo*.

stàtus sỳmbol /'status 'simbol, *ingl.* 'steitəs 'simbəl/ [loc. ingl., comp. di *status* (V.) e *symbol* 'simbolo'] loc. sost. m. inv. (pl. ingl. *status symbols*) ● Ogni segno esteriore che denota la condizione sociale di una persona, spec. quando è indice di ricchezza o prestigio: *ha paura di volare, ma ha l'elicottero perché è uno status symbol* | Simbolo di status.

statutàle agg. ● (*raro*) Statutario.

statutàrio [da *statuto* (1)] **A** agg. ● Di statuto, disposto dallo statuto: *norma statutaria*. ‖ **statutariaménte**, avv.. **B** s. m. ● Nell'età comunale, l'incaricato della compilazione degli statuti cittadini.

statùto (1) [vc. dotta, dal lat. tardo *statūtu(m)*, part. pass. sost. di *statŭere* 'statuire'] s. m. **1** Atto disciplinante l'organizzazione e l'attività di una persona giuridica: *s. della società* | *S. regionale*, legge contenente le norme di organizzazione interna di una regione: *regione a s. speciale* | *S. albertino*, carta costituzionale concessa dal re Carlo Alberto nel 1848, e dal 1947 sostituita dall'attuale Costituzione | *S. dei diritti dei lavoratori*, la legge 20 maggio 1970 n. 300 della Repubblica Italiana che si propone la tutela della libertà e dignità dei lavoratori, delle libertà sindacali e dell'attività sindacale nei luoghi di lavoro, nonché la disciplina del collocamento. **2** (*est.*) Complesso di deliberazioni normative di un ente. **3** Nel Medioevo, corpo delle leggi proprie d'un comune o di un'arte.

†statùto (2) part. pass. di *statuire*; anche agg. ● Nei sign. del v.

†statutóre [da †*statuto* (2)] s. m. (f. *-trice*) ● Chi statuisce.

stàuro- [dal gr. *staurós* 'croce'] primo elemento ● In parole composte del linguaggio dotto o scientifico, indica 'riferimento alla Croce' come simbolo di culto, oppure 'forma di croce'.

staurolìte [comp. di *stauro-*, e *-lite*, trad. del n. lat. mediev. *lăpis crŭcifer*] s. f. ● (*miner.*) Allumosilicato idrato di ferro in cristalli prismatici, spesso geminati, di colore bruno o nerastro.

staurotèca [comp. di *stauro-* e *-teca*] s. f. ● Custodia di reliquie, spec. della Croce di Cristo, di piccolo formato, portata dai fedeli anche al collo.

stavòlta [abbr. di (*que*)*sta volta*] avv. ● (*fam.*) Questa volta: *s. non me la fai*; *s. non la passerà liscia*; *s. ti sbagli proprio!*; *s., la tua porta fu sbattuta dagli uragani* (MORANTE).

stayer /ingl. 'steiə*/ [vc. ingl., propriamente 'fondista', da *to stay* 'durare, resistere'] s. m. inv. ● (*sport*) Cavallo da corsa con attitudini per le gare di fondo | Nel ciclismo, mezzofondista.

†stàẓa e *deriv.* ● V. *stazza* e *deriv.*

†stàzio ● V. *stazzo*.

staziògrafo [comp. del lat. *stătio* (nom.) 'posizione' e *-grafo*, sul modello dell'ingl. *station pointer* 'indicatore di posizione'] s. m. ● (*mar.*) Strumento che permette di fissare graficamente su una carta nautica la posizione di una nave, conoscendo gli angoli che formano le rette visuali condotte dalla nave a tre punti di posizione nota.

stazionàle [da *stazione* (*liturgica quaresimale*)] agg. ● (*relig.*) Che si riferisce alle stazioni liturgiche, quaresimali e della Via Crucis: *croce, chiesa, processione, ufficiatura s.*

stazionaménto s. m. ● Atto dello stazionare | Sosta.

stazionàre [da *stazione*, sul modello del fr. *stationner*] v. intr. (*io stazióno*; aus. *avere*) ● Essere di stazione in un luogo | Stare fermo in un luogo, detto spec. di veicoli: *le automobili stazionano nella piazza*.

stazionarietà s. f. ● Qualità di ciò che è stazionario.

stazionàrio [vc. dotta, dal lat. tardo *stationāriu(m)* 'fisso', da *stătio*, genit. *statiōnis* 'stazione'] **A** agg. **1** Che rimane fermo in un luogo | *Nave stazionaria*, nave da guerra fissa in un porto straniero o coloniale | *Volo s.*, di aereo che sta fermo in aria. **2** Detto di animale che non migra ma trascorre tutta la vita nella medesima zona: *uccelli stazionari*. **3** (*fig.*) Che non muta, non varia: *la situazione è stazionaria*; *le condizioni del malato sono stazionarie*. **B** s. m. ● Nelle università medievali, libraio autorizzato alla conservazione e al prestito dei testi di insegnamento manoscritti.

stazióne [vc. dotta, dal lat. *statiōne(m)* 'sosta, fermata', da *stătus*, part. pass. di *stāre* 'star fermo'. V. *stagione*; per calco sull'ingl. *station* nei sign. 1 e 2] s. f. **1** Complesso degli impianti necessari all'espletamento di qualsiasi traffico di viaggiatori e merci: *s. ferroviaria, marittima, aerea*; *s. di smistamento* | *S. di teleferica, funivia e sim.*, ciascuna delle costruzioni alle estremità del percorso destinate al carico e allo scarico. ➡ ILL. p. 1754 TRASPORTI. **2** (*ass.*) Stazione ferroviaria: *la tettoia, la pensilina della s.*; *accompagnare qc. alla s.*; *quel treno si ferma in tutte le stazioni* | *S. di transito, passante, di passaggio*, quella che è attraversata dai binari principali di corsa, con gli edifici e gli impianti situati su uno o ambedue i lati della linea | *S. di testa*, quella in cui i binari principali si arrestano ed è perciò necessario, per proseguire, cambiare il senso di marcia dei convogli. **3** Fermata, sosta, spec. di veicoli: *fare s. in un luogo*; *essere di s. in un luogo*; *i taxi sono di s. in piazza*. **4** †Luogo attrezzato per il cambio dei cavalli. **5** Località di villeggiatura, soggiorno, cura: *s. climatica, balneare, termale*. **6** Luogo, edificio, convenientemente attrezzato per la prestazione di particolari servizi | *S. sanitaria*, ambulatorio situato in zone lontane dai centri urbani | *S. di monta*, per la riproduzione di bovini, equini e sim. | *S. di servizio*, lungo le strade, area attrezzata per il rifornimento, la riparazione e il lavaggio degli autoveicoli, e spesso anche per il ristoro dei viaggiatori. SIN. Autostazione | *S. telegrafica, telefonica*, punto dove mettono capo i cavi di collegamento | *S. trasmittente*, luogo ove esistono uno o più trasmettitori | *S. ricevente*, luogo ove esistono uno o più ricevitori | *Stazioni di condizionatura*, laboratori nei quali si compie la condizionatura delle fibre tessili | *S. d'interrogazione e risposta*, nei sistemi elettronici per l'elaborazione dei dati, unità periferica fornita di tastiera e di organo di stampa che permette di porre domande e di ricevere risposte dal sistema. **7** Piccolo osservatorio scientifico: *s. astronomica, sismica* | *S. meteorologica*, osservatorio opportunamente attrezzato per effettuare osservazioni e misurazioni meteorologiche e per compilare e trasmettere i relativi messaggi. **8** *S. spaziale*, satellite artificiale attrezzato come base di riferimento per astronavi. **9** (*elab.*) *S. di lavoro*, apparecchio in grado di funzionare sia come personal computer che come terminale di un elaboratore centrale. SIN. Workstation. **10** (*relig.*) Nella liturgia cattolica, la chiesa d'arrivo cui giungeva, a Roma, la processione partita dalla residenza papale o da altra chiesa, per ivi celebrare la liturgia natalizia o pasquale | Ufficiatura quaresimale romana con processione che, muovendo da un luogo di raduno, si dirigeva a una delle chiese stazionali dove era celebrata la messa al tramonto del sole | (*est.*) Luogo di preghiera e riunione dei fedeli per le indicate stazioni liturgiche e quaresimali | Nella pratica devota della Via Crucis, ciascuna delle quattordici immagini, dinanzi alle quali i fedeli sostano; e anche, le orazioni e meditazioni che accompagnano tale sosta. **11** (*mil.*) Nucleo di uomini destinato a restare fisso in un determinato luogo per assolvere particolari compiti | Minima unità operativa dell'arma dei carabinieri, retta da un sottufficiale; la sua giurisdizione; l'edificio ove ha sede. **12** Posizione del corpo umano: *s. eretta, supina* | Posizione dell'animale in piedi | *S. libera*, se assunta spontaneamente | *S. forzata*, se imposta. ‖ **stazioncìna**, dim.

stàzza o †**stàẓa** [lat. *stădia*, nt. pl. di *stădium* 'stadio, misura'. V. *staggio* (1), *stadio*] s. f. **1** Capacità di carico di una nave, determinata da un'unità di misura, detta tonnellata di stazza, pari a m^3 2,83168 | *S. lorda, s. lorda di registro*, corrispondente ai locali interni chiusi della nave | *S. netta*, quella che si ottiene togliendo alla stazza lorda lo spazio non utilizzabile per il carico | *S. di regata*, per le imbarcazioni a vela, derivante dal calcolo di una formula convenzionale, i cui termini sono alcune dimensioni dello scafo e della velatura. *2* Dimensione molto abbondante (*spec. scherz.*): *che s. ha quel bambino!*

stazzaménto s. m. • Stazzatura.

stazzàre o †**stazàre**. **A** v. tr. *1* Misurare la stazza di un'imbarcazione. *2* Avere una determinata capacità, detto di nave. **B** v. intr. (aus. *avere*) • Detto di nave, avere una determinata stazza: *una nave che stazza 15 000 tonnellate.*

stazzatóre o †**stazatóre** [da *stazzare*] s. m. • Perito che fa la stazzatura di una nave mercantile.

stazzatùra o †**stazatùra** [da *stazzare*] s. f. *1* Misurazione della stazza. *2* Stazza.

stàzzo o †**stàzio** [lat. *stătio* (nom.) 'fermata, sosta', da *stătus* 'stato (1)'] s. m. *1* Recinto all'aperto del gregge. SIN. Addiaccio, stabbio. *2* †Luogo di sosta.

stazzonaménto s. m. • (*raro*) Atto, effetto dello stazzonare.

stazzonàre [da *stazzone*] v. tr. (*io stazzóno*) *1* Maneggiare malamente, sgualcire: *s. un abito.* *2* (*raro*) Palpeggiare.

stazzonàto part. pass. di *stazzonare*; anche agg. • Nei sign. del v.

†**stazzóne** [lat. *statiōne(m)* 'dimora, alloggio', da *stătus* 'stato (1)'. V. *stazzo, stazione*] s. f. o m. *1* Alloggio, dimora. *2* Bottega: *dove questo calzolaio stava con la sua s., ... messer ... si ferma* (SACCHETTI).

steadicam ® /*ingl.* 'stedikæm/ [vc. ingl., comp. di *steady* 'fermo, stabile' e *cam* (acrt. di *camera* 'cinepresa, telecamera')] s. f. inv. • Nome commerciale di dispositivo che, per mezzo di contrappesi, permette di effettuare stabili riprese in movimento.

steamer /*ingl.* 'sti:mə*/ [vc. ingl., da *steam* 'vapore'] s. m. inv. • (*mar.*) Nave a vapore.

steàrica [f. sost. di *stearico*] s. f. • (*ell.*) Candela stearica.

steàrico [dal fr. *stéarique*, da *stéarine* 'stearina'] agg. (pl. m. *-ci*) • (*chim.*) Detto di acido grasso saturo monovalente, presente in organismi animali e vegetali, usato per fabbricare candele, nella preparazione di appretti per tessuti e di numerosi derivati organici | *Candela stearica*, di stearina.

stearina [dal fr. *stéarine*, dal gr. *stéar*, genit. *stéatos* 'grasso'] s. f. • (*chim.*) Denominazione data ai gliceridi dell'acido stearico | Commercialmente, l'acido stearico o la miscela di acido stearico, palmitico e oleico.

steatite [vc. dotta, dal gr. *stéar*, genit. *stéatos* 'grasso', con *-ite* (2)] s. f. *1* (*miner.*) Varietà compatta di talco. *2* Pietra da sarto.

steàto- o **stèato-** [gr. *stéar*, genit. *stéatos* 'grasso' (d'origine incerta)] primo elemento • In parole composte, dotte o scientifiche, significa 'grasso'.

steatopigìa [comp. di *steato-* e *-pigia*, dal gr. *pygḗ* 'deretano'] s. f. • Abnorme accumulo di adipe nei glutei e nelle cosce, spec. delle donne di alcune popolazioni africane allo stato di natura.

steatopìgico [da *steatopigia*] agg. (pl. m. *-ci*) • Che presenta le caratteristiche della steatopigia: *statuetta, figurina steatopigica.*

steatòpigo o **steatopìgio** [vc. scient. moderna, comp. di *steato-* e *-pigo*, da *pygḗ* 'natica'] agg. (pl. m. *-gi*; pl. f. *-ghe* o *-gie*) • Che presenta steatopigia.

steatorrèa [comp. di *steato-* e *-rea*] s. f. • (*med.*) Emissione di feci ad alto contenuto di sostanze grasse non digerite.

steatòsi [da *steat(o)-*, con *-osi*] s. f. • (*med.*) Degenerazione grassa: *s. epatica.*

stécca [dal got. *stika* 'bastone'] s. f. *1* Asticella stretta e sottile, spec. di legno: *le stecche del ventaglio*; *metro a stecche* | (*mar.*) Asticella di legno, inserita in apposita tasca, nella balumina della vela, per tenerla ben tesa. *2* Sottile asta di materiale vario, adibita a usi diversi | *Stecche dell'ombrello*, bacchette d'acciaio che ne costituiscono l'ossatura | *Stecche di balena*, i fanoni, usati per busti e ventagli | *S. del biliardo*, asta tonda, per lo più di frassino, più sottile in cima ove è guarnita di un girello di cuoio, per colpire la palla: *passare il gesso sulla punta della s.* | (*per meton.*) Giocatore di biliardo: *è una buona stecca* | *Fare una s., una s. falsa*, colpire male la palla | Strumento usato da scultori e decoratori per modellare la creta o altro materiale plasmabile. *3* (*med.*) Tavoletta di legno, di metallo o di materia plastica destinata ad assicurare una relativa immobilità a ossa fratturate. *4* (*mil.*) †Tavoletta con al centro una lunga fessura e un foro terminale, per lucidare i bottoni delle antiche uniformi | *Lasciare la s.*, cessare un servizio per trasferimento o congedamento | *Passare la s. a qc.*, dare le consegne a un altro. *5* (*fig.*) Stonatura improvvisa di un cantante o di uno strumento musicale: *fare, prendere una s.* *6* Scatola o involucro contenente dieci o venti pacchetti di sigarette. *7* (*gerg.*) Tangente, mazzetta, bustarella. || **steccàccia**, pegg. (V.) | **stecchìna**, dim. | **steccolìna**, dim. | **steccóne**, accr. m. (V.).

steccàccia s. f. (pl. *-ce*) *1* Pegg. di *stecca*. *2* Nella loc. *fare, prendere s.*, fare un grossolano errore giocando a biliardo o (*est.*) cantando.

steccadènti [comp. di *stecca* e il pl. di *dente*] s. m. • (*raro*) Stuzzicadenti.

steccàia [da *stecca*] s. f. • (*idraul.*) Paratia costituita da paletti di legno, disposta obliquamente lungo le sponde dei corsi d'acqua allo scopo di deviare una parte dell'acqua o come opera di difesa fluviale.

steccàre [da *stecca, stecco*] **A** v. tr. (*io stécco, tu stécchi*) *1* Dotare di stecche | Cingere con uno steccato: *s. il giardino.* *2* Fasciare con stecca: *s. una gamba rotta.* *3* Lardellare la carne introducendo spezie. *4* (*fig.*) Sbagliare: *s. una nota*; *s. il tiro* | *S. la palla*, nel tennis, colpirla col bordo della racchetta. **B** v. intr. (aus. *avere*) • Fare una stecca giocando a biliardo | Fare una stecca, stonare, cantando.

steccàta [da *stecca*] s. f. *1* Steccato. *2* (*raro*) Colpo di stecca.

steccàto [da *stecca*] s. m. *1* Riparo, recinto, chiusura fatta di stecche o stecconi: *circondare q.c. con uno s.*; *lo s. di cinta.* *2* Nell'ippica, delimitazione della pista composta di pali infitti nel terreno e collegati fra loro; (*gener.*) il bordo interno della pista. SIN. Corda. *3* (*fig.*) Rigida separazione, barriera: *battersi contro gli steccati etnici.* *4* †Spiazzo cinto con uno steccato adibito a tornei, giostre, e sim.

steccatùra s. f. • Operazione dello steccare.

steccherìno [da *stecco*] s. m. • (*pop.*) Fungo mangereccio delle Idnacee | *S. dorato*, carnoso e commestibile, con aculei rivestiti dall'imenio sulla faccia inferiore del cappello (*Hydnum repandum*).

stecchétto s. m. *1* Dim. di *stecco*. *2* Nella loc. avv. *a s.*, con scarsità di cibo, di denaro, di mezzi: *stare, fare stare, tenere a s.*

stecchièra [da *stecca*] s. f. • Mobile atto a reggere le stecche da biliardo e sul quale si segnano i punti di una partita mediante file di palline numerate.

stecchìno s. m. *1* Dim. di *stecco*. *2* Stuzzicadenti. *3* (*spec. al pl.*) †Fiammiferi di legno.

stecchìre [da *stecco*] **A** v. intr. e intr. pron. (*io stecchìsco, tu stecchìsci*; aus. *essere*) • Diventare secco | Diventare rigido. **B** v. tr. *1* (*raro*) Far diventare secco. *2* Uccidere sul colpo, far secco: *con un colpo di fucile stecchì l'animale.*

stecchìto part. pass. di *stecchire*; anche agg. *1* Nei sign. del v. *2* Molto magro: *forme stecchite* | *Morto s.*, morto sul colpo | (*fig.*) *Lasciare s.*, di stucco, molto sorpreso: *l'accaduto mi lasciò s.*

stécco [dal longob. *stĕk* 'bastone'] s. m. (pl. *-chi*) *1* Ramoscello sfrondato e secco: *orticello ... riparato ... da stecchi e spuntoni* (PIRANDELLO) | *Essere sottile come uno s., essere uno s., ridursi come uno s.*, (*fig.*) di persona molto magra. *2* Bastoncino aguzzo | Stuzzicadenti | Pezzetto di legno appuntito che si conficca col martello in un foro fatto col succhiello, per commettere legni. *3* (*pop., zool.*) Bacillo di Rossi. || **stecchétto**, dim. (V.) | **stecchìno**, dim. (V.) | **steccolìno**, dim.

stéccolo s. m. • (*pop., tosc.*) Stecco.

stecconàre v. tr. (*io steccóno*) • (*raro*) Chiudere, recintare con stecconi.

stecconàta [da *steccone*] s. f. • Stecconato.

stecconàto s. m. • Recinto, riparo o barriera fatta con stecconi. SIN. Stecconata.

steccóne s. m. *1* Accr. di *stecca*. *2* Stecca lunga e larga, appuntita alla sommità, usata per fare steccati. *3* Lunga stecca da biliardo. || **stecconcèllo**, dim. | **stecconcìno**, dim.

steccùto agg. *1* (*raro*) Che è pieno di stecchi. *2* Che è fatto a stecchi.

stechiometrìa [comp. del gr. *stoichêion* 'elemento', e *-metria*] s. f. • (*chim.*) Studio delle relazioni numeriche fra elementi e composti, delle proporzioni con cui gli elementi si combinano fra loro, delle quantità di elementi o composti interessati a una reazione.

stechiomètrico agg. (pl. m. *-ci*) • Che si riferisce alla stechiometria.

stedescàre [da *tedesco*, con *s-*] **A** v. tr. (*io stedésco, tu stedéschi*) • (*raro*) Far perdere le caratteristiche tedesche. **B** v. intr. pron. • Perdere le caratteristiche tedesche.

steeplechase /*ingl.* 'sti:pəl tʃeis/ [vc. ingl., propriamente 'caccia (*chase*) del campanile (*steeple*)' perché questo era la meta] s. m. inv. • Nell'ippica, corsa a ostacoli, con siepi naturali o artificiali.

Steganòpodi [vc. dotta, dal gr. *steganópous*, gen. *steganópodos* 'palmipede', comp. di *steganós* 'chiuso, segreto' e *póus*, genit. *podós* 'piede'] s. m. pl. • (*zool.*) Pelecaniformi.

steganùra [comp. del gr. *steganós* 'folto', e *-ura*] s. f. • Uccello dei Passeriformi africano il cui maschio in livrea nuziale ha lunghissime penne timoniere che mantiene per circa quattro mesi (*Steganura paradisea*).

steganùro s. m. • (*zool.*) Steganura.

Stegocèfali [vc. scient. moderna, comp. del gr. *stégos* 'tetto, coperchio', e *-cefalo*] s. m. pl. • Nella tassonomia animale, sottoclasse di Anfibi fossili, provvisti di coda come le salamandre, terrestri o acquatici anche di grandi dimensioni (*Stegocephalia*) | (al sing. *-o*) Ogni individuo di tale sottoclasse.

stégola o **stévola** [lat. *stīva(m)* 'manico dell'aratro', di etim. incerta, con suff. dim.] s. f. • Dispositivo di varie macchine agricole, quali aratro, motocoltivatore, sarchiatrice e sim., munito di impugnatura che ne consente la guida da parte dell'operatore, che procede a piedi.

stégolo [da *stegola* (?)] s. m. • Robusto asse di legno che nel mulino a vento è collegato da una parte alle ali, dall'altra alla macina, cui trasmette il moto.

stegomìa [comp. del gr. *stégos* 'tetto' e *mŷia* 'mosca'] s. f. • Piccolo insetto dei Ditteri, tipico delle zone d'acqua tropicali, simile a una piccola zanzara, in grado di trasmettere con la puntura la febbre gialla (*Stegomyia fasciata*).

stegosàuro [comp. del gr. *stégos* 'tetto', e *sauro* per l'enorme cresta] s. m. • Grande rettile mesozoico, appartenente ai Dinosauri, provvisto dorsalmente di placche ossee e di spinosità sulla coda (*Stegosaurus*). ➡ ILL. **paleontologia**.

stèle o (*raro*) **stèla** [vc. dotta, dal lat. *stēla(m)*, dal gr. *stḗlē* 'colonna', connesso con *stéllein* 'collocare'] s. f. (pl. *stele*, raro *steli*) *1* Lastra in pietra o marmo, adorna spesso di rilievi, con iscrizione dedicatoria a una divinità, a un imperatore o a un defunto. *2* (*bot.*) Parte centrale dell'asse delle piante vascolari, che comprende i fasci conduttori.

stélla [lat. *stēlla(m)*, di origine indeur.; per calco sull'ingl. *star*, propriamente 'stella' nei sign. 8 e 10] s. f. *1* Corpo celeste splendente di luce propria, come il sole: *s. variabile, nova, supernova, magnetica, pulsante, doppia, tripla, multipla* | *S. nana, gigante, supergigante*, secondo le dimensioni | *Stelle evolute*, stelle in una fase di vita avanzata, di difficile osservazione per la struttura ad alta densità e piccolo raggio | *S. cadente, filante*, meteora | *S. crinita, cornuta, caudata*, cometa | *S. telescopica*, ciascuna delle stelle visibili con uno strumento potente, di magnitudine compresa fra la decima e la quindicesima | *S. azzurra, bianca, gialla, aranciata, rossa*, secondo il tipo spettrale, stabilito in base al colore dominante nel fondo dello spettro stellare | *S. polare*, la stella dell'Orsa Minore, situata allo zenit del Polo Nord. *2* (*est., gener.*) Qualunque corpo celeste luminoso: *le stelle scintillano, sfavillano, luccicano*; *le stelle brillano nel cielo*; *il tremolio delle stelle*; *il chiarore delle stelle*; *notte piena di stelle*; *una notte senza stelle*; *la notte non ha stelle sanza lei*

(BOIARDO) | *Stelle lucenti, erranti*, i pianeti | *Stelle medicee*, i quattro satelliti di Giove, scoperti da Galileo | *La s. Diana*, Venere | *La s. dei Re Magi, di Betlemme, di Natale*, quella che si dice guidasse i Re Magi verso la capanna di Betlemme | (*fig.*) *Andare, giungere, salire alle stelle*, salire molto in alto; rincarare, detto dei prezzi: *i suoi strilli giungono alle stelle; il prezzo dell'oro è salito alle stelle; la benzina è salita alle stelle* | (*fig.*) *Portare, levare qc. alle stelle, fino alle stelle, fin sopra le stelle*, esaltarlo, magnificarlo | (*fig.*) *Vedere le stelle*, provare un fortissimo dolore fisico: *quel pugno gli fece vedere le stelle*. **3** (*al pl., poet.*) Cielo, paradiso: *salire alle stelle*. **4** (*fig.*) Occhi lucenti e bellissimi: *i suoi occhi sono, sembrano, stelle*; (*ass., poet.*) *ov'è ... l'una e l'altra stella / ch'al corso del mio viver lume danno* (PETRARCA). **5** Destino, sorte, secondo l'antica credenza che riteneva le vicende umane sottoposte all'influsso degli astri: *nascere sotto una buona, una cattiva, s.; la mia buona s. ha voluto che ...; spero in una s. migliore* | (*raro*) *Seguire la sua s.*, seguire il proprio destino, secondare le disposizioni congenite. **6** (*est.*) Persona che protegge, aiuta, spec. nella loc. *essere la buona s. di qc.* **7** (*poet.*) Donna bellissima | Donna amata | (*fam.*) *Che s.!, s. mia!, Sei la mia s.!* e sim., escl. affettuose. **8** Attrice o attore molto famoso e importante | (*est.*) Personaggio più importante, di maggior richiamo in una certa attività. SIN. Star. **9** Oggetto, dispositivo, struttura e sim. a forma di stella | *S. dello sperone*, rotellina, rosetta | *S. di rette, di piani*, in matematica, insieme delle rette o dei piani passanti per un punto dello spazio | *A s.*, a forma di stella, cioè con un certo numero di punte o raggi che si dipartono dal centro: *motivo ornamentale a s.* | *Collegamento a s.*, nei sistemi elettrici polifase, quando ciascuna parte del carico del generatore è inserita tra un morsetto di linea e un punto comune | *Avvolgimento a s.*, le cui fasi risultano collegate a stella | *Stelle filanti*, rotelle di strisce di carta variamente colorate che si lanciano in aria facendole srotolare, spec. a carnevale. **10** (*mar.*) Imbarcazione a vela da regata con fiocco, randa e pallone, ed equipaggio formato da due persone. SIN. Star. **11** Chiazze, macchie e sim. di forma tondeggiante, a contorni irregolari: *il cavallo aveva una s. bianca sulla fronte*. **12** (*arald.*) Titolo di numerosissimi ordini cavallereschi e decorazione di vari altri. **13** Distintivo, emblema di Stati, partiti, associazioni, gruppi religiosi, a forma di stella: *la s. d'Italia; la s. di Davide* | *Stelle e strisce*, degli USA (della bandiera degli Stati Uniti, in cui ogni stella rappresenta uno Stato): *il cinema stelle e strisce* | Decorazione, simbolo di onorificenza a forma di stella, e l'onorificenza o l'ordine cavalleresco che ne sono rappresentati: *s. al merito del lavoro; s. rossa* | Simbolo di grado nella gerarchia militare: *generale a quattro stelle* | In alcuni sistemi di classificazione destinati agli eventuali clienti o utenti, simbolo usato per graduare attività o attrezzature di varia natura secondo il livello qualitativo o quantitativo delle prestazioni rese: *albergo a quattro stelle; congelatore a tre stelle* | *A cinque stelle*, di categoria lusso; (*fig.*) eccellente. **14** (*al pl.*) *Stelle*, una delle figure nel gioco dei tarocchi. **15** (*bot.*) *S. alpina*, pianta composita delle Alpi con rizoma cilindrico, foglie ellittiche lanuginose, piccoli capolini raggruppati circondati da brattee feltrate (*Leontopodium alpinum*) | *S. di Natale*, pianta arbustiva delle Euforbiacee, con fiori gialli circondati da grandi brattee rosse disposte a forma di stella (*Poinsettia* o *Euphorbia pulcherrima*). SIN. Poinsezia. **16** (*zool.*) *S. di mare, s. marina*, invertebrato degli Echinodermi con corpo a forma di stella con cinque o più bracci. SIN. Asteria. **17** (*spec. al pl.*) Pastina da minestra in brodo, a forma di piccole stelle. **18** (*tip.*) Asterisco. **19** Gioco enigmistico costituito da una serie di parole disposte in modo da formare una figura a forma di stella e da poter essere lette, oltre che orizzontalmente, anche obliquamente. ‖ **stellétta**, dim. (V.) | **stellìna**, dim. (V.) | **stellóne**, accr. m. (V.) | **stellùccia**, **stellùzza**, dim.

stellage /*fr.* ste'laʒ/ [vc. fr., dal ted. *stellen* 'esser fermo, alto', detto di prezzi] s. m. inv. ● (*borsa*) Stellaggio.

stellàggio [adattamento it. di *stellage*] s. m. ● Contratto di borsa a premio in cui uno dei contraenti si riserva il diritto di scegliere tra la posizione di compratore e quella di venditore di una certa quantità di titoli.

stellànte [dal lat. *stellānte(m)*, part. pres. di *stellāre* 'costellare'] agg. **1** (*poet.*) Pieno di stelle: *cielo s.* **2** Che splende come stella: *occhi stellanti*.

stellàre (1) [lat. *stellāre* 'costellare', da *stēlla* 'stella'] **A** v. tr. (*io stéllo*) ● (*lett.*) Ornare di stelle | Costellare. **B** v. intr. pron. ● (*lett.*) Riempirsi di stelle.

stellàre (2) [vc. dotta, dal lat. tardo *stellāre(m)*, da *stēlla* 'stella'] agg. **1** Di stella, della stella: *luce s.* | *Associazione s.*, insieme di stelle dislocate in una ristretta regione dello spazio e che hanno comune origine e ciclo evolutivo | *Catalogo s.*, elencazione di oggetti celesti con l'indicazione delle loro funzioni sulla sfera celeste e di altre caratteristiche fisiche e dinamiche | *Corrente s.*, insieme di stelle animate da una comune direzione di moto | *Eclissi s.*, nei sistemi binari o stelle doppie, l'epoca in cui una stella occulta l'altra rispetto a un osservatore che si trovi sulla Terra. **2** Che è a forma di stella. **3** (*mecc.*) Detto di motore a scoppio in cui gli assi dei cilindri sono disposti a raggiera in un piano normale all'asse dell'albero motore. **4** Nel linguaggio giornalistico, detto di armi spaziali, offensive o difensive, che si avvalgono dei prodotti di nuove tecnologie quali laser di potenza, raggi X, sistemi elettronici avanzati | *Guerre stellari, scudo s.*, V. *guerra*. **5** (*fig.*) Smisurato: *prezzi stellari*. SIN. Astronomico.

stellàre (3) [dal dial. *stella* 'scheggia', dal lat. tardo *astĕlla(m)* 'scheggetta', doppio dim. di *ăssis*, *ăxis* 'tavola'] v. tr. (*io stèllo*) ● (*mar.*) Nelle costruzioni navali, dare alle coste dello scafo il voluto grado di finezza.

stellària [da *stella*, per la disposizione dei petali] s. f. ● (*bot.*) Genere di piante erbacee delle Cariofillacee, con molte specie caratterizzate da fiori bianchi divisi in lobi (*Stellaria*) | *S. media*, centocchi, centonchio.

stellàto (1) [lat. *stellātu(m)*, da *stēlla* 'stella'] **A** agg. **1** Pieno, disseminato di stelle: *cielo s.; notte stellata* | *Bandiera stellata*, (*per anton.*) quella degli Stati Uniti d'America in cui ogni stella corrisponde a uno Stato | (*est.*) *La repubblica stellata*, gli Stati Uniti d'America | (*est.*) Cosparso, disseminato: *un prato s. di fiori*. **2** Che è a forma di stella: *ricamo s.; opera di fortificazione stellata*. **3** Detto di cavallo che abbia una macchia bianca o di colore chiaro, a forma di stella, sulla fronte. **B** s. m. ● Cielo stellato | Quantità di stelle che si vedono a ciel sereno: *era uno s. che faceva un chiarore grandissimo* (CELLINI).

stellàto (2) **A** part. pass. di *stellare* (*3*); anche agg. **1** Nel sign. del v. **2** Detto di ogni elemento costitutivo dello scafo di un'imbarcazione fornito del giusto grado di finezza. **B** s. m. ● (*mar.*) Parte prodiera e poppiera della nave dove le coste sono molto stellate.

stelleggiàre [da *stella*, con suff. iter.-ints.] v. tr. (*io stelléggio*) ● (*raro*) Riempire di stelle, di ricami o sim. a forma di stella.

stellétta s. f. **1** Dim. di *stella*. **2** (*al pl.*) Distintivo che, sul bavero dell'uniforme, contraddistingue lo stato militare degli appartenenti alle forze armate italiane; sulle spalline costituisce distintivo di grado degli appartenenti all'esercito | *Guadagnarsi le stellette*, avanzare di grado | *Rimetterci le stellette*, perdere il grado. **3** (*edit., giorn.*) Asterisco.

†**stellìfero** [vc. dotta, dal lat. *stellĭferu(m)*, comp. di *stēlla* 'stella' e *-fĕr* '-fero'] agg. ● Cosparso di stelle.

stellìna [da *stella*; per calco sull'ingl. *starlet*, dim. di *star* 'stella, attrice cinematografica' nel sign. 2] s. f. **1** Dim. di *stella*. **2** Giovane attrice cinematografica in cerca di successo, con doti personali di fascino. SIN. Starlet. **3** (*bot.*) *S. odorosa*, pianta delle Rubiacee con rizoma sottile e ramoso, foglie verticillate, fiori piccoli e bianchi in corimbi di odore piacevole (*Asperula odorata*). SIN. Asperula | *S. dorata*, pianta delle Liliacee con fiori stellati verdi esternamente e giallo-dorati all'interno (*Gagea fistulosa*). **4** (*spec. al pl.*) Pastina da brodo, a forma di piccole stelle.

stellionàto [vc. dotta, dal lat. tardo *stellionātu(m)* 'imbroglio', da *stēllio*, genit. *stelliōnis* 'trafficante, imbroglione'] s. m. ● Nel diritto romano, qualunque comportamento doloso nella pratica commerciale che non rientrasse tra quelli previsti dalle leggi speciali | Nel diritto francese, reato di chi dolosamente vende o ipoteca un immobile non proprio o dichiara ipoteche minori di quelle esistenti.

stellióne [vc. dotta, dal lat. *stelliōne(m)* 'tarantola', da *stēlla* 'stella', per una macchia frontale chiara, caratteristica dell'animale] s. m. ● (*zool.*) Sauro simile a un lucertolone con coda coperta di squame spinose (*Agama stellio*).

†**stellògrafo** [comp. di *stella* e *-grafo*] s. m. ● (*raro*) Astronomo.

stelloncìno [doppio deriv. di *stella*] s. m. ● (*giorn.*) Asterisco | Trafiletto.

stellóne s. m. **1** Accr. di *stella* | *S. d'Italia*, denominazione scherz. dell'emblema a forma di stella che sormonta la figura femminile simboleggiante l'Italia, con allusione alla sorte favorevole che ha aiutato il Paese in vari periodi della sua storia. **2** (*pop., raro*) Caldo canicolare estivo.

stèlo [lat. *stīlu(m)* 'gambo', di etim. incerta] s. m. **1** (*bot.*) Fusto delle piante erbacee e dei fiori. **2** (*est.*) Asta di sostegno di forma allungata e sottile | *Lampada a s.*, con lungo fusto poggiante sul pavimento | Nello stantuffo di macchine motrici e di pompe, organo meccanico di collegamento fra questo e il testacroce | Gambo della valvola a fungo. **3** Nelle calze, baghetta.

stèmma [vc. dotta, dal lat. *stĕmma* (nom. acc. nt.), dal gr. *stémma*, genit. *stémmatos* 'corona', e nell'uso rom. 'albero gentilizio', da *stéphein* 'incoronare'] s. m. (pl. *-i*) **1** (*arald.*) L'insieme dello scudo, delle insegne, degli ornamenti esteriori e dei contrassegni di nobiltà: *lo s. degli Asburgo, di casa Savoia, del conte Raimondo Biscaretti di Ruffia* | Emblema di enti pubblici, istituzioni e sim.: *lo s. della Repubblica Italiana, della Regione Lombardia, di Firenze* | La raffigurazione dei simboli araldici o di un emblema: *s. di pietra, di marmo; s. scolpito, inciso, dipinto*. **2** (*letter.*) *S. dei codici*, in filologia, schema in cui sono rappresentate, come in un albero genealogico, le relazioni di dipendenza dei vari codici di un testo considerati per l'edizione critica di questo.

stemmàrio [da *stemma*] s. m. ● (*arald.*) Libro ove sono raccolti gli stemmi delle famiglie nobili, oppure quelli di città, nazioni, corporazioni e sim. SIN. Armoriale.

stemmàto agg. ● Fregiato di stemma: *carrozza stemmata*.

stemperaménto (1) [da *stemperare*] s. m. ● (*raro*) Atto, effetto dello stemperare: *lo s. dei colori*. SIN. Stemperatura.

†**stemperaménto (2)** [da *temperare*, con *s-*] s. m. ● Intemperanza, eccesso.

†**stemperànza** [da *temperanza*, con *s-*] s. f. **1** Intemperanza. **2** Intemperie.

stemperàre o **stempràre** [da *temperare*, con *s-*] **A** v. tr. (*io stèmpero*) **1** Sciogliere, diluire in un liquido: *s. la calce; s. i colori nell'olio*. **2** Togliere la tempera: *s. l'acciaio, il bronzo*. **3** (*raro*) Togliere la punta: *s. una penna*. **4** (*raro, lett.*) Alterare, corrompere: *il toscano tuo parlar celeste / ognor più stempra nel sermon straniero* (FOSCOLO). **5** (*raro, fig.*) Svigorire, avvilire. **B** v. intr. pron. **1** Perdere la tempera | Perdere la punta. **2** (*raro*) Sciogliersi, struggersi: *stemperarsi in lacrime; lo cor si stempre / di soverchia dolcezza* (PETRARCA).

stemperàto (1) part. pass. di *stemperare*; anche agg. ● Nei sign. del v.

†**stemperàto (2)** [da *temperato*, con *s-*] agg. ● Intemperante, sregolato, smodato. CONTR. Temperato. ‖ **stemperataménte**, avv. Eccessivamente, smoderatamente.

stemperatùra s. f. ● Stemperamento (1).

stempiàrsi [da *tempia*, con *s-*] v. intr. pron. (*io mi stèmpio*) ● Perdere i capelli sulle tempie.

stempiàto part. pass. di *stempiarsi*; anche agg. **1** Nei sign. del v. **2** †Madornale, grande, grosso.

stempiatùra [da *stempiato*] s. f. ● L'essere stempiato | Parte della testa, sopra le tempie, priva di capelli.

stempràre ● V. *stemperare*.

stèn /'stɛn, *ingl.* sten/ [vc. ingl., dalle iniziali del cognome degli inventori ingl., *S(heppard)* e *T(ur-*

pin), e dal n. della città di *En(field)*, luogo di fabbricazione] s. f. o m. inv. ● Pistola mitragliatrice leggera.

†**stendàle** [da *stendardo*, con cambio di suff., prob. sul modello dell'ant. fr. *estandale*] s. m. ● Stendardo.

stendardière s. m. ● Chi porta lo stendardo.

stendàrdo [dall'ant. fr. *estendart*, moderno *étendard*, prob. di origine germ.] s. m. *1* Insegna o bandiera, nelle antiche milizie | Fino alla seconda guerra mondiale, bandiera dei reggimenti di cavalleria e di artiglieria, di dimensioni ridotte rispetto alla bandiera degli altri corpi | †*Alzare lo s.*, intraprendere una guerra. *2* Bandiera o gonfalone che, nelle processioni cattoliche, porta l'immagine del patrono e distingue fra loro le congregazioni e confraternite. *3* (*bot.*) Petalo superiore, dilatato della corolla delle leguminose. SIN. Vessillo.

†**stendàre** [da *tenda*, con *s-*] v. intr. ● Togliere le tende.

stèndere [lat. *extĕndere*, comp. di *ĕx-* (*s-*) e *tĕndere* 'tendere'. V. *tendere, estendere*] **A** v. tr. (pass. rem. *io stési, tu stendésti*; part. pass. *stéso*) *1* Allungare, distendere, allargare: *s. i piedi fuori dal letto*; *s. le braccia, le gambe* | *S. la mano*, per stringere un'altra mano, per dare o prendere q.c.; (*ass.*) chiedere l'elemosina | *S. l'esercito, le truppe*, schierarli | (*raro*) *S. l'arco*, allentarlo; (*lett.*) tenderlo. *2* Sciorinare, mettere all'aria (*anche ass.*): *s. le reti*; *s. i panni al sole*; *s. la biancheria ad asciugare*; *è ora di s.* | Spiegare, svolgere: *s. un tappeto*; *s. la tovaglia della tavola*. *3* Spianare, spalmare: *s. il colore, la vernice*; *s. il burro sul pane* | *S. la pasta*, ridurla in sfoglia col matterello | *S. un metallo*, ribatterlo in modo da appiattirlo e aumentarne la superficie. *4* Mettere a giacere, mettere disteso: *lo stesero sul letto* | Gettare per terra: *con una spinta lo stese a terra*. SIN. Abbattere, atterrare | (*est.*) Uccidere: *lo stese con una fucilata*. *5* Mettere per iscritto: *s. un verbale, un memoriale, una lettera, un reclamo*; *sta stendendo l'ultimo capitolo del libro*. **B** v. rifl. ● Allungarsi, distendere il corpo: *mi stendo un po'*; *dopo pranzo ha l'abitudine di stendersi sul letto*. **C** v. intr. pron. *1* Estendersi nello spazio: *il ponte si stende da un versante all'altro*. *2* (*raro, lett.*) Arrivare fino a un dato limite: *ché stilo oltre l'ingegno non si stende* (PETRARCA). *3* (*raro*) Trattenersi, dilungarsi: *stendersi su un argomento* | †*Stendersi in un pensiero*, sprofondarvisi.

stendibiancherìa [comp. di *stendere* e *biancheria*] s. m. inv. ● Attrezzo in metallo o plastica, di varia struttura, sul quale si stende, anche all'interno dell'abitazione, la biancheria da asciugare.

stendifili [comp. di *stendere* e il pl. di *filo*] s. m. ● Militare specializzato nello stendimento di linee telegrafiche e telefoniche | Apparecchio meccanico che serve per stendere tali linee.

stendiménto s. m. ● (*raro*) Atto dello stendere.

stenditóio [da *stendere*] s. m. ● Locale in cui si stendono i panni | Arnese a braccia o a fili su cui si mettono ad asciugare i panni.

stenditóre **A** s. m. (f. *-trice* (V.)) ● Operaio addetto alla stenditura della canapa. **B** agg. ● Che stende | *Macchina stenditrice*, che stende la cera calda sui pavimenti.

stenditrìce [f. di *stenditore*] s. f. ● Macchina per la stenditura della canapa.

stenditùra s. f. ● Atto, effetto dello stendere | Operazione con cui si riuniscono in un nastro continuo le mannelle pettinate della canapa.

stenebràre [da *tenebrare*, con *s-*] v. tr. (*io stènebro*) ● (*lett.*) Togliere dalle tenebre. SIN. Rischiarare.

stenìa [contr. di *astenia*, con sottrazione del pref. *a-* priv.] s. f. ● (*med.*) Senso di forza organica, vigore. CONTR. Astenia.

stènico [da *stenia*, sul modello di *astenico*] agg. (pl. m. *-ci*) ● Che presenta stenia.

stèno- [gr. *steno-*, da *stenós* 'stretto', vc. isolata in gr. e di etim. incerta] primo elemento ● In parole composte dotte e scientifiche, significa 'stretto', 'restringimento' (*stenocardia*) e in altre ha il significato di 'più breve', 'abbreviato' (*stenografia*).

stenoalino [comp. di *steno-* e *-alino*, dal gr. *háls*, genit. *halós* 'sale', di origine indeur.] agg. ● Detto di animale o vegetale acquatico che non sopporta variazioni di salinità nell'ambiente. CONTR. Eurialino.

stenòbate [comp. di *steno-* e del gr. *báthos* 'profondità'] agg. ● (*biol.*) Detto di organismo acquatico che può sopravvivere solo a determinati valori di pressione idrostatica. CONTR. Euribate.

stenoblòcco [comp. di *steno(grafia)* e *blocco*] s. m. (pl. *-chi*) ● Blocco di carta con speciale rigatura adatta alla stenografia.

stenocardìa [comp. di *steno-* e *-cardia*] s. f. ● (*med.*) Sensazione di costrizione precordiale caratteristica dell'angina pectoris.

stenòcoro [comp. di *steno-* e di (*euro*)*coro*] agg. ● (*biol.*) Detto di specie animale o vegetale che può vivere solo in determinati ambienti. CONTR. Euricoro.

stenodàttilo s. m. e f. inv. ● Acrt. di *stenodattilografia, stenodattilografo*.

stenodattilografìa [comp. di *steno(grafia)* e *dattilografia*] s. f. ● Sistema che combina la stenografia con la dattilografia.

stenodattilògrafo [comp. di *steno(grafo)* e *dattilografo*] s. m. (f. *-a*) ● Chi è diplomato, specializzato in stenodattilografia.

stenografàre [da *stenografo*] v. tr. (*io stenògrafo*) ● Scrivere con la stenografia (*anche ass.*): *s. una conferenza*; *sapere s.*

stenografìa [comp. di *steno-* e *-grafia*, sul modello dell'ingl. *stenography*] s. f. ● Scrittura veloce sintetica per la formazione di parole con segni semplici e l'uso di abbreviazioni fisse e facoltative.

stenogràfico agg. (pl. m. *-ci*) ● Della stenografia: *segni stenografici* | Scritto mediante la stenografia: *resoconto s.* || **stenograficaménte**, avv. In modo stenografico; per mezzo della stenografia.

stenògrafo [comp. di *steno-* e *-grafo*] s. m. (f. *-a*) ● Chi scrive con la stenografia: *gli stenografi della Camera dei Deputati*.

stenogràmma [comp. di *steno-* e *-gramma*] s. m. (pl. *-i*) *1* Stenoscritto. *2* Segno stenografico.

stenoscrìtto [comp. di *steno(grafico)* e *scritto*] s. m. ● Testo stenografato.

stenòsi [comp. di *sten(o)-* ed *-osi*, sul modello del gr. *sténōsis* 'strettezza'] s. f. ● (*med.*) Restringimento di un canale o di un passaggio naturale: *s. dell'aorta* | *S. pilorica*, malattia del lattante da ipertrofia dello sfintere pilorico | *S. mitralica, s. polmonare*, restringimento della valvola mitrale o polmonare del cuore.

stenotermìa s. f. ● (*zool., bot.*) Qualità di chi è stenotermo.

stenotèrmo [comp. di *steno-* e *-termo*] agg. ● (*biol.*) Detto di organismo che non tollera variazioni di temperatura troppo ampie. CONTR. Euritermo.

stenotipìa [comp. di *steno(grafia)* e *-tipia*] s. f. ● Scrittura dei segni stenografici per mezzo di una macchina analoga alla macchina per scrivere.

stenotipìsta s. m. e f. (pl. m. *-i*) ● Stenografo che usa l'apposita macchina per stenotipia.

†**stensióne** ● V. *estensione*.

†**stensìvo** ● V. *estensivo*.

stentacchiàre o **stentucchiàre** [da *stentare*, con suff. dim.] v. intr. (*io stentàcchio*; aus. *avere*) ● (*fam.*) Stentare | Soffrire piccole e continue privazioni.

†**stentaménto** [da *stentare*] s. m. ● Stento.

stentàre [lat. *extentāre* 'sforzarsi', da *ĕx-* (*s-*) e *tentāre*, ints. di *tenēre*. V. *tenere*] **A** v. intr. (*io stènto*; aus. *avere*) *1* Durare fatica, fare sforzi per riuscire in q.c.: *s. a leggere, a scrivere, a imparare una lingua, a capire q.c.* | *Stento a crederlo*, mi è difficile crederlo. *2* Condurre una vita grama, infelice, misera: *è una famiglia che stenta*. **B** v. tr. ● Nelle loc. *s. la vita, il pane*, e sim., vivere con pena e fatica, fra grandi stenti. **C** v. intr. pron. ● †Soffrire, patire.

stentatézza s. f. ● Qualità di chi, di ciò che è stentato.

stentàto part. pass. di *stentare*; anche agg. *1* Nei sign. del v. *2* Eseguito a fatica: *compito, lavoro s.* *3* Che è fatto, detto e sim. con sforzo, senza spontaneità: *sorriso, invito, s.*; *parole stentate* | Che mostra artificiosità, mancanza di ispirazione: *prosa stentata*. *4* Pieno di sofferenze e privazioni: *condurre una vita stentata*. *5* Che si sviluppa a stento, crescendo poco e male, detto di ragazzi, animali, piante: *è un bambino un po' s.* || **stentatìno**, dim. || **stentataménte**, avv. In modo stentato, a fatica.

stenterellàta s. f. ● Atto, discorso, da stenterello.

stenterellésco agg. (pl. m. *-schi*) ● Proprio di, relativo a, Stenterello.

stenterèllo [doppio dim. di *stento* (*1*)] s. m. *1* Maschera del teatro fiorentino. *2* (*est.*) Persona molto magra e patita. *3* (*est.*) Persona sciocca e ridicola.

stènto (1) agg. ● (*tosc.*) Stentato. || **stentìno**, dim.

stènto (2) [da *stentare*] s. m. *1* Patimento, sofferenza, per scarsità o privazione di cosa necessaria: *vivere tra gli stenti, di stenti*; *ebbe una vita piena di stenti*; *ebbe una vita di s.*; *ha il viso segnato dagli stenti*. *2* Difficoltà, fatica nel riuscire in q.c.: *con qualche s. ho capito la lezione* | *A s.*, con difficoltà, a fatica | *Senza s.*, senza difficoltà, facilmente, agevolmente.

stentóre [dal lat. *Stĕntore(m)*, dal gr. *Sténtōr* 'Stentore', eroe omerico dal potente grido di guerra] s. m. ● (*per anton.*) Uomo dalla voce potente: *sdegna d'alzare / fra il rauco suon di Stentori plebei / tu' amabil voce* (PARINI).

stentòreo [da *Stentore*] agg. ● Chiaro e forte, detto della voce umana: *con la sua voce stentorea si mise a narrare certe storielle* (SVEVO).

stentucchiàre ● V. *stentacchiare*.

stentùme [da *stento* (*2*)] s. m. ● (*tosc.*) Cosa fatta con stento.

†**stenuàre** e *deriv.* ● V. *estenuare* e *deriv.*

stepidìre ● V. *stiepidire*.

stéppa [attraverso il fr. *steppe*, dal russo *step*] s. f. ● Vasta pianura povera di acque, con prevalenti forme di vegetazione erbacea.

steppàre [dall'ingl. *to step* 'camminare'] v. intr. (*io stéppo*; aus. *avere*) ● Detto del cavallo, trottare in modo difettoso, per cui gli arti anteriori vengono distesi esageratamente.

stéppico agg. (pl. m. *-ci*) ● Della steppa: *vegetazione steppica*.

steppificazióne [comp. di *stepp(a)* e *-ficazione*] s. f. ● (*geogr.*) Progressiva trasformazione in steppa di formazioni vegetali quali praterie e savane, dovuta a modificazione di fattori climatici e ambientali.

steppóso agg. ● Che ha aspetto, carattere, di steppa: *zona stepposa*.

steradiànte [comp. di *ste(rangolo)* e *radiante*] s. m. ● (*fis.*) Unità di misura degli angoli solidi nel Sistema Internazionale; è pari all'angolo solido che, su una sfera avente centro nel vertice dell'angolo, intercetta una calotta di area uguale a quella di un quadrato avente lato uguale al raggio della sfera stessa. SIMB. sr.

steràngolo [comp. di *ster(eo)-* e *angolo*] s. m. ● (*mat.*) Angolo solido.

stèrco [vc. dotta, dal lat. *stĕrcus* (nom. acc. nt.) 'escremento', di etim. incerta] s. m. (pl. *stèrchi*, m., poet. †*stèrcora*, f.) ● Escrementi, feci di animale.

stercoràceo [da *sterco*, sul modello di *stercorario*] agg. ● Attinente allo sterco: *raccolta stercoracea*.

stercoràrio [vc. dotta, dal lat. *stercorāriu(m)*, da *stĕrcus*, genit. *stĕrcoris* 'sterco'] **A** agg. *1* Di sterco, dello sterco. *2 Scarabeo s.*, insetto con corpo robusto, zampe dilatate e appiattite, che scava gallerie sotto gli escrementi bovini o equini per deporvi le uova (*Geotrupes stercorarius*). SIN. Geotrupe. **B** s. m. ● Uccello dei Caradriformi a piedi palmati, becco adunco, unghie ad artiglio, che si nutre rubando le prede ad altri uccelli acquatici (*Stercorarius pomarinus*).

Sterculiàcee [da *sterculia*, vc. dotta, dal lat. *stĕrcus*, genit. *stĕrcoris* 'sterco', per l'odore fetido dei fiori. V. il n. lat. *Stercŭlius* 'divinità dell'ingrasso dei campi'] s. f. pl. ● Nella tassonomia vegetale, famiglia di piante dicotiledoni tropicali con frutto a capsula contenente molti semi (*Sterculiaceae*) | (al sing. *-a*) Ogni individuo di tale famiglia. ➡ ILL. **piante** /4.

stèreo **A** agg. ● Acrt. di *stereofonico*. **B** s. m. ● Impianto per l'ascolto spec. di musica registrata su dischi o su nastro magnetico, costituito da amplificatori e altoparlanti che diffondono il suono nell'ambiente in modo da riprodurre il panorama di suoni acustici originari. SIN. Impianto stereofonico.

stèreo- [gr. *stereo-*, da *stereós* 'fermo, stabile, solido', di origine indeur.] primo elemento ● In parole scientifiche composte, significa 'solido', 'rigido' (*stereomeccanica*) o ha il significato di 'spaziale', 'tridimensionale' o fa riferimento a più posizioni nello spazio e sim. (*stereoscopia, stereofonico, stereogramma*).

stereoagnosìa [comp. di *stereo-* e *agnosia*] s. f. ● (*med.*) Incapacità di riconoscere la forma degli oggetti mediante il tatto.

stereoagnòstico agg. (pl. m. *-ci*) ● Che si riferisce alla stereoagnosia, caratterizzato da stereoagnosia.

stereòbate [vc. dotta, dal lat. *stereŏbate(m)*, dal gr. *stereobátēs*, comp. di *stereós* 'solido' e *-bátēs*, da *-baínein* 'andare'] s. m. ● Nell'architettura greca, basamento atto a sostenere l'edificio.

stereochìmica [comp. di *stereo-* e *chimica*] s. f. ● (*chim.*) Studio della configurazione spaziale di una molecola in rapporto ai costituenti della molecola stessa.

stereocinematografìa [comp. di *stereo-* e *cinematografia*] s. f. ● Cinematografia stereoscopica.

stereocinèsi [comp. di *stereo-* e *-cinesi*] s. f. ● (*psicol.*) Percezione tridimensionale di un oggetto bidimensionale in movimento che, quando è fermo, viene percepito a due dimensioni.

stereocomparatóre [comp. di *stereo-* e *comparatore*] s. m. ● Apparecchio che permette l'osservazione stereoscopica di una coppia di fotogrammi normali nella restituzione fotogrammetrica.

stereofonìa [comp. di *stereo-* e *-fonia*] s. f. ● Tecnica di registrazione e di riproduzione del suono su due canali, attraverso la quale l'ascoltatore riceve un effetto spaziale del suono riprodotto.

stereofònico agg. (pl. m. *-ci*) ● Che si riferisce alla stereofonia: *effetto s.*; *amplificatori stereofonici* | *Impianto s.*, stereo.

stereofotografìa [comp. di *stereo-* e *fotografia*] s. f. ● Fotografia stereoscopica.

stereofotogràmma [comp. di *stereo-* e *fotogramma*] s. m. (pl. *-i*) ● In topografia, coppia di fotogrammi, di uno stesso oggetto, usata per ottenere l'effetto stereoscopico, cioè di rilievo, mediante la visione binoculare. SIN. Stereogramma, coppia stereoscopica.

stereofotogrammetrìa [comp. di *stereo-* e *fotogrammetria*] s. f. ● Fotogrammetria che usa per la restituzione l'effetto stereoscopico.

stereognòstico [comp. di *stereo-* e *-gnostico*, dal gr. *gnōstikós* 'conoscitivo', da *gnôsis* 'conoscenza'. V. *gnosi*] agg. (pl. m. *-ci*) ● Che si riferisce alla percezione tattile delle qualità parziali degli oggetti: *senso s.*

stereografìa [comp. di *stereo-* e *-grafia*] s. f. ● (*med.*) Metodo diagnostico radiologico che si basa sull'osservazione di due radiografie disposte in un particolare apparecchio in modo da averne una visione stereoscopica.

stereogràfico [da *stereografia*] agg. (pl. m. *-ci*) ● Detto di proiezione prospettica, nella quale l'osservatore è supposto agli antipodi del punto di tangenza del piano di proiezione.

stereogràmma [comp. di *stereo-* e *gramma*] s. m. (pl. *-i*) *1* (*mat.*) Rappresentazione grafica di dati statistici mediante volumi di figure geometriche solide. ➡ ILL. **diagramma**. *2* (*geol.*) Rappresentazione grafica tridimensionale della struttura geologica di una regione. *3* In topografia, stereofotogramma.

stereoiṣomerìa [comp. di *stereo-* e *isomeria*] s. f. ● (*chim.*) Isomeria di certi composti che si differenziano per la diversa posizione nello spazio di alcuni dei loro atomi.

stereoiṣòmero [comp. di *stereo-* e *isomero*] **A** s. m. ● (*chim.*) Ciascuno degli isomeri spaziali di una molecola. **B** anche agg.: *composto s.*

stereòma [vc. dotta, dal gr. *steréōma*, genit. *stereṓmatos* 'scheletro, sostegno', da *stereós* 'solido, duro'] s. m. (pl. *-i*) ● (*bot.*) Insieme di sclereidi e di fibre mediante il quale i vegetali costruiscono gli organi assili di sostegno.

stereometrìa [vc. dotta, dal gr. *stereometría*, comp. di *stereós* 'solido' e *-metría* '-metria'] s. f. ● Parte della geometria che studia la misurazione dei solidi.

stereomètrico [vc. dotta, dal gr. *stereometrikós*, da *stereometría* 'stereometria'] agg. (pl. m. *-ci*) ● Che si riferisce alla stereometria.

stereoscopìa [comp. di *stereo-* e *-scopia*] s. f. *1* Percezione del rilievo volumetrico di un oggetto mediante la visione binoculare. *2* (*fis.*) Parte dell'ottica che studia tale percezione. *3* Metodo di ripresa e proiezione delle immagini che dà la sensazione volumetrica degli oggetti. *4* Fotografia stereoscopica.

stereoscòpico agg. (pl. m. *-ci*) ● Che si riferisce alla stereoscopia | *Fotografia stereoscopica*, ripresa fotografica affiancata di due immagini dello stesso oggetto per ottenere in sede di osservazione visiva l'effetto tridimensionale | *Coppia stereoscopica*, stereofotogramma.

stereoscòpio [comp. di *stereo-* e *-scopio*] s. m. ● Strumento per l'osservazione di fotografie stereoscopiche.

stereospecìfico [comp. di *stereo-* e *specifico*] agg. (pl. m. *-ci*) ● (*chim.*) Detto di reazione che consente di ottenere uno specifico stereoisomero.

stereotipàre [da *stereotipo*] v. tr. (*io stereòtipo*) ● Stampare in stereotipia.

stereotipàto [da *stereotipo*] agg. *1* Stampato con la stereotipia. *2* (*fig.*) Convenzionale, reso quasi immutabile dall'uso: *frasi stereotipate*; *la guardai indagando se il sorriso che contraeva la sua faccia fosse s. o ... nuovo* (SVEVO). *3* (*psicol.*) Detto di movimento, posizione o espressione verbale anormale ricorrente o persistente, avente scarsa relazione con la situazione esterna.

stereotipìa [comp. di *stereo-* e *-tipia*, sul modello del fr. *stéréotypie*] s. f. *1* (*tip.*) Procedimento di copiatura d'una matrice rilievografica in cui si fonde una certa quantità di lega su un flano recante l'impronta della matrice | La nuova matrice ottenuta con tale procedimento | Stampa ottenuta con tale matrice. *2* (*psicol.*) Condizione frequente in alcune psicosi in cui un individuo manifesta movimenti stereotipati o pensa per stereotipi.

stereotìpico agg. (pl. m. *-ci*) ● Che si riferisce alla stereotipia.

stereotipìsta [da *stereotip(ia)*, con *-ista*] s. m. (pl. *-i*) ● Operaio addetto alla produzione delle stereotipie.

stereòtipo [da *stereotipia*, con *stereo-* e *tipo*] **A** agg. ● Stereotipato | *Edizione stereotipa*, ristampa identica di un testo, eseguita sulla stereotipia. **B** s. m. *1* (*psicol.*) Percezione o concetto relativamente rigido ed eccessivamente semplificato o distorto di un aspetto della realtà, in particolare di persone o di gruppi sociali: *pensare per stereotipi*. *2* (*ling.*) Successione fissa e ripetuta di parole, che assume un significato lessicale globale e autonomo. SIN. Frase fatta.

STEREOTIPO

Si dicono 'stereotipi linguistici' quelle espressioni proverbiali o singole parole nelle quali si riflettono pregiudizi e opinioni, spesso negative, su gruppi sociali, professionali, etnici.
Facilmente identificabili come stereotipi sono quei brevi motti scherzosi che estendono una qualità a tutti i nativi di un luogo: *bolognesi gran dottori*; *veneziani gran signori*.
Anche riconoscibili sono gli stereotipi consistenti in nomi o aggettivi di forma scherzosa o spregiativa: *azzeccagarbugli*, *paglietta* o *avvocaticchio* per *avvocato*; *polentone* per (*italiano*) *settentrionale* e *terrone* per (*italiano*) *meridionale*; *sbirro* per *agente di polizia*.
Spesso lo stereotipo si nasconde, in modo a volte difficile da avvertire, in parole di valore descrittivo. Così, se diamo a qualcuno l'epiteto di *contadino*, per 'maleducato', o di *gesuita*, per 'ipocrita', con un sol colpo offendiamo il destinatario dell'epiteto e, implicitamente e senza alcuna ragione, intere categorie di persone. Antichi e immotivati pregiudizi etnici o razziali, prodottisi per le più varie vicende storiche, rischiano così di farci offendere, in modo implicito, intere popolazioni (si vedano le voci *aretino*, *chietino*, *ebreo*, *giudeo*, *napoli*, *ottentotto*, *teutonico*, *zingaro*, *zulù*).

stereoviṣóre [comp. di *stereo-* e *visore*] s. m. ● Apparecchio ottico che consente la visione in rilievo di fotografie stereoscopiche.

stèrico [agg. da *stereo-*] agg. (pl. m. *-ci*) ● (*chim.*) Che si riferisce allo spazio | *Impedimento s.*, effetto derivante dalla presenza in una molecola di aggruppamenti atomici di grosse dimensioni o di forme particolarmente ingombranti.

stèrile [vc. dotta, dal lat. *stĕrile(m)*, di origine indeur.] agg. *1* Che è affetto da sterilità, che è incapace di riprodursi: *uomo, donna s.*; *cavallo s.* CONTR. Fecondo, fertile. *2* Detto di fiore, che non dà frutti. CONTR. Fruttifero. *3* (*fig.*) Che non produce effetti: *ingegno, lavoro, occupazione, vita s.* | Vano: *perdersi in chiacchiere sterili* | Privo di q.c.: *un impiego s. di soddisfazioni*; *la terra ... è nuda d'erbe / e di fontane s. e di rivi* (TASSO). *4* Sterilizzato: *soluzione s.* || **sterilménte**, avv.

sterilézza s. f. ● (*raro*) Sterilità.

sterilìre **A** v. tr. (*io sterilisco, tu sterilisci*) ● Rendere sterile. SIN. Isterilire. **B** v. intr. e intr. pron. (aus. *essere*) ● (*raro*) Diventare sterile.

sterilità o †**sterilitàde**, †**sterilitàte** [vc. dotta, dal lat. *sterilitāte(m)*, da *stĕrilis* 'sterile'] s. f. *1* Qualità di chi, di ciò che è sterile. *2* (*med.*) Incapacità alla riproduzione nell'uomo o nella donna nell'età feconda e in periodo di normali rapporti sessuali.

sterilizzànte part. pres. di *sterilizzare*; anche agg. ● Nei sign. del v.

sterilizzàre v. tr. *1* Rendere sterile. *2* Sottoporre a sterilizzazione.

sterilizzàto part. pass. di *sterilizzare*; anche agg. ● Nei sign. del v.

sterilizzatóre **A** s. m. (f. *-trice* nel sign. 1) *1* Chi sterilizza. *2* Apparecchio per sterilizzare. **B** agg. ● Che sterilizza: *macchina sterilizzatrice*.

sterilizzazióne s. f. *1* Atto, effetto dello sterilizzare. *2* Intervento chirurgico consistente nella soppressione della capacità di generare in un individuo maschio o femmina (consistente nella *vasectomia* (V.), per l'uomo, e nella legatura delle tube, per la donna). *3* (*chim., biol.*) Eliminazione di tutti i germi patogeni e non patogeni | Trattamento eseguito sugli alimenti conservati, per azione del calore, allo scopo di renderli atti a una lunga conservazione | *S. in bottiglia*, del latte già imbottigliato.

sterilùme s. m. ● (*raro*) Insieme di cose sterili.

sterlétto o **sterlàtto** [dal ted. *Sterlett*, che è dal russo *stérljad* (V. *storione*)] s. m. ● Pesce molto simile allo storione ma piccolo e con muso assai appuntito, che fornisce carni e caviale pregiatissimi (*Acipenser ruthenus*).

sterlìna [f. sost. da (*lira*) *sterlina*, dall'ingl. *sterling* 'vero, genuino'] **A** s. f. ● Unità monetaria circolante nel Regno Unito di Gran Bretagna e Irlanda e in altri Paesi extraeuropei. **B** in funzione di agg. ● (posposto al s.) Nella loc. *lira s.*, sterlina.

sterlineàre [calco su *interlineare* (*2*), con sostituzione del presunto pref. *in-* con *s-*] v. tr. (*io sterlìneo*) ● In una composizione tipografica, togliere le interlinee allo scopo di diminuire le distanze fra una riga e l'altra.

sterlineatùra s. f. ● Atto, effetto dello sterlineare.

sterling /ingl. 'stəːliŋ/ [vc. ingl., propriamente 'schietto, di buona lega'] **A** s. m. inv. ● Vernice a base di olio di lino, elettricamente isolante, usata in elettrotecnica. **B** anche agg. inv.: *tela s.*

sterlingàto [da *sterling*] agg. ● Trattato con vernice sterling.

sterminàbile [vc. dotta, dal lat. tardo *extermināb̆ile(m)* 'funesto', da *extermināre* 'bandire, far sparire'] agg. ● Che si può sterminare.

sterminaménto s. m. ● (*raro*) Atto dello sterminare.

sterminàre o (*lett.*) **esterminàre** [lat. *extermināre*, propriamente 'scacciare', da *tĕrminus* 'confine', con *ĕx-* (*s-*)] v. tr. (*io stèrmino*) ● Distruggere, annientare, far sparire dal mondo: *s. i nemici*, *gli insetti*; *sterminateli senza pietà*.

sterminatézza s. f. ● Qualità di ciò che è sterminato, nel sign. di *sterminato* (*1*).

sterminàto (1) o (*lett.*) **esterminàto** [lat. *exterminātu(m)*, nel senso etim. di 'senza confini', da *tĕrminus* 'confine', con *ĕx-* (*s-*)] **agg.** ● Di smisurata ampiezza (*anche fig.*): *paese s.*; *pianura sterminata*; *ignoranza sterminata*. ‖ **sterminataménte**, **avv.** Smisuratamente, senza alcuna limitazione.

sterminàto (2) **part. pass.** di *sterminare*; anche **agg.** ● Nel sign. del v.

sterminatóre o (*lett.*) **esterminatóre** [vc. dotta, dal lat. tardo *exterminatōre(m)* 'distruttore', da *exterminātus*, part. pass. di *extermināre* 'sterminare'] **s. m.**; anche **agg.** (f. *-trice*) ● Chi, che stermina: *Qui su l'arida schiena / del formidabil monte / sterminator Vesevo* (LEOPARDI).

sterminazióne o (*lett.*) **esterminazióne** [vc. dotta, dal lat. tardo (eccl.) *exterminatiōne(m)* 'distruzione', da *exterminātus*, part. pass. di *extermināre* 'sterminare'] **s. f.** ● (*raro*) Sterminio.

stermìnio o (*lett.*) **estermìnio** [vc. dotta, dal lat. tardo (eccl.) *extermīniu(m)* 'cacciata, sterminio', da *extermināre* 'cacciare, distruggere'] **s. m.** *1* Atto, effetto dello sterminare | Distruzione generale, strage: *fare uno s.*; *sedizioni populari con morti ed esterminio d'innumerabili persone* (SARPI) | *Campi di s.*, durante la seconda guerra mondiale, quelli in cui i deportati erano uccisi in massa dai nazisti. *2* (*fig., fam.*) Quantità grande, sterminata: *durante le vacanze ho letto uno s. di libri.*

stèrna [dal fr. *sterne*, dall'ant. ingl. *stearn* 'rondine di mare'] **s. f.** ● (*zool.*) Uccello acquatico, simile al gabbiano ma più piccolo e slanciato e con collo e zampe più corti (*Sterna*) | *S. comune*, rondine di mare.

sternàle [da *sterno*] **agg.** ● Dello sterno: *puntura s.*

†**sternàto** [connesso con †*sternere*] **agg.** ● (*raro*) Abbattuto, disteso.

stèrnebro [comp. di *stern(o)* e del m. di (*vert*)*ebra*] **s. m.** ● (*anat., zool.*) Ognuno dei centri di ossificazione segmentali dello sterno dei Mammiferi.

†**stèrnere** [vc. dotta, dal lat. *stĕrnere*, di origine indeur.] **v. tr.** e **intr. pron.** *1* Distendere per terra | Spianare. *2* (*fig.*) Spiegare, chiarire.

sternìte [comp. di *stern(o)* e del suff. *-ite* (*3*)] **s. m.** ● (*zool.*) Struttura cuticolare che riveste ventralmente un segmento corporeo degli Artropodi.

stèrno [vc. dotta, dal gr. *stérnon* 'petto', connesso con *stornýnai* 'stendere', di origine indeur. (V. *sternere*); propriamente 'la parte piatta del corpo'] **s. m.** ● (*anat.*) Osso piatto sulla linea mediana anteriore del torace al quale si uniscono le coste. ➡ **ILL.** p. 362 ANATOMIA UMANA.

sternocleidomastoidèo [comp. di *sterno*, *-cleido-*, dal gr. *kléis*, genit. *kleidós* 'chiave', e *mastoideo*] **A** **agg.** ● (*anat.*) Detto di muscolo del collo con inserzioni allo sterno, alla clavicola e alla mastoide. **B** anche **s. m.**: *lo s.* ➡ **ILL.** p. 362 ANATOMIA UMANA.

sternutàre ● V. *starnutare*.

sternutìre ● V. *starnutire*.

sternùto ● V. *starnuto*.

stèro [dal fr. *stère*, dal gr. *stereós* 'solido'] **s. m.** ● Unità di misura di volume, usata per il legname da ardere e pari a 1 m^3. SIMB. st.

steròide [vc. scient. moderna, dal gr. *ster(eós)* 'solido', con *-oide*] **s. m.** ● (*chim.*) Sostanza organica diffusa in natura, a struttura complessa, costituente la base di molti ormoni e acidi biliari, di varia azione biologica.

steroidèo **agg.** ● (*chim.*) Di, relativo a steroide: *composto s.*

steròlo [vc. scient. moderna, dal gr. *ster(eós)* 'solido', con *-olo*] **s. m.** ● (*chim.*) Alcol aliciclico non saturo, molto complesso, presente in tutte le cellule sia animali sia vegetali, in parte libero e in parte esterificato con gli acidi grassi.

stèrpa [lat. parl. **stĕrpa(m)*, dal gr. *stériphos* 'sterile', di origine indeur.] **s. f.** ● (*centr.*) Pecora destinata all'ingrasso perché non più atta alla riproduzione.

sterpàglia **s. f.** ● Ammasso di sterpi | Terreno sterposo.

†**sterpàgnolo** **agg.** ● Sterpigno.

sterpàia **s. f.** ● Luogo pieno di sterpi.

sterpàio **s. m.** ● Sterpaia.

sterpàme **s. m.** ● Insieme di sterpi.

sterpàre [lat. *extirpāre* 'svellere', comp. di *ĕx-* (*s-*) e di un denominale di *stīrps*, genit. *stīrpis* 'sterpo' (V. *sterpo*, *estirpare*)] **v. tr.** (*io stèrpo*) *1* (*lett.*) Togliere gli sterpi. *2* Estirpare, strappare (*anche fig.*): *io sterparogli il core, io darò in pasto / le membra lacerate agli avvoltoi* (TASSO).

sterpàzzola o **sterparòla**, **sterpazzòla** [da *sterpo*] **s. f.** ● Uccello dei Passeriformi grigio-brunastro, più chiaro inferiormente, che vive nelle siepi e nei cespugli (*Sylvia communis*).

†**stèrpe** o **stérpe** **s. f.** o **m.** ● Sterpo.

sterpéto o †**stirpéto** [lat. tardo *stirpētu(m)*, da *stīrps*, genit. *stīrpis* 'sterpo'] **s. m.** ● Sterpaio.

sterpìccio **s. m.** ● (*raro*) Sterpaglia.

sterpìgno **agg.** ● Che ha natura di sterpo | Che è pieno di sterpi: *luogo s.*

stèrpo o **stérpo** [lat. *stīrpe(m)* 'ceppo', di etim. incerta] **s. m.** ● Ramo secco | Pruno spinoso | Residuo delle radici di un albero tagliato. ‖ **sterpàcchio**, **pegg.** | **sterponcèllo**, **dim.** | **sterpóne**, **accr.**

sterpóso **agg.** ● Che è pieno di sterpi.

sterquilìnio o **sterquilìno** [vc. dotta, dal lat. *sterquilīniu(m)* 'letamaio', da *stĕrcus* 'sterco'] **s. m.** ● (*raro, lett.*) Letamaio.

sterraménto **s. m.** ● Atto dello sterrare.

sterràre [da *terra*, con *s-*] **v. tr.** (*io stèrro*) ● Scavare e portare via la terra, per fare una strada, una fossa per fondamenta, e sim. (*anche ass.*): *s. un canale*; *hanno finito di s.*

sterràto **A** **part. pass.** di *sterrare*; anche **agg.** ● Nei sign. del v. **B** **s. m.** ● Luogo, terreno, sterrato.

sterratóre [da *sterrare*] **s. m.** (f. *-trice*) ● Operaio addetto ad opere di sterro.

stèrro **s. m.** ● Atto, effetto dello sterrare | Terra scavata e ammucchiata all'orlo dello scavo | Fossa, buca, aperta sterrando.

stertóre [vc. dotta, coniata sul lat. *stĕrtere* 'russare', di origine indeur.] **s. m.** ● (*med.*) Rantolo tracheale.

stertoróso [da *stertore*] **agg.** ● Rantoloso.

sterzànte **part. pres.** di *sterzare* (*1*); anche **agg.** ● Nei sign. del v. | *Ruote sterzanti*, quelle comandate dallo sterzo o libere di sterzare.

sterzàre (1) [da *sterzo*] **v. tr.** e **intr.** (*io stèrzo*; aus. *avere*) *1* Manovrare lo sterzo con il volante o il manubrio, detto di automobilista, motociclista e sim.: *il tassista sterzò all'incrocio* | Cambiare, mutare la direzione di marcia, detto di veicolo: *la motocicletta sterzò a sinistra*. *2* (*fig., fam.*) Cambiare idea, opinioni e sim., spec. all'improvviso.

sterzàre (2) [da *terzo*, con *s-*] **v. tr.** (*io stèrzo*) *1* †Dividere in tre parti. *2* Diminuire di un terzo | (*agr.*) Sfoltire, diradare: *s. una pineta*.

sterzàta **s. f.** *1* Atto, effetto dello sterzare, nel sign. di *sterzare* (*1*) | Manovra per voltare lo sterzo: *l'automobilista diede una brusca s. per non investire il pedone* | Mutamento, abbandono della direzione di marcia di un veicolo: *la macchina fece una s. a destra*. *2* (*fig.*) Brusco mutamento di idea, indirizzo, e sim.

sterzatùra (1) [da *sterzare* (*1*)] **s. f.** *1* Atto del manovrare lo sterzo. *2* Struttura e capacità di rendimento dello sterzo di un veicolo: *la mia macchina possiede una buona s.*

sterzatùra (2) [da *sterzare* (*2*)] **s. f.** ● (*agr.*) Diradamento dei polloni di una stessa ceppaia, eseguito spec. nei cedui destinati a fornire pali di media grandezza, per favorire lo sviluppo di quelli rimasti.

stèrzo [dal longob. *sterz* 'manico dell'aratro'] **s. m.** *1* Dispositivo di comando delle ruote anteriori di un veicolo, atto a variare l'orientamento delle ruote direttrici e quindi la direzione del veicolo stesso: *lo s. di un'automobile, di una motocicletta*; *il manubrio dello s. di una bicicletta*. *2* (*raro*) Azione delle sterzare, nel sign. di *sterzare* (*1*).

stésa [f. sost. di *steso*] **s. f.** ● Atto dello stendere | Serie di cose stese.

stéso **A** **part. pass.** di *stendere*; anche **agg.** ● Nei sign. del v. ‖ †**stesaménte**, **avv.** Distesamente, diffusamente. **B** in funzione di **avv.** ● (*raro*) †Diffusamente.

stèssere [lat. *extĕxere*, comp. di *ĕx-* (*s-*) e *tĕxere* (V. *tessere*)] **A** **v. tr.** (*io stèsso*) ● Disfare il tessuto. **B** **v. intr. pron.** ● (*fig., poet.*) Disfarsi, rompersi: *ai suoi remi si stessean le nubi* (PASCOLI).

stésso o †**istésso** [lat. *ĭstu(m) ĭpsu(m)*, propriamente 'questo stesso', attraverso la fase ant. *istesso* (V.)] **A** **agg. dimostr.** *1* Indica identità con q.c. o qc.: *andiamo in villeggiatura sempre nello s. luogo*; *abbiamo le stesse idee*; *frequento gli stessi amici*; *siamo allo s. punto di prima*; *ripete sempre le stesse cose*; *è sempre la stessa storia*; *mi ha fatto cento volte lo s. discorso* | *Nel, al tempo s.*, *nello s. tempo*, contemporaneamente e (*est.*) anche, inoltre: *è furbo e nello s. tempo abile*; *compra un oggetto utile e al tempo s. bello* | (*pleon.*) Con valore raff. seguito da 'medesimo': *sono le stesse, medesime opinioni*. **SIN.** Medesimo. *2* Indica uguaglianza per grandezza, quantità, qualità: *sono due malattie che presentano gli stessi sintomi*; *lui e lei hanno la stessa età*; *non prendere due abiti dello s. colore*; *i due tagli hanno la stessa metratura* | *Non essere più lo s.*, non essere più quello di una volta, avere cambiato modi, carattere, comportamento, aspetto e sim. **SIN.** Medesimo. *3* (con valore raff.) Proprio, in persona: *il presidente s. si è congratulato con lui*; *quella ragazza è la gentilezza s.*; *tu s. hai riconosciuto di avere avuto torto*; *io stessa l'ho accompagnata fino alla porta* | (con valore enf. e raff., posposto a un s. o a un avv.) Proprio: *provvederò oggi s.*; *le regole stesse del gioco impongono serietà*; *vorrei farlo oggi s.*; *l'ho visto con questi stessi occhi entrare in casa* | (con valore raff. e enf.) Anche, persino: *i nemici stessi gli hanno reso onore*; *lo s. modo con cui si è presentato lo squalifica* | (con valore raff.) Sottolinea per chiarezza e rende efficace e accettabile la ripetizione di un termine del discorso: *per apprendere certi esercizi, è necessario ripetere gli esercizi stessi più volte* | (con valore raff.) Proprio, perfino, anche (preceduto da un pron. pers.): *voi stessi, da soli, capite bene la situazione*; *ama parlare molto di se stesso*; *ne parlerò con lui s.*; *bada a te s.* | *Contratto con sé s.*, contratto concluso da una sola persona che agisce in nome proprio e in nome delle persone che rappresenta. ‖ **stessissimo**, **sup.** ● (*fam.*) Proprio lo stesso: *è sempre la stessissima noia*. **B** **pron. dimostr.** *1* La medesima, identica persona: *sì, è lo s. che tu conosci*; *la padrona è la stessa di una volta*; *ho trenta alunni, ma ce n'è uno, sempre lo s., che conta per venti*; *sono sempre gli stessi che protestano*; *mi ha risposto lo s. dell'altra volta*. **SIN.** Medesimo. *2* La stessa cosa (con valore neutro): *se non vieni, per me è lo s.*; *non ti preoccupare, fa lo s.* | *Essere, tornare sempre alle stesse*, alle solite, al punto di prima. *3* (*fam., ass.*) Nella loc. avv. *lo s.*, ugualmente: *lo pagherò lo s.*; *vacci lo s., anche se non vogliono.*

stesùra [da *steso*] **s. f.** *1* Atto dello stendere, spec. mettendo per iscritto: *la s. del verbale del contratto*; *la s. dei colori sulla tela di un quadro*. *2* Redazione di un'opera letteraria: *questa è la prima s.*; *abbiamo diverse stesure di quest'opera.*

stetoscopìa [comp. del gr. *stêthos* 'petto', e *-scopia*] **s. f.** ● (*med.*) Indagine mediante lo stetoscopio.

stetoscòpico **agg.** (pl. m. *-ci*) ● Della stetoscopia | Eseguito per mezzo dello stetoscopio: *esame s.*

stetoscòpio [comp. del gr. *stêthos* 'petto', e *-scopio*] **s. m.** ● (*med.*) Strumento a cannula di legno o metallo che viene applicato su una regione del corpo per percepire, amplificati, i suoni in essa prodotti. ➡ **ILL. medicina e chirurgia**.

stévola ● V. *stegola*.

steward /ˈstjuard; *ingl.* ˈstjuəd/ [vc. ingl., propriamente 'amministratore, dispensiere', dall'ant. ingl. *sti* 'recinto' e *weard* 'guardiano'] **s. m. inv.** ● Persona di sesso maschile impiegata a bordo degli aerei civili per fornire assistenza ai passeggeri | (*est.*) Chi svolge lo stesso incarico su altri mezzi di trasporto pubblico o privato, come navi, treni, autopullman.

stìa [dal longob. *stiga* 'scala', per la sua forma] **s. f.** ● Grande gabbia in cui si tengono i polli, e sim., per ingrassarli o per trasportarli. ‖ **stiàccia**, **pegg.**

stiàccia ● V. *schiaccia*.

stiacciàre ● V. *schiacciare*.

stiacciàta ● V. *schiacciata*.

stiacciàto **A** **part. pass.** di *stiacciare*; anche **agg.** ● V. *schiacciato*. **B** **s. m.** ● Nella scultura, rilievo a sporgenza minima e depressa che si attenua gradualmente dai primi agli ultimi piani, dando l'illusione della profondità analogamente alla pittura, tipico spec. delle predelle rinascimentali.

stiaccìno [di etim. incerta] **s. m.** ● Piccolo uccello dei Passeracei, migratore, che nidifica nei monti dell'Italia sett. (*Saxicola rubetra*).

stiàffo • V. *schiaffo*.

stiància [etim. incerta] s. f. (pl. *-ce*) • Pianta palustre delle Tifacee con rizoma strisciante e articolato e lunghe foglie lineari usate per lavori di intreccio (*Typha latifolia*).

stiantàre e *deriv.* • V. *schiantare* e *deriv.*

†**stiàre** [da *stia*] v. tr. • Tenere nella stia.

stiattàre • V. *schiattare*.

stiàvo • V. *schiavo*.

stibìna [da †*stibio*, con *-ina*] s. f. *1* (*miner.*) Antimonite. *2* (*chim.*) Trisolfuro di antimonio usato come antiparassitario.

†**stìbio** [vc. dotta, dal lat. *stĭbiu(m)*, dal gr. *stíbi* 'antimonio', di origine sem.] s. m. • (*chim.*) Antimonio.

stibìsmo [da †*stibio*] s. m. • (*med.*) Intossicazione cagionata dall'antimonio.

stick /*ingl.* stik/ [vc. ingl., propriamente 'bastone'] s. m. inv. • Bastoncino, piccolo cilindro spec. di materiale cosmetico e igienico, gener. protetto da un involucro di plastica da cui può essere fatto sporgere mediante un dispositivo a vite o a scorrimento.

stìco [gr. *stíchos* 'linea, verso'] s. m. (pl. *-chi*) • (*ling.*) In filologia, verso o rigo di scrittura.

stico-, -stico [dal gr. *stíchos* 'linea, verso'] primo o secondo elemento • In parole composte della terminologia dotta significa 'rigo', 'verso': *sticomitia, distico*.

sticometrìa [comp. di *stico-* e *-metria*] s. f. • Anticamente, divisione in versi.

sticòmetro [comp. di *stico-* e *-metro*] s. m. • (*tip.*) Tipometro.

sticomitìa [vc. dotta, dal gr. *stichomythía*, comp. di *stíchos* 'verso' e *-mythía*, da *mythêisthai* 'dialogare'] s. f. • Nella tragedia greca e latina, dialogo di poesia drammatica in cui ciascun interlocutore recita una battuta racchiusa in un solo verso.

stidiòne • V. *schidione*.

stiepidìre o **stepidìre** [da *intiepidire*, con cambio di pref. (*s-*)] v. tr. (*io stiepidìsco, tu stiepidìsci*) • (*raro*) Riscaldare, intiepidire.

†**stièra** • V. *schiera*.

stiètto o **stiétto** • V. *schietto*.

stiffèlius o **stifèlius** [dal n. dell'opera verdiana *Stiffelio*, secondo la variante nella lingua di diffusione, il ted. (?)] s. m. • Redingote.

†**stigàre** e *deriv.* • V. *istigare* e *deriv.*

stìgio [vc. dotta, dal lat. *Stȳgiu(m)*, dal gr. *Stýgios* 'dello Stige' ossia 'infernale'] agg. (pl. f. *-gie*) *1* Che si riferisce allo Stige, uno dei fiumi infernali della mitologia greco-romana: *la palude stigia*; *fino al labro sta nelle onde stigie / Tantalo* (POLIZIANO). *2* (*est., raro, lett.*) Nero, oscuro.

stigliàre [da *tiglio* 'fibra', con *s-*] v. tr. (*io stìglio*) • Separare la parte legnosa dello stelo del lino e della canapa da quella fibrosa.

stigliatrìce s. f. • Macchina per stigliare lino e canapa.

stigliatùra [da *stigliare*] s. f. • Operazione manuale o meccanica dello stigliare lino o canapa.

stìglio (1) s. m. • Strumento usato per stigliare.

stìglio (2) [lat. mediev. *usitĭliu(m)*, dal classico *utensĭlia*, propriamente 'cose necessarie', nt. pl. di *utēnsilis* 'utile, necessario'. V. *utensili*] s. m. • (*spec. al pl., dial.*) Mobili e arredi di un negozio, un magazzino, e sim.

stìgma o **stìmma** [vc. dotta, dal lat. *stĭgma* (nom. acc. nt.), dal gr. *stígma*, gen. *stígmatos* 'puntura, segno', da *stízein* 'marcare con un segno'] s. m. (pl. *-i*) *1* (*bot.*) Parte apicale espansa del pistillo, vischiosa o piumosa, sorretta o no dallo stilo. *2* (*zool.*) Ognuna delle piccole aperture ai lati del corpo degli insetti per permettere l'entrata dell'aria nelle trachee. *3* Anticamente, marchio impresso sulla fronte di malfattori o schiavi. *4* Segno caratteristico, impronta: *ha sul viso lo s. del vizioso*.

stìgmate o (*raro*) **stìmate**, †**stìmite**, **stìmmate** [vc. dotta, dal lat. *stĭgmata* (nt. pl.), dal gr. *stígma*, genit. *stígmatos* 'puntura, marchio'. V. *stigma*] s. f. pl. *1* Segni, in forma di piaghe e ferite, prodotti dai chiodi alle mani e ai piedi di Gesù crocifisso e dalla lancia al suo costato | Impressione delle medesime piaghe sulle corrispondenti parti del corpo di santi e asceti | †*Aspettare le stimite*, †*fare le stimite*, alzare le braccia in atto di grande ammirazione o meraviglia. *2* Manifestazioni più comuni ed evidenti in una malattia: *s. isteriche*. *3* (*fig.*) Segno caratteristico, marchio, impronta: *ciascuno con le stimate del suo peccato* (VERGA).

stigmàtico o **stimmàtico** [vc. scient. moderna, dal lat. *stĭgma*, genit. *stĭgmatis* 'stigma', di origine gr.] agg. (pl. m. *-ci*) *1* (*bot.*) Che riguarda lo stigma. *2* (*fis.*) Detto di sistema ottico dotato di stigmatismo.

stigmatìsmo s. m. • (*fis.*) Proprietà per cui, quando il fascio di raggi uscenti di un punto emergente da un sistema ottico passa per un altro punto, le immagini risultano nitide.

stigmatizzàre o **stimmatizzàre**, (*raro*) **stimatizzàre** [vc. dotta, dal gr. tardo *stigmatízein* 'marchiare, bollare', da *stígma*, genit. *stígmatos* 'marchio'. V. *stigma*] v. tr. *1* (*raro*) Imprimere lo stigma. *2* (*fig.*) Bollare con parole di forte biasimo, criticare vivamente: *s. le decisioni di qc.*

stigmatizzazióne [da *stigmatizzare*] s. f. *1* (*raro*) Impressione delle stigmate. *2* (*fig.*) Severa critica, energica condanna.

stigmòmetro [comp. del lat. *stĭgma* 'punto' e *-metro*] s. m. • Dispositivo utilizzato per la messa a fuoco in alcune macchine fotografiche reflex; è basato sullo sdoppiamento di una porzione dell'immagine.

†**stìgnere** • V. *stingere*.

stilàre [da *stilo*] v. tr. • (*bur.*) Redigere, scrivere nella forma dovuta: *s. un documento, una lettera*.

stilàta [dal gr. *stŷlos* 'colonna', sul modello di *colonnata*] s. f. • (*arch.*) Piedritto, intermedio di una travata continua.

stilb [vc. dotta, dal gr. *stílbein* 'splendere'] s. m. • (*fis.*) Unità di brillanza, definita come brillanza di una superficie ogni cm^2 della quale emette perpendicolarmente a se stessa un fascio dell'intensità di una candela. SIMB. sb.

stilbìte [vc. dotta, dal gr. *stílbē* 'splendore', con *-ito* (*2*)] s. f. • (*miner.*) Allumosilicato di calcio e sodio in cristalli incolori o in masse a struttura fibroso-raggiata con lucentezza madreperlacea.

stìlbo [vc. dotta, dal gr. *stilbós* 'lucido'. V. *stilb*] s. m. • Insetto degli Imenotteri con addome rosso e torace verde brillante con riflessi dorati (*Stilbum splendidum*). SIN. Vespa d'oro.

stìle o **stìlo** nel sign. 7 [lat. *stĭlu(m)* 'stilo', poi 'modo di scrivere', prob. di origine indeur., affine a *stĭmulus* 'stimolo'] s. m. *1* Qualità dell'espressione risultante dalla scelta degli elementi linguistici che l'individuo compie in circostanze determinate deviando dall'uso corrente e dalla norma letteraria: *s. originale, potente, elevato, accurato, elegante, ampolloso, prolisso, rozzo, dimesso, sciatto, fiacco*; *s. tragico, comico, elegiaco, eroico, serio, giocoso, burlesco, teatrale, epico, oratorio*; *s. omerico, dantesco*; *lo s. di Omero, di Dante*; *innalzare, sollevare, lo s.*; *elevatezza, eleganza, di s.* | (*est.*) Modo particolare di esprimersi musicalmente, caratteristico di un musicista o di una scuola: *lo s. di Verdi*; *lo s. rappresentativo del Seicento* | In pittura, architettura e sim., insieme degli elementi e delle forme caratteristiche di un autore, una scuola, un'epoca: *s. raffaellesco*; *lo s. di Donatello*; *s. bizantino, romanico, gotico* | *S. di un mobile*, insieme delle caratteristiche formali e artistiche con riferimento all'epoca in cui vennero di moda e ai personaggi che le imposero o idearono: *mobile s. Luigi XV, di s. neoclassico* | *Mobile in s.*, mobile di esecuzione moderna a imitazione o interpretazione in stili precedenti. *2* Modo di computare il tempo, negli anni: *s. romano, gregoriano* | *Vecchio s.*, usato prima della riforma gregoriana | *Nuovo s.*, usato dopo la riforma gregoriana | *S. dell'Incarnazione*, il far cominciare l'anno il 25 marzo, giorno dell'Annunciazione | *S. della Natività*, il far cominciare l'anno il 25 dicembre, giorno di Natale (oppure il 1° gennaio, secondo l'uso oggi comune). *3* Modo abituale di essere, di comportarsi, di agire: *lo s. solito*; *avere un proprio s.*; *cambiare s.*; *è nel suo s. non salutare mai*; *uno s. personale, impeccabile* | (*ass.*) Correttezza, distinzione, signorilità, nel comportarsi e nell'agire: *una donna di s.*; *quella donna ha molto s.*; *vestire con s.* *4* Modo di esecuzione di un esercizio o di un'attività sportiva | Nel nuoto, *s. libero*, il crawl. *5* Foggia di vestito o di accessorio di moda: *mantello di s. inglese*; *eleganza di s. americano*; *pantaloni da sci di s. norvegese*. *6* Nella loc. *in grande s.*, di grandi proporzioni, con larghezza di mezzi: *un'avanzata in grande s.*; *è stata una festa in grande s.* *7* Stiletto. || **stilàccio**, pegg.

stilè o **stilé** [adattamento grafico del fr. *stylé*, da *style* 'stile'] agg. • Impeccabile, elegante, spec. nel vestiario e nel comportamento.

stilèma [da *stile*, sul modello di *fonema*] s. m. (pl. *-i*) *1* (*ling.*) Elemento di stile considerato come unità funzionale. *2* Frase, costrutto, procedimento stilistico, tipico di un autore, una scuola, un periodo.

stilettàre [da *stiletto*] v. tr. (*io stilétto*) • (*raro*) Colpire, ferire, con uno stiletto.

stilettàta s. f. *1* Colpo di stiletto. *2* (*est.*) Dolore acuto e intenso (*anche fig.*): *sentire una s. al cuore*; *la rivelazione fu per lei una s. al cuore*.

stilétto [dim. di *stilo*] s. m. • Specie di pugnale, con ferro a sezione quadra o triangolare, molto aguzzo.

stilifórme [comp. di *stilo* e *-forme*] agg. • A forma di stilo, sottile come uno stilo.

stilìsmo s. m. *1* Culto dello stile. *2* Raffinatezza, virtuosismo, di stile. *3* Spec. nel settore della moda, sperimentazione di nuove idee, di nuovi stili.

stilìsta (1) [da *stile*, con *-ista*] s. m. e f. (pl. m. *-i*) • Chi cura molto la correttezza e l'eleganza dello stile, spec. nello scrivere.

stilìsta (2) [calco dall'ingl. *stylist*] s. m. e f. (pl. m. *-i*) • Chi progetta la linea estetica dei modelli per una serie di prodotti industriali.

stilìstica [f. sost. di *stilistico*, con influsso del ted. *stilistik*] s. f. • Studio dei procedimenti e degli effetti di stile caratteristici di un genere letterario | Studio degli stilemi di una data epoca o di un dato autore.

stilìstico [da *stilista*] agg. (pl. m. *-ci*) • Dello stile, che si riferisce allo stile. || **stilisticaménte**, avv. Dal punto di vista stilistico.

stilìta o **stilìte** [vc. dotta, dal gr. tardo (eccl.) *stylítes*, da *stŷlos* 'colonna'] s. m. (pl. *-i*) • Nella chiesa orientale, santo anacoreta che praticava la pubblica penitenza passando la vita sopra una colonna.

stilizzàre [da *stile*] v. tr. • Rappresentare nelle linee essenziali, interpretate secondo uno stile uniforme e atto a dar loro rilievo.

stilizzàto part. pass. di *stilizzare*; anche agg. • Nel sign. del v.

stilizzazióne s. f. • Atto, effetto dello stilizzare.

stìlla [vc. dotta, dal lat. *stĭlla(m)*, di prob. origine mediterr.] s. f. *1* (*lett.*) Goccia, piccola goccia: *una s. d'acqua, di sangue, di sudore* | *A s. a s.*, goccia a goccia. *2* (*fig., poet.*) Parte, quantità, minima.

stillaménto [dal lat. tardo *stillamĕntu(m)*, da *stillāre* 'stillare'] s. m. • (*raro*) Atto dello stillare.

stillànte part. pres. di *stillare*; anche agg. *1* Nei sign. del v. *2* (*lett.*) Gocciolante: *le chiome dell'azzurra onda stillanti* (FOSCOLO).

stillàre [dal lat. *stillāre*, da *stĭlla* 'stilla'. V. *instillare*] **A** v. tr. *1* Mandare fuori a stille: *i favi stillano miele*; *la ferita stilla sangue*. *2* (*raro*) Distillare, filtrare | (*fig., fam.*) *Stillarsi il cervello*, lambiccarsi il cervello. *3* (*raro, lett.*) Infondere, instillare | †*S. q.c. negli orecchi a qc.*, suggerirgliela. **B** v. intr. (aus. *essere* nel sign. 1, *avere* nel sign. 2) *1* Gocciolare, uscire a stille: *il miele stilla dai favi*; *dalla ferita stilla sangue*. *2* (*raro, fig.*) Arzigogolare: *ha stillato tutto il giorno su questa faccenda*. **C** v. intr. pron. • (*raro*) Ingegnarsi, lambiccarsi il cervello: *stillarsi per trovare una via d'uscita*.

stillatìzio [vc. dotta, dal lat. *stillatīciu(m)* 'stillante', da *stillātus* 'stillato'] agg. • (*raro, lett.*) Che scende stillando.

stillàto **A** part. pass. di *stillare*; anche agg. • Nei sign. del v. **B** s. m. • (*raro, lett.*) Brodo ristretto, concentrato.

stillazióne [vc. dotta, dal lat. tardo *stillatiōne(m)* 'il cadere goccia a goccia', da *stillātus* 'stillato'. V. *distillazione*] s. f. *1* (*raro*) Atto dello stillare, del cadere a stilla, a goccia. *2* Distillazione.

stilliberìsta [da *stil(e) libero*, con *-ista*] s. m. e f. (pl. m. *-i*) • Nel nuoto, chi disputa le gare in stile libero.

stillicìdio [vc. dotta, dal lat. *stillicĭdiu(m)*, comp. di *stĭlla* 'stilla' e *-cĭdium*, da *cădere* 'cadere'] s. m. *1* Caduta dell'acqua goccia a goccia: *lo s. di una* *grondaia.* **2** (*fig.*) Ripetizione continua e monotona di q.c.: *uno s. di richieste, di contrattempi.*

stillo [da *stillare*] s. m. **1** Vaso per distillare, alambicco. **2** (*fig., tosc.*) Lambiccatura, sottigliezza, astruseria. **3** In alcuni giochi di carte, la carta di maggior presa, come l'asso, il due, il tre.

stilnovismo [da *stil novo*, con *-ismo*] s. m. **1** Stilnovo. **2** Modo di poetare caratteristico degli stilnovisti.

stilnovista A s. m. (pl. *-i*) ● Poeta dello stilnovo. **B** agg. ● Stilnovistico.

stilnovistico agg. (pl. m. *-ci*) ● Dello stilnovo | Degli stilnovisti.

stilnòvo o **stil nòvo** [comp. di *stil(e)* e *n(u)ovo*, ma attrav. l'espressione (*dolce*) *stil novo* impiegata da Dante nel canto XXIV del Purgatorio] s. m. ● Stile poetico comune ad alcuni autori italiani del XIII e XIV sec., tra cui Dante, caratterizzato da uno squisito impegno formale e da una tematica amorosa sensibile allo psicologismo cortese e all'idealizzazione della donna come fonte di elevazione morale.

stilo o (*raro*) **stile**, nei sign. 1, 2, 3 [dal lat. *stĭlu(m)*, di etim. incerta] s. m. **1** Presso gli antichi, strumento in metallo od osso, con un'estremità appuntita per scrivere sulle tavolette cerate, l'altra estremità allargata, per cancellare la scrittura stendendo la cera. **2** Braccio graduato della stadera | Ago, indice di bilancia | Nel giradischi, asta mobile che regge una puntina di diamante | *S. incisore*, in una testina di incisione, elemento di zaffiro o diamante che incide il solco a spirale sull'originale dei dischi fonografici. **3** Stiletto. **4** (*bot.*) Parte del pistillo che si eleva dall'ovario e sorregge lo stigma. **5** (*zool.*) Appendice, spina, o sim. di taluni insetti. || **stilétto**, dim. (V.).

stilo-, **-stilo** [gr. *stylo-*, da *stŷlos* 'colonna' (prob. d'orig. indeur.)] primo e secondo elemento ● In parole composte, significa 'colonna' o 'aspetto simile a colonna': *stiloforo; astilo, polistilo.*

stilòbate [vc. dotta, dal lat. *stylŏbate(m)*, dal gr. *stylobátēs* 'piedistallo', comp. di *stŷlos* 'colonna' e *-bátēs*, da *báinein* 'andare'] s. m. **1** (*arch.*) Negli edifici dell'antica Grecia, base della colonna. **2** (*arch.*) Zoccolo, basamento comune a gradinate di un edificio, nell'antica Grecia. SIN. Crepidine. ➡ ILL. p. 356, 357 ARCHITETTURA.

stilòforo [comp. di *stilo-*, dal gr. *stŷlos* 'colonna', e *-foro*] **A** agg. ● (*arch.*) Detto di animale marmoreo, gener. un leone, portante una colonna, usato, per es., in alcuni protiri dell'architettura romanica. **B** s. m. **1** Animale stiloforo. **2** Accessorio da scrivania, consistente in una base che regge un piccolo sostegno cavo atto a contenere una penna.

stilogràfica [abbr. di (*penna*) *stilografica*, sul modello dell'ingl. *stylographic pen*] s. f. ● Penna stilografica.

stilogràfico [comp. di *stilo* e *-grafico*] agg. (pl. m. *-ci*) ● Detto di un tipo di penna dotato di un serbatoio contenente inchiostro molto fluido che alimenta un pennino di metallo inossidabile, oro, o sim.: *penna stilografica* | *Inchiostro s.*, quello adatto a tale tipo di penna.

stilòide [vc. dotta, gr. *styloeidḗs* 'simile (*-oidḗs*) a colonna (*stŷlos*)'] agg. ● (*anat.*) Detto di struttura ossea conformata come uno stilo.

stiloioidèo [comp. di (*ipofisi*) *stil(oide)* e *ioideo*] agg. ● (*anat.*) Relativo al processo stiloide del temporale e all'osso ioide: *legamento s.*

stilosfèra [abbr. di (*penna*) *stilo(grafica a) sfera*] s. f. ● (*raro*) Penna stilografica a inchiostro liquido e punta scrivente simile a quella delle penne a sfera.

stima o †**estima** [da *stimare*] s. f. **1** Valutazione, assegnazione di un prezzo a un bene o un servizio: *fare la s. di una casa, di un oggetto di antiquariato* | Prezzo assegnato in base a tali operazioni: *s. alta, bassa* | Cosa su cui si è fatta la stima | (*raro*) *Stime vive*, bestiame del podere. SIN. Scorte vive | *Stime morte*, letame, paglia, foraggi, macchine, attrezzi, ecc. SIN. Scorte morte | (*raro*) *Fare s. di*, fare conto di | †*Senza s.*, in modo incalcolabile. **2** Determinazione di valori incogniti, non certi ma determinati, con valutazioni soggettive: *il reddito d'impresa è un valore di s.* **3** (*mar.*) Calcolo per determinare la posizione della nave in base alle rotte seguite e alle velocità tenute. **4** Opinione buona, favorevole, delle qualità, dei meriti, dell'operato e sim. altrui: *avere s. di qc.; avere poca, molta, nessuna s. di qc.; godere la s. di tutti; essere degno di s.; avere qc. in grande s.; crescere nella s. di qc.; ricevere una manifestazione di s.* | *Successo di s.*, quello di un'opera, spec. teatrale, dovuto più al buon nome dell'autore che non al merito intrinseco dell'opera stessa. SIN. Considerazione, credito. CONTR. Disistima.

stimàbile [vc. dotta, dal lat. *aestimābile(m)*, da *aestimāre* 'stimare'] agg. **1** Che si può stimare. **2** Che è degno di stima.

stimabilità o †**estimabilità**. s. f. ● (*raro*) Qualità di chi, di ciò che è stimabile.

†**stimagióne** ● V. *estimazione.*

stimàre o (*lett.*) **estimàre** [lat. *aestimāre*, da *āes*, genit. *āeris* 'bronzo, cosa preziosa'] **A** v. tr. **1** Valutare, determinare il prezzo, il valore: *s. un podere, un gioiello.* **2** Reputare, giudicare, credere: *tutti lo stimano fortunato; lo stimano un grande attore; quella beltade / Ch'egli estimava ... più che umana* (BOIARDO) | †*Se bene stimo*, se giudico bene, se la mia opinione è giusta. **3** Calcolare, far conto: *la salute di chi al mondo vive consiste nella quiete et ... nel s. niente le cose del mondo* (VASARI). **4** Avere buona opinione, grande considerazione di qc.: *tutti lo stimano; è un uomo stimato da tutti.* CONTR. Disistimare. **B** v. rifl. **1** Giudicarsi, ritenersi: *puoi stimarti fortunato.* **2** (*dial.*) Essere orgoglioso, superbo di q.c.

stimate ● V. *stigmate.*

stimatìva ● V. *estimativa.*

†**stimatìvo** ● V. *estimativo.*

stimatizzàre e *deriv.* ● V. *stigmatizzare* e *deriv.*

stimàto part. pass. di *stimare*; anche agg. **1** Nei sign. del v. **2** Detto di misurazione ottenuta mediante stima: *punto s. di navigazione.*

stimatóre o **estimatóre** [lat. *aestimatōre(m)*, da *aestimātus* 'stimato'] s. m. (f. *-trice*) **1** Chi, spec. per professione, giudica il valore o il prezzo di q.c.: *uno s. di oggetti d'arte.* **2** V. *estimatore.*

stimazióne ● V. *estimazione.*

†**stìmite** ● V. *stigmate.*

stìmma ● V. *stigma.*

stìmmate ● V. *stigmate.*

stimmàtico ● V. *stigmatico.*

stimmatizzàre ● V. *stigmatizzare.*

†**stìmo (1)** s. m. ● Stima.

†**stìmo (2)** ● V. *estimo (1).*

stimolànte A part. pres. di *stimolare*; anche agg. **1** Nei sign. del v. **2** (*med.*) Che eccita una determinata funzione: *sostanza, farmaco, medicinale, s.* SIN. Eccitante. **B** s. m. ● Sostanza, farmaco stimolante.

stimolàre [vc. dotta, dal lat. *stimulāre*, da *stĭmulus* 'stimolo'] v. tr. (*io stìmolo*) **1** (*raro, lett.*) Pungere con lo stimolo: *s. i buoi* | (*est.*) Pungere, tormentare: *vespe che stimolano.* **2** (*fig.*) Incitare, spronare, esortare: *s. qc. a studiare; s. qc. con le lusinghe; l'ambizione lo stimola ad agire; la famiglia lo stimola affinché accetti.* **3** Eccitare una determinata reazione: *s. l'appetito.*

stimolatìvo agg. ● (*raro*) Che stimola | Atto a stimolare.

stimolatóre [dal lat. tardo *stimulatōre(m)*, da *stimulātus* 'stimolato'] **A** s. m.; anche agg. (f. *-trice*) ● Chi, che stimola: *azione stimolatrice.* **B** s. m. ● *s. cardiaco interno*, pace-maker.

stimolazióne [vc. dotta, dal lat. *stimulatiōne(m)*, da *stimulātus* 'stimolato'] s. f. ● Atto, effetto dello stimolare.

stìmolo o †**stìmulo** [vc. dotta, dal lat. *stĭmulu(m)*, propriamente 'cosa puntuta', di origine indeur.] s. m. **1** (*raro*) Pungolo per i buoi. **2** (*fig.*) Incentivo, incitamento: *senza uno s. non agisce; ha bisogno di uno s.; agire sotto lo s., sotto gli stimoli, dell'ira; sentire gli stimoli del rimorso.* **3** Bisogno di soddisfare una necessità fisiologica: *sentire lo s. della fame, dei sensi.* **4** Fattore capace di provocare una reazione organica: *s. secretore; s. nervoso.* **5** (*psicol.*) *S. condizionato*, quello che mediante condizionamento acquista la proprietà di provocare una data risposta, di cui era originariamente incapace. **6** †Angoscia, tormento | †Molestia.

†**stimolóso** [dal lat. tardo *stimulōsu(m)* 'stimolante', da *stĭmulus* 'stimolo'] agg. ● Pieno di stimoli.

†**stìmulo** ● V. *stimolo.*

stincàta s. f. ● Colpo battuto con lo stinco. || **stincatàccia**, pegg. | **stincatìna**, dim.

stincatùra s. f. ● Percossa ricevuta nello stinco | Segno lasciato da una stincata.

stìnco [dal longob. *skinkan*. V. ted. *Schinken* 'prosciutto'] s. m. (pl. *-chi*) **1** Osso della gamba dell'uomo, dal ginocchio al collo del piede | *Allungare gli stinchi*, (*fig.*) morire, tirare le cuoia | *Rompere gli stinchi a qc.*, importunarlo | *Non essere uno s. di santo*, essere tutt'altro che un galantuomo, una persona onesta. **2** (*zool.*) Parte dell'arto fra il ginocchio e il nodello, nei quadrupedi.

†**stinènzia** ● V. *astinenza.*

stìngere o †**stìgnere** [da *tingere*, con *s-*] **A** v. tr. (coniug. come *tingere*) ● Togliere la tinta, il colore: *il sole stinge i colori vivi.* **B** v. intr. e intr. pron. (aus. intr. *essere*, raro *avere*) ● Perdere la tinta, il colore: *è una stoffa che stinge; il tappeto si è stinto.*

stìngersi [lat. *stĭnguere* 'spegnere', di origine indeur.] v. intr. pron. (pres. *io mi stìngo, tu ti stìngi*; pass. rem. *io mi stìnsi, tu ti stingésti*; part. pass. *stìnto*) ● (*raro, poet.*) Affievolirsi, estinguersi.

†**stìnguere** [variante ant. di *estinguere*, dal lat. *stĭnguere* (V. *stingersi*)] v. tr. ● (*lett.*) Estinguere.

stintignàre [da *stentare*] v. intr. (aus. *avere*) ● (*fam.*) Fare q.c. in modo fiacco, svogliato, indeciso.

stìnto (1) part. pass. di *stingere*; anche agg. ● Nel sign. del v.

stìnto (2) part. pass. di *stingersi* ● Nel sign. del v.

†**stìnto (3)** part. pass. di †*stinguere*; anche agg. ● Nel sign. del v.

stiòppo ● V. *schioppo.*

stiòro [variante region. di *staiuolo*, dim. di *staio*] s. m. (pl. *stiòra*, f.) ● Antica misura toscana di superficie con valore variabile da luogo a luogo e generalmente compreso fra 500 e 600 m^2.

stìpa (1) [lat. *stīpa(m)* 'paglia'] s. f. **1** Insieme di sterpi, rami secchi, e sim. usati per accendere il fuoco. **2** †Catasta di legna.

stìpa (2) [da *stipa (1)*] s. f. ● (*bot.*) Genere di Graminacee spontanee comprendente più di cento specie tropicali e subtropicali | *S. tenacissima*, alfa (2).

stìpa (3) [da *stipare (2)*] s. f. ● (*raro*) Mucchio di cose stipate insieme.

stipàre (1) [da *stipa (1)*, con *s-*] v. tr. **1** Pulire i boschi dalla stipa, nel sign. di *stipa (1)*. **2** †Circondare di stipa.

stipàre (2) [lat. *stipāre*, di origine indeur.] **A** v. tr. **1** Ammassare persone o cose in uno spazio assai limitato. **2** (*fig., lett.*) Addensare, condensare. **B** v. intr. pron. ● Accalcarsi, pigiarsi: *ci stipammo nel piccolo teatro.*

stipàto part. pass. di *stipare (2)*; anche agg. ● Nei sign. del v.

stipatùra [da *stipare (1)*] s. f. ● Asportazione della vegetazione di erbe, cespugli e talora arbusti ricoprente il terreno rimasto nudo dopo il taglio del ceduo.

stìpe [vc. dotta, dal v. lat. *stipāre* 'accatastare'] s. f. ● (*archeol.*) Insieme di oggetti votivi offerti a una divinità e ritrovati in fosse o depositi ubicati in aree sacre | Il deposito o la fossa stessi.

stipendiàre [dal lat. tardo *stipendiāri* 'servire a stipendio', da *stipĕndium* 'stipendio'] v. tr. (*io stipèndio*) ● Assumere al proprio servizio | Retribuire con uno stipendio.

†**stipendiàrio** [vc. dotta, dal lat. *stipendiāriu(m)* 'tributario' e 'mercenario', da *stipĕndium* 'stipendio'] s. m. **1** Mercenario | Stipendiato. **2** Tributario.

stipendiàto A part. pass. di *stipendiare*; anche agg. ● Nei sign. del v. **B** s. m. (f. *-a*) ● Chi percepisce uno stipendio.

stipèndio [vc. dotta, dal lat. *stipĕndiu(m)*, propriamente 'contribuzione in denaro', comp. di *stĭps*, genit. *stĭpis* 'moneta, offerta' e *-pĕndium*, da *pĕndere* 'pagare'] s. m. **1** Retribuzione del lavoro subordinato degli impiegati: *s. magro, lauto; ritirare lo s.; avere un aumento di s.; essere sospeso dello s.* **2** Anticamente, paga, soldo, per servizio militare | Retribuzione corrisposta ai mercenari | (*raro, lett.*) *Essere, stare, allo s., agli stipendi, di qc.*, al servizio di qc. || **stipendiétto**, dim. | **stipendióne**, accr. | **stipendiùccio**, dim.

stipéto [da *stipa* (*1*)] s. m. • (*raro*) Terreno coperto di stipa.

stipettàio [da *stipetto*] s. m. • Artigiano specializzato nella fabbricazione di stipi.

stipetterìa [da *stipetto*] s. f. • Fabbricazione di stipi.

stipétto s. m. *1* Dim. di *stipo*. *2* (*mar.*) Armadietto di bordo. || **stipettino**, dim.

stìpite o (*raro*) †**stìpito** [vc. dotta, dal lat. *stīpite(m)* 'fusto, palo', connesso con *stipāre* 'stipare (2)'] **A** s. m. *1* (*bot.*) Fusto delle palme. *2* Gambo dei funghi. *3* Elemento architettonico verticale che limita lateralmente un vano di porta, di finestra e sim. *4* (*fig.*) Colui da cui discendono due o più persone legate fra loro da un vincolo di parentela. *5* (*ling.*) Origine comune. **B** agg. • (*biol.*) Nella loc. *cellula s.*, generatrice di una serie di altre cellule.

stipo [da *stipare* (*2*)] s. m. • Mobiletto di solito in legno pregiato e artisticamente decorato diffusosi nel XVI secolo per conservare oggetti di valore, documenti e sim. || **stipétto**, dim. (V.).

stìpola [vc. dotta, dal lat. *stīpula(m)*, connesso forse con *stipāre* 'stipare (2)'. V. *stoppia*] s. f. • (*bot.*) Espansione di aspetto fogliaceo posta all'inserzione del picciuolo.

stipolàre • V. *stipulare*.

stipolàto [da *stipola*] agg. • (*bot.*) Detto di foglia fornita di stipola.

stìpsi [vc. dotta, dal lat. tardo *stȳpsi(m)*, dal gr. *stýpsis* 'astringenza', da *stýphein* 'restringere', di origine indeur. V. *stipare* (*2*)] s. f. • (*med.*) Ritardo o insufficienza dell'evacuazione delle feci dall'intestino crasso. SIN. Stitichezza.

stìpula (**1**) [variante ant. di *stipola* (V.)] s. f. *1* (*raro*) Stipola. *2* (*raro, lett.*) Stoppia.

stìpula (**2**) [da *stipulare*] s. f. • Stipulazione: *la s. di un contratto*.

stipulànte A part. pres. di *stipulare*; anche agg. • Nel sign. del v. **B** s. m. e f. • Nel diritto romano, il soggetto della stipulazione a favore del quale sorgeva il diritto di credito.

stipulàre o (*raro*) **stipolàre** [vc. dotta, dal lat. tardo *stipulāre*, variante del classico *stipulāri* 'esigere un impegno formale', da *stīpula* 'paglia', perché si contraeva l'obbligo spezzando una pagliuzza] v. tr. (*io stìpulo*) • Redigere una convenzione per iscritto: *s. un contratto di vendita*.

stipulazióne [vc. dotta, dal lat. *stipulatiōne(m)*, da *stipulātus* 'stipulato'] s. f. *1* Atto, effetto dello stipulare. *2* (*dir.*) Nell'antica Roma, forma solenne, verbale, utilizzata per costituire un'obbligazione | Qualunque convenzione scritta nell'osservanza delle forme di legge | (*comm.*) Conclusione di un atto con l'assistenza di un notaio.

stiracalzóni [comp. di *stira(re)* e il pl. di *calzone*] s. m. • Pressa di legno per fare la piega ai calzoni.

†**stiracchiàbile** agg. • Che si può stiracchiare.

stiracchiaménto s. m. • Atto, effetto dello stiracchiare o dello stiracchiarsi (*anche fig.*).

stiracchiàre [da *stirare*, con suff. iter.-pegg.] **A** v. tr. (*io stiràcchio*) *1* (*raro*) Tirare facendo forza, per distendere, allargare, e sim.: *s. le gambe*; *stiracchiava il labbro inferiore e stava ad aspettare che la lacrima gli colasse giù* (PIRANDELLO). *2* (*fig., fam.*) Cercare di risparmiare il più possibile (*anche ass.*): *per vivere devono s.* | *S. la vita*, campare con stento. **B** v. tr. e intr. (aus. *avere*) *1* (*fam.*) Mercanteggiare: *s. un prezzo, su un prezzo*; *comprare senza s.* *2* (*fam.*) Interpretare cavillando, forzare il significato di q.c.: *s. il significato di una frase*; *s. sull'interpretazione di un testo*. **C** v. rifl. • Distendere, allungare, le membra: *smettila di stiracchiarti in pubblico*.

stiracchiàto part. pass. di *stiracchiare*; anche agg. *1* Nei sign. del v. *2* (*fig.*) Sforzato, stentato: *discorso s.*; *interpretazione stiracchiata*. || **stiracchiataménte**, avv. In modo stiracchiato, stentato.

stiracchiatùra s. f. *1* (*raro*) Stiracchiamento. *2* (*fig.*) Interpretazione forzata, espressione stentata: *questo racconto è tutto una s.*

stiracchierìa s. f. • (*raro, pop.*) Stiracchiatura.

stiràggio s. m. • Stiramento | (*tecnol.*) *S. del vetro*, il procedimento per produrre lastre, fili, bacchette, lana di vetro, a partire da una massa di vetro portata al giusto grado di viscosità mediante riscaldamento.

stiramàniche [comp. di *stira(re)* e il pl. di *manica*] s. m. inv. • Attrezzo in legno per stirare le maniche senza comprimerle, formato da due tavolette distanziate e sovrapposte, unite da un lato, di cui la superiore, nella quale va infilata la manica, è arrotondata all'estremità libera.

stiraménto s. m. *1* Atto dello stirare o dello stirarsi. *2* (*med.*) Lesione dei legamenti di un'articolazione per allontanamento dei capi articolari. *3* (*mecc.*) Avaria della dentatura degli ingranaggi consistente nella formazione di un solco sui denti conduttori e di una cresta su quelli condotti, dovuta a una lubrificazione insufficiente o non appropriata. *4* (*tecnol.*) Stiro.

stiràre [da *tirare*, con *s-*] **A** v. tr. *1* Distendere tirando: *s. una coperta*. *2* Togliere le pieghe col ferro caldo (*anche ass.*): *s. la biancheria, i panni*; *la domestica stira*; *ferro per s.* | *S. i capelli*, renderli lisci con apposita piastra calda. *3* (*tecnol.*) Stendere su una superficie più ampia, detto spec. della massa del vetro nel procedimento dello stiraggio. **B** v. rifl. • (*fam.*) Distendere le membra intorpidite.

stiràta s. f. • Atto dello stirare in una volta e in fretta. || **stiratina**, dim.

stiràto part. pass. di *stirare*; anche agg. *1* Nei sign. del v. *2* (*tecnol.*) Che è stato sottoposto a stiro: *film di materia plastica s.*

stiratóio [da *stirare*] s. m. *1* (*tess.*) Macchina tessile impiegata spec. nella lavorazione del cotone e del raion, avente lo scopo di disporre parallelamente le fibre e regolarizzare il nastro che esce dalle corde. *2* Panno di lana coperto di tela, sul quale si stira.

stiratóre [da *stirare*] s. m. (f. *-trice*, pop. *-tora* nel sign. 1) *1* Operaio addetto a operazioni di stiramento. *2* (*dial.*) Tavolo per disegnatori.

stiratorìa [da *stirare*] s. f. • (*tosc.*) Stireria.

stiratrìce [f. di *stiratore*] s. f. *1* Donna che per mestiere stira la biancheria. *2* Macchina automatica per stirare. *3* (*tess.*) Stiratoio.

stiratùra s. f. *1* Atto, effetto dello stirare. *2* Stiramento, di muscoli. *3* (*tecnol.*) Stiro.

stirène [vc. scient. moderna, dal gr. *stýrax*, genit. *stýrakos* 'storace', con *-ene*] s. m. • (*chim.*) Derivato fenilico dell'etilene contenuto nello storace, impiegato nella fabbricazione di resine e della gomma sintetica. SIN. Stirolo.

stirènico agg. (pl. m. *-ci*) • (*chim.*) Detto di sostanza derivata o a base di stirene.

stirerìa [da *stirare*] s. f. • Laboratorio attrezzato per la stiratura a pagamento di indumenti e biancheria | Locale ove si stirano indumenti e biancheria, in grandi comunità, quali collegi, alberghi, ospedali, o in dimore signorili.

stirizzìre [calco su *intirizzire*, con cambio di pref. (*s-*)] v. tr. e rifl. (*io stirizzìsco, tu stirizzìsci*) • Togliere l'intirizzimento: *stirizzirsi le membra*; *cerca di stirizzirti*. CONTR. Intirizzire.

stìro [da *stirare*] s. m. *1* Operazione dello stirare i panni, spec. nella loc. *da s.*: *ferro, asse, tavolo, da s.* | *Pressa da s.*, usata nelle stirerie per la stiratura a vapore. *2* (*tecnol.*) Operazione che si compie sulle fibre e sui film di determinate materie plastiche, consistente nel sottoporre a trazione le prime lungo l'asse e i secondi lungo una direzione o due direzioni ortogonali, e che ha lo scopo di determinare un allungamento permanente del materiale con un conseguente assottigliamento. *3* (*tecnol.*) Operazione che si compie ripetutamente, mediante stiratoi, sui semilavorati delle fibre naturali, allo scopo di assottigliarli e portarli gradatamente alla grossezza approssimativa del filato da produrre, rendendolo nel contempo più uniforme. *4* (*tecnol.*) Operazione che si compie sulle fibre chimiche allo scopo di orientare le loro molecole lineari e, nel contempo, di aumentare la loro tenacità e assottigliare la bava. *5* (*tecnol.*) Operazione che si compie sui film di determinate materie plastiche per orientare le loro catene molecolari in una direzione, o in due direzioni ortogonali, allo scopo di modificarne le caratteristiche.

stiròlo [dal gr. *stýrax*, genit. *stýrakos* 'storace', con *-olo*. V. *storace*] s. m. • (*chim.*) Stirene.

stirpàre • V. *estirpare*.

stirpe [vc. dotta, dal lat. *stĭrpe(m)* 'ceppo, radice', di origine mediterr.] s. f. *1* Schiatta, origine di una famiglia: *essere di antica, di nobile, s.*; *s. reale*. SIN. Casata, famiglia, lignaggio. *2* (*dir.*) Complesso di persone che formano la discendenza immediata del defunto: *successione per stirpi*. SIN. Discendenza, generazione, progenie.

†**stirpéto** • V. *sterpeto*.

stiticherìa s. f. • (*fam.*) Qualità di chi è stitico (*spec. fig.*).

stitichézza [da *stitico*] s. f. • (*pop.*) Stipsi.

†**stiticità** [da *stitico*] s. f. • Qualità di ciò che è astringente, aspro.

stìtico [vc. dotta, dal lat. tardo *stȳpticu(m)*, dal gr. *styptikós* 'astringente', da *stýpsis* 'stipsi'] **A** agg.; anche s. m. (f. *-a*; pl. m. *-ci*, †*-chi*) *1* (*pop.*) Che, chi soffre di stipsi. *2* (*fig.*) Che, chi opera con lentezza, faticosamente. *3* (*fig.*) Avaro. **B** agg. *1* (*pop., tosc.*) Di carattere scontroso, austero. *2* †Astringente. || **stiticùzzo**, dim. || **stiticaménte**, avv. (*fig.*) In modo avaro, non generoso.

†**stituìre** e *deriv.* • V. *istituire e deriv.*

stiva (**1**) [da *stivare*] s. f. • Locale della nave in cui è immagazzinato il carico.

stiva (**2**) [lat. *stīva(m)*, di etim. incerta. V. *stegola*] s. f. • Stegola dell'aratro.

stivàggio [da *stivare*] s. m. • Operazione dello stivare | Carico nella stiva.

stivalàio s. m. • Chi fabbrica o vende stivali.

stivalàta s. f. • Colpo di stivale.

stivalàto agg. • Calzato con stivali.

stivàle [dall'ant. fr. e provz. *estival*, prob. dal tardo lat. *tibiāle* (nt.) 'fascia intorno alla tibia', da *tībia*. V. *tibia*] s. m. *1* Calzatura di cuoio o gomma che arriva al ginocchio, mezza coscia o anche all'inguine: *stivali da caccia, da palude*; *calzare, mettersi, togliersi, gli stivali*; *togliere gli stivali a qc.*; *il gatto con gli stivali* | *Stivali alla scudiera*, appena oltre il ginocchio | *Stivali alla ussaro, a fisarmonica*, in pelle morbida, che fa perciò pieghe alla caviglia | *Stivali all'inglese*, con risvolti in pelle di colore diverso dal gambale | *Ungere, lustrare, gli stivali a qc.*, (*fig.*) adularlo | *Rompere gli stivali*, (*pop., fig.*) seccare, dare fastidio | *Dei miei stivali*, (*fig., spreg.*) si dice di persona che non vale nulla o non serve a nulla: *avvocato dei miei stivali!* ➡ ILL. p. 1288 SPORT. *2* (*pop., per anton.*) L'Italia, che nella sua forma peninsulare ricorda uno stivale. *3* (*est.*) Grosso boccale da birra a forma di stivale. *4* (*raro, pop.*) Minchione, persona da nulla. || **stivalàccio**, pegg. | **stivalétto**, dim. (V.) | **stivalino**, dim. | **stivalóne**, accr. | **stivalòtto**, accr. | **stivalùccio**, dim.

stivalerìa s. f. • Fabbrica di stivali.

stivalétto s. m. *1* Dim. di *stivale*. *2* Scarpa che arriva poco più su del collo del piede, da uomo, donna o bambino: *le si vedeva la punta lucida ... d'uno s.* (FOGAZZARO) | *S. anfibio*, calzatura militare alta fino al polpaccio, resistente e impermeabile all'acqua | Speciale calzatura per il pattinaggio su ghiaccio e a rotelle. *3 S. malese*, antico strumento di tortura formato da due ganasce per stringere il piede del condannato.

stivaménto s. m. • Atto dello stivare.

stivàre [lat. *stipāre* 'stipare (2)'] v. tr. *1* Allogare convenientemente nella stiva le merci da caricare. *2* (*raro*) Stipare, nel sign. di *stipare* (*2*).

stivatóre [da *stivare*] s. m. • Chi è addetto allo stivaggio.

stizza [da †*stizzare*] s. f. *1* Accesso d'ira di breve durata, dovuto spec. a scontentezza, contrarietà, impazienza: *rodersi di s.*; *essere pieno di s.*; *avere, provare s. di q.c.*; *l'ira ... gonfia di s. negli occhi e nel viso* (ALBERTI). *2* (*tosc.*) Ghiandola che il pollo ha sul codrione. || **stizzàccia**, pegg. | **stizzerèlla**, dim. | **stizzina**, dim.

†**stizzàre** [da *tizzo*, con *s-*] v. tr., intr. e intr. pron. • (*dial.*) Stizzire.

stizzìre [da *stizza*] **A** v. tr. (*io stizzìsco, tu stizzìsci*) • Far prendere la stizza: *mi avete stizzito!* **B** v. intr. e intr. pron. (aus. *essere*) • Essere preso dalla stizza: *si è stizzito per il contrattempo*.

stizzìto part. pass. di *stizzire*; anche agg. • Nei sign. del v.

†**stizzo** • V. *tizzo*.

†**stizzóne** • V. *tizzone*.

stizzóso [da *stizza*] agg. • Che è facile a stizzirsi: *bambino s.*; *temperamento collerico e s.* | Che dimostra stizza: *parole stizzose*. || **stizzosàccio**, pegg. | **stizzosèllo**, dim. | **stizzosétto**, dim. | **stizzosino**, dim. || **stizzosaménte**, avv. Con stizza, rabbia.

sto /sto/ o **'sto** [lat. *ĭstu(m)* 'questo', con aferesi. V. †*esto*] agg. dimostr. ● (*pop., fam.*) Questo, codesto: *guarda 'sto cretino*; *vedi un po' 'sta stupida* | V. anche †*esto*.

stòa [vc. dotta, dal gr. *Stoá* 'portico', ossia il portico per eccellenza, dove insegnava il filosofo Zenone (V. *stoico*)] s. f. *1* Presso gli antichi greci, portico usato per passeggiare, conversare, discutere, per tenervi lezioni di filosofia. *2* (*est., fig.*) Scuola filosofica stoica: *le dottrine della s.*

stocàstico [vc. dotta, dal gr. *stochastikós* 'congetturale', da *stocházesthai* 'fare congetture'] agg. (pl. m. *-ci*) *1* Dovuto al caso, aleatorio | *Variabile stocastica*, variabile probabilistica. *2 Musica stocastica*, musica aleatoria, la cui struttura è decisa sulla base di funzioni matematiche probabilistiche.

stoccafisso [dall'ant. ol. *stocvisch* 'pesce (*visch*) seccato sul bastone (*stoc*)'. V. ted. *Stockfisch*] s. m. *1* Merluzzo disseccato all'aria. *2* (*fig., fam.*) Persona magra e secca.

stoccàggio [adattamento del fr. (o ingl.) *stockage*, da *stock* (V.)] s. m. ● (*org. az.*) Accumulazione o sistemazione di merci in un magazzino | Magazzinaggio.

stoccàre (1) [da *stock*] v. intr. (aus. *avere*) ● (*org. az.*) Accumulare, sistemare in un magazzino come scorta | (*est., raro*) Acquistare della merce in blocco per rivenderla.

†**stoccàre (2)** v. intr. ● Maneggiare lo stocco, nel sign. di *stocco* (*1*).

stoccàta [da *stocco* (*1*)] s. f. *1* Colpo di stocco. *2* Nella scherma, colpo che conclude un'azione. *3* Nel calcio, forte tiro in porta a conclusione di un'azione d'attacco. *4* (*fig.*) Allusione, battuta, pungente: *hai sentito che stoccate dà?* *5* (*fig.*) Richiesta di denaro molesta e inattesa. || **stoccatèlla**, dim. | **stoccatìna**, dim.

stoccatóre [da †*stoccare* (*2*)] s. m. (f. *-trice*) *1* Chi dà stoccate, parlando o chiedendo denaro. *2* Nel calcio, giocatore che si distingue per potenza di tiro nelle azioni d'attacco, realizzatore di numerose reti.

stoccheggiàre [da †*stoccare* (*2*), con suff. iter.-ints.] **A** v. tr. (*io stocchéggio*) ● (*raro*) Ferire con lo stocco. **B** v. intr. (aus. *avere*) ● (*raro*) Tirare di stocco.

stocchista ● V. *stockista*.

stòcco (1) [dal provz. *estoc*, dal francone *stok* 'bastone'] s. m. *1* Tipo di arma bianca simile alla spada ma più corta e sottile, con sezione triangolare, adatta a colpire di punta. SIN. Broccio. *2* Bastone, mazza, che ha l'anima di stocco: *bastone da s.* *3* (*raro, tosc.*) Reputazione, valore: *avere s.* | *Uomo, donna, di s.*, di maniere ferme e risolute. || **stocchétto**, dim.

stòcco (2) [dal longob. *stok* 'ceppo'. V. ted. *Stock* 'bastone'] s. m. (pl. *-chi*) *1* Stelo del mais. *2* †Stollo del pagliaio. *3* †Parte di legno della lancia. *4* †Lignaggio, stirpe, ceppo.

stock /*ingl.* stɔk/ [vc. ingl., propriamente 'tronco, ceppo' e poi 'rifornimento, provvista'] s. m. inv. ● Quantità di merci o di materie prime in un magazzino o in un negozio | Assortimento | Disponibilità.

stock-car /*ingl.* 'stɔk ka:*/ [vc. ingl., propriamente 'vettura (*car*) di serie (*stock*)'] s. m. inv. (pl. ingl. *stock-cars*) ● Autovettura per gare su pista in terra battuta ghiacciata, nelle quali è lecito superare gli avversari urtandoli e ostruendone il passaggio | Corsa che si effettua con stock-car.

stockìsta o **stocchìsta** s. m. e f. (pl. m. *-i*) *1* Chi acquista, per rivenderli in blocco e a prezzi ridotti, stock di merce invenduta, spec. nel campo dell'abbigliamento. *2* Chi tiene in deposito stock di merci immagazzinate per conto terzi.

stòffa [dall'ant. fr. *estophe*, moderno *étoffe*, da *étoffer*, dal francone *stopfōn* 'imbottire'] s. f. *1* Tessuto per abiti o tappezzeria, di lana, seta, cotone, e sim.: *s. per abiti, per cappotti*; *per quell'abito occorrono cinque metri di s.*; *s. di buona qualità, di qualità scadente*. *2* (*fig., fam.*) Capacità, doti naturali, per essere in un dato modo o per fare una data cosa: *ha la s. del galantuomo, dell'oratore, del pittore* | (*ass.*) Capacità, attitudine: *quel bambino ha della s.*; *vorrebbe cantare, ma non ha la s. per riuscire*. || **stoffàccia**, pegg. | **stofférta**, dim. | **stoffettìna**, dim.

stogàrsi [da *toga*, con *s-*] v. rifl. (*io mi stògo, tu ti stòghi*) ● (*raro*) Deporre la toga, abbandonare la professione per cui si usa la toga.

†**stóggio** [lat. *stŭdiu(m)* 'deferenza, ossequio'. V. *studio*] s. m. ● (*raro*) Cerimonia, lusinga.

stògliere o †**stòrre** [comp. di *s-* e *togliere*] v. tr. e intr. pron. (coniug. come *togliere*) ● (*raro*) Distogliere.

stòia ● V. *stuoia*.

stoiàio [da *st(u)oia*] s. m. (f. *-a*) ● Artigiano che intreccia stuoie.

stoiàre [da *stoia*] v. tr. (*io stuòio*; in tutta la coniug. la *o* dittonga in *uo* se tonica) ● (*raro*) Rivestire di, proteggere con stuoie: *s. un pavimento*.

stoiàto [da *st(u)oia*] s. m. ● Graticciato, cannicciato | Soffitto di graticci intonacati.

stoicìsmo [da *stoico*, con *-ismo*] s. m. *1* Dottrina della scuola filosofica fondata ad Atene da Zenone di Cisio nel III sec. a.C. il cui ideale etico è rappresentato dall'apatia raggiungibile attraverso l'esercizio della virtù, la liberazione dalle passioni, il vivere secondo natura. *2* (*est.*) Fermezza d'animo, impassibilità al dolore.

stòico [vc. dotta, dal lat. *Stōicu(m)*, dal gr. *Stōikós* 'Stoico', da *Stoá* 'stoa, portico'. V. *stoa*] **A** agg. (pl. m. *-ci*) *1* Che concerne o interessa lo stoicismo o gli stoici. *2* (*est.*) Detto di chi non si lascia vincere, né abbattere, né turbare da dolori, avversità e sim. || **stoicaménte**, avv. In maniera stoica. **B** s. m. (f. *-a*) *1* Chi segue o si ispira allo stoicismo. *2* (*est.*) Persona stoica.

stoìno o (*dial.*) **storìno**, **stuoìno**. s. m. *1* Dim. di *stuoia*. *2* Piccola stuoia messa davanti all'uscio come nettapiedi. SIN. Zerbino (1). *3* Tenda esterna di esili stecche di legno, avvolgibile con funicelle verso l'alto.

stokes /stouks/ [vc. ingl., dal n. del matematico e fisico ingl. Sir G. G. *Stokes* (1819-1903)] s. m. inv. ● (*fis.*) Unità di misura della viscosità cinematica nel sistema CGS, pari a 1 cm^2/s. SIMB. St.

stòla [vc. dotta, dal lat. *stŏla(m)*, dal gr. *stolḗ* 'abbigliamento', da *stéllein* 'apparecchiare, vestire'] s. f. *1* Striscia larga di stoffa posta sopra il camice, discendente in due liste fino al basso, come insegna del potere dell'ordine proprio dei vescovi, dei sacerdoti e dei diaconi | *Avere la s. sui piedi*, (*fig., pop.*) essere moribondo. *2* Sciarpa, più o meno lunga e larga, di pelliccia che le donne usano per coprire le spalle. *3* Antica veste femminile lunga fino ai piedi, provvista o meno di maniche, chiusa con una fibula su ciascuna spalla e provvista di una cintura al disotto del seno e di un'altra all'altezza delle anche: *s. greca, romana*. *4 S. salvagente*, specie di striscia in tela o plastica ripiena di sughero o materiale espanso, che mantiene la testa del naufrago fuori dall'acqua anche in caso di un'improvvisa mancanza di sensi. || **stolóne**, accr. m. (V.).

stolidàggine s. f. ● Stolidezza.

stolidézza s. f. ● Qualità di chi è stolido.

stolidità [vc. dotta, dal lat. tardo *stoliditāte(m)*, da *stŏlidus* 'stolido'] s. f. *1* Qualità di chi è stolido. *2* Azione, parola, da persona stolida.

stòlido [vc. dotta, dal lat. *stŏlidu(m)*, connesso con *stŭltus* 'stolto'. V. *stolto*] agg.; anche s. m. (f. *-a*) ● Stolto. || **stolidaménte**, avv.

stóllo [dal longob. *stollo* 'puntello'] s. m. *1* Lungo legno attorno al quale si ammassa paglia o fieno: *un pagliaio ... che aveva un pentolino in cima allo s.* (PIRANDELLO). *2* (*est.*) Asta di legno.

stolóne (1) [accr. di *stola*] s. m. ● Fregio ricamato in oro che corre lungo le due parti anteriori del piviale.

stolóne (2) [vc. dotta, dal lat. *stolōne(m)*, di origine indeur.] s. m. *1* (*bot.*) Fusto strisciante sul terreno, capace di emettere a intervalli radici e originare nuove piantine. ➡ ILL. **botanica generale**. *2* (*zool.*) Prolungamento del corpo di alcuni Invertebrati e di Cordati ove si formano nuove gemme.

stolonìfero [comp. di *stolone* (*2*) e *-fero*] agg. ● Detto di piante o animali provvisti di stoloni.

stoltézza [lat. *stultĭtia(m)*, da *stŭltus* 'stolto'] s. f. *1* Qualità di chi, di ciò che è stolto. *2* Azione, parola, da stolto.

stoltilòquio [vc. dotta, dal lat. *stultilŏquiu(m)*, comp. di *stŭltus* 'stolto' e *-lŏquium*, da *lŏqui* 'parlare'] s. m. ● (*raro, lett.*) Discorso stolto.

stoltìzia s. f. ● (*raro, lett.*) Stoltezza.

stólto (1) o †**stùlto** [lat. *stŭltu(m)*, di etim. incerta] **A** agg. *1* Che dimostra poca intelligenza, poco senno, pochezza di mente: *uomo s. e cieco*; *fu così s. da credergli*. SIN. Stolido. *2* Che è pensato, detto, o fatto in modo stolto: *opinione, domanda, risposta, stolta*; *s. orgoglio*; *stolta superbia*. || **stoltaménte**, avv. Da stolto, da sciocco. **B** s. m. (f. *-a*) ● Persona stolta: *parlare da s.* SIN. Stolido.

stòlto (2) part. pass. di *stogliere* ● Nei sign. del v.

stòma [vc. dotta, dal gr. *stóma*, genit. *stómatos* 'bocca'] s. m. (pl. *-i*) *1* (*bot.*) Apertura nell'epidermide delle foglie e del fusto che permette gli scambi gassosi e la traspirazione. *2* Apertura della conchiglia, nei molluschi gasteropodi. *3* (*anat.*) Orifizio di piccole dimensioni che mette in comunicazione condotti linfatici adiacenti. *4* (*chir.*) Apertura chirurgica della parete addominale in grado di mettere in comunicazione l'intestino con l'esterno.

stomacàle [da *stomaco*] **A** agg. ● (*raro*) Gastrico. **B** agg.; anche s. m. ● Stomachico.

stomacànte agg. ● Stomachevole.

stomacàre [dal lat. *stomachāri*, adattamento del gr. *stomachêin* 'esser disgustato', da *stómachos* 'stomaco'] **A** v. tr. (*io stòmaco, tu stòmachi*) *1* Dare nausea, turbare lo stomaco (*anche ass.*): *quel cibo mi ha stomacato*; *c'è un puzzo che stomaca*. SIN. Disgustare, nauseare. *2* (*fig.*) Disgustare moralmente (*anche ass.*): *la sua volgarità ci stomaca*. **B** v. intr. pron. ● Sentirsi rivoltare lo stomaco: *si è stomacato di quel cibo* | (*fig.*) Disgustarsi moralmente.

stomachévole [da *stomacare*] agg. ● Che muove lo stomaco, che nausea, disgusta (*anche fig.*). SIN. Nauseabondo, ributtante, rivoltante, stomacante.

stomàchico [vc. dotta, dal lat. tardo *stomăchicu(m)*, dal gr. *stomachikós*, agg. da *stómachos* 'stomaco'] **A** s. m. (pl. *-ci*) ● Farmaco che promuove la secrezione gastrica e il buon funzionamento dello stomaco. **B** anche agg.: *farmaco s.*

stòmaco [lat. *stŏmachu(m)*, dal gr. *stómachos*, propriamente 'esofago', ampliamento di *stóma*, genit. *stómatos* 'bocca'] s. m. (pl. *-chi*, o *-ci*) *1* Organo sacciforme dell'apparato digerente contenuto nella parte alta dell'addome, subito dopo l'esofago, con importanti funzioni digestive: *s. debole, gracile, forte, delicato*; *un cibo che rimette, guasta, rovina lo s.*; *male, dolore, di s.*; *essere delicato di s.*; *guastarsi, rovinarsi, lo s.* | *Riempire, riempirsi, lo s.*, (*pop.*) mangiare | (*fig.*) *Avere uno s. di ferro, di struzzo*, essere in grado di digerire qualsiasi cosa | *Avere q.c. sullo s.*, non avere digerito | *Avere qc. sullo s.*, (*fig.*) non poterlo sopportare | †*Portare qc. sopra lo s.*, averlo in odio | *Dare di s.*, vomitare | *Fare s., rivoltare lo s.*, stomacare, nauseare (*anche fig.*) | *Fare q.c. contro s.*, contro voglia. ➡ ILL. p. 363, 365 ANATOMIA UMANA. *2* (*fig., fam.*) Capacità di chi sa tollerare situazioni o persone particolarmente disgustose o moleste: *ci vuole un bello s. a stare con certa gente*; *sai che cosa ha avuto lo s. di fare?* || **stomacàccio**, pegg. | **stomachìno**, dim. | **stomacóne**, accr. | **stomacùccio**, **stomacùzzo**, dim.

stomacóso [lat. *stomachōsu(m)* 'bilioso', da *stŏmachus* 'stomaco'] agg. ● Stomachevole.

stomàtico [vc. dotta, dal gr. *stomatikós*, da *stóma*, genit. *stómatos* 'bocca'] agg. (pl. m. *-ci*) *1* (*farm.*) Detto di rimedio usato contro le infiammazioni della mucosa boccale. *2* (*bot.*) Dello stoma | *Apertura stomatica*, fessura delimitata dalle due cellule reniformi dello stoma | *Cellule stomatiche*, le due cellule che delimitano lo stoma regolandone l'apertura. *3* Correntemente, stomachico.

stomatìte [da *stomat(o)-*, con *-ite* (*1*)] s. f. ● (*med.*) Infiammazione della mucosa della bocca.

stómato- [dal gr. *stóma*, genit. *stómatos* 'bocca'] primo elemento ● In parole scientifiche composte, spec. della medicina, significa 'bocca', 'apertura': *stomatologia*.

stomatologìa [comp. di *stomato-* e *-logia*] s. f. ● Studio delle malattie della bocca.

stomatològico agg. (pl. m. *-ci*) ● Che si riferisce alla stomatologia.

stomatòlogo [comp. di *stomato-* e *-logo*] s. m. (f. *-a*; pl. m. *-gi*) ● Studioso, specialista in stomatologia.

Stomatòpodi [comp. di *stomato-* e del gr. *poús*, gen. *podós* 'piede'] s. m. pl. ● Nella tassonomia animale, ordine di Crostacei marini dei Malacostraci con tre paia di arti ambulacrali e addome terminato da una specie di pinna codale (*Stomatopoda*) | (al sing. *-e*) Ogni individuo di tale ordine.

stòmia (1) [vc. dotta, dal gr. *stomías* 'duro di bocca', da *stóma*, genit. *stómatos* 'bocca'] s. m. inv. ● Pesce abissale dei Clupeiformi a corpo slanciatissimo, denti molto sviluppati e sottili, colore scuro con numerosi fotofori (*Stomias boa*).

stomìa (2) [dal gr. *stóma* 'bocca'] s. f. ● (*chir.*) Neostomia.

-stomìa [dal gr. *stóma* 'bocca'] secondo elemento ● In parole composte della terminologia medica significa 'nuova apertura': *esofagostomia*.

stomizzàto A part. pass. di *stomizzare*; anche agg. ● Nei sign. del v. B s. m. (f. *-a*) ● (*chir.*) Individuo che è stato sottoposto a stomia.

stomodèo [comp. del gr. *stóma* 'bocca' e *hodaîon* 'che è nella via (*hodós*)'] s. m. ● (*anat.*, *zool.*) Porzione anteriore del cavo orale derivata, nell'embrione, dall'invaginazione dell'ectoderma.

stonacàre [calco su *intonacare*, con cambio di pref. (*s-*)] A v. tr. (*io stònaco, tu stònachi*) ● (*raro*) Privare un muro dell'intonaco. CONTR. Intonacare. B v. intr. pron. ● (*raro*) Perdere l'intonaco.

stonaménto s. m. ● (*raro*) Stonatura.

stonàre (1) [da *tono* (*1*), con *s-*] A v. tr. e intr. (*io stòno*; aus. *avere*) ● Nel cantare o nel suonare, uscire di tono, non tenersi al debito grado di elevatezza: *s. il la*; *un cantante che stona*. B v. intr. (aus. *avere*) ● Non armonizzare, non corrispondere allo stile, alla forma generale: *quel quadro stona con l'ambiente*. CONTR. Armonizzare.

stonàre (2) [lat. parl. **extonāre*, comp. di *ĕx-* (*s-*) e *tonāre* 'rimbombare' (V. *tuonare*). V. il fr. *étonner*] v. tr. (*io stòno*) ● Stordire, confondere: *la notizia mi ha stonato*.

stonàta s. f. ● Atto dello stonare, nel sign. di *stonare* (*1*). ‖ **stonatina**, dim.

stonàto part. pass. di *stonare* (*1*); anche agg. *1* Nei sign. del v. *2* *Nota stonata*, (*fig.*) elemento, particolare e sim. inopportuno, non adatto alla situazione.

stonatùra s. f. *1* Atto, effetto dello stonare, nel sign. di *stonare* (*1*) | Suono stonato. *2* Cosa fuori di tono, inopportuna: *l'accenno al guadagno è stato una s.*

†**stonazióne** s. f. ● Stonamento.

stondàre [comp. parasintetico di *tondo*, col pref. *s-*] v. tr. (*io stóndo*) ● (*raro*) Rendere tondo.

stondàto part. pass. di *stondare*; anche agg. *1* Nei sign. del v. *2* Smussato: *angolo s.*

stonio [da *stonare* (*1*)] s. m. ● (*raro*) Stonatura prolungata.

stop /stɔp/ [vc. ingl., propriamente 'fermata', da *to stop* 'fermarsi'] A s. m. inv. *1* Luce, fanalino d'arresto degli autoveicoli. *2* Obbligo d'arresto per i veicoli, prima di immettersi in una strada più importante o di attraversarla, segnalato da apposito cartello o da dicitura sulla carreggiata | (*est.*) Il cartello o la dicitura stessa. *3* Ordine verbale di fermarsi: *intimare lo s.* | Nel pugilato, ordine dell'arbitro di interrompere il combattimento. *4* (*mar.*) Voce usata nelle osservazioni astronomiche per indicare l'istante in cui l'assistente deve leggere l'ora di osservazione | *S. orario*, segnalazione che dà l'istante di una determinata ora al meridiano di Greenwich, o ad altro meridiano. *5* (*sport*) Nel calcio, arresto del pallone al volo col piede o col corpo | Nel basket, arresto con le mani di un tiro dell'avversario | Nel pugilato, azione difensiva per impedire all'avversario di colpire. *6* Punto fermo, nel linguaggio telegrafico internazionale. B in funzione di inter. ● Ferma, alt, basta: *mi intimò 's.!' e io mi fermai*.

stóppa [lat. *stŭppa(m)*, dal gr. *stýppē*, di origine indeur.] s. f. *1* Cascame del lino e della canapa, usato per imbottiture o, incatramato, per calafatare imbarcazioni | *S. nera*, incatramata, da calafato | *Carne che sembra s.*, dura e tigliosa | *Capelli di s.*, *che sembrano s.*, *come s.*, biondi, slavati e secchi | *Avere le gambe di s.*, deboli, fiacche | *Essere un uomo di s.*, senza importanza, senza autorità | *Essere come un pulcino nella s.*, impacciato, incapace di fare da solo | †*Fare la barba di s.*, beffare. *2* (*dial.*) Sbornia: *prendere una s.* ‖ **stoppàccia**, pegg. | **stoppettina**, dim.

stoppàccio [da *stoppa*] s. m. *1* Batuffolo di stoppa con cui si fermavano gli elementi di carica nei fucili a bacchetta. *2* (*est.*, *pop.*) Batuffolo di stoppa.

stoppaccióso [da *stoppaccio*] agg. ● Stopposo.

stoppàre (1) [lat. parl. **stuppāre*, da *stŭppa* 'stoppa'] v. tr. (*io stóppo*) ● Turare con stoppa o stoppaccio | (*est.*) Chiudere bene | †*S. qc. o q.c.*, non curarsene.

stoppàre (2) [da *stop* (V.)] v. tr. (*io stòppo*) *1* Bloccare, fermare: *la polizia ha stoppato alcune auto sospette*. *2* (*sport*) Effettuare uno stop o una stoppata.

stoppàta [da *stoppare* (*2*)] s. f. ● (*sport*) L'azione di stop.

stoppatóre (1) [da *stoppare* (*2*). V. *stopper*] s. m. ● (*sport*) Chi effettua una stoppata.

stoppatóre (2) [lat. tardo *stuppatōre(m)* 'calafato', da *stŭppa* 'stoppa'] s. m. ● (*mar.*) Calafato.

stòpper /'stɔpper, *ingl.* 'stɔpə*/ [vc. ingl., da *to stop* 'fermare'] s. m. inv. *1* (*sport*) Nel calcio, giocatore della difesa che ha il compito di contrastare il giocatore più avanzato della squadra avversaria. *2* (*mar.*) Dispositivo per l'arresto temporaneo di una manovra corrente. SIN. Arrestatoio.

stóppia [lat. *stŭpula(m)*, variante di *stĭpula* 'pagliuzza'. V. *stipola*] s. f. ● (*spec. al pl.*) Residui di steli e foglie di una coltura, spec. di cereali, rimasti sul terreno dopo la mietitura: *campo di s.*; *ardere le stoppie* | †*Mettere s. in aia*, fare q.c. di inutile.

stoppinàre v. tr. *1* (*raro*) Accendere, dare fuoco con lo stoppino. *2* (*fam.*, *tosc.*) Stoppare, chiudere bene porte o finestre.

stoppino [da *stoppa*] s. m. *1* Lucignolo di candela, lume a olio o petrolio. *2* Miccia per fuochi artificiali. *3* (*tess.*) Specie di sottile nastro formato da fibre tessili unite tra loro da una leggera torsione e che, sotto forma di spole, viene ridotto in filato mediante i filatoi. SIN. Lucignolo. ‖ **stoppinétto**, dim.

stoppióne [da *stoppia*] s. m. ● Erba rizomatosa delle Composite con foglie spinose e capolini bianchi o rossastri riuniti in corimbi (*Cirsium arvense*).

stoppóso [da *stoppa*] agg. ● Che è simile a stoppa, che ha aspetto di stoppa: *coi capelli già biondi, ora stopposi* (PIRANDELLO) | (*est.*) *Carne stopposa*, tigliosa, dura | (*est.*) *Limone s.*, *arancia stopposa*, privi di sugo.

storàce [vc. dotta, dal lat. tardo *stŏrace(m)*, variante di *stўrax*, dal gr. *stýrax*, genit. *stýrakos* 'albero resinoso', di origine semitica] s. m. *1* Nome popolare degli alberi del genere *Liquidambar*, dai quali si ricava la resina dello stesso nome. SIN. Ambra liquida. *2* Balsamo di colore verde-grigio ricavato dalla corteccia bollita dell'albero omonimo, usato in farmacia e profumeria. SIN. Ambra liquida. *3* (*bot.*) Arbusto con foglie biancastre e lanuginose nella pagina inferiore, e fiori bianchi, che cresce in alcune regioni del bacino del Mediterraneo centro-orientale (*Styrax officinalis*). *4* *S. solido*, resina ricavata dal tronco dell'arbusto precedente, usata un tempo in farmacia e profumeria.

stòrcere [lat. *extorquēre*, comp. di *ĕx-* (*s-*) e *torquēre* 'torcere'. V. *estorcere*] A v. tr. (pres. *io stòrco, tu stòrci*; pass. rem. *io stòrsi, tu storcésti*; part. pass. *stòrto*) *1* Torcere con violenza: *s. una mano a qc.* | Spostare dalla linea diritta e naturale: *s. un chiodo, una chiave* | *S. il naso, le labbra, la bocca e sim.*, in segno di disapprovazione, disgusto, e sim. | *S. gli occhi*, stralunarli | *Storcersi un piede, una gamba, un braccio e sim.*, slogarseli. *2* (*raro*, *fig.*) Volgere ad altro significato: *s. le parole di qc.*; *s. il senso di una frase*. B v. rifl. ● Contorcersi, dimenarsi: *si storceva per il dolore*. C v. intr. pron. ● Spostarsi dalla linea diritta e naturale: *la chiave si è storta*.

storcicòllo [da *torcicollo*, con *s-*] s. m. ● (*pop.*) Torcicollo.

storcilèggi [comp. dell'imperat. pres. di *storcere* e del pl. di *legge*] s. m. e f.; anche agg. ● (*raro*) Chi, che, per ignoranza o malizia, interpreta male le leggi: *avvocato s.*

storciménto s. m. ● Atto, effetto dello storcere o dello storcersi.

†**storcitùra** s. f. ● Storcimento.

†**stordigióne** s. f. ● Stordimento: *serebbe caduto veramente, / se in quella stordigione ... durava* (BOIARDO).

stordiménto s. m. *1* Atto, effetto dello stordire o dello stordirsi. *2* Condizione di chi è stordito. SIN. Rintontimento.

stordire [da *tordo* 'balordo', con *s-*] A v. tr. (*io stordisco, tu stordisci*) *1* Provocare grande turbamento e confusione, impedendo temporaneamente l'udito, alterando l'equilibrio psichico, e sim.: *il boato ci stordì*; *quel vino mi ha stordito* | Privare dei sensi, tramortire: *lo stordì con un pugno*. *2* (*fig.*) Far rimanere attonito, sbalordito, stupefatto (*anche ass.*): *la grandezza del luogo lo stordì*; *sono cose da s.* B v. intr. (aus. *essere*) ● (*raro*) Rimanere attonito, sbalordito, stupefatto: *stordisco a vedere tutto questo*. C v. rifl. ● (*fig.*) Sviarsi da pensieri tristi, preoccupazioni, e sim. con emozioni e divertimenti: *cerca di stordirsi per non pensare*; *si stordisce col bere*.

storditàggine s. f. ● Qualità di chi è stordito | Azione da persona stordita.

storditézza s. f. ● (*raro*) Qualità di chi è stordito.

stordito A part. pass. di *stordire*; anche agg. *1* Nei sign. del v. *2* Sventato, inconsiderato, smodato: *è un ragazzo s.*; *che s. sono, ho dimenticato tutto!* ‖ **storditaménte**, avv. Da stordito. B s. m. (f. *-a*) ● Persona sventata, inconsiderata: *non mi fido di lui, è uno s.* ‖ **storditàccio**, pegg. | **storditèllo**, dim. | **storditóne**, accr.

stòria o (*lett.*) †**istòria** [vc. dotta, dal lat. *histŏria(m)*, dal gr. *historía* 'indagine, ricerca', da *hístōr*, genit. *hístoros* 'che ha visto, testimone', dalla radice indeur. **weid-* 'vedere, sapere'. V. *vedere*] s. f. *1* L'insieme degli eventi umani, o di determinati eventi umani, considerati nel loro svolgimento: *la scoperta dell'America segna l'inizio della s. moderna*; *quel fatto ebbe grande importanza nella s. della civiltà*. *2* Narrazione sistematica dei fatti memorabili della collettività umana, fatta in base a un metodo d'indagine critica: *Erodoto fu detto il padre della s.*; *Clio era la musa della s.*; *alterare, falsificare, la s.*; *il giudizio della s.*; *un uomo che appartiene alla s.* | *Passare alla s.*, di avvenimento, persona e sim. degno di essere ricordato dai posteri. *3* Narrazione di fatti d'ordine politico, sociale, militare, religioso, economico, e sim. relativi ad una determinata epoca, a un determinato evento, a una determinata collettività umana, e sim.: *s. medievale, moderna, contemporanea*; *s. universale, generale*; *s. greca, romana*; *s. francese, inglese, italiana*; *s. di Francia, d'Inghilterra, d'Italia*; *la s. delle guerre puniche, della rivoluzione francese*; *il proponimento mio è di scrivere l'istoria del concilio tridentino* (SARPI) | Nelle scuole, materia d'insegnamento: *insegnare s.*; *studiare la s.*; *cattedra di s. e filosofia*; *essere rimandato in s.* *4* Il succedersi, l'evolversi di fenomeni naturali: *la s. della Terra, la s. geologica*. *5* Opera storica: *la s. del Cantù*; *s. d'Italia dalle origini al Quattrocento* | (*ass.*, *fam.*) Manuale, testo scolastico di storia: *oggi porto a scuola la s.* *6* Fatto vero, documentabile: *mescolare la favola con la s.*; *questa è s.* *7* Esposizione critica di fatti relativi all'origine, allo svolgimento e all'evoluzione di una determinata attività umana: *s. dell'arte, della letteratura, della filosofia, del diritto, del cinema, della tecnica*; *la s. dell'estetica ... non si può separare dalla s. di tutta l'altra filosofia* (CROCE) | *S. naturale*, l'insieme delle scienze naturali. *8* Serie di vicende, spec. personali: *la tua è una triste s.*; *ho udito una s. penosa*; *la loro è una s. poco pulita*; *fammi la s. della tua vita*; *gli raccontò tutta la sua s.* | (*est.*) Vicenda, relazione amorosa: *un anno fa ha avuto una s. a Pescara*. *9* (*gener.*) Faccenda, questione: *basta con questa s.!*; *non voglio più sentire parlare di questa s.*; *questa s. non c'entra con noi*; *è un'altra s.* | *È la solita s.*, di cosa, spec. spiacevole, che si ripete con monotonia | *È una s. lunga*, discorso, faccenda, e sim. che ha strascichi, conseguenze. *10* Narrazione di un fatto particolare, vero o inventato: *mi fece la s. del viaggio*; *è una s. d'amore*; *la s. di Rinaldo*;

la s. dei cavalieri della tavola rotonda; la bella istoria che 'l mio canto muove (BOIARDO) | Favola: la nonna racconta molte storie ai nipotini; la s. di Cappuccetto Rosso. 11 Fandonia, racconto inventato: quel ragazzo racconta un sacco di storie; non credergli, è tutta una s. | Scusa, pretesto: questa è una s. per non venire. 12 (spec. al pl.) Tergiversazioni, smorfie, smancerie: senza storie, dimmi se accetti o no; su, non fare tante storie; eh, quante storie! 13 Rappresentazione, dipinta o scolpita, di un fatto: d'una pietosa istoria e di devote / figure la sua stanza era dipinta (TASSO). || **storiàccia**, pegg. | **storièlla**, dim. (V.) | **storiétta**, dim.

†storiàio o (pop.) †**storiàro**. s. m. ● Venditore di storie, favole, canzoni.

†storiàre (1) ● V. istoriare.

storiàre (2) [vc. dial. tosc., da storia 'lungaggine, indugio': propriamente 'far attendere a lungo, far impazzire'] v. intr. (io stòrio) ● Solo nelle loc. (pop., tosc.) fare s. qc., farlo ammattire, fargli perdere tempo; fare s. q.c., tirarla per le lunghe.

†storiàro ● V. †storiaio.

storicìsmo [da storico, con -ismo] s. m. 1 Indirizzo filosofico, sviluppatosi in Germania nella seconda metà del XIX secolo, che intende esaminare le possibilità di una scienza storica, garantendone l'autonomia sia dal sapere metafisico come pure da quello delle scienze della natura. 2 Nella critica letteraria, studio delle matrici storiche e culturali di un testo, viste come prevalenti o generative rispetto ai fatti di forma. CONTR. Formalismo.

storicìsta s. m. e f. (pl. m. -i) ● Chi segue o si ispira allo storicismo.

storicìstico agg. (pl. m. -ci) ● Che concerne o interessa lo storicismo.

storicità s. f. ● Qualità, carattere, di ciò che è storico | Realtà storica: la s. di un fatto.

storicizzàre [da storico] v. tr. ● Valutare, considerare, come processo storico, o come momento di un processo storico: s. la cultura, la letteratura.

storicizzazióne s. f. ● Atto, effetto dello storicizzare.

stòrico o (lett.) †**istòrico** [dal lat. histŏricu(m), dal gr. historikós, agg. da historía 'storia'] A agg. (pl. m. -ci) 1 Della storia, che appartiene alla storia, che ha rapporto con la storia, con lo studio o le prospettive della storia: opera storica; notizie storiche; lettura storica; senso, metodo s.; circostanze storiche; critica storica; ogni giudizio s ... è sempre assoluto e relativo insieme (CROCE) | Materialismo s., teoria dello sviluppo storico propria di K. Marx e del pensiero marxista, secondo cui le cause principali del progresso sociale sono materiali, e particolarmente economiche | (ling.) Grammatica storica, studio di un sistema linguistico nelle varie fasi del suo sviluppo | (est.) Relativo alle origini o alle prime fasi di sviluppo di un fenomeno o movimento, spec. politico, culturale e sim.: avanguardia storica; repubblicani storici. 2 Che è realmente accaduto, che non è inventato: fatto, personaggio, s.; dati storici | Tempi storici, i cui avvenimenti sono narrati nella storia | Che risale a epoche passate: un edificio s.; il centro s. di Firenze | Romanzo s., in cui hanno parte eventi e personaggi storici | Film s., ispirato alla storia passata e generalmente in costume | (dir.) Prova storica, prova consistente nella rappresentazione del fatto, come il documento o la testimonianza. 3 (est.) Memorabile, che è degno di essere ricordato nel tempo, di essere tramandato ai posteri: una storica giornata; una decisione storica; quello fu un discorso s. 4 (fam.) Che è noto a tutti, che non si può mettere in dubbio: questa è una cosa storica. || **storicaménte**, avv. 1 Da un punto di vista storico: considerare storicamente la natura umana. 2 Nella realtà dei fatti: una previsione storicamente fondata. B s. m. (pl. -ci) 1 Scrittore, studioso di storia: un celebre s.; gli storici greci; uno s. contemporaneo; gli storici di Roma. SIN. Storiografo. 2 (mus.) Negli oratori, passioni e sim., personaggio cui è affidata la parte narrativa.

storièlla s. f. 1 Dim. di storia. 2 Fatterello, barzelletta. 3 Fandonia. 4 Pretesto. || **storiellina**, dim.

storìno ● V. stoino.

storiografìa o (raro, lett.) **istoriografìa** [vc. dotta, dal gr. historiographía, comp. di historía 'storia' e -graphía '-grafia'] s. f. ● Elaborazione e stesura di opere storiche condotte con metodo scientifico e critico: s. giuridica, s. letteraria | Complesso delle opere storiche e delle ipotesi metodologiche di una data epoca o su un dato argomento: la s. della Rivoluzione Francese.

storiogràfico o (raro, lett.) **istoriogràfico** [vc. dotta, dal gr. historiographikós, da historiographía 'storiografia'] agg. (pl. m. -ci) ● Della storiografia, che riguarda la storiografia. || **storiograficaménte**, avv.

storiògrafo o (raro, lett.) **istoriògrafo** [vc. dotta, dal lat. tardo historiŏgraphu(m), dal gr. historiográphos, comp. di historía 'storia' e -gráphos '-grafo'] s. m. ● Autore di opere storiche, cultore di storiografia. SIN. Storico.

storióne [dall'ant. alto ted. sturio. V. ted. Stöhr] s. m. ● Pesce degli Acipenseriformi, lungo oltre tre metri, con quattro barbigli sul lungo muso, bocca ventrale priva di denti; marino, depone le uova nei fiumi (Acipenser sturio).

†stormeggiàre [da stormo, con suff. iter.-ints.] A v. intr. ● Adunarsi, riunirsi, in stormo. B v. tr. e intr. ● Suonare a stormo.

†stormeggiàta [da †stormeggiare] s. f. ● (raro) Rumore di stormo.

†storménto ● V. strumento.

stormìre [dal francone sturmjan 'tempestare'. V. stormo] v. intr. (io stormìsco, tu stormìsci; aus. avere) ● Agitarsi producendo un lieve fruscio: le foglie, le fronde stormiscono.

stórmo [dal longob. sturm. V. ted. Sturm 'assalto'] s. m. 1 (raro) Moltitudine di persone o animali | †Moltitudine spec. di armati accorsi per combattere | Suonare a s., a martello, detto di campane, per richiamare molta gente. 2 Gruppo di uccelli in volo: uno s. di passeri. 3 (aer.) Unità organica dell'aeronautica militare, costituita da più gruppi. 4 (mil.) Piccolo gruppo di cavalieri: uno s. di ulani. 5 †Scontro, assalto.

stornàre [da tornare, con s-, sul modello del fr. détourner] A v. tr. (io stórno) 1 †Volgere indietro. 2 (fig.) Volgere ad altra parte, allontanare: s. un pericolo, uno scandalo. 3 (fig.) Distogliere, dissuadere: s. qc. da un proposito; invano cercava di stornarlo dai foschi pensieri (PIRANDELLO). 4 (rag.) Correggere, rettificare una scrittura in un conto | (rag.) Girare una partita da un conto a un altro | (rag.) Trasferire una spesa da un titolo di erogazione a un altro, nel bilancio di un ente pubblico | (comm.) Annullare un affare già concluso in precedenza. B v. intr. (aus. essere) 1 †Volgersi indietro. 2 Nel biliardo, dare indietro, detto di palla che ha colpito quella avversaria.

stornellàre v. intr. (io stornèllo; aus. avere) ● Cantare, comporre, stornelli.

stornellàta s. f. ● Atto dello stornellare | Insieme di stornelli.

stornellatóre [da stornellare] s. m. (f. -trice) ● Chi canta o compone stornelli.

stornèllo (1) [deriv. dim. del provz. estorn 'tenzone poetica', dal francone sturm 'assalto'. V. stormo] s. m. ● Canto popolare, spec. dell'Italia centrale, composto di due endecasillabi preceduti da un quinario, che rima o assona con l'ultimo, spec. con l'invocazione del nome di un fiore nel quinario. || **stornellétto**, dim. | **stornellìno**, dim. | **stornellùccio**, dim.

stornèllo (2) [lat. tardo sturnĕllu(m), dim. di stŭrnus 'storno'] s. m. ● (zool.) Storno (1).

†storniménto [sovrapposizione di stornare 'frastornare' a stordimento] s. m. ● Vertigine, capogiro.

stórno (1) [lat. stŭrnu(m), di origine indeur.] s. m. ● (zool.) Uccello dei Passeriformi di colore scuro macchiettato di bianco, gregario, con voce sonora e piacevole (Sturnus vulgaris). SIN. Stornello (2).

stórno (2) [dal precedente, nel sign. già latino di 'grigio come uno storno'] agg. ● (zool.) Detto di mantello equino grigio scuro disseminato di piccole e numerose macchie bianche che lo rendono simile al piumaggio dello storno | Detto del cavallo che ha tale mantello: cavalla storna.

stórno (3) [da stornare] s. m. 1 (rag., comm.) Atto, operazione dello stornare nel sign. 4. 2 (tosc.) Biglietto del lotto messo in vendita, un tempo, coi numeri già scritti e registrati.

storpiaménto s. m. ● Atto dello storpiare.

storpiàre o (pop.) **stroppiàre** [lat. parl. *exturpiāre, comp. di ĕx- (s-) e di un denominale di tŭrpis 'deforme'. V. turpe] A v. tr. (io stòrpio) 1 Rendere storpio: l'incidente gli storpiò i piedi. 2 (fig.) Pronunciare male, erroneamente: s. le parole. 3 †Impedire, far fallire | †Frastornare. B v. intr. pron. ● Diventare storpio: è caduto da cavallo e si è storpiato.

storpiàto A part. pass. di storpiare; anche agg. ● Nei sign. del v. B s. m. (f. -a) ● Persona storpia: un povero s. || **storpiatàccio**, pegg. | **storpiatìno**, dim.

†storpiatóre s. m.; anche agg. (f. -trice) ● Chi, che storpia.

storpiatùra o (pop.) **stroppiatùra**. s. f. ● Atto, effetto dello storpiare | Cosa storpiata.

stòrpio (1) o (pop.) **stròppio** [agg. da storpiare] agg.; anche s. m. (f. -a) ● Che, chi è deforme nelle braccia e nelle gambe | (fig.) Raddrizzare le gambe agli storpi, tentare un'impresa impossibile.

†stòrpio (2) o †**stròppio** [da storpiare, nel sign. A 3] s. m. ● Contrarietà, impedimento.

†stòrre ● V. stogliere.

stòrta (1) [da storcere] s. f. 1 Atto, effetto dello storcere o dello storcersi: dare una s. a qc. 2 (raro) Svolta, tortuosità, di fiume, strada e sim. 3 (fam.) Distorsione: prendere una s.

stòrta (2) [f. sost. di storto] s. f. 1 Recipiente di vetro o altro materiale a base larga e collo ripiegato verso il basso, usato per distillazione. 2 Pappagallo per orinare. 3 Arma da taglio con lama di media lunghezza, larga, ricurva, col filo esterno, un tempo usata dalla fanteria | †Scimitarra. || **stortétta**, dim. | **stortìna**, dim.

stortézza s. f. ● Qualità di ciò che è storto.

stortignàccolo [da storto] A agg. ● (pop., fam.) Storto. B agg.; anche s. m. (f. -a) ● (fam.) Storpio.

stòrto A part. pass. di storcere; anche agg. 1 Nei sign. del v. 2 Che non è diritto: gambe storte. 3 Che non è collocato in linea diritta, o nel senso giusto, rispetto a un punto di riferimento: il quadro che hai appeso è s.; questa riga è storta. 4 (fig.) Erroneo, sbagliato: idee storte. || **stortaménte**, avv. In modo storto; erroneamente. B in funzione di avv. ● In modo obliquo: camminare s. | Guardare s., (fig.) guardare male, con severità, malanimo e sim.

stortùra s. f. 1 Qualità di ciò che è storto | Cosa storta (anche fig.). 2 (fig.) Maniera erronea di giudicare, agire e sim.: una s. mentale; un carattere che presenta molte storture.

-story [dall'ingl. story 'storia, racconto'] secondo elemento ● In parole composte, spec. del linguaggio giornalistico, significa 'storia', 'vicenda', spesso con implicazioni scandalistiche: spy-story, love-story, tangenti-story.

story board /ingl. 'stɔːri bɔːd/ [loc. ingl., propr. 'quadro (board) del racconto (story)'] loc. sost. m. inv. (pl. ingl. story boards) ● Sequenza di bozzetti e didascalie che condensano la trama di un film, di un programma televisivo o di uno spot pubblicitario.

stoscanizzàre [da toscanizzare, con s-] A v. tr. ● Togliere le caratteristiche toscane. B v. intr. pron. ● Perdere le caratteristiche toscane.

†stòscio [da stroscio] s. m. ● Salto, precipizio.

stovaìna ® [dal fr. stovaïne, deriv. sul modello di cocaïne dall'ingl. stove 'fornello' (trad. del n. dello scopritore, il fr. Forneau)] s. f. ● (chim.) Nome commerciale di un derivato benzoico, usato per anestesia locale in sostituzione della cocaina.

stovìglia [lat. parl. *testuĭlia (nt. pl.), da tĕstu 'vaso di terracotta', con aplologia. V. testo (1)] s. f. ● (spec. al pl.) Piatti e vasellame per uso di cucina e di tavola: lavare le stoviglie.

stovigliàio s. m. ● (raro) Chi lavora o vende stoviglie.

stovigliería s. f. ● Quantità, assortimento di stoviglie | Fabbrica di stoviglie.

†stovìglio s. m. ● (spec. al pl.) Stoviglie.

stozzaménto s. m. ● (raro) Atto dello stozzare.

stozzàre [da stozzo] v. tr. (io stòzzo) ● Lavorare di stozzo | Dare la convessità a una lastra metallica | Abbozzare col cesello o col bilanciere una forma.

stozzatóre s. m. ● Chi stozza | Chi lavora alla stozzatrice.

stozzatrìce [da *stozzare*] s. f. ● Macchina utensile, usata per spianatura di superfici continue o di superfici a profilo qualsiasi con direttrici piane, spec. per eseguire scanalature. SIN. Mortasatrice.

stozzatùra s. f. ● Operazione dello stozzare.

stòzzo [dal longob. *stozza* 'maglio'. V. *stuzzicare* e *tozzo* (*1*)] s. m. ● Strumento per stozzare | Specie di cesello o punzone con la testa stondata per dare la prima impronta a una lastra metallica.

stra- [lat. *ĕxtra* 'fuori'] pref. *1* Vale etimologicamente 'fuori': *straordinario, straripare*. *2* Indica eccesso: *strafare, stravizio*. *3* Esprime misura oltre il normale: *strapagare, stravincere*. *4* Premesso ad aggettivi li rende di grado superlativo: *stragrande, strapieno, stravecchio* (cfr. *stracittà, strapaese*). *5* Rafforzativo di *tra-* in casi come: *straboccare*.

†**strabalzaménto** s. m. ● Atto dello strabalzare.

strabalzàre [comp. di *stra-* e *balzare*] A v. tr. e intr. (aus. intr. *essere*, raro *avere*) ● (*raro*) Trabalzare. B v. tr. ● †Trasferire qc. molto lontano.

†**strabalzóni** [da *strabalzare*] avv. ● (*raro*) A balzi, balzelloni: *camminare s. per aver bevuto* | Anche nella loc. avv. *a s.*

strabène [comp. di *stra-* e *bene*] avv. ● (*raro*) Benissimo.

strabenedìre [comp. di *stra-* e *benedire*] v. tr. (coniug. come *benedire*) ● (*pop.*) Benedire grandemente | (*antifr.*) Maledire (*anche scherz.*): *che Dio ti strabenedica!*

strabére [comp. di *stra-* e *bere*] v. intr. (coniug. come *bere*; aus. *avere*) ● Bere troppo.

stràbico [da *strabismo*] agg.; anche s. m. (f. *-a*; pl. m. *-ci*) ● Che, chi è affetto da strabismo.

strabiliànte part. pres. di *strabiliare*; anche agg. ● Nei sign. del v.

strabiliàre [da *bile*, con *stra-*, propriamente 'fare uscir la bile per lo spavento' (?)] A v. intr. (*io strabìlio*; aus. *avere*) ● Rimanere sbalordito per la meraviglia: *sono cose da s.*; *mi ha fatto s. con le sue prodezze*. B v. tr. ● Sbalordire, stupire al massimo grado: *la cosa mi ha strabiliato*; *mi ha strabiliato con le sue prodezze*.

strabiliàto part. pass. di *strabiliare*; anche agg. ● Nei sign. del v.

†**strabìlio** s. m. ● Atto, effetto dello strabiliare, spec. nella loc. *dare nello s.*

†**strabilìre** v. intr. ● Strabiliare.

strabìṣmo [vc. dotta, dal gr. *strabismós*, da *strabós* 'losco'] s. m. ● (*med.*) Difetto di parallelismo dei due assi oculari: *s. convergente, divergente*.

straboccaménto s. m. ● (*raro*) Atto, effetto dello straboccare.

straboccàre [da *traboccare*, con sovrapposizione di *stra-*] v. intr. (*io strabócco, tu strabócchi*; aus. *avere* se il sogg. è il recipiente, *essere* o *avere* se il sogg. è il liquido) *1* (*pop.*) Traboccare. *2* †Abbattersi, precipitare.

strabocchévole [da *straboccare*] agg. *1* Numeroso, straordinario, eccessivo: *ricchezza, folla, s.* *2* †Impetuoso | †Scosceso. ‖ **strabocchevolménte**, avv. In modo strabocchevole, eccessivamente.

strabócco [da *straboccare*. V. *trabocco*] s. m. (pl. *-chi*) ● (*raro*) Trabocco.

strabometrìa [da *strabometro*] s. f. ● (*med.*) In oftalmologia, misurazione dell'entità dello strabismo.

strabòmetro [comp. di *strab*(*ismo*) e *-metro*] s. m. ● (*med.*) In oftalmologia, strumento per la misurazione dell'entità dello strabismo.

strabondànza [comp. di *stra-* e (*ab*)*bondanza*] s. f. ● Grande abbondanza.

strabuẓẓaménto s. m. ● Atto dello strabuzzare.

strabuẓẓàre [adattamento del gr. *strabízein* 'avere lo strabismo', da *strabós* 'strabico'] v. tr. ● Stralunare, stravolgere, nella loc. *s. gli occhi*, spalancarli, storcendoli in avanti con intensa fissità.

stracanàrsi [comp. di *stra-* e di un denominale di *cane*] v. intr. pron. ● (*tosc., fam.*) Affaticarsi, strapazzarsi.

stracannàggio [da *stracannare*] s. m. ● (*tess.*) Avvolgimento del filato da un rocchetto all'altro, per una successiva lavorazione.

stracannàre [da *canna*, con *stra-*] v. tr. ● (*tess.*) Avvolgere il filato su un altro rocchetto.

stracannatùra s. f. ● (*tess.*) Stracannaggio.

stracàrico o †**stracàrco** [comp. di *stra-* e *carico*] agg. (pl. m. *-chi*) ● Molto carico, troppo carico: *l'ascensore è s. di gente*; *l'ascensore è s.*; *essere s. di lavoro*.

stràcca [da *straccare*] s. f. ● (*raro*) Grande stanchezza, spec. nella loc. *pigliare una s.* | †*A s.*, con gran forza | †*In s.*, precipitosamente.

straccabràccia [comp. di *stracca*(*re*) e il pl. di *braccio*] vc. ● (*pop., raro*) Solo nella loc. avv. *a s.*, svogliatamente: *lavorare a s.*

straccadènti [comp. di *stracca*(*re*) e il pl. di *dente*] s. m. ● (*dial.*) Specie di biscotto durissimo.

straccaganàsce [comp. di *stracca*(*re*) e il pl. di *ganascia*] s. m. inv. *1* (*rom.*) Straccadenti. *2* (*venez.*) Castagna sbucciata e seccata.

straccàggine [da *stracco*] s. f. ● (*raro*) Stanchezza, fiacca.

straccàle [da *stirare* (?)] s. m. *1* Finimento che si attacca al basto e fascia i fianchi della bestia da soma | (*raro, fig.*) *Portare lo s.*, essere un asino. *2* (*pop., tosc.*) Cencio | Cosa inutile, molesta. *3* (*spec. al pl.*) †Spallacci di zaino | †Bretelle di calzoni.

straccaménto s. m. ● (*raro*) Atto dello straccare o dello straccarsi.

straccàre [da *stracco*] A v. tr. (*io stràcco, tu stràcchi*) ● Rendere stracco, sfinito. B v. intr. pron. ● Stancarsi molto, diventare stracco.

straccatóia s. f. ● (*pop., tosc.*) Stracca.

straccatóio agg. ● (*raro, pop.*) Che stracca.

stracceria [da *straccio*] s. f. *1* Insieme, quantità di stracci. *2* †Bottega di robe minute, di cianfrusaglie.

stracchézza [da *stracco*] s. f. ● Stanchezza | Condizione di chi, di ciò che è stracco.

stracchìno [da *stracco*, perché fatto con latte di vacche *stracche*, cioè stanche o per la discesa al piano dagli alpeggi o perché adibite ai lavori campestri (?)] s. m. *1* Formaggio di pasta grassa e uniforme, non fermentato, prodotto in Lombardia con latte di vacca e messo in commercio in forme quadrate. *2* (*merid.*) Gelato in forma di mattonella, come il formaggio omonimo.

stracciàbile agg. ● Che si può stracciare.

†**stracciafòglio** [comp. di *straccia*(*re*) e *foglio*] s. m. ● Brogliaccio | Scartafaccio.

stracciaiòlo (*1*) o †**stracciaiuòlo**, (*dial.*) **stracciaròlo** [da *straccio*] s. m. (f. *-a*) ● Cenciaiolo, straccivendolo | Rigattiere.

stracciaiòlo (*2*) [da *stracciare*] s. m. ● Operaio che col pettine straccia i bozzoli della seta.

stracciaménto s. m. ● Atto dello stracciare.

stracciàre [lat. parl. **extractiāre*, comp. di *ĕx-* (*s-*) e **tractiāre*, da *trăctus*, part. pass. di *trăhere* 'tirare'. V. *trarre*] A v. tr. (*io stràccio*) *1* Lacerare, rompere, tirando con violenza e riducendo in brandelli: *s. un vestito, un lenzuolo, un documento, una lettera*; *stracciarsi il vestito* | (*raro*) *Stracciarsi i capelli*, strapparseli | *Stracciarsi le vesti*, (*fig.*) abbandonarsi clamorosamente alla disperazione o alla rabbia | (*raro*) †Dilaniare (*anche ass.*). *2* (*tess.*) Sfilacciare con pettine di ferro la seta dei bozzoli. *3* (*fig., pop.*) In una competizione, vincere dimostrando grande superiorità nei confronti degli avversari: *s. gli avversari*; *ha stracciato tutti*. B v. intr. pron. ● Lacerarsi: *il foglio si è tutto stracciato*.

stracciaròlo ● V. *stracciaiolo* (*1*).

stracciasàcco [comp. di *straccia*(*re*) e *sacco*] vc. ● (*raro*) Solo nella loc. avv. *a s.*, di sbieco, in cagnesco: *guardare qc. a s.*

stracciatèlla [da *stracciato*] s. f. *1* Minestra preparata gettando in brodo bollente uova sbattute, semolino e parmigiano. *2* Tipo di gelato alla crema contenente scaglie di cioccolato.

stracciàto part. pass. di *stracciare*; anche agg. *1* Nei sign. del v. *2* Che ha i vestiti laceri, detto di persona: *si presentò tutto s.* *3* Detto di prezzo di assoluta concorrenza, estremamente ribassato: *prezzo s.*

stracciatùra s. f. *1* Atto, effetto dello stracciare. *2* (*tess.*) Pettinatura, cardatura dei bozzoli sfarfallati.

stràccio (*1*) agg. (pl. f. *-ce*) *1* (*raro*) Stracciato. *2* Che è da stracciare, da farne stracci | *Roba straccia*, di nessun valore | *Carta straccia*, da macero.

stràccio (*2*) [da *stracciare*] s. m. *1* Cencio, brandello di stoffa: *lo s. per il pavimento*; *passare lo s. per terra* | *Ridursi uno s.*, in cattive condizioni, spec. fisiche | *Sentirsi uno s.*, stremato di forze. *2* (*tess.*) Seta sfilacciata dai bozzoli col pettine. *3* (*fam.*) Persona, cosa e sim. qualsiasi, misera, di poco conto, nella loc. *uno s. di*: *non avere neppure uno s. di vestito, di casa, di marito*, e sim. *4* (*spec. al pl., fam.*) Indumenti, effetti personali, e sim., spec. dimessi: *prendi i tuoi stracci e vattene*. *5* (*raro*) Strappo, rottura, in un indumento o in una stoffa. *6* (*raro*) Niente, con valore raff., nelle loc. negative *non essercene, non trovarne, non capirne*, e sim. *uno s.* *7* (*raro*) †Brano di scrittura ‖ PROV. Gli stracci vanno sempre all'aria. ‖ **straccétto**, dim. | **stracciùccio**, dim. | **stracciuòlo**, dim.

stracciòne [da *straccio*] A s. m. (f. *-a*) ● Persona con vesti stracciate, logore | Pezzente, miserabile. B agg. ● (*spreg.*) Miserabile, tipico dei miserabili: *imperialismo s.*

straccióso [da *straccio*] agg. ● (*raro*) Che ha gli abiti stracciati, detto di persona.

straccivéndolo [comp. di *straccio* e di un deriv. di *vendere*, come *erbivendolo*, ecc.] s. m. (f. *-a*) ● Chi per mestiere compra e rivende stracci. SIN. Cenciaiolo, stracciaiolo (1).

stràcco [dal longob. *strak* 'stracco'] agg. (pl. m. *-chi*) *1* (*pop.*) Stanco, esausto, affaticato: *sentirsi, essere s.*; *essere s. dal lungo viaggio*; *essere s. morto*; *s. sfinito* | Fiacco, languido: *passo s.*; *andatura stracca*; *racconto s.* | *Alla stracca*, fiaccamente, di malavoglia: *lavorare, studiare, alla stracca*. *2* (*fig.*) Logorato dal lungo uso, non più efficace: *stampe, incisioni, stracche*; *macchina stracca* | *Terreno s.*, stanco, esausto. *3* Che va estinguendosi: *sentimento, amore s.* ‖ **straccùccio**, dim. ‖ **straccaménte**, avv.

†**straccuràre** e *deriv.* ● V. *trascurare* e *deriv.*

stracittà [comp. di *stra-* e *città*. V. *strapaese*] s. f. ● Nel primo dopoguerra italiano, corrente letteraria che propugnava, in opposizione al regionalismo nazionalistico, un'adesione alle correnti culturali europee.

stracittadìno [comp. di *stra-* e *cittadino*] agg. ● Che reca in sé al massimo i caratteri della vita cittadina.

stracòcere ● V. *stracuocere*.

stracollàre [da *collo* (*del piede*), con *stra-*] v. tr. (*io stracòllo*) ● (*fam.*) Slogare: *stracollarsi un piede*.

stracollatùra [da *stracollare*] s. f. ● (*fam.*) Slogatura, spec. del piede.

stracontènto [comp. di *stra-* e *contento*] agg. ● (*fam.*) Molto contento.

†**stracotànza** ● V. *tracotanza*.

stracottàre v. tr. (*io stracòtto*) ● (*raro*) Cucinare in stracotto.

stracòtto A part. pass. di *stracuocere*; anche agg. *1* Nei sign. del v. *2* (*fig., scherz.*) Molto innamorato: *essere cotto e s.* B s. m. ● Pezzo di carne di manzo, cotto a lungo in casseruola con odori e verdure trite o passate. ‖ **stracottìno**, dim.

stracuòcere o (*pop.*) **stracòcere** [comp. di *stra-* e *cuocere*] v. tr. (coniug. come *cuocere*) ● Cuocere a lungo, o troppo.

stràda [lat. tardo *strāta*(*m*), f. sost. per *vĭa strāta* 'via lastricata', da *strātus*, part. pass. di *stĕrnere* 'stendere, lastricare'. V. †*sternere, strato*] s. f. *1* Tratto di terreno, generalmente spianato o lastricato, che permette la comunicazione fra più luoghi: *costruire, fare, aprire una s.*; *selciare, lastricare, una s.*; *la manutenzione della s.*; *il ciglio, il fondo, la massicciata, il marciapiede della s.*; *all'angolo della s.*; *quella s. porta, conduce, va, a Roma*; *quella s. mette, sbocca, in piazza*; *s. ampia, larga, curva, stretta*; *s. piana, pianeggiante, erta, scoscesa*; *s. in salita, in discesa*; *s. acciottolata, asfaltata, lastricata, selciata*; *s. solitaria, deserta, battuta, frequentata*; *s. principale, secondaria*; *s. statale, provinciale, comunale*; *s. consolare*; *s. carrozzabile, camionabile*; *s. mulattiera* | *S. maestra*, †*s. regia*, †*s. corrente*, quella principale, che unisce due paesi o città | *S. alzata*, che corre lungo un corso d'acqua navigabile e serve per rimorchiare i natanti | *S. di circonvallazione*, il cui tracciato non attraversa il centro abitato ma gli gira attorno | *S. coperta*, striscia di terreno intorno al fosso di una fortezza, dalla parte della campagna, coperta da un parapetto che si congiunge allo spalto a protezione dei difensori | *S. panoramica*, tracciata a scopo turistico in zona panoramica | *S. di uso pubblico*, bene parte del demanio statale, comunale o provinciale o appartenente a privati cittadini ma gravato da una servitù di uso pubblico | *S. privata*, appartenente a cittadini privati e da loro usata esclusivamente | *S. vicinale*, che serve a un numero ristretto di proprietari a cui è in parte a carico la manutenzione della stessa | *Strade militari*, generalmente nelle zone di confine, in vista di particolari finalità strategico-logistiche | *S. ferrata*, ferrovia | *Dare sulla s., guardare verso la s.*, di finestre, porte, e sim. che si aprono su di essa | *Attraversare la s.*, percorrerla in senso trasversale | *Tagliare la s. a qc.*, attraversarla improvvisamente, costringendo a una brusca frenata chi sopraggiunge; nelle corse ippiche, deviare irregolarmente dalla propria linea di azione, ostacolando l'avversario | *Codice della s.*, quello contenente le norme che regolano la circolazione stradale | *Circolazione, traffico su s.*, che ha luogo fuori di città | *Corse su s.*, nel ciclismo, quelle, singole o divise in tappe, che non si svolgono in pista | *Gare fuori s.*, nell'automobilismo e nel motociclismo, quelle che si svolgono, almeno in parte, al di fuori delle strade normali, sui viottoli campestri o su terreno naturale con relativi ostacoli e difficoltà. **2** Via, cammino che conduce a un dato luogo, che consente di spostarsi da un luogo a un altro: *conoscere, sapere, insegnare, mostrare, la s. a qc.*; *sbagliare la s.*; *smarrire la s.*; *tenere una s.*; *cambiare s.*; *allungare la s.*; *fare una s.*; *su che s. vai?*; *facciamo la s. insieme?*; *essere sulla buona s.*; *scegliere la s. giusta*; *andare per la propria s.*; *la s. è lunga*; *essere a metà s.*; *non c'è molta s.*; *ci sono due kilometri di s.*; *c'è un'ora di s.*; *il paese è a molti kilometri di s.* | *Mettersi in s., incamminarsi per una s., prendere la s., mettersi la s. fra le gambe*, mettersi in cammino | *Divorare la s.*, andare molto veloce, detto di veicoli | *S. facendo*, mentre si cammina, durante il cammino | *Andare, finire, fuori s.*, uscire dai limiti della strada, detto di veicoli | *Fare s.*, percorrerla: *con questa benzina l'automobile fa molta s.*; (*fig.*) fare progressi, affermarsi, raggiungere il successo nella carriera, nella vita sociale e sim.: *è un ragazzo che farà s.*; *se continua così farà poca s.*; *ne ha fatta della s., da allora!*; *è un uomo che ha fatto molta s.*; *si è fatto s. da solo* | *Uomo della s.*, uomo qualunque, uomo medio | †*Rompere le strade*, derubare, assalire i passanti. **3** (*fig.*) Condotta, modo di procedere, di comportarsi, di agire: *mettersi per una s.*; *tenere una s.*; *essere sulla buona s.*; *essere su una cattiva s.*; *cambiare s.*; *percorrere, seguire, la s. dell'onore, della virtù, del vizio, della perdizione* | *Andare per la propria s.*, mirare al proprio scopo, senza interessarsi di ciò che fanno o dicono gli altri | *Andare fuori s.*, cadere in errore | *Essere fuori s.*, essere in errore | *Mettere fuori s.*, far cadere in errore | *Scegliere, cercare, trovare, la propria s., la s. giusta*, l'attività, la professione e sim. più congeniale alle proprie caratteristiche e aspirazioni. **4** (*fig.*) Condizione di miseria di mancanza di mezzi, nelle loc. *mettere qc. sulla s.*; *mettere qc. in mezzo a una s.*; *lasciare sulla s.*; *trovarsi sulla s.* | Condizione di vita misera, poco seria o poco onesta nelle loc. *crescere per la s.*; *raccattare qc. di s.*; *raccogliere, prendere qc. dalla s.* | *Darsi, mettersi, buttarsi, alla s.*, al brigantaggio o all'assassinio. **5** (*spreg.*) Nelle loc. *di s., da s.*, indica volgarità, trivialità: *ragazzi di s.*; *parole da s.* | *Donna, donnaccia, di s.*, prostituta | *Ladro di s.*, brigante. **6** (*gener.*) Passaggio, varco (*anche fig.*): *farsi s. nei boschi*; *farsi s. tra la folla*; *aprirsi la s. fra i boschi*; *questa scoperta apre la s. a nuove applicazioni tecniche* | *Farsi s.*, rivelarsi, mostrarsi, detto di cose: *la verità si è finalmente fatta s.* | *Fare s. a qc.*, precederlo, guidarlo, mostrargli il cammino e sim. | *Fare, aprire, la s. a qc.*, agevolarlo in una attività, una professione e sim. | *Trovare la s. fatta*, affermarsi in una attività, una professione e sim. grazie ad ogni genere di agevolazioni. **7** (*fig.*) Mezzo, modo, per riuscire in un intento: *la s. per riuscire è quella*; *non c'è altra s.*; *bisogna tentare ogni s., tutte le strade*. **8** (*est.*) Apertura, solco: *fare la s. alla sega, a una vite*. **9** (*est.*) Orbita: *la s. dei pianeti*. || **stradàccia**, pegg. | **stradèlla**, dim. | **stradellina**, dim. | **stradellino**, dim. m. | **stradèllo**, dim. m. | **stradétta**, dim. | **stradettina**, dim. | **stradicciòla**, **stradicciuòla**, dim. | **stradina**, dim. | **stradóne**, accr. m. (V.) | **stradùccia**, **stradùcola**, dim. | **stradùzza**, dim.

stradaiòlo s. m. ● Stradista.

stradàle A agg. ● Di strada, attinente a strada: *piano, polizia s.* | *Cartello s.*, cartello indicatore, targa stradale | *Carta s.*, carta geografica ove sono segnate con particolare rilievo le strade, le distanze ed eventualmente le loro condizioni, ad uso degli automobilisti | *Macchine stradali*, usate per lavori stradali. **B** s. f. ● (*ell.*) Polizia stradale. **C** s. m. ● (*raro*) Viale.

stradaménto [da *stradare*] s. m. ● (*raro*) Instradamento.

stradàre [da *strada*] **A** v. tr. ● (*raro*) Instradare. **B** v. intr. e intr. pron. (aus. *essere*) ● Instradarsi | Incamminarsi.

stradàrio s. m. ● Elenco alfabetico delle strade di una città con le relative indicazioni per trovarle.

stradicò ● V. *straticò*.

stradicòto ● V. *straticò*.

†**stradière** [da *strada*] s. m. ● Daziere.

stradino s. m. (f. *-a*) **1** Operaio che lavora alla manutenzione delle strade. **2** (*pop., tosc.*) Persona di strada.

stradiòtto o **stradiòto** [vc. venez., dal gr. *stratiṓtēs* 'soldato', da *stratiá* 'esercito' (prob. d'origine indeur.)] s. m. ● Soldato a cavallo, armato alla leggera, assoldato dall'antica repubblica di Venezia tra albanesi, bulgari, greci e dalmati. SIN. Cappelletto.

stradista [da *strada*] s. m. (pl. *-i*) ● Corridore ciclista o podista, specialista delle gare su strada. SIN. Routier. CFR. Pistard.

stradivàrio [da *Stradivarius*, forma latinizzata di A. *Stradivari* (1643/44-1737), cognome del costruttore] s. m. ● Violino o violoncello fabbricato da Antonio Stradivari.

stradóne s. m. **1** Accr. di *strada*. **2** Grande strada, spec. alberata e periferica.

stradóppio [comp. di *stra-* e *doppio*] agg. ● (*bot.*) Detto di fiore in cui stami e pistilli sono sostituiti da petali.

stradotàle [comp. di *stra-* e *dotale*] agg. ● (*pop.*) Extradotale.

†**stràere** ● V. *estrarre*.

†**strafalciàre** [comp. di *stra-* e *falciare*, propriamente 'falciare a casaccio'] v. intr. ● Lavorare malamente.

strafalcióne [da *strafalciare*] s. m. (f. *-a* nel sign. 2) **1** Errore, sproposito, grossolano: *dire, scrivere, uno s.* **2** (*pop.*) Chi lavora grossolanamente, senza cura.

strafàre [comp. di *stra-* e *fare*] v. intr. (pres. *io strafàccio* o *strafò, tu strafài, egli strafà*; nelle altre forme coniug. come *fare*; aus. *avere*) ● Fare più di quanto occorre o conviene: *è uno che vuole sempre s.*

strafàtto part. pass. di *strafare*; anche agg. **1** Nei sign. del v. **2** Troppo maturo, detto di frutta: *pere strafatte*. **3** Fatto da tempo, spec. nella loc. *essere fatto e s.*

strafelàrsi [da *trafelare*, con sovrapposizione di *stra-*] v. intr. pron. (*io mi strafélo*) ● (*pop., tosc.*) Affannarsi, agitarsi, nel camminare, nel lavorare e sim.

strafelàto part. pass. di *strafelarsi*; anche agg. ● Nei sign. del v.

†**strafiguràre** e *deriv.* ● V. *trasfigurare* e *deriv.*

†**strafigurire** ● V. *trasfigurire*.

strafilàggio [da *strafilare*] s. m. ● (*mar.*) Unione di due lembi di tela, forniti di appositi occhielli mediante uno spago che viene infilato a zig zag negli stessi | Sulle navi da guerra, cordicella con cui i marinai legano la branda dopo averla chiusa.

strafilàre [da *filo*, con *stra-*] v. tr. ● (*mar.*) Unire due pezzi di tela mediante strafilaggio.

strafogàrsi [prob. sta per *stra(af)fogarsi*] v. rifl. (*io mi strafógo, tu ti strafóghi*) ● (*centr.*) Rimpinzarsi, ingozzarsi.

straforàre [da *traforare*, con sovrapposizione di *stra-*] v. tr. (*io strafóro*) ● (*raro, pop.*) Traforare: *un po' di crepuscolo ... straforava le macchie dei fichidindia* (VERGA).

†**straformàre** ● V. *trasformare*.

strafóro [da *straforare*. V. *traforo*] s. m. ● (*raro*) Traforo, piccolo foro da parte a parte: *lavorare di s.*; *lima da s.* | *Lavori di s.*, filigrane | *Di s.*, (*fig.*) di nascosto, di sfuggita: *vedersi, incontrarsi di s.*

strafottènte A part. pres. di *strafottere*; anche agg. **1** Nei sign. del v. **2** Che manifesta un arrogante disinteresse per tutto ciò che riguarda gli altri. **B** s. m. e f. ● Persona strafottente.

strafottènza s. f. ● Qualità di chi è strafottente | Atteggiamento strafottente.

strafóttere [comp. di *stra-* e *fottere*] **A** v. intr. pron. (*io mi strafótto*) ● (*volg.*) Infischiarsene, mostrare assoluta noncuranza per qc. o q.c.: *me ne strafotto di tutti*. **B** v. intr. ● (*volg.*) Nella loc. avv. *a s.*, in grande quantità: *avere soldi a s.*

stràge [vc. dotta, dal lat. *strāge(m)* 'abbattimento, macello', da *stĕrnere* 'abbattere'. V. †*sternere*] s. f. **1** Uccisione violenta di un gran numero di persone o animali insieme: *fare una s.*; *menare, seminare s.*; *la s. degli innocenti*; *la s. di Piazza Fontana a Milano nel 1969*; *i cacciatori hanno fatto s. di lepri* | (*est.*) Mortalità diffusa: *la peste fece s. fra le popolazioni in Europa nel XIV secolo*. **2** Distruzione, rovina di cose: *la s. dell'eccedenza di mele prodotte nel Ferrarese* | (*fig.*) *Fare s. di cuori*, fare innamorare di sé molte persone. **3** (*fig., est.*) Esito rovinoso, risultato pesantemente negativo: *che s. quest'anno agli esami di maturità!* **4** (*antifr.*) Grande quantità, abbondanza: *dopo le ultime piogge c'è stata una s. di funghi*. **5** †Mucchio di cadaveri.

stragismo [da *strage*] s. m. ● Strategia eversiva basata sul ricorso a stragi e attentati come mezzi per sconvolgere la vita civile e destabilizzare lo Stato.

stragista A s. m. e f. (pl. m. *-i*) ● Chi teorizza e pratica lo stragismo. **B** agg. ● Che appartiene allo stragismo o si basa sullo stragismo: *gruppo, terrorismo s.*

stragiudiziàle o **stragiudicìale** [comp. di *stra-* e *giudiziale*] agg. ● (*dir.*) Extragiudiziale.

stràglio ● V. *strallo*.

†**stràgno** [lat. *extrāneu(m)* 'estraneo', da *ĕxtra* 'fuori'. V. *estraneo, strano*] agg. **1** V. *estraneo*. **2** (*raro, poet., fig.*) Aspro, crudele.

stragodére [comp. di *stra-* e *godere*] v. intr. (coniug. come *godere*; aus. *avere*) ● (*fam.*) Godere moltissimo.

stragónfio [comp. di *stra-* e *gonfio*] agg. ● Molto gonfio.

stragrànde [comp. di *stra-* e *grande*] agg. ● Molto grande.

stralciàre [da *tralcio*, con *s-*] v. tr. (*io stràlcio*) **1** (*raro*) Tagliare i tralci alle viti. **2** Levare via, togliere da un insieme: *s. un nome da un elenco*. **3** Levare via, liquidare: *s. una partita da un conto*; *s. i crediti* | *S. un'azienda, una società commerciale*, metterla in liquidazione.

stralciatùra s. f. ● Atto, effetto dello stralciare.

stràlcio [da *stralciare*] **A** s. m. **1** Atto, effetto dello stralciare, del levare via da un insieme | Ciò che si stralcia | Scelta. **2** Liquidazione: *mettere in s.*; *vendere a s.*; *partita di s.* | (*raro*) †*Tirare avanti per lo s.*, trascinare alla meglio il resto della vita. **B** in funzione di agg. inv. ● (posposto al s.) In alcune loc. *Legge s.*, quella contenente solo una parte, rivolta agli aspetti più urgenti di una materia, delle norme di una legge più ampia | *Ufficio s.*, quello che, dopo la soppressione di un ente o di un organo, ne cura la liquidazione della gestione risolvendo o affidando ad altri enti le questioni già di sua competenza.

stràle [dal longob. *strāl* 'freccia'] s. m. **1** (*poet.*) Freccia, saetta (*anche fig.*): *al nervo adatta del suo stral la cocca* (POLIZIANO); *gli strali delle calunnie, dell'amore*. **2** (*est.*) Colpo, trafittura, dolore. || **stralétto**, dim.

straliciàre [da *tralice*, con *s-*] v. tr. (*io stralìcio*) ● (*tosc.*) Tagliare in tralice.

straliciatùra s. f. ● (*tosc.*) Operazione dello straliciare | Pezzo tagliato in tralice.

strallànte part. pres. di *strallare*; anche agg. ● Nel sign. del v.

strallàre [da *strallo*] v. tr. ● (*edil.*) Applicare stralli a un palo, a una struttura metallica e sim.

strallàto part. pass. di *strallare*; anche agg. ● Nel sign. del v.

strallétto [dim. di *strallo*] s. m. *1* (*mar.*) Dim. di *strallo*. *2* (*mar.*) Ciascuno degli stralli del belvedere, del velaccio e del velaccino.

stràllo o **stràglio** [di etim. incerta: dall'ant. fr. *estail* 'canapo per issare le merci su una nave', con epentesi di *-r-* (?)] s. m. *1* (*mar.*) Cavo per sostegno prodiero di un albero, a contrasto con le sartie che sostengono l'albero lateralmente, con tendenza a poppavia: *s. di trinchetto, di parrocchetto, di gabbia* | *Vela di s.*, quella inferita su uno strallo. ➡ ILL. p. 1291 SPORT; p. 1756-1757 TRASPORTI. *2* Tirante di acciaio che vincola una struttura metallica per impedirne la flessione. ➡ ILL. p. 829 SCIENZE DELLA TERRA ED ENERGIA. || **strallétto**, dim. (V.).

strallògi ● V. *stalloggi*.

stralodàre [comp. di *stra-* e *lodare*] v. tr. (*io stralòdo*) ● Lodare molto, eccessivamente.

stralucènte [comp. di *stra-* e *lucente*] agg. ● (*raro*) Molto lucente.

stralunaménto s. m. ● (*raro*) Atto dello stralunare.

stralunàre [da *luna* 'bianco degli occhi', con *stra-*] v. tr. ● Detto degli occhi, sbarrarli e stravolgerli, per malore, forte emozione, e sim. SIN. Strabuzzare.

stralunàto part. pass. di *stralunare*; anche agg. *1* Nel sign. del v. *2* Stravolto, fuori di sé: *era tutto s.*

stramaledétto part. pass. di *stramaledire*; anche agg. ● Nel sign. del v.

stramaledìre [comp. di *stra-* e *maledire*] v. tr. (coniug. come *maledire*) ● (*pop.*) Maledire con veemenza: *che Dio la stramaledica!*

stramangiàre [comp. di *stra-* e *mangiare*] v. intr. (*io stramàngio*; aus. *avere*) ● (*raro*) Mangiare smoderatamente.

stramatùro [comp. di *stra-* e *maturo*] agg. ● (*fam.*) Più che maturo, detto di frutto.

stramazzàre [da *mazza*, con *stra-*, propriamente 'essere abbattuto da un colpo di mazza'. V. *ammazzare*] **A** v. tr. ● (*raro*) Gettare disteso per terra: *con un colpo in testa lo stramazzò*. **B** v. intr. (aus. *essere*) ● Cadere pesantemente a terra, per malore, percosse, e sim.: *stramazzò al suolo*; *colto da malore, stramazzò sul pavimento*.

stramazzàta s. f. ● (*raro*) Atto dello stramazzare.

stramazzétto [da *stramazzare*] s. m. ● Solo nelle loc. *fare, dare, s.*, fare, dare, stramazzo, in alcuni giochi di carte.

stramàzzo (1) [da *stramazzare*] s. m. *1* Atto dello stramazzare: *dare uno s. in terra*; *cadere giù di s.* *2* *Fare, dare s.*, in alcuni giochi di carte, vincere tutte le partite tranne una. *3* (*idraul.*) Orifizio a contorno aperto, cioè tale che la vena liquida effluente ne tocca soltanto il contorno inferiore e laterale, mentre il lato superiore rimane a superficie libera.

stramàzzo (2) [da *strame*] s. m. ● (*dial.*) Grosso panno di lino, lana o sim. ripiegato più volte, su cui si può dormire in mancanza del letto | Materasso da letto | Saccone da letto | Paglericcio: *sul suo s., in un angolo, era buttato un giubbone* (VERGA).

stramazzóne [da *stramazzare*] s. m. ● Atto dello stramazzare, del cadere pesantemente a terra: *dare uno s. in terra*.

†**stràmba** [abbr. di *corda stramba*, da *strambo* 'ritorto'] s. f. ● Fune di fibre vegetali intrecciate.

strambàre [da *stramba* (?)] v. intr. (aus. *avere*) *1* (*mar.*) Cambiare di bordo nel viramento in poppa, detto spec. della randa | *Far s. la randa*, provocare tale cambiamento volontariamente o involontariamente. *2* (*mar., ass.*) Far strambare. *3* (*mar., est.*) Virare in poppa, detto del timoniere. *4* †Torcersi, detto del legno.

†**strambasciàre** ● V. *trambasciare*.

strambàta [da *strambare*] s. f. ● (*mar.*) Atto, effetto dello strambare nei sign. 1 e 2: *s. volontaria, involontaria* | *S. cinese*, pericolosa situazione in cui la parte superiore della randa rimane sul bordo precedente.

†**strambellàre** v. tr. *1* Ridurre in strambelli. *2* (*raro, fig.*) Biasimare, censurare.

†**strambèllo** [sovrapposizione di *straccio* a *brandello* (?)] s. m. ● Brandello, straccio.

stramberìa s. f. ● Qualità di chi è strambo | Atto, discorso, e sim. strambo: *la Natura fa una delle sue solite stramberie* (PIRANDELLO).

†**strambézza** [da *strambo*] s. f. ● Stortezza.

stràmbo [lat. tardo *strāmbu(m)*, variante del classico *strābus* 'strabico, storto'] agg. *1* Strano, bizzarro, stravagante: *idee strambe*; *è una testa stramba*; *che tipo s.!* *2* (*raro*) Storto: *gambe strambe* | *Occhi strambi*, strabici. *3* (*raro*) Ritorto | *Corda stramba*, fatta di fibre vegetali intrecciate. || **strambaménte**, avv.

strambòtto [dall'ant. fr. *estribot* 'componimento satirico', da *estribar* 'staffilare', con sovrapposizione di *strambo*] s. m. *1* Breve componimento poetico satirico o amoroso, di otto endecasillabi a rima alternata. *2* (*raro*) Poesia di poco conto. *3* (*fig.*) Cosa non vera, fandonia: *raccontare strambotti*.

strambòttolo s. m. ● (*pop.*) Strambotto.

stràme [lat. *strāme(n)* (nom. acc. nt.) 'paglia, lettiera', da *stĕrnere* 'stendere'] s. m. ● Paglia, fieno e sim., usati per alimento o lettiera al bestiame | Erbe secche.

†**strameggiàre** [da *strame*, con suff. iter.-ints.] v. intr. ● Mangiare strame, detto del bestiame.

stramoggiàre [comp. di *stra-*, prob. metatesi di *tras-*, e di *moggio*] v. intr. (*io stramòggio*; aus. *essere* e *avere*) *1* (*pop., tosc.*) Sovrabbondare. *2* (*pop., tosc.*) Soddisfare pienamente, nella loc. *non mi stramoggia*.

stramònio [dal lat. mediev. *stramōniu(m)*, prob. dal classico *strūmus* 'solano', di etim. incerta, con sovrapposizione di *strāmen* 'strame, paglia', perché la pianta cresceva spec. presso gli stazzi delle bestie] s. m. ● Pianta delle Solanacee, annua, con foglie irregolarmente lobate e dentate, e corolla a forma di imbuto, usata in farmacia (*Datura stramonium*).

†**stramortìre** ● V. *tramortire*.

strampalatàggine s. f. ● (*raro*) Qualità di chi è strampalato.

†**strampalatería** s. f. ● Strampaleria.

strampalàto [di etim. discussa: da *trampali* 'trampoli', con *s-*] agg. ● Strano, stravagante, illogico: *ragionamenti strampalati*; *un ragazzo piuttosto s.* || **strampalatóne**, accr.

strampalerìa s. f. ● Qualità di chi è strampalato | Comportamento, atto, discorso strampalato.

stramuràle agg. ● Extramurale.

†**stranàre** [da *strano*] v. tr. *1* Allontanare, alienare. SIN. Straniare. *2* Bistrattare.

†**straneàre** ● V. *straniare*.

stranézza s. f. *1* Qualità di chi, di ciò che è strano. *2* Atto, discorso, comportamento, strano: *le sue stranezze mi preoccupano*. *3* (*fis.*) Numero quantico attribuito ai barioni, uguale all'ipercarica meno il numero barionico. *4* †Maltrattamento, angheria.

†**strangio** [dall'ant. fr. *estrange*, dal lat. *estrāneu(m)* 'strano'. V. *estraneo, strano*] agg.; anche s. m. ● (*raro*) Straniero, forestiero.

†**strangoglióne** ● V. *stranguglione*.

strangolaménto s. m. ● Atto, effetto dello strangolare.

strangolaprèti [trentino *strangolapret*, comp. di *strangolar* 'strangolare' e *pret* 'prete'] s. m. pl. ● (*cuc., dial.*) Strozzapreti.

strangolàre [lat. *strangulāre*, dal gr. *strangalân* 'strangolare', da *strangálē* 'laccio'] **A** v. tr. (*io stràngolo*) *1* Uccidere, ostruendo le vie respiratorie al collo: *lo strangolò mentre dormiva*; *la ragazza fu strangolata con un laccio*. SIN. Soffocare, strozzare. *2* (*est., ip.*) Stringere al collo impedendo il respiro: *questa cravatta mi strangola*. *3* (*fig.*) Mettere alle strette, soffocare: *provvedimenti che strangolano l'economia della regione*; *s. un'iniziativa*. *4* (*mar.*) †Imbrogliare le vele. **B** v. intr. pron. *1* Morire strozzato: *è rimasto impigliato nelle corde e si è strangolato*. *2* †Sgolarsi, gridare a squarciagola. **C** v. rifl. ● (*pop.*) Strozzarsi, uccidersi strozzandosi.

strangolàto part. pass. di *strangolare*; anche agg. ● Nei sign. del v.

strangolatóio agg. ● (*raro*) Strangolatorio.

strangolatóre [lat. tardo *strangulatōre(m)*, da *strangulātus* 'strangolato'] s. m. (f. *-trice*) ● Chi strangola.

strangolatòrio agg. ● (*raro*) Che strangola (*anche fig.*): *condizioni strangolatorie*.

strangolatùra s. f. ● (*raro*) Strangolamento.

strangolazióne [vc. dotta, dal lat. *strangulatiōne(m)*, da *strangulātus* 'strangolato'] s. f. ● (*raro*) Strangolamento.

strangòli [dev. di *strangolare*] s. m. pl. ● Attrezzi del fucinatore per produrre strozzature nel metallo.

strangoglióne o †**strangoglióne** [da *strangolare*] s. m. *1* (*veter., pop.*) Adenite equina. *2* (*spec. al pl.*) Singhiozzo, senso di peso allo stomaco e di soffocamento per avere mangiato troppo: *avere gli stranguglioni*; *farsi venire gli stranguglioni*; *uno s. di risa*.

strangùria o **stranguria** [vc. dotta, dal lat. *strangūria(m)*, dal gr. *strangouría*, comp. di *stránx*, genit. *strangós* 'goccia, stilla', e *-ouría*, da *aurêin* 'orinare'. V. *urea*] s. f. ● (*med.*) Emissione difficoltosa e intermittente dell'urina, spesso a gocce, durante la minzione.

straniaménto s. m. *1* Atto, effetto dello straniare o dello straniarsi. *2* (*ling.*) In letteratura, procedimento compositivo mirante a generare una nuova e inconsueta visione di una realtà già nota, mediante la modificazione delle tecniche espressive e la deformazione degli automatismi del linguaggio comune.

straniàre o †**straneàre** [lat. tardo *extraneāre*, da *extrāneus* 'stranio'] **A** v. tr. (*io strànio*) ● (*raro, lett.*) Allontanare: *s. qc. dalla famiglia*; *s. l'animo di qc. dalla famiglia*. **B** v. rifl. ● V. *estraniarsi*.

straniàto part. pass. di *straniare*; anche agg. *1* Nei sign. del v. *2* Assente, distante, profondamente assorto: *espressione straniata*.

stranièro o †**stranière**, spec. nel sign. B [dall'ant. fr. *estrangier*, da *estrange* 'estraneo'. V. †*strangio*] **A** agg. *1* Relativo ad altro soggetto di diritto internazionale: *deliberare un provvedimento giurisdizionale s.* | (*anton.*) Di persona avente la cittadinanza di uno stato estero: *turisti stranieri*. *2* Che è proprio di un paese, di una nazione, e sim. diversa dalla propria: *terra straniera*; *lingue straniere*; *usi stranieri*; *accento s.*; *popolo s.* *3* Che si riferisce a un popolo nemico e invasore: *esercito s.*; *invasione, occupazione, dominazione straniera*. *4* (*lett.*) Estraneo: *sentirsi s. in un luogo*; *giovani madri che a straniera lotta / non concedean gl'infanti* (FOSCOLO). *5* †Strano. *6* †Alieno, nella loc. *s. da q.c.* **B** s. m. (f. *-a* nel sign. 1) *1* Cittadino di altro stato: *lo s. ha diritto d'asilo*. *2* Popolo nemico e invasore: *essere oppressi dallo s.*; *essere soggetti allo s.*; *languire sotto lo s.*; *cacciare lo s.*; *morte allo s.!*

†**straniézza** [da †*stranio*] s. f. ● (*raro*) Stranezza, stravaganza.

†**strànio** [lat. *extrāneu(m)* 'estraneo', da *ĕxtra* 'fuori'. V. *estraneo, strano*] agg. *1* (*poet.*) Straniero, forestiero. *2* V. *estraneo*. *3* V. *strano*.

stranìre [da *strano*] v. tr. ● (*raro*) Rendere strano, inquieto, turbato.

stranìto part. pass. di *stranire*; anche agg. *1* Nel sign. del v. *2* Innervosito: *perché sei così s.?* | Intontito: *è ancora s. dal sonno*.

stràno o (*poet.*) †**strànio** [lat. *extrāneu(m)* 'estraneo', da *ĕxtra* 'fuori'. V. *estraneo*] **A** agg. *1* Che è diverso dal consueto e dal normale: *parla una lingua strana*; *veste in modo s.*; *porta uno s. cappello* | Che, per le sue caratteristiche, provoca stupore, turbamento o sospetto: *è veramente un fatto s.*; *è uno s. caso*; *talvolta succedono strani fenomeni*; *sentì uno s. rumore*; *quelle strane parole lo spaventarono* | *Essere, parere, sembrare s.*, di cosa difficile a credersi e a pensarsi: *è s. che non sia venuto*; *mi pare s. che non telefoni*; *non vi sembri s. se non ci sarò*. *2* Detto di persona, che pensa, agisce, e sim. in modo diverso da quello della maggior parte della gente: *è un ragazzo s.*; *un tipo molto s.*; *che s. carattere!* *3* †Straniero, forestiero. *4* †Sgarbato, scortese. *5* (*poet.*) †Romito, selvaggio, detto di strade, luoghi, e sim. *6* (*raro*) †Eterogeneo. *7* V. *estraneo*. || **stranaménte**, avv. **B** s. m. solo sing. *1* Ciò che è diverso dal consueto, dal normale: *questo è lo s.* *2* †Straniero.

stranutàre ● V. *starnutare*.

stranutìre ● V. *starnutire*.

stranùto ● V. *starnuto*.

straordinariàto s. m. ● Condizione e durata di

ufficio o carica straordinaria.

straordinarietà s. f. ● Qualità di ciò che è straordinario.

straordinàrio o †**estraordinàrio** [vc. dotta, dal lat. *extraordināriu(m)*, comp. di *ĕxtra* 'stra-' e *ordinārius* 'ordinario'] **A** agg. *1* Che è fuori dell'ordinario, rispetto alla natura o alla consuetudine stabilita o seguita: *caso, avvenimento, fatto, fenomeno, s.*; *spesa, vendita, straordinaria*; *recita straordinaria* | *Treno s.*, che viene effettuato quando se ne manifesta la necessità | *Assemblea straordinaria*, che può essere convocata in qualsiasi momento per deliberare su oggetto o su fatti eccezionali di preminente importanza | *Imposta straordinaria*, istituita per necessità eccezionali | *Lavoro s.*, eccezionalmente prestato dal lavoratore al di fuori dell'orario normale di lavoro | *Impiegato s.*, assunto temporaneamente | *Professore s.*, nell'ordinamento universitario italiano, professore di ruolo nei tre anni successivi alla nomina per concorso. CONTR. Ordinario. *2* Molto grande, notevole: *successo s.*; *forza, potenza, straordinaria* | Singolare, eccezionale: *spettacolo s.*; *persona di straordinaria bontà*; *qui è il meraviglioso ..., rappresentare un mondo così s. con semplicità e naturalezza* (DE SANCTIS). || **straordinariaménte**, avv. In modo straordinario; oltremodo: *straordinariamente affascinante*. **B** s. m. (f. *-a* nel sign. 2) *1* (*ell.*) Lavoro straordinario | Compenso per tale lavoro, maggiorato rispetto alla retribuzione ordinaria. *2* (*ell.*) Impiegato, professore, straordinario.

straorzàre o **straorẓàre** [comp. di *stra-* e *orzare*] **A** v. intr. (*io straòrzo* o *straòrẓo*; aus. *avere*) ● (*mar.*) Volgersi bruscamente all'orza, detto di un'imbarcazione a vela, per errore di governo, per difetto di costruzione, per moto laterale o sim. **B** v. tr. ● (*mar.*) Condurre la prua dell'imbarcazione oltremodo all'orza.

straorzàta o **straorẓàta** [da *straorzare*] s. f. ● (*mar.*) Mossa improvvisa del bastimento che volge all'orza.

strapaeṣàno [comp. di *stra-* e *paesano*] **A** agg. ● Detto di chi reca in sé al massimo grado i caratteri della vita del proprio paese. **B** agg.; anche s. m. (f. *-a*) ● Aderente al movimento letterario di Strapaese.

strapaéṣe [comp. di *stra-* e *paese*] s. m. ● (*letter.*) Nel primo dopoguerra italiano, corrente letteraria che propugnava un ritorno alla schiettezza delle tradizionali culture paesane delle regioni italiane, opponendosi all'ammirazione e all'imitazione dei modelli letterari stranieri.

strapagàre [comp. di *stra-* e *pagare*] v. tr. (*io strapàgo, tu strapàghi*) ● Pagare troppo (*anche ass.*): *pagare e s.*

straparlàre [comp. di *stra-* e *parlare*] v. intr. (aus. *avere*) ● Parlare troppo, a sproposito | Vaneggiare.

strapazzaménto s. m. ● Atto dello strapazzare o dello strapazzarsi.

strapazzàre [da *pazzo*, con *stra-* (?)] **A** v. tr. *1* Maltrattare: *s. i dipendenti, la servitù, gli inferiori*. *2* Adoperare senza riguardo, senza cura, sciupare: *s. un vestito, i libri* | *S. un autore*, tradurlo o interpretarlo male | *S. una commedia*, recitarla male | *S. un mestiere, un'arte*, esercitarli male. *3* Affaticare eccessivamente, sottoporre a gravi fatiche: *s. i cavalli*; *quel lavoro lo strapazza*; *strapazzarsi la salute, la vista, gli occhi*. **B** v. rifl. ● Sottoporsi a fatiche gravi, eccessive: *si strapazza col troppo lavoro*.

strapazzàta [da *strapazzare*] s. f. *1* Grave rimprovero, sgridata: *dare, fare, ricevere, una s.* *2* Fatica fisica: *è stata una bella s. andare fin là*. || **strapazzatìna**, dim.

strapazzàto part. pass. di *strapazzare*; anche agg. *1* Nei sign. del v. *2* *Vita strapazzata*, piena di fatiche, di strapazzi | *Uova strapazzate*, sbattute mentre si cuociono al tegame. || **strapazzataménte**, avv. In modo strapazzato, senza riguardo.

strapazzatóre s. m. (f. *-trice*) ● (*raro*) Chi strapazza, spec. la roba.

strapàzzo s. m. *1* (*raro*) Atto dello strapazzare la roba. *2* Nella loc. agg. *da s.*, di poco prezzo, privo di eleganza, ma resistente e da potersi usare senza riguardo: *cose, vestito, giacca e sim. da s.*; (*fig.*) privo di valore: *poeta, scrittore, da s.* *3* Atto dello strapazzarsi, grave affaticamento: *questo lavoro per lui è uno s.*; *per lo s. si è ammalato*; *prendersi un grande s.*; *rimettersi dallo s. del viaggio*; *una vita di strapazzi*.

strapazzóne s. m.; anche agg. (f. *-a*) ● Chi, che strapazza, sciupa la roba.

strapazzóso agg. ● Che reca strapazzi, fatiche, disagi: *viaggio s.*; *vita strapazzosa*. || **strapazzosaménte**, avv. Senza riguardo, con strapazzo.

strapèrdere [comp. di *stra-* e *perdere*] v. tr. e intr. (coniug. come *perdere*; aus. *avere*) ● Perdere moltissimo: *quando gioca perde e straperde*.

strapèrso part. pass. di *straperdere*; anche agg. ● Nel sign. del v.

strapiantàre o †**traspiantàre** [da *trapiantare*, con *s-*] v. tr. ● (*raro, pop.*) Trapiantare.

†**strapiè** [comp. di *stra-*, metatesi di *tras-*, e *piè* 'piede'] agg. *1* Storpio, zoppo. *2* (*raro*) Nella loc. avv. *a s.*, a rovescio.

strapièno [comp. di *stra-* e *pieno*] agg. ● Molto pieno, pieno zeppo.

strapiombànte part. pres. di *strapiombare*; anche agg. *1* Nei sign. del v. *2* *Parete s.*, in alpinismo, parete a strapiombo.

strapiombàre [comp. di *stra-* e *piombare*] v. intr. (*io strapiómbo*; aus. *essere* e *avere*) ● Non cadere a piombo, sporgere in fuori: *il muro strapiomba*; *la parete di roccia strapiomba sull'abisso*.

strapiómbo [da *strapiombare*] s. m. *1* Atto dello strapiombare. *2* Luogo scosceso: *cadere, precipitare, da uno s.* *3* In alpinismo, tratto di roccia sporgente oltre la perpendicolare | *Parete a s.*, parete la cui inclinazione supera la verticale.

strapoggiàre o **strapuggiàre** [da *stra-*, che indica eccesso, e *poggiare*] **A** v. intr. (*io strapòggio*; aus. *avere*) ● (*mar.*) Venire rapidamente alla poggia, detto di barca a vela che, a causa delle condizioni del mare o di una errata manovra, allontana decisamente la prua dalla direzione del vento. **B** v. tr. ● Pilotare un'imbarcazione a vela in modo che la prua vada alla poggia. CONTR. Straorzare.

strapoggiàta o **strapuggiàta** s. f. ● (*mar.*) Manovra compiuta da un'imbarcazione a vela che strapoggia.

straportàre e *deriv.* ● V. *trasportare* e *deriv.*

strapotènte [comp. di *stra-* e *potente*] agg. ● Molto potente, che ha potenza soverchiante.

strapotènza [comp. di *stra-* e *potenza*] s. f. ● Qualità di chi è strapotente.

strapotére [comp. di *stra-* e *potere*] s. m. ● Potere eccessivo.

stràppa [da *strappare*] vc. ● (*raro*) Solo nella loc. avv. *a s. a s.*, in grande fretta: *mangiare un boccone a s. a s.*

†**strappabécco** [comp. di *strappa(re)* e *becco*] vc. ● Solo nella loc. avv. *a s.*, con prestezza, in fretta.

strappàbile [da *strappare*] agg. ● Che si può strappare.

†**strappacavézza** [comp. di *strappa(re)* e *cavezza*] vc. ● Solo nella loc. avv. *a s.*, di cavallo o altra bestia, che si contratta sul mercato senza patto scritto o garanzia di sorta: *comprare, vendere, a s.*

strappacuòre [comp. di *strappa(re)* e *cuore*] agg. inv. ● Che strappa il cuore, che commuove fortemente: *scena s.*

strappalàcrime [comp. di *strappare* e il pl. di *lacrima*] agg. inv. ● Che strappa le lacrime, che commuove fortemente: *film, romanzo s.*

strappalàna [da *strappa(re)* e *lana*] s. f. ● (*bot.*) Pianta delle Composite con capolino aculeato, uncinato, largamente diffusa nei luoghi aridi (*Xanthium italicum*).

strappaménto s. m. ● Atto, effetto dello strappare | (*med.*) *Lẹsione da s.*, provocata da una forza che supera i limiti di estensibilità di un organo.

strappàre [dal got. *strappan*] **A** v. tr. *1* Togliere tirando via con forza e in modo rapido: *s. un fiore da una pianta*; *s. un coltello di mano a qc.*; *strapparsi gli abiti di dosso* | *Strapparsi i capelli*, in segno di rabbia, disperazione, e sim. | Sradicare, svellere (*anche fig.*): *s. un dente, una pianta*; *s. le erbacce*; *strapparsi un ricordo dal cuore*; *avrebbe voluto strapparsi gli occhi per non vedere quelli della Lupa* (VERGA). *2* Rimuovere, allontanare a forza: *la strapparono dal letto del marito*; *strappò il figlio alla madre*. *3* Stracciare, lacerare, rompere in più parti materiale poco resistente: *s. un foglio, una lettera, un lenzuolo*; *strapparsi il vestito, i calzoni* | (*fig.*) *S. il cuore*, commuovere profondamente. *4* (*fig.*) Riuscire a ottenere, a carpire, a estorcere: *s. una promessa, una confessione, un segreto*; *s. una parola di bocca a qc.* | *S. gli applausi*, ottenere grande successo di pubblico | *S. le lacrime*, commuovere profondamente | (*pop.*) *S. la vita*, campare a stento. **B** v. intr. pron. ● Lacerarsi, rompersi: *la corda si è strappata*.

strappàta s. f. *1* Atto dello strappare | Tirata rapida, strappo: *dare una s. alla fune*. *2* (*fig., pop.*) Passaggio in automobile chiesto od offerto a un estraneo: *dare, chiedere una s.* || **strappatàccia**, pegg. | **strappatèlla**, dim. | **strappatìna**, dim.

strappàto part. pass. di *strappare*; anche agg. ● Nei sign. del v.

strappatóre s. m. (f. *-trice*) *1* (*raro*) Chi strappa. *2* (*tess.*) Operaio addetto alla strappatrice.

strappatrice [f. di *strappatore*] s. f. ● (*tess.*) Macchina che spezza, strappando, le fibre lunghe della canapa.

strappatùra s. f. *1* Atto, effetto dello strappare | Punto strappato, strappo. *2* (*tess.*) Scarto della canapa, usato come stoppa.

strappìsta s. m. (pl. *-i*) ● (*sport*) Pesista specialista nel sollevamento a strappo.

stràppo [da *strappare*] s. m. *1* Atto dello strappare. *2* Lacerazione, rottura: *farsi uno s. nel vestito*; *cucire, rammendare, gli strappi*; *un vestito tutto pieno di strappi* | (*med.*) *S. muscolare*, eccessivo stiramento delle fibre muscolari con interruzione delle stesse ed emorragia. *3* (*raro, pop.*) Squarcio: *uno s. di sereno*. *4* (*fig.*) Infrazione, eccezione: *fare uno s. alla regola, al regolamento* | Spec. nel linguaggio politico, interruzione di rapporti, rottura | *Dare uno s.*, interrompere bruscamente un rapporto | *A strappi*, a più riprese, a intervalli: *dormire a strappi*. *5* (*fig., fam.*) Breve passaggio in macchina o sulla moto: *mi dai uno s. fino alla stazione?*; *farsi dare uno s.* *6* (*sport*) Serie di pedalate forzate in cui si produce un corridore ciclista per staccare gli avversari, soprattutto in salita | Nel ciclismo, breve rampa | Nel sollevamento pesi, prova in cui si porta in un solo tempo l'attrezzo da terra a braccia tese sopra la testa. *7* Operazione del distaccare un affresco dal muro per il trasferimento su tela o altro supporto. || **strappettìno**, dim. | **strappétto**, dim. | **strappóne**, accr.

strapponàre [da *strappo*, sul modello di *strattonare*] v. tr. (*io strappóno*) ● Dare strappi violenti a qc. o q.c.

strapuggiàre e *deriv.* ● V. *strapoggiare* e *deriv.*

strapuntìno [dim. di *strapunto*] s. m. *1* Dim. di *strapunto*. *2* Sedile pieghevole di automobile, sala di spettacoli e sim. *3* (*mar.*) Materasso per la branda, in dotazione ai marinai.

strapùnto [da *trapunto*, con *s-*] s. m. *1* Materasso sottile, saccone imbottito e trapuntato. *2* Coperta imbottita. || **strapuntìno**, dim. (V.).

straricco [comp. di *stra-* e *ricco*] agg. (pl. m. *-chi*) ● Molto ricco, ricchissimo.

straripaménto s. m. ● Atto, effetto dello straripare | *S. di potere*, eccesso di potere.

straripànte part. pres. di *straripare*; anche agg. *1* Nei sign. del v. *2* (*fig., ip.*) Pieno, traboccante: *con l'animo s. di gioia* | (*fig.*) Eccessivo, difficilmente contenibile: *commozione, felicità s.*; *un fisico s.*

straripàre [comp. di *stra-* e di un denominale di *ripa* 'riva'] v. intr. (aus. *essere* e *avere*) *1* Traboccare uscendo dalle rive o dagli argini, detto di fiumi: *l'Arno è straripato*; *l'Arno ha straripato*. *2* (*fig.*) Rigurgitare, traboccare: *la sala straripava di folla*.

†**straripévole** [comp. di *stra-* e di un deriv. di *ripa* 'dirupo'] agg. ● Dirupato, scosceso.

†**stràrre** ● V. *estrarre*.

†**strasapére** [comp. di *stra-* e *sapere*] v. intr. (coniug. come *sapere*; aus. *avere*) ● Sapere moltissimo: *sapere e s.*

strascicaménto s. m. ● Atto, effetto dello strascicare.

strascicàre [da *strascinare*] **A** v. tr. (*io stràscico, tu stràscichi*) *1* Trascinare con azione continuata e poco energica: *s. un vestito per terra, un sacco* | *S. le gambe*, di persona debole o stanca | *S. i* *piedi*, strisciarli per terra. **2** (*fig.*) Fare q.c. lentamente, di malavoglia: *s. un lavoro, un compito* | *S. il male, la febbre*, indugiare a curarsi. **3** (*fig.*) Pronunciare con suono prolungato, indistinto: *s. le parole, la voce.* **B** v. rifl. ● Trascinarsi: *non strascicarti per terra!* **C** v. intr. (aus. *avere*) ● Toccare terra, spec. pendendo: *la coperta strascica sul pavimento; il vestito strascica in terra.*

strascicàta s. f. ● (*raro*) Atto dello strascicare la voce.

strascichìo [da *strascicare*] s. m. ● Atto dello strascicare continuo | Rumore di cosa che strascica: *uno s. di piedi.*

stràscico [da *strascicare*] s. m. (pl. *-chi*) **1** Atto dello strascicare | *Rete a s.*, tipo di rete, molto lunga, che viene trascinata sul fondo del mare, di fiumi, laghi, e sim. | *Pesca a s.*, quella fatta con le reti a strascico | *Caccia alla volpe con lo s.*, fatta trascinando per terra un pezzo di carne, il cui odore attira l'animale | *Caccia a s.*, quella fatta con reti che si tirano strisciando sul terreno spec. prativo per catturare uccelli, spec. quaglie | *Parlare con lo s.*, allungando le vocali, spec. in fine di periodo. **2** Parte di abito lungo che dietro strascica per terra: *abito da sposa, abito da sera, con lo s.*; *uno s. lungo due metri*; *reggere lo s. a qc.*; *reggersi lo s.* **3** Corteo, accompagnamento: *un lungo s. di servi.* **4** Segno che le lumache lasciano nel passare | (*fam.*) *Lasciare lo s. come le lumache*, di chi non rimette le sue cose a posto, dopo averle usate. **5** Serie di conseguenze negative, spec. di cose spiacevoli: *gli strascichi della malattia, della guerra*; *l'influenza gli ha lasciato uno s. di febbre*; *la lite ebbe uno s. di pettegolezzi.*

strascicóne [da *strascicare*] s. m. (f. *-a*) ● (*fam.*) Persona vecchia o malata che si strascica nel camminare.

strascicóni [da *strascicare*] avv. ● Strascicando, strascicandosi: *portare il vestito s.*; *camminare, avanzare s.* | Anche nella loc. avv. *a s.*: *fece pubblicamente sei palmi di lingua a s. sui ciottoli del sacrato innanzi alla chiesa, in penitenza* (VERGA).

strascinaménto s. m. ● Atto dello strascinare.

strascinàre [da *trascinare*, con *s-*] **A** v. tr. ● Trascinare q.c. di pesante e che oppone una certa resistenza, facendola strisciare per terra: *s. una catena, una sbarra di ferro, un cadavere* | (*fig.*) *S. la vita*, stentare, condurla penosamente: *Mirra infelice, strascina una vita / peggio d'ogni morte* (ALFIERI). **B** v. rifl. ● Trascinarsi a fatica, senza riuscire a sollevarsi da terra: *si strascinò fino alla porta.* **C** v. intr. pron. ● (*fig.*) Durare, prolungarsi nel tempo: *una situazione che si strascina da anni.*

strascinìo s. m. ● Atto dello strascinare continuo | Rumore di cosa strascinata.

stràscino (1) o **strascìno** [da *strascinare*, con l'accento di *strascico*] s. m. **1** †Atto dello strascinare. **2** (*pesca*) Specie di giacchio. **3** (*caccia*) Rete da trascinare sul terreno spec. prativo per catturare uccelli, spec. quaglie.

strascìno (2) [da *strascinare*] s. m. (f. *-a* nel sign. 2) **1** In passato, venditore ambulante di carne, spec. di cattiva qualità. **2** (*raro*) Persona molto negligente nel vestire.

strasecolàre ● V. *trasecolare.*

straservìto [comp. di *stra-* e *servito*] agg. ● Più che servito, molto ben servito.

strass /stras, *ted.* ʃtras/ [dal n. dell'inventore, J. *Strasser* di Vienna] s. m. inv. (pl. ted. *Strasse*) ● Cristallo molto ricco di piombo, che, per lo splendore, imita il diamante e, opportunamente colorato, altre pietre preziose: *una spilla di s.*

stratagèmma o (*pop.*) **strattagèmma** [vc. dotta, dal lat. *stratégēma* (nom. acc. nt.), dal gr. *stratḗgēma*, genit. *stratēgḗmatos* 'stratagemma', da *stratēgêin* 'condurre l'esercito', connesso con *stratēgós* 'stratega'] s. m. (pl. *-i*) ● Accorgimento astuto, per sorprendere e sopraffare il nemico: *lo s. del cavallo di Troia* | (*est.*) Qualunque inganno, astuzia: *inventare uno s.*; *ricorrere a uno s.*; *riuscì a fuggire con uno s.*

stratàtico [vc. dotta, dal lat. mediev. *stratāticu(m)*, dal lat. tardo *strāta* 'strada'] s. m. (pl. *-ci*) ● All'epoca dei Comuni e delle Signorie, pedaggio da pagare sulle strade.

stratèga ● V. *stratego.*

strategìa [vc. dotta, dal gr. *stratēgía*, da *stratēgós* 'comandante'] s. f. **1** Branca dell'arte militare che tratta della condotta della guerra. **2** Comportamento strategico tenuto da un comandante, un esercito, e sim.: *s. terrestre, navale, aeronautica*; *la s. napoleonica durante la campagna di Russia.* **3** (*fig.*) Abilità nel raggiungere lo scopo voluto, spec. in situazioni non facili: *ha messo in opera tutta la sua s. per conquistarlo*; *la s. di Cavour nella formazione del regno d'Italia.*

stratègico [vc. dotta, dal lat. tardo *stratēgicu(m)*, dal gr. *stratēgikós*, agg. da *stratēgía* 'strategia'] agg. (pl. m. *-ci*) **1** Attinente alla strategia: *piano s.*; *mossa strategica* | *Obiettivo s.*, la cui conquista o difesa è determinante ai fini dell'esito positivo della guerra | *Posizione strategica*, di grande importanza per la condotta della guerra | *Vittoria strategica*, che determina, o concorre a determinare, l'esito finale vittorioso di un conflitto | *Materiali strategici*, che contribuiscono in modo rilevante a determinare il potenziale bellico. **2** (*fig.*) Che è detto, fatto, e sim. in modo abile, astuto: *trovata, mossa, strategica.* || **strategicaménte**, avv. **1** Dal punto di vista strategico. **2** Con abilità: *riuscì strategicamente a imporre il suo volere.*

stratègo o **stratèga**, spec. nel sign. 2 [vc. dotta, dal lat. *stratēgu(m)*, dal gr. *stratēgós* 'comandante militare', comp. di *stratós* 'esercito' e di un corradicale di *ágein* 'condurre'] s. m. (pl. *-ghi*) **1** Nell'antica Grecia, comandante militare | Ad Atene, dalla fine del VI secolo a.C., ciascuno dei dieci membri di una magistratura avente il comando dell'esercito e della flotta e poi, dalla fine del V, supremo magistrato con poteri civili e militari analoghi a quelli del dittatore romano. **2** Funzionario che governava una delle province ordinate militarmente dell'Impero bizantino | Funzionario giurisdizionale e amministrativo in alcuni territori longobardi e normanni dell'Italia meridionale durante il Medioevo. **3** Capo, comandante militare che ha il senso e l'esperienza della strategia: *Giulio Cesare e Napoleone sono fra i massimi strateghi della storia mondiale.* **4** (*est.*) Chi è abile nel raggiungere lo scopo voluto predisponendo con lungimiranza le opportune condizioni di successo.

stratèmpo [comp. di *stra-*, metatesi di *tras-*, e *tempo*] s. m. ● (*raro, lett.*) Tempo inclemente: *spero ancora un rifugio allo s.* (SABA).

straticò o **stradicò**, **straticòto**, **stradicòto** [dal gr. biz. *stratēgós* 'comandante'] s. m. ● Stratego longobardo e normanno, nel Medioevo.

stratificàre [comp. di *strato* e *-ficare*] **A** v. tr. (*io stratìfico, tu stratìfichi*) ● Disporre a strati. **B** v. intr. pron. ● Disporsi a strati.

stratificàto part. pass. di *stratificare*; anche agg. **1** Nei sign. del v. **2** (*biol.*) *Tessuto s.*, che presenta due o più strati di cellule | (*stat.*) *Campione s.*, scelto col procedimento della stratificazione.

stratificazióne [da *stratificare*] s. f. **1** Atto, effetto dello stratificare o dello stratificarsi | *S. sociale*, in sociologia, fenomeno per cui i componenti di una società si presentano come riuniti in gruppi omogenei e ben differenziati tra di loro. **2** (*geol.*) Suddivisione in strati di una roccia sedimentaria. **3** (*stat.*) Procedimento consistente nel raggruppare le unità che compongono un dato universo in strati o classi comprendenti ciascuno quelle fra tali unità che presentano caratteri comuni.

stratifórme [comp. di *strato* e *-forme*] agg. ● Che ha forma di strato.

stratigrafìa (1) [comp. di *strato* e *-grafia*, sul modello dell'ingl. *stratigraphy*] s. f. ● Ramo della geologia che ricostruisce i rapporti di precedenza e successione delle rocce e ne studia la distribuzione nel tempo.

stratigrafìa (2) [comp. di *strato* e (*radio*)*grafia*] s. f. ● (*med.*) Tecnica radiografica che consente di osservare un singolo strato di una parte corporea eliminando le immagini degli strati soprastanti e sottostanti. SIN. Topografia, röntgenografia, planigrafia.

stratigràfico (1) [da *stratigrafia (1)*] agg. (pl. m. *-ci*) ● (*geol.*) Relativo alla stratigrafia | *Unità stratigrafica*, gruppo di strati o rocce formate in condizioni ambientali costanti, o in un determinato intervallo di tempo, o durante il periodo di esistenza di determinati fossili.

stratigràfico (2) [da *stratigrafia (2)*] agg. (pl. m. *-ci*) ● (*med.*) Che riguarda la stratigrafia: *indagine stratigrafica.*

stratìgrafo [comp. di *strato* e *-grafo*] s. m. ● (*med.*) Apparecchio per eseguire stratigrafie. SIN. Tomografo.

stratigràmma [comp. di *strato* e (*radio*)*gramma*] s. m. ● (*med.*) Radiogramma ottenuto mediante lo stratigrafo. SIN. Planigramma, tomogramma.

stratimetrìa [comp. di *strato* e *-metria*] s. f. ● (*geol.*) Misura degli spessori e della giacitura degli strati che formano la crosta terrestre.

stratiòta o **stratiòte**, **stratiòto** [dal gr. *stratiṓtēs* 'soldato'. V. *stradiotto*] s. m. (pl. *-i*) ● Nell'Impero bizantino, soldato di milizia stanziale.

stràto [lat. *strātu(m)*, nt. sost. di *strātus* 'disteso', part. pass. di *stĕrnere* 'stendere'] s. m. **1** Quantità di materia omogenea distesa su una superficie in modo piuttosto uniforme: *s. spesso, denso, sottile, omogeneo*; *uno s. di polvere, di vernice*; *spalmare uno s. di burro sul pane*; *sulla strada c'è uno s. di ghiaccio* | (*fis.*) *S. limite*, porzione di un fluido viscoso prossima alla parete della conduttura in cui esso fluisce. **2** Corpo geologico sedimentario, tabulare, limitato da due giunti o superfici di stratificazione, depositato in condizioni fisiche e ambientali costanti, di vario spessore. **3** (*meteor.*) Distesa nuvolosa uniforme bassa grigia con base definita, talvolta accompagnata da pioviggine o pioggia debole. ➡ ILL. p. 822 SCIENZE DELLA TERRA ED ENERGIA. **4** Livello di scavo archeologico caratterizzato da materiali che risalgono ad uno stesso periodo. **5** (*fig.*) Ceto, classe, grado sociale: *i vari strati della popolazione, della società* | *S. sociale*, gruppo di persone aventi in comune il livello di vita e le relative forme di coscienza ideologica. **6** †Tappeto, drappo steso in segno d'onore. **7** †Letto. || **straterèllo**, dim.

stratocrazìa [vc. dotta, comp. del gr. *stratós* 'esercito' (prob. d'origine indeur.) e *-crazia*] s. f. ● Governo, dominio esercitato dai militari.

stratocùmulo [comp. di *strato* nel sign. 3 e *cumulo*] s. m. ● (*meteor.*) Nube stratificata composta di grandi elementi tondeggianti grigi scuri più o meno saldati uno all'altro, talvolta accompagnata da pioggia o nevischio. SIN. Cumulostrato. ➡ ILL. p. 822 SCIENZE DELLA TERRA ED ENERGIA.

stratofortézza [comp. di *strato*(*sfera*) e *fortezza* sul modello dell'amer. *strato fortress*] s. f. ● Bombardiere plurimotore a getto che può volare nella stratosfera.

stratonémbo [comp. di *strato* nel sign. 3 e *nembo*] s. m. ● (*meteor.*) Nembostrato.

stratopàusa [comp. di *strato*(*sfera*) e *-pausa*, dal gr. *pâusis* 'cessazione'. V. *pausa*] s. f. ● Strato di transizione, nell'atmosfera, che limita superiormente la stratosfera.

stratoreattóre [comp. di *strato*(*sfera*) e *reattore*] s. m. ● Aereo a reazione che può volare nella stratosfera.

stratosfèra [dal fr. *stratosphère*, comp. di *strato* e *-sphère*, secondo elemento di *atmosphère* 'atmosfera'. V. *atmosfera*] s. f. ● (*geogr.*) Regione dell'atmosfera compresa tra la troposfera e la mesosfera, tra 10-15 a 30-50 km di altezza, caratterizzata da aumento progressivo della temperatura (da –55 a 0 °C) con l'altezza. ➡ ILL. p. 817 SCIENZE DELLA TERRA ED ENERGIA.

stratosfèrico agg. (pl. m. *-ci*) **1** Della stratosfera, che si riferisce alla stratosfera. **2** (*fig.*) Fantastico, astruso: *discorsi stratosferici* | Spropositato: *una quantità stratosferica.*

stratovisióne [comp. di *strato*(*sfera*) e (*tele*)*visione*] s. f. ● Trasmissione televisiva da aeromobili.

stràtta [da *tratta*, con *s-*] s. f. ● Strappata, tirata brusca e violenta: *dare una s. a q.c.*; *dare delle stratte* | *A stratte*, a strappi, a scatti e (*raro, fig.*) a intervalli.

strattagèmma ● V. *stratagemma.*

†**strattézza** [da †*stratto (2)*] s. f. ● Stravaganza.

†**stràtto (1)** ● V. *astratto.*

†**stràtto (2)** ● V. *estratto.*

strattonàre [da *strattone*] v. tr. (*io strattóno*) ● (*dial., gener.*) Dare strattoni | Nello sport, spec. nel calcio, afferrare un avversario per la maglia, impedendogli di proseguire la corsa o gener. l'azione.

strattóne [da *stratta*] s. m. ● Scossa, strappo e, gener., movimento brusco e violento, con cui ci si vuole liberare da qc. o q.c. ovvero trarli a sé: *dare uno s.*; *con uno s. si liberò.*

stravacàto [deriv. part. del lat. tardo *transvaricāre* 'allargare le gambe', detto propriamente degli equini che allargando le gambe pencolano. V. *divaricare*] agg. ● (*tip.*) Detto di composizione a caratteri mobili, in cui i vari componenti si sono accidentalmente coricati.

stravaccàrsi [da *vacca*, con *stra-*] v. intr. pron. (*io mi stravàcco, tu ti stravàcchi*) ● (*dial.*) Sdraiarsi, sedersi, in modo estremamente scomposto.

stravaccàto [vc. ven. da *vacca*, con *stra-*] agg. ● (*dial.*) Seduto, sdraiato o sim. in modo estremamente scomposto, detto di persona.

stravagànte o (*raro*) **estravagànte** [lat. mediev. *extravagānte(m)*, comp. di *ĕxtra* 'fuori' e *vāgans*, genit. *vagāntis*, part. pres. di *vagāri* 'vagare'. V. *vagare*] **A** agg. **1** Che va al di fuori dei limiti, della consuetudine | *Rime stravaganti*, quelle non comprese da un autore nella raccolta da lui stesso curata. **2** (*est., raro*) Che esce dall'uso comune, straordinario, singolare: *cose stravaganti*; *discorsi stravaganti.* **3** (*est.*) Che si comporta in modo strano, bizzarro, eccentrico: *persona, uomo s.*; *è cosa nota che gli artisti sono un po' stravaganti* | *Tempo s.*, incostante. || **stravagantemènte**, avv. In maniera stravagante, strana. **B** s. m. solo sing. ● Ciò che è stravagante: *che mai può avere di s. costei, che non sia comune all'altre donne?* (GOLDONI). **C** s. m. e f. ● Persona stravagante.

stravagànza o (*raro*) †**estravagànza**, †**stravagànzia** s. f. ● Qualità di chi, di ciò che è stravagante | Atto, discorso, comportamento e sim. stravagante: *tutti abbiamo le nostre stravaganze.*

stravaṣàre [da *travasare*, con sovrapposizione di *stra-*] v. tr. e intr. pron. ● (*raro*) Travasare.

stravàṣo [da *stravasare*, sul modello di *travaso*] s. m. ● (*raro*) Travaso.

stravècchio [comp. di *stra-* e *vecchio*] agg. **1** Molto vecchio (anche con valore raff.): *vestito s.*; *cappello vecchio e s.* **2** Invecchiato, stagionato a lungo, detto di sostanze alimentari: *vino, formaggio s.*

stravedére [da *travedere*, con sovrapposizione di *stra-*] v. tr. e intr. (coniug. come *vedere*; aus. *avere*) ● Travedere, vedere male, cadere in errore | (*fig.*) *S. per qc.*, amarlo, ammirarlo in modo eccessivo, al punto da non poter essere imparziale nei suoi confronti.

stravéro [comp. di *stra-* e *vero*] agg. ● Verissimo (*spec. enf.*): *è vero e s.!*

†**stravestìre** e *deriv.* ● V. *travestire* e *deriv.*

stravincere [comp. di *stra-* e *vincere*] v. tr. (coniug. come *vincere*) ● Vincere di gran lunga, superare nettamente (*anche ass.*): *ha stravinto l'avversario*; *abbiamo vinto e stravinto.*

straviṣàre ● V. *travisare*.

straviziàre [da *stravizio*] v. intr. (*io stravìzio*; aus. *avere*) ● Fare stravizi.

stravìzio [comp. di *stra-* e *vizio*] s. m. ● Disordine, eccesso, nel mangiare, nel bere, nei piaceri sensuali: *una vita di stravizi*; *darsi agli stravizi*; *risentire degli stravizi passati.*

†**stravìzzo** [dal serbocroato *sdravica* 'brindisi', 'festa nuziale'] s. m. **1** Stravizio. **2** Convito, pranzo solenne degli accademici della Crusca, con recitazione di cicalate.

stravolére [comp. di *stra-* e *volere*] v. tr. e intr. (coniug. come *volere*; aus. *avere*) ● (*raro*) Volere più del giusto, più del dovuto.

stravòlgere [da *travolgere*, con sovrapposizione di *stra-*] **A** v. tr. (coniug. come *volgere*) **1** Volgere con violenza, rivolgere malamente: *il vento stravolse le navi* | Deviare dalla posizione o direzione normale: *s. gli occhi.* **2** (*fig.*) Turbare, agitare, alterare: *la notizia gli stravolse il viso*; *quella vista gli ha stravolto i lineamenti.* **3** (*fig.*) Interpretare male, volgere ad altro significato: *s. il senso di uno scritto, il pensiero di qc.* **B** v. rifl. ● Contorcersi, torcersi.

stravolgiménto s. m. ● Atto, effetto, dello stravolgere o dello stravolgersi.

stravòlto part. pass. di *stravolgere*; anche agg. **1** Nei sign. del v. **2** Alterato, sconvolto, stralunato, profondamente turbato: *faccia stravolta*; *occhi stravolti*; *mente stravolta.*

†**stravoltùra** s. f. ● Stravolgimento.

straziànte part. pres. di *straziare*; anche agg. ● Nei sign. del v.

straziàre [da *strazio*] v. tr. (*io stràzio*) **1** Tormentare, maltrattare, provocare atroci dolori fisici: *s. le carni, il corpo, la persona* | Affliggere profondamente, provocare grande dolore morale: *s. l'anima, il cuore*; *il rimorso lo strazia* | (*enf.*) *S. gli orecchi*, con rumori, suoni stonati, e sim. **2** (*fig.*) Fare cattivo uso, sciupare miseramente: *s. la roba* | *S. una musica*, suonarla male | *S. una commedia*, recitarla male | *S. una lingua*, parlarla male. **3** †Beffare, schernire. **4** (*raro*) †Strappare, stracciare: *straziarsi i capelli*; *il re di doglie si straziava il manto* (BOIARDO).

straziàto part. pass. di *straziare*; anche agg. **1** Nei sign. del v. **2** Tormentato, addolorato: *è il mio cuore / il paese più s.* (UNGARETTI).

straziatóre s. m. (f. *-trice*) ● (*raro*) Chi strazia.

†**straziévole** agg. ● (*raro*) Straziante.

stràzio [lat. *distrăctio* (nom.), da *distrăctus*, part. pass. di *distrăhere* 'tirare'. V. *distrarre*] s. m. **1** Atto, effetto dello straziare: *lo s. delle torture*; *lo s. delle membra, del corpo*; *fare s. di qc.*; *fare s. del corpo di qc.*; *soffrire lo s. del dubbio*; *essere in preda agli strazi del rimorso.* SIN. Scempio, tormento. **2** (*fam.*) Fastidio, noia, seccatura: *che s. questo libro!*; *quanto durerà questo s.?* | Disastro, nullità: *quel ragazzo è un vero s.!* **3** (*fig.*) Sciupìo, consumo: *fare s. dei soldi.* **4** †Scherno, beffa.

stràzza [vc. ven. corrispondente a *straccio*] s. f. ● (*spec. al pl.*) Cascami di seta provenienti dal filatoio.

streaking /ingl. 'stri:kiŋ/ [vc. ingl. da *to streak*, nel significato familiare di 'correre come un lampo'] s. m. inv. ● Corsa su breve tragitto compiuta all'improvviso da persone denudatesi per esprimere protesta o condanna verso qc. o q.c.

streamer /ingl. 'stri:mə*/ [vc. ingl., propr. 'striscia'] s. m. inv. ● (*elab.*) Dispositivo di memoria di massa che utilizza cartucce di nastro magnetico.

strebbiàre o **stribbiàre** [da *trebbiare* (V.), con *s-*] v. tr. (*io strébbio*) **1** †Levigare, lisciare: *strebbiarsi la pelle.* **2** (*pop., tosc.*) Sciupare, usare senza riguardo.

strèga [lat. *strĭga(m)*, variante pop. di *strīx*, genit. *strĭgis*, dal gr. *strínx*, genit. *strigós* 'uccello notturno'] **A** s. f. **1** Donna che, nelle credenze popolari di molte civiltà, e in particolare nell'Europa medioevale e rinascimentale, è ritenuta in rapporto con le potenze malefiche e accusata di azioni delittuose contro la religione e la società | *Caccia alle streghe*, quella cui, nel passato, erano sottoposte le donne accusate di stregoneria; (*fig.*) ogni persecuzione mossa da superstizioni o pregiudizi. **2** (*fig.*) Donna, ragazza, malvagia, perfida, di pessimo carattere e sim.: *quella s. di ragazza litiga con tutti.* **3** (*est.*) Donna brutta e vecchia: *sembrare una s.*; *essere brutta come una s.* **4** (*tosc.*) Cerino all'estremità di una pertica per accendere lumi o candele posti in alto. || **stregàccia**, pegg. | **streghétta**, dim. | **streghina**, dim. | **streghinèlla**, dim. **B** in funzione di agg. inv. ● (posposto al s.) Nella loc. *erba s.*, licopodio.

stregaménto s. m. ● Atto dello stregare.

stregàre [lat. parl. **strigāre*, da *strĭga* 'strega'] v. tr. (*io strégo, tu stréghi*) **1** Sottoporre una persona o una cosa a operazioni di stregoneria | Sottrarre a una persona la propria capacità di intendere e di volere, per stregoneria. **2** (*fig.*) Ammaliare, sedurre: *non devi farti s. dai suoi sorrisi*; *quel demonio è venuto fin qui a stregarmi la mia figliuola!* (VERGA).

stregàto part. pass. di *stregare*; anche agg. ● Nei sign. del v.

strégghia e *deriv.* ● V. *striglia* e *deriv.*

stregherìa [da *strega*] s. f. ● (*raro*) Stregoneria.

†**stréglia** ● V. *striglia*.

stregóne [da *strega*] s. m. (f. *-a*) **1** (*etn.*) Presso molti popoli allo stato di natura, persona, spesso di grande importanza politica e sociale, che, mediante particolari facoltà personali e secondo pratiche tradizionali, svolge funzioni sacrali di indovino e guaritore. **2** (*est., gener.*) Uomo che pratica la stregoneria | *Apprendista s.*, (*fig.*) chi promuove attività o determina situazioni che non è poi in grado di controllare nella loro successiva evoluzione. **3** (*est.*) Chi pratica la medicina popolare | Santone, guaritore. || **stregonàccio**, pegg.

stregonerìa [da *stregone*] s. f. **1** In molte religioni superiori e primitive e, in particolare, nella civiltà europea dell'ultimo Medioevo e del Rinascimento, pratica malefica che, avvalendosi di una presunta alleanza con le potenze del male, si sviluppa in antitesi alla religione riconosciuta e ne sovverte i valori. **2** (*est., gener.*) Operazione e incantesimo della strega e dello stregone: *fare una s.* | (*fig.*) Fatto straordinario, prodigioso.

stregonésco agg. (pl. m. *-schi*) ● Di, da, stregone | Di, da, strega.

stregònico agg. (pl. m. *-ci*) ● Di stregone | Di strega.

strégua o **strègua** [da *tregua*, con *s-*] s. f. **1** Misura, proporzione, criterio, nelle loc. *alla s. di*, *alla stessa s.*: *giudicare qc. alla s. di un altro*; *considerare tutti alla stessa s.* **2** †Rata, quota da pagare.

strelìtzia /stre'littsja/ [dal n. della principessa Carlotta di Mecklenburg-*Strelitz* (1744-1818) poi moglie di Giorgio III d'Inghilterra] s. f. ● Pianta delle Musacee, coltivata per i fiori recisi di forma strana con sepali arancione e petali azzurri (*Strelitzia reginae*).

strelìzzi [dal russo *strjeljéz* 'tiratore', da *strjelá* 'saetta', attraverso il fr. *strélitz* o il ted. *Strelitze*] s. m. pl. ● Casta russa di uomini liberi, soldati di padre in figlio, spesati dallo stato quali guardie del corpo dello zar, istituiti nel sec. XVI dallo zar Ivan il Terribile.

stremàre [da *stremo* (V.)] **A** v. tr. (*io strèmo*) ● Indebolire, ridurre allo stremo: *questo lavoro ci strema.* **B** v. tr. e intr. pron. ● †Scemare, diminuire.

stremàto part. pass. di *stremare*; anche agg. ● Nel sign. del v.

†**stremenzìre** ● V. *striminzire*.

streméżza [da *stremo*] s. f. **1** (*raro, lett.*) Debolezza fisica. **2** Scarsità di denaro.

†**streminzìre** ● V. *striminzire*.

†**stremìre** [vc. sett., dal lat. parl. **extremīre*, variante del classico *trĕmere* 'tremare', con *ĕx-* (*s-*), forse attraverso il provz e l'ant. fr. *extremir*] **A** v. tr. ● (*dial.*) Spaventare, atterrire. **B** v. intr. e intr. pron. ● (*dial.*) Rimanere spaventato.

†**stremità** ● V. *estremità*.

†**stremitàde** ● V. *estremità*.

†**stremitàte** ● V. *estremità*.

strèmo [variante di *estremo* (V.), con aferesi] **A** s. m. **1** Estremo limite delle forze fisiche, delle possibilità finanziarie, e sim.: *essere, ridursi allo s. delle forze*; *essere, ridursi, allo s.* **2** †Punto estremo, fine: *lo s. della vita.* **B** agg.; anche s. m. ● V. *estremo*.

strènna [lat. *strēna(m)* 'dono di buon augurio', f. sost. di *strēnuus* 'forte, animoso', di origine sabina (?)] **A** s. f. **1** Regalo che si fa o si riceve in occasione delle maggiori feste annuali: *la s. di Natale.* **2** Raccolta di prose, poesie, e sim., edita in occasione del Capodanno. **3** Presso gli antichi Romani, dono scambiato nei giorni festivi, spec. alle calende di gennaio. **B** in funzione di agg. ● (posposto al s.) Nella loc. *libri s.*, quelli particolarmente attraenti nella veste grafica, e spesso con argomenti e contenuti di mero intrattenimento, pubblicati in occasione delle festività di Natale e di Capodanno.

strenuità [vc. dotta, dal lat. *strenuitāte(m)*, da *strēnuus*. V. *strenuo*] s. f. ● (*raro, lett.*) Qualità di chi è strenuo.

strènuo [vc. dotta, dal lat. *strēnuu(m)*, ampliamento di *strēnuus* 'forte, risoluto'. V. *strenna*] agg. **1** Valoroso, coraggioso, gagliardo e pronto: *s. capitano, condottiero, difensore.* **2** (*est.*) Infaticabile: *uno s. lavoratore.* || **strenuaménte**, avv. **1** Valorosamente. **2** Infaticabilmente, con molto impegno.

strèpere [vc. dotta, dal lat. *strĕpere* 'strepitare', affine a *sternŭere* 'sternutire'] v. intr. (*io strèpo*; dif. del part. pass. e dei tempi composti) ● (*poet.*) Strepitare, rumoreggiare: *strepono or qua, le vecchie rane, or là* (PASCOLI).

†**strepidìre** [da *strepidare*, var. ant. di *strepitare*, con cambio di coniug.] v. intr. ● (*raro*) Rintronare di strepiti.

strepìre [lat. *strĕpere* 'strepitare', con cambio di coniug. V. *strepere*] v. intr. (*io strepisco, tu strepisci*; dif. del part. pass. e dei tempi composti) ● (*poet.*)

Strepere.

strepitaménto s. m. ● (*raro*) Atto dello strepitare.

strepitàre [dal lat. *strepitāre*, ints. di *strĕpere* 'strepitare'] v. intr. (*io strèpito*; aus. *avere*) ● Fare strepito: *mandava fuori all'alba due tamburi i quali fino a mezzogiorno strepitavano* (NIEVO).

strepitìo [da *strepitare*] s. m. ● Strepito continuato.

strèpito [vc. dotta, dal lat. *strĕpitu(m)*, da *strĕpere* 'strepitare'] s. m. **1** Insieme confuso e disordinato di rumori vari, schiamazzi, voci e grida fragorose e sim.: *uno s. di voci*; *s. di catene*; *lo s. dei cani sulla strada*; *lo s. della folla*. **2** Nella loc. *fare s.*, far parlare di sé, destare risonanza, avere successo: *il nuovo saggio ha fatto s. negli ambienti letterari*.

strepitóso agg. **1** Che fa strepito: *applausi strepitosi*. **2** (*fig.*) Che desta grande rumore, grande meraviglia: *successo s.*; *vittoria strepitosa*. ‖ **strepitosaménte**, avv.

Strepsìtteri [comp. del gr. *strépsis* 'volgimento', da *stréphein* 'volgere' (V. *strepto-*) e *-ttero*] s. m. pl. ● Nella tassonomia animale, ordine di piccolissimi Insetti vivipari, privi di apparato digerente, che vivono parassiti entro il corpo di altri Insetti (*Strepsiptera*) | (al sing. *-o*) Ogni individuo di tale ordine.

strepto- [dal gr. *streptós* 'ritorto, attorcigliato', da *stréphein* 'volgere, incurvare', di origine indeur.] primo elemento ● In parole scientifiche composte, significa 'contorto', 'ritorto', 'ripiegato': *streptococco*.

streptocòcco [comp. di *strepto-* e *-cocco*, dal gr. *kókkos* 'granello'] s. m. (pl. *-chi*) ● Batterio di forma sferica che ha tendenza a disporsi a catena.

streptolişina [fr. *streptolysine*, comp. di *strepto(-coque)* 'streptococco' e *lysine* 'lisina'] s. f. ● Emolisina prodotta da streptococchi, dotata di proprietà antigeniche.

streptomicète [comp. di *strepto-* e *micete* (*1*)] s. m. ● (*biol.*) Batterio degli actinomiceti, con struttura filamentosa e ramificata, da cui si ricavano diversi antibiotici | *S. griseus*, da cui si ottiene l'antibiotico streptomicina | *S. rimosus*, da cui si ottiene l'antibiotico tetraciclina.

streptomicina [comp. di *strepto-* e *-micina*, deriv., con *-ina*, dal gr. *mýkēs*, genit. *mýkētos* 'fungo'. V. *mico-*] s. f. ● Antibiotico ottenuto dai liquidi di coltura di alcune varietà di actinomiceti, efficace in varie infezioni.

stress /ingl. stres/ [vc. ingl., propriamente 'sforzo, tensione'] s. m. inv. ● (*med.*) Qualunque condizione, fisica, chimica, psichica e sim. che, esercitando uno stimolo dannoso sull'organismo, ne provoca la reazione | (*est.*, *gener.*) Tensione nervosa, logorio conseguente spec. a ritmi di vita frenetici.

stressànte part. pres. di *stressare*; anche agg. ● Nei sign. del v.

stressàre [da *stress*] **A** v. tr. (*io strèsso*) ● Sottoporre a stress, provocare uno stress: *lo studio lo stressa*. **B** v. intr. pron. ● Sottoporsi a stress: *il ragazzo si stressa a studiare*.

stressàto part. pass. di *stressare*; anche agg. ● Nei sign. del v.

stretch /ingl. 'stretʃ/ [vc. ingl., di orig. e area germ., dal v. *to stretch* 'tendere, tirare'] **A** s. m. inv. ● Tessuto elasticizzato: *calze in s. trasparente*. **B** agg. inv. ● (posposto al s.) Detto di tessuto reso elastico e cedevole o di indumento confezionato con tale tessuto: *pigiamino in spugna s.*; *seta s.*; *minigonna*, *abito s.*

stretching /'stretʃin(g)/, *ingl.* 'stretʃiŋ/ [vc. ingl., da *to stretch* 'tendere, tirare'] s. m. inv. **1** (*sport*) Insieme delle tecniche e degli esercizi ginnici messi in atto per migliorare le capacità di allungamento della muscolatura. **2** (*chim.*) Moto di vibrazione di un legame chimico nel senso della sua lunghezza. CFR. Bending.

stretch-pack /ingl. 'stretʃ pæk/ [vc. ingl., comp. di to *stretch* 'tendere, tirare' e *pack* 'pacco, involto' (d'origine germ.)] s. m. inv. (pl. ingl. *stretch-packs*) ● Tipo di imballaggio costituito da un supporto rigido spec. di cartone su cui l'oggetto viene fissato da un film di plastica fattogli aderire per aspirazione.

strétta [f. sost. di *stretto* (*1*)] s. f. **1** Atto dello stringere, spec. con forza: *dare una s. alla briglia, al timone, a una vite* | Riduzione: *s. del credito*, *s. creditizia* | *S. delle braccia*, abbraccio | *S. di mano*, gesto di saluto: *un'affettuosa, una cordiale, una gelida, s. di mano*. **2** (*fig.*) Turbamento, commozione improvvisa: *sentire una s. al cuore*, *alla gola*. **3** Calca, mischia: *sottrarsi alla s. della folla*; *presto, usciamo da questa s.* **4** Momento critico, punto culminante, incalzo maggiore: *il freddo è alla s.*; *la s. della febbre lo ha spossato* | Conclusione, fase risolutiva: *essere all'ultima s.*; *essere alla s. finale*; *venire alle strette*. **5** Varco angusto, gola | (*lett.*, *per anton.*) Il passo delle Termopili: *le mortali strette / che difese il leon con poca gente* (PETRARCA). **6** Situazione difficile, stato di estremo bisogno: *trovarsi in una s.*, *in una dolorosa*, *in una difficile s.* | *Essere*, *mettere alle strette*, in una condizione tale da avere una sola via d'uscita. **7** (*mus.*) Tratto finale, finale allegro dei tratti più importanti. ‖ **stretterèlla**, dim.

strettézza [da *stretto* (*1*)] s. f. **1** Qualità di ciò che è stretto: *la s. di una stanza*, *di una strada*; *s. di un vestito*, *di una scarpa*. **2** (*fig.*) Scarsezza: *s. di tempo*, *d'impegno*, *di denaro* | Povertà, ristrettezza: *vivere nelle strettezze*.

strettire [da *stretto* (*1*)] v. tr. (*io strettìsco*, *tu strettìsci*) ● (*pop.*, *tosc.*) Restringere.

strétto (**1**) **A** part. pass. di *stringere*; anche agg. **1** Nei sign. del v. **2** Premuto, serrato con forza: *tenere q.c. s. fra le mani*; *tenere qc. s. a sé*; *tenere qc. s. fra le braccia*; *tenere la spada stretta in pugno*; *essere s. in una morsa*; *nodo ben s.*; *a pugni stretti* | *A bocca stretta*, (*fig.*) di malavoglia: *parlare a bocca stretta* | *A denti stretti*, (*fig.*) con tenacia, lottando per non cedere: *combattere a denti stretti* | (*fig.*) *Avere il cuore s. dall'angoscia, dall'emozione e sim.*, essere in preda a tali sentimenti. **3** Molto vicino, rasente, addossato: *stare s. a qc.*; *erano stretti l'uno all'altro*; *camminavano stretti stretti*; *tenersi s. al muro* | *Prendere una curva stretta*, passando molto rasente al bordo della strada | (*mar.*) *Vento s.*, che si accosta alla prua. **4** Legato ad altri da vincoli di amicizia, parentela, e sim.: *essere s. di amicizia con qc.*; *sono stretti da un lungo affetto* | Intimo: *legame s.*; *amicizia stretta* | Prossimo: *parenti stretti*. **5** Costretto, spinto: *essere s. dalla necessità*, *dal bisogno*, *a fare q.c.* **6** Urgente, impellente: *essere*, *trovarsi*, *nella stretta necessità di fare q.c.* **7** Avaro, spilorcio: *essere*, *tenersi*, *s.* (*nello spendere*) | *Avere*, *tenere la borsa stretta*, *tenere stretti i cordoni della borsa*, (*fig.*) essere avaro. **8** Che ha dimensioni limitate nel senso della larghezza: *camera stretta*; *vestito*, *cappello s.*; *calzoni stretti*; *scarpe strette* | *Andare s.*, *essere s.*, stringere, impedire i movimenti, detto di indumenti: *questo vestito mi va s.* | *Carattere s.*, carattere tipografico in cui l'occhio normale è stato compresso | *Stoffa stretta*, di poca altezza | Angusto: *passaggio*, *corridoio s.* CONTR. Largo. **9** Rigoroso, severo: *la stretta osservanza delle regole*; *è s. obbligo fare ciò*; *tenere qc. sotto stretta sorveglianza* | *Lutto s.*, rigoroso, secondo la tradizione più formale | Preciso: *attenersi allo s. significato di un vocabolo*. **10** Puro, detto di dialetto o sim.: *parlare lo s. napoletano*; *parlare il*, *un*, *napoletano s.* **11** (preposto al s.) Soltanto, nient'altro che, nelle loc. *lo s. necessario*, *lo s. indispensabile*, e sim. **12** (*ling.*) Detto di vocale chiusa. ‖ **strettino**, dim. ‖ **strettaménte**, avv. **1** In modo stretto: *furono strettamente legati al palo*. **2** In maniera rigorosa: *li pregammo di osservare strettamente le regole stabilite*. **B** in funzione di avv. ● Strettamente, stringendo forte: *abbracciare qc. s. s.* | *Parlare s.*, con le vocali chiuse | (*fig.*) Rigorosamente.

strétto (**2**) [dal precedente sost.] s. m. **1** Braccio di mare attraverso il quale comunicano le acque di due mari contigui. **2** (*raro*) Varco angusto tra due montagne, due file di case, e sim. **3** (*mus.*) Parte finale della fuga, in cui soggetto e risposta compaiono a distanze ravvicinate.

strettóia [da *stretto* (*1*)] s. f. **1** Punto in cui una strada si restringe. **2** (*fig.*) Momento, condizione e sim. di notevole gravità: *essere*, *trovarsi*, *in una s.*; *uscire da una s.* **3** †Fascia, legatura, per stringere. **4** †Strettoio.

strettóio [da *stretto* (*1*)] s. m. **1** Strumento a vite, un tempo usato per la spremitura delle olive. **2** In legatoria, strumento che comprime il libro quando si esegue la coloritura dei tagli. **3** Specie di morsetto usato in falegnameria e nella fabbricazione delle botti. **4** †Luogo angusto. ‖ **strettoiàccia**, pegg. f. | **strettoino**, dim.

strettùra [lat. *strictūra(m)* 'restringimento', da *strĭctus* 'stretto'] s. f. **1** (*raro*) Strettezza. **2** Luogo angusto.

stria [lat. *strĭa(m)* 'riga', forse da un precedente **strĭgia*, corradicale di *strĭngere* 'troncare, tagliare'] s. f. **1** Scanalatura di una colonna. **2** (*gener.*) Riga sottile su un fondo di colore diverso: *le bianche strie delle nuvole nel cielo*. **3** Linea biancastra o pigmentata della cute: *s. gravidica* | Smagliatura cutanea da alterazione del trofismo della pelle. **4** Difetto di fabbricazione del vetro che consiste in una variazione rapida di indice di rifrazione in una sottile regione interna alla massa di vetro.

striàre [dal lat. *striāre*, da *stria* 'riga'] v. tr. ● Segnare di strie.

striàto [dal lat. *striātu(m)*, part. pass. di *striāre* 'striare'] agg. **1** Segnato, cosparso, di strie. **2** (*anat.*) *Fibre muscolari striate*, attraversate da particolari strie che caratterizzano la muscolatura scheletrica | *Corpo s.*, complesso di nuclei nervosi alla base del telencefalo.

striatùra [dal lat. *striatūra(m)*, da *striātus* 'striato'] s. f. ● Atto, effetto dello striare | Insieme di strie | Stria.

stribbiàre ● V. *strebbiare*.

†stribuire e *deriv.* ● V. *distribuire* e *deriv.*

†stricàre ● V. *strigare*.

stricco [dal longob. *strihha* 'corda'] s. m. (pl. *-chi*) ● (*mar.*) Paranco usato sui piccoli bastimenti per caricare e scaricare merci e sim.

stricnina [vc. dotta, dal gr. *strýchnos*, n. di diverse piante, con *-ina*] s. f. ● Alcaloide velenoso a complessa struttura chimica, contenuto in parecchie piante delle Loganiacee, usato in terapia come stimolante del sistema nervoso.

stricto sensu /lat. 'strikto 'sensu/ [loc. lat.] loc. avv. ● In senso stretto, letterale.

stridènte part. pres. di *stridere*; anche agg. ● Nei sign. del v.

stridere [dal lat. *strīdere*, di origine onomat.] v. intr. (pass. rem. *io stridéi* o *stridètti*, *tu stridésti*; aus. *avere*; raro nei tempi composti) **1** Mandare un suono acuto e ingrato: *il ferro rovente nell'acqua stride*; *l'olio bollente stride*; *nell'aprirsi la porta strideva*. SIN. Cigolare, scricchiolare. **2** Strillare, emettere grida acute, detto di persona: *la donna piange e stride*. **3** Detto di animali, emettere un verso stridulo e acuto: *le cicale stridono*; *la civetta stride nella notte*; *il corvo stride* | Emettere un urlo acuto e prolungato, detto del cinghiale ferito. **4** (*fam.*, *tosc.*) Essere costretto a sopportare qc. o q.c. a malincuore, contro voglia. **5** (*fig.*) Contrastare fortemente, produrre un accordo sgradevole: *quei colori stridono fra loro*; *le parole stridono con la musica della canzone*; *tra gli aspetti di quei luoghi, strideva quella loro allegria* (PIRANDELLO).

†stridévole agg. ● Stridente.

†stridiménto s. m. ● Stridìo.

stridìo s. m. ● Atto dello stridere continuo | Strido prolungato.

stridire [da *stridere*, con cambio di coniug.] v. intr. (*io stridisco*, *tu stridisci*; dif. del part. pass. e dei tempi composti) ● (*poet.*) Stridere.

strido [da *stridere*] s. m. (pl. *strìda*, f., raro *strìdi*, m.) ● Voce, grido, suono, acuto e ingrato: *dare*, *emettere*, *trarre*, *uno s.*; *strida di bambini* | (*raro*) †*Andare alle strida*, seguire la voce pubblica.

stridóre [vc. dotta, dal lat. *stridōre(m)*, da *strīdere* 'stridere'] s. m. **1** Rumore di cosa che stride: *s. confuso*, *acuto*; *lo s. della carrucola*; *s. di denti*; *l'orribil stridor delle ritorte* (BOIARDO). **2** (*dial.*) Freddo eccessivo.

stridulànte part. pres. di *stridulare*; anche agg. ● Nel sign. del v.

stridulàre [da *stridulo*] v. intr. (*io stridulo*; aus. *avere*) ● Emettere un suono stridulo sfregando fra loro le elitre, detto di alcuni insetti: *la cicala stridula*.

stridulazióne [da *stridulare*] s. f. ● Emissione di suoni striduli da parte di alcuni insetti.

stridulo [vc. dotta, dal lat. *strīdulu(m)*, da *strīdere* 'stridere'] agg. **1** Che ha suono acuto e stridente: *canto s.*; *voce stridula*. **2** Che emette suono acuto e stridente: *le stridule cicale.*

strigàre o (*raro*) †**estricàre**, †**stricàre** [lat. *extricāre*, comp. di *ĕx-* (*s-*) e di un denominale di *trīcae* (nom. pl.) 'fastidi, noie'. V. *distrigare*, *intrigare*] **A** v. tr. (*io strìgo*, *tu strìghi*) ● Levare l'intrigo, l'imbroglio, sciogliere ciò che è intricato (*anche fig.*): *s. un nodo, una matassa*; *s. una questione, una faccenda*. SIN. Districare, sbrogliare. **B** v. intr. pron. ● (*raro*, *pop.*) Trarsi da un imbroglio, un intrigo: *strigarsi da q.c.*

strìge [vc. dotta, dal lat. *strīx*, genit. *strĭgis*, dal gr. *strí́x*, genit. *strigós* 'strige' (V. *strega*)] s. f. **1** (*pop.*) Gufo. **2** †Maliarda, strega, incantatrice.

†**strìggine** (**1**) o †**strìgine** [da *strige*] s. f. ● (*raro*) Strega.

strìggine (**2**) [connesso con *strina* (V.)] s. f. ● (*raro*) Tempo uggioso e freddo.

Strigifórmi [comp. di *strige* e il pl. di *-forme*] s. m. pl. ● Nella tassonomia animale, ordine di Uccelli notturni a becco robusto e adunco, occhi frontali sviluppatissimi, artigli, piumaggio morbidissimo (*Strigiformes*) | (al sing. *-e*) Ogni individuo di tale ordine.

strigilatùra [da *strigile*] s. f. ● Decorazione a scanalature ondulate.

strìgile [vc. dotta, dal lat. *strĭgile*(*m*), prob. adattamento del gr. *stlengís*, genit. *stlengídos* 'raschiatoio', di etim. incerta] s. m. o f. ● Nell'antichità greca e romana, strumento curvo, con manico, a forma di pettine, curvo, con manico, usato nelle terme e nelle palestre per fregare la pelle al fine di pulirla e detergerne il sudore.

†**strìgine** ● V. †*striggine* (*1*).

strìglia o (*pop.*, *tosc.*) **strégghia**, †**stréglia** [dall'ant. fr. *estrille*, dal lat. parl. **strĭgila*, variante di *strĭgilis* 'raschiatoio'] s. f. ● Arnese formato di più lamine dentate, infisse in un telaietto metallico, usato per pulire il pelo degli equini.

strigliàre o (*tosc.*) †**stregghiàre** [dall'ant. fr. *estriller*, dal lat. parl. **strigilāre* 'sfregare con la striglia'] **A** v. tr. (*io strìglio*) **1** Fregare, ripulire con la striglia: *s. il cavallo*. **2** (*fig.*) Criticare aspramente. **B** v. rifl. ● (*scherz.*) Spazzolarsi e ripulirsi ben bene.

strigliàta [da *strigliare*] s. f. **1** Passata di striglia: *dare una s.* **2** (*fig.*) Duro rimprovero, critica severa: *dare*, *ricevere*, *una s.* || **strigliatìna**, dim.

strigliàto part. pass. di *strigliare*; anche agg. ● Nei sign. del v.

strigliatóre s. m. (f. *-trice*) ● Chi striglia, spec. i cavalli.

strigliatùra s. f. ● Atto, effetto dello strigliare o dello strigliarsi.

†**strìgnere** ● V. *stringere*.

strigóne [da *strigare*] s. m. ● (*tess.*) Pettine grosso per strigare il capecchio della canapa.

strike /*ingl.* straik/ [vc. ingl. d'Amer., propriamente 'colpo', nel gerg. amer. 'buon colpo, botta decisiva'] s. m. inv. **1** Nel bowling, colpo realizzato abbattendo tutti i birilli con il lancio della prima boccia. **2** Nel baseball, lancio vantaggioso della palla, messo a segno contro il battitore.

strillàre [lat. parl. **stridulāre*, da *strīdulus* 'stridulo'] **A** v. intr. (aus. *avere*) **1** Gridare forte, emettere grida acute. **2** (*est.*) Parlare a voce molto alta: *non s., ci sentono*. **3** (*fig.*) Risentirsi vivamente, protestare. **B** v. tr. **1** Dire a voce molto alta: *strillò 'arrivederci' e se ne andò*. **2** (*fam.*) Rimproverare, sgridare: *il padre lo strilla spesso*.

strillàta [da *strillare*] s. f. ● Forte gridata | Rabbuffo.

strìllo [da *strillare*] s. m. **1** Grido acuto: *fare uno s.* | Grido di protesta: *con uno s. fece tacere tutti*. **2** (*giorn.*) Breve notizia con un titolo evidente, che si mette in prima pagina per richiamare l'attenzione su un argomento che viene sviluppato più ampiamente in una pagina interna.

strillonàggio [da *strillone*] s. m. **1** Mestiere dello strillone di giornali. **2** Vendita di giornali quotidiani, spec. in edizione straordinaria, mediante gli strilloni.

strillóne s. m. (f. *-a*) **1** (*fam.*) Chi strilla molto | Chi parla a voce molto alta. **2** Venditore ambulante di giornali che, spec. un tempo, annunciava ad alta voce le notizie più interessanti in essi contenute.

strillòzzo [da *strillare*] s. m. ● Uccello dei Passeriformi di tinte modeste, con voce che somiglia a uno strillo (*Emberiza calandra*).

striminzìre o †**stremenzìre**, †**streminzìre** [da *stremare* (V.)] **A** v. tr. (*io striminzìsco*, *tu striminzìsci*) ● Stringere il corpo di qc. con busto, fascia o sim. per renderlo più sottile. **B** v. rifl. ● Stringersi per apparire più sottile. **C** v. intr. pron. ● Diventare magro.

striminzìto part. pass. di *striminzire*; anche agg. **1** Nei sign. del v. **2** Misero: *vestito s.* | Gracile, molto magro: *uomo s.*

strimpellaménto [da *strimpellare*] s. m. ● Modo e atto dello strimpellare.

strimpellàre [da *trimpellare*, con *s-*] v. tr. (*io strimpèllo*) ● Suonare malamente, con imperizia, strumenti musicali a tasti o a corde (*anche ass.*): *s. il pianoforte*.

strimpellàta [da *strimpellare*] s. f. ● Pezzo musicale eseguito strimpellando.

strimpellatóre s. m. (f. *-trice*, †*-tora*) ● Chi strimpella.

strimpellatùra s. f. ● (*raro*) Strimpellamento.

strimpellìo s. m. ● Atto dello strimpellare continuo.

strimpèllo s. m. ● (*pop.*, *raro*) Strumento da strimpellare.

strimpellóne s. m. (f. *-a*) ● (*fam.*) Chi strimpella spesso.

†**strìna** [lat. tardo *ustrīna*(*m*) 'bruciore', da *ūrere* 'bruciare', di origine indeur. V. *ustione*] s. f. ● (*dial.*) Freddo pungente.

strinàre [lat. parl. **ustrināre*, da *ustrīna* 'combustione'] **A** v. tr. **1** Bruciacchiare alla fiamma viva uccelli o polli già spennati, per far scomparire la peluria. **2** Abbruciacchiare la biancheria, stirandola con ferro troppo caldo. **B** v. intr. pron. ● Bruciacchiarsi: *la camicia si è strinata*.

strinàto part. pass. di *strinare*; anche agg. **1** Nei sign. del v. **2** Magro, secco (spec. con valore raff.): *un uomo magro s.*

strinatùra [da *strinare*] s. f. ● Atto, effetto dello strinare.

strìnga [lat. parl. **strĭnga*(*m*), da *strĭngere* 'stringere' (?)] s. f. **1** Cordoncino, nastro, striscetta di cuoio, terminati spesso da puntali metallici, usati per allacciare scarpe, busti e sim. **2** (*elab.*) Insieme di elementi simili, consecutivi e adiacenti: *una s. di bit, di caratteri*. **3** (*ling.*) Nella frase, sequenza finita di elementi sintatticamente concatenati. || **stringhétta**, dim.

stringàio s. m. ● (*raro*) Chi fabbrica o vende stringhe.

stringàre [da *stringa*] v. tr. (*io strìngo*, *tu strìnghi*) **1** Legare bene, stringere forte, spec. con legacci. **2** (*fig.*) Rendere conciso, essenziale: *s. uno scritto*.

stringatézza s. f. ● Qualità di ciò che è stringato: *parlare*, *scrivere con s.*

stringàto part. pass. di *stringare*; anche agg. **1** Nei sign. del v. **2** (*fig.*) Conciso, succinto, compendioso: *discorso*, *stile*, *s.* || **stringataménte**, avv.

stringèndo [propriamente gerundio di *stringere*] s. m. inv. ● Didascalia musicale usata per prescrivere un incalzare e affrettare della velocità di esecuzione.

stringènte part. pres. di *stringere*; anche agg. **1** Nei sign. del v. **2** Persuasivo, convincente: *argomentazioni stringenti*. **3** Incalzante: *interrogatorio s.*

strìngere o †**strìgnere** [lat. *strĭngere*, prob. di origine indeur.] **A** v. tr. (pres. *io strìngo*, *tu strìngi*, †*strìgni*; pass. rem. *io strìnsi*, *tu stringésti*, †*strignésti*; part. pass. *strétto*, pop. dial. *strìnto*; in tutta la coniug. arc. si ha la variante †*gn* quando la *g* è palatale) **1** Avvicinare fra loro due cose, o due parti di una stessa cosa, serrando più o meno forte: *s. una morsa*, *un compasso*, *le tenaglie*; *s. le gambe*, *le dita*, *le labbra*, *i denti*; *s. i freni* | *S. i denti*, essere in uno stato di grande tensione, durante uno sforzo o una dolorosa prova fisica: *strinse i denti e continuò la scalata*; *stringere i denti per non gridare* | *S. i freni*, (*fig.*) rendere più rigida una disciplina | *S. il vento*, navigare formando l'angolo minore possibile tra la direzione del vento e quella della prora. CONTR. Allargare. **2** Premere, tenere premuto, qc. o q.c. contro, o entro, altra persona o cosa: *s. una balla con la corda*; *s. qc. fra le braccia*, *al petto*; *la madre si strinse il figlio al seno* | *S. la mano a qc.*, come segno di saluto | (*fig.*) *S. il cuore*, commuovere profondamente, dare grande dolore: *strinse il cuore un rimpianto di te* (SABA). **3** (*lett.*) Impugnare, brandire: *vibra contra costei la lancia e stringi / la spada* (TASSO). **4** Cingere tutt'intorno, circondare serrando: *s. una città d'assedio*; †*s. un castello*, *una città* | Costringere qc. a ridosso di q.c.: *s. il nemico in un bosco*; *s. qc. al muro* | *S. qc. tra l'uscio e il muro*, (*fig.*) metterlo alle strette. **5** (*raro*) Obbligare, costringere: *il bisogno mi stringe a chiedere aiuto* | †Avvincere, legare. **6** Concludere, stipulare: *s. un patto*, *un'alleanza*, *un accordo* | *S. amicizia con qc.*, *s. un'amicizia*, dare inizio a dei rapporti amichevoli. **7** Comprimere, premere dolorosamente (*anche ass.*): *queste scarpe stringono i piedi*; *queste scarpe stringono*. **8** (*raro*) Condensare, coagulare: *s. il latte*. **9** Rendere stitico (*anche ass.*): *il succo di limone stringe il ventre*, *il corpo*; *il succo di limone stringe*. **10** Ridurre le misure di q.c., rimpicciolire, restringere: *s. un vestito*, *una giacca* | (*est.*, *banca*) *S. il credito*, diminuire il numero e l'entità dei prestiti erogati dalle banche ai propri clienti. CONTR. Allargare. **11** (*fig.*) Riassumere in sintesi (*anche ass.*): *s. un discorso*; *per s. dirò che ...* | (*ass.*) *Stringi*, *stringi*, in conclusione: *stringi*, *stringi*, *non abbiamo guadagnato niente* | (*ass.*) *Stringi!*, escl. con cui si invita qc. a sintetizzare, a giungere a una conclusione. **12** (*fig.*) Rendere più celere | *S. il tempo*, *i tempi*, accelerarli, in un'esecuzione musicale; (*fig.*) accelerare il compimento di q.c.: *la scadenza del lavoro è vicina*, *bisogna s. i tempi* | †*S. il passo*, affrettarlo: *prende nuovo vigore*, *e stringe il passo* (L. DE' MEDICI). **B** v. intr. (aus. *avere*) **1** Incalzare, urgere, premere: *il tempo stringe*; *le necessità che più stringono*. **2** (*sport*) *S. a rete*, *al centro*, nel calcio, portare la palla, in fase d'attacco verso il mezzo del campo, sotto la porta avversaria, onde tentare il tiro in gol. **C** v. rifl. **1** Accostarsi, farsi molto vicino: *stringersi al muro*, *a qc.*; *il bimbo si strinse alla mamma* | *Stringersi intorno a qc.*, per difenderlo | *Stringersi addosso a qc.*, avventarsi su di lui | Restringersi: *stringetevi un po' e fatemi posto*. **2** Contrarsi | *Stringersi nelle spalle*, sollevare le spalle e poi lasciarle ricadere, in segno di disinteresse, impotenza, indecisione, e sim. | (*raro*) *Stringersi nelle spese*, fare economia.

stringilàbbro [comp. di *stringere* e *labbro*] s. m. (pl. *stringilàbbra*) ● Torcinaso per cavallo.

stringiménto s. m. ● Atto, effetto dello stringere | (*fig.*) *S. di cuore*, stretta al cuore.

stringinàso [comp. di *stringere* e *naso*] s. m. inv. **1** Montatura da occhiali priva di aste, ma fornita di due placchette a molla che stringono il naso. **2** Congegno che serve a chiudere le narici, usato da tuffatori e subacquei. **3** Torcinaso per cavallo.

stringitóre s. m.; anche agg. (f. *-trice*) ● (*raro*) Chi, che stringe.

stringitùra s. f. **1** (*raro*) Stringimento. **2** Spremitura, spec. dello strettoio.

strìnta [f. sost. di *strinto*. V. *stretta*] s. f. ● (*pop.*, *tosc.*) Stretta.

strìnto part. pass. di *stringere*; anche agg. ● (*pop.*, *dial.*) Nei sign. del v.

†**strióne** e *deriv.* ● V. *istrione* e *deriv.*

strip (**1**) /*ingl.* strip/ s. m. inv. ● Acrt. di *strip-tease*.

strip (**2**) /*ingl.* strip/ [vc. ingl., propr. 'striscia'] s. f. inv. ● Breve storia a fumetti costituita da una sola striscia o da poche vignette. SIN. Striscia.

strippapèlle [comp. di *strippa*(*re*) e *pelle*] vc. ● (*pop.*) Solo nella loc. avv. *a s.*, a crepapelle: *mangiare a s.*

strippàre [da *trippa*, con *s-*] v. intr. e intr. pron. (aus. intr. *avere*) ● (*pop.*) Mangiare troppo, a crepapelle.

strippàta [da *strippare*] s. f. ● (*pop.*) Grande mangiata, scorpacciata. || **strippatàccia**, pegg.

strippóne [da *strippare*] s. m. (f. *-a*) ● (*pop.*) Mangione. || **stripponàccio**, pegg.

strip-tease /*ingl.* 'strip ti:z/ [vc. ingl., comp. di to *strip* 'svestire' e *tease* 'provocazione', l'una e l'altra di origine e area germ.] s. m. inv. (pl. ingl. *strip-teases*) ● Spogliarello.

strìscia [vc. di origine onomat.; trad. dell'ingl. *comic strips*, propriamente 'strisce comiche o d'avventura, fumetti' nel sign. 3] s. f. (pl. *-sce*) **1** Pezzo stretto e lungo di materiale vario: *una s. di carta*, *di stoffa*, *di tela* | *S. di cuoio*, (*per anton.*) quella su cui si passa il rasoio per affilarlo. **2** Ciò che ha aspetto, forma stretta e allungata, simile a una riga: *decoro a strisce orizzontali, verticali* | Traccia lunga e sottile: *una s. biancastra.* **3** Fumetto: *le strisce di Charlie Brown.* SIN. Strip. **4** (*aer.*) Zona rettangolare in un aeroporto, preparata per il decollo e l'atterraggio di aerei. **5** Porzione di territorio esteso nel senso della lunghezza: *una lunga s. di costa.* **6** In geometria, regione di piano compresa tra due rette parallele. **7** (*al pl.*) Passaggio pedonale delimitato da zebratura: *attraversare sulle strisce.* SIN. Zebre. || **strisciétta**, dim. | **striscettina**, dim. | **strisciolina**, dim. | **strisciόna**, accr. | **striscióne**, accr. m. (V.) | **strisciuòla**, dim.

strisciaménto s. m. ● Atto dello strisciare o dello strisciarsi (*anche fig.*).

strisciànte A part. pres. di *strisciare*; anche agg. **1** Nei sign. del v. **2** (*fig.*, *spreg.*) Che è subdolo, viscido, insinuante: *persona, individuo s.*; *modi striscianti.* **3** (*fig.*) Detto di fenomeno, spec. economico o politico, che si verifica in modo continuo, non particolarmente vistoso, ma tale da corrodere sistematicamente la situazione di fatto: *inflazione s.*; *guerra s.* **B** s. m. ● (*ferr.*) Insieme delle barre di contatto della presa di corrente a pantografo.

strisciàre [da *striscia*] **A** v. tr. (*io strìscio*) **1** Muovere sfregando, strofinando: *s. i piedi sul pavimento*; *s. un mobile per terra* | *S. una carta*, in vari giochi di carte, calarla, facendola scorrere sul tavolo, per indicare al proprio compagno che se ne hanno altre dello stesso seme. **2** Toccare appena passando, sfiorare: *il proiettile gli strisciò la tempia*; *ho strisciato il parafango contro un muro.* **B** v. intr. (aus. *avere*) **1** Passare sfiorando o sfregando sopra una superficie: *i serpenti strisciano per terra*; *la lumaca striscia sul muro.* **2** Passare rasente: *ho strisciato col parafango contro un muro.* **3** Crescere rasoterra o comunque aderendo a una superficie: *i fusti delle zucche strisciano sul suolo.* **4** (*fig.*) Essere umile, servile, sottomesso per ottenere favori e vantaggi o evitare punizioni e danni. **5** Nel gioco del tressette, giocare una carta strisciandola sul tavolo per segnalare al compagno che si hanno altre carte semplici dello stesso seme. **C** v. rifl. **1** Sfregarsi, strofinarsi: *non strisciarti al muro*; *l'orso si strisciava contro un albero.* **2** (*fig.*) Lusingare e adulare servilmente qc. per esserne favoriti o avvantaggiati. **3** (*raro*) †Azzimarsi, lisciarsi: *molti ... si strisciano con tutti que' modi che si farieno le più lascive ... femmine* (CASTIGLIONE).

strisciàta s. f. **1** Atto dello strisciare. **2** Segno lasciato da ciò che striscia. **3** Prova di stampa in fotocomposizione, su carta fotografica o pellicola, a forma di striscia di varia lunghezza. **4** Striscia di carta che esce dalla macchina calcolatrice stampante. **5** In aerofotogrammetria, l'insieme dei fotogrammi che la camera da presa riprende, mentre l'aereo su cui è montata segue una rotta rettilinea. || **strisciatina**, dim.

strisciàto part. pass. di *strisciare*; anche agg. ● Nei sign. del v.

strisciatùra s. f. ● Strisciata.

striscio [da *strisciare*] s. m. **1** Atto dello strisciare | *Ballo con lo s.*, eseguito strisciando i piedi | *Fare lo s.*, nel gioco del tressette, strisciare la carta | *Ferita di s.*, superficiale. **2** (*med.*) Preparato per esame microscopico, ottenuto strisciando il materiale da esaminare su un vetrino portaoggetto | Tecnica per ottenere tale preparato: *sottoporsi a uno s. vaginale.* **3** Nella loc. avv. *di s.*, strisciando, sfiorando: *colpire, ferire, di s.*; *prendere la palla di s.* | (*fam.*, *tosc.*) Di seguito: *ha vinto due partite di s.* **4** Segno fatto strisciando: *il pavimento è pieno di strisci.*

striscióne (**1**) s. m. **1** Accr. di *striscia.* **2** Larga striscia di tessuto, carta e sim. che si appende in alto, trasversalmente a una strada, nei punti più adatti di una piazza e sim. o che si innalza durante manifestazioni o cortei: *s. pubblicitario*; *gli striscioni elettorali* | *S. d'arrivo*, segnale di traguardo di una gara di corsa.

striscióne (**2**) ● V. *striscioni.*

striscióni o **striscióne** (**2**) [da *strisciare*] avv. ● Strisciando per terra: *i soldati mandati in perlustrazione avanzarono s. fin sotto le linee nemiche.*

stritolàbile agg. ● Che si può stritolare.

stritolaménto s. m. ● Atto, effetto dello stritolare.

stritolàre [da *tritolare*, con *s-*] **A** v. tr. (*io strìtolo*) **1** Ridurre in pezzi minuti: *quella macchina stritola i sassi.* **2** (*fig.*) Annientare, schiacciare, con le proprie argomentazioni: *s. l'avversario.* **B** v. intr. pron. **1** Ridurre in minutissimi pezzi: *la lastra di vetro si è stritolata.* **2** †Struggersi, sdilinquirsi.

stritolàto part. pass. di *stritolare*; anche agg. ● Nei sign. del v.

stritolatóre s. m.; anche agg. (f. *-trice*) ● Chi, che stritola.

stritolatùra s. f. ● (*raro*) Stritolamento | Materiale residuo di un oggetto stritolato.

stritolazióne s. f. ● (*raro*) Stritolamento.

stritolìo s. m. ● Atto dello stritolare continuo | Rumore prodotto da q.c. che si stritola.

strizióne [vc. dotta, lat. tardo *strictiōne(m)* 'costrizione, pressione', da *strĭctus*, part. pass. di *strĭngere*] s. f. ● (*mecc.*) Diminuzione della sezione trasversale di un metallo sottoposto a trazione, che precede la rottura.

strizza [dev. di *strizzare*] s. f. ● (*fam.*) Paura.

strizzacervèlli [comp. dell'imperat. di *strizzare* e del pl. di *cervello*] s. m. e f. ● (*scherz.*) Psicanalista, psicoterapeuta.

strizzàre [lat. parl. **strictiāre*, da *strĭctus*, part. pass. di *strĭngere* 'stringere'] v. tr. ● Stringere forte q.c. in modo da farne uscire il liquido in essa contenuto: *s. i panni bagnati*; *s. un limone, un'arancia* | *S. l'occhio*, ammiccare | (*ass.*, *fam.*) *Strizza, strizza*, (*fig.*) in conclusione.

strizzàta s. f. ● Atto dello strizzare una volta. || **strizzatina**, dim.

strizzatóio [da *strizzare*] s. m. ● Nelle macchine lavatrici, congegno a rulli gommati per la strizzatura dei panni.

strizzatùra s. f. ● Atto dello strizzare.

strizzóne [da *strizzare*] s. m. **1** Strizzata forte, violenta: *dare uno s. a qc.* **2** Fitta, dolore acuto: *sentire uno s. allo stomaco*; *uno s. di stomaco.* **3** (*tosc.*) Freddo eccessivo.

strobilazióne [da *strobilo*] s. f. ● (*zool.*) Particolare tipo di divisione per gemmazione, in alcuni polipi degli Scifozoi.

stròbilo [vc. dotta, dal lat. tardo *strŏbilu(m)*, dal gr. *stróbilos* 'pina'] s. m. **1** (*bot.*) Struttura riproduttiva vegetale formata da numerosi sporofilli inseriti con disposizione spiralata su di un asse allungato, come nei licopodi e nelle Conifere. **2** (*zool.*) Insieme delle proglottidi che formano il corpo dei Cestodi | Ciascuno dei segmenti sovrapposti a pila in cui si divide il corpo del polipo nella strobilazione.

strobofotografia [comp. del gr. *stróbos* 'corpo che gira' e *fotografia*] s. f. ● Fotografia ottenuta applicando una macchina fotografia a uno stroboscopio.

stroboscopìa [da *stroboscopio*] s. f. ● Metodo di osservazione mediante lo stroboscopio.

stroboscòpico agg. (pl. m. *-ci*) ● Che riguarda la stroboscopia o lo stroboscopio.

stroboscòpio [comp. del gr. *stróbos* 'corpo che gira', e di *-scopio*] s. m. ● Apparecchio per l'osservazione analitica, a frequenza apparente ridotta, di fenomeni periodici, spec. di un corpo rotante o vibrante.

stròfa ● V. *strofe.*

strofantìna [comp. di *strofanto* e *-ina*] s. f. ● (*chim.*) Glucoside contenuto nei semi dello strofanto, usato come sedativo e tonico.

strofànto o **stròfanto** [comp. del gr. *stróphos* 'corda ritorta', da *stréphein* 'volgere', e *ánthos* 'fiore'] s. m. ● Pianta africana delle Apocinacee, lianosa e velenosa, con fusto peloso, fiori giallastri a strie rosse e semi provvisti di pappo, utili in medicina (*Strophantus hispidus*).

stròfe o **stròfa** [vc. dotta, dal lat. tardo *strŏpha(m)*, dal gr. *strophḗ* 'voltata (del coro)', da *stréphein* 'volgere'] s. f. (pl. *stròfe*, raro *stròfi*) **1** (*letter.*) Gruppo ritmico di due o più versi che hanno tra loro identità per numero e rispondenza di rime e che viene ripetuto quasi sempre più di una volta nello stesso componimento poetico | (*est.*) Gruppo di versi che l'autore vuole distinguere dal resto del testo, anche senza specifiche corrispondenze. **2** Nella lirica greca, parte di una triade lirica | Nella tragedia greca, gruppo di versi che presenta una esatta corrispondenza con la successiva antistrofe. || **strofàccia**, pegg. | **strofétta**, dim. | **strofettina**, dim. | **strofùccia**, dim.

stròfico [da *strofe*] agg. (pl. m. *-ci*) ● (*letter.*) Detto di componimento nel quale un determinato periodo ritmico è ripetuto più volte.

strofinàccio [da *strofinare*] s. m. ● Cencio per strofinare, pulire, rigovernare e sim. | (*fig.*, *fam.*) *Trattare come lo s.*, *essere lo s. di qc.*, trattare male, essere trattato male.

strofinàcciolo s. m. ● (*raro*, *tosc.*) Strofinaccio.

strofinaménto s. m. ● Atto dello strofinare.

strofinàre [dal longob. *straufinōn*. V. *stropicciare*] **A** v. tr. ● Passare, sfregare ripetutamente q.c. sopra una superficie per pulirla, lucidarla e sim.: *s. il marmo con uno straccio*; *s. i piatti, i mobili.* **B** v. intr. pron. ● Strisciarsi: *non strofinarti contro il muro*; *il gatto si strofina alla porta* | (*fig.*) Adulare: *strofinarsi a qc.*

strofinàta s. f. ● Atto dello strofinare una volta. || **strofinatina**, dim.

strofinìo s. m. **1** Atto dello strofinare continuo. **2** (*fis.*) Operazione mediante la quale si elettrizza staticamente un corpo.

strofinóne s. m. (f. *-a*) ● (*fam.*) Chi si strofina dappertutto.

strofinóni avv. ● (*raro*) Strofinandosi: *stare s. in terra.*

stròfio [vc. dotta, dal lat. *strŏphiu(m)*, dal gr. *stróphion*, da *stréphein* 'avvolgere', di origine indeur.] s. m. ● Presso gli antichi, fascia femminile avvolta intorno alla vita per sostenere il seno | Benda per fermare i capelli | Correggia del cesto dei pugili.

strogolàre [da *tr(u)ogolo*, con *s-*] v. intr. (*io strògolo*; aus. *avere*) ● (*raro*, *pop.*) Grufolare nel truogolo, detto del maiale | (*spreg.*) Mangiare sporcandosi, detto di persona.

stròlaga [deformazione di *folaga* (?)] s. f. ● (*zool.*, *pop.*) Colimbo.

stròlago e *deriv.* ● V. *astrologo* e *deriv.*

stròlogo e *deriv.* ● V. *astrologo* e *deriv.*

stròma [vc. dotta, dal gr. *strôma* 'coperta, tappeto', da *strṓnnýnai* 'stendere'] s. m. (pl. *-i*) ● (*biol.*) Tessuto di sostegno di un organo.

strombàre [da *tromba* (per la forma), con *s-*] v. tr. (*io strómbo*) ● Fare una strombatura.

strombatùra [da *strombare*] s. f. ● Conformazione di porta, finestra e sim. con stipite tagliato obliquamente, e quindi svasato verso l'esterno o verso l'interno.

strombazzaménto s. m. ● Atto dello strombazzare.

strombazzàre [da *tromba*, con *s-* e suff. iter.-ints.] **A** v. tr. ● Divulgare con esagerato chiasso, propaganda e sim.: *s. una scoperta, i meriti di qc.* **B** v. intr. (aus. *avere*) **1** Suonare ripetutamente il clacson di un autoveicolo. **2** (*raro*) Suonare la tromba male e rumorosamente.

strombazzàta s. f. ● Suonata di tromba | Strombazzamento.

strombazzàto part. pass. di *strombazzare*; anche agg. ● Nei sign. del v.

strombazzatóre s. m. (f. *-trice*) ● Chi strombazza.

strombazzatùra s. f. ● Atto, effetto dello strombazzare.

strombettàre [da *tromba*, con *s-* e suff. iter.-dim.] **A** v. intr. (*io strombétto*; aus. *avere*) **1** Suonare la trombetta, o la tromba, spesso e male. **2** (*est.*) Suonare ripetutamente il clacson dell'automobile: *che cos'ha quello da s.?* **B** v. tr. ● (*raro*) Strombazzare: *s. i propri meriti.*

strombettàta s. f. ● Atto dello strombettare.

strombettatóre s. m. (f. *-trice*) ● (*raro*) Chi strombetta.

strombettìo s. m. ● Atto dello strombettare continuo.

strómbo (**1**) [vc. dotta, dal lat. *strŏmbu(m)*, dal gr. *strómbos* 'conchiglia', di origine indeur.] s. m. ● Grosso mollusco gasteropode dei mari caldi, con conchiglia a forma di piccola torre dal margine esterno espanso, usata per fare cammei (*Strombus gigas*).

strómbo (**2**) [da *strombare*] s. m. ● Strombatura.

strombolìano agg. ● Del, relativo al vulcano Stromboli | (*geol.*) Detto di eruzione caratterizzata da emissione di lava basica con esplosioni non molto violente e fontane ardenti.

strombolìòtta o **strombolìòtto** **A** agg. (pl. m. *-i*) ● Dell'isola di Stromboli. **B** s. m. e f. ● Abitante, nativo dell'isola di Stromboli.

stroménto ● V. *strumento*.

stroncaménto s. m. ● Atto, effetto dello stroncare.

stroncàre [da *troncare*, con *s-*] **A** v. tr. (*io strónco, tu strónchi*) **1** Troncare con violenza (*anche fig.*): *il vento stronca i rami*; *il proiettile gli ha stroncato un braccio*; *una grave malattia stroncò la sua vita* | *Stroncarsi le braccia, le gambe e sim.*, fare una grande fatica. **2** (*fig.*) Reprimere, soffocare: *s. una rivolta, un'insurrezione*. **3** (*fig.*) Fare oggetto di critica feroce e demolitrice: *s. un'opera, un libro, un film*; *s. un autore*. **B** v. intr. pron. ● (*raro*) Spezzarsi, rompersi: *legno che si stronca*.

stroncàto part. pass. di *stroncare*; anche agg. ● Nei sign. del v.

stroncatóre s. m.; anche agg. (f. *-trice*) ● Chi, che stronca (*spec. fig.*): *critica stroncatrice*.

stroncatòrio agg. ● (*fig.*) Che stronca: *articolo s.*

stroncatùra s. f. **1** Atto, effetto dello stroncare. **2** (*fig.*) Critica acerba.

strónco [da *stroncare*] agg. (pl. m. *-chi*) ● (*tosc.*) Stroncato. || **stroncàccio**, pegg. | **stronchìno**, dim.

stroncóne [da *troncone*, con *s-*] s. m. ● (*raro, tosc.*) Troncone.

stronfiàre [da *tronfiare*, con *s-*] v. intr. (*io strónfio*; aus. *avere*) ● (*fam., tosc.*) Sbuffare forte, detto di persona irata, grassa, affaticata o sim.: *s. per l'ira*; *s. mangiando* | Russare rumorosamente.

stronfióne [da *stronfiare*] s. m. (f. *-a*) **1** (*fam., tosc.*) Persona che stronfia molto. **2** (*fig.*) Persona boriosa, gonfia di sé. || **stronfionàccio**, accr. | **stronfioncèllo**, dim.

strong /strɔng, *ingl.* strɔŋ/ [vc. ingl. 'forte, potente'] agg. inv. ● Detto di tipo di carta particolarmente resistente e tenace: *extra s.* | (*fig.*) Forte, violento.

stròngilo [vc. dotta, dal gr. *strongýlos* 'rotondo', di origine indeur.] s. m. ● (*zool.*) Verme dei Nematodi, da adulto parassita interno dei Vertebrati mentre allo stato larvale conduce vita libera.

†**stronomìa** ● V. *astronomia*.

stronzàggine [da *stronzo* nel sign. 2] s. f. **1** (*fig., volg.*) L 'essere stronzo: *la s. di quel lungo discorso*. **2** (*fig., volg.*) Discorso, comportamento da persona stronza: *non riesco a ridere alle sue stronzaggini*.

†**stronzàre** [vc. venez. ant., variante di *storonzare*, dal lat. parl. *rotundiare*, da *rotŭndus* 'rotondo', con metatesi e *s-*] v. tr. ● (*raro*) Diminuire, restringere.

stronzàta [da *stronzo* nel sign. 2] s. f. ● (*fig., volg.*) Comportamento, discorso, azione, da stronzo.

strònzio o **strónzio** [da *Strontian*, miniera dell'Argyllshire (Scozia)] s. m. ● Elemento chimico, metallo alcalino terroso, solido bianco argenteo. SIMB. Sr.

strónzo [dal longob. *strunz* 'sterco'] s. m. (f. *-a* nel sign. 2) **1** (*volg.*) Escremento solido, di forma cilindrica. **2** (*fig., volg.*) Persona sgradevole, fastidiosa o maligna: *non voglio più sentir parlare di quello s.* | (*est.*) Epiteto scherzoso e quasi affettuoso: *dai, non fare lo s.*: *non parlavo seriamente!* || **stronzétto**, dim. | **stronzìno**, dim. | **stronzóne**, accr.

strónzolo s. m. ● (*volg., tosc.*) Stronzo, nel sign. 1.

stropicciaménto s. m. ● Atto dello stropicciare.

stropicciàre [dal got. *straupjan* 'sfregare', con suff. iter. V. *strofinare*] **A** v. tr. (*io stropiccio*) **1** Strofinare, sfregare forte q.c. con la mano, o una cosa contro un'altra: *stropicciarsi un braccio*; *s. due legni fra loro*; *s. i piedi in terra* | *Stropicciarsi le mani*, in segno di soddisfazione | *Stropicciarsi gli occhi*, in segno di sonnolenza, o sim. **2** (*dial., fam.*) Gualcire: *stropicciarsi il vestito*. **3** (*raro, fig.*) †Inquietare, infastidire. **B** v. intr. pron. ● (*pop.*) Infischiarsi, disinteressarsi di q.c. o qc.: *me ne stropiccio di voi!*

stropicciàta s. f. ● Atto dello stropicciare una volta. || **stropicciatèlla**, dim. | **stropicciatìna**, dim.

stropicciatùra s. f. ● Atto, effetto dello stropicciare.

stropiccìo s. m. ● Atto dello stropicciare continuo | Rumore di cosa, spec. piedi, stropicciata.

stropiccióne s. m. (f. *-a*) **1** Chi si attacca a qc. per ottenere favori e protezione. **2** †Bacchettone.

stroppàre [da *stroppo*] v. tr. (*io stròppo*) ● (*mar.*) Legare con uno stroppo | Guarnire di stroppi.

stroppiàre e *deriv.* ● V. *storpiare* e *deriv.*

stròppio ● V. *storpio* (*1*) e (*2*).

stròppo [lat. *strŏppu(m)*, dal gr. *stróphos* 'corda'] s. m. ● (*mar.*) Pezzo di cavo forte rivolto e legato come un anello usato per unire a un punto fisso un oggetto mobile senza impedirne i movimenti | Anello di corda che tiene il remo attaccato allo scalmo.

stròscia s. f. (pl. *-sce*) ● (*raro*) Atto dello strosciare | Riga che fa l'acqua, e sim., cadendo in terra.

strosciàre [dal longob. *trausjan*, con *s-*] v. intr. (*io stròscio*; aus. *avere*) ● (*pop.*) Scrosciare.

stròscio [da *strosciare*] s. m. **1** (*pop.*) Scroscio. **2** †Colpo per caduta.

stròzza [dal longob. *strozzā* 'gola'] s. f. **1** Fauci, canna della gola: *afferrare qc. per la s.*; *stringere nella s.*; *l'urlo roco delle strozze riarse* (SCIASCIA); *le parole gli rimasero nella s.* **2** (*mar.*) Canale di ferro, aperto sul ponte della nave, che serve al passaggio e all'arresto della catena dell'ancora.

strozzaménto s. m. ● Atto, effetto dello strozzare o dello strozzarsi (*anche fig.*) | (*med.*) *S. erniario*, alterazione della circolazione sanguigna in un viscere contenuto nell'ernia, dovuto alla compressione | (*mecc.*) *S. del vapore*, riduzione della sua pressione, ottenuta per mezzo di una valvola o di altro organo di regolazione.

strozzaprèti [comp. di *strozza(re)* e il pl. di *prete*] s. m. pl. ● (*cuc., dial.*) Gnocchetti di farina e talora di patate, duri e compatti, che si mangiano lessati e conditi con sugo di pomodoro e carne.

strozzàre [da *strozza*] **A** v. tr. (*io stròzzo*) **1** Uccidere ostruendo le vie respiratorie mediante una pressione esercitata sul collo con le mani: *l'hanno strozzato* | Strangolare: *lo strozzarono con una calza* | Usato talora come minaccia scherzosa: *se lo vedo lo strozzo*. **2** (*est.*) Impedire il respiro, soffocare (*anche ass.*): *è un cibo che strozza*; *mi sento s.* **3** (*est.*) Restringere in un punto un organo o un oggetto cavo, spec. premendo dall'esterno: *s. un tubo, una conduttura* | *S. la salsiccia*, legarla con uno spago a intervalli regolari sì da dividerla in rocchi | (*est.*) Ostruire: *uno scoglio strozza il passaggio*. **4** (*fig.*) Prestare denaro a forte usura: *con quegli interessi lo strozzano*. **5** (*fig., raro*) Concludere rapidamente, troncare: *s. una discussione*. **6** (*mar.*) Fermare la catena nella strozza. **B** v. intr. pron. **1** Morire per strozzamento. **2** Avere il respiro impedito, rimanere soffocato da un boccone di cibo: *se mangi così in fretta ti strozzerai*. **3** Subire una strozzatura: *a quel punto la strada si strozza*. **C** v. rifl. ● Strangolarsi, impiccarsi: *si è strozzato con un lenzuolo*.

strozzascòtte [comp. di *strozza(re)* e il pl. di *scotta* (*1*)] s. m. inv. ● (*mar.*) Attrezzo per assicurare temporaneamente la scotta del fiocco, i cavi delle vele, il cavetto della deriva e sim.

strozzàto part. pass. di *strozzare*; anche agg. **1** Nei sign. del v. **2** Che esce dalla gola a stento, a scatti: *voce strozzata*; *parole strozzate*. **3** (*med.*) Sottoposto a strozzamento: *ernia strozzata*.

strozzatóio **A** agg. ● (*raro*) Che strozza. **B** s. m. ● (*mar.*) Congegno per frenare la catena dell'ancora quando la si affonda.

strozzatóre s. m. anche agg. (f. *-trice*) ● Chi, che strozza.

strozzatùra s. f. **1** Effetto dello strozzare e dello strozzarsi | Forte riduzione di diametro di un recipiente, di un tubo e sim. | Punto di restringimento. **2** Tratto nel quale una strada si restringe sensibilmente: *ci troviamo di fronte a una s.* **3** (*fig.*) Arresto nell'attività economica limitato a un settore, che impedisce lo sviluppo di altri rami produttivi.

strozzière [dall'ant. fr. *ostorier*, da *ostor*, moderno *autour* 'astore'. V. *astore*] s. m. ● Anticamente, custode e allevatore dei falconi nobili, per la falconeria.

strozzinàggio [da *strozzino*] s. m. ● Usura.

strozzinésco agg. (pl. m. *-schi*) ● Di, da, strozzino.

strozzìno [da *strozzare*] s. m. (f. *-a*) **1** Chi presta denaro a interesse molto alto. SIN. Usuraio. **2** (*est.*) Chi vende a prezzi molto alti | Chi cerca di togliere ad altri quanto più denaro è possibile.

stròzzo [da *strozzare*] s. m. ● (*pop.*) Strozzinaggio: *dare, prestare, soldi a s.*

†**strozzùle** [sovrapposizione di *strozza* a *gorgozzule*] s. m. ● Strozza.

strubbiàre [sovrapposizione di *strusciare* a *strebbiare*] v. tr. (*io strùbbio*) ● (*pop., tosc.*) Sciupare, usare senza riguardo.

struccàre [da *truccare*, con *s-*] **A** v. tr. (*io strùcco, tu strùcchi*) ● Togliere il trucco dal viso. **B** v. rifl. ● Togliersi il trucco dal viso.

struccatùra [da *struccare*] s. f. ● Strucco.

strùcco [dev. di *struccare*] s. m. ● Atto, effetto dello struccare o dello struccarsi: *velina da s.*

strucinàre [connesso con *strusciare* (?)] v. tr. (*io strùcino*) ● (*pop., tosc.*) Sciupare, consumare: *s. i vestiti*.

strùdel /'strudel, *ted.* 'ʃtru:dəl/ [vc. ted., propriamente 'vortice', per la forma] s. m. inv. (pl. ted. inv.) ● Dolce di pasta arrotolata, farcito di frutta, spec. mele, uva passa, pinoli, condito con burro fuso, zucchero e cotto in forno.

strùffolo o **strùfolo** [dal longob. **strupf* 'batuffolo, brandello'] s. m. **1** Anticamente, batuffolo, spec. di paglia, usato dagli scultori. **2** (*spec. al pl.*) Palline fritte di pasta dolce e miele.

struggènte part. pres. di *struggere*; anche agg. ● Nei sign. del v.

strùggere [da (*di*)*struggere*, passato al senso di 'liquefare'] **A** v. tr. (pres. *io strùggo, tu strùggi*; pass. rem. *io strùssi, tu struggésti*; part. pass. *strùtto*) **1** Liquefare, sciogliere, col calore: *s. la cera, la neve, il ghiaccio*; *s. q.c. in bocca*. **2** (*fig.*) Consumare lentamente, causare dolore, sofferenza: *l'amore la strugge*; *quel pensiero ossessivo lo strugge*; *ardo d'amore ... / per una dama che me strugge el core* (L. DE' MEDICI). **3** †Distruggere. **B** v. intr. pron. e †intr. **1** Fondersi, sciogliersi, col calore: *il burro si strugge sul fuoco*; *struggersi come le candele*. **2** (*fig.*) Consumarsi, logorarsi, di passione, desiderio, dolore, e sim.: *struggersi d'amore per qc.*; *struggersi in lacrime, in pianto*; *struggersi di desiderio*; *struggersi per il dolore*.

struggibùco [comp. di *struggere* e *buco*] s. m. (pl. *-chi*) ● (*pop., tosc.*) Situazione, condizione, noiosa e prolungata.

struggicuòre [comp. di *struggere* e *cuore*] s. m. inv. ● Struggimento di cuore.

struggigràno [comp. di (*di*)*struggere* e *grano*] s. m. inv. ● Coleottero nero, con capo voluminoso e forti mandibole sporgenti le cui larve divorano cariossidi di cereali immagazzinati (*Tenebrioides mauritanicus*).

struggiménto s. m. ● Atto dello struggere o dello struggersi (*spec. fig.*).

struggitóre s. m.; anche agg. (f. *-trice*) ● (*raro*) Chi, che strugge.

strullerìa s. f. ● (*tosc.*) Qualità di chi, di ciò che è strullo | Atto, discorso e sim. strullo.

strùllo [da *trullo* (*1*), da *citrullo* con aferesi, e *s-*] agg.; anche s. m. (f. *-a*) ● (*tosc.*) Grullo, melenso, sciocco.

strùma [vc. dotta, dal lat. *strūma(m)* 'scrofola', di etim. incerta] s. m. **1** †Scrofola. **2** (*med.*) Tumefazione. **3** (*med.*) Gozzo.

strumentàle o †**istrumentàle** [da *strumento*] **A** agg. **1** Di strumento | Relativo a strumento. **2** Che si esegue mediante strumenti: *osservazione, misurazione, s.* | *Musica s.*, fatta per gli strumenti: *concerto vocale e s.* | *Volo s.*, in aeronautica, quello condotto in base a riferimenti dedotti con strumenti o mezzi di navigazione, causa insufficiente visibilità. **3** Che serve di strumento | *Bene s.*, di cui si avvale la produzione per ottenere i beni di consumo | *Causa s.*, nella metafisica di Aristotele, una delle cause che presiedono al divenire promuovendo il passaggio di un ente dalla potenza all'atto | *Lingua s.*, quella usata nell'insegnamento nei paesi mistilingui | (*fig.*) Fatto per secondi fini: *polemica s.* **4** (*ling.*) Detto di caso della declinazione indoeuropea indicante lo strumento dell'azione verbale. *5* In sismologia, detto del primo grado di intensità di un terremoto nella scala Mercalli, che passa inosservato o è registrato solo dai sismografi. ‖ **strumentalménte**, avv. *1* Mediante uno strumento. *2* Dal punto di vista strumentale. **B** s. m. ● (*ling.*) Caso della declinazione indoeuropea indicante lo strumento dell'azione verbale.

strumentalismo [comp. di *strumental(e)* e *-ismo*, sul modello dell'ingl. *instrumentalism*] s. m. ● Dottrina filosofica di J. Dewey (1859-1952) secondo cui il pensiero non si presenta solo come passivo rispecchiamento della realtà, ma anche e soprattutto come strumento operante sulla realtà per migliorarla.

strumentalità s. f. ● Qualità di ciò che è strumentale.

strumentalizzàre [comp. di *strumental(e)* e *-izzare*] v. tr. ● Servirsi di qc. o di q.c. per raggiungere un proprio fine: *s. la politica*.

strumentalizzazióne [da *strumentalizzare*] s. f. ● Atto, effetto di strumentalizzare qc. o q.c.

strumentàre o †**istrumentàre** [da *strumento*] v. tr. e intr. (*io struménto*; aus. *avere*) ● (*mus.*) Attribuire agli strumenti dovuti le parti di una composizione per più strumenti.

†**strumentàrio (1)** o †**istrumentàrio** [da *strumento*] agg. ● Strumentale.

strumentàrio (2) [da *strumento*] s. m. ● Complesso degli strumenti atti a espletare una determinata attività, spec. medica: *s. chirurgico*, *ostetrico*.

strumentatóre o †**istrumentatóre** s. m. (f. *-trice*) ● (*mus.*) Chi strumenta.

strumentatùra o †**istrumentatùra** s. f. ● (*mus.*) Atto dello strumentare.

strumentazióne o †**istrumentazióne** [da *strumentare*] s. f. *1* (*mus.*) Attribuzione agli strumenti dovuti delle parti di una composizione per più strumenti | Parte della didattica che concerne il meccanismo, l'estensione, i mezzi di esecuzione e le proprietà espressive di ciascuno strumento. *2* Complesso degli strumenti, attrezzature, impianti, dispositivi, che occorrono per certe attività di studio, ricerca, controllo, e sim.: *s. per ricerche geologiche, per il controllo dei missili*. *3* Insieme degli strumenti di controllo di una macchina, di un veicolo.

strumentino s. m. *1* Dim. di *strumento*. *2* (*mus., spec. al pl.*) Legni.

strumentista A s. m. e f. (pl. m. *-i*) ● Chi, per professione, suona uno strumento musicale. **B** s. m. e f.; anche agg. ● Specialista nella progettazione e montaggio di strumentazioni per impianti industriali: *ingegnere s.*; *tecnico s.*

struménto o †**instroménto**, †**instruménto**, †**istroménto**, (*lett.*) **istruménto**, †**storménto**, (*poet.*) **stroménto** [lat. *instrumĕntu(m)* 'corredo, suppellettile', da *instrŭere* 'apparecchiare'. V. *istruire*] s. m. *1* (*gener.*) Arnese o dispositivo atto al compimento di determinate operazioni: *gli strumenti del fabbro, del falegname, del muratore*; *strumenti rurali, chirurgici* | *Strumenti di bordo*, strumenti a bordo di navi, aerei e sim., usati per la navigazione e il controllo del veicolo | *Strumenti di misura*, dispositivi che misurano una grandezza fisica per misurazione diretta, o previa taratura e lettura diretta di indice su scala graduata | *Strumenti elettrici di misura*, strumenti per la misura delle grandezze elettriche | *Strumenti di precisione*, quelli che sono in grado di fornire dati della massima esattezza possibile | (*elettr.*) *S. universale*, multimetro. *2* (*mus.*) Corpo costruito col quale, per mezzo di vibrazioni variamente eccitate, si producono suoni: *strumenti musicali*; *strumenti ad aria, a percussione, a corda, elettronici*; *strumenti a fiato, a bocchino, a pizzico, ad arco*. ➡ ILL. **musica**. *3* (*fig.*) Persona, cosa, e sim. che serve come mezzo per raggiungere un dato fine: *fu lo s. della provvidenza*; *è s. della malvagità altrui*; *fu l'involontario s. di un delitto*; *del suo genio fece uno s. di pace*. *4* (*tosc., fig., scherz.*) Persona inquieta, fastidiosa: *sai che sei un bello s.?* *5* Atto pubblico redatto da un notaio. ‖ **strumentàccio**, pegg. | **strumentino**, dim. (V.) | **strumentóne**, accr. | **strumentùccio**, **strumentùzzo**, dim.

strumóso [dal lat. *strumōsus*, der. di *struma*] agg. *1* Scrofoloso. *2* Di molti colori, variopinto.

†**strùpo** e *deriv.* ● V. *stupro* e *deriv.*

strusciaménto s. m. ● Atto dello strusciare o dello strusciarsi | Rumore di cosa che struscia.

strusciàre [lat. parl. **extrusāre*, da *extrūsus*, part. pass. di *extrūdere* 'trascinare (*trūdere*) fuori (*ĕx-*)', di origine indeur.] **A** v. tr. e intr. (*io strùscio*; aus. *avere*) ● Strofinare q.c. sopra o contro un'altra: *s. i gomiti sulla tavola*; *s. i piedi per terra*; *s. contro il muro*; *se ne andava pian piano, molle molle, strusciando le scarpe* (PIRANDELLO) | Sciupare, rovinare: *s. i vestiti*. **B** v. rifl. *1* Strofinarsi: *non strusciarti alla porta*. *2* (*fig.*) Adulare, stare attorno a qc.: *strusciarsi a qc.*

strusciàta s. f. ● Atto dello strusciare una volta. ‖ **strusciatina**, dim.

strùscio (1) [da *strusciare*] s. m. *1* A Napoli, giro per la visita ai sepolcri nel giovedì santo. *2* (*est., merid., centr.*) Passeggiata domenicale o serale che ha luogo nella via principale di paesi o cittadine di provincia. *3* Rete verticale per catturare uccelli: *caccia allo s.*

struscìo (2) s. m. ● Atto dello strusciare continuo.

strusciόne s. m. (f. *-a*) *1* (*fam.*) Chi ha l'abitudine di strusciarsi o di strusciare la roba. *2* (*fig.*) Adulatore.

struttivo [vc. dotta, dal lat. *strŭctus*, part. pass. di *strŭere* 'costruire', di origine indeur.] agg. ● (*raro*) Della struttura | Strutturale.

strùtto (1) part. pass. di *struggere*; anche agg. ● Nei sign. del v.

strùtto (2) [forma sost. del precedente] s. m. ● Grasso ricavato facendo fondere le parti adipose del maiale, conservato in vesciche o in vasi per uso di cucina. SIN. Sugna.

struttùra [vc. dotta, dal lat. *structūra(m)*, da *strŭctus*, part. pass. di *strŭere* 'costruire'] s. f. *1* (*edil.*) Insieme delle parti costruttive di un edificio | *S. portante*, ossatura. *2* (*est.*) Composizione, ordine e modo di essere di un organismo, di un'opera, e sim.: *la s. dello Stato*; *la s. del corpo umano*; *la s. dell'universo*; *la s. di una lingua, di un romanzo* | *S. sociale*, complesso di relazioni gerarchiche fra i vari gruppi di una data società, la cui dinamica condiziona il verificarsi dei singoli sviluppi | *S. della popolazione*, in statistica, distribuzione delle unità che compongono una determinata popolazione secondo le modalità di determinati caratteri. *3* (*mat.*) Organizzazione degli elementi e dei sottoinsiemi d'un insieme | Sistema di sottoinsiemi dell'insieme, o d'un altro insieme che si ottenga da quello, e da altri a esso collegati | *S. algebrica*, struttura individuata da una o più leggi di composizione. *4* (*chim.*) Disposizione degli atomi nella molecola di un composto | *S. cristallina*, disposizione degli atomi e degli ioni nei solidi allo stato cristallino | *S. di una roccia*, in mineralogia, rapporti intercorrenti tra i componenti di una roccia per effetto del processo genetico | *Formula di s.*, indica il modo in cui gli atomi che costituiscono un composto sono disposti e ordinati. *5* (*ling.*) Organizzazione sistematica degli elementi di una lingua, fonemi morfemi sintagmi, le proprietà dei quali sono determinate da regole che ne stabiliscono le reciproche relazioni | *S. profonda*, nella grammatica generativa, livello astratto dell'organizzazione della frase, generato dalle regole sintattiche della base senza le trasformazioni | *S. superficiale*, nella grammatica generativa, livello di organizzazione della frase come essa si presenta nella sua forma fonetica una volta applicate le trasformazioni alla struttura profonda.

strutturàbile [da *strutturare*] agg. ● Che si può strutturare.

strutturàle [da *struttura*] agg. *1* Della struttura, che riguarda la struttura | *Carta s.*, rappresentazione delle strutture tettoniche per mezzo di isoipse di un livello guida. *2* *Linguistica s.*, studio della lingua considerata come un insieme di elementi in relazione reciproca fra di loro. ‖ **strutturalménte**, avv. In riferimento alla struttura.

strutturalìsmo [comp. di *strutturàl(e)* e *-ismo*] s. m. *1* (*psicol.*) Scuola psicologica volta ad analizzare gli stati o i contenuti mentali in costituenti elementari col metodo dell'introspezione aiutata dall'esperimento. *2* Teoria e metodologia scientifica che, spec. nelle scienze umane come la linguistica, l'antropologia, la critica letteraria, ecc., considera la struttura degli elementi come un sistema di interrelazioni formalmente definibile, partendo da un insieme di dati empiricamente accertati. *3* (*arch.*) Indirizzo di studio che si occupa della struttura corrispondentemente alle funzioni di collegamento e di sostegno e ai concetti di distribuzione e di organizzazione. *4* In antropologia culturale, studio della produzione simbolica umana, spec. dei miti, considerata come un complesso di elementi formalmente correlati.

strutturalista A s. m. e f. (pl. m. *-i*) ● Seguace o studioso di uno strutturalismo. **B** agg. ● Strutturalistico.

strutturalistico agg. (pl. m. *-ci*) ● Che si riferisce a uno strutturalismo o agli strutturalisti. ‖ **strutturalisticaménte**, avv.

strutturàre A v. tr. ● Disporre, ordinare, secondo una struttura (*anche fig.*). **B** v. intr. pron. ● Risultare organizzato secondo una data struttura.

strutturàto A part. pass. di *strutturare*; anche agg. *1* Nel sign. del v. *2* *Gioco s.*, nell'ambito delle tecnologie educative, insieme di materiali presentati al discente sotto forma di gioco e organizzati in modo tale che questi, interagendo con esso, esegua determinate operazioni fisiche o logiche. **B** s. m. ● Alimento disidratato a base di soia ad alto contenuto proteico, in commercio sotto forma di granulato, di spezzatino e di bistecca che, reidratato, può essere utilizzato in varie ricette al posto della carne.

strutturazióne s. f. ● Atto dello strutturare | Modo in cui q.c. è strutturato (*anche fig.*).

strutturìsta [da *struttura*] **A** s. m. e f. (pl. m. *-i*) ● Chi progetta strutture spec. nel campo dell'ingegneria civile o della meccanica. **B** anche agg.: *ingegnere s.*

strutturìstica [da *struttura*] s. f. ● (*fis.*) Disciplina che studia la costituzione interna dei corpi solidi.

†**struzióne** ● V. *distruzione*.

Struzionifórmi [comp. del lat. *strūthio*, genit. *struthiōnis* 'struzzo', e *-forme*] s. m. pl. ● Nella tassonomia animale, ordine di Uccelli incapaci di volare, ottimi corridori (*Struttioniformes*) | (al sing. *-e*) Ogni individuo di tale ordine.

strùzza [forse da un prec. *(*a*)*stuzza*, der. di *asta*] s. f. ● (*mar.*) Balestrone.

strùzzo [vc. dotta, dal lat. tardo *strūthio* (nom.), dal gr. tardo *strouthíōn*, genit. *strouthýōnos*, dim. di *stroûthos* 'struzzo', di origine indeur.] s. m. ● Grosso uccello degli Struzioniformi, con zampe nude, muscolose, a due dita, lungo collo e pelle molle e cascante (*Struthio camelus*): *penne di s.* | *S. d'America*, nandù | *S. australiano*, emù | *Avere uno stomaco di s.*, (*fig.*) digerire tutto | *Fare come lo s.* | *Fare la politica dello s.*, fingere di ignorare cose o situazioni di particolare gravità, secondo la leggenda per cui lo struzzo, all'avvicinarsi del pericolo, nasconde la testa nella sabbia.

stuàrdo agg. ● Degli Stuardi o della loro epoca: *restaurazione stuarda*; *moda stuarda* | *Alla stuarda*, (*ell.*) detto di colletto di pizzo o lino ricamato e pieghettato, molto alto sulla nuca in modo da incorniciare il volto.

stuccaménto s. m. ● Atto, effetto dello stuccare, nel sign. di *stuccare (1)*.

stuccàre (1) [da *stucco (1)*] v. tr. (*io stùcco, tu stùcchi*) *1* Riempire, turare, saldare, rivestire con lo stucco: *s. un buco, un vetro*. *2* Decorare con stucchi.

stuccàre (2) [da *stuccare (1)* nel senso di 'riempire'] **A** v. tr. (*io stùcco, tu stùcchi*) *1* Riempire fino alla sazietà, indurre fastidio, nausea (*anche ass.*): *troppi dolci stuccano*. SIN. Nauseare. *2* Infastidire, annoiare. **B** v. intr. pron. ● Infastidirsi: *si stucca di ogni cosa*.

stuccàto part. pass. di *stuccare (1)*; anche agg. ● Nei sign. del v.

stuccatóre [da *stuccare (1)*] s. m. *1* Chi esegue lavori di stuccatura: *s. di mobili*. *2* Chi esegue stucchi per decorazioni.

stuccatùra s. f. *1* Operazione dello stuccare, nel sign. di *stuccare (1)*. *2* Stucco messo in opera, già indurito.

stucchévole [da *stuccare (2)*] agg. ● Che dà fastidio, nausea, disgusto: *sapore s.*; *dolce s.* | Che dà tedio, noia: *che discorsi stucchevoli!* || **stucchevolménte**, avv.

stucchevolézza s. f. ● Qualità di ciò che è stucchevole.

stucchino [da *stucco* (*1*)] s. m. ● (*tosc.*) Figurina di stucco.

stùcco (1) [dal longob. *stuhhi* 'crosta, intonaco'] s. m. (pl. *-chi*) **1** Malta composta di calce grossa e polvere di marmo con cui si ricoprono membrature architettoniche cui si vuol dare l'apparenza del marmo, o per fare ornati, cornici e sim.: *turare un buco con lo s.* | *Essere di s.*, (*fig.*) insensibile, torpido | (*fig.*) *Rimanere di s.*, sbalordito, stupefatto. **2** Rilievo ornamentale, decorazione, scultura, e sim. eseguita con lo stucco: *una sala piena di stucchi*; *la sala degli stucchi*.

stùcco (2) [part. pass. contratto di *stuccare* (*2*)] agg. (pl. m. *-chi*) ● Pieno a sazietà, sazio fino alla nausea: *essere s. di q.c.*; *essere s. e ristucco*. SIN. Stufo.

stuccóso [da *stuccare* (*2*)] agg. ● (*raro*) Stucchevole.

studentàto [da *studente*] s. m. **1** Periodo di tempo che un giovane trascorre negli studi superiori. **2** Edificio dove alloggiano studenti spec. universitari | Collegio universitario. **3** Collegio ove compiono i loro studi i chierici di alcuni ordini religiosi.

studènte [vc. dotta, dal lat. *studĕnte(m)*, part. pres. di *studēre* 'occuparsi, applicarsi agli studi'] s. m. (f. *-essa*) **1** Chi è iscritto a un corso di studi e lo frequenta regolarmente: *s. di scuola media, di liceo, di università*; *gli studenti medi, gli studenti universitari*. **2** (*per anton.*) Studente universitario: *uno s. di medicina, di lettere*; *i tempi di quando era s.*; *la protesta degli studenti* | *Casa dello s.*, collegio universitario. || **studentàccio**, pegg. | **studentèllo**, dim. | **studentino**, dim. | **studentùccio**, dim. | **studentùcolo**, dim.

studentésca [da *studente*, sul modello di *scolaresca*] s. f. ● (*raro*) Complesso degli studenti.

studentésco agg. (pl. m. *-schi*) ● Di studente, degli studenti: *comitato, movimento, s.*

studiàbile agg. ● Che si può studiare, che non presenta grandi difficoltà allo studio.

studiacchiàre o **studicchiàre** [da *studiare*, con suff. iter.-dim.] v. tr. e intr. (*io studiàcchio*; aus. *avere*) ● Studiare poco e male.

†**studiaménto** [da *studiare*] s. m. ● (*raro*) Sollecitudine, diligenza.

studiànte A part. pres. di *studiare* ● Nei sign. del v. **B** s. m. e f. ● †Studente.

studiàre [da *studio* (V.)] **A** v. tr. (*io stùdio*) **1** Applicare la propria intelligenza all'apprendimento di una disciplina, un'arte, un particolare argomento e sim. seguendo un certo metodo e valendosi dell'aiuto di libri, strumenti e sim., spesso sotto la guida di un maestro: *s. musica, pittura, scultura, poesia, chimica, medicina, elettronica*; *s. il latino, il violino*; *s. le opere di Dante*; *s. Dante*; *s. una poesia*; *s. da sé, da solo*; *s. con un maestro*; *s. sotto la guida di un maestro*; *s. q.c. a memoria, a senso*; *s. giorno e notte*; *s. di sera*; *s. poco*; *s. di malavoglia*. **2** (*ass.*) Seguire regolarmente i corsi di una scuola o di un'università: *non ha i mezzi per s.*; *il padre non l'ha fatto s.*; *ha smesso di s.*; *non avere voglia di s.*; *s. per notaio*; †*s. in medicina*. **3** Fare oggetto di esame, meditazione, indagine: *s. un progetto, una questione*; *s. le cause del disastro*; *s. l'uomo* | *S. le mosse dell'avversario*, per prevedere le sue azioni future | Cercare ingegnosamente, escogitare: *s. il modo per risolvere un problema*; *s. il mezzo per riuscire in q.c.*; (*fam.*) *le studia tutte!*; *questa l'hai studiata bene!* **4** Ponderare, misurare, controllare il proprio modo di agire: *s. le parole, i gesti, il proprio contegno*. **5** †Affrettare, sollecitare: *s. il passo*. **B** v. intr. e intr. pron. (aus. intr. *avere*) ● Industriarsi, sforzarsi, ingegnarsi: *studia di comportarti bene*; *si studia di essere buono*. **C** v. intr. ● †Attendere, applicarsi a q.c.: *s. a essere buono*; *s. nella dottrina delle armi*. **D** v. intr. pron. ● †Affrettarsi. **E** v. rifl. ● Osservarsi, esaminarsi: *si studiava allo specchio*.

†**studiatézza** [da *studiato*] s. f. ● (*raro*) Studio, premura.

studiàto part. pass. di *studiare*; anche agg. **1** Nei sign. del v. **2** Meditato, affettato, non spontaneo: *maniere, parole, studiate*; *gesti, modi, studiati*. || **studiataménte**, avv. In modo ricercato, di proposito.

studiatóre s. m.; anche agg. (f. *-trice*) ● (*raro*) Chi, che studia.

studicchiàre ● V. *studiacchiare*.

stùdio [vc. dotta, dal lat. *stŭdiu(m)*, da *studēre* 'applicarsi, studiare', di origine indeur.; per calco sull'ingl. e amer. *studio* nel sign. 14] s. m. **1** Atto dello studiare, applicazione intesa a sapere, imparare, conoscere: *dedicarsi allo s.*; *essere dedito allo s.*; *s. della filosofia, della matematica*; *s. lungo, assiduo, severo*; *una giornata di s.*; *due ore di s.*; *dedicare tutto il proprio tempo allo s.* | *Uomo di s.*, dedito allo studio | *Borsa di s.*, sussidio in denaro concesso a studenti meritevoli affinché possano studiare. **2** Ciò che costituisce oggetto di studio: *la storia è il suo s. prediletto*; *gli studi letterari, scientifici*; *studi liberali*. **3** (*al pl.*) Attività di chi segue regolarmente i corsi di una scuola o di un maestro: *fare i propri studi*; *cominciare, finire, interrompere, gli studi*; *alla fine degli studi si sposerà*. **4** (*al pl.*) Organizzazione scolastica, nelle loc.: *provveditorato agli studi*, complesso dell'organizzazione scolastica di una provincia; *provveditore agli studi*, chi è preposto a un provveditorato. **5** Lavoro, ricerca, eseguito mediante lo studio approfondito di determinati argomenti: *quest'opera è frutto di un lungo s.*; *sta facendo degli studi sulla lingua*; *secondo i più recenti studi* ... | Monografia: *s. critico, storico*; *un pregevole s. sul Tasso*. **6** (*mus.*) Pezzo nel quale domina da cima a fondo un dato passaggio (tema) inteso a vincere una difficoltà tecnica, vocale o strumentale. **7** Progetto, disegno, preparazione: *lo s. di una nuova autostrada*; *lo s. per l'acquedotto* | *Essere allo s.*, di proposta, progetto e sim. che è ancora all'esame degli organi competenti. **8** Disegno, soggetto, preso dal vero, a scopo di approfondimento di particolari, preparazione di un'opera, e sim. **9** (*lett.*) Cura, diligenza, sollecitudine, premura: *mettere tutto lo s. nel fare q.c.*; *fare q.c. con ogni s.* | *A tutto s.*, (*raro*) *a sommo s.*, intenzionalmente, a bella posta. **10** †Voglia, desiderio | †Inclinazione, tendenza. **11** †Occupazione. **12** Stanza da studio: *lavorare nella quiete del proprio s.*; *passare molte ore nello s.* | Mobili che costituiscono l'arredamento di uno studio: *uno s. in stile*; *uno s. in palissandro*. **13** Stanza, insieme di stanze, adeguatamente attrezzate in cui un professionista o un artista svolgono la loro attività: *s. di notaio, di avvocato*; *s. legale*; *il medico ha lo s. in Via Mazzini*; *s. di pittore, di scultore*; *s. fotografico*; *s. di pubblicità*. **14** Insieme di ambienti appositamente attrezzati per riprese cinematografiche o televisive interne: *gli studi di Cinecittà*; *trasmettiamo dagli studi di Milano*. **15** Nel Medioevo, Università: *lo s. di Pisa*; *il glorioso s. di Bologna*. **16** †Anno accademico: *essendo noi or mai allo scorcio dello s.* (GALILEI). **17** †Collezione di antichità, o cose rare. || **studiarèllo**, dim. | **studiétto**, dim. | **studiòlo**, †**studiuòlo**, dim. (V.).

studiòlo o †**studiuòlo** [da *studio* 'stanza'] s. m. **1** Dim. di *studio*. **2** Piccola stanza da studio, anticamente anche con collezioni d'arte. **3** (*tosc.*) Mobile per scrivere molto diffuso nel XVI secolo, composto da due corpi, quello superiore con facciata a calatoia, quello inferiore a due sportelli. || **studiolétto**, dim. | **studiolino**, dim.

studióso [vc. dotta, dal lat. *studiōsu(m)* 'diligente, studioso', da *stŭdium* 'propensione, studio'] **A** agg. **1** Che studia | Che si dedica agli studi: *è s. di matematica*. **2** Che studia con diligenza e buona volontà, detto di chi frequenta una scuola: *è un ragazzo s.*; *è molto, abbastanza, poco s.* **3** (*raro, lett.*) Premuroso, sollecito, zelante: *essere s. di apprendere*; *con studiosa cura*. || **studiosaménte**, avv. **1** Diligentemente. **2** A bella posta. **B** s. m. (f. *-a*) ● Chi si dedica agli studi | Chi si dedica allo studio di determinata disciplina: *uno s. di storia romana*; *un insigne s.*; *i pareri degli studiosi*.

†**studiuòlo** ● V. *studiolo*.

studtìte [comp. dal n. del geologo ted. F. E. *Studt* e *-ite* (*2*)] s. f. ● Carbonato idrato di uranio dal tipico colore giallo chiaro.

stuellàre v. tr. (*io stuèllo*) ● Curare una ferita con stuelli.

stuèllo [vc. di origine sett., dal lat. *stŭppa(m)* 'stoppa'] s. m. ● (*chir., med.*) Zaffo.

stùfa [da *stufare*] s. f. **1** Apparecchio di riscaldamento, spec. per usi domestici: *s. a legna, a carbone, a gas, a nafta*; *s. elettrica* | Radiatore. **2** (*raro*) Serra calda. **3** Atto dello stufare, nei sign. A 1 e A 2 | *Fare la s. alle botti*, sciacquarle con acqua bollente, vino, erbe aromatiche per togliere l'odore cattivo | *Carne cotta in s.*, stufata. **4** †Locale termale | †Stanza delle terme | †Bagno caldo. || **stufétta**, dim. | **stufettina**, dim.

stufaiòla [da *stufare*] s. f. ● Tegame fondo con coperchio, per lo stufato.

†**stufaiòlo** o †**stufaiuòlo** [da *stufa* 'bagno caldo'] s. m. ● Inserviente dei bagni caldi.

stufàre [lat. parl. **extufāre* 'riscaldare', comp. di *ĕx-* (*s-*) e di un denominale del gr. *tŷphos* 'vapore, febbre'. V. *tifo*] **A** v. tr. **1** Scaldare nella stufa | *S. i bozzoli*, riscaldarli con vapore acqueo o aria calda per impedirne lo sfarfallamento | *S. le botti*, sciacquarle con acqua calda aromatizzata per pulirle e renderle stagne. **2** Cuocere a fuoco lento in un recipiente coperto. **3** (*fig., fam.*) Seccare, dare fastidio, noia: *mi avete stufato!* **B** v. intr. pron. ● (*fig., fam.*) Seccarsi, annoiarsi: *mi sono stufato di ascoltarti*.

stufàto A part. pass. di *stufare*; anche agg. ● Nei sign. del v. **B** s. m. ● Carne a pezzetti cotta a fuoco lento in un tegame fondo ben chiuso, condita con sale, pepe, aglio, pomodoro, olio o burro: *uno s. di lepre*. || **stufatino**, dim.

stufatùra [da *stufato* 'riscaldato, bollito'] s. f. **1** Operazione dello stufare i bozzoli. **2** Operazione che si compie nella preparazione dei formaggi a pasta molle mantenendo la cagliata a temperatura piuttosto alta in ambienti adatti, onde attivarne l'attività enzimatica.

stùfo [da *stufare*] agg. ● (*fam.*) Annoiato, infastidito, seccato: *essere s. di q.c.*; *essere s. e arcistufo*.

Stuka /*ted.* 'ʃtu(:)ka/ [vc. ted., abbr. di *Stu(rz)-ka(mpfflugzeug)* 'aereo da picchiata', comp. di *Sturz* 'picchiata', *Kampf* 'combattimento' e *Flugzeug* 'aeroplano'] s. m. inv. (pl. ted. *Stukas*) ● (*aer.*) Tipo di aeroplano da guerra tedesco, usato nel secondo conflitto mondiale, adatto spec. per colpire il bersaglio non in quota ma in picchiata.

†**stùlto** ● V. *stólto* (*1*).

stunt car /*ingl.* 'stʌnt ka:*/ [loc. ingl., propr. 'automobile (*car*) da acrobazia (*stunt*)'] loc. sost. m. inv. (pl. ingl. *stunt cars*) ● Auto usata nel cinema per riprese di scene pericolose o acrobatiche, che prevedono scontri, incidenti, salti e sim.

stunt-man /*ingl.* 'stʌntmən/ [vc. ingl., propriamente 'uomo (*man*) di destrezza, acrobazia (*stunt*)'] s. m. inv. (pl. ingl. *stunt-men*) ● Acrobata particolarmente esperto nel compiere azioni spettacolari come quella di cadute, tuffi, salti mortali, che fa da comparsa, o da controfigura all'attore protagonista, in film di avventure. SIN. Cascatore.

stuòia o (*pop.*) **stòia**, (*raro*) †**stuòra** [lat. *stŏria(m)*, *stŏrea(m)* 'stuoia', prob. da un t. gr. connesso con *storennýnai* 'stendere', di origine indeur.] s. f. **1** Tessuto di giunchi, canne, paglia, sparto, per tappeti, tendaggi, graticci di soffitti, coperture di ortaggi delicati e sim. | Prodotto ottenuto con tale tessuto. **2** *Tessuto a s.*, che presenta trama in rilievo, di solito su armatura tela a fili grossi | *Punto a s.*, punto di ricamo eseguito con lunghe passate formate a intervalli con punti obliqui per ottenere un effetto di stuoia. || **stuoìna**, dim. | **stoìno**, dim. m. (V.).

stuoìno ● V. *stoino*.

stuòlo [lat. tardo *stŏlu(m)*, dal gr. *stólos* 'spedizione militare', da *stéllein* 'apparecchiare'] s. m. **1** †Moltitudine armata, esercito | †Flotta. **2** (*est., gener.*) Schiera, moltitudine: *uno s. di giovinetti*; *la seguiva uno s. di ammiratori*.

†**stuòra** ● V. *stuoia*.

stùpa [dal sanscrito *stúpah* 'ciuffo di capelli, colmo del tetto'] s. m. ● Costruzione tipica della religione buddista, sormontata da una cupola e provvista spesso di un recinto, in cui di solito sono racchiuse delle reliquie.

stupefacènte o †**stupefaciènte** [da *stupefare*; su calco del fr. *stupéfiant* nel sign. B] **A** part. pres. di *stupefare*; anche agg. ● Nei sign. del v. **B** s. m.; anche agg. ● Ogni sostanza tossica, di origine vegetale o sintetica, che agisce sul sistema nervoso provocando un'alterazione dell'equilibrio psicofisico, il cui uso prolungato genera uno stato di assuefazione accompagnato da grave decadimento organico e psichico; gli stupefacenti sono usati anche in farmacologia per le loro proprietà analgesiche: *abbrutito dagli stupefacenti*; *sostanza a uso s.*; *sostanza s.*

stupefàre [vc. dotta, dal lat. *stupefăcere*, comp. di *stupe-*, corradicale di *stupēre* 'stupire', e *făcere* 'fare'] **A** v. tr. (pres. *io stupefàccio* o *stupefò, tu stupefài, egli stupefà*; nelle altre forme coniug. come *fare*) ● Riempire di stupore, di meraviglia: *quello che mi ha detto mi ha stupefatto*. SIN. Meravigliare, stupire. **B** v. intr. e intr. pron. (aus. *essere*) ● (*raro*) Stupirsi, rimanere attonito: *a quella vista tutti stupefecero*.

stupefàtto part. pass. di *stupefare*; anche agg. ● Nei sign. del v.

stupefazióne [vc. dotta, dal lat. tardo *stupefactiōne(m)* 'stupore', da *stupefăctus* 'stupefatto'] s. f. *1* Atto, effetto dello stupefare o dello stupefarsi. *2* (*med.*) Stupore.

†stupendità s. f. ● Qualità di ciò che è stupendo.

stupèndo [vc. dotta, dal lat. *stupĕndu(m)*, gerundio di *stupēre* 'stupire'] agg. *1* Mirabile, meraviglioso, che fa rimanere attonito per l'ammirazione che desta: *spettacolo s.*; *è un discorso s.*; *le vesti pontificali son stupende di bellezza e di significato* (CAMPANELLA). *2* (*fam.*) Molto bello: *abbiamo trascorso una giornata stupenda*. ‖ **stupendaménte**, avv. In maniera stupenda.

stupidàggine s. f. *1* Qualità di ciò che è stupido. *2* Atto, discorso, stupido. *3* (*est.*) Cosa da nulla, inezia: *quell'operazione ormai è una s.*

stupidàrio [da *stupido*] s. m. ● (*raro*) Raccolta di fatti o detti memorabili per la loro stupidità.

stupidàta s. f. ● (*sett.*) Atto, discorso, stupido.

stupidézza s. f. ● (*raro*) Qualità di chi, di ciò che è stupido.

stupidiménto [da *stupidire*] s. m. ● Istupidimento.

stupidìre [da *stupido*] v. tr. e intr. (*io stupidìsco, tu stupidìsci*; aus. intr. *essere*) ● Istupidire.

stupidità [vc. dotta, dal lat. *stupiditāte(m)*, da *stŭpidus* 'stupido'] s. f. *1* Qualità di chi, di ciò che è stupido | (*raro*) Torpore. *2* Atto, discorso, stupido.

stupidìto part. pass. di *stupidire*; anche agg. ● Nei sign. del v.

stùpido [vc. dotta, dal lat. *stŭpidu(m)*, propriamente 'sbalordito', da *stupēre* 'stupire'] **A** agg. *1* (*lett.*) Preso da stupore, sbalordito, attonito. *2* Che ha scarsa intelligenza, mente tarda, ottusa: *persone stupide* | Che mostra stupidità: *atto, discorso s.*; *parole stupide*. SIN. Sciocco, stolto. *3* †Intorpidito, torpido. ‖ **stupidaménte**, avv. *1* (*raro*) Che rivela stupore: *mirare stupidamente una cosa*. *2* Da stupido: *si è lasciato sfuggire stupidamente quell'occasione*. **B** s. m. (f. *-a*) ● Persona stupida. ‖ **stupidàccio**, pegg. | **stupidèllo**, dim. | **stupidìno**, dim. | **stupidóne**, accr. | **stupidòtto**, dim.

stupìre [lat. *stupēre* 'sbalordire', con cambio di coniug., dalla radice indeur. **(s)teup-* 'battere'] **A** v. tr. (*io stupìsco, tu stupìsci*) *1* Riempire di stupore: *il suo silenzio mi stupisce*. SIN. Meravigliare, stupefare. *2* (*raro*) †Considerare con stupore. **B** v. intr. e intr. pron. (aus. intr. *essere*) ● Restare attonito, pieno di stupore: *uno spettacolo da fare s.*; *stupirsi per la meraviglia*; *stupirsi a sentire q.c.*; *non stupirsi di nulla*; *mi stupisco che non sia qui*; *se stupì in quel momento, fu forse di non potersi s.* (NIEVO).

stupìto part. pass. di *stupire*; anche agg. ● Nei sign. del v.

stupóre o **stupor** /lat. 'stupor/ nel sign. 2 [dal lat. *stupōre(m)*, da *stupēre* 'stupire'] s. m. *1* Senso di grande meraviglia che colpisce e lascia attonito, quasi senza parole: *essere colto, preso da s.*; *riempire qc. di s.*; *trasecolare di s.*; *fare s.*; *grido, esclamazione di s.*; *è alto / sulle macerie / il limpido / s. / dell'immensità* (UNGARETTI) | (*raro*) †*A s.*, stupendamente. *2* (*med.*) Condizione in cui l'individuo, sebbene non incosciente, appare insensibile agli stimoli e dimostra perdita dell'orientamento e attività molto limitata. *3* †Torpore, intontimento.

stuporóso agg. ● Che produce torpore, intontimento: *liquore s.*; *sotto l'effetto di un filtro s.* (MORANTE).

stupràre o (*raro*) **†strupàre** [vc. dotta, dal lat. *stuprāre*, da *stŭprum* 'stupro'] v. tr. ● Fare oggetto di stupro.

stupratóre o **†strupatóre** [vc. dotta, dal lat. *stupratōre(m)*, da *stuprātus* 'stuprato'] s. m. ● Chi commette stupro.

stùpro o **†strùpo** [vc. dotta, dal lat. *stŭpru(m)*, corradicale di *stupēre* 'stupire'. V. *stupire*] s. m. *1* Accoppiamento sessuale imposto con la violenza. *2* (*raro*) †Adulterio.

stùra s. f. ● Atto dello sturare: *dare la s. a un fiasco* | *Dare la s.*, *prendere la s.*, (*fig.*) dare libero sfogo ai propri pensieri, sentimenti, e sim., dire tutto liberamente: *c'è sempre chi nel buio ... dà la s. agli scherzi ed ai sarcasmi* (CALVINO).

sturabottìglie [comp. di *stura(re)* e il pl. di *bottiglia*] s. m. inv. ● Cavaturaccioli, cavatappi.

sturalavandìni [comp. di *stura(re)* e *lavandino*] s. m. ● Ventosa di gomma con manico per sturare i lavandini.

sturaménto s. m. ● Atto dello sturare.

sturàre [da *turare*, con *s-*] **A** v. tr. *1* Aprire ciò che è turato, stappare: *s. una bottiglia, una botte* | *S. gli orecchi a qc.*, togliere il cerume in essi depositato e (*fig.*) fargli intendere bene q.c. *2* Liberare da ostruzioni, occlusioni, intasamenti: *s. una conduttura, un tubo*; *s. il lavandino, la vasca*. **B** v. intr. pron. ● Stapparsi: *il lavandino s'è sturato*.

sturbaménto s. m. ● (*raro*) Atto, effetto dello sturbare o dello sturbarsi.

sturbàre [lat. *exturbāre* 'scacciare, sconvolgere', comp. di *ĕx-* (*s-*) e *turbāre*. V. *turbare*, *disturbare*] **A** v. tr. *1* (*raro*) Disturbare, interrompere, impedire. *2* (*dial.*, *pop.*) Turbare, sconvolgere. **B** v. intr. pron. *1* (*dial.*, *pop.*) Turbarsi, sconvolgersi. *2* (*centr.*) Svenire.

sturbatóre s. m.; anche agg. (f. *-trice*) ● (*raro*) Chi, che sturba.

stùrbo [da *sturbare*. V. *disturbo*] s. m. *1* (*raro*) Disturbo, impedimento, scompiglio. *2* (*dial.*, *centr.*) Svenimento.

Stùrnidi [comp. del lat. *stŭrnu(m)* (V. *storno*) e *-idi*] s. m. pl. ● Nella tassonomia animale, famiglia di Passeriformi comprendente numerose specie caratterizzate da piumaggio simile nei due sessi, zampe e becco allungati (*Sturnidae*) | (al sing. *-e*) Ogni individuo di tale famiglia.

†stutàre [lat. parl. **extutāre* 'attutare', comp. di *ĕx-* (*s-*) e *tutāre*, var. del classico *tutāri* 'proteggere', poi 'estinguere'. V. *tutore*, *tutela*] v. tr. ● (*oggi dial.*) Spegnere.

†stùzia ● V. *astuzia*.

stuzzicadènti [comp. di *stuzzica(re)* e il pl. di *dente*] s. m. *1* Sottile stecco di legno, avorio o plastica per levare i frammenti di cibo rimasti tra i denti. *2* (*fig.*) Persona di eccessiva magrezza.

stuzzicaménto s. m. ● Atto, effetto dello stuzzicare.

stuzzicànte part. pres. di *stuzzicare*; anche agg. *1* Nei sign. del v. *2* Eccitante, stimolante: *discorso, argomento s.*

stuzzicàre [da un **tuzzare*, di origine onomat., con *s-* (V. *rintuzzare*)] **A** v. tr. (*io stùzzico, tu stùzzichi*) *1* Frugare leggermente qua e là, spec. con cosa sottile e appuntita: *stuzzicarsi i denti, gli orecchi*. *2* Toccare con insistenza: *s. una ferita*; *stuzzicarsi il naso* | (*fig.*) Molestare, irritare: *non s. tuo fratello*; *perché stuzzichi il cane?* *3* (*fig.*) Stimolare, eccitare: *s. l'appetito, la curiosità* | (*raro*) *S. il fuoco*, attizzarlo. **B** v. intr. ● (*scherz.*) †Essere sul punto di partire, muoversi: *io stuzzicai parecchie volte di andarmi con Dio* (CELLINI).

stuzzicatóre s. m.; anche agg. (f. *-trice*) ● (*raro*) Chi, che stuzzica.

stuzzichìno [da *stuzzicare*, vc. centr.] s. m. (f. *-a* nel sign. 1) *1* (*fam.*) Chi usa stuzzicare importunamente gli altri. *2* (*dial.*) Cibo appetitoso | Spuntino. *3* (*spec. al pl.*) Tartina, salatino e sim. che si offre, spec. con un aperitivo, per stimolare l'appetito prima di un pasto.

styling /ingl. 'stailiŋ/ [vc. ingl., propr. 'progettazione, modellazione'] s. m. inv. ● Disegno, linea di un prodotto industriale: *studiare, progettare lo s. di un'automobile*.

su o (*raro*) **sù** nei sign. B, (*pop.*, *tosc.*) **†sùe** nei sign. B (V. anche **†sur** e **†sùso**) [lat. *sūsum* 'su', ant. *sūrsum*, da **subvŏrsum* 'in su, verso l'alto'] **A** prep. propria semplice (fondendosi con gli art. det. dà origine alla prep. art. m. sing. *sul*, poet. *su 'l*, *sullo*; m. pl. *sui*, *sugli*; f. sing. *sulla*; f. pl. *sulle*. Poteva elidere la vocale, o allungarsi in *sur*, solo davanti a parola che cominciasse per *u*). Stabilisce diverse relazioni dando luogo a molti complementi. *1* Compl. di stato in luogo (con gli stessi sign. di 'sopra', *anche fig.*): *stava sdraiato sull'erba, seduto sul tappeto*; *sui monti è già nevicato*; *è morto sul campo di battaglia*; *siedi su quella poltrona*; *metti le carte sulla scrivania*; *sdraiati sul letto*; *su quell'abito ci vuole qualcosa di vivace*; *buttati uno scialle sulle spalle*; *sulla gonna indossava una semplice camicetta*; *sul fiume hanno gettato una passerella*; *la casa poggia su uno strato di roccia*; *ho messo una pietra sul passato*; *i miei sospetti poggiano su solidi indizi*; *per dire questo mi baso su parole tue*; *faccio assegnamento sul tuo buonsenso*; *potete contare su di me*; *ho puntato una forte somma su quel cavallo*; *io gioco tutto su questa carta*; *punto sul rosso*; *il paese è a duemila metri sul livello del mare*; *si è costruito la casa pietra su pietra*; *fa errori su errori*; *il sospetto è caduto su di me*; *l'uccello si libra sulle ali* | (*pleon.*, *pop.* o *lett.*) *D'in su*, di su, da sopra: *d'in su la vetta della torre antica* (LEOPARDI) | (*lett.*) *In su*, sopra: *in sul terrazzo* | *Tenere qc. sulla corda*, tenerlo in sospeso facendogli fare ciò che si vuole | *Stare sulle spine*, (*fig.*) in grande ansia e a disagio | *Essere, capitare come il cacio sui maccheroni*, molto a proposito, a buon punto | (*fig.*) *Essere sulla bocca di tutti*, essere notissimo | *Contare sulle dita*, (*est.*) di cosa che è rara: *i suoi pregi si contano sulle dita* | *Pungere, toccare sul vivo*, centrare il punto debole di qc.: *mi ha punto sul vivo facendo appello al mio orgoglio* | (*fig.*) Indica il settore cui si estende il comando, il dominio, l'autorità e sim.: *ha molta autorità sui suoi subalterni*; *esercita il suo dominio su molti popoli*; *comanda su tutti*; *esercita il suo controllo solo su questo settore*. *2* Compl. di moto a luogo (con gli stessi sign. di 'sopra', *anche fig.*): *metti quelle carte sulla scrivania*; *salite su quella collina e riferite ciò che vedete*; *venite sul terrazzo*; *i nemici si gettarono sulla preda*; *gettano volantini pubblicitari su tutta la spiaggia*; *cercano di scaricare la colpa su quei ragazzi* | Contro: *le truppe nemiche puntarono sulla capitale*; *la marcia su Roma*; *la polizia sparò sui manifestanti*; *si scagliarono su di me*; *la pioggia picchia sui vetri* | Verso: *le finestre guardano sul giardino* | (*fig.*) *Andare, montare su tutte le furie*, arrabbiarsi moltissimo. *3* Compl. d'argomento: *hanno discusso sulla situazione economica*; *trattato sulla proliferazione atomica*; *saggio sulla questione del Mezzogiorno*; *opera su Cesare*; *voglio un giudizio sul mio operato* | *Piangere su qc. o q.c.*, compiangerlo o rammaricarsene. *4* Compl. di tempo det. (esprime approssimazione con il sign. di 'intorno a', 'verso', 'circa' e sim.): *vediamoci sul mezzogiorno*; *l'appuntamento è sul tardi*; *lo incontrai sul far della sera*; *partiamo sul far del mattino*; *ritorneremo sul calar del sole* | *Nascere sullo scorcio del secolo*, verso la fine del secolo | *La notte sulla domenica*, fra il sabato e la domenica | *Sul momento, sull'istante, sui due piedi*, immediatamente, lì per lì: *sul momento, non ho capito a chi alludesse*; *ho deciso di piantarlo sull'istante*; *ha accettato così, su due piedi, senza rifletterci sopra* | *Essere, stare sul punto di*, essere in procinto di, stare per: *ero sul punto di accettare*; *sono sul punto di partire* | (*pop.*, *lett.*) Anche nella loc. prep. *in sul*: *la donzelletta vien dalla campagna / in sul calar del sole* (LEOPARDI) | (*raro*) Dopo: *il limone sul latte dà acidità di stomaco*. *5* Compl. di tempo continuato (con il sign. di 'circa'): *ho lavorato sulle tre ore*; *starò assente sui due mesi*. *6* Compl. d'età (indica approssimazione): *un ragazzo sui dodici anni*; *un uomo sulla settantina*. *7* Compl. di stima e prezzo (indica approssimazione): *la casa gli è costata sui novanta milioni*; *avrà un valore sulle duemila lire, non di più*. *8* Compl. di peso e misura (indica approssimazione): *il volume in preparazione sarà sulle duemila pagine*; *pesa sui sessanta kili*; *sarà alto sui due metri*. *9* Compl. di modo o maniera: *lavorare su ordinazione*; *confezionare su commissione*; *spedire su richiesta*; *vestiti, scarpe su misura*; *agisce sull'esempio del padre*; *prestito su* *pegno*; *l'accordo è stato firmato su certe garanzie* | *Stare sull'avviso*, tenersi pronti | *Stare sulle spese*, provvedere al proprio mantenimento, stando in un luogo diverso da quello in cui si vive abitualmente, il che comporta una spesa superiore al previsto | *Credere sulla parola*, fidandosi solo della parola, senza pretendere altre garanzie | *Giurare sul Vangelo, su qc. o q.c.*, giurare in nome del Vangelo, in nome di qc. o q.c. | *Stare sulle sue*, avere sussiego, tenere gli altri a distanza non confidandosi | *Parlare sul serio*, dire la verità senza scherzare. ***10*** Con particolare valore modale e strumentale: *dipinto su tela*; *incisione su rame*; *ricamo su seta*. **B** avv. ***1*** In alto, verso l'alto (con v. di stato e di moto): *guarda su e lo vedrai*; *vieni su*; *su vedrai meglio*; *ora verrete su* | (*est.*) Al piano superiore: *è su dalla nonna*; *la mamma è su che fa i letti* | *Abitare più su*, al piano superiore oppure più avanti in una strada | (*pleon.*) Con valore raff. seguito da altri compl. di luogo: *mio fratello è su in casa*; *sono salita su in soffitta*; *l'aquilone sale su nel cielo* | *Andare su e giù*, scendere e salire o andare avanti e indietro | *Non andare né su né giù*, non riuscire a inghiottire, non digerire e (*fig.*) non tollerare: *la minestra non mi va né su né giù*; *questi discorsi non vanno né su né giù* | *Un su e giù*, V. *su e giù* | (*fig.*) *I prezzi continuano ad andare su*, ad aumentare | *Venire su bene*, crescere, svilupparsi bene: *il mio bambino viene su bene* | *Mi viene su tutto il pranzo*, me lo sento in gola, non lo digerisco | (*fig.*) *Venire su dal nulla*, formarsi una posizione sociale partendo da umili condizioni e senza l'aiuto di nessuno | *Tirare su i figli*, allevarli | *Tirarsi su*, sollevarsi e (*est.*) rimettersi in buone condizioni economiche, sociali, di salute oppure reagire ad una depressione psichica | *Con su*, con sopra, sulla superficie: *un cassettone con su due candelabri*; *federe e lenzuola con su le cifre ricamate*. CONTR. Giù. ***2*** (*iter.*) Indica un movimento progressivo o prolungato, spec. lento, in salita: *passava su nel cielo un aeroplano*; *salimmo su su fino alla vetta* | (*anche fig.*) *Tratterò l'argomento su su fino alle origini più remote*. CONTR. Giù. ***3*** (*pleon.*) Con valore ints.: *non riesce ad alzarsi su*; *levatevi su da quel prato*; *metti su q.c. sulle spalle*; *non andare su di sopra* | *Saltare su*, (*fig.*) incominciare a parlare: *saltò su tutto inferocito*; *saltò su a dire che io non avevo alcun diritto* | *Mettere su qc. contro q.c.*, istigarlo contro qc. | *Mettere su l'acqua, il brodo, la pasta* e sim., metterli sopra il fornello, sopra il fuoco per farli bollire o cuocere | *Mettere su casa*, (*fig.*) farsi, arredarsi l'abitazione | (*fig.*) *Mettere su famiglia*, sposarsi | *Mettere su una bottega, uno studio, una fabbrica* e sim., aprirla | (*fig.*) *Mettere su superbia*, assumere un contegno superbo, scostante. ***4*** (*ints.*) Preceduto da altro avv. di luogo, lo determina meglio: *metti il giornale lì su*; *non vorrete andare là su*; *sediti qui su* | *Poco su, poco giù*, pressappoco, all'incirca | V. anche *lassù, quassù, suppergiù*. ***5*** (*ass.*) Con ellissi del v. in escl. di esortazione, comando, sdegno e sim.: *alzatevi, su!*; *su ragazzi, andiamo!*; *su, racconta!*; *su, animo!*; *su, coraggio!*; *su, svelti, sbrigatevi!*; *su con la vita!*; *su con il morale!* | (*iter., ints.*) *Su su, fatti animo!*; *su su che è già tardi!* | V. anche *orsù* e *suvvia*. ***6*** Nella loc. avv. *in su*, verso l'alto: *faccio fatica nell'andare in su*; *guarda in su*; *da la cintola in su tutto 'l vedrai* (DANTE *Inf.* X, 33) | In alto: *sistemerei il quadro più in su* | (*est.*) Al Nord: *da Roma in su il servizio ferroviario è molto più celere* | Salendo verso numeri, valori più alti: *dal numero venti in su*; *possono entrare i ragazzi dai diciotto anni in su*; *si accettano puntate dalle mille lire in su* | (*pleon.*) *Passeggiare in su e in giù*. ***7*** Nelle loc. avv. *da, di su*, dall'alto, da sopra: *l'ho sentito da su*; *il rumore viene da su*; *ci hanno visti di su* | *Di qua, di là, di su, di giù*, da ogni parte. **C** nella loc. prep. *su per* • Lungo: *si arrampicò su per il muro*; *andava su per le montagne*; *salgono su per le scale* | Sopra (indica il procedere in un luogo alto): *gli uccelli su per gli verdi rami cantando piacevoli versi* (BOCCACCIO).

su' (1) agg. poss. di terza pers. sing. • (*pop., tosc.*) Forma tronca di 'suo', 'sua', 'suoi', 'sue', in posizione proclitica.

su' (2) prep. art. m. pl. • (*tosc., lett.*) Forma tronca della prep. art. 'sui'.

suaccennàto [comp. di *su* e *accennato* (V.)] agg. • Sopraccennato.

suàcia [lat. parl. **suāce(m)*, da *sūs*, genit. *sŭis* 'porco, pesce porco', con cambio di declinazione, V. il gr. tardo *sýax*, genit. *sýakos*] s. f. (pl. *-cie*) • Pesce osseo marino dei Pleuronettiformi a corpo ovale, quasi trasparente, a macchie irregolari e occhi sul lato sinistro (*Arnoglossus laterna*).

suadènte [vc. dotta, dal lat. *suadĕnte(m)*, part. pres. di *suadēre* 'suadere'] agg. • (*lett.*) Che persuade, concilia, lusinga: *voce s.*; *parole suadenti*.

suadére [vc. dotta, dal lat. *saudēre*, connesso con *suāvis* 'soave'. V. *persuadere*] v. tr. e intr. (pass. rem. *io suàṣi, tu suadésti*; part. pass. *suàṣo*; aus. *avere*) • (*poet.*) Persuadere, consigliare, indurre.

†**suaditóre** s. m.; anche agg. (f. *-trice*) • Chi, che suade.

†**suàdo** [vc. dotta, dal lat. *suādu(m)* 'suadente', da *suadēre* 'suadere'] agg. • Allettevole, suasivo.

†**suàrio** [vc. dotta, dal lat. *suāriu(m)*, agg. da *sūs*, genit. *sŭis* 'maiale'. V. *suino*] agg. • (*raro*) Che si riferisce agli animali suini, nella loc. *foro s.*

†**suaṣìbile** [vc. dotta, dal lat. tardo (eccl.) *suasībile(m)*, da *suāsus* 'suaso'] agg. • (*raro*) Che si può suadere.

†**suaṣióne** [vc. dotta, dal lat. *suasiōne(m)*, da *suāsus* 'suaso'] s. f. • (*lett.*) Esortazione, persuasione.

suaṣìvo [da *suaso*] agg. • (*lett.*) Persuasivo, suadente.

suàṣo part. pass. di *suadere*; anche agg. • (*poet.*) Nei sign. del v.

suaṣòria [vc. dotta, dal lat. *suasōria(m)*, abbr. di *suasōria orātio* 'orazione persuasiva', f. di *suasōrius* 'suasorio'] s. f. • Nella letteratura latina, orazione esortativa.

suaṣòrio [vc. dotta, dal lat. *suasōriu(m)*, da *suāsus* 'suaso'] agg. • (*lett.*) Esortatorio, persuasivo.

suàsso • V. *svasso*.

†**suàve** e *deriv.* • V. *soave* (*1*) e *deriv.*

suàzzo • V. *svasso*.

sub s. m. e f. • Acrt. di *subacqueo* nel sign. B.

sub- [lat. *sŭb* 'sotto', di origine indeur. (radice **upo* allargata col suff. *s-*)] pref. ***1*** Con valore locale, coi sign. di 'sotto', 'che sta sotto' (*anche fig.*): *subacqueo, sublunare, subalterno, subordinato, subagente*. ***2*** Con valore locale, coi sign. di 'vicino', 'a lato', 'di fianco': *subantartico*. ***3*** Con valore attenuativo, con il sign. di 'quasi' indicando somiglianza (*subacuto, subcilindrico, subdesertico, subsferico*) o con quello di 'simile' e 'prossimo', insieme (*subalpino, subartico, sublitorale*). ***4*** Col valore di 'imperfettamente', 'non pienamente': *subcosciente*.

subaccollàre [comp. di *sub-* e *accollare*] v. tr. (*io subaccòllo*) • Accollare ad altri il lavoro avuto in accollo.

subaccollatàrio [comp. di *sub-* e *accollatario*] s. m. (f. *-a*) • Chi assume un subaccollo.

subaccòllo [comp. di *sub-* e *accollo*] s. m. • Accollo di seconda mano.

subàcqueo [comp. di *sub-* e *acqueo*] **A** agg. • Che si trova, si svolge, opera e sim. sott'acqua: *pianta, vegetazione, subacquea* | *Cavo s.*, quello, telegrafico o telefonico, che posa sul fondo marino e collega terre separate fra loro dal mare | *Armi subacquee*, torpedini, mine, siluri, bombe di profondità, e sim. | *Guerra subacquea*, quella condotta con armi subacquee | *Sport subacquei*, la pesca o caccia subacquea e le gare di immersione in apnea o con autorespiratore | *Nuotatore s.*, chi pratica sport subacquei. CONTR. Sopracqueo. **B** s. m. • Chi pratica sport subacquei | Sommozzatore.

subacùto [comp. di *sub-* e di *acuto*] agg. • (*med.*) Detto di malattia con decorso prolungato, anche se a esito benigno, e con quadro clinico attenuato.

subaèreo [comp. di *sub-* e *aereo*] agg. • Che si trova, si svolge, opera e sim. sotto l'aria, sulla superficie terrestre | *Corso d'acqua s.*, in contrapposizione a quello sotterraneo.

subaffittàre [comp. di *sub-* e *affittare*] v. tr. • Cedere ad altri in subaffitto: *s. una impresa*.

subaffitto [comp. di *sub-* e *affitto*] s. m. • Contratto di affitto stipulato dall'affittuario con un terzo: *s. di fondo rustico*.

subaffittuàrio [comp. di *sub-* e *affittuario*] s. m. (f. *-a*) • Chi prende q.c. in subaffitto.

subaffluènte [comp. di *sub-* e *affluente*] s. m. • Corso d'acqua affluente di un affluente.

subagènte [comp. di *sub-* e *agente*] s. m. • Chi si assume l'incarico di concludere contratti per conto di un agente.

subagenzìa [comp. di *sub-* e *agenzia*] s. f. ***1*** Contratto con il quale un agente conferisce a un subagente l'incarico di promuovere o concludere affari. ***2*** Distaccamento periferico di un'azienda, subordinato a una sua agenzia.

subalpìno [vc. dotta, dal lat. *subalpīnu(m)*, comp. di *sŭb* 'sub-' e *alpīnus* 'alpino'. V. *alpino*] agg. ***1*** Che si riferisce alla, che è proprio della parte inferiore del piano alpino: *vegetazione subalpina*. ***2*** (*est.*) Piemontese | *Parlamento s.*, nel Risorgimento, quello del regno Sardo.

subalternànte **A** part. pres. di *subalternare*; anche agg. ***1*** Nei sign. del v. ***2*** (*filos.*) Nella logica antica e medievale, detto della proposizione universale che è in rapporto di subalternazione con la corrispondente proposizione particolare. **B** s. f. • (*filos.*) Proposizione subalternante.

subalternàre [da *subalterno*] v. tr. (*io subaltèrno*) • (*raro*) Rendere subalterno.

subalternàto part. pass. di *subalternare*; anche agg. ***1*** Nei sign. del v. ***2*** (*filos.*) Nella logica antica e medievale, detto della proposizione particolare che è in rapporto di subalternazione con la corrispondente proposizione universale.

subalternazióne s. f. • (*filos.*) Nel quadrato degli opposti costruito dai logici medievali sui principi della logica aristotelica, rapporto intercorrente tra le proposizioni universali e quelle particolari.

subalternità s. f. • Condizione di chi è subalterno.

subaltèrno [vc. dotta, dal lat. tardo *subaltĕrnu(m)* 'subordinato', comp. di *sŭb-* 'sub-' e *altĕrnus* 'alterno'] **A** agg. ***1*** Che è posto sotto altri, che dipende da altri: *personale s.* | *Ufficiali subalterni*, tenenti e sottotenenti. ***2*** (*filos.*) *Proposizioni subalterne*, nella logica scolastica, due proposizioni aventi soggetto, predicato e qualità uguali, ma diverse nella quantità, essendo una universale e l'altra particolare | *Opposizione subalterna*, subalternazione. **B** s. m. (f. *-a* nel sign. 1) ***1*** Persona subalterna: *avere la stima dei subalterni*. SIN. Sottoposto, subordinato. ***2*** Ufficiale subalterno.

subàlveo [comp. di *sub-* e *alveo*] agg. • (*geogr.*) Che si trova sotto l'alveo di un corso d'acqua.

subantàrtico [comp. di *sub-* e *antartico*] agg. (pl. m. *-ci*) • Adiacente alle regioni antartiche.

subappaltàre [comp. di *sub-* e *appaltare*] v. tr. • Dare in subappalto.

subappaltatóre [da *subappaltare*] s. m.; anche agg. (f. *-trice*) • Chi, che, ha assunto l'esecuzione di un contratto di subappalto

subappàlto [comp. di *sub-* e *appalto*] s. m. • Contratto con cui l'appaltatore affida a un altro l'esecuzione dell'opera o del servizio da lui già assunta con contratto d'appalto.

subappenninico [comp. di *sub-* e *appenninico*] agg. (pl. m. *-ci*) • (*geogr.*) Che è proprio della regione posta ai piedi degli Appennini.

subaracnoidàle [comp. di *sub-* e *aracnoidale*] agg. • (*anat.*) Che è posto sotto l'aracnoide.

subaracnoidèo [comp. di *sub-* e *aracnoideo*] agg. • (*anat.*) Subaracnoidale.

subàrtico [comp. di *sub-* e *artico*] agg. (pl. m. *-ci*) • Adiacente alle regioni artiche.

subàsta [da *subastare*] s. f. • (*dir.*) Vendita forzata dei beni del debitore promossa dal creditore che non è stato soddisfatto. SIN. Vendita all'incanto.

subastàre [dal fr. *subhaster*, deriv. del lat. tardo *subhastāre*, comp. di *sŭb* 'sotto' e *-hastāre*, da *hăsta* 'asta'] v. tr. • Vendere all'asta, all'incanto.

subatlàntico [comp. di *sub-* e *atlantico*] agg. (pl. m. *-ci*) • (*geogr.*) Detto di zona di transizione tra quella caratterizzata da clima atlantico e quella continentale.

subatòmico [comp. di *sub-* e *atomico*] agg. (pl. m. *-ci*) • (*fis.*) Che ha dimensioni inferiori a quelle dell'atomo | *Particelle subatomiche*, costituenti dell'atomo, quali il nucleo e gli elettroni.

sùbbia [lat. *sūbula(m)* 'lesina', connesso con *sŭe-*

re 'cucire', di origine indeur.] s. f. *1* Scalpello con la punta a piramide quadrangolare, per lavorare la pietra. *2* (*dial.*) Lesina. || **subbiétta**, dim.

subbiàre [da *subbia*] v. tr. (*io sùbbio*) • Lavorare con la subbia.

subbièllo [dim. di *subbio*] s. m. *1* Dim. di *subbio*. *2* (*tess.*) Bastone su cui si avvolgono gli stoppini destinati al filatoio per cardati.

†**subbiètto** e *deriv.* • V. †*subietto* e *deriv.*

†**subbieziòne** [vc. dotta, dal lat. *subiectiōne(m)*, da *subiĕctus*, part. pass. di *subĭcere* 'sottoporre'] s. f. • (*raro*) Soggezione.

†**subbillàre** • V. *sobillare*.

sùbbio o (*sett.*) †**sùggio**, spec. nel sign. 2 [lat. tardo *insŭbulu(m)* 'pernio del telaio', da *insubulāre*, comp. di *ĭn* 'in-' e di un denominale di *sūbula* 'subbia'] s. m. *1* (*tess.*) Nel telaio per tessitura, cilindro di legno o di metallo sul quale sono avvolti i fili dell'ordito o il tessuto fabbricato. *2* (*est.*) In varie tecnologie, organo cilindrico di congegno o macchina, adibito a vari usi. || **subbièllo**, dim.

†**subbissàre** e *deriv.* • V. *subissare* e *deriv.*

subbollìre • V. *sobbollire*.

subbùglio o (*pop.*, *tosc.*) **sobbùglio**, †**subùglio** [dal lat. tardo *subbullīre* 'bollire un poco'] s. m. • Confusione tumultuosa, scompiglio: *essere in s.*; *mettere in s.*; *nacque un gran s.* SIN. Fermento, trambusto.

Subbùteo® [n. dato dall'ornitologo ingl. P. Adolph nel 1947 al calcio in miniatura, ricavato dal lat. scientifico *Falco subbuteo* 'falco lodolaio', formato da *sŭb-* 'simile' e *būteo*, genit. *buteōnis* 'bozzago' (uccello di rapina)] s. m. • Nome commerciale di un gioco consistente di piccole sagome riproducenti i giocatori di due squadre calcistiche, disposte su un panno rettangolare verde che imita il campo, con le quali è possibile disputare una specie di partita di calcio da tavolo.

subcellulàre [comp. di *sub-* e *cellulare*] agg. • (*biol.*) Detto di elemento ultrastrutturale di una cellula o di processo che avviene nell'ambito di una cellula.

subcilìndrico [comp. di *sub-* e di *cilindrico*] agg. (pl. m. *-ci*) • Quasi, pressoché cilindrico.

†**subclàvio** • V. *succlavio*.

sub condicione /*lat.* sub kondi'tʃone/ [loc. lat. 'sotto condizione'] loc. avv. • Nel linguaggio giuridico ed ecclesiastico, a una data condizione, con riserva, condizionatamente: *accettare sub condicione una transazione, una disposizione testamentaria*.

subcònscio [comp. di *sub-* e *conscio*] agg.; anche s. m. (pl. f. *-sce* o *-scie*) • (*psicol.*) Subcosciente.

subcontinènte [comp. di *sub-* e *continente*] s. m. • (*geogr.*) Parte vasta e delimitata di un continente con sue caratteristiche peculiari.

subcontrarietà [da *subcontrario*] s. f. • (*filos.*) Nella logica antica e medioevale, relazione di opposizione intercorrente tra due proposizioni subcontrarie.

subcontràrio [vc. dotta, dal lat. tardo *subcontrāriu(m)*, comp. di *sŭb* 'sub-' e *contrārius* 'contrario'] agg. • Nella logica antica e medioevale, detto delle preposizioni particolari affermative e particolari negative che sono tra loro in rapporto di subcontrarietà.

subcorticàle [comp. di *sub-* e *corticale*] agg. • (*bot.*) Che è posto sotto la corteccia.

subcosciènte [comp. di *sub-* e *cosciente*] **A** agg. • (*psicol.*) Detto di ciò che non è chiaramente cosciente ma è suscettibile di divenirlo. **B** s. m. *1* (*psicol.*) Attività psichica non chiaramente conscia ma suscettibile di divenire tale. *2* Correntemente, zona dell'attività psichica di cui non si ha piena e chiara coscienza: *nel suo s. sentiva di odiarlo*; *accettò, sebbene nel s. non ne fosse convinto*.

subcosciènza [comp. di *sub-* e *coscienza*] s. f. • (*psicol.*) Subcosciente.

subcultùra [comp. di *sub-* e *cultura*] s. f. • Sottocultura.

†**subdècuplo** [comp. di *sub-* e *decuplo*] agg. • (*raro*) Dieci volte minore.

subdelegàre o **suddelegàre** [comp. di *sub-* e *delegare*] v. tr. (*io subdèlego, tu subdèleghi*) • Trasferire una delega ad altri.

subdesèrtico [comp. di *sub-* e *desertico*] agg. (pl. m. *-ci*) *1* Detto di territorio o fenomeno che si trova o si manifesta ai margini del deserto | (*est.*) Che è proprio di tali territori o fenomeni. *2* Detto di vegetazione che presenta caratteri desertici attenuati.

sùbdolo [vc. dotta, dal lat. *sŭbdolu(m)*, comp. di *sŭb-* 'sub-' e *dŏlus* 'inganno'. V. *dolo*] agg. • Astutamente falso, ingannevole: *animo s.*; *arti subdole*; *domande subdole*. || **subdolaménte**, avv.

subduzióne [fr. *subduction*, vc. dotta, che si rifà al lat. *subductiōne(m)*, da *subdūctus*, part. pass. di *subdūcere* 'sottrarre, rimuovere' (comp. di *sŭb-* 'sub-' e *dūcere* 'condurre': V. *indurre*)] s. f. • (*geol.*) Sprofondamento di una zolla litosferica sotto un'altra, fino alla sua dissoluzione nel mantello.

subeconomàto [comp. di *sub-* ed *economato*] s. m. • Ufficio di subeconomo.

subecònomo [comp. di *sub-* ed *economo*] s. m. • Funzionario di grado immediatamente inferiore all'economo.

subecumène [comp. di *sub-* ed *ecumene*] s. f. • Ciascuna delle aree della terra che hanno caratteristiche sfavorevoli all'insediamento permanente dell'uomo, e che perciò sono abitate solo temporaneamente da popolazioni nomadi.

subecumènico [da *subecumene*] agg. (pl. m. *-ci*) • (*geogr.*) Che ha caratteri di subecumene.

subenfitèuṣi [comp. di *sub-* ed *enfiteusi*] s. f. • Concessione di un fondo in enfiteusi da parte dell'enfiteuta anziché dal proprietario dello stesso.

subentrànte part. pres. di *subentrare*; anche agg. *1* Nel sign. del v. *2* (*med.*) *Coliche subentranti*, che si succedono a breve distanza l'una dall'altra.

subentràre [vc. dotta, dal lat. tardo (eccl.) *subintrāre*, comp. di *sŭb* 'sub-' e *intrāre* 'entrare'] v. intr. (*io subéntro*; aus. *essere*) • Entrare al posto di altri, in seguito a successione o sostituzione (*anche fig.*): *s. a qc. in q.c.*; *gli subentrò nel possesso del locale*; *talvolta al riso subentra il pianto*.

subéntro s. m. • (*bur.*) Atto, effetto del subentrare: *s. in un ufficio, in un diritto*.

subequatoriàle [comp. di *sub-* ed *equatoriale*] agg. • (*geogr.*, *etn.*) Che si trova fra l'equatore e i tropici | Proprio della, relativo alla zona compresa fra l'equatore e i tropici.

suberàto [vc. dotta, dal lat. *subaerātu(m)*, comp. di *sŭb-* 'sub-' e *ǣs*, genit. *ǣris* 'rame, bronzo' (V. *erario*), con suff. aggettivale] agg. • Detto di moneta formata da un'anima di metallo di pochissimo valore, quale stagno, ferro, rame, poi ricoperta di una leggera lamina di argento o talvolta d'oro, molto diffusa nell'antichità classica.

subericolo • V. *sughericolo*.

subericoltóre • V. *sughericoltore*.

subericoltùra • V. *sughericoltura*.

suberificàre [dal lat. *sūber*, genit. *sūberis* 'sughero', con *-ficare*. V. †*subero*] v. intr. e intr. pron. (*io suberìfico, tu suberìfichi*; aus. *essere*) • (*bot.*) Modificarsi in sughero, per impregnazione di suberina, detto della membrana delle cellule vegetali.

suberificazióne [da *suberificare*] s. f. • Atto, effetto del suberificare.

suberina® [comp. di †*suber(o)* e *-ina*] s. f. *1* (*bot.*) Sostanza organica complessa costituente il tessuto cellulare del sughero. *2* Nome commerciale di un isolante costituito da sughero espanso per riscaldamento e da asfalto.

suberiẓẓàre [da *subero*] v. intr. e intr. pron. (*io suberìẓẓo*; aus. *essere*) • Suberificare.

suberiẓẓazióne s. f. • Suberificazione.

†**sùbero** • V. *sughero*.

subfornitùra [comp. di *sub-* e *fornitura*] s. f. • Lavorazione, presso un'azienda, di parti di prodotti industriali per conto di un'altra azienda.

subiettivàre o **subbiettivàre** [da *subiettivo*] v. tr. • (*raro, lett.*) Soggettivare.

subiettivìṣmo o **subbiettivìṣmo** [comp. di *subiettivo* e *-ismo*] s. m. • (*raro, lett.*) Soggettivismo.

subiettività o **subbiettività** [da *subiettivo*] s. f. • (*raro, lett.*) Soggettività.

subiettìvo o **subbiettìvo** [vc. dotta, dal lat. tardo *subiectīvu(m)* 'relativo al soggetto'. V. *soggettivo*] agg. • (*raro, lett.*) Soggettivo.

†**subiètto** o †**subbiètto** [vc. dotta, dal lat. *subiĕctu(m)*, part. pass. di *subĭcere* 'sottoporre': V. *soggetto* (*1*) e (*2*)] agg.; anche s. m. • Soggetto, nei sign. di *soggetto* (*1*) e di *soggetto* (*2*).

subinfeudàre [comp. di *sub-* e *infeudare*] v. tr. (*io subinfèudo*) • Nel diritto medievale, investire di un feudo un vassallo di grado inferiore.

subingrèsso [comp. di *sub-* e *ingresso*] s. m. • (*dir.*) Il sostituirsi ad altri nella titolarità e nell'esercizio di un diritto | *S. ipotecario*, diritto del creditore ipotecario di surrogarsi nell'ipoteca del creditore anteriore che, mediante esercizio dell'azione ipotecaria, lo abbia privato della garanzia.

subinquilìno [comp. di *sub-* e *inquilino*] s. m. (f. *-a*) • Persona a cui un inquilino subaffitta, in tutto o in parte, un appartamento di cui è locatario.

subìre [vc. dotta, dal lat. *subīre* 'andare incontro', comp. di *sŭb-* 'sub-' e *īre* 'andare'; il sign. 1 è calco semantico del fr. *subir*] v. tr. (*io subisco, tu subisci*) *1* Soffrire, essere costretto a sopportare, q.c. di dannoso o spiacevole: *s. un affronto, un torto, un'ingiustizia, un sopruso*; *s. una condanna*; *s. una tortura*; *s. un danno, una perdita* | *S. l'iniziativa dell'avversario*, lasciarsi sorprendere dall'azione di questo | Sottostare a: *s. un esame, una prova*; *s. cambiamenti, modificazioni*. *2* Sottoporsi a: *s. un'operazione, un intervento*.

subirrigazióne [comp. di *sub-* e *irrigazione*] s. f. • Irrigazione del terreno realizzata con canalizzazioni sotterranee disperdenti.

subissàre o (*raro*) †**sobbissàre**, (*raro*) †**sobissàre**, †**subbissàre** [calco su *abissare*, con sostituzione di *sub-* al presunto pref. *a-*] **A** v. tr. *1* Far inabissare, sprofondare in precipitosa rovina: *s. città, case*. *2* (*fig.*) Colmare, riempire: *s. qc. di doni, di complimenti*. **B** v. intr. (aus. *essere*) • (*raro*) Sprofondare: *anche se subissasse il mondo non mi sposterei*.

†**subissatìvo** o (*raro*) †**subbissatìvo**. agg. • Atto a subissare.

subissàto part. pass. di *subissare*; anche agg. • (*raro*) Nei sign. del v.

subissatóre o †**subbissatóre**. s. m.; anche agg. (f. *-trice*) • (*raro*) Chi, che subissa.

subìsso o †**subbìsso** [da *subissare*] s. m. *1* Grande rovina, sterminio: *andare in s.*; *mandare q.c. in s.* *2* (*fig., fam.*) Quantità grande: *un s. di applausi*.

subitaneità s. f. • Qualità di ciò che è subitaneo.

subitàneo [vc. dotta, dal lat. *subitāneu(m)*, da *sŭbitus* 'improvviso'] agg. • Repentino, che si manifesta in modo rapido e improvviso: *apparizione subitanea*; *mutamento s.*; *atto, moto, s.* | (*raro*) *Uomo s.*, impulsivo. || **subitaneaménte**, avv. In modo improvviso.

subitàno [dal lat. tardo *subitānu(m)*, variante di *subitāneus* 'subitaneo'] agg. • (*poet.*) Subitaneo.

subitézza [da *subito* (*2*)] s. f. • (*raro*) Qualità di ciò che è sùbito, improvviso.

sùbito (**1**) [vc. dotta, dal lat. *sŭbito* 'all'improvviso', forma irrigidita dell'abl. di *sŭbitu(m)*. V. *subito* (*2*)] **A** avv. *1* Immediatamente, prontamente, senza indugiare: *la luce del lampo sparisce s.*; *rispondi s. al telefono*; *torno s.*; *venite s.*; *glielo dico s.*; *vado s. da lui*; *fallo s.*; *vieni qui s.!* | (con valore raff.) *E s.*; *vacci, e s.!*; *devi farlo e s. anche!* | (*ass.*) In risposta a una chiamata, a un ordine: *'portami per favore un bicchiere d'acqua' 's.!'*; *'signor Rossi!' 's.!'* | *S. prima, s. dopo*, immediatamente prima o dopo: *l'ho visto accelerare e s. dopo si è scontrato con l'auto che proveniva in senso opposto*; *s. prima avevo telefonato* | *S. al principio, all'inizio*, sul principio, proprio all'inizio di q.c.: *s. al principio ho capito cosa voleva* | Con valore raff. (*iter.*) *Vengo s. s.* *2* (*est.*) In un tempo brevissimo, molto presto: *aspettate, è s. fatto*; *un colpo di ferro ancora ed è s. pronto*; *questo tipo di pasta cuoce s.* *3* (*lett.*) All'improvviso | Anche nella loc. avv. *di s.*: *di s. parve giorno a giorno / essere aggiunto* (DANTE *Par.* I, 61-62). **B** nella loc. cong. s. che, lett. pop. s. come • Non appena (introducono una prop. temp. con il v. all'indic.): *s. che scrive, avvisatemi*; *s. come torna mandatelo da me*. **C** s. m. • Solo nella loc. avv. *in un s.*, in un attimo: *l'attesa è trascorsa in un s.*; *in un s. me l'ha riparato* (V. nota d'uso ACCENTO).

sùbito (**2**) [vc. dotta, dal lat. *sŭbitu(m)* 'improvviso', da *subīre* 'sopraggiungere, sorprendere'. V. *subire*] agg. *1* (*lett.*) Improvviso, repentino: *lampo, moto, s.*; *agghiaccia sognando di subite paure* (POLIZIANO). *2* Rapido | Pronto: *con subita risoluzione, non avendo ... rimedii sì subiti, volsero* *l'animo* (GUICCIARDINI). **3** †Impetuoso, focoso, detto di persona. ‖ **subitaménte**, avv. Improvvisamente.

subìto (3) part. pass. di *subire*; anche agg. ● Nei sign. del v.

†subitosaménte [da un **subitoso*, da *subito (1)*] avv. ● (*lett.*) Istantaneamente.

subìttero [comp. di *sub-* e *ittero (1)*] s. m. ● (*med.*) Ittero lieve in cui la colorazione giallastra è limitata alle sclere e alla mucosa del palato.

sub iudice /*lat.* sub 'juditʃe/ [loc lat., propriamente 'sotto il giudice'] loc. agg. inv. ● Detto di problemi, opinioni e sim., non ancora risolti e di cui si sta ancora discutendo.

†subiuntìvo ● V. *soggiuntivo*.

sublacènse [comp. di *sub-* e di un den. di *lago*] **A** agg. ● (*lett.*) Di Subiaco: *il complesso benedettino s.* **B** s. m. e f. ● (*lett.*) Abitante, nativo di Subiaco.

sublamellàre /sub-lamel'lare/ [comp. di *sub-* e *lamellare*] agg. ● (*miner.*) Quasi lamellare.

†sublàto [vc. dotta, dal lat. *sublātu(m)*, comp. di *sŭb-* 'sub-' e *lātus*, part. pass. di *fĕrre* 'portare'] agg. ● (*lett.*) Tolto, portato via: *s. l'incendio amatorio* (ALBERTI).

sublimàbile agg. ● (*raro*) Che si può sublimare.

sublimàre (1) o **†solimàre** [vc. dotta, dal lat. tardo *sublimāre*, da *sublīmis* 'sublime'] **A** v. tr. **1** (*lett.*) Innalzare, elevare a grandi onori, cariche, e sim.: *s. qc. all'impero, al supremo comando.* **2** (*fig.*) Elevare sul piano spirituale, rendere sublime: *s. alla gloria de' santi*; *intesi abbastanza per s. il mio intelletto alla immensità di tutto questo creato* (ALFIERI). **3** (*raro*) †Rialzare cosa piegata. **4** (*psicoan.*) Trasformare impulsi sessuali o aggressivi in altri di ordine superiore. **B** v. intr. pron. **1** (*fig.*) Elevarsi spiritualmente, farsi sublime. **2** †Innalzarsi, ergersi.

sublimàre (2) [dal precedente, attraverso il lat. degli alchimisti] **A** v. intr. (aus. *essere*) ● (*chim.*) Passare direttamente dallo stato solido a quello gassoso senza passare attraverso lo stato liquido. **B** v. tr. ● (*chim.*) Purificare una sostanza mediante sublimazione.

sublimàto A part. pass. di *sublimare (2)*; anche agg. ● Nei sign. del v. **B** s. m. ● (*chim.*) Prodotto ottenuto per sublimazione | *S. corrosivo*, cloruro mercurico, velenosissimo, usato come disinfettante esterno e nell'analisi chimica.

sublimazióne (1) [vc. dotta, dal lat. tardo *sublimatiōne(m)*, da *sublimātus* 'sublimato'] s. f. **1** Atto, effetto del sublimare o del sublimarsi. **2** (*psicoan.*) Capacità di trovare qualche attività compensatrice per la rinuncia alla soddisfazione di istinti o desideri proibiti, in particolare, la direzione dell'energia sessuale verso attività sociali e culturali.

sublimazióne (2) [da *sublimare (2)*] s. f. ● (*chim.*) Purificazione di sostanze atte a sublimare, risolidificando su di una parete fredda i loro vapori | Passaggio diretto di una sostanza dallo stato solido a quello gassoso senza passare attraverso lo stato liquido.

sublìme [vc. dotta, dal lat. *sublīme(m)*, comp. di *sŭb-* 'sub-' e *līmus* 'obliquo', propriamente 'che sale obliquamente'] **A** agg. **1** (*lett.*) Molto alto, elevato: *vette sublimi*; *l'api amano l'ombra / del s. cipresso* (FOSCOLO). **2** (*fig.*) Illustre, nobile, eccelso: *virtù sublimi*; *musica, poesia s.*; *il più s. lavoro della poesia è alle cose insensate dare senso e passione* (VICO) | *Stile s.*, alto e maestoso. **3** (*fig.*) Eccellente, insigne sugli altri, detto di persona: *poeta, scrittore, s.*; *una donna veramente s.* ‖ **sublimeménte**, avv. **B** s. m. solo sing. ● La manifestazione di un fatto estetico o etico nel suo massimo grado, e il conseguente sentimento che si determina in chi lo contempla: *innalzare l'animo al s.*; *toccare, raggiungere, il s.*; *una visione che ha del s.*

subliminàle /sub-limi'nale/ [dall'ingl. *subliminal*, comp. di *sub-* e di un deriv. del lat. *līmen*, genit. *līminis* 'soglia'] agg. **1** (*psicol.*) Detto di stimolo che è troppo debole per essere percepito e riconosciuto, ma non tanto debole da non esercitare qualche influenza sui processi psichici consci o sul comportamento. **2** (*fisiol.*) Detto di stimolo nervoso o sensoriale non in grado di provocare una risposta da una struttura neurale o, rispettivamente, da un recettore.

sublimità o **†sublimitàde**, **†sublimitàte** [vc. dotta, dal lat. *sublimitāte(m)*, da *sublīmis* 'sublime'] s. f. ● Qualità di chi, di ciò che è sublime.

†sublìmo [dal lat. *sublīmu(m)*, variante di *sublīmis* 'sublime'] agg. ● Sublime.

sublinguàle /sub-lin'gwale/ [comp. di *sub-* e *linguale*] agg. ● (*anat.*) Sottolinguale.

sublitoràle /sub-lito'rale/ [comp. di *sub-* e *litorale*] agg. ● Che si trova vicino al litorale: *zona s.*

sublitoràneo [comp. di *sub-* e *litoraneo*] agg. ● (*geogr.*) Relativo alla zona alle spalle del litorale.

sublocàre /sub-lo'kare/ o (*pop.*) **†sullogàre** [comp. di *sub-* e *locare*] v. tr. (*io sublòco* /sub-'lɔko/, *tu sublòchi* /sub-'lɔki/) ● Dare in sublocazione: *s. un appartamento.*

sublocatàrio /sub-loka'tarjo/ [comp. di *sub-* e *locatario*] s. m. (f. *-a*) ● Chi riceve in sublocazione: *diritti e doveri del s.*

sublocatóre /sub-loka'tore/ [comp. di *sub-* e *locatore*] s. m. (f. *-trice*) ● Chi dà in sublocazione.

sublocazióne /sub-lokat'tsjone/ [comp. di *sub-* e *locazione*] s. f. ● Contratto di locazione concluso dal locatario con un terzo.

sublunàre /sub-lu'nare/ o **†sullunàre** [vc. dotta, dal lat. tardo *sublunāre(m)*, comp. di *sŭb-* 'sub-' e *lunāris* 'lunare'] agg. ● Che è posto sotto la luna | *Mondo s.*, la terra (*anche scherz.*).

sublussazióne [comp. di *sub-* e *lussazione*] s. f. ● (*med.*) Perdita parziale dei normali rapporti fra le due estremità di una articolazione.

submicroscòpico [comp. di *sub-* e *microscopico*] agg. (pl. m. *-ci*) ● Detto di corpuscolo, struttura e sim. aventi dimensioni inferiori a circa 0,2 μm e quindi troppo piccoli per poter essere risolti od osservati con il microscopio ottico. SIN. Ultramicroscopico.

submontàno [comp. di *sub-* e *montano*] agg. ● Che si trova vicino a un monte, ai monti.

subnormàle [comp. di *sub-* e *normale*] **A** agg. ● Che è al di sotto della norma, detto spec. di bambini di intelligenza notevolmente al di sotto della media e bisognosi di insegnamento speciale. **B** s. m. e f. ● Bambino subnormale.

subnucleàre [comp. di *sub-* e *nucleare*] agg. ● (*fis. nucl.*) Che ha dimensioni inferiori a quelle normali del nucleo atomico.

suboceànico [comp. di *sub-* e *oceanico*] agg. (pl. m. *-ci*) ● Che è posto sotto l'oceano: *cavo s.*

subodoràre [vc. dotta, dal lat. mediev. *subodorāri*, comp. di *sŭb-* 'sub-' e *odorāri* 'odorare'] v. tr. (*io subodóro*) ● Presentire, intuire, avere sentore: *s. un'insidia, le intenzioni di qc.*

suborbitàle [comp. di *sub-* e *orbitale*] agg. ● (*aer.*) Detto spec. di volo la cui traiettoria è inferiore a quella necessaria per fare entrare un corpo in orbita.

subordinaménto s. m. ● Atto del subordinare.

subordinànte part. pres. di *subordinare*; anche agg. **1** Nei sign. del v. **2** (*ling.*) Detto di parola che istituisce un rapporto di subordinazione.

subordinàre [vc. dotta, dal lat. mediev. *subordināre*, comp. di *sŭb-* 'sub-' e *ordināre*] v. tr. (*io subórdino*) ● Far dipendere una cosa da un'altra | Mettere una cosa in posizione d'inferiorità rispetto a un'altra: *subordina la vendita all'approvazione del padre*; *subordina tutto al suo interesse personale.*

subordinàta [f. sost. di *subordinato*] s. f. **1** (*ling.*) Proposizione subordinata. **2** (*dir.*) Domanda giudiziale proposta in subordine.

subordinatìvo agg. ● Che subordina | (*ling.*) *Congiunzione subordinativa*, quella che mette una proposizione in rapporto di dipendenza grammaticale da un'altra.

subordinàto A part. pass. di *subordinare*; anche agg. **1** Nei sign. del v. **2** Disciplinato, ubbidiente, rispettoso: *ragazzo s.*; *essere s. verso i superiori.* CONTR. Insubordinato. **3** *Lavoro s.*, che si presta alle dipendenze e sotto la direzione del datore di lavoro | *Lavoratore s.*, che esplica il proprio lavoro con vincolo di subordinazione. **4** (*ling.*) *Proposizione subordinata*, unita a un'altra e da essa dipendente. **5** (*mat.*) Detto di insieme contenuto in un altro. ‖ **subordinataménte**, avv. **B** s. m. (f. *-a*) ● Persona subordinata a un'altra, spec. in un rapporto di lavoro: *trattare bene i propri subordinati.* SIN. Sottoposto, subalterno.

subordinazióne s. f. **1** Stato, condizione di chi, di ciò che è subordinato: *la s. è alla base delle strutture militari* | *S. del prestatore di lavoro*, dipendenza del lavoratore dal potere direttivo e dal potere disciplinare del datore di lavoro. **2** (*ling.*) Unione di due proposizioni in rapporto di dipendenza l'una dall'altra.

subórdine [comp. di *sub-* e *ordine*] s. m. ● Solo nella loc. avv. *in s.*, in grado subordinato ad altri, in dipendenza: *trovarsi, essere in s.* | (*dir.*) Di domanda giudiziale proposta nell'eventualità in cui non venga accolta dal giudice la domanda principale. SIN. Sottordine.

subornàre [vc. dotta, dal lat. *subornāre* 'allestire', poi 'sedurre', comp. di *sŭb-* 'sub-' e *ornāre* 'preparare'] v. tr. (*io subórno*) ● Commettere il reato di subornazione nei confronti di qc. | (*gener.*) Indurre qc. a mancare al proprio dovere.

subornatóre [vc. dotta, dal lat. tardo *subornatō-re(m)*, da *subornātus* 'subornato'] s. m. (f. *-trice*) ● Reo di subornazione.

subornazióne [da *subornare*] s. f. ● Atto, effetto del subornare | (*dir.*) Reato di chi offre denaro o altra utilità a un testimone, perito o interprete per indurlo a una falsa testimonianza, perizia o interpretazione.

subpolàre [comp. di *sub-* e *polare*] agg. **1** Detto di territorio o di fenomeno che si trova o si manifesta ai margini delle zone polari | (*est.*) Che è proprio di tali territori o fenomeni. **2** Che nasce, cresce, e sim. ai margini delle zone polari: *fauna, flora, s.*

subregióne [comp. di *sub-* e *regione*] s. f. ● (*geogr.*) Area geografica con caratteri fisici e antropici peculiari, all'interno di una regione più estesa: *il Canavese è una s. del Piemonte.*

subrétta s. f. ● Adattamento di *soubrette* (V.). ‖ **subrettìna**, dim. (V.).

subrettìna s. f. **1** Dim. di *subretta*. **2** Nel teatro di rivista italiano, attrice giovane che fa da spalla al primo attore in numeri parlati o cantati.

†subrogàre ● V. *surrogare*.

subsannàre o **†sossannàre** [lat. tardo (eccl.) *subsannāre* 'schernire', comp. di *sŭb* 'sotto' e *sannāre*, da *sănna* 'smorfia', dal gr. *sánnas* 'buffone', connesso con *sáinein* 'scodinzolare', di etim. incerta] v. intr. (aus. *avere*) ● (*raro, lett.*) Ghignare, schernire facendo smorfie, boccacce.

subsatèllite [comp. di *sub-* e *satellite*] s. m. ● (*astron.*) Proiezione ortogonale della posizione di un satellite, spec. artificiale, sulla superficie del pianeta attorno al quale orbita.

subsfèrico [comp. di *sub-* e di *sferico*] agg. (pl. m. *-ci*) ● Quasi, pressoché sferico.

subsidènte [vc. dotta, dal lat. *subsidĕnte(m)*, part. pr. di *subsīdere* 'abbassarsi'. V. *subsidenza*] agg. ● (*geol.*) Che manifesta subsidenza | Che affonda lentamente entro la crosta terrestre.

subsidènza o **†sussidènza** [dal lat. *subsidĕntia(m)*, deriv. di *subsīdere* 'abbassarsi', comp. di *sŭb-* 'sub-' e *sīdere* 'sedersi'] s. f. **1** (*geol.*) Abbassamento del fondo di un bacino, marino o continentale, che tende ad affondare entro la crosta terrestre. **2** (*meteor.*) Lento movimento di discesa dell'aria, caratteristico nelle zone anticicloniche, che ha per conseguenza un riscaldamento, per compressione, dell'aria stessa.

†subsìstere ● V. *sussistere*.

subsònico [comp. di *sub-* e *sonico*] agg. (pl. m. *-ci*) ● (*aer.*) Relativo a velocità inferiori alla velocità del suono: *aereo s.*

substràto o **sostràto** [V. *sostrato*] s. m. **1** (*biol.*) Base o sostegno su cui si fissa una pianta, o un animale sessile. **2** (*biol.*) Sostanza inerte contenente una soluzione nutritizia. **3** (*agr.*) Suolo inorganico inerte, costituito da ghiaia, torba e sim., o da materie plastiche espanse, predisposto per le colture idroponiche. **4** (*chim.*) La sostanza o la miscela di sostanze su cui agisce un reattivo | (*chim., biol.*) La sostanza su cui un enzima esplica la sua azione catalitica. **5** V. *sostrato* nei sign. 1, 2, 3, 4.

subtotàle [comp. di *sub-* e *totale*] **A** agg. ● Quasi totale | (*med.*) Di atto chirurgico che asporta una parte di un organo o di un tessuto, detto spec. dell'isterectomia che lascia in sede il collo uterino. **B** s. m. ● In contabilità, totale parziale di riporto.

subtropicàle [comp. di *sub-* e *tropicale*] agg.

1 Che è posto sotto i tropici. *2* Che nasce, cresce, e sim. sotto i tropici: *fauna, flora s.*

†subùglio • V. *subbuglio.*

subumàno [comp. di *sub-* e *umano*] agg. • Che è al di sotto della condizione umana, sprovvisto dei caratteri e delle qualità proprie dell'uomo.

suburbàno [vc. dotta, dal lat. *suburbānu(m)*, comp. di *sŭb-* 'sub-' e *urbānus*] agg. • Che si trova vicino alla città: *giardini suburbani; canti si levano ... / nell'osteria suburbana* (SABA).

suburbicàrio [vc. dotta, dal lat. tardo *suburbicāriu(m)*, comp. di *sŭb-* 'sub-' e *urbicārius* 'urbano', da *ŭrbs*, genit. *ŭrbis* 'città'] agg. *1* Detto di chiesa o di sede vescovile fuori delle mura di Roma o nel circondario della città. *2 Regioni suburbicarie*, nell'ordinamento dell'impero romano, quelle centro-meridionali, geograficamente più vicine a Roma, esenti da taluni tributi.

subùrbio [vc. dotta, dal lat. *subŭrbiu(m)*, comp. di *sŭb-* 'sub-' e di un deriv. di *ŭrbs*, genit. *ŭrbis* 'città'] s. m. • Zona periferica della città, a espansione più o meno ordinata.

subùrra [lat. *Subūr(r)a(m)*, quartiere popolare e malfamato dell'antica Roma, situato tra il Celio e l'Esquilino] s. f. • Il quartiere più malfamato di una città.

subvedènte [comp. di *sub-* e *vedente*] agg.; anche s. m. e f. • Che, chi è affetto da vista debole.

succedaneità s. f. • Qualità di ciò che è succedaneo.

succedàneo [vc. dotta, dal lat. tardo *succedāneu(m)*, da *succēdere* 'subentrare'] **A** agg. • Detto di qualunque sostanza che ne sostituisce un'altra nell'uso e negli effetti. **B** s. m. • Sostanza che ne sostituisce un'altra: *i succedanei del caffè*. SIN. Surrogato.

succèdere [vc. dotta, dal lat. *succēdere*, propriamente 'venire (*cēdere*) di sotto (*sŭb*), subentrare'] **A** v. intr. (pass. rem. *io succèssi*, o *succedéi* nei sign. A 1, 2, 3, 5, 6 e nel sign. B, o *succedètti* nei sign. A 1, 2, 4, 5, 6 e nel sign. B, *tu succedésti*; part. pass. *succèsso* o *succedùto* nei sign. A 1, 2, 4, 5, 6 e nel sign. B; aus. *essere*) *1* Subentrare ad altri, prendere il posto di altri in un ufficio, un grado, una dignità: *s. a qc. nel trono, nel possesso di q.c.; Tiberio succedette ad Augusto* | Subentrare ad altri in dati rapporti giuridici, spec. in base a una successione a causa di morte: *gli è successo nella totalità il figlio.* *2* Seguire, venire dopo, nel tempo o nello spazio: *un pensiero succede all'altro; l'effetto succede alla causa; ad un certo punto alla pianura succede un altopiano.* *3* Avvenire, verificarsi: *questo fatto successe molti anni or sono; è successa una disgrazia; che cosa succede?; che cosa sta succedendo là dietro?; non succede niente; tutto può s.; forse succederà che di quel fremito / rifrema?* (UNGARETTI) | (*fam.*) *Sono cose che succedono*, per esprimere accettazione, rassegnazione. *4* (*raro*) Derivare, provenire. *5* †Divenire erede | †Venire per eredità. *6* †Riuscire, avere effetto, successo. **B** v. intr. pron. • Susseguirsi, venire l'uno dopo l'altro: *gli avvenimenti si succedono serrati.*

†succediménto [da *succedere*] s. m. • Avvenimento, fatto successo.

succeditóre s. m.; anche agg. (f. *-trice*) • (*raro*) Chi, che succede | Successore.

succedùto part. pass. di *succedere* • Nei sign. A 1, 2, 4 e 5 e nel sign. B del v.

successìbile [da *successo (1)*] agg.; anche s. m. e f. • Che, chi può succedere a qc. spec. mediante successione a causa di morte: *ordine dei successibili.*

successibilità s. f. • Condizione di chi è successibile.

successióne [vc. dotta, dal lat. *successiōne(m)*, da *succĕssus* 'successo (1)'] s. f. *1* (*dir.*) Il subentrare di un soggetto nella situazione giuridica precedentemente occupata da un altro soggetto di diritto: *s. nei contratti dell'azienda* | *S. nel processo*, nella posizione di parte | Il subentrare nella totalità o in una parte dei rapporti giuridici che facevano capo a un soggetto, in occasione e a causa della sua morte: *s. ereditaria, a causa di morte; imposta di s.* | *S. a titolo universale*, nella totalità dei rapporti giuridici mediante l'acquisto del titolo di erede | *S. a titolo particolare*, per effetto dell'acquisto di un legato | *S. legittima*, disposta dalla legge allorché il testatore è morto senza aver fatto testamento | *S. testamentaria*, secondo il testamento | *S. necessaria*, quella dei legittimari o riservatari. *2* Serie, seguito, di avvenimenti, fenomeni e sim. susseguentisi fra loro: *la s. dei giorni, dei mesi, delle stagioni; la pronta s. della parola al pensiero.* *3* (*mat.*) Insieme ordinato di elementi che può essere posto in corrispondenza biunivoca con i numeri naturali.

†successìve /lat. sutt∫es'sive/ [avv. lat. med., tratto dal lat. tardo *successīvus* 'successivo'] avv. • (*raro, lett.*) Successivamente.

successìvo [vc. dotta, dal lat. tardo *successīvu(m)*, da *succĕssus* 'successo (1)'] agg. • Che succede ad altro: *anno, giorno, s.* SIN. Seguente, susseguente. || **successivaménte**, avv. In ordine successivo; (*evit.*) in seguito, poi.

succèsso (1) part. pass. di *succedere* • Nei sign. del v.

succèsso (2) [dal lat. *succĕssu(m)* 'arrivo, buon esito, riuscita', da *succēdere* 'succedere'] s. m. *1* (*raro*) Avvenimento, evento, caso | (*raro*) Esito, risultato: *avere un buon, un cattivo, s.* *2* (*ass.*) Esito favorevole, buona riuscita, favore popolare: *avere, ottenere, riportare, riscuotere, s.; grande, strepitoso, clamoroso, s.; un film di s.* || **successóne**, accr.

successóre [vc. dotta, dal lat. *successōre(m)*, da *succĕssus* 'successo (1)'] s. m.; anche agg. (f. *succeditrice*) • Chi, che succede ad altri in ufficio, possesso, dignità, e sim. | Erede.

successòrio [vc. dotta, dal lat. tardo *successōriu(m)*, da *succĕssus* 'successo (1)'] agg. • (*dir.*) Relativo a una successione a causa di morte: *imposta successoria* | *Patto s.*, convenzione con cui taluno dispone della propria successione, o atto con cui dispone dei, o rinuncia ai, diritti che gli possono spettare su una successione non ancora aperta.

succhiaménto s. m. • Modo e atto del succhiare.

succhiàre [lat. parl. **suculāre*, da *sūcus* 'sugo, succo'. V. *sugo*] v. tr. (*io sùcchio*) *1* Attrarre nella propria bocca un liquido aspirandolo con le labbra: *s. il latte dal biberon; s. una bibita con la cannuccia* | *Avere succhiato q.c. col latte, col latte della madre*, (*fig.*) averla connaturata | *S. il sangue a qc.*, (*fig.*) sfruttarlo | Tenere in bocca q.c. facendola sciogliere e ingerendone il succo: *s. una caramella* | *Succhiarsi il dito*, tenerlo continuamente in bocca, detto spec. di bambini. *2* Assorbire: *le radici delle piante succhiano l'acqua piovana.* *3* Sorbire tranquillamente (*anche fig.*): *succhiarsi un bicchierino di liquore.* *4* Nel ciclismo, *s. la ruota*, stare subito dietro la ruota posteriore di un altro corridore per incontrare minore resistenza dell'aria.

succhiaruòte [comp. di *succhia(re)* e il pl. di *ruota*] s. m. inv. • Nel linguaggio sportivo, corridore ciclista che tiene la ruota anteriore della sua bicicletta subito dietro quella posteriore di un altro per risparmiare energie, avvantaggiandosi della minore resistenza dell'aria.

succhiàta s. f. • Atto del succhiare una volta.

succhiatóio s. m. • (*zool.*) Organo per succhiare degli insetti.

succhiatóre s. m.; anche agg. (f. *-trice*) • Chi, che succhia.

succhiellàio s. m. • Chi fa o vende succhielli.

succhiellaménto s. m. • Atto del succhiellare.

succhiellàre [da *succhiello*] v. tr. (*io succhièllo*) *1* Forare col succhiello: *s. una botte.* *2* (*tosc.*) *s. le carte*, tirarle su torcendole tra l'indice e il pollice verso l'angolo superiore.

succhièllo [dim. di *succhio (2)*] s. m. • Utensile formato da un corpo cilindrico di acciaio con un'estremità elicoidale, usato per praticare fori nel legno, particolarmente per avviare la strada dei chiodi e delle viti di collegamento. || **succhiellétto**, dim. | **succhiellino**, dim. | **succhiellùccio**, dim.

succhiétto s. m. • Succhiotto.

sùcchio (1) [da *succhiare*] s. m. *1* Atto del succhiare. *2* (*raro*) Risucchio, spirale. *3* (*bot.*) Linfa dei vegetali | *Essere, venire, in s.*, delle piante a primavera.

sùcchio (2) [lat. tardo *sūculu(m)* 'porcellino', dim. di *sūs*, genit. *sūis* 'porco', per la forma attorcigliata (?)] s. m. • (*pop., tosc.*) Succhiello.

succhióne [da *succhiare*] s. m. *1* (*agr.*) Ramo vigoroso di vite e altri fruttiferi, sviluppatosi sui tronchi e sui grossi rami da gemme avventizie o latenti. SIN. Pollone. *2* (*fig.*) Persona che vive alle spalle degli altri. SIN. Parassita, sfruttatore.

†succhióso [da *succhio (1)*. V. *succoso*] agg. • Pieno di succo.

succhiòtto [da *succhiare*] s. m. • Tettarella di gomma non bucata, che, al di fuori della poppata, viene posta nella bocca del lattante per calmarlo, per farlo addormentare e sim.

succiacàpre [comp. di *succia(re)* e il pl. di *capra*. Cfr. *caprimulgo*] s. m. inv. • (*zool.*) Caprimulgo.

succiafióre [comp. di *succia(re)* e *fiore*] s. m. • (*zool.*) Uccello mosca, colibrì.

succiamèle [comp. di *succia(re)* e *m(i)ele*] s. m. inv. • Pianta delle Orobancacee, parassita, con spiga di fiori bianchi, priva di foglie, la cui radice si attacca mediante austori alla radice delle leguminose (*Orobanche speciosa*).

succiaménto s. m. • Modo e atto del succiare.

succianèspole [comp. di *succia(re)* e *nespole*] s. m. e f. inv. • (*pop., tosc.*) Persona inetta, incapace, ridicola.

succiàre [lat. parl. **suctiāre*, da *sūctus*, part. pass. di *sūgere* 'succhiare'] v. tr. (*io sùccio*) *1* (*pop., tosc.*) Succhiare: *succiarsi il dito.* *2* (*fig.*) Prendersi, appropriarsi: *dalla nostra Italia ... succiarono l'altre provincie d'Europa il vero sapor delle scienze* (MURATORI). *3* (*fig.*) Sopportare q.c. di molesto: *succiarsi una visita noiosa.*

succiasàngue [comp. di *succia(re)* e *sangue*] s. m. e f. inv. • (*raro*) Chi toglie ad altri lo scarso denaro che possiede | Usuraio, strozzino.

succiàta s. f. • Atto del succiare una volta. || **succiatina**, dim.

succìdere [vc. dotta, dal lat. *succīdere*, comp. di *sŭb-* 'sub-' e *cāedere* 'tagliare'. V. *cesura*] v. tr. (pass. rem. *io succìsi, tu succidésti*; part. pass. *succìso*) • (*lett.*) Tagliare dalla parte di sotto | *S. una pianta*, tagliarla alla base.

succinàto [da *succinico*, con cambio di suff. (-*-ato*)] s. m. • (*chim.*) Sale dell'acido succinico.

succìngere [vc. dotta, dal lat. *succĭngere*, comp. di *sŭb-* 'sub-' e *cĭngere* 'cingere'] v. tr. (coniug. come *cingere*) • (*raro, lett.*) Avvolgersi alla vita con la cintura le vesti troppo lunghe, in modo che non impaccino i movimenti.

succìnico [comp. di *succino* e *-ico*] agg. (pl. m. *-ci*) • (*chim.*) Detto di acido organico bicarbossilico, presente nel mondo minerale, vegetale e animale.

succinìte [comp. di *succino* e *-ite (2)*] s. f. • (*miner.*) Ambra, resina fossile.

sùccino [lat. *sūcinu(m)*, forse di origine indeur.] s. m. • (*miner.*) Ambra gialla.

succintézza s. f. • Qualità di ciò che è succinto (*spec. fig.*).

succìnto o **†soccìnto**. **A** part. pass. di *succingere* • (*raro*) Nei sign. del v. **B** agg. *1* †Cinto sotto, in basso. *2* (*raro, lett.*) Detto di veste fermata sotto il petto da una cintura e poi tirata su: *veste, tunica, succinta* | Detto di persona, che indossa una veste succinta: *si volse / agile come in cielo Ebe succinta* (FOSCOLO). *3* Detto di abito, corto, scollato, che lascia scoperta buona parte del corpo: *i succinti abiti estivi.* *4* (*fig.*) Breve, conciso, compendioso: *esposizione, introduzione, succinta* | *In s.*, (*ell.*) succintamente. || **succintaménte**, avv. *1* In modo succinto, conciso: *esporre succintamente i fatti.* *2* In modo succinto: *una signora vestita succintamente.*

succintòrio [vc. dotta, dal lat. tardo (eccl.) *succinctōriu(m)* 'grembiule', da *succīnctus* 'succinto'] s. m. • Ornamento usato dal papa nella celebrazione della messa solenne, consistente in una specie di manipolo che si porta sul camice, al fianco sinistro.

sùccio s. m. • (*dial.*) Atto del succiare | Sorso.

sùcciola [da *succiare*] s. f. • (*pop., tosc.*) Castagna lessa con la scorza, da succiare | *Brodo di succiole*, (*fig.*) privo di sostanza | (*fig.*) *Andare in brodo di succiole*, struggersi di piacere, di contentezza.

succióne [da *succiare*. V. *succhione*] s. m. • Succhione.

succìso part. pass. di *succidere*; anche agg. • (*lett.*)

Nel sign. del v.

succitàto [comp. di *su-* e *citato*] agg. • Citato, nominato prima, sopra.

succlàvio o †**subclàvio** [comp. di *su(b)-* e *clavio*, dal lat. *clāvis* 'chiave', nella terminologia medica moderna 'clavicola'] agg. • (*anat.*) Che è posto sotto la clavicola: *arteria, vena, succlavia*. ➡ ILL. p. 363 ANATOMIA UMANA.

sùcco [lat. tardo *sūccu(m)*, variante di *sūcus* 'sugo', prob. connesso con *sūgere* 'succhiare', di origine indeur.] s. m. (pl. *-chi*) **1** Sostanza liquida spremuta da ortaggi o frutta: *s. di pomodoro, d'uva; spremere il s. da un'arancia*. SIN. Sugo. **2** *S. di frutta*, nell'industria alimentare, derivato naturale, non diluito, che ha colore, aroma e gusto dei frutti da cui è ottenuto con procedimenti meccanici. **3** (*anat.*) Qualsiasi prodotto di secrezione ghiandolare | *S. gastrico*, prodotto di secrezione delle ghiandole dello stomaco | *S. enterico*, dell'intestino. **4** (*biol.*) *S. nucleare*, sostanza fluida costituente il nucleo delle cellule animali e vegetali. **5** (*fig.*) Sostanza, essenza: *questo è il s. del discorso*.

succosità [vc. dotta, dal lat. tardo *sucositāte(m)*, astr. di *sucōsus* 'succoso'] s. f. • Qualità di ciò che è succoso.

succóso [lat. *sucōsu(m)*, da *sūcus* 'succo'] agg. **1** Che è pieno di succo. SIN. Sugoso. **2** (*fig.*) Sostanzioso e conciso al tempo stesso: *scritto s.* || **succosaménte**, avv. In modo succoso.

sùccube [variante di *succubo*, modellata sulla grafia del fr. *succube*] s. m. e f.; anche agg. nel sign. 2 **1** Nella demonologia cristiana, demonio che, assumendo aspetto fittizio femminile, si unisce sessualmente a uno stregone o a un invasato. **2** (*est.*) Detto di chi soggiace completamente al volere di un altro: *è s. del marito*.

sùccubo [forma m. tratta dal lat. tardo *sūccuba(m)* 'concubina', comp. di *sŭb* 'sotto' e di un corradicale di *cubāre* 'giacere'] s. m. (f. *-a*; anche agg.) • Succube.

succulènto [vc. dotta, dal lat. tardo *suculĕntu(m)* 'succoso', da *sūcus* 'succo'] agg. **1** Pieno di succo, succoso. **2** (*est.*) Gustoso, sostanzioso: *cibo s.; pietanze succulente*. **3** (*bot.*) Detto di pianta o di organo ricco di tessuti acquiferi | *Piante succulente*, piante grasse.

succulènza s. f. • Qualità di ciò che è succulento.

succursàle [vc. dotta, dal lat. *succŭrsus*, part. pass. di *succŭrrere* 'soccorrere'; su calco del fr. *succursale* nel sign. B] **A** agg. • Detto di chiesa in cui si svolge il servizio religioso per i fedeli che abitano lontano dalla propria chiesa parrocchiale. **B** s. f. • Sede secondaria di una società, una banca, un'azienda e sim. SIN. Filiale.

sùcido [vc. dotta, dal lat. *sūcidu(m)* 'unto', detto spec. della lana, da *sūcus* 'sugo, untume'. V. *sudicio*] agg. • (*raro, lett.*) Sporco, sudicio | (*tess.*) *Lana sucida*, allo stato naturale, come viene dalla tosatura.

sucidùme [comp. di *sucid(o)* e *-ume*] s. m. **1** (*raro, lett.*) Sporcizia, sudiciume. **2** (*tess.*) Materia grassa con incorporati vari sali, emanata dalle ghiandole sudorifere e sebacee della pecora, presente nella lana di questa.

†**sùco** [dal lat. *sūcus* 'sugo'] s. m. • Succo.

sucre /*sp.* 'sukre/ [dal n. del generale A. J. de *Sucre* (1795-1830)] s. m. inv. • Unità monetaria circolante in Ecuador.

sud [dal fr. *sud*, che è dall'ant. ingl. *suth*] s. m. **1** Punto cardinale nella cui direzione si osserva il sole nel momento in cui esso è più alto sull'orizzonte. CONTR. Nord. **2** Zona meridionale di un paese, una nazione, e sim.: *il sud dell'Italia; terra, gente, del sud* | *Profondo sud*, territori di regioni meridionali spec. americane ed europee, caratterizzate da depressioni socio-economiche. **3** Nel bridge, posizione del giocatore che, al tavolo da gioco, si colloca di fronte al giocatore in posizione Nord col quale fa coppia.

sud- primo elemento • In aggettivi e sostantivi etnici e geografici significa 'del Sud', 'meridionale': *sudafricano, sudamericano*.

sudacchiàre [da *sudare*, con suff. dim.-iter.] v. intr. (*io sudàcchio*; aus. *avere*) • Sudare alquanto.

sudafricàno [comp. di *sud-* e *africano*] **A** agg. • Dell'Africa meridionale e spec. della Repubblica Sudafricana. **B** s. m. (f. *-a*) • Abitante, nativo dell'Africa meridionale e spec. della Repubblica Sudafricana.

†**sudaménto** s. m. • Modo e atto del sudare.

sudamericàno [comp. di *sud-* e *americano*] **A** agg. • Dell'America del Sud. **B** s. m. (f. *-a*) • Abitante dell'America del Sud.

sudàmina [da *sudare*] s. f. • Insieme di vescicole arrossate per l'eccessivo sudore attorno allo sbocco delle ghiandole sudoripare.

sudanése **A** agg. • Del Sudan: *lingue sudanesi*. **B** s. m. e f. • Abitante, nativo del Sudan.

sudàre [lat. *sudāre*, di origine indeur.] **A** v. intr. (aus. *avere*) **1** Emettere sudore: *s. molto, poco; s. per il caldo, per la fatica; gli sudano le mani; gli sudava la fronte* | *S. freddo*, per malattia, emozione, paura, e sim. **2** (*fig.*) Affaticarsi, lavorare molto: *s. per guadagnarsi da vivere; s. sui libri*. **B** v. tr. **1** Trasudare: *il vaso suda acqua*. **2** Procacciarsi, guadagnarsi con fatica: *s. il pane; sudarsi i soldi*. **3** Affaticarsi molto, nelle loc. *s. sangue, s. sette camicie*, e sim.

sudàrio [vc. dotta, dal lat. *sudāriu(m)* 'fazzoletto', da *sudāre* 'sudare'] s. m. **1** Presso gli antichi Romani, sottile panno di lino per detergere il sudore | Fascia di lino portata avvolta attorno al collo dai soldati. **2** Presso gli antichi, panno con cui si copriva il viso dei morti. **3** Panno con il quale la Veronica asciugò il sudore a Gesù portato al Calvario e sul quale restò impressa l'immagine di lui.

sudàta s. f. **1** Atto del sudare, spec. abbondantemente: *fare una s.* **2** (*est.*) Fatica, grande sforzo. || **sudatàccia**, pegg. | **sudatina**, dim.

sudatìccio **A** agg. (pl. f. *-ce*) • Alquanto sudato, molliccio di sudore: *fronte sudaticcia*. **B** s. m. • (*raro*) Umidore prodotto dal sudore: *c'è puzzo di s.*

sudàto part. pass. di *sudare*; anche agg. **1** Nei sign. del v. **2** (*fig.*) Fatto con grande impegno e fatica: *studi sudati; un gran palazzo ... / s. già nei cicilian camini* (POLIZIANO). || **sudataménte**, avv. Con sudore, fatica.

†**sudatóio** [lat. *sudatōriu(m)*, m. sost. di *sudatōrius* 'sudorifico'] s. m. • Luogo caldo da provocare sudore.

sudatòrio [fr. *sudatoire*, vc. dotta che si rifà al lat. *sudatōriu(m)* 'sudorifico' (da *sudātus*, part. pass. di *sudāre*)] **A** agg. • Che fa sudare, che produce sudorazione. **B** s. m. • Negli edifici termali dell'antica Roma, ambiente attrezzato per provocare la sudorazione.

suddelegàre • V. *subdelegare*.

suddétto [comp. di *su-* e *detto*] agg. • Sopraddetto, nominato in precedenza.

suddiaconàto /suddiako'nato, suddjako'nato/ [vc. dotta, dal lat. tardo (eccl.) *subdiaconātu(m)*, comp. di *sŭb-* 'sub-' e *diaconātus* 'diaconato'] s. m. • Nella gerarchia sacerdotale cattolica, primo degli ordini maggiori soppresso dopo il Concilio Ecumenico Vaticano Secondo.

suddiàcono /suddi'akono, sud'djakono/ o †**soddiàcono** [vc. dotta, dal lat. tardo (eccl.) *subdiāconu(m)*, comp. di *sŭb-* 'sub-' e *diāconus* 'diacono'] s. m. • Chi, nella gerarchia sacerdotale cattolica vigente prima del Concilio Ecumenico Vaticano Secondo, aveva ricevuto il suddiaconato.

suddistìnguere [vc. dotta, dal lat. tardo *subdistĭnguere*, propriamente 'separare con la punteggiatura', comp. di *sŭb-* 'sub-' e *distĭnguere*. V. *distinguere*] v. tr. (coniug. come *distinguere*) • (*raro*) Distinguere ulteriormente, dopo una prima distinzione.

suddistìnto part. pass. di *suddistinguere* • (*raro*) Nel sign. del v.

suddistinzióne [vc. dotta, dal lat. tardo *subdistinctiōne(m)*, da *subdistĭnguere* 'separare con la punteggiatura'] s. f. • Atto, effetto del suddistinguere.

sudditànza s. f. • Condizione di suddito.

sùddito [vc. dotta, dal lat. *sŭbditu(m)*, part. pass. di *sŭbdere* 'sottomettere', comp. di *sŭb* 'sub-' e di un corradicale di *făcere* 'fare'] **A** agg. • †Sottoposto, soggetto a un potere sovrano, spec. regio. **B** s. m. (f. *-a*) **1** Chi è sottoposto a una sovranità statale: *un fedele s. dello Stato*. **2** Chi è sottoposto alla sovranità di uno Stato e ne subisce i doveri, ma è privo dei diritti propri del cittadino: *s. coloniale*. **3** Il cittadino di uno Stato retto a monarchia: *i sudditi di Sua Maestà britannica*. || **sudditerèllo**, dim.

suddivìdere [vc. dotta, dal lat. tardo (eccl.) *subdivĭdere*, comp. di *sŭb* 'sub-' e *divĭdere*] v. tr. (coniug. come *dividere*) • Dividere ulteriormente ciò che era già diviso: *s. capitoli in paragrafi* | (*est.*) Dividere: *s. un libro in capitoli*.

suddivisìbile agg. • Che si può suddividere.

suddivisibilità s. f. • Qualità di ciò che è suddivisibile.

suddivisióne [vc. dotta, dal lat. tardo *subdivisiōne(m)*, da *subdivĭdere* 'suddividere'] s. f. **1** Atto, effetto del suddividere. **2** (*mat.*) Partizione, divisione spec. di figure geometriche.

suddivìso part. pass. di *suddividere*; anche agg. • Nei sign. del v.

sudequatoriàle agg. • (*geogr.*) Che si trova a sud dell'equatore, nell'emisfero australe.

sudèst o **sud-est** [comp. di *sud* e *est*] s. m. • Punto dell'orizzonte equidistante da sud ed est | *Vento di s.*, scirocco.

sudicerìa [da *sudicio*] s. f. **1** Qualità di chi, di ciò che è sudicio. **2** Atto, discorso, e sim. sudicio, sconveniente: *la sua bocciatura è stata proprio una s.* **3** Insieme di cose sudice: *togli questa s. dal tavolo*.

sudicézza s. f. • (*raro*) Qualità di ciò che è sudicio.

sùdicio [da *sucido*, per metatesi. V. *sucido*] **A** agg. (pl. f. *-cie* o *-ce*) **1** Non lavato né pulito, imbrattato, sporco: *viso s.; casa sudicia; biancheria sudicia; essere s.; essere s. di sudore; il vestito è s. di fango; mi sono accoccolato / vicino ai miei panni / sudici di guerra* (UNGARETTI) | *Avere la camicia sudicia*, (*fig.*) avere la coscienza sporca | *Copia sudicia*, brutta copia. CONTR. Pulito. **2** Detto di colore, non brillante, non vivo: *colore s.; bianco s.* **3** (*fig.*) Disonesto, turpe, immorale: *individuo, affare, s.; è una faccenda sudicia* | Indecente, sconcio: *discorsi sudici* | (*est.*) Spregevole: *è un s. strozzino*. || **sudicétto**, dim. | **sudiciòtto**, accr. || **sudiciaménte**, avv. **1** In modo sudicio, sporco. **2** (*fig.*) In maniera disonesta. **B** s. m. solo sing. • Sudiciume (*anche fig.*): *vivere nel s.; togliere il s.; in questa storia c'è del s.* SIN. Sporco.

sudicióne [da *sudicio*] agg.; anche s. m. (f. *-a*) **1** Che, chi è molto sudicio | Che, chi non ama o non cura la pulizia. SIN. Sporcaccione. **2** (*fig.*) Che, chi manifesta, spec. in pubblico, una sensualità volgare od oscena | Persona disonesta, immorale. SIN. Sporcaccione.

sudiciùme s. m. **1** Roba sudicia, sporcizia. **2** (*fig.*) Immoralità, disonestà.

sudista [comp. di *sud* e *-ista*] **A** s. m. e f. (pl. m. *-i*) **1** Nella guerra di secessione americana, appartenente a uno Stato del sud o parteggiante per esso. **2** (*raro*) Chi abita nella zona meridionale di un paese politicamente diviso in due parti. **B** anche agg.: *governo s.*

sud-occidentàle o **sudoccidentàle** agg. • (*geogr.*) Che si trova a sud-ovest | Che proviene da sud-ovest: *vento, corrente sud-occidentale*.

sudoràle [fr. *sudoral*, dal lat. *sūdor*, genit. *sudōris* 'sudore'] agg. • (*med.*) Caratterizzato da sudorazione irregolare, detto spec. di certi stati febbrili.

sudorazióne s. f. • Secrezione del sudore.

sudóre [lat. *sudōre(m)*, di origine indeur. V. *sudare*] s. m. **1** Liquido incolore, di sapore salato e odore caratteristico, prodotto dalle ghiandole sudoripare: *gocce, stille, di s.; grondare s.; essere bagnato, madido, molle, di s.; essere in un bagno di s.; avere la fronte imperlata di s.; asciugarsi il s.* | *S. freddo*, dovuto a particolari stati, spec. emotivi: *a quella vista gli venne il s. freddo*. **2** (*fig.*) Fatica, lavoro: *questa casa è costata molto s.; è il frutto dei suoi sudori*. **3** (*bot.*) †Umore trasudato da un organo vegetale. || **sudorétto**, dim. | **sudorìno**, dim.

sud-orientàle o **sudorientàle** agg. • (*geogr.*) Che si trova a sud-est: *Asia sud-orientale* | Che proviene da sud-est.

sudorìfero [vc. dotta, dal lat. tardo *sudorĭferu(m)*, comp. di *sūdor*, genit. *sudōris* 'sudore' e *-fĕr* '-fero'] **A** agg. • Che determina sudorazione: *tisana sudorifera*. **B** s. m. • Diaforetico.

sudorìfico [comp. di *sudore* e *-fico*] agg. (pl. m.

-ci) ● Sudorifero.

sudorìna [sovrapposizione di *sudore* a *sudamina*] s. f. ● (*fam.*) Sudamina.

sudoriparo [comp. di *sudore* e *-paro*, dal lat. *pàrere* 'generare', sul modello dell'ingl. *sudoriparous*] agg. ● (*med.*) Del sudore, che produce sudore: *ghiandola sudoripara*.

sudòvest o **sud-òvest** [comp. di *sud* e *ovest*] s. m. *1* Punto dell'orizzonte equidistante da sud e ovest. *2* (*mar.*) Cappello di tela cerata con tesa allungata sul collo.

sudtirolése o **sud-tirolése** [dal ted. *Südtirol* 'Tirolo meridionale'] **A** agg. ● Del Sud Tirolo, del Tirolo meridionale: *partito popolare s.* **B** s. m. e f. ● Abitante, nativo del Sud Tirolo.

†sùe ● V. *su*.

su e giù loc. sost. m. inv. ● Viavai, andirivieni: *un continuo, incessante su e giù di gente*.

suespósto [comp. di *su-* ed *esposto*] agg. ● Esposto precedentemente.

sufèta o **suffèta** [vc. dotta, dal lat. *sūfete(m)*, a sua volta vc. fenicia, propriamente 'giudice'] s. m. ● A Cartagine, ciascuno dei magistrati la cui carica durava un anno, forniti del sommo potere politico e giurisdizionale.

suffètto [vc. dotta, dal lat. *suffĕctu(m)* 'sostituto', part. pass. di *sufficere* 'sostituire', comp. di *sŭb* 'sub-' e *făcere* 'fare'] agg. ● Presso gli antichi Romani, detto del console che subentrava a un altro defunto prima dello scadere del suo ufficio.

sufficiènte o (*raro*) **sufficènte**, **†sofficiente**, (*raro*) **†suffiziènte** [vc. dotta, dal lat. *sufficiĕnte(m)*, part. pres. di *sufficere* 'sostenere, somministrare'. V. *suffetto*] **A** agg. *1* Che basta alla necessità, che vale a soddisfare un bisogno: *quantità s.*; *cibo s.*; *cibo più che s.*; *questa carne non è s. per due persone* | Che è adatto allo scopo: *quanto dici non è s. a scusarti*; *il luogo è s. a ospitare molte persone*; *non trovo parole sufficienti per dirvi la mia sorpresa*. CONTR. Insufficiente. *2* Detto di condizione che basta da sola al verificarsi di un fatto o di una relazione logica, matematica, sperimentale | *Principio di ragione s.*, in filosofia, quello in base al quale è possibile rendere ragione a priori del perché una cosa esiste invece di non esistere e del perché essa è così e non altrimenti. *3* Nelle votazioni scolastiche, giudizio corrispondente alla votazione di 6/10. CONTR. Insufficiente. *4* (*raro*) Borioso, presuntuoso: *non avere quell'aria s.!* *5* †Abile, capace. || **sufficientemènte**, avv. A sufficienza. **B** s. m. solo sing. ● Ciò che basta, ciò che è strettamente necessario: *ha il s. per vivere*. **C** s. m. e f. ● Chi è borioso, chi assume atteggiamenti di superiorità nei confronti degli altri: *fa la s.*

sufficiènza o **sufficènza**, **†sofficiènza** [vc. dotta, dal lat. tardo *sufficiĕntia(m)*, astr. di *sufficiens*, genit. *sufficiĕntis* 'sufficiente'] s. f. *1* Qualità di ciò che è sufficiente: *avere s. di q.c.* | *A s.*, che basta, abbastanza: *avere tempo a s. per fare q.c.*; *ne ho a s. di quell'individuo*; *avete mangiato a s.?* *2* (*fig.*) Presunzione, boria, sussiego: *aria di s.*; *avere, prendere, un'aria di s.* *3* Votazione scolastica di sei decimi: *ottenere la s. in un compito*. CONTR. Insufficienza.

suffissàle [da *suffisso*] agg. e s. m. ● (*ling.*) Relativo ai suffissi | *Elemento s.*, suffisso.

suffissàre [da *suffisso*] v. tr. ● (*ling.*) Nella derivazione delle parole, aggiungere suffissi al radicale.

suffissàto **A** part. pass. di *suffissare*; anche agg. ● Nel sign. del v. **B** s. m. ● (*ling.*) Unità lessicale formata mediante un suffisso.

suffissazióne s. f. ● (*ling.*) Atto, effetto del suffissare.

suffisso [vc. dotta, dal lat. *suffīxu(m)*, part. pass. di *suffīgere* 'appendere (*fīgere*) sotto (*sŭb*)'] s. m. ● (*ling.*) Affisso collocato dopo il radicale di una parola | *S. flessionale, desinenziale*, serve a marcare i casi, il genere, il numero, il tempo, la persona ecc., nella flessione di nomi e verbi | *S. derivazionale*, serve a formare nuove parole con medesimo radicale.

suffissòide [comp. di *suffisso* e *-oide*] s. m. ● (*ling.*) Elemento formativo usato come secondo membro di parole composte.

†suffiziènte ● V. *sufficiente*.

sufflè s. m. ● Adattamento di *soufflé* (V.).

†suffocàre e *deriv.* ● V. *soffocare* e *deriv.*

†suffòlcere ● V. *†soffolcere*.

†suffóndere ● V. *soffondere*.

†sufformativo [comp. di *su(b)-* e *formativo*] agg. ● Quasi formativo.

suffraganeità s. f. ● Condizione di chi è suffraganeo.

suffragàneo o **†soffragàneo** [vc. dotta, dal lat. tardo (eccl.) *suffragāneu(m)*, da *suffragāri* 'suffragare'] agg. ● Detto di vescovo sottoposto al metropolita.

suffragànte **A** part. pres. di *suffragare* ● Nei sign. del v. **B** s. m. ● Ecclesiastico che dà il voto favorevole in una causa di canonizzazione.

suffragàre [vc. dotta, dal lat. tardo *suffragāre*, variante del classico *suffragāri* 'favorire, sostenere', propriamente 'votare', comp. di *sŭb* 'sub-' e di un corradicale di *frăngere* 'rompere' (V. *frangere*), perché si votava per mezzo di tessere, tavolette, ecc.] v. tr. (*io suffràgo, tu suffràghi*) *1* (*lett.*) Aiutare, favorire, giovare: *valide ragioni suffragano la nostra tesi*. *2* Raccomandare con preghiera a Dio l'anima dei morti o applicare al loro suffragio i meriti di un'opera di carità.

suffragatóre [vc. dotta, dal lat. *suffragatōre(m)*, da *suffragātus* 'suffragato'] s. m.; anche agg. (f. *-trice*) ● (*raro*) Chi, che suffraga: *preghiera suffragatrice*.

suffragazióne [vc. dotta, dal lat. *suffragatiōne(m)*, da *suffragātus* 'suffragato'] s. f. ● Atto del suffragare, spec. le anime dei defunti.

suffragètta [dall'ingl. *suffragette*, da *suffrage* 'suffragio' (V.)] s. f. ● (*scherz.*) Suffragista.

suffràgio [vc. dotta, dal lat. *suffrāgiu(m)*, da *suffragāri* 'votare'. V. *suffragare*] s. m. *1* Voto per elezione | *S. universale*, estensione del diritto di voto a tutti i cittadini, uomini e donne, senza vincoli di carattere economico o culturale, a partire da una determinata età | *Diritto di s.*, elettorale. *2* (*est.*) Approvazione, appoggio, sostegno: *dare, negare, il proprio s.*; *il libro ha ottenuto i suffragi della critica*. *3* Preghiera o opera di carità i cui meriti sono applicati a favore dei morti: *Messa di s.*

suffragismo [da *suffragio* (*elettorale*), sul modello dell'ingl. *suffragism*] s. m. ● Movimento femminista, diffuso spec. all'inizio del XX sec., propugnante l'uguaglianza dei diritti elettorali delle donne e degli uomini.

suffragista [da *suffrag(io)*, con *-ista*, sul modello dell'ingl. *suffragist*] s. m. e f. (pl. m. *-i*) ● Seguace del movimento femminista sorto in Gran Bretagna agli inizi del Novecento, che propugnava l'uguaglianza dei diritti elettorali delle donne e degli uomini.

suffrùtice o (*raro*) **soffrùtice** [comp. di *su(b)-* e *frutice* (V.)] s. m. ● Pianta perenne con fusto legnoso solo alla base.

suffruticóso agg. ● Che ha carattere di suffrutice.

suffumicaménto s. m. ● Atto del suffumicare.

suffumicàre o (*raro*) **suffumigàre** [lat. *suffumigāre*, comp. di *sŭb* 'sub-' e *fumigāre* 'affumicare', da *fūmus* 'fumo'] v. tr. (*io suffùmico, tu suffùmichi*) *1* Esporre al fumo, spec. a scopo medicamentoso. *2* Riempire di fumo, spec. per disinfezione: *s. un ambiente, una stanza*.

suffumicazióne [vc. dotta, dal lat. tardo *suffumigatiōne(m)*, da *suffumigāre* 'suffumigare'] s. f. ● Atto del suffumicare.

suffumigàre ● V. *suffumicare*.

suffumigio [da *suffumicare*] s. m. ● Forma di somministrazione di medicamenti mediante fumi.

†suffùso ● V. *soffuso*.

sùfi [der., attraverso l'ingl., dall'ar. *sūfī*. V. *sufismo*] s. m. inv. ● Chi professa il sufismo.

sùfico agg. (pl. m. *-ci*) ● Relativo ai sufi e al sufismo.

sufismo [dall'ingl. *sufism*, dall'ar. *ṣūfī* 'coperto di lana', da *ṣūf* 'lana', perché i devoti vestivano un saio di lana di cammello] s. m. ● Dottrina e organizzazione mistiche musulmane che ritengono possibile il contatto diretto con Dio attraverso mezzi estatici e meditazione.

sufita s. m.; anche agg. (pl. m. *-i*) ● Seguace del sufismo.

†sùfolo e *deriv.* ● V. *zufolo* e *deriv.*

sùga [da *†sugare* (*1*)] agg. solo f. ● Solo nella loc. *carta s.*, carta assorbente; V. anche *cartasuga*.

sugàia [da *†sugare* (*2*)] s. f. ● (*pop., tosc.*) Concimaia.

sugànte part. pres. di *†sugare* (*1*); anche agg. *1* Nei sign. del v. *2* *Carta s.*, carta assorbente.

†sugàre (1) [lat. tardo *exsucāre*, propriamente 'togliere il sugo', comp. di *ĕx-* (*s-*) e di un denominale di *sūcus* 'sugo, succo'. V. *asciugare*] v. tr. ● (*dial.*) Assorbire | Succhiare.

†sugàre (2) [da *sugo* 'letame'] v. tr. ● (*pop., tosc.*) Concimare (*anche ass.*).

†sugàtto ● V. *†sogatto*.

suggellaménto s. m. ● Atto del suggellare.

suggellàre [lat. *sigillāre*, da *sigĭllum* 'suggello'] **A** v. tr. (*io suggèllo*) *1* (*lett.*) Sigillare. *2* (*fig.*) Confermare: *suggellarono l'amicizia con una stretta di mano*. **B** v. intr. ● †Combaciare perfettamente.

suggellàto part. pass. di *suggellare*; anche agg. ● (*raro*) Nei sign. del v.

suggellatóre s. m.; anche agg. (f. *-trice*) ● Chi, che suggella.

suggellazióne s. f. ● Atto, effetto del suggellare.

suggèllo [lat. *sigīllu(m)* 'sigillo', dim. di *sīgnu(m)* 'segno, impronta'. V. *sigillo*] s. m. *1* (*lett.*) Sigillo. *2* (*fig.*) Gesto, parola, fatto che testimonia, conferma, e sim.: *si strinsero la mano a s. del giuramento*.

sùggere [vc. dotta, dal lat. *sūgere*, di origine indeur. V. *sugo, succo*] v. tr. (*io sùggo, tu sùggi*; dif. del part. pass. e dei tempi composti) ● (*poet.*) Succhiare (*anche fig.*): *e pargli ch'ogni vena Amor li sugge* (POLIZIANO).

suggeriménto s. m. ● Atto, effetto del suggerire | Cosa suggerita: *dare un s.*; *seguire il s. di qc.*; *non ha tenuto conto dei nostri suggerimenti*.

suggerire [vc. dotta, dal lat. *suggĕrere* 'fornire, suggerire', comp. di *sŭb* 'sub-' e *gĕrere* 'portare', con cambio di coniug.] v. tr. (*io suggerìsco, tu suggerìsci*) *1* Rammentare ad altri q.c. spec. a bassa voce (*anche ass.*): *gli suggerì la risposta*; *gli hanno suggerito la parola esatta*; *il maestro proibisce di s.* *2* Far venire in mente: *questo paesaggio mi suggerisce tristi pensieri* | Consigliare: *il medico gli ha suggerito un soggiorno al mare*. *3* (*raro*) †Porgere: *prima avea ... suggerito al Pontefice materia di sdegnarsi* (GUICCIARDINI).

suggerito part. pass. di *suggerire*; anche agg. ● (*raro*) Nei sign. del v.

suggeritóre [da *suggerire*] s. m. (f. *-trice*) *1* Chi suggerisce. *2* Nel teatro lirico o di prosa, chi, nell'apposita buca o dietro le quinte, suggerisce le battute agli attori sul palcoscenico. *3* Nel baseball, giocatore che dai bordi del campo assiste e consiglia i compagni durante la partita.

suggestionàbile agg. ● Che si può suggestionare | Che è facile a subire suggestioni.

suggestionabilità s. f. ● Qualità caratteristica di chi è suggestionabile.

suggestionàre [da *suggestione*] **A** v. tr. (*io suggestióno*) ● Indurre con suggestione. **B** v. intr. pron. ● Subire una suggestione | Credere q.c. per suggestione.

suggestionàto part. pass. di *suggestionare*; anche agg. *1* Nei sign. del v. *2* Vivamente colpito: *rimase s. da quella visione*.

suggestióne [vc. dotta, dal lat. tardo *suggestiōne(m)*, da *suggēstus*, part. pass. di *suggĕrere* 'suggerire'] s. f. *1* (*psicol.*) Processo mediante cui un individuo, senza l'uso di argomenti logici, di ordini, o di mezzi coercitivi, induce un altro individuo ad agire in un determinato modo, o ad accettare una certa opinione, fede o convincimento. *2* (*est.*) Istigazione, suggerimento: *la s. al male*; *segue la s. degli amici* | *S. al testimone*, tentativo di influenzarne la deposizione con insinuazioni, false rappresentazioni e sim. *3* (*fig.*) Viva impressione, intenso fascino: *la s. di un paesaggio, di una melodia*.

suggestività s. f. ● Qualità di ciò che è suggestivo.

suggestivo [da *suggestione*, sul modello dell'ingl. *suggestive*] agg. *1* (*dir.*) Che suggerisce la risposta: *le domande suggestive sono proibite agli avvocati durante il processo*. *2* (*fig.*) Che suscita viva emozione: *spettacolo s.* SIN. Affascinante, allettante, incantevole. || **suggestivaménte**, avv. In maniera suggestiva.

†suggettàre ● V. *†soggettare*.

†suggètto ● V. *soggetto* (*1*).

†**suggezióne** • V. *soggezione.*
†**sùggio** • V. *subbio.*
†**suggiugàre** • V. *soggiogare.*
sùghera s. f. • Grande albero delle Cupulifere, coltivato in molti paesi del Mediterraneo per la caratteristica corteccia da cui si ricava il sughero (*Quercus suber*). SIN. Quercia da sughero.
sugheràio s. m. (f. *-a*) • Chi lavora il sughero.
sugheràto [da *sughero*] **A** agg. *1* (*raro*) Fornito di sughero. *2* Detto di straccio, che ha il colore del sughero. **B** s. m. • Strato di sughero tra sottopiede e suola inserito in alcuni tipi di calzature ortopediche.
sugheréta s. f. • Sughereto.
sugheréto s. m. • Bosco di sughere.
sughericolo o **subericolo** [comp. di *sughero* e *-colo*] agg. • Che si riferisce alla lavorazione e alla coltivazione del sughero.
sughericoltóre o **subericoltóre** [da *sughero*, sul modello di *agricoltore*] s. m. • Chi si occupa di sughericoltura.
sughericoltùra o **subericoltùra** [da *sughero*, sul modello di *agricoltura*] s. f. • Coltivazione dei sugheri.
sugherificio [comp. di *sughero* e *-ficio*] s. m. • Stabilimento per la lavorazione del sughero.
sùghero o †**sùbero**, †**sùvero** [lat. *sūbere(m)* (con cambio di declinazione), forse connesso col gr. *sŷphar*, di origine mediterr.] s. m. *1* (*bot.*) Tessuto cutaneo secondario, costituito da cellule di forma tubulare con la membrana ispessita per l'impregnazione di suberina, che protegge i fusti dei grossi alberi da parassiti, eccessi termici, traspirazione eccessiva | *S. maschio, primario*, il più duro e meno pregiato. SIN. Sugherone | *S. femmina, secondario*, il più elastico e pregiato | *Essere come un s.*, stare a galla e quindi nuotare, con naturalezza e facilità | Tessuto cutaneo secondario protettivo di fusto e radice nelle piante fanerogame. *2* (*est.*) Oggetto fatto di sughero | Tappo di sughero | Galleggiante con cui si tengono tese le lenze e le reti da pesca. *3* Quercia da sughero. SIN. Sughera.
sugheróne s. m. *1* Accr. di *sughero*. *2* (*bot.*) Sughero maschio.
sugherosità s. f. • Qualità, aspetto, di ciò che è sugheroso.
sugheróso agg. • Poroso come il sughero.
sùgli o (*raro*) **su gli** [comp. di *su* e *gli*] prep. art. m. pl. • V. *gli* per gli usi ortografici.
†**sugliàrdo** [dal fr. *souillard*, da *souiller* 'insudiciare', dal lat. parl. **suculāre*, da *sŭculus*, dim. di *sūs*, genit. *sŭis* 'porco'] agg. • Schifoso, sporco, lordo.
sùgna [lat. *axŭngia(m)* 'grasso da ruote', comp. di *ăxis* 'asse, sala del carro', e di un corradicale di *ŭngere* 'ungere'] s. f. *1* Massa di grasso intorno ai rognoni del maiale, che si liquefa per ottenere lo strutto | Lo strutto stesso. *2* (*raro*) Morchia per ungere le ruote. ‖ **sugnàccia**, pegg. | **sugnàccio**, pegg. m.
sugnóso agg. *1* Che ha sugna. *2* Grasso e untuoso come la sugna.
sùgo [lat. *sūcu(m)* 'succo, sugo', di origine indeur. V. *succo*] s. m. (pl. *-ghi*) *1* Liquido spremuto da frutta e verdure: *il s. dell'arancia* | *S. zuccherino*, soluzione zuccherina ottenuta dalle polpe delle barbabietole saccarifere e da cui dopo una serie di operazioni si ricava lo zucchero. SIN. Succo. *2* Liquido più o meno denso e di gusto gradevole prodotto durante la cottura dalle vivande, spec. dalla carne: *il s. dell'arrosto*. *3* (*ass.*) Condimento preparato con olio, burro, pomodoro, cipolla, erbe aromatiche: *fare il s. per la pasta asciutta*. *4* (*fig.*) Sostanza, essenza, idea fondamentale: *il s. del discorso* | (*est.*) Gusto, soddisfazione, che si trae da q.c.: *a stare con loro ci trovo poco s.* | *Non c'è s., c'è poco s.*, e sim., non c'è gusto | *Senza s.*, scipito, insulso: *una persona, una storia*, e sim. *senza s.* ‖ **sughétto**, dim. | **sughino**, dim.
sugosità [vc. dotta, dal lat. tardo *succositāte(m)*, astr. di *sucōsus* 'sugoso'. V. *succosità*] s. f. • Qualità di ciò che è sugoso.
sugóso [lat. *sucōsu(m)*, da *sūcus* 'sugo, succo'. V. *succoso*] agg. • Ricco di sugo (*anche fig.*): *un frutto s.*; *un articolo s.* SIN. Succoso. ‖ **sugosaménte**, avv.
sùi o (*raro*) **su i** [comp. di *su* e *i* (*1*)] prep. art. m. pl. • V. *i* per gli usi ortografici.
suicìda [dal fr. *suicide*, comp. del lat. *sŭi*, genit. di *sē*, pron. rifl. di III pers. e *-cide* '-cida', sul modello di *omicida* (V.): propriamente 'uccisore di se stesso'] **A** s. m. e f. (pl. m. *-i*) • Chi uccide se stesso. **B** agg. • Che tende al suicidio: *mania, proposito, impulso, s.*
suicidàre [da *suicidarsi*, reso tr. spec. nell'uso giornalistico degli anni '80] v. tr. • (*raro*) Assassinare, simulando il suicidio della vittima: *chi ha suicidato il boss nella sua camera da letto?* | Spingere qc. al suicidio.
suicidàrsi [da *suicida*, sul modello del fr. (*se*) *suicider*] v. rifl. *1* Commettere suicidio, darsi volontariamente la morte, togliersi la vita, uccidersi: *Seneca si suicidò con l'eroica serenità dello stoico*; *s. con un colpo di rivoltella*. *2* (*est.*) Rischiare la vita senza necessità: *correre in auto a quella velocità significa s.* *3* (*fig.*) Danneggiarsi gravemente e irrimediabilmente in qualche bene o valore morale e materiale, come la reputazione o la fortuna economica, compiendo atti o tenendo comportamenti delle cui conseguenze negative si è consapevoli: *si suicidò moralmente quando cominciò a drogarsi.*
suicìdio [dal fr. *suicide* (V. *suicida*), sul modello di *omicidio*] s. m. *1* Uccisione di se stesso, atto con cui ci si dà la morte di propria volontà: *spingere, portare, qc. al s.* *2* (*est.*) Rischio della vita senza necessità: *correre ai 100 all'ora su quella strada è un s.* *3* (*fig.*) Atto con cui si arreca grave danno alla propria reputazione, salute, e sim.: *s. morale*; *lavorare in quelle condizioni è un s.*
Suìdei [dal lat. *sūs*, genit. *sŭis* 'maiale' (V. *suino*)] s. m. pl. • Nella tassonomia animale, superfamiglia di Mammiferi degli Artiodattili Bunodonti con canini sviluppati in modo da costituire vere e proprie zanne (*Suoidea*).
Sùidi [vc. scient. moderna, comp. dal lat. *sūs*, genit. *sŭis* 'maiale' e *-idi* (V. *suino*)] s. m. pl. • Nella tassonomia animale, famiglia di Mammiferi degli Artiodattili, onnivori, tozzi, con olfatto e udito finissimi e vista non acuta (*Suida*) | (al sing. *-e*) Ogni individuo di tale famiglia.
Suifórmi [comp. del lat. *sūs*, genit. *sŭis* 'maiale' (V. *suino*) e *-forme*] s. m. pl. • Suidei.
sui generis /lat. 'sui 'dʒɛneris/ [loc. lat., propriamente 'di suo proprio genere'] loc. agg. inv. • Di un genere tutto a sé, tutto particolare, di natura singolare: *un tipo sui generis*; *sapore, odore, sui generis.*
suindicàto [comp. di *su-* e *indicato*] agg. • Sopraindicato.
suinétto s. m. *1* Dim. di *suino*. *2* Giovane suino ancora alimentato con latte materno o succedanei dello stesso.
Suìni [V. *suino*] s. m. pl. • Nella tassonomia animale, sottofamiglia dei Suidi con canini a crescita continua volti all'indietro e in alto, muso terminante in un grugno o una corta proboscide (*Suinae*) | (al sing. *-o*) Ogni individuo di tale sottofamiglia.
suinìcolo [comp. di *suino* e *-colo*] agg. • Che si riferisce alla suinicoltura.
suinicoltóre [comp. di *suino* e *-coltore*, sul modello di *agricoltore*. V. *cultore*] s. m. (f. *-trice*) • Allevatore di suini.
suinicoltùra [comp. di *suino* e *coltura*] s. f. • Allevamento di suini.
suìno [vc. dotta, dal lat. *suīnu(m)*, da *sūs*, genit. *sŭis* 'maiale', di origine indeur.] **A** agg. • Di maiale: *carne suina*. **B** s. m. • Maiale: *carne di s.* ‖ **suinétto**, dim. (V.).
suite /fr. sɥit/ [vc. fr., propriamente 'seguito', da *suivre* 'seguire'] s. f. inv. *1* (*mus.*) Composizione strumentale formata da un susseguirsi di musiche di danza aventi diverso carattere, ma la stessa tonalità. *2* Appartamento in un albergo: *ha affittato una s. di tre stanze.*
suiveur /fr. sɥi'vœr/ [vc. fr., propriamente 'colui che segue', da *suivre* 'seguire'] s. m. inv. • (*sport*) Chi è al seguito di una corsa ciclistica per ragioni tecniche, professionali o sim.
suk [ar. *soûq* 'mercato'] s. m. inv. • Quartiere del mercato nelle città arabe, costituito da un dedalo di viuzze spesso coperte e fiancheggiate di botteghe | (*est., spreg.*) Mercato disordinato; (*fig.*) contrattazione poco seria.
sul o (*poet.*) **su 'l** [comp. di *su* e (*i*)*l*] prep. art. m. s. • V. *il* per gli usi ortografici.
sùla [dall'ant. nordico *sūla*] s. f. • (*gener.*) Uccello dei Pelecaniformi, marino, con lungo becco conico e puntuto e ali sviluppatissime, assai abile nel catturare pesci tuffandosi in acqua (*Sula*).
su la /'su lla, 'su la/ • V. *sulla* (*1*).
su le /'su lle, 'su le/ • V. *sulle.*
sulfamìdico o **solfamìdico** [abbr. di *sulf(anil)amidico*, comp. di (*acido*) *sulfanil(ico)* e *a(m)mide*, con *-ico*] **A** agg. (pl. m. *-ci*) • (*chim.*) Detto di composto organico di varia costituzione, caratterizzato dalla presenza di zolfo e azoto, usato in medicina per l'azione antibatterica. **B** anche s. m.: *prescrivere un s.*
sulfanìlico o **solfanìlico** [comp. di *sulf(o)*-, dal lat. *sŭlphur* (nom.) 'zolfo', e *anilina* (V.), con cambio di suff. (*-ico*)] agg. (pl. m. *-ci*) • Detto di acido organico cristallino, ottenuto scaldando anilina con acido solforico, usato spec. come intermedio per coloranti.
sulfoemoglobìna [comp. di *sulfo-*, dal lat. *sŭlphur* (nom.) 'solfo', ed *emoglobina*] s. f. • Sostanza tossica, combinazione di idrogeno solforato con emoglobina, che si riscontra nell'organismo in casi di intossicazione da idrogeno solforato.
sulfóne • V. *solfone.*
sulfùreo o †**solfòreo**, (*raro*) **solfùreo** [vc. dotta, dal lat. *sulphŭreu(m)*, da *sŭlphur*, genit. *sŭlphuris* 'zolfo'] agg. • Di zolfo, che ha natura di zolfo, che contiene zolfo | *Acqua sulfurea*, acqua solforosa.
sulky /ingl. 'sʌlki/ [vc. ingl., propriamente 'arcigno, scontroso', perché dà posto a una sola persona] s. m. inv. (pl. ingl. *sulkies*) *1* Speciale carrozzino leggero a due ruote, su cui siede il guidatore nelle corse al trotto. SIN. Sediolo. *2* Piccola autovettura da città, a tre ruote.
sùlla (1) o (*raro*) **su la** [comp. di *su* e *la*] prep. art. f. s. • V. *la* per gli usi ortografici.
sùlla (2) [dal lat. tardo *sўlla(m)*, di origine mediterr.] s. f. • Leguminosa coltivata come foraggio o per la pratica del sovescio (*Hedysarum coronarium*).
sùlle o (*raro*) **su le** [comp. di *su* e *le*] prep. art. f. pl. • V. *le* per gli usi ortografici.
†**sullevàre** • V. *sollevare.*
sùllo o (*poet.*) **su lo** [comp. di *su* e *lo*] prep. art. m. s. • V. *lo* per gli usi ortografici.
sullodàto [comp. di *su-* e *lodato*] agg. • (*raro*) Lodato prima, in precedenza | Nominato prima.
†**sullogàre** • V. *sublocare.*
†**sullunàre** • V. *sublunare.*
su lo /'su llo, 'su lo/ • V. *sullo.*
sultàna [f. di *sultano*] s. f. *1* Moglie, madre, del sultano. *2* Divano basso e rotondo, da tenere in mezzo alla stanza. SIN. Divano alla turca.
sultanàle o **sultaniàle**. agg. • Di sultano | Del sultanato.
sultanàto s. m. *1* Dignità di sultano. *2* Territorio sottoposto all'autorità di un sultano.
sultaniàle • V. *sultanale.*
sultanina [da *sultano*] **A** agg. solo f. • Detto di una varietà di uva bianca, da tavola, senza semi, adatta ad essere essiccata. **B** anche s. f.: *un etto di s.*
sultàno o †**soldàno** [dall'ar. *sultān*, vc. di origine siriaca, originariamente 'potere sovrano', poi 'sovrano'] s. m. (f. *-a* (V.)) • Nel mondo musulmano, titolo di colui che esercitava il potere supremo; in particolare, il sovrano dell'impero ottomano | Titolo del califfo in alcuni paesi islamici | (*fig., scherz.*) *Fare una vita da s.*, lussuosa, sfarzosa.
sumèrico **A** agg. (pl. m. *-ci*) • Dei Sumeri. **B** s. m. solo sing. • Antica lingua dei Sumeri, scritta in caratteri cuneiformi.
sumèro [dal babilonese *Shumer*, n. della regione abitata da questo popolo] **A** s. m.; anche agg. (f. *-a*) • Appartenente a un'antica popolazione che nel IV millennio a.C. abitò la Mesopotamia meridionale, prima dell'affermazione dei Babilonesi, creando la prima civiltà urbana a noi nota. **B** s. m. solo sing. • Lingua sumerica.
sumerologìa [comp. di *sumero* e *-logia*] s. f. • Disciplina che studia la civiltà sumerica.
sùmma o **sómma** [vc. dotta, dal lat. mediev. *sŭmma(m)* 'compendio', dal classico *sŭmma* 'somma' (V.)] s. f. *1* Nel mondo medievale, opera contenente tutti i principi fondamentali di una scienza:

la s. teologica di S. Tommaso. **2** (*est.*) Raccolta sistematica, compendio: *questo libro è la s. della letteratura inglese.*

summentovàto [comp. di *su* e *mentovato*] **agg.** ● (*raro*) Summenzionato.

summenzionàto [comp. di *su* e *menzionato*] **agg.** ● Nominato, menzionato, in precedenza.

†**summessióne** ● V. *sommissione.*

summista ● V. *sommista.*

summit /'summit, *ingl.* 'sʌmit/ [vc. ingl., propriamente 'sommità, cima', dal fr. *sommet* (dal lat. *sŭmmu(m)* 'sommità': V. *sommo*)] **s. m. inv.** ● Incontro al vertice, spec. di capi di Stato.

†**sùmmo** ● V. *sommo.*

sumo /*giapp.* 'sumo/ [vc. giapp.] **s. m. inv.** ● Tipo di lotta praticato in Giappone tra contendenti di corporatura eccezionale che cercano di spingere o trascinare fuori da uno spazio circoscritto l'avversario.

sùnna [dall'ar. *sunnah* 'regola, norma'] **s. f. inv.** ● Consuetudine, modo di comportarsi, regola di interpretazione e di comportamento che i Musulmani Sunniti traggono dal Corano e dalle tradizioni relative a Maometto.

sunnişmo [comp. di *sunna* e *-ismo*] **s. m.** ● Dottrina e organizzazione proprie della maggioranza dei Musulmani, che si ritengono eredi della giusta interpretazione data alla religione da Maometto.

sunnita [dall'ingl. *sunnite*, dall'ar. *sunnah* 'sunna'] **s. m. e f.** (**pl. m.** *-i*) ● Seguace del Sunnismo | Osservante della Sunna. **CFR.** Sciita.

sunnominàto [comp. di *su* e *nominato*] **agg.** ● Nominato sopra, in precedenza.

sunnotàto [comp. di *su* e *notato*] **agg.** ● Notato prima, in precedenza.

sunteggiàre [da *sunto*, con suff. iter.-ints.] **v. tr.** (*io suntéggio*) ● Ridurre in sunto, esporre in sunto: *s. un racconto.* **SIN.** Riassumere.

sùnto [forma sost. dal lat. *sūmptu(m)*, part. pass. di *sūmere* 'prendere'. V. *riassunto*] **s. m.** ● Compendio, esposizione riassuntiva orale o scritta: *fare un s.*; *fare il s. di qc.* | *In s.*, in breve, in compendio. **SIN.** Riassunto. || **sunterèllo**, **dim.**

suntuàrio o (*raro*) **sontuàrio** [vc. dotta, dal lat. *sumptuāriu(m)*, da *sūmptus* 'spesa', da *sūmere* 'impiegare, consumare'] **agg.** ● Nella Roma antica, detto di leggi aventi lo scopo di reprimere il lusso smodato.

suntuóso e *deriv.* ● V. *sontuoso* e *deriv.*

sùo [lat. *sŭu(m)*, di origine indeur.] **A agg. poss.** di terza pers. sing. (**f.** *sua*; **pl. m.** *suoi*, centr. †*sua*, dial. †*sui*; **pl. f.** *sue*, centr. †*sua*. pop. tosc. troncato in *su'*, in posizione procl., per tutti i generi e i numeri: *il su' nonno*; *il su' vestito*; *la su' nonna*; *la su' visita*; *le su' sorelle*; *i su' parenti*. dial. †*so*, in posizione encl. *signorso*, signor suo) **1** Che appartiene a lui, a lei, a loro (indica proprietà, possesso, anche relativi): *cura molto il suo giardino*; *mi ha imprestato i suoi libri*; *ho preso per sbaglio la sua giacca*; *preferisce la sua camera*; *qui ha il suo ufficio* | Con valore enf. e raff., posposto a un s.: *che se ne stia a casa sua!*; *questi sono vestiti suoi.* **2** Che gli è peculiare (indica appartenenza con riferimento all'essere fisico o spirituale, o a facoltà, espressioni, manifestazioni che gli sono proprie): *disprezza il suo corpo*; *gli piace ascoltare la sua voce*; *la sua anima è innocente*; *ci mette tutta la sua volontà*; *nessuno conosce i suoi pensieri*; *anche lui ha le sue preoccupazioni*; *ama molto il suo lavoro*; *la nave è affondata con tutto il suo carico*; *non sa nascondere i suoi pensieri* | Con riferimento a parole, atti e sim. che procedono da lui, da lei, da loro: *stanno tutti ai suoi ordini*; *il suo discorso era piuttosto confuso*; *il suo tema è molto più lungo del mio*; *ha venduto il suo ultimo quadro per una fortuna* | Con valore raff. seguito da 'proprio': *ciascuno ha le sue proprie idee*; *l'ha visto con i suoi propri occhi.* **3** Di lui, di lei, di loro (indica relazione di parentela, di amicizia, di conoscenza, di dipendenza e sim.; nel caso in cui indichi relazione di parentela, respinge l'articolo quando il s. che segue l'agg. poss. sia sing., non alterato e non accompagnato da attributi o apposizioni; fanno eccezione i s. 'mamma', 'babbo', 'nonno', 'nonna', 'figliolo', 'figliola' che possono anche essere preceduti dall'art.): *rispetta molto suo padre*; *adora i suoi figli*; *ha un debole per sua nipote*; *oggi vengono i suoi parenti*; *la sua mamma l'aiuta spesso*; *ha lasciato tutto al suo buon nipote*; *ignoro il suo paese d'origine e la sua nazionalità*; *riceve i suoi amici ogni lunedì*; *il suo avvocato è un imbroglione*; *è molto affezionato alla sua maestra*; *tratta i suoi dipendenti con generosità* | *Per amor suo*, per l'amore che ho per lui | *Fallo per il suo affetto*, per l'affetto che egli nutre per te. **4** (*fam.*) Che gli è abituale, consueto: *dopo pranzo si beve sempre il suo caffè*; *gli piace dormire nel suo letto*; *non può rinunciare alla sua passeggiata*; *deve fumarsi la sua sigaretta dopo cena.* **5** Adatto, conveniente, opportuno: *ogni cosa va fatta a suo tempo*; *ogni frutto ha la sua stagione* | Corrispondente, relativo: *una scatola con il suo coperchio*; *una serratura con la sua chiave*; *una tazza con il suo piattino.* **6** Preposto a un s., si usa in formule di cortesia e di cerimoniale: *Sua Maestà è servita*; *Sua Santità impartirà una benedizione speciale*; *sua eccellenza è indisposta* | Nella chiusa di lettere o nelle dediche, in espressioni di affetto o deferenza che precedono la firma: *suo obbligatissimo Luigi Rossi*; *suo affezionatissimo Giuseppe*; *sua devotissima Maria*; *suo Mario.* **B agg. poss.** di terza pers. pl. ● (*pop.*) †Loro: *lo fanno per il suo interesse*; *hanno i suoi meriti.* **C pron. poss.** di terza pers. sing. **1** Quello che a lui, a lei appartiene, o è proprio, o è peculiare o che comunque a lui, lei si riferisce (sempre preceduto dall'art. det.): *ho bisogno del tuo appoggio e del suo*; *il mio consiglio è più disinteressato del suo.* **2** (*ass.*) Ricorre, con ellissi del s., in alcune espressioni e locuzioni particolari, proprie del linguaggio fam.: *non vuole rimetterci del suo*, di ciò che gli appartiene | *Ha dilapidato tutto il suo*, il suo patrimonio | *Paga del suo*, paga con i suoi denari e (*fig.*) ci rimette di tasca sua | *I suoi*, i suoi genitori o parenti o amici o seguaci o sostenitori: *i suoi non gli scrivono da una ventina di giorni*; *non può più contare sull'aiuto dei suoi*; *quei due in borghese sono dei suoi* | *Ha voluto per forza dire la sua*, la sua opinione, la sua ragione | *Stiamo, teniamo dalla sua*, dalla sua parte, a suo favore | *Ha fatto anche lui le sue*, le sue scappatelle | *Ne ha fatta, detta una delle sue*, una delle sue solite malefatte | *Ha passato anche lui le sue*, le sue disavventure, amarezze e sim. | (*bur.*) *Rispondo alla sua del 18 settembre*, alla sua lettera | *È uno che sta molto sulle sue*, che ha molto sussiego o tratta gli altri con distacco e alterigia | *Stare, abitare sul suo*, sul suo terreno | *Ha avuto le sue*, le botte che si meritava.

suòcera o (*pop.*) **sòcera** [lat. tardo *sŏcera(m)*, variante del classico *sŏcrus* 'suocera', vc. di origine indeur., che, insieme con *sŏcer*, *socĕri* 'suocero', indicava nell'ordinamento patriarcale i genitori del marito e l'appartenenza a uno stesso gruppo sociale] **s. f.** **1** Madre di uno dei coniugi, nei confronti dell'altro coniuge. **2** (*fig., fam.*) Donna che vuole comandare, riprendere gli altri, e sim. | Donna bisbetica: *non fare la s.!* | *S. e nuora*, (*fig., pop., tosc.*) oliera composta di due ampolle, una per l'olio e l'altra per l'aceto. || **suoceràccia**, **pegg.** | **suoceróna**, **accr.**

suòcero o (*pop.*) **sòcero** [lat. *sŏceru(m)*, di origine indeur. V. *suocera*] **s. m.** (**f.** *-a* (V.)) **1** Padre di uno dei coniugi, nei confronti dell'altro coniuge. **2** (*al pl.*) Il suocero e la suocera considerati insieme: *fare visita ai suoceri.*

suòla o (*pop.*) **sòla** [lat. *sŏla*, nt. pl. di *sŏlum* 'suolo', con sovrapposizione di *sŏlea* 'sandalo, suola', V. *soglia*] **s. f.** **1** Parte della scarpa che poggia a terra: *suole di cuoio, gomma*; *scarpe con la s. di para*; *s. chiodata*; *doppia s.* | *Mezze suole*, pezzi di cuoio applicati sulla parte superiore di suole consunte. **2** (*zool.*) Strato corneo interno dell'unghia che diventa ispessita e ventrale negli ungulígradi. **3** Rivestimento, spec. in plastica, della faccia inferiore dello sci. **4** In vari organi, congegni, strutture e sim., faccia o parte inferiore: *la s. della pialla, della rotaia*; *la s. di una galleria* | *S. del forno*, rivestimento refrattario della parte inferiore | *S. del freno*, guarnizione d'attrito del ceppo | *S. dell'aratro*, organo che striscia contro la parete di terreno sodo. **5** (*mar.*) Piano di solide assi su cui scivola la nave durante il varo | Ciascuna di tali assi. || **suolétta**, **solétta**, **dim.** (V.).

suolàre o **solàre** (2) [da *suola*] **v. tr.** (*io suòlo*, pop. *sòlo*; in tutta la coniug. di *solare* la *-o-* dittonga in *-uo-* soprattutto se accentata; negli altri casi sono in uso le forme *solavo, solerò, solassi* oltre alle più comuni *suolavo, suolerò, suolassi*) ● Mettere la suola a un paio di scarpe | Risuolare.

suolàto o **solàto**. **part. pass.** di *suolare*; anche **agg.** ● Nel sign. del v.

suolatùra o **solatùra**. **s. f.** ● Atto, effetto del suolare.

suolificio [da *suola*] **s. m.** ● Stabilimento per la produzione e la lavorazione di suole per calzature.

suòlo [lat. *sŏlu(m)*, di origine indeur.] **s. m.** (**pl.** *suòla*, **f.** nel sign. 6) **1** Parte più superficiale del terreno, su cui si cammina: *cadere, stramazzare, al s.*; *giacere al s.*; *s. pubblico* | (*raro*) Pavimento. **2** Strato superficiale della crosta terrestre prodotto dall'azione fisica e chimica degli agenti esogeni organici e inorganici sulle rocce | *S. a cuscinetti*, distesa di zolle erbose dovute al continuo alternarsi del gelo e disgelo | *S. poligonale*, terreno ricoperto di ciottoli che assumono una posizione pressoché geometrica. **3** (*fig., lett.*) Luogo, paese: *s. natio*; *il sacro s. della patria.* **4** (*poet.*) Superficie di uno specchio d'acqua. **5** (*dial.*) Strato, piano: *disporre q.c. a s., a s. e s.*; *un s. di pasta.* **6** (*spec. al pl., tosc.*) Suola di scarpa.

suonàre o **sonàre** [lat. *sonāre*, da *sŏnus* 'suono' (V. *suono*)] **A v. tr.** (*io suòno*, pop. lett. *sòno*; in tutta la coniug. di *sonare* la *-o-* dittonga in *-uo-* soprattutto se accentata; negli altri casi sono in uso le forme *sonavo, sonerò, sonassi* oltre alle più comuni *suonavo, suonerò, suonassi*) **1** Far emettere suoni a uno strumento, spec. secondo determinate regole (*anche ass.*): *s. l'arpa, l'organo, il pianoforte, la tromba*; *è da stamattina che suona il violino*; *sa s. molto bene la tromba*; *desidero imparare a s. la cetra*; *s. bene, male, divinamente*; *stasera l'orchestra non suona.* **2** Eseguire suonando: *s. un valzer*; *s. la Traviata*; *s. Wagner*; *l'organo suona la 'Toccata' di Bach.* **3** Percuotere un oggetto perché mandi suono: *s. un bicchiere*; *quando ei comperano uno vaso di terra o di vetro, lo suonano ... per vedere se è buono* (MACHIAVELLI). **4** Annunziare col suono, detto di campane, trombe e sim.: *la campana suona l'Avemaria*; *la tromba suona il silenzio* | Battere le ore, detto di orologi: *l'orologio suona le cinque*; *l'orologio della torre suona mezzogiorno.* **5** (*fig.*) Parlare, dire francamente: *suonarla sul viso a qc.*; *la suonerò chiara a quel tipo.* **6** (*fam.*) Picchiare: *lo suonò ben bene*; *guarda che te le suono!* **7** (*fam.*) Imbrogliare, raggirare: *s. qc.*; *suonarla a qc.* **B v. intr.** (aus. *avere* nei sign. 1, 3 e 5, *essere* nei sign. 2 e 7, *essere* e *avere* nei sign. 4 e 6) **1** Mandare, emettere, suono: *questo cristallo non suona*; *le monete di rame suonano male*; *sta suonando il telefono*; *ha suonato il campanello* | Produrre suono, detto di strumenti musicali: *questo tasto suona male*; *il nuovo violino suona meravigliosamente*; *il pianoforte si è scordato e non suona più.* **2** Essere annunziato da un suono: *l'Avemaria suona di sera*; *a che ora suona la ritirata?*; *sono già suonate le cinque?*; *è appena suonato mezzogiorno.* **3** Rintoccare, detto delle campane: *s. a distesa, a festa, a martello, a messa, a morto, a stormo*; *le campane di San Petronio suonano a festa*; (*ell.*) *San Petronio suona a festa.* **4** (*lett.*) Risuonare, rimbombare: *di fischi e bussi tutto il bosco suona* (POLIZIANO). **5** Essere suonatore: *quel pianista suona in teatro*; *ogni sera suonano nei locali notturni.* **6** Rendere un'impressione di grazia, di armonia: *questo verso non suona bene*; *senti come suonano queste parole!*; *sdegno il verso che suona e che non crea* (FOSCOLO). **7** (*lett.*) †Essere conosciuto, noto. **C v. tr. e intr.** (aus. intr. *essere*) ● (*lett.*) Significare, esprimere: *le sue parole suonano condanna*; *questo discorso suona sinistramente*; *in greco 'soma' suona 'corpo'*; *né era certo che i Veneziani ... avessero a essere così pronti ... come sonavano le parole del Duca* (GUICCIARDINI).

suonàta ● V. *sonata.*

suonàto o **sonàto**. **part. pass.** di *suonare*; anche **agg.** **1** Nei sign. del v. **2** Compiuto, finito: *ha quarant'anni suonati.* **3** (*fig.*) Nel linguaggio sportivo, detto di pugile le cui facoltà fisiche e mentali sono gravemente menomate per i colpi ricevuti: *pugile suonato.* **4** (*fig.*) Rimbambito, rincitrullito: *deve proprio essere suonato, per fare cose simili.*

suonatóre o **sonatóre** [da *s(u)onare*] **s. m.** (**f.**

-trice) ● Chi suona uno strumento musicale | *S. ambulante*, chi suona per le strade, nei locali pubblici, e sim. chiedendo un'offerta ai presenti | (*fam.*) *Buonanotte suonatori, buonanotte ai suonatori*, non c'è altro da fare, la faccenda è chiusa, e sim.

suonerìa o **sonerìa** [dal fr. *sonnerie*, da *sonner* 'suonare'] s. f. ● Dispositivo acustico di segnalazione, a funzionamento meccanico o elettrico: *la s. della sveglia*; *s. d'allarme*.

suòno o (*pop.*, *lett.*) **sòno** [lat. *sŏnu(m)*, da *sonāre* 'suonare'] s. m. (pl. †*suòna*, f., raro †*sònora*, f.) **1** Sensazione percepita dall'organo dell'udito, dovuta a onde meccaniche in mezzi elastici con frequenze da 16 a 20 000 Hz | (*est.*) L'insieme di tali onde meccaniche: *s. alto, acuto, basso, grave, cupo, rauco, aspro, dolce, chiaro, argentino, cristallino, metallico*; *il s. del campanello, del martello sull'incudine, della voce umana, delle onde*; *l'altezza, l'intensità, il timbro, del s.*; *dare, mandare, produrre, un s.*; *percepire un s.*; *il propagarsi del s.*; *sentire il s. della voce di qc.* | *Muro del s.*, barriera del suono | *Colonna del s.*, colonna sonora | *Tecnico del s.*, in cinematografia, addetto alla registrazione dei suoni sulla colonna sonora di un film; in teatro, addetto alla riproduzione meccanica dei rumori e delle musiche di scena; in sala di registrazione, addetto alla manovra delle apparecchiature | *Ingegnere del s.*, esperto che progetta e cura le caratteristiche acustiche ottimali di un ambiente destinato a spettacoli spec. musicali; esperto che predispone le attrezzature, gli impianti e, gener., le condizioni tecniche per una corretta registrazione sonora, spec. di una esecuzione musicale. **2** Particolari vibrazioni ordinate di uno strumento musicale: *il s. della chitarra, dell'organo, del flauto, delle campane* | *Affinità dei suoni*, tendenza che una nota musicale ha verso un'altra. **3** (*ling.*) *S. linguistico*, entità fisico-acustica del linguaggio articolato. **4** Impressione resa da una parola, una frase, e sim.: *il verso deve avere un s. più dolce*; *queste consonanti insieme hanno un s. sgradevole* | Senso, significato, di una parola, una frase, e sim.: *non mi è piaciuto il s. del suo discorso*. **5** (*poet.*) Voce, parola | Discorso. **6** (*poet.*) Fama. **7** Nella loc. *al s. di, a suon di*, con l'accompagnamento di un dato strumento musicale (*anche fig.*): *ballavano al s. del violino*; *marciano a suon di tromba*; *lo cacciarono a suon di pugni*; *fu accolto a suon di fischi*. **8** †Canzone, melodia, motivo musicale. **9** †Insieme di strumenti musicali. || **suonicìno**, dim.

suòra o †**suòre**, nel sign. 1 [lat. *sŏror* (nom.) 'sorella', attraverso un ant. *suoro* poi passato alla categ. del f. in *-a*; la vc., di origine indeur., è corradicale di *suo, suocera*, ecc.] s. f. Davanti a nome proprio, *suora* si tronca sempre in *suor*: *suor Angela, suor Maria* (V. nota d'uso ELISIONE e TRONCAMENTO). **1** (*poet.*) Sorella: *pur non so dirvi, o belle suore, addio* (FOSCOLO). **2** Religiosa che ha pronunziato i soli voti semplici | Correntemente, monaca e religiosa dedita a opere di assistenza. **3** (*fig.*, *fam.*) Scaldino da letto. || **suorìna**, dim.

suovetaurilia /*lat.* suovetau'rilja/ [vc. dotta, dal lat. *suovetaurīlia* (nt. pl.), comp. di *sūs* 'maiale', *ŏvis* 'pecora' e *-taurīlia*, da *tăurus* 'toro'] s. m. pl. ● Presso gli antichi Romani, cerimonia sacra consistente nel sacrificio di un maiale, una pecora e un toro, a scopo purificatorio.

sùper [da *super-*] **A** agg. inv. ● (posposto al s.) Di qualità eccellente, superiore: *modello s.* | *Benzina s.*, supercarburante. **B** s. f. inv. ● (*fam.*) Benzina super, supercarburante: *fare il pieno di s.* **C** s. m. solo sing. ● (*raro*) Grado massimo, limite estremo, non plus ultra: *quella sera il suo atteggiamento costituì il s. dell'eccentricità*.

sùper- [dal lat. *sŭper* 'sopra', di origine indeur.] pref. **1** Indica addizione, sovrapposizione, eccesso: *superstrato, superfecondazione, superallenamento*. **2** Significa 'che sta sopra', 'che va oltre', 'che supera' (*superalcolico, supersonico*) o indica condizione, posizione di superiorità, preminenza: *supervisione, superuomo*. **3** Conferisce valore superlativo ad aggettivi e sostantivi: *supergigante, superprodotto, supercinema, supermercato, superrisparmio* (spec. nel linguaggio enfatico pubblicitario).

superabbondànza o †**superabbondànzia** [vc. dotta, dal lat. tardo *superabundāntia(m)*, comp. di *sŭper* 'sopra' e *abundāntia* 'abbondanza'. V. *sovrabbondanza*] s. f. ● Sovrabbondanza.

superàbile [vc. dotta, dal lat. *superābile(m)*, da *superāre* 'superare'] agg. ● Che si può superare. CONTR. Insuperabile.

superabilità s. f. ● Qualità di ciò che è superabile.

superaffollaménto [comp. di *super-* e *affollamento*] s. m. ● Affollamento eccessivo.

superaffollàto [comp. di *super-* e *affollato*] agg. ● Che è eccessivamente affollato.

superalcòlico [comp. di *super-* e *alcolico*] **A** agg. (pl. m. *-ci*) ● Detto di bevanda fortemente alcolica. **B** anche s. m.

superalimentazióne [comp. di *super-* e *alimentazione*] s. f. ● Alimentazione eccessiva, superiore a quella che l'organismo effettivamente richiede.

superallenaménto [comp. di *super-* e *allenamento*] s. m. ● Allenamento eccessivo, mal regolato che determina uno stato di esaurimento nervoso e fisico.

superaménto s. m. ● Atto, effetto, del superare: *I superamenti erano il suo forte, in ogni campo* (SCIASCIA).

superàre o †**sopràre** [vc. dotta, dal lat. *superāre*, da *sŭperus* 'superiore'. V. *supero*] v. tr. (*io sùpero*) **1** Essere superiore ad altre persone o cose per dimensioni o quantità: *s. qc. in altezza*; *s. qc. di statura*; *s. q.c. in larghezza, in peso, in volume*; *questi alberi superano gli altri*; *la produzione supera il fabbisogno*. **2** Andare oltre un dato limite (*anche fig.*): *la scala non supera i tre metri*; *il fiume ha superato il livello di guardia*; *s. il traguardo, il confine*; *ha superato il limite della sopportazione*; *questo supera le previsioni*; *quella donna ha superato la trentina* | Attraversare: *s. un fiume, un fossato, uno sbarramento* | Percorrere: *s. grandi distanze* | Sorpassare: *s. un veicolo in curva*; *s. un avversario in corsa*. **3** (*fig.*) Essere più bravo, più valente, di altri: *s. qc. per intelligenza, per cultura*; *s. qc. in astuzia, in generosità*; *s. qc. nella musica*; *in quella gara ha superato tutti gli avversari*. **4** Sostenere con successo, uscire senza danno da una situazione difficile o pericolosa: *s. un dolore, una difficoltà, una prova, un pericolo, un ostacolo, una crisi, una malattia, un esame, un concorso*.

superàto part. pass. di *superare*; anche agg. **1** Nei sign. del v. **2** Che non è più valido, non è più attuale: *idee superate*; *gusti, metodi, superati*; *filosofo s.*

superàttico [comp. di *super-* e *attico* (2)] s. m. (pl. *-ci*) ● (*edil.*) Attico sovrastante un altro attico e arretrato rispetto a questo | Attico che si distingue per il lusso delle rifiniture, per la particolare gradevolezza del panorama circostante e gener. per altri pregi eccezionali di costruzione.

superattìvo [comp. di *super-* e *attivo*] agg. ● Che si dedica a una o a molte attività con energia e dinamismo.

†**superazióne** [vc. dotta, dal lat. *superatiōne(m)*, da *superātus* 'superato'] s. f. ● Superamento.

supèrbia [vc. dotta, dal lat. *supĕrbia(m)*, da *supĕrbus* 'superbo'] s. f. **1** Opinione esagerata di sé, delle proprie capacità e dei propri meriti, che esteriormente si manifesta con una ostentazione di altera superiorità e di disprezzo per gli altri: *mettere s.*; *mettere su s.*; *montare, salire, levarsi, in s.*; *gonfiarsi di s.*; *essere gonfio di s.*; *avere molta s. addosso*; *la s. è tenuta per gran peccato* (CAMPANELLA). **2** Nella teologia cattolica, il primo, per gravità, dei sette vizi capitali che consiste nell'affermare la propria eccellenza fino a disconoscere la propria dipendenza da Dio || PROV. La superbia va a cavallo e torna a piedi. || **superbiàccia**, pegg. | **superbiétta**, dim. | †**superbiòla**, dim.

†**supèrbio** [forma ant. di *superbo*, per sovrapposizione di *superbia*] agg. ● Superbo.

superbióso [da *superbio*] agg. ● (*tosc.*) Che nell'aspetto, nel comportamento, mostra superbia, alterigia stizzosa e sprezzante. || **superbiosàccio**, pegg. | **superbiosétto**, dim. | **superbiosìno**, dim. || **superbiosaménte**, avv. In modo superbioso, arrogante.

superbìre [dal lat. *superbīre*, da *supĕrbus* 'superbo'] v. intr. e intr. pron. (*io superbìsco, tu superbìsci*; aus. *essere*) ● (*poet.*) Insuperbire.

supèrbo [dal lat. *supĕrbu(m)*, da *sŭper* 'sopra'; propriamente 'colui che sta sopra'] **A** agg. **1** Che ha superbia e la dimostra: *uomo s.*; *donna superba* | Che rivela superbia: *atteggiamento s.*; *espressione, fronte, superba*; *parole superbe*. CONTR. Modesto, umile. **2** (sempre seguito da una specificazione) Che è fiero, che si compiace giustamente di qc. o di q.c.: *andare s. dei propri figli*; *essere s. del dovere compiuto*. **3** Detto di animale, tronfio: *gallo, pavone, s.* | Di eccellenti doti, qualità: *cavallo, destriero, s.* **4** Grandioso, imponente: *palazzo, monumento, s.* | Magnifico, bellissimo, splendido: *spettacolo, ricevimento, s.*; *una donna di superba bellezza*; *un s. animale*; *gambe superbe* | *La Superba*, (*per anton.*) la città di Genova, per la sua splendida posizione, i suoi monumenti e la grandezza della sua storia. **5** Che si eleva molto, che è posto molto in alto: *le superbe cime alpine*. || **superbaménte**, avv. **1** Con superbia: *rispondere superbamente*. **2** Magnificamente: *un oggetto lavorato superbamente*. **B** s. m. (f. *-a*) ● Persona superba. || **superbàccio**, pegg. | **superbétto**, dim. | **superbóne**, accr. | **superbùccio**, **superbùzzo**, dim.

superbóllo [comp. di *super-* e *bollo* (2)] s. m. ● (*autom.*) Tassa aggiuntiva imposta agli autoveicoli con motore alimentato da gasolio, gas liquido o metano.

superbómba [comp. di *super-* e *bomba*] s. f. ● Bomba molto potente.

superbowl /*ingl.* 'su:pə boul/ [vc. ingl., comp. di *super-* 'super-' e *bowl* 'coppa'] s. m. inv. ● (*sport*) Finale che si disputa in una partita unica, valida per l'assegnazione del titolo nel campionato di football americano.

superburòcrate [comp. di *super-* e *burocrate*] s. m. ● Funzionario di altissimo grado nella scala gerarchica della pubblica amministrazione.

supercarburànte [comp. di *super-* e *carburante*] s. m. ● Benzina ad alto numero di ottano, ossia elevato potere antidetonante. SIN. Benzina super.

supercàrcere [comp. di *super-* e *carcere*] s. m. ● (*gerg.*) Carcere di massima sicurezza.

superceménto [comp. di *super-* e *cemento*] s. m. ● Cemento ad alta resistenza, ottenuto con particolare cura, in modo da ottenere un indurimento più rapido e una resistenza più elevata che per i cementi comuni.

supercentrìfuga [comp. di *super-* e *centrifuga*] s. f. ● (*fis.*) Ultracentrifuga.

supercìlio [vc. dotta, dal lat. *supercīliu(m)*, comp. di *sŭper* 'sopra' e *cĭlium* 'ciglio'] s. m. **1** †Sopracciglio. **2** (*lett.*, *fig.*) Cipiglio, grinta severa.

supercilióso [vc. dotta, dal lat. *superciliōsu(m)* 'accigliato', da *supercīlium* 'sopracciglio, cipiglio'] agg. ● (*raro*, *lett.*) Accigliato, severo: *sarà un tanto s. che non vogli ... patir la lode propria* (BRUNO).

superclàsse [comp. di *super-* e *classe*] s. f. ● Nella tassonomia animale e vegetale, categoria sistematica che raggruppa più classi.

superclorazióne [comp. di *super-* e *clorazione*] s. f. ● Trattamento delle acque potabili che vengono sterilizzate con una percentuale di cloro superiore a quella necessaria, allo scopo di eliminare ogni microrganismo.

supercolòsso [comp. di *super-* e *colosso*] s. m. ● Film di altissimo costo, di carattere spettacolare, con scene di particolare ricchezza e grandiosità e molti celebri attori.

superconduttività [comp. di *super-* e *conduttività*] s. f. ● (*fis.*) Brusca e totale scomparsa della resistività che si osserva in alcuni materiali (metalli, conduttori organici, ecc.) quando la temperatura si abbassa al di sotto di un certo valore critico.

superconduttìvo [comp. di *super-* e *conduttivo*] agg. ● (*fis.*) Che è dotato di superconduttività.

superconduttóre [comp. di *super-* e *conduttore*] s. m. ● (*fis.*) Materiale che presenta il fenomeno della superconduttività.

superconduzióne [comp. di *super-* e *conduzione*] s. f. ● (*fis.*) Conduzione elettrica che avviene in regime di superconduttività.

supercongelàto [comp. di *super-* e *congelato*] agg.; anche s. m. ● Surgelato.

supercrìtico [comp. di *super* e *critico*] agg. (pl. m. *-ci*) ● (*chim.*) Detto di fluido che si trova a pressione e temperatura superiori ai valori critici.

superdecoràto [comp. di *super-* e *decorato*] agg.; anche s. m. (f. *-a*) ● Che, chi è stato insignito di molte decorazioni.

superderivàto [comp. di *super-* e *derivato*] A s. m. ● (*ling.*) Parola che deriva da un'altra già derivata. B anche agg.: *parola superderivata*.

superdònna [comp. di *super-* e *donna*] s. f. ● (*iron.*) Donna che presume di essere superiore alle altre persone, spec. donne, e come tale si comporta: *arie da s.*

superdòse [comp. di *super-* e *dose*: calco sull'ingl. *overdose*] s. f. ● Overdose.

superdotàto [comp. di *super-* e *dotato*] agg.; anche s. m. (f. *-a*) ● Che, chi ha doti superiori alla media.

†**superedificàre** [vc. dotta, dal lat. tardo *superaedificāre*, comp. di *sŭper* 'super' e *aedificāre* 'costruire'] v. tr. ● Sopredificare.

super-ego /*lat.* 'supe'r ɛgo/ [comp. di *super-* e del lat. *ĕgo* 'io'. V. *super-io*] s. m. inv. ● (*psicoan.*) Super-io.

†**supereminènte** [vc. dotta, dal lat. tardo *supereminĕnte(m)*, comp. di *sŭper* 'super-' ed *ēminens*, genit. *eminĕntis*, part. pres. di *eminēre* 'elevarsi'] agg. ● Sovreminente.

†**supereminènza** [comp. di *super-* ed *eminenza*] s. f. ● Sovreminenza.

supererogatòrio [dal lat. tardo *supererogāre* 'dare, fare al di là dell'obbligo'] agg. ● (*relig.*) Nella teologia cattolica, detto di ogni opera buona compiuta dal fedele in quanto tale, non per obbligo imposto o per consiglio ricevuto.

supererogazióne s. f. ● (*relig.*) Compimento di opere supererogatorie.

supereterodìna [dall'ingl. *superheterodyne*, abbr. di *super(sonic)-heterodyne (receiver)*] s. f. ● (*rad.*) Radioricezione con conversione di tutte le frequenze ricevute a una frequenza fissa.

superfamìglia [comp. di *super-* e *famiglia*] s. f. ● Nella tassonomia animale e vegetale, categoria sistematica che raggruppa più famiglie.

superfecondazióne [comp. di *super-* e *fecondazione*] s. f. ● (*biol.*) Fecondazione simultanea di due o più uova provenienti dallo stesso ciclo mestruale, per opera di differenti spermi provenienti gener. da differenti coiti.

superfémmina [comp. di *super-* e *femmina*] s. f. ● In genetica, individuo di sesso femminile il cui corredo cromosomico presenta uno o più cromosomi sessuali femminili soprannumerari. CFR. Supermaschio.

superfetazióne [comp. di *super-* e *fetazione*, dal lat. *superfetāre* 'concepire (*fetāre*) di nuovo (*sŭper*)'. V. *feto*] s. f. *1* (*bot.*) Fecondazione di un ovulo per opera di due o più tipi di polline. *2* (*zool.*) Nei mammiferi, fenomeno anomalo consistente nella fecondazione successiva, nello stesso utero, di due o più uova prodotte in cicli mestruali diversi. *3* (*arch.*, *urban.*) Parte che è aggiunta a un edificio e sim. dopo che è stato completato secondo il progetto originale e che ne guasta l'estetica o deturpa l'ambiente circostante. *4* (*est.*) Ciò che si aggiunge ad altro in un secondo momento senza necessità, ed è inutile, superfluo, o pleonastico.

superfìce ● V. *superficie*.

superficiàle [vc. dotta, dal lat. tardo *superficiāle(m)*, da *superfĭcies* 'superficie'] A agg. *1* Della superficie, che costituisce la superficie: *parte, strato, s.* | Che sta alla superficie: *ferita, increspatura, macchia, s.* | *Tensione s.*, in fisica, forza specifica che si manifesta sulla superficie di separazione fra un liquido e un gas o fra due liquidi non miscibili, dovuta alla distribuzione non simmetrica delle azioni molecolari; per essa tale superficie si comporta come una membrana tesa | *Acque superficiali*, che corrono sulla superficie terrestre. *2* (*fig.*) Detto di persona, che non approfondisce, che non medita, che si ferma all'esteriorità delle cose: *spirito, osservatore, s.* | Detto di cose, rapido, sbrigativo: *esame, lettura, occhiata s.* | Non profondo, generico: *cognizione, cultura, conoscenza, s.* || **superficialménte**, †**superficialeménte**, avv. *1* Alla superficie: *è intaccato solo superficialmente*. *2* In maniera non profonda, trascurata: *il problema fu affrontato molto superficialmente*. B s. m. e f. ● Persona superficiale. || **superficialóne**, accr.

superficialità s. f. ● Qualità di chi, di ciò che è superficiale (*spec. fig.*).

superficiàrio [vc. dotta, dal lat. tardo *superficiāriu(m)*, da *superfĭcies* 'superficie'] A agg. ● (*dir.*) Che si riferisce al diritto di superficie | *Proprietà superficiaria*, proprietà della costruzione separata da quella del suolo. B s. m. (f. *-a*) ● Titolare del diritto di superficie.

superfìcie o (*raro*) **superfìce** [vc. dotta, dal lat. *superfĭcie(m)*, comp. di *sŭper* 'super' e *fācies* 'faccia'] s. f. (pl. *superfici* o *superficie*) *1* Piano che delimita un corpo, una struttura, una massa e sim.: *la s. di un muro, di uno specchio*; *la s. interna, esterna di un tubo, di una conduttura*; *la s. terrestre, della terra*; *la s. del mare* | (*per anton.*) Superficie del mare o di altre distese di acque: *navigare alla s.*; *restare in s.* | *Naviglio di s.*, che naviga in superficie, spec. in contrapposizione a sottomarini e sim. *2* (*fig.*) Esteriorità, apparenza: *fermarsi, rimanere in s., alla s.*; *andare, penetrare, oltre la s. delle cose*. *3* (*est.*) Strato, spessore superficiale: *una scabra s. di intonaco*; *una s. vetrosa, lucida*; *una sottile s. di colore*. *4* (*est.*) Area: *calcolare la s. di un quadrato*; *superfici edificabili* | *S. alare, frontale*, in aeronautica, rispettivamente area della pianta di un'ala e della sezione maestra | *S. velica*, in marina, somma di tutte le vele esposte al vento | *S. agraria, forestale*, parte di terreno rispettivamente coltivato o che dà una produzione spontanea utilizzabile. *5* (*dir.*) Diritto di fare o di mantenere al disopra o al disotto del suolo altrui una costruzione di cui si acquista la proprietà. *6* (*mat.*) Varietà di uno spazio topologico omeomorfa a un quadrato o riunione di varietà omeomorfe ad un quadrato | Varietà a due dimensioni | *S. algebrica*, superficie d'uno spazio numerico rappresentabile con equazioni algebriche | *S. sferica*, luogo dei punti che da un punto dato, il centro, hanno distanza assegnata, il raggio | *S. topografica*, superficie dello spazio tridimensionale tale che esista un piano, detto orizzontale, in modo che le perpendicolari a questo piano intersechino la superficie in un punto al più. || **superficiétta**, dim.

superfìcie-arìa [comp. di *superficie* e *aria*] loc. agg. inv. ● (*mil.*) Detto di missile a corta gittata, destinato a essere lanciato da mezzi terrestri contro bersagli aerei quali aeromobili in volo e missili aria-superficie.

superfìcie-superfìcie [comp. di *superficie* ripetuto] loc. agg. inv. ● (*mil.*) Detto di missile destinato a essere lanciato da basi terrestri o, eventualmente, da navi contro bersagli terrestri.

superfluidità [fr. *superfluidité*, da *superfluide* 'superfluido'] s. f. ● (*fis.*) Caratteristica dell'elio liquido di non solidificare anche a temperature vicine allo zero assoluto se non è soggetto a forte pressione.

superflùido [fr. *superfluide*, comp. di *super-* 'super-' e *fluide* 'fluido'] agg.; anche s. m. ● (*fis.*) Detto dell'elio quando manifesta le proprietà caratteristiche della superfluidità.

superfluità [vc. dotta, dal lat. tardo (eccl.) *superfluitāte(m)*, da *supĕrfluus* 'superfluo'] s. f. *1* Qualità di ciò che è superfluo. *2* (*spec. al pl.*) Cosa superflua: *rinunciare alle s.*

supèrfluo [vc. dotta, dal lat. *supĕrfluu(m)*, da *superflŭere* 'scorrere (*flŭere*) sopra (*sŭper*), traboccare'] A agg. ● Che eccede il bisogno, che è in più, che non è necessario: *spese, parole, chiacchiere superflue*; *tutto quello el qual e tuoi figliuoli non sapranno maneggiare e governare ... sarà loro s.* (ALBERTI). B in funzione di avv. ● (*raro*) †In modo superfluo, troppo: *parlare s.* C s. m. solo sing. ● Ciò che è superfluo: *eliminare, evitare, il s.*; *fare a meno del s.*; *donare il s. ai bisognosi*.

superfortézza [comp. di *super-* e *fortezza*] s. f. ● (*aer.*) Velivolo quadrimotore da bombardamento statunitense Boeing B29, con caratteristiche tecniche e belliche potenziate rispetto alla fortezza volante, usato nella seconda guerra mondiale, spec. contro il Giappone | (*est.*) Qualsiasi quadrimotore da bombardamento con caratteristiche analoghe a quelle del Boeing B29.

superfosfàto [comp. di *super-* e *fosfato*] s. m. ● (*chim.*) Perfosfato.

supergalàssia [comp. di *super-* e *galassia*] s. f. ● (*astron.*) Galassia il cui contenuto stellare è notevolmente superiore a quello medio.

supergàllo [comp. di *super-*, nel sign. 2, e (*peso*) *gallo*] s. m. inv.; anche agg. inv. ● (*sport*) In alcune discipline di combattimento, spec. pugilato, chi, che rientra nella categoria compresa tra quella dei pesi gallo e dei pesi piuma, con limiti variabili a seconda della specialità sportiva.

supergigànte [comp. di *super-* e *gigante*] A s. f.; anche agg. ● (*astron.*) Stella avente dimensioni centinaia di volte maggiori di quelle del Sole. B s. m. (anche nelle forme *superG*, *super-G*, *super G*) ● Nello sci alpino, specialità con caratteristiche intermedie tra la discesa libera e lo slalom gigante.

su per giù /'su pper 'dʒu*/ ● V. *suppergiù*.

superinfezióne [comp. di *super-* e *infezione*] s. f. ● (*med.*) Nuova infezione causata da microrganismi uguali a, o diversi da, quelli che hanno già determinato una precedente infezione ancora in atto.

†**superinfùso** [vc. dotta, dal lat. tardo *superinfūsu(m)*, comp. di *sŭper* 'sopra' e *infūsus*, part. pass. di *infŭndere* 'infondere'] agg. ● Infuso dall'alto.

Super-ìo [comp. di *super-* e *io*] s. m. inv. ● (*psicoan.*) Sistema delle norme e dei principi morali ricevuti dai genitori e dalla società, che appartiene in prevalenza all'inconscio ed esercita una funzione di critica sull'Io.

superióra [f. di *superiore*] A s. f. ● Monaca o suora che governa una casa, una comunità, una congregazione, un ordine di religiose. B anche agg. solo f.: *madre s.*

superioràto [da *superiore*] s. m. ● Dignità, ufficio, grado, di superiore o di superiora.

superióre [vc. dotta, dal lat. *superiōre(m)*, comp. di *sŭperus* 'che sta sopra'. V. *supero*] A agg. *1* Che è posto sopra, più in alto, rispetto a un termine di paragone espresso o sottinteso: *il piano s. al vostro*; *il piano s.*; *la parte s. della casa*; *le stanze superiori*; *il labbro s.* | *Corso s. di un fiume*, quello più vicino alla sorgente. CONTR. Inferiore. *2* Presso gli antichi Romani, detto della parte meridionale, cioè più vicina a Roma, di una provincia: *Gallia, Austria, Pannonia s.* CONTR. Inferiore. *3* Che è maggiore per numero, quantità, qualità e sim.: *avere una statura s. alla media*; *questo articolo ha un prezzo s. all'altro*; *il contenuto di zucchero è in quantità s. al 10%*; *merce di qualità s.*; *raggiungere un livello s.* *4* Che possiede determinate qualità, capacità, doti e sim. in misura maggiore di altre persone o cose: *essere s. a qc. per intelligenza*; *nessuno è s. a lui nella corsa*; *si sente s. a tutti*; *è senz'altro s. a noi*; *non si sente s. a nessuno*; *la squadra avversaria si dimostrò s. alla nostra*; *questo vestito è s. all'altro per durata*; *questo cognac è s. a tutti gli altri* | Che possiede determinate qualità, capacità, doti e sim. in massimo grado: *ingegno, mente s.*; *uomo, donna s.*; *un prodotto decisamente s.* *5* Che in un ordinamento, una gerarchia e sim. occupa un grado più alto: *classe, scuola, istituto, s.* | *Scuole medie superiori*, scuole secondarie di 2° grado | *Istruzione s.*, quella universitaria | *Ufficiali superiori*, maggiore, tenente colonnello, colonnello | *Per ordine s.*, *per disposizione s.*, di cosa eseguita su ordine proveniente da chi ha maggiore autorità. *6* (*fig.*) Che va oltre un dato limite: *quel lavoro è s. alle tue capacità*; *l'esito è stato s. all'attesa*; *ha ottenuto un risultato s. a ogni previsione* | Che è al di sopra di determinate situazioni: *il libro è s. a ogni critica*; *è una persona s. a ogni sospetto*. *7* Che considera determinate cose con sdegno, noncuranza, disinteresse, nella loc.: *essere s. a*; *essere s. alle chiacchiere, alle insinuazioni, alle malignità, ai pettegolezzi, alle piccinerie*, e sim. *8* †Precedente. || **superiorménte**, avv. Nella parte superiore. B s. m. (f. *-a* (V.)) *1* Chi, in una gerarchia, riveste un grado più alto, in rapporto a chi ne riveste uno più basso: *rispettare i superiori*; *obbedire ai superiori*; *chiedere un permesso ai superiori*; *con licenza dei superiori*; *essere lodato dai superiori* | Appellativo con cui i carcerati si rivolgono al secondino. *2* Religioso che, eletto o designato, governa una comunità regolare, o anche una sede locale di tale comunità.

superiorità [da *superiore*] s. f. ● Qualità di chi,

di ciò che è superiore (*spec. fig.*): *s. di forze*; *s. numerica*; *rivelare una netta s. sull'avversario*; *far sentire, far pesare, la propria s.*; *esercitare una certa s. sugli altri*; *s. morale, intellettuale*; *atteggiamento di s.*; *arie di s.*

superlatìvo [vc. dotta, dal lat. tardo *superlatīvu(m)*, da *superlātus* 'iperbolico', part. pass. di *superfĕrre* 'portare sopra': calco dal gr. *hyperthetikós*, agg. da *hypertithénai* 'porre (*tithénai*) sopra (*hypér*)'] **A** agg. *1* Massimo, sommo, eminente: *bontà superlativa*; *è bella in modo s.* *2* *Grado s.*, superlativo. ‖ **superlativaménte**, avv. **B** s. m. ● Grado dell'aggettivo e dell'avverbio che esprime la più alta gradazione di una qualità | *S. relativo*, in rapporto ad altri elementi dello stesso tipo: *sei il più bravo di tutti noi* | *S. assoluto*, senza il confronto con altri elementi: *sei bravissimo*.

superlavóro [comp. di *super-* e *lavoro*] s. m. ● Lavoro eccessivo: *sottoporsi a un s.*

superléga [comp. di *super-* e *lega*] s. f. ● Tipo di lega refrattaria, dotata di buona resistenza alla corrosione a temperature di 800-900 °C.

superleggèro [comp. di *super-*, nel sign. 2, e (*peso*) *leggero*] s. m.; anche agg. ● (*sport*) In alcune discipline di combattimento, spec. pugilato, chi, che rientra nella categoria compresa tra quella dei pesi leggeri e dei pesi welter, con limiti variabili a seconda della specialità sportiva.

superman /ˈsupermen, *ingl.* ˈsuːpəmæn/ [vc. ingl., comp. di *super-* 'super-' e *man* 'uomo'; l'accezione scherz. si deve al personaggio di fantasia omonimo, che compie inverosimili imprese] s. m. inv. (pl. ingl. *supermen*) *1* (*scherz.*) Uomo dotato di straordinarie qualità fisiche. *2* (*est.*, *scherz.*) Persona che possiede o presume di possedere eccezionali capacità operative o professionali. CFR. Superuomo.

supermàrket /superˈmarket, *ingl.* ˈsuːpəmaːkit/ [vc. ingl., comp. di *super-* 'super-' e *market* 'mercato'] s. m. inv. ● Supermercato.

supermàschio [comp. di *super-* e *maschio*] s. m. ● In genetica, individuo di sesso maschile il cui corredo cromosomico presenta uno o più cromosomi sessuali maschili soprannumerari. CFR. Superfemmina.

supermàssimo [comp. di *super-*, nel sign. 2, e (*peso*) *massimo*] s. m.; anche agg. ● (*sport*) In alcune discipline di combattimento, spec. pugilato, chi, che rientra nella categoria di peso maggiore, il cui limite inferiore varia a seconda della specialità sportiva.

supermercàto [adattamento di *supermarket* (V.)] s. m. ● Locale di vendita di prodotti di largo consumo, caratterizzato dalla massima esposizione possibile dei prodotti e dal self-service da parte dei clienti.

supermetanièra [comp. di *super-* e *metaniera*] s. f. ● Metaniera di grande portata.

supermìnimo [comp. di *super-* e *minimo*] s. m. ● Integrazione del salario minimo convenuto nei contratti collettivi di lavoro che, in alcune aziende, viene corrisposto ai lavoratori dipendenti nel caso di alta produttività aziendale o per riconoscimento di meriti personali.

†**supernàle** agg. ● Superno.

supernazionàle [comp. di *super-* e *nazionale*] agg. ● (*raro*) Sopranazionale.

supernazionalità [comp. di *super-* e *nazionalità*] s. f. ● (*raro*) Sopranazionalità.

supèrno [vc. dotta, dal lat. *supĕrnu(m)*, da *sŭperus* 'superiore'. V. *supero*, *inferno*] agg. *1* (*lett.*) Superiore, che sta in alto, che è posto sopra a tutti. *2* (*est.*) Del cielo, celeste: *le cose superne*; *vita superna* | *La città superna*, il Paradiso.

supernòva /*lat.* superˈnɔva/ [vc. scient. moderna, comp. di *super-* e *nova*] s. f. (pl. *-ae*) ● (*astron.*) Stella che, esplodendo con estrema violenza, lancia parte della materia che la costituisce nei circostanti spazi interstellari; tale fenomeno è accompagnato da variazioni di luminosità simili a quelle di una stella nova.

supernutrizióne [comp. di *super-* e *nutrizione*] s. f. ● (*med.*) Superalimentazione.

sùpero (1) [vc. dotta, dal lat. *sŭperu(m)* 'superiore', da *sŭper* 'sopra'] **A** agg. *1* (*lett.*) Superiore, posto nella parte più alta: *dèi superi* | *Mare s.*, presso i Latini, l'Adriatico. *2* (*bot.*) Detto di ovario inserito sul ricettacolo al di sopra del calice e degli stami. **B** s. m. al pl. ● Nella mitologia greco-romana, dèi che abitano il cielo, opposti agli Inferi.

sùpero (2) [da *superare*] s. m. ● Avanzo, eccedenza.

superomìsmo [da *super(u)omo*] s. m. ● Atteggiamento, comportamento da superuomo.

superordinàto [comp. di *super-* e *ordinato*] agg.; anche s. m. ● (*ling.*) Iperonimo.

superórdine [comp. di *super-* e *ordine*] s. m. ● Nella tassonomia animale e vegetale, categoria sistematica che raggruppa più ordini.

superottista [da *superotto*] s. m. e f. (pl. m. *-i*) ● Chi usa cinepresa con pellicola di formato superotto | Cineamatore che utilizza pellicole di formato superotto.

superòtto o **super8** [comp. di *super-* e *otto*] **A** s. m. inv.; anche agg. inv. ● Tipo di pellicola cinematografica a passo ridotto che, mediante una diversa perforazione rispetto al tradizionale formato 8 mm, consente un aumento della superficie del fotogramma con conseguente vantaggio della qualità dell'immagine. **B** s. f. inv. ● Macchina cinematografica che usa pellicola di formato superotto.

superparassita [comp. di *super-* e *parassita*] **A** agg. (pl. m. *-i*) ● (*biol.*) Detto di organismo che partecipa al superparassitismo: *specie s.* **B** s. m. ● (*biol.*) Organismo coinvolto attivamente nel superparassitismo.

superparassitìsmo [comp. di *super-* e *parassitismo*] s. m. ● (*biol.*) Fenomeno per cui organismi di più specie vivono a scapito di un ospite.

super partes /*lat.* ˈsuper ˈpartes/ [loc. lat.] loc. agg. inv. ● Che è al di sopra delle parti, imparziale: *rivolgersi a un'autorità super partes*.

superperito [comp. di *super-* e *perito*] s. m. ● Specialista a cui, durante un'istruttoria o un processo, viene demandato il controllo e la revisione di perizie tecniche, chimiche, balistiche e sim.

superperizia [comp. di *super-* e *perizia*] s. f. ● Perizia di un superperito.

superpetrolièra [comp. di *super-* e *petroliera*] s. f. ● Petroliera con stazza superiore alle 70 000 tonnellate.

superpiùma [comp. di *super-*, nel sign. 2, e (*peso*) *piuma*] s. m. inv.; anche agg. inv. ● (*sport*) In alcune discipline di combattimento, spec. pugilato, chi, che rientra nella categoria compresa tra quella dei pesi piuma e dei pesi leggeri, con limiti variabili a seconda della specialità sportiva.

superpotènza [comp. di *super-* e *potenza*] s. f. ● Stato in possesso di una grande organizzazione industriale e di armamenti atomici.

superprocùra [comp. di *super* e *procura*] s. f. ● (*dir.*) Ufficio giudiziario con speciali compiti di investigazione sulla criminalità organizzata.

superproduzióne [comp. di *super-* e *produzione*] s. f. ● (*raro*) Sovrapproduzione.

superprofitto [comp. di *super-* e *profitto*] s. m. ● Soprapprofitto.

supersònico [comp. di *super-* e *sonico*, sul modello dell'ingl. *supersonic*] agg. (pl. m. *-ci*) ● Relativo a velocità superiori alla velocità del suono: *aereo s.*

superstàr /superˈstar, *ingl.* ˈsuːpəˈstaː*/ [vc. ingl., comp. da *super-* e *star*] s. m. e f. inv.; anche agg. inv. ● Detto di persona o personaggio di gran lunga superiore ad altre persone o personaggi già di per sé eccezionali e rilevanti per le loro qualità.

supèrstite [vc. dotta, dal lat. *supĕrstite(m)*, comp. di *sŭper* 'super-' e di un deriv. di *stāre* 'stare, esserci'] **A** agg.; anche s. m. e f. ● Che, chi è rimasto in vita dopo un evento in cui altri sono morti: *il figlio fu s. ai genitori*; *i superstiti del terremoto*; *è l'unico s. della strage*. **B** agg. ● Che resta, rimane: *le rovine superstiti*; *il raccolto s. al temporale*.

superstizióne [vc. dotta, dal lat. *superstitiōne(m)*, da *superstāre* 'star sopra'; propriamente 'ciò che sta sopra, sovrastruttura', opposto a *relĭgio*, genit. *religiōnis* 'insieme scelto di formule sacre'] s. f. ● L'attribuire fenomeni spiegabili razionalmente e naturalmente a cause soprannaturali | Eccesso di scrupolo e di timore religioso | All'interno di ogni religione, il residuo di antichi culti e di precedenti credenze religiose, non completamente eliminato.

superstiziosità s. f. ● Qualità, comportamento, di chi è superstizioso.

superstizióso [vc. dotta, dal lat. *superstitiōsu(m)*, da *superstĭtio*, genit. *superstitiōnis* 'superstizione'] **A** agg. *1* Che segue le superstizioni, che crede alle superstizioni: *essere s.*; *gente superstiziosa*. *2* Che deriva da superstizione: *credenza, pratica superstiziosa*. ‖ **superstiziosaménte**, avv. **B** s. m. (f. *-a*) ● Persona superstiziosa.

superstràda [comp. di *super-* e *strada*] s. f. ● Grande strada per il traffico veloce in cui il numero degli attraversamenti è ridotto al minimo.

supertàssa [comp. di *super-* e *tassa*] s. f. ● (*gerg.*) Sovrimposta straordinaria.

supertèste [comp. di *super-* e *teste*] s. m. e f. ● Supertestimone.

supertestimòne [comp. di *super-* e *testimone*] s. m. e f. ● Chi, nell'istruttoria o nel corso di un processo, presenta prove a carico o discarico dell'imputato ritenute decisive.

superumàno [comp. di *super-* e *umano*] agg. ● Che è al di sopra dei limiti e delle facoltà dell'uomo.

superumeràle [vc. dotta, dal lat. tardo *superhumerāle* (nt.) 'efod', comp. di *sŭper* 'sopra' e (*h*)*umerāle* 'veste che copre le spalle', da (*h*)*ŭmerus* 'omero'] s. m. ● Efod, quando, nella Bibbia, questo termine indica lo speciale vestito del sommo sacerdote di Gerusalemme.

superuòmo [comp. di *super-* e *uomo*, sul modello del ted. *Übermensch*] s. m. (pl. *superuòmini*) *1* (*filos.*) Secondo F. Nietzsche, colui che attraverso la volontà di potenza è in grado di staccarsi dalla morale comune e di vivere al di là del bene e del male. *2* (*est.*, *iron.*) Uomo che crede di essere superiore agli altri e come tale si comporta: *fare il s.*; *darsi arie da s.*; *atteggiarsi a s.*

supervacàneo o †**supervacàno** [vc. dotta, dal lat. *supervacānеu(m)*, comp. di *sŭper* 'sopra', e di un deriv. di *văcuus* 'vuoto, inutile'. V. *vacuo*] agg. ● (*raro*, *lett.*) Superfluo, inutile, non necessario: *è impresa al mio parere supervacanea e vana* (GALILEI).

supervalutàre [comp. di *super-* e *valutare*. V. *sopravvalutare*] v. tr. (*io supervalùto* o (*evit.*) *supervàluto*) ● Sopravvalutare.

supervalutazióne [comp. di *super-* e *valutazione*] s. f. ● Sopravvalutazione | (*econ.*) Valutazione di un bene superiore a quella del mercato, spec. per indurre il cliente a un nuovo acquisto: *s. dell'usato nel campo dell'auto, degli elettrodomestici*.

supervisióne [comp. di *super-* e *visione*, sul modello dell'ingl. *supervision*] s. f. *1* Attività del supervisore. *2* (*cine*) Direzione generale, artistica, tecnica ed economica di un film.

supervisóre [dall'ingl. *supervisor*] s. m. (f. *-a*) *1* (*gener.*) Chi dirige e controlla la realizzazione di un programma, un'opera e sim. *2* (*tv*) Tecnico addetto al controllo e alla manipolazione del segnale radioelettrico o televisivo in uscita dagli studi | (*cine*) Incaricato della direzione generale artistica, tecnica o economica di un film.

superwèlter /superˈvelter, *ingl.* ˈsuːpəˈweltə*/ [comp. di *super-*, nel sign. 2, e (*peso*) *welter*] s. m. inv.; anche agg inv. ● (*sport*) In alcune discipline di combattimento, spec. pugilato, chi, che rientra nella categoria compresa tra quella dei pesi welter e dei pesi medi, con limiti variabili a seconda della specialità sportiva.

†**supinàre** [vc. dotta, dal lat. *supināre*, da *supīnus* 'supino (1)'] **A** v. tr. ● (*raro*) Alzare, rovesciare in alto. **B** v. intr. pron. ● (*raro*) Mettersi supino.

supinatóre [da *supinare*] **A** agg. ● (*anat.*) Detto di muscolo che provoca supinazione. **B** anche s. m.: *il s. della coscia*.

supinazióne [vc. dotta, dal lat. tardo *supinatiōne(m)* 'rovesciamento', da *supināre* 'rovesciare'. V. *supinare*] s. f. *1* (*anat.*) Atto del rivoltare la mano con il palmo verso l'alto. *2* (*anat.*) Atto o condizione di giacere con la faccia verso l'alto. CONTR. Pronazione.

supino (1) [vc. dotta, dal lat. *supīnu(m)*, da **sŭp-*, *sub* 'dal basso in alto'; opposto a *prōnus* 'con la faccia in giù'. V. *prono*] agg. *1* Detto di persona, che giace sul dorso col viso e il ventre rivolti all'insù: *giacere, stare s.*; *cadere s.*; *dormire s.*; *essere in posizione supina*. CONTR. Prono. *2* (*est.*) Che ha il palmo voltato verso l'alto, detto della mano: *tenere le mani supine* | (*raro, lett.*) Voltato all'insù, detto degli occhi. **3** (*fig.*) Che mostra obbedienza cieca, servile: *essere s. alla volontà altrui* | *Rassegnazione supina*, vile | *Ignoranza supina*, crassa. || **supinaménte**, avv.

supino (2) [vc. dotta, dal lat. *supīnu(m)* (*vĕrbum*) '(parola) supina', perché si appoggia al verbo] s. m. ● (*gramm.*) Forma nominale del verbo in latino.

†**sùppa** ● V. *zuppa*.

suppedàneo o **soppedàneo** [vc. dotta, dal lat. tardo (eccl.) *suppedāneu(m)* (*scabĕllu(m)*) '(scanno) da tenere sotto i piedi', comp. di *sŭb* 'sotto' e *pedāneus*, agg. da *pēs*, genit. *pĕdis* 'piede'] s. m. **1** (*lett.*) Scanno, panno o altro da tenere sotto i piedi come appoggio. **2** Predella dell'altare.

†**suppeditàre** [vc. dotta, dal lat. *suppeditāre*, comp. di *sŭb* 'sub-' e *-peditāre*, da *pĕdes*, genit. *pĕditis* 'pedone, fante': propriamente 'accorrere in aiuto'] v. intr. ● (*raro*) Bastare.

suppellèttile [vc. dotta, dal lat. *sup(p)ellĕctile(m)*, di etim. incerta] s. f. **1** Oggetto o insieme di oggetti di qualche pregio che entrano a far parte dell'arredamento di una casa | (*est.*) Oggetto o insieme di oggetti che fanno parte di un ufficio, una scuola, una chiesa, e sim.: *s. scolastica, teatrale*; *le suppellettili sacre*. **2** (*archeol.*) Oggetto o insieme di oggetti rinvenuti in uno scavo: *suppellettili egiziane, etrusche*. **3** (*raro, fig.*) Insieme di cognizioni che abbelliscono la mente: *una ricca s. di conoscenze*.

suppergiù o **su per giù** [comp. di *su, per* e *giù*] avv. ● (*fam.*) Circa, più o meno, pressappoco: *saranno s. venti kili*; *saranno state s. venti persone*; *arriveremo s. alle dieci*.

†**supplantàre** ● V. *soppiantare*.

supplementàre [da *supplemento*] agg. **1** Che serve di supplemento: *attività, entrata s.* | (*econ.*) *Bene s.*, succedaneo di altro bene, di cui possiede la stessa attitudine a soddisfare un certo bisogno | *Treno s.*, ripetizione di altro treno di cui assume l'orario | *Tempi supplementari*, nello sport, prolungamento della durata di una partita, per designare la squadra vincente. **2** (*mat.*) Detto di angolo che, aggiunto all'angolo dato, dà un angolo piatto.

suppleménto [vc. dotta, dal lat. *supplemĕntu(m)*, da *supplēre* 'supplire'] s. m. **1** Ciò che si aggiunge a q.c. per supplire a una mancanza, un'insufficienza, e sim.: *chiedere un s. di cibo* | (*econ.*) *S. d'imposta*, ammontare d'imposta che integra un precedente accertamento, non esatto, del tributo. **2** Aggiunta o aggiornamento di un'opera: *s. al vocabolario* | *S. a un giornale*, pagina o insieme di pagine, o intero fascicolo, che, in aggiunta alle pagine consuete, è dedicato a un particolare avvenimento o argomento. **3** (*ferr.*) Sovraprezzo richiesto quando il viaggiatore usufruisca di treni, carrozze o sim. che offrano particolari requisiti, comodità, prestazioni: *s. rapido*.

supplentàto s. m. ● Ufficio del supplente | Durata di tale ufficio.

supplènte **A** part. pres. di *supplire*; anche agg. **1** Nei sign. del v. **2** Che sostituisce temporaneamente un impiegato o un insegnante impedito di esercitare le proprie funzioni: *maestro, professore, s.* **B** s. m. e f. ● Impiegato, maestro, professore, supplente: *il s. di latino*; *la nuova s.*

supplènza s. f. ● Ufficio, condizione, di supplente: *ottenere una s.*; *è stato incaricato di una s.* | Durata di tale ufficio: *una s. di un anno*.

suppletivismo [comp. *suppletiv(o)* e *-ismo*] s. m. ● (*ling.*) Fenomeno per il quale una forma sostituisce un'altra che manca.

suppletivo [vc. dotta, dal lat. tardo *supplētīvu(m)*, da *supplētus*, part. pass. di *supplēre* 'supplire'] agg. **1** Che serve a supplire, che serve come supplemento: *articolo s.* | *Sessione suppletiva di esami*, quella disposta per i candidati che, per cause di forza maggiore, non hanno potuto sostenere gli esami nella sessione normale | †*Esame s.*, di riparazione | *Norma suppletiva*, che disciplina situazioni e rapporti per l'ipotesi che non vi abbiano provveduto i privati | *Truppe suppletive*, anticamente, aliquote di truppe delle varie armi a disposizione delle grandi unità, in aggiunta ai reparti organici. **2** (*ling.*) Detto di forma che sostituisce le forme mancanti in una serie difettiva. || **suppletivaménte**, avv.

suppletòrio [vc. dotta, dal lat. mediev. *suppletōriu(m)*, dal classico *supplētus*, part. pass. di *supplēre* 'supplire'] agg. ● Suppletivo: *prova suppletoria* | (*dir.*) *Giuramento s.*, nel processo civile, giuramento deferito d'ufficio a una parte dall'organo giudicante per decidere la causa quando le prove non sono sufficienti.

supplì [vc. rom., adattamento del fr. *surprise* 'sorpresa' (con allusione al ripieno)] s. m. inv. ● Crocchetta di riso variamente farcita con carne, rigaglie, mozzarella.

sùpplica [da *supplicare*] s. f. **1** Atto del supplicare: *parole, tono di s.* | Umile preghiera, solitamente esposta per iscritto, con cui si chiede q.c.: *rivolgere, presentare, una s. a qc.*; *sottoscrivere una s.*; *parole, tono, di s.* **2** Preghiera cattolica per ottenere grazia, rivolta a Dio, alla Madonna o ai Santi, come intermediatori.

supplicànte **A** part. pres. di *supplicare*; anche agg. ● Nel sign. del v. **B** s. m. e f. ● Chi supplica. SIN. Supplice.

supplicàre [vc. dotta, dal lat. *supplicāre*, di *sŭpplex*, genit. *sŭpplicis* 'supplice'] v. tr. e intr. (*io sùpplico, tu sùpplichi*; aus. *avere*) ● Pregare umilmente, chiedere con fervore e umiltà: *s. Dio, il papa*; *s. Dio che, perché, faccia la grazia*; *s. qc. di una grazia*; *ti supplico di ascoltarmi*; *supplicò al padre e agli altri cardinali che ... gli concedessero la facoltà di lasciar la dignità e l'abito* (GUICCIARDINI).

supplicàto part. pass. di *supplicare*; anche agg. ● Nel sign. del v.

supplicatóre [vc. dotta, dal lat. tardo (eccl.) *supplicatōre(m)*, da *supplicātus* 'supplicato'] s. m. (f. *-trice*) ● (*raro*) Chi supplica.

supplicatòrio [da *supplicare*] agg. ● Che ha carattere, forma, di supplica.

supplicazióne [vc. dotta, dal lat. *supplicatiōne(m)*, da *supplicātus* 'supplicato'] s. f. **1** †Supplica | †Domanda di grazia o sim. rivolta a un'autorità. **2** Presso gli antichi Romani, cerimonia solenne con banchetto pubblico, processione e sacrifici, per stornare gli effetti funesti della collera degli dèi o per ringraziare gli dèi stessi.

sùpplice [vc. dotta, dal lat. *sŭpplice(m)*, comp. di *sŭb* 'sub-' e di un corradicale di *plicāre* 'piegare'. V. *semplice, duplice*] **A** agg. ● (*lett.*) Che supplica, chiede grazia, prega, e sim.: *sguardo s.*; *occhi supplici*; *persone supplici*. **B** s. m. e f. ● Chi supplica. SIN. Supplicante.

supplichévole [da *supplicare*] agg. ● Che supplica, che ha tono di supplica: *uno sguardo s.*; *parole supplichevoli*. || **supplichevolménte**, avv.

†**supplìcio** ● V. *supplizio*.

suppliménto s. m. **1** (*raro*) Modo e atto del supplire. **2** †Supplemento.

supplìre [vc. dotta, dal lat. *supplēre* 'completare', comp. di *sŭb* 'sub-' e *plēre* 'riempire', di origine indeur. V. (*ri*)*empire*] **A** v. intr. (*io supplìsco, tu supplìsci*; aus. *avere*) **1** Provvedere a colmare una lacuna, una mancanza, a sopperire a un difetto: *s. con la simpatia alla scarsa bellezza*; *talvolta la buona volontà supplisce al poco ingegno*; *il mondo popolare dell'immaginazione che suppliva alla scienza* (DE SANCTIS). **2** †Adempiere, soddisfare un'obbligazione: *s. a un debito*. **3** †Bastare: *s. a una necessità*. **B** v. tr. ● Sostituire temporaneamente in un ufficio il titolare assente: *supplisco l'insegnante di latino*.

†**supplitóre** s. m.; anche agg. (f. *-trice*) ● Chi, che supplisce.

suppliziàre [da *supplizio*] v. tr. (*io supplìzio*) ● (*raro*) Sottoporre a supplizio, tormentare con supplizi.

supplìzio o †**supplìcio** [vc. dotta, dal lat. *supplĭciu(m)* 'atto di ammenda' poi 'tormento, pena', da *sŭpplex*, genit. *sŭpplicis* 'supplice'] s. m. **1** Pena, tormento, grave castigo corporale: *il s. della crocifissione, della flagellazione*; *sottoporre qc. a un atroce s.* | *S. di Tantalo*, nel mito greco, quello inflitto a Tantalo, costretto a soffrire perpetuamente la fame e la sete senza poter toccare le bevande e il cibo a portata di mano; (*est., fig.*) desiderio ardente, e sempre deluso, di un bene che pare vicino | *L'estremo s., l'ultimo s., il s. capitale*, la pena di morte | Pena di morte: *essere condotto al s.* **2** (*fig.*) Tormento, patimento fisico o morale: *stare con voi è un s.*; *assistere alla scena fu un s. per me*; *questo vestito stretto è un s.*; *il mio s. / è quando / non mi credo / in armonia* (UNGARETTI).

supponènte **A** part. pres. di *supporre*; anche agg. ● Nei sign. del v. **B** agg.; anche s. m. e f. ● Che, chi, nei modi e nell'aspetto, dimostra una fierezza sdegnosa e arrogante.

supponènza [da *supponente*] s. f. ● Fierezza sdegnosa e arrogante.

supponìbile [da *suppōnere* 'supporre'] agg. ● Che si può supporre.

suppórre [vc. dotta, dal lat. *suppōnere*, propriamente 'porre (*pōnere*) sotto (*sŭb*)'] v. tr. (coniug. come *porre*) **1** Supplire alla verità o alla realtà non conosciute con un'ipotesi, immaginare che q.c. sia accaduto o possa accadere in un determinato modo: *suppongo che sia come dici tu*; *supponiamo che questo sia vero*; *suppongo che tu non sia d'accordo*; *l'avvocato suppone la vostra colpevolezza*; *spesso mi sono ingannato, supponendo nella gente sentimenti troppo delicati* (DE SANCTIS). **2** †Porre sotto. **3** †Sostituire, scambiare, una persona con un'altra.

†**supportàre (1)** ● V. *sopportare*.

supportàre (2) [adattamento dell'ingl. *to support* 'sostenere'] v. tr. (*io suppòrto*) **1** Fornire, dotare di un supporto. **2** (*fig.*) Sostenere, appoggiare, incoraggiare.

supporter /ingl. səˈpɔːtə*/ [vc. ingl., da *to support* 'sostenere'] s. m. inv. ● (*sport*) Tifoso, sostenitore.

suppòrto o (*raro*) **soppòrto (1)** [dal fr. *support*, da *supporter* 'sopportare'] s. m. **1** (*mecc.*) Organo di macchina contenente il cuscinetto cui si appoggia il perno di un albero. **2** (*est.*) Ciò che è destinato a sostenere q.c., a portare q.c. su di sé (*anche fig.*): *la tela è il s. del dipinto*; *la colonna sonora è stata un ottimo s. al film*. **3** Nastro magnetico o pellicola fotocinematografica, considerati senza l'emulsione magnetica o fotosensibile. **4** Nei sistemi di trattamento automatico delle informazioni, il mezzo fisico, costituito da schede meccanografiche, bande perforate, nastri o dischi magnetici e sim., sul quale i dati vengono registrati e che ne consente il trattamento.

suppositìvo [vc. dotta, dal lat. tardo *suppositīvu(m)*, da *suppŏsitus* 'supposito'] agg. ● (*raro*) Che si suppone, che si ammette per supposizione. || **suppositivaménte**, avv. Congetturalmente.

suppositìzio [vc. dotta, dal lat. *supposicīciu(m)*, da *suppŏsitus* 'supposito, sostituito'] agg. ● (*raro*) Che non è vero ma viene presentato come tale.

†**suppòsito** **A** part. pass. di *supporre*; anche agg. ● Nei sign. del v. **B** s. m. (f. *-a*, raro) ● Persona sostituita ad altra.

suppositòrio [agg. sost. dal tardo lat. *suppositōriu(m)*, da *suppŏsitus* 'supposito'] s. m. ● Forma medicamentosa da introdurre nelle cavità naturali del corpo: *s. rettale*, supposta | *S. uretrale*, candeletta | *S. vaginale*, ovulo.

supposizióne [vc. dotta, dal lat. *suppositiōne(m)*, propriamente 'il metter sotto', da *suppŏsitus* 'supposito'] s. f. **1** Atto del supporre | Ciò che si suppone: *fare una s.*; *è una semplice s.*; *s. falsa, inverosimile, assurda*. **2** Atto del presentare come vero ciò che non è tale | *S. di stato*, reato di chi fa figurare nei registri dello stato civile una nascita inesistente. **3** †Scambio, sostituzione di persona. **4** Nella logica terministica medievale, significato che un termine può assumere in una proposizione. || **supposizioncèlla**, dim.

suppòsta [f. sost. di *supposto*] s. f. ● Suppositorio rettale.

suppósto **A** part. pass. di *supporre*; anche agg. ● Nei sign. del v. **B** s. m. ● (*raro*) Ciò che si suppone: *ha negato il s.*

suppuraménto [da *suppurare*] s. m. ● (*raro*) Suppurazione.

suppuràre [vc. dotta, dal lat. *suppurāre*, comp. di *sŭb* 'sub-' e di un denominale di *pūs*, genit. *pūris* 'pus'. V. *pus*] v. intr. (aus. *avere* o *essere*) ● Venire a suppurazione.

suppurativo [da *suppurare*] agg. ● Atto a promuovere la suppurazione.

suppurazióne [vc. dotta, dal lat. *suppuratiōne(m)*, da *suppurātus* 'suppurato'] s. f. ● Processo infiammatorio caratterizzato dalla formazione di pus.

suppu̇tàre [vc. dotta, dal lat. *supputāre*, comp. di *sŭb* 'sub-' e *putāre* 'calcolare'] v. tr. (*io sùpputo*) ● (*raro, lett.*) Sommare, computare.

†**supputazióne** [vc. dotta, dal lat. tardo *supputatiōne(m)*, da *supputāre* 'computare'] s. f. ● Calcolo, computo.

suprèma s. f. ● Adattamento di *suprême* (V.).

suprematismo s. m. ● Movimento artistico, sviluppatosi durante e dopo la prima guerra mondiale, basato sulla più completa semplificazione degli elementi figurativi fino a giungere a una combinazione di elementi geometrici.

suprematista [da *supremazia*] s. m. e f.; anche agg. (pl. m. *-i*) ● Chi, che si riferisce al suprematismo: *quadro s.*

supremazia [dal fr. *suprématie*, che è dall'ingl. *supremacy*, da *supreme* 'supremo'] s. f. ● Autorità assoluta, predominio, preminenza sugli altri: *la s. dello stato*; *avere la s.*

suprême /fr. sy'prɛm/ [vc. fr.: uso sost. dell'agg. *suprême* 'supremo'] **A** s. f. inv. ● La parte più tenera del petto di pollo o di tacchino, variamente cucinabile. **B** in funzione di agg. inv. ● (posposto al s.) *Salsa s.*, preparata con salsa vellutata e panna liquida.

suprèmo [vc. dotta, dal lat. *suprēmu(m)*, sup. di *sŭperus* 'superiore'] agg. **1** (*lett.*) Che è posto più in alto di ogni altra cosa. **2** (*fig.*) Sommo, massimo: *capo s.*; *il s. potere*; *la suprema potestà*; *tribunale, comando s.* | *Corte suprema*, la Corte di Cassazione quale organo giurisdizionale di ultima istanza | *Ente s.*, Dio. **3** (*fig.*) Estremo, ultimo: *le supreme parole di chi muore* | *L'ora suprema*, quella della morte | *Il giudizio s.*, quello finale. || **supremaménte**, avv. In modo supremo, sommamente.

†**sur** [dal lat. *sŭper* 'sopra'] prep. (tuttora in uso, sia pur raro, davanti a parola che cominci per *u*) ● Su, sopra.

sur- [pref. orig. fr., dal lat. *sŭper* 'sopra'] primo elemento ● In parole composte, equivale a 'sovra-', 'sopra-', 'super-', 'sor-' e indica superamento di un limite o eccesso (*suralimentazione, surgelare, surriscaldamento*).

sùra (1) [dall'ar. *sūrah* 'sequenza'] s. f. ● Ognuno dei centoquattordici capitoli del Corano.

sùra (2) o **surà** s. m. inv. ● Adattamento di *surah* (V.).

sùra (3) [vc. dotta, lat. *sūra(m)*, priva di etim.] s. f. ● (*anat.*) Polpaccio della gamba.

-sùra ● V. *-tura*.

surah /ingl. 'suərə/ [vc. ingl., da *Surat*, località dell'India dove veniva lavorato il prodotto] s. m. inv. ● Tipo di tessuto molto morbido, in seta o cotone.

suràle [da *sura (3)*] agg. ● (*anat.*) Di, relativo alla sura.

suralimentazióne [comp. di *sur-* e *alimentazione*, sul modello del fr. *suralimentation*] s. f. ● Sovralimentazione.

surclassàre [comp. di *sur-* e di un denominale di *classe*, sul modello del fr. *surclasser*] v. tr. **1** In gare sportive, sconfiggere un avversario con schiacciante superiorità. **2** (*est.*) Rivelarsi notevolmente superiore ad altri in q.c.: *nel ballo surclassa tutti noi*.

surcompressióne [comp. di *sur-* e *compressione*] s. f. ● Aumento del rapporto volumetrico di compressione di un motore a carburazione. SIN. Sovracompressione.

surcomprèsso [comp. di *sur-* e *compresso*] agg. ● Detto di motore a carburazione che funziona in regime di surcompressione.

surcontràre [fr. *surcontrer*, da *surcontre* (V.)] v. tr. (*io surcóntro*) ● Nel bridge, dichiarare il surcontre.

surcontre /fr. syr'kɔ̃tr/ [vc. fr., comp. di *sur* 'sopra, oltre' e *contre* 'contro'] s. m. inv. ● Nel bridge, conferma di una dichiarazione cui è stato opposto il contre.

surf /ingl. səːf/ [vc. angloamericana, ricavata da *surf-board*, comp. di *surf* 'frangente, cresta dell'onda' e *board* 'asse' (d'orig. germ.)] s. m. inv. **1** Ballo moderno nordamericano. **2** (*sport*) Tavola lunga e stretta, di legno o materia plastica, su cui si sta in piedi facendo velocissime planate trascinati dalle onde del mare | Lo sport praticato con tale tavola. SIN. Tavola da salto. **3** (*sport*) Acrt. di *windsurf*.

surfactànte o **surfattànte** [ingl. *surfactant*, da *surf(ace) act(ive) a(ge)nt* 'agente superficialmente attivo'] s. m.; anche agg. ● (*chim.*) Tensioattivo.

surf-boat /ingl. 'səːf bout/ [vc. ingl., comp. di *surf* 'frangente' e *boat* 'barca'] s. f. inv. ● (*mar.*) Robusta imbarcazione dotata di notevole galleggiabilità, con poppa e prua rialzate e fondo piatto, adatta per prendere terra o il largo sulle coste oceaniche battute dai frangenti.

surf-casting /ingl. 'səːf-kaːstiŋ/ [vc. angloamericana, comp. di *surf* (V.) e *casting*, da *to cast* 'lanciare, gettare', di etim. incerta] s. m. inv. ● Pesca d'altura praticata direttamente dalla riva mediante canne con lenze lunghissime.

surfer /ingl. 'səːfə*/ [vc. ingl., da *surf* (V.)] s. m. e f. inv. ● Surfista.

surfing /ingl. 'səːfiŋ/ [vc. ingl., da *surf* (V.)] s. m. inv. ● Sport praticato con il surf.

surfista [da *surf*] s. m. e f. (pl. m. *-i*) ● Chi pratica lo sport del surf.

surgelaménto [da *surgelare*] s. m. ● Atto, effetto del surgelare.

surgelàre [comp. di *sur-* e *gelare*] v. tr. (*io surgèlo*) ● Congelare rapidamente prodotti alimentari a bassissima temperatura per consentirne una prolungata conservazione a –18 °C fino al momento del consumo.

surgelàto [comp. di *sur-* e *gelato*, v. il fr. *surgelé*, sul modello dell'ingl. *deep-frozen* 'profondamente gelato'] **A** agg. ● Detto di alimento conservato mediante surgelamento. **B** anche s. m.: *vendita di surgelati*.

surgelazióne s. f. ● Atto, effetto del surgelare.

†**sùrgere** e *deriv.* ● V. *sorgere (1)* e *deriv.*

suriettìvo [fr. *surjectif*, da *surjection* 'applicazione suriettiva', comp. di *sur-* 'sur-' e *(in)jection* 'iniezione'] agg. ● (*mat.*) Che soddisfa alla definizione di suriezione.

suriezióne s. f. ● (*mat.*) Applicazione fra due insiemi tale che ogni elemento del secondo sia immagine d'un elemento, almeno, del primo | Applicazione d'un insieme su un altro.

surmenage /fr. syrmə'naʒ/ [vc. fr., propriamente 'strapazzo', da *surmener* 'sovraffaticare', comp. di *sur-* e *mener* 'trascinare, condurre'] s. m. inv. **1** Condizione di chi è sovraffaticato. **2** (*sport*) Superallenamento.

surmolòtto o **surmulòtto** [fr. *surmulot*, comp. di *sur-* 'sur-' e *mulot* 'topo campagnolo' (vc. d'origine francone)] s. m. ● Specie di grosso topo battagliero e robusto, diffuso in tutto il mondo (*Rattus norvegicus*). SIN. Ratto delle chiaviche, topo di chiavica.

surplace /fr. syr'plas/ o **sur-place** /fr. syr'plas/ [vc. fr., propriamente 'sul (*sur*) posto (*place*)'] s. m. inv. ● (*sport*) Nelle gare ciclistiche di velocità su pista, posizione di quasi assoluta immobilità, in equilibrio sulla bicicletta ferma, studiando l'avversario in attesa di scattare | *Lasciare s.*, nel calcio e nella pallacanestro, sfuggire di scatto all'avversario senza dargli la possibilità di reagire.

surplus /fr. syr'ply/ [vc. fr., comp. di *sur* 'sur-' e *plus* 'più'] s. m. inv. **1** (*econ.*) Eccesso di produzione sul consumo, di offerta sulla domanda, di crediti sui debiti. **2** (*gener.*) Soprappiù, residuo.

sùrra [deriv., attraverso l'ingl. *surra*, dal maratto *sūra* 'soffio asmatico'] s. f. ● Malattia dovuta a un tripanosoma, che colpisce cammelli, cavalli, buoi, cani, diffusa in India, Cina, Iran.

surreàle [comp. di *sur-* e *reale*. V. *surrealismo*] agg. ● Che evoca il mondo dell'inconscio, dell'intimità psicologica: *atmosfera, mondo, s.*

surrealìsmo [dal fr. *surréalisme*, comp. di *sur-* e *réalisme* 'realismo': 'superamento del realismo'] s. m. ● Movimento artistico e letterario, sorto in Francia fra le due guerre mondiali, caratterizzato da una negazione degli strumenti espressivi tradizionali della ragione, in favore di registrazioni istintive o metaforiche di automatismi psichici, di stati onirici o ipnotici, nel quadro di una realtà sovente avvertita come labirinto retto dall'assurdo e da una dialettica di crudeltà fra gli uomini.

surrealista [dal fr. *surréaliste*, da *surréalisme*, con *-iste* '-ista'] **A** s. m. e f. (pl. m. *-i*) ● Chi segue il surrealismo. **B** agg. ● Surrealistico.

surrealìstico agg. (pl. m. *-ci*) ● Che si riferisce al surrealismo e ai surrealisti.

surrenàle [dal fr. *surrénal*, comp. di *sur-* e *rénal* 'renale'. V. *renale*] agg. ● Del surrene | *Ghiandola s.*, posta sul polo superiore di ciascun rene. ➡ ILL. p. 365 ANATOMIA UMANA.

surrène [comp. di *sur-* e *rene*. V. *surrenale*] s. m. ● (*anat.*) Ghiandola surrenale.

surrettìzio o †**sorrettìzio** [vc. dotta, dal lat. *subreptīciu(m)*, da *subrēptus*, part. pass. di *subrēpere* 'strisciare (*rēpere*) sotto (*sŭb*)'] agg. **1** Nel linguaggio giuridico, detto di ciò che si ottiene tacendo intenzionalmente qualche circostanza essenziale: *grazia surrettizia*. **2** (*filos.*) Detto di concetto contrario o difforme rispetto all'esattezza delle conclusioni o alla coerenza dei principi e dei criteri di un ragionamento, di un'argomentazione e sim. **3** (*est.*) Detto di ciò che si compie od ottiene con furtività e reticenza, di nascosto, tenendone volutamente all'oscuro chi dovrebbe o vorrebbe invece saperlo: *manovra, macchinazione surrettizia*. || **surrettiziaménte**, avv. In modo surrettizio.

surrezióne [vc. dotta, lat. *subreptiōne(m)*, da *subrēpere*. V. *surrettizio*] s. f. **1** (*dir.*) Acquisizione di una grazia, privilegio e sim. tacendo ciò che vi si potrebbe opporre. **2** (*est., raro*) Reticenza.

surricordàto [comp. di *su* e *ricordato*] agg. ● Ricordato sopra, precedentemente.

surriferìto [comp. di *su* e *riferito*] agg. ● Riferito sopra, precedentemente.

surriscaldaménto [da *surriscaldare*] s. m. ● (*fis.*) Somministrazione di calore al vapore per portarlo dallo stato di vapore saturo sino a quello di vapore surriscaldato.

surriscaldàre [comp. di *sur-* e *riscaldare*, sul modello del fr. *surchauffer*] **A** v. tr. **1** Riscaldare eccessivamente, o oltre un certo limite. **2** (*fis.*) Sottoporre a surriscaldamento. **B** v. intr. pron. ● Diventare eccessivamente caldo: *il motore si è surriscaldato*.

surriscaldàto part. pass. di *surriscaldare*; anche agg. **1** Nei sign. del v. **2** (*fis.*) Detto di vapore che ha raggiunto una temperatura superiore a quella di saturazione. **3** Riscaldato eccessivamente, detto spec. di motore. **4** (*fig.*) Pieno di nervosismo, di agitazione: *l'incontro si svolse in un'atmosfera surriscaldata*.

surriscaldatóre [da *surriscaldare*] s. m. ● (*tecnol.*) Apparecchio che, nella caldaia, serve a produrre vapore surriscaldato.

sùrroga [da *surrogare*] s. f. ● (*dir.*) Surrogazione.

surrogàbile agg. ● Che si può surrogare | *Bene s.*, bene supplementare.

surrogabilità s. f. ● Qualità di ciò che è surrogabile.

surrogaménto [da *surrogare*] s. m. ● Surrogazione.

surrogàre o †**sorrogàre**, †**subrogàre** [vc. dotta, dal lat. *subrogāre*, comp. di *sŭb* 'sub-' e *rogāre* 'chiedere'. V. *rogare*] v. tr. (*io surrògo* o *sùrrogo, tu surròghi* o *sùrroghi*) **1** Mettere qc. o q.c. in luogo di altra persona o cosa: *s. un bene con un altro*; *s. un bene a un altro*. **2** Subentrare ad altri in un ufficio, un impiego, e sim.: *s. un insegnante*.

surrogàto o †**sorrogàto** **A** part. pass. di *surrogare*; anche agg. **1** Nei sign. del v. **2** *Bene s.*, bene supplementare. **B** s. m. **1** Prodotto alimentare di minor valore usato al posto di un altro genuino: *l'orzo tostato è un s. del caffè*. SIN. Succedaneo. **2** (*est., gener.*) Ciò che sostituisce un'altra cosa in modo incompleto, imperfetto: *questo è un s. di cultura*.

surrogatòrio [da *surrogare*] agg. ● (*dir.*) Che vale a surrogare | *Imposta surrogatoria*, che tende a colpire beni sfuggiti all'applicazione delle imposte indirette su trasferimenti | *Azione surrogatoria*, o (*ell.*) *surrogatoria*, diritto di sostituirsi al proprio debitore, per assicurarsi la soddisfazione del proprio credito, nell'esercizio dei diritti patrimoniali che questi vanta verso terzi e che trascura di far valere.

surrogazióne [vc. dotta, dal lat. tardo (eccl.) *subrogatiōne(m)*, da *subrogātus* 'surrogato'] s. f. **1** Atto, effetto del surrogare. **2** (*dir.*) Subentro del terzo adempiente nel diritto del creditore soddisfatto: *s. dell'assicuratore*; *pagamento con s.* | *S. reale*, mutamento dell'oggetto del rapporto obbligatorio per sostituzione della cosa o della prestazione con un'altra | *S. del creditore perdente*, subingresso di un creditore ipotecario nell'ipoteca di un altro creditore che lo precede nell'ordine delle ipoteche e che è stato soddisfatto.

survival /*ingl.* sə'vaivəl/ [vc. ingl., da *to survive* 'sopravvivere'] s. m. inv. ● Sorta di disciplina sportiva che fa sperimentare a chi la pratica le proprie capacità di sopravvivenza in un ambiente naturale ostile e con un equipaggiamento che non prevede nessun tipo di supporto tecnologico: *corsi, gare di s.*

survivalìsmo [da *survival*, come l'ingl. *survivalism*] s. m. ● Pratica del survival.

survivalista s. m. e f. (pl. m. *-i*) ● Chi pratica il survival.

survivalìstico agg. (pl. m. *-ci*) ● Che riguarda il survivalismo | Da survivalista.

survoltàre [comp. di *sur-* e *voltare*, da *volt*] v. tr. (*io survòlto*) ● (*elettr.*) Aumentare il valore di una tensione.

survoltàto part. pass. di *survoltare*; anche agg. *1* Nei sign. del v. *2 Lampada survoltata*, lampada a incandescenza per illuminazione fotocinematografica, con rendimento luminoso più alto del normale.

survoltóre [comp. di *sur-* e di un deriv. di *volt*, sul modello del fr. *survolteur*] s. m. ● (*elettr.*) Dispositivo che consente di aumentare il valore di una tensione.

suscettànza [dal lat. *suscĕptu(m)* part. pass. di *suscĭpere* 'ricevere'] s. f. ● (*elettr.*) Parte immaginaria dell'ammettenza, che determina lo sfasamento in quadratura della corrente che vi circola rispetto alla tensione applicatavi.

suscettìbile [vc. dotta, dal lat. tardo *susceptĭbile(m)*, da *suscĕptus*, part. pass. di *suscĭpere* 'prendere su di sé'; per calco sul fr. *susceptible* nel sign. 2] agg. *1* Capace di subire alterazioni, modificazioni: *beni suscettibili di pignoramento. 2* Eccessivamente sensibile nell'amor proprio, facile a risentirsi, a offendersi: *è un tipo molto s.* SIN. Permaloso.

suscettibilità [da *suscettibile*] s. f. ● Qualità o condizione di chi è suscettibile: *offendere la s. di qc.*

suscettività [da *suscettivo*] s. f. *1* (*raro*) Qualità di ciò che è suscettivo. *2* (*fis.*) *S. magnetica*, attitudine di un corpo a magnetizzarsi, espressa dal quoziente fra l'intensità di magnetizzazione e quella del campo magnetico che la produce | *S. elettrica*, attitudine di un corpo a polarizzarsi, espressa dal rapporto fra la polarizzazione e il prodotto della permettività del moto per il campo elettrico.

suscettìvo [dal lat. tardo *susceptīvu(m)*, da *suscĕptus* (V. *suscettibile*)] agg. ● (*filos.*) Atto a ricevere determinazioni, attributi e sim.

suscitaménto s. m. ● (*raro*) Atto del suscitare.

suscitàre (1) [vc. dotta, dal lat. *suscitāre*, comp. di *sŭ(b)s* 'all'insù' e *citāre*, ints. di *ciēre* 'muovere'] v. tr. (*io sùscito*) *1* Far sorgere, far levare su in alto (*spec. fig.*). *2* (*fig.*) Eccitare, destare, provocare: *s. ira, discordia in qc.*; *s. una lite*; *s. il riso.*

†**suscitàre (2)** [da *resuscitare*] **A** v. tr. ● Resuscitare. **B** v. intr. ● Resuscitare | Risorgere, levarsi.

suscitatóre [dal lat. tardo *suscitatōre(m)*, da *suscitātus* 'suscitato'] s. m.; anche agg. (f. *-trice*) ● Chi, che suscita.

†**suscitazióne** [vc. dotta, dal lat. tardo *suscitatiōne(m)*, da *suscitātus* 'suscitato'] s. f. ● Risuscitazione.

sushi /'suʃʃi, *giapp.* su'ʃi/ [vc. giapp.] s. m. inv. ● (*cuc.*) Piatto giapponese a base di pesce crudo e salse.

susina o **suṣina** [f. sost. di *susino*, da *Susa*, città persiana] s. f. ● Frutto del susino con polpa di diversa consistenza, buccia sottile e pruinosa, nocciolo duro e seme amaro. SIN. Prugna. || **susinétta**, dim.

susino o **suṣino** [da *Susa*. V. *susina*] s. m. ● Alberetto delle Rosacee con foglie ovali seghettate e rugose, fiori bianchi o rosa a coppie (*Prunus domestica*). SIN. Prugno.

†**sùso** o †**sóso** [lat. *sūsu(m)*, ant. *sūrsum*, da **subvŏrsum* 'in su, verso l'alto'] avv. ● Su: *s. in Italia bella giace un laco* (DANTE *Inf.* XX, 61).

†**susórno** [da †*suso*] s. m. *1* (*raro*) Suffumigio. *2* Colpo dato sul capo.

suspense /'saspens, *ingl.* səs'pens, *fr.* sœs'pɛns/ [vc. ingl., dal fr. (*en*) *suspens* '(in) sospeso', dal lat. *suspēnsu(m)*, part. pass. di *suspĕndere* 'sospendere'] s. f., raro m., inv. ● Stato di ansia e di attesa provocato dall'intreccio avventuroso di un dramma di cui non si sa immaginare la fine, dall'esito incerto di un avvenimento, e sim.: *un film ricco di s.*

†**suspensióne** ● V. *sospensione*.

suspezióne ● V. *suspicione*.

†**suspicàre** ● V. †*sospicare*.

suspicióne o **suspezióne**, **suspizióne** [vc. dotta, dal lat. *suspiciōne(m)*, da *suspĭcere* 'guardare (*spĕcere*) dal sotto in su (*sŭ(b)s*)'] s. f. *1* †Sospetto, timore: *sono l'opere virtuose quelle nelle quali si trova niuna suspizione ... di disonestà* (ALBERTI). *2* (*dir.*) *Legittima s.*, (*ell.*) *suspicione*, sospetto che l'opinione pubblica possa influire sulla decisione del giudice penale, data la particolare gravità di un reato e la particolare situazione locale.

†**suspiràre** e *deriv.* ● V. *sospirare* e *deriv.*

suspizióne ● V. *suspicione*.

sussecutìvo [dal lat. *subsecūtum*, part. pass. di *sŭbsequi* 'seguire', sul modello di *consecutivo*] agg. ● (*raro*) Susseguente, successivo. || **sussecutivaménte**, avv. Di seguito.

susseguènte o †**sussequènte**. part. pres. di *susseguire*; anche agg. ● Nei sign. del v. || **susseguenteménte**, avv. Successivamente, dopo.

†**sussegùenza** [da *susseguente*] s. f. ● Ordine del susseguire | *Per s.*, per conseguenza.

susseguìre [vc. dotta, dal lat. *sŭbsequi* 'seguire (*sĕqui*) sotto (*sŭb*)', sul modello di *seguire*] **A** v. tr. e intr. (*io sussèguo*; aus. intr. *essere*) ● Seguire, venire dopo, come conseguenza: *il tuono susseguе il lampo*; *il tuono sussegue al lampo*; *dal fatto sussegue che tu hai torto.* **B** v. rifl. rec. ● Verificarsi, venire a breve distanza l'uno dall'altro: *gli assalti si susseguirono con molta frequenza.*

†**sussequènte** ● V. *susseguente*.

sùssi [dall'ant. fr. (*jeu a*) *sous* '(gioco di) soldi', dal lat. *sŏlidos* 'soldi'] s. m. ● Gioco di ragazzi consistente nel cercar di colpire una moneta posta su un sasso ritto | (*est.*) La pietra su cui si mette la moneta | (*fig., fam.*) *Essere il s.*, essere il bersaglio delle maldicenze, delle burle altrui; (*est.*) non avere alcuna autorità.

†**sussidènza** [vc. dotta, dal lat. *subsidēntia(m)*, da *subsīdere* 'abbassarsi (*sīdere*) giù (*sŭb*)'] s. f. *1* Posatura, accumulo. *2* (*geol.*) V. *subsidenza*.

sussidiàre [vc. dotta, dal lat. *subsidiāri* 'accorrere di rinforzo', da *subsĭdium* 'riserva, sussidio'] v. tr. (*io sussìdio*) ● Aiutare con un sussidio, dotare di un sussidio: *s. una famiglia bisognosa*; *s. gli alluvionati.*

sussidiàrio [vc. dotta, dal lat. *subsidiāriu(m)*, da *subsĭdiu(m)* 'sussidio'] **A** agg. ● Che è di sussidio, di aiuto e sim.: *esercito s.*; *mezzi sussidiari* | *Fermata sussidiaria*, quella, poco distante dalla fermata normale di un mezzo pubblico, che quest'ultimo può utilizzare qualora si verifichi la contemporanea fermata di più vetture | *Segnali sussidiari*, per richiamare l'attenzione del macchinista di un treno | *Naviglio s.*, destinato non a combattere, ma a fornire vari servizi logistici alle proprie forze navali. || **sussidiariaménte**, avv. **B** s. m. ● Libro di testo comunemente adottato, insieme al libro di lettura, nel secondo ciclo della scuola elementare che contiene i primi elementi di tutte le materie d'insegnamento.

sussidiàto part. pass. di *sussidiare*; anche agg. *1* Nel sign. del v. *2 Scuole sussidiate*, quelle istituite da enti o da privati con finanziamento statale, in località in cui il numero degli scolari non raggiunge le quindici unità.

sussidiatóre s. m.; anche agg. (f. *-trice*) ● Chi, che sussidia: *ente s.*

sussìdio [vc. dotta, dal lat. *subsĭdiu(m)* 'riserva, soccorso', da *subsīdere* 'fermarsi, appostarsi'. V. *sussidenza*] s. m. *1* Aiuto, soccorso: *mandare truppe in s. alla città, della città*; *ho svolto il tema con il s. di un dizionario*; *sussidi bibliografici, scientifici* | *Sussidi didattici*, l'insieme del materiale utile per l'insegnamento nelle scuole elementari e medie | *Sussidi audiovisivi*, mezzi radiofonici, cinematografici, e sim., utili per l'insegnamento. *2* Sovvenzione in denaro, finanziamento: *chiedere, concedere, ottenere, un s.*; *presentare domanda di s.*; *s. di disoccupazione*; *s. dello Stato. 3* (*spec. al pl.*) †Truppe ausiliarie, corpo di riserva. *4* †Suggestione.

†**sussiegàto** [da *sussiego*. Cfr. lo sp. *sosegado*] agg. ● Sussiegoso.

sussiègo [dallo sp. *sosiego* 'calma, contegno', da *sosegar* 'calmare', da un ant. *sessegar*, lat. parl. **sessicāre*, da *sedēre* 'star seduto'] s. m. (pl. *-ghi*) ● Aspetto, contegno, dignitoso e sostenuto, non privo di una certa affettazione d'importanza: *stare, mettersi, in s.*; *aria di s.*; *parlare con s.*

sussiegóso agg. ● Pieno di sussiego.

sussistènte part. pres. di *sussistere*; anche agg. ● Nei sign. del v.

sussistènza [vc. dotta, dal lat. tardo *subsistēntia(m)*, da *subsīstens*, genit. *subsistēntis* 'sussistente'] s. f. *1* Il sussistere | Esistenza reale e attuale. *2* (*filos.*) L'esistere, indipendentemente dal soggetto pensante. *3* (*filos.*) L'esistere come sostanza | Sostanza. *4* Ciò che è necessario per il sostentamento: *mezzi di s. 5* Tutto ciò che occorre per il sostentamento delle truppe | Branca del commissariato militare, destinata ad assicurare in pace e in guerra il vettovagliamento delle truppe: *uffici, magazzini, di s.*; *essere addetto alla s.*

sussìstere o (*raro*) †**subsistere** [vc. dotta, dal lat. *subsīstere* 'fermarsi, tener saldo', comp. di *sŭb* 'sub-' e *sīstere*, ints. di *stāre* 'stare'] v. intr. (pass. rem. *io sussistéi* o *sussistètti*, *tu sussistésti*; aus. *essere*, raro *avere*) *1* Esistere, essere: *il fatto non sussiste* | Essere fondato, aver peso, valore, reale consistenza: *sono motivi che non sussistono. 2* (*filos.*) Esistere indipendentemente dal soggetto pensante. *3* †Reggere, resistere.

sussultàre [vc. dotta, dal lat. *subsultāre*, comp. di *sŭb* 'sub-' e *saltāre* 'saltare'] v. intr. (aus. *avere*) *1* Sobbalzare con moto subitaneo, spec. per improvvisa emozione: *s. di spavento*; *s. per la gioia. 2* Muoversi improvvisamente, spec. dal basso verso l'alto: *il pavimento sussultò sotto di noi.*

sussùlto [da *sussultare*] s. m. ● Atto, effetto del sussultare: *avere, dare, un s.* | Scossa: *la terra ebbe un s.*

sussultòrio [da *sussulto*] agg. ● Che dà sussulti, che si manifesta con sussulti | *Terremoto s.*, terremoto provocato in prevalenza da onde che giungono perpendicolarmente alla superficie terrestre. CONTR. Ondulatorio.

sussùmere [comp. di *sub-* e *sumere*, dal lat. *sūmere* 'prendere'] v. tr. (pass. rem. *io sussùnsi*, *tu sussuméstì*; part. pass. *sussùnto*) *1* (*filos.*) Fare una sussunzione. *2* (*dir.*) Riferire un fatto specifico alla norma di legge che lo contempla.

sussunzióne [comp. di *sub-* e *sunzione*, sul modello del ted. *Subsumption*] s. f. ● Atto, effetto del sussumere | (*filos.*) Nella logica aristotelica, operazione mediante la quale, in un sillogismo, il termine medio si presenta come soggetto della premessa maggiore e predicato della premessa minore.

sussurraménto o †**susurraménto** [da *sussurrare*] s. m. ● Sussurro.

sussurràre o (*lett.*) **susurràre** [dal lat. *susurrāre*, da *susŭrrus* 'sussurro'] **A** v. tr. *1* Dire a bassa voce: *s. due parole all'orecchio di qc.* SIN. Bisbigliare. *2* Dire in segreto, con tono di riprovazione, critica, e sim.: *sussurrano certe cose sul suo conto ...!*; *si sussurra che sia fuggita di casa.* SIN. Mormorare. **B** v. intr. (aus. *avere*) *1* Mandare un rumore leggero e continuo: *le fronde sussurrano al vento*; *le acque del ruscello sussurrano*; *s. all'orecchio di qc. 2* Sparlare di nascosto, in segreto: *s. contro qc.*

sussurratóre o (*lett.*) **susurratóre** [dal lat. tardo *susurratōre(m)*, da *susurrātus* 'sussurrato'] s. m.; anche agg. (f. *-trice*) ● Chi, che sussurra.

†**sussurrazióne** o †**susurrazióne** [vc. dotta, dal lat. tardo *susurratiōne(m)*, da *susurrātus* 'sussurrato'] s. f. ● Atto, effetto del sussurrare.

sussurrìno [da *sussurrare*] s. m. (f. *-a*) ● (*raro, fam.*) Bambino, ragazzo, che è solito sussurrare.

sussurrìo o (*lett.*) **susurrìo** s. m. ● Atto del sussurrare continuo.

sussùrro o (*lett.*) **susùrro** [dal lat. *susŭrru(m)*, di origine indeur.] s. m. ● Atto del sussurrare | Suono leggero, continuo e indistinto: *il s. delle foglie, della voce di qc.*; *la sua voce si spense in un s.*;

mi parlò in un s.; di mille pioppe aerëe al s. / ombrano i buoi le chiuse (FOSCOLO).

susurróne [dal lat. tardo *susurrōne(m)*, da *susurrāre* 'sussurrare'] s. m. (f. *-a*) ● (*fam.*) Chi è solito sussurrare, con tono di riprovazione, critica, e sim.: *un certo Dandolo che aveva acquistato gran fama di s. nei crocchi più tempestosi* (NIEVO).

sùsta [dal lat. *suscitāre* 'sollevare, stimolare'. V. *suscitare*] s. f. **1** (*dial.*) Molla, spec. a spirale. **2** (*spec. al pl.*) Stanghette degli occhiali. **3** (*fig., dial.*) †Agitazione, movimento, nelle loc. *essere, mettere, in s.*

†**sustànte** [comp. di *su* e *stante*, part. pres. di *stare*] vc. ● (*raro*) Solo nella loc. avv. *in s.*, in piedi.

†**sustantìfico** [creato sul modello del lat. *substantīvus, substantiālis*, con cambio di suff. (*-fico*)] agg. ● (*raro*) Sostanziale.

†**sustantìvo** ● V. *sostantivo*.

†**sustànza** ● V. *sostanza*.

†**sustànzia** e *deriv.* ● V. *sostanza* e *deriv.*

†**sustentàre** ● V. *sostentare*.

†**sustitụìre** ● V. *sostituire*.

susurràre ● V. *sussurrare*.

susùrro e *deriv.* ● V. *sussurro* e *deriv.*

†**sùto** ● V. †*essuto*.

†**suttèndere** ● V. *sottendere*.

†**sutterfùgio** ● V. *sotterfugio*.

†**suttìle** ● V. *sottile*.

†**sùtto** ● V. *sotto*.

†**sutträrre** ● V. *sottrarre*.

sutùra [vc. dotta, dal lat. *sutūra(m)*, da *sūtus*, part. pass. di *sŭere* 'cucire', di origine indeur.] s. f. **1** (*anat.*) Articolazione fissa tra due ossa, con interposizione di tessuto fibroso: *s. cranica* | *S. coronale, coronaria*, che unisce l'osso frontale con le ossa parietali. **2** (*chir.*) Metodo di riunione dei margini di una ferita con fili o graffette metalliche. **3** (*raro, fig.*) Collegamento: *tra le due parti non c'è s.*

suturàle agg. ● Di sutura | Che forma una sutura.

suturàre v. tr. ● Sottoporre a sutura.

†**suvenìre** ● V. *sovvenire*.

†**sùvero** ● V. *sughero*.

su vìa /suv'via/ ● V. *suvvia*.

†**suvversióne** ● V. *sovversione*.

†**sùvvi** [comp. di *su* e *vi*] avv. ● (*ints., pleon.*) Sopra, su di esso, su di essa: *la scuccumedra con Agnolo s.* (SACCHETTI).

suvvìa o (*raro*) **su vìa** [comp. di *su* 'orsù' e *via*] inter. ● Esprime esortazione, incoraggiamento e sim. spec. con tono d'impazienza: *s., coraggio!*; *s.! calmatevi*; *s.! non c'è niente d'irreparabile*; *s., muoviamoci di qui!* SIN. Orsù.

suzióne [vc. scient. moderna, dal lat. *sūctus* (nom.), part. pass. di *sūgere* 'succhiare'. V. *suggere*] s. f. ● Complesso delle operazioni con cui il bambino succhia il latte dalla mammella.

suẓẓàcchera o **suzzàcchera**, †**ossiẓẓàcchera**, nel sign. 1 [dal gr. tardo *oxysákcharon*, comp. di *oxýs* 'acuto' e *sákcharon* 'zucchero'] s. f. **1** †Bevanda di zucchero e aceto. **2** (*fig.*) Cosa lunga, che reca noia e fastidio: *è toccata a lui la s. di correggere le bozze*.

suẓẓàre [lat. parl. **suctiāre*, da *sūctus*, part. pass. di *sūgere* 'succhiare'. V. *suggere, succiare*] v. tr. ● (*pop., tosc.*) Asciugare, assorbire.

ṣvaccàrsi [comp. parasintetico di *vacca* nel sign. 6, col pref. *s-*] v. intr. pron. ● (*fam.*) Perdere la voglia, il gusto di fare q.c., non concludere, spec. dopo un inizio promettente.

ṣvaccàto [dalla loc. *andare in vacca* col pref. *s-*] agg. ● (*pop.*) Che è diventato indolente e abulico dopo aver perso interessi, slanci, motivazioni.

ṣvàcco [dev. di *svaccarsi*] s. m. (pl. *-chi*) ● (*fam.*) Comportamento, atteggiamento di chi ha perso la voglia o il gusto di fare q.c.

ṣvagaménto s. m. ● Atto dello svagare o dello svagarsi.

ṣvagàre [lat. parl. **exvagāre*, variante del classico *evagāri*, comp. di *ĕx-* (*s-*) e *vagāre* 'vagare'] **A** v. tr. (*io ṣvàgo, tu ṣvàghi*) **1** Distrarre, far divagare qc. da ciò che sta facendo: *per favore, non svagarmi quando studio*; *s. qc. dal lavoro*. **2** Distrarre da pensieri tristi, preoccupazioni e sim.: *il teatro lo svaga molto*. SIN. Divertire. **3** (*fam., tosc.*) Andare a genio, piacere: *quel tipo non mi svaga proprio*. **B** v. intr. pron. **1** Distrarsi da ciò che si sta facendo: *non svagarti, ascolta l'insegnante*. **2** Divertirsi, ricrearsi: *va fuori per svagarsi un po'!* **3** (*raro*) †Deviare dal cammino, detto di cose.

ṣvagatàggine s. f. ● Svagatezza.

ṣvagatézza s. f. ● Qualità di chi è svagato.

ṣvagatìvo agg. ● (*raro*) Atto a svagare, a distrarre.

ṣvagàto part. pass. di *svagare*; anche agg. **1** Nei sign. del v. **2** Distratto, disattento, spensierato. ‖ **svagatàccio**, pegg. | **svagatèllo**, dim. | **svagatìno**, dim. | **svagatóne**, accr. | **svagatùccio**, dim.

†**ṣvaginàre** [da *vagina*, con *s-*, V. il lat. tardo *evagīnāre*] v. tr. ● (*lett.*) Sguainare.

ṣvàgo [da *svagare*] s. m. (pl. *-ghi*) **1** Atto dello svagare o dello svagarsi: *prendere, prendersi, darsi, un po' di s.*; *un mese di s.* **2** Ciò che svaga: *in questa città ci sono molti svaghi*; *è uno s. innocuo*. SIN. Divertimento.

ṣvagolàre [da *svagare*, con suff. iter.-dim.] **A** v. tr. (*io ṣvàgolo*) ● (*raro, tosc.*) Rendere svagato, distratto. **B** v. intr. pron. ● Distrarsi, svagarsi.

ṣvagolàto part. pass. di *svagolare*; anche agg. **1** Nei sign. del v. **2** Scioperato, perdigiorno.

ṣvaligiaménto s. m. ● Atto, effetto dello svaligiare.

ṣvaligiàre [da *valigia*, con *s-*] v. tr. (*io ṣvaligio*) **1** Rubare da un luogo il denaro, gli oggetti, e sim. in esso contenuti o custoditi: *s. un negozio, una banca*; *s. una cassaforte*. **2** †Depredare, saccheggiare: *nella quale terra entrato di notte, la svaligiò* (GUICCIARDINI).

ṣvaligiàto part. pass. di *svaligiare*; anche agg. ● Nei sign. del v.

ṣvaligiatóre s. m. (f. *-trice*) ● Chi svaligia.

†**ṣvalorìre** [da *valore*, con *s-*] v. intr. ● (*raro*) Perdere il valore.

ṣvalorizzàre [da *valorizzare* col pref. neg. *s-*] v. tr. ● Diminuire il valore, l'importanza, il pregio di qc. o q.c.

ṣvalutàbile [da *valutabile* col pref. neg. *s-*] agg. ● Che può essere svalutato.

ṣvalutàre [da *valuta*, con *s-*, sul modello del fr. *évaluer*] **A** v. tr. (*io ṣvalùto* o *ṣvàluto*) **1** Ridurre il valore, il prezzo di q.c.: *s. le immobilizzazioni, la moneta* | *S. un credito*, ridurre il reale valore, nell'impossibilità di ottenerne il pagamento. **2** (*fig.*) Considerare inferiore al valore, all'importanza reale: *s. l'opera dei predecessori*. **B** v. intr. pron. ● Diminuire di valore, di prezzo: *la moneta si sta svalutando*.

ṣvalutazióne s. f. **1** Atto dello svalutare. **2** (*econ.*) Riduzione del valore di una moneta nei confronti delle altre monete estere.

ṣvampàre [da *vampa*, con *s-* estrattivo-durativo] **A** v. intr. (aus. *avere* nel sign. 1, *essere* nel sign. 2) **1** Uscir fuori emettendo vampate, calore, vapore: *la fiamma svampa dal fornello*. **2** Svigorirsi, diminuire d'intensità (*spec. fig.*): *gli è svampata la collera*. **B** v. tr. ● (*raro, lett.*) Manifestare liberamente, sfogare. **C** v. intr. pron. ● †Sfogarsi, agitarsi.

ṣvampìre [da *vampa*, con *s-* neg.-sottrattivo (V. *svampare*)] v. intr. (*io ṣvampìsco, tu ṣvampìsci*; aus. *essere*) **1** (*dial.*) Evaporare. **2** (*fig.*) Svigorirsi, diminuire d'intensità: *gli svampì tutto l'entusiasmo*.

ṣvampìto **A** part. pass. di *svampire*; anche agg. ● Nei sign. del v. **B** agg.; anche s. m. (f. *-a*) ● Chi, che vuole apparire leggero e futile, senza idee o interessi.

†**ṣvanévole** agg. ● Atto a svanire.

ṣvaniménto s. m. ● (*lett.*) Modo e atto dello svanire: *s. delle parti oscure e opache* (BRUNO).

ṣvanìre [da *vanire*, da *vano*, con *s-*] v. intr. (*io ṣvanìsco, tu ṣvanìsci*; aus. *essere*) **1** Disperdersi, finire in nulla: *tenendo la finestra aperta il calore svanisce*. **2** Dileguarsi, scomparire: *l'apparizione svanì*; *il treno svanì in lontananza* | (*fig.*) Cessare di essere, sfumare: *svanirono le illusioni*; *ogni speranza è svanita*; *molte volte ... occasioni sufficienti per produrre notabili effetti, ... svaniscono per mancamento d'uomini che se ne sappiano valere* (SARPI). **3** Perdere odore, sapore, aroma: *all'aria le essenze svaniscono*. **4** (*fig.*) Esaurirsi, indebolirsi: *con gli anni la memoria svanisce* | Placarsi: *gli è svanita l'ira*.

ṣvanitìccio [da *svanito*] agg. (pl. f. *-ce*) ● (*raro*) Che svanisce con facilità.

ṣvanìto **A** part. pass. di *svanire*; anche agg. ● Nei sign. del v. **B** agg.; anche s. m. (f. *-a*) ● Che, chi ha le facoltà mentali indebolite, per malattia, vecchiaia, e sim.: *quell'uomo mi sembra un po' s.*; *è una svanita* | Detto di chi è o vuole apparire leggero e futile, senza idee o interessi.

†**ṣvanitóre** s. m.; anche agg. (f. *-trice*) ● Chi, che svanisce.

ṣvantaggiàto [contr. di *avvantaggiato*, con cambio di pref. (*s-*)] **A** agg. ● Che si trova in condizioni di svantaggio rispetto ad altri: *è s. dalla bassa statura*; *è s. per la bassa statura*. **B** s. m.; anche agg. ● Bambino che ha bisogno di ricevere una particolare educazione, spec. scolastica, perché proveniente da un ambiente familiare culturalmente inferiore a quello dei suoi coetanei.

ṣvantàggio [da *vantaggio*, con *s-*. V. il fr. *désavantage*] s. m. **1** Situazione, posizione, stato di netto sfavore: *essere in s. rispetto a qc.*; *avere lo s. di essere timido* | Pregiudizio, danno: *ciò torna a s. della salute*. CONTR. Vantaggio. **2** (*sport*) Distacco da chi è in testa a una gara o da chi sta prevalendo in una partita: *s. di tre punti*; *essere in s. di due gol*; *recuperare lo s.*

ṣvantaggióso agg. ● Che arreca svantaggio: *patti svantaggiosi*. CONTR. Vantaggioso. ‖ **svantaggiosaménte**, avv. In modo svantaggioso.

ṣvànzica [adattamento del ted. *zwanzig* (*Kreuzer*) 'venti (soldi)', che costituivano la lira austriaca] s. f. **1** (*pop., sett.*) Lira austriaca avente corso, un tempo, nel Regno Lombardo-Veneto. **2** (*spec. al pl., fam., scherz.*) Denari, quattrini.

ṣvaporàbile agg. ● (*raro*) Che svapora con facilità.

ṣvaporaménto s. m. ● Modo e atto dello svaporare.

ṣvaporàre [dal lat. tardo *exvaporāre*, variante del classico *evaporāre*, comp. di *ĕx-* (*s-*) e *vaporāre* 'esalare'. V. *vaporare*] **A** v. intr. (*io ṣvapóro*; aus. *essere*) **1** Perdere odore, sapore, aroma, detto di determinate sostanze: *all'aria la benzina svapora*. SIN. Evaporare. **2** (*fig.*) Svanire, esaurirsi: *gli è svaporato l'entusiasmo*; *m'andarono svaporando dal capo i fumi della poesia* (NIEVO). **B** v. tr. ● (*raro*) †Fare evaporare.

ṣvaporàto part. pass. di *svaporare*; anche agg. **1** Nei sign. del v. **2** Svanito, detto di persona.

ṣvaporazióne s. f. ● (*raro*) Atto, effetto dello svaporare.

ṣvariaménto s. m. ● Atto dello svariare.

ṣvariàre [da *variare*, con *s-*] **A** v. tr. (*io ṣvàrio*) **1** Rendere vario o più vario: *s. uno spettacolo*. **2** (*fig.*) Svagare, distrarre. **B** v. intr. (aus. *essere* e *avere*) ● (*lett.*) Avere varietà di aspetto, di colori. **C** v. intr. e intr. pron. ● †Deviare, vagare, con la mente.

ṣvariatézza s. f. ● Qualità di ciò che è svariato.

ṣvariàto part. pass. di *svariare*; anche agg. **1** Nei sign. del v. **2** Vario, diverso, che ha molte varietà: *forme svariate*; *rappresentazione svariata*. **3** (*al pl.*) Molto, numeroso: *ho acquistato svariati oggetti*; *gli ho scritto svariate volte*. ‖ **svariataménte**, avv. In modo svariato, diverso.

†**ṣvàrio** [da *svariare*] s. m. ● Divario, differenza.

ṣvarióne [da *svario*] s. m. ● Grosso errore di lingua, traduzione, o sim.: *dire uno s.*; *il giornale è pieno di svarioni tipografici*. SIN. Sfarfallone, sproposito.

ṣvaṣaménto s. m. ● Svasatura.

ṣvaṣàre [da *vaso*, con *s-*. V. il fr. *évaser*] v. tr. **1** Cambiare di vaso: *s. una pianta*. **2** Foggiare a forma di vaso, cioè di tronco conico rovesciato | *S. un albero*, potare i rami, come a formare un vaso | *S. una gonna*, allargarla sensibilmente in basso.

ṣvaṣàto part. pass. di *svasare*; anche agg. ● Nei sign. del v.

ṣvaṣatùra s. f. **1** Atto, effetto dello svasare | Parte svasata. **2** (*tecnol.*) Allargamento di un foro cilindrico in modo da renderlo conico. **3** (*arch.*) Spazio delimitato da struttura o da elementi architettonici ad andamento convergente.

ṣvàṣo s. m. ● (*arch.*) Svasatura.

ṣvàsso o **ṣuàsso**, **ṣuàzzo** [vc. sett. lat. parl. **suāce(m)*, da *sūs*, genit. *sŭis* 'porco', passato alla categoria del n. in *-o*] s. m. ● *s. maggiore*, uccello di palude dei Colombiformi con lungo collo, zampe inserite all'indietro e, nella stagione degli amori, ciuffi di penne sul capo (*Podiceps cristatus*) |

S. piccolo, con ali più corte, di doppio passo (*Podiceps nigricollis*). SIN. Tuffolo.

ṣvàstica [dal sanscrito *svastika-*, agg. da *svasti-* 'felicità'] s. f. *1* Simbolo magico-religioso di molte popolazioni del gruppo linguistico indoeuropeo, rappresentante probabilmente il movimento solare e le quattro direzioni cosmiche, composto da una croce a quattro bracci di uguale lunghezza il cui prolungamento ad angolo retto volge in una direzione, o destra o sinistra. *2* Analogo simbolo adottato da vari movimenti antisemiti e soprattutto dal partito nazista in Germania negli anni '30 e '40.

ṣvecchiaménto s. m. • Modo e atto dello svecchiare.

ṣvecchiàre [da *vecchio*, con *s-*] v. tr. (*io ṣvècchio, tu ṣvècchi*) • Liberare da ciò che è vecchio, rimuovere tutto o in parte: *s. il guardaroba, la casa*; *s. la lingua*.

ṣvecchiatùra s. f. • (*raro*) Svecchiamento.

ṣvecciàre [da *veccia*, con *s-*] v. tr. (*io ṣvéccio*) • Separare grano, orzo e sim. dai semi di veccia.

ṣvecciatóio [da *svecciare*] s. m. • Macchina per la pulizia e selezione di semi di forma diversa, spec. di cereali, a mezzo di cilindri rotanti alveolati. SIN. Svecciatore.

ṣvecciatóre s. m. • Svecciatoio.

ṣvedése A agg. *1* Della Svezia: *paesaggio s.* *2* (*est.*) Detto di ciò che proviene dalla Svezia, che è stato ideato in Svezia e sim. | *Fiammifero s.*, fiammifero di sicurezza | *Pannolino s.*, per neonati, di cellulosa in fiocco rivestita di morbido tessuto, dotato di grande capacità di assorbimento | *Ginnastica s.*, uno dei metodi di educazione ed esercizio fisico fondato su basi anatomiche e fisiologiche, dal quale derivano tutti i sistemi di ginnastica scientifica | *Spalliera s.*, tipo di spalliera, usato spec. nella ginnastica svedese | *Quadro s.*, attrezzo ginnico formato da montanti paralleli e da correnti orizzontali, anch'essi paralleli, che si intersecano formando una grande scacchiera. B s. m. (anche f. nel sign. 1) *1* Abitante, nativo della Svezia. *2* Fiammifero svedese. C s. m. solo sing. • Lingua del gruppo germanico, parlata in Svezia.

ṣvéglia [da *svegliare*] A s. f. *1* Atto dello svegliare o dello svegliarsi: *dare il segnale di s.*; *la s. è alle sette*; *hanno anticipato la s.* *2* Segnale dato mediante un suono di tromba, campanello, tamburo, e sim. per svegliare gli appartenenti a una comunità, al termine del riposo notturno: *dare la s.*; *suonare la s.*; *in caserma la s. suona alle cinque*. *3* Orologio con suoneria, che suona a tempo prescelto per svegliare: *la s. suona alle sette*; *metti la s. alle sette*. *4* †Strumento di tortura | †*Essere, stare, sulla s.*, in pena. *5* (*raro*) †Chi suona la sveglia. || **svegliétta**, dim. | **sveglióne**, accr. m. B in funzione di inter. • Si usa come esortazione a destarsi, ad alzarsi: *sono le sette, s.!*; *s., è ora di alzarsi!*; *s., ragazzi!*

ṣvegliaménto s. m. • (*raro*) Modo e atto dello svegliare o dello svegliarsi.

ṣvegliàre [provz. *esvelhar*, dal lat. parl. **exvigilāre*, variante del classico *evigilāre*, comp. di *ĕx-* (*s-*) e *vigilāre* 'vegliare'] A v. tr. (*io ṣvéglio*) *1* Destare dal sonno, fare interrompere il sonno: *svegliami alle sette*; *la luce lo sveglia*; *s. qc. con un rumore* | (*fam.*) *Non lo sveglierebbero neppure le cannonate*, di chi ha il sonno molto pesante. *2* (*fig.*) Rendere attento, vigile, desto togliendo da uno stato di torpore: *devi svegliare un po' quel ragazzo* | Scaltrire: *l'esperienza lo ha svegliato*. *3* (*fig.*) Eccitare, suscitare: *s. un desiderio, l'appetito*. B v. intr. pron. *1* Destarsi dal sonno: *svegliarsi alle sette*; *svegliarsi di soprassalto*; *a ogni minimo rumore si sveglia*. *2* (*fig.*) Scaltrirsi: *con l'età si è svegliato*. *3* (*fig.*) Manifestarsi, mettersi in azione: *gli si è svegliato l'appetito*; *si è svegliato il male* | Alzarsi, levarsi: *si svegliò un forte vento*.

ṣvegliarìno [da *svegliare*] s. m. *1* Negli orologi antichi, quadrante della sveglia. *2* (*fam.*) Mezzo per stimolare, esortare, richiamare: *dare, fare, uno s. a qc.*

ṣvegliàta s. f. • (*raro, fam.*) Atto dello svegliare e dello svegliarsi.

ṣvegliatézza [da *svegliato*] s. f. • (*raro*) Qualità di chi è sveglio, pronto d'ingegno.

ṣvegliàto part. pass. di *svegliare*; anche agg. *1* Nei sign. del v. *2* †Sveglio.

ṣvegliatóre s. m. (f. *-trice*) • (*raro*) Chi sveglia (*anche fig.*).

†**ṣvègliere** • V. *svellere*.

†**ṣvegliévole** [da *svegliare*] agg. • (*raro*) Che si sveglia con facilità.

ṣvéglio [agg. da *svegliare*] agg. *1* Che non dorme, che è in stato di veglia: *essere, stare, s.*; *sei già s.?* CONTR. Addormentato. *2* (*fig.*) Attento e pronto, dotato di ingegno vivace: *bambino s.*; *mente sveglia*. CONTR. Ottuso, stolido, tonto. *3* (*fig., fam.*) Astuto, scaltro: *quella lì è una donnina sveglia*.

ṣvelaménto s. m. • (*raro*) Atto dello svelare.

ṣvelàre [da *velo*, con *s-*] A v. tr. (*io ṣvélo*) *1* (*raro*) Togliere il velo. *2* Rivelare q.c. di segreto: *s. un segreto a qc.*; *s. un mistero*. *3* (*fig.*) Palesare, scoprire, mostrare chiaramente: *s. le proprie intenzioni*; *quel gesto svelò la sua rabbia*. B v. rifl. • (*fig.*) Palesarsi, rivelarsi: *si è svelato per quell'egoista che è*; *si è svelato in tutta la sua crudeltà*.

ṣvelàto part. pass. di *svelare*; anche agg. • (*lett.*) Nei sign. del v.

ṣvelatóre s. m.; anche agg. (f. *-trice*) • (*raro*) Chi, che svela segreti, misteri e sim.

ṣvelatùra [da *velatura* (*1*), con *s-*] s. f. • Rimozione, con apposite tecniche, delle velature dai dipinti.

ṣvelenàre o (*raro*) †**ṣvenenàre** [da *veleno*, con *s-*] v. tr. e intr. pron. (*io ṣveléno*) • Svelenire.

ṣvelenìre [da *svelenare*, con cambio di coniug.] A v. tr. (*io ṣvelenìsco, tu ṣvelenìsci*) *1* Liberare dal veleno. *2* (*fig.*) Liberare dal rancore, dall'astio: *la richiesta di scusa lo ha svelenito*. B v. intr. pron. • Sfogare il rancore: *finalmente si è svelenito* | Liberarsi del rancore, dell'astio.

†**ṣvellàto** [da *vello*, con *s-*] agg. • Ravviato, detto spec. di capelli o barba.

ṣvèllere o (*raro*) †**eṣvèllere**, †**ṣvègliere**, (*poet.*) **ṣvèrre** [dal lat. parl. **exvĕllere*, variante del classico *evĕllere*, comp. di *ex-* (*s-*) e *vĕllere* 'strappare'] A v. tr. (pres. *io ṣvèllo*, o *ṣvèlgo*, *tu ṣvèlli*, *egli ṣvèlle*, *noi ṣvelliàmo*, *voi ṣvelléte*, *essi ṣvèllono* o *ṣvèlgono*; pass. rem. *io ṣvèlsi*, *tu ṣvellésti*; congv. pres. *io ṣvèlla*, o *ṣvèlga*; part. pass. *ṣvèlto*) • (*lett.*) Strappare, tirare via con forza, sradicare (*anche fig.*): *s. una pianta, un palo*; *s. un ricordo dal proprio animo*. B v. rifl. • †Staccarsi, strapparsi, allontanarsi: *con molto pensiero indi si svelse* (PETRARCA).

ṣvelliménto s. m. • (*raro*) Atto dello svellere.

ṣveltézza [da *svelto* (*1*)] s. f. *1* Qualità di chi, di ciò che è svelto. *2* Forma slanciata ed elegante.

ṣveltiménto s. m. • Atto dello sveltire.

ṣveltìna [da *svelto* (*1*)] s. f. • (*volg.*) Coito compiuto con rapidità.

ṣveltìre [da *svelto* (*1*)] A v. tr. (*io ṣveltìsco, tu ṣveltìsci*) *1* Rendere più svelto, più disinvolto: *l'esperienza lo ha sveltito*. *2* Rendere più spedito, più rapido: *s. il traffico, la circolazione*. *3* Rendere più snello, più slanciato, più aggraziato: *quell'abito sveltisce la figura*; *s. la forma di una colonna*. B v. intr. pron. • Diventare più svelto, più disinvolto: *si è sveltito molto*.

ṣvèlto (1) o **ṣvélto** [dal tosc. merid. *svélto*, allotropo di *svegliato*, part. pass. di *svegliare*] agg. *1* Che si muove, agisce e sim. con prontezza, senza impaccio: *un cameriere s. nel servire* | *S. di mano*, che ha tendenza a rubare o a picchiare | *S. di lingua*, troppo loquace, maldicente. CONTR. Lento, tardo. *2* Lesto, sollecito: *passo s.*; *andatura svelta*; *cammina più s.* | *Alla svelta*, (*ell.*) in modo svelto, rapido: *preparati alla svelta*. *3* Sottile e slanciato, agile: *campanile s.*; *una ragazza dalla persona svelta*. *4* Sveglio, vivace: *è molto s. per la sua età*; *mente svelta*. || **sveltìno**, dim. || **sveltaménte**, avv. In modo lesto, con rapidità.

ṣvèlto (2) part. pass. di *svellere* • (*raro*) Nei sign. del v.

†**ṣvembràre** • V. *smembrare*.

ṣvenaménto s. m. • (*raro*) Atto dello svenare.

ṣvenàre [da *vena*, con *s-*] A v. tr. (*io ṣvéno*) *1* Uccidere tagliando le vene. *2* (*fig.*) Privare qc. di tutto, o di quasi tutto, ciò che possiede: *quello strozzino lo ha svenato*. B v. rifl. *1* Darsi la morte tagliandosi le vene: *si è svenato con una lametta*; *ei si sveni, e il vil suo sangue / su' Filistei ricada* (ALFIERI). *2* (*fig.*) Sostenere grandi sacrifici, grandi spese, per qc. o q.c.: *per far studiare i figli si è svenato*.

ṣvenatùra s. f. • (*raro*) Svenamento.

ṣvéndere [da *vendere*, con *s-*] v. tr. (coniug. come *vendere*) • Vendere a prezzo inferiore al costo (*anche ass.*).

ṣvéndita s. f. • Atto dello svendere: *s. di fine stagione*.

†**ṣvenenàre** • V. *svelenare*.

ṣvenevolàggine s. f. • Svenevolezza.

ṣvenévole [da *svenire*] A agg. *1* Che si comporta in modo eccessivamente languido, lezioso, sdolcinato: *signora s.*; *essere s. nel parlare*; *maniere svenevoli*. *2* †Sgraziato, sguaiato. || **svenevolménte**, avv. In maniera svenevole. B s. m. e f. • Persona, spec. donna, svenevole: *fare la s.* || **svenevolóne**, accr. | **svenevolùccio**, dim.

ṣvenevolézza s. f. *1* Qualità di chi, di ciò che è svenevole. *2* Atto, comportamento, svenevole.

ṣvènia [da †*invenia*, con cambio di pref. (*s-*)] s. f. • (*spec. al pl., fam., tosc.*) Atti leziosi, smorfie.

ṣveniménto [da *svenire*] s. m. • Transitoria perdita di coscienza non dovuta a epilessia o a malattie cerebrali: *avere uno s.*

ṣvenìre [da *venire* (*meno*), con *s-*] v. intr. (coniug. come *venire*; aus. *essere*) • Perdere i sensi, venir meno, cadere in deliquio: *sentirsi s.*; *s. per la debolezza* | *Fare s.*, (*fig.*) essere molto noioso, insopportabile: *è così lento che fa s.*

ṣventagliàre [da *ventaglio*, con *s-*] A v. tr. (*io ṣventàglio*) *1* Agitare il ventaglio, fare aria con un ventaglio o sim.: *sventagliarsi la faccia*. *2* (*est.*) Agitare come un ventaglio: *gli sventagliò la lettera sotto il naso*. *3* Disporre a ventaglio: *s. le carte sul tavolo* | Sparare a ventaglio: *s. una raffica di mitra*. B v. rifl. • Farsi aria con un ventaglio: *sta sempre lì a sventagliarsi*.

ṣventagliàta s. f. *1* Atto dello sventagliare un po'. *2* Scarica di arma automatica mossa a guisa di ventaglio: *una s. di mitra*.

ṣventàre (1) [da *vento*, con *s-* ints., propriamente 'dar vento, far sfogare'] v. tr. (*io ṣvènto*) • †Fare uscire l'aria, il gas e sim. contenuti in un recipiente | *S. una mina*, renderla inefficace aprendone il fornello, così che i gas non abbiano effetto; anche, neutralizzarla mediante contromina.

ṣventàre (2) [da *vento*, con *s-* sottrattivo] v. tr. (*io ṣvènto*) *1* Ostacolare, far andare a vuoto, rendere vano: *s. una trama, una macchinazione, una congiura, un pericolo*. *2* (*mar.*) Levare il vento alle vele.

ṣventatàggine s. f. • (*raro*) Sventatezza.

ṣventatézza [da *sventato* (*2*)] s. f. *1* Qualità di chi è sventato. *2* Atto, comportamento, sventato.

ṣventàto (1) part. pass. di *sventare* (*2*); anche agg. • Nei sign. del v.

ṣventàto (2) [dal precedente, in senso figurato] A agg. • Che agisce senza giudizio, senza ponderazione: *ragazzo s.* | *Alla sventata*, (*ell.*) in modo sventato, distrattamente: *agire alla sventata*. SIN. Avventato, sbadato, sconsiderato. || **sventataménte**, avv. B s. m. (f. *-a*) • Persona sventata: *fare lo s.*; *comportarsi da s.*

ṣvèntola [da *ventola*, con *s-*] s. f. *1* Ventola | (*fig.*) *Orecchie a s.*, col padiglione che sporge molto in fuori. *2* (*est.*) Colpo violento, percossa. *3* Nel pugilato, colpo portato facendo compiere un ampio movimento semicircolare al braccio disteso, con traiettoria verso la spalla del braccio opposto.

ṣventolaménto s. m. • Modo e atto dello sventolare.

sventolàre [da *ventolare*, con *s-*] A v. tr. (*io ṣvèntolo*) *1* Muovere, agitare al vento: *s. la bandiera, il fazzoletto*. *2* Fare vento: *s. le lenzuola dormendo* | *S. il fuoco*, ravvivarlo. *3* Dare aria, arieggiare | *S. il grano*, tirarlo con la pala sull'aia, per liberarlo dalla loppa, o rivoltarlo nel granaio perché non ammuffisca | *S. le olive*, rivoltarle o cambiarle di posto perché non fermentino. B v. rifl. • Farsi vento, aria: *sventolarsi con un giornale*. C v. intr. (aus. *avere*) • Muoversi per il vento, ondeggiare al vento: *le bandiere sventolano sull'edificio*.

ṣventolàta s. f. • Atto dello sventolare o dello sventolarsi un po'. || **sventolatìna**, dim.

ṣventolìo s. m. • Atto dello sventolare continuo.

ṣventraménto s. m. *1* Modo e atto dello sventrare (*spec. fig.*). *2* (*med.*) Grave rilasciamento dei muscoli anteriori dell'addome.

ṣventràre [da *ventre*, con *s-*] **A** v. tr. (*io ṣvèntro*) *1* Aprire il corpo di animale macellato per levarne le interiora: *s. un coniglio*. *2* (*est.*) Ferire al ventre, uccidere ferendo al ventre. *3* (*fig.*) Demolire interi quartieri o singoli edifici per motivi reali o pretestuosi di igiene e urbanistica. **B** v. rifl. ● †Uccidersi ferendosi al ventre.

ṣventràta (**1**) s. f. ● Atto dello sventrare un animale ucciso prima di cucinarlo: *dare una s. al pollo*.

ṣventràta (**2**) [da *ventre*] s. f. ● (*raro*) Scorpacciata.

ṣventràto part. pass. di *sventrare*; anche agg. *1* Nei sign. del v. *2* (*pop.*, *tosc.*) Insaziabile: *mangia tanto che sembra s.!* ‖ **sventratàccio**, pegg.

ṣventùra [da *ventura*, con *s-*] s. f. *1* Mala ventura, mala sorte: *essere perseguitato dalla s.*; *essere provato dalla s.*; *per nostra s.*; *per colmo di s.*; *un colpo di s.*; *s. volle che ...* *2* Caso, fatto, che provoca danno, dolore: *raccontare le proprie sventure*; *questa circostanza è una s. per noi* | *Compagni di s.*, persone che subiscono insieme sventure e sim. (*anche scherz.*). SIN. Avversità, disgrazia.

ṣventuràto **A** agg. *1* Colpito da sventura, perseguitato dalla sventura: *famiglia sventurata*; *amante s.* | (*pegg.*) Sciagurato. *2* Che apporta sventura: *una sventurata risposta*; *quello s. giorno*. ‖ **sventuratamente**, avv. Per sventura, disgrazia. **B** s. m. (f. *-a*) ● Persona sventurata.

†ṣventuróso agg. ● Sventurato.

ṣvenùto part. pass. di *svenire*; anche agg. ● Nei sign. del v.

ṣverdìre [da *verde*, con *s-*] v. intr. (*io ṣverdìsco*, *tu ṣverdìsci*; aus. *essere*) ● (*raro*) Perdere il verde.

ṣvergàre [da *verga*, con *s-*] v. tr. (*io ṣvérgo*, *tu ṣvérghi*) *1* Ridurre in verghe: *s. acciaio*, *oro*, *stagno*. *2* (*mar.*) Sciogliere una vela dal suo sostegno o una bandiera dal suo cavetto.

ṣverginaménto s. m. ● Atto dello sverginare.

ṣverginàre [da *vergine*, con *s-*] v. tr. (*io ṣvérgino*) *1* Togliere la verginità | Stuprare. *2* (*fig.*, *scherz.*) Incominciare a usare: *s. un paio di scarpe*.

ṣverginatóre s. m. ● Chi svergina.

ṣvergognaménto s. m. *1* Modo e atto dello svergognare. *2* †Impudenza.

†ṣvergognànza [da *vergogna*, con *s-*] s. f. ● (*raro*) Svergognamento.

ṣvergognàre [da *vergogna*, con *s-*] v. tr. (*io ṣvergógno*) *1* Far vergognare qc. rimproverandolo, spec. pubblicamente: *lo svergognò davanti ai suoi compagni*. *2* Rivelare la reale natura malvagia di qc., le sue cattive azioni, e sim.: *l'accusatore lo svergognò di fronte a tutto il paese*.

ṣvergognatézza [da *svergognato* (*2*)] s. f. ● Qualità di chi è svergognato.

ṣvergognàto (**1**) part. pass. di *svergognare*; anche agg. ● Nei sign. del v.

ṣvergognàto (**2**) [da *vergogna*, con *s-*] agg.; anche s. m. (f. *-a*) ● Che, chi non sente vergogna di ciò che di vergognoso fa o dice. SIN. Impudente, spudorato. ‖ **svergognatàccio**, pegg. | **svergognatèllo**, dim. | **svergognatùccio**, dim. ‖ **svergognatamente**, avv. Senza vergogna e pudore, sfacciatamente.

ṣvergolaménto [da *svergolare*] s. m. ● Deformazione preordinata, rispetto alla forma teorica, di un pezzo meccanico: *s. alare*.

ṣvergolàre [vc. di origine dial., da *svergolo* 'storto, piegato' (?)] **A** v. tr. (*io ṣvérgolo*) ● Compiere uno svergolamento. **B** v. intr. pron. ● Subire uno svergolamento.

ṣverlàre [da (*a*)*verla*, con *s-*] v. intr. (*io ṣvèrlo*; aus. *avere*) ● Detto dell'averla, emettere il tipico verso | (*est.*) Cantare, detto di uccelli.

ṣvernaménto [da *svernare* (*1*)] s. m. *1* Atto dello svernare. *2* (*biol.*) Ibernazione.

ṣvernàre (**1**) [da *verno* (*2*), con *s-*] **A** v. intr. (*io ṣvèrno*; aus. *avere*) ● Passare l'inverno in un determinato luogo, spec. riparato dal freddo: *s. in Africa*, *in riviera*; *le truppe svernarono nei quartieri d'inverno*. **B** v. tr. ● (*raro*) Fare passare l'inverno: *s. le truppe nella pianura*.

†svernàre (**2**) [da *vernare* (*2*), con *s-*] v. intr. (aus. *avere*) ● Cantare all'inizio della primavera, detto degli uccelli: *udir li augei svernar, rimbombar l'onde* (POLIZIANO).

†ṣvernàta [da *svernare* (*1*)] s. f. ● Atto dello svernare.

ṣverniciànte **A** part. pres. di *sverniciare*; anche agg. ● Nei sign. del v. **B** s. m.; anche agg. ● Solvente usato per la sverniciatura.

ṣverniciàre v. tr. (*io ṣvernìcio*) ● Togliere la vernice.

ṣverniciatóre [da *sverniciare*] s. m. (f. *-trice* nel sign. 1) *1* Chi è addetto a operazioni di sverniciatura. *2* Solvente usato per sverniciare.

ṣverniciatùra s. f. ● Atto, effetto dello sverniciare.

†ṣvèrno [da *svernare* (*1*)] s. m. ● Svernamento.

ṣvèrre ● V. *svellere*.

ṣversaménto [da *versamento* col pref. *s-*] s. m. ● Scarico illegale o accidentale, in mare o in terraferma, di liquidi tossici o inquinanti.

ṣversatàggine s. f. *1* (*fam.*, *tosc.*) Qualità di chi, di ciò che è sversato. *2* Atto sversato, sgarbato.

ṣversàto [da *verso*, con *s-*] agg. ● (*fam.*, *tosc.*) Sgarbato, sgraziato.

ṣvèrza o **ṣvèrza** [da *verza* (*2*), con *s-*] s. f. ● Scheggia lunga e sottile di legno, o sim. ‖ **sverzolìna**, dim.

ṣverzàre [da *sverza*] **A** v. tr. (*io ṣvérzo* o *ṣvèrzo*) *1* Tagliare, rompere, in sverze, spec. di legno. *2* Turare con sverze: *s. un cassetto*. **B** v. intr. pron. ● Rompersi in sverze.

ṣverzìno [da *sverza*] s. m. ● Spago che si attacca al cordone della frusta, per farla schioccare.

ṣvesciàre [da *vescia*, con *s-*] v. tr. (*io ṣvéscio*) ● (*fam.*, *tosc.*) Dire tutto, vuotare il sacco.

ṣvescicàre [da *vescica*, con *s-*] **A** v. tr. (*io ṣvescico*, *tu ṣvescichi*) ● (*fam.*) Fare vesciche sulla pelle: *l'olio bollente gli ha svescicato una mano*. **B** v. intr. pron. ● Ustionarsi coprendosi di vesciche: *mi sono svescicato*.

ṣvescióne [da *svesciare*] s. m. (f. *-a*) ● (*fam.*, *tosc.*) Chi ha l'abitudine di ridire tutto quello che sa.

ṣvestìre [da *vestire*, con *s-*] **A** v. tr. (*io ṣvèsto*) *1* Privare delle vesti, sfilandole di dosso una dopo l'altra: *s. un bambino* | Togliere un rivestimento. CONTR. Vestire. *2* (*raro*, *fig.*) Eliminare un'apparenza, un aspetto esteriore. *3* †Togliere una veste o ciò che funge da veste. **B** v. rifl. *1* Togliersi di dosso le vesti: *si svestì*, *poi fece il bagno*. *2* (*fig.*) Abbandonare un'apparenza: *svestirsi della superbia* | Deporre il simbolo di una carica, di una dignità e quindi, rinunciare alla carica, alla dignità stessa: *svestirsi dello scettro regale*. **C** v. intr. pron. ● Perdere un rivestimento: *il muro si è svestito dell'intonaco*.

ṣvestìto part. pass. di *svestire*; anche agg. *1* Nei sign. del v. *2* *Riso s.*, sbramato.

svestizióne s. f. ● (*raro*) Atto dello svestire.

ṣvettaménto s. m. ● (*raro*) Svettatura.

ṣvettàre (**1**) [da *vetta*, con *s-* sottrattivo] v. tr. (*io ṣvétto*) ● Togliere la vetta o cima dei rami: *s. un albero*, *una siepe*.

ṣvettàre (**2**) [da *vetta*, con *s-* durativo-ints.] v. intr. (*io ṣvétto*; aus. *avere*) *1* Flettere la vetta, la cima, detto di alberi. *2* (*est.*) Spiccare, ergersi con la vetta: *il monte svetta nel cielo*.

ṣvettatóio s. m. ● Arnese usato per svettare gli alberi.

ṣvettatùra s. f. ● Operazione dello svettare.

ṣvèvo [dal lat. *suēvu*(*m*), *suēbu*(*m*)] **A** agg. *1* Della Svevia | Degli Svevi. *2* Che si riferisce alla dinastia degli Hohenstaufen, originari della Svevia: *casa sveva*; *dominio s.*; *imperatori svevi*. **B** s. m. (f. *-a* nel sign. 1) *1* Nativo, abitante della Svevia. *2* Chi appartiene alla dinastia degli Hohenstaufen.

ṣvezzaménto [da *svezzare*] s. m. ● Divezzamento.

ṣvezzàre [calco su *avvezzare*, con cambio di pref. (*s-*)] **A** v. tr. (*io ṣvézzo*) *1* Far perdere il vezzo, l'abitudine, il vizio: *s. qc. dal bere*. *2* Far passare un bambino dall'alimentazione a base di latte a un'alimentazione più varia (spec. pappe a base di farinacei, carne e verdura): *s. un bambino*. **B** v. intr. pron. ● Perdere un'abitudine, un vizio.

ṣviaménto s. m. *1* Atto, effetto dello sviare o dello sviarsi | *S. di potere*, uso da parte della Pubblica Amministrazione di una facoltà discrezionale per un fine diverso da quello stabilito dalla legge. *2* Fuoriuscita di un asse di un veicolo ferroviario dalle rotaie | Deragliamento.

ṣviàre [da *via*, con *s-*] **A** v. tr. *1* Fare uscire dalla via, volgere verso altra parte: *s. il colpo*; *s. l'attenzione degli astanti* | *S. il discorso*, portarlo su un argomento diverso. *2* (*fig.*) Distogliere dalle consuete occupazioni: *s. qc. dallo studio* | Corrompere, allontanare dalla via del bene: *quella ragazza lo ha sviato*. **B** v. intr. e intr. pron. (aus. intr. *avere*) *1* Uscire di strada | Sbagliare strada. *2* Allontanarsi dalla via consueta: *l'uccello si è sviato dal nido* | (*fig.*) Allontanarsi dalla via del bene: *si è sviato per i cattivi consigli*.

ṣviàto **A** part. pass. di *sviare*; anche agg. *1* Nei sign. del v. *2* Traviato, allontanato dal giusto, dal bene: *ragazzi sviati*. **B** s. m. (f. *-a*) ● Persona sviata.

ṣviatóio s. m. ● Dispositivo destinato a far deragliare rotabili ferroviari in movimento non controllato.

ṣviatóre s. m.; anche agg. (f. *-trice*) ● Chi, che svia.

ṣvicolàre [da *vicolo*, con *s-*] v. intr. (*io ṣvìcolo*; aus. *essere* e *avere*) ● Scantonare in un vicolo o per i vicoli per sfuggire una persona | Andarsene, svignarsela.

ṣvignàre [da *vigna*, con *s-*] v. intr. (aus. *essere*) ● Allontanarsi in fretta, di nascosto | (*fam.*) *Svignarsela*, andarsene via di nascosto, spec. per togliersi da un impiccio: *non vedo l'ora di svignarmela*.

ṣvigoriménto s. m. ● Atto, effetto dello svigorire o dello svigorirsi.

ṣvigorìre [da *vigore*, con *s-*] **A** v. tr. (*io ṣvigorìsco*, *tu ṣvigorìsci*) ● Far perdere il vigore, indebolire: *s. il corpo*, *le forze*, *la mente*. **B** v. intr. pron. ● Perdere il vigore: *la memoria gli si è svigorita*.

ṣviliménto s. m. ● Atto, effetto dello svilire.

ṣvilìo s. m. ● Atto dello svilire.

ṣvilìre [da *vile*, con *s-*] v. tr. (*io ṣvilìsco*, *tu ṣvilìsci*) *1* Rendere vile, spregiare. *2* Svalutare.

ṣvillaneggiaménto s. m. ● Atto dello svillaneggiare.

ṣvillaneggiàre [da *villano*, con *s-* e suff. iter.-ints.] **A** v. tr. (*io ṣvillanéggio*) ● Maltrattare, coprire di villanie. **B** v. rifl. rec. ● Dirsi scambievolmente villanie.

ṣvillaneggiatóre s. m.; anche agg. (f. *-trice*) ● (*raro*) Chi, che svillaneggia.

ṣviluppàbile agg. *1* Che si può sviluppare. *2* (*mat.*) Detto di superficie che si possa stendere senza dilatazioni e tagli su un piano | Detto di superficie che sia un cono, o un cilindro, o contenuta nel luogo delle tangenti a una curva.

ṣviluppaménto s. m. ● (*raro*) Sviluppo.

ṣviluppàre [da *viluppare*, con *s-*] **A** v. tr. *1* (*lett.*) Disfare, sciogliere un viluppo: *s. un groviglio*; *la serpe sviluppa le sue spire* | Aprire, distendere: *s. un involto* | Liberare. *2* Svolgere, trattare ampiamente: *s. un argomento*, *una questione*, *un tema*. *3* Far progredire, far aumentare: *lo studio sviluppa l'intelligenza*; *s. l'industria*, *il turismo*. *4* Suscitare, produrre: *la scintilla ha sviluppato un'esplosione* | Sprigionare: *questo terreno sviluppa gas*. *5* (*fot.*) Fare apparire con un reagente l'immagine negativa di una fotografia. *6* (*mat.*) Fare lo sviluppo. **B** v. rifl. ● (*lett.*) Liberarsi, districarsi: *svilupparsi da una stretta*. **C** v. intr. pron. e intr. (aus. intr. *avere*) *1* Acquistare la forma definitiva, detto di organismi viventi: *l'insetto si è sviluppato completamente*; *la pianta sviluppa bene*. *2* Raggiungere l'età dello sviluppo, detto di ragazzi: *la bambina ha sviluppato tardi*; *è un ragazzo che si svilupperà precocemente*. **D** v. intr. pron. *1* Aumentare, progredire, evolversi: *in questi anni l'agricoltura si è notevolmente sviluppata*. *2* Prodursi, manifestarsi, diffondersi: *si sta sviluppando un incendio*; *bisogna evitare che l'epidemia si sviluppi* | Sprigionarsi: *dal terreno si sviluppano gas*.

ṣviluppàto part. pass. di *sviluppare*; anche agg. *1* Nei sign. del v. *2* Che ha una costituzione fisica molto robusta. *3* Detto di adolescente che ha raggiunto la pubertà.

ṣviluppatóre s. m. *1* Chi sviluppa. *2* Soluzione chimica contenente sostanze atte a rendere visibile l'immagine latente di un negativo fotografico.

ṣviluppatrìce s. f. ● Attrezzatura per il trattamento delle pellicole cinematografiche e fotografiche.

ṣvilùppo [da *sviluppare*] s. m. *1* Atto dello sviluppare o dello svilupparsi | Accrescimento, incremento: *dare s. a un'attività*; *favorire lo s. di un'industria*; *essere in pieno s.*; *avere grande s.*; *sfavorire*, *ritardare*, *rallentare lo s. di un'attività* | *S. economico*, tendenza all'espansione di un sistema economico, e quindi all'incremento della produzione industriale e agricola e del reddito pro-capite | *S. sostenibile*, sviluppo economico compatibile con la salvaguardia e la conservazione delle risorse ambientali. *2* Svolgimento, trattazione di un tema: *lo s. di un racconto*; *bisogna dare s. alla parte narrativa*. *3* (*biol.*) Insieme dei processi attraverso i quali un organismo acquista la sua forma definitiva | *S. embrionale*, fino alla nascita | *S. post-embrionale*, fino allo stadio dell'adulto | Processo di crescita dell'organismo umano che s'avvia verso la sua complessione perfetta: *lo s. fisico e psichico del fanciullo* | *L'età dello s.*, la pubertà. *4* (*fot.*) Procedimento chimico per rendere visibile l'immagine latente di una pellicola fotografica. *5* (*mat.*) *S. d'una funzione*, somma di termini il cui valore uguaglia quello della funzione | *S. d'una espressione*, altra forma che si può dare all'espressione, facendo uso delle regole di calcolo | (*mat.*) *S. d'una superficie*, stendimento della superficie, sul piano quand'è possibile, detto spec. per i coni, i cilindri e le superfici poliedriche | *S. di una strada*, lunghezza della strada misurata lungo il suo asse. *6* (*mus.*) Elaborazione, svolgimento.

ṣvinàre [da *vino*, con *s-*] v. tr. ● Togliere il vino nuovo dai tini per immetterlo nelle botti (*anche ass.*).

ṣvinatóre s. m. (f. *-trice*, pop. *-tora*) ● Chi fa la svinatura.

ṣvinatùra [da *svinare*] s. f. ● Estrazione del vino dai tini, a fermentazione ultimata o quasi | Separazione del vino dalle vinacce.

ṣvincolaménto s. m. ● Modo e atto dello svincolare.

ṣvincolàre [da *vincolo*, con *s-*] **A** v. tr. (*io ṣvìncolo*) *1* Liberare da un vincolo. *2* Ritirare una merce dalla stazione o dalla dogana, pagando i relativi diritti. **B** v. rifl. ● Liberarsi da un vincolo: *svincolarsi da una stretta*.

ṣvìncolo [da *svincolare*] s. m. *1* Adempimento delle condizioni del trasporto della merce, al fine di poterla ritirare. *2* Strada o complesso di strade di collegamento fra due o più autostrade che s'incrociano o si diramano | *S. a trombetta*, quello di accesso alle autostrade o di uscita da queste, che consente, con un solo sovrappasso, di servire, senza incroci, tutte le direzioni di marcia.

ṣvio s. m. ● Sviamento.

ṣviolinàre o (*raro*) **violinàre** [da *violino*, con *s-*] v. tr. ● (*fam.*) Trattare con adulazioni e lusinghe sfacciate (*anche ass.*).

ṣviolinàta o (*raro*) **violinàta** s. f. ● (*fam.*) Atto dello sviolinare | Discorso, o sim. fatto per sviolinare.

ṣviolinatùra s. f. ● (*fam.*) Atto dello sviolinare.

ṣvirgola [vc. gerg. mil., da *virgola*, con *s-* (?)] s. f. ● (*pop.*) Colpo violento | Tiro di pallone di notevole potenza.

ṣvirgolàre v. tr. (*io ṣvirgolo*) ● (*pop.*) Colpire con violenza.

ṣvirilizzàre [da *virile*, con *s-*] v. tr. ● Privare della forza virile | (*fig.*) Svigorire.

ṣviṣaménto s. m. ● Modo e atto dello svisare (*solo fig.*).

ṣviṣàre [da *viso*, con *s-*] v. tr. *1* †Sfregiare in viso. *2* (*fig.*) Travisare, alterare: *s. i fatti*, *la realtà dei fatti*.

ṣvisceraménto s. m. ● (*raro*) Modo e atto dello sviscerare o dello sviscerarsi.

ṣvisceràre o †**visceràre** [da *viscere*, con *s-*] **A** v. tr. (*io ṣvìscero*) *1* (*raro*) Sventrare, privare dei visceri. *2* (*fig.*) Studiare profondamente, indagare a fondo: *s. un argomento*, *una questione*. **B** v. rifl. ● (*fig.*) Esprimere intenso affetto, grande stima, e sim.: *sviscerarsi per qc.*

svisceratézza s. f. ● Qualità di ciò che è sviscerato | Espressione esagerata di affetto, amore, e sim.

ṣvisceràto part. pass. di *sviscerare*; anche agg. *1* Nei sign. del v. *2* Appassionato, veemente: *amare qc. di amore s.* *3* (*spreg.*) Esagerato, eccessivo, non sincero: *complimenti sviscerati*. || **sviscerataménte**, avv. In modo sviscerato, appassionato: *amare svisceratamente qc.*

ṣvisceratóre s. m.; anche agg. (f. *-trice*) ● (*raro*, *lett.*) Chi, che sviscera.

ṣvìsta [da *vista*, f. sost. di *visto*, con *s-*] s. f. ● Sbaglio dovuto a disattenzione, fretta, e sim.: *fare una s.*; *è stata una s.*

ṣvitaménto s. m. *1* Atto dello svitare. *2* (*sport*) Nel sollevamento pesi, oscillazione irregolare dell'attrezzo, mentre l'atleta sta per concludere l'alzata.

ṣvitàre [da *vite* (*2*), con *s-*] **A** v. tr. ● Girare la vite in senso contrario, per allentarla o toglierla | Disunire cose fermate con vite o viti: *s. la toppa*. **B** v. intr. pron. ● Allentarsi girando in senso contrario, detto di una vite.

ṣvitàto **A** part. pass. di *svitare*; anche agg. *1* Nei sign. del v. *2* (*fam.*) Sconclusionato, strambo, stravagante: *è un po' s.* **B** s. m. (f. *-a*) ● (*fam.*) Persona svitata.

ṣvitatùra s. f. ● Operazione dello svitare.

ṣviticchiàre [da *viticchio*, con *s-*] **A** v. tr. (*io ṣvitìcchio*) ● Separare, disgiungere, liberare, ciò che è avviticchiato. **B** v. rifl. ● (*fig.*) Liberarsi da chi o ciò che disturba, impiccia: *sviticchiarsi da un seccatore*.

†**ṣvivàre** [da *vivo*, con *s-*] v. tr. ● Separare l'argento vivo dai metalli cui è attaccato.

†**ṣvivatóio** s. m. ● Arnese per svivare.

ṣviziàre [da *viziare*, con *s-*] **A** v. tr. (*io ṣvìzio*) ● (*raro*) Togliere un vizio. **B** v. intr. pron. ● Perdere un vizio.

ṣvìzzera [f. sost. di *svizzero*] s. f. ● Bistecca alla svizzera.

ṣvìzzero **A** agg. ● Della Svizzera | *Formaggio s.*, emmental, groviera | *Coltello s.*, (*per anton.*) coltello a serramanico a più usi, gener. con manico di plastica rossa, fabbricato in Svizzera | *Guardia svizzera*, corpo armato pontificio costituito nel XVI sec., e formato di soldati e ufficiali arruolati fra i cittadini svizzeri, esclusi quelli del Canton Ticino, incaricati della custodia della persona del Pontefice e dei Palazzi apostolici | *Alla svizzera*, (*ell.*) alla maniera degli Svizzeri | *Bistecca alla svizzera*, (*cuc.*) porzione arrotondata e appiattita di polpa di carne bovina tritata, che si cuoce in tegame o sulla graticola, con sale e pepe. **B** s. m. (f. *-a* nel sign. 1) *1* Abitante, nativo della Svizzera. *2* Soldato della Guardia svizzera pontificia: *gli svizzeri del papa*. *3* (*cuc.*, *per anton.*) Emmental o groviera: *un etto di s.*

ṣvociàto [da *voce*, con *s-*] agg. ● Che è afono, senza voce per aver troppo parlato, gridato, e sim.

ṣvogliaménto s. m. ● Atto dello svogliare | Svogliatezza.

ṣvogliàre [da *voglia*, con *s-*] **A** v. tr. (*io ṣvòglio*) ● (*raro*) Togliere la voglia, far desistere dal volere, dall'amare, e sim. **B** v. intr. pron. ● Perdere la voglia: *svogliarsi dello studio*.

ṣvogliatàggine s. f. ● Condizione di chi è abitualmente svogliato.

ṣvogliatézza s. f. ● Qualità di chi è svogliato | Stato di indifferenza, di apatia: *s. dallo studio*; *essere preso dalla s.*; *lavorare con s.*

ṣvogliàto [da *voglia*, con *s-*] agg.; anche s. m. (f. *-a*) ● Che, chi non ha voglia di q.c. o di fare q.c. o ne ha perduta la voglia: *essere s. del cibo*; *ragazzo*, *studente*, *lavoratore*, *s.* || **svogliatàccio**, pegg. | **svogliatèllo**, dim. | **svogliatino**, dim. | **svogliatóne**, accr. | **svogliatùccio**, dim. || **svogliataménte**, avv. In modo svogliato, senza voglia.

ṣvogliatùra s. f. ● (*raro*) Svogliatezza.

ṣvolacchiàre [da *svolare*, con suff. iter.-ints.] v. intr. (*io ṣvolàcchio*; aus. *avere*) ● (*raro*) Volare qua e là.

†**ṣvolaménto** s. m. ● Modo e atto dello svolare.

ṣvolàre [lat. parl. **exvolāre*, variante del classico *evolāre* 'volare (*volāre*) via (*ēx-*)'. V. *volare*] v. intr. (*io ṣvólo*; aus. *avere*) ● (*lett.*) Volare via | Svolazzare.

ṣvolazzaménto s. m. ● (*raro*) Atto dello svolazzare.

ṣvolazzàre [da *svolare*, con suff. iter.-ints.] **A** v. intr. (*io ṣvolàzzo*; aus. *avere*) *1* Volare ora qua, ora là, senza direzione: *le rondini svolazzano al tramonto*. *2* (*fig.*) Vagare qua e là, spec. con la mente: *s. da un pensiero a un altro*. *3* Dibattere le ali. *4* Essere mosso, agitato, dal vento: *le tende della finestra aperta svolazzano*. **B** v. tr. ● (*raro*) Agitare: *s. il fazzoletto*.

ṣvolazzatóre s. m. (f. *-trice*) ● (*raro*) Chi svolazza.

ṣvolazzìo s. m. ● (*raro*) Atto dello svolazzare continuo.

ṣvolàzzo o †**volàzzo**. s. m. *1* Atto dello svolazzare. *2* Cosa che svolazza | Lembo svolazzante di veste. *3* Nella scrittura, ornamento finale o iniziale di una lettera: *firma con svolazzi*. *4* (*spec. al pl.*, *fig.*) Ornamento eccessivo, superfluo: *un discorso pieno di svolazzi*. *5* (*spec. al pl.*, *arald.*) Pezzo di stoffa frastagliato, ricadente dall'elmo sullo scudo.

ṣvolére [da *volere*, con *s-*] v. tr. (coniug. come *volere*) ● (*raro*) Disvolere (*anche ass.*).

ṣvòlgere o (*poet.*) **ṣvòlvere** [da *volgere*, con *s-*] **A** v. tr. (coniug. come *volgere*) *1* Distendere, aprire, spiegare, ciò che è avvolto o involto: *s. un rotolo*, *un gomitolo*, *un involto*, *un pacco* | (*raro*) *S. un libro*, sfogliarlo, voltarne le pagine. CONTR. Avvolgere. *2* (*fig.*) Sviluppare, trattare per esteso, spiegare in ogni parte: *s. un argomento*, *un soggetto*, *una tesi*, *un tema*. *3* Eseguire una serie di azioni per conseguire un determinato scopo: *s. un programma*, *un piano di lavoro*; *tutti si congratularono per l'opera da lui svolta* | Esplicare: *s. un lavoro*, *un'attività*. *4* (*raro*) Volgere in altra direzione | (*est.*) Distogliere, dissuadere, rimuovere: *s. qc. da q.c.* **B** v. rifl. ● Liberarsi, sciogliersi: *svolgersi da un impaccio* | Svilupparsi. **C** v. intr. pron. *1* Distendersi, spiegarsi (*anche fig.*): *il filo si svolge dal rocchetto*; *una splendida vista si svolge sotto di noi*. *2* Accadere, avvenire, avere luogo, detto di fatto considerato nel complesso delle sue circostanze: *la battaglia si svolse secondo i piani*; *il traffico si svolge con regolarità*; *qui la vita si svolge tranquilla*; *come si sono svolti i fatti?* | Essere ambientato: *la scena del dramma si svolge a Londra nel 1900*.

ṣvolgiménto s. m. *1* Modo e atto dello svolgere o dello svolgersi (*spec. fig.*). *2* Trattazione di un tema scolastico. *3* (*mus.*) Elaborazione, sviluppo.

ṣvolgitóre s. m.; anche agg. (f. *-trice*) ● (*raro*) Chi, che svolge.

ṣvolìo s. m. ● (*lett.*) Atto dello svolare, spec. di molti uccelli insieme.

ṣvólo [da *svolare*, sul modello di *volo*] s. m. ● (*raro*, *lett.*) Atto dello svolare.

ṣvòlta [da *svoltare* (*2*)] s. f. *1* Atto dello svoltare: *fare una s.* *2* Curva di strada | Manovra compiuta per percorrerla. *3* (*fig.*) Mutamento importante: *questa scoperta segna una s. nella storia della scienza* | Momento, punto, in cui occorre scegliere, decidere: *essere a una s. nella propria vita*.

ṣvoltaménto [da *svoltare* (*1*)] s. m. ● (*raro*) Modo e atto dello svoltare.

ṣvoltàre (**1**) [da *voltare*, con *s-* ints.] v. tr. (*io ṣvòlto*) ● Svolgere ciò che era involto: *s. un pacco*. CONTR. Involtare.

ṣvoltàre (**2**) [da *voltare*, con *s-* sottratt.-ints.] v. intr. (*io ṣvòlto*; aus. *avere*) ● Mutare direzione, piegare verso una data parte: *s. a sinistra*; *svolta*, *poi va' dritto*.

ṣvoltàta [da *svoltare* (*1*)] s. f. ● Atto dello svoltare.

ṣvoltatóre [da *svoltare* (*1*)] s. m. (f. *-trice*) ● (*raro*) Chi svolta.

ṣvoltatùra [da *svoltare* (*2*)] s. f. ● (*raro*) Atto dello svoltare.

ṣvòlto (**1**) part. pass. di *svolgere*; anche agg. ● Nei sign. del v.

ṣvòlto (**2**) [forma m. di *svolta*] s. m. ● Svolta, voltata.

ṣvoltolaménto s. m. ● (*raro*) Atto dello svoltolare o dello svoltolarsi.

ṣvoltolàre [da *voltolare*, con *s-*] **A** v. tr. (*io ṣvòltolo*) *1* Svolgere ciò che era involto: *s. un pacco*. *2* (*raro*) Voltolare. **B** v. rifl. ● Voltolarsi.

ṣvoltolóne [da *svoltolare*. V. *voltolone*] s. m. ● (*raro*, *pop.*) Ruzzolone, rotolone.

ṣvòlvere ● V. *svolgere*.

ṣvotàre e *deriv.* ● V. *svuotare* e *deriv.*

ṣvuotaménto o **ṣvotaménto** s. m. ● Atto dello svuotare.

ṣvuotàre o **ṣvotàre** [da *v(u)otare*, con *s-*] v. tr.

(*io svuòto*; in tutta la coniug. si conserva di solito il dittongo *-uo-* anche se atono) *1* Vuotare di tutto il contenuto: *s. il fiasco.* **CONTR.** Riempire. *2* (*fig.*) Privare di significato: *s. una frase di ogni sentimento.*

swahili /swa'ili, *ingl.* swa:'hi:li/ [dal n. di una popolazione (*kiswaheli*) Bantu] **A** **s. m. inv.** *1* Lingua del gruppo Bantu, di larga diffusione nell'Africa centrale. *2* Popolazione del gruppo Bantu dell'Africa centrale. **B** anche **agg.**: *lingue s.*

swattàre /zvat'tare/ [da *watt*, con *s-*] **v. tr.** ● (*elettr.*) Aumentare la potenza reattiva rispetto a quella attiva, in un circuito a corrente alternata.

sweater /*ingl.* 'swetə*/ [vc. ingl., da *to sweat* 'sudare'] **s. m. inv.** ● Ampio maglione sportivo di lana pesante.

swing /*ingl.* swiŋ/ [vc. ingl., da *to swing* 'brandire, vibrare ruotando (una lancia, un colpo)'. V. *sventola*] **s. m. inv.** *1* (*mus.*) Nel jazz, particolare disposizione degli accenti sui tempi della battuta con esecuzione pulsante ed elastica. *2* (*sport*) Nel pugilato, sventola | Nel golf, movimento delle braccia e del bastone per eseguire un colpo.

symposium /*lat.* sim'pɔzjum/ **s. m. inv.** ● Convegno organizzato per consentire a più persone, spec. studiosi, ricercatori e sim., di discutere questioni e argomenti di comune interesse. **SIN.** Simposio.

t, T

Il suono rappresentato in italiano dalla lettera *T* è quello della consonante esplosiva dentale sorda /t/. Questa consonante, quando è preceduta da una vocale e seguita da un'altra vocale, da una semiconsonante /j, w/ o da una liquida /l, r/, può essere, secondo i casi, di grado tenue (es. *réte* /ˈrete/, *aiutiàmo* /ajuˈtjamo/, *Atrìde* /aˈtride/, *quàndo tuòna* /ˈkwando ˈtwɔna/) oppure di grado rafforzato (es. *lètto* /ˈletto/, *aspettiàmo* /aspetˈtjamo/, *attrézzo* /atˈtrettso/, *se tuòna* /se tˈtwɔna/), mentre nelle altre posizioni è sempre di grado medio (es. *astrùṣo* /asˈtruzo/, *tuòna* /ˈtwɔna/, *non tuòna* /non ˈtwɔna/).

t, T /nome per esteso: *ti*/ s. f. o m. inv. ● Diciottesima lettera dell'alfabeto italiano: *t minuscola, T maiuscolo* | *T come Taranto*, nella compitazione, spec. telefonica, delle parole | *a T*, detto di due linee, oggetti o elementi, uno dei quali sia perpendicolare all'altro: *incrocio a T, tubo a T, raccordo idraulico a T; trave a T; profilato a T*.

†ta' agg. dimostr. ● (*tosc.*) Forma tronca di 'tali'.

tabaccàio s. m. (f. *-a*) ● Rivenditore di tabacchi, gestore di una privativa. || **tabaccaìno**, dim.

tabaccàre v. intr. (*io tabàcco, tu tabàcchi*; aus. *avere*) ● Fiutare tabacco.

tabaccàto agg. ● Di colore che si accosta al tabacco.

tabaccherìa s. f. ● Rivendita di tabacchi, sale e altri generi di monopolio.

tabacchicoltóre o **tabacchicultóre** [comp. di *tabacco* e *-coltore*] s. m. ● Coltivatore di tabacco.

tabacchicoltùra o **tabacchicultùra** [comp. di *tabacco* e *coltura*] s. f. ● Coltivazione del tabacco.

tabacchicultóre ● V. *tabacchicoltore*.

tabacchicultùra ● V. *tabacchicoltura*.

tabacchièra s. f. ● Scatoletta in cui si tiene il tabacco da naso: *una t. di madreperla* | *T. per sigarette*, astuccio a forma di tabacchiera. || **tabacchierìna**, dim. | **tabacchieróna**, accr.

tabacchificio [comp. di *tabacco* e *-ficio*] s. m. ● Stabilimento dove viene lavorato il tabacco in foglie.

tabacchìna s. f. ● Operaia di una manifattura di tabacco.

tabacchìno s. m. (f. *-a* (V.)) *1* Chi lavora le foglie di tabacco. *2* (*dial.*) Tabaccaio.

tabàcco [sp. *tabaco*, di etim. discussa: dal n. di diverse piante medicinali europee, dall'ar. *tabbaq*, passato poi alle foglie da fumare trovate nella Nuova America (?)] **A** s. m. (pl. *-chi*) *1* Solanacea annua con fusto vischioso, grandi foglie ovate, fiori rossi in corimbo (*Nicotiana tabacum*). *2* Prodotto da fumo, da fiuto o da masticazione, ottenuto trinciando o polverizzando le foglie essiccate e conciate della pianta omonima: *t. da pipa, trinciato, da fiuto* o *da naso*; *t. dolce, forte*; *t. biondo, scuro*; *una presa, un pizzico di t.*; *tabacchi nazionali, esteri*; *rivendita di auto usate*. **B** in funzione di agg. inv. ● (posposto al s.) Detto di una particolare gradazione del marrone simile al colore delle foglie essiccate della pianta omonima: *color t.*

tabaccóne s. m.; anche agg. (f. *-a*) ● Chi, che annusa molto tabacco.

tabaccóso agg. ● Sporco di tabacco o che ne conserva l'odore: *fazzoletto t.*

tabacòṣi [comp. di *tabac(co)* e *-osi*] s. f. ● Pneumoconiosi da inalazione di polvere di tabacco.

tabàgico [fr. *tabagique*, da *tabagie* (V. *tabagismo*)] agg. (pl. m. *-ci*) ● Che si riferisce a tabacco | Causato dal tabacco.

tabagìṣmo [fr. *tabagisme*, da *tabagie*, da una parola algonchina col sign. originario di 'festino' con sovrapposizione di *tabac* 'tabacco'] s. m. ● (*med.*) Intossicazione cronica da uso eccessivo di tabacco da fumo.

tabagìsta [da *tabagismo*] s. m. e f. (pl. m. *-i*) ● Chi è affetto da tabagismo | (*est.*) Chi fuma tabacco.

†tabàllo [sp. *(a)tabal*, dal n. dello strumento nell'ar. di Spagna (*tabál*)] s. m. ● Timballo.

Tabànidi [vc. dotta, comp. di †*tabano* e *-idi*] s. m. pl. ● Nella tassonomia animale, famiglia di Ditteri dal corpo robusto e massiccio, pelosi, i cui maschi si nutrono di polline mentre le femmine sono ematofaghe e pungono i mammiferi (*Tabanidae*) | (al sing. *-e*) Ogni individuo di tale famiglia.

†tabàno [vc. dotta, lat. *tabānu(m)*: di origine non indeur. (?)] agg. ● Maldicente, maligno, velenoso, solo nella loc. *lingua tabana*.

tabarin /fr. tabaˈrɛ̃/ [vc. fr., sottinteso *bal* 'il ballo di *Tabarin*', n. di una maschera buffa del teatro fr.] s. m. inv. ● Locale notturno da ballo, anche con numeri di varietà.

tabàrro [etim. incerta] s. m. *1* Ampio mantello, come il ferraiolo che gli uomini indossavano sull'abito o sul cappotto. *2* Pastrano (*anche scherz.*). || **tabarràccio**, pegg. | **tabarrétto**, dim. | **tabarrìno**, dim. | **tabarróne**, accr. | **tabarrùccio**, dim.

tabàsco ® [dal n. dell'omonimo Stato sudorientale del Messico] s. m. inv. ● Nome commerciale di una salsa a base di pepe rosso e aceto.

tàbe [vc. dotta, lat. *tābe(m)* 'disfacimento', da *tābere* 'fondersi, liquefarsi', di origine indeur.] s. f. *1* (*med.*) Consunzione generata da malattie croniche | *T. dorsale*, infezione luetica tardiva del midollo spinale con alterazioni della sensibilità e atassia | *T. meseraica*, infezione tubercolare delle linfoghiandole mesenteriche. *2* (*raro*) Pus, marcia | (*est., lett.*) Consumazione.

†tabefàtto [vc. dotta, lat. tardo *tabefăctu(m)*, part. pass. di *tabefăcere*, comp. di *tābes* 'tabe' e *făcere* 'fare'] agg. *1* Fradicio, marcio, guasto. *2* (*lett.*) Insudiciato: *t. il viso / di polvere, di sangue e di sudore* (BOCCACCIO).

tabèlla [vc. dotta, lat. *tabĕlla(m)*, dim. di *tăbula(m)* 'tavola'] s. f. *1* Prospetto, specchietto con indicazioni, iscrizioni, disegni vari: *la t. dei prezzi*; *nell'atrio c'è la t. con la dislocazione dei vari uffici* | *T. a doppia entrata*, tabella con linee orizzontali e colonne verticali in numero uguale o diverso in cui ciascun dato dipende dalle intestazioni della colonna e della linea: *la tavola pitagorica è una t. a doppia entrata* | Quadro con dati di vario genere: *la t. dei quadrati, dei cubi* | *T. internazionale*, quadro espositivo dei punteggi assegnati proporzionalmente alle misure e ai tempi ottenuti nelle singole specialità dell'atletica leggera, con valore comparativo tra un lancio e una corsa veloce, tra un salto ed una corsa ad ostacoli, tra una staffetta e una corsa di fondo | *T. di marcia*, prospetto dei tempi approssimativi in cui i ciclisti dovrebbero transitare in alcuni punti del percorso e (*fig.*) prospetto che fissa le scadenze delle varie fasi di un lavoro. *2* Strumento di legno, costituito da una ruota dentata o da una tavoletta sulla quale battono due ferri, che si suona, in sostituzione delle campane, durante la settimana santa | *Suonare le tabelle dietro qc.*, (*fig.*) sbeffeggiarlo, dirne male. SIN. Battola, raganella. *3* Composizione tipografica. *4* Nell'antichità romana, tavoletta cerata in uso come supporto scrittorio. || **tabellìna** (V.), dim. | **tabellóna**, accr. | **tabellóne**, accr. m. (V.).

tabellàre [da *tabella*] agg. *1* Di tavoletta. *2* Fatto a tabella. *3* Che si riferisce a una tabella.

tabellàrio [vc. dotta, lat. *tabellāriu(m)*, da *tabĕllae* (pl. di *tabĕlla*) 'tavolette scritte, lettere'] s. m. ● Nel mondo romano classico, portalettere, corriere.

tabellàto [da *tabella*] agg. ● Che è elencato, contenuto in una tabella.

tabellazióne [da *tabella*] s. f. ● Prospetto, elenco.

tabellìna s. f. *1* Dim. di *tabella*. *2* Nel linguaggio scolastico, ogni riga della tavola pitagorica: *studiare la t. del nove*; *imparare le tabelline*.

tabellionàto [da *tabellione*] s. m. ● Nel Medioevo, la professione del notaio | *Segno del t.*, nel Medioevo, sigla personale apposta dal notaio sugli atti a garanzia della loro autenticità.

tabellióne [vc. dotta, lat. tardo *tabelliōne(m)*, dalle *tabĕllae* 'tavolette', su cui trascriveva gli atti] s. m. *1* Nell'antica Roma, scrivano. *2* Nell'esarcato ravennate, notaio.

tabellóne s. m. *1* Accr. di *tabella*. *2* Cartellone, prospetto contenente votazioni, orari di mezzi di trasporto pubblici, di treni, ecc. *3* (*scol.*) Grande tavola, recante scritte e figure, utilizzata nella scuola, spec. elementare, come sussidio visivo all'insegnamento. *4* Tavola applicata a una parete, e provvista di sostegni, per l'affissione di avvisi, manifesti, giornali e sim. *5* Nella pallacanestro, quadro di legno o di altro materiale al quale è fissato il canestro.

tabernàcolo o **†tabernàculo** [vc. dotta, lat. *tabernăculu(m)*, propriamente 'tenda' (dim. di *tabĕrna* 'abitazione') ma nell'augurale lat. 'tenda nella quale prendere gli auspici' (donde il sign. assunto nel lat. eccl.)] s. m. *1* Edicola, cappella, nella quale si conservano immagini di santi | Ciborio, costruzione nella quale si conservano le specie consacrate. *2* Presso gli antichi Ebrei, tenda posta nel deserto nella quale si conservavano le Tavole della Legge | Arca portatile nella quale si conservavano le Tavole, la manna e la verga di Aronne. *3* Nella sistemazione castrense degli antichi Romani, ampia tenda destinata al comandante dell'esercito. *4* †Tenda, padiglione.

tabernària [vc. dotta, lat. *tabernāria(m)*, sottinteso *fābula(m)*, col senso di 'basso, comune', che aveva assunto questo deriv. da *tabĕrna* 'taverna'] s. f. ● Tipo di commedia popolare della letteratura latina.

†tabernàrio [vc. dotta, lat. *tabernāriu(m)*, da *tabĕrna* 'taverna'] s. m. ● Tavernaio.

†tabèscere [vc. dotta, lat. *tabēscere*, che designa l'azione iniziale di *tabēre* (V. *tabe*)] v. intr. ● Andare in consunzione.

tabètico [da *tabe*, col falso suff. di *(diab)etico* ed altre simili vc.] **A** agg. (pl. m. *-ci*) ● Concernente la tabe. **B** agg.; anche s. m. (f. *-a*) ● Che, chi è affetto da tabe.

tabì [ar. *'āttābī*, dal n. del quartiere di Bagdad (*Al-'Attābīya*), dal n. di persona *Attāb*, dove si lavorava] s. m. ● Tessuto pesante di seta, simile al taffetà, lavorato in modo da ottenere effetti di marezzatura.

tàbico agg. (pl. m. *-ci*) ● Di tabe.

†**tàbido** [vc. dotta, lat. *tābidu(m)*, da *tābes* 'tabe'] agg. ● Infetto di tabe.

†**tabìfico** [vc. dotta, lat. *tabīficu(m)*, comp. di *tābes* 'tabe' e *-ficum* '-fico'] agg. *1* Che può struggere, liquefare. *2* Che produce consunzione.

tabla /*indiano* 'tabla/ [ar. *tabla* (cfr. *taballo*)] s. f. pl. ● (*mus.*) Strumento a percussione tipico della musica indiana, solitamente costituito da due piccoli tamburi di diverse dimensioni che si battono con le mani.

tableau /*fr.* ta'blo/ [vc. fr., dim. di *table* 'tavola'] s. m. inv. (pl. fr. *tableaux*) *1* Tappeto della roulette. *2* Quadro, tabella contenente dati statistici ordinati in liste o, gener., informazioni sull'andamento della produzione economica, dell'attività aziendale e sim.

table d'hôte /*fr.* 'tablə 'dot/ [loc. fr., propr. 'tavola (*table*) di ospite (*hôte*)'] loc. sost. f. inv. (pl. fr. *tables d'hôte*) ● Mensa a prezzo fisso servita in un albergo a una tavola comune.

tablìno [vc. dotta, lat. *tablīnu(m)*, per *tab(u)līnu(m)*, da *tăbula* 'tavola', attraverso un passaggio semantico non chiaro] s. m. ● Parte della casa romana antica che veniva dopo l'atrio e metteva nel corridoio che portava alle stanze interne per la famiglia, adibita a sala da pranzo.

tablòid /ta'bloid, *ingl.* 'tæblɔid/ [ingl. *tabloid*, comp. di *table* 'tavol(ett)a' e del suff. di origine gr. (da *êidos* 'forma') *-oid*] **A** s. m. inv. ● Giornale di formato corrispondente a circa la metà dei quotidiani normali, ma con un numero di pagine superiore, che pubblica un notiziario condensato e molto materiale fotografico. **B** anche agg. inv.: *un settimanale formato t.*

tablòide [V. precedente] s. m. ● Compressa, tavoletta di preparato farmaceutico.

tabòga ● V. *toboga*.

tabù o **tàbu** [fr. *tabou*, dall'ingl. *taboo*, da una vc. di origine polinesiana (*tapu*) col senso di 'sacro, proibito', propr. 'segnato (*ta*) straordinariamente (*pu*)'] **A** s. m. inv. *1* Presso i Polinesiani, ciò che viene considerato sacro o sacralmente inibito | Presso tutte le religioni primitive e, talvolta, in quelle superiori, ciò che è sacro, proibito | (*est.*) Situazione, oggetto, tempo, luogo, persona carichi di presenza religiosa o di cautela cerimoniale | *T. linguistico*, proibizione o censura, da parte della comunità, dell'uso di parole identificate, secondo una concezione quasi magica del significato, con l'oggetto designato o evocato e appartenente di solito alle sfere dei termini riguardanti divinità, organi e attività sessuali, malattie temibili: *t. religioso*; *t. morale*; *t. da paura*. *2* (*est.*) Proibizione ingiustificata | (*scherz.*) Cosa non nominabile, argomento, tesi che non si possono criticare o persona che non si deve o non si può avvicinare. **B** agg. inv. (posposto al s.) *1* Sacro o sottoposto a divieto sacrale. *2* (*est., scherz.*) Che non si può nominare o non è possibile criticare: *argomento t.* | Di chi non si lascia avvicinare: *un superiore t.*

tabuàto [fr. *taboué*, part. pass. di *tabouer* 'tabuizzare'] agg. ● (*ling.*) Detto di parola che non è possibile usare perché ricadente in un tabù linguistico.

tabuizzàre [fr. *tabouiser*, da *tabou* 'tabù'] v. tr. *1* Rendere o dichiarare religiosamente interdetti una situazione, un oggetto, un tempo, un luogo, una persona. *2* (*est.*) Proibire, vietare (*anche scherz.*).

tabula gratulatoria /*lat.* 'tabula gratula'tɔrja/ [loc. lat., propr. 'tavola, tabella di felicitazione'] loc. sost. f. inv. (pl. lat. raro *tabulae gratulatoriae*) ● Elenco, posto all'inizio di una pubblicazione in onore di qc., con i nomi di persone, enti, istituzioni che partecipano alle onoranze.

tabula rasa /*lat.* 'tabula 'raza/ [loc. lat., letteralmente 'tavola (*tăbula*, di etim. incerta) raschiata (dal part. pass. di *rādere*, che significava 'cancellare', raschiando la cera incisa con scrittura)'] loc. sost. f. inv. ● In vari sistemi filosofici, supposta condizione della mente umana anteriore all'acquisizione dei dati del mondo esterno, affine, per analogia, a un foglio bianco sul quale l'esperienza traccerà i suoi segni | *Fare tabula rasa*, (*fig.*) eliminare completamente, togliere tutto, cacciare tutti.

tabulàre (1) [vc. dotta, lat. *tabulāre(m)* 'relativo ad una tavola (*tăbula*)'] agg. *1* Che ha la forma appiattita propria di una tavola | *Cristallo t.*, di forma appiattita. *2* (*mat.*) Proprio dei dati d'una tavola | *Differenza t.*, differenza fra due dati consecutivi.

tabulàre (2) [da *tăbula*, per *tavola*, pretto latinismo] v. tr. (*io tàbulo*) ● (*mat.*) Mettere in tabella: *t. le variabili di un'equazione*.

tabulàrio [vc. dotta, lat. *tabulāriu(m)*, da *tăbulae* 'tavole (sulle quali erano scritte le leggi, i decreti, le liste degli elettori ed altri atti pubblici)'] s. m. ● Nell'antica Roma, archivio.

tabulàto A part. pass. di *tabulare (2)*; anche agg. ● Nel sign. del v. **B** s. m. ● Prospetto stampato da una tabulatrice o dalla stampante di un elaboratore elettronico.

tabulatóre [dal lat. *tăbula(m)* 'tavola' nel senso di 'registro di conti'] s. m. ● Dispositivo delle macchine per scrivere analogo all'incolonnatore, ma che, oltre a consentire l'incolonnamento a sinistra di liste di nomi, consente anche di ottenere l'incolonnamento a destra di liste di numeri.

tabulatrice [da *tabulatore*, dall'ingl. *tabulator*, tratto dal v. *to tabulate* 'tabulare (2)'] s. f. ● (*elab.*) Macchina base, in un sistema a schede perforate, che provvede alla stampa dei tabulati, alle sommatorie necessarie e alla perforazione di schede riepilogative.

tabulazióne [ingl. *tabulation*, da *to tabulate* 'tabulare (2)'] s. f. *1* Operazione compiuta dalle tabulatrici quando, impiegate in un lavoro di sommatoria dei dati contenuti in una certa sequenza di schede perforate, si limitano a stampare i risultati di tale sommatoria, oltre agli indicativi della sequenza. *2* Esposizione sotto forma di tabella dei dati ottenuti con un'inchiesta o un'indagine.

tac (1) o **tàcchete** [vc. onomat.] inter. *1* Riproduce il rumore leggero, secco e repentino di uno scatto di molla o di un colpo improvviso | V. anche *tic-tac*. *2* (*fig.*) Si usa per sottolineare il verificarsi improvviso e inaspettato di q.c.: *speravo di non essere interrogato e tac! ha chiamato proprio me.*

TAC (2) o **Tac** [sigla di *T(omografia) A(ssiale) C(omputerizzata)*] s. f. o m. inv. ● (*med.*) Apparecchiatura per eseguire la tomografia assiale computerizzata | La tecnica diagnostica che usa tale apparecchiatura.

tacamàca ● V. *taccamacca*.

Tàcan [sigla dell'ingl. *Tac(tical) A(ir) N(avigation)* 'sistema tattico di aeronavigazione'] s. m. ● Apparecchiatura di radioassistenza alla navigazione aerea.

tàcca [got. *taikn* 'segno', dalla radice germ. **taikna-n*, di origine indeur.] **A** s. f. *1* Incisione a cuneo ottenuta con due tagli vicini e convergenti: *un banco di scuola rovinato dalle tacche* | *Le tacche della stadera*, incise sul braccio a distanze uguali, per indicare i vari pesi | (*dir.*) *T. di contrassegno*, intaglio fatto su bastoncini in possesso delle due parti contraenti una somministrazione, quale mezzo di prova del rapporto giuridico esistente tra le stesse | *T. di mira*, intaglio nel ritto dell'alzo delle armi da fuoco portatili, attraverso il quale passa la visuale mirino-bersaglio, per il puntamento dell'arma. *2* In tipografia, piccola scanalatura praticata nel fusto d'un carattere mobile per indicarne il giusto verso, o nella base d'una matrice linotype per far sì che cada nel giusto magazzino. *3* Intaccatura sul filo di una lama: *rasoio pieno di tacche*. *4* Cartellino che i mercanti fiorentini dovevano apporre alle pezze di panno importate, col prezzo d'origine e le spese sostenute per il trasporto | (*est., fig.*) Statura, levatura: *della stessa t.* | *Di mezza t.*, V. *mezzatacca*. *5* Macchia naturale sul manto di animali, su marmo o pietra: *pelame a tacche bianche e nere*. *6* (*fig.*) Magagna, difetto: *avere le proprie tacche*. SIN. Neo. *7* Nell'alpinismo, forcella. || **taccherèlla**, dim. | **taccherellìna**, dim. | **tacchettìna**, dim. **B** in funzione di avv. ● (*iter., tosc.*) Così così: *campano t. t.* | Un passo dietro l'altro: *lo segue t. t.*

taccagnerìa s. f. ● Qualità di chi è taccagno. SIN. Avarizia, grettezza, spilorceria, tirchieria.

taccàgno [sp. *tacaño*, di etim. incerta] agg.; anche s. m. (f. *-a*) ● Che, chi è tirato nello spendere. SIN. Avaro, gretto. || **taccagnóne**, accr.

taccamàcca o **tacamàca** [sp. *tacamaca*: dall'azteco *tecomahiyac* (?)] s. f. ● Oleoresina contenuta in piante di origine diversa.

†**taccaménto** s. m. ● Modo, atto del taccare.

taccàre [da *tacca*] v. tr. (*io tàcco, tu tàcchi*) *1* (*raro*) Segnare con tacche. *2* †Apporre la tacca ai panni importati dall'estero.

taccàta s. f. *1* †Atto del taccare i panni. *2* (*mar.*) Sostegno della chiglia della nave in costruzione, o quando è immessa in bacino.

taccàto part. pass. di *taccare*; anche agg. ● Nei sign. del v.

taccheggiàre (1) [comp. di *tacco* nel sign. 4 e *-eggiare*] v. tr. (*io tacchéggio*) ● Nella tecnica tipografica, effettuare il taccheggio.

taccheggiàre (2) [da *tacca*, nel senso gerg. di 'truffa', originariamente 'debito (segnato per mezzo di tacche)'] **A** v. tr. (*io tacchéggio*) ● Rubare col taccheggio. **B** v. intr. (aus. *avere*) ● Rendersi colpevole di taccheggio.

taccheggiatóre s. m.; anche agg. (f. *-trice*) ● Chi, che taccheggia.

tacchéggio (1) [da *taccheggiare (1)*] s. m. ● Furto aggravato di merci esposte al pubblico per la vendita.

tacchéggio (2) [da *taccheggiare (2)*] s. m. ● Furto aggravato, commesso da chi, entrato in una bottega col pretesto di fare acquisti, eludendo la sorveglianza degli addetti alle vendite, sottrae di nascosto ciò che gli capita a portata di mano.

tàcchete ● V. *tac (1)*.

tacchettàre [denominale iter. di *tacco*] v. intr. (*io tacchétto*; aus. *avere*) ● Far rumore coi tacchi camminando.

tacchettìo [da *tacchettare*, con suff. iter.] s. m. ● Rumore dei tacchi di chi cammina velocemente.

tacchétto s. m. *1* Dim. di *tacco*. *2* Tacco piccolo, esile e alto, spec. di calzature da donna. *3* Ciascuno dei dischetti di cuoio o gomma applicati sotto la suola delle scarpe dei giocatori per far presa sul terreno. SIN. Bollino. *4* Organo che fa da intermediario e che trasmette alla navetta l'impulso necessario per attraversare il passo dell'ordito nel telaio per tessitura. || **tacchettìno**, dim.

†**tàcchia** [da *tacca*] s. f. ● (*raro*) Truciolo.

tacchìno [dim. di *tac(co)*, di origine onomat. (dal grido dell'animale)] s. m. (f. *-a*) ● Grosso galliforme di origine americana con capo e collo nudi e verrucosi, piumaggio a tinte metalliche, coda erigibile a ruota nei maschi, allevato per le sue carni (*Meleagris gallopavo*) | *Diventare rosso come un t.*, arrossire moltissimo. || **tacchinàccio**, pegg. | **tacchinóne**, accr. | **tacchinòtto**, accr. | **tacchinùccio**, dim.

tàccia [fr. *tache* 'macchia', dal got. *taikns* 'segnare'] s. f. (pl. *-ce*) ● Accusa, imputazione dovuta alla pubblica opinione | Fama cattiva: *essersi creato la t. di imbroglione* | †*Di mala t.*, di mala fama.

tacciàbile agg. ● Che può essere tacciato: *siete tacciabili di malafede*.

tacciàre [da *taccia*] v. tr. (*io tàccio*) ● Incolpare, imputare: *t. qc. di negligenza*. SIN. Accusare.

†**tàccio** [ant. fr. *tasche* 'cottimo', dal lat. *taxāre* 'tassare'] s. m. *1* Transazione. *2* Cottimo.

tàcco [etim. discussa: da *tacca* (?)] s. m. (pl. *-chi*) *1* Rialzo di cuoio, legno o altro materiale, posto nelle calzature sotto il tallone | *Tacchi alti*, quelli delle calzature da donna | *Tacco a spillo*, altissimo, esile e generalmente con anima interna di metallo, usato nelle calzature da donna | *Battere, alzare il t.*, (*fig.*) andarsene | *Stare al t. di qc.*, (*fig.*) seguirlo, pedinarlo | (*raro*) *Alzare i tacchi*, (*fig.*) voler sembrare più importante | *Colpo di t.*, nel calcio, finezza stilistica con cui, colpendo la palla di tacco, si fa un passaggio all'indietro. *2* Cuneo, pezzo di legno per tenere sollevata o ferma una cosa | Cuneo che si pone tra il terreno e una ruota di un aereo per ostacolarne il moto. *3* Corto cilindro di legno che nelle antiche artiglierie serviva per serrare la carica contro il fondo della bocca da fuoco, mentre anteriormente era incavato a emisfero per dare appoggio alla palla. *4* Nella tecnica tipografica, striscia cartacea per il taccheggio. || **tacchétto**, dim. (V.).

tàccola (1) [longob. **tahala*, da una base germ. **dhakw-*, di origine onomat.] s. f. *1* Uccello passeriforme nero con la parte superiore del collo color cenere, gregario, comune in Italia (*Coloeus monedula*). *2* (*fig.*) †Bazzecola, cosa da nulla.

3 (*fig.*) †Tresca. *4* (*fig.*) †Gioco.

tàccola (*2*) [vc. lombarda, di etim. incerta] s. f. ● (*sett.*) Pisello con semi piccoli e teneri di cui si mangia anche il baccello.

tàccola (*3*) [propriamente dim. di *tacca*] s. f. *1* (*raro*) Difetto, magagna. *2* (*fig.*) †Debito.

taccolàre [da *taccola* (*1*), in senso fig.] v. intr. (*io tàccolo*; aus. *avere*) ● (*raro*) Chiacchierare, ciarlare.

taccolàta [da *taccola* (*1*) nel senso di 'bazzecola'] s. f. *1* (*raro*) Cosa da nulla. *2* †Chiacchiera.

†**taccolerìa** [da *taccolare* 'ciarlare'] s. f. ● Ciarla, chiacchiera.

†**taccolévole** [da *taccolare* 'chiacchierare'] agg. ● Ciarliero.

tàccolo (*1*) [da *taccola* (*1*), attraverso il sign. di 'ciancia'] s. m. *1* (*raro*) Bazzecola. *2* †Scherzo, gioco. *3* †Ciarla. *4* †Cavillo.

tàccolo (*2*) [dim. di *tacca*] s. m. ● (*raro, tosc.*) Piccolo debito.

tacconàre [da *taccone*] v. tr. (*io taccóno*) *1* Impuntire le doppie suole con spago incerato. *2* (*dial.*) Applicare tacconi, toppe, a scarpe o vestiti logori. SIN. Rattoppare.

taccóne [da *tacca*] s. m. *1* (*dial*) Pezza, toppa che si applica a scarpe o vestiti | (*fig.*) Zeppa, rimedio applicato maldestramente. *2* Bulletta per chiodare i tacchi degli scarponi. *3* †Tacco di scarpa | *Battere il t.*, (*fig.*) andarsene in tutta fretta.

taccuìno [ar. *taqūīm* 'giusto ordine'] s. m. *1* Quadernetto per appunti, spec. tascabile. *2* †Lunario, almanacco.

tacènte part. pres. di *tacere*; anche agg. *1* Nei sign. del v. *2* †Muto, silenzioso.

tacére [lat. *tacēre*, di ristretta area indeur. e di etim. incerta] **A** v. intr. (pres. *io tàccio, tu tàci, egli tàce, noi tacciàmo, voi tacéte, essi tàcciono*; pass. rem. *io tàcqui*, †*tacètti*, *tu tacésti*; congv. pres. *io tàccia, ..., noi tacciàmo, voi tacciàte, essi tàcciano*; part. pass. *taciùto*; aus. *avere*) *1* Non parlare, non dire nulla: *t. per vergogna, timore*; *questo è il momento di t.*; *taceva ostinatamente e non andò molto che spalancò la bocca e scoppiò in lagrime* (FOGAZZARO) | Trattenersi o astenersi dal dire: *su quel fatto è meglio t.*; *anche se conosci la verità, ti consiglio di t.* | *T. di q.c.*, non parlarne | *Mettere q.c. a, in t.*, evitare che si parli di q.c. | *Gli ho scritto, ma ha sempre taciuto*, non ha mai inviato risposta | (*fam.*) *Perdere una bella occasione di t.*, parlare a sproposito | (*est.*) Non manifestare, detto spec. di sentimenti o stati d'animo: *è uno che sa t.* | Essere acquiescente, subire senza opporsi: *abbiamo taciuto anche troppo*: *è ora di ribellarsi*. *2* Fare silenzio, cessare di parlare, di gridare o fare rumore: *dette poche parole, tacque*; *fatelo t.*: *ha detto troppe sciocchezze*; *taci!, tacete!* | (*fig.*) *Far t. qc.*, ridurla al silenzio; *far t. l'opposizione*; *ho fatto t. ogni sentimento*. *3* Non riportare, riferire, suggerire nulla (*anche fig.*): *sull'incidente, il giornale tace*; *su quel personaggio le fonti tacciono*; *riguardo a ciò che vi interessa, il libro tace*. *4* (*est.*) Non fare rumore, non farsi più udire o percepire (*anche fig.*): *gli strumenti tacquero all'improvviso*; *i rumori della strada tacciono*; *dal presente regal giogo oppresso, / sol nei deserti taccio i miei guai* (ALFIERI) | Non essere in funzione, detto di macchine e sim.: *nell'ufficio le calcolatrici tacevano*; *dopo la battaglia, i cannoni tacquero* | (*raro, fig.*) *Le lezioni tacciono*, sono cessate | Stare quieto, calmo, essere silenzioso o immerso nel silenzio, detto della natura, di paesaggi e sim.: *la notte tace*; *tutta la vallata taceva*; *tacean le selve* (MARINO). **B** v. tr. ● Astenersi o rifiutarsi di dire: *tacque l'accaduto per non impressionarlo* | Non rivelare, nascondere col silenzio: *non so perché ha taciuto di averlo visto*; *t. una colpa* | Non lasciare apparire, celare (*anche fig.*): *t. il proprio dolore*; *ha taciuto i suoi meriti*; *non voglio tacerti nulla* | Tralasciare, dare per sottinteso: *t. un particolare superfluo*; *in questa frase si può t. il soggetto*. **C** v. intr. pron. ● (*raro, lett.*) Restare silenzioso, smettere o trattenersi dal parlare: *Io mi taccio per vergogna delle mie ricchezze* (BOCCACCIO). **D** in funzione di s. m. ● Silenzio: *il t. lo ha salvato da una situazione imbarazzante* || PROV. Un bel tacer non fu mai scritto; chi tace acconsente.

†**tacévole** [da *tacere*] agg. ● Tacito, silenzioso. || †**tacevolménte**, avv. Tacitamente.

tacheometrìa [comp. del gr. *tachéōs* 'velocemente' (da *tachýs*) e *-metria*] s. f. ● Metodo di rilevamento topografico rapido sul quale, facendo stazione in un sol punto, si misurano col tacheometro i dislivelli e le distanze degli altri punti. SIN. Celerimensura.

tacheomètrico agg. (pl. m. *-ci*) ● Relativo al tacheometro e alla tacheometria: *rilevamento t.*

tacheòmetro [comp. del gr. *tachéōs* 'velocemente' (da *tachýs*) e *-metro*] s. m. ● Strumento tipico della tacheometria, meno preciso del teodolite, dotato di un declinometro e di un cannocchiale distanziometrico.

tàchi- [dal gr. *tachýs* 'veloce', di etim. incerta] primo elemento ● In parole composte, significa 'veloce', 'rapido', o fa riferimento alla velocità: *tachicardia, tachigrafo, tachimetro*.

tachicardìa [comp. di *tachi-* e del gr. *kardía* 'cuore'] s. f. ● (*med.*) Disturbo caratterizzato da un aumento della frequenza dei battiti cardiaci oltre i valori normali | *T. parossistica*, forma di tachicardia ricorrente che inizia e cessa bruscamente.

tachicàrdico **A** agg. (pl. m. *-ci*) ● Relativo alla tachicardia. **B** agg.; anche s. m. (f. *-a*) ● Che, chi è affetto da tachicardia.

tachifagìa [comp. di *tachi-* e *-fagia*] s. f. ● (*med.*) Ingestione rapida e precipitosa del cibo.

tachigrafìa [comp. di *tachi-* e *-grafia*] s. f. ● Modo di scrivere rapido per mezzo di segni convenzionali.

tachigràfico agg. (pl. m. *-ci*) ● Che utilizza la tachigrafia: *sistema t.*; *tecnica tachigrafica*.

tachìgrafo [comp. di *tachi(metro)* e *-grafo*] s. m. ● Tachimetro registratore.

tachilalìa [comp. di *tachi-* e *-lalia*] s. f. ● (*med.*) Pronuncia rapida delle sillabe o parole.

tachimetrìa [comp. di *tachi-* e *-metria*] s. f. ● (*fis.*) Misura della velocità istantanea di organi rotanti.

tachimètrico agg. (pl. m. *-ci*) ● Relativo al tachimetro e alla tachimetria.

tachìmetro [comp. di *tachi-* e *-metro*] s. m. ● Strumento per misurare la velocità istantanea di rotazione di un albero od organo di macchina, di uso generale negli autoveicoli per indicarne la velocità in km/h | *T. contakilometri*, strumento formato dalla combinazione di un tachimetro e di un contakilometri sugli autoveicoli.

tachióne [da *tachi-*, col suff. *-one* (*3*)] s. m. ● (*fis.*) Presunta particella elementare che si crede viaggi più veloce della luce.

tachipèssi o **tachipessìa** [comp. di *tachi-* e *-pessi*] s. f. ● Processo ultrarapido di congelazione attuato in apposite celle dall'industria alimentare.

tachipnèa [comp. di *tachi-* e del gr. *pnoḗ* 'respiro'] s. f. ● (*med.*) Aumento di frequenza degli atti respiratori.

tachipsichìsmo [comp. di *tachi-* e *psichismo*] s. m. ● Attività psichica molto rapida e vivace.

tachisintògrafo s. m. ● Dispositivo che consente la sintonizzazione automatica dei radioricevitori.

tachisme /fr. ta'ʃism/ [vc. fr., da *tache* 'macchia' (prob. d'orig. germ.)] s. m. inv. ● (*pitt.*) Nella pittura astratta, modo di dipingere attraverso l'uso di elementi colorati che richiamano la forma della macchia, della chiazza o dello schizzo.

tachìsmo [fr. *tachisme* (V.)] s. m. ● Adattamento di *tachisme* (V.).

tachìsta [fr. *tachiste*, da *tache* 'macchia' (V. *tachismo*)] **A** s. m. e f. (pl. m. *-i*) ● Chi dipinge con la tecnica del *tachisme*. **B** anche agg.: *quadro t.*; *pittrice t.*

tachistoscòpio [comp. del gr. *táchystos*, sup. di *tachýs* 'rapido' (V. *tachi-*) e *-scopio*] s. m. ● Strumento che fornisce una esposizione, per frazioni di secondo, di materiale visivo come disegni, lettere, cifre, e sim.

tacìbile agg. ● (*raro*) Che si può, si deve tacere.

†**taciménto** s. m. *1* Atto del tacere. *2* (*ling.*) Nella retorica, preterizione.

tacitaménto s. m. ● Il tacitare: *il t. dei creditori*.

tacitàre [da *tacito*] v. tr. (*io tàcito*) *1* Pagare, soddisfare una richiesta di denaro con una somma inferiore a quella dovuta: *t. un creditore*. *2* (*est.*) Mettere a tacere: *t. uno scandalo*.

tacitazióne [da *tacitare*] s. f. ● (*raro*) Tacitamento.

tacitiàno agg. *1* Che concerne lo storico romano Tacito (56/57 ca.-120 ca.). *2* Che imita Tacito: *storico t.* | (*est.*) Compendioso, conciso: *stile t.*

tacitìsmo s. m. *1* (*raro*) Imitazione di Tacito. *2* Corrente politico-culturale che, spec. nel tardo Cinquecento, ricavava dalle opere dello storico latino norme di vita e prassi politica.

tacitìsta s. m. e f. (pl. m. *-i*) *1* (*raro*) Studioso o imitatore di Tacito. *2* Scrittore legato al tacitismo.

tàcito [vc. dotta, lat. *tăcitu(m)*, dal part. pass. di *tacēre*] **A** agg. *1* Che tace, mantiene il silenzio: *restò t. e silenzioso*; *Taciti, soli, sanza compagnia / n'andavam l'un dinanzi e l'altro dopo* (DANTE Inf. XXIII, 1-2) | (*est.*) Che non fa rumore (*anche fig.*): *passo t.*; *una fine tacita* | Quieto, silenzioso: *una notte tacita*. *2* Che non è espresso apertamente, ma si può facilmente intuire: *un t. assenso*; *il suo sguardo esprimeva un t. rimprovero* | Sottinteso: *fra loro c'è un t. patto* | (*fig.*) Nascosto: *un amore t.* || **tacitaménte**, avv. *1* In silenzio: *aspettare tacitamente*; implicitamente: *rinnovare tacitamente un contratto*. *2* Segretamente: *tacitamente lo tradirono*. **B** in funzione di avv. ● (*lett.*) †Silenziosamente.

†**tacitóre** [da *tacito*] s. m.; anche agg. (f. *-trice*) ● Chi, che tace.

taciturnità [vc. dotta, lat. *taciturnitāte(m)*, da *tacitŭrnu(m)* 'taciturno'] s. f. ● L'essere taciturno, anche abitualmente. CONTR. Loquacità.

tacitùrno [vc. dotta, lat. *tacitŭrnu(m)*, da *tăcitu(m)*, con richiamo nella formazione *a noctŭrnu(m)* 'notturno'] agg. *1* Che tace quasi sempre per natura o usa poche parole nei discorsi: *temperamento chiuso e t.* | Che si chiude o si è chiuso nel silenzio: *dopo la discussione, rimase t. tutta la sera*. SIN. Silenzioso. CONTR. Loquace. *2* (*est., lett.*) Che non fa rumore o si muove silenziosamente, detto di cosa: *fiume lento e t.*; *quando alfin sente dopo induge tante, / che il t. chiavistel si muova* (ARIOSTO). || **taciturnaménte**, avv. In silenzio, senza farsi sentire.

taciùto part. pass. di *tacere*; anche agg. ● Nei sign. del v.

tackle /ingl. tækl/ [vc. ingl., letteralmente 'affrontare, trattenere (un avversario)', in origine 'attaccare, assicurare con una taglia (*tackle*, di area germ.)'] s. m. inv. ● Nel calcio, contrasto, intervento contro un giocatore avversario in possesso del pallone: *entrare in t.*

tactìsmo o **tattìsmo** [fr. *tactisme*, dal gr. *taktós* 'ordinato, stabilito' (dal v. *tássein*) con riferimento al movimento determinato dai diversi stimoli] s. m. ● (*biol.*) Movimento di traslazione dovuto a stimoli di varia natura, proprio dei batteri e delle piante inferiori.

tadórna [fr. *tadorne*, di etim. incerta] s. f. ● (*zool.*) Volpoca.

tae-kwon-do /coreano tɛ kwʌn 'do/ [vc. coreana, propr. 'con le mani e con i piedi'] s. m. inv. ● Arte marziale assai violenta e spettacolare, caratterizzata soprattutto dall'uso di calci sferrati in volo e in giravolta.

taf ● V. *taffete*.

tafanàre [da *tafano*] **A** v. tr. ● (*raro*) Punzecchiare, detto del tafano e (*est.*) di altri insetti. **B** v. intr. (aus. *avere*) ● Entrare, rovistare dovunque.

tafanàrio [perché parte più colpita dai *tafani* (?)] s. m. ● (*scherz.*) Deretano, sedere.

tafàno [lat. parl. **tafānu(m)*, prob. variante di *tabānu(m)* 'tabano'] s. m. *1* Insetto affine alla mosca, ma più grande, le cui femmine perseguitano gli animali al pascolo per suggerne il sangue (*Tabanus bovinus*). *2* (*fig.*) Persona molto importuna o che cerca di sfruttare gli altri.

†**taferùgia** ● V. †*tafferugia*.

†**tafettà** ● V. *taffettà*.

tàffe ● V. *taffete*.

tafferìa [ar. *taifūrīya*, da *taifur* 'piatto tondo'] s. f. ● Tavola di legno con manico sulla quale viene versata dal paiolo la polenta.

†**tafferùgia** o †**taferùgia**. s. f. ● Tafferuglio.

tafferùglio [turco *teferrüc* 'divertimento, passeggiata', dall'ar. *tafarrug* con il suff. di *garbuglio*, *intruglio*, e sim.] s. m. *1* Baruffa, rissa di molte persone che provocano rumore, confusione, scompiglio: *trovarsi in un t.*; *è nato un t.* *2* †Baldoria.

taffetà • V. *taffettà*.

tàffete o **taf**, (*raro*) **tàffe** [vc. onomat.] **inter**. **1** Riproduce il rumore di q.c. che cade o batte per terra o che si schiaccia: *urtò il vaso e t.! giù per terra*. **2** (*fig.*) Si usa per sottolineare la subitaneità o il verificarsi improvviso e inaspettato di q.c.: *passo di lì e t.! incontro proprio lui!*; *t., buttan dentro nel discorso qualche parola in latino* (MANZONI).

taffettà o †**tafettà**, (*raro*) **taffetà** [fr. *taffetas*, dal persiano *tāfta* 'specie di vestito di seta'] **s. m.** **1** Tessuto di seta o di fibra artificiale, compatto, sostenuto e frusciante, per abiti, sottogonne, fodere | (*raro, fig.*) *Avere lo stomaco di t.*, essere delicato di stomaco. **2** Cerotto.

taffiàre [etim. discussa: lat. parl. **taflāre* 'mettere in tavola' (**tafla*, parallelo dial. di *tābula* 'tavola') (?)] **v. intr.** (*io tàffio*; aus. *avere*) • (*pop.*) Fare un lauto pasto.

†**tàffio** [da *taffiare*] **s. m.** • Banchetto.

tafofobìa [comp. del gr. *táphos* 'tomba, sepolcro' e *fobia*] **s. f.** • Paura morbosa di essere sepolto vivo.

tafonàto **agg.** • Riferito a tafone.

tafóne [etim. incerta] **s. m.** • Roccia o blocco di foggia curiosa, cavo internamente per fenomeni d'erosione.

tafonomìa [comp. del gr. *táphos* 'seppellimento' (d'orig. indeur.) e *-nomia*] **s. f.** • (*biol.*) Studio degli organismi animali e vegetali penetrati da vivi o inclusi al momento della loro morte nella crosta terrestre.

tafònomo **s. m.** (f. *-a*) • Esperto di tafonomia.

Tafrinàcee [vc. dotta, comp. dal gr. *táphros* 'fossa' e *-acee*] **s. f. pl.** • Nella tassonomia vegetale, famiglia di funghi ascomiceti parassiti di alberi con micelio che si sviluppa dentro l'ospite (*Taphrinaceae*) | (al sing. *-a*) Ogni individuo di tale famiglia.

tagàl [dal n. (*Tagal, Tagalog*) di un gruppo etnico delle Filippine] **s. m.** • Dialetto del gruppo delle lingue indonesiane del nord, lingua nazionale della Repubblica delle Filippine.

tagète o **tagètes** [etim. incerta: forse da *Tagete*, n. d'un etrusco che insegnò l'arte divinatoria] **s. m.** • (*bot.*) Genere di piante erbacee delle Composite, annuali o perenni, con capolini semplici o doppi e le cui foglie, se spezzate, emanano odore pungente (*Tagetes*).

tagìcco o **tagìco**, **tagìko** [dall'osmanli *tagik*, di origine persiana (*tāčik* 'arabo, persiano, maomettano', dall'ar. *Tāy*, n. di popolazione)] **agg.**; anche **s. m.** (f. *-a*; pl. m. *-chi*) • Che, chi abita i distretti più occidentali del Pamir, nel Tagikistan russo, ed è di lingua iranica indoeuropea.

tàglia (1) [da *tagliare* (*1*)] **s. f.** **1** †Atto del tagliare | (*est.*) Legnetto su cui si facevano le tacche di contrassegno per forniture a credito | *T. di contrassegno*, tacca di contrassegno | †*A t.*, a credito. **2** Statura, complessione del corpo | *Di mezza t.*, di media statura. **3** In sartoria, e spec. in confezione, misura convenzionale dell'abito: *una giacca, un cappotto di taglia 46*; *io porto la t. 48* | *T. forte*, misura di un abito adatto a chi ha una corporatura molto robusta e non potrebbe vestirsi con le taglie correnti | *T. unica*, misura che può adattarsi a due o tre taglie intermedie, usata spec. per piccoli indumenti o biancheria in tessuto molto elastico. **4** Negli animali, altezza misurata dal garrese a terra. **5** †Foggia del vestire | †Divisa, uniforme. **6** (*ant.*) Imposta | Tributo imposto spec. da un esercito vincitore. **7** Prezzo che si promette a chi riesce a catturare malviventi o animali molto pericolosi: *una t. pende sul capo di qc.*; *mettere una t. su qc.*

tàglia (2) [etim. incerta] **s. f.** • Paranco di due bozzelli, uno fisso e uno mobile, e una o più carrucole, su cui si avvolge una fune, per sollevare grossi pesi.

tagliàbile **agg.** **1** Che si può tagliare. **2** †Sottoponibile a taglia.

tagliabórdi [comp. di *taglia(re)* (*1*) e *bordo*] **s. m.** • Attrezzo manuale di piccole dimensioni, fornito di un disco metallico girevole per tagliare l'erba ai bordi di prati o aiuole.

tagliabórse [comp. di *taglia(re)* (*1*) e il pl. di *borsa*] **s. m. e f. inv.** • Chi ruba tagliando le borse o tasche | Borsaiolo.

tagliabòschi [comp. di *taglia(re)* (*1*) e il pl. di *bosco*] **s. m.** • Chi per mestiere taglia i boschi cedui, abbattendo gli alberi e segandoli in tronconi.

tagliacàlli [comp. di *taglia(re)* (*1*) e il pl. di *callo*] **s. m.** • Coltellino o piccolo rasoio a lame cambiabili per tagliare o eliminare i calli.

†**tagliacantóni** [comp. di *taglia(re)* (*1*) e il pl. di *cantone*] **s. m.** • Spaccone, bravaccio.

tagliacàrte [comp. di *taglia(re)* (*1*) e il pl. di *carta*] **s. m. inv.** **1** Stecca metallica, d'avorio e sim., tagliente, più o meno simile a un coltello, per tagliare carte, aprire pagine ancora chiuse e sim. **2** Macchina per tagliare la carta.

tagliacèdole [comp. di *taglia(re)* (*1*) e il pl. di *cedola*] **s. m. inv.** • Squadretta per lo stacco delle cedole.

tagliàcque [comp. di *taglia(re)* (*1*) e il pl. di *acqua*] **s. m. inv.** • Rostro a monte delle pile dei ponti.

tagliacùce [comp. della prima pers. indic. pres. di *tagliare* (*1*) e *cucire*] **s. f.** • Tipo di macchina per cucire in grado, nello stesso tempo, di rifinire e cucire a sopraggitto i bordi dei tessuti.

†**tagliadóre** **s. m.** • Tagliere.

tagliafèrro [comp. di *taglia(re)* (*1*) e *ferro*] **s. m.** • Scalpello d'acciaio fino per tagliare il ferro.

tagliafièno [comp. di *taglia(re)* (*1*) e *fieno*] **s. m. inv.** • Attrezzo per tagliare fieno e paglia dai pagliai o dai fienili.

tagliafuòco [comp. di *taglia(re)* (*1*) e *fuoco*] **A** **s. m.** **1** Sopraelevazione del muro divisorio tra due edifici contigui oltre le falde del tetto, per evitare il propagarsi di eventuali incendi dall'uno all'altro fabbricato. **2** Nei boschi, fascia continua disboscata per interrompere il propagarsi di un incendio. **B** **agg. inv.** • Detto di porta o paratia che, spec. nelle navi o in locali con pericolo d'incendio, serve a isolare vani con funzioni vitali nella struttura d'insieme: *portelli t.*; *palcoscenico con sipario t.*

tàgliafuòri [da *taglia(re)* (*1*) e *fuori*] **s. m. inv.** • Nella pallacanestro, azione difensiva volta a impedire all'avversario di andare a rimbalzo.

†**tagliagióne** [da *tagliare* (*2*) nel senso specifico di 'uccidere (in battaglia)'] **s. f.** • Uccisione.

taglialégna [comp. di *taglia(re)* (*1*) e *legna*] **s. m. inv.** • Chi per mestiere taglia e spacca i tronchi e i grossi rami riducendoli nelle pezzature volute.

tagliamàre [comp. di *taglia(re)* (*1*) e *mare*] **s. m. inv.** • (*mar.*) Pezzo di costruzione avanti alla ruota di prua col quale la nave fende il mare | (*gener.*) Spigolo esterno del dritto di prora dello scafo della nave.

tagliaménto **s. m.** **1** (*raro*) Modo, atto del tagliare | Taglio. **2** †Uccisione, eccidio, strage | Distruzione.

tagliàndo [comp. di *taglia(re)* (*1*) col suff. del gerundio *-ando* col senso di 'che deve essere (tagliato)'] **s. m.** • Parte che viene staccata da un titolo, una cartella di rendita, una tessera, un biglietto, e sim. | *Fare il t.*, sottoporre un autoveicolo a revisione periodica entro i termini previsti dalla casa costruttrice. SIN. Cedola.

tagliànte **part. pres.** di *tagliare* (*1*); anche **agg.** • Che taglia.

tagliapàsta [comp. di *taglia(re)* (*1*) e *pasta*] **A** **s. m. inv.** • Utensile da cucina munito di una rotella dentata, atta a tagliare la sfoglia. **B** anche **agg. inv.**: *rotella t.*

tagliapatàte [comp. di *taglia(re)* (*1*) e il pl. di *patata*] **s. m. inv.** • Utensile da cucina per ridurre le patate in piccoli pezzi o in sottili fette.

tagliapiètre [comp. di *taglia(re)* (*1*) e il pl. di *pietra*] **s. m. inv.** • Scalpellino, spaccapietre.

tagliapòggio [comp. di *taglia(re)* (*1*) e *poggio*] **s. m.** • Modo di sistemare i terreni collinari per rendere più lento il deflusso delle acque piovane ed evitare le conseguenze negative dell'erosione.

tagliàre (1) [lat. tardo *taliāre*, da *tālea* 'boccio, punta'] **A** **v. tr.** (*io tàglio*) **1** Separare, fendere, dividere un corpo, usando una o più volte una lama affilata o altro arnese tagliente: *t. q.c. con il coltello, una lametta, la falce, la sega*; *t. un tronco con la scure*; *t. un pezzo di carne con la coltella*; *t. un panno con le forbici* | (*fig.*) *Un tipo tagliato con l'accetta*, grossolano, rozzo, dalle maniere rudi e spicce, dai lineamenti marcati e pronunciati | (*ass.*) Avere un buon taglio, essere ben affilato: *una lama che taglia*; *questo rasoio non taglia più*. **2** Dividere una o più parti dell'intero usando una lama o altro mezzo affilato: *t. mezzo metro da una pezza di tela*; *mi tagli una fetta di dolce?* | *T. un bosco*, abbattere i fusti degli alberi in parte o totalmente | *T. l'uva*, vendemmiare | *T. un abito*, ritagliare da una stoffa le parti da confezionare | *T. le pagine di un libro*, separarle tagliandole con un tagliacarte o altro strumento affilato lungo i margini congiunti | *T. un muro*, staccare un pezzo di parete | *T. un diamante*, eseguirne la sfaccettatura | *T. vini*, unire in una mescolanza un vino robusto con uno di gradazione inferiore | *T. una droga*, accrescerne il peso e il volume mescolandola con sostanze affini solo per colore e consistenza, ma che spesso ne aumentano la tossicità | *T. fuori*, dividere una formazione militare da un centro operativo e (*fig.*) escludere, isolare, estraniare da un gruppo, una comunità e sim. | Accorciare: *tagliarsi i capelli, le unghie*. **3** Togliere o separare una parte con un taglio netto o una recisione: *t. un ramo dal tronco*; *t. l'erba con la falce*; *l'ingranaggio di lame gli ha tagliato una mano* | *T. una gamba*, amputarla | *T. le gambe a qc.*, (*fig.*) ostacolarlo seriamente così da impedirgli di portare a termine q.c. o di sostenersi con i propri mezzi | *T. la testa*, decapitare | *T. la testa al toro*, (*fig.*) prendere una decisione definitiva eliminando ogni esitazione | *T. i panni addosso a qc.*, (*fig.*) dirne male, criticarlo dietro le spalle | (*raro, fig.*) Interrompere, troncare (*anche ass.*): *t. il discorso*; *non dilungarti troppo: taglia!*; *l'orgogliose minacce a mezzo taglia* (ARIOSTO) | †*T. le parole a qc.*, interromperlo | †*T. una sentenza*, rifiutarla, rigettarla | *T. corto*, (*fig.*) accorciare o terminare bruscamente, spec. un discorso | *T. la corda*, (*fig.*) andarsene di nascosto, scappare | *T. i ponti*, (*fig.*) rompere con decisione le relazioni o le trattative con qc. | *T. il traguardo*, superare per primo la linea d'arrivo e (*fig.*) portare a termine felicemente q.c. **4** Separare in più parti con tagli adatti: *t. in due, in quattro, in diagonale* | *T. per il lungo*, nel senso della lunghezza | *T. il salame, l'arrosto*, affettarli | *T. un pollo*, dividerlo in parti, per distribuirlo ai commensali dopo che è stato cucinato | *T. a pezzi*, ricavare vari pezzi con tagli opportuni | *T. le carte*, separarle, dopo averle mescolate, in due o più mazzetti da sovrapporre in ordine inverso per ricomporre il mazzo | *T. la palla*, nel calcio e nel tennis, imprimerle un particolare effetto con il tiro | *T. una finestra, una porta*, aprirle, costruirle | *T. una montagna*, spaccarla | Fendere, solcare: *i remi tagliano l'acqua*; *la prora della barca tagliava le onde* | *Una nebbia da t. col coltello*, fittissima. **5** Produrre uno o più tagli o incisioni, spec. involontariamente: *si è tagliato la pelle del viso con la lametta* | Incidere chirurgicamente: *t. un ascesso* | Ferirsi: *tagliarsi la gola con il rasoio* | *Tagliarsi la gola*, (*fig.*) uccidersi | (*fig.*) *Un freddo che taglia la faccia*, molto pungente, penetrante | (*fig.*) *Una lingua che taglia*, assai maldicente | *Vino che taglia le gambe*, molto alcolico | †Ferire, uccidere: *or questo, or quello tagliando de' Saracini crudelmente molti n'uccise Gerbino* (BOCCACCIO). **6** Abbreviare, condensare: *t. uno scritto, un articolo, una conferenza* | *T. le spese*, diminuirne l'entità | *T. i tempi*, ridurre i tempi, spec. di una lavorazione industriale, allo scopo di fare aumentare la produzione | Togliere, eliminare: *t. una sequenza cinematografica, un intervento televisivo*; *sono state tagliate le battute più scabrose della commedia*. **7** Impedire il passaggio, interrompere i movimenti, ostacolare lo svolgimento di un'azione: *t. la ritirata al nemico*; *t. le comunicazioni, i collegamenti*; *tagliarono il rifornimento di carburante* | *T. i viveri*, cessare o impedire il rifornimento e (*fig.*) togliere i mezzi per vivere | *T. l'acqua*, impedire che arrivi a chi deve usarla. **8** Passare attraverso, incrociare, intersecare: *l'antica via consolare taglia l'abitato*; *pochissime strade tagliano la tangenziale* | *T. la rotta*, passare davanti a una nave incidentalmente o con intenzioni ostili | *T. il T*, manovra effettuata in combattimento per tagliare la linea di navi nemiche, in modo da concentrare contemporaneamente il tiro di più navi sulla capolinea avversaria | *T. la strada a qc.*, attraversargliela costringendolo a fermarsi e (*fig.*) non permettergli di realizzare q.c. **9** Attraversare per la via più breve o più facilmente percorribile, spec. per accorciare la strada: *t. il paese per le scorciatoie* | *T. la curva*, percorrerla non seguendone l'arco ma procedendo in linea retta, detto spec. di autoveicoli che si muovono su una strada. *10* (*sport*) Eliminare dalla rosa di una squadra | Cedere, vendere un giocatore nel corso della stagione agonistica: *t. il pivot americano*. *11* (*fig.*) †Separare, segregare. **B** v. intr. (aus. *avere*) ● Percorrere la via più breve: *tagliammo per il centro* | *T. diritto*, camminare evitando le strade non in linea retta. **C** v. intr. pron. ● Rompersi, dividersi, lacerarsi: *il vestito si è tagliato in più punti*; *col tempo, le pagine del manoscritto si sono tagliate*.

†**tagliàre** (2) [da *taglia* (1), nel sign. 6, secondo il modello del fr. *taill(i)er*] v. tr. (*io tàglio*) ● Mettere una taglia o un tributo.

tagliarèllo [da *tagliare* (1)] s. m. ● (*spec. al pl.*) Pasta, a base di uova e farina, tirata a sfoglia e tagliata a strisce sottili.

tagliaréte [comp. di *taglia(re)* (1) e *rete*] s. m. inv. ● Sega d'acciaio di grandi dimensioni, un tempo applicata alla prora dei sommergibili per tagliare le reti metalliche di ostruzione.

tagliasfòglia [comp. di *taglia(re)* (1) e *sfoglia*] s. m. inv. ● Tagliapasta.

tagliasièpe [comp. di *taglia(re)* (1) e *siepe*] s. f. ● Tosasiepi.

tagliasìgari [comp. di *taglia(re)* (1) e il pl. di *sigaro*] s. m. ● Arnese a lama per spuntare i sigari.

tagliastràcci [comp. di *taglia(re)* (1) e il pl. di *straccio*] s. f. ● Nelle cartiere, macchina per ridurre i cenci a dimensioni uniformi.

tagliàta [f. sost. di *tagliato*] s. f. *1* Operazione del tagliare, spec. in una volta e in fretta: *farsi dare una t. ai capelli* | Lavoro fatto tagliando: *la t. del fieno* | (*raro*) La cosa tagliata. *2* Abbattuta di alberi | Superficie del bosco dove si è eseguito il taglio in una sola volta. *3* (*cuc.*) Costata di manzo cotta ai ferri o in padella, servita in fette sottili, cosparsa di olio d'oliva crudo e di erbe aromatiche o variamente condita. *4* †Opera di difesa costituita da un fosso traverso una strada o un tratto di terreno per ritardare la marcia del nemico. *5* †Uccisione, strage. *6* †Minaccia fatta in modo grossolano, bravata.

tagliatartùfi [comp. di *taglia(re)* (2) e il pl. di *tartufo* (1)] s. m. ● Utensile di cucina provvisto di lama regolabile per affettare i tartufi.

tagliatèlla [dim. del f. del part. pass. sost. di *tagliare* (1)] s. f. ● (*spec. al pl.*) Pasta all'uovo a strisce lunghe, che si mangia asciutta: *t. al sugo* | *Tagliatelle verdi*, impastate con spinaci lessi tritati.

tagliatìno [da *tagliato*] s. m. ● (*tosc.*) Taglierino.

tagliàto part. pass. di *tagliare* (*1*); anche agg. *1* Nei sign. del v. *2* Accorciato, ridotto, condensato: *è un'edizione molto tagliata* | Tolto, soppresso: *quante sono le scene tagliate?* *3* Fatto, formato, riguardo il carattere, l'indole, le inclinazioni: *è un uomo t. all'antica* | *Essere ben t.*, proporzionato nella statura, la corporatura | *Essere t. con l'accetta*, (*fig.*) avere una figura mal conformata, tozza o, detto di cosa, essere di fattura grossolana | (*est.*) Che si adatta bene: *questa gonna è tagliata per lei*; *una risposta tagliata per quell'impertinente* | (*fig.*) *Essere t. per q.c.*, avere inclinazione, attitudine per q.c. *4* (*arald.*) Detto di scudo o figura, divisi in due parti uguali per mezzo di una linea diagonale dall'angolo superiore sinistro all'angolo inferiore destro. *5* †Castrato.

tagliatóre [ant. provz. *talhador*, da *talhar* 'tagliare'] s. m. (f. *-trice* (V.), pop. *-tora*) ● Chi taglia | Chi è impiegato in lavori di taglio.

tagliatrìce s. f. *1* Macchina per tagliare | *T. per barbabietole*, usata negli zuccherifici per ridurre le barbabietole saccarifere in fettucce. *2* (*min.*) Macchina provvista di una catena dentata che esegue intagli orizzontali alla base dei banchi di carbon fossile, salgemma e altri minerali per consentirne l'abbattimento.

tagliatùra [lat. tardo *taliatūra(m)*, da *taliāre* 'tagliare (1)'] s. f. *1* Modo, atto, effetto del tagliare | Il punto in cui q.c. è stato tagliato. *2* Ciò che resta dopo un'operazione di taglio. SIN. Ritaglio.

tagliaùnghie [comp. di *taglia(re)* (1) e il pl. di *unghia*] s. m. inv. ● Tronchesina per tagliare le unghie.

tagliaòva [comp. di *taglia(re)* (1) e il pl. di *uovo*] s. m. ● Utensile da cucina costituito da un telaio con una serie di fili d'acciaio o piccole lame per tagliare a fettine un uovo sodo.

tagliavènto [comp. di *taglia(re)* (1) e *vento*] s. m. inv. *1* (*mar.*) Randa che si attrezza nelle tempeste, su un'imbarcazione a vela. *2* (*mil.*) Specie di cappuccio metallico molto appuntito, investito sull'ogiva di un proietto d'artiglieria, per accrescerne la capacità di penetrazione nell'aria e aumentarne quindi la gittata.

tagliazòlle o **tagliazòlle** [comp. di *taglia(re)* (1) e il pl. di *zolla*] s. m. inv. ● Strumento impiegato in giardinaggio per smuovere il terreno e regolarizzare le zolle erbose.

taglieggiaménto s. m. ● Atto, effetto del taglieggiare.

taglieggiàre [comp. di *taglia* (1) nel sign. 5 e *-eggiare*] v. tr. (*io taglièggio*) *1* Sottoporre a taglie, tributi e sim. un paese conquistato: *si ragunarono insieme più brigate ... e andavano taglieggiando le terre* (MACHIAVELLI) | (*est.*) Estorcere somme di denaro con minacce: *t. i commercianti di un quartiere*. *2* †Mettere taglie su prigionieri, banditi e sim.

taglieggiatóre s. m. (f. *-trice*) ● Chi taglieggia.

tagliènte [lat. parl. **taliĕnte(m)*, part. pres. di **talīre*, da *tālea*, parallelo di *taliāre* 'tagliare'] **A** agg. *1* Di taglio sottile, ben affilato: *coltello, lama, spada t.* | (*fig.*) Mordace, maldicente: *una battuta t.*; *lingua t. e maligna*. *2* Di taglio netto, privo di sfumature: *contorno, profilo t.* | (*raro*) Di disegno, pittura priva di morbidezza nelle linee e nello stile. || **taglientemènte**, avv. (*raro*) Di taglio. **B** s. m. ● Parte tagliente, affilata di q.c.: *il t. di una lama*. SIN. Filo.

taglière o †**tagliéro** [fr. *tailloir*, da *tailler* 'tagliare'] s. m. *1* Asse di legno duro variamente sagomato, usato in cucina per tagliare, affettare o triturare cibi o ingredienti. *2* †Piatto, vassoio | †*Fare i taglieri*, i piatti, le porzioni | †*Stare a t. con qc.*, mangiare insieme, allo stesso piatto | †*Essere due ghiotti a un t.*, (*fig.*) desiderare la stessa cosa. *3* (*raro*) †Coperto. || **taglierétto**, dim. | **taglierìno**, dim. | **taglierùzzo**, pegg.

taglierìa [da *tagliare* (1)] s. f. ● Laboratorio per il taglio dei diamanti.

taglierìna [da *tagliare* (1)] s. f. *1* Macchina per tagliare lamiere | (*est.*) Estorcere somme di: *t. i commercianti di un quartiere*. SIN. Trancia. *2* Macchina usata per dare ad una lente da occhiali la forma corrispondente all'anello della montatura, incidendo la superficie del vetro con una punta di diamante. *3* Dispositivo per rifilare i margini delle copie fotografiche. *4* Macchina per tagliare la carta. SIN. Raffilatoio.

taglierìno [da *tagliare* (1)] s. m. ● (*spec. al pl.*) Sorta di tagliatelle molto sottili, da mangiarsi spec. in brodo.

†**tagliéro** ● V. *tagliere*.

tagliétto s. m. *1* Dim. di *taglio*. *2* Sorta di corto scalpello a taglio smusso per troncare sbarre e fili di metallo. *3* (*edit.*) Strumento per tagliare e smussare interlinee e margini sottili | Piccola lama, fissata a una cannuccia, con cui s'intaglia un foglio di carta per vari scopi, fra cui il taccheggio dei cliché.

tàglio [da *tagliare* (1)] s. m. *1* Azione, lavoro del tagliare: *il t. di un metallo, dei boschi, di un abito, dei capelli* | *T. di un arto*, amputazione | *T. della testa*, decapitazione | *Alberi da t.*, per legname da lavoro impiegato per i più diversi usi | *T. del fieno, dell'erba*, sfalcio | *T. dei vini*, operazione del miscelare due o più qualità di vino per ottenerne uno con determinati requisiti | *Vino da t.*, usato per dare forza ai vini deboli perché ricco di alcol, tannino e colore | *T. al limone, al caffè*, porzione di gelato, spec. alla crema, cui viene aggiunta una certa quantità di succo di limone, di caffè | *Strumenti da t.*, quelli che servono a tagliare, come il coltello, la falce, la scure, ecc. | Operazione dell'aprire strade, canali, e sim.: *il t. di un istmo, di una strada carrozzabile* | (*fig.*) Eliminazione di una parte, diminuzione, decurtazione; *la commedia è stata rappresentata senza tagli*; *t. di mano d'opera* | (*fig.*) *Dare un t.*, troncare bruscamente un discorso, una questione o i rapporti con qc. *2* Effetto, risultato del tagliare: *nella giacca ci sono due tagli* | Ferita causata da uno strumento tagliente: *farsi un t. al dito*; *un doloroso t. di rasoio* | Segno prodotto dal taglio, incisione: *banco pieno di tagli* | Nella testa della vite, incisione ove si inserisce il tagliente del cacciavite | (*raro*) Apertura, spaccatura, fenditura: *nella montagna si è prodotto un t.* | Modo in cui si presentano la superficie o i margini di un taglio: *un t. deciso, netto, slabbrato, irregolare, contorto* | (*tip.*) *Articolo, titolo di t.*, pubblicato nella parte centrale della pagina. *3* Ciascuna delle parti tagliate da un tutto: *un t. di lino*; *un bel t. di carne* | *Pizza a t.*, porzione di pizza venduta in rettangoli | Porzione, quantità di stoffa staccata dalla pezza: *un t. esclusivo*; *un t. di tre metri*; *comprare, vendere a t.* | Pezzo di carne di bestia macellata: *un t. da arrosto*. *4* Maniera, stile di tagliare o di lavorare tagliando: *avere un t. preciso, sicuro, elegante*; *il mio sarto ha un bel t.*; *quel barbiere ha un t. di capelli ormai fuori moda* | Tecnica del tagliare stoffe: *maestro, scuola di t.* | Foggia, linea, di abito e sim.: *giacca di t. inglese*; *un vestito di t. elegante* | (*raro, est.*) Garbo, stile: *un tavolo di t. classico* | (*raro, fig.*) Natura, indole: *non pratico gente di quel t.* *5* Nel linguaggio della critica letteraria, stile, particolare angolazione di uno scritto: *un saggio di t. retorico* | (*est.*) Impostazione, impronta, punto di vista: *ha dato al suo articolo un t. originale*; *il t. di quell'inchiesta non mi convince*. *6* Parte tagliente, affilata di una lama: *un rasoio con t. molto affilato*; *coltello a t. vivo* | *Perdere il t.*, non tagliare più | *Rifare, ridare il t.*, affilare di nuovo | *Coltello, arma a doppio t.*, (*fig.*) mezzo, espediente, argomento che possono recare danno non solo a colui contro il quale sono diretti, ma anche a chi li usa | *Colpire di t.*, di fianco, con la parte laterale di una lama o altro arnese tagliente | †*Colpo di t.*, fendente | †*Mettere al t. della spada*, ferire, uccidere, trapassare con la spada. *7* (*est.*) La parte meno spessa o più stretta di q.c., spec. di un mattone, una pietra e sim.: *il t. di una lastra di marmo*; *il t. della tavola*; *il t. di una moneta* | La superficie dei tre tagli esterni di un libro: *il t. anteriore è opposto al dorso* | Lo spigolo di un muro | *Essere, collocare di t.*, in modo da mostrare i lati più stretti | (*fig.*) *Venire, cadere a t.*, capitare al momento giusto | *Colpire la palla, il pallone di t.*, di lato, per imprimere loro l'effetto. *8* Formato, dimensione, misura: *sono oggetti dello stesso t.* | *Banconota di piccolo t.*, di valore minore, rispetto a una di grande taglio | (*tip.*) Forma e intensità di un carattere, spec. nella composizione di titoli: *t. alto, medio, basso*. *9* Forma data alle pietre preziose: *t. a tavola, a brillante, a stella, a navetta*. *10* (*med.*) Incisione | *T. cesareo*, estrazione del feto per via addominale con incisione dell'utero. *11* (*cine*) Spezzone di film che viene eliminato in fase di montaggio per ottenere poi la stampa della copia definitiva o da proiezione. *12* (*mus.*) Piccolo trattino supplementare al pentagramma, situato in testa o nel gambo di note più alte o più basse dell'ambito del pentagramma stesso. *13* (*mecc.*) *Sforzo di t.*, forza esercitata da una superficie su un'altra parallela in direzione parallela a entrambe. *14* Trattino che taglia le lettere di alcuni alfabeti: *la t ha un t. orizzontale*. *15* †Strage, uccisione. *16* †Spicchio di frutta. || **tagliettìno**, dim. | **tagliétto**, dim. (V.).

tagliòla o (*lett.*) **tagliuòla** [lat. parl. **taliŏla(m)*, per *taleŏla(m)* 'piccola talea' (per la forma)] s. f. *1* Dispositivo per catturare selvaggina o animali nocivi, formato da due branche di metallo che si chiudono a molla. *2* (*fig.*) Inganno: *tendere, preparare la t.* *3* Luogo dove le talee legnose radicate in vivaio sono tenute al riparo per un certo tempo prima di essere poste a dimora.

tagliolìno [da *tagliolo*] s. m. ● Taglierino.

tagliòlo o (*raro, lett.*) **tagliuòlo** [dim. di *taglio*] s. m. *1* (*raro, tosc.*) Pezzetto di carne, pesce o altro. *2* Laterizio che serve per chiudere gli archi. *3* Attrezzo del fucinatore, usato per il taglio dei metalli.

taglióne (1) [vc. dotta, lat. *taliōne(m)*, di etim. discussa: da una radice col sign. di 'pagare' (?)] s. m. *1* Tipo antichissimo di pena, consistente nell'infliggere al colpevole lo stesso danno personale o patrimoniale da lui arrecato ad altri. *2* †Taglia.

taglióne (2) [etim. incerta] s. m. ● Struttura di

fondazione in muratura, di notevole profondità, usata nelle costruzioni idrauliche.

†**tagliòne** (3) [da *taglio*] avv. ● (*raro*) Di taglio, tagliando.

tagliuòla ● V. *tagliola*.

tagliuòlo ● V. *tagliolo*.

tagliuzzaménto s. m. ● Modo, atto, effetto del tagliuzzare.

tagliuzzàre [da *tagliare* (*1*), con suff. verb. iter.] v. tr. ● Tagliare minutamente, in striscioline o pezzettini: *t. un nastro*.

tagliuzzàto part. pass. di *tagliuzzare*; anche agg. ● Nel sign. del v.

tagmèma [ingl. *tagmeme*, dal gr. *tágma*, propr. 'ciò che è messo in ordine', deriv. di *tássein* 'ordinare' (d'orig. incerta)] s. m. (pl. *-i*) ● (*ling.*) Minima unità significante di una forma grammaticale.

tagmèmico [da *tagmema*] agg. (pl. m. *-ci*) ● (*ling.*) Che riguarda o prende in considerazione il tagmema: *analisi tagmemica*.

taguàn o **tàguan** [ingl. *taguan*, dal n. indigeno (Filippine)] s. m. ● Scoiattolo asiatico di colore scuro (*Petaurista petaurista*).

tahitiàno /tai'tjano/ o (*raro*) **taitiàno** **A** agg. ● Dell'isola di Tahiti. **B** s. m. (f. *-a*) ● Abitante di razza polinesiana dell'isola di Tahiti.

tai ● V. *thai*.

tai-chi-chuan /*cin.* taidʒi'tʃɥan/ [vc. cin., propr. 'grande arte del pugilato'] s. m. inv. ● Ginnastica cinese lenta e coordinata, di derivazione marziale, che ha come obiettivo l'equilibrio interiore e la liberazione dell'energia.

taicùn [ingl. *taikun*, dal giapp. *taikun* 'grande principe', comp. di *ta* 'grande' e *kiun* 'principe'] s. m. inv. ● Titolo giapponese con il quale erano conosciuti dagli stranieri i vicari dell'imperatore | (*est., lett.*) Autorità potente e dispotica.

tàide [vc. dotta, lat. *Thāide(m)*, nom. *Thāis*, dal gr. *Thaís*: 'la divina' (?)] s. f. ● (*raro, lett.*) Meretrice.

tàiga o (*raro*) **taigà** [russo *taygá*: originariamente 'monte roccioso' (?)] s. f. ● Formazione vegetale di conifere estesa su vasti territori siberiani a sud della tundra.

tailandése ● V. *thailandese*.

tailleur /*fr.* ta'jœr/ [vc. fr., da (*costume*) *tailleur* '(abito fatto dal) sarto (da uomo)'] s. m. inv. ● Completo femminile con giacca e gonna o con abito e giacca: *t. sportivo, elegante, da cocktail, da viaggio, di taglio maschile*. ‖ **tailleurino**, dim.

tàit s. m. ● Adattamento di *tight* (V.).

taitiàno ● V. *tahitiano*.

takeaway /*ingl.* 'teikə'wei/ [vc. ingl., propr. 'prendere (*to take*) via (*away*)'] s. m. inv. ● Locale che confeziona cibi pronti da consumare altrove | Servizio di cibi cotti da asporto offerto da ristoranti, trattorie, tavole calde: *quella pizzeria ha il t.*

take off /*ingl.* 'teik ɔf/ [loc. ingl., comp. di *to take* 'prendere' e dell'avv. *off* 'via, lontano, distante' (entrambe d'orig. germ.)] loc. sost. m. inv. ● Decollo di un aeroplano o di un missile | (*est., fig.*) Decollo economico di un Paese sottosviluppato.

take-over /*ingl.* 'teik-ouvə*/ [vc. ingl., 'assorbimento, subentro'] s. m. inv. (pl. ingl. *take-overs*) ● (*econ.*) Acquisizione di una quota azionaria che consente il controllo di un'azienda.

takigòto [etim. incerta] s. m. inv. ● Strumento giapponese costituito da una cassa a forma di trapezio su cui sono tese corde di seta che si pizzicano con unghie di avorio fissate con appositi anelli sulla punta delle dita.

†**talabalàcco** [turco *dümbelek* 'tamburello'] s. m. ● Tamburo da guerra saraceno.

†**talacimànno** [persiano *dānišmand* 'saggio', deriv. da *dāniš* 'conoscenza', attraverso un prob. tramite turco] s. m. ● Muezzin: *un muover d'arme, un correr di persone, / e di talacimanni un gridar alto* (ARIOSTO).

talalgìa [comp. di *tal(lone)* e *-algia*] s. f. (pl. *-gie*) ● (*med.*) Dolore localizzato al tallone e alla regione posteriore del piede.

talàltro o **tal àltro** [comp. di *tal(e)* e *altro*] pron. indef. ● Qualche altro (si usa in correl. con 'taluno' e 'talvolta'): *talvolta mi riceve, talaltra no; taluno lo vuole così, t. in modo contrario.*

tàlamo [vc. dotta, lat. *thălamu(m)*, dal gr. *thálamos* 'la stanza più interna della casa', di origine pregreca] s. m. **1** Camera nuziale. **2** (*lett.*) Letto coniugale | (*est.*) Letto | (*fig.*) Nozze | *Condurre al t.*, sposare | *Macchiare il t.*, commettere adulterio. **3** (*bot.*) Parte superiore dilatata del peduncolo fiorale, sulla quale stanno inseriti stami e pistillo. SIN. Ricettacolo fiorale. **4** (*anat.*) Regione laterale e lateroventrale del diencefalo dei vertebrati | *T. ottico*, grosso nucleo ovoidale di sostanza nervosa del diencefalo.

talàre (**1**) [vc. dotta, lat. *talāre(m)* 'che giunge fino al tallone (*tālus*, di etim. incerta)'] agg. ● Detto dell'abito lungo indossato dai preti cattolici per il culto e usato come abito comune anche al di fuori del culto: *veste t.* | *Svestire l'abito t.*, (*fig.*) rinunciare allo stato sacerdotale.

talàre (**2**) [vc. dotta, lat. *talāria* (nt. pl.) '(calzari) giunti alle caviglie (da *tālus* 'malleolo' e, per estensione, 'caviglia', di etim. incerta)'] s. m. ● (*spec. al pl.*) Nella mitologia greco-romana, i calzari alati di Mercurio.

talassemìa [comp. del gr. *thálassa* 'mare' e di un deriv. da *hâima* 'sangue', perché propria specialmente di popolazioni rivierasche] s. f. ● (*med.*) Malattia ereditaria del sangue, caratterizzata da alterazione di forma dei globuli rossi, cui corrispondono particolari segni clinici a carico dello scheletro e della faccia. SIN. Anemia mediterranea.

talassèmico [da *talassemia*] agg.; anche s. m. (f. *-a*; pl. m. *-ci*) ● (*med.*) Che, chi è affetto da talassemia.

talàssico [dal gr. *thálassa* 'mare', di origine mediterr.] agg. (pl. m. *-ci*) ● (*raro*) Del mare, che riguarda il mare.

talàsso- [dal gr. *thálassa* 'mare'] primo elemento ● In parole composte dotte o scientifiche, significa 'mare' o indica relazione col mare: *talassobiologia, talassofobia, talassografia, talassoterapia*.

talassobiologìa [comp. di *talasso-* e *biologia*] s. f. ● Scienza che studia vegetali e animali marini e le loro relazioni con l'ambiente in cui si trovano.

talassòcrate [comp. di *talasso-* e di un deriv. di *krátos* 'potenza'] s. m. ● (*lett.*) Signore del mare.

talassocrazìa [gr. *thalassokratía*, comp. di *thálassa* 'mare' e di un deriv. da *krátos* 'potenza'] s. f. ● (*raro*) Dominio del mare | Potenza fondata sul dominio del mare: *la t. di Venezia*.

talassofilìa [comp. di *talasso-* e *-filia*] s. f. ● (*zool.*) Tendenza a vivere nel mare o in prossimità di esso.

talassofobìa [comp. di *talasso-* e *-fobia*] s. f. ● Paura morbosa del mare.

talassografìa [comp. di *talasso-* e *-grafia*] s. f. ● Scienza che studia il mare dal punto di vista fisico e chimico.

talassogràfico agg. (pl. m. *-ci*) ● Che concerne la talassografia.

talassògrafo s. m. (f. *-a*) ● Studioso di talassografia.

talassologìa [comp. di *talasso-* e *-logia*] s. f. ● Oceanografia.

talassòlogo [comp. di *talasso-* e *-logo*] s. m. (f. *-a*; pl. m. *-gi*, pop. *-ghi*) ● Chi studia o è esperto in talassologia.

talassoterapìa [comp. di *talasso-* e *terapia*] s. f. ● (*med.*) Cura che sfrutta l'azione del clima marino e dei bagni di mare.

talassoteràpico agg. (pl. m. *-ci*) ● Che concerne la talassoterapia.

talché o (*poet.*) **tal che**, **tàle che** [comp. di *tal(e)* e *che* (*2*)] cong. ● (*lett.*) Cosicché, tanto che, in modo tale che (introduce una prop. consec. con valore conclusivo e con il v. all'indic. o al congv.): *non si trovava alcuno che contra ai nobili volesse testimoniare*: *t. in brieve tempo si tornò Firenze ne' medesimi disordini* (MACHIAVELLI).

tàlco [ar. *tal(a)q* 'amianto', di origine persiana] s. m. (pl. *-chi*) **1** (*miner.*) Silicato idrato di magnesio in masse lamellari di lucentezza madreperlacea, sfaldabili, di colore biancastro spesso con sfumature verdoline. **2** Polvere del minerale omonimo, usata in cosmesi e come lubrificante.

talcoscìsto [comp. di *talco* e *scisto*] s. m. ● (*miner.*) Roccia metamorfica a struttura lamellare, di colore biancastro o verdastro, untuosa e cedevole al tatto, composta soprattutto di talco.

talcòsi [comp. di *talc(o)* e del suff. *-osi*] s. f. ● (*med.*) Pneumoconiosi causata dalla inalazione prolungata di polvere di talco.

talcóso agg. ● Che contiene talco | Che è simile al talco.

tàle [lat. *tāle(m)*, nom. *tālis*, comp. con elementi indeur. (*† dimostr.*, *-is* pron.), ma senza precise corrispondenze fuori del lat.] **A** agg. dimostr. (pl. m. e f. *tali* o, davanti a consonante, poet. †*tai*, poet. †*ta'* Troncato in *tal* spec. davanti a parole che cominciano per consonante; non si apostrofa mai: *una tal attesa, in tal caso*) (V. nota d'uso ELISIONE e TRONCAMENTO). **1** Di questa o di quella sorta, maniera, natura, fama, qualità e sim.: *non vorrai approfittare di t. situazione!*; *tali discorsi non sono tollerabili*; *con tali scuse ha evitato il peggio* | In correl. con 'che', 'da' e 'quale': *ha detto tali sciocchezze da fare ridere*; *ha tali sentimenti quali tu certo non immagini*; *mille disegni varii, bizzarri, spaventevoli, mi improvvisavano nel cervello tali arabeschi che non arrivavo a tenervi dietro* (NIEVO). **2** Così grande (spec. in correl. con 'che', 'da', 'quale'): *è di una t. impertinenza!*; *fa una t. confusione!*; *ho preso un tal spavento che ancora tremo tutta.* **3** In correl. con 'tale', esprime identità, somiglianza strettissima: *con tale precedente, tali scuse*; *t. abate, tali monaci* | (*lett.*) In correl. con 'quale' e con 'come' introduce il secondo termine di una similitudine: *il figlio è t. e quale* (o *tal quale*) *il padre.* **4** Questo, quello: *con tali parole mi ha congedato*; *quando avvenne t. fatto, io ero ragazzo*; *in t. condizione deve cedere per primo.* **B** agg. indef. **1** Certo (al sing. sempre preceduto dall'art. indet. con valore raff. per indicare cosa o persona ignota o che non si vuole precisare): *sembra che conosca un t. personaggio influente*; *ho riconosciuto in lei una t. vecchia conoscenza*; *un t. ragionier Bianchi desidera parlarti*; *incontrarono degli amici, tali Rossi* | (*fam., ints.*) *Un tal quale*, un certo: *ha un tal quale modo di fare che lo rende antipatico*; *ho una tal quale pigrizia addosso!* | Preceduto da 'questo' o 'quello' con valore raff.: *c'è quella tal persona che chiede di te*; *voglio definire questa tal questione.* **2** Indica persona o cosa indeterminata (preceduto dall'art. det.): *voglio parlare con la tal persona*; *vuole la tal cosa e poi la tal altra* | Con valore raff. posposto al s.: *vieni il giorno t., all'ora t.* **C** pron. dimostr. ● Questa, quella persona già menzionata e di cui non si vuole ripetere il nome: *allora quel t. gli ha risposto per le rime*; *io sono il tale, gli dissi.* **D** pron. indef. **1** Indica persona indeterminata (preceduto dall'art. indet.): *c'è una t. che vuole parlare con te*; *ha telefonato un t. per sapere a che ora sei in casa* | †Uno, un certo (non preceduto dall'art.). **2** Indica, preceduto da 'quello' o da 'questo', persona già menzionata o comunque nota: *è tornato quel t. di ieri a cercarti*; *quella t. continua a telefonare tutti i giorni.* **3** Nelle loc. *il tal dei tali*, *la tal dei tali*, indica persona ben nota di cui si conoscono nome e cognome ma che non si vuole menzionare: *l'ho saputo dal tal dei tali*; *vai dalla tal dei tali e falle questa ambasciata.* **E** avv. ● (*lett.*) †Talmente, in modo tale, così (spec. correl. con 'che'). ‖ **talménte**, avv. **1** Così tanto, in modo tale: *sono talmente contento!*; *ho gustato talmente la sua compagnia!* **2** Nelle loc. cong. *talmente che*, *talmente da*, tanto, così che, così da (introduce una prop. consec. esplicita con il v. all'indic., implicita con il v. all'inf.): *sono talmente felice che non puoi credere*; *sono stato talmente sciocco da accettare senza riserve.*

talèa (**1**) o **tàlea** [vc. dotta, lat. *tālea(m)*, prob. da una lingua mediterranea] s. f. ● Porzione di ramo, germoglio, foglia o radice, capace di costituire, posta nel terreno, una nuova pianta: *t. legnosa, semilegnosa, erbacea* | *T. semplice, a zampa di cavallo, a magliolo.*

talèa (**2**) [vc. d'origine sconosciuta] s. f. ● (*mus.*) Nei secoli XIV e XV, la riproduzione ritmica di una determinata figurazione sia nella medesima voce sia in voci diverse.

taleàggio [da *talea* (*1*)] s. m. ● Riproduzione di una pianta per mezzo di talea.

tàle che /'tale 'ke/ ● V. *talché*.

talèd o **tallèd** [ebr. *tallīth*: dall'ebr. biblico *tillēl* 'coprì' (?)] s. m. inv. ● Nel culto ebraico, manto rettangolare, munito di frange e di fiocchi agli angoli, nel quale si avvolgono, durante il rito, i fedeli maschi, dall'età di tredici anni compiuti.

talèggio [dal n. del luogo di produzione, *Taleggio*,

in provincia di Bergamo: un deriv. del lat. *tīlia* 'tiglio' (?)] s. m. • Tipo di formaggio molle e stagionato.

talentàccio s. m. *1* Pegg. di *talento* (*2*). *2* Ingegno originale, anche se non raffinato.

talentàre [da *talento* (*2*)] v. intr. (*io talènto*; aus. *essere*) • (*lett.*) Andare a genio.

talènto (**1**) [vc. dotta, lat. *talĕntu(m)*, dal gr. *tálanton* 'talento', a sua volta da *tálas*, genit. *tálantos* 'sopportazione', di origine indeur.] s. m. *1* Antica unità ponderale greca di 60 o 50 mine e di peso diverso secondo il sistema ponderale in uso nella regione. *2* Moneta anticamente in uso in Grecia e Palestina.

talènto (**2**) [vc. dotta, lat. eccl. *talĕntu(m)* 'moneta', nel senso di 'dono dato da Dio'] s. m. *1* (*lett.*) Voglia, desiderio: *Dintorno mi guardò, come t. / avesse di veder s'altri era meco* (DANTE *Inf.* X, 55-56) | *A proprio t.*, spontaneamente | *Andare a t.*, andare a genio, piacere | †*Venire in t.*, sentire la voglia, il desiderio | (*raro*) *Con mal t.*, con malanimo, avversione, odio o sdegno. *2* Ingegno, capacità, inclinazione. *3* Persona dotata di ingegno e capacità: *è un t. naturale.* ‖ **talentàccio**, pegg. (V.) | **talentino**, dim. | **talentóne**, accr. (V.).

talentóne s. m. *1* Accr. di *talento* (*2*). *2* (*raro*) Talentaccio.

talentóso o (*raro*) **talentuóso** [da *talento* (*2*)] agg. *1* (*raro*) Voglioso, desideroso. *2* (*raro*) Dotato di grande ingegno.

tàlent scout /'talen(t) 'skaut, *ingl.* 'tælənt skaut/ [loc. ingl., letteralmente 'scopritore (*scout*, dall'ant. fr. *escouter* 'ascoltare') di talenti (*talent*, latinismo)'] loc. sost. m. e f. inv. (pl. ingl. *talent scouts*) • Nell'editoria e nello spettacolo, ricercatore professionista di persone di talento.

talentuóso • V. *talentoso*.

Taliàcei [vc. dotta, dal lat. *Thalīa(m)*, dal gr. *Tháleia*, letteralmente 'fiorente, abbondante', di ristretta area indeur.] s. m. pl. • Nella tassonomia animale, classe di Tunicati marini con corpo a bariletto trasparente e fosforescente, che hanno riproduzione alternata sessuale e agamica (*Thaliacea*) | (al sing. *-o*) Ogni individuo di tale classe.

talidomìde [nome commerciale] s. m. o f. • (*farm.*) Farmaco con azione ipnotica, oggi non più in commercio per i suoi effetti teratogeni.

talìpede [comp. del lat. *tālus* 'tallone' (V. *tallone* (*1*)) e *pēs*, genit. *pĕdis* 'piede'] agg.; anche s. m. e f. • Che, chi è affetto da talismo.

talismànico agg. (pl. m. *-ci*) • Che si riferisce a talismano.

talismàno [persiano *tilismāt*, pl. di *tilism*, dal gr. *télesma* 'cerimonia religiosa', da *telêin* 'compiere (un sacrificio)'] s. m. *1* Carattere, figura, formula, incisi o scritti su oggetto di pietra, metallo o altro, che, nelle credenze popolari e religiose, hanno virtù magica difensiva contro il male e i demoni. *2* L'oggetto stesso che porta il carattere, la figura o la formula. *3* (*est.*) Portafortuna (*anche fig.*): *la simpatia è il suo t.*

talìsmo [dal lat. *tālus* 'tallone' (V. *tallone* (*1*))] s. m. • (*med.*) Malformazione del piede che, per una eccessiva flessione del dorso, si appoggia sul calcagno e non sulla punta.

talk show /tɔlk'ʃo, *ingl.* 'tɔ:k ʃou/ [vc. ingl., comp. di *talk* 'conversazione' e *show* (V.)] s. m. inv. (pl. ingl. *talk shows*) • Programma radiofonico o televisivo in cui un conduttore conversa con noti personaggi del mondo della politica, dello spettacolo, dello sport, ecc.

tallèd • V. *taled*.

tàllero [ted. *T(h)aler* 'moneta primamente coniata a (*Joachims*)*tal*, in Boemia'] s. m. • Grossa moneta d'argento coniata per la prima volta da Sigismondo d'Austria nel 1484, poi diffusa in tutta l'Europa e in Italia con diverso valore | *T. di Maria Teresa*, coniata in Austria dall'imperatrice Maria Teresa nel XVIII sec. e anche in epoca moderna costituendo, fino alla seconda guerra mondiale, la principale moneta circolante in Abissinia. ➡ ILL. moneta.

tàllio [da *tallo* per la sua colorazione verde allo spettro] s. m. • Elemento chimico, metallo di aspetto simile al piombo, velenoso nei suoi sali usati come depilatori, topicidi o per filamenti di lampade. SIMB. Tl.

tallìre v. intr. (*io tallìsco, tu tallìsci*; aus. *essere* e *avere*) • Mettere talli | Accestire.

tallìto part. pass. di *tallire*; anche agg. *1* Nei sign. del v. *2* *Orzo t.*, detto di orzo germinato, usato nella fabbricazione della birra.

tallitùra [da *tallire*] s. f. • Germinazione dell'orzo.

tàllo [vc. dotta, lat. *thăllu(m)*, dal gr. *thallós*, deriv. da *thállein* 'fiorire', di origine mediterr.] s. m. *1* Corpo vegetativo dei vegetali inferiori, non distinto in radice, fusto e foglie. *2* Germoglio, cima giovane: *t. della rapa, della cipolla* | (*raro*) *Mettere, rimettere il t.*, (*fig.*) risorgere, rinvigorire. *3* †Tralcio.

tallòfita [comp. di *tallo* e *-fita*] **A** s. f. • Ogni individuo appartenente, nella vecchia tassonomia vegetale, alla divisione di piante inferiori, il cui corpo vegetativo è un tallo. **B** anche agg.: *pianta t.*

tallòlio [ingl. *tall oil*, dallo sved. *tallolja* 'olio (*olja*) di pino (*tall*)'] s. m. • Liquido bruno vischioso, di odore resinoso, presente nelle acque di rifiuto della preparazione della cellulosa, scindibile per distillazione in acidi grassi e resine impiegati nella produzione di detergenti, impermeabilizzanti, inchiostri, adesivi e sim.

tallonàggio [da *tallonare* in senso sportivo] s. m. • Nel rugby, tentativo di colpire in una mischia il pallone con il tallone indirizzandolo fuori all'indietro.

tallonaménto s. m. *1* Atto, effetto del tallonare: *il t. del giocatore avversario, del pallone.* *2* (*mecc.*) Impuntamento, nella lavorazione di un metallo.

tallonàre [fr. *talonner*, da *talon* 'tallone' (con la cons. rafforzata di *tallone*)] v. tr. (*io tallóno*) *1* Premere, inseguire da vicino, spec. in gare di corsa. *2* Nel rugby e nel calcio, colpire il pallone con il tallone, mandandolo all'indietro.

tallonàta s. f. *1* Colpo di tallone. *2* Nel calcio e nel rugby, lancio del pallone all'indietro con un colpo di tallone.

tallonatóre [da *tallonare* nel sign. sport.] s. m. • Nel rugby, il giocatore di prima linea che, durante la mischia, ha il compito di colpire il pallone con il tallone per mandarlo fuori all'indietro.

talloncino s. m. *1* Dim. di *tallone* (*2*). *2* Cedoletta che, staccata da una scheda, una cartolina e sim., serve da ricevuta | Parte staccabile dalle scatole di medicinali, su cui è stampato il prezzo, trattenuta dal farmacista per ottenere il rimborso dal servizio sanitario. *3* Breve annuncio pubblicitario pubblicato sui quotidiani, riguardante uno spettacolo, spesso vistosamente incorniciato o anche illustrato.

tallóne (**1**) [lat. tard. *talōne(m)*, parallelo di *tālus*, di etim. incerta, attraverso il fr. *talon*] s. m. *1* (*anat.*) Calcagno | †Caviglia | *T. d'Achille*, quello che, secondo la leggenda omerica, era il solo punto vulnerabile dell'eroe e (*fig.*) punto vulnerabile di qc. o q.c. *2* Rinforzo della calza sul calcagno. *3* Parte sporgente che in vari oggetti, arnesi, strumenti serve di appoggio fermo o mobile: *il t. della lama del coltello*; *il t. del vomere.* *4* Nella sciabola, la parte più robusta non scanalata della lama, che si trova vicino alla coccia. *5* Nel canottaggio, rivestimento di cuoio del remo nella parte in cui si appoggia sullo scalmo, e la parte stessa del remo. *6* Parte tondeggiante del calcio d'un fucile. *7* Ciascun bordo ingrossato del copertone, che sta a contatto col cerchio della ruota.

tallóne (**2**) [fr. *talon*, uso fig. del sign. proprio di 'tallone', cioè di 'estremità di un oggetto'] s. m. • Tagliando, cedola. ‖ **talloncino**, dim. (V.).

tallóne (**3**) [fr. *étalon*, propr. 'modello di pesi e misure', dal francone **stalo* 'modello'] s. m. • (*econ.*) Base di un sistema monetario | *T. aureo, argenteo*, sistema monetario basato sull'oro o sull'argento.

tallóso (**1**) [da *tallo*] agg. • Che ha aspetto di tallo.

tallóso (**2**) [da *tallio*] agg. • Detto di composto del tallio monovalente.

talmenteché o **talménte che** [comp. di *tal(e)*, *-mente* d'uso avv. e *che* (*2*)] cong. • (*raro*) In modo tale che, a tal segno che (introduce una prop. consec. con il v. all'indic. o al condiz.): *quell'odio contro don Rodrigo, quel rodio continuo ... scomparso anche quello. Talmenteché non saprei immaginare contentezza più viva* (MANZONI).

talmùd [ebr. *talmūd* 'studio, insegnamento', di vasta area semitica] s. m. inv. • Raccolta di trattati giuridici, religiosi e ritualistici del III-V sec. d.C. conservata in doppia redazione, palestinese e babilonese, che contengono la dottrina giudaica post-biblica in forma di sentenze fondamentali e di interpretazioni e ampliamento di tali sentenze.

talmùdico agg. (pl. m. *-ci*) • Relativo al talmud.

talmudìsta s. m. (pl. *-i*) • Studioso e interprete del talmud.

talònide [ingl. *talonid*, comp. di *talon* 'artiglio' col suff. proprio di un elemento strutturale *-id*] s. m. • (*zool.*) Superficie accessoria di masticazione presente nei molari inferiori di Mammiferi arcaici, posteriore rispetto al trigono.

talóra [comp. di *tal(e)* e *ora*] avv. (poet. troncato in *talor* spec. davanti a parola che comincia per consonante) • Qualche volta, a volte: *t. succede di non sapere cosa rispondere*; *vogliono e fanciulli essere corretti con modo e ragione, e anche t. con severità* (ALBERTI); *e le fiere talor sbranar le fiere* (MONTI). SIN. Talvolta.

†**talòtta** [comp. di *tal(e)* e *otta*] avv. • Talvolta.

tàlpa o †**tàlpe** [lat. *tălpa(m)*, vc. prelatina di etim. incerta] **A** s. f. *1* Piccolo mammifero insettivoro a vita ipogea, con morbida pelliccia rasa, occhi piccolissimi e zampe unghiute e robuste atte a scavare gallerie nel terreno (*Talpa europaea*) | *Vederci come una t., esser cieco come una t.*, avere scarsissima vista. *2* Pelliccia di pelo dell'animale. *3* (*tess.*) Nome commerciale di un tessuto di lana pura o mista con fibre sintetiche, usato per confezionare abiti da società e da cerimonia. *4* (*fig.*) Persona tarda e d'ottusa intelligenza. *5* (*fig.*) Chi, approfittando della copertura fornita da un lavoro insospettabile, fornisce a un'organizzazione criminale informazioni riservate provenienti dall'ambiente di lavoro. *6* Macchina operatrice adatta a perforare ogni tipo di roccia, usata per scavare gallerie in lavori minerari o di ingegneria civile, spec. nella costruzione di ferrovie metropolitane. *7* (*agr.*) *Aratro t.*, aratro provvisto di utensile scavatore cilindrico, appuntito anteriormente, destinato a scavare piccoli canali sotterranei allo scopo di far defluire dal terreno le acque superflue. *8* (*mar.*) *T. marina*, scafandro cilindrico usato talvolta in passato per lavori subacquei a moderata profondità. *9* (*veter.*) Processo suppurativo aprentesi all'esterno mediante una fistola nella nuca di equini e bovini. **B** in funzione di agg. inv. • (posposto al s.) Detto di grigio tendente al nero: *color t.* ‖ **talpétta**, dim. | **talpettina**, dim. | **talpóna**, accr. | **talpóne**, accr. m. (V.).

†**talpino** [vc. dotta, lat. tardo *talpīnu(m)*, da *tălpa*] agg. • Simile alla talpa.

talpóne s. m. *1* Accr. di *talpa*. *2* (*fig.*) Persona sedentaria, staccata dal mondo esterno.

talùno [comp. di *tal(e)* e *uno*] **A** agg. indef. • (*al pl.*) Alcuni, certi: *citerò solo taluni autori*; *talune critiche sono fondate.* **B** pron. indef. • Qualcuno, qualche persona: *talune delle persone presenti protestarono*; *taluni si offesero* | In correl. con taltro: *t. mi dava ragione, talaltro torto*; *t. lo crede, talaltro no.*

talvòlta o (*raro*) **tal vòlta** [comp. di *tal(e)* e *volta*] avv. • Qualche volta: *t. mi fa veramente arrabbiare*; *t., usciamo a passeggio* | Con valore correl.: *t. posso avere torto, ma t. ho ragione* | In correl. con talaltra: *t. è allegro, talaltra è di umore pessimo.* SIN. Talora.

†**talvòlte** avv. • (*raro*) Talvolta: *gli rispondeva alle sue ambasciate e da parte di lei ne gli faceva t.* (BOCCACCIO).

†**tamàgno** [lat. *tăm măgnu(m)* 'così (*tăm*) grande (*măgnus*)'] agg. • Tanto, così grande | (*ass.*) Molto grande.

†**tamànto** [da †*tamagno*, dal lat. *tăm măgnu(m)* 'tanto grande', con sovrapposizione di *tanto*] agg. indef. • (*raro*) Tanto, tanto grande.

Tamaricàcee [vc. dotta, comp. dal lat. *tamarīce(m)* 'tamarice' e *-acee*] s. f. pl. • Nella tassonomia vegetale, famiglia di piante dicotiledoni tropicali e subtropicali adattate a regioni desertiche o steppiche (*Tamaricaceae*) | (al sing. *-a*) Ogni individuo di tale famiglia.

tamarìce • V. *tamerice*.

tamarìndo [ar. *tam(a)r hindī*, letteralmente 'dattero indiano'] s. m. • Albero delle Leguminose coltivato nelle regioni calde per il frutto a legume di cui si utilizza la polpa per bevande dissetanti ed in medicina (*Tamarindus indica*).

tamarisco o **tamerisco** [vc. dotta, lat. *tamarīscu(m)*, come la variante *tamarīce(m)*, di origine straniera e etim. incerta] s. m. (pl. *-schi*) ● (*bot.*) Tamerice.

tàmaro [etim. incerta] s. m. ● Pianta volubile delle Monocotiledoni comune nei boschi freschi mediterraneo-europei con foglie cuoriformi e bacche rosse (*Tamus communis*).

tamàrro [dall'ar. *tammār* 'venditore di datteri'] s. m. *1* (*region.*) Zotico, burino. *2* (*spreg.*) Ragazzo di periferia, rozzo e impacciato, che segue la moda, ma ne coglie gli aspetti più vistosi e volgari.

tambarèllo [vc. dial., di etim. incerta] s. m. ● Pesce dei Tunnidi simile allo scombro con due pinne dorsali molto distanti fra loro, azzurro con fasce più scure sul dorso, argenteo sul ventre (*Auxis thazard*).

†tambène [sp. *tambien*, da *tanto bien* 'tanto bene'] avv. ● (*raro*) Come, cioè.

tambùcio o **tambùgio** [variante di *stambugio* (?)] s. m. ● (*mar.*) Casotto per riparo di boccaporto.

†tamburagióne o **†tamburazióne** [dal *tamburo* 'specie di cassetta chiusa' (così detta per la sua forma), nel quale era posta] s. f. *1* Querela, denuncia anonima. *2* Carta della querela.

tamburàio s. m. (f. *-a*) ● Artigiano che fabbrica e vende tamburi.

tamburaménto s. m. *1* (*raro*) Modo, atto del tamburare. *2* In falegnameria, costruzione di un pannello tamburato.

tamburàre [da *tamburo*] **A** v. tr. *1* (*raro*) Bastonare. *2* Battere con mazze la carcassa di una bestia, perché la pelle si stacchi dalla carne. *3* In falegnameria, costruire un pannello tamburato. **B** v. intr. (aus. *avere*) ● Battere il tamburo. **C** v. rifl. rec. ● (*fig.*) †Percuotersi, picchiarsi.

tamburàta s. f. ● (*raro*) Atto del tamburare | (*raro, fig.*) Bastonatura.

tamburàto A part. pass. di *tamburare*; anche agg. ● Nei sign. del v. | *Pannello t.*, pannello formato da due fogli di compensato o di laminato plastico applicati su uno strato interno di riempimento e distanziamento, costituito da un nido d'ape di carta o cartone, da materia plastica espansa, da un leggero reticolato di legno e sim., usato spec. per la produzione in serie di porte piane. SIN. Pannello a tramezzino | *Porta tamburata*, costituita da un pannello tamburato nella cui anima sono applicati i pezzi di rinforzo in corrispondenza delle maniglie e della serratura e l'intelaiatura periferica. **B** s. m. ● Pannello tamburato.

†tamburazióne ● V. *†tamburagione*.

tambureggiaménto s. m. *1* Atto, effetto del tambureggiare (*anche fig.*): *il t. dell'artiglieria*. *2* Nel calcio, serie di attacchi continui contro la porta avversaria | Nel pugilato, rapida e prolungata successione di colpi sferrati all'avversario.

tambureggiànte part. pres. di *tambureggiare*; anche agg. ● Nei sign. del v.

tambureggiàre [comp. di *tamburo* e *-eggiare*] **A** v. intr. (*io tamburéggio*; aus. *avere*) *1* Battere il tamburo. *2* Nel calcio, condurre un'azione di tambureggiamento. **B** v. tr. ● (*fig.*) Battere, colpire fittamente: *i grossi calibri tambureggiavano le fortificazioni*.

tamburellàre [da *tamburello*] **A** v. intr. (*io tamburèllo*; aus. *avere*) ● Suonare il tamburello. **B** v. tr. e intr. (aus. *avere*) ● (*fig.*) Battere con colpi rapidi e fitti: *la pioggia tamburellava sui tetti*; *tamburellarsi la pancia con le dita*.

tamburellìsta s. m. e f. (pl. m. *-i*) ● Giocatore di tamburello.

tamburèllo s. m. *1* Dim. di *tamburo*. *2* Strumento musicale a percussione, consistente in una membrana tesa su di un cerchio di legno in cui sono incastrati piccoli campanelli, dischi metallici e sim., che si suona tenendolo con la mano sinistra e percuotendo la membrana con il dorso della mano destra oppure agitandolo velocemente per far tintinnare i campanelli. ➡ ILL. **musica**. *3* Cerchietto di legno su cui è tesa una pelle animale conciata in modo speciale, per rilanciare la palla nell'omonimo gioco | Gioco a palla tra due squadre di quattro o tre giocatori, su un lungo campo rettangolare diviso a metà.

†tamburière s. m. *1* Artigiano che lavora tamburi. *2* (*dial.*) Tamburino.

tamburinàre [da *tamburino*] v. intr. e tr. (aus. *avere*) ● (*raro*) Tamburellare (*spec. fig.*).

tamburino s. m. *1* Dim. di *tamburo* | (*raro*) *Suonare il t. con le dita*, batterle come suonando un tamburo, tamburellare. *2* Suonatore di tamburo: *il t. di una banda, dell'esercito*. *3* †Parlamentario. *4* (*gerg.*) Lista degli spettacoli divisa per categoria che appare ogni giorno sui giornali.

tamburlàno [da *tamburlo*, variante sett. di *tamburo*, per la forma] s. m. *1* Arnese simile a un alto tamburo con una rete di fili di ferro, che si collocava un tempo sopra un braciere per stendervi la biancheria da far asciugare. *2* Apparecchio elementare per la distillazione di liquidi alcolici, simile all'alambicco.

tambùro [persiano *tabīr* con sovrapposizione dell'ar. *tanbūr*, n. di uno 'strumento musicale'] **A** s. m. *1* Cassa cilindrica in legno o metallo, coperta ai due lati da membrane, di cui la superiore viene percossa da apposite bacchette: *rullo del t.*; *pelli del t.*; *t. militare* | *Batteria del t.*, rulli diversi di segnale ai soldati | *Battuta di t.*, segnale dato con il tamburo | *A t. battente*, (*fig.*) in tutta fretta, immediatamente | *Sul t.*, subito, senza indugio | *Battere il t.*, (*fig.*) farsi pubblicità in modo rumoroso, scoperto. ➡ ILL. **musica**. *2* Chi suona il tamburo | (*mil.*) *T. maggiore*, capotamburo. *3* (*arch.*) Parte cilindrica o prismatica di alcune cupole, compresa fra gli elementi di base e la calotta, spesso provvista di finestre. *4* Elemento cilindrico nel fusto di una colonna. *5* (*tecnol.*) Nelle costruzioni meccaniche e sim., corpo cilindrico o conico, pieno o cavo, fisso o girevole, la cui superficie esterna è conformata secondo le applicazioni, potendo essere liscia, scanalata, graduata, provvista di guarnizioni. *6* Cilindro dotato di più camere, gener. in numero di cinque o sei, atte a contenere le cartucce e usato come serbatoio spec. nelle pistole a rotazione | *Pistola a t.*, rivoltella. *7* Organo rotante dei freni degli autoveicoli, consistente in un cilindro largo e piatto solidale al mozzo ruota contro la cui superficie periferica interna agiscono i ceppi. *8* (*tecnol.*) Negli orologi a molla, bariletto. *9* (*elab.*) *T. magnetico*, tipo di memoria ad accesso casuale impiegato negli elaboratori elettronici. *10* (*mar.*) *T. del timone*, cupola con la quale si copre la testata | *T. delle ruote*, opera in forma di mezzo cilindro che copre la metà superiore di ciascuna ruota degli antichi piroscafi | *T. dell'ancora*, cilindro attorno a cui si avvolge la catena dell'ancora. *11* Cassetta un tempo messa alle colonne di molte città italiane perché i cittadini vi ponessero querele e denunce. *12* (*fig.*) Nel linguaggio giornalistico, annuncio pubblicitario pubblicato a fine anno per attirare l'attenzione dei lettori sulle condizioni di abbonamento per l'anno seguente. *13* (*teat.*) In scenotecnica, argano con asse diviso in due parti di diametro diverso, sulla maggiore delle quali si avvolgono le funi più grosse, di comando, rinviate da carrucole ad argani sussidiari installati nei ballatoi, e sulla minore le funi più sottili, legate allo scenario. *14* Nella fortificazione antica, barbacane. *15* (*edil.*) L'insieme della centina e del manto nella centinatura di un arco o di una volta. ‖ **tamburàccio**, pegg. | **tamburèllo**, dim. (V.) | **tamburétto**, dim. | **tamburino**, dim. (V.) | **tamburóne**, accr. **B** in funzione di agg. inv. ● (posposto al s.) Solo nella loc. *pesce t.*, V. *pesce*.

tambussàre [adattamento del tipo fr. *tabaser*, dalla radice onomat. *ta(m)b-*] v. tr. *1* †Percuotere, picchiare, bastonare. *2* (*sett.*) Percuotere con colpi piccoli e leggeri, spec. della mano.

tambùsso s. m. ● In apicoltura, il percuotere le arnie dall'esterno per farne uscire le api.

tamerìce o **tamarìce** [vc. dotta, lat. *tamarīce(m)*, di origine straniera e di etim. incerta] s. f. ● Albero delle Tamaricacee con foglie squamiformi e fiori rosei (*Tamarix africana*). SIN. Tamarisco.

tamerìsco ● V. *tamarisco*.

tàmia [gr. *tamías* 'economo, intendente': di origine indeur. (?)] s. m. inv. ● Vivace mammifero roditore americano simile ad uno scoiattolo con mantello rosso bruno striato longitudinalmente (*Tamia striatus*).

†tamìgio ● V. *tamisio*.

tàmil [etim. discussa: da una precedente forma dravidica **Damira*, nome di popolo (i Dravidi) (?)] **A** s. m. e f. inv. ● Ogni appartenente a una popolazione indiana di stirpe dravidica, stanziata nell'India meridionale e nella parte settentrionale dello Sri Lanka. **B** s. m. inv. ● Lingua della famiglia dravidica, parlata dai Tamil.

tamìlico agg. (pl. m. *-ci*) ● Che riguarda la popolazione dei Tamil, i loro usi, la loro cultura: *lingua tamilica*.

tamìsio o **†tamìgio** [fr. *tamis*, dal lat. parl. **tamīsiu(m)*, di etim. incerta] s. m. ● (*dial.*) Staccio.

tampinàre [milan. *tampinà* 'importunare' (d'origine sconosciuta)] v. tr. *1* Seguire con insistenza. *2* (*fig.*) Seccare, assillare, molestare.

†tampòco [sp. *tampoco*, comp. di *tan(to)* 'tanto' e *poco*] avv. ● Nemmeno, neppure, tanto meno (sempre preceduto dalla cong. negativa 'né'): *né io t. ho preteso di provarla* (GALILEI) | Oggi usato scherz.: *non ho voglia di vederlo né t. di parlargli*.

tamponaménto [fr. *tamponnement*, da *tamponner* 'tamponare'] s. m. *1* Atto, effetto del tamponare | *Gioco, azione di t.*, nel calcio, schieramento, condotta di gara strettamente impostati sulla difensiva per arginare i pressanti attacchi della squadra avversaria. *2* Urto, collisione di un veicolo contro un altro che si trova davanti | *T. a catena*, quando più autoveicoli si tamponano in successione. *3* (*med.*) Riempimento di una cavità con garza o altro a scopo emostatico o disinfettante: *t. uterino*.

tamponàre [fr. *tamponner*, da *tampon* 'tampone'] v. tr. (*io tampóno*) *1* Chiudere con un tampone | *T. una falla*, (*fig.*) mettere un rimedio provvisorio a un guaio improvviso e che va risolto subito. *2* Urtare la parte posteriore del veicolo che precede: *l'autobus tamponò un autocarro*.

tamponàto part. pass. di *tamponare*; anche agg. ● Nei sign. del v.

tamponatùra s. f. ● Atto, effetto del tamponare una ferita o una falla.

tampóne [fr. *tampon*, da *tapon* 'tappo', con nasalizzazione] **A** s. m. *1* (*med.*) Pezzo di garza o cotone per assorbire il sangue o per eseguire prelievi di liquidi organici | Assorbente interno. *2* Cuscinetto impregnato d'inchiostro per inumidire i timbri e sim. *3* Respingente | *T. paracolpi*, elemento di gomma posto tra la carrozzeria e l'assale di un autoveicolo per impedirne il contatto e attutire gli urti, quando la sospensione cede eccessivamente per un forte sobbalzo. *4* (*mus.*) Mazza a doppia testa, usata in passato per eseguire il rullo sulla grancassa. *5* (*chim.*) Sostanza che, presente in una soluzione, si oppone alla variazione di acidità dovuta all'aggiunta di acido o alcali. **B** in funzione di agg. inv. ● (posposto al s.) Detto di provvedimento legislativo varato per fronteggiare situazioni di emergenza e avente carattere di provvisorietà: *legge t.*; *misure t.* ‖ **tamponcino**, dim.

tamtàm o **tam-tàm**, **tantàn** [vc. onomat.] s. m. *1* Strumento a percussione di origine cinese. SIN. Gong. *2* Grande tamburo ligneo da segnali, costituito da un tronco scavato, posato o sospeso orizzontalmente che viene percosso con bastoni | (*est.*) Il suono di tale tamburo: *un lugubre t.* | (*fig.*) Scambio di notizie, spec. riservate o che non potrebbero circolare apertamente, da persona a persona: *il t. del carcere*. ➡ ILL. **musica**.

tamurè [dal n. indigeno polinesiano] s. m. inv. ● Ballo tipico dell'isola di Tahiti.

tan o **tatatàn** [vc. onomat.] inter. *1* Riproduce il rullo dei tamburi che ritmano la marcia di reparti militari (*spec. iter.*): *tan tan, tatatan*. *2* Riproduce il rumore di un colpo di pistola o di fucile | (*iter.*) Riproduce il rumore di una raffica di colpi: tan *tan tatatan*.

tàna [lat. (*sub*)*tāna(m)* 'sotterranea' (sottinteso *cavĕrna(m)* 'caverna'), con fraintendimento di *sŭb* come prep.] s. f. *1* Buca profonda, scavata spec. nella terra o nella roccia, dove si rifugiano animali selvatici: *le faine scavano la t. nei vecchi alberi* | (*fig.*) Rifugio, covo, nascondiglio: *è una t. di malviventi* | (*fig., spreg.*) †Patria, dimora: *son Vanni Fucci / bestia, e Pistoia mi fu degna t.* (DANTE *Inf.* XXIV, 125-126). *2* (*fig.*) Abitazione malsana, squallida: *vive in periferia, in una t. vecchia e sporca*. SIN. Buco, stamberga, tugurio. *3* (*fig.*) In giochi infantili, il punto in cui ci si deve rifugiare per salvarsi quando si è inseguiti o scoperti: *toccare t.* ***4*** (*raro, fig.*) Strappo. ***5*** †Fossa, buca | (*fig.*) Bolgia dantesca.

tanacetìna [comp. di *tanaceto* e *-ina*] **s. f.** ● Principio amaro contenuto nelle sommità fiorite del tanaceto.

tanacéto [lat. med. *tanacētu(m)*, di etim. incerta] **s. m.** ● Composita comune negli incolti, profumata, con capolini gialli in corimbi (*Tanacetum vulgare*).

tanàglia ● V. *tenaglia*.

tanagliàre o (*raro, lett.*) **tenagliàre** [da *tanaglia*] **v. tr.** (*io tanàglio*) ● (*raro*) Attanagliare, tormentare, torturare: *non trovando che io le dica il vero, mi faccia tenagliare in un fondo di torre* (TASSO).

tanàgra (**1**) [port. *tangara*, di origine tupí (*tangard*)] **s. f.** ● Uccello passeriforme americano dal piumaggio abbondante e vivacemente colorato (*Tanagra*).

tanàgra (**2**) [dal n. della città omonima] **s. f.** ● (*archeol.*) Nome di un tipo di statuetta funeraria policroma di terracotta raffigurante figure femminili e prodotta in età ellenistica nella città di Tanagra, in Beozia.

tananài [variante di *badanai* con sovrapposizione di un motivo onomat.] **s. m.** ● (*pop.*) Confusione, schiamazzo.

†**tanàre** **v. intr.** ● Dimorare in una tana.

tànato- [dal gr. *thánatos* 'morte', d'orig. incerta] primo elemento ● In parole composte del linguaggio scientifico, significa 'morte' o, più raramente, 'cadavere': *tanatofobia, tanatologia*.

tanatofobìa [comp. del gr. *thánatos* 'morte' e *fobia*] **s. f.** ● (*med.*) Paura ossessiva della morte.

tanatofòbico [da *tanatofobia*] **A** **agg.** (f. *-a*; pl. m. *-ci*) ***1*** Che riguarda la tanatofobia. ***2*** Che soffre di tanatofobia. **B** **s. m.** ● Chi ha una paura morbosa della morte.

tanatologìa [comp. del gr. *thánatos* 'morte' e *-logia*] **s. f.** ● (*med.*) In medicina legale, studio delle circostanze connesse alla morte e delle conseguenti modificazioni chimico-morfologiche dell'organismo.

tanatològico **agg.** (pl. m. *-ci*) ● Concernente la tanatologia.

tanatoscopìa [comp. di *tanato-* e *-scopia*] **s. f.** ● (*med.*) Insieme di procedimenti che in campo medico-legale permettono di verificare il decesso.

tanatòsi [comp. del gr. *tánathos* 'morte', per l'assoluta immobilità, e del suff. *-osi*] **s. f.** ● (*zool.*) Risposta riflessa di totale immobilità attuata con probabile funzione difensiva da alcuni Insetti.

tànca (**1**) **s. f.** ***1*** V. *tanica*. ***2*** (*mar.*) Cisterna o vano stagno per contenere e trasportare liquidi sulle navi.

tànca (**2**) [catalano *tanca*, da *tancar*, di etim. incerta] **s. f.** ● Rinchiuso per bestiame in Sardegna.

tàndem [ingl. *tandem*, applicazione scherz. della vc. lat., che fra gli studenti valeva anche 'alla lunga', 'per la lunghezza'] **s. m. inv.** ***1*** Bicicletta a due sellini, due manubri e due coppie di pedali azionata da due ciclisti posti uno dietro l'altro | *Vincere il t.*, la gara disputata con questo mezzo. ***2*** Coppia di atleti perfettamente affiatati, che gareggiano con azione combinata e precisa intesa: *fare un t.*; *giocare in t.* | *Fare q.c. in t.*, (*fig.*) fare q.c. insieme, collaborare.

tanè [fr. *tanné*, part. pass. di *tanner* 'conciare'] **A** **s. m. inv.** ● (*raro*) Colore scuro, fra il rosso e il nero, proprio del guscio della castagna. **B** anche **agg. inv.**: *color t.*

†**taneìccio** **agg.** ● Detto di colore che tende al tanè.

†**tanfanàre** [variante di *tonfanare*, da *tonfo* (?)] **v. tr.** ● Percuotere, picchiare, maltrattare.

tanfàta **s. f.** ● Ondata di tanfo o di odore sgradevole.

tànfo [longob. *tampf* 'vapore', dalla radice indeur. **dhem-* 'fumare'] **s. m.** ● Pesante e sgradevole odore di rinchiuso o di muffa: *dal sotterraneo esala un forte t.* | (*est.*) †Muffa. ‖ **tanfétto**, **dim.**

tànga [vc. d'orig. tupì, giunta attrav. il port.] **s. m. inv.** ***1*** Coprisesso femminile di terracotta di dimensioni molto ridotte rinvenuto in scavi archeologici in alcune zone dell'America meridionale. ***2*** Costume da bagno femminile costituito da due pezzi o da un solo pezzo inferiore molto sgambato anteriormente e ridotto spesso a una sottile striscia nella parte posteriore | Slip molto sgambato.

tàngelo [vc. ingl., comp. di *tang(erine)* '(arancia) di Tangeri' e *(pom)elo* '(varietà di) pompelmo'] **s. m.** ● Ibrido fra pompelmo e mandarino algerino, con frutti succosi e profumati.

tangènte [vc. dotta, lat. *tangĕnte(m)*, part. pres. di *tăngere* (sottinteso *līnea(m)* 'linea')] **A** **agg.** ***1*** †Che tocca, sfiora. ***2*** (*mat.*) Che ha contatto almeno del primo ordine. **B** **s. f.** ***1*** (*mat.*) Retta che nel punto dato ha contatto almeno del primo ordine con la curva | Posizione limite della retta che congiunge il punto ad un altro punto della curva, allorché il secondo tende al primo | *T. trigonometrica d'un angolo*, rapporto fra il seno e il coseno dell'angolo | *Filare per la t.*, (*fig.*) svignarsela | *Partire per la t.*, (*fig.*) divagare all'improvviso o, detto di situazioni, sfuggire al controllo. ***2*** (*raro*) Parte che tocca a ciascuno in guadagno o spesa comune. **SIN.** Quota, rata. ***3*** Somma di denaro estorta con minacce a esercenti o imprenditori. **SIN.** Pizzo | Percentuale sul guadagno pretesa da chi ha favorito la conclusione di un affare | Nel quadro dei rapporti fra amministrazione pubblica e impresa, quota di denaro versata illegalmente in cambio della concessione di appalti o di favori e vantaggi vari, sia come iniziativa individuale (fenomeno frequentemente collegato con i reati di *corruzione* e *concussione*) che, da parte di intermediari, come forma di finanziamento occulto di partiti politici.

tangentière **s. m.** (f. *-a*) ● Chi riscuote tangenti spec. su appalti e commissioni pubbliche.

tangentìzio **agg.** ● Che riguarda il sistema fondato sulle tangenti: *malcostume t.*

tangentocràtico [comp. di *tangent(e)* e *-cratico*] **agg.** (pl. m. *-ci*) ● Che riguarda la tangentocrazia.

tangentocrazìa [comp. di *tangent(e)* e *-crazia*] **s. f.** ● Nel linguaggio politico, sistema di governo e di potere fondato sulla richiesta e il pagamento di tangenti.

tangentòide [comp. di *tangente* e di un deriv. dal gr. *êidos* '(della) forma (di)'] **s. f.** ● (*mat.*) Diagramma della tangente.

tangentòpoli [comp. di *tangent(e)* e *-poli*] **s. f.** ● (spesso con l'iniziale maiuscola) Nel linguaggio giornalistico e politico, città in cui emergono diffusi episodi di corruzione basati spec. sulla richiesta e il versamento di tangenti | Lo scandalo, il fenomeno delle tangenti e le relative inchieste giudiziarie.

tangènza **s. f.** ***1*** (*mat.*) Condizione, posizione della tangente. ***2*** (*aer.*) Altitudine massima raggiungibile in aria calma da un aerostato o da un'aerodina a motore.

tangenziàle [da *tangenza*] **A** **agg.** ● Relativo alle tangenti | Di tangente o tangenza. ‖ **tangenzialménte**, **avv.** Secondo la tangente. **B** **s. f.** ***1*** (*mat., raro*) Tangente. ***2*** Strada di traffico veloce che gira attorno ad un centro urbano.

tàngere [vc. dotta, lat. *tăngere*, di etim. incerta] **v. tr.** (*io tàngo, tu tàngi*; oggi usato solo nelle terze pers. sing. e **pl.**; dif. del **pass. rem.**, del **part. pass.** e dei tempi composti) ● (*lett.*) Toccare (*anche fig.*): *la vostra miseria non mi tange* (DANTE *Inf.* II, 92).

†**tangeróso** [da *tàngere* 'toccare (delicatamente)'] **agg.** ● Delicato, sensibile.

tangheggiàre [den. di *tangheggio*, dal fr. *tangage* (a sua volta dev. di *tanguer* 'beccheggiare', di origine incerta), col suff. del sin. *beccheggio*] **v. intr.** (*io tanghéggio*; aus. *avere*) ● (*mar.*) Beccheggiare.

tànghero [etim. incerta] **s. m.** (f. *-a*, raro) ● Persona grossolana, rustica e villana. **SIN.** Buzzurro. ‖ **tangheràccio**, **pegg.** | **tangherèllo**, **dim.** | **tangheròtto**, **dim.**

tangìbile [vc. dotta, lat. tardo *tangĭbile(m)*, da *tăngere*] **agg.** ***1*** Percepibile al tatto: *la materia celeste non può essere toccata perché manca delle tangibili qualità* (GALILEI). ***2*** (*est., fig.*) Che si può toccare con mano, sicuro, manifesto: *prova t.* ‖ **tangibilménte**, **avv.** In modo tangibile (*spec. fig.*).

tangibilità **s. f.** ● Stato, condizione di ciò che è tangibile (*anche fig.*).

tàngo [sp. *tango*, di etim. discussa: di origine onomat., tenuto conto dei sign. successivi 'tamburo', poi 'riunione di negri per ballare al suono del tamburo', infine la 'danza' stessa (?)] **A** **s. m.** (pl. *-ghi*) ● Danza popolare di ritmo binario, e movimento moderato, affine a quello dell'habanera, introdotto in Europa dall'America meridionale. **B** in funzione di **agg. inv.** ● (posposto al s.) Detto di un colore rosso assai brillante: *rosso t.*; *abito color t.*

tangóne [fr. *tangon*, vc. d'origine oscura, giunta in fr. dallo sp. o dal provz.] **s. m.** ● (*mar.*) Asta metallica o di legno che, poggiata sulla forcella dell'albero di prora di una barca a vela, può protendersi fuori bordo per tenere distesa la base di una vela, solitamente lo spinnaker o il fiocco.

tanguìno [etim. incerta] **s. m.** ● Albero delle Apocinacee del Madagascar, velenoso, con frutti disseminati dalle acque marine (*Cerbera venenifera*).

tànica o (*raro*) **tànca** (**1**) [ingl. *tank*, dall'indost. *tānkh* 'cisterna'] **s. f.** ***1*** Recipiente di forma parallelepipeda, in metallo o materia plastica, destinato al trasporto di liquidi, spec. combustibili. ***2*** Serbatoio rigido sganciabile da un aereo.

tank /*ingl.* tænk/ [vc. ingl., dal sign. originario di 'serbatoio' (di origine indiana), secondo un'incerta evoluzione semantica] **s. m. inv.** ***1*** Carro armato. ***2*** (*raro*) Cisterna per liquidi. ***3*** (*fot.*) Contenitore a tenuta di luce per lo sviluppo, su apposite spirali, delle pellicole fotografiche in rullo.

tankìsta [da *tank* 'serbatoio'] **s. m.** e **f.** (pl. m. *-i*) ● Chi è addetto alle cisterne in una nave per il trasporto di liquidi o in una petroliera.

tannànte [propr. part. pres. di *tannare*] **A** **agg.** ● Detto di sostanza naturale o sintetica che ha le proprietà concianti del tannino: *le cortecce dei pini sono agenti tannanti*. **B** anche **s. m.**

tannàre [fr. *tanner*, da *tan* 'tanno'] **v. tr.** ● Conciare le pelli con sostanze tanniche.

tannàto [da (*acido*) *tann(ico)* e *-ato*] **s. m.** ● Combinazione di un tannino con metalli o basi organiche, di largo e svariato impiego, spec. in medicina.

tànnico [fr. *tannique* 'pertinente al tanno (*tan*)'] **agg.** (pl. m. *-ci*) ***1*** Del tannino | *Acido t.*, acido gallotannico. ***2*** Detto di vino ricco di tannino per cui presenta sapore astringente.

tannìno [fr. *tanin*, da *tan* 'tanno'] **s. m.** ● Classe di composti fenolici diffusi in legni, foglie, cortecce e frutti, usati come concianti e mordenzanti, per inchiostri e, in medicina, come astringenti.

†**tànno** [fr. *tan*, dalla base gall. **tanno-* 'quercia', dalla cui scorza era ricavato] **s. m.** ● Scorza ricca di tannino, della quercia o altra pianta.

tannofòrmio ® **s. m.** ● Nome commerciale di un prodotto di condensazione del tannino con la formaldeide, dotato di proprietà antisettiche e astringenti.

tantafèra [per *cantafera* con assimilazione] **s. f.** ● (*pop., tosc.*) Discorso, ragionamento prolisso, noioso e senza costrutto.

tantaferàta **s. f.** ● (*raro, tosc.*) Tantafera: *ladre tantaferate a ritornelli / udimmo troppe* (CARDUCCI).

tantàlico **agg.** (pl. m. *-ci*) ● Detto di composto del tantalio pentavalente | *Acido t.*, acido ossigenato del tantalio.

tantàlio [dal n. del mitico personaggio *Tantalo*, con aggiunta l'allusione allo sforzo inutile che fa per assorbire integralmente gli acidi] **s. m.** ● Elemento chimico, di colore grigio, che fonde ad alta temperatura, duro e duttilissimo, resistente agli agenti chimici, un tempo usato per filamenti di lampade, ora impiegato per apparecchiature esposte spec. all'attacco di alogeni e, in lega col tungsteno, per la costruzione di veicoli spaziali. SIMB. Ta.

tàntalo [vc. dotta, lat. *Tăntalu(m)*, dal n. proprio, passato, come in altri casi, a n. d'animale] **s. m.** ● Uccello africano dei Ciconiformi con lunghissime zampe sottili, lungo becco arancione e piumaggio bianco, roseo, nero bronzeo (*Ibis ibis*).

tantàn o **tan-tàn** ● V. *tamtam*.

tantìno **A** **agg. indef.** ● Dim. di *tanto* (*1*). **B** **pron. indef.** solo **m. sing.** ***1*** Una piccola quantità, un po': *me ne basta un t.*; *bevi un t. di vino e digerirai meglio*. ***2*** Nella loc. avv. *un t.*, un po': *sono un t. stanco*; *fermiamoci un t. a riposare*. ‖ **tantinèllo**, **dim.** | **tantinétto**, **dim.** | **tantinìno**, **dim.**

tànto (**1**) [lat. *tăntu(m)*, comp. dell'avv. *tăm*, di sola area lat. e di origine indeur., con l'ampliamento agg. *-to-*] **A** **agg. indef.** ***1*** (*al sing.*) Così molto, così grande (riferito a cosa con valore più ints. e più esteso di 'molto' e 'grande'): *c'è tanta miseria nel mondo!*; *fanno t. sperpero*; *abbiamo davanti t. tempo*; *devi fare ancora tanta strada?*; *c'era proprio tanta gente*; *l'ho aspettato per tanti anni*; *con tanta acqua che è venuta la frutta ha poco sapore*; *sento tanta stanchezza e tanta noia*; *avevano tanta sete!*; *è una persona di t. tatto e buon senso*; *c'è sempre tanta ironia nel suo sguardo*; *per questo lavoro occorre tanta precisione*; *dopo t. studiare si è ridotto senza un buon lavoro*; *ho avuto proprio tanta pazienza con voi* | (*lett.*, *enf.*) Così illustre, importante, insigne: *nulla a t. intercessor si neghi* (TASSO) | In correl. con 'che' e 'da' introduce una prop. consec.: *ha tanta volontà che riesce in ogni cosa a cui si applica*; *ho t. sonno da morire*; *mi tornò t. vigore che io non mi avedevo se io avevo più febbre e più paura di morte* (CELLINI). ***2*** Molto (per numero o quantità): *dicono che abbia tanti appartamenti*; *c'erano tante persone di riguardo*; *ha passato tanti guai, poveretto*; *mi aveva fatto tante promesse prima di partire*; *abbiamo un giardino con tante piante esotiche*; *è una ragazza che non fa tanti complimenti*; *tanti saluti anche da parte di mia sorella*; *ti faccio tanti auguri di pronta guarigione*; *tante grazie per la vostra cortesia*; *le tante mie giovenili storture, di cui mi toccherà di arrossire in eterno* (ALFIERI) | (con valore raff. ed enf.) *T. e poi t.*, (*fam.*) *t. ma t.*, *t. t.*, moltissimo: *è sempre t. e poi t. indaffarato*; *ho tanti impegni, ma tanti, che non puoi credere*; *è proprio t. t. buona*. ***3*** In quantità o numero così grande (in espressioni interr. ed escl.): *avete invitato tante persone?*; *cosa te ne fai di t. denaro?*; *sarebbe un buon ragazzo, ma ha tanti grilli per la testa!*; *non faccia tanti complimenti!*; *gli ho scritto tante volte!*; *ho aspettato per t. tempo!*; *o ciechi, il t. affaticar che giova?* (PETRARCA) | In correl. con 'che' e 'da' introduce una prop. consec.: *hanno tanti soldi che non sanno dove spenderli*; *abbiamo tanti debiti da far paura*. ***4*** In correl. con 'quanto' indica corrispondenza di numero o di quantità in prop. compar.: *spende t. denaro quanto ne guadagna*; *ci sono tanti quaderni quanti sono gli alunni*. ***5*** Altrettanto: *tutto il mio lavoro se ne va in t. sudore*; *ho cambiato le centomila lire in tanti biglietti da mille* | In espressioni correl.: *tante persone, tante opinioni*; *tanti dipendenti, tante gratifiche*; *tante parole, tante sciocchezze*. ***6*** Con valore distributivo preceduto da 'ogni': *ogni tanti invitati disporremo una decorazione floreale*; *ogni tanti mesi riceverete il saldo dei vostri averi*; *ogni tanti kilometri c'è un distributore di benzina*. ***7*** Con valore neutro per ellissi di un s.: *non stare fuori t.*; *spende t. per le sue condizioni*; *non ci vuole t. a capirlo*; *legge e studia t.*; *è già t. che sia stato promosso*; *è t. che non lo vedo*; *mangia e dorme t.*; *ci sarebbe t. da dire sul suo conto*; *ho t. da fare*; *t. disse e t. fece che lo convinse*; *è t. se riuscirò a farlo venire* | *Or non è t.*, poco tempo fa | *Fra non t.*, fra breve tempo | *A dir*, *a far t.*, tutt'al più, al massimo: *saranno state, a dir t., le dieci* | *Da t.*, di molto valore, capace di simili cose: *non lo facevo da t.*; *tu non sei da t.* | *Giungere, arrivare a t.*, a tal punto: *è arrivato a t. da rinfacciarmi ciò che ho fatto per lui* | *Combinarne tante*, tante malefatte, marachelle, disastri e sim. | *Dirne tante a qc.*, rimproverarlo aspramente, insultarlo | *Raccontarne tante*, tanti fatti, spec. fandonie, spacconate e sim. | *Darne tante a qc.*, picchiarlo ben bene | *Di t. in t.*, *ogni t.*, di quando in quando, saltuariamente | *Fino a t. che*, finché. ‖ **tantino**, **dim.** (V.). **B** **pron. indef.** ***1*** (*al pl.*) Molte persone (con valore indet.): *tanti l'hanno visto negli ultimi tempi*; *tanti lo trovano antipatico*; *fra i tanti che hanno risposto all'inserzione c'è anche un mio cugino*; *è uno dei tanti che si credono infallibili* | In correl. con 'quanto': *siamo in tanti quanti non osavo sperare*. ***2*** Molto, parecchio (riferito a cose e a persone con valore indef.): *se ti piacciono i libri, qui ne troverai tanti*; *penso di essere una ragazza come tante*; *quanti anni ho io? tanti!*; *sono golosa di cioccolata e ne tengo sempre tanta in casa*; *se vuoi dei dischi, vieni da me: ne ho tanti da non sapere dove metterli*. ***3*** Altrettanto (in correl. con 'quanto'): *il denaro? ne ho t. quanto basta*; *devi comprare dei quaderni, tanti quanti sono le materie scolastiche* | *Né t. né quanto*, affatto, punto: *non mi piace né t. né quanto*. ***4*** Con valore indet. indica un numero o una quantità che non si vuole o non si può specificare: *dei soldi che ti dò, tanti sono per la casa, tanti per le tue spese personali* | *Nell'anno milleottocento e tanti*, e rotti | *Ai tanti di maggio*, in quel certo giorno di maggio. ***5*** Con valore neutro indica una quantità indeterminata che non si vuole o non si può specificare: *tu guadagni un t. e spendi un t.*; *costa un t. al metro*; *pago un t. al semestre*; *gli dò un t. alla settimana per le piccole spese* | *Non più che t.*, poco: *si dà da fare non più che t.* | *Se t. mi dà t.*, (*fig.*) se le cose vanno così | *T. è, tant'è*, è lo stesso: *se non puoi uscire, tant'è che me ne vada a casa* | *T. vale*, *t. fa*, *t. varrebbe*, è lo stesso, sarebbe meglio: *t. vale che ce ne andiamo subito*; *t. fa che ti aiuti, così farai presto*; *t. varrebbe rifare tutto il lavoro* | *Con t. di*, (*enf.*) addirittura con, proprio con (seguito da un compl. partitivo): *il cameriere con t. di guanti bianchi*; *l'ho visto con t. di barba e baffi* | (*fig.*) *Ascoltare con t. d'orecchie*, molto attentamente | (*fig.*) *Guardare con t. d'occhi*, guardare con meraviglia, spalancando gli occhi per lo stupore, l'ammirazione, la sorpresa e sim. | (*fig.*) *Rimanere con t. di naso*, restare male, avvilito. **C** in funzione di **pron. dimostr.** ● Tutto questo, ciò (con valore neutro): *ti ho già raccontato prima cosa avvenne, e questo è t.*; *a t. non seppi trattenermi*; *e con t. la riverisco*; *t. ti serva di replica* | *T. di guadagnato!*, *t. di meglio!*, meglio, questo è un vantaggio per noi | V. anche *frattanto*, *intanto*, *pertanto*. **D** in funzione di **s. m. inv.** ● Quantità grande, quasi eccessiva: *devi prendere in considerazione sia il t., sia il poco*.

tànto (2) [lat. *tăntu(m)*, uso avv. di *tăntus* 'tanto (1)'] **A** **avv.** ***1*** Così, in questo modo, in questa misura: *andiamo t. d'accordo!*; *non studiare t.*; *perché ridete t.?*; *sarebbe simpatico se non parlasse t.*; *o Morte, Morte / cui t. invoco* (ALFIERI) | Accompagnando le parole col gesto: *è alto t. e largo t.* | A lungo, per lungo tempo: *camminare t. mi stanca* | In correl. con 'che' e 'da', introduce una prop. consec. espl. o impl.: *è t. giovane che sembra un ragazzo*; *è stato t. ingenuo da credere a tutto*; *vuoi essere t. gentile da passarmi quel giornale?* ***2*** Così, altrettanto (in correl. con 'quanto' o 'tanto' nei compar. di uguaglianza e nelle prop. compar.): *è t. bella quanto modesta*; *scrive t. quanto parla*; *non studia t. quanto potrebbe*; *non è poi t. furbo quanto sembra*; *lo ammiro non t. per la sua ricchezza, quanto per la sua disinvoltura* | Sia, così (in correl. con 'quanto', *pop.* 'che', *pop.* 'come'): *voglio bene t. a voi quanto a loro*; *ammiro t. il tuo coraggio come la tua gentilezza*. ***3*** Molto, assai: *ti ringrazio t.*; *saluta t. la nonna*; *vengo t. volentieri*; *ora dormi t. di più*; *ti trovo t. ingrassato*; *non sono più t. giovane*; *scusate t.*; *ti vedo addolorato, ma proprio t.*; *t. peggio per voi*; *se non vieni, t. meglio* | (*ints.*, *iter.*) *Sono t. t. contento per voi*; *sei t. gentile, ma t.* | *Non t.*, poco: *guadagna non t.* | *Poco o t.*, sia quanto sia: *poco o t., questo è tutto* | *Né t. né poco*, affatto, per nulla: *ciò non mi riguarda né t. né poco*. ***4*** Solamente, soltanto: *per una volta t. potresti venire anche tu*; *se fa t. di venirmi a tiro, lo concio per le feste*; *dammene due dita, t. per gradire*; *è un bravo ragazzo, ma parla t. per parlare*; *voglio andare al mare, t. per cambiare*; *facciamo una partita a carte, t. per passare il tempo*; *sto facendo un pullover, t. per fare qualcosa*. ***5*** Nella loc. avv. *t. più*, *t. meno* (in correl. con 'tanto' o 'quanto' nelle prop. compar.): *t. più lo conosco, t. più l'ammiro*; *quanto più lo frequento, t. meno mi trovo imbarazzato*. **B** **cong.** ***1*** Tuttavia, ma comunque (con valore avversativo): *puoi andarci, t. non gliene importa molto*. ***2*** Con valore conclusivo esprime sfiducia o rassegnata accettazione: *non avvilirti, t. ormai è fatta*; *non venire, t. a me non importa*; *entra, entra, t. sono già pronta!*; *è inutile gridare, t. non ci sentirebbe nessuno*. ***3*** (*raro*) Ancora (spec. iter. con valore conclusivo): *se tu fossi ricco, t. t. capirei il suo comportamento*.

tànto che /'tanto 'ke*/ o (*raro*) **tantoché** [comp. di *tanto* (*2*) e *che* (*2*)] **cong.** ● Finché, fino al momento in cui (introduce una prop. temp. con il v. al congv.).

tanto nomini /*lat.* 'tanto 'nɔmini/ [dall'iscrizione posta sulla tomba di N. Machiavelli *tanto nomini nullum par elogium* 'a un nome così grande nessun epitaffio è adeguato'] **loc. agg. inv.** ● (posposto al s., *iron.*) Formula usata dopo la citazione di un nome proprio che dovrebbe apparire importante, ma che non impressiona chi lo cita.

†**tantòsto** [comp. di *tan*(*to*) (*2*) e *tosto*] **avv.** ● (*raro*) Subito, tosto, in brevissimo tempo: *fiso guardandolo, t. il riconobbe* (BOCCACCIO).

tàntra [sanscrito *tántram* 'dottrina (essenziale)', 'libro', ma originariamente 'ordito di un tessuto', dal v. *tanóti* '(s)tendere', di origine indeur.] **s. m. inv.** ● Complesso dei libri sacri dell'Induismo e del Buddhismo, di epoca posteriore a quella dei testi fondamentali.

tàntrico [da *tantra*] **agg.** (**f.** *-a*; **pl. m.** *-ci*) ● Che si riferisce o è proprio del tantrismo.

tantrìsmo [comp. di *tantr*(*a*) e *-ismo*] **s. m.** ● Indirizzo e sistema magico-religiosi, fondati sul tantra, nell'Induismo e nel Buddhismo.

tantum ergo /*lat.* 'tantu'm ɛrgo/ [lat., letteralmente 'un così grande, dunque, (sacramento)', prime parole della penultima strofa dell'inno *Pange lingua*] **loc. sost. m. inv.** ● Principio della penultima strofa dell'inno liturgico cristiano Pange lingua, cantato nelle benedizioni eucaristiche | *Cantare a qc. il tantum ergo*, (*fig.*, *pop.*) spiattellargli le cose in faccia.

tanùda [etim. incerta] **s. f.** ● (*zool.*) Cantaro (1).

tanzaniàno [da *Tanzania*] **A** **agg.** ● Della Tanzania. **B** **s. m.** (**f.** *-a*) ● Nativo o abitante della Tanzania.

tanzanìte [dalla *Tanzania*, ove fu trovata] **s. f.** ● (*miner.*) Nome comune della zoisite blu scoperta in Tanzania e impiegata in gioielleria.

tào [vc. cin., letteralmente 'via, strada (giusta)'] **s. m. inv.** ● Nel sistema filosofico-religioso cinese di Lao-Tse (V sec. a.C.), principio vitale indefinibile che, in forma di soffi alterni, ha dato origine al cosmo e lo regge.

taoìsmo [comp. di *tao* e *-ismo*] **s. m.** ● Religione cinese che risale alle dottrine tradizionali del tao, predica di Lao-Tse nel V sec. a. C., e fondata sulle norme di non-azione nei confronti del tao e sulle vie magiche per prendere contatto con esso.

taoìsta **s. m. e f.** (**pl. m.** *-i*) ● Seguace del taoismo.

taoìstico **agg.** (**pl. m.** *-ci*) ● Relativo al taoismo e ai taoisti.

tàpa [ingl. *tapa*, n. indig. polinesiano dell'albero, dalla cui corteccia si ricava tale stoffa] **s. f.** ● Stoffa preparata con la corteccia di alcuni alberi da vari popoli primitivi, spec. quella bianca, soffice e pieghevole lavorata in Polinesia.

tap dance /*ingl.* 'tæp dæns/ [loc. ingl., comp. di (*tip*) *tap* (n. di danza) e *dance* 'danza'] **s. f. inv.** ● Tip tap.

tape mònitor /'teip 'mɔnitor, *ingl.* 'teip 'mɔnitə*/ [loc. ingl., comp. di *tape* 'nastro' (d'orig. sconosciuta) e *monitor* (V.)] **s. m. inv.** (**pl.** ingl. *tape monitors*) ● Negli apparecchi per la registrazione del suono, dispositivo che permette l'ascolto di una registrazione nel momento in cui viene effettuata.

tap-in /*ingl.* 'tæp in/ [vc. ingl., comp. di *tap* 'colpo' (d'origine onomat.) e *in* 'dentro'] **s. m. inv.** ● Nella pallacanestro, realizzazione ottenuta mediante colpo al volo su rimbalzo offensivo.

tapinàre [da *tapino*] **A** **v. intr.** (aus. *avere*) ● (*raro*, *lett.*) Condurre un'esistenza tribolata, miserevole, stentata o raminga. **B** **v. intr. pron.** ● Tribolarsi, affliggersi, dolersi.

tapinèllo **agg.**; anche **s. m.** (**f.** *-a*) ● (*lett.*) Che, chi fa vita da tapino.

†**tapinità** **s. f.** ● Bassezza, viltà.

tapino [gr. *tapeinós* 'meschino', di origine incerta] **agg.**; anche **s. m.** (**f.** *-a*) ● (*lett.*) Misero, infelice, tribolato. ‖ **tapinèllo**, **dim.** (V.). ‖ **tapinaménte**, **avv.** (*lett.*) In modo tapino.

tapiòca [port. *tapioca*, dal tupì *tīpĭok*, propriamente 'residuo, coagulo'] **s. f.** ● Fecola alimentare fornita dalle radici di un'euforbiacea americana, la manioca.

tapìro [port. *tapir*, dal tupì *tapira*] **s. m.** ● Mammifero notturno dei Perissodattili, simile nell'aspetto ai suini, con coda rudimentale, muso terminante in una breve proboscide, che vive in luoghi paludosi (*Tapirus*).

tapis roulant /fr. ta'pi ru'lã/ [loc. fr., letteralmente 'tappeto (*tapis*, di diretta origine gr.) rotolante (*roulant*, part. pres. di *rouler* 'rotolare')'] loc. sost. m. inv. (pl. fr. *tapis roulants*) ● Nastro trasportatore.

tàppa [fr. *étape*, dal medio neerlandese *stäpel* 'deposito', di area germ. e origine indeur.] s. f. **1** Luogo designato per una fermata che permetta di riposare o ristorarsi durante un viaggio o uno spostamento di truppe: *comando di t.* | (*est.*) Fermata, sosta: *è stata una t. lunga* | (*raro*) *Di t. in t.*, adagio, adagio, a forza di fermate. **2** Il tratto di strada che separa una tappa dall'altra: *arriveremo in due tappe* | *Bruciare le tappe*, (*fig.*) avanzare speditamente in un lavoro, raggiungere una rapida affermazione in q.c. | (*pedag.*) *Tappe minime*, fase dell'istruzione programmata in cui l'apprendimento avviene in una serie di tappe successive durante le quali le difficoltà da affrontare vengono scomposte in difficoltà minime. **3** (*fig.*) Momento fondamentale, decisivo: *la scoperta della penicillina è stata una t. determinante nella storia della medicina*. **4** In un giro spec. ciclistico della durata di più giorni e su ampio percorso, tratto di strada che si copre in un giorno: *corsa a tappe*; *prima, seconda t.*; *vincere una t.*; *t. di montagna*; *classifica di t.*; *t. a cronometro*. **5** (*dir.*) Fase, grado di un processo. || **tappóne**, accr. m. (V.).

tappabùchi [comp. di *tappa(re)* e il pl. di *buco*] s. m. e f. ● (*scherz.*) Persona che viene di solito chiamata a sostituirne o supplirne un'altra assente: *fu invitato alla festa come t.*

tappabùco [comp. di *tappa(re)* e *buco*] s. m. (pl. *-chi*) ● (*giorn.*) Zeppa.

tappàre [da *tappo*] **A** v. tr. ● Chiudere, turare con un tappo: *t. le bottiglie, la botte* | (*est.*) Chiudere un'apertura, un buco: *ho tappato tutti i buchi del muro* | Chiudere bene, senza lasciare fessure: *t. la finestra* | *T. qc. in un posto*, chiudervelo dentro | *Tapparsi le orecchie, gli occhi, la bocca, il naso*, (*fig.*) non voler sentire, vedere, parlare, odorare | *T. la bocca a qc.*, (*fig.*) impedirgli di parlare o di portare a termine un discorso, spec. vincendolo in uno scontro verbale | *T. un buco*, (*fig.*) rimediare a q.c., pagare un debito in qualche modo. **B** v. rifl. **1** Chiudersi, serrarsi, non uscire più da un luogo: *tapparsi in casa per il freddo, per studiare, per sfuggire ai creditori*. **2** (*raro*) Coprirsi bene con un indumento pesante: *tapparsi con il cappotto*.

tapparèlla [da *tappare*] s. f. ● (*pop.*) Persiana avvolgibile.

tapparellista s. m. e f. (pl. m. *-i*) ● (*pop.*) Chi fabbrica, ripara, mette in opera tapparelle.

tappàto part. pass. di *tappare*; anche agg. ● Nei sign. del v.

tappatrìce [da *tappare*] s. f. ● Macchina per tappare le bottiglie.

tappetàre [da *tappeto*] v. tr. (*io tappéto*) ● (*raro*) Ricoprire, guarnire, fornire di tappeto: *t. una stanza*.

tàppete [vc. onomat.] inter. **1** Riproduce il suono secco di q.c. che batte | V. anche *tip tap*. **2** Si usa per sottolineare la subitaneità o il verificarsi inaspettato e improvviso di q.c.

tappéto [lat. *tap(p)ētu(m)*, pl. *tapētia*, dal gr. *tapētia*, di origine orient.] s. m. **1** Spesso tessuto di lana, cotone o altra fibra, spec. con disegni ornamentali, destinato a essere collocato sul pavimento per abbellimento o per maggiore confortevolezza: *un t. persiano*; *battere i tappeti* | *Mettere i tappeti alle finestre*, durante feste o solennità civili e religiose | (*est.*) Drappo per ricoprire tavoli e sim.: *un t. ricamato a mano* | *T. verde*, quello del tavolo da gioco e (*est.*) il locale in cui si gioca, la bisca | *Mettere q.c. sul t.*, (*fig.*) intavolare una trattativa, affrontare una discussione | †*Pagare sul t.*, per via giudiziaria | (*est.*) Spesso strato che ricopre q.c.: *un t. di fiori, di rose* | *T. erboso*, l'erba folta dei prati | *T. stradale*, manto stradale | (*fig.*) *Bombardamento a t.*, lancio di grandissime quantità di bombe su una delimitata zona in modo da distribuirle egualmente dappertutto. **2** Nel pugilato, e in alcuni tipi di lotta, piano del quadrato su cui si svolge il combattimento, ricoperto di materiale morbido in modo da attutire i colpi | *Mettere, mandare al t.*, nel pugilato, atterrare l'avversario | *Andare al t.*, nel pugilato, essere atterrato e (*fig.*) lasciarsi sopraffare | *Mandare, costringere qc. al t.*, (*fig.*) superarlo, vincerlo nettamente in q.c. || **tappetàccio**, pegg. | **tappetìno**, dim. | **tappetùccio**, dim.

tappezzàre [lat. parl. **tapitiāre*, da **tapītiu(m)*, dal gr. *tapētion*, secondo una pronuncia tarda, dim. di *tápēs* 'tappeto', di origine orient.] v. tr. (*io tappézzo*) **1** Rivestire pareti o mobili con tappezzeria di stoffa o carta: *t. il salotto, un divano*. **2** (*est.*) Attaccare dappertutto fino a rivestire, ricoprire come con una tappezzeria: *t. i muri di manifesti*.

tappezzàto part. pass. di *tappezzare*; anche agg. ● Nei sign. del v.

tappezzerìa [adattamento del fr. *tapisserie*, da *tapisser* 'tappezzare'] s. f. **1** Tessuto per lo più con disegni, ricami e sim. per rivestimento decorativo di pareti o mobili | Carta da parati | *Fare t.*, (*fig.*) assistere a q.c., spec. a feste da ballo, senza partecipare alle danze. **2** L'insieme dei rivestimenti, spec. di stoffa, pelle e finta pelle, dei sedili e delle superfici interne di un'automobile, di un aereo e sim. **3** Arte del tappezziere. **4** Bottega, laboratorio del tappezziere.

tappezzière [da *tappezzare*, sul modello del corrispondente fr. *tapissier*] s. m. (f. *-a*) ● Artigiano che mette in opera stoffe di arredamento, monta le tende, imbottisce, riveste, ripara divani, poltrone, ribatte materassi, e sim.

tàppo [got. **tappa*, di origine e area germ.] s. m. **1** Accessorio realizzato in metallo, materia plastica, sughero, legno, vetro, impiegato per la chiusura di contenitori e di recipienti di vario tipo: *t. a fungo, a vite, a strappo, meccanico* | *T. a corona*, realizzato in banda stagnata e di forma particolare, impiegato per la chiusura di bottiglie di vetro | *T. di tenuta*, quello di materia plastica che, inserito nel collo della bottiglia, viene tenuto fermo da un tappo a vite, usato spec. nelle confezioni di profumo, medicinali e sim. | (*raro*) *T. in bocca!*, (*fig.*) silenzio! ➡ ILL. **vino**. **2** (*fig.*) Persona di bassa statura | *Essere un t., un t. da botte*, (*fig., scherz.*) essere piccolo e grassoccio. **3** Qualunque sostanza, arnese, oggetto che ottura un condotto, un canale e sim.: *il t. di un vulcano*. **4** Cartoncino superiore, o chiusura stellare per cartucce da caccia. **5** (*elettr.*) *T. d'aereo, t. luce*, collegamento di un radioricevitore con la rete d'illuminazione, per servirsi di essa come antenna. || **tappàccio**, pegg. | **tappettìno**, dim. | **tappétto**, dim. | **tappìno**, dim. | **tappóne**, accr. | **tappùccio**, dim.

tappóne [accr. di *tappa*] s. m. ● Lunga tappa, spec. di corse ciclistiche: *si correrà il t. Pescara-Bari*.

tàpsia [vc. dotta, lat. *thăpsia(m)*, dal gr. *thapsía* (sottinteso *ríza* 'radice'), perché proveniente dall'isola di *Thápsos*] s. f. ● (*bot.*) Pianta delle Ombrellifere, mediterranea, con fiori bianchi o gialli e radici usate come rivulsivo (*Thapsia garganica*). SIN. Turbitto.

tapùm [doppia riproduzione onomat.] **A** inter. ● Riproduce il suono di uno sparo di fucile. **B** in funzione di s. m. **1** Rumore di uno sparo isolato. **2** (*est.*) Fucile.

TAR [sigla di *T(ribunale) A(mministrativo) R(egionale)*] s. m. inv. ● (*dir.*) Tribunale amministrativo istituito in ogni regione con la competenza di trattare le controversie in primo grado.

tarà o **taraà**, **tarattà**, **tarattattatà**, **tatà**, **tataà** [vc. onomat.] inter. ● Riproduce, variamente iter., il suono di una cornetta: *t., t., tarattà, tarattattatà* | *T. zum, t. zum, t. zum, zum, zum*, riproduce il suono di una cornetta con accompagnamento di grancassa.

tàra (1) [ar. parl. *ṭárah*, per *ṭarḥ* 'detrazione' (?)] s. f. **1** Peso del recipiente o del veicolo di una merce, da detrarre dal peso complessivo per avere quello netto | Perdita di valore che subisce una merce per avaria nella qualità o diminuzione nella quantità | (*tosc.*) †*Essere t. e tarata*, essere perfettamente uguale. **2** †Ciò che si defalca da un conto | †Sconto, riduzione | (*fig.*) *Fare la t. a un racconto, a una notizia*, e sim., accoglierli con riserve, eliminandone le esagerazioni.

tàra (2) [fr. *tare* 'difetto', accezione particolare di *tare* 'tara (1)'] s. f. **1** Malattia, deformazione ereditaria che compromette l'integrità fisica o psichica di un individuo. **2** (*fam.*) Difetto, magagna: *ognuno ha le sue tare*.

tarabaràlla o (*raro*) †**tarabàra** [di origine onomat. (?)] avv. ● (*pop., tosc.*) Pressappoco, suppergiù: *avrà t. sessant'anni* | Alla meglio, alla peggio.

tarabùgio ● V. *tarabuso*.

tarabuṣìno [propriamente dim. di *tarabuso*] s. m. ● Uccello dei Ciconiformi, il pigmeo degli aironi, con coda brevissima e mantello scuro (*Ixobrychus minutus*). SIN. Airone piccolo, guacco, nonnotto.

tarabùṣo o **tarabùgio** [comp. del lat. *tāuru(m)* 'toro' (per il suo verso profondo) e *būtio* (nom.) 'sorta di uccello', di origine onomat.] s. m. ● Uccello dei Ciconiformi con becco puntuto e fortissimo, morbido piumaggio fulvo con numerose macchie scure (*Botaurus stellaris*).

tarabùsto [di origine onomat. (?)] s. m. ● Sorta di antica artiglieria di grosso calibro e canna corta.

taràllo [etim. incerta] s. m. ● Biscotto a forma di ciambella, insaporito da semi d'anice, pepe o altro, a volte reso dolce dall'aggiunta di zucchero, tipico del Meridione. || **tarallùccio**, dim. (V.).

tarallùccio s. m. ● Dim. di *tarallo* | *Finire a tarallucci e vino*, (*fig.*) risolvere anche troppo amichevolmente o con plateali riconciliazioni contrasti, liti o scandali.

tarantèlla [per *tarant(or)ella*, dim. di *tarantola*, con richiamo al ballo che sembra invadere colui ch'è morso dal ragno] s. f. **1** (*zool.*) Tarantola. **2** Vivace danza popolare delle regioni meridionali, che si balla a coppie con accompagnamento di nacchere e tamburelli. **3** Rete da fondo a doppio tramaglio, di facile manovra, per pescare in prossimità della costa.

tarantèllo o (*raro*) **tarantièllo** [dal n. della città di *Taranto*, centro di produzione e smercio] s. m. **1** Parte laterale del tonno sott'olio, tra la schiena e la ventresca. **2** Giunta, di qualità inferiore, che dà il bottegaio per accontentare il cliente.

tarantìno **A** agg. ● Di Taranto. **B** s. m. (f. *-a*) ● Abitante, nativo di Taranto.

tarantìṣmo [per *tarant(ol)ismo*] s. m. ● (*med.*) Manifestazione isterica di tipo convulsivo, attribuita dalle credenze popolari al morso della tarantola.

taràntola [da *Taranto*, nella cui area era prevalentemente diffusa] s. f. **1** Ragno dei Licosidi, lungo circa tre centimetri, con dorso grigio striato di nero e di giallo e ventre aranciato con macchie nere, con morso velenoso ma non mortale; vive nell'Europa meridionale (*Lycosa tarentula*). **2** Geco. || **tarantolino**, dim. (V.).

tarantolàto agg.; anche s. m. (f. *-a*) ● Che, chi è morso da tarantola.

tarantolìno [dim. di *tarantola*, n. del geco, così chiamato perché ritenuto velenoso, come il ragno pugliese] s. m. ● Geco.

tarantolìṣmo [comp. di *tarantol(a)* e *-ismo*] s. m. ● Tarantismo.

tararà [adattamento del fr. *tarare*, vc. imit. del rumore della macchina] s. f. ● Apparecchio per la selezione delle sementi in corrente d'aria che ne asporta leggere impurità.

taràre [da *tara (1)*] v. tr. **1** Fare la tara | Detrarre la tara. **2** Regolare, mettere a punto uno strumento, un'apparecchiatura, e sim. **3** †Esaminare, riscontrare.

taràssaco [ar. *tarahšaqūn* 'cicoria selvatica', dal persiano *talkh-chūk*, letteralmente 'erba amara'] s. m. **1** (*bot.*) Genere di piante delle Composite con diverse specie, che vive in regioni temperate (*Taraxacum*). **2** Pianta erbacea perenne delle Composite con fiori gialli in capolini e le cui foglie giovani sono commestibili (*Taraxacum officinale*). SIN. Dente di leone, piscialetto, soffione.

taratàntara [reduplicazione onomat., usata già da scrittori latini] **A** inter. ● (*lett.*) †Riproduce il suono delle trombe. **B** in funzione di s. m. inv. ● (*raro, lett.*) Clangore di trombe: *leggete qui, e persuadetevi che il t. classico non è più di moda* (CARDUCCI).

†**taratantarizzàre** [comp. di una base onomat. (cfr. *taratantara*) e *-izzare*] v. intr. ● Squillare fragorosamente, detto delle trombe.

taràto (1) part. pass. di *tarare*; anche agg. ● Nei sign. del v.

taràto (2) [fr. *taré*, da *tare* 'tara (2)'] agg.; anche s. m. (f. *-a*) ● Che, chi è malato, anormale, spec. in conseguenza di un male ereditario (*anche fig.*).

taratóre s. m. (f. *-trice*) ● Chi tara.
tarattà ● V. *tarà*.
tarattattatà ● V. *tarà*.
taratùra [da *tarare*] s. f. *1* Operazione che si compie sugli strumenti di misura di qualunque genere per la loro esatta graduazione. *2* (*est.*) Correzione, aggiustamento | (*mil.*) *Tiro di t.*, tiro sperimentale per accertare e correggere le differenze di rendimento dei pezzi di una stessa batteria.
tarcagnòtto ● V. *tracagnotto*.
tàrchia [etim. incerta] s. f. ● (*mar.*) Sorta di vela grossolana, trapezoide, che si porta al vento con un perticone diagonale.
tarchiàno [variante, con suff. mutato, di *tarchiato* (?)] agg. ● (*raro*) Di persona dalla corporatura grossa e goffa. || **tarchianóne**, accr.
tarchiàto [etim. incerta] agg. ● Di persona dalla corporatura ben quadrata e forte. SIN. Massiccio. || **tarchiatèllo**, dim. | **tarchiatòtto**, accr.
†**tardagióne** [lat. tardo *tardatiōne(m)*, da *tardātus* 'tardato'] s. f. ● Ritardo, indugio.
†**tardaménto** s. m. ● Modo, atto del tardare.
tardànte part. pres. di *tardare*; anche agg. ● Nei sign. del v. || †**tardanteménte**, avv. Con ritardo; adagio, lentamente.
†**tardànza** s. f. ● Il tardare | (*est.*) Lentezza, indugio, ritardo.
tardàre [lat. *tardāre*, da *tărdus* 'tardo'] **A** v. intr. (aus. *avere* nel sign. 1, *essere* nei sign. 2, 3, 4) *1* Arrivare, fare, terminare q.c. oltre il tempo fissato, utile, necessario: *t. alla festa*; *t. nella consegna della merce*; *t. a dare un permesso* | Indugiare, trattenersi (*anche ass.*): *perché avete tardato tanto a rispondere?*; *cercate di non t. oltre*: *vi aspettano* | (*ass.*) Non arrivare in tempo, ritardare: *uscite subito per non t.*; *non capisco perché tardi tanto*. *2* Stare molto a venire: *se i rinforzi fossero tardati ancora, la battaglia sarebbe stata perduta*. SIN. Indugiare. *3* (*lett.*) Parer tardi: *avrei dovuto accorgermi che all'ufficiale tardava di essere lasciato solo con la sua carta e i suoi uomini* (SVEVO). *4* †Farsi tardi, detto dell'ora. **B** v. tr. ● Ritardare, procrastinare, portare in lungo: *t. i soccorsi* | (*raro*) Far procedere più lento: *t. un lavoro*.
tardézza s. f. ● (*lett.*) Qualità di chi, di ciò che è tardo | Lentezza.
tàrdi [lat. *tārde*, avv. di *tārdus* 'tardo'] avv. *1* A ora avanzata: *andiamo sempre a letto t.*; *mi sono svegliato t.*; *ho dormito fino a t.*; *lavorerò fino a t.*; *per me a quell'ora è t.*; *ci vediamo più t.*; *la sera gli piace far t.* | *Sul t.*, *verso il t.*, nelle ore avanzate del pomeriggio, verso sera o nelle ore avanzate del mattino: *è arrivato sul t.*; *ci possiamo vedere oggi sul t.*; *posso venire questa mattina solo verso il t.* | *Presto o t.*, prima o poi: *presto o t. la giustizia arriva per tutti*; *presto o t. mi darà ragione* | *A più t.!*, si usa come formula di saluto quando, in un'ora prossima, ci si deve incontrare nuovamente | *Al più t.*, al massimo che si possa indugiare o tardare (indicando un limite massimo di tempo): *per le dieci, al più t., tutto deve essere terminato*; *al più t. sarò di ritorno tra una settimana*; *la consegna sarà effettuata al più t. fra venti giorni*. *2* Oltre il termine di tempo conveniente, stabilito o necessario: *cerca di non arrivare t.*; *anche oggi ho fatto t. a scuola*; *arrivi troppo t.*; *è ormai t. per pensarci*; *è t. per andare al cinema*; *mi sono accorto t. del mio errore*; *meglio t. che mai*; *si è fatto t. e bisogna andare*; *t. a punir discendi* (METASTASIO). *3* (*raro, est.*) Lentamente, con indugio: *camminare t.*; *muoversi t* || PROV. Chi tardi arriva male alloggia. || **tardétto**, dim. vezz. | **tardìccio**, dim. | **tardìno**, dim. | **tardùccio**, dim. vezz.
Tardìgradi s. m. pl. ● Nella tassonomia animale, tipo di animali affini agli Artropodi e agli Anellidi lunghi al più un millimetro con corpo ovale, allungato, rivestito da cuticola chitinosa e quattro paia di arti (*Tardigrada*) | (al sing. *-o*) Ogni individuo di tale tipo.
tardìgrado [vc. dotta, lat. *tardĭgradu(m)*, comp. di *tărdus* 'lento' e *-grădus*, dal v. *grădi* 'camminare, andare'] agg. ● (*raro*) Che cammina o si muove lentamente.
†**tardìo** ● V. *tardivo*.
tardità o †**tarditàde**, †**tarditàte** [vc. dotta, lat. *tarditāte(m)*, da *tărdus* 'tardo'] s. f. ● (*raro*) Qualità di chi, di ciò che è tardo: *piansi un tempo, come volle Amore, / la t. delle promesse* (L. DE' MEDICI) | (*fig.*) Ottusità.
tardività s. f. ● Qualità di chi, di ciò che è tardivo (*anche fig.*). SIN. Ritardo.
tardìvo o †**tardìo** [lat. tardo *tardīvu(m)*, da *tărdus* 'tardo'] agg. *1* Che giunge tardi: *primavera tardiva* | Che è lento a nascere, fiorire, maturare, detto di piante e spec. di frutta: *l'aria profumava di tardive ginestre* (SCIASCIA). CONTR. Precoce. *2* (*fig.*) Che è indietro nello sviluppo fisico e intellettuale: *un ragazzo t.* CONTR. Precoce. *3* Che giunge troppo tardi e quindi non è più utile, efficace: *scuse tardive*; *rimedio t.* || **tardivaménte**, avv. In modo tardivo, in ritardo.
tardìzia [da *tardo*, sul modello di *primizia*] s. f. ● Prodotto ortofrutticolo la cui maturazione avviene, anche artificialmente, fuori stagione.
tàrdo [lat. *tărdu(m)*, di etim. incerta] **A** agg. *1* (*lett.*) Pigro, non sollecito | (*est.*) Lento: *t. a muoversi*; *passi tardi*; *in un moto in sé considerato e solo dir si può veloce o t.* (SARPI) | (*lett.*) Che rivela una lentezza grave e severa: *Genti v'eran con occhi tardi e gravi* (DANTE *Inf.* IV, 112) | (*fig.*) Ottuso, poco sagace: *ingegno t.*; *essere t. a capire*. *2* Che è molto inoltrato o lontano nel tempo: *è arrivato fino alla più tarda vecchiaia*; *si salutarono nel t. pomeriggio* | *Ore tarde*, quelle della sera | *A notte tarda*, a notte avanzata | Estremo, ultimo: *i tardi nipoti* | Che è il più vicino alla fine, detto di periodi storici, artistici, letterari: *il t. Illuminismo*. *3* Che viene dopo il tempo opportuno e riesce inutile: *consiglio t.*; *una tarda confessione*. SIN. Inopportuno, intempestivo. *4* †Tardivo, detto di piante o frutta. || **tardétto**, dim. | **tardóne**, accr. (V.) | **tardòtto**, accr. | **tardùccio**, dim. || **tardaménte**, avv. *1* (*raro*) Tardi. *2* (*raro*) Lentamente, adagio. **B** avv. *1* (*lett.*) †Lentamente, piano: *la spada di qua su non taglia in fretta / né t.* (DANTE *Par.* XXII, 16-17). *2* (*raro*) †Tardi: *alma real, dignissima d'impero / se non fossi fra noi scesa sì t.* (PETRARCA).

tàrdo- primo elemento ● In parole composte della terminologia della storia, della letteratura, dell'arte, fa riferimento alla fase finale o di decadenza di un periodo definito: *tardomedioevale*, *tardorinascimentale*, *tardogotico*.

tardocrazìa [sovrapp. di *tardo-* a *burocrazia*] s. f. ● (*iron.*) Lentocrazia.
tardogòtico [comp. di *tardo* e *gotico*] agg. (pl. m. *-ci*) ● Riferito all'arte spec. architettonica dell'Europa settentrionale tra i secc. XV e XVI.
tardóna [accr. di *tarda* (di età)] s. f. ● (*scherz.*) Donna già sfiorita che ostenta abbigliamenti e atteggiamenti giovanili.
tardóne agg.; anche s. m. (f. *-a* (V.)) *1* Accr. di *tardo*. *2* (*fam.*) Che, chi è lento e pigro, spec. d'ingegno.
tardorinascimentàle [comp. di *tardo-* e *rinascimentale*] agg. ● Del tardo Rinascimento: *la poesia t. del Tasso*.
†**tarèno** [lat. mediev. *tarēnu(m)* 'tarì'] s. m. ● (*numism.*) Tarì.
tàrga [ant. provz. *targa*, dal francone **targa* 'scudo'] s. f. *1* Lastra metallica o di altro materiale, recante una indicazione, un'iscrizione, un fregio e sim.: *applicare sulla porta di casa una t. con il proprio nome* | *T. di circolazione*, di autoveicoli e motocicli, che reca la sigla del capoluogo di provincia e il numero di immatricolazione | *T. provvisoria*, un tempo, quella rilasciata ai veicoli nuovi affinché potessero circolare in attesa di quella definitiva | *T. internazionale*, che reca la sigla del Paese di appartenenza | (*anton.*) Targa di circolazione: *la t. dell'auto, della motocicletta* | *Targhe alterne*, provvedimento di limitazione della circolazione delle autovetture in base all'ultimo numero (pari o dispari) della targa | T. stradale, lastra di marmo, di maiolica o di altro materiale recante il nome della via, posta gener. sul muro di un edificio all'inizio della via stessa o in corrispondenza di incroci di strade. *2* Placca di metallo per lo più prezioso con fregi e iscrizioni da darsi in premio per gare vinte, per omaggio, per ricordo e sim. *3* Ornamento architettonico contenente stemma, motto, impresa, spec. a forma di scudo. *4* Scudo di legno e cuoio a forma di cuore, largo in cima e appuntito in fondo, in uso in età medievale. *5* Piastrina metallica fissata a una macchina e sulla quale sono riportate quelle caratteristiche che possono interessare il funzionamento della macchina stessa: *dati di t.* || **targàccia**, pegg. | **targhétta**, dim. (V.) | **targóne**, accr. m.
targàre [da *targa*] v. tr. (*io tàrgo, tu tàrghi*) ● Provvedere di targa: *t. un autoveicolo*.
†**targàta** s. f. ● Colpo dato con la targa.
targàto part. pass. di *targare*; anche agg. *1* Nel sign. del v. *2* (*fig.*) Che appartiene, è proprio, caratteristico di qc. o q.c.: *una moda targata Italia*; *uno sciopero t. C.G.I.L.*
targatùra s. f. ● Atto, effetto del targare: *la t. di un'automobile*.
tàrget /'target, *ingl.* 'ta:git/ [ingl. *target* 'bersaglio', propr. 'scudo, targa' (V. *targa*)] s. m. inv. *1* (*comm.*) Fascia dei potenziali consumatori di un prodotto alla quale si rivolgono le strategie di vendita di un'azienda. *2* (*comm.*) Obiettivo di vendita.
targhétta s. f. *1* Dim. di *targa*. *2* Piccola targa, spec. con l'indicazione del nome e dell'indirizzo: *applicare una t. al baule*. || **targhettìna**, dim.
targhettatrìce [da *targhetta*] s. f. ● Piccola macchina per applicare targhette.
targóne [ar. *tarhūn*, di etim. incerta] s. m. ● (*bot.*) Dragoncello.
tarì [ar. *tarīy* 'fresco, tenero', cioè '(di conio) recente'] s. m. ● Moneta d'oro araba e normanna della Sicilia, imitata dalle zecche dell'Italia meridionale e coniata, in multipli sotto gli Svevi e in argento sotto gli Aragonesi, fino alla fine del XVIII sec. | Nel sistema monetario del sovrano ordine di Malta, moneta divisionale corrispondente alla dodicesima parte dello scudo. SIN. Tareno. ➡ ILL. **moneta**.
tarìda [ar. *tarīda* 'nave da trasporto'] s. f. ● Nave del XIII e XIV sec. per trasporto di cavalli, soldati, viveri, materiali, armi e macchine guerresche.
tarìffa [ar. *ta'rīfa*, dal v. *'árraf* 'portare a conoscenza, informare'] s. f. *1* Insieme dei prezzi stabiliti per determinate merci o prestazioni e prospetto su cui tali prezzi sono indicati: *t. ferroviaria*, *doganale*; *t. ordinaria, speciale, eccezionale*. *2* Costo stabilito d'autorità: *t. giudiziaria degli atti processuali*.
tariffàle agg. ● Concernente la tariffa: *norma t.*
tariffàre v. tr. ● Assegnare una tariffa a beni o servizi, spec. di pubblica utilità: *t. la fornitura di energia elettrica*.
tariffàrio **A** agg. ● Tariffale: *aumento t.* **B** s. m. ● Lista di tariffe.
tariffatóre [da *tariffare*] s. m. ● (*tel.*) Dispositivo installato in una centrale telefonica per collegare le linee dei singoli utenti con i meccanismi di tassazione delle comunicazioni interurbane.
tariffazióne [da *tariffare*] s. f. *1* (*raro*) Atto, effetto del tariffare. *2* (*tel.*) L'operazione del selezionare la tariffa giusta per mezzo di un tariffatore.
tarlàre [da *tarlo*] **A** v. tr. ● Detto di tarli, tarme e sim., produrre guasti in legno o stoffa | (*raro, fig.*) Guastare, corrompere a poco a poco: *il male / che tarla il mondo* (MONTALE). **B** v. intr. e intr. pron. (aus. *essere*) ● Esser roso dai tarli: *il legno vecchio tarla con facilità* | Essere infestato dalle tarme: *il cappotto si è tarlato*.
tarlatàna [fr. *tarlatane*, di origine discussa: da *tiretaine*, da *tiret*, da *tire* 'stoffa proveniente da *Tiro*' (?)] s. f. ● Tessuto di cotone molto leggero che si differenzia dal velo e dalla mussola per la forte apprettatura a cui viene sottoposto.
tarlàto part. pass. di *tarlare*; anche agg. *1* Nei sign. del v. *2* (*fig.*) Vecchio, decrepito.
tarlatùra [da *tarlato*] s. f. ● Galleria prodotta da larve di insetti nel legno | Tritume del legno prodotto dal tarlo.
tàrlo [lat. parl. **tārmulu(m)*, dim. di *tărmu(m)*, per *tărmes* (nom.) 'tarma'] s. m. *1* (*pop.*) Ogni insetto le cui larve rodano il legno, scavandovi delle gallerie. *2* (*fig.*) Male, tormento, pena che pare rodere l'animo: *il t. del rimorso, del dubbio*. SIN. Assillo. *3* †Rancore.
tàrma [lat. *tărmes* (nom.) 'tarlo', di etim. incerta] s. f. ● (*zool.*) Tignola.
tarmàre [da *tarma*] **A** v. tr. ● Detto di tarme, guastare, rodere la stoffa. **B** v. intr. e intr. pron. (aus.

essere) ● Essere infestato, roso, dalle tarme: *la lana tarma facilmente.*

tarmàto part. pass. di *tarmare*: anche agg. *1* Nei sign. del v. *2* †Butterato.

tarmatùra [da *tarmare*] s. f. ● Guasto prodotto da una tarma: *un golf con evidenti tarmature.*

tàrmica o **ptàrmica** [vc. dotta, gr. *ptarmikḗ*, f. sost. di *ptarmikós* 'che fa starnutire', da *ptarmós* 'starnuto'] s. f. ● (*bot.*) Erba perenne delle Composite con foglie seghettate e capolini in corimbo composto; le foglie e le radici polverizzate hanno proprietà starnutatorie (*Achillea ptarmica*).

tarmicìda [comp. di *tarma* e *-cida*] **A** s. m. (pl. *-i*) ● Sostanza che distrugge le tarme. **B** anche agg.: *prodotto t.*

taroccàre [lat. *altercāri* 'altercare' (?)] v. intr. (*io taròcco, tu taròcchi*; aus. *avere*) ● (*fam.*) Arrabbiarsi, brontolare, borbottare: *ha voglia di t.* (GOLDONI).

taròcco (**1**) [etim. incerta] s. m. (pl. *-chi*) ● Ciascuna delle 22 carte figurate che con altre 56 di quattro semi formano il mazzo usato per il gioco dei tarocchi.

taròcco (**2**) [etim. incerta] s. m. (pl. *-chi*) ● Varietà coltivata di arancio della Sicilia, con frutto a buccia sottile e polpa sanguigna, che matura in dicembre-gennaio.

taròzzo [etim. incerta] s. m. *1* (*mar.*) Primo gradino delle sartie, costituito da un'asta di ferro fasciata di cavo e avente la funzione di mantenere le sartie stesse alla distanza voluta. *2* (*mar.*) Ciascuno dei gradini di legno della biscaglina. *3* (*mar.*) Ciascuno dei dispositivi di legno, plastica o cavo che, posti sulla ralinga della randa a intervalli di 20 o 30 centimetri, impediscono alla ralinga stessa di uscire dalla scanalatura dell'albero.

tarpàn [vc. russa, dal chirghiso *tarpan*] s. m. inv. ● Cavallo selvatico asiatico, oggi estinto, probabile progenitore delle razze domestiche (*Equus gmelini*).

tarpàno [da *tarpa*, variante di *talpa* (?)] agg.; anche s. m. ● Rozzo, zotico, villano.

tarpàre [fr. *étraper*, dal lat. *exstirpāre* 'sterpare, estirpare'] v. tr. *1* Spuntare, ridurre le penne delle ali agli uccelli | *T. le ali, il volo*, (*fig.*) indebolire, privare delle energie, impedire a qc. di progredire in q.c. *2* (*fig.*) †Detrarre, togliere da una somma | †Eliminare, togliere da uno scritto.

tarpatùra s. f. *1* (*raro*) Operazione, effetto del tarpare. *2* (*fig.*) †Operazione del tagliare scritti.

tarpèo [vc. dotta, lat. *Tarpēiu(m)*, sott. *mŏnte(m)*, 'il monte di *Tarpea*'] agg. ● Capitolino.

tarsàle agg. ● (*anat.*) Del tarso.

tarsalgìa [comp. di *tars(o)* e *-algia*] s. f. ● (*med.*) Dolore al tarso.

tarsìa o (*raro*) o **tàrsia** [ar. *tarṣī'*, da *rásṣa'* 'intarsiare'] s. f. *1* Tecnica decorativa in legno o pietra, consistente nell'accostare elementi di vario colore, connettendoli secondo un disegno prestabilito: *t. in pietre dure*; *stalli di un coro ligneo decorati a t.* *2* Qualunque opera ottenuta con tale tecnica. *3* (*raro, fig.*) Opera letteraria composta di brani presi da vari autori.

†tarsiàre [da *tarsia*] v. tr. ● Intarsiare.

tàrsio [dal gr. *társos* 'pianta del piede', in questi animali molto sviluppata] s. m. ● Proscimmia asiatica bruno-rossastra, notturna, con grandi occhi fosforescenti e lunga coda con ciuffo terminale (*Tarsius*) | *T. spettro*, correntemente, il tarsio delle Filippine (*Tarsius filippinensis*).

tàrso (**1**) [gr. *tarsós* 'graticcio' e poi 'pianta del piede', di origine indeur.] s. m. *1* (*anat.*) Insieme delle ossa del piede poste tra la tibia ed il perone da un lato e i metatarsi dall'altro. ➡ ILL. p. 362 ANATOMIA UMANA. *2* (*zool.*) Parte dello scheletro dell'arto posteriore dei Tetrapodi tra tibia e fibula e metatarso | Quinto segmento della zampa articolata degli Insetti.

tàrso (**2**) [etim. incerta] s. m. ● Varietà di marmo bianco cavato in Toscana.

tartàglia [da *tartagliare*] s. m. e f. inv. ● Tartaglione.

tartagliaménto s. m. ● Modo, atto del tartagliare. SIN. Balbettamento.

tartagliàre [vc. onomat.] **A** v. intr. (*io tartàglio*; aus. *avere*) ● Parlare ripetendo più volte lettere o sillabe spec. iniziali. SIN. Balbettare. **B** v. tr. ● Dire a fatica, con poca chiarezza: *si congedò tartagliando poche parole.* SIN. Balbettare, farfugliare.

tartaglióne s. m.; anche agg. (f. *-a*) ● Chi, che tartaglia. SIN. Balbuziente.

tàrtan [vc. ingl., dal fr. *tiretaine*, di origine incerta (?)] s. m. inv. *1* Tessuto di lana a quadri larghi di vario colore, usato specialmente nella confezione dei kilt scozzesi. *2* Nome commerciale di resina poliuretanica di particolare composizione, adottata per ricoprire in maniera durevole e tecnicamente soddisfacente attrezzature sportive di vario genere, come piste di atletica, salto, scherma, campi di basket, pallavolo, tennis e sim.

tartàna [ant. provz. *tartana*, originariamente 'sorta di falco', vc. onomat. imitativa del grido di questo uccello] s. f. *1* Piccolo veliero da carico, con un solo albero e bompresso, vela latina e uno o due fiocchi, impiegato anche per la pesca. ➡ ILL. pesca. *2* (*raro, fig., scherz.*) Donna goffa e pesante. *3* Rete da pesca a strascico simile alla cocchia ma più piccola. || **tartanèlla**, dim. | **tartanìna**, dim. | **tartanóne**, accr. m. (V.).

tartanóne s. m. *1* Accr. di *tartana*. *2* Specie di rete che si tira a braccio verso terra o da qualche barcaccia sopra nave.

tartaràto ● V. *tartrato*.

tartàreo [vc. dotta, lat. *Tartărĕu(m)*, dal gr. *Tartáreios* 'relativo al Tartaro (*Tártaros*)'] agg. ● (*lett.*) Del Tartaro, infernale: *il rauco suon de la tartarea tromba* (TASSO).

†tartarésco (**1**) [da *tartaro* (*1*)] agg. (pl. m. *-schi*) ● (*lett.*) Infernale.

tartarésco (**2**) agg. (pl. m. *-schi*) ● Che concerne la Tartaria o i tartari.

tartàrico (**1**) [da *tartaro* (*2*)] agg. (pl. m. *-ci*) ● (*chim.*) Del tartaro | *Acido t.*, ossiacido bivalente presente come sale in molti frutti, spec. nell'uva, ricavato industrialmente dalle fecce del vino e usato in tintoria, nella panificazione, in fotografia, in farmacia e nella fabbricazione di alcuni coloranti.

tartàrico (**2**) agg. (pl. m. *-ci*) ● Tartaresco (2).

tàrtaro (**1**) [vc. dotta, lat. *Tărtaru(m)*, dal gr. *Tártaros*: di origine imitativa (?)] s. m. ● Nella mitologia greco-romana, abisso in cui furono precipitati i Titani e luogo di tormento per i dannati | (*est., lett.*) Inferno.

tàrtaro (**2**) [lat. mediev. *tărtaru(m)*, di etim. incerta] s. m. *1* Incrostazione prodotta dal vino nelle botti. SIN. Gromma, gruma. *2* (*miner.*) Cristallizzazioni di carbonato di calcio deposte da acque cariche di bicarbonato. *3* (*med.*) Deposito di sali di calcio e di sostanze organiche sulla superficie del dente in forma di concrezione, che può danneggiare la gengiva e l'apparato di sostegno del dente. *4* (*chim.*) *Cremore di t.*, tartrato acido di potassio usato in tintoria, per polveri effervescenti e lievitanti, e in medicina | *T. emetico*, tartrato di antimonio e potassio usato come mordente e, in medicina, come emetico.

tàrtaro (**3**) o, nel sign. A, **tàtaro** [turco *Tatār* 'popolo della Mongolia', con sovrapposizione del mitologico *Tartaro*] **A** s. m. (f. *-a*) ● Appartenente a una stirpe mongola guerriera e nomade originaria dell'attuale Mongolia esterna, ma diffusasi già dal XII sec. fino alle coste del Mar Caspio: *i tartari dell'Orda d'oro.* **B** agg. ● Dei tartari e della Tartaria | *Salsa tartara*, salsa fredda a base di olio di oliva, tuorli d'uova sode, cipollina fresca tritata, senape, aceto di vino rosso, sale e pepe | *Zuppa tartara*, dolce freddo a base di ricotta e savoiardi ammollati in un liquore | *Alla tartara*, alla maniera dei tartari | *Bistecca alla tartara*, (*ell.*) *tartara*, filetto di manzo tritato e servito crudo con salsa tartara.

tartarùga [etim. discussa: dal lat. tardo *tartarūchu(m)* 'demonio', dal gr. *tartaroûchos* 'abitante del Tartaro', perché ritenuto animale demoniaco, immondamente avvolto nel fango (?)] s. f. *1* Testuggine | (*fig.*) Persona lenta nel muoversi, nel procedere e sim.: *essere una t.* | *Camminare come la t., a passi di t.*, (*fig.*) molto lentamente *2* Carne di tartaruga di mare, per zuppa o altro. *3* Sostanza ossea, semitrasparente e di bel colore, ricavata dalle placche cornee della tartaruga, adoperata per pettini, stecche di ventaglio, montature d'occhiali, e sim. || **tartarughìna**, dim.

tartarughièra [da *tartaruga*] s. f. ● Vasca per piccole tartarughe acquatiche.

tartassaménto s. m. ● (*raro*) Modo, atto del tartassare (*anche fig.*).

tartassàre [lat. *taxāre*, ints. di *tăngere* 'toccare (ripetutamente)', col pref. onomat. *tar(t)-* (?)] v. tr. ● (*raro*) Vessare, angariare | (*fam.*) Maltrattare, strapazzare, conciare male: *li hanno acciuffati e tartassati* | (*fig.*) *T. qc. a un esame*, porgli una lunga e difficile serie di domande | (*fig.*) *T. uno strumento*, strimpellarlo | (*raro, fig.*) Tormentare, detto di malattie o disturbi fisici.

tartelétta [fr. *tartelette*, dim. di *tarte* 'torta' (V. *tartina*)] s. f. ● Piccolo dolce a pasta morbida, generalmente di forma rotonda e guarnito di marmellata, frutta o crema, per tè o dessert.

tartìna [fr. *tartine*, dim. di *tarte* 'torta', di etim. incerta] s. f. ● Fetta sottile di pane liberata dalla crosta, tagliata in forme diverse, che può essere tostata o fritta, guarnita con vari ingredienti o servita come antipasto, spuntino o buffet.

tartràto o **tartaràto** [per *tart(a)rato*, attraverso la forma fr. (*tartrate*)] s. m. ● Sale o estere dell'acido tartarico | *T. di antimonio e potassio*, tartaro emetico | *T. acido*, bitartrato.

tartufàia s. f. ● Terreno che produce tartufi, o nel quale si coltivano i tartufi.

tartufàio s. m. ● Venditore di tartufi | Cavatore di tartufi.

tartufàre v. tr. ● Guarnire, condire con tartufi.

tartufàta [da *tartufare* 'guarnire una pietanza', in origine con *tartufi*] s. f. ● Torta farcita di panna montata e ricoperta di falde sottili di cioccolato.

tartuferìa [da *tartufo* (*2*)] s. f. ● (*raro*) Fariseismo, ipocrisia | Azione da tartufo, nel sign. di tartufo (2).

tartufésco agg. (pl. m. *-schi*) ● (*raro*) Di, da tartufo, nel sign. di tartufo (2).

tartufìcolo [comp. del pl. di *tartufo* (*1*) e *-colo*] agg. ● Che riguarda i tartufi, la loro coltivazione e la loro commercializzazione: *terreno t.*; *la tradizione tartuficola del Piemonte.*

tartuficoltóre o **tartuficultóre** [comp. del pl. di *tartufo* (*1*) e *coltore* 'cultore'] s. m. ● Coltivatore di tartufi.

tartuficoltùra o **tartuficultùra** [comp. del pl. di *tartufo* e *coltura*] s. f. ● Coltivazione e produzione artificiale di tartufi.

tartuficultóre ● V. *tartuficoltore*.

tartuficultùra ● V. *tartuficoltura*.

tartufìgeno [comp. di *tartufo* (*1*) e *-geno*] agg. ● Terreno adatto allo sviluppo dei tartufi | *Bosco t.*, di quercia, nocciolo, pioppo | *Pianta tartufigena*, che crea nel terreno le condizioni favorevoli al tartufo.

tartùfo (**1**) [lat. parl. *territūfru(m)* 'tubero (nella variante dial. *tūfer*) di terra'] s. m. *1* Correntemente, fungo ipogeo degli Ascomiceti appartenente all'ordine delle Tuberali, di cui sono note specie commestibili assai pregiate | *T. nero*, bruno, verrucoso, di odore piccante, pregiato se raccolto immaturo (*Tuber melanosporum*) | *T. bianco*, di colore ocraceo pallido, molto fragrante e assai più pregiato, che vive in simbiosi con querce, pioppi e salici (*Tuber magnatum*) | *T. giallo*, di colore ocraceo, con scarso valore alimentare, che vive in simbiosi con i cisti e gli eliantemi (*Terfezia leonis*) | *T. d'America*, topinambur. ➡ ILL. fungo. *2* *T. di mare*, mollusco lamellibranco dei Veneridi che vive nel fango e nella sabbia del Mediterraneo ed ha carni pregiate (*Venus verrucosa*). *3* Punta del naso del cane.

tartùfo (**2**) [fr. *Tartuffe*, n. di un personaggio di Molière, tipicamente ipocrita e moralmente sotterraneo, come il *tartufo* (*1*)] s. m. ● Chi, sotto un'apparenza di onestà e di sentimenti devoti e pii, nasconde viltà, immoralità e cinismo. SIN. Bigotto, ipocrita.

†tarùllo [etim. incerta] agg. ● Scempio, melenso.

Tàrzan /'tardzan, tar'dzan, *ingl.* 'ta:zæn/ [dal n. di un personaggio dello scrittore E. R. Burroughs divulgato dai film d'avventure] s. m. ● (*scherz.*) Giovane aitante, incolto e selvaggio | (*fig.*) Ladro acrobatico.

tasajo /*sp.* ta'saxo/ [vc. sp., di origine incerta] s. m. inv. ● Carne conservata mediante essiccamento, consumata nell'America del Sud.

tàsca [ant. alto ted. *taska*, di etim. incerta] s. f. *1* Sacchetto cucito all'interno di un'apposita apertura del vestito, destinato ad accogliere fazzoletto, portafoglio, chiavi e sim. o usata come pura guarnizione su giacche e cappotti femminili: *t. tagliata, a battente, a toppa* | *T. ladra*, interna, tagliata nella fodera | *Starsene con le mani in t.*, (*fig.*) restare inoperoso, essere ozioso | *Vuotarsi, ripulirsi le tasche*, (*fig.*) spendere tutto, ridursi in miseria | *Riempirsi le tasche*, (*fig.*) guadagnare molto, arricchirsi | *Avere le tasche asciutte*, (*fig.*) essere senza denaro | *Non mi entra nulla in t.*, (*fig.*) non ci guadagno, non ne ricavo nulla | *Conoscere come le proprie tasche*, conoscere molto bene | (*pop.*) *Averne le tasche piene*, esserne stanco, stufo | (*volg.*) *Rompere le tasche*, seccare, importunare, infastidire | (*volg.*) *Prenderla in t.*, essere ingannati, imbrogliati | *Avere in t. qc.*, non poterlo sopportare | *Entrare in t. a qc.*, diventargli insopportabile, venirgli a noia. *2* (*est.*) Scompartimento interno di valigie, borse, portamonete, e sim.: *un astuccio con tre tasche* | (*est., lett.*) Borsa, tasca per tenervi il denaro | †Sacca o piccola sacca. *3* Sorta di imbuto di tela per decorare con crema o altro i dolci. *4* †Sacca, borsa: *t. per la biancheria, per i ferri del mestiere*. *5* (*anat.*) Formazione anatomica, od organo, a forma di tasca | *T. gutturale*, estroflessione della tuba uditiva propria degli equini | *T. del nero*, organo tipico di alcuni molluschi cefalopodi che contiene un liquido scuro eiettabile nell'acqua per sottrarsi alla vista di un qualsiasi nemico. || **tascàccia**, pegg. | **taschétta**, dim. | **taschettìna**, dim. | **taschìna**, dim. (V.) | **taschìno**, dim. m. (V.) | **tascóna**, accr. | **tascóne**, accr. m.

tascàbile A agg. *1* Che si può portare in tasca: *libro, edizione, formato t.* *2* (*est.*) Di piccole dimensioni (*anche scherz.*): *abbiamo comperato un salotto t.* | *Venere t.*, (*scherz.*) donna graziosissima ma di piccola statura. *3* (*mar.*) *Corazzata, sommergibile t.*, con dislocamento inferiore alla norma tradizionale della loro categoria. **B** s. m. ● Libro in edizione economica di formato adatto ad entrare nelle tasche.

tascapàne [comp. di *tasca* per il *pane*] s. m. ● Borsa a tracolla per il cibo, usata da soldati ed escursionisti.

tascàta s. f. ● Tutto ciò che può riempire una tasca: *raccorse una t. di sassolini*.

taschìna s. f. *1* Dim. di *tasca*. *2* Piccola busta trasparente, talora con fondo di cartone scuro, dove porre ogni francobollo nell'album senza bisogno di linguella.

taschìno s. m. *1* Dim. di *tasca*. *2* Piccola tasca sul petto della giacca maschile, o nel gilè. *3* Scompartimento di borse, valigie e sim. | (*est.*) Borsellino, portamonete | (*pop., tosc.*) *Entrare nel t.*, (*fig.*) diventare noioso.

task force /*ingl.* 'ta:sk fɔ:s/ [loc. ingl., propr. 'forza (destinata ad un determinato) compito', comp. di *task* 'dovere, compito' (dal fr. ant. *tâche*, propr. 'compito, tassa') e *force* 'forza'] s. f. inv. (pl. ingl. *task-forces*) *1* Formazione navale, composta di mezzi aventi caratteristiche diverse, in grado di muoversi ed effettuare operazioni belliche come una unità indipendente | Unità militare delle forze armate terrestri composta di elementi e mezzi scelti per l'effettuazione di missioni speciali | (*est.*) Unità operativa in grado di fronteggiare situazioni di emergenza: *la task-force della polizia*. *2* (*fig.*) Gruppo di esperti o di funzionari incaricati di studiare e formulare strategie operative, spec. in campo economico e politico: *l'azienda ha costituito una task-force per risolvere il problema del calo delle vendite*.

taşmaniàno A agg. ● Della Tasmania. **B** s. m. (f. *-a*) ● Abitante o nativo della Tasmania.

tàso o **tàşo** [ant. fr. *tas* 'mucchio', dal francone **tas* (?)] s. m. ● Tartaro, gromma delle botti.

tàssa [da *tassare*] s. f. *1* Prestazione pecuniaria dovuta allo Stato o ad altro ente pubblico per la esplicazione di un'attività dell'ente che concerne in modo particolare l'obbligato: *tasse scolastiche, postali, giudiziarie* | (*autom.*) *T. di possesso*, tributo annuale imposto su ogni autoveicolo, la cui entità è commisurata alla potenza fiscale del motore; ha sostituito la tassa di circolazione | *T. sulla salute*, nel gergo giornalistico, contributo al Servizio Sanitario Nazionale che sono tenuti a versare i percettori di redditi soggetti a IRPEF diversi da quelli da lavoro dipendente.| Agente delle tasse, funzionario incaricato di rilevare i dati necessari all'accertamento di un tributo. *2* (*fam.*) Imposta, tributo: *aumentare le tasse*; *imporre, pagare le tasse*.

tassàbile agg. ● Che si può o deve tassare.

tassabilità s. f. ● Condizione di ciò che è tassabile.

Tassàcee ● V. *Taxacee*.

†**tassagióne** ● V. *tassazione*.

tassàmetro [fr. *taxamètre*, comp. di *taxe* 'tassa' e *-mètre* '-metro'] s. m. ● Sorta di contatore con contagiri combinato con un movimento a orologeria, che serve a determinare il percorso fatto da una vettura pubblica, nonché il tempo delle fermate ordinate dal passeggero e, complessivamente, la somma dovuta | *T. di parcheggio*, parchimetro.

tassàre [vc. dotta, lat. *taxāre*, dal gr. *tássein* 'porre in ordine, classificare', di origine incerta] **A** v. tr. *1* Sottoporre a tassa: *t. i redditi*. *2* (*lett.*) †Assegnare un prezzo, stabilire una tariffa. *3* †Assegnare la misura di un premio, una pena e sim. *4* †Tacciare, censurare. **B** v. rifl. ● Accordarsi su ciò che ciascuno deve pagare per concorrere ad una spesa: *ci siamo tassati per centomila lire*.

tassatività s. f. ● Carattere, qualità di ciò che è tassativo: *la t. di una disposizione*.

tassatìvo [da *tassare* nel sign. lat. di 'stabilire assolutamente (il valore di una cosa)'] agg. ● Che stabilisce in modo preciso e indilazionabile | *Disposizione tassativa di legge*, statuizione legislativa assolutamente vincolante che non può essere interpretata liberamente | *Termine t.*, che non può essere rinviato o prolungato. || **tassativaménte**, avv. In modo preciso, assoluto e specificato: *affermare q.c. tassativamente*; *è tassativamente vietato*.

tassàto part. pass. di *tassare*; anche agg. ● Nei sign. del v.

tassatóre [vc. dotta, lat. tardo *taxatōre(m)*, originariamente 'stimatore', secondo il senso originario di *taxāre* 'tassare'] **A** s. m.; anche agg. (f. *-trice*) ● Chi, che impone tasse. **B** s. m. ● Nelle cancellerie medievali, funzionario addetto all'applicazione delle tasse per il rilascio dei documenti.

tassazióne o †**tassagióne** [vc. dotta, lat. *taxatiōne(m)*, da *taxātus* 'tassato'] s. f. *1* Atto, effetto del tassare. *2* Quota d'imposta dovuta da ogni contribuente.

tassellaménto s. m. ● (*raro*) Il tassellare.

tassellàre [da *tassello*] v. tr. (*io tassèllo*) *1* Ornare, riparare, turare e sim. con tasselli. *2* Tagliare q.c., estraendone un tassello, un pezzetto: *t. un formaggio, un cocomero*. *3* Applicare un talloncino comprovante il pagamento della tassa erariale su oggetti d'importazione soggetti al monopolio di Stato.

tassellàto A part. pass. di *tassellare*; anche agg. ● Nei sign. del v. **B** s. m. ● Parquet.

tassellatùra s. f. ● Atto ed effetto del tassellare.

tassèllo [lat. *taxĭllu(m)* 'dadetto', dim. di *tālus* 'dado', come *axĭlla(m)* 'ascella' e *maxĭlla(m)* 'mascella' lo sono di *āla* e *māla*] s. m. *1* Pezzetto di legno o pietra a forma di dado, cuneo o prisma, che si applica a un muro, a un mobile per riparare, restaurare, turare, ornare. *2* Pezzo di stoffa quadrato o a rombo che si applica nell'incavo delle maniche a chimono per rendere più agevoli i movimenti del braccio. *3* Piccolo rombo di pelle cucito nei guanti all'attaccatura delle dita. *4* Pezzetto che si cava come assaggio da cocomero, formaggio, ecc. *5* (*fig.*) Parte, elemento di un insieme, di un contesto: *gli ultimi tasselli di un'inchiesta*. *6* †Ampio bavero di mantello. *7* (*spec. al pl., metall.*) Pezzi della stessa materia della madreforma, distinti da essa, con la sola impronta del sottosquadro del modello.

tassèma [ingl. *taxeme*, dal gr. *táxis* 'ordinamento' (da *tássein* 'ordinare', d'origine incerta), sul modello di *phoneme* 'fonema' e sim.] s. m. ● (*ling.*) Tratto semplice di disposizione grammaticale secondo l'ordine dei costituenti, la modulazione, la modificazione dei fonemi nel contesto e la selezione di forme aventi la stessa disposizione grammaticale ma significati diversi.

tasséșco agg. (pl. m. *-schi*) ● Proprio del poeta T. Tasso (1544-1595) e spec. della sua maniera: *patetismo t.*

tassì s. m. ● Adattamento di *taxi* (V.).

tàssi-, -tàssi [dal gr. *táxis* 'ordinamento, collezione'] primo e secondo elemento ● In parole composte dotte e scientifiche significa 'disposizione, ordinamento': *tassidermia*; *filotassi*, *ipotassi*, *paratassi*.

tassìa [dal gr. *táksis* 'ordinamento'] s. f. *1* (*bot.*) Ordine, caratteristico per ogni pianta, con cui sono disposte le parti di un vegetale: *t. fogliare*. *2* (*biol.*) Tactismo.

tassiàno agg. ● Del poeta T. Tasso: *poesia tassiana*.

tassidermìa [comp. di *tassi-* e del gr. *dérma* 'pelle'] s. f. ● Tecnica di preparare gli animali impagliati.

tassidermìsta s. m. e f. (pl. m. *-i*) ● Preparatore di animali impagliati.

tassinàggio [da *tassì*] s. m. ● Servizio di trasporto, spec. a carattere regolare, mediante taxi.

tassinàro [da *tassì* col doppio suff. *-in(o)* e *-aro*] s. m. (f. *-a*) ● (*centr.*) Tassista.

tassinomìa ● V. *tassonomia*.

tassìșmo [da *tassì*] s. m. inv. *1* Mestiere, attività del tassista. *2* Categoria dei tassisti.

tassìsta o (*raro*) **taxista**. s. m. e f. (pl. m. *-i*) ● Autista di taxi.

tàsso (1) [lat. tardo *taxōne(m)*, nom. *tăxo*, di origine germ.] s. m. ● (*zool.*) Mammifero mustelide, onnivoro, con corte zampe dalle unghie solidissime, pelo foltissimo grigio e bianco sul capo con due strisce nere (*Meles meles*) | *Pennello di t.*, per pittura o barba, preparato coi lunghi peli della coda del tasso | *Dormire come un t.*, profondamente, saporitamente.

tàsso (2) [lat. *tăxu(m)*, di etim. incerta] s. m. *1* (*bot.*) Arbusto delle Conifere con foglie piatte, appuntite, velenose e bacche rosse (*Taxus baccata*) | *T. barbasso*, V. *tassobarbasso*. *2* Legno molto duro dell'albero omonimo, rossastro, con belle venature, pregiato in ebanisteria.

tàsso (3) [fr. *ta(u)x*, da *ta(u)xer* 'tassare'] s. m. *1* Rapporto tra due fenomeni considerati nell'unità di tempo: *studiare il t. di natalità di un paese*. *2* (*banca*) Misura percentuale dell'interesse | *T. di interesse annuale*, rapporto annuale tra un capitale dato a prestito e la somma corrisposta a titolo di interesse | *T. di sconto*, quello applicato a un importo di disponibilità futura per ricavarne il valore attuale | *T. di sconto cambiario*, differenza tra il valore facciale di una cambiale e l'importo percepito da chi la presenta allo sconto | *T. Lombard*, tasso di interesse praticato dalle banche su crediti concessi dietro garanzia di titoli o merci | *T. primario*, il più basso, cioè quello praticato da una banca sui prestiti alla migliore clientela | *T. ufficiale di sconto*, tasso di interesse stabilito da una banca centrale per la concessione di prestiti al sistema bancario | *T. interbancario*, tasso in base al quale vengono remunerati i depositi nei rapporti tra le banche. SIN. Saggio. *3* (*med.*) *T. di zucchero nel sangue*, glicemia.

tàsso (4) [fr. *tas*: dal sign. di 'mucchio' (?)] s. m. ● Incudine quadrata, senza corni, usata da fabbri e calderai.

tassobarbàsso o **tàsso barbàsso** [comp. di *tasso*, dal gr. *thápsos* (v. *tapsia*) e della variante dial. assimilata di *verbasco*] s. m. ● (*bot.*) Pianta erbacea delle Scrofulariacee, caratterizzata da una lanuggine biancastra (*Verbascum thapsus*). SIN. Verbasco.

Tassodiàcee ● V. *Taxodiacee*.

tassòdio o **taxòdio** [da *tasso (2)*] s. m. ● Genere di piante delle Cupressacee, di grosse dimensioni, adatte a terreni umidi, originarie dell'America settentrionale, che forniscono legno pregiato per carpenteria e per mobili (*Taxodium*).

tassonomìa o **tassinomìa** [comp. del gr. *tássein* 'ordinare, classificare' e *nómos* 'norma, regola'] s. f. *1* (*biol.*) Metodo e sistema di descrizione e classificazione degli organismi. *2* (*ling.*) Classificazione di elementi, sequenze di elementi o classi di sequenze per formare liste che rendano conto delle frasi di una lingua mediante le loro regole di combinazione.

tassonòmico agg. (pl. m. *-ci*) *1* Concernente la tassonomia. *2* (*ling.*) Che è proprio dei procedimenti di analisi che, applicati ad un testo, hanno lo scopo di riorganizzarlo secondo i dati della ricerca, traendone esclusivamente ciò che contiene | *Linguistica tassonomica*, quella che descrive il funzionamento di una lingua classificando i suoi elementi senza spiegare né prevedere. || **tassonomicaménte**, avv.

tassonomista [da *tassonomia*] s. m. e f. (pl. m. *-i*) ● (*biol.*) Chi studia o si occupa di tassonomia.

tàsta [da *tastare*] s. f. *1* (*med.*, *raro*) Drenaggio. *2* Asta metallica con capocchia, che si fa penetrare nel terreno su cui si vuole fabbricare per studiarlo. *3* (*fig.*) †Noia, fastidio. || **tastétta**, dim. | †**tastolina**, dim.

†**tastàme** s. m. ● Insieme di tasti.

tastaménto s. m. ● (*raro*) Modo e atto del tastare.

tastàre [lat. parl. **tastāre*, di etim. incerta] v. tr. *1* Toccare ripetutamente e leggermente per sentire q.c. al tatto: *tastò il sacco per capire cosa contenesse* | *T. il polso*, per sentirne i battiti e (*fig.*) cercare di conoscere le intenzioni di qc. | *T. il terreno*, esplorarlo e (*fig.*) cercare di rendersi conto delle intenzioni, dello stato d'animo di qc., della probabile riuscita di q.c. o delle reali condizioni di una situazione. *2* (*fam.*) Toccare | *T. un cibo*, assaggiarlo, gustarlo. *3* Scandagliare, saggiare.

tastàta s. f. ● Atto del tastare | *Dare una t. a qc.*, (*fig.*) cercare di conoscerne le intenzioni e le disposizioni d'animo. || **tastatìna**, dim.

tastatóre **A** s. m.; anche agg. (f. *-trice*) ● (*raro*) Chi, che tasta. **B** s. m. ● Organo, facente parte di apparecchi tecnici di misura, controllo, verifica, che viene posto a contatto con le superfici da misurare, controllare, verificare e sim.

tastavìno [comp. di *tasta(re)* e *vino*] s. m. *1* Intenditore che assaggia i vini per accertarne la qualità. *2* Tastevin.

tasteggiàre [comp. di *tastare* e *-eggiare*] v. tr. (*io tastéggio*) ● Tastare un poco, in modo breve | Premere con le dita i tasti di uno strumento per produrre il suono | (*est.*) Passare le dita sui fori di alcuni strumenti a fiato, come lo zufolo, per produrre il suono.

tasteggiatùra s. f. ● (*raro*) Atto, effetto del tasteggiare.

tastevin /*fr.* tastəvɛ̃/ [vc. fr., comp. del v. *tâter* 'toccare, tastare' e *vin* 'vino'] s. m. inv. (pl. fr. inv.) ● (*enol.*) Piccola tazza d'argento dal bordo abbassato, usata per assaggiare il vino e valutarne la limpidezza e il colore, attraverso i riflessi che acquista il liquido grazie ai particolari rialzi e incavi del recipiente.

tastièra [dai *tasti*, di cui è costituita] s. f. *1* (*mus.*) Serie di tasti opportunamente disposti e tra loro congegnati, premendo i quali con le dita si produce il suono di alcuni strumenti musicali: *la t. dell'organo*; *la t. del clavicembalo, del pianoforte*; *la t. dell'organo elettronico, del sintetizzatore* | (*per anton.*) La tastiera del pianoforte: *Liszt fu un genio della t.* | (*per anton.*) Nei complessi di musica moderna, la tastiera dell'organo elettronico o del sintetizzatore; (*est.*) lo strumento stesso | (*est.*) Insieme delle capacità tecniche e artistiche di un pianista, organista e sim.: *ha una t. troppo vigorosa* | Negli strumenti a corda, parte del manico sulla quale si premono, con le dita, le corde: *la t. della viola*. *2* (*gener.*) Insieme, serie di tasti azionanti un qualsiasi meccanismo, congegno, apparecchio e sim. | L'insieme dei tasti di scrittura o di comando in una macchina per scrivere o in una macchina da calcolo | (*tel.*) *Apparecchio a t.*, quello fornito di un insieme di tasti, anziché del disco combinatore, per comporre il numero dell'abbonato desiderato. *3* (*mar.*) Insieme delle leve di comando di una manovra nei sommergibili.

tastierista s. m. e f. (pl. m. *-i*) *1* (*tecnol.*) Chi manovra la tastiera di una macchina, apparecchiatura e sim. *2* (*mus.*) Chi suona un organo elettronico, un sintetizzatore e sim. azionandone la tastiera.

tàsto [da *tastare*] s. m. *1* Atto del tastare | *Conoscere q.c. al t.*, al tatto | *Andare a t.*, tastando il terreno spec. con un bastone o le pareti con le mani | †*Dare un t. a q.c.*, farvi cenno. *2* (*mus.*) Ciascuno dei legnetti dell'organo o del clavicembalo, che si toccano per suonare | *Tasti del pianoforte*, corrispondenti a martelletti di legno coperti di panno o feltro che percuotono le corde metalliche | *Toccare un brutto t.*, *un t. delicato, falso*, (*fig.*) affrontare un argomento inopportuno e sgradito a qc. | *Toccare il t. giusto*, (*fig.*) prendere un'iniziativa, abbordare un argomento nel modo migliore | *Battere sullo stesso t.*, (*fig.*) insistere su q.c. *3* Nelle macchine per scrivere o da calcolo, bottone su cui si appoggia il dito per ottenere la scrittura o l'impostazione della lettera o cifra corrispondente o per fornire un comando alla macchina. *4* In telegrafia, il dispositivo manuale con cui si chiude e apre il circuito per mandare il segnale. *5* Saggio di materiale prelevato per esaminare le condizioni, lo stato di q.c. | *T. di formaggio, di cocomero*, tassello d'assaggio. *6* (*zoot.*) Deposito di grasso sottocutaneo che indica lo stato di ingrassamento di un animale. *7* *Parata di t.*, nella scherma, modo di difendersi con cui si fa deviare il ferro avversario con la sola opposizione della propria arma, mantenendo il contatto delle due lame. *8* †Collaudo, prova. || **tastino**, dim.

tastóni o (*raro*) **tastóne** [da *tast(are)* col suff. avv. *-oni*] avv. ● Quando, brancolando nel buio, è necessario muoversi tastando il terreno, le pareti e gli oggetti che si trovano sul proprio cammino: *camminare t. per la stanza* | (*fig.*) Alla cieca, in modo incerto: *andiamo avanti t. in questa faccenda* | Anche nella loc. avv. *a t.*

tatà ● V. *tarà*.

tàta [vc. inft.] s. f. *1* (*inft.*) Bambinaia | Donna che ha cura di un bambino, lo vezzeggia o gli dimostra amica. *2* (*inft.*) Sorella maggiore. || **tatìna**, **tatùccia**, dim.

tataà ● V. *tarà*.

tatàmi [vc. giapp. col senso proprio di 'stuoia'] s. m. inv. ● Nel judo, materassino su cui si allenano e gareggiano i praticanti di tale sport.

tatanài ● V. *badanai*.

tàtaro ● V. *tartaro* (*3*).

tatatà ● V. *tatatì*.

tatatàn ● V. *tan*.

tatatì o **tatatà** [vc. onomat.] inter. ● Solo nella loc. iter. *t. tatatà* che si usa per indicare il parlare fitto e monotono di chi dice cose senza interesse: *e t. tatatà, non la smetteva più*.

tàto [vc. inft.] s. m. *1* (*raro*) Chi ha cura di un bambino o gli dedica molte attenzioni. *2* (*inft.*) Fratello maggiore | Babbo.

†**tàttera** [etim. discussa: got. **taddora* 'ciocca', 'ciuffo' (?)] s. f. *1* (*fig.*) Bagatella, minuzia fastidiosa. *2* (*fig.*) Vizio, magagna. *3* Malessere, malanno.

tàttica [gr. *taktikḗ* (sottinteso *téchnē*) '(l'arte) di ordinare (dal v. *tássein*)', di etim. incerta] s. f. *1* Branca dell'arte militare che tratta i principi generali, i criteri e le modalità per l'impiego delle unità e dei mezzi nel combattimento | *T. navale*, scienza e arte del disporre le navi in battaglia dinanzi al nemico. *2* Nel calcio, nella pallacanestro, nel ciclismo e in altri sport, sistema di schieramento dei giocatori in campo, particolare condotta di gara: *t. di gioco, t. di gara*; *adattare una t. difensiva, di copertura, d'attesa*. *3* (*est.*) Complesso di azioni, accorgimenti, manovre dirette al conseguimento di uno scopo: *in vista delle elezioni, il partito di minoranza ha cambiato t.* *4* (*fig.*) Prudenza, accortezza, scaltrezza nel muoversi, nell'agire: *con lui bisogna usare un po' di t.*

tatticismo [comp. di *tattico* e *-ismo*] s. m. ● Uso frequente di manovre ed espedienti tattici (*anche spreg.*).

tàttico [gr. *taktikós* 'ordinato', dal v. *tássein*, di etim. incerta] **A** agg. (pl. m. *-ci*) *1* Che riguarda la tattica | Che concerne una sola operazione militare: *vittoria tattica, ma non strategica* | *Missile t.*, missile balistico con gittata compresa fra 25 e 500 Km. *2* (*fig.*) Che rivela accortezza, prudenza e scaltrezza: *vinse la partita con una mossa tattica*. || **tatticaménte**, avv. (*est.*) In modo conforme a una tattica: *agire tatticamente*. **B** s. m. ● Militare, persona di notevole abilità tattica.

tatticóne [da *tattica* nel senso di 'arte di destreggiarsi'] s. m. (f. *-a*) ● (*fam.*) Persona furba, abile e scaltra che sa come ottenere dagli altri ciò che si propone.

tàttile [vc. dotta, lat. *tăctile(m)*, da *tăctu(m)* 'tatto'] agg. ● Del tatto: *sensibilità t.* || **tattilménte**, avv. Attraverso il tatto.

tattilità s. f. *1* Facoltà tattile: *la t. dei polpastrelli*. *2* L'essere ricevuto, percepito dal tatto: *la t. di uno stimolo, di una sensazione*.

tattismo ● V. *tactismo*.

†**tattivo** [da *tatto*] agg. ● Che è proprio del tatto.

tàtto [vc. dotta, lat. *tăctu(m)*, propriamente 'toccato', part. pass. di *tăngere*] s. m. *1* Organo di senso che permette di prendere conoscenza del mondo esterno mediante il contatto con la superficie corporea. ➡ ILL. p. 366 ANATOMIA UMANA. *2* (*fig.*) Accortezza, prudenza, riguardo nel trattare con gli altri: *è un uomo che ha poco t.*; *occorre t. nel dargli la notizia*. SIN. Delicatezza, garbo.

tatù [dal n. tupí] s. m. ● (*zool.*) Armadillo.

tatuàggio [fr. *tatouage*, da *tatouer* 'tatuare'] s. m. ● Derivato della pittura corporale consistente nell'incidere la pelle ritardandone la cicatrizzazione con sostanze particolari o nell'eseguire punture con introduzione di sostanze coloranti nelle ferite.

tatuàre [fr. *tatouer*, dall'ingl. *tattoo*, da *tátau* di una l. della Polinesia] **A** v. tr. (*io tàtuo*) ● Eseguire un tatuaggio | Sottoporre a un tatuaggio. **B** v. rifl. ● Praticarsi un tatuaggio.

tatuàto part. pass. di *tatuare*; anche agg. ● Nei sign. del v.

tatzebào ● V. *dazebao*.

tatze-bao ● V. *dazebao*.

tàu [dal gr. *tâu*] s. m. o f. inv. ● Nome della diciannovesima lettera dell'alfabeto greco.

taumaturgia [gr. *thaumatourgía*, sin. di *thaumatopoiía*, 'opera (*érgon*) di prodigi (*tháumata*, pl.)'] s. f. (pl. *-gie*) ● Compimento di operazione miracolosa.

taumatùrgico [gr. *thaumatourgikós*, da *thaumatourgía* 'taumaturgia'] agg. (pl. m. *-ci*) ● Relativo a taumaturgia e a taumaturgo | *Potere t.*, capacità di compiere miracoli.

taumatùrgo [gr. *thaumatourgós*, comp. di *thâuma*, genit. *tháumatos* 'fatto meraviglioso' e di un deriv. da *érgon* 'opera, azione'] s. m. (pl. *-ghi* o *-gi*) ● Operatore di miracoli.

taurifórme [vc. dotta, lat. *taurifōrme(m)* 'della forma (*fōrma*) di toro (*tāurus*)'] agg. ● (*lett.*) Che si presenta in forma di toro.

taurina [ingl. *taurine*, comp. del lat. *tāurus* 'toro', l'animale dalla cui bile fu originariamente ricavata, e il suff. di prodotto chim. *-ine* '-ina'] s. f. ● (*biol.*) Composto amminico che si trova combinato nella bile, usato per la preparazione di tensioattivi e come purgante in medicina.

taurino [vc. dotta, lat. *taurīnu(m)*, da *tāurus* 'toro'] agg. ● Di, da toro | (*fig.*) Pieno di vigore, di forza: *membra taurine* | *Collo t.*, (*fig.*) tozzo e robusto.

†**tàuro** ● V. *toro* (*1*).

tauromachia [gr. *tauromachía*, comp. di *tâuros* 'toro' e di un deriv. di *máchē* 'lotta, battaglia'] s. f. ● Arte e tecnica del combattimento dell'uomo contro i tori e il combattimento stesso | Corrida.

tauròtrago [comp. del gr. *tâuros* 'toro' e *trágos* 'capro'] s. m. ● La più grossa specie di antilope africana, con maschi dalle lunghe corna diritte e spiralate (*Taurotragus derbianus*).

tàuto- [dal gr. *tautó* 'lo stesso'] primo elemento ● In parole composte, esprime identità: *tautòcrona*, *tautologia*.

tautòcrona [comp. di *tauto-* e *chrónos* 'tempo'] **A** s. f. ● Curva posta in un piano verticale, con la proprietà che un punto materiale, lasciato libero e senza attrito, impiega lo stesso tempo a percorrerla giungendo al suo punto più basso, qualunque sia il punto della curva da cui parte. **B** anche agg. solo f.: *curva t.*

tautogràmma [comp. del gr. *tautó* 'lo stesso' e *grámma* 'lettera'] s. m. (pl. *-i*) ● Componimento le cui parole cominciano tutte con la medesima lettera.

tautologia [vc. dotta, lat. tardo *tautolŏgia(m)*, dal gr. *tautología* 'che dice (dal v. *légein*) lo stesso (*tautó*)'] s. f. *1* Proposizione nella quale il predicato ripete il concetto già contenuto nel soggetto. *2* Nella logica contemporanea, proposizione complessa che risulta sempre vera al di là dei valori di verità delle singole proposizioni componenti.

tautològico agg. (pl. m. *-ci*) ● Che concerne la tautologia.

tautologizzàre [comp. di *tautologi(a)* e *-izzare*] v. intr. (aus. *avere*) ● (*raro*) Argomentare usando tautologie.

tautomerìa [comp. di *tauto-* e di un deriv. di *méros* 'parte'] **s. f.** ● (*chim.*) Isomeria dovuta allo spostamento di un atomo da un punto all'altro della molecola.

tautòmero [da *tautomeria*] **agg. sost.** *1* (*chim.*) Di composto che presenta il fenomeno della tautomeria. *2* (*anat.*) Di organo situato nella stessa metà del corpo.

tautosillàbico [comp. di *tauto-* e *sillabico*] **agg.** (**pl. m.** *-ci*) ● (*ling.*) Detto di suono appartenente alla stessa sillaba.

tavèlla [lat. *tabĕlla(m)* 'piccola tavola', dim. di *tăbula* 'tavola'] **s. f.** *1* Laterizio forato, piano o curvo, usato in rivestimenti, tramezzi, soffittature e sim. *2* Apparecchio usato nella trattura della seta per unire più bave in un unico filo. ‖ **tavellóne**, **accr. m.** (V.).

tavellàto **agg.** ● Fatto con tavella: *solaio t.*

tavellonàto **agg.** ● (*edil.*) Fatto con tavelloni: *solaio t.*

tavellóne **s. m.** *1* Accr. di *tavella*. *2* Tavella di notevoli dimensioni, usata nelle costruzioni di solai o strutture orizzontali.

tavèrna [lat. *tabĕrna(m)*, dapprima 'abitazione', poi 'bottega, negozio' e spec. 'osteria', di etim. discussa: di origine etrusca (?)] **s. f.** *1* Trattoria, osteria | (*spreg.*) Bettola: *discorsi da t.* *2* Trattoria o locale notturno in stile rustico. *3* (*raro, fig.*) Stanza bassa, buia, umida. *4* †Bottega. ‖ **tavernèlla**, **dim.** | **tavernétta**, **dim.** (V.) | **tavernùccia**, **pegg.**

tavernàio o †**tavernàrio**, †**tavernàro** [lat. *tabernārĭu(m)*, da *tabĕrna* 'taverna'] **A** **s. m.** (f. *-a*) *1* (*raro*) Oste, gestore di una taverna. *2* †Beccaio. **B** **agg.** ● †Da taverna.

†**tavernàre** [da *taverna*] **v. intr.** ● Andare gozzovigliando per taverne.

†**tavernàrio** ● V. *tavernaio*.

†**tavernàro** ● V. *tavernaio*.

†**taverneggiàre** [comp. di *taverna* e *-eggiare*] **v. intr.** ● Frequentare taverne.

tavernétta **s. f.** *1* Dim. di *taverna*. *2* Piccolo locale, pubblico o privato, arredato spec. in stile rustico, per feste, cene, riunioni e sim.

tavernière [fr. *tavernier*, dal lat. *tabernārĭu(m)* 'tavernaio'] **s. m.** (f. *-a*) *1* (*lett.*) Oste di una taverna. *2* Frequentatore di taverne.

tàvola [lat. *tăbula(m)*, di etim. incerta] **s. f.** *1* Asse rettangolare di legno, segata più o meno sottile e di una certa lunghezza: *t. d'abete, di noce*; *capanna, pavimento di tavole* | *T. di salvezza*, quella a cui si attacca il naufrago e (*fig.*) estrema, unica via di salvezza | *Il mare è una t.*, è calmo | (*al pl.*) Tavolato, spec. palcoscenico, scena dove agiscono gli attori | *Calcare le tavole del palcoscenico, le tavole*, (*fig.*) recitare, dedicarsi al teatro. *2* (*est.*) Lastra, lamina a forma rettangolare di vari materiali: *una t. di marmo, di plastica* | (*est.*) Pezzo di q.c. a forma rettangolare: *una t. di cioccolata*. *3* Mobile, di solito in legno o metallo, formato da un piano orizzontale posto su di un supporto gener. a quattro gambe, e impiegato spec. per la mensa: *t. ovale, rettangolare*; *t. di noce, acero, con intarsi*; *i piedi della t.* | *T. rotonda*, negli antichi romanzi cavallereschi, quella che vedeva riuniti a mensa o congresso i cavalieri di re Artù eliminando, per la sua forma, ogni idea di preminenza tra i partecipanti; (*fig.*) dibattito fra esperti riuniti per la discussione di un problema | *Mettere le carte in t.*, (*fig.*) rivelare con chiarezza e apertamente le proprie intenzioni | Tavola su cui si consumano i pasti: *sedersi a t. per la cena*; *apparecchiare, sparecchiare la t.*; *biancheria, servizio da t.* | *Discuteremo a t.*, durante il pasto | *È pronto in t., è in t.*, il pranzo è servito | *Portare in t.*, servire in tavola le vivande | *Avere il gusto della buona t.*, saper gustare, amare i buoni cibi | *Mettere a t. qc.*, farlo sedere a tavola e (*fig.*) mantenerlo, nutrirlo | *T. calda*, locale di ristorante, bar o rosticceria con servizio dei pasti al banco e prolungato orario d'apertura | *T. fredda*, analoga specie di locale, che però serve solo piatti freddi | †*Levar le tavole*, levare le mense | †*Tenere, mettere t.*, dare un banchetto | (*est.*) Insieme dei commensali: *è una t. allegra*; *a quella t. il buon umore fu distrutto per qualche istante* (SVEVO) | (*est.*) Pranzo: *una t. assai magra* | *Alla fine della t.*, alla fine del pasto. *4* Banco da lavoro; piano per macchine, strumenti: *la t. del falegname* | (*est.*) Arnese da lavoro a forma di tavola: *t. da stiro, da lavare* | (*raro*) *T. nera*, lavagna. *5* Superficie scrittoria in metallo, pietra o legno | *Le tavole della legge*, lastre di pietra sulle quali Mosè scrisse il decalogo dettatogli da Dio | *Le dodici tavole*, bronzee, quelle con incisa la legge dei decemviri, il più antico monumento del diritto romano. *6* Quadro dipinto su una tavola di legno: *una t. a olio*; *una t. del Trecento* | †Ritratto, quadro. *7* Pagina, foglio di un libro con illustrazioni, figure, riproduzioni, disegni: *una t. fuori testo, a colori, su carta patinata*; *tavole anatomiche in bianco e nero* | *Tavole geografiche*, mappe, carte. *8* Prospetto grafico, tabella: *tavole sinottiche, statistiche*; *una t. di valori a confronto*; *la t. pitagorica* | *Tavole logaritmiche, trigonometriche*, per il calcolo approssimativo dei logaritmi o delle funzioni trigonometriche | *Tavole di tiro*, tabelle contenenti i dati di puntamento per un obiettivo di cui siano note le coordinate | *Tavole astronomiche*, effemeridi | *T. genealogica*, rappresentazione grafica in forma schematica della discendenza e delle ramificazioni di una famiglia | *T. di concordanza*, lista che indica la corrispondenza delle segnature archivistiche attuali con le precedenti, e sim. | *T. censuaria*, registro dei dati catastali delle proprietà | *T. periodica*, disposizione, su righe e colonne, degli elementi chimici con l'indicazione delle loro proprietà e del numero atomico | (*raro*) Indice: *tavole degli autori*. ➡ **TAV.** **elementi chimici**. *9* Apparecchio per separare minerali di diverso peso specifico, in base al diverso trascinamento che subiscono per effetto di una corrente d'acqua fluente su una tavola inclinata | *T. dormiente*, il cui piano è immobile | *T. a scossa*, il cui piano è animato da moto oscillante. *10* Nella trivellazione petrolifera, disco rotante che aziona lo scalpello. *11* Faccetta superiore e inferiore di pietra preziosa tagliata a brillante. *12* Ogni matrice, cliché per stampare francobolli. *13* †Banco dei banchieri o dei cambiatori: *che avrem noi a fare altro, se non andare alle tavole dei cambiatori, le quali sapete che stanno sempre cariche ... di fiorini?* (BOCCACCIO). *14* (*mus.*) *T. armonica*, (*ell.*) *tavola*, sottile pezzo di legno che costituisce la parte superiore o coperchio della cassa armonica degli strumenti cordofoni e la base del telaio di quelli a tastiera. *15* †Spazio quadrato | Antica misura agraria di superficie, oscillante tra le 0,04 are di Udine e le 10 di Roma. *16* *T. reale*, gioco a due su un tavoliere con frecce bianche e nere, con 30 pedine e due dadi, nel quale vince il giocatore che porta tutte le proprie pedine in campo avversario. **SIN.** Tric-trac, backgammon. *17* *T. a vela*, windsurf. ➡ **ILL.** p. 1291 SPORT. *18* *T. da salto*, surf nel sign. 2. *19* (*relig.*) Organo collegiale avente funzioni di coordinamento e direzione in alcune Chiese riformate: *la t. Valdese*. *20* (*oref.*) Faccia piana superiore e inferiore nel taglio a brillante del diamante ‖ **PROV.** A tavola non s'invecchia. ‖ **tavolàccia**, **pegg.** | **tavolèlla**, **dim.** (V.) | **tavolétta**, **dim.** (V.) | **tavolìna**, **dim.** | **tavolóna**, **accr.** | **tavolùccia**, **dim.**

†**tavolacciàio** [da *tavolaccio* nel sign. 4] **s. m.** ● (*raro*) Fabbricante di scudi.

tavolàccio o †**tavolàzzo**. **s. m.** *1* Pegg. di *tavolo*. *2* Tavolato leggermente inclinato usato, spec. un tempo, dai soldati di guardia per riposarsi. *3* Giaciglio di detenuti nelle prigioni. *4* Targa in legno coperta di cuoio in uso come arma difensiva spec. nel XVI sec.

tavolàme **s. m.** ● Insieme di tavole da costruzione.

tavolàre (1) **v. tr.** (*io tàvolo*) *1* Coprire di tavole, fare un tavolato. *2* †Misurare il terreno a tavole. *3* †Nel gioco degli scacchi o della dama, creare una situazione tale per cui nessuno dei due giocatori può vincere.

tavolàre (2) **agg.** ● †Relativo a una tavola, a un prospetto | (*dir.*) *Sistema t.*, complesso di registri immobiliari pubblici dai quali risulta la titolarità dei diritti reali.

tavolàta **s. f.** *1* Insieme di molti commensali seduti a una stessa tavola. *2* Colpo dato con una tavola. *3* †Tavolato.

tavolàto [lat. *tabulātu(m)* 'fatto di tavole (*tābulae*)'] **s. m.** *1* Parete o pavimento di tavole | Assito. *2* (*anat.*) Qualsiasi superficie piana | *T. osseo del cranio*, lamina interna ed esterna delle ossa della volta cranica. *3* (*geogr.*) Altipiano costituito di rocce stratificate con disposizione orizzontale.

†**tavolàzzo** ● V. *tavolaccio*.

tavoleggiànte **A** **part. pres.** di †*tavoleggiare*; anche **agg.** ● †Nel sign. del v. **B** **s. m. e f.** ● (*raro*) Cameriere.

†**tavoleggiàre** [comp. di *tavol(a)* e *-eggiare*] **v. intr.** ● Servire in tavola.

tavolèlla **s. f.** *1* Dim. di *tavola*. *2* †Tessera.

tavolétta **s. f.** *1* Dim. di *tavola* | *Gioco delle tre tavolette*, gioco d'azzardo clandestino che consiste nel puntare denaro su una fra tre tavolette, variamente contrassegnate e scambiate con velocità e destrezza da chi tiene banco; (*fig.*) truffa, abile raggiro a danno di ingenui. *2* Pezzo rettangolare e di piccolo formato di sostanze alimentari o medicinali: *una t. di brodo, di cioccolata, di chinino*. *3* Piccola tavola incerata sulla quale si scriveva, nel mondo classico, incidendo le parole con uno stilo. *4* (*elab.*) *T. grafica*, dispositivo di input di dati, spec. grafici, costituito da un piano di riferimento e da uno stilo elettronico che consente di individuare i punti di tale piano. *5* *T. pretoriana*, assicella fornita di diottra e traguardi con cui si fa direttamente il rilievo topografico del terreno. *6* (*raro*) Tabella, prospetto. *7* Carta topografica alla scala 1:25 000. *8* Nella loc. (*pop.*) *andare a t.*, tenere premuto a fondo l'acceleratore di un autoveicolo per imprimergli la massima velocità. ‖ **tavolettìna**, **dim.**

tavolière (1) o †**tavolièri**, †**tavolièro** [adattamento del fr. *tablier*, da *table* 'tavola (da gioco)'] **s. m.** *1* (*dial.*) Asse stretta e lunga su cui si spiana il pane. *2* Tavolino da gioco con disegnati i riquadri per gli scacchi o i dadi | Piano del tavolo da biliardo | (*raro*) *Mettere sul t.*, (*fig.*) arrischiare: *considerava quanto la cosa fussi pericolosa e difficile e quanto bello stato e ricchezza e' mettessi in sul t.* (GUICCIARDINI).

†**tavolière (2)** [adattamento del fr. *tablier*, da *table* 'tavola di cambio, banca'] **s. m.** ● Banchiere, cambiatore.

tavolière (3) [da *tavola*] **s. m.** ● Vasta pianura: *il t. delle Puglie*.

tavolìno **s. m.** *1* Dim. di *tavolo*. *2* Tavolo usato come scrittoio spec. per studiare, scrivere o leggere | *Stare a t.*, studiare | *Uomo di t.*, uomo di studio | *Lavoro di t.*, che richiede tempo e pazienza | *A t.*, teoricamente, in modo astratto: *fare la guerra a t.*; *vincere, perdere a t.*, nel linguaggio sportivo, vincere o perdere non in base al risultato ottenuto sul campo ma per una decisione dei giudici sportivi. *3* Tavolo da gioco. *4* (*ott.*) Piatto del microscopio ottico. *5* (*pop.*) Tavolo con tre piedi usato nelle sedute medianiche. ‖ **tavolincìno**, **dim.** | **tavolinétto**, **dim.** | **tavolinùccio**, **pegg.**

tàvolo [da *tavola*] **s. m.** ● Tavola adibita a usi particolari: *t. da gioco, da ping-pong, di cucina, d'ufficio* | *T. operatorio*, ripiano articolato su cui viene posto il paziente per l'intervento | *T. anatomico*, per le dissezioni anatomiche. ‖ **tavolàccio**, **pegg.** (V.) | **tavolìno**, **dim.** (V.) | **tavolóne**, **accr.** (V.) | **tavolòtto**, **accr.** | **tavolùzzo**, **pegg.**

tavolóne **s. m.** *1* Accr. di *tavolo*. *2* Grosso asse da costruzione.

tavolòzza [da *tavola*] **s. f.** *1* Sottile assicella sulla quale i pittori tengono i colori durante il lavoro | *Faccia simile a una t.*, piena di belletti, molto truccata. *2* (*est.*) I colori preferiti da un pittore: *la t. di Raffaello*.

Taxàcee o **Tassàcee** [vc. dotta, comp. del lat. *tăxus* '(albero di) tasso' e *-acee*] **s. f. pl.** ● Nella tassonomia vegetale, famiglia di Conifere arboree o arbustive, molto ramificate (*Taxaceae*) | (al sing. *-a*) Ogni individuo di tale famiglia.

tàxi /'taksi, tas'si, *fr.* tak'si, *ingl.* 'tæksi/ [per *taxi(mètre)*, variante di *taxamètre* 'tassametro', lo strumento di cui sono fornite tali vetture] **s. m. inv.** ● Automobile di piazza, fornita di tassametro | *T. aereo*, aerotassì.

taxi-girl /*ingl.* 'tæksi gə:l/ [vc. ingl., comp. di *girl* 'ragazza' e *taxi(meter)* 'tassametro', perché il pagamento è commisurato ai giri di ballo] **s. f. inv.** (**pl.** ingl. *taxi-girls*) ● Ragazza stipendiata dal padrone di una sala da ballo per far danzare i clienti.

tàxis [dal gr. *táksis* 'ordinamento, disposizione'] **s.**

m. inv. *1* (*biol.*) Orientamento e crescita di una pianta o animale in risposta a uno stimolo fisico come la luce o il flusso dell'acqua. *2* (*med.*) Manovra manuale volta a ridurre un'ernia o una lussazione.

taxista ● V. *tassista*.

Taxodiàcee o **Tassodiàcee** [vc. dotta, comp. di *tassodio* e *-acee*] s. f. pl. ● Nella tassonomia vegetale, famiglia di Conifere arboree, di grandi dimensioni, con strobili legnosi, arrotondati, eretti (*Taxodiaceae*) | (al sing. *-a*) Ogni individuo di tale famiglia.

taxòdio e *deriv.* ● V. *tassodio* e *deriv.*

taylorismo /tailo'rizmo, teilo'rizmo/ [dal n. dell'iniziatore, l'amer. F. W. *Taylor* (1856-1915)] s. m. ● Teoria di organizzazione aziendale che ha introdotto metodi scientifici nello svolgimento delle attività produttive attraverso la razionale suddivisione del lavoro in funzioni specifiche.

tayloristico /tailo'ristiko/ agg. (pl. m. *-ci*) ● Relativo al taylorismo.

tazebào ● V. *dazebao*.

tàzza [ar. *ṭáss(a)* 'grande coppa, vaso'] s. f. *1* Piccolo recipiente tondo e basso, con uno o due manici ad ansa: *t. di porcellana, di ceramica*; *t. da tè, da caffellatte, da consommé*; *t. da saponata* | Quanto contiene una tazza: *bere una t. di brodo.* *2* (*fam.*) Vaso del water-closet. *3* †Bicchiere. || **tazzàccia**, pegg. | **tazzétta**, dim. | **tazzina**, dim. (V.) | **tazzóna**, accr. | **tazzóne**, accr. m. | **tazzùccia**, pegg.

tazzina s. f. *1* Dim. di *tazza*. *2* Piccola tazza, spec. da caffè | Quanto può esservi contenuto.

tbc /tibbit'tʃi*/ [da *t(u)b(er)c(olosi)*] **A** s. f. inv. ● Acrt. di tubercolosi polmonare: *è guarito dalla tbc.* **B** s. m. inv. ● (*fam.*) Chi è ammalato di tubercolosi polmonare: *i tbc negli ultimi anni sono diminuiti.*

te (1) /te* *nei sign. 1 e 2*, te *nei sign. 3 e 4*/ [lat. *tē*, acc. di *tū*, di origine ed ampia area indeur.] pron. pers. di seconda pers. m. e f. sing. *1* Indica la persona a cui si parla e si usa al posto di 'tu' nei vari compl.: *abbiamo parlato di te*; *parlerò con te*; *verrò presto da te*; *potrei contare su di te?*; *fra lui e te c'è una gran differenza*; *lo faccio per te*; *spedirò a te il pacco* | Si usa come compl. ogg. in luogo del pron. atono 'ti' quando gli si vuole dare particolare rilievo: *vogliono te al telefono*; *hanno cercato te e non lei* | Si rafforza con 'stesso' e 'medesimo': *pensa a te stesso* | Si pospone ad 'anche', 'neanche', 'pure', 'neppure', 'nemmeno' e sim.: *prenderemo anche te*; *non vogliono parlare nemmeno con te*; *ricercano pure te* | *Da te*, da solo, senza aiuto o intervento di altri: *pensaci da te*; *fallo da te* | *Per, secondo te*, a tuo parere, a tuo giudizio: *chi vincerà la partita secondo te?*; *già! per te io non conto nulla in questo affare* | *Fra te, tra te e te, dentro di te*, nel tuo intimo, nella tua coscienza: *tu continui a rimuginare fra te e te* | *Quanto a te*, per ciò che ti concerne: *quanto a te, devi solo fare il tuo dovere.* *2* Si usa al posto di 'tu', con funzione di sogg., in espressioni esclamative e in espressioni comparative dopo 'come' e 'quanto' e anche, con funzione di predicato nominale, dopo i verbi 'essere', 'sembrare', 'parere', quando il sogg. della prep. non sia 'tu': *povero te!*; *te infelice!*; *sono contento anch'io come te*; *lavoriamo quanto te*; *ne so quanto te*; *io non sono te*; *sembra proprio te!* | (*pop.*) Tu: *te fai come vuoi*; *pensaci te*; *contento te, contenti tutti*; *chi, te!, cosa fai?*; *uscito te si sono messi a bisticciare.* *3* Ti (come compl. ogg. e come compl. di termine, sia encl. sia procl.; forma che il pron. atono 'ti' assume davanti ai pron. atoni 'la', 'le', 'li', 'lo' e alla particella 'ne'): *te lo dico in due parole*; *te le voglio fare vedere quelle carte*; *prestami dei soldi, te li restituirò presto*; *te ne parlerò dopo*; *volevo fartelo vedere subito*; *te ne pentirai!*; *ricordatelo.* *4* (*fam., pleon.*) Con valore raff.: *te lo ricordi?*; *e allora te lo afferra per il collo e incomincia a stringere* (V. nota d'uso ACCENTO).

†te (2) /te*/ ● V. *ti (2)*.

te (3) /te*/ [dal n. della lettera T, di cui ripete la forma] s. m. ● (*mar.*) Pezzo di ferro battuto a forma di T: *bagli a te.*

tè o **the** [da una forma dial cin. *t'e*] s. m. *1* Pianta delle Teacee coltivata come arbusto per le foglie sempreverdi coriacee e dentellate, contenenti teina (*Thea sinensis*) | *Tè del Paraguay*, mate. *2* Le foglie torrefatte, essiccate e sbriciolate dell'arbusto omonimo | L'infuso odoroso ed eccitante che con esse si prepara come bevanda: *prendere il tè*; *tè col latte, col limone*; *biscotti da tè*; *servizio da tè in porcellana* | *Casa da tè*, locale pubblico giapponese e cinese ove si beve tè | *Tè danzante*, trattenimento pomeridiano in cui si balla. *3* Ricevimento a carattere familiare o mondano durante il quale è offerto il tè: *invitare a un tè* | *L'ora del tè*, nel pomeriggio (V. nota d'uso ACCENTO).

te' /'tɛ/ [da *t(i)eni*, imperat. di *tenere*, per troncamento] inter. ● (*pop., dial.*) Tieni, prendi, eccoti: *te' i soldi per il cinema* | (*iter.*) Te' te', offrendo q.c. a un animale o a persona che si tratta da inferiore o con impazienza | †Seguito da 'ne' encl.: *tenne un'altra* (BOCCACCIO).

tèa [vc. ingl., propriamente *'tè'*] agg. solo f. ● Detto di una varietà di rosa coltivata nei giardini che emana odore di tè.

Teàcee [comp. di *tè* col suff. di famiglia botan. *-acee*] s. f. pl. ● Nella tassonomia vegetale, famiglia di piante dicotiledoni legnose con foglie intere sempreverdi (*Theaceae*) | (al sing. *-a*) Ogni individuo di tale famiglia. ➡ ILL. **piante** /4.

teach-in /*ingl.* 'ti:tʃ in/ [loc. ingl., comp. di *to teach* 'insegnare' (vc. d'origine germ.) e *in* (V. *tap-in*)] s. m. inv. *1* Il processo didattico ed educativo applicato all'interno di una squadra di team-teaching. *2* Discussione tra studenti, spec. universitari, e insegnanti | (*est., polit.*) Manifestazione di protesta con dibattiti e conferenze.

teak /'tɛk, *ingl.* ti:k/ [vc. ingl., adattata in *tek*] s. m. inv. ● (*bot.*) Tek.

team /tim, *ingl.* ti:m/ [vc. ingl., propriamente 'gruppo', di origine indeur. ed area germ.] s. m. inv. *1* Squadra, formazione sportiva. *2* Gruppo di ricercatori scientifici o di persone che si dedicano ad una medesima attività intellettuale | (*est.*) Gruppo di persone che collaborano per il raggiungimento di uno scopo prefissato, spec. in campo industriale, commerciale o sportivo: *un t. di scienziati.*

team-teaching /*ingl.* 'ti:m 'ti:tʃiŋ/ [loc. ingl. comp. di *teaching* 'insegnamento' (da *to teach* 'insegnare', vc. germ. d'origine indeur.) e *team* 'gruppo'] s. m. inv. ● Insegnamento impartito da una squadra di docenti, che ha il compito di verificare i livelli di apprendimento spec. con test e questionari redatti collegialmente.

teandria [comp. del gr. *theós* 'dio' e *anḗr*, genit. *andrós* 'uomo'] s. f. ● Natura divina-umana del Cristo.

teàndrico [gr. eccl. *theandrikós*, agg. (*-ikós*) del comp. di *theós* 'dio' e *anḗr*, genit. *andrós* 'uomo'] agg. (pl. m. *-ci*) ● Relativo a teandria e a teandrismo.

teandrismo [comp. di *teandric(o)* e *-ismo*] s. m. ● Dottrina che riguarda la natura umana e divina del Cristo.

teantropia [dal gr. *theánthrōpos*, comp. di *theós* 'dio' e *ánthrōpos* 'uomo'] s. f. ● Carattere umano-divino della divinità | Attribuzione di caratteri umani alla divinità.

tea-room /*ingl.* 'ti: ru(:)m/ [vc. ingl., letteralmente 'stanza (*room*, di origine indeur. e area germ.) per il tè (*tea*, dal fr.)'] s. m. inv. (pl. ingl. *tea-rooms*) ● Sala da tè.

teatino [vc. dotta, lat. *Teatīnu(m)*, propriamente 'di Chieti (*Teāte*)', vescovato di uno dei fondatori dell'ordine] **A** agg. ● Di Chieti. **B** s. m. (f. *-a*) ● Abitante di Chieti. **C** s. m.; anche agg. ● Chi, che appartiene all'ordine dei chierici regolari della congregazione fondata nel 1524 da S. Gaetano da Thiene e da Pietro Carafa (poi Paolo IV).

teatràbile [da *teatro*] agg. ● Che può essere rappresentato in teatro: *copione t.*

teatràle [vc. dotta, lat. *theatrāle(m)* 'proprio del teatro (*theātrum*)'] agg. *1* Di, da teatro: *spettacolo, avvenimento t.* *2* (*fig., spreg.*) Di effetto esagerato, privo di naturalezza e spontaneità: *gesto t.* | (*est.*) Artificioso, insincero: *una commozione t.* || **teatralménte**, avv. In modo teatrale (*anche fig.*).

teatralità s. f. *1* (*raro*) Qualità di ciò che è teatrale. *2* (*fig.*) Esagerazione, artificiosità: *parla e gestisce con quella certa t. che è propria della passione esaltata* (PIRANDELLO).

teatralizzàre [da *teatrale*] v. tr. ● Amplificare, esibire in modo enfatico e plateale: *t. un evento privato.*

teatralizzazióne s. f. ● Atto, effetto del teatralizzare.

teatrànte [da *teatro*] s. m. e f. *1* (*raro* o *spreg.*) Attore che recita in teatro | Comico. *2* (*spreg.* o *scherz.*) Chi usa spesso un tono declamatorio e artificioso.

†teàtrico [vc. dotta, lat. tardo *theātricu(m)*, dal gr. *theatrikós* 'appartenente al teatro (*théatron*)'] agg. ● Teatrale.

teatrino s. m. *1* Dim. di *teatro*. *2* Teatro in miniatura, balocco per bambini | Teatro di burattini.

teàtro [vc. dotta, lat. *theātru(m)*, dal gr. *théatron* 'posto (suff. locativo *-tron*) per spettacolo (*théa*)'] s. m. *1* Edificio destinato alla rappresentazione di opere liriche o di prosa | *T. di posa*, ambiente in cui vengono effettuate le riprese degli interni di un film, attrezzato per tale funzione | *T. tenda*, tendone da circo utilizzato stabilmente come struttura per spettacoli teatrali | *Gente di t.*, attori, cantanti, ballerini, registi, tecnici e sim. | *Opera per il t.*, destinata ad essere rappresentata | (*est.*) Rappresentazione che si dà in teatro: *andare a t.*; *il t. comincia alle nove* | (*est.*) Spettacolo con caratteri di grandiosità e teatralità: *il t. del mondo, dell'universo, della storia.* ➡ ILL. **archeologia**. *2* Complesso degli spettatori presenti in teatro: *un t. elegante, entusiasta, polemico*; *ricevere gli applausi di tutto il t.* SIN. Pubblico. *3* Produzione, attività teatrale di un autore, di un periodo letterario o storico, di un Paese: *il t. di Sofocle*; *il t. italiano del Seicento* | *T. danza*, genere che fonde il linguaggio della danza con la musica e la recitazione. *4* Complesso delle attività che promuovono l'allestimento di spettacoli teatrali: *le sorti del t. americano*; *le rivendicazioni del giovane t.* *5* Luogo dove si svolgono o si svolsero in passato azioni importanti, memorabili o che, in qualche modo, si impongono all'attenzione generale: *visitare i teatri dell'ultima guerra*; *la sua casa è stata t. di un fatto spiacevole* | (*mil.*) *T. di operazioni, operativo*, il territorio nel quale si svolgono operazioni belliche condotte da forze terrestri, navali e aeree sotto un unico comandante, secondo criteri tattici nell'ambito di una determinata strategia | *Di t.*, detto di arma o sistema d'arma impiegato nel teatro operativo: *missili di t.* *6* Aula universitaria per esperimenti | *T. anatomico*, sala di dissezione per la dimostrazione didattica. || **teatràccio**, pegg. | **teatrino**, dim. (V.) | **teatróne**, accr. (V.) | **teatrùccio**, pegg.

teatróne s. m. *1* Accr. di *teatro*. *2* (*fam.*) Grande afflusso di spettatori a una rappresentazione.

tebàide [vc. dotta, lat. *Thebăide(m)*, propriamente agg., sottinteso *tĕrra(m)*, '(regione) di Tebe', nom. *Thebăis*, dal gr. *Thēbaís* 'il territorio di *Tebe* (*Thêbai*)'] s. f. *1* Luogo solitario e deserto eletto da eremiti a loro soggiorno. *2* (*fig.*) Luogo isolato e inospitale: *vivere in una t.*

tebaina [ingl. *thebain(e)*, dal n. della città egiz. di *Tebe*, produttrice d'oppio, con *-ina*] s. f. ● Alcaloide contenuto nell'oppio.

tebaismo [da *teba(ina)* col suff. di affezione *-ismo*] s. m. ● Intossicazione da oppio.

tebàno [vc. dotta, lat. *Thebānu(m)* 'di Tebe (*Thēbae*)'] **A** agg. ● Di Tebe nella Beozia | Di Tebe d'Egitto. **B** s. m. (f. *-a* nel sign. 1) *1* Abitante di Tebe. *2* Sorta di marmo nero dell'Egitto.

tebèo [vc. dotta, lat. *thebǎeu(m)*, da *thēbâios*, agg. di *Thêbai* 'Tebe'] agg.; anche s. m. (f. *-a*) ● Che, chi era nativo o abitante dell'antica Tebe d'Egitto.

tèca [vc. dotta, lat. *thēca(m)*, dal gr. *thḗkē* 'scatola ove porre (*tithénai*) qualcosa'] s. f. *1* (*raro*) Custodia, astuccio | Piccola vetrina per l'esposizione di oggetti preziosi, reperti archeologici e sim. *2* Astuccio o scatola in cui si conservano reliquie di santi | Ciborio o scatola di metallo dorato in cui si conserva l'ostia consacrata sull'altare o per portarla nella visita e comunione dei malati e degli impediti. *3* (*anat.*) *T. cranica*, volta del cranio. *4* (*bot.*) Urna dei muschi | Logge delle antere | Cellula che contiene le spore. *5* (*zool.*) Parte del calice calcareo su cui poggiano o sono parzialmente inclusi i polipi dei Madreporari.

-tèca [dal gr. *thḗkē*: V. precedente] secondo elemento ● In parole composte significa 'deposito', 'raccolta', 'custodia' e sim.: *biblioteca, cineteca, discoteca, emeroteca.*

técca [della stessa origine di *tacca* (V.)] s. f. ● (*raro*) Macchia | (*fig.*) Magagna, difetto.

†**tecchìre** [da un v. germ. **thihan* 'prosperare'] v. intr. ● Attecchire.

téccola s. f. ● Tecca.

technicòlor ® /tekni'kɔlor, *ingl.* 'teknikʌlə*/ s. m. inv. ● Nome commerciale di un sistema tecnico di fabbricazione e di stampa di pellicole cinematografiche a colori | *In t.*, (*fig., fam.*) a colori sgargianti.

teck /tɛk/ ● V. *tek.*

tecnèzio o **tecnètio**, **tecnèto** [dal gr. *technētós* 'artificiale', da *téchnē* 'arte'] s. m. ● Elemento chimico metallico, simile al renio e al manganese, che esiste solo in isotopi radioattivi ottenuti mediante reazioni nucleari, usato in diagnostica medica. SIMB. Tc.

-tecnìa [dal gr. *téchnē* 'tecnica' col suff. *-ia* (2)] secondo elemento ● In parole composte della terminologia scientifica, significa 'tecnica': *zootecnia, pirotecnia.*

tècnica [f. sost. dell'agg. *tecnico*] s. f. *1* Serie di norme che regolano il concreto svolgimento di un'attività manuale o intellettuale: *la t. del falegname; la t. della pittura a olio; la t. militare.* *2* Modo di lavorare, produrre, realizzare q.c.: *le moderne tecniche di trasformazione degli idrocarburi; hanno costruito il ponte con una t. più sicura.* *3* Qualsiasi forma di attività umana volta, sfruttando le conoscenze e le acquisizioni della scienza, alla creazione di nuovi mezzi, strumenti, congegni, apparati che migliorino le condizioni di vita dell'uomo stesso: *le straordinarie realizzazioni della t.*

tecnicìsmo [comp. di *tecnic(o)* e *-ismo*] s. m. *1* Aderenza rigida ed esclusiva alle norme che regolano la realizzazione di qualsiasi attività pratica o intellettuale. *2* (*est.*) Predominio del fattore tecnico, con esclusione del libero intervento personale e dell'attività fantastica, su chi si dedica a un'arte, una ricerca scientifica, e sim. *3* (*ling.*) Termine o locuzione connessa strettamente al campo concettuale di una disciplina. *4* (*spreg.*) Uso eccessivo di terminologia tecnica.

tecnicìsta s. m. e f. (pl. m. *-i*) ● Chi studia i procedimenti della tecnica industriale, commerciale, aziendale, ecc.

tecnicìstico agg. (pl. m. *-ci*) ● Che rivela, mostra tecnicismo: *i limiti tecnicistici della produzione letteraria di un autore.* || **tecnicisticaménte**, avv.

tecnicità s. f. ● Carattere, elemento tecnico: *la t. di un procedimento; la t. di un vocabolo.*

tecnicizzàre [comp. di *tecnic(o)* e *-izzare*] v. tr. ● Rendere tecnico | Organizzare secondo procedimenti tecnici: *t. un'indagine storica, letteraria.*

tecnicizzazióne [da *tecnicizzare*] s. f. *1* Atto, effetto del tecnicizzare: *la t. di una struttura industriale.* *2* Tendenza a una eccessiva specializzazione: *la progressiva t. del linguaggio.*

tècnico [vc. dotta, lat. *tēchnicu(m)*, dal gr. *technikós* 'proprio di un'arte (*téchnē*, di prob. origine indeur.)'] **A** agg. (pl. m. *-ci*) *1* Che riguarda un'attività specifica, una scienza, una disciplina: *nozioni tecniche; ufficio t.; linguaggio t.* *2* Che è relativo a un'arte, un'attività, una disciplina e al processo della loro pratica attuazione. || **tecnicamènte**, avv. In modo tecnico; dal lato tecnico, per quanto concerne la tecnica: *realizzazione tecnicamente ineccepibile.* **B** s. m. (f. *-a*; V. nota d'uso FEMMINILE) *1* Chi ha una pratica specifica in q.c.: *bisogna consultare un t.* | *T. delle luci*, persona cui è affidata la responsabilità dell'illuminazione della scena cinematografica e degli attori | *T. del suono*, in cinematografia, addetto alla registrazione dei suoni sulla colonna sonora di un film; in teatro, addetto alla riproduzione meccanica dei rumori e delle musiche di scena; in sala di registrazione, addetto alla manovra delle apparecchiature. *2* Chi mette in pratica, attua le elaborazioni teoriche, i progetti di altri: *per realizzare le nuove proposte occorrono buoni tecnici.* *3* Lavoratore che possiede una preparazione pratica oltre che teorica: *l'industria ha bisogno di tecnici.* *4* (*sport*) Allenatore di una squadra. **C** s. m. ● (*sport*) Particolare fallo che in alcune discipline viene decretato contro un giocatore o un allenatore responsabile di comportamento antiregolamentare.

tecnicòlor [anglo-americano *technicolor*, comp. di *technic* 'tecnico' e del lat. *cōlor* 'colore'] s. m. inv. ● Adattamento di *technicolor* (V.).

tecnificàre [comp. di *tecni(co)* e *-ficare*] v. tr. (*io tecnìfico, tu tecnìfichi*) ● (*ling.*) Fare assumere a un vocabolo un significato tecnico, spec. nel passaggio da una lingua ad un'altra: *alcuni termini d'arte derivati dal latino vengono tecnificati nel Trecento.*

tecnìgrafo [comp. di *tecno-* 'proprio dei tecnici' e *-grafo*] s. m. ● (*mecc.*) Strumento sussidiario per disegnatori tecnici costituito da una squadra centimetrata e da un goniometro che si applica, con un sistema articolato fisso o scorrevole, sul banco da disegno | (*est.*) Piano di lavoro basculante attrezzato con tecnigrafo.

tècno- [gr. *technο-*, da *téchnē* 'arte, tecnica', di prob. origine indeur.] primo elemento ● In parole composte, significa 'capacità tecnica', 'procedimenti tecnici', o fa riferimento a specializzazione tecnica: *tecnocrazia, tecnologia.*

tecnòcrate [ingl. *technocrat*, da *technocracy* 'tecnocrazia'] s. m. e f. ● Uomo politico o alto funzionario la cui autorità si fonda prevalentemente sulla competenza tecnica.

tecnocràtico [ingl. *technocratic*, da *technocrat* 'tecnocrate'] agg. (pl. m. *-ci*) ● Di, relativo a, tecnocrazia.

tecnocrazìa [ingl. *technocracy*, da *techno-* e *-cracy* '-crazia' (gr. *-kratía*, da *krátos* 'potere')] s. f. ● Governo dei tecnici | Egemonia, potere dei tecnici nella vita dello Stato.

tecnofìbra [comp. di *tecno-* e *fibra*] s. f. ● (*chim., tecnol.*) Ciascuna delle fibre artificiali e sintetiche.

tecnologìa [gr. *technología* 'discorso (*lógos*) sistematico su un'arte (*téchnē*)'] s. f. *1* Studio della tecnica e della sua applicazione. *2* Studio dei procedimenti e delle attrezzature necessarie per la trasformazione di una data materia prima in un prodotto industriale: *t. meccanica, metallurgica, del legno, chimica, tessile, ceramica, alimentare.* *3* *Tecnologie educative, dell'insegnamento, dell'istruzione*, attuazione dei processi educativi basata sull'analisi scientifica dell'apprendimento e dell'insegnamento, sulle metodologie e sui mezzi che essa suggerisce. *4* (*raro*) Linguaggio tecnico, terminologia tecnica.

tecnològico agg. (pl. m. *-ci*) ● Della tecnologia: *sviluppo t.* | Che riguarda la tecnologia: *laboratorio t.* || **tecnologicaménte**, avv.

tecnologizzàre [da *tecnologia*] v. tr. *1* (*raro*) Rendere tecnologico. *2* Sottoporre a procedimenti tecnologici.

tecnòlogo [fr. *technologue*, comp. di *techno-* 'tecno-' e *-logue* '-logo'] s. m. anche agg. (f. *-a*; pl. m. *-gi*, pop. *-ghi*) ● Chi studia, realizza o applica procedimenti tecnologici.

tecnopatìa [comp. di *tecno-* e *-patia*] s. f. ● (*raro*) Malattia professionale.

tecnopègnio [gr. *technopáignion* 'gioco (*páignion*) d'arte (*téchnē*)'] s. m. (pl. *tecnopègnia*) ● (*letter.*) Calligramma.

tecnopolìmero [comp. di *tecno-* e *polimero*] s. m. ● Ciascuna di una classe di materie plastiche costituite da polimeri termoplastici, le cui caratteristiche chimico-fisiche ne permettono l'impiego per fabbricare parti di macchine, strumenti e sim., prodotte tradizionalmente in metallo.

tecnopolitàno [da *tecno-* sul modello di *metropolitano*] agg. ● Che vive in una società dominata dal progresso tecnologico: *il disagio dell'uomo t.*

tecnostruttùra [comp. di *tecno-* e *struttura*] s. f. ● (*econ.*) Insieme di coloro che partecipano, direttamente o indirettamente, ai processi decisionali delle imprese di grandi dimensioni, contribuendo alla produzione con le loro conoscenze tecniche: *la t. di una società multinazionale.*

tecnotrònica [comp. di *tecno-* ed (*elet*)*tronica*] s. f. ● Tecnologia avanzata, realizzata con l'apporto di sistemi elettronici di controllo, automazione e sim.

tecnotrònico agg. (pl. m. *-ci*) ● Che riguarda la tecnotronica: *civiltà, era tecnotronica.*

téco [vc. dotta, lat. *tēcum*, parallelo di *cŭm* 'con' *tē* 'te'] forma pron. ● (*lett.*) Con te: *gli è t. cortesia l'esser villano* (ARIOSTO); *son t., e non mi fai / né pena né piacer* (METASTASIO) | (*raro, lett.*) *T. stesso, t. medesimo*, dentro di te, fra te e te | (*pleon.*) †*Con t., con esso t.*: *s'Amor con t. a grande opra mi chiama* (POLIZIANO).

tecodónte [dal gr. *thékē* (V. *teca*) e it. *-odonte*] agg. ● Che ha i denti confitti in alveoli: *animale t.; dentatura t.*

tectìte [da *tect(onico)*, col suff. *-ite* (2)] s. f. (pl. *-i*) ● (*miner.*) Piccola massa vetrosa traslucida di colore rossastro, verde o nero, prodotta probabilmente da impatti fra asteroidi.

tettònica e *deriv.* ● V. *tettonica* e *deriv.*

tèda [vc. dotta, lat. *tāeda(m)*, originariamente 'specie di pino resinoso', poi la 'torcia (di resina)', dal gr. *daída*, acc. di *daís*, di origine indeur.] s. f. *1* Fiaccola di legno resinoso usata dai Greci e dai Romani nelle solennità nuziali e nei cortei | (*poet.*) Fiaccola | (*poet., fig.*) *T. nuziale*, le nozze, il matrimonio: *sto soggiogata alla t. legittima* (POLIZIANO). *2* (*poet.*) Pino selvatico e ricco di resine.

Teddèum ● V. *Te Deum.*

teddy boy /*ingl.* 'tedi bɔi/ [loc. ingl., 'ragazzo (*boy*) vestito alla moda del regno di Edoardo VII, *Edward*, e per vezz. *Teddy*'] loc. sost. m. inv. (pl. ingl. *teddy boys*) ● Giovane teppista.

tedescànte [da *tedesco*] agg.; anche s. m. e f. ● (*raro, spreg.*) Tedescofilo.

tedescheggiàre [comp. di *tedesco* e *-eggiare*] v. intr. (*io tedeschéggio*; aus. *avere*) ● Seguire i costumi, gli usi, il pensiero dei Tedeschi | Essere sostenitore dei Tedeschi.

tedescherìa s. f. ● (*scherz.* o *spreg.*) L'insieme dei Tedeschi | Il paese abitato dai Tedeschi.

tedeschìsmo [da *tedesco*] s. m. ● Voce passata, a partire dal XIV sec., dalla lingua tedesca in quella italiana.

tedeschizzàre [comp. di *tedesco* e *-izzare*] v. tr. ● (*raro*) Rendere tedesco.

tedésco o †**todésco** [dal lat. mediev. *Teutĭscus*, tratto da **thiudisk-*, agg. con senso allargato dal got. *thiuda* 'popolo (germanico)'] **A** agg. (pl. m. *-schi*) ● Della Germania | *Alla tedesca*, (*ell.*) secondo l'usanza tedesca. || **tedeschìno**, dim. || **tedescaménte**, avv. (*raro*) Alla tedesca. **B** s. m. (f. *-a*) ● Abitante della Germania. **C** s. m. solo sing. ● Lingua del gruppo germanico, parlata dai Tedeschi | (*raro*) *Parlar t.*, (*fig.*) parlare in modo incomprensibile. || **tedescàccio**, pegg. | **tedescóne**, accr.

tedescòfilo [comp. di *tedesco* e *-filo*] agg.; anche s. m. (f. *-a*) ● Che, chi parteggia per i Tedeschi e li sostiene.

tedescòfobo [comp. di *tedesco* e *-fobo*] agg.; anche s. m. (f. *-a*) ● Che, chi è nemico dei Tedeschi e di tutto ciò che è tedesco.

tedescòfono [comp. di *tedesco* e *-fono*] agg.; anche s. m. (f. *-a*) ● Che, chi parla tedesco.

tedescùme [comp. di *tedesco* e *-ume*] s. m. ● (*spreg.*) Cose, idee, usanze, popolazioni tedesche.

Te Dèum /te d'dɛum, te 'dɛum/ o **Teddèum**, **Tedèum** [dalle parole lat. iniziali dell'inno: letteralmente 'te (*tē*), o Signore (*Dĕum*)', e continua 'lodiamo (*laudāmus*)'] loc. sost. m. inv. ● (*relig.*) Solenne inno della liturgia cattolica per glorificazione e ringraziamento a Dio.

tediàre [vc. dotta, lat. *taediāre*, da *taedium* 'tedio'] **A** v. tr. (*io tèdio*) ● Procurare tedio | Annoiare, infastidire: *per non tediarvi, sarò breve.* SIN. Importunare, seccare. **B** v. intr. pron. ● Provare fastidio, noia. SIN. Annoiarsi, infastidirsi.

tèdio [vc. dotta, lat. *tāediu(m)*, da *taedēre* 'essere disgustato', vc. espressiva di etim. incerta] s. m. ● Senso di profonda noia e dolorosa stanchezza | (*est.*) Noia, fastidio: *dare t.; venire a t.; questa lettura procura un grande t.* | *T. della vita*, indifferenza e insofferenza verso i problemi dell'esistenza propria e altrui. SIN. Uggia.

tediosità s. f. ● Qualità di chi, di ciò che è tedioso.

tedióso [vc. dotta, lat. *taediōsu(m)*, agg. da *tāedium* 'tedio'] agg. ● Che procura tedio: *giorno t.; libro t.* SIN. Fastidioso, noioso, uggioso.

tedòforo [comp. di *teda* 'fiaccola' e *-foro*] s. m.; anche agg. (f. *-a*) ● (*lett.*) Chi, che porta una fiaccola.

tee /*ingl.* ti:/ [vc. ingl. di etim. incerta] s. m. inv. ● (*sport*) Nel golf, piccolo supporto sul quale si pone la pallina per giocare il primo colpo di una buca.

teen-ager /*ingl.* 'ti:n-eidʒə/ [vc. ingl., comp. di *-teen* (da *ten* 'dieci', d'area germ. e origine indeur.), terminazione dei numeri cardinali dal 13 al 19 incluso, e *ager*, da *age* 'età', di origine fr.] s. m. e f. inv. (pl. ingl. *teen-agers*) ● Ragazzo o ragazza fra i tredici e i diciannove anni.

tee-shirt ● V. *t-shirt*.

tèflon ® [marchio della E. I. Du Pont De Nemours & Company Inc.] s. m. inv. ● (*chim*) Nome commerciale del politetrafluoroetilene.

teflonàre [da *teflon*] v. tr. (*io teflòno*) ● Rivestire di teflon.

tefrite [vc. dotta, lat. *tephrīte(m)*, dal gr. *tephrítis* 'pietra del colore della cenere (*téphra*, di origine indeur.)'] s. f. ● (*miner.*) Roccia eruttiva effusiva a struttura porfirica quasi totalmente cristallina.

tefromanzìa [comp. del gr. *téphra* 'cenere' e *-manzia*] s. f. ● Divinazione mediante esame della cenere delle are.

téga [lat. *thēca(m)* 'custodia, teca'] s. f. *1* (*dial.*) Baccello di fava, fagiolo e sim. *2* (*dial.*) Gluma.

tegamàta s. f. *1* Quanto cibo sta in un tegame: *una t. di fagioli*. *2* Colpo di tegame.

tegàme [gr. *tḗganon*, attratto nella serie dei collettivi con suff. *-ame*] s. m. *1* Recipiente da cucina in terracotta o metallo, tondo e basso, con manici ad ansa: *preparare la salsa nel t.* *2* (*est.*) Quanto può contenere un tegame. ‖ **tegamàccio**, pegg. | **tegamino**, dim. (V.) | **tegamone**, accr.

tegamino s. m. *1* Dim. di *tegame*. *2* Tegame piccolo e basso di sponda, usato per cuocere le uova | *Uova nel t.*, *al t.*, fritte con burro od olio, talora con aggiunta di salsa.

tegenària [vc. dotta, lat. tardo **tegenāriu(m)* per *tegetāriu(m)* 'che costruisce stuoie (*tēgetes*, dalla radice indeur. *teg-* 'coprire', con allusione alle ragnatele)'] s. f. ● Ragno grigiastro di modeste dimensioni, cosmopolita, che popola gli angoli scuri di soffitte, cantine, stanze (*Tegenaria domestica*).

téglia o †**tégghia** [lat. *tēgula(m)* con il senso di 'coperchio', da una base indeur. *teg-* 'coprire'] s. f. *1* Tegame senza manico, rotondo o rettangolare, per cuocere in forno dolci e gener. vivande | Coperchio fondo che si mette su piatto o tegame per tenerlo caldo. *2* (*fig.*, *scherz.*) Cappello a tesa larga. ‖ **tegliàccia**, pegg. | **tegliétta**, dim. | **teglietìna**, dim. | **teglìna**, dim. | **tegliòna**, accr. | **tegliòne**, accr. m.

tegliàta s. f. ● Quanto può essere contenuto in una teglia.

†**tegnènte** ● V. *tenente* (*1*).

†**tegnènza** [da *tegnente*] s. f. ● Tenacità.

tégola [vc. dotta, lat. *tēgula(m)*, della medesima famiglia di *tēctum* 'tetto', secondo la comune origine dalla radice indeur. *teg-* 'coprire'] s. f. ● Laterizio a superficie rettangolare, variamente sagomato o curvo, usato per copertura di tetti, solo o con embrici | *T. curva*, coppo | *T. in testa*, (*fig.*) cosa spiacevole e inaspettata. ‖ **tegolina**, dim. | **tegolóne**, accr.

tegolàta s. f. ● Colpo di tegola.

tegolàto [collettivo da *tegola*, come **tegulātum* 'tetto' nel lat. parl.] s. m. ● (*raro*) Copertura di tegoli.

tégolo s. m. ● (*tosc.*) Tegola | (*raro*) *Scoprire qualche t.*, (*fig.*) scoprire qualche fatto nascosto.

tegumentàle agg. ● Del tegumento | *Tessuto t.*, formato da cellule a mosaico che riveste gli organismi vegetali.

tegumentàrio agg. ● Tegumentale | *Apparato t.*, negli animali, l'insieme della pelle e delle produzioni cutanee.

teguménto [vc. dotta, lat. *tegumĕntu(m)* 'copertura', dalla base indeur. *teg-* col senso di 'coprire'] s. m. ● (*biol.*) Tessuto o apparato di rivestimento del corpo umano o di un organo animale o vegetale.

teicoltóre [comp. di *tè* e *coltore*] s. m. (f. *-trice*) ● Chi pratica la teicoltura.

teicoltùra [comp. di *tè* e *coltura*] s. f. ● Coltivazione del tè.

teièra [da *tè*, sui modelli preesistenti di *sorbettiera*, *cioccolatiera*, *caffettiera*] s. f. ● Bricco panciuto con beccuccio in cui si prepara o si serve il tè.

teìna [da *tè*, col suff. *-ina* di analoghe sostanze chim.] s. f. ● Alcaloide contenuto nelle foglie del tè, identico chimicamente alla caffeina.

teìsmo [comp. dal gr. *theós* 'dio' e *-ismo*, sul modello del fr. *théisme*] s. m. ● Credenza in una divinità personale e unica | Dottrina religiosa o filosofica fondata su tale credenza.

teìsta [da *teismo*, come il fr. *théiste* da *théisme*] s. m. e f. (pl. m. *-i*) ● Chi aderisce al teismo.

teìstico agg. (pl. m. *-ci*) ● Che concerne il teismo.

tek /'tɛk/ o **teck** [da una vc. mal. (*tekka*) di origine indiana] s. m. ● Legno che si ricava dall'albero *Tectona grandis*, leggero ma durissimo e resistente, facilmente lavorabile perché senza nodi, usato per ponti di navi, mobili, pavimenti, serramenti.

tèla [lat. *tēla(m)*, per un precedente *tĕxla(m)*, da *tĕxere* 'tessere', di origine indeur.] s. f. *1* Tessuto di lino, cotone o canapa a tessitura classica: *ordire una t.*; *lenzuolo di t.* | *T. cerata*, impermeabilizzata con gomma o vernice | *T. d'Olanda*, olanda | *T. di ragno*, ragnatela | *La t. di Penelope*, (*fig.*) lavoro che sembra non aver termine perché sempre rivisto, corretto, rifatto | *Restare*, *finire in braghe di t.*, (*fig.*) rimanere senza risorse morali o materiali, spec. dopo aver subìto un raggiro, un inganno o un rovescio economico. *2* Tessuto con cui si formano le vele e le tende | *Far t.*, (*fig.*) svignarsela. *3* Elemento costitutivo dell'armatura del pneumatico, composto generalmente di cordicelle parallele d'acciaio, fibre naturali o sintetiche incorporate in uno strato di gomma | *Andare*, *marciare sulle tele*, quando il battistrada è completamente consumato e queste sono messe a nudo, nelle auto da corsa. *4* Quadro dipinto su tela: *ammirare alcune tele di Raffaello, del Murillo*. *5* Sipario | *Cala la t.*, (*fig.*) finisce, è finito, detto di fatti, vicende, avvenimenti. *6* (*fig.*) Complesso di azioni meditate e preordinate spec. per raggirare, imbrogliare qc.: *ordire una t.*; *cadere nella t.* SIN. Trama. *7* (*fig.*) †Azione che si va ideando o compiendo | †Ragionamento, discorso, racconto: *vidi t. sottil ordir Crisippo* (PETRARCA). *8* (*caccia*) *T. alle folaghe*, battuta di caccia durante la quale un gran numero di partecipanti a bordo di piccole imbarcazioni spara agli uccelli, dopo averli chiusi al centro di laghi o valli paludose. *9* (*anat.*) Formazione anatomica simile a lamina, di spessore modesto e di struttura delicata. ‖ **telàccia**, pegg. | **telétta**, dim. (V.) | **telìna**, dim. | **telìno**, dim. m.

telàggio s. m. ● Qualità, tipo di tessitura della tela | Tele assortite.

telaìno s. m. *1* Dim. di *telaio*. *2* Cornice di legno che in un alveare sostiene i favi.

telàio o †**telàro** [lat. parl. *telāriu(m)*, da *tēla*] s. m. *1* Macchina tessile che produce il tessuto mediante l'intreccio di due elementi tra loro perpendicolari, l'ordito e la trama: *t. a mano*; *telai meccanici*; *t. per la lana, seta, cotone, lino, canapa* | *T. da ricamo*, attrezzo di legno a incastro o formato da due cerchi concentrici in cui si tende il tessuto da ricamare | *Mettere q.c. sul t.*, (*fig.*) iniziare un lavoro. *2* Incastellatura di travi i cui assi formano una linea chiusa | *T. multiplo*, formato da due o più telai aventi a due a due un lato in comune | *T. di finestra*, struttura in legno o metallo a forma di cornice fissata al muro su cui sono applicati i cardini. *3* Ossatura, armatura, intelaiatura: *t. del letto, di un mobile, di un quadro, del pianoforte* | Armatura di legno atta a sostenere le scene teatrali o a tirarne la tela. *4* Scheletro metallico costituente l'ossatura di base di un automezzo, vagone ferroviario e sim. | *T. portautensili*, struttura metallica per il montaggio di corpi operatori diversi, che si collega in vario modo alla trattrice. ➡ ILL. p. 1746 TRASPORTI. *5* In tipografia, dispositivo della monofonditrice in cui sono saldamente fissate le matrici delle varie lettere o segni. *6* Avvolgimento di filo elettrico variamente disposto che funge da antenna per radioonde e con cui è possibile determinarne la direzione di provenienza. ‖ **telaiétto**, dim. | **telaìno**, dim. (V.) | **telaióne**, accr.

telamóne [vc. dotta, lat. tardo *telamōne(m)*, nom. *tĕlamo(n)*, dal gr. *telamṓn*, che, come il n. dell'eroe *Telamṓn* 'Telamone', è legato alla radice *tel-* '(sop)portare'] s. m. ● Statua d'uomo, per lo più colossale, che, nelle parti esterne di un edificio, funge da colonna o pilastro o anche modiglione. SIN. Atlante.

telangettaṣìa o **telangectaṣìa** [di etim. incerta] ● V. *teleangectasia*.

telangettàṣico agg. (pl. m. *-ci*) ● (*med.*) Relativo alla telangettasia: *emangioma t.*

telàre [da *tela* nella loc., di provenienza gerg. o di origine incerta, *far tela* 'scappare'] v. intr. (*io tèlo*; aus. *essere*) ● (*pop.*, *region.*) Svignarsela.

†**telàro** ● V. *telaio*.

telàto agg. ● Simile alla tela | Che ha l'aspetto e la consistenza della tela | *Carta telata*, particolare tipo di carta per scrivere.

telatùra [da *telare* nel senso di 'dare l'aspetto di tela'] s. f. ● (*cart.*) Procedimento di finitura superficiale della carta che le conferisce un aspetto telato.

tèle [fr. *télé*, acrt. di *télévision* 'televisione'] **A** s. f. inv. ● (*fam.*) Acrt. di *televisione*. **B** s. m. inv. ● Acrt. di *teleobiettivo*.

tèle- o **tele-** [dal gr. *tēle* 'lontano, a distanza'] primo elemento ● In parole composte per lo più della terminologia scientifica e tecnica, significa 'da lontano' o fa riferimento a operazioni, trasmissione a distanza: *telecinesi*, *telefono*, *telegrafo*, *telemetro*, *televisione* | In alcuni casi è accorciamento di *televisione* e vale 'della, relativo alla televisione': *teleabbonato*, *telecamera*, *telefilm*.

teleabbonàto [comp. di *tele(visione)* e *abbonato*] s. m. (f. *-a*) ● Abbonato ai servizi televisivi forniti dalla RAI-TV, mediante il pagamento di un canone annuo.

teleangectaṣìa o **telangettaṣìa** [comp. di *tele-*, *ang(io)-* ed *ectasia*] s. f. ● (*med.*) Dilatazione di un gruppo di piccoli vasi sanguigni che provoca la comparsa di fini ramificazioni rosse o bluastre sulla cute e sulle mucose.

teleannunciatóre [comp. di *tele-* e *annunciatore*] s. m. (f. *-trice*) ● Annunciatore televisivo.

teleàrma [comp. di *tele-* e *arma*] s. f. (pl. *-i*) ● (*mil.*) Ordigno offensivo telecomandato o teleguidato.

teleaudioconferènza [comp. di *tele-*, *audio-* e *conferenza*] s. f. ● Conferenza o dibattito che possono realizzarsi attraverso collegamenti di tipo telefonico fra due o più gruppi di persone situati in ambienti e luoghi diversi e distanti fra loro, con l'eventuale impiego di servizi opzionali, come la telescrittura, la fotocopiatura a distanza, la trasmissione dati e sim. ➡ ILL. **telematica**.

teleaudioviṣìvo [comp. di *tele-* e *audiovisivo*] **A** agg. ● Che si basa sull'impiego a distanza di mezzi audiovisivi. **B** s. m. ● Strumento, sistema teleaudiovisivo: *alcune tecnologie avanzate sfruttano i teleaudiovisivi*.

teleautografìa [comp. di *tele-* e *autografia*] s. f. ● Trasmissione a distanza, attraverso circuiti telegrafici, di scritti, disegni, immagini fisse.

teleautogràfico agg. (pl. m. *-ci*) ● Relativo alla teleautografia.

teleautogràfo s. m. ● Apparecchio per la teleautografia.

tèlebaby /'tɛle 'beibi/ [comp. di *tele-* e *baby*] s. m. inv. ● Sciovia per bambini.

telebànda [comp. di *tele-* e *banda*] s. f. ● (*elab.*) Supporto di informazioni costituito da un nastro di carta perforabile mediante una perforatrice.

telebeam /tele'bim, *ingl.* 'teləbi:m/ [comp. di *tele-* e dell'ingl. *beam* 'fascio (di onde)'] s. m. inv. ● Dispositivo elettronico che permette, attraverso l'esame di una o più immagini televisive, la rilevazione di misure di lunghezza, altezza e velocità: *la posizione di fuorigioco è stata documentata col t.*

telebómba [comp. di *tele-* e *bomba*] s. f. ● Bomba aerea speciale munita di superfici portanti e di organi di stabilità e comando lanciata da aerei contro obiettivi terrestri.

telebórsa [comp. di *tele(scrivente)* e *borsa* (*2*)] s. f. ● Particolare servizio di telescrivente utilizzato presso le sale di contrattazione di merci o titoli.

telebùssola [comp. di *tele-* e *bussola*] s. f. ● (*mar.*) Complesso costituito da una bussola magnetica, installata in modo da essere esente il più possibile da influenze perturbatrici, e da un certo numero di indicatori di rotta a distanza.

telecabìna [fr. *télécabine* 'cabina (*cabine*) teleferica (*télé(phérique)*)'] s. f. ● Cabina di funivia |

Impianto a t., cabinovia. ➡ ILL. **funivia**.

telecàmera [comp. di *tele(visione)* e *camera* nel senso ingl. di 'macchina fotografica'] s. f. ● Dispositivo da ripresa per televisione che trasforma l'immagine ottica in una successione di segnali elettrici.

telecettóre [comp. di *tele-* e *(re)cettore*] s. m. ● (*fisiol.*) Esterocettore, quale un recettore uditivo, visivo od olfattivo, che viene attivato da energia proveniente da una sorgente distante dall'organismo.

telecinecàmera [comp. di *tele-* e *cinecamera*] s. f. ● Macchina da presa cinematografica provvista di una telecamera funzionante da mirino.

telecìnema [comp. di *tele(visione)* e *cinema*] s. m. inv. ● Dispositivo che permette di trasmettere in televisione una pellicola cinematografica e di registrarne le immagini su un supporto magnetico.

telecinèṣi [comp. di *tele-* e del gr. *kínēsis* 'movimento'] s. f. ● (*psicol.*) In parapsicologia, lo spostamento di corpi fisici non provocato da energia nota.

telecinètico agg. (pl. m. *-ci*) ● Relativo a telecinesi.

telecittà [da *tele-*, sul modello di *cinecittà*] s. f. ● Complesso abbastanza vasto e completo di attrezzature televisive.

teleclinòmetro [comp. di *tele-* e *clinometro*] s. m. ● Apparecchio impiegato nella prospezione del petrolio per la determinazione della posizione nello spazio dei pozzi petroliferi.

telecomandàre [comp. di *tele-* e *comandare*] v. tr. ● Comandare a distanza dispositivi, veicoli e sim. SIN. Teleguidare.

telecomandàto part. pass. di *telecomandare*; anche agg. ● Nel sign. del v.

telecomàndo [comp. di *tele-* e *comando*] s. m. *1* Comando di un dispositivo a distanza, per mezzo di fili oppure onde acustiche o elettromagnetiche. *2* Dispositivo, meccanismo di telecomando: *t. televisivo*.

telecomunicàre [comp. di *tele-* e *comunicare*] v. intr. e tr. (*io telecomùnico, tu telecomùnichi*; aus. *avere*) ● Comunicare a distanza.

telecomunicazióne [comp. di *tele-* e *comunicazione*] s. f. *1* Comunicazione a distanza di suoni, parole, immagini, scritture, con o senza fili. *2* Comunicazione eseguita per telefono o per telegrafo | *Ministero delle Poste e delle Telecomunicazioni*, che presiede ai servizi postali, telegrafici e telefonici.

teleconferènza [comp. di *tele-* e *conferenza*] s. f. ● Conferenza o dibattito che, attraverso sistemi di telecomunicazione, collega sia in audio che in video persone o gruppi che si trovano in località diverse.

telecontrollàre [comp. di *tele-* e *controllare*] v. tr. (coniug. come *controllare*) ● Telecomandare.

telecontròllo [comp. di *tele-* e *controllo*] s. m. ● Telecomando.

telecòpia [comp. di *tele-* e *copia*] s. f. *1* Copia ottenuta mediante telecopiatrice. *2* Telefax.

telecopiatóre [comp. di *tele-* e *copiatore*, sul modello dell'ingl. *telecopier*] s. m. ● Telefax.

telecopiatrice [comp. di *tele-* e *copiatrice*, sul modello dell'ingl. *telecopier*] s. f. ● Telefax, nel sign. 1.

telecopiatùra [comp. di *tele-* e *copiatura*, sul modello dell'ingl. *telecopier*] s. f. ● Sistema di copiatura a distanza mediante telefax.

telecrazìa [comp. di *tele-* e *-crazia*] s. f. ● Capacità del mezzo televisivo di raggiungere e influenzare l'opinione di un grande numero di spettatori.

telecrònaca [comp. di *tele-* e *cronaca*] s. f. ● Ripresa commentata di un avvenimento eseguita mediante apparecchiature televisive | *T. diretta*, trasmessa contemporaneamente agli avvenimenti in corso | *T. differita*, registrazione effettuata nel corso degli avvenimenti e trasmessa successivamente.

telecronìsta s. m. e f. (pl. m. *-i*) ● Chi effettua telecronache.

telecuòre [comp. di *tele-* e *cuore*] s. m. ● (*med.*) Radiogramma del cuore mediante teleradiografia.

telediffóndere [comp. di *tele-* e *diffondere*] v. tr. (coniug. come *fondere*) ● Diffondere attraverso la televisione.

telediffuṣióne [comp. di *tele-* e *diffusione*] s. f. ● Trasmissione di programmi televisivi e sim.

teledipendènte [comp. di *tele-* e *dipendente*] agg.; anche s. m. e f. ● Videodipendente.

teledipendènza [comp. di *tele-* e *dipendenza*] s. f. ● Videodipendenza.

teledocumentazióne [comp. di *tele-* e *documentazione*] s. f. ● (*elab.*) Documentazione a distanza mediante elaboratori elettronici abbinati a reti di comunicazione, spec. telefoniche.

teledràmma [comp. di *tele-* e *dramma*] s. m. (pl. *-i*) ● Dramma concepito e realizzato appositamente per la televisione.

teledrìn [comp. di *tele-* e dell'onomat. *drin*] s. m. inv. ● Avvisatore telefonico personale | Servizio che consente a un abbonato telefonico l'utilizzo dell'avvisatore stesso. CFR. Cercapersone.

teleelaborazióne [comp. di *tele-* ed *elaborazione*] s. f. ● (*elab.*) Elaborazione elettronica a distanza dei dati che un terminale invia a un elaboratore centrale il quale gli ritrasmette i risultati in cui li ha convertiti.

tèlefax [comp. di *tele-* e *fax* (forse da *facsimile*)] s. m. inv. *1* Apparecchio per la ricetrasmissione di documenti tramite la rete telefonica: *inviare l'estratto conto per t.* *2* Il documento trasmesso o ricevuto con tale apparecchio: *ho appena ricevuto il tuo t.* SIN. Fax. ➡ ILL. **telematica**.

telefèrica [fr. (*ligne*) *téléphérique* '(linea) teleferica', a sua volta dall'ingl. *telpherage*, comp. delle due parole gr. *télé* 'lontano' e *phérein* 'portare'] s. f. ● Impianto per il trasporto di merci mediante veicoli che viaggiano, sospesi ad una certa altezza dal suolo, lungo una o più funi portanti. ➡ ILL. **funivia**.

telefèrico [fr. *téléphérique* (V. *teleferica*)] agg. (pl. m. *-ci*) ● Concernente gli impianti teleferici.

teleferìsta s. m. (pl. *-i*) *1* Persona addetta all'esercizio di una teleferica. *2* Ciascuno degli appartenenti ai reparti speciali del genio addetti all'impianto e all'esercizio delle teleferiche.

telefilm [comp. di *tele-* e *film*] s. m. inv. ● Film, gener. di breve durata, concepito e realizzato appositamente per la televisione.

telefonàre [da *telefono*] **A** v. tr. (*io telèfono*) ● Comunicare per via telefonica: *ci hanno telefonato cattive notizie.* **B** v. intr. (aus. *avere*) ● Parlare per mezzo del telefono: *mi telefona ogni lunedì.*

telefonàta [da *telefonare*] s. f. ● Chiamata e comunicazione per telefono | *T. urbana, interurbana*, tra abbonati della stessa o di una diversa rete telefonica. || **telefonatìna**, dim.

telefonàto part. pass. di *telefonare*; anche agg. *1* Nei sign. del v. *2* (*sport*) Detto di tiro del pallone, pugno e sim., lenti al punto da prevederne facilmente la traiettoria.

telefonìa [comp. di *tele-* e di un deriv. di *phōnḗ* 'voce, suono'] s. f. ● Trasmissione a distanza dei segnali fonici, gener. per mezzo della corrente elettrica | *T. ottica*, trasmissione di segnali fonici fra due stazioni in contatto ottico mediante un fascio di luce, o di ultrarosso o di ultravioletto, modulato dal suono | *T. senza fili*, radiotelefonia | *T. a correnti vettrici*, che impiega un solo circuito per molte conversazioni. ➡ ILL. **telefonia**.

telefònico **A** agg. (pl. m. *-ci*) *1* Di telefono, di telefonia: *elenco, impianto t.*; *cabina telefonica* | *Centrale telefonica*, insieme di apparecchiature che consentono lo svolgimento del servizio telefonico | *Distretto t.*, ciascuna delle aree in cui è suddiviso il territorio nazionale agli effetti del servizio telefonico. *2* Ottenuto tramite il telefono: *chiamata telefonica.* **B** s. m. (f. *-a*) ● Chi è addetto agli impianti telefonici o lavora in un ufficio dell'amministrazione telefonica: *la categoria dei telefonici.* || **telefonicaménte**, avv. Per mezzo del telefono: *lo raggiungeremo telefonicamente.*

telefonìno s. m. ● Telefono cellulare.

telefonìsta [da *telefono*] s. m. e f. (pl. m. *-i*) *1* Persona addetta alle comunicazioni telefoniche | Impiegato al servizio del commutatore negli uffici centrali del telefono. *2* Operaio addetto agli impianti telefonici. *3* Militare specializzato per le trasmissioni a filo.

telèfono [comp. di *tele-* e *phōnḗ* 'voce, suono', sull'es. del fr. *téléphone*] s. m. *1* Apparecchio che, mediante la trasformazione delle onde acustiche in impulsi elettrici, consente la trasmissione a distanza, composto esternamente da una cassa e da un microtelefono e internamente da dispositivi elettromeccanici: *chiamare, rispondere al t.*; *i fili del t.* | *Numero del t.*, dell'apparecchio di comunicazione | *Colpo di t.*, chiamata | *T. automatico*, senza il telefonista intermediario | *T. interno*, apparecchio derivato da un centralino privato | *T. pubblico*, a disposizione del pubblico per conversazioni urbane o interurbane | *T. a tastiera*, apparecchio telefonico in cui il numero dell'abbonato chiamato viene composto mediante una tastiera che sostituisce il disco combinatore | *T. a scheda, a scheda magnetica*, apparecchio telefonico, gener. pubblico, con il quale si può effettuare la comunicazione solo previa introduzione di una scheda magnetica corrispondente a un determinato numero di scatti e al relativo importo, che l'apparecchio provvede ad annullare man mano che si svolge la comunicazione | *T. senza filo*, apparecchio telefonico di dimensioni ridotte che consente di ricevere e trasmettere comunicazioni mediante radiocollegamento da una certa distanza da una centralina collegata mediante cavo a un'ordinaria presa telefonica | *T. cellulare*, telefono portatile individuale che impiega una rete di comunicazioni ad alta frequenza (450 e 900 megahertz) basata su numerosi ripetitori che controllano 'celle' di territorio del raggio di circa 20 km | *T. cellulare veicolare*, quello installato su veicoli | *T. cellulare palmare*, di piccole dimensioni, che può essere contenuto nel palmo di una mano. SIN. Telefonino | *T. rosso*, linea diretta che collega la Casa Bianca al Cremlino e (*est.*) linea usata per comunicazioni di emergenza o consultazioni ad altissimo livello | *Telefoni bianchi*, espressione del linguaggio della critica cinematografica e, in senso più vasto, della pubblicistica, per indicare un genere di film italiani degli anni Trenta, con riferimento agli interni lussuosi di quelle pellicole e alla scarsa aderenza alle problematiche sociali e politiche di quegli anni. *2* Servizio telefonico che offre consulenza o riceve segnalazioni e proteste | *T. amico*, rivolto a chi ha bisogno di aiuto, conforto, consigli | *T. azzurro*, per la difesa di minori che subiscono violenze fisiche o psicologiche | *T. rosa*, per denunce di donne che hanno subito abusi o violenze. || **telefonìno**, dim. (V.).

Teleforàcee [vc. dotta, comp. del gr. *thēlḗ* 'capezzolo, mammella' e di un deriv. da *phérein* 'portare' (con *-acee*), per la forma a coppa del corpo fruttifero] s. f. pl. ● Nella tassonomia vegetale, famiglia di Funghi saprofiti degli Imenomiceti a forma crostosa, laminare o a imbuto (*Thelephoraceae*) | (al sing. *-a*) Ogni individuo di tale famiglia.

telèforo [comp. di *tele-* e *-foro*, sul modello di *telefono*] s. m. ● Teleferica rudimentale destinata al trasporto a breve distanza di carichi quali legname o prodotti agricoli, assicurati a una fune metallica con un morsetto.

telefòto s. f. inv. ● Acrt. di *telefotografia*.

telefotografìa [comp. di *tele-* e *fotografia*] s. f. *1* Sistema di trasmissione a distanza di immagini fisse, in bianco e nero o a colori, mediante correnti elettriche, costituito gener. da un apparato trasmittente, dove l'immagine da trasmettere viene introdotta e sottoposta a un processo di scansione, una linea di trasmissione, e un apparato ricevente, dove l'immagine trasmessa viene ricostruita e riprodotta su un supporto fisico. *2* Immagine trasmessa a distanza mediante correnti elettriche. *3* Fotografia eseguita con una macchina fotografica munita di teleobiettivo.

telefotogràfico agg. (pl. m. *-ci*) ● Relativo alla telefotografia.

telegenìa [comp. di *tele-* e *-genìa*] s. f. ● Qualità di chi è telegenico.

telegènico [da *fotogenico* con sostituzione del prefissoide *foto-* con *tele-* (da *televisione*)] agg. (pl. m. *-ci*) ● Detto di persona adatta a essere ripresa dalla televisione.

telegiornàle [comp. di *tele(visione)* e *giornale*] s. m. ● Notiziario televisivo.

telegrafàre [da *telegrafo*] v. tr. e intr. (*io telègrafo*; aus. *avere*) ● Comunicare col telegrafo: *t. una notizia*; *non ho potuto t.*

telegrafìa [comp. di *tele-* e *-grafia*] s. f. ● Trasmissione e riproduzione a distanza di un messaggio codificato: *t. a divisione di frequenza o armonica, a divisione di tempo, a commutazione automatica, intercontinentale* | *T. ottica*, quella che utilizza un fascio di luce interrotto secondo il codice Morse, o altri segnali visibili o luminosi | *T. acustica*, quella che utilizza segnali acustici | *T. elettrica*, quella in cui ciascun simbolo alfanumerico del messaggio viene convertito, in trasmissione, in una sequenza di impulsi elettrici secondo un dato codice, la quale, in ricezione, viene decodificata e riconvertita nel simbolo corrispondente | *T. senza fili*, radiotelegrafia.

telegràfico A agg. (pl. m. *-ci*) ***1*** Concernente il telegrafo o la telegrafia: *impianto t.*; *cavo t. sottomarino transoceanico*. ***2*** Trasmesso con il telegrafo. ***3*** (*fig.*) Conciso, stringato: *stile t.* **B** s. m. ● Francobollo speciale, il cui valore rappresentava la somma da pagare per spedire un telegramma. || **telegraficaménte**, avv. ***1*** Per mezzo del telegrafo. ***2*** (*fig.*) In modo conciso, stringato.

telegrafista [da *telegrafo*] s. m. e f. (pl. m. *-i*) ***1*** Persona addetta alla trasmissione e ricezione di messaggi telegrafici. ***2*** Operaio specializzato addetto alla manutenzione d'impianti telegrafici. ***3*** Militare specializzato del genio addetto al telegrafo.

telègrafo [comp. di *tele-* e *-grafo*, sul modello del fr. *télégraphe*] s. m. ***1*** Dispositivo o apparecchio per telegrafia | *T. ottico*, quello atto a realizzare la telegrafia ottica | *T. elettrico*, quello atto a realizzare la telegrafia elettrica | *T. Morse*, telegrafo elettrico destinato a trasmettere e riprodurre a distanza messaggi scritti, codificati secondo il codice Morse | *T. senza fili*, radiotelegrafo | *T. campale*, impiantato dall'arma del Genio. ***2*** (*mar.*) *T. di macchina*, apparecchio meccanico o elettromeccanico che permette di trasmettere gli ordini dalla plancia al locale delle macchine e di ricevere la risposta. ***3*** Edificio ove sono situati impianti telegrafici.

telegrafònico [comp. di *telegra(fico)* e *(tele)fonico*] agg. (pl. m. *-ci*) ● Che riguarda i servizi telegrafici e telefonici: *rete telegrafonica*.

telegràmma [comp. di *tele-* e *gramma* 'lettera'] s. m. (pl. *-i*) ● Testo trasmesso per telegrafo: *t. urgente, con precedenza assoluta, con risposta pagata* | *T. lampo*, trasmesso con la massima velocità | *T. lettera*, quello con un minimo di parole più alto e a tariffa ridotta rispetto ai telegrammi ordinari, che viene inoltrato dopo questi ultimi e recapitato il giorno successivo con la posta ordinaria | *T. treno, volante*, quello che viene consegnato al personale viaggiante di un treno, che lo consegna alla prima stazione ferroviaria perché sia inoltrato con i mezzi ordinari.

teleguida [da *teleguidare*] s. f. ***1*** Guida telecomandata, atto ed effetto del teleguidare: *t. di un autoveicolo, di un aeromobile, di un missile, di un veicolo spaziale*; *sistema, dispositivo di t.* ***2*** Dispositivo, sistema di guida telecomandata.

teleguidàre [comp. di *tele-* e *guidare*] v. tr. ● Guidare a distanza il moto di autoveicoli, navi, aeromobili, missili, veicoli spaziali e sim.

teleguidàto part. pass. di *teleguidare*; anche agg. ● Nel sign. del v.

teleinformàtica [comp. di *tele-* e *informatica*] s. f. ● L'insieme degli aspetti scientifici e tecnici della trasmissione delle informazioni.

teleinseritóre [comp. di *tele-* e *inseritore*] s. m. ● Dispositivo automatico atto a inserire a distanza macchine o strumenti di misura elettrici, per es. ad avviare automaticamente una telescrivente a seguito di un segnale di chiamata.

telelavóro [comp. di *tele-* e *lavoro*] s. m. ● Attività lavorativa decentrata resa possibile dalle tecnologie telematiche che collegano unità produttive periferiche a centri direzionali.

telelibera [comp. di *tele-* e del f. di *libero*] s. f. ● Emittente televisiva, appartenente a privati, che utilizza frequenze diverse da quelle della televisione statale.

telemanipolatóre [comp. di *tele-* e *manipolatore*] s. m. ● Dispositivo che permette di manipolare a distanza sostanze pericolose o nocive, per es. radioattive.

telemanòmetro [comp. di *tele-* e *manometro*] s. m. ● Manometro atto a indicare e a registrare a distanza la pressione di un fluido.

telemark /tele'mark, *ingl.* 'telima:k/ [dal n. della regione norvegese dove in orig. veniva praticata questa tecnica] s. m. inv. ● (*sport*) Nello sci, tecnica di virata, ormai in disuso nella discesa, ma utilizzata nello sci di fondo.

telemàtica [comp. di *tele-* e *(infor)matica*] s. f. ● Insieme delle applicazioni derivate dall'integrazione delle tecnologie informatiche con quelle delle telecomunicazioni basate sullo scambio di dati o sull'accesso ad archivi attraverso la rete telefonica o apposite reti. ➡ ILL. **telematica**.

telemàtico [da *telematica*] **A** agg. (pl. m. *-ci*) ● Relativo alla telematica: *età telematica*; *rivoluzione telematica*. **B** s. m. (f. *-a*) ● Chi si occupa di telematica.

telematizzàre [da *telematica*] v. tr. ● Dotare di una rete telematica.

telemeccànica s. f. ● L'insieme delle questioni riguardanti i telecomandi e la teleguida.

telemeccànico agg. (pl. m. *-ci*) ● Riguardante la telemeccanica: *sistema, dispositivo t.*

telemedicina [comp. di *tele-* e *medicina*] s. f. ● Applicazione della telematica alla medicina che consente, sfruttando la capillarità della rete telefonica commutata, di mettere in comunicazione un malato con un medico o un centro sanitario lontano e di trasmettere a esso elettrocardiogrammi, radiografie, segnali bioelettrici e sim., per effettuare diagnosi e terapie d'urgenza.

telemessàggio [comp. di *tele-* e *messaggio*] s. m. ● Discorso teletrasmesso pronunciato da un'autorità politica o religiosa: *il t. del Presidente della*

telefonia

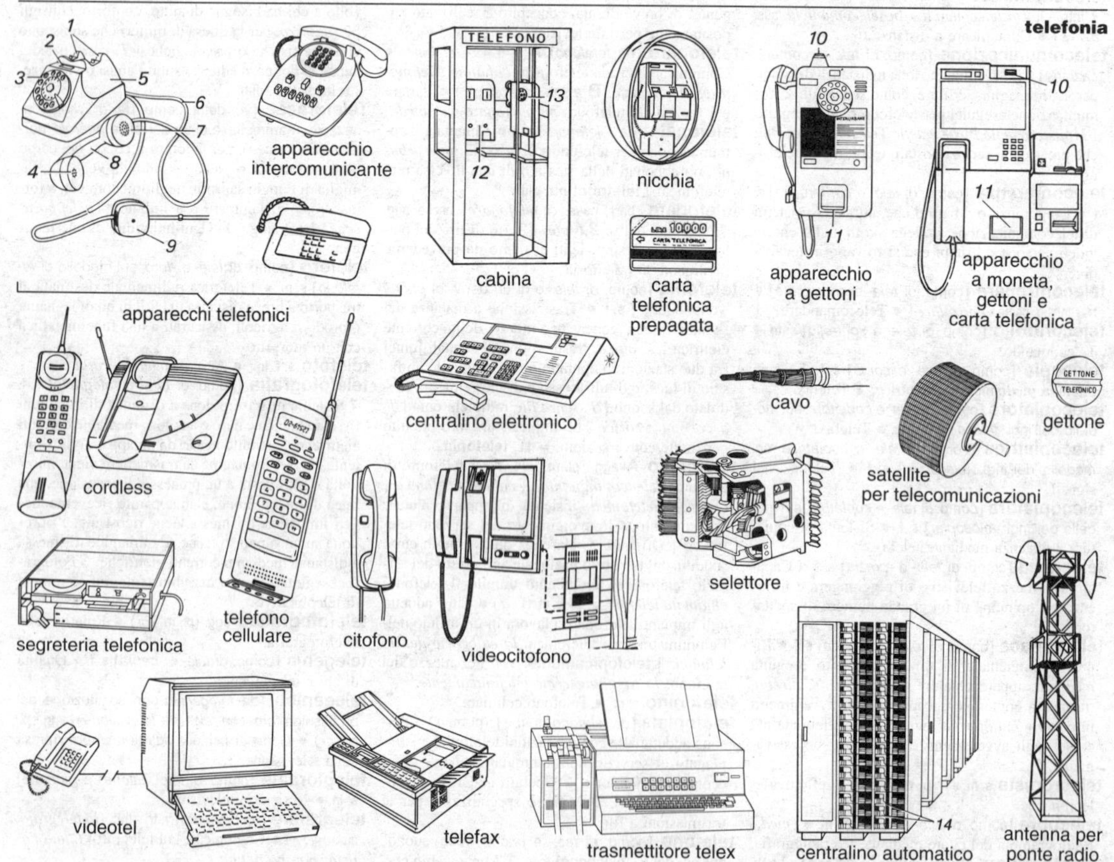

1 forcella 2 finestrella 3 disco combinatore 4 auricolare 5 cassa 6 cordone 7 imboccatura 8 microtelefono 9 spina e presa 10 fessura per gettone 11 finestrella per la restituzione dei gettoni 12 gettoniera 13 apparecchio telefonico 14 selettori

Repubblica ai cittadini; il t. del Papa.

telemetràggio [da *telemetrare*] s. m. • Atto ed effetto del telemetrare.

telemetràre [da *telemetro*] v. tr. • Misurare la distanza di un oggetto mediante un telemetro: *t. un bersaglio; imparare a t.*

telemetrìa [da *telemetro*] s. f. • Teoria e pratica dell'impiego del telemetro.

telemètrico agg. (pl. m. *-ci*) • Concernente il telemetro o la telemetria.

telemetrìsta s. m. (pl. *-i*) • Artigliere o topografo specializzato per l'impiego del telemetro.

telèmetro [comp. di *tele-* e *-metro*] s. m. • Strumento che permette di misurare indirettamente la distanza di un oggetto rispetto a un osservatore, usato in fotografia, topografia, artiglieria: *t. ottico, a reticolo, stereoscopico, ottico-meccanico, elettronico, radar, a laser* | (*mil.*) *T. da costa*, apparecchio atto a fornire la distanza di un bersaglio da una batteria di artiglieria.

telemiṣùra [comp. di *tele-* e *misura*] s. f. • Tecnica per conoscere a distanza i dati forniti da uno strumento di misura che utilizza la trasmissione di segnali elettrici.

telemiṣurazióne [comp. di *tele-* e *misurazione*] s. f. • Misurazione eseguita con la tecnica della telemisura.

telencèfalo [comp. di *tele-* e *encefalo*, di cui rappresenta la parte terminale] s. m. • (*anat.*) Parte dell'encefalo formata dai due emisferi cerebrali e dal corpo calloso.

telenovèla /teleno'vɛla, *port.* telenu'vɛla/ [vc. port., comp. di *tele-* 'tele-' e *novela* 'romanzo, racconto'] s. f. (pl. *telenovèle*, port. *telenovelas*) • Teleromanzo in moltissime puntate, a carattere popolare, di origine latino-americana | (*fig.*, *est.*) Vicenda inutilmente complicata che si protrae più del dovuto.

teleobiettìvo o **teleobbiettìvo** [comp. di *tele-* e *obiettivo*] s. m. • Obiettivo fotografico usato per riprendere soggetti molto distanti e costituito gener. da due elementi, uno convergente o positivo e uno divergente o negativo, tali che la distanza focale dell'intero sistema sia molto maggiore della distanza fra l'obiettivo e la pellicola.

teleologìa [comp. del gr. *télos*, genit. *téleos* 'fine' e *-logia*] s. f. • (*filos.*) Finalismo.

teleològico agg. (pl. m. *-ci*) • Pertinente alla teleologia.

teleonomìa [comp. di *teleo(logia)* e *-nomia*] s. f. • (*biol.*) Finalismo insito negli organismi viventi o nelle loro strutture.

Teleòstei [comp. del gr. *téleios* 'completo, perfetto' e *ostéon* 'osso'] s. m. pl. • (*zool.*) Nella tassonomia animale, superordine degli Osteitti con scheletro integralmente ossificato, sottili scaglie di dentina, pinna caudale simmetrica e camera branchiale coperta da un opercolo osseo (*Teleostea*).

Telepàss® [comp. di *tele-* e dell'ingl. *pass* 'passaggio'] s. m. inv. • Sistema elettronico che consente il pagamento del pedaggio autostradale senza sosta al casello, tramite un'apparecchiatura di ricetrasmissione che identifica l'autoveicolo e addebita l'importo direttamente sul conto corrente del proprietario.

telepatìa [comp. di *tele-* e *-patia*, secondo il fr. *télépathie*, ripreso a sua volta dall'ingl. *telepathy*] s. f. • In parapsicologia, trasmissione extrasensoriale di processi mentali (pensieri o sentimenti) tra due persone.

telepàtico agg. (pl. m. *-ci*) • Di telepatia. || **telepaticaménte**, avv.

telepilotàre [comp. di *tele-* e *pilotare*] v. tr. (*io telepilòto*) • Pilotare a distanza.

telepredicatóre [comp. di *tele-* e *predicatore*] s. m. (f. *-trice*) • Chi usa il mezzo televisivo per prediche religiose.

teleprocessing /*ingl.* 'teli'prousesiŋ/ [vc. ingl., comp. di *tele-* e *processing* 'elaborazione' (da *to process* 'sottoporre a processo, a procedimento')] s. m. inv. • Uso di elaboratori elettronici a distanza per mezzo di reti di comunicazione telefonica.

teleprogràmma [comp. di *tele-* e *programma*] s. m. • Programma televisivo.

teleproiètto [comp. di *tele-* e *proietto*] s. m. • Proietto a grande raggio di azione, telecomandato, autopropulso per tutta la traiettoria o per una parte di essa.

telepromozióne [comp. di *tele-* e *promozione*] s. f. • Pubblicità televisiva diretta a promuovere la vendita di prodotti, effettuata nel corso di programmi di varietà, di giochi, di informazione, di dibattiti e sim.

telequìz [comp. di *tele-* e *quiz*] s. m. inv. • Quiz televisivo.

teleradiografìa [comp. di *tele-* e *radiografia*] s. f. • (*med.*) Radiografia (spec. del cuore e del torace) che viene eseguita con il paziente posizionato a circa 200 cm dalla sorgente di radiazione.

teleradiotraṣmésso part. pass. di *teleradiotrasmettere*; anche agg. • Nel sign. del v.: *avvenimento sportivo t.*

teleradiotraṣméttere [comp. di *tele-*, *radio-* e *trasmettere*] v. tr. (coniug. come *trasmettere*) • Trasmettere simultaneamente attraverso la televisione e la radio: *la partita finale verrà teleradiotrasmessa.*

teleregolàre [comp. di *tele-* e *regolare* (*1*)] v. tr. (*io telerègolo*) • Regolare a distanza con l'utilizzo di telecomandi.

telerìa [da *tela*, sul modello del fr. *toilerie*] s. f. • Assortimento di tele: *magazzino, negozio di telerie.*

telericevènte [comp. di *tele-* e (macchina) *ricevente*] **A** agg. • (*elettr.*) Che riceve immagini e suoni teletrasmessi. **B** s. f. • Stazione telericevente.

telericévere [comp. di *tele-* e *ricevere*] v. tr. (coniug. come *ricevere*) ***1*** Ricevere a distanza segnali e sim. ***2*** Ricevere immagini diffuse da una stazione televisiva.

telericezióne [comp. di *tele-* e *ricezione*] s. f. ***1*** Ricezione a distanza di segnali e sim. ***2*** Ricezione televisiva.

telerilevaménto [comp. di *tele-* e *rilevamento*] s. m. • Tecnica di rilievo a distanza della superficie terrestre o di un altro corpo celeste mediante satelliti artificiali.

teleriprésa [comp. di *tele-* e *ripresa*] s. f. ***1*** In cinematografia e fotografia, ripresa effettuata con il teleobiettivo. ***2*** Ripresa televisiva.

teleriscaldaménto [comp. di *tele-* e *riscaldamento*] s. m. • Tecnologia che permette di ottenere il calore necessario al riscaldamento di ambienti dal vapore in eccesso di un'unica centrale di produzione, la quale genera contemporaneamente energia elettrica, con il vantaggio di ridurre i costi e il tasso di inquinamento.

teleriscaldàre [comp. di *tele-* e *riscaldare*] v. tr. • Riscaldare un certo numero di edifici, un quartiere o una intera città utilizzando la tecnologia del teleriscaldamento.

teleriscaldàto part. pass. di *teleriscaldare*; anche agg. • Nel sign. del v.: *una serra teleriscaldata.*

telèro [veneto *telèro* 'telaio'] s. m. • (*pitt.*) Nome dato a Venezia a vaste composizioni pittoriche su tela che, generalmente riunite in cicli narrativi, sostituirono le decorazioni murali tra la fine del XV e il XVI secolo.

teleromànẓo [comp. di *tele-* e *romanzo*] s. m. • Romanzo trasmesso dalla televisione dopo essere stato opportunamente adattato e sceneggiato.

teleruttóre® [comp. di *tele-* e di (*inter*)*ruttore*] s. m. • (*elettr.*) Nome commerciale e nome corrente del contattore.

teleschérmo o **teleschèrmo** [comp. di *tele*(*visione*) e *schermo*, secondo il modello dell'ibrido comp. ingl. *telescreen*] s. m. • Schermo del cinescopio del televisore | (*est.*) Televisione.

telescopìa [comp. di *tele-* e di un deriv. dal gr. *skopêin* 'guardare, esaminare'] s. f. • Osservazione di corpi celesti o, più in generale, di oggetti distanti, mediante particolari strumenti che ne facilitano la visione.

telescòpico [da *telescopio*] agg. (pl. m. *-ci*) ***1*** Detto di sistema ottico, avente i fuochi all'infinito in direzione dell'asse. ***2*** Visibile col telescopio | *Stelle telescopiche*, non visibili a occhio nudo. ***3*** Detto di elementi tubolari atti a scorrere l'uno nell'altro come le parti di un telescopio: *sospensione, forcella telescopica.* ***4*** (*zool.*) Detto dell'occhio assai sporgente dall'orbita, a guisa di cannocchiale, tipico di varie specie di pesci e crostacei abissali.

telescòpio [comp. di *tele-* e *-scopio*] s. m. • Cannocchiale a fortissimo ingrandimento, impiegato per l'osservazione d'oggetti molto lontani, usato spec. in astronomia | (*elettron.*, *astron.*) *T. elettronico*, telescopio provvisto di un tubo amplificatore della brillanza dell'immagine e usato per migliorare la fotografia di oggetti celesti o dei loro spettri | (*nucl.*) *T. di rivelatori, di contatori*, sistema di rivelatori o contatori sovrapposti, usato per studiare le radiazioni corpuscolari, spec. quelle cosmiche | *T. riflettore*, V. *riflettore* | *T. rifrattore*, V. *rifrattore* | (*mecc.*) *Albero a t.*, costituito da una serie di cilindri metallici, collegati fra di loro, che durante il funzionamento possono rientrare gli uni negli altri variando così la lunghezza complessiva.

telescrìtto **A** agg. • Detto del testo ricevuto e riprodotto su un foglio da una telescrivente. **B** s. m. • Testo telescritto.

telescrittùra [comp. di *tele-* e *scrittura*] s. f. • Sistema basato su collegamenti telefonici fra due o più gruppi di persone che possono comunicare fra loro disponendo contemporaneamente di uno spazio grafico comune per scrivere e disegnare.

telescrivènte [comp. di *tele-* e di (macchina) *scrivente*] s. f.; anche agg. • Macchina, simile nell'aspetto e nell'uso a una macchina per scrivere, destinata alla ricetrasmissione in chiaro di messaggi su linee telegrafiche: *t. elettromeccanica, elettronica.* SIN. Telestampante.

telescriventìsta s. m. e f.; anche agg. (pl. m. *-i*) • Chi, che è addetto a una telescrivente.

telescuòla [comp. di *tele-* e *scuola*] s. f. inv. • Corso di lezioni televisive rivolte generalmente a ragazzi che frequentano la scuola dell'obbligo o ad adulti analfabeti.

telesegnalazióne s. f. • (*elettr.*) Informazione relativa a un sistema telericevente o teletrasmittente.

teleselettìvo [da *teleselezione*] agg. • Che riguarda la teleselezione, che si effettua mediante la teleselezione: *servizio telefonico t.*; *prefisso t.*

teleselezióne [comp. di *tele-* e *selezione*] s. f. • Servizio telefonico interurbano automatico che consente di chiamare direttamente abbonati di altre reti urbane anche assai lontani e anche di Paesi esteri, formando col disco combinatore del telefono, prima del numero desiderato, il prefisso corrispondente alla località da raggiungere | *T. passante*, quella che permette di accedere a numeri di utenti di una rete privata, per es. ai numeri interni di un'azienda, attraverso il centralino.

teleṣìna • V. *teresina.*

telesìṣmo [comp. di *tele-* e di *sismo* 'terremoto'] s. m. • Scossa prodotta da terremoti lontani.

telesoccórso [comp. di *tele-* e *soccorso*] s. m. •

telematica

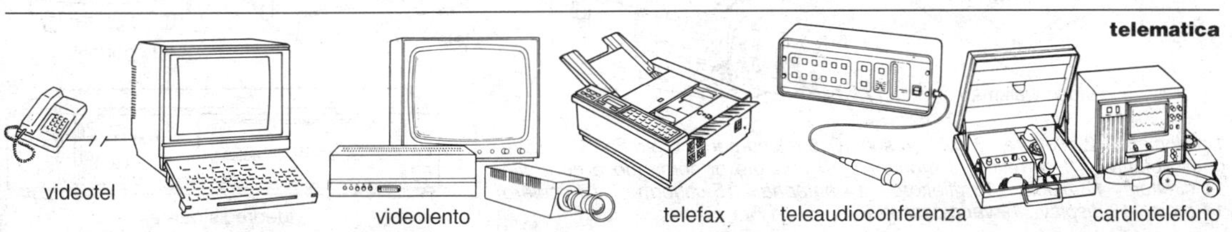

Servizio di assistenza a distanza con l'utilizzo del telefono: *molti anziani sono utenti del t.*

telesónda [comp. di *tele-* e *sonda*] s. f. *1* (*meteor.*) Radiosonda. *2* Dispositivo collegato con un apparecchio telefonico, installato in abitazioni, uffici o banche, dotato di strumenti in grado di captare suoni, voci o rumori e di trasmetterli a una centrale di ascolto.

telesorveglianza [comp. di *tele-* e *sorveglianza*] s. f. ● Sorveglianza a distanza con l'impiego di mezzi telematici.

telespettatóre [comp. di *tele*(*visione*) e *spettatore*] s. m. (f. *-trice*) ● Chi segue trasmissioni televisive.

telespia [comp. di *tele*(*fono*) e *spia*] s. f. ● Dispositivo collocato sulle linee di apparecchi telefonici per intercettare le telefonate.

telestàmpa [comp. di *tele-* e *stampa*] s. f. ● Servizio che trasmette con telescriventi notizie e articoli per i giornali.

telestampànte [comp. di *tele-* e di (macchina) *stampante*] s. f.; anche agg. ● Telescrivente.

telestesìa [comp. di *tele-* e *estesia*] s. f. ● Percezione di oggetti o di eventi che oltrepassano la portata dei normali organi di senso.

telèstico [comp. del gr. *télos* 'fine' e *-stico*, sul modello di *acrostico*] s. m. (pl. *-ci*) ● (*ling.*) Componimento poetico che forma una parola o una frase determinata con le lettere finali dei versi lette una di seguito all'altra in senso verticale.

telestruménto [comp. di *tele-* e *strumento*] s. m. ● Strumento usato per misurazioni a distanza, costituito da un trasmettitore e da un ricevitore collegati meccanicamente o elettricamente.

teletaxe ® /tele'taks/ [comp. di *tele-* e del fr. *taxe* 'tassa'] s. m. inv. ● (*tel.*) Nome commerciale di un ripetitore di impulsi telefonici che un utente può fare installare presso il proprio telefono per controllare il proprio traffico telefonico.

telecnico [comp. di *tele-* e *tecnico*] s. m. (f. *-a*; pl. m. *-ci*) ● Tecnico televisivo.

teletermografia [comp. di *tele-*, *termo-* e *-grafia*] s. f. ● Riproduzione fotografica delle zone calde e fredde del corpo attraverso l'uso di una telecamera a raggi infrarossi.

teletèx [comp. di *tele-* e della vc. ingl. *tex*(*t*) 'testo', anche su modello di *telex*] s. m. inv. ● Sistema di telematica che consente di trasmettere ad altissima velocità informazioni sotto forma di testi scritti in caratteri alfanumerici, come per es. documenti dattilografici, mediante terminali atti a memorizzare e a elaborare i testi stessi, collegati alla rete telefonica commutata, capaci di essere connessi con l'ordinario servizio telex rispetto a cui offre prestazioni qualitativamente superiori.

teletèxt [comp. di *tele-* e della vc. ingl. *text* 'testo'] s. m. inv. ● Sistema di telematica unidirezionale che consente di trasmettere insieme ai programmi televisivi ordinari, mediante segnali codificati, informazioni ciclicamente ripetute, costituite da scritti o grafici riguardanti notizie lampo e comunicazioni di interesse generale come previsioni meteorologiche, orari ferroviari e aerei, spettacoli pubblici, e di riprodurle sul cinescopio di un televisore a colori, dotato di apposito decodificatore.

teletrașmésso part. pass. di *teletrasmettere*; anche agg. ● Nei sign. del v.

teletrașméttere [comp. di *tele-* e *trasmettere*] v. tr. (coniug. come *trasmettere*) *1* Trasmettere a distanza: *t. comandi a una macchina mediante un telecomando*; *t. dati*. *2* Trasmettere a distanza immagini mediante la televisione: *t. un avvenimento sportivo*.

teletrașmettitóre [comp. di *tele-* e *trasmettitore*] s. m. ● Trasmettitore televisivo.

teletrașmissióne [comp. di *tele-* e *trasmissione*] s. f. *1* Trasmissione a distanza: *t. di comandi, di dati*. *2* Trasmissione di immagini mediante la televisione: *t. di un avvenimento sportivo*.

teletrașmittènte A agg. ● Che teletrasmette | *Stazione t.*, stazione di radiodiffusione televisiva.

televisione

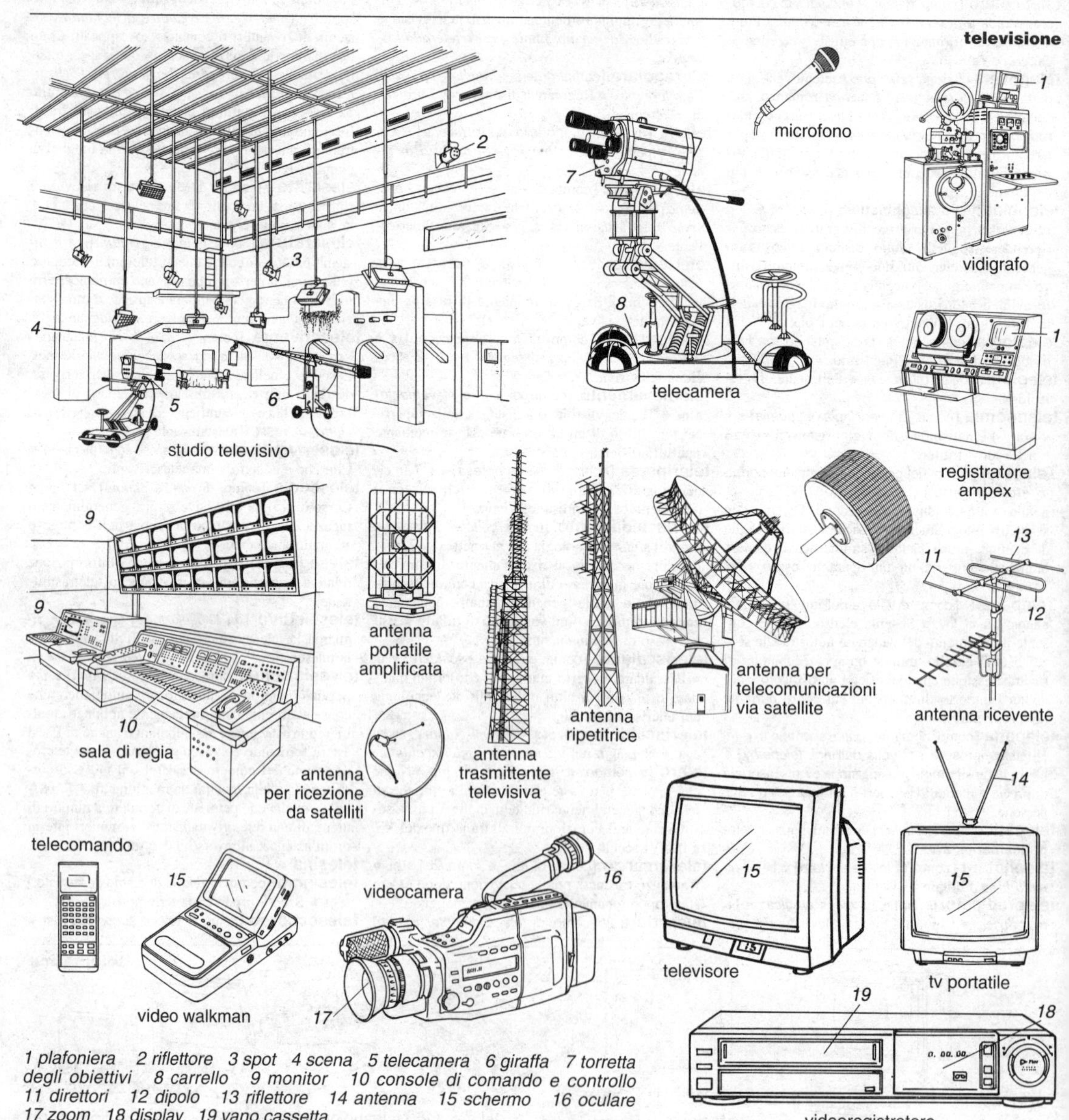

1 plafoniera 2 riflettore 3 spot 4 scena 5 telecamera 6 giraffa 7 torretta degli obiettivi 8 carrello 9 monitor 10 console di comando e controllo 11 direttori 12 dipolo 13 riflettore 14 antenna 15 schermo 16 oculare 17 zoom 18 display 19 vano cassetta

B s. f. ● Stazione teletrasmittente.

telétta (1) ● V. *toletta*.

telétta (2) s. f. *1* Dim. di *tela*. *2* Tessuto di cotone rado molto resistente, usato soprattutto per rinforzare giacche e colli di camicia. *3* †Drappo intessuto d'oro e argento.

teleutènte [comp. di *tele-* e *utente*] s. m. e f. ● Utente di un servizio televisivo.

televéndita [comp. di *tele-* e *vendita*] s. f. ● Vendita televisiva.

televenditóre [comp. di *tele-* e *venditore*] s. m. (f. *-trice*) ● Chi usa il mezzo televisivo per vendere prodotti di vario genere o condurre aste.

televìdeo [comp. di *tele-*, anche come acrt. di *teletext* (V.) e di *video*] s. m. ● Il sistema di teletext usato in Italia.

televiṣióne [comp. di *tele-* e *visione*] s. f. *1* Sistema di telecomunicazione destinato alla trasmissione a distanza di immagini non permanenti, fisse o in movimento, mediante un radiocollegamento o un collegamento tramite cavo coassiale: *t. in bianco e nero* o *monocromatica*; *t. a colori* | *T. a circuito chiuso*, trasmissione di immagini fra una telecamera e uno o più ricevitori, attraverso un cavo coassiale o un ponte radio, senza il carattere di un servizio di diffusione, allo scopo di effettuare operazioni di controllo, sorveglianza, esplorazione e sim. | *T. su cavo*, *via cavo*, quella in cui il collegamento fra il posto trasmittente e il posto ricevente è effettuato mediante un cavo coassiale | *T. circolare*, diffusione via cavo o via radio di programmi audiovisivi a numerosi utenti | *T. cieca*, quella che utilizza la sola parte audio del trasmettitore televisivo per diffondere programmi radiofonici quando non è in funzione la parte video. ➡ ILL. **televisione**. *2* (*fam.*) Ente che diffonde programmi televisivi | Il complesso dei programmi televisivi: *non guardiamo spesso la t.*; *t. privata*, *locale*. *3* (*fam.*) Televisore.

televiṣìvo [da *televisione*] agg. ● Concernente la televisione | *Apparecchio t.*, televisore. || **televiṣivaménte**, avv. Da un punto di vista televisivo; per mezzo della televisione.

televiṣóre [da *televisione*] s. m. ● Apparecchio ricevente di trasmissioni televisive.

tèlex [abbr. ingl. di *tel*(*eprinter*) *ex*(*change*), letteralmente 'scambio (*exchange*, di origine fr.) con telescrivente (*teleprinter*, comp. analogo all'it.)'] **A** s. m. inv. *1* Servizio di scambio diretto di messaggi telegrafici fra utenti privati mediante telescriventi e reti telegrafiche pubbliche | Il messaggio così inviato. *2* Testo così trasmesso. **B** agg. inv. ● (posposto al s.) *Servizio*, *posto*, *utente t.*

telferàggio [ingl. *telpherage*, da *telpher* 'teleferico'] s. m. ● Impianto di trasporto per mezzo di carrelli sospesi a una monorotaia aerea, impiegato per caricare e scaricare minerali e sim.

tell /*ar.* tɛl/ [ingl. *tell*, dall'ar. *tall* 'collina'] s. m. inv. ● (*archeol.*) Tumulo o collina artificiale formatisi per l'accumularsi di una o più stratificazioni di detriti di antichi insediamenti.

tellìna [gr. *tellínē*, di etim. incerta] s. f. ● Mollusco mediterraneo dei Bivalvi a conchiglia rosea e carni pregiate (*Tellina pulchella*).

†**tellùre** [vc. dotta, lat. *tellūre*(*m*), sin. poet. di *tĕrra*(*m*), di etim. incerta, anche se da inserirsi nell'indeur.] s. f. ● (*lett.*) Terra, globo terrestre.

tellùrico [da *tellure*, secondo il modello fr. (*tellurique*)] agg. (pl. m. *-ci*) *1* Della terra, spec. con riferimento ai fenomeni che si originano o si verificano nel suo interno: *movimento t.* | *Correnti telluriche*, correnti elettriche provocate nella crosta terrestre dalle variazioni del campo magnetico terrestre. *2* Di composto del tellurio esavalente | *Acido t.*, acido ossigenato del tellurio esavalente, buon ossidante.

tellurìdrico [comp. di *tellurio* e di un agg. deriv. da *idr*(*ogeno*)] agg. (pl. m. *-ci*) ● Detto di acido gassoso, tossico, di odore sgradevole, formato da idrogeno e tellurio.

tellùrio [dal lat. *tĕllus*, genit. *tellūris* 'terra', come opposto all'elemento precedente scoperto e chiamato *uranio*] s. m. solo sing. ● Elemento chimico di aspetto metallico, fragile, presente in natura anche allo stato nativo, usato per semiconduttori, nell'ottica a raggi infrarossi, come materiale colorante per vetri e come additivo del piombo per aumentare la sua forza e resistenza alla corrosione. SIMB. Te.

tèlo (1) [da *tela*] s. m. *1* Pezzo di tela come esce dal telaio, che, cucito con altri simili, compone un lenzuolo o una veste: *lenzuolo a tre teli*. *2* Pezzo di tela o altro tessuto che da solo o con altri, ma senza esservi cucito, è adibito a vari usi | *T. da bagno*, *da spiaggia*, *da mare*, grande asciugamano di spugna usato per asciugarsi dopo il bagno o per sdraiarvisi a prendere il sole | *Teli da tenda*, quelli di cui si compone una tenda spec. militare | (*mil.*) *T. da segnalazione*, bianco da una parte e rosso dall'altra, per le segnalazioni da terra agli aerei | (*mil.*) *T. mimetico*, per riparo della persona in caso di pioggia o per montare tende o coprire materiali | *T. di salvataggio*, usato dai vigili del fuoco per attutire la caduta di persone che debbono gettarsi da grande altezza. || **telóne**, accr. (V.).

tèlo (2) [vc. dotta, lat. *tēlu*(*m*), di etim. incerta] s. m. *1* (*poet.*) Arma da lancio e spec. dardo, freccia, lancia | (*raro*) *Un tratto di t.*, quanto spazio percorre un telo lanciato. *2* (*est.*, *poet.*) Il dardo di Cupido: *poi ch'uscì da' bei vostri occhi il t.* / *che 'l cor mi fisse* (ARIOSTO) *3* (*est.*) †Proiettile.

telofàṣe [comp. del gr. *télo*(*s*) 'fine, termine' e *fase*] s. f. ● (*biol.*) Fase terminale della mitosi e della meiosi, nel corso della quale si organizzano i due nuclei delle cellule figlie, a partire dai cromatidi separatisi nel corso delle fasi precedenti.

telolecìtico [comp. del gr. *télos* 'sviluppo' e di *lékithos* 'tuorlo' col suff. *-ico*] agg. (pl. m. *-ci*) ● (*biol.*) Detto di gamete femminile contenente notevoli quantità di deutoplasma. CONTR. Oligolecitico.

†**telonàrio** [vc. dotta, lat. tardo *telonāriu*(*m*), da *telōnium* 'telonio'] s. m. ● Gabelliere.

telóne s. m. *1* Accr. di *telo* (*1*). *2* Grosso pezzo di tessuto impermeabile con cui si riparano le merci durante il trasporto ferroviario o automobilistico. *3* Sipario teatrale a innalzamento verticale.

telonèo [vc. dotta, lat. tardo *teloneu*(*m*), dal gr. *telōnêion*, comp. di *télos* 'tassa' e di un deriv. dal v. *ōnêisthai* 'riscuotere'] s. m. ● Nel diritto greco antico, tassa, imposta | Nel diritto romano, imposta indiretta che per lo più aveva per oggetto le merci in circolazione.

†**telònio** [vc. dotta, lat. tardo *telōniu*(*m*), dal gr. *telṓnion*, *telōnêion* 'dogana', da *télos*, che, oltre al senso di 'fine', ha anche quello di 'dazio'] s. m. ● Banco del gabelliere o del cambiatore | *Stare al t.*, (*fig.*) rimanere intento alla propria occupazione.

teloṣlìtta [comp. di *telo* (*1*) e *slitta*] s. f. ● Larga striscia di tela molto resistente, impiegata dai vigili del fuoco per fare scivolare fino a terra persone bloccate ad una certa altezza.

tèlson [gr. *télson* 'estremità' (d'orig. incerta)] s. m. inv. ● (*zool.*) Ultima sezione dell'addome degli Artropodi. SIN. Pigidio.

tèma (1) [vc. dotta, lat. *thĕma*, dal gr. *théma* 'argomento che si vuol proporre (*tithénai*)'] **A** s. m. o raro †f. (pl. m. *temi*) ● Argomento, soggetto di uno scritto, un ragionamento, una discussione: *dare il t. della conversazione*; *uscire di t.*; *tenersi al t.*; *in quell'articolo è trattato un t. interessante* | *In tema di*, in relazione a: *il collegio dei docenti ha potere deliberativo in t. di didattica* | Argomento o motivo di fondo, ripetutamente trattato in opere artistiche, letterarie e sim., proprio di un autore, di un'epoca, di un movimento culturale: *il t. dell'eroismo nella poesia dell'Alfieri*; *il t. della morte nella pittura secentesca*; *i temi floreali del liberty*; *la t. piacque alla lieta brigata* (BOCCACCIO). **B** s. m. *1* Argomento di un componimento scolastico: *il t. d'esame era facile* | Il componimento stesso: *copiare il t.*; *consegnare i temi all'insegnante*. *2* (*mus.*) Idea melodica, motivo soggetto a variazioni. *3* (*ling.*) Parte di una parola che rimane dopo aver tolto la desinenza | Parte dell'enunciato che è data per già conosciuta, in contrapposizione al rema, che costituisce una nuova informazione. *4* (*raro*, *lett.*) Esempio. *5* (*astrol.*) *T. di nascita*, disposizione astrale al momento della nascita di una persona o del verificarsi di un evento. || **temàccio**, spreg. | **temìno**, dim. spreg. | **temóne**, accr.

téma (2) o **tèma** [da *temere*] s. f. solo sing. ● (*lett.*) Timore, paura: *senza t. di essere contraddetto*; *nei peccatori si conosce il peccato e la t. insieme del danno eterno* (VASARI).

tèma (3) [gr. tardo e biz. *théma* 'luogo', propr. 'ciò che si pone' (V. *tema* (*1*))] s. m. ● (*st.*) Circoscrizione amministrativa e militare nell'impero bizantino.

temàtica [da *tematico* 'relativo ad un *tema*'] s. f. ● Complesso dei temi ricorrenti in opere musicali, artistiche, letterarie, in autori, epoche, movimenti culturali: *la t. di Cervantes*; *studiare la t. dell'Illuminismo*.

temàtico [gr. *thematikós* 'relativo al tema (*théma*, genit. *thématos*)'] agg. (pl. m. *-ci*) *1* Che riguarda un tema musicale, artistico, letterario e sim. *2* Del tema di una parola: *formazione tematica* | *Vocale tematica*, aggiunta alla radice per formare il tema. || **tematicaménte**, avv. Dal punto di vista tematico.

tematiẓẓàre [comp. di *temat*(*ico*) e *-izzare*] v. tr. *1* Accomunare fatti, notizie, testi in base a un tema dominante. *2* (*ling.*) Mettere in rilievo un elemento dell'enunciato mediante particolari meccanismi linguistici.

tematiẓẓazióne s. f. ● Atto, effetto del tematizzare.

temènte part. pres. di *temere*; anche agg. ● Nei sign. del v.

temènza [da *temente*] s. f. *1* (*lett.*) †Timore: *i Neri v'andarono con fidanza, e i Bianchi con t.* (COMPAGNI). *2* (*tosc.*) Timore ispirato a timidezza, soggezione, rispetto: *un bambino che non ha t. degli anziani*.

temerarietà s. f. ● L'essere temerario | Temerità. SIN. Audacia, baldanza.

temeràrio [vc. dotta, lat. *temerāriu*(*m*), letteralmente 'dovuto al caso', dall'avv. *tĕmere* 'alla cieca', propriamente abl. di *tĕmus* 'oscurità' (V. *tenebre*)] **A** agg. *1* Che è troppo ardito e non riflette sull'effettiva consistenza di un pericolo: *un giovane t. e imprudente* | Troppo audace, sfrontato, detto di atti o discorsi: *tentativo t.*; *risposta temeraria*. SIN. Baldanzoso, tracotante. *2* Inconsiderato, avventato, precipitoso: *sono conclusioni temerarie* | *Lite temeraria*, intentata sconsideratamente | *Litigante t.*, le cui pretese non hanno fondamento giuridico | (*est.*) Privo di fondamento, ingiustificato: *giudizio t.* *3* †Casuale, fortuito: *avvenimento t.* || **temerariaménte**, avv. In modo temerario, con temerità: *intraprendere temerariamente un pericoloso viaggio*; *parlare*, *rispondere temerariamente*. **B** s. m. (f. *-a*) ● Chi è temerario: *non fidarti di quel t.*; *colui è un t.* (GOLDONI). SIN. Sconsiderato.

temére [lat. *timēre*, di etim. incerta] **A** v. tr. (pres. *io témo* o *tèmo*; pass. rem. *io teméi* o *temètti*, *tu teméstì*) *1* Provare una sensazione di timore o un turbamento aspettando che avvenga q.c. di spiacevole o che si vorrebbe evitare: *t. la morte*, *la vergogna*, *il castigo*; *temo di scivolare*; *temiamo di sbagliare*; *temeva di dimenticarsene*; *se mi ascolterete, non avrete da t. brutte sorprese* | *Temo che venga*, vorrei che non venisse | *Temo che non venga*, desidero che venga | †*Temo non venga*, non voglio che venga | †*T. non forse q.c.*, temere che q.c. possa accadere | †*T. a q.c.*, temere per q.c. | *Non avere nulla da t.*, essere a posto con la coscienza | Aver paura, non osare: *temo di intraprendere un'azione così rischiosa* | (*ass.*) Nutrire timore: *abbiate fiducia e non temete* | Avere il dubbio, il sospetto: *temeva che lo tradissero*; *non temi di sbagliare?* | (*est.*, *fam.*) Credere, ritenere, pensare: *con questo chiasso, temo che impazziremo*; *temo proprio che ci daranno ragione*. *2* (Nella forma atten., neg. *non temere*) Avere il coraggio, osare: *non temo di affrontare la morte* | Essere in grado di sopportare o superare: *non t. le fatiche*, *i disagi*, *le difficoltà* | Non curarsi, non dare importanza: *non t. le chiacchiere*, *le malignità* | Non aver riguardo di qc. o q.c.: *sappiate che non vi temo*. *3* Riverire, guardare, considerare con riverenza: *t. Dio* | Avere soggezione, rispetto: *t. i genitori*; *t. la legge*. *4* Trovarsi a patire un danno, risentire per qualche condizione sfavorevole: *sono piante che temono la luce*; *i vecchi temono il freddo*. **B** v. intr. (aus. *avere*) *1* Essere preoccupato: *t. per la salute di qc.*; *t. per le sorti della battaglia* | *T. per qc.*, preoccuparsi per la sua sorte o che non gli accada nulla di male. *2* Sospettare, diffidare: *non bisogna t. di tutto e di tutti* | Dubitare: *sarete ricompensati, non temete* | *T. di q.c.*, aspettarsi un danno da q.c. | *T. di sé*, non fidarsi neppure di se stesso. **3** Nutrire dubbi, timori, non avere speranze: *temono del buon esito dell'esperimento.* **C** v. intr. pron. ● †Aver paura ‖ PROV. Chi ama, teme.

temerità [vc. dotta, lat. *temeritāte(m)*, dallo stesso avv. *tĕmere*, donde *temerario* (V.)] s. f. **1** Esagerato e irragionevole coraggio, che fa affrontare i rischi e i pericoli in modo sconsiderato e avventato: *non raggiungerete lo scopo affidandovi solo alla vostra t.* **2** Azione temeraria: *la loro impresa è stata una inutile t.* | Comportamento temerario: *sconterete la vostra t.*

tèmi o **tèmide** [vc. dotta, lat. *Thĕmide(m)*, nom. *Thĕmis*, dal gr. *Thémis*, nome della dea greca della giustizia, di origine indiana] s. f. ● (*lett.*) Giustizia | (*lett.*) *Aule di t.*, tribunale.

temìbile agg. ● Che si deve o si può temere: *nemico t.*; *responso t.* ‖ **temibilménte**, avv.

tèmide ● V. *temi.*

†**temiménto** [da *temere*] s. m. ● Timore.

†**temmìrio** [gr. *tekmḗrion* 'segno, indice', da *tékmar* 'termine, garanzia', di origine indeur.] s. m. ● Argomento, prova sicura.

†**tèmo** ● V. *timone.*

tèmolo o **témolo** [gr. *thýmallos*, n. di pesce: da *thýmon* 'timo' per il suo odore (?)] s. m. ● Pesce d'acqua dolce dei Clupeiformi con pinna dorsale a ventaglio che ha carni molto apprezzate (*Thymallus thymallus*).

†**temóne** e *deriv.* ● V. *timone* e *deriv.*

†**temóre** e *deriv.* ● V. *timore* e *deriv.*

témpa o **tìmpa** [da una vc. prelatina, di estensione mediterr., **timpa*] s. f. ● (*dial.*) Cima rotondeggiante nell'Appennino meridionale.

tempàccio s. m. **1** Pegg. di *tempo.* **2** Cattive condizioni atmosferiche.

tempàrio [da *tempo*] s. m. ● Manuale che contiene l'indicazione dei tempi base per eseguire lavorazioni industriali o artigianali.

†**tempellaménto** s. m. ● Modo, atto del tempellare (*anche fig.*).

†**tempellàre** [da una base onomat. *temp-*] **A** v. tr. **1** Battere, percuotere uno strumento per produrre suoni o rumori. **2** (*fig.*) Far vacillare | Tenere indeciso, irresoluto. **B** v. intr. **1** Suonare, risuonare, detto di strumento o di oggetto percosso: *tutto il dì tempellaron le campane* (PULCI). **2** (*fig.*) Esitare, tentennare, dubitare.

†**tempellàta** s. f. ● Atto, effetto del tempellare.

†**tempèllo** [da *tempellare*] s. m. **1** Suono ritmico di strumento, oggetto percosso. **2** (*fig.*) Esitazione, indecisione.

†**tempellóne** [da *tempellare* nel senso di 'vacillare (per la grossezza)'] s. m. (f. *-a*) ● (*scherz.*) Uomo torpido e indeciso.

tèmpera [da *temperare*] s. f. **1** Pittura eseguita con colori a colla diluiti in acqua: *dipingere a t.* **2** (*est.*) Quadro dipinto a tempera: *una t. dell'Ottocento.* **3** V. *tempra* nei sign. 1, 3, 4 e 5. **4** (*agr.*) *In t.*, detto del terreno che possiede un'umidità favorevole per l'esecuzione dei lavori.

temperalàpis [comp. di *tempera(re)* e *lapis*] s. m. ● (*inv.*) Temperamatite.

temperamatìte [comp. di *tempera(re)* e il pl. di *matita*] s. m. inv. ● Piccolo arnese di acciaio, plastica o altro materiale, a forma di cono vuoto e fornito di una lama tagliente con cui si temperano le matite, facendovele girare dentro.

temperamentàle agg. ● Che riguarda il temperamento: *condizionamenti temperamentali* | (*est.*) Umorale, istintivo: *reazione t.*

temperaménto [vc. dotta, lat. *temperamĕntu(m)*, da *temperāre* 'mescolare in giusta misura'] s. m. **1** Modo, atto del temperare | (*est.*) †Regolare proporzione, giusta misura: *portare a t.* **2** †Combinazione, mescolanza, mistura: *t. di colori* | (*fig.*) Mitigamento, alleviamento: *cercare un t. al dolore* | Moderazione, attenuazione: *questo temporale sarà di t. all'eccessivo caldo* | Accomodamento, espediente conciliativo: *suggerisco un t. fra le due soluzioni* | Freno: *il quale rimedio fu un grande t. a tanta autorità* (MACHIAVELLI). **3** (*psicol.*) Complesso delle condizioni fisiche, dei tratti psichici e delle disposizioni psicologiche di un individuo: *un t. calmo, malinconico, nervoso.* **4** (*ass.*) Carattere forte, indipendente, originale: *un attore senza t.* SIN. Indole, natura, tempra. **5** Carattere determinato dal prevalere dell'influsso di un singolo pianeta o di un segno zodiacale in un oroscopo | (*astrol.*) *T. maschile*, dei segni Ariete, Gemelli, Leone, Bilancia, Sagittario, Acquario | (*astrol.*) *T. femminile*, dei segni Toro, Cancro, Vergine, Scorpione, Capricorno, Pesci. **6** (*mus.*) Sistema di divisione dell'ottava in dodici parti uguali ottenute mediante lievi alterazioni degli intervalli naturalmente esatti. **7** †Temperatura.

temperamìne [comp. dell'imperat. di *temperare* e del pl. di *mina*] s. m. inv. ● Piccolo arnese fornito di una o più lame per fare la punta alle mine di grafite.

temperànte [vc. dotta, lat. *temperănte(m)*, propriamente part. pres. di *temperāre*] agg. ● Di persona che sa temperare, moderare o contenere i propri bisogni e gli istinti: *essere t. nel bere, nel mangiare.* SIN. Controllato, misurato, sobrio. ‖ **temperanteménte**, avv. Con temperanza, moderazione.

temperànza o †**tempranza** [vc. dotta, lat. *temperăntia(m)*, dal part. pres. di *temperāre* (*tĕmperans*, genit. *temperăntis*)] s. f. **1** Capacità di moderarsi nell'appagare i propri bisogni, istinti, desideri, appetiti. SIN. Misura, sobrietà. **2** (*est.*, *raro*) Moderazione: *castigare con t.*; *t. di linguaggio.* **3** Una delle figure nel gioco dei tarocchi. **4** †Attenuazione, mitigamento. **5** †Temperatura. **6** †Temperamento, indole.

temperàre †*temprare* nei sign. 3 e 5 [vc. dotta, lat. *temperāre*; da connettere con *tĕmpus* 'tempo', anche se sfugge il rapporto semantico (?)] **A** v. tr. (*io tèmpero*) **1** (*raro*) Mescolare con la debita proporzione, spec. il vino con l'acqua | (*est.*) †Tagliare un vino | †*T. i colori*, mescolarli, stemperarli. **2** Addolcire, mitigare (*spec. fig.*): *t. la luce solare*; *t. la severità, il rigore* | (*fig.*) Frenare, moderare: *t. il desiderio, la passione.* **3** (*poet.*) †Accordare, combinare, far concordare in un tutto armonico: *temprar potess'io in sì soavi note / i miei sospiri* (PETRARCA) | (*est.*) Accordare uno strumento. **4** Affilare, aguzzare, fare la punta: *t. la matita* | (*raro*) *T. la penna nel fiele*, scrivere con rancore, con sdegno. **5** †Regolare: *spesso Imeneo col suon di sua zampogna / tempra lor danze* (POLIZIANO). **6** V. *temprare* nei sign. A1 e A2. **B** v. rifl. **1** Moderarsi, frenarsi | †*Temperarsi da q.c.*, astenersi. **2** V. *temprare* nel sign. B. **C** V. intr. pron. ● V. *temprare* nel sign. C.

temperatìvo [vc. dotta, lat. tardo *temperatīvu(m)*, da *temperātus* 'temperato'] agg. ● (*raro*) Che è atto a temperare (*spec. fig.*).

temperàto **A** part. pass. di *temperare*; anche agg. **1** Nei sign. del v. **2** Che possiede un giusto grado, una misura non eccessiva di calore, detto spec. del clima, della temperatura o delle stagioni: *cuocere a fuoco t.*; *un'estate temperata.* **3** Non eccessivo, prudente: *un entusiasmo t.*; *linguaggio t.* **4** Che sa moderare istinti, appetiti, passioni: *un uomo t. nel bere* | *Vita temperata*, regolata, sobria. SIN. Controllato, sobrio. **5** (*raro*) V. *temprato.* **6** (*biol.*) Detto di un virus batterico che, invece di provocare direttamente la lisi di un batterio, si integra nella cellula ospite e viene trasmesso alle cellule figlie dando luogo al fenomeno della lisogenia. ‖ **temperataménte**, avv. **1** Moderatamente: *bere, mangiare temperatamente.* **2** (*raro*) Con giusto grado e proporzione: *temperatamente freddo.* **B** avv. ● (*raro*) †Con temperanza.

†**temperatóio** s. m. ● Temperino.

temperatóre [vc. dotta, lat. *temperatōre(m)*, da *temperātus* 'temperato'] s. m.; anche agg. (f. *-trice*) ● (*raro*) Chi, che tempera | (*fig.*) Moderatore.

temperatùra [vc. dotta, lat. *temperatūra(m)* 'mescolanza in giusta misura (di caldo e freddo, umido e secco)'] s. f. **1** Grandezza fisica scalare usata, mediante la scelta di scale di misura, di unità, di punti di riferimento, per misurare la capacità di un corpo a dare sensazioni di caldo o freddo: *la t. di un gas*; *misurare la t. col termometro* | *T. assoluta*, *t. termodinamica* temperatura riferita allo zero assoluto, espressa in kelvin | *T. di ebollizione*, quella in cui si manifesta il fenomeno dell'ebollizione e che è invariabile per ogni liquido nelle stesse condizioni | *T. critica*, quella al di sopra della quale una sostanza gassosa non può passare allo stato liquido | Attitudine di un corpo a dare o a ricevere calore: *la t. del mare*; *la t. di un ambiente* | *T. alta*, molto calda | *T. bassa*, fredda. **2** Grado di calore del corpo umano | *T. esterna*, misurata alla cute | *T. interna*, misurata nelle cavità del corpo. **3** Condizione dell'atmosfera: *t. costante*; *sbalzi di t.* | *T. dell'aria*, quella indicata da un termometro esposto all'aria ma convenientemente protetto dalle radiazioni dirette ed indirette | *T. massima e minima*, il più alto e il più basso valore verificatosi in un determinato periodo di tempo | *T. di rugiada*, quella che segnerebbe un termometro se l'aria venisse resa satura di vapore mediante un conveniente raffreddamento a pressione costante | *T. ambiente*, quella dell'aria in un determinato ambiente. **4** †Atto del temperare l'acciaio o una penna. **5** †Temperamento | †Complessione, costituzione fisica. **6** (*mus.*) †Temperamento.

tempèrie [vc. dotta, lat. *tempĕrie(m)*, da *temperāre*] s. f. inv. **1** Stato dell'atmosfera, clima | Clima temperato e mite. **2** (*fig.*) Carattere di una situazione storica o culturale in rapporto ai fatti attraverso i quali si manifesta o che ne sono il frutto. SIN. Clima. **3** †Proporzionata mescolanza.

temperinàta s. f. ● Colpo di temperino.

temperìno [da *temper(are)* con suff. di strumento *-ino*] s. m. **1** Coltello a serramanico a uno o più lame lunghe meno di cm 8. **2** Temperamatite.

tempest /ingl. 'tempist/ [vc. ingl., propr. 'tempesta'] s. f. o m. inv. ● Imbarcazione da regata di medie dimensioni, biposto, con chiglia fissa, semi-acrobatica, veloce e sicura anche in condizioni atmosferiche sfavorevoli.

tempèsta [vc. dotta, lat. *tempĕsta(m)*, originariamente agg. f. di *tĕmpus* 'tempo'] s. f. **1** Perturbazione atmosferica con vento di forte o fortissima intensità, forza 10-11 della scala del vento Beaufort, pioggia e talvolta grandine | *T. di mare*, uragano, fortunale | *T. magnetica*, cambiamento improvviso del magnetismo terrestre con effetti perturbatori sulle radiocomunicazioni, dovuta a emissione di elettroni e protoni da parte del sole. **2** (*dial.*) Grandine | *La t. è vicina, c'è odor di t.*, (*fig.*) si avvicinano rimproveri o sgridate. **3** (*fig.*) Veemenza, impeto: *calmare la t. dei sentimenti* | †Furia, violenza: *il fiero Agrican con più t. / rimena il colpo* (BOIARDO) | (*est.*) Fitta quantità, gragnuola (*anche fig.*): *una t. di proiettili*; *una t. di guai.* **4** (*fig.*) Gran turbamento, sconvolgimento morale, violenta agitazione: *chi potrebbe esprimere la t. che così si sollevò nel cuore?* (NIEVO) | (*est.*) Confusione, scompiglio: *quel bambino porta in casa la t.* | (*fig.*) *Una t. in un bicchier d'acqua*, un grande agitarsi di discussioni, contrasti, litigi che si risolve in nulla. **5** Pastina da brodo a forma di piccolissimi cilindri anche forati.

†**tempestaménto** [da *tempestare*] s. m. ● Tempesta.

tempestànte part. pres. di *tempestare*; anche agg. ● Nei sign. del v.

†**tempestànza** [da *tempestare*] s. f. ● Tempesta.

tempestàre [da *tempesta*] **A** v. tr. (*io tempèsto*) **1** †Colpire con la tempesta | †Inquietare, mettere sottosopra, in grande agitazione. **2** Percuotere con colpi fitti, rapidi e violenti (*anche fig.*): *t. la porta di colpi*; *lo tempestò di acerbi rimproveri* | †Guastare, rovinare: *n'andò in cucina, e là fece gran danno, tempestando ciò che v'era* (SACCHETTI). **3** Ornare fittamente: *t. un diadema di brillanti.* **B** v. intr. (aus. *avere*) **1** Essere, mettersi in tempesta, detto spec. delle acque del mare, dei laghi, ecc. | (*fig.*) Agitarsi, infuriare, imperversare (*anche fig.*): *tempestò a lungo con pugni e calci.* **2** (*fig.*) †Essere agitato, turbato. **C** v. intr. impers. (aus. *avere* e *essere*) ● Fare, infuriare, tempesta: *tempestava e grandinava.*

tempestàrio [da *tempesta*] s. m. ● Nelle credenze medievali e rinascimentali europee sulla stregoneria, chi provocava la grandine e la tempesta per operazione diabolica.

tempestàto **A** part. pass. di *tempestare*; anche agg. **1** Nei sign. del v. **2** †Travagliato, agitato. **B** s. m. ● †Tempesta.

†**tempestévole** agg. ● Soggetto alla tempesta.

†**tempestìa** [da *tempesta* con ampliamento suff. a carattere iter.] s. f. ● Tempesta.

tempestìo [per *tempesti(v)o*] s. m. **1** Atto del tempestare continuato (*spec. fig.*): *un t. di calci*; *un t. di rampogne.* **2** (*tosc.*) Fracasso, confusione.

tempestività [vc. dotta, lat. *tempestivitāte(m)*, da *tempestīvus* 'tempestivo'] s. f. ● Qualità di chi, di ciò che è tempestivo: *ci ha salvati la tua t.*; *la t. di un discorso.*

tempestivo [vc. dotta, lat. *tempestīvus* 'che viene a tempo (*tempĕstus*, agg. di *tĕmpus*)'] agg. *1* Che giunge opportuno, si compie nel momento adatto, conveniente: *rimedio, aiuto t.* *2* Che opera o si inserisce con i suoi interventi nel momento migliore: *con quel discorso, è stato molto t.* || **tempestivaménte**, avv. In modo tempestivo: *agire, intervenire tempestivamente.*

tempestóso [vc. dotta, lat. tardo *tempestuōsu(m)*, da *tempĕstus*, agg. di *tĕmpus*, con sovrapposizione di *tempesta*] agg. *1* Burrascoso, agitato dalla tempesta: *mare t.* *2* (*raro, fig.*) Impetuoso: *un t. torrente* | (*fig.*) Agitato, turbato, inquieto: *pensieri tempestosi*; *una vita tempestosa* | (*fig.*) Che è contrastato o provoca tumulti, reazioni violente: *una riunione molto tempestosa.* *3* (*fig.*) †Mutevole, instabile, fluttuante. || **tempestosaménte**, avv. *1* In modo tempestoso. *2* (*fig.*) Impetuosamente; tumultuosamente. *3* †Ansiosamente.

tèmpia [lat. *tĕmpora*, pl. di *tĕmpus*, genit. *tĕmporis*, di etim. incerta] s. f. *1* Regione corrispondente all'osso temporale | *Avere le tempie bianche*, avere i capelli delle tempie bianchi; (*fig.*) essere avanzato negli anni. *2* (*spec. al pl.*) Testa | (*fig., lett.*) Mente.

tempiàle [da *tempia* nel senso di 'travi del tetto', che aveva il lat. *tĕmpla*, pl. di *tĕmplum*, di origine incerta] s. m. ● Organo del telaio che tiene ben teso il tessuto nel senso della trama.

tempière [dal *tempio* custodito, secondo il fr. *templier*] s. m. ● (*raro*) Templare.

tempiétto s. m. *1* Dim. di *tempio*. *2* (*arch.*) Costruzione generalmente a pianta circolare che in forme ridotte riproduce il modello del tempio classico.

tempificàre [comp. di *tempo* e *-ficare*] v. tr. ● Ripartire, suddividere i tempi di lavorazione all'interno di un processo industriale.

tempìno s. m. *1* Dim. di *tempo*. *2* Nella loc. avv. *per t.*, presto, di buon mattino. *3* (*antifr.*) Tempaccio.

tèmpio o †**tèmplo** [lat. *tĕmplu(m)*, vc. di origine indeur. col senso di 'spazio delimitato, consacrato agli dei'] s. m. *1* Edificio consacrato a una divinità e al culto religioso, spec. nelle religioni superiori: *t. egiziano, greco, romano* | *T. classico*, quello nato in Grecia nell'età arcaica e sviluppatosi fino al IV sec. a.C. | (*per anton.*) Il tempio di Gerusalemme, centro della religione ebraica prima della diaspora. ➡ ILL. p. 356 ARCHITETTURA; **archeologia**. *2* Chiesa, santuario, basilica: *il t. di S. Pietro a Roma.* *3* (*est.*) Edificio, luogo dedicati alla celebrazione di persone insigni, memorie gloriose, istituzioni. *4* (*fig.*) Luogo sacro, degno di venerazione o simbolo di ideali alti e nobili: *quel teatro è un t. dell'arte*; *il Mondo è statua, immagine, t. vivo di Dio* (CAMPANELLA). *5* (*raro*) Ordine dei Templari. || **tempiétto**, dim. (V.).

tempismo [da *tempista*] s. m. ● Qualità di chi è tempista | Condotta da tempista.

tempista [da *tempo* in senso mus.] s. m. e f. (pl. m. *-i*) *1* Musicista che ha perfetta abilità nell'andare a tempo. *2* (*fig.*) Chi sa agire cogliendo il momento giusto, opportuno: *in politica, è un abile t.*; *quell'atleta è un t. eccezionale.* *3* Tecnico addetto alla rilevazione dei tempi con i vari metodi disponibili.

tempistico agg. (pl. m. *-ci*) ● Da tempista | Ispirato, conforme a tempismo.

templàre o raro **templàrio** [vc. dotta, lat. *templāre(m)* 'relativo al tempio (*tĕmplum*)'] **A** s. m. ● Membro dell'ordine militare-religioso del Tempio, fondato nel 1119, soppresso nel 1312, che si proponeva la guerra contro gli infedeli e la difesa del Santo Sepolcro. **B** agg. *1* Dell'ordine del Tempio. *2* (*raro*) Di, del tempio o dei templi: *torre t.*

temple-block /*ingl.* 'templ blɔk/ [loc. ingl., comp. di *temple* 'tempio' e *block* 'blocco', con passaggio semantico non del tutto chiaro (forse dalla forma che ricorda la cupola d'un tempio)] s. m. inv. (pl. ingl. *temple-blocks*) ● (*mus.*) Strumento a percussione, tipico del jazz, costituito da una noce di cocco cava, che reca superiormente una fenditura.

†**tèmplo** ● V. *tempio*.

tèmpo [lat. *tĕmpus*, di etim. discussa: dalla stessa radice indeur. che significa 'tagliare', col senso originario di 'divisione (del tempo)' (?)] s. m. **I** Spazio indefinito nel quale si verifica l'inarrestabile fluire degli eventi, dei fenomeni e delle esistenze, in una successione illimitata di istanti. *1* Durata globale del fluire delle cose, considerata in assoluto: *l'idea, la coscienza del t.*; *il trascorrere, il precipitare del t.*; *non si può fermare il t.* | *Il t. non passa mai*, quando ci si annoia, perché si sta in ozio o in attesa | *Col t.*, con il passare del tempo: *col t. imparerai a stimarlo* | *Perdere la nozione del t.*, non essere cosciente del suo fluire, non riuscire a individuare l'ora o il giorno nei quali ci si trova | *Dar t. al t.*, aspettare con pazienza il momento opportuno per la risoluzione di q.c. | *In progresso, in processo di t.*, (*lett.*) col trascorrere del tempo | *Senza t.*, nell'eternità, eternamente. *2* Successione di istanti irreversibile e di durata senza limiti, ma considerata come una grandezza che può essere misurata e suddivisa: *la misura, la divisione del t.*; *l'orologio segna, indica il t.* | (*astron.*) Angolo orario dell'oggetto celeste di riferimento, ossia ore e frazioni trascorse dal suo passaggio al meridiano | *T. vero*, riferito al sole vero | *T. medio*, riferito al sole medio | *T. siderale*, riferito all'equinozio di primavera | *T. civile*, quello medio aumentato di 12 ore | *T. universale*, il tempo civile del primo fuso orario o di Greenwich | *T. medio dell'Europa centrale*, il tempo civile del secondo fuso orario, al quale appartiene l'Italia. *3* Porzione limitata di una durata complessiva, periodo: *un t. lungo, breve*; *per molto, poco, qualche t.*; *dopo poco t.*; *poco t. dopo, prima*; *è da poco t. che ci conosciamo*; *gli ha dedicato tutto il suo t.*; *non sappiamo dove è stato tutto questo t.*; *quanto t. resterai con noi?* | *Tutto il t.*, continuativamente: *gli ho parlato tutto il t.* *4* Spazio di tempo circoscritto che occorre, viene previsto o deciso perché si compia un'azione, si verifichi un fenomeno o un avvenimento: *calcolare i tempi*; *il t. della reazione chimica è brevissimo*; *quanto t. avete riservato alla cerimonia?* | *T. di cottura*, richiesto da una vivanda perché sia cotta al punto giusto | (*org. az.*) *T. di lavorazione*, quello necessario per eseguire un'operazione direttamente produttiva | (*org. az.*) *T. normale*, necessario per l'esecuzione di un'operazione da parte di un operatore di normali capacità e impegno in condizioni normali | *Tempi lunghi, tempi brevi*, per attuazione di progetti che preventivano molto o poco tempo | (*org. az.*) *T. reale*, quello normale maggiorato dei fattori fisiologici, di fatica e ambientali | (*org. az.*) *T. supplementare*, quello assegnato, su richiesta, per fattori non previsti nel ciclo di produzione, lavorazione e sim. | (*org. az.*) *Ufficio tempi e metodi*, ufficio che si occupa di elaborare programmi per il miglioramento dei metodi produttivi, la determinazione e il controllo dei tempi base necessari alle varie fasi di una lavorazione | (*chim., fis.*) *T. di ionizzazione*, per ionizzare il gas contenuto in un tubo a gas, una volta applicata la tensione anodica | (*fis., elettron.*) *T. di transito*, quello impiegato dagli elettroni in un tubo per raggiungere la placca oppure dai portatori di cariche nei transistori per diffondere attraverso le giunzioni | (*elab.*) *T. reale*, modo d'impiego degli elaboratori elettronici per cui questi, anziché operare a posteriori, elaborano i dati, acquisiti attraverso reti di terminali, nel momento stesso in cui hanno origine. CONTR. Batch processing | *Prendere i tempi*, nel gergo cinematografico, calcolare la durata di ogni inquadratura di un film, spec. documentario, per potervi adattare la colonna sonora | Intervallo di una qualche estensione occorrente per l'adempimento di un'attività, di un lavoro: *ti ci vuole molto t. per prepararti?*; *dammi il t. necessario per fare le valigie*; *per avviare il motore ci vuole poco t.*; *è un operazione che richiede un certo t.*; *c'è appena il t. di telefonargli* | Spazio di tempo non di breve durata: *ci vuole t. per riparare il guasto*; *occorre t. per conoscersi bene* | *Ci vuole il suo t.*, è meglio non aver fretta o essere impazienti | *T. un mese*, prima che sia trascorso un mese | *Non c'è t. da perdere*, bisogna affrettarsi, lavorare con lena per portare a termine q.c. | *È finito il t.*, si è esaurito il tempo assegnato | *Senza por t. in mezzo*, senza frapporre indugi | *Acquistare, guadagnare t.*, affrettarsi a portare a termine q.c. per dedicarsi ad altre attività | *Prendere t.*, indugiare in attesa che una situazione difficile si risolva o sia risolta da altri | *A t., in t.*, entro il periodo prescritto, necessario e sim.: *non sei più a t. a presentarti all'esame* | *Al t. stesso*, nello stesso momento, contemporaneamente | *Per t.*, con sollecitudine, presto | *A far t. da*, iniziando da, a partire da. *5* (*mus.*) Divisione della battuta in alcune parti sempre uguali di valore, rappresentata da una frazione che al denominatore indica il valore della figura scelta e al numeratore il numero di quelle figure presenti nella battuta: *segnare, battere il t.*, | *T. forte o in battere*, la prima parte della battuta, dove cade l'accento | *T. debole o in levare*, la seconda parte della battuta, sulla quale non cade l'accento | *Andare a t.*, rispettare il ritmo e il movimento di una certa mu-

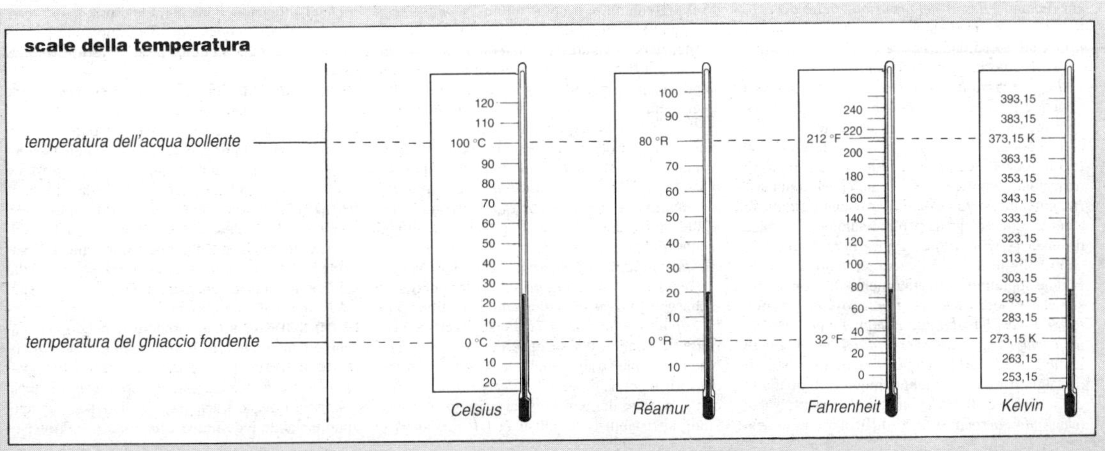

sica | Una parte delle varie forme strumentali | *Primo t.*, classicamente un allegro | *Secondo t.*, un andante o adagio | *Terzo t.*, un minuetto o scherzo | *Quarto t.*, un rondò. ***6*** In metrica, misura che corrisponde al valore di una vocale breve: *in una sillaba lunga i tempi sono due* | *T. debole*, parte del piede non sottoposta all'ictus | *T. forte*, parte del piede sottoposta all'ictus. ***7*** Ogni movimento di cui si compone un'azione dallo svolgimento complesso: *un passo di danza in quattro tempi* | *Fare q.c. in più tempi*, rispettando sequenze stabilite o con interruzioni anche non programmate | Nella ginnastica, ognuna delle due suddivisioni fondamentali dell'esecuzione di un movimento o di un esercizio | *T. di andata*, quello dato dal movimento di andata | *T. di ritorno*, quello dato dal movimento di ritorno | *Al t.!*, comando di sospensione durante l'esecuzione di un esercizio che deve essere ripetuto; (*est.*) invito a non tenere in considerazione un ordine, un'azione o una frase pronunciata erroneamente. ***8*** Ciascuna delle fasi il cui insieme costituisce il ciclo di funzionamento di un motore a scoppio: *motore a due, a quattro tempi*. ***9*** (*fis.*) Parametro che assume i valori nel campo reale, e del quale sono funzione le variabili meccaniche e fisiche. ***10*** Nel calcio, pallacanestro, rugby, e sim., il periodo di tempo fissato per la disputa dell'incontro: *segnare allo scadere del t.* | Ciascuna delle due parti in cui è diviso il tempo regolamentare di un incontro: *chiudere il primo t. in parità*; *goal realizzato nel secondo t.* | *Tempi supplementari*, quelli che vengono disputati in aggiunta ai regolamentari, quando un incontro è finito in parità, in discipline sportive o manifestazioni che non prevedono il risultato di parità | Spazio di tempo cronometrato che viene impiegato per la copertura di un percorso in una gara atletica, ciclistica, automobilistica, ecc.: *realizzare un buon t.*; *ottenere il miglior t.* | *Migliorare il t.*, in una gara di corsa, coprire il percorso con una velocità superiore a quella realizzata in precedenza | *Tenere un buon t.*, mantenere alta la media della velocità | *T. massimo*, nelle gare di corsa, il tempo, stabilito in base a quello impiegato dal vincitore, entro il quale i concorrenti devono giungere al traguardo per non subire l'eliminazione dalla gara, se in più prove, o l'esclusione dalla graduatoria d'arrivo, se in una sola. ***11*** Ripartizione di uno spettacolo di rivista o di un film, corrispondente all'atto nel teatro di prosa o nell'opera lirica: *siamo entrati all'inizio del secondo t.* ***12*** In una successione cronologica di eventi, punto rintracciabile e distinguibile rispetto a un 'prima' e a un 'dopo': *da quel t. iniziammo a parlarci*; *in quel t. ci fu un'alluvione disastrosa* | Periodo, momento: *è passato il t. della spensieratezza*; *il t. presente, futuro* | *A quel t.*, allora | *In quei tempi, a quei tempi*, in quei periodi ormai lontani | *T. fa*, in un passato non molto lontano | *D'ogni t.*, in qualunque periodo | *In ogni t.*, sempre, continuamente | *Rimandare a miglior t.*, ad occasione più propizia | Era, epoca, età: *al t. dei primi uomini*; *al t. degli Etruschi, delle Signorie*; *al t. di Napoleone*; *al t. della seconda guerra mondiale* | *T. di*, caratterizzato da: *t. di guerra, di rivolte, di pace* | *Il nostro t.*, l'epoca in cui viviamo | *Essere del proprio t., figlio del proprio t.*, averne i costumi, le abitudini | *Ai nostri tempi*, all'epoca della nostra giovinezza, quando avevamo autorità o eravamo nel pieno dell'attività | *Al t. che Berta filava*, (*scherz.*) in epoche assai remote e in condizioni ambientali, storiche o sociali ormai superate | *Del t.*, della stessa epoca, contemporaneo | *Un t.*, in passato, in un'epoca ormai trascorsa | *Ci fu un t. in cui ...*, all'inizio di narrazioni, tanto tempo fa, in un'epoca lontana | *Ha fatto il suo t.*, si dice di persona scaduta di autorità, di cosa che ha perduto valore o è passata di moda | (*spec. al pl.*) Epoca non sempre ben collocabile in una successione cronologica o definibile soprattutto con riferimenti alle condizioni storiche e sociali: *tempi d'oro, favolosi, mitici*; *tempi oscuri, bui, difficili*; *i tempi antichi, moderni*; *i tempi nostri*; *in questi ultimi tempi*; *quelli erano tempi!* | *Altri tempi!, che tempi!*, escl. di nostalgia per epoche ritenute migliori di quella in cui si vive o di riprovazione per il presente | *Coi tempi che corrono*, date le difficoltà che la vita presenta oggi | *Adeguarsi ai tempi, essere all'altezza dei tempi, andare coi tempi*, sapersi uniformare alle esigenze di un periodo storico non comune | *Al t. dei tempi, nella notte dei tempi*, in epoca assai lontana. ***13*** Età, dell'uomo o di un animale, spec. se giovani: *quanto t. ha questo ragazzo?*; *quel cucciolo non ha molto t.* | *Essere del t. di qc.*, averne circa la stessa età | *Il suo giovane t.*, (*lett.*) la sua giovinezza. ***14*** Periodo dell'anno di una certa estensione avente caratteristiche proprie o nel quale si verificano eventi naturali ricorrenti: *t. di primavera, di vacanze*; *t. quaresimale, pasquale*; *il t. della semina, della trebbiatura*; *il t. delle fragole è molto breve* | *T. di caccia*, epoca in cui la caccia è permessa dalla legge. ***15*** Parte della giornata o di un periodo più prolungato nei quali ci si impegna in un lavoro o ci si dedica a una attività: *il t. dello studio, dello svago, del riposo*; *fare buon uso, un uso equilibrato del t.*; *saper impiegare, distribuire il proprio t.*; *non riesco mai a trovare il t. per leggere*; *posso rubarti un po' del tuo t., del tuo t. prezioso?*; *figurati se ho t. per queste cose!*; *non riesco più a trovare t. a tutto*; *hai un briciolo di t. per me?* | *T. libero*, quello al di fuori dell'orario di lavoro, utilizzabile per il riposo o lo svago | *Nei ritagli di t., a t. perso*, nei momenti liberi da attività consuete o impegnative | *Sprecare, buttare via il t.*, fare cose inutili o addirittura stare in ozio | *Buttare via t. e quattrini*, dedicarsi a qualcosa il cui esito appare molto incerto o del tutto negativo | *Perdere t., perdere il t.*, passarlo vanamente, in modo inconcludente | *Non perdere t.*, agire con tempestività ed efficacia (*anche iron.*): *come vedi, pur di arricchirsi, non ha perso t.* | *È t. perso*, è un'azione, un lavoro che non approderà a nulla: *se lo fai senza entusiasmo, è tutto t. perso* | *Riguadagnare il t. perduto*, mettersi alacremente al lavoro, dopo un periodo di inattività o per rimediare alla pigrizia di cui precedentemente si era dato prova | *Ingannare, ammazzare il t.*, fare q.c. per non annoiarsi | *Darsi al bel t., al buon t.*, divertirsi, spassarsela | *Impiego a t. pieno*, per il numero complessivo delle ore lavorative | *T. pieno*, nella scuola dell'obbligo, prolungamento dell'orario scolastico nelle ore pomeridiane, con possibilità per gli alunni di consumare a scuola il pasto di mezzogiorno, di fruire dell'integrazione dell'insegnamento curricolare con attività complementari e di utilizzare in modo più libero e aperto le strutture scolastiche | *T. lungo*, nella scuola dell'obbligo, facoltà di estendere, sia la mattina che il pomeriggio, l'orario scolastico oltre il tempo pieno, soprattutto per permettere ad alcuni alunni l'accesso e la permanenza nelle strutture scolastiche durante l' orario di lavoro dei genitori | *T. prolungato*, nella scuola dell'obbligo, estensione dell'orario scolastico al pomeriggio durante il quale viene impartito il normale insegnamento di tutte le materie da parte degli stessi docenti del mattino | *Retribuzione a t.*, salario commisurato alle ore di lavoro prestate. ***16*** In grammatica, il momento in cui il parlante colloca l'azione espressa dal verbo: *t. presente, passato, futuro* | *T. composto*, con l'ausiliare e il participio passato | *Avverbi di t.*, quelli che determinano in quale tempo avviene l'azione, indicando il presente, il passato, il futuro | *Complementi di t.*, quelli che indicano una determinazione temporale, reale o figurata: *t. determinato*; *t. continuato*. ***17*** Periodo anche brevissimo, momento stabilito, epoca opportuna per l'esecuzione o l'espletamento di q.c.: *avrete la risposta entro il t. convenuto* | *T. utile*, quello in cui è possibile compiere atti giuridici o presentare documenti, domande e sim. | *A t. debito*, al momento opportuno o stabilito dalla legge: *vi sarà inviato il contratto a t. debito* | *A t. e luogo, a suo t.*, nel momento adatto, opportuno | *È t. di ..., è t. che ...*, è il momento giusto o favorevole per fare q.c.: *è tempo che tu gli dica come stanno le cose* | *Prima del t.*, (*lett.*) *anzi, innanzi t.*, prima dei termini fissati o consueti | Occasione, momento irripetibile: *non ha saputo cogliere il t.* ***18*** Personificazione del fluire degli anni, dei secoli e del continuo cambiamento delle cose: *i guasti, le ingiurie, le offese del t.*; *il t. corre, fugge* | *Il t. fa giustizia da solo*, con il passare del tempo, si chiariscono le situazioni, si ristabilisce la giustizia | *Il t. è un gran dottore, il t. è medico*, il tempo attenua e ripara danni fisici e morali. ***II*** Insieme degli elementi meteorologici che caratterizzano lo stato dell'atmosfera su un luogo o una regione in un determinato momento: *t. splendido, bello, brutto, variabile, umido, piovoso*; *il t. cambia, si mantiene, si guasta, si rinfresca, si rimette, tende al brutto*; *che t. fa?*; *usciremo con qualsiasi t.* | Aspetto del cielo: *t. chiaro, trasparente, grigio, buio*; *il t. si rischiara* | *T. da cani, da lupi*, pessimo, assai rigido | *Un t. pesante*, che produce sull'uomo un senso di oppressione o di tristezza | *T. permettendo*, se le condizioni atmosferiche saranno buone | *Previsioni del t.*, quelle fatte dai meteorologi | *Sentire il t.*, avvertirne i cambiamenti con dolori, disturbi fisici, irritabilità e sim. | (*fig.*) *Fare il bello e il brutto* (*o il cattivo*) *t.*, avere, esercitare un potere pieno e da tutti riconosciuto, spec. in un ambiente, in un gruppo di persone | (*fig.*) *Parlare del brutto e del cattivo t., del t.*, parlare di argomenti vani, inconsistenti o di nessun interesse per tutti gli interlocutori | *Lascia il t. che trova*, detto di azione, provvedimento e sim. che non hanno alcun risultato o non producono l'effetto auspicato | (*mar.*) *Fuggire il t.*, allontanarsi nella direzione stessa della bufera, detto di imbarcazione investita da una tempesta || PROV. Rosso di sera, bel tempo si spera; il tempo è moneta; chi ha tempo non aspetti tempo; il tempo viene per chi lo sa aspettare. || **tempàccio**, pegg. (V.) | **tempétto**, dim. | **tempìno**, dim. (V.) | †**tempóne**, accr. (V.) | **tempucciàccio**, pegg. | **tempùccio**, pegg.

†tempóne s. m. ***1*** Accr. di *tempo*. ***2*** Allegria, festa | *Far t.*, spassarsela.

tèmpora [vc. lat., pl. di *tĕmpus*, genit. *tĕmporis*, col senso di 'stagione'] s. f. pl. ● Stagioni, nella loc. *quattro tempora* che indicava i giorni iniziali (mercoledì, venerdì e sabato) delle quattro divisioni dell'anno liturgico, nei quali vi era obbligo di astinenza e digiuno, ora sostituiti dal precetto di santificazione.

temporàle (1) [vc. dotta, lat. *temporāle(m)*, agg. 'relativo al tempo (*tĕmpus*, genit. *tĕmporis*)'] **A** agg. ***1*** Che ha durata limitata nel tempo | Caduco, mondano: *beni temporali*. CONTR. Eterno, spirituale. ***2*** (*ling.*) Di, del tempo: *avverbio t.* ***3*** (*mat.*) Che riguarda il tempo: *ascissa t.* | (*stat.*) *Serie t.*, insieme ordinato di dati indicanti i valori assunti da una variabile nel tempo. ***4*** †Secolare, laico. **B** s. f. ● Proposizione subordinata indicante contemporaneità o anteriorità o posteriorità di un'azione rispetto alla reggente. || †**temporaleménte**, **temporalménte**, avv. (*raro*) ***1*** In modo temporaneo; †mondanamente. ***2*** †Nel tempo.

temporàle (2) [vc. dotta, lat. *temporāle(m)*, agg. 'relativo alla tempia (*tĕmpus*, genit. *tĕmporis*)'] agg. ● Relativo alla tempia: *regione t.* | *Osso t.*, del cranio, posto sui due lati fra le ossa frontale, parietale e occipitale. ➡ ILL. p. 362 ANATOMIA UMANA.

temporàle (3) [sost. di *temporale (1)*] s. m. ***1*** Scarica brusca di elettricità atmosferica che si manifesta con lampo e con tuono | (*gener.*) Perturbazione atmosferica locale, di breve durata, accompagnata da raffiche di vento, rovesci di pioggia, talvolta grandine e scariche elettriche. ➡ ILL. p. 823 SCIENZE DELLA TERRA ED ENERGIA. ***2*** (*fig., scherz.*) Reazione violenta, lite aspra: *fra di loro, per un'inezia, scoppia il t.* ***3*** †Tempo, età | †Stagione. || **temporalàccio**, pegg. | **temporalóne**, accr.

temporalésco [da *temporale (3)*] agg. (pl. m. *-schi*) ● Di, relativo a temporale: *cielo t.*

temporalìsmo [da (*potere*) *temporal(e) (1)* e *-ismo*] s. m. ● Indirizzo che, nella politica ecclesiastica cattolica, dà particolare rilievo alle forme di governo mondano o temporale della Chiesa.

temporalità [vc. dotta, lat. tardo *temporalitāte(m)*, dall'agg. *temporālis* 'temporale'] s. f. ***1*** Carattere di ciò che è temporale | Caducità. ***2*** Dotazione di beni reali ed economici, propria della chiesa, di un ente canonico, di un convento e sim. ***3*** †Affetto alle cose mondane.

temporaneità s. f. ● Carattere, condizione di ciò che è temporaneo: *la t. di un ufficio, una carica*.

temporàneo [vc. dotta, lat. tardo *temporāneu(m)* 'che comincia al tempo (*tĕmpus*, genit. *tĕmporis*) giusto'] agg. ***1*** Che dura poco tempo, non è stabile e definitivo: *incarico t.* | Provvisorio, momentaneo: *soluzione temporanea* | Passeggero, destinato a scomparire: *sono nubi temporanee.* **2** †Che viene a tempo debito: *pioggia temporanea*; *aiuto t.* | †*Frutto t.*, primaticcio. || **temporaneaménte**, avv. Per un tempo breve, limitato: *si sono temporaneamente trasferiti in campagna*; in modo transitorio, non definitivo: *cercare temporaneamente una soluzione.*

†**temporàrio** [vc. dotta, lat. *temporāriu(m)* 'che appartiene al tempo (*tĕmpus*, genit. *tĕmporis*)'] agg. ● (*raro*) Temporaneo. || †**temporariaménte**, avv. Temporaneamente.

temporeggiaménto s. m. ● Modo, atto del temporeggiare.

temporeggiàre [da *tempo*] **A** v. intr. (*io temporéggio*; aus. *avere*) **1** Prendere tempo, aspettare il momento opportuno per agire, decidere e sim.: *l'offerta era vantaggiosa, ma continuava a t.* SIN. Indugiare. **2** (*raro*) Comportarsi secondo l'opportunità. **B** v. tr. ● †Non affrontare, rimandare, differire indugiando. **C** v. intr. pron. ● †Destreggiarsi: *temporeggiati el meglio puoi* (MACHIAVELLI).

temporeggiatóre s. m. (f. *-trice*) ● Chi temporeggia.

temporibus illis /*lat.* tem'pɔribus 'illis/ [letteralmente 'in quei (*īllis*, abl. pl. di *īlle*) tempi (*tempŏribus*, abl. pl. di *tĕmpus*, genit. *tĕmporis*)'] loc. avv. ● Nei tempi antichi (*spec. scherz.*): *temporibus illis questo sarebbe stato possibile, ora è ridicolo.*

temporizzàre [dal fr. *temporiser*, deriv. di *temps* 'tempo'] v. tr. ● Regolare a tempo un meccanismo perché funzioni a intervalli prestabiliti: *t. un dispositivo di irrigazione.*

temporizzatóre [da *tempo*] s. m. ● (*elettr.*) Commutatore funzionante automaticamente a intervalli di tempo regolari.

temporomandibolàre [comp. di *tempor(ale)* (*2*) e *mandibolare*] agg. ● (*anat.*) Che riguarda l'osso temporale e la mandibola: *articolazione, regione t.*

tempororbitàrio [comp. di *tempor(ale)* (*2*) e *orbitario*] agg. ● (*anat.*) Relativo alle ossa temporali e alle orbite.

tèmpra o (*raro*) **tèmpera** nei sign. 1, 3, 4 e 5 [variante di *tempera*] s. f. **1** Stato di maggior durezza e resistenza che acquistano i metalli e il vetro se riscaldati e poi rapidamente raffreddati immergendoli in acqua, olio o altro, oppure investendoli con getti d'aria: *acciaio di buona t.* | Trattamento termico cui vengono sottoposti i metalli e il vetro da indurire: *dare la t.* **2** L'insieme delle doti fisiche, intellettuali e morali che una persona possiede: *un uomo di t. eccezionale*; *una t. di studioso*; *non è della nostra t.* | Costituzione fisica, spec. se robusta e salda: *una t. rotta a tutte le fatiche* | (*raro*) Temperamento: *il padre fu di umore allegro, la madre di t. assai malinconica* (VICO). **3** (*raro, lett.*) Disposizione naturale | †Disposizione d'animo. **4** Insieme di caratteristiche particolari possedute dalla voce umana o dal suono di uno strumento. SIN. Timbro. **5** (*est.*) †Armoniosa modulazione della voce: *né mai in sì dolci e in sì soavi tempre / risonar seppi gli amorosi guai* (PETRARCA) | (*poet.*) Disposizione delle parti rispetto a un tutto armonico | (*est., spec. al pl.*) Qualità, genere, maniera. **6** (*lett.*) †Temperatura, clima: *oh! fortunate / genti che in dolci tempre / quest'aura respirate* (PARINI).

†**temprànza** ● V. *temperanza.*

tempràre o (*raro*) **temperàre** [variante di *temperare*] **A** v. tr. (*io tèmpro*) **1** Dare la tempra: *t. il vetro, l'acciaio* | (*est., lett.*) Formare, fabbricare. **2** (*est., fig.*) Irrobustire, rendere forte e resistente fisicamente e moralmente: *il lavoro gli ha temprato il carattere.* SIN. Fortificare, rafforzare. **3** †V. *temperare* nei sign. 3 e 5. **B** v. rifl. ● Fortificarsi nel fisico o nello spirito: *temprarsi con lo sport, l'esperienza, le lotte della vita.* **C** v. intr. pron. ● Diventare più forte: *il suo carattere si è temprato durante la giovinezza.* SIN. Fortificarsi, rafforzarsi.

tempràto o (*raro*) **temperàto**. part. pass. di *temprare*; anche agg. ● Nei sign. del v.: *vetro, acciaio t.*

tempùscolo [da *tempo* col suff. dim. di *corpuscolo*] s. m. ● Nel linguaggio scientifico, intervallo di tempo infinitesimo o piccolissimo.

†**temulènto** [vc. dotta, lat. *temulĕntu(m)*, da *temētum*, n. di una bevanda inebriante, di origine incerta] agg. ● Ubriaco, ebbro.

†**temulènza** [vc. dotta, lat. *temulĕntia(m)*, da *temulĕntus* 'temulento'] s. f. ● Ubriachezza.

temùto part. pass. di *temere*; anche agg. ● Nei sign. del v.

tenàce [lat. *tenāce(m)*, da *tenēre*] agg. **1** Che non si deforma: *filo t.* | Sodo, compatto: *terreno t.* | *Legno t.*, duro. **2** Che è viscoso, adesivo: *colla t.* | Che si attacca facilmente e fa presa: *materia, calce t.* | (*fig.*) †*Contatto t.*, stretto. **3** (*fig.*) Saldo: *memoria t.* | *Proposito t.*, mantenuto con fermezza, ostinato | *Amicizia, odio t.*, che durano e resistono da tempo | Di chi è fermo, costante nei propositi, nelle idee: *un uomo forte e t.* **4** (*raro, lett.*) Avaro, parco nello spendere. || **tenacétto**, dim. || **tenaceménte**, avv. In modo tenace (*anche fig.*): *attaccarsi tenacemente a q.c.*; *è tenacemente fermo nel suo proposito.*

tenàcia [lat. *tenācia(m)*, da *tenēre*] s. f. (pl. *-cie*) ● Qualità di chi, di ciò che è tenace (*spec. fig.*): *lavorare con t. per affermarsi.*

tenacità [lat. *tenacitāte(m)*, da *tĕnax*, genit. *tenācis* 'tenace'] s. f. **1** L'essere tenace, spec. viscoso, duro, compatto: *la t. di un metallo, un terreno.* **2** (*fig., raro*) Fermezza, perseveranza. **3** (*raro, lett.*) Avarizia.

tenàglia o **tanàglia** [lat. tardo *tenācula*, nt. pl. di *tenāculu(m)* 'pinza', da *tenēre* 'tenere'] s. f. **1** (*spec. al pl., tecnol.*) Attrezzo manuale costituito da due bracci d'acciaio incrociati e mobili intorno a un perno, le cui parti più lunghe costituiscono l'impugnatura mentre quelle più corte, incurvate e terminanti a spigolo acuto, talvolta taglienti, sono atte a compiere operazioni quali sconficcare chiodi, tagliare fili di ferro e unghie di animali, afferrare pezzi riscaldati nella fucina e sim.: *t. per falegname, per carpentiere, per maniscalco, per fabbro* | *T. a rana*, attrezzo costituito da un parallelogramma articolato e usato nella trafilatura per afferrare le estremità dei trafilati | *Cavare le parole di bocca con le tenaglie a qc.*, (*fig.*) costringere a parlare una persona riluttante | *A t.*, detto di oggetto o fenomeno che per la forma o la funzione ricorda una tenaglia | (*mil.*) *Manovra a t.*, quella con cui un esercito arriva contemporaneamente sui due fianchi dello schieramento nemico | (*mil.*) *Lanciasiluri a t.*, coppia di morse che sostiene il siluro lungo il fianco di piccole siluranti e lo lascia cadere in acqua al momento del lancio. **2** (*tecnol.*) Organo di presa di apparecchi di sollevamento e trasporto: *draga a t.* **3** (*zoot.*) Attrezzo usato per imprimere tatuaggi a inchiostro sulle orecchie del bestiame o applicarvi marche metalliche mediante perforazione. **4** (*med.*) Pinze per estrazioni dentarie, con bocca conformata secondo il dente da estrarre. **5** Fortificazione che si distende a tenaglia aperta verso la campagna usata, spec. un tempo, per ottenere tiro incrociato. ➡ ILL. p. 361 ARCHITETTURA. **6** (*spec. al pl., pop.*) Chele di crostacei o scorpioni. || **tenagliàccia**, pegg. | **tenagliétta**, dim. | **tenaglìna**, dim. | **tenaglióne**, accr. m. | **tenagliùccia**, dim. | **tenagliuòla**, dim.

tenagliàre ● V. *tanagliare.*

tenalgia [comp. di *ten(o)-* e *-algia*] s. f. (pl. *-gie*) ● (*med.*) Dolore localizzato a un tendine.

tènar o **tènare** [gr. *thénar* 'palma della mano', con qualche riscontro germ.] agg. ● (*anat.*) Detto del rilievo muscolare del palmo della mano dalla parte del pollice: *eminenza t.*

tenàrio [vc. dotta, lat. *Taenăriu(m)* 'relativo al promontorio e alla città di *Tāenarus*', in gr. *Táinaros*] agg. **1** (*poet.*) Infernale. **2** Detto di un marmo greco nero o verde-giallo.

†**tencióne** e *deriv.* ● V. *tenzone* e *deriv.*

tènda [lat. parl. **tĕnda(m)*, da *tĕndere* nel senso specifico di 'tendere la tenda'] s. f. **1** Tela stesa allo scoperto per riparo dal sole, dalla pioggia, dal vento: *rizzare la t. per vendere roba al mercato* | *T. di negozio*, tenuta ferma all'esterno con ferri infissi nel muro ed avvolgibile intorno ad un'asta metallica | *T. alla veneziana*, a stecche di legno o a lamine di plastica, inclinabili a piacere | (*raro*) Telone di teatro. **2** Drappo di tessuto, talora trasparente, appeso davanti alla finestra, per ornamento, per impedire di esser visti o come protezione contro la luce solare: *alzare, calare la t.* | *Tirare la t.*, farla scorrere per aprirla o chiuderla. **3** Ricovero costituito da un telo impermeabile sorretto da pali e fissato al terreno da picchetti, usato da campeggiatori, militari o nomadi: *t. da sei, otto, dodici uomini* | *T. canadese*, tipo di tenda da campeggio, a sezione triangolare, costituita da semplici teli di copertura sorretti da due paletti | *T. a casetta*, tipo di tenda da campeggio, spec. stabile, molto grande, costituita da una serie di ambienti separati fra loro, dotati di porte e finestre, sorretti da una struttura metallica | *T. d'alta quota, da bivacco*, in alpinismo, di minime dimensioni e peso, con struttura a doppia intercapedine e appositi materiali, tale da ottenere alto potere coibente e isotermico | *Rizzare, piantare le tende*, accamparsi e (*fig.*) approfittare a lungo dell'ospitalità di qc. | *Levare le tende*, smontare l'accampamento e (*fig.*) andarsene precipitosamente | *Ritirarsi sotto la t.*, (*fig.*) isolarsi sdegnosamente. ➡ ILL. campeggiatore. **4** *T. a ossigeno*, apparecchio per fornire ossigeno a un malato. || **tendàccia**, pegg. | **tendétta**, dim. | **tendìna**, dim. (V.) | **tendóne**, accr. m. (V.) | **tendùccia**, dim.

tendàggio [da *tenda*] s. m. **1** Tenda che chiude il vano di un letto, una porta, una finestra. **2** Insieme di più tende disposte per adornare un ambiente.

tendaggìsta [da *tendaggio*] s. m. e f. (pl. m. *-i*) ● Chi confeziona o vende tende.

tendàle [sp. *tendal*, da *tienda* 'tenda'] s. m. **1** Tenda grandissima che si mette nei luoghi aperti per ripararsi dal sole o dalla pioggia. **2** (*mar.*) Tenda mobile che copriva la poppa e l'alloggiamento degli ufficiali nelle galee. || **tendalétto**, dim. | **tendalìno**, dim. (V.).

tendalìno s. m. **1** Dim. di *tendale*. **2** Telo impermeabile che viene teso a poppa di imbarcazioni a vela per riparare chi sta al timone dal vento e dalle onde.

tendàme [da *tenda*, con suff. in uso coll. *-ame*] s. m. ● Insieme di tende e accessori: *negozio di tendami.*

†**tendàre** [da *tenda*] v. intr. e intr. pron. ● Attendarsi, accamparsi.

tendènte part. pres. di *tendere*; anche agg. ● Nei sign. del v.

tendènza [da *tendere*] s. f. **1** Propensione, attitudine, consapevole indirizzo verso q.c.: *avere t. ai lavori manuali*; *ha t. verso la vita politica*; *non ha tendenze per il disegno.* SIN. Disposizione, inclinazione. **2** Orientamento, corrente che si sviluppa all'interno di fenomeni culturali, movimenti storici, artistici o letterari, partiti politici: *in ogni partito c'è una t. di sinistra* | Complesso delle persone che manifestano una tendenza: *la t. reazionaria è stata sconfitta.* **3** Insieme dei fattori che orientano in un dato senso i cambiamenti linguistici | *T. di mercato*, insieme di fattori che orientano in un dato senso il fenomeno dei consumi.

tendenziàle agg. ● Che ha, rivela una tendenza. || **tendenzialménte**, avv. Con tendenza, predisposizione: *è tendenzialmente sincero.*

tendenziosità s. f. ● Qualità di ciò che è tendenzioso. SIN. Parzialità.

tendenzióso [da *tendenza*] agg. ● Che serve a considerazioni e fini determinati, più o meno lontani | Parziale: *giudizio t.* || **tendenziosaménte**, avv.

tènder /'tender, *ingl.* 'tendə*/ [vc. ingl., dal v. *to tend* 'accompagnare, servire', variante per aferesi di *to attend* 'assistere, attendere a'] s. m. inv. ● Veicolo ferroviario la cui cassa è atta a contenere scorte di acqua, combustibile, lubrificanti e gli attrezzi, necessari per la locomotiva a vapore.

tèndere [lat. *tĕndere*, di origine indeur.] **A** v. tr. (pass. rem. *io tési, tu tendésti*; part. pass. *téso*) **1** Distendere, spiegare tirando, per allargare o allungare al massimo: *t. una fune*; *t. la biancheria ad asciugare* | Tirare: *t. la corda di uno strumento* | (*raro*) *T. un padiglione*, negli antichi accampamenti militari, drizzarlo | Preparare (*anche fig.*): *t. le reti*; *t. una trappola*; *t. insidie* | (*ass.*) Cacciare: *ecco angel novo, / a cui non tesi, e ne la rete il trovo* (ARIOSTO). CONTR. Allentare. **2** Stendere, allungare: *t. la mano per chiedere l'elemosina* | *T. l'orecchio*, prestare attenzione a un discorso | (*raro, fig.*) *T. la mente*, applicarsi, sforzarsi su q.c. | *T. le braccia*, (*poet.*) *t. le palme*, (*fig.*) supplicare, implorare. **3** (*raro*, *lett.*) Dirigere: *t. il cammino*. **B** v. intr. (aus. *avere*) **1** Cercare di raggiungere, inclinare, volgere a un fine: *tendiamo a una maggiore serenità*. SIN. Aspirare, mirare. **2** Piegare, essere naturalmente inclini: *un ragazzo che tende alle fantasticherie*; *t. al male*, *alla misantropia* | (*raro*) Essere favorevole: *tendere verso un partito*. SIN. Propendere. **3** Indirizzarsi, stare per evolversi verso una determinata condizione: *la stagione tende al caldo*; *è un materiale che tende a deteriorarsi*. **4** Avvicinarsi a una determinata gradazione, detto di colori, sapori, odori: *oggi il cielo tende al grigio*. **C** v. intr. pron. ● Entrare in tensione, contrarsi: *gli si tendono i nervi*.

tenderòmetro [ingl. *tenderometer*, comp. di *tender* 'tenero' e *-meter* '-metro'] s. m. ● Apparecchio atto a misurare la durezza dei piselli e quindi il loro grado di maturazione.

tendicaténa [comp. di *tendere* e *catena*] s. m. inv. ● Dispositivo per mantenere tesa una catena di trasmissione in biciclette, motocicli e sim.

tendicinghia [comp. di *tendere* e *cinghia*] s. m. inv. ● Dispositivo per mantenere tesa una cinghia di trasmissione.

tendicòllo [comp. di *tendere* e *coll(ett)o*] s. m. inv. ● Rinforzo di plastica che si mette all'interno del collo della camicia maschile per renderlo rigido.

tendifilo [comp. di *tendere* e *filo*] s. m. inv. **1** Congegno per tendere il filo metallico attorno a un collo o a un contenitore per chiuderlo. **2** Nella macchina da cucire, congegno che mantiene teso il filo via via che si svolge dal rocchetto.

tendina s. f. **1** Dim. di *tenda*. **2** Tenda piccola e leggera di finestra, sportello di carrozza, e sim.: *tirare*, *abbassare le tendine*. **3** (*cine*) Effetto speciale che, per mezzo di una linea che attraversa lo schermo, permette il passaggio graduale da un'immagine a un'altra senza dissolvenza.

tèndine [da *tendere*] s. m. ● (*anat.*) Estremità connettivale fibrosa di un muscolo, che lo fissa allo scheletro | *T. d'Achille*, della parte posteriore del calcagno.

tendineo agg. ● (*anat.*) Del tendine | *Organo t.*, propriocettore di tensione muscolare.

tendinite [comp. di *tendine* e *-ite* (*1*)] s. f. ● (*med.*) Infiammazione dei tessuti tendinei.

tendinóso agg. ● (*raro*) Che presenta tendini.

tendiscàrpe [comp. di *tende(re)* e il pl. di *scarpa*] s. m. inv. ● Forma leggera di plastica o legno munita di una molla che introdotta in una scarpa la distende e la riporta alla sua forma originale.

tenditóio [da *tendere* (i panni)] s. m. **1** Luogo in cui si stendono i panni del bucato, stenditoio. **2** (*raro*) Strumento che serve a tendere.

tenditóre **A** s. m. (f. *-trice* nel sign. 1) **1** (*raro*) Chi tende | (*raro*) Chi per mestiere tende reti. **2** Meccanismo usato per tendere cavi, catene o altro. **3** (*mecc.*) Congegno a vite che congiunge i due ganci e le aste di trazione di due vagoni agganciati. **B** agg. ● Che tende, che serve per tendere q.c.: *fune tenditrice*.

tendóne s. m. **1** Accr. di *tenda*. **2** Tenda grande o robusta: *i tendoni dei negozi* | Grande tenda impermeabile per riparare merci o altro dalle intemperie | (*agr.*) *A t.*, detto di un particolare tipo di allevamento della vite.

tendòpoli [comp. di *tenda* e del gr. *pólis* 'città', in una applicazione compositiva abbastanza frequente] s. f. **1** Campeggio molto esteso e affollato. **2** Agglomerato di tende di grandi dimensioni installate, insieme a servizi igienici, centri sanitari e sim., su un terreno in prossimità di un centro abitato colpito da una calamità, per accogliere gli abitanti che abbiano dovuto abbandonare le loro case.

tènebra o (*poet.*) **tenèbra** [lat. tardo *tĕnebra(m)* 'oscurità', usato più spesso, nella classicità, al pl., di origine indeur.] s. f. **1** (*spec. al pl.*) Oscurità profonda, completa, buio assoluto: *la città è avvolta in fitte tenebre*; *aver paura delle tenebre* | Densa nube: *sole coperto di tenebre*; *veggiono il ciel di tenebre coperto* (POLIZIANO) | (*fig.*) *Occhi coperti di tenebre*, ciechi | (*ass.*) Oscurità della notte: *usciremo al cader delle tenebre* | (*fig.*) Ignoranza | *Avvenimenti ancora avvolti nelle tenebre*, non ancora conosciuti, studiati, esplorati. **2** *Ufficio delle tenebre*, liturgia cattolica della settimana santa, nel corso della quale, per commemorare la morte di Gesù, si spengono i lumi. **3** †Squallore, lutto, afflizione. **4** †Confusione.

tenebràre [lat. tardo *tenebrāre*, da *tĕnebra*] **A** v. tr. (*io tènebro*) ● (*lett.*) Ottenebrare, oscurare (*anche fig.*). **B** v. intr. pron. ● (*lett.*) Oscurarsi, rabbuiarsi (*anche fig.*).

†**tenebrìa** [da *tenebra*, con suff. ints.] s. f. ● Vaste tenebre (*anche fig.*).

†**tenebricóso** [vc. dotta, lat. *tenebricōsu(m)*, da *tenĕbricus*, agg. di *tĕnebrae* 'tenebre, oscurità'] agg. ● (*lett.*) Pieno di tenebre.

tenebrióne [vc. dotta, lat. *tenēbrio*, genit. *tenebriōnis* 'che fugge la luce, rifugiandosi nell'oscurità (*tĕnebrae*)'] s. m. ● Insetto coleottero cosmopolita, bruno, lucido, notturno; ha larve giallicce e si nutre di farina, crusca, cereali (*Tenebrio molitor*). SIN. Verme della farina.

Tenebriònidi [comp. del lat. *tenēbrio*, genit. *tenebriōnis*, letteralmente 'che ama le tenebre', e *-idi*] s. m. pl. ● Nella tassonomia animale, famiglia di Insetti dalle abitudini notturne, di color scuro o grigio o anche metallico, generalmente atteri con corpo di varia forma, che si nutrono per lo più di detriti vegetali (*Tenebrioniidae*) | (al sing. *-e*) Ogni individuo di tale famiglia.

†**tenebróre** [da *tenebra* col suff. di stato atmosferico, come in (*chiar*)*ore*] s. m. ● (*lett.*) Tenebre, buio, oscurità.

tenebrosità o †**tenebrositàde**, †**tenebrositàte** s. f. **1** (*raro*) Qualità di ciò che è tenebroso (*anche fig.*). **2** †Offuscamento della vista. **3** †Foschia.

tenebróso [vc. dotta, lat. *tenebrōsu(m)* 'relativo all'oscurità (*tĕnebrae*)'] agg. **1** Pieno di tenebre, avvolto in una fitta oscurità: *notte tenebrosa*; *baratro t.*; *l'emisferio t. della terra* (GALILEI) | (*raro*) *Occhio t.*, che vede poco | (*fig.*) Misterioso, pesantemente oscuro: *pensiero t.*; *maneggi tenebrosi*. **2** †Turbolento | Confuso, agitato, turbato. || **tenebrosaménte**, avv. Misteriosamente, subdolamente: *agire tenebrosamente*.

tenènte (**1**) o (*lett.*) †**tegnènte**. part. pres. di *tenere*; anche agg. **1** Nei sign. del v. **2** †Che tiene saldo | (*raro*, *lett.*) Sodo, compatto, tenace: *la candida farina / che la pasta farà molto tegnente* (D'ANNUNZIO).

tenènte (**2**) [per (*luogo*)*tenente* 'che tiene il posto (*luogo*) di un altro', secondo il modello fr. (*lieutenant*)] s. m. ● Secondo gradino della gerarchia degli ufficiali, successivo a quello di sottotenente, cui compete il comando di un plotone delle varie armi o della linea pezzi di una batteria d'artiglieria | *T. colonnello*, secondo gradino della gerarchia degli ufficiali superiori, successivo a quello di maggiore, con competenza al comando di battaglione o unità corrispondente | *T. generale*, grado della gerarchia militare esistente in taluni organi e servizi, corrispondente al grado di generale di divisione | *T. di vascello*, ufficiale della marina militare di grado pari al capitano dell'esercito e, nel linguaggio di bordo, l'ufficiale in seconda sulle navi da guerra minori. || **tenentino**, dim.

tenènza [da *luogotenente*, come il corrispondente fr. *lieutenance*] s. f. ● Comando retto da un ufficiale subalterno dei carabinieri o della guardia di finanza.

tenére [lat. *tenēre*, della stessa radice indeur. di *tĕndere*] **A** v. tr. (pres. *io tèngo*, †*tègno*, *tu tièni*, †*tègni*, *egli tiène*, *noi teniàmo*, †*tegnàmo*, *voi tenéte*, *essi tèngono*, †*tègnono*; pass. rem. *io ténni*, †*tenéi*, †*tenètti*, *tu tenésti*; fut. *io terrò*, *tu terrài*; congv. pres. *io tènga*, †*tègna*, ..., *noi teniàmo*, †*tegnàmo*, *voi teniàte*, †*tegnàte*, *essi tèngano*, †*tègnano*; condiz. pres. *io terrèi*, *tu terrésti*; imper. *tièni*, *tenéte*; part. pres. *tenènte*, †*tegnènte*; part. pass. *tenùto*) **1** Avere q.c. o qc. con sé e stringerlo perché non cada, non sfugga, stia fermo: *t. in mano un giornale*; *t. l'ombrello con la destra*; *teneva una cartella sottobraccio*; *tieni questa statuetta con tutte e due le mani*; *tenete questo bambino per un braccio* | *T. tra le braccia*, abbracciare | *T. l'avversario*, nel pugilato, impedire all'avversario di combattere, usando tattiche ostruzionistiche | Stringere con le mani: *t. le briglie*; *non riesce a t. il bicchiere* | Afferrare: *tenetelo, sta scappando!* | Fare in modo che q.c. non oscilli o si sposti: *tieni il lampadario mentre svito la lampadina*; *t. una scala*, *un sostegno a qc. che sale* | Reggere, sostenere (*anche fig.*): *non ce la faceva più a t. quel baule sulle spalle*; *è lui a t. tutto il peso della famiglia* | (*fig.*) *T. il sacco*, *mano*, *bordone a qc.*, avere un rapporto di complicità con qc. | (*fig.*) *T. l'anima coi denti*, trovarsi in precarie condizioni di salute | *T. bene il mare*, di imbarcazione in grado di affrontare un mare agitato o tempestoso perché dotata di stabilità, manovrabilità e sim. **2** Fare in modo che qc. o q.c. rimanga per un certo tempo in una posizione, uno stato, una situazione o un posto stabilito: *t. le mani lungo i fianchi*, *il cappello in testa*, *gli occhi bassi*; *t. la finestra socchiusa*; *lo ha tenuto in piedi per due ore*; *lo tennero a dieta per un mese*; *questo lavoro mi terrà impegnato fino a tardi*; *t. qc. prigioniero*, *in ostaggio*; *t. qc. in ansia*; *lo hanno tenuto qualche anno a pensione*; *abbiamo tenuto il vino in fresco*; *t. le valigie in deposito*; *t. un animale in gabbia* | *T. qc. sospeso*, lasciare qc. nell'incertezza o in attesa di una risposta | *T. sotto qc.*, (*fig.*) mantenerlo in una situazione di inferiorità, sottomissione o soggezione | *T. q.c. da conto*, conservarla con cura | *T. q.c. a mente*, *a memoria*, ricordarla | *T. una pratica in sospeso*, non evaderla | *T. un campo a grano*, coltivarlo a grano | *T. in piedi una composizione tipografica*, mantenerla in archivio in vista di un'ulteriore utilizzazione | (*fig.*) *T. il piede in due staffe*, dare il consenso a due partiti fra loro opposti, allo scopo di uscire senza danno da una situazione difficile | *T. le mani a posto*, non toccare q.c. o non mettere le mani addosso a qc. | *T. la lingua a posto*, non insolentire o insultare qc. | *T. la testa a partito*, comportarsi in modo saggio, ponderato | *T. qc. in pugno*, (*fig.*) averlo in proprio potere | *Tenersi buono qc.*, mantenere con qc. un rapporto di amicizia perché non possa nuocere o per calcolo | Trattare: *t. bene qc.*; *lo teneva come un principe* | *T. qc. come un cane*, trattarlo molto male | *T. le distanze*, (*fig.*) non entrare in dimestichezza con chi viene giudicato gerarchicamente, socialmente o moralmente inferiore | *T. un bambino a battesimo*, *a cresima*, fargli da padrino o da madrina | Fare rimanere a posto: *le bretelle tengono i pantaloni*; *tiene i capelli con un nastro* | Far durare: *è un tessuto che tiene la stiratura*; *questo clavicembalo non tiene più l'accordatura* | (*mus.*) *T. una nota*, prolungarne il suono con la voce o uno strumento | Fare restare con sé: *lo tenne in casa dieci anni* | Fare vivere con sé, provvedendo al mantenimento: *a sua posta tenendolo in una casa a Camaldoli* (BOCCACCIO) | *T. una cameriera*, averla in casa, alle proprie dipendenze | Trattenere: *non vi terremo a cena*: *è troppo tardi* | *T. qc. in parole*, trattenerlo, distrarlo parlando | *T. a bada qc.*, trattenerlo o sorvegliarlo per evitare che si opponga a qc. o q.c. con atti o parole | Frenare, dominare: *t. la rabbia*; *non riusciva più a t. le lacrime*. **3** Mantenere ciò che si è detto o promesso: *t. la parola*; *non tenne fede al giuramento* | Non lasciarsi sfuggire, non rivelare, non tradire: *t. un segreto*, *una confidenza* | Rispettare, osservare: *t. un impegno*; *t. una regola*. **4** Avere per sé, in proprio possesso: *tenete fra le mani una ricchezza e non lo sapete* | Prendere: *tieni questo regalo*; *tenga pure il resto*; *Tieni!*; *tenete!* | (*fam.*) *Te'*, tieni, prendi. **5** (*merid.*) Avere, possedere: *t. sonno*; *t. famiglia*; *tengo solo mille lire*; *che bella casa che tiene!*. **6** (*poet.*) Ottenere, conquistare: *e tiene un premio / ch'era follia sperar* (MANZONI). **7** Occupare uno spazio, quasi sempre eccessivo (*anche fig.*): *quell'arazzo tiene tutta la parete*; *il pullman teneva gran parte della strada*; *questo argomento tiene troppo spazio nella discussione* | Occupare un luogo per conservarlo, impedendo ad altri di accedervi: *se arrivi prima, tienimi un posto in gradinata*; *perché si ostina a t. un posto in quel parcheggio riservato?* | Occupare un luogo per abitarvi: *t. un appartamento al primo piano* | (*est.*) Non lasciare: *per dieci giorni la malattia lo ha costretto a t. il letto* | Presidiare, difendere: *t. una posizione strategica*, *una via di comunicazione* | (*est.*) Mantenere assoggettato, dominare: *t. una città*; *ormai il nemico teneva tutta la regione*. **8** Occupare un posto, ricoprire una carica, svolgere una funzione: *t. un incarico al ministero*; *t. una posizione di riguardo*, *di comamdo*; *t. un ruo-*

lo scomodo | Gestire, esercitare un'attività: *t. bottega*; *t. una pensione, un caffè* | Avere in mano, amministrare: *è lui che tiene la cassa* | *T.* (*il*) *banco*, in un gioco, accettare le puntate degli altri giocatori e guidare il gioco | (*fig.*) *T. banco*, si dice di chi, in un gruppo di persone, guida la conversazione e accentra su di sé l'attenzione generale. ***9*** Organizzare, presiedere, prendere parte: *t. un'assemblea*; *t. un consiglio di amministrazione*; *t. una riunione* | *T. consiglio con qc.*, consultarsi con qc. per deliberare su q.c. ***10*** Contenere, avere una determinata capacità o capienza: *questa bottiglia tiene un litro scarso*; *la sala terrà circa duecento persone* | (*lett.*) Accogliere, ospitare: *la tua città ... / seco mi tenne in la vita serena* (DANTE *Inf.* VI, 50-51). ***11*** Percorrere mantenendo una direzione (*anche fig.*): *t. sempre la medesima strada*; *t. un contegno scorretto* | *T. la destra*, marciare lungo il lato destro della strada | *T. la mano*, procedere lungo il lato consentito dal codice stradale | *T. la strada*, di autoveicolo, non sbandare | *T. la rotta*, di imbarcazione, rispettare la rotta prestabilita | *T. la parte*, *le parti di qc.*, condividerne le opinioni e sostenerlo | (*fig.*) *T. il filo del discorso*, seguire un ordine logico nell'esposizione, non divagare. ***12*** Valutare, reputare, considerare, stimare: *t. sicuro, certo, probabile*; *lo avevano tenuto come un fratello*; *lo tengo per quel che vale*; *per invidia non già che non mi tiene / maggior di sé* (LEOPARDI) | *T. qc., q.c. in nessun conto*, non concedergli nessuna stima, considerazione | *T. per fermo*, considerare come cosa sicura. ***13*** (*ass.*) Nel linguaggio alpinistico, arrestare la caduta del compagno di cordata. ***14*** Nelle seguenti espressioni assume significati diversi, determinati dal predicato o dal complemento oggetto | *T. stretto*, stringere | *T. d'occhio qc.*, sorvegliarlo, spiarlo, controllarne i movimenti | *T. conto di q.c.*, prenderla in considerazione, darle importanza | *T. copia di q.c.*, provvedere a ricopiarla per conservarla | *T. compagnia*, fare compagnia | †*T. mente*, sorvegliare, badare | *T. caldo*, fornire calore, di abito pesante e sim. | (*dir.*) *T. udienza*, concederla | *T. un discorso*, pronunciarlo | *T. una lezione*, farla, impartirla | *T. un linguaggio sconveniente*, esprimersi in modo sconveniente. **B** v. intr. (aus. *avere*) ***1*** Resistere allo sforzo, reggere alla fatica: *questo reparto di soldati non potrà t. a lungo* | *T. alla distanza*, nel linguaggio sportivo, resistere bene fino al termine di una gara | *Tener duro*, non cedere | (*fig.*) Saper fronteggiare situazioni difficili, mantenendo il controllo di sé: *il campione ha tenuto grazie alla sua forza di carattere* | *La produzione, il mercato tiene*, (*fig.*) le capacità produttive dell'industria e quelle di assorbimento dei prodotti da parte dei consumatori si mantengono a livelli soddisfacenti. ***2*** Non cedere, non rompersi, non aprirsi, detto di cose: *questo nodo terrà*; *è una chiusura che non tiene* | Non lasciare uscire un liquido, detto di recipienti: *questa borraccia non tiene più*. ***3*** Essere solido, resistente, valido (*anche fig.*): *occorrono chiodi che tengano*; *sono ragioni che non tengono*; *la tua storia tiene poco* | Fare presa, detto di colla, calce e sim.: *se il mastice terrà, i pezzi non si staccheranno* | Non sbiadire, detto di colori, tinte e sim. | (*fig.*) Durare, resistere al tempo: *è un matrimonio che tiene* | Non scomporsi o disfarsi: *la tua acconciatura non tiene*. ***4*** Attecchire, mettere radici, crescere, detto di piante: *gli ulivi in questo terreno non tengono*; *quest'anno le rose hanno tenuto bene*. ***5*** Procedere, avanzare in una direzione: *t. a destra*; *t. rasente l'argine* | *T. dietro a qc.*, seguirlo (*anche fig.*): *legge così velocemente che non riusciamo a tenergli dietro*. ***6*** Parteggiare per qc., sostenere un'idea: *t. per qc.*, *per uno dei due litiganti*; *teniamo per la tua opinione*; *bisognerebbe che tutti i preti fossero come vossignoria, che tenessero un po' dalla parte de' poveri* (MANZONI) | *T. per una squadra*, parteggiare, fare il tifo per essa. ***7*** Annettere importanza a q.c., nutrire per qc. attaccamento o interesse: *è uno che tiene alla forma*; *ci tengo molto al successo di questa impresa*; *ci teniamo all'indipendenza economica*; *teneva moltissimo alla sua donna* | *Tengo a*, mi sta a cuore, m'importa di: *tengo a dichiarare che* ... ***8*** Avere un rapporto di somiglianza con qc. o q.c. o partecipare alla natura di q.c., in alcune locuzioni particolari | *T. da*, somigliare: *tiene un poco dalla madre* | *T. di*, possedere elementi comuni, avere analoga natura: *è un avvenimento che tiene del prodigioso*. **C** v. rifl. ***1*** Reggersi, appoggiarsi, aggrapparsi per evitare di cadere o di lasciarsi sfuggire q.c.: *si tenga forte alla ringhiera*; *il naufrago si teneva con la destra a un relitto della nave*. ***2*** Essere o restare in uno stato, in una determinata posizione o situazione: *tenersi in piedi, inginocchiato, a gambe unite*; *tenersi da parte, a distanza, in primo piano*; *tenersi pronto, a disposizione di qc.*; *studia e legge molto per tenersi aggiornato* | *Tenersi a galla*, galleggiare | *Tenersi sulle sue*, star sulle sue, dandosi un contegno sostenuto o mostrandosi offeso | *Tenersi sulla difensiva*, difendersi senza prendere l'iniziativa di attaccare | Stare in un luogo, in un posto: *si teneva in un angolo, al centro della sala*. ***3*** Trattenersi, contenersi, non poter fare a meno di: *tenersi a stento dal ridere*; *non potemmo tenerci dal rimproverarlo*. ***4*** Attenersi a q.c., non discostarsene: *tenersi al consiglio, al parere di qc.*; *ci teniamo alle informazioni che abbiamo raccolto* | Limitarsi ad osservare: *è bene che vi teniate al regolamento* | *Tenersi ai patti*, rispettarli | *Tenersi ai fatti*, limitarsi ad esporre i fatti senza aggiunte personali | *Tenersi a un metodo*, seguirlo totalmente | Regolarsi, comportarsi: *sapere a che tenersi*; *dovete dirgli come tenersi*; *tenetevi bene a tavola*. ***5*** (*lett.*) Abitare, avere dimora: *Al bosco si tenne Diana, ed Elice caccionne* (DANTE *Purg.* XXV, 130-131). ***6*** Procedere in una direzione: *tenersi a sinistra*; *tenersi rasente il muro* | *Tenersi al largo*, navigare lontano dalla costa; (*fig.*) star lontano da qc. o da q.c. per evitare eventuali pericoli, noie e sim. | *Tenersi al vento*, navigare sopravvento; (*fig.*) agire con circospezione e cautela, preparandosi ad affrontare situazioni negative. ***7*** Ritenersi, stimarsi: *mi tengo offeso di quanto avete detto*; *ci teniamo onorati di conoscervi*; *non si tiene un gran che* | (*raro*) *Tenersi di q.c.*, farsene un vanto. **D** v. rifl. rec. ● Tenersi, sostenersi l'un l'altro: *camminavano tenendosi per mano*; *si tenevano stretti sottobraccio*.

†teneréto s. m. ● Ramo tenero di pianta.

tenerézza [lat. parl. **tenerĭtia*(*m*), da *tĕner* 'tenero'] s. f. ***1*** Qualità di ciò che è tenero: *la t. di un frutto*; *legno privo di t.* ***2*** (*est.*) Morbidezza nelle linee di un disegno | (*fig.*) Dolcezza, tenera commozione suscitata da sentimenti di affetto, amore, compassione e sim.: *provare t. verso i propri figli*; *sì fatta t. gli abbondava / che e' non poté le parole finire* (PULCI). ***3*** †Fiacchezza, debolezza. ***4*** (*al pl.*) Atti, parole tenere: *accogliere qc. con sincere tenerezze* | (*spreg.*) Affettuosità sdolcinate: *lo hanno guastato le tenerezze*.

†tenerità [vc. dotta, lat. *teneritāte*(*m*), da *tĕner* 'tenero'] s. f. ● Tenerezza.

†teneritùdine [vc. dotta, lat. *teneritūdine*(*m*), astr. raro da *tĕner* 'tenero'] s. f. ● L'essere tenero (*anche fig.*).

tenerizzatóre [da *tenero*, sul modello di alcuni den. dei verbi in *-izzare*] s. m. (f. *-trice*) ***1*** In macelleria, additivo usato per rendere più tenera la carne. ***2*** (*raro*) Snervatrice.

tènero [lat. *tĕneru*(*m*), legato, ma solo in lat., alla stessa radice indeur. di *tenēre*, *tĕndere*, *tĕnnis*] **A** agg. ***1*** Che non è duro o meno duro del consueto: *carne tenera* | *Pietra tenera*, poco dura, facile a lavorarsi | Cedevole al tatto, molle, morbido: *pasta*, *cera tenera* | Poco compatto: *neve tenera* | *Nube tenera*, tenue, rada. ***2*** Nato di fresco, spuntato recentemente: *pianticelle tenere*; *ella delicatissima ... andava per li belli prati cogliendo teneri fiori* (SANNAZARO) | Che ha pochissimi anni, detto di persona: *un t. bambino* | *Età tenera*, *teneri anni*, la puerizia, la fanciullezza | Di colore tenue, sfumato: *si devono aprire le stelle / nel cielo sì t. e vivo* (PASCOLI) | (*lett.*) Bello, delicato | (*raro, lett.*) Debole, non stabile, malsicuro. ***3*** (*fig.*) Che è dolce, di animo delicato e si commuove facilmente: *un uomo t. e sensibile*; *avere il cuore t.* | (*est.*) Affettuoso, amoroso: *un padre t.* | Indulgente, facile al perdono: *è un educatore troppo t.* | Che esprime tenerezza: *sguardo t.*; *parole tenere*. ***4*** †Che è pieno di cure, premuroso. ***5*** †Che richiede cure e riguardi. ***6*** †Troppo sensibile, permaloso. ‖ **teneraménte**, avv. ***1*** Con tenerezza, amorevolmente: *amare*, *pregare teneramente*. ***2*** Debolmente. **B** s. m. ***1*** Parte tenera di q.c. | (*fig.*) Punto debole: *colpire nel t.* ***2*** Simpatia, affetto: *fra quei ragazzi c'è del t.* ‖ **teneràccio**, pegg. | **tenerèllo**, dim. | **tenerétto**, dim. | **tenerino**, dim. | **teneróne**, accr. (V.) | **teneròtto**, accr. | **teneruccio**, **teneruzzo**, dim.

teneróne agg. ***1*** Accr. di *tenero*. ***2*** (*scherz.*) Facile a commuoversi.

†teneróre [da *tenero*] s. m. ● Tenerume.

tenerùme [comp. di *tenero* e *-ume*] s. m. ***1*** Insieme di cose tenere | Materia, parte tenera di q.c.: *il t. delle foglie*. ***2*** (*fig.*) False tenerezze, smancerie. ***3*** (*cuc.*) Cartilagini attaccate alle ossa di un taglio di carne bovina, spec. del bollito.

tenèsmo [vc. dotta, lat. *tenēsmu*(*m*), dal gr. *tēnesmós*, per *teinesmós* 'tensione', da *téinein* 'tendere'] s. m. ● (*med.*) Contrazione involontaria, dolorosa di uno sfintere associata al continuo bisogno di evacuare: *t. vescicale*, *rettale*.

tènia [vc. dotta, lat. *Taenia*(*m*) '(verme a forma di) nastro', dal gr. *tainía*] s. f. ***1*** Verme dei Platelminti con capo munito di quattro ventose e corpo di centinaia di proglottidi | (*per anton.*) Verme di tale tipo, parassita allo stato adulto dell'uomo e che ha come ospite intermedio il maiale (*Tenia solium*). SIN. Verme solitario | *T. saginata*, che ha come ospite intermedio il bue. ➡ ILL. **zoologia generale**. ***2*** (*arch.*) Listello che nell'ordine dorico separa l'architrave dal fregio.

teniași [comp. di *ten*(*ia*) e *-iasi*] s. f. ● Infestione da tenia.

tenìbile [da *tenere*] agg. ● (*raro*) Che si può tenere, conservare o difendere: *posizione t.*

tenière [ant. provz. *teneire* 'manico' (propriamente 'tenitore'), dal lat. *tenēre*] s. m. ***1*** Fusto della balestra. ***2*** Manico degli antichi schioppetti.

tenìfugo [comp. di *teni*(*a*) e *-fugo* 'che mette in fuga'] **A** s. m. (pl. *-ghi*) ● Sostanza o medicamento che abbia efficacia nel combattere l'infestazione da tenia. **B** anche agg.: *farmaco t.*

teniménto s. m. ***1*** (*raro*) Atto del tenere | †Sostegno. ***2*** († o *raro*) Possedimento terriero, tenuta, podere. ***3*** †Obbligo. ***4*** †Rione, quartiere.

†tenitóio [da *tenere*] s. m. ● Manico, impugnatura.

tenitóre s. m.; anche agg. (f. *-trice*) ***1*** Chi, che tiene, ha in gestione: *t. di un locale notturno*. ***2*** †Possessore.

†tenitòrio o **†tenitòro** [da *tenere* con sovrapposizione di *territorio*] s. m. ● Distretto, territorio: *il castello di Pescia e quello di Buggiano e i loro tenitorii* (VILLANI).

tenitùra [da (*sos*)*tenere*] s. f. ***1*** (*raro*) Atto del tenere. ***2*** Durata di una serie di rappresentazioni: *le lunghe teniture dei teatri americani*. ***3*** †Sostegno.

tènnis /'tɛnnis, *ingl.* 'tenis/ [vc. ingl. (ant. ingl. *tenets*), di origine fr. (dall'imp. *tenez!* 'tenete', frequentemente usata dai giocatori, lanciando la palla)] s. m. inv. ***1*** Gioco di origine inglese che si svolge tra due o quattro giocatori, su un campo rettangolare di terra battuta (gener. rossa), di erba, di cemento o di materiale sintetico, e che consiste nel rinviare una palla di gomma rivestita di panno, per mezzo di una racchetta, da una parte all'altra di una rete che divide il terreno di gioco in due parti | *T. da tavolo*, ping-pong. ***2*** Luogo dove si pratica tale gioco: *recarsi al t.*

tennista s. m. e f. (pl. m. *-i*) ● Chi gioca al tennis.

tennistàvolo s. m. inv. ● Tennis da tavolo, ping-pong.

tennìstico agg. (pl. m. *-ci*) ● Del tennis, dei tennisti: *incontro t.* | (*est.*) *Punteggio t.*, in una partita di calcio, quello conseguito dalla squadra vincente segnando un numero elevato di goal (almeno 6).

tènno /'tɛnno, *giapp.* 'tenno:/ [vc. giapp., propriamente 'celeste sovrano'] s. m. ● Titolo dell'imperatore del Giappone.

tèno- [dal gr. *ténōn* 'tendine'] primo elemento ● In parole composte della terminologia medica, significa 'tendine'.

tenonatrice [da *tenone*] s. f. ● Macchina per fare i tenoni.

tenóne [fr. *tenon*, da *tenir* 'tenere'] s. m. ● In carpenteria, parte di pezzo che s'incastra in una mortasa.

tenoplàstica [comp. di *teno-* e *plastica*] s. f. ● (*chir.*) Qualsiasi intervento di chirurgia plastico-ricostruttiva di un tendine.

tenor /*lat.* 'tenor/ [vc. lat., V. *tenore*] s. m. inv. *1* Nelle prime forme di polifonia, melodia gregoriana attorno alla quale s'aggiungevano altre parti o voci. *2* Melodia gregoriana, profana, popolare che i polifonisti sceglievano e usavano come parte o voce fondamentale delle loro musiche sacre: *le messe di Dufay, Ockeghem, Despres sul t. dell'* '*Homme armé*'. *3* Nelle musiche polifoniche, parte o voce principale, che contiene una melodia preesistente alla composizione o inventata dal compositore: *una messa a quattro voci: cantus, altus, t. e bassus.* *4* Suono sul quale un canto gregoriano insiste particolarmente.

tenóre [vc. dotta, lat. *tenōre(m)* 'tenuta, continuità', anche 'accento tonico' (con sovrapposizione del gr. *tónos* 'tono') in retorica, da *tenēre*] s. m. *1* Comportamento, modo di procedere: *cercate di non continuare con questo t.* | (*raro*) Andamento di fatti, fenomeni | Modo, maniera: *t. di vita* | Forma, tono, contenuto di scritti o discorsi: *il t. della sua richiesta non ammette indugi* | *A t. di*, a sensi di, in base al disposto | *A t. di legge*, stando a ciò che dispone la legge. *2* Proporzione di una sostanza in una soluzione: *liquore a basso t. alcolico* | Proporzione nella quale il metallo utile si trova nella ganga che lo contiene. *3* Voce virile adulta del registro più alto | Chi canta con voce di tenore | *T. di grazia, leggero*, con voce più chiara | *T. drammatico, di forza*, con voce più intensa e robusta. *4* †Estensione della voce. || **tenorino**, dim. (V.) | **tenorùccio**, pegg.

tenoreggiàre [comp. di *teno(re)* e *-eggiare*] v. intr. (*io tenoréggio*; aus. *avere*) ● Imitare, cantando, la voce del tenore | Cantare in tono tenorile.

tenorile agg. ● Di, da tenore: *voce t.*

tenorino s. m. *1* Dim. di *tenore*. *2* (*mus.*) Tenore dalla voce chiara e acuta, previsto spec. nell'opera comica.

tenorrafìa [comp. del gr. *ténōn* 'tendine' e di un deriv. da *raphḗ* 'cucitura, sutura'] s. f. ● (*chir.*) Sutura di un tendine.

tenosinovite [comp. di *teno-* e *sinovite*] s. f. ● (*med.*) Infiammazione del tendine e della guaina sinoviale che lo riveste.

tenotomìa [comp. del gr. *ténōn* 'tendine' e di un deriv. da *tomḗ* 'taglio'] s. f. ● (*chir.*) Incisione del tendine.

tènsa [vc. dotta, lat. *tensa(m)*: dal part. pass., sost., di *tendere* per la *tenda*, che copriva il carro sacro (?)] s. f. ● Nel mondo classico, carro su cui si portavano in processione i simulacri degli dèi.

†tènsile [dal lat. *tēnsus* 'teso', part. pass. di *tēndere*] agg. ● Che si può tendere.

tensioattività [da *tensioattivo*] s. f. ● Proprietà di una sostanza tensioattiva.

tensioattivo [comp. di *tensio(ne)* e *attivo*] **A** s. m. ● Sostanza che, aggiunta a un liquido, ne abbassa la tensione superficiale, usata nella preparazione di emulsioni, cosmetici, inchiostri, adesivi, detergenti, prodotti alimentari. **B** anche agg.: *sostanza tensioattiva.*

tensiògrafo [comp. di *tensio(ne)* e *-grafo*] s. m. ● (*fis., ing.*) Tensiometro registratore.

tensiometrìa [comp. di *tensio(ne)* e *-metria*] s. f. ● Impiego del tensiometro.

tensiomètrico agg. (pl. m. *-ci*) ● Che riguarda il tensiometro o la tensiometria.

tensiòmetro [comp. di *tensio(ne)* e *-metro*] s. m. *1* (*fis., ing.*) Apparecchio destinato a misurare le tensioni che si producono in un elemento sollecitato. *2* (*tecnol.*) Apparecchio destinato a misurare la tensione di un filato, di un filo, di una catena, di un nastro magnetico e sim.: *t. meccanico, elettronico, piezoelettrico.* *3* (*elettr.*) *T. elettrico*, voltmetro. *4* (*fis.*) *T. magnetico*, apparecchio destinato a misurare differenze di potenziale magnetico in mezzi omogenei isotropi. *5* (*fis., chim.*) Apparecchio destinato a misurare la tensione superficiale.

tensióne [vc. dotta, lat. tardo *tensiōne(m)*, dal part. pass. di *tēndere* (*tēnsus*) usato dapprima dai medici per rendere il corrisp. gr. *tásis*] s. f. *1* Atto, effetto del tendere: *sottoporre una corda a t.*; *la t. dell'arco* | L'essere teso: *la t. di un muscolo.* *2* (*fig.*) Stato di eccitazione nervosa accompagnata da instabilità emotiva: *non riesce a superare la t. dell'interrogatorio* | *T. dell'animo, t. mentale*, raccoglimento, sforzo, ansiosa attesa | *Una pagina piena di t. drammatica*, ricca di motivi drammatici. *3* (*fig.*) Contrasto, irrigidimento, che spesso prelude a una rottura: *fra i due Stati c'è un momento di grande t.* | *Strategia della t.*, oscuro disegno politico concepito per sovvertire le istituzioni democratiche e attuato mediante atti terroristici che provochino una reazione negativa nell'opinione pubblica. *4* (*fis.*) Forza, riferita all'unità di superficie, che si scambiano reciprocamente le parti contigue di un corpo e che tende a separarle | *T. residua*, tensione interna dei corpi, non equilibrata da forze esterne | *T. superficiale*, tendenza dei liquidi a ridurre la loro superficie in conseguenza delle forze di attrazione molecolare. *5* (*elettr.*) Differenza di potenziale elettrico tra due corpi o tra due punti di un conduttore o di un circuito: *alta, bassa t.* | *T. attiva*, componente della tensione di una rete in corrente alternata in fase con la corrente | *T. distruttiva*, tensione critica, al di sopra della quale ha luogo la perforazione del dielettrico | *T. impulsiva*, tensione elettrica con durata dell'ordine di qualche microsecondo | *T. primaria*, tensione sul circuito primario di un trasformatore | *T. secondaria*, tensione sul circuito secondario di un trasformatore. *6* (*med.*) Pressione: *t. sanguigna.*

tensivo [fr. *tensif*, dal lat. *tēnsus* 'teso', part. pass. di *tēndere*] agg. *1* (*raro*) Che produce, dà tensione. *2* (*med.*) Relativo a pressione.

tensóre [ingl. *tensor*, dal lat. *tēnsus* 'teso', part. pass. di *tēndere*] **A** agg. ● Che tende: *muscolo t. della fascia lata.* **B** s. m. ● (*mat.*) Ente matematico, definibile in uno spazio a *n* dimensioni, individuato da un sistema, caratteristico a seconda dell'ordine del tensore, di componenti scalari, invariante al variare del sistema di coordinate usato per rappresentarlo, applicabile spec. in numerosi rami della fisica | *T. di ordine zero*, grandezza scalare | *T. di ordine uno*, grandezza vettoriale.

tensoriàle agg. ● (*mat.*) Che si riferisce ai tensori, che applica i tensori | *Calcolo t.*, procedimento che permette di studiare fenomeni e teorie complesse in coordinate generali, senza far ricorso cioè a un particolare sistema di coordinate: *il calcolo t. è fondamentale nella teoria generale della relatività di Einstein.*

tensorialità s. f. ● (*mat.*) Qualità di ciò che è tensoriale | Proprietà di un ente di essere un tensore.

tensostruttùra [comp. del lat. *tēnsus* 'teso' (V. *tensione*) e *struttura*] s. f. ● (*ing.*) Struttura, quale una membrana o una rete di funi, capace di resistere solo a sollecitazioni di trazione e usata, per es., per coprire stadi e auditori o per sorreggere l'impalcato dei ponti sospesi.

tentàbile **A** agg. ● Che si può tentare: *è una via non t.* **B** s. m. solo sing. ● Ciò che è possibile tentare: *hanno fatto il t.* | *Tentare il t.*, fare tutti i tentativi possibili.

tentacolàre [da *tentacolo*] agg. *1* Simile a tentacolo | (*raro*) Che agisce con i tentacoli. *2* (*fig.*) Che attrae, avvince, conquista: *città, vita t.*

Tentacolàti [da *tentacolo*] s. m. pl. ● Nella tassonomia animale, classe degli Ctenofori comprendente organismi dotati di due tentacoli e di una faringe tubulare (*Tentaculata*) | (al sing. *-o*) Ogni individuo di tale classe.

tentàcolo [dal lat. *temptāre* 'toccare, tastare'] s. m. *1* Appendice mobile di alcuni animali utilizzata per il movimento e per afferrare le prede: *i tentacoli del polpo.* *2* (*fig.*) Cosa che attrae, avvince e dalla quale non è possibile liberarsi: *i tentacoli del vizio.*

Tentaculìferi [comp. del lat. scient. *tentāculu(m)* 'tentacolo' e il pl. di *-fero*] s. m. pl. ● (*zool.*) Tentacolati (*Tentaculifera*).

†tentaménto [vc. dotta, lat. *tentamēntu(m)*, da *tentāre*] s. m. ● Tentazione | Tentativo.

tentàre [lat. *temptāre*, di etim. incerta] v. tr. (*io tènto*) *1* (*lett.*) Toccare e ritoccare lievemente, tastare: *Io era in giuso ancora attento e chino, / quando il mio duca mi tentò di costa* (DANTE *Inf.* XXVII, 31-32) | *t. le corde di uno strumento*, toccarle per farle suonare. *2* Toccare per accertarsi della consistenza, la natura, la resistenza di q.c.: *t. il terreno con un bastone*; *t. il fondo del fiume* | (*fig., lett.*) Interrogare qc. per cercare di conoscerne le intenzioni, per esaminarlo: *più volte fece t. Cipseo, padre d'Ifigenia, che lei per moglie gli dovesse dare* (BOCCACCIO) | Mettere alla prova: *t. l'animo, l'onestà, le intenzioni di qc.* SIN. Saggiare, tastare. *3* Cercare di corrompere, istigare al male, al peccato: *lo tentavano con promesse di una vita facile* | Allettare, attirare: *è una vacanza che mi tenta.* *4* Cercare di riuscire a q.c. o sforzarsi di ottenerla (*anche ass.*): *tentò di uscire sul corridoio ove faceva tanto freddo. Io glielo impedii* (SVEVO); *è inutile t. di persuaderlo*; *cerchiamo almeno di t.!* | Sperimentare un mezzo per riuscire in q.c.: *stanno tentando una nuova cura* | *T. la sorte, la fortuna*, intraprendere q.c. fidando nella buona sorte. SIN. Arrischiare, azzardare || PROV. Il tentar(e) non nuoce.

tentativo [da *tentare*] s. m. *1* Prova, esperimento per cercare di riuscire in q.c.: *il t. ha avuto buon esito.* *2* (*dir.*) Compimento di atti idonei diretti, in modo non equivoco, a commettere un delitto | *T. incompiuto*, quando l'attività diretta a commettere il delitto non è portata a termine | *T. compiuto*, quando tale attività è ultimata ma non si verifica l'evento richiesto per l'esistenza del reato.

tentatóre [vc. dotta, lat. *tentatōre(m)* 'colui che mette alla prova', da *tentāre*] s. m.; anche agg. (f. *-trice*) ● Chi, che tenta, alletta, istiga al male: *resistere ai tentatori*; *diavolo t.*

tentazióne [vc. dotta, lat. *tentatiōne(m)* 'attacco, prova' (da *tentāre*), poi usato per rendere il corrispondente gr. *peirasmós*] s. f. *1* Nella teologia morale cattolica, sollecitazione al peccato che, a opera del demonio, viene presentato al giudizio aberrante come dilettevole: *le tentazioni di S. Antonio.* *2* Correntemente, atto del tentare per istigare al male: *abile, subdola t.* | Condizione, stato di chi è tentato: *cadere in t.* | Ciò che tenta (*anche scherz.*): *le tentazioni della gola*; *quello spettacolo è una t.* *3* Voglia, desiderio, curiosità (*spec. scherz.*): *non resistemmo alla t. di leggere quel romanzo.* || **tentazioncèlla**, dim.

†tentellàre [variante di *tentennare*] v. intr. ● Tintinnire, risuonare.

tenténna [da *tentennare*] **A** s. m. e f. inv. ● Persona irresoluta, esitante. SIN. Cacadubbi. **B** anche agg. inv.: *il re t.* || **tentennino**, dim. (V.) | **tentennóne**, accr. (V.).

tentennaménto s. m. ● Modo, atto del tentennare (*spec. fig.*): *basta con i tentennamenti: decidetevi.* SIN. Dubbio, esitazione.

tentennànte part. pres. di *tentennare*; anche agg. *1* Nei sign. del v. *2* Indeciso, esitante: *è ancora t. e non si lascia convincere.*

tentennàre [lat. *tintinnāre*, v. onomat. col senso di 'suonare', reduplicazione di *tinnīre*] **A** v. intr. (*io tenténno*; aus. *avere*) *1* Stare malfermo sulle fondamenta, muoversi in qua e in là: *muro che tentenna*; *il tavolo tentennava* | *Camminare tentennando*, quasi barcollando | *Il dente tentenna*, è sul punto di cadere | (*raro, fig.*) Piegarsi, cedere: *le truppe tentennano.* SIN. Dondolare, traballare. *2* (*fig.*) Essere irresoluto, incerto, titubante: *ancora tentenna fra le due soluzioni.* SIN. Esitare, titubare. **B** v. tr. ● Muovere in qua e in là, scuotere: *tentennava la testa in segno di disapprovazione* | Oscillare, dondolare: *t. una culla.*

tentennàta s. f. *1* Atto del tentennare una volta per scuotere, fare oscillare: *se ne andò con una t. di testa*; *dare una t. alla culla.* *2* (*lett.*) Colpo, forte scossa: *si svegliava con un riscossone, come se uno, per dispetto, fosse venuto a dargli una t.* (MANZONI). || **tentennatina**, dim.

tentennatóre s. m. (f. *-trice*) ● (*raro*) Chi tentenna (*spec. fig.*).

tentennino s. m. (f. *-a* nei sign. 1 e 2) *1* Dim. di *tentenna.* *2* Persona irresoluta, indecisa, pigra. *3* †Diavolo tentatore.

tentennio s. m. ● Tentennamento continuato | (*fig.*) Indecisione, irresolutezza.

tentennóne [comp. di *tentenn(are)* e *-one*] **A** s. m. (f. *-a*) *1* Accr. di *tentenna.* *2* Chi non si decide mai e non conclude nulla. **B** agg. ● †Tremulo, tremolante: *vecchio t.*

tentennóni avv. ● Tentennando, traballando: *camminare t.* | (*fig.*) Con incertezza.

tentóni o **tentóne** [da *tentare* col suff. di analoghi avv.] **avv.** *1* Alla cieca, tentando, senza vederlo, il terreno con un piede o con un bastone: *camminare, procedere t.*; *scendere t. in cantina* | Anche nella loc. avv. *a t.* *2* (*fig.*) A caso, senza sicurezza, senza idee precise e cognizioni e indizi sicuri: *rispondere t.*

tentòrio [vc. dotta, lat. *tentōriu(m)* 'tenda'] **s. m.** ● (*anat.*) Formazione anatomica laminare, di solito connettivale, che costituisce la copertura di un organo o la separazione tra organi: *t. del cervelletto.*

tentrèdine [dal gr. *tenthrēdōn*, 'specie di vespa' (da *tenthrēnē* sovrapposto a *pemphrēdōn*, l'uno e l'altro n. di insetti)] **s. f.** ● Piccolo imenottero con ampie ali chiare le cui larve divorano le frutta in via di sviluppo, spec. pere, mele, susine e sim. (*Hoplocampa*).

tènue [lat. *tĕnue(m)*, della stessa radice indeur. di *tĕndere* e *tenēre*] **A agg.** *1* (*lett.*) Sottile, esile, leggero: *un t. stelo*; *un t. filo* | Poco denso: *nuvola t.* | Non molto vivo, pallido, detto di colore: *rosso t.* | Debole: *un t. suono*; *una t. luce.* *2* (*fig.*) Di scarsa importanza, di poco peso e rilievo: *un t. guadagno* | Esiguo, lieve, poco pesante: *ha servito ... in questa ... Università nella cattedra di rettorica col t. soldo di cento ducati annui* (VICO); *un t. desiderio*; *una pena molto t.* | Poco fondato: *una t. illusione.* *3* Detto di vino che ha profumo poco spiccato. *4* (*ling.*) Detto di occlusiva sorda | Detto di grado consonantico contraddistinto da minima forza e durata. *5* (*anat.*) *Intestino t.*, parte dell'intestino che va dal piloro alla valvola ileocecale. || **tenueménte**, **avv.** **B s. m.** ● (*anat.*, *ell.*) Intestino tenue.

tenuità o †**tenuitàde**, †**tenuitàte** [vc. dotta, lat. *tenuitāte(m)*, da *tĕnuis* 'tenue'] **s. f.** ● L'essere tenue (*anche fig.*): *la t. di un filo*; *la t. di una spesa, di una speranza.*

tenùta [f. sost. del part. pass. di *tenere*, anche col senso di 'possedere'] **s. f.** *1* Modo, atto del tenere | Capacità di impedire a liquidi o gas di fuoruscire o filtrare: *flacone a t. perpetua* | *Recipiente con buona t. d'acqua*, in grado di non lasciare passare l'acqua | *Organo, dispositivo di t.*, quello che viene interposto fra due superfici in moto l'una rispetto all'altra per isolare fra loro due ambienti contenenti gas o liquidi diversi o a diversa pressione | *Anello, disco di t.*, elemento in feltro o altro, posto su organi lubrificati per impedire la fuoruscita del lubrificante | *T. di strada*, attitudine di un autoveicolo a seguire la traiettoria impostagli senza slittare e sbandare. *2* Capacità, quantità che può essere contenuta: *questa bottiglia ha la t. di un litro.* *3* Modo di tenere in regola la contabilità, i registri: *t. dei libri paga.* *4* Resistenza di un atleta o di una squadra a un prolungato sforzo: *dimostrare una buona t.*; *non avere t.* *5* (*mus.*) Facoltà di prolungare i suoni. *6* (*ling.*) Mantenimento di una data posizione da parte degli organi articolatori. *7* †Possesso: *si ritornò a casa e riebbe la t. delle sue castella* (SACCHETTI). *8* Esteso possedimento agricolo di più poderi: *acquistare una t. in collina.* *9* Abito, abbigliamento: *t. da lavoro, di fatica* | Divisa: *sfilarono in alta t.* || **tenutèlla**, **dim.**

tenutàrio **s. m.** (f. *-a*) ● Chi ha o gestisce una bisca, una casa di malaffare.

tenùto **part. pass.** di *tenere*; anche **agg.** *1* Nei sign. del v. *2* Nella loc. *essere t. a* (seguita da un inf.), sentirsi obbligato, in dovere: *non sono t. a ringraziarvi.*

†**tènza** [ant. fr. *tence*, da *tencer*, dal lat. parl. **tentiāre* 'litigare', da *tĕntus*, part. pass. di *tĕndere* '(con)tendere'] **s. f.** ● Contesa, contrasto, lite: *la t. che aveano ... con la gente del Duca* (VILLANI).

†**tenzióne** e *deriv.* ● V. *tenzone* e *deriv.*

†**tenzóna** ● V. *tenzone.*

tenzonàre o †**tencionàre**, †**tenzionàre**. **v. intr.** (*io tenzóno*; aus. *avere*) ● (*lett.*) Far tenzone, contendere | (*fig.*) Combattersi, contrastare: *e io rimagno in forse, / che sì e no nel capo mi tenciona* (DANTE *Inf.* VIII, 110-111).

tenzonatóre o †**tencionatóre**. **s. m.**; anche **agg.** (f. *-trice*) ● (*raro, lett.*) Chi, che tenzona.

tenzóne o †**tencióne**, †**tenzióne**, †**tenzóna** [ant. fr. *tenzon*, dal lat. tardo *tentiōne(m)* 'lite, contesa', da *tĕndere* nel senso di 'contendere'] **s. f.** *1* Nella letteratura medievale, disputa in vario metro su di un argomento fittizio, personale, filosofico o amoroso: *la t. fra Dante e Forese Donati.* *2* (*lett.*) Disputa, aspro contrasto verbale: *ma Gisippo ... dopo lunga tencione vel pur mandò* (BOCCACCIO). *3* (*lett.*) Combattimento, battaglia, scontro: *di novo ancora a la tenzon si scaglia* (TASSO).

tèo- [dal gr. *theós* 'dio'] primo elemento ● In parole composte, significa 'Dio' o, in modo generico, 'divinità': *teocrazia, teogonia, teologia.*

teobròma [comp. del gr. *theôn* 'degli dèi' e *brôma* 'cibo'] **s. m.** (pl. *-i*) ● (*bot.*) Albero del cacao.

teobromìna [comp. di *teobrom(a)* e *-ina*] **s. f.** ● Alcaloide contenuto nei semi di cacao, simile alla caffeina, usato in medicina come diuretico e vasodilatatore.

teocàlli [vc. della lingua nahuatl, propr. 'casa (*calli*) di Dio (*teotl*)'] **s. m.** ● (*archeol.*) Tempio azteco a forma di piramide tronca in cima alla quale si svolgevano sacrifici umani.

teocèntrico [comp. di *teo-* e dell'agg. di *centro*] **agg.** (pl. m. *-ci*) ● Relativo a teocentrismo.

teocentrìsmo [comp. di *teo-*, *centro* e *-ismo*] **s. m.** ● Indirizzo di pensiero che pone Dio come centro e fine di ogni pensiero e attività umana.

teocrasìa [vc. dotta, gr. tardo *theokrasía*, comp. di *theós* 'dio' e *krâsis* 'mescolanza'] **s. f.** ● (*relig.*) Fusione di due divinità, spec. nella fase di assimilazione di una cultura locale da parte di un'altra dominante.

teocràtico **agg.** (pl. m. *-ci*) ● Appartenente alla teocrazia: *governo t.*

teocrazìa [gr. *theokratía*, comp. di *theós* 'dio' e di un deriv. di *krátos* 'potere, dominio'] **s. f.** *1* Sistema di governo in cui l'autorità politica, vista come emanante da Dio, è esercitata dal potere religioso (una casta sacerdotale o un monarca con caratteristiche di divinità). *2* Dottrina politica che attribuisce a Dio l'origine e il fondamento del potere politico.

teocritèo **agg.** ● Dell'antico poeta greco Teocrito (305 ca.-260 ca. a.C.).

teodìa [comp. di *teo-* e di un deriv. di *ōidḗ* 'canto, inno', di origine indeur.] **s. f.** ● Canto in lode di Dio.

teodicèa [fr. *théodicée*, comp. del gr. *theós* 'dio' e di un deriv. di *díkē* 'giustizia'] **s. f.** ● Parte della teologia che tratta della giustizia di Dio e spiega l'esistenza del male in rapporto ad essa | Teologia naturale.

teodolite [ingl. *theodolite*, di origine incerta] **s. m.** ● Strumento a cannocchiale, usato in topografia e in geodesia, provvisto di cerchio orizzontale per il rilevamento di angoli azimutali e di cerchio verticale per il rilevamento di angoli zenitali | *T. universale*, con miglioramenti nel sistema di lettura dei cerchi, che son racchiusi in armature metalliche, e dispositivi di precisione per la lettura indiretta delle distanze.

teodosiàno [vc. dotta, lat. *Theodosiānu(m)* 'proprio di Teodosio' (*Theodōsius*, dal gr. *Theodósios* 'dono (*dósis*) di Dio (*Theós*)')] **agg.** ● Di un imperatore romano di nome Teodosio, spec. di Teodosio II (401-450) | *Codice t.*, ordinato da Teodosio II nel 438 per raccogliere le costituzioni imperiali da Costantino in poi.

teofagìa [comp. di *teo-* e *-fagia*] **s. f.** (pl. *-gie*) ● Consumazione della carne di una vittima sacrificale offerta alla divinità e identificata con essa.

teofanìa [gr. *theopháneia* 'apparizione (da *pháinein* 'manifestarsi') di Dio (*theós*)'] **s. f.** ● Apparizione o manifestazione della divinità, in forma personale o impersonale | Oggetto o realtà in cui la manifestazione divina si realizza.

teofillìna [comp. di *tè* (*1*), del gr. *phýllon* 'foglia' e *-ina*] **s. f.** ● (*farm.*) Alcaloide stimolante del sistema nervoso centrale, impiegato come dilatatore delle coronarie, come diuretico e antiasmatico.

teofillìnico [da *teofillina*] **agg.** (pl. m. *-ci*) ● Detto di preparato farmaceutico che contiene teofillina.

teofòrico [da *teoforo*] **agg.** (pl. m. *-ci*) ● Teoforo.

teòforo [comp. di *teo-* e *-foro*] **agg.** ● Detto di nome di persona che contiene il nome di un dio (ad es. *Apollonio* 'consacrato ad Apollo' o *Isidoro* 'dono di Iside').

teogonìa [gr. *theogonía* 'generazione, genealogia (*gonéia*) degli dèi (*theói*)'] **s. f.** ● Narrazione mitologica dell'origine e della generazione degli dèi.

teogònico **agg.** (pl. m. *-ci*) ● Relativo a teogonia, al tempo di origine degli dèi.

teologàle **agg.** ● Di teologo o teologia | *Virtù teologali*, fede, speranza e carità che, nella teologia cattolica, hanno per oggetto Dio e vengono infuse dallo Spirito Santo.

teologàre [da *teologo*] **v. intr.** (*io teòlogo, tu teòloghi*; aus. *avere*) ● Trattare di teologia | †Teologizzare.

teologàstro [da *teologo*, con suff. spreg.] **s. m.** ● (*spreg.*) Cattivo teologo.

teologìa [vc. dotta, lat. *theolŏgia(m)*, dal gr. *theología* 'scienza (dal v. *légein* 'discorrere') delle cose di Dio (*theós*)'] **s. f.** ● Scienza e studio della natura di Dio | Trattazione speculativa che, all'interno delle singole religioni, ha per oggetto Dio, la sua azione e i suoi attributi: *t. cristiana, musulmana, greca* | *T. naturale*, nella terminologia cristiana, scienza dell'esistenza e provvidenza di Dio, fondata sui dati della sola ragione | *T. biblica*, che riguarda la nozione di Dio nelle Scritture | *T. speculativa, dogmatica*, che riguarda le verità rivelate e i dogmi | *T. pratica, morale*, scienza delle regole di vita cristiana, come via per giungere a Dio | *T. pastorale*, concernente le obbligazioni di chi ha cura di anime | *T. positiva*, che ricava dalle fonti della rivelazione le verità e le propone semplicemente | *T. mistica*, che si riferisce alle esperienze massime del rapporto religioso | *T. negativa*, che tratta della accessibilità conoscitiva di Dio solo attraverso attributi negativi | *T. della morte di Dio*, movimento americano che riconosce validi alcuni principi del Cristianesimo, accogliendo anche posizioni agnostiche o atee.

†**teologicàle** [da *teologico*] **agg.** ● Che concerne la teologia.

†**teologicàre** [da *teologico*] **v. intr.** ● Teologizzare.

teològico [vc. dotta, lat. *theolŏgicu(m)*, dal gr. *theologikós* 'relativo alla teologia (*theología*)'] **agg.** (pl. m. *-ci*) ● Attinente a teologia: *disputa teologica*; *studi teologici* | *Il problema t.*, quello dell'esistenza di Dio.

teologizzàre [da *teologia*] **v. tr.** ● Trattare, discutere di teologia.

teòlogo [vc. dotta, lat. *theŏlogu(m)*, dal gr. *theólogos* 'che discorre (dal v. *légein*) degli dèi (*theói*)'] **s. m.** (f. *-a*; pl. m. *-gi*) ● Esperto, studioso, scrittore di teologia.

†**teomètrico** [comp. di *teo-* e dell'agg. di *métron* 'misura'] **agg.** ● Che misura l'opera di Dio.

teomòrfo [gr. *theómorphos*, comp. di *theo-* 'teo-' e *-morphos* '-morfo'] **agg.** ● Che ha l'aspetto o la forma di una divinità.

†**teòrba** ● V. *tiorba.*

teorèma [vc. dotta, lat. *theorēma* (nt.), dal gr. *theṓrēma* 'oggetto di contemplazione, di speculazione' (dal v. *teōrêin* 'guardare')] **s. m.** (pl. *-i*) ● Affermazione che, in una teoria, viene dimostrata logicamente a partire dagli assiomi.

teoremàtico [gr. *theōrēmatikós*, da *theṓrēma* 'teorema'] **agg.** (pl. m. *-ci*) ● Concernente un teorema.

teorèsi [gr. *theṓrēsis*, da *theōrêin* 'guardare, esaminare', di origine indeur.] **s. f.** ● (*filos.*) Attività conoscitiva.

teorèta [da *teoresi*] **s. m. e f.** (pl. m. *-i*) *1* Studioso di teoretica. *2* (*est.*) Chi nell'attività speculativa si pone finalità prevalentemente teoretiche.

teorètica [dal f. sost. (sott. *filosofia*) di *teoretico*] **s. f.** ● Filosofia riguardante il problema della conoscenza.

teorètico [vc. dotta, lat. tardo *theorēticu(m)*, dal gr. *theōrētikós* 'proprio della teoria (*theoría*)'] **agg.** (pl. m. *-ci*) ● (*filos.*) Attinente alla teoria o al problema della conoscenza. || **teoreticaménte**, **avv.**

teorìa [vc. dotta, lat. *theōria(m)*, dal gr. *theōría*, da *theōrós*, propriamente 'colui che dà uno sguardo', 'spettatore'] **s. f.** *1* Formulazione e sistemazione dei principi generali di una scienza o una sua parte, una dottrina filosofica, un'arte o un'altra forma del sapere: *le teorie della moderna critica filologica* | Serie di ipotesi conclusive relative a uno o più fenomeni: *la t. degli insiemi.* *2* Complesso dei precetti che servono di guida alla pratica: *la t. del maneggio del fucile* | (*spreg.*) Eccesso di elaborazione teorica: *perdersi nella t.* | *In t.*, teoricamente. **CONTR.** Pratica. *3* Sistema, modo di pensare: *non condivido le sue teorie sull'amicizia.* **SIN.**

Idea, opinione. *4* (*lett.*) Processione, corteo, fila, sfilata: *passavano lunghe teorie di cavalli carichi di frumento* (D'ANNUNZIO).

teòrica [da *teorico*] s. f. *1* (*raro*) Formazione di principi generali. *2* (*raro*) Complesso di regole che dovrebbero essere di guida nella pratica: *credo che ciò proceda perché voglia ... antepor la t. alla pratica* (GALILEI) | *In t.*, in teoria.

teoricità s. f. ● Qualità di ciò che è teorico | L'essere teorico.

teòrico [gr. *theōrikós* 'relativo alla teoria (*theōría*)'] **A** agg. (pl. m. *-ci*) ● Di teoria: *manuale t.* | Attinente alla teoria, basato sulla teoria: *sono considerazioni teoriche* | Conoscitivo, concettuale, dottrinale: *elaborazione teorica*. || **teoricaménte**, avv. In teoria, per mezzo di deduzioni teoriche: *è un ragionamento teoricamente sbagliato*; *teoricamente potranno superare la prova*. **B** s. m. (f. *-a*) ● Chi elabora, formula e sviluppa una teoria: *i teorici del marxismo* | (*spreg.*) Chi insiste sulla teoria non preoccupandosi delle sue applicazioni pratiche.

teorizzàre [comp. di *teori(a)* e *-izzare*] v. tr. ● Formulare una teoria | Ridurre a teoria (*anche ass.*).

teorizzatóre s. m.; anche agg. (f. *-trice*) ● (*raro*) Chi, che teorizza.

teorizzazióne s. f. ● Atto, effetto del teorizzare.

teosofìa o **teosofìa** [gr. *theosophía* 'conoscenza (*sophía*) delle cose di dio (*theós*)'] s. f. *1* Movimento e dottrina religioso-esoterici risalenti al XIX sec. che, in un sistema sincretistico di elementi cristiani, orientali e filosofici, assume la possibilità di un diretto contatto con la divinità e predica la metempsicosi. *2* Ogni dottrina filosofico-religiosa che si fonda su una diretta rivelazione di scienza divina e indica i mezzi per un contatto diretto con la divinità.

teosòfico o **teosòfico** agg. (pl. m. *-ci*) ● Relativo alla teosofia e ai teosofi.

teòsofo o **teòsofo** [gr. *theósophos* 'sapiente (*sophós*) nelle cose di dio (*theós*)'] s. m. (f. *-a*) ● Seguace della teosofia.

tep /tep/ [abbr. di *t(onnellata) e(quivalente di) p(etrolio)*] s. f. inv. ● (*fis.*) Unità di energia pari a 10^7 kcal.

tèpalo [forma volutamente metatetica di *petalo*] s. m. ● (*bot.*) Ciascuno degli elementi che formano il perianzio omoclamidato.

tepee /ti'pi, *ingl.* 'ti:pi:/ [vc. ingl. d'America, da *tipi*, comp. delle radici *ti* 'abitare' e *pi* 'usare per'] s. m. inv. ● Tenda conica dei pellirosse della prateria, sostenuta da un'intelaiatura di pali ricoperti di pelli di bisonte o di scorza d'albero.

†**tepefàre** [adattamento su *fare* del lat. *tepefăcere* 'fare (*făcere*) caldo (da *tep-*, di origine indeur.)'] v. tr. ● Intiepidire, riscaldare: *io col proprio caldo della mia mano il petto freddissimo tepefeci* (BOCCACCIO).

†**tepefàtto** part. pass. di †*tepefare*; anche agg. ● Nel sign. del v.

tepènte part. pres. di *tepere*; anche agg. ● Nel sign. del v.

tèpere o **tepére** [vc. dotta, lat. *tepēre* 'essere caldo (dalla radice indeur. *tep-* 'calore')'] v. intr. (oggi dif. usato solo alla terza pers. sing. dell'indic. pres. *tèpe* e al part. pres. *tepènte*) ● (*poet.*) Essere tiepido: *dove tepe la ligure Maremma* (CARDUCCI).

†**tepidàre** [da *t(i)epido*] v. tr. ● Intiepidire.

tepidàrio [vc. dotta, lat. tardo *tepidāriu(m)*, da *tĕpidus* 'tiepido'] s. m. *1* Nell'antichità romana, ambiente delle terme di passaggio dal bagno freddo al bagno caldo. *2* Serra.

tèpido e *deriv.* ● V. *tiepido* e *deriv.*

tepóre [vc. dotta, lat. *tepōre(m)*, da *tepēre*] s. m. ● Caldo moderato e gradevole: *il t. primaverile*.

téppa [vc. lombarda di origine prelatina col sign. di 'zolla d'erba', assunto poi da una società di rissosi compagnoni, chiamatasi scherzosamente *Compagnia della Teppa*] s. f. *1* (*bot.*) Borraccina. *2* (*sett.*) Feccia, gentaglia della grande città.

teppàglia [da *teppa*, con suff. spreg.] s. f. ● (*spreg.*) Teppa.

teppìsmo [comp. di *teppa* e *-ismo*] s. m. *1* Modo di comportarsi da teppista | L'essere teppista. *2* Malavita: *combattere il t.*

teppista [da *teppismo*] s. m. e f. (pl. m. *-i*) ● Chi appartiene alla teppa | Chi commette azioni teppistiche.

teppìstico agg. (pl. m. *-ci*) ● Di, da teppista.

tequila /*sp.* te'kila/ [vc. sp., dall'omonima città messicana, dove è prodotto in grande quantità] s. f. inv. ● Liquore messicano ricavato dalla distillazione delle foglie di una varietà di agave.

ter /*lat.* tɛr/ [avv. num. lat., *tĕr* 'tre volte'] agg. inv. ● (posposto al s.) Terzo (si usa nelle numerazioni in successione a bis): *legge, emendamento ter*.

tèra- [gr. *téras* 'cosa meravigliosa, portento', vc. ant. di etim. incerta] primo elemento ● Anteposto a un'unità di misura, la moltiplica per mille miliardi, cioè per 10^{12}. SIMB. T.

teramàno A agg. ● Di Teramo. **B** s. m. (f. *-a*) ● Abitante, nativo di Teramo.

terapèuta [da *terapeutica*] s. m. e f. (pl. m. *-i*) *1* Chi studia o si occupa di terapeutica. *2* Medico particolarmente competente nella cura delle malattie: *ci siamo rivolti ad un noto t.*

terapèutica [da *terapeutico*] s. f. ● Scienza della cura delle malattie.

terapèutico [gr. *therapeutikós* 'abile a curare (*therapéuein*, di etim. incerta)'] agg. (pl. m. *-ci*) ● Di, relativo alla terapia: *metodo t.* | *Ginnastica terapeutica*, ginnastica medica. || **terapeuticaménte**, avv.

terapìa [gr. *therapéia*, da *therápōn* 'servo', di etim. incerta] s. f. *1* Parte della medicina che tratta della cura delle malattie. *2* (*est.*) Cura: *l'ammalato ha iniziato una nuova t.* | *T. convulsivante*, elettroshock | *T. fisica*, fisioterapia | *T. intensiva*, cura intensa e protratta dei pazienti che hanno perduto, per lo più acutamente, una o più funzioni vitali, attuata in ambienti opportunamente attrezzati | *T. d'urto*, somministrazione unica in dosi massicce di un farmaco o di associazioni di farmaci, usati spec. per aggredire un quadro patologico avanzato. *3* (*fam.*) Psicoterapia.

-terapìa [da *terapia*] secondo elemento ● In parole composte del linguaggio medico, significa 'metodo di cura': *idroterapia, massoterapia, elioterapia*.

teràpico [da *terapia*] agg. (pl. m. *-ci*) ● Che riguarda la terapia.

terapista s. m. e f. (pl. m. *-i*) *1* Terapeuta. *2* (*fam.*) Psicoterapista.

Teràpsidi [comp. del gr. *théraps* 'servo, aiutante, compagno' e *-idi*] s. m. pl. ● Nella tassonomia animale, ordine di Rettili della sottoclasse dei Sinapsidi, dai quali sono derivati i Mammiferi (*Therapsida*) | (al sing. *-e*) Ogni individuo di tale ordine.

teràto- [dal gr. *téras*, genit. *tératos* 'mostro' (d'orig. incerta)] primo elemento ● In parole composte del linguaggio medico, significa 'mostro, mostruosità': *teratogeno*.

teratogènesi [comp. di *terato-* e *genesi*] s. f. ● (*biol.*) Alterato sviluppo embrionale, fetale o post-natale, causato da un agente teratogeno.

teratògeno [comp. di *terato-* e *-geno*] agg. ● (*biol.*) Che può produrre malformazioni o mostruosità nell'embrione: *alcune malattie virali sono teratogene* | *Agenti teratogeni*, agenti fisici, chimici o biologici che causano anomalie fetali.

teratologìa [gr. *teratología* 'discorso (da *lógos*) su cose strane o mostruose (*téras*, genit. *tératos*)'] s. f. (pl. *-gie*) ● (*med.*) Studio delle malformazioni corporee | *T. fantastica*, interesse verso i mostri, i mutanti e gli alieni creati dalla fantasia umana o degli artisti.

teratològico agg. (pl. m. *-ci*) ● (*med.*) Di teratologia.

teratòma [comp. di *terat(o)-* e *-oma*] s. m. (pl. *-i*) ● (*med.*) Mostruosità circoscritta a carattere neoplastico, contenente abbozzi di organi vari.

tèrbio [dal n. della città sved. di *Ytterby*] s. m. ● Elemento chimico del gruppo delle terre rare. SIMB. Tb.

†**tèrchio** [etim. discussa: variante di *tècchio*, dal lat. *tĭtulus* 'marca, titolo' (?)] agg. ● Zotico, selvatico, rozzo.

Terebintàli [da *terebinto*] s. f. pl. ● Nella tassonomia vegetale, ordine di piante dicotiledoni, per lo più legnose, spesso con organi secretori | (al sing. *-e*) Ogni individuo di tale ordine.

terebinto [vc. dotta, lat. *terebĭnthu(m)*, dal gr. *terébinthos*, di origine preellenica] s. m. ● Alberetto delle Anacardiacee che fornisce la resina detta trementina di Chio o di Cipro, frutti aromatici eduli e semi oleosi (*Pistacia terebinthus*).

tèrebra [vc. dotta, lat. *tĕrebra(m)* 'succhiello', derivato da *tĕrere* 'fregare, tritare'] s. f. *1* Antica macchina ossidionale, munita di grossa punta a succhiello atta a trivellare muraglie, apprestamenti difensivi e sim. *2* (*zool.*) Ovopositore capace di trivellare anche tessuti resistenti di cui sono provvisti alcuni insetti imenotteri.

terebrànte [vc. dotta, lat. *terebrănte(m)*, part. pres. di *terebrāre* 'forare (con la *tĕrebra*)'] **A** s. m.; anche agg. ● Ogni insetto imenottero munito di terebra. **B** agg. ● Detto di dolore profondo, penetrante.

terebrazióne [vc. dotta, lat. tardo *terebratiōne(m)*, da *terebrātus* 'terebrato, trivellato'] s. f. ● Nella tecnica mineraria e delle costruzioni, perforazione, trivellazione.

terèdine [vc. dotta, lat. *terĕdine(m)*, nom. *terĕdo*, dal gr. *tērēdṓn* 'verme che rode il legno', connesso col v. *téirein* 'fregare', di origine indeur.] s. f. ● Mollusco lamellibranchio marino a corpo vermiforme e con piccolissima conchiglia che rode qualunque legno sommerso (*Teredo navalis*).

tereftalàto s. m. ● (*chim.*) Sale o estere dell'acido tereftalico.

tereftàlico [comp. di *tere(binto)* e *ftalico*] agg. (pl. m. *-ci*) ● (*chim.*) *Acido t.*, isomero dell'acido ftalico, si presenta sotto forma di cristalli incolori insolubili in acqua; usato spec. nella preparazione delle resine poliestere.

teresiàno agg. ● Che si riferisce a un personaggio storico di nome Teresa | Relativo a S. Teresa d'Avila (1515-1582), all'ordine delle Carmelitane Scalze da lei fondato e alla spiritualità di lei e del suo ordine | Relativo all'imperatrice Maria Teresa d'Austria (1717-1780).

teresìna o **telesìna** [forse dalla città brasiliana di *Teresina*] s. f. ● Variante del poker che si gioca con le carte tutte o in parte scoperte e senza possibilità di sostituirle.

terfèzia [vc. dotta, dal lat. *terfezia leonis*, dall'ar. *terfaz*] s. f. ● (*bot.*) Genere di Funghi ipogei commestibili degli Ascomiceti, con specie distribuite nelle regioni mediterranee e subtropicali (*Terfezia*).

tergàle [da *tergo*] s. m. ● Spalliera artistica, di sedia o poltrona.

tergèmino [vc. dotta, lat. *tergĕminu(m)*, variante di *tregĕminu(m)* 'trigemino'] agg. ● (*lett.*) Triplice, trigemino.

tèrgere [vc. dotta, lat. *tĕrgere*, di etim. incerta] v. tr. (pres. *io tèrgo, tu tèrgi*; pass. rem. *io tèrsi, tu tergésti*; part. pass. *tèrso*) *1* (*lett.*) Forbire, nettare, pulire asciugando | Asciugare: *scendea Venere dall'Olimpo, e delle sue / ambrosie dita le tergeva il pianto* (FOSCOLO). *2* (*lett.*) Rendere nitido | (*raro, fig.*) Purificare: *o rose sparse in dolce falda / di viva neve, in ch'io mi specchio e tergo* (PETRARCA).

tergestino [vc. dotta, lat. *Tergestīnu(m)*, etnico di *Tergĕste*, ant. n. di 'Trieste'] **A** agg. ● Dell'antica Tergeste | (*lett.*) Della moderna Trieste. **B** s. m. (f. *-a*) ● Abitante o nativo di Tergeste. **C** s. m. solo sing. ● Antico dialetto di tipo friulano parlato a Trieste fino alla metà circa del XIX secolo.

tergicristàllo [comp. di *tergere* e *cristallo*] s. m. ● Dispositivo applicato alla faccia esterna del parabrezza di autoveicolo, aereo e sim. che, con un movimento a va e vieni di una spazzola di gomma, serve a mantenere pulito il cristallo in caso di pioggia o neve. ➡ ILL. p. 1748 TRASPORTI.

tergilavacristàllo [sovrapp. di *tergicristallo* e *lavacristallo*] s. m. ● Tergicristallo in grado anche di lavare il parabrezza di un autoveicolo.

tergilavalunòtto [comp. degli imperat. di *tergere* e *lavare* e di *lunotto*] s. m. ● Tergilavacristallo applicato al lunotto di un autoveicolo.

tergilunòtto [comp. dell'imperat. di *tergere* e *lunotto*] s. m. ● Tergicristallo applicato al lunotto di un autoveicolo.

tergite [dal lat. *tĕrgu(m)* 'dorso' col suff. *-ite* (*3*)] s. m. ● (*zool.*) Struttura cuticolare che riveste dorsalmente un segmento corporeo degli Artropodi.

tergiversàre [vc. dotta, lat. *tergiversāri*, formato da *tĕrga* 'le spalle' e *vĕrtere* 'volgere, voltare'] v.

intr. (*io tergivèrso*; aus. *avere*) *1* Cercare di eludere una questione, di sfuggire a una domanda, di ritardare una decisione ricorrendo a pretesti, cavilli, sotterfugi. SIN. Nicchiare, temporeggiare. *2* †Voltare le spalle al nemico.

tergiversatóre [vc. dotta, lat. tardo *tergiversatōre(m)*, da *tergiversātus*, part. pass. di *tergiversāri* 'tergiversare'] s. m. (f. *-trice* nel sign. 1) *1* (*raro*) Chi tergiversa. *2* †Chi fugge in battaglia.

tergiversazióne [vc. dotta, lat. *tergiversatiōne(m)*, da *tergiversātus*, part. pass. di *tergiversāri* 'tergiversare'] s. f. ● (*raro*) Atto del tergiversare | (*raro*) Pretesto, scusa, cavillo: *rispondere senza tergiversazioni*.

†tergivèrso agg. ● Che tergiversa, sfugge.

†tergiversóre [da *tergiversare*] s. m. ● Soldato che fugge in battaglia.

tèrgo [vc. dotta, lat. *tĕrgu(m)*, di etim. incerta] s. m. (pl. *tèrghi*, m. nei sign. 1 e 2, *tèrga* e *†tèrgora*, f. nel sign. 1) *1* (*lett.*) Dorso, schiena: *quella turba / che se ne va di retro a' vostri terghi* (DANTE *Purg.* XXVI, 65-66) | *Voltare, dare il t.*, voltare le spalle per fuggire o per manifestare disprezzo, ostilità | *A, da t.*, di, da dietro: *stare a t.*; *venire da t.* *2* Parte posteriore di un foglio | Rovescio di una moneta o una medaglia.

Tèri [vc. dotta, dal gr. *thēríon* 'animale selvaggio'] s. m. pl. ● (*zool.*) Nella sistematica dei Mammiferi, raggruppamento comprendente gli Euteri e i Marsupiali, oltre ad alcune forme fossili.

†teriàca ● V. *triaca*.

terìdio [gr. *thērídion*, dim. di *thēríon* 'animale', a sua volta dim. di *thḗr*, di origine indeur.] s. m. ● Piccolo ragno con zampe esili, innocuo, che costruisce tele irregolari tra gli arbusti (*Theridion*).

terilène® [marchio ICI] s. m. ● (*chim.*) Polietilentereftalato usato come fibra tessile per tessuti, tappeti, corde e sim. SIN. Terital.

tèrio-, -tèrio [dal gr. *thēríon*, dim. di *thḗr*, genit. *thērós* 'bestia (feroce), fiera', di origine indeur.] primo o secondo elemento ● In parole composte dotte e scientifiche, significa 'animale', 'belva': *teriomorfo*; *megaterio*.

teriomorfismo [da *teriomorfo* col suff. *-ismo*, sul modello di *antropomorfismo*] s. m. ● Natura animale o forma animale delle figure divine.

teriomòrfo [gr. *thēriómorphos*, comp. di *thēríon* 'piccola belva' (V. *terio-*) e *morphḗ* 'forma' (V. *-morfo*)] agg. ● Detto di divinità che ha natura o forma animale.

tèrital® [marchio Montedison] s. m. ● (*chim.*) Polietilentereftalato usato come fibra tessile per tessuti, tappeti, corde e sim.

terlàno [dal n. della località (dial. *Terlàn*: dal n. proprio lat. *Taurīnus* col suff. prediale *-ānum* (?)), dove si coltivano le viti] s. m. ● Vino bianco verdolino, secco, morbido e armonico, prodotto in provincia di Bolzano, 11°-13°, dal vitigno omonimo.

termàle [da *terme*] agg. *1* Detto di acqua minerale che sgorga da una sorgente calda: *acque termali* | *Stabilimento t.*, ove si effettuano spec. cure idropiniche. *2* Concernente le antiche terme.

termalgia [comp. di *term(o)-* e *-algia*] s. f. (pl. *-gie*) ● (*med.*) Causalgia.

termalismo [da *termale*] s. m. *1* (*med.*) Complesso delle funzioni, delle strutture e delle attrezzature per le cure termali. *2* Turismo che si sviluppa attorno alle stazioni di cure termali.

termalista [da *termale*] s. m. e f. (pl. m. *-i*) *1* Chi è addetto ai servizi termali. *2* Chi è addetto ai servizi turistici in una stazione termale.

tèrme [vc. dotta, lat. *thĕrma(s)*, nom. (pl.) *thĕrmae*, dal gr. *thérmai*, pl. di *thérmē* 'caldo', di origine indeur.] s. f. pl. *1* Edificio per cure termali | Luogo in cui si sfruttano sorgenti termali: *le t. del Lazio*. *2* Presso gli antichi romani, edifici pubblici per bagni con annessi luoghi di riunione, palestre, biblioteche: *t. di Diocleziano, di Caracalla*.

-termìa [da *-termo*] secondo elemento ● In parole scientifiche composte, significa 'calore', 'temperatura': *elettrotermia, ipotermia, omotermia*.

tèrmico [dal gr. *thérmē* 'calore'] agg. (pl. m. *-ci*) *1* Attinente al calore o alla temperatura: *assistenza termica* | Del calore: *energia termica del sole* | *Sensibilità termica*, forma di sensibilità cutanea che permette di apprezzare le variazioni di temperatura. *2* Detto di macchina motrice a gas o vapore, in quanto la compressione e l'espansione dei gas sono accompagnate o influenzate da fenomeni termici. || **termicaménte**, avv.

-tèrmico secondo elemento ● Forma aggettivi composti del linguaggio scientifico, nella maggioranza connessi con sostantivi astratti in *-termia*: *elettrotermico, ipotermico, omotermico*.

termidoriàno [fr. *thermidorien*, da *thermidor* 'termidoro'] **A** agg. ● Del termidoro. **B** s. m. ● Deputato francese che prese parte alla coalizione che rovesciò Robespierre il 9 termidoro del 1794.

termidòro [fr. *thermidor*, comp. del gr. *thermós* 'caldo' e *dôron* 'dono, regalo'] s. m. ● Undicesimo mese del calendario rivoluzionario francese, il cui inizio corrispondeva al 19 luglio e il termine al 17 agosto.

terminàbile [vc. dotta, lat. tardo *terminābile(m)*, nel senso 'che si può limitare' (da *tĕrminus* 'pietra di confine')] agg. ● Che si può terminare: *impresa t. in poco tempo* | Che ha un termine. || **†terminabilménte**, avv.

terminabilità s. f. ● (*raro*) Condizione di ciò che è terminabile.

tèrminal /'terminal, *ingl.* 'tə:minəl/ s. m. inv. *1* Acrt. di *air terminal*. *2* Stazione capolinea, opportunamente collegata con il retroterra o i centri urbani, per trasporti terrestri, marittimi o fluviali: *è stato costruito un nuovo t. per container*. ➡ ILL. p. 1755 TRASPORTI.

terminàle [vc. dotta, lat. *termināle(m)*, da *tĕrminus* 'termine'] **A** agg. *1* Di termine, di confine: *cippo t.* *2* Che è posto alla fine o costituisce la parte finale: *tratto t. di un corso d'acqua*. CONTR. Iniziale. *3* Detto di organo vegetale che si trova all'apice di un altro organo come fiore, gemma, capolino. *4* (*med.*) Detto di paziente che si trova nel periodo preagonico di una malattia con esito mortale. *5* (*med.*) Detto di infezione da microrganismi patogeni che insorge nel corso di una malattia con esito mortale e che rappresenta spesso la causa immediata della morte. *6* (*med.*) Detto di disinfezione di un ambiente o di un edificio attuata dopo che ne è uscito un paziente che è stato affetto da una malattia contagiosa. **B** s. m. *1* Punto estremo di collegamento di un conduttore, di un apparecchio elettrico e sim. | Morsetto. *2* (*elab.*) In un sistema di elaborazione, dispositivo di input/output dei dati costituito gener. da una tastiera e da un monitor | *T. intelligente*, dotato di autonoma capacità di elaborazione.

terminalista s. m. e f. (pl. m. *-i*) ● (*elab.*) Persona addetta a un terminale in un centro elettronico.

terminànte part. pres. di *terminare*; anche agg. ● Nei sign. del v.

terminàre [vc. dotta, lat. *termināre*, da *tĕrminus* 'termine'] **A** v. tr. (*io tèrmino*) *1* Finire, ultimare, condurre a termine: *t. la lettera, il discorso, un lavoro*; *ha terminato l'università* | (*euf.*) *T. la vita, t. di soffrire*, morire | (*raro*) Completare. CONTR. Cominciare. *2* (*raro*) Porre i termini, i confini | (*raro*) Limitare, circoscrivere: *mari e monti che terminano l'Italia*. *3* †Determinare, definire | †Decidere: *e terminò passare in Pagania* (PULCI). **B** v. intr. (aus. *essere*) *1* Finire, arrivare al termine: *dove termina la valle*; *la strada termina in campagna*; *il bastone termina a punta*; *la commedia è terminata alle sei*. CONTR. Cominciare. *2* (*raro*) Confinare: *il podere termina col fiume*. *3* (*ling.*) Uscire, avere desinenza.

†terminatézza [da *terminare* 'porre dei termini, dei limiti'] s. f. ● Limitatezza.

terminativo agg. ● (*raro*) Che dà il termine, serve a terminare o a limitare.

terminatóre [vc. dotta, lat. tardo *terminatōre(m)*, da *terminātus* 'terminato'] **A** s. m.; anche agg. (f. *-trice*) ● (*raro*) Chi, che termina | †Chi, che determina, definisce q.c. **B** s. m. *1* (*astron.*) Linea di divisione tra la zona illuminata dal Sole e quella oscura sul disco lunare o dei pianeti. *2* †Chi segna i termini, i confini.

terminatùra s. f. ● †Il terminare | (*raro*) Modo con cui una cosa termina.

terminazióne [vc. dotta, lat. *terminatiōne(m)*, da *terminātus* 'terminato'] s. f. *1* Atto del terminare o del portare a termine. SIN. Conclusione, fine. *2* Estremità, punto terminale: *terminazioni nervose*. *3* Collocazione dei termini sulle linee di confine tra singole proprietà. *4* (*ling.*) Uscita, desinenza. *5* (*tip.*) Grazia.

tèrmine (1) o **†tèrmino** [vc. dotta, lat. *tĕrmine(m)*, variante di *tĕrminus*, vc. italica con corrispondenza in gr.] s. m. *1* Confine, limite di un podere, un territorio, una regione: *lo steccato segna il t. della proprietà* | Pietra, fossa, palo di confine. *2* (*dir.*) Momento del tempo da cui decorrono o cessano gli effetti di un negozio giuridico | *T. iniziale*, momento da cui decorrono gli effetti del negozio | *T. finale*, momento da cui cessano | *T. essenziale*, quello alla cui scadenza le parti di un contratto collegano la risoluzione di diritto del contratto in caso di inadempimento | *Contratto a t.*, di cui al momento della stipulazione è stata fissata la scadenza | Tempo entro od oltre un certo periodo in cui un dato atto deve essere compiuto per essere valido: *t. processuale, ordinario* | *T. dilatorio*, prima della cui scadenza non può compiersi una determinata attività | *T. di decadenza*, termine perentorio. *3* Correntemente, ognuno dei due momenti entro i quali si compie q.c.: *oltrepassare i termini stabiliti* | Limite di tempo: *nel t. di un mese*; *aspetto la risposta in un t. di tre ore* | *Chiedere un t. maggiore*, una dilazione più lunga | *A lungo t., a breve t.*, a lunga, a breve scadenza. *4* Punto estremo, fine: *siamo arrivati al t. della strada*; *al t. del lavoro riposeremo*; *è ormai al t. della vita* | *Aver t.*, finire | *Porre, dare t. a q.c.*, farla finire, cessare | *Portare a t.*, portare a compimento | *Volgere al t.*, stare per finire | †*Senza t.*, eternamente. CONTR. Inizio. *5* Elemento che viene esaminato separatamente, ma non può essere definito senza tenere conto dell'insieme cui appartiene: *il soggetto e il predicato sono termini di una proposizione* | *I termini di un paragone*, ciascuno degli elementi che vengono precisati in una contrapposizione, una similitudine | *I termini di una frazione*, rispettivamente il numeratore e il denominatore | *Ridurre ai minimi termini*, trasformare una frazione in un'altra di valore uguale in cui numeratore e denominatore siano primi fra loro; (*fig.*) rimpicciolire oltre misura, ridurre in cattivo stato | *Complemento di t.*, indica la persona o la cosa a cui è rivolta l'azione espressa dal verbo. *6* †Maniera di trattare: *... il più quieto e nobile t., che usar si potesse verso la persona mia* (GALILEI). *7* (*fig.*) Punto, grado a cui si arriva: *dopo le ricerche, siamo giunti a questo t.* | *A buon t.*, a buon punto | †*Non essere in t. di*, non essere in grado di | (*fig.*) Meta, scopo, punto di arrivo: *mirare a un t. preciso*; *questo è il t. dei nostri sforzi*. *8* (*spec. al pl.*, *fig.*) Limiti concessi all'agire e prescritti dall'uso, le regole, la legge, le convenienze: *stare, rimanere nei termini*; *varcare i termini della buona educazione*; *l'arte di mariolare ave li suoi termini e regole, come tutte l'altre* (BRUNO) | Complesso degli elementi e delle circostanze che concorrono a definire e a ben configurare una situazione: *ci siamo accordati entro questi termini*; *non avete chiarito i termini della controversia* | Stato, condizione, modo di essere: *le cose sono, stanno in questi termini* | *Essere in buoni termini con qc.*, in buoni rapporti. || **terminétto**, dim.

tèrmine (2) [dal precedente, estensione dell'uso in logica e grammatica, che traduce il gr. *óros* 'confine, delimitazione', e quindi 'definizione'] s. m. *1* Locuzione, voce propria di una scienza, un'arte, una disciplina: *un t. medico, filosofico, letterario*; *pagina ricca di termini scientifici*; *sono termini della pittura*. *2* Parola, come elemento di una proposizione: *questo t. è il predicato* | Proposizione di un sillogismo: *t. maggiore, medio, minore* | (*est.*) Parola, vocabolo: *un t. toscano*; *un t. proprio, poco usato*; *questi due termini hanno lo stesso significato* | *In altri termini*, in altre parole | *Moderare i termini*, attenuare un linguaggio aspro od offensivo | *A rigor di termini*, secondo il significato più stretto, puntuale | (*fam.*) *Mezzo t.*, espediente inefficace | *Senza mezzi termini*, chiaramente, apertamente, senza sotterfugi.

terminismo [comp. da *termine (2)* e *-ismo*] s. m. ● (*filos.*) Nominalismo.

terminista [da *terminismo*] s. m. (pl. *-i*) ● Nominalista.

terministico [da *terminismo*] agg. (pl. m. *-ci*) ●

(*filos.*) Nominalistico.

†**tèrmino** • V. *termine* (*1*).

terminologìa [comp. di *termine* (*2*) e *-logia*] s. f. *1* Trattato sui vocaboli. *2* Insieme dei termini usati per esprimere le nozioni proprie di una scienza, un'arte o una disciplina e sim.: *la t. scientifica, letteraria, medica*; *la t ... formata per i giudizî negativi del brutto* (CROCE) | *T. critica*, quella della critica artistica, letteraria, teatrale, e sim.

terminològico [da *terminologia*] agg. (pl. m. *-ci*) • Che riguarda una determinata terminologia. || **terminologicaménte**, avv. Da un punto di vista terminologico.

terminus /*lat.* 'terminus/ [vc. lat.: V. *termine* (*1*)] s. m. inv. (pl. lat. raro *termini*) • Termine, limite di tempo; si usa spec. in ambito storico, giuridico e burocratico nelle locuzioni *terminus ante quem* (o *ad quem*) e *terminus post quem* (o *a quo*) indicanti, nell'ordine, la data prima o dopo la quale un fatto si è verificato, una legge è entrata in vigore, un'attività si può svolgere.

termistóre [comp. di *termo-* e (*resi*)*store*] s. m. • (*fis.*) Conduttore la cui resistenza diminuisce in maniera evidente all'aumentare della temperatura.

termitàio s. m. • Nido di termiti.

tèrmite (**1**) o (*evit.*) **termite** [vc. dotta, lat. *tĕrmite*(*m*), variante tarda di *tărmite*(*m*) 'tarma', connesso col v. *tĕrere* 'fregare'] s. f. • Correntemente, ogni insetto isottero sociale che vive in colonie numerosissime in cui si distinguono varie caste di individui: operai e soldati senza ali e maschi e femmine fecondi che si strappano le ali dopo la sciamatura.

termite (**2**) [ted. *Thermit*, comp. del gr. *thérmē* 'calore' (per il grande calore sviluppato, quando il composto s'infiamma) e *-ite* (*2*)] s. f. • Miscela di metalli e ossidi metallici in polvere, spec. ossido di ferro e alluminio, la cui combustione produce altissimo calore, in generale adoperata per alluminotermia.

tèrmo • V. *thermos*.

tèrmo-, -tèrmo [dal gr. *thermón* 'calore'] primo o secondo elemento • In parole composte della terminologia scientifica e tecnica, fa riferimento al calore, alla temperatura: *termodinamica, termogenesi, isotermo*.

termoadesióne [comp. di *termo-* e *adesione*] s. f. • (*tecnol.*) Metodo di separazione dei minerali, che sfrutta la proprietà di alcuni di essi di aderire a una superficie rivestita di resine termoplastiche, quando vengono riscaldati per irraggiamento.

termoanestesìa [comp. di *termo-* e *anestesia*] s. f. • (*med.*) Abolizione della sensibilità al calore.

termobàgno [comp. di *termo*(*sifone*) e *bagno*] **A** agg. inv. • Nel linguaggio degli annunci economici, detto di appartamento provvisto di riscaldamento a termosifone e di bagno. **B** anche s. m. inv.: *affittare un t.*

termobaròmetro [comp. di *termo-* e *barometro*] s. m. • Ipsometro.

termobattèrio [comp. di *termo-* e *batterio*] s. m. • (*biol.*) Batterio termogeno.

termobilància s. f. (pl. *-ce*) • (*chim.*) Apparecchio destinato a registrare le variazioni di massa che un campione subisce a causa di processi chimici determinati da un riscaldamento.

termocautèrio [comp. di *termo-* e *cauterio*] s. m. • (*chir.*) Strumento per la cauterizzazione.

termocauterizzazióne [comp. di *termo-* e *cauterizzazione*] s. f. • (*chir.*) Metodo terapeutico che utilizza il calore per arrestare emorragie o distruggere tessuti.

termocettóre [comp. di *termo-* e (*re*)*cettore*] s. m. • (*fisiol.*) Recettore sensibile alle variazioni della temperatura.

termochìmica [comp. di *termo-* e *chimica*] s. f. • Parte della chimica che si occupa dei fenomeni termici che accompagnano le reazioni chimiche.

termochìmico agg. (pl. m. *-ci*) • Che concerne la termochimica.

termocinètica [comp. di *termo-* e *cinetica*] s. f. • (*fis.*) Parte della termologia che studia la propagazione del calore.

termocinètico agg. (pl. m. *-ci*) • Concernente la termocinetica.

termocoagulazióne [comp. di *termo-* e *coagulazione*] s. f. • (*chir.*) Tecnica chirurgica che consente la distruzione o l'asportazione di un tessuto, mediante l'uso di corrente elettrica ad alta frequenza che consente l'arresto contemporaneo dell'emorragia.

termocoibènte [comp. di *termo-* e *coibente*] s. m.; anche agg. • Termoisolante.

termocoibènza s. f. • Proprietà dei materiali termocoibenti.

termocompressióne [comp. di *termo-* e *compressione*] s. f. • (*fis.*) Compressione di un vapore allo scopo di indurne la condensazione con conseguente emissione di calore latente che può essere assorbito a temperatura superiore.

termocompressóre [comp. di *termo-* e *compressore*] s. m. • (*fis.*) Apparecchio per termocompressione.

termoconvettóre [comp. di *termo-* e *convettore*] s. m. • Apparecchio riscaldante, costituito da due o più tubi alettati, usato negli impianti di riscaldamento ad acqua calda.

termocopèrta [comp. di *termo-* e *coperta*] s. f. *1* Coperta confezionata con intreccio di resistenze elettriche. *2* Nome commerciale di coperta a doppio tessuto di lana, reso morbido dalla garzatura.

termocòppia o **termocóppia** [comp. di *termo-* e *coppia*] s. f. • (*elettr.*) Coppia di metalli diversi saldati agli estremi, nella quale si manifesta una forza elettromotrice quando esiste una differenza di temperatura fra le due saldature. SIN. Coppia termoelettrica, pila termoelettrica, pinza termoelettrica, termogiunzione.

termocùlla [comp. di *termo-* e *culla*] s. f. • Culla termica.

termodiffusióne [comp. di *termo-* e *diffusione*] s. f. • (*fis.*) Fenomeno per cui si ottiene una particolare separazione dei componenti una miscela di gas, dovuta a uno spostamento di alcune specie di molecole nel verso della propagazione del calore e di altre nel verso opposto.

termodinàmica [comp. di *termo-* e *dinamica*] s. f. • Studio, basato su tre leggi, della trasformazione delle varie forme di energia, in particolare dell'energia termica in energia meccanica e viceversa.

termodinàmico [comp. di *termo-* e *dinamico*] agg. (pl. m. *-ci*) • Relativo alla, proprio della termodinamica | *Concentrazione termodinamica*, frazione molare | *Ciclo t.*, complesso di trasformazioni termodinamiche che, attraverso una serie di strati intermedi diversi fra loro, riconduce il sistema allo stato iniziale.

termoelasticità [comp. di *termo-* ed *elasticità*] s. f. • Proprietà elastiche dei materiali in funzione della temperatura.

termoeleménto [comp. di *termo-* e *elemento*] s. m. • Elemento sensibile alle variazioni della temperatura, quale una termocoppia o un termistore, usato nei dispositivi di misurazione o controllo della temperatura.

termoelettricità [comp. di *termo-* e *elettricità*] s. f. • (*elettr., fis.*) Insieme dei fenomeni connessi alla trasformazione dell'energia termica di un corpo in energia elettrica e viceversa.

termoelèttrico [comp. di *termo-* e *elettrico*] agg. (pl. m. *-ci*) *1* (*fis.*) Che riguarda la, o che presenta, o che utilizza la termoelettricità: *effetto t.*; *forza motrice termoelettrica* | *Coppia, pila, pinza termoelettrica*, termocoppia. *2* Detto di generatore elettrico azionato da una macchina termica | (*est.*) *Centrale termoelettrica*, impianto di produzione dell'energia elettrica che utilizza macchine termiche e, come fonte di energia, gener. combustibili fossili.

termoelettróne [comp. di *termo-* e *elettrone*] s. m. • Elettrone emesso da un corpo incandescente.

termoelettrònica [comp. di *termo-* e *elettronica*] s. f. • Insieme dei fenomeni e delle leggi relative all'effetto termoelettronico.

termoelettrònico [comp. di *termo-* e *elettronico*] agg. (pl. m. *-ci*) *1* Detto di effetto consistente nella emissione di elettroni da un metallo posto nel vuoto e portato a temperatura elevata. *2* Che riguarda l'effetto termoelettronico: *corrente termoelettronica*. *3* Che sfrutta l'effetto termoelettronico | *Tubo t.*, tubo elettronico nel quale gli elettroni vengono emessi da un catodo a elevata temperatura, per effetto termoelettronico.

termoestesìa [comp. di *termo-* e di un deriv. da *áisthēsis* 'sensazione'] s. f. • Sensibilità termica.

termoestesiòmetro [comp. di *termo-*, *estesia* e *-metro*] s. m. • Strumento per la valutazione della sensibilità termica.

termofilìa [comp. di *termo-* e *-filia*] s. f. • Caratere degli organismi termofili.

termòfilo [comp. di *termo-* e *-filo*] agg. • (*biol.*) Detto di organismo animale o vegetale che predilige clima caldo.

termofissàggio [comp. di *termo-* e *fissaggio*] s. m. *1* (*tess.*) Operazione di rifinizione compiuta su tessuti e maglierie fabbricati con fibre sintetiche pure o in mischia per conferire loro forma e dimensioni stabili. *2* (*tecnol.*) Termostabilizzazione di oggetti in materia plastica per eliminare gli effetti della memoria elastica.

termofissàre [comp. di *termo-* e *fissare*] v. tr. • (*tess., tecnol.*) Compiere il termofissaggio.

termofissatóre [comp. di *termo-* e *fissatore*] s. m. • (*tess., tecnol.*) Dispositivo o impianto per compiere il termofissaggio.

termofobìa [comp. di *termo-* e *-fobia*] s. f. • (*med.*) Stato patologico che si manifesta con la paura del calore.

termoformatùra [comp. di *termo-* e *formatura*] s. f. • (*tecnol.*) Metodo per la fabbricazione di imballaggi e contenitori multipli mediante formatura sottovuoto di lastre e fogli di materiale termoplastico, portati a temperatura di rammollimento in un apposito stampo.

termòforo [comp. di *termo-* e *-foro*] s. m. • Apparecchio formato da una resistenza elettrica chiusa in tessuto di amianto e variamente rivestito, il cui calore viene utilizzato spec. a scopo terapeutico e antidolorifico.

termogènesi [comp. di *termo-* e *genesi*] s. f. • (*biol.*) Produzione di calore negli organismi viventi.

termogenètico [comp. di *termo-* e *genetico*] agg. (pl. m. *-ci*) • (*biol.*) Che riguarda la termogenesi.

termogènico [comp. di *termo-* e *-genico*] agg. (pl. m. *-ci*) • (*geol.*) Detto di suolo delle zone calde, nel quale le elevate temperature determinano una rapida degradazione delle sostanze organiche e disgregazione dei componenti rocciosi, conferendogli gener. un colore rossastro.

termògeno [comp. di *termo-* e *-geno*] agg. • (*biol.*) Capace di generare calore, detto spec. di batteri che con le loro azioni biochimiche provocano un aumento della temperatura del loro substrato.

termogiunzióne [comp. di *termo-* e *giunzione*] s. f. • (*elettr.*) Termocoppia.

termografìa [comp. di *termo-* e *-grafia*] s. f. *1* Rilievografia mediante polveri di resine termoindurenti mescolate con inchiostro e riscaldate. *2* Telerilevamento delle differenze di temperatura superficiale e dei relativi gradienti, realizzato mediante emulsioni termosensibili o apparecchi elettronici con presentazione video dell'immagine termica e utilizzato in campo tecnico, militare e clinico | (*med.*) Metodo d'indagine per l'individuazione precoce dei tumori della mammella, basato sul rilevamento della temperatura corporea e sul fatto che gli eventuali tumori tendono a conservare una temperatura superiore a quella dei tessuti circostanti, quando questi vengono raffreddati. *3* Procedimento di riproduzione diretta di un documento, di un manoscritto, di uno stampato per mezzo dei raggi infrarossi, senza trattamento chimico.

termogràfico agg. (pl. m. *-ci*) *1* Relativo al, o rilevato col termografo | *Diagramma t.*, termogramma. *2* Relativo alla termografia: *esame t.*

termògrafo [comp. di *termo-* e *-grafo*] s. m. • Termometro il cui indice è in grado di disegnare un diagramma delle temperature in funzione del tempo.

termogràmma [comp. di *termo-* e *-gramma*] s. m. (pl. *-i*) *1* Diagramma di registrazione di un termografo. *2* Immagine fotografica ottenuta con la termografia.

termoigrogràfico agg. (pl. m. *-ci*) • Del, relativo al termoigrografo | Registrato con il termoigrografo.

termoigrògrafo [comp. di *termo-* e *igrografo*] s. m. • Strumento per la registrazione cronologica e contemporanea, su di un'unica cartina, dell'andamento della temperatura e dell'umidità dell'aria.

termoindurènte [comp. di *termo-* e del part. pres. di *indurire*] agg. ● (*chim.*) Detto di sostanza che subisce un processo di indurimento irreversibile per effetto di reazioni chimiche di polimerizzazione, a volte accelerate da riscaldamento o dall'impiego di radiazioni, che determinano la formazione di una struttura chimica reticolata tridimensionale: *resina t.*

termoindurimènto [comp. di *termo-* e *indurimento*] s. m. ● Indurimento di una sostanza termoindurente per effetto del riscaldamento.

termoindurito agg. ● Detto di resina o materia plastica termoindurente che ha subìto il processo di indurimento.

termoióne [comp. di *termo-* e *ione*] s. m. ● (*fis.*) Ione emesso da un corpo a temperatura sufficientemente alta.

termoiònica [comp. di *termo-* e del f. dell'agg. *ionico*] s. f. ● (*fis.*) Studio e complesso di fenomeni relativi all'emissione di ioni dei corpi a temperatura sufficientemente elevata, nel vuoto circostante.

termoiònico [comp. di *termo-* e *ionico*] agg. (pl. m. *-ci*) ● Che concerne i termoioni | *Effetto t.*, emissione di ioni da una superficie metallica riscaldata nel vuoto | *Valvola termoionica*, tubo elettronico.

termoiṣolànte [comp. di *termo-* e del part. pres. sost. di *isolare*] **A** s. m. ● Sostanza che, essendo cattiva conduttrice del calore, viene usata come isolante termico. **B** anche agg.: *sostanza t.*

termolàbile [comp. di *termo-* e *labile* 'instabile', contrapposto a *termostabile*] agg. ● Che si altera con il calore. CONTR. Termostabile.

termòliṣi [comp. di *termo-* e *-lisi*] s. f. inv. *1* (*chim.*) Dissociazione o decomposizione di una sostanza determinata dal calore. *2* (*biol.*) Dispersione del calore negli organismi viventi.

termologìa [comp. di *termo-* e *-logia*] s. f. (pl. *-gie*) ● Parte della fisica che studia i fenomeni e le leggi riguardanti il calore.

termològico agg. (pl. m. *-ci*) ● Che concerne la termologia.

termoluminescènza [comp. di *termo-* e *luminescenza*] s. f. ● (*fis.*) Tipo di fotoluminescenza consistente in emissione sotto forma di energia luminosa dell'energia termica immagazzinata.

termomagnètico [comp. di *termo-* e *magnetico*] agg. (pl. m. *-ci*) ● (*fis.*) Detto di materiale, fenomeno, effetto collegato al termomagnetismo | *Effetto t.*, variazione della conducibilità di un materiale dovuta a un campo magnetico.

termomagnetiṣmo [comp. di *termo-* e *magnetismo*] s. m. ● (*fis.*) Magnetismo prodotto dal calore.

termomanòmetro [comp. di *termo-* e *manometro*] s. m. ● Strumento che indica la temperatura e quindi la pressione di un vapore saturo, usato nelle caldaie a vapore e negli impianti frigoriferi.

termomeccànico [comp. di *termo-* e *meccanico*] agg. (pl. m. *-ci*) ● (*fis.*) Detto di effetto consistente in un piccolo aumento della temperatura che si osserva nell'elio liquefatto quando è contenuto in un recipiente munito di orifizi capillari.

termometrìa [comp. di *termo-* e *-metria*] s. f. *1* Studio dei metodi e degli strumenti di misura delle temperature. *2* Misura della temperatura del corpo e studio delle variazioni durante la malattia.

termomètrico [comp. di *termo-* e *-metrico*] agg. (pl. m. *-ci*) *1* Del, relativo al termometro | Misurato con il termometro. *2* (*fis.*) Di sostanza i cui allungamenti sono proporzionali alle variazioni di temperatura subite.

termòmetro [fr. *thermomètre*, comp. di *thermo-* 'termo-' e *-mètre* '-metro'] s. m. *1* Strumento di misura di temperature in particolari unità arbitrarie, dette gradi | *T. a massima, a minima*, per la misura, a mezzo di particolare accorgimento tecnico, della più alta e, rispettivamente, più bassa temperatura verificatasi in un intervallo di tempo determinato, generalmente un giorno | *T. registratore*, termografo | *T. a liquido*, nel quale è utilizzata la variazione di volume prodotta nei corpi quali mercurio o alcol da variazioni di temperatura | *T. elettrico*, in cui è utilizzata la variabilità della resistenza elettrica di un conduttore metallico con la temperatura | *T. a deformazione, a lamina bimetallica*, quello in cui l'elemento sensibile è costituito da due lamine metalliche, saldate tra loro, aventi diversi coefficienti di dilatazione, che si deformano al variare della temperatura | *T. clinico*, che permette la lettura del massimo di temperatura corporea raggiunta. *2* (*fig.*) Segno indicatore, indizio: *questa protesta è il t. del malcontento generale.* || **termometrino**, dim.

termominerale [comp. di *termo-* e *minerale*] agg. ● Detto di acqua minerale che sgorga con una temperatura superiore a 20 °C.

termonucleàre [comp. di *termo-* e (*reazione*) *nucleare*] agg. *1* Detto di reazione nucleare che può avvenire solo ad altissima temperatura. *2* Detto di apparato o di grandezza che contribuisce o interviene nei processi per ottenere energia termica da energia nucleare: *apparecchio, impianto, energia t.* | (*mil.*) *Bomba t.*, quella che sfrutta l'energia sviluppata da una reazione di fusione nucleare esplosiva.

termoplasticità [comp. di *termo-* e *plasticità*] s. f. ● Proprietà reversibile dei materiali termoplastici.

termoplàstico [comp. di *termo-* e *plastico*] agg. (pl. m. *-ci*) ● (*chim.*) Detto di materiale, inorganico quale il vetro o organico come molti polimeri, che rammollisce per effetto del riscaldamento e indurisce quando si raffredda con processi reversibili che possono essere ripetuti più volte: *resine termoplastiche, polimero t.*

termoreattóre [comp. di *termo-* e *reattore*] s. m. ● (*mecc.*) Sistema propulsivo, utilizzante un getto ottenuto accelerando, a mezzo del calore, una massa d'aria prelevata dall'esterno.

termoregolàre [comp. di *termo-* e *regolare*] v. tr. (*io termorègolo*) ● Attuare la termoregolazione: *t. un apparecchio.*

termoregolàto agg. ● Che è sottoposto a, o che è capace di termoregolazione: *apparecchio t.*; *organismo t.*

termoregolatóre [comp. di *termo-* e *regolatore*] **A** s. m. ● (*tecnol.*) Dispositivo che attua la termoregolazione: *t. elettrico a lamina bimetallica, a mercurio*; *t. elettronico*; *t. a liquido* | In un termostato a gas o elettrico, dispositivo che modifica la somministrazione di calore in modo da mantenere costante la temperatura nell'apparecchio | In un impianto di climatizzazione, dispositivo tendente ad annullare la differenza fra il valore prefissato della temperatura e quello effettivo | Nel riscaldamento domestico ad acqua calda, apparecchio che mantiene costante la temperatura ambiente o la fa variare secondo un andamento programmato. **B** agg. ● Detto di ciascuno dei centri del sistema nervoso centrale e di ciascun dispositivo anatomico e funzionale che assicurano la termoregolazione.

termoregolazióne [comp. di *termo-* e *regolazione*] s. f. *1* Meccanismo biologico di autoregolazione della temperatura corporea degli animali. *2* Regolazione della temperatura per mezzo di termoregolatori | *Centralina di t.*, nel riscaldamento domestico ad acqua calda, termoregolatore.

termoretraìbile [comp. di *termo-* e un der. di *retrarre* 'ritrarre'] agg. ● (*chim., fis.*) Detto di materiale soggetto a ritrazione o ritiro o restringimento per effetto del riscaldamento: *involucro t.*

tèrmos ● V. *thermos.*

termosaldàre [comp. di *termo-* e *saldare*] v. tr. ● Saldare a caldo, spec. materie plastiche, mediante apparecchiatura funzionante a corrente elettrica.

termosaldàto part. pass. di *termosaldare*; anche agg. ● Nel sign. del v.: *sacchetto di plastica t.*

termosaldatrice [comp. di *termo-* e *saldatrice*] s. f. ● Macchina saldatrice per materie plastiche.

termoscòpio [comp. di *termo-* e *-scopio*] s. m. ● Indicatore non graduato dello stato termico di un corpo.

termosensìbile [comp. di *termo-* e *sensibile*] agg. *1* Che è modificato dall'azione del calore. *2* Che è sensibile alle variazioni di temperatura.

termosfèra [comp. di *termo-* e *sfera*] s. f. ● Regione dell'atmosfera, che si estende al di sopra della mesopausa, in cui la temperatura va generalmente aumentando con l'altezza. ➡ ILL. p. 817 SCIENZE DELLA TERRA ED ENERGIA.

termosifóne [comp. di *termo-* e *sifone*] s. m. *1* Sistema di riscaldamento degli ambienti di un edificio mediante circolazione di acqua calda o vapore che da una caldaia centrale raggiunge i radiatori. *2* Ciascuno dei radiatori che danno calore ai vari ambienti.

termostàbile [comp. di *termo-* e *stabile*, sul modello dell'ingl. *thermostable*, contrapposto a *termolabile*] agg. ● Che non si altera con il calore. CONTR. Termolabile.

termostabiliẓẓàre [comp. di *termo-* e *stabilizzare*] v. tr. ● (*chim., tecnol.*) Effettuare la termostabilizzazione.

termostabiliẓẓàto part. pass. di *termostabilizzare*; anche agg. ● Nel sign. del v.: *materie plastiche termostabilizzate.*

termostabiliẓẓazióne [comp. di *termo-* e *stabilizzazione*] s. f. ● (*chim., tecnol.*) Operazione con cui un materiale viene stabilizzato verso o mediante l'azione del calore: *t. delle materie plastiche.*

termostatàre [da *termostato*] v. tr. (*io termòstato*) ● Mantenere la temperatura a un valore prestabilito, con un termostato.

termostàtico agg. (pl. m. *-ci*) *1* Detto di ambiente a temperatura costante: *camera termostatica.* *2* Relativo al termostato | *Temperatura termostatica*, quella che è mantenuta costante nel termostato. *3* Detto di dispositivo atto a mantenere costante una temperatura | *Rubinetto miscelatore t.*, in un impianto idraulico domestico, rubinetto miscelatore dell'acqua fredda e calda provvisto di un termoelemento che permette di erogare acqua miscelata a una temperatura prestabilita e costante.

termòstato [comp. di *termo-* e del gr. *statós* 'posto, situato'] s. m. *1* Apparecchio in cui si mantiene costante la temperatura allo scopo, per es., di tarare termometri, eseguire esperienze e misurazioni in condizioni isotermiche, e conservare determinate sostanze o colture microbiologiche: *t. a gas, a ghiaccio fondente, elettrico.* *2* Termoregolatore.

termotècnica [comp. di *termo-* e *tecnica*] s. f. ● Ramo della tecnica che studia il calore e le sue applicazioni pratiche.

termoterapìa [comp. di *termo-* e *terapia*] s. f. ● (*med.*) Applicazione del calore umido o secco, o elevazione della temperatura dei tessuti profondi mediante tecniche fisioterapiche, per il trattamento di affezioni quali l'artrosi e il reumatismo.

termotropiṣmo [comp. di *termo-* e *tropismo*] s. m. ● (*bot.*) Tropismo causato da uno stimolo termico.

termovalìgia [comp. di *termo-* e *valigia*] s. f. (pl. *-gie* o *-ge*) ● Contenitore provvisto di un serbatoio isolato riempito di acqua calda, per il trasporto di neonati prematuri.

termoventilatóre [comp. di *termo-* e *ventilatore*] s. m. *1* Aerotermo. *2* Ventilatore azionato da un motore termico. *3* Piccolo riscaldatore elettrico dell'aria nel quale è incorporato un ventilatore per accelerarne la circolazione.

termoventilazióne [comp. di *termo-* e *ventilazione*] s. f. ● Sistema di riscaldamento degli ambienti mediante circolazione di aria calda.

termovettóre [comp. di *termo-* e *vettore*] agg. (f. *-trice*) ● Detto di fluido che circola in un impianto termico e ne trasporta il calore.

termoviṣièra [comp. di *termo-* e *visiera*] s. f. ● Visiera di vetro munita di fili elettrici di riscaldamento che si applica al parabrezza degli autoveicoli privi di sbrinatore per impedirne l'appannamento.

termoviṣióne [comp. di *termo-* e *visione*] s. f. ● Visualizzazione delle radiazioni termiche emesse da un corpo, effettuata a scopo di indagine o di osservazione industriale, clinica e militare.

termoviṣóre [comp. di *termo-* e *visore*] s. m. ● Apparecchio che effettua la termovisione.

tèrna [f. di *terno* in particolare impiego] s. f. *1* Complesso, insieme di tre elementi | *T. arbitrale*, nel calcio, l'arbitro e i due guardalinee | (*mat.*) *T. di riferimento*, insieme di tre assi, con origine comune, idonei a individuare matematicamente i punti dello spazio | *T. fissa*, assunta solidale con un sistema di stelle fisse. *2* Lista di tre persone una delle quali deve essere scelta per un incarico, un ufficio e sim.: *la t. dei candidati alla presidenza.*

3 Macchina per movimento terra a triplice funzione, costituita da un trattore per traino, con benna per caricamento nella parte anteriore e un escavatore per posa in opera di tubi e cavi nella parte posteriore.

ternàle [dal lat. *tĕrni* (V. *ternato*)] **s. m.** ● (*mar.*) Canapo a tre legnuoli, minore del quarnale.

ternàno **A** **agg.** ● Di Terni. **B** **s. m.** (f. *-a*) ● Abitante, nativo di Terni.

ternàre [da *terna*] **v. tr.** (*io tèrno*) ● Mettere, includere qc. in una terna.

ternàrio o †**ternàro** nel sign. B [vc. dotta, lat. *ternāriu(m)*, da *tĕrni* 'a tre a tre' (V. *terno*)] **A** **agg.** ● Che contiene, si compone di tre elementi: *verso t.*; *metro t.*; *i glucidi sono composti ternari, costituiti di carbonio, ossigeno e idrogeno.* **B** **s. m.** *1* (*raro*) Insieme di tre elementi. *2* (*letter.*) Terza rima, terzina | Trisillabo. *3* (*mil.*) Ordinamento secondo il quale una unità è articolata in tre aliquote costitutive.

ternàto [dal lat. *tĕrni*, distributivo, da *tĕr* 'tre'] **A** **agg.** ● Detto di organi disposti a tre a tre: *foglie ternate.* **B** **s. m.** ● Terna, nel sign. 2.

tèrno [sing. tratto dal pl. lat. *tĕrni*, distributivo ('a tre a tre', 'tre per volta') da *tĕr* 'tre' (avv.)] **A** **s. m.** *1* Al lotto, giocata ed estrazione di tre numeri sulla stessa ruota | *T. secco*, senza premio per l'estratto e per l'ambo | *Un t. al lotto*, (*fig.*) una fortuna insperata | A tombola, serie di tre numeri estratti sulla stessa fila di una cartella | Ai dadi, punto fatto quando su entrambi esce il tre. *2* Gruppo di tre fogli piegati in due e inseriti l'uno dentro l'altro. **B** **agg.** ● †Che è in numero di tre.

teròldego [vc. trentina d'origine sconosciuta] **s. m.** ● Nome di un vitigno che si coltiva nel Trentino e che fornisce un vino rosso da pasto, molto profumato, con gradazione da 11° a 12°.

teromòrfico [comp. del gr. *thḗr*, genit. *thērós* 'fiera, belva' (V. *terio-*) e *-morfo*, con suff. aggettivale] **agg.** (pl. m. *-ci*) ● Che si presenta in forma di belva.

terotecnologìa [da *tecnologia*; di non chiara origine la prima parte del comp.] **s. f.** (pl. *-gie*) ● (*org. az.*) Applicazione di molteplici discipline, quali il management, la finanza e l'ingegneria, ai beni fisici di un'azienda, compiuta in collaborazione e in ogni fase decisionale dal suo personale specializzato, allo scopo di ottimizzare la vita economica dei beni stessi a vantaggio sia dell'azienda sia degli utenti.

terotecnòlogo **s. m.** (f. *-a*; pl. m. *-gi*, pop. *-ghi*) ● (*org. az.*) Specialista in terotecnologia.

terpène [ted. *Terpene*, da *Terp(entin)* 'terebinto, trementina', con *-ene*] **s. m.** ● (*chim.*) Idrocarburo a catena aperta o chiusa e di varia grandezza molecolare, che si riscontra in generale negli oli essenziali e nelle resine naturali.

terpènico **agg.** (pl. m. *-ci*) ● (*chim.*) Di, relativo ai terpeni, che ha carattere e struttura terpenici | *Idrocarburo t.*, terpene.

terpìna [dalla prima parte dello sved. *terp(entin)* 'trementina', con *-ina*] **s. f.** ● Glicol terpenico ottenuto per idratazione della trementina con acido solforico, usato come espettorante e per la preparazione di profumi.

terpineòlo o **terpinòlo** [comp. di *terpina* e *-olo* (*2*)] **s. m.** ● Miscuglio liquido di quattro alcoli terpenici isomeri, ottenuto per disidratazione della terpina, usato per profumare saponi e come base di profumi sintetici fini.

tèrra [lat. *tĕrra(m)*, per un ant. *tersa, di origine indeur., col senso di 'parte secca' (opposta alla 'parte acquea')] **A** **s. f.** (con iniziale maiuscola nell'uso scientifico e astronomico) **I** Il nostro mondo, considerato sia come astro che come l'ambiente che accoglie uomini, animali, vegetali, ecc. *1* Corpo celeste appartenente al sistema solare, con movimento di rotazione attorno al proprio asse e di rivoluzione attorno al Sole, rispetto al quale è il terzo pianeta in ordine di distanza (scritto con iniziale maiuscola quando è considerato nome proprio, nel linguaggio scientifico o per non equivocare con altre accezioni del termine): *la superficie, l'equatore della Terra*; *la Luna gira attorno alla Terra*; *studiare i movimenti della Terra*; *discutere sulla sfericità della Terra* | *Rappresentazione della Terra*, cartografia. ➡ ILL. p. 818, 830 SCIENZE DELLA TERRA ED ENERGIA. *2* L'insieme di tutti i luoghi alla portata dell'uomo, in contrapposizione al cielo: *la creazione del cielo e della t.*; *ha esplorato la t. in lungo e in largo* | *Ci corre quanto dal cielo alla t.*, (*enf.*, *iperb.*) c'è una differenza incolmabile | *Non sta né in cielo né in t.*, di fatto, avvenimento straordinario o inverosimile o di errore spropositato | *Muovere cielo e t.*, (*fig.*) adoperarsi con ogni mezzo, rivolgersi a tutti quelli che si conoscono per ottenere q.c. | Il luogo dove l'uomo trascorre la sua esistenza terrena, in contrapposizione al mondo soprannaturale: *siamo di passaggio su questa t.*; *acquistare meriti sulla t.* | *I beni della t.*, i beni materiali. *3* L'ambiente dove l'uomo vive, il globo terrestre con i suoi abitanti: *non ha nessuno su questa t.*; *siamo in molti sulla t.* | *Essere sulla t.*, vivere | *Lasciare, abbandonare questa t.*, morire | (*est.*) Gli abitanti della terra, gli uomini: *lo farò sapere a tutta la t.*; *così, percossa, attonita / la t. al nunzio sta* (MANZONI). **II** Elemento che, in contrapposizione ad altri, costituisce la parte compatta e solida della superficie terrestre, sorregge gli esseri viventi e le loro opere, contiene le sostanze che permettono la crescita dei vegetali. *1* Parte solida della superficie terrestre emergente dalle acque, spec. in opposizione ad altri elementi, come il mare, l'aria, ecc.: *una stretta lingua di t. si protende nel mare*; *cercare sulla carta la linea che separa la t. dal mare*; *spedizione, viaggio, trasporto via t.*; *le forze armate di t.* | *Vento, brezza di t.*, che spira dalla terra al mare | *T. ferma*, la costa, la terraferma (V.) | *Cercare qc. o q.c. per t. e per mare*, (*fam.*, *iperb.*) dovunque, in tutti i luoghi possibili | *Toccar t.*, di una nave, approdare; di un velivolo, atterrare | *Prendere t.*, *posarsi a t.*, atterrare | (*raro*) *Pigliare t.*, approdare | *Scendere, mettere piede a t.*, scendere da un'imbarcazione, da un aereo, un altro mezzo di trasporto o da cavallo | *Rimanere a t.*, non riuscire a imbarcarsi su una nave, (*est.*) perdere l'aereo, il treno, ecc. | Crosta terrestre, considerata anche in una sua parte: *i sussulti, i sommovimenti della t.*; *durante il terremoto, la t. tremò alcuni secondi.* *2* Estensione più o meno ampia e definita della superficie solida del globo terrestre, territorio, regione: *t. ospitale, selvaggia, inesplorata*; *terre artiche, australi, boreali* | *Terra Santa*, i luoghi della Palestina in cui visse Gesù Cristo | *T. promessa*, quella che Dio aveva promesso agli Ebrei come loro patria; (*fig.*) paese ricco di risorse o bene ardentemente desiderato | *T. bruciata*, il territorio abbandonato in guerra al nemico dopo aver distrutto tutto quanto poteva essergli utile | *T. di nessuno*, il terreno posto fra due eserciti in guerra e (*est.*) settore dell'elettorato non ancora conquistato da un partito (*anche fig.*) | *Terre ballerine*, definizione scherz. di alcune zone sismiche o vulcaniche dell'Italia meridionale | Paese, terra dalla quale l'uomo proviene e nella quale può vivere: *la t. natale*; *torneremo alla nostra t.*; *andare, vivere in t. straniera* | *T. d'elezione*, nazione o luogo in cui non si è nati, ma dove si sceglie di vivere | Patria: *sacrificarsi per la difesa della propria t.*; *nostalgia della propria t.*; *tu non altro che il canto avrai del figlio, / o materna mia t.* (FOSCOLO). *3* Superficie esterna della crosta terrestre sulla quale camminano o stanno uomini e animali: *strisciare sulla t.*; *nascondere, mettere sotto t.*; *scavare sotto t.* | *Correre ventre a t.*, a grande velocità | *Stare con i piedi in, sulla t.*, (*fig.*) essere realisti, non lasciarsi trasportare dall'immaginazione | *Sentirsi mancare la t. sotto i piedi*, (*fig.*) sentirsi all'improvviso privo di ogni sostegno | *Avere una gomma a t.*, avere uno pneumatico sgonfio | *A fior di t.*, *raso t.*, *t. t.*, al livello del suolo, quasi a contatto del suolo | *Volare t. t.*, a scarsissima altezza dal suolo | *Essere t. t.*, (*fig.*) di scarsa levatura intellettuale e culturale, detto di persona; inconsistente o banale, detto di argomento, discorso, ecc. | *Cuccia t.!*, comando al cane da ferma per farlo stendere a terra. *4* (*est.*) Suolo, pavimento, qualsiasi superficie su cui poggia un corpo: *sedersi, stendersi, sdraiarsi in t.*; *abbiamo dormito per t.*; *alzarsi, sollevarsi da t.*; *gettare q.c. a, in t.*; *cadere a, in, per t.*; *il cane si rotolava per t.*; *scivolò sul ghiaccio e finì per t.*; *ha vuotato per t. il contenuto della borsa*; *teneva lo sguardo a t. per la timidezza*; *scese dal letto e poggiò i piedi a t.* | *Dormire sulla nuda t.*, a diretto contatto col suolo | *Gettare in t.*, (*raro*) abbattere, demolire | *Buttare, prostrare a t.*, (*fig.*) umiliare, avvilire | *Mettere qc. a t.*, (*fig.*) ridurlo in precarie condizioni fisiche o morali o rovinarlo economicamente | *Rimanere a t.*, (*fig.*) rovinarsi o restare in uno stato di prostrazione fisica e morale | *Essere a t.*, (*fig.*) essere estremamente deperito a causa di una malattia, moralmente depresso o rovinato finanziariamente. *5* Punto di un circuito elettrico con potenziale prossimo allo zero, quale è quello della superficie terrestre | *Mettere a t.*, collegare qualsiasi conduttore con la terra | *Scaricare a t.*, far scaricare sul suolo, con un filo, una carica elettrica | *Presa di t.*, sistema di conduttori elettrici collegato direttamente al terreno, nel quale vengono disperse le cariche elettriche. *6* Materia di cui è costituita la parte meno profonda della crosta terrestre: *scavare, rimuovere la t.*; *piantare, affondare q.c. nella t.*; *un mucchietto di t.*; *la t. delle montagne*; *t. battuta, polverosa*; *scavando, mi sono coperto di t.* | *Movimenti di t.*, scavi e accumuli, effettuati di norma con appositi escavatori, per costruire edifici e strade | *T. di riporto*, utilizzata in luogo diverso da quello dello scavo, per colmare una depressione, formare un argine, un rialzo stradale e sim. | *Strada di t.*, di terra battuta, priva di asfalto. *7* L'elemento in cui crescono le piante, terreno agrario: *la t. dei campi*; *la t. della pianura, della brughiera, della collina*; *t. fertile, arabile, coltivata, incolta, sterile*; *t. leggera, argillosa, calcarea, dura*; *dissodare, sfruttare, lavorare, seminare, concimare la t.*; *far riposare la t.* | *T. grassa, magra*, ricca o no di sostanze utili alla crescita delle piante | *T. vergine*, non ancora coltivata | *T. grigia*, tipo di suolo biancastro, carente di sali solubili, caratteristico della Russia settentrionale | *T. nera*, tipo di suolo nerastro caratteristico dell'Ucraina | *Verme di t.*, lombrico | *Porcellino di t.*, onisco. *8* Distesa, estensione di terreno coltivato: *raccogliere i prodotti, i frutti della t.* | La campagna, le attività agricole, la vita rurale: *i lavoratori della t.*; *essere favorevole al ritorno alla t.*; *amare la t.*; *avere la passione della t.* *9* (*est.*) Estensione di terreno coltivabile, che può essere delimitata, chiusa entro confini e posseduta da qc.: *comprare, vendere una t.*; *ha acquistato alcuni ettari di t. a grano* | *Avere un po' di t. al sole*, avere un piccolo possedimento rurale | Fondo, tenuta (*spec. al pl.*): *si è ritirato nelle sue terre*; *vive delle proprie terre*; *le belle terre che aveva covato cogli occhi tanto tempo* (VERGA). *10* (*lett.*) Città, borgo, luogo abitato: *Lecco, la principale di quelle terre ... giace poco discosto dal ponte* (MANZONI) | *Terre marittime*, città del litorale. **III** Ogni sostanza estratta dal suolo, che si presta a essere utilizzata e lavorata dall'uomo e nella composizione della quale entrano elementi diversi. *1* Sostanza naturale non compatta e della consistenza della polvere: *terre coloranti, decoloranti* | *T. di Siena*, roccia sedimentaria di colore giallo o bruno dalla quale si ricava un colorante usato in tintoria; (*est.*) colore giallo-bruno, ocra | *T. di Vicenza*, tipo di caolino proveniente dall'alto Vicentino | *T. d'ombra*, colorante bruno | *T. da follone*, varietà di argilla che ha la proprietà di assorbire le materie grasse, usata per sgrassare la lana, decolorare oli, chiarificare sciroppi | *T. da fonderia*, terra argillosa, avente requisiti atti alla formatura per fonderia | *T. da sbianca*, materiali argillosi che hanno la proprietà di assorbire le sostanze coloranti e altre impurità sciolte o disperse nei liquidi, usati nella raffinazione degli oli minerali e sim. | *T. da porcellana*, caolino | *T. inglese*, miscela di argilla plastica e di quarzo | *T. da pipe*, terra inglese mista a ossido di calcio; (*sett.*, *spreg.*) il Sud, il Meridione | (*pop.*, *fig.*) *Andare a far t. da pipe*, morire. *2* Argilla o creta usata nella produzione di ceramiche: *vasi, stoviglie in t.*; *statuetta, maschera di t.* | *T. da formare*, argilla per uso ceramico | *T. creta*, creta | *T. cotta*, terracotta; (*est.*) statua, manufatto in terracotta. *3* *T. sigillata*, tipica ceramica di colore rosso corallino, molto liscia e compatta, ornata con disegni a rilievo impressi con una matrice, prodotta in epoca romana spec. nella zona di Arezzo | (*est.*) Vaso, manufatto in terra sigillata: *una collezione di terre sigillate etrusche del II sec. a.C.* *4* (*chim.*) *Terre rare*, gruppo di quindici elementi, poco frequenti in natura, di numero atomico compreso tra 57 e 71. SIN. Lantanidi. **B** in funzione di agg. inv. (posposto al s.) *1* Che si trova allo stesso livello del suolo | *Piano t.*, pianterreno. *2* Detto di colore marrone chiaro, sfumato dal grigio al verdastro: *color t.* *3* (*astrol.*) *Elemento t.*, (*ell.*) *terra*, trigono a cui appartengono i segni del Toro, della Vergine e del Capricorno, nella suddivisione dei pianeti secondo l'elemento che vi domina. ➡ ILL. zodiaco. || **terràccia**, pegg. | **terrétta**, dim. (V.) | †**terricciòla**, †**terricciuòla**, dim.

tèrra-ària loc. agg. inv. ● (*mil.*) Detto di missile a corta gittata destinato a essere lanciato da mezzi terrestri contro bersagli aerei quali aeromobili in volo e missili aria-superficie | *Missile terra-aria*, missile superficie-aria.

terracòtta o (*raro*) **tèrra còtta** [da intendersi *terra* (per 'argilla') *cotta*] s. f. (pl. *terrecòtte*, raro *tèrre còtte*) *1* Argilla modellata, seccata e cotta in forno ad alta temperatura, usata per fabbricare vasellame. *2* Manufatto di terracotta.

terràcqueo ● V. *terraqueo*.

terrafèrma o (*raro*) **tèrra fèrma** [comp. di *terra* e dell'agg. *ferma*, sull'es. del corrispondente gr. *stereà gê*] s. f. (pl. *terreférme*, raro *tèrre férme*) ● Continente: *scorgere, avvistare la t.*

†**terrafinàre** [da *terrafine*] v. tr. ● Mandare in esilio.

†**terrafine** o †**terrafino** [lat. mediev. *terrafīne*(*m*), nom. *terrafīnis* 'terra (*tĕrra*) di confine (*fīnis*)'] s. m. *1* Esilio, confino. *2* †Confine, termine.

terràglia [fr. *terraille*, da *terre* 'terra' col suff. coll. *-aille*] s. f. ● Ceramica a impasto poroso e bianco, con vernice trasparente, per vasellame, vasche da bagno, lavabi, e sim.: *t. tenera* o *dolce*, *dura* o *forte* | *T. durissima*, semiporcellana | (*al pl.*) Vasellame, oggetti d'uso domestico in terraglia: *imballare le terraglie*.

†**terràglio** [lat. parl. **terrăculu*(*m*), da *tĕrra* col suff. coll. *-ăculum*] s. m. ● Terrazzo, terrapieno.

†**terràgno** [lat. tardo *terrāneu*(*m*) 'che appartiene alla terra', da *tĕrra* con suff. agg.] agg. ● Posto sulla terra piana | Che sta vicino a terra, a livello del suolo: *sovra i sepolti le tombe terragne / portan segnato quel ch'elli eran pria* (DANTE *Purg.* XII, 17-18).

terràgnolo agg. *1* Terragno. *2* Detto di pianta vicino a terra o che striscia per terra. *3* Terricolo.

terraiòlo o lett. **terraiuòlo** [da *terra*] s. m.; anche agg. ● Terricolo, spec. in riferimento a volatili.

terramàra [per un precedente *terra mala* (così detta, perché vi si ritrovano scheletri), assimilato] s. f. (pl. *terramàre* o *terremàre*) ● Grandi cumuli di terreno archeologico rinvenuti in località un tempo palustri con resti di palafitte, tipici della pianura emiliana ad ovest del Reno e dei territori di Mantova e Cremona.

terramaricolo [da *terramara*, con suff. deriv. dal v. *cŏlere* 'abitare', di origine indeur.] s. m. ● (*spec. al pl.*) Appartenente alla cultura preistorica delle terramare.

terràme [comp. di *terr*(*a*) e *-ame*] s. m. ● (*raro*) Quantità, massa di terra che può venire impiegata in vari lavori.

terramicina® s. f. ● Nome commerciale di un antibiotico appartenente al gruppo delle tetracicline, usato in terapia nelle infezioni polmonari e intestinali.

terranòva [fr. *terre-neuve*, che traduce l'ingl. *newfoundland* (*dog*) '(cane) di Terranova'] s. m. inv. ● Cane da guardia grosso e robusto, con pelo lungo e ondulato, orecchie pendenti e lunga coda.

†**terrapienàre** v. tr. ● Alzare terrapieni, fortificare con terrapieni.

terrapièno [comp. di *terra* e *pieno* 'colmo di terra'] s. m. *1* Massa di terra addossata ad altre opere per arginatura, riparo, difesa. *2* (*mil.*) Massa di terra, posta dietro le mura di un'opera fortificata per sostenerla, rinforzarla e spianata al sommo, per disporvi le artiglierie e gli uomini di difesa. ➡ ILL. p. 360 ARCHITETTURA.

terràqueo o **terràcqueo** [comp. di *terr*(*a*) e *acqueo*] agg. ● Composto di terra e acqua | *Globo t.*, il globo terrestre, la Terra.

terràrio [da *terra*, sul modello di *acquario*] s. m. ● Vasca fornita di terra, sabbia, acqua, piante e sim. per ospitare e allevare anfibi e rettili, ai quali si cerca di ricreare le condizioni dell'ambiente naturale.

tèrra-tèrra loc. agg. inv. ● (*mil.*) Detto di missile destinato a essere lanciato da basi terrestri, o eventualmente da navi, contro bersagli terrestri | *Missile terra-terra*, missile superficie-superficie.

terraticànte [da *terratico*] s. m. e f. ● Chi prende in affitto un terreno con contratto di terratico.

terràtico [lat. mediev. *terrăticu*(*m*), comp. di *tĕrra* e del suff. indicante tributo *-ăticum*] s. m. (pl. *-ci*) ● Canone in natura per l'affitto di un piccolo appezzamento di terreno, oggi pressoché in disuso.

†**terràto** [da *terra*] s. m. *1* Riparo, per lo più di circostanza, fatto di terra. *2* Solaio, terrazzo.

terràzza [fr. *terrasse*, da *terre* 'terra'] s. f. *1* Superficie praticabile pavimentata all'aperto a livello di terra o ricavata su una parte dell'edificio, adatta al soggiorno e munita di parapetto. *2* Terrazzo nei sign. 2 e 3. || **terrazzina**, dim.

terrazzaménto s. m. *1* (*geogr.*) Formazione di ripiani orizzontali nelle valli fluviali, in quelle glaciali o lungo le coste: *t. fluviale*, *glaciale*, *marino*. *2* (*agr.*) Sistemazione a gradoni di terreni in forte pendio per evitare franamenti ed allo stesso tempo coltivarli.

terrazzàno [da *terra*, nel senso di 'terra murata'] s. m. (f. *-a*) *1* (*lett.*) Nativo o abitante di una città fortificata, un castello, un villaggio. *2* (*lett.*) Paesano. || **terrazzanàccio**, pegg.

terrazzàre [da *terrazza*] v. tr. ● Sistemare a gradoni o terrazzi un terreno declive.

terrazzàto part. pass. di *terrazzare*; anche agg. ● Nel sign. del v.

terrazzière [adattamento del fr. *terrassier*, da *terrasse* 'terrazza'] s. m. *1* Sterratore. *2* Chi mette in opera i pavimenti del tipo a terrazzo.

terrazzino s. m. *1* Dim. di *terrazzo*. *2* Nel linguaggio alpinistico, breve risalto roccioso in parete, su cui si sosta per fare assicurazione nel corso di una scalata, o anche per bivaccare. *3* Balcone.

terràzzo s. m. *1* Terrazza. *2* Gradino di erosione sul fianco di una valle. *3* Ripiano coltivabile di un terreno in pendio sistemato a gradoni. *4* Pavimento alla veneziana, di scaglie di marmo sparse su uno strato di malta | Pavimento impermeabile, per terrazzi e terrazze. || **terrazzino**, dim. (V). | **terrazzóne**, accr.

†**terreità** [da *terra*] s. f. ● Materia terrea.

terremotàre [da *terremoto*] v. tr. (*io terremòto*) ● (*raro*) Devastare, mettere sottosopra | (*fig.*) Sconvolgere profondamente.

terremotàto **A** part. pass. di *terremotare*; anche agg. ● Danneggiato, devastato, dal terremoto: *paese t.* **B** s. m. (f. *-a*) ● Chi abita, o è profugo di, una zona danneggiata dal terremoto.

terremòto [vc. dotta, lat. *tĕrrae mōtu*(*m*), letteralmente 'movimento (*mōtus*) della terra (*tĕrrae*, genit. di *tĕrra*)'] s. m. *1* Scossa o vibrazione rapida e improvvisa della crosta terrestre | *Scala dei terremoti*, *scala sismica*, V. *scala* nell'accez. 8. SIN. Sismo. ➡ ILL. p. 818 SCIENZE DELLA TERRA ED ENERGIA. *2* (*fig.*) Persona o animale troppo vivace.

†**terrenàle** [da *terreno* 'della terra'] agg. ● Terrestre.

†**terrenézza** s. f. ● Qualità di ciò che è terreno.

terrenità s. f. ● (*raro*) L'essere terreno.

terréno (**1**) [lat. *terrēnu*(*m*), per un precedente **terēsnos*, ant. agg. con sovrapposizione di *tĕrra*] **A** agg. *1* Che appartiene o si riferisce alla terra, intesa come luogo ove si svolgono le vicende umane: *vita terrena*; *beni terreni* | Mondano, profano: *gloria terrena*; *gioie terrene*; *desideri terreni*. CONTR. Celeste, spirituale. *2* †Di, della terra come pianeta: *superficie terrena* | †Terrestre: *battaglia terrena* | (*lett.*) *Il carico t.*, il corpo. *3* Che è a livello del suolo, della strada: *camera*, *stanza terrena* | *Piano t.*, pianterreno. **B** s. m. ● Livello stradale: *stanza a t.* | Pianterreno: *affittare il t.*

terréno (**2**) [lat. *terrēnu*(*m*), sost. nt. dell'agg. *terrēnus* 'terreno (1)'] s. m. *1* Spazio più o meno esteso e determinato di superficie terrestre: *t. pianeggiante*, *soleggiato*, *esposto a levante* | Area coltivabile, terra coltivata, campo: *dissodare il t.*; *intorno alla villa c'è un t. boschivo*; *i terreni sono cresciuti molto di prezzo da allora a oggi* (BACCHELLI) | *T. di bonifica*, prosciugato e acquisito alla coltura | *Tastare il t.*, (*fig.*) informarsi prima di fare q.c. | *Preparare il t.*, lavorarlo prima della semina e (*fig.*) disporre qc. o q.c. per ottenere o realizzare ciò che si desidera | *Trovare il t. adatto*, (*fig.*) trovare l'ambiente favorevole, la persona meglio disposta a q.c. | †*Trovare il t. morbido*, trovare una persona arrendevole, cedevole | Area fabbricabile: *hanno trovato il t. per il nuovo ospedale*. *2* Campo di battaglia: *alcuni soldati uscirono a perlustrare il t.* | *Guadagnare*, *acquistare t.*, (*fig.*) progredire, avvantaggiarsi | *Studiare il t.*, (*fig.*) cercare di conoscere le intenzioni di qc. | *Disputare il t.*, (*fig.*) lottare, difendersi con energia per q.c. | *Scendere sul t.*, affrontare un duello, una battaglia | *Restare sul t.*, morire in battaglia | *Incontrarsi in t. neutro*, (*fig.*) cercare un accomodamento. *3* Suolo: *stendere*, *gettare sul t.* | *Sentirsi mancare il t. sotto i piedi*, (*fig.*) trovarsi senza sostegno o privi del necessario | *T. minato*, nel quale sono state occultate delle mine; (*fig.*) argomento insidioso, situazione sfavorevole o che presenta troppe incognite | (*fig.*) Argomento, soggetto di un discorso o di una discussione: *su questo t. non posso seguirti*; *hanno portato la discussione su di un t. pericoloso*. *4* *T. di gioco*, (*ell.*) *terreno*, campo su cui si svolge una partita: *giocare sul t. avversario*; *vincere sul proprio t.* | *T. allentato*, fondo del campo o della pista molle per la pioggia. *5* †Territorio, dominio. *6* †Terra, lido. *7* (*biol.*) Mezzo artificiale liquido o solido su cui coltivare in vitro microrganismi.

tèrreo [vc. dotta, lat. *tĕrreu*(*m*), agg. di *tĕrra*] agg. ● (*raro*) Che è fatto di terra, terroso | Che ha la natura, l'aspetto, la consistenza della terra | *Colorito t.*, giallo olivastro, livido.

†**terrésco** agg. ● Che è vicino a terra.

†**terrestiàle** [da *terrest*(*r*)*e* col suff. di (*celesti*)*ale*] agg. ● Terrestre.

terrèstre o †**terrèsto**, †**terrèstro** [vc. dotta, lat. *terrēstre*(*m*), da **terēstris* 'pertinente alla terra', cui si è sovrapposto *tĕrra*] **A** agg. *1* Della Terra, attinente alla Terra: *superficie t.*; *diametro t.*; *calore t.* *2* Che è di questa terra, terreno: *ma 'l sovrastar ne la pregion terrestre / cagion m'è, lasso, d'infiniti mali* (PETRARCA) | *Paradiso t.*, Eden, giardino nel quale Dio pose, secondo la narrazione biblica, la prima coppia umana; (*fig.*) luogo pieno di delizie, di pace, di beatitudine. *3* Di terra: *battaglia t.*; *forze terrestri* | Che vive sulla terra ferma o suole stare in terra: *animali terrestri* | (*raro*) †Legato alla terra: *i sensi sono terrestri*, *la ragione sta for di quelli quando contempla* (LEONARDO). *4* *Edera t.*, labiata strisciante dei boschi che produce facilmente radici avventizie (*Glechoma hederacea*). **B** s. m. e f. ● Chi abita, vive sulla Terra.

terrestrità o †**terrestreità** s. f. *1* Qualità di ciò che è terrestre | (*fig.*) Terrenità. *2* †L'essere terroso.

†**terrèstro** ● V. *terrestre*.

terribile o †**terribole** [vc. dotta, lat. *terrĭbile*(*m*), agg. da *terrēre* 'spaventare', di origine indeur.] agg. *1* Che incute terrore, spavento, angoscia: *belva t.*; *mostro t.*; *una scena t.*; *è un discorso t.*; *ripreso insiem avean crudel battaglia / la più terribil mai non fu mirata* (BOIARDO) | Che è di una eccessiva crudeltà o cattiveria: *un nemico t.*; *la t. lingua del maldicente*; *è una donna t.* | Troppo severo, spietato: *il t. Dio d'Israele*; *un giudice t.* | Orrendo, spaventoso: *una t. tortura*; *un bombardamento t.* *2* (*iperb.*) Molto forte, eccessivo: *un dolore t.*; *un freddo t.* | Formidabile, straordinario: *una intelligenza t.*; *suscita una t. simpatia*. || †**terribileménte**, **terribilménte**, avv. *1* In modo da spaventare: *terribilemente armato*. *2* (*iperb.*) Eccessivamente: *fa terribilmente caldo*; in modo straordinario, eccezionale: *è terribilemente vivace*.

†**terribilézza** s. f. ● Terribilità.

terribilismo [da *terribile*] s. m. ● (*raro*) Terribilità.

terribilità [vc. dotta, lat. tardo *terribilitāte*(*m*), da *terrĭbilis* 'terribile'] s. f. ● (*raro*) Qualità di chi o di ciò che è terribile: *la t. dell'aspetto di qc.*; *la t. di una pena*; *la t. e grandezza dell'opera è tale, che non si può descrivere* (VASARI).

†**terribole** ● V. *terribile*.

terricciàto [da *terriccio*] s. m. ● Materiale fertilizzante formato da letame, residui organici e terra, con aggiunta o meno di concimi chimici e liquami. SIN. Composta.

terriccio [comp. di *terr*(*a*) e *-iccio*] s. m. ● Terra ricca di sostanze vegetali decomposte, quali foglie, rami secchi e sim., usata spec. per piante coltivate in vaso, in aiuole, in serre: *t. di bosco* | *T. di castagno*, polvere marrone che si forma per disfacimento del legno nelle vecchie ceppaie, ricercata in floricoltura per invasare le piante.

terrìcolo [vc. dotta, lat. *terrĭcola(m)*, comp. di *tĕrra* e *-cola* 'abitante', dal v. *cŏlere* 'abitare'] **agg.** ● Che vive in terra: *animale t.*; *pianta terricola.*

terrier /*fr.* tɛ'rje, *ingl.* 'terjə*/ [vc. fr., in modo completo *chien terrier* 'cane terriero', usato nella caccia di animali che si nascondono nel suolo] **s. m. inv.** ● Cane piccolo e robusto, un tempo utilizzato per la caccia, oggi prevalentemente da compagnia.

†**terrière** [da *terriero*, sull'es. del fr. *terrier*] **s. m.** ● Abitatore di un borgo fortificato, un castello | Paesano, terrazzano.

terrièro [da *terra*, sull'es. del fr. *terrier*] **agg.** ● Di terra, di campagna, di terreno agrario: *proprietà terriera*; *possidente t.*

terrificànte **part. pres.** di *terrificare*; anche **agg.** ● Nei sign. del v.

terrificàre [vc. dotta, lat. *terrificāre*, da *terrĭficus* 'terrifico'] **v. tr.** (*io terrìfico, tu terrìfichi*) ● (*raro*) Riempire di spavento, atterrire.

terrìfico [vc. dotta, comp. del lat. *terrĭficu(m)*, da *terrēre* 'spaventare' e di un deriv. suffissale da *făcere* 'fare'; calco sull'ingl. *terrific* nel sign. 2] **agg.** (**pl. m.** *-ci*) **1** (*lett.*) Terribile, spaventevole. **2** (*zool.*) Detto di carattere morfologico o comportamento atto a impaurire e allontanare un predatore o un competitore.

terrìgeno [vc. dotta, lat. *terrigena(m)*, comp. di *tĕrra* e di un deriv. di *gĭgnere* 'nascere'] **agg.** **1** (*lett.*) Nato dalla terra: *stirpe terrigena dei giganti*. **2** (*geol.*) Relativo a sedimenti o a granuli clastici di origine continentale.

terrìgno [da *terra*, secondo un modulo formativo incerto] **agg.** **1** Che è simile alla terra, per aspetto o colore. **2** †Che abita sottoterra, detto di animale.

terrìna [fr. *terrine* '(recipiente) di terra (*terre*)'] **s. f.** **1** Zuppiera, insalatiera, tegame a sponda alta di terracotta. **2** Vaso di terracotta largo e basso, usato per semenzai in floricoltura.

†**terrire** [vc. dotta, lat. *terrēre*, dalla stessa radice indeur. di *trĕmere* 'tremare', con passaggio a diversa coniug.] **v. tr.** ● Atterrire, spaventare.

territoriàle [vc. dotta, lat. tardo *territoriāle(m)*, da *territōriu(m)* 'territorio'] **agg.** ● Di territorio, appartenente a un territorio: *proprietà t.*; *giurisdizione t.* | *Acquisto, compenso t.*, in territorio | *Milizia t.*, fino alla prima guerra mondiale, suddivisione dell'esercito costituita con le classi più anziane per la tutela del Paese e per i servizi di retrovia | *Comando militare t.*, quello che esercita la propria autorità sugli enti, cose e affari territoriali dell'esercito nella regione militare di sua giurisdizione costituita da una o più regioni del territorio nazionale | *Difesa t.*, complesso di predisposizioni e azioni mediante le quali determinati organi e forze dell'esercito, con le altre forze armate, corpi armati ed organizzazioni dello stato, assicurano il regolare svolgimento della mobilitazione e delle comunicazioni verso la zona di combattimento, e la difesa dell'interno del territorio dalle offese del nemico | *Difesa aerea t.*, contro le offese aeree portate nell'interno del territorio nazionale | *Acque territoriali*, zona di mare adiacente alle coste di uno Stato e sottoposta alla sovranità dello stesso | *Superiorità t.*, prevalenza dimostrata da una squadra di calcio che svolge continue azioni d'attacco costringendo quella avversaria a difendersi costantemente nella sua metà campo. ‖ **territorialménte**, **avv.** Per ciò che riguarda il territorio; in un determinato territorio.

territorialìşmo [da *territoriale*] **s. m.** ● (*biol.*) Comportamento comune a quasi tutti gli animali, che si esplica nel limitare i propri movimenti all'interno di aree fornite di particolari requisiti e che vengono difese dall'ingresso di altri animali.

territorialìstico [da *territorialismo*] **agg.** (**pl. m.** *-ci*) ● Che è dettato, ispirato da principi di ingrandimento territoriale: *politica territorialistica*.

territorialità [da *territoriale*, secondo il corrispondente fr. *territorialité*] **s. f.** ● Condizione, carattere dell'essere territoriale | *T. della legge*, vigore della stessa nell'ambito di un determinato territorio.

territorializzàre [da *territoriale*] **A** **v. tr.** ● (*raro*) Dare un carattere territoriale. **B** **intr. pron.** ● Assumere carattere territoriale | Limitarsi a un territorio ristretto: *la lotta alla delinquenza si è territorializzata.*

territòrio o †**territòro** [vc. dotta, lat. *territōriu(m)*, comp. di *tĕrra* e del suff. locativo di *(prae)tōrium*, *(dormi)tōrium*, e sim.] **s. m.** **1** Porzione definita di terra: *un t. montuoso* | Regione, paese: *il t. nazionale*; *i territori d'oltremare* | *Competenza per t.*, misura della giurisdizione stabilita in base al luogo ove ha sede o si trova o dove è stata compiuta una data attività. **2** Nel baseball, il terreno di gioco nel suo complesso | *T. faul*, la parte del campo al di là delle linee che partono dalla casa base. **3** (*ecol.*, *biol.*) Area di terreno difesa da un singolo o da una società animale, per i quali costituisce la riserva in cui si svolgono le principali funzioni, come la ricerca del cibo e l'accoppiamento.

terrizióne [vc. dotta, lat. tardo *territiōne(m)*, da *tĕrritus*, part. pass. di *terrēre* 'spaventare, atterrire'] **s. f.** ● Nell'antica procedura inquisitoria, minaccia formale di tortura con cui i giudici terrorizzavano l'imputato.

terróne [da *terra*, con suff. spreg.] **s. m.** (**f.** *-a*) ● (*dial.*, *spreg.*) Nativo dell'Italia meridionale (V. nota d'uso STEREOTIPO).

terróre [vc. dotta, lat. *terrōre(m)*, da *terrēre* 'spaventare'] **s. m.** **1** Grande paura, forte spavento, timore che sconvolge: *mettere, incutere t.*; *quello spettacolo cruento ci riempì di t.*; *avere t. del buio*; *durante la notte ... ebbi per l'ultima volta il t. di veder risorgere quella coscienza che tanto temevo* (SVEVO). **2** Cosa, persona che incute, provoca terrore: *l'esame era il suo t.* **3** *Il Terrore*, periodo della Rivoluzione Francese dal maggio 1793 al luglio 1794 quando, sotto il Comitato di salute pubblica, si decretarono molte esecuzioni capitali | (*est.*) Periodo di dittatura violenta e sanguinaria.

terrorìşmo [fr. *terrorisme*, dal lat. *tĕrror* col suff. *-isme* '-ismo'] **s. m.** **1** Regime instaurato da governanti o belligeranti che si valgono di mezzi atti a incutere terrore. **2** Concezione e pratica di lotta politica che fa uso della violenza (sotto forma di omicidi, attentati, rapimenti, ecc.) per sconvolgere gli assetti politici e istituzionali esistenti: *t. di destra, di sinistra*; *i collegamenti internazionali del t.* **3** (*fig.*) Atteggiamento fortemente intimida-

SCALA DEI TERREMOTI

secondo Mercalli

Grado	*Caratteristiche*	*Effetti*
I	Strumentale	Rilevabile solo con sismografi
II	Debole	Rilevabile solo da persone sensibili
III	Lieve	Sentito solo da persone ferme, ai piani superiori degli edifici
IV	Moderato	Sentito anche da persone in movimento; rovescia gli oggetti e i veicoli fermi oscillano
V	Alquanto forte	Sveglia le persone che dormono
VI	Forte	Gli oggetti sospesi oscillano
VII	Molto forte	Stato di allarme generale; le pareti e i soffitti crollano
VIII	Distruttivo	Cadono i camini e si incrinano gli edifici a struttura debole
IX	Rovinoso	Crollo di alcune case; apertura di voragini nel terreno; scoppio delle tubazioni
X	Disastroso	La terra si apre; gli edifici vengono in gran parte distrutti; le rotaie si piegano
XI	Molto disastroso	Restano in piedi poche case; crollano i ponti; tutti gli impianti fuori servizio
XII	Catastrofico	Distruzione totale; oggetti fluttuanti in aria; la terra si gonfia ed esplode

secondo Richter

Magnitudo	*Energia in erg*	*Evento umano o naturale*
	$4{,}7\times10^{10}$	Proiettile di un fucile da caccia
0	$2{,}5\times10^{11}$	
	$3{,}6\times10^{12}$	Lampadina di 100W accesa per 1 ora
1	$7{,}9\times10^{12}$	
	$3\ \times10^{13}$	8 ore di duro lavoro
	$1{,}4\times10^{14}$	Consumo giorn. di 1 adulto
2	$2{,}5\times10^{14}$	
3	$7{,}9\times10^{15}$	
	$\sim10^{17}$	Lampo
4	$2{,}5\times10^{17}$	
	$3{,}7\times10^{17}$	Combustione di 1 t di carbone
	$\sim4\times10^{18}$	Tornado
5	$7{,}9\times10^{18}$	
	$\sim10^{19}$	Prima bomba atomica
	$1{,}1\times10^{19}$	Valanga ghiacciata, Perù, 1962
6	$2{,}5\times10^{20}$	
	$4{,}7\times10^{21}$	Eruzione Mont Pelée, 1902
	$6{,}9\times10^{21}$	Frana Gilbert Inlet, luglio 1958
7	$7{,}9\times10^{21}$	
	$\sim8\times10^{21}$	Cumulonembo
	$7{,}1\times10^{22}$	Meteorite di Meteor Crater
8	$2{,}5\times10^{23}$	
	$9\ \times10^{23}$	Cascate del Niagara in 1 anno
	$5{,}6\times10^{24}$	Eruzione Krakatoa, 1883
	$\sim10^{25}$	Eruzione Tambora, 1815
	$8{,}4\times10^{26}$	Uragano medio
	10^{29}	Energia solare ricevuta dalla Terra in 1 giorno

torio: *fare del t. psicologico.*

terrorista [fr. *terroriste*, dal lat. *tĕrror* col suff. *-iste* '-ista'] **A** s. m. e f. (pl. m. *-i*) **1** Chi appartiene a gruppi od organizzazioni che fanno uso della violenza contro persone o cose con l'intento di sconvolgere gli assetti politici e istituzionali esistenti o di rivendicare l'indipendenza di uno stato o una regione. **2** Governo, regime che compie atti di terrorismo. **3** Durante la rivoluzione francese, membro del governo del Terrore. **B** anche agg.: *gruppo t.*; *base, azione t.*

terroristico [da *terrorista*] agg. (pl. m. *-ci*) **1** Che mira a terrorizzare: *bombardamenti terroristici.* **2** Ispirato ai metodi del terrorismo: *strategia terroristica.*

terrorizzàre [fr. *terroriser*, da *terreur* 'terrore'] v. tr. ● Incutere grande spavento, spargere il terrore. SIN. Spaventare.

terróso [vc. dotta, lat. *terrōsu(m)*, agg. di *tĕrra*] agg. **1** Che è misto di terra: *liquido t.* | Imbrattato di terra: *mani terrose.* **2** Che nell'aspetto assomiglia alla terra: *materiale t.* **3** (*chim.*, *raro*) Di metallo appartenente al 1° sottogruppo del 3° gruppo del sistema periodico: *alluminio e boro sono metalli terrosi* | *Ossido t.*, ossido di metallo terroso.

terrùcola [comp. di *terr(a)* e il f. di *-ucolo*] s. f. **1** (*raro*) Terra sterile, che non rende. **2** †Casolare, villaggio.

tersézza s. f. ● (*raro*) Qualità di ciò che è terso.

tersicorèo [da *Tersicore*, musa della danza, col suff. dotto *-eo*] agg. ● (*lett.*) Che riguarda la danza.

†tersióne [da *terso*] s. f. ● Atto, effetto del tergere.

tersità [da *terso*] s. f. ● (*raro*) Tersezza.

tersite [vc. dotta, lat. *Thersīte(n)*, dal gr. *Thersítēs*, letteralmente 'il baldanzoso (da *thérsos*, forma eolica di origine indeur.)', n. di un personaggio omerico, tipo del vigliacco sobillatore] s. m. ● Uomo maldicente, insolente e vigliacco.

tèrso part. pass. di *tergere*; anche agg. **1** Nei sign. del v. **2** Detto di superficie del tutto pulita, priva di macchie: *il pavimento appare perfettamente t.* **3** Limpido, senza impurità: *cielo t.*; *un'aria timida e tersa, da mattina presto* (CALVINO). **4** (*fig.*) Detto di scritto o stile che rivela proprietà di linguaggio ed eleganza formale: *una pagina, una prosa tersa.* ‖ **tersaménte**, avv. (*raro*) In modo terso.

†tersòrio [dal lat. *tĕrsus*, part. pass. di *tergēre*, nel senso di 'asciugare'] s. m. ● Asciugatoio.

tèrza [f. sost. di *terzo*] s. f. **1** (*ell.*) Terza classe di una scuola | *La t. elementare*, *liceo scientifico*, *e sim.*, (*ell.*) la terza classe di tali ordini di studi: *ripetere la t.* | Soppressa terza classe del treno o del piroscafo: *biglietto di t.* **2** (*ell.*) Negli autoveicoli, terza marcia: *innestare la t.* **3** Atteggiamento schermistico: *invito, legamento di t.* | Azione difensiva: *parata di t.* **4** Ora canonica corrispondente alle nove antimeridiane. **5** (*mus.*) Intervallo che abbraccia tre gradi della scala diatonica. **6** Nella danza classica, posizione in cui i piedi, voltati completamente in fuori, sono posti in maniera che il tallone del piede che sta davanti si trovi nell'incavo tra la parte anteriore e il calcagno del piede che sta dietro. **7** La terza volta. **8** (*raro*) La terza parte.

terzàdro [da *terzadrica* 'terzeria'] s. m. (f. *-a*) ● Chi coltiva un fondo agricolo con un contratto di terzeria.

terzàna [vc. dotta, lat. *tertiāna(m)*, sottinteso *fĕbre(m)* '(febbre) del terzo (*tĕrtius*) giorno'] s. f. ● (*med.*) Forma di malaria in cui l'accesso febbrile insorge ogni terzo giorno.

terzanèlla [da (febbre) *terzana*] s. f. **1** Forma attenuata di malaria terzana. **2** Seta scadente, ricavata da bozzoli avariati o non portati a compimento. **3** (*bot.*) Anagallide.

†terzàre ● V. *terziare.*

terzarìa ● V. *terzeria.*

terzaròla [da *terzo*] s. f. ● Moneta genovese d'oro a 23 carati, del valore di un terzo della genovina.

terzarolàre [da *terzarolo*] v. tr. (*io terzaròlo*) ● (*mar.*) Ridurre la superficie delle vele esposte al vento (nelle derive la sola randa) quando il vento rinforza.

terzaròlo o **terzaruòlo**, **terzeròlo**, **terzeruòlo** [perché originariamente la *terza* delle vele minori] s. m. **1** Ripiegatura che si fa ad ogni vela per diminuirne la superficie quando il vento soverchia | *Far t.*, terzarolare | *Prendere una o più mani di t.*, raccogliere la vela, riducendo l'ampiezza alla misura voluta. ➡ ILL. p. 1757 TRASPORTI. **2** Nelle galere, vela di terzo ordine | Remo più corto delle galere che portavano più remi a ciascun banco.

terzaruòla s. f. ● Munizione spezzata per tiro a mitraglia con armi da fuoco adatte come spingarde, terzaruoli, pistoni, tromboni.

terzaruòlo [da *terzuolo* 'specie di sparviero', secondo l'uso di applicare nomi di animali ad armi da fuoco (?)] s. m. **1** V. *terzarolo.* **2** La più antica arma da fuoco adottata dalla cavalleria di grave armatura in luogo della lancia, a foggia di archibugio corto o pistolone, di grosso calibro e caricata con pallettoni.

terzàvo [comp. di *terz(o)* e *avo*] s. m. (f. *-a*) ● (*raro*) Terzavolo.

terzàvolo [comp. di *terz(o)* e *avolo*] s. m. (f. *-a*) ● (*raro*) Trisavolo.

terzèra [etim. incerta] s. f. ● Trave soggetta a flessione deviata, come l'arcareccio, ma più robusta, dovendo sostenere i connessi nell'orditura di tetto alla lombarda.

terzerìa o (*raro*) **terzarìa** [da *terza* (parte)] s. f. **1** Contratto di compartecipazione per il quale il coltivatore del terreno riceve un terzo del prodotto | Rotazione triennale della coltura con il primo anno a maggese o a riposo. **2** †Rata di stipendio, pagamento di un quadrimestre.

terzeròlo ● V. *terzarolo.*

terzeruòlo ● V. *terzarolo.*

terzétta [per la lunghezza della canna (un *terzo* delle altre)] s. f. ● Antica pistola da cintura, intermedia fra il pistoletto da arcione e il mazzagatto, da tasca.

terzettàta s. f. ● (*raro*) Colpo sparato con la terzetta.

terzétto [da *terzo*] s. m. **1** (*mus.*) Composizione a tre parti, per tre esecutori. **2** (*letter.*) Ternario, terzina. **3** Complesso di tre persone che sono simili per qualche particolare fisico o morale o che insieme compiono q.c.: *un allegro t.*; *un t. di truffatori* | *T. d'attacco, della difesa*, nel calcio. ‖ **terzettino**, dim.

terziàre o **†terzàre** [vc. dotta, lat. *tertiāre*, da *tĕrtius* 'terzo'] v. tr. (*io tèrzio*) **1** Arare per la terza volta il maggese. **2** †Misurare in tre luoghi con un compasso il pezzo d'artiglieria, per riconoscere se ha la debita grossezza di metallo alla culatta, presso gli orecchioni e alla volata.

terziàrio [vc. dotta, lat. *tertiāriu(m)* 'il terzo (*tĕrtius*)'] **A** s. m. (f. *-a* nel sign. 1) **1** Iscritto al terzo ordine di una regola di frati: *t. francescano.* **2** (*geol.*; *Terziario*) Era cenozoica. **3** (*econ.*) Settore che produce o fornisce servizi: *aumentano gli addetti al t.* | *T. avanzato*, quello in cui i servizi hanno un alto contenuto di innovazione dei processi produttivi, come la ricerca scientifica e tecnica, l'engineering, l'informatica, la consulenza di organizzazione aziendale e sim. **4** Chi coltiva il terreno a terzeria. **B** agg. **1** Che occupa il terzo posto, che si trova al terzo posto di una successione, usato spec. in campo scientifico: *era terziaria.* **2** (*chim.*) Detto di composto contenente un gruppo funzionale legato a un atomo di carbonio o azoto terziario: *alcol t.* | *Carbonio, azoto t.*, quello che in una molecola organica risulta unito a tre atomi di carbonio. **3** (*econ.*) Detto del settore o dell'attività, che produce o fornisce servizi.

terziarizzàre **A** v. tr. ● Trasformare una realtà economica aprendola al terziario. **B** v. intr. pron. ● Orientarsi verso il settore terziario.

terziarizzazióne [da *terziario* nel sign. B 3] s. f. ● (*econ.*) Processo socioeconomico per il quale, nell'ambito della popolazione attiva, prevalgono i lavoratori dei servizi rispetto a quelli occupati nell'industria e nell'agricoltura.

terziatùra [dal part. pass. di *terziare*] s. f. ● Terza aratura del maggese.

terzière [da *terzo*] s. m. ● Ognuna delle tre parti in cui era divisa o viene divisa una città piccola | †Quartiere.

terzìglia s. f. **1** Disposizione, schieramento di tre persone che si fronteggiano stando una accanto all'altra. **2** Squadra composta di tre giocatori per il gioco del tamburello e del pallone a bracciale.

terzìglio [sp. *tresillo*, dim. di *tres*, perché si gioca fra tre persone, con sovrapposizione di *terzo*] s. m. ● Tressette a tre. SIN. Calabresella.

terzìna [da *terzo*] s. f. **1** Strofe di tre versi endecasillabi le cui rime sono variamente combinate, a seconda del componimento poetico: per es. nella *Commedia* di Dante, il 1° verso rima col 3° e il 2° col 1° e col 3° della strofa seguente | Ciascuna delle due strofe di tre versi endecasillabi di cui è costituita la seconda parte del sonetto e le cui rime sono variamente intrecciate. **2** Suddivisione di un dato valore o figura musicale in tre valori uguali. **3** Nelle bocce, squadra di tre giocatori. **4** Nel gioco della roulette, combinazione di tre numeri, posti in fila orizzontale, su cui si può puntare. **5** †Terno: *giocare una t. al lotto.*

terzinàre [da *terzina*] v. tr. ● (*mus.*) Scrivere o eseguire un brano in terzine.

terzìno [dalla *terza* linea, nella quale gioca] s. m. (f. *-a* nel sign. 1) **1** Nel calcio, giocatore della terza linea che ha il compito di controllare le punte della squadra avversaria. **2** Fiasco piccolo, terza parte del comune. **3** Piccolo clarinetto, una terza minore più alto del solito clarinetto in *do.*

terzìsta [da (*conto*) *terzi*] **A** s. m. e f. (pl. m. *-i*) ● (*tess.*) Chi tesse sotto commissione o usando filati del committente. **B** agg. ● Detto di azienda che produce per conto di terzi e talvolta con materie prime fornite dal committente.

tèrzo [lat. *tĕrtiu(m)*, da *trēs* 'tre' allargato col suff. proprio degli ordinali, di origine indeur.] **A** agg. num. ord. **1** Corrispondente al numero tre in una sequenza, in una successione, in una classificazione, in una serie (rappresentato da III nella numerazione romana, da 3° in quella araba): *abito al t. piano*; *è la terza volta che ti chiamo*; *il t. capitolo*; *il t. volume*; *il t. atto della commedia*; *ci vediamo la terza domenica del mese*; *arrivare, classificarsi t.*; *poltrona di terza fila*; *palco di terz'ordine*; *frequentare la terza classe elementare, media, liceo*; *la terza persona singolare del presente di un verbo*; *Gesù risuscitò il t. giorno*; *Vittorio Emanuele III, re d'Italia*; *Napoleone III*; *papa Clemente t.*; *Enrico III* | *Due alla terza*, (*ell.*) elevato alla terza potenza | *Il t. caso*, il dativo | *In t. luogo*, considerando o enumerando varie possibilità o diversi aspetti di q.c. | *Il t. cielo*, quello di Venere | *La Terza Italia*, l'Italia del Risorgimento | *Il t. stato*, in Francia, prima della Rivoluzione Francese, la borghesia | *Il t. Reich*, la Germania di Hitler | (*polit.*) *Il t. mondo*, gruppo di nazioni che non appartengono né al mondo occidentale né a quello socialista e che generalmente hanno in comune un passato di dominazione coloniale e dispongono di risorse naturali, come il petrolio | *Terza forza*, schieramento politico che si pone come mediatore fra due forze in contrasto | *T. ordine*, pia associazione o sodalizio di laici che, sotto la guida di un ordine religioso, si propongono lo scopo di raggiungere la perfezione cristiana secondo le regole dell'ordine a cui aderiscono | *T. programma*, programma radiofonico con caratteri culturali | *Terza pagina*, nei giornali, la pagina riservata agli articoli di cultura | *Il t. sesso*, gli omosessuali | *La terza età*, la vecchiaia | *Terza rima*, terzina | (*fig.*) *Di terz'ordine*, di qualità scadente. **2** In composizione con altri numerali, forma gli ordinali superiori: *decimoterzo*; *vigesimoterzo*; *terzodecimo.* **B** s. m. (f. *-a* nel sign. 4) **1** Ciascuna delle tre parti uguali di una stessa quantità: *gli spetta un t. della somma*; *riduciamo le spese di un t.*; *i due terzi degli iscritti si sono presentati*; *i due terzi della produzione sono già stati venduti.* **2** (*dir.*) Persona estranea rispetto a un determinato rapporto giuridico: *contratto concluso per conto di terzi* | *T. acquirente*, colui che acquista un bene soggetto a ipoteca per un credito di altra persona | *T. nel processo*, chi non è parte processuale | *Opposizione di t.*, mezzo straordinario di impugnazione concesso al terzo che non abbia voluto o potuto intervenire nel processo civile. **3** (*spec. al pl.*) Chi non fa parte di q.c., chi è estraneo: *in questa questione non voglio assolutamente l'intervento di terzi*; *non farlo sapere a terzi*; *questa non era ragione da dirsi così chiaramente davanti a quel t.* (MANZONI) | *Per conto terzi*, per conto di altre persone | *A danno di terzi*, a danno di persone estranee, non direttamente interessate a q.c. **4** Chi, ciò che viene considerato dopo altri due, che viene al terzo posto (per ell. di un s.): *basta con i gelati: è il t. oggi!; per giocare manca un t.; bisognerebbe sentire il parere di un t.!* | *Il t. incomodo*, chi si intromette inopportunamente tra due persone che conversano | *Il t. e il quarto*, (*est.*) questo e quello, l'uno e l'altro, tutti: *non andarlo a raccontare al t. e al quarto* | †*In t.*, composto di tre parti | †*Essere in t.*, fare da terza persona, da terzo incomodo: *non piacendogli di tirare in disparte il curato e di bisbigliar con lui in segreto, mentre il nuovo amico era lì in t.* (MANZONI).

terzodècimo [vc. dotta, lat. *tertiumdĕcimu(m)*, comp. di *tĕrtius* 'terzo' e *dĕcimus* 'decimo'] **agg. num. ord.**; anche **s. m.** ● (*lett.*) Tredicesimo. **SIN.** (*lett.*) Decimoterzo.

terzogènito [comp. di *terzo* e *genito*] **s. m.**; anche **agg.** (f. *-a*) ● Chi, che è nato per terzo.

terzòlo ● V. *terzuolo* (*1*) e (*2*).

terzomondịsmo [da *terzo mondo*] **s. m.** *1* Complesso di problemi riguardanti il Terzo Mondo. *2* Atteggiamento culturale e politico di sostegno ai Paesi del Terzo Mondo, unito a spirito polemico verso i Paesi più sviluppati.

terzomondista [da *terzo mondo*] **A agg.** ● Relativo al Terzo Mondo, al terzomondismo. **B agg.**; anche **s. m. e f.** (**pl. m.** *-i*) *1* (*raro*) Che, chi è esperto dei problemi del Terzo Mondo. *2* Fautore del terzomondismo.

terzomondistico agg. (**pl. m.** *-ci*) ● Relativo al terzomondismo: *prospettiva, propaganda, politica terzomondistica.*

terzonàto [comp. di *terzo* e *nato*] **s. m.**; anche **agg.** (f. *-a*) ● (*raro*) Terzogenito.

terzóne [da *terzo* con vario riferimento] **s. m.** *1* Grossa tela di canapa o di altra fibra, che serve ad avvolgere balle o pacchi o a far sacchi. *2* Barile dell'acqua potabile negli antichi velieri.

terzùltimo o **terz'ùltimo** [comp. di *terzo* e *ultimo*] **s. m.**; anche **agg.** (f. *-a*) ● Chi, che corrisponde al numero tre o sta al terzo posto, partendo a contare dall'ultimo, in una sequenza, in una successione, in una classificazione, in una serie: *è arrivato t.*

terzuòlo (**1**) o **terzòlo** [ant. fr. *tersol*, dal lat. parl. **tertiŏlu(m)* 'che sta al terzo (*tĕrtius*) posto': perché è il *terzo* dei nati, che esce dal nido (?)] **s. m.** ● In falconeria, maschio di astori e falconi.

terzuòlo (**2**) o **terzòlo** [da *terzo* (taglio)] **s. m.** ● Terzo taglio annuale del fieno.

tésa [f. sost. del part. pass. di *tendere*] **s. f.** *1* Parte sporgente del cappello attaccata alla cupola: *cappello a larghe tese*; *t. rialzata.* **SIN.** Falda. *2* (*caccia*) Atto, operazione del tendere le reti, spec. agli uccelli | (*est.*) Le reti stesse | Tempo e luogo in cui si tendono. *3* Misura di lunghezza, varia secondo i luoghi, pari all'apertura delle braccia. *4* (*lett.*) †Tensione. || **tesóna**, **accr.**

tesafili [comp. di *tesa(re)* e il pl. di *filo*] **s. m.** ● Attrezzo a ganasce, impiegato nella tesatura dei conduttori delle linee elettriche aeree.

tesàggio [da *tesare*] **s. m.** ● Operazione di tendere cavi metallici.

tesàre [lat. parl. *tensāre*, da *tĕnsus*, part. pass. di *tĕndere*] **v. tr.** (*io téso*) *1* Tendere cavi, funi e sim. *2* (*mar.*) Tendere un cavo oppure orientare una vela perché sfrutti pienamente il vento.

tesàta s. f. ● (*raro*) Tesatura.

tesàto part. pass. di *tesare*; anche **agg.** ● Nei sign. del v.

tesatura s. f. ● Atto, operazione del tesare.

tesaurizzàre o **tesorizzàre** [vc. dotta, lat. eccl. *thesaurizāre*, dal gr. *thēsaurízein*, da *thēsaurós* 'tesoro'] **v. tr.** e **intr.** (aus. *avere*) *1* Accumulare ricchezze, senza destinarle a investimenti produttivi. *2* (*fig.*) Accumulare ricchezze spirituali. *3* (*raro*) Fare tesoro.

tesaurizzatóre [da *tesaurizzare*] **s. m.** (f. *-trice*); anche **agg.** ● Chi, che tesaurizza.

tesaurizzazióne o **tesorizzazióne** [vc. dotta, lat. eccl. *thesaurizatiōne(m)*, da *thesaurizātus* 'tesaurizzato'] **s. f.** ● Atto, effetto del tesaurizzare (*anche fig.*).

†**tesàuro** e *deriv.* ● V. *tesoro* e *deriv.*

tèschio [lat. parl. *tēstulu(m)*, dim. di *tēstu* '(coperchio di) pentola di terracotta'] **s. m.** ● Cranio, com. quello dei cadaveri: *il t. dello scheletro.* || **teschiétto**, **dim.** | **teschióne**, **accr.**

tèsi [vc. dotta, lat. *thēsi(n)*, dal gr. *thésis* 'l'azione di porre (*tithénai*)'] **s. f.** *1* Proposizione, enunciato che richiedono di essere dimostrati: *formulare, sostenere, demolire una t.* | *Commedia, romanzo a t.*, che si propongono di dimostrare una tesi, spec. di argomento sociale o morale | *T. di laurea*, dissertazione scritta che lo studente di un corso di laurea concorda con il professore di una disciplina al fine di presentarla alla discussione per il conseguimento del titolo dottorale. *2* (*filos.*) In varie correnti di pensiero, il primo momento di un processo logico dialettico in cui si afferma una proposizione. **CONTR.** Antitesi. *3* (*mat.*) Parte dell'enunciato d'un teorema, contenente l'affermazione che si vuol provare in base all'ipotesi. *4* Nella metrica greca, tempo forte del piede, nella metrica latina tempo debole. *5* (*mus.*) Unità ritmica in battere. **CONTR.** Arsi. || **tesina**, **dim.** (V.).

tesina s. f. *1* Dim. di *tesi*. *2* Discussione orale o scritta svolta da uno studente su un argomento scientifico attinente alle discipline da lui studiate, spec. nelle facoltà universitarie per integrare la tesi di laurea.

tésla [dal n. dell'ingegnere americano di origine slava N. *Tesla* (1856-1943)] **s. m. inv.** ● Unità di misura dell'induzione magnetica, pari a 1 weber/m². SIMB. T.

Tesmofòrie [vc. dotta, lat. *thesmophŏria* (nt. pl.), dal gr. *Thesmophória*, feste in onore di Demetrio, il legislatore (*Thesmophóros*, comp. di *Thesmós* 'legge' e di un deriv. del v. *phérein* 'portare')] **s. f. pl.** ● Feste in onore di Demetra come istitutrice dell'agricoltura, del matrimonio e dell'ordine civile, celebrate in autunno nell'antica Atene.

tesmotèta [gr. *thesmothétēs*, comp. di *thesmós* 'legge' e *thétēs* 'che pone, stabilisce' (da *tithénai* 'porre')] **s. m.** (**pl.** *-i*) ● Nell'antica Atene, ciascuno dei sei arconti incaricati di custodire le leggi.

téso part. pass. di *tendere*; anche **agg.** *1* Nei sign. del v. *2* *Tenere la gamba tesa*, non piegata | *Corde tese*, nella tecnica musicale, tirate per dare il suono voluto | *Avere i nervi tesi*, essere agitato, molto inquieto | *Faccia tesa*, con i lineamenti tirati, affaticati | (*fig.*) *Rapporti tesi*, non facili, vicini a una rottura | (*fig.*) *Situazione tesa*, momento critico che in genere prelude ad aperte ostilità, spec. fra stati, partiti politici e sim. *3* (*raro*) Steso, aperto, allargato: *bucato t. al sole*; *reti tese*; *io li vidi venir con l'ali tese* (DANTE *Inf.* XXIII, 35).

†**tesóre** ● V. *tesoro*.

tesoreggiaménto s. m. ● L'accumulare beni, ricchezze spirituali.

tesoreggiàre o †**tesaureggiàre** [da *tesaurizzare* con adattamento pop. del suff.] **v. tr.** e **intr.** (*io tesoréggio*; aus. *avere*) *1* Accumulare denaro, ricchezze. *2* (*raro*) Fare tesoro di q.c., convertire in tesoro: *t. insaziabilmente libri antichi*; *t. l'esperienza.*

tesoreggiatóre s. m.; anche **agg.** (f. *-trice*) ● (*raro*) Chi, che tesoreggia.

tesoreria o †**tesaureria** [da *tesoro*] **s. f.** *1* Organo amministrativo dello Stato e degli altri enti pubblici, cui compete la gestione di cassa (incassi e pagamenti) | *T. provinciale*, cassa dello stato nella provincia. *2* Ufficio che amministra e maneggia il denaro di uffici, aziende e sim.

tesorétto s. m. *1* Dim. di *tesoro*. *2* Caveau.

†**tesorieràto s. m.** ● Ufficio del tesoriere | Durata dell'ufficio stesso.

tesorière o †**tesaurière**, †**tesaurièro**, †**tesorièro** †**trasorière** [da *tesoro*] **s. m.** (f. *-a*) *1* Chi custodisce e amministra un tesoro | Capo della tesoreria centrale o provinciale, di Stato o Comune. *2* Ecclesiastico incaricato del Tesoro di una chiesa, ossia della conservazione delle reliquie e degli ex voto. *3* (*est.*) Persona incaricata della custodia e dell'amministrazione del denaro di un'azienda, una società e sim.

tesorizzàre ● V. *tesaurizzare.*

tesorizzazióne ● V. *tesaurizzazione.*

tesòro o †**tesàuro**, †**tesóre** [lat. *thesāuru(m)*, dal gr. *thēsaurós*, di etim. incerta] **s. m.** *1* Gran quantità di denaro o oggetti preziosi, ammassati per essere conservati spec. nascosti: *seppellire un t.* | *Caccia al t.*, gioco di società all'aperto, consistente nel rintracciare su vaghi indizi oggetti disparati, in precedenza disseminati da chi ha organizzato il gioco. *2* (*est.*) Grande quantità di denaro: *ha speso un t. in vestiti.* *3* (*dir.*) Cosa di pregio, nascosta o sotterrata nei tempi passati, scoperta per caso, e della quale nessuno può provare la proprietà: *appropriazione del t.*; *trovare un t.* *4* (*fig.*) Ricchezza naturale: *i tesori del sottosuolo* | Opera artistica di grande valore: *una galleria piena di tesori* | Dote morale, preziosa ricchezza spirituale: *il t. della virtù*; *i tesori della grazia.* *5* (*fig.*) Persona molto amata, cosa alla quale si attribuisce grande valore: *il figlio è il suo t.*; *la libertà è il t. più grande* | (*fam.*) Persona simpatica, affettuosa o di grande aiuto in q.c.: *quella domestica è un t.* | *Fare t. di q.c.*, tenere q.c. in grande conto, giovarsene. *6* Erario pubblico: *buono del t.*; *conto del t.* | *Ministero del t.*, quello da cui dipende la presentazione al parlamento del bilancio generale dello Stato e la gestione del denaro pubblico | Camera corazzata in cui, nelle banche, si custodiscono denari e oggetti preziosi. **SIN.** Caveau. *7* Complesso delle reliquie e degli ex voto, oggetti e arredi preziosi depositati e custoditi in una chiesa cattolica. *8* Nella letteratura, spec. medievale, opera enciclopedica | *T. della lingua latina, greca*, grande vocabolario storico di queste lingue. *9* (*archeol.*) Nell'antica Grecia, piccolo edificio, gener. a forma di tempietto, destinato a conservare le offerte votive a una divinità: *il t. degli ateniesi a Delfi* | Costruzione funeraria a cupola appartenente alla civiltà micenea: *il t. di Atreo a Micene.* || **tesorétto**, **dim.** (V.) | **tesorino**, **dim.** | **tesoróne**, **accr.** | **tesorùccio**, **dim.**

tessàlico [vc. dotta, lat. *Thessălicu(m)*, dal gr. *Thessalikós*: da *théssesthai* 'implorare' (?)] **A agg.** (**pl. m.** *-ci*) ● Della Tessaglia, regione della Grecia antica. **B s. m.** solo **sing.** ● Dialetto della Tessaglia.

tèssalo [vc. dotta, lat. *Thĕssalu(m)*, dal gr. *Thessalós*: da *théssesthai* 'implorare' (?)] **A agg.** ● Della Tessaglia. **B s. m.** (f. *-a*) ● Abitante o nativo della Tessaglia.

tessàno ● V. *texano.*

tessellàto [vc. dotta, lat. *tessellātu(m)* 'coperto di piccole tessere (*tessĕllae*, dim. di *tĕsserae*)'] **agg.** ● (*archeol.*) Detto di un tipo di pavimento a piccole tessere quadrangolari in pietra, marmo o laterizio.

tèssera [lat. *tĕssera(m)*, originariamente 'tavoletta quadrata', dal gr. *tessarágōnos* 'che ha quattro (*tessara*) angoli (*gōnı́oi*), quadrato'] **s. f.** *1* Cartoncino o libretto con l'indicazione del nome, delle generalità e talvolta con la fotografia del possessore per dimostrare l'appartenenza di quest'ultimo a un ente, un'associazione o un partito, per il suo riconoscimento o per l'attribuzione di particolari diritti: *rinnovare, smarrire la t.*; *la t. di impiegato statale*; *mostrare la t. all'ingresso* | *T. annonaria*, per ottenere le previste razioni di viveri spec. in periodo bellico | *T. magnetica*, dotata di una banda magnetizzata che, letta da apposite apparecchiature, permette di utilizzare sistemi o di accedere a luoghi altrimenti inaccessibili. *2* Pezzo di metallo monetiforme, antico o moderno, fabbricato per servire a usi vari, con figurazioni o leggende, monogrammi, numerali e sim. *3* Ciascuno dei pezzi del domino. *4* *T. musiva*, (*ell.*) *tessera*, ciascuno dei tasselli cubici di pietra, anche smaltata o dorata, che compongono il mosaico. || **tesserina**, **dim.** | **tesserino**, **dim. m.** (V.).

tesseraménto s. m. *1* Modo, atto, effetto del tesserare. *2* Distribuzione da parte delle autorità governative di tessere annonarie | Razionamento: *il t. del pane in tempo di guerra.*

†**tesseràndolo** [adattamento del fr. *tisserand*, da *tisser* 'tessere' col suff. di origine germ. *-enc*] **s. m.** (f. *-a*, raro) ● Tessitore.

tesseràre [da *tessera*] **A v. tr.** (*io tèssero*) *1* Provvedere di tessera, fornire la tessera di iscrizione a un partito, un ente, un'associazione, e sim. *2* Razionare mediante tessera viveri e altri prodotti, in casi di emergenza: *t. lo zucchero, il latte.* **B v. intr. pron.** ● Munirsi di tessera | Iscriversi a un partito, un ente, un'associazione, prendendone la tessera.

tesseràto A part. pass. di *tesserare*; anche **agg.** *1* Nei sign. del v. *2* Detto di atleta che fa parte di una società sportiva, con l'obbligo di gareggiare solo per i colori di questa e di ottemperare ai regolamenti della relativa federazione. **B s. m.** (f. *-a*) ● Chi ha la tessera di un partito, un ente, associazione e sim.: *convocare i vecchi tesserati.*

tèssere [lat. *tĕxere*, di origine indeur.] v. tr. (pass. rem. *io tesséi, tu tesséstì*; part. pass. *tessùto*) **1** Fabbricare una stoffa sul telaio, intrecciando con la spola i fili dell'ordito con quelli della trama (*anche ass.*): *t. la canapa, il lino; sapere t.* **2** Comporre a guisa di tessuto: *t. una stuoia, una rete metallica.* **3** (*est.*) Intrecciare (*anche fig.*): *t. funi, ghirlande; t. danze; gli uccelli tessevano voli* | *T. un'azione d'attacco*, nel calcio, coordinare azioni offensive in prima linea. **4** (*fig.*) Comporre con arte: *t. un discorso, un racconto* | Compilare con cura, attenzione, ordine: *t. una grandiosa opera storica* | *T. lodi*, metterle insieme con arte. **5** Macchinare, ordire: *t. inganni, insidie, tradimenti; t. le fila della congiura.* SIN. Tramare.

tesserinàggio [da *tesserino*] s. m. • (*gerg.*) Tesseramento.

tesserìno s. m. • Dim. di *tessera* nel sign. 1: *smarrire il t. di riconoscimento; il t. dell'autobus.*

tèssile [da *tessere* col suff. del corrispondente lat. *tĕxtilis*] **A** agg. • Concernente la tessitura: *industria t.* | *Materia t.*, che può essere filata, tessuta | *Fibre tessili*, i filati | *Prodotti tessili*, i filati e i tessuti | *Piante tessili*, coltivate per le loro fibre. **B** s. m. e f. • (*spec. al pl.*) Chi lavora nell'industria tessile, come operaio, tecnico o industriale. **C** s. m. • Prodotto tessile, ciò che è tessuto: *negozio di tessili; fiera del t.*

tessilsàcco® s. m. (pl. *-chi*) • Nome commerciale di uno speciale sacco di carta o plastica, usato per tenervi gli abiti al riparo dalla polvere e dalle tarme.

tessiménto s. m. • Modo e atto del tessere.

tessitóre o †**testóre** [da *tessere*] s. m. (f. *-trice*, pop. *-tora* nei sign. 1, 2 e 3) **1** Operaio dell'industria tessile che esegue la tessitura. **2** (*fig., lett.*) Chi compone con cura, arte, attenzione: *parco di versi tessitor ben fia / che me l'Italia chiami* (PARINI). **3** (*fig.*) Orditore: *un volgare t. d'inganni.* **4** Correntemente, uccello passeriforme tropicale, appartenente a varie specie della famiglia dei Ploceidi, che costruisce ammirevoli nidi intrecciando pagliuzze e foglie. || **tessitorèllo**, dim. | **tessitorìno**, dim.

tessitorìa [da *tessere*] s. f. • Opificio di tessitura | Bottega di tessitore | Attività del tessitore.

tessitùra [da *tessere*] s. f. **1** Operazione, modo, effetto e costo del tessere: *la t. della canapa, della tela; t. fitta.* **2** Atto dell'intrecciare e il lavoro così ottenuto: *la t. di un cestino; stuoia a t.* **3** Stabilimento contenente i macchinari e gli impianti per le operazioni di tessitura e per quelle di preparazione o successive a essa. **4** (*fig.*) Composizione più o meno ordinata di un'opera letteraria: *la t. di una commedia.* SIN. Intreccio, trama. **5** Registro della voce umana nell'ambito più favorevole al canto. **6** *T. di una roccia*, modalità con cui si riuniscono i singoli cristalli che costituiscono la roccia stessa.

tessutàle o (*evit.*) **tissutàle** agg. • (*anat.*) Di tessuto | *Terapia t.*, ottenuta con estratti d'organo capaci di stimolare i processi vitali dell'organismo.

tessùto (1) part. pass. di *tessere*; anche agg. **1** Nei sign. del v. **2** (*fig.*) Composto.

tessùto (2) [da *tessuto (1)*] s. m. **1** Strato flessibile formato da uno, da due o più sistemi di fili che si incrociano e intrecciano fra loro in determinate direzioni e sotto angoli determinati | *T. a intreccio semplice*, a intreccio di fili di trama e di ordito | *T. a maglia*, a fili curvilinei | *T. non t.*, V. *non tessuto.* **2** (*fig.*) Insieme di cose, di fatti strettamente legati e connessi: *questo racconto è un t. di bugie; un t. di episodi e avventure legate* (DE SANCTIS). SIN. Trama. | (*fig.*) L'intreccio degli elementi costitutivi di un insieme: *il t. urbano; il t. sociale.* **3** (*anat.*) Insieme di cellule della stessa natura: *t. muscolare, nervoso.*

test /ingl. test/ [vc. ingl., dall'ant. fr. *test*, originariamente 'vaso (in lat. *tēstu*: V. *testo (2)*) per raffinare o per saggiare i metalli', poi la stessa 'prova' o 'saggio'] s. m. inv. **1** (*psicol.*) Prova, quesito o insieme di quesiti che permettono di misurare e valutare in sede diagnostica le caratteristiche psicologiche e le reazioni individuali o le differenze mentali e comportamentali fra individui | *T. di intelligenza*, V. *intelligenza.* **2** Prova attitudinale, usata spec. nell'orientamento professionale: *i candidati furono selezionati in base a un t.* | (*est.*) Quesito che ammette una sola risposta, posto a un esaminando. **3** (*gener.*) Prova, saggio, esperimento (*anche fig.*): *t. di funzionalità epatica; questo lavoro è per lui un t. importante.*

tèsta [lat. *tēsta(m)*, propriamente 'guscio (specie di tartaruga)', di etim. incerta, poi, per la somiglianza, 'vaso di terra', quindi 'capo'] s. f. **I** Con riferimento al valore anatomico del termine e a significati ad esso riconducibili. **1** Negli uomini e negli animali, estremità rostrale distinta e riconoscibile dal resto del corpo, contenente l'encefalo, il tratto iniziale dell'apparato digerente e respiratorio e diversi organi di senso: *un uomo dalla t. grossa, rotonda, allungata, a pera; la t. di un cavallo, di un uccello, di un insetto; la parte anteriore, laterale della t.; studiare l'anatomia della t.; mozzare, tagliare la t.* | Testa di animale macellato: *una t. di vitello, di maiale, di agnello.* **2** Parte superiore del corpo umano, attaccata al tronco per mezzo del collo: *alzare, sollevare, girare, rovesciare la t.; dormire con la t. reclinata; tenere la t. penzoloni; appoggiare la t. sulla spalla di qc.; si teneva la t. fra le mani; gli fece cenno con la t. di tacere; cadere a t. in giù; gli diede un violento colpo in t.* | *Dalla t. ai piedi*, completamente, in tutto il corpo | *Rompersi la t.*, ferirsi alla testa | *Andare, camminare a t. alta*, (*fig.*) avere orgogliosa coscienza della propria onestà, della propria integrità, del proprio merito | *Abbassare, chinare la t.*, (*fig.*) accettare un'umiliazione, un'imposizione | *Scuotere la t.*, manifestare disapprovazione o diniego per q.c. | *Uscire con la t. rotta*, (*fig.*) uscire perdenti, sconfitti o a mal partito da un contrasto, una disputa e sim. | *Non sapere dove battere, sbattere la t.*, non sapere a chi rivolgersi per essere aiutati o quale soluzione adottare per uscire da una situazione difficile | *Sbattere, picchiare la t. contro il muro*, (*fig.*) esternare in modo plateale sentimenti di rabbia, ira o rammarico | *Gettarsi a t. bassa contro qc., in q.c.*, affrontare qc. con eccessiva irruenza o imprudenza, manifestare un interesse esagerato ed esclusivo per q.c. | *Gonfiare a qc. la t., fare a qc. la t. come un pallone*, (*fam.*) stordirlo, riempirlo di chiacchiere | *Fare una t. così*, (*fam.*) parlare a qc. di qc. o di q.c. con accenti esageratamente entusiasti o denigratori | (*sport*) *Giocare, segnare di t.*, nel calcio, colpire il pallone con la testa | Parte superiore del cranio umano, coperto in genere dai capelli: *una t. bionda, bruna, brizzolata, folta, pelata, calva; carezzare la t. di un bambino; camminare con il cappello in t.; lavarsi la t.* | *T. rasata*, skinhead | *A t. coperta, scoperta*, con o senza cappello o altro copricapo | *Grattarsi la t.*, mostrare indecisione, perplessità | *Farsi una t. corta*, adottare un'acconciatura con i capelli corti | *Lavata di t.*, (*fig.*) rimprovero, energica sgridata | *Averne fin sopra la t.*, (*fig.*) non riuscire più a sopportare qc. o q.c. | Sensazione, impressione, disturbo localizzato alla testa: *sentire la t. pesante, vuota; avere delle fitte alla t.* | *Avere mal di t.*, soffrire di cefalea, emicrania | *Avere giramenti di t.*, soffrire di vertigini | *Andare, montare il sangue alla t.*, essere sconvolto dall'ira | *Dare alla t.*, di vino o altra bevanda alcolica, inebriare; di avvenimenti o situazioni, esaltare, suscitare entusiasmo o eccitazione. SIN. Capo. **3** Per meton., vita, considerando la testa come parte vitale di un individuo: *rischiare, salvare, scommettere, rimetterci la t.; se sbaglia, ne va della sua t.; giurò sulla t. dei suoi figli* | *Domandare, reclamare, esigere la t. di qc.*, chiedere la pena di morte per qc. o (*fig.*) la sua rovina, la sua destituzione da un incarico. **4** Raffigurazione di una testa umana o di animale, spec. in opere d'arte: *una t. scolpita, dipinta; una t. in bronzo, in marmo, in gesso; modellare, incidere una t.; le teste di Andrea del Sarto* | *T. di turco*, figura che rappresenta una testa coperta da un turbante, collocata nelle fiere e nei parchi di divertimento come bersaglio da colpire col pugno o con altro mezzo, per misurare la forza dei concorrenti | (*fig.*) *Essere la t. di turco di qc.*, esserne lo zimbello, la vittima, il capro espiatorio. **5** Misura di una testa umana considerata nella sua altezza: *oltrepassare qc. di una t.; era più alto del bambino di due teste.* **6** (*sport*) Nelle corse ippiche, unità di misura, usata nella classificazione dei vincitori, corrispondente alla lunghezza della testa del cavallo: *vincere per una t., per mezza t.; secondo a corta, cortissima t.* | *Arrivare t. a t.*, giungere nello stesso momento al traguardo | *Lottare t. a t.*, nell'ippica, nel ciclismo, contendere con un avversario col massimo impegno senza riuscire a superarsi vicendevolmente. **7** *T. e croce*, gioco d'azzardo notissimo in tutto il mondo, consistente nel buttare in aria una moneta e nel cercare di indovinare quale faccia presenterà dopo la caduta. **8** (*anat.*) *T. di Medusa*, sviluppo delle vene superficiali della parete addominale e toracica, quando le vene profonde sono ostruite. **9** (*fam.*) Cranio, ossa del cranio dell'uomo o di animali: *hanno dissotterrato alcune teste del III secolo d.C.; la t. della bandiera dei pirati* | (*zool.*) *T. di morto*, atropo | *T. di produzione*, complesso di valvole, montato alla bocca di un pozzo petrolifero a erogazione spontanea, per regolare la velocità di efflusso del petrolio. SIN. Albero di Natale. **II** Con riferimento alle facoltà del cervello di produrre idee, sensazioni, immagini, stati d'animo, ecc. **1** (*fig.*) Sede dell'intelletto, della ragione, del pensiero: *lavoro di braccia e di t.* | *Avere in t. q.c.*, conoscerla, averla in mente o essere intenzionati a realizzarla | *Mettersi, ficcarsi in t. q.c.*, arrivare a convincersi della veridicità, della fondatezza di q.c.: *si è messo in t. che io non posso soffrirlo* | *Mettersi in t. di fare q.c.*, decidere fermamente di farla e persistere in tale proposito | *Mettere q.c. in t. a qc.*, fargliela credere, persuaderlo di q.c. | *Levare, togliere di t. q.c.*, far ricredere su q.c., persuadere del contrario | *Levarsi, togliersi dalla t.*, dimenticare qc., ricredersi su q.c., rinunciare a un proponimento | *Rompersi la t.*, (*fig.*) scervellarsi su un problema, un rompicapo e sim. | *Non avere che un'idea in t.*, avere un pensiero fisso, un assillo costante | *Avere un chiodo in t.*, (*fig.*) avere un pensiero ossessivo, una grave preoccupazione | Memoria: *mettere, cercare nella t.* | *Entrare in t.*, essere assimilato e memorizzato | *Passare di t.*, sfuggire alla memoria | *Passare per la t.*, venire in mente, affiorare alla memoria | *Cacciarsi in t.*, imprimersi bene nella memoria | *Non avere t.*, dimenticare con grande facilità | *Avere la t. vuota*, non riuscire più a ricordare o a pensare. SIN. Mente. **2** Riflessione, discernimento, giudizio, anche in opposizione al cuore come sentimento: *adoperare la t.; agire con la t.* | *Di t.*, con la ragione, mentalmente | *Fare le cose senza t., con la t. nel sacco*, senza pensare o riflettere su ciò che si fa | *Avere la t. fra le nuvole*, essere svagato, distratto, fantasticare | *Vivere con la t. fra le nuvole*, perdere il contatto con la realtà | *Essere lontano, non esserci con la t.*, essere assorto in altri pensieri | *Dove hai la t.?*, (*fam.*) richiamo che si rivolge a chi si mostra distratto, svagato, scarsamente attento o concentrato | *Avere la t. a q.c.*, pensarci insistentemente o prestarvi la massima attenzione | *Avere la t. sulle spalle*, (*fig.*) essere riflessivo, cauto, realista | *Fare di t. propria*, agire scegliendo liberamente, secondo le proprie idee, convinzioni, inclinazioni | *Un colpo di t.*, (*fig.*) decisione improvvisa, precipitosa, temeraria | *Mettere la t. a posto, a segno, a partito*, mettere giudizio | *Montarsi la t.*, avere aspirazioni eccezionali, illudersi di poter raggiungere uno scopo molto al di sopra delle proprie possibilità. **3** Capacità di ordinare, collegare e dominare le proprie idee, formulando ragionamenti, deduzioni, operazioni logiche | *Avere la t. a posto*, agire in modo logico e assennato | *Perdere la t.*, non essere più in grado di controllare le proprie azioni o i propri sentimenti | *Mi va via la t.*, non riesco più a pensare, a connettere le idee | *Non avere più la t. con sé*, perdere la ragione | *Andare giù di t.*, agitarsi, confondersi, perdere il controllo di sé; impazzire. **4** Ingegno, capacità, attitudine: *è una ragazza che ha della t.; è un uomo di t.; nel suo lavoro, dimostra molta t.; non ha t. per la matematica* | (*est.*) La persona che dimostra di possedere capacità mentali: *dicono tutti che è una t.* | *Che t. d'uomo!, che t.!*, che persona ricca di ingegno oppure che persona singolare, bizzarra, stravagante e sim. **5** (*fig.*) Sede degli stati psicologici, carattere, indole: *ha una t. davvero stramba.* **III** Ricorre in alcune accezioni o locuzioni col significato di individuo, persona. ***1*** Persona, considerata come individuo singolo: *toccare, spettare un tanto a t.*; *pagammo 5 000 lire a t.* | *Per t.*, pro capite, individualmente | (*est.*) Persona senza caratteristiche fisiche e psichiche ben determinate: *su quale t. ricadrà questo errore?* ***2*** Persona avente determinate caratteristiche riconducibili al carattere, al modo di pensare o alle capacità intellettive: *è una t. d'asino* | *T. quadra*, persona molto controllata o testarda | *T. dura*, persona cocciuta e caparbia | *T. vuota*, persona irriflessiva o superficiale | *T. matta*, persona focosa, ribelle, imprevedibile | *T. calda*, persona instabile, irrequieta, facile all'ira e agli entusiasmi, spec. per idee, convinzioni politiche e sim. | *T. di legno*, persona ottusa o caparbia; prestanome | *T. di gesso*, prestanome | *T. d'uovo*, (*iron.*, *spreg.*) intellettuale | *T. di cavolo, di rapa*, (*euf.*) imbecille, stupido, testone. ***3*** Per meton., indica persona che svolge determinate funzioni simboleggiate da ornamenti per il capo, copricapi e sim. | *T. coronata*, sovrano, re | *T. di cuoio*, chi appartiene a un corpo speciale della polizia della Repubblica Federale Tedesca suddiviso in piccoli nuclei operativi, specializzato in compiti di controguerriglia, i cui membri portano un caratteristico copricapo con rifiniture in pelle; (*est.*) chi appartiene a corpi ristretti dell'esercito o della polizia di altri stati addetti a compiti specializzati e ai quali si accede dopo un addestramento che mira soprattutto ad una perfetta preparazione fisica, all'acquisizione di tecniche di controguerriglia, alla conoscenza e all'uso di armi ed esplosivi. ***4*** Persona con funzioni organizzative, direttive o di guida: *è lui la t.*; *è la t. del movimento che non riusciamo a individuare.* SIN. Capo. ***5*** †Testatico. **IV** Con valore estensivo o figurato e per analogia rispetto alla forma o alla posizione della testa nel corpo umano, anche in varie scienze e tecnologie, con riferimento a dispositivi, organi, congegni, strutture, processi e sim. ***1*** Parte iniziale, anteriore o superiore di q.c.: *la t. di una trave, di un missile* | *Stazione di t.*, quella in cui i binari principali si arrestano ed è perciò necessario, per proseguire, cambiare il senso di marcia dei convogli | *Vettura di t.*, la prima del treno | *In t. al treno*, nella prima vettura | *La t. del letto*, la sponda presso la quale si poggia il capo | *T. di corda*, capo, estremità | *T. di una pezza di tessuto*, l'inizio | *T. del mattone*, larghezza del mattone e unità di misura per lo spessore dei muri in laterizi | *T. della campana*, la parte superiore emisferica, il cui diametro è solitamente la metà di quello della bocca, e nella quale è appeso l'occhio per il battaglio | *T. di una pagina*, il lato superiore, opposto al piede | *T. d'albero*, sui velieri, la parte superiore di un albero | *La t. delle ruote*, il mozzo | *T. della tonnara*, ciascuno dei lati più corti del rettangolo che forma l'isola delle reti | *Titoli di t.*, didascalie poste all'inizio di un film. ***2*** Parte terminale, estremità di un oggetto che si estende in lunghezza, spec. quando ha forma arrotondata: *la t. di un fiammifero*; *prendere un chiodo per la t.* | *La t. di uno spillo*, la capocchia | *T. del martello*, in alpinismo, la mazza battente in acciaio non temperato perché il chiodo risenta pienamente del colpo | *T. della vite*, estremità della vite, più larga del gambo, di varia forma a seconda della chiave usata per il serraggio. ***3*** (*bot.*) Estremità arrotondata o ingrossata di piante o fiori | *T. d'aglio*, il bulbo | *La t. di un fungo*, il cappello | *Teste di papavero*, le capsule giunte a maturazione del papavero da oppio. ***4*** (*anat.*) Estremità in genere: *t. dell'omero, del pancreas* | *T. del femore*, parte del femore a mezza sfera che si articola con la cavità cotiloide del bacino, dove è trattenuto dal legamento rotondo. ***5*** Estremità anteriore di una fila, di un gruppo di persone che si spostano, di una formazione di marcia: *la t. del corteo*; *la t. di una processione*; *la t. di una colonna militare* | *Essere in t., alla t.*, davanti a tutti: *musica, bandiera in t.*; *alla t. del reggimento* | *Mettersi, essere alla t.*, assumere il posto di comando: *essere alla t. di un partito, di una grossa industria* | *Tener t. al nemico*, nel linguaggio militare, contrastare, opporre resistenza al nemico | *Tener t. a qc. o a q.c.*, (*est.*) resistere, opporsi a qc. o far fronte a una difficoltà | *T. di ponte*, terreno occupato da un'avanguardia immediatamente al di là di un ponte e disposto a difesa per permettere il passaggio del ponte medesimo a nuove truppe | *T. di sbarco*, in un'operazione di sbarco, le prime operazioni di occupazione del territorio nemico e di schieramento difensivo | (*sport*) In una gara, in una classifica e sim., prima posizione: *passare, essere in t.* | *Prendere la t.*, in una corsa, passare a condurre | *T. di serie*, la squadra migliore o ciascuno dei giocatori di notevole abilità che in un torneo non vengono fatti partecipare al sorteggio, perché non accada che incontrandosi ai primi turni si eliminino a vicenda | (*est.*) Prima posizione, posto di chi precede tutti gli altri: *la t. di un elenco, di una graduatoria.* ***6*** (*cine, tv*) Parte superiore, snodabile e orientabile, del cavalletto di una macchina da presa | *T. panoramica*, atta a permettere alla macchina da presa il movimento di rotazione orizzontale e di parziale inclinazione verticale. ***7*** (*fot.*) *T. snodata*, dispositivo a snodo sferico o di altro tipo, che permette di inclinare un apparecchio fotografico. ***8*** (*mecc.*) Testata di motore a combustione interna | *T. del cilindro*, nei motori a scoppio, parte che racchiude la camera di combustione | *A t. calda*, detto di motore a scoppio ad iniezione munito di parte della camera di combustione priva di refrigerazione e atta all'accensione della miscela | *T. motrice*, organo di una macchina utensile che racchiude il motore e il cambio di velocità | *T. di biella*, estremità di una biella, collegata al bottone di manovella, che si muove di moto rotatorio | *T. a croce*, nei motori diesel di grandi dimensioni e nei motori a vapore, organo scorrevole su guide che collega lo stelo dello stantuffo alla biella. ***9*** (*miner.*) *T. di iniezione*, nella tecnologia petrolifera, organo delle sonde a rotazione e gener. di impianti estrattivi, destinato a far affluire alla batteria di aste tubolari, e attraverso queste allo scalpello, il fluido o fango di perforazione per l'asportazione dei detriti. ***10*** Parte circolare del segno che indica una nota musicale: *scrivere un do con taglio in t.* ***11*** (*geogr.*) Cima all'estremità di una costiera o in una posizione di particolare rilievo lungo la stessa. ***12*** (*chim.*) Prima parte della distillazione | *Prodotto di t., distillato di t.*, il prodotto più volatile che si ottiene alla estremità superiore della colonna di distillazione || PROV. Chi non ha testa abbia gambe. || **testàccia**, pegg. | **testina**, dim. (V.) | **testolina**, dim. (V.) | **testóna**, accr. | **testóne**, accr. m. (V.) | **testùccia**, **testùzza**, dim.

testàbile [vc. dotta, lat. tardo *testābile(m)*, da *tĕstis* 'testimonio'] agg. ● (*dir.*) Che può essere oggetto di disposizione testamentaria.

testabilità s. f. ● (*dir.*) Qualità di testabile.

Testàcei s. m. pl. ● Nella tassonomia animale, ordine di Protozoi dei Rizopodi rivestiti da un guscio munito di un'apertura (*Testacea*) | (al sing. *-o*) Ogni individuo di tale ordine.

testàceo [vc. dotta, lat. *testāceu(m)*, da *tĕsta* 'guscio'] agg. ***1*** Di invertebrato munito di conchiglia | *Membrana testacea*, la più esterna dell'uovo degli uccelli immediatamente sotto il guscio. ***2*** (*raro*) Di coccio, di terracotta. ***3*** Detto del colore tendente al marrone che assumono le crisalidi di alcuni insetti.

tèsta-códa o **testacóda** loc. sost. m. ● Sbandamento dopo il quale l'autoveicolo si trova rivolto in senso opposto a quello in cui procedeva | *Fare testa-coda*, di autoveicolo, girare su se stesso.

†**testamentàre** v. intr. ● Far testamento.

testamentàrio [vc. dotta, lat. *testamentāriu(m)*, da *testamĕntum* 'testamento'] agg. ● Del testamento, che riguarda il testamento o si fa per testamento: *disposizioni testamentarie*; *erede, tutore t.*; *esecutore t.* | Lasciato per testamento: *beni testamentari.*

testaménto [vc. dotta, lat. *testamĕntu(m)*, da *testāri* 'prendere a testimonio', perché originariamente era una dichiarazione verbale davanti all'assemblea popolare; il sign. eccl. proviene dal gr. *diathḗkē*, che significava, assieme, 'alleanza' e 'testamento'] s. m. (*Testaménto* nel sign. 3) ***1*** Atto revocabile con cui taluno dispone di tutto o di parte del proprio patrimonio per il tempo successivo alla propria morte: *t. congiuntivo, olografo, pubblico* | *T. spirituale*, complesso di idee, principi, sentimenti che costituiscono il messaggio ideale ispirato dall'opera e dalla vita di grandi uomini. ***2*** (*letter.*) Componimento giocoso, spec. satirico, in forma di testamento. ***3*** *Antico e Nuovo t.*, le due parti della Bibbia, concernenti il Patto o Testamento Antico, stretto da Dio con Israele, e il Testamento o Patto Nuovo annunciato da Gesù | *Libri dell'Antico t.*, quelli che precedono Gesù | *Libri del Nuovo t.*, gli Evangeli, gli Atti, le Lettere e l'Apocalisse.

testànte A part. pres. di *testare*; anche agg. ● Nei sign. del v. **B** s. m. e f. ● (*dir.*) Persona che fa testamento.

testardàggine s. f. ● Qualità di chi è testardo: *si rifiuta di cambiare idea solo per t.* SIN. Caparbietà, cocciutaggine, ostinazione.

testàrdo [da *testa*, col suff. spreg. *-ardo*] **A** agg. ● Che si rifiuta di ascoltare il parere altrui e non si lascia persuadere, più per scarsa agilità mentale e per un atteggiamento di caparbia ostinazione che per la convinzione della giustezza delle proprie idee: *un uomo t. come un mulo.* SIN. Caparbio, cocciuto, ostinato. || **testardaménte**, avv. **B** s. m. (f. *-a*) ● Persona testarda. || **testardàccio**, pegg.

testàre (**1**) [vc. dotta, lat. *testāri*, da *tĕstis* 'teste'] **A** v. intr. (*io tèsto*; aus. *avere*) ● (*dir.*) Fare testamento. **B** v. tr. ***1*** (*raro*) †Assegnare per testamento. ***2*** †Attestare.

testàre (**2**) [fr. *tester*, da *test* (V.)] v. tr. (*io tèsto*) ● Sottoporre a test: *t. un candidato* | Sottoporre a test, prove, esami: *t. cosmetico*; *un prodotto farmaceutico clinicamente testato.*

testàta (**1**) [da *testa*] s. f. ***1*** Parte estrema, anteriore o superiore di una superficie, un corpo, una struttura: *la t. di un argine*; *la t. di una colonna* | *La t. del carro*, la traversa anteriore del telaio | *La t. del timone*, parte dove si attacca la barra | *La t. di una valle*, contrafforte | *La t. del letto*, la spalliera, specie quella alta, dalla parte della testa | *Le testate del canapè*, le due sponde laterali | *T. d'arrivo*, nel molo, banchina, sponda di traguardo | Parte di accesso, esterna o interna, di costruzioni o impianti a sviluppo longitudinale: *la t. di un aeroporto.* SIN. Fronte. ***2*** Parte superiore della pagina o foglio di un giornale comprendente il titolo, il prezzo, l'indicazione del numero e sim. | *T. del giornale*, titolo del giornale, la cui proprietà è garantita dalla legge affinché non venga adottata da altri | (*est.*) Il giornale stesso: *una t. indipendente*; *è uscita una nuova testata.* ***3*** Parte del motore a combustione interna che funge da coperchio al blocco cilindri e definisce il cielo delle camere di combustione. ***4*** Parte anteriore dell'ultimo stadio di un missile contenente una carica esplosiva o apparecchiature scientifiche: *missili a t. nucleare* | In artiglieria, parte anteriore dell'affusto di un pezzo. ***5*** Robusta traversa posta a ciascuna estremità del telaio di un rotabile ferroviario e sim. ***6*** Una delle due pareti laterali di minor superficie di una cassa parallelepipeda. ***7*** †Riparo di terra che si alzava in modo sbrigativo alla testa di un lavoro di zappa non finito per impedire che il nemico ne disturbasse il compimento. ***8*** Colpo dato o battuto con la testa: *dare una violenta t. in terra.* ***9*** Nel pugilato, colpo irregolare dato con la testa sul viso dell'avversario durante il corpo a corpo. || **testatina**, dim. (V.).

testàta (**2**) [da *testo* (*2*)] s. f. ● (*tosc.*) Quanto cibo si cuoce in un testo o tra i due testi: *una t. di necci.*

testàtico [da *testa* nel senso tributario di 'persona', col suff. proprio d'imposizioni fiscali *-atico*] **A** s. m. (pl. *-ci*) ***1*** Nel Medioevo, imposta consistente in una cifra fissa a persona. ***2*** (*raro*) Quantità stabilita per persona. **B** anche agg.: *consumo t.*

testatina s. f. ***1*** Dim. di *testata* (*1*). ***2*** Intestazione al centro e in alto della pagina interna di un giornale, per indicare la materia particolare della pagina stessa | Titolo di una rubrica di un giornale | Dicitura posta nella parte alta delle pagine di un libro che ripete alcuni dati, quali il nome dell'autore e il titolo del capitolo | Nei libri antichi, fregio a stampa, posto spec. all'inizio del libro, in alto nella pagina.

testatóre [vc. dotta, lat. *testatōre(m)*, da *testāri* 'far testamento' (V. *testare* (*1*))] s. m. (f. *-trice*) ● Chi fa testamento.

†**testaziòne** [vc. dotta, lat. *testatiōne(m)*, da *testātus* 'testato'] s. f. ● Attestazione | Testimo-

nianza.

testé [da †*teste(so)*] avv. *1* (*lett.*) Qualche momento fa, or ora: *è arrivato t.*; *l'ho visto t.* *2* †Ora, adesso, in questo momento: *t. mi porgi nuova trama ove io pigli licenza ad estendermi in un altro ... lungo favellare* (ALBERTI). *3* †Fra poco, di qui a poco.

tèste (1) [vc. dotta, lat. *tĕste(m)*, per un precedente **terste(m)*, da *triste(m)*, perché il teste era, dopo le due parti in giudizio, il *terzo* (da *trēs*) che le sosteneva] s. m. e f. ● (*dir.*) Testimone: *prova per t.*; *dichiarazione del t.*; *t. a carico, a discarico.*

tèste (2) s. m. ● Adattamento di *test* (V.).

tèster /'tɛster, *ingl.* 'testə*/ [vc. ingl., da *to test* 'provare' (der. di *test*: V.)] s. m. inv. ● (*elettr.*) Strumento per misurare tensioni, correnti, resistenze e sim.

†testeréccio [da *testa*, col suff. *-eccio* ampliato con *-r-*] agg. ● Ostinato, testardo, caparbio. || †**testerecciaménte**, avv. Ostinatamente.

†testéso [da *tes(o) teso* (?)] avv. ● Testé: *E quel che mi convien ritrar t.*, / *non portò voce mai* (DANTE *Par.* XIX, 7-8).

testicciòla o (*raro, lett.*) **testicciuòla** [da *testa*, con doppio suff. dim.] s. f. ● Testina di bestia macellata: *una t. d'agnello.*

testicolàre agg. ● (*anat.*) Del testicolo.

testicolo [vc. dotta, lat. *testĭculu(m)*, dim. di *tĕstes* (nom. pl.), accezione speciale di *tĕstis* 'testimonio'] s. m. ● Ghiandola sessuale maschile che produce gli spermatozoi e gli ormoni maschili. SIN. Didimo. ➡ ILL. p. 364, 365 ANATOMIA UMANA.

testièra [ant. fr. *testiere*, da *teste* 'front(al)e'] s. f. *1* Parte dei finimenti del cavallo che s'infila sulla testa a cui è collegata l'imboccatura | Fascia sulla fronte dei bovini, per ornamento. *2* Spalliera del letto, dalla parte della testa | Parte alta della spalliera di poltrona o sedile, sagomata per appoggiarvi la testa. *3* Testa femminile in legno, cartapesta, gesso o plastica, con parte del busto, di cui si servono i parrucchieri e le modiste per esporre parrucche, acconciature, cappelli. *4* Armatura frontale del cavallo che, integrata dal collo, ne proteggeva la testa. *5* (*mar.*) *T. della vela*, lembo superiore che si lega al pennone. || **testierina**, dim.

†testificànza [da *testificare*] s. f. ● Attestazione.

testificàre [vc. dotta, lat. *testificāri* 'fare (*făcere*) testimonio (*tĕstis*)'] v. tr. (*io testìfico, tu testìfichi*) ● (*raro*) Rendere testimonianza | Attestare.

†testificatìvo [da *testificare*] agg. ● Che serve ad attestare.

†testificatóre [da *testificare*] s. m. (f. *-trice*) ● Chi testifica.

†testificazióne [vc. dotta, lat. *testificatiōne(m)*, da *testificātus* 'testificato'] s. f. ● (*dir.*) Atto, effetto del testificare.

†tèstile [vc. dotta, lat. *tĕxtile(m)*, da *tĕxtus*, part. pass. di *tĕxere* 'tessere'] agg. ● Tessile.

testimòne [da *testimonio* attraverso la forma pl. (*testimoni*)] **A** s. m. e f. *1* Correntemente, persona che è a diretta conoscenza di un fatto | *T. oculare*, chi ha visto | *T. auricolare*, chi ha sentito. *2* (*dir.*) Persona fisica che dichiara o espone oralmente dinanzi all'organo giudiziario fatti a lei noti attinenti alla materia del processo | *T. a carico*, che depone a sfavore di una parte | *T. a discarico*, che depone a favore di una parte | *T. a futura memoria*, testimone la cui deposizione è assunta in vista di un futuro processo e nel timore che il teste stesso possa venire a mancare. *3* (*dir.*) Colui che assiste alla redazione di un atto pubblico attestandone la validità: *i testimoni delle nozze*; *la firma dei testimoni.* *4* (*est., fig.*) Chi, ciò che attesta, fornisce la prova, l'indizio, la manifestazione di q.c.: *questa risposta è il t. della vostra malafede*; *i parlari volgari debbon esser i testimoni più gravi degli antichi costumi de' popoli* (VICO). *5* *T. di Geova*, ciascuno degli aderenti alla congregazione cristiana che nega la Trinità, respinge l'inferno e attende la restaurazione del regno di Geova. *6* (*raro*) Testimonial. **B** s. m. *1* Nelle corse a staffetta, il bastoncino che deve essere consegnato al compagno cui tocca di correre la successiva frazione. *2* Campione di roccia del sottosuolo prelevato con la sonda. SIN. Carota.

†testimònia [vc. dotta, lat. *testimōnia* (nt.), pl. di *testimōnium* 'testimonio' nel senso originario di 'testimonianza'] s. f. ● Testimonianza | †*Fare la t.*, testimoniare.

testimonial /*ingl.* testi'mounjəl/ [vc. ingl., propr. 'referenza, garanzia'] s. m. e f. inv. ● Personaggio famoso la cui immagine appare in comunicati pubblicitari, diventando garanzia del prodotto reclamizzato.

testimoniàle [vc. dotta, lat. tardo *testimoniāle(m)*, da *testimōnium* 'testimonio'] **A** agg. ● Di uno o più testimoni: *dichiarazione, lista t.* | *Prova t.*, costituita dalle dichiarazioni dei testimoni. **B** s. m. ● †Il complesso delle prove per testi assunte in un processo: *t. d'accusa, di difesa.*

testimoniànza [da *testimonio*] s. f. *1* Atto, effetto del testimoniare: *la t. è durata pochi minuti*; *Le testimonianze fanno vortice intorno all'imputata* (SCIASCIA) | Ciò che viene testimoniato: *t. falsa, reticente* | (*est.*) Dichiarazione: *secondo la t. dei contemporanei.* *2* (*est.*) Attestazione, dimostrazione, prova che rende atto di q.c.: *dare t. di buona volontà*; *ha avuto testimonianze di solidarietà da tutti* | *Rendere t.*, far fede, attestare | †*Dare buona t. a qc.*, dimostrare di esserne degno. *3* Indizio, argomento sicuro o prova materiale che attesta, documenta q.c.: *questa è la migliore t. della vostra negligenza.* *4* La condizione propria del cristiano che, attraverso il pensiero e gli atti, vive l'Evangelo.

testimoniàre [da *testimonio*] **A** v. tr. (*io testimònio*) *1* Esporre, spec. in giudizio, delle dichiarazioni in qualità di testimone (*anche ass.*): *t. il vero, il falso*; *furono convocati a t.* *2* (*fig.*) Fare fede, essere una prova, un documento, detto di cose: *questi resti testimoniano la grandezza di un'antica civiltà.* SIN. Provare. **B** v. intr. (aus. *avere*) *1* Deporre: *non volle t. sull'incidente.* *2* (*est.*) Riferire: *Enea venne di Roma in Italia, ..., sì come testimoniano le scritture* (DANTE). SIN. Affermare, attestare.

testimònio [vc. dotta, lat. *testimōniu(m)* 'deposizione del teste (*tĕstis*)', passata poi dal senso astratto a quello concreto] s. m. (f. †*-a* nel sign. 3) *1* †Testimonianza: *quantunque io vi creda, senza t.* (BOCCACCIO). *2* (*raro, fig.*) Prova, manifestazione. *3* (*pop.*) Testimone: *fare da t. alle nozze di qc.*

testìna s. f. *1* Dim. di *testa.* *2* Testa piccola e graziosa, spec. di bambino | Piccola figura di testa, spec. di bambino | (*fig.*) Persona capricciosa: *quella ragazza è una t.!* *3* Testa di animale piccolo macellato: *t. di vitello bollita.* *4* (*fis.*) *T. di incisione*, organo di un fonoincisore destinato a incidere il solco a spirale sull'originale dei dischi fonografici mediante lo stilo incisore. *5* (*fis.*) *T. magnetica*, trasduttore elettromagnetico usato per la registrazione, la riproduzione e la cancellazione di segnali elettrici su un adatto supporto, come disco o nastro magnetico | *T. di registrazione*, quella usata per la registrazione dei segnali elettrici | *T. di lettura*, quella usata per la riproduzione dei segnali elettrici registrati dalla testina di registrazione | *T. di cancellazione*, quella usata per cancellare i segnali elettrici registrati dalla testina di registrazione | *T. multitracce*, quella usata per la registrazione stereofonica o di altro tipo a più tracce. *6* *T. di stampa*, nelle stampanti e nelle macchine per scrivere, dispositivo mobile che contiene l'elemento scrivente.

testìsta [da *test*] **A** agg. ● *Psicologo t.*, psicologo specializzato nell'applicazione e interpretazione dei test mentali. **B** s. m. e f. (pl. m. *-i*) ● Psicologo testista.

tèsto (1) [vc. dotta, lat. *tĕxtu(m)*, propriamente part. pass. di *tĕxere* 'tessere'] s. m. *1* L'insieme delle parole che, nella loro forma, dicitura, interpunzione, sono contenute in uno scritto, un documento, uno stampato: *un t. corretto, genuino*; *emendare il t. di una legge*; *il t. di una commedia.* *2* (*ling.*) L'insieme degli enunciati linguistici, parlati o scritti, sottoposti all'analisi | Campione di comportamento linguistico. *3* (*edit.*) Qualunque scritto di un autore prescindendo da note, chiose, intercalazioni o traduzioni: *versione con t. a fronte*; *dettare il t. di un brano da tradurre* | *Tavole fuori t.*, stampate a parte, spesso su carta diversa da quella del volume, e intercalate poi alle pagine di questo | *Caratteri di t.*, caratteri tipografici usati per opere letterarie, articoli e sim. grazie alla loro grande leggibilità. *4* Libro culturalmente fondamentale: *i testi classici greco-latini*; *le opere di Proust, Joyce e Musil sono tra i grandi testi del Novecento* | *I testi sacri*, la Bibbia | *I testi di lingua*, opere di autori rilevanti per purezza di linguaggio | *Libri di t.*, quelli usati nelle scuole come base didattica delle singole discipline | *T. unico*, raccolta coordinata di tutte le norme legislative riguardanti una data materia | *Far t.*, (*fig.*) costituire un punto di riferimento fondamentale, di esattezza indiscutibile e sim.: *le sue decisioni in materia fanno t.* || **testino**, dim.

tèsto (2) [lat. *tĕstu(m)* 'coperchio di pentola di terra', di etim. incerta] s. m. *1* Coperchio di terracotta | Teglia per torte, con orli bassi | Disco di terracotta o pietra per cuocervi sopra schiacciate di castagne. *2* †Vaso di terracotta per fiori | Coccio, oggetto in terracotta.

†tèsto (3) [vc. dotta, lat. *tĕxtu(m)* '(in)tessuto', part. pass. di *tĕxere* 'tessere'] agg. ● (*poet.*) Intessuto, intrecciato, intarsiato.

†tèstola [vc. dotta, lat. tardo *tĕstula(m)*, dim. di *tĕsta* 'vaso, coccio'] s. f. ● Vaso, recipiente.

testolìna s. f. *1* Dim. di *testa.* *2* Testina di bimbo o di donna | (*fig.*) Persona sventata, capricciosa.

testologìa [da *testo* (*1*) e *-logia*, ma attraverso il russo *Tekstologija*, diffuso, dopo il 1962, dal titolo di un volume del filologo sovietico D. S. Lichačev] s. f. ● Nella moderna filologia, l'insieme degli studi convergenti al restauro di un testo letterario pervenuto attraverso scorrette tradizioni manoscritte o a stampa.

testóne s. m. (f. *-a* nel sign. 2) *1* Accr. di *testa.* *2* Persona che ha la testa grossa | (*fig.*) Persona ostinata, caparbia o ottusa. *3* Moneta d'argento italiana di ca. gr. 9,60 con l'effigie del principe sul dritto, coniata a Milano sotto Galeazzo Maria Sforza nel XV sec., e poi da quasi tutti gli Stati italiani. *4* (*gerg.*) Somma di denaro del valore di un milione. || **testonàccio**, pegg.

†testóre ● V. *tessitore.*

testosteróne [comp. del lat. *tĕst(es)* 'testicoli', *ster(oide)* e del suff. *-one*] s. m. ● Ormone del tessuto testicolare, il più attivo degli ormoni androgeni, usato in terapia nelle forme di carenza ormonica, ipertrofia prostatica, carcinoma mammario.

testuàle [da un deriv. mediev. del lat. *tĕxtus* 'testo'] agg. *1* Del testo, che si riferisce al testo: *esposizione t.* | *Critica t.*, in filologia, serie di operazioni volte a stabilire, col massimo rigore scientifico, la esatta lezione di un'opera, quando ci sia pervenuta alterata da errori di copisti o di stampa | *Trasmissione t.*, la serie dei testimoni e degli intermediari a cui è consegnata la storia di un testo | (*ling.*) *Linguistica t.*, corrente della linguistica moderna che assume come proprio oggetto non più la frase o l'enunciato, bensì il testo inteso come segno linguistico originario. *2* Che riporta fedelmente le parole di un testo: *citazione t.* | (*est.*) Che ripete in modo esatto uno scritto o un discorso: *non conosco le sue testuali parole.* || **testualménte**, avv. In modo esattamente aderente al testo di uno scritto o di un discorso: *ripetimi testualmente la sua risposta.*

testùcchio [etim. incerta: si può pensare ad una sovrapp. di *testa* al lat. tardo *festūcula*, dim. di *festūca* 'gambo, stelo, fuscello' (V. *festuca*)] s. m. ● (*bot.*) Acero comune, loppio.

Testudinàti [vc. dotta, lat. tardo *testudinātu(m)*, da *testūdo*, genit. *testūdinis* 'testuggine'] s. m. pl. ● Cheloni.

testùggine o (*lett.*) **testùdine** [lat. parl. **testūgine(m)* per *testūdine(m)* 'testuggine' con mutamento di suff. (al nom. *-ūgo* per *-ūdo*) non raro] s. f. *1* Chelone terrestre o acquatico | Tartaruga. ➡ ILL. **zoologia generale**. *2* Formazione dei soldati dell'antichità nel procedere all'assalto delle mura, con gli scudi tenuti alti sul capo e orizzontali, a stretto contatto l'uno con l'altro, così da far riparo contro le offese degli assediati. *3* Antica macchina ossidionale consistente in una tettoia mobile a protezione degli assalitori nell'accostamento alle mura. *4* Antico strumento musicale affine alla lira. *5* Nell'architettura della Roma antica, tetto formato da quattro piani convergenti verso il centro.

testùra [vc. dotta, lat. *textūra(m)*, da *tĕxtus*, part. pass. di *tĕxere* 'tessere'] s. f. *1* (*raro, lett.*) Tessitura *2* (*fig.*, *lett.*) Struttura, disposizione delle parti di un componimento, un'opera, e sim.: *molte cose sarebbon da dirsi e da considerarsi intorno alla t. di questo argomento* (GALILEI) | (*ling.*) Proprietà di un testo di costituire un'unità, una sequenza coerentemente concatenata di frasi.

testurizzàre v. tr. ● (*tecnol.*) Sottoporre a testurizzazione.

testurizzàto part. pass. di *testurizzare*; anche agg. ● Nel sign. del v.: *filato t.*

testurizzazióne [da *testura*] s. f. ● (*tecnol.*) Processo termomeccanico che fa acquistare elasticità e volume ai filamenti di fibre chimiche destinati a particolari applicazioni, spec. tessili.

tèta o **thèta** [dal gr. *thêta*] s. m. o f. inv. ● Nome dell'ottava lettera dell'alfabeto greco.

tetanìa [da *tetano*] s. f. ● (*med.*) Stato di abnorme eccitabilità neuromuscolare con reazione spastica muscolare dolorosa spec. a livello delle estremità.

tetànico [gr. *tetanikós* 'relativo al tetano (*tétanos*)'] agg. (pl. m. *-ci*) ● Di tetano: *tossina tetanica.*

tètano [gr. *tétanos* 'tensione, rigidità del corpo', connesso col v. *téinein* 'tendere'] s. m. ● Infezione da *Clostridium tetani* che produce una tossina che agisce sul sistema nervoso provocando stati di contrattura muscolare dolorosa.

tête-à-tête /*fr.* 'tet a 'tet/ [loc. fr., letteralmente 'testa a testa (*tête*, della stessa origine di testa)'] s. m. inv. (pl. fr. inv.) ● Colloquio a quattr'occhi | Incontro a due | Conversazione intima.

tetèrrimo [vc. dotta, lat. *taetĕrrimu(m)*, da *tāeter* 'tetro' col suff. di sup. *-errimus*] agg. ● (*raro, lett.*) Assai oscuro | Orrendo.

tèti (1) [gr. *thêtes*, di etim. incerta] s. m. pl. ● Nell'antica Grecia, classe sociale dei cittadini liberi, ma privi di proprietà.

Tèti (2) o (*raro, lett.*) **Tètide** (2) [vc. dotta, lat. *Thĕtide(m)*, nom. *Thĕtis*, dal gr. *Thétis*, n. della dea del mare nella mitologia greca] s. f. ● (*poet.*) Mare: *e primo corse a fendere / co' remi il seno a T.* (MONTI).

tètico [vc. dotta, lat. tardo *thĕticu(m)*, dal gr. *thetikós*, da *thésis* 'tesi', con specifica applicazione nel campo musicale; come vc. filosofica è il ted. *thetisch*] agg. (pl. m. *-ci*) *1* (*mus.*) Detto di un tempo in battere o di un disegno melodico che inizia sul tempo forte della misura. *2* (*filos.*) Che riguarda la tesi, ponendosi prima dell'antitesi e della sintesi.

tètide (1) [vc. dotta, lat. *Thĕtide(m)*, dal n. gr. (*Thétis*, genit. *Thétidos*) della mitica dea del mare. V. *Teti (2)*] s. m. ● (*zool.*) Salpa del plancton mediterraneo (*Thetis vagina*).

Tètide (2) ● V. *Teti* (2).

tètra [prob. ricavato da *tetra(odonte)*] s. m. inv. ● Ciascuno dei pesci ossei dei Cipriniformi che vivono nelle acque dolci tropicali e vengono allevati negli acquari per i loro colori (*Hyphessobrycon*).

tètra- [elemento di comp. greci, deriv. da *téttares* 'quattro', di origine indeur.] primo elemento ● In parole composte dotte e scientifiche, significa 'quattro', 'formato di quattro': *tetraedro*, *tetralogia*; in chimica, il ripetersi per 4 volte di una proprietà: *tetravalente*.

tetraboràto s. m. ● Sale o estere dell'acido tetraborico | *T. sodico*, borace.

tetrabòrico [comp. di *tetra-* e *borico*] agg. (pl. m. *-ci*) ● Detto di ossiacido del boro che non esiste allo stato libero mentre sono noti i suoi sali: *acido t.*

tetrabromùro [comp. di *tetra-* e *bromuro*] s. m. ● Combinazione di un elemento o di un gruppo atomico con quattro atomi di bromo.

tetraciclìna [comp. di *tetra-* e di un deriv. dal gr. *kýklos* 'cerchio' per i suoi quattro anelli benzenici] s. f. ● (*farm.*) Ognuno degli appartenenti a una classe di antibiotici naturali batteriostatici, utilizzato per la terapia di infezioni da batteri parassiti intracellulari.

tetracisesaèdro [vc. dotta, comp. del gr. *tetrákis* 'quattro' e di *esaedro*] s. m. ● (*miner.*) Poliedro cristallino delimitato da 24 facce a forma di triangolo isoscele disposte a gruppi piramidali di 4 al posto di ciascuna delle 6 facce di un cubo.

tetraclorometàno [comp. di *tetra-*, *cloro* e *metano*] s. m. ● Tetracloruro di carbonio.

tetraclorùro [comp. di *tetra-* e *cloruro*] s. m. ● Combinazione di un elemento o di un gruppo atomico con quattro atomi di cloro | *T. di carbonio*, ottenuto spec. per azione del cloro sul solfuro di carbonio, ininfiammabile, usato come solvente, per estintori di incendio e in medicina come antielmintico. SIN. Tetraclorometano.

tetracoràllo [comp. di *tetra-* e *corallo*] s. m. ● (*zool.*) Madreporario fossile i cui scheletri calcarei hanno vasta distribuzione geografica.

tetracòrdo [vc. dotta, lat. *tetrăc(h)ordo(n)*, dal gr. *tetráchordos* 'a quattro (*tetra-*) corde (*chordái*)'] s. m. *1* Strumento a quattro corde | Strumento antico di quattro corde che coi ponticelli venivano divise in una certa proporzione e accordo. *2* (*mus.*) Gradazione di quattro toni nell'ambito di una quarta.

tetracromìa [comp. di *tetra-* e di un deriv. del gr. *chrômos* 'colore'] s. f. ● Quadricromia.

tètrade [vc. dotta, lat. tardo *tĕtrade(m)*, dal gr. *tetrás*, genit. *tetrádos* (V. *tetra-*)] s. f. ● Gruppo di quattro elementi.

tetradimensionàle [comp. di *tetra-* e dell'agg. di *dimensione*] agg. ● Quadridimensionale.

tetradràmma o **tetradràmmo** [vc. dotta, lat. tardo *tetrădrachmu(m)*, dal gr. *tetrádrachmon* '(moneta) da quattro (*tetra-*) dracme (*drachmái*)'] s. m. (pl. *-i*) ● Moneta greca d'argento di 4 dramme, coniata spec. ad Atene.

tetraèdrico agg. (pl. m. *-ci*) ● Relativo a un tetraedro.

tetraedrìte [da *tetraedro*, perché si cristallizza in forme tetraedriche] s. f. ● Minerale costituito prevalentemente di rame e ferro e usato spec. per l'estrazione del rame stesso.

tetraèdro [gr. *tetráedron* 'figura a quattro (*tetra-*) facce (*hédrai*)'] s. m. ● (*mat.*) Poliedro con quattro facce triangolari.

tetraetìle [comp. di *tetra-* ed *etile*] agg. ● (*chim.*) Detto di composto contenente quattro gruppi etilici | *Piombo t.*, composto metallorganico usato come antidetonante per carburanti.

tetrafluoroetilène [ingl. *tetrafluoroethylene*, comp. di *tetra-* 'tetra-', *fluoro-* 'fluoro-' e *ethylene* 'etilene'] s. m. ● (*chim.*) Composto organico derivato dall'etilene per sostituzione degli atomi di idrogeno con atomi di fluoro; è monomero di partenza per la produzione del Teflon.

tetrafluorùro [comp. di *tetra-* e *fluoruro*] s. m. ● Combinazione di un elemento o di un gruppo atomico con quattro atomi di fluoro | *T. di silicio*, gas incoloro, soffocante, ottenibile per attacco della silice con acido fluoridrico.

tetràggine [da *tetro*, col suff. *-aggine*] s. f. ● Qualità di chi, di ciò che è tetro (*anche fig.*): *la t. di una vecchia casa*; *la t. di un discorso* | Umore tetro.

tetraginìa [comp. di *tetra-* e di un deriv. di *gynḗ* 'donna', qui 'elemento femminile'] s. f. ● (*bot.*) Presenza di quattro pistilli in un fiore ermafrodito.

tetragnàta [vc. dotta, lat. *tetragnăthiu(m)*, dal gr. *tetrágnathon*, propr. 'con quattro (*tetra-*) mascelle (*gnáthoi*)'] s. f. ● Ragno rosso giallastro di acqua dolce che tesse tele oblique rispetto al pelo dell'acqua (*Tetragnatha*).

tetragonàle agg. *1* (*mat.*) Di tetragono. *2* (*geol.*) *Sistema t.*, sistema cristallino caratterizzato da tre assi cristallografici perpendicolari tra loro e inoltre da due parametri orizzontali uguali, mentre il terzo è diverso.

tetragònia [gr. *tetragōniá*, da *tetrágōnos* 'quadrangolare', per la forma dei suoi frutti] s. f. ● Erba delle Aizoacee usata cotta come ortaggio (*Tetragonia expansa*).

tetràgono [vc. dotta, lat. tardo *tetrágōnu(m)*, dal gr. *tetrágōnos* 'che ha quattro (*tetra-*) angoli (*gōníai*)'] **A** agg. *1* Che ha quattro angoli. *2* (*fig.*) Fermo, forte, resistente, detto di persona: *avvegna ch'io mi senta / ben t. ai colpi di ventura* (DANTE *Par.* XVII, 23-24) | Difficile a rimuovere da un proposito, un'idea, una convinzione: *un uomo t.*; *un carattere t.* **B** s. m. ● Solido a quattro spigoli | Poligono con quattro angoli.

tetragràmma (1) [vc. dotta, lat. *tetragrămmato(n)*, dal gr. *tetragrámmatos* 'di quattro (*tetra-*) lettere (*grámmata*, sing. *grámma*)'] s. m. (pl. *-i*) ● Nome di quattro lettere | Nome di Dio, di quattro lettere, presso gli Ebrei.

tetragràmma (2) [comp. del gr. *tetra-* 'a quattro' (sostituito a *penta-* 'a cinque') e *grámma* 'linea'] s. m. (pl. *-i*) ● Rigo musicale composto di quattro linee, in uso dall'XI al XVI sec.

tetraiodùro [comp. di *tetra-* e *ioduro*] s. m. ● Combinazione di un elemento o di un gruppo atomico con quattro atomi di iodio.

tetralìna [comp. di *tetra-* e della seconda parte di (*nafta*)*lina*] s. f. ● (*chim.*) Idrocarburo, ottenuto per idrogenazione della naftalina, usato spec. come solvente.

tetralìneo [comp. di *tetra-* e *linea*, sul modello di *tetrastico*] agg. ● (*mus.*) Composto di quattro linee: *rigo t.*

tetralogìa [gr. *tetralogía*, comp. di *tetra-* 'quattro' e di un deriv. di *lógos* 'discorso'] s. f. *1* Nel mondo greco classico, l'insieme di quattro drammi, cioè la trilogia e il dramma satirico. *2* Correntemente, gruppo di quattro opere teatrali: *la t. di Wagner*. *3* (*est.*) Serie di quattro elementi | (*med.*) *T. di Fallot*, cardiopatia congenita caratterizzata da spostamento verso destra dell'aorta, comunicazione interventricolare, stenosi dell'arteria polmonare e ipertrofia del ventricolo sinistro. SIN. Quadrilogia.

tetràmero [gr. *tetramerḗs*, comp. di *tetra-* 'quattro' e di un deriv. di *méros* 'parte'] agg. ● Che consta di quattro parti.

tetràmetro [vc. dotta, lat. *tetrămetru(m)*, dal gr. *tetrámetros* 'di quattro (*tetra-*) misure (*métra*)'] s. m. ● Serie di quattro metri nella poesia classica.

tetrandrìa [comp. del gr. *tetra-* 'a quattro' e di un deriv. di *anḗr*, genit. *andrós* 'uomo', qui 'elemento maschile'] s. f. ● (*bot.*) Presenza nel fiore di quattro stami liberi.

tetraodónte [comp. del gr. *tetra-* 'a quattro' e di un deriv. di *odṓn*, genit. *odóntos* 'dente'] s. m. ● (*zool.*) Pesce palla.

tetraóne [vc. dotta, lat. *tetraōne(m)*, dal gr. *tetráōn*, di origine imit.] s. m. ● Uccello galliforme americano a livrea scura con piedi e collo arancione e sacchi membranosi ai lati del collo (*Tympanuchus cupido*). SIN. Gallo delle praterie.

tetrapàcco s. m. (pl. *-chi*) ● Adattamento di *tetrapak* (V.).

tetrapàk ® [marchio d'impresa della ditta Tetra-Pak di Berna] s. m. inv. ● Nome commerciale di uno speciale recipiente, a forma gener. di tetraedro, realizzato con carta paraffinata, destinato a contenere latte, succhi di frutta e altri prodotti alimentari liquidi.

tetraparèsi [comp. di *tetra-* e *paresi*] s. f. ● (*med.*) Indebolimento della contrazione muscolare nei quattro arti.

tetràpilo [vc. dotta, lat. tardo *tetrăpylu(m)* 'a quattro (*tĕtra-*) porte (*pўla(s)*)'] s. m. ● (*archeol.*) Antico monumento romano in forma di arco quadrifronte, posto in genere al centro di un quadrivio.

tetraplegìa [comp. di *tetra-* e *-plegia*] s. f. ● (*med.*) Paralisi di quattro arti.

tetraplègico **A** agg. (pl. m. *-ci*) ● Che è colpito da tetraplegia. **B** anche s. m. (f. *-a*): *terapie per tetraplegici*.

tetràpode [gr. *tetrápous*, genit. *tetrápodos* 'che ha quattro (*tetra-*) piedi (*póus*, genit. *podós*)'] **A** agg. ● Che ha quattro arti: *vertebrato t.* **B** s. m. al pl. *1* I Vertebrati terrestri con quattro arti. *2* Blocco frangiflutti di cemento armato fornito di quattro cunei che ne facilitano la connessione ad altri blocchi simili.

tetrapodìa [gr. *tetrapodía* '(misura) di quattro (*tetra-*) piedi (*póus*, genit. *podós*)'] s. f. ● Nella metrica classica, serie di quattro piedi uguali: *t. trocaica*.

tetràrca [vc. dotta, lat. *tetrărcha(m)*, dal gr. *tetrárchēs*, comp. di *tetra-* 'quattro' e di un deriv. di *árchein* 'comandare'] s. m. (pl. *-chi*) ● Nell'antichità, re o governatore della quarta parte di un regno | In epoca romana, sovrano di uno dei piccoli regni in cui era divisa la Giudea: *il t. della Galilea*.

tetrarcàto [da *tetrarc(a)* col suff. *-ato*] s. m. *1* Ufficio, carica del tetrarca | Durata di tale carica. *2* Territorio governato da un tetrarca.

tetrarchìa [vc. dotta, lat. *tetrărchia(m)*, dal gr. *tetrarchía*, da *tetrárchēs* 'tetrarca'] s. f. *1* Nell'antichità, governo della quarta parte di un regno | All'epoca di Diocleziano, sistema di governo basato sul tetrarcato. *2* (*est.*, *raro*) Potere di governo esercitato da quattro persone o partiti.

tetràrchico [gr. *tetrarchikós* 'che concerne un *tetrarca* (*tetrárchēs*)'] **agg.** (**pl. m.** *-ci*) ● Di, della tetrarchia.

tetràstico [vc. dotta, lat. *tetrăstichu(m)*, dal gr. *tetrástichos* 'disposto su quattro (*tetra-*) file (*stíchoi*)'] **agg.** (**pl. m.** *-ci*) **1** Detto di strofa di quattro versi. **2** (*est.*) Che è formata da quattro parti, detto spec. di struttura architettonica.

tetràstilo [vc. dotta, lat. tardo *tetrastȳlo(n)*, dal gr. *tetrástylos* comp. di *tetra-* e *-stilo*] **agg.** ● Detto di tempio classico o edificio che presenti una serie di quattro colonne nella facciata.

tetratòmico [comp. di *tetra-* e *atomico*] **agg.** (**pl. m.** *-ci*) ● (*chim.*) Di ione, raggruppamento atomico o molecola formato da quattro atomi uguali o diversi | Di composto ciclico originato dalla chiusura di una catena di quattro atomi.

tetravalènte [comp. di *tetra-* e del part. pres., in uso agg., di *valere*] **agg.** ● (*chim.*) Di atomo o raggruppamento atomico che può combinarsi con quattro atomi d'idrogeno | Di sostanza che presenta nella sua molecola quattro identici gruppi funzionali.

tetravalènza [comp. di *tetra-* e *valenza*] **s. f.** ● (*chim.*) Condizione di tetravalente.

tètro [vc. dotta, lat. *tāetru(m)*, di etim. incerta] **agg.** (**sup.** *tetrìssimo*, lett. *tetèrrimo*) **1** Scuro, senza luce: *una tetra cantina*; *un lungo corridoio t.* | (*est.*) Fosco, pauroso, che dà un senso di orrore: *un sotterraneo t. e silenzioso*; *un paesaggio t.*; *una tetra fortezza*. **2** (*fig.*) Cupo, malinconico, triste: *viso t.*; *umore t.*; *il dì futuro / del dì presente più noioso e t.* (LEOPARDI) | *Colore t.*, che tende al nero. **3** (*raro, lett.*) Ripugnante, sgradevole. || **tetramènte**, **avv.**

tètrodo o (*evit.*) **tetròdo** [comp. di *tetra-* e della seconda parte di (*elettr*)*odo*] **s. m.** ● Valvola elettronica con 4 elettrodi.

Tetrodontifórmi [comp. di *tetra-*, del gr. *odoús*, genit. *odóntos* 'dente' e *-forme*] **s. m. pl.** ● Nella tassonomia animale, ordine di Pesci di forme strane con corpo generalmente corto, bocca piccola, spesso coperti di scudi ossei (*Tetrodontiformes*) | (al sing. *-e*) Ogni individuo di tale ordine.

tetròssido [comp. di *tetra-* e *ossido*] **s. m.** ● Composto chimico binario, contenente quattro atomi di ossigeno | *T. d'azoto*, ipoazotide.

tétta [vc. inft. di natura onomat., come il lat. *titta* 'capezzolo'] **s. f.** ● (*fam.*) Poppa, mammella: *tranquillo come un bambino alla t.* (BACCHELLI). || **tettìna**, **dim.** | **tèttola**, **dim.** | **tettóna**, **accr.** (V.).

tettaiòlo o †**tettaiuòlo** **agg.** ● (*raro*) Che vive sotto i tetti | *Topo t.*, (*fig.*) persona che vive solitaria.

tettàle [da *tetto*] **agg.** ● (*anat.*) Relativo al tetto del mesencefalo.

tettàre [da *tetta*] **v. intr.** e **tr.** (*io tétto*; aus. *avere*) ● Poppare.

tettarèlla [da *tetta* con suff. dim.] **s. f.** ● Capezzolo di gomma del poppatoio | Oggettino simile che si dà da succhiare al bambino per tenerlo buono.

tètte o **tettè** [vc. inft., iter. del richiamo *te'* 'tieni! vieni!'] **inter.** ● Si usa per indicare o chiamare un cane.

tétto [lat. *tēctu(m)*, da *tēctus*, part. pass. di *tēgere* 'coprire', di origine indeur.] **s. m.** (**pl.** †*tetta*, **f.**) **1** Copertura a spioventi di un edificio, costituita solitamente da una intelaiatura lignea o da solai inclinati ricoperti da tegole, embrici, coppi, oppure lamiere ondulate, lastre di eternit, e sim.: *t. a due, a quattro spioventi*; *t. a capanna, a padiglione, a cupola, piano*; *le falde, la gronda del t.*; *mettere, coprire, rifare il t.*; *i passeri cinguettavano sul t.* (VERGA) | *T. alla lombarda*, col manto di copertura formato da tegole piatte | *A t.*, proprio sotto il tetto: *abitare a t.* | *Stanze a t.*, le più alte, quelle proprio sotto il tetto | (*raro*) *Essere a t.*, al riparo, al coperto | *Predicare sui tetti*, (*fig.*) palesare a tutti | (*fam.*) *Aver messo il t.*, non crescere più | *Ci sono i tetti bassi*, (*fam., fig.*) sono presenti dei bambini e quindi occorre parlare con moderazione. **2** (*est.*) Casa, dimora, abitazione: *t. paterno*; *il t. natio*; *il t. coniugale* | *Restare senza t.*, perdere la casa in seguito a disgrazia, calamità o gravi difficoltà economiche | *Non aver né pane né t.*, essere senza niente, in miseria | (*fig.*) Luogo sicuro, confortevole, sistemazione stabile: *non ha ancora trovato il suo t.* **3** (*est.*) Copertura, parte superiore: *il t. dell'automobile* | Parte più alta, dominante | *Il t. del mondo*, l'acrocoro del Pamir o (*pop.*) il monte Everest. **4** (*fig.*) Limite massimo: *il t. del disavanzo pubblico*. **5** Nel linguaggio alpinistico, tratto di roccia sporgente quasi a formare un angolo retto con una parete | *Il t. del giro*, (*fig.*) nel ciclismo, il punto più alto toccato in una corsa a tappe. **6** Roccia che sta al di sopra del giacimento o, in genere, di altro strato di roccia | *Falso t.*, strato di scisto carbonioso friabile che sovrasta certi strati di carbon fossile, rendendo pericoloso lo sfruttamento | *T. di una faglia*, parete sovrastante di una faglia non verticale. || **tettìno**, **dim.** | **tettùccio**, **dim.** (V.).

tettogèneṣi [comp. del gr. *tekto-*, da *téktōn* 'costruttore' e *genesi*] **s. f.** ● (*geol.*) Formazione di strutture tettoniche.

tettóia [lat. *tectōria*, pl. di *tectōriu(m)*, originario agg. di *tēctum* 'tetto' impiegato in costrutti del tipo (*ōpus*) *tectōrium* '(lavoro) di copertura'] **s. f.** **1** Copertura a forma di tetto che copre uno spazio aperto: *la t. di una stazione ferroviaria*. **2** (*dial.*) Gronda assai sporgente. **3** (*est.*) Riparo, copertura: *ci costruimmo una t. di frasche*. || **tettoiàccia**, **pegg.** | **tettoiùccia**, **dim.**

téttola [da *tetta* con suff. dim.] **s. f.** ● Ciascuna delle due escrescenze carnose ai lati del collo di alcune razze suine e caprine.

tettóna **s. f.** **1** Accr. di *tetta*. **2** (*fam.*) Donna dal seno esuberante e vistoso.

tettònica o **tectònica** [adattamento del gr. *tektonikḗ* (sottinteso *téchnē*) '(arte) della costruzione' (V. *tettonico*)] **s. f.** **1** (*geol.*) Studio delle deformazioni e degli spostamenti che subiscono le rocce e la crosta terrestre, e che hanno come causa fondamentale forze endogene, interne al pianeta | *T. a zolle, delle zolle, a placche*, teoria che spiega la configurazione della crosta terrestre attraverso movimenti orizzontali delle zolle o placche della litosfera | Insieme delle giaciture, fratture, strutture di deformazione delle rocce. **2** (*anat.*) In istologia, disposizione a strati di elementi costituenti un tessuto: *t. delle cellule nervose*.

tettònico o **tectònico** [vc. dotta, lat. tardo *tectŏnicu(m)*, dal gr. *tektonikós* 'relativo all'arte (*téchnē*) costruttiva del carpentiere (*téktōn*)'] **agg.** (**pl. m.** *-ci*) ● Relativo alla tettonica | Causato da spinte o tensioni di origine crostale o sottocrostale.

tettonite [comp. di *tetton(ico)* e *-ite* (*2*)] **s. f.** ● Roccia a struttura e tessitura intimamente deformata per azioni tettoniche.

†**tettòrio** [vc. dotta, lat. *tectōriu(m)*, agg. di *tēctum* 'tetto'] **agg.** ● Che riguarda il tetto o la copertura di un fabbricato.

tettùccio **s. m.** **1** Dim. di *tetto*. **2** Struttura superiore, scorrevole, della carrozzeria di un'autovettura: *un modello con t. apribile* | (*aer.*) Struttura sovrastante l'abitacolo di aerei, spec. monoposto o biposto, trasparente e apribile | *T. scorrevole*, per facilitare l'entrata e l'uscita dall'abitacolo dell'aereo.

tèucrio [vc. dotta, lat. *tĕucrio(n)*, dal gr. *téukrion*: dal n. (*Têukros*) del mitico progenitore dei *Troiani* (?)] **s. m.** ● Pianta erbacea pelosa delle Labiate, spontanea nei luoghi aridi e rocciosi, con fiori rosei solitari o in infiorescenze e frutto composto da quattro acheni (*Teucrium*).

tèucro [vc. dotta, lat. *Tĕucru(m)*, dal gr. *Têukros*, n. del mitico primo re troiano] **agg.**; anche **s. m.** (**f.** *-a*) ● (*lett.*) Troiano.

teurgìa [vc. dotta, lat. *theŭrgia(m)*, dal gr. *theourgía*, comp. di *théos* 'dio' e di un deriv. di *érgon* 'opera, azione', di origine indeur.] **s. f.** ● Operazione magica, propria dell'ermetismo ellenistico, nella quale si presumeva di stabilire, a mezzo di evocazione, un contatto con la divinità o con le forze demoniache, e di compiere miracoli attraverso tale contatto.

teùrgico [vc. dotta, lat. *theŭrgicu(m)*, dal gr. *theourgikós*, agg. di *theourgós* 'teurgo'] **agg.** (**pl. m.** *-ci*) ● Relativo alla teurgia.

teùrgo [vc. dotta, lat. *thĕurgu(m)*, dal gr. *theourgós*, letteralmente 'operatore (da *érgon*) divino (da *theós*)'] **s. m.** (**pl.** *-ghi* o *-gi*) ● Operatore di teurgia, mago, evocatore.

tèutone [vc. dotta, lat. *Tĕutonu(m)* 'appartenente al popolo (germ. **theudo-*)'] **s. m.** **1** Ogni appartenente a un'antica popolazione di stirpe germanica che nel II sec. a.C. migrò in Gallia, invase l'Italia e fu sconfitta nel 102 a.C. da Mario. **2** (*lett., spreg.*) Tedesco.

teutònico [vc. dotta, lat. *Teutŏnicu(m)*, agg. di *Téutones* 'Teutoni'] **agg.** (**pl. m.** *-ci*) **1** Dell'antica popolazione dei Teutoni. **2** Tedesco (*spec. spreg.*): *esattezza, tenacia teutonica* | *Ordine t.*, ordine militare ospedaliero fondato nel XII sec. da Federico duca di Svezia in Palestina per combattere gli infedeli e poi trasferito dal 1228 in Prussia per combattervi gli idolatri (V. nota d'uso STEREOTIPO).

TeV /tɛv/ [sigla ingl., da *t*(*era*) *e*(*lectron*) *v*(*olt*), letteralmente 'mille miliardi (*tera*, dal gr. *téras* 'portento') di volt-elettroni'] **s. m. inv.** ● (*fis.*) Unità di energia, usata in fisica nucleare, pari a un trilione di elettronvolt.

texàno o (*raro*) **tessàno** **A** **agg.** ● Del Texas. **B** **s. m.** (**f.** *-a*) ● Abitante, nativo del Texas.

textùra **s. f.** ● Adattamento di *texture* (V.).

texture /ingl. 'tekstʃə*/ [vc. ingl., propr. 'trama, struttura' (stessa etim. dell'it. *testura*)] **s. f. inv.** ● Alterazione della superficie liscia di un materiale naturale o artificiale, ottenuta mediante fitti rilievi, minutissimi segni, incisioni e sim., allo scopo di ottenere superfici ruvide: *t. di un intonaco, di un vetro*.

texturiẓẓàre [da *textura*] **v. tr.** ● Trattare la superficie liscia di materiali naturali o artificiali allo scopo di renderla ruvida.

texturiẓẓàto **part. pass.** di *texturizzare*; anche **agg.** ● Nel sign. del v.

texturiẓẓazióne [da *textura*] **s. f.** ● Atto, effetto del texturizzare.

thài /'tai, 'θai/ [vc. siamese giuntaci prob. attrav. il fr.] **s. m. inv.** ● (*ling.*) Gruppo di lingue monosillabiche parlate dalle popolazioni mongoloidi dell'Indocina.

thailandése o **tailandése** **A** **agg.** ● Della Thailandia. **B** **s. m.** e **f.** ● Abitante, nativo della Thailandia. **C** **s. m.** solo **sing.** ● Lingua ufficiale della Thailandia.

the /tɛ*/ ● V. *tè*.

thèrmos /'tɛrmos/ o (*raro*) **tèrmo**, **tèrmos** [gr. *thermós* 'caldo', ripreso dall'inventore ingl. del recipiente, originariamente definito *thermos bottle* o *thermos flask* 'bottiglia calda' e poi divenuto marca di fabbrica] **s. m. inv.** ● Recipiente di vetro a doppia parete, con le facce interne argentate e l'intercapedine vuota, per conservare a lungo un liquido caldo o freddo come vi è stato immesso.

thesaurus /lat. te'zaurus; ingl. θi:'sɔ:rəs/ [vc. lat., propr. 'tesoro'] **s. m. inv.** (**pl.** lat. *thesauri*, **pl.** ingl. *thesauri* o *thesauruses*) **1** Vocabolario o lessico storico di una lingua: *il t. linguae latinae*. **2** In cibernetica, vocabolario di cui è dotato un computer.

thèta /'tɛta/ ● V. *teta*.

tholos /'tɔlos/ [vc. gr. (*thólos*), termine tecnico di etim. incerta] **s. f. inv.** (**pl.** gr. *tholoi*) ● Nel mondo mediterraneo arcaico, costruzione circolare a cupola usata spec. come copertura di tombe: *tomba a t.*

thonet® /'tɔnet/ [dal n. dell'industriale ted., che fabbricò questo tipo di mobili, M. *Thonet* (1796-1871)] **s. m.** o **f.** ● Nome commerciale di un tipo di sedia in legno curvato e sedile in paglia.

thriller /'triller, *ingl.* 'θrilə*/ [vc. ingl., da *to thrill* 'fremito, brivido' (forma metatetica di *to thirl* 'bucare, perforare', d'orig. germ.)] **s. m. inv.** ● Testo narrativo, spettacolo teatrale, cinematografico o televisivo dall'intreccio particolarmente avvincente e in grado di produrre negli spettatori tensione, ansia, paura. **SIN.** Thrilling.

thrilling /'trillin(g), *ingl.* 'θriliŋ/ [vc. ingl., propriamente part. pres. del v. *to thrill*, propriamente '(per)forare, trafiggere', di origine e area germ.] **A** **agg. inv.** ● Detto di spettacolo o narrazione emozionante, appassionante, orripilante: *una commedia t.* **B** **s. m. inv.** ● Thriller.

thyratron® /'tairatron, *ingl.* 'θairətrɔn/ [vc. ingl., letteralmente 'tubo a gas a catodo', comp. del gr. *thýra* 'porta', d'origine indeur., ed *électron* 'elettrone'] **s. m. inv.** ● (*elettron.*) Triodo a vapori di mercurio o a gas inerte, a catodo caldo, ampiamente impiegato come raddrizzatore e relè | Diodo controllato termoelettronico a riempimento gassoso.

ti (**1**) [lat. *tē*, acc. di *tū*, di origine indeur., che ha sostituito in atonia anche il dat. *tĭbi* 'a te'] pron. pers. atono di seconda pers. sing. (formando gruppo con altri pron. atoni e avv., si premette a *ci*, *si* e si pospone a *mi*: *non ti ci provare*; *non ti si può dire nulla*; *non mi ti avvicinare*. Assume la forma *te* (V.) davanti ai pron. atoni *la*, *le*, *li*, *lo* e alla particella *ne*. Si può elidere solo davanti a parole che cominciano per vocale: *t'ammiro*; *come t'è sembrato lo spettacolo?*) *1* Tu (come compl. ogg. encl. o procl.): *non ti ho visto ieri*; *ti hanno avvisato del mio ritardo?*; *non voglio vederti piangere* | Si usa procl. e lett., †encl. nella coniug. dei v. rifl. e intr. pron.: *tu ti pettini*; *ti sei offeso?*; *non pentirti di ciò che hai fatto*; *vegnonti a pregar* (DANTE *Purg.* V, 44) | Si usa lett. e †procl. nell'imp.: *a noi ti piega* (DANTE *Purg.* I, 81); *non ti avvicinare*; *guardati da quell'uomo*. *2* A te (come compl. di termine encl. o procl.): *ti racconterò ogni cosa*; *desidero comunicarti alcune cose*; *ti sembra possibile questo?*; *voglio darti un consiglio*. *3* Esprime (come 'dativo etico') partecipazione affettiva, interesse, adesione psicologica del sogg.: *ti sei mangiato tutto!*; *ti si sta facendo tardi*; *ti sei preso quello che meritavi*. *4* (*pleon.*) Con valore raff.: *tu ti credevi di farla franca*; *chi ti credi d'essere?* (V. nota d'uso ELISIONE e TRONCAMENTO).

ti (*2*) o (*dial.*) †**te** (*2*) s. f. o m. inv. ● Nome della lettera *t*.

tìade [vc. dotta, lat. *Thȳade(m)*, nom. *Thȳ(i)as*, dal gr. *Thyiás* 'donna furente', da *thýein* 'offrire in sacrificio agli dèi', di origine indeur.] s. f. ● Baccante, menade.

tiamìna [comp. del gr. *thêi(on)* 'zolfo' e *amina*] s. f. ● Vitamina B_1.

tiàra [vc. dotta, lat. *tiāra(m)*, dal gr. *tiára*, di origine orient.] s. f. *1* Copricapo rigido, per lo più a punta, dei sacerdoti e dei re dell'antico Oriente. *2* Copricapo ornato, da tre corone sovrapposte e con croce all'apice, portato dal Papa, come simbolo del potere, in alcune cerimonie.

tìaso [vc. dotta, lat. *thĭasu(m)*, dal gr. *thíasos*, di etim. incerta] s. m. ● Nella religione greca antica, associazione di fedeli del culto di Dioniso | Danza e cerimonia propria di tali associazioni.

tiazìna [comp. di *ti(o)*-, *az(oto)* e *-ina*] s. f. ● (*chim.*) Molecola eterociclica esatomica aromatica costituita da quattro atomi di carbonio, uno di zolfo e uno di azoto; i suoi derivati sono usati come coloranti e prodotti terapeutici.

tiazòlo [comp. del gr. *thêi(on)* 'zolfo' e *azolo*] s. m. ● (*chim.*) Composto eterociclico ad anello pentatomico contenente zolfo e azoto, usato in molte sintesi organiche.

tiberìno [vc. dotta, lat. *Tiberīnu(m)*, agg. del n. del fiume 'Tevere' (*Tiberis*)] agg. ● Del Tevere, bagnato dal Tevere: *valle tiberina*.

tibet [dal tibetano *Tö-bhöt*, letteralmente 'alto (*Tö*) Tibet (*Bod*, n. locale della regione)'] s. m. ● Qualità di lana o anche di seta molto morbide e pregiate, ottenute dalla sfilacciatura di tessuti fini, usati.

tibetàno **A** agg. ● Del Tibet: *i monasteri tibetani*. **B** s. m. (f. *-a*) ● Abitante, nativo del Tibet. **C** s. m. solo sing. ● Lingua della famiglia sino-tibetana, parlata nel Tibet.

tìbia [vc. dotta, lat. *tĭbia(m)*, da principio 'flauto' (di etim. incerta), poi anche 'stinco', seguendo l'analogo passaggio semantico del corrispondente gr. *aulós*] s. f. *1* (*anat.*) Osso lungo della gamba, di cui, assieme alla fibula, costituisce lo scheletro. ➡ ILL. p. 362 ANATOMIA UMANA. *2* Nel mondo classico, strumento a fiato di canna, bosso o avorio, simile al flauto. ➡ ILL. **musica**.

tibiàle [vc. dotta, lat. *tibiāle(m)*, agg. di *tĭbia*] agg. ● (*anat.*) Della tibia: *muscolo t.*

tibìcine [vc. dotta, lat. *tibīcine(m)*, comp. di *tĭbia* 'flauto' e di un deriv. da *cănere* 'cantare (accompagnandosi con uno strumento)'] s. m. (f. *-a*) ● Suonatore di tibia.

tibioastragàlico [comp. di *tibia* e dell'agg. di *astragalo*] agg. (pl. m. *-ci*) ● (*anat.*) Della tibia e dell'astragalo: *articolazione tibioastragalica*.

tibiotàrsico [comp. di *tibia* e dell'agg. di *tarso*] agg. (pl. m. *-ci*) ● (*anat.*) Della tibia e del tarso.

tibulliàno [dal n. del poeta lat. *Ălbius Tibŭllus*, dim. di origine incerta] agg. ● Concernente l'arte e lo stile del poeta Albio Tibullo (55 ca.-19/18 a.C.): *elegie tibulliane*.

tibùrio [dal lat. *tigŭriu(m)* 'tugurio' con sovrapposizione di *cibōrium* 'ciborio' (?)] s. m. ● Rivestimento esterno cilindrico o prismatico di una cupola, usato in alcune forme architettoniche bizantine, romane, gotiche.

tibùrte [vc. dotta, lat. *Tibŭrte(m)*, da *Tībur* 'Tivoli'] agg. ● (*raro*, *lett.*) Tiburtino.

tiburtìno [vc. dotta, lat. *Tiburtīnu(m)*, dal n. lat. (*Tībur*) di 'Tivoli'] agg. ● Della città di Tivoli | *Pietra tiburtina*, travertino.

tic o **ticche**, **ticchete** nei sign. A e B 1 [vc. imit.] **A** inter. ● Riproduce un rumore lieve, secco e repentino | V. anche *tic tac* e *tic toc*. **B** in funzione di s. m. *1* Piccolo colpo o battito: *il tic di una goccia che cade*. *2* (*med.*) Movimento involontario, brusco, intermittente causato dalla contrazione di uno o più muscoli, spec. della faccia. *3* (*fig.*) Abitudine, comportamento, gesto strano o quasi incontrollato che vengono ripetuti spesso.

ticche ● V. *tic*.

ticche tàcche ● V. *tic tac*.

ticchete ● V. *tic*.

ticchete tàcchete ● V. *tic tac*.

ticchete tòcchete ● V. *tic toc*.

ticche tòcche ● V. *tic toc*.

ticchettàre v. intr. (*io ticchétto*; aus. *avere*) ● Produrre un ticchettio o un picchiettio.

ticchettìo [da *tic*] s. m. ● Rumore secco, rapido e leggero che si ripete frequentemente.

ticchio (*1*) [adattamento di *tic* in senso medico] s. m. *1* Tic. *2* Vizio d'abitudine per cui un animale, spec. il cavallo, assume atteggiamenti anormali | *T. d'appoggio*, se il cavallo afferra coi denti il margine libero della mangiatoia inghiottendo aria | *T. dell'orso*, se il cavallo si dondola sulle spalle alla maniera dell'orso | *T. volante*, se il cavallo, spingendosi all'indietro e flettendo la testa, aspira l'aria con violenza. *3* (*fig.*) Capriccio, ghiribizzo, voglia strana: *gli è saltato il t. di recitare*.

tìcchio (*2*) [etim. incerta] s. m. ● Macchiolina che si scorge spec. nei marmi, in alcune pietre o nella frutta.

ticchiolàto [da *ticchio* (*2*)] agg. ● Macchiettato, picchiettato.

ticchiolatùra [da *ticchiolato*] s. f. ● Malattia fungina di alcune piante, specie del pero e del melo, che colpisce frutti, foglie, germogli e fiori.

ticcóso [da *tic*] agg. *1* (*raro*) Di tic nervoso. *2* (*raro*) Di persona affetta da tic.

ticinése **A** agg. ● Del fiume Ticino | Del Canton Ticino. **B** s. m. e f. ● Abitante o nativo del Canton Ticino.

tìcket /'tiket, *ingl.* 'tikit/ [vc. ingl., dal fr. *estiquette*, var. antica di *étiquette* 'etichetta'] s. m. inv. *1* (*sport*) Nelle corse ippiche, scontrino consegnato dal totalizzatore con gli estremi della scommessa effettuata. *2* (*med.*) Quota che deve corrispondere chi ricorre all'assistenza sanitaria pubblica per fruire di alcune specialità farmaceutiche e prestazioni mediche. *3* (*raro*) Scontrino di abbonamento per il consumo di pasti, a prezzo convenzionato, in tavole calde, self-service e sim.

tic tac /tik 'tak/ o **ticche tàcche**, **ticchete tàcchete**, **tictàc** [vc. imit. con alternanza di vocale] **A** inter. ● Riproduce il rumore ritmico prodotto da colpi secchi, lievi e con frequenza regolare: *l'orologio faceva tic tac tic tac tic tac*; *tic tac tic tac tic tac*: *qualcuno camminava al piano di sopra*. **B** in funzione di s. m. ● Il rumore stesso: *il tic tac dei tacchi a spillo*; *il tic tac dell'orologio*.

tic toc /tik 'tɔk/ o **ticche tòcche**, **ticchete tòcchete** [vc. imit. con alternanza di vocale] **A** inter. ● Riproduce il rumore di un battito ritmico e secco, spec. di un cuore. **B** in funzione di s. m. ● Il rumore stesso.

tie-break /*ingl.* 'tai breik/ [loc. ingl., comp. di *tie* 'laccio, vincolo', poi 'pareggio' (d'origine germ.) e *break* (V.)] s. m. inv. (pl. ingl. *tie-breaks*) ● Nel gioco del tennis, metodo per abbreviare la durata di un set, dopo sei giochi pari.

tièlla [nap. *tiella* 'padella', poi 'cibo contenuto in una padella', dal lat. parl. **tegĕlla(m)*, dim. di *tēgula* 'teglia' (V. *teglia*)] s. f. ● Tipo di torta salata, cotta al forno, fatta con pasta del pane e ripiena di verdure o frutti di mare, tipica delle coste del basso Lazio e della Campania.

tientibène [da separare *tien(i)ti bene*] s. m. inv. ● (*mar.*) Sostegno formato con due cordoni penzoli o con cavi metallici per tenersi nello scendere e salire per scale difficili. SIN. Guardamano.

†**tiepidàre** [lat. *tepidāre* 'fare intiepidire', da *tĕpidus* 'tiepido'] v. intr. ● Divenire tiepido.

tiepidézza o **tepidézza** s. f. *1* Qualità, condizione di ciò che è tiepido: *la t. di una stanza*; *la t. della stagione*. *2* (*fig.*) Scarsezza di fervore, interesse, slancio nei sentimenti o nell'agire: *accogliere qc. con t.*

tiepidità o **tepidità** s. f. ● (*raro*) Tiepidezza (*anche fig.*).

tièpido o (*raro*) **tèpido** [vc. dotta, lat. *tĕpidu(m)*, da *tepēre* 'essere alquanto caldo', di origine indeur.] agg. *1* Non molto caldo: *acqua tiepida*; *vento t.* | †*Fuoco t.*, lento. *2* (*fig.*) Di chi ha, dimostra poco interesse, calore o slancio nei sentimenti o nella azioni: *innamorato t.*; *difensore t.* | Debole, fiacco, detto di sentimenti, convinzioni: *affetto t.* ‖ **tiepidétto**, dim. | **tiepidino**, dim. ‖ **tiepidaménte**, avv. *1* (*raro*) Con scarso calore. *2* (*fig.*) Freddamente, senza slancio o entusiasmo.

†**tiepidóre** [parallelo del latinismo *tepore*, formato da *tiepido*] s. m. ● Tiepidezza, tepore.

†**tièra** [etim. incerta] s. f. ● Serie, fila | (*tosc.*) *T. di pane*, piccia | *Correre a t.*, in fila.

tifa [gr. *týphē*, n. di 'pianta', di origine indeur.] s. f. ● (*bot.*) Stiancia.

Tifàcee [comp. del gr. *týphē*, n. di 'pianta', di origine indeur., e *-acee*] s. f. pl. ● Nella tassonomia vegetale, famiglia di piante monocotiledoni con fiori maschili o femminili in spighe compatte, privi di calice e corolla e circondati da peli e scaglie (*Typhaceae*) | (al sing. *-a*) Ogni individuo di tale famiglia. ➡ ILL. **piante** /10.

tifàre [da *tifo* nel sign. 2] v. intr. (aus. *avere*) ● (*fam.*) Fare il tifo per un atleta o una squadra sportiva | (*est.*) Essere fautore, sostenitore di qc. per il quale si dimostra entusiastica ammirazione: *t. per un attore*, *un complesso musicale*.

tifernàte [vc. dotta, lat. *tifernāte(m)*, da *Tifĕrnum* 'Città di Castello'] agg.; anche s. m. e f. ● (*lett.*) Abitante o nativo di Città di Castello.

tìfico [da *tifo* nel sign. 1] agg. (pl. m. *-ci*) ● (*med.*) Del tifo.

tiflìte [comp. del gr. *typhlós* 'cieco', di origine indeur., e *-ite* (*1*)] s. f. ● (*med.*) Infiammazione dell'intestino cieco.

tiflo- [dal gr. *typhlós* 'cieco'] primo elemento ● In parole composte, significa 'cieco': *tiflografia*, *tiflologia*.

tiflografìa [comp. di *tiflo-* e *-grafia*] s. f. ● Scrittura in rilievo per uso dei ciechi.

tiflògrafo [comp. di *tiflo-* e *-grafo*] s. m. ● Strumento per scrivere a uso dei ciechi.

tiflologìa [comp. di *tiflo-* e *-logia*] s. f. ● Studio delle condizioni e dei problemi dei non vedenti, spec. in rapporto al loro inserimento professionale.

tiflològico agg. (pl. m. *-ci*) ● Che riguarda la tiflologia.

tiflòpe [gr. *typhlṓps* 'della vista (*ṓps*) cieca (*typhlós*)'] s. m. ● Rettile con occhio coperto da squame, bocca piccolissima e corpo vermiforme lungo fino a mezzo metro, innocuo, sotterraneo (*Tiphlops*).

tifo [gr. *typhôs* 'fumo' e 'febbre', da *týphein*, di origine indeur.] s. m. *1* Infezione prodotta da batteri del gruppo *salmonelle*, caratterizzata da stato di torpore, che colpisce per lo più l'intestino tenue | *T. addominale*, infezione tifica dell'intestino tenue con formazione di placche d'infezione che possono perforarsi dando origine a peritonite | *T. petecchiale*, infezione da *Rickettsia Prowazeki* trasmessa dal topo che dà stato stuporoso e comparsa di petecchie emorragiche. *2* (*fam.*) Fanatismo sportivo: *studiare il fenomeno del t.* | (*est.*) *Fare il t. per qc.*, sostenerlo, spalleggiarlo, esaltarlo.

tifòide o **tifoidèo** [comp. di *tifo* e *-oide*] agg. ● (*med.*) Che presenta le caratteristiche del tifo: *febbre t.*

tifoidèa [da *tifoide*] s. f. ● Febbre tifica.

tifoidèo ● V. *tifoide*.

†**tìfolo** [etim. incerta] s. m. ● Strido, strillo.

tifóne [port. *tufão*, dall'ar. *tufān*, a sua volta dal gr. *typhôn* 'vento fortissimo' e anche n. di un 'misterioso mostro' di origine orient., che ha influenzato anche la forma della vc. europea] s. m. ● Ciclone tropicale dei Mari della Cina o della zona nord-occidentale del Pacifico | (*est.*) Vento tempestoso, vorticoso e di straordinaria violenza distruttiva.

tifoseria [da *tifoso*] s. f. ● Gruppo, più o meno numeroso, di tifosi di un atleta o di una formazione sportiva (*anche spreg.*): *la t. locale ha provocato incidenti alla fine della partita.*

tifòṣi [comp. di *tifo* e *-osi*] s. f. **1** (*med.*) *T. tubercolare*, tubercolosi miliare acuta a forma tifoide. **2** (*veter.*) *T. aviaria*, malattia che colpisce spec. i polli, raramente i tacchini, causata da una specie di salmonella.

tifóso agg.; anche s. m. (f. *-a*) **1** (*med.*) Che, chi è affetto da tifo. **2** (*fam.*) Che, chi fa il tifo per atleti o squadre sportive | (*est.*) Che, chi sostiene con fanatismo personaggi famosi o coltiva con eccessivo entusiasmo interessi di varia natura: *essere t. di un noto cantante*; *è un t. del teatro.*

tìfula [dim. con suff. lat. (*-ula*) di *tifa*] s. f. ● Fungo delle Clavariacee saprofita o parassita di piante coltivate (*Typhula*).

tigèlla [modenese *tigèla*, all'origine 'disco di terracotta, tra due dei quali caldissimi si chiudeva la pasta': prob. stessa origine di *teglia*] s. f. ● Schiacciata tipica dell'appennino modenese, cotta tra due piastre e mangiata calda con prosciutto e sim.

tiggì ● V. *tigì.*

tight /*ingl.* 'tait/ [ingl. *tight* (vc. germ. d'origine indeur.), che però significa solo 'attillato, stretto' (quindi propriamente 'abito stretto')] s. m. inv. ● Abito maschile da cerimonia, con giacca nera a falde larghe e lunghe e pantaloni rigati nei toni grigio e nero.

tigì o **tiggì** [dalla lettura delle iniziali di *t(ele)* e *g(iornale)*] s. m. ● (*fam.*) Telegiornale.

Tigliàcee [comp. di *tiglio* e *-acee*] s. f. pl. ● Nella tassonomia vegetale, famiglia di dicotiledoni arboree a foglie semplici, alterne e fiori regolari (*Tiliaceae*) | (al sing. *-a*) Ogni individuo di tale famiglia. ➡ ILL. **piante** /4.

tìglio [lat. *tĭlia(m)*, di etim. incerta] s. m. **1** Albero delle Tigliacee con foglie a cuore e seghettate, fiori in infiorescenze dal profumo intenso, forniti di una brattea gialla-verdastra, utile per la disseminazione e frutto a noce (*Tilia cordata*). **2** Legno bianco, tenero e leggero dell'albero omonimo, usato per lavori d'intaglio, matite e fiammiferi. **3** Fibre di pianta legnosa o erbacea, come canapa e lino | (*est.*) Filo duro di carne, frutta e sim.

tiglióso [da *tiglio* nel senso di 'fibra dura'] agg. ● Fibroso | *Carne tigliosa*, dura, che si mastica male.

tìgna [lat. *tĭnea(m)*, di etim. incerta] s. f. **1** Fungo deuteromiceto con ife sottili e ramose responsabili delle tigne dell'uomo e degli animali (*Trichophyton*). **2** Affezione del cuoio capelluto da ifomiceti, con scomparsa dei capelli | (*fig., pop.*) *Grattare la t.*, battere, picchiare senza riguardo, graffiare. **3** (*fig.*) Fastidio, grattacapo, cosa molesta. **4** (*dial.*) Persona avara. **5** (*centr.*) Puntiglio, testardaggine | Stizza, rabbia.

tignàmica [dal lat. *tiniāria(m)* 'erba della tigna (*tĭnea*)'] s. f. ● Pianta delle Asteracee delle lande e zone sabbiose con fusto e foglie bianche e lanose e brattee giallo oro (*Helichrysum stoechas*).

tignàre [lat. tardo *tineāre*, da *tĭnea* 'tigna'] v. intr. e intr. pron. (aus. *essere*) ● (*dial.*) Intignare.

†**tìgnere** ● V. *tingere.*

tignòla [lat. *tinĕola(m)*, da *tĭnea* 'tigna'] s. f. ● Correntemente, farfalla di varie famiglie le cui larve, nutrendosi di sostanze organiche eterogenee, possono essere molto dannose. SIN. Tarma | *T. dei panni*, farfallina gialliccia, notturna, con larve che rodono la lana (*Tinea pellionella*) | *T. del grano*, dannosa ai cereali, nocciole, arachidi e sim. (*Tinea*) | *T. grigia della farina*, piccola farfalla della famiglia piralidi le cui larve si nutrono di cariossidi di graminacee o di farina (*Ephestia kuhniella*) | *T. degli alveari, della cera*, piralide.

tignósa [da *tigna*] s. f. ● Nome comune di alcuni funghi del genere *Amanita*, con varietà eduli e velenose | *T. paglierina*, velenosa, con cappello giallo macchiato di marrone (*Amanita citrina*). ➡ ILL. **fungo.**

tignóso [lat. tardo *tineōsu(m)*, da *tĭnea* 'tigna'] agg.; anche s. m. (f. *-a*) **1** Che, chi è affetto da tigna. **2** (*fig.*) Che, chi è fastidioso | Miserabile, meschino. **3** (*dial.*) Avaro, spilorcio. **4** (*centr.*) Puntiglioso, testardo | Stizzoso. || **tignosùccio**, **tignosùzzo**, dim.

tigóne [comp. di *tig(re)* e *(le)one*] s. m. ● Animale ibrido prodotto dall'incrocio di una tigre maschio con una leonessa.

tigràrsi v. intr. pron. ● Coprirsi di macchie e striature in modo da assumere l'aspetto del mantello della tigre.

tigràto **A** agg. ● Che ha macchie a strisce come il mantello della tigre. **B** s. m. ● Gatto robusto, di pelo corto e vellutato che forma delle caratteristiche tigrature che ricordano il mantello della tigre.

tigratùra [da *tigrato*] s. f. ● Complesso delle strisce e delle macchie che presenta un mantello di animale tigrato.

tigre [vc. dotta, lat. *tĭgri(m)*, dal gr. *tígris*, di origine iran.] s. f. o lett. †m. **1** Carnivoro felino asiatico, snello ed elegante, giallastro a strisce scure, di indole feroce anche se addomesticato (*Panthera tigris*) | *T. americana*, giaguaro | *T. di carta*, (*fig.*) persona o cosa che sembrano pericolose o temibili ma non lo sono | *Cavalcare una t.*, *essere a cavallo della t.*, (*fig.*) intraprendere un'azione pericolosa | *Cuore di t.*, spietato, crudele. **2** (*est., fig.*) Persona crudele, feroce. || **tigrétto**, dim. m. | **tigrìna**, dim. | **tigrino**, dim. m. | **tigróna**, accr. | **tigróne**, accr. m. | **tigròtto**, dim. m. (V.).

tigrésco agg. (pl. m. *-schi*) ● Di, da tigre: *ferocia tigresca.*

†**tìgro** s. m. ● Tigre.

tigròtto [dim. m. di *tigre*] s. m. ● Cucciolo della tigre.

†**tigùrio** ● V. *tugurio.*

tilacìno [dal gr. *thýlakos* 'borsa, sacco', di etim. incerta] s. m. ● Mammifero marsupiale australiano con l'aspetto di un cane lupo grigio a strisce scure trasversali, carnivoro, oggi raro, se non addirittura estinto (*Thylacinus cynocephalus*).

tilacòide [comp. del gr. *thýlakos* 'borsa', di etim. incerta, e *-oide*] s. m. ● (*bot.*) Struttura membranosa a forma di sacco presente nei Cianobatteri e nei cloroplasti degli organismi eucarioti, dove sono localizzate le clorofille.

tilbury /*ingl.* 'tilbəri/ [vc. ingl., dal n. del suo costruttore] s. m. inv. ● Tipo di calesse leggero.

tìlde [vc. sp., da una forma metatetica del lat. *tĭtulus* 'iscrizione, titolo'] s. m. o f. ● (*ling.*) Segno di lineetta per lo più ondulata messo sopra a una lettera per contraddistinguerne una particolare pronunzia.

tìlla [gr. *thylás* 'borsa, sacco': vc. di origine straniera (?)] s. f. ● (*bot.*) Estroflessione di cellule vive del parenchima legnoso che entrano nei vasi del durame riempiendone la cavità.

Tilletiàcee [vc. dotta, comp. dal n. dell'agronomo fr. M. *Tillet* e *-acee*] s. f. pl. ● Nella tassonomia vegetale, famiglia di Funghi parassiti di varie piante spec. graminacee (*Tilletiaceae*) | (al sing. *-a*) Ogni individuo di tale famiglia.

tìllo s. m. ● (*bot.*) Tilla.

tilòma [comp. del gr. *týlos* 'callo', di origine indeur., e del suff. *-oma*] s. m. (pl. *-i*) **1** Callosità cutanea spec. nel palmo della mano e nella pianta dei piedi. **2** Indurimento del margine palpebrale come conseguenza di certi processi infiammatori.

tilt /*ingl.* tilt/ [vc. ingl. d'orig. germ., che significa 'colpo, inclinazione'] s. m. inv. ● Nel flipper, scatto, con conseguente accensione di una spia luminosa, che segnala la fine della partita o la sua interruzione a causa di un errore del giocatore | *Fare, essere, andare in t.*, (*est.*) subire un guasto, detto di circuiti elettrici o elettronici; (*fig.*) perdere il controllo o non riuscire più a fornire prestazioni soddisfacenti: *per la stanchezza è andato in t.*

timbàllo [fr. *timbale*, da *tambal*, di origine sp. (*atabal*), con sovrapposizione di *cymbale* 'cembalo'] s. m. **1** (*mus.*) Timpano | (*lett.*) Tamburo: *e il canto superbo di trombe e timballi / insulta i silenzi del sacro Aventin* (CARDUCCI). **2** Vivanda a base di ingredienti vari racchiusi in un involucro di pasta sfoglia o frolla, cotta al forno in uno stampo a bordi alti: *-t di maccheroni* | Lo stampo stesso.

timbràre [fr. *timbrer*, da *timbre* 'timbro'] v. tr. ● Apporre, mettere un timbro o una stampigliatura | *T. il cartellino*, all'inizio e alla fine d'ogni periodo di lavoro, apporre un timbro sul cartellino di presenza per mezzo dell'orologio marcatempo, detto di lavoratori subordinati; (*est.*) prestare lavoro dipendente; (*est., fig.*) essere sottoposto a una routine.

timbratrìce [da *timbrare*] **A** s. f. ● Macchina che annulla automaticamente francobolli, biglietti e sim. **B** anche agg.

timbratùra s. f. ● Timbro, spec. quello applicato sul francobollo.

tìmbrico agg. (pl. m. *-ci*) ● Che riguarda il timbro, in musica e in pittura | *Valore t. di un autore, di una composizione*, espressività, musicalità.

timbrifìcio [comp. di *timbro* e *-ficio*] s. m. ● Fabbrica o laboratorio dove si producono timbri.

tìmbro [fr. *timbre*, che, prima di 'bollo', significava 'tamburo' (dal gr. *týmpanon* 'timpano')] s. m. **1** Strumento in legno o metallo e gomma di piccolo formato che serve per imprimere bolli, scritte e sim. | *T. a secco*, strumento che stampa un bollo a secco, senza inchiostro | Annullo. **2** Colore del suono dei diversi strumenti e voci: *una voce di un t. basso cantante* (MORANTE) | (*est.*) In pittura, maniera di usare il colore: *il t. della pittura astratta.* **3** (*fig.*) Tono, cadenza caratteristica di autori o composizioni letterarie: *il t. di una canzone trecentesca.* **4** (*ling.*) Aspetto con cui si presenta alla percezione una vocale. || **timbrino**, dim.

timèle o **tìmele** [vc. dotta, lat. tardo *thýmele(n)*, dal gr. *thymélē*, connesso con *thýein* 'faccio fumare (nell'offerta sacrificale)', di origine indeur.] s. f. ● Nella Grecia antica, ara sacrificale di Dioniso, collocata al centro dell'orchestra, nei teatri.

timelèa [vc. dotta, lat. *thymelāea(m)*, dal gr. *thymélaia* 'olivo (*eláia*) di timo (*thýmos*)'] s. f. ● (*bot.*) Mezereo.

Timeleàcee [comp. di *timele(a)* e *-acee*] s. f. pl. ● Nella tassonomia vegetale, famiglia di piante legnose dicotiledoni con fiori senza corolla e calice tubulare colorato (*Thymelaeaceae*) | (al sing. *-a*) Ogni individuo di tale famiglia.

time out /*ingl.* 'taim 'aut/ [loc. ingl., propr. 'fuori (*out*) dal tempo (*time*)', perché, nelle competizioni disputate a tempo effettivo, il cronometro che indica i restanti minuti di gara rimane bloccato per l'intera durata del *time out*] loc. sost. m. inv. ● (*sport*) Nella pallacanestro e sim., sospensione regolamentare del gioco chiesta dall'allenatore.

timer /*ingl.* 'taimə*/ [vc. ingl., da *time* 'tempo', dall'anglosassone *tīma*] s. m. inv. ● Temporizzatore munito di un contatore a orologeria, usato sia nella confezione di ordigni esplosivi a tempo che in numerosi elettrodomestici o apparecchi: *il t. della lavatrice*; *il t. del videoregistratore.*

time sharing /*ingl.* 'taim 'ʃɛəriŋ/ [loc. ingl., comp. di *time* 'tempo' (V. *timer*) e *sharing* 'ripartizione', da *to share* 'dividere' (entrambe d'orig. germ.)] s. m. inv. ● Tecnica che permette, in base al principio della ripartizione del tempo, l'utilizzazione contemporanea di un grosso calcolatore da parte di più persone che operano da terminali diversi.

tìmico [da *timo* (*2*)] agg. (pl. m. *-ci*) ● (*anat.*) Del timo | *Morte timica*, improvviso collasso mortale nell'infanzia attribuito a iperattività del timo.

timidézza s. f. ● Qualità di chi, di ciò che è timido: *la t. naturale del carattere perdurava* (MORANTE) | Comportamento timido: *è ostacolato dalla t.*

†**timidióso** [da *timido*] agg. ● Timido, timoroso.

†**timidità** o †**timiditàde**, †**timiditàte** [vc. dotta, lat. *timiditāte(m)*, da *tĭmidus* 'timido'] s. f. ● (*lett.*) Timidezza, spec. abituale | Atto da timido.

tìmido [vc. dotta, lat. *tĭmidu(m)*, da *timēre* 'temere', di etim. incerta] **A** agg. **1** Che si spaventa o si scoraggia facilmente: *un ragazzo t. e pauroso*; *un t. coniglio* | Che manca di disinvoltura, si dimostra impacciato, detto di persona: *con i superiori diventa t.* | *Farsi t.*, arrossire, balbettare, mostrarsi nell'aspetto come una persona timida. CONTR. Audace. **2** Che rivela timidezza, detto di gesto, atteggiamento, comportamento: *una domanda timida ed esitante* | (*est.*) Vago, indeciso: *un t. accenno di sole.* **3** (*raro*) Che si mostra timoroso o, di fronte a una situazione particolare, rivela poco coraggio, fermezza o decisione: *Nastagio ... tutto t. divenuto e quasi non avendo pelo addosso che arricciato non fosse* (BOCCACCIO). || **timidétto**, dim. | **timidino**, dim. | **timidùccio**, dim. || **timidaménte**, avv. In modo timido, con timidezza: *tacere timidamente*; *chiese timidamente il no-*

stro parere. **B** s. m. (f. *-a*) ● Persona timida: *i timidi arrossiscono facilmente.*

timina [comp. di *tim(ico)* e *-ina*] s. f. ● (*chim.*) Base organica eterociclica esatomica costituita da quattro atomi di carbonio e due di azoto; è uno dei costituenti principali degli acidi nucleici.

timing /*ingl.* 'taimiŋ/ [vc. ingl., dal v. *to time* 'determinare il tempo (*time*)'] s. m. inv. ● Determinazione delle scadenze necessarie per la realizzazione di un progetto, un'attività, un ciclo produttivo.

timo (**1**) [vc. dotta, lat. *thy̆mu(m)*, dal gr. *thýmos*, deriv. da *thýein* 'fumare' per il suo acuto profumo] s. m. *1* Piccola labiata dei terreni aridi con foglie sessili, fiori rosei e odore aromatico (*Thymus serpyllum*). SIN. Serpillo. *2* Droga aromatica ricavata dalla pianta omonima, usata come condimento e come aromatizzante di liquori.

timo (**2**) [dal gr. *thymós* 'anima, principio vitale' (?)] s. m. ● (*anat.*) Organo linfoide ben evidente nell'infanzia nel mediastino anteriore, atrofico nell'adulto. ➡ ILL. p. 365 ANATOMIA UMANA.

timocita o **timocito** [comp. di *timo* e *-cita*] s. m. (pl. *-i*) ● (*biol.*) Linfocita che si forma nel timo.

timocràtico [gr. *timokratikós*, da *timokratía* 'timocrazia'] agg. (pl. m. *-ci*) ● Concernente la timocrazia.

timocrazìa [gr. *timokratía*, comp. di *timḗ* 'onore', da *tíein* 'onorare', di origine indeur., e *-kratía*, da *krátos* 'potere'] s. f. ● Governo in cui le cariche sono assegnate in base al censo.

timòlo [comp. di *tim(o)* (*1*) e *-olo* (*2*)] s. m. ● (*chim.*) Derivato del cresolo, presente nell'olio essenziale di timo, usato come antisettico, vermicida e come conservante.

timologìa [comp. dal gr. *timḗ* 'valore' e *-logia*] s. f. ● (*filos.*) Assiologia.

timòma [comp. di *timo* (*2*) e *-(o)ma*] s. m. (pl. *-i*) ● (*med.*) Tumore del timo.

timóne o (*poet.*) †**tèmo**, †**temóne** [lat. parl. **timōne(m)*, variante di *temōne(m)*, di origine indeur.] s. m. *1* (*mar.*) Organo direzionale dei natanti, generalmente costituito da una robusta superficie sagomata incernierata a poppa in corrispondenza del piano longitudinale di simmetria e in grado di compiere spostamenti angolari intorno ad un asse verticale: *la ruota, la barra del t.* | *T. di fortuna*, approntato con mezzi di bordo per sostituire il timone perso o spezzato per la violenza del mare | *T. di profondità*, orizzontale, posto simmetricamente sulla prora dei sommergibili, per determinare dinamicamente variazioni di quota. ➡ ILL. p. 1291 SPORT; p. 1756 TRASPORTI. *2* (*aer.*) Parte mobile di un impennaggio che equilibra o comanda l'aereo, o missile, nel piano ortogonale al proprio | *T. di profondità, di quota*, equilibratore. ➡ ILL. p. 1293 SPORT; p. 1759 TRASPORTI. *3* Parte articolata del rimorchio che serve ad agganciarlo alla motrice. *4* Stanga sporgente innanzi a un veicolo agrario, che serve di guida al carro e di attacco alle bestie da tiro | *T. dell'aratro*, parte anteriore della bure portante gli organi di attacco agli animali o alla trattrice | *Pariglia di t.*, nell'artiglieria ippotrainata di un tempo, la coppia di cavalli attaccata direttamente al timone dell'avantreno del pezzo o del cassone. *5* (*est., poet.*) Carro. *6* (*fig.*) Governo, guida, direzione: *il t. dello Stato*; *mettersi al t. della famiglia.*

timoneggiàre v. tr. (*io timonéggio*) ● (*raro*) Governare col timone | (*raro*) Dirigere (*anche ass.*).

timoneggiatóre s. m. (f. *-trice*) ● (*raro*) Chi timoneggia con perizia.

timonèlla [dim. di *timone*, dal n. dell'arnese che in questi veicoli sostituisce il timone] s. f. ● Carrozzino a quattro ruote, con mantice, tirato da un solo cavallo.

timonerìa s. f. *1* Complesso degli organi dello sterzo di un autoveicolo. *2* (*aer.*) Complesso delle trasmissioni rigide o flessibili che azionano il timone di un aeromobile. *3* (*ferr.*) Complesso dei leveraggi che azionano i freni dei veicoli ferroviari. *4* (*mar.*) Complesso degli apparecchi di governo del timone | In passato, magazzino dove erano custoditi il timone e i relativi apparecchi di governo, di riserva | In passato, insieme di personale e mezzi attinenti al servizio della rotta e dei segnali.

timonièra [da *timon(ier)e*] s. f. ● (*mar.*) Locale coperto situato sul ponte di comando che contiene la ruota del timone, la bussola di governo, gli strumenti nautici e le bandiere di segnalazione.

timonière o †**temonière** [fr. *timonier*, da *timon* 'timone'] s. m. (f. *-a*) *1* Chi è addetto al maneggio della ruota o della barra del timone | *T. di manovra*, il più abile tra il personale di bordo che fa servizio al timone, che prende la ruota quando per le manovre che la nave deve compiere si richiede la maggiore perizia. *2* Canottiere che manovra il timone di una imbarcazione da regata.

timonièro agg. ● Del timone | *Penne timoniere*, le penne di contorno della coda degli uccelli con funzione di timone nel volo.

†**timonista** s. m. e f. ● Timoniere.

timoràto [vc. dotta, lat. tardo *timorātu(m)*, da *tĭmor* 'timore'] agg. ● Scrupoloso, onesto, che segue la coscienza: *un giovane t.* | *T. di Dio*, che ha timore di Dio e cerca di non offenderlo.

†**timorazióne** [da *timorato*] s. f. ● Timore.

timóre o †**temóre** [vc. dotta, lat. *timōre(m)*, da *timēre* 'temere'] s. m. *1* Stato d'animo che riflette un sentimento di paura o di ansia provocato da un male imminente, vero o creduto tale, e al quale ci si vorrebbe sottrarre: *vivere in continuo t.*; *avere t. degli esami* | Preoccupazione, turbamento: *i tuoi timori sono irragionevoli.* SIN. Apprensione, trepidazione. *2* Rispetto, soggezione: *aver t. dei più anziani* | *T. filiale*, rispetto dovuto ai genitori | *T. di Dio*, uno dei sette doni dello Spirito Santo | *Essere senza t. di Dio*, non avere rispetto del prossimo, essere senza scrupoli | *T. reverenziale*, quello che si prova nei confronti di persone dalle quali si dipende o che hanno un maggiore ascendente. ‖ **timorétto**, dim. | **timorino**, dim. | **timorùccio**, dim.

timoróso o †**temoróso** [da *timore*] agg. *1* Che è pieno di timore, di paura | Che rivela timore: *una risposta timorosa* | (*raro*) Timido. *2* †Che dà paura. ‖ **timorosaménte**, avv. Con timore; timidamente.

tìmpa ● V. *tempa*.

timpanàto agg. ● (*arch.*) Che è fornito di timpano.

timpaneggiàre [fr. *tympaniser*, da *tympan* 'timpano'] v. intr. (*io timpanéggio*; aus. *avere*) ● (*raro*) Suonare il timpano.

timpànico agg. (pl. m. *-ci*) ● (*med.*) Del timpano, del timpanismo.

timpanismo [da *timpano* per la turgidezza dell'addome] s. m. *1* (*med.*) Suono chiaro, prodotto con la percussione su cavità piene d'aria. *2* (*med.*) Distensione della parete addominale provocata dall'accumulo di gas nella cavità peritoneale o in una parte del tratto gastrointestinale.

timpanista s. m. e f. (pl. m. *-i*) ● Chi suona il timpano.

timpanite [vc. dotta, lat. tardo *tympanīte(n)*, dal gr. *tympanítēs*, per il ventre teso come un timpano (*týmpanon*)] s. f. *1* (*med.*) Infiammazione del timpano e della cassa timpanica | (*anat.*) Complesso della membrana e della cassa timpanica. *2* (*met., veter.*) Meteorismo intestinale.

tìmpano [vc. dotta, lat. *tȳmpanu(m)*, dal gr. *týmpanon*, di origine indeur.] s. m. *1* (*anat.*) Membrana che chiude il condotto uditivo esterno, separandolo dall'orecchio medio | *Rompere il t., i timpani*, (*fig.*) assordare con un forte rumore | (*fam.*) *Essere duro di timpani*, sentirci poco | (*anat.*) Complesso della membrana e della cassa timpaniche. ➡ ILL. p. 366 ANATOMIA UMANA. *2* (*mus.*) Strumento a percussione che consta di un vaso emisferico di lamina di rame, sulla cui bocca è tesa una pelle che si picchia con due mazzuoli, presente nelle grandi orchestre spec. in numero di tre | (*lett.*) Tamburo: *l'alto rumor de le sonore trombe / de' timpani e de' barbari stromenti* (ARIOSTO). ➡ ILL. **musica**. *3* (*arch.*) Spazio triangolare o mistilineo, compreso tra la cornice e i due spioventi del frontone | Muratura sovrapposta a un arco o volta in corrispondenza delle fronti. ➡ ILL. p. 356, 357, 358 ARCHITETTURA. *4* †Ciascuno dei due fondi della botte. ‖ **timpanèllo**, dim. | **timpanétto**, dim.

tina [lat. *tīna(m)*, di etim. incerta] s. f. ● (*dial.*) Tino, nel sign. di *tino* (*1*) | (*mar.*) *T. da catrame*, recipiente di legno dove si conserva il catrame | *T. da manovra*, gabbia in legno di forma ellittica per coglierví le manovre correnti quando le vele sono serrate. ‖ **tinèlla**, dim. (V.).

tinàia s. f. ● Locale destinato alla pigiatura e alla fermentazione del mosto nei tini.

Tinamifórmi [comp. del n. caribico dell'uccello *tina* e del pl. di *-forme*] s. m. pl. ● Nella tassonomia animale, ordine di Uccelli di media grandezza con sterno carenato, ali corte arrotondate, corridori, cattivi volatori (*Tinamiformes*) | (al sing. *-e*) Ogni individuo di tale ordine.

tìnca [lat. tardo *tĭnca(m)*, di etim. incerta] s. f. *1* Pesce d'acqua dolce dei Cipriniformi con pelle ricca di ghiandole mucose, verde scurissima che popola stagni ed ambienti a fondo melmoso (*Tinca tinca*). *2* (*anat.*) *Muso di t.*, porzione del collo uterino che sporge in vagina. ‖ **tincàccia**, pegg. | **tinchétta**, dim. | **tinchettina**, dim. | **tinchina**, dim. | **tincolina**, dim. | **tincolino**, dim. m.

tincóne [da *tinca*, secondo un passaggio semantico non chiarito] s. m. (f. *-a*, nel sign. 2) *1* (*med., raro*) Adenite inguinale. *2* (*pop., tosc.*) Persona fastidiosa.

tindalizzazióne [dal n. del fisico ingl., che propugnò il nuovo metodo, J. *Tyndall* (1820-1893)] s. f. ● Metodo di sterilizzazione frazionata, applicato a quei materiali che si alterano a temperature elevate, consistente nel riscaldare il materiale in esame più volte a una temperatura di 60-70 °C.

tinèlla [dim. di *tina*] s. f. ● Piccolo tino di legno usato nei frantoi per il trasporto delle olive: *il fabbro di canestre e di tinelle* (D'ANNUNZIO).

tinèllo s. m. *1* Dim. di *tino* (*1*). *2* Piccolo tino per il trasporto dell'uva sui carri durante la vendemmia. *3* Stanza ove mangiavano in comune i servitori delle case signorili | †*Avere il t.*, il vitto gratuito | †*A tutto t.*, spesato di tutto. *4* Saletta da pranzo adiacente alla cucina | Salottino di soggiorno e di ricevimento. ‖ **tinellino**, dim.

tìngere o †**tìgnere** [vc. dotta, lat. *tĭngere*, di origine indeur.] **A** v. tr. (pres. *io tìngo, tu tìngi*; pass. rem. *io tìnsi, tu tingésti*; part. pass. *tìnto*) *1* Far diventare q.c. di colore diverso dall'originario: *t. un vestito di nero*; *t. il legno con l'anilina*; *tingersi i capelli, i baffi*; *tingersi le labbra col rossetto.* *2* Macchiare, insudiciare (*anche fig.*): *tingersi le mani d'inchiostro*; *e di crudele immagine / la tua bellezza tinse* (PARINI) | (*est., poet.*) Bagnare. *3* (*lett.*) Colorare: *la timidezza gli tinge le guance di rossore*; *l'alba tinge il cielo di rosa.* **B** v. rifl. ● Darsi il belletto, il rossetto, il cosmetico per le ciglia | Tingere i capelli. SIN. Dipingersi. **C** v. intr. pron. *1* Prendere naturalmente un determinato colore: *il cielo si tinge di rosso* | *Tingersi di rossore*, arrossire. SIN. Colorarsi. *2* (*fig.*) Assumere una particolare sfumatura, risonanza, detto di sentimenti, stati d'animo: *il dolore si tingeva di rassegnazione.* *3* Macchiarsi, insudiciarsi: *tingersi, toccando una vernice.* **D** v. intr. (aus. *avere*) ● (*pop.*) Macchiare, spandendo colore: *una penna che tinge*; *tessuto che tinge.*

tingitùra s. f. ● Atto, effetto del tingere.

tinnànte [part. pres. di (*tin*)*tinnare*] agg. ● (*poet.*) Tintinnante.

tinniènte part. pres. di *tinnire*; anche agg. ● Nel sign. del v.

tinnire [vc. dotta, lat. *tinnīre*, di origine onomat.] v. intr. (*io tinnìsco, tu tinnìsci*; aus. *avere*) ● (*lett.*) Squillare, tintinnare, risonare.

tinnito [vc. dotta, lat. *tinnītu(m)*, part. pass. di *tinnīre*] s. m. ● (*lett.*) Tintinnio: *era nel cielo un pallido t.* (PASCOLI).

tìnnulo [vc. dotta, lat. *tĭnnulu(m)*, da *tinnīre*] agg. ● (*lett.*) Squillante, risonante.

tìno (**1**) [vc. dotta, lat. *tīnu(m)*, di etim. incerta] s. m. (pl. *tini*, m., pop. tosc. †*tina*, f.) *1* Grande recipiente per la fermentazione del mosto, in legno o cemento | *T. madre*, che fornisce il lievito necessario all'inizio della fermentazione nei tini successivi | *T. di conservazione*, in cemento, per il vino da pasto o da taglio | *T. con peducci*, posato su travi | *Vendere al t.*, vendere il mosto appena si svina. ➡ ILL. **vino**. *2* Vasca nella quale si fanno le tinture | *Tintura al t.*, uno dei vari procedimenti per tingere filati o tessuti eseguito con coloranti, derivati spec. dall'indaco e dall'antrachinone, che richiedono di essere disciolti mediante riduzione chimica con idrosolfito e soda caustica. *3* Ampia vasca, in generale in mattoni smaltati, in cui si tiene la pasta greggia nelle cartiere. *4* Parte superiore troncoconica dell'altoforno nella quale viene introdotto il minerale. ‖ **tinèllo**, dim. (V.).

tino (2) [vc. dotta, lat. *tīnu(m)*, tratto da *tīna*] s. m. ● Arbusto delle Caprifogliacee affine al viburno, sempreverde, coltivato nei boschetti e nelle siepi (*Viburnum tinus*).

tinòzza [da *tino (1)* con suff. accr. d'aspetto merid.] s. f. **1** Tino basso, più largo che alto. ➡ ILL. vino. **2** Recipiente in ferro smaltato o marmo, in forma di basso tino, usato un tempo come vasca da bagno.

tinta [lat. *tīncta(m)*, propriamente part. pass. f. di *tingere*] s. f. **1** Materia con la quale si tinge o si colorisce: *scatola con le tinte*; *dare una mano di t. al muro* | *T. per le scarpe*, vernice, tintura. SIN. Colore. **2** Colore assunto da q.c. in seguito a tintura: *quel mobile ha preso una tinta troppo cupa* | *Mezza t.*, sfumatura non ben definita, fra le tinte più chiare e le più scure | *In t. unita*, tutto di un colore | (*est.*) Colore: *una bella t.*; *una t. calda* | (*est.*) Colore naturale: *la t. del cielo, del mare, dei capelli* | *La t. della carnagione*, il colorito. **3** Tratto, tocco, colorito di una composizione letteraria: *un racconto dalla t. malinconica* | Maniera di presentare la narrazione, il resoconto di un fatto: *raccontò l'accaduto con tinte molto suggestive* | *Calcare, attenuare le tinte*, (*fig.*) esagerare, attenuare l'importanza o la gravità di un fatto | *A forti tinte*, (*fig.*) con notevoli effetti di drammaticità | *A fosche tinte*, (*fig.*) in modo pessimistico. **4** (*fig.*, *fam.*) Tendenza, opinione politica, partito: *sono della stessa t.* | (*pop.*) Indole, qualità: *ce n'è di tutte le tinte* | (*raro*) Apparenza. **5** †Tintoria: *giunse alla t., dov'era il suo albergo* (SACCHETTI). **6** †Foglietta metallica colorata che veniva messa nel castone sotto le gemme per aumentare il colore e la lucentezza. ‖ **tintàccia**, pegg. | **tintarèlla**, dim. (V.) | **tinterèlla**, dim.

tintarèlla s. f. **1** Dim. di *tinta*. **2** (*fam.*) Abbronzatura.

tinteggiàre v. tr. (*io tintéggio*) ● Colorire qua e là con la tinta o con diverse tinte.

tinteggiatóre [da *tinteggiare*] s. m. (f. *-trice*) ● Operaio addetto alla tinteggiatura di pareti. SIN. Imbianchino.

tinteggiatùra s. f. **1** Modo, atto, effetto del tinteggiare. **2** Operazione di dare i colori alle pareti intonacate, esterne o interne, di un edificio.

†tintillàno [perché panno *tinto* quand'era ancora in *lana*, prima della tessitura] s. m. ● Panno fine, la cui lana veniva tinta ancora in filo.

tin tin /tin 'tin/ o **tintin** [reduplicazione onomat.] **A** inter. ● Riproduce il suono argentino di un campanello o quello di un oggetto metallico, di vetro e sim. che, percosso, emette leggeri suoni squillanti: *come orologio che ne chiami / ... / tin tin sonando con sì dolce nota* (DANTE *Par.* X, 139-143). **B** in funzione di s. m. ● Il suono stesso: *il tin tin della campanella*; *i bicchieri di cristallo fecero un tin tin*.

tintinnàbolo o **†tintinnàbulo** [lat. *tintinnābu-lu(m)*, da *tintinnāre*] s. m. ● Presso i Romani, campanello, squilla.

tintinnaménto s. m. ● (*raro*) Atto del tintinnare.

tintinnànte part. pres. di *tintinnare*; anche agg. ● Nel sign. del v.

tintinnàre [vc. dotta, lat. *tintinnāre*, affine a *tinnīre*] v. intr. (aus. *essere* e *avere*) ● Squillare, risuonare con brevi colpi staccati: *far t. un campanello*.

tintinnìo s. m. ● Un tintinnare continuato: *un insistente t. di campanelli*.

tintinnìre v. intr. (*io tintinnisco, tu tintinnisci*; aus. *essere* e *avere*) ● (*lett.*) Tintinnare.

tintinno [vc. dotta, lat. tardo *tintīnnu(m)*, da *tintinnāre*] s. m. **1** Il tintinnare | Suono, risonanza: *un t. di corde*. **2** †Rumore.

†tintintò [ripetizione sillabica a carattere onomat.] **A** inter. ● Riproduce il suono lugubre delle campane. **B** anche in funzione di s. m.: *il triste t. del vespero*.

tinto A part. pass. di *tingere*; anche agg. **1** Nei sign. del v. **2** (*fig.*) Che ha una conoscenza superficiale di q.c. **3** †Oscuro, nero. **B** s. m. ● †Tintura.

tintóre [lat. *tinctōre(m)*, da *tīnctus* 'tinto'] s. m. (f. *-tora*) ● Chi si dedica alla tintura di tessuti e sim. | Chi lavora in, o è proprietario di, una tintoria. ‖ **tintorèllo**, dim. | **tintorétto**, dim. | **tintorùccio**, dim.

tintorìa [da *tintore*] s. f. **1** Officina o reparto in cui si tingono fibre tessili e stoffe | Laboratorio per la smacchiatura e la tintura dei vestiti. **2** Tecnica e attività del tingere.

tintoriàle [fr. *tinctorial*, dal lat. *tinctōrius* 'tintorio'] agg. ● Di, relativo a, tintura.

tintòrio [vc. dotta, lat. *tinctōriu(m)*, da *tīnctus* 'tinto'] agg. ● Della tintura: *arte, industria, tecnica tintoria* | Che serve a tingere: *sostanza tintoria* | *Piante tintorie*, quelle che forniscono essenze atte a tingere stoffe, pelli, alimenti, come il campeggio, l'indaco, la robbia, lo zafferano.

tintùra [lat. *tinctūra(m)*, da *tīnctus* 'tinto'] s. f. **1** Operazione, effetto del tingere: *procedere alla t. di una stoffa*; *la t. dei capelli non è riuscita* | Tecnica del tingere: *studiare la t. delle pelli* | (*fig.*) Conoscenza superficiale, infarinatura: *una t. di storia*. **2** Sostanza, materia per tingere: *t. per le scarpe, per i capelli*. **3** Preparazione medicinale liquida ottenuta con estrazione dei principi attivi dalle droghe mediante liquidi diversi: *t. alcolica, acquosa* | *T. di iodio*, soluzione alcolica di iodio, impiegata spec. come antisettico. **4** (*raro*) Colore della cosa tinta: *una t. rossa* | (*est.*) †Tinta, colore. **5** (*fig.*) †Modificazione, alterazione portata a un racconto | †Impressione prodotta nell'animo dall'educazione: *... non esser possibile levargli quella t. della tirannide* (CASTIGLIONE).

tìo- [dal gr. *théion* 'zolfo'] primo elemento ● In parole composte della terminologia scientifica, spec. della chimica, indica presenza di zolfo, o fa comunque riferimento allo zolfo: *tiosolfato, tiosolforico*.

tioàcido [comp. di *tio-* e *acido*] s. m. ● (*chim.*) Acido in cui uno o più atomi di ossigeno sono stati sostituiti da atomi di zolfo.

tiobarbitùrico [comp. di *tio-* e *barbiturico*] **A** agg. (pl. m. *-ci*) ● Detto di acido che si ottiene dall'acido barbiturico per sostituzione di un atomo d'ossigeno con uno di zolfo e dei composti da esso derivati. **B** s. m. ● Composto derivato dall'acido tiobarbiturico con proprietà anestetiche rapide e di breve durata.

tiofène [comp. di *tio-*, dell'iniziale di *f(enile)* e del suff. chim. *-ene*] s. m. ● (*chim.*) Composto eterociclico pentatomico contenente zolfo, simile al benzene col quale si accompagna nei petroli, sintetizzato da acetilene e zolfo, usato per la preparazione di diversi composti terapeutici.

tiògeno [comp. di *tio-* e *-geno*] agg. ● (*chim.*) Detto di alcuni coloranti allo zolfo: *bruno, nero, porpora, violetto t.*

tiònico [comp. di *tio-* e *(io)nico (3)*] agg. (pl. m. *-ci*) ● Detto di acido dello zolfo con numero variabile di atomi di zolfo.

tiòrba o **†teòrba** [etim. incerta] s. f. ● (*mus.*) Strumento simile al liuto, con doppio manico e sino a quattordici paia di corde di metallo da pizzicarsi con un plettro, tipico del XVI sec.

tiorbista s. m. e f. (pl. m. *-i*) ● Suonatore di tiorba.

tiosolfàto [comp. di *tio-* e *solfato*] s. m. ● (*chim.*) Sale o estere dell'acido tiosolforico | *T. di sodio*, usato come sbiancante, come mordente, nella fabbricazione di coloranti, nell'analisi chimica, come fissatore in fotografia.

tiosolfòrico [comp. di *tio-* e *solforico*] agg. (pl. m. *-ci*) ● (*chim.*) Detto di acido instabile in soluzione derivante dall'acido solforico per sostituzione di un atomo di ossigeno con uno di zolfo.

tiourèa [comp. di *tio-* e *urea*] s. f. ● (*chim.*) Molecola con struttura chimica simile all'urea da cui differisce per sostituzione dell'atomo di ossigeno con uno di zolfo.

tiourèico agg. (pl. m. *-ci*) ● (*chim.*) Detto di derivato della tiourea.

tipi [vc. indigena degli Indiani d'America] s. m. inv. ● (*etn.*) Tepee.

-tipìa [gr. *-typía*, elemento compositivo deriv. da *týpos* 'tipo'] secondo elemento ● In parole composte, indica un determinato procedimento di stampa specificato dal primo componente: *cromotipia, zincotipia*.

tipicità s. f. ● Carattere, qualità di ciò che è tipico: *la t. di una frase*; *la t. di un vino*; *la t. di una figura giuridica*.

tipicizzàre [da *tipico*] v. tr. ● (*raro*) Tipizzare.

tìpico [vc. dotta, lat. tardo *týpicu(m)*, dal gr. *typikós*, agg. di *týpos* 'tipo'] agg. (pl. m. *-ci*) **1** Che appartiene a un tipo, una persona o una cosa: *espressione tipica*; *una tua reazione tipica* | (*est.*) Esemplare: *caso t.* SIN. Caratteristico. **2** Che può valere da tipo essendo conforme a un tipo o avendone le caratteristiche: *gesto t.*; *carattere t.*; *vino t.* | (*est.*) Caratteristico: *costume t.*; *prodotti tipici*; *cucina tipica*. **3** (*dir.*) Di figura giuridica specificamente prevista dalla legge. **4** Figurativo, simbolico | *Fatti tipici*, dell'Antico Testamento come prefigurazioni di quelli del Nuovo | *Agnello t.*, simbolo di Gesù. ‖ **tipicaménte**, avv. **1** In modo tipico: *espressione tipicamente familiare*. **2** †Figurativamente.

tipificàre [comp. di *tipo* e *-ficare*] v. tr. (*io tipìfico, tu tipìfichi*) ● (*raro*) Tipizzare.

tipizzàre v. tr. ● Rendere conforme a un tipo | Standardizzare.

tipizzazióne s. f. ● Atto, effetto del tipizzare.

tipo [vc. dotta, lat. *týpu(m)*, dal gr. *týpos*, di origine indeur.] **A** s. m. (f. *-a* nel sign. 5) **1** Segno impresso, impronta, conio: *il t. di una moneta, di una medaglia*. **2** Modello, esemplare, campione (*anche iron.*): *il primo t. di caldaia a vapore*; *il vero t. del gentiluomo*; *il t. perfetto del furfante* | Genere, in relazione al prezzo e alle caratteristiche, detto di prodotto in vendita: *un t. elegante di soprabito*; *merce di tutti i tipi*; *un t. molto costoso* | Specie: *gente del suo t.* | *Di, sul t. di*, simile a | (*ell.*) Che riproduce le caratteristiche di un determinato prodotto: *una borsa t. pelle* | *Confezione t. famiglia*, che può soddisfare i bisogni di molte persone. **3** Forma esemplare a cui, per avere caratteri comuni, si possono ricondurre i singoli con le loro varietà: *il t. mongolo*; *i vari tipi africani* | Fisionomia caratteristica: *il t. della razza* | *T. costituzionale*, biotipo | Schema ideale, esemplificazione di una categoria di persone o cose: *il t. del seduttore*. **4** Rappresentazione artistica di un carattere o un personaggio che tenga conto solo di particolari elementi anche comuni ad altri individui: *i tipi del teatro popolare*. **5** (*est.*) Persona originale, singolare o bizzarra: *che t.!*; *proprio lei ha il coraggio di farmi questa domanda!... bel t.!* (MORAVIA) | *Un t.*, un tale | *Essere un t.*, avere una personalità originale e manifestarla spec. attraverso il modo di vestire, di muoversi, di atteggiarsi | *T. da spiaggia*, (*scherz.*) che si veste, si comporta, parla e sim. in modo stravagante, eccentrico. **6** Suddivisione della sistematica zoologica e botanica che raggruppa classi fra loro affini. **7** (*raro*) Simbolo, figura: *l'agnello è t. di Gesù*. **8** (*spec. al pl.*) Caratteri tipografici: *i tipi bodoniani*. ‖ **tipàccio**, pegg. | **tipétto**, dim. | **tipino**, dim. **B** in funzione di agg. inv. ● (posposto al s.) Che può fungere da esemplare, da campione: *una risposta t.* | Tipico, medio: *famiglia t.*; *reddito t.*

tipo-, -tipo [gr. *týpos* 'tipo' (V.)] primo o secondo elemento ● In parole composte, significa 'stampo', 'matrice' (*dagherrotipo*; *tipografia*) o 'esemplare', 'modello' (*archetipo, biotipo, prototipo*; *tipologia*).

tipoauxìa [comp. di *tipo-* e un deriv. del gr. *áuxein* 'aumentare' (V. *auxina*)] s. f. ● Accrescimento somatico regolare o che riguarda il tipo medio.

tipocomposizióne [comp. di *tipo(grafico)* e *composizione*] s. f. ● Composizione tipografica.

tipòfono [comp. del gr. *týpos* 'colpo' e *fono*] s. m. ● (*mus.*) Celesta.

tipografìa [comp. di *tipo-* e *-grafia*] s. f. **1** Primo e più antico sistema di stampa, in cui gli elementi stampanti sono in rilievo. **2** Stabilimento in cui si stampa con questo sistema.

tipogràfico A agg. (pl. m. *-ci*) ● Che concerne la tipografia: *carattere t.* **B** s. m. ● Il settore dell'industria tipografica: *il fatturato del t.* ‖ **tipograficaménte**, avv. Dal punto di vista tipografico.

tipògrafo [comp. di *tipo-* e *-grafo*] s. m. (f. *-a*) **1** Chi stampa con il sistema tipografico. **2** Operaio di una tipografia.

tipolitografìa [comp. di *tipo(grafia)* e *litografia*] s. f. ● Laboratorio di tipografia attrezzato anche per la stampa litografica.

tipologìa [comp. di *tipo-* e *-logia*] s. f. **1** Studio della classificazione e descrizione dei diversi tipi di un genere, spec. quello umano | *T. linguistica*, studio dei sistemi linguistici condotto allo scopo di classificare le varie lingue secondo diversi tipi strutturali. *2* Studio dei tipi e (*est.*) di tutti i componenti grafici di uno stampato. *3* Nell'esegesi biblica, spec. medievale, lettura dei fatti e personaggi del Vecchio Testamento come prefigurazioni del Nuovo.

tipològico agg. (pl. m. *-ci*) ● Della tipologia, relativo alla tipologia. || **tipologicaménte**, avv.

tipometrìa [comp. di *tipo-* e *-metria*] s. f. ● Scienza che studia le misure tipografiche.

tipòmetro [comp. di *tipo-* e *-metro*] s. m. ● Strumento di misura graduato in righe tipografiche.

tip tap /tip 'tap/ o **tippe tàppe** nei sign. A e B 1, **tippete tàppete** nei sign. A e B 1 [di origine imit. con alternanza di vocale] **A** inter. ● Riproduce il suono ritmico e secco che si produce tamburellando con le dita sopra q.c. o saltellando. **B** s. m. *1* Il suono stesso. *2* Danza moderna di origine irlandese importata in America verso la metà dell'800, caratterizzata dalla percussione ritmica e alternata della punta e del tacco delle scarpe, appositamente rivestite di placchette metalliche.

tiptologìa [comp. di un deriv. del gr. *týptein* 'battere', di origine indeur., e *-logia*] s. f. *1* Serie di colpi battuti sul muro usati come linguaggio dai carcerati. *2* Metodo di interpretazione dei colpi battuti dagli spiriti sul tavolino nelle sedute spiritiche.

tiptològico agg. (pl. m. *-ci*) ● Che riguarda la tiptologia: *linguaggio t.*

tip top® /tip 'tɔp/ [vc. ingl. 'superlativo, eccellente', comp. di *tip* 'punta' e *top* 'cima, sommità' (entrambe d'origine germ.)] s. m. inv. ● Nome commerciale di un contenitore in cartone rinforzato per pratiche d'ufficio.

tìpula [vc. dotta, lat. *ti(p)pŭl(l)a(m)*, connesso col gr. *típhē* 'ragno d'acqua', di etim. incerta] s. f. ● Insetto dittero dei Nematoceri con ampie ali che vive in zone umide e le cui larve rodono radici e pianticelle varie (*Tipula oleracea*). SIN. Zanzarone degli orti.

TIR o **Tir** [sigla fr. di *T(ransports) I(nternationaux) R(outiers)* 'Trasporti Internazionali Stradali'] s. m. inv. ● Grande autotreno o autoarticolato abilitato e adibito al trasporto internazionale di merci.

†**tira** [da *tirare*] s. f. ● Gara, controversia.

tirabàci [comp. di *tira(re)* e il pl. di *bacio*] s. m. ● Ricciolo piatto che ricade sulla fronte o su una gota, nelle acconciature femminili.

tirabòzze [comp. di *tira(re)* e il pl. di *bozza*] **A** s. m. inv. ● Torchietto o macchinetta piano-cilindrica, azionati a mano e usati per ottenere bozze di una composizione tipografica. **B** s. m. e f. inv. ● Chi è addetto alla stampa delle bozze.

tirabràce [comp. di *tira(re)* e *brace*] s. m. inv. ● Ferro ricurvo per levare la brace dal forno.

tirabusciò [adattamento del fr. *tire-bouchon*, letteralmente 'cavatappi (*bouchon*)', da *tirer* 'tirare' e *boucher* nel senso di 'chiudere con un mazzo di erba o paglia'] s. m. ● (*pop.*) Cavatappi, sturabottiglie.

tiracampanèllo [comp. di *tira(re)* e *campanello*] s. m. ● Elegante striscia di stoffa con cui nei salotti si tirava la corda del campanello.

tiracaténa [comp. di *tira(re)* e *catena*] s. m. inv. ● Tendicatena.

tìra e mòlla ● V. *tiremmolla*.

tirafilo [comp. di *tira(re)* e *filo*] **A** s. m. ● Nella macchina da cucire, dispositivo per il trascinamento del filo del rocchetto. **B** anche agg.: *leva t.*

tirafóndo [comp. di *tira(re)* e *fondo*] s. m. ● Vite che fissa un oggetto su una base di legno: *fissare la morsa al banco con tirafondi.*

tirafórme [comp. di *tira(re)* e il pl. di *forma*] s. m. inv. ● Asticciola metallica a forma di T che serve per togliere le forme dalle scarpe.

tiràggio [adattamento del fr. *tirage*, da *tirer* 'tirare'] s. m. *1* Movimento continuo dell'aria necessaria alla combustione che entra nel focolare e dei fumi che escono dal camino | *T. naturale*, per differenza di densità tra i fumi caldi e l'aria esterna | *T. forzato, meccanico*, provocato da ventilatori. *2* Compenso pagato al noleggiatore che provvede con mezzi propri all'estrazione delle merci dalla stiva. *3* (*econ.*) Prelievo valutario presso il Fondo Monetario Internazionale. *4* (*fot.*) Distanza tra il piano pellicola e l'attacco per l'innesto degli obiettivi intercambiabili in una macchina fotografica.

tiralàtte [comp. di *tira(re)* e *latte*] **A** s. m. inv. ● Dispositivo per estrarre il latte alla puerpera quando ve ne sia in eccesso o il neonato non sia in grado di succhiarlo. **B** anche agg. inv.: *pompetta t.*

tiralìnee [comp. di *tira(re)* e del pl. di *linea*] s. m. inv. ● Piccolo arnese d'acciaio con due punte sottilissime, che, intinte d'inchiostro e regolate con un'apposita vite, permettono di tirare linee più o meno sottili sulla carta | *Compasso a t.*, che ha un tiralinee in luogo di un'asta.

tiralìngua [comp. di *tira(re)* e *lingua*] agg. inv. ● Detto di strumento chirurgico usato per trattenere la lingua: *pinza t.*

tiralòro [da dividersi *tira l'oro*, comp. di *tira(re)* e *oro*] s. m. e f. inv. ● Chi riduce in fili oro, argento e sim.

tiraménto s. m. *1* (*raro*) Atto del tirare. *2* (*est., volg.*) Eccitazione sessuale | (*est.*) Desiderio intenso e capriccioso, uzzolo.

tiramisù o **tirami su** [comp. dell'imperativo di *tirare, mi* e *su*] s. m. inv. ● Dolce a base di pan di Spagna intriso di caffè e farcito con mascarpone mescolato a uova, zucchero e panna montata, il tutto ricoperto da un velo di cioccolato in polvere e servito freddo.

tìra mòlla ● V. *tiremmolla*.

tiramòlla ● V. *tiremmolla*.

tiramòlle [comp. di *tira(re)* e il pl. di *molla*] s. m. inv. ● Piccolo strumento di ferro col quale mediante una vite di pressione si comprimono e tengono ravvicinate le due branche del mollone maggiore dell'acciarino o di altra molla simile che si debba smontare.

†**tirannànzi** [comp. di *tira(re)* e *(i)nnanzi*] s. m. ● Araldo, alfiere, guida.

†**tirannàre** [da *tiranno*] v. tr. e intr. ● Tiranneggiare: *voler esser signori e t.* (VILLANI).

tiranneggiaménto s. m. ● (*raro*) Modo, atto del tiranneggiare.

tiranneggiàre [da *tiranno*] **A** v. tr. (*io tirannéggio*) ● Governare da tiranno | (*est.*) Imporsi sugli altri, limitandone in qualche modo la libertà e la personalità e trattandoli con eccessiva durezza: *t. gli inferiori*; *t. la moglie*. **B** v. intr. (aus. *avere*) ● Esercitare il governo in modo tirannico | (*est.*) Comportarsi in modo tirannico, dispotico.

†**tirannerìa** s. f. ● Tirannia.

tirannésco agg. (pl. m. *-schi*) ● (*raro, spreg.*) Di tiranno: *allor che la mia tromba / canti le tirannesche ire disfatte* (CARDUCCI) | (*est.*) Che rivela crudeltà e durezza tirannica: *metodi tiranneschi.* || **tirannescaménte**, avv. (*raro*) In modo tirannesco.

tirannìa [gr. *tyrannía* 'potere di tiranno (*týrannos*)'] s. f. *1* Governo del tiranno: *la t. di Pisistrato* | Dispotismo, tirannide | (*est.*) Autorità imposta con violenza e prepotenza: *liberarsi dalla t. del padre* | Atto tirannico: *questa è una vera t.* *2* (*fig.*) Elemento, fatto che obbliga a un determinato comportamento: *la t. dello spazio*; *la t. della rima limita la libertà del poeta* | Forza, potere irresistibile: *la t. del denaro.* *3* (*mar.*) Risacca, maretta in porto, riferita al continuo movimento che subiscono gli ormeggi.

tirannicìda [comp. di *tiranno* e *-cida*] **A** s. m. e f. (pl. m. *-i*) ● Chi uccide un tiranno. **B** agg. ● Che serve a uccidere un tiranno: *spada t.*

tirannicìdio [vc. dotta, lat. tardo *tyrannicīdiu(m)*, comp. di un deriv. di *tyrănnus* 'tiranno' e di un deriv. di *caědere* 'uccidere'] s. m. ● Uccisione di un tiranno.

tirànnico [vc. dotta, lat. *tyrănnicu(m)*, dal gr. *tyrannikós*, da *týrannos* 'tiranno'] agg. (pl. m. *-ci*) ● Di, da tiranno: *governo t.*; *autorità tirannica* | (*est.*) Crudele, prepotente e violento: *un uomo t.*; *contegno t.* || **tirannicaménte**, avv.

tirànnide [vc. dotta, lat. *tyrănnide(m)*, dal gr. *tyrannís*, da *týrannos* 'tiranno'] s. f. *1* Governo di un tiranno, spec. in riferimento alla Grecia classica. *2* (*lett.*) Governo tirannico, assoluto, dispotico: *quanto più per fuggire la t. si accostano alla licenzia, tanto più vi caggiono dentro* (GUICCIARDINI).

tirànno [vc. dotta, lat. *tyrănnu(m)*, dal gr. *týrannos*, termine proveniente dall'Asia Minore] **A** s. m. (f. *-a* nei sign. 2 e 3) *1* Nella Grecia antica, chi si impadroniva di una città assumendo ogni potere civile e militare. *2* (*est.*) Chi raggiunge il potere con la violenza e lo esercita con dispotismo | (*est.*) Chi con prepotenza impone la propria autorità o la propria volontà limitando la libertà o la personalità altrui: *con i sottoposti è un t.* SIN. Despota. *3* (*fig.*) Elemento dominante e condizionatore di scelte, comportamenti, azioni: *l'ambizione è la sua tiranna.* *4* Piccolo passeraceo nordamericano con sul capo un ciuffetto erigibile di penne rosso vivo (*Tyrannus tyrannus*). || **tirannàccio**, pegg. | **tirannèllo**, dim. **B** in funzione di agg. *1* Dispotico, prepotente: *un padrone t.* *2* Che attira e tiene legato fortemente: *un amore t.*

tirannosàuro [comp. di *tiranno* e *sauro*, frequente nella comp. di n. di fossili] s. m. ● Gigantesco rettile carnivoro scomparso nel Cretaceo, con grosso cranio e forte dentatura (*Tyrannosaurus*). ➡ ILL. **paleontologia**.

tirànte **A** part. pres. di *tirare*; anche agg. ● Nei sign. del v. **B** s. m. *1* Arnese che serve a fissare o a tenere unite due o varie parti di oggetti, congegni, macchine o strutture mediante trazione. *2* (*arch.*) Elemento strutturale, rigido o flessibile, per sopportare carichi soltanto di trazione | Negli archi, asta tesa per sopportare la spinta orizzontale. *3* *Tiranti del tamburo*, pezzetti di grossa pelle o cuoio con le testate in forma di staffa o di passante dove entra ciascuna addoppiatura angolare della fune e che, scorrendo, fanno aumentare la tensione delle pelli del tamburo. *4* (*mar.*) Tratto di cavo uscente dal paranco sul quale si applica la potenza | *T. del fumaiolo*, venti del fumaiolo | *T. di caldaia*, aste di ferro che, andando dalla faccia anteriore a quella posteriore della caldaia a tubi di fiamma, ne rinforzano la struttura | *T. d'acqua*, pescaggio. *5* Striscia di pelle cucita nella parte posteriore di calzature che non è agevole sfilare o infilare: *i tiranti degli stivali.*

tiranterìa [da *tirante*] s. f. ● (*mecc.*) L'insieme dei tiranti e dei meccanismi che azionano il freno di un veicolo a motore.

tiraòlio [comp. di *tira(re* via) e *olio*] s. m. inv. ● Sorta di ampolla a sifone con cui si leva il poco olio che nei fiaschi ricopre il vino.

†**tirapèlle** [comp. di *tira(re)* e *pelle*] vc. ● (*raro*) Solo nella loc. avv. *a t.*, a crepapelle, fino a scoppiare.

tirapièdi [comp. di *tira(re)* e il pl. di *piede*] **A** s. m. ● Garzone e aiutante del boia che un tempo aveva il compito di tirare per i piedi gl'impiccati per abbreviarne l'agonia. **B** s. m. e f. ● (*fig., spreg.*) Chi è al servizio di un altro e ne asseconda ogni iniziativa per servilismo o allo scopo di ricavarne vantaggi | (*fig., fam.*) Chi lavora assolvendo incombenze molto misere.

tirapròve [comp. di *tira(re)* e il pl. di *prova* (di stampa)] s. m. e f. inv. *1* Tirabozze piano-cilindrico a mano, ma con tutte le caratteristiche d'una macchina da stampa normale, usato per veline, patinate e sim. | Macchina analoga per prove di stampa offset e rotocalco. *2* Operaio che stampa le copie di prova in fotoincisione e fotolitografia.

tirapùgni [comp. di *tira(re)* e il pl. di *pugno*] s. m. ● Arma proibita formata da quattro anelli metallici uniti in modo da potervi infilare le dita per rendere più potente il pugno. SIN. Pugno di ferro.

tiràre [etim. incerta] **A** v. tr. **I** Esercitare una forza spec. su q.c. per modificarne le dimensioni, la forma o la posizione. *1* Portare verso di sé, o allontanare, le estremità di q.c. in modo da tenderla, allungarla, distenderla: *t. una corda, una molla*; *t. le redini*; *t. i capelli a qc.*; *t. le lenzuola prima di stirarle* | *T. il collo a un pollo*, torcerne e tenderne il collo per ucciderlo | *T. gli orecchi a qc.*, (*fig.*) rimproverarlo, ammonirlo | *T. la cinghia*, (*fig., fam.*) vivere in ristrettezze economiche, soffrire la fame | *T. le cuoia, gli ultimi respiri*, (*fam.*) morire, esalare l'ultimo respiro o essere in punto di morte | *T. un metallo*, allungarlo, assottigliarlo, con un martello o altro | *T. i tessuti*, distendere le pezze sui valichi del tiratoio, per dare la giusta larghezza e lunghezza | (*mar.*) *T. a disteso*, tesare | (*mar.*) *T. a rovescio*, mollare | *T. in lungo*, *per le lunghe*, far durare più del necessario, ritardare la conclusione di q.c. (*anche ass.*): *t. per le lunghe una discussione*; *terminate il lavoro senza t. in lungo* | *T. giorno, mattina*, fare le ore piccole | *T. un filo, una corda*, tenderli | *T. i fili, le fila di una situazione*, (*fig.*) mantenerne il controllo, facendola procedere nel modo voluto | *T., tirarsi su le calze*, tenderle perché calzino bene e non cadano né scivolino verso il basso. **2** Muovere, portare verso di sé, nella propria direzione, restando fermi ed agendo su ciò che si vuole spostare: *t. un cassetto*; *t. la porta*; *chiudere un cancello tirando il catenaccio*; *t. qc. per il vestito*; *lo tirò a sé prendendolo per la giacca*; *t. il gatto per la coda*; *t. il campanello d'allarme* | *T. le reti*, riunirne le estremità o raccoglierle dopo averle lanciate per pescare | *T. i remi in barca*, (*fig.*) concludere un'attività o un periodo di vita attiva oppure desistere da un'impresa rischiosa o troppo ambiziosa | *T. in secco un'imbarcazione*, tirarla sulla spiaggia | *T. in secco una nave*, alarla su uno scalo | Far muovere lateralmente, per aprire o chiudere: *t. una tenda*, *una serratura*. **3** (*fig.*) Attirare, volgere verso di sé, attrarre: *un musetto che tira i baci*; *t. l'occhio*, *l'attenzione di qc.*; *verso Dio / tutti tirati sono e tutti tirano* (DANTE *Par.* XXVIII, 128-129) | *T. gli schiaffi*, rendersi insopportabile per atteggiamenti sfrontati, sfacciati e sim. | *Tirarsi addosso q.c.*, (*fig.*, *fam.*) procurarsi qualche guaio o attirare su di sé critiche, risentimenti e sim. | Esercitare un'influenza o una pressione sul pensiero, la volontà o il comportamento di qc.: *t. qc. a testimoniare a proprio favore*; *lo ha tirato alle sue conclusioni* | *T. qc. dalla propria parte*, riuscire a conquistarne la simpatia, l'appoggio, il consenso | *T. l'acqua al proprio mulino*, (*fig.*) cercare di volgere ogni cosa a proprio vantaggio. **4** Far avanzare, muovere dietro di sé, agendo su ciò che si vuole spostare mentre si è in movimento: *t. una slitta*, *un rimorchio*; *la locomotiva tira le carrozze*; *i buoi tirano il carro* | *T. la carretta*, (*fig.*) lavorare duramente, guadagnarsi da vivere con continua fatica | *Tirarsi dietro q.c. o qc.*, trascinare q.c. dietro di sé o portare qc. con sé | *T. qc. in un luogo*, farsi accompagnare o seguire in un luogo da qc. prima riluttante | *T. qc. per i capelli*, (*fig.*) convincerlo con l'inganno o costringerlo a fare ciò che non vorrebbe | *T. un ragionamento per i capelli*, (*fig.*) giungervi con sforzo o arbitrariamente, formularlo in modo capzioso | *T. l'anima coi denti*, (*fig.*) reggersi in piedi a fatica, essere molto malato, debole e sim. | *T. q.c. coi denti*, (*fig.*) sostenerla a stento, detto spec. di argomentazioni, ragionamenti, conclusioni | *Una parola tira l'altra*, di discussioni troppo vivaci che possono far trascendere gli interlocutori o che sconfinano, senza un preciso motivo, in argomenti lontani dal principale. **II** Fare uscire da una determinata collocazione di luogo o di tempo, o da una situazione. **1** Spostare, far cessare di essere in un luogo o in una posizione: *t. indietro*, *a destra*, *a sinistra*, *di fianco*; *t. più avanti un mobile*; *tira più in là quel vaso*; *tirati giù la maschera* | *T. qc. da parte*, mettersi a tu per tu con qc. per comunicargli q.c. di segreto o di riservato | *T. su*, fare uscire, tirare fuori: *t. su l'acqua da una cisterna* | *T., tirarsi su i capelli*, raccoglierli in cima alla testa | *T. su qc.*, alzarlo, sollevarlo da terra; (*fig.*) aiutarlo a superare una crisi fisica, morale o economica | *T. su un bambino*, allevarlo, dargli un'educazione | *T. su col naso*, o (*ass.*) *tirare su*, (*fam.*) aspirare l'aria col naso facendo rumore e cercando di trattenere il muco | *T. la cocaina*, annusarla | *T. su*, (*raro*, *fam.*) vomitare | *T. giù*, fare scendere, abbassare; (*est.*) prendere q.c. che è posta in alto | *T. giù qc. dal letto*, farlo alzare | *T. giù un bicchiere*, *una bottiglia*, bere in pochi sorsi, in fretta | *T. giù pugni*, *colpi*, picchiare, battere con violenza | *T. giù a campane doppie*, dir male, sparlare di qc. | *T. avanti*, portare avanti, far procedere (*anche fig.*): *t. avanti la famiglia*; *t. avanti le trattative* | *T. via*, portare via, togliere, asportare | *T. via un lavoro*, eseguirlo in fretta e con scarsa cura | *T. in ballo q.c.*, affrontare, in un discorso o in una discussione, un argomento estraneo o inappropriato | *T. in ballo qc.*, farlo intervenire, farlo partecipare a q.c. o citarne le opinioni | *T. di mano q.c. a qc.*, levargliela, strappargliela | *T. fuori*, fare uscire, cavare, estrarre: *t. fuori uno di prigione*; *t. fuori una pistola* | (*fig.*) *T. fuori scuse*, *pretesti*, addurli come giustificazione | (*est.*) Estrarre, scegliere in mezzo ad altri, fare uscire da un contenitore: *t. una scheggia da un piede*; *t. una carta dal mazzo*; *t. il portamonete dalla tasca*; *t. una spada dal fodero* | *T. su i numeri*, estrarli in una lotteria, una tombola o nel gioco del lotto | *T. a sorte*, sorteggiare, estrarre dall'urna. **2** Fare uscire, fare scendere spec. un liquido, dopo averlo succhiato o aspirato: *t. il latte*; *t. il vino dalla botte* | (*ass.*) Poppare: *il neonato tira lentamente* | *T. l'acqua*, assorbirla rapidamente, detto di terreno arido | *T. il fiato*, immettere aria nei polmoni o respirare; (*fig.*) sentirsi finalmente sollevato, avere un attimo di tranquillità | *T. l'aria*, di stufe, camini e sim., avere un buon tiraggio | *T. il gruppo* o (*ass.*) *tirare*, nel ciclismo, prendere la testa del gruppo dei corridori e farne a ritmo sostenuto l'andatura, agevolando chi segue col fendere l'aria | *T. la volata al proprio caposquadra*, nel ciclismo, aiutarlo portandolo velocissimo alla propria ruota fin in prossimità del traguardo | *T. la volata a qc.*, (*fig.*) favorirlo, aiutarlo, addossandosi tutto il peso di una situazione, una responsabilità. **3** Ricavare, ottenere, trarre q.c. da q.c.: *t. una nota da uno strumento*; *t. il sugo cuocendo la carne a fuoco lento* | *T. una salsa*, aumentarne la concentrazione e la consistenza | *Tirar partito da q.c.*, trarne vantaggio, saperne approfittare | *T. le somme*, *i conti*, addizionare, fare i conti; (*fig.*) tirare le conclusioni | Arguire, dedurre, cogliere col ragionamento, l'osservazione, l'analisi, ecc.: *t. la conclusione di un discorso*; *t. le conseguenze*; *da tutto sa t. argomenti di discussione* | Rielaborare in un'idea o in un sistema concettuale elementi frutto di riflessione o di analisi: *t. una teoria*; *t. una morale*; *t. un sistema filosofico*. **4** (*pop.*) Riscuotere: *t. lo stipendio*; *t. una gratifica*; *Né io sono per anche un manzoniano / Che tiri quattro paghe per il lesso* (CARDUCCI). **5** Portare, far arrivare a una condizione: *t. a lucido un mobile* | *T. a cera i pavimenti*, lucidarli con la cera | *T. a sciroppo*, concentrare una soluzione zuccherata sino alla consistenza di uno sciroppo | *T. al peggio*, (*fig.*) interpretare un fatto nel modo peggiore o travisare volutamente le parole di qc. | *T. scemo qc.*, (*fam.*) frastornarlo, confonderlo. **III** Fare arrivare lontano usando la forza del braccio, strumenti o armi da lancio. **1** Lanciare, gettare, scagliare: *t. un sasso*, *la palla*; *t. in aria il berretto*; *t. una freccia con l'arco*; *t. una bomba*; *t. petali di fiori*, *coriandoli* | *T. baci*, fare il gesto di inviarli con la punta delle dita | *T. i dadi*, gettarli, giocando | *T. moccoli*, *bestemmie*, *imprecazioni*, (*fig.*) dirne a profusione e in tono rabbioso | *T. calci*, *pugni*, sferrarli | *T. una fregatura*, (*volg.*) imbrogliare, raggirare. **2** Fare partire un colpo di arma da fuoco, fare esplodere, sparare (*anche ass.*): *t. una fucilata*, *una cannonata*; *t. a un bersaglio mobile*; *è una pistola che non tira molto bene* | (*est.*, *ass.*) *T. in porta*, *a rete*, nel calcio, effettuare un tiro per cercare di far subire un goal alla squadra avversaria. **IV** Mettere, trasferire sulla carta linee, segni o figure, usando la scrittura, disegnando o stampando. **1** Tracciare, disegnare: *t. una linea*; *t. la perpendicolare*, *la bisettrice* | (*est.*) Tendere, fare assumere posizione sul terreno: *t. un cordone difensivo di militari* | (*fig.*) *T. un piano*, costruirlo, elaborarlo. **2** Riprodurre con la tecnica della stampa: *t. le bozze di un libro*; *t. una litografia*; *t. molte copie di un negativo*; *t. dei manifestini col ciclostile* | (*est.*) Stampare, pubblicare: *di questo quotidiano viene tirata anche l'edizione della notte*; *l'autore ha deciso di t. solo poche copie numerate*. **B** v. intr. (aus. *avere*) **I** Muoversi in una direzione, avanzare verso qc. o q.c. **1** Procedere, proseguire | *T. avanti*, seguitare a camminare senza curarsi di altro; (*fig.*) persistere in un'iniziativa, un proposito, un'azione | *T. avanti a stento*, fare una vita grama, faticosa | *Come va? Si tira avanti*, si procede alla meglio, si vive stentatamente | *T. innanzi*, continuare nel proprio cammino senza tenere in considerazione persone, fatti o interventi esterni | *T. di lungo*, andare avanti senza fermarsi | *T. diritto*, continuare a percorrere la strada davanti a sé evitando le vie laterali; (*fig.*) tendere con decisione a uno scopo prestabilito | *T. via*, (*raro*) abbandonare un luogo in tutta fretta; (*fig.*) cercare di portare a compimento q.c. evitando di impegnarsi eccessivamente, lasciar correre, finire in fretta. **2** (*fig.*) Tendere, mirare, aspirare a q.c., avere inclinazione per q.c.: *t. al bene*, *al male*, *a imbrogliare*; *non capisco a cosa tiri col suo comportamento*; *è uno che tira soltanto ai soldi* | *T. a indovinare*, (*fam.*) dare a casaccio qualche risposta sperando che sia quella giusta | *T. a campare*, cercare di vivere evitando di affannarsi, crearsi problemi e assumersi eccessive responsabilità; (*est.*) fare q.c. evitando di impegnarsi e di affaticarsi troppo. **3** Avvicinarsi, assomigliare, richiamare, detto spec. di colore: *un grigio che tira all'azzurro* | *T. da qc.*, assomigliare fisicamente o nel carattere a qc.: *è un bambino che tira dalla madre*. **4** (*fam.*) Essere incline, propendere: *sappiamo per chi tira* | Minacciare, essere sul punto di: *tira a piovere* | Tendere, deviare: *lo sterzo di questa macchina tira a destra*. **II** Esercitare una forza, una trazione o una compressione (*anche fig.*). **1** Del vento, soffiare, spirare con forza: *oggi tira la tramontana*; *tira un'aria poco invitante* | *Col vento, con l'aria che tira*, (*fam.*) coi tempi che corrono, vista la situazione. **2** Essere in grado di esercitare una trazione, detto di motori e sim.: *quest'auto non tira più in salita* | Richiedere uno sforzo di trazione, perché in salita o in forte pendenza: *una curva*, *una strada che tira*. **3** (*est.*, *volg.*) Essere in stato di eccitazione, detto di organo sessuale. **4** (*fig.*) Essere in piena efficienza, in espansione o incidere positivamente sullo sviluppo economico: *l'industria tira*; *il turismo tira bene*; *il mercato dell'auto tira ancora*. **5** Di indumento, stringere, premere, andare stretto: *la cintura tira*; *questa gonna tira sui fianchi*; *sei cresciuto di peso e i pantaloni ormai ti tirano* | Della pelle, essere eccessivamente tesa, facile a screpolarsi: *col freddo, la pelle del viso tira*. **6** (*fig.*) Ridurre le spese, cercare di risparmiare | *T. sul prezzo*, contrattare, mercanteggiare | *T. sulle spese*, cercare di spendere il meno possibile. **III** Usare un'arma che scaglia proiettili contro persone o animali: *t. col fucile*, *con l'arco*, *con la balestra*; *imparare a t.*; *saper t.*; *t. bene*, *male*; *t. alla schiena*, *alle gambe*; *t. alla selvaggina* | *T. a fermo*, sparare a un animale immobile, non a volo o in corsa | *T. all'alzata*, sparare appena un uccello si alza da terra | *T. di accompagnatura*, seguire con la mira l'animale per un certo tempo | *T. a polvere*, *a salve*, senza carica di piombo | *T. di scherma*, *di boxe*, praticare la scherma, il pugilato | Avere una determinata gittata: *un fucile che tira a grande distanza*. **C** v. rifl. ● Cambiare stato, luogo, condizione: *tirarsi da parte* | *Tirarsi in là*, scostarsi, mettersi da parte | *Tirarsi su*, alzarsi; (*fig.*) sollevarsi, riprendersi fisicamente, moralmente o economicamente | *Tirarsi indietro*, indietreggiare, ritrarsi; (*fig.*) sottrarsi a un impegno o rinunciare a un proposito.

tirasàcco [comp. di *tira(re)* e *sacco*: detto così perché i suoi peli, rivolti verso il basso, si attaccano ai tessuti tirandoli a sé] s. m. (pl. *-chi*) ● (*dial.*) Forasacco.

tirasségno [comp. di *tiro* (*1*), *a* e *segno*] s. m. ● Tiro a segno.

tirastivàli [comp. di *tira(re)* e il pl. di *stivale*] s. m. ● Cavastivali.

tirasuòle [comp. di *tira(re)* e il pl. di *suola*] s. m. inv. ● Arnese a due impugnature che serve al calzolaio per levigare le suole.

tiràta s. f. **1** Atto del tirare in una sola volta: *dare una t. alla campana* | *T. d'orecchi*, (*fig.*) sgridata, rimprovero | (*fam.*) Boccata di fumo: *finire la sigaretta in poche tirate* | (*raro*) *T. di penna*, tratto, quanto può scrivere una penna con l'inchiostro intinto una sola volta | Strappo, colpo dato nel tirare. **2** Atto, lavoro compiuto o portato a termine senza interruzioni: *preparare la tesi è stata una bella t.* | *Fare tutta una t.*, non fermarsi, andare sempre di seguito | Tratto di percorso fatto senza mai sostare: *abbiamo diviso il viaggio in tre tirate*; *il corridore rientrò nel gruppo dopo una lunga t.* **3** Lungo discorso scritto o parlato | Invettiva o discorso a difesa: *ha fatto una nuova t. contro i genitori*. **4** (*raro*, *fig.*) Distesa, linea ininterrotta di case, edifici, costruzioni, strade. **5** (*letter.*) Lassa (2). || **tiratina**, dim.

tiratàrdi [comp. dell'imperat. di *tirare* e dell'avv. *tardi*] s. m. e f. **1** Chi ama fare tardi la notte. **2** Persona lenta, scarsamente puntuale.

tiratézza s. f. ● L'essere tirato, in tensione.

tira tira o **tiratira** [duplicazione affettiva di un

deriv. da *tira(re)*] s. m. inv. **1** (*fam.*) Grande interesse | Passione: *quel ragazzo è il suo tira tira.* **2** Il contendersi, cercare di strapparsi l'un l'altro q.c. di mano: *fare a tira tira* | (*raro, fam.*) *Stare a tira tira*, stiracchiare il prezzo.

tiràto part. pass. di *tirare*; anche agg. **1** Nei sign. del v. **2** Teso, allungato, disteso: *corda tirata*; *tenda tirata* | *Carni tirate*, non flosce | Che rivela preoccupazione, stanchezza: *viso t.*; *espressione tirata.* **3** (*fig.*) Sforzato, stentato: *un consenso t.*; *un sorriso t.* | *Vita tirata*, piena di stenti | *Essere tirati con q.c.*, averne poco | (*raro*) *Stare tirati*, non cedere. **4** Che spende con eccessiva parsimonia: *una persona tirata.* SIN. Avaro, gretto. **5** (*fig.*) Sostenuto, sollecitato: *mercato t. dalla domanda.* || **tiratino**, dim.

tiratóio [da *tirare*] s. m. ● (*tess.*) Reparto nel quale i tessuti vengono messi ad asciugare opportunamente tirati perché assumano la larghezza e la lunghezza necessarie.

tiratóre s. m. (f. *-trice*) **1** Chi tira, spec. con armi da fuoco | Servente d'artiglieria addetto a far partire il colpo agendo sul congegno di sparo | Esperto nel tiro con arma da fuoco portatile: *t. scelto*, | *Franco t.*, partigiano, guerrigliero; (*fig.*) il deputato che nel segreto dell'urna vota contro il governo sostenuto dal proprio partito. **2** (*raro*) Operaio tessile che stende la stoffa nel tiratoio.

tìratron s. m. inv. ● Adattamento di *thyratron* (V.).

tiratùra [da *tirare*] s. f. **1** Numero di copie stampate o da stampare di una qualunque commessa di lavorazione come biglietti da visita, manifesti, libri, e sim.: *la t. di un grande giornale supera le centinaia di migliaia di copie.* **2** Numero di francobolli di ciascun tipo stampati per una emissione. **3** (*raro*) Operazione, effetto del tirare: *la t. dei tessuti nel tiratoio.*

tiratùtti [comp. di *tira(re)* e il pl. di *tutto*] s. m. ● (*mus.*) Sbarra che, premuta col piede, apre indistintamente tutti i registri dell'organo.

tiravolista [da *tiro a volo*] s. m. e f. (pl. m. *-i*) ● Chi pratica lo sport del tiro a volo.

†**tirazióne** s. f. ● Tiramento.

tirchierìa s. f. ● (*fam.*) Comportamento di, da tirchio | Azione da tirchio: *questa è una meschina t.* SIN. Avarizia, spilorceria.

tìrchio [da *pirchio* con sovrapposizione di *tirato* nel senso di 'avaro' (?)] agg.; anche s. m. (f. *-a*) ● (*fam.*) Avaro, spilorcio, taccagno. || **tirchiàccio**, pegg. | **tirchióne**, accr.

tirèlla [da *tirare*] s. f. ● Ciascuna delle strisce di cuoio che collegano il pettorale del cavallo alla stanga del veicolo. ➡ ILL. p. 1289 SPORT.

tiremmòlla o **tira e mòlla**, **tiramòlla**, **tira mòlla** [comp. di *tira(re)* e *molla(re)* con la cong. *e* incorporata] s. m. inv. ● Continuo alternarsi di azioni che, dirigendosi verso scopi diversi o contrari, ritardano il compimento di q.c.: *il suo comportamento è un estenuante t.* | *Fare a tira e molla*, mostrarsi esitante, indeciso, tergiversare.

tìreo- [dal gr. *thyro(eidḗs)* (V. *tiroide*)] primo elemento ● In termini del linguaggio medico, indica la ghiandola della tiroide: *tireosi*, *tireotossicosi.*

tireòṣi [fr. *thyréose*, forma contratta di *thyréotoxicose* 'tireotossicosi'] s. f. ● (*med.*) Termine generico che indica affezioni della tiroide.

tireostàtico [comp. dell'abbr. del gr. *thyreo(eidḗs)* 'tiroide' e dell'agg. *statikós* 'che ferma, arresta'] agg. (pl. m. *-ci*) ● Detto di farmaco ad azione inibitrice sulla funzione della tiroide.

tireotòssico [da *tireotossicosi*] agg. (pl. m. *-ci*) ● (*med.*) Relativo a tireotossicosi: *gozzo t.*

tireotossicòṣi [comp. dell'abbr. del gr. *thyreo(eidḗs)* 'tiroide' e *tossicosi*] s. f. ● (*med.*) Qualsiasi condizione causata da eccessiva liberazione in circolo degli ormoni tiroidei, che provoca aumento del metabolismo basale e talvolta esoftalmo.

tireotropìna o **tirotropìna** [comp. di *tireo-* e un deriv. del gr. *trépein* 'volgere' (V. *-tropia*)] s. f. ● (*biol.*) Ormone proteico secreto dall'ipofisi anteriore, che stimola la ghiandola tiroide a secernere gli ormoni tiroidei; in sigla TSH.

tireòtropo [da *tireotropina*] agg. ● (*biol.*) Di, relativo a tireotropina | *Ormone t.*, tireotropina.

tirétto [da *tirare*, secondo un modello dial. sett.] s. m. ● (*dial.*) Cassetto.

†**tirìaca** ● V. *triaca.*

tiristóre [adattamento it. dell'ingl. *thyristor*, a sua volta comp. di *thyr(atron)* e *(trans)istor*] s. m. ● (*elettron.*) Dispositivo a semiconduttore con caratteristiche analoghe a quelle del thyratron, ampiamente usato come interruttore elettronico, regolatore di tensione, raddrizzatore controllato e invertitore.

tiritèra [da *tira(re)* con reduplicazione onomat. distratta] s. f. ● Cantilena, filastrocca | (*est.*) Discorso prolisso e noioso.

tiritèssi [sovrapposizione espressiva di *tessere* a *tirare*] s. m. ● (*raro, tosc.*) Confusione, affaccendamento.

tiritómbola [sovrapposizione espressiva di *tombola* a *tirare*] s. f. ● (*tosc.*) Ruzzolone, capitombolo.

tirlindàna o **dirlindàna** [vc. lombarda, di etim. incerta] s. f. ● Lunga lenza, fornita di piombini e molti ami che, trainata dalla barca, è usata per la pesca in acque dolci. ➡ ILL. **pesca**.

tiro (1) [da *tirare*] s. m. **1** Modo, atto del tirare: *il t. di una rete*; *t. alla fune* | Traino di un veicolo tramite animali: *bestia da t.* | *T. a due*, *a quattro*, con due o quattro animali, spec. cavalli | *Un t. di buoi*, insieme dei buoi aggiogati allo stesso carro; (*est.*) l'animale o gli animali che trainano un veicolo. **2** Atto del tirare con un'arma da getto o da fuoco: *t. coll'arco*; *il t. del cannone*; *t. terrestre*, *antiaereo*, *navale* | *T. di sbarramento*, d'interdizione, di disturbo | *T. a segno*, esercitazione di tiro al bersaglio; anche il luogo o il locale dove si svolge questo tipo di esercitazione | *T. a volo*, contro un bersaglio mobile (un tempo anche piccioni, oggi piattelli), in gare sportive | *T. al piattello*, sparando a bersagli mobili di forma appiattita e tondeggiante, spec. di argilla, lanciati da macchina speciale | *A un t. di schioppo*, *di fucile*, alla distanza che percorrerebbe il proiettile di uno schioppo, o di un fucile; (*fig.*) molto vicino | *Essere a t.*, alla giusta distanza per colpire, cogliere un bersaglio e (*fig., fam.*) al punto giusto, a portata di mano | *Venire*, *capitare a t.*, (*fig., fam.*) venire opportuno, presentarsi nel momento più favorevole | Colpo di arma da getto: *un t. corto*, *sbagliato* | Sparo: *t. di partenza*; *dopo due tiri lo centrò*; *ci restano pochi tiri* | †*Sul t.*, sul colpo | *Centrale di t.*, nella marina da guerra complesso degli apparati e dei calcolatori che elaborano i dati per il puntamento delle artiglierie e il locale di bordo che li contiene. **3** (*est.*) Il gettare, lo scagliare, il lanciare q.c.: *un t. di dadi*; *il t. del giavellotto* | Nel calcio e in altri sport della palla, lancio della palla: *t. di piede*, *t. di testa*; *t. lungo*, *corto*, *radente*; *un t. forte*, *debole*; *t. in porta*, *t. a canestro*; *t. di punizione*, *t. di rigore* | *T. angolato*, con traiettoria diagonale verso un angolo della porta avversaria | Nella pallacanestro: *t. libero*, tiro di punizione che un giocatore esegue da fermo dal centro della lunetta senza che gli avversari possano intervenire a ostacolarlo. **4** Corda che tende gli elementi di scena, azionata a mano o elettricamente dalla soffitta. **5** *T. di corda*, in alpinismo, tratto di parete che una cordata percorre per portarsi da un punto di sosta al successivo. **6** (*fig.*) Colpo, tentativo: *è un t. riuscito* | (*fig.*) Azione cattiva che colpisce e danneggia chi non se l'aspetta: *un t. mancino*, *birbone* | *Giocare un brutto t.*, tentare di fare un danno serio | (*pop.*) *Un t. secco*, una morte improvvisa. **7** (*fig., pop.*) Boccata: *dar due tiri a una sigaretta.* **8** Annusata: *un t. di cocaina.* || **tiràccio**, pegg.

†**tiro (2)** [dal gr. *thḗr*, dim. *thḗríon*, di origine indeur. (?)] s. m. ● Vipera, serpente velenoso.

tirocinànte agg.; anche s. m. e f. ● Che, chi fa un tirocinio: *operaio t.*; *i tirocinanti saranno assunti.* SIN. Apprendista.

tirocìnio [vc. dotta, lat. *tirocĭniu(m)*, da *tiro*, genit. *tirōnis* 'tirone, principiante'] s. m. **1** Scambio dell'addestramento professionale con una prestazione di lavoro subordinato: *contratto di t.*; *attestato di t.* | *Rapporto di t.*, relazione giuridica intercorrente tra il datore di lavoro e l'apprendista. SIN. Apprendistato. **2** Correntemente, preparazione pratica necessaria per esercitare un mestiere o una professione e che si svolge sotto la guida di un esperto: *è passato alla cattedra universitaria dopo un t. presso un istituto di ricerche.*

tiròide [gr. *thyroeidḗs* 'che ha la forma (*êidos*) di uno scudo (*thyreós*)'] s. f. ● (*anat.*) Ghiandola endocrina a forma di scudo, posta nella parte anteriore del collo, che produce un ormone ricco di iodio, detto tiroxina, che aumenta il metabolismo basale dell'organismo. ➡ ILL. p. 365 ANATOMIA UMANA.

tiroidectomìa [comp. di *tiroid(e)* e *-ectomia*] s. f. ● (*chir.*) Asportazione della tiroide.

tiroidèo agg. ● (*anat.*) Della tiroide: *disfunzione tiroidea*; *ormone t.*

tiroidìna [comp. di *tiroide* e *-ina*] s. f. ● (*med.*) Estratto di ghiandola tiroidea.

tiroidìṣmo [comp. di *tiroide* e *-ismo*] s. m. ● (*med.*) Stato morboso da alterata funzione della tiroide.

tiroidìte [comp. di *tiroide* e *-ite (1)*] s. f. ● (*med.*) Infiammazione della ghiandola tiroide.

tirolése [da *Tirolo*, n. che in origine indicava un castello (*Tirol*) presso Merano] **A** agg. ● Del Tirolo | *Alla t.*, (*ell.*) nella foggia ispirata allo stile del Tirolo: *pantaloni di pelle alla t.* | *Cappello alla t.*, di feltro vellutato verde con pennacchietto di tasso. **B** s. m. e f. ● Abitante o nativo del Tirolo. **C** s. f. ● Vivace danza campagnola originaria del Tirolo.

tirolìno [dal *Tirolo*, dove fu coniata] s. m. ● Moneta d'argento coniata a Merano da Mainardo II conte del Tirolo nel 1271, contraddistinta da due croci incrociate sul rovescio.

†**tiróne (1)** [vc. dotta, lat. *tirōne(m)*, di etim. incerta] s. m. **1** Recluta, spec. nell'esercito di Roma antica: *avevano preposto sopra i militi novelli, i quali chiamavano tironi, un maestro a esercitarli* (MACHIAVELLI). **2** (*est.*) Novizio, novellino.

tiróne (2) [da *tirare*] s. m. ● Asta di ferro che sostiene un elemento scenico in posizione verticale.

tironiàno [vc. dotta, lat. *tironiānu(m)*, da *Tiro*, genit. *Tirōnis*, n. del liberto e segretario di Cicerone] agg. ● Relativo a Tirone (104-4 a.C.) e al sistema tachigrafico usato dai Romani e da lui ideato | *Note tironiane*, l'insieme dei segni che formavano quella scrittura.

tiroṣìna [dal gr. *tyrós* 'formaggio', dal quale è stato orig. tratto, col suff. *-ina*] s. f. ● (*chim.*) Amminoacido idrofobo presente nelle proteine.

tirotropìna ● V. *tireotropina.*

tiroxìna o **tirossìna** [comp. della prima parte di *tir(oide)*, *oss(igeno)* e *-ina*, secondo il modello dell'ingl. *thyroxine*] s. f. ● Ormone prodotto dalla tiroide, impiegato nella terapia dell'ipotiroidismo, turbe dello sviluppo e della crescita.

tirrènico [vc. dotta, lat. *Thyrrhēnicu(m)*, da *Thyrrhēnum* 'Tirreno'] agg. (pl. m. *-ci*) ● Del mar Tirreno: *le coste tirreniche.*

tirrèno **A** agg.; anche s. m. ● Che, chi apparteneva alle popolazioni dell'Italia centromeridionale, anteriori a quelle indoeuropee, identificate un tempo con gli Etruschi. **B** agg.; anche s. m. solo sing. ● Detto di quella parte di Mediterraneo racchiusa fra la costa occidentale della penisola italiana, quella settentrionale della Sicilia e quella orientale della Sardegna e della Corsica: *mar Tirreno*; *le coste del Tirreno.*

tirsìfero [comp. del lat. *thy̆rsus* 'tirso' e *-fero*] agg. ● Portatore del tirso.

tirso [vc. dotta, lat. *thy̆rsu(m)*, dal gr. *thýrsos*, termine originario dell'Asia Minore] s. m. **1** Asta circondata da pampini e da edera, che era portata dal dio romano Bacco e dalle baccanti. **2** (*bot.*) Pannocchia.

tirtàico agg. (pl. m. *-ci*) **1** Dell'antico poeta greco Tirteo (sec. VII a.C.). **2** (*est.*) Che contiene ideali eroici o esorta al valore: *discorso t.*; *la poesia tirtaica del Carducci.*

tirtèo [gr. *Tyrtâios*, di etim. incerta] s. m. ● (*raro*) Poeta marziale, cantore di glorie patrie.

tirucchiàre [comp. di *tirare* e *-ucchiare*] v. tr. (*io tirùcchio*) ● (*raro*) Tirare spesso, ma con poca abilità (*anche ass.*).

tiṣàna [vc. dotta, lat. *(p)tĭsana(m)*, dal gr. *ptisánē* (in it. l'accento segue il modello gr.), deriv. da *ptíssein* 'tritare, pestare', di origine indeur.] s. f. ● Soluzione diluita di sostanze medicamentose ottenuta per infusione di fiori di camomilla, di tiglio, malva e sim. o per decozione di cortecce o semi, usata come calmante o emolliente.

Tiṣanòtteri [comp. del gr. *thýs(s)anos* 'nappa, frangia' e *pterón* 'ala', ambedue di origine indeur.] s. m. pl. ● Nella tassonomia animale, ordine di piccoli Insetti con quattro ali lunghe frangiate e trasparenti che si nutrono suggendo linfa vegetale (*Thysanoptera*) | (al sing. *-o*) Ogni individuo di tale ordine.

Tiṣanùri [comp. del gr. *thýs(s)anos* 'nappa, frangia' e *ourá* 'coda', l'uno e l'altro di origine indeur.] s. m. pl. ● Nella tassonomia animale, ordine di Insetti apteri dalla coda frangiata, con lunghe antenne e apparato boccale masticatore (*Thysanura*) | (al sing. *-o*) Ogni individuo di tale ordine.

tiṣi o †**ptiṣi** [vc. dotta, lat. *phthĭsi(m)*, dal gr. *phthísis*, da *phthíein* 'consumarsi', di origine indeur.] s. f. ● (*med.*) Tubercolosi.

tiṣiàtra s. m. e f. (pl. m. *-i*) ● Tisiologo.

tiṣiatrìa s. f. ● Tisiologia.

†**tìṣica** s. f. ● Tisichezza.

tiṣichézza s. f. *1* L'essere tisico. *2* (*est.*) Gracilità estrema, stato di consunzione | (*fig.*) Mancanza di vigore, di energia: *la t. delle sue convinzioni.*

tìṣico [vc. dotta, lat. *phthĭsicu(m)*, dal gr. *phthisikós*, da *phthísis* 'tisi'] **A** agg. (pl. m. *-ci*) *1* Che è malato di tisi. *2* (*est.*) Macilento, quasi consunto | (*fig.*) Stentato, misero, fiacco: *idee tisiche*; *lavoro t.* **B** s. m. (f. *-a*) ● Chi è malato di tisi. || **tisicàccio**, pegg. | **tisichèllo**, dim. | **tisichino**, dim. | **tisicùccio**, **tisicùzzo**, dim.

tiṣicùme [da *tisico*, col suff. spreg. *-ume*] s. m. ● †Tisi | (*spreg.*) Insieme, quantità di persone affette da tisi | (*spreg.*, *fig.*) Complesso di cose stentate, prive di vigore, detto spec. di piante.

tiṣiologìa [comp. di *tisi* e *-logia*] s. f. ● Studio della tubercolosi.

tiṣiòlogo [comp. di *tisi* e *-logo*] s. m. (f. *-a*; pl. m. *-gi*, pop. *-ghi*) ● Studioso, specialista in tisiologia.

tissotropìa e *deriv.* ● V. *tixotropia* e *deriv.*

tissulàre [fr. *tissulaire*, da *tissu* 'tessuto', sul modello di *cellulaire* 'cellulare'] agg. ● (*biol.*) Dei tessuti.

tissutàle ● V. *tessutale.*

titànico (1) agg. (pl. m. *-ci*) ● Di, da titano | (*est.*) Gigantesco, eccezionale: *sforzo t.*

titànico (2) [da *titanio* (2)] agg. (pl. m. *-ci*) ● Di composto del titanio tetravalente | *Acido t.*, sostanza anfotera | *Anidride titanica*, biossido di titanio.

titànio (1) [vc. dotta, lat. *Titāniu(m)* 'proprio dei Titani (*Titānes*, dal gr. *Titânes*, di origine straniera)'] agg. ● (*lett.*) Di Titano | Dei Titani: *la titania stirpe.*

titànio (2) [dal n. dei *Titani*, i figli di Urano, che aveva già suggerito il n. dell'elemento precedentemente scoperto, l'*uranio*] s. m. ● Elemento chimico, il solo capace di bruciare nell'azoto, molto resistente alla corrosione e alle sollecitazioni meccaniche, usato per ferroleghe e, allo stato puro, per costruire scambiatori di calore, motori e telai di aerei SIMB. Ti | *Biossido di t.*, di colore bianco, usato per il suo alto potere ricoprente nella fabbricazione di vernici | *Idrato di t.*, acido titanico.

titaniṣmo [dal n. dei *Titani*, che osarono sfidare gli dèi dell'Olimpo] s. m. ● (*letter.*) Atteggiamento di lotta contro tutte le forze che soverchiano l'uomo nel suo slancio verso l'assoluto: *il t. romantico.*

titàno [vc. dotta, lat. *Titāne(n)*, dal gr. *Titán*, prob. originē dall'Asia Minore col senso di 'figlio del sole'] s. m. *1* Ciascuno dei giganti che, nel mito greco, combatterono contro Saturno per detronizzarlo e furono sconfitti da Giove. *2* (*fig.*) Persona molto forte fisicamente o che pratica un'arte o un'attività con risultati eccezionali: *un t. della poesia.* SIN. Colosso, gigante.

titanomachìa [gr. *Titanomachía*, comp. di *Titán* 'Titano' e di un deriv. di *máchē* 'battaglia', di origine indeur.] s. f. ● Nella mitologia greca, il combattimento dei Titani contro gli dèi celesti o olimpici.

titillaménto [vc. dotta, lat. tardo *titillamĕntu(m)*, da *titillāre*] s. m. ● Modo, atto del titillare (*anche fig.*). SIN. Vellicamento.

titillàre [vc. dotta, lat. *titillāre*, di origine imit.] v. tr. ● Solleticare in modo lieve | (*fig.*) Lusingare: *t. la vanità, l'orgoglio di qc.* SIN. Vellicare.

titillatòrio [da *titillare*] agg. ● (*raro*) Che produce titillazione.

titillazióne [vc. dotta, lat. *titillatiōne(m)*, da *titillātus*, part. pass. di *titillāre*] s. f. ● (*raro*) Atto del titillare.

titìno [da *Tito*, pseudonimo assunto dall'uomo politico iugoslavo Josip Broz] s. m. (f. *-a*); anche agg. ● (*spec. spreg.*) Spec. alla fine della seconda Guerra Mondiale e nel decennio successivo, seguace del maresciallo Tito (1892-1980): *truppe titine.*

titoiṣmo [da J. Broz (1892-1980), detto *Tito*] s. m. ● La linea politica e ideologica seguita dopo il 1948 dal maresciallo iugoslavo Tito all'interno del movimento comunista e nei rapporti internazionali, basata su un atteggiamento di indipendenza nei confronti dell'Unione Sovietica.

titoìsta **A** agg. (pl. m. *-i*) ● Relativo al titoismo. **B** s. m. e f.; anche agg. ● Sostenitore del titoismo.

titolàre (1) [vc. dotta, lat. **titulāre(m)*, da *tĭtulus* 'titolo'] **A** agg. *1* Che ha un titolo professionale, la nomina per occupare un ufficio: *professore, magistrato t.* *2* Che ha solo il titolo: *sovrano t.* | *Vescovo, arcivescovo, canonico t.*, che ha solo il titolo e non il beneficio e la giurisdizione, soprattutto per le sedi cristiane antiche attualmente in paesi non cristiani | *Santo t.*, patrono, che dà il titolo a una chiesa o ad un'associazione. **B** s. m. e f. *1* Chi occupa un ufficio avendone il titolo: *il t. di un dicastero ministeriale*; *il t. di una cattedra.* *2* Correntemente, proprietario: *il t. di un negozio.* *3* Atleta che fa parte ufficialmente di una squadra formata per partecipare a una determinata competizione, o che gioca abitualmente in una formazione con un dato ruolo, spec. in contrapposizione a riserva: *squadra dei titolari.*

titolàre (2) [vc. dotta, lat. tardo *titulāre*, da *tĭtulus* 'titolo'] **A** v. tr. (*io titolo*) *1* (*raro*) Dare un titolo nobiliare | (*est.*, *scherz.*) Dare, chiamare con un nome ingiurioso: *t. qc. di stolto.* *2* (*chim.*) Determinare il contenuto o la concentrazione di una soluzione, il titolo di una lega, di una fibra tessile e sim. *3* Fornire di titoli un libro, un film, uno spettacolo televisivo e sim. **B** v. intr. ● Uscire con un titolo, detto di giornali: *tutti i quotidiani oggi titolano sui problemi economici.*

titolàrio [comp. di *titolo* e *-ario*] s. m. ● Schema preordinato per la classificazione degli atti e dei documenti di archivio, per lo più suddiviso in titoli, classi e rubriche.

titolarità [da *titolo* nel senso giuridico di 'diritto'] s. f. ● (*dir.*) Appartenenza di un diritto soggettivo a una persona | *T. mediata*, acquisto di un diritto soggettivo per effetto o per mezzo di acquisto di altro diritto soggettivo.

titolàto **A** part. pass. di *titolare*; anche agg. ● Nei sign. del v. | (*chim.*) *Soluzione titolata*, quella di concentrazione nota. **B** s. m. (f. *-a*) ● Persona dotata di un titolo nobiliare.

titolatrìce [dal *titolo*, che riprende] s. f. *1* Apparecchiatura che, in unione con una cinepresa, consente di realizzare titoli di film. *2* (*tv*) Dispositivo elettronico che permette di inserire testi scritti su un'immagine audiovisiva.

titolatùra [da *titolare* (2)] s. f. *1* Apposizione di un titolo a una pubblicazione, un film, un articolo di giornale e sim. *2* Il modo in cui un titolo è realizzato, con riferimento al carattere tipografico, alla spaziatura e sim.: *t. lineare, allargata.*

titolazióne s. f. *1* Atto, effetto del titolare: *t. di un composto chimico* | *T. dei filati*, metodo di misurazione che dà il diametro approssimativo di un filo di qualsiasi fibra tessile, basandosi sul rapporto tra lunghezza e peso dei filati. *2* (*giorn.*) Quella parte dell'attività redazionale che consiste nel redigere i titoli da dare agli articoli e alle notizie, precisandone anche la lunghezza e i caratteri.

†**titoleggiàre** v. intr. ● Dare titoli.

titolìsta [da *titolo* (di giornale)] s. m. e f. (pl. m. *-i*) *1* Nelle tipografie dei giornali, chi è addetto alla composizione dei titoli. *2* Chi titola un film o uno spettacolo televisivo.

tìtolo [vc. dotta, lat. *tĭtulu(m)*, di etim. incerta] s. m. *1* Nome, breve indicazione posta in cima a uno scritto, nel frontespizio di un libro, o in calce a un'opera d'arte per farne conoscere il soggetto o il contenuto: *il t. di un racconto, di una commedia, di una scultura* | In un testo legislativo, ripartizione caratterizzata da un numero romano: *i rapporti etico-sociali sono trattati nel t. II della parte prima della Costituzione italiana* | *T. corrente*, quello che si ripete in testa alle singole pagine di un libo | *Titoli di testa*, didascalie poste all'inizio di un film o di un programma televisivo, con i nomi del regista, degli attori e dei principali collaboratori che vi prendono parte | *Titoli di coda*, didascalie poste alla fine di un film o di un programma televisivo | Parole che si mettevano in cima a una lettera per indicare il mittente e il destinatario | †*Lettera senza t.*, anonima. *2* (*dir.*) Giustificazione del diritto soggettivo: *t. del diritto di proprietà*; *a t. gratuito, oneroso* | *T. di una pretesa*, motivazione a sostegno di una pretesa | *T. di reato*, complesso degli elementi costitutivi di uno specifico reato commesso in concreto | *T. di credito*, documento che incorpora un diritto di credito il cui contenuto è fissato esclusivamente dal tenore letterale del documento stesso | *T. esecutivo*, atto avente determinati requisiti sostanziali e formali che fornisce il diritto di dare inizio a una esecuzione processuale forzata | *T. di viaggio*, (*bur.*) biglietto, tessera di abbonamento o sim., valido per un mezzo di trasporto pubblico. *3* Denominazione, qualificazione particolare della carica, la dignità, il grado di nobiltà di qc.: *avere il t. di professore, di magistrato*; *conferire il t. di conte, di cardinale* | *Titoli accademici*, laurea, libera docenza, docenza, e sim. | *Per titoli*, detto spec. di concorsi nei quali si formano graduatorie valutando esclusivamente i titoli professionali o accademici dei candidati | Documento che attesta il diritto a fregiarsi di un titolo o di un appellativo: *produrre i titoli necessari*; *elenco dei titoli da presentare al concorso* | *T. di studio*, quello che si consegue al termine di un corso di studi | *T. di campione*, quello che ottengono un atleta o una squadra vincitori di un campionato: *t. italiano*; *t. mondiale*; *t. iridato.* *4* (*est.*) Appellativo, nome, qualificazione: *merita il t. di difensore della patria*; *sì bel titol d'amore ha dato il mondo / a una ceca peste* (POLIZIANO) | (*est.*) Fama, vanto, nomea: *poi ven colei che ha 'l titol d'esser bella* (PETRARCA) | (*iron.*, *scherz.*) Epiteto, spec. ingiurioso: *gli diede il t. di vigliacco.* *5* (*est.*, *fig.*) Diritto acquisito in base a un merito: *aver t. alla gratitudine di qc.*; *questo è t. sufficiente perché sia ascoltato* | *Con giusto t.*, a buon diritto | Causa, motivo | *A t. di*, sotto forma di, con valore di, con il fine di | †*Sotto t. di*, sotto pretesto di. *6* (*est.*) Intestazione di conti, bilanci o registrazioni varie | (*econ.*) Certificato azionario o di una obbligazione | *Titoli di Stato*, obbligazioni emesse dallo Stato quando ricorre al prestito pubblico | *T. a reddito fisso*, quello che frutta un tasso fisso per un periodo stabilito | *T. atipico*, strumento finanziario o valore mobiliare innovativo per il quale non esiste una compiuta definizione giuridica | *T. guida*, blue chip. *7* Frase, dicitura in cima a un articolo e in genere a un servizio giornalistico che, indicando l'argomento di cui si tratta, serve ad attirare l'attenzione del lettore: *t. d'apertura, di spalla*; *l'articolo aveva un t. su tre colonne.* *8* (*chim.*) Rapporto tra la massa di un componente e la quantità complessiva del composto o della miscela di cui fa parte: *t. del vapore*; *t. dei concimi* | *T. dell'oro*, percentuale d'oro in una sua lega | *T. di una soluzione*, la concentrazione del soluto espressa gener. in moli per litro. *9* Indice della grossezza o della finezza di un filato, ottenuto mediante la titolazione. *10* Lemma di dizionario, enciclopedia e sim. *11* †Indicazione, iscrizione, memoria: *nessun altro t. sotto la sua statua fu intagliato* (POLIZIANO) | †*Drizzare un t.*, ergere un'iscrizione lapidaria | (*est.*) Intestazione di una chiesa. *12* Santo cui si intitola un beneficio o una chiesa | (*est.*) Il beneficio stesso. *13* †Cognome di stirpe, famiglia. || **titolàccio**, pegg. | **titolétto**, dim. | **titolino**, dim. | **titolóne**, accr. (V.).

titolóne s. m. *1* Accr. di *titolo*. *2* Titolo, spec. di giornale, scritto a grossi caratteri o con parole tali da attirare l'attenzione del lettore.

titubànte part. pres. di *titubare*; anche agg. ● Nei sign. del v. | *Essere t.*, titubare | †*Onda t.*, che percuote la riva opposta e ritorna diminuendo. || †**titubanteménte**, avv. Con titubanza.

titubànza [vc. dotta, lat. tardo *titubāntia(m)*, da *titubāre*] s. f. ● Qualità di chi è titubante | Comportamento, atto da persona titubante, esitante: *siamo stanchi delle vostre titubanze.* SIN. Dubbio, esitazione, indecisione, perplessità.

titubàre [vc. dotta, lat. *titubāre*, vc. espressiva] v. intr. (*io titubo*; aus. *avere*) *1* (*raro*) Vacillare, non essere fermo, stabile. *2* (*fig.*) Essere, mostrarsi incerto, indeciso, esitante: *t. a lungo prima di agire.* SIN. Esitare, dubitare, tentennare.

titubazióne [vc. dotta, lat. *titubatiōne*(*m*), da *titubātus*, part. pass. di *titubāre*] s. f. *1* †Il titubare, vacillare | (*raro, fig.*) Titubanza: *scorgeva in pelle in pelle la t. che costui si sforzava invano di tener nascosta* (MANZONI). *2* (*med.*) Atassia.

tivù o **tivvù** [dalla pronunzia delle lettere *t* e *v* di *t*(*ele*)*v*(*isione*)] s. f. inv. ● (*fam.*) Televisione.

tixotropìa o **tissotropìa** [comp. del gr. *thíksis* 'l'atto di toccare' e *-tropia*] s. f. ● (*chim.*) Fenomeno per cui alcune sostanze gelatinose (*gel*) passano, se agitate, allo stato liquido ritornando a coagulare al termine dell'azione meccanica.

tixotròpico o **tissotròpico** agg. (pl. m. *-ci*) ● Che riguarda la tixotropia: *comportamento t.* | Che è suscettibile di tixotropia: *sospensione tixotropica* | Che presenta tixotropia: *sostanza tixotropica.*

tixotropizzànte o **tissotropizzànte** agg. ● Che determina l'insorgere della tixotropia.

tizianésco [dal n. del pittore *Tiziano* Vecellio, dal lat. *Titiānus*, in origine agg. di *Titius* 'Tizio'] agg. (pl. m. *-schi*) ● Che è proprio del pittore Tiziano V. (1488 ca.-1576) o della sua maniera | *Capelli tizianeschi*, di un colore biondo rame | *Colorito t.*, florido, roseo, radioso.

tiziàno agg. inv. ● Tizianesco: *capelli t.*; *biondo t.*

tìzio [vc. dotta, lat. *Titiu*(*m*), usato come fittizio riferimento giuridico dal n. di prob. formazione inft. *Titus* 'Tito'] s. m. (f. *-a*) *1* Persona che non ha o alla quale non si attribuisce grande importanza: *ha sposato un t. qualunque* | *È venuto un t.*, un tale. *2* Persona indeterminata che non si vuole o non si può nominare: *ha raccontato la cosa a Tizio, Caio e Sempronio.*

tìzzo o (*dial.*) †**stìzzo** [lat. *tītio*, genit. *titiōnis*, termine di origine pop. e prob. onomat.] s. m. ● Pezzo di legno o carbone che sta bruciando.

tizzonàto [da *tizzone*, per il colore scuro delle macchie] agg. ● Detto di mantello spec. equino che presenta macchie scure o rossastre irregolari.

tizzóne o †**stizzóne** [lat. tardo *titiōne*(*m*) 'tizzo', di origine pop.] s. m. ● Pezzo di legno o di carbone che arde o che viene tirato fuori dal fuoco: *prendere un t. con le molle* | *Nero più che un t. spento*, nerissimo | (*fig.*) *T. d'inferno*, persona empia, perversa, scellerata. || **tizzonàccio**, pegg. | **tizzoncèllo**, dim. | **tizzoncino**, dim.

tlàspi [vc. dotta, lat. *thlăspi* (nt.), dal gr. *thláspis*, di origine straniera] s. m. ● Crocifera comune, con odore agliaceo, foglie abbraccianti il fusto e frutti piatti, circolari, con margine alato (*Thlapsia arvense*).

tmèsi [vc. dotta, lat. tardo *tmēsi*(*m*), dal gr. *tmēsis*, da *témnein* 'dividere, tagliare', di origine indeur.] s. f. ● (*ling.*) Figura retorica che consiste nella scomposizione di una parola all'interno di una frase, spesso a fine verso: *così quelle carole, differente- / mente danzando* ... (DANTE *Par.* XXIV, 16-17).

to' (**1**) /tɔ, tɔ*/ o (*raro*) **toh** nel sign. 3 [sta per *tò*(*gli*) 'prendi'] inter. *1* (*fam.*) Eccoti, prendi (accompagnando le parole col gesto): *to' questa caramella*; *to'! mille lire per il gelato* | Accompagnando con le parole uno scapaccione, uno schiaffo, una spinta, un pugno e sim.: *to'! prendi anche questo!*; *to' to' e to'!* *2* Si usa per richiamare un cane: to' *to'! Bill, vieni qua.* *3* Esprime meraviglia, stupore, e anche disapprovazione, e sim.: *to'! guarda chi si vede!*; *to'! questa è bella!*; *to', e lo vieni a dire a me!*

†**to'** (**2**) /to/ ● V. *tu'*.

toast /ingl. 'toust/ [vc. ingl., dal v. *to toast*, di origine fr. (ant. fr. *toster* 'tostare')] s. m. inv. ● Coppia di fette di pane a cassetta sovrapposte, variamente farcite e tostate.

tobòga o **tabòga** [ingl. *toboggan*, dal fr. del Canada *tobogan*, di origine algonchina, simile al *tobâgun* 'slitta di pelle' degli indiani Micmac] s. m. inv. *1* Slitta di origine canadese, priva di pattini, a fondo piatto, composta tradizionalmente di sottili assi di betulla foggiate come gli sci, ma talvolta costruita anche in ferro. *2* Carrello slittante su apposite guide fortemente inclinate, usato in parchi di divertimenti, nelle piscine e sulle spiagge | Scivolo, nei campi da gioco attrezzati per i bambini.

toc /tɔk/ [vc. onomat.] inter. ● Riproduce il rumore dei colpi bussati a una porta (*spec. iter.*): *toc toc! 'chi è?'* | (*raro*) Riproduce il rumore di q.c. che picchia contro il legno.

tocài [generalizzazione del n. del vitigno orig. proveniente dalla zona collinare ungh. *Tokaj*] s. m. ● Vino giallo verdolino, asciutto, con retrogusto amarognolo, prodotto dal vitigno omonimo nei colli di Buttrio (Udine), 11°-12°.

tocàrio o **tocàrico**, **tochàrio** [ted. *tocharisch*, dal n. dell'ant. pop. chiamato *Tócharoi* dai Greci] s. m. ● Antica lingua della famiglia indoeuropea, attestata nel Turkestan cinese.

tòcca (**1**) [vc. di origine germ. come altre della stessa area, ma di origine incerta] s. f. *1* Passamano per addobbi sacri, in canapa e lamina metallica. *2* Drappo di seta con fili d'oro o d'argento.

tócca (**2**) [da *toccare*] s. f. ● Pezzo d'oro legato in date proporzioni che, fregato sulla pietra di paragone e provato nell'acido nitrico, lascia lo stesso colore del pezzo che si vuol saggiare | *Titolazione alla t.*, eseguita saggiando periodicamente su carta reattiva una goccia del liquido che si sta titolando, per cogliere il punto finale della reazione.

toccàbile agg. *1* Che si può toccare | Sensibile al tatto. *2* (*fig.*) Concreto, tangibile: *prova t. con mano.*

toccafèrro o **tócca fèrro** [comp. di *tocca*(*re*) e *ferro*] s. m. solo sing. *1* Gioco di fanciulli, in cui basta toccare qualche cosa di ferro, come un cancello, per evitare di essere acchiappati da chi è sotto: *giocare a t.* *2* Il toccare ferro per scaramanzia | *Tocca ferro!*, *t.!*, escl. che invita a toccare ferro in segno di scongiuro.

toccalàpis [comp. di *tocca*(*re*) e *lapis*] s. m. ● Matitatoio, portalapis.

toccamàno [comp. di *tocca*(*re*) e *mano*] s. m. *1* Stretta di mano, spec. dopo una compravendita per sancire un accordo. *2* Mancia data di nascosto.

toccaménto s. m. ● (*raro*) Modo, atto del toccare.

toccànte (**1**) [adattamento del corrispondente fr. *touchant*] agg. ● Che commuove o suscita un sentimento di tenerezza: *un discorso t.*

toccànte (**2**) part. pres. di *toccare*; anche agg. ● Nei sign. del v.

toccàre [vc. di origine onomat., da *tocc-* per esprimere un 'colpo'] **A** v. tr. (pres. *io tócco, tu tócchi*; part. pass. *toccàto*, lett. *tócco*) *1* Palpare, sfiorare, premere o sentire con la mano o con un'altra parte del corpo: *toccarsi la fronte con le dita*; *t. qc. col gomito*; *t. la porta verniciata di fresco*; *sciupare qc. toccandola* | *Cose che si possono t.*, ben visibili, concrete | *T. con mano*, accertarsi, assicurarsi personalmente di q.c., cercare di scoprire la verità su q.c. | *T. il polso a qc.*, tastarlo e (*fig.*) cercare di scoprire le intenzioni di qc. | †*T. la mano*, salutare affettuosamente qc. o darsi la mano durante la cerimonia del fidanzamento | Sfiorare, premere non direttamente ma con uno strumento o un oggetto qualsiasi: *t. il muro con un bastone* | (*est.*) Incitare un animale con la frusta o altro: *t. le bestie col pungolo* | †*T. il cavallo di sprone*, incitarlo con lo sprone | Premere, spingere con un tocco, un colpo, un urto più o meno forte: *t. un tasto* | *T. i bicchieri*, per bere alla salute di qc. | (*est.*) Far vibrare col tocco, detto di strumenti musicali spec. a corde o a tasto: *t. il violino, l'organo* | (*est.*) †Suonare: *il quale strumento egli tocca assai gentilmente* (GALILEI) | (*est.*) †Dare i rintocchi per segnale: *t. il vespro, la raccolta* | (*ass.*) †*t. col pennello*, dipingere. *2* Avvicinarsi a qc. o a q.c. fino a esserne a contatto o contiguo: *la tenda tocca la finestra* | Urtare leggermente: *l'onda tocca lo scoglio* | *T. fondo*, in acqua, poter stare in piedi sul fondo | (*ass.*) Nell'acqua, stare con i piedi sul fondo tenendo fuori la testa: *si tocca ancora per pochi metri.* *3* Spostare: *perché avete toccato i miei libri?* | Usare, consumare, manomettere, danneggiare: *non vuole che gli si tocchi la sua roba* | Mettere le mani per portare via: *guardate senza t. nulla* | *Non t. libro*, non leggere o non studiare | *Non t. cibo, letto*, non mangiare, non dormire | Riprendere un lavoro o uno scritto per ritoccarlo, correggerlo: *in quel quadro non è necessario t. niente*; *t. un discorso prima di pronunciarlo* | †*T. una scrittura*, alterarla | (*raro*) *T. una donna*, avere con lei rapporti sessuali | (*raro*) Percuotere, picchiare | †*T. il debitore*, intimargli il pagamento. *4* Giungere a un punto determinato, raggiungere un'altezza, una distanza (*anche fig.*): *con la testa tocca addirittura il lampadario*; *t. la meta, la maturità, la sessantina* | *T. il segno*, colpire nel punto giusto (*anche fig.*) | *Non t. terra dalla gioia*, *t. il cielo con un dito*, essere al culmine della beatitudine | *T. un porto, una città*, farvi scalo, detto di navi o aerei | *T. terra*, scendere a terra, posare i piedi sul suolo, detto di persona; approdare, accostare, detto di nave o altra imbarcazione; atterrare, detto di velivolo. *5* Riguardare: *è un'accusa che tocca tutti voi*; *son cose che ci toccano direttamente.* SIN. Interessare, riferirsi. *6* (*fig.*) Comportarsi in modo tale da colpire nell'animo, commuovendo, impressionando, turbando od offendendo qc.: *con poche parole lo hai toccato*; *guai a toccargli la famiglia*; *nessuno lo può t.*; *le vostre maldicenze non lo toccano* | *T. il cuore*, suscitare compassione, pietà, commozione | *T. sul vivo*, urtare, irritare con parole particolarmente pungenti | (*ass.*) Colpire, commuovere: *il tuo discorso tocca intimamente* | †*t. l'ugola*, stuzzicare l'appetito. *7* Ricevere, detto spec. di cose spiacevoli: *t. una sgridata, busse, pugni* | (*ell., fam.*) *Toccarle, toccarne*, prendere busse, botte e (*est.*) rimetterci | (*ell.*) †*t. di ladro*, prendere il titolo di ladro. *8* (*fig.*) Trattare brevemente, sfiorare: *t. un argomento spinoso*; *t. di sfuggita una questione importante.* **B** v. intr. (aus. *essere*) *1* Capitare, avvenire, accadere: *gli è toccata una fortuna insperata*; *anche questo mi tocca sentire?* | *A chi tocca, tocca*, non è possibile ribellarsi alla sorte | Capitare, detto solo di cose poco gradite: *tutti i castighi toccano a lui.* *2* Essere obbligato, costretto: *gli toccò pagare i debiti senza protestare.* *3* Appartenere, spettare di diritto o per dovere: *a ciascuno tocca una piccola parte di eredità*; *tocca a voi difenderci*; *a chi tocca parlare per primo?* *4* †Riferirsi: *t. a* ... **C** v. rifl. rec. ● Essere a contatto, così vicini da sfiorarsi, premersi, urtarsi, ecc.: *si toccano con i gomiti* || PROV. Fin ch'uno ha denti in bocca, non sa quel che gli tocca.

toccasàna o **tócca sàna** [comp. di *tocca*(*re*) e *sana*(*re*)] s. m. inv. ● Rimedio pronto e sicuro o considerato prodigioso (*anche fig.*): *la tua amicizia è per lui un t.* SIN. Balsamo, panacea.

toccàta s. f. *1* Atto del toccare una sola volta. *2* (*mus.*) Forma per organo, clavicembalo o liuto fiorita dal XVI al XVIII sec., anche in coppia con la fuga: *la t. e fuga bachiana* | *T. per l'elevazione*, pezzo organistico da suonarsi durante il particolare momento della messa. *3* †Cenno | †Allusione. || **toccatina**, dim. (V.).

toccatina s. f. *1* Dim. di *toccata.* *2* (*mus.*) Piccolo preludio di sonata.

toccàto part. pass. di *toccare*; anche agg. *1* Nei sign. del v. *2* (*fig.*) Di chi è stato punto da un motto arguto e non sa replicare. *3* Nella scherma, colpito da una stoccata dell'avversario. *4* Di persona stravagante, mattoide, scombinata. *5* (*raro, tosc.*) Che ha subìto un colpo apoplettico.

toccatóre s. m. (f. *-trice*) ● (*raro*) Chi tocca.

toccatùra s. f. ● (*med.*) Applicazione superficiale di medicamento, consistente nell'appoggiare ripetutamente sulla parte da curare batuffoli e sim. impregnati del medicamento stesso.

toccatùtto [comp. di *tocca*(*re*) e *tutto*] s. m. e f. inv. ● Chi ha l'abitudine di toccare ogni cosa: *quel bambino è un vero t.*

toccheggiàre [da *tocco*] v. intr. (*io tocchéggio*; aus. *avere*) ● (*raro*) Suonare a tocchi, detto delle campane.

tocchéggio s. m. ● (*raro*) Modo, atto del toccheggiare.

tòccio [vc. di provenienza dial. e di origine incerta] s. m. ● (*dial., pop.*) Intingolo, sugo.

tócco (**1**) **A** part. pass. di *toccare* ● Nei sign. del v. **B** agg. (pl. m. *-chi*) *1* (*raro*) Di frutto guasto, o un po' ammaccato. *2* Di persona un po' matta o stravagante.

tócco (**2**) [da *toccare*] s. m. (pl. *-chi*) *1* Atto, effetto del toccare: *gli batté sulla spalla con un t. leggero*; *un t. di rossetto* | *Gli ultimi tocchi*, le rifiniture. *2* Maniera, arte del suonare uno strumento musicale a corda o a tasto: *un pianista dal* *t. raffinato*. *3* Modo, atto del toccare la materia per lavorarla | (*est.*) Impronta caratteristica propria di un autore, un artista: *un pittore dal t. vivace*; *il t. manzoniano*, *michelangiolesco*. *4* (*est.*) Colpo vibrato o battuto contro q.c.: *un forte t. di martello* | Colpo dato sulla campana dal battaglio | Rintocco di orologio pubblico: *contare i tocchi* | (*est.*) Prima ora dopo il mezzogiorno: *l'orologio ha suonato il t.*; *desinare al t.* *5* (*fam.*) Colpo apoplettico. *6* (*raro*) Sensazione che q.c. comunica al tatto: *una tela dal t. gradevole*. *7* Maniera di premere i tasti del pianoforte ottenendone sonorità diversa | †Suono emesso da uno strumento a fiato. *8* (*fig.*) †Cenno, accenno. || **tocchettino**, dim. | **tocchétto**, dim.

tòcco (3) [da *tòcca* '(pezzo di) stoffa' (?)] s. m. (pl. *-chi*) *1* Pezzo più o meno grosso staccato da q.c.: *un t. di manzo*, *un t. di pane*. *2* (*fig.*) Persona di costituzione fisica alta e robusta: *un t. d'uomo* | *Un bel t. di ragazza*, una ragazza alta, robusta e appariscente, spec. detto con compiaciuta ammirazione | (*iron.*) *Un t. d'asino*, (*fig.*) una persona molto ignorante. || **tocchétto**, dim.

tòcco (4) [etim. incerta] s. m. (pl. *-chi*) ● Intingolo della cucina ligure per condire pasta o riso, a base di sugo di carne, vino bianco, olio e spezie.

tòcco (5) [fr. *toque*, di origine germ., come *tòcca* 'drappo' (V.)] s. m. (pl. *-chi*) ● Berretta tonda e senza tesa: *il t. dei magistrati*.

†**toccolàre** [da *toccare* con infisso attenuativo-iter. *-ol-*] v. intr. ● Battere alla porta.

toccóne [da *toccare* con suff. accr.] s. m. (f. *-a*) ● (*raro*) Toccatutto.

tochàrio /to'karjo/ ● V. *tocario*.

tòco [n. locale (*tupí*)] s. m. (pl. *-chi*) ● Uccello dei Tucani, americano, con grosso becco alto e massiccio rosso aranciato e piumaggio nero, rosso e bianco (*Rhamphastos toco*).

tocoferòlo [comp. del gr. *tókos* 'parto' e *-fero* '(ap)portatore' (col suff. chim. *-olo*) con allusione al fattore della riproduzione propria di questa vitamina] s. m. ● Vitamina E.

tocologìa [comp. del gr. *tókos* 'parto', di origine indeur. e *-logia*] s. f. ● Scienza del parto. SIN. Ostetricia.

tòdaro ● V. *totano* (*1*).

toddy /ingl. 'tɔdi/ [vc. ingl., dall'indostano *tāḍī*, deriv. di *tār* 'albero di palma'] s. m. inv. ● Nome indiano del vino di palma.

†**todésco** ● V. *tedesco*.

todìno [da *Todi*, cittadina umbra] **A** agg. ● Di Todi. **B** s. m. (f. *-a*) ● Abitante, nativo di Todi.

toelètta e *deriv.* ● V. *toletta* e *deriv.*

toelètte ● V. *toletta*.

tofàna [dal cognome di una megera siciliana, che agli inizi del Seicento preparava a Roma una soluzione arsenicale, come veleno] agg. solo f. ● Nella loc. *acqua t.*, detto di veleno a base d'arsenico.

tòfo [vc. dotta, lat. *tōfu(m)* 'tufo', per la sua natura calcarea] s. m. ● (*med.*) Nodulo formato da deposizione di acido urico, spec. nei tessuti molli in vicinanza delle articolazioni, tipico della gotta.

tòga [vc. dotta, lat. *tŏga(m)*, da *tĕgere* '(ri)coprire', di origine indeur.] s. f. *1* Mantello che i Romani portavano sopra la tunica, costituito da panno di lana a forma semicircolare | *Seno della t.*, parte che scendeva sul davanti | *T. candida*, imbiancata, tipica dei candidati | *T. sordida*, dei supplicanti | *T. bruna*, per lutto | *T. virile*, quella che i giovanetti dell'antica Roma indossavano quando arrivavano ai sedici anni. *2* Veste che i magistrati e gli avvocati indossano in udienza e i professori universitari nelle cerimonie ufficiali | (*est.*) Professione forense: *abbandonare la t.* | Chi esercita l'avvocatura o la funzione del giudice | *T. di ermellino*, (*per anton.*) magistrato dei più alti gradi gerarchici, spec. quelli della Corte di Cassazione.

togàle agg. ● (*raro*) Di, della toga: *gravità t.*

togàta [vc. dotta, lat. *togāta(m)*, sott. *fābula* 'commedia con personaggi vestiti con la *tŏga*'] s. f. ● Commedia romana di argomento italico.

togàto [vc. dotta, lat. *togātu(m)*, da *tŏga*] agg. *1* Che veste la toga | *Gente togata*, gli antichi Romani | *I giudici togati*, (*ell.*) *i togati*, i magistrati, spec. contrapposto ai giudici popolari. *2* (*fig.*) Ampolloso, aulico: *stile t.*

tògliere o (*lett.*) †**tòllere**, (*raro*, *lett.*) **tòrre** (2) [lat. *tŏllere*, di origine indeur., inserito nella serie di *cogliere*] **A** v. tr. (pres. *io tòlgo*, poet. †*tòglio*, *tu tògli*, poet. †*tòi*, *egli tòglie*, poet. †*tò* /tɔ*/, poet. †*tòe*, *noi togliàmo*, *voi togliéte*, *essi tòlgono*, poet. †*tògliono*; pass. rem. *io tòlsi*, *tu togliésti*; fut. *io toglierò*, pop. poet. *torrò*, *tu toglierài*, pop. poet. *torrài*; congv. pres. *io tòlga*, poet. †*tòglia*, *noi togliàmo*, *voi togliàte*, *essi tòlgano*, poet. †*tògliano*; condiz. pres. *io toglierèi*, pop. poet. *torrèi*, *tu toglierésti*, pop. poet. *torrésti*; part. pass. *tòlto*) *1* Rimuovere da una posizione, spostare: *t. la tovaglia dal tavolo*; *t. uno specchio dalla parete*; *bisogna t. tutte le virgole* | Levare via, cavare: *togliersi i guanti*; *togliersi il cappello davanti a qc.*; *togliersi un'idea dalla testa* | *T. un divieto*, *un ostacolo*, *un impedimento*, rimuoverli | *Togliersi la fame*, sfamarsi | *Togliersi una voglia*, soddisfarla, prendersela | *Togliersi un dente*, cavarselo e (*fig.*) liberarsi di q.c. di spiacevole | (*fig.*) *Togliersi una spina dal cuore*, eliminare un cruccio, una preoccupazione e sim. | *Togliersi la maschera*, (*fig.*) rivelare la propria natura, mostrare i propri difetti | *Togliersi qc. dai piedi*, mandarlo via | *T. qc. dal mondo*, ucciderlo | *T. qc. di mezzo*, allontanarlo, sopprimerlo | *T. q.c. di mezzo*, portarla via | *T. via*, distruggere, cancellare | (*est.*) Trasferire, destituire: *da un mese l'hanno tolto dall'ufficio*; *t. da un incarico* | (*est.*) Distrarre: *t. da un pensiero*, *un timore* | (*est.*) †Distogliere, dissuadere. *2* Non concedere più, riprendere: *t. quel che si era dato* | Privare: *mi ha tolto il piacere di rivederlo*; *quell'avvenimento gli tolse l'uso della ragione* | *T. il saluto*, non salutare più, per rancore o altro | *T. l'onore*, disonorare | *T. il rispetto*, mancare di rispetto verso qc. | *T. la reputazione*, *la fede*, screditare | (*raro*) *T. gli orecchi*, stordire | (*raro*) *T. il cervello*, *la testa*, confondere | Sottrarre, portare via con l'inganno: *t. il fidanzato all'amica* | Strappare, portare via a forza: *t. il figlio alla madre* | *T. la vita*, uccidere | *Togliersi la vita*, suicidarsi | †Rubare, rapire | †*t. la persona*, togliere la vita, uccidere | *T. la parola a qc.*, impedirgli di parlare | *T. la parola di bocca a qc.*, dire quello che l'altro cercava di dire o stava per dire. *3* Sottrarre una parte: *t. meno della metà*; *da dieci devi togliere quattro*. SIN. Detrarre. CONTR. Aggiungere. *4* Liberare: *t. qc. da una situazione imbarazzante*. *5* (*lett.*) †Impedire: *se noi vogliamo tor via che gente nuova non ci sopravvenga* (BOCCACCIO) | *Ciò non toglie che*, ciò non esclude che: *anche se nessuno lo conosce*, *ciò non toglie che ci si debba fidare di lui* | (*raro*, *lett.*) *Tolga Iddio!*, Dio non voglia! *6* †Prendere su, alzare, staccare, sollevare da terra: *t. qc. in braccio* | (*apocope imperat.*) *To'*, (*raro*) *togli*, prendi, †in esclamazioni di scherno | *Tor moglie*, *torre qc. in*, *per moglie*, *torre marito*, sposare, sposarsi | (*lett.*) Innalzare, alzare (*anche fig.*) | (*fig.*) †Eleggere a una carica, un ufficio. *7* (*dial.*, *pop.*) †Prendere, pigliare: *t. a prestito*; *t. su di sé una responsabilità*; *t. commiato da qc.*; *t. tempo*; *t. di mira*; *t. come regola*; *t. per salario* | (*est.*, *pop.*) Comprare: *t. un pollo al mercato*. *8* (*lett.*) Derivare, trarre: *si tolse quello vocabulo da le corti* (DANTE) | Prendere per imitazione, ritrarre: *t. un'arte*; *t. uno stile da un autore* | Ricavare, estrarre da un'opera: *t. alcuni brani*, *una citazione*, *una similitudine*. *9* (*dial.*) †Prendere, esigere in pagamento: *io vi torrò fiorini cinque* (SACCHETTI). *10* (*lett.*) Imprendere, cominciare, intraprendere: *ha tolto a considerare diligentemente le qualità e l'indole del nostro tempo* (LEOPARDI). *11* (*raro*, *pop.*) Trovare, escogitare: *t. il mezzo*, *il modo di fare q.c.* *12* †Ricevere | †Accogliere, accettare: *il padre di lei*, *ch'in casa il tolse* (ARIOSTO) | †*T. dentro*, accogliere, fare entrare. *13* †Preferire, scegliere. **B** v. rifl. ● Levarsi: *togliersi da una posizione scomoda* | Allontanarsi, partirsene: *togliersi di mezzo*; *togliersi da un luogo*; *togliersi dai piedi* | †*Togliersi da fare q.c.*, desistere | (*lett.*) Sottrarsi: *togliersi dalla vista di qc.*

†**togligióne** s. f. ● Toglimento.

toglimènto s. m. *1* (*raro*) Atto del togliere. *2* †Furto.

toglitóre s. m.; anche agg. (f. *-trice*) ● (*raro*) Chi, che toglie.

tògo (1) [etim. discussa: da *togo* (*2*) con allusione alla magnificenza della sopravveste (?)] agg. (pl. m. *-ghi*) ● (*dial.*, *scherz.*) Magnifico, eccellente, di gala, di lusso.

tògo (2) s. m. (pl. *-ghi*) ● Toga.

togolése **A** agg. ● Del Togo. **B** s. m. e f. ● Abitante, nativo del Togo.

toh /tɔ, tɔ*/ ● V. *to'* (*1*).

toiletries /ingl. 'tɔilitriz/ [vc. ingl., da *toilet* 'toilette'] s. m. e f. pl. ● L'insieme dei prodotti usati nella toilette personale: *una nuova linea maschile di t.*

toilette /fr. twa'lɛt/ [vc. fr., antico dim. di *toile* 'tela', propriamente 'piccola tela'] s. f. inv. *1* Mobile con specchio e ripiano su cui è disposto il necessario per pettinarsi e per il trucco. *2* (*est.*) Piccola stanza in cui si trova il mobile da toilette. *3* Stanza munita di servizi igienici: *cercare una t.*; *andare alla t.* *4* Complesso delle operazioni che occorrono, spec. a una donna, per completare l'igiene personale, l'abbigliamento, l'acconciatura o il trucco: *ha impiegato un'ora a fare t.* *5* Abito femminile elegante e sfarzoso: *una t. da sera*.

toiletterìa s. f. ● Adattamento di *toiletries* (V.).

tokàj /to'kai, *ungh.* 'tokɔi/ [altra grafia di *tocai*, che ripete fedelmente la forma ungh.] s. m. inv. ● Vino tipico ungherese, di color biondo oro, secco o dolce, di ricco aroma, prodotto nei vigneti della collina omonima, vicino ai Carpazi.

tokamak /*russo* ta'kamak/ [dal russo *to(roidalnj) ka(mera) mak(ina)* 'macchina a camera toroidale'] s. m. inv. ● (*fis.*) Dispositivo toroidale a confinamento magnetico per mantenere isolato il plasma dalle pareti di un reattore termonucleare.

tòlda [port. *tolda*, di prob. origine germ.] s. f. ● (*mar.*) Un tempo, ponte di coperta delle navi a vela.

tolemàico [vc. dotta, lat. tardo *Ptolemāicu(m)*, dal gr. *Ptolemaïkós* 'di Tolomeo' (*Ptolemâios*, collegato con *p(t)ólemos* 'guerra')] agg. (pl. m. *-ci*) *1* Della dinastia egizia dei Tolomei. *2* Concernente l'astronomo greco C. Tolomeo (sec. II) | *Sistema t.*, quello che poneva la Terra al centro del sistema solare.

tolétta o **telétta** (1), **toelètta**, **tolètta**, **toelètte**. s. f. *1* Adattamento di *toilette* (V.). *2* Pulitura: *la t. di una ferita*.

tolettàre o **toelettàre** [da *toletta*, sul modello del fr. *toiletter* 'fare toilette'] **A** v. tr. ● (*zool.*, *veter.*) Pulire, nettare il corpo, detto di animali: *la cagna toletta il suo cucciolo*. **B** v. rifl. ● (*zool.*) Pulire, nettare il proprio corpo, detto di animali: *la gatta si toletta*.

tolettatùra o **toelettatùra** s. f. *1* (*zool.*, *veter.*) Atto, effetto del tolettare o del tolettarsi. *2* (*est.*, *scherz.*) Ripulitura: *è iniziata la t. della città*.

tòlla [dal lat. *tăbula(m)* 'tavola'] s. f. ● (*region.*) Latta, lamiera | (*fig.*) *Faccia di t.*, faccia di bronzo, persona sfrontata.

tollatùra [dal dial. *tolla* 'lamina, lamiera, tavola'] s. f. ● (*tess.*) Finitura superficiale dei tessuti di seta per renderli più compatti e uniformi.

†**tollenóne** [vc. dotta, lat. *tollenōne(m)*: di origine etrusca (?)] s. m. ● Mazzacavallo nel sign. 2.

tolleràbile [vc. dotta, lat. *tolerābile(m)*, da *tolerā-re* 'tollerare', con la cons. rafforzata di *tollerare*] agg. *1* Che si può tollerare, sopportare: *non è un comportamento t.* SIN. Compatibile, sopportabile. *2* (*est.*) Mediocre, passabile: *una commedia appena t.* || **tollerabilménte**, avv. *1* (*raro*) In maniera tollerabile, sopportabile. *2* Mediamente.

tollerabilità s. f. ● Condizione di ciò che è tollerabile.

tollerànte part. pres. di *tollerare*; anche agg. ● Nei sign. del v.

tollerànza [vc. dotta, lat. *tolerāntia(m)*, da *tolerā-re* 'tollerare' con sovrapposizione di *tollerare*] s. f. *1* Capacità di tollerare ciò che è o potrebbe rivelarsi sgradevole o dannoso: *avere t. per una medicina*, *un cibo*, *un clima*; *ha poca t. per i lunghi viaggi* | *Casa di t.*, bordello. SIN. Sopportazione. *2* Disposizione d'animo per la quale si ammette, senza dimostrarsi contrariato, che un altro professi un'idea, un'opinione, una religione diversa o contraria alla nostra: *t. civile*, *politica*, *religiosa* | Atteggiamento comprensivo, indulgenza: *manifestare t. per i difetti altrui*. *3* Ritardo ammesso oltre la data, l'ora stabilita: *prima dell'inizio della lezione c'è una t. di dieci minuti*. *4* Scarto, riduzione, divergenza ammessa: *hanno concesso su ogni prezzo una t. del cinque per cento*. *5* Inesattezza di fabbricazione di un pezzo di lavorazione ammissibile per dati valori. *6* Possibilità di differenza dalle condizioni e caratteristiche di una merce prevista in contratto: *t. di quantità*, *t. di calo* | *T. di coniazione*, approssimazione per eccesso o per difetto del peso o del titolo di una moneta. *7* (*dir.*) *Atto di t.*, implicita o esplicita concessione che il titolare di un diritto fa dell'esercizio dello stesso ad altri pur senza rinunciarne all'esclusiva titolarità.

tolleràre [vc. dotta, lat. *tolerāre*, da *tŏllere* 'togliere', nel suo primitivo senso di '(sop)portare', col rafforzamento consonante frequente nelle parole sdrucciole] **v. tr.** (*io tòllero*) *1* Sopportare con pazienza e senza lamentarsene cose spiacevoli o dolorose: *t. l'indifferenza, il disprezzo altrui*; *non tollero le vostre offese* | Ammettere la presenza di qc. o di q.c. di poco gradito: *non lo tollerano nella loro compagnia* | Poter subire senza soffrirne dolori, disagi e prove fisiche di varia natura: *non t. il caldo eccessivo*; *tollera tutti i liquori*; *non tollera le lunghe camminate*. *2* Ammettere idee, convinzioni, opinioni contrarie alle proprie: *t. tutte le religioni, le ideologie* | Perdonare, usare indulgenza: *ha sempre tollerato la sua inesperienza*. *3* Consentire dilazioni, scarti, differenze di non grave entità: *è tollerato un ritardo di pochi minuti*.

tolleratóre [vc. dotta, lat. tardo *toleratōre(m)*, da *tolerātus* 'tollerato' con la cons. rafforzata del part. pass. it.] **s. m.**; anche **agg.** (f. *-trice*) ● (*raro*) Chi, che tollera.

tollerazióne [vc. dotta, lat. *toleratiōne(m)*, da *tolerātus* 'tollerato' con la cons. rafforzata del part. pass. it.] **s. f.** ● (*raro*) Atto del tollerare | Tolleranza.

†**tòllere** ● V. *togliere*.

†**tollètta** o **tollétta** [variante di *tolletto*, come *tolta* accanto a *tolto*] **s. f.** ● Furto, ruberia: *ruine, incendi e tollette dannose* (DANTE *Inf.* XI, 36).

†**tollètto** o **tollétto** [lat. parl. **tollēctu(m)*, da *tŏllere* 'togliere', che sostituisce l'ant. part. pass. (*t*)*lātu(m)*, sull'es. di *collēctu(m)* da *collĭgere* 'cogliere'] **s. m.** ● Solo nella loc. *il mal t.*, maltolto, preda, ruberia: *di mal t. vuo' far buon lavoro* (DANTE *Par.* V, 33).

tolstoiàno **agg.** ● Concernente lo scrittore russo L. N. Tolstoj (1828-1910): *i romanzi tolstoiani*.

tolstoìsmo **agg.** ● Il complesso delle dottrine di Tolstoj ispirate alla non violenza e al socialismo cristiano.

†**tòlta** **s. f.** *1* Atto, effetto del togliere | (*est.*) Furto, ruberia. *2* Guadagno, acquisto | Compera: *buona, mala t.*

tòlto **A** **part. pass.** di *togliere*; anche **agg.** *1* Nei sign. del v. *2* (*raro*) *t. di sé*, fuori di sé. *3* †Rubato. *4* Eccetto, tranne: *tolte le ultime, le sue commedie sono state un fallimento*. **B** **s. m.** ● Solo nella loc. *il mal t.*, ciò che è stato sottratto ingiustamente o con l'inganno.

tolù [sp. (*balsamo de*) *Tolú*, dal n. della città colombiana Santiago de *Tolú*] **s. m.** ● Albero delle Papilionacee del Venezuela e Colombia, da cui si estrae una sostanza dal forte odore balsamico, utilizzata in farmacia (*Toluifera balsamum*).

toluène [comp. di *tolù* e *-ene*, per analogia con *benzene*] **s. m.** ● (*chim.*) Idrocarburo aromatico, derivato metilico del benzolo, presente nel petrolio, nel catrame di carbon fossile e nei prodotti di distillazione di varie resine, usato nelle benzine per le qualità antidetonanti, come solvente di lacche e resine, come materia prima per diversi prodotti. **SIN.** Toluolo.

toluidìna [fr. *toluidine*, da *toluène* 'toluene'] **s. f.** ● Ammina aromatica derivata dal toluene, omologa dell'anilina, esistente in tre forme isomere di cui due liquide e una solida, solubile in solventi organici e acidi, ampiamente usata come intermedio nella preparazione di coloranti | *Blu di t.*, colorante usato in istologia, spec. per la colorazione delle cellule nervose.

toluòlo [comp. di *tolù* e *-olo* (*2*) per analogia con *benzolo*] **s. m.** ● Toluene.

tòma (**1**) o **tóma** [etim. incerta] **s. f.** ● Solo nella loc.: *promettere Roma e t.*, fare grandi promesse, promettere cose eccezionali.

†**tóma** (**2**) [da *tomare* (*1*)] **s. f.** ● (*sett.*) Caduta, capitombolo.

†**tòma** (**3**) [etim. incerta] **s. f.** *1* Luogo solitario e remoto. *2* Terreno a mezzogiorno difeso dalla tramontana.

tòma (**4**) [vc. d'etim. incerta] **s. f.** ● Nome di un formaggio fresco, conosciuto come piemontese, che si ottiene dal latte di vacca, pecora o capra. || **tomino**, **dim. m.** (V.).

tomahawk /ingl. 'tɔməhɔːk/ [vc. ingl., dalla vc. algonchina orient. *tamahacan*] **s. m. inv.** ● Accetta da guerra propria dei pellirosse, prima con lama di pietra e poi di ferro, adornata con penne d'aquila e insegne distintive del comando o della tribù.

tomàia [gr. *tomárion* '(ri)taglio (di cuoio)', dal v. *témnein* 'tagliare', di origine indeur.] **s. f.** ● Parte superiore della scarpa che comprende la mascherina e i quartieri.

tomaificio [comp. di *tomaia* e della seconda parte di altri simili comp., diffusi da Milano, come (*opi*)*ficio*, (*lani*)*ficio*, ecc.] **s. m.** ● Fabbrica dove si tagliano e cuciono tomaie.

tomàio **s. m.** ● Tomaia.

†**tomàre** (**1**) [dalla base onomat. *tum(b)-*] **v. intr.** (aus. *essere*) *1* Cadere giù, precipitare, cadere | Gettarsi a capo all'ingiù, alzando i piedi in aria, detto spec. di animali: *spesso toma come un babbuino* (PULCI). *2* Capovolgersi: *sul mare intanto, e spesso al ciel vicino / l'afflitto e conquassato legno toma* (ARIOSTO).

tomàre (**2**) [da *tomare* (*1*) nel sign. di 'far cadere'] **v. tr.** ● (*mar.*) In una imbarcazione a vele latine, riportare sottovento l'antenna, dopo una virata o un cambiamento di direzione del vento.

tómba [lat. tardo *tūmba(m)*, dal gr. *týmba*, variante di *týmbos*, di origine indeur.] **s. f.** *1* Luogo di sepoltura per una o più salme a forma di arca, sepolcro, urna, sarcofago, e sim.: *una t. marmorea*; *inumare nella t. di famiglia*; *rispettare le tombe* | *Dalla culla alla t.*, dalla nascita alla morte | *Essere muto come una t.*, *essere una t.*, (*fig.*) essere molto riservato, saper conservare un segreto | *Avere un piede nella t.*, (*fig.*) essere molto malandato, in fin di vita | *Voce che esce da una t.*, (*fig.*) debolissima. *2* (*fig.*) Abitazione bassa e scura o luogo chiuso, buio e tetro: *quel carcere è una t.* *3* Volta sotterranea sotto il fondo di un canale. *4* †Corte di una villa con magazzini e stalle. || **tombino**, **dim. m.** (V.) | **tombóne**, **accr. m.**

tombàcco [fr. *tombac*, dal mal. *tambaga* 'rame', di prob. origine indiana (dal sanscrito *tāmráh* 'del colore del rame (*tāmram*)')] **s. m.** (pl. *-chi*) ● Particolare ottone composto di molto rame e poco zinco, di colore giallo-rossastro, usato per fabbricare oggetti a imitazione dell'oro.

tombàle [da *tomba*, sul modello del corrispondente fr. *tombal*] **agg.** *1* Di, relativo a, tomba | *Pietra, lastra t.*, quella che chiude la tomba. *2* (*dir.*) *Condono t.*, quello che consente la definizione automatica, con il pagamento di una somma di denaro, di tutte le pendenze in atto o future per una determinata imposta, relativamente a periodi d'imposta già conclusi.

tombaménto [da *tomba*] **s. m.** ● Operazione che consiste nel colmare i vuoti di uno scavo, nel riempire di materiali solidi il letto di un piccolo corso d'acqua o nel livellare un terreno che presenta depressioni: *il t. di un canale*.

tombarèllo [ant. fr. *tomberel*, da *tumber* 'saltare, tombare', dalla radice espressiva *tumb-*] **s. m.** ● Carro o rimorchio agricolo con cassone ribaltabile.

tombaròlo [da *tomba* con suff. di natura dial. (per *-aiolo*)] **s. m.** (f. *-a*) ● (*gerg.*) Chi viola tombe spec. etrusche o scava abusivamente in zone protette dalla legge, per rubare oggetti di interesse archeologico da vendere a collezionisti.

tombinàre [da *tombino*] **v. tr.** ● Coprire un piccolo corso d'acqua che passa attraverso un abitato.

tombino **s. m.** *1* Dim. di *tomba*. *2* Elemento di chiusura, in pietra o ghisa, di un pozzetto fognario, spec. stradale | Canaletto o pozzetto per il deflusso delle acque stradali. **SIN.** Chiusino.

tómbola (**1**) [da *tombola* (*2*) nel sign. di 'caduta' e perciò 'termine (del gioco)' (?)] **s. f.** ● Gioco consistente nell'estrazione successiva di numeri compresi fra 1 e 90 | Premio massimo di questo gioco, vinto dal primo che si vede estratti tutti i numeri della sua cartella: *far t.* | L'insieme degli oggetti occorrenti per tale gioco, come borsa con dischetti numerati, cartelle, cartellone, fagioli o altro per segnare i numeri estratti || **tombolóne**, **accr.**

tómbola (**2**) [da *tombolare*] **s. f.** ● (*fam.*) Caduta | *Far t.*, *fare una t.*, cadere | (*escl.*, *scherz.*) *Tombola!*, si dice quando cade un bambino o si rovescia q.c.

tombolàre [di origine imit.] **A** **v. intr.** (*io tómbolo*; aus. *essere*) *1* (*fam.*) Cadere col capo all'ingiù: *t. dal letto, da una sedia* | (*fam.*, *fig.*) Andare in rovina. *2* (*aer.*) Ruzzolare per aria, detto di aereo, capsula, missile, loro frammento e sim., spec. per avaria, insufficiente stabilità o governo: *il missile cominciò a t.* **B** **v. tr.** ● (*fam.*) Scendere ruzzolando: *t. una scala*.

tombolàta (**1**) **s. f.** ● (*raro*) Atto, effetto del tombolare.

tombolàta (**2**) **s. f.** ● Giocata a tombola: *una t. in famiglia*; *t. di beneficenza*.

tombolino **s. m.** (f. *-a*) *1* Dim. di *tombolo* (*2*). *2* Bambino grassottello: *un grazioso t.*

tómbolo (**1**) [da *tombolare*] **s. m.** ● Capitombolo, ruzzolone | *Fare un t.*, (*fig.*) rovinarsi economicamente, essere privato di una carica.

tómbolo (**2**) [uso fig. di *tombolo* (*3*)] **s. m.** *1* Cuscino cilindrico a ciascun lato del canapè. **SIN.** Rullo. *2* Cuscinetto imbottito per la lavorazione del merletto a fuselli, a forma di rullo | *Merletto, trina a t.*, a fuselli. *3* (*fam.*, *scherz.*) Persona piuttosto piccola e grassoccia: *sei diventato un t.!*; *quella donna è un t.* || **tombolétto**, **dim.** | **tombolino**, **dim.** (V.) | **tombolòtto**, **dim.**

tómbolo (**3**) [dal lat. *tūmulus* 'tumulo', forse anche con sovrapposizione di *tūmba* 'rilievo di terreno'] **s. m.** ● Monticello di rena che il mare forma sulle spiagge.

tombolóne [da *tombola* (*2*)] **s. m.** ● (*fam.*) Capitombolo rovinoso o spettacoloso.

toménto [dal lat. *tomēntu(m)* 'peluria', di etim. incerta] **s. m.** ● (*bot.*) Rivestimento di organi vegetali fatto di peli brevi, esili e folti, con aspetto cotonoso.

tomentóso [fr. *tomenteux*, dal lat. *tomēntum* 'peluria, fiocco lanuginoso', di etim. incerta] **agg.** ● (*bot.*) Detto di organo vegetale ricoperto di peli cotonosi.

-tomìa [secondo elemento compositivo di origine gr., da *témnein* 'tagliare'] **secondo elemento** ● In parole scientifiche composte, spec. della terminologia medica, significa 'taglio', 'sezionamento', 'apertura', 'incisione', 'resezione': *laparatomia*, *osteotomia*, *gastrotomia*.

-tòmico **secondo elemento** ● Forma aggettivi composti della terminologia scientifica, spec. medica, derivati dai corrispondenti sostantivi in *-tomia*: *anatomico*.

tomìno [da *toma* (*4*)] **s. m.** *1* Dim. di *toma* (*4*). *2* Formaggio caprino, con pepe.

Tomìsidi [vc. dotta, lat. *thōmice(m)*, nom. *thōmix* 'specie di corda', dal gr. *thōmi(n)x*, vc. tecn. di etim. incerta] **s. m. pl.** ● Nella tassonomia animale, famiglia di ragni abbastanza comuni e diffusi in tutto il mondo con corpo appiattito e andatura che ricorda quella dei granchi (*Thomisidae*) | (al sing. *-e*) Ogni individuo di tale famiglia.

tomìsmo [comp. dal n. proprio lat. (eccl.) *Thōmas* 'Tommaso', di origine gr. (*Thōmâs*, che traduce l'aramaico *t'ômâ* 'gemello'), e *-ismo*] **s. m.** ● La filosofia di Tommaso d'Aquino (1221 ca.-1274).

tomìsta **A** **s. m. e f.** (pl. m. *-i*) ● Chi segue il, si attiene al tomismo. **B** **agg.** ● Tomistico.

tomìstico **agg.** (pl. m. *-ci*) ● Concernente il tomismo e i tomisti.

tòmo (**1**) [vc. dotta, lat. tardo *tŏmu(m)*, dal gr. *tómos*, deriv. da *témnein* 'tagliare', di origine indeur.] **s. m.** *1* Sezione, parte di un'opera a stampa: *vocabolario in otto tomi*. *2* Volume: *un vecchio t.* || **tométto**, **dim.** | **tomóne**, **accr.**

tòmo (**2**) [uso fig. di *tomo* (*1*), nel sign. 2 (?)] **s. m.** ● (*fam.*) Persona strana, bizzarra | *Un bel t.*, un bel tipo | *Essere t. da*, essere un tipo capace di.

†**tòmo** (**3**) [da *tomare* 'cadere'] **s. m.** *1* Caduta, capitombolo. *2* Discesa.

-tomo [secondo elemento compositivo di origine gr. (*-tomon*), da *témnein* 'tagliare'] **secondo elemento** ● Forma parole composte, soprattutto del linguaggio medico, che indicano strumenti atti a incidere o a compiere resezioni (*craniotomo*, *osteotomo*), e talora la persona che esegue un determinato intervento chirurgico (*flebotomo*).

tomografia [comp. del gr. *tómos* 'sezione', qui nel sign. di 'strato' (V. *tomo* (*1*)), e *-grafia*] **s. f.** ● (*med.*) Stratigrafia (2) | *T. unidirezionale, pluridirezionale*, quella in cui si ottengono sfumature orientate, rispettivamente, in una o in più direzioni | *T. assiale trasversa*, quella in cui si eseguono tomogrammi in direzione trasversale all'asse corporeo, allo scopo di studiare il mediastino e gli organi addominali | *T. in rilievo*, quella in cui si eseguono più tomogrammi simultanei che, osservati in opportune condizioni, forniscono un'immagine in trasparenza e in rilievo | *T. assiale (trasversa) computerizzata*, tecnica, nota anche come TAC, in cui i raggi röntgen sono raccolti, invece che da una lastra sensibile, da un rivelatore a scintillazione che invia i propri segnali a un elaboratore elettronico il quale, con procedimenti statistici, provvede a ricostruire l'immagine. **SIN.** Röntgenstratigrafia, planigrafia.

tomògrafo **s. m.** ● (*med.*) Apparecchio per eseguire tomografie. **SIN.** Stratigrafo. ➡ **ILL. medicina e chirurgia.**

tomogràmma **s. m.** (**pl.** *-i*) ● (*med.*) Radiogramma ottenuto mediante il tomografo. **SIN.** Stratigramma, planigramma.

tòmolo [ar. *thumn*, propr. 'un ottavo'] **s. m.** *1* Antica misura di capacità per aridi, di valore variabile, in uso nell'Italia meridionale. *2* Unità di misura della superficie agraria, in uso nell'Italia centro-meridionale.

tomtom /tam'tam, tɔm'tɔm/ [vc. onomat.] **s. m. inv.** ● (*mus.*) Strumento membranofono affine al tamburo, usato dagli indiani d'America.

ton (*1*) /tɔn/ [vc. onomat.] **inter.** ● (*anche iter.*) Riproduce il suono dei rintocchi di una grossa campana, spec. quando suona a martello: ton, ton, ton, ton: *i contadini balzano a sedere sul letto* (MANZONI).

ton (*2*) /*ingl.* tʌn/ [vc. ingl., propriamente 'tonnellata'] **s. m. inv.** *1* (*fis.*) Unità di energia, pari alla quantità di energia liberata dall'esplosione di una tonnellata di tritolo, usata, spec. con i suoi multipli kiloton e megaton, per misurare l'energia sviluppata da un esplosivo o da una bomba nucleare; 1 ton è pari a $4{,}2 \cdot 10^9$ joule. *2* (*fis.*) Unità di misura della massa nei sistemi anglosassoni pari a 2000 libbre (short ton) o a 2240 libbre (long ton).

tònaca o (*dial.*) †**tònica** (*1*) [lat. *tŭnica(m)*, di prob. origine semitica] **s. f.** *1* Abito dei frati e delle monache, lungo fino ai piedi, con maniche, stretto talvolta da un cordone alla cintola | *Vestire, indossare la t.*, dedicarsi alla vita religiosa facendosi frate o monaca | (*raro*) La veste dei sacerdoti | *Gettare la t. alle ortiche, buttare la t.*, sfratarsi, smonacarsi o spretarsi | *Uomo di t.*, frate o prete | †*T. di frate*, color marrone. *2* (*anat.*) Membrana: *t. sierosa* | *T. albuginea*, membrana fibrosa esterna del testicolo e del clitoride. *3* Rivestimento in creta dei modelli per fare la forma. || **tonacàccia**, **pegg.** | **tonacèlla**, **tonachèlla**, **dim.** (V.) | **tonachétta**, **dim.** | **tonachìna**, **dim.** | **tonachìno**, **dim. m.** | **tonacóna**, **accr.** | **tonacóne**, **accr. m.** (V.).

tonacèlla o **tonicèlla** **s. f.** *1* (*raro*) Dim. di *tonaca*. *2* Paramento del suddiacono, più stretta della dalmatica e con le maniche più lunghe | (*est.*) Dalmatica del diacono.

tonacóne **s. m.** *1* Accr. di *tonaca*. *2* (*raro, fam.*) Abito lungo e goffo.

tonàle **agg.** *1* Del tono, che riguarda il tono. *2* (*mus.*) Relativo alla tonalità.

tonalìsmo [da (valore) *tonale* e *-ismo*] **s. m.** ● (*mus.*) Qualità di composizione basata sul sistema tonale.

tonalità [da *tonale*] **s. f.** *1* Sfumatura, gradazione di colore: *un abito in tutte le t. dell'azzurro.* *2* Insieme di relazioni colleganti una serie di note e di accordi a una nota detta tonica, che costituisce la base armonica di un pezzo.

†**tonaménto** **s. m.** ● Modo, atto del tuonare.

tonànte **part. pres.** di *tuonare*; anche **agg.** ● Nei sign. del v.

tonàre ● V. *tuonare*.

tonarium /*lat.* to'narjum/ [vc. lat., da *tŏnus* 'tono' con il suff. proprio di analoghe raccolte] **s. m. inv.** ● (*mus.*) Raccolta di melodie gregoriane classificate secondo l'ordine dei modi a cui appartengono.

tonatóre [da *tuonare*] **s. m.**; anche **agg.** (**f.** *-trice*) ● (*raro, lett.*) Chi, che manda tuoni.

tonchiàre **v. intr.** (*io tónchio*; aus. *essere*) ● Essere roso, divorato, infestato dai tonchi.

tonchiàto **agg.** ● (*bot.*) Detto di seme guastato dai tonchi.

tónchio [da una ant. forma dim. di (*An*)*tonio*, applicato ad insetto, secondo un frequente modello formativo pop.] **s. m.** ● Nome comune di insetti Coleotteri della famiglia dei Bruchidi che vivono su svariate piante o si sviluppano a spese dei legumi | *T. dei piselli*, piccolo insetto coleottero nerastro e peloso le cui larve divorano i semi dei piselli (*Bruchus pisorum*).

tonchióso **agg.** ● Infestato dai tonchi.

†**tondàre** (*1*) [da *tondere*, per contaminazione con *tondare* (*2*)] **v. tr.** (*io tóndo*) *1* Tagliare, nella rilegatura, le estremità delle carte per eguagliarle. *2* Tosare. *3* Cimare un tessuto.

tondàre (*2*) [var. di (*ri*)*tondare* 'rendere (*ro*)*tondo*'] **v. tr.** (*io tóndo*) ● (*raro*) Arrotondare, rendere tondo.

†**tondatóre** [da *tondare* (*1*)] **s. m.** (**f.** *-trice*) ● Tagliatore, cimatore | Tosatore.

tondeggiaménto [da *tondeggiare*] **s. m.** *1* (*raro*) Il dare forma tonda. *2* Rotondità.

tondeggiànte **part. pres.** di *tondeggiare*; anche **agg.** ● Nei sign. del v.

tondeggiàre [comp. da *tondo* 'rotondo' e *-eggiare*] **A** **v. intr.** (*io tondéggio*; aus. *essere*; raro nei tempi composti) ● Essere tondo o quasi: *la guancia risorgente / tondeggia sul bel viso* (PARINI) | Tendere alla figura tonda. **B** **v. tr.** ● (*raro*) Dare forma tonda o tendente al tondo | Arrotondare.

tondèllo [dalla forma *tonda*] **s. m.** *1* Oggetto di forma tonda: *un t. di legno.* *2* Piccolo disco di metallo di forma solitamente rotonda e di peso e lega determinati per legge usato per coniare monete o medaglie.

tóndere [vc. dotta, lat. *tondēre*, di etim. incerta, con passaggio ad altra coniug.] **v. tr.** *1* †Tosare persone o animali. *2* (*est.*) Potare, tagliare per intero: *t. i rami.*

tondézza **s. f.** ● (*raro*) Qualità di ciò che è tondo | Rotondità.

tondìno **s. m.** *1* Dim. di *tondo*. *2* Piatto, piattino | Sottobicchiere, sottocoppa. *3* Profilato di ferro a sezione circolare, generalmente usato come armatura nel cemento armato. *4* (*arch.*) Modanatura che ha per profilo un semicircolo di piccolo raggio decorato a file di olive, perle, fusi. **SIN.** Bastoncino, astragalo, fusaiola.

†**tonditóre** **s. m.** (**f.** *-trice*) ● Chi tonde.

tonditùra **s. f.** ● (*raro*) Atto, effetto del tondere.

tóndo [da (*ro*)*tondo*] **A** **agg.** *1* Che ha forma circolare, sferica, rotonda o quasi: *un vaso t.*; *cupola tonda*; *occhi tondi*; *il sole è t.* | *Cappello t.*, che non ha punte | (*raro*) *Luna tonda*, luna piena | *Voce tonda*, (*fig.*) piena, sonora | (*fig.*) Compiuto, preciso, esatto: *cinque mesi tondi*; *sono diecimila lire tonde* | *Numero t., cifra tonda*, senza frazioni o decimali o avente come ultime cifre uno o più zeri | *Fare il conto t.*, arrotondarlo in più o in meno | *Essere t. come una palla*, (*fig.*) essere grosso, detto di persona | †*Sputare t.*, ostentare gravità | *A, in t.*, (*tosc., ell.*) *alla tonda*, in circolo, in giro, in cerchio. *2* (*fig.*) Di intelligenza grossolana, sempliciotto o rozzo di modi: *un uomo t. e sciocco* | *Essere t. come l'O di Giotto*, (*fig.*) essere tonto, tardo di mente | †*T. di pelo*, sciocco. *3* *Carattere t.*, in tipografia, quello nel quale l'asse di ogni lettera cade perpendicolare all'allineamento | *Parentesi tonda*, che ha questa forma ( ). **B** **s. m.** *1* Globo, circolo, sfera, cerchio, circonferenza: *disegnare un t.* | *Mezzo t.*, semicerchio. *2* Dipinto, decorazione avente forma circolare: *un t. di terracotta*; *il t. Doni di Michelangelo* | *Scultura a tutto t.*, V. *tuttotondo*. *3* In tipografia, carattere tondo. *4* Oggetto di forma rotonda. *5* Piatto, vassoio, sottocoppa di forma tonda. *6* Pezzo di legna per la stufa, largo una decina di centimetri. *7* †Colpo dato a tondo. **C** in funzione di **avv.** ● Apertamente, senza sotterfugi o reticenze: *parlare chiaro e t.* || **tonderèllo**, **dim.** | **tondétto**, **dim.** | **tondìno**, **dim.** (V.) | **tondóne**, **accr.** (V.).

tondóne **s. m.** *1* Accr. di *tondo*. *2* Trave non riquadrata.

†**tondùto** **A** **part. pass.** di *tondere*; anche **agg.** *1* Nei sign. del v. *2* (*fig.*) Spogliato di ogni avere. **B** **s. m.** ● Persona che è stata tosata.

†**toneggiàre** [comp. da *t(u)ono* e *-eggiare*] **v. intr.** e **intr. impers.** ● Tuonare spesso.

tonèllo [sp. *tonel*, dall'ant. fr. *tonel*, dim. di *tonne* 'grande botte', di origine celt., ma passata attraverso il lat.] **s. m.** ● Barile di legno a doghe usato dagli Spagnoli nelle guerre di Fiandra e d'Italia sia nelle opere di difesa sia nelle mine, riempiendolo rispettivamente di terra o di polvere.

tonèma [fr. *tonème*, da *ton* 'tono', sul modello di *morphème* 'morfema' e sim.] **s. m.** (**pl.** *-i*) ● (*ling.*) Unità accentuale nelle lingue in cui il tono ha funzione distintiva di unità significative.

toner /'tɔner, *ingl.* 'tounə*/ [vc. ingl., da *tone* 'tono', 'colore (di un'immagine fotografica)'] **s. m. inv.** ● (*tecnol.*) Polvere o pigmento, nero o colorato, impiegato nelle fotocopiatrici e nelle stampanti laser; forma l'immagine depositandosi sulle aree che hanno cariche elettrostatiche.

tónfano [longob. **tumpfilo* 'fossa d'acqua', da una radice germ. **dup* 'essere profondo', con sovrapposizione d'altra vc.] **s. m.** *1* Profondo affossamento nell'alveo di un fiume. *2* Capace vaso per bere.

tonfàre [da *tonfo*] **A** **v. intr.** (*io tónfo*; aus. *essere*) ● (*raro*) Fare un tonfo. **B** **v. tr.** ● (*tosc.*) Percuotere, battere, picchiare | (*fam.*) *E tonfa!*, escl. rivolta a chi riprende un discorso già troppe volte ripetuto.

tónfete o **tùnfete** [vc. imit.] **inter.** ● Riproduce il rumore cupo e sordo di un corpo piuttosto voluminoso che batte contro q.c. o che cade, spec. in acqua.

tónfo [di origine onomat.] **s. m.** *1* Rumore che fa cadendo spec. in acqua una persona o una cosa: *scivolò con un t. terribile* | La caduta stessa: *fare, dare un t.* *2* Rumore, suono sordo causato da colpi battuti: *dalla stanza venivano dei tonfi lontani.* *3* (*raro, fam.*) Persona piccola, grossa e corpulenta. || **tonfétto**, **dim.** | **tonfìno**, **dim.**

tòni [ingl. *Tony*, propriamente dim. di (*An*)*tony* 'Antonio', ma fam. 'semplicione, babbeo'] **s. m.** ● Pagliaccio del circo.

-tonìa [secondo elemento compositivo di origine gr., da *tónos* 'tensione'] secondo elemento ● In parole composte dotte e scientifiche, significa 'tensione', 'tono' e anche 'pressione': *atonia, distonia, ipotonia, sintonia, vagotonia.*

†**tònica** (*1*) ● V. *tonaca*.

tònica (*2*) [da *tonico*, sottinteso *vocale*] **s. f.** *1* (*ling.*) Vocale accentata. *2* (*mus.*) Suono fondamentale della scala | Corda media tra la dominante e la sottodominante.

tonicèlla ● V. *tonacella*.

tonicità **s. f.** ● Qualità di ciò che è tonico.

tònico [gr. *tonikós* 'relativo al tono (*tónos*)', in vari sensi] **A** **agg.** (**pl. m.** *-ci*) *1* (*ling.*) Detto di sillaba, o di vocale, accentata | *Accento t.*, che caratterizza l'intonazione di una parola (V. nota d'uso ACCENTO). *2* (*mus.*) Attinente al tono. **B** **s. m.**; anche **agg.** ● Ricostituente, spec. riferito a corroborante delle funzioni digestive o a preparato cosmetico: *un amaro t.*; *prendere un t.*; *un t. per la pelle* | *Acqua tonica*, bibita analcolica amara, preparata con acqua, zucchero, acido citrico, anidride carbonica e variamente aromatizzata.

-tònico secondo elemento ● Forma aggettivi composti del linguaggio medico e scientifico, derivati dai corrispondenti sostantivi astratti in *-tonia*: *distonico, vagotonico.*

tonificànte **A** **part. pres.** di *tonificare*; anche **agg.** ● Nei sign. del v. **B** **s. m.** ● Tonico, spec. in riferimento a prodotti cosmetici.

tonificàre [comp. di *tono* (*1*) e *-ficare*, sul modello del fr. *tonifier*] **v. tr.** (*io tonìfico, tu tonìfichi*) ● Rendere energico, elastico e sim. | Rinforzare, fortificare.

tonificazióne **s. f.** ● Atto, effetto del tonificare: *la t. di un muscolo, della pelle.*

tonitruànte [vc. dotta, lat. tardo *tonitruānte(m)*, part. pres. di *tonitruāre*, da *tonĭtr(u)us*, da *tonāre* con sovrapposizione d'altra vc. con *r*] **agg.** *1* (*lett.*) Che tuona: *Giove t.* | Che produce il rumore del tuono. *2* (*scherz.*) Che parla con voce sonora, tonante: *un oratore t.* | Rimbombante, detto della voce o del discorso stesso.

tonnàra [lat. *thunnāria(m)*, agg. f. di *t(h)ŭnnus*

'tonno'] s. f. ● Grande impianto per la pesca dei tonni, costituito da reti che formano camere collegate l'una all'altra e nelle quali si fanno entrare successivamente i pesci fino ad arrivare all'ultima, detta camera della morte, dove avviene la mattanza.

tonnarèllo [vc. dial., letteralmente 'tondarello', da *tondo* per la forma] s. m. spec. al pl. ● Sorta di spaghetti di pasta all'uovo ritagliati dalla sfoglia con la chitarra e conditi con un sugo di prosciutto, piselli e funghi.

tonnaròtto [siciliano *tunnarotu*, da *tunnara* 'tonnara' con suff. di mestiere] s. m. ● Pescatore delle tonnare.

tonnàto agg. ● Nelle loc. *salsa tonnata*, a base di tonno, alici, capperi e maionese | *Vitello t.*, lessato e ricoperto con tale salsa.

tonné [vc. pseudo-fr.] agg. inv. ● (*cuc.*) Tonnato.

tonneau /*fr.* tɔ'no/ [vc. fr., letteralmente 'botticella', dim. di *tonne*, di origine gallica (da *tŭnna* 'grossa botte')] s. m. inv. (pl. fr. *tonneaux*) **1** Telone impermeabile per proteggere dalle intemperie l'abitacolo delle automobili scoperte | Tipo di calesse nel quale si sale posteriormente | Antica carrozzeria di automobile che ricorda la forma del calesse omonimo. **2** (*aer.*) Mulinello.

tonneggiàre [comp. dal gr. *tónos* 'cavo, fune tesa', da *téinein* 'tendere', e *-eggiare*] **A** v. tr. (*io tonnéggio*) ● Spostare un bastimento con i cavi. **B** v. intr. pron. ● Spostarsi fra un cavo e l'altro.

tonnéggio s. m. ● (*mar.*) Cavo che serve a tonneggiare.

tonnellàggio [da *tonnellata*] s. m. ● Misura del peso di un natante | Misura di volume riservato al carico di una nave mercantile.

tonnellàta [sp. *tonelada*, da *tonel*, dall'ant. fr. *tonel* 'piccola botte'] s. f. ● Unità di misura equivalente a 1 000 kg. SIMB. t | (*mar.*) *T. inglese*, per misurare il dislocamento, pari a kg 1016,057 | *T. di stazza*, per misurare la stazza o portata, pari a m^3 2,83168 (100 piedi cubici inglesi).

tonnétto [dim. di *tonno* (cui assomiglia), per la più piccola mole] s. m. **1** Pesce osseo marino affine al tonno ma più piccolo, commestibile (*Euthynnus alletteratus*). **2** Tonno al naturale, costituito dal tonno più piccolo, detto anche palamita, conservato in salamoia anziché sott'olio.

tonnina [da (carne di) *tonno*] s. f. ● Tonno salato, conservato in bariletti | Salume fatto con la schiena del tonno | (*scherz.*) †*Fare t. di qc.*, tagliarlo a pezzi.

tónno [lat. *t(h)ŭnnu(m)*, dal gr. *thýnnos*, di origine pregreca] s. m. **1** Grosso pesce della famiglia degli Scombridi, con coda forcuta dal peduncolo sottile, che vive nei mari temperati (*Thunnus thynnus*). **2** Carne del pesce omonimo, consumata fresca oppure conservata sott'olio. || **tonnétto**, dim. (V.).

tòno (1) o †**tuòno (1)** [vc. dotta, lat. *tŏnu(m)*, dal gr. *tónos*, da *téinein* 'tendere', di origine indeur.] s. m. **1** (*fis.*) Onda acustica con oscillazioni sinusoidali di frequenza costante. **2** (*mus.*) Unità di misura per calcolare le distanze fra intervalli diversi | Grado della scala tonale su cui è basato un pezzo | Modo | *T. maggiore*, di terza maggiore, perché dalla seconda alla terza corrono due semitoni | *T. minore*, di terza minore perché corre solo un semitono | (*fig.*) *In t. minore*, *sotto t.*, scadente, fiacco: *una serata in t. minore.* **3** Correntemente, nota: *i toni alti, acuti* | *Dare il t.*, dare l'intonazione e (*fig.*) costituire l'esempio, fare da guida: *è un artista che dà il t.* | *Essere in t.*, essere intonato | *Essere fuori t.*, *uscire di t.*, stonare e (*fig.*) essere intontito; (*raro, est.*) perdere il filo del ragionamento, avere le idee confuse | (*raro*) *Stare in t.*, non uscire dai termini del discorso | (*raro*) *Tenere a t.*, tenere a freno | *Scendere, calare di t.*, scendere a toni più bassi, detto della voce e di alcuni strumenti musicali e (*fig.*) scadere, perdere forza, vigore | (*raro*) *Venire in t.*, giungere opportuno | *Rispondere a t.*, nella maniera più appropriata, opportuna. **4** (*ling.*) Variazione di altezza nella pronuncia di parole che, in alcune lingue, come il cinese, il giapponese, il vietnamita, serve a distinguere parole con significati diversi | Modulazione, colorito di una voce o di un suono: *parlare con un t. basso*; *strumento dal t. troppo acuto* | Carattere, espressione, forma di un discorso: *mi rispose con un t. insolente*; *parla con un t. cattedratico*; *il vostro t. canzonatorio lo ha irritato*; *cercate di cambiare t.* | *Non prenderla su questo t.*, non risentirti, non offenderti | *Rispondere sullo stesso t.*, replicare negli stessi termini, spec. a parole e discorsi offensivi. **5** Grado di luminosità dei colori, loro attitudine alla riflessione della luce | *T. freddo*, tono di un colore mescolato al blu o a colori vicini al blu nello spettro | *T. caldo*, tono di un colore mescolato al rosso o a colori vicini al rosso nello spettro | Grado di luminosità di un'inquadratura fotografica e cinematografica | *T. alto*, in cui prevalgono i bianchi e i grigi chiari | *T. basso*, in cui prevalgono i neri e i grigi scuri. **6** Grado di naturale tensione ed elasticità delle fibre e degli organi del corpo | *T. cardiaco*, suono prodotto dall'aprirsi e chiudersi delle valvole cardiache al passaggio del sangue | *T. muscolare*, stato di contrazione lieve e continua, regolato da centri nervosi superiori e dal midollo spinale, che persiste nel muscolo a riposo ed è importante per lo svolgimento di alcune funzioni fisiologiche, quali la postura e il ritorno del sangue al cuore | *Essere in t.*, (*fig.*) trovarsi in uno stato di benessere fisico | *Essere giù di t.*, *sotto t.*, (*fig.*) essere giù di corda, essere depresso e sim. **7** (*fig.*) Stile di uno scritto o un discorso: *una lettera di t. familiare* | Foggia di un abito: *una giacca di t. sportivo* | (*ass.*) *Un abito di t.*, elegante | Modo, carattere: *la festa aveva un t. allegro* | *Darsi un t.*, comportarsi come una persona di grado sociale superiore | *Mantenere un t. di vita brillante*, un tenore di vita brillante | *Tenersi su un t. alto*, ammettere gente dal tenore di vita alto, detto di locali pubblici | (*raro*) *Stare, tenersi in t.*, darsi un contegno sussiegoso e sostenuto. **8** †Ordine, regola.

tòno (2) ● V. *tuono (2)*.

tóno-, -tono /'tono, 'tɔno/ [gr. *tónos* 'tensione', dal v. *téinein* 'tendere', di origine indeur.] primo o secondo elemento ● In parole composte dotte e scientifiche, significa 'tensione', 'tono', 'pressione': *tonometro*; *atono, baritono*.

tonofilaménto [comp. del gr. *tónos* 'tensione' e *filamento*] s. m. ● (*biol.*) Ognuno dei microscopici filamenti presenti, per lo più in fascetti, nelle cellule epiteliali, con funzione di sostegno citoplasmatico e di giunzione intercellulare.

tonometrìa [comp. di *tono* (*1*) e *-metria*] s. f. **1** (*med.*) Misurazione del tono muscolare. **2** (*chim.*) Parte della chimica-fisica che studia il comportamento della tensione del vapore delle soluzioni, in relazione alla variazione di concentrazione del soluto.

tonòmetro [comp. di *tono* (*1*) e *-metro*] s. m. ● Apparecchio per la tonometria.

tonsilla [vc. dotta, lat. *tonsĭlla(s)* (pl.), nom. *tonsillae*, dim. di *tōles* 'gonfiamento delle tonsille', di etim. incerta] s. f. ● (*anat.*) Formazione od organo costituito da tessuto linfatico | *T. palatina*, (*ell.*) *tonsilla*, organo linfoide annesso alla mucosa dell'istmo delle fauci e situato tra i due pilastri nella cavità tonsillare, normalmente di forma ovoidale e di grandezza pari a quella di una mandorla | *T. faringea*, insieme di tessuto linfatico posto nella parte posteriore della faringe | *T. linguale*, insieme di tessuto linfatico situato alla base della lingua. ➡ ILL. p. 367 ANATOMIA UMANA.

tonsillàre agg. ● (*anat.*) Che appartiene o si riferisce alle tonsille palatine: *cavità t.*; *ascesso t.*

tonsillectomìa [comp. di *tonsill(e)* e *-ectomia*] s. f. ● (*chir.*) Asportazione delle tonsille palatine.

tonsillìte [comp. di *tonsille* e *-ite* (*1*)] s. f. ● (*med.*) Infiammazione delle tonsille palatine. SIN. Angina.

tonsillòtomo [comp. di *tonsill(e)* e *tomo*] s. m. ● (*chir.*) Strumento per l'asportazione delle tonsille palatine.

†**tonsóre** [vc. dotta, lat. *tonsōre(m)*, da *tōnsus*, part. pass. di *tondēre*] s. m. (come f. *tonditrice*, spec. scherz.) ● Barbiere (*oggi scherz.*).

tonsùra [vc. dotta, lat. *tonsūra(m)*, da *tōnsus*, part. pass. di *tondēre*] s. f. **1** Cerimonia, ora abolita, del taglio circolare dei capelli o di una sola ciocca di essi, cui è sottoposto chi entra nello stato ecclesiastico, in segno di rinunzia al mondo. **2** Taglio circolare dei capelli e rasatura dell'area tagliata, più o meno ampia, la quale distingue lo stato ecclesiastico. SIN. Chierica. **3** †Tosatura: *vedi il Pastor, che va per le sue gregge, / come agnel mansueto, alla t.* (SANNAZARO).

tonsuràndo [da *tonsurare* col senso di azione incipiente di analoghe formazioni, tratte dal gerundivo lat.] s. m.; anche agg. (f. *-a*) ● Chi, che sta per essere tonsurato.

tonsuràre [vc. dotta, lat. tardo *tonsurāre*, da *tonsūra*] v. tr. ● Sottoporre a tonsura.

tonsuràto A part. pass. di *tonsurare*; anche agg. ● Nel sign. del v. **B** s. m. (f. *-a*) ● Chi ha ricevuto la tonsura.

tontìna [dal n. del banchiere nap. L. *Tonti* (1630-1695) che propose al cardinal Mazzarino questa forma assicurativa] s. f. ● Rendita vitalizia riversibile ai superstiti della società che la costituisce.

tónto [etim. discussa, ma molto prob. vc. di origine imit., riproducente un balbettio] **A** agg. ● Stupido, di poco senno. SIN. Sciocco. **B** s. m. (f. *-a*) ● Persona tonta | *Fare il finto t.*, fare finta di non capire. SIN. Stupido. || **tontóne**, accr.

tontolóne [da *tonto*, sul modello di *brontolone*] agg.; anche s. m. (f. *-a*) ● (*fam.*) Che, chi dimostra grande ingenuità e stupidità.

top /*ingl.* tɔp/ [vc. ingl., propr. 'vetta, cima' (V. *tip top*), poi anche 'nastro di fibre sintetiche lavorato col sistema laniero'] s. m. inv. **1** Indumento femminile costituito da una camicetta senza maniche, spesso priva di allacciatura, molto scollata sia davanti che dietro. **2** Culmine, vertice, grado più elevato: *questo libro ha raggiunto il top della classifica delle vendite* (con questo significato, entra come primo elemento in numerosi composti, come *top model*, *top secret* ecc.). **3** (*fis.*) Numero quantico corrispondente al sesto tipo (o sapore) di quark, ipotizzato per evitare un'asimmetria tra le proprietà dei leptoni o quelle dei quark.

tòpa [da *topo*, come in altre denominazioni simili] s. f. ● (*region., volg.*) Vulva.

topàia s. f. **1** Nido, tana di topi. **2** (*fig.*) Casa vecchia, sporca e in pessimo stato.

†**topàio A** agg. ● Di topo. **B** s. m. ● Topaia (*anche fig.*).

topàto [dal colore del *topo*] agg. ● Detto di mantello equino, sorcino.

topàzio [vc. dotta, lat. tardo *topāziu(m)*, dal gr. *topázion*: dall'isola di *Tópazos* nell'Oceano Indiano, dove si trovano crisoliti (?)] s. m. **1** (*miner.*) Fluorosilicato di alluminio in cristalli prismatici limpidi, gialli o verdognoli, usato come pietra preziosa. **2** Colibrì della Guiana lungo fino a 20 cm, con maschi dal piumaggio splendente e gola di color giallo (*Topaza pella*).

top class /*ingl.* 'tɔp kla:s/ [loc. ingl., propr. 'classe (*class*) più alta (*top*)'] **A** loc. sost. f. inv. (pl. ingl. *top classes*) ● Negli aerei, la prima classe | Scomparto riservato di livello superiore alla prima classe. **B** anche agg.: *settore top class*.

topésco agg. (pl. m. *-schi*) ● (*raro*) Di, da topo: *astuzie, insidie topesche*.

top gun /*ingl.* 'tɔp gʌn/ [loc. ingl., propr. 'cacciatore (*gun*) massimo (*top*)'] loc. sost. m. inv. (anche f. nel sign. 2, pl. ingl. *top guns*) **1** Aereo impiegato in azioni di guerra. **2** (*est.*) Pilota particolarmente addestrato per guidare aerei da combattimento.

topiàrio [vc. dotta, lat. *topiāriu(m)* 'concernente l'arte del giardino ornato (*tŏpia*, nt. pl., derivazione tecnica dal gr. *tópos* 'luogo, località')'] agg. ● Solo nella loc. *arte topiaria*, quella dei giardinieri di potare in forme geometriche o bizzarre piante e arbusti.

tòpica (1) [vc. dotta, lat. *tŏpica(m)*, dal gr. *topikḗ*, sottinteso *téchnē* '(arte) propria dell'utilizzazione dei luoghi (*tópoi*)'] s. f. **1** Nella retorica classica, teoria dei luoghi comuni a cui si può far ricorso in una dimostrazione. **2** Arte del trovare gli argomenti.

tòpica (2) [lombardo *topica*, dal v. *topicá* 'inciampare', della stessa origine di *intoppare*] s. f. ● (*fam.*) Mossa sbagliata, inopportuna | Sbaglio: *fare, commettere una t.*

topicìda [comp. di *topo* e *-cida*] **A** s. m. (pl. *-i*) ● Preparato velenoso per uccidere i topi. SIN. Ratticida. **B** anche agg.: *sostanza t.*

tòpico [vc. dotta, lat. *tŏpicu(m)*, dal gr. *topikós*, da *tópos* 'luogo', di origine indeur.] agg. (pl. m. *-ci*) **1** Attinente alla topica | Luogo, nella retorica, dove trovare l'argomento. *2* Che si riferisce al luogo: *data topica* | Locale: *rimedio t.* | †*Uomo t.*, che vive ritirato. *3* (*est.*, *lett.*) Fondamentale, decisivo.

topinàia [adattamento del dial. *topinara* 'buca di talpe'] s. f. ● (*raro*) Topaia (*anche fig.*).

topinambùr [fr. *topinambour*, da *Tupinambás* 'tribù indiana dell'America sett.'] s. m. ● Pianta americana delle Composite, annua, con capolini gialli e tuberi commestibili (*Helianthus tuberosus*) | I tuberi stessi.

topino **A** s. m. *1* Dim. di *topo*. *2* (*fig.*, *vezz.*) Bambino, ragazzo piccolo ed esile, ma svelto. *3* Piccola rondine grigia sul dorso e bianca ventralmente, gregaria, che predilige le sponde dei fiumi (*Riparia riparia*). *4* (*tosc.*, *spec. al pl.*) Gnocchetto di patate. **B** agg. ● (*raro*) Di colore grigio simile a quello del topo.

topless /*ingl.* 'tɔplis/ [vc. ingl., agg. indicante propriamente 'senza (*-less*) parte superiore (*top*)' comp. di due elementi di origine e area germ.] s. m. inv. ● Indumento, costume femminile, spec. da bagno, che lascia interamente scoperto il petto.

top management /*ingl.* 'tɔp 'mænidʒmənt/ [loc. ingl., propr. 'massima (*top*) dirigenza (*management*)'] loc. sost. m. inv. ● Alta dirigenza di una azienda, di un settore industriale o di una organizzazione: *il top management dell'industria farmaceutica.*

top manager /*ingl.* 'tɔp 'mænidʒə*/ [loc. ingl., propr. 'dirigente (*manager*) più elevato (*top*)'] loc. sost. m. e f. inv. (pl. ingl. *top managers*) ● Dirigente al più alto livello.

top model /*ingl.* 'tɔp 'mɔdəl/ [loc. ingl., propr. 'modella (*model*) del massimo (*top*) livello'] loc. sost. f. inv. (raro m., pl. ingl. *top models*) ● Indossatrice o fotomodella di alta professionalità, molto nota e retribuita.

tòpo [lat. tardo *tălpu*(*m*), variante di *tălpa*(*m*) 'talpa', attraverso un dial. **tàupo*] s. m. *1* Correntemente, roditore simplicidentato, diffusissimo e dannoso, con lunga coda coperta di squamette cornee, occhi ed orecchie ben sviluppati, zampe posteriori più lunghe delle anteriori | *T. campagnolo*, bruno rossastro, si nutre di bulbi, semi, insetti (Apodemus sylvaticus) | *T. d'acqua*, nutria | *T. di chiavica*, surmolotto | *T. delle nocciole*, moscardino | *T. delle case*, piccolo, grigio, cosmopolita e dannoso (*Mus musculus*). SIN. Topolino domestico | *T. muschiato*, ondatra | *T. d'albergo*, *di treno*, *d'auto*, (*fig.*) ladro specializzato in furti negli alberghi, sui treni, nelle automobili | *T. di biblioteca*, (*fig.*) studioso che passa molto tempo in biblioteca | *Muso*, *visetto di t.*, con lineamenti minuti, appuntiti e graziosi | *Denti di t.*, piccoli e a punta | *Fare la fine del t.*, restare intrappolato o morire senza aver avuto la possibilità di fuggire | *Bagnato come un t.*, con i capelli bagnati di pioggia | *In questa casa possono ballare i topi*, è vasta, ma non accogliente e poco arredata. *2* Grisatoio. ‖ **topàccio**, pegg. | **topàstro**, pegg. | **topétto**, dim. | **topino**, dim. (V.) | **topolino**, dim. (V.) | **topóne**, accr.

tòpo-, **-tòpo** [dal gr. *tópos* 'luogo'] primo e secondo elemento ● In parole composte dotte o scientifiche, significa 'luogo': *topologia*, *toponimo*; *biotopo*, *isotopo*.

topofilìa [comp. di *topo-* e *-filia*] s. f. ● Profondo attaccamento per un luogo.

topografìa [vc. dotta, lat. tardo *topogrăphia*(*m*), dal gr. *topographía*, comp. di *tópos* 'luogo' (d'origine incerta) e *-graphía* '-grafia'] s. f. *1* Tecnica (e disciplina che se ne occupa) di rappresentare col disegno in una mappa con segni convenzionali, colori, linee punteggiate, curve e sim. il livello e le accidentalità del terreno, la giacitura delle valli, la direzione e l'altezza delle montagne, il corso e la larghezza dei fiumi, dei laghi, delle strade ecc. *2* Descrizione particolare di qualche tratto di paese: *la t. di Roma*. *3* (*elettr.*) Serie di disegni rappresentanti lo schema tridimensionale degli strati di cui si compone un prodotto a semiconduttori.

topogràfico agg. (pl. m. *-ci*) ● Concernente la topografia: *rilievo t.* | *Carta topografica*, che rappresenta, con molti particolari, una piccola porzione di superficie terrestre. ‖ **topograficaménte**, avv.

topògrafo [gr. *topográphos*, comp. di *tópos* 'luogo' e di un deriv. da *gráphein* 'scrivere'] **A** s. m. *1* Studioso, cultore di topografia. *2* Ufficiale, sottufficiale qualificato per lavori topografici militari | Soldato di artiglieria specializzato per le operazioni topografiche riguardanti il tiro. **B** anche agg.: *sottufficiale t.*

topolino **A** s. m. *1* Dim. di *topo*. *2* Topo delle case | *T. di risaia*, piccolo topo rossiccio a coda prensile, capace di arrampicarsi sui fusti delle graminacee (*Micromys minutus*). *3* (*fig.*) Bambino molto svelto, vivace. **B** s. f. inv. (*Topolino*) ● (*pop.*) Vettura utilitaria Fiat di 570 cm^3 costruita dal 1936 al dopoguerra.

topologìa [comp. di *topo-* e *-logia*] s. f. *1* Studio geografico delle forme del terreno. *2* (*ling.*) Studio della collocazione delle parole nella frase. *3* Ramo della matematica che studia gli spazi topologici | Studio delle proprietà delle figure invarianti per omeomorfismi | *T. generale*, studio assiomatico degli spazi topologici | *T. algebrica*, ramo della topologia che fa uso sistematico di concetti e di metodi dell'algebra astratta | *T. combinatoria*, teoria dell'omologia e analoghe.

topològico agg. (pl. m. *-ci*) ● Che concerne la topologia | *Spazio t.*, insieme di elementi arbitrari in cui si distinguono dei sottoinsiemi, detti aperti, tali che l'unione di un numero qualsiasi e l'intersezione di un numero finito di aperti, come pure l'intero spazio e il vuoto, siano aperti.

toponimìa [da *toponimo*] s. f. ● Studio dei nomi di luogo.

toponìmico agg. (pl. m. *-ci*) ● Concernente i toponimi.

topònimo [comp. di *topo-* e del gr. *ónyma*, var. dial. di *ónoma* 'nome'] s. m. ● Nome di un luogo.

toponomàstica [comp. di *top*(*o*)- e *onomastica*] s. f. ● Insieme dei nomi di luogo e studio di essi.

toponomàstico [da *toponomastica*] agg. (pl. m. *-ci*) ● Che riguarda la toponomastica: *ricerche toponomastiche*.

toporàgno [comp. di *topo* e *ragno*, per il suo morso ritenuto volgarmente velenoso] s. m. ● Piccolo mammifero degli Insettivori, con muso foggiato a proboscide, feroce predatore notturno di piccoli animali (*Sorex araneus*).

tòpos [vc. gr., 'luogo', di etim. ignota] s. m. (pl. *tòpoi*) *1* Argomentazione retorica utilizzabile nella trattazione di argomenti diversi: *il t. della simulazione di modestia* | (*est.*) Luogo comune. *2* (*est.*) Motivo stilistico, elemento tematico proprio di un autore, di un genere letterario, di un filone artistico: *i topoi del romanzo d'avventura*.

tòppa [variante di *toppo* con valore dim. (?)] s. f. *1* Pezza di stoffa o di cuoio che si cuce sul punto rotto del vestito, della scarpa | *Mettere una t.*, rattoppare. SIN. Rappezzatura, rattoppo. *2* (*fig.*) Riparo, rimedio provvisorio: *mettere una t. a una situazione difficile*. *3* Buco della serratura, per infilarvi la chiave | Serratura. *4* Gioco d'azzardo a carte, molto simile alla zecchinetta. *5* †Risarcimento. ‖ **toppàccia**, pegg. | **toppétta**, dim. | **toppettina**, dim. | **toppóne**, accr. m. (V.).

toppàre [da *toppa*, tipo di gioco d'azzardo] **A** v. intr. (*io tòppo*; aus. *avere*) ● (*gerg.*) Fallire, sbagliare clamorosamente | Fare una brutta figura. **B** v. tr. ● (*gerg.*) Fermare, bloccare qc.

toppàto agg. ● (*raro*) Pezzato.

toppè s. m. ● Adattamento di *toupet* (V.).

tòppete [vc. onomat.] inter. *1* Riproduce il rumore secco di q.c. che cade o di uno sparo. *2* (*scherz.*) Si usa per incoraggiare e consolare qc., spec. un bambino, che cade a terra, per evitare che pianga o si lamenti.

topping /*ingl.* 'tɔpiŋ/ [vc. ingl., propr. 'svettatura, cimatura', da *top* 'sommità, testa' (d'origine germ.)] **A** s. m. inv. ● Distillazione del petrolio greggio per la rimozione delle frazioni più volatili. **B** anche agg. inv. ● posposto al s.: *fase t.*; *impianti t.*

tòppo [etim. discussa: got. *tups* 'cima, sommità' (?)] s. m. *1* La parte dell'albero che rimane nel terreno dopo il taglio | (*est.*) Tronco d'albero rozzamente tagliato e squadrato. *2* Parte del tornio, posta all'estremità del banco, che contiene gli organi che determinano la linea delle punte e quindi l'asse del tornio.

toppóne s. m. *1* Accr. di *toppa*. *2* Rinforzo di cuoio o panno lungo il lato interno del ginocchio e di parte della coscia ai pantaloni dei cavallerizzi | Rinforzo di cuoio nella parte posteriore della scarpa. *3* Coperta fatta con vari pezzi di stoffa cuciti assieme.

topponifìcio [comp. di *toppone* e *-ficio*] s. m. ● Fabbrica che produce topponi per scarpe.

top rate /*ingl.* 'tɔp 'reit/ [loc. ingl., propr. 'tasso (*rate*) massimo (*top*)'] s. m. inv. (pl. ingl. *top rates*) ● (*banca*) Tasso massimo di interesse che le banche praticano alla loro clientela.

top secret /*ingl.* 'tɔp 'si:krit/ [loc. ingl., letteralmente 'segreto (*secret*, di origine fr.) che sta in cima (*top*, di area germ. con infiltrazione nelle lingue romanze)'] loc. agg. inv. ● Detto spec. di notizia segretissima, da tenere estremamente riservata: *un'informazione top secret*; *un dossier top secret*.

top spin /*ingl.* 'tɔp spin/ [loc. ingl., propr. 'rotazione (*spin*) verso l'alto (*top*)', sia in riferimento all'esecuzione del movimento che alla traiettoria della palla] loc. sost. m. inv. (pl. ingl. *top spins*) ● (*sport*) Nel tennis, ping-pong e sim., rotazione che si imprime alla palla colpendola dal basso verso l'alto con la racchetta inclinata in avanti, in modo tale da farne innalzare la traiettoria dopo il rimbalzo | Colpo giocato con tale rotazione.

top-weight /*ingl.* 'tɔp weit/ [loc. ingl., comp. di *top* 'sommità' (V. *topping*) e *weight* 'peso' (d'origine germ.)] s. m. inv. ● (*sport*) Il peso più gravoso assegnato a un cavallo in una corsa ippica con handicap | Il cavallo stesso.

toque /*fr.* tɔk/ [vc. fr., dallo sp. *toca*, di origine incerta] s. f. inv. ● Cappello da donna senza tesa, a tocco.

tor /tɔr/ ● V. *torr*.

torà o **torah** [adattamento dell'ebr. *tōrāh*, letteralmente 'direzione, istruzione, legge', di origine non chiara] s. m. *1* Legge data da Dio agli uomini, secondo la rivelazione biblica. *2* Pentateuco, i primi cinque libri che contengono la Rivelazione, secondo la denominazione ebraica.

toràce [vc. dotta, lat. *thorāce*(*m*), nom. *thōrax*, dal gr. *thṓrax* 'corazza' e 'parte del corpo da questa coperta', di prob. origine indeur.] s. m. *1* (*anat.*) Porzione del tronco interposta tra il collo e l'addome che ospita, tra l'altro, il cuore e i polmoni. *2* (*zool.*) Parte mediana del corpo degli insetti formata da tre segmenti su cui sono inserite zampe e ali.

toracentèsi o **toracentèsi**, **toracocentèsi** [comp. di *toraco-* e del gr. *kentesis* 'torace' e *kéntēsis* 'puntura', da *kéntein* 'pungere', di origine indeur.] s. f. ● (*chir.*) Puntura evacuativa della cavità pleurica.

toràcico [gr. *thōrakikós* 'pertinente al torace (*thṓrax*, genit. *thṓrakos*)'] agg. (pl. m. *-ci*) ● Del torace: *cavità toracica*.

toràco- [dal gr. *thṓrax*, genit. *thṓrakos* 'torace', di prob. orig. indeur.] primo elemento ● In parole composte del linguaggio anatomico indica relazione con il torace: *toracoplastica*, *toracoscopia*.

toracocentèsi o **toracocèntesi** ● V. *toracentesi*.

toracoplàstica [comp. di *toraco-* e plastica] s. f. ● (*chir.*) Intervento di obliterazione parziale del torace mediante asportazione di più coste per la cura della tubercolosi polmonare.

toracoscopìa [comp. di *toraco-* e *-scopia*] s. f. ● Esame ottico della cavità toracica e degli organi prospicienti il cavo pleurico.

toracotomìa [comp. di *toraco-* e *-tomia*] s. f. ● (*chir.*) Incisione della parete toracica.

torah /*ebr.* to'ra/ ● V. *torà*.

tórba [fr. *tourbe*, dal francone *torba*, di origine germ.] s. f. ● Combustibile fossile, di formazione recente, costituito da residui di piante paludose accumulatesi al fondo di laghi o stagni, che ha basso potere calorifico e contiene molte impurità.

tórbida [lat. *tŭrbida*(*m*), agg. f. di *tŭrbidus* 'torbido'] s. f. *1* Liquido che contiene particelle solide in sospensione. *2* Sospensione in acqua di minerale macinato, che viene avviata alle macchine di trattamento | *T. pesante*, sospensione in acqua di minerali pesanti o polveri metalliche, usata per la separazione per galleggiamento di minerali leggeri da minerali pesanti.

†**torbidànza** s. f. ● Torbidezza.

†**torbidàre** [lat. tardo *turbidāre*, da *tŭrbidus* 'torbido'] v. tr. ● Intorbidare.

torbidézza o †**turbidézza**. s. f. ● Qualità di ciò che è torbido (*anche fig.*): *la t. di una situazione*. CONTR. Limpidezza.

torbidìccio agg. (pl. f. *-ce*) ● Alquanto torbido.

torbidimetrìa e *deriv.* ● V. *turbidimetria* e *deriv.*

torbidità s. f. ● Torbidezza.

tórbido o †**tùrbido** [lat. *tŭrbidu(m)*, da *tŭrba* 'confusione, scompiglio', di origine indeur.] **A** agg. *1* Detto di liquido impuro, che manca di chiarezza e limpidezza: *vino t.*; *acqua torbida* | (*raro*) *Nuvole torbide*, fosche, nere. CONTR. Limpido. *2* (*fig.*) Poco sereno e onesto: *pensieri torbidi* | *Aspetto t.*, sinistro | *Sonno t.*, agitato, tormentato | *Tempi torbidi*, tumultuosi, inquieti politicamente o socialmente | †*Notizia torbida*, cattiva, dolorosa. || **torbidaménte**, avv. In modo torbido (*anche fig.*). **B** s. m. *1* Aspetto poco chiaro, situazione poco onesta: *in quel discorso c'è del t.* | *Pescare nel t.*, (*fig.*) cercare di trarre profitto da momenti di confusione o da situazioni poco chiare e oneste | (*raro, est.*) Aspetto fosco e scuro del cielo. *2* (*al pl., raro*) Principi di rivoluzione o di sommossa | Tumulti.

torbidùme [comp. di *torbid(o)* e *-ume*] s. m. ● Insieme di cose torbide.

torbièra [fr. *tourbière*, da *tourbe* 'torba'] s. f. ● Luogo dove si trovano ammassati grandi strati di torba.

tórbo [per *torb(id)o*] agg. ● (*tosc.*) Torbido, impuro (*anche fig.*): *vino t.* || **torbaménte**, avv. (*raro*) Torbidamente.

torbóso agg. ● Ricco di torba: *terreno t.*

torcènte part. pres. di *torcere*; anche agg. *1* Nei sign. del v. *2* (*mecc.*) *Momento t.*, azione che tende a far ruotare la sezione di un solido rispetto a quella contigua.

torcèra ● V. *torciera*.

tòrcere [lat. parl. **tŏrcere* per *torquēre*, da una radice indeur. **terkw-* 'voltare', con semplificazione consonantica] **A** v. tr. (pres. *io tòrco, tu tòrci*; pass. rem. *io tòrsi, tu torcésti*; part. pass. *tòrto*) *1* Avvolgere q.c. su se stessa: *t. la biancheria lavata* | *T. il collo*, strangolare; (*est.*) espressione usata per minacciare qc.: *se ti acchiappo ti torco il collo* | *Non t. un capello*, (*fig.*) non fare alcun male | *Dare del filo da t.*, (*fig.*) frapporre ostacoli, difficoltà | Girare con violenza: *t. un polso, un braccio a qc.* *2* Piegare con forza: *t. un filo di ferro*; *t. una lama* | *T. un ramo*, curvarlo | (*raro*) *T. il collo*, piegarlo verso una spalla in atteggiamento di ipocrita devozione, detto dei bacchettoni | Storcere: *t. la bocca in segno di disgusto*. *3* (*lett.*) Volgere, dirigere (*spec. fig.*): *t. gli occhi, lo sguardo*; *Ma se l'amor de la spera supprema / torcesse in suso il disiderio vostro* (DANTE *Purg.* XV, 52-53) | (*est.*) Allontanare, distogliere, deviare: *t. qc. dalla retta via*; *torcendo 'l viso a' preghi onesti e degni* (PETRARCA) | *T. il significato di uno scritto, un discorso*, alterarlo. **B** v. intr. (aus. *essere*, raro) *1* Piegare, voltare, mutare direzione: *la strada torce a sinistra*. *2* †Girare intorno, detto dei cieli. **C** v. rifl. *1* Contorcersi, piegarsi: *torcersi dalle risa, dal male* | *Torcersi le mani*, (*fig.*) rimpiangere un'occasione perduta. *2* Volgersi per dirigersi verso qc. o q.c. o allontanarsi da qc. o q.c. **D** v. intr. pron. ● Storcersi, incurvarsi: *è una lama che si torce facilmente* | Deformarsi, alterarsi (*anche fig.*).

torcétto [dim. di *torcia*] s. m. *1* Candela multipla, di quattro saldate insieme. *2* Biscotto a forma di cuore, costituito da un nastro di pasta accostata alle estremità e ricoperto di un lieve strato di zucchero caramellato, comune nell'Italia settentrionale.

torchiàre [lat. tardo *torculāre*, da *tŏrculum* 'torchio'] v. tr. (*io tòrchio*) *1* Comprimere col torchio la pasta di olive o le vinacce per spremerne il mosto. *2* (*fig., fam.*) Costringere qc. a rispondere a una lunga e difficile serie di domande: *all'esame lo hanno torchiato*; *la polizia ha torchiato gli arrestati*.

torchiatóre [da *torchiare*] s. m. (f. *-trice*) ● Operaio addetto alla torchiatura.

torchiatùra s. f. ● Lavoro del torchiare e il liquido che ne risulta.

torchiétto s. m. *1* Dim. di *torchio* (*1*). *2* Attrezzo da laboratorio fotografico per ricavare copie positive da una negativa.

tòrchio (1) [lat. *tŏrculu(m)*, da *torquēre* 'torcere', in vari sensi] s. m. *1* Macchina atta a comprimere gradatamente e senza urti un materiale posto fra due piastre parallele, una mobile e una fissa: *t. per uva, per olive*. ➡ ILL. **vino**. *2* La prima e più semplice macchina da stampa, costituita da un piano su cui un accoppiamento leva-vite abbassa un piano di pressione | *Essere sotto il t.*, essere in via di stampa e (*fig.*) essere costretto a un duro sforzo o a un interrogatorio lungo e difficile | (*scherz.*) *Far gemere i torchi*, fare stampare, spec. opere poco pregevoli. *3* (*anat.*) *T. addominale*, massa muscolare che comprime la cavità addominale. || **torchiàccio**, pegg. | **torchièllo**, dim. | **torchiétto**, dim. (V.) | **torchióne**, accr.

†**tòrchio** (2) [lat. parl. **tŏrculu(m)* 'oggetto avvolto', da *tŏrques* 'collana', da *torquēre* '(rav)volgere'] s. m. *1* Grosso cero o torcetto di più candele. *2* Collana, monile. || **torchiétto**, dim.

tòrcia [fr. *torc(h)e*, orig. 'cosa attorta', dal lat. **tŏrca* per *tŏrqua*, variante di *tŏrques* 'collana, collare', da *torquēre* '(rav)volgere'] s. f. (pl. *-ce*) *1* Fiaccola di funi ritorte e stoppa, impregnata di resina, sego, cera | Ramo resinoso acceso | *T. a vento*, che non si spegne al vento | *T. elettrica*, grossa lampada portatile alimentata a pila. *2* Cero, torcetto per processioni. *3* Parte principale di un lampeggiatore fotografico particolarmente del tipo elettronico.

†**torciàre** [lat. parl. **tortiāre*, da *tŏrtus*, part. pass. di *torquēre* 'avvolgere', con riferimento al legame stretto del carico] v. tr. ● Attorcere | Legare strettamente spec. per caricare q.c. | (*est.*) Caricare un peso, un bagaglio. || **torcétto**, dim. (V.).

†**torcicollàre** [da *torcicollo*] v. intr. ● (*scherz.*) Andare con il collo storto come i bacchettoni.

torcicòllo [comp. di *torce(re)* e *collo*] s. m. *1* Atteggiamento viziato del capo spesso per contrattura del muscolo sternocleidomastoideo: *t. congenito, acquisito* | (*fam.*) Dolore al collo che impedisce la rotazione del capo. *2* (*raro, spreg.*) Bacchettone. *3* Uccelletto dei Piciformi a zampe brevi e collo mobilissimo, divoratore di insetti (*Jynx torquilla*).

torcièra o **torcèra** [da *torcia*, come il corrisp. fr. *torchière* da *torche*] s. f. ● Grosso candeliere per torcia.

torcière [da *torcia*, come il corrisp. fr. *torchier* da *torche*] s. m. *1* Persona che regge la torcia. *2* Torciera.

torcigliàre [lat. parl. **tortiliāre* 'torcere parecchie volte', con sovrapposizione di *torcere*] v. tr. (*io torciglio*) ● (*raro*) Attorcigliare.

torciglióne [da *torcigliare*] s. m. *1* Fascia attorta portata sul capo a guisa di corona. *2* Torcinaso.

†**torcimànno** [da *turcimanno* per accostamento a *torcere*] s. m. ● Turcimanno (*anche fig.*).

torciménto s. m. *1* Modo, atto del torcere o del torcersi. *2* (*raro*) Piegatura, flessione, torsione. *3* †Svolta, deviazione | (*fig.*) †Vizio, aberrazione. *4* †Tortuosità.

torcìmetro [comp. di *torcere* e *-metro*] s. m. ● Apparecchio che serve per determinare il numero di giri di torsione per unità di lunghezza nei filati semplici o nei ritorti a due o più capi.

torcinàso [comp. di *torce(re)* e *naso*] s. m. (pl. *torcinàso*, o *torcinàsi*) ● Apparecchio formato da un anello di corda fissato a un corto bastone con cui si stringe il naso o il labbro del cavallo per immobilizzarlo.

torcitóio [da *torcere*] s. m. *1* Dispositivo che produce la torsione dei lucignoli stirati nell'operazione di filatura. *2* †Strettoio, torchio.

torcitóre s. m. (f. *-trice*) *1* Chi torce. *2* Operaio tessile che esegue la torcitura dei filati.

torcitrìce [da *torcere*] s. f. ● Macchina tessile per eseguire l'operazione di torcitura.

torcitùra s. f. *1* (*raro*) Operazione del torcere | Torsione, piegamento | Contorsione. *2* Operazione dell'industria tessile che conferisce la necessaria resistenza ed elasticità ai lucignoli di fibre mediante la torsione, costituendo il filato.

†**torcolàre** [vc. dotta, lat. *torculāre* 'torchiare', da *tŏrculum* 'torchio'] s. m. ● (*lett.*) Strettoio, torchio.

torcolière [da *torcolo* 'torchio'] s. m. ● L'operaio addetto al torchio nelle antiche tipografie.

tòrcolo [vc. dotta, lat. *tŏrculu(m)* 'torchio', da *torquēre* 'torcere'] s. m. *1* †Torchio. *2* (*mus.*) Figura neumatica di tre note, le prime due ascendenti, la terza discendente.

tordàio [lat. *turdāriu(m)*, da *tŭrdus* 'tordo'] s. m. *1* Luogo dove si tengono a ingrassare i tordi. *2* Cacciatore di tordi.

tordéla o **tordèla**, **tordèlla** [lat. tardo *turdēla(m)*, da *tŭrdus* 'tordo'] s. f. ● Uccello dei Passeriformi, più grande del tordo, con capo chiarissimo e ventre giallo fulvo, gregario e ricercato dai cacciatori (*Turdus viscivorus*).

tordièra [da *tordo*] s. f. ● (*caccia*) Tesa per i tordi, con panie e richiami.

tórdo [lat. *tŭrdu(m)*, di origine indeur. e diffusione germ. e balto-slava] s. m. *1* Uccello dei Passeriformi, di passo in Italia, bruno, inferiormente biancastro, vive fra i cespugli ed è selvaggina pregiata (*Turdus ericetorum*) | *T. sassello*, di color bruno olivastro con i fianchi rosso castano (*Turdus musicus*) | *Grasso come un t.*, ben pasciuto. *2* (*fig., raro*) Persona sempliciotta, balorda. || **tordùccio**, dim.

-tóre o, quando il tema del verbo termina con *d*, **-sóre**. [lat. *-(a)tōre(m)*, di origine indeur., applicato a n. di persona per indicarne una caratteristica attività] suff. derivativo ● Forma aggettivi e sostantivi maschili ricavati da verbi: *trasportatore, mangiatore, incisore*.

toreador /*sp.* torea'dor/ [vc. sp., da *torear* 'combattere col *toro*'] s. m. inv. ● Torero.

toreàre [sp. *torear*, da *toro* 'toro (1)'] v. intr. (*io torèo*; aus. *avere*) ● Combattere col toro nell'arena.

torèllo (1) s. m. *1* Dim. di *toro* (*1*). *2* Giovane toro. *3* (*fig.*) Ragazzo, giovane robusto e vigoroso.

torèllo (2) [dim. di *toro* (*2*) nel senso di 'cavo avvolgente' e qualsiasi bordatura che quello ricordi] s. m. ● (*mar.*) Ciascuna delle tavole fortemente intestate nella chiglia che formano il primo corso di bordatura esterna.

torèro /to'rεro, *sp.* to'rero/ [vc. sp., dal lat. *tauriāru(m)* 'gladiatore che lottava col toro (*tāurus*)'] s. m. ● Chi combatte col toro nell'arena.

torèutica [gr. *toreutikḗ*, sott. *téchnē*, '(arte) del cesellare (*toréuein*, da *torós* 'cesello', 'che si spinge dentro', di origine indeur.)'] s. f. ● Arte di martellare, cesellare, sbalzare, bulinare i metalli.

tòrico [da *toro* (*2*)] agg. (pl. m. *-ci*) ● (*mat.*) Relativo al, a forma di toro: *superficie torica*; *anello t.* | (*ott.*) *Lente torica*, lente che ha una superficie piana o sferica e l'altra costituita da una porzione di superficie torica, usata per la correzione dell'astigmatismo.

torinése **A** agg. ● Di Torino: *dialetto t.* **B** s. m. e f. ● Abitante o nativo di Torino. **C** s. m. solo sing. ● Dialetto di Torino.

torinista **A** agg.; anche s. m. (pl. *-i*) ● Che, chi gioca nella squadra di calcio del Torino. **B** agg.; anche s. m. e f. ● Che, chi è sostenitore o tifoso di tale squadra di calcio.

tòrio [dal n. del dio scandinavo del tuono *Thor*, di area nord-germ.] s. m. solo sing. ● Elemento chimico, metallo radioattivo naturale, impiegato come biossido nelle lampade a incandescenza e negli impianti nucleari. SIMB. Th.

torite [sved. *thorit*, comp. di *Thor*, n. del dio scandinavo del tuono, e *-ite* (*2*)] s. f. ● (*miner.*) Silicato di torio in cristalli tetragonali di colore bruno o nero, radioattivo.

tórlo ● V. *tuorlo*.

tórma o †**tùrma** [lat. *tŭrma(m)*, in origine d'ambito mil. ('squadrone di cavalleria'), di etim. incerta] s. f. *1* (*lett.*) Schiera di soldati | (*est.*) Quantità di persone che vanno insieme e disordinatamente: *una t. di dimostranti* | *A torme*, in folla | (*fig., lett.*) Insieme, quantità, spec. di idee, pensieri, sentimenti: *dalla chimmeria valle uscian le torme / de' sogni negri con diverse forme* (POLIZIANO). *2* Branco di animali: *una t. di bufali*. *3* Reparto di cavalleria dell'esercito romano corrispondente al moderno plotone.

tormalina [fr. *tourmaline*, dal singalese *tōramalli*, n. indigeno della cornalina] s. f. ● Minerale formato da una miscela di diversi silicati di alluminio e boro, incolori oppure gialli, verdi, rossastri, le cui varietà limpide sono usate come gemme.

torménta [fr. *tourmente*, dal lat. *torménta*, propriamente pl. di *torméntum* 'tormento'] s. f. ● Bufera turbinosa di neve costituita da aghetti nevosi sollevati dal vento, caratteristica dell'alta montagna.

†**tormentaménto** [da *tormentare*] s. m. ● Tormento.

tormentàre [da *tormento*] **A** v. tr. (*io torménto*) **1** (*raro* o *lett.*) Mettere alla tortura, straziare con pene e tormenti fisici: *t. i prigionieri* | (*est.*) Causare dolori fisici più o meno gravi: *lo tormenta una malattia fastidiosa*. SIN. Martoriare, torturare. **2** (*fig.*) Procurare pena, afflizione, rimorso, noia, e sim.: *lo tormentava il desiderio di rivedere la famiglia* | Molestare, dare fastidio: *non tormentarmi con questi discorsi sciocchi*. SIN. Affliggere, perseguitare. **3** †Infestare. **B** v. rifl. ● Darsi pena: *si tormenta continuamente pensando al futuro*. SIN. Crucciarsi, struggersi.

tormentàto **A** part. pass. di *tormentare*; anche agg. **1** Nei sign. del v. **2** Angosciato: *animo t. dai dubbi* | Travagliato, vita di difficoltà: *vita tormentata*. **3** Molto accidentato, aspro: *percorso t.*; *il profilo t. della costa*. **B** s. m. (f. *-a*) ● †Chi subisce torture fisiche.

tormentatóre s. m.; anche agg. (f. *-trice*) ● Chi, che tormenta.

tormentilla [vc. dotta, lat. med. *tormentilla(m)*, dim. di *torméntum* nel senso di 'mal di ventre, colica', che quella curava] s. f. ● (*bot.*) Potentilla.

tormentìna [da *tormento*, nel sign. marinaresco di 'difficoltà, affaticamento (anche dei materiali)'] s. f. ● (*mar.*) Tipo di fiocco, di superficie ridotta, usato con venti particolarmente forti.

torménto o †**troménto** [vc. dotta, lat. *torméntu(m)* 'macchina bellica' e 'strumento di tortura', da *torquēre* 'torcere' (attraverso **torq-mĕntum*)] s. m. **1** Strumento di tortura | Pena della tortura: *condannare al t. della ruota*. **2** Acuto dolore provocato da mali fisici: *la ferita gli dava un insopportabile t.* | Sofferenza, fastidio fisico dovuti a cause diverse: *il t. dell'insonnia*; *il t. del caldo*. **3** (*fig.*) Cruccio insistente, dolore morale, continua afflizione, strazio: *il t. dell'invidia*; *vivere in un perenne t.* | Chi, ciò che è causa di preoccupazione: *la riuscita del figlio è il suo t.* SIN. Patimento, pena, sofferenza. **4** (*mar.*) Difficoltà, affaticamento, detto anche dei materiali. **5** (*iperb.*) Molestia, seccatura: *intrattenere quell'ospite noioso è stato un vero t.* | Persona, cosa che provocano molestia: *smettila di fare domande*: *sei un t.!* **6** (*raro, lett.*) †Antica macchina di guerra per lanciare proiettili di ogni tipo: *Di tormenti bellici ha munite / le rocche sue questa novella Dite* (TASSO). || **tormentóne**, accr. (V.).

tormentóne s. m. **1** Accr. di *tormento*. **2** (*fig.*) Passione rovente e lancinante, rovello che tormenta, espressi spec. spettacolarmente. **3** Spec. nel gergo teatrale, battuta ripetuta ossessivamente.

tormentóso [da *tormento*, come il corrispondente lat. tardo *tormentuōsus* da *torméntum*] agg. **1** Che dà tormento fisico: *sete tormentosa* | (*fig.*) Che affligge spiritualmente: *angoscia tormentosa* | Fastidioso, molesto: *un dubbio t.* **2** (*fig.*) Travagliato, pieno di difficoltà: *esistenza tormentosa*. || **tormentosaménte**, avv.

tornacónto [comp. di *torna(re)* e *conto* nel senso di 'vantaggio, utile'] s. m. ● Utile, guadagno, vantaggio personale: *se è d'accordo, avrà il suo t.*

tornado /*sp.* tor'nado, *ingl.* tɔ:'neidou/ [vc. ingl., presa dallo sp. *tronada*, un deriv. da *tronar* 'tuonare', col sign. di 'tempesta' e poi con quello di 'uragano', diffuso in tutte le lingue eur., sp. compreso] s. m. (pl. *-i* o *-o*, pl. ingl. *tornadoes*, pl. sp. *tornados*) **1** Tempesta a vortice di limitata estensione, ma di terrificante potenza distruttiva, frequente negli Stati Uniti centro-occidentali. **2** (*mar.*) Catamarano da regata, a deriva mobile, lungo m 6,05.

tornagùsto [che fa *torna(re)* il *gusto* nel senso di 'voglia, appetito'] s. m. ● Cibo, bevanda che stuzzica l'appetito.

†**tornàio** [da *torno* 'tornio'] s. m. ● Tornitore.

†**tornaménto** s. m. ● Il tornare.

tornànte (**1**) [fr. *tournant*, part. pres. di *tourner* 'girare' (stessa etim. dell'it. *tornare*)] s. m. **1** Curva di raccordo fra due rettifili esterna alla poligonale d'asse, formata da un arco circolare di raggio minimo consentito e da due archi di raccordo di concavità opposte. **2** (*fam.*) Curva strettissima di strada di montagna: *la salita presenta dei tornanti pericolosi*. SIN. Tourniquet.

tornànte (**2**) [fr. (*aile*) *tournante*, part. pres. f. di *tourner* (V. *tornante* (*1*))] **A** agg. ● Nella loc. agg. *ala t.*, nel calcio, giocatore che, pur avendo il ruolo di attaccante, ripiega indietro, a centro campo, in appoggio alla difesa. **B** anche s. m.: *fare il t.*; *giocare nel ruolo di t.*

tornàre [vc. dotta, lat. *tornāre*, propriamente 'lavorare al tornio (*tŏrnus*)', poi 'girare'] **A** v. intr. (*io tórno*; aus. *essere*) **1** Volgersi, rientrare, dirigersi di nuovo verso il luogo dal quale si era partiti: *torna subito a casa a prendere l'ombrello*; *torneremo in città fra dieci giorni* | *T. daccapo, al punto di partenza*, riprendere dall'inizio e (*fig.*) non riuscire a progredire | *T. in sé*, recuperare i sensi e (*fig.*) ravvedersi, rinsavire | *T. a galla*, riemergere e (*fig.*) tornare d'attualità, detto di fatti, personaggi, opere, ecc. | *T. al mondo, in vita*, risuscitare, recuperare forza, vitalità, energia | *T. a bomba*, riprendere il tema, l'argomento più importante | *T. a gola*, detto di cibo che non si è digerito | *T. all'antico*, rifarsi a usi, abitudini, costumi passati | (*fam.*) *Questo si chiama torna*, frase che accompagna una cosa che si dà in prestito. **2** Venire via da un luogo che si è visitato, da uno spettacolo, o dopo aver compiuto q.c. (*anche ass.*): *torno adesso da Roma*; †*t. di Milano*; *siamo appena tornati da teatro*; *tornavano in massa dalla dimostrazione*; *vado e torno*. **3** Andare, venire nuovamente: *dovrà t. all'ospedale fra pochi giorni* | *T. sui propri passi, sulle proprie decisioni*, recedere da un'azione che si era cominciata, da una decisione presa | *T. col discorso su un argomento*, discorrerne di nuovo o riesaminarlo | *T. col pensiero a q.c.*, rievocarla | *T. a qc.*, riprendere a parlare di qc. | *T. alla carica*, (*fig.*) insistere per ottenere q.c. | *T. a dire, a fare q.c.*, ripetere, rifare un'azione, un discorso, insistere nel dire o fare q.c. | (*raro*) *T. alle medesime*, sbagliare di nuovo (*anche fig.*). **4** Ripresentarsi, ricomparire, manifestarsi di nuovo: *è tornata la primavera*; *gli torna la febbre*; *è un'occasione che non tornerà più* | Fare ricomparire, riprodurre: *è una pomata che fa t. i capelli*. **5** (*raro, lett.*) Trasformarsi, cambiare: *la paura torna in gioia* | Volgersi, riuscire: *t. a onore, a danno* | Essere: *non mi torna utile*; *mi torna gradito* | (*raro*) *L'eredità torna al nipote*, è a vantaggio del nipote | †*Tornerà in capo a te*, ricadrà su di te, detto di cose spiacevoli | †*T. tutt'uno*, essere tutt'uno. **6** Diventare: *sono funghi che seccati tornano la quinta parte di peso*. **7** Ridiventare, rifarsi (*anche fig.*): *dopo la pulitura, i calzoni sono tornati nuovi*; *è tornato un uomo onesto*. **8** Riuscire giusto, esatto, corrispondere bene, quadrare: *il conto torna* | *Il discorso non torna*, non è logico | *Non mi torna*, non sono convinto | *Il vestito torna bene*, sta bene | *T. conto*, essere vantaggioso, profittevole | Essere conforme: *tutto torna secondo le previsioni*. **9** (*tosc.*) Andare ad abitare o alloggiare altrove: *t. di casa*; *t. di bottega*; *è tornato in via Nazionale* | Cambiare lavoro, servizio: *è tornato come cameriere in una famiglia nobile*. **B** v. tr. **1** (*lett.*) Ricondurre, rimettere, riportare (*anche fig.*): *t. q.c. in buono stato* | (*lett.*) Restituire nelle condizioni, lo stato di prima. **2** (*lett.*) Volgere in giro, girare, rivolgere: *t. il viso, lo sguardo*. **3** (*lett.*) †Trasformare, cambiare, mutare. **4** †Cagionare.

tornasóle [letteralmente 'che fa girare (*tornare*) il *sole*', secondo il gr. *hēliotrópion* 'eliotropio', di eguale composizione] s. m. inv. ● Materia colorante violacea ricavata da alcuni licheni, usata come indicatore nell'analisi chimica, poiché diventa rossa in ambiente acido e azzurra in ambiente alcalino | *Cartina al, di t.*, imbevuta di soluzione acquosa di tale sostanza, usata per analisi chimiche; (*fig.*) ciò che serve a mettere q.c. in chiara evidenza. SIN. Laccamuffa.

tornàta s. f. **1** †Atto del tornare, ritorno | †*Fare t.*, ritornare | †*T. di casa*, abitazione. **2** (*raro*) Adunanza di un'accademia, una società, un'assemblea di magistrati, ecc.: *stendere il verbale dell'ultima t. della Crusca* | Turno: *t. elettorale*. **3** (*letter.*) Ultima e più breve stanza della canzone, col commiato e la dedica.

tornatùra [da *tornata* 'voltata (di lavoro in una determinata superficie)'] s. f. ● Misura agraria dell'Emilia e Romagna di valori variabili oscillanti tra le 20,80 are di Bologna e le 34,18 di Ravenna.

†**torneaménto** o †**torniaménto**. s. m. **1** Atto del torneare | Torneo. **2** Circonferenza, giro.

torneàre o †**torniàre** (**1**) [ant. fr. *torneiar* 'girare (*tornar*) attorno'] **A** v. intr. (*io tornèo*; aus. *avere*) **1** Prendere parte a un torneo. **2** †Muoversi in giro, girare. **B** v. tr. ● †Attorniare, circondare.

torneatóre [da *torneare*] s. m. ● (*raro*) Chi combatteva in un torneo.

†**torneggiàre** [comp. di *torn(io)* e *-eggiare*] v. tr. ● Lavorare col tornio.

tornéggio s. m. ● Tornitura al tornio da vasaio.

tornèlla [da *tornare* nel senso di 'girare (attorno)' (?)] s. f. ● Cancello girevole che, in luoghi o veicoli pubblici, consente l'accesso di una sola persona per volta.

tornèllo s. m. ● Tornella.

tornèo [da *torneare*] s. m. **1** Spettacolo d'armi, in cui i cavalieri si affrontavano a squadre o a coppie entro un largo steccato circolare, cercando di rimanere padroni del campo disarcionando l'avversario | Rievocazione spettacolare di tale combattimento, con cavalieri in costume. **2** Serie di gare a eliminazione, talvolta con classifica, tra singoli atleti e giocatori o squadre: *t. di tennis, di scherma, di calcio*; *t. di scacchi* | *T. all'italiana*, quello in cui ogni squadra incontra l'altra una sola volta. **3** †Giro.

tornerìa [da *torno* (*1*)] s. f. ● Laboratorio di tornitura.

tornése [fr. *tournois*, dal lat. mediev. *turonēnse(m)* 'proprio della città di *Tours* (dall'ant. stirpe gallica dei *Tŭrones*)'] s. m. **1** Moneta d'argento coniata a Tours in Francia da Luigi IX nel 1266 e molto imitata in Italia e altrove. **2** Moneta di rame napoletana coniata dalla metà del XVI sec. alla fine del regno borbonico. ➡ ILL. **moneta**.

†**torniàre** (**1**) e *deriv.* ● V. *torneare* e *deriv.*

†**torniàre** (**2**) [da *tornio*] v. tr. ● Lavorare q.c. al tornio.

†**torniatóre** s. m. ● Tornitore.

†**tornière** [da *tornio*] s. m. ● Tornitore.

torniménto s. m. ● (*raro*) Il tornire.

tórnio o (*region.*) †**tórno** (**1**) [dal pl. *torni* del precedente *torno*, dal lat. *tŏrnus*, di provenienza gr. e origine indeur.] s. m. ● Macchina utensile per la lavorazione dei metalli, del legno e sim., nella quale il moto di lavoro, che è rotatorio, viene impresso dal mandrino al pezzo, mentre l'utensile, piazzato sul carrello porta-utensili, compie un moto traslatorio di alimentazione: *t. parallelo* | *T. da vasaio*, costituito da un piatto girevole su cui viene posta l'argilla da modellare | *Mani, braccia fatte al t.*, (*fig.*) tornite.

tornìre [da *tornio*] v. tr. (*io tornìsco, tu tornìsci*) **1** Lavorare al tornio. **2** (*fig.*) Rifinire con grande cura e precisione, rendere formalmente perfetto: *t. la frase*.

tornìto part. pass. di *tornire*; anche agg. **1** Nei sign. del v. **2** *Braccia, gambe tornite*, armoniose.

tornitóre [da *tornire*] s. m. (f. *-trice*) ● Chi lavora a un tornio o si occupa del suo funzionamento: *t. in legno*; *nell'industria c'è richiesta di tornitori specializzati*.

tornitùra s. f. **1** Atto, effetto del tornire. **2** Residui della lavorazione al tornio.

†**tórno** (**1**) ● V. *tornio*.

tórno (**2**) [da *tornare*] **A** s. m. ● Giro | *In quel t. di tempo*, attorno a quel tempo, quel periodo | *In quel t.*, circa | †*A t.*, attorno | *Di t.*, d'attorno: *smettila di infastidirmi e levati di t.* **B** Nella loc. avv. o prep. *t. t.*, attorno: *t. t. la casa corre un ballatoio*.

tòro (**1**) o †**tàuro** [lat. *tāuru(m)*, vc. pop. di origine indeur.] s. m. (*Tòro* nei sign. 2 e 3) **1** Maschio del *Bos taurus* destinato alla riproduzione | (*fig., fam.*) *Essere, sembrare un t.*, di chi ha struttura fisica potente e robustezza eccezionale | *Sbuffare come un t.*, manifestare ira o grande impazienza | *Tagliare la testa al t.*, (*fig.*) prendere una decisione netta, troncando una discussione, una questione | *Prendere il t. per le corna*, (*fig.*) affrontare senza esitazione un ostacolo. **2** (*astron.*) Costellazione dello zodiaco che si trova fra quella dei Gemelli e quella dell'Ariete. **3** (*astrol.*) Secondo segno dello zodiaco, compreso tra trenta e sessanta gradi dell'anello zodiacale, che domina il periodo tra il 21 aprile e il 21 maggio | (*est.*) Persona nata sotto il segno del Toro. ➡ ILL. **zodiaco**. *4* (*gerg.*) Nel linguaggio di borsa, rialzista | (*gerg.*) Tendenza al rialzo nel mercato della borsa. CONTR. Orso. || **torèllo**, dim. (V.).

tòro (*2*) [vc. dotta, lat. *tŏru(m)*, di etim. incerta, col sign. primitivo di 'fune'] s. m. *1* (*arch.*) Modanatura della forma del tondino, ma con raggio maggiore, usata nelle basi delle colonne. ➡ ILL. p. 357 ARCHITETTURA. *2* (*mat.*) Superficie ottenibile facendo ruotare una circonferenza intorno a una retta del suo piano che non l'interseca | Superficie omeomorfa a un toro. *3* (*bot.*) Ricettacolo di alcuni frutti. *4* (*bot.*) Ispessimento degli opercoli nelle punteggiature delle conifere. || **torèllo**, dim.

tòro (*3*) [da *toro* (*2*), passato a indicare anche 'funi intrecciate (intorno a materassi e cuscini)' e quindi 'letto'] s. m. ● (*lett.*) Letto maritale.

toroidàle [da *toro* (*2*)] agg. ● (*mat.*) Che ha forma di toro | (*elettr.*) *Avvolgimento t.*, di un conduttore elettrico avvolto a spirale, le cui spire sono disposte secondo la forma geometrica del toro.

toròide [da *toro* (*2*)] s. f. ● (*geom.*) Curva parallela a un'ellisse.

tòron [dal *tor(io)*, da cui si forma, con la terminazione delle analoghe emanazioni, (*rad*)*on* e (*attin*)*on*] s. m. ● Emanazione radioattiva prodotta dalla disintegrazione del torio.

toróso [vc. dotta, lat. tardo *torōsu(m)*, da *tŏrus* 'toro, cordone'] agg. ● (*raro, lett.*) Muscoloso, robusto.

torpèdine (*1*) [vc. dotta, lat. *torpēdine(m)*, da *torpēre* 'restare intorpidito, paralizzato', di origine indeur.] s. f. ● Pesce marino dei Selaci con corpo discoidale nudo, bocca e fessure branchiali ventrali, dotato di organi elettrici mediante i quali emette potenti scariche (*Torpedo*).

torpèdine (*2*) [traduzione dell'ingl. *torpedo*, che vale tanto 'il pesce torpedine' quanto l'arma subacquea, che emette scariche elettriche] s. f. ● (*mar.*) Arma subacquea, mina: *t. a urto*, *magnetica*, *acustica*, *a pressione*.

torpedinièra [dalla *torpedine* (*2*), 'siluro', di cui è armata, secondo il modello del corrispondente fr. *torpilleur*] s. f. ● (*mar.*) Nave militare veloce, destinata spec. all'uso di torpedini o di siluri | Tipo di nave militare, predisposta alla caccia dei sommergibili e alla scorta.

torpedinière [da *torpedine* (*2*) 'siluro' con allargamento a tutte le 'armi subacquee'] **A** agg. ● Di, relativo a naviglio destinato all'uso di torpedini o siluri. **B** s. m. ● Marinaio della Marina Militare adibito alla manutenzione e all'impiego delle torpedini.

Torpediniformi [comp. di *torpedine* (*1*) e il pl. di *-forme*] s. m. pl. ● Nella tassonomia animale, ordine di Pesci cartilaginei con pinne pettorali unite al capo e al corpo a formare il disco appiattito (*Torpediniformes*) | (al sing. *-e*) Ogni individuo di tale ordine.

torpèdo /tor'pedo, *sp.* tor'pedo/ [vc. sp., propriamente 'torpedine, siluro' con estensione del senso per il suo aspetto fusiforme] s. f. inv. ● Antica automobile aperta a quattro o più posti.

torpedóne [propriamente accr. di *torpedo*] s. m. ● Antico autobus aperto | Autopullman.

torpènte [vc. dotta, lat. *torpĕnte(m)*, part. pres. di *torpēre*] agg. ● (*lett.*) Che torpe, è inerte | Che rende torpido.

†**torpére** o **tòrpere** [vc. dotta, lat. *torpēre*, di origine indeur.] v. intr. (dif. usato solo all'indic. e congv. pres.) ● Rimanere intirizzito, torpido (*spec. fig.*).

torpidézza s. f. ● Qualità o condizione di chi o di ciò che è torpido, intorpidito: *la t. delle membra* | (*fig.*) Torpore, svogliatezza: *vincere la t. della mente*.

torpidità s. f. ● (*raro*) Torpidezza.

tòrpido o **tórpido** [vc. dotta, lat. *tŏrpidu(m)*, da *torpēre* 'restare intorpidito'] agg. *1* Che è preso da torpore, è intorpidito, detto del corpo o di una sua parte | (*est.*) Pigro e tardo nei movimenti, intellettualmente o spiritualmente: *un gesto t.*; *ingegno t.*; *volontà torpida*. *2* (*poet.*) Che fa diventare torpido. || **torpidaménte**, avv. In modo torpido, fiacco: *muoversi torpidamente*; *reagire torpidamente*.

†**torpìglia** [fr. *torpil(l)e*, di prob. origine merid. (provz. *torpio*, da *torpin* 'torpedine (1)', con sostituzione di suff.)] s. f. ● (*zool.*) Torpedine (1).

torpóre [vc. dotta, lat. *torpōre(m)*, da *torpēre* 'restare intorpidito'] s. m. *1* Alterazione fisica che si manifesta con l'attenuazione della prontezza dei riflessi e dèi movimenti e con la perdita totale o parziale della sensibilità: *la digestione difficile gli provoca t.* *2* (*est.*) Lentezza, pigrizia fisica, intellettuale o spirituale: *il t. provocato dal caldo*; *il t. dell'ozio* | (*fig.*) Stupidità, ottusità: *t. mentale*.

tòrque [vc. dotta, lat. *tŏrque(m)*, connesso con *torquēre* 'torcere, girare', di origine indeur.] s. f. ● (*lett.*) Collana, monile.

torquemada /*sp.* torke'mada/ [dal n. dell'inquisitore generale sp. T. de *Torquemada* (1420-1498)] s. m. inv. ● Chi, nella repressione di q.c., si serve di metodi crudeli e spietati e degni di un inquisitore.

torr /tɔr/ o **tor** [da E. *Torricelli* (1608-1647)] s. m. ● Unità fondamentale di pressione, pari a 1 mm di mercurio o a 1/750 bar. SIMB. Torr.

torracchióne [da *torre* con doppio suff. accr.-spreg.] s. m. *1* Accr. di *torre*. *2* Torrione antico, isolato e in rovina.

torraiòlo o †**torraiuòlo** agg. ● Che dimora nelle torri.

torràzzo s. m. ● Edificio grande e massiccio simile a una torre: *il t. di Cremona*.

tórre (*1*) [lat. *tŭrri(m)*, prob. vc. proveniente dall'Asia Minore] s. f. *1* Edificio eminente spec. quadrangolare, assai più alto che largo, a diversi ordini di palchi, costituito per difesa di città, castelli, palazzi: *t. pentagonale*, *merlata*; *mura coronate da torri* | *La città delle due Torri*, (*per anton.*) Bologna | *All'ombra delle due Torri*, (*per anton.*, *fig.*) a Bologna | *Torri gentilizie*, nelle case signorili delle città medievali | *T. campanaria*, campanile | *T. di Babele*, (*fig.*) caos, confusione | *Chiudersi in una t. d'avorio*, (*fig.*) isolarsi, ignorando gli avvenimenti e i problemi del mondo in cui si vive, detto di artisti e scrittori | †*Famiglia di t.*, famiglia gentilizia, signorile. ➡ ILL. p. 358, 359 ARCHITETTURA. *2* (*aer.*) *T. di controllo*, negli aeroporti, struttura dalla cui sommità i controllori osservano a vista e con il radar il traffico aereo e il traffico al suolo nella zona aeroportuale, fornendo agli aeromobili tutte le istruzioni necessarie per rullaggi, decolli e atterraggi. ➡ ILL. p. 824 SCIENZE DELLA TERRA ED ENERGIA. *3* Speciale edificio corazzato spec. cilindrico sulle navi da guerra per contenere i più delicati e importanti organi di servizio e impianti di grosse artiglierie: *t. di comando* | *T. binata*, *trinata*, armata con due o tre cannoni. *4* (*chim.*) Costruzione verticale cilindrica, per lo più in lamiera, nel cui interno si trovano dispositivi vari per favorire l'intimo contatto tra gas e liquidi | *T. di raffreddamento*, in cui acqua calda è raffreddata per evaporazione. *5* In alpinismo, cima nettamente isolata e dai ripidi fianchi. *6* Nel gioco degli scacchi, pezzo in forma di torre, che si può muovere sia in linea orizzontale che verticale | Una delle figure nel gioco dei tarocchi. *7* Nella pallacanestro, il giocatore più alto di una squadra. || **torracchióne**, accr. m. (V.) | **torràccia**, pegg. | †**torràccio**, pegg. m. | **torrétta**, dim. (V.) | **torricciòla**, **torricciuòla**, dim. | **torricèlla**, dim. | **torricino**, dim. m. | **torrióne**, accr. m. (V.) | †**torróne**, accr. m. | **torrùccia**, dim.

tórre (*2*) ● V. *togliere*.

torrefàre [vc. dotta, lat. *torrefăcere*, comp. di un deriv. di *torrēre* 'far seccare', di origine indeur., e *făcere* 'fare'] v. tr. (*io torrefò* o *torrefàccio*, *tu torrefài*, *egli torrefà*; nelle altre forme coniug. come *fare*) ● Sottoporre a torrefazione | Tostare.

torrefàtto part. pass. di *torrefare*; anche agg. ● Nei sign. del v.

torrefattóre s. m. (f. *-trice*) ● Operaio addetto alla torrefazione.

torrefazióne [da *torrefare*] s. f. *1* Operazione consistente in un forte riscaldamento cui vengono sottoposte molte sostanze per modificarne la composizione chimica e che va dalla disidratazione, spinta eventualmente sino ad una parziale carbonizzazione, per le sostanze organiche, sino alla trasformazione dei carbonati e dei solfuri in ossidi, per i minerali: *t. del caffè*; *t. della pirite*. *2* Negozio in cui si tosta, si vende, si degusta il caffè.

torreggiànte **A** part. pres. di *torreggiare*; anche agg. ● Nei sign. del v. **B** s. m. ● †Guardiano di una torre.

torreggiàre [comp. di *torr(e)* e *-eggiare*] **A** v. intr. (*io torréggio*; aus. *avere*) *1* (*raro*) Innalzarsi con le proprie torri, detto di città, rocca, castello e sim. *2* (*fig.*) Elevarsi, dominare come una torre: *t. su tutti con la propria statura*. **B** v. tr. ● (*lett.*) Cingere come le torri.

torrènte [vc. dotta, lat. *torrĕnte(m)*, propriamente part. pres. di *torrēre* 'esser secco', di origine indeur., con sovrapposizione, nel senso, di *corrente*] **A** s. m. *1* Corso d'acqua breve, di solito a forte pendenza e con accentuate variazioni di portata | *T. glaciale*, corso d'acqua che esce dalla bocca di un ghiacciaio ed è alimentato dalle acque di fusione della lingua di ablazione. ➡ ILL. p. 820 SCIENZE DELLA TERRA ED ENERGIA. *2* (*est.*) Cosa che scorre, scende o precipita con forza e in gran quantità (*anche fig.*): *un t. di sangue*; *un t. di lacrime*; *un t. di ingiurie* | (*fig.*) Insieme di persone o animali che avanzano con grande impeto: *un t. di barbari invasori* | (*fig.*, *lett.*) Forza inarrestabile: *cedi, cedi al t.* (ALFIERI) | *A torrenti*, con impeto e grande abbondanza. *3* †Corrente di mare. || **torrentàccio**, pegg. | **torrentèllo**, dim. | **torrentùccio**, dim. **B** agg. ● (*lett.*) †Rapido, impetuoso.

torrentìsmo [da *torrente*] s. m. ● (*sport*) Discesa di impetuosi torrenti a bordo di leggerissime imbarcazioni, superando eventuali dislivelli grazie all'ausilio di attrezzi in uso nell'alpinismo (corde, chiodi e sim.).

torrentìzio agg. ● Di torrente: *corso t.* | Da torrente, simile a torrente: *fiume di natura torrentizia*.

torrenziàle [fr. *torrentiel*, da *torrent* 'torrente'] agg. ● Che procede, scende come un torrente: *pioggia t.* || **torrenzialménte**, avv. (*raro*) In modo torrenziale.

torrétta s. f. *1* Dim. di *torre* (*1*). *2* Piccola torre, spec. di palazzi gentilizi. *3* Sovrastruttura metallica corazzata, girevole, che nei carri armati racchiude e protegge il cannone consentendone il brandeggio a giro d'orizzonte. *4* Supporto, generalmente manovrabile, installato a bordo di un aereo militare, per una o più mitragliatrici: *t. anteriore*, *posteriore*, *dorsale*, *ventrale*. *5* Piastra girevole sulla quale sono fissati gli obiettivi di una cinepresa o di una telecamera, per consentirne il cambio rapido. *6* Parte mobile del tornio sulla quale sono fissati gli utensili.

†**torriàre** [adattamento dello sp. *torrear* 'cingere di torre', da *torre*] v. tr. ● Munire, ornare di torri.

†**torrìbolo** ● V. *turibolo*.

torricellìano agg. ● Che si riferisce all'opera e ai lavori di E. Torricelli (1608-1647) o a ciò che è relativo ad essa | *Vuoto t.*, vuoto non spinto per la presenza di vapori di mercurio, ottenuto nella parte superiore di un tubo barometrico.

tòrrido [vc. dotta, lat. *tŏrridu(m)*, connesso con *torrēre* 'far diventare secco', di origine indeur.] agg. ● Bruciato, riarso, caldissimo: *clima t.*; *un pomeriggio t.*; *estate torrida* | *Zona torrida*, attraversata dall'equatore e compresa tra i due tropici.

torrière [fr. *tourier*, da *tour* 'torre'] s. m. ● (*raro*, *lett.*) Chi abita o custodisce una torre: *alla torre basta un solo t.* (D'ANNUNZIO).

†**torrigiàno** [adattamento di una forma sett. *toresano*, da *tore* 'torre'] s. m. ● Guardiano di una torre.

torrióne /tor'rjone, torri'one/ [da *torre*] s. m. *1* Grossa torre merlata nelle mura perimetrali di castelli, fortezze e sim. *2* Struttura corazzata che s'innalza dal ponte delle grosse navi da guerra e contiene organi di comando, centrali di tiro e sim. *3* Nel linguaggio alpinistico, struttura rocciosa isolata.

torrìto ● V. *turrito*.

torróne [sp. *turrón*, di etim. discussa: dal lat. *torrēre* 'far diventare secco' (?)] s. m. ● Dolce glutinoso di mandorle tostate, miele, zucchero, bianco d'uovo, confezionato spec. in stecche. || **torroncìno**, dim.

torsàta [da *torso*] s. f. ● (*raro*) Torsolata.

torsèllo [ant. fr. *torsel*, dim. di *torse* 'fagotto, bagaglio', da *torser*, *trosser* 'ravvolgere', da un lat. **torsāre*, parallelo di *torquēre* 'torcere'] s. m. *1* †Piccola balla, pezza di tela. *2* Guancialino per tenervi appuntati aghi e spilli. *3* Cercine, ciambella di panno che vien posto sul capo per reggervi un peso. *4* Punzone per coniare monete. SIN. Conio.

torsiòmetro s. m. ● Strumento per misurare la torsione | Torcimetro.

torsionàle agg. ● Concernente la torsione.

torsióne o †**torzióne** [vc. dotta, lat. tardo *torsiōne(m)*, da **tŏrsus* per *tŏrtus* 'torto'] s. f. *1* Atto, effetto del torcere o del torcersi: *t. del busto* | Effetto dell'operazione di torcitura dei filati, consistente nell'avvolgimento delle fibre dello stoppino. *2* (*fis.*) Deformazione di un corpo solido attorno a un asse in cui le linee che inizialmente erano parallele diventano elicoidali: *barra di t.* *3* (*med.*) Volgersi di un organo su sé stesso o attorno ad un peduncolo: *t. del testicolo.* *4* (*mat.*) *T. di una linea nello spazio*, deviazione dell'andamento piano in ognuno dei punti della linea stessa | *T. di una curva nello spazio*, limite cui tende il rapporto fra l'angolo formato dai piani osculatori in due punti prossimi e l'arco di curva compreso, al tendere del secondo punto al primo.

tórso [lat. *thýrsu(m)*, dal gr. *thýrsos*, vc. proveniente dall'Asia Minore, secondo una variante tarda latinizzata *tŭrsu(m)*] s. m. *1* Ciò che rimane di alcuni frutti dopo averne levata la polpa: *un t. di pera*; *gettare il t.* *2* Parte del corpo umano che va dal collo alla cintura: *stare a t. nudo*; *la nuvola bronzeo-rosea d'un t. nudo femminile* (CALVINO) | (*est.*) Statua mancante di braccia, testa e gambe. *3* (*fig.*, *fam.*) Uomo buono a nulla.

torsolàta s. f. ● (*raro*) Colpo dato con un torso lanciato.

tórsolo [propriamente dim. di *torso*] s. m. ● Fusto di piante erbacee privato delle foglie | Parte centrale non commestibile di alcuni frutti, specie pomacee | *Non star lì come un t.!*, (*fig.*) detto di persona goffamente impacciata | *Non valere un t.*, (*fig.*) essere uno sciocco, non valere niente.

tòrta (1) [vc. dotta, lat. *tŏrta(m)*, propriamente part. pass. di *torquēre* 'torcere'] s. f. ● Atto del torcere una volta e un poco: *dare una t. alla corda.* || **tortóne**, accr. m.

tórta (2) [lat. tardo *tōrta(m)*, di origine incerta] s. f. ● Dolce, di forma gener. tonda, cotto al forno, solitamente a base di farina, latte, uova, zucchero, con aggiunta di ingredienti vari: *t. di mele*, *di zucca*, *di ricotta* | *T. pasqualina*, V. *pasqualina* | *T. gelato*, torta contenente strati di gelato | Preparazione salata, e gener. farcita, cotta in forno | (*fam.*) *Mangiare la t. in testa a qc.*, essergli di gran lunga superiore | *Dividersi la t.*, (*fig.*) spartirsi un bottino o un guadagno illecito | *T. in faccia*, (*fig.*) pantomima, comica del cinema muto spec. americano | *Diagramma a t.*, areogramma. || **tortàccia**, pegg. | †**tortellétta**, dim. | †**tortellina**, dim. | **tortèllo**, dim. m. (V.) | **tortétta**, dim. | **tortina**, dim. | **tortino**, dim. m. (V.) | **tortóna**, accr. | **tortóne**, accr. m.

tortàio s. m. (f. *-a*) ● (*tosc.*) Chi fa e vende torte.

tortellinatrice [da *tortellino*] s. f. ● Macchina per la fabbricazione dei tortellini.

tortellino [dim. di *tortello*, secondo il modello bolognese (*turtlén*)] s. m. *1* Dim. di *tortello.* *2* (*spec. al pl.*) Piccolo quadrato di pasta all'uovo con ripieno a base di lombo di maiale, prosciutto, parmigiano, odore di noce moscata, ripiegato e attorcigliato su sé stesso, mangiato in brodo o asciutto: *tortellini di Bologna.*

tortèllo [dim. di *torta* (*2*)] s. m. *1* (*spec. al pl.*) Involtino di pasta all'uovo ripieno di un composto a base di ricotta, spinaci o altro che si mangia di solito asciutto. *2* *T. dolce*, in Lombardia, piccolo dolce campagnolo di farina, uovo e burro, fritto nello strutto. || **tortellino**, dim. (V.) | **tortellóne**, accr. (V.).

tortellóne s. m. spec. al pl. *1* Accr. di *tortello.* *2* Involto di pasta, più grosso del tortellino, gener. ripieno di ricotta, uova, formaggio, prezzemolo o verdure tritate, da mangiarsi asciutto.

†**tortevolménte** [da *torto* (*2*)] avv. ● Ingiustamente, a torto.

tortézza s. f. ● (*raro*) Qualità di ciò che è torto | Piegatura, obliquità.

tortìccio A s. m. ● Fune formata da più canapi attorcigliati. B anche agg.: *cavo t.*

tortièra s. f. ● Teglia tonda per torte.

tortìglia s. f. ● Filato ritorto molto resistente, costituito dall'intreccio di più fili già torti.

tortiglióne [dal lat. parl. **tortiliāre*, da *tŏrtilis* 'tortile'] A s. m. *1* Oggetto avvolto a spirale. *2* Motivo di tornitura a spirale. *3* (*spec. al pl.*) Pasta da minestra, avvolta a elica. *4* (*zool.*) Rinchite. B loc. avv. ● *A t.*, stretto e a spirale | *Colonna a t.*, colonna tortile.

†**tortiglióso** [da *tortigliare*] agg. ● Piegato, attorcigliato in diverse parti.

tòrtile [vc. dotta, lat. *tŏrtile(m)*, da *tŏrtus*, part. pass. di *torquēre* 'torcere'] agg. ● Che gira a spirale: *colonna t.*

tortino s. m. *1* Dim. di *torta.* *2* Preparazione salata, a base spec. di verdura e formaggio in strati sovrapposti, cotta in forno: *t. di carciofi*, *di melanzane.*

tòrto (1) A part. pass. di *torcere*; anche agg. *1* Nei sign. del v. *2* *Gambe torte*, storte | *Occhi torti*, (*fig.*) torvi, stravolti | *Viso t.*, (*fig.*) disgustato, sdegnato, irato | *Camminare col collo t.*, (*fig.*) con atteggiamento di falsa compunzione | (*fig.*) †Deviato, sviato dalla retta strada: *salendo e rigirando la montagna / che drizza voi che 'l mondo fece torti* (DANTE *Purg.* XXIII, 125-126). CONTR. Diritto. || **tortaménte**, avv. *1* †In modo obliquo, non diritto. *2* (*raro*, *fig.*) Torvamente, biecamente. *3* (*fig.*) †Iniquamente. B in funzione di avv. ● In modo storto | (*fig.*) Torvamente: *guardare qc. t.*

tòrto (2) [lat. tardo *tŏrtu(m)*, s. del part. pass. di *torquēre* '(dis)torcere', col senso di 'cosa (s)torta'] A s. m. *1* Ciò che è contrario al diritto, la ragione, la giustizia: *ricevere un t.*; *confessare i propri torti* | *Fare un t.*, commettere un'ingiustizia, una slealtà | *Fare t. a qc.*, mancare verso qc., venir meno alla stima dovuta a qc. | *Avere dei torti verso qc.*, avere delle colpe, aver commesso delle mancanze verso qc. | *Ti fa t.*, non è degno di te | *Fare t. a q.c.*, essere in contrasto con essa: *è una frase che fa t. alla tua intelligenza.* SIN. Colpa, oltraggio, offesa. *2* L'essere contrario, opposto alla ragione, al diritto, alla giustizia | *Avere t.*, non avere la ragione dalla propria parte, nel dire o fare q.c. | *Non ha tutti i torti*, ha le sue ragioni | *Avere t. a fare q.c.*, fare male a fare q.c. | *Dare t. a qc.*, riconoscere che non ha motivo o diritto di dire o fare q.c. | *Essere*, *passare dalla parte del t.*, comportarsi in modo ingiusto | (*raro*) *Raddrizzare il t.*, ristabilire la giustizia. CONTR. Ragione. B loc. avv. ● *A t.*, ingiustamente | *A t. o a ragione*, con torto o con ragione, sia che sia bene o male.

†**tórtola** ● V. *tortora.*

†**tortóne** [da *torto* (*1*) in senso fig. e neg.] agg. ● (*raro*) Duro, immaturo, detto spec. di fico: *nel canestro mettea fichi tortoni, ... che appena gli avrebbono mangiati i porci* (SACCHETTI).

tórtora o (*pop.*) †**tórtola** [lat. *tŭrture(m)*, vc. onomat.] A s. f. (m. *tórtore*, lett.) ● Piccolo uccello dei Colombiformi dal piumaggio di colori delicati, addomesticabile, che ha un verso monotono e ripetuto a lungo (*Streptopelia turtur*). B in funzione di agg. inv. ● (posposto al s.) Spec. nella loc. *grigio t.*, detto di colore grigio simile a quello del piumaggio dell'animale omonimo. || **tortorèlla**, dim. | **tortoréttа**, dim. | **tortorina**, dim.

†**tortóre** (1) [lat. *tortōre(m)*, da *tŏrtus*, part. pass. di *torquēre* 'torcere (le membra)', 'torturare'] s. m. ● Carnefice, tormentatore, boia.

tortóre (2) [variante dial. di *tortoio*] s. m. ● (*dial.*) Pezzo di legno con cui si torce la fune del basto per tenderla | Randello, clava.

tórtore (3) [lat. *tŭrture(m)*, di origine onomat.] s. m. ● (*lett.*) Maschio della tortora.

tortoreggiaménto s. m. ● (*raro*) Il tortoreggiare (*spec. scherz.*).

tortoreggiàre [comp. di *tortora* e *-eggiare*] v. intr. (*io tortoréggio*; aus. *avere*) ● (*raro*) Imitare il verso della tortora | (*est.*, *scherz.*) Parlare sottovoce scambiandosi tenerezze: *t. come due innamorati.* SIN. Tubare.

†**tortóso** [da *torto* (*1*) in senso fig. e neg.] agg. ● Ingiusto.

tortrìce [dal lat. *tŏrtus*, part. pass. di *torquēre* 'torcere' per l'abitudine di 'attorcigliare' le foglie, sulle quali vivono] s. f. ● Correntemente, farfalletta crepuscolare e notturna le cui larve danneggiano fiori o foglie o frutti di alberi coltivati | *T. della vite*, dannosissima per le larve che in primavera divorano foglie e fiori della vite (*Sparganotis pilleriana*).

tortuosità [vc. dotta, lat. tardo *tortuositāte(m)*, da *tortuōsus* 'tortuoso'] s. f. ● Qualità, stato di chi o di ciò che è tortuoso (*anche fig.*): *verificare la t. di un percorso*; *la t. di un pensiero*; *la sua t. lo rende poco simpatico* | Curva, piega: *le molte t. del fiume.*

tortuóso [vc. dotta, lat. *tortuōsu(m)*, da *tŏrtus*, part. pass. di *torquēre* 'torcere'] agg. *1* Che presenta molte pieghe o curve: *via tortuosa* | Sinuoso, anfrattuoso: *un fiume dal corso t.* *2* (*fig.*) Poco chiaro, ambiguo, scarsamente leale: *ragionamento*, *comportamento t.*; *una persona tortuosa.* CONTR. Lineare. || **tortuosaménte**, avv. *1* Con tortuosità: *il viottolo procede tortuosamente.* *2* (*fig.*) Ambiguamente.

tortùra [vc. dotta, lat. tardo *tortūra(m)*, propriamente 'attorcimento', da *torquēre* 'torcere'] s. f. *1* †Atto, effetto del torcere | †Punto in cui q.c. si piega | †Giro: *E già venuto all'ultima t. / s'era per noi* (DANTE *Purg.* XXV, 109-110) | (*fig.*) †Torto, ingiustizia. *2* Tormento corporale di varia specie che si infliggeva un tempo legalmente, e che talvolta illegalmente s'infligge ancor oggi, a un imputato o a un testimone, per ottenere la confessione di un delitto o qualche dichiarazione importante: *porre*, *mettere alla t.* *3* (*est.*) Atto brutale, crudele o qualsiasi forma di grave costrizione praticata su qc. per ottenere q.c. o solo per sevizia: *lo ridussero al silenzio con una continua t. morale.* *4* (*fig.*, *enf.*) Tormento, grosso fastidio: *sopportare quel bambino è una vera t.* SIN. Martirio.

torturàre [da *tortura*] A v. tr. *1* Mettere alla tortura. *2* (*fig.*) Tormentare, angariare: *lo torturava con continue sevizie fisiche e morali* | Affliggere, angustiare: *è torturato dalla sua impazienza* | *Torturarsi il cervello*, affaticarsi la mente, lambiccarsi. B v. rifl. ● Tormentarsi, crucciarsi.

torturàto part. pass. di *torturare*; anche agg. ● Nei sign. del v.

†**torvità** [vc. dotta, lat. tardo *torvitāte(m)*, da *tŏrvus* 'torvo'] s. f. ● Aspetto torvo. SIN. Cipiglio.

tórvo [vc. dotta, lat. *tŏrvu(m)*, di etim. incerta] agg. ● Bieco, feroce e minaccioso: *occhio t.* || **torvaménte**, avv. In modo torvo: *guardare torvamente.*

tory /ingl. 'tɔ:ri/ [vc. ingl., originariamente epiteto di fuorilegge irlandesi del XVII e XVIII sec., dall'irl. *tōraidhe* 'ladrone', propriamente 'cacciatore'] s. m. e f. (pl. ingl. *tories*); anche agg. inv. *1* Chi, che appartenne al partito politico inglese che, dalla fine del XVII all'inizio del XIX sec., voleva mantenere le prerogative reali, i privilegi della Chiesa anglicana e gli interessi fondiari. *2* Appartenente al partito conservatore inglese.

†**torzióne** ● V. *torsione.*

torzóne o **tozzóne** [accr. di *torso* nel sign. 3, secondo una variante (*torzo*) dial. merid.] s. m. ● Frate rozzo, non istruito | (*est.*) Persona grossolana, ignorante.

tósa (1) [f. sost. del lat. *tōnsu(m)*, part. pass. di *tondēre* (V. *toso*)] s. f. ● (*sett.*) Fanciulla, ragazza. || **tosétta**, dim.

tósa (2) [da *tosare*] s. f. ● (*raro*) Tosatura.

tosacàni [comp. di *tosa(re)* e il pl. di *cane*] s. m. ● Chi tosa i cani | (*scherz.*, *spreg.*) Barbiere da strapazzo.

tosaèrba [comp. di *tosa(re)* ed *erba*] s. m. o f. inv. ● Piccola macchina da giardinaggio, spec. a motore, a lame rotanti per falciare e pareggiare l'erba.

tosaménto s. m. ● (*raro*) Tosatura.

tosàre [lat. parl. **tonsāre*, iter. di *tondēre*, tratto dal suo part. pass. *tōnsus*] v. tr. (*io tóso*) *1* Tagliare la lana alle pecore, il pelo ai cani, ai cavalli. *2* Potare, spuntare, pareggiare siepi, spalliere, piante ornamentali e sim. *3* (*est.*, *scherz.*) Tagliare i capelli molto corti a qc. SIN. Rapare. *4* (*fig.*) Portare via denaro con forti tasse o prezzi eccessivi. SIN. Pelare. *5* (*raro*, *est.*) Pareggiare i fogli dei libri nel rilegarli.

tosasièpi [comp. di *tosa(re)* e il pl. di *siepe*] s. m. o f. ● Cesoie con lame larghe a taglio orizzontale usate per tagliare i rami delle siepi e pareggiarne la cima. SIN. Tagliasiepe.

tosàto part. pass. di *tosare*; anche agg. ● Nei sign. del v.

tosatóre s. m.; anche agg. (f. *-trice*, pop. *-tora*) ● Chi, che tosa.

tosatrice s. f. *1* Macchinetta usata al posto delle

forbici per tosare. *2* Macchinetta elettrica usata nei grandi allevamenti di pecore per eseguire la tosa. *3* Tosaerba.

toṣatùra s. f. *1* Operazione, effetto del tosare. *2* (*scherz.*) Il tagliare i capelli molto corti: *prima dell'estate avete bisogno di una bella t.* *3* Tutto ciò che si leva tosando: *conservare la t.*

toscaneggiànte **A** part. pres. di *toscaneggiare*; anche agg. ● Nel sign. del v. **B** s. m. e f. ● Chi toscaneggia parlando o scrivendo: *i moderni toscaneggianti.*

toscaneggiàre [comp. di *toscan(o)* e *-eggiare*] v. intr. (*io toscanéggio*; aus. *avere*) ● Affettare il modo di parlare o di scrivere dell'uso toscano.

toscanèlla [da *toscano*, prob. perché originaria della Toscana] s. f. ● Larga bottiglia, capace quasi come il fiasco, dal collo più lungo del normale e un'ampia base cilindrica che ricorda il gotto.

toscanèllo [da *toscano*] s. m. *1* Varietà coltivata di fagiolo piccolo e di colore bianco. *2* Nome commerciale del mezzo sigaro toscano. *3* Toscanella.

toscanerìa [da *toscano*] s. f. ● Tendenza ad abusare di toscanismi (*spec. pegg.*).

†**toscanéṣimo** ● V. *toscanismo.*

†**toscanèṣmo** ● V. *toscanismo.*

toscànico ● V. *tuscanico.*

toscanìṣmo o †**toscanéṣimo**, †**toscanéṣmo**. s. m. *1* (*raro*) L'essere toscano. *2* Modo di parlare proprio dei toscani | Idiotismo toscano.

toscanità s. f. *1* Indole, qualità di chi o di ciò che è toscano: *la t. di un vocabolo.* *2* Uso proprio e regolato del parlare toscano: *la t. del Cinquecento.*

toscaniẓẓàre [comp. di *toscan(o)* e *-izzare*] **A** v. tr. ● Dare forma toscana: *t. uno scritto* | Rendere toscano. **B** v. intr. (aus. *avere*) ● (*raro*) Toscaneggiare. **C** v. intr. pron. ● Diventare toscano o assumere forma toscana: *questa parola si è toscanizzata.*

toscàno [lat. *tuscānu(m)*, detto propriamente di un prodotto etrusco, da *Tūscus* 'Etrusco, tosco'] **A** agg. *1* Della Toscana, proprio della Toscana: *lingua toscana*; *scultura toscana.* *2* Che riguarda la lingua toscana: *il volgare t.*; *i dialetti toscani*; *dizionario t.* *3* (*arch.*) Dell'ordine tuscanico. *4* †Etrusco. || **toscanaménte**, avv. *1* Secondo il modo usato dai toscani, spec. nel parlare o nello scrivere. *2* Alla maniera toscana. **B** s. m. (f. *-a* nel sign. 1) *1* Abitante o nativo della Toscana. *2* Sigaro di tabacco forte, prodotto dal monopolio italiano, che si suol fumare spezzato a metà. *3* (*arch.*) Tuscanico. **C** s. m. solo sing. ● Ciascuno dei dialetti italiani dell'area toscana.

tósco (**1**) o **tòsco** [adattamento del lat. *Tūscu(m)* 'Etrusco', dal n. gr. degli Etruschi, *Tyrsēnói* 'Tirreni' (da *týrsis, týrris* 'roccaforte, torre')] **A** agg. (pl. m. *-schi*) ● (*lett.*) Toscano. **B** s. m. (f. *-a*) ● (*poet.*) Chi è nativo o abitante della Toscana: *l'ombra ... del gran Tosco ... / che gli antiqui vestigi / del saper discoperse* (PARINI).

†**tòsco** (**2**) ● V. *tossico* (*1*).

tòsco (**3**) [albanese *toskë*] **A** agg. (pl. m. *-schi*) ● Degli albanesi meridionali | *Dialetti toschi*, quelli parlati in Albania nelle regioni a sud del fiume Shkumbi e in alcuni paesi dell'Italia centro-meridionale. **B** s. m. (f. *-a*) ● Nativo delle regioni albanesi a sud del fiume Shkumbi.

tósco- o **tòsco-** primo elemento ● In parole composte fa riferimento alla Toscana o ai suoi abitanti: *tosco-emiliano, tosco-romagnolo.*

†**toscóso** ● V. †*tossicoso.*

tóso [lat. *tōnsu(m)* 'tosato', part. pass. di *tondēre*, dall'uso, variamente spiegato, di tagliare i capelli ai ragazzi] **A** part. pass. di *tosare*; anche agg. ● (*lett.*) †Nei sign. del v. **B** s. m. (f. *-a* (V.)) *1* (*sett.*) Fanciullo, ragazzo. *2* †Persona tosata.

†**toṣolàre** [lat. tardo *tonsurāre*, da *tonsūra*] v. tr. ● Tosare.

toṣóne [fr. *toison*, dal lat. tardo *tonsiōne(m)* 'tosatura', da *tōnsus* 'tosato'] s. m. ● Vello di pecora o d'ariete | *Toson d'oro*, ordine cavalleresco istituito in Borgogna nel XV sec. da Filippo il Buono per difendere la Chiesa e assicurare la tranquillità dello Stato, passato poi alle case d'Austria e di Spagna.

tósse o (*pop.*) †**tóssa** [lat. *tŭssi(m)*, di etim. incerta] s. f. ● Atto respiratorio caratterizzato da una profonda inspirazione cui segue un'espirazione violenta, sonora, per espellere il contenuto delle vie aeree | *T. asinina, canina, cattiva, cavallina, convulsiva, convulsa*, pertosse || PROV. Amore, tosse e fumo non si possono celare a nessuno. || **tossàccia**, pegg. | **tossétta**, dim. | **tossettina**, dim.

tossịalimentàre [comp. di *tossi(co)* (*1*) e *alimentare*] agg. ● Detto di sostanza tossica che si origina da alimenti alterati | *Fattore t.*, tossina di origine alimentare.

tossicàre (**1**) [lat. parl. **tussicāre*, dal lat. tardo *tŭssicus* 'che ha la tosse (*tŭssis*)'] v. intr. (*io tóssico, tu tóssichi*; aus. *avere*) ● (*raro*) Tossicchiare.

†**tossicàre** (**2**) [lat. tardo *toxicāre*, da *tŏxicum* 'tossico (1)'] v. tr. ● Intossicare, avvelenare.

tossicàrìa [da *tossico* (*1*) perché molto amara] s. f. ● (*bot.*) Graziola.

†**tossicatóre** [da *tossico* (*1*)] s. m. (f. *-trice*) ● Avvelenatore.

tossicchiàre [da *tossire* con suff. verb. iter.] v. intr. (*io tossicchio*; aus. *avere*) ● Tossire leggermente e spesso | Cercare di attirare l'attenzione di qc. con una tosse simulata.

tossicità s. f. ● Qualità di ciò che è tossico.

tòssico (**1**) o (*poet.*) †**tòsco** (**2**) [vc. dotta, lat. *tŏxicu(m)*, dal gr. *toxikón* 'veleno'] **A** agg. (pl. m. *-ci*) ● Detto di sostanza che ha effetto nocivo su un organo o sull'organismo | *Dose tossica di un farmaco*, quella che può danneggiare chi la assume | (*est.*) Velenoso: *gas tossici.* **B** s. m. *1* Sostanza tossica. *2* (*lett.*) Veleno micidiale e amarissimo (*anche fig.*): *un t. vegetale*; *addolciva d'Amor l'amaro tosco / ... / l'innamorato giovane* (MARINO) | (*est., iperb.*) Cibo disgustoso.

tòssico (**2**) [acrt. di *tossicodipendente*] s. m. (f. *-a*; pl. m. *-ci*) ● (*gerg.*) Tossicodipendente.

tossicodipendènte [comp. di *tossico* (*1*) nel sign. B e *dipendente*] s. m. e f.; anche agg. ● Chi, che si trova in una condizione di tossicodipendenza.

tossicodipendènza [da *tossicodipendente*] s. f. ● Stato di dipendenza fisica o psichica in cui cade chi è solito assumere droghe naturali o sintetiche.

tossicòfilo [comp. di *tossico* (*1*) nel sign. B e *-filo*] agg.; anche s. m. (f. *-a*) ● (*med.*) Che, chi manifesta una tendenza morbosa ad assumere sostanze tossiche, per lo più stupefacenti.

tossicofobìa [comp. di *tossico* (*1*) e *-fobia*] s. f. ● (*med.*) Paura morbosa dei veleni o di essere avvelenato.

tossicologìa [comp. di *tossico* (*1*) e *-logia*] s. f. ● Branca della farmacologia che studia la natura dei veleni, la loro azione e il modo di combatterli.

tossicològico [comp. di *tossico* (*1*) e *-logico*] agg. (pl. m. *-ci*) ● Concernente la tossicologia.

tossicòlogo [comp. di *tossico* (*1*) e *-logo*] s. m. (f. *-a*; pl. m. *-gi*, pop. *-ghi*) ● Specialista in tossicologia.

tossicolóso [vc. dotta, lat. tardo *tussiculōsu(m)*, da *tussĭcula*, dim. di *tŭssis* 'tosse'] agg.; anche s. m. (f. *-a*) ● Che, chi tossisce spesso.

tossicòmane [da *tossicomania*] s. m. e f.; anche agg. ● Chi, che è affetto da tossicomania.

tossicomanìa [comp. di *tossico* (*1*) e *-mania*] s. f. ● (*med.*) Abitudine ad assumere in modo più o meno continuato droghe naturali o sintetiche.

tossicóne s. m. ● (*tosc.*) Tosse forte con catarro abbondante.

tossicòṣi [comp. di *tossico* (*1*) e *-osi*] s. f. ● (*med.*) Complesso delle manifestazioni morbose che conseguono alla presenza nel sangue di sostanze tossiche.

†**tossicóso** o †**toscóso** [da *tossico* (*1*)] agg. ● Tossico, velenoso: *ti sento proferir queste dolci parole: conchiudo più fermamente che di quel t. mele abbi il stomaco ripieno* (BRUNO).

tossịemìa o **toxịemìa** [comp. di *tossi(co)* (*1*) ed *-emia*] s. f. ● (*med.*) Presenza nel sangue di sostanze tossiche di origine esogena o endogena | *T. renale*, causata dal cattivo funzionamento dei reni | *T. gravidica*, processo di autointossicazione, prob. di origine endocrina, che è alla base della eclampsia gravidica.

tossìfugo [comp. di *tosse* e *-fugo*] **A** agg. (pl. m. *-ghi*) ● Detto di sostanza o preparato medicinale che ha la proprietà di inibire la tosse. SIN. Bechico. **B** anche s. m.

tossiménto s. m. ● (*raro*) Il tossire.

tossìna [comp. da *toss(ico)* e *-ina*] s. f. ● Sostanza di origine batterica che ha potere tossico per l'uomo, capace di comportarsi come antigene.

tossinfettìvo [comp. di *tossi(co)* (*1*) ed *infettivo*] agg. ● (*med.*) Relativo alla tossinfezione.

tossinfezióne [comp. di *tossi(co)* (*1*) ed *infezione*] s. f. ● (*med.*) Malattia infettiva causata da germi patogeni in grado di produrre una tossiemia che, rispetto al focolaio infettivo, è la maggiore responsabile dell'azione patogena: *la salmonellosi è una t.*

tossìre [lat. *tussīre*, da *tŭssis* 'tosse'] v. intr. (*io tossisco* o *tósso, tu tossìsci* o *tóssi*; aus. *avere*) ● Avere un attacco di tosse | Segnalare q.c. con un falso colpo di tosse: *tossì per avvertirci dell'errore.*

tossitóre s. m.; anche agg. (f. *-trice*) ● Chi, che tossisce.

†**tòsta** [da *tosto* (*1*)] s. f. ● Rapidità, velocità.

tostacaffè [comp. di *tosta(re)* e *caffè*] s. m. ● Apparecchio per tostare i chicchi di caffè.

†**tostanézza** [da †*tostano*] s. f. ● Prontezza, velocità.

†**tostàno** [da *tosto* (*1*)] agg. *1* Presto, veloce: *troppo tostana è la venuta di messer Giovanni* (COMPAGNI). *2* Improvviso, subitaneo. || †**tostanaménte**, avv. Prestamente, subitamente.

†**tostànza** [da *tosto* (*1*)] s. f. ● Velocità, prestezza.

tostapàne [comp. di *tosta(re)* e *pane*] s. m. inv. ● Apparecchio elettrodomestico atto a tostare le fette di pane.

tostàre [lat. tardo *tostāre*, da *tŏstus* 'tosto', part. pass. di *torrēre* 'rendere secco', di origine indeur.] v. tr. *1* Cuocere fette di pane al forno o nel tostapane. *2* Abbrustolire, torrefare: *t. il caffè, le mandorle.*

tostàto part. pass. di *tostare*; anche agg. ● Nei sign. del v.

tostatóre s. m. (f. *-trice*) ● (*raro*) Chi tosta | Torrefattore.

tostatùra [da *tostare*] s. f. ● Operazione di blanda torrefazione cui vengono sottoposte molte sostanze | *T. del caffè, dei semi di cacao, delle nocciole*, per modificarne le proprietà organolettiche.

†**tostevolménte** avv. ● Speditamente, subito.

†**tostézza** [da *tosto* (*1*)] s. f. ● Prestezza, sollecitudine.

tostìno s. m. ● Macchina per tostare: *t. per caffè, per nocciole, per semi di cacao.*

tòsto (**1**) [lat. *tŏstu(m)*, propriamente part. pass. di *torrēre* 'seccare', col senso di '(seccato) rapidamente'] **A** avv. ● (*lett.*) Presto, rapidamente, subito, senza porre tempo in mezzo: *ci andrò t.* | Con valore raff.: *Ben t., t. t.*: *lo sapremo ben t.* | V. anche *piuttosto.* **B** nelle loc. cong. *t. che*, (*raro, lett.*) *t. come*, (*lett.*) *sì t. come*, subito che, appena che (introduce una prop. temp. con il v. all'indic., raro al congv.): *t. che dal piacere in atto è desto* (DANTE *Purg.* XVIII, 21); *Sì t. come il vento a noi li piega, / mossi la voce* (DANTE *Inf.* V, 79-80). **C** agg. ● (*lett.*) Presto, veloce | Subito, improvviso | Breve. || †**tostaménte**, avv. Rapidamente, prestamente; subitamente.

tòsto (**2**) [lat. *tŏstu(m)*, part. pass. di *torrēre* 'seccare', passato a indicare un '(uomo) duro, sfacciato, gagliardo'] agg. *1* (*lett., dial.*) Duro, sodo | *Stare t.*, star fermo, immobile, non cedere | *Avere faccia tosta*, essere sfrontato, non scomporsi. *2* (*gerg.*) Deciso, risoluto (con connotazione positiva): *è un tipo t.*

tòsto (**3**) s. m. ● Adattamento di *toast* (V.).

tot /'tɔt/ [avv. lat. dalla radice *t-* del dimostr. indeur.] **A** agg. indef. *1* (*al pl.*) Tanti, tante (indica un numero precisato ma che non occorre dire in modo determinato in quanto fisso o implicito o non necessario alla chiarezza del discorso): *compera tot capi per un valore di tot milioni e si mette in proprio.* *2* (*al sing.*) Tale: *fissiamo per la consegna il mese tot e il giorno tot.* **B** pron. indef. ● Un tanto, una certa quantità: *guadagna tot e spende tot*; *sarà necessario acquistare anche un certo tot di pezzi di ricambio* | Tanto, tanti (nelle date, nelle ore): *oggi ne abbiamo tot, fra un mese esatto faremo il punto della situazione.*

tòta [per (*ma*)*tota*, f. dim.-vezz. di *mat*, letteralmente 'matto', con non rara applicazione affettuosa a 'ragazzo'] s. f. ● (*sett.*) Ragazza, fanciulla.

totàle [vc. dotta, lat. tardo *totāle(m)*, da *tōtu(m)* 'tutto'] **A** agg. ● Pieno, intero, completo: *rovina t.*; *con t. abbandono*; *eclissi t.* | *Un silenzio t.*, assoluto | *Spesa t.*, comprensiva di tutto | (*med.*) *Anestesia totale*, che interessa tutte le attività cerebrali, a eccezione di quelle strettamente vitali, con soppressione della coscienza. CONTR. Parziale. || **totalménte**, avv. Interamente, completamente, in tutto e per tutto: *mi sembra un individuo totalmente incapace*; assolutamente: *è un caso totalmente singolare*. **B** s. m. ● Risultato di un'addizione: *il t. risulta sbagliato*. SIN. Somma. **C** s. f. ● (*med.*) Anestesia totale.

totalità [da *totale*] s. f. **1** L'interezza di qc. o q.c. | *Nella sua t.*, in tutto il suo essere. CONTR. Parzialità. **2** Tutto l'insieme, la quantità totale delle cose o delle persone che vengono considerate: *la t. degli iscritti parteciperà all'assemblea*.

totalitàrio [da *totale* con la seconda parte di (*autor*)*itario*] agg. **1** (*raro*) Che riguarda la totalità o proviene dalla totalità: *approvazione totalitaria*. **2** Ispirato al totalitarismo: *regime t.*; *Stato t.*

totalitarìsmo [comp. di *totalitar(io)* e *-ismo*] s. m. ● Dottrina politica che ammette un solo partito informatore e guida dell'azione statale o sostiene che il potere governativo debba disciplinare direttamente tutti i rapporti sociali, in particolare quelli economici.

totalitarìstico agg. ● Concernente il totalitarismo.

totalizzànte [fr. *totalisant*, part. pres. di *totaliser* 'fare la somma, totalizzare', poi anche 'riunire totalmente'] agg. ● Che investe, coinvolge tutto: *il suo impegno politico è stata un'esperienza t.*

totalizzàre [da *totale*, sull'es. del fr. *totaliser*] v. tr. ● Calcolare in totale, tutti insieme | Conseguire un certo totale.

totalizzatóre [da *totalizzare*, sull'es. del fr. *totalisateur*] s. m. **1** Gioco di scommesse in uso negli ippodromi e nei cinodromi, che consiste nel raccogliere tutte le puntate e, sottratta una parte per tasse e trattenute varie, ridistribuirle a coloro che hanno indicato il cavallo o il cane vincitore o piazzato | (*est.*) Banco che riceve le scommesse. **2** Organo base delle macchine da calcolo costituito normalmente da una serie di ruote dentate e destinato all'accumulo positivo o negativo degli operandi e quindi, in particolare, alla formazione dei totali di somme e sottrazioni, dei prodotti nelle moltiplicazioni e al trattamento del dividendo nelle divisioni.

totalizzazióne [da *totalizzare*, sull'es. del fr. *totalisation*] s. f. ● (*raro*) Operazione, effetto del totalizzare.

totalrifrattòmetro [comp. di *total(e)* e *rifrattometro*] s. m. ● (*fis.*) Strumento impiegato per misurare indici di rifrazione, basato sul fenomeno della riflessione totale.

totanàra [da *totano* (*1*), il cefalopode di principale cattura] s. f. ● Arnese fatto a fuso per catturare calamari e totani, lungo 10 cm e con una corona di punte all'estremità inferiore.

tòtano (**1**) o **tòdaro** [gr. *touthís*, d'origine sconosciuta] s. m. ● (*zool.*) Mollusco cefalopode marino, commestibile, simile al calamaro, ma che può raggiungere anche un metro di lunghezza (*Ommatostrephes sagittatus*).

tòtano (**2**) [da *totano*, n. d'un uccello, d'origine sconosciuta] s. m. ● (*zool.*) Pettegola.

Tòtem ® (**1**) [sigla di *Tot(al) E(nergy) M(odule)* 'modulo a energia totale'] s. m. inv. ● Nome commerciale di un generatore, alimentato a gas o biogas, che produce contemporaneamente calore, sotto forma di acqua o aria calda, ed energia elettrica in notevole quantità per utenze civili, commerciali, industriali e agricole.

tòtem (**2**) [ingl. *totem*, da una vc. algonchina *ote(m)* 'segno' e 'famiglia, tribù' con la *t-* di un precedente pron. poss.: 'il tuo segno'] s. m. inv. ● Oggetto materiale, corpo celeste, animale o pianta che, nelle credenze di molte tribù primitive, ha dato origine al gruppo, con la conseguenza di un rapporto di discendenza e parentela, che determina obblighi del gruppo, talvolta di carattere religioso.

totèmico [ingl. *totemic*, da *totem* con desinenza agg.] agg. (pl. m. *-ci*) ● Che si riferisce al totem e al totemismo | *Gruppo t.*, *parentela totemica*, fondati sulla comunanza del totem.

totemìsmo [ingl. *totemism*, da *totem* con suff. di credenza] s. m. **1** Sistema di discendenze e di parentele fondato, presso alcune tribù e gruppi primitivi, sul totem | Complesso delle norme sociali, e talvolta religiose, derivanti da tale sistema. **2** Correntemente, presunta religione primitiva fondata sul culto del totem.

totìp [dalle iniziali del *tot(alizzatore) ip(pico)*] s. m. ● Concorso settimanale a premi basato sul pronostico di corse ippiche e consistente nell'indicare, su un'apposita schedina, la vittoria di un cavallo del gruppo 1, del gruppo X o del gruppo 2, lo stesso per il secondo arrivato.

†**tòto** [vc. dotta, lat. *tōtu(m)*, di etim. incerta] agg. indef. ● (*poet.*) Tutto: *la prima cagion non veggion tota!* (DANTE *Par.* XX, 132).

totò [vc. inft. a reduplicazione sillabica] vc. ● Solo nella loc. *fare t.*, picchiare, dare le busse (nel linguaggio infantile): *la mamma ti farà t. se non stai buono*; *chi ti ha fatto t.?* | (*pop.*, *dial.*) Anche nella loc. *fare le t.*

tòto- [da *tot(alizzatore)*, sul modello di *totocalcio*] primo elemento ● In parole composte per lo più scherzose o di libera invenzione giornalistica, fa riferimento a previsioni di un evento futuro (quali, per es. *totoministri*, relativamente alla possibilità o probabilità di essere nominato ministro in un governo in formazione, o *totoelezioni*, relativamente alla graduatoria dei voti riportati dalle liste dei vari partiti in una consultazione elettorale).

totocàlcio [da *tot(alizzatore di) calcio*] s. m. ● Concorso pubblico settimanale a premi che consiste nell'indovinare i risultati delle più importanti partite di calcio che si svolgono alla domenica, segnando su un'apposita schedina 1 per la vittoria della squadra ospitante, X per il pareggio, 2 per la vittoria della squadra ospite: *giocare*, *vincere*, *al t.*

toto corde /*lat.* 'tɔto 'kɔrde/ [loc. lat., letteralmente 'con tutto (*tōto*, abl. di *tōtus*, di etim. incerta) il cuore (*cŏrde*, abl. di *cŏr*, genit. *cŏrdis*, di origine indeur.)'] loc. avv. ● Con tutto il cuore, pienamente: *vi do la mia approvazione toto corde*.

totonéro [comp. di *toto(calcio)* e *nero*] s. m. ● Gioco di scommesse clandestine sui risultati delle partite del campionato di calcio: *i proventi illegali del t.* SIN. Calcioscommesse.

tottavìlla [vc. di origine onomat., dal verso dell'animale] s. f. ● Uccello passeriforme simile all'allodola, con ciuffetto al sommo del capo e con voce più melodiosa (*Lullula arborea*).

touch-down /*ingl.* 'tʌtʃ daun/ [vc. ingl., propr. 'meta' (nel rugby), comp. di *touch* 'tocco' e *down* 'giù'] s. m. inv. ● (*sport*) Nel football americano, marcatura che si ottiene quando un giocatore viene a trovarsi con il pallone in mano nella parte di campo situata dietro ai pali avversari | L'area nella quale è possibile ottenere tale marcatura: *entrare in touch-down*.

touche /*fr.* tuʃ/ [vc. fr., letteralmente 'tocco (2)', da *toucher* 'toccare'] s. f. inv. ● Nel rugby, l'azione con cui si riprende il gioco dopo che il pallone è uscito dalla linea laterale | *Calciare in t.*, *salvarsi in t.*, mandando il pallone oltre la linea laterale.

toupet /*fr.* tu'pɛ/ [vc. fr., dim. dell'ant. fr. *top*, dal francone *top* 'cima, ciuffo', di area germ.] s. m. inv. **1** Ciuffo di capelli posticci, usato per acconciature. SIN. Posticcio. **2** (*fig.*) Sfrontatezza.

toupie /*fr.* tu'pi/ [vc. fr., propr. 'trottola', dall'ingl. *top* 'trottola', a sua volta dal francone **top* 'punta' (perché la trottola gira sulla punta)] s. f. inv. ● Macchina utensile per la lavorazione del legno, che esegue sagome, scanalature, incastri e sim.

tour /*fr.* tur/ [vc. fr., letteralmente 'giro', dal primitivo senso di 'tornio'] s. m. inv. **1** Giro turistico, spec. organizzato: *fare un t. in Provenza*. **2** (*sport*, *per anton.*) Giro ciclistico di Francia.

tourbillon /*fr.* turbi'jõ/ [vc. fr., propr. 'turbine', dal lat. parl. **turbīculu(m)*, allargamento di *tŭrbo*, genit. *tŭrbinis* 'turbine'] s. m. inv. **1** Nel calcio, tecnica d'attacco impostata su una rapida rotazione delle posizioni degli attaccanti, per creare confusione nella difesa avversaria. **2** (*fig.*, *est.*) Rapido susseguirsi di idee, eventi, fenomeni e sim.: *lasciarsi prendere dal t. degli affari*.

tour conductor /*ingl.* 'tuə kən'dʌktə*/ [loc. ingl., comp. di *tour* 'giro, viaggio' (V. *tour*) e *conductor* 'guida' (V. *conduttore*)] s. m. inv. (pl. ingl. *tour conductors*) ● Tour leader.

tour de force /*fr.* 'tur də 'fɔrs/ [loc. fr., letteralmente 'giro (*tour* 'movimento circolare', dal primitivo senso di 'tornio') di (*de*) forza (*force*, della medesima origine del corrisp. it.)'] loc. sost. m. inv. (pl. fr. *tours de force*) **1** (*sport*) Serie di prove che richiedono, per essere positivamente superate, prestazioni superiori al rendimento abituale di una squadra o di un atleta. **2** (*est.*) Sforzo intenso e fuori della norma: *questo viaggio è un vero tour de force*.

tour leader /*ingl.* 'tuə 'li:də*/ [loc. ingl., comp. di *tour* 'giro, viaggio' (V. *tour*) e *leader* 'guida' (V. *leader*)] s. m. inv. (pl. ingl. *tour leaders*) ● Chi guida un gruppo di turisti, occupandosi dei trasferimenti, delle sistemazioni alberghiere, dei problemi burocratici e amministrativi durante il viaggio e delle eventuali variazioni al programma prestabilito. SIN. Accompagnatore turistico.

tournedos /*fr.* turnə'do/ [vc. fr., letteralmente 'giradorso' (da *tourner* 'girare', dal lat. *tornāre*, propriamente 'girare al tornio', e *dos* 'dorso'), di incerta allusione] s. m. inv. (pl. fr. *tournedos*) ● Fetta di filetto di bue, spessa e rotonda.

tournée /*fr.* tur'ne/ [vc. fr., letteralmente 'girata', f. sost. del part. pass. (*tourné*) del v. *tourner* 'girare', secondo il senso etim. del lat. *tornāre* 'lavorare al tornio (*tŏrnus*)'] s. f. inv. ● Serie di partite, di gare o spettacoli, compiuta da una squadra, da un atleta, da una compagnia teatrale, da un cantante e sim., in diverse località secondo un itinerario e un programma fissati.

tourniquet /*fr.* turni'kɛ/ [vc. fr., da *tourner* 'girare' con doppio affisso dim. (il suff. *-et* e l'infisso *-iq-*)] s. m. inv. **1** Strettissima curva di strada, in montagna. SIN. Tornante. **2** Tornello. **3** Laccio emostatico.

tournure /*fr.* tur'nyr/ [vc. fr., da *tourner* 'girare' (stessa etim. dell'it. *tornare*)] s. f. inv. ● Costruzione sintattica tipica di una lingua.

tour operator /*ingl.* 'tuə 'ɔpəreitə*/ [loc. ingl., comp. di *tour* 'giro, viaggio' (V. *tour*) e *operator* 'operatore'] s. m. inv. (pl. ingl. *tour operators*) ● Chi organizza viaggi per turisti, stabilisce itinerari, prenota alberghi e mezzi di trasporto, stipulando anche contratti con agenzie di altri Paesi per incrementare il turismo nel proprio. SIN. Operatore turistico.

tout court /*fr.* tu 'kur/ [loc. fr., letteralmente 'tutto (*tout*, della stessa origine del corrisp. it.) corto (*court*, come in it., dal lat. *cŭrtus*)'] loc. avv. ● Brevemente, a farla breve | Senza molti chiarimenti o precisazioni: *ha risposto tout court di essere d'accordo*; *è stato definito tout court un incompetente*.

tovàglia [ant. provz. *toalha*, dal francone *thwahlja* 'fazzoletto'] s. f. **1** Drappo solitamente bianco, talora ricamato, che si stende sulla tavola per apparecchiare la mensa | *Stendere la t.*, apparecchiare | *Levare la t.*, sparecchiare. **2** Nella liturgia cattolica, il panno di color bianco che si distende sopra l'altare, per celebrarvi la messa, sovrapposto ad altri due panni dello stesso colore | *T. di comunione*, quadrato di stoffa che, nella liturgia cattolica, si distendeva dinanzi al comunicante. || **tovagliétta**, dim. | **tovaglìna**, dim.

tovagliàto [da *tovaglia*] s. m. ● Assortimento, insieme di tovaglie e tovaglioli per la tavola | Tipo di tessuto adatto per la confezione di tovagliati.

tovagliòlo o **tovagliuòlo** [da *tovaglia*] s. m. ● Piccolo drappo quadro, tessuto come la tovaglia, che si adopera a tavola per tener nette la bocca e le mani, per non macchiarsi l'abito | *Anello*, *busta del t.*, di ciascun familiare o pensionante, affinché non vi siano scambi di tovaglioli | *Spiegare il t.*, mettersi a tavola per mangiare. SIN. Salvietta. || **tovagliolìno**, dim.

toxiemìa ● V. *tossiemia*.

toxoplàsma [comp. del gr. *tóxon* 'arco' (prob. d'origine indeur.) e *plásma* 'formazione' (V. *plasma*), con passaggio semantico non chiaro] s. m. (pl. *-i*) ● Genere di protozoi parassita di molti mammiferi, uccelli, rettili.

toxoplasmòsi [da *toxoplasma*] s. f. ● Malattia parassitaria provocata da toxoplasmi che all'uomo possono essere trasmessi da animali domestici.

tozzétto [dim. di *tozzo* (*2*) nel senso di 'pezzo mal tagliato'] s. m. ● (*edil.*) Piastrella di piccole dimensioni utilizzata in combinazione con altre di dimensioni maggiori e forma diversa.

tòzzo (**1**) [etim. incerta] **A** agg. ● Di cosa o persona eccessivamente grossa rispetto all'altezza: *una ragazza piccola e tozza* | *Edificio t.*, che manca di snellezza, di sviluppo in altezza. SIN. Massiccio, pesante. **B** s. m. (f. *-a*); anche agg. ● (*gerg.*, *region.*) Paninaro. || **tozzòtto**, accr.

tòzzo (**2**) [etim. discussa: da *tozzare* 'rompere a pezzi', di origine imit. (?)] s. m. ● Pezzo spec. di pane indurito | *Guadagnare un t. di pane*, appena di che vivere | *Per un t. di pane*, per un prezzo bassissimo. || **tozzétto**, dim.

†**tozzolàre** [ampliamento con l'infisso *-ol-* di *tozzare*, d'origine imit.] v. intr. ● Mendicare tozzi di pane.

tozzóne ● V. *torzone*.

tra o (*lett.*) †**intra** [lat. *īntra* con valore di 'all'interno', da un agg. *īnterus* 'interno', comp. di *in-* 'dentro' col suff. compar. *-tero*] prep. propria semplice. (Fondendosi con gli art. det. dà origine alle prep. art. poet. e lett. m. sing. *tral*, *trallo*, m. pl. *tragli*, †*tralli*, *trai* (tosc. *tra'*); f. sing. *tralla*, f. pl. *tralle*. Ha gli stessi usi e sign. di *fra* ma si preferisce l'una o l'altra forma soprattutto per evitrare la cacofonia derivante spec. dall'incontro di gruppi di consonanti). **I** Stabilisce diverse relazioni dando luogo a molti complementi. ***1*** Compl. di stato in luogo (con il sign. di 'in mezzo a', indica la posizione intermedia tra due persone, oggetti, situazioni, limiti o punti estremi o contrapposti nello spazio): *tra casa e casa c'è un po' di spazio*; *la strada corre tra due file di alberi*; *un grande centro industriale è sorto tra le due città*; *è scomparso tra la folla*; *si è trovato tra gente sconosciuta*; *tra tante carte non trova più quel certificato*; *ha rovistato tra quei vecchi appunti*; *tengo la tua fotografia tra i ricordi di famiglia* | *Mettere il bastone tra le ruote*, (*fig.*) intralciare, spec. con malizia | *Tra i piedi*, (*fig.*) vicino, accanto, in modo fastidioso o petulante: *mi sta sempre tra i piedi* | *Trovarsi tra l'incudine e il martello*, (*fig.*) essere preso da due persone o situazioni ugualmente pressanti, fastidiose, spiacevoli e sim. | *Trovarsi tra due fuochi*, (*fig.*) essere esposto a due avversari, difficoltà, minacce e sim., ugualmente pericolosi | *Dormire tra due guanciali*, (*fig.*) essere al sicuro da ogni pericolo e lontano da ogni preoccupazione | *Essere tra la vita e la morte*, essere moribondo. ***2*** Compl. di moto attrav. luogo: *il vincitore passò tra due ali di folla plaudente*; *un raggio di luce filtra tra le imposte socchiuse*; *l'ho visto scomparire tra gli alberi*; *è passato tra sofferenze e sventure indicibili* | Anche nella loc. prep. *di tra*: *il sole fece capolino di tra le nuvole*; *sbucò fuori di tra i cespugli*. ***3*** Compl. di moto da luogo: *tra Roma e Firenze ci sono alcune ore di treno*; *tra casa mia e casa sua ci sono cinque minuti di strada*. ***4*** Compl. di quantità (indica la distanza che ci separa da un luogo, da un punto): *tra duecento metri c'è casa mia*; *tra venti kilometri ci deve essere un'area di servizio*. ***5*** Compl. di tempo (indica il limite di tempo entro il quale si svolgerà un'azione, oppure l'intervallo di tempo che può intercorrere in un'azione): *torno tra poco*; *vengo tra due giorni*; *ti scriverò tra una settimana*; *sarò da te tra le sette e le otto*; *tra oggi e domani si deve decidere tutto* | Durante, entro: *verrò tra i prossimi quindici giorni*; *udii tra il sonno le ciaramelle* (PASCOLI). ***6*** Compl. di relazione (indica contrasto, solidarietà, reciprocità e sim.): *auspichiamo la pace tra tutti i popoli*; *sono amicissimi tra loro*; *tra noi due c'è solo simpatia*; *tra parenti si può dire liberamente*; *si assomigliano tra loro* | *Sia detto tra noi*, in confidenza | *Pensare tra sé e sé*, nel proprio intimo | *Dire tra sé e sé*, pensare, ragionare con se stesso | Indica l'esitazione, la scelta e sim.: *sono incerto tra il sì e il no*; *pareva incerto tra il riso e il pianto*; *si dibatte tra le idee più strane e contrastanti*; *non so scegliere tra l'uno e l'altro*; *è un colore tra il verde e il giallo*; *tra le due cose c'è poca differenza* | Presso, nell'opinione di: *tra gli esperti si è sempre più convinti di ciò*; *tra gli investigatori si è rafforzata l'opinione della sua piena responsabilità*. ***7*** Compl. di compagnia: *si mescolò tra la folla*; *pure tra tanta gente mi sentivo sperduto*; *sta sempre tra i suoi amici*; *è arrivato tra i primi*; *tra i presenti c'erano alcune personalità*. ***8*** Compl. partitivo: *sei il migliore tra i miei amici*; *è solo uno tra i tanti a pensarla così*; *la mosca è forse il più dannoso tra tutti gli insetti*; *alcuni tra i presenti reclamarono*; *chi tra voi avrebbe tanto coraggio?* ***9*** Compl. di causa: *tra tanto lavoro non trovo mai tempo per uscire*; *tra la casa e i bambini non ho mai un attimo di sosta*; *tra un discorso e l'altro siamo arrivati fino qui a casa tua*; *tra una chiacchiera e l'altra ci si è fatto tardi*; *tra una cosa e l'altra sono sempre occupato* | Con valore correl.: *tra la sua indecisione*, *tra la mancanza di tempo*, *non si è combinato ancora nulla* | (*pop.*) *Tra per*, *tra per*: *tra per il lavoro*, *tra per i miei malanni sono sempre in casa*. ***10*** Compl. di modo o maniera: *sorrise tra le lacrime*; *trascorre le sue giornate tra la lettura e il lavoro*; *borbottò qualcosa di incomprensibile tra i denti*. **II** Ricorre con diverso valore e funzione in alcune espressioni. ***1*** Con valore determinativo indica complesso, globalità e sim.: *tra tutti siamo diecimila iscritti*; *tra tutti non saranno più di cinquanta*. ***2*** Con valore indet. indica approssimazione: *avrà tra i dieci e i quindici anni*; *ci vorranno tra le due e le tre ore per terminare il lavoro*. ***3*** Ricorre nella formazione di alcune loc. avv., spec. con valore temporale: *tra poco*; *tra breve*; *tra non molto* | *Tra l'altro*, inoltre: *tra l'altro non sapremmo neppure a chi affidare il lavoro* | *Tra tutto*, complessivamente: *tra tutto sono diecimila lire* (V. nota d'uso ACCENTO).

tra- [lat. *trāns-* 'attraverso', di origine indeur.] pref. ● Forma numerose parole di derivazione latina o di formazione italiana, che significano movimento, passaggio al di là di q.c. da un punto ad un altro (*anche fig.*) (*tradurre*, *tramandare*, *trascrivere*), attraversamento (*trafiggere*, *traforare*), 'in mezzo', 'tra altre cose', con influsso del lat. *īntra* 'tra' (*trascegliere*), 'oltre un limite', con influsso del lat. *ŭltra* 'oltre' (*tracotante*) | In alcuni casi ha valore attenuativo: *tramortire*, *trasognare*.

trabàcca [etim. discussa: dal lat. *trăbe*(*m*) 'trave' con sovrapposizione d'altra vc. (?)] s. f. ● (*lett.*) Tenda, baracca, casotto posticcio. || **trabacchétta**, dim.

†**trabàcco** s. m. ● Trabacca.

trabàccolo [da *trabacco* con suff. dim.] s. m. ● (*mar.*) Bragozzo.

†**trabaldàre** o †**tribaldàre** [da *baldo* con pref. ints.] v. tr. ● Trafugare.

†**trabalderìa** [da †*trabaldare*] s. f. ● Ruberia, truffa.

traballaménto s. m. ● Atto, effetto del traballare.

traballànte part. pres. di *traballare*; anche agg. ● Nei sign. del v.

traballàre [comp. di *tra-* e *ballare*] v. intr. (aus. *avere*) ***1*** Non riuscire a reggersi bene, barcollare, vacillare (*anche fig.*): *l'ubriaco traballava a ogni passo*; *l'ultima speranza traballa* | Non poggiare bene a terra, tentennare, oscillare: *il tavolino traballa* | (*raro*) Tremare: *durante il terremoto la terra cominciò a t.* | (*fig.*) Essere in pericolo, stare per cadere: *il ministero traballa*. ***2*** †Ballare di continuo.

traballìo [da *traballare*] s. m. ● Un continuo traballamento | (*raro*) Movimento di cose traballanti.

traballóne s. m. ● (*raro*) Movimento di chi traballa molto forte perché sta per cadere | *Dare il t.*, cadere e (*fig.*) fallire, andare in rovina.

†**trabaltàre** [da *ribaltare* con sostituzione di pref.] v. intr. ● Ribaltarsi.

trabalzàre [comp. di *tra-* e *balzare*] **A** v. tr. ● (*raro*) Mandare, sbalzare da un luogo all'altro. **B** v. intr. (aus. *essere* e *avere*) ● (*raro*) Balzare qua e là.

trabàlzo s. m. ***1*** (*raro*) Il trabalzare. ***2*** †Usura, guadagno illecito. || **trabalzóne**, accr. (V.).

trabalzóne s. m. ● Accr. di *trabalzo* nel sign. 1 | Forte scossa, spostamento.

trabànte [ted. *Trabant* 'combattente a piedi', dal ceco *drabant* 'soldato di fanteria', di origine incerta, ma non indigena] s. m. ***1*** Scherano, sgherro. ***2*** Domestico privato in servizio presso gli ufficiali del vecchio esercito piemontese. ***3*** (*est.*, *lett.*) Attendente: *nella stalla di don Gesualdo dei trabanti governavano i cavalli* (VERGA).

†**trabàsso** [comp. di *tra-* e *basso*] avv. ● (*raro*) Più che in basso.

trabattèllo [milan. *trabattèll*, d'origine incerta: forse dal lat. *trăbe*(*m*) 'trave' (?)] s. m. ● Specie di leggera impalcatura mobile costituita da tubi metallici e piani prevalentemente di legno, usata soprattutto per piccoli lavori di edilizia, pulizia, restauro di interni.

†**trabàttere** [comp. di *tra-* e *battere*] v. intr. ● Sbattere, percuotere insieme due cose.

trabàtto [da *trabattere*] s. m. ● Apparecchio formato di setacci piani oscillanti per separare semi di diverse dimensioni.

†**tràbe** ● V. *trave*.

tràbea [vc. dotta, lat. *trăbea*(*m*), di etim. incerta] s. f. ● Toga candida con strisce di porpora, di cui si vestivano i consoli, il flamine marziale e i patrizi dell'antica Roma nelle grandi solennità.

trabeàta [vc. dotta, lat. (*fabula*) *trabeāta*, dall'agg. *trabeātu*(*m*), da *trăbea*] **A** s. f. ● Nell'antica Roma augustea, genere di commedia in cui agivano personaggi del ceto equestre. **B** anche agg. solo f.: *commedia t.*

trabeazióne [da *trabeata*, con passaggio di settore d'applicazione] s. f. ● Struttura orizzontale, caratteristica dei vari ordini architettonici, sostenuta da colonne, che si compone dell'architrave, del fregio e della cimasa. ➡ ILL. p. 356, 357 ARCHITETTURA.

trabècola [adattamento del lat. *trabēcula*(*m*) 'piccola (*-ula*(*m*)) trave (*trăbe*(*m*))'] s. f. ***1*** (*anat.*) Fibra o banda di tessuto connettivo e talvolta di muscolatura liscia, che dalla capsula di un organo si spinge verso la porzione interna dello stesso: *t. dei corpi cavernosi*. ***2*** (*anat.*) Rilievo colonnare di natura muscolare sporgente nel lume di un organo | *T. carnea*, rilievo miocardico sporgenti nel lume ventricolare. ***3*** (*anat.*, *zool.*) Processo cartilagineo pari che, nel cranio embrionale dei Vertebrati, si porta dalla regione dell'orecchio a quella nasale.

trabecolàre [da *trabecola*] agg. ● (*anat.*) Che riguarda una o più trabecole.

†**trabène** [comp. di *tra-* e *bene*] avv. ● (*raro*) Molto bene.

†**trabére** [comp. di *tra-* e *bere*] v. intr. ● Bere smodatamente.

trabìccolo [lat. *trabīculu*(*m*) per *trabīcula*(*m*), variante di *trabēcula*(*m*) 'piccola trave'] s. m. ***1*** Arnese di stecche di legno curvate ad arco, atto a contenere uno scaldino, per asciugare panni stesi sopra o per riscaldare il letto. ***2*** (*scherz.*) Veicolo vecchio e mal sicuro o mobile mal fatto e traballante | (*spreg.*) Aggeggio complicato. || **trabiccolétto**, dim. | **trabiccolino**, dim.

traboccaménto [da *traboccare* (*1*)] s. m. ***1*** (*raro*) Modo, atto del traboccare | (*fig.*) †Eccesso. ***2*** †Rovina.

traboccànte part. pres. di *traboccare* (*1*); anche agg. ● Nei sign. del v.

traboccàre (**1**) [comp. di *tra-* e un deriv. di *bocca*] **A** v. intr. (*io trabócco*, *tu trabócchi*; aus. *essere* se il sogg. è il liquido o il materiale contenuto; *avere* se il sogg. è il recipiente o il contenente) ***1*** Versarsi, detto di liquido che esce dalla bocca di un recipiente troppo pieno: *l'acqua trabocca dalla caldaia* | (*fig.*) *Il dolore trabocca*, non può più essere contenuto, ha bisogno di sfogo | Far uscire, cadere il contenuto sovrabbondante, detto di recipiente (*anche fig.*): *il tino trabocca*; *l'animo trabocca di felicità* | *La goccia che fa t. il vaso*, (*fig.*) atto, parola, atteggiamento, anche di scarso rilievo, che fa prorompere un dolore, un'ira, un rancore, lungamente represso e lentamente accumulato | (*raro*) *Far t. la bilancia*, farla pendere da un lato e (*fig.*) determinare una decisione intervenendo energicamente in una situazione non risolta. ***2*** (*raro*) Straripare provocando un'inondazione, detto di fiume o lago in piena: *l'acqua che lo stagno riceve dai circostanti fiumi, non trovando più esito ... o rompe ... o trabocca* (LEONARDO). ***3*** (*raro*) Cadere con violenza, precipitare. ***4*** (*raro*) Capovolgersi, detto della nave. **B** v. tr. ***1*** (*raro*) Riversare, spandere fuori, fuoriuscire. ***2*** †Saggiare il peso delle monete con il trabocco. ***3*** †Gettare a terra | †Far precipitare.

†**traboccàre** (**2**) [ant. provz. *trabucar*, comp. del

pref. *tra-* e di un deriv. dal franc. *būk* 'busto, tronco', cioè originariamente 'volgersi sul busto, capovolgersi'] v. tr. ● Abbattere città, mura, castelli nemici con la macchina ossidionale chiamata trabocco.

traboccàto part. pass. di *traboccare* (*1*); anche agg. *1* Nei sign. del v. *2* †Eccessivo, strabocchevole.

†**trabocchèllo** s. m. ● Trabocchetto.

trabocchétto [ant. provz. *trabuquet*, dim. di *trabuc* 'trabucco (1)'] **A** s. m. *1* Congegno, preparato e dissimulato in un pavimento, consistente in una tavola posta in bilico o un pianerottolo a ribalta che si aprono quando qc. vi passa, facendolo cadere in una buca scavata al di sotto. *2* (*fig.*) Trappola, inganno: *tendere un t. a qc.*; *cadere nel t.*; *fare una domanda a t.* **B** in funzione di agg. inv. ● (posposto al s.) Che nasconde bene una difficoltà o un tranello: *domanda t.*

trabocchévole [da *traboccare* (*1*)] agg. *1* (*raro*) Che è fuor di misura, eccessivo. SIN. Strabocchevole. *2* †Precipitoso. || **trabocchevolménte**, avv. *1* (*raro*) Eccessivamente. *2* †Precipitosamente.

trabócco (**1**) [da *traboccare* (*1*)] s. m. (pl. *-chi*) *1* (*raro*) Atto del traboccare | (*raro, est.*) Sbocco: *t. di sangue*. *2* †Caduta | (*fig.*) †Tracollo, rovina. *3* †Luogo in cui si corre il rischio di precipitare.

†**trabócco** (**2**) [da *traboccare* (*1*) (della bilancia)] s. m. (pl. *-chi*) ● Bilancino che serviva per verificare il peso delle monete.

trabócco (**3**) o **trabùcco** (**1**) [dall'ant. provz. *trabuc*, cfr. *traboccare* (*2*)] s. m. (pl. *-chi*) *1* Antica macchina ossidionale per gettare grosse pietre | Antica bocca da fuoco cortissima per tiro in arcata. *2* (*pesca*) Specie di grande bilancia calata obliquamente in mare, in modo che il lato vicino a terra rimanga al pelo dell'acqua e fornita di lampada a riverbero per attrarre il pesce.

†**traboccóne** [da *trabocco* (*1*) col suff. avv. *-one*] avv. ● (*raro*) A precipizio.

trabucàrsi [comp. di *tra-* e di un deriv. da *buco*] v. intr. pron. (*io mi trabùco, tu ti trabùchi*) ● (*raro*) Nascondersi andando di buco in buco.

†**trabuccàre** (**1**) [da *trabucco* (*1*), cfr. il corrispondente ant. provz. *trabucar*] v. tr. ● Lanciare proiettili, grosse pietre e sim. col trabocco.

†**trabuccàre** (**2**) [da *trabocco* (*2*)] v. tr. ● Misurare col trabucco.

trabùcco (**1**) ● V. *trabocco* (*3*).

trabùcco (**2**) [dal lat. *tribūtu*(*m*) 'imposta' con mutamento di suff.] s. m. ● Antica misura lineare, sottomultiplo della pertica, in uso a Milano, a Torino e in Sardegna e corrispondente, rispettivamente, a m 2,611; 3,086; 3,148 | *T. quadrato*, antica unità di misura di superficie.

†**trabuòno** [comp. di *tra-* e *buono*] agg. ● Oltremodo buono.

trac o **tràcchete** nel sign. A [vc. onomat.] **A** inter. ● Riproduce il rumore forte e secco di q.c. che si spezza o si strappa | V. anche *tric t.* **B** s. m. ● Timore improvviso che prova chi parla o si esibisce in pubblico.

tracagnòtto o (*raro, tosc.*) **tarcagnòtto**, **traccagnòtto** [connesso con *tarchiato* (?)] agg.; anche s. m. (f. *-a*) ● Che, chi è piccolo e tarchiato.

tracannàre [comp. di *tra-* e di un deriv. di *canna*] v. tr. ● Mandar giù nella canna della gola | Bere ingordamente, in un fiato: *t. un bicchiere di vino*.

tracannatóre s. m. (f. *-trice*) ● Chi tracanna.

†**tracapàce** [comp. di *tra-* e *capace*] agg. ● Oltremodo capace.

†**tracàrco** [comp. di *tra-* e *carco*] agg. ● Stracarico.

traccàgno [V. *tracagnotto*] agg.; anche s. m. (f. *-a*) ● (*fam.*) Tracagnotto.

traccagnòtto ● V. *tracagnotto*.

traccheggiàre [di origine onomat.] **A** v. intr. (*io tracchéggio*; aus. *avere*) *1* (*raro*) Rimandare una decisione. SIN. Temporeggiare. *2* Nella scherma, eseguire movimenti di traccheggio. **B** v. tr. ● Tenere a bada qc. o in sospeso q.c.

traccheggiatóre s. m. (f. *-trice*) ● (*raro*) Chi traccheggia.

traccheggiatùra s. f. ● (*raro*) Il traccheggiare.

tracchéggio s. m. *1* (*raro*) Atto del traccheggiare | Indugio. *2* Nella scherma, complesso di movimenti ritenuti di valido aiuto a realizzare un'azione, mascherando le proprie intenzioni.

tràcchete ● V. *trac*.

tràccia [da *tracciare*] s. f. (pl. *-ce*) *1* Segno lasciato sul terreno da un corpo, un oggetto, un arnese: *la t. di una slitta sulla neve*; *la t. di un bastone trascinato sul terreno* | Striscia, linea: *una t. di polvere*; *seguire in cielo una t. luminosa*. SIN. Scia. *2* Orma, impronta, pesta lasciata da un uomo o un animale camminando, correndo, ecc.: *perdere le t. di qc.*; *seguire le tracce della volpe* | *Seguire la t. di qc.*, (*fig.*) cercare di seguirne l'esempio | *Essere sulla t.*, *in t.*, essere sul punto di snidare la selvaggina e (*fig.*) stare cercando qc. o q.c. seguendo degli indizi | *Essere sulla buona t.*, avere indicazioni sicure, indizi certi | †*Tenere t.*, seguire qc. per sorprenderlo al momento buono. *3* (*est.*) Segno, indizio: *dopo il delitto, hanno fatto sparire ogni t.* *4* Ciò che resta a testimoniare di uno stato, un fatto, una condizione (*anche fig.*): *restano molte tracce del suo soggiorno all'estero*; *nel suo comportamento non ci sono più tracce di timidezza* | Quantità minima, residuo: *tracce di albumina, di veleno* | (*fig.*) Indizio che documenta del passato, vestigio: *studiare le tracce della civiltà etrusca*. *5* Abbozzo, schizzo che serve da guida per l'esecuzione di un disegno, la realizzazione di un quadro, un'incisione, un affresco | *La t. di una strada*, il tracciato | Schema di un componimento, sommario con l'indicazione dei punti principali da toccare in un discorso, abbozzo di un lavoro, filo conduttore di una discussione, e sim.: *prima di scrivere sarà bene preparare una t.*; *questa è la t. da sviluppare nel dibattito*. *6* (*lett.*) Cammino | †Fila di gente che procede insieme | †*Perdere la t.*, perdere la via, smarrirsi. *7* Immagine luminosa che si forma sullo schermo dei tubi a raggi catodici in corrispondenza al percorso del pennello elettronico | La zona interessata sul nastro nella registrazione magnetica. *8* (*mat.*) In una matrice quadrata, somma degli elementi della diagonale principale.

traccialìnee [comp. di *traccia*(*re*) e il pl. di *linea*] s. m. inv. ● Piccolo attrezzo a punta ricurva per tracciare linee o incidere sulla superficie del legno e del cuoio.

tracciaménto s. m. *1* Modo, operazione del tracciare. *2* (*ing.*) Operazione mediante la quale vengono riportati in sito gli elementi principali della pianta di un edificio o di un'opera da eseguire. *3* †Macchinamento.

tracciànte **A** part. pres. di *tracciare*; anche agg. *1* Nei sign. del v. *2* *Proiettile t.*, a scia luminosa che ne rende visibile la traiettoria percorsa agevolando l'aggiustamento del tiro. *3* (*chim., nucl.*) *Elemento t.*, isotopo di un elemento presente in una sostanza, il quale viene introdotto nelle molecole della sostanza stessa quando se ne vuole seguire il percorso o la trasformazione in un processo chimico, fisico o biologico, essendo individuabile qualitativamente o dosabile quantitativamente nelle varie tappe del processo. **B** s. m. *1* Sostanza, dispositivo e sim. che sono fatti intervenire in un fenomeno per visualizzarlo o seguirne altrimenti lo svolgimento. *2* Proiettile tracciante. *3* Elemento tracciante. *4* (*chim., nucl.*) *T. radioattivo*, isotopo radioattivo usato come tracciante, in quanto facilmente individuabile e dosabile. SIN. Indicatore radioattivo, radioindicatore.

tracciàre [lat. parl. **tractiāre*, ints. freq. di *trahere*, formato dal part. pass. *trāctus*, di etim. incerta] v. tr. (*io tràccio*) *1* Segnare, indicare una traccia per la realizzazione di q.c.: *t. un percorso, una rotta* | *T. una strada*, indicarne l'andamento sul terreno | *Sala a t.*, nei cantieri navali, grande locale ove si segnano in grandezza naturale sulle lamiere da tagliare i profili delle parti di una nave. *2* (*est.*) Rappresentare con un disegno: *t. un rettangolo*. *3* (*fig.*) Abbozzare, fare lo schema, indicare in sintesi: *t. un discorso*; *t. gli sviluppi di un avvenimento*. *4* †Seguire la traccia. *5* †Macchinare, ordire.

tracciaspessóri [comp. di *traccia*(*re*) e il pl. di *spessore*] s. m. ● In falegnameria, graffietto usato per tracciare uno spessore sulla costola di una tavola.

tracciàto **A** part. pass. di *tracciare*; anche agg. ● Nei sign. del v. **B** s. m. *1* Grafico, diagramma lineare | Diagramma disegnato su un supporto fisico, gener. di carta, da uno strumento di misurazione registratore: *t. elettrocardiografico*, *encefalografico* | (*mar.*) Linea che rappresenta la rotta di una nave in navigazione: *t. della rotta* | (*mar.*) Disegno di parte dello scafo, al vero o in scala: *t. di prora, di poppa* | *Sala t.*, sala a tracciare. *2* (*ing.*) Risultato dell'operazione di tracciamento, grafico contenente le indicazioni per realizzare un lavoro o una costruzione sul terreno | Elemento geometrico progettuale di un'opera, che diventerà oggetto di tracciamento nella fase costruttiva: *t. di una ferrovia, di una strada*. *3* Schema, descrizione schematica | (*elab.*) *T. scheda*, schema che descrive il contenuto di una scheda perforata | (*elab.*) *T. stampa*, schema che descrive come saranno disposte le informazioni nei moduli prodotti dalla stampante | (*elab.*) *T. dell'archivio*, descrizione dell'organizzazione dei dati in un archivio. *4* (*sport*) *T. di gara*, il percorso di una competizione.

tracciatóio s. m. ● Strumento che serve a tracciare.

tracciatóre **A** s. m. (f. *-trice* nei sign. 1, 2, 3) *1* Chi traccia. *2* Operaio specializzato nel lavoro di tracciatura. *3* Nello sci, chi traccia un percorso, spec. in gare di discesa. *4* (*mar.*) *T. di rotta*, apparecchio, asservito alla bussola giroscopica, che traccia automaticamente in scala su una carta gli elementi principali della rotta seguita. *5* (*elettron., elab.*) *T. di grafici, di diagrammi*, plotter. *6* (*mil.*) Artificio che viene applicato al fondello di alcuni proietti di artiglieria e di alcuni proiettili di armi portatili per rendere visibile la traiettoria e correggere così il tiro. **B** agg. *1* Che esegue la tracciatura, spec. nell'industria meccanica: *operaio t.* *2* Che si occupa della progettazione e della realizzazione di tracciati di precisione, spec. nella costruzione di strade o di altre opere di ingegneria civile: *geometra t.*; *topografo t.* *3* (*elab.*) *Programma t.*, programma destinato a fornire numerose e continue informazioni sullo svolgimento del programma elaborativo in esame.

tracciatrìce s. f. ● (*tecnol.*) Macchina simile a un trapano, destinata alla tracciatura di pezzi semilavorati, in cui può anche compiere operazioni di foratura e alesatura.

tracciatùra s. f. *1* Operazione, effetto del tracciare. *2* (*tip.*) In legatoria, grecaggio. *3* (*mar.*) Operazione che viene eseguita nella sala a tracciare e che consiste nel riportare sulle lamiere il contorno delle parti dello scafo che dovranno essere successivamente tagliate. *4* Operazione consistente nel riportare sulla superficie di un pezzo i tratti segnati sul disegno di progetto, perché possano servire da guida nella lavorazione alle macchine. *5* (*elab.*) *T. di un programma*, esecuzione di un programma elaborativo, accompagnata da indicazioni particolareggiate su ciascuna istruzione eseguita e sulle informazioni che implica.

tràcco [etim. incerta] s. m. ● Particolare fuoco d'artificio a più scoppi ritardati.

traccutàto e *deriv.* ● V. †*trascutato* e *deriv.*

tràce [vc. dotta, lat. *Thrāce*(*m*), nom. *Thrāx*, dal gr. *Thrâix*, di etim. incerta] **A** agg. ● Della Tracia. **B** s. m. (anche f. nel sign. 1) *1* Abitante o nativo della Tracia. *2* Negli spettacoli circensi dell'antica Roma, gladiatore armato di daga e piccolo scudo, opposto spec. al reziario. **C** s. m. solo sing. ● Lingua parlata dai Traci.

trachèa [vc. dotta, lat. tardo *trachīa*(*m*), dal gr. *tracheîa* (*artēría*) '(l'arteria) aspra, ruvida', da *thrássein* 'imbrogliare, scompigliare', di origine indeur.] s. f. *1* (*anat.*) Organo canalicolare impari mediano annesso all'apparato respiratorio, che dalla laringe porta l'aria ai bronchi. ➡ ILL. p. 365 ANATOMIA UMANA. *2* (*zool.*) Ciascuno dei tubicini comunicanti con l'esterno che si ramificano all'interno del corpo degli insetti, assicurando il trasporto dell'aria per la respirazione. *3* (*bot.*) Elemento conduttore dei vegetali formato da una serie di cellule sovrapposte, nelle quali le pareti di contatto trasversali sono scomparse, per cui si ha continuità nel passaggio dei liquidi. SIN. Vaso aperto.

tracheàle agg. ● Della trachea.

trachèide [comp. da *trache*(*a*) e *-ide*] s. f. ● (*bot.*) Elemento conduttore vegetale, formato da una serie di cellule allungate e sovrapposte, le cui pareti cellulari rimangono integre. SIN. Vaso chiuso.

tracheite [comp. di *trache(a)* e *-ite (1)*] s. f. ● (*med.*) Infiammazione della mucosa tracheale.

trachèo- [da *trachea*] primo elemento ● In parole composte della terminologia scientifica significa 'trachea': *tracheobronchite, tracheotomia.*

tracheobronchite [comp. di *tracheo-* e *bronchite*] s. f. ● (*med.*) Affezione, generalmente acuta, caratterizzata da una tracheite associata a una bronchite.

tracheoscopia [comp. di *tracheo-* e *-scopia*] s. f. ● (*med.*) Ispezione endoscopica della trachea.

tracheotomia [comp. di *tracheo-* e *-tomia*] s. f. ● (*chir.*) Incisione della trachea.

†**trachiàro** [comp. di *tra-* e *chiaro*] agg. ● Oltremodo chiaro.

Trachimedùṣe [comp. del gr. *trachýs* 'aspro, ruvido' e il pl. di *medusa*] s. f. pl. ● Nella tassonomia animale, sottordine degli Idrozoi caratterizzato da un'ombrella con margine liscio e con un diametro compreso tra 0,1 e 10 cm (*Trachymedusae*) | (al sing. *-a*) Ogni individuo di tale sottordine.

trachìnidi [comp. del lat. mediev. *trachīna(m)* 'tracina' e *-idi*] s. m. pl. ● Nella tassonomia animale, famiglia dei Perciformi, comprendente forme piuttosto diffuse e dotate di spine velenifere nella porzione anteriore della pinna dorsale (*Trachinidae*) | (al sing. *-e*) Ogni individuo di tale famiglia.

trachìno [dal gr. *trachýs* 'aspro', per le sue spine (?)] s. m. ● (*zool.*) Pesciolino dei Perciformi con pinna dorsale e opercolo muniti di aculei collegati a ghiandole velenose, comune nelle sabbie presso le rive (*Trachinus draco*). SIN. Pesce ragno.

trachite [comp. dal gr. *trachýs* 'aspro' e *-ite (2)*] s. f. ● (*miner.*) Roccia vulcanica feldspatica con grossi cristalli di sanidino associati a biotite e anfibolo in una massa vetrosa di colore grigiastro più o meno scuro.

tràcico [vc. dotta, lat. tardo *Thrācicu(m)*, da *Thrācia* 'Tracia', sull'es. del gr. *Thrēikḗkós*] agg. ● Della Tracia.

tracimàre [comp. di *tra-* e da *cima*, nel senso di 'orlo, limite'] v. intr. (*io tracìmo*; aus *avere*) ● Straripare, traboccare, detto di corsi d'acqua, di bacini e sim.

tracimazióne s. f. ● Atto, effetto del tracimare.

tràcio [vc. dotta, lat. *Thrāciu(m)*, dal gr. *Thráikios*, agg. di *Thrâix* 'trace'] **A** agg. (pl. f. *-cie*) ● Della Tracia | *Il cantore t., il t. vate*, (*per anton.*) Orfeo. **B** s. m. (f. *-a*) ● (*lett.*) Abitante della Tracia.

tracking /*ingl.* 'trækiŋ/ [vc. ingl., propr. part. pr. di *to track* 'puntare, inseguire'] s. m. inv. **1** Pulsante o manopola del videoregistratore che consente di variare l'allineamento delle testine, eliminando eventuali disturbi di riproduzione dell'immagine. **2** (*aer.*) Localizzazione continua di bersagli per mezzo di radar o di mezzi ottici.

†**tracocènte** [comp. di *tra-* e *cocente*] agg. ● Più che cocente.

tracodónte [comp. del gr. *trachýs* 'ruvido, aspro' (da avvicinare a *thrássein* 'turbare, agitare', d'origine oscura) e dell'it. *-odonte*] s. m. ● Dinosauro erbivoro presente nel periodo cretaceo, eretto sulle zampe posteriori (*Trachodon*). ➡ ILL. **paleontologia**.

†**tracolàre** [comp. di *tra-* e *colare*] v. intr. (*io tracólo*) ● Colare attraverso q.c.

tracòlla [comp. di *tra-* e *collo (1)* (?)] s. f. **1** Larga striscia di cuoio o stoffa che da una spalla può scendere sul fianco opposto, per sostenere borsa, bisaccia, arma | *Portare a t.*, per mezzo di tale striscia | *Portare a t. il mantello*, avvolto e gettato sulla spalla a guisa di tracolla. **2** Borsa che si porta a tracolla: *acquistare una t.*

tracollaménto s. m. ● (*raro*) Atto, effetto del tracollare.

tracollàre [da *collo(1)* con *tra-*, che indica movimento] v. intr. (*io tracòllo*; aus. *essere*) **1** Perdere l'equilibrio così da cadere o pendere da un lato: *per il troppo peso, la bilancia tracolla.* **2** (*fig.*) Precipitare, cadere.

tracòllo s. m. **1** Atto del tracollare. **2** (*fig.*) Caduta, crollo, rovina: *avere un t. finanziario*; *ha avuto un t. di salute* | (*raro*) Chi, ciò che causa il tracollo stesso.

†**tracolpìre** [comp. di *tra-* e *colpire*] v. tr. e rifl. rec. ● Colpire bene.

tracòma [gr. *tráchōma* 'scabrosità' (qui: dell'occhio), da *trachýs* 'aspro'] s. m. ● (*med.*) Infezione cronica e contagiosa della cornea e della congiuntiva causata dal batterio *Chlamidia trachomatis*, caratterizzata da granulazioni cicatriziali e da opacamento della cornea (panno corneale).

tracomatóso **A** agg. ● (*med.*) Di tracoma, relativo a tracoma. **B** agg.; anche s. m. ● Che, chi è affetto da tracoma.

†**tracontènto** [comp. di *tra-* e *contento (1)*] agg. ● Oltremodo contento.

†**traconvenévole** [comp. di *tra-* e *convenevole*] agg. ● Molto convenevole.

tracotànte **A** part. pres. di †*tracotare*; anche agg. ● Che è insolente, arrogante, pieno di presunzione. **B** anche s. m. e f.

tracotànza o (*raro*) †**stracotànza** [da *tracotare*] s. f. ● Insolenza, arroganza, presunzione: *rispondere, trattare con t.*

†**tracotàre** [comp. di *tra-* e *co(i)tare*] v. intr. (dif. usato solo al part. pres. e all'inf. pres.) ● Essere tracotante.

†**tracuràggine** ● V. *trascuraggine*.

†**tracurànza** ● V. *trascuranza*.

tracùro [comp. del gr. *trachýs* 'ruvido, aspro' e *ourá* 'coda', due vc. di origine indeur.] s. m. ● Pesce dei Perciformi con spine sul dorso e ai lati del corpo che spesso vive da giovane presso le meduse (*Trachurus trachurus*).

†**tracutàto** e *deriv.* ● V. †*trascutato* e *deriv.*

trade mark /*ingl.* 'treid ma:k/ [comp. ingl., letteralmente 'segno (*mark*, di origine indeur.) di commercio (*trade*, di area germ.)'] loc. sost. m. inv. (pl. ingl. *trade marks*) ● Marchio di fabbrica.

†**tràdere** [vc. dotta, lat. *trādere*, comp. di *trāns* 'tra-', 'oltre', e *dāre*] v. tr. ● (*lett.*) Tradire.

tradescànzia [da J. *Tradescant*, giardiniere di Carlo I d'Inghilterra] s. f. ● (*bot.*) Miseria.

trade union /*ingl.* 'treid 'ju:njən/ [comp. ingl., letteralmente 'unione (*union*, latinismo passato attraverso il fr.) di commercio (*trade*, vc. germ.)'] loc. sost. f. inv. (pl. ingl. *trade unions*) ● In Inghilterra e negli Stati Uniti, organizzazione e movimento sindacale.

†**tradigióne** [lat. *traditiōne(m)*, da *trāditus* 'tradito'] s. f. ● Tradimento | †*Prendere qc. in t.*, a tradimento.

tradiménto s. m. ● Atto del tradire | *A t.*, con l'inganno e (*est.*) all'improvviso, inaspettatamente | *Mangiare il pane a t.*, senza guadagnarselo | *Alto t.*, attentato contro la personalità dello Stato compiuto da chi ne è alla testa, ovvero dal militare che commette alcuno dei delitti contro la personalità interna o internazionale dello Stato previsti dal codice penale comune.

tradìre o †**traire** [lat. *trādere* 'consegnare' con mutamento di coniug. e divergenza di sign., determinata dal racconto evangelico, per cui la 'consegna' di Gesù compiuta da Giuda equivale a un tradimento] **A** v. tr. (*io tradisco, tu tradisci*) **1** Ingannare la buona fede di qc. venendo meno all'amicizia, all'affetto, mancando alla parola data o a un dovere: *t. la propria famiglia*; *t. i giovani con insegnamenti sbagliati*; *t. l'ospitalità di qc.*; *t. un ideale* | *T. una donna*, prometterle falsamente amore | *T. la moglie, il marito*, venir meno alla fedeltà coniugale | (*est.*) Deludere: *ha tradito le attese di tutti* | *T. la propria coscienza*, operare contro ciò che si rispetta o in cui si crede | *T. la verità*, occultarla o mentire | *T. un segreto*, divulgarlo, renderlo noto | Non corrispondere esattamente, dare un'impressione inesatta o falsata: *la parola tradisce il pensiero*; *il suo aspetto austero lo tradisce* | *T. un testo*, interpretarlo o tradurlo in modo inesatto o incompleto. **2** (*fig.*) Mancare, venir meno, ingannare: *se la memoria non mi tradisce.* **3** Rivelare, scoprire involontariamente, lasciare trasparire ciò che dovrebbe rimanere nascosto: *è un errore che tradisce la sua negligenza*; *con questo discorso tradisci il tuo pensiero*; *non tradiva il suo turbamento.* **4** †Consegnare per tradimento: *t. la città al nemico.* **B** v. rifl. ● Manifestare involontariamente pensieri, idee, sentimenti, propositi: *è riuscito a rispondere senza tradirsi.*

tradito (1) o †**traito**. part. pass. di *tradire*; anche agg. ● Nei sign. del v. ‖ †**traditaménte**, avv. Con tradimento.

tràdito (2) [dal lat. *trāditu(m)*, da *trādere* 'consegnare, trasmettere'] agg. ● (*raro*) Tramandato.

traditóre o †**traitóre** [vc. dotta, lat. *traditōre(m)*, da *trāditus* 'tradito (1)', ma col sign. assunto da *tradire*] **A** s. m. (f. *-trice*, pop. *-tora*) ● Chi tradisce: *un t. della patria.* ‖ **traditoràccio**, pegg. | **traditorèllo**, dim. **B** agg. **1** Che tradisce: *donna traditrice* | *Occhi traditori*, seducenti | (*fam.*) *Vino t.*, che sembra leggero ma fa ubriacare | (*ell.*) *Alla traditora*, a tradimento. **2** (*lett.*) Malvagio, ingannevole.

tradizionàle [da *tradizione*, sul modello del corrispondente fr. *traditionnel*] agg. ● Proprio della tradizione, conforme alla tradizione: *costume t.*; *festa t.*; *folla de' rimatori, i quali continuavano il mondo t. de' sonetti* (DE SANCTIS) | Fondato sulla tradizione: *concezione t.* SIN. Usuale. ‖ **tradizionalménte**, avv. In maniera tradizionale; secondo la tradizione.

tradizionaliṣmo [da *tradizione*, sul modello del corrispondente fr. *traditionalisme*] s. m. **1** Ogni dottrina filosofica che considera la tradizione come fonte e criterio di verità. **2** Attaccamento alle forme, gli usi, le opinioni, i metodi tradizionali: *avversare il nuovo per t.* CONTR. Progressismo.

tradizionalista [da *tradizione*, sul modello del corrispondente fr. *traditionaliste*] s. m. e f. (pl. m. *-i*) ● Chi, nel modo di pensare e di agire, segue la tradizione. CONTR. Progressista.

tradizionalìstico agg. (pl. m. *-ci*) ● Del tradizionalismo, proprio dei tradizionalisti: *comportamento t.*

tradizióne [vc. dotta, lat. *traditiōne(m)*, da *trāditus* 'tradito (2)'] s. f. **1** Il tramandare notizie, memorie, consuetudini da una generazione all'altra attraverso l'esempio o informazioni, testimonianze e ammaestramenti orali o scritti: *sapere, conoscere per t.*; *la t. ininterrotta della musica popolare*; *è volgar t. che la prima forma di governo al mondo fosse ... stata monarchia* (VICO) | *T. orale*, complesso di testimonianze su fatti o costumi trasmesse oralmente da una generazione all'altra e utilizzate spec. nel corso di ricerche e studi etnologici | (*est.*) Opinione, usanza e sim. così tramandata: *sono cose attestate dalla t.*; *cerimonia regolata secondo una t. antichissima* | (*est.*) Uso, regola costituiti sulla tradizione stessa: *liberarsi dalla t.* **2** (*fam.*) Consuetudine: *per t. si vestono da anni dallo stesso sarto.* **3** Forma sotto la quale i documenti antichi e medievali sono giunti fino a noi e cioè in minuta, in originale o in copia | Complesso delle copie manoscritte derivate dall'originale di un autore. **4** (*dir.*) Consegna di una cosa da un soggetto a un altro che ne acquista il possesso: *t. consensuale, effettiva, simbolica.* **5** Uso o comportamento rituale non attestato nei libri sacri e trasmesso per costante adozione.

†**tradólce** [comp. di *tra-* e *dolce*] agg. ● Molto dolce. ‖ †**tradolceménte**, avv. Dolcissimamente.

†**tradolciàto** [comp. di *tra-* e *dolciato*] agg. ● Dolcissimo.

tradótta [f. sost. del part. pass. di *tradurre* nel senso di 'trasportare'] s. f. ● Convoglio ferroviario adibito al trasporto di truppe in tempo di guerra.

tradótto part. pass. di *tradurre*; anche agg. ● Nei sign. del v.

traducènte **A** part. pres. di *tradurre*; anche agg. ● Nei sign. del v. **B** s. m. ● Equivalente in un'altra lingua di una parola, una locuzione o un'espressione: *cercare sul dizionario il t. francese della parola casa.*

traducianéṣimo o **traducianiṣmo** [ingl. *traducianism*, da *traducian* 'traduciano'] s. m. ● Dottrina cristiana antica, non accolta dalla Chiesa, secondo la quale l'anima individuale non è creata di volta in volta da Dio, ma procede dai genitori ai figli, nell'atto generativo.

traduciàno [ingl. *traducian*, dal lat. *tradūcere* 'trasmettere' (V. *tradurre*) perché i traduciani ritenevano che l'anima si trasmettesse dai genitori ai figli] **A** agg. ● Che riguarda il traducianesimo. **B** s. m. (f. *-a*) ● Seguace del traducianesimo.

traducìbile agg. ● Che si può tradurre (*anche fig.*): *testo difficilmente t. in italiano*; *emozione non t. in parole.* CONTR. Intraducibile.

traducibilità s. f. ● L'essere traducibile.

tradunioniṣmo [ingl. *trade-unionism*, da *trade union* (V.)] s. m. ● Il movimento sindacale delle

trade union.
tradunionista s. m. e f. (pl. m. *-i*) ● Chi segue o sostiene il tradunionismo.
tradunionìstico [da *tradunionismo*] agg. (pl. m. *-ci*) ● Che riguarda il movimento sindacale delle trade union.
tradùrre [vc. dotta, lat. *tradūcere* 'trasportare', comp. di *trāns* 'al di là' e *dūcere* 'condurre'] **A** v. tr. (pres. *io tradùco, tu tradùci*; imperf. *io traducévo*; pass. rem. *io tradùssi, tu traducésti*; congv. pres. *io tradùca*; congv. pass. *io traducéssi*; imper. *tradùci, traducéte*; part. pres. *traducènte*; ger. *traducèndo*; part. pass. *tradótto*) **1** Voltare, trasportare da una lingua in un'altra (*anche ass.*): *t. un discorso dal tedesco in italiano* | Dare l'equivalente di un testo, una locuzione, una parola: *t. una poesia in dialetto* | Trasportare nella propria lingua: *t. Cesare, Shakespeare*; *pochi sanno t. il sanscrito* | *T. alla lettera*, in modo ligio al testo | *T. all'impronta*, senza usare il vocabolario | *T. a senso*, con libertà | (*fig.*) *T. in parole povere, in volgare, in parole chiare*, spiegare semplicemente e chiaramente | (*fig.*) *T. un'idea*, realizzarla | (*fig.*) *T. un sentimento*, esprimerlo a parole o in altro modo | *T. in atto*, mettere in atto, eseguire, realizzare. **2** (*lett.*) Trasportare: *t. l'esercito di là dal fiume* | (*bur.*) Condurre, trasferire: *t. l'imputato in tribunale*. **3** (*lett.*) Trasmettere: *quale in un momento / da mosso speglio il suo chiaror traduce / riverberata luce* (PARINI). **B** v. intr. pron. ● Risolversi, manifestarsi: *la sua gioia si traduceva in risate*.
traduttìvo agg. ● Che riguarda la traduzione: *processi, metodi traduttivi*.
traduttologia [comp. della base *tradutt-*, di *traduttore, traduttivo* e sim., e *-logia*] s. f. (pl. raro *-gie*) ● Disciplina che si occupa dei problemi tecnici e metodologici connessi alla traduzione.
traduttóre [vc. dotta, lat. *traductōre(m)* 'chi fa passare o trasferisce', da *tradūctus* 'tradotto'] s. m. (f. *-trice* nei sign. 1 e 3) **1** Chi traduce | Chi è autore di una traduzione: *il Monti ha fama di eccelso t.* | (*fig., est.*) *T. elettronico*, apparecchio tascabile che, mediante un microprocessore e una memoria, fornisce su un visore la traduzione in una o più lingue di un certo numero di parole o semplici frasi di uso frequente composte su una tastiera. SIN. Interprete tascabile. **2** Libro di piccolo formato con la traduzione di opere di classici greci o latini: *molti studenti usano il t.* **3** Agente che scorta i detenuti durante i trasferimenti spec. da un carcere all'altro.
traduzióne [vc. dotta, lat. *traductiōne(m)*, da *tradūctus* 'tradotto'] s. f. **1** Atto del tradurre: *quella t. di Platone è durata molti anni* | *T. simultanea*, traduzione orale effettuata da un interprete nel momento stesso in cui un discorso viene pronunciato | *T. consecutiva*, traduzione orale effettuata quando l'oratore ha terminato di parlare | Versione scolastica: *gli alunni hanno eseguito una t. dal francese* | Il risultato del lavoro di traduzione: *è l'ultima t. di Balzac*. **2** (*bur.*) Trasporto di detenuti. **3** (*chim., biol.*) Processo in cui le informazioni genetiche, presenti in una molecola di RNA messaggero, dirigono l'ordine degli specifici amminoacidi durante la sintesi proteica. || **traduzionàccia**, pegg. | **traduzioncèlla**, dim.
traènte A part. pres. di *trarre*; anche agg. ● Nei sign. del v. | Che è in grado di dare un impulso positivo, spec. all'economia: *la produzione dell'auto è ancora un settore t.* **B** s. m. e f. ● Chi, nella cambiale tratta, sottoscrive l'ordine di pagare una data somma.
traènza s. f. ● Condizione del traente.
†**tràere** ● V. *trarre*.
trafelaménto s. m. ● (*raro*) Modo, atto del trafelare.
†**trafelàre** [comp. di *tra-* e *fiele*, propriamente 'ansare'] v. intr. ● Venir meno, abbattersi, perdere il respiro per eccessiva fatica o stanchezza.
trafelàto part. pass. di †*trafelare*; anche agg. **1** (*raro*) Nel sign. del v. **2** Affannato, ansante e stanco: *giunsi alla fine, ma tanto t. che mi pareva esser un cane, di ritorno dall'aver inseguito una lepre* (NIEVO).
†**traferire** [comp. di *tra-* e *ferire*] **A** v. tr. ● Percuotere, ferire. **B** v. rifl. rec. ● Ferirsi, colpirsi a vicenda.
†**trafèro** [comp. di *tra-* e *fero*] agg. ● Fierissimo.
trafèrro [comp. di *tra-* e *ferro*] s. m. ● Spazio fra la superficie del rotore e quella dello statore | Spazio che separa due elementi di circuito magnetico.
†**trafésso** [comp. di *tra-* e *fesso*] agg. ● Spaccato.
trafficàbile agg. ● (*raro*) Commerciabile, negoziabile: *merce t.*
trafficànte A part. pres. di *trafficare*; anche agg. ● Nei sign. del v. **B** s. m. e f. ● Chi traffica | Mercante | (*spreg.*) Chi si dà da fare in modo poco chiaro o svolge traffici illeciti: *i trafficanti della politica*.
trafficàre [etim. discussa: dal lat. parl. **transfricāre*, attraverso il catalano *trafegar* 'mutare di posto una cosa, passare un liquido da un recipiente a un altro' (?)] **A** v. intr. (*io tràffico, tu tràffichi*; aus. *avere*) **1** Commerciare, negoziare: *t. in articoli di plastica* | (*raro*) *T. sull'onore*, mercanteggiare | *T. con qc.*, trattare o aver noie con qc. **2** Essere in faccende, darsi da fare: *t. per casa per le pulizie*. **B** v. tr. **1** Vendere (*spec. spreg.*): *t. mercanzie, denaro*; *t. voti, appoggi elettorali*. **2** †Trattare: *t. faccende*. **3** †Maneggiare: *t. il fuso e la rocca*. **4** †Toccare, palpare, brancicare.
trafficàto part. pass. di *trafficare*; anche agg. **1** Nei sign. del v. **2** Detto di strada, piazza e sim. percorsa da intenso traffico | †*Denaro t.*, amministrato, maneggiato.
trafficatóre s. m. (f. *-trice*) ● (*raro*) Chi traffica | Negoziante | (*est., raro*) Sensale | (*spreg.*) Trafficante.
trafficatòrio [da *trafficare*] agg. ● (*raro*) Che riguarda il traffico.
trafficHino [da *trafficare*] s. m.; anche agg. (f. *-a*) ● Chi, che si dà da fare, anche con imbrogli, per ottenere incarichi, lavori, appoggi.
tràffico [da *trafficare*] s. m. (pl. *-ci*, †*-chi*) **1** Modo, atto del trafficare | Commercio, spec. non lecito: *t. di drapperie*; *ostacolare il t. degli stupefacenti* | *Far t.*, commerciare e (*spreg.*) ridurre a cosa trafficabile, fare mercato | Movimento degli affari: *il t. della borsa è in espansione*. **2** Movimento di navi in un porto, lungo una linea marittima, in una regione e sim., di aeromobili in un aeroporto, lungo una linea aerea, in una regione e sim., di treni sulla rete ferroviaria, di autoveicoli e motoveicoli su una strada, sulla rete stradale e sim.: *t. marittimo, aereo, ferroviario, automobilistico*. **3** Movimento di persone, posta e merci mediante navi, aeromobili, treni, autoveicoli | Movimento di persone su una strada, una piazza e sim.: *t. pedonale* | *T. stradale*, l'insieme dei veicoli e delle persone che percorrono una strada | *Ingegneria del t.*, disciplina che studia le relazioni fra utenti della strada, veicoli con il loro carico, e la strada come luogo di movimento e sosta dei veicoli, allo scopo di aumentare il volume e la velocità del traffico in condizioni di sicurezza | *Regolazione del t.*, l'insieme dei provvedimenti, dei dispositivi e delle strutture atti ad assicurare la sicurezza del traffico e ad aumentarne la capacità. **4** Trasmissione di messaggi mediante la posta, il telegrafo, il telefono: *t. postale, telegrafico, telefonico, radiotelegrafico*. **5** †Luogo dove si traffica, mercato.
trafficóne [da *trafficare*] s. m. (f. *-a*) ● Chi briga per ottenere vantaggi personali. SIN. Mestatore.
†**trafière** o †**trafièri** [cfr. *traferire*] s. m. ● Pugnale, misericordia.
trafiggènte part. pres. di *trafiggere*; anche agg. **1** (*raro*) Nei sign. del v. **2** (*est.*) †Pungente.
trafìggere [vc. dotta, lat. *transfīgere*, comp. di *trāns* 'tra-' e *fīgere*, con adattamento su *figgere*] v. tr. (coniug. come *figgere*) **1** Passare da parte a parte: *t. con un pugnale, con un lungo chiodo* | (*est.*) Pungere, ferire (*anche fig.*). **2** (*fig.*) Pungere con parole | Addolorare, ferire: *sono pensieri che trafiggono il cuore*.
trafiggiménto s. m. ● (*raro*) Modo, atto del trafiggere | Trafittura.
trafiggitóre s. m.; anche agg. (f. *-trice*) ● (*raro*) Chi, che trafigge.
†**trafiggitùra** [da *trafiggere*] s. f. ● Ferita.
trafila [da *trafilare*] s. f. **1** Piastra di acciaio temperato con fori conici decrescenti per assottigliare fili o far tubi | Macchina per fare o assottigliare fili d'oro o d'argento azionata a mano o a motore. **2** (*fig.*) Complesso di prove, di difficoltà attraverso le quali si è costretti a passare per raggiungere un determinato fine: *superare la t. degli esami* | (*bur.*) Serie ordinata di atti, di operazioni da seguire: *la t. delle elezioni*.
trafilàre [fr. *tréfiler* 'far passare attraverso (*tré-*) la filiera (da *fil* 'filo')'] v. tr. ● Passare alla trafila un materiale per ridurlo in fili.
trafilàto A part. pass. di *trafilare*; anche agg. ● Nei sign. del v. **B** s. m. ● Tubo, filo, barra, e sim. metallico ottenuto per trafilatura.
trafilatóre s. m. (f. *-trice*) ● Chi lavora alla trafila.
trafilatrice s. f. ● Macchina per trafilare, usata nella lavorazione di materiali diversi, spec. metalli, materie plastiche e gomma.
trafilatùra [da *trafilare*] s. f. ● Lavorazione per deformazione plastica che consiste nel far passare il materiale sotto forma di vergelle, barre o tubi attraverso una filiera, per ridurne la sezione, mediante azione traente esercitata su di esso.
trafilerìa [adattamento del fr. *tréfilerie*, da *tréfiler* 'trafilare'] s. f. ● Officina o reparto di lavorazione in cui si eseguono operazioni di trafilatura.
trafilétto [adattamento del fr. (*en*)*trefilet*, perché originariamente compreso 'tra (*entre*) due trattini (*filets*)', che lo staccavano dagli altri articoli] s. m. ● (*giorn.*) Articoletto breve senza titolo.
†**trafìne** [comp. del lat. (*ĕx*)*tra* 'fuori' e *fīnes* 'territorio', pl. di *fīnis*, di etim. incerta] s. m. ● Bando, confino.
†**trafisso** ● V. *trafitto*.
trafitta [f. sost. del part. pass. di *trafiggere*] s. f. **1** Ferita causata da un'arma da punta. **2** Puntura, fitta, trafittura: *sentire una t. alla testa*. **3** (*raro, fig.*) Dolore, afflizione | Parola pungente, offensiva.
trafittìvo agg. ● (*raro*) Che trafigge (*anche fig.*).
trafitto o †**trafisso**. part. pass. di *trafiggere*; anche agg. ● Nei sign. del v.
trafittùra s. f. ● Atto, effetto del trafiggere | (*raro*) Ferita, puntura | Dolore acuto, fitta.
†**trafluènte** [comp. di *tra-* e *fluente*] agg. ● Che scorre in mezzo, detto spec. di fiume.
†**trafogliόso** [comp. di *tra-* e *foglioso*] agg. ● Molto ricco di foglie.
traforaménto s. m. ● (*raro*) Modo, atto, effetto del traforare.
traforàre [vc. dotta, lat. tardo *transforāre*, comp. di *trāns* 'attraverso' e *forāre*] v. tr. (*io trafóro*) **1** Passare da parte a parte: *t. un'asse di compensato*; *la pallottola ha traforato il polmone* | *T. la montagna*, aprire una galleria | *T. il terreno*, scavarvi un buco profondo, forandolo con la trivella. **2** †Passare facendo un foro: *t. la siepe*. **3** Lavorare di traforo su stoffa, cuoio, legno o metallo, anche prezioso.
traforàto part. pass. di *traforare*; anche agg. ● Nei sign. del v.
traforatóre s. m.; anche agg. (f. *-trice*) ● (*raro*) Chi, che trafora.
traforatrice s. f. ● Macchina per traforare.
traforazióne [vc. dotta, lat. tardo *transforatiōne(m)*, da *transforāre* 'traforare'] s. f. ● Atto, effetto del traforare.
†**traforellerìa** ● V. †*trafurelleria*.
†**traforèllo** ● V. †*trafurello*.
†**traforerìa** [adattamento del fr. *trufferie*, da *truffer* 'ingannare', con sovrapposizione d'altra parola (?)] s. f. ● Inganno, raggiro.
trafóro s. m. **1** Operazione, effetto del traforare | Galleria scavata attraverso una montagna, o sim. per strade ordinarie o ferrate: *il t. del Sempione*; *i trafori degli Appennini*. **2** Lavoro femminile che consiste in un ricamo a intaglio o eseguito sulla sfilatura di una stoffa. **3** Intaglio eseguito su legno, marmo e altri materiali secondo un tracciato prestabilito, a scopo decorativo | Il risultato dell'intaglio stesso | Gioco di ragazzi per traforare il legno | Tutto l'occorrente per tale gioco: *regalare un t.* || **traforétto**, dim. | **traforino**, dim. vezz. | **trafóne**, accr. | **traforùccio**, dim.
†**trafòrte** [comp. di *tra-* e *forte*] agg. ● Oltremodo forte.
†**trafréddo** [comp. di *tra-* e *freddo*] agg. ● Assai freddo.
trafugaménto s. m. ● Modo, atto del trafugare. SIN. Sottrazione.
trafugàre [comp. di *tra-* e *fugare*] **A** v. tr. (*io trafùgo, tu trafùghi*) ● Portare via di soppiatto o furtivamente: *t. opere d'arte, oggetti preziosi*. **B** v.

intr. pron. ● (*raro, lett.*) Fuggire, sottrarsi nascostamente.

trafugàto part. pass. di *trafugare*; anche agg. ● Nel sign. del v. ‖ †**trafugataménte**, avv. Di nascosto, furtivamente.

†**trafuggìre** [vc. dotta, lat. *transfūgere*, comp. di *trāns* 'al di là' e *fūgere* 'fuggire', con adatt. ai corrisp. elementi compositivi it.] v. intr. ● Fuggire, disertare.

†**trafuggitóre** [da *trafuggire*] s. m. (f. *-trice*) ● Fuggiasco, transfuga.

†**trafùgo** [da *trafugare*] vc. ● (*raro*) Solo nella loc. avv. *di t.*, di nascosto.

†**trafuràre** [comp. di *tra-* e †*furare*] v. tr. ● Rubare, asportare, trafugare.

†**trafurellerìa** o †**traforellerìa** [da †*trafurello*] s. f. ● Inganno, tranello.

†**trafurèllo** o †**traforèllo** [ant. fr. *truferel*, dim. di *trufeur* 'truffatore, bugiardo'] s. m.; anche agg. (f. *-a*) ● Raggiratore, mariolo.

tragèda ● V. *tragedo*.

tragèdia o †**tragedìa** [vc. dotta, lat. *tragoēdia(m)*, dal gr. *tragōidía*, comp. di *trágos* 'capro', da *trógein* 'rodere', di origine indeur., e di un deriv. da *ōidḗ* 'ode, canto'] s. f. *1* Genere fondamentale del teatro drammatico, caratterizzato dalla solenne narrazione di fatti gravi riguardanti personaggi importanti e dallo scioglimento luttuoso della trama. *2* Fatto o vicenda tragica, dolorosa, cruenta: *è successa una t.*; *succedette l'anno medesimo alla t. cominciata innanzi a Ferrara, nuovo e grave accidente* (GUICCIARDINI) | (*fig.*) *Fare una t.*, dare in escandescenze, minacciare o addolorarsi eccessivamente di fronte a piccole contrarietà. ‖ **tragediàccia**, pegg. | **tragediùccia**, dim. pegg.

tragediàbile agg. ● (*lett.*) Di soggetto adatto a fornire la trama di una tragedia: *quel tema per sé stesso infelice, e non t. da chi che si fosse* (ALFIERI).

tragediànte s. m. e f. *1* (*raro*) Compositore di tragedie (*spec. spreg.*) | (*raro*) Attore di tragedie. *2* (*fig.*) Chi reagisce in modo sproporzionato di fronte a contrarietà di poco valore.

tragediògrafo [vc. dotta, lat. tardo *tragoediŏgraphu(m)*, dal gr. *tragōidiográphos*, comp. di *tragōidía* 'tragedia' e di un deriv. da *gráphein* 'scrivere'] s. m. (f. *-a*) ● Autore di tragedie.

†**tragedizzàre** [comp. di *traged(ia)* e *-izzare*] v. intr. ● Comporre tragedie.

tragèdo o **tragèda** nel sign. A 1 [vc. dotta, lat. *tragōedu(m)*, dal gr. *tragōidós*, da *tragōidía* 'tragedia'] **A** s. m. (f. *-a*) *1* (*lett.*) Tragediografo. *2* (*raro*) Attore tragico. **B** agg. ● †Tragico: *chi riguarda lo stilo eroico d'Omero o di Virgilio, o il t. di Seneca poeta* (BOCCACCIO).

†**tragettàre** [comp. di *tra-* e *gettare*, come il lat. tardo *traiectāre*] v. tr. ● Tragittare.

†**tragètto** [da *tragettare*] s. m. ● Tragitto | Passaggio da un luogo all'altro.

†**tràggere** ● V. *trarre*.

traghettaménto [da *traghettare*] s. m. ● Operazione di attraversamento di un corso d'acqua inguadabile mediante traghetti e natanti in genere.

traghettàre [parallelo ven. di *tragittare* con *gh* non spiegato] v. tr. (*io traghétto*) ● Portare da una sponda all'altra cose o persone | (*raro*) Trasbordare | Passare in barca: *t. un canale*.

traghettatóre s. m. (f. *-trice*) ● Chi traghetta.

†**traghettière** s. m. ● Traghettatore, battelliere.

traghétto [da *traghettare*] **A** s. m. *1* Atto del traghettare | Passaggio da una sponda all'altra | Posto, stazione in cui si compie il passaggio stesso: *i traghetti delle gondole a Venezia*. *2* Mezzo con cui si traghettano cose o persone | Nave traghetto: *prendere il t. per la Sardegna, per la Corsica*. *3* †Scorciatoia. **B** in funzione di agg. inv. ● (posposto al s.) Solo nella loc. *nave t.*, nave attrezzata per il trasporto di passeggeri e veicoli | Ferry-boat. ➡ ILL. p. 1757 TRASPORTI.

tragicità s. f. ● Qualità di ciò che è tragico (*anche fig.*): *la t. di una scena*; *la t. di un avvenimento*.

tràgico [vc. dotta, lat. *trăgicu(m)*, dal gr. *tragikós*, da *trágos* (V. *tragedia*)] **A** agg. (pl. m. *-ci*) *1* Di, della tragedia: *stile, attore t.*; *una quasi totale ignoranza delle regole dell'arte tragica* (ALFIERI) | Attinente alla tragedia | *Poeta t.*, tragediografo | *Azione tragica*, tragedia. *2* (*est., fig.*) Doloroso, luttuoso: *un fatto t.* | Cruento, mortale, violento: *fare una fine tragica* | *Gesto t.*, esagerato, simile a quello di un attore tragico | *Passo t.*, di affettata gravità. ‖ **tragicaménte**, avv. *1* (*raro*) Nel modo dello stile tragico. *2* (*est., fig.*) In modo luttuoso, doloroso; in modo violento, cruento: *morire tragicamente*. **B** s. m. (f. *-a* nei sign. 1 e 2) *1* Tragediografo: *i tragici greci, francesi*. *2* (*raro*) Attore di tragedie. *3* Tragicità: *il t. di un episodio*.

†**tragicomèdia** ● V. *tragicommedia*.

tragicòmico [comp. di una riduzione da *tragico* e di *comico*] **A** agg. (pl. m. *-ci*) *1* Di, proprio della tragicommedia. *2* (*fig.*) Che ha insieme elementi comici e tragici: *un caso t.* **B** s. m. ● (*raro*) Autore di tragicommedie.

tragicommèdia o †**tragicomèdia** [comp. di *tragi(co)* e *commedia*, come il lat. *tragicocomōedia*, dal gr. *tragikokōmōidía*] s. f. *1* Componimento drammatico in cui parti tragiche si alternano a situazioni comiche. *2* (*fig.*) Fatto, caso tragicomico.

†**tragiogàre** [comp. di *tra-* e *giogo*] v. intr. ● Tirare in direzioni contrarie, detto di animali che vanno insieme sotto il giogo.

†**tragiovànte** [comp. di *tra-* e *giovante*] agg. ● Oltremodo giovevole.

tragittàre [variante di *tragettare*] **A** v. tr. *1* (*raro*) Trasportare in barca da una sponda all'altra cose o persone | (*raro*) Passare, traversare navigando: *t. un fiume, un braccio di mare*. *2* (*raro*) Passare, attraversare in un viaggio di terra: *t. un paese* | †Valicare: *t. le Alpi*. **B** v. intr. pron. ● (*raro*) Trasferirsi: *e quindi si tragitta / per mare alla cittade* (ARIOSTO).

tragìtto [da *tragittare*] s. m. *1* Passaggio da un luogo a un altro | †*Far t.*, trasferirsi. *2* (*est.*) Cammino, percorso: *il t. per arrivare al mare è molto breve*. *3* †Traghetto. *4* †Traversa, scorciatoia | (*tosc.*) Sentiero poco praticabile.

tràglia ● V. *draglia*.

†**tragloriòso** [comp. di *tra-* e *glorioso*] agg. ● Oltremodo glorioso.

tràgo [vc. dotta, lat. *trăgo(n)*, dal gr. *trágos*, propriamente 'capro(ne)', perché peloso come la barba di un capro] s. m. ● (*anat.*) Piccola sporgenza cartilaginea del padiglione auricolare situata davanti al meato uditivo esterno. ➡ ILL. p. 366 ANATOMIA UMANA.

tràgolo o **tràgulo** [dim. del gr. *trágos* 'capro', di origine indeur.] s. m. ● Piccolissimo ruminante asiatico con canini sporgenti, pelame fulvo, carne commestibile (*Tragulus kanchil*).

†**tragrànde** [comp. di *tra-* e *grande*] agg. ● Stragrande.

traguardàre [comp. di *tra-* e *guardare*] v. tr. *1* Osservare un oggetto attraverso un traguardo, per determinare una linea di mira o un piano verticale di mira passanti per quell'oggetto. *2* Guardare di sottecchi (*anche ass.*) | Spiare.

traguàrdo [da *traguardare*] s. m. *1* Atto del traguardare. *2* Punto opportunamente contrassegnato in cui si conclude una gara di corsa e la linea che lo indica: *arrivare primo al t.*; *tagliare vittorioso il t.* | *T. volante*, in una corsa ciclistica, quello a premi posto lungo un percorso. *3* (*ott.*) Strumento destinato a individuare una linea di mira o un piano verticale di mira e costituito, nel primo caso, da due punti di riferimento e, nel secondo, da un punto e una retta verticale o da due rette verticali di riferimento: *livello a t.* | (*mar.*) *Governare a t.*, dirigere la nave in modo da rilevare un dato riferimento sotto prora costante. *4* (*mil.*) Congegno di puntamento di un'arma da fuoco | (*est., aer., mil.*) *T. di puntamento*, congegno montato su un aeromobile da bombardamento e destinato a determinare la direttrice di attacco a un dato bersaglio e il punto di sgancio delle bombe. *5* (*fig.*) Punto d'arrivo: *la laurea è il suo t.*

tràgula [vc. dotta, lat. *trăgula(m)*, da *trăhere* 'tirare'] s. f. ● Grosso giavellotto in uso in epoca romana.

tràgulo ● V. *tragolo*.

†**traiettàre** [vc. dotta, lat. *traiectāre*, comp. di *trāns* 'al di là' e *iactāre*, freq. di *iăcere* 'gettare'] v. tr. ● Traghettare.

traiettòria [fr. *trajectoire*, dal lat. tardo *traiectōriu(m)*, da *traīcere* 'gettare'] s. f. *1* Linea continua descritta nello spazio da un punto in moto. *2* Linea curva percorsa dal centro di gravità del proiettile, determinata da vari fattori tra cui la velocità iniziale, la forma e il peso del proiettile, la resistenza dell'aria, la forza di gravità, l'angolo di proiezione | *T. tesa*, quella delle armi portatili e dei cannoni, contro bersagli verticali | *T. curva*, quella degli obici e dei mortai, contro bersagli orizzontali. SIN. Parabola.

trailer /*ingl.* 'treilə*/ [vc. ingl., da *to trail* 'trascinare' (d'origine incerta)] s. m. inv. *1* Carrello da agganciare a un autoveicolo spec. per il trasporto di barche o moto | (*raro*) Roulotte. *2* (*cine, tv*) Annuncio pubblicitario di un film o di un programma televisivo di imminente programmazione, di cui vengono presentate alcune sequenze.

†**traiménto** [da †*traere*] s. m. ● Modo, atto del trarre.

tràina o †**traìna** [f. sost. del part. pass. di *trainare*, col senso di 'traccia'] s. f. *1* Cavo per trainare | *Pesca a, alla t.*, metodo di pesca consistente nel trainare, dietro a una barca in moto, una lenza con esca naturale o artificiale. *2* Andatura irregolare del cavallo che galoppa col bipede anteriore e trotta con il posteriore.

trainànte part. pres. di *trainare*; anche agg. ● Nei sign. del v. | (*fig.*) Che costituisce una guida, un riferimento sicuro | (*econ.*) *Settore t.*, che è in grado di influire positivamente su altri settori dell'economia.

trainàre o †**tranàre** [lat. parl. **tragināre*, da una forma parallela (**trăgere*) di *trăhere* 'tirare, trarre'] v. tr. (*io tràino* o †*traìno*) *1* Tirare, trascinare un veicolo, un carico: *t. un carro*; *t. l'artiglieria* | (*scherz.*) *Farsi t.*, farsi scarrozzare, portare in automobile; (*fig.*) farsi guidare da qc. assumendo un atteggiamento passivo | Rimorchiare. *2* (*fig.*) Stimolare, spingere positivamente: *è il suo entusiasmo a t. tutti*.

trainer /'treiner, *ingl.* 'treinə*/ [vc. ingl., dal v. *to train* 'trascinare, allenare, addestrare', dal fr. ant. *trainer* 'trainare'] s. m. inv. *1* Allenatore, spec. di una squadra di calcio, di cavalli da corsa e sim. *2* (*org. az.*) Istruttore di training.

training /'treinin(g), *ingl.* 'treiniŋ/ [vc. ingl., da *to train* 'trainare, trascinare' (a sua volta dal fr. *trainer* 'trascinare')] s. m. inv. *1* (*org. az.*) Periodo di preparazione e addestramento a una determinata attività professionale: *l'azienda ha organizzato un t. intensivo per la preparazione commerciale dei suoi manager* | Allenamento sportivo. *2* (*psicol.*) *T. autogeno*, insieme di tecniche psicoterapeutiche fondate sull'autodistensione da raggiungere mediante la concentrazione e capaci di influire positivamente sul sistema neurovegetativo.

tràino o †**traìno** [da *trainare*] s. m. *1* Atto del trainare: *t. animale, meccanico*. *2* Veicolo, carico, peso che viene trainato o rimorchiato. *3* Sorta di carro senza ruote, talvolta con pattini, per luoghi scoscesi. *4* (*tosc.*) Parte inferiore della carrozza, su cui poggia la cassa. *5* †Seguito, corteo di gente che accompagna qc. in un viaggio | (*fig.*) †Strascico. *6* †Andamento, tenore di vita: *regola el t. del vivere suo non in altro che in sulla speranza* (GUICCIARDINI). *7* Traina nel sign. 2. *8* †Fodero di legname. *9* (*fig.*) Impulso positivo, spec. di un settore economico su un altro | *Fare da t.*, costituire un settore trainante.

†**traire** e *deriv.* ● V. *tradire* e *deriv.*

trait d'union /*fr.* 'trɛ d y'njɔ̃/ [vc. fr., letteralmente 'tratto (*trait*, dal lat. *trăctus*, come in it.) di unione (*d'union*, da *unir* 'unire')'] loc. sost. m. inv. (pl. fr. *traits d'union*) *1* Trattino che si pone tra due parole con forte nesso logico che costituiscono un'unità semantica (es. *cavallo-vapore*). *2* (*fig.*) Vincolo, legame | Intermediario: *fare da trait d'union fra due persone*.

tralasciaménto s. m. ● (*raro*) Modo, atto del tralasciare | †Cessazione.

tralasciàre [comp. di *tra-* e *lasciare*] v. tr. (*io tralàscio*) ● Lasciare a mezzo, sospendere, interrompere: *t. una cura, gli studi* | Cessare di fare, lasciare da parte: *t. i rimproveri* | Evitare di prendere in considerazione o di valutare con attenzione: *hanno tralasciato di leggere la parte più interessante*.

tralasciàto part. pass. di *tralasciare*; anche agg. ● Nei sign. del v.

tralatìzio o **tralatìcio** [vc. dotta, lat. *tra(ns)latīciu(m)*, da *translātus*, part. pass. di *transfĕrre* 'trasferire'] agg. ● Tramandato, tradizionale | *Formule tralatizie*, rimaste tradizionalmente invariate in leggi, atti notarili e sim. | *Parte tralatizia in un testo*, non originale.

†tralazióne ● V. *traslazione*.

†tralciàto agg. ● Pieno di tralci | Impedito dai tralci, detto di strada.

tràlcio [dal lat. *trăduce(m)*, da *tradūcere* 'trasportare, trapiantare'] s. m. *1* Ramo di un anno della vite o di piante rampicanti: *t. d'edera*; *tralci nuovi*, *dell'anno* | *T. pampanuto*, coperto di pampini | *T. guardiano*, dell'anno, che si taglia a due occhi e si utilizza in caso di necessità. *2* (*med.*) Piccola porzione di cordone ombelicale che rimane aderente all'addome del neonato.

†tralciùto agg. ● Pieno di tralci.

†traleàle [comp. di *tra-* e *leale*] agg. ● Oltremodo leale.

traliccialùra [da *traliccio*] s. f. ● Struttura in legno o in metallo impiegata nella costruzione di ponti metallici, torri di sostegno di antenne radiotrasmittenti e sim.

tralìccio [lat. parl. **trilīciu(m)*, per *trilīce(m)*, comp. di *trēs* 'tre', di origine indeur., e di un deriv. di *līcium* 'liccio, filo', termine tecnico di etim. incerta, con sovrapposizione del frequente pref. *tra-*] s. m. *1* Tela robusta per foderare materassi e guanciali, fatta di lino, di canapa, talvolta misti con cotone. *2* Struttura costituita da incroci di aste o di travi in un piano, in uso spec. per sostenere cavi, fili ad alta tensione e sim.

tralìce [lat. *trilīce(m)*, attributo di 'tessuto a tre fili' (V. *traliccio*), attraverso cui guardare] vc. ● Solo nelle loc. avv. *in t.*, (*raro*) *di t.*, obliquamente, di traverso: *andare in t.*; *tagliare una stoffa in t.* | (*fig.*) *Guardare in t.*, di sottecchi.

tralignaménto s. m. ● (*raro*) Modo, atto, effetto del tralignare.

tralignànte part. pres. di *tralignare*; anche agg. ● Nei sign. del v.

tralignàre [per *tralineare* 'andar oltre (*tra-*) la linea'] v. intr. (aus. *avere* e *essere*) ● Degenerare fisicamente o moralmente diventando dissimile dai genitori o dai propri avi | (*fig.*) Deviare, discostarsi: *t. dall'antica virtù* | (*raro*) Inselvatichire, detto di piante.

tralignàto part. pass. di *tralignare*; anche agg. ● Nei sign. del v.

trallallà [vc. onomat., alludente alla melodia di un canto] inter. ● Si usa canticchiando senza riferimento ad alcun particolare ritmo o canzone in momenti di soddisfazione o di allegrezza: *trallallera*, *t.* | Esprime anche ostentata indifferenza per q.c. o qc. | V. anche *lallarallà*, *lallera*, *larà*, *trallallera*, *trallerallera*.

trallallèra o **trallallèro** [ripetizione onomat. di ritornello di canzone] **A** inter. ● Si usa canticchiando senza riferimento ad alcun particolare ritmo o canzone in momenti di soddisfazione o di allegrezza: *t.*, *t.*, *trallallà* | Esprime anche ostentata indifferenza per q.c. o qc. | V. anche *lallarallà*, *lallera*, *larà*, *trallerallera*. **B** in funzione di s. m. inv. ● Il movimento che si fa ballando.

trallerallà inter. ● Trallallà.

trallerallèra o **trallerallèro** **A** inter. ● Trallallera. **B** in funzione di s. m. inv. ● Cantilena | Recitazione monotona.

tralucènte part. pres. di *tralucere*; anche agg. *1* Nei sign. del v. *2* (*raro*, *poet.*) Splendente: *el grande amore / ch'i porto a' tuo' begli occhi tralucenti* (L. DE' MEDICI).

tralùcere [vc. dotta, lat. *translucēre*, comp. di *trāns* 'attraverso' e *lucēre* 'splendere' con adattamento ai corrispondenti componenti it.] v. intr. (*io tralùco*, *tu tralùci*; dif. del part. pass. e di tutti i tempi composti) *1* Risplendere attraverso corpi diafani, detto della luce: *raggio di sol traluce in vetro* (PETRARCA). *2* Trasparire (*anche fig.*): *un oggetto che traluce nell'acqua*; *la paura gli traluce nello sguardo*; *sentimenti ... che dai cuori ove nacquero tralucono già alla mente d'alcuni uomini* (NIEVO). *3* (*raro*) Lasciar passare la luce, mostrare la luce a chi vi guarda attraverso: *un tessuto che traluce*.

†tralùcido ● V. *traslucido*.

†tralunàre [comp. di *tra-* e del denominale di *luna*, comp. semanticamente non chiaro] v. intr. *1* (*ass.*) Stralunare gli occhi. *2* Meravigliarsi. *3* Astrologare.

tram [dall'abbr. ingl. di *tram(way)*. V. *tranvai*] s. m. ● Veicolo a trazione elettrica per trasporto di passeggeri su di una rete di rotaie il cui percorso si svolge spec. sulla sede stradale ordinaria cittadina: *prendere il t.*; *salire*, *scendere dal t.* | *Perdere il t.*, (*fig.*, *fam.*) perdere un'occasione favorevole.

tràma [vc. dotta, lat. *trāma(m)*, di etim. incerta] s. f. *1* Complesso dei fili che nel tessuto si dispongono normalmente all'ordito e che s'intrecciano con quello durante il tessimento, mediante il passaggio delle navette contenenti le spole. *2* (*fig.*) Maneggio, macchinazione, inganno: *ordire una t. a danno di qc.* *3* (*fig.*) Intreccio di un'opera narrativa, teatrale o cinematografica: *una commedia con una t. piena di colpi di scena*. *4* (*fig.*) Insieme coordinato di azioni di gioco degli attaccanti di una squadra: *tessere una t.*; *interrompere le trame degli avversari*. *5* (*biol.*) Struttura risultante dall'intreccio di formazioni fibrillari o tubulari | *T. vascolare*, rete di vasi sanguigni.

tramàglio o **tramàcchio**, **tremàcchio**, **tremàglio** [lat. tardo *tremăculu(m)* '(rete) a tre (*trēs*) ordini di maglie (*măculae*)'] s. m. *1* Rete verticale da pesca, formata da tre teli addossati l'uno all'altro. ➡ ILL. **pesca**. *2* Grande rete verticale per catturare uccelli. SIN. Ragna.

tramagnìno [dal n. dei fratelli *Tramagnino* fondatori di una società di mimi che eseguivano la loro parte da soli] s. m. ● Mimo che in una pantomima esegue parti da solo.

†tramalvàgio [comp. di *tra-* e *malvagio*] agg. ● Molto malvagio.

tramandaménto s. m. ● (*raro*) Modo, atto del tramandare.

tramandàre [comp. di *tra-* e *mandare*] v. tr. *1* Trasmettere nel tempo usi, memorie, fatti, credenze: *t. un ricordo di padre in figlio*. *2* †Trasportare, trasferire. *3* †Mandare, emanare un odore.

tramandàto part. pass. di *tramandare*; anche agg. ● Nei sign. del v.

tramandatóre s. m.; anche agg. (f. *-trice*) ● (*raro*) Chi, che tramanda.

tramàndo [da *tramandare*] s. m. ● Notizia, memoria tramandate spec. oralmente.

tramàre [da *trama*] v. tr. *1* Intrecciare la trama coi fili dell'ordito, nel tessere. *2* (*fig.*) Tessere, macchinare: *t. inganni*, *insidie*, *congiure* | Complottare (*anche ass.*): *t. la rovina di q.c.*; *t. di nascosto*. SIN. Ordire.

tramàto part. pass. di *tramare*; anche agg. ● Nei sign. del v.

†tramatóre s. m.; anche agg. (f. *-trice*) ● Chi, che trama.

†tramazzàre [comp. di *tra-* e del denominale di *mazza*] v. intr. ● Stramazzare.

†tramàzzo [da *tramazzare*] s. m. *1* Tumulto, confusione, trambusto. *2* Trama.

†trambasciaménto [da *trambasciare*] s. m. ● Ambascia, angoscia.

trambasciàre o **†strambasciàre** [comp. di *tra-* e del denominale di *ambascia*] v. intr. (*io trambàscio*; aus. *essere*) ● (*raro*, *lett.*) Essere oppresso da ambascia.

†trambedùe [da *ambidue* con sovrapposizione di *entrambi*] agg. e pron. num. inv. ● (*raro*, *poet.*) Ambedue.

†tràmbi ● V. *entrambi*.

†trambustàre [da *trambusto*] **A** v. tr. ● Confondere, disordinare | Agitare. **B** v. intr. pron. ● (*fig.*) Agitarsi, affannarsi, arrabattarsi.

trambustìo s. m. ● (*raro*) Trambusto frequente e molesto.

trambùsto [ant. provz. *tabust* 'chiasso', da una base onomat. *talb-*, con sovrapposizione di altra parola con *tra-*] s. m. ● Confusione rumorosa, agitazione di cose o persone: *in casa c'è un gran t.* | Tumulto, disordine di folla: *per il t.*, *molti non riuscirono a mettersi in salvo*. CONTR. Quiete.

tramenàre [comp. di *tra-* e *menare*] v. tr. (*io traméno*) *1* Maneggiare, agitare oggetti mettendo disordine | †*T. un negozio*, trattare un affare | (*ass.*) Trafficare, rovistare, mettere sottosopra: *ha tramenato tutto il giorno nella sua stanza*. *2* †Mandar fuori, via.

†tramendùe o **†tramendùi** [comp. di *tra-* e *(a)mendue*] agg. e pron. num. inv. ● (*poet.*) Ambedue.

tramenìo s. m. *1* Un tramenare continuato | Movimento di oggetti che vengono rimossi in modo disordinato | (*est.*) Affaccendamento, andirivieni di persone: *nella piazza del mercato c'è un gran t.* *2* Rumore causato da ciò che viene rimosso, spostato: *un t. di mobili*.

tramescolaménto s. m. ● (*raro*) Il tramescolare.

tramescolàre [comp. di *tra-* e *mescolare*] **A** v. tr. (*io tramèscolo*) ● (*raro*) Mescolare, rimescolare. **B** v. intr. pron. ● (*raro*) Mescolarsi confusamente.

†tramessióne [da *tramettere*] s. f. ● Intromissione | Intenzione.

tramésso part. pass. di *tramettere* ● Nei sign. del v.

tramestàre [comp. di *tra-* e *mestare*] **A** v. tr. (*io traméstо*) ● (*tosc.*) Rimestare | Rimescolare: *t. i colori* | Mettere sottosopra trafficando, frugando. **B** v. intr. (aus. *avere*) ● Rovistare, mettere a soqquadro | (*fig.*) Armeggiare.

tramestìo s. m. ● Movimento continuo e disordinato di persone o cose | Il tramestare continuo e il rumore che ne deriva.

tramèttere [comp. di *tra-* e *mettere*] **A** v. tr. (coniug. come *mettere*) *1* †Frammettere, interporre. CONTR. Estromettere. *2* †Tralasciare. **B** v. intr. pron. ● Intromettersi, impacciarsi: *trametersi nelle faccende altrui* | †Occuparsi di q.c.

tramèzza [da *tramezzare*] s. f. *1* Striscia di cuoio cucita o inchiodata tra la suola e la tomaia. *2* (*edil.*) Tramezzo.

tramezzàbile agg. ● (*raro*) Che si può tramezzare.

†tramezzàglia s. f. ● Diaframma, tramezzo.

tramezzaménto s. m. ● (*raro*) Modo, atto, effetto del tramezzare | (*fig.*) †*Senza t.*, ininterrottamente.

†tramezzàno [comp. di *tra-* e *mezzano*] s. m. ● Intermediario, mezzano: *tramezzani*, *che ricevono gli ordini de' superiori*, *e agl'inferiori ne commettono l'esecuzione* (BARTOLI).

tramezzàre [da *tramezzo* (*1*)] **A** v. tr. (*io tramèzzo*) *1* Interporre, frammezzare, intramezzare: *t. strati di carne a fette di prosciutto*; *t. una pausa in un discorso* | *T. i fogli di un libro con pagine bianche*, interfogliare | †Lasciare intervalli, interrompere: *t. una recita con brani musicali*. *2* Separare con un tramezzo: *t. una stanza con un muro*. *3* †Separare, mettendosi o stando in mezzo: *t. le schiere nemiche* | †Spartire: *t. i litiganti*. **B** v. intr. *1* †Stare in mezzo per separare. *2* †Entrare come mediatore. **C** v. rifl. ● †Mettersi, entrare in mezzo, interporsi spec. come mediatore.

tramezzatóre s. m.; anche agg. (f. *-trice*) *1* (*raro*) Chi, che tramezza. *2* †Mediatore.

tramezzatùra s. f. ● Atto, effetto del tramezzare | Quantità, complesso di tramezzi.

tramezzìno s. m. *1* Dim. di *tramezzo* (*1*). *2* Coppia di fette di pane a cassetta tagliate diagonalmente e variamente farcite. *3* Uomo sandwich. *4* *Pannello a t.*, in falegnameria, pannello tamburato.

tramèzzo (1) [comp. di *tra-* e *mezzo*] **A** avv. ● Frammezzo: *non metterti t.* **B** nella loc. prep. *t. a*, in mezzo a, fra: *t. a voi non c'è nessuno che io conosca*. **C** s. m. *1* Diaframma, cosa interposta ad altre. *2* (*edil.*) Parete sottile di muro o di assito per dividere una stanza, o sim. *3* Guarnizione di merletto fra due pezzi di tessuto. *4* †Intervallo di tempo | †*Senza t.*, senza indugio | †*In quel t.*, in quel frattempo. || **tramezzétto**, dim. | **tramezzìno**, dim. (V.).

†tramèzzo (2) [comp. di *tra-* e *mezzo*] agg. ● Intermedio.

traminer /tra'miner, *ted.* tra'mi:nər/ [vc. ted., propr. '(proveniente) da *Tramin*', n. locale del comune di Termeno] s. m. inv. ● (*enol.*) Vitigno dell'Alto Adige da cui si ricava il vino bianco omonimo.

†tramiràbile [comp. di *tra-* e *mirabile*] agg. ● Oltremodo mirabile.

†tramischiànza [da *†tramischiare*] s. f. ● Mescolanza.

†tramischiàre [comp. di *tra-* e *mischiare*] v. tr. e intr. pron. ● Frammischiare, rimescolare.

†tramiseràbile [comp. di *tra-* e *miserabile*] agg. ● Assai miserabile.

†tramissióne [da *trametterе* per *trasmettere*] s.

f. ● Trasmissione.

tràmite [vc. dotta, lat. *trāmite(m)* 'cammino di traverso', di formazione incerta, anche se connesso con *trāns* 'tra'] **A** s. m. *1* (*lett.*) Sentiero | Via di passaggio, passaggio: *il t. tra l'Europa e l'Asia.* *2* (*fig.*) Via, spec. quella da seguire per comunicazioni, atti ufficiali: *per il t. della presidenza* | *Col t. di*, per mezzo di | *Fare, agire da t.*, fungere da intermediario. || **tramitèllo**, dim. **B** in funzione di prep. ● Per mezzo di: *mandami la roba t. tuo fratello.*

tramòggia [lat. *trimŏdia(m)*, comp. di *trēs* 'tre' e di un deriv. di *mŏdius* 'modio, moggio', perché originariamente '(recipiente) di tre moggi'] **A** s. f. (pl. *-ge*) *1* Recipiente a forma di tronco di piramide o tronco di cono capovolti, aperto in alto e in basso che viene riempito di materiale e che serve all'alimentazione di mulini, frantoi, forni e sim. | *T. lanciatorpedini*, dispositivo meccanico, posto a poppa di alcuni tipi di navi da guerra, che lascia cadere in mare le torpedini. ➡ ILL. p. 354, 355 AGRICOLTURA. *2* Cassetta dove si imbussolavano, nell'Accademia della Crusca, i componimenti da esaminare. *3* *Finestra a t.*, in conventi e carceri, dalla quale non è possibile guardar fuori. **B** in funzione di agg. inv. ● (posposto al s.) Solo nella loc. *carro t.*, carro per lo scarico diretto del carico.

tramoggiàio s. m. *1* Operaio addetto alla tramoggia. *2* Cavità del macinino da caffè in cui si mettono i chicchi da macinare.

†**tramontaménto** s. m. ● Tramonto.

tramontàna [propriamente (*vento ol*)*tramontano*] s. f. ● Vento freddo, generalmente secco e piuttosto forte, che soffia da nord | *Perdere la t.*, (*fig., fam.*) non saper più che fare o dire, confondersi, disorientarsi || (*fig.*) †Guida, direzione. || **tramontanàccia**, pegg. | **tramontanina**, dim. vezz.

tramontanàta s. f. ● (*raro*) Soffio di tramontana, spec. violento e continuato.

tramontàno [vc. dotta, lat. *transmontānu(m)*, comp. di *trāns* 'oltre, al di là' e *montānus* 'montano'] **A** agg. ● †Oltramontano: *gente tramontana* | (*raro*) Che abita oltre i monti del nord o viene dal settentrione: *i Galli tramontani.* **B** s. m. *1* (*raro*) Tramontana. *2* †Straniero del settentrione.

tramontàre [comp. di *tra-* e del denominale di *monte*, nel senso, quindi, di '(calare) al di là dei monti'] **A** v. intr. (*io tramónto*; aus. *essere*) *1* Sparire sotto la linea dell'orizzonte, detto del Sole e di altri corpi celesti. CONTR. Sorgere. *2* (*fig.*) Discendere, dal sommo di una immaginaria parabola, di forze, attività, favori, e sim.: *sono entusiasmi che tramonteranno presto* | *La sua stella sta tramontando*, (*fig.*) non è più in auge o di moda, detto di persone o cose | Finire, aver fine: *è una vita che sta tramontando.* **B** in funzione di s. m. solo sing. ● Tramonto: *ci vedremo al t. del sole.*

tramontàto part. pass. di *tramontare*; anche agg. ● Nei sign. del v.

tramónto [da *tramontare*] s. m. *1* Il tramontare del Sole o degli astri | *Dall'alba al t.*, tutto il giorno. SIN. Occaso. *2* Fenomeno luminoso determinato dal tramonto: *ho visto un t. dorato.* *3* (*fig.*) Fine, termine: *giungere al t. della vita* | *Essere al t., sul viale del t.*, detto di persona, essere giunto nell'estrema vecchiezza o, di artisti, aver esaurita la vena o aver perso la notorietà di una volta.

tramortiménto s. m. ● (*raro*) Modo, atto, effetto del tramortire.

tramortire o (*pop.*) †**stramortire**, †**traṣmortire** [comp. di *tra-* e del denominale di *morto*] **A** v. intr. (*io tramortìsco, tu tramortìsci*; aus. *essere*) ● Perdere i sensi e le forze, venir meno (*anche fig.*): *t. per un forte colpo*; *t. per lo spavento.* **B** v. tr. ● Far perdere i sensi: *lo tramortì a furia di botte.*

tramortito part. pass. di *tramortire*; anche agg. ● Nei sign. del v.

tramp /ingl. træmp/ [vc. ingl., propr. 'vagabondo' (d'origine germ.)] s. m. inv. ● Nave da carico vario, non di linea, di portata limitata, che viaggia cercando i noli più convenienti.

†**trampalàre** ● V. †*trampolare.*

†**tràmpalo** ● V. *trampolo.*

†**tràmpano** ● V. *trampolo.*

†**trampolàre** o †**trampalàre** [medio alto ted. *trampeln* 'camminare a passi pesanti', di origine imit. (?)] v. intr. *1* Camminare sui trampoli. *2* (*est., fig.*) Vacillare, barcollare.

trampolière [da *trampolo*] **A** s. m. *1* Ogni uccello con gambe e collo molto lunghi, come i Ciconiformi e i Ralliformi, tipico delle zone paludose, che nella vecchia tassonomia apparteneva all'ordine dei Trampolieri. *2* (*est., scherz.*) Persona alta e magra, dalle gambe molto lunghe. **B** anche agg.

Trampolièri [dal pl. di *trampolo*] s. m. pl. ● Nella vecchia tassonomia, ordine di Uccelli con gambe e collo molto lunghi, ora suddivisi in Ciconiformi e Ralliformi.

trampolino s. m. *1* Impianto usato per i tuffi o per il salto con gli sci | *Fare da t. a qc.*, (*fig.*) servirgli di aiuto nella carriera, fargli raggiungere il successo. ➡ ILL. p. 1285 SPORT. *2* Nel gioco del pallone a bracciale, pedana sulla quale si colloca il battitore | Nelle partite di tamburello, l'insieme dei giochi in cui una squadra sta alla battuta, dopo i quali avviene il cambiamento di campo.

tràmpolo o (*pop., tosc.*) †**tràmpalo**, †**tràmpano** [da *trampolare*] s. m. ● Ciascuno dei lunghi bastoni con una mensoletta piuttosto in alto per posarvi il piede, usati per camminare in luoghi acquitrinosi, dai pagliacci nei circhi o dalle maschere a carnevale | *Reggersi, stare sui trampoli*, (*fig.*) non avere stabilità economica o buona salute | (*fig.*) *Ragionamento che sta sui trampoli*, campato in aria | (*fig., scherz., al pl.*) Gambe molto lunghe: *con quei trampoli puoi correre forte.*

tramùta s. f. ● (*raro*) Tramutamento | Travaso.

tramutaménto s. m. ● Modo, atto del tramutare | Trasferimento | Travaso: *il t. del vino.*

†**tramutànza** s. f. ● Tramutazione.

tramutàre [vc. dotta, per adattamento del lat. *tra(ns)mutāre*, comp. di *trāns* 'da un posto ad un altro' e *mutāre*] **A** v. tr. *1* (*lett.* o *raro*) Trasportare, trasferire, mutare di posto | Travasare: *t. il vino* | Trapiantare. *2* (*lett.*) Mutare, cambiare: *t. colore, aspetto*; *t. l'avversione in simpatia* | Far cambiare di natura, di condizione. *3* †Differire. **B** v. rifl. e intr. pron. ● Convertirsi, prendere l'aspetto di: *Giove si tramutò in toro.* **C** v. intr. pron. *1* †Mutare colore, sembianza. *2* †Cambiare sede, posto, giacitura.

tramutàto part. pass. di *tramutare*; anche agg. ● Nei sign. del v.

tramutatóre s. m.; anche agg. (f. *-trice*) ● (*raro*) Chi, che tramuta.

tramutazióne [vc. dotta, adattamento del lat. *transmutatiōne(m)*, comp. di *trāns* 'al di là' e *mutātio*, genit. *mutatiōnis* 'mutazione'] s. f. *1* Il tramutare | Mutamento, mutazione. *2* †Trasmigrazione.

†**tramutevolménte** avv. ● Mutevolmente.

tramutio [da *tramutare*] s. m. ● (*raro*) Continuo tramutamento.

tramvài ● V. *tranvai.*

tramvia ● V. *tranvia.*

†**tranàre** ● V. *trainare.*

trance /ingl. 'tra:ns/ [vc. ingl., dall'ant. fr. *transe* 'trapasso', da *transir* 'morire', dal lat. *transīre* 'andare (*īre*) di là (*trāns*)', 'passare'] s. f. inv. *1* Nel linguaggio della parapsicologia, condizione spontanea o provocata di perdita parziale o totale del livello cosciente e sensorio, con conseguente accentuazione delle attitudini medianiche e paranormali | *T. spiritica, medianica*, quella tipica dei medium negli esperimenti spiritici. *2* (*fam.*) Estasi: *è una musica che lo fa cadere in t.*

tranceria [da *tranciare*] s. f. ● Officina nella quale si trancia.

tranche /fr. trɑ̃ʃ/ [vc. fr., da *trancher* 'trinciare', (V. *trancia*)] s. f. inv. *1* Fetta di vivanda: *una t. di torta, di pesce.* *2* (*banca*) Quota | *Emettere una t. d'obbligazioni*, emettere in più volte obbligazioni di uno stesso tipo da parte di un medesimo ente. *3* *T. de vie*, nel linguaggio della critica, opera letteraria, teatrale o cinematografica che riproduce con realismo un'epoca, un ambiente o un intreccio di avvenimenti.

trancheur /fr. trɑ̃'ʃœr/ [vc. fr., da *trancher* (V. *tranche*)] agg. inv. ● Solo nella loc. *chef t.*, capocuoco incaricato di tagliare a pezzi una vivanda.

trància [fr. *tranche*, da *trancher* 'trinciare', dal lat. *trinicāre* 'tagliare in tre (*trīni*)', sul modello di *duplicāre*] s. f. (pl. *-ce*) *1* Cesoia, taglierina. *2* Fetta: *una t. di pesce ai ferri.*

tranciàre [fr. *trancher* 'trinciare', dal lat. *trinicāre* 'tagliare in tre (*trīni*)', sul modello di *duplicāre*] v. tr. *1* Tagliare con la trancia un elemento metallico o di altra natura. *2* Tagliare in modo netto e deciso.

tranciatóre s. m. (f. *-trice*) ● Operaio addetto alla trancia.

tranciatrice s. f. ● Trancia, nel sign. 1.

tranciatùra [da *tranciare*] s. f. ● Operazione di taglio netto di fili, lamiere, ferri tondi, profilati, senza asportazione di truciolo.

tràncio s. m. ● Trancia, fetta: *un t. di dolce.*

trancista s. m. e f. (pl. m. *-i*) ● Tranciatore.

†**tranelleria** s. f. ● Tranello.

tranèllo [dim. di *trano* per *tra(i)no* '(brutto) tiro'] s. m. ● Inganno, insidia preparata ai danni di qc.: *attirare, far cadere in un t.* | (*est.*) Difficoltà nascosta che può fare sbagliare: *nel compito di matematica c'era un grosso t.*

†**tranghiottiménto** s. m. ● Atto, effetto del tranghiottire.

tranghiottire [vc. dotta, adattamento del lat. tardo *transglutīre*, comp. di *trāns* 'oltre' e *glutīre* 'inghiottire', di origine onomat.] v. tr. (*io tranghiótto*) ● (*raro*) Inghiottire avidamente | Divorare (*anche fig.*).

†**trangosciàre** [comp. di *tra-* e *angosciare*] v. intr. ● Soffrire fortemente, provare grande angoscia, spasimare.

†**trangoscióso** agg. ● Angoscioso.

trangugiaménto s. m. ● (*raro*) Modo, atto del trangugiare.

trangugiàre [comp. di *tra-* e del denominale di *gogio*, forma lucchese per 'gozzo'] v. tr. (*io trangùgio*) *1* Inghiottire ingordamente, ingozzare: *t. la cena* | Cacciar giù per la gola senza sentire il sapore, ingurgitare: *t. una medicina* | *T. bocconi amari*, (*fig.*) soffrire dispiaceri, umiliazioni | (*fig.*) *T. la bile, l'ira*, reprimerle, soffocarle. *2* (*fig.*) Divorare, consumare rapidamente: *t. un patrimonio.*

trangugiatóre s. m. (f. *-trice*) ● Chi trangugia.

†**trangugiatòrio** agg. ● (*scherz.*) Atto o disposto a trangugiare.

tràni [dal vino di *Trani*, che ivi si vendeva] s. m. ● (*sett.*) Osteria.

trànne [comp. di *tra'*, imperat. di *trarre*, e di *ne*, part. pron. enclitica: 'ne trai; ne togli'] prep. ● Eccetto, fuorché, all'infuori di: *sono stati tutti promossi t. due*; *non gli manca nulla, t. un po' di tranquillità*; *riceve tutti i giorni feriali t. il sabato* | Anche nella loc. prep. *t. che*: *vado d'accordo con tutti t. che con te.*

trànne che /'tranne 'ke*, 'tranne ke*/ o (*raro*) **tranneché**. loc. cong. ● A meno che, salvo che (introduce una prop. eccettuativa con il v. al congv.): *non si fanno variazioni tranne che non vi sia una richiesta generale.*

†**tranòbile** [comp. di *tra-* e *nobile*] agg. ● Assai nobile.

†**tranquillaménto** s. m. ● Modo, atto del tranquillare.

tranquillànte [part. pres. di *tranquillare*] **A** s. m. ● Farmaco sedativo che agisce sul sistema nervoso centrale, usato nella terapia di malattie nervose o per moderare sintomi di eccitazione | *Tranquillanti maggiori*, neurolettici usati nella cura delle psicosi | *Tranquillanti minori*, ansiolitici usati nella cura delle nevrosi. **B** anche agg.: *farmaco t.*; *effetto t.*

tranquillàre [vc. dotta, lat. *tranquillāre*, da *tranquīllus* 'tranquillo'] **A** v. tr. *1* Rendere tranquillo: *t. l'animo, la coscienza* | (*lett.*) Calmare: *il sonno / venga pietoso a tranquillar suoi sdegni* (PARINI) | (*raro*) *T. i creditori*, pagarli, tacitarli. SIN. Ammansire. CONTR. Inquietare. *2* †Tenere a bada. **B** v. intr. pron. ● Mettersi tranquillo: *dopo averlo ascoltato, ti tranquillerai.* **C** v. intr. e intr. pron. ● †Godere in riposo, svagarsi.

tranquillità o †**tranquillitàde**, †**tranquillitàte** [vc. dotta, lat. *tranquillitāte(m)*, da *tranquīllus* 'tranquillo'] s. f. ● Stato, condizione di ciò che è tranquillo: *la t. dell'aria senza venti*; *la t. dello spirito* | *La t. del mare*, bonaccia | Pace, quiete: *turbare la t. pubblica* | Calma, serenità: *ne parleremo con t.* CONTR. Irrequietezza, turbamento.

tranquillizzànte part. pres. di *tranquillizzare*; anche agg. ● Nei sign. del v.

tranquillizzàre [fr. *tranquilliser*, da *tranquille* 'tranquillo'] **A** v. tr. ● Rendere tranquillo, rassicurare: *t. gli animi*; *lo tranquillizzò sulla sua sorte.* CONTR. Angustiare. **B** v. intr. pron. ● Liberarsi da paure, preoccupazioni: *con la tua visita, si è tranquillizzato.* CONTR. Agitarsi.

tranquillo [vc. dotta, lat. *tranquĭllu(m)*, di etim. incerta] **A** agg. **1** Che è quieto, sereno: *la luna / lo suo splendor sereno / vibra nel mar t.* (MARINO) | Che gode di quiete e pace morale: *uomo t.*; *animo t.* | Sereno, senza turbamenti: *sonno t.*; *notte tranquilla*; *sono ore tranquille* | *Situazione tranquilla*, che non presenta rischi o incognite | *Stia t.*, non abbia timori, preoccupazioni, stia sicuro. CONTR. Agitato. **2** Che è alieno da ira, impazienza o non prende parte a risse, tumulti, e sim.: *una persona tranquilla*; *un cittadino t.* | Pacifico: *è una nazione tranquilla* | Non disturbato: *cercare un angolo t. per riposare.* CONTR. Inquieto, turbolento. || **tranquillamente**, avv. **1** Con tranquillità, senza agitarsi: *vivere tranquillamente*; con calma e sicurezza: *rispose tranquillamente.* **2** Senza paura, senza troppo preoccuparsi: *gli disse tranquillamente il fatto suo.* **3** Senza rischi: *potete partire tranquillamente.* **B** s. m. ● (*raro*) Tranquillità, pace: *tenere in t.*

trans- [nelle vc. dotte, ripete la prep. lat., di origine indeur., *trāns* 'attraverso'] pref. ● In parole dotte di derivazione latina o in termini dotti o scientifici formati modernamente in italiano, indica passaggio al di là, attraversamento, mutamento da una condizione a un'altra e sim. o significa 'al di là', 'attraverso': *transazione, transigere, transitivo, transito, transizione, transalpino, transcaucasico, transatlantico, transpolare.*

transahariano /transaa'rjano/ o **transaariano** [comp. di *tran(s)-* 'oltre' e *sahariano*] agg. ● Che si snoda attraverso il Sahara.

transalpino [vc. dotta, lat. *transalpīnu(m)*, comp. di *trāns-* e *alpīnus* 'alpino, delle Alpi'] agg. **1** Che è posto al di là delle Alpi | (*per anton.*) Francese. **2** Che si snoda attraverso le Alpi.

transamazzonico [comp. di *trans-* e *amazzonico*] agg. (pl. m. *-ci*) ● Che passa attraverso l'Amazzonia | *Strada transamazzonica*, quella che attraversa il Brasile settentrionale.

transaminasi o **transamminasi** [comp. di *trans-* e *amin(a)* col suff. *-asi*] s. f. ● (*biol.*) Gruppo di enzimi in grado di sintetizzare gli amminoacidi.

transandino [comp. di *trans-* e *andino*] agg. **1** Che è posto al di là delle Ande. **2** Che si snoda attraverso le Ande.

†**transanimazione** [comp. di *trans-* e di un deriv. da *anima*, ripetendo la formazione del grecismo *metempsicosi*] s. f. ● Metempsicosi.

transappenninico [comp. di *trans-* e *appenninico*] agg. (pl. m. *-ci*) **1** Che è posto al di là degli Appennini. **2** Che si snoda attraverso gli Appennini.

transarabico [comp. di *trans-* e *arabico*] agg. (pl. m. *-ci*) ● Che passa attraverso l'Arabia: *oleodotto t.*

transare ● V. *transigere.*

transatlantico [comp. di *trans-* e (Oceano) *Atlantico*] **A** agg. (pl. m. *-ci*) ● Che è posto al di là dell'Atlantico | Che attraversa l'Atlantico | *Viaggio t.*, dall'Europa in America o viceversa. **B** s. m. **1** Grande nave passeggeri adibita a percorsi oceanici. ➡ ILL. p. 1756 TRASPORTI. **2** (*est.*) Ampio corridoio del palazzo di Montecitorio a Roma, antistante all'aula sede della Camera, ove i deputati sostano a conversare.

transattivo agg. ● (*dir.*) Relativo, conseguente a una transazione: *accordo, contratto t.*

transatto A part. pass. di *transigere*; anche agg. ● Nei sign. del v. **B** s. m. ● Rinunzia a un possesso, transazione | †*Far t.*, far mercato | †*Lasciare in t.*, rinunziare a tutto.

transavanguardia [comp. di *trans-* e *avanguardia*] s. f. ● Tendenza pittorica nata alla fine degli anni '70, caratterizzata dal recupero eclettico di varie esperienze figurative del XX sec.

transazionale [da *transazione*, nel sign. 2 sul modello dell'ingl. *transactional*] agg. **1** Relativo a transazione. **2** (*psicol.*) *Analisi t.*, metodo psicoterapeutico fondato da E. Berne (1910-1970), basato sull'analisi della comunicazione e cioè sugli stimoli e sulle risposte che intercorrono fra le persone.

transazionalismo [da *transazionale*] s. m. ● (*psicol.*) Teoria secondo la quale i fenomeni psichici sono prodotti dall'interazione dinamica fra il soggetto e gli eventi.

transazione [vc. dotta, lat. tardo *transactiōne(m)*, da *transāctus* 'transatto'] s. f. **1** Atto, effetto del transigere | *Venire a una t. con la propria coscienza*, rinunciare alla propria dignità, venire a compromessi con la propria coscienza. **2** (*dir.*) Contratto col quale le parti, facendosi reciproche concessioni, pongono fine a una lite già cominciata o prevengono una lite che può sorgere fra loro: *accettare una t.*; *t. della lite.* **3** Ciascuno dei fenomeni elementari che vengono trattati in una elaborazione da un sistema per l'elaborazione dei dati.

transcaucasico [comp. di *trans-* e *caucasico*] agg. (pl. m. *-ci*) **1** Che è situato al di là del Caucaso. **2** Che passa attraverso il Caucaso: *ferrovia transcaucasica.*

†**transcendere** o **transcendere** ● V. *trascendere.*

transcodifica [comp. di *trans-* e *codifica*] s. f. ● Transcodificazione.

transcodificare [comp. di *trans-* e *codificare*] v. tr. (coniug. come *codificare*) ● (*elab., elettron.*) Effettuare una transcodificazione.

transcodificatore [comp. di *trans-* e *codificatore*] s. m. ● (*elab., elettron.*) Dispositivo per effettuare una transcodificazione. SIN. Convertitore di codice.

transcodificazione [comp. di *trans-* e *codificazione*] s. f. ● Conversione da un codice a un altro. SIN. Transcodifica | (*elab.*) Nella traduzione da un linguaggio di un elaboratore a un altro, conversione di un insieme di caratteri avente un determinato significato nel primo linguaggio in un altro insieme avente lo stesso significato nel secondo linguaggio. SIN. Conversione di codice | (*elettron.*) Nella televisione a colori, conversione dei segnali video codificati in base a un determinato sistema in altri equivalenti codificati in base a un altro sistema.

transcontainer /*ingl.* trænzkən'teinə*/ [comp. di *trans-* e *container*] s. m. inv. ● Container per trasporti internazionali.

transcontinentale [comp. di *trans-* e *continentale*] agg. ● Che si snoda attraverso un continente: *linea ferroviaria t.*

†**transcorrere** ● V. *trascorrere.*

transcriptasi o **transcrittasi**, **trascrittasi** [fr. *transcriptase*, da *transcript(ion)* 'trascrizione'] s. f. ● (*biol.*) Enzima che catalizza la sintesi dell'RNA trascrivendo le informazioni del DNA corrispondente | *T. inversa*, che catalizza la sintesi del DNA a partire dall'RNA corrispondente.

†**transcrivere** ● V. *trascrivere.*

transculturazione [da *trans-* sul modello di *acculturazione*] s. f. ● Passaggio da una cultura a un'altra, in modo spesso rapido e violento: *la t. del terzo mondo dopo la colonizzazione europea.*

transcutaneo [comp. di *trans-* e *cutaneo*] agg. ● Che avviene attraverso la cute: *assorbimento t.*

transdanubiano [comp. di *trans-* e *danubiano*] agg. ● Che è posto al di là del Danubio.

transdermico [comp. di *trans-* e *dermico*] agg. (pl. m. *-ci*) ● Detto di medicamento che penetra nell'organismo attraverso la pelle: *terapia transdermica*; *cerotto t. ad assorbimento graduale.*

transeat /*lat.* 'transeat/ [letteralmente 'passi', congv. pres. di *transīre*] inter. ● Esprime concessione con il sign. di: 'sia pure!', 'lasciamo correre!' e sim.: *per questa volta t.!*

†**transegna** [per (*in*)*trasegna*] s. f. ● Sopravveste.

transelevatore [comp. di *trans-* ed *elevatore*] s. m. **1** Linea aerea per una catena di montaggio. **2** Impianto automatizzato per trasportare merci all'interno di un magazzino.

transenna [vc. dotta, lat. *transĕnna(m)* 'rete per uccelli' e, per la somiglianza, 'grata', da *trasēnna*, per etim. pop., prob. mutuato dall'etrusco] s. f. **1** Lastra lavorata di marmo o di bronzo, usata come parapetto in gallerie, presbiteri, e sim. o come chiusura di finestre. **2** Barriera smontabile appositamente costruita per regolare il traffico, sbarrare o regolare l'accesso degli spettatori a locali pubblici, manifestazioni sportive, e sim.

transennare [da *transenna*] v. tr. (*io transènno*) ● Chiudere, delimitare con transenne: *t. una via di accesso*; *t. un percorso.*

transennatura [da *transennare*] s. f. ● Delimitazione di uno spazio con transenne: *la t. del centro storico* | Barriera di transenne: *spostare, rimuovere la t.*

transessuale [comp. di *tran(s)-* e *sessuale*, sul modello dell'ingl. *transsexual*] **A** s. m. e f. ● Persona che non accetta il proprio sesso e si identifica in quello opposto cercando di assumerne gli atteggiamenti e l'aspetto esteriore | Chi, nato e registrato secondo un sesso, ha assunto, anche per mezzo di interventi chirurgici, le caratteristiche fisiologiche dell'altro sesso. **B** anche agg.

transessualismo [da *transessuale*, sul modello del fr. *transsexualisme*] s. m. ● Transessualità.

transessualità [da *transessuale*] s. f. ● Condizione di chi è transessuale.

transetto o **transetto** [dall'ingl. *transept*, comp. del lat. *trāns-* 'oltre' e *sāeptum* 'chiusura, recinto'] s. m. ● Nella chiesa cristiana a pianta longitudinale, navata disposta trasversalmente all'asse principale della chiesa stessa. ➡ ILL. p. 359 ARCHITETTURA.

transeunte [vc. dotta, lat. *transeŭnte(m)*, part. pres. di *transīre*] agg. ● (*lett.*) Che passa, è transitorio. SIN. Caduco, effimero.

transex [da *trans-* e *sex* 'sesso' per 'sessuale'] s. m. e f. ● Transessuale.

transfer /'transfer, *ingl.* træns'fə:/ [vc. ingl., V. *transfert*] **A** agg. inv. ● (*tecnol.*) Solo nella loc. *macchina t.*, macchina a trasferta. **B** s. m. inv. **1** Trasferimento, trasporto | Trasferimento di un turista da una stazione di arrivo all'albergo situato nel luogo del soggiorno e viceversa: *t. aeroportuale*; *t. diurno, notturno.* **2** (*tecnol.*) Macchina a trasferta | *Stampaggio (a) t.*, stampaggio a trasferimento | *Linea di t.*, linea di trasferimento dei materiali fra i vari reparti di uno stabilimento. **3** Transfert nel sign. 2.

transferasi [ingl. *transferase*, da *to transfer* 'trasferire' col suff. *-ase* '-asi'] s. f. ● (*chim.*) Enzima che catalizza il trasferimento di un gruppo chimico da un opportuno donatore a una molecola accettrice.

†**transferire** ● V. *trasferire.*

transferrina [ingl. *transferrin*, comp. di *trans-* 'al di là', del lat. *fĕrru(m)* 'ferro' e del suff. *-in* '-ina'] s. f. ● (*chim.*) Proteina plasmatica con funzione di trasporto degli ioni ferrici.

transfert /'transfert, *fr.* trãs'fɛr/ [vc. fr., letteralmente 'trasporto', dal lat. *transfĕrre* 'trasferire, trasportare', usato per tradurre il corrispondente ted. *Übertragung*] s. m. inv. **1** (*psicol.*) Spostamento della carica affettiva, da un oggetto, spec. una persona, a un altro | Nella psicoanalisi, processo che porta il paziente a concentrare sull'analista forti pulsioni negative o positive. **2** In psicopedagogia, fenomeno per cui i progressi ottenuti durante l'apprendistato di una determinata forma d'attività comportano un miglioramento nell'esercizio di una attività diversa ma più o meno affine. **3** (*banca, dir.*) Traslazione di un titolo di credito nominativo.

†**transfigurare** e *deriv.* ● V. *trasfigurare* e *deriv.*

transfluenza [da *transfluire*, vc. dotta dal lat. *transflŭere* 'scorrere (*flŭere*) al di là, oltre (*trāns-*)'] s. f. ● (*geogr.*) Diramazione di lingua glaciale, attraverso una depressione, in una valle contigua.

transfluire [vc. dotta, lat. *transflŭere* 'scorrere (*flŭere*) attraverso (*trāns-*)' con adattamento ad altra coniug., come per *fluire*] v. intr. ● Diramarsi per transfluenza.

†**transfondere** e *deriv.* ● V. *trasfondere* e *deriv.*

†**transformare** ● V. *trasformare.*

transformer® /*ingl.* træns'fɔ:mə*/ [vc. ingl., 'che, chi trasforma'] s. m. inv. ● Nome commerciale di un tipo di giocattolo scomponibile e ricomponibile in oggetti diversi per forma e dimensione.

transfuga [vc. dotta, lat. *trānsfuga(m)*, da *transfŭgere* 'fuggire (*fŭgere*) via (*trāns*)', col senso originario di 'passare al nemico'] s. m. e f. (pl. m. *-ghi*) ● (*lett.*) Disertore, fuggitivo | (*est.*) Chi ha abbandonato il suo partito.

†**transfuggire** [vc. dotta, adattamento su *fuggire*

del lat. *transfŭgere*, comp. di *trāns* 'al di là' e *fŭgere* 'fuggire'] **v. tr.** • Disertare.

†**transfuggitóre** [da *transfuggire*] **s. m.** • Transfuga.

transgènico **agg.** (**pl. m.** *-ci*) • (*biol.*) Detto di organismo i cui geni sono stati artificialmente alterati.

†**transgressióne** e *deriv.* • V. *trasgressione* e *deriv.*

transiberiàno [comp. di *trans-* e *siberiano*] **agg.** • Che si snoda attraverso la Siberia | *Ferrovia transiberiana*, o (*ell.*) *transiberiana*, ferrovia che, attraversando la Siberia, collega la regione degli Urali a Vladivostok.

transiènte [ingl. *transient*, dal lat. parl. **transiĕntis*, per *transeŭntis*, genit. di *trānsiens*, part. pres. di *transīre* 'andare (*īre*) attraverso (*trāns-*)'] **agg.**; anche **s. m.** • (*fis.*) Transitorio.

transigènte **part. pres.** di *transigere*; anche **agg.** • Nei sign. del v.

transigènza **s. f.** • (*raro*) L'essere transigente.

transìgere o (*evit.*) **transàre** [vc. dotta, lat. *transĭgere* 'spingere attraverso (per portare a termine)', comp. di *trāns-* 'attraverso' e *ăgere* 'spingere', di origine indeur. solo nella radice del pres.] **v. tr.** (**pres.** *io transìgo, tu transìgi*; **pass. rem.** *io transigéi*, o *transigètti, tu transigésti*; **part. pass.** *transàtto*) **1** Concludere una transazione. **2** (*dir.*) Terminare una controversia mediante una transazione: *t. una lite*. **3** (*ass.*) Venire a patti, fare concessioni cedendo a certe esigenze: *t. con la propria coscienza*; *è un uomo che non transige* | *T. col dovere*, venir meno al dovere.

transilvànico **agg.** (**pl. m.** *-ci*) • Della Transilvania.

†**transire** [vc. dotta, lat. *transīre*, comp. di *trāns* 'al di là' e *īre* 'andare'] **v. intr.** **1** Passare, penetrare, entrare. **2** (*euf.*) Morire.

transistor [ingl., coniato con le sillabe *trans-* di *transfer* 'trasferire' e (*res*)*istor* 'dispositivo di resistenza', con riferimento alla 'trasmissione' di un segnale elettrico attraverso una 'resistenza'] **s. m. inv.** **1** Dispositivo a semiconduttore con tre elettrodi che amplifica correnti e tensioni elettriche | *T. a effetto di campo*, quello in cui il flusso dei portatori maggioritari avviene lungo un canale di conduzione la cui resistenza viene modulata variando la sezione del canale o la concentrazione dei portatori. **2** (*fam.*) Radio a transistor: *ascolta sempre musica dal suo t.*

transistóre **s. m.** • Adattamento di *transistor* (V.).

transistorizzàre **v. tr.** • Realizzare apparecchiature, strumenti e sim. impiegando transistor.

transistorizzazióne **s. f.** • Atto, effetto del transistorizzare.

transitàbile **agg.** • Detto di luogo o strada per cui si può transitare: *valico t.*

transitabilità **s. f.** • Qualità, stato di ciò che è transitabile: *la t. di una strada.*

transitàre [vc. dotta, lat. *transitāre*, da *trānsitus* 'transito'] **v. intr.** (*io trànsito*; **aus.** *essere*) • Passare per un luogo, per una strada.

transitàrio **s. m.** • Chi esercita commercio di transito.

transitività **s. f.** • (*mat.*) Qualità di ciò che è transitivo.

transitivo [vc. dotta, lat. tardo *transitīvu*(*m*), da *transīre* 'passare al di là'] **agg.** **1** (*ling.*) Detto di verbo la cui azione non rimane in sé ma ha bisogno dell'oggetto per compiersi. **2** Detto d'un gruppo di biiezioni d'un insieme su sé stesso tale che, presi due elementi dell'insieme, esista sempre almeno una biiezione del gruppo che porta il primo nel secondo | Di gruppo di trasformazioni d'uno spazio su sé stesso per cui ciò accada per una generica coppia di punti corrispondenti. || **transitivaménte**, **avv.** In modo transitivo.

trànsito [vc. dotta, lat. *trānsitu*(*m*) 'passaggio', da *transīre* 'passare da un luogo ad un altro'] **s. m.** **1** †Movimento, spostamento da un luogo a un altro: *la fronda che flette la cima / nel t. del vento, e poi si leva* (DANTE *Par.* XXVI, 85-86) | †*Per t.*, di passaggio. **2** Passaggio di persone, merci, autoveicoli, convogli ferroviari o marittimi per un luogo: *impedire il t. di una strada*; *valico aperto al t. di autocarri* | *Divieto di t. per motocicli, per biciclette, per ogni categoria di veicoli*, segnalato da apposito cartello | *Treno in t. da una stazione*, quando non ha fermata d'orario | *Stazione di t.*, *di passaggio*, quella di passaggio di merci e passeggeri | (*mar.*) *Porto di t.*, quello dove approdano navi per sbarcarvi persone o merci che devono proseguire per altra destinazione con altri mezzi | *Uccelli di t.*, quei migratori che si limitano a sorvolare una regione in date stagioni o che molto raramente vi si fermano. **3** (*elettr.*) Collegamento di due linee telefoniche o telegrafiche che fanno capo allo stesso posto di commutazione o alla stessa centrale. **4** (*astron.*, *fis.*) Attraversamento del meridiano celeste da parte di un astro | Proiezione apparente di uno dei pianeti interni sul disco del Sole, o di un satellite sul proprio pianeta: *t. di Mercurio e Venere sul disco del Sole*; *t. di un satellite davanti al pianeta attorno a cui gravita*; *t. di una particella in un campo di forza*. **SIN.** Passaggio | *Tempo di t.*, intervallo di tempo che una particella impiega per spostarsi fra due punti determinati. **5** (*dir.*) *T. inoffensivo*, nel diritto internazionale, limite imposto alla sovranità di uno Stato sulle sue acque territoriali o sul suo spazio aereo, imponendogli di permettervi il transito di aeromobili o navi stranieri purché non danneggino lo Stato stesso. **6** (*lett.*) Morte | †*Essere in t.*, essere in punto di morte.

transitorietà **s. f.** • Qualità di ciò che è transitorio.

transitòrio [vc. dotta, lat. *transitōriu*(*m*) 'che passa, passeggero', da *trānsitus*, part. pass. di *transīre*] **A** **agg.** **1** Che passa, non dura: *gloria transitoria*; *l'ideale carducciano non è un ideale t. ma è quello che canta nel fondo di ogni animo forte* (CROCE) | (*est.*, *lett.*) Caduco, labile, precario. **2** Provvisorio, temporaneo: *è un provvedimento t.* **3** (*fis.*) Detto di stato o regime di un sistema in cui i parametri passano bruscamente da determinati valori a valori diversi, come, per es., all'apertura o alla chiusura di un interruttore in un circuito elettrico. **SIN.** Transiente. **4** (*dir.*) Detto di legge, norma, ordinamento e sim. relativi a materia contingente: *diritto t.*; *disposizioni transitorie* | Detto di norma che disciplina il passaggio da un regolamento a un altro: *norme transitorie della costituzione*. || **transitoriaménte**, **avv.** **1** In modo non durevole. **2** Provvisoriamente. **B** **s. m.** • (*fis.*) Impulso, oscillazione smorzata, o altro fenomeno temporaneo che ha luogo in un sistema prima che questo raggiunga una condizione stazionaria: *t. di corrente*, *di tensione*. **SIN.** Transiente.

transizióne [vc. dotta, lat. *transitiōne*(*m*), da *trānsitus*, part. pass. di *transīre*] **s. f.** **1** Atto del passare | Passaggio tra due condizioni, due epoche, due modi di vita, due situazioni: *vivere in un periodo di t.* **2** (*mus.*) Passaggio fra un tono o fra un modo e l'altro. **3** (*fis.*) Passaggio, spontaneo o provocato, di un sistema da uno stato a un altro | *T. elettronica*, passaggio di un elettrone da un orbitale a un altro avente energia più alta | (*fis.*) *T. di fase*, trasformazione in cui cambiano lo stato, la struttura, la fase o il numero delle fasi di un sistema termodinamico | (*fis.*) *T. ordine-disordine*, transizione di fase in cui un sistema termodinamico passa da una fase in cui l'ordine microscopico è elevato a un'altra in cui tale ordine è minore o assente. **4** *Zona di t.*, in geofisica, zona dell'interno della Terra, compresa fra 410 e 1 000 km di profondità, che separa la regione superiore del mantello dall'inferiore e che è caratterizzata da un rapido aumento della massa volumica, e quindi della velocità di propagazione, delle onde sismiche. **5** (*miner.*) *Rocce di t.*, quelle che per la loro composizione non possono essere assegnate a tipi determinati e vengono perciò considerate forme di passaggio.

translagunàre [comp. di *trans-* e *laguna* con suff. agg.] **agg.** • Che attraversa una laguna: *navigazione t.*; *ponte t.*

†**translàto** e *deriv.* • V. *traslato* e *deriv.*

translitteràre e *deriv.* • V. *traslitterare* e *deriv.*

translùcido e *deriv.* • V. *traslucido* e *deriv.*

translunàre [comp. di *trans-* e *lunare*] **agg.** • Che è posto oltre la Luna: *orbita*, *spazio t.*

†**transmarino** • V. †*trasmarino*.

†**transmutàre** • V. *trasmutare*.

†**transmutazióne** • V. *trasmutazione*.

transnazionàle [comp. di *trans-* e *nazionale*] **agg.** • Che oltrepassa i confini nazionali: *politica*, *prospettiva t.*

transoceànico [comp. di *trans-* e *oceanico*] **agg.** (**pl. m.** *-ci*) • Che è o va oltre l'oceano: *volo t.*; *traffico t.*

transònico [comp. di *tran*(*s*)- e *sonico*] **agg.** (**pl. m.** *-ci*) • (*aer.*) Di velocità prossima alla velocità del suono, cioè compresa fra circa 0,8 e 1,2 Mach e di ciò che a essa si riferisce.

†**transonòro** [comp. di *tran*(*s*)- e *sonoro*] **agg.** • Più che sonoro.

transpadàno • V. *traspadano*.

transplacentàre [comp. di *trans-* e *placentare*] **agg.** • (*med.*) Detto di sostanza, farmaco o microrganismo che attraversa la placenta, o di fenomeno che si verifica attraverso di essa.

transpolàre [comp. di *trans-* e *polare*] **agg.** • Che passa attraverso il polo: *rotta aerea t.*

transponder /*ingl.* træns'pɔndə*/ [vc. ingl., comp. di *trans*(*mitter*) 'trasmettitore' e (*res*)*ponder* 'risponditore'] **s. m. inv.** • (*elettron.*) Dispositivo ricetrasmittente in grado di emettere automaticamente un segnale su una frequenza predeterminata quando viene eccitato da un appropriato segnale esterno.

†**transpórre** • V. *trasporre*.

†**transportàre** e *deriv.* • V. *trasportare* e *deriv.*

transporter /*ingl.* træns'pɔːtə*/ [vc. ingl., propr. 'trasportatore', da *transport* 'trasporto'] **s. m. inv.** • Autoveicolo, spec. di notevoli dimensioni, per trasportare merci varie.

transrazziàle [comp. di *trans-* e *razziale*] **agg.** • Detto di carattere, evento, fenomeno e sim. che si manifesta o si svolge attraverso due o più razze.

†**transricchire** • V. †*trasricchire*.

transtiberino [vc. dotta, lat. *transtiberīnu*(*m*), comp. di *trāns* 'al di là' e *Tiberīnu*(*m*) 'Tiberino, del Tevere (*Tĭberis*)'] **agg.** • Che è posto al di là del Tevere.

transubstanziàrsi e *deriv.* • V. *transustanziarsi* e *deriv.*

†**transumanàre** • V. *trasumanare*.

transumànte **part. pres.** di *transumare*; anche **agg.** • Nel sign. del verbo: *greggi transumanti*.

transumànza [fr. *transhumance*, da *transhumer* 'transumare'] **s. f.** • Trasferimento del bestiame in estate ai pascoli della montagna e in autunno al piano.

transumàre [fr. *transhumer*, comp. di *trans-* e di un deriv. del lat. *hŭmus* 'terra', sul modello di *inhumer* 'inumare'] **v. intr.** (**aus.** *avere*) • Detto di greggi, effettuare la transumanza.

†**transuntàre** **v. tr.** **1** (*dir.*) Fare il transunto di un contratto. **2** Sunteggiare.

transùnto [vc. dotta, lat. *transŭmptu*, dal part. pass. di *transŭmere*] **s. m.** **1** (*raro*) Estratto di un discorso, un atto, uno scritto. **2** (*raro*) Sunto.

†**transunzióne** [vc. dotta, lat. *transumptiōne*(*m*), da *transŭmptus* 'transunto', sull'esempio del corrispondente gr. *metálēpsis*] **s. f.** • Metafora, spec. in riferimento alla teoria letteraria medievale.

transurànico [comp. di *trans-* e dell'agg. di *uranio*] **agg.** (**pl. m.** *-ci*) • Di elemento chimico, radioattivo, artificiale, avente numero atomico superiore a quello dell'uranio.

transuretràle [comp. di *trans-* e *uretra* con suff. agg.] **agg.** • (*anat.*) Che passa attraverso l'uretra.

transustanziàrsi o **transubstanziàrsi** [vc. dotta, lat. mediev. *transubstantiāre*, comp. di *trans-* e del denominale di *substāntia* 'sostanza'] **v. intr. pron.** • Nella teologia cattolica, convertirsi della sostanza del pane e del vino in quella del corpo e del sangue di Gesù Cristo, in virtù della consacrazione nella Messa, restando immutate le specie formali o esterne della materia consacrata.

transustanziazióne o **transubstanziazióne** [vc. dotta, lat. med. *transubstantiatiōne*(*m*), da *transubstantiātus* 'transustanziato'] **s. f.** • Atto, effetto del transustanziarsi.

†**transvedére** • V. *travedere*.

†**transvèrso** e *deriv.* • V. *trasverso* e *deriv.*

tran tran /tran 'tran/ o **trantràn** [reduplicazione di natura espressiva] **A** **inter.** • Riproduce il suono e il ritmo lento, uguale e monotono di un veicolo o di una macchina in genere in moto. **B** **s. m.** • Ritmo, andamento uniforme e monotono di un'attività o della vita di tutti i giorni: *è il solito tran tran*; *il tran tran di sempre*. **SIN.** Routine.

tranvài o **tramvài** [ingl. *tramway* 'veicolo (*tram*, di area germ. sett.) per la via (*way*, di origine indeur.)'] s. m. inv. ● Tram.

tranvìa o **tramvìa** [adattamento, con trad. del secondo termine, secondo l'esempio di altre lingue eur., dell'ingl. *tramway*. V. *tranvai*] s. f. ● Impianto per il trasporto di persone in zona urbana o extraurbana, su rotaie.

tranviàrio /tran'vjarjo, tranvi'arjo/ agg. ● Relativo ai tram ed alle tranvie | *Azienda tranviaria*, che gestisce il servizio dei tram.

tranvière [da *tranvia*] s. m. ● Impiegato di un'azienda tranviaria, spec. se appartenente al personale viaggiante.

tràpa [da (*calci*)*trapa*, variante di *calcatrippa*, *calcatreppola*, comp. di incerta spiegazione] s. f. ● Pianta delle Enoteracee diffusa negli stagni eurasiatici, con frutto scuro, provvisto di aculei, commestibile (*Trapa natans*). SIN. Castagna d'acqua.

†**trapagàto** [comp. di *tra-* e *pagato*] agg. ● Strapagato.

trapanaménto [da *trapanare*] s. m. ● Trapanazione.

trapanàre [da *trapano*] v. tr. (*io tràpano* o *trapàno*) ● Forare con il trapano, detto sia nel campo della lavorazione meccanica che in quello delle operazioni chirurgiche o in odontoiatria | (*est.*, *lett.*) Trafiggere con la spada o altro oggetto appuntito.

trapanatóre [da *trapanare*] s. m. (f. *-trice*) ● Operaio addetto a un trapano.

trapanatrìce s. f. *1* (*tecnol.*) Macchina operatrice che è costituita da uno o più trapani ad azionamento indipendente, montati su un unico supporto, provvisti di mandrini variamente distanziabili e orientabili, comandati da dispositivi oleodinamici o elettronici programmabili, usata per compiere operazioni di foratura, alesatura e sim., specie nelle produzioni in serie. *2* (*tecnol.*) Trapano fisso. *3* (*min.*) Macchina destinata all'abbattimento del carbone, costituita da una testa di scavo che, azionata gener. da motori elettrici, ruota intorno a un asse asportando il carbone con un dente laterale su tutta l'altezza del banco | Macchina destinata all'abbattimento del carbone costituita da una testa rotante provvista di lame che scava nel banco fori di diametro uguale all'altezza del banco stesso, estraendone il carbone.

trapanatùra s. f. ● Trapanazione.

trapanazióne s. f. *1* Atto, effetto del trapanare. SIN. Trapanatura, trapanamento. *2* (*chir.*) Operazione consistente nel praticare un orifizio, gener. in un osso, per mezzo del trapano o di altro strumento | *T. dentaria*, quella praticata nel trattamento della carie dentaria per eliminare la parte cariata del dente e approntare la cavità per la successiva otturazione | *T. del cranio*, quella praticata sul cranio a scopo diagnostico, terapeutico, o, in passato, rituale | *T. ossea*, quella praticata su un osso o sul cranio.

trapanése **A** agg. ● Di Trapani. **B** s. m. e f. ● Abitante, nativo di Trapani. **C** s. m. solo sing. ● Dialetto parlato a Trapani.

trapanìo s. m. ● Un trapanare continuato.

trapanista [da *trapano*] s. m. e f. (pl. m. *-i*) ● Chi è addetto a un trapano, spec. meccanico.

tràpano o †**trapàno** [gr. *trýpanon*, da *trypân* 'forare', di origine indeur., con sovrapposizione di *tra-*] s. m. *1* Macchina utensile per forare legno o metallo mediante una punta d'acciaio variamente sagomata fatta girare rapidamente su se stessa | *T. portatile*, quello trasportabile e manovrabile manualmente | *T. a mano*, trapano portatile in cui sia il moto rotatorio di taglio sia il moto di avanzamento dell'utensile sono impressi dall'operatore | *T. a petto*, *da spalla*, trapano a mano in cui la pressione di avanzamento della punta è esercitata dal petto o dalla spalla dell'operatore | *T. a corda*, trapano a mano con punta a lancia, usato spec. nella scultura e costituito da un rocchetto solidale con la punta sul quale si avvolge una cordicella che, quando viene tirata alternamente ai due estremi, imprime il moto rotatorio all'utensile | *T. a vite*, *a spirale*, *alternativo*, trapano a mano costituito da una vite a elica, gener. doppia, che reca a un estremo un pomello snodato su cui è applicata la pressione di avanzamento e all'altro estremo un mandrino portapunta e lungo la quale è fatto oscillare su e giù un bottone che imprime alla punta il moto rotatorio di taglio | *T. a motore*, trapano portatile in cui il moto di taglio è impartito da un motore, elettrico o pneumatico, mentre il moto di avanzamento è impartito dall'operatore | *T. pneumatico*, *ad aria compressa*, trapano a motore, in cui il moto di taglio è impartito da un motore volumetrico ad aria compressa, per es. da una piccola turbina | *T. elettrico*, trapano a motore, in cui il moto di taglio è impartito da un motore elettrico, gener. alimentato in corrente alternata monofase, e in cui si possono avere una o più velocità di rotazione, o la velocità di rotazione può essere variata con continuità mediante un dispositivo elettronico | *T. a percussione*, trapano elettrico in cui l'avanzamento della punta, spec. nella foratura di materiali quali la pietra e il calcestruzzo, è facilitato da un dispositivo che imprime alla punta stessa oltre 40 000 colpi al minuto | *T. elettropneumatico*, trapano in cui un motore elettrico impartisce il moto di rotazione della punta, azionando al tempo stesso un compressore che eroga aria compressa per impartire il moto di avanzamento | *T. radiale*, *a bandiera*, trapano con avanzamento automatico per foratura di pezzi pesanti, nel quale il mandrino e gli organi conferenti il moto di taglio e di avanzamento sono portati da un carrello scorrevole orizzontalmente lungo un braccio spostabile verticalmente lungo un sostegno, girevole intorno a una colonna fissata al basamento | *T. fisso*, è costituito da un'incastellatura, gener. verticale, che reca il supporto del mandrino portapunta, la tavola portapezzo e gli organi destinati a impartire alla punta il moto rotatorio di taglio e il moto di avanzamento. SIN. Trapanatrice | *T. orizzontale*, trapano fisso con asse del mandrino orizzontale, usato per eseguire fori molto profondi in pezzi molto lunghi, per es. nelle canne di fucile | *T. verticale*, trapano fisso, in cui l'asse del mandrino è verticale | *T. sensitivo*, trapano verticale per fori di piccolo diametro, nel quale il moto di avanzamento della punta viene impartito mediante una leva dall'operatore, che può così valutare la resistenza offerta all'avanzamento dal materiale e regolare in conformità la velocità di avanzamento della punta | *T. a colonna*, trapano sensitivo la cui base poggia sul suolo, e una mensola portapezzo è spostabile verticalmente e girevole intorno a una colonna. *2* Strumento chirurgico rotante, a mano o elettrico, per praticare fori nella scatola cranica | Apparecchio impiegato in odontoiatria per modellare o perforare i denti: *t. Doriot* | *T. a turbina*, *indolore*, trapano da dentista che, grazie all'altissima velocità a cui viene effettuato il moto di taglio e al contemporaneo raffreddamento indotto da un piccolo getto d'acqua nebulizzata, permette di agire senza eccitare la sensibilità dolorosa del paradenzio. SIN. Turbotrapano. ➡ ILL. **medicina e chirurgia**.

trapassàbile agg. *1* Che si può trapassare. *2* †Labile, transitorio.

trapassaménto s. m. *1* (*raro*) Modo, atto del trapassare. *2* (*lett.*) †Morte, trapasso. *3* (*fig.*) †Trasgressione.

trapassànte part. pres. di *trapassare*; anche agg. ● Nei sign. del v.

trapassàre [comp. di *tra-* e *passare*] **A** v. tr. *1* Passare da parte a parte, forare: *la lancia trapassò la corazza* | Trafiggere: *t. il petto con la spada* | *T. il cuore*, (*fig.*) recare grande dolore | (*raro*) Perforare: *t. uno strato di rocce* | (*fig.*) †Penetrare il pensiero, l'intendimento di qc. *2* (*lett.*) Passare da una parte all'altra, valicare, attraversare | (*raro*) Passare un limite, un confine, arrivare oltre (*anche fig.*): *sono cose che trapassano le nostre responsabilità* | (*fig.*) †Eccedere un numero, una misura, un modo. *3* (*lett.*) Trascorrere, consumare, detto del tempo: *canti, e così trapassi / dell'anno e di tua vita il più bel fiore* (LEOPARDI) | (*ass.*) †Passare il tempo. *4* (*lett.*) Superare, sorpassare. *5* (*raro*, *lett.*) Passare oltre in un discorso, trascurando, tralasciando, omettendo q.c. *6* (*raro*, *lett.*) Trasgredire. **B** v. intr. (aus. *essere*) *1* (*lett.*) Passare attraverso, penetrando: *come per acqua o per cristallo intiero / trapassa il raggio* (TASSO) | (*fig.*) Penetrare con la mente, intendere. *2* (*lett.*) Passare, andare oltre | Andare altrove, in altro luogo. *3* (*lett.*) Trascorrere, detto del tempo. *4* (*lett.*) Passare a un altro argomento. *5* (*raro*) Passare in eredità: *ogni cosa trapassò al marito*. *6* (*raro*) Cessare, finire: *tutto trapassa* | Morire, spirare: *è trapassato all'alba*.

trapassàto **A** part. pass. di *trapassare*; anche agg. ● Nei sign. del v. **B** s. m. *1* (*spec. al pl.*, *lett.*) Morto, defunto: *ricordare i trapassati*. *2* Tempo della coniugazione del verbo, indicante un processo compiuto: *t. prossimo*; *t. remoto*.

trapassatóre s. m.; anche agg. (f. *-trice*) *1* (*raro*) Chi, che trapassa. *2* (*fig.*) †Trasgressore.

†**trapassatòrio** [da *trapassare*] agg. ● Transitorio.

trapàsso (1) [da *trapassare*] s. m. *1* Atto, effetto del trapassare (*anche fig.*): *il t. dalla guerra alla pace* | (*fig.*) Anni, *epoca di t.*, di transizione | (*fig.*) Legame, connessione: *il t. fra due idee* | (*dir.*) *T. di proprietà*, trasferimento di proprietà da una persona a un'altra. *2* Varco, valico, guado: *il t. di un fiume*. *3* (*lett.*) Morte, decesso: *accertare l'ora del t.* | †*Fare t.*, morire. *4* †Il passare oltre.

trapàsso (2) [comp. di *tra-* e *passo* (*2*)] s. m. ● Andatura irregolare ed alterata del cavallo trottatore, che in genere è seguita dalla rottura.

trapelaménto s. m. ● (*raro*) Modo, atto del trapelare (*anche fig.*): *il t. della luce da una fessura*; *il t. di una notizia segreta*.

trapelàre (1) [comp. di *tra-* e del dev. di *pelo* in senso fig. ('incrinatura', 'sottile meato')] **A** v. intr. (*io trapélo*; aus. *essere*) *1* Infiltrarsi e stillare attraverso aperture, spaccature, fori, detto di un liquido: *l'acqua trapela dalle pareti del vaso* | Uscire da fessure molto piccole, detto della luce: *il sole trapelava da uno spiraglio*. SIN. Filtrare. *2* (*fig.*) Venir fuori di nascosto o a stento, venirsi a sapere: *qualche cosa è trapelato del suo piano*. **B** v. tr. ● (*raro*) Aver sentore, arrivare a sapere attraverso pochissimi indizi.

†**trapelàre (2)** [da *trapelare* (*1*)] v. tr. (*io trapélo*) ● Andare a trapelo, a rimorchio.

trapélo [lat. *protēlu*(*m*), col senso originario di 'tirare (da inserire nella famiglia di *tĕndere*, *tenēre*) in avanti, di continuo (*pro-*)', con sovrapposizione in it. di *tra-* sulla variante metatetica **tropelo*] s. m. ● Cavallo o altra bestia da tiro che serve da rinforzo a una vettura in salita. SIN. Bilancino.

†**trapensàre** [comp. di *tra-* e *pensare*] v. intr. ● Esser preoccupato, pensieroso, turbato.

†**traperfètto** [comp. di *tra-* e *perfetto*] agg. ● Oltremodo perfetto.

trapéto ● V. *trappeto*.

trapèzio [vc. dotta, lat. tardo *trapēziu*(*m*), dal gr. *trapézion*, dim. di *trápeza* 'tavola', propriamente secondo la composizione della parola 'a quattro piedi'] **A** s. m. *1* Quadrangolo con due lati paralleli. *2* Attrezzo ginnico, formato di un regolo orizzontale, sorretto alle estremità da due funi appese a trave o sostegno solidamente fissato | *T. fisso*, sbarra orizzontale infissa in due travi verticali a una certa altezza. *3* (*anat.*) Osso del carpo collocato fra lo scafoide e il secondo metacarpale | Muscolo della regione posteriore del tronco e del collo. ➡ ILL. p. 362 ANATOMIA UMANA. **B** agg. ● (*raro*) Trapezoidale.

trapezìsta s. m. e f. (pl. m. *-i*) ● Ginnasta o acrobata specialista del trapezio.

trapeẓìta [vc. dotta, lat. *trapezīta*(*m*), dal gr. *trapezítes*, da *trápeza* 'tavola, banco (del cambiavalute)'] s. m. (pl. *-i*) ● Nel mondo greco classico, banchiere.

trapeẓoèdro [comp. di *trapez*(*i*)*o* ed *-edro*] s. m. *1* (*geom.*) Poliedro le cui facce sono a forma di trapezio. *2* (*mat.*) Poliedro cristallino delimitato da 6 facce quadrangolari scalene.

trapezoidàle o **trapeẓoidàle** [da *trapezoide*] agg. ● Che ha forma analoga a quella d'un trapezio.

trapezòide o **trapeẓòide** [gr. *trapezoeidḗs* 'a forma di tavola', comp. di *trápeza* 'tavola' (V. *trapezio*) e *-oeidḗs* '-oide'] **A** agg. ● Trapezoidale. **B** s. m. *1* Figura geometrica, affine al trapezio, in cui almeno uno dei lati non paralleli non è rettilineo. *2* (*anat.*) Osso del carpo.

trapiantaménto s. m. ● (*raro*) Modo, atto del trapiantare.

trapiantàre [adattamento del lat. tardo *transplantāre*, comp. di *trāns-* 'al di là' e *plantāre* 'piantare']

A v. tr. *1* Collocare a dimora le piante provenienti dal semenzaio o dal vivaio: *t. cavoli, pomodori, rose.* *2* (*fig.*) Trasferire, trasportare | *T. una moda, un'usanza,* farla conoscere, introdurla. *3* (*chir.*) Sottoporre a trapianto un tessuto o un organo. **B** v. intr. pron. ● (*fig.*) Andare a vivere, ad abitare in un altro luogo: *si sono trapiantati in città.*

trapiantàto A part. pass. di *trapiantare*; anche agg. ● Nei sign. del v. **B** s. m. (f. *-a*) ● Chi ha subito un trapianto chirurgico.

trapiantatóio [da *trapiantare*] s. m. ● Arnese manuale per la messa a dimora delle piantine.

trapiantatrìce [da *trapiantare*] s. f. ● Macchina per il trapianto a dimora di piantine di riso, tabacco, barbabietola da seme, ortaggi, e sim.

trapiantazióne s. f. ● (*raro*) Il trapiantare (*anche fig.*).

trapiantìsta [da *trapianto*] s. m. e f. (pl. m. *-i*); anche agg. ● Chirurgo che effettua trapianti.

trapiànto s. m. *1* Atto, effetto del trapiantare: *il t. dei fiori.* *2* (*fig.*) Introduzione di mode, usanze e sim. *3* (*chir.*) Trasporto di un organo o di un tessuto da una parte all'altra del corpo, o da un corpo a un altro: *t. corneale, renale, cardiaco.*

trapiantologìa [comp. di *trapianto* e *-logia*] s. f. ● Branca della chirurgia o della biologia che studia il trapianto di organi o tessuti nel corpo umano.

†**trapìccolo** [comp. di *tra-* e *piccolo*] agg. ● Assai piccolo.

†**trapórre** [comp. di *tra-* e *porre*] v. tr. *1* Interporre, frapporre: *traponendo tra il mangiare alcuna parola, la lieta cena al suo fine conducemmo* (TASSO). *2* Trasporre, trasportare, spostare. *3* (*raro*) Trapiantare.

†**traportaménto** [da †*traportare*] s. m. *1* Trasporto. *2* (*fig.*) Cessione di un diritto.

†**traportàre** [comp. di *tra-* e *portare*] v. tr. *1* Trasportare. *2* Portare, per arrivare oltre. *3* Trascinare (*anche fig.*).

†**traportatóre** [da †*traportare*] s. m.; anche agg. (f. *-trice*) ● Chi, che trasporta.

†**trapossènte** [comp. di *tra-* e *possente*] agg. ● Molto possente.

†**trapósto** part. pass. di *traporre*; anche agg. ● Nei sign. del v.

tràppa [fr. *trappe* 'trappola', di origine germ.] s. f. ● Convento dei trappisti.

trapper /ingl. 'træpə*/ [vc. ingl., propr. 'chi tende trappole', da *trap* 'trappola' (vc. germ. forse da avvicinare all'it. *trappola*)] s. m. e f. inv. ● Chi pratica un particolare tipo di escursionismo, provvisto di un'attrezzatura rudimentale, cercando di instaurare forme di sopravvivenza il più vicine possibile a quelle di una società non industriale.

trappéto o **trapéto** [lat. *trapētu(m)*, dal gr. **trápēton*, da *trapêin* 'pigiare l'uva', di origine indeur. (?)] s. m. ● Frantoio, oleificio.

trappìsta [fr. *trappiste*, dal n. dell'abbazia di La *Trappe*, fondata in località di caccia (dove erano poste le *trappes* 'trappole')] s. m. (pl. *-i*) *1* Religioso dell'ordine cistercense riformato dall'abbate Rancé nel XVII sec. *2* (*fig., scherz.*) Chi vive molto austeramente.

tràppola [dim. di una vc. *trappa*, di etim. discussa: di origine onomat. (?)] s. f. *1* Ogni congegno fabbricato per la cattura di animali spec. nocivi: *una t. per topi* | *T. esplosiva*, congegno antiuomo, funzionante con dispositivo particolarmente insidioso e dissimulato, così da agire di sorpresa in modo imprevedibile. *2* (*fig.*) Insidia, tranello: *tendere una t. a qc.*; *cadere nella t.* *3* (*fam.*) Frottola, fandonia: *credere alle trappole.* *4* (*fam.*) Oggetto, arnese, veicolo dal cattivo funzionamento. *5* (*elettr.*) *T. ionica*, campo magnetico ausiliario applicato ai tubi a raggi catodici per impedire il verificarsi di macchie ioniche. || **trappolétta**, dim. | **trappolìna**, dim. | **trappolóna**, accr. | **trappolóne**, accr. m. (V.).

trappolàre [da *trappola*] v. tr. (*io tràppolo*) *1* (*raro*) Intrappolare. *2* (*fig.*) Ingannare, truffare, raggirare.

trappolatóre [da *trappolare*] s. m. (f. *-trice*) *1* (*raro, fig.*) Truffatore. *2* (*raro*) Chi racconta fandonie.

trappolerìa [da *trappolare*] s. f. ● (*raro*) Frode, inganno, raggiro: *il perpetuo mercanteggiare, da lui spregiato come un'avara t.* (BACCHELLI).

†**trappolière** [da *trappolare*] s. m. ● Truffatore.

trappolóne [da *trappolare*] s. m. (f. *-a*) *1* Accr. di *trappola*. *2* Chi prepara, sistema trappole | (*fig., pop.*) Chi racconta frottole, fandonie | Imbroglione. *3* Luogo clandestino di incontri amorosi.

†**trappórre** [comp. di *tra-* e *porre*] v. tr. ● Frapporre.

†**trappósto** part. pass. di †*trapporre* ● Nei sign. del v.

trapùngere [lat. tardo *transpŭngere*, comp. di *trans-* e *pŭngere*] v. tr. (coniug. come *pungere*) *1* (*lett.*) Trapuntare. *2* †Trapassare pungendo.

trapùnta [f. sost. del part. pass. *trapunto*] s. f. *1* Coperta imbottita e trapuntata. *2* Indumento trapuntato, reso soffice da uno strato di bambagia fra tessuto e fodera, indossato sotto la corazza.

trapuntàre v. tr. ● Lavorare di trapunto, trapassare con lunghi punti, impuntire | Ricamare.

trapuntatùra s. f. ● Atto, effetto del trapuntare.

trapùnto A part. pass. di *trapungere*; anche agg. *1* Nei sign. del v. *2* (*fig.*) Ornato qua e là: *un cielo t. di stelle*; *nuvole colme trapunte di sole* (UNGARETTI). **B** s. m. ● Tipo di ricamo eseguito con due tessuti sovrapposti, seguendo il disegno a punto a filza e imbottendo con lana il motivo trapuntato.

†**trarìcco** [comp. di *tra-* e *ricco*] agg. ● Straricco.

†**trarómpere** [comp. di *tra-* e *rompere*] v. tr. *1* Interrompere. *2* (*fig.*) Sconfiggere.

†**trarótto** part. pass. di †*trarompere*; anche agg. *1* Nei sign. del v. *2* (*raro, lett.*) Sconvolto: *un uomo dalla vita trarotta, che serba in sé ... tempestosi e amarissimi ricordi* (PIRANDELLO).

†**traròzzo** [comp. di *tra-* e *rozzo*] agg. ● Assai rozzo.

tràrre o †**tràere**, †**tràggere** [lat. *trăhere*, di etim. incerta] **A** v. tr. (pres. *io tràggo, tu trài,* †*tràggi, egli tràe,* †*tràgge, noi traiàmo,* †*traggiàmo, voi traéte, essi tràggono*; imperf. *io traévo*; fut. *io trarrò*; pass. rem. *io tràssi, tu traésti*; congv. pres. *io tràgga, noi traiàmo,* †*traggiàmo, voi traiàte,* †*traggiàte*; *essi tràggano*; condiz. pres. *io trarrèi, tu trarrésti*; condiz. imperf. *io traéssi*; imper. *trài,* †*tràggi, traéte*; ger. *traèndo,* †*traggèndo*; part. pres. *traènte*; part. pass. *tràtto*) *1* (*lett.*) Tirare muovendo o portando qc. o q.c. da un luogo all'altro: *di Cinzia il cocchio aurato / le cerve un dì traevano* (FOSCOLO) | *T. via*, tirare via | *T. a sé*, tirare a sé | *T. avanti*, (*fig.*) protrarre | *T. su*, elevare (*anche fig.*) | *T. la lana*, filarla | (*fig.*) †*t. a un altro significato*, trasportare. *2* Portare, condurre (*anche fig.*): *t. qc. al supplizio*; *t. in porto la barca*; *t. q.c. a buon fine* | *T. in inganno*, ingannare | *T. in errore*, fare sbagliare | (*fig.*) Portare da una condizione ad un'altra: *t. in salvo*; *fu tratto in servitù.* *3* (*lett.*) Trascinare | Passare, trascorrere, detto del tempo: *così quegl'ineffabili / giorni, o mio cor, traendo* (LEOPARDI). *4* (*lett.*) Lanciare, scagliare, scoccare | (*raro*) *T. i dadi*, gettarli. *5* Spingere a fare q.c.: *fu tratto a interessarsi a lui dalla compassione* | Allettare, attirare, attrarre: *t. l'anima di qc.*; *è tratto dalla passione per il teatro* | †Sedurre. *6* Prendere e portare via: *t. di mano q.c. a qc.* | (*fig.*) Liberare, levare da uno stato, una condizione: *t. qc. da un pericolo*; *t. qc. dalla servitù*; *t. qc. d'impaccio.* *7* Levare, tirare fuori: *t. vino da una botte* | (*raro*) *T. i denti*, cavarli, estrarli, strapparli | (*fig.*) *T. un'idea dalla testa*, levarla, toglierla | *T. qc. di senno*, farlo impazzire | (*raro*) *T. un liquido*, aspirarlo, berlo | Estrarre: *t. a sorte*; *t. la spada dalla custodia* | (*fig.*) †*t. la fame, la sete*, sfamare, dissetare. *8* Emettere, fare uscire: *t. il fiato*, respirare. *9* Ottenere, ricavare, derivare (*anche fig.*): *t. guadagno, beneficio, utilità*; *t. un esempio significativo*; *t. una informazione utile* | Dedurre: *t. il senso di q.c.*; *traete voi le conseguenze* | *T. origine*, avere origine | *T. esempio*, prendere esempio | †Riscuotere. *10* (*raro*) Detrarre, defalcare | (*raro, lett.*) Eccettuare, escludere. CONTR. Immettere. *11* †Distrarre, distogliere. *12* †Levare di dosso. *13* †Tradurre. **B** v. intr. (aus. *avere*) *1* (*lett.*) Accorrere, muovere, recarsi in un luogo. *2* (*lett.*) Spirare, tirare, detto del vento. *3* †Stendersi, estendersi, detto di costruzioni, edifici, muri. *4* (*fig.*) †Mirare, tendere. *5* (*banca*) Spiccare una tratta, emettere un ordine di pagamento. **C** v. rifl. *1* (*raro*) Farsi, portarsi, condursi, muoversi verso qc. o q.c.: *trarsi vicino a qc.*; *trarsi avanti, in disparte, indietro.* *2* Levarsi, togliersi, tirarsi fuori: *trarsi da un imbroglio, un pasticcio, una difficoltà* | *Trarsi di mezzo*, togliersi di mezzo, farsi da parte. *3* (*raro, lett.*) Indursi a q.c., indirizzarsi verso q.c.

†**trarupàre** [da *rupe* con *tra-*] v. intr. ● Precipitare da una rupe | Cadere.

†**trarùpo** [da *trarupare*] s. m. ● Dirupo, burrone.

tras- [adattamento della prep. lat. *trāns* 'attraverso', di origine indeur., con l'allargamento di sign. assunto da *tra-*] pref. ● In parole di origine latina o di moderna formazione, indica passaggio, movimento al di là, oltre qualche cosa, spostamento da un punto a un altro (*traslocare, trasferire, trasgredire, traslazione, trasmettere*); con valore fig., passaggio da una condizione a un'altra, cambiamento, mutamento (*trascrivere, trasfigurare, trasformare*), riferimento a passaggio attraverso un oggetto (*trasparente, traspirare*), o mancanza di cura (*trasandato, trascurare*).

trasaliménto s. m. ● Il trasalire | Lieve sussulto provocato da un'emozione improvvisa.

trasalìre [ant. fr. *tressaillir* 'saltare (*saillir*, dal lat. *salīre*) in mezzo (*tres-*, dal lat. *trāns*)'] v. intr. (*io trasalìsco, tu trasalìsci*; aus. *essere* e *avere*) ● Sussultare, scuotersi per una forte, improvvisa emozione: *t. per uno spavento.*

trasaltàre [comp. di *tra-* e *saltare*, sull'esempio del fr. *tressanter*] v. intr. (aus. *avere*) *1* (*raro*) Spostarsi a salti, a balzi. *2* †Sobbalzare, sussultare.

†**trașamàre** [comp. di *tras-* e *amare*] v. intr. ● Amare intensamente.

trașandàre [comp. di *tras-* e *andare* e, quindi, 'lasciar perdere', 'trascurare'] **A** v. tr. (*io trașàndo*) *1* (*raro*) Trascurare. *2* (*raro, lett.*) Passare sopra q.c. senza prenderla in considerazione, omettere. **B** v. intr. (coniug. come *andare*) ● †Andare oltre, molto avanti | (*fig.*) †Oltrepassare i limiti, eccedere, uscire dai termini.

trașandatézza [da *trasandato*] s. f. ● Caratteristica di chi o di ciò che è trasandato. SIN. Sciatteria.

trașandàto part. pass. di *trasandare*; anche agg. *1* Nei sign. del v. *2* Sciatto: *vestito t.* | *Uomo t.*, che non ha cura di sé | (*fig.*) *Stile t.*, poco curato. || **trasandataménte**, avv.

†**trasàvio** [comp. di *tra-* e *savio*] agg. ● Molto savio.

†**trașbòno** [comp. di *tras-* e *bono*] agg. ● Assai buono.

trașbordàre [adattamento del fr. *transborder* 'trasportare (*trans-*) dal bordo (*bord*) di una nave all'altra'] **A** v. tr. (*io trașbórdo*) ● Far passare le persone o le merci da un mezzo di trasporto a un altro. **B** v. intr. (aus. *avere*) ● Passare da un mezzo di locomozione a un altro.

trașbordatóre [da *trasbordare*, sull'esempio del corrispondente fr. *transbordeur*] **A** s. m. (f. *-trice*); anche agg. ● Chi, che trasborda. **B** s. m. ● Ponte, chiatta o altro mezzo per eseguire il trasbordo.

trașbórdo s. m. ● Atto del trasbordare | *Clausola di t.*, patto con cui il vettore marittimo si riserva il diritto di trasbordare le merci da una nave a un'altra.

trascégliere [comp. di *tra-* 'in mezzo (a più oggetti o argomenti)' e *scegliere*] v. tr. (coniug. come *scegliere*) ● Scegliere con diligente attenzione. SIN. Selezionare.

trasceglimento s. m. ● (*raro*) Modo, atto del trasceglere.

†**trascélta** [f. sost. del part. pass. di *trascegliere*] s. f. ● Trasceglimento, selezione.

trascélto part. pass. di *trascegliere*; anche agg. ● Nel sign. del v.

trascendentàle [da *trascendente*] agg. *1* (*filos.*) Detto di ciò per cui nella coscienza soggettiva esistono le condizioni di ogni realtà. *2* (*est.*) Che è superiore alla norma o alla ragione umana | (*fam.*) *Non è t.*, è semplice, facile. || **trascendentalménte**, avv.

trascendentalìsmo [da *trascendentale*] s. m. *1* Ogni dottrina filosofica secondo cui nella coscienza soggettiva esistono le condizioni di ogni realtà. *2* Movimento spirituale letterario americano dell'Ottocento, che fece capo a R. W. Emerson.

trascendentalità s. f. ● Qualità di ciò che è trascendente.

trascendènte [vc. dotta, lat. *transcendĕnte(m)*, part. pres. di *transcĕndere*] agg. *1* Che è al di là dei limiti di ogni conoscenza possibile. CONTR. Immanente. *2* (*mat.*) Non algebrico, detto di numero, funzione, curva, superficie, e sim.: *equazione t.*

trascendentìsmo [da *trascendente*] s. m. ● (*filos.*) Qualsiasi dottrina filosofica che ammetta la trascendenza divina.

trascendentìstico agg. (pl. m. *-ci*) ● Del, relativo al trascendentismo.

trascendènza s. f. *1* L'essere trascendente. *2* †Eccedenza, eccesso.

trascéndere o **trascèndere** o †**transcéndere** [lat. *transcĕndere*, comp. di *trāns-* 'oltre' e *scăndere* 'salire'] **A** v. tr. (coniug. come *scendere*) *1* Oltrepassare, superare: *Colui lo cui saver tutto trascende* (DANTE *Inf.* VII, 73). *2* †Salire, passare. **B** v. intr. (aus. *avere* e *essere*) ● Passare i limiti, non contenersi, commettere eccessi: *ho trasceso nel bere*; *sono trascesi a vie di fatto.*

trascendiménto s. m. ● (*raro*) Il trascendere.

trascéso part. pass. di *trascendere* ● Nei sign. del v.

trascinaménto s. m. ● Modo, atto, effetto del trascinare.

trascinànte part. pres. di *trascinare*; anche agg. *1* Nei sign. del v. *2* (*fig.*) Avvincente, esaltante: *uno spettacolo t.*; *un ritmo t.*

trascinàre [lat. parl. **trāginăre*, variate durativa di *trăhere* 'tirare', con sovrapposizione di *tras-*] **A** v. tr. ● Tirare facendo strisciare per terra: *t. uno straccio per la casa* | *T. una gamba*, muoverla a fatica per ferita, malattia, e sim. | *T. la vita*, stentare | (*est.*) Condurre a forza o con insistenza: *t. qc. in tribunale*; *lo trascinammo alla conferenza* | (*fig.*) Attirare con lusinghe: *t. qc. sulla via del male* | (*fig.*) *T. la folla*, esaltarla | (*fig.*) Affascinare, avvincere, sedurre (*anche ass.*): *trascina tutti con la sua simpatia*; *una musica che trascina.* **B** v. rifl. ● Strisciare per terra: *trascinarsi nel fango*; *si trascinava faticosamente verso l'uscita.* **C** v. intr. pron. ● Prolungarsi, non accennare a finire: *è una controversia che si trascina da tempo.* SIN. Protrarsi.

trascinàto part. pass. di *trascinare*; anche agg. ● Nei sign. del v.: *Io solo, t. da un dolore impossibile e furioso* (MORANTE).

trascinatóre **A** s. m. (f. *-trice*) ● Chi trascina (*spec. fig.*): *un t. di folle.* **B** agg. ● (*fig.*) Che esalta, entusiasma: *discorso t.*

trascinìo s. m. ● Un continuo trascinare | Rumore prodotto da cose trascinate.

†**trascolàre** [comp. di *tras-* e *colare*] v. intr. ● Trapelare.

trascoloraménto s. m. ● (*raro*) Modo, atto, effetto del trascolorare.

trascoloràre [comp. di *tras-* e del denominale di *colore*] **A** v. intr. e intr. pron. (*io trascolóro*; aus. *essere*) ● Cambiare colore | Accendersi in volto o impallidire: *t. per l'ira.* **B** v. tr. ● (*raro*) Far cambiare di colore.

trascorrènte part. pres. di *trascorrere*; anche agg. ● Nei sign. del v. || †**trascorrenteménte**, avv. Di passaggio.

trascórrere o †**transcórrere** [lat. *transcŭrrere*, comp. di *trāns* 'attraverso' e *cŭrrere* 'correre'] **A** v. tr. (coniug. come *correre*) *1* (*lett.*) Percorrere un luogo, uno spazio | (*raro*) Oltrepassare: *t. i confini.* *2* (*est.*) Scorrere con gli occhi spec. velocemente, percorrere con la mente | *T. un libro*, leggerlo in fretta, dargli una prima lettura. *3* Passare, consumare, detto del tempo: *abbiamo trascorso dei giorni lieti.* *4* (*fig.*) †Trattare, toccare un argomento. *5* †Tralasciare, omettere. **B** v. intr. (aus. *essere* nei sign. 1, 2, 3, *avere* nei sign. 4 e 5) *1* (*lett.*) Andare, correre oltre: *Io non so se più disse o s'ei si tacque, / tant'era già di là da noi trascorso* (DANTE *Purg.* XVIII, 127-128) | †Trasferirsi altrove. *2* Passare con la mente, spec. rapidamente: *la fantasia trascorre da un sogno all'altro* | Passare a un altro argomento. *3* Passare, detto del tempo: *gli anni della gioventù trascorrono veloci.* *4* (*fig.*) Andare troppo oltre passando i limiti della convenienza e del giusto: *abbiamo trascorso senza volerlo.* SIN. Trascendere. *5* †Discorrere, ragionare di un argomento.

trascorrévole agg. ● (*raro*) Che trascorre agevolmente e in fretta | (*raro*) Fugace. || **trascorrevolménte**, avv. (*raro, lett.*) In modo veloce, senza fermarsi e insistere.

trascorriménto s. m. ● Modo, atto del trascorrere (*anche fig.*) | †*Per t.*, di passaggio.

†**trascorritìvo** agg. ● Che serve a trascorrere.

†**trascorritóre** [da *trascorrere*] s. m.; anche agg. (f. *-trice*) ● (*fig.*) Chi, che non si modera e trascende.

†**trascórsa** [f. sost. del part. pass. di *trascorrere*] s. f. *1* Il trascorrere | †Scorreria. *2* Scorsa | *In t.*, di passaggio.

†**trascorsìvo** [da *trascorso*] agg. ● Che serve a trascorrere. || †**trascorsivaménte**, avv. Di corsa, senza fermarsi.

trascórso **A** part. pass. di *trascorrere*; anche agg. ● Nei sign. del v. **B** s. m. *1* Errore, fallo: *un t. di gioventù* | Scorso: *t. di penna.* *2* †Trascorrimento | †*In t.*, di sfuggita.

trascrittàsi ● V. *transcriptasi.*

trascrìtto part. pass. di *trascrivere*; anche agg. ● Nei sign. del v.

trascrittóre s. m. (f. *-trice*) ● Chi trascrive.

trascrìvere o †**transcrìvere** [vc. dotta, lat. *transcrībere*, comp. di *trāns* 'da una parte all'altra' e *scrībere* 'scrivere', con sovrapposizione di *scrivere*] v. tr. (coniug. come *scrivere*) *1* Scrivere q.c. traendola o derivandola da un testo, una stesura e sim. precedente: *t. una citazione, un brano* | Ricopiare: *t. una frase in bella calligrafia.* *2* Eseguire la trascrizione di un atto giuridico: *t. la citazione, il sequestro immobiliare.* *3* Traslitterare: *t. un nome in cirillico.* *4* (*mus.*) Effettuare una trascrizione.

trascrizióne [vc. dotta, lat. tardo *transcriptiōne(m)*, da *transcrīptus*, part. pass. di *transcrībere* 'transcrivere'] s. f. *1* Atto, effetto del trascrivere | Copia: *una t. inesatta* | *T. diplomatica*, fedelissima, che conserva le parole come sono, i nessi, l'interpunzione, le abbreviazioni, gli errori, e sim. *2* Inserzione nei pubblici registri con funzioni di pubblicità di titoli relativi alla costituzione di diritti concernenti beni immobili o mobili registrati o di determinati atti processuali: *t. della citazione, della sentenza*; *t. del sequestro immobiliare* | *Imposta di t.*, che si paga per le annotazioni nei registri ipotecari. *3* Scrittura ottenuta usando un sistema grafico differente: *t. di una parola in lettere greche* | *T. fonetica*, rappresentazione grafica della reale pronuncia dei suoni. *4* (*mus.*) Adattamento di una composizione musicale a un mezzo o a un complesso di mezzi diversi da quello per il quale la composizione era stata originariamente creata. *5* (*biol.*) Processo consistente nel trasferimento dell'informazione genetica in una molecola di RNA messaggero.

trascuràbile agg. ● Che si può o si deve trascurare | (*est.*) Minimo, irrilevante: *quantità, differenza t.* CONTR. Essenziale.

trascurabilità s. f. ● (*raro*) Condizione di ciò che è trascurabile.

trascuràggine o (*pop.*) †**straccuràggine**, †**tracuràggine** [da *trascurare*] s. f. ● (*raro, lett.*) Incuria, negligenza, sbadataggine.

trascurànza o (*pop.*) †**straccurànza**, †**tracurànza**. s. f. ● (*lett.*) Il trascurare, spec. abitualmente: ... *per l'imperfezione degli editti, per la t. nell'eseguirli* (MANZONI) | Trascuratezza nel vestire o nell'acconciarsi.

trascuràre o (*pop.*) †**straccuràre** [comp. di *tras-*, e quindi 'tralasciare', e del denominale di *cura*] **A** v. tr. *1* Trattare con negligenza, non curare sufficientemente: *t. gli studi, gli affari* | Non circondare delle debite cure, non aiutare a sufficienza: *t. la famiglia, la moglie.* CONTR. Curare. *2* Omettere, tralasciare: *trascurò di metterlo in guardia*; *non trascuriamo di esaminare ogni indizio* | Non tenere in conto, non calcolare: *t. la differenza.* **B** v. rifl. ● Non avere abbastanza cura della propria salute o del proprio modo di vestire, di acconciarsi, e sim.: *fa una vita sregolata e si trascura.*

trascurataggine o (*pop.*) †**straccurataggine**. s. f. ● Qualità di chi è trascurato | Atto da persona trascurata: *ha commesso una imperdonabile t.*

trascuratézza s. f. ● Qualità, comportamento, atteggiamento di chi è trascurato: *tutti conoscono la sua t.* | Atto da persona trascurata.

trascuràto **A** part. pass. di *trascurare*; anche agg. *1* Nei sign. del v. *2* Che agisce con poca cura, premura, sollecitudine: *è t. nei suoi doveri.* *3* Non ben tenuto, detto di cose: *una casa molto trascurata.* || **trascurataménte**, avv. Con trascuratezza, negligenza. **B** anche s. m. (f. *-a*) ● Persona trascurata. || **trascuratàccio**, pegg. | **trascuratèllo**, dim. | **trascuratino**, dim. | **trascuratóne**, accr.

†**trascuratóre** s. m.; anche agg. (f. *-trice*) ● Chi, che trascura.

†**trascutàggine** o †**traccutàggine**, †**tracutàggine** [da *trascutato*] s. f. ● Noncuranza, indifferenza, leggerezza.

†**trascutàto** o †**traccutàto**, †**tracutàto** [per *trascurato* con sovrapposizione di *tracotato*] agg. ● Fatto senza cura o azzardato, detto di cosa | Negligente, sbadato, leggero, detto di persona.

trasdùrre [comp. di *tras-*, pref. sostituito a *con-* di (*con*)*durre*] v. tr. *1* (*fis.*) Trasformare una grandezza fisica in un'altra, come ad es. una forza in una tensione elettrica, o energia elettrica in energia sonora e sim. *2* (*fisiol.*) Trasformare uno stimolo fisico in segnale nervoso.

trasduttóre [comp. di *tras-*, pref. sostituito a *con-* di (*con*)*duttore*] s. m. *1* (*fis.*) Dispositivo che trasforma una grandezza fisica, ad es. acustica, in un'altra, ad es. elettrica, mantenendo inalterata la forma d'onda del segnale. *2* (*fisiol.*) Detto di dispositivo o di elemento cellulare sensoriale, in grado di reagire a uno stimolo e di trasmetterlo ai distretti nervosi centrali.

trasduzióne s. f. *1* Atto, effetto del trasdurre. *2* (*biol.*) Trasferimento di un carattere ereditario da una cellula batterica a un'altra senza contatto fra le due cellule. *3* (*fisiol.*) Trasformazione di un effetto fisico in un segnale nervoso a opera di recettori specializzati.

trasecolaménto s. m. ● (*raro*) Modo, atto del trasecolare.

trasecolàre o (*pop.*) **strasecolàre** [comp. di *tra-* '(uscire) al di là' e del denominale di *secolo* nel senso di '(questo) mondo'] **A** v. intr. (*io trasècolo*; aus. *essere* e *avere*) ● Meravigliarsi molto, restare stupefatto, come chi crede di non essere più in questo mondo (*anche scherz.*): *quello che mi racconti fa t.!* **B** v. tr. ● †Confondere, fare smarrire.

trasecolàto part. pass. di *trasecolare*; anche agg. ● Nei sign. del v.

traseminàre [comp. di *tra-* e *seminare*] v. tr. ● Seminare una coltura tra un'altra già nata: *t. trifoglio fra il grano.*

trasentìre [comp. di *tra-* e *sentire*] v. tr. (*io trasènto*) *1* (*raro*) Sentire vagamente, subodorare. *2* (*raro*) Sentire una cosa per un'altra (*anche ass.*) | (*est.*) Fraintendere.

trasferèllo ® [da *trasferibile*] s. m. ● Nome commerciale di piccolo disegno che può essere trasferito mediante pressione da un supporto di plastica a un altro supporto, gener. di carta, e che è usato gener. come gioco didattico o decorazione.

trasferìbile **A** agg. ● Che si può trasferire | (*banca*) *Assegno non t.*, V. *assegno* | *Carattere t.*, quello che può essere trasferito, mediante pressione, da un supporto di plastica a un altro supporto, gener. di carta, su cui aderisce. **B** s. m. ● Carattere trasferibile.

trasferibilità s. f. ● Qualità di chi o di ciò che è trasferibile.

trasferiménto s. m. *1* Atto del trasferire o del trasferirsi: *ci vedremo dopo il nostro t. in campagna* | Cambiamento di sede: *il t. di un magistrato, di un impiegato statale*; *chiedere il t.* *2* (*dir.*) Passaggio di un diritto da uno ad altro titolare: *t. del marchio*; *t. del diritto di proprietà* | *T. coattivo*, per atto non negoziale | *T. costitutivo*, costituzione di un nuovo diritto derivante dal preesistente che presuppone e limita. *3* (*tecnol.*) *Stampaggio a, per t.*, procedimento di stampaggio delle materie plastiche termoindurenti nel quale queste vengono prima portate allo stato plastico per riscaldamento e poi iniettate nello stampo. SIN. Stampaggio transfer, stampaggio a transfer.

trasferire o †**transferire** [vc. dotta, lat. *transfĕrre*, comp. di *trāns-* e *fĕrre* 'portare', di origine indeur.] **A** v. tr. (*io trasferisco, tu trasferisci*) *1* Far cambiare luogo, sede, domicilio: *t. un impiegato*; *hanno trasferito la sede del comando*; *ha trasferito il* proprio domicilio fiscale; t. un ufficio. 2 (fig., est.) Trasmettere, cedere, passare ad altri o altrove: t. un diritto, un'ipoteca; t. un processo al giudice competente; t. tutti i poteri all'autorità militare; t. un significato dal linguaggio specialistico alla lingua comune | Riversare, far ricadere: il nonno trasferì sul nipotino tutto il proprio affetto; in quel film Fellini ha trasferito la sua visione del mondo. 3 †Far passare da uno all'altro, detto di un comando, un potere, un'autorità e sim. 4 †Tradurre in un'altra lingua. B v. intr. pron. ● Cambiare residenza, domicilio, sede, ubicazione: ci trasferiremo all'estero; il falegname si è trasferito in un altro quartiere.

trasferito part. pass. di trasferire; anche agg. ● Nei sign. del v.

trasfèrta [da trasferire] s. f. 1 L'andare in servizio fuori della propria residenza, da parte di funzionario pubblico o privato | Indennità o compenso pagato per questo servizio. 2 Nei campionati di calcio e sim., l'incontro disputato sul campo dell'avversario: t. facile, difficile; vincere la t.; giocare in t. 3 (tecnol.) Macchina a t., macchina automatizzata costituita da una serie di teste operatrici multiple, atte a eseguire operazioni diverse su un pezzo, disposte in linea e collegate da organi di trasferimento automatico del pezzo, e che compie inoltre operazioni complementari, quali l'allontanamento dei trucioli, la refrigerazione e la lubrificazione. SIN. Macchina transfer, transfer.

trasfertista [da trasferta] agg.; anche s. m. e f. (pl. m. -i) ● Tecnico che lavora soprattutto in trasferta, spec. per l'installazione, la manutenzione e la riparazione di grandi impianti industriali: un montatore t.; hanno assunto un t. per il controllo di turbine e compressori.

trasfiguraménto s. m. ● (raro) Modo, atto del trasfigurare o del trasfigurarsi.

trasfiguràre o (pop.) †**strafiguràre**, †**transfiguràre** [vc. dotta, lat. transfigurāre, comp. di trāns '(andar) oltre', e del denominale di figūra] A v. tr. ● Far cambiare figura, trasformare l'aspetto | Far apparire diverso per un'emozione, detto spec. del volto: un'infinita attonita dolcezza, / ..., il gracil riso / trasfigura (SABA) | (fig.) T. un fatto, interpretarlo diversamente, travisarlo. B v. intr. pron. ● Cambiare figura, aspetto.

trasfiguràto o (pop.) †**strafiguràto**. part. pass. di trasfigurare; anche agg. ● Nei sign. del v.

trasfigurazióne o †**transfigurazióne** [vc. dotta, lat. transfiguratiōne(m), da transfigurātus 'trasfigurato'] s. f. 1 Atto del trasfigurare o del trasfigurarsi | Trasformazione, metamorfosi nell'aspetto o nella figura | Mutamento d'aspetto per viva commozione. 2 Apparizione di Gesù nella luce di gloria e con corpo diverso da quello fisico, insieme con Mosé e con Elia, sul monte Tabor, ai discepoli Pietro, Giacomo e Giovanni.

trasfigurire o (pop.) †**strafigurire**. v. tr. (io trasfigurìsco, tu trasfigurìsci) ● (raro) Trasfigurare.

trasfocatóre [comp. di tras- e di un deriv. da f(u)oco in accezione tecnica] s. m. ● (fot.) Zoom.

trasfóndere o †**transfóndere** [vc. dotta, lat. transfūndere, comp. di trāns- 'oltre' e fūndere 'fondere', ma nel senso originario di 'versare'] v. tr. (coniug. come fondere) 1 (raro) Travasare un liquido | Far passare in un altro corpo: t. sangue. 2 (fig.) Infondere idee, sentimenti e sim.: gli ha trasfuso un grande entusiasmo.

trasfondibile agg. ● (raro) Che si può trasfondere.

trasfondiménto s. f. ● (raro) Il trasfondere.

trasformàbile agg. 1 Che si può trasformare: divano t. in letto. 2 Detto di automobile con tetto completamente apribile.

trasformabilità s. f. ● Stato, condizione, qualità di ciò che è trasformabile.

†**trasformaménto** s. m. ● Modo, atto del trasformare.

†**trasformànza** s. f. ● Trasformazione.

trasformàre o (pop.) †**straformàre**, †**transformàre** [vc. dotta, lat. transformāre, comp. di trāns- 'al di là' e formāre, den. di fōrma] A v. tr. (io trasfórmo) 1 Mutare di forma, di aspetto: i restauri hanno completamente trasformato il monumento; questa pettinatura ti trasforma; Aretusa fu trasformata in fonte | Cambiare il carattere, i sentimenti, le idee di qc.: la solitudine lo ha trasformato. 2 (sport) Nel calcio e sim., segnare mediante calcio piazzato: t. un rigore, una meta. B v. intr. pron. ● Diventare diverso nella forma, l'aspetto o il modo di pensare, l'indole, ecc.: il bruco si trasforma in farfalla; davanti agli adulti, per timidezza, si trasforma.

trasformativo agg. ● (raro) Che serve a trasformare.

trasformàto part. pass. di trasformare; anche agg. 1 Nei sign. del v. 2 †Deforme, sfigurato. 3 Meta trasformata, nel rugby, tiro di trasformazione riuscito. || †**trasformataménte**, avv. †Fuori di modo, fuori di misura.

trasformatóre s. m.; anche agg. (f. -trice) 1 Chi, che trasforma. 2 Macchina elettrica statica che trasforma la corrente alternata, diminuendone o aumentandone la tensione, ma lasciandone inalterata la frequenza e, a meno delle perdite, la potenza | T. in salita, elevatore, quello che trasforma l'energia elettrica a bassa tensione in energia elettrica a tensione più alta | T. in discesa, abbassatore, riduttore, quello che trasforma l'energia elettrica ad alta tensione in energia elettrica a tensione più bassa | T. a corrente costante, quello che eroga potenza elettrica con corrente costante al variare dell'impedenza di carico | T. di misura, trasformatore abbassatore destinato all'esecuzione di misurazioni voltmetriche o amperometriche | T. di tensione, voltmetrico, trasformatore di misura in cui la tensione applicata agli strumenti di misurazione è proporzionale alla tensione da misurare | T. di corrente, amperometrico, trasformatore di misura in cui la corrente circolante negli strumenti di misurazione è proporzionale alla corrente da misurare | T. di uscita, quello che adatta un carico a un circuito elettronico (a tubi o a transistori) | T. di alimentazione, quello destinato a fornire corrente elettrica ad alta o a bassa tensione a un qualsiasi dispositivo o apparecchio | T. di modulazione, quello destinato ai circuiti di modulazione | T. di accoppiamento, quello usato per accoppiare fra di loro due o più circuiti elettrici | T. accordato, quando il primario o il secondario o entrambi sono in risonanza alla frequenza di impiego. 3 (tecnol.) T. termico, scambiatore di calore nel quale un fluido a temperatura maggiore cede calore a un fluido a temperatura minore.

trasformatòrico [da trasformatore] agg. (pl. m. -ci) ● (elettr.) Relativo al trasformatore e ai fenomeni che vi si svolgono: effetto t.; forza elettromotrice trasformatorica.

trasformazionàle [ingl. transformational, da transformation 'trasformazione'] agg. ● (ling.) Detto della grammatica generativa, in quanto comprende regole atte a trasformare strutture di frase generate dalla base sintattica in frasi ben formate grammaticalmente e realizzate foneticamente | Sottocomponente t., insieme di regole di una grammatica generativa che permette di proiettare le strutture profonde delle frasi nelle relative strutture superficiali realizzate foneticamente.

trasformazionalismo [comp. di trasformazional(e) e -ismo] s. m. ● (ling.) Teoria della grammatica generativo-trasformazionale.

trasformazionalista s. m. e f. (pl. m. -i) ● Seguace della linguistica trasformazionale.

trasformazióne [vc. dotta, lat. tardo transformatiōne(m), da transformātus 'trasformato'] s. f. 1 Atto del trasformare o del trasformarsi | Mutamento: subire una t. | A t., con possibilità di trasformazioni. 2 (mat.) Applicazione, corrispondenza (solitamente fra spazi) | Relazione fra due spazi topologici tale che, presi due generici punti associati, si possa trovare un intorno di ciascuno di essi in modo che ad ogni punto del primo intorno sia associato un solo punto del secondo e viceversa | T. di coordinate, formule che, note le coordinate d'un elemento in un sistema di riferimento, danno le sue coordinate in un altro sistema. 3 (ling.) Nella grammatica generativa, operazione formale che, secondo determinate regole di movimento, converte le strutture sintattiche generate dalla base in frasi ben formate e realizzate foneticamente. 4 Processo chimico per cui una sostanza si muta in un'altra: t. dello zucchero in alcol. 5 (biol.) Modificazione della costituzione genetica spec. di un batterio. 6 (fis.) Passaggio di un sistema termodinamico da uno stato iniziale, caratterizzato da determinati valori dei suoi parametri, a uno stato finale, caratterizzato da altri valori dei parametri, attraverso una successione continua di stati intermedi. 7 (sport) Nel rugby, tiro che si effettua dopo aver realizzato una meta, tentando di far passare il pallone tra i pali della porta al di sopra della sbarra che li unisce per conquistare altri punti, oltre quelli di meta.

trasfórme [vc. dotta, dall'ingl. amer. transform 'risultato di trasformazione'] agg. ● (geol.) Faglia t., faglia lungo la quale avviene una trasformazione di movimenti.

trasformismo [adattamento del fr. transformisme, da transformer 'trasformare'] s. m. 1 Metodo di governo che consiste nell'utilizzare spregiudicatamente persone e gruppi politici diversi, in modo da impedire che si formi una vera opposizione capace di contestare il potere del gruppo al governo. 2 (biol.) Evoluzionismo.

trasformista [adattamento del fr. transformiste, da transformisme 'trasformismo'] s. m. e f. (pl. m. -i) 1 Chi pratica il trasformismo politico. 2 (est.) Chi cambia spesso e facilmente opinioni e atteggiamenti. 3 Artista capace di interpretare una serie continua di ruoli, spec. comici, mutando personaggio tramite velocissimi cambiamenti di abiti e trucco.

trasformistico agg. (pl. m. -ci) ● Concernente il trasformismo. || **trasformisticaménte**, avv.

trasfòsso [vc. dotta, lat. transfŏssu(m), part. pass. di transfŏdere, comp. di trāns- 'attraverso' e fŏdere 'scavare', di origine indeur.] agg. ● (med.) Che passa da parte a parte: ferita cranica, addominale trasfossa.

†**trasfumàre** [vc. dotta, lat. tardo transfumāre, comp. di trāns- 'oltre' e fumāre] v. intr. ● Svaporare, sfumare.

trasfusionàle agg. ● (med.) Relativo alla trasfusione | Centro t., attrezzato per prelevare, conservare e distribuire, a seconda delle necessità, sangue per trasfusioni.

trasfusióne [vc. dotta, lat. transfusiōne(m), da transfūsus 'trasfuso'] s. f. 1 (raro) Atto del trasfondere. 2 (med.) Traslazione di sangue o dei suoi derivati da un individuo all'altro | T. autologa, autotrasfusione.

trasfùso o †**transfùso**. A part. pass. di trasfondere; anche agg. ● Nei sign. del v. B s. m. (f. -a); anche agg. ● Detto di chi è stato sottoposto a trasfusione di sangue.

trasgrediménto s. m. ● (raro) Modo, atto, effetto del trasgredire.

trasgredire [lat. trānsgredi, comp. di trāns- 'al di là' e grădi 'passare', denominale di grădus 'passo', di etim. incerta] v. tr. e intr. (io trasgredìsco, tu trasgredìsci; aus. avere) ● Eccedere i limiti posti da una norma, non attenersi a quanto disposto da leggi e sim.: t. il comando di qc.; t. a un ordine | T. la legge, violarla. CONTR. Osservare, rispettare.

trasgredito part. pass. di trasgredire; anche agg. ● Nel sign. del v.

trasgreditóre s. m. (f. -trice) ● (raro) Trasgressore.

trasgressióne o †**transgressióne** [vc. dotta, lat. transgressiōne(m), da transgrĕssus, part. pass. di trānsgredi 'trasgredire'] s. f. 1 Atto del trasgredire, del violare un ordine, una legge: sarà punita ogni t. | (est.) Deviazione dalle regole di comportamento prevalenti e comunemente accettate. 2 †Digressione. 3 (geol.) Avanzata del mare su un territorio precedente emerso, ed instaurazione del dominio marino. || **trasgressioncèlla**, dim.

trasgressività [da trasgressivo] s. f. ● Caratteristica di chi o di ciò che è trasgressivo: la t. delle sue scelte.

trasgressìvo [da trasgressione] agg. 1 Che contiene o si manifesta con una trasgressione: azione trasgressiva rispetto alla morale comune | Che è incline alla trasgressione. 2 (geol.) Che riguarda la trasgressione: sedimento t.; fase trasgressiva.

trasgressóre o †**transgressóre** [vc. dotta, lat. tardo transgressōre(m), da transgrĕssus, part. pass. di trānsgredi 'trasgredire'] s. m. (f. trasgreditrìce, pop. trasgressóra); anche agg. ● Chi, che trasgredisce.

†**trasì** [comp. di tra- e sì 'così', come il corrispondente ant. fr. tresci que 'fin tanto che'] avv. ● (raro) Così, tanto.

traṣlàre [v. rifatto su *traslato*] **v. tr.** ***1*** Trasportare una salma per mutarne il luogo di sepoltura: *hanno traslato i corpi dei caduti in un mausoleo.* ***2*** (*raro, lett.*) Portare in altro luogo, trasferire: *Pareagli esser traslato in un sereno / candido, e d'auree fiamme adorno e pieno* (TASSO).

traṣlatàre o †**transḷatàre** [da *traslato*] **v. tr.** ***1*** (*lett.*) Trasportare da un luogo all'altro | Trasferire. ***2*** †Tradurre: *i prosatori traslatavano dal latino gli scrittori classici* (DE SANCTIS). ***3*** †Tramutare, cambiare.

†**traṣlatatóre** **s. m.**; anche **agg.** (f. *-trice*) ● Traslatore.

traṣlativo o †**transḷativo** [vc. dotta, lat. *translatīvu(m)*, da *translātus* 'traslato'] **agg.** ***1*** (*dir.*) Che determina il trasferimento di un rapporto giuridico da un soggetto a un altro: *effetto t.*; *contratti traslativi* | Di, relativo a traslazione. ***2*** (*aer.*) Attinente a volo con velocità considerevole e prevalentemente orizzontale. ***3*** †(*fis.*) Traslatorio. ***4*** (*ling.*) Detto di caso che esprime il passaggio da un luogo a un altro. || †**traslativaménte**, **avv.** In modo traslato.

traṣlàto o †**transḷàto** [vc. dotta, lat. *translātu(m)*, part. pass. di *transfĕrre*, comp. di *trāns-* 'al di là' e *lātus* 'portato', di origine indeur.] **A agg.** ***1*** (*lett.*) Trasferito, trasportato. ***2*** Metaforico: *significato t.* **B s. m.** ● Espressione figurata: *parlare per traslati* | *Per t.*, metaforicamente. **SIN.** Tropo.

traṣlatóre o †**transḷatóre** [vc. dotta, lat. *translatōre(m)*, da *translātus* 'traslato'] **A s. m.** (f. *-trice* nei sign. 1 e 5) ***1*** (*raro*) Chi fa una traslazione. ***2*** (*elab.*) Dispositivo capace di convertire informazioni da una forma in un'altra. ***3*** (*tecnol.*) Apparecchio destinato a spostare merci in una o più direzioni parallelamente al suolo e usato gener. nei grandi magazzini | *T. elevatore*, apparecchio guidato da rotaie sul suolo o aeree e destinato a spostare e sollevare merci nei grandi magazzini. ***4*** *T. a navetta*, mezzo di trasporto che collega nei due sensi le stazioni delle metropolitane con i principali centri di traffico urbani su brevi percorsi. ***5*** †Traduttore. **B agg.** ● Che trasla, che compie una traslazione | (*ott.*) *Tavolino t.*, nel microscopio ottico, piatto spostabile in due direzioni mutualmente ortogonali mediante movimenti micrometrici manuali.

traṣlatòrio [dal lat. *translātor* nel senso proprio di 'trasferitore', dal part. pass. (*translātus*) di *transfĕrre* 'portare (*fĕrre*) al di là (*trāns-*)'] **agg.** ● (*fis.*) Proprio della traslazione, relativo alla traslazione: *moto t.*

traṣlazióne o †**tralazióne**, †**transḷazióne** [vc. dotta, lat. *translatiōne(m)*, da *translātus* 'traslato'] **s. f.** ***1*** Atto del trasferire, del trasportare da un luogo a un altro: *la t. della salma*; *la t. della Santa Casa di Loreto* | (*relig.*) *T. delle reliquie*, trasporto delle reliquie di un santo dal sacello originario a un luogo di culto. ***2*** (*fig.*) Trasferimento, spostamento, passaggio | (*dir.*) Trasferimento del titolo di credito nominativo mediante annotazione dell'acquirente sul registro dell'emittente e sul titolo stesso | (*relig.*) *T. di una festa*, il suo spostamento a una data posteriore quando nella data appropriata non ne può avvenire la celebrazione | (*econ.*) *T. d'imposta*, trasferimento dell'onere economico di questa dal contribuente che per legge è tenuto a pagarla ad altri contribuenti. ***3*** (*mat.*) Biiezione di un piano o di uno spazio numerico in sé tale che la differenza fra le coordinate omologhe di due punti corrispondenti sia indipendente dai punti stessi. ***4*** (*fis.*) Moto di un corpo in modo tale che un qualsiasi segmento, congiungente due punti di esso, si sposti mantenendosi sempre parallelo a se stesso: *moto di t. della Terra nel sistema solare.* ***5*** In ginnastica, traslocazione. ***6*** (*ling.*) Rapporto esistente fra due parole o sequenze di parole di diversa natura, aventi però la medesima funzione. ***7*** †Traduzione. ***8*** †Traslato, metafora. ***9*** (*psicoan.*) Transfert.

traṣlitteràre o **transḷitteràre** [adattamento dell'ingl. *to transliterate*. V. seguente] **v. tr.** ● Scrivere sostituendo le lettere d'un alfabeto con quelle equivalenti di un altro: *t. un nome russo secondo l'alfabeto latino.*

traṣlitterazióne o **transḷitterazióne** [ingl. *transliteration*, dal v. *to transliterate* 'portare da una lettera (dal lat. *lĭttera*) ad un'altra (*trans-*)'] **s. f.** ● Atto, effetto del traslitterare.

traṣlocaménto **s. m.** ● (*raro*) Trasloco.

traṣlocàre [comp. di *tras-* '(passare) da una parte all'altra' e *locare*] **A v. tr.** (*io traṣlòco, tu traṣlòchi*) ● Trasferire di sede: *t. un magistrato, un impiegato in una sede più gradita.* **B v. intr. pron.** e pop. **intr.** (aus. intr. *avere*) ● Trasferirsi, cambiando sede o domicilio: *ci siamo traslocati in periferia*; *ho saputo che hai traslocato.*

traṣlocazióne [da *traslocare*, nel sign. etim. di 'collocare (*locare*) da una parte all'altra (*tra(n)s-*)'] **s. f.** ***1*** Nella ginnastica, lo spostamento da una estremità all'altra di un attrezzo: *t. frontale.* **SIN.** Traslazione. ***2*** (*biol.*) Mutazione cromosomica consistente nel trasferimento di un segmento di un cromosoma dalla sua posizione normale in un'altra posizione nello stesso cromosoma o in un cromosoma omologo.

traṣlòco **s. m.** (pl. *-chi*) ● Atto del traslocare o del traslocarsi | Trasporto di mobili, masserizie e loro sistemazione in una nuova casa o in un'altra sede: *è stato un t. faticoso* | Cambiamento di casa: *faremo t. in primavera.*

traṣlucidità o (*lett.*) **transḷucidità**. **s. f.** ● L'essere traslucido.

traṣlùcido o †**tralùcido**, (*lett.*) **translùcido** [comp. di *tras-* e *lucido*] **agg.** ***1*** Di corpo che lascia passare parzialmente la luce ma non permette di distinguere i contorni dei corpi situati dietro di esso. **SIN.** Semitrasparente. ***2*** (*lett.*) Trasparente.

†**traṣmarino** o †**transmarino** [comp. di *tras-* e *marino*] **agg.** ● (*raro, lett.*) Oltremarino.

traṣméssso **part. pass.** di *trasmettere*; anche **agg.** ● Nei sign. del v.

traṣméttere [vc. dotta, lat. *transmĭttere*, comp. di *trāns-* 'al di là' e *mĭttere* 'mandare'] **A v. tr.** (coniug. come *mettere*) ***1*** Tramandare da una persona all'altra, passare da una cosa all'altra: *t. un'usanza, un diritto, una malattia*; *una tradizione che si trasmette di padre in figlio.* ***2*** Far arrivare, mandare da un luogo all'altro: *t. una lettera*; *t. una notizia.* **SIN.** Inviare. ***3*** Comunicare un'informazione tramite un qualunque veicolo: *t. una notizia per via radio*; *la pubblicità trasmette messaggi visivi.* ***4*** †Dimettere, differire. **B v. intr. pron.** ● Passare, trasferirsi da una persona o cosa ad un'altra: *usanze che si trasmettono di generazione in generazione* | Propagarsi, diffondersi: *una malattia infettiva che si trasmette per contagio.*

traṣmettitóre **A s. m.**; anche **agg.** (f. *-trice*) ● Chi, che trasmette | (*med.*) *T. chimico*, sostanza chimica che nella trasmissione dell'impulso nervoso ha funzione eccitatoria o inibitoria. **B s. m.** ● Apparecchiatura destinata a convertire per modulazione i segnali audio, video o di codice in segnali a radiofrequenza contenenti la stessa informazione: *t. a modulazione di ampiezza, di frequenza, a impulsi.*

traṣmigraménto **s. m.** ● (*raro*) Trasmigrazione.

traṣmigrànte **part. pres.** di *trasmigrare*; anche **agg.** ● Nei sign. del v.

traṣmigràre [vc. dotta, lat. *transmigrāre*, comp. di *trāns-* 'al di là' e *migrāre*] **v. intr.** (aus. *essere* e *avere* nel sign. 1, *essere* nel sign. 2) ***1*** Emigrare, passare da un luogo all'altro, cambiando sede, paese, detto di persone o animali: *uccelli che trasmigrano d'inverno.* ***2*** Trasmettersi da uno ad altro individuo: *sono trasmigrate in lui molte qualità dei genitori.* ***3*** Detto dell'anima, in molte religioni, passare, dopo la morte, in altro corpo per successive incarnazioni, fino alla liberazione finale.

traṣmigràto **part. pass.** di *trasmigrare*; anche **agg.** ● Nei sign. del v.

traṣmigrazióne [vc. dotta, lat. tardo *transmigratiōne(m)*, da *transmigrātus* 'transmigrato'] **s. f.** ***1*** Atto del trasmigrare: *le trasmigrazioni di popoli asiatici in Europa*; *questa trasmigrazione delle lettere è nota per mille esempi* (MURATORI). ***2*** *T. delle anime*, reincarnazione, metempsicosi.

traṣmissìbile [dal lat. *tra(n)smissus* 'trasmesso'] **agg.** ● Che si può trasmettere.

traṣmissibilità **s. f.** ● Condizione di ciò che è trasmissibile.

traṣmissióne [vc. dotta, lat. *transmissiōne(m)*, da *transmĭssus* 'trasmesso'] **s. f.** ***1*** Atto del trasmettere | Passaggio da una persona o da una cosa all'altra: *la t. di un titolo* | Comunicazione: *la t. di una notizia, di un codice visivo.* ***2*** Passaggio dei caratteri ereditari o di malattie da un individuo ai discendenti. ***3*** (*fis.*) Propagazione | (*est.*) Programma della radio o della televisione: *ascoltare una t. di prosa.* ***4*** Comunicazione del movimento da un organo meccanico all'altro e congegno o insieme di congegni a ciò preposti: *t. a catena, a cinghia, a ingranaggio*; *albero di t.* ***5*** (*elab.*) *Trasmissione dati*, impiego dei vettori telegrafici, telefonici e sim. per la trasmissione, anziché della voce o di messaggi letterali, di dati, opportunamente codificati e organizzati, in vista di un loro trattamento automatico a distanza. ***6*** (*al pl.*) Insieme di tutte le varie specie di comunicazioni che servono per collegare tra loro comandi e reparti dell'esercito | Branca dell'arma del genio, ma con caratteristiche di arma vera e propria, autonoma, che provvede all'organizzazione e al funzionamento dei collegamenti a filo e radio dell'esercito.

traṣmissìvo [dal lat. *tra(n)smīssus* 'trasmesso'] **agg.** ● Atto a trasmettere.

traṣmittènte [vc. dotta, lat. *transmittĕnte(m)*, part. pres. di *transmĭttere* 'trasmettere'] **A agg.** ● Che trasmette | *Centro t.*, complesso di apparecchiature atte a irradiare segnali radioelettrici per le trasmissioni radiofoniche e televisive. **B s. m.** ● (*dir.*) Persona chiamata a un'eredità che muore prima di avere esercitato il proprio diritto di accettazione o rinuncia allo stesso che perciò si trasmette ai propri eredi. **C s. f.** ● Correntemente, stazione radio o teletrasmittente.

traṣmodaménto **s. m.** ● (*raro*) Il trasmodare | Eccesso.

traṣmodàre [comp. di *tras-* 'oltre' e del denominale di *modo* 'misura'] **A v. intr.** (*io traṣmòdo*; aus. *avere*) ● Passare la misura: *non bisogna t. nel mangiare.* **SIN.** Eccedere. **B v. intr. pron.** ● †Crescere oltre misura.

traṣmodàto **part. pass.** di *trasmodare*; anche **agg.** ● Nel sign. del v. || **trasmodataménte**, **avv.** (*raro*) Smoderatamente.

†**traṣmodatóre** **s. m.** (f. *-trice*) ● Chi trasmoda.

†**traṣmontàre** [comp. di *tras-* e *montare* nel senso generico di 'passare, avanzare'] **v. intr.** ● Sopravanzare.

†**traṣmortìre** ● V. *tramortire.*

traṣmutàbile **agg.** ● (*lett.*) Che si può trasmutare o è atto a essere trasmutato: *ingegno ... t. in tutte guise, non secondo il suo umore, ma secondo la varia natura delle cose* (DE SANCTIS).

traṣmutabilità **s. f.** ● (*raro*) Condizione di ciò che è trasmutabile.

†**traṣmutaménto** **s. m.** ● Modo, atto, effetto del trasmutare o del trasmutarsi.

†**traṣmutànza** [da *trasmutare*] **s. f.** ● Cambiamento, mutazione.

traṣmutàre o †**transmutàre** [vc. dotta, lat. *transmutāre*, comp. di *trāns-* 'al di là' e *mutāre*] **A v. tr.** ***1*** (*lett.*) Trasformare, tramutare, trasfigurare. ***2*** (*raro*) Cambiare, detto di cose: *t. abito.* ***3*** †Trasferire di sede. ***4*** †Tradurre in un'altra lingua. ***5*** †Travasare. **B v. intr. pron.** ***1*** (*lett.*) Trasformarsi, cambiare nell'aspetto | Modificarsi nella forma. ***2*** (*lett.*) Trasferirsi, andare altrove.

traṣmutatóre **s. m.**; anche **agg.** (f. *-trice*) ● (*raro*) Chi, che trasmuta.

traṣmutazióne o †**transmutazióne** [vc. dotta, lat. *transmutatiōne(m)*, comp. di *trāns* e *mutātio*, genit. *mutatiōnis* 'mutazione'] **s. f.** ***1*** (*lett.*) Atto, effetto del trasmutare o del trasmutarsi | Mutamento, cambiamento, trasformazione. ***2*** (*fis.*) Trasformazione di un elemento in un altro sia naturalmente sia per bombardamento con corpuscoli ad alta energia. ***3*** †Traduzione.

traṣmutévole **agg.** ● (*raro*) Trasmutabile.

†**traṣnaturàre** [comp. di *tras-* '(andar) oltre' e del denominale di *natura*] **v. intr.** ● Degenerare, tralignare.

†**trasoàve** [comp. di *tra-* e *soave*] **agg.** ● Soavissimo.

trasognaménto **s. m.** ● (*raro*) Il trasognare.

trasognàre [comp. di *tra-* e *sognare*] **v. intr.** (*io trasógno*; aus. *avere*) ● (*raro*) Sognare a occhi aperti, fantasticare | Restare incerto o stupito di fronte a q.c.

trasognatézza [da *trasognato*] **s. f.** ● Caratteristica, condizione di chi è trasognato.

trasognàto **part. pass.** di *trasognare*; anche **agg.**

1 Nei sign. del v. *2* Stordito, stupefatto | Di chi è sempre distratto o smemorato perché assorto in fantasticherie: *camminare tutto t.*

†**traṣordinaménto** [da †*trasordinare*] s. m. ● Disordine.

†**traṣordinàre** [da †*trasordine*] v. intr. ● Uscire dall'ordine, dalla norma.

†**traṣórdine** [comp. di *tras-* e *ordine*] s. m. ● Disordine, confusione.

†**traṣorière** ● V. *tesoriere*.

traspadàno o **transpadàno** [vc. dotta, lat. *transpadānu(m)*, comp. di *trāns-* 'al di là' e *padānus* 'del Po (*Pădus*)'] **A** agg. *1* Che è posto al di là del Po, rispetto a Roma. CONTR. Cispadano. *2* Che abita oltre il Po, rispetto a Roma. **B** s. m. (f. *-a*) ● Abitante della regione traspadana.

trasparènte [vc. dotta, lat. mediev. *transparĕnte(m)*, comp. su *apparĕnte(m)* 'apparente' con sostituzione del pref. con *trāns-* 'attraverso'] **A** agg. *1* (*fis.*) Di corpo che lascia passare la luce | *Cielo t.*, limpido, luminoso | *Colore t.*, che non ha corpo o non è opaco, usato in pittura, per dipingere stoffe, vetri e sim. CONTR. Opaco. *2* (*est.*) Che lascia vedere o intravedere ciò che ricopre: *camicetta t.* | (*fig.*, *iron.*) Molto, troppo sottile: *una fetta di carne t.* *3* (*fig.*) Comprensibile, intuibile, interpretabile con facilità o immediatezza, anche se non esplicitamente: *allusione t.* | Chiaro, privo di lati oscuri o di ambiguità: *una politica t.*; *un bilancio aziendale t.* | *Una prosa t.*, nitida | (*fig.*) Schietto, incapace o privo di finzioni e simulazioni, che lascia scorgere con facilità o immediatezza ciò che pensa o vuole: *un volto t.*; *animo t.* **B** s. m. *1* Intelaiatura di tela o carta, dipinta con figure, emblemi, iscrizioni, nelle luminarie o per pubblicità. *2* (*teat.*) Elemento di scena in garza o rete dipinta che, illuminato dal davanti, appare pieno e consistente, e, illuminato da dietro, scompare; usato per giochi di luce o mutamenti di scena a vista. *3* (*cine*, *tv*) Schermo trasparente sul quale si possono proiettare da dietro immagini cinematografiche, per dare l'illusione di uno sfondo in movimento. *4* Tessuto rigido e colorato posto sotto un merletto per farlo risaltar meglio. *5* Supporto traslucido usato nella lavagna luminosa.

trasparènza s. f. ● Qualità di ciò che o di chi è trasparente (*anche fig.*): *la t. di un cristallo*; *la t. di una domanda*; *la t. di un bilancio aziendale* | In politica, chiarezza, mancanza di ambiguità. CFR. Glasnost | In t., contro luce. CONTR. Opacità.

†**trasparére** v. intr. ● Trasparire.

trasparìre [da *trasparente*] v. intr. (pres. *io traspa-rìsco* o *traspàio*, *tu trasparìsci* o *traspàri*, *egli traspa-rìsce* o *traspàre*, *noi traspariàmo*, *voi traspa-rìte*, *essi trasparìscono* o *traspàiono*; pass. rem. *io trasparìi* o raro *traspàrsi*, raro *traspàrvi*, *tu traspa-rìsti*, *egli traspàrì* o raro *traspàrse*, raro *traspàrve*, *noi trasparìmmo*, *voi trasparìste*, *essi trasparìrono* o raro *traspàrsero*, raro *traspàrvero*; fut. *io traspari-rò* o lett. *trasparrò*; congv. pres. *io trasparìsca* o *tra-spàia*, ..., *noi traspariàmo*, *voi traspariàte*, *essi tra-sparìscano* o *traspàiono*; imper. *trasparìsci* o *tra-spàri*, *trasparìte*; ger. *trasparèndo*; part. pres. *tra-sparènte*; part. pass. *trasparìto* o raro *traspàrso*; aus. *essere*) *1* Apparire attraverso un corpo, detto della luce o di altri corpi: *il cristallo lascia t. la luce del sole*; *attraverso il vestito di pizzo traspare la sottoveste*. *2* (*fig.*) Palesarsi, rivelarsi attraverso indizi, manifestazioni esteriori, detto di pensieri, idee, sentimenti: *dal riso traspariva tutta la sua contentezza*; *non lascia t. nulla delle sue intenzioni*. *3* (*raro*) Lasciare passare la luce, essere trasparente: *la carta troppo sottile traspare*.

†**traspezióne** [vc. tratta dal lat. *transpĕctus*, part. pass. di *transpĭcere* 'guardare (**spĕcere*) attraverso (*trāns-*)'] s. f. ● Trasparenza.

†**traspiantàre** ● V. *strapiantare*.

traspiràbile [da *traspirare*] agg. ● (*raro*) Che può uscire con la traspirazione.

traspiràre [vc. dotta, lat. mediev. *transpirāre*, fatto su altri comp. di *spirāre* 'respirare' (*adspirāre*, *suspirāre*, *respirāre*) con il pref. *trāns-* 'attraverso'] **A** v. intr. (aus. *essere* nei sign. 1 e 3, *avere* e *essere* nel sign. 2) *1* Uscire attraverso i pori di un organismo animale o vegetale, sotto forma di vapore o di piccolissime gocce: *il sudore traspira dalla pelle*; *dalle foglie degli alberi traspira acqua*. *2* (*fig.*) Manifestarsi, palesarsi, trapelare, detto di qualità, sentimenti, intenzioni: *non traspira niente dei suoi progetti*. *3* (*raro*) Esalare, detto di odori. **B** v. tr. ● (*raro*) Fare, lasciare trasparire (*anche fig.*): *le piante traspirano acqua*; *il paesaggio traspira una grande malinconia*.

traspiratòrio [da *traspirare*] agg. ● Che riguarda la traspirazione.

traspirazióne s. f. ● Atto, effetto del traspirare | *T. cutanea*, sudore | *T. delle piante*, processo di eliminazione, sotto forma di vapore, dell'acqua assorbita.

trasponiménto s. m. ● (*raro*) Modo, atto, effetto del trasporre.

traspórre o †**transpórre** [vc. dotta, lat. *transpō-nere* 'mettere (*pōnere*) da una parte all'altra (*trāns-*)' con adeguamento alla serie dei comp. con *porre*] v. tr. (coniug. come *porre*) *1* Porre altrove, mutare di posto collocando in un ordine diverso: *t. i libri di uno scaffale*; *t. le parole di uno scritto*. *2* (*mus.*) Trasportare. *3* †Trapiantare.

trasportàbile agg. ● Che si può trasportare. CONTR. Intrasportabile.

trasportaménto s. m. ● (*raro*) Trasporto.

trasportàre o (*pop.*) **straportàre**, †**transportà-re** [vc. dotta, lat. *transportāre*, comp. di *trāns-* 'da una parte all'altra' e *portāre*] **A** v. tr. (*io traspòrto*) *1* Portare oltre: *t. i soldati al di là delle linee* | Portare da un luogo a un altro: *t. una merce con autocarri*; *t. un morto al cimitero*; *c'era un movimento straordinario, un correr di monatti, un trasportar di roba* (MANZONI) | (*raro*) Trasferire, cambiare di sede: *t. la capitale di uno Stato*; *hanno trasportato la direzione a Milano* | (*fig.*) *T. una colpa su un altro*, attribuirla, scaricarla su un altro | (*fig.*) Spostare, differire: *t. una data*; *t. il giorno dell'udienza*. *2* (*fig.*) Trasferire, portare con la fantasia, l'immaginazione (*anche ass.*): *è un libro che ci trasporta al Medio Evo*; *è uno spettacolo che trasporta*. *3* Trascinare, spingere a forza: *t. un pesante baule*; *il ladruncolo fu trasportato di peso in questura*; *il vento trasportò la barca verso la costa* | *Lasciarsi t.*, abbandonarsi a un impulso, a un'emozione e sim. *4* (*est.*) Riprodurre, copiare: *t. un disegno su stoffa* | *T. in piccolo*, ridurre. *5* (*mus.*) Copiare o eseguire un pezzo in altro tono o modo. *6* Nella tecnica del restauro, spec. di antichi codici o dipinti, trasferire materiale in via di deterioramento su di un supporto più solido dell'originario: *t. un dipinto su tavola*, *un affresco su tela*. *7* †Tradurre in un'altra lingua. *8* †Trascrivere una scrittura e sim. *9* †Cedere, trasmettere un diritto. **B** v. intr. pron. ● (*raro*) Trasferirsi (*anche fig.*): *trasportarsi a Napoli*; *trasportarsi col pensiero al passato*.

trasportàto **A** part. pass. di *trasportare*; anche agg. ● Nei sign. del v. **B** s. m. (f. *-a*) ● Chi è condotto da un luogo all'altro con un mezzo di trasporto: *assicurare i trasportati*.

trasportatóre **A** s. m.; anche agg. (f. *-trice*) ● Chi, che trasporta. **B** s. m. *1* Macchina che serve al trasporto di materiali, per percorsi relativamente brevi, in generale all'interno di uno stabilimento: *t. a nastro*. *2* Dispositivo della cucitrice che fa avanzare la stoffa sotto l'ago.

trasportazióne [vc. dotta, lat. *transportatiō-ne(m)*, da *transportātus* 'trasportato'] s. f. ● (*raro*) Atto, effetto del trasportare.

traspòrto o (*pop.*) **strapòrto**, †**transpòrto** [da *trasportare*] s. m. *1* Atto, operazione del trasportare: *organizzare il t. di merci con autocarri*; *t. marittimo*, *terrestre*, *aereo*; *società di trasporti* | *Ministero dei trasporti*, Ministero che controlla e assicura il funzionamento dei servizi ferroviari, motorizzati e dei trasporti in concessione | *T. funebre*, esequie, funerali | Spesa del trasporto: *è un t. molto caro*. *2* Contratto per cui il vettore si obbliga, verso corrispettivo, a trasferire persone o cose da un luogo a un altro: *t. marittimo*, *aereo*, *terrestre* | *Lettera di t. aereo*, documento contenente gli elementi essenziali di un contratto di trasporto aereo avente efficacia probatoria e di titolo rappresentativo della merce trasportata. *3* Insieme di mezzi di trasporto | (*autom.*) *T. pubblico*, gli autobus, i pullman di linea e da turismo | (*autom.*) *T. pesante*, i camion, gli autotreni e gli autoarticolati | (*mar.*) Nave da trasporto, nave mercantile. *4* (*raro*) Trasferimento ad altra sede: *il t. di una capitale*. *5* (*mus.*) Trascrizione o esecuzione di un pezzo in altro tono e modo. *6* Nei restauri di materiale scrittorio o pittorico, trasferimento degli elementi in via di deterioramento su di un nuovo supporto. *7* (*fig.*) Impeto, impulso: *un t. d'ira*, *di contentezza* | *Con t.*, con entusiasmo o passione: *studiare con t.*; *lo baciò con t.* *8* †Cessione di beni, diritti.

traspoṣitóre [fr. *transpositeur*, da *transposer* 'portare (*poser*, dal lat. parl. *pausāre* 'cessare' col sign. del sostituito *pōnere* 'porre') al di là (*trans-*)'] s. m. (f. *-trice*) ● Chi compie trasposizioni, spec. musicali.

traspoṣizióne [fr. *transposition*, della stessa origine di *transpositeur* 'traspositore'] s. f. *1* Atto del trasporre | (*mus.*) Trasporto. *2* Spostamento delle parole nel periodo, rispetto all'ordine normale. *3* Alterazione nella normale posizione dei visceri. *4* Scambio di posizione in una molecola da parte di atomi o gruppi atomici, in conseguenza del quale si ottiene una sostanza di caratteristiche differenti. || **trasposizioncèlla**, dim.

traspósto part. pass. di *trasporre*; anche agg. ● Nei sign. del v.

†**traṣricchìre** o †**transricchìre** [comp. di *tras-* e del denominale di *ricco*] **A** v. intr. ● Arricchire smoderatamente. **B** v. tr. ● Rendere straricco.

†**trassaltàrsi** [comp. di *tr(a)-* 'fra, gli uni con gli altri' e *assaltare*] v. rifl. rec. ● Assalirsi l'un l'altro.

trassàto [da **trassare*, da *trassi*, sostantivazione della vc. verb. *trassi*, secondo l'accez. commerc. di *trarre* (un biglietto di cambio, moneta, merce, ecc. da un paese)] **A** agg. ● (*dir.*) Di soggetto che ha ricevuto l'ordine di pagare una cambiale tratta: *banca trassata*. **B** s. m. ● Trattario.

†**trassinaménto** s. m. ● Atto, effetto del trassinare.

†**trassinàre** [variante di *trascinare*] v. tr. *1* Strapazzare, maltrattare, spec. maneggiando: *t. un libro*. *2* †Trattare | *T. l'usura*, praticarla.

trasteverino [lat. *transtiberīnu(m)*, comp. di *trāns-* 'al di là' e *Tiberīnus* 'del Tevere'] **A** agg. ● Del quartiere romano di Trastevere. **B** s. m. (f. *-a*) ● Abitante o nativo di Trastevere.

tràsto [lat. *trānstru(m)*, di etim. incerta] s. m. *1* Ciascuna delle stanghe con le quali si forma il piano inclinato per caricare sul veicolo marmi, botti o altro. *2* Nelle imbarcazioni (spec. antiche), struttura di sostegno del banco dei rematori | (*est.*) Banco dei rematori.

†**trastùlla** [da *trastulla(re)*] agg. solo f. ● Solo nella loc. *erba t.*, (*fig.*) vane speranze, fandonie e bugie: *dare a qc. erba t.*; *pascersi d'erba t.*

trastullaménto s. m. ● (*raro*) Modo, atto del trastullare o del trastullarsi.

trastullàre [da *trastullo*] **A** v. tr. *1* Fare divertire con giochi, trastulli: *t. un bambino*. SIN. Baloccare. *2* Illudere, lusingare: *t. qc. con vane parole*. *3* (*lett.*) †Rallegrare, dilettare. **B** v. rifl. *1* Divertirsi con giochi, passatempi: *i bambini si trastullano facilmente*; *è proprietà de' fanciulli di prender cose inanimate tra le mani ... trastullandosi* (VICO) | (*raro*) *Trastullarsi di qc.*, prendersi gioco di qc. *2* (*est.*) Perdere tempo: *invece di studiare, si trastulla tutto il giorno*. SIN. Baloccarsi, gingillarsi. **C** v. intr. pron. ● †Provare diletto spirituale.

trastullatóre s. m.; anche agg. (f. *-trice*) ● (*raro*) Chi, che trastulla.

†**trastullévole** agg. ● Che diverte, trastulla.

trastùllo [etim. incerta] s. m. *1* Il trastullare o il trastullarsi | Gioco, divertimento, svago, passatempo: *sopraggiungeva ... il fattore ad interrompere i nostri comuni trastulli* (NIEVO); *fare q.c. per t.* | *Essere il t. della fortuna*, avere numerosi e continui rovesci di fortuna. *2* Giocattolo: *t. per bambini*. *3* †Diletto spirituale. *4* †Distrazione, conforto. || **trastullétto**, dim. | **trastullìno**, dim.

trastullóne [da *trastullare*] s. m. (f. *-a*) ● (*raro*, *fam.*) Chi si balocca, perde tempo. SIN. Zuzzurellone.

trasudaménto s. m. ● (*raro*) Modo, atto del trasudare.

trasudàre [comp. di *tra-* e *sudare*] **A** v. intr. (aus. *essere* nel sign. 1, *avere* nel sign. 2) *1* Filtrare, stillare lentamente: *l'acqua trasuda dal muro*; *il sudore gli trasuda dalla fronte*. SIN. Gocciolare, stillare. *2* Mandare fuori come sudore: *la latta trasuda*. **B** v. tr. ● Lasciare passare, filtrare: *t. umidità* |

(*fig.*) Fare trasparire, rivelare.

trasudativo agg. ● Trasudatizio.

trasudatizio agg. ● Di trasudato.

trasudàto [da *trasudare*] **A** part. pass. di *trasudare*; anche agg. ● Nei sign. del v. **B** s. m. ● (*med.*) Liquido che si accumula nei tessuti o nelle cavità del corpo per stasi circolatoria.

trasudazióne s. f. ● Atto, effetto del trasudare.

traṣumanàre o (*raro, lett.*) †**transumanàre** [comp. di *tras-* e del denominale di *umano*] v. intr. e intr. pron. (aus. *essere*) ● (*lett.*) Trascendere i limiti dell'umana natura: *trasumanate ... / ite al Signor che tutto sape e pote* (CAMPANELLA).

traṣumanazióne s. f. ● (*lett.*) Atto, effetto del trasumanare o del trasumanarsi.

†**trasvaṣàre** ● V. *travasare*.

†**traṣverberàto** [vc. dotta, lat. *transverberātu(m)*, part. pass. di *transverberāre*, comp. di *trāns-* 'oltre' e *verberāre* 'battere (con verghe: *verbera*)'] agg. ● Riverberato.

traṣversàle o †**tranṣversàle** [da *trasverso*] **A** agg. **1** Che sta di traverso | Che attraversa: *via t.* **2** Intersecante | (*fis.*) *Onde trasversali*, quelle per le quali le vibrazioni avvengono in direzione perpendicolare alla direzione di propagazione | *Valle t.*, che corre in modo perpendicolare al senso della lunghezza di una catena montuosa (in contrapposizione a *valle longitudinale*). **3** (*fig., polit.*) Che attraversa i tradizionali schieramenti politici coinvolgendone le diverse componenti: *partito t.*; *accordi trasversali* | *Vendetta t.*, che colpisce qc. in modo indiretto, attraverso persone (o interessi) a lui vicine. || **trasversalménte**, avv. Obliquamente, in direzione trasversale: *tracciare una linea trasversalmente*. **B** s. m. ● (*spec. al pl.*) †Parenti che non sono in una linea diretta di discendenza. **C** s. f. ● Nella loc. *t. semplice*, nel gioco della roulette, sestina.

traṣversalìṣmo [da *trasversale*] s. m. ● Tendenza a superare schieramenti politici e posizioni ideologiche per formare correnti d'opinione su temi di interesse generale.

traṣversalità s. f. **1** Qualità di ciò che è trasversale. **2** Qualità di una disciplina che, come la linguistica o la matematica, fornisce gli strumenti per la comprensione di altre discipline.

traṣvèrso o †**tranṣvèrso** [lat. tardo *transvĕrsu(m)*, part. pass. di *transvĕrtere*, comp. di *trāns-* 'attraverso' e *vĕrtere* 'voltare'] **A** agg. ● (*raro*) Trasversale, obliquo | *Muscolo t.*, che ha direzione trasversa rispetto all'asse maggiore del corpo: *t. dell'addome, della scapola*. **B** s. m. ● Travetto che in un solaio, in un impalcato, collega le travi principali.

†**traṣviàre** e *deriv.* ● V. *traviare* e *deriv.*

traṣvolàre o †**travolàre** [vc. dotta, lat. *transvolāre*, comp. di *trāns-* 'al di là, oltre' e *volāre*] **A** v. tr. (*io traṣvólo*) ● Superare, passare, traversare volando: *t. le Alpi, l'Oceano*. **B** v. intr. (aus. *essere* e *avere*) **1** †Volare oltre, lontano | †Passare rapidamente, come volando. **2** (*fig.*) Trattare di sfuggita, brevemente o passare oltre senza prendere in esame: *t. su un argomento*.

traṣvolàta [f. sost. del part. pass. di *trasvolare*] s. f. ● Volo di considerevole distanza e difficoltà, senza scalo, spec. su spazio geograficamente tormentato da mari, monti, deserti e sim.

traṣvolatóre s. m. (f. *-trice*) ● Chi trasvola | Chi compie o ha compiuto una trasvolata: *un t. del Polo Nord*.

†**traṣvòlgere** ● V. *travolgere*.

tra tra /tra 'tra*, tra t'tra*/ [reduplicazione onomat.] inter. ● (*raro*) Riproduce il rumore aspro di una moto o di un ingranaggio che gira a fatica.

tràtta [f. sost. del part. pass. di *trarre*] s. f. **1** (*raro*) Atto del trarre | (*raro*) Tirata, strappo: *dare una t. alla rete*. **2** †Tratto (*anche fig.*): *una t. di fune*; *una t. di tempo*. **3** †Schiera, fila: *dietro alla processione dei giovani segue una lunghissima t. di popolo in calca* (BARTOLI) | †*Far t.*, accorrere in folla. **4** †Facoltà di esportare merci e l'esportazione medesima: *la t. del grano*. **5** Mercato illegale di persone: *la t. dei negri, degli schiavi* | *La t. delle bianche*, adescamento di donne che vengono avviate alla prostituzione in paesi stranieri. **6** †Estrazione a sorte | †*Far t.*, eleggere tirando a sorte | †*Per t.*, per sorte. **7** Titolo di credito all'ordine ed esecutivo contenente l'ordine di pagare una somma a una data scadenza al legittimo portatore | *T. di favore*, creata senza che esista un effettivo rapporto di credito fra traente e prenditore | *T. documentata*, nella compravendita di merci viaggianti, quella presentata alla banca per lo sconto con annessi i documenti relativi alle merci.

trattàbile [vc. dotta, lat. *tractābile(m)*, da *tractāre* 'trattare'] agg. **1** Che si può trattare: *un argomento t.*; *un prezzo t.* CONTR. Arduo. **2** Che può essere lavorato: *metallo t.* | (*est.*) Pieghevole, molle: *t. come la cera*. **3** (*fig.*) Di persona affabile con cui si può trattare o conversare. CONTR. Intrattabile. || †**trattabilménte**, avv.

trattabilità [vc. dotta, lat. *tractabilitāte(m)*, da *tractābilis* 'trattabile'] s. f. ● Qualità di ciò che è trattabile | (*fig.*) Arrendevolezza, affabilità. CONTR. Intrattabilità.

trattaménto [da *trattare*] s. m. **1** Modo del trattare | Maniera di accogliere qc.: *usare agli ospiti un t. di riguardo* | *Usare un buon t.*, usare riguardi, attenzioni, spec. nei confronti di lavoratori subordinati. **2** Modo con cui si soddisfano clienti di alberghi, ristoranti e sim.: *un t. signorile, familiare*. **3** Atto, effetto del trattare: *il t. termico di un metallo* | (*elab.*) *T. automatico delle informazioni*, l'insieme delle operazioni quali trasmissione, conversione, elaborazione e sim. svolte automaticamente sulle informazioni, opportunamente formalizzate e materializzate in supporti, dagli appositi sistemi. **4** Nell'elaborazione di un soggetto cinematografico, fase intermedia fra la scaletta e la sceneggiatura vera e propria. **5** (*med.*) †Trattato, negoziamento. **6** (*dir.*) *T. di fine rapporto*, quota di retribuzione accantonata nel corso del rapporto di lavoro e corrisposta al dipendente alla cessazione dello stesso. **7** †Trattazione, discorso. **8** †Macchinazione.

trattàre [lat. *tractāre*, ints. freq. di *trăhere* 'trarre'] **A** v. tr. **1** Discutere, esporre, sviluppare un tema, un argomento a voce o per iscritto: *l'oratore ha trattato questioni attuali*; *fu antico costume delle Chiese orientali di trattare le cose de' concilii nell'adunanza pubblica di tutti* (SARPI) | *T. la pace*, cercare di ottenerla con negoziati. **2** Fare oggetto di un dato comportamento, modo di procedere e sim.: *t. male un seccatore, un dipendente*; *lo ha trattato come un figlio* | *T. con affabilità*, usando riguardi, gentilezze | *T. dall'alto in basso*, con superbia, arroganza | *T. coi guanti*, con riguardo | *T. gli avventori, i clienti*, avere a che fare con loro e cercare di soddisfare le loro richieste, detto di albergatori, commercianti | Accogliere, ospitare, provvedere al vitto e all'alloggio: *in quell'albergo trattano bene i turisti*. **3** Concludere, portare a termine: *t. un affare, una pratica* | (*raro*) *T. un negozio*, negoziare. **4** (*raro*) Praticare, frequentare: *t. ogni genere di persone*. **5** Lavorare, manipolare una sostanza, un materiale: *t. la lana*; *t. le conserve con coloranti chimici*; *t. con acido nitrico*. **6** (*lett.*) Toccare, maneggiare | (*poet.*) Accarezzare, palpare | Maneggiare per adoperare, usare in un lavoro, un mestiere, un'attività | *T. le armi, il pennello*, fare il militare, il pittore | (*fig.*) *T. cause*, fare l'avvocato | †*T. strumenti musicali*, suonarli | †Esercitare un ufficio | †Amministrare, curare affari. **7** (*med.*) Curare. **B** v. intr. (aus. *avere*) **1** Discutere, discorrere: *non t. solo di ciò che ti preme* | Dissertare, ragionare: *t. della decadenza di Roma* | Avere per argomento: *il libro tratta delle vicende politiche del dopoguerra*; *di che cosa tratta quel film?* | Usato impers. per puntualizzare l'essenza, la vera natura di q.c.: *dimmi di che cosa si tratta*; *penso che si tratti di uno scherzo* | *Si tratta di decidere immediatamente*, è fondamentale | *Si tratta del mio avvenire*, è in gioco. **2** Avere a che fare, intrattenere relazione, frequentare: *t. con gente fidata* | *Con lui non si può t.*, ha un carattere difficile, intollerante. **3** †Cercare, tentare, procurare: *t. di partire*. **C** v. rifl. ● Governarsi, curarsi, vivere: *trattarsi bene nel mangiare, nel vestire*; *si tratta da principe*.

trattàrio [da *tratta*, nel sign. 7] s. m. ● Nella cambiale tratta, colui che riceve l'ordine di pagare. SIN. Trassato.

†**trattàta** [f. sost. del part. pass. di *trattare*] s. f. **1** Trattamento. **2** Macchinazione.

trattatista s. m. e f. (pl. m. *-i*) ● Chi si è occupato scientificamente di un dato argomento scrivendo un trattato o una serie di trattati: *è un t. che si occupa di botanica*; *i trattatisti del Seicento*.

trattatìstica [da *trattato* (*2*) nel sign. 1] s. f. ● L'insieme dei trattati che riguardano una disciplina o che appartengono a una determinata epoca: *la t. medica*; *la t. medioevale*.

trattatìva [da *trattare*] s. f. **1** Pratica preliminare di colloqui e conversazioni per risolvere questioni importanti, affari e sim.: *aprire, interrompere, riprendere una t.*; *iniziare la t. per la pace*. **2** (*al pl.*) Negoziato: *si sono concluse le trattative fra i due Stati*.

trattativìṣmo [da *trattativa*] s. m. ● Tendenza a privilegiare la trattativa nella risoluzione di situazioni e problemi.

trattàto (**1**) part. pass. di *trattare*; anche agg. ● Nei sign. del v.

trattàto (**2**) [vc. dotta, lat. *tractātu(m)*, da *tractāre* 'trattare'] s. m. **1** Esposizione metodica di una dottrina o di una parte di essa: *t. di geometria, di logica, di grammatica*. **2** †Monografia | †Dissertazione. **3** Atto consensuale con cui più soggetti di diritto internazionale risolvono problemi o disciplinano materie di comune interesse: *firmare, ratificare un t.* | *T. aperto*, cui possono venire successivamente a far parte altri soggetti di diritto internazionale | *T. chiuso*, di cui possono fare parte solo i contraenti originari. SIN. Accordo, convenzione, patto. **4** †Congiura, macchinazione. || **trattatèllo**, dim. | †**trattatétto**, dim. | **trattatino**, dim.

trattatóre [vc. dotta, lat. *tractatōre(m)*, da *tractātus* 'trattato'] s. m. (f. *-trice*) **1** (*raro*) Chi tratta un accordo, un affare | Negoziatore. **2** †Autore di un trattato o di una monografia. **3** †Macchinatore.

trattazióne [vc. dotta, lat. *tractatiōne(m)*, da *tractātus* 'trattato'] s. f. **1** Modo, atto del trattare un argomento: *una t. ampia, diligente* | Scritto in cui viene trattato q.c.: *una t. di fisica*. SIN. Dissertazione. **2** †Trattamento. **3** †Trattativa.

tratteggiaménto s. m. ● Modo, atto del tratteggiare (*anche fig.*): *il t. di una situazione* | †*T. di penna*, ghirigoro.

tratteggiàre [da *tratto* (*2*) con suff. verb. iter.] **A** v. tr. (*io trattéggio*) **1** Tirare, tracciare linee brevi e molto vicine | Abbozzare: *t. un paesaggio* | *T. una linea*, segnarla con dei tratti. **2** (*fig.*) Descrivere, rappresentare a voce o per iscritto in modo vivo ed efficace: *t. una scena, la figura di un personaggio*. **3** †Motteggiare, colpire con frizzi. **B** v. intr. (aus. *avere*) ● (*raro*) Fare, tracciare dei tratti.

tratteggiàta [f. sost. del part. pass. di *tratteggiare*] s. f. ● Linea ottenuta col tratteggio.

tratteggiàto part. pass. di *tratteggiare*; anche agg. **1** Nei sign. del v. **2** Disegnato a piccoli tratti di penna, pennello, e sim.: *disegno t.*

tratteggiatùra s. f. ● Atto, effetto del tratteggiare.

trattéggio s. m. ● Tecnica del tratteggiare usata per ottenere ombreggiature nei disegni | (*raro*) Linea a tratti.

trattenére [comp. di *tra-* e *tenere*] **A** v. tr. (coniug. come *tenere*) **1** Far restare, non lasciare andare: *t. qc. a pranzo*; *ci ha trattenuti con una scusa* | (*est.*) Far perdere tempo: *t. qc. con chiacchiere, discorsi inutili*. **2** Intrattenere, far passare il tempo piacevolmente: *non sapere come t. gli ospiti*; *t. con un po' di musica*. **3** Tenere in un luogo, tenere a bada: *t. la palla*; *t. gli invasori*. **4** Tenere più a lungo presso di sé, astenersi dal consegnare: *t. lo stipendio, una lettera*; *t. un abito in riparazione* | *T. una comunicazione*, non spedirla, non farla arrivare | (*est., lett.*) Tenere. CONTR. Consegnare. **5** Sottrarre da una somma: *trattenete il venti per cento d'interesse*. **6** Impedire, distogliere qc. dal dire o fare q.c.: *ci trattennero dal protestare*; *non so che cosa mi trattenga dal dirgli il fatto suo*. **7** Sforzarsi di tenere dentro di sé: *t. il pianto, le lacrime* | *T. l'impeto*, attenuarlo. **8** (*raro*) Tenere al proprio servizio, stipendiare. **B** v. rifl. ● Frenarsi, astenersi: *non seppe trattenersi dal ridere*. **C** v. intr. pron. ● Fermarsi per un tempo più o meno lungo (*anche fig.*): *ci tratterremo in campagna pochi giorni*; *trattenersi su un argomento* | Restare ancora, indugiare | †*Trattenersi con qc.*, dimorare con qc.

tratteniménto s. m. **1** Il trattenere o il trattenersi

| Indugio. *2* Divertimento, passatempo con cui si intrattiene qc. | Festa: *t. musicale* | Ricevimento: *un t. con molti invitati.* *3* Mantenimento sotto le armi di personale di leva o di complemento, oltre la scadenza del servizio obbligatorio, per esigenze di mobilitazione o altri motivi contingenti. *4* †Provvisione, stipendio.

trattenitóre s. m. (f. *-trice*) *1* (*raro*) Chi trattiene. *2* (*raro*) Chi intrattiene, fa compagnia, accompagna un ospite.

trattenùta [f. sost. del part. pass. di *trattenere*] s. f. ● Parte della remunerazione di un lavoratore che non viene corrisposta, ma direttamente versata dal datore di lavoro a enti pubblici per il pagamento di imposte o di contributi.

trattenùto part. pass. di *trattenere*; anche agg. ● Nei sign. del v.

†**trattévole** agg. ● Che si può trattare.

trattìno s. m. *1* Dim. di *tratto* (*2*). *2* Lineetta che divide o unisce una parola Il *trattino* si usa per dividere le parti di una parola composta (specialmente quelle che sono collegate in maniera occasionale) o in alcune locuzioni usate soprattutto nel linguaggio giornalistico: *dizionario italiano-francese*; *tecnico-pratico*; *un processo di auto-adattamento*; *il rapporto maggioranza-opposizione*; *il divario Nord-Sud*. Le parole composte ormai consolidate nell'uso non richiedono il trattino: *autobiografia, extraconiugale*. Il trattino si usa anche per dividere una parola in fin di riga e per scandire la divisione di una parola in sillabe: *ru-mo-re*. Nel caso di parola composta contenente trattino da dividere in fin di riga, è meglio ripetere due volte il trattino, sia alla fine della riga che all'inizio della riga seguente, per conservare l'informazione relativa al trattino che altrimenti andrebbe perduta con la semplice indicazione del trattino indicante divisione di sillaba: perciò sarà bene dividere *fox--terrier* in *fox-/-terrier* (V. nota d'uso SILLABA). Un tratto più lungo, detto anche *lineetta*, serve a isolare un inciso all'interno di una frase o, analogamente alle virgolette, per aprire e chiudere un dialogo: *– Avanti, avanti – mi invitò* (V. nota d'uso PUNTEGGIATURA).

trattìvo [da *tratto* (*1*)] agg. ● (*raro*) Che serve a trarre.

tràtto (**1**) part. pass. di *trarre*; anche agg. *1* Nei sign. del v. *2* *A spada tratta*, con la spada sguainata e (*fig.*) in modo deciso, risoluto, battagliero.

tràtto (**2**) [lat. *trăctu(m)*, da *trăhere* 'trarre'] **A** s. m. *1* (*raro*) Il tirare | (*raro*) Tirata: *un t. di corda* | (*raro*) *Dare il t. alla bilancia*, fare in modo che tracolli e (*fig.*) indurre a risolvere, decidere una questione | (*raro*) *Dare gli ultimi tratti*, gli ultimi movimenti del corpo del moribondo | (*raro*) Tiro, colpo: *un t. d'arco*; *un t. di mano*; *essere condannati a cinque tratti di corda* | (*fig.*) †Tiro, trovata | †Frecciata, frizzo, arguzia. *2* Tocco di penna, matita, pennello, ecc.: *disegnare a tratti larghi* | *A grandi tratti*, (*fig.*) in modo rapido, essenziale | Segno, linea più o meno piccola: *un t. di penna sulla carta* | (*tip.*) Tipo di incisione zincografica a linea continua: *cliché al t.* *3* Maniera di procedere, di comportarsi: *avere un t. garbato*; *ha un t. simpatico nel conversare*; *l'amabilità del t.* | (*raro*) Gesto | (*fig.*) Moto, impulso: *un t. di bontà, di gentilezza.* *4* Parte, spazio, striscia, pezzo: *un t. di cielo, di mare*; *percorrere un t. di strada*; *un t. di tubo* | Distanza: *per lungo t.*; *un t. di due giorni di cammino* | Pezzo, brano di uno scritto: *rileggere un t. di racconto* | Spazio di tempo, momento, periodo: *per un certo t. furono amici* | *A tratti*, a intervalli | *A un t., d'un t., tutto a un t.*, in un momento, all'improvviso: *i carrozzoni della ferrovia sbucavano tutt'a un t. sul pendio del colle* (VERGA) | *Di t. in t.*, ogni tanto | (*raro*) *Al t., di primo t.*, subito | *Nel medesimo t.*, in quel momento, in una volta | †*Innanzi t.*, per prima cosa, prima di tutto | †*Prendere il t.*, prendere tempo | †Occasione, momento buono: *non perdere il t.*; *lasciare il t.* *5* Nella liturgia cattolica, canto di versetti, dopo l'epistola, in luogo dell'alleluia, dalla Settuagesima alla Pasqua. *6* (*ling.*) Unità semantica minima non suscettibile di realizzazione indipendente. *7* (*spec. al pl.*) Lineamenti: *i tratti del volto* | (*fig.*) Caratteristiche, elementi distintivi: *i tratti di un periodo storico.* **B** avv. ● (*iter., lett.*) Di momento in momento, ogni tanto. || **trattìno**, dim. (V.) | **trattùzzo**, dim. pegg.

trattóre (**1**) [da *tratto* (*1*)] s. m. (f. *-trice*) *1* Chi trae. *2* Operaio addetto alla trattura della seta. *3* †Tiratore: *t. d'arco.*

trattóre (**2**) [da *trarre*, sull'esempio del corrispondente fr. *tracteur*, dal lat. *trăctus*, part. pass. di *trăhere*] s. m. ● Veicolo munito di cingoli o di ruote con speciali pneumatici o alette per far presa sul terreno, mosso da motore a combustione interna e adibito al traino su strada o su terreno impervio di carichi pesanti o di attrezzi agricoli | *T. d'artiglieria*, per il traino meccanico dei pezzi. ➡ ILL. p. 353 AGRICOLTURA. || **trattorìno**, dim.

trattóre (**3**) [adattamento del fr. *traiteur*, da *traiter* 'trattare, negoziare'] s. m. (f. *-trice*, pop. *-tora*) ● Gestore di trattoria.

trattorìa (**1**) [da *trattore* (*1*)] s. f. ● Filanda per la trattura della seta.

trattorìa (**2**) [da *trattore* (*3*)] s. f. ● Locale pubblico ove si dà da mangiare a pagamento: *prendere i pasti di mezzogiorno alla t.*

trattorìsta [da *trattore* (*2*)] s. m. e f. (pl. m. *-i*) ● Chi è esperto nell'uso dei trattori, spec. agricoli.

†**trattóso** [da *tratto* (*2*) nel senso di 'motto spiritoso'] agg. *1* Di bel tratto. *2* Arguto, spiritoso.

trattrìce (**1**) [variante f. (sottinteso *macchina*) di *trattore* (*2*)] s. f. ● Trattore, spec. per usi agricoli | *T. stradale*, per il traino di rimorchi.

trattrìce (**2**) [da *trarre*, perché (curva) *tratta*] s. f. ● (*mat.*) Curva piana per la quale risulta costante il segmento di tangente compreso fra il punto di tangenza e una retta fissa.

trattùra [lat. tardo *tractūra(m)* 'azione di trarre, tirare (*trăhere*, part. pass. *trăctus*)'] s. f. ● Operazione di dipanatura dei bozzoli del baco da seta che si fa nelle filande immergendo i bozzoli in acqua calda contenuta in apposite bacinelle.

trattùro [risposta dial. (merid.) del lat. *tractōrium*, da *trăctus*, part. pass. di *trăhere* 'trarre, tirare' con allusione discussa: sottinteso *īter* 'cammino (tracciato)' (?)] s. m. ● Sentiero naturale percorso dalle greggi.

†**traucc\ìdersi** [comp. di *tra-* e *uccidersi*] v. rifl. rec. ● Uccidersi gli uni con gli altri.

traudìre [comp. di *tra-* e *udire*] **A** v. intr. (coniug. come udire; aus. *avere*) ● †Udire una cosa per un'altra: *le maghe che incantando / fan travedere, e traudir ciascuno* (TASSO). **B** v. tr. ● (*lett.*) Udire a tratti.

tràuma [gr. *trâuma*, da *titrṓskein* 'offendere', di origine indeur.] s. m. (pl. *-i*) *1* (*med.*) Lesione determinata da una causa violenta, anche nel campo psichico. *2* (*est.*) Forte emozione | Evento negativo che deprime, che abbatte gravemente: *il licenziamento è stato un vero t. per lui* | Brusco sconvolgimento: *un t. politico.*

traumàtico [gr. *traumatikós*, da *trâuma*] agg. ● Di trauma, relativo a trauma. || **traumaticaménte**, avv.

traumatismo [comp. del gr. *trâuma*, genit. *tráumatos* 'ferita, trauma', e *-ismo*] s. m. ● (*med.*) Effetto di un trauma.

traumatizzànte part. pres. di *traumatizzare*; anche agg. ● Nei sign. del v. (*anche fig.*): *la perdita del lavoro è stata per lui un'esperienza t.*

traumatizzàre [gr. *traumatízein* 'procurare una ferita (*trâuma*, genit. *tráumatos*)'] v. tr. *1* (*med.*) Far subire trauma. *2* (*fig.*) Impressionare fortemente, sconvolgere.

traumatizzàto **A** part. pass. di *traumatizzare*; anche agg. ● Nei sign. del v. (*anche fig.*). **B** s. m. (f. *-a*) ● Chi ha subìto un trauma.

traumatologìa [comp. del gr. *trâuma*, genit. *tráumatos*, e *-logia*] s. f. (pl. *-gie*) ● (*med.*) Branca della medicina che studia gli effetti dei traumi e la loro cura.

traumatològico agg. (pl. m. *-ci*) ● (*med.*) Relativo a traumatologia: *centro t.*

traumatòlogo s. m. (f. *-a*; pl. m. *-gi*, pop. *-ghi*) ● (*med.*) Specialista in traumatologia.

†**travàglia** [da *travagliare*] s. f. ● Travaglio, tormento.

travagliaménto s. m. *1* (*raro*) Modo, atto, effetto del travagliare o del travagliarsi. *2* †Cambiamento.

travagliàre [fr. *travailler*, dal lat. **tripaliāre* 'tormentare col *tripālium*, strumento di tortura, formato da tre (*trēs*) pali (*pāli*)'] **A** v. tr. (*io travàglio*) *1* Dare patimento fisico: *la malattia lo travaglia* | Recare molestia, sofferenza: *oimè, se quest'è amor, com'ei travaglia* (LEOPARDI) | Tormentare spiritualmente (*anche ass.*) | †Affaticare. *2* Scuotere in modo violento un'imbarcazione, detto del vento o della tempesta. *3* †Lavorare | †*T. la terra*, lavorarla. *4* †Trattare. **B** v. intr. (aus. *avere*) *1* (*lett.*) Affannarsi, affaticarsi | Affliggersi. *2* (*lett.*) Soffrire fisicamente, tribolare | (*lett.*) Tormentarsi: *l'autore ... si travaglia con la più grande serietà* (DE SANCTIS). **C** v. intr. pron. *1* †Alterarsi, cambiarsi. *2* †Impicciarsi, intrigarsi dei fatti altrui.

†**travagliatìvo** [da *travagliare* nel sign. di 'lavorare'] agg. ● Operoso.

travagliàto part. pass. di *travagliare*; anche agg. ● Nei sign. del v. || **travagliataménte**, avv. (*lett.*) In modo travagliato: *vivere travagliatamente.*

travagliatóre s. m.; anche agg. (f. *-trice*) *1* (*raro*) Chi, che travaglia. *2* †Giocoliere, giullare.

travàglio (**1**) [da *travagliare*] s. m. *1* (*lett.*) Lavoro duro, faticoso, penoso. *2* Angoscia, dolore, pena: *il t. del dubbio*; *la fortuna già molt'anni m'ha sempre tenuto oppresso in ... continui travagli* (CASTIGLIONE) | Tormento: *il t. della fame, della sete.* *3* Sofferenza fisica, male: *t. di stomaco* | *T. di parto*, complesso dei fenomeni che accompagnano l'espulsione del feto dall'utero e che provocano nella donna sensazioni dolorose.

†**travàglio** (**2**) [adattamento del fr. *travail*, da *travailler*, che ha assunto il senso di 'lavorare' dopo quello di '(af)faticare, *travagliare* (V.)'] s. m. ● Lavoro.

travàglio (**3**) [lat. tardo *trepāliu(m)* 'che è composto di tre (*trēs*) pali (*pāli*)', con sovrapposizione di *trave*] s. m. ● Attrezzatura costituita da materiali diversi per tener fermi gli animali durante gli interventi terapeutici, la monta o la ferratura.

travaglióso [da *travaglio* (*1*)] agg. *1* (*raro*) Che causa pena, dolore, travaglio: *viaggio t.* | Angoscioso: *passione travagliosa.* *2* †Attivo, laborioso. || **travagliosaménte**, avv.

†**travalcàre** ● V. *travalicare.*

travalicaménto s. m. ● (*raro*) Modo e atto del travalicare.

travalicàre o †**travalcàre**, †**travarcàre** [lat. tardo *transvaricāre* 'divaricare le gambe camminando', comp. di *trāns-* raff. e *varicāre* 'valicare'] **A** v. tr. e intr. (*io travàlico, tu travàlichi*; aus. *avere*) *1* (*lett.*) Valicare andando oltre: *t. monti, colli, valli.* *2* †Trasgredire: *t. un comando.* **B** v. intr. (aus. *avere*) ● Passare: *t. da un'idea all'altra* | (*spec. fig.*) Passare i limiti, esagerare: *badiamo a non t.*; *qui si sta travalicando.*

travalicatóre s. m.; anche agg. (f. *-trice*) ● (*raro*) Chi, che travalica (*spec. fig.*).

travaménto [da *trave*] s. m. ● (*raro*) Travatura.

†**travarcàre** ● V. *travalicare.*

travasàbile agg. ● Che si può o si deve travasare: *vino t.*

travasaménto s. m. ● (*raro*) Travaso: *t. del vino*; *t. di sangue.*

travasàre o †**trasvasàre** [comp. di *tra-* e del denominale di *vaso*] **A** v. tr. *1* Versare un liquido da uno ad altro recipiente, spec. per separarlo da fecce e altre eventuali parti solide: *t. il vino, l'olio.* *2* (*fig.*) Versare, trasferire, far passare: *ha travasato in quest'opera tutta la sua cultura.* *3* †Trasportare q.c. da un luogo ad un altro: *t. le masserizie.* **B** v. intr. pron. *1* Versarsi, uscire da ciò che lo contiene, detto di un liquido: *in questo modo l'olio trabocca e si travasa.* *2* (*fig., lett.*) Passare da un luogo a un altro, da una persona a un'altra.

travasatóre s. m.; anche agg. (f. *-trice*) ● Chi, che travasa.

travasatrìce s. f. ● Pompa per travasare, spec. il vino.

travàso [da *travasare*] s. m. *1* Atto, effetto del travasare o del travasarsi (*anche fig.*): *il t. di un liquido*; *fare un t.* | *Il t. delle idee*, (*fig.*) la diffusione delle idee per mezzo della stampa. *2* In enologia, operazione con la quale il vino viene separato dal materiale solido che si deposita, nel corso della conservazione, sul fondo del recipiente. *3* In apicoltura, trasferimento completo di un'intera famiglia di api da un'arnia a un'altra. *4* (*med.*) Fuoruscita: *t. di bile, di sangue.*

travàta [da *trave* con suff. coll.] s. f. *1* (*edil.*) In una costruzione, trave cui sia affidato l'ufficio statico principale | Travatura. *2* (*mil.*) Riparo, sostegno o puntellamento fatto con travi o blinde.

travàto [da *trave*, anche nel senso di 'pastoia (al piede del cavallo)'] **agg.** *1* Fatto, rinforzato o sostenuto con travi. *2* Detto di cavallo con balzana all'arto anteriore e posteriore dello stesso lato: *cavallo t.*; *balzano t.*

travatùra [da *trave*] **s. f.** *1* Azione del collocare e sistemare le travi di una struttura: *procedere alla t. del soffitto.* *2* Ossatura in travi lignee o metalliche di un solaio, di un ponte e sim.

tràve o †**tràbe** [lat. *trăbe(m)*, di etim. incerta] **s. f.** o dial. †**m.** *1* Grosso e lungo fusto d'albero o elemento costruttivo simile in metallo o cemento armato, impiegato come struttura portante nelle costruzioni edilizie: *le travi del tetto*; *puntellare con travi un muro pericolante*; *t. profilata a T, a U, a L*; *t. articolata* o *snodata* | *T. armata*, rinforzata da intelaiature esterne o interne | *T. di coda*, in aeronautica, struttura che, mancando la fusoliera, collega la velatura principale alla coda dell'aereo, sostenendovi generalmente gli organi di stabilità e di governo | (*fig.*) *Fare d'ogni fuscello una t.*, ingigantire ogni piccola cosa | (*fig.*) *Non vedere la t. nel proprio occhio*, non accorgersi dei propri difetti. *2* Attrezzo in uso nella ginnastica, analogo all'asse di equilibrio. || **travétta**, **dim.** | **travétto**, **dim. m.** (V.) | **travicèlla**, **dim.** | **travicèllo**, **dim. m.** (V.) | **travóne**, **accr. m.**

travedére o †**tranṣvedére** [comp. di *tra-* e *vedere*] **v. intr.** (coniug. come *vedere*; aus. *avere*) *1* Vedere una cosa per un'altra, prendere un abbaglio: *t. per la stanchezza.* *2* (*fig.*) Essere indotto in errore da un sentimento, una passione e sim.: *t. per l'odio, l'amore, l'ira* | *T. per qc.*, amarlo tanto da illudersi sui suoi effettivi meriti, ignorandone volutamente pecche, difetti e sim. *3* †Intravvedere.

†**travediménto** **s. m.** ● Modo e atto del travedere.

travéggole [da *traveggo* per *travedo*, vc. verb. sost.] **s. f. pl.** ● Solo nella loc. *avere le t.*, vedere una cosa per l'altra, ingannarsi nel vedere e (*est.*, *fig.*) ingannarsi, prendere un abbaglio.

tràveller's chèque /'traveller 'tʃɛk, *ingl.* 'trævləz 'tʃek/ [vc. ingl., letteralmente 'assegno (*cheque*, di etim. incerta) del viaggiatore (*traveller's*, da *to travel* 'viaggiare', di origine fr.)'] **loc. sost. m. inv.** (pl. ingl. *traveller's cheques*) ● Assegno turistico a circolazione internazionale, rilasciato dalle principali banche contro versamento dell'importo corrispondente, pagabile presso una filiale all'estero purché su di esso compaiano due firme della persona a favore della quale l'assegno viene emesso.

travèrsa [lat. *transvĕrsa(m)*, agg. dal part. pass. di *transvĕrtere* 'volgere (*vĕrtere*) attraverso (*trāns-*)' con vari s. f. sottintesi] **s. f.** *1* Nelle orditure orizzontali costituite da due ordini di travi disposte secondo due direzioni in genere ortogonali, ciascuna delle travi trasversali che di regola sorreggono quelle longitudinali. *2* Elemento orizzontale di legno variamente sagomato, intagliato, tornito, che congiunge e consolida i sostegni spec. di tavoli e sedili e le guide della spalliera di alcuni sedili a giorno: *le traverse del letto*; *la t. della sega* | *T. della ringhiera*, lunga barra orizzontale nella quale sono infissi i ferri verticali. *3* (*ferr.*) Sbarra in legno, acciaio dolce o calcestruzzo armato, avente lo scopo di collegare trasversalmente le due file di rotaie assicurandone lo scartamento e di distribuire sul pietrisco lo sforzo trasmesso dalle rotaie. *4* Nel calcio, sbarra orizzontale che limita in alto la porta | *Colpire la t.*, mancare di poco un goal. *5* (*gener.*) Asse, sbarra, e sim. collocata trasversalmente rispetto a una via, un passaggio, una entrata e sim. per impedirvi l'accesso e il traffico: *chiudere una strada con traverse* | Sbarramento trasversale che in un torrente limita l'asportazione di materiale dal fondo. SIN. Briglia. *6* (*mil.*) Costruzione di muro e terra elevata sui vari terrapieni delle opere di fortificazione, principalmente a difesa dai tiri d'artiglieria d'infilata e di rovescio. ➡ ILL. p. 360 ARCHITETTURA. *7* (*ell.*) Via traversa: *la prima, la seconda t. del viale*; *svoltare in una t.* | (*fig.*) †Mezzo indiretto, scorretto, sleale e sim. | (*raro*) †Via che attraversa una regione. *8* Telo o lenzuolo ripiegato posto di traverso nel letto di un bambino, di un ammalato, per maggior pulizia. *9* Profilato orizzontale, fisso o mobile, che si applica nei telai dei serramenti. *10* (*lett.*) †Manrovescio. || **traversétta**, **dim.** | **traversina**, **dim.** (V.) | **traversóne**, **accr. m.** (V.).

traversàgno [da *traverso* con suff. agg.] **s. m.** ● Legno forato che forma l'ingegno per la pesca del corallo.

traversàle [da *traverso*] **agg.** ● (*raro*) Trasversale. || †**traversalménte**, **avv.** (*raro*) Trasversalmente.

traversaménto [da *traversare*] **s. m.** ● (*raro*) Attraversamento.

traversàre [vc. dotta, lat. *transversāre* 'volgere di qua e di là', comp. di *trāns-* 'attraverso' e *versāre*, ints. di *vĕrtere* 'volgere'] **A** **v. tr.** (*io travèrso*) *1* Attraversare (*anche fig.*): *t. un paese, un bosco, una regione*; *t. un fiume a nuoto*; *t. la strada, la via*; *t. un ponte.* SIN. Passare. *2* Mettere, stendere, tirare per traverso | *T. una nave*, nel linguaggio dei marinai, metterla in direzione perpendicolare a quella del vento e parallela a quella delle onde | *T. l'ancora*, nelle operazioni di recupero della stessa, disporla orizzontalmente per collocarla sul ponte o nel suo alloggio | (*ass.*) *T. al centro*, nel calcio, effettuare un traversone, crossare. *3* In alpinismo, eseguire una traversata | (*ass.*) *T. alla corda*, spostarsi lateralmente lungo un tratto di roccia non percorribile in arrampicata. **B** **v. intr.** ● (*poet.*) †Scorrere, passare di traverso: *a piè del Casentino / traversa un'acqua c'ha nome l'Archiano* (DANTE *Purg.* V, 94-95).

traversàta [da *traversare*] **s. f.** *1* Atto, effetto del traversare un luogo, uno spazio e sim.: *la t. di una città*; *la t. del Sahara* | *T. del deserto*, (*fig.*) processo lungo e faticoso attraverso il quale si cerca di realizzare cambiamenti spec. in campo sociale o politico | Viaggio compiuto con mezzi marittimi o aerei seguendo un itinerario che colleghi direttamente il luogo di partenza a quello di arrivo: *la t. dell'Atlantico, della Manica, di uno stretto*; *con i moderni aerei la t. da Parigi a New York dura poche ore* | (*ass.*) Navigazione: *abbiamo avuto un'ottima t.*; *durante tutta la t. ho dormito.* *2* Competizione podistica o di nuoto: *t. di una città*; *t. della Manica* | *T. podistica*, gara di corsa a piedi che si svolge attraverso alcuni quartieri di una città. *3* Nella ginnastica, passaggio da una fune o da una pertica a un'altra. *4* In alpinismo, spostamento laterale in parete con una particolare tecnica di arrampicata in cui si spostano prima le braccia e poi le gambe: *t. in parete* | *T. pendolare*, quando il tratto da superare lateralmente non è percorribile in arrampicata ed occorre eseguire un pendolo | Ascensione in cui la salita avviene per un versante e la discesa per il versante opposto.

traversìa [sp. *trave(r)sía*, da *travieso* 'attraverso' e quindi 'contrario'] **s. f.** *1* (*mar.*, *raro*) Vento che soffia perpendicolarmente alla rotta di una nave | Vento che soffia perpendicolarmente al lido di una determinata località, provocando, se violento, gravi danni agli ormeggi, allo sbocco dei fiumi, al fondale dei porti e sim. *2* (*spec. al pl.*, *fig.*) Disavventura, disgrazia, contrarietà: *le traversie della vita.* SIN. Avversità, sventura.

traversìna **s. f.** *1* Dim. di *traversa.* *2* (*ferr.*) Traversa di binario.

traversìno [da *traverso*] **s. m.** *1* (*mar.*) Cavo d'ormeggio posto in senso trasversale alla nave. *2* Capezzale | (*mil.*) Guanciale del posto letto dei soldati. *3* Nel gioco del biliardo, colpo col quale si fa percorrere due volte, alla palla, il piano: *fare un t.*

travèrso [lat. *transvĕrsu(m)*, propriamente part. pass. di *transvĕrtere* 'volgere (*vĕrtere*) di qua e di là (*trāns-*)'] **A** **agg.** *1* Trasverso, trasversale, obliquo (*anche fig.*): *barra, linea traversa* | (*raro*) *Colpo t.*, manrovescio | *Via traversa*, via trasversale, strada secondaria che ne attraversa una principale o si dirama lateralmente da essa; (*est.*) scorciatoia; (*fig.*) modo coperto e non corretto, non leale e sim. di raggiungere un determinato scopo: *agire, procedere per vie traverse* | (*fig.*) †*Spese traverse*, accessorie. *2* (*raro*) Di ciò che è considerato nel senso della larghezza e non della lunghezza, spec. in misure e sim.: *nel bicchiere ci sono due dita traverse di vino* | (*fig.*) †Forte, robusto, quadrato. *3* (*raro*, *fig.*) Sgradevole, spiacente, sgradito: *parola traversa.* *4* (*raro*, *fig.*, *lett.*) Avverso, nemico: *fato t.*; *caso t.* *5* †Perverso. || **traversaménte**, **avv.** (*raro*) Obliquamente. **B** **s. m.** *1* Estensione di un corpo considerato nella sua larghezza | *A t.*, V. *attraverso* | *Sul t.*, sulla parte larga di q.c. | *Per il t.*, nel senso della larghezza | *Di, per, a t.*, trasversalmente, obliquamente: *buttarsi di t. sul letto*; *piegare un foglio per t.*; *giunse a t. il colpo disperato, / e il scudo ... al mezzo taglie* (BOIARDO) | *Andare di t.*, detto di cibo o bevanda, finire nella laringe provocando un senso di soffocamento più o meno lungo e grave; (*fig.*) detto di ciò che va male, a rovescio, in modo contrario a quello che si desiderava | *Guardare qc., q.c. di t.*, con occhiate oblique; (*fig.*) con intenzioni o sentimenti malevoli | *Prendere q.c. di t.*, (*fig.*) intenderla o interpretarla male. *2* (*mar.*) Fianco, lato: *presentare il t. alle onde* | *Di t.*, di fianco: *prendere il vento di t.* | *Mettersi al t.*, prendere il mare di fianco. ➡ ILL. p. 1291 SPORT. *3* †Manrovescio.

traversóne **A** **s. m.** *1* Accr. di *traversa.* *2* (*raro*) Maestrale. *3* Nel calcio, lancio del pallone da un punto laterale del campo verso la linea mediana, generalmente presso la porta avversaria: *effettuare un t.* | Nel pugilato, colpo portato dall'esterno verso l'interno. SIN. Cross. **B** in funzione di **avv.** ● †Di traverso.

travertìno [lat. *tiburtīnu(m)*, sottinteso *lăpis* '(pietra) di Tivoli (*Tībur*, genit. *Tīburis*)' con sovrapposizione di *trave*] **s. m.** ● (*miner.*) Calcare di deposito chimico a struttura concrezionata spugnosa.

travestì /*fr.* travɛs'ti/ [vc. fr., letteralmente 'travestito', part. pass. di *transvestir* 'travestire'] **s. m. inv.** ● Parte teatrale sostenuta da un attore travestito, di sesso contrario.

travestiménto o (*pop.*) †**stravestiménto**. **s. m.** *1* Modo, atto ed effetto del travestire o travestirsi. *2* Ciò con cui si traveste o ci si traveste.

travestìre o †**stravestìre** [comp. di *tra-* e *vestire*] **A** **v. tr.** (*io travèsto*) *1* Vestire qc. in modo del tutto diverso dal solito, sì da renderlo irriconoscibile: *t. qc. da donna.* *2* (*fig.*) Cambiare, mutare, trasformare profondamente q.c.: *t. un tema musicale* | *T. un poema*, farne la parodia. **B** **v. rifl.** *1* Indossare un abito di foggia assai diversa da quella usuale, in modo da non essere riconosciuto: *travestirsi per un ballo mascherato.* *2* (*fig.*) Nascondere la propria vera natura assumendo atteggiamenti o fingendo idee, sentimenti e sim. profondamente diversi dai propri: *è un lupo che si traveste da agnello.*

travestitìsmo [comp. di *travestit(o)* e *-ismo*] **s. m.** ● Tendenza, che può accompagnarsi all'omosessualità, a indossare abiti propri dell'altro sesso. SIN. Eonismo.

travestìto o (*pop.*) †**stravestìto**. **A** **part. pass.** di *travestire*; anche **agg.** ● Nei sign. del v. **B** **s. m.** (f. *-a*) *1* Chi manifesta tendenza al travestitismo o lo pratica. *2* Omosessuale maschile che si veste da donna e talvolta si prostituisce | Omosessuale che pratica il travestitismo, anche a scopo di prostituzione.

travestitóre **s. m.**; anche **agg.** (f. *-trice*) ● (*raro*) Chi, che traveste.

travestitùra **s. f.** ● (*raro*) Travestimento.

travèt [dal n. del protagonista della commedia di V. Bersezio *Le miserie d' Monsù Travet*, trapasso del sign. proprio del piemontese *travet* 'travicello'] **s. m. inv.** ● Impiegatuccio subalterno.

travétto **s. m.** *1* Dim. di *trave.* *2* (*edil.*) Elemento in laterizio precompresso, per solai.

traviaménto o †**trasviaménto**. **s. m.** *1* Atto, modo ed effetto del traviare o del traviarsi. SIN. Aberrazione, pervertimento. *2* (*raro*) †Digressione, episodio.

traviàre o †**trasviàre** [propr. 'andare oltre *tra-* la *via*'] **A** **v. tr.** (*io travìo*) *1* (*raro*, *lett.*) Portare fuori strada, allontanare dalla via giusta. *2* (*fig.*) Trascinare al male, corrompere, pervertire: *t. i giovani.* **B** **v. intr.** (aus. *avere*) ● (*raro*, *lett.*) Deviare, uscire dal giusto cammino: *Chi su, chi giù, chi qua, chi là travìa* (ARIOSTO). **C** **v. intr. pron.** ● Allontanarsi dalla retta via, dal bene, dall'onestà e sim.: *si è traviato per colpa delle cattive amicizie.*

traviàto /travi'ato, tra'vjato/ **part. pass.** di *traviare*; anche **agg.** ● Nei sign. del v.

traviatóre **s. m.**; anche **agg.** (f. *-trice*) ● (*raro*) Chi, che travia, corrompe.

travicèllo s. m. *1* Dim. di *trave*. *2* Trave secondaria, appoggiata alle principali e che sostiene a sua volta tavolato o altro: *i travicelli del soffitto* | *Contare i travicelli*, (*fig.*) stare a letto, o per malattia o per pigrizia | *Fare il t.*, *il re t.*, (*fig.*) non riuscire a prendere decisioni o a imporsi agli altri. || **travicellétto**, dim. | **travicellino**, dim. | **travicellóne**, accr.

travisaménto s. m. *1* Atto, modo ed effetto del travisare. *2* Aggravante del reato di furto consistente nel mutare il proprio aspetto al fine di non essere riconosciuto quale autore del detto reato.

travisàre o (*pop.*) **stravisàre** [comp. di *tra-* e da un deriv. di *viso*, propriamente 'alterare l'aspetto'] **A** v. tr. *1* (*raro*) Alterare il viso, l'aspetto di qc. *2* (*fig.*) Alterare, modificare, svisare q.c., spec. presentandola o interpretandola in modo inesatto, soggettivo e parziale: *t. i fatti*, *la storia*, *la realtà* | *T. la verità*, falsarla. SIN. Distorcere, falsare. **B** v. rifl. ● Alterare intenzionalmente il proprio viso, il proprio aspetto, per rendersi irriconoscibile.

†**travolàre** ● V. *trasvolare*.

travolgènte o †**travolvènte**. part. pres. di *travolgere*; anche agg. *1* Nei sign. del v. *2* (*fig.*) Che conquista e trascina irresistibilmente: *eloquenza t.*; *bellezza t.*; *fascino t.*

travòlgere o †**trasvòlgere**, †**travòlvere** [vc. dotta, lat. tardo *transvŏlvere*, comp. di *trāns-* 'al di là' e *vŏlvere* 'volgere', con adatt. alla serie di altri comp. di *volgere*] **A** v. tr. (coniug. come *volgere*) *1* (*raro*, *lett.*) Volgere q.c. per altro verso, allontanarla con forza dalla sua posizione normale | *T. gli occhi*, storcerli | *T. ad altro senso*, travisare forzandolo il significato di q.c. *2* (*est.*) Investire e trascinare con sé violentemente: *la valanga travolse alberi e case* | (*fig.*) Trascinare nella rovina: *la crisi economica ha travolto molte nazioni*. *3* (*est.*, *fig.*) Sopraffare con impeto irresistibile: *l'attacco nemico travolse le ultime resistenze*; *lasciarsi t. dalla passione*, *dall'ira*. **B** v. rifl. ● (*lett.*) Contorcersi.

travolgiménto s. m. *1* Atto, modo ed effetto del travolgere. *2* (*raro*) Disordine, rivolgimento: *travolgimenti sociali*.

†**travoltàre** [da *travolto*] v. tr. e rifl. ● Travolgere.

travòlto part. pass. di *travolgere*; anche agg. *1* Nei sign. del v. *2* (*raro*, *lett.*) Contorto, storto. *3* (*raro*, *lett.*) Deformato, stravolto. || †**travoltaménte**, avv. Stortamente.

†**travòlvere** e *deriv.* ● V. *travolgere* e *deriv.*

trawl /*ingl.* trɔːl/ [vc. ingl., d'origine sconosciuta] s. m. inv. ● Rete a strascico usata dai trawler.

trawler /*ingl.* 'trɔːlə*/ [vc. ingl., da *trawl* 'strascico' (in senso marinaresco), d'origine oscura] s. m. inv. ● Peschereccio con ottime qualità nautiche e una stazza lorda di oltre 500 tonnellate, che è usato nei mari settentrionali d'Europa e d'America per la pesca a strascico, spec. delle aringhe.

trawler-yacht /*ingl.* 'trɔːlə jɔt/ [loc. ingl., comp. di *trawler* (V.) e *yacht* (V.)] s. m. inv. (pl. ingl. *trawler-yachts*) ● Peschereccio da diporto.

trazióne [vc. dotta, lat. *tractiōne(m)*, da *trāctus*, part. pass. di *trăhere* 'trarre'] s. f. *1* Atto, effetto del trarre, del trascinare: *t. su strada*, *su binari*; *gancio di t.*; *mezzo di t.* *2* Forza esercitata da animali o mezzi meccanici su veicoli e sim., atta a determinarne il movimento: *t. animale*, *meccanica*; *la t. dell'elica* | *T. elettrica*, quella che impiega motori elettrici | *Sforzo di t.*, forza che il trattore può esercitare a una data velocità. *3* (*mecc.*) Sollecitazione esercitata su un corpo da due forze uguali e contrarie agenti nel senso della lunghezza ed applicate ai baricentri delle sezioni esterne | (*autom.*) *Autoveicolo a t. anteriore*, *posteriore*, *integrale*, quello in cui il motore agisce, rispettivamente, sulle ruote anteriori, su quelle posteriori, su tutte contemporaneamente. *4* (*med.*) Applicazione di pesi adeguati a segmenti dell'apparato locomotore lesi per fratture ossee o per osteoartrite, così da realizzare allontanamento, stiramento o riallineamento del tratto interessato.

trazzèra [vc. siciliana e calabrese: dal dial. *trazza* 'traccia' (?)] s. f. ● In Sicilia, viottolo che attraverso i campi consente il passaggio di greggi e armenti.

tre /tre*/ [lat. *trēs*, di origine indeur.] agg. num. card. inv.; anche s. m. o f. inv. ● Numero naturale successivo di due, rappresentato da *3* nella numerazione araba, da *III* in quella romana. **I** Come agg. ricorre nei seguenti usi. *1* Rispondendo o sottintendendo la domanda 'quanti?', indica la quantità numerica di tre unità (spec. preposto a un s.): *il mio bambino ha tre anni*; *sono tre giorni che non lo vedo*; *le Parche*, *le Grazie*, *le Furie*, *sono tre*; *si udirono tre squilli di tromba*; *sono le ore dodici e tre minuti primi*; *i tre quarti del prodotto sono stati collocati*; *sono tre volte che ti chiamo*; *ogni giocatore deve avere tre carte*; *gioco tre numeri al lotto*. *2* (*est.*) Pochi (con valore indet.): *te lo dico in tre parole*; *non sa mettere insieme tre discorsi* | *Ci penserò tre volte*, parecchie volte. *3* Rispondendo o sottintendendo la domanda 'quale?', identifica q.c. in una pluralità, in una successione, in una sequenza (spec. posposto a un s.): *leggete al paragrafo tre*; *abito in fondo alla strada al numero tre*; *le tre persone della SS. Trinità*. *4* In composizione con altri numeri semplici o composti forma i numeri superiori: *ventitré*; *trentatré*; *centotré*; *centoquarantatré*; *milleduecentotré*; *trecento*; *tremila*. **II** Come s. ricorre nei seguenti usi. *1* Il numero tre (per ell. di un s.): *il tre per cento della popolazione si è astenuto*; *tre più tre fa sei*; *il tre nel nove sta tre volte*; *tre per quattro*, *dodici*; *giocare il tre di picche*, *di fiori*, *di bastoni*, *di spade*; *oggi ne abbiamo tre*; *sono nato il tre settembre*; *entrate tre alla volta*; *mettetevi in fila per tre*; *andiamoci tutti e tre*; *dividiamo la torta in tre* | Nei dadi, la faccia segnata con tre punti: *ho tirato e ho fatto tre* | Nella valutazione scolastica, il voto inferiore di tre punti alla sufficienza: *ha un tre in matematica* | *Le tre*, (*ell.*) le ore tre del mattino e (*fam.*) le ore quindici: *ho pranzato alle tre* | *Non c'è due senza tre*, se una cosa è accaduta già due volte, può accadere la terza | *Le disgrazie vengono sempre a tre per volta*, non vengono mai sole | *Abbiamo fatto due, facciamo anche tre*, (*fig.*) concedendo ulteriormente | *'Perché? perché due non fa tre'*, risposta scherz. quando non si sa o non si vuole rispondere | *E tre!*, escl. di impazienza. *2* Il segno che rappresenta il numero tre: *scrivo il tre e riporto il due* (V. nota d'uso ACCENTO).

†**treàgio** [da *duagio* con scherzosa sostituzione di *tre* al presunto *du(e)*] s. m. ● (*scherz.*) Ipotetico tessuto di lana, di eccezionale finezza.

treàlberi [comp. di *tre* e il pl. di *albero*] s. m. ● (*mar.*) Veliero a tre alberi, escluso sempre il bompresso.

treatment /*ingl.* 'triːtmənt/ [vc. ingl., letteralmente 'trattamento', da *to treat*, dello stesso sign. e origine del corrispondente it. 'trattare'] s. m. inv. ● Seconda fase di elaborazione di un soggetto cinematografico, abbozzo del film redatto in forma narrativa e indicante la suddivisione delle scene, il loro significato nello svolgimento dell'azione, e le caratteristiche fondamentali della scenografia.

trébbia (1) o (*pop.*, *tosc.*) **tribbia** [da *trebbia(re)*] s. f. *1* (*agr.*) Trebbiatrice | Battitura del grano, trebbiatura. *2* Antico strumento di tortura.

trébbia (2) [prob. dal ted. *Treber* 'vinacce'] s. f. ● (*spec. al pl.*) Residuo della lavorazione del malto per birra.

trebbiàno [dal lat. *Trebulānus* 'di *Trēbula*', n. di diverse città dell'Italia Meridionale] s. m. ● Vino bianco da pasto, di color paglierino, sapore asciutto, prodotto in Emilia-Romagna, Toscana e Umbria, dal vitigno omonimo.

trebbiàre o (*pop.*, *tosc.*) **tribbiare** [lat. *tribulāre*, da *trībulum* 'trebbio (1)'] v. tr. (*io trébbio*) ● (*agr.*) Liberare dalla pula i chicchi del grano o di altro cereale, sgranandolo con la trebbiatrice oppure, un tempo, battendolo sull'aia con appositi bastoni (il *correggiato*) o facendolo pestare sotto le zampe degli animali (*anche ass.*).

trebbiatóio s. m. ● Un tempo, arnese per trebbiare.

trebbiatóre [da *trebbiare*] s. m. (f. *-trice*) ● Operaio agricolo addetto alla trebbiatura | Contadino che trebbia.

trebbiatrice [da *trebbiare*] s. f. ● Macchina per separare le granelle dei cereali e di altri prodotti dagli involucri e dalle paglie | *T. sgusciatrice*, per semi di leguminose da foraggio.

trebbiatùra o (*pop.*, *tosc.*) **tribbiatùra**. s. f. ● Atto, effetto del trebbiare | Tempo in cui si esegue tale operazione.

†**trébbio** (1) [lat. *trībulu(m)* 'strumento per battere (*tĕrere*) il grano'] s. m. ● Arnese per sminuzzare e spianare la terra arata.

†**trébbio** (2) [lat. *trīviu(m)* 'crocicchio, incontro di tre (*trēs*) strade (*vīae*)'] s. m. *1* †Punto d'incrocio di tre strade. *2* Brigata, crocchio, trattenimento d'amici | *Far t.*, far crocchio.

trébbo [adattamento del romagn. *trébb*, dal lat. *trīvium* 'trivio', ma anche 'luogo d'incontro, di riunione'] s. m. ● (*dial.*) In Romagna, riunione serale d'amici: *andare a un t.*; *stare a t.* | *T. poetico*, riunione, incontro organizzato in piazza o in luogo apposito, per ridestare e rinnovare con letture espressive il gusto e l'amore per la poesia.

trebisónda [dalla città di *Trebisonda*, con passaggio semantico non chiaro] s. f. ● Solo nella loc. *perdere la t.*, smarrire la padronanza, il dominio di sé.

†**trebùto** ● V. *tributo* (2).

†**trécca** [da †*treccare*] s. f. ● (*tosc.*) Rivendugliola di frutta, legumi, erbe.

†**treccaiuòla** [da *trecca* 'rivendugliola (vociante e litigante)'] s. f. ● (*tosc.*) Femminuccia che sta sempre a litigare.

†**treccàre** [lat. tardo *tricāre* per *tricāri*, da *trīcae* 'sciocchezze, intrighi', di etim. incerta] v. intr. *1* (*tosc.*) Fare il rivendugliolo. *2* (*tosc.*) Ingannare, imbrogliare.

†**treccherìa** o (*tosc.*) †**treccarìa** s. f. *1* (*tosc.*) Arte del treccone. *2* (*tosc.*) Inganno | (*tosc.*) Congiura.

tréccia (1) o †**trézza** [etim. incerta] s. f. (pl. *-ce*) *1* Composizione di tre lunghe ciocche di capelli accavallate alternativamente, tipica acconciatura di bambine e ragazze: *portare le trecce*; *farsi la t.*; *sciogliere le trecce*. *2* (*est.*) Composizione di fili, corde, cavi, nastri e sim., ottenuta accavallando i vari elementi a foggia di treccia: *t. di paglia*; *una t. di fili metallici* | Tipo di passamano ottenuto intrecciando tre o più fili | Nella fabbricazione dei cappelli di paglia, insieme di fili intrecciati, pronti per la confezione del cappello | Cordone elettrico, costituito da due o tre fili avvolti uno sull'altro. *3* In architettura, motivo ornamentale scolpito o dipinto che simula una treccia di nastri e sim. *4* Nella pallacanestro, azione di attacco a tre o più uomini con palleggi e passaggi brevi. *5* (*est.*) Pezzo di pane in forma di treccia | Pasta di mozzarella, composta a treccia. *6* (*est.*) Filza, resta di frutti secchi: *una t. di fichi*. || **treccétta**, dim. | **treccina**, dim. | **treccino**, dim. m. | **trecciolina**, dim. | **treccióna**, accr. | **treccióne**, accr. m. | **trecciuòla**, dim. | **trecciuòlo**, dim. m.

tréccia (2) [applicazione particolare di *treccia* (*1*)] s. f. (pl. *-ce*) ● Muta di cavalli o altre bestie che si facevano correre in tondo sull'aia per trebbiare i cereali.

trecciàio s. m. (f. *-a*) ● Trecciaiolo.

trecciaiòlo o (*lett.*) **trecciaiuòlo** s. m. (f. *-a*) ● Chi, spec. donna, fa trecce di paglia per cappelli.

†**trecciàre** [da *treccia* (*1*)] v. tr. ● (*raro*) Intrecciare.

trecciatùra s. f. *1* Confezione delle trecce di paglia per cappelli. *2* Nell'industria tessile, produzione dei passamani a treccia.

treccièra s. f. ● Antico ornamento che s'inseriva nelle trecce femminili.

†**tréccolo** [da †*treccare*] s. m. (f. *-a*) ● (*tosc.*) Venditore al minuto di cose mangerecce. || **treccolàccio**, pegg.

†**treccóne** [lat. *tricōne(m)*, da *trīcae* 'imbrogli', di etim. incerta] s. m. (f. *-a*) *1* (*tosc.*) Rivendugliolo spec. di generi alimentari (*anche spreg.*). *2* Venditore disonesto, imbroglione.

trecentésco agg. (pl. m. *-schi*) ● Del Trecento, del XIV sec.: *arte*, *cultura*, *pittura*, *poesia trecentesca*; *poeti trecenteschi*; *un bellissimo chiostro t.*

trecentèsimo [vc. dotta, lat. *trecentēsimu(m)*, comp. di *trēs* 'tre' e *centēsimus* 'centesimo'] **A** agg. num. ord. ● Corrispondente al numero trecento in una sequenza, in una successione, in una classificazione, in una serie (rappresentato da *CCC* nella numerazione romana, da *300°* in quella araba): *al t. kilometro la strada è interrotta*; *la trecentesima parte di q.c.* **B** s. m. ● Ciascuna delle trecento parti uguali di una stessa quantità: *un t.*

trecentista **A** s. m. e f. (pl. m. *-i*) *1* Artista del

Trecento: *trecentisti minori*. **2** Studioso del Trecento. **B** agg. ● Dei trecentisti: *poesia t.*

trecentìstico agg. (pl. m. *-ci*) ● (*raro*) Proprio del Trecento e dei suoi artisti, trecentesco: *stile t.*

trecènto [lat. *trecĕnto(s)*, comp. di *trēs* 'tre' e *cĕntum* 'cento', con inserimento nella serie delle centinaia (*-cento*)] agg. num. card. inv.; anche s. m. inv. ● Tre volte cento, tre centinaia, rappresentato da *300* nella numerazione araba, da *CCC* in quella romana. **I** Come agg. ricorre nei seguenti usi. **1** Rispondendo o sottintendendo la domanda 'quanti?', indica la quantità numerica di trecento unità (spec. preposto a un s.): *un viaggio di t. kilometri*; *costa appena t. lire* | Con valore indet.: *glie l'ho ripetuto t. volte*, moltissime volte. **2** Rispondendo o sottintendendo la domanda 'quale?', identifica q.c. in una pluralità, in una successione, in una sequenza (spec. posposto a un s.): *nell'anno t. d.C.*; *leggere a pagina t.* **III** Come s. ricorre nei seguenti usi. **1** Il numero trecento (per ell. di un s.): *nel t. a.C.*; *i t. delle Termopili* | *Il Trecento*, (*per anton.*) il secolo XIV: *la pittura del Trecento*; *manoscritto del Trecento*. **2** Il segno che rappresenta il numero trecento.

†**tredècimo** [vc. dotta, lat. *tredĕcimu(m)*, comp. di *trēs* 'tre' e *dĕcimus* 'decimo'] agg. num. ord.; anche s. m. ● (*lett.*) Tredicesimo: *la tredecima volta tornata, disse Mitridanes* (BOCCACCIO).

tredicènne [comp. di *tredic(i)* e *-enne*, ricavato da latinismi del tipo di *bienne*, *trienne*] agg.; anche s. m. e f. ● Che, chi ha tredici anni d'età: *ragazzo t.*; *fanciulla t.*

tredicèsima s. f. **1** Retribuzione aggiuntiva alle dodici mensilità, corrisposta ai lavoratori in prossimità delle feste natalizie. **2** Copia talvolta concessa gratuitamente dall'editore al libraio per ogni acquisto di dodici copie di un volume.

tredicèsimo [da *tredici*] **A** agg. num. ord. ● Corrispondente al numero tredici in una sequenza, in una successione, in una classificazione, in una serie (rappresentato da *XIII* nella numerazione romana, da *13°* in quella araba): *il t. capitolo*; *è il t. arrivato in graduatoria*; *il t. canto del Paradiso*; *Luigi XIII*; *Benedetto XIII*; *la tredicesima parte di q.c.* | *Due alla tredicesima*, (*ell.*) elevato alla tredicesima potenza | *La tredicesima mensilità* o (*ell.*) *la tredicesima*, retribuzione aggiuntiva alle dodici mensilità, corrisposta ai lavoratori in prossimità delle feste natalizie | *Tredicesima copia*, o (*ell.*) *la tredicesima*, quella talvolta concessa gratuitamente dall'editore al libraio per ogni acquisto di dodici copie di un volume | *Il secolo t.*, gli anni dal 1201 al 1300. SIN. (*lett.*) Decimoterzo, (*lett.*) terzodecimo, †tredecimo. **B** s. m. ● Ciascuna delle tredici parti uguali di una stessa quantità: *un t. dei proventi.*

trédici [lat. *trēdecim*, comp. di *trēs* 'tre' e di un deriv. da *dĕcem* 'dieci'] agg. num. card. inv.; anche s. m. o f. inv. ● Numero naturale successivo di dodici, rappresentato da *13* nella numerazione araba, da *XIII* in quella romana. **I** Come agg. ricorre nei seguenti usi. **1** Rispondendo o sottintendendo la domanda 'quanti?', indica la quantità numerica di tredici unità (spec. preposto a un s.): *una ragazzina di t. anni*; *l'altopiano dei t. Comuni nei monti Lessini*; *un'opera di t. volumi*; *sono le ore otto e t. minuti primi*; *un bambino di t. kili*. **2** Rispondendo o sottintendendo la domanda 'quale?', identifica q.c. in una pluralità, in una successione, in una sequenza (posposto a un s.): *oggi è il giorno t.*; *sono le ore t.*; *punta sul numero t.*; *il numero t. è ritenuto da alcuni nefasto, da altri invece portafortuna* | (*lett.*) Tredicesimo: *Luigi t.* **III** Come s. ricorre nei seguenti usi. **1** Il numero tredici (per ell. di un s.): *il t. è un numero primo*; *nella cabala il t. fa la morte*; *in molti alberghi il t. è abolito nella numerazione delle stanze*; *oggi è il t.* | *Fare, totalizzare un t.*, nel gioco del totocalcio, realizzare la massima vincita, prevedendo esattamente i risultati di tredici partite di calcio, indicate nel pronostico | *Le t.*, l'una del pomeriggio | *Nel '13*, nell'anno 1913, o nel 1813, 1713 e sim. **2** Il segno che rappresenta il numero tredici: *cancella quel t.*

tredicìna [dalle *tredici* unità componenti] s. f. ● Complesso, serie di tredici, o circa tredici, unità: *una t. di persone.*

tredicìsta s. m. e f. (pl. m. *-i*) ● Chi al totocalcio azzecca tutti i tredici risultati, ottenendo così la vincita massima.

†**trefòglio** ● V. *trifoglio.*

tréfolo [lat. *trĕfidu(m)*, comp. di *trēs* 'tre' e di un deriv. da *fĭndere* 'spartire', di origine indeur.] s. m. **1** Filo a torsione abbastanza elevata che, ritorto con altri simili, costituisce le funi | In un cavo di acciaio, ciascuna delle funi elementari costituite da più fili di acciaio avvolti insieme a spirale | *Fune a trefoli*, formata da più trefoli avvolti insieme su un'anima centrale. **2** Filo di refe o altro avvolto senz'ordine. **3** (*tosc.*, *fig.*) Ragazzo irrequieto.

trefóni [dal gr. *tréphein* 'nutrire' (d'origine incerta)] s. m. pl. ● (*biol.*) Sostanze ricavate dall'embrione, essenziali per la nutrizione di colture di tessuti in vitro.

tregènda [lat. parl. **transiĕnda(m)* 'passaggio', letteralmente part. fut. pass. di *transīre* 'andare (*īre*) attraverso (*trāns*)', 'passare'] s. f. **1** Secondo le antiche leggende nordiche, convegno notturno di demoni, streghe e sim., che si riuniscono per compiere i loro malefici | *Notte di t.*, (*fig.*) cupa, terribile, tempestosa, densa di avvenimenti tragici e sim. (*anche iron.* o *scherz.*). **2** (*raro*, *fig.*) Grande quantità di gente, pandemonio, confusione.

†**treggèa** [lat. *tragēma* (nt.), dal gr. *trágēma*, da *trṓgein* 'mangiare', di origine indeur.] s. f. **1** Confetti, confetteria minuta. **2** Munizione minuta di piombo.

tréggia [lat. *trăhea(m)*, da *trăhere* 'trarre', con sovrapposizione d'altra vc. (*véggia?*)] s. f. (pl. *-ge*) **1** Sorta di slitta rudimentale, usata nella regione alpina per trasportare al piano legna e fieno. **2** (*est.*) Carro rustico senza ruote trainato da buoi. || **treggióne**, accr. m.

treggiàta s. f. ● (*raro*) Quantità di roba che una treggia può trasportare in una volta.

treggiatóre s. m. (f. *-trice*) ● (*raro*) Guidatore di treggia.

trégua o **trègua** o †**triègua**, (*raro*) †**trièva** [francone *treuwa* 'contratto (per sicurezza)' sovrapposto alla risposta got. *triggwa*] s. f. **1** (*dir.*) Temporaneo arresto delle ostilità | *T. di Dio*, sospensione delle ostilità tra belligeranti, contendenti e sim. imposta dalla Chiesa, in epoca medievale, spec. durante la quaresima e l'avvento | (*est.*) Armistizio locale e generale. **2** (*est.*) Sospensione o interruzione temporanea di lotte, contese, rivendicazioni e sim.: *t. politica*; *i due candidati hanno stabilito una t.* | *T. salariale*, impegno dei lavoratori di non avanzare richieste di aumenti salariali, per un determinato periodo. **3** (*fig.*) Posa, riposo, sosta, requie: *lavorare senza un attimo di t.*; *inseguire qc. senza dargli t.*; *tosse, malattia, dolore che non dà t.* **4** (*raro*) †Patto.

trekking /ingl. 'trekiŋ/ [vc. ingl., da *trek* 'tiro, traino', poi 'migrazione' (d'origine ol.)] **A** s. m. inv. ● Escursione di lungo percorso compiuta a piedi e in più tappe, generalmente con pernottamenti e bivacchi allestiti al momento e con l'eventuale impiego di animali da soma per il trasporto delle vettovaglie: *hanno organizzato un t. di due settimane sulle Alpi.* **B** in funzione di agg. inv. ● (posposto al s.) Detto di luogo dove può svolgersi o si svolge un trekking: *zona t.*; *percorso t.*

trelingàggio ● V. *trilingaggio.*

tremàcchio ● V. *tramaglio.*

tremacuòre [comp. di *trema(re)* e *cuore*] s. m. ● (*raro*) Batticuore.

tremàglio ● V. *tramaglio.*

tremànte part. pres. di *tremare*; anche agg. ● Nei sign. del v.

tremàre [lat. *trĕmere*, di origine indeur., con passaggio ad altra coniug.] v. intr. (*io trèmo* o poet. †*trièmo*; aus. *avere*) **1** Essere scosso da una serie di contrazioni muscolari involontarie, dovute a cause fisiche o psichiche: *t. di freddo, per la rabbia* | *T. verga a verga, come una foglia*, essere scosso da tremiti violenti e continui. **2** (*est.*) Essere scosso da oscillazioni più o meno rapide e violente, detto di cosa: *le canne tremano al vento*; *il terremoto ha fatto t. la città* | Tremolare, detto di cose tenere, molli: *gelatina che trema.* **3** (*fig.*) Essere in ansia, trepidare: *t. per l'avvenire di qc.*, *per il destino di q.c.* | Aver paura: *tremo, se penso a quello che può succedere* | *Non t.*, non avere preoccupazioni di sorta, essere abbastanza sicuri: *una ditta che non trema.* **4** (*fig.*) Essere mosso, detto dell'aria | (*poet.*) Vibrare, palpitare. **5** (*fig.*) Essere discontinuo, ineguale e sim., detto di suono, voce e sim. **6** Essere intermittente, detto di luce | Offuscarsi, confondersi a tratti, detto della vista.

tremarèlla o †**tremerèlla** [da *tremare*] s. f. ● (*fam.*) Tremito, spec. di paura | (*est.*, *fig.*) Agitazione, paura, timore: *avere la t.*; *questi racconti mi hanno messo addosso una gran tremarella*; *se ci penso mi viene la t.*

Trematòdi [gr. *trēmatṓdēs* 'provvisto (*-ṓdēs*, propriamente 'che ha la stessa forma', in gr. *éidos*) di fori (*trêmata*, sing. *trêma*, di origine indeur.), cioè di ventose'] s. m. pl. ● Nella tassonomia animale, classe di Platelminti con corpo appiattito munito di organi adesivi, tutti parassiti (*Trematoda*) | (al sing. *-e*) Ogni individuo di tale classe.

tremebóndo [vc. dotta, lat. *tremebūndu(m)*, da *trĕmere* 'tremare'] agg. ● (*lett.*) Che è tutto tremante e sbigottito (*anche fig.*).

†**tremefàtto** [vc. dotta, lat. *tremefăctu(m)*, comp. di *trĕme(re)* 'tremare' e *făctus* 'fatto'] agg. ● Spaventato, atterrito.

tremendìsmo [da *tremendo*] s. m. **1** (*raro*) Qualità di chi o di ciò che è tremendo. **2** (*letter.*) Sviluppo del naturalismo spagnolo nella produzione letteraria che riflette i tragici avvenimenti della guerra civile (1936-1939).

tremèndo [vc. dotta, lat. *tremĕndus*, part. agg. di *trĕmere* 'tremare'] agg. **1** Che fa tremare di paura: *condanna, vendetta, ira tremenda*; *gli scagliò contro tremende maledizioni.* **2** (*est.*) Disastroso, spaventoso, terribile: *una guerra tremenda*; *un t. pericolo.* **3** (*est.*) Che è estremamente grave, duro, doloroso, difficile e sim.: *momento t.*; *situazione tremenda*; *subire un t. dolore.* **4** (*fam.*, *iperb.*) Di tutto ciò che eccede la normalità, la misura: *sentire un freddo, un caldo t.*; *avere una fame, una sete tremenda*; *è di una tremenda simpatia* | Di persona in cui determinate qualità o caratteristiche sono sviluppate all'eccesso: *un critico t.* | *Bambino, ragazzo t.*, vivacissimo. || **tremendaménte**, avv. In modo tremendo (*spec. iperb.*): *una persona tremendamente simpatica.*

trementìna [lat. *terebĭnthina(m)*, agg. di *terebĭnthus* 'terebinto', sottinteso *resīna*, con sovrapposizione di *tremare*] s. f. ● Oleoresina ricavata da alcune conifere, che per distillazione in corrente di vapore fornisce essenza di trementina e colofonia | *Essenza di t.*, acquaragia.

†**tremerèlla** ● V. *tremarella.*

tremila [comp. di *tre* e *mila*] agg. num. card. inv.; anche s. m. inv. ● Tre volte mille, tre migliaia, rappresentato da *3 000* nella numerazione araba, da *MMM* in quella romana. **I** Come agg. ricorre nei seguenti usi. **1** Rispondendo o sottintendendo la domanda 'quanti?', indica la quantità numerica di tremila unità (spec. preposto a un s.): *il biglietto costa t. lire*; *c'erano circa t. spettatori*; *lo scandaglio è arrivato a t. metri di profondità.* **2** Rispondendo o sottintendendo la domanda 'quale?', identifica q.c. in una pluralità, in una successione, in una sequenza (posposto a un s.): *l'abbonamento numero t.* **III** Come s. ricorre nei seguenti usi. **1** Il numero tremila (per ell. di un s.) | *I t.*, (*per anton.*) nel gergo degli alpinisti, i tremila metri d'altezza | *T. siepi*, nell'atletica leggera, gara di corsa con ostacoli vari sulla distanza di tremila metri. **2** Il segno che rappresenta il numero tremila.

†**tremìscere** [vc. dotta, lat. *tremīscere*, incoativo di *trĕmere* 'tremare'] v. intr. ● (*raro*) Tremare: *o folgori, che fate il ciel t.* (SANNAZARO).

tremisse [vc. dotta, lat. tardo *tremisse(m)* 'un terzo (*trēs* 'tre') dell'*āureus*', foggiato su *semīsse(m)* 'metà (di moneta)'] s. m. ● (*numism.*) Moneta d'oro bizantina pari a un terzo del solido, adottata poi nel Medioevo da Longobardi e Franchi come unità della monetazione aurea.

tremitìo s. m. ● (*raro*) Tremito continuo.

trèmito o †**trièmito** [dal lat. *trĕmere* 'tremare'] s. m. **1** Serie di piccole contrazioni muscolari, dovute all'azione del freddo, o ad altre cause: *t. convulso*; *un t. di paura*; *essere scosso da un t. d'ira repressa*; *Don Gesualdo ... andavasi calmando, col respiro più corto, preso da un t.* (VERGA). **2** (*est.*) Fremito, brivido. **3** (*fig.*, *poet.*) Intensa agitazione interiore.

†**trèmo** o †**trièmo**. s. m. ● Tremore, tremito.

trèmola [da *tremolare*] s. f. *1* (*dial., sett.*) Torpedine. *2* V. *tremula*.

tremolaménto s. m. ● (*raro*) Atto, modo ed effetto del tremolare.

tremolànte A part. pres. di *tremolare*; anche agg. *1* Nei sign. del v. *2* Molle, flaccido: *carni tremolanti*. B s. m. ● (*mus.*) Registro dell'organo che imita la voce umana.

tremolàre o †**tremulàre** [lat. tardo *tremulāre*, da *trĕmulus* 'tremulo'] A v. intr. (*io trèmolo*; aus. *avere*) *1* Oscillare lievemente e con frequenza: *l'erba, le foglie tremolano al vento*; *una sostanza molle e gelatinosa che tremola alla minima scossa* | Apparire come una cosa che tremola: *la sua immagine tremolava nelle acque mosse*. *2* (*est.*) Brillare con luminosità intermittente, ineguale: *in cielo tremolano le ultime stelle*. *3* (*est.*) Vibrare, mutando leggermente e frequentemente di tono, d'intensità, di volume, detto dei suoni, delle voci e sim.: *l'ultima nota tremola nell'aria*; *una voce timida e incerta, che di quando in quando tremola*. *4* (*lett.*) Tremare. B v. tr. ● (*mus.*) Eseguire col tremolo: *t. una nota, il suono, un passaggio*. C in funzione di s. m. solo sing. ● Tremolio: *di lontano / conobbi il tremolar de la marina* (DANTE *Purg.* I, 116-117).

†**tremoleggiàre** [comp. da *tremol(are)* e *-eggiare*] v. intr. ● Tremolare.

tremolìo [da *tremolare*] s. m. *1* Oscillazione, vibrazione, brillio di ciò che tremola: *il t. delle foglie, delle acque*; *si sente un lieve t. nella sua voce*; *il t. delle stelle*. *2* (*raro*) Tremito.

trèmolo ● V. *tremulo*.

tremóne s. m.; anche agg. (f. *-a*) ● (*raro*) Chi, che trema molto, spec. nel fare q.c.

tremóre [vc. dotta, lat. *tremōre(m)*, da *trĕmere* 'tremare'] s. m. *1* (*gener.*) Movimento caratteristico di ciò che trema: *il t. della terra*. *2* (*med.*) Oscillazione ritmica involontaria di un segmento del corpo per contrazione alterna di muscoli antagonisti: *t. delle membra, della mano*. *3* (*fig.*) Tremito, grave apprensione, agitazione e sim.: *il t. della paura*; *reagire senza alcun t.*; *io ho ... il t. de l'amore* (BRUNO). SIN. Ansia, inquietudine, trepidazione.

†**tremoróso** agg. ● (*raro*) Pieno di tremore, di paura. || †**tremorosaménte**, avv. Con tremore.

tremotìo [comp. da *tremoto* e *-io* (*1*)] s. m. ● (*raro, tosc.*) Gran fracasso, spec. di oggetti pesanti che rotolano, traballano, sono trascinati e sim. o di persone che saltano.

tremòto o †**tremuòto** [da *terremoto* con sovrapposizione di *tremare*] s. m. ● (*pop., tosc.*) Terremoto (*anche fig.*).

trèmula o **trèmola** [lat. *trĕmula(m)*, letteralmente 'che *trema* (al vento)'] s. f. ● Pioppo tremulo.

†**tremulàre** ● V. *tremolare*.

trèmulo o **trèmolo** spec. nel sign. B [vc. dotta, lat. *trĕmulu(m)*, da *trĕmere* 'tremare'] A agg. *1* Che tremola: *la luce tremula delle stelle*; *la fiamma tremula di un lucignolo*; *rispose di no con voce tremula*. *2* (*bot.*) *Pioppo t.*, pioppo con foglie leggere dai lunghi picciuoli compressi lateralmente e quindi facilmente mobili (*Populus tremula*). SIN. Tremula. B s. m. *1* (*mus.*) Negli strumenti ad arco, rapida ripetizione della stessa nota | Effetto simile ottenuto negli strumenti a fiato e, su due note, negli strumenti a tastiera. *2* (*mus.*) Nell'organo e nell'armonium, registro e relativo meccanismo per ottenere il tremulo. *3* Pioppo tremulo. *4* (*fis.*) Flutter.

†**tremuòto** ● V. *tremoto*.

trenàggio [dal fr. *traînage*, dal v. *traîner* 'trascinare, tirare'] s. m. ● (*min.*) Sistema di trasporto su rotaia impiegato nelle miniere.

trench /*ingl.* trentʃ/ [vc. ingl., riduzione di *trench coat* 'impermeabile militare', letteralmente 'soprabito (*coat*, dall'ant. fr. *cotte* 'cotta') da trincea (*trench*, dall'ant. fr. *trenchier* 'tagliare', 'troncare')'] s. m. inv. ● Impermeabile con cintura imitato da quello dell'esercito inglese.

trench coat /*ingl.* 'trentʃ kout/ [V. *trench*] loc. sost. m. inv. (pl. ingl. *trench coats*) ● Trench.

trend /*ingl.* trend/ [vc. ingl., letteralmente 'inclinazione, tendenza', di origine e area germ., da una base col sign. fondamentale di 'rotolare'] s. m. inv. ● (*econ.*) La tendenza alla stabilità, all'aumento o alla diminuzione, relativamente a un periodo di tempo, dell'attività di un determinato settore economico | (*est.*) Andamento generale, orientamento, tendenza, spec. in politica.

trendy /*ingl.* 'trendi/ [vc. ingl., propr. 'alla moda' da *trend* 'tendenza, moda, voga'] agg. inv. ● Che segue una tendenza di moda o contribuisce a crearla: *rivista, discoteca t.*

trenètico [vc. dotta, gr. *thrēnetikós*, da *thrênos* 'treno (2)'] agg. (pl. m. *-ci*) ● (*letter.*) Che riguarda i canti funebri dell'antica poesia greca.

trenétta [vc. genov., dim. di *trena* 'stringa, cordoncino', equivalente a *trina* e diffusa nella penisola iberica e in Provenza] s. f. ● (*spec. al pl.*) Pasta alimentare lunga, sottile e schiacciata, usata soprattutto nella cucina ligure: *trenette col pesto*.

trenino s. m. *1* Dim. di *treno* (*1*). *2* Modellino di treno, usato come giocattolo per bambini: *t. elettrico*; *giocare col t.*

trèno (1) [fr. *train*, letteralmente 'traino', della medesima origine della vc. it.] s. m. *1* (*ferr.*) Serie di veicoli ferroviari trainati da locomotive: *t. merci, viaggiatori*; *t. locale, diretto, espresso, intercity, eurocity*; *treni ordinari, straordinari, supplementari*; *viaggiare in, col t.*; *prendere, perdere il t.*; *arrivare col primo, con l'ultimo t.* | *T. armato, blindato, corazzato*, costituito da carri ferroviari armati con pezzi d'artiglieria di vario calibro, per la difesa della costa durante le due guerre mondiali | *T. ospedale*, attrezzato per il trasporto dei feriti e degli ammalati | *T. navetta*, costituito da una serie di vagoni a piani sovrapposti per il trasporto di automobili e sim. | *Treni derrata*, specializzati per il trasporto di derrate alimentari a carro completo | *T. civetta*, unità militare che serve da esca o tranello | *T. staffetta*, treno che precede un treno riservato, cui, per motivi di carattere eccezionale, viene applicato un regime particolare di sicurezza. ➡ ILL. p. 1751, 1752, 1754 TRASPORTI. *2* (*est.*) Qualsiasi mezzo di trazione, con o senza veicoli, che debba viaggiare da una località a un'altra | *T. stradale*, autotreno | *T. aereo*, formato da un aereo a motore rimorchiante uno o più alianti. *3* (*mil.*) Servizio di trasporto dei materiali dell'artiglieria e del genio, effettuato da appositi reparti di artiglieria o autonomi, in uso fino all'Ottocento | *T. di provianda*, istituito nel vecchio esercito piemontese per il trasporto dei viveri e affidato a personale militarizzato al comando di ufficiali e sottufficiali dell'esercito. *4* †Equipaggio signorile con tutto l'occorrente per viaggio o gita, cioè carrozze, bagagli e seguito: *un t. sfarzoso, principesco*; *carrozza di t.* | (*est., lett.*) Scorta. *5* (*fig.*) Modo di vivere: *avere un t. molto dispendioso*; *mettersi in gran t.* | *T. di vita*, tenore di vita: *avere un t. di vita modesto, equilibrato, lussuosissimo*. *6* (*fig.*) Successione, serie | *T. di onde*, successione di oscillazioni elettromagnetiche | *T. di gomme*, l'insieme degli pneumatici di un autoveicolo | *T. di ingranaggi*, complesso di ruote dentate che ingranano tra loro un movimento con un dato rapporto. SIN. Rotismo epicicloidale | *T. di laminazione*, complesso di due o più laminatoi operanti in successione per la riduzione dei materiali alla forma e dimensioni desiderate. *7* Nelle loc. *t. anteriore, t. posteriore*, che indicano rispettivamente la parte anteriore e quella posteriore di un veicolo o di un animale, spec. cane o cavallo. *8* Affusto di cannone. || **trenino**, dim. (V.).

trèno (2) [vc. dotta, lat. tardo *thrēnu(m)*, dal gr. *thrênos* 'lamento', di area indeur. e origine imit.] s. m. ● Canto funebre, nell'antica poesia greca.

trenodìa [vc. dotta, gr. *thrēnōidía*, comp. di *thrênos* 'treno (2)' e di un deriv. di *ōidḗ* 'canto'] s. f. ● Canto funebre | Lamentazione.

trénta [lat. *trigìnta*, comp. di *trēs* 'tre' e d'una seconda parte, di formazione incerta] agg. num. card. inv.; anche s. m. inv. ● Tre volte dieci, tre decine, rappresentato da *30* nella numerazione araba, da *XXX* in quella romana. **I** Come agg. ricorre nei seguenti usi. *1* Rispondendo o sottintendendo la domanda 'quanti?', indica la quantità numerica di trenta unità (spec. preposto a un s.): *una classe di t. alunni*; *i mesi di t. giorni sono quattro*; *Cristo fu venduto per t. denari*; *la guerra dei trent'anni*; *il governo dei t. Tiranni in Atene*; *sono le quattro e t. minuti*. *2* Rispondendo o sottintendendo la domanda 'quale?', identifica q.c. in una pluralità, in una successione, in una sequenza (posposto a un s.): *verrà il giorno t.*; *l'anno t. d.C.* *3* In composizione con altri numeri semplici o composti, forma i numerali superiori: *trentuno*; *trentadue*; *trentatré*; *trentamila*; *milleduecentotrenta*. **II** Come s. ricorre nei seguenti usi. *1* Il numero trenta (per ell. di un s.): *il dieci nel t. sta tre volte*; *oggi ne abbiamo t.*; *sono le dieci e t.*; *ho perso il t. per cento del raccolto*; *è uscito il t.* | *Nel '30*, nel 1930 o nel 1830, o nel 1730 e sim. | *Chi ha fatto t. può fare trentuno*, (*fig.*) quando la maggior parte di un'opera è stata fatta, conviene finirla. *2* Il segno che rappresenta il numero trenta: *scrivere un t. chiaro*. *3* Massima votazione negli esami universitari: *avere la media del t.*

†**trentacànna** [comp. di *trenta* e *canna* con incerta allusione] s. f. ● Befana, trentavecchia.

trentaduèsimo [comp. da *trentadu(e)* e *-esimo* (*1*)] A agg. num. ord. ● Corrispondente al numero trentadue in una sequenza, in una successione, in una classificazione, in una serie (rappresentato da *XXXII* nella numerazione romana, da *32°* in quella araba): *la trentaduesima parte di q.c.*; *il t. classificato*. B s. m. ● Ciascuna delle trentadue parti uguali di una stessa quantità: *un t.*; *tre trentaduesimi* | *In t.*, in legatoria e stampa, formato che si ottiene piegando un foglio di carta in trentadue parti: *volume in t.*

trentamìla [comp. di *trenta* e *mila* (V. *tremila*)] agg. num. card. inv.; anche s. m. inv. ● Trenta volte mille, trenta migliaia, rappresentato da *30 000* nella numerazione araba, da *XXX* in quella romana. **I** Come agg. ricorre nei seguenti usi. *1* Rispondendo o sottintendendo la domanda 'quanti?', indica la quantità numerica di trentamila unità (spec. preposto a un s.): *devi lasciare un acconto di t. lire*; *una cittadina con t. abitanti* | (*est.*) Un numero grande, innumerevole: *te l'ho ripetuto t. volte*. *2* Rispondendo o sottintendendo la domanda 'quale?', identifica q.c. in una pluralità, in una successione, in una sequenza (posposto a un s.): *il numero t.* **II** Come s. ricorre nei seguenti usi. *1* Il numero trentamila (per ell. di un s.). *2* Il segno che rappresenta il numero trentamila. *3* (*raro*) †Tregenda.

†**trentaquìndici** [comp. di *trenta* e *quindici*] agg. num. card.; anche s. m. ● (*scherz.*) Quarantacinque.

trentatré [da *trenta* e *tre*] A agg. num. card. inv.; anche s. m. inv. ● Tre volte dieci, o tre decine, più tre unità, rappresentato da *33* nella numerazione araba, da *XXXIII* in quella romana. B s. m. inv. ● (*med.*) Parola che si usa far ripetere durante l'auscultazione del torace per valutare i fenomeni vibratori interni: *dica t.*

†**trentavècchia** [comp. di *trenta* e *vecchia* con incerta allusione] s. f. ● (*scherz.*) Befana, babau.

trente-et-quarante /*fr.* trãteka'rãt/ [vc. fr., propr. 'trenta e quaranta', perché le carte date non possono superare i quaranta punti e il colore più vicino i trentun punti] s. m. inv. ● Gioco d'azzardo di carte condotto da un banchiere contro un numero non limitato di avversari.

trentennàle [da *trentenne*] A agg. *1* Che dura trent'anni: *un accordo t.* *2* (*raro*) Che ha trent'anni, detto di cose: *una disputa t.* *3* Che ricorre ogni trent'anni: *celebrazione t.* B s. m. ● Ricorrenza del trentesimo anno da un avvenimento memorabile | (*est.*) La cerimonia che si celebra in tale occasione.

trentènne [comp. di *trenta* e di un deriv. dal lat. *ănnus* 'anno'] agg.; anche s. m. e f. ● Che, chi ha trent'anni d'età.

trentènnio [comp. di *trenta* e di un deriv. dal lat. *ănnus* 'anno'] s. m. ● Periodo di tempo di trent'anni: *nel primo t. del secolo XIX*.

trentèsimo [comp. da *trenta* e *-esimo* (*1*)] A agg. num. ord. *1* Corrispondente al numero trenta in una sequenza, in una successione, in una classificazione, in una serie (rappresentato da *XXX* nella numerazione romana, da *30°* in quella araba): *essere t. in una graduatoria*; *la trentesima parte di q.c.* | *Due alla trentesima*, (*ell.*) elevato alla trentesima potenza. SIN. (*lett.*) Trigesimo. *2* In composizione con altri numerali, semplici o composti, forma gli ordinali superiori: *trentesimoprimo*, *centotrentesimo*, *millecentotrentesimo*. B s. m.

• Ciascuna delle trenta parti uguali di una stessa quantità: *un t. del totale*; *undici trentesimi*.

trentina [dim. di *trenta*] s. f. *1* Complesso, serie di trenta o circa trenta unità: *una t. di kilometri più avanti troverete un distributore*. *2* I trent'anni nell'età dell'uomo: *si avvicina alla t.*; *ha già passato da un pezzo la t.*

trentino (1) [da *trenta*] s. m. • (*pop., tosc.*) Un tempo, moneta da trenta centesimi.

trentino (2) A agg. *1* Della città di Trento. *2* Della Venezia tridentina. B s. m. (f. *-a*) • Abitante, nativo di Trento o della Venezia tridentina.

trentòtto [comp. di *trent(a)* e *otto*] agg. num. card. inv.; anche s. m. inv. • Tre volte dieci, o tre decine, più otto unità, rappresentato da *38* nella numerazione araba, da *XXXVIII* in quella romana. I Come agg. ricorre nei seguenti usi. *1* Rispondendo o sottintendendo la domanda 'quanti?', indica la quantità numerica di trentotto unità (spec. preposto a un s.): *sono le ore dieci e t. minuti*; *aveva t. anni quando è morto*. *2* Rispondendo o sottintendendo la domanda 'quale?', identifica q.c. in una pluralità, in una successione, in una sequenza (posposto a un s.): *abito al numero t.*; *porto la taglia t.* II Come s. ricorre nei seguenti usi. *1* Il numero trentotto (per ell. di un s.): *sono le nove e t.*; *trentadue e sei fa t.* | *Nel '38*, nel 1938, o nel 1838, o nel 1738, e sim. *2* Il segno che rappresenta il numero trentotto.

trentùno [comp. di *trent(a)* e *uno*] agg. num. card. inv.; anche s. m. inv. • Tre volte dieci, o tre decine, più un'unità, rappresentato da *31* nella numerazione araba, da *XXXI* in quella romana. I Come agg. ricorre nei seguenti usi. *1* Rispondendo o sottintendendo la domanda 'quanti?', indica la quantità numerica di trentuno unità (spec. preposto a un s.): *sono le ore otto e trentun primi*; *fra due mesi compio trentun anni*; *non tutti i mesi hanno t. giorni*. *2* Rispondendo o sottintendendo la domanda 'quale?', identifica q.c. in una pluralità, in una successione, in una sequenza (posposto a un s.): *verrò il giorno t.*; *leggi a pagina t.*; *risolvi il problema numero t.*; *abito al numero t.*; *l'autobus numero t.* II Come s. ricorre nei seguenti usi. *1* Il numero trentuno (per ell. di un s.): *sarò a Milano il trentun marzo*; *sono le nove e t.* | *Chi ha fatto trenta può fare t.*, (*fig.*) ormai che il più è fatto conviene portare a termine l'opera | *Nel '31*, nel 1931, o nel 1831, o nel 1731, e sim. | *Battere il t.*, (*fig.*) scappare | *Prendere, voltare il t.*, (*fig.*) andarsene | *Dare nel t.*, (*fig.*) capitare male, ricorrere in un guaio | †*Far t. per forza*, (*fig.*) essere costretti a fare q.c. che non si vorrebbe fare | †*Sonata del t.*, (*fig.*) saltellante e leziosa. *2* Il segno che rappresenta il numero trentuno. *3* *T. reale*, bazzica.

†trèo • V. *trevo*.

treonina [prob. da (*acido*) *treon(ico)* col suff. *-ina*] s. f. • (*chim.*) Amminoacido idrofilo presente nelle proteine, considerato essenziale per l'uomo e numerosi animali.

trepang /'trɛpan(g), *mal.* tre'paŋ/ [dal malese *trepīng*] s. m. inv. • (*cuc.*) Specialità alimentare di origine malese, a base di oloturie cotte in acqua, essiccate e affumicate, utilizzate spec. nella cucina cinese per preparare minestre.

trepestio [dall'ant. fr. *treper* '(cal)pestare, agitarsi', di origine germ., con sovrapposizione di *calpestio*] s. m. • (*lett., tosc.*) Rumore confuso spec. di passi e sim.

trepidànte part. pres. di *trepidare*; anche agg. • Nei sign. del v. ‖ **trepidanteménte**, avv. (*raro*) Con trepidazione.

trepidànza [da *trepidante*] s. f. • (*lett.*) Trepidazione.

trepidàre [vc. dotta, lat. *trepidāre*, da *trĕpidus* 'trepido'] v. intr. (*io trèpido*; aus. *avere*) • Avere l'animo pieno di ansia, timore, affanno: *t. per qc.*; *t. nell'attesa*. SIN. Tremare.

trepidazióne [vc. dotta, lat. *trepidatiōne(m)*, da *trepidātus*, part. pass. di *trepidāre*] s. f. • Stato d'animo di chi trepida: *ascoltare qc. con t.*; *quella voce ... accolta da noi con sempre rinnovata t. e gioia* (CROCE). SIN. Ansia, tremore.

trepidézza [da *trepido*] s. f. • (*raro, lett.*) Trepidanza, trepidazione.

†trepidità [da *trepido*] s. f. • Trepidazione.

trèpido [vc. dotta, lat. *trĕpidu(m)*, di origine indeur.] agg. *1* Che trepida, che è pieno di timore, apprensione, inquietudine e sim.: *madre trepida*; *ascoltare qc., attendere q.c. con cuore t.* SIN. Tremante, trepidante. *2* (*est.*) Che mostra trepidazione: *occhio, sguardo t.*; *gli parlò con trepide parole*. SIN. Trepidante. *3* (*lett.*) Che tremola, vibra, palpita: *trepida pianta*; *luci trepide*. ‖ **trepidaménte**, avv. Con trepidazione.

treponèma [vc. dotta, comp. delle vc. gr. *trépein* 'volgere' e *nêma* 'filo'] s. m. (pl. *-i*) • Organismo unicellulare compreso fra Batteri e Protozoi, con corpo lungo, sottile senza parete cellulare, a movimenti serpeggianti (*Treponema*) | *T. pallido*, agente batterico della sifilide (*Treponema pallidum*). SIN. Spirocheta pallida.

trepónti /tre'ponti, trep'ponti/ • V. *trepponti*.

treppicàre [germ. *trippōn* 'saltare', ampliato con l'infisso *-ic-*] v. intr. (*io tréppico, tu tréppichi*; aus. *avere*) • (*pop., tosc.*) Scalpicciare | (*est., lett.*) Fare un rumore simile allo scalpiccio: *voli lo staccio e treppichi giocando* (PASCOLI).

†treppiè s. m. • (*dial.*) Acrt. di *treppiede*.

treppiède o **treppièdi** [rifacimento del lat. *trĭpede(m)*, comp. di *trēs* 'tre' e *pēs*, genit. *pĕdis* 'piede'] s. m. *1* Arnese, sostegno, mobile a tre piedi. *2* Arnese da cucina consistente in un cerchietto o triangolo di ferro con tre sostegni o piedi: *mettere al fuoco una pentola sul t.* *3* Sostegno a tre gambe per apparecchi topografici, fotografici e sim., che vi aderiscono direttamente o a mezzo di viti.

treppónti o **trepónti** [comp. di *tre* e del pl. di *ponte*, in senso marinaresco] s. m. • (*mar.*) Gran vascello con tre batterie coperte in tre ponti sovrapposti.

trequàrti /tre'kwarti, trek'kwarti/ o **tre quàrti** [adatt. del fr. *trocart, troquart*, originariamente (*lame à*) *trois carres* '(lama a) tre angoli', con sovrapposizione di *quart* 'quarto'] s. m. *1* Giaccone o soprabito che ricopre i tre quarti dell'abito. *2* Strumento chirurgico a punta triangolare per penetrare nelle cavità. *3* Nel rugby, ciascuno dei quattro giocatori, due al centro e due all'ala, che partecipano alle azioni d'attacco e collaborano in fase difensiva.

†trerème • V. *trireme*.

treruòte [comp. di *tre* e il pl. di *ruota*] s. m. inv. • Motoveicolo con due ruote posteriori e una anteriore, fornito di grossi pneumatici, progettato spec. per terreni accidentati.

trésca [da *trescare*] s. f. *1* Antico ballo contadinesco molto movimentato. *2* (*fig.*) †Movimento continuo e rapido. *3* (*fig.*) Intrigo, imbroglio: *ordire, scoprire, smascherare una t.*; *le tresche di uomini politici disonesti*. *4* (*fig.*) Relazione illecita, intrigo amoroso, amorazzo: *avere una t.* *5* †Compagnia, brigata: *ritrovarsi in gozzoviglie e' in t.* (L. DE' MEDICI). ‖ **trescàccia**, pegg. | **trescherèlla**, dim. | **trescóne**, accr. m. (V.).

trescàre [got. *thriskan* 'pestare', 'ballare sull'aia', ma propriamente 'trebbiare'] v. intr. (*io trésco, tu tréschi*; aus. *avere*) *1* †Ballare la tresca o il trescone | (*est.*) Danzare seguendo un ritmo mosso, vivace. *2* (*fig.*) Ordire intrighi, imbrogli: *da tempo quei due trescano alle nostre spalle* | (*est.*) Intendersela, trafficare di nascosto e con intenti disonesti: *t. ai danni di qc.* | †Darsi da fare | †*Lasciar t.*, lasciar fare. *3* (*fig.*) Avere una tresca, un amorazzo: *t. con qc.* *4* †Stare insieme in una tresca o brigata | †Trascorrere il proprio tempo in orge e sim.

†trescàta [f. sost. del part. pass. di *trescare* nel senso di 'parlare'] s. f. • (*raro, tosc.*) Cicalata, chiacchierata.

trescóne s. m. *1* Accr. di *tresca*. *2* Ballo rustico assai vivace, a salti e piroette, in cui gli uomini si scambiano continuamente le dame | *Ballare il t.*, (*fig.*) correre, saltare e sim. | *Far ballare il t. a qc.*, (*fig., scherz.*) bastonarlo o, comunque, costringerlo a correre, saltare e sim. ‖ **tresconcino**, dim.

tresètte /tre'sɛtte, tres'sɛtte/ • V. *tressette*.

†tréspide • V. *trespolo*.

trespìno • V. *crespino*.

tréspolo o **†tréspide** [lat. tardo *trēspede(m)*, per *trĭpede(m)* 'treppiede'] s. m. *1* Arnese a tre o quattro sostegni divaricati che reggono un piano o un altro supporto, usato un tempo spec. per reggere tavole e letti: *t. per vasi da fiori*; *collocare una cesta sul t.*; *il t. del pappagallo* | Tipo di sgabello con dorsale e tre gambe divaricate, molto diffuso nel XVI sec. | Nel Veneto, tavolinetto a sostegno centrale. *2* (*fig., scherz.*) Caffettiera, catorcio, macinino: *quando lo butterai via quel t.?* ‖ **trespolètto**, dim. | **trespolino**, dim.

tressètte o **tresètte** [comp. di *tre* e *sette*, perché in origine la combinazione di tre sette valeva tre punti] s. m. inv. • Gioco di carte italiano che si svolge tra due, tre o quattro persone e si gioca con un mazzo di quaranta carte | (*fig.*) *Giocare a t. scoperto*, a carte scoperte, in modo chiaro.

†trestìzia • V. *tristizia*.

trèto [vc. dotta, gr. *trētós* 'perforato', da *titrân*, da *téirein*, di origine indeur.] s. m. • (*bot.*) Frutto secco a forma di capsula deiscente mediante pori o per opercoli laterali.

trevière [da *trevo*] s. m. • (*mar.*) Sui velieri, marinaio addetto alla manovra dei trevi.

trevigiàno o **trevisàno** A agg. • Di Treviso: *radicchio t.*; *dialetto t.* B s. m. (f. *-a*) • Abitante o nativo di Treviso. C s. m. solo sing. • Dialetto del gruppo veneto, parlato a Treviso.

trevira ® o **trèvira** [fr. *trévire*, da *trévirer* 'far girare' (comp. di *tré(s)*-, dal lat. *trāns-* 'al di là', e *virer* 'virare')] s. m. • (*chim.*) Polietilentereftalato usato come fibra tessile per tessuti, tappeti, corde e sim.

trevisàno • V. *trevigiano*.

trèvo o **†trèo** [fr. *tref*, di origine discussa: dal lat. *trăbs* 'trave', perché originariamente indicava la 'tenda posta sulla trave' (?)] s. m. • (*mar.*) Vela quadra più bassa e più grande, la prima delle tre spiegate sullo stesso albero.

†trézza • V. *treccia (1)*.

tri- [primo elemento anche di comp. lat. e gr., col valore di 'tre', di origine indeur.] primo elemento • In parole scientifiche, significa 'tre', 'formato da tre': *triciclo, triangolo*; in chimica, indica la presenza di 3 atomi o raggruppamenti atomici uguali: *tricloruro*.

trìa (1) s. f. • (*dial., sett., centr.*) Triglia.

trìa (2) [vc. dotta, lat. *tria* (nt. pl.) 'tre (*trēs*) cose', cioè le pedine poste sulla stessa fila] s. f. • Filetto (2).

triàca o **†otriàca**, **†terìaca**, **†tiriàca**, **†utriàca** [vc. dotta, lat. *therĭaca(m)*, dal gr. *thēriakḗ* (sottinteso *antídosis*) '(antidoto) animale', da *thēriakós* 'relativo ad animale selvaggio o velenoso (*thēríon*, di origine indeur.)'] s. f. *1* Antica composizione medicinale di moltissimi ingredienti, che si usava quale antidoto contro il morso dei serpenti velenosi e come rimedio in moltissime malattie. *2* (*est.*) Medicina universale, panacea.

triacànto [comp. di *tri-* e di un deriv. dal gr. *ákantha* 'spino', di origine indeur.] s. m. • Albero americano delle Leguminose caratteristico per le lunghe spine rossastre trifide, coltivato per fare siepi (*Gleditschia triacanthos*). SIN. Gledissia, spino di Giuda.

triaccessoriàto [comp. di *tri-* e *accessoriato*] agg. • Nel linguaggio degli annunci economici, detto di appartamento con tripli servizi.

triade [vc. dotta, lat. tardo *trĭade(m)*, nom. *trĭas*, dal gr. *triás*, deriv. da *trêis*, di origine indeur.] s. f. *1* (*mus.*) Accordo di tre note, spec. di 3° e 5°. *2* Nella lirica greca, insieme ritmico formato da strofe, antistrofe, epodo. *3* (*relig.*) Gruppo di tre figure divine che, in molte religioni primitive e superiori, hanno caratteri analoghi o sono oggetto di culti e miti comuni. *4* (*est.*) Gruppo di tre persone: *costituire, formare una t.* *5* (*est.*) Insieme di tre cose, dati, elementi e sim. connessi tra loro | *T. dialettica*, nella filosofia hegeliana, nesso dei tre elementi dialettici, cioè tesi, antitesi e sintesi.

triàdico [gr. *triadikós* 'pertinente alla triade (*triás*, genit. *triádos*)'] A agg. (pl. m. *-ci*) • Di, relativo a, caratterizzato da una triade: *canto t.* | *Processo, ritmo, nesso t.*, nella filosofia hegeliana, quello costituito dai tre momenti dialettici della tesi, antitesi e sintesi. B s. m. • Inno della Chiesa greca in lode della Trinità.

trial /*ingl.* 'traiəl/ [vc. ingl., propr. 'prova, saggio', dal fr. ant. *trial*, dev. di *trier* 'scegliere' (stessa origine dell'it. *tritare*)] s. m. inv. *1* (*sport*) Specialità del fuoristrada motociclistico consistente nel superare a bassa velocità, con una moto dotata di particolare leggerezza ed equilibrio, ostacoli come pendenze al limite del ribaltamento, curve a raggio ridottissimo, senza mai mettere i piedi a terra. *2* (*est.*) La motocicletta usata per tale specialità. *3* (*sport*) Riunione di atletica, nuoto o altra disciplina individuale, che in alcuni Paesi funge da prova unica e inappellabile per la qualificazione diretta alle Olimpiadi degli atleti primi arrivati.

triàle [da *tre*, sul modello di *duale* da *due*] **A** s. m. *1* Categoria del numero grammaticale usata in talune lingue, ad es. dell'Oceania. *2* †Numero di tre unità. **B** anche agg.: *numero t.*

trialìsmo [comp. da *triale* e *-ismo*] s. m. ● (*gener.*) Sistema risultante dalla aggregazione di tre elementi diversi: *t. etnico, politico.*

trialista [da *trial* (V.)] s. m. e f. (pl. m. *-i*) ● Chi pratica il trial.

triandria [comp. di *tri-* e del gr. *anḗr*, genit. *andrós* 'uomo', nel senso di 'stame', introdotto dai naturalisti] s. f. ● (*bot.*) Condizione del fiore con tre stami liberi.

triangolàre (1) [vc. dotta, lat. tardo *triangulāre(m)*, da *triăngulum* 'triangolo'] **A** agg. *1* Che ha tre angoli: *faccia, base, t.* | Che ha la forma di un triangolo: *figura t.* | Che ricorda, che è simile a un triangolo: *muscolo t.* *2* (*fig.*) Che avviene, si verifica fra tre parti, enti, nazioni e sim.: *accordo t.*; *cooperazione economica t.* | *Incontro t.*, nel linguaggio politico, quello che avviene fra governo, lavoratori e imprenditori; nel linguaggio sportivo, quello cui prendono parte squadre rappresentative di tre nazioni o di tre società sportive. **B** s. m. ● Nel linguaggio sportivo, incontro triangolare: *un t. di nuoto, di atletica leggera.*

triangolàre (2) [da *triangolo*] v. tr. *1* In geodesia, misurare mediante triangolazione. *2* Nel gioco del calcio, passare il pallone mediante triangolazioni.

triangolarità s. f. ● (*raro*) Forma, qualità, proprietà di ciò che è triangolare.

triangolazióne [vc. dotta, lat. tardo *triangulatiōne(m)*, da *triăngulum* 'triangolo'] s. f. *1* Operazione geodetica o topografica, mediante la quale, partendo da misure accuratissime di alcune lunghezze o basi e di alcuni angoli, si determina trigonometricamente una serie di triangoli con un lato in comune, costituenti una rete di appoggio per la formazione di carte geografiche o topografiche. *2* (*sport*) Nel calcio, serie di passaggi fra diversi giocatori della stessa squadra.

triàngolo [vc. dotta, lat. *triăngulu(m)*, comp. di *trēs* 'tre' e *ăngulus* 'angolo'] s. m. *1* (*mat.*) Poligono con tre vertici: *t. regolare, irregolare*; *t. equilatero, isoscele, scaleno*; *t. acutangolo, rettangolo, ottusangolo* | *T. sferico*, insieme di tre archi di cerchio massimo di una superficie sferica, aventi gli estremi a due a due comuni. *2* (*est.*) Oggetto, struttura, tracciato e sim. a forma di triangolo: *un t. di stoffa, di cuoio*; *t. di spugna per neonati* | *A t.*, di ciò che ha la forma, più o meno esatta, di un triangolo | (*elettr.*) *Collegamento a t.*, nei sistemi trifasi, quello che si ha quando ciascuna parte del carico o del generatore è inserita direttamente tra due fasi | *T. di rimbalzo*, nella pallacanestro, schieramento di tre giocatori sotto il canestro avversario per la conquista del pallone su rimbalzo dal tabellone o dall'anello del cesto. *3* (*fig.*) Serie di tre elementi disposti in tre punti materialmente non allineati o comunque non collocabili sullo stesso piano, analogamente a quanto accade per i tre vertici di un triangolo | *T. industriale*, territorio compreso fra Milano, Torino e Genova | *Il t., il solito, il classico t.*, la triade di marito, moglie e amante nel teatro borghese e (*est.*) nella realtà. *4* (*mus.*) Strumento musicale consistente in una verga d'acciaio piegata a triangolo, che si percuote con una bacchetta d'acciaio. ➡ ILL. **musica**. *5* Treppiede con un triangolo di ferro anziché un cerchietto. *6* Lima che ha la sezione triangolare. *7* Segnale mobile di pericolo il cui uso è disciplinato dal codice stradale. || **triangolétto**, dim. | **triangolino**, dim.

triarchia [gr. *triarchía*, comp. di *trêis* 'tre' e *archós* 'capo', dal v. di origine incerta *árchein* 'essere il primo'] s. f. ● (*raro*) Governo di tre persone o di tre partiti.

†triàre [ant. fr. *trier*, dal lat. *tritāre*] v. tr. *1* Scegliere. *2* Tritare.

triàrio [vc. dotta, lat. *triāriu(m)*, da *trēs* 'tre'] s. m. ● Milite della terza ed ultima schiera della legione romana.

Trìas [ted. *Trias*, dal lat. tardo *trĭas* 'triade' con riferimento alla triplice suddivisione di questo periodo] s. m. ● Primo e più antico periodo dell'era mesozoica.

triàssico o **triàsico** [adatt. del ted. *triassisch*, da *Trias*] **A** agg. (pl. m. *-ci*) ● Del Trias. **B** s. m. ● Trias.

triathlon /'triatlon/ [comp. di *tri-* e del gr. *âthlon* 'lotta, gara', sul modello di *decathlon*] s. m. inv. ● (*sport*) Gara articolata su tre diverse prove (nuoto, ciclismo e corsa podistica) che l'atleta deve eseguire senza alcuna sosta | Gara composta da prove di equitazione, scherma e corsa campestre | Nell'atletica leggera, competizione articolata su gare di getto del peso, salto in lungo e corsa veloce.

triatlèta s. m. e f. (pl. m. *-i*) ● (*sport*) Chi pratica il triathlon.

triatòmico [comp. di *tri-* e *atomico*] agg. (pl. m. *-ci*) ● (*chim.*) Detto di molecola o di gruppo atomico costituito da 3 atomi.

tribade [lat. *trĭbade(m)*, nom. *trĭbas*, dal gr. *tribás*, da *tríbein* 'sfregare, strofinare', di origine indeur.] s. f. ● (*med.*) Lesbica.

tribadìsmo [da *tribade*] s. m. ● Forma di omosessualità femminile.

tribaldàre ● V. *†trabaldare*.

tribàle [fr. *tribal*, agg. di *tribu* 'tribù'] agg. ● Che si riferisce alla, che è proprio della, che si fonda sulla tribù: *struttura t. di una società*; *civiltà tribali.*

tribalìsmo [fr. *tribalisme*, da *tribal* 'tribale'] s. m. ● Politica che ha come scopo la difesa e la conservazione della civiltà tribale: *il t. di alcune popolazioni africane* | (*est., polit.*) Particolarismo etnico e regionale | Tendenze regionaliste centrifughe.

tribàsico [comp. di *tri-* e *basico*] agg. (pl. m. *-ci*) ● (*chim.*) Detto di acido che ha tre atomi di idrogeno sostituibili con atomi di metalli.

tribbiàre e *deriv.* ● V. *trebbiare* e *deriv.*

†trìbo ● V. *tribù*.

triboelettricità [comp. di un deriv. del gr. *tríbein* 'sfregare', di origine indeur., e *elettricità*] s. f. ● Fenomeno di elettrizzazione per strofinio di due corpi di natura chimica differente, dei quali almeno uno deve essere isolante.

triboelèttrico [comp. di un deriv. dal gr. *tríbein* 'sfregare', di origine indeur., e *elettrico*] agg. (pl. m. *-ci*) ● Relativo alla, o che presenta, triboelettricità.

tribolaménto o **†tribulaménto**. s. m. ● (*raro*) Modo e atto del tribolare o del tribolarsi.

tribolàre o **†tribulàre** [lat. *tribulāre* 'tormentare (col *tribolo* (*1*))' col sign. assunto nel lat. della Chiesa] **A** v. tr. ● Tormentare, far soffrire: *meno mi veniva fatto che le altre cose non m'inquietassero e tribolassero* (LEOPARDI). SIN. Affliggere, angustiare. **B** v. intr. (aus. *avere*) ● Penare, patire, soffrire: *t. a letto per malattia*; *ha tribolato durante tutta la sua vita* | *Finire di t.*, (*euf., fam.*) morire, detto spec. di persona che, da viva, ha molto sofferto. **C** v. intr. pron. ● †Preoccuparsi, tormentarsi.

tribolàto o **†tribulàto**. **A** part. pass. di *tribolare*; anche agg. ● Nei sign. del v. || **tribolataménte**, avv. (*raro*) Con tribolazioni, sofferenze. **B** s. m. (f. *-a*) ● Chi è tormentato, oppresso da dolori, angustie, povertà e sim.: *avere compassione dei tribolati.* SIN. Infelice, misero. || **tribolatàccio**, pegg.

tribolatóre o **†tribulatóre**. s. m.; anche agg. (f. *-trice*) ● (*raro*) Chi, che tribola | Chi, che procura agli altri tribolazioni.

tribolazióne o **†tribulazióne** [lat. tardo *tribulatiōne(m)*, da *tribulātus* 'tribolato'] s. f. *1* Atto del tribolare | Grave e continua sofferenza fisica o spirituale: *vivere nelle tribolazioni.* SIN. Patimento, tormento. *2* Cosa o persona che procura dolore, angoscia, preoccupazione e sim.: *le tribolazioni del mondo*; *quel figlio è la sua t.* *3* (*raro*) Noia, molestia, fastidio.

tribolo (1) o **†tribulo** [lat. *trĭbulu(m)*, dal gr. *tríbolos* 'spino', comp. di *trêis* 'tre' e *bolḗ*, da *bállein* 'lanciare', di origine indeur.] s. m. *1* (*bot.*) Pianta cespugliosa spinosa | Leguminosa erbacea buona foraggera con fiori gialli in grappoli profumati (*Melilotus officinalis*) | (*lett.*) Rovo, cespuglio spinoso: *e dai tentati triboli | l'irto cinghiale uscir* (MANZONI). SIN. Vetturina. *2* (*mil., spec. al pl.*) †Strumenti di ferro a quattro punte divergenti che si seminavano in quantità sul terreno, per ostacolare soprattutto il transito della cavalleria nemica.

tribolo (2) [dev. di *tribolare*] s. m. ● Tribolazione, tormento, preoccupazione.

tribologia [comp. di un deriv. del gr. *tríbein* 'sfregare', di origine indeur. e *-logia*] s. f. ● (*tecnol.*) Disciplina che studia i fenomeni di interazione fra superfici, con particolare riguardo ai problemi di attrito e usura.

tribolóso o **†tribulóso** [lat. tardo *tribulōsu(m)*, da *tribulāre* 'tribolare'] agg. *1* Spinoso, pungente, doloroso. *2* Tribolato, afflitto, detto di persona.

triboluminescènza [comp. di un deriv. del gr. *tríbein* 'sfregare', di origine indeur., e *luminescenza*] s. f. ● Luminescenza generata per sfregamento.

tribórdo [fr. *(s)tribord*, che riproduce il neerlandese *stierboord* 'lato (*boord*) del timone (*stier*)', di area germ. e origine incerta] s. m. ● Correntemente, parte destra della nave, da poppa (il termine non è usato in marineria; V. *dritta*).

tribraco [vc. dotta, lat. tardo *trĭbrachu(m)*, dal gr. *tríbrachys*, comp. di *trêis* 'tre' e *brachýs* 'breve', di origine indeur.] s. m. (pl. *-chi*) ● (*ling.*) Piede metrico della poesia greca e latina formato da tre sillabe brevi.

tribù o **†trìbo** [vc. dotta, lat. *trĭbu(m)*, da *trēs* 'tre' (ma l'originale riferimento è incerto), con l'accento finale del corrispondente fr. *tribu*] s. f. *1* In etnologia, gruppo sociale che unisce più famiglie unite da vincoli linguistici, razziali e culturali, aventi un proprio ordinamento e un proprio capo. *2* Ciascuno dei 12 gruppi in cui era diviso l'antico popolo ebraico, in linea di discendenza dai 12 figli di Giacobbe. *3* (*fig., scherz.*) Gran numero, moltitudine di persone: *avere una t. di figli* | Gruppo familiare molto numeroso: *mettere a tavola l'intera t.* *4* Nell'antica Roma, ciascuna delle circoscrizioni in cui era diviso il territorio dello Stato romano: *t. rustiche, urbane.* *5* Gruppo sistematico di piante o di animali, di ordine inferiore alla famiglia.

tribuìre [vc. dotta, lat. *tribŭere* 'attribuire', originariamente 'alla tribù (*trĭbus*)'] v. tr. (*io tribuìsco, tu tribuìsci*) *1* (*raro*) Attribuire. *2* (*lett.*) Tributare.

†tribulàre e *deriv.* ● V. *tribolare e deriv.*

tribùna [lat. *tribūnal* 'tribunale', originariamente agg. '(palco) del *tribuno*'] s. f. *1* Piattaforma elevata da cui, nell'antica Roma, parlava il tribuno. *2* Nelle basiliche civili romane, parte absidale dove era collocato il seggio del giudice | (*est.*) Nelle basiliche cristiane, abside | (*est.*) Parte ampia e tondeggiante di un grande edificio. *3* Podio elevato per oratori, in assemblee e sim.: *parlare, tuonare dalla t.*; *salire sulla t.* | *T. parlamentare*, aula parlamentare, in cui ciascuno può parlare anche dal proprio posto. *4* Spazio riservato agli uditori, o a particolari categorie di uditori, in aule e sim.: *la t. riservata al pubblico*; *t. diplomatica*; *la t. per la stampa* | *T. aperta*, spazio riservato in un giornale alla pubblicazione di articoli di personalità o esperti che non figurano tra i collaboratori abituali | *T. politica, elettorale*, trasmissione radiofonica o televisiva durante la quale uomini politici espongono le loro idee e i loro programmi spec. confrontandosi in un dibattito fra di loro o con esponenti della stampa. *5* Palco fisso o provvisorio per gli spettatori in stadi, ippodromi e sim., e destinato per lo più a un numero limitato di persone, in caso di manifestazioni o celebrazioni particolari: *acquistare un biglietto per la t.*; *la t. delle autorità.* || **tribunétta**, dim.

tribunàle [vc. dotta, lat. *tribūnal*, genit. *tribunālis*, da *tribūnus* 'tribuno', che in quel luogo sedeva] s. m. *1* Organo che esercita la giurisdizione in materia civile e penale nei modi e casi stabiliti dalla legge: *presidente del t.*; *t. militare, amministrativo, delle acque pubbliche* | (*est.*) Correntemente, organo giudiziario | *Chiamare in t.*, citare | *Presentarsi in t.*, comparire | *T. supremo*, Corte suprema | *T. per i minorenni*, collegio giudiziario, competente a giudicare in primo grado dei reati commessi dai minori degli anni diciotto | *T. internazionale*, organo internazionale che ha il compito di risolvere le controversie fra soggetti di diritto internazionale, con decisioni vincolanti per gli stessi | *T. della Libertà*, organo dei tribunali penali dei capoluoghi di provincia, competente a pronunciarsi con decisioni rapide sulla legittimità e fondatezza dei provvedimenti restrittivi della libertà personale e dei provvedimenti di sequestro penale | *T. del S. Uffizio*, antica denominazione dell'organo giudicante dell'Inquisizione, poi della Congregazione del S. Uffizio, ora Congregazione per la dottrina della Fede. ***2*** Luogo ove l'autorità giudiziaria esplica normalmente la propria funzione. ***3*** (*fig.*) Persona, ente, autorità e sim. cui si deve rendere conto delle proprie azioni, da cui si è giudicati sul piano morale: *sentirsi, essere colpevole dinanzi al t. della propria coscienza; il t. dell'opinione pubblica lo ha assolto* | *Il t. di Dio*, il giudizio di Dio | *Il t. della confessione*, il sacramento della confessione; (*est.*) il confessionale. ***4*** †Tribuna.

tribunalésco agg. (pl. m. *-schi*) ● Da tribunale (*spec. spreg.*): *sussiego t.; artificio t.*

tribunàto [vc. dotta, lat. *tribunātu(m)*, da *tribūnus* 'tribuno'] s. m. ● Carica, ufficio e dignità di tribuno: *t. della plebe; t. militare* | Durata di tale carica.

tribunésco agg. (pl. m. *-schi*) ● Da tribuno (*spec. spreg.*): *tono, piglio t.; irruenza tribunesca; declamazioni tribunesche.*

tribunìzio [vc. dotta, lat. *tribunīciu(m)*, da *tribūnus* 'tribuno'] agg. ***1*** Dei tribuni della plebe: *potestà tribunizia.* ***2*** (*spreg.*) Magniloquente, retorico: *esprimersi in forma tribunizia.*

tribùno [vc. dotta, lat. *tribūnu(m)*, da *trĭbus* 'tribù'] s. m. ***1*** Nell'antica Roma, qualifica attribuita ai funzionari più importanti dell'amministrazione civile o militare | *Tribuni dell'erario*, in origine, magistrati incaricati del pagamento dello stipendio ai soldati; in seguito, cittadini appartenenti alle classi di censo più elevato | *Tribuni militari*, ufficiali di grado più elevato nel comando di una legione | *Tribuni della plebe*, funzionari della plebe, divenuti successivamente magistrati dello Stato con funzioni varie, tra cui quella di difesa degli interessi della plebe contro gli abusi dei magistrati patrizi. ***2*** (*est.*) In epoca medievale e moderna, membro di particolari e tipiche magistrature, di speciali assemblee e sim. ***3*** (*fig.*) Uomo politico di idee rivoluzionarie, dotato di un'oratoria particolarmente irruente ed efficace | (*fig., spreg.*) Politicante demagogo che, sfruttando spec. la propria violenza oratoria, si atteggia a difensore del popolo servendo in realtà solo le proprie ambizioni.

tributàre [da *tributo* (*2*)] v. tr. ● Dare, rendere q.c. a qc. come cosa dovuta, quasi che si trattasse di un tributo: *t. onori; l'intera cittadinanza gli tributò omaggi e ringraziamenti.*

tributària [da (*polizia*) *tributaria*] s. f. ● Polizia tributaria: *controlli eseguiti dalla t.*

tributàrio [vc. dotta, lat. *tributāriu(m)*, da *tribūtum* 'tributo (2)'] agg. ***1*** Che è obbligato a pagare un tributo: *città tributaria di Roma.* ***2*** Relativo ai tributi: *accertamento, regime t.; elusione tributaria* | *Diritto t.*, complesso degli atti normativi che disciplina l'imposizione e la riscossione dei tributi | *Reato t.*, determinato dalla violazione delle leggi fiscali | *Polizia tributaria*, o (*ell.*) *tributaria* (V.), quella che opera per prevenire la violazione delle leggi fiscali o scoprirne gli autori | *Anagrafe tributaria*, struttura amministrativa preposta a raccogliere su scala nazionale, basandosi sull'anagrafe e sul controllo incrociato, dati e notizie rilevanti ai fini tributari, ricavati da dichiarazioni e denunzie presentate dai contribuenti all'amministrazione finanziaria e da accertamenti compiuti da quest'ultima | *Contenzioso t.*, l'insieme delle norme disciplinanti le controversie tra fisco e contribuenti e gli organi dello Stato preposti ad applicarle. ***3*** (*geogr.*) Detto di corso d'acqua che versa le proprie acque in un altro corso d'acqua o in un lago.

tributarìsta s. m. e f. (pl. m. *-i*) ● Studioso, esperto di diritto tributario | Chi si occupa di questioni tributarie.

tribùto (1) [vc. dotta, lat. *tribūtu(m)* 'disposto per tribù (*tribus*)'] agg. ● Delle tribù, nella loc. *comizio t.*, comizio dell'antica Roma nel quale i cittadini votavano per tribù.

tribùto (2) o †**trebùto** [vc. dotta, lat. *tribūtu(m)*, da *tribuĕre* 'attribuire'] s. m. ***1*** Nell'antica Roma, prestazione che il cittadino doveva allo Stato secondo il proprio censo, e che lo Stato prelevava per tribù. ***2*** (*dir., gener.*) Ciò che si deve allo Stato o ad altro ente pubblico a cagione della potestà di questi: *t. orario; imporre nuovi tributi; esentare da un t.; assoggettare i vinti a onerosi tributi* | *T. speciale*, contributo. ***3*** (*fig.*) Ciò che si dà o si fa per adempiere a un dovere, a un obbligo, a un impegno morale, sociale e sim. o per riconoscere a qc. ciò che gli spetta: *t. di sangue, di vite umane, di lacrime; t. di lodi, omaggi, riconoscenza; pagare al progresso un oneroso t. di dolore* | *Pagare il proprio t. alla natura*, (*euf.*) morire. ***4*** (*fig., poet.*) Quantità d'acqua che un fiume tributario versa in altro fiume, in un lago o nel mare.

tric o (*raro*) **tricche** [vc. onomat.] inter. ● Riproduce il rumore lieve di un oggetto che si incrina o che scricchiola | V. anche *t. trac.*

tricàmere [comp. di *tri-* e del pl. di *camera* (*1*)] agg. inv.; anche s. m. inv. ● Che è costituito di tre camere, detto di appartamento e gener. abitazione.

tricche tràcche ● V. *tric trac.*

-trice [lat. *-trīce(m)*, suff. f. corrispondente a *-tore(m)* '-tóre' e, come questo, di origine indeur.] suff. derivativo ● Forma aggettivi e sostantivi femminili ricavati da verbi: *ingannatrice, trebbiatrice.*

tricèfalo [comp. di *tri-* e *-cefalo*] agg. ● Che ha tre teste: *mostro t.; divinità mitologica tricefala.* CFR. Tricipite.

triceràtopo [comp. di *tri-*, *cerato-* e del gr. *óps*, genit. *opós* 'sguardo, vista' (d'origine indeur.)] s. m. ● Rettile del Cretaceo, estinto, con testa molto lunga armata di due corna sopra le orbite e una sopranasale. ➡ ILL. **paleontologia**.

trichèco [comp. del gr. *thríx*, genit. *trichós* 'pelo', e di un deriv. da *échein* 'avere', per i *peli* (setole) *che ha* sul labbro superiore] s. m. (pl. *-chi*) ● Grosso mammifero pinnipede artico, goffo e tozzo, pesante fino a 10 q, con pelle spessa, grosse setole sul labbro, canini di avorio molto sporgenti (*Odobenus rosmarus*).

trichìaṣi [vc. dotta, lat. tardo *trichĭasi(m)*, dal gr. *trichíasis*, comp. di *thríx*, genit. *trichós* 'pelo' e del suff. *-íasis* '-iasi'] s. f. ● (*med.*) Deviazione delle ciglia verso il bulbo oculare.

trichìna [dal gr. *tríchinos*, propr. 'peloso', 'capillare', da *thríx*, genit. *trichós* 'pelo'] s. f. ● Verme dei Nematodi che vive nell'intestino dei mammiferi ove partorisce larve che vanno a incistarsi nei muscoli (*Trichinella spiralis*).

trichinòṣi [comp. di *trichin*(*a*) e *-osi*] s. f. ● (*med.*) Malattia parassitaria causata nell'uomo dalle larve del nematode intestinale *Trichinella spiralis*, caratterizzata da nausea, diarrea, febbre, dolori muscolari.

trichomònas [comp. del gr. *thríx*, genit. *trichós* 'pelo' e *monás* 'monade', qui 'animale unicellulare'] s. m. ● (*biol.*) Genere di Flagellati ad ampia diffusione che nella specie umana è localizzato nel canale alimentare e nella vagina: *t. vaginalis.*

†**trich trach** /trik 'trak/ ● V. *tric trac.*

tricìclo [comp. di *tri-* e *ciclo*, sull'es. del fr. *tricycle*] s. m. ● Velocipede a tre ruote: *t. per bambini.*

tricìpite [vc. dotta, lat. *tricĭpite(m)*, comp. di *trēs* 'tre' e di un deriv. da *căput* 'capo'] **A** agg. ***1*** (*lett.*) Che ha tre teste: *cerbero, mostro t.* ***2*** (*anat.*) Detto di muscolo che ha tre capi confluenti in una unica massa. **B** s. m. ● (*anat.*) Ogni muscolo che ha tre capi confluenti in una unica massa: *t. brachiale.* ➡ ILL. p. 362 ANATOMIA UMANA.

triclàve [comp. di *tri-* e del lat. *clāvis* 'chiave'] agg. ● Detto di oggetto, spec. di casse, forzieri e sim., chiuso con tre chiavi, una diversa dall'altra e custodite da tre persone diverse.

tricliniàre [vc. dotta, lat. *triclin*(*i*)*āre*(*m*) 'proprio del triclinio (*triclīnium*)'] agg. ● Del, relativo al, triclinio.

triclìnio [vc. dotta, lat. *triclīniu(m)*, dal gr. *triklínion*, dim. di *tríklinos*, comp. di *trêis* 'tre' e di un deriv. da *klínē* 'letto', di origine indeur.] s. m. ● Nell'antica Roma, complesso dei tre letti a tre posti, collocati lungo tre lati della tavola, sui quali si disponevano i commensali per mangiare | (*est.*) Sala da pranzo: *il t. di una casa pompeiana.*

triclìno [comp. di *tri-* e di un deriv. dal gr. *klínein* 'inclinare'] **A** agg. ● (*miner.*) Detto di sistema cristallino in cui gli assi sono tutti inegualmente inclinati e disuguali i parametri fondamentali. **B** s. m. ● (*miner.*) Sistema triclino.

tricloroetilène [ingl. *trichloroethylene*, comp. di *trichloro-*, a sua volta comp. di *tri-* 'tri-' e *chloro-* 'cloro-', e *ethylene* 'etilene'] s. m. ● (*chim.*) Composto organico derivato dall'etilene per sostituzione di tre atomi di idrogeno con altrettanti di cloro; usato come solvente e smacchiatore col nome commerciale di trielina.

triclorofenòlo [comp. di *tri-*, *cloro* e *fenolo*] s. m. ● Composto chimico con proprietà antisettiche e disinfettanti o fungicide.

triclorometàno [comp. di *tri-*, *cloro* e *metano*] s. m. ● Cloroformio.

triclorùro [comp. di *tri-* e *cloruro*] s. m. ● (*chim.*) Composto binario, contenente tre atomi di cloro.

trìco-, -trico [dal gr. *thríx*, genit. *trichós* 'pelo'] primo o secondo elemento ● In parole scientifiche composte, significa 'pelo', 'capello' e sim.: *tricofobia, tricoptilosi; ulotrico, cimotrico, lissotrico.*

tricocèfalo [comp. di *trico-* e *cefalo* 'capo', per la sottilissima forma della loro parte superiore] s. m. ● Verme dei Nematodi, filiforme nella parte anteriore, talvolta parassita dell'intestino umano (*Trichocephalus dispar*).

tricòfilo [comp. di *trico-* e *-filo*] agg. ● (*zool.*) Detto di animale che predilige vivere tra i peli.

tricòfito [comp. di *trico-* e *-fito*: detto così perché si sviluppa sul cuoio capelluto o sui peli della barba] s. m. ● Genere di funghi parassiti comprendente un gran numero di specie che sono causa di tricofizie.

tricofizìa [da *tricofito*] s. f. ● (*med.*) Nome di alcune malattie della cute e degli annessi cutanei come la tigna e l'erpete, causate da tricofiti.

tricofobìa [comp. di *trico-* e *fobia*] s. f. ● Paura morbosa dei peli, delle pellicce e della lanugine, anche vegetale.

tricògeno [comp. di *trico-* e *-geno*] agg. ● (*biol.*) Detto di cellula o di struttura produttrici di peli | *Bulbo t.*, bulbo pilifero.

tricoglòsso [comp. del gr. *thríx*, genit. *trichós* 'pelo' e di un deriv. da *glôssa* 'lingua'] s. m. ● Pappagallo con lingua munita all'apice di spicole per asportare il nettare, gregario, vivacemente colorato (*Trichoglossus*).

tricologìa [comp. di *trico-* e *-logia*] s. f. (pl. *-gie*) ● Scienza che studia la struttura e le funzioni dei peli e dei capelli e le affezioni del cuoio capelluto.

tricològico [da *tricologia*] agg. (pl. m. *-ci*) ● Che riguarda la tricologia | *Prodotti tricologici*, prodotti curativi per peli o capelli.

tricòlogo [comp. di *trico-* e *-logo*] s. m. (f. *-a*; pl. m. *-gi*) ● Studioso, esperto di tricologia.

tricolòma [comp. di *trico-* e *loma* 'bordo (di veste), lembo', di etim. incerta] s. m. (pl. *-i*) ● Genere di funghi delle Agaricacee con varie specie sia commestibili che velenose (*Tricholoma*) | *T. georgii*, prugnolo (2).

tricoloràto [da *tricolore*] agg. ● (*lett.*) Che ha tre colori: *tricolorata bandiera* (FOSCOLO).

tricolóre [comp. di *tri-* e *colore*, sull'es. del fr. *tricolor*, che seguiva il modello del lat. tardo *tricolōre(m)*] **A** agg. ● Di tre colori: *bandiera t.* | *Maglia t.*, nel ciclismo, quella indossata dal vincitore di un campionato italiano e (*est.*) il titolo stesso di campione d'Italia: *vincere la maglia t.* | *Campione t.*, corridore ciclista campione d'Italia. **B** s. m. ***1*** Bandiera tricolore: *il t. di Francia* | (*anton.*) La bandiera italiana, bianca rossa e verde: *issare, piantare il t.; sulla vetta conquistata sventola il t.* ***2*** (*sport*) Nel ciclismo, maglia tricolore: *indossare il t.* | Campione tricolore. ***3*** (*polit.*) Governo di coalizione costituito da rappresentanti di tre partiti.

tricòma [gr. *tríchōma*, da *thríx*, genit. *trichós* 'pelo' e *-coma* (V. *-oma*)] s. m. (pl. *-i*) ***1*** Aggrovigliamento dei capelli da seborrea o da sporcizia. ***2*** (*zool.*) Pelo, setola o ciuffo di peli. ***3*** (*bot.*) Pelo.

triconsonàntico [comp. di *tri-* e *consonantico*] agg. (pl. m. *-ci*) ● (*ling.*) Costituito da tre consonanti: *nesso t.* | Detto di sistema linguistico, proprio delle lingue semitiche, in cui un nesso triconsonantico rappresenta il concetto generico, precisabile con l'aggiunta di vocali o suffissi.

tricoptilòṣi [comp. di *trico-* e del gr. *ptílōsis* 'malattia provocata da un insetto (*ptílon*, da *pétesthai* 'volare', con suff. ipocoristico *-ilo-*)'] **s. f.** ● (*med.*) Malattia dei peli e dei capelli per cui l'estremità si biforca.

tricòrdo o (*lett.*) **tricòrde** [gr. *tríchordon*, sost. dell'agg. *tríchordos* 'a tre (*trí-*) corde (*chordái*)'] **A agg.** ● Che ha tre corde: *arco t.* **B s. m.** ● (*mus.*) Pandora.

tricòrne [vc. dotta, lat. *trĭcorne(m)*, comp. di *tri-* '(a) tre' e di un deriv. da *cŏrnu* 'corno'] **agg.** ● (*raro*) Che ha tre corna.

tricòrno [fr. *tricorne* 'che ha tre corna' (V. *tricorne*)] **s. m.** ● Cappello con ala rialzata e piegata a formare tre punte, di moda nel Settecento | Berretto a tre spicchi con pompon di seta al centro, tipico dei sacerdoti.

tricorpòreo [adatt. con *corporeo* del lat. *tricŏrpore(m)*, comp. di *tri-* '(a) tre' e di un deriv. da *cŏrpus*, genit. *cŏrporis* 'corpo'] **agg.** ● (*raro, lett.*) Che ha tre corpi: *mostro t.*

tricòsi [comp. di *tric(o)-* e *-osi*, secondo il modello del gr. *tríchōsis*, che però significava semplicemente 'crescita di capelli'] **s. f.** ● (*med.*) Anomalia o malattia dei capelli o dei peli.

tricot /fr. tri'ko/ [vc. fr., da *tricoter*, a sua volta da *tricot* 'corto bastone (*trique*, di origine neerlandese)'] **s. m. inv.** ● (*gener.*) Maglia, indumento o tessuto, a mano o a macchina, lavorato a maglia.

tricotomìa (1) [comp. di *trico-* e *-tomia*] **s. f.** ● (*med.*) Rasatura dei peli o dei capelli, in preparazione di un intervento chirurgico o nelle affezioni dei peli.

tricotomìa (2) [comp. del gr. *trícha* 'in tre (*trêis*) parti' e di un deriv. dal v. *témnein* 'tagliare, dividere'] **s. f.** ● Tripartizione.

Tricòtteri [per le loro ali (gr. *pterón*) ricoperte di pelo (gr. *thríx*, genit. *trichós*)] **s. m. pl.** ● Nella tassonomia animale, ordine di Insetti simili a piccole farfalle dalle tinte scialbe, con ali coperte di peli e larve acquatiche che si costruiscono astucci protettivi (*Trichoptera*) | (al sing. *-o*) Ogni individuo di tale ordine.

tricromìa [comp. del gr. *trêis* 'tre' e di un deriv. da *chrôma* 'colore'] **s. f.** **1** Procedimento per ottenere riproduzioni a stampa nelle tinte originali di soggetti a colori sovrapponendo tre soli colori fondamentali, giallo, magenta e ciano. **2** (*est.*) Riproduzione a stampa così ottenuta.

tric trac o **tricche tracche**, spec. nei sign. A e B 1, **tric-trac**, †**trich trach** [reduplicazione onomat. a voc. alternata] **A inter.** ● Riproduce un rumore secco che avviene in due tempi: tric trac *tric trac facevano i dadi agitati nel bussolotto* | Riproduce il rumore picchiettante di martelli che battono o di zoccoli sull'acciottolato. **B s. m. 1** Il rumore stesso: *il tric trac degli zoccoli sulle piastrelle.* **2** Tavola reale. **3** (*dial.*) Fuoco d'artificio, mortaretto.

tricuspidàle [da *tricuspide*] **agg.** **1** (*arch.*) Che ha tre cuspidi o punte: *facciata t.* **2** (*anat.*) Della valvola tricuspide.

tricuspidàto [da *tricuspide*] **agg.** ● Fatto a tre punte: *organo t.*

tricùspide [vc. dotta, lat. *tricŭspide(m)*, comp. di *tri-* '(a) tre' e *cŭspis*, genit. *cŭspidis* 'punta, cuspide'] **agg.** ● Che termina con tre cuspidi, punte, vertici: *organo t.* | (*anat.*) *Valvola t.*, valvola cardiaca posta tra l'atrio e il ventricolo destro. ➡ **ILL.** p. 363 ANATOMIA UMANA.

tridàcna [vc. dotta, lat. *trĭdacna* (nt. pl.), dal gr. *trídaknos*, comp. di *tri-* e di un deriv. da *dáknein* 'mordere', di origine indeur.] **s. f.** ● Gigantesco mollusco bivalve con conchiglia a ventaglio, dell'Oceano Indiano, che può superare i due quintali (*Tridacna gigas*).

tridàttilo [gr. *tridáktylos*, comp. di *tri-* '(con) tre' e *dáktylos* 'dito'] **agg.** ● (*zool.*) Che è fornito di tre dita: *uccello t.*

tridentàto **agg.** **1** (*lett.*) Che è armato di tridente: *Nettuno t.* **2** (*raro*) †Che ha tre denti o punte.

tridènte [vc. dotta, lat. *tridĕnte(m)*, comp. di *tri-* '(con) tre' e *dēns*, genit. *dĕntis* 'dente'] **s. m.** **1** Forcone con tre denti o rebbi. **2** Attributo del dio Posidone o Nettuno. **3** Zappa a tre rebbi.

†**tridentière** o †**tridentièro** **agg.** ● Tridentato: *Nettuno t.*

tridentìno [vc. dotta, lat. *Tridentīnu(m)*, da *Tridĕntum* 'Trento', di etim. incerta] **agg.** ● Trentino, solo in alcune loc. storiche e geografiche | *Concilio t.*, il Concilio di Trento | *Decreti tridentini*, del concilio di Trento | *Catechismo t.*, quello che si attiene alle direttive e ai decreti del Concilio di Trento | *Legione tridentina*, formazione di volontari che combatté durante la prima guerra d'indipendenza | *Venezia tridentina*, la regione Trentino Alto Adige.

tridimensionàle [comp. di *tri-* e dell'agg. di *dimensione*, secondo il modello ingl. *tridimensionale*] **agg.** ● Che ha, presenta e sim. tre dimensioni: *immagine t.*

tridimensionalità **s. f.** ● Qualità di ciò che è tridimensionale.

triduàno [vc. dotta, lat. tardo *triduānu(m)*, da *trīduum* 'triduo'] **agg.** ● (*raro*) Di tre giorni.

triduàrio **agg.** ● Relativo a triduo.

trìduo [vc. dotta, lat. *trīduu(m)* 'che dura tre (*tri-*) giorni (*dīes*)'] **s. m.** ● Pratica devota cattolica, pubblica o privata, comprendente preghiere e riti religiosi per la durata di tre giorni, a scopo di ringraziamento o di propiziazione.

trièdrico **agg.** (pl. m. *-ci*) ● Di, relativo a, triedro | Che ha la forma di un triedro.

trièdro [comp. di *tri-* e di un deriv. dal gr. *hédra* 'base, sede'] **s. m.** ● (*mat.*) Intersezione di tre semispazi | *T. polare d'un t. dato*, triedro individuato dai piani passanti per il vertice del triedro dato e perpendicolari ai suoi piani.

†**triègua** ● V. *tregua.*

trielina® [comp. di *tri(cloro)e(t)i)l(ene)* e *-ina*] **s. f.** ● Nome commerciale del tricloroetilene, liquido incolore usato spec. come solvente ininfiammabile di corpi grassi e per sintesi organiche.

†**trièmito** ● V. *tremito.*

†**trièmo** ● V. †*tremo.*

triennàle [vc. dotta, lat. *triennāle(m)*, comp., come *triĕnnis* 'trienne', da *tri-* '(di) tre' e di un deriv. da *ănnus* 'anno'] **A agg.** **1** Che dura tre anni: *corso di studi t.* **2** Che ricorre ogni tre anni: *celebrazione t.*; *esposizione t. di pittura.* ‖ **triennalménte**, **avv.** Ogni tre anni. **B s. f.** ● Manifestazione che ricorre ogni tre anni: *la t. di Milano ebbe inizio nel 1923.*

triennalità [da *triennale*] **s. f.** ● Scadenza triennale: *la t. di una celebrazione.*

triènne [vc. dotta, lat. tardo *triĕnne(m)*, comp. di *tri-* '(di) tre' e di un deriv. da *ănnus* 'anno'] **agg.** **1** Che ha tre anni, detto di cose e di persone. **2** (*lett.*) Che dura da tre anni. **3** (*raro, lett.*) Che ricorre ogni tre anni.

triènnio [vc. dotta, lat. *triĕnniu(m)*, comp., come *triĕnnis* 'trienne', da *tri-* '(di) tre' e di un deriv. da *ănnus* 'anno'] **s. m.** ● Periodo di tempo di tre anni: *un t. di studio.*

trièra ● V. *triere.*

trieràrca o **trieràrco** [vc. dotta, lat. *trierărchu(m)*, dal gr. *triḗrarchos*, comp. di *triḗrēs* 'trireme' e *archós* 'comandante'] **s. m.** (pl. *-chi*) ● Nell'antica Atene, cittadino gravato dall'imposizione della trierarchia.

trierarchìa [gr. *triērarchía*, da *triḗrarchos* 'trierarca'] **s. f.** ● Nell'antica Atene, obbligo a carico di uno o più cittadini ricchi, di fornire allo Stato una nave da guerra e di assumerne il comando.

trieràrco ● V. *trierarca.*

trière o (*raro*) **trièra** [vc. dotta, lat. tardo *triēre(m)*, dal gr. *triḗrēs*, comp. di *tri-* '(con) tre' e della stessa radice, di origine indeur., che si trova in *eré(tēs)* 'rematore'] **s. f.** ● (*raro, lett.*) Trireme: *la t. / che recava da Ceo l'ode novella* (D'ANNUNZIO).

triestinità [da *triestino*] **s. f.** ● Qualità di chi o di ciò che è triestino, spec. in riferimento alle molteplici componenti storico-culturali: *la t. di alcuni scrittori del primo Novecento.*

triestìno **A agg.** ● Di Trieste: *sobborghi triestini.* **B s. m.** (f. *-a*) ● Abitante o nativo di Trieste. **C s. m. solo sing.** ● Dialetto del gruppo veneto parlato a Trieste.

trietèrico [vc. dotta, lat. *trietĕricu(m)*, dal gr. *trietērikós* 'che ricorre ogni tre (*tri-*) anni (*éta*, pl. di *étos*, di origine indeur.)'] **agg.** (pl. m. *-ci*) ● Detto di celebrazione che nel calendario religioso greco cadeva ogni tre anni, spec. delle feste in onore di Dioniso.

†**trièva** ● V. *tregua.*

trifàse [comp. di *tri-* e *fase*] **agg.** ● (*elettr.*) Che ha tre fasi | Detto di un sistema di tre correnti alternate delle quali la seconda è sfasata dalla prima, e la terza dalla seconda, di un terzo di periodo.

trifàsico [comp. di *tri-* e di un deriv. di *fase*] **agg.** (pl. m. *-ci*) **1** Che avviene in tre fasi | (*med.*) *Pillola trifasica*, antifecondativo a dosaggio regolato sulle tre fasi del ciclo mestruale. **2** (*elettr.*) Che riguarda il sistema trifase.

trifàuce [vc. dotta, lat. *trifāuce(m)* 'da tre (*tri-*) fauci (*fāuces*)'] **agg.** ● (*lett.*) Che ha tre fauci, detto spec. di Cerbero: *Ercole che legava il t. Cerbero* (CELLINI).

trifenilmetàno [comp. di *tri-*, *fenil(e)* e *metano*] **s. m.** ● (*chim.*) Idrocarburo che si presenta sotto forma di cristalli insolubili in acqua e da cui deriva una classe di coloranti: *coloranti del t.*

trìfido [vc. dotta, lat. *trĭfidu(m)*, comp. di *tri-* '(con) tre' e *-fidu(m)*, da *fĭndere* 'fendere'] **agg.** ● Che finisce in tre punte: *foglia trifida.*

trifogliàio **s. m.** ● Prato di trifoglio.

trifogliàto [da *trifoglio*] **agg.** **1** Trilobato: *croce trifogliata.* **2** (*bot.*) Detto di foglia composta che ha tre foglioline. **3** (*raro*) Che è mescolato con trifoglio: *fieno t.*

trifoglìna [da *trifoglio*] **s. f.** ● (*bot.*) Piccola pianta erbacea perenne delle Papilionacee, con foglie composte imparipennate, fiori con corolla gialla soffusa di rosso (*Lotus cornicolatus*). **SIN.** Ginestrino, loto sottile.

trifòglio o †**trefoglio** [lat. *trifŏliu(m)*, comp. di *tri* '(a) tre' e *fŏlium* 'foglia'] **s. m.** ● Leguminosa erbacea pelosa con foglie composte di tre foglioline, cespugliosa, ottima foraggera, con fiori rossi in glomeruli (*Trifolium pratense*) | *T. nero*, a fusti ramificati e fiori rosei (*Trifolium hybridum*) | *T. acetoso*, acetosella. ‖ **trifoglìno**, **dim.** | **trifogliòne**, **accr.**

trìfola [vc. piemontese, dalla variante dial. *tūfera* del lat. *tūbera* (pl.) 'tuberi' con sovrapposizione di altra vc. con *tr-*] **s. f.** ● (*dial., sett.*) Tartufo: *t. nera.*

trifolàto [da *trifola*] **agg.** ● Condito con tartufo | Detto di vivanda tagliata a fettine sottili e condita con olio, prezzemolo, aglio: *rognone t.*; *patate trifolate.*

trìfora [comp. di *tri-* e del lat. *fŏris* 'porta', di origine indeur.] **s. f.** ● Finestra il cui vano è diviso, da colonnine e sim., in tre luci minori.

triforcàre [da *biforcare* con sostituzione di *tri-* 'a tre' a *bi-* 'a due'] **A v. tr.** (*io trifórco, tu trifórchi*) ● Dividere in tre parti, tre punte, e sim.: *t. un'asta.* **B v. intr. pron.** ● Diramarsi, dividersi in tre parti: *la strada si triforca presso il fiume.*

triforcazióne [da *triforcare*] **s. f.** ● Atto, effetto del triforcare e del triforcarsi | Punto in cui q.c. si triforca.

triforcùto [da *biforcuto* con sostituzione del primo elemento (*tri-* 'con tre' a *bi-* 'con due')] **agg.** ● Che ha tre punte, tre rebbi.

trifòrio [da *trifora*] **s. m.** ● Nelle cattedrali spec. gotiche, galleria soprastante le navate laterali, aperte spec. mediante trifore sulla navata centrale.

trifórme [vc. dotta, lat. *trifŏrme(m)* 'che ha una triplice (*tri-*) *forma*', sul modello di *bifora*] **agg.** ● (*lett.*) Che ha tre forme, che si presenta in tre aspetti, modi e sim. diversi (*anche fig.*).

†**trìga** [vc. dotta, lat. *trīga(m)*: tarda formazione da *bīga* e *quadrīga*, perché tirata da tre (*tri-*) cavalli (?)] **s. f.** ● Cocchio a tre cavalli.

trigamìa [vc. dotta, lat. tardo *trigămia(m)*, dal gr. *trigamía*, da *trígamos* 'trigamo'] **s. f.** ● Stato di chi è trigamo.

trìgamo [vc. dotta, lat. tardo *trīgamu(m)* dal gr. *trígamos* 'tre volte (*tri-*) sposato (*gámos* 'matrimonio')'] **agg.**; anche **s. m.** ● Che, chi ha contemporaneamente tre mogli | (*raro*) Che, chi ha avuto successivamente tre mogli.

trigèmino [vc. dotta, lat. *trigĕminu(m)* 'tre volte (*tri-*) gemello (*gĕminus*)'] **A agg.** **1** Detto di gravidanza e parto plurigemellare, in cui si formano e vengono alla luce tre figli | (*est.*) Detto di ciascuno dei nati da un parto trigemino. **2** (*anat.*) Detto del quinto paio di nervi cranici diviso in tre branche che presiedono quasi totalmente alla innervazione sensitiva della faccia e alla innervazione motoria di alcuni muscoli masticatori: *nervo t.* **B** anche **s. m.** ● (*anat.*) Nervo trigemino: *nevralgia del t.*

†**trigenàrio** [adattamento del lat. *tricenāriu(m)* 'di trenta per ciascuno (*tricēni*)'] **agg.**; anche **s. m.** (f. *-a*)

• Trentenne.

trigèṣimo [vc. dotta, lat. *trigēsimu(m)*, da *trigīnta* 'trenta'] **A** agg. num. ord.; anche s. m. • (*raro*) Trentesimo. **B** s. m. *1* Trentesimo giorno dopo la morte di qc. *2* (*relig.*) Nella liturgia cattolica, messa e altri riti di suffragio celebrati nel trentesimo giorno dalla morte di un fedele.

triglia [lat. parl. **trīglia(m)*, dal gr. *trígle*, di etim. discussa: da *trízein* 'emettere un leggero rumore' (?)] s. f. • Pesce marino dei Perciformi con due barbigli, prima pinna dorsale a raggi spinosi, livrea splendente (*Mullus*) | *T. di scoglio*, rosso carminio, a strie gialle, pregiata per le carni | *T. di fango*, rosea, meno ricercata | *T. volante*, pesce rondine | (*fig.*) *Fare l'occhio di t. a qc.*, guardarlo con occhio languido, dolce, innamorato. || **trigliàccia**, pegg. | **triglietta**, dim. | **trigliettina**, dim. | **triglina**, **trigliolina**, dim. | **triglióna**, accr. | **trigliùccia**, pegg.

trigliceride [comp. di *tri-* e *gliceride*] s. m. • (*chim.*) Gliceride in cui tutti e tre i gruppi alcolici della glicerina sono esterificati da acidi grassi.

trigliḍi [comp. del gr. *trígle* 'triglia', dal v. *trízein* 'gridare, soffiare' per quella specie di brontolio emesso dal pesce, quando è tratto dall'acqua, e del suff. *-idi*] s. m. pl. • Nella tassonomia animale, famiglia degli Scorpeniformi, con rappresentanti diffusi nei mari caldi e in quelli temperati; sono caratterizzati da un cranio robusto, da una duplice pinna dorsale e da ampie pinne pettorali (*Triglidae*) | (al sing. *-e*) Ogni individuo di tale famiglia.

triglifo [vc. dotta, lat. *trīglyphu(m)*, dal gr. *tríglyphos* 'a triplice (*tri-*) intaglio (*glyphḗ*)'] s. m. • (*arch.*) Decorazione del fregio, nell'ordine dorico, posta tra metopa e metopa, costituita da tre scanalature verticali dette glifi, separate da superfici piane dette femori.

trigonàle [vc. dotta, lat. *trigonāle(m)* 'triangolare', da *trigōnum* 'trigono, triangolo'] agg. *1* Che ha la forma di una piramide triangolare. *2* (*miner.*) Detto di un sistema cristallino che presenta tre assi cristallografici formanti tra loro angoli uguali ma diversi da 90° ed ha inoltre tre parametri diversi tra loro.

trigonèlla [dal gr. *trígōnos* 'trigono' per la forma delle sue foglie] s. f. • (*bot.*) Fieno greco.

trìgono [gr. *trígōnos* 'triangolo, che ha od è posto in tre (*tri-*) angoli (*gōníai*)', ripreso anche in alcune accez. dal lat. *trigonus*] **A** agg. • Triangolare. **B** s. m. *1* (*raro*) Triangolo. *2* (*anat.*) Spazio triangolare della parte inferiore della vescica limitato posteriormente dai due sbocchi uretrali, anteriormente dall'orifizio dell'uretra. *3* (*astrol.*) Posizione di due pianeti distanti tra loro 120 gradi. *4* (*mus.*) Specie di antica arpa, di forma triangolare.

trigonometrìa [comp. del gr. *trígōnos* 'triangolo' e *-metria*] s. f. • (*mat.*) Studio delle proprietà delle funzioni trigonometriche e delle relazioni fra i lati e gli angoli d'un triangolo | *T. piana*, dei triangoli piani | *T. sferica*, dei triangoli sferici.

trigonomètrico agg. (pl. m. *-ci*) • (*mat.*) Relativo alla trigonometria | *Funzione trigonometrica*, ciascuna delle funzioni, quali seno, coseno, tangente e altre, che si possono considerare oltre che funzioni di un angolo anche funzioni dell'arco di cerchio che sottende l'angolo. SIN. Funzione circolare | *Equazione trigonometrica*, nella quale le incognite compaiono attraverso funzioni trigonometriche | Ottenuto con i mezzi della trigonometria: *misurazione trigonometrica*. || **trigonometricaménte**, avv. Secondo la trigonometria.

trigràmma [da *tri-* sul modello di *digramma*] s. m. (pl. *-i*) • (*ling.*) Successione di tre lettere indicanti un unico suono.

trilateràle [comp. di *tri-* e un deriv. del lat. *lătus*, genit. *lăteris* 'lato'] agg. *1* (*raro*) Trilatero. *2* (*fig.*) Che ha triplice aspetto o che concerne tre contraenti: *patto t.*; *alleanza t.*

trilàtero [vc. dotta, lat. tardo *trilăteru(m)* 'che ha tre (*tri-*) lati (*lătera*)'] **A** agg. • Che ha tre lati: *figura trilatera* | *Vela trilatera*, triangolare, latina. **B** s. m. • (*mat.*) Multilatero con tre lati.

trilèmma [da *tri-* sul modello di *dilemma*] s. m. (pl. *-i*) • Nella logica, ragionamento che prende in considerazione un'alternativa composta di tre membri.

trilèttere • V. *trilittero*.

trilineàre [comp. di *tri-* e *lineare*] agg. *1* Che è formato di tre linee. *2* (*mat.*) Detto di polinomio in tre variabili che sia di primo grado in ciascuna di esse separatamente.

†**trilìneo** [comp. di *tri-* e del *-lineo* di altri comp. di origine lat. (*curvilineo, longilineo, rettilineo*)] agg. • Trilineare.

trilingàggio o **trelingàggio** [fr. *trélingage*, di etim. incerta] s. m. • (*mar.*) Legatura molto solida delle sartie maggiori condotta a tre o più giri sotto agli incappellaggi.

trilìngue [vc. dotta, lat. *trilĭngue(m)* 'che ha o parla tre (*tri-*) lingue (*lĭnguae*)'] agg. *1* Che è scritto in tre lingue: *vocabolario t.* *2* Di persona che è in grado di usare correttamente tre lingue: *scrittore, interprete t.* *3* Di luogo, spec. Stato o regione, abitato da persone appartenenti a tre diversi gruppi linguistici.

trilinguiṣmo [comp. di *trilingu(e)* e *-ismo*] s. m. • Condizione o qualità di chi, di ciò che è trilingue.

trilióne [da (*mi*)*lione* con sostituzione della prima parte (*tri-*), come in (*bi*)*lione*] s. m. *1* Mille miliardi, secondo l'uso contemporaneo italiano, francese e statunitense. *2* Un miliardo di miliardi, secondo l'uso italiano antico e quello contemporaneo tedesco e inglese.

trilionèṣimo [da *trilione*] **A** agg. num. ord. • Corrispondente al numero un trilione in una successione, in una classificazione, in una serie: *la trilionesima parte*. **B** s. m. • Ciascuna delle parti uguali ottenute dividendo un trilione di volte una certa quantità: *un t. di minuto primo*.

trilìte [comp. di *tri-* e del gr. *líthos* 'pietra'] s. m. *1* Elemento fondamentale di architettura primitiva, composto da due ritti verticali monolitici e un'architrave in pietra da essi sorretto. *2* Struttura base, analoga alla precedente, di moderne costruzioni architettoniche.

trilìttera s. f. • (*ling.*) Trilittero.

trilìttero o **trilèttere** nel sign. A [fr. *trilittère*, comp. di *tri-* e del lat. *lĭttera* 'lettera'] **A** agg. • Che è costituito di tre lettere: *parola trilittera*. **B** s. m. • (*ling.*) Nelle lingue semitiche, sequenza di tre consonanti a cui si può ridurre la radice.

trillàre [da *trillo*] **A** v. intr. (aus. *avere*) *1* (*mus.*) Fare il trillo: *t. su una nota*. *2* Emettere trilli: *il campanello trilla*; *le allodole ... trillavano in alto, al caldo, nell'azzurro* (VERGA). **B** v. tr. *1* †Cantare col trillo. *2* (*raro*) †Far vibrare.

trilleggiàre [comp. da *trill(are)* e *-eggiare*] v. intr. (aus. *avere*) • (*raro, lett.*) Cantare con frequenti trilli.

trìllo [di origine onomat.] s. m. *1* (*mus.*) Ornamento consistente in una ripetizione rapidissima, alternata, di due note contigue: *fare, eseguire un t.*; *i trilli del violino* | *Catena di trilli*, serie di più trilli, per gradi | *T. calato*, serie di trilli discendenti. *2* (*est.*) Canto o suono vibrato o vibrante, simile al trillo: *i trilli degli usignoli*; *il t. di un campanello, della sveglia*.

trilobàto [comp. di *tri-* e *lobato*] agg. • Che ha tre lobi: *croce, foglia trilobata*; *abside t.* SIN. Trifogliato.

trilobìte [dal gr. *trílobos* 'che ha tre (*tri-*) lobi (*lobói*)'] s. f. • Crostaceo marino estinto del Paleozoico, con corpo tripartito sia trasversalmente che longitudinalmente. ➡ ILL. **paleontologia**.

trìlobo [vc. dotta, dal gr. *trílobos* 'che ha tre (*tri-*) lobi (*lobós*)'] agg. *1* (*biol.*) Che ha tre lobi: *organo t.* *2* (*arch.*) Detto di arco che ha all'interno tre archetti minori. SIN. Trilobato.

triloculàre [comp. di *tri-* e dell'agg. di *loculo* nel senso di 'lobo'] agg. • (*bot.*) Che è diviso in tre cavità: *frutto, ovario t.*

trilogìa [gr. *trilogía*, comp. di *tri-* 'tre' e di un deriv. da *lógos* 'discorso'] s. f. *1* Nell'antica letteratura greca, insieme di tre tragedie di argomento affine: *la t. di Eschilo*. *2* (*est.*) Triade d'opere letterarie, musicali o figurative che costituiscono un'unità: *la t. dantesca* | (*est.*) Opera letteraria, musicale o figurativa che si compone di tre parti. *3* (*est.*) Serie di tre elementi | (*med.*) *T. di Fallot*, cardiopatia congenita, caratterizzata da stenosi dell'arteria polmonare, comunicazione interatriale e ipertrofia del ventricolo destro.

†**trilùstre** [vc. dotta, dal lat. tardo *trilūstrum* 'spazio di *tre lustri*'] agg. *1* (*lett.*) Che ha tre lustri, cioè quindici anni d'età, detto di cosa o di persona. *2* (*raro, lett.*) Che dura da tre lustri.

trim /*ingl.* trim/ [vc. ingl., da *to trim* 'rinsaldare, rinforzare' (d'origine oscura)] s. m. inv. *1* (*mar.*) In un sommergibile, ciascuna delle due casse d'acqua, prodiera e poppiera, destinata a dare alla nave l'assetto orizzontale mediante opportuni spostamenti d'acqua dall'una all'altra o viceversa. SIN. Cassa d'assetto. *2* In aeronautica, dispositivo, manovrabile dal pilota, costituito da alette compensatrici. *3* (*gener.*) Ogni tipo di ginnastica occasionale (ad es. il fare le scale a piedi).

trimalciònico [da *Trimalcione*, personaggio del *Satyricon* di Petronio, che imbandisce un grandioso banchetto] agg. (pl. m. *-ci*) • (*lett.*) Sontuoso, abbondante, spettacolare, riferito spec. a pranzi, banchetti e sim.: *un ricevimento t.*

trimaràno [etim. incerta] s. m. • Imbarcazione da diporto o da competizione, a vela, a motore o a propulsione mista, basata su di uno scafo principale e su due laterali, paralleli e minori, con funzione stabilizzatrice.

trimegisto • V. *trismegisto*.

trimèmbre o (*raro*) **trimèmbro** [vc. dotta, lat. tardo *trimĕmbre(m)* 'a tre (*tri-*) membri (*mĕmbra*)'] agg. • Che ha triplici membra.

trimestràle agg. *1* Di un trimestre, che dura tre mesi: *periodo t.* *2* Che ricorre ogni tre mesi: *scadenza, pubblicazione t.* || **trimestralménte**, avv. Per ciascun trimestre; ogni tre mesi: *rivista pubblicata trimestralmente*.

trimestralista s. m. e f. (pl. m. *-i*) • Chi è assunto per lavorare con un contratto trimestrale.

trimestraliẓẓàre [da *trimestrale*] v. tr. • Rendere trimestrale una scadenza: *t. il pagamento della scala mobile per tutti i lavoratori*.

trimestraliẓẓazióne [da *trimestralizzare*] s. f. • Atto, effetto del trimestralizzare.

trimèstre [vc. dotta, lat. *trimēstre(m)*, comp. di *tri-* e **mēnstris*, agg. di *mēns(is)* 'mese'] **A** s. m. *1* Periodo di tempo di tre mesi. *2* Ciascuno dei tre periodi in cui può essere suddiviso, in Italia, l'anno scolastico: *i voti del primo, del secondo t.* *3* Somma da pagare, o da riscuotere, ogni tre mesi: *incassare, versare il t.* **B** agg. • (*raro*) Trimestrale: *rata t.*

trimètrico [comp. di *tri-* e *metrico*] agg. (pl. m. *-ci*) • (*miner.*) Detto di sistema cristallino in cui gli assi siano ortogonali ma disuguali i parametri fondamentali scelti su di essi.

trìmetro [vc. dotta, lat. *trĭmetru(m)*, dal gr. *trímetros* 'di tre (*tri-*) misure (*métra*)'] s. m. • Serie di tre metri nella poesia classica: *t. giambico, trocaico*.

trimorfiṣmo [comp. di *tri-* '(con) tre', del gr. *morphḗ* 'forma', come il corrisp. gr. *trímorphos*, e *-ismo*] s. m. • (*miner.*) Cristallizzazione in tre diverse forme.

trimotóre [comp. di *tri-* e *motore*] **A** agg. • Che ha tre motori: *aereo, apparato, impianto t.*; *velivoli trimotori*. **B** s. m. • Aereo trimotore.

trimpellàre [di origine onomat., da una base *t(r)emp-*] v. intr. (*io trimpèllo*; aus. *avere*) *1* (*pop., tosc.*) Tentennare, vacillare: *t. sulle gambe* | (*est.*) Zoppicare, detto di oggetti: *tavolino, seggiola che trimpella*. *2* (*pop., tosc., fig.*) Indugiare, esitare | *T. nel manico*, ciurlare. *3* †Strimpellare.

trimpellino [da *trimpellare*] s. m. (f. *-a*) • (*pop., tosc.*) Persona che trimpella, esita, è indecisa.

trimpellio s. m. • Il trimpellare continuato.

trimùrti [sanscrito *trimūrtih*, comp. di *tri-* 'tre' e *mūrtih* 'corpi solidi', dal v. *mūrchati* 'diventare solido', di origine indeur.] s. f. • Nelle religioni dell'India, associazione, nel culto e nella dottrina, delle tre figure divine, Brahma, Siva e Visnù, come forme di unica teofania.

trìna [lat. *trīna(m)*, da *trīnus* 'di tre', sottinteso 'fili'] s. f. • Pizzo, merletto: *l'aria è crivellata / come una t. / dalle schioppettate* (UNGARETTI) | *T. di punto*, eseguita con l'ago e un solo filo su un fondo di pergamena o carta che fa da modello | *T. ricamata*, ricamo traforato eseguito su fondo di tessuto che, nell'aspetto, ricorda la trina di punto | *Parere, sembrare una t.*, si dice di lavoro eseguito traforando con estrema precisione e minuzia un materiale solido e pesante ottenendo effetti di estrema lievità; (*est.*) di concrezione, cristallizzazione e sim. che per la forma è simile a un pizzo. || **trinétta**, dim. | **trinettina**, dim.

trinàcrio [vc. dotta, lat. *Trinăcriu(m)*, dal gr. *Trinákrios* 'proprio della Sicilia (*Trinakría*), l'isola a tre (*trêis*) punte (*ákrai*)'] agg. ● (*lett.*) Della Trinacria, della Sicilia.

trinàia [da *trina*] s. f. ● (*raro*) Merlettaia.

trinàre [da *trina*] v. tr. ● Guarnire di trine: *t. una camicetta.*

trinàto (1) [dal part. pass. di *trinare*] agg. ● Lavorato, guarnito di trine.

trinàto (2) [da *trino*] agg. ● Ordinato per tre | *File, righe trinate*, tre file parallele: *semina a righe trinate* | *Torre trinata*, in marina, impianto di tre cannoni su un'unica torre.

trinca (1) [da *trincare (1)*] s. f. ● (*mar.*) Legatura di buon cavo a molte passate fitte, parallele e sovrapposte: *t. del bompresso* | *Nuovo di t.*, appena legato; (*fig.*) nuovissimo | (*raro*) *Di t.*, di netto; (*fig.*) di botto: *tagliare q.c. di t.*; *lasciare qc. di t.*

†trinca (2) [da *trincare (2)*] s. m. inv. ● Beone, bevitore.

trincàre (1) [etim. incerta] v. tr. (*io trìnco, tu trìnchi*) ● (*mar.*) Legare fortemente con una trinca.

trincàre (2) [ted. *trinken* 'bere', di area germ. e d'origine incerta] v. tr. (*io trinco, tu trinchi*) ● Bere avidamente e smodatamente, spec. alcoolici (*anche ass.*): *t. vino, birra, grappa*; *gli piace t.*

trincarino [da *trincare (1)*] s. m. ● (*mar.*) Cinta di rovere o lamiera, che circonda tutto il bastimento correndo sopra tutta la testa dei bagli d'ogni ponte.

†trincàta (1) [da *trincare (1)*] s. f. ● Atto, effetto del trincare (1).

trincàta (2) [da *trincare (2)*] s. f. ● (*pop.*) Gagliarda bevuta, spec. di vino e sim.

†trincàto [da *trincare (2)*] agg. ● Furbo, scaltro.

trincatóre s. m.; anche agg. (f. *-trice*) ● Chi, che trinca spesso e volentieri. SIN. Beone.

trincatùra [da *trincare (1)*] s. f. ● (*mar.*) Legatura molto robusta, fatta con più passate di cavo o catena.

trincèa o **†trincèra**, **†trincièra** [fr. *tranchée*, da *trancher* 'tagliare', per il precedente *trencher*, donde anche *trinciare* (V.)] s. f. *1* (*mil.*) Opera di fortificazione campale composta da un fosso, con parapetto rivolto verso il nemico, usata in antico principalmente nella guerra d'assedio a protezione delle truppe d'attacco; nei tempi moderni per proteggersi nella guerra di posizione o a difesa delle linee occupate: *assalto, conquista d'una t.* | *†Aprir la t.*, incominciare il lavoro di scavo | *†Bocca, testa, coda della t.*, in relazione allo sviluppo verso il nemico | *Guerra di t.*, di posizione, di stabilizzazione | *T. d'approccio*, nella guerra d'assedio, quella vicinissima alla posizione da espugnare. *2* Scavo di terra, generalmente a sezione rettangolare, per gettare fondamenta, costruire una strada o per difesa al di sopra del livello del terreno. *3* Deposito orizzontale a forma di trincea, fuori o dentro terra, per la conservazione di foraggio verde tagliato finemente e costipato. || **trinceróne**, accr. m. (V.).

trinceraménto s. m. *1* Atto, modo ed effetto del trincerare o del trincerarsi. *2* (*mil.*) Opera di difesa occasionale, per la difesa interna delle fortezze in caso di occupazione delle difese perimetrali da parte del nemico. *3* Luogo trincerato | Insieme di più trincee.

trinceràre o **†trincieràre** [da *†trincera*] A v. tr. (*io trincèro*) ● Munire di trincee: *t. il campo.* B v. intr. pron. *1* Proteggersi con trincee, attestarsi in un luogo munendolo di trincee: *le truppe si trincerarono a ridosso del bosco.* *2* (*fig.*) Farsi forte di una ragione, un argomento, un comportamento e sim. atto a costituire un solido strumento di difesa: *trincerarsi dietro il segreto professionale*; *pareva che istintivamente si trincerasse nella sua ignoranza* (VERGA).

trinceràto A part. pass. di *trincerare*; anche agg. ● Nei sign. del v. B s. m. ● †Luogo trincerato.

trincerista [da *trincera*] s. m. (pl. *-i*) ● Militare che combatte o ha combattuto in trincea.

trinceróne s. m. *1* Accr. di *trincea*. *2* Larga e lunga trincea, munita di parapetto e fossato.

trincettàta s. f. ● Colpo di trincetto.

trincétto [da *trinciare*, con suff. dim.] s. m. ● Coltello a lama ricurva e appuntita, proprio del calzolaio, per tagliare il cuoio.

trinchettina [da *trinchetto*] s. f. ● (*mar.*) Fiocco più interno e più basso, inserito per lo più allo strallo di parrocchetto che finisce alla base del bompresso, sulla coperta | *T. di fortuna*, mangiavento. ➡ ILL. p. 1757 TRASPORTI.

trinchétto [etim. discussa: ant. fr. *triquet*, dim. di *trique* 'bastone', di origine neerlandese, con sovrapposizione di *trinca (1)* (?)] s. m. ● (*mar.*) Nei velieri a due o più alberi, albero verticale prodiero che porta di solito cinque pennoni con le rispettive vele quadre | (*est.*) Il pennone più basso del trinchetto | Vela quadra che si inserisce in tale pennone. ➡ ILL. p. 1756, 1757 TRASPORTI.

trinciafòglia [comp. di *trincia(re)* e *foglia*] s. f. inv. ● Macchina per sminuzzare le foglie per i bachi da seta.

trinciaforàggi [comp. di *trincia(re)* e il pl. di *foraggio*] s. m. ● Macchina per tagliare erbe, fieno e paglia in piccoli pezzi: *t. a lame elicoidali, a coltelli radiali.*

trinciaménto s. m. ● Atto, modo ed effetto del trinciare.

trinciànte (1) A part. pres. di *trinciare*; anche agg. ● Nei sign. del v. B s. m. *1* Grosso coltello affilato, per tagliare le carni in tavola. *2* †Scalco nel sign. 1. *3* (*fig.*) †Smargiasso.

†trinciànte (2) [etim. incerta] s. m. ● Scialletto di finissimo panno, che le donne usavano portare in capo o attorno al collo.

trinciapàglia [comp. di *trincia(re)* e *paglia*] s. m. inv. ● Organo delle trebbiatrici per trinciare la paglia.

trinciapòllo o **trinciapòlli** [comp. di *trincia(re)* e *pollo*] s. m. inv. ● Forbici da cucina a lama arcuata e con molla a pressione, per tagliare a pezzi pollame e selvaggina.

trinciàre [ant. fr. *trenchier* 'tagliare', dal lat. parl. **trinicāre* 'tagliare a tre a tre (*trīni*)'] A v. tr. (*io trìncio*) *1* Tagliare in striscioline, in pezzetti e sim.: *t. il tabacco, il foraggio, la carne, il pollo* | (*est., gener.*) Tagliare (*anche fig.*): *t. q.c. col coltello* | (*fig.*) *T. l'aria coi gesti*; *t. gesti nell'aria*, tagliare l'aria con le braccia, facendo vistosi movimenti | (*fig.*) *T., giudizi*, sputare sentenze, dare giudizi affrettati | *T. i panni*, tagliuzzare, lacerare, per un errato impiego di tinture o acidi o per logoramento, spec. nelle piegature | *T. i panni addosso a qc.*, (*fig.*) sparlarne o giudicarne le azioni con malanimo | (*raro, fig.*) *T. capriole*, farle | *†T. la palla*, nel gioco della pallacorda, colpirla di taglio. *2* (*fig., raro*) Mangiare molto, di gusto, con avidità. B v. intr. pron. ● Recidersi in striscioline, tagliarsi spec. lungo le pieghe e la cucitura, detto di tessuti: *la seta si trincia con facilità.*

trinciàta s. f. ● Atto del trinciare in una volta e in fretta: *dare una t. alla lattuga, alle cipolle.*

trinciàto A part. pass. di *trinciare*; anche agg. *1* Nei sign. del v. *2* (*bot., raro*) Detto di foglia seghettata. *3* (*arald.*) Detto di scudo o figura divisi in due parti eguali per mezzo di una linea diagonale dall'angolo superiore destro all'angolo inferiore sinistro. B s. m. *1* Tabacco tagliato in sottili striscioline: *t. forte, dolce*; *t. per pipa, per sigarette.* *2* (*arald.*) Scudo trinciato.

trinciatóio [da *trinciare*] s. m. ● Macchina che trita e alza dal terreno rami tagliati.

trinciatóre A agg. (f. *-trice*) ● Che trincia: *macchina trinciatrice.* B s. m. *1* Operaio che trincia il tabacco. *2* (*lett.*) †Scalco. *3* (*fig.*) †Persona maldicente, pettegola e sim.

trinciatrice s. f. ● Macchina per trinciare materiali vari: *t. per barbabietole.*

trinciatùberi [comp. di *trincia(re)* e il pl. di *tubero*] s. m. o f. ● Apparecchio per ridurre in fette o in pasta tuberi e radici per il bestiame.

trinciatùra s. f. *1* Operazione ed effetto del trinciare: *la t. del tabacco.* *2* Minuzzoli di cosa trinciata: *t. di cuoio.*

†trincièra e *deriv.* ● V. *trincea* e *deriv.*

trincio [da *trinciare*] s. m. *1* (*raro*) Taglio: *seta piena di trinci.* *2* Frastaglio, ritaglio: *un t. di stoffa.*

trincóne [accr. di *trinc(are) (2)*] s. m. (f. *-a*) ● (*pop.*) Beone, ubriacone. || **trinconàccio**, pegg.

trinèlla [dim. di *trina*] s. f. ● (*mar.*) Funicella di tre o più fili per legature volanti o leggere.

trinellàre [da *trina*] v. tr. ● Ornare con applicazioni di trine: *t. un tessuto.*

trinellatóre s. m. ● Nella macchina da cucire, accessorio atto a fissare trine o guarnizioni sulla stoffa, secondo un determinato disegno.

Trinità o **†Trinitàde**, **†Trinitàte** [vc. dotta, lat. *trinitāte(m)*, nom. *trīnitas*, da *trīnus* 'trino'] s. f. ● Nella teologia cristiana, l'unione delle tre persone divine, Padre, Figlio e Spirito Santo, in una sola sostanza | In alcune religioni politeistiche, ad es. l'Induismo, il manifestarsi della divinità in tre forme.

trinitàrio A agg. *1* Della, relativo alla, Trinità: *dogma t.*; *eresia trinitaria.* *2* Appartenente a un ordine religioso istituito nel XII sec. per la redenzione dei prigionieri cristiani nelle mani degli infedeli: *monaco t.*; *ordine t.* B s. m. *1* Eretico che, nei primi secoli della storia del dogma cristiano, accoglieva la dottrina delle tre differenti nature, persone e sostanze nella Trinità. *2* Monaco trinitario.

†Trinitàte ● V. *Trinità.*

trinitrina [sta per *trinitr(oglicer)ina*, comp. di *tri(nitro)-* 'a tre gruppi nitrici' e *glicerina*] s. f. ● Nitroglicerina.

trinitrofenòlo [comp. di *tri-*, *nitro-* e *fenolo*] s. m. ● (*chim.*) Composto che si presenta sotto forma di cristalli gialli, solubili in acqua, dotati di proprietà esplosive.

trinitroglicerina [comp. di *tri-*, *nitro-* e *glicerina*] s. f. ● (*chim.*) Nitroglicerina.

trinitrotoluène [comp. di *tri-*, *nitro-* e *toluene*] s. m. ● (*chim.*) Derivato del toluene, contenente tre gruppi nitrici, esistente in diverse forme isomere la più importante delle quali è il tritolo | Correntemente, tritolo.

trinitrotoluòlo [comp. di *tri-*, *nitro(gruppo)* e *toluolo*] s. m. ● (*chim.*) Trinitrotoluene.

trìno [vc. dotta, lat. *trīnu(m)*, distributivo da *três* 'tre'] A agg. *1* (*raro, lett.*) Triplice, composto di tre elementi: *dimensione trina*; *aspetto t.* *2* Secondo la teologia cristiana, attributo proprio di Dio nella Trinità: *Dio uno e t.* B s. m. ● †Terno, triade.

trinòmio [da *(bi)nomio*, con sostituzione di *tri-* 'tre (termini)' a *bi-* 'due (termini)'] s. m. *1* (*mat.*) Polinomio costituito da tre monomi. *2* (*fig.*) Espressione, formula e sim. costituita da tre elementi in intima connessione tra loro: *il t. Dio, patria, famiglia*; *un t. di attori famosi.*

trinùndino [vc. dotta, lat. *trinūndinu(m)* 'intervallo di tre (*trīnus*) giorni di mercato (*nūndinae*)', letteralmente '(vacanza) del nono giorno'] s. m. ● Nell'antica Roma, periodo di ventiquattro giorni che doveva intercorrere, secondo la legge, tra l'emanazione di un determinato atto, provvedimento, decisione e sim. e la sua esecutorietà, entrata in vigore, applicabilità e sim.

†trinùzia [letteralmente 'dalle tre (*tri-*) nozze (lat. *nūptiae*)'] s. f. ● Donna tre volte sposa.

trio [da *tri-* sul modello di *duo*] s. m. *1* (*mus.*) Nella musica barocca, parte della suite scritta per tre strumenti e posta fra una danza e la sua ripetizione | Nella musica classico-romantica, composizione per tre strumenti come violino, violoncello e pianoforte: *il t. dell'Arciduca di Beethoven* | Nelle varie forme classico-romantiche, parte dalla scrittura più leggera posta fra il minuetto o scherzo e la sua ripetizione. *2* (*est.*) Complesso dei tre strumenti o dei tre esecutori di un trio musicale: *t. d'archi*; *t. vocale e strumentale* | (*est.*) Complesso di tre musicisti o cantanti di musica leggera. *3* (*fig.*) Gruppo di tre persone che esercitano insieme una determinata attività, che insieme partecipano a q.c. o che, comunque, costituiscono un complesso dotato di particolari caratteristiche (*anche scherz.*): *un t. di comici famosi*; *un bel t. di furfanti.*

†triòcco [etim. incerta] s. m. ● (*tosc.*) Bisboccia.

triodo o (*evit.*) o **triòdo** [comp. di *tri-* e della finale di *(elettr)odo*] s. m. ● Tubo elettronico, a effetto termoionico, che oltre al filamento, che costituisce il catodo ed emette elettroni, e alla placca, che costituisce l'anodo, ha una griglia, che ne regola l'afflusso col variare del suo potenziale.

trionfàle o **†triunfàle** [vc. dotta, lat. *triumphāle(m)*, da *triŭmphus* 'trionfo'] agg. *1* Di trionfo: *arco, carro, ingresso t.*; *marcia, entrata t.*; *fasti trionfali* | *Carmi trionfali*, cantati dai soldati romani nei trionfi. *2* (*est.*) Grandioso, splendido, superbo: *accoglienze trionfali*; *successo t.*; *tributare a qc. onori trionfali.* ‖ **trionfalménte**, avv. In modo trionfale: *entrare trionfalmente in città*; *accogliere trionfalmente qc.*

trionfalismo [fr. *triomphalisme*, da *triomphal* 'trionfale'] s. m. *1* Atteggiamento di chi, specie in politica, esalta con eccessiva soddisfazione e ottimismo un avvenimento, un risultato conseguito o una iniziativa ancora da attuare: *il governo ha valutato senza t. il successo della sua azione.* *2* Tendenza della Chiesa cattolica ad esaltare la sua potenza.

trionfalista [fr. *triomphaliste*, da *triomphalisme* 'trionfalismo'] s. m. e f. (pl. m. *-i*) ● Chi assume un atteggiamento trionfalistico.

trionfalistico [da *trionfalista*] agg. (pl. m. *-ci*) ● Che dimostra o è pieno di trionfalismo: *discorso t.*

trionfànte o †**triunfànte** A part. pres. di *trionfare*; anche agg. *1* Nei sign. del v. *2 Chiesa t.*, costituita dai beati che sono in cielo. *3* Che è pieno di grande gioia, entusiasmo, esultanza: *aveva negli occhi uno sguardo t.*; *mi si parò dinanzi glorioso e t.* **B** s. m. ● †Beato.

trionfàre o †**triunfàre** [vc. dotta, lat. *triumphāre*, da *triŭmphus* 'trionfo'] A v. intr. (*io trionfo*; aus. *avere*) *1* Ottenere, celebrare, godere gli onori del trionfo, detto dei condottieri nell'antica Roma: *Cesare trionfò sui Galli*; *al grande Augusto che di verde lauro / tre volte trionfando ornò la chioma* (PETRARCA). *2* (*est.*) Ottenere una grande vittoria: *t. sui nemici, sugli avversari*; *Napoleone trionfò a Jena* | (*est., fig.*) Prevalere, dimostrarsi più forte, avere la meglio: *t. sui, dei propri oppositori*; *t. sulle, delle avversità*; *una vettura che ha trionfato in ogni competizione*; *noi vorremmo che il bene e la giustizia trionfassero sempre* | (*fig.*) Ottenere grande successo, plauso e sim.: *una commedia che ha trionfato in tutti i teatri d'Europa*; *in generale trionfano gli audaci e i furbi.* *3* (*fig., lett.*) Ottenere il Paradiso, raggiungere la beatitudine celeste. *4* Esultare di gioia. *5* †Godersela, a tavola e sim. *6* (*raro, lett.*) Risaltare, fare spicco, detto di colori. *7* †Prosperare, essere rigoglioso, detto di campi e sim. | †Essere venduto a prezzo molto alto, detto di cose in commercio. **B** v. tr. *1* (*raro, lett.*) Signoreggiare, dominare | Vincere, superare: *così il tempo trionfa i nomi e il mondo* (PETRARCA). *2* †Onorare del trionfo.

trionfàto o †**triunfàto** part. pass. di *trionfare*; anche agg. *1* Nei sign. del v. *2* (*poet.*) Vinto, sconfitto, soggiogato.

trionfatóre o †**triunfatóre** [vc. dotta, lat. *triumphatōre(m)*, da *triumphātus* 'trionfato'] s. m.; anche agg. (f. *-trice*) ● Chi, che trionfa.

†**trionfévole** agg. ● Trionfale.

triónfo o †**triùnfo** [vc. dotta, lat. *triŭmp(h)u(m)*, dal gr. *thríambos* 'festa in onore di Bacco', di prob. origine straniera] s. m. *1* Nell'antica Roma, massimo onore che il Senato concedeva al generale vittorioso o all'imperatore stesso: *ottenere, celebrare il t.* *2* (*est.*) Vittoria, militare o sportiva, piena e splendida: *riportare sui nemici un vero t.*; *ottenere un grande t.*; *festeggiare il t. di una squadra, di un atleta* | (*est.*) Esito finale positivo, vittoria totale: *il t. del bene sul male*; *lottare per il t. di una nobile causa* | (*fig.*) Grande e splendido successo, con onori e manifestazioni degne di un antico trionfo: *la recita, la proiezione è stata un t.*; *passare di t. in t.* | *Portare qc. in t.*, alzarlo da terra e portarlo a spalla, in segno di grande gioia e onore | *Essere ricevuto, accolto in t.*, con grandi onori, feste e sim. *3* (*fig.*) Glorificazione celeste: *il t. del martirio*; *il t. dei santi.* *4* Centro ornamentale da tavola composto da elementi architettonici circondati da vasetti, statuine e sim., spesso appoggiati su una base di specchio | Alzata a più ripiani in metallo pregiato, ceramica, cristallo. *5* (*spec. al pl.*) Spettacolo allegorico, anche in forma di corteo, in uso in Italia, durante il Rinascimento, in occasione di particolari solennità. *6* Ciascuna delle 22 carte figurate del gioco dei tarocchi. SIN. Tarocco | In alcuni giochi a carte, il seme nominato o scoperto | Gioco di carte, di derivazione inglese, che si svolge tra due o quattro persone a coppie e si gioca con un mazzo di 52 carte da cui sono state scartate le carte dal 2 al 6.

trióni [vc. dotta, lat. *triōne(m)* (e *triōne(s)* al pl.), propriamente 'bue da lavoro', rimasto col suo senso fig. in *settentrione* 'i sette trioni o buoi': legato con *tĕrere* 'tritare, trebbiare' (?)] s. m. pl. *1* I due simboli celesti dell'Orsa maggiore e della minore. *2* (*lett.*) Le sette stelle dell'Orsa minore | (*est., lett.*) Nord, settentrione.

triònice [gr. *triṓnychos*, propriamente 'che ha tre (*tri-*) unghie (*ónyches*, nom. sing. *ónyx*, di ambito indeur.)'] s. f. ● Piccola tartaruga acquatica con piastrone posteriormente allargato in espansioni cutanee e muso allungato a proboscide (*Tryonyx punctatus*).

triòssido [comp. di *tri-* e *ossido*] s. m. ● (*chim.*) Composto binario contenente tre atomi di ossigeno.

triòtto [etim. incerta] s. m. ● (*zool.*) Piccolo ciprinide commestibile azzurro, verde e giallo, di acque dolci e ricche di vegetali (*Leuciscus aula*).

trip /ingl. trip/ [vc. ingl., propriamente 'viaggio', da *to trip* 'camminare svelti' (d'origine oscura)] s. m. inv. *1* Nel linguaggio dei drogati, effetto causato dall'assunzione di sostanze stupefacenti, spec. allucinogene. *2* (*fig., gerg.*) Mania.

tripanosòma [comp. del gr. *trýpanon* 'trapano' e *sôma* 'corpo', per la loro forma] s. m. (pl. *-i*) ● Protozoo flagellato con corpo allungato a foglia e membrana ondulante che si origina dal flagello, parassita dei liquidi organici dei vertebrati cui sono trasmessi da artropodi (*Trypanosoma*).

tripanosomiàsi [comp. di *tripanosomi* e *-iasi*] s. f. ● (*med.*) Malattia causata da tripanosomi.

tripartìre [vc. dotta, lat. tardo *tripartīre*, comp. di *tri-* '(in) tre' e *partīre*, da *pārs*, genit. *pārtis* 'parte'] v. tr. (*io tripartìsco, tu tripartìsci*) ● Dividere in tre parti.

tripartìtico [comp. di *tri-* e *partitico*] agg. (pl. m. *-ci*) ● Costituito o attuato da tre partiti politici: *sistema t.*

tripartitismo [comp. di *tripartit(o)* (2) e *-ismo*] s. m. ● (*raro*) Sistema tripartitico.

tripartito (1) part. pass. di *tripartire*; anche agg. *1* Nel sign. del v. *2 Patto, accordo*, e sim., t., sottoscritto da tre parti. ‖ **tripartitaménte**, avv. (*raro*) Con tripartizione.

tripartito (2) [comp. di *tri-* e *partito*] A agg. ● Pertinente a tre partiti o parti politiche: *patto, governo t.* **B** s. m. ● Governo, alleanza di tre partiti o parti politiche.

tripartizióne [vc. dotta, lat. tardo *tripartitiōne(m)*, da *tripartītus*, part. pass. di *tripartire*] s. f. ● Atto, effetto del tripartire.

tripètalo [comp. di *tri-* e *petalo*] agg. ● (*bot.*) Che ha tre petali: *fiore t.*

trìpla [da *triplo*] s. f. *1* Combinazione esauriente le tre probabilità, nei giochi basati su pronostici. *2* (*mus.*) Misura a tre tempi.

triplàno [comp. di *tri-* e *-plano* di (*aero*)*plano*, che entra in analoghi comp. (*monoplano, biplano, ...*)] agg. ● (*aer.*) Che ha tre piani aerodinamici: *velivolo t.*; *struttura triplana.*

†**triplàre** [vc. dotta, lat. tardo *triplāre*, da *trīplus* 'triplo'] v. tr. ● Triplicare.

triplétta [ingl. *triplet* 'serie di tre cose', da *triple* 'triplo'] s. f. *1* Fucile a tre canne. *2* In vari giochi, gare, sport, insieme di tre colpi riusciti, di tre punti ottenuti e sim. (*anche est.*): *sparare una t.*; *una t. di goal*; *una t. di risposte esatte.* *3* Bicicletta a tre posti. *4* (*biol.*) Codone (2). ‖ **triplettina**, dim.

triplicàre [vc. dotta, lat. tardo *triplicāre*, da *trīplex* 'triplice'] A v. tr. (*io trìplico, tu trìplichi*) *1* Moltiplicare per tre: *t. un numero, una somma.* *2* (*est.*) Accrescere notevolmente: *t. i colpi, gli attacchi.* SIN. Aumentare. **B** v. intr. pron. ● Accrescersi di tre volte: *le spese si sono triplicate.*

triplicàto part. pass. di *triplicare*; anche agg. ● Nei sign. del v. ‖ **triplicataménte**, avv. (*raro*) Per tre volte.

triplicatóre s. m.; anche agg. (f. *-trice*) ● Chi, che triplica.

triplicazióne [vc. dotta, lat. tardo *triplicatiōne(m)*, da *triplicātus* 'triplicato'] s. f. ● Atto, effetto del triplicare.

trìplice [vc. dotta, lat *trīplice(m)*, nom. *trīplex*, comp. di *tri-* e *-plex*, dalla radice indeur. **plek* 'piegare'] A agg. *1* Che si compone di tre parti, anche diverse fra loro: *il t. aspetto di una questione*; *tendere a un t. scopo.* *2* Che avviene fra tre parti: *una t. intesa*; *la Triplice Alleanza fu stretta nel 1882 fra Italia, Austria e Germania.* ‖ **triplicemènte**, avv. (*raro*) In modo triplice. **B** s. f. ● Nell'equitazione, tipo di ostacolo usato nei concorsi ippici costituito da tre barriere distanziate fra loro.

triplicità o †**triplicitàde**, †**triplicitàte** s. f. ● (*raro*) Qualità, caratteristica di ciò che è triplice.

triplìsta s. m. e f. (pl. m. *-i*) ● Atleta specialista del salto triplo.

trìplo [vc. dotta, lat. *trīplu(m)*, comp. con *tri-* e *-plus*, dalla radice indeur. **plek* 'piegare'] A agg. *1* Che è tre volte maggiore, relativamente ad altra cosa analoga: *una spesa tripla.* *2* Triplice: *filo t.* | *Stella tripla*, complesso di tre stelle che orbitano attorno al comune baricentro | (*chim., fis.*) *Punto t.*, quello che in un diagramma rappresenta l'insieme di condizioni sotto le quali le fasi gassosa, liquida e solida di una sostanza sono in equilibrio tra loro. *3* Che si ripete tre volte: *t. salto mortale* | *Salto t.*, o (*ell.*) *triplo*, nell'atletica leggera, combinazione di tre salti in lungo eseguiti prima su un piede, poi sull'altro, infine su entrambi al terzo balzo. **B** s. m. *1* Quantità, misura tre volte maggiore: *lavorare, guadagnare il t.* *2* Salto triplo.

triplòmetro [comp. di *triplo* e *metro*] s. m. ● In topografia, strumento per la misurazione diretta delle distanze, costituito da un'asta rigida, scomponibile in più parti, lunga tre metri e graduata in centimetri e decimetri.

trìpode [vc. dotta, lat. tardo *trīpode(m)*, nom. *trīpus*, dal gr. *trípous* 'che ha tre (*tri-*) piedi (*póus*, genit. *podós*)'] s. m. *1* Sgabello di bronzo a tre piedi, proprio della Sibilla delfica che su di esso sedeva durante l'invasamento mentre pronunciava gli oracoli. *2* Base di sostegno a tre piedi diffusa sin dall'antichità per oggetti d'uso e d'ornamento e anche per mobili | Sedile, tavolo a tre gambe | Supporto per bracieri o bacini. *3* (*mar.*) Albero metallico che poggia su tre piedi.

tripodìa [dal gr. *tripodía*, comp. come *tripode*, col suff. *-ía*] s. f. ● Nella metrica classica, serie di tre piedi metrici uguali: *t. dattilica, trocaica.*

†**tripòdico** (1) agg. (pl. m. *-ci*) ● Del tripode.

tripòdico (2) agg. (pl. m. *-ci*) ● Di, relativo a, tripodia: *verso t.*

tripolàre [comp. di *tri-* e *polare*] agg. *1* (*elettr.*) Che ha tre poli o morsetti. *2* Detto di politica determinata da tre poli di influenza.

tripolarismo [da *tripolare*] s. m. *1* (*polit.*) Situazione per cui, in uno Stato pluripartitico, il sistema politico tende a restringersi ai tre partiti maggiori. *2* Nell'ambito della politica internazionale, sistema di accordi politici, economici o commerciali basato su tre nazioni e, in particolare, su tre grandi potenze.

trìpoli [vc. dotta, lat. *Trĭpoli(m)*, dal gr. *Trípolis* 'le tre (*tri-*) città (*pólis*)', che un tempo forniva la farina fossile omonima] s. m. ● Roccia silicea friabile, finemente stratificata, biancastra, che trae origine dall'accumulo di gusci di microorganismi marini.

tripolìno A agg. ● Di Tripoli, città della Libia. **B** s. m. (f. *-a*) ● Abitante o nativo di Tripoli.

tripolitàno [vc. dotta, lat. *Tripolitānu(m)*, da *Trĭpolis* 'Tripoli' col suff. etnico *-itānus*] A agg. ● Della Tripolitania. **B** s. m. (f. *-a*) ● Abitante o nativo della Tripolitania.

tripòsto [comp. di *tri-* e *posto*] agg. inv. ● Con tre posti: *aereo t.*; *cabina, vettura t.*

trìppa [etim. discussa: ar. *ṭarb* 'omento', di origine persiana (?)] s. f. *1* Stomaco dei bovini che, ben purgato e tagliato in listerelle, viene variamente cucinato: *t. alla fiorentina, alla parmigiana*; *t. con fagioli.* *2* (*est., fam., scherz.*) Pancia, ventre: *empire la t.* | *Mettere su t., la t.*, ingrassare | (*fig.*) *A t. innanzi*, con sussiego. ‖ **trippàccia**, pegg. | **trippétta**, dim. | **trippettina**, dim. | **trippettino**, dim. m. (V.) | **trippino**, dim. m. (V.) | **trippóne**, accr. m. (V.).

trippàio o (*dial.*) **trippàro** s. m. (f. *-a*) ● Chi vende trippa.

trippàto agg. ● Detto di pietanza cotta e condita come la trippa: *frittata trippata.*

tripperìa s. f. *1* Reparto del mattatoio in cui si preparano trippe, testine, piedi degli animali macellati. *2* Bottega del trippaio.

trippettìno [dim. di *trippa*] s. m. (f. *-a*) ● Persona piccola e panciuta.

trippìno s. m. (f. *-a*) *1* Dim. di *trippa*, nel sign. 2.

2 Bambino panciuto.

trippóne s. m. (f. *-a*) *1* Accr. di *trippa*, nel sign. 2. *2* (*est.*) Persona molto panciuta | (*raro*) Mangione.

tripsina [ted. *Trypsin*, dal gr. *trýein* '(s)fregare, strofinare' (perché ottenuta sfregando il pancreas con la glicerina) con la terminazione di (*pe*)*psina*] s. f. ● Fermento digestivo prodotto dal pancreas, che agisce sulle proteine.

triptofàno [perché si mostra (dal gr. *pháinein*, di origine indeur.) tra i prodotti della digestione *triptica*] s. m. ● (*chim.*) Amminoacido aromatico, presente in prevalenza nelle proteine animali, ritenuto un amminoacido essenziale per l'uomo e numerosi animali.

triptòto [vc. dotta, lat. tardo *triptōtu(m)*, dal gr. *tríptōtos* 'che ha tre (*tri-*) casi (*ptōtói*, dal v. *píptein* 'cadere', perché intesi come 'caduta' dalla forma del nom.)'] s. m. ● (*ling.*) Sostantivo la cui declinazione ha solo tre casi.

tripudiàre [vc. dotta, lat. *tripudiāre*, da *tripūdium* 'tripudio'] v. intr. (*io tripùdio*; aus. *avere*) ● Saltare per la gioia, fare grande festa. SIN. Esultare.

tripùdio [vc. dotta, lat. *tripūdiu(m)*, originariamente 'danza (a tre tempi)', da *tripodāre* 'danzare a tre (*tri-*) misure di tempo (in gr. *póus*, genit. *podós*, letteralmente 'piede')'] s. m. *1* Danza ritmica ternaria dei sacerdoti Salii, in Roma antica. *2* (*est.*, *fig.*) Festa grande, rumorosa manifestazione di gioia: *il t. della folla*. SIN. Esultanza. *3* (*fig.*) Insieme di esuberanti manifestazioni di vita, felicità e sim.: *la campagna era tutto un t. di colori*; *la città riviveva in quel t. di luci*.

†triquadruplicàto [comp. di *tri-* e *quadruplicato*] agg. ● Che è quadruplicato tre volte.

trìquetra [vc. dotta, lat. *trīquetra(m)* 'triangolare', sost. di agg., usata per tradurre il corrispondente gr. *triskelés*] s. f. ● Figura formata da tre gambe rincorrentisi intorno a un volto umano dal quale si dipartono.

†trìquetro [vc. dotta, lat. *triquĕtru(m)*, comp. di *tri-* 'tre' e di un altro elemento con riscontri germ., ma di origine incerta] agg. ● Triangolare.

trireattóre [comp. di *tri-* e *reattore*] **A** agg. ● (*aer.*) Detto di aviogetto dotato di tre propulsori a reazione diretta. **B** s. m. ● (*aer.*) Aviogetto trireattore.

trirégno [comp. di *tri-* e *regno* nel senso di 'corona'] s. m. ● Tiara papale, formata da copricapo rigido, ornato da tre corone sovrapposte.

trirème o **†trerème** [vc. dotta, lat. *trirēme(m)*, comp. di *tri-* 'tre' e di un deriv. da *rēmus* 'remo'] s. f. ● (*mar.*) Antica nave romana a tre ordini di remi sovrapposti.

trirettàngolo [comp. di *tri-* e *rettangolo*] agg. ● Dotato di tre angoli retti.

tris [da *tri-*, adeguato nella finale a *bis*] s. m. ● Nel poker e in altri giochi, serie di tre carte dello stesso valore: *t. d'assi*, *di re*.

trisàgio [gr. *triságios*, letteralmente 'tre volte (*trís*) santo (*hágios*)'] s. m. ● Inno delle liturgie cristiane occidentali e orientali, nel quale si glorifica Dio come tre volte santo | Formula di triplice glorificazione di Dio contenuta nella Messa.

†trisarcàvolo [comp. di *tri-* e *arcavolo*, sulla scia di *bisarcavolo*] s. m. (f. *-a*) ● (*raro*) Padre del bisarcavolo.

trisàvo s. m. (f. *-a*) ● Trisavolo.

trisàvolo [comp. di *tri-* e *avolo*, sul modello di *bisavolo*] s. m. (f. *-a*) ● Padre del bisavolo. SIN. Trisnonno.

trisciò [var. di *risciò*] s. m. ● Carrozzella a due ruote trainata da una bicicletta o motocicletta usata in vari paesi dell'Asia sudorientale.

trisdrùcciolo [comp. di *tri-* e *sdrucciolo* (*1*)] agg. ● Detto di parola che ha l'accento tonico sulla quintultima sillaba.

trisecàre [comp. di *tri-* e *secare*] v. tr. (*io trìseco*, *tu trìsechi*) ● (*mat.*) Eseguire una trisezione.

trisezióne [comp. di *tri-* e *sezione*] s. f. ● (*mat.*) Divisione in tre parti uguali | *T. d'un angolo*, celebre problema dell'antichità, risolubile con riga e compasso solo per angoli particolari.

trisillàbico [da *trisillabo* con desinenza più appropriata al sistema agg. it.] agg. (pl. m. *-ci*) ● Trisillabo.

trisìllabo [vc. dotta, lat. *trisȳllabu(m)*, dal gr. *trisýllabos* 'composto di tre (*tri-*) sillabe (*syllabái*)'] **A** agg. ● (*ling.*) Che è formato da tre sillabe. **B** s. m. *1* Parola formata da tre sillabe. *2* Verso di tre sillabe. SIN. Ternario.

trìșma o **trìșmo** [gr. *trismós* 'piccolo grido acuto, stridore', da *trízein* 'stridere', di prob. origine imit.] s. m. (pl. *-i*) ● (*med.*) Chiusura serrata della mandibola per spasmo dei muscoli masticatori.

trișmegìsto o **trimegisto** [vc. dotta, lat. *Trismegīstu(m)*, dal gr. *trismégistos*, letteralmente 'tre volte (*trís*) grandissimo (*mégistos*, sup. di *mégas* 'grande')'] agg. ● Appellativo del dio greco Ermete, corrispondente all'egiziano Thot, nelle dottrine e nelle speculazioni dell'ermetismo ellenistico.

trìșmo ● V. *trisma*.

trișnònno s. m. (f. *-a*) ● Trisavolo.

trisomia [comp. di *tri-* e *-somia*] s. f. ● (*med.*) Anomalia cromosomica consistente nella presenza in una cellula diploide (o in un organismo) di un cromosoma soprannumerario, omologo di una delle coppie normalmente presenti, che compare quindi tre volte nel genoma | *T. 21*, sindrome di Down.

trisòmico agg. (pl. m. *-ci*) ● (*med.*) Pertinente a trisomia.

trissottìno [dal n. di un personaggio delle 'Femmes savantes' di Molière, *Trissotin*] s. m. ● Poetucolo sciocco e ambizioso.

†trista [f. di *tristo*] s. f. ● Prostituta, meretrice.

†tristàggine [da *tristo*] s. f. ● Sciaguratezza, ribalderia.

†tristànza [ant. fr. *tristance* 'tristezza', da *trist* 'triste'] s. f. ● Tristezza, malinconia.

tristanzuòlo [da *†tristanza*] agg. *1* (*lett.*) Piuttosto cattivo, meschino e sim. *2* †Sparuto, malsano: *tisicuzzo e tristanzuol mi parete* (BOCCACCIO).

†tristàre [da *triste*] **A** v. tr. ● Rattristare, intristire. **B** v. intr. pron. ● Avvilirsi, contristarsi.

triste [lat. *trīste(m)*, di etim. incerta] agg. *1* Che è afflitto e malinconico: *persona t.* | Che esprime afflizione e malinconia: *occhi tristi*; *aveva una cert'aria triste*. SIN. Addolorato, affranto, infelice, mesto. CONTR. Allegro. *2* Che è privo di gioia, serenità, piacere e sim.: *casa*, *vita t.*; *i giorni miei / sono tristi* (SABA) | Che è fonte di tristezza: *uno spettacolo t.*; *essere in tristi condizioni*. *3* (*est.*) Negativo, spiacevole, amaro: *una t. esperienza da non ripetere*; *è veramente t. che tutto sia finito così*. *4* (*raro*) Malvagio. || **tristeménte**, avv.

tristézza [lat. *tristĭtia(m)*, da *trīstis* 'triste'] s. f. *1* Stato d'animo di chi è triste: *il suo viso esprimeva una profonda t.*; *sorriso velato di t.*; *tacito orror di solitaria selva / di sì dolce t. il cor mi bea* (ALFIERI). SIN. Dolore, infelicità. CONTR. Allegria. *2* Condizione, qualità di ciò che è triste: *la t. di una casa*. *3* Ciò che rende tristi, situazione, avvenimento e sim., amaro, doloroso: *ognuno ha la sua t.*; *diman t. e noia / recheran l'ore* (LEOPARDI). *4* †Malizia, furberia, tristizia.

†tristia s. f. ● Tristizia.

trìstico [gr. *trístichos* 'a triplice (*tri-*) verso (*stíchos*)'] agg. (pl. m. *-ci*) ● Detto di strofa di tre versi.

†tristificàrsi [dal lat. *tristĭficus* 'che rende (da *făcere*) triste'] v. intr. pron. ● Divenire triste.

tristìzia o **†trestizia** [vc. dotta, lat. *tristĭtia(m)*, da *trīstis* 'triste'] s. f. *1* (*lett.*) Tristezza: *la t. e 'l pianto della sua donna* (BOCCACCIO). *2* (*lett.*) Malvagità.

tristo [vc. dotta, lat. *trīstu(m)*, variante di *trīstis* 'triste', foggiata per analogia con *lāetus* 'lieto', *maēstus* 'mèsto'] **A** agg. *1* (*raro*, *lett.*) Malinconico, afflitto: *t. e dolente si pose a stare* (BOCCACCIO). *2* (*lett.*) Sventurato, sciagurato, infelice: *t. è il pagano che nel campo me aspetta!* (BOIARDO). *3* Di persona malvagia, cattiva: *gente trista*; *è proprio un t. arnese* | Che è furbo, astuto, malizioso, che è abile nel procurare il danno altrui: *mente trista*; *è t. come il demonio*. SIN. Losco, infido. *4* (*est.*) Di ciò che è fatto o detto con malvagità, malanimo, malizia e sim.: *una trista azione* | Che esprime malvagità: *aveva sul viso una smorfia trista* | *†Alla trista*, (*ell.*) di malavoglia. SIN. Infame, malvagio. *5* Stentato, malandato, misero: *pianta*, *vegetazione trista*; *avere un aspetto t.* | Meschino, povero, scadente: *abito t.*; *fare una trista figura*; *oggetti di qualità piuttosto trista*. *6* †Sgradevole: *un t. odore*. || **tristaménte**, avv. (*raro*) In modo tristo. **B** s. m. (f. *†-a* (V.)) *1* (*raro*) Ribaldo, briccone. *2* †Cattiveria, ribalderia. **C** in funzione di avv. ● Nella loc. inter. *trist'a*, guai a, sventura a: *trist'a chi tocca*. || **tristàccio**, pegg. | **tristarèllo**, **tristerèllo**, dim. | **tristùccio**, **tristùzzo**, pegg.

†tristóre [da *triste*] s. m. ● Mestizia, malinconia.

†tristóso agg. ● Tristo, cattivo.

trisùlco [vc. dotta, lat. *trisŭlcu(m)* 'a triplice (*tri-*) solco (*sŭlcus*)'] agg. (pl. m. *-chi*) ● (*lett.*) Che ha tre solchi, e quindi tre punte.

tritàbile agg. ● Che si può tritare.

tritacàrne [comp. di *trita(re)* e *carne*] s. m. inv. ● Apparecchio per tritare le carni alimentari costituito da un contenitore cilindrico in cui una vite elicoidale spinge la carne contro un coltello rotante e la fa passare poi attraverso un disco forato: *t. a mano*; *t. elettrico*.

tritaghiàccio [comp. di *trita(re)* e *ghiaccio*] s. m. inv. ● Apparecchio per tritare il ghiaccio e farne granite per sim.: *t. elettrico*.

tritagonista [gr. *tritagōnistḗs* 'terzo (*trítos*) attore (*agōnistḗs*)'] s. m. (pl. *-i*) ● Nell'antico teatro greco, attore che ha il terzo ruolo.

tritaimballàggi [comp. di *trita(re)* e il pl. di *imballaggio*] s. m. ● (*tecnol.*) Apparecchio destinato a sminuzzare gli imballaggi, spec. di legno e cartone, delle merci e a produrre trucioli da usare come materiale di riempimento per altri imballaggi.

tritàme [comp. di *trit(o)* e *-ame*] s. m. ● Tritume.

tritaménto s. m. ● Modo e atto del tritare.

tritaòssa [comp. di *trita(re)* e il pl. di *osso*] s. m. inv. ● (*zoot.*) Macchina ad azionamento manuale destinata a tritare le ossa per l'alimentazione del pollame.

tritaprezzémolo [comp. di *trita(re)* e *prezzemolo*] s. m. inv. ● Utensile da cucina per tritare il prezzemolo, a mano o elettricamente.

tritàre [lat. parl. **tritāre*, freq. di *tĕrere*, di origine indeur., che aveva il medesimo sign.] **A** v. tr. *1* Tagliare, pestare o schiacciare q.c. fino a ridurla in minuti pezzetti: *t. la carne*, *il pane*, *la verdura*; *t. l'aglio*, *la cipolla con la mezzaluna*; *t. il pepe nel mortaio*; *t. il gesso*, *i colori* | (*fig.*) *†t. la via*, *la rena* e sim., camminarvi sopra, calcarla | (*est.*, *raro*) Sminuzzare, frangere finemente: *t. le zolle*. *2* (*dial.*) †Trebbiare. *3* (*fig.*) †Trattare, analizzare, esaminare q.c. con estrema minuzia: *t. un concetto*, *un argomento*. *4* (*fig.*) †Mortificare, affliggere. **B** v. intr. pron. ● (*raro*) Ridursi, rompersi in minutissimi pezzetti.

tritarifiùti [comp. di *trita(re)* e il pl. di *rifiuto* nel sign. A 5] s. m. inv. ● Piccolo elettrodomestico che trita i rifiuti solidi all'interno del tubo di scarico di un lavello da cucina.

tritàto part. pass. di *tritare*; anche agg. ● Nei sign. del v.

tritatóre agg.; anche s. m. (f. *-trice*) ● Che, chi trita.

tritatùra s. f. *1* Atto, effetto del tritare. *2* Insieme dei pezzetti di una sostanza tritata.

tritatùtto [comp. di *trita(re)* e *tutto*] s. m. inv. ● Arnese da cucina simile al tritacarne, per sminuzzare anche ortaggi, pane, e altro: *t. a mano*; *t. elettrico*.

†trìtavo [vc. dotta, lat. *trĭtavu(m)*, comp. di *tri-* 'tre (volte)' e (*a*)*tāvus* 'atavo'] s. m. (f. *-a*) ● Tritavolo.

†tritàvolo [da *†tritavo* per corrispondenza con i paralleli *avo* e *avolo*] s. m. (f. *-a*) ● Padre del bisavolo.

triteișmo [comp. di *tri-* e *teismo*, deriv. dal gr. *theós* 'dio'] s. m. ● Dottrina dei trinitari.

triteista **A** s. m. e f. (pl. m. *-i*) ● Seguace del triteismo, eretico trinitario. **B** agg. ● Del, relativo al, triteismo: *eresia t.*

tritèllo [da *trito*] s. m. *1* Prodotto derivante dalla macinazione del grano, analogo alla crusca, ma formato da particelle più fini. SIN. Cruschello. *2* †Tritume.

tritemìmera [comp. delle vc. gr. *trítos* 'terzo', *hēmi-* 'mezza' e *méros* 'parte'] agg. solo f. ● Nella metrica greca e latina, detto di cesura che si trova dopo un piede e mezzo. SIN. Semiternaria.

†trìticeo [vc. dotta, lat. *trīticeu(m)* 'relativo al tritico (*trīticum*)'] agg. ● Di grano.

trìtico [vc. dotta, lat. *trīticu(m)*, da *trītus*, part. pass. di *tĕrere* 'tritare'] s. m. (pl. *-ci*) ● Frumento: *gli uccelli e le formiche si ricolgono / dei nostri campi il desiato t.* (SANNAZARO).

tritìno s. m. *1* Dim. di *trito*. *2* (*tosc.*) Persona con abito logoro, ma pulito e decente.

tritio o **trizio** [dal gr. *trítos* 'terzo', perché con atomi di massa *tre* volte più grandi degli atomi d'idrogeno ordinario] s. m. ● (*chim.*) Isotopo radioattivo dell'idrogeno, presente in piccolissime quantità in natura, e preparato artificialmente mediante reazioni nucleari.

tritiònico [da *tritio*] agg. (pl. m. *-ci*) ● Detto di acido tionico contenente tre atomi di zolfo.

trìto [lat. *trītu(m)*, propriamente part. pass. di *tĕrere* 'tritare, sfregare', di origine indeur.] **A** agg. *1* Tritato, sminuzzato: *paglia trita*; *cipolla trita*; *diremo in che modo i colori ben triti s'adoperino* (ALBERTI) | †*Terra trita*, polvere | (*fig.*) †*Passo t.*, piccolo e frequente | (*fig.*) †*Notizia trita*, minuta, spicciola | (*fig.*) †*Maniera trita*, in pittura, quella che cura troppo i particolari o eccede nell'ornamentazione, spezzando l'unità dell'opera. *2* †Trebbiato. *3* †Battuto, calpestato, detto di terreno, strada e sim. | *Via trita*, molto frequentata. *4* (*raro*) Consunto, logoro, detto spec. di abiti e sim. | (*est.*, *lett.*) Di persona miseramente vestita, di misero aspetto. *5* (*fig.*) Detto di ciò che da troppo tempo si conosce, si ripete, si utilizza e sim., e che quindi è ormai privo di originalità, vivezza, efficacia e sim.: *argomento t.*; *concetti vecchi e triti*; *scuse trite e ritrite*. SIN. Banale, frusto, ovvio. CONTR. Originale. || **tritaménte**, avv. *1* (*lett.*) Minutamente. *2* (*fig.*, *lett.*) Minuziosamente: *esaminare tritamente*; con dovizia di particolari: *narrare tritamente*. **B** s. m. ● In gastronomia, composto tritato solitamente a base di verdure aromatiche e prosciutto o lardo. SIN. Battuto. || **tritìno**, dim. (V.) | **tritùccio**, pegg.

†**tritolàme** [comp. da *tritol(are)* e *-ame*] s. m. ● Tritume.

tritolàre [da *trìtolo*] v. tr. (*io trìtolo*) ● (*raro*) Ridurre in tritoli, stritolare.

trìtolo (1) [dim. di *trito*] s. m. ● (*pop.*, *tosc.*) Minuzzolo | (*fig.*) *Non saper t.*, non saper nulla.

tritòlo (2) o (*raro*) **trotile**. s. m. ● (*chim.*) Trinitrotoluene con i gruppi nitrici in posizione 2, 4, 6 rispetto al metile, impiegato come esplosivo e per preparare miscele esplosive.

tritóne (1) [vc. dotta, lat. *Tritōne(m)*, nom. *Trī-ton*, dal gr. *Tríton*, di origine indeur. con riferimento generale al 'mare'] s. m. ● Creatura fantastica della mitologia greco-romana, raffigurata con corpo umano terminante in due appendici pisciformi, dotato di pinne e di squame, spesso presente come ornamento figurativo in mobili, ceramiche e oggetti vari.

tritóne (2) [da *tritone (1)*, secondo una comune attribuzione di nomi mitologici ad animali] s. m. *1* (*zool.*) Anfibio degli Urodeli a vita acquatica, noto in numerose specie di cui alcune con caratteristiche livree nuziali (*Triturus*). SIN. Salamandra acquaiola. *2* Mollusco gasteropode marino carnivoro, a conchiglia massiccia e di notevoli dimensioni (*Triton*).

tritóne (3) [da *trit(io)*, col suff. *-on(e)* delle particelle elementari] s. m. ● (*fis.*) Nucleo dell'atomo di tritio, costituito da un protone e due neutroni.

trìtono [gr. *trítonos* 'di tre (*tri-*) toni (*tónoi*)'] s. m. ● (*mus.*) Intervallo di tre toni o quarta aumentata.

trìttico [gr. *triptykós*, propriamente 'che si piega (da una base *ptych-*, di origine incerta, che si ritrova in *ptychḗ* 'piega') in tre (*tri-*)'] s. m. (pl. *-ci*) *1* Paliotto d'altare composto di tre scomparti, i due laterali coordinati a quello centrale più grande, destinato a fungere da contraltare o da dossale d'altare. *2* (*est.*) Opera in tre parti, o complesso di tre opere compiute e autonome ma collegate l'una all'altra da nessi d'ordine logico, temporale, ambientale o d'altro genere. *3* (*est.*, *gener.*) Complesso costituito da tre elementi uguali | *T. di calze*, tre calze spec. da donna, vendute assieme per averne una di scorta dello stesso tipo e colore. *4* In filatelia, francobollo composto di tre parti unite tra loro. *5* Documento costituito da un foglio suddiviso in tre parti staccabili, che serve per una sola entrata ed uscita di un veicolo in e da un determinato Paese.

trittòngo [gr. *tríphthongos* 'a tre (*tri-*) suoni (*phthóngos*)', sul modello di *dittongo*] s. m. (pl. *-ghi*) ● (*ling.*) Unione di tre elementi vocalici in una stessa sillaba (V. nota d'uso SILLABA).

tritùme [comp. da *trit(o)* e *-ume*] s. m. *1* Quantità di sostanza o materiale trito: *t. di paglia*, *di legno*. *2* (*fig.*, *spreg.*) Insieme di elementi o dati eccessivamente minuziosi e di secondaria importanza. *3* (*fig.*, *spreg.*) Insieme di cose trite, risapute, prive di originalità: *un insopportabile t. d'idee vecchie e banali*.

†**tritùra** [vc. dotta, lat. *tritūra(m)*, dal part. pass. (*trītus*) di *tĕrere* 'tritare'] s. f. *1* Tritatura. *2* Trebbiatura. *3* (*fig.*) Afflizione, angustia.

trituràbile agg. ● Che si può triturare.

trituraménto s. m. ● Triturazione.

trituràre [dal lat. tardo *triturāre* 'trebbiare', freq. di *tĕrere* 'sfregare, tritare', di origine indeur.] v. tr. ● Tritare in minutissimi frammenti: *t. pietre*, *ossa*, *minerali*; *la macina tritura il grano*; *i denti triturano il cibo*.

trituratóre **A** agg. (f. *-trice*) ● Che tritura o è atto a triturare | *Denti trituratori*, denti molari. **B** s. m. *1* Piccolo frantoio a mano per granaglie | Apparecchio per sminuzzare residui di potatura, piccoli tronchi, fascine o sterpaglie. *2* Macchina usata nell'industria per triturare imballi o scarti di lavorazione, come trucioli metallici o di legno, sfridi di plastica e sim., anche allo scopo di recuperare materie prime.

triturazióne [dal lat. tardo *trituratiōne(m)* 'trebbiatura', da *triturātus* 'triturato'] s. f. ● Atto, effetto del triturare: *la t. del cibo*, *dei minerali*.

trituzzàre v. tr. ● Triturare, sminuzzare, sbriciolare.

triùmviro /tri'unviro/ e *deriv.* ● V. *triunviro* e *deriv.*

†**triùnfo** e *deriv.* ● V. *trionfo* e *deriv.*

triunviràle o **triumviràle** [vc. dotta, lat. *triumvirāle(m)* 'proprio dei *triumviri*'] agg. ● Che riguarda il o i triunviri: *magistratura t.*

triunviràto o **triumviràto** [vc. dotta, lat. *triumvirātu(m)*, da *triumvir* 'triumviro' e *-ātus* '-ato'] s. m. *1* Nella Roma antica, magistratura collegiale costituita da tre persone: *il t. di Cesare*, *Pompeo e Crasso*. *2* Analogo organo di governo riapparso in epoca recente per vari fini politici: *il t. della Repubblica romana del 1849*. *3* (*est.*) Gruppo di tre persone di pari grado e dignità, con funzioni direttive nell'ambito di una qualsiasi organizzazione.

triùnviro o **triùmviro** [vc. dotta, lat. *triŭmviru(m)*, dal pl. *trĭum vĭri* 'di tre (*trēs*) uomini (*vĭr*)', che completava *sententia* 'per parere'] s. m. *1* Nell'antica Roma, magistrato membro di un triunvirato. *2* (*est.*) Ciascun componente di un triunvirato.

trivalènte [comp. di *tri-* e *valente* in senso chim.] agg. *1* (*chim.*) Detto di atomo o raggruppamento atomico che può combinarsi con tre atomi d'idrogeno | Detto di sostanza che presenta nella sua molecola tre identici gruppi funzionali. *2* *Frigorifero t.*, che prevede tre diversi tipi di alimentazione.

trivalènza [comp. di *tri-* 'tre' e *valenza* in senso chim.] s. f. ● (*chim.*) Condizione di ciò che è trivalente.

trivèlla [lat. parl. **terebĕlla(m)*, dim. di *tĕrebra* 'succhiello' (da *tĕrere* 'tritare', di origine indeur.)] s. f. *1* Asta d'acciaio con testa a vite o a scalpello per praticare fori nel terreno | Sonda per pozzi petroliferi. *2* Arnese di ferro con punta a spirale, per praticare fori nel legno | Succhiello. *3* Utensile usato nei caseifici per saggiare le forme di formaggio (spec. parmigiano reggiano), allo scopo di controllarne la giusta maturazione.

trivellaménto s. m. ● (*raro*) Trivellazione.

trivellàre [da *trivella*] **A** v. tr. *1* (*tecnol.*) Bucare, perforare con una trivella: *t. il legno*, *una roccia*, *il terreno*. *2* (*est.*, *lett.*) Bucare, forare con un'arma appuntita. *3* (*fig.*, *poet.*) Agire in un fluido come la trivella in un corpo solido: *l'astro mordace dell'elica trivellava l'aria infaticabilmente* (D'ANNUNZIO). *4* (*fig.*) Rendere inquieto, turbato, angosciato, detto di ciò che si insinua nell'animo umano e vi agisce con un continuo lavorio di corrosione: *un dubbio atroce mi trivella la mente*. **B** v. intr. ● †Mulinare, girare vorticosamente, detto delle acque.

trivellatóre s. m. (f. *-trice* nel sign. 1) *1* Chi trivella, spec. il terreno. *2* Trivella per forare, sondare il terreno.

trivellatùra s. f. *1* Trivellazione. *2* Insieme di frammenti che si staccano o estraggono trivellando q.c.

trivellazióne s. f. ● Atto, effetto del trivellare spec. il terreno per trovare acqua, petrolio e sim., per indagini geologiche o per preparare le fondazioni su pali per costruzioni | *Torre di t.*, per lo più metallica e alta alcune decine di metri, usata nelle trivellazioni profonde per ricerca di petrolio, acque, gas naturali, per sorreggere e manovrare la batteria di perforazione. SIN. Derrick.

trivèllo [lat. tardo *terebĕllu(m)*, dim. di *tĕrebra* 'succhiello' (da *tĕrere* 'tritare', di origine indeur.)] s. m. ● Trivella, nel sign. 2 | *A t.*, (*raro*) attorcigliato. || **trivellino**, dim.

trivèneto [comp. di *tri-* e *veneto*] agg. ● Delle, relativo alle tre Venezie: *le sezioni trivenete del partito*, *di un'associazione*.

trìvia [vc. dotta, lat. *trīvia(m)*, da *trīvium* 'trivio' con un'allusione di incerto sign.] agg.; anche s. f. ● Epiteto della dea Diana o Artemide, nelle sue tre forme sotterranea, terrestre, celeste.

triviàle [vc. dotta, lat. *triviāle(m)*, da *trīvium*, cioè 'che si trova nei crocicchi' e, quindi, 'comune, volgare'] agg. *1* Da trivio | (*est.*) Di chi, di ciò che è estremamente volgare, scurrile, sguaiato: *donna*, *uomo t.*; *espressioni triviali*; *usare modi triviali*. *2* (*raro*) Ovvio, evidente, banale: *risposta*, *soluzione t.* || **trivialàccio**, pegg. | **trivialétto**, dim. | **trivialóne**, accr. (V.) | **trivialùccio**, dim. || **trivialménte**, avv. In modo triviale, con grande volgarità: *esprimersi trivialmente*.

trivialità s. f. *1* Qualità di chi, di ciò che è triviale: *non sopporto la vostra t.*; *usa parole d'una incredibile t.* *2* Azione o espressione triviale: *fare*, *dire una t.*; *basta con queste t.*

trivializzazióne [da *triviale*] s. f. ● Banalizzazione | Nella critica testuale, sostituzione da parte del copista di un termine colto o raro con uno ovvio o comune.

trivialóne agg.; anche s. m. (f. *-a*) *1* Accr. di *triviale*. *2* Che, chi è molto triviale nelle espressioni o nei modi: *non fare il t.*

trìvio [vc. dotta, lat. *trīviu(m)*, comp. di *tri-* 'tre' e di un deriv. da *vĭa*] s. m. *1* Punto in cui si incontrano o si incrociano tre vie: *giunti al t. piegarono a sinistra*; *ogni strada*, *ogni borgo*, *ogni t. si vede seminato di verdi mirti* (SANNAZARO) | *Da t.*, da gente che vive sulla strada e quindi di estrema volgarità: *modi*, *gesti*, *parole da t.* | *Donna da t.*, donna da strada. *2* In epoca medievale, l'insieme delle tre arti liberali, cioè grammatica, dialettica e retorica, il loro studio e il loro insegnamento: *le arti*, *le scienze del t.*

trivoltino [comp. di *tri-* e *voltin(ismo)*] agg. ● (*zool.*) Detto di insetto, spec. baco da seta, che ha tre generazioni in un anno.

trìzio ● V. *tritio*.

trobadòrico ● V. *trovadorico*.

trocàico [vc. dotta, lat. *trochāicu(m)*, dal gr. *trochaïkós* 'proprio del *tròcheo*'] agg. (pl. m. *-ci*) ● Che è costituito di trochei: *metro*, *verso t.*

trocantère [gr. *trochantḗr*, genit. *trochantḗros* (letteralmente 'organo per correre'), da *trochós* 'ruota' con un riferimento incerto] s. m. ● (*anat.*) Prominenza ossea dell'estremità superiore del femore: *grande e piccolo t.* ➡ ILL. p. 362 ANATOMIA UMANA.

trocheifórme [comp. del gr. *trochós* 'ruota, trottola' e *-forme* per il suo aspetto] agg. ● (*zool.*) Che è fatto a forma di chiocciola.

trochèo [vc. dotta, lat. *trochǣu(m)*, dal gr. *trochâios*, propriamente 'proprio alla corsa (*tróchos*)', sottinteso *póus* 'piede'] s. m. *1* (*ling.*) Piede metrico della poesia greca e latina formato da una sillaba lunga e da una breve. SIN. Coreo. *2* (*mus.*) Semiminima seguita da croma.

trochìlia [dal lat. *trŏchilus* 'trochilo, n. di un uccellino' (?), così detto per le sue giravolte intorno ai fiori] s. f. ● (*zool.*) Sesia.

Trochìlidi [vc. dotta, comp. da *trochil(ia)* e *-idi*] s. m. pl. ● Nella tassonomia animale, famiglia di Uccelli comprendente i colibrì o uccelli mosca con lungo becco tubulare e lingua protrattile (*Trochilidae*) | (al sing. *-e*) Ogni individuo di tale famiglia.

tròchilo [vc. dotta, lat. *trŏchilu(m)*, dal gr. *trochílos*, da *tréchein* 'correre'] s. m. ● (*arch.*) Scozia.

tròclea [vc. dotta, lat. *trŏc(h)lea(m)*, dal gr. *trochalía*, letteralmente 'macchina rotonda, a ruota (*trochós*)'] s. f. ● (*anat.*) Tipo di articolazione mobile in cui i capi articolari sono simili a una puleggia.

trocleàre agg. • (*anat.*) Di troclea: *nervo t.*

tròco [vc. dotta, lat. *trŏchu(m)*, dal gr. *trochós* 'ruota' e 'trottola', per la forma] s. m. (pl. *-chi*) • Mollusco gasteropode del Mediterraneo con bella conchiglia a cono dalla base piatta ed a vertice appuntito (*Trochus granulatus*).

†**trofealménte** avv. • A guisa di chi porta trofeo.

trofèo [vc. dotta, lat. *trop(h)ăeu(m)*, dal gr. *trópaion*, propriamente 'monumento per la sconfitta (*tropḗ*, letteralmente 'rivolgimento') del nemico'] s. m. **1** Armi e spoglie dei vinti che il vincitore ammucchiava o appendeva ad un albero, sul campo di battaglia | Colonna o monumento eretti per celebrare una vittoria e recanti scolpiti dei trofei d'armi. **2** (*est.*) Composizione dei simboli e degli attributi della guerra, dell'amore, delle scienze, delle arti, della caccia, della pesca, dell'agricoltura, spesso usata nella decorazione delle pareti e dei mobili di vari stili, nelle bordure di arazzi, su oggetti in metallo lavorato e in ceramica | *A trofei*, detto di decorazione spesso usata nella maiolica rinascimentale italiana, composta di simboli guerrieri e musicali. **3** (*est.*) Insieme di oggetti, quali coppe, targhe e sim., che testimoniano successi e vittorie spec. sportive, conservate ed esposte a ricordo delle stesse | *T. di caccia*, preparazione naturalistica di teste di animali uccisi, spec. di quelli forniti di corna eccezionali. **4** Distintivo metallico che i militari portano sul berretto o sull'elmo. **5** (*fig.*) Segno esteriore che testimonia un passato glorioso, una condizione attuale degna di rispetto, e sim.: *le molte cicatrici erano i suoi trofei di guerra*; *i trofei della vecchiaia*. **6** (*fig.*, *lett.*) Vittoria: *Ilio ... risorto / ... / per far più bello l'ultimo t. / ai fatati Pelidi* (FOSCOLO).

†**trofeóso** agg. • Di trofeo.

†**trofería** s. f. • Ornamento di trofei.

-trofia [gr. *-trophía*, da *trophḗ* 'nutrimento', connesso col v. *tréphein*, di origine indeur.] secondo elemento • In parole composte, significa 'nutrizione', 'stato di nutrizione': *atrofia*, *distrofia*, *ipertrofia*.

tròfico [gr. *trophikós* 'relativo alla nutrizione (*trophḗ*)'] agg. (pl. m. *-ci*) **1** (*biol.*) Che riguarda la nutrizione dei tessuti. **2** (*med.*) Del, relativo al trofismo: *disturbi trofici*.

-tròfico [da *-trofia*] secondo elemento • Forma aggettivi composti, per lo più connessi con sostantivi in *-trofia*: *distrofico*, *ipertrofico*, *neurotrofico*.

trofismo [comp. del gr. *trophḗ* 'alimentazione, nutrizione', di origine indeur., e *-ismo*] s. m. **1** (*biol.*) Nutrizione dei tessuti. **2** (*med.*) Stato generale di nutrizione di un tessuto o dell'organismo.

tròfo-, -trofo [gr. *trophos-*, *-trophos*, collegati col v. *tréphein* 'nutrire', di origine indeur.] primo o secondo elemento • In parole composte, per lo più della terminologia biologica, indica relazione con le funzioni nutritive o significa 'che nutre', 'che si nutre': *trofoblasto*; *monotrofo*.

trofoblàsto [comp. di *trofo-* e del gr. *blastós* 'germe'] s. m. • (*biol.*) Strato di epitelio embrionale che nei mammiferi placentati riveste l'uovo fecondato ed essendo in rapporto con la mucosa uterina permette la nutrizione dell'embrione.

trofologìa [comp. di *trofo-* e *-logia*] s. f. • Scienza dell'alimentazione.

trofoneuròṣi [comp. di *trofo-* e *neurosi*] s. f. • (*med.*) Nome di affezioni caratterizzate da alterazioni del trofismo di porzioni corporee, organi o tessuti, in conseguenza di lesioni nervose.

trofoneuròtico agg. (pl. m. *-ci*) • (*med.*) Relativo alla trofoneurosi.

trofoterapìa [comp. di *trofo-* e *terapia*] s. f. • (*med.*) Terapia dietetica.

trofoẓoite [comp. di *trofo-*, *zo(o)-* e del suff. *-ite* (*3*)] s. m. • (*biol.*) Nel ciclo vitale degli Sporozoi, stadio caratterizzato da attivi movimenti e da processi di alimentazione.

†**trogiolatùra** • V. *truciolatura*.

†**trogliàre** [da †*troglio*] v. tr. e intr. **1** Balbettare. **2** Cinguettare, squittire, detto di uccelli.

†**tròglio** [gr. *traulós* 'balbuziente', di etim. incerta] agg. • Balbuziente: *era piccolissimo giudice ... ed era t., o vero balbo* (SACCHETTI).

troglodita [vc. dotta, lat. *troglŏdyta(s)* (pl.), dal gr. *trōglodýtēs* 'chi è solito entrare (*dýein*) in caverne (*trṓglai*)', propriamente 'fori scavati da animali roditori', da *trôgein* 'mangiare'] **A** s. m. e f. (pl. m. *-i*) **1** (*gener.*) Uomo preistorico o primitivo, che abita le caverne | †Aborigeno africano, che viveva nelle caverne. **2** (*est.*) Essere umano in condizioni sociali, culturali e sim. molto arretrate e primitive. **3** (*fig.*) Persona incolta, incivile, rozza: *abitudini da t.* **B** s. m. • (*zool.*, *raro*) Scricciolo.

trogloditico [vc. dotta, lat. *troglodўticu(m)*, dal gr. *troglodytikós* 'relativo ai trogloditi'] agg. (pl. m. *-ci*) **1** Dei, relativo ai trogloditi: *caverne*, *abitazioni trogloditiche*. **2** (*est.*) Rozzo, primitivo, incivile: *abitudini trogloditiche*.

trogloditiṣmo [comp. da *troglodit(a)* e *-ismo*] s. m. **1** Modo di vivere dei trogloditi. **2** (*fig.*) Modo di vivere rozzo, primitivo, incivile.

tràgolo o †**truògo**, (*lett.*) **truògolo** [longob. *trog*, da una base germ. *troga-*] s. m. **1** Vasca quadrangolare in muratura, costruita all'aperto, usata per farvi il bucato, risciacquarvi ortaggi o altro. **2** Cassetta, conca o tronco d'albero scavato ove si mette il mangiare per i maiali. **3** In varie lavorazioni artigianali, recipiente in muratura, cemento, legno o altri materiali, a forma di vasca, cassetta e sim., adibito ad usi particolari | *T. dei muratori*, vasca in cui essi spengono la calce viva | *T. dei conciatori*, calcinaia | *T. dell'arrotino*, cassetta in cui l'arrotino fa cadere i residui dei ferri che affila. **4** Dispositivo atto a incubare le uova dei pesci, negli allevamenti ittici: *t. d'incubazione*. **5** (*geogr.*) *T. glaciale*, valle modellata a forma di doccia o a U da un ghiacciaio. SIN. Valle glaciale. || **trogolétto**, dim. | **trogolino**, dim. | **trogolóne**, accr.

trogóne [dal gr. *trṓgōn*, part. pres. di *trṓgein* 'rosicchiare', di origine indeur.] s. m. • *t. di Cuba*, uccello americano dei Trogoniformi, con becco largo e grosso, lunga coda slargata all'estremità, bellissimo piumaggio (*Priotelus temnurus*).

Trogonifórmi [comp. di *trogone* e *-forme*] s. m. pl. • Nella tassonomia animale, ordine di Uccelli arboricoli delle foreste tropicali, cattivi volatori con bellissimi colori (*Trogoniformes*) | (al sing. *-e*) Ogni individuo di tale ordine.

tròia [lat. tardo *trŏia(m)*: da un piatto di maiale ripieno (*pŏrcus Troiānus*) alla maniera del cavallo di *Troia* (?)] s. f. (m. *-o* (V.)) **1** (*pop.*) Femmina del maiale, spec. quella destinata alla riproduzione. SIN. Scrofa. **2** (*fig.*, *volg.*) Puttana. || **troiàccia**, pegg. | **troiétta**, dim. | **troióna**, accr. | **troióne**, accr. m. | **troioncèlla**, dim.

troiàio [da *troia*] s. m. **1** (*volg.*) Porcile. **2** (*est.*, *volg.*) Luogo pieno di sudiciume | Ammasso di sporcizia. **3** (*fig.*, *volg.*) Luogo in cui si trovano molte prostitute o, gener., molte persone disoneste, depravate e sim. | Luogo in cui si fanno troiate, porcherie. **4** (*volg.*, *tosc.*) Porcata, porcheria.

troiàno (1) [vc. dotta, lat. *Troiānu(m)*, da *Troia*, città cui diede n. il mitico re *Trōs*, genit. *Trōis*, nipote del fondatore] **A** agg. • Che si riferisce all'antica città di Troia: *guerra troiana*. **B** s. m. (f. *-a*) • Abitante o nativo dell'antica città di Troia.

troiàno (2) **A** agg. • Che si riferisce all'attuale Troia, cittadina pugliese. **B** s. m. (f. *-a*) • Abitante o nativo di Troia, cittadina pugliese.

†**troiànte** [per *truante* con sovrapposizione di *troia* col richiamo al 'sudicio', che comporta] s. m. e f.; anche agg. • Chi, che è capace di azioni vili, sporche | (*est.*, *spreg.*) Accattone, paltoniere.

troiàta [da *troia*] s. f. **1** (*volg.*) Cosa o atto sudicio, sozzo, disonesto. **2** (*volg.*) Lavoro mal fatto. SIN. Porcheria. **3** (*fig.*, *spreg.*) †Compagnia di ribaldi al seguito di signore di contado.

tròica o **tròika** [vc. russa, da *troe*, forma parallela di *tri* 'tre', perché tirata da *tre* cavalli] s. f. **1** In Russia, tiro di tre cavalli, di cui uno è posto tra le stanghe e gli altri ai due lati. **2** Slitta o carrozza mossa da tale tiro. **3** (*fig.*) Triunvirato, nel sign. 3.

troierìa s. f. • (*raro*) Troiata.

tròika • V. *troica*.

tròio [da *troia* per adattamento ad animale maschio] s. m. • (*raro*, *dial.*) Porco (*spec. fig.*). || **troióne**, accr.

troiùme [comp. di *troi(a)* in senso traslato e *-ume*] s. m. • (*raro*) Sudiciume, sozzura (*anche fig.*).

troll /*ted.* trɔl/ [vc. dell'ant. nordico di area germ.] s. m. inv. • Nella mitologia nordica, demone maligno abitatore di boschi, montagne, caverne.

tròllei s. m. inv. • Adattamento di *trolley* (V.).

trolley /*ingl.* 'trɔli/ [vc. ingl., da *to troll* 'rotolare, girare', di area germ. (?)] s. m. inv. • Presa di corrente ad asta delle motrici tranviarie e dei filobus.

trolleybus /*ingl.* 'trɔli bʌs/ [comp. ingl. di *trolley* e della seconda parte di (*auto*)*bus*] s. m. inv. (pl. ingl. *trolleybuses* o *trolleybusses*) • Filobus.

tròllio [dal ted. *Trollenblume*, comp. di *Troll* 'folletto' e *Blume* 'fiore'] s. m. • (*bot.*) Pianta erbacea delle Ranuncolacee con fiori gialli (*Trollius europaeus*).

trómba (1) [vc. onomat.] s. f. **1** Strumento musicale a fiato, di lamina d'ottone ridotta a un tubo conico, il cui corpo, con l'intera canna dell'aria, va gradatamente ingrossandosi, dal bocchino, fino a terminare in un'ampia campana; può essere diritta e lunga o a ritorte: *suonare la t.*; *suonatore di t.*; *gli squilli della t.* | *T. a squillo*, con una o due ritorte fisse, a lati paralleli, dà solo alcuni suoni delle scale | *T. a chiavi*, con più ritorte e fori da aprirsi e chiudersi con altrettante chiavi | *T. cromatica*, a pistoni, con tasti | *T. a cilindri*, *a macchina*, in cui l'allungamento o l'accorciamento della canna dell'aria è prodotto da interposte rotelle, mosse da tasti | *T. marina*, antico strumento costituito da una lunga cassa esagonale e da una sola corda di budella, che produce un suono simile a quello di una tromba | *Le trombe del giudizio*, *le angeliche trombe*, quelle che gli angeli suoneranno per annunciare il giudizio universale | *Suonare la t.*, (*fig.*, *poet.*) annunciare q.c. con solennità | *Dar fiato alle trombe*, (*fig.*) annunciare q.c. a tutti, con gran clamore | (*fig.*, *fam.*) *Partire in t.*, iniziare q.c. con grande slancio ed entusiasmo, senza frapporre indugi | †*Venire*, *tornare*, *andarsene con le trombe nel sacco*, (*fig.*) scornato e deluso, con le pive nel sacco | (*fig.*) †*Rimanere nella t.*, far fiasco, non riuscire | (*est.*) Registro dell'organo a linguette che imita il suono della tromba. ➡ ILL. **musica**. **2** (*fig.*) Suonatore di tromba: *le trombe di un'orchestra*, *delle bande* | (*mil.*, *gerg.*) Trombettiere. **3** (*fig.*) †Asta pubblica: *vendere alla t.* **4** (*fig.*, *lett.*) Chi diffonde e divulga nuovi principi, ideologie e sim. | (*fig.*, *spreg.*) Persona pettegola, ciarlona, maldicente, che non sa conservare un segreto, che parla e sparla su tutto e su tutti: *è la t. del quartiere*; *confidatevi alla t. della comunità* (GOLDONI) | (*fig.*, *gerg.*) Spia. **5** (*raro*, *fig.*) Voce, grido divulgatore. **6** (*fis.*) In acustica, organo che aumenta l'efficienza sonora di un generatore: *grammofono a t.* | *T. elettrica*, negli autoveicoli, avvisatore acustico costituito da una tromba di varia foggia, applicata a una membrana che vibra se sollecitata da un apposito dispositivo elettrico | *T. esponenziale*, altoparlante speciale di grande potenza, avente forma di tromba | *A t.*, in elettrologia, detto di un particolare tipo d'antenna per microonde | In idraulica, pompa: *t. premente*, *aspirante*; *t. idraulica* | *T. ad acqua*, pompa che utilizza la caduta dell'acqua da un serbatoio superiore per ottenere l'aria sotto pressione necessaria ad alimentare una soffieria. **7** Oggetto, struttura e sim. o parte di oggetto, struttura e sim., che per la forma ricorda una tromba | †*T. acustica*, cornetto acustico | *T. dello stivale*, parte dello stivale che fascia la gamba | *T. della canna*, parte centrale della canna da pesca | *T. d'aria*, in marina, manica a vento | *T. da vino*, tubo di gomma o di latta arcuato, che si usa per travasare vino o altri liquidi da un recipiente a un altro | Nelle antiche bombarde, la parte in cui si introduceva la palla di pietra da sparare. **8** Condotto, passaggio, apertura e sim. che si allarga mano a mano che si allontana dalla base | *T. di getto*, nella terminologia mineraria, fornello di getto | *T. delle scale*, in architettura, spazio vuoto che resta al centro della rampa | †Canna fumaria | †Apertura esterna della cannoniera. **9** (*zool.*) Nelle farfalle, l'apparato boccale succhiatore che, in riposo, è avvolto a spirale. SIN. Spiritromba | (*pop.*) Proboscide: *la t. dell'elefante*. **10** (*meteor.*) Turbine di vento ad asse verticale o inclinato, e talvolta sinuoso, che nasce sotto una nube temporalesca e si manifesta come cono rovesciato, simile a proboscide, costituito da goccioline d'acqua sollevate dal mare o da polvere, sabbia e detriti sollevati dal suolo: *t. terrestre*; *t. marina*. **11** (*anat.*) *T. uterina*, *t. di Falloppio*, tuba | *T. di Eustachio*, condotto che mette in comunicazione l'orecchio medio con la faringe. || **trombàccia**, pegg. | **trombétta**, dim. (V.) | **trombìna**, dim. | **trombóne**, accr. m. (V.).

†trómba (2) [da *tromba* (*1*)] s. m. inv. ● Banditore.

†trombadóre ● V. *†trombatore*.

trombàio [da *tromba* (idraulica)] s. m. **1** (*tosc.*) Chi fabbrica o installa docce o grondaie. **2** (*tosc.*) Chi fa o ripara tubi per l'acqua. SIN. Idraulico, docciaio.

trombàre [da *tromba* (*1*)] **A** v. tr. (*io trómbo*) **1** (*tosc.*) †Pompare | *T. vino*, travasarlo. **2** †Vendere all'asta. **3** (*fig.*, *volg.*) Possedere carnalmente una donna. **4** (*fig.*, *scherz.*) Bocciare un candidato agli esami, alle elezioni, a un concorso e sim. **B** v. intr. (aus. *avere*) ● †Suonare la tromba.

trombàta s. f. **1** †Atto, effetto del trombare. **2** †Quantità d'acqua sollevata da una tromba. **3** (*fig.*, *scherz.*) Bocciatura | Fallimento, fiasco, scacco.

†trombatóre o **†trombadóre** [da *trombare*] s. m. **1** Trombettiere: *i trombadori e banditori del Comune* (VILLANI). **2** (*fig.*, *spreg.*) Ciarlatano.

trombatùra s. f. **1** (*raro*) Operazione del trombare, spec. il vino. **2** (*raro*, *fig.*) Trombata, bocciatura, insuccesso.

†trombeggiàre [da *tromba* (*1*)] v. intr. ● (*raro*) Risuonare a guisa di tromba.

trombétta (1) **A** s. f. **1** Dim. di *tromba* (*1*). **2** Giocattolo per bambini, costituito da una piccola tromba. **3** *T. dei morti*, fungo dei Basidiomiceti a forma di imbuto, grigio nerastro, che cresce sul terreno dei boschi (*Craterellus cornucupioides*). **4** *Svincolo a t.*, quello di accesso alle autostrade o di uscita da queste, che consente con un solo sovrappasso di servire, senza incroci, tutte le direzioni di marcia. **B** in funzione di agg. inv. ● (posposto al s.) Nella loc. *pesce* t., V. *pesce*. || **trombettìna**, dim. | **†trombettìno**, dim. m. (V.).

trombétta (2) o **†trombétto** [da *trombetta* (*1*)] s. m. ● Trombettiere, nelle antiche milizie impiegato anche per parlamentare in taluni casi col nemico: *mandò un trombetto nel campo italiano* (GUICCIARDINI).

†trombettàre [da *trombetta* (*1*)] v. tr. e intr. ● Strombettare.

†trombettàta [f. sost. del part. pass. di *†trombettare*] s. f. ● Strombettata, strombazzata.

†trombettàto part. pass. di *†trombettare*; anche agg. **1** Nei sign. del v. **2** Venduto alla tromba, all'asta.

†trombettatóre [da *†trombettare*] s. m. ● Trombettiere.

trombettière [tanto in senso proprio ('suonatore'), come in senso fig. ('uccello', così denominato per il timbro del suo grido), da *trombetta* (*1*)] s. m. **1** Soldato suonatore di tromba per la trasmissione di segnali e di ordini. **2** (*gerg.*, *fig.*, *scherz.*) Incaricato della dettatura di notizie o servizi per giornali, da redazioni o uffici di corrispondenza. **3** Passeraceo africano e asiatico con becco rosso corallo, grigio e roseo con canto caratteristico (*Bucanetes githagineus*). **4** (*zool.*) Agami.

†trombettìno s. m. **1** Dim. di *trombetta* (*1*). **2** Trombettiere.

trombettìsta [da *trombetta* (*1*)] s. m. e f. (pl. m. *-i*) ● Chi suona la tromba in una orchestra spec. di musica jazz.

†trombétto ● V. *trombetta* (*2*).

trombìna [comp. di *tromb(o)* (per il suo potere coagulante) e *-ina*] s. f. ● (*med.*) Enzima che interviene durante la coagulazione del sangue.

trombìno [dim. di *tromba* (*1*)] s. m. **1** †Tromboncino, piccolo trombone. **2** (*mar.*) Sulle navi a vapore, sottile tubo verticale per lo scarico del vapore emesso dalla valvola di sicurezza, posto accanto al fumaiolo.

trombizzàre [da *trombo*] v. tr. ● (*med.*) Provocare una trombosi.

trómbo [gr. *thrómbos* 'grumo', di origine indeur.] s. m. ● (*med.*) Formazione solida all'interno dei vasi sanguigni o nelle cavità cardiache, costituita da fibrina, globuli rossi e globuli bianchi.

tromboangioìte [comp. di *trombo*, *angio-* e del suff. *-ite*] s. f. ● (*med.*) Associazione di un processo infiammatorio di un vaso ematico e di una trombosi | *T. obliterante*, morbo di Burger.

trombocìta o **trombocìto** [comp. di *trombo* e *-cita*] s. m. (pl. *-i*) ● (*biol.*) Piastrina.

tromboembolìa [comp. di *trombo* ed *embolia*] s. f. ● (*med.*) Ostruzione di un vaso sanguigno da parte di emboli provenienti da un altro distretto.

tromboflebìte [comp. di *trombo* e *flebite*] s. f. ● (*med.*) Processo infiammatorio della vena accompagnato da trombosi.

trombonàta s. f. **1** Sparo di trombone. **2** (*fig.*) Fanfaronata, smargiassata.

tromboncìno s. m. **1** Dim. di *trombone*. **2** (*bot.*) Trombone. **3** (*mil.*) Tubo di lancio applicato alla volata della canna dei fucili e usato in passato dalla fanteria per lanciare bombe a una distanza superiore a quella delle bombe a mano e attualmente dalla polizia per lanciare bombe lacrimogene | Ingrossamento della volata, o dispositivo applicato alla volata della canna di un fucile da fanteria, per renderlo atto a lanciare granate.

trombóne [da *tromba* (*1*), esteso per analogia di forma e suono ad altri oggetti, fiori e animali] s. m. **1** Accr. di *tromba* (*1*). **2** Strumento musicale a fiato simile alla tromba ma più grande quanto a dimensioni e di registro più grave, nel quale i suoni sono variati spec. mediante l'opportuno maneggio di tubi mobili: *t. a tiro*; *t. a pistoni*; *suonare il t.*; *accompagnamento di t.* | *Parere*, *sembrare un t.*, (*fig.*, *scherz.*) si dice di chi si soffia il naso molto rumorosamente | (*est.*) Registro dell'organo che produce un suono simile a quello del trombone. ➡ ILL. **musica**. **3** (*fig.*) Suonatore di trombone: *essere primo*, *secondo t. in un'orchestra*. **4** (*fig.*, *spreg.*) Attore enfatico e vanaglorioso: *un vecchio t.* | *T. sfiatato*, che non ha più presa sul pubblico, che è ormai privo d'ogni capacità espressiva | (*est.*) Persona o personaggio enfatico e vacuo: *questo scrittore è un t.* | (*sett.*) Fanfarone. **5** Antica arma da fuoco portatile con canna corta e di grosso calibro, colla bocca svasata per lanciare munizioni spezzate, usata per difesa a breve distanza, nelle opere ossidionali, sulle navi e nei viaggi in diligenza. **6** (*bot.*) Amarillidacea con grosso bulbo scuro, foglie glauche, grande fiore giallo inclinato da un lato, coltivato nelle forme doppie (*Narcissus pseudonarcissus*). **7** Alto stivalone, svasato nella parte superiore, un tempo usato da postiglioni, corrieri e sim. || **tromboncìno**, dim. (V.).

trombonìsta s. m. e f. (pl. m. *-i*) ● Chi suona il trombone spec. in un'orchestra di musica jazz.

trombòsi [gr. *thrómbōsis* 'coagulazione', da *thrómbos* 'grumo', di origine indeur.] s. f. ● (*med.*) Formazione di trombi nelle cavità cardiache o nei vasi sanguigni.

trombòtico [da *trombosi*] agg. (pl. m. *-ci*) ● (*med.*) Del trombo: *materiale t.* | Che causa, o che si manifesta con, una trombosi: *episodio t.*

†troménto ● V. *tormento*.

trompe-l'œil /fr. trɔ̃p 'l œj/ [loc. fr., letteralmente 'inganna (da *tromper*, in origine 'suonare la tromba (*trompe*)') l'occhio (*œil*, di origine lat.)'] loc. sost. m. inv. (pl. fr. inv.) ● Genere di pittura eseguita secondo precise regole della prospettiva lineare che, con un'accorta disposizione di luci ed ombre, rende al massimo il senso del rilievo, così da dare allo spettatore un'illusione di realtà.

tron /tron, trɔn/ [dal n. del doge Niccolò *Tron*, che la fece coniare con la sua immagine] agg. ● Solo nella loc. *lira t.*, moneta d'argento veneziana coniata nel XV sec.

†tronàre [da *tuonare*, con *tr* del lat. *tŏnitrus* 'tuono'] v. intr. ● Tuonare.

tronàta [da *†tronare*] s. f. **1** (*pop.*, *tosc.*) Sparo, scoppio, detonazione fragorosi. **2** (*raro*, *fig.*, *tosc.*) Fanfaronata, spacconata.

troncàbile agg. ● Che si può troncare (*anche fig.*): *ramo t.*; *situazione t.*; *parola t.*

troncaménto s. m. **1** Atto, modo ed effetto del troncare (*anche fig.*). **2** (*ling.*) Apocope (V. nota d'uso ELISIONE e TRONCAMENTO). **3** (*est.*) Sistema di abbreviazione delle parole, consistente nell'indicazione delle sole prime lettere che le compongono: *apr. è il t. di aprile*.

troncàre o **†truncàre** [lat. *truncāre*, da *truncātus* 'tronc(at)o'] **A** v. tr. (*io trónco*, *tu trónchi*) **1** Rompere q.c. con un colpo secco e violento, tagliare o recidere di netto: *t. un ramo*, *un arbusto con le mani*, *con le cesoie*; *la lama gli troncò una gamba*; *con un colpo d'ascia troncò la fune* | *T. il capo*, decapitare. SIN. Mozzare, spezzare. **2** Privare q.c. d'una sua parte, renderlo tronco, mutilo: *t. una pianta della cima*, *della radice*; *t. un brano*, *un passo d'autore*. SIN. Mutilare. **3** (*fig.*) †Uccidere. **4** (*ling.*) Sottoporre a troncamento: *t. una parola*. **5** (*fig.*) Rendere privo della forza necessaria per muoversi, operare, progredire e sim.: *t. le braccia*; *una salita ripidissima*, *che tronca le gambe*; *la delusione ha troncato in lui ogni energia*. **6** (*fig.*) Interrompere in modo brusco e risoluto: *t. un'amicizia*, *una relazione sentimentale*, *un rapporto d'affari*; *t. una discussione*; *t. a mezzo una disputa*; *un grave scandalo troncò la sua carriera* | *Troncare la parola in bocca a qc.*, interrompere malamente il suo discorso, non consentirgli di proseguire. **B** v. rifl. e rifl. rec. ● (*lett.*, *poet.*) Lacerarsi, strapparsi.

troncàto **A** part. pass. di *troncare*; anche agg. **1** Nei sign. del v. **2** (*raro*) Tronco: *parola troncata*. **3** (*fig.*) †Imperfetto, non finito. **4** (*arald.*) Detto di scudo o di figura divisi orizzontalmente a metà. || **†troncataménte**, avv. In modo tronco, mutilo. **B** s. m. ● (*arald.*) Scudo troncato.

troncatóre s. m.; anche agg. (f. *-trice*) ● (*raro*, *lett.*) Chi, che tronca.

troncatrìce [f. sost. di *troncatore*] s. f. ● Macchina a lama o a disco abrasivo per tagliare trafilati.

troncatùra s. f. **1** Atto, effetto del troncare. **2** (*est.*) Punto in cui una cosa è stata troncata.

tronchése [fr. *tricoises* (da un precedente *turquoises* 'tenaglie di tipo turco' con sovrapposizione di *traire* 'tirare' (?)) accostata a *troncare*] s. m. o f. ● Utensile, costituito da due leve in serie, che serve per tagliare fili metallici anche di 6 o 7 mm di diametro. || **tronchesìno**, dim.

tronchesìna o **tronchesìna** [da *tronchese*] s. f. **1** Piccolo tronchese da orafi, usato per tagliare fili, nastrini e sim. **2** Arnese da manicure, per tagliare le unghie.

tronchétto (1) [da *troncare*] s. m. **1** Tronchese. **2** (*spec. al pl.*) Mezzi stivali.

tronchétto (2) s. m. **1** Dim. di *tronco*. **2** (*bot.*) *T. della felicità*, comunemente, una porzione di fusto usata come talea di alcune varietà di una dracena ornamentale (*Dracaena fragrans*).

†tronchévole agg. ● Che può subire il troncamento: *nome t.*

†tróncico s. m. ● Tronco (2). || **†troncicóne**, accr.

trónco (1) [lat. *trŭncu(m)*, di origine incerta] **A** agg. (pl. m. *-chi*) **1** Troncato, mozzo: *piramide tronca*. **2** (*ling.*) Detto di parola che ha subìto troncamento | Detto di parola accentata sull'ultima sillaba (V. nota d'uso ACCENTO). **3** (*fig.*) Interrotto, incompleto, lasciato a metà: *discorso t.*; *notizie tronche* | (*est.*) Spezzato da angoscia, ira, emozione e sim.: *la sua voce tronca tradiva il timore*; *riferì l'accaduto con parole tronche*. **4** (*raro*, *fig.*) Rotto di stanchezza: *avere*, *sentirsi*, *le braccia*, *le gambe tronche*. **5** (*fig.*) †Impedito, tolto. || **tronchettìno**, dim. | **tronchétto**, dim. || **troncaménte**, avv. (*raro*) In modo tronco: *rispondere troncamente*. **B** s. m. ● Nelle loc. avv. *in t.*, (*raro*) *di t.*, riferite a ciò che rimane incompiuto, incompleto, a metà o a ciò che si verifica in modo brusco, inatteso e senza preavviso: *lavori rimasti in t.*; *rompere in t. una relazione*; *licenziamento in t.*; *licenziare in t. un dipendente*. || **tronchétto**, dim.

trónco (2) o **†trùnco** [lat. *trŭncu(m)*, prob. forma sostantivata di *trŭncus* 'tronco (1)'] s. m. (pl. *-chi*) **1** (*bot.*) Fusto eretto e legnoso delle piante arboree: *il t. dei pini*, *dei pioppi* | (*fig.*) Ceppo: *sul vecchio t. romano si innestarono nuove istituzioni*; *dal t. latino germogliarono le lingue romanze*. **2** In architettura, fusto: *il t. di una colonna*. **3** (*anat.*) Parte del corpo comprendente il torace e l'addome | Tratto, segmento o importante diramazione di vaso o nervo, che dopo si suddivide ulteriormente: *t. celiaco*, *encefalico*. **4** (*est.*) Pezzo più grande, parte maggiore di un oggetto lungo spezzato: *il t. di una lancia*. **5** (*mat.*) *T. di cono*, *di piramide*, solido ottenuto togliendo a un cono o a una piramide la parte compresa fra il vertice e un piano che passa fra questo e la base. *6* (*fig.*) Tratto più o meno lungo di una strada, una linea di comunicazione, di distribuzione d'energia e sim., definito in base a criteri convenzionali di suddivisione: *stanno completando l'ultimo t. dell'autostrada, della galleria, del nuovo canale navigabile*; *le linee elettriche e telefoniche sono suddivise in tronchi* | *T. ferroviario*, tratto di linea delimitato da due stazioni capotronco. *7* (*mar.*) Ciascuno degli alberi maggiori allorché rimangono soli dopo avere perduti, sghindati, quelli delle gabbie e degli alberetti. *8* (*raro, fig., tosc.*) Uomo rozzo e stupido. || **tronchétto**, dim. (V.) | **troncóne**, accr. (V.).

troncocònico [da *tronco* (*2*) *di cono*] agg. (pl. m. *-ci*) ● Che presenta la forma di un tronco di cono.

troncóne s. m. *1* Accr. di *tronco* (*2*). *2* Parte del tronco d'un albero spezzato o tagliato fino alla base che resta infissa nel terreno: *t. di faggio, di pioppo* | (*poet.*) L'intero tronco: *stanco mi appoggio or al troncon d'un pino* (FOSCOLO) | (*poet.*) †Asta, lancia da combattimento: *prese ... un gran t., / e la cingia disciolse presto presto, / e pose il legno sotto dell'arcione* (BOIARDO). *3* (*est.*) Moncone, moncherino. *4* (*poet.*) †Corpo mozzo del capo. *5* Ognuno dei pezzi risultanti dalla rottura di un oggetto lungo: *i tronconi di un'asta*; *il palo si è spezzato in più tronconi*. *6* Nel linguaggio dei cacciatori, fringuello da richiamo che tronca a mezzo il suo verso primaverile. || **tronconcèllo**, dim.

troneggiàre [da *trono* (*2*)] v. intr. (*io tronéggio*; aus. *avere*) *1* Sedere maestosamente come un monarca sul trono: *t. in un'ampia poltrona, in un palco, a capotavola*. *2* (*est., scherz.*) Imporsi all'attenzione, spiccare fra tutti per l'aspetto imponente, l'atteggiamento maestoso, il tono sussiegoso, pieno di sé e sim. (*anche iron.*): *la vecchia dama troneggiava nel bel mezzo della sala* | (*est.*) Far bella mostra di sé, detto di cose: *al centro della vetrina troneggia un grosso brillante*; *un gigantesco tacchino troneggiava sulla tavola*. *3* (*raro*) Dominare, sovrastare in altezza: *t. su tutti con la persona*.

tronfiàre [etim. discussa: da *gonfiare* con sovrapposizione di *trionfare* (?)] v. intr. (*io trónfio*; aus. *avere*) *1* Camminare tronfio e pettoruto, detto di animali e persone (*anche iron.*): *un gallo tronfia nel cortile*. *2* (*raro*) Sbuffare, stronfiare.

tronfiézza s. f. ● (*raro*) Qualità di chi, di ciò che è tronfio.

trónfio [da *tronfiare*] agg. *1* Che è borioso, gonfio di superbia, pieno di sé e sim.: *aria tronfia*; *camminava tutto t. e pettoruto*. *2* (*est.*) Di ciò che è troppo ampolloso, ridondante e sim.: *stile t.*; *parole tronfie*. *3* †Grasso, ben nutrito: *piccioni, galli tronfi*. || **tronfiaménte**, avv. || **tronfióne**, accr. (V.).

tronfióne [accr. di *tronfio*] s. m. (f. *-a*) ● (*spreg.*) Persona grassa e tronfia.

tronièra [da †*trono* (*1*)] s. f. ● Feritoia delle mura antiche e medievali che serviva per le macchine neurobalistiche e per le prime artiglierie.

†**tròno** (**1**) o †**truòno** [da †*tronare*] s. m. ● (*dial.*) Tuono.

tròno (**2**) [vc. dotta, lat. *thrŏnu*(*m*), dal gr. *thrónos*, di formazione non chiara da una base indeur. ampiamente diffusa] s. m. *1* Seggio per sovrani, principi, pontefici e sim. in funzioni solenni, collocato sopra uno o più ordini di scalini, di forma varia a seconda dei tempi e degli stili, spesso con braccioli e spalliera e coperto da un baldacchino o padiglione: *sedere in, sul t.*; *la sala del t.* | Seggio su cui si immagina, e spesso si raffigura, seduta la divinità, in legno di maestà e potenza: *il t. di Giove, di Dio, della Vergine* | *Fino al t. di Dio*, fino a Dio | (*lett.*) Seggio dei beati in Paradiso | (*est.*) Podio, coperto da baldacchino, per la statua dei santi | (*fam., scherz.*) Sedile del water closet. *2* (*fig.*) Regno, corona, autorità e dignità di sovrano: *aspirare al t.*; *essere l'erede al t.*; *i nemici del t.* | *Ascendere, salire al t.*, divenire re, imperatore, papa | *Il t. e l'altare*, l'autorità del re e della chiesa. *3* (*relig., al pl.*) Settimo ordine angelico.

tròno (**3**) s. m. ● Lira tron (V. *tron*).

tropèa [lat. *tropāea*(*m*), dal gr. *tropáia* '(venti) che si voltano (dal mare verso la terra)', dal v. *trépein* 'voltare', di origine indeur.] s. f. ● (*merid.*) Tempesta, temporale.

Tropeolàcee [comp. di *tropeolo* e *-acee*] s. f. pl. ● Nella tassonomia vegetale, famiglia di piante erbacee con fiori vistosi, calice a cinque sepali, di cui il posteriore trasformato in sperone, corolla a cinque petali e frutto ad achenio (*Tropaeolaceae*) | (al sing. *-a*) Ogni individuo di tale famiglia.

tropèolo [comp. del lat. *tropāeu*(*m*) 'trofeo' e *-olo*] s. m. ● (*bot.*) Cappuccina, nasturzio indiano.

-tropìa [gr. *-tropía*, da *trépein* 'volgere, (ri)voltare', di origine indeur.] secondo elemento ● In parole scientifiche composte, significa 'movimento', tendenza a muoversi in certe direzioni, 'trasformazione': *esotropia, entropia, allotropia, isotropia*.

tropicàle agg. *1* Dei, relativo ai, proprio dei tropici e delle zone tra essi comprese: *fascia t.*; *vento, clima t.*; *fauna, flora t.*; *regioni, piante, malattie tropicali*. *2* (*est.*) Torrido, caldissimo: *calura t.*; *clima t.*

tropicalizzàre [fr. *tropicaliser*, da *tropical* 'tropicale'] v. tr. ● Rendere adatto un materiale, uno strumento o un'apparecchiatura a funzionare in climi tropicali: *t. un calcolatore elettronico*.

tropicalizzàto part. pass. di *tropicalizzare*; anche agg. ● Nel sign. del v.

tropicalizzazióne [fr. *tropicalisation*, da *tropical* 'tropicale'] s. f. ● Atto, effetto del tropicalizzare.

tròpico [vc. dotta, lat. tardo *trŏpicu*(*m*), sottinteso *cĭrculu*(*m*), letteralmente '(circolo di) rivolgimento (del sole)', dal corrispondente gr. *tropikós* (*kýklos*)] **A** s. m. (pl. *-ci*). *1* (*astron.*) Il parallelo celeste descritto dal Sole il giorno del solstizio | *T. del Cancro, t. del Capricorno*, dalle costellazioni in cui oltre due millenni addietro cadevano rispettivamente il solstizio d'estate e quello d'inverno; per effetto della precessione oggi essi si sono spostati nelle contigue costellazioni dei Gemelli e del Sagittario. *2* (*geogr.*) Ciascuno dei due paralleli a 23° e 27' di latitudine a nord e a sud dell'equatore: *zone, regioni, mari dei tropici*. *3* (*al pl.*) Correntemente, zone, paesi tropicali: *vivere ai tropici*. **B** agg. ● Solo nella loc. *anno t.*, intervallo di tempo tra due consecutivi passaggi del Sole all'equinozio di primavera pari a $365^d\ 5^h\ 48^m\ 45{,}98^s$, su cui è regolato il calendario civile.

-tròpico [da *-tropia*] secondo elemento ● Forma aggettivi composti della terminologia scientifica derivati per lo più da sostantivi in *-tropia* e *-tropo*: *entropico*.

tropìna [da (*a*)*tropina*] s. f. ● (*chim.*) Molecola eterociclica costituita da otto atomi di carbonio, uno di azoto e da un residuo alcolico, da cui derivano alcaloidi di interesse farmacologico come l'atropina e la cocaina.

tropìsmo [gr. *trópos* 'direzione' (dal v. di origine indeur. *trépein* 'rivolgere') col suff. *-ismo*, tratto da composizioni più determinate, come (*elio*)*tropismo*, (*geo*)*tropismo*, e simili] s. m. *1* (*biol.*) Reazione a uno stimolo di una cellula o di un organismo, che avviene in una determinata direzione: *il t. delle piante, degli insetti* | *T. positivo*, quando la reazione è diretta verso lo stimolo | *T. negativo*, quando la reazione è diretta in direzione opposta allo stimolo. *2* In batteriologia e farmacologia, tendenza verso un determinato luogo o ambiente: *il t. intestinale dei bacilli del tifo*.

tròpo [vc. dotta, lat. *trŏpu*(*m*), dal gr. *trópos* 'volgimento (verso altra via)', da *trépein* 'voltare', di origine indeur.] s. m. *1* (*ling.*) Ogni figura retorica che consiste nell'estendere o mutare il significato di una parola o di un'espressione. SIN. Traslato. *2* (*filos.*) Secondo gli scettici, ciascuno dei modi attraverso cui si perviene alla sospensione del giudizio. *3* (*mus.*) Nell'antica musica greca, tono, nota che era alla base del sistema massimo nelle sue trasposizioni | Nella musica medievale, modo | Formula melodica che non sempre percorre l'intera ottava.

tropo-, -tropo [gr. *tropo-*, *-tropos*, connesso col v. *trépein* '(ri)voltare', di origine indeur.] primo o secondo elemento ● In parole scientifiche composte, indica tendenza a svolgersi in determinati modi o ad assumere determinate direzioni o caratteristiche: *troposfera*; *isotropo*.

tropologìa [vc. dotta, lat. tardo *tropolŏgia*(*m*), dal gr. *tropología*, comp. di *trópo*(*s*) 'tropo, traslato' e *-logía*] s. f. (pl. *-gie*) ● Discorso allegorico, linguaggio figurato: *t. biblica*.

tropològico [vc. dotta, lat. tardo *tropolŏgicu*(*m*), da *tropolŏgia*] agg. (pl. m. *-ci*) ● (*lett.*) Allegorico, figurato: *linguaggio t.* | *Senso t.*, nella Bibbia, il significato morale che si esprime attraverso figure o avvenimenti di valore allegorico, simbolico. || **tropologicaménte**, avv. In modo tropologico, secondo il senso tropologico.

tropopàusa [fr. *tropopause*, comp. di *tropo-* 'giro, direzione' e *pause* 'pausa', per la mancanza di forti mutamenti di temperatura] s. f. ● Strato atmosferico dello spessore di qualche centinaio di metri che limita superiormente la troposfera e al di sopra del quale inizia la stratosfera.

troposfèra [fr. *troposphère*, comp. di *tropo-* 'giro, direzione' e *sphère* 'sfera', cioè la parte dell'atmosfera dove avvengono forti mutamenti] s. f. ● Regione inferiore dell'atmosfera, ove hanno sede i fenomeni meteorologici, che si estende dal suolo sino a 7-8 km circa al polo e 16-18 km circa all'equatore, caratterizzata da una diminuzione abbastanza regolare della temperatura con la quota. ➡ ILL. p. 817 SCIENZE DELLA TERRA ED ENERGIA.

troposfèrico agg. (pl. m. *-ci*) ● Della, relativo alla troposfera.

tròppo [francone *throp* 'mucchio, branco' (forma metatetica di *thorp*, di origine indeur.)] **A** agg. indef. *1* Che è in misura, quantità, grado superiore al bisogno, al giusto, al conveniente o all'opportuno: *c'è troppa gente*; *fai troppi errori*; *fa t. caldo*; *in questo cassetto c'è troppa roba*; *tu agisci con troppa precipitazione*; *ho troppe cose da fare*; *le difficoltà sono troppe*; *non vorrei recarvi t. disturbo*; *non devi mettere troppa carne al fuoco* | *Troppa grazia!*, sottolineando l'abbondanza di q.c. (*anche iron.*). *2* (*poet.*) Molto, numeroso, grande: *Qui vid'i' gente più ch'altrove troppa* (DANTE *Inf.* VII, 25C); *nella prona terra / t. è il mistero* (PASCOLI). **B** pron. indef. *1* (*al pl.*) Persone che sono in numero eccessivo: *troppi ormai lo sanno*; *troppi la pensano così*; *siamo in troppi qui*; *siete troppi e non posso portarvi tutti con me*. *2* Quantità esagerata: *io ho preso poca roba, ma tu ne hai presa forse troppa*; *non comprare altri vestiti, ne hai fin troppi*; *non darmi più della carne, ne ho già troppa*; *versami ancora un po' di tè, ma che non sia t.* | Con valore neutro: *ho t. da fare*; *hai detto anche t.* **C** avv. *1* In misura soverchia, eccessiva, più del giusto o del conveniente: *tu spendi t.*; *mangia e beve t.*; *parlate t.*; *credo di lavorare t.*; *non avertene t. a male se te lo dico*; *non fidarti t. di lui*; *ti lasci ingannare t. facilmente*; *non tornare t. tardi*; *questa carne è t. cruda*; *è t. bello per essere vero*; *non devi essere t. buono con lui*; *poiché una speme è lunga a venir t.* (PETRARCA); *a voli t. alti e repentini / sogliono i precipizi esser vicini* (TASSO) | *T. poco*, pochissimo: *mangi t. poco* | *T. buono!, t. gentile!*, formule di cortesia con cui ci si schiva da una lode, un invito e sim. o con cui si ringrazia accettando o opponendo un cortese rifiuto | Con valore raff. preceduto da 'anche' 'fino': *lo conosco anche t. bene*; *lo so bene, anche t.!*; *a dire la verità è fin t. sveglio* | *Di t.*, in più, più del dovuto: *sono forse di t. qui?*; *ho bevuto un bicchiere di t.*; *ho detto forse qualche parola di t.* | (*pop.*) †Concordato nel genere e nel numero con il termine a cui si riferisce; *con troppi maggiori colpi che 'n prima* (BOCCACCIO). *2* Assai, molto: *non ci sarebbe t. da stupirsi se decidesse in questo senso*; *vuoi andartene? t. giusto!* | *Non t.*, poco, pochissimo: *non ne sarei t. sicuro*; *lo faccio ma non t. volentieri*; *mi sento non t. bene*. **D** s. m. ● Ciò che è in eccesso || PROV. Il troppo stroppia; l'assai basta e il troppo guasta.

troppopièno [da *troppo pieno*: calco sul fr. *trop-plein*] s. m. inv. *1* Orifizio, praticato nella parete di serbatoi, vasche e sim. per impedire al liquido di superare un certo livello. *2* (*econ.*) Detto di mercato sul quale gli operatori economici hanno effettuato acquisti eccedenti le loro reali possibilità.

†**tròscia** [etim. discussa: longob. *trausjan* 'cadere' (?)] s. f. (pl. *-sce*) *1* Pozzanghera. *2* Buca quadra scavata in terra, nella quale si mettono a bagno le pelli da concia.

tròta [lat. tardo *trŭcta(m)*, di etim. incerta] s. f. ● Pesce dei Clupeiformi, della famiglia dei Salmonidi, con livrea dai colori variabili, che vive nelle acque limpide e fredde dei fiumi, dei torrenti, dei laghi e che, per la bontà delle sue carni, è oggetto di intenso allevamento a scopo alimentare (*Salmo trutta*) | *T. fario*, trota di montagna (*Salmo trutta fario*) | *T. di mare*, specie che compie migrazioni tra l'acqua dolce e il mare (*Salmo trutta marinus*) | *T. iridea o arcobaleno*, originaria dell'America, è quella che meglio si presta all'allevamento (*Salmo irideus*) | *T. di lago*, lunga fino a 1 m (*Salmo trutta lacustris*) | *T. salmonata*, dalle carni rosate particolarmente pregiate, per alimentazione a base di piccoli crostacei.

troticoltóre [da *trota*, sul modello di *agricoltore*] s. m. (f. *-trice*) ● Chi si occupa di troticoltura.

troticoltùra [da *trota*, sul modello di *agricoltura*] s. f. ● Allevamento artificiale delle trote, a scopo alimentare o di ripopolamento.

trotìle ● V. *tritolo* (2).

trotinatùra [da *trotino*] s. f. ● Macchiettatura caratteristica del mantello trotino.

trotìno [dalla livrea maculata della *trota*] agg. ● Dicesi di mantello equino che presenta peli rossi riuniti in piccoli fiocchi, varietà dei mantelli ubero, roano e grigio.

trottàbile [da *trottare*] agg. ● (*raro*) Di strada, dove i cavalli possono andare al trotto.

trottapiàno [comp. di *trotta(re)* e *piano* (*1*) nel sign. B] s. m. e f. inv. ● (*scherz.*) Persona che cammina, si muove o agisce con lentezza.

trottàre [ant. alto ted. **trottôn* 'correre', iter. di *treten* 'andare, camminare', di origine e area solamente germ.] **A** v. intr. (*io tròtto*; aus. *avere* nel sign. 1, *essere* nel sign. 2) **1** Andare di trotto, detto del cavallo e (*est.*) di chi lo cavalca | *Far t. il cavallo*, mandarlo di trotto. **2** (*est.*) Camminare con piccoli passi veloci e saltellanti, detto di animali e persone: *il piccolo, il cucciolo trottava dietro sua madre* | (*est.*) Camminare con passo veloce, andare di fretta, senza sosta e sim. (*anche scherz.*): *è da stamattina che trotto da un ufficio all'altro, e non è ancora finita.* **B** v. tr. ● (*raro*) †Far trottare.

trottàta [f. sostantivato del part. pass. di *trottare*] s. f. **1** Corsa del cavallo al trotto | (*est.*) Passeggiata o cavalcata fatta con un cavallo che va di trotto: *una t. in calesse*; *una t. per i campi*; *ogni mattina faccio una bella t.* **2** (*est.*) Camminata veloce, affrettata, senza soste: *ho fatto una vera t. a piedi.* || **trottatina**, dim.

trottatóia s. f. ● Trottatoio, nel sign. 2.

trottatóio [da *trottare*] s. m. **1** Pista su cui si allenano i cavalli per le corse al trotto. **2** Ciascuna delle due strisce di granito che un tempo si usava inserire nella strada acciottolata per facilitare il passaggio dei veicoli.

trottatóre [da *trottare*] **A** agg. (f. *-trice*) ● Detto di cavallo che va di trotto, che è valente nel trotto. **B** s. m. ● Cavallo selezionato e addestrato per le corse al trotto.

trotter /ingl. 'trɔtə*/ [vc. ingl., dal v. *to trot*, che ha lo stesso sign. e la stessa origine di 'trottare'] s. m. inv. ● Ippodromo in cui si disputano le corse al trotto.

trotterellàre [da *trottare*, con suff. verb. freq.] v. intr. (*io trotterèllo*; aus. *avere* nel sign. 1, *essere* nel sign. 2) **1** Andare al piccolo trotto, detto del cavallo e (*est.*) di chi lo cavalca. **2** (*fig.*) Camminare in fretta, quasi correndo, con piccoli passi saltellanti, detto spec. di bambini, piccoli animali e sim.

trottìstico [da *trotto*] agg. (pl. m. *-ci*) ● Che riguarda le corse del trotto: *concorso t.*; *stagione trottistica*.

tròtto [da *trottare*] s. m. **1** Andatura naturale del cavallo tra passo e galoppo, in cui l'appoggio dell'anteriore destro avviene contemporaneamente all'appoggio del posteriore sinistro e viceversa: *andare al t., di t.*; *mettere il cavallo al t., fargli prendere il t.* | *Piccolo t.*, con passi meno lunghi e meno rapidi | *T. serrato, chiuso*, a passi piccoli e raccolti | *T. all'inglese*, quando il cavaliere si solleva e si abbassa sulla sella seguendo il movimento del cavallo | *Rompere il t.*, prendere un'andatura intermedia tra il trotto e il galoppo | *Corse al t.*, gare di cavalli che si disputano su pista di sabbia con guidatore montato sul sulky | (*fig.*) *Di t. o di rimbalzo*, in un modo o nell'altro. ➡ ILL. p. 1289 SPORT. **2** (*fig.*) Passo veloce, sostenuto, di persona: *andare di t.*; *camminare di buon t.* || **trotterèllo**, dim. | **trotterellino**, dim. | **trottóne**, accr.

tròttola [da *trottolare*] s. f. **1** Giocattolo di legno simile a un cono rovesciato con punta di ferro che si lancia in terra tirando a sé di colpo lo spago avvolto strettamente su apposite scanalature in modo da farlo girare rapidamente su se stesso | Analogo giocattolo in metallo, cui il moto rotatorio viene impresso da un'asta elicoidale centrale che si preme a stantuffo | *Frullare, girare come una t.*, ruotare velocemente (*spec. fig.*); di persona che non sta mai ferma, lavora sempre, si dà continuamente da fare | *La testa mi gira come una t.*, di chi ha il capogiro e sim. | *A t.*, si dice di un particolare motivo di tornitura usato nei sostegni di tavoli e sedili. **2** Figura libera del pattinaggio a rotelle, consistente in una serie di veloci rotazioni che il pattinatore compie su se stesso sul medesimo asse: *t. sulle punte, sui talloni, su un piede*; *t. ad angelo*. **3** (*zool.*) Troco. || **trottolino**, dim. m. (V.) | **trottolóne**, accr. m.

trottolàre [etim. discussa: da *trott(are)* con suff. iter. *-olare* (?)] v. intr. (*io tròttolo*; aus. *avere*) **1** Ruotare velocemente su se stesso, come una trottola. **2** (*fig.*) Muoversi di continuo, non stare mai tranquillo, detto spec. di bambino.

trottolìno s. m. (f. *-a*) **1** Dim. di *trottola*. **2** (*fig.*, *fam.*) Bambino vivacissimo.

trotzkìsmo /trots'kizmo/ o **trozkìsmo**. s. m. ● Dottrina comunista di L. D. Trotzkij (1879-1940), fondata sul concetto di rivoluzione permanente e di lotta alla burocrazia.

trotzkìsta /trots'kista/ o **trozkìsta**. s. m. e f. (pl. m. *-i*) ● Chi ispira la propria azione politica al trotzkismo.

troupe /fr. trup/ [vc. fr., equivalente a *truppa* (V.)] s. f. inv. ● Gruppo organico di artisti, tecnici, operai e amministrativi, impegnati in una rappresentazione teatrale, nella lavorazione di un film e sim.: *t. cinematografica, televisiva*.

trousse /fr. trus/ [vc. fr., da *trousser*, propriamente 'caricare una bestia da soma (legando il carico con corde: in lat. *torquēre* 'torcere', dal quale è derivato il lat. parl. **torsāre*, che sta all'origine del v. fr.)'] s. f. inv. **1** Astuccio o fodero per utensili vari destinati a un dato scopo: *la t. della manicure*. **2** Borsetta da sera per signore, di tipo rigido, ad astuccio, in tartaruga, oro, argento e sim.

trouvaille /fr. tru'vaj/ [vc. fr., da *trouver* 'trovare'] s. f. inv. ● Idea originale o utilizzazione di dati storici prima ignorati o trascurati spec. in opere a carattere letterario, teatrale o cinematografico: *il soggetto del film è fondato su recenti t. di una ricercatrice*.

trovàbile agg. ● (*raro*) Che si può trovare.

trovadóre ● V. *trovatore* (2).

trovadòrico o **trobadòrico**. agg. (pl. m. *-ci*) ● Dei trovadori: *poesia trovadorica*.

trovaménto s. m. **1** (*raro*) Atto, modo ed effetto del trovare. **2** †Invenzione.

trovànte s. m. ● (*geogr.*) Masso erratico che si trova in terreni lontani e spesso diversi dalle rocce dalle quali proviene.

trovàre (**1**) [etim. discussa: lat. parl. **tropāre*, da *trŏpus* 'tropo', cioè 'esprimersi a mezzo di tropi' (?)] **A** v. tr. (*io tròvo, †truòvo*) **1** Pervenire o riuscire a incontrare, vedere, conoscere, cogliere, scoprire e sim. la cosa o la persona che si cercava: *t. un amico, il nemico*; *t. i guanti, gli occhiali*; *non trovo più la borsetta, il portafogli*; *t. casa, marito, lavoro*; *t. la verità, la ricchezza*; *t. q.c. per terra*; *t. qc. a casa, al bar*; *in questo viaggio il Vergerio trovò Lutero a Vittenberg* (SARPI); *l'ho trovato che dormiva*; *dove l'hai trovato?*; *finalmente ti trovo*; *t. l'area del triangolo, il volume della sfera*; *se tardiamo non troveremo più da mangiare*; *dove la trovi un'altra automobile così economica?*; *l'ho trovato a buon mercato, in un negozietto di periferia* | *T. le Indie, la Mecca, l'America*, (*fig.*) l'abbondanza, la ricchezza | *Andare a t. qc.*, andare a fargli visita e (*est.*) riferito a negozi, fornitori e sim., recarvisi per acquisti e sim.: *devo proprio andare a t. la sarta*. **2** Riuscire ad avere, ottenere ciò che si desidera, cui si anela, di cui si ha spiritualmente bisogno e sim.: *t. un po' di pace, di riposo, di serenità*; *in famiglia speravo di t. affetto e comprensione*; *non t. né il perdono né la pietà dei propri simili*; *t. conforto nella preghiera*; *solo presso di voi ho trovato qualche aiuto* | *Non t. posa*, di persona irrequieta, agitata, ansiosa e sim. | Trarre, ricavare da qc. o da q.c.: *t. il suo utile, il suo tornaconto*; *se lo fa, puoi essere sicuro che vi trova un qualche vantaggio*; *in questa cura ho trovato notevoli benefici, un concreto giovamento* | Conquistarsi: *t. la fama, la gloria, il successo*. **3** Avere: *quanto ti trovi in tasca?*; *trovarsi addosso poche lire, qualche spicciolo*. **4** (*est.*) Ricevere: *t. una buona accoglienza*; *t. la morte sul campo, in battaglia*. **5** Scoprire: *hanno trovato il ladro, il colpevole*; *si era nascosto, ma l'hanno trovato ugualmente* | Escogitare, inventare: *bisogna assolutamente t. un rimedio*; *non riesco a t. una soluzione migliore di questa*; *non sa far altro che t. sempre nuove scuse e pretesti*; *devi t. qualcosa di nuovo se vuoi che il pubblico si diverta*. SIN. Escogitare, scoprire. **6** Sorprendere, cogliere, pescare: *t. qc. sul fatto, in colpa, in fallo, in errore*; *li hanno trovati in amoroso colloquio*; *lo trovò che, mentre rubava*; *se lo trovano in flagrante lo arrestano subito*; *l'alba lo trovò addormentato*; *tutto ciò ci trova assolutamente impreparati* | *T. qc. con le mani nel sacco*, (*fig.*) coglierlo in flagrante. **7** Vedersi dinanzi qc. o q.c. senza averne fatto ricerca, per lo più in modo inaspettato e fortuito: *t. un oggetto smarrito*; *t. in solaio un quadro d'autore*; *t. per caso un vecchio amico*; *t. uno sconosciuto in casa propria*; *t. una scritta sul muro*; *trovarsi qc. fra i piedi*; *me lo trovo davanti quando meno lo desidero*; *trovarsi in tasca poche lire*; *t. sul proprio cammino difficoltà d'ogni sorta*; *indovina un po' cosa ho trovato?*; *arrivo e chi ti trovo?* **8** Riconoscere, riscontrare, apprendere mediante l'esame o l'osservazione diretta: *il medico lo trova deperito*; *in ospedale gli hanno trovato la polmonite*; *non trovo in lui nessun miglioramento*; *spero di trovarvi bene, in buone condizioni di salute*; *ti trovo un po' giù*; *come mi trovi?*; *li ho trovati un po' invecchiati* | Sperimentare, conoscere per: *t. il cibo buono, saporito, eccellente*; *t. uno spettacolo brutto, noioso, avvincente*; *mi hanno detto che era scortese, ma io l'ho trovato gentile ed educato*. **9** Giudicare, ritenere, pensare: *trovo che hai fatto bene, male*; *non trovi che sarebbe meglio partire domani?*; *come la trovi, questa cosa?* | (*fam.*) *Trovi?*, ti sembra? **10** Accorgersi, vedere: *t. di aver vinto, perso*; *trovo che qui sta andando tutto in malora*. **11** †Colpire: *t. la palla dell'avversario*; *t. qc. con un bastone*; *t. qc. sullo scudo*. **12** †Istituire: *t. il battesimo*. **B** v. rifl. rec. ● Incontrarsi: *quando ci troviamo?*; *di solito si trovano in piazza*; *allora d'accordo, ci troviamo domani alle tre, a casa tua*. SIN. Vedersi. **C** v. intr. pron. **1** Essere, stare: *trovarsi bene, male, in difetto, in pericolo*; *da tempo si trova a letto malato*; *trovarsi ingannato, smarrito, deluso, solo*; *attualmente dovrebbe trovarsi all'estero*; *si può sapere dove mi trovo?* **2** Arrivare, capitare: *ci trovammo improvvisamente su un colle*; *ci siamo trovati a Napoli quasi senza accorgercene*. **3** Essere posto, collocato, situato: *il villaggio si trova al di là del fiume*; *la Gioconda si trova al Louvre*; *i quartieri residenziali si trovano nella parte nord della città*.

†**trovàre** (**2**) [ant. provz. *trobar* 'rinvenire i tropi', secondo la presunta, ma corrente etim. di *trovare* (*1*)] v. tr. ● Poetare, comporre (*anche ass.*).

trovarobàto [da *trovarobe*] s. m. ● Insieme dei piccoli oggetti che completano l'arredamento teatrale e cinematografico.

trovaròbe [comp. di *trova(re)* (*1*) e il pl. del generico *roba*] s. m. e f. inv. ● Collaboratore del direttore di scena, addetto al reperimento e alla manutenzione di tutti gli oggetti che completano l'arredamento e il fabbisogno di una scena teatrale o televisiva.

trovàta [f. sost. del part. pass. di *trovare* (*1*)] s. f. **1** Ciò che si trova, si escogita con la mente per uscire da una situazione difficile, incresciosa, imbarazzante e sim.: *una bella t.*; *una t. veramente originale*; *una t. infelice, piuttosto fiacca* | Idea felice, buona idea: *questa sì che è una t.!* | (*est.*) Battuta: *t. degna d'un grande comico*. SIN. Pensata. **2** (*raro*) †Scoperta di un delitto.

trovatèllo [dim. sost. di (bambino) *trovato*] s. m.

(f. *-a*) • Bambino che è stato iscritto allo stato civile come figlio di ignoti, o che è stato abbandonato o lasciato in un istituto di pubblica assistenza senza essere stato denunziato allo stato civile.

trovàto A part. pass. di *trovare* (*1*); anche agg. *1* Nei sign. del v. *2 Ben t.*, si dice di idea, espediente e sim. particolarmente felice o di fatto, storiella, avvenimento e sim. non veri ma narrati con spirito e arguzia, come se fossero veri: *se non è vero è ben t.*; *questa sì che è ben trovata!* | *Ben t.*, come formula di saluto rivolta a chi si incontra. **B** s. m. *1* (*raro, lett.*) Ciò che è stato trovato. *2* †Invenzione, pretesto | Finzione, inganno.

†trovatóre (1) agg.; anche s. m. (f. *-trice*) • Che, chi trova | *†T. di guerra*, suscitatore di guerre | *†T. di calunnie*, macchinatore.

trovatóre (2) o **trovadóre** [provz. *trobador*, al nom. *trobaire*, da *trobar* 'trovare' nel senso di inventare proprio della poetica mediev.] s. m. • Poeta rimatore e musico della Provenza, nei sec. XII e XIII, che spesso cantava anche le sue poesie | *La poesia dei trovatori*, canzoni, serventesi, tenzoni, pastorelle, albe e sim., generi e atteggiamenti stilistici e spirituali diffusi in tutta l'Europa occidentale | Giullare che componeva poesie e musica.

trovièro o **trovèro** [fr. *trouvère*, parallelo del provz. *trobaire*, donde *trovatore* (*2*)] s. m. • Poeta, rimatore della lingua francese antica, autore e recitatore di componimenti di vario genere, corrispondente al trovatore della poesia provenzale.

trozkismo e *deriv.* • V. *trotzkismo* e *deriv.*

tròzza [ant. fr. *troche* per *torche* '(cosa) attorta', donde anche *torcia* (V.)] s. f. • (*mar.*) Collare di ferro o stroppo di cavo o catena che serve a sistemare un pennone o la gola di un picco all'albero: *t. ad anello, in cavo, a catena.*

†tròzzo [sp. *trozo* 'pezzo' e 'parte (di un reggimento)', di etim. incerta] s. m. • Quantità, moltitudine di gente armata.

†truànte [ant. fr. *truand*, di prob. origine gallica] agg.; anche s. m. • Ribaldo, mascalzone.

trùca o **trùka** [ingl. *truck* 'carro, carrello', dal lat. *trŏchlea*(*m*) 'carrucola', dal gr. *trochilía* (da *trochós* 'ruota', della stessa famiglia di *tréchein* 'correre', forse d'origine indeur.)] s. f. • (*cine*) Stampatrice ottica per pellicole cinematografiche che permette di riprodurre un film su un'altra pellicola consentendo inoltre di ottenere vari effetti, come accelerazioni o rallentamenti, ingrandimenti o riduzioni.

truccàbile [da *truccare* (*2*)] agg. • Che si può truccare.

truccàre (1) o **†trucchiàre**, **†trucciàre** [ant. provz. *trucar* 'urtare', di etim. discussa: dal lat. parl. **trudicāre*, iter. di *trūdere* '(so)spingere' (?)] v. intr. (*io trùcco, tu trùcchi*; aus. *avere*) • Spostare con la propria la palla dell'avversario giocando a bocce, a pallamaglio, al biliardo.

truccàre (2) [fr. *truquer*, da *truc* 'abilità, inganno, artifizio' (dal provz. ant. *truc* 'colpo, urto', dev. di *trucar*: V. *truccare* (*1*))] **A** v. tr. (*io trùcco, tu trùcchi*) *1* Intervenire su q.c. modificandola o alterandola nell'aspetto, nei particolari, nello svolgimento, nel funzionamento e sim., spec. per trarre in inganno gli altri: *t. un mobile per farlo credere antico*; *t. i risultati di un'inchiesta, di una statistica*; *t. una partita di calcio, un incontro di pugilato* | *T. le carte, i dadi*, per barare | *T. un motore*, elaborarlo in modo da consentire al veicolo su cui è montato prestazioni superiori a quelle originarie. *2* Modificare temporaneamente, spec. per esigenze teatrali o cinematografiche, l'aspetto fisico di una persona, anche facendole assumere le sembianze di un'altra, con l'uso di molteplici artifici: *t. un attore da vecchio, da gobbo, da storpio*; *lo stanno truccando nel suo camerino* | (*est.*) Travestire: *t. qc. da cinese, da antico romano.* *3* (*est.*) Modificare temporaneamente l'aspetto spec. del viso o di una sua parte mediante l'uso di cosmetici o ricorrendo ad altri espedienti: *t. le labbra col rossetto*; *truccarsi con cura il viso*; *di solito si trucca solo gli occhi.* **B** v. rifl. *1* Modificare il proprio aspetto fisico con l'uso di molteplici artifici, spec. per esigenze teatrali o cinematografiche: *è un attore che di solito si trucca da sé*; *truccarsi da Rigoletto* | (*est.*) Travestirsi: *truccarsi da antico romano.* *2* (*est.*) Modificare l'aspetto del proprio viso, per migliorarlo, mediante l'uso di cosmetici o ricorrendo ad altri espedienti: *truccarsi bene, male*; *non sa truccarsi*; *raramente si trucca.*

truccàto part. pass. di *truccare* (*2*); anche agg. • Nei sign. del v.

truccatóre s. m. (f. *-trice*) • Persona specializzata nel trucco degli attori di un film, di un'opera teatrale o di una produzione televisiva.

truccatùra s. f. *1* Operazione, modo ed effetto del truccare o del truccarsi. *2* Ciò che serve per questa operazione | Abbigliamento d'attore adatto alla parte da recitare.

†trucchiàre • V. *truccare* (*1*).

†trùcci [vc. espressiva] inter. • (*raro, pop., tosc.*) Si usa per incitare il cavallo: *t. là!*; *t. t. cavallino!*

†trucciaménto [da *†trucciare* 'sfregare'] s. m. • Sfregamento.

†trucciàre • V. *truccare* (*1*).

trùcco (1) [da *truccare* (*1*)] s. m. (pl. *-chi*) • Antico gioco in voga nelle corti del Rinascimento, simile per regole alle bocce ma praticato con palline d'avorio o bosso sopra una tavola coperta di panno e con sponde | *T. a terra*, pallamaglio.

trùcco (2) [dev. di *truccare* (*2*)] s. m. (pl. *-chi*) • Atto, effetto del truccare e del truccarsi: *procedere al t.*; *preoccuparsi del t.*; *i risultati del t.*

trùcco (3) [fr. *truc*: V. *truccare* (*2*)] s. m. (pl. *-chi*) *1* Artificio con cui si nasconde, si maschera o si falsa la realtà, per trarre gli altri in inganno: *un t. abilissimo*; *i trucchi dei maghi*; *conosce ogni sorta di trucchi*; *il t. c'è ma non si vede*; *un miracolo, anzi, un t. su quel palcoscenico rappresentato realisticamente* (PIRANDELLO) | *È tutto un t.*, di cosa che si ritiene assolutamente falsa, ingannevole e sim. | *T. fotografico, scenico, cinematografico* e sim., ogni artificio atto a creare determinate illusioni visive, ad ottenere particolari effetti ottici, sonori e sim. *2* (*est.*) Abile espediente, frode, raggiro: *un t. astutissimo*; *con un t. diabolico è riuscito a convincerlo.* SIN. Imbroglio. *3* Tecnica atta a trasformare il viso di un attore perché assuma sembianze somiglianti il più possibile a quelle del personaggio interpretato. *4* (*est.*) Insieme di operazioni mediante le quali si cerca di migliorare, di abbellire il viso, facendone risaltare i pregi e mascherandone i difetti: *uno specialista del t.* | Risultato di tali operazioni: *un t. perfetto, naturale, pesante*; *t. da giorno, da sera* | Insieme di cosmetici per il trucco: *togliersi il t. dal viso*; *valigetta per il t.* SIN. Maquillage. ‖ **trucchétto**, dim.

truccóne [sovrapposizione di †*treccone* a *truccare* (*2*)] s. m. (f. *-a*) *1* (*raro*) Imbroglione. *2* †Mezzano di matrimoni.

trùce [vc. dotta, lat. *trūce*(*m*), di etim. incerta] agg. • Torvo e minaccioso: *sguardo, viso t.*; *espressione t. e malvagia*; *guardare qc. con occhi truci* | Crudele, feroce: *un t. tiranno*; *un t. delitto.* ‖ **truceménte**, avv.

trùcia [etim. discussa: ant. fr. **truche*, da *trucher* 'vagabondare' (?)] s. f. solo sing. • (*tosc.*) Miseria che appare spec. dagli abiti logori e laceri.

trucidaménto s. m. • (*raro*) Modo e atto del trucidare.

trucidàre [vc. dotta, lat. *trucidāre*, da **tru(ci)cīda*, comp. di *trūx*, genit. *trūcis* 'uomo truce' e della seconda parte di (*homi*)*cīda* e di altrettanti comp.] v. tr. (*io trùcido* o *†trucìdo*) • Uccidere con particolare crudeltà ed efferatezza: *t. i prigionieri*; *gli ostaggi furono tutti trucidati.* SIN. Massacrare.

trucidatóre [vc. dotta, lat. tardo *trucidatōre*(*m*), da *trucidātus* 'trucidato'] s. m.; anche agg. (f. *-trice*) • (*raro*) Chi, che trucida.

trùcido [forse da *truce*] agg.; anche s. m. (f. *-a*) • (*region.*) Che, chi è rozzo, volgare e trasandato.

trùcio [variante di *trucia* attraverso il suo accr. *trucio*(*ne*)] agg. (pl. f. *-cie* o *-ce*) • (*tosc.*) Misero, logoro.

truciolàre (1) o **†trugiolàre** [lat. parl. **tortiolāre*, iter. di **tortiāre*, ints. di *torquēre* 'torcere' (?)] v. tr. • (*raro*) Ridurre in trucioli.

truciolàre (2) [da *truciolare* (*1*)] **A** agg. • Formato con trucioli | *Pannello t.*, elemento costruttivo piano, costituito da particelle legnose agglomerate mediante un collante a base di resine sintetiche e successivamente pressate. **B** s. m. • Pannello truciolare. SIN. Truciolato.

truciolàto s. m. • Pannello truciolare.

truciolatóre s. m. • (*tecnol.*) Macchina destinata alla produzione di particelle lignee per la fabbricazione dei pannelli truciolari.

truciolatrìce A s. f. *1* Piallatrice per ridurre in trucioli sapone o altra sostanza tenera. *2* (*tecnol.*) Sminuzzatrice. **B** anche agg.: *macchina t.*

truciolatùra o **†trugiolatùra**. s. f. • Atto, effetto del truciolare.

trùciolo [da *truciolare* (*1*)] s. m. *1* Sottile e lunga falda simile a nastro che la pialla asporta dal legno ad ogni colpo | *T. metallico*, tratto più o meno lungo di sovrametallo che l'utensile porta via dal pezzo durante la lavorazione alla macchina utensile. *2* (*est.*) Striscia sottile e arricciata di materiali diversi, variamente usata: *trucioli di plastica, di sapone*; *imballare oggetti fragili proteggendoli con trucioli di carta, di paglia.* *3* (*est.*) Strisciolina di legno tenera per intrecciare ceste e cappelli. ‖ **trucioletto**, dim. | **truciolino**, dim.

truck /*ingl.* trʌk/ [vc. ingl., prob. dal lat. *trŏchus* 'cerchio di ferro, trottola', dal gr. *trochós* 'ruota' (della stessa famiglia di *tréchein* 'correre', d'origine incerta)] s. m. inv. *1* Carretto o carrello per vari impieghi. *2* (*autom.*) Autocarro. *3* (*cine*) Apparecchio di registrazione sonora montato su veicolo mobile.

truculènto o **†trucolènte**, **†trucolènto** [vc. dotta, lat. *truculĕntu*(*m*), da *trūx*, genit. *trūcis* 'truce'] agg. *1* Truce, torvo, terribile (*anche scherz.*): *aspetto t.*; *espressione truculenta*; *uomo corpulento e t. e zazzeruto, come a un baritono s'addice* (D'ANNUNZIO) | (*lett.*) *Mare t.*, burrascoso, tempestoso. *2* (*est., scherz.*) Di ciò che vuole apparire violento, sanguinoso, terrificante e sim., ma è così scopertamente falso, ingenuo o irreale da non ottenere gli effetti voluti: *scena truculenta*; *film, personaggio t.*

truculènza [vc. dotta, lat. *truculĕntia*(*m*), da *truculĕntus* 'truculento'] s. f. • Carattere di chi o di ciò che è truculento: *l'eccessiva t. del suo racconto colpì gli ascoltatori.*

trudgen /*ingl.* 'trʌdʒən/ [vc. ingl., dal n. del capitano J. *Trudgen*, che rese nota tale tecnica verso il 1873] s. m. inv. • Stile di nuoto con movimento delle braccia analogo a quello del crawl e battuta delle gambe a rana, o a forbice.

trùffa [ant. provz. *trufa*, dal lat. tardo *tūfera* 'tartufo' e, fig., poi 'inganno' (?)] **A** s. f. *1* (*dir.*) Reato di chi con artifizi o raggiri, inducendo taluno in errore, procura a sé o ad altri un ingiusto profitto con altrui danno. *2* (*gener.*) Frode, raggiro, imbroglio: *esser vittima di una t.*; *t. all'americana.* SIN. Inganno, trappola. *3* †Chiacchiera, fandonia. **B** in funzione di agg. inv. • (posposto al s.) Che contiene un inganno: *legge t.* | *Prezzo t.*, artificiosamente rialzato.

truffaldino [dal n. di un personaggio da commedia non alieno dal *truffare*] **A** s. m. (f. *-a*) • Imbroglione. **B** agg. • Di truffa, da truffatore: *arte, impresa truffaldina.*

†truffàrdo [comp. di *truffa*(*re*) e *-ardo*] s. m.; anche agg. • Truffatore.

truffàre A v. tr. • Rendere qc. vittima di una truffa: *t. un amico, un turista* | Sottrarre con truffa, inganno, raggiro: *gli hanno truffato una somma considerevole.* SIN. Imbrogliare, ingannare, raggirare. **B** v. intr. pron. • †Farsi beffe: *truffarsi di uno.*

truffàto A part. pass. di *truffare*; anche agg. • Nei sign. del v. **B** s. m. (f. *-a*) • Chi è rimasto vittima di una truffa.

truffatóre s. m. (f. *-trice*) • Chi truffa.

truffé /*fr.* try'fe/ [vc. fr., letteralmente 'tartufato', da *truffe* 'tartufo', di cui ha la stessa origine] agg. inv. *1* Tartufato: *risotto t.* *2* Detto di un esemplare di libro con carattere di unicità per annotazioni, autografi e sim.

trufferìa [da *truffare*] s. f. • (*raro*) Azione truffaldina | Frode, truffa.

†truffière s. m. • Truffatore.

truffóne s. m. (f. *-a*) • (*raro*) Truffatore.

trufolàre [variante di *grufolare*, di origine espressiva (?)] **A** v. intr. (*io trùfolo*; aus. *avere*) • (*raro*) Rimestare, frugare: *t. in un cassetto, nel fango.* **B** v. rifl. • Avvoltolarsi, sguazzare: *trufolarsi nella mota.*

†trugiolàre • V. *truciolare* (*1*).

trùglio [da (*in*)*truglio* nel senso di 'imbroglio, inganno'] **A** s. m. • Procedimento straordinario anticamente in uso nel napoletano, spec. nei momenti in cui il numero dei detenuti in attesa di giudizio era molto elevato, in base al quale si giungeva a un accordo tra accusatore e imputato sull'entità della pena da infliggere a quest'ultimo senza processo e senza prove, unicamente in base agli indizi causa dell'imputazione stessa. **B** agg. ● Furbo, astuto.

truismo [ingl. *truism*, da *true* 'vero', di area e origine germ.] s. m. ● Verità ovvia, lapalissiana.

trùka ● V. *truca*.

trullàggine [da *trullo* (*1*)] s. f. ● (*pop., tosc.*) Grullaggine, sciocchezza.

†**trullàre** (**1**) [da *trullo* (*3*)] v. intr. ● Scoreggiare: *rotto dal mento in fin dove si trulla* (DANTE *Inf.* XXVIII, 24).

trùllare (**2**) o **trùllari** [etim. incerta] agg. ● (*sett.*) Allegro, pimpante, spec. rafforzato da 'tutto': *è arrivato tutto t.*

trullerìa s. f. ● Trullaggine.

trùllo (**1**) [per (*ci*)*trullo*] agg.; anche s. m. (f. *-a*) ● (*tosc.*) Grullo, citrullo.

trùllo (**2**) [biz. *tròullos*, dal lat. *trŭlla* 'cazzuola', per la forma emisferica della volta] s. m. ● Abitazione in pietra di forma tonda e tetto conico, tipica delle Puglie, particolarmente del triangolo Bari, Brindisi, Taranto: *i trulli di Alberobello.*

†**trùllo** (**3**) [di origine onomat.] s. m. ● Peto, scoreggia.

trumeau /fr. try'mo/ [vc. fr., per passaggio metaforico dal senso orig. di '(polpaccio della) gamba', di provenienza germ.] s. m. inv. (pl. fr. *trumeaux*) **1** (*arch.*) Muro tra due porte, due finestre | Pilastro al centro di un portale. **2** Pannello ornamentale o specchiera collocati fra due vani, quali porte, finestre e sim.; spesso la specchiera è accompagnata da una console assortita. **3** Correntemente, mobile a doppio corpo, composto da un cassettone a ribalta, che spesso funge da scrivania, e da un'alzata a una o due ante, apparso nella seconda metà del XVII sec. e diffusissimo nel XVIII.

trumò s. m. ● Adattamento di *trumeau* nel sign. 3 (V.).

†**truncàre** ● V. *troncare*.

†**trùnco** ● V. *tronco* (*2*).

†**truògo** ● V. *trogolo*.

truògolo ● V. *trogolo*.

†**truòno** ● V. †*trono* (*1*).

trùppa [fr. *troupe*, dal francone *throp* 'mucchio, branco'] s. f. **1** Qualsiasi complesso organico di forza militare: *truppa scelta, mercenaria, volontaria*; *truppa di rinforzo, di riserva, di rincalzo*; *le truppe nemiche, alleate*; *lanciare all'attacco le truppe*. **2** (*est.*) Il complesso dei soldati semplici: *uomini, militari di t.* | *Graduati di t.*, caporale e caporal maggiore | †Schiera di soldati a cavallo, nelle ordinanze del sec. XVII. **3** (*fig.*) Frotta, gruppo nutrito (*spec. scherz.* o *spreg.*): *avere una t. di figli*; *c'era in piazza una t. di scalmanati* | *In, a t.*, a frotte, detto anche di animali: *i lupi ... / a ber venuti a t. in sulla sera* (MONTI).

†**truppèllo** [ant. provz. *tropel*, propriamente dim. di *trop* 'truppa, branco'] s. m. ● Drappello.

truschìno [fr. *trusquin*, dal medio neerlandese *crucekijn*, letteralmente 'piccola (*-kijn*) croce (*cruce*)', con sovrapposizione di *trousser*] s. m. ● (*tecnol.*) Attrezzo fondamentale della tracciatura, formato da un basamento, un'asta e una punta per tracciare fissabile a un incastro scorrevole sull'asta: *t. semplice* | *T. universale*, con asta inclinabile rispetto al basamento mediante cerniera.

trusciàre [vc. merid., forse forma corrispondente di *strusciare*] v. tr. (*io trùscio*) ● (*merid.*) Rubare con mano lesta e leggera.

trust /ingl. trʌst/ [vc. ingl., letteralmente 'credito (che si dà al consorzio degli associati)', di area e origine germ.] s. m. inv. **1** (*econ.*) Gruppo di imprese, soggette a unità di direzione, che esercita un potere monopolistico eliminando o limitando la concorrenza e controllando in tutto o in parte rilevante il mercato: *il t. del cemento, il t. dell'automobile*; *i grandi t. internazionali* | L'accordo con cui tale gruppo viene costituito: *legge anti t.* **2** (*est.*) Gruppo di persone chiuso e ristretto, che controlla in maniera esclusiva o preponderante lo svolgimento di un'attività: *il t. della prostituzione*; *un t. di galleristi e mercanti d'arte* | (*fig., est.*) *T. dei cervelli*, gruppo di esperti, tecnici, scienziati e gener. consulenti, costituito, spec. in un'azienda, per discutere e aiutare a risolvere problemi di particolare complessità e rilievo. SIN. Brain trust.

†**trutilàre** [vc. dotta, lat. *trucilāre*, di origine onomat., malamente letto (per scambio di *c* con *t*)] v. intr. ● Zirlare, detto dei tordi.

†**trùtina** [vc. dotta, lat. *trŭtina*(*m*) '(ago della) bilancia', dal gr. *trytánē*, collegato ad altre vc. di origine indeur., che si riferiscono all'apertura, dov'era alloggiato l'ago] s. f. ● Staffa in cui alloggia l'ago della bilancia.

tsantsa /'tsantsa/ [vc. di una lingua d'un popolo dell'Amazzonia] s. f. ● (*etn.*) Testa del nemico ucciso e custodita come un trofeo, dopo essere stata privata delle ossa e mummificata.

tsar /tsar/ e *deriv.* ● V. *zar* e *deriv.*

tse-tse /*tsɛ t'tsɛ*/ o **tze-tze** [fr. *tsétsé*, da una vc. indigena dell'Africa merid.] loc. agg. inv. ● Nella loc. *mosca tse-tse*, grossa mosca grigiastra dell'Africa tropico-equatoriale, che trasmette all'uomo e ai mammiferi il tripanosoma della malattia del sonno (*Glossina palpalis*).

TSH [sigla dell'ingl. *Thyroid Stimulating Hormone* 'ormone stimolante la tiroide'] s. m. inv. ● (*biol.*) Tireotropina.

t-shirt /ingl. 'ti: ʃə:t/ o **tee-shirt** [vc. ingl., comp. della lettera *t* e *shirt* 'camicia' (d'origine germ.): detta così perché l'insieme delle maniche e del corpo ricordano la lettera *T*] s. f. inv. (pl. ingl. *T-shirts*) ● Maglietta di cotone girocollo a maniche corte, usata prima come indumento maschile da indossare sotto la camicia e diventata poi capo unisex da portare anche senza nulla sopra.

tsunami /giapp. tsu'nami/ [vc. giapp., letteralmente 'onda (*nami*) sul porto (*tsu*)'] s. m. inv. ● Onda di maremoto frequente sulle coste del Giappone e delle altre regioni dell'Oceano Pacifico.

-ttero o **-ptero** [gr. *pterón* 'ala', da una base indeur. col senso generale di 'volare'] secondo elemento ● In parole composte dotte e scientifiche, significa 'ala', con riferimento a insetti o ad aeromobili: *coleottero, elicottero.*

tu [lat. *tū*, di ampia attestazione indeur.] **A** pron. pers. m. e f. di seconda pers. sing. (pop. tosc. si elide davanti a parola che comincia per vocale: *t'avevi una bella possibilità.* Posposto al v. si fonde con questo nel linguaggio arcaico: *vedestù la scritta morta* (DANTE *Inf.* VIII, 127)) **1** Indica la persona a cui si parla e si usa (solo come sogg.) rivolgendosi a persona con cui si è in grande familiarità: *tu sai quanto ho sofferto*; *tu ormai non puoi più dire nulla* | Generalmente omesso quando la persona è chiaramente indicata dal verbo, si esprime invece quando il v. è al congv., per evitare ambiguità, quando i soggetti sono più di uno, nelle contrapposizioni, con 'stesso', 'medesimo', 'anche', 'pure', 'nemmeno', 'proprio', 'appunto', e sim. e, in genere, quando si vuole dare al sogg. particolare evidenza: *desidero che tu la conosca*; *se tu l'avessi vista!*; *tu ed io potremo andare proprio d'accordo*; *tu e tuo fratello siete invitati*; *né tu né io lo sapevamo*; *tu puoi permetterti la macchina, noi no*; *tu stesso l'hai affermato*; *anche tu lo conosci*; *sì, proprio tu eri presente al fatto*; *nemmeno tu potevi immaginare una catastrofe simile.* **2** In principio di frase, assume particolare rilievo ed ha valore enf.: *tu devi dirglielo!*; *tu puoi farlo!*; *tu parlare così!*; *tu rinfacciarmi queste cose?*; *tu paziente?*; *tu fortunato!* | *Io sono io e tu sei tu*, volendo stabilire o sottolineare una distinzione, una differenza. **3** (*ints.*) Posposto al verbo o in fine di frase, evidenzia un fatto, o esprime vaga minaccia, desiderio e sim.: *ci andrai tu se vuoi*; *sei tu che devi pensarci*; *vieni qua tu a dirglielo!*; *sei tu quello che ha avuto i danni*; *possa tu un giorno avere questa fortuna!* | (*enf.*) *Ricco tu?*; *in collera tu?*; *e allora tu?*; *non tu!* | *Non sei più tu*, con riferimento a mutamenti delle condizioni di salute o di spirito o come espressione di incredulità, stupore e sim. **4** (*enf., iter.*) Rafforza un'affermazione: tu, *tu devi andarci!*; *tu gli parlerai, proprio tu!* **5** Con valore impers.: *tu non pensi a certe cose perché non ti capitano*; *quando tu pensi che uno come mio fratello abbia tanto coraggio!* **B** in funzione di s. m. ● Il pronome 'tu' | *Dare del tu a qc.*, rivolgersi a qc. usando il pron. 'tu' e (*est.*) avere familiarità e confidenza: *possiamo darci del tu*; *come si permette di darmi del tu?*; *io gli do del tu* | (*est. fig.*) *Dare del tu a q.c.*, usare q.c. con grande disinvoltura: *dare del tu al pianoforte, al pallone* | *Essere, trovarsi, parlare, stare a tu per tu con qc.* o (*fig.*) *q.c.*, di fronte, a diretto confronto: *stare a tu per tu con il principale*; *essere a tu per tu con la morte* | *Parlare a tu per tu con qc.*, direttamente: *prova a parlargli a tu per tu.*

tu' o (*dial.*) †**to'** (**2**) agg. poss. di seconda pers. sing. ● (*pop., tosc.*) Forma tronca di 'tuo', 'tua', 'tuoi', 'tue', in posizione proclitica.

tuàreg o **tuàregh** [pl. del n. ar. (*targi*, spreg.)] **A** s. m. e f. inv. ● Ogni appartenente a una popolazione seminomade di ceppo berbero, stanziata nel Sahara centrale, dotata di caratteristiche fisiche, sociali e culturali sue proprie. **B** agg. inv. ● Di, relativo a tale popolazione: *accampamento t.*; *donne t.*; *scrittura t.*

tùba [vc. dotta, lat. *tŭba*(*m*), di etim. incerta] s. f. **1** Nel mondo greco-romano, tromba bronzea di guerra o per cerimonie religiose e sim., di forma molto allungata e senza ritorte. ➡ ILL. **musica**. **2** (*est., lett.*) Tromba di guerra: *a suon di t.* / *animoso caval s'infiamma all'armi* (POLIZIANO) | (*gener.*) Tromba: *la t. degli angeli*; *quando il suono della t. annuncerà il giudizio universale.* **3** (*fig.*) Canto epico, voce poetica, poesia: *la t. di Omero, di Virgilio.* **4** (*mus.*) Strumento a fiato di ottone, a tubo conico, munito di pistone | *T. bassa, t. di basso*, bassotuba. **5** (*anat.*) *T. uterina*, condotto tubolare dell'apparato genitale interno femminile che va dall'ovaia all'utero. SIN. Salpinge | *T. uditiva, di Eustachio*, tromba di Eustachio. ➡ ILL. p. 364, 366 ANATOMIA UMANA. **6** Cappello a cilindro | *Mezza t.*, tubino. **7** (*mil., gerg.*) Recluta. || **tubino**, dim. m. (V.).

tubàggio [fr. *tubage*, da *tuber*, da *tube* 'tubo, condotto'] s. m. **1** (*raro*) Il rivestire con tubi un foro di sondaggio. **2** (*med.*) Intubazione.

tubàre (**1**) [lat. tardo (*tu*)*tubāre*, di origine onomat.] v. intr. (aus. *avere*) **1** Emettere il caratteristico grido gutturale, spec. durante il periodo dell'accoppiamento, detto di colombi, tortore e sim. SIN. †Bubare. **2** (*fig., scherz.*) Amoreggiare teneramente, scambiandosi a mezza voce frasi o parole affettuose: *tubano come due colombi!*

tubàre (**2**) [da *tubo*] v. tr. ● Munire di tubi, spec. in miniere.

tubàrico agg. (pl. m. *-ci*) ● (*anat.*) Della tuba o salpinge.

tubatùra [da *tubo* 'condotto'] s. f. ● Sistema di tubi che consentono la distribuzione o la raccolta di fluidi in impianti di limitate dimensioni, di tipo domestico o industriale: *le tubature dell'acqua, del gas*; *c'è un guasto nelle tubature* | (*est.*) Tubo, conduttura: *s'è rotta la t. del lavandino.*

tubazióne s. f. ● Insieme di tubi collegati fra loro per il trasporto di fluidi anche a distanze elevate.

tubeless /ingl. 'tju:blis/ [vc. ingl., comp. di *tube* 'tubo, camera d'aria' e *less* 'minore' (d'origine germ.)] agg. inv. ● Pneumatico senza camera d'aria, nel quale la tenuta d'aria è assicurata da uno strato di gomma applicato direttamente all'interno della copertura e dal forzamento dei talloni sulla base del cerchio.

†**tùbera** s. f. ● Tubero.

Tuberàcee [comp. di *tubero* e *-acee*] s. f. pl. ● Nella tassonomia vegetale, famiglia di Funghi con corpo fruttifero generalmente sotterraneo, attraversato da cavità o gallerie rivestite dall'imenio (*Tuberaceae*) | (al sing. *-a*) Ogni individuo di tale famiglia.

tubercolàre [da *tubercolo*] agg. **1** Di, relativo a tubercolo: *struttura t.* **2** Di, relativo a tubercolosi: *affezione t.*

tubercolàto agg. ● (*bot.*) Detto di organo che presenti tubercoli.

tubercolina [comp. di *tubercol*(*o*) e *-ina*] s. f. ● (*med.*) Derivato proteico purificato di una coltura di bacilli della tubercolosi, impiegato nei test cutanei per la diagnosi di infezione tubercolare.

tubercolizzazióne s. f. **1** (*bot.*) Formazione dei tubercoli radicali. **2** (*med., raro*) Trasmissione del contagio della tubercolosi, spec. in via sperimentale, per motivi di studio.

tubèrcolo [vc. dotta, lat. *tubĕrculu*(*m*), dim. di *tūber* 'tubero' e poi ogni 'escrescenza'] s. m. **1** (*anat.*) Formazione ossea o cartilaginosa a guisa di nodulo. *2* (*med.*) Nodulo granulomatoso caratteristico della infezione tubercolare. *3* (*bot.*) Ingrossamento sulle radici di molte leguminose, dovuto a un bacillo capace di fissare azoto atmosferico: *t. radicale.* ‖ **tubercolétto**, dim.

tubercolòma [comp. di *tubercol(o)* e *-oma*] s. m. (pl. *-i*) ● (*med.*) Voluminosa lesione causata dal bacillo della tubercolosi.

tubercolosàrio [da *tubercolosi*] s. m. ● Nosocomio per tubercolotici. SIN. Sanatorio.

tubercolòṣi [comp. di *tubercol(o)* e *-osi*] s. f. *1* (*med.*) Infezione da *Mycrobacterium tubercolosis* che colpisce molteplici organi fra cui frequentemente il polmone e che si manifesta principalmente con la formazione di particolari tubercoli: *t. ossea* | *T. miliare*, forma diffusa di tubercolosi polmonare. *2* (*bot.*) Malattia che colpisce alcune piante che si ricoprono di piccoli tumori causati da funghi o batteri | *T. dell'olivo*, rogna dell'olivo.

tubercolóso [da *tubercolo*] **A** agg. ● Pieno, ricco di tubercoli. **B** agg.; anche s. m. (f. *-a*) ● Che, chi è affetto da tubercolosi.

tubercolòtico [da *tubercolosi*] **A** agg. (pl. m. *-ci*) ● Relativo alla tubercolosi. **B** agg.; anche s. m. (f. *-a*) ● Che, chi è affetto da tubercolosi.

tubercolùto [da *tubercolo*] agg. ● (*raro*) Che è sparso di tubercoli.

tuberìa s. f. ● Tubatura, tubazione spec. in motori e sim.

tùbero [vc. dotta, lat. *tūber* (neutro) 'protuberanza, bozza', di origine vicina a quella di *tumēre* 'essere gonfio'] s. m. ● (*bot.*) Porzione di fusto sotterraneo, ingrossata per accumulo di materiale di riserva, più o meno globosa e priva o quasi di foglie. ➡ ILL. **botanica generale**. ‖ **tuberétto**, dim.

tuberósa [agg. sost., dal lat. *tūber* 'tubero'] s. f. ● Pianta ornamentale delle Amarillidacee, dell'America centrale, con bei fiori in lunghe spighe bianche e odorosissime (*Polyanthes tuberosa*).

tuberosità o †**tuberositàde**, †**tuberositàte** s. f. *1* (*raro*) Qualità di ciò che è tuberoso: *la t. di una radice.* *2* (*est.*) Tubero, protuberanza: *organo ricco di t.*

tuberóso [vc. dotta, lat. *tuberōsu(m)*, da *tūber* 'tubero'] agg. ● Che ha la forma di un tubero, che è ricco di tuberi | *Radice tuberosa*, breve e ingrossata per accumulo di materiali di riserva | *Rizoma t.*, con tratti ingrossati.

tubettificio [comp. di *tubetto* e *-ficio*] s. m. ● Fabbrica di tubetti.

tubétto s. m. *1* Dim. di *tubo.* *2* Piccolo recipiente a tubo, deformabile se compresso e con tappo a vite, per pomate, paste, colori: *schiacciare il t. del dentifricio.* *3* Astuccio rigido o deformabile, di piccole dimensioni e di forma cilindrica, generalmente realizzato in alluminio o in plastica per il confezionamento di prodotti farmaceutici, cosmetici e alimentari. *4* (*tess.*) Cilindretto leggermente conico che forma l'anima della spola. ‖ **tubettino**, dim.

tubièra s. f. ● (*mecc.*) Piastra tubiera.

tubièro agg. ● Relativo a tubi, a fasci di tubi | *Fascio t.*, fascio di tubi attraversati dall'acqua, dal vapore o dai fumi | *Piastra tubiera*, piastra alla quale sono assicurati i tubi negli scambiatori di calore.

Tubifloràli [comp. di *tubo* e un deriv. del lat. *flōs*, genit. *flōris* 'fiore'] s. f. pl. ● (*bot.*) Nella tassonomia vegetale, ordine di piante dicotiledoni con fiori con calice a sepali saldati e corolla a petali uniti in modo da sembrare trombe più o meno regolari | (al sing. *-e*) Ogni individuo di tale ordine.

tubifórme [comp. di *tubo* e *-forme*] agg. ● Che ha forma di tubo.

tubing /*ingl.* 'tju:biŋ/ [vc. ingl., propriamente 'serie di tubi', da *tube* 'tubo'] s. m. inv. ● (*min.*) In un pozzo petrolifero, il tubo collocato all'interno della colonna di rivestimento e destinato a portare in superficie il fluido.

tubinghése o (*lett.*) **tubingènse** [da *Tubinga*] **A** agg. ● Di Tubinga: *la scuola teologica t.* **B** s. m. e f. ● Abitante o nativo di Tubinga.

tubino (1) [da *tuba*] s. m. *1* Dim. di *tuba.* *2* Cappello duro da uomo, con cupola tonda. SIN. Bombetta, mezza tuba.

tubino (2) s. m. *1* Dim. di *tubo.* *2* Abito femminile di linea semplice e diritta: *un t. in lamé.*

tubìsta **A** s. m. e f. (pl. m. *-i*) *1* Operaio addetto alla fabbricazione di tubi di metallo, argilla, gomma. *2* Operaio addetto alla manutenzione delle condotte per la distribuzione di acqua o di gas di città. *3* (*edil.*) Installatore di impianti idraulici. *4* (*mar.*, *mil.*) Fochista specializzato nella riparazione di tubi, spec. dei generatori di vapore. **B** anche agg.: *operaio t.*

tùbo [vc. dotta, lat. *tŭbu(m)*, di origine incerta] s. m. *1* Corpo cilindrico o prismatico cavo, a sezione gener. circolare, di lunghezza variabile, costruito con materiali e procedimenti vari secondo la destinazione, usato gener. per il trasporto di fluidi, ma anche per costruzioni civili e meccaniche, impalcature, mobili: *t. d'acciaio, di ghisa, di piombo, di rame, di cemento, di cemento armato, di cemento-amianto, di terracotta, di gres, di gomma, di materie plastiche, di vetro*; *t. rigido, flessibile*; *t. per condutture dell'acqua, del gas* | *T. senza saldatura*, tubo di acciaio ottenuto mediante laminazione o pressatura a caldo e usato per condotte di fluidi e scarichi e per generatori di vapore | *T. saldato*, tubo di acciaio ottenuto mediante saldatura di un nastro a cui è stata conferita la forma voluta per mezzo di rulli formatori e usato per condotte di fluidi e scarichi | *T. gas*, tubo di acciaio, saldato o senza saldatura, con le estremità filettate o filettabili per poter essere unito mediante raccordi ad altri tubi simili e costituire così condutture per fluidi | *T. alettato*, tubo metallico provvisto di alettatura per facilitare gli scambi di calore tra fluidi | *T. di scarico, di scappamento*, tubo destinato ad allontanare i gas di scarico di un motore a combustione interna da dove è installato, essendo nocivi e caldissimi | (*mil.*) *T. anima*, in talune bocche da fuoco, l'elemento interno in cui è ricavata la rigatura e che in alcuni casi può essere sfilato e sostituito quando è logorato; in altre bocche da fuoco, la canna amovibile dal blocco di culatta e sostituibile rapidamente quando è logorata | (*mar.*) *T. di lancio, lanciasiluri*, lanciasiluri | (*mar.*) *T. di cubia*, parte della cubia destinata ad accogliere il fusto dell'ancora | (*mar.*) *T. di fumo, di fiamma*, quello percorso dai prodotti della combustione nella caldaia | (*mar.*) *T. d'acqua*, quello percorso dall'acqua che si riscalda nella caldaia | (*mil.*) *T. esplosivo*, spezzone. *2* Dispositivo o apparecchio di vario genere che, per lo scopo a cui è destinato, le funzioni che svolge o i fenomeni che in esso avvengono, le condizioni fisiche che vi si realizzano, e sim., può essere paragonato a un tubo | (*elettron.*) *T. elettronico*, dispositivo che è costituito da un'ampolla di vetro o metallo in cui un flusso di elettroni generato fra un catodo e un anodo viene controllato mediante uno o più elettrodi di comando e che è usato, per es., per amplificare o generare segnali elettrici, generare raggi X, visualizzare grandezze elettriche variabili rapidamente, riprendere e riprodurre immagini | (*elettron.*) *T. a vuoto*, tubo elettronico nella cui ampolla è praticato un vuoto spinto | (*elettron.*) *T. a gas, a riempimento gassoso, ionico*, tubo elettronico in cui è racchiuso un gas o un vapore e la corrente di elettroni è accompagnata da una corrente di ioni dovuta alla ionizzazione delle molecole gassose per opera degli elettroni | (*elettron.*) *T. termoelettronico, a catodo caldo*, tubo elettronico in cui gli elettroni vengono emessi dal catodo per effetto termoelettronico | (*elettron.*) *T. termoionico*, tubo termoelettronico a gas | (*elettron.*) *T. a raggi catodici*, tubo elettronico in cui un fascetto di elettroni, deviato da campi elettrici e magnetici, disegna su uno schermo fluorescente una traccia luminosa che permette di visualizzare una grandezza fisica variabile rapidamente o di riprodurre un'immagine | (*elettron.*) *T. da ripresa televisiva*, tubo a raggi catodici usato per riprendere le immagini da trasmettere per televisione | (*elettron.*) *T. da riproduzione televisiva*, cinescopio | (*elettron.*) *T. oscillografico*, tubo a raggi catodici usato negli oscillografi e negli oscilloscopi | (*elettron.*) *T. convertitore d'immagine*, tubo elettronico destinato a convertire in immagini visibili le immagini di oggetti illuminati da radiazioni invisibili, spec. infrarosse, e usato spec. nei visori per infrarosso per impieghi militari e di ricerca | (*elettron.*) *T. indicatore*, numeratore elettronico | (*fis.*) *T. di Coolidge, Röntgen, per raggi Röntgen*, tubo termoionico a vuoto per generare raggi X, nel quale un fascio di elettroni emessi dal catodo viene accelerato da un'alta tensione e colpisce l'anodo, dove viene frenato determinando l'emissione di raggi X | (*fis.*) *T. a scarica*, ampolla contenente un gas rarefatto in cui viene generata una scarica elettrica per ottenere una sorgente di luce o a scopo di studio | (*fis.*) *T. di Geissler, di Plücker*, tubo a scarica usato spec. come sorgente di luce | (*fis.*) *T. di Crookes*, tubo a scarica usato per generare raggi catodici per scopi didattici | (*ott.*) *T. fluorescente*, lampada fluorescente tubolare | (*idraul.*) *T. di Pitot*, dispositivo usato per misurare la pressione dinamica di una corrente fluida | (*idraul.*) *T. di Pitot-Prandtl, di Pitot*, dispositivo usato per misurare la velocità di una corrente fluida | (*idraul.*) *T. di Venturi*, dispositivo usato per misurare le portate di correnti fluide in tubi chiusi in pressione | (*idraul.*) *T. piezometrico*, dispositivo usato per misurare la pressione statica di un liquido in un condotto | (*tecnol.*) *T. rotante*, trasportatore costituito da un tubo fatto ruotare da ingranaggi e recante al suo interno un'elica che fa avanzare il materiale da un'estremità all'altra | (*fis.*) *T. di flusso*, in un campo vettoriale, l'insieme delle linee di flusso passanti per i punti di una linea chiusa immersa nel campo e non costituente una linea di flusso | (*fis.*) *T. di forza*, tubo di flusso in un campo vettoriale il cui vettore del campo è una forza | (*chim.*) *T. di saggio*, provetta | (*ott.*) *T. polarimetrico*, tubo gener. di vetro, a facce terminali piane e parallele, in cui si racchiude una soluzione di cui si vuole determinare il potere rotatorio in un polarimetro. *3* (*anat.*, *zool.*) Organo o struttura di forma cilindrica, cava, allungata | *T. digerente, alimentare*, canale continuo, estendentesi dalla bocca all'ano, destinato all'ingestione e alla digestione dell'alimento e all'assorbimento dei prodotti della digestione | *T. neurale, midollare*, struttura tubolare situata lungo la linea assiale dell'embrione dei vertebrati, dalla quale si originano l'encefalo e il midollo spinale. *4* (*bot.*) Organo tubolare o canalicolare, vaso | In alcuni fiori, parte inferiore tubolare del calice, della corolla o del perigonio. *5* (*fig.*, *euf.*, *pop.*) Niente, con valore raff., nelle loc. negative: *non capire, non dire, non fare, non importare, non sapere, non sentire, non valere, non vedere un t.* e sim. ‖ **tubétto**, dim. (V.) | **tubicino**, dim. | **tubino**, dim. (V.).

tubolàre o **tubulàre**, nel sign. A [da *tubolo*] **A** agg. *1* Che ha la forma di un tubo o è simile a un tubo: *lampada t.*; *maglia t.*; *ghiandole tubulari.* *2* Che è costituito da, o provvisto di, tubi: *impalcatura t.*; *ponteggio t.* **B** s. m. *1* Tipo di pneumatico privo di camera d'aria per le biciclette da corsa. *2* (*mil.*, *spec. al pl.*) Manicotti di tessuto, portanti i distintivi di grado o di specialità, che si sovrappongono alle controspalline dell'uniforme estiva.

tubolàto o **tubulàto** [vc. dotta, lat. *tubulātu(m)*, da *tŭbulus* 'piccolo tubo, tubolo'] agg. ● (*raro*) Che è composto da, o fornito di, tubi.

tubolatùra o **tubulatùra** [da *tubolato*] s. f. ● Tubazione, spec. di caldaia.

tùbolo ● V. *tubulo.*

tubolóso o **tubulóso** [da *tubo*, per la forma] agg. ● (*bot.*) Detto di organo a forma di tubo.

tubulàre ● V. *tubolare.*

tubulàto ● V. *tubolato.*

tubulatùra ● V. *tubolatura.*

Tubulidentàti [comp. del lat. *tŭbulus* 'piccolo tubo (*tŭbus*)' e *dēns*, genit. *dĕntis* 'dente', per la forma dei loro premolari e molari] s. m. pl. ● Nella tassonomia animale, ordine di Mammiferi rivestiti di scarso pelo, muso allungato, lunghe orecchie, unghie simili a zoccoli, che si nutrono di formiche (*Tubulidentata*) | (al sing. *-o*) Ogni individuo di tale ordine.

tùbulo o (*raro*) **tùbolo** [vc. dotta, lat. *tŭbulu(m)*, dim. di *tŭbus* 'tubo'] s. m. *1* Tubo sottile, tubicino. *2* (*anat.*) Piccolo canale: *tubuli renali.* *3* (*bot.*) Nei funghi, formazione tubulare internamente rivestita dall'imenio.

tubulóso ● V. *tuboloso.*

tucàno [port. *tucano*, di origine tupi-guarani] s. m. ● Correntemente, ogni uccello della famiglia dei

Ranfastidi, caratteristici per il gigantesco becco compresso ai lati, ricurvo all'apice e vivacemente colorato.

tucididèo agg. ● Che è proprio dell'antico storico greco Tucidide (460 ca.-400 ca. a.C.), delle sue opere e della sua arte.

tucùl [vc. indigena di origine incerta] s. m. ● Abitazione africana con pianta circolare, pareti cilindriche e tetto conico di paglia.

tùdero [piemontese *tùder*, che, come il parallelo lomb. *tóder*, sta per *tudesch*, *tódesch* con sostituzione del suff. (*-er* è proprio di etnici ted.)] s. m. (f. *-a*) ● (*dial.*, *sett.*, *spreg.*) Tedesco.

tudertìno [dal lat. *Tudertinus*, der. di *Tuder*, genit. *Tudertis* 'Todi'] agg.; anche s. m. (f. *-a*) ● (*lett.*) Todino.

tueggiàre o **tuteggiàre** [da *tu*, sul modello del fr. *tutoyer*] v. tr. e intr. (*io tuéggio*; aus. intr. *avere*) ● (*raro* o *lett.*) Dare del tu.

tuèllo [lat. parl. *tubĕllu(m)* 'piccola escrescenza', dim. di *tūber* 'tubero' e qualsivoglia 'protuberanza'] s. m. ● Tutto ciò che, nel piede degli equini, è contenuto dentro lo zoccolo.

tufàceo [vc. dotta, lat. *tofāceu(m)*, da *tōfus*, adattato al corrispondente più diffuso *tufo*] agg. ● Che è proprio del tufo: *aspetto t.* | Che è simile al tufo: *pietra tufacea* | Che è costituito da, o è ricco di, tufo: *terreno t.*

†**tufàre** [da *tufo* nel senso abbastanza diffuso nei dialetti di 'caldo (soffocante)'] **A** v. intr. ● Essere caldo e fumigante. **B** v. intr. pron. ● Starsene al caldo nel letto.

tufàto part. pass. di †*tufare*; anche agg. *1* †Nei sign. del v. *2* Basso, caldo e fumoso: *aria tufata*; *camera tufata*.

tufèllo [da *tufo* con suff. dim.] s. m. ● (*edil.*) Blocco regolare di tufo, gener. di piccole dimensioni, impiegato per la costruzione di murature a vista.

tuff /tuf/ o **tùffete** nel sign. 1 [vc. onomat.] inter. *1* Riproduce il rumore di un corpo che cade, spec. nell'acqua o in altro liquido. *2* (*iter.*) Riproduce il rumore prodotto da una locomotiva a vapore.

tuffaménto s. m. ● Modo e atto del tuffare o del tuffarsi.

tuffàre [etim. discussa: long. *tauff(j)an* 'immergere' (?)] **A** v. tr. *1* Immergere q.c. rapidamente in un liquido: *t. il capo*, *le braccia nell'acqua* | *T. la penna nell'inchiostro*, intingerla. *2* (*fig.*, *poet.*) Sprofondare: *t. nel sonno*, *nell'oblio*. **B** v. rifl. *1* Immergersi con un sol balzo in un liquido: *tuffarsi in mare*, *nel fiume*; *le rane si tuffano nello stagno*; *il cane si tuffò in acqua per salvarlo*; *si tuffò dalla nave e prese a nuotare velocemente verso di noi*. *2* (*est.*) Gettarsi verso il basso, scendendo velocemente: *tuffarsi nel vuoto*; *dai tetti le rondini si tuffano verso terra* | Scendere in picchiata, detto di aerei. *3* (*fig.*) Immergersi di scatto in q.c., scomparendo alla vista: *tuffarsi nel fumo*, *nella nebbia*, *tra le fiamme*; *l'aereo si tuffò tra le nubi* | (*est.*) Tramontare: *il sole si tuffa dietro l'orizzonte*. *4* (*fig.*) Lanciarsi, precipitarsi, scagliarsi: *tuffarsi nella mischia*. *5* (*fig.*) Dedicare a q.c. tutta la propria energia, il proprio tempo, la propria attività e sim.: *tuffarsi nel vizio*, *nei piaceri*, *nella vita mondana*; *tuffarsi a capofitto nello studio*, *in una ricerca*.

tuffàta [f. sost. del part. pass. di *tuffare*] s. f. *1* Breve tuffo. *2* (*spec. al pl.*, *mus.*) Nota del corno ottenuta aggiungendo l'introduzione della mano nel padiglione allo scopo di rallentare il moto vibratorio dell'aria. || **tuffatina**, dim.

tuffatóre s. m. (f. *-trice* nel sign. 1) *1* (*sport*) Tuffista. *2* (*zool.*) Tuffetto. *3* Aereo per attaccare obiettivi al suolo, lanciandovi bombe, proiettili, razzi, in picchiate molto ripide e veloci | Pilota o membro dell'equipaggio di tale aereo.

tuffatùra s. f. ● (*raro*) Tuffamento.

tùffete ● V. *tuff*.

tuffétto s. m. *1* Dim. di *tuffo*. *2* Piccolo uccello dei Colimbiformi, bruno, con collo e petto rossi, buon nuotatore e tuffatore (*Colymbus ruficollis*). SIN. Tuffatore, tuffolino.

tuffìsmo [da *tuffo*] s. m. ● Tuffistica.

tuffìsta [da *tuffismo*] s. m. e f. (pl. m. *-i*) ● Atleta specialista delle gare di tuffi.

tuffìstica [da *tuffismo*] s. f. ● Attività sportiva comprendente le varie specialità di tuffi.

tùffo [da *tuffare*] s. m. *1* Atto, effetto del tuffare o del tuffarsi (*anche fig.*): *un t. nell'acqua*, *in mare*, *nel fiume*; *i tuffi delle rane*, *delle foche*, *dei delfini* | *Fare un t.*, (*fam.*) un breve bagno in mare, piscina e sim.: *faccio solo un t.*, *tanto per rinfrescarmi* | *Uccelli di t.*, palmipedi che amano tuffarsi in acque profonde. *2* (*sport*) Atto del gettarsi in acqua da un luogo appositamente scelto o predisposto, slanciandosi da diverse altezze e secondo tecniche e stili vari: *t. in avanti*, *indietro*, *rovesciato*; *tuffi dal trampolino*, *dalla piattaforma*; *è uno specialista nei tuffi* | *T. carpiato*, con il corpo in posizione di carpio | *T. avvitato*, eseguito imprimendo al corpo un avvitamento. ➡ ILL. p. 1285 SPORT. *3* (*est.*) Caduta verso il basso: *un t. nel vuoto*; *il t. di un paracadutista*; *è stato un bel t.!* | *Venir giù a t.*, di uccelli che si gettano in picchiata verso terra | Picchiata ripidissima, ma piuttosto limitata, di un aereo. *4* (*fig.*) Salto, slancio: *con un t. si precipitò su di noi* | *A t.*, di slancio, con avidità, senza frapporre indugi e sim.: *buttarsi*, *gettarsi a t. sulla minestra*, *su una occasione* | Nel calcio, l'atto del portiere che si lancia per parare il pallone: *parare in t.*; *allungarsi in t. sul pallone*. *5* (*fig.*) Violento e improvviso aumento dei battiti del cuore, dovuto a emozioni repentine: *per la paura provai un t. al cuore*; *il sangue mi fece*, *mi diede un t.*; *le sue grida mi diedero un t. al sangue*. *6* (*raro*, *fig.*) Tonfo, caduta rovinosa, fiasco e sim.: *fare un t.* | *Fare un gran t.*, un gran fiasco | †*Dare un t.*, sbagliare | †*Dare un t. nello scimunito*, mostrarsi scimunito. || **tuffétto**, dim. (V.).

tuffolìno s. m. *1* Dim. di *tuffolo*. *2* (*zool.*) Tuffetto.

tùffolo [dal *tuffarsi* sott'acqua] s. m. ● (*zool.*) Svasso piccolo. || **tuffolìno**, dim. (V.).

tufìte [comp. di *tuf(o)* e *-ite* (*2*)] s. f. ● (*geol.*) Deposito misto di elementi piroclastici mescolati ad elementi epiclastici trasportati dalle acque.

tùfo [lat. tardo *tūfu(m)*, per *tōfu(m)*, di provenienza dial. e etim. incerta] s. m. ● (*miner.*) Roccia derivante dalla cementazione di frammenti di origine vulcanica.

†**tufóso** [vc. dotta, lat. tardo *tufōsu(m)*, da *tōfus*, adattato a *tufo*] agg. ● (*raro*) Tufaceo.

tùga [etim. incerta] s. f. ● (*mar.*) Cameretta di custodia, ricavata all'estremità della poppa o della prua nei piccoli bastimenti o scialuppe | Copertura leggera o piccolo spazio coperto ricavati sul ponte scoperto di una nave. || **tughétta**, dim.

tùghrik /'tugrik/ [n. mongolico (*tögrög*, *tögrig*), letteralmente 'cerchio, oggetto rotondo'] s. m. inv. ● Unità monetaria circolante in Mongolia.

tugùrio o †**tigùrio** [vc. dotta, lat. *tugŭriu(m)*, collegato con la radice di *tĕgere* '(ri)coprire', come in *tēctus* 'tetto' (?)] s. m. ● Abituro, stamberga, topaia: *un misero t.* || **tuguriétto**, dim. | **tuguriùccio**, dim.

tùia [vc. dotta, lat. *thўia(m)* 'propria dell'albero chiamato *thўa*', di origine gr. (*thyía*, da *thýein* 'bruciare (a scopo sacrificale)')] s. f. ● Pianta cespugliosa o arborescente delle Cupressacee, con piccole foglie embricate, di odore resinoso, sempreverdi (*Thuja occidentalis*).

tularemìa [dal distretto di *Tulare* in California, ove fu descritta per la prima volta, col suff. *-emia*] s. f. ● Malattia infettiva causata da un batterio che colpisce la lepre, il coniglio selvatico e altri roditori, talvolta le pecore, i bovini, il cane e gli uccelli, e che, trasmessa all'uomo, si manifesta con febbre, sensazione di freddo, debolezza.

tùlio [dal n. della mitica regione di *Tule*] s. m. ● Elemento chimico, metallo del gruppo delle terre rare. SIMB. Tm.

tulipàno [fr. *tulipan*, dal turco *tülbent* 'turbante', per la forma del fiore] s. m. *1* Pianta delle Liliacee con bulbo ovoide, foglie glauche e fiore campanulato, eretto, coltivato in molte varietà (*Tulipa gesneriana*) | (*fig.*) Spec. nel gergo calcistico, olandese: *la vittoria dei tulipani*. *2* Ornamento che, nelle antiche artiglierie, si trovava all'estremità anteriore della volata.

tulipìfera [comp. di *tulipa*, variante di *tulipano*, e del f. di *-fero*] s. f. ● (*bot.*) Liriodendro.

tulipìfero s. m. ● (*bot.*) Tulipifera.

tùlle [dal n. della città fr. di *Tulle*, dov'era originariamente fabbricato] s. m. inv. ● Tessuto finissimo a velo, i cui fili sottili di cotone, seta o nailon formano una rete di maglie poligonali.

tulliàno [vc. dotta, lat. *Tulliānu(m)* 'proprio di Marco *Tullio* (Cicerone) (106-43 a.C.)'] **A** agg. ● Che è proprio di M. Tullio Cicerone, della sua maniera, del suo stile: *eloquenza tulliana*. **B** s. m. ● Imitatore o seguace di M. Tullio Cicerone.

†**tullulù** ● V. *turlulù*.

†**tumàrca** ● V. *turmarca*.

tumbler /*ingl.* 'tʌmblə*/ [vc. ingl., da (*to*) *tumble* 'ruzzolare'] s. m. inv. ● Bicchiere largo senza piede.

tumefàre [adattamento del lat. *tumefăcere*, comp. di *făcere* 'fare' con un deriv. della stessa radice di *tumēre* 'esser gonfio'] v. tr. e intr. pron. (*io tumefàccio* o *tumefò*, *tu tumefài*, *egli tumefà*; nelle altre forme coniug. come *fare*) ● Produrre o subire tumefazione.

tumefàtto part. pass. di *tumefare*; anche agg. ● Nel sign. del v.

tumefazióne [da *tumefare*] s. f. ● (*med.*) Aumento di volume di un organo o di una parte del corpo.

tumescènte [vc. dotta, lat. *tumescĕnte(m)*, part. pres. di *tumēscere* 'cominciare a gonfiare (*tumēre*)'] agg. ● (*raro*) Turgido, tumefatto.

tumescènza [da *tumescente*] s. f. ● Stato o qualità di ciò che è tumescente.

†**tumideggiàre** [da *tumido* con suff. attenuativo] v. intr. ● Dare nel gonfio, nell'ampolloso.

tumidézza s. f. ● Stato o qualità di ciò che è tumido.

tumidità [vc. dotta, lat. tardo *tumiditāte(m)*, da *tumidātus*, part. pass. di *tumidāre* 'far diventare gonfio'] s. f. ● (*raro*) Tumidezza.

tùmido [vc. dotta, lat. *tŭmidu(m)*, da *tumēre* 'esser gonfio'] agg. *1* Gonfio, grosso: *ventre t.*; *mani tumide*; *torrente t. per la piena*. *2* Spesso, turgido, carnoso: *labbra tumide*. *3* (*fig.*, *lett.*) Ampolloso, ridondante: *stile t.* *4* (*raro*, *fig.*, *lett.*) Altero, superbo: *non siate però tumide e fastose / donne* (ARIOSTO). || **tumidétto**, dim. || **tumidaménte**, avv. In modo tumido, gonfio, ampolloso.

tummistùfi o **tumistùfi** [da separare in *tu mi stufi*] s. m. e f. ● (*scherz.*) Persona noiosa, seccante e sim.: *arriva la signorina t.*

tumolàre ● V. *tumulare* (*1*).

tùmolo ● V. *tumulo*.

tumoràle agg. ● (*med.*) Che è proprio o caratteristico dei tumori: *cellule tumorali*.

tumóre [vc. dotta, lat. *tumōre(m)*, da *tumēre* 'esser gonfio'] s. m. *1* (*raro*) Gonfiore, gonfiezza | (*raro*, *fig.*) †Alterigia, superbia. *2* (*med.*) In senso lato, qualsiasi tumefazione | *T. da parto*, tumefazione che si manifesta durante il parto nella parte fetale che esce per prima. *3* (*med.*) Ogni massa anormale che deriva da una eccessiva proliferazione cellulare progressiva e apparentemente incontrollata | *T. benigno*, che rimane localizzato nel distretto di origine | *T. maligno*, che invade i tessuti circostanti e produce metastasi per via linfatica o ematica. SIN. Neoplasma. CFR. Cancro, neoplasia. || **tumoràccio**, pegg. | **tumorétto**, dim. | **tumorìno**, dim.

†**tumorosità** [da *tumoroso*] s. f. ● Tumidezza, turgidezza.

†**tumoróso** [vc. dotta, lat. tardo *tumorōsu(m)*, che ha il senso fig. ('gonfio di orgoglio') del sost. (*tŭmor* 'tumore', in vari sensi) da cui deriva] agg. ● Gonfio, tumido.

tumulàre (**1**) o (*raro*) **tumolàre** [vc. dotta, lat. *tumulāre*, da *tŭmulus* 'tumulo'] v. tr. (*io tùmulo*) ● Seppellire, spec. in loculi, nicchie o sim. in muratura, pietra o marmo: *è stato tumulato nella tomba di famiglia*. CFR. Inumare.

tumulàre (**2**) [da *tumulo*] agg. ● (*raro*) Di, relativo a tumulo: *pietra t.*

tumulazióne s. f. *1* (*gener.*) Atto, effetto del tumulare: *partecipare la morte di qc. a t. avvenuta*. *2* Seppellimento di un cadavere in nicchia o loculi scavati nella roccia o costruiti in muratura.

tumuléto [dal lat. *tŭmulus* 'tombolo' (V. *tombolo* (*3*))] s. m. ● (*geogr.*) Tombolo (3).

tùmulo o (*raro*) **tùmolo** [vc. dotta, lat. *tŭmulu(m)*, legato a *tumēre* 'esser gonfio'] s. m. *1* (*gener.*, *raro*) Accumulo di terra, sabbia, detriti e sim. che si eleva dalla superficie del terreno: *sto / addossato a un t. / di fieno* (UNGARETTI). *2* (*archeol.*) Presso alcuni popoli antichi, monticello di terra che si elevava sulla tomba: *i tumuli etruschi*, *frigi*. *3* (*est.*, *gener.*) Tomba, sepoltura.

tumùlto [vc. dotta, lat. *tumŭltu(m)*, da *tumēre* 'essere gonfio,' e, fig., 'agitato, sovreccitato,' di etim. incerta] **s. m.** **1** Intenso rumore prodotto da più persone che gridano e si agitano disordinatamente: *il t. della folla* | Fracasso, frastuono, di cose: *le acque cadevano dall'alto con gran t.* **2** (*est.*) Agitazione, sommossa, rivolta: *il t. dei Ciompi*; *t. popolare*; *erano anni di gravi e continui tumulti*; *la piazza è in t.* **SIN.** Ribellione, sollevazione. **3** (*fig.*) Violento conflitto di più elementi diversi: *un t. di pensieri, aspirazioni e desideri contrastanti* | (*est.*) Intima agitazione, turbamento interiore dovuto a tale conflitto: *avere il cuore, l'animo in t.*; *nel primo giovanil t. / di contenti, d'angosce e di desio* (LEOPARDI).

tumultuànte A **part. pres.** di *tumultuare*; anche **agg.** ● Nei sign. del v. **B** **s. m. e f.** ● Chi partecipa a una sommossa, a un tumulto. **SIN.** Rivoltoso.

tumultuàre [vc. dotta, lat. *tumultuāre*, da *tumŭltus* 'tumulto'] **v. intr.** (*io tumùltuo*; aus. *avere*) ● Fare tumulto (*anche fig.*): *la folla tumultuava*; *molti diversi pensieri tumultuavano nella sua mente.*

tumultuàrio [vc. dotta, lat. *tumultuāriu(m)*] **agg.** **1** (*raro*) Di ciò che è fatto in fretta, che è improvviso e confuso: *assalto t.*; *decisioni tumultuarie* | Disordinato, pieno di tumulti: *molti ... dicono Roma essere stata una repubblica tumultuaria* (MACHIAVELLI). **2** (*raro*) Di esercito raccolto in fretta e non bene addestrato. **3** (*raro*) Tumultuoso: *seduta tumultuaria.* || **tumultuariaménte**, **avv.** Confusamente, in fretta e in disordine.

†**tumultuàto** [vc. dotta, lat. *tumultuātu(m)*, part. pass. di *tumultuāre*] **agg.** ● Tumultuoso. || †**tumultuataménte**, **avv.** Tumultuosamente.

†**tumultuazióne** [vc. dotta, lat. *tumultuatiōne(m)*, da *tumultuātus* 'tumultuato'] **s. f.** ● Tumulto.

tumultuosità **s. f.** ● Caratteristica di ciò che è tumultuoso: *la t. della vita moderna.*

tumultuóso [vc. dotta, lat. *tumultuōsu(m)*, da *tumŭltus* 'tumulto'] **agg.** **1** Che fa tumulto, si agita, si ribella e sim.: *popolo t.*; *scolaresca tumultuosa.* **SIN.** Agitato, inquieto. **2** Che è caratterizzato da intensa agitazione, rumore e disordine: *seduta, assemblea, manifestazione tumultuosa*; *grida tumultuose.* **3** Che sgorga o scorre con particolare impeto e violenza: *una tumultuosa sorgente*; *fiume t.*; *le acque tumultuose in un torrente in piena.* **4** (*fig.*) Che è contraddittorio, agitato e confuso: *desideri, sentimenti tumultuosi.* || **tumultuosaménte**, **avv.**

tùndra [fr. *toundra*, dal russo *túndra*, di origine lappone] **s. f.** ● Formazione vegetale caratteristica delle regioni glaciali, costituita in prevalenza di muschi e licheni.

tuner /'tjuner, *ingl.* 'tju:nə*/ [vc. ingl., da *to tune* 'accordare', da *tune* 'tono'] **s. m. inv.** ● Sintonizzatore.

tùnfete ● V. *tonfete.*

tungstèno /tung'steno, tun'steno/ o (*raro*) **tunstèno** [sved. *tungsten* 'pietra (*sten*) pesante (*tung*)', comp. di due vc. di origine indeur.] **s. m.** ● Elemento chimico polverulento, ottenibile allo stato compatto per sinterizzazione, usato per filamenti di lampade e per la preparazione di acciai rapidi, di leghe resistenti ad altissime temperature, di leghe durissime per utensili vari spec. per la lavorazione meccanica del vetro. SIMB. W. **SIN.** Wolframio.

tungùso [denominazione straniera degli Evenki] **A** **s. m.** (f. *-a*) ● Ogni appartenente a una popolazione di razza mongolica che occupa un ampio territorio dell'Asia settentrionale, la Siberia, fino all'Oceano Pacifico. **B** **agg.** ● Dei, relativo ai, Tungusi. **C** **s. m.** solo **sing.** ● Gruppo di lingue appartenenti alla famiglia altaica, parlate nella Siberia orientale.

tùnica [vc. dotta, lat. *tŭnica(m)*, di origine semitica] **s. f.** **1** Presso gli antichi, indumento maschile e femminile, in lino, di linea diritta, trattenuto sotto il petto da una cintura, che si indossava a diretto contatto con la pelle | Più tardi, ampio indumento di foggia classica | Oggi, veste femminile lunga e stretta. **2** Dopo la riforma liturgica del Concilio Vaticano II, abito bianco, a forma di camice, che, nella liturgia, indossano i laici nella funzione di lettori o ministranti. **3** †Giubba a mezza gamba in uso nel vecchio esercito piemontese. **4** (*biol.*) Membrana che riveste organi vegetali o animali. || **tunicèlla**, **dim.** (V.) | **tunichétta**, **dim.** | **tunichìna**, **dim.**

Tunicàti [vc. dotta, lat. *tunicātu(m)* 'tunicato' per il loro rivestimento (*tŭnica*)] **s. m. pl.** ● Nella tassonomia animale, sottotipo di Cordati privi di scheletro e con la corda dorsale limitata alla regione caudale e per lo più transitoria (*Tunicata*). **SIN.** Urocordati | (al sing. *-o*) Ogni individuo di tale sottotipo.

tunicàto [vc. dotta, lat. *tunicātu(m)*, propriamente 'vestito di tunica (*tŭnica*, anche con il senso traslato di 'scorza' e 'rivestimento' in genere)'] **agg.** **1** (*lett.*) Vestito di tunica. **2** (*bot.*) Di bulbo rivestito di tuniche.

tunicèlla **s. f.** **1** Dim. di *tunica.* **2** Paramento del suddiacono, oggi scomparsa con la soppressione del suddiaconato (V.).

tunisìno A **agg.** ● Della Tunisia o di Tunisi: *donna tunisina*; *costumi tunisini* | Di Tunisi: *casa tunisina.* **B** **s. m.** (f. *-a*) ● Abitante, nativo della Tunisia o di Tunisi.

tùnnel /'tunnel, *ingl.* 'tʌnəl/ [vc. ingl.: dall'ant. fr. *tonnel*, dim. di *tonne* 'bótte'] **A** **s. m. inv.** **1** Galleria, traforo: *il t. del Sempione*; *passare sotto un t.* | *T. aerodinamico*, galleria aerodinamica | *T. della trasmissione*, canale ove passa l'albero di trasmissione ricavato nel pavimento dell'automobile | *T. di lavaggio*, apparecchiatura per l'automatizzazione di alcune fasi del lavaggio di un autoveicolo | Serra a forma di tunnel costituita da un'intelaiatura metallica ricoperta da un telo continuo di plastica trasparente | *Fare il t.*, (*fig.*) nel gioco del calcio, liberarsi da un avversario riuscendo a far passare il pallone tra le sue gambe. **2** (*fig.*) Situazione difficile che dura ormai da tempo, periodo critico: *il Paese sta uscendo dal t. della crisi* | Condizione che appare senza via d'uscita: *il t. della malattia*; *il t. della droga.* **3** (*econ.*) Fascia di oscillazione, rispetto al dollaro, delle monete dei Paesi che fanno parte del Fondo monetario internazionale. **B** in funzione di **agg. inv.** ● (posposto al s.) Nelle loc. *effetto t.*, fenomeno per cui le cariche elettriche elementari riescono a passare nei materiali semiconduttori attraverso una barriera di potenziale senza aver bisogno di energia | *Diodo t.*, diodo che sfrutta l'effetto tunnel.

tunstèno ● V. *tungsteno.*

tùo [lat. *tŭu(m)*, di origine indeur.] **A** **agg. poss.** di seconda pers. sing. (f. *tua*; **pl. m.** *tuoi*, centr. †*tua*, dial. †*tui*; **pl. f.** *tue*, centr. †*tua*; pop. tosc. troncato in *tu'*, in posizione procl. per tutti i generi e i numeri: *il tu' babbo*; *le tu' sorelle*; *i tu' figlioli*; *la tu' mamma*) **1** Che appartiene a te (indica proprietà, possesso, anche relativi): *ho voglia di vedere la tua casa*; *come è la tua nuova automobile?*; *prestami qualcuno dei tuoi libri*; *il tuo vestito è pronto* | Con valore enf. e raff., posposto a un s.: *questa non è casa tua!*; *sono figli tuoi!*; *riprendili i libri tuoi.* **2** Che ti è peculiare (indica appartenenza, con riferimento al tuo essere fisico o spirituale, o a tue facoltà, espressioni, manifestazioni e sim.): *riconosco la tua voce*; *la tua anima*; *cura il tuo corpo*; *la tua volontà è ammirevole*; *conosco i tuoi pensieri*; *so le tue preoccupazioni*; *parlami del tuo lavoro* | (*est.*) Con riferimento a parole, atti e sim. che procedono da te: *il tuo compito è sbagliato*; *il tuo ultimo saggio sarà presto pubblicato*; *il tuo discorso è stato chiaro*; *la tua amicizia mi onora*; *attendiamo con impazienza il tuo arrivo*; *il tuo affetto ci consola.* **3** Di te (indica relazione di parentela, di amicizia, di conoscenza, di dipendenza e sim., nel caso in cui indichi relazione di parentela respinge l'art. quando il s. che segue l'agg. poss. sia sing., non alterato e non accompagnato da attributi o apposizioni; fanno eccezione i s. 'mamma', 'babbo', 'papà', 'nonno', 'nonna', 'figliolo', 'figliola', che possono anche essere preceduti dall'art. det.): *tuo padre*; *la tua mamma*; *tua nipote*; *i tuoi parenti*; *la tua zietta*; *il tuo buon zio*; *la tua patria*; *il tuo paese d'origine*; *i tuoi amici*; *i tuoi colleghi*; *il tuo padre spirituale*; *il tuo parroco*; *il tuo capoufficio*; *il tuo maestro*; *i tuoi dipendenti* | Nella chiusa delle lettere, nelle dediche e sim., precede la firma ed esprime devozione e dedizione: *il tuo amico Mario*; *la tua affezionatissima figliola*; *con simpatia, i tuoi amici*; *tuo devotissimo Marco.* **4** Che ti è abituale, consueto: *ora ti prendi il tuo caffè e vai a riposare*; *oggi non hai fatto la tua solita passeggiata.* **B** **pron. poss.** di seconda pers. sing. **1** Quello che ti appartiene, che ti è proprio o peculiare o che comunque a te si riferisce (sempre preceduto dall'art. det.): *la mia volontà è meno forte della tua*; *i suoi sacrifici, come i tuoi, sono ammirevoli.* **2** (*ass.*) Ricorre, con ellissi del s., in alcune espressioni e locuzioni particolari, proprie del linguaggio fam.: *non vorrai rimetterci del tuo*, ciò che ti appartiene | *Eccoti il tuo*, ciò che ti spetta | *Accontentati del tuo*, di ciò che hai | *I tuoi*, i tuoi familiari, parenti, amici, compagni, apprendisti e sim.: *abiti con i tuoi?*; *quel ragazzo è dei tuoi?* | *È giusto che anche tu dica la tua*, la tua opinione | *Tiene, sta dalla tua*, dalla tua parte, a tuo favore | *Hai passato anche tu le tue*, le tue disavventure, amarezze e sim. | *Ne hai combinata una delle tue*, delle tue solite malefatte | *L'ultima tua*, l'ultima tua lettera.

tuonàre o **tonàre** [vc. dotta, lat. *tonāre*, di origine indeur.] **A** **v. intr.** (*io tuòno*, pop. *tòno*; in tutta la coniug. di *tonare* la *-o-* dittonga in *-uo-* soprattutto se accentata; negli altri casi sono in uso le forme *tonavo*, *tonerò*, *tonassi* oltre alle più comuni *tuonavo*, *tuonerò*, *tuonassi*; aus. *avere*) **1** (*lett.*) Provocare il tuono: *quando il gran Giove tona* (PETRARCA) | Rumoreggiare, rimbombare, del tuono | (*est.*) Rimbombare producendo strepito, fragore: *l'artiglieria tuonava in lontananza.* **2** (*fig.*) Parlare a gran voce, con forza: *t. dalla cattedra, dal pulpito* | (*est.*) Inveire: *t. contro gli imbroglioni.* **B** **v. intr. impers.** (aus. *essere* e *avere*) ● Prodursi il rumore del tuono: *ha tuonato tutta la mattina* || **PROV.** Tanto tuonò che piovve!

†**tuòno** (**1**) ● V. *tono* (*1*).

tuòno (**2**) o **tòno** (**2**) [lat. parl. **tŏnu(m)*, da *tonāre*] **s. m.** **1** Manifestazione sonora, consistente in un suono secco e potente o in un brontolio sordo, che accompagna la scarica elettrica atmosferica: *il lampo e il t.* | (*fig.*) *Avere una voce di t.*, fortissima | (*raro, fig.*) *Gridare coi tuoni*, far cosa vana | *Tuoni e fulmini!*, escl. che esprime disappunto e ira. **2** (*est.*) Strepito, fragore: *il t. dei cannoni, delle artiglierie.* **SIN.** Frastuono, rombo, rimbombo. **3** †Fulmine.

tuòrlo o (*pop.*) **tòrlo** [lat. *tŏrulu(m)*, propriamente dim. di *tŏrus* nel senso di 'rigonfiamento'] **s. m.** **1** (*biol.*) Deutoplasma, vitello. **2** (*fam.*) Rosso dell'uovo, spec. di gallina: *mescolare due tuorli e una chiara.*

tupàia [vc. di origine mal. (*tupai* 'scoiattolo')] **s. f.** ● (*zool.*) Genere di proscimmie dei Lemuridi, di piccole dimensioni, con fisionomia simile allo scoiattolo e artigli alle dita degli arti posteriori (*Tupaia*).

tupamaro /*sp.* tupa'maro/ [vc. sp., da *Tupac Amaru*, n. che un capo indigeno peruviano ribellatosi agli spagnoli assunse in ricordo dell'ultimo re del Perù] **s. m. inv.** **1** Membro di una organizzazione guerrigliera uruguaiana di estrema sinistra, sorta nel 1963 e scioltasi nel 1984, che compì azioni terroristiche nelle città. **2** (*est.*) Chi pratica la guerriglia urbana.

tupè ● V. *tuppè.*

tùpi o **tupì** [da *tapuya*, n. della lingua parlata dai *Tapuya*, genericamente 'indigeno del Brasile' (ma letteralmente 'barbaro, nemico') (?)] **A** **agg.** ● Che si riferisce a una popolazione amazzonica di cultura agrario-matriarcale, la cui lingua è parlata da molte tribù del Brasile centro-meridionale: *cultura t.*; *le tribù t.* **B** **s. m. e f.** ● Ogni appartenente all'omonima popolazione. **C** **s. m.** solo **sing.** ● Lingua indigena dell'America meridionale.

tùppe o **tùppete** [vc. onomat.] **inter.** ● Riproduce il rumore di colpi battuti o di q.c. o qc. che cade (*spec. iter.*).

tuppè o **tupè** **s. m.** ● Adattamento di *toupet* (V.).

tuppertù [da *a tu per tu*] **avv.** ● (*fam.*) Direttamente, di fronte, a faccia a faccia: *è meglio che s'incontrino a t.*; *gli stava proprio a t.*; *ci trovammo a t. con il pericolo.*

tùppete ● V. *tuppe.*

tùra [da *turare*] **s. f.** **1** In idraulica, struttura per chiudere o impedire l'afflusso dell'acqua: *t. in terra, legno, calcestruzzo*; *t. metallica con palancole.* **2** (*tosc.*) Chiusa, arginello di assi, fascine e sim. **3** (*mar.*) Macchina per riparare i fondi del bastimento senza tirarlo in secco.

-tùra o, quando il tema del verbo termina in *d*, **-sùra** [lat. *-tūra(m)*, doppio suff. (*-tu-* e *-rā-* f.) di origine indeur.] suff. derivativo ● Forma sostantivi ricavati da verbi: *muratura*, *arsura*.

turabottìglie [comp. di *tura(re)* e il pl. di *bottiglia*] s. m. inv. ● Macchina per chiudere con tappo o turacciolo le bottiglie.

turabùchi [comp. di *tura(re)* e il pl. di *buco*] s. m. e f. ● Tappabuchi (*anche fig.*).

turacciolàio s. m. (f. *-a*) ● Fabbricante di turaccioli.

turàcciolo [da *turo*, con suff. dim.] s. m. ● Tappo realizzato in sughero o in plastica, destinato alla chiusura di bottiglie di vetro. || **turacciolétto**, dim. | **turacciolìno**, dim.

turafàlle [comp. di *tura(re)* e il pl. di *falla*] s. m. inv. ● (*mar.*) Dispositivo per otturare eventuali falle.

†**turàglio** [da *tura(re)*] s. m. ● Chiusura di fori, falle e sim.

†**turàme** s. m. ● Ciò che è atto o serve a turare.

turaménto s. m. ● (*raro*) Modo e atto del turare o del turarsi.

turàre [lat. parl. **turāre*, noto solo come secondo componente di v. comp. (*obturāre* 'otturare', *returāre*, ...) e di etim. incerta] **A** v. tr. ● Chiudere l'orifizio di un recipiente o qualunque altra apertura inserendovi q.c.: *t. il fiasco, la bottiglia*; *t. un buco, una fessura con calcina, gesso, cera, terra, stoppa*; *t. una falla* | *T. un buco*, (*fig.*) pagare un debito; occupare in qualche modo una parte del proprio tempo; sostituire momentaneamente o temporaneamente qc. | *T. una falla*, (*fig.*) pagare un debito o risolvere una situazione che procura danni o perdite continue e sempre più gravi | *T. la bocca a qc.*, (*fig.*) impedirgli di parlare, o con violenza o corrompendolo | *Turarsi gli occhi, la bocca, il naso, le orecchie*, chiuderli con le mani per non vedere, non parlare, non percepire odori sgradevoli, non udire q.c. | †*Turarsi il viso*, coprirselo. SIN. Tappare. **B** v. intr. pron. ● Chiudersi, occludersi, intasarsi: *si è turato il tubo di scarico*.

turàta s. f. *1* (*raro*) Atto del turare rapidamente, in una sola volta. *2* †Parata di tavole, stuoie, tele o altro per non essere visti o per impedire che entri l'acqua, l'aria, la luce.

turàto part. pass. di *turare*; anche agg. *1* Nei sign. del v. *2* †Ben coperto. *3* †Riservato, cauto.

tùrba (1) [vc. dotta, lat. *tŭrba(m)*, di origine gr. (?)] s. f. *1* Gruppo di molte persone accozzate insieme (*anche spreg.*): *una t. di affamati, scioperati, straccioni, monelli* | (*est.*) Volgo, marmaglia: *perdersi, confondersi nella t.*; *la t. degli ignoranti* | (*poet.*) Moltitudine: *t. d'aure vezzosa e lusinghiera / ti corteggia d'intorno e ti seconda* (MARINO). *2* (*spec. al pl.*) Folla: *Gesù parlava alle turbe*; *le turbe lo amano e lo seguono*. || **turbàccia**, pegg.

tùrba (2) [da *turbare*, come il corrispondente fr. *trouble* da *troubler*] s. f. ● (*med.*) Alterazione funzionale e organica: *turbe nervose, intestinali*.

turbàbile agg. ● (*raro*) Che si può turbare facilmente.

turbabilità s. f. ● (*raro*) Qualità di chi, di ciò che è turbabile.

turbaménto [vc. dotta, lat. *turbamĕntu(m)*, da *turbāre*] s. m. *1* Atto, effetto del turbare q.c.: *t. della pace, dell'ordine pubblico*. SIN. Rivolgimento, sovvertimento. *2* Atto, effetto del turbare qc. o del turbarsi: *provare, sentire t.*; *essere in preda a un profondo t.* SIN. Agitazione, ansia, inquietudine, smarrimento.

turbànte (1) part. pres. di *turbare*; anche agg. ● (*raro*) Nei sign. del v.

turbànte (2) [turco *tulbend*, di origine persiana (*dulband*, comp. di *band* 'benda, legame' e d'altra vc. di provenienza straniera)] s. m. *1* Copricapo orientale formato da una sciarpa lunghissima di seta, avvolta armoniosamente attorno alla testa | Cappello da donna che ripete con molte variazioni questa foggia. *2* (*bot.*) *T. di turco*, martagone, giglio gentile. || **turbantìno**, dim.

†**turbànza** s. f. ● Turbamento.

turbàre [vc. dotta, lat. *turbāre*, da *tŭrba* 'turba (1)'] **A** v. tr. *1* (*lett.*) Agitare q.c. privandola della sua chiarezza, limpidezza, serenità, tranquillità e sim.: *t. il mare, le acque* | Mettere in disordine: *lieve solca i capegli, indi li turba / col pettine e scompiglia* (PARINI). *2* Mandare a monte: *t. una impresa*; *t. i piani di qc.*; *t. la riuscita di q.c.* *3* Molestare, disturbare, impedire: *t. una funzione, una cerimonia*; *t. il regolare svolgimento di un processo*; *t. il sonno di qc.* | *T. lo stomaco*, provocare dolori di stomaco, nausee e sim. | (*dir.*) *T. il possesso*, far sì che il possessore di un bene non possa pienamente e tranquillamente goderne. *4* Sovvertire: *t. l'ordine pubblico, la quiete cittadina, la pace* | (*est.*) Rendere incompleto, imperfetto e sim.: *t. la pace familiare, l'amicizia, il buon accordo*; *un incidente che ha profondamente turbato i nostri rapporti*. SIN. Scombussolare, sconvolgere. *5* Rendere inquieto, agitato, confuso, preoccupato, insoddisfatto, ansioso e sim.: *t. l'animo, la mente di qc.*; *quello sguardo mi turbò profondamente*; *quest'incertezza mi turba*; *è un'esperienza che può turbare gravemente chi non vi è preparato*. SIN. Sconcertare. **B** v. intr. pron. *1* (*lett.*) Guastarsi, detto del tempo | †Cominciare ad agitarsi, detto del mare. *2* Perdere la serenità, divenire agitato, inquieto, ansioso e sim.: *l'animo mio si turba per la perdita de' tanti amici* (CASTIGLIONE) | Manifestare, assumendo una particolare espressione, l'agitazione interiore, l'inquietudine, l'ansia: *vidi che il suo viso, i suoi occhi si turbavano*. SIN. Agitarsi. *3* (*lett.*) Rimanere confuso, stupito, ammirato e sim. *4* †Adirarsi, inquietarsi.

turbatìva [da *turbare* (il possesso), in senso giuridico] s. f. ● (*dir.*) Molestia arrecata da altri al titolare di un diritto o al possessore di una cosa impedendogliene il godimento: *t. della proprietà, del possesso* | (*gener.*) Motivo di intralcio, di impedimento al regolare andamento di q.c.: *turbative del mercato dei cambi*.

turbatìvo agg. ● Che è atto a turbare.

turbàto part. pass. di *turbare*; anche agg. ● Nei sign. del v. || **turbatétto**, dim. || **turbataménte**, avv. (*raro*) Con turbamento.

turbatóre [vc. dotta, lat. *turbatōre(m)*, da *turbātus* 'turbato'] s. m.; anche agg. (f. *-trice*) ● (*raro*) Chi, che turba.

turbazióne [vc. dotta, lat. *turbatiōne(m)*, da *turbātus* 'turbato'] s. f. *1* (*raro*) Turbamento, spec. spirituale. *2* †Confusione, agitazione, scompiglio. *3* (*med.*) raro Turba. || **turbazioncèlla**, dim.

Turbellàri [dal lat. *turbĕlla(s)* (pl.) 'movimenti disordinati' (dal sign. proprio di *tŭrba*, donde deriva) per i vortici che determinano nell'acqua col loro incessante movimento ciliare] s. m. pl. ● Nella tassonomia animale, classe di piccoli Platelminti a corpo depresso e ciliato, acquatici o parassiti (*Turbellaria*) | (al sing. *-rio*) Ogni individuo di tale classe.

†**tùrbico** [da *turbine* con diverso suff.] s. m. ● Turbine: *un t. con un vento impetuoso* (VILLANI).

†**turbidézza** ● V. *torbidezza*.

turbidimetrìa o **torbidimetrìa** [comp. del lat. *tŭrbidus* 'torbido' e *-metria*] s. f. ● Metodo di analisi chimico-fisica attuato misurando la riduzione di intensità di un fascio luminoso attraverso una sospensione.

turbidimètrico o **torbidomètrico** agg. (pl. m. *-ci*) ● Relativo alla turbidimetria: *misurazione turbidimetrica* | *Analisi turbidimetrica*, turbidimetria.

turbidìmetro o **torbidìmetro** [comp. del lat. *tŭrbidus* 'torbido' e *-metro*] s. m. ● Apparecchio per turbidimetria: *t. a cella fotoelettrica, a visione diretta*.

†**tùrbido** ● V. *torbido*.

turbìna [fr. *turbine*, dal lat. *tŭrbine(m)* 'che si muove in giro, vorticosamente, turbine'] s. f. *1* Turbomacchina motrice costituita da una parte fissa, detta distributore, e da una parte mobile solidale con l'albero e dotata di pale periferiche, detta girante, la quale trasmette all'albero l'energia ricevuta da un fluido che le viene inviato dal distributore, la percorre e viene raccolto da un diffusore | *T. idraulica*, quella che utilizza come fluido attivo l'acqua | *T. a vapore*, quella che utilizza come fluido attivo il vapore acqueo saturo surriscaldato o i vapori di liquidi organici | *T. a gas*, quella che utilizza come fluido attivo un gas, per es. il gas di scarico di motori volumetrici, di forni industriali e sim., l'aria riscaldata, o i prodotti di un'apposita combustione | *T. assiale, radiale, mista*, quella in cui la velocità del fluido nella girante ha, rispettivamente, solo componenti assiali, solo componenti radiali, sia componenti assiali sia componenti radiali | *T. a reazione, ad azione*, quella in cui la pressione a monte della girante è, rispettivamente, uguale a o maggiore della pressione a valle della girante | *T. monocellulare o monostadio o a un elemento, pluricellulare o polistadio o a più elementi*, quella costituita, rispettivamente, da uno o da più complessi distributore-girante | *T. Pelton*, turbina idraulica mista ad azione, per alta caduta e piccola portata dell'acqua di alimentazione | *T. Francis*, turbina idraulica radiale-mista a reazione, per caduta e portata medio-alte | *T. Kaplan*, turbina idraulica a reazione, con distributore radiale e girante assiale, a pale orientabili, per bassa caduta e grande portata | *T. reversibile*, turbina idraulica la cui girante può funzionare sia come motrice sia come operatrice. ➡ ILL. p. 829 SCIENZE DELLA TERRA ED ENERGIA. *2* (*impr.*) Turbomacchina operatrice. *3* (*est.*) Qualsiasi macchina dotata di girante. *4* Nell'industria saccarifera, centrifuga, separatore centrifugo. SIN. Turbomotrice, turbomotore.

turbinàggio [da *turbina*, sul modello di *pompaggio*] s. m. ● Funzionamento di una turbina reversibile come turbomotore.

turbinàre v. intr. (*io tùrbino*; aus. *avere*) ● Girare vorticosamente, a guisa di turbine (*anche fig.*): *un fitto nevischio turbinava nell'aria*; *il vento turbina sollevando polvere e foglie*; *la folla turbinava attorno a lui*; *mille pensieri mi turbinano nel capo, nella mente*.

turbinàto [vc. dotta, lat. *turbinātu(m)* 'a forma di cono, di trottola (*tŭrbo*, genit. *tŭrbinis*, propriamente 'movimento vorticoso, turbine')'] **A** agg. ● (*bot.*) Detto di organo a forma di trottola. **B** s. m. ● (*anat.*) Osso della cavità nasale, applicato sulla parete laterale. SIN. Cornetto. ➡ ILL. p. 367 ANATOMIA UMANA.

†**turbinazióne** s. f. ● (*raro*) Atto, effetto del turbinare.

tùrbine [vc. dotta, lat. *tŭrbine(m)*, da *tŭrba* 'agitazione, movimento (rapido e circolare)'] s. m. *1* Movimento vorticoso dell'aria di limitata estensione tale da sollevare dal suolo polvere, sabbia o detriti a forma di colonna quasi verticale | *T. di vento*, colonna d'aria ad asse quasi verticale in rapida rotazione | (*est.*) Insieme di cose che, trascinate dal vento, si muovono vorticosamente: *t. di neve, di sabbia* | (*fig., spec. scherz.*) *Il t. della danza*, il veloce movimento della danza: *slanciarsi nel t. della danza*. *2* (*fig.*) Quantità, moltitudine di essere animati e inanimati in movimento rapido e impetuoso: *il t. degli invasori, dei barbari*; *vide sul vallo / fra un t. di dardi Aiace solo* (FOSCOLO). *3* (*fig.*) Grande quantità di pensieri, idee e sim. che si agitano, si sovrappongono e sim.: *un t. di pensieri, di ricordi, di fantasie*. || **turbinétto**, dim.

turbìnio s. m. *1* Continuato turbinare: *t. del vento, della bufera*; *avanzava fra un t. di neve*. *2* (*fig.*) Movimento continuo, rapido e incalzante: *il t. degli affari*; *il t. dei pensieri* | Confusione: *un gran t. di gente, di macchine*.

turbinìsta [da *turbina*] s. m. e f. (pl. m. *-i*) ● Chi è addetto al funzionamento di una turbina.

turbinóso [da *turbine*] agg. ● Vorticoso (*anche fig.*): *movimento t.*; *danza turbinosa*; *il t. accavallarsi di pensieri e ricordi*. || **turbinosaménte**, avv.

turbìtto o (*raro*) **turbìto** [dal n. ar. (*túrbid*) dell'ombrellifera] s. m. *1* (*bot.*) Tapsia. *2* (*chim.*) †*t. minerale*, solfato basico di mercurio.

†**tùrbo (1)** [vc. dotta, lat. tardo *tŭrbu(m)* per *tŭrbidu(m)* 'torbido'] **A** agg. ● Torbido. **B** s. m. ● Torbidezza | Turbamento.

tùrbo (2) [vc. dotta, lat. *tŭrbo* (nom.) 'turbine'] s. m. ● (*lett.*) Turbine.

tùrbo (3) [da *turbo(compressore)*] **A** s. m. *1* (*tecnol.*) Acrt. di turbocompressore. *2* (*tecnol.*) Motore alternativo a combustione interna sovralimentato mediante un turbocompressore, spec. a gas di scarico. **B** s. m. e f. ● (*tecnol.*) Autoveicolo o motoveicolo azionato da un motore alternativo a combustione interna sovralimentato mediante un turbocompressore, spec. a gas di scarico. **C** agg. ● Detto di motore alternativo a combustione interna sovralimentato mediante un turbocompressore, spec. a gas di scarico, o di autoveicolo o motoveicolo su cui è montato tale motore.

tùrbo- [da *turbina*] primo elemento ● In parole composte della terminologia tecnica, significa 'turbina': *turbogetto, turbonave*.

turboalternatóre [comp. di *turbo-* e *alternatore*] s. m. ● (*elettr.*) Alternatore a elevata velocità di rotazione azionato direttamente da una turbina a vapore o a gas.

turbocistèrna [comp. di *turbo-* e *cisterna*] s. f. ● (*mar.*) Nave cisterna mossa da motori a turbina.

turbocomprèsso [comp. di *turbo-* e *compresso*] agg. ● (*autom.*) Detto di motore a combustione dotato di turbocompressore.

turbocompressóre [comp. di *turbo-* e *compressore*] s. m. ● (*tecnol.*) Macchina operatrice in grado di trasformare energia meccanica in energia di pressione di un gas: *t. assiale, centrifugo* | Complesso formato da un compressore e dalla turbina che lo comanda.

turbodiesel /turbo'dizel/ [comp. di *turbo-* e *diesel*] **A** agg. inv. ● (*autom.*) Detto di motore diesel sovralimentato mediante turbocompressore. **B** s. m. inv. *1* Motore turbodiesel | *T. con intercooler*, in cui il turbocompressore è a due corpi, uno assiale e l'altro centrifugo, con refrigerazione del gas tra i due. *2* (*autom.*) Autoveicolo su cui è montato un motore turbodiesel.

turbodinamo [comp. di *turbo-* e *dinamo*] s. f. ● Dinamo ad alta velocità di rotazione, azionata direttamente da una turbina a vapore o a gas.

turboelèttrico [comp. di *turbo-* ed *elettrico*] agg. (pl. m. *-ci*) ● (*mecc.*) Detto di un sistema di propulsione navale in cui le eliche sono azionate da motori forniti di turbine a vapore.

turboèlica [comp. di *turbo-* e *elica*] **A** s. f. ● (*aer.*) Elica azionata da una o più turbine: *aereo a turboeliche*. **B** s. m. inv. ● Aereo a turboeliche.

turbogàs [comp. di *turbo-* e *gas*] s. m. inv. ● Gas di alimentazione di una turbina a gas | *Centrale, impianto a t.*, centrale termoelettrica il cui motore è una turbina a gas.

turbogètto [comp. di *turbo-* e (aereo a) *getto*, come il corrispondente ingl. *turbojet*] s. m. ● (*aer.*) Turboreattore.

turboirroratrice [comp. di *turbo-* e *irroratrice*] s. f. ● (*agr.*) Irroratrice destinata a irrorare le colture con pesticidi dispersi nella corrente d'aria prodotta da un ventilatore.

turbolènto o (*lett.*) **turbulènto** [vc. dotta, lat. *turbŭlentu(m)*, da *tŭrba*] **A** agg. *1* (*raro*) Torbido: *acqua turbolenta*; *l'artissimo carcere de l'aria t.* (BRUNO) | Fumoso: *aria turbolenta*. *2* Di persona pronta ad agitarsi, a suscitare sommosse, disordini e sim.: *è un uomo t.*; *gli elementi più turbolenti del gruppo* | Indisciplinato, ribelle: *ragazzo t.*; *scolari turbolenti*. *3* Che è caratterizzato da continui disordini, agitazioni, sommosse e sim.: *anni, tempi turbolenti*. SIN. Burrascoso. *4* (*fis.*) Della, relativo alla, turbolenza. *5* (*meteor.*) Che è caratterizzato da turbolenza. || **turbolenteménte**, †**turbolentaménte**, avv. **B** s. m. (f. *-a*) ● Persona turbolenta.

turbolènza o (*lett.*) **turbulènza** [vc. dotta, lat. tardo *turbulĕntia(m)*, da *turbulĕntus* 'turbolento'] s. f. *1* Qualità di ciò che è turbolento: *la t. dell'aria*; *lo tengono sotto controllo per la sua t.* | Stato di ciò che è turbolento: *la t. dei tempi*. *2* (*raro*) Disordine, sommossa, tumulto: *la città era afflitta da gravi turbolenze*. *3* (*fis.*) Moto irregolare che si produce generalmente nei fluidi. *4* (*meteor.*) Insieme di movimenti irregolari dell'aria che si manifestano sotto forma di vortici, rapide variazioni dell'intensità del vento e vuoti d'aria.

turbolocomotiva [comp. di *turbo-* e *locomotiva*] s. f. ● Locomotiva azionata da turbina.

turbomàcchina [comp. di *turbo-* e *macchina*] s. f. ● Macchina a fluido in cui una parte rotante solidale con l'albero e provvista di pale periferiche, detta girante, trasmette all'albero l'energia ricevuta da un fluido oppure trasmette a un fluido l'energia ricevuta da un motore agente sull'albero: *t. motrice, operatrice*.

turbomòto [comp. di *turbo-* e *moto* (*3*)] s. f. inv. ● Motocicletta azionata da un motore alternativo a combustione interna sovralimentato mediante un turbocompressore.

turbomotóre [comp. di *turbo-* e *motore*] s. m. *1* Turbina. *2* Turbina a gas | Turboelica.

turbomotrice [comp. di *turbo-* e *motrice*] s. f. ● Turbomacchina motrice, o turbina, idraulica, a vapore o a gas.

turbonàve [comp. di *turbo-* e *nave*] s. f. ● (*mar.*) Nave mercantile con apparato motore a turbine a vapore o a gas.

turboperforatrice [comp. di *turbo-* e *perforatrice*] s. f. ● (*min.*) Perforatrice azionata da una turbina pluristadio ad alta velocità e atta a eseguire fori di grande diametro.

turbopómpa [comp. di *turbo-* e *pompa*] s. f. *1* Pompa centrifuga. *2* (*impr.*) Pompa idraulica azionata da una turbina. *3* (*impr.*) Turbocompressore.

turbopropulsóre [comp. di *turbo-* e *propulsore*] s. m. *1* Propulsore a turbina a gas. *2* (*aer.*, *impr.*) Turboelica.

turboràzzo [comp. di *turbo-* e *razzo* (*2*)] s. m. ● (*aer.*) Motore usato per la propulsione di veicoli spaziali o di missili intercettori.

turboreattóre [comp. di *turbo-* e *reattore*] s. m. ● Esoreattore che utilizza un compressore azionato da una turbina a gas per comprimere l'aria esterna. ➡ ILL. p. 1759 TRASPORTI.

turbosónda [comp. di *turbo-* e *sonda*] s. f. ● (*min.*) Sonda per perforazioni profonde il cui scalpello è azionato da una turbina idraulica assiale che scende insieme a esso e che utilizza come fluido attivo quello di spurgo dei detriti.

turbotràpano [comp. di *turbo-* e *trapano*] s. m. ● (*chir.*) Trapano a turbina, trapano indolore.

turbotrèno [comp. di *turbo-* e *treno* (*1*)] s. m. ● Treno azionato da turbine e in grado di raggiungere velocità molto elevate.

turboventilatóre [comp. di *turbo-* e *ventilatore*] s. m. ● (*mecc.*) Ventilatore azionato da una turbina.

turbulènto e *deriv.* ● V. *turbolento* e *deriv.*

tùrca s. f. *1* Divano alla turca. SIN. Ottomana, sultana. *2* Lunga veste turca.

turcàsso [gr. mediev. *tarkásion*, di origine ar.-persiana (*tarkaš*), con sovrapposizione di *tur(co)* e del suff. *-asso*] s. m. *1* Astuccio per le frecce dell'arco o della cerbottana. SIN. Faretra. *2* †Astuccio per pinze o altri arnesi. || **turcassétto**, dim.

turcheggiàre v. intr. (*io turchéggio*; aus. *avere*) *1* (*raro*) Imitare i modi e gli usi turchi. *2* (*raro*) Essere politicamente favorevole alla, parteggiare per la Turchia.

†**turchésa** ● V. *turchese*.

turchésco agg.; anche s. m. (pl. m. *-schi*) ● (*raro*) Turco (*oggi spreg.* o *scherz.*) | *Alla turchesca*, (*ell.*) alla turca. || **turchescaménte**, avv. Alla maniera dei turchi.

turchése o †**turchésa**, †**turchesia**, †**turchéssa** [ant. fr. *turqueise*, propriamente '(pietra) turca'] **A** s. f. ● (*miner.*) Fosfato idrato di rame e alluminio, di un bel colore azzurro pallido, usato come pietra preziosa. **B** in funzione di agg. ● Che ha il colore azzurro pallido caratteristico della pietra omonima: *un vestito t.* **C** s. m. ● Il colore azzurro pallido caratteristico della pietra omonima: *il t. ti fa risaltare gli occhi*.

turchétto s. m. *1* Dim. di *turco*. *2* (*zool.*) Varietà di piccione. *3* (*centr.*) Sorta di pasta da intingere nel vino.

turchìna s. f. ● Turchese.

†**turchineggiàre** v. intr. ● Tendere al colore turchino.

turchinétto **A** agg.; anche s. m. *1* Dim. di *turchino*. *2* Turchiniccio. **B** s. m. ● Materia colorante azzurra che talora si unisce in piccola quantità all'amido o all'acqua da bucato per dare alla biancheria una leggerissima tinta azzurrognola.

turchinìccio agg.; anche s. m. (pl. f. *-ce*) ● Turchino pallido, sbiadito: *cielo t.*; *l'aria era d'un t. grigiastro*. SIN. Azzurrognolo.

turchìno [da *turco* '(di colore) scuro'] **A** agg. ● Di colore azzurro cupo: *cielo t.*; *abito t.* **B** s. m. *1* Il colore turchino: *tinta sfumata dal t. al viola*. *2* (*med.*) †Caustico meno forte del nitrato d'argento. || **turchinétto**, dim. (V.).

†**tùrchio** ● V. *turco*.

turchìsmo [da *turco*] s. m. ● Voce passata dalla lingua turca in quella italiana.

tùrcico [dalla forma che ricorda quella delle selle dei *turchi*] agg. (pl. m. *-ci*) ● (*anat.*) Detto della fossetta del corpo dello sfenoide, dove è accolta l'ipofisi: *sella turcica*.

turcimànno o †**turcomànno** (*1*) [ar. *turğumān* 'interprete' (da *tárğam* 'tradurre'), con sovrapposizione di *turco*] s. m. *1* Dragomanno. *2* (*lett.*, *scherz.*) Interprete | (*raro, scherz.*) Mezzano.

tùrco o †**tùrchio** [dal turco *türk*, letteralmente 'forza'] **A** agg. (pl. m. *-chi*) *1* Dei Turchi, antichi e moderni: *lingua, letteratura turca*; *Stato, parlamento, esercito t.* | *Bagno t.*, forma di terapia fisica in ambiente caldo-umido, che provoca abbondante sudorazione; (*fig.*, *scherz.*) gran sudata: *fare un bagno t.* | *Ferro t.*, tipo di ferro per cavalli a forma di semiluna | *Alla turca*, (*ell.*) alla maniera dei Turchi: *calzoni alla turca* | *Sedersi, sedere alla t.*, a gambe incrociate | *Divano alla turca*, ottomana, sultana | *Gabinetto alla turca*, quello costituito da un vaso a pavimento su cui si accoscia chi lo usa e in cui l'eliminazione dei rifiuti organici umani avviene mediante sistemi ad acqua | *Caffè alla turca*, fatto nella cuccuma, denso e in sospensione perché macinato finissimo. *2* Della Turchia: *città, montagne turche* | *Grano t.*, V. granturco. *3* Nel linguaggio dei cacciatori, detto di uccelli rari che vengono da lontano e che sono poco conosciuti da noi: *pollo t.*; *fischione t.* **B** s. m. (f. *-a*) *1* Ogni appartenente a un grande complesso di popoli affini, ma non uguali, stanziati fin da tempi antichissimi nell'Asia centrale e orientale e da qui discesi, con flusso ininterrotto, verso occidente: *le invasioni dei Turchi*. *2* Abitante o nativo della Turchia: *la lingua, i costumi, le abitudini dei Turchi* | *Il Gran t.*, un tempo, il sultano dei Turchi | *Giovani turchi*, nella Turchia del primo Novecento, partito politico progressista e nazionalista che giunse al potere e (*fig.*) gruppo estremista di un partito | *Testa di t.*, (*fig.*) bersaglio, vittima, capro espiatorio. *3* (*fig.*) Persona empia: *bestemmiare come un t.* | *Fumare come un t.*, (*fig.*, *iperb.*) moltissimo, troppo. **C** s. m. solo sing. ● Lingua della famiglia altaica parlata in Turchia | *Parlare t.*, *in t.*, (*fig.*) parlare in modo incomprensibile, non esprimersi chiaramente. || **turchétto**, dim. (V.).

tùrco- [da *turco*] primo elemento ● In parole composte, fa riferimento alla Turchia o ai Turchi: *turcologia, turcociprioti*.

turcologìa [comp. di *turco-* e *-logia*] s. f. ● Scienza che studia lingua, storia, cultura e religioni delle genti turche.

turcòlogo [comp. di *turco-* e *-logo*] s. m. (f. *-a*; pl. m. *-gi*, pop. *-ghi*) ● Studioso, esperto di turcologia.

†**turcomànno** (*1*) ● V. *turcimanno*.

turcomànno (*2*) ● V. *turkmeno*.

turf /ingl. tə:f/ [vc. ingl., che letteralmente vale 'zolla erbosa, prato', della stessa origine germ. di *torba*] s. m. inv. ● Terreno erboso su cui si disputano le gare dei cavalli | (*est.*) Tutto ciò che riguarda nel suo complesso le corse di cavalli, lo sport ippico.

†**tùrfa** [ingl. *turf*, della stessa origine della corrispondente *torba*] s. f. ● Terreno bituminoso di palude.

tùrgere [vc. dotta, lat. *turgēre*, di etim. incerta, con passaggio ad altra coniug.] v. intr. (*io tùrgo, tu tùrgi*; dif. del pass. rem., del part. pass. e di tutti i tempi composti) ● (*poet.*) Essere pieno, turgido (*anche fig.*).

turgescènte [vc. dotta, lat. *turgescĕnte(m)*, propr. part. pres. di *turgĕscere*, incoativo di *turgēre*] agg. ● Che è o diviene gonfio, turgido.

turgescènza [da *turgescente*] s. f. ● (*bot.*, *med.*) Turgore.

turgidézza s. f. ● Stato o qualità di ciò che è turgido (*anche fig.*).

turgidità s. f. ● Turgidezza.

tùrgido [vc. dotta, lat. *tŭrgidu(m)*, da *turgēre*] agg. *1* Gonfio: *ventre t.*; *vena turgida di sangue*; *occhi turgidi di lacrime*. *2* Detto di organo o tessuto, animale o vegetale, in stato di turgore: *seno t. di latte*; *germogli turgidi*. *3* (*fig.*) Ampolloso: *stile t.* || **turgidétto**, dim. || **turgidaménte**, avv. (*raro*) In modo turgido, gonfio, ampolloso.

turgóre [vc. dotta, lat. tardo *turgōre(m)*, da *turgēre*] s. m. *1* Gonfiore, gonfiezza. *2* Stato di rigonfiamento di una cellula, di un organo o di un tessuto, animale o vegetale, per ricchezza di liquidi.

turìbolo o †**torrìbolo**, †**turìbile**, †**turrìbolo** [vc. dotta, lat. *turībulu(m)*, da *tūs*, genit. *tūris* 'incenso', di origine gr. (*thýos*, dal v. *thýein* 'bruciare nei sacrifici')] s. m. ● Recipiente liturgico, sospeso a tre catenelle, nel quale si pone l'incenso, facendolo bruciare su un piccolo braciere, contenuto all'interno. SIN. Incensiere.

turiferàrio [dal lat. *turīferu(m)*, comp. di *tūs*, genit. *tūris* 'incenso' e *-feru(m)* '-fero'] s. m. *1* Chi, nelle funzioni sacre cattoliche, porta il turibolo. *2* (*fig.*) Incensatore, adulatore.

turificàto [vc. dotta, lat. eccl. *turificatu(m)*, dal part. pass. di *turificāre* 'offrire incenso (*tūs*, genit. *tūris*)'] agg. ● Detto dei cristiani che, durante le persecuzioni, dissimulavano la loro fede dando incenso agli dèi pagani.

turingiàno [della *Turingia*] **A** agg. ● Della Turingia. **B** s. m. (f. *-a*) ● Abitante o nativo della Turingia.

turióne [vc. dotta, lat. *turiōne(m)*, di origine incerta] s. m. ● (*bot.*) Gemma cilindrica, carnosa, emessa dalla radice di piante erbacee o da tuberi o da rizomi | Parte edule dell'asparago.

turismàtica [comp. di *turis(mo)* e (*infor*)*matica*] s. f. ● Organizzazione delle attività e dei servizi dell'industria turistica con l'ausilio delle tecnologie informatiche.

turìsmo [fr. *tourisme*, dall'ingl. *tourism*, da *tourist* 'turista'] s. m. *1* Il far gite, escursioni, viaggi, per svago o anche a scopo istruttivo: *aereo, imbarcazione, vettura da t.* *2* (*est.*) Ogni attività e apprestamento che tende a consentire, facilitare o migliorare il turismo: *Ministero del t. e dello Spettacolo*.

turìsta [fr. *touriste*, dall'ingl. *tourist*, da *to tour* 'viaggiare', di origine fr. (*tour* 'giro')] s. m. e f. (pl. m. *-i*) ● Chi fa del turismo, cioè viaggia per svago o istruzione, senza scopi utilitari.

turisticizzàre [da *turistico*] v. tr. ● Fornire una zona delle infrastrutture e dei servizi adatti ad accogliere turisti.

turisticizzazióne [da *turisticizzare*] s. f. ● Atto, effetto del turisticizzare (*anche spreg.*): *quella bellissima costa è stata oggetto di una troppo veloce t.*

turìstico [fr. *touristique*, da *touriste* 'turista'] agg. (pl. m. *-ci*) ● Del, relativo al, turismo e ai turisti: *ufficio, movimento, sviluppo t.*; *gita, zona turistica* | *Classe turistica*, su navi e aerei, quella più economica | *Agenzia turistica*, azienda che vende biglietti per mezzi di trasporto pubblici e privati, organizza viaggi e gite, fornisce ai turisti servizi bancari, assicurativi, di informazione e assistenza | *Assegno t.*, a circolazione internazionale, rilasciato dalle principali banche contro versamento dell'importo corrispondente, pagabile presso una filiale all'estero purché su di esso compaiano due firme della persona a favore della quale l'assegno viene emesso. SIN. Traveller's cheque | *Accompagnatore t.*, tour leader | *Operatore t.*, tour operator. || **turisticaménte**, avv. Secondo le esigenze del turismo, dall'angolo visuale del turismo: *zona turisticamente attrezzata*; *turisticamente parlando è un paese che non offre grandi prospettive*.

turkmèno o **turcomànno** [dal persiano *Turkmān* 'simile (*-mān*, da *mānad*) a Turco (*Turk*, di origine ar.)'] **A** agg. *1* Del Turkmenistan. *2* Relativo ai Turkmeni o al loro dialetto. **B** s. m. (f. *-a*) *1* Ogni appartenente a un gruppo di tribù turco-iraniche oggi stanziate prevalentemente a sud-est del mar Caspio. *2* (*est.*) Abitante, nativo del Turkmenistan. **C** s. m. solo sing. ● Dialetto turco parlato dai Turkmeni.

turlulù o †**tullulù** [di origine espressiva] s. m. ● (*raro, dial.*) Chi è sciocco, babbeo.

turlupinàre [fr. *turlupiner*, da *Turlupin*, soprannome di un comico del Seicento] v. tr. ● Ingannare qc. beffandolo, prendendolo in giro, rendendolo ridicolo.

turlupinatóre s. m. (f. *-trice*) ● (*raro*) Chi turlupina.

turlupinatùra s. f. ● Atto, effetto del turlupinare.

†**tùrma** ● V. *torma*.

turmàrca o †**tumàrca** [biz. *tourmárchēs* 'comandante (da *árchein* 'essere a capo') di una turma (*tôurma*, dal lat. *tŭrma* nel suo proprio sign. militare)'] s. m. (pl. *-chi*) ● Comandante di una turma.

turnàre [den. di *turno*] v. intr. (aus. *avere*) ● Avvicendarsi rispettando turni prestabiliti: *t. in un lavoro, in un ciclo produttivo*.

turnazióne [da *turno*] s. f. ● L'alternanza dei turni nell'organizzazione di un lavoro o di un ciclo di lavorazione.

turnìsta s. m. e f. (pl. m. *-i*); anche agg. ● Chi, che lavora a turno con altri.

tùrno [dal fr. *tourner*, passato dal sign. orig. di 'girare (al tornio)', a quello di 'girare ora qua, ora là', cioè 'alternare'] s. m. *1* Periodica rotazione di persone che si danno il cambio nello svolgimento di una determinata attività: *lavorare a t.* | Avvicendamento di prestazioni, servizi e sim.: *distribuire, erogare q.c. a t.* *2* Ciascuno dei periodi in cui viene suddiviso il tempo necessario allo svolgimento di una determinata attività, in base a criteri di rotazione periodica: *t. di lavoro*; *turni di irrigazione*; *t. di giorno, di notte* | *T. eliminatorio*, nel linguaggio dello sport, ciascun confronto di una gara a eliminazione: *superare, passare il t.* | *Essere di t.*, essere nel periodo previsto per fare q.c.; (*est., fam.*) essere la volta di: *oggi sono di t. i miei fratelli* | *È il mio t.*, è la mia volta, tocca a me | *Fare a t.*, un po' per uno | *Farmacia di t.*, aperta nei giorni festivi o in orari particolari. *3* (*mil.*) Periodo prestabilito di avvicendamento nei servizi d'ogni genere svolti dai militari d'ogni grado: *t. di guardia* | *T. di trincea*, nella prima guerra mondiale per l'avvicendamento dei reparti in linea.

turnover /ingl. 'tə:n-ouvə*/ [vc. ingl., comp. di *turn* 'rotazione' (cfr. *turno*) e *over* 'in eccesso' (d'origine germ.)] s. m. inv. *1* Avvicendamento della manodopera addetta a un ciclo produttivo. *2* Sostituzione, mediante nuove assunzioni, del personale che ha cessato il rapporto di lavoro: *l'azienda ha bloccato il t.* *3* Nel linguaggio commerciale, giro di affari di un'azienda.

tùro [da *turare*] s. m. ● (*tosc.*) Turacciolo, tappo. || **turàccio**, pegg.

tùrpe o †**tùrpo** [vc. dotta, lat. *tŭrpe(m)*, di etim. incerta] agg. *1* (*lett.*) Brutto, deforme. *2* Disonesto, vergognoso: *accusa t.*; *tradimento t.* | Osceno, ributtante: *atti turpi*; *parole, proposte, immagini turpi*; *un t. individuo*. SIN. Infame, ignobile. || **turpeménte**, avv.

turpézza s. f. ● (*raro*) Qualità o condizione di chi, di ciò che è turpe.

turpilòquio [vc. dotta, lat. tardo *turpilŏquiu(m)*, comp. di *tŭrpis* 'turpe' e *-lŏquiu(m)*, da *lŏqui* 'parlare, esprimersi'] s. m. *1* Eloquio turpe, laido, osceno o, più semplicemente, sboccato e volgare: *darsi al t.*; *evitare il t.* *2* (*dir.*) Reato consistente nell'usare un linguaggio contrario alla pubblica decenza in un luogo pubblico o aperto al pubblico.

turpità o †**turpitàde**, †**turpitàte** s. f. ● Turpezza.

turpitùdine [vc. dotta, lat. *turpitūdine(m)*, da *tŭrpis* 'turpe'] s. f. *1* †Bruttezza, deformità. *2* Azione o parola turpe, vergognosa, oscena: *commettere, dire turpitudini*.

†**tùrpo** ● V. *turpe*.

†**turrìbolo** ● V. *turibolo*.

turricolàto [dal lat. *turrĭcula* 'piccola torre (*tŭrris*)'] agg. ● Che è fatto come una piccola torre.

turritàno [comp. del n. lat. della città di *Tŭrris* 'Torres' e del suff. proprio di etnico *-itānus*] **A** agg. *1* Di Porto Torres, città della Sardegna. *2* Del, relativo all'antico giudicato di Torres. **B** s. m. (f. *-a*) ● Abitante o nativo di Porto Torres.

turrìto o (*raro*) **torrìto** [vc. dotta, lat. *turrītu(m)*, da *tŭrris* 'torre'] agg. ● Cinto, munito di torri: *castello t.*; *mura turrite* | *La Turrita*, (*ell., per anton.*) Bologna, ricca di molte torri | *Corona turrita*, in araldica, corona ornata di torri.

†**turtùreo** [dal lat. *tŭrtur*, genit. *tŭrturis* 'tortora'] agg. ● Di tortora.

tuscànico o **toscànico** [vc. dotta, lat. *Tuscānicu(m)* 'proprio degli Etruschi (*Tŭsci*)'] agg. (pl. m. *-ci*) ● Detto di un ordine architettonico classico di derivazione etrusca, tipico dell'ambiente italico, con colonne prive di scanalature nel fusto, poggianti su una base e coronate da un capitello simile a quello dorico.

tussah /ingl. 'tʌsə/ [variante ingl. di *tussor*] **A** s. f. inv. ● Seta ricavata in Oriente da bozzoli di bachi selvatici. **B** anche agg. inv.: *seta t.*

tussilàgine [vc. dotta, lat. *tussilāgine(m)*, da *tŭssis* 'tosse' per le sue proprietà bechiche, secondo il modello del corrispondente gr. *bēchion* (da *bḗx*, genit. *bēchós* 'tosse')] s. f. ● (*bot.*) Farfaro.

tussilàgo [dal lat. *tŭssis* 'tosse'] s. f. ● (*bot.*) Farfaro.

tùssor [fr. *tussor(e)*, da una vc. ingl. presa dall'indostano *tasar*, di origine ant. indiana (*tásaram*, da *tamsayati* 'tirare di qua e di là')] s. m. inv. ● Organzino di seta del tipo tussah | Attualmente, anche tessuto di fibre artificiali o sintetiche.

tùta [etim. discussa: forse da *tutta* (*tutta* d'un pezzo, che veste *tutta* la persona), senza una *t*, che si ritrova nella forma a *T* dell'abito] s. f. ● Indumento costituito da pantaloni e casacca gener. uniti in un solo pezzo, spesso chiuso con cerniera lampo, indossato da operai o persone che svolgono particolari attività, nel qual caso assume forma e caratteristiche specifiche: *la t. del meccanico*; *t. in tela, gomma, amianto*; *t. impermeabile*; *t. di volo*; *t. spaziale, antigravità, mimetica, da lavoro* | *T. da ginnastica, sportiva*, composta da casacca e pantaloni di tessuto morbido tale da consentire ampia libertà di movimento | *T. subacquea*, muta | *T. blu*, operaio. || **tutìna**, dim. (V.).

tutània [etim. incerta] s. f. ● (*chim.*) Lega bianca, a base di stagno, antimonio, rame, piombo, zinco, bismuto, adoperata per fabbricare posate.

†**tutàre** [vc. dotta, lat. *tutāri*, raff. di *tuēri* 'osservare, aver cura, proteggere'] v. tr. ● Difendere, proteggere, assicurare.

tuteggiàre ● V. *tueggiare*.

tutèla [vc. dotta, lat. *tutēla(m)*, da *tūtus* 'sicuro' (V. †*tuto*)] s. f. *1* (*dir.*) Potestà esercitata per legge nell'interesse e in rappresentanza delle persone legalmente incapaci: *t. di un minore, di un interdetto* | (*fig., fam., scherz.*) *Essere sotto la t. di qc.*, essere privo di autonomia, impossibilitato a decidere da solo e sim. *2* (*dir.*) Protezione di un minore o di un interdetto da parte di una persona nominata dall'autorità giudiziaria | Protezione che la legge riconosce e che viene ottenuta con provvedimenti giurisdizionali: *t. giuridica*; *t. del nome, dell'immagine* | *T. giurisdizionale*, protezione assicurata da provvedimenti giurisdizionali | *T. amministrativa*, vigilanza e controllo esercitati dalla Pubblica amministrazione su dati enti pubblici. *3* (*gener.*) Protezione, difesa, salvaguardia: *la t. della pace, dell'ordine pubblico*; *faccio questo a t. dei miei interessi, del mio onore* | Patrocinio: *porsi sotto la t. di un Santo, della Vergine*.

tutelàre (1) [da *tutela*] **A** v. tr. (*io tutèlo*) ● Difendere, salvaguardare: *t. i propri interessi*; *t. i diritti dei più deboli*; *t. il proprio onore*. **B** v. rifl. ● Prendere precauzioni, premunirsi: *tutelarsi contro i furti*.

tutelàre (2) [vc. dotta, lat. tardo *tutelāre(m)*, da *tutēla*] agg. *1* (*dir.*) Di, relativo a, tutela | *Giudice t.*, organo istituito presso ogni pretura, che sovraintende alle tutele e alle curatele. *2* Che tutela, che sta a difesa, a salvaguardia di qc. o di q.c.: *genio, nume t.*; *l'angelo t. della casa*; *divinità tutelari*.

tutelàto part. pass. di *tutelare* (*1*); anche agg. ● Nei sign. del v.

†**tuterìa** o †**tutorìa** [da †*tuto*] s. f. ● Tutela.

tutìna s. f. *1* Dim. di *tuta*. *2* Indumento, spec. femminile, costituito da una guaina aderente e sgambata, usata per ballare o fare ginnastica. *3* Indumento per bambini non ancora in grado di camminare, in un sol pezzo, dai piedi al collo, spec. in tessuto elasticizzato per facilitare i movimenti.

†**tùto** [vc. dotta, lat. *tūtu(m)*, part. pass. di *tuēri* 'guardare, proteggere', di etim. incerta] agg. ● Sicuro.

tùtolo [vc. dotta, lat. *tūtulu(m)* 'cocuzzolo' (?)] s. m. ● Asse dell'infruttescenza del granturco a cui sono attaccate le cariossidi.

tutor /ingl. 'tju:tə*/ [vc. ingl., propr. 'istitutore, precettore'] s. m. e f. inv. ● Chi assiste e guida gli studenti durante un corso di studi.

tutoràto [da *tutor* con il suff. *-ato*] s. m. ● Funzione, incarico di tutor nelle università | Durata di tale incarico.

tutóre [vc. dotta, lat. *tutōre(m)*, da *tūtus*, part. pass. di *tuēri* 'proteggere, custodire'] s. m. (f. *-trice*, pop. *-tora*, nei sign. 1 e 2) *1* Persona incaricata dell'esercizio della tutela: *t. legittimo, dativo*. *2* (*est.*) Protettore, difensore: *farsi t. di qc., di q.c.*; *essere il t. dell'unità familiare*; *essere buon* *t. dei propri diritti* | *I tutori dell'ordine pubblico*, le forze che svolgono compiti di polizia. **3** (*agr.*) Sostegno per piante rampicanti o giovani e deboli | *Tutore vivo*, costituito da un albero | *Tutore morto*, palo di legno, ferro, pietra, cemento armato, canne, fili di ferro e sim. **4** (*med.*) *T. ortopedico*, apparecchiatura meccanica di sostegno, correttiva, o sostitutiva di segmenti corporei insufficienti alla funzione. || **tutoràccio**, pegg.

†tutorìa ● V. *†tuteria*.

tutòrio [vc. dotta, lat. tardo *tutōriu(m)* 'proprio del tutore (*tūtor*, genit. *tutōris*)'] **agg.** **1** Relativo alla tutela giuridica: *potestà tutoria* | *Autorità tutorie*, organi della Pubblica amministrazione esplicanti funzioni di vigilanza e controllo su enti pubblici inferiori. **2** (*raro*) Proprio del tutore: *funzione tutoria*.

†tuttafiàta o **†tùtta fiàta** [comp. di *tutta* e *fiata*] **avv.** ● Continuamente, tuttavia: *non cessando, ma crescendo tutta fiata* (BOCCACCIO).

tuttàla [comp. del f. di *tutto* e *ala*] **s. m. inv.** ● (*aer.*) Aeromobile sperimentale senza impennaggio e fusoliera, con gli organi di controllo e i congegni di pilotaggio situati nell'ala stessa.

tutt'al più o (*raro*) **tuttalpiù**. **avv.** ● Al massimo, nel peggiore dei casi o delle ipotesi: *tutt'al più potrà costare mille lire*; *tutt'al più dovremo ricominciare da capo*.

tuttasànta [comp. del f. di *tutto* e di *santo*, per rendere il corrispondente gr. *panagía*] **agg.** solo **f.**; anche **s. f.** ● Santissima, epiteto di Maria Vergine.

tuttavìa [comp. di *tutta* e *via*] **A cong.** ● Pure, nondimeno, con tutto ciò (con valore avversativo): *era una prova difficile, t. l'ho superata*; *è un apparecchio vecchio, t. funziona ancora bene* | Con valore raff. *pur t.*: *non ero sicuro, pur t. azzardai una risposta*. **B avv.** ● (*lett.*) †Sempre, di continuo: *essendo il freddo grande e nevicando t. forte* (BOCCACCIO) | *†Oggi e t.*, oggi e sempre | *†T. che*, ogni volta che.

†tuttavòlta o **†tùtta vòlta** [comp. di *tutta* e *volta*] **A avv.** ● Sempre, senza interruzione: *Marfisa t. combattendo / spesso ai compagni gli occhi rivoltava* (ARIOSTO) | *T. che*, ogni volta che, qualora. SIN. Tuttavia. **B cong.** ● Tuttavia, nondimeno (con valore avversativo).

tuttesàlle [da intendersi 'tutte le sa'] **s. m.** e **f. inv.** ● (*tosc.*) Saccente.

tùtto [lat. parl. **tūttu(m)* per *tōttu(m)*, variante espressiva di *tōtu(m)*] **A agg. indef.** **1** Intero, completo (riferito a un s. sing. indica la totalità, la pienezza, la compiutezza di q.c.): *t. l'universo*; *tutta la terra*; *ho tutta la sua fiducia*; *abbiamo tutta la casa in disordine*; *starò via t. l'anno*; *sarò in casa tutta la settimana*; *studio t. il giorno*; *lotta con tutta la sua volontà* | *T. il resto*, l'insieme di ciò che resta da elencare, vedere, sapere, ecc. | *T. il tempo*, sempre | *Tutta la città, t. il paese*, tutti gli abitanti della città, del paese | *In tutta Milano, in tutta Europa*, nell'intera città di Milano, nell'intera Europa | *Leggere, studiare t. Virgilio*, l'intera opera di Virgilio | Premesso a un pron. dimostr.: *t. questo è vero*; *ascoltate t. ciò che dice*; *t. quello el quale i tuoi figlioli non sapranno maneggiare e governare, t. quello sarà loro superfluo* (ALBERTI) | Con valore ints.: *lo amo con t. il cuore*; *te lo dico con tutta la simpatia*; *va a tutta velocità*; *corre a t. spiano*; *è di una onestà a tutta prova*; *piove a tutt'andare* | Con valore raff. seguito da 'quanto', 'intero' o iter.: *devi dire tutta quanta la verità*; *vorrei dirlo a t. il mondo intero*; *non puoi fare t. quanto da solo* | Con valore conc. o avvers., preceduto da 'con' e col sign. di 'nonostante': *con tutta la sua disponibilità non potrà aiutarti*; *con tutta la sua ricchezza, non riesce a farsi stimare* | Compreso, incluso: *studiare a memoria a t. il verso 64*; *leggete a t. il capitolo XII*; *siamo al completo a t. il 30 giugno* | *A tutt'oggi, a t. domani*, fino a oggi, fino a domani inclusi | *T. a un tratto*, improvvisamente: *t. a un tratto è sparito* | *Essere, fare tutt'uno*, essere la medesima cosa, non fare alcuna differenza: *per me sapere o non sapere è tutt'uno*. **2** Riferito a un s. pl. o collettivo, indica la totalità di cose, persone o animali considerati nel loro insieme, senza esclusioni: *tutti gli animali sono utili a q.c.*; *tutte le piante respirano*; *ho venduto t. il bestiame*; *verrò con tutti i miei amici*; *ripone in lui tutte le sue speranze*; *ha lottato con tutte le sue energie*; *tutti i stolti non possono servire per un savio* (BRUNO) | Premesso a un agg. dimostr.: *non so chi ti ha raccontato tutte queste cose* | (*fam.*) Con valore ints.: *è caduto in acqua con tutti i vestiti*; *l'auto procedeva con tutte le luci spente* | Con valore conc. o avvers.: *con tutti i pensieri che ha, trova il tempo di dedicarsi al giardino* | Con valore raff. seguito da 'quanto' o iter.: *tutti quanti i presenti applaudirono*; *voglio vederlo a tutte tutte le ore* | Seguito da un numerale indica che quel numero è considerato proprio nella sua interezza: *c'erano tutti e due*; *li ho conosciuti tutti e cinque*; *bisogna considerare tutt'e tre le possibilità* | *Una volta per tutte*, (*ell.*) una volta per sempre: *voglio sapere la verità una volta per tutte* | *Pensarle, inventarle, trovarle tutte*, (*ell.*) pensare, inventare, trovare ogni possibile astuzia, stratagemma e sim.: *le inventa tutte per non studiare*. **3** Ogni, qualsiasi: *telefona a tutte le ore*; *dobbiamo riuscire a tutti i costi*; *è una commedia adatta a tutti gli spettatori*; *devi prendere la medicina tutte le mattine* | *In tutti i modi*, a qualsiasi costo, comunque: *dobbiamo rispettare l'impegno in tutti i modi*; *speriamo di rivederci, in tutti i modi l'appuntamento resta fissato per domani* | *In tutti i casi*, in ogni caso, comunque, qualunque sia la situazione: *penso di essere puntuale, in tutti i casi, avviserò se dovessi ritardare*; *ti darò mie notizie in tutti i casi* | *Sotto tutti gli aspetti*, da qualsiasi punto di vista | *Tutte le volte che*, ogni volta che: *vieni tutte le volte che lo desideri* | V. anche *dappertutto*. **4** In ogni parte (con valore ints.): *la casa è tutta sua*; *ardeva t. dal desiderio di tornare*; *se ne stette t. silenzioso*; *singhiozzava t. senza riuscire a frenarsi*; *è t. il ritratto di sua madre* | Soltanto, esclusivamente, totalmente: *è tutta un'invenzione*; *t. merito suo* | *È tutta una scusa*, è proprio una scusa | Seguito da un agg. gli dà valore sup.: *era t. pensieroso*; *si presentò con un abito t. pulito*; *la trovai tutta preoccupata*; *erano tutti contenti*; *ora sei t. lavato* | *Essere t. di un pezzo*, avere un carattere fermo, rigido e deciso | (*euf.*) *Essere t. naso, bocca, occhi, gambe e sim.*, avere il naso, la bocca, gli occhi, le gambe che acquistano grande spicco su tutta la persona | *Essere t. lingua*, (*fig.*) parlare moltissimo e con grande disinvoltura | *Essere, stare tutt'occhi, tutt'orecchi*, guardare o ascoltare con grande attenzione e interesse | *Essere t. casa, t. famiglia, t. studio, t. lavoro e sim.*, mostrare una totale dedizione alla casa, alla famiglia, allo studio, al lavoro e sim. **B pron. indef.** **1** Ogni cosa (con valore neutro e indeterminato): *t. è in ordine*; *ci si abitua a t.*; *il tempo cancella t.*; *decide sempre t. lui*; *è capace di t.*; *t. bene?* | L'insieme delle cose delle quali si parla, si discute o si è a conoscenza: *ci ha raccontato t.*; *t. è andato per il meglio*; *provvederò io a t.*; *gli hanno sequestrato t.*; *di questa questione ignoro t.* | *Questo è t., ecco t.*, non c'è altro, non ho altro da dire | *E non è t.*, e non basta, c'è dell'altro: *ci ha ingannati, e non è t.! ci ha anche offesi* | *Essere buono a t.*, essere capace di fare una grande quantità di lavori | *Essere capace di t.*, di commettere qualunque azione malvagia, avventata, ecc. | *Mangiare di t.*, essere molto vorace o apprezzare qualsiasi cibo | *Fare di t., un po' di t.*, essere disposto o capace di svolgere ogni tipo di lavoro | *Fare di t. per*, fare ogni sforzo, usare qualsiasi mezzo per raggiungere uno scopo | *T. sta nel, a, se, che*, ogni cosa dipende da, l'importante, l'essenziale è: *t. sta nel capirsi*; *t. sta a incominciare*; *t. sta se lui accetta*; *t. sta che non ce lo impedisca* | *Prima di t., innanzi t.*, prima di fare, esaminare, considerare altro, in primo luogo | *In t.*, complessivamente, in totale, nell'assieme: *in t. fa ottomila lire*; *i manifestanti saranno duemila in t.* | *In t. e per t.*, completamente, senza alcuna riserva, in ogni cosa che si considera: *dipende in t. e per t. dal padre*; *sono in t. e per t. d'accordo con te* | *Con t. che*, nonostante: *con t. che l'avessi scongiurato di non farlo, è uscito lo stesso* | *T. compreso*, senza aggiunte di prezzo, detto spec. di somme da corrispondere per servizi di varia natura: *il viaggio costerà un milione t. compreso* | *Per t. dire*, in poche parole, insomma | *T. sommato*, considerata ogni cosa | V. anche *tuttofare* | V. anche *tuttotondo*. **2** L'insieme, la totalità delle persone: *erano tutti presenti*; *verremo tutti quanti*; *guardate tutti*; *le bambine sono state tutte accontentate*; *messomi mano alla mia borsa, tutti pagai e tutti contentai* (CELLINI) | (*al pl.*) Con valore indeterminato: *tutti desiderano la pace*; *tutti devono lavorare*. **C avv.** ● Completamente, interamente, in modo assoluto: *è proprio t. l'opposto di quello che pensi* | *T. il contrario*, in modo completamente diverso: *fa t. il contrario di quello che gli dico* | *Tutt'intorno, tutt'in giro*, per lo spazio che ci circonda, lungo l'intero perimetro o circonferenza | *Del t.*, (*lett.*) *al t.*, totalmente, interamente: *non sono del t. sicuro di ciò che dite*; *è del t. incredibile* | *Tutt'al più*, come ipotesi ultima, al massimo: *tutt'al più partiremo con l'aereo* | *Tutt'altro*, decisamente no, per nulla: *sei convinto? Tutt'altro* | *Di t. punto*, in modo perfetto, completo: *si è presentato vestito di t. punto*. **D** in funzione di **s. m. inv.** **1** Il complesso, l'insieme degli elementi che sono stati appena indicati o dei quali si parla: *vide alberi, case, campi e osservò il t.*; *ho esaminato la merce: comprerò il t.*; *riceverete il t. per raccomandata* | *Rischiare, tentare il t. per t.*, rischiare il massimo per ottenere q.c. **2** L'intero o una unità costituita da elementi diversi: *scambiare una parte per il t.*; *formare un t.*; *un t. indivisibile*. **3** (*raro*) L'elemento più importante, la condizione essenziale: *il t. è far valere le nostre ragioni*.

†tuttoché o **†tùtto che** [comp. di *tutto* e *che* (2)] **A cong.** ● (*lett.*) Benché, quantunque (introduce una prop. concessiva con il v. al congv. o, raro, all'indic.). **B avv.** ● (*raro*) Quasi: *così dicendo, fu tutto che tornato a casa* (BOCCACCIO).

†tuttodì o **†tùtto dì** [da dividere in *tutto* (il) *dì*] **avv.** ● (*lett.*) Continuamente, sempre.

tuttofàre o **tùtto fàre** [perché si presta a *fare tutto*] **A agg. inv.** ● Detto di domestico capace di svolgere tutti i lavori di casa senza essere specializzato in nessuno di essi: *uomo, donna t.* | (*est.*) Detto di chi, in un'azienda e sim., fa o all'occorrenza è disposto a fare qualsiasi lavoro: *segretario, impiegato t.* | (*est.*) Di oggetto o arnese che può servire a molti usi: *un coltello t.* **B s. m.** e **f. inv.** ● Persona, spec. domestico, tuttofare: *t. referenziata cercasi*; *è il t. del magazzino*.

tuttologìa [comp. di *tutto* e *-logia*] **s. f.** ● (*iron.*) Atteggiamento di chi crede di sapere tutto.

tuttòlogo **s. m.** (f. *-a*; pl. m. *-gi*, pop. *-ghi*) ● (*iron.*) Chi presume di sapere tutto.

tuttopónte [comp. di *tutto* e *ponte*] **agg. inv.** ● (*mar., mil.*) Detto di nave da guerra dotata di un ponte di volo continuo, cioè non interrotto da sovrastrutture, come quello di una portaerei per facilitare il decollo e l'appontaggio di aeromobili: *incrociatore portaelicotteri t.*

tuttóra o (*raro*) **tutt'óra** [comp. di *tutt(a)* e *ora*] **avv.** **1** Ancora, ancora adesso: *è t. valido*; *non si è t. ripreso dal danno subito*; *sono t. disposto a trattare l'affare*. **2** †Continuamente.

tuttotóndo o **tùtto tóndo** [perché scultura che può essere vista da *tutti* i lati, come una sfera (*tondo*)] **s. m. inv.** ● In scultura, tipo di esecuzione in cui il soggetto è rappresentato liberamente nello spazio e può quindi essere guardato da tutti i lati: *scultura a t.* | *Effetto di t.*, quello di una scultura che, pur avendo una parete di appoggio, ne emerge con la pienezza dei suoi volumi: *bassorilievo con effetti di t.*

tutù [fr. *tutu*, vc. inft. ('sederino') in applicazione scherz.] **s. m. inv.** ● Tipico costume delle ballerine di danza classica, costituito da un gonnellino di tulle a più strati con corpino di raso attillato e scollato.

†tutùtto [per *tu(tto) tutto*] **agg. indef.** ● (*raro, ints.*) Tutto quanto, tutto interamente.

tuyau /fr. tɥi'jo/ [vc. fr., dal senso di 'informazione confidenziale (all'orecchio)', derivato da quello di 'condotto' (che è anche il sign. proprio di origine germ.) auricolare'] **s. m. inv.** (pl. fr. *tuyaux*) ● Nel linguaggio degli ippodromi, cavallo che particolari informazioni danno come probabile vincitore, indipendentemente dalla sua valutazione tecnica.

tùzia [ar. *tūtiyā* 'solfato di rame'] **s. f.** ● Polvere bianchiccia presente nei forni in cui si fonde lo zinco, composta spec. dagli ossidi di zinco e di cadmio.

tuziorìsmo [dal lat. *tūtior*, genit. *tutiōris*, letteralmente 'più sicuro', compar. di *tūtus* 'tuto, sicuro'] **s.**

m. *1* Nella teologia morale cattolica, tendenza a obbligare alla interpretazione più rigoristica e sicura, quando la norma sia dubbia o vi sia possibilità di più interpretazioni. *2* (*est.*, *raro*) Ricerca della massima sicurezza possibile: *fare q.c. per t.*, *per puro t.*

tuziorìsta **A** s. m. e f. (pl. m. *-i*) ● Seguace del tuziorismo. **B** agg. ● Tuzioristico.

tuziorìstico agg. (pl. m. *-ci*) ● Del, relativo al tuziorismo e ai tuzioristi.

tv /tiv'vu*/ **A** s. f. inv. (anche m. nel sign. 2) *1* (*fam.*) Acrt. di *televisione* | *Tv movie*, film girato per essere mandato in onda da una rete televisiva. *2* (*fam.*) Televisore | *Tv color*, televisore a colori. **B** in funzione di agg. inv. ● (posposto al s.) Televisivo: *la programmazione*, *il canone tv*.

tweed /*ingl.* twi:d/ [vc. ingl., dallo scozzese *tweel* 'twill' (V.) con sovrapposizione di *Tweed*, n. di un fiume scozzese che scorre nella regione dove il tessuto è lavorato] s. m. inv. ● Tessuto sportivo in lana a grossa trama, solitamente a due colori, fabbricato in Scozia.

tweeter /'twiter, *ingl.* 'twi:tə*/ [vc. ingl., propr. 'che emette suoni acuti' (d'origine onomat.)] s. m. inv. ● In un impianto di riproduzione del suono ad alta fedeltà, altoparlante per alte frequenze sonore.

twill /*ingl.* twil/ [vc. ingl., ant. *twilic*, corrispondente al lat. *bīlix*, cioè 'a due (*twi-*) licci (*lic*)'] s. m. inv. ● Stoffa diagonale, spigata.

twin-set /*ingl.* 'twin set/ [vc. ingl., letteralmente 'completo, insieme (*set*, della stessa origine dell'it. *setta*, ma col senso di 'sequenza' e sovrapposizione del v. *to set* 'porre') gemello (*twin*, d'area germ. e origine indeur.)'] loc. sost. m. inv. (pl. ingl. *twin-sets*) ● Capo di abbigliamento femminile costituito da due golf, uno chiuso e a maniche corte, l'altro aperto e a maniche lunghe.

twirling /*ingl.* 'twə:liŋ/ [vc. ingl., part. pres. di *to twirl* 'piroettare, roteare'] s. m. inv. *1* Specie di danza ritmica eseguita a suono di musica, facendo volteggiare con destrezza un leggero bastoncino. *2* (*est.*) Tecnica di esibizione spettacolare, tipica delle majorette, consistente nello sfilare in costume roteando un leggero bastone a ritmo di musica.

twist /*ingl.* twist/ [vc. ingl., letteralmente '(con)torsione', di origine incerta con probabile sovrapposizione di basi diverse] s. m. inv. ● Ballo d'origine nordamericana, a tempo veloce.

twistóre /twis'tore/ [dal v. ingl. *to twist* 'attorcigliare, attorcere', prob. da una radice che indica 'divisione in due'] s. m. ● (*fis.*) Ente che è stato ipotizzato per descrivere unitariamente lo spazio, il tempo e le particelle elementari, riconducibili a uno o a una combinazione di tali enti, e che può essere visualizzato come una ciambella priva di massa, di dimensioni subatomiche inversamente proporzionali alla sua energia, in moto con la velocità della luce lungo il suo asse intorno a cui ruota compiendo una torsione su se stesso a ogni giro.

two step /*ingl.* 'tu: step/ [vc. ingl., letteralmente 'due (*two*, di origine indeur.) passi (*step*, di area germ. e origine incerta)', per il tempo della danza (6/8-2/4)] loc. sost. m. inv. ● Danza simile alla polca, d'origine americana.

tycoon /*ingl.* tai'ku:n/ [ingl. *tycoon*, var. di *taikun* (V. *taicun*)] s. m. inv. ● Magnate, grande imprenditore commerciale: *i t. del petrolio*.

typophone /*ingl.* 'taipəfoun/ s. m. ● Tipofono.

tze-tze /tsɛ t'tsɛ*/ ● V. *tse-tse*.

tzigàno /*tsi'gano/ ● V. *zigano*.

u,U

La lettera *U* può avere in italiano due valori: quello di vocale, che è di gran lunga il più frequente, e quello di semiconsonante. La vocale rappresentata dalla lettera *U* è la più chiusa delle vocali posteriori o velari /u/, può essere tonica (es. *crùdo* /'krudo/, *crùsca* /'kruska/) oppure atona (es. *ulìvo* /u'livo/, *òvulo* /'ɔvulo/). Finale di parola, in voci schiettamente italiane, non è mai atona. Quando la vocale è tonica, la lettera può portare un accento scritto, che è obbligatorio per le vocali toniche finali di determinati monosillabi e di tutte le parole polisillabe (es. *giù* /dʒu*/, *tribù* /tri'bu*/), raro e facoltativo negli altri casi (es. *sùbito* /'subito/, volendo distinguere da *subito* /su'bito/). Di norma l'accento scritto è grave; alcuni però preferiscono farlo acuto (sull'*u* e sull'*i*, oltre che sull'*o* e sull'*e* di timbro chiuso). Il secondo suono rappresentato dalla lettera *U* è quello della semiconsonante posteriore o velare /w/, che si può avere solo davanti a vocale diversa da *u*, giacché una *u* seguita da una consonante o da un'altra *u* non può essere se non vocale. Più in particolare, la lettera *U* ha il valore semiconsonantico quando è preceduta da *C*, *G*, *Q*, cioè da consonante velare (es. *àcqua* /'akkwa/, *guàrdia* /'gwardja/, *scuòla* /'skwɔla/), con alcune eccezioni solo per *C* e *G* (es. *arguịre* /argu'ire/, *circuịre* /tʃirku'ire/), e così pure quando è seguita da *O* (es. *fuòco* /'fwɔko/, *nuotàre* /nwo'tare/), anche qui con alcune eccezioni (es. *flụòro* /flu'ɔro/). Nell'ortografia più antica dell'italiano come pure delle altre lingue che usano l'alfabeto latino, la lettera *U* rappresentava anche un terzo suono, quello consonantico della fricativa labiodentale sonora /v/. Non esisteva infatti una distinta lettera alfabetica *V*: si scriveva sempre *V* la maiuscola, sempre *u* la minuscola (oppure *v* in principio di parola, *u* in mezzo e in fine), qualunque ne fosse il valore fonetico; nell'ordinamento alfabetico delle parole i due suoni apparivano mescolati, conforme alla grafia, e se c'era bisogno d'indicare ciascuno di essi con un proprio nome si parlava di ''*U* vocale'' (in cui si faceva rientrare anche la semiconsonante) e di ''*U* consonante''. La distinzione grafica tra *U* e *V* secondo il valore fonetico fu proposta ai primi del '500 e divenne d'uso comune sul finire del '600; per certi effetti (denominazione delle due lettere, ordinamento alfabetico delle parole) è divenuta definitiva solo nell'800, mentre non si può ancora dire generale nell'uso epigrafico, dove la maiuscola *V* invece di *U* ha sempre conservato un certo prestigio.

u, U s. f. o m. ● Diciannovesima lettera dell'alfabeto italiano: *u minuscola, U maiuscola* | *U come Udine*, nella compitazione, spec. telefonica, delle parole | *a U*, detto di linea, oggetto o movimento che, ad un certo punto, piega in una direzione opposta, ma parallela alla precedente: *curva a U*; *tubo a U*; *scollatura a U* | *Inversione a U*, quella compiuta da un veicolo per invertire il senso di marcia su una strada | *Forma a U*, semplice o doppia, ottenuta in arboricoltura con potature che permettono, su un fusto molto corto, la crescita di branche prima orizzontali e poi verticali, formanti la lettera U | *Valle a U*, valle glaciale.

†u' [riduzione del lat. *ŭbi* 'dove', di origine indeur.] avv. ● (*poet.*) Forma tronca di 'ubi'.

uà ● V. *uè*.

uàdi [ar. *wādin* 'valle, letto di fiume'] s. m. ● In Africa, letto pietroso di fiume sempre asciutto, tranne che nella stagione delle piogge | Il fiume stesso.

-ụale ● V. *-ale* (*1*).

ubbìa [etim. incerta] s. f. ● Pregiudizio superstizioso che causa timore, avversione e sim. nei confronti di qc. o di q.c.: *son tutte ubbie di, da donnicciole* | Scrupolo o timore vano, infondato, ingiustificato: *avere la testa piena di ubbie*. SIN. Fisima. ‖ **ubbiàccia**, pegg.

†ubbidènte ● V. *ubbidiente*.

†ubbidènzia ● V. *ubbidienza*.

ubbidiènte o **obbediènte**, **†obbidiènte**, **†obediènte**, **†ubbidènte**, **†ubidiènte**. part. pres. di *ubbidire*; anche agg. *1* Nei sign. del v. *2* Che abitualmente ubbidisce, che esegue in ogni caso, docilmente, i comandi impartiti: *bambino buono e u.*; *scolaro u. e disciplinato*; *cavallo u. alla briglia, al morso* | (*fig.*) Cedevole, docile, che non oppone resistenza: *carattere u.*; *isola a' venti e all'acqua obbedïente* (FOSCOLO). ‖ **ubbidientemènte**, avv. Con ubbidienza.

ubbidiènza o **obbediènza** nel sign. 1, **†obediènza**, **†ubbidènzia**, **†ubbidiènzia**, **†ubidènzia** [lat. *oboediĕntia(m)* 'obbedienza'] s. f. *1* Atto dell'ubbidire: *essere tenuti, obbligati all'u.*; *si deve u. ai superiori, ai genitori, alle leggi* | *U. cieca, passiva, pronta, assoluta*, di chi non valuta la natura e la qualità del comando e le conseguenze dannose che possono derivarne. CONTR. Disubbidienza. *2* Qualità o comportamento abituale di chi ubbidisce: *la sua u. è encomiabile*; *sei un presuntuoso e ignori cosa sia l'u.* | (*est.*) Docilità. *3* (*lett.*) Sottomissione: *fare atto d'u. al sovrano*; *negare, giurare, dare, promettere u.* | *Ridurre qc. all'u.*, domarlo, sottometterlo | *Stare all'u.*, restare sottomesso. *4* V. *obbedienza*.

†ubbidienziàrio s. m. ● (*raro*) Chi deve ubbidire.

ubbidire o **obbedire**, **†obedire**, **†ubidire** [lat. *oboedīre* 'obbedire', comp. di *ŏb-* 'di fronte, opposto', di origine indeur., e *audīre* 'udire'] **A** v. intr. e tr. (*io ubbidìsco, tu ubbidìsci*; aus. *avere*) *1* Fare ciò che altri vuole, eseguire gli ordini, i consigli, i suggerimenti di qc.: *u. spontaneamente*; *essere costretto a u.*; *devi imparare a u.*; *u. alle leggi, ai genitori, ai superiori*; *u. la mamma* | *Per ubbidirla!*, escl. di cortesia, con cui si intende sottolineare la propria adesione a un ordine, a un desiderio e sim. CONTR. Disubbidire. *2* (*est., fig.*) Fare ciò che un impulso, un istinto, un moto dell'anima e sim. comandano: *u. alle leggi della natura*; *u. la, alla voce della coscienza*. **B** v. intr. (aus. *avere*) *1* Essere docile, detto di animali: *cavallo che ubbidisce al morso*; *il cane ubbidisce al fischio del padrone*. *2* (*est., fig.*) Corrispondere in modo adeguato a manovre, sollecitazioni e sim., detto di macchine, veicoli, strumenti o altro: *la nave ubbidì docilmente al timoniere*; *un motore che ubbidisce al minimo colpo di pedale*; *l'aereo non ubbidisce più ai comandi*. *3* (*fig.*) Assecondare o piegarsi all'ispirazione, all'opera, alla fatica di qc.: *la materia ubbidisce all'artista*; *la realtà ubbidisce al volere dell'uomo*. *4* (*fig.*) Rassegnarsi a determinate situazioni di fatto, anche se controvoglia, adeguando ad esse il proprio comportamento: *u. alla necessità, al bisogno, alle esigenze familiari*. *5* (*lett.*) Essere suddito, soggetto a una potestà: *i popoli che ubbidivano all'Austria, alle potenze coloniali*.

†ubbiditóre [lat. tardo *oboeditōre(m)*, da *oboedītus*, part. pass. di *oboedīre* 'ubbidire'] s. m.; anche agg. (f. *-trice*) ● (*raro*) Chi, che ubbidisce.

ubbịóso o **†obbịóso**. agg. *1* (*raro*) Pieno di ubbie, di timori, sospetti e sim.: *carattere u.*; *essere u. di q.c.* *2* (*lett.*) Che provoca ubbie, preoccupazioni, timori e sim. | Che costituisce un'ubbia: *l'u. pensier vedrai fuggirsi / lunge da te per l'aere* (PARINI).

†ubbliàre ● V. *obliare*.

†ubbligàre ● V. *obbligare*.

ubbrịàco e *deriv.* ● V. *ubriaco* e *deriv.*

ùbere [vc. dotta, lat. *ūbere(m)*, di origine indeur.] agg. (sup. *ubèrrimo*) ● (*poet.*) Fertile, ubertoso: *l'u. convalle* (CARDUCCI). CONTR. Sterile.

ùbero (1) o **†ùvero** [vc. dotta, lat. *ūber* (nt.), genit. *ūberis*, di origine indeur.] s. m. ● (*lett.*) Poppa, mammella: *il gregge m'insegnava di condurce, / e di tonsar le lane e munger gli uberi* (SANNAZARO).

ubèro (2) o **ubièro** [ant. sp. *hobero*, dall'ar. *hubārā* 'ottarda', che ha un manto così] agg. ● Detto di colore del mantello equino formato da peli bianchi e rossi mescolati assieme.

ubertà [vc. dotta, lat. *ubertāte(m)*, da *ūber* 'ubero (1)'] s. f. *1* Fertilità, fecondità: *lodare l'u. dei propri campi*. CONTR. Sterilità. *2* (*fig.*) †Abbondanza, copiosità.

ubertosità s. f. ● (*lett.*) Qualità di ciò che è ubertoso: *l'u. della nostra pianura*.

ubertóso o **†ubertụóso** [dal lat. tardo *ūbertatu(m)*, da *ūbertas* 'ubertà'] agg. *1* (*lett.*) Fertile, grasso, fecondo: *paese u.*; *campagne ubertose*. CONTR. Sterile. *2* †Copioso, ricco, abbondante.

†ubi /*lat.* 'ubi/ [vc. lat. (*ŭbi*), di origine indeur.] **A** avv. (in posizione proclitica, troncato in *u'*) ● (*lett.*) Dove: *la parte / u' la prim'ombra gitta il santo monte* (DANTE *Purg.* XXVIII, 11-12). **B** in funzione di s. m. inv. ● (*raro, poet.*) Luogo, punto dello spazio: *là 've s'appunta ogne ubi e ogne quando* (DANTE *Par.* XXIX, 12).

ubicàre [dal lat. *ŭbi*, avv. di stato in luogo ('dove')] v. tr. (*io ùbico, tu ùbichi*) ● Disporre, situare, collocare, detto di fondi agricoli o di costruzioni urbane: *u. un edificio in un complesso urbanistico*; *la vigna è ubicata a mezzogiorno*.

ubicàto part. pass. di *ubicare*; anche agg. ● Nel sign. del v.

ubicazióne s. f. *1* Atto, effetto dell'ubicare. *2* (*arch.*) Posizione di una costruzione in un complesso urbanistico | Luogo in cui è situato un fondo.

ubi consistam /*lat.* 'ubi kon'sistam/ [loc. lat., letteralmente 'dove (*ŭbi*, di origine indeur.) mi sostenga e trovi fermo appoggio (*consĭstam*, congv. pres. di *consĭstere*, un comp. di *stāre*)'] loc. sost. m. inv. ● Punto d'appoggio, di partenza e sim., da cui un'azione può prendere le mosse: *trovare, cercare l'ubi consistam* | (*est., fig.*) Struttura essenziale, fondamento: *l'economia è l'ubi consistam del paese*.

†ubidire e *deriv.* ● V. *ubbidire* e *deriv.*

ubièro ● V. *ubero* (*2*).

-ùbile [lat. *-(ŭ)bile(m)*, suff. di origine indeur.] suff. ● Forma aggettivi che esprimono qualità, possibilità e simili: *indissolubile, solubile, volubile*.

†**ubino** [ant. fr. *hobin*, dall'ingl. *hobby* 'cavallino', vc. affettiva] s. m. *1* Cavallino di razza irlandese: *mansueto u., che sul dosso / avea la figlia del re* (ARIOSTO). *2* (*antifr.*) Rozza cavalcatura.

ubiquista [dal lat. *ubīque* 'in ogni luogo' (da *ŭbi* 'dove')] **A** s. m. e f. (pl. m. *-i*) ● (*relig.*) Ubiquitario. **B** agg. ● (*ecol.*) Che è diffuso dappertutto, perché si è adattato ad ambienti diversi, detto di appartenente a specie animale o vegetale: *la mosca domestica è un insetto u.*

ubiquità [dal lat. *ubīque* 'in ogni dove'] s. f. *1* Facoltà di essere presente in più luoghi nello stesso tempo, attribuita a Dio nelle religioni superiori | *Avere il dono dell'u.*, poter essere in più luoghi nello stesso momento, detto con riferimento ad alcuni Santi che da Dio ebbero tale facoltà | *Non avere il dono dell'u.*, (*fig.*, *scherz.*) non poter essere in più luoghi contemporaneamente. SIN. Onnipresenza. *2* (*relig.*) Eresia degli ubiquitari. *3* (*ecol.*) Caratteristica degli animali e delle piante ubiquisti.

ubiquitàrio [da *ubiquità*] **A** s. m. (f. *-a*) ● (*relig.*) Ogni appartenente a una setta luterana che sosteneva essere il Cristo presente nell'Eucarestia, grazie alla sua ubiquità. **B** agg. *1* (*relig.*) Che si riferisce agli, che è proprio degli ubiquitari: *eresia ubiquitaria*. *2* Che si riferisce all'ubiquità | (*fig.*, *scherz.*) Che è, si espande o si manifesta ovunque | (*est.*) Che ormai è presente dovunque: *malattia ubiquitaria*; *i mezzi ubiquitari dell'informazione*. *3* (*ecol.*) Ubiquista.

ubìquo [da *ubiquità*] agg. ● (*raro*) Che ha la facoltà o il dono dell'ubiquità.

†**uboè** ● V. *oboe*.

ubriacaménto o (*raro*) **ubbriacaménto** s. m. ● Atto, modo ed effetto dell'ubriacare o dell'ubriacarsi.

ubriacàre o (*raro*) **ubbriacàre** [da *ubriaco*] **A** v. tr. (*io ubriàco*, *tu ubriàchi*) *1* Rendere ubriaco, indurre in stato di ubriachezza (*anche ass.*): *u. qc. col vino, di liquori*; *le bevande alcoliche ubriacano*. *2* (*fig.*) Ridurre qc. in condizioni di intontimento, stordimento, malessere: *il movimento dell'automobile, della giostra lo ubriaca*; *u. qc. di chiacchiere, di promesse*. *3* (*fig.*) Indurre qc. in stato di grande eccitazione, esaltazione e sim., offuscandone la sensibilità, la coscienza, la lucidità mentale e sim.: *la passione, l'odio, la gelosia lo ubriacano*. **B** v. intr. pron. *1* Diventare ubriaco, cadere in stato di ubriachezza: *non regge l'alcol e si ubriaca con niente* | Bere tanto da diventare ubriaco: *ogni sera fa il giro delle osterie e si ubriaca*; *ha il maledetto vizio di ubriacarsi*. SIN. Sborniarsi. *2* (*fig.*) Cadere in preda a grande eccitazione, esaltazione, ebbrezza: *ubriacarsi di una donna* | *Ubriacarsi di sangue*, compiere un eccidio, un massacro. **C** v. rifl. ● Inebriarsi, esaltarsi: *si ubriacava con la sua parola*.

ubriacatézza s. f. ● (*raro*) Ubriacatura.

ubriacatóre s. m.; anche agg. (f. *-trice*) ● Chi, che ubriaca (*spec. fig.*).

ubriacatùra o (*raro*) **ubbriacatùra**. s. f. *1* Atto, effetto dell'ubriacare o dell'ubriacarsi: *una solenne u.* SIN. Sbornia. *2* (*fig.*) Esaltazione, infatuazione: *una u. violenta ma passeggera*.

ubriachésco o (*raro*, *lett.*) **ubbriachésco** agg. (pl. m. *-schi*) ● (*raro*) Di, da ubriaco.

ubriachézza o (*pop.*, *tosc.*) **briachézza**, †**ebbriachézza**, †**ebriachézza**, (*raro*) **ubbriachézza** s. f. *1* Stato o condizione di chi è ubriaco, etilismo acuto. *2* Vizio di chi abusa sistematicamente delle bevande alcoliche: *l'u. è una grave piaga sociale*.

ubriàco o (*pop.*, *tosc.*) **briàco**, †**ebbriàco**, †**ebriàco**, (*raro*) **ubbriàco** [lat. tardo *ebriăcu(m)*, per *ēbriu(m)* 'ebbro'] **A** agg. (pl. m. *-chi*) *1* Detto di chi si trova in condizioni di etilismo acuto: *essere u.*; *un vecchio u.* | *Essere u. duro, marcio* e sim., essere completamente ubriaco | *Sei u.?*, si dice a chi si comporta, parla o agisce in modo assolutamente anormale. SIN. Ebbro. *2* (*fig.*) Detto di chi si trova in uno stato di esaltazione, eccitazione, euforia e sim., per lo più tanto intensa da offuscare la sua capacità di giudizio: *essere u. d'amore, di passione, d'odio, di gioia*; *è ormai u. di tutte queste lodi*. *3* (*est.*, *fig.*) Stordito, frastornato, rintronato: *essere u. di rumore, di luci*; *sono u. per la troppa confusione* | *Essere u. di sonno, di stanchezza*, non tenersi in piedi per il sonno, per la stanchezza. *4* *Maiale u.*, braciola di maiale preparata con aglio, prezzemolo e vino rosso, piatto tipico della cucina toscana. **B** s. m. (f. *-a*) ● Chi è ubriaco. || **ubriachèllo**, dim. | **ubriacóne**, accr. (V.).

ubriacóne o (*pop.*, *tosc.*) **briacóne**, (*raro*) **ubbriacóne**. s. m. (f. *-a*) *1* Accr. di *ubriaco*. *2* Chi ha il vizio di ubriacarsi. SIN. Beone.

ucàse ● V. *ukase*.

uccellàbile agg. *1* (*raro*) Che si può uccellare: *volatili uccellabili solo nei mesi estivi*. *2* (*raro*, *fig.*) Che si può burlare, gabbare.

uccellàccio s. m. *1* Pegg. di *uccello*. *2* (*fig.*, *raro*) Balordo, scioccone.

uccellagióne [da *uccellare* (*2*)] s. f. *1* Arte e pratica di cacciare e catturare vivi gli uccelli con trappole, reti, panie e sim. o mediante l'utilizzazione di rapaci debitamente addestrati: *u. alle starne*; *u. di tordi*. SIN. Aucupio. *2* (*raro*) Tempo e luogo in cui tale pratica è ammessa. *3* Quantità di volatili catturati uccellando.

uccellàia s. f. *1* Grande quantità di uccelli. *2* Uccellanda. *3* †Confuso cicaleccio di più persone. *4* (*fig.*) †Tresca amorosa | †Raggiro, inganno.

uccellàio s. m. ● Chi alleva e vende uccelli, da canto e da richiamo.

uccellàme s. m. ● Quantità di uccelli catturati spec. da un cacciatore.

uccellaménto s. m. *1* Atto, modo ed effetto dell'uccellare. *2* (*raro*, *fig.*) Burla, beffa.

uccellànda [da *uccellare* (*2*)] s. f. ● Ogni appostamento fisso destinato all'uccellagione.

†**uccellàre** (**1**) [da *uccello*] s. m. ● Uccellanda: *allettamenti coi quali sono tratti alle reti e alle panie, negli uccellari e paretai* (LEOPARDI).

uccellàre (**2**) [da *uccello*] **A** v. intr. (*io uccèllo*; aus. *avere*) *1* Cacciare mediante uccellagione: *u. a tordi, a fringuelli*; *u. col falcone* | *Non u. a pispole*, (*raro*, *fig.*) trascurare utili e vantaggi di piccola entità | †*U. alle cime*, tirare appena si vede sporgere la testa di un nemico da una trincea e sim. *2* (*fig.*) †Andare a caccia di q.c., con ogni mezzo: *u. alle cariche, agli onori*. **B** v. tr. ● (*fig.*, *lett.*) Cercare di ingannare qc. con raggiri, insidie e sim.

uccellàto (**1**) part. pass. di *uccellare* (*2*); anche agg. ● Nei sign. del v.

†**uccellàto** (**2**) s. m. ● Tessuto di lino operato con disegni d'uccelli.

uccellatóio [da *uccellato* (*1*)] s. m. ● Uccellanda | †*Mandare qc. all'u.*, beffarlo.

uccellatóre s. m.; anche agg. (f. *-trice*) *1* Chi, che si dedica all'uccellagione. *2* (*fig.*, *lett.*) Chi, che persegue con ogni mezzo o stratagemma, cariche, onori, benefici e sim. *3* (*fig.*) †Chi, che beffa, schernisce.

uccellatùra s. f. *1* Uccellagione, nel sign. 1. *2* (*raro*, *fig.*) Beffa, inganno, raggiro.

uccellétto s. m. *1* Dim. di *uccello*. *2* (*spec. al pl.*) Cacciagione: *uccelletti allo spiedo* | *Fagioli all'u.*, lessati, soffritti con olio, pepe, sale, foglie di salvia e sugo di pomodoro, specialità fiorentina. || **uccellettino**, dim.

Uccèlli s. m. pl. ● Nella tassonomia animale, classe di Vertebrati omeotermi, con corpo coperto di penne e piume, becco corneo, riproduzione ovipara (*Aves*) | (al sing. -o) Ogni individuo di tale classe. ➡ ILL. **animali** /7-10.

uccellièra s. f. *1* Luogo, stanza in cui si tengono gli uccelli. *2* Gabbia di paglia, vimini, filo metallico, talvolta dipinta o dorata e artisticamente lavorata, contenente uccelli vivi, impagliati o anche meccanici. SIN. Voliera. *3* Uccellanda.

uccellìna [da *uccello*] s. f. ● (*mar.*) Vela di straglio bordata tra la maestra e il trinchetto sopra la coffa | (*gener.*) †Vela volante, gabbiola.

uccellinàio s. m. ● Uccellatore che caccia e cattura vivi uccelli di piccola mole.

uccellinàre v. tr. ● Catturare vivi uccelli di piccola mole.

uccellìno s. m. *1* Dim. di *uccello*. *2* Uccello appena nato: *nido pieno di uccellini*. *3* (*spec. al pl.*) Uccelletto: *uccellini allo spiedo, al tegame*.

uccèllo [lat. tardo *aucĕllu(m)*, accanto a *aucĕlla(m)* per *avicĕlla(m)*, dim. di *ăvis*, di origine indeur.] s. m. (f. †*-a*) *1* Correntemente, ciascuno degli appartenenti alla classe degli Uccelli: *u. acquatico, terragnolo, stanziale, di transito*; *le ali, il volo, le migrazioni degli uccelli* | *U. combattente*, gambetta | *U. del paradiso*, paradisea | *U. del sole, dell'oceano*, fetonte | *U. di S. Maria*, martin pescatore | *U. lira*, uccello australiano dei Passeriformi, dalle dimensioni di un gallo, il maschio con la coda dalla caratteristica forma di lira (*Menura superba*) | *U. mosca*, colibrì | *U. sarto*, ortotomo | *U. topo*, uccello dei Coliiformi, africano, che si arrampica sugli alberi per cercare insetti e frutta | *Uccelli di rapina*, rapaci | *Uccelli pelagici*, che vivono in alto mare e raramente si accostano alla terra | *Uccelli inanellati*, cui è stato applicato un anello alle zampe per studiarne le migrazioni | (*lett.*) *U. di Giove*, l'aquila | *U. di Giunone*, il pavone | (*fig.*, *lett.*) *U. divino*, angelo | *Uccel di bosco*, (*fig.*) fuggiasco, fuggitivo, persona che si è data alla macchia: *essere, diventare uccel di bosco* | *U. di, del malaugurio*, (*pop.*) la civetta; (*fig.*) persona che prevede continuamente disgrazie, malanni e sim. | *A volo d'u.*, dall'alto e (*fig.*) in modo globale, generale e rapido. ➡ ILL. **zoologia generale**. *2* (*pop.*, *volg.*) Membro virile. *3* (*fig.*) †Sciocco, minchione, zimbello. || **uccellàccio**, pegg. (V.) | **uccellétto**, dim. (V.) | **uccellìno**, dim. (V.) | **uccellóne**, accr. (V.) | **uccellòtto**, accr. | **uccellùccio**, pegg.

uccellóne s. m. *1* Accr. di *uccello*. *2* (*raro*, *fig.*) Babbeo.

-ucchiàre [suff. verb. attenuativo, corrispondente all'*-ucchio* (dal lat. *-ūculus*) dei sost.] suff. derivativo ● Forma verbi, tratti da sostantivi, che indicano attenuazione o una certa continuità nell'azione: *baciucchiare, sbaciucchiare*; *bevucchiare, mangiucchiare*.

uccìdere o †**accìdere**, †**occìdere** [lat. *occīdere* 'tagliare (*caēdere*) ostilmente (*ŏb-*)' con lo stesso mutamento della voc. iniziale, che s'incontra in *ubbidire* e altre vc.] **A** v. tr. (pass. rem. *io uccìsi*, *tu uccidésti*; part. pass. *uccìso*) *1* Far morire, rendere privo di vita: *u. un uomo con la spada, il pugnale, il veleno*; *u. qc. in duello, in battaglia*; *lo hanno ucciso a tradimento*; *quando va a caccia uccide sempre q.c.*; *u. una lepre, una starna* | Macellare: *u. buoi, maiali, ovini*. SIN. Ammazzare. *2* (*est.*) Condurre più o meno rapidamente alla morte (*anche ass.*): *la polmonite lo uccise in pochi giorni*; *il cancro ne uccide molti*; *la fatica e la continua sofferenza lo uccideranno*; *è un morbo terribile, che uccide*. *3* (*est.*, *iperb.*) Condurre a uno stato di grave prostrazione fisica, o psichica, privare di forza, energia, iniziativa, vitalità e sim. (*anche ass.*): *questo calore soffocante mi uccide*; *afa, angoscia, noia che uccide*. *4* (*est.*) Far perire, mandare in rovina: *questa improvvisa gelata ucciderà il raccolto*; *erbacce che uccidono le piante coltivate*. *5* (*fig.*) Distruggere, abolire, eliminare: *u. il vizio perché trionfi la virtù*; *dittatura ferrea che uccide ogni libertà*. **B** v. rifl. ● Togliersi la vita: *si è ucciso col veleno, con un colpo di pistola*; *ha tentato di uccidersi*. SIN. Suicidarsi. **C** v. rifl. rec. ● Togliersi l'un l'altro la vita: *uccidersi in guerra, in battaglia*. **D** v. intr. pron. ● Perdere la vita: *si è ucciso in un incidente stradale*; *batté malamente il capo e si uccise*. SIN. Morire.

uccidiménto s. m. ● (*raro*) Uccisione.

ucciditóre (*poet.*) o †**occiditóre** s. m.; anche agg. (f. *-trice*) ● (*raro*, *lett.*) Uccisore.

ùccio [dal suff. alterativo *-uccio* con valore di ripresa o ripetizione espressiva] in funzione di agg. (pl. f. *-ce*) ● (*tosc.*, *fam.*) Detto di cosa o persona, già espressa in forma spregiativa, di cui si vuol sottolineare ancor più il carattere misero, meschino, scadente: *gentuccia uccia uccia*; *un vestituccio molto u.*

-ùccio o **-ùzzo** [lat. *-ūceu(m)*, raro suff. agg., comp. di due ant. basi, *-k-* e *-eo-*] suff. alterativo ● Conferisce ad aggettivi e sostantivi valore diminutivo e tono vezzeggiativo o spregiativo: *affaruccio, avvocatuccio, boccuccia, calduccio, casuccia, deboluccio, lavoruccio, tesoruccio*.

uccisióne o (*poet.*) †**occisióne** [lat. *occisiōne(m)*, da *occīsus* 'ucciso'] s. f. *1* Atto, effetto dell'uccidere: *l'u. del nemico, di un capo*; *un'u. crudelissima, efferata*. *2* †Strage, massacro | †*Mettere a u.*, passare a fil di spada.

uccìso o †**accìso** (**1**), (*poet.*) †**occìso**. **A** part.

pass. di *uccidere*; anche agg. • Nei sign. del v. **B** s. m. (f. *-a*) • Chi è stato vittima di una uccisione: *le spoglie, il cadavere dell'u.*; *il pianto dei parenti dell'u.*

uccisóre o (*poet.*) †**occisóre** [lat. *occisōre(m)*, da *occīsus* 'ucciso'] s. m. (f. raro *-sora*) • Chi uccide qc.: *l'u. del ragazzo è stato catturato.*

-ùcolo [parallelo di *-ucchio*, maggiormente legato all'origine lat. (*-ŭculus*) (?)] suff. alterativo • Conferisce a sostantivi valore spregiativo: *maestrucolo, paesucolo, poetucolo.*

ucraino o **ucràino** **A** agg. • Dell'Ucraina: *territorio, grano u.*; *coltivazioni ucraine.* **B** s. m. (f. *-a*) • Abitante, nativo dell'Ucraina. **C** s. m. solo sing. • Lingua del gruppo slavo, parlata in Ucraina.

ucronia [vc. dotta, dal fr. *uchronie*, a sua volta dal gr. *chrónos* 'tempo' e dal pref. neg. *au*, sul modello di *utopie* 'utopia'] s. f. • (*raro, lett.*) Ricostruzione logica della storia di un periodo o di un evento sulla base di dati ipotetici o fittizi.

ucrònico [comp. di *u-* di *utopico* e *cronico*: 'di nessun tempo'] agg. (pl. m. *-ci*) • (*lett.*) Che si basa su dati ipotetici o fantastici: *ricostruzione storica ucronica, romanzo u.*

udènte o (*raro*) †**udiènte** part. pres. di *udire*; anche agg. • (*raro*) Nei sign. del v.

†**udévole** agg. • Udibile.

udìbile [lat. tardo *audībile(m)*, da *audīre* 'udire'] agg. • Che si può udire: *brusio appena u.*; *scoppio u. a grande distanza.*

udibilità s. f. *1* Qualità di ciò che è udibile. *2* (*fis., fisiol.*) Proprietà di un fenomeno ondulatorio, propagantesi in un mezzo, di essere percepito dall'apparato acustico dell'uomo o di un altro animale | *Campo di u.*, l'intervallo di frequenze acustiche, compreso fra i due limiti di 15 e 20 000 Hz, variabili da un soggetto all'altro e con l'età, entro il quale, per essere udibile, può mutare la frequenza del suono, che è legata al livello di pressione sonora | *Soglia di u.*, il minimo livello di pressione sonora che un suono deve esercitare sull'apparato acustico per essere udibile e che varia con la frequenza del suono e da un soggetto all'altro | *Soglia di u. massima*, il minimo livello di pressione sonora che determina una sensazione di dolore localizzata nell'apparato acustico.

udiènte • V. *udente.*

udiènza o †**audiènza**, †**udiènzia** [vc. dotta, lat. *audiĕntia(m)*, da *āudiens*, genit. *audiĕntis* 'udente'; per calco sull'ingl. *audience* 'pubblico', nel sign. 5] s. f. *1* Atto, effetto dell'udire, del prestare orecchio, attenzione e sim.: *con grata u.* | *Dare, prestare u.*, ascoltare chi parla, spec. con attenzione (*anche scherz.*) | *Trovare u. presso qc.*, essere ascoltato | *Non dare u.*, non ascoltare | †*In u.*, alla presenza di uno che ascolta. *2* Permesso di essere ricevuto e ascoltato da un'autorità una personalità e sim., e l'incontro che ne deriva: *chiedere un'u.*; *accordare, concedere un'u.*; *fissare la data dell'u.*; *ottenere un'u. dal re, dal prefetto, dal ministro*; *u. papale pubblica, privata*; *l'u. durò a lungo*; *le udienze sono state sospese.* *3* Durata dell'amministrazione della giustizia in un singolo giorno: *u. civile, penale*; *u. d'istruzione*; *reati commessi in u.* | *U. pubblica*, al cui svolgimento il pubblico può assistere | *U. a porte chiuse*, a cui non è ammessa la presenza del pubblico | †Attività giurisdizionale | †Magistratura, tribunale. *4* †Insieme di persone che ascoltano, uditorio: *licenziare l'u.* *5* Quantità di persone che si calcola siano raggiunte da un messaggio diffuso da mezzi di comunicazione di massa: *l'u. televisiva, cinematografica.* CFR. Audience. *6* †Ciò che si è udito dire | †*Per u.*, per sentito dire.

†**udiménto** s. m. • Modo e atto dell'udire.

udinése **A** agg. • Di Udine. **B** s. m. e f. • Abitante, nativo di Udine.

udire o †**audire**, (*poet.*) †**odire** [lat. *audīre*, di formazione piuttosto recente e oscura] **A** v. tr. (pres. *io òdo, tu òdi, egli òde, noi udiàmo, voi udìte, essi òdono*; fut. *io udirò* o *udrò, tu udirài* o *udrài*; condiz. pres. *io udirèi* o *udrèi, tu udirésti* o *udrésti*; part. pres. *udènte* o †*udiènte*; in tutte le coniug. la *u-* diventa *o-* se tonica) *1* Percepire con l'orecchio suoni, voci, rumori: *u. una melodia, un grido, un colpo, uno schianto*; *non odo nulla*; *nel silenzio della notte mi parve di u. un lieve brusio*; *l'abbiamo udito più volte piangere e lamentarsi.* SIN. Avvertire, sentire. *2* (*est.*) Venire a sapere, giungere a conoscenza: *avete udito la notizia, le novità?* | Sentir dire, apprendere da voci, chiacchiere e sim.: *chissà se è vero quel che abbiamo udito.* *3* (*lett.*) Ascoltare: *u. messa*; *u. i piagnistei di qc.*; *u. da qc. una sequela di improperi* | *U. le parti, i testimoni, l'imputato*, accoglierne le deposizioni | *Odi!*, ascolta! | (*raro*) *Non ne voler u.*, non volerne neppure sentir parlare | †*U. uno, u. da uno*, assistere alle sue lezioni come scolaro | (*poet.*) Stare in ascolto, tendere l'orecchio: *stupefatto / perde le reti il pescatore, ed ode* (FOSCOLO) *4* (*est.*) Dare ascolto a preghiere, comandi e sim.: *Dio ode le invocazioni dei poveri, dei deboli*; *i soldati ... non udivano l'imperio de' capitani* (GUICCIARDINI) | (*est.*) Mettere in pratica, seguire: *u. il consiglio, il parere di qc.* *5* Comprendere, capire: *se ho ben udito, non hai intenzione di andartene.* **B** v. tr. e intr. • †Ascoltare le lezioni come scolaro: *essendo con certi scolari che udiamo da messer Agnolo* (SACCHETTI).

udita s. f. *1* (*raro*) Atto dell'udire | *Per u.*, per sentito dire | *Testimone d'u.*, che riferisce non ciò che ha visto, ma ciò che ha udito. *2* †Facoltà dell'udire: *u. chiara, sottile.*

uditivo o **auditivo**. agg. • Dell'udito: *organo u.*; *facoltà, potenza uditiva* | *Campo u.*, campo di udibilità.

udito o (*poet.*) †**odito** **A** part. pass. di *udire*; anche agg. • Nei sign. del v. **B** s. m. *1* Organo di senso capace di percepire le onde sonore di determinata lunghezza: *disturbi dell'u.* ➡ ILL. p. 366 ANATOMIA UMANA. *2* Facoltà di percepire le onde sonore di determinata lunghezza, tramite l'apposito organo di senso: *u. fine, acuto, sensibilissimo*; *l'u. è uno dei cinque sensi*; *perdere l'u.* | *Esser duro d'u.*, essere sordo o quasi.

uditòfono [da *udito*, sul modello di *microfono*] s. m. • Nel linguaggio commerciale, tipo di cornetto acustico elettrico, funzionante spec. a transistori.

uditoràto s. m. • (*raro*) Titolo e grado di uditore.

uditóre o **auditóre** [vc. dotta, lat. *auditōre(m)*, da *audītus* 'udito'] **A** agg. (f. *-trice*) • Che ode. **B** s. m. *1* (*raro, lett.*) Chi ode. *2* (*spec. al pl.*) Chi ascolta: *fare una domanda agli uditori.* *3* Qualifica di taluni magistrati | *U. giudiziario*, magistrato di prima nomina | *U. di Rota*, prelato che ha funzioni di giudice presso il Tribunale della Sacra Romana Rota | *U. militare*, magistrato degli antichi Stati italiani, che partecipava all'amministrazione della giustizia militare con compiti vari a seconda degli Stati. *4* Chi frequenta una scuola, ascoltando semplicemente le lezioni senza esservi regolarmente iscritto | †Discepolo, scolaro. *5* †Persona incaricata da un principe di conferire con gli ambasciatori e di riferire poi a lui l'argomento e l'andamento dei colloqui.

uditòrio (1) o †**auditòrio** (1) [vc. dotta, lat. tardo *auditōriu(m)*, agg. da *audītus* 'udito nel sign. B'] agg. *1* (*raro*) Uditivo. *2* (*raro*) Che si riferisce all'uditore.

uditòrio (2) [vc. dotta, lat. *auditōriu(m)*, da *audītus*, part. pass. di *audīre* 'udire'] s. m. • Complesso di persone che ascoltano: *u. attento, scelto, eletto, scarso, piccolo, non qualificato*; *rivolgersi all'u. con precise domande.*

†**udizióne** • V. *audizione.*

udometrìa [comp. del lat. *ūdu(m)* 'umidità' e *-metria*] s. f. • Pluviometria.

udomètrico agg. • Pluviometrico.

udòmetro [comp. del lat. *ūdu(m)* 'umidità', neutro sost. di *ūdus* (per *ūvidus*) 'umido, bagnato' e *-metro*] s. m. • Pluviometro.

uè (1) o **oè**, **uà** [vc. onomat.] inter. • Riproduce il pianto di un neonato (*spec. iter.*).

ué (2) inter. • (*region.*) Espressione di meraviglia o richiamo: *ué, che sorpresa!*; *ué, dico a te!*

uff /uf/ o **ùf**, **ùff**, **ùffa**, (*raro*) **ùffete**, **uf**, **ùffa**, (*raro*) **ùffete** [vc. espressiva] inter. • Esprime fastidio, impazienza, stizza, noia e sim.: *uff! che caldo!*; *uffa!, come sei noioso!*; *uff! ma non stai mai fermo!*

ufficiàle (1) o †**uffiziàle**, †**uficiàle**, †**ufiziàle** [vc. dotta, lat. tardo *officiāle(m)*, da *offĭciu(m)* 'ufficio'] agg. *1* Di documento, deliberazione o notizia autentica in quanto proveniente con caratteri formali dall'autorità competente: *bollettino u.*; *Gazzetta Ufficiale* | (*est.*) Che è autorizzato dalla pubblica autorità: *manifestazione u.* *2* (*est.*) Che è manifestato, disposto o realizzato da un ente pubblico, o da un suo rappresentante in quanto tale, secondo precise norme e formalità protocollari: *discorso, invito, ricevimento u.*; *riunione, cerimonia u.*; *visita u. di un capo di Stato* | (*est.*) Che è detto o fatto pubblicamente, da privati cittadini, spesso seguendo formalità tradizionali: *ingresso u. in società*; *fidanzamento u.* | (*est.*) Che è o deve essere noto a tutti, di pubblico dominio: *notizia u.* | *Ignoranza u. del giudice*, dovere del giudice di ritenere veri i fatti della causa solo se provati concretamente tali a opera delle parti. *3* Nello sport, detto di gara, incontro e sim. valido ai fini di una classifica, di un campionato e sim. CONTR. Amichevole. *4* Che è proprio di atti, cerimonie e sim., ufficiali: *forma u.*; *carattere u.* ‖ **ufficialménte**, avv. In modo ufficiale, secondo forme ufficiali: *comunicare, stabilire ufficialmente q.c.*; *fidanzarsi ufficialmente.*

ufficiàle (2) o †**uffiziale**, †**uficiale**, †**ufiziale** [lat. tardo *officiāle(m)*, uso sost. dell'agg. *officiālis* 'pertinente all'ufficio (*offĭcium*)'] s. m. (f. *-essa* (V.)) *1* Persona incaricata di un pubblico ufficio: *u. sanitario* | *U. di gara*, chi ha mansioni organizzative, direttive o di controllo in una competizione sportiva | *Pubblico u.*, chi esplica una pubblica funzione legislativa, giudiziaria o amministrativa, anche senza essere inquadrato nella Pubblica Amministrazione | *U. giudiziario*, pubblico ufficiale che svolge attività autonome o ausiliarie rispetto a quelle proprie dell'autorità giudicante | *U. di stato civile*, chi in ogni comune ha il compito di ricevere gli atti concernenti lo stato civile, custodirne i rispettivi registri, rilasciarne estratti e sim. *2* (*mil.*) Ogni graduato appartenente ai quadri preposti all'inquadramento e all'impiego delle varie unità, nonché al funzionamento dei comandi e dei servizi: *u. in servizio permanente, di complemento, a riposo* | *Ufficiali subalterni*, tenenti e sottotenenti | *Ufficiali inferiori*, da sottotenente a capitano | *Ufficiali superiori*, da maggiore a colonnello | *Ufficiali generali*, di brigata, di divisione, di corpo d'armata, designato d'armata; per i servizi: maggior generale, tenente generale | *Ufficiali di collegamento*, tra comandi di grandi unità e comunità dipendenti | *U. pagatore*, addetto alla cassa di corpo | *U. addetto agli automezzi, ai servizi*, di un corpo | *U. osservatore*, d'artiglieria, per l'osservazione del tiro | (*mar., aer.*) *U. di rotta*, incaricato di calcolare la rotta e sorvegliare che sia seguita. *3* In molti ordini cavallereschi, classe o grado superiore a quello iniziale. ‖ **ufficialétto**, dim. (V.) | **ufficialino**, dim. | **ufficialùccio**, pegg.

ufficialéssa s. f. *1* Donna incaricata di un pubblico ufficio. *2* (*mil.*) Ufficiale di sesso femminile. *3* (*scherz.*) Moglie di un ufficiale dell'esercito.

ufficialétto s. m. *1* Dim. di *ufficiale* (2). *2* Giovane ufficiale, fresco di promozione.

ufficialità (1) [da *ufficiale* (1)] s. f. • Qualità di ciò che è ufficiale: *l'u. di una carica, di una notizia, di una comunicazione.*

ufficialità (2) [da *ufficiale* (2), nel sign. 2] s. f. • (*mil.*) Insieme degli ufficiali di un corpo, di un presidio, o dell'intero esercito.

ufficializzàre [da *ufficiale* (1)] v. tr. • Rendere noto q.c. precedentemente decisa o attuata, palesandone i caratteri di autenticità e conformità a determinate norme, spec. nel linguaggio burocratico: *u. una promozione, una nomina*; *è meglio non u. soluzioni improvvisate.*

ufficializzazióne s. f. • Atto, effetto dell'ufficializzare: *l'u. di una decisione, di un provvedimento.*

ufficiànte o †**uffiziànte**, †**ufiziànte** **A** part. pres. di *ufficiare*; anche agg. • Nei sign. del v. **B** s. m. • Officiante.

ufficiàre o †**uffiziàre**, †**ufiziàre** [da *ufficio*] **A** v. tr. e intr. (*io ufficio*; aus. *avere*) • (*relig.*) Officiare. **B** v. tr. • (*bur.*) Invitare, sollecitare con ossequio.

ufficiatóre o **uffiziatóre**, †**uficiatóre**, †**ufiziatóre** agg.; anche s. m. (f. *-trice*) • Che, chi ufficia.

ufficiatùra o **uffiziatùra**, †**uficiatùra**, †**ufiziatùra** [da *ufficiare*] s. f. • Celebrazione degli uffici religiosi.

ufficio o (*pop.*) **officio** spec. nel sign. 2, †**offizio**, †**oficio**, †**ofizio**, (*lett.*) **uffizio**, †**uficio**, (*raro*)

ufizio [vc. dotta, lat. *offĭciu(m)*, che sta per *opifĭciu(m)*, da *ŏpifex*, comp. di *ŏpus* 'lavoro' e della radice di *făcere* 'fare, compiere'] s. m. *1* (*raro*) Ciò che ciascuno deve fare secondo il luogo, il tempo, la condizione, l'attitudine, la preparazione specifica e sim.: *mancare al proprio u.*; *a lui spetta l'u. di assistere, di curare*; *adempiere a un pietoso u. verso i defunti*; *u. di madre, di tutore, d'insegnante*. SIN. Dovere, obbligo. *2* (*est., raro*) Beneficio, favore, servigio: *u. verso il prossimo, verso se stesso*. *3* (*est.*) Intervento, raccomandazione, sollecitazione: *ciò che abbiamo ottenuto lo dobbiamo ai vostri buoni uffici*; *ha interposto i suoi buoni uffici presso il ministro* | *Buoni uffici*, nel diritto internazionale, mediazione: *richiedere i buoni uffici di un Paese neutrale*. *4* (*est.*) Assunto, incarico, incombenza: *accettare, rifiutare un u.*; *u. spinoso, delicato*; *u. di padrino, arbitro, paciere*. *5* (*dir.*) Insieme di funzioni di cui è investito un funzionario: *doveri e oneri dell'u.* | *U. privato*, esplicazione in nome proprio di un'attività nell'interesse di altri, in ottemperanza di un comando legale | *D'u.*, per autonoma iniziativa di un funzionario, di un'autorità e sim., senza una previa istanza: *dimissioni d'u.*; *reato perseguibile d'u.* | *Atto d'u.*, emanato da un funzionario o da un'autorità nell'esercizio delle sue funzioni | *Difensore d'u.*, designato dal giudice e assegnato alla parte che non può procurarsene uno di fiducia | *Difesa d'u.*, quella fatta da un difensore d'ufficio; (*est., fig.*) argomentazione di cui non si è intimamente convinti, che si deve addurre perché obbligati da altri o dalle circostanze | (*est.*) Carica: *conferire l'u. di Ministro* | (*est.*) Luogo in cui un funzionario esercita le funzioni che gli competono: *recarsi nell'u. del giudice, del ministro*. *6* (*org. az.*) Compito che una persona svolge o deve svolgere nell'ambito dell'organizzazione di un'azienda: *trascurare l'u.*; *un u. pieno di responsabilità* | (*est.*) Posto di lavoro di un impiegato o di un dirigente: *recarsi in u.*; *andare, essere in u.* *7* (*dir.*) Organo: *u. di collocamento, d'informazioni* | *U. di conciliazione*, giudice conciliatore | *U. giudicante*, autorità giudiziaria esplicante la funzione di giudicare | *U. di presidenza*, complesso del presidente e del vicepresidente di un organo collegiale | La sede in cui lo stesso esplica le proprie funzioni | *U. elettorale*, nel quale si svolgono le operazioni di voto o di spoglio delle schede o di calcolo dei risultati di un'elezione. *8* In un'azienda pubblica o privata, complesso di funzioni aziendali omogenee, per lo più raggruppate in un unico settore della stessa, e sede in cui sono svolte: *u. vendite*; *u. spedizioni*; *u. personale*; *u. stampa*; *u. propaganda*; *u. studi* | (*est.*) Complesso di impiegati che svolgono una determinata attività nell'ambito dell'azienda, e sede in cui lavorano: *u. cassa*; *uffici amministrativi*; *essere nominato capo u.*; *recarsi all'u. postale, telegrafico*. *9* Preghiera, cerimonia, funzione religiosa: *u. funebre* | *U. divino*, liturgia con la quale la Chiesa cattolica santifica le diverse ore del giorno, celebrata in coro da alcune comunità religiose o singolarmente dai preti secolari: *recitare, dire l'u.*; *cantare l'u.* | (*est.*) Breviario, libro o manuale che contiene i testi liturgici da recitarsi nelle varie ore dell'ufficio divino. || **ufficétto**, dim. | **ufficiòlo**, dim. (V.).

ufficiòlo o (*pop., tosc.*) **uffiziòlo**, (*raro*) **ufiziòlo**. s. m. *1* Dim. di *ufficio* nel sign. 9. *2* (*raro*) Mattutino, e altre preghiere, in onore della Vergine | Libro che contiene tali preghiere.

ufficiosità [vc. dotta, lat. tardo *officiositāte(m)*, da *officiōsus* 'ufficioso'] s. f. ● Qualità di ciò che è ufficioso.

ufficióso o (*raro*) **uffizióso**, †**uficióso**, †**ufizióso** [vc. dotta, lat. *officiōsu(m)*, da *offĭcium* 'ufficio, servizio'] agg. *1* (*raro, lett.*) Che è molto gentile, cortese, premuroso: *uomo, servitore u.* | *Bugia ufficiosa*, detta senza malizia o cattive intenzioni, solo per evitare danni, dolori e sim. *2* Che, pur essendo attendibile, non ha le caratteristiche dell'ufficialità: *notizia, comunicazione ufficiosa*; *l'informazione proviene da fonti ufficiose*; *in via ufficiosa posso confermarvi le prossime dimissioni del ministro*. *3* †Occupato: *ozioso o u. ch'io sia mi troverete sempre prontissimo per soddisfarvi* (TASSO). || **ufficiosaménte**, avv. In modo ufficioso, per via ufficiosa: *dare ufficiosamente una notizia*.

uffizio e *deriv.* ● V. *ufficio* e *deriv.*

†**ufìcio** e *deriv.* ● V. *ufficio* e *deriv.*

†**uficióso** ● V. *ufficioso*.

ufizio e *deriv.* ● V. *ufficio* e *deriv.*

ùfo (**1**) [etim. incerta] vc. ● Solo nella loc. avv. *a ufo*, senza pagare, a spese altrui: *mangiare a ufo* | *Vivere a ufo*, senza lavorare, ottenendo quello che è necessario a spese degli altri.

ÙFO (**2**) o **Ùfo** [sigla dell'ingl. *U(nidentified) F(lying) O(bject)* 'oggetto volante non identificato'] s. m. inv. ● Oggetto volante non identificato osservato visivamente o strumentalmente, di natura imprecisata al momento dell'osservazione: *avvistare, fotografare un UFO*; *alcuni asseriscono che gli UFO provengano da altri pianeti*.

ufologìa [comp. di *ufo* (*2*) e *-logia*] s. f. *1* Studio del fenomeno degli oggetti volanti non identificati. *2* Letteratura o pubblicistica che riguarda i dischi volanti: *racconti di u.*

ufològico [da *ufologia*] agg. (pl. m. *-ci*) ● Che riguarda gli ufo e l'ufologia.

ufòlogo [comp. di *ufo* (*2*) e *-logo*] s. m. (f. *-a*; pl. m. *-gi*) *1* Studioso degli ufo. *2* Autore di pubblicazioni sugli ufo.

ufonàuta [comp. di *ufo* (*2*) e del lat. *nāuta* 'navigante'] s. m. e f. (pl. m. *-i*) ● Ipotetico pilota o viaggiatore a bordo di un ufo.

ugandése **A** agg. ● Dell'Uganda: *territorio u.*; *popolazione u.* **B** s. m. e f. ● Abitante, nativo dell'Uganda.

ugèllo [etim. incerta] s. m. ● (*mecc.*) Condotto studiato e conformato per l'efflusso di un fluido: *u. del carburatore, dell'iniettore, del mantice, del reattore*.

ùggia [etim. incerta] s. f. (pl. *-ge*) *1* (*raro*) Ombra degli alberi che danneggia le piante sottostanti: *lo zafferano cresce anche all'u.* | (*est., raro*) Ombra: *u. grata nei calori estivi*. *2* (*fig.*) Noia, tedio: *stagione piovosa che dà u.*; *cose che fanno u.* | Fastidio, molestia: *che u.!* | *Avere qc., q.c. in u.*, trovarlo antipatico, molesto e sim. | *Venire in u. a qc.*, diventare molesto, antipatico, insopportabile | (*est.*) Cosa o persona molesta. || **uggerèlla**, dim. | **uggiolìna**, dim. (V.).

†**uggiàre** [da *uggia*] v. tr. ● Aduggiare.

uggiolaménto s. m. ● Atto, modo ed effetto dell'uggiolare.

uggiolàre [lat. *eiulāre* 'lamentarsi ad alta voce' (dall'escl. di dolore *ĕi*) con sovrapposizione di *ululāre* (?)] v. intr. (*io ùggiolo*; aus. *avere*) ● Detto del cane, lamentarsi con insistenti mugolii, per fame, dolore o altro.

uggiolìna s. f. *1* Dim. di *uggia*. *2* Vaga sensazione di fame, languorino: *sentire una certa u. allo stomaco*.

uggiolìo s. m. ● L'uggiolare frequente e continuato del cane: *l'u. di un cucciolo affamato*.

uggiosità s. f. ● Qualità di chi, di ciò che è uggioso.

uggióso [da *uggia*] **A** agg. *1* (*raro, lett.*) Ombroso e umido: *il castello dell'innominato era a cavaliere a una valle angusta e uggiosa* (MANZONI). *2* (*fig.*) Che dà uggia: *tempo u.*; *discorsi stupidi e uggiosi*; *stagione grigia e uggiosa*; *persona uggiosa*. SIN. Fastidioso, molesto, noioso. *3* (*raro*) Inquieto, infastidito: *umore u.* || **uggiosaménte**, avv. In modo uggioso, noioso. **B** s. m. (f. *-a*) ● Chi è uggioso: *è il solito u.* || **uggiosàccio**, pegg. | **uggiosétto**, dim. | **uggiosino**, dim.

uggìre [da *uggia*] **A** v. tr. (*io uggìsco, tu uggìsci*) *1* (*raro, lett.*) Rendere uggioso, ombroso. *2* (*raro, fig.*) Annoiare, tediare, infastidire. **B** v. intr. pron. ● (*raro*) Annoiarsi | Infastidirsi.

-ùglio [lat. *-ūliu(m)*, ricavato dagli agg. in *-ūlis*, di origine indeur.] suff. ● Forma sostantivi che hanno valore collettivo: *cespuglio, miscuglio, rimasuglio*.

ùgna e *deriv.* ● V. *unghia* e *deriv.*

†**ugnàre** [da *ugna*] v. tr. ● (*raro*) Augnare, nel sign. 2.

†**ugnatùra** ● V. *unghiatura*.

ugnèlla ● V. *unghiella*.

†**ùgnere** e *deriv.* ● V. *ungere* e *deriv.*

ugnétto [dim. di *ugna* 'unghia'] s. m. *1* Bulino. *2* (*raro*) Utensile elementare da tornio, da limatrice o da piallatrice.

ùgola o †**ùvola**, (*raro, lett.*) **ùvula** [vc. dotta, lat. tardo *ūvula(m)*, dim. di *ūva(m)* 'uva' e 'ugola' per la forma a chicco d'*uva* di quest'ultima] s. f. *1* (*anat.*) Piccola appendice che si distacca dal margine libero del palato molle. ➡ ILL. p. 367 ANATOMIA UMANA. *2* (*est., scherz.*) Gola | *Bagnarsi l'u.*, bagnarsi la gola, bere | *U. d'oro*, (*fig., scherz.*) si dice di persona che canta molto bene | (*raro, fig.*) *Perder l'u.*, sfiatarsi | (*raro, fig.*) *Non toccar l'u.*, assaggiare appena, gustare in minima quantità e sim. | (*raro, fig.*) *Far venire l'acqua all'u.*, l'acquolina in bocca.

ugonòtto [fr. *huguenot*, dal ted. *Eidgenassen*, letteralmente 'confederati' con sovrapposizione del n. pr., portato da uno dei capi ribelli, *Hugues* 'Ugo'] agg.; anche s. m. (f. *-a*) ● Che, chi aderì al movimento riformato cristiano sviluppatosi, fra il XVI e il XVII sec., in Francia.

ùgrico [V. *ugro-finnico*] agg.; anche s. m. (pl. m. *-ci*) ● Che, chi appartiene a un sottogruppo della famiglia linguistica ugro-finnica.

ùgro-fìnnico o **ugrofìnnico** [comp. di *ugr(ic)o*, dal n. degli *Ugri* (in russo *Ugrin* 'ungherese'), e *finnico*] **A** agg.; anche s. m. (pl. m. *-ci*) ● Che, chi appartiene a un gruppo di popoli originario della Russia del Nord, dispersosi in seguito parte verso l'Est e parte verso la Finlandia: *stirpi ugro-finniche*; *lingue ugro-finniche*. **B** s. m.; anche agg. ● Gruppo di lingue appartenenti alla famiglia uralica e comprendente l'ungherese, il finnico, l'estone e il lappone.

uguagliaménto o †**eguagliaménto** s. m. ● Atto, modo ed effetto dell'uguagliare.

uguaglianza o **eguaglianza**, †**iguaglianza** [da *uguagliare*] s. f. *1* Stato, condizione o qualità di chi, di ciò che è uguale a qc. o a q.c.: *u. totale, parziale*; *u. di forme, elementi, colori, dimensioni, peso*; *la perfetta u. di due oggetti*; *tra noi esiste una completa u. di vedute*. SIN. Identità. CONTR. Ineguaglianza. *2* (*est.*) Parità, equilibrio, corrispondenza: *trovarsi in condizioni di u.*; *u. di forze, di valori*. *3* Principio per cui tutti gli uomini sono considerati davanti alla legge senza distinzione e privilegi | Principio per cui a tutti gli uomini deve essere assicurata la libertà dal bisogno, mettendoli così in una condizione di uguaglianza reale e non solo formale. *4* (*mat.*) Relazione, legame esprimibile scrivendo che due enti sono uguali | Isometria fra piani o fra spazi | *U. diretta*, in un piano o spazio, uguaglianza nella quale figure corrispondenti siano sovrapponibili, nel caso si tratti del piano senza uscire da questo | *U. inversa*, in un piano e spazio, uguaglianza che non sia diretta. *5* (*raro*) Qualità di ciò che è liscio, piano, scorrevole, privo di asperità, irregolarità, scabrosità e sim. (*anche fig.*): *u. di un terreno, di una superficie*; *u. di stile*.

uguagliàre o **eguagliàre** [lat. parl. **aequaliāre*, da *aequālis* 'uguale'] **A** v. tr. (*io uguàglio*) *1* Rendere uguale: *u. il peso, la forma, le dimensioni di due o più oggetti*; *u. gli uomini di fronte alla legge*. CONTR. Disuguagliare. *2* Rendere uniforme, liscio, omogeneo, privo di asperità, irregolarità e sim.: *u. il prato, la siepe*; *u. il colore, la vernice*; *u. il terreno prima della semina*; *u. lo stile*. *3* (*fig.*) Essere uguale a qc. o a q.c. per qualità, virtù, doti e sim., raggiungere qc. o q.c. sullo stesso piano: *u. qc. in potenza, in astuzia, in abilità*; *nessuna può uguagliarla in bellezza*; *nei suoi quadri ha uguagliato la perfezione dei grandi maestri*; *in lui la bontà uguaglia l'intelligenza*. *4* Nello sport, raggiungere, conseguire un risultato uguale a quello ottenuto da altri: *u. un record, un primato*; *u. la misura, il tempo del campione del mondo*. *5* Considerare uguale, simile, di pari dignità, valore, importanza e sim.: *non puoi uguagliarlo al suo maestro*; *non è possibile u. le due città*. **B** v. intr. ● †Essere in perfetta proporzione di peso, parti e forma, detto di cose della stessa natura. **C** v. rifl. ● Mettersi sullo stesso piano, considerarsi alla pari: *uguagliarsi a, con qc.* **D** v. intr. pron. ● Essere o divenire uguale: *in questo caso i vari criteri si uguagliano*; *presto le forze dei contendenti si uguaglieranno*.

uguagliàto o **eguagliàto** part. pass. di *uguagliare*; anche agg. ● Nei sign. del v.

uguagliatóre o †**eguagliatóre** agg.; anche s. m. (f. *-trice*) ● Che, chi uguaglia.

uguàle o **eguàle**, †**equàle**, (*raro*) †**guàle**, †**iguàle** [lat. *aequāle(m)*, da *āequus* 'equo'] **A** agg. *1* Detto di cosa, persona o animale che per natura, forma, dimensioni, qualità, quantità o valore, non differiscono sostanzialmente l'uno dall'altro: *sostanze uguali*; *colori uguali*; *le nostre idee sono uguali sotto ogni punto di vista*; *essere u. di, per età, forza, altezza, peso*; *possedere un u. grado di bontà, di intelligenza*; *quei due gemelli sono veramente uguali*; *abbiamo tutti uguali diritti e uguali doveri*; *gli uomini devono essere tutti uguali di fronte alla legge*; *piccoli, cresciuti o grandi, giovani, anziani o vecchi, al buio si è tutti uguali* (MORANTE) | *Quasi u.*, molto simile | *Esattamente, perfettamente, assolutamente u.*, identico | *Essere uguali come due gocce d'acqua*, (*fig.*) essere identici. CONTR. Diseguale, ineguale. *2* Che conserva la stessa natura, lo stesso valore, le medesime caratteristiche fondamentali, e quindi non muta col variare delle condizioni o situazioni particolari e contingenti: *la legge è u. per tutti*; *il problema è u. per entrambi* | *Essere sempre u. a se stesso*, essere coerente, conseguente col proprio abituale modo di pensare e procedere | *Essere u. a se stesso*, (*enf.*) essere all'altezza della propria fama | *Essere u. a*, in matematica, equivalere a: *due più due è u. a quattro*. *3* Piano, liscio, privo di asperità, scabrosità, fenditure, dislivelli e sim.: *superficie u.*; *terreno u.*; *prato folto e u.* *4* (*fig.*) Omogeneo, uniforme: *andatura, moto u.*; *parlare con tono, con voce sempre u.* | Equilibrato, coerente: *stile u.* || **ugualménte**, avv. *1* In modo uguale, in ugual misura: *vi ringrazio ugualmente entrambi*. *2* Malgrado tutto, ciononostante, lo stesso e sim.: *vi ringrazio ugualmente*; *te ne sono ugualmente grato*; *penso che riuscirete ugualmente a farcela*. *3* (*raro*) In modo uniforme: *stendere ugualmente il colore, la vernice*. **B** in funzione di avv. ● Allo stesso modo: *sono alti u.*; *costano u.* **C** s. m. e f. *1* (*spec. al pl.*) Chi appartiene allo stesso grado, ceto o classe sociale di uno o più altri: *trattare solo coi propri uguali*; *tra uguali ci si intende meglio*. *2* Chi, ciò che ha lo stesso valore, lo stesso grado di cultura, la medesima preparazione, abilità, perizia e sim.: *una associazione di uguali* | *Non avere l'u.*, *non trovare uguali* e sim., essere incomparabile, inarrivabile e sim.

ugualità o **egualità**, †**egualitàde**, †**egualitàte**, †**egualtà**, †**equalità**, †**equalitàde**, †**equalitàte**, †**igualità**, †**ugualitàde**, †**ugualitàte** [da *uguale*] s. f. ● (*raro, lett.*) Uguaglianza: *da una u. di cittadini in una disagguaglianza grandissima quella città condussono* (MACHIAVELLI).

ugualitàrio [da *ugualità*, sul modello del corrispondente fr. *égalitaire*] agg.; anche s. m. (f. *-a*) ● (*raro*) Egualitario.

ugualitarismo [da *ugualitario*, come il corrispondente fr. *égalitarisme* da *égalitaire*] s. m. ● (*raro*) Egualitarismo.

†**ugualitàte** ● V. *ugualità*.

ugualizzànte [da *ugualizzare*, per *uguagliare*, parallelo di *equalizzare*] **A** agg. ● (*tess.*) Detto di prodotto impiegato nei bagni di tintura per filati e tessuti per uniformare il tono del colore. **B** anche s. m.

†**uguànno** ● V. †*uquanno*.

uh /u/ [vc. onomat.] inter. ● Esprime, a seconda del tono con cui viene pronunciata, dolore acuto, fastidio, meraviglia, sorpresa, disapprovazione, disgusto o anche desiderio: *uh! che male!*; *uh! quanta roba*; *uh! che cattivo odore*; *uh! quanti dolci!* | (*scherz.*) Si usa per fare paura a qc. giungendogli d'improvviso alle spalle.

uhèi /u'ɛi/ [vc. onomat.] **A** inter. ● Esprime forte e intenso dolore o grande meraviglia. **B** in funzione di s. m. ● †Lamento.

ùhi /'ui/ o **uhìa** [vc. onomat.] inter. ● Esprime forte dolore, contrarietà o rammarico: *Alto sospir, che duolo strinse in 'uhi!'*, / *mise* (DANTE *Purg.* XVI, 64-65).

uhm /m/ [vc. espressiva] inter. ● Esprime incertezza, diffidenza, dubbio, incredulità e sim.: *uhm!, sarà, ma mi sembra una cosa difficile*; *uhm! credo non lo convincerai!*; *uhm! uhm! io non me ne voglio occupare!*

uistitì [fr. *ouistiti*, di origine onomat.] s. m. inv. ● Piccola scimmia platirrina americana lunga solo venti o trenta centimetri, diurna, arboricola (*Callithrix*).

ukàse o **ucàse** [vc. russa (*ukáz*), letteralmente 'editto imperiale', dal v. *ukazát* 'indicare'] s. m. inv. *1* Nell'antica Russia, fino al XIX sec., editto o decreto imperiale, tipica espressione e strumento del dispotismo zarista. *2* (*est., fig.*) Decisione, ordine e sim. imposto d'autorità, indiscutibile e inappellabile.

ukulèle [vc. indigena delle Hawaii, dove *ukulele* significa 'pulce', cui viene assomigliato il rapido movimento delle dita del suonatore] s. f. e m. inv. ● Piccola chitarra hawaiana a quattro corde. ➡ ILL. **musica**.

ùlama ● V. *ulema*.

ulàno [ted. *Ulan*, vc. di origine turca (turco *oğlan* 'fante, ragazzo'), presa attraverso il polacco] s. m. ● Soldato del corpo di cavalleria leggera di origine tartara, adottato poi dai polacchi e via via dagli eserciti d'Austria, Germania e Russia che lo mantennero in vita fino alla prima guerra mondiale, armato di lancia, sciabola e carabina, dotato di speciale copricapo e uniforme caratteristici.

ùlcera o †**ùlcere** [vc. dotta, lat. *ŭlcera*, nt. pl. di *ŭlcus*, genit. *ŭlceris*, di origine indeur.] s. f. *1* (*med.*) Lesione di continuo della cute o delle mucose, con scarsa tendenza alla guarigione: *u. gastrica*, *duodenale*; *u. varicosa* | (*per anton.*) Correntemente, ulcera gastrica o duodenale: *soffrire di u.* *2* (*fig.*) †Intima pena che rode. || **ulcerétta**, dim. | **ulcerìna**, dim.

†**ulceragióne** ● V. *ulcerazione*.

ulceraménto s. m. ● (*raro*) Ulcerazione.

ulceránte agg. ● (*med.*) Detto di condizione o sostanza che può provocare ulcera.

ulceràre [vc. lat. *ulcerāre*, da *ŭlcus*, genit. *ŭlceris* 'ulcera'] **A** v. tr. (*io ùlcero*) ● (*med.*) Ledere con un'ulcera: *u. la pelle, una mucosa*. **B** v. intr. (aus. *essere*) ● (*med.*) Degenerare in ulcera: *affezione che tende a u.* **C** v. intr. pron. ● Essere o divenire affetto da ulcera: *pelle che si ulcera*.

ulceratìvo agg. ● Di, relativo a ulcera o ulcerazione: *fenomeno, processo u.* | Atto a provocare ulcere o ulcerazioni: *sostanze ulcerative*.

ulceràto part. pass. di *ulcerare*; anche agg. *1* Nei sign. del v. *2* (*raro, fig., lett.*) Esulcerato: *animo u.*

ulcerazióne o †**ulceragióne** [vc. dotta, lat. *ulceratiōne(m)*, da *ulcerātus* 'ulcerato'] s. f. *1* Atto, effetto dell'ulcerare e dell'ulcerarsi | Ulcera. *2* In dermatologia, lesione superficiale con caratteri simili all'ulcera. || **ulcerazioncèlla**, dim.

†**ùlcere** ● V. *ulcera*.

†**ùlcero** s. m. ● (*raro*) Ulcera.

ulcerògeno [vc. dotta, comp. di *ulcer(a)* e *-geno*] agg. ● (*farm., med.*) Detto di condizione o farmaco che favorisce l'insorgenza o la recidiva di un'ulcera gastrica o duodenale.

ulceróso [vc. dotta, lat. *ulcerōsu(m)*] **A** agg. ● Di, relativo a, caratterizzato da, ulcera: *lesione ulcerosa* | (*med.*) *Malattia ulcerosa*, l'ulcera gastrica e l'ulcera duodenale considerate nella loro comune eziologia. **B** agg.; anche s. m. (f. *-a*) ● Che, chi è affetto da ulcera gastrica o duodenale: *malato u.*; *un u. cronico*.

ùlema o **ùlama**, **ulèma** [ar. *'ulamā*, propriamente 'i saggi, i dotti', pl. di *'alīm* 'sapiente' (da *'alima* 'sapere')] s. m. inv. ● Maestro che si dedica alla teologia musulmana, all'origine esperto nella scienza coranica e delle tradizioni.

uligàno o **huligàno** [russo (*c*)*huligán*, di origine ingl., dal gerg. *hooligan*, originariamente cognome di una spregiudicata famiglia irl., che viveva a Londra verso la fine dell'Ottocento] s. m. ● Teppista, giovane contestatore, spec. nell'Unione Sovietica a partire dagli anni '60.

ulìgine [vc. dotta, lat. *ulīgine(m)*, connesso con *ū(v)idus* 'umido'] s. f. ● (*raro, lett.*) Umidità naturale della terra.

uliginóso [vc. dotta, lat. *uliginōsu(m)*, da *ulīgo*, genit. *ulīginis* 'uligine'] agg. ● (*raro*) Umidiccio, che manda umidità: *terreno u.* | (*raro*) *Piante uliginose*, che vivono in luoghi umidi, melmosi, paludosi.

†**uliménto** ● V. †*aulimento*.

†**ulimìre** [da †*ulimento*] v. intr. ● (*raro*) Essere odorifero, profumato.

†**ulimóso** [da †*ulimire*] agg. ● Odorifero, profumato.

†**ulìre** ● V. *aulire*.

ulìsside o (*lett.*) **ulìsside** [da *Ulisse*, n. del protagonista dell'*Odissea* di Omero] s. m. e f. ● (*lett.*) Chi, per brama di conoscenza, è sempre disponibile a nuove esperienze o ad avventurose esplorazioni.

ulìte [comp. del gr. *óulon* 'gengiva' e *-ite* (*1*)] s. f. ● (*med.*) Infiammazione delle gengive.

ulìva e *deriv.* ● V. *oliva* e *deriv.*

ulivèlla [dim. di *uliva*, in senso proprio e fig.] s. f. *1* V. *olivella* (*1*). *2* (*tecnol.*) Attrezzo costituito da due cunei e altri pezzi resi solidali tra loro mediante un bullone e che serve a praticare in un blocco di pietra una piccola cavità, nella quale possono essere attaccati un gancio o un anello che permettano il sollevamento del blocco stesso.

ulìvo e *deriv.* ● V. *olivo* e *deriv.*

Ulmàcee o **Olmàcee** [vc. dotta, comp. del lat. *ŭlmus* 'olmo' e *-acee*] s. f. pl. ● Nella tassonomia vegetale, famiglia di Dicotiledoni arboree o arbustive con fiori ermafroditi (*Ulmaceae*) | (al sing. *-a*) Ogni individuo di tale famiglia. ➡ ILL. **piante** /2.

ulmària o **olmària** [dal lat. *ŭlmus* 'olmo'] s. f. ● Erba perenne delle Rosacee con radice cespitosa, foglie opposte e composte di cinque o sette foglioline, frutti a follicoli (*Filipendula ulmaria*). SIN. Pepina.

ùlmico ● V. *umico*.

ùlna [ingl. *au(l)ne*, dal lat. *ulna* nel senso di 'braccio', come misura] s. f. ● (*anat.*) Osso lungo dell'avambraccio, parallelo al radio, dalla parte del mignolo. ➡ ILL. p. 362 ANATOMIA UMANA.

ulnàre agg. ● (*anat.*) Dell'ulna: *regione u.*; *vena*, *arteria u.*

†**ulolàre** ● V. *ululare*.

ulòtrico [gr. *óulothrix* 'dai capelli ricciuti', comp. di *ôulos* 'crespo' (da *êilein* 'girare, arrotolare', prob. d'orig. indeur.) e *thríx*, genit. *trichós* 'pelo'] agg. (pl. m. *-chi*) ● Detto di tipo di capelli crespi, molto fini, a sezione ellittica, caratteristici di molte razze di tipo negroide.

ùlster /'ulster, *ingl.* 'ʌlstə*/ [vc. ingl., per *Ulster Overcoat*, propriamente 'soprabito secondo la moda della provincia irl. dell'*Ulster*'] s. m. inv. ● Lungo mantello da viaggio con cintura e mantellina, in voga alla fine del XIX sec. e agli inizi del XX.

ulterióre [vc. dotta, lat. *ulteriōre(m)*, comparativo di *ŭlter* '(che si trova) al di là', di orig. indeur.] agg. *1* Che si trova al di là di una linea determinata, rispetto a un punto di riferimento convenzionalmente stabilito: *Gallia*, *Spagna u.*; *Calabria u.* CONTR. Citeriore. *2* Che è nuovo, successivo e si aggiunge a quanto già detto, fatto, accertato, verificato, spec. nel linguaggio bur.: *ricerche*, *indagini*, *notizie ulteriori*; *per ulteriori informazioni rivolgersi alla segreteria*; *tenetemi al corrente circa gli ulteriori sviluppi della situazione*. || **ulteriorménte**, avv. *1* Ancor più: *è sconsigliabile avanzare ulteriormente in territorio nemico*. *2* Più avanti, in seguito: *ulteriormente vi forniremo notizie più precise*.

ùltima [da *ultimo* (V.) per ellissi di un s. di genere f.] s. f. ● (*fam.*) In una serie o sequenza di cose assunte secondo un criterio cronologico, indica quella più recente in ordine di tempo e, comunque, quella che conclude o deve concludere la serie: *avete saputo l'u.* (*notizia*)?; *se state zitti vi racconto l'u.* (*barzelletta, indiscrezione, chiacchiera e sim.*); *questa è l'u.* (*birichinata, malefatta e sim.*) *che mi fai*; *giochiamo, facciamo l'u.* (*partita*) *e poi andiamocene a casa*. || **ultimissima**, sup. (V.).

ultimàbile agg. ● Che può essere ultimato, concluso.

ultima ratio /*lat.* 'ultima 'rattsjo/ [loc. lat., letteralmente 'ultimo (qui f.) argomento (*ratio*, donde l'it. *ragione*, che mantiene anche questa accezione)'] loc. sost. f. inv. ● L'ultima soluzione possibile, l'estrema ancora di salvezza in circostanze disperate o comunque difficili.

ultimàre [vc. dotta, lat. tardo *ultimāre* 'avvicinarsi all'*ultimo* (momento)'] **A** v. tr. (*io ùltimo*) ● Condurre a fine, a termine: *u. l'opera iniziata*, *l'impresa* | Concludere: *u. un trattato*. **B** v. intr. ● †Finire, arrivare al termine.

ultimatìvo [da *ultimatum*] agg. ● Che ha il carattere o il tono di un ultimatum: *ordine u.* SIN. Perentorio.

ultimàto part. pass. di *ultimare*; anche agg. • Nei sign. del v. ‖ †**ultimataménte**, avv. Ultimamente.

ultimàtum [vc. lat. di creazione moderna, da *ŭltimus* 'estremo, finale, ultimo'] s. m. inv. *1* Nel diritto internazionale, proposta definitiva, ultime condizioni di un accordo, respinte le quali si minaccia di rompere i negoziati o di ricorrere alla forza: *mandare un u.* *2* (*est.*, *fig.*) Proposta, invito e sim. oltremodo perentorio, che non ammette obiezioni, ripensamenti o rifiuti se non a prezzo di gravi conseguenze: *a qualunque costo respingerò questo u.*

ultimazióne s. f. • Atto, effetto dell'ultimare.

ultimìssima s. f. *1* Sup. di *ultima*: *ti racconto l'u.* *2* Notizia nuovissima o edizione di giornale più recente, alla quale non seguiranno altre fino al giorno successivo: *l'u. di cronaca nera*; *le ultimissime dall'Italia*; *è uscita nelle edicole l'u. della notte.*

ultimìssimo agg.; anche s. m. *1* Sup. di *ultimo*: *l'u. concorrente*; *l'u. della serie.* *2* Il più recente di tutti (*spec. ell.* e *enf.*): *abbiamo appena sentito l'u. risultato.*

ultimìzia [da *ultimo* sul modello di *primizia*] s. f. • (*scherz.*) Foglia, fiore, frutto tardivo e di breve durata: *Siamo a fin d'agosto ... la foglia nuova è primizia all'aspetto, u. di fatto* (BACCHELLI).

ùltimo o †**ùtimo** [vc. dotta, lat. *ŭltimu(m)*, da *ŭlter* '(posto) al di là (completamente)', di origine indeur.] **A** agg. *1* Corrispondente all'elemento finale o conclusivo, sia in senso spaziale che temporale, in una successione, in una classificazione, in una serie e sim.: *l'u. nome di un elenco*; *l'ultima parola di un dizionario*; *l'ultima lettera dell'alfabeto*; *l'u. giorno del mese, dell'anno, della settimana*; *le ultime ore di vita*; *gli ultimi addii prima della partenza*; *cogliere, offrire l'ultima possibilità*; *prendere, perdere l'u. treno*; *leggere un libro fino all'ultima pagina*; *perdere tutto fino all'u. soldo*; *riservare due posti nell'ultima fila di poltrone*; *trasmettere la quinta e ultima puntata di un'inchiesta*; *dare l'ultima mano di colore, di vernice*; *te lo ripeto per l'ultima volta*; *non è la prima e non sarà l'ultima volta*; *lo so a memoria dalla prima all'ultima pagina*; *noi siamo gli ultimi cinque della graduatoria*; *questo è il mio u. figlio*; *l'u. nato* | *L'ultima parola*, (*fig.*) quella decisiva | *Avere, dire, volere sempre l'ultima parola*, in una discussione e sim., rispondere sempre, non arrendersi mai, non tacere | *Non è ancor detta l'ultima parola*, (*fig.*) le cose possono ancora cambiare | *Dalla prima all'ultima parola*, dal principio alla fine | *Le ultime parole famose*, (*fam.*, *scherz.*) quelle che si dicono in determinati momenti, con tono deciso e convinto, in piena buona fede e sim., e che vengono poi totalmente smentite dai fatti | *Ultima istanza*, estremo grado del processo: *ricorrere in ultima istanza* | *In ultima istanza*, (*fig.*) in conclusione, come ultima prova e sim. | *Termine u.*, momento entro cui si esaurisce un effetto giuridico | *In ultima analisi*, in conclusione | *Essere u.*, *arrivare u.* o *buon u.*, *classificarsi per u.*, e sim., essere, arrivare, classificarsi dopo tutti gli altri | *Esalare, rendere l'u. respiro*, morire | *Esprimere le ultime volontà*, fare testamento | *Essere all'ultima ora*, stare per morire | *Gli eroi dell'ultima ora*, (*iron.*, *spreg.*) coloro che non combattono, si nascondono e, passati i momenti difficili, riappaiono per gloriarsi dei successi altrui e goderne i vantaggi | *All'u. momento*, *all'ultima ora* e sim., sul finire del tempo utile o stabilito. *2* (con valore est. e raff., preceduto dall'art. indeter.) Ulteriore e definitivo: *dare un'ultima occhiata*; *fare un u. sforzo*; *vi concedo un'ultima possibilità*; *ci resta ancora un'ultima speranza.* *3* Che è il più prossimo al tempo o al momento presente, che risale a poco o pochissimo tempo fa: *l'ultima guerra*; *gli ultimi tempi*; *l'ultima ora*; *le ultime notizie*; *hai saputo l'ultima novità?*; *stanno commentando gli ultimi avvenimenti politici*; *non conosco ancora i canoni dell'ultima moda* | *All'ultima moda*, modernissimo | *Dell'ultima ora*, recentissimo: *notizia dell'ultima ora* | *L'u. grido della moda*, foggia recentissima ed elegante di abito e sim. | *U. scorso*, spec. nel linguaggio burocratico e commerciale, si dice di giorno della settimana o di mese che precedono, rispettando il normale ordine di sequenza, quello in corso: *sabato u. scorso vi abbiamo spedito la merce*; *rispondiamo alla vostra del 15 aprile u. scorso*; *nel maggio u. scorso.* *4* Che è molto lontano dal tempo presente in quanto risale a un remoto passato o si proietta in un remoto futuro: *le ultime origini della nostra civiltà*; *la sua fama durerà fino agli ultimi secoli, fino alle ultime generazioni.* *5* (*lett.*) Che è molto lontano nello spazio, spec. in relazione a un osservatore o a un determinato punto di riferimento: *questa siepe che da tanta parte / dell'u. orizzonte il guardo esclude* (LEOPARDI). *6* Che costituisce la parte o zona finale di q.c.: *l'u. lembo di spiaggia, di terra*; *le ultime propaggini della penisola.* *7* (*fig.*) Di chi, di ciò che per importanza, pregio, merito, capacità, valore e sim. è inferiore ad altri e quindi è, o può essere, ad essi posposto o subordinato: *è l'u. scrittore che leggerei*; *è proprio l'u. film che desidero vedere*; *ti assicuro che la ricchezza è la mia ultima preoccupazione*; *sei l'ultima persona cui avrei pensato per una cosa simile* | *L'u. arrivato*, *l'u. venuto*, (*fig.*) la persona meno importante, capace, meritevole e sim.: *non sono, non credo di essere l'u. arrivato* | *L'ultima ruota del carro*, (*fig.*) la persona più irrilevante, trascurabile e sim. | *Non u.*, di chi è apprezzabile, meritevole e sim. | (*est.*) Peggiore, pessimo, infimo: *di ultima qualità*; *d'u. ordine.* *8* (*fig.*) Massimo, sommo: *l'u. piacere*; *le ultime possibilità dell'arte*; *le ultime vette dell'ingegno, della poesia* | *All'u. grado*, al massimo grado | (*est.*) Che raggiunge il limite, il grado estremo: *portare q.c. alla sua ultima conseguenza.* *9* (*fig.*, *lett.*) Principale, fondamentale: *Dio è l'ultima causa del mondo*; *ecco la ragione ultima delle mie decisioni.* ‖ **ultimaménte**, avv. *1* Di recente: *ultimamente non l'ho visto.* *2* †Alla fine. **B** in funzione di avv. • (*raro*) †In ultimo. **C** s. m. (f. *-a* nel sign. 1) *1* Chi viene dopo tutti gli altri, chi è ultimo nel tempo, nello spazio o per importanza, pregio, meriti, e sim.: *l'u. della serie, della lista, dell'elenco, della classifica*; *l'u. di noi, fra noi*; *essere uno degli ultimi*; *essere, stare, trovarsi, rimanere tra gli ultimi* | *L'u. della classe*, il più ignorante, quello che ottiene i peggiori risultati scolastici | *L'u. degli ultimi*, il peggiore in senso assoluto | *Gli ultimi saranno i primi*, secondo quanto sta scritto nel Vangelo, i più diseredati saranno coloro cui spetterà in cielo la maggiore ricompensa. *2* (*fam.*) Ciò che chiude una successione, una classificazione, una serie e sim. (per ell. di un s.): *l'u.* (*giorno*) *del mese, dell'anno*; *l'ultima* (*donna*) *della famiglia*; *questa è l'ultima* (*birichinata*) *che mi fai* | *Quest'u.*, *quest'ultima*, si dice riferendosi a persona o cosa testé nominata. *3* (*fig.*) Momento finale, conclusivo | *All'u.*, alla fine: *arrivare all'u.*; *all'u. ho deciso di restare* | *Essere all'u.*, *agli ultimi*, in punto di morte | *Da u.*, infine: *da u. si seppe che le cose stavano diversamente* | *In u.*, alla fine: *in u. vedremo il da farsi*; (*fam.*) in fondo, in coda: *essere, rimanere in u.* | (*lett.*) *Nell'u.*, alla fine | *Sull'u.*, infine | *Fino all'u.*, fino alla fine: *resistere, lottare fino all'u.* ‖ **ultimìssimo**, sup. (V.).

ultimogènito [comp. di *ultimo* (contrapposto a *primo*) e *genito*] agg.; anche s. m. (f. *-a*) • Che, chi è nato per ultimo, in una famiglia: *figlio u.*; *le presento la mia ultimogenita.* CONTR. Primogenito.

ùlto [vc. dotta, lat. *ŭltu(m)*, part. pass. di *ulcìsci* 'vendicare', di etim. incerta] agg. • (*poet.*) Vendicato: *ne' campi memori / de la clade che ancora ulta non fu* (CARDUCCI).

ultóre [vc. dotta, lat. *ultōre(m)*, da *ŭltus* 'ulto'] agg.; anche s. m. (f. *-trice*) • (*poet.*) Che, chi punisce e vendica: *con questa / ultrice mano* (TASSO) | Nell'antichità classica, appellativo o epiteto di divinità: *Giove u.*; *il tempio di Marte u.*

ultrà o **ùltra** [adattamento it. del fr. *ultra*] agg.; anche s. m. e f. (pl. *ultrà*, *ùltra* o *ùltras*) *1* Appartenente a gruppi politici estremistici: *un esponente u.*; *la destra, la sinistra u.*; *un corteo di u.* *2* Tifoso fanatico di una squadra sportiva, spesso inserito in un gruppo: *gli u. della Lazio, della Roma*; *gli u. della curva.*

ultra (*1*) /lat. 'ultra/ [vc. dotta, lat. *ŭltra*, avv. di *ŭlter* '(che va o si trova) al di là'] avv. • Nelle loc. avv. *e, et u.*, e più: *finché sarò vivo et u.*

ultra (*2*) /fr. yl'tra/ [vc. fr., che sta per *ultra-royaliste* 'ultra-realista'] s. m. inv. *1* In Francia, durante la Restaurazione, sostenitore intransigente della monarchia assoluta. *2* In epoca più recente, reazionario, sostenitore della destra francese nazionalista: *gli u. di Algeria.*

ùltra- [dal lat. *ŭltra* (V. *ultra* (*1*))] primo elemento • In parole composte, significa 'al di là da', 'più che', o fa riferimento a una qualità o condizione che supera o eccede la norma: *ultracentenario*, *ultrameraviglioso*, *ultramoderno*, *ultrasensibile*, *ultrasuono*, *ultraterreno*, *ultravioletto.*

ultracellulàre [comp. di *ultra-* e *cellulare*] agg. • (*biol.*) Detto di struttura facente parte della cellula e avente dimensioni submicroscopiche.

ultracentenàrio [comp. di *ultra-* e *centenario*] agg.; anche s. m. (f. *-a*) • Che, chi ha più di cento anni: *un vecchietto u.*; *un u. quanto mai arzillo.*

ultracentrìfuga [comp. di *ultra-* e *centrifuga*] s. f. • (*fis.*) Centrifuga ad altissima velocità, capace di produrre accelerazioni centrifughe dell'ordine di un milione di volte l'accelerazione di gravità e destinata, per es., a frazionare i costituenti cellulari. SIN. Supercentrifuga.

ultracentrifugàre [da *ultracentrifuga*] v. tr. • (*fis.*) Sottoporre a separazione mediante l'ultracentrifuga.

ultracentrifugazióne [da *ultracentrifuga*] s. f. • (*fis.*) Operazione di separazione effettuata mediante l'ultracentrifuga.

ultracompàtto [comp. di *ultra-* e *compatto*] agg. • Che ha subìto una notevole riduzione d'ingombro: *apparecchio fotografico u.* | Miniaturizzato: *impianto stereo u.*

ultracondensatóre [comp. di *ultra-* e *condensatore*] s. m. • (*ott.*) Condensatore destinato a illuminare il preparato nell'ultramicroscopio.

ultracórto [comp. di *ultra-* e *corto*] agg. *1* Cortissimo. *2* Detto di onde hertziane aventi una lunghezza d'onda compresa fra 10 m e 1 m e una frequenza compresa fra 30 MHz e 300 MHz, corrispondenti alle onde metriche.

ultracùstica [comp. di *ultra-* e *acustica*] s. f. • (*fis.*) Studio dei fenomeni ultrasonori prodotti dalle onde elastiche sonore aventi una frequenza superiore a 16 000 Hz.

ultracùstico [comp. di *ultr(a)-* e *acustico*] agg. (pl. m. *-ci*) • (*fis.*) Relativo all'ultracustica.

ultradèstra [comp. di *ultra-* e *destra*] s. f. • Insieme di partiti o gruppi politici che operano nell'area dell'estrema destra: *l'u. extraparlamentare, istituzionale.*

ultrafiltrànte [comp. di *ultra-* e *filtrante*] agg. • (*chim.*) Atto a compiere un'ultrafiltrazione: *membrana u.*

ultrafiltrazióne [comp. di *ultra-* e *filtrazione*] s. f. • (*chim.*) Separazione da una sospensione di particelle di dimensioni microscopiche o ultramicroscopiche, mediante un ultrafiltro.

ultrafìltro [comp. di *ultra-* e *filtro*] s. m. • Membrana di collodio, opportunamente preparata, per eseguire ultrafiltrazioni.

ultraforming /ingl. 'ʌltra-fɔːmiŋ/ [vc. ingl., comp. del lat. *ŭltra* e (*re*)*-forming* (V.)] s. m. inv. • (*chim.*) Processo di reforming catalizzato da platino con riciclo di idrogeno, che consente di migliorare il numero di ottano di benzine pesanti.

ultraleggèro [comp. di *ultra-* e *leggero*, calco sull'ingl. *ultralight*] **A** agg. • Che ha pochissimo peso. **B** s. m. • Apparecchio per il volo sportivo o da diporto, gener. monoposto, dotato di motore di bassa potenza e con caratteristiche tali da non farlo rientrare nella categoria degli aeromobili.

ultramarìno • V. *oltremarino.*

ultramicrofotografìa [comp. di *ultra-* e *microfotografia*] s. f. • Tecnica dell'impiego di particolari microscopi a forte ingrandimento, modificati in modo da poter eseguire le fotografie del preparato in osservazione.

ultramicròmetro [comp. di *ultra-* e *micrometro*] s. m. • (*fis.*) Strumento che consente di ridurre preparati di tessuti adeguatamente allestiti in sezioni, di spessore inferiore a 0,1 mm, adatte per l'osservazione con il microscopio elettronico a elettroni trasmessi.

ultramicroscopìa [comp. di *ultra-* e *microscopia*] s. f. • (*ott.*) Insieme delle tecniche e dei metodi di impiego dell'ultramicroscopio.

ultramicroscòpico [comp. di *ultra-* e *microsco-*

pico] agg. (pl. m. *-ci*) *1* (*ott.*) Relativo all'ultramicroscopio, effettuato mediante l'ultramicroscopio: *osservazione ultramicroscopica*. *2* (*ott.*) Osservabile solo con l'ultramicroscopio: *particelle, dimensioni ultramicroscopiche*. *3* (*ott.*) Relativo all'ultrastruttura, submicroscopico.

ultramicroscòpio [comp. di *ultra-* e *microscopio*] s. m. ● (*ott.*) Strumento destinato all'osservazione di corpuscoli minutissimi, spec. molto trasparenti, costituito da un microscopio ottico dotato di un fascio luminoso che colpisce i corpuscoli lateralmente e obliquamente e li fa apparire, grazie alla luce che diffondono, come puntini brillanti nel campo di osservazione oscuro.

ultramicròtomo [comp. di *ultra-* e *microtomo*] s. m. ● Strumento che serve a tagliare corpi in fette di spessore molto piccolo, inferiore a 0,1 mm, come per i preparati a microscopio.

ultramodèrno [comp. di *ultra-* e *moderno*] agg. ● Che costituisce o rappresenta quanto di più moderno vi è, per impostazione, ideazione, realizzazione, stile e sim.: *romanzo, edificio u.*; *tecniche ultramoderne*.

ultramondàno ● V. *oltremondano*.

ultramontanismo o **ultramontanesimo** [comp. di *ultra-* e di un deriv. da *montano*, sull'es. del fr. *ultramontanisme* da *ultramontain*] s. m. ● Movimento che in Francia prese posizione contro il gallicanesimo e il nazionalismo ecclesiastico e difese i diritti della Sede Romana | (*est.*) Ogni movimento che si oppose, anche fuori della Francia, alle tendenze autonomistiche delle chiese nazionali, affermando la cattolicità come dipendenza da Roma.

ultramontàno (1) ● V. *oltramontano*.

ultramontàno (2) [fr. *ultramontain* 'favorevole a chi sta al di là (*ultra*) dei monti (dal lat. *mōntes*)', opposto a *gallican* 'fautore dell'autonomia della Chiesa *gallicana*'] s. m. (f. *-a*) ● Seguace dell'ultramontanismo.

ultrapastorizzazióne [comp. di *ultra-* e *pastorizzazione*] s. f. ● Trattamento, spec. del latte, alla temperatura di 145 °C per due secondi in modo da distruggere totalmente la carica batterica e ottenere un prodotto a lunga conservazione; in sigla UHT.

ultrapiàtto [comp. di *ultra-* e *piatto*] agg. ● Che ha una forma molto appiattita e schiacciata | *Orologio u.*, da polso o da tasca con la cassa dallo spessore di pochi millimetri.

ultrapotènte [comp. di *ultra-* e *potente*] agg. ● Che dispone di enorme potenza.

ultrarallentatóre [comp. di *ultra-* e *rallentatore*] s. m. ● (*cine*) Rallentatore usato nella cinematografia scientifica, didattica o sportiva per analizzare movimenti molto rapidi con frequenze di ripresa fino a 5 000 fotogrammi al secondo.

ultraràpido [comp. di *ultra-* e *rapido*] agg. ● Che è estremamente rapido | (*fot., cine*) *Pellicola ultrarapida*, pellicola a elevatissima sensibilità.

ultrarósso [comp. di *ultra* e *rosso*] agg.; anche s. m. ● Infrarosso: *raggi ultrarossi*.

ultrasensìbile [comp. di *ultra-* e *sensibile*] agg. ● Che è dotato di estrema sensibilità.

ultrasinìstra [comp. di *ultra-* e *sinistra*] s. f. ● Movimento o insieme di gruppi politici che, con svariate posizioni, si organizzano e operano nell'area della sinistra extraparlamentare o alla sinistra di quella istituzionale: *un corteo dell'u. è sfilato per le vie del centro*; *convegno dell'u. europea*.

ultrasònico [comp. di *ultra-* e dell'agg. di *s(u)ono*] agg. (pl. m. *-ci*) *1* Pertinente ad ultrasuoni: *onde ultrasoniche*. *2* Supersonico: *velocità ultrasonica*.

ultrasonografìa [comp. di *ultras(u)ono* e *-grafia*] s. f. ● (*med.*) Ecografia.

ultrasonòro [comp. di *ultra-* e *sonoro*] agg. ● Ultrasonico: *onde ultrasonore*; *velocità ultrasonora*.

ultrasottìle [comp. di *ultra-* e *sottile*] agg. ● Che ha subito una notevole riduzione di spessore: *lenti a contatto ultrasottili*.

ultrastruttùra [comp. di *ultra-* e *struttura*] s. f. ● (*biol., fis.*) Struttura biologica o cristallina avente dimensioni inferiori a 0,2 μm e quindi non risolubile mediante un ordinario microscopio ottico e osservabile solo con un ultramicroscopio o un microscopio elettronico.

ultrastrutturàle agg. ● (*biol., fis.*) Relativo o pertinente alle ultrastrutture.

ultrastrutturìstica [da *ultrastruttura*] s. f. ● (*biol., fis.*) Disciplina che studia caratteristiche e proprietà delle ultrastrutture.

ultrasuòno [comp. di *ultra-* e *suono*] s. m. ● Suono di frequenza superiore al limite di udibilità umana.

ultrasuonoterapìa [comp. di *ultrasuono* e *terapia*] s. f. ● (*med.*) Terapia mediante ultrasuoni.

ultraterréno [comp. di *ultra-* e di *terreno*] agg. ● Che è o va al di là delle cose della terra: *mondo u.*; *felicità ultraterrena* | *Vita ultraterrena*, sopravvivenza dopo la morte.

ultraviolétto [comp. di *ultra-* e *violetto*] **A** s. m. ● (*fis.*) Radiazione elettromagnetica, situata oltre l'estremo violetto dello spettro visibile, avente lunghezza d'onda compresa fra 400 nm e 4 nm | *U. prossimo, vicino*, quello compreso fra 400 e 300 nm | *U. lontano*, quello compreso fra 300 e 200 nm | *U. estremo*, quello compreso fra 200 e 4 nm | *Fotografia all'u.*, ripresa fotografica di oggetti illuminati con raggi ultravioletti o emettenti raggi ultravioletti, effettuata mediante emulsioni sensibili a lunghezza d'onda fra 200 nm e 400 nm. **B** agg. ● Dell'ultravioletto | *Raggi ultravioletti*, le radiazioni elettromagnetiche che costituiscono l'ultravioletto

ultravìrus [comp. di *ultra-* e *virus*] s. m. inv. ● (*biol.*) Virus nel sign. 2.

ultravuòto [comp. di *ultra-* e *vuoto*] s. m. ● (*fis.*) Ambiente in cui gli aeriformi hanno una pressione inferiore a un milionesimo di millimetro di mercurio.

ultròneo [vc. dotta, lat. tardo *ultrōneu(m)*, da *ŭlter* '(situato) al di là', quindi dal senso facilmente deriv. di 'gratuito' a quello di 'da sé, di propria volontà'] agg. *1* (*raro, lett.*) Spontaneo. *2* (*dir.*) Eccessivo.

ùlula [vc. dotta, lat. *ŭlula(m)*, di origine onomat.] s. f. ● Uccello degli Strigiformi, bruno a macchie bianche, attivo anche di giorno (*Surnia ulula*).

ululàre o †**ulolàre** [vc. dotta, lat. *ululāre*, di origine onomat.] v. intr. (*io ùlulo*; aus. *avere*) *1* Emettere ululati, detto del cane e del lupo: *u. nella notte*; *un cane ululava alla luna*. *2* (*est., lett.*) Emettere prolungati e cupi lamenti, detto di persone. *3* (*fig.*) Produrre suoni simili a ululati: *il vento ululava nella valle*; *la bufera, l'uragano ulula nella selva*.

ululàto [vc. dotta, lat. *ululātu(m)*, part. pass. di *ululāre*] s. m. *1* Urlo cupo e prolungato del lupo o del cane e (*est.*) di altri animali: *l'u. delle fiere*; *il buio era punteggiato da lontani ululati di cani* (LEVI). *2* (*est., lett.*) Lungo grido lamentoso. *3* (*fig.*) Suono lungo e cupo simile a un ululato: *gli ululati del vento*.

ùlulo [da *ululare*] s. m. ● Ululato, urlo.

ululóne [da *ululare* per il suo insistente grido notturno] s. m. ● Anfibio anuro simile a un piccolo rospo, la cui pelle ha verruche porose sul dorso ed è di color giallo vivo e liscia sul ventre (*Bombina variegata*).

ùlva [vc. dotta, lat. *ŭlva(m)*, di etim. incerta] s. f. ● Alga marina della famiglia delle Ulvacee, grande e comune, che forma larghe fronde ondulate verdi (*Ulva lactuca*). SIN. Lattuga di mare.

Ulvàcee [vc. dotta, comp. del lat. *ŭlva* 'ulva, alga' e *-acee*] s. f. pl. ● Nella tassonomia vegetale, famiglia di alghe con tallo pluricellulare, delle quali la specie più nota è la lattuga di mare (*Ulvaceae*) | (al sing. *-a*) Ogni individuo di tale famiglia.

ulvite [dalle isole *Ulvö* (Svezia) ove si trova] s. f. ● Minerale del gruppo degli spinelli, costituito da ossido di ferro bivalente e da titanio tetravalente.

umanàre [vc. dotta, lat. eccl. *humanāre*, da *humānus* 'umano'] **A** v. tr. ● (*raro*) Umanizzare. **B** v. rifl. ● Assumere condizione umana, detto del Cristo che si fa uomo.

umanàto part. pass. di *umanare*; anche agg. ● (*raro*) Nei sign. del v.

umanazióne [vc. dotta, lat. eccl. *humanatiōne(m)*, da *humanātus* 'umanato'] s. f. ● Nella teologia cattolica, assunzione di condizione umana da parte di Dio, nel Cristo.

umanésimo [da *umanista*] s. m. *1* Movimento culturale sorto in Italia alla fine del XIV sec. e diffusosi in tutta Europa fino al sec. XVI, caratterizzato dal rifiorire degli studi classici e dall'affermarsi di una concezione della vita basata sulla riscoperta di autonomi valori umani e storici. *2* (*est.*) Qualsiasi concezione della vita, o corrente spirituale, fondata su valori analoghi. *3* (*est.*) Correntemente, interesse per gli studi filologici o classici.

umanìsta [dal lat. tardo-mediev. *humanista* 'insegnante di lettere classiche (*humanae litterae*)'] **A** s. m. e f. (pl. m. *-i*) *1* Seguace dell'umanesimo. *2* (*est.*) Correntemente, cultore degli studi classici. *3* Alunno delle antiche scuole di umanità | Insegnante o professore di lingua e letterature classiche. **B** agg. ● (*raro*) Umanistico.

umanìstica [f. sost. di *umanistico*] s. f. ● Tipo di scrittura piuttosto piccola, chiara ed elegante, usata nei manoscritti del sec. XV dagli umanisti italiani su imitazione della minuscola carolina.

umanìstico agg. (pl. m. *-ci*) *1* Che si riferisce all'umanesimo e agli umanisti: *filologia umanistica* | *Scrittura umanistica*, o (*ell.*) *umanistica*, scrittura elaborata in Italia nel sec. XV sul modello della carolina e caratterizzata dalla finezza dei tratti, dall'eleganza delle proporzioni tra corpo e aste delle lettere. *2* (*est.*) Che si riferisce alla lingua e alla letteratura classiche: *studi umanistici* | (*est.*) Correntemente, letterario: *facoltà umanistiche*.

umanità o †**umanitàde**, †**umanitàte** [vc. dotta, lat. *humanitāte(m)* 'qualità propria dell'uomo (*hŏmo*, genit. *hŏminis*)'] s. f. *1* Natura umana: *la nostra u.*; *l'u. e la divinità del Cristo*. *2* (*est.*) Complesso di elementi spirituali quali la benevolenza, la comprensione, la generosità e sim. verso gli altri, che sono o si ritengono propri dell'uomo in quanto essere sociale e civile: *trattare, giudicare un colpevole con u.*; *avere un profondo senso di u.*; *è un uomo crudele e totalmente privo di u.*; *ogni sua decisione rispecchia sentimenti di u.* | (*est.*) Dolcezza, gentilezza, affabilità: *occhi pieni di u.*; *dovresti avere un po' più di u.* *3* †Atto improntato a umanità. *4* Moltitudine di uomini: *un'u. sofferente, disperata* | Il genere umano, il complesso degli uomini che popolano il mondo: *è stato un benefattore dell'u.*; *conoscere la storia dell'u.* *5* Il complesso degli studi letterari, spec. in quanto portatori dei più elevati valori umani | (*est.*) Erudizione, cultura, spec. di tipo umanistico: *scritti, saggi di varia u.* *6* Denominazione di un corso di insegnamento letterario, corrispondente grossomodo all'attuale livello ginnasiale inferiore, nell'antico ordinamento scolastico italiano.

umanitàrio [fr. *humanitaire*, da *humanité* 'umanità'] **A** agg. *1* Che pensa e opera secondo principi di generosità, comprensione, carità, amore verso il prossimo e sim., prefiggendosi come scopo il miglioramento costante delle condizioni morali e materiali dell'uomo: *filosofo, medico u.*; *è uno spirito u.* SIN. Filantropico. *2* (*est.*) Che è proprio di una persona umanitaria: *principi, scopi umanitari*; *opera, iniziativa umanitaria*; *ideali umanitari*. **B** s. m. (f. *-a*) ● Persona umanitaria: *società di umanitari*. SIN. Filantropo.

umanitarismo [da *umanitario*, come il corrispondente fr. *humanitarisme* da *humanitaire*] s. m. *1* Insieme dei principi ideali e delle attività concrete proprie degli umanitari. *2* (*raro*) Cosmopolitismo.

umanitarìstico agg. (pl. m. *-ci*) ● Del, relativo all'umanitarismo.

†**umanitàte** ● V. *umanità*.

umanizzàre [fr. *humaniser*, da *humain* 'umano'] **A** v. tr. *1* Rendere umano, civile: *u. un popolo primitivo, una tribù selvaggia*. *2* *U. il latte*, rendere il latte vaccino simile al latte umano. **B** v. rifl. ● (*raro*) Umanarsi. **C** v. intr. pron. ● Divenire colto, civile, umano: *popoli arretrati che si umanizzano con l'istruzione*.

umanizzazióne [fr. *humanisation*, da *humaniser* 'umanizzare'] s. f. *1* Atto, effetto dell'umanizzare e dell'umanizzarsi. *2* Assunzione della natura e della condizione umana, spec. con riferimento a Gesù Cristo.

umàno [vc. dotta, lat. *humānu(m)*, da *hŏmo* 'uomo'] **A** agg. *1* Di uomo, proprio dell'uomo: *corpo, organismo, sguardo, grido, destino u.*; *natura, vita, carne, voce, anima, condizione umana*; *la dignità, i diritti della persona umana*; *i misteri, le profondità del cuore, dell'animo umano*; *la giu-*

stizia umana e la divina; non avere più sembiante umano; questo supera ogni esigenza umana; le passioni umane senza veli e senza trasfigurazioni fantastiche (CROCE) | *Rispetto u.*, eccessivo timore delle opinioni, del giudizio e sim. degli altri | *Miseria umana!*, escl. di compatimento e disprezzo per q.c. di moralmente gretto, meschino e sim. | Che ha le caratteristiche proprie dell'uomo: *creatura umana; gli esseri umani; con lei va gentilezza in vista umana* (POLIZIANO) | *Bestia umana*, uomo di scatenata ferocia, efferata crudeltà e sim. | (*est.*) Che è formato, costituito da uomini: *specie umana; consorzio u.; genere u.; le razze umane; gruppi umani* | Che concerne l'uomo: *anatomia, fisiologia umana* | †*Umane lettere*, belle lettere | *Scienze umane*, il gruppo delle discipline comprendenti la sociologia, l'antropologia, la psicologia, la pedagogia e sim., contrapposto al gruppo umanistico, nel senso ristretto di letterario. **2** Detto di persona in cui si realizza pienamente la natura umana, in ciò che essa ha di essenziale e di universale: *un eroe u.; un personaggio u. e credibile* | Che è proprio della natura umana in quanto imperfetta, limitata, contraddittoria e sim.: *l'umana debolezza; errare è u.; è u. cedere alla violenza* | *È u., è molto u.*, e sim., è comprensibile e perdonabile in un uomo. CONTR. Disumano. **3** Pieno di umanità: *padrone, carceriere severo ma u.; parole umane e consolatrici; cerca di essere più u.* **4** (*fig.*) Intensamente espressivo, che sembra manifesti sentimenti umani: *il cane mi guardava con uno sguardo u. e triste.* || **umanaménte**, avv. **1** Dal punto di vista dell'uomo, stando alle caratteristiche positive e negative dell'uomo: *cosa umanamente impossibile; questo non è umanamente possibile.* **2** Con umanità: *trattare qc. umanamente.* **3** (*raro*) A modo d'uomo: *divinità che parla umanamente.* **B** s. m. **1** (*solo sing.*) Ciò che è proprio dell'uomo: *l'u. e il divino* | *Non aver più nulla d'u.*, trasformarsi o deformarsi totalmente: *il suo viso, la sua voce non aveva più nulla d'u.* | Dimensione umana: *riportiamo il problema all'u.* **2** (*spec. al pl., lett.*) Essere umano, uomo: *il pianto degli umani.*

umanòide [da *umano*, col suff. *-oide*] agg.; anche s. m. ● Che, chi è fornito di caratteri simili o tendenti all'umano.

†**umàto** (**1**) [vc. dotta, lat. *humātu(m)*, part. pass. di *humāre*, da *hŭmus* 'terra'] agg. ● Seppellito, inumato.

umàto (**2**) [da (acido) *um(ico)* con sostituzione di suff. (*-ato* di sale al posto di *-ico* di acido)] s. m. ● Sale dell'acido umico.

†**umazióne** [vc. dotta, lat. *humatiōne(m)*, da *humāre* 'inumare'] s. f. ● Seppellimento.

†**umbè** ● V. †*ombè*.

umbèlla ● V. *ombrella*.

umbellàto [da *umbella*] agg. ● (*bot.*) Con fiori disposti a ombrella.

Umbellifere ● V. *Ombrellifere*.

umbèrta [da *Umberto I* di Savoia, che portava i capelli tagliati in questo modo] vc. ● Solo nella loc. *all'u.*, detto di capelli tagliati corti e della stessa misura.

umbertino agg. ● Di, relativo a, Umberto I d'Italia (1844-1900) e all'epoca del suo regno: *politica, società umbertina; l'Italia umbertina* | *Stile u.*, quello tipico di tale epoca, caratterizzato da una grande varietà di influenze stilistiche diverse, riflesse in mobili e arredi che sono spesso imitazioni o interpretazioni di stili precedenti o esotici.

umbilico e *deriv.* ● V. *ombelico* e *deriv.*

umbonàto o (*raro*) **ombonàto** agg. ● Che è provvisto di umbone: *scudo u.; valva umbonata.*

umbóne o (*raro*) **ombóne** [vc. dotta, lat. *umbōne(m)*, di origine indeur.] s. m. **1** Parte centrale dello scudo circolare convesso, rilevata come una borchia, spesso con una punta piramidale o conica detta brocco. **2** (*zool.*) Zona rilevata da cui iniziano gli anelli concentrici che ornano la superficie esterna delle valve dei Lamellibranchi. **3** (*bot.*) Prominenza mammellare centrale di taluni organi vegetali, quale il cappello di alcuni funghi delle Agaricacee.

†**umbràcolo** ● V. †*ombracolo*.

umbràtico [vc. dotta, lat. *umbratĭcu(m)*, da *ŭmbra* 'ombra'] agg. ● (*bot., zool.*) Detto di specie animale o vegetale, o di un raggruppamento di specie, che vivono in biotopi ombreggiati.

umbràtile o **ombràtile** [vc. dotta, lat. *umbrātile(m)*, da *ŭmbra* 'ombra'] agg. **1** (*lett.*) Che è in ombra, che è pieno d'ombra: *giardino u.; il grande atrio u.* (PASCOLI). CONTR. Solatio. **2** (*fig.*) Che ama l'ombra, il silenzio, la riservatezza e sim.: *uomo, carattere u.* SIN. Introverso, timido. **3** (*raro, fig.*) Che nasce dal dubbio, dalla ambiguità, che è privo di chiarezza e sim.: *moti umbratili dell'animo.*

umbrèlla ● V. *ombrella*.

umbrifero ● V. *ombrifero*.

ùmbro [vc. dotta, lat. *Ŭmbru(m)*, da *Ŭmbria*: 'regione piena d'ombra (*ŭmbra*)'] **A** agg. ● Che si riferisce agli antichi Umbri o all'attuale Umbria: *lingua umbra; paesaggio u.; città umbre.* **B** s. m. (f. *-a*) **1** Ogni appartenente a un'antica popolazione preromana stanziata nell'Italia centrale: *gli Umbri e i Sabelli.* **2** Abitante o nativo dell'attuale Umbria. **C** s. m. solo sing. **1** Antica lingua del gruppo italico, parlata dagli Umbri. **2** Dialetto italiano dell'area centro-meridionale, parlato in Umbria.

ùmbro- primo elemento ● In parole composte, fa riferimento all'Umbria o ai suoi abitanti: *umbro-marchigiano.*

-ùme [suff. lat. (*-ūmen*) a valore collettivo, di origine indeur. (*-men-*)] suff. derivativo ● Conferisce senso spregiativo a sostantivi tratti per lo più da aggettivi: *acidume, bastardume, fradiciume, luridume.*

umeràle ● V. *omerale*.

†**ùmero** ● V. *omero*.

umettàbile agg. ● (*raro*) Che si può umettare.

umettaménto s. m. ● (*raro*) Umettazione.

umettàre [vc. dotta, lat. *umectāre*, da *umĕctus* 'umido, bagnato'] v. tr. (*io umétto*) **1** Umidificare in superficie: *umettarsi le labbra.* **2** (*raro*) Inumidire, bagnare un poco: *u. di vapori, di rugiada; u. un tessuto prima di stirarlo.*

umettativo agg. ● (*raro, lett.*) Che serve a umettare.

umettàto part. pass. di *umettare*; anche agg. ● Nei sign. del v.

umettazióne [vc. dotta, lat. tardo *umectatiōne(m)*, da *umectātus* 'umettato'] s. f. ● Atto, effetto dell'umettare.

†**umétto** [vc. dotta, lat. *umĕctu(m)*, da *umēre* 'essere umido', di origine incerta] agg. ● Umido.

†**umettóso** [da †*umetto*] agg. ● Umido.

†**umicidiàle** ● V. *micidiale*.

ùmico o **ùlmico**, **hùmico** [da *humus* 'terreno'] agg. (pl. m. *-ci*) **1** Che si riferisce all'humus: *sostanze umiche del terreno.* **2** (*chim.*) *Corpi umici*, sostanze brune che si ottengono sottoponendo le proteine a idrolisi con acidi forti.

umìcolo [vc. dotta, dal lat. *humŭs*, col suff. *-colo*] agg. ● (*bot., zool.*) Detto di organismo animale o vegetale che vive di preferenza nell'humus.

umidézza s. f. ● Condizione o stato di ciò che è umido: *l'u. del suolo, di una regione.*

umidìccio agg. (pl. f. *-ce*) **1** Che è piuttosto umido: *terreno u.* **2** Che è sgradevolmente umido: *clima u.; casa umidiccia; mani flosce e umidicce.*

umidificàre [comp. di *umido* e *-ficare*] v. tr. (*io umidìfico, tu umidìfichi*) ● Rendere umido | *U. l'aria*, aumentarne l'umidità relativa nebulizzando acqua o immettendovi vapore acqueo.

umidificatóre [da *umidificare*] s. m. ● Apparecchio che conferisce l'umidità voluta all'aria di una stanza.

umidificazióne s. f. ● Atto, effetto dell'umidificare.

umidìre v. tr. (*io umidìsco, tu umidìsci*) ● (*raro*) Rendere umido, inumidire.

umidità o †**umiditàde**, †**umiditàte** [vc. dotta, lat. tardo *umiditāte(m)*, da *ūmidus* 'umido'] s. f. **1** Qualità o condizione di ciò che è umido: *l'u. di un muro, di un terreno, dell'erba.* CONTR. Aridità, asciuttezza. **2** Presenza di vapore acqueo nell'atmosfera: *proteggersi, ripararsi dall'u.; l'u. della notte* | *U. atmosferica*, contenuto di vapore acqueo dell'atmosfera | *U. atmosferica assoluta*, o *u. assoluta*, massa di vapor d'acqua esistente nella unità di volume di aria atmosferica | *U. atmosferica relativa*, o *u. relativa*, rapporto, espresso in percentuale, tra la quantità di vapor d'acqua contenuto in un dato volume d'aria e la quantità necessaria per saturarlo. **3** (*gener.*) Quantità d'acqua o di vapore acqueo contenuta in una sostanza, in un corpo e sim.: *calcolare, valutare il grado di u. di un composto; misurare l'u. del terreno; proteggere un prodotto dall'u.*

ùmido [vc. dotta, lat. *ūmidu(m)*, da *umēre* 'essere umido', di etim. incerta] **A** agg. **1** Che è più o meno impregnato o asperso d'acqua o d'altro liquido: *terreno u.; panni umidi; essere u. di sudore; occhi umidi di lacrime; erba umida di pioggia* | Che non si è ancora completamente asciugato: *bucato u.; biancheria umida; fai attenzione, l'inchiostro è ancora u.* **2** Detto dell'atmosfera, e dei fenomeni che la riguardano, quando l'umidità relativa supera il sessanta per cento: *aria umida; vento u.; clima u. e afoso.* **3** Detto di procedimenti o fenomeni che avvengono mediante, o in presenza di liquidi o che si accompagnano a produzione di materiali più o meno fluidi | *Per via umida*, detto dell'analisi chimica quantitativa eseguita utilizzando determinate reazioni di identificazione che si svolgono prevalentemente in soluzione acquosa | *Bolla a u.*, che utilizza inchiostro per la stampigliatura | *Tosse umida*, con secreti molto fluidi. **4** (*lett., poet.*) Liquido o semiliquido: *l'u. miele* | *L'umide strade*, le vie del mare. **B** s. m. **1** Umidità: *temere l'u.; l'u. è nocivo; stare all'u.* **2** Sugo di pomodoro, verdure varie, olio, in cui si mette a cuocere una vivanda: *spezzatini di vitello in u.* | La vivanda così cucinata: *preferire l'u. all'arrosto, al fritto e al lesso* | *U. incassato*, pasticcio di rigaglie, tartufi, funghi. || **umidàccio**, pegg. | **umidétto**, dim. | **umidino**, dim. | **umidòtto**, accr. | **umidùccio**, dim.

umidóre s. m. ● (*lett.*) Umidità.

†**umidóso** agg. ● (*lett.*) Umido.

umìfero [comp. di *humus* e *-fero*] agg. ● Detto di terreno grasso, fertile, ricco di sostanza organica, di humus.

umificazióne [comp. di *humus* 'terreno' e di un deriv. da *-ficare* 'produrre'] s. f. ● Trasformazione in humus, a opera di microrganismi, delle sostanze organiche presenti nel terreno.

ùmile o (*poet.*) **umìle** [vc. dotta, lat. *hŭmile(m)*, propriamente 'basso', da *hŭmus* 'terra, suolo'] **A** agg. (sup. *umilìssimo*, poet. *umillimo*) **1** (*raro, lett.*) Che è poco elevato da terra: *pianta, capanna u.; umili arbusti.* **2** (*est.*) Poco elevato, quanto a grado sociale: *u. condizione; umili origini; famiglia u. ma onesta; qui egli ebbe umili natali* | (*est.*) Di tono poco elevato, di estrema semplicità: *stile u.* **3** (*est.*) Povero, modesto, dimesso: *un'u. casetta; indossare un'u. veste; disporre di un u. impieguccio* | (*est.*) Meschino, misero, vile: *a lui spettano i lavori più umili; compiere con pazienza umili servizi* | (*est., lett.*) Sventurato, infelice. **4** Che è pienamente consapevole dei propri limiti e non si inorgoglisce per le proprie qualità, virtù o meriti personali o per i successi che consegue, né tanto meno ricerca la fama, la gloria, la ricchezza e sim.: *una persona u.; un eroe u.; essere u. di cuore; cerca di diventare un po' più u.; siamo più modesti, se non più umili* (VERGA). CONTR. Arrogante, superbo. **5** Che riconosce e accetta l'autorità o la supremazia altrui e si comporta con rispettosa sottomissione: *essere u. coi superiori; essere u. con tutti; ecco l'u. servo di Dio* | (*est., spreg.*) Che si abbassa, si umilia per paura, per muovere gli altri a pietà e sim.: *farsi tutto u.* **6** Che è proprio delle persone umili, che mostra umiltà, che è improntato a umiltà: *atteggiamento, contegno, portamento, tono u.; parlare con voce u.; mi guardò con quel suo sguardo u.; vi rivolgo, o Signore, un'u. preghiera.* || **umilissimo**, sup. (V.). || **umilménte**, †**umileménte**, avv. **1** Con umiltà: *vi chiedo umilmente perdono.* **2** In modo umile, modesto: *vivere umilmente.* **3** †In basso. **4** †A bassa voce. **B** s. m., raro f. **1** (*spec. al pl.*) Chi è di umili origini. **2** Chi possiede e pratica la virtù dell'umiltà.

umiliaménto s. m. ● (*raro*) Umiliazione.

umiliànte part. pres. di *umiliare*; anche agg. ● Nei sign. del v.

†**umiliànza** [da *umiliante*] s. f. ● Bassezza di condizione.

umiliàre [vc. dotta, lat. tardo *humiliāre*, da *hŭmilis* 'umile'] **A** v. tr. (*io umìlio*) **1** (*lett.*) Abbassare, chinare: *u. la fronte, il capo davanti a qc.* | †*U. la* *bandiera*, in segno di riverenza. **2** (*est.*) Sottomettere, rintuzzare, reprimere: *u. la superbia, l'alterigia di qc.*; *u. il proprio orgoglio* | *U. la carne ribelle*, reprimere, frenare i desideri dei sensi. **3** Indurre qc. in uno stato di profondo avvilimento, vergogna, imbarazzo e sim., con offese o altro e spec. mettendo in risalto la sua inferiorità, i suoi errori, difetti, mancanze e sim.: *u. qc. con aspre parole, con duri rimproveri*; *non umiliate così quel povero vecchio*; *l'ha voluto u. in pubblico, di fronte a tutti*; *la povertà mi umilia*; *questo continuo dover chiedere ci umilia*. **4** (*raro*) Porgere, presentare con estrema umiltà, spec. in formule di cortesia: *u. una supplica*; *le umilio la mia più devota riconoscenza*. **5** †Mitigare, addolcire chi è corrucciato, adirato, severo. **B** v. rifl. **1** Riconoscere apertamente la propria imperfezione, inferiorità, malvagità e sim.: *chi si umilia sarà esaltato* | (*est.*) Considerarsi da meno di quello che si è: *non umiliarti così*. **2** Prostrarsi, abbassarsi, fare umilmente atto di sottomissione: *umiliarsi ai piedi dell'altare, davanti a Dio*; *non dovevi umiliarti a chiedergli scusa*. CONTR. Insuperbirsi. **3** †Placarsi.

umiliàta s. f. ● Religiosa della congregazione femminile degli Umiliati, ora soppressa.

umiliatìvo agg. ● (*raro*) Che è atto a umiliare.

umiliàto A part. pass. di *umiliare*; anche agg. ● Nei sign. del v. || †**umiliataménte**, avv. A modo di chi è umiliato. **B** s. m. (f. *-a* (V.)) ● Aderente a un movimento evangelico penitenziale fondato nel sec. XII nel Milanese | Religioso di un ordine soppresso nel XVI sec., ispirato alla regola benedettina e originato da tale movimento.

umiliatóre s. m.; anche agg. (f. *-trice*) ● Chi, che umilia.

umiliazióne [vc. dotta, lat. tardo *humiliatiōne(m)*, da *humiliātus* 'umiliato'] s. f. **1** Atto, effetto dell'umiliare: *l'u. dei superbi*. **2** Azione, discorso, situazione che avvilisce, mortifica, umilia: *imporre una grave u. ai vinti*; *subire, accettare una bruciante u.*; *non posso sopportare altre umiliazioni*. **3** (*raro*) Sottomissione: *fare atto di u.*

†**umilièvole** [da *umiliare*] agg. ● Placabile.

umilissimo agg. **1** Sup. di *umile*. **2** Nella loc. *u. servitore*, formula di cortesia epistolare, oggi di uso scherz.

†**umilità** ● V. *umiltà*.

†**umilitàde** ● V. *umiltà*.

†**umilitàte** ● V. *umiltà*.

umìllimo [vc. dotta, lat. *humĭllimu(m)*, sup. di *hŭmilis* 'umile'] agg. ● (*poet.*) Umilissimo: *vergognoso, con atti umillimi ... cercava perdono* (BOCCACCIO).

umiltà o †**umilità**, †**umilitàde**, †**umilitàte**, †**umiltàde**, †**umiltàte** [vc. dotta, lat. *humiltāte(m)*, da *hŭmilis* 'umile'] s. f. **1** Qualità di chi, di ciò che è umile: *l'u. dello stile, dell'abito*; *casa, cibo di grande u.*; *servizio di estrema u.*; *conosco l'u. del mio lavoro*; *accettare l'u. del proprio grado, della propria condizione sociale*. **2** Coscienza della propria debolezza, insufficienza e sim., che induce l'uomo ad abbassarsi volontariamente, reprimendo nel suo intimo ogni moto d'orgoglio: *u. evangelica*; *l'u. è una virtù cristiana*; *la vostra è falsa u.*; *confessare con u. i propri peccati*; *pregare Dio in tutta u.* CONTR. Orgoglio, superbia. **3** Estrema deferenza, reverenza, sottomissione e sim.: *presentarsi a qc. con grande u., in atteggiamento di profonda u.* **4** (*lett.*) Modestia e riservatezza dei modi, del contegno e sim.: *ella si va, sentendosi laudare / benignamente d'u. vestuta* (DANTE).

Umlaut /*ted.* 'umlaut/ [vc. ted., comp. di *um* che indica cambiamento e *Laut* 'suono'] s. m. inv. **1** (*ling.*) Nella grammatica tedesca, modificazione di timbro che una vocale subisce per influsso di una vocale vicina. SIN. Metafonesi, metafonia. **2** Segno che si usa in tedesco per indicare la palatalizzazione delle vocali a, o, u.

ùmo s. m. ● Adattamento di *humus* (V.).

umoràle [da *umore* (*1*)] agg. ● Che si riferisce agli umori | *Dottrina u.*, quella, risalente a Ippocrate e alla sua scuola, secondo la quale alla base dell'organismo umano stavano quattro umori fondamentali.

umóre (**1**) o †**omóre** [vc. dotta, lat. *umōre(m)*, da *umēre* 'essere umido', di origine incerta] s. m. **1** (*lett.*) Sostanza liquida o quasi liquida, spec. che stilla, gocciola e sim.: *u. rugiadoso*; *dalle pareti colava un u. vischioso*. **2** Liquido biologico di un organismo animale o vegetale: *dal ramo spezzato colava un u. lattiginoso, acre, dolce* | *U. acqueo*, liquido contenuto nella camera anteriore dell'occhio | *U. vitreo*, liquido denso contenuto nella camera posteriore dell'occhio | †*I quattro umori*, i quattro liquidi biologici considerati fondamentali per il corpo umano, secondo Ippocrate e la sua scuola. ➡ ILL. p. 367 ANATOMIA UMANA. **3** (*psicol.*) Disposizione interna per un certo tipo di risposta emotiva, come l'allegria, la tristezza, l'eccitazione, la depressione e sim. | Correntemente, indole, carattere: *un vecchietto d'u. bilioso, irascibile*; *essere di u. bizzarro, bisbetico, gaio, tetro* | *U. faceto*, particolare inclinazione allo scherzo, al riso e sim. | *Bell'u.*, persona faceta e bizzarra: *sei veramente un bell'u.* | *Fare il bell'u.*, atteggiarsi a gradasso, fare lo spaccone. **4** (*est.*) Disposizione dell'animo: *essere di cattivo, di pessimo u.*; *è sempre di umor nero*; *una notizia che mi ha messo di ottimo u.* | *Buon u.*, V. anche *buonumore* | *Mal u.*, V. anche *malumore*. **5** †Voglia, fantasia, capriccio | †*Dar nell'u. a qc.*, essere conforme ai suoi gusti o desideri, andargli a genio | *U. corrente*, andazzo, moda. **6** (*spec. al pl.*) †Animosità, passioni accese: *umori accesi, torbidi*. || **umoràccio**, †**umoràzzo**, pegg.

umóre (**2**) [da *umore* (*1*) con sovrapposizione del particolare sign. del corrispondente ingl. *humour*] s. m. ● (*raro*) Umorismo.

umorésca [f. sost. di *umoresco*] s. f. ● (*mus.*) Pezzo strumentale di carattere capriccioso e umoristico.

umorésco [da *umore* (*2*), come parallelo semanticamente autonomo di *umoristico*] agg. (pl. m. *-schi*) ● (*raro, lett.*) Che è ricco di humour, di umorismo.

umorìsmo (**1**) [comp. di *umore* (*1*) e *-ismo*] s. m. ● (*med.*) Antico indirizzo medico che attribuiva le malattie all'alterazione degli umori.

umorìsmo (**2**) [fr. *humorisme*, di origine ingl., dove *humour* aveva assunto, dal primitivo sign. di 'umore', preso dal fr., quello di 'brio'] s. m. ● Modo intelligente, sottile e ingegnoso di vedere, interpretare e presentare la realtà, ponendone in risalto gli aspetti o lati insoliti, bizzarri e divertenti: *avere, non avere il senso dell'u.*; *mancare di u.*; *opera ricca di u.* SIN. Arguzia, spirito.

umorìsta (**1**) [da *umorismo* (*1*)] s. m. e f. (pl. m. *-i*) ● (*med.*) Seguace dell'umorismo.

umorìsta (**2**) [fr. *humoriste*, da *humorisme* 'umorismo (2)'] **A** s. m. e f. (pl. m. *-i*) **1** Persona dotata di umorismo. **2** Autore di opere (testi, disegni, ecc.) umoristiche | Chi scrive opere umoristiche | Chi fa dell'umorismo. **B** agg. ● Umoristico.

umorìstico [fr. *humoristique*, da *humoriste* 'umorista (2)'] agg. (pl. m. *-ci*) **1** Che è proprio dell'umorismo o dell'umorista: *spirito, senso u.*; *vena umoristica*. **2** Che è detto o fatto con umorismo: *frase, battuta umoristica* | Che è pieno, ricco di umorismo: *tono, racconto, disegno u.* SIN. Arguto, faceto | *Giornale u.*, che contiene racconti e disegni umoristici, che commenta con umorismo i fatti di cronaca e sim. **3** (*spreg.*) Che non viene preso o non è da prendere sul serio: *abbiamo conosciuto un personaggio u.* || **umoristicaménte**, avv. In modo umoristico, con umorismo.

†**umorosità** s. f. ● (*raro*) Qualità di chi, di ciò che è umoroso.

†**umoróso** [vc. dotta, lat. *umorōsu(m)*, da *ūmor*, genit. *umōris* 'umore (1)'] agg. ● Detto di chi, di ciò che è ricco di umori: *uomo u.*; *pianta, sostanza umorosa*.

umpappà [sequela sillabica onomat.] inter. ● Riproduce il suono ritmato e monotono di un contrabbasso (*spec. iter.*).

ùmus ● V. *humus*.

un A agg. num. card.; anche pron. indef. ● Forma tronca di 'uno'. **B** anche art. indet.: *un tale*.

†**ùna** [vc. dotta, lat. *ūna*, da *ūnus* 'uno', con valore avv.] avv. ● Solo nella loc. prep. *una con*, insieme con: *una con il popolo*.

unànime [vc. dotta, lat. *unănimu(m)*, comp. di *ūnus* 'un solo' e *ănimus* 'animo'] agg. **1** Detto di una pluralità di persone che abbiano e manifestino una totale concordanza di idee, opinioni, aspirazioni, desideri e sim.: *il popolo u. lo vuole*; *fummo unanimi nel condannare il misfatto*. **2** Detto di ciò che è pienamente condiviso da tutti i membri di un gruppo: *cordoglio, consenso, rimpianto u.* | Detto di ciò che esprime il pieno accordo, l'unanimità: *voto u.*; *per u. approvazione dei partecipanti*. || **unanimeménte**, †**unanimaménte**, avv. In modo unanime: *condannare unanimemente q.c., qc.*

unanimìsmo [da *unanime*] s. m. **1** (*raro*) Unanimità. **2** Tendenza a raggiungere posizioni di unanimità formale, rinunciando a chiarire sostanziali diversità o divergenze, spec. nel linguaggio politico: *il congresso si è chiuso all'insegna dell'u.*

unanimìstico agg. (pl. m. *-ci*) ● Che è unanime nella forma, ma non nella sostanza: *documento u.*; *decisione unanimistica*.

unanimità [vc. dotta, lat. *unanimitāte(m)*, da *unănimus* 'unanime'] s. f. ● Totale concordanza di idee, opinioni, aspirazioni, desideri e sim., tra più persone: *cercare, ottenere, raggiungere l'u.*; *in questo caso è necessaria l'u. dei voti* | *All'u.*, col pieno consenso di tutti: *la proposta fu accettata, approvata all'u.*; *hanno respinto l'istanza all'u.*

unanimitàrio agg. ● (*raro*) Raggiunto all'unanimità, che esprime unanimità.

una tantum /*lat.* 'una 'tantum/ [loc. lat., letteralmente 'una volta (*ūna*, da *ūnus* in uso avv.) soltanto (*tăntum*, impiego avv. di *tăntus* 'tanto')'] **A** loc. agg. ● Detto di retribuzione, premio o, in genere, concessione aventi carattere straordinario. **B** s. f. **1** Compenso, gratifica a carattere non continuativo: *riscuotere l'una tantum*; *aver diritto all'una tantum*. **2** Forma straordinaria di imposizione fiscale, spec. in conseguenza di eventi che si verificano raramente: *pagare l'una tantum a favore dei paesi terremotati*.

†**ùncia** ● V. *oncia*.

†**uncìale** ● V. *onciale*.

†**uncicchiàto** [dal lat. *uncīnus* 'uncino' con sovrapposizione di *articulātus* 'provvisto di articolazione' (?)] agg. ● (*raro*) Unghiato, adunco.

†**ùncico** [variante di *uncino*] s. m. ● Rampino, artiglio | *Dar d'u.*, artigliare, stringere con le unghie.

†**uncinàle** agg. ● Di uncino | *Professione u.*, (*iron.*) del ladro.

uncinàre [da *uncino*] **A** v. tr. **1** Modellare, foggiare a uncino: *u. una punta, l'estremità di un utensile*. **2** Afferrare, ghermire con un uncino: *u. la preda*; *u. il bordo della nave nemica* | *U. una gomena*, ripescarla afferrandola con un uncino. **3** (*raro, lett., fig.*) Carpire con la frode, con l'inganno. **4** (*fig.*) *u. il pallone*, nel gioco del calcio, arrestarlo al volo, col piede. **B** v. intr. pron. ● (*raro*) Assumere la forma di un uncino. **C** v. rifl. rec. ● (*raro, fig.*) Afferrarsi a vicenda.

uncinàto o †**oncinàto**. part. pass. di *uncinare*; anche agg. **1** Nei sign. del v. **2** *Amo u.*, fornito di artiglio, unghione | *Croce uncinata*, croce semipotenziata o svastica | *Osso u.*, in anatomia, quarto osso della seconda fila del carpo | *Parentesi uncinata*, che ha questa forma: < >.

uncinèllo s. m. **1** Dim. di *uncino*. **2** Piccolo gancio metallico per allacciatura di abiti e sim.

uncinétto o †**oncinétto**. s. m. **1** Dim. di *uncino*. **2** Specie di grosso ago con una estremità uncinata usato per fare lavori a maglia o a rete: *lavorare all'u.*; *abito, lavoro fatto all'u.*

uncìno o †**oncìno** [vc. dotta, lat. tardo *uncīnu(m)*, da *ŭncus*, di origine indeur.] s. m. **1** Strumento spec. metallico, aguzzo e adunco, atto ad afferrare o appendere q.c.: *ripescare q.c. con un u.*; *catena, canapo, pertica terminante con un u.* | *A u.*, uncinato, adunco | *Mani a u.*, (*fig.*) avide, rapaci. SIN. Gancio, rampino. **2** (*fig., scherz.*) Ghirigoro, scarabocchio, grafia illeggibile. **3** (*fig.*) Scusa, pretesto, cavillo: *attaccarsi a tutti gli uncini* | *Attaccar l'u.*, trovare un pretesto | *Tirare con gli uncini*, sforzare, stiracchiare. **4** (*bot.*) Organo con cui una pianta si attacca a sostegni. **5** (*sport*) Nel pugilato, gancio | *Tiro a u.*, nella pallacanestro, tiro a parabola corta e arcuata, effettuato con una sola mano. **6** (*zool.*) Ciascuno dei processi microscopici di cui sono provviste le barbule delle penne degli uccelli e che servono ad agganciare le barbe fra loro per rendere coerente ed elastico il vessillo. || **uncinello**, dim. (V.) | **uncinétto**, dim. (V.).

uncinùto o †**oncinùto**. agg. ● (*raro*) Uncinato.

†**undànte** [vc. dotta, lat. *undănte(m)*, part. pres. di *undāre*, da *ŭnda* 'onda'] agg. ● Ondoso.

undazióne [vc. dotta, lat. *undatiōne(m)*, da *undātus*, part. pass. di *undāre*, da *ŭnda* 'onda'] s. f. *1* †Ondeggiamento. *2* (*geol.*) In tettonica, sollevamento e abbassamento del mantello superiore e della crosta profonda.

†**ùnde** ● V. *onde*.

undecennàle [da *undici* sul modello di *decennale*] **A** agg. *1* Che ha la durata di undici anni: *ciclo u.* *2* Che ricorre ogni undici anni: *anniversario u.*; *festa u.* **B** s. m. ● (*raro*) L'undicesimo anniversario.

†**ùndeci** ● V. *undici*.

undècimo [vc. dotta, lat. *undĕcimu(m)*, comp. di *ūnus* 'uno' e *dĕcimus* 'decimo'] agg. num. ord.; anche s. m. ● (*lett.*) Undicesimo: *Pio u.*; *il secolo u.* SIN. (*lett.*) Decimoprimo.

under /'ander, *ingl.* 'ʌndə*/ [ingl., propr. 'sotto' (vc. germ. d'orig. indeur.)] **A** agg. inv. ● Detto di squadra o formazione sportiva, a carattere generalmente sperimentale, nelle quali gli atleti non possono superare un determinato limite di età: *l'Italia u. 21*. **B** agg.; anche s. m. inv. ● Che, chi appartiene a tali squadre: *un calciatore u. 21*; *gli u. 18 giocheranno domani*. **C** s. f. inv. ● Squadra con atleti al di sotto di un certo limite di età: *l'u. 17 di rugby ha partecipato ad un torneo internazionale*.

undercut /*ingl.* 'ʌndə kʌt/ [vc. ingl., letteralmente 'colpo (*cut*, propr. 'taglio', di area scandinava e origine incerta) di sotto (*under*, di area germ. e origine indeur.)'] s. m. inv. ● Nel pugilato, colpo alle costole o ai fianchi portato nel corpo a corpo, in genere in serie, per indebolire la resistenza dell'avversario.

underground /ander'graund, *ingl.* 'ʌndə graund/ [vc. ingl., propr. 'sotterraneo', comp. di *under* 'sotto' (V. *under*) e *ground* 'fondo' (vc. d'orig. germ.)] **A** agg. inv. *1* Segreto, clandestino: *la destra u.*; *giornale u.*; *traffico u.* *2* Diffuso attraverso canali inconsueti, per sfuggire alla commercializzazione o alla produzione su scala industriale, detto spec. di opere artistiche o letterarie: *film, commedia u.* *3* (*est.*) Del tutto nuovo, opposto alla tradizione, contestatario: *cultura, arte u.* | *Teatro u.*, locale dove si sperimentano nuove tecniche di recitazione, messa in scena, ecc. **B** s. m. inv. ● Cultura alternativa, controcultura: *saggio sull'u. americano* | L'insieme dei creatori o dei prodotti di questa nuova sensibilità sociale e culturale: *l'u. londinese ha pubblicato molte riviste*; *l'u. musicale dell'ultimo decennio*.

understatement /ander'steitment, *ingl.* ʌndə'steitmənt/ [vc. ingl., der. di *to understate* 'attenuare, minimizzare', comp. di *under* 'sotto' (V. *under*) e *to state* 'dichiarare, affermare' (da *state* 'stato, condizione')] s. m. inv. ● Dichiarazione incompleta o mirante ad attenuare la sostanza di ciò che viene affermato.

undicènne [da *undici* con la seconda parte (*-enne*) di analoghi comp.] agg.; anche s. m. e f. ● Che, chi ha undici anni di età: *ragazzo, ragazza u.*; *un gruppetto di undicenni*.

undicèṣima [da *undicesimo*] s. f. ● Intervallo di undici anni | Accordo di sei suoni costituito dalla sovrapposizione di cinque terze.

undicèṣimo [da *undi(ci)* col suff. proprio degli ord. *-esimo*] **A** agg. num. ord. ● Corrispondente al numero undici in una sequenza, in una successione, in una classificazione, in una serie (rappresentato da *XI* nella numerazione romana, da *11°* in quella araba): *mi tocca l'undicesima parte di tutta la somma*; *l'u. secolo d.C.*; *Pio XI*; *Luigi XI* | *Due all'undicesima*, (*ell.*) elevato all'undicesima potenza | *Il secolo XI*, gli anni dal 1001 al 1100. SIN. (*lett.*) Decimoprimo, (*lett.*) undecimo. **B** s. m. ● Ciascuna delle undici parti uguali di una stessa quantità: *tre undicesimi*; *un u. dei proventi*.

ùndici o (*raro*) †**ùndeci** [lat. *ŭndecim*, comp. di *ūnus* 'uno' e *dĕcem* 'dieci'] agg. num. card.; anche s. m. e f. ● (*mat.*) Numero naturale successivo di dieci, rappresentato da *11* nella numerazione araba, da *XI* in quella romana. **I** Come agg. ricorre nei seguenti usi. *1* Rispondendo o sottintendendo la domanda 'quanti?', indica la quantità numerica di undici unità (spec. preposto a un s.): *una bambina di u. anni*; *un'opera in u. volumi*; *sono le otto e u. primi*; *pesa u. kili*; *dista u. kilometri*; *l'endecasillabo è un verso di u. sillabe*. *2* Rispondendo o sottintendendo la domanda 'quale?', identifica q.c. in una pluralità, in una successione, in una sequenza (spec. posposto a un s.): *oggi è il giorno u.*; *sono le ore u.*; *punto tutto sul numero u.*; *abito al numero u.* | (*lett.*) Undicesimo: *Luigi u.* **II** Come s. ricorre nei seguenti usi: *1* Il numero undici (per ell. di un s.): *l'u. è un numero primo*; *oggi è l'u.*; *il Collegio degli Undici fu creato in Atene ai tempi di Solone* | *Le u.*, le ore undici e (*fam.*) le ore ventitrè | *Nell'11*, nell'anno 1911, o nel 1811 e sim. *2* Il segno che rappresenta il numero undici. *3* Squadra di calcio, in quanto formata da undici giocatori: *l'u. milanista* | *L'u. azzurro*, la squadra nazionale italiana.

†**undùnque** [vc. dotta, lat. *ŭnde* 'onde' con la terminazione di simili comp. avv.] avv. ● (*raro*) Ovunque.

ungàrico [da *ungaro*] agg. (pl. m. *-ci*) ● (*lett.*) Ungherese.

ùngaro o †**óngaro**, **ùnghero** nel sign. B [vc. dotta, lat. mediev. *Hunŭguro(s)*, *Ŭngaro(s)*, dal bulgaro-turco *on ogur*, letteralmente 'dieci (*on*) tribù di valorosi (*ogur*)'] **A** agg. ● (*raro*) Ungherese. **B** s. m. (f. *-a* nel sign. 1) *1* Ogni appartenente alla popolazione di stirpe prevalentemente ugro-finnica, stanziatasi fin dal sec. XI nel territorio corrispondente all'attuale Ungheria: *le incursioni degli Ungari*. *2* Antica moneta d'oro ungherese con il tipo di un guerriero, imitata in molti stati italiani.

ùngere o (*pop., tosc.*) †**ùgnere** [lat. *ŭngere*, fatto da *unguĕre* attraverso *ūnxi*, come *iŭngere* da *iŭnxi*, di sola area lat. e indiana] **A** v. tr. (pres. *io ùngo, tu ùngi*; pass. rem. *io ùnsi, tu ungésti*; part. pass. *ùnto*) *1* Spalmare, cospargere di olio o altre sostanze grasse (*anche ass.*): *u. q.c. di sego, sugna, strutto*; *u. il tegame di burro*; *u. il pane con sugo d'arrosto*; *u. il corpo con pomate, creme, balsami, unguenti* | (*raro, fig.*) *Aver che u.*, aver molto da fare, affaticarsi molto | (*est.*) Macchiare, insudiciare d'unto: *ungersi il vestito, le mani*. *2* (*est.*) Ingrassare, lubrificare: *u. una ruota, un ingranaggio* | *U. le ruote, le carrucole a qc.*, (*fig.*) adularlo, lusingarlo, offrirgli denari, regali e sim. per ottenere favori | (*fig.*) *U. il dente*, mangiare, spec. a spese altrui | (*fig.*) †*Non aver che u.*, non aver nulla da mangiare. *3* (*relig.*) Segnare con olio consacrato o con altra materia consacrante, versare olio consacrato sulla testa di persona eletta a particolare funzione religiosa o sociale | Nel cattolicesimo, amministrare sacramenti che comportano l'unzione. *4* (*fig.*) Blandire, lisciare (*anche ass.*): *ungi, ungi, ma non riuscirai a comprarmi, a convincermi*. *5* (*raro, lett.*) Medicare: *u. le ferite*. **B** v. rifl. ● Spalmarsi di sostanze grasse: *ungersi con la crema abbronzante*; *un tempo gli atleti si ungevano d'olio*. **C** v. intr. pron. ● Macchiarsi, sporcarsi d'unto, sugo e sim.: *ungersi mangiando*; *guarda come ti sei unto!*

ungherése o †**ongarése** **A** agg. ● Dell'Ungheria: *popolazione u.*; *lingua u.* | *All'u.*, (*ell.*) alla maniera degli ungheresi | *Tiro all'u.*, nel calcio, colpo dato alla palla con l'esterno del piede | *Tattica all'u.*, nel calcio, sistema di gioco impostato su tre linee d'azione verticali. **B** s. m. e f. ● Abitante o nativo dell'Ungheria. **C** s. m. solo sing. ● Lingua del gruppo ugro-finnico, parlata in Ungheria.

ùnghero ● V. *ungaro*.

ùnghia o (*raro, dial.*) **ógna**, (*raro, lett.*) **ùgna**, †**ùngola**, (*raro*) **ùngula** [lat. *ŭngula*, in origine dim. di *ŭnguis* 'unghia', di origine indeur.] s. f. *1* (*anat.*) Produzione cornea lamellare, caratteristica dei Vertebrati terrestri, che riveste l'estremità distale del dito e ha compiti di protezione, appoggio, difesa od offesa, a seconda della specie animale che si considera: *le unghie dell'uomo, degli animali*; *le unghie del gatto, del cavallo, del leone*; *le unghie delle mani, dei piedi*; *tagliarsi, limarsi, pulirsi le unghie*; *mangiarsi, mordicchiarsi le unghie*; *avere le unghie lunghe, corte* | *U. a zoccolo*, grossa, robusta e che riveste l'ultima falange, propria di alcuni Ungulati | *U. ad artiglio*, adunca e appuntita | *U. incarnita*, o *incarnata*, unghia affondata con i suoi bordi laterali nei tessuti molli vicini dove determina ulcerazioni e infezioni | *U. ippocratica*, unghia allargata e abnormemente convessa | *Avere le unghie lunghe*, (*fig.*) essere propenso al furto | *Metter fuori le unghie*, (*fig.*) mostrare chiaramente la propria ostilità, capacità offensiva e sim. | *Difendersi coi denti e con le unghie*, (*fig.*) difendersi con ogni mezzo e con disperato accanimento | (*fig.*) *Essere carne e u.*, di persone unite da stretta amicizia, essere culo e camicia | (*pop., fam.*) *Sull'u.*, subito, detto spec. di pagamenti immediati e in contanti. ➡ ILL. p. 366 ANATOMIA UMANA. *2* (*al pl., fig.*) Grinfie, mani: *cadere tra le unghie di uno strozzino*; *mettere le unghie addosso a qc.*; *se mi capita sotto le unghie, lo concio per le feste* | *Avere, tenere qc. tra, sotto le unghie*, in proprio potere | *Uscire di sotto le unghie a qc.*, sfuggirgli. *3* (*fig.*) Distanza, dimensione, o quantità minima: *c'è mancata un'u.*; *ce ne vuole un'u. in più*; *bisogna restringerlo di un'u.* *4* Taglio obliquo all'estremità di un attrezzo: *l'u. dello scalpello* | (*est.*) Attrezzo con tale taglio | (*gener.*) Attrezzo, o parte di esso, fatto a uncino, artiglio e sim.: *l'u. dell'ancora*. *5* Intaccatura sul dorso della lama di un coltello a serramanico, destinata a facilitare l'estrazione della lama stessa. *6* (*bot.*) Porzione ristretta e spesso decolorata del petalo, nella zona di inserzione sul talamo | *U. cavallina*, fungo delle Poliporacee, a forma di zoccolo di cavallo, di colore grigio cenere e brunastro, che cresce sulle latifoglie (*Ungulina fomentaria*). *7* (*arch.*) Ciascuna delle quattro superfici ottenute dall'intersezione di due volte a botte di ugual monta, perpendicolari tra loro e con ugual piano tangente in chiave. *8* Nei volumi rilegati, la sporgenza della copertina rispetto al corpo del volume. || **unghiàccia**, pegg. | **unghièlla**, dim. (V.) | **unghièllo**, dim. m. (V.) | **unghiétta**, dim. | **unghiétto**, dim. m. | **unghina**, dim. | **unghiòlo**, dim. m. (V.) | **unghióna**, accr. | **unghióne**, accr. m. (V.).

unghiàta o (*pop., tosc.*) †**ugnàta**. s. f. ● Colpo inferto con le unghie | Ferita provocata da tale colpo. SIN. Graffio. || **unghiatina**, dim.

unghiàto o (*lett., tosc.*) **ugnàto** agg. ● (*lett.*) Che è armato di unghie: *zampe unghiate*; *aquila unghiata*.

unghiatùra o †**ugnatùra** nel sign. 2 [da *unghia*] s. f. *1* Linguetta sporgente posta sul davanti del coperchio delle scatole portacipria e sim. per agevolare l'apertura | Piccolo scavo laterale nelle casse da orologi per poterle aprire facendo leva con l'unghia del pollice. *2* (*arch.*) Augnatura. *3* Sporgenza dei cartoni della legatura di un libro oltre i tagli del libro stesso. *4* In medicina legale, lesione superficiale escoriativa prodotta da un colpo d'unghia.

unghièlla o **ugnèlla** s. f. *1* Dim. di *unghia*. *2* Tipo di cesello con la cima a forma di sezione di unghia.

unghièllo o **ugnèllo**. s. m. *1* Dim. di *unghia*. *2* Artiglio, unghiolo: *gli unghielli del gatto*. *3* Ciascuna delle due formazioni cornee che si trovano alla faccia volare del nodello degli animali ad unghia fessa e che corrispondono agli speroni degli equini.

unghiòlo o (*pop., tosc.*) †**ugnòlo**. s. m. *1* Dim. di *unghia*. *2* (*zool.*) Unghia stretta e acuta del gatto e di alcuni uccelli, quali i gallinacei.

unghióne o (*pop., tosc.*) †**ugnóne**. s. m. *1* Accr. di *unghia*. *2* (*pop.*) Zoccolo. *3* Artiglio.

†**unghióso** [da *unghia*] agg. ● (*raro, lett.*) Scaglioso.

unghiùto [da *unghia*] agg. ● Munito di artigli.

ungiménto o †**ugniménto** s. m. *1* (*raro*) Modo e atto dell'ungere. *2* †Unguento.

ungitóre o †**ugnitóre**. s. m.; anche agg. (f. *-trice*) ● (*raro*) Chi, che unge (*anche fig.*).

ungitùra o †**ugnitùra**. s. f. ● (*raro*) Atto, effetto dell'ungere.

†**ùngola** ● V. *unghia*.

†**ùngue** [vc. dotta, lat. *ŭngue(m)*, di origine indeur.] s. f. ● (*raro*) Unghia.

ungueàle [da †*ungue*] agg. ● (*anat.*) Dell'unghia: *lamina, lunula u.*

†**unguentàio** ● V. *unguentario*.

†**unguentàre** [vc. dotta, lat. tardo *unguentāre*, da *unguĕntum* 'unguento'] v. tr. e rifl. ● Ungere, ungersi con unguenti, balsami, profumi e sim.

unguentàrio o †**unguentàio** nel sign. B [vc. dotta, lat. *unguentāriu(m)*, da *unguĕntum* 'unguento'] **A** agg. ● (*raro*) Atto a contenere o a fornire unguento: *vaso u.*; *ghianda unguentaria*. **B** s. m. (f. *-a*) ● †Profumiere.

†**unguentière** s. m. ● Unguentario.

†**unguentìfero** [comp. di *unguento* e *-fero*] agg. ● (*raro*) Che porta unguenti.

unguènto [vc. dotta, lat. *unguĕntu(m)*, da *ŭnguere*, variante di *ŭngere*] s. m. *1* Medicamento molle preparato con eccipienti grassi: *cura a base di impacchi e unguenti* | (*est.*, *raro*) Medicina, rimedio | †*Aver u. per ogni piaga*, (*fig.*) trovare un rimedio per ogni inconveniente | †*u. da cancheri*, detto di chi vuole avere ciò che appartiene ad altri | (*fig.*) †*u. di zecca*, denaro | *U. della Maddalena*, (*raro*, *fig.*) farmaco miracoloso | (*fig.*) †*u. di maggio*, aria primaverile che risana | †*Dar dell'u.*, ungere (*spec. fig.*). *2* Impasto molle di sostanze odorose, usato un tempo come profumo: *spalmare il corpo, le membra di preziosi unguenti*. SIN. Balsamo.

unguibus et rostris /lat. 'ungwibus et 'rɔstris/ [loc. lat., letteralmente 'per mezzo delle unghie (*ŭnguibus*, abl. pl. di *ŭnguis*) e del becco (*rōstris*, abl. pl. di *rōstrum*)'] loc. avv. ● Con tutte le forze, le armi, i mezzi di cui si dispone.

unguìcola [vc. dotta, dal lat. *ŭnguis* 'unghia', con suff. dim.] s. f. ● (*zool.*) Unghia più o meno piatta o incurvata solo trasversalmente, con estremità libera arrotondata e sporgente sul polpastrello, tipica delle proscimmie, delle scimmie antropomorfe e dell'uomo.

Unguicolàti [da *unguicola*] s. m. pl. ● (*zool.*) Nella tassonomia animale, gruppo di Mammiferi provvisti di unghie e artigli invece che di zoccoli (*Unguiculata*) | (al sing. *-o*) Ogni individuo di tale gruppo.

unguicolàto agg. *1* (*zool.*) Detto del becco di alcuni uccelli, come quello delle anitre, quando reca all'apice una sorta di unghia rivolta verso il basso. *2* (*bot.*) Detto di petalo, come quello del garofano, quando reca alla base un prolungamento a forma di unghia, che lo inserisce nel ricettacolo.

ùngula [vc. dotta, lat. *ŭngula(m)*, dim. di *ŭnguis* 'unghia'] s. f. *1* V. *unghia*. *2* (*zool.*) Zoccolo.

Ungulàti [vc. dotta, lat. *ungulātu(m)* 'provvisto di zoccolo (*ŭngula*)'] s. m. pl. ● Nella tassonomia animale, gruppo di Mammiferi con unghia a zoccolo (*Ungulata*) | (al sing. *-o*) Ogni individuo di tale gruppo. ➡ ILL. **animali** /12-13.

ungulatùra [dal lat. *ŭngula* 'unghia' (V. *ungula*)] s. f. ● Solco, incisione sulla lama di coltelli, armi, strumenti da taglio.

unguligrado [comp. del lat. *ŭngula* 'unghia' e di un deriv. da *grădi* 'procedere, camminare'] **A** agg. ● Detto di animale che camminando poggia al suolo soltanto l'unghia. **B** anche s. m.

ùni- [lat. *uni-*, da *ūnus* 'uno (solo)'] primo elemento ● In parole composte significa 'uno', 'uno solo', o fa riferimento a una sola unità: *unicamerale*, *unifamiliare* | In taluni casi si alterna nell'uso con *mono-*: *unigeneo*.

unìasse [comp. di *uni-* e *asse*] agg. *1* (*ott.*) Monoasse. *2* (*bot.*) Detto di pianta il cui asse primario termina con un fiore.

unìassico [da *uniasse*] agg. ● (*ott.*) Monoasse.

uniàte [russo *unijat*, da *unija* 'unione (delle Chiese)'] agg.; anche s. m. ● Detto delle Chiese orientali o dei singoli fedeli che, distaccatisi dalla comunione con la Chiesa Cattolica Romana in conseguenza dello scisma d'Oriente, si sono, poi, ad essa riuniti, conservando organizzazione autonoma.

unìbile agg. ● Che si può unire.

unibilità [da *unibile*] s. f. ● Qualità di ciò che è unibile.

unicameràle [comp. di *uni-* e *camerale*, secondo il modello ingl. *unicameral*] agg. ● Monocamerale. CONTR. Bicamerale.

unicameralìsmo [comp. da *unicamerale* e *-ismo*] s. m. ● Monocameralismo. CONTR. Bicameralismo.

unicellulàre [comp. di *uni-* e *cellulare*] agg. ● (*biol.*) Detto di organismo formato da una sola cellula.

unicellulàto **A** agg. ● (*biol.*) Unicellulare. **B** anche s. m.

unicità s. f. ● Qualità, caratteristica di chi, di ciò che è unico. CONTR. Molteplicità.

ùnico [vc. dotta, lat. *ūnicu(m)*, da *ūnus* 'uno solo'] **A** agg. (pl. m. *-ci*) *1* Che non è preceduto, accompagnato o seguito da nessun altro elemento uguale, che è il solo esistente del suo tipo o specie: *volume, esemplare u.*; *figlio u.*; *modello u.*; *pezzo u., da collezione*; *regime politico a partito u.*; *collegio u. nazionale*; *quanto a bizzarria è una persona unica nel suo genere*; *è un caso più u. che raro*; *è stata la sola e unica volta che ho acconsentito*; *è l'u. abito che ho*; *è l'unica soluzione che ci resta* | *Io, unico fra tutti, ho detto chiaramente di no* | *Atto u.*, opera teatrale in un solo atto | *Numero u.*, di giornale o pubblicazione non periodica, che esce saltuariamente | *Giudice u.*, organo giudiziario costituito da una sola persona | *Testo u.*, raccolta di tutte le norme legislative riguardanti una data materia | *L'unica*, (*ell.*) via, soluzione, possibilità e sim. senza valide alternative: *questa è l'unica che puoi fare*; *per il momento l'unica è tacere*. *2* Che non ha uguali quanto a valore, virtù, importanza, pregio, prestigio e sim.: *poeta, pittore u.*; *amico u.*; *prodotto u.*; *quadro di bellezza unica*; *oggi sei di un'eleganza unica!*; *è avaro in modo u.!* SIN. Inarrivabile, incomparabile, ineguagliabile. || **unicaménte**, avv. *1* Come unica cosa, solamente, soltanto: *desidero unicamente una risposta*. *2* (*lett.*) In modo unico, ineguagliabile. **B** s. m. (f. *-a*) *1* Chi è solo a fare, dire, pensare e sim., q.c.: *sei l'u. a crederlo*; *non saremo gli unici a dire di no*; *fosti tu l'u. che si oppose*. *2* Oggetto o animale unico: *ha altri abiti da mostrarmi? No, questo è l'u.*; *questo cucciolo è l'u. di colore nero*.

unicolóre [vc. dotta, lat. *unicolōre(m)*, comp. di *ūnus* 'uno solo' e *cŏlor*, genit. *colōris* 'colore'] agg. ● Monocolore, monocromo. CONTR. Policromo.

uniconcettuàle [comp. di *uni-* e *concettuale*] agg. ● (*raro*) Che contiene o sviluppa un unico concetto: *libro u.*; *film u.*

unicòrde [comp. di *uni-* e *corda* sul modello del grecismo *monocorde*] agg. ● (*raro*, *lett.*) Monocorde.

unicòrno [vc. dotta, lat. tardo *unicŏrnu(m)* 'di un solo (*ūnus*) corno (*cŏrnus*)'] **A** agg. ● (*zool.*) Detto di animale con un corno solo. **B** s. m. *1* Nelle mitologie antiche e nelle credenze medioevali, animale fantastico, con un solo corno che, ridotto in polvere, si riteneva avesse virtù curative. *2* (*zool.*) Narvalo.

unicum /lat. 'unikum/ [vc. lat., propriamente '(oggetto) unico'] s. m. inv. ● Nel linguaggio di bibliografi, filatelici, numismatici e sim., esemplare unico.

unidimensionàle [comp. di *uni-* e di un deriv. di *dimensione*] agg. *1* (*mat.*) Detto di ente geometrico a una sola dimensione, quale una curva. *2* (*fis.*) Detto di problema risolvibile mediante un'equazione a una sola variabile.

unidirezionàle [comp. di *uni-* e *direzionale*] agg. *1* (*elettr.*) Detto di corrente elettrica continua o di una corrente che non inverte mai il verso di circolazione. *2* (*tecnol.*) Detto di dispositivo atto al passaggio di un fluido, della corrente elettrica o altro, in una sola direzione: *microfono u.* *3* In un sistema di circolazione stradale, detto di corrente di marcia in cui sono eliminati gli incroci a livello fra correnti di traffico con direzioni diverse.

unidòse [comp. di *uni-* e *dose*] agg. ● (*farm.*) Detto di confezione contenente una sola dose di preparato.

unifamiliàre [comp. di *uni-* e *familiare*] agg. ● Detto di casa progettata e costruita per servire di abitazione a una sola famiglia: *villetta u.* SIN. Monofamiliare.

unìfero [comp. di *uni-* e *-fero*] agg. ● (*bot.*) Detto di pianta che fiorisce e fruttifica una sola volta all'anno.

unificàbile agg. ● Che si può unificare: *principi, criteri unificabili*.

unificabilità s. f. ● Qualità, proprietà di ciò che è unificabile.

unificànte part. pres. di *unificare*; anche agg. *1* Nei sign. del v. *2* Che unifica, determina una fusione o un'aggregazione: *agente, elemento u.*; *la musica rock come fattore u. nel mondo giovanile*.

unificàre [comp. di *uni-* e *-ficare*] **A** v. tr. (*io unìfico, tu unìfichi*) *1* Ridurre a unità, fondere due o più elementi in un solo organico insieme: *u. l'Italia, l'Europa*; *u. le leggi, i codici*; *u. varie correnti di pensiero*. CONTR. Dividere, separare, suddividere. *2* Standardizzare un prodotto industriale, ridurlo a un unico tipo. **B** v. rifl. rec. ● Ridursi a unità, convergere o confluire in un solo organico insieme: *partiti politici che devono unificarsi*.

unificatìvo agg. ● (*raro*) Che è atto a unificare.

unificàto part. pass. di *unificare*; anche agg. ● Nei sign. del v.: *progetti di legge unificati*; *apparecchio telefonico u.*

unificatóre agg.; anche s. m. (f. *-trice*) ● Che, chi unifica: *criterio, principio u.*; *azione unificatrice*; *gli unificatori dell'Italia*.

unificazióne s. f. *1* Atto, effetto dell'unificare: *u. politica, amministrativa dello Stato*. *2* (*tecnol.*) Tendenza a conseguire accordi nel campo tecnico e industriale in modo da evitare difformità di simboli, di caratteristiche, di procedimenti e sim. *3* Standardizzazione, riduzione a un unico tipo, spec. di un prodotto industriale.

unifilàre [comp. di *uni-* e di un deriv. di *filo*] agg. ● (*elettr.*) Detto di collegamento fra componenti elettrici realizzato con un unico conduttore: *linea elettrica u.* | Detto di schema elettrico in cui i conduttori a due o più fili sono indicati con un'unica linea. SIN. Monofilare.

uniflòro [comp. di *uni-* e del lat. *flōs*, genit. *flōris*] agg. ● (*bot.*) Detto di pianta, fusto o peduncolo che porta un solo fiore.

unifogliàto [comp. di *uni-* e di un deriv. di *foglia*] agg. ● (*bot.*) Detto di picciolo avente un solo lembo, foglia o fogliolina | Detto di foglia originariamente composta le cui foglioline, per anomalia o riduzione filogenetica, si sono ridotte a una sola.

uniformàre [da *uniforme* (*1*)] **A** v. tr. (*io unifórmo*) *1* Rendere uniforme: *u. una superficie irregolare*; *u. il terreno prima della semina*. CONTR. Differenziare. *2* Rendere adatto, adeguato, confacente: *u. la moda ai propri gusti*. **B** v. rifl. ● Adeguarsi, conformarsi, sottomettersi: *uniformarsi alla situazione presente*; *uniformarsi alla volontà della maggioranza*. CONTR. Differenziarsi. **C** v. intr. pron. ● Divenire uniforme: *il vento si è uniformato*.

uniformazióne s. f. ● Atto, effetto dell'uniformare.

unifórme (**1**) [vc. dotta, lat. tardo *unifōrme(m)* 'ad una sola (*ūna*) forma'] agg. *1* Che è uguale in ogni sua parte, che è privo di variazioni, difformità, discontinuità e sim.: *superficie piatta e u.*; *colore steso in modo u.*; *idee uniformi, nate tra popoli sconosciuti tra loro, debbon avere un principio comune di vero* (VICO). *2* (*fis.*) *Campo u.*, campo vettoriale in cui il vettore del campo è indipendente dal tempo e/o dal posto | *Moto u.*, moto di un punto su una traiettoria qualsiasi, la cui velocità rimane costante in grandezza nel tempo, pur potendo variare in orientamento: *moto circolare u.* | *Corrente fluida u.*, in cui la velocità delle particelle è indipendente dal tempo e dal posto occupato. *3* (*mat.*) Detto di fenomeno che si presenta con gli stessi caratteri nei punti dove avviene: *continuità u.*; *convergenza u.* | *Funzione u.*, funzione univoca. *4* (*fig.*) Monotono: *suono, ritmo u.*; *paesaggio u.*; *giornate uniformi*; *vita u.* CONTR. Variato. || **uniformeménte**, avv. *1* In modo uniforme, con uniformità: *colore uniformemente distribuito*. *2* In modo conforme: *curarsi uniformemente alle prescrizioni mediche*.

unifórme (**2**) [fr. (*habit*) *uniforme* '(vestito) uniforme'] s. f. *1* Abito uguale per tutti gli appartenenti a una stessa forza armata e, nell'interno di questa, per tutti gli appartenenti alla stessa arma, corpo, specialità, categoria gerarchica, relativamente ai vari contrassegni distintivi: *u. di fatica, da campagna, da combattimento*; *u. ordinaria per la truppa*; *u. ordinaria per gli ufficiali* | *Alta u., grande u.*, prescritta per le occasioni solenni | *Indossare l'u.*, (*fig.*) fare il servizio militare, intraprendere la carriera militare. *2* (*est.*) Abito uguale prescritto per tutti gli appartenenti a un determinato ordine, istituto, servizio e sim.: *l'u. dei cavalieri dell'ordine di Malta*; *l'u. dei ferrovieri, dei tranvieri, dei collegiali*. SIN. Divisa, tenuta.

uniformità [vc. dotta, lat. tardo *uniformitāte(m)*, da *unifōrmis* 'uniforme (1)'] s. f. *1* Qualità di ciò che è uniforme: *l'u. di una superficie, del colore, del suono*; *l'u. del moto* | *Fattore di u.*, in ottica, rapporto fra l'illuminamento nel punto più scuro e quello nel punto più chiaro o nel punto medio. CONTR. Difformità, varietà. **2** Conformità, concordanza, accordo: *u. di vedute, di opinioni, di scelte*; *riscontrare una notevole, una totale u. di punti di vista* | *In u., in piena u. con*, conformemente a. CONTR. Discordanza.

uniformologìa [comp. di *uniforme* (*2*) e *-logia*] s. f. ● Ricerca e raccolta delle uniformi militari, e studio della loro storia.

†**unigèneo** [sul modello di *omogeneo* con sostituzione della prima parte con *uni-*] agg. ● Della stessa natura.

unigènere [comp. di *uni-* e *genere*] agg. ● (*raro*) Di un solo genere.

unigènito [vc. dotta, lat. *unigĕnitu(m)*, comp. di *ūnus* 'unico' e *gĕnitus* 'genito, nato'] **A** agg. ● Detto del Cristo, unico figlio di Dio, fatto uomo: *Gesù, figlio u. del Padre*. **B** anche s. m.: *l'Unigenito*.

†**unìgeno** [vc. dotta, lat. *unĭgena(m)* 'di un solo (*ūnus*) parto (da *gĭgnere* 'generare')', m. e f., adattato alla più frequente desinenza m. in *-o*] agg. ● Unico generato | *La dea unigena*, Minerva, unica nata dal cervello di Giove.

unilabiàta [comp. di *uni-* e del f. di *labiato* (dal lat. *lăbium* 'labbro')] agg. solo f. ● (*bot.*) Detto di corolla gamopetala irregolare, con lembo ampio portato da un lato.

unilateràle [fr. *unilatéral*, comp. di *uni-* e *latéral* 'laterale'] agg. **1** Che riguarda un solo lato: *affezione, infiammazione u. della pleura*. **2** (*dir.*) Che riguarda o prende in considerazione una sola delle parti: *promessa u.* | *Negozio giuridico u.*, in cui la manifestazione di volontà è una sola. **3** (*fig.*) Che prende in considerazione un solo lato o aspetto della cosa: *visione u. di un problema* | (*est.*) Eccessivamente personale, soggettivo: *concetto u.*; *ha un modo troppo u. di vedere le cose* | (*est.*) Arbitrario, spec. in quanto non tiene conto della complessità dei dati, degli elementi, della realtà: *spiegazione u.*; *giudizio u.*; *interpretazione u. dei fatti*. || **unilateralménte**, avv.

unilateralìsmo [da *unilaterale*] s. m. ● Tendenza a prendere in considerazione un unico punto di vista, una sola realtà.

unilateralità s. f. ● Qualità di chi, di ciò che è unilaterale (*spec. fig.*).

unilàtero agg. **1** (*raro*) Che ha un solo lato. **2** (*mat.*) Detto di una superficie paradossale a una sola faccia.

unilineàre [comp. di *uni-* e *lineare*] agg. ● Che risale a uno solo degli ascendenti: *filiazione, discendenza u.*

unimandatàrio [comp. di *uni-* e *mandatario*] s. m. ● (*comm.*) Monomandatario.

uniménto [da *unire*] s. m. ● (*raro*) Unione.

unimodàle [comp. di *uni-* e *modale*] agg. ● (*stat.*) Detto di una distribuzione di frequenza caratterizzata da un unico valore modale.

uninèrvio [comp. di *uni-* e di un deriv. dal lat. *nĕrvus* 'nervo'] agg. ● (*bot.*) Detto di foglia con una sola nervatura.

uninominàle [comp. di *uni-* e *nominale* sul modello del fr. *uninominal*] agg. ● (*dir.*) *Sistema u.*, o (*ell.*) *l'uninominale*, sistema elettorale nel quale ogni lista presenta, in ogni collegio, un solo candidato: (*sistema*) *u. a un turno* (detto anche *u. secco*); (*sistema*) *u. a doppio turno* (che prevede un ballottaggio nel secondo turno). CONTR. Plurinominale. CFR. Maggioritario. || **uninominalménte**, avv. In base al sistema uninominale.

unióne [vc. dotta, lat. *uniōne(m)*, da *ūnus* 'uno solo', ma tardo nel senso attuale] s. f. **1** Atto, effetto dell'unire o dell'unirsi: *u. matrimoniale*; *u. ipostatica*; *l'u. di due o più pezzi meccanici*; *l'u. dell'anima col corpo*; *l'u. delle forze* | (*dir.*) *U. di cause*, trattazione di più cause in uno stesso processo. CONTR. Separazione. **2** Ciò che risulta dall'unione di due o più elementi, spec. associazione di persone munite o meno di personalità giuridica: *u. sindacale*. **3** (*fig.*) Armonica intesa, accordo, concordia: *l'u. degli animi, dei propositi*; *l'u. fraterna di tutto il popolo* | Continuità, coesione: *manca l'u. fra i vari elementi dell'opera*. **4** (*dir.*) Forma di cooperazione fra più soggetti di diritto internazionale per fini di comune interesse e a carattere continuativo che può o meno determinare il sorgere di un nuovo organismo internazionale: *u. doganale, monetaria*; *u. europea occidentale* | *U. reale*, fra due o più stati aventi in comune il monarca | *U. personale*, tra più Stati aventi in comune il capo, senza che tuttavia si venga a creare fra essi un'attività unitaria o un apparato istituzionale. **5** (*dir.*) Mescolanza inseparabile di cose mobili appartenenti a diversi proprietari che diviene proprietà comune a tutti. **6** (*mat.*) *U. di più insiemi*, insieme costituito dagli elementi che appartengono ad almeno uno degli insiemi | Nell'insieme delle parti d'un insieme, l'operazione che a due sottoinsiemi associa la loro unione || PROV. L'unione fa la forza.

unionìsmo [da *unione*, sul modello dell'ingl. *unionism*] s. m. **1** Movimento che tende a raggiungere o a mantenere l'unità all'interno di organismi politici, economici, religiosi, ecc. **2** (*econ.*) Il sistema tradunionistico.

unionìsta [da *unione*, sul modello dell'ingl. *unionist*] s. m. e f.; anche agg. (pl. m. *-i*) ● Chi, che è fautore o sostenitore dell'unione di due o più organismi politici, economici, religiosi e sim. CONTR. Separatista.

uniovulàre [comp. di *uni-* e *ovulo*, con suff. aggettivale] agg. ● (*biol.*) Originato da un solo uovo fecondato: *gravidanza gemellare u.*; *gemelli uniovulari*.

unìparo [comp. di *uni-* e di un deriv. dal lat. *părere* 'partorire'] agg. **1** Detto di animale che mette al mondo un solo figlio ad ogni parto. **2** (*bot.*) Detto di cima costituita da un solo ramo.

unipolàre [comp. di *uni-* 'da un solo' e dell'agg. di *polo*] agg. **1** (*elettr.*) Che presenta una sola specie di polarità | *Cavo u.*, a un solo conduttore. SIN. Omopolare. **2** (*elettron.*) *Transistore u.*, transistore, per es. quello a effetto di campo, che utilizza portatori di carica di un solo tipo, quelli di maggioranza | *Interruttore u.*, atto a interrompere la corrente elettrica su un solo filo.

unìre [vc. dotta, lat. *unīre*, da *ūnus* 'uno solo'] **A** v. tr. (*io unìsco, tu unìsci*) **1** Accostare o mescolare due o più cose o parti tra loro, così che diventino una cosa sola: *u. due assi con la colla, coi chiodi*; *uniamo i due banchi e ne otterremo uno più grande*; *unite i vari ingredienti in una teglia e cuocete a fuoco moderato*; *bisogna u. le varie tinte nella giusta proporzione* | (*est.*) Armonizzare, fondere in un unico complesso: *u. le voci, i suoni*; *u. i colori*. CONTR. Disunire, separare. **2** (*est.*) Fondere, collegare strettamente, associare: *se uniremo le nostre iniziative saremo i più forti*; *hanno deciso di u. i loro beni*; *u. più parole per formare una frase* | *U. l'utile al dilettevole*, fare q.c. di piacevole, traendone anche concreti benefici | (*est.*) Possedere contemporaneamente: *u. al merito la virtù*; *un dramma che unisce il magico al reale*; *non ho trovato una donna che sappia u., come questa, la gentilezza e il decoro* (GOLDONI) | (*est.*) Avere in comune: *l'intelligenza li unisce*. **3** (*est.*) Portare o indurre a un comune consenso, impegno, determinazione e sim. (*anche ass.*): *la loro comune matrice culturale li unisce*; *spesso il dolore e la sofferenza uniscono gli uomini*; *l'indignazione unì gli animi e i voleri dei cittadini, incitandoli alla rivolta*; *idee, principi, esigenze che uniscono* | (*est.*) Legare, allacciare con vincoli di natura morale o giuridica: *un fatto, una promessa li unisce*; *u. i giovani in una lega, una associazione* | *U. in matrimonio*, accogliere la manifestazione di volontà dei nubendi e dichiararli sposi: *il sacerdote li unì in matrimonio* | (*est.*) Legare con vincoli di natura politica, economica e sim.: *un accordo, un'alleanza li unisce*. **4** Mettere in comunicazione, collegare: *u. paesi, villaggi, centri abitati con strade, ferrovie, telegrafo, telefono*; *presto un nuovo traforo unirà i nostri paesi*. **B** v. rifl. rec. **1** Mettersi insieme, formare una unione: *unirsi in matrimonio*. **2** Accostarsi, mescolarsi, legarsi in modo da formare un tutto, un insieme: *in questo punto le acque dei due fiumi si uniscono*; *i vari elementi devono unirsi secondo lo schema prestabilito*. **3** (*est.*) Fare causa comune, organizzarsi e agire per uno scopo comune: *unirsi contro l'invasore, la repressione*; *proletari di tutto il mondo, unitevi!* **4** Associarsi politicamente, economicamente e sim.: *le grandi imprese si unirono per conquistare nuovi mercati*; *queste potenze si unirono allora nella triplice alleanza*. **5** Accordarsi, armonizzarsi: *suoni, colori, idee che si uniscono perfettamente*. **C** v. intr. pron. **1** Accompagnarsi, mettersi con qc.: *si unirono al gruppo, alla comitiva*; *per, in questo viaggio mi unisco a voi*. **2** (*est.*) Essere, esistere contemporaneamente: *in lui l'astuzia si unisce all'intelligenza*.

unisessuàle [comp. di *uni-* e *sessuale*] agg. ● (*biol., zool.*) Detto di pianta o animale portatore degli organi sessuali di un solo sesso. SIN. Unisessuato.

unisessualità [da *unisessuale*] s. f. ● (*biol.*) Qualità di chi o di ciò che è unisessuale.

unisessuàto [comp. di *uni-* e *sessuato*] agg. ● (*biol.*) Unisessuale.

ùnisex o **unisèx** [comp. di *uni-* e dell'ingl. *sex* 'sesso', prob. sul modello del fr. *unisexe*] **A** agg. inv. ● Che si adatta, può essere usato o si rivolge a entrambi i sessi, detto spec. di indumenti: *pantaloni u.*; *scarpe u.*; *bicicletta u.*; *moda, rivista u.* **B** s. m. inv. **1** Insieme di prodotti di abbigliamento che possono servire all'uno e all'altro sesso: *l'u. invernale*; *il mercato dell'u. è in espansione*. **2** Modo di vestire, di comportarsi, di manifestarsi attraverso i quali non si distingue l'uomo dalla donna: *molti hanno adottato l'u.*

unisìllabo [vc. dotta, lat. tardo *unisȳllabu(m)* 'di una sola (*ūna*) sillaba (*sȳllaba*)'] agg.; anche s. m. ● Monosillabo.

unisonànza [da *unisono*] s. f. ● (*raro*) Qualità di suoni unisoni | †Concerto prodotto da suoni unisoni.

†**unisonàre** v. tr. ● Rendere unisono.

unìsono [vc. dotta, lat. tardo *unĭsonu(m)* 'di un solo (*ūnus*) suono (*sŏnus*)'] **A** agg. **1** (*mus.*) Detto di un suono o di una serie di suoni che vengono prodotti simultaneamente a suoni o serie di suoni uguali o distanti di un'ottava | *Violini unisoni*, che eseguono la stessa parte. CONTR. Dissonante. **2** (*ling.*) Omofono. **3** (*fig.*) Che è in pieno accordo, conformità e sim.: *opinioni, risposte unisone*. **4** (*raro, lett.*) Monotono. **B** s. m. **1** (*mus.*) Intervallo di prima ed esecuzione dello stesso suono o serie di suoni da parte di più voci o strumenti; spec. nella loc. avv. *all'u.* | Particolare registro organistico. **2** (*fig.*) Totale concordanza e contemporaneità, spec. nella loc. avv. *all'u.*: *agire, pensare, operare all'u.*

unità o †**unitàde**, †**unitàte** [vc. dotta, lat. *unitāte(m)*, da *ūnus* 'uno (soltanto)'] s. f. **1** Qualità o condizione di ciò che è uno, indivisibile e, come tale, compiuto in se stesso: *u. e molteplicità*; *u. e pluralità*; *l'u. dello spirito, della coscienza* | Nella teologia cristiana, attributo di Dio, come unica sostanza in tre persone. **2** Qualità o caratteristica di ciò che è o deve essere unico | *U. della giurisdizione*, principio per cui la giurisdizione civile, salvo speciali disposizioni di legge, è esercitata soltanto dai giudici ordinari secondo le norme del codice di procedura civile | *U. di tempo, di luogo e di azione*, secondo i classicisti, spec. del teatro italiano e francese, condizione per cui la tragedia deve svolgersi tutta in un sol giorno, nello stesso luogo e senza digressioni. **3** Qualità di ciò che è costituito di molte parti strettamente unite l'una all'altra, o connesse tra loro in modo organico e omogeneo: *l'u. della famiglia, di una lingua* | (*est.*) Unione politica: *spezzare l'u. nazionale*; *gli uomini del risorgimento lottarono per l'u. d'Italia*. **4** Convergenza, concordia, identità: *lavorare, agire con u. di metodi e d'intenti*; *esiste tra noi una vera u. di vedute e di propositi* | *U. dei cristiani*, riconoscimento della comune fede di tutte le chiese cristiane nel Cristo redentore, come condizione di fatto già esistente, nella prospettiva di superamento delle diversità confessionali | *Segretariato per l'u. dei Cristiani*, organo postconciliare della Chiesa per la realizzazione dell'unificazione delle confessioni cristiane. **5** In un'opera d'arte, organicità e continuità dell'ispirazione e della realizzazione: *l'u. di stile di un romanzo, di un poema*; *tutto il ciclo di pitture è caratterizzato da una sostanziale u.* | *U. di composizione*, relativamente ad opere riconducibili a un solo autore: *l'u. di composizione dei poemi omerici*. **6** Elemento, oggetto, individuo o gruppo singolo, considerato in quanto tale o in quanto costitutivo di un

UNITÀ DI MISURA

SISTEMA INTERNAZIONALE DI UNITÀ DI MISURA (SI)

Unità	*Grandezza*	*Simbolo*	*Definizione*
UNITÀ FONDAMENTALI			
metro	lunghezza	m	Distanza percorsa nel vuoto dalla luce nell'intervallo di tempo di (1/299792458) s
kilogrammo	massa	kg	Massa pari alla massa campione di platino-iridio conservata a Sèvres (Francia)
secondo	tempo	s	Periodo pari a 9 192 631 770 oscillazioni corrispondenti alla transizione iperfina tra i livelli $F=4$, $M=0$ e $F=3$, $M=0$ dello stato fondamentale del cesio 133
ampere	corrente elettrica	A	Corrente che, percorrendo due conduttori paralleli, di lunghezza infinita e diametro infinitesimo, posti alla distanza di un metro nel vuoto, produce fra i due conduttori una forza di $2 \cdot 10^{-7}$ N/m
kelvin	temperatura	K	Fissato stabilendo che, nella scala delle temperature assolute, il punto triplo dell'acqua corrisponda a 273,16 K
candela	intensità luminosa	cd	Intensità luminosa, di una sorgente che emette una radiazione monocromatica di frequenza $540 \cdot 10^{12}$ Hz e la cui intensità energetica è pari a (1/683) W/sr
mole	quantità di sostanza	mol	Quantità di sostanza che contiene lo stesso numero di entità elementari (atomi, molecole, ...) presente in 0,012 kg dell'isotopo ^{12}C.
UNITÀ SUPPLEMENTARI			
radiante	angolo piano	rad	Angolo piano che, su una circonferenza avente centro nel vertice dell'angolo e giacente sul piano dell'angolo, intercetta un arco di lunghezza uguale al raggio della circonferenza stessa
steradiante	angolo solido	sr	Angolo solido che, su una sfera avente centro nel vertice dell'angolo, intercetta una calotta di area uguale a quella di un quadrato avente lato uguale al raggio della sfera stessa.

UNITÀ DERIVATE

Unità	*Grandezza*	*Simbolo*	*Equivalenza in altre unità*
metro quadrato	area		m^2
metro cubo	volume, capacità volumica		m^3
kilogrammo al metro cubo	massa volumica		kg/m^3
hertz	frequenza	Hz	s^{-1}
metro al secondo	velocità		m/s
radiante al secondo	velocità angolare		rad/s
metro al secondo quadrato	accelerazione		m/s^2
radiante al secondo quadrato	accelerazione angolare		rad/s^2
newton	forza	N	$kg \cdot m/s^2$
newton al metro	tensione superficiale		N/m
pascal	pressione	Pa	N/m^2
joule	lavoro; energia	J	$N \cdot m$
watt	potenza	W	J/s
newton metro	momento		$N \cdot m$
newton secondo al metro quadrato	viscosità (dinamica)		$Pa \cdot s$; $N \cdot s/m^2$
metro quadrato al secondo	viscosità cinematica		m^2/s
grado Celsius	temperatura	°C	T(°C)=T(K)−273,15
coulomb	carica elettrica	C	$A \cdot s$
volt	potenziale elettrico; forza elettromotrice	V	W/A; J/C
volt al metro	campo elettrico		V/m
ohm	resistenza elettrica	Ω	V/A
siemens; mho	conduttanza elettrica	S	Ω^{-1}
farad	capacità elettrica	F	C/V
henry	induttanza	H	Wb/A
ampere al metro	campo magnetico		A/m
weber	flusso magnetico	Wb	$V \cdot s$
tesla	induzione magnetica	T	Wb/m^2
lumen	flusso luminoso	lm	$cd \cdot sr$
lux	illuminazione	lx	$cd \cdot sr/m^2$
becquerel	attività nucleare	Bq	s^{-1}
gray	dose assorbita	Gy	J/kg
sievert	equivalente di dose	Sv	J/kg

ALTRE UNITÀ DI MISURA

Unità	*Grandezza*	*Simbolo*	*Equivalente SI*
fermi	lunghezza	fm	$= 10^{-15}$ m
ångström	»	Å	$= 10^{-10}$ m
micron	»	μm	$= 10^{-6}$ m
unità astronomica	»	UA; AU	$= 1{,}49599 \cdot 10^{11}$ m
annoluce	»		$= 9{,}461 \cdot 10^{15}$ m
parsec	»		$= 3{,}08572 \cdot 10^{16}$ m
pollice (inch)	»	in	= 0,0254 m
piede (foot)	»	ft	= 12 in = 0,3048 m
iarda (yard)	»	yd	= 36 in = 0,9144 m
miglio terrestre	»	mi	= 1760 yd = 1609,344 m
miglio marino (internazionale)	»		= 1852 m
ara	area	a	$= 100$ m^2
ettaro	»	ha	$= 10\,000$ m^2
barn	»	b	$= 10^{-28}$ m^2
litro	volume	l	$= 10^{-3}$ m^3
gallone (USA)	»	gal	$= 3{,}785412 \cdot 10^{-3}$ m^3
gallone (GB)	»	gal	$= 4{,}54609 \cdot 10^{-3}$ m^3
grado (sessagesimale)	angolo piano	°	$= (\pi / 180)$ rad
minuto (di angolo)	»	′	$= (\pi / 10\,800)$ rad
secondo (di angolo)	»	″	$= (\pi / 648\,000)$ rad
minuto (primo)	tempo	min; m	= 60 s
ora	»	h	= 3600 s
giorno	»	d	= 86 400 s
anno (solare)	»	a	= 365,24220 d
kilometro orario	velocità	km/h	= 0,2777... m/s
gal	accelerazione	Gal	$= 0{,}01$ m/s^2
grammo	massa	g	= 0,001 kg
quintale (metrico)	»	q	= 100 kg
tonnellata (metrica)	»	t	= 1000 kg
oncia (ounce avoirdupois)	»	oz	= 0,0283495 kg
libbra (pound avoirdupois)	»	lb	= 16 oz = 0,45359237 kg
unità (di massa) atomica	»	u	$= 1{,}66057 \cdot 10^{-27}$ kg
dina	forza		$= 10^{-5}$ N
kilogrammo-forza	»	kgf	= 9,80665 N
(piccola) caloria	energia; lavoro	cal	= 4,1868 J
kilocaloria (*evit.* grande caloria)	»	kcal (*evit.* Cal)	= 4186,8 J
erg	»		$= 10^{-7}$ J
elettronvolt	»	eV	$= 1{,}602 \cdot 10^{-19}$ J
kilowattora	»	kWh	$= 3{,}6 \cdot 10^{6}$ J
British thermal unit	»	Btu	= 1055,056 J
quad	»		$= 10^{15}$ Btu $= 1{,}055056 \cdot 10^{18}$ J
horse power	potenza	hp	= 745,7 W
cavallo-vapore	»	CV	= 735,4 W
bar	pressione		$= 10^{5}$ Pa
baria	»		= 0,1 Pa
atmosfera (standard)	»	atm	$= 1{,}01325 \cdot 10^{5}$ Pa
millimetro di mercurio; torr	»		= (101 325/760) Pa
poise	viscosità (dinamica)	P	= 0,1 Pa · s
stokes	viscosità cinematica	St	$= 10^{-4}$ m^2/s
grado Fahrenheit	temperatura	°F	T(°F) = (9/5) · T(°C) + 32
franklin	carica elettrica		$= 3{,}3356 \cdot 10^{-10}$ C
biot	corrente elettrica	Bi	= 10 A
gilbert	forza magnetomotrice	Gb	$= 10/(4\pi)$ A
oersted	campo magnetico	Oe	$= 1000/(4\pi)$ A/m
gauss	induzione magnetica		$= 10^{-4}$ T
maxwell	flusso magnetico	Mx	$= 10^{-8}$ Wb
curie	attività nucleare	Ci	$= 3{,}7 \cdot 10^{10}$ Bq
rad	dose assorbita	rad; rd	$= 10^{-2}$ J/kg
röntgen	esposizione a radiazioni	R	$= 2{,}58 \cdot 10^{-4}$ C/kg
nit	brillanza; luminanza	nt	$= 1$ cd/m^2
stilb	brillanza; luminanza	sb	$= 10^{4}$ cd/m^2
phot	illuminazione	ph	$= 10^{4}$ lx
lambert	brillanza; luminanza	L	$= 10^{4}/\pi$ cd/m^2
diottria	potenza (di una lente)	D	$= 1$ m^{-1}

complesso, di una serie, di un insieme: *la frase è un'u. sintattica*; *il gene è un'u. ereditaria*; *il comune è l'u. amministrativa fondamentale* | (*dir.*) *Minima u. colturale o produttiva*, estensione di terreno sufficiente e necessaria per poter essere convenientemente coltivata | *U. lavoratrice*, capacità di lavoro di un uomo o di una famiglia in agricoltura | *U. didattica*, lezione, ciclo di lezioni o sussidi didattici attraverso i quali è possibile sviluppare ed esaurire, nel rispetto di particolari scelte metodologiche, la trattazione di un argomento programmato. **7** (*mat.*) Il numero uno | Elemento neutro d'una legge di composizione, spec. se questa è detta prodotto | In relazione alla rappresentazione in base dieci o decimale d'un numero naturale, il numero che uguaglia l'ultima cifra a destra. **8** (*fis.*) *U. di misura*, grandezza di paragone, il cui valore viene posto uguale a uno e rispetto alla quale vengono misurate le altre grandezze con essa omogenee | (*fis.*) *U. fondamentale*, ciascuna delle unità di misura delle grandezze fisiche indipendenti assunte come fondamentali in un sistema di unità di misura | (*fis.*) *U. derivata*, ciascuna delle unità di misura delle grandezze fisiche derivate da quelle assunte come fondamentali in un sistema di unità di misura | (*astron.*) *U. astronomica*, unità fondamentale per la misura delle distanze in astronomia, corrispondente alla distanza media Terra-Sole, pari a 149 670 000 kilometri | (*chim.*, *fis.*) *U. di massa atomica*, unità di misura della massa definita come 1/12 della massa del carbonio 12; una unità di massa atomica è pari a $1{,}66057 \cdot 10^{-27}$ kg. SIMB. UA. **9** (*agr.*) *U. foraggera*, unità di misura atta a determinare il valore energetico degli alimenti destinati al bestiame, corrispondente al valore nutritivo di un kg di orzo. **10** (*farm.*) *U. biologica*, misura internazionale adottata per il dosaggio biologico di certi farmaci e per la valutazione del potere e dell'effetto medicamentosi: *u. di penicillina*, *di vitamine*, *di insulina*. **11** (*chim.*) *U. strutturale*, raggruppamento di atomi che si ripete regolarmente nella macromolecola di un polimero. **12** (*econ.*) *U. di prezzo*, prezzo dell'unità di misura del bene considerato, prezzo unitario | *U. di consumo*, individuo, famiglia, ente o un loro raggruppamento, considerati in quanto acquirenti di beni di consumo | *U. monetaria*, moneta scelta quale base del sistema monetario di un Paese: *la lira è l'u. monetaria italiana*. **13** (*stat.*) *U. statistica*, il singolo caso fatto oggetto di osservazione in una determinata rilevazione. **14** (*urban.*) *U. d'abitazione*, gruppo di abitazioni dotato dei servizi di prima necessità e facente parte di un complesso residenziale più vasto. **15** (*mil.*) Complesso organico delle varie armi e servizi, agli ordini di un comandante: *u. elementare*, *complessa*; *u. paracadutista* | *Grande u.*, Brigata, Divisione, Corpo d'Armata, Armata, Gruppo d'Armate | *U. aerotrasportabile*, equipaggiata e addestrata per essere trasportata con aerei per un aviosbarco | *U. corazzata*, costituita da unità carri e unità meccanizzate, con prevalenza delle prime | *U. meccanizzata*, composta da unità carri e unità meccanizzate, con prevalenza di queste | *U. motorizzata*, dotata degli autoveicoli necessari per il trasporto integrale del personale e dei materiali in organico | *U. di marcia*, frazione di uno scaglione di marcia di un'autocolonna. **16** *U. di crisi*, organo collegiale costituito presso vari ministeri e autorità civili e militari per fronteggiare situazioni di crisi di particolare gravità. **17** (*med.*) Insieme coordinato e organico di servizi o terapie mediche di tipo preventivo, curativo o riabilitativo, praticate da personale specializzato, all'interno di ospedali, case di cura e sim. | *U. coronarica*, reparto ospedaliero, composto in genere di non più di otto letti, attrezzato con un sistema elettronico per la registrazione continua dell'elettrocardiogramma e la somministrazione di terapie intensive cardiologiche | *U. neonatale*, reparto attrezzato, spec. con macchinari elettronici, per l'assistenza ai neonati nel periodo immediatamente dopo il parto | *Unità Sanitaria Locale*, complesso integrato di servizi per l'assistenza sanitaria ai cittadini presenti in un determinato territorio. **18** (*mar.*, *aer.*) Ogni singola nave o aereo di un determinato tipo: *u. pesante*, *leggera*; *u. da ricognizione*, *da caccia*; *formazione composta di numerose u.* **19** (*elab.*) *U. centrale*, nei sistemi elettronici per l'elaborazione dei dati, quella che esegue la vera e propria elaborazione dei dati e che presiede al governo di tutto il sistema | *U. periferiche*, quelle destinate all'introduzione o all'estrazione dei dati e quelle che hanno la funzione di memoria ausiliaria. **20** (*tel.*) Periodo di tre minuti indivisibili impiegato per la determinazione del costo delle chiamate interurbane tramite operatore.

†**unita** [f. sost. del part. pass. di *unire*] s. f. ● Unione, unimento.

†**unitàde** ● V. *unità*.

unitarianìsmo [da *unitariano*, come l'ingl. *unitarianism* da *unitarian*] s. m. ● (*relig.*) Unitarismo.

unitariàno [ingl. *unitarian*, dal lat. *unītus* 'unito'] **A** s. m.; anche agg. (f. *-a*) ● (*relig.*) Chi, che è seguace dell'unitarismo. **B** agg. ● Che è proprio degli unitariani e dell'unitarismo: *dottrine unitariane*.

unitarietà s. f. ● Qualità di ciò che è unitario.

unitàrio [da *unità*] **A** agg. **1** Che costituisce un'unità: *elemento*, *organo*, *complesso u.* | *Casa unitaria*, composta da un solo vano | *Stato u.*, non decentrato istituzionalmente a mezzo di enti autarchici e autonomi | *Stato u. con autonomia regionale*, Stato regionale. **2** Che si riferisce a un'unità, a un singolo elemento: *prezzo*, *costo u.* **3** Che ha nell'unità il suo presupposto o il suo scopo: *ideale u.*; *politica unitaria*; *sforzi unitari* | Che mira all'accordo, alla conciliazione e sim.: *discutere con un nuovo spirito u.* **4** Organico, armonico, continuo: *stile*, *poema u.*; *metodo u.*; *opera di concezione unitaria*; *inquadrare un problema in modo u.* | *Soluzione unitaria*, che si riferisce a tutti i punti di una controversia di un problema e sim. o a una serie di controversie o problemi di natura analoga, fornendo una risposta unica e organica. CONTR. Disorganico. **5** (*fis.*) Che ha valore di uno, che è pari all'unità di misura: *lunghezza unitaria*; *velocità*, *accelerazione unitaria*. || **unitariaménte**, avv. **B** s. m. (f. *-a*) **1** Sostenitore, fautore dell'unità politica, religiosa, amministrativa e sim. | (*est.*) Chi sostiene o propugna soluzioni unitarie. **2** (*relig.*) Seguace delle dottrine dell'unitarismo.

unitarìsmo [comp. da *unitar(io)* e *-ismo*] s. m. **1** Inclinazione o propensione a impostare e risolvere in modo unitario problemi, questioni, controversie e sim. **2** (*relig.*) Tendenza teologica riformata e protestante che respinge il dogma trinitario e dichiara l'unità di Dio.

unitarista [da *unitario*] s. m. (pl. *-i*) ● Nell'età alessandrina, filologo o critico sostenitore dell'unità di composizione dei poemi omerici.

†**unitàte** ● V. *unità*.

unitézza s. f. **1** Qualità o caratteristica di ciò che è unito: *l'u. di una tinta*. **2** Qualità di ciò che è compatto, fitto: *l'u. di un tessuto*, *di una maglia*.

unitìvo agg. ● (*raro*) Che serve a unire: *virtù unitiva* | *Congiunzione unitiva*, copulativa.

unitizzazióne [da *unità*] s. f. ● Suddivisione e accorpamento di merci in blocchi trasportabili con sistemi standardizzati.

unito A part. pass. di *unire*; anche agg. **1** Nei sign. del v. **2** Compatto, fitto: *tessuto u.*; *maglia unita*. **3** Che è animato da un forte spirito di solidarietà: *gruppo u.*; *famiglia molto unita*. **4** Uniforme, uguale, privo di disegni e sim.: *colore u.*; *tinta unita*. **5** (*mat.*) Corrispondente a se stesso in un'applicazione | Fisso. **6** Denominazioni di unioni o confederazioni di Stati, di organismi internazionali e sim.: *Regno u. di Gran Bretagna e Irlanda del Nord*; *Stati Uniti d'America*; *Organizzazione delle Nazioni Unite*. || **unitaménte**, avv. **1** In modo compatto, uniforme: *stendere unitamente il colore*. **2** D'accordo: *agire*, *operare unitamente*. **3** Insieme: *lavorare unitamente con gli amici*; *unitamente all'avviso ti ho spedito i documenti*; nella loc. prep. *unitamente a*, con, insieme con. **B** s. m. ● (*relig.*) Uniate.

unitóre s. m.; anche agg. (f. *-trice*) ● (*raro*) Chi, che unisce.

unitùra s. f. ● (*raro*) Effetto dell'unire | Punto di unione, giunzione, sutura.

univalènte [comp. di *uni-* e *valente*] agg. ● (*chim.*) Monovalente.

univàlve [comp. di *uni-* e di un deriv. agg. di *valva*] agg. **1** (*zool.*) Detto di mollusco con una sola valva. **2** (*bot.*) Detto di organo che dopo l'apertura consta di un solo pezzo.

universàle [vc. dotta, lat. *universāle(m)*, da *univĕrsus* 'universo'] **A** agg. **1** Dell'universo, nel suo significato tecnico fondamentale: *attrazione u.*; *gravitazione u.* **2** Che si riferisce a tutte le cose inanimate o a tutti gli esseri viventi: *principio fisico u.*; *le leggi universali della natura*; *è la voluttà dello sparire individuale nella vita u.* (DE SANCTIS). **3** (*filos.*) Detto di tutto ciò che può essere predicato di tutti gli individui di una stessa classe: *attributi*, *concetti*, *giudizi universali*. **4** Che riguarda il mondo intero e l'intera umanità: *pace*, *storia u.*; *diluvio u.* | *Giudizio u.*, quello nel quale Dio pronuncerà la definitiva sentenza sulla sorte delle anime umane, alla fine del mondo | *Lingua u.*, lingua artificiale creata per le comunicazioni internazionali | (*est.*) Di vastissima portata, d'importanza mondiale: *questioni universali*; *problemi di portata u.* **5** Che si riferisce a una totalità di individui, che riguarda tutti gli uomini di un determinato paese, ambiente, ceto, categoria e sim.: *cordoglio*, *plauso*, *consenso u.*; *essere oggetto di u. ammirazione*; *godere di una stima u.*; *è fatto segno all'u. rispetto* | *Suffragio u.*, diritto di voto esteso a tutti i cittadini di uno Stato che abbiano compiuto una certa età | (*est.*) Che riguarda il corpo, l'organismo nella sua totalità: *paralisi u.* SIN. Generale, totale. **6** Che riguarda una totalità di cose, beni e sim. | *Erede u.* o *a titolo u.*, di tutti i beni, dell'intero patrimonio. **7** Che è versato in ogni campo dello scibile: *mente u.*; *il genio u. di Leonardo* | (*raro*) *Uomo u.*, enciclopedico | *Biblioteca u.*, raccolta o collana che comprende opere dei più svariati argomenti. **8** In varie tecnologie, detto di apparecchio, dispositivo e sim. atto a essere usato in diverse condizioni, in quanto adattabile alle stesse | *Anello u.*, in fotografia, dispositivo portaobiettivi a diametro regolabile | *A tensione u.*, si dice di apparecchio elettrico che può funzionare con le diverse tensioni in uso sulle reti di distribuzione. **9** (*med.*) *Donatore u.*, il cui sangue può essere trasfuso a chiunque | *Recettore u.*, che può ricevere sangue trasfuso da chiunque | *Gruppo sanguigno u.*, che può essere trasfuso a chiunque. **10** †Affabile, alla mano con tutti. || **universalménte**, avv. **1** Generalmente, da tutti: *universalmente conosciuto*; *universalmente accettato*. **2** (*lett.*) Interamente, completamente, del tutto. **3** †Nella loro totalità. **B** s. m. **1** (*filos.*) Ciò che può essere predicato di tutti gli individui di una stessa classe: *procedere dall'u. al particolare*; *la realtà o normalità degli universali*. **2** (*lett.*) La totalità, l'intero numero: *l'u. dei viventi* | (*raro*) *In u.*, *nell'u.*, generalmente, complessivamente | (*est.*) Tutti gli uomini | (*ling.*) *Universali linguistici*, concetti, elementi strutturali o tratti comuni a tutte le lingue naturali del mondo. **3** Strumento usato in geodesia e in astronomia geodetica per misurare angoli orizzontali e verticali, costituito fondamentalmente da un cannocchiale girevole sia intorno a un asse orizzontale che a uno verticale e a cui sono solidali, rispettivamente, un cerchio graduato orizzontale e uno verticale. **4** †Regola universale. **C** in funzione di avv. ● (*raro*) †In generale.

†**universaleggiàre** v. tr. ● Universalizzare.

universalìsmo [comp. da *universal(e)* e *-ismo*] s. m. **1** (*filos.*) Ogni dottrina etica che teorizza la subordinazione assoluta dell'individuo alla comunità. **2** Tendenza di un movimento politico o religioso a considerarsi valido per tutta l'umanità: *l'u. della Chiesa*.

universalista s. m. e f. (pl. m. *-i*) ● Seguace o fautore dell'universalismo.

universalistico agg. (pl. m. *-ci*) ● Che è proprio dell'universalismo e degli universalisti.

universalità o †**universalitàde**, †**universalitàte** [vc. dotta, lat. *universalitāte(m)*, da *universālis* 'universale'] s. f. **1** Qualità di ciò che è universale. **2** Totalità: *l'u. dei cittadini*; *l'u. delle creature che popolano la terra*. **3** (*dir.*) Pluralità | *U. di mobili*, o *u. di fatto*, pluralità di cose, appartenenti al medesimo proprietario e aventi la medesima destinazione economica | *U. di diritto*, pluralità di rapporti giuridici considerati unitariamente dalla legge. **4** †Cognizione enciclopedica.

universalizzàre [comp. di *universal(e)* e *-izza-*

re] **A** v. tr. *1* Rendere universale | (*filos.*) Trasferire dal particolare all'universale. *2* (*est.*) Diffondere al massimo, generalizzare: *u. un sistema, un linguaggio*; *u. la cultura*. **B** v. intr. pron. ● Estendersi a un numero sempre maggiore di persone: *un'abitudine che si sta universalizzando* | (*filos.*) Diventare universale.

universalizzazióne s. f. ● Atto, effetto dell'universalizzare e dell'universalizzarsi.

universiade [da *univers*(*ità*) con la terminazione di (*olimp*)*iade*] s. f. ● (*spec. al pl.*) Gare mondiali fra atleti universitari.

università o †**universitàde**, †**universitàte** [vc. dotta, lat. *universitāte*(*m*), propriamente 'totalità', da *univĕrsus* 'universo', sottintendendo i soggetti (scolari, mercanti, ... oppure studi, discipline, ...)] s. f. *1* †Universalità, totalità, intero numero: *l'u. del popolo, degli abitanti, dei cittadini, dei medici* | †Tutta l'umana società. *2* (*st.*) In epoca medievale, corporazione o associazione di arti o mestieri: *l'u. dei mercanti, dei librai, dei tintori* | *U. agraria*, forma associativa per il promiscuo godimento di terre. *3* Istituto di studi superiori, sorto in epoca medievale come corporazione di maestri e studenti, diviso in varie facoltà a seconda delle specializzazioni, che ha il potere di conferire un titolo legale a chi abbia completato il previsto corso di studi: *l'u. di Oxford*; *le u. di Bologna, Padova, Pavia*; *frequentare l'u.*; *studiare all'u.* | *U. popolare*, istituto sorto per diffondere tra i ceti meno abbienti della popolazione una cultura di livello universitario | (*est.*) Sede dell'università.

universitàrio **A** agg. ● Della, relativo alla, università: *insegnamento u.*; *studente, professore u.*; *cattedra universitaria* | *Collegio u.*, per studenti universitari. **B** s. m. (f. *-a*) *1* Chi studia all'università: *un gruppo di universitari iscritti al terzo anno di medicina*. *2* Chi insegna all'università: *concorso per universitari*.

†**universitàte** ● V. *università*.

univèrso (**1**) [vc. dotta, lat. *univĕrsu*(*m*), propriamente 'volto (*vĕrsus*, part. pass. di *vĕrtere* 'volgere') ad una unità (da *ūnus* 'uno solo')'] agg. *1* (*lett.*) Tutto intero, considerato nella totalità dei suoi componenti: *l'u. mondo*; *l'universa terra*; *l'u. popolo romano*. *2* †Universale, generale, generico | †*In u.*, in generale. || **universaménte**, avv. Universalmente.

univèrso (**2**) [vc. dotta, lat. *univĕrsu*(*m*), dall'agg. *univĕrsus* 'universo (1)' in uso sost.] s. m. *1* L'insieme della materia distribuita nello spazio e nel tempo: *la struttura dell'u.*; *il concetto scientifico dell'u.*; *la moderna teoria sull'origine dell'u.* SIN. Cosmo | (*astron.*) *U. sidereo, metagalattico*, l'insieme dei corpi celesti e dello spazio in cui risiedono | (*astron.*) *U. galattico*, il sistema di stelle di cui fa parte il Sole. *2* (*est.*) L'insieme di tutto ciò che esiste: *la bellezza, l'immensità, i misteri dell'u.*; *le leggi che reggono l'u.*; *il gran libro dell'u.* SIN. Natura, creato. *3* Il globo terrestre e coloro che lo abitano: *inquiete / tenebre e lunghe all'u. meni* (FOSCOLO) | (*fam., scherz.*) *Credersi, essere il padrone dell'u.*, pretendere di comandare su tutto e su tutti | (*fam.*) *Pare che cada, crolli, venga giù l'u.*, si dice di piogge particolarmente violente e scroscianti, bufere, rumori assordanti, gravi calamità naturali e sim. | (*est.*) Tutta l'umanità: *l'u. intero condanna il tuo misfatto*. *4* (*stat.*) Massa finita o infinita dei casi singoli che compongono il fenomeno collettivo oggetto di studio. *5* (*fig.*) Ambiente reale o ideale, tipico di un individuo o di una categoria di individui: *l'u. dell'infanzia*; *vive in un suo u. fantastico e irreale* | (*ling.*) *U. del discorso*, l'insieme minimo dei dati ideologici che emergono dal contesto e che permettono di produrre un enunciato.

univocazióne [vc. dotta, lat. tardo *univocatiōne*(*m*), da *univocus* 'univoco'] s. f. ● (*raro*) Univocità.

univocità s. f. ● Qualità di ciò che è univoco.

univoco [vc. dotta, lat. tardo *univocu*(*m*) 'che ha una sola (*ūna*) voce (*vōx*, genit. *vōcis*)'] agg. (pl. m. *-ci*) *1* Detto di ciò che si può definire con un solo nome o termine, o che ha una sola definizione, e della definizione stessa. *2* Che ha un unico significato, che è suscettibile di una sola interpretazione: *concetto, discorso u.* | *In modo u.*, senza alternative, dubbi e sim., in un solo modo: *affermazione che va intesa in modo u.* *3* (*mat.*) *Funzione univoca*, funzione che assume un solo valore in corrispondenza di ogni scelta della o delle variabili indipendenti nel proprio campo di definizione | *Corrispondenza univoca*, corrispondenza esistente fra due insiemi di oggetti quando uno stesso elemento dell'uno può essere il corrispondente di più elementi distinti dell'altro | *Risultato u.*, risultato di un problema che ammette una sola soluzione, risultato unico. || **univocaménte**, avv.

univoltinismo s. m. ● (*biol.*) Qualità di ciò che è univoltino. SIN. Monovoltinismo.

univoltino [comp. parasintetico di *volta*, col pref. *uni-*] agg. ● (*biol.*) Detto di insetto a una sola generazione annuale. SIN. Monovoltino.

†**unizióne** [da *uno*] s. f. ● Unione.

†**unizzàre** [comp. da *uno* e *-izzare*] v. tr. ● (*raro*) Unificare.

ùnnico agg. (pl. m. *-ci*) ● (*raro*) Di, da unno.

ùnno [dal n. della tribù mongola dei *Hiung-nu*] **A** s. m. (f. *-a*) *1* Ogni appartenente a un'antica popolazione asiatica nomade che nei secc. IV e V d.C. invase gran parte dell'Europa orientale, tentò inutilmente di conquistare la Gallia e l'Italia e, sconfitta, si stanziò nei territori posti a nord del Mar Nero e del Caucaso: *Attila, re degli Unni*. *2* (*fig.*) Uomo di estrema barbarie e crudeltà. **B** agg. ● Degli Unni: *invasioni unne*.

ùno [lat. *ūnu*(*m*), inizialmente col solo valore numerale, poi anche di art.] **A** agg. num. card.; anche s. m. (f. *una*.) La forma maschile *uno* si tronca in *un* davanti ai nomi che cominciano per consonante o per vocale: *un cane, un dito, un ragazzo, un albero, un ente, un uomo*; rimane però *uno* davanti ai nomi che cominciano con *s impura, z, x, gn, pn, ps, i semiconsonante* (cioè che precede una vocale), *y* e *j*: *uno zaino, uno pseudonimo, uno iato, uno stupido* (nell'uso la forma tronca *un* si affianca a *uno* in diversi casi: *un pneumatico, un jumbo*). La forma femminile *una* si usa sempre davanti a consonante, *i semiconsonante*, *y* e *j*: *una donna, una farmacia, una iattura, una psicanalista*. Davanti a vocale tonica generalmente si elide: *un'isola, un'ancora, un'ugola*; di fronte a vocale atona si può elidere o meno: *un'assemblea* o *una assemblea*, *un'uscita* o *una uscita*. ATTENZIONE: in certi casi la presenza o meno dell'apostrofo è – a parte il contesto – l'unico segno che può rivelare il genere maschile o femminile. Ad es. *un'insegnante* o *un'assistente* sono donne, mentre *un insegnante* o *un assistente* sono uomini. Come *uno* si comportano gli aggettivi indefiniti *alcuno, ciascuno, nessuno e veruno*. ● Numero naturale successivo dello zero o, se invece non si pone lo zero fra i numeri naturali, primo numero naturale, rappresentato da *1* nella numerazione araba, da *I* in quella romana. **I** Come agg. ricorre nei seguenti usi. *1* Rispondendo o sottintendendo la domanda 'quanti?', indica la quantità numerica di una unità (spec. preposto a un s.): *ho perso un dito sul lavoro*; *i monoteisti adorano un dio*; *mi sono rotto un'unghia*; *compera un fiasco*; *ti do un'ora di tempo*; *è accaduto solo un anno fa*; *la società ha un presidente e due vicepresidenti*; *la raccolta di novelle 'Le mille e una notte'*; *verrò con una ragazza o due*; *sono le ore otto e un minuto primo*; *ha un bambino di un anno*; *un kilogrammo di pane*; *lo fece tacere soltanto con una parola* | (*enf.*, posposto al s. nelle enumerazioni, nei conteggi e sim.): *pasta, kilogrammi uno*; *zucchero, kilogrammi uno e mezzo*; *biscotti, pacchetti uno*; *caramelle, scatole una* | *In, fra un minuto, un attimo, un baleno*, (*fig.*) prestissimo: *sarò da te fra un minuto*; *in un attimo sono pronto*. *2* (*est.*) Uno unico, uno solo (spec. in espressioni negative o rafforzato da 'solo', 'soltanto', 'unico' e sim.): *non fa un passo se non è accompagnato*; *non ho un soldo in tasca*; *non ho capito una parola di ciò che hai detto*; *non ho che un desiderio*; *non possiede che un vestito*; *Amor condusse noi ad una morte* (DANTE *Inf.* V, 106); *faremo di due una sola famiglia*; *ho un'unica speranza ancora*; *ci resta una possibilità soltanto!* | *A un tempo*, contemporaneamente: *è intelligente e astuto a un tempo* | *A un modo, d'un modo*, allo stesso modo: *sono simpatici entrambi a un modo* | *A una voce*, parlando, gridando tutti insieme, concordemente | *Fare, essere un tutt'uno*, una sola cosa e, detto di pers., amicissimi: *quei due ragazzi fanno un tutt'uno*. *3* (*est., lett.*) Unito, compatto, non diviso, spec. perché stretto da legami morali, politici o religiosi o da una storia comune: *nazione una, libera e indipendente*; *la Repubblica, una e indivisibile*; *uni nella fede*; *liberi non sarem se non siam uni* (MANZONI). *4* Rispondendo o sottintendendo la domanda 'quale?', identifica q.c. in una pluralità, in una successione, in una sequenza (posposto a un s.): *il numero uno è dispari e primo*; *oggi è il giorno uno* | *Numero uno*, (*fig.*) primo fra tutti, eccellente: *un medico numero uno*; *un farabutto numero uno* | (*fig.*) *Essere un numero uno*, essere una personalità: *nel mondo dello spettacolo è un numero uno* | *Nemico pubblico numero uno*, il più importante e pericoloso. *5* In composizione con altri numeri, semplici o composti, forma i numeri superiori: *ventuno*; *trentuno*; *milleuno*; *millenovecentouno*. **II** Come s. ricorre nei seguenti usi. *1* Il numero uno (per ell. di un s.): *solo l'uno per cento della popolazione*; *uno più uno fa due*; *uno per uno, uno*; *contare da uno a dieci*; *l'uno è il primo dei numeri*; *oggi ne abbiamo uno*; *uno alla volta, per carità!* | *Mettersi, marciare, in fila per uno*, in fila indiana | *Uno, due, tre e sim. per uno*, uno, due, tre e sim. a testa | Nel pugilato, *uno due*, V. *uno-due* | *Stare, andare, essere per uno*, (*fam.*) al gioco della tombola, attendere l'uscita di un solo numero per vincere; in altri giochi, mancare di un solo punto per vincere | *A uno a uno*, uno alla volta | *Uno che sia uno, uno che non è uno*, (*enf.*) nemmeno uno: *non ne ho visto uno che sia uno* | *Contare per uno*, per una sola o intera persona: *il bambino conta per uno* | *E uno!*, (*enf.*) all'inizio di una numerazione o sottolineando q.c. che accade per la prima volta ma che si prevede si ripeta presto | *Essere tutt'uno*, di due azioni, essere simultanea o quasi: *vederlo e mettersi a gridare, fu tutt'uno* | *Essere uno dei tanti*, (*fig.*) di persona che non si distingue, che non eccelle in modo particolare | *Uno per tutti e tutti per uno*, esprimendo solidarietà di una persona verso un gruppo e del gruppo verso una persona | Nei dadi, la faccia segnata con un punto | Nella valutazione scolastica, il voto inferiore di cinque punti alla sufficienza: *ho un uno in latino* | *L'una, le una*, (*ell.*) le ore una di notte e (*fam.*) le ore tredici del pomeriggio | (*lett.*) †*In uno, a uno, in una*, insieme: *diversi aspetti in un confusi e misti* (TASSO) | †*A una*, a una voce, tutti insieme: *ove quell'anime ad una / gridaro a noi* (DANTE *Purg.* IV, 17-18). *2* Il segno che rappresenta il numero uno: *scrivo l'uno e riporto il tre*; *centoundici si scrive con tre uno* | (*sport*) Nel pronostico sulla schedina del totocalcio indica la vittoria della squadra calcistica che gioca in casa; (*est.*) la vittoria stessa | (*sport*) Nel totip indica che un cavallo appartenente al gruppo uno è arrivato primo o secondo | Nell'enalotto indica che un numero, uscito su una certa ruota, è compreso fra 1 e 30. **B** art. indet. m. solo sing. (f. *una*) *1* Indica, con valore indeterminato, persona o cosa generica o qualsiasi fra le tante della stessa specie: *un muro cinge il giardino*; *ci sedemmo sotto un albero, in un prato*; *un uomo mi ha fermato per la strada*; *si udì uno sparo*; *prestami un libro*; *comprami una cravatta*; *un giorno gli ho telefonato*; *un tempo, una volta i vecchi erano rispettati*; *versami un po' di vino*. *2* Seguito da un agg. o da un s. con funzione predicativa indica persona o cosa che, come le tante della stessa specie o natura, è dotata di quella particolare qualità e caratteristica: *mi sembra che questa sia un'infamia*; *sei una brava ragazza*; *mi sembri un buon giovane*; *credo sia un poco di buono*; *sei una piccola bugiarda*; *tentate una seconda volta*; *in un primo tempo ero incredulo* | Anche seguito da un s. accompagnato da un agg. o da una prop. consec.: *c'era un sole bellissimo*; *è stata una giornata splendida*; *soffia un vento gelido*; *sorse una luna pallida e velata*; *sotto un cielo tempestoso e livido*; *ho un sonno tale che non ti dico*; *ha avuto uno scatto che li ha bruciati tutti* | (*enf.*) In espressioni esclamative, anche ellittiche: *ho una paura!*; *ha una villa!*; *hai un bel coraggio!*; *è un bugiardo ...!*; *avete una faccia tosta!*; *torno adesso da fuori*: *un freddo!*; *ha una bambina*: *una bellezza!*; *hanno dato una festa*: *una noia!* *3* Indica parità, somiglianza: *quel ragazzo è un Ercole*; *una casa che è una stalla*; *ma questo è un porcile!* *4* (*enf.*) Indica ciascuno degli appartenenti a una determinata categoria, classe e sim.: *un giovane deve avere coraggio; avrà anche lui un cuore; tutti abbiamo una famiglia; ma è un bambino!; un ragazzo deve saper arrangiarsi da sé; un galantuomo non si comporta così!* **5** (*pleon.*) Circa, pressappoco: *costerà un cinquemila lire; starò fuori un dieci minuti; disterà un trenta kilometri.* **C** pron. indef. (f. *una*; pl. m. *uni*; pl. f. *une*. La forma tronca *'un'* è propria dell'uso lett. o tosc. e delle loc. *l'un l'altro, l'un con l'altro*). **1** Un tale, una certa persona, qualcuno: *ho incontrato uno che ti conosce; là incontrerai uno che ti aiuterà; stava parlando con uno; c'era una al telefono che ti cercava; stanno parlando di uno che non conosci; è uno che la sa lunga; è uno che non è mai contento; è una del mio paese; è uno dei miei figli; uno dei presenti ha fatto una buona proposta.* **2** Chi (in costrutto impersonale): *se uno vuole può benissimo entrare; se uno ha i soldi può permettersi tutto.* **3** Questo (correl. con 'altro'): *l'uno o l'altro non fa differenza; caddero l'uno sull'altro; entravano l'uno dopo l'altro; ha fatto tacere gli uni e gli altri; le une e le altre erano d'accordo nel negare; non confondere gli uni con gli altri; sparlano le une delle altre* | *L'un l'altro*, vicendevolmente: *si amano l'un l'altro; si aiutano l'un l'altro.* **4** Uno qualunque, qualsivoglia, alcuno (per ell. di un s., riferito a cosa, spec. seguito da un compl. partitivo o preceduto dalla particella 'ne'): *ci sono dei giornali sul tavolo, passamene uno; questo prodotto è uno dei più recenti; uno di questi giorni verrò a trovarti; per una di queste stradicciole, tornava bel bello ... don Abbondio, curato d'una delle terre accennate di sopra* (MANZONI) | *Ad uno ad uno*, uno per volta | (con valore correl.) Questo, quello: *sono le voci della camerata / mia: le conosco tutte all'improvviso, / una dolce, una acuta, una velata* (PASCOLI) | *Sentirne, raccontarne una*, (*ell.*) una storiella, una notizia strabiliante | *Combinarne una*, (*ell.*) un disastro, una marachella, uno scherzo e sim. | *Capitarne una*, (*ell.*) un'avventura o una disavventura. **D** agg. indef. ● Solo nella loc. *l'uno e l'altro* (seguito da un s.), entrambi: *ho visitato l'una e l'altra città; l'uno e l'altro lavoro mi interessano.*

†unòculo [vc. dotta, lat. tardo *unŏculu(m)* 'che ha un solo (*ūnus*) occhio (*ŏculus*)'] agg. ● (*lett.*) Monocolo.

ùno-dùe s. m. inv. ● (*sport*) Nel pugilato, serie di due colpi portati in rapida successione prima con un pugno e poi con l'altro.

unòppi [comp. di *uno* e di un secondo elemento onomat. alternante] inter. ● (*gerg.*) Si usa per scandire e battere il tempo di marcia (*spec. iter.*).

†ùnqua o **†ùnque** [lat. *ŭmquam*, comp. di *cŭm* 'con' e *-quam*, particella indef., con caduta dell'iniziale per evitare la ripetizione dello stesso suono] avv. ● (*poet.*) Mai.

†unquànco o **†unquànche** [comp. di *unqu(a)* e *anco*] avv. ● (*poet.*) Giammai, mai fino ad ora | *Non u.*, non ancora: *Branca d'Oria non morì unquanche* (DANTE *Inf.* XXXIII, 140).

†unquànno ● V. *†uquanno.*

†ùnque ● V. *†unqua.*

-ùnque [lat. *unquam* 'mai', usato anche in giustapposizione] suff. ● Entra nella formazione di aggettivi, pronomi e avverbi indefiniti con valore generico di 'qualsiasi': *chiunque, comunque, dovunque, qualunque.*

†unquemài [comp. di *unqu(a)*, e *mai* raff. del sign. del primo componente] avv. ● (*poet.*) Giammai.

untàre [da *unto*] v. tr. ● (*dial.*) Ungere (*anche fig.*).

untàta s. f. ● (*dial.*) Atto dell'ungere in una sola volta e in fretta: *dare un'u. alle ruote.* || **untatina**, dim.

†untatóre [da *untare*] s. m.; anche agg. (f. *-trice*) ● (*dial.*) Chi, che unge.

untatùra s. f. ● (*dial.*) Atto, effetto dell'untare.

†untazióne [da *untare*] s. f. ● Unzione.

unticcio A agg. (pl. f. *-ce*) ● Che è alquanto e sgradevolmente unto: *mani unticce.* **B** s. m. ● Unto, untume.

ùnto (1) A part. pass. di *ungere*; anche agg. **1** Nei sign. del v. **2** *U. e bisunto*, (*raff.*) estremamente sudicio di grasso: *abito u. e bisunto; mani unte e bisunte.* **B** s. m. ● (*relig.*) *L'u. del Signore*, o (*ell.*) *l'unto*, nella tradizione biblica, chi, in virtù della cerimonia dell'unzione, è stato eletto a speciale missione da Dio presso il popolo di Israele o presso le Nazioni; (*est., per anton.*) il Messia, che sarà unto come nuovo re della casa di Davide | Nel cristianesimo, chi è stato consacrato re o sacerdote in nome di Dio; (*per anton.*) il Cristo.

ùnto (2) [lat. *ŭnctu(m)*, dal part. pass. e agg. *ŭnctus* 'unto (1)' in uso sost.] s. m. **1** Sostanza grassa, che unge: *una macchia di u.* **2** Sugo o grasso che condisce le vivande, che cola dalla carne stessa mentre cuoce. **3** (*raro*) †Cibo grasso | Il mangiare di grasso.

untóre [vc. dotta, lat. *unctōre(m)*, da *ŭnctus*, part. pass. di *ŭngere*] s. m. (f. *-trice*) ● Chi unge | (*per anton.*) Chi, durante la peste che infierì a Milano nel XVII sec., si credeva ungesse con sostanze infette case, porte e sim. per propagare il contagio: *dagli all'u.!* (MANZONI) | *Dagli all'u.!*, (*antifr., fig.*) si dice per ironizzare su interpretazioni del tutto negative di particolari atteggiamenti o posizioni politiche, ideologiche, sociali e sim., fortemente critiche, d'avanguardia, di rottura. || **untorèllo**, dim. (V.).

untorèllo s. m. **1** Dim. di *untore*. **2** (*fig.*) Persona da poco, incapace di provocare gravi danni: *''Va, va, povero untorello''* (MANZONI).

untòrio [vc. dotta, lat. *unctōriu(m)* 'sala untoria', da *ŭnctus*, part. pass. di *ŭngere*] **A** s. m. **1** Untuario. **2** †Unguento. **B** agg. ● Di, dell'untuario: *sala untoria.*

untosità ● V. *untuosità.*

†untositàde ● V. *untuosità.*

untóso ● V. *untuoso.*

untuàrio [dal lat. *ŭnctus* 'unto', sul modello di *calidario* e sim.] s. m. ● Luogo, nelle terme, in cui i bagnanti si profumavano.

untùme [da *unto (2)*] s. m. **1** Quantità di sostanza grassa, che unge | †Unguento, pomata. **2** (*est.*) Sudiciume grasso: *l'u. della lana grezza; l'u. dei fornelli.* **3** †Olio | †Bitume.

untuosità o (*raro*) **untosità**, **†untositàde**, **†untuositàde** s. f. **1** Qualità di ciò che è untuoso. **2** Materia grassa che unge, insudicia. **3** (*chim.*) Capacità di un olio lubrificante di aderire alle superfici dei materiali metallici che scorrono l'una sull'altra, impedendo il loro contatto diretto e riducendo così l'attrito nei casi in cui è impossibile realizzare la lubrificazione normale. **4** (*fig.*) Maniera melliflua di comportarsi, parlare e sim., assumendo atteggiamenti e toni di urtante e ipocrita cortesia o servilismo: *salutare, inchinarsi, esprimersi con u.*

untuóso o (*raro*) **untóso** [da *unto*] agg. **1** Che ha in sé dell'unto, che unge: *lana grezza e untuosa* | (*est.*) Detto di cibo condito con troppo olio: *insalata untuosa; sugo u.* **2** (*fig.*) Che è caratterizzato da atteggiamenti ipocriti, mellifui, subdolamente lusinghieri, di eccessiva e urtante cortesia o servilismo: *un individuo u. e spregevole; quando parla ha sempre un tono e un modo untuosi e insopportabili.* SIN. Infido, subdolo. **3** (*fig.*) †Abbondante, lauto. || **untuosaménte**, avv. (*fig.*) In modo untuoso, con untuosità: *ringraziare, inchinarsi untuosamente.*

†unzionàrio [da *unzione*] s. m. ● Infermiere che eseguiva medicazioni spec. con unguenti, impiastri e sim.

unzióne [vc. dotta, lat. *unctiōne(m)*, da *ŭnctus*, part. pass. di *ŭngere*] s. f. **1** Atto, effetto dell'ungere, spec. il corpo umano o una parte di esso, con unguenti, pomate e sim. **2** Nella tradizione biblica, il versamento sulla testa di un eletto da Dio dell'olio consacrato contenuto in un corno | Nella liturgia cattolica e delle chiese orientali, l'ungere la fronte e altre parti del corpo con olio santo in alcuni sacramenti | *U. degli Infermi, dei Morenti*, uno dei Sette Sacramenti della Chiesa, consistente nell'ungere con olio santo le diverse parti del corpo che sono sedi dei sensi e nell'invocare sopra di esse la benedizione di Dio, denominato Sacramento degli Infermi dopo il Concilio Ecumenico Vaticano Secondo. SIN. Sacramento degli Infermi | *Estrema u.*, antica denominazione del Sacramento dell'Unzione degli Infermi o dei Morenti | In molte religioni, superiori e primitive, il segnare, con materia grassa, liquida o semiliquida, parti del corpo a scopo di cura magica o di trasmissione magica di forze. **3** (*fig.*) Ipocrisia, fariseismo. **4** Unguento, pomata. || **unzioncèlla**, dim.

uòmo o (*pop.*) **òmo (1)** [lat. *hŏmine(m)*, nom. *hŏmo*, legato a *hŭmus* 'terra', col senso, quindi, di 'terrestre' opposto a 'celeste, divino'] s. m. (pl. *uòmini*) **I** Ogni essere appartenente alla specie vivente più evoluta del nostro pianeta. Nell'ambito di tale ampia definizione, si distinguono i segg. significati. **1** Mammifero degli Ominidi, unico rappresentante della sua specie, a stazione eretta, con differenziazione funzionale delle mani e dei piedi, pollice della mano opponibile, braccia più corte delle gambe, mento prominente, grande sviluppo del sistema nervoso e della massa cerebrale, dotato di forte intelligenza caratterizzata dalla facoltà di astrazione e di generalizzazione, e capace di linguaggio articolato (*Homo sapiens*): *l'u. preistorico; l'u. moderno; il corpo, lo scheletro, i muscoli dell'u.; lo studio anatomico, fisiologico dell'u.; la nascita, la vita, la morte dell'u.* | *U. di Neandertal*, specie umana fossile vissuta nel Pleistocene superiore, totalmente estintasi nell'ultima delle quattro fasi glaciali dell'era neozoica (*Homo neanderthalensis*) | *U. di Cro-Magnon*, tipo umano preistorico ma già simile all'attuale, che per primo viene qualificato dagli studiosi come *homo sapiens* | *L'u. delle caverne*, (*gener.*) l'uomo preistorico | (*raro, est.*) Misura dell'altezza di un uomo: *nel pozzo ci sono due uomini d'acqua.* **2** (*est.*) La specie umana in quanto tale, considerata nel complesso e nella totalità delle sue caratteristiche peculiari: *l'u. è apparso sulla terra agli inizi del Quaternario; l'origine, l'evoluzione dell'u.; le diverse razze dell'u.; alcuni affermano che l'u. discende dalla scimmia.* **3** Ciascun essere umano in quanto dotato di ragione, sensibilità e ogni altra facoltà di natura non strettamente materiale: *la natura, l'essenza, la psiche, l'anima, la coscienza dell'u.; le esigenze morali, sociali, affettive, intellettuali dell'u.; la volontà, l'intelligenza, la fantasia, l'immaginazione, la memoria dell'u.; l'u. cerca la verità, aspira alla felicità; virtù e difetti dell'u.; l'orgoglio, la malvagità, la malizia, l'egoismo, la stupidità degli uomini; l'u. ha creato e distrutto grandi civiltà* | *A memoria d'u.*, (*fig.*) da moltissimo tempo: *a memoria d'u. non si ricorda una simite nevicata.* **4** Ciascun essere umano in quanto inserito in una particolare realtà sociale, storica, culturale, politica e sim.: *l'u. preistorico, antico; l'u. del medioevo, del rinascimento; l'u. comune, qualunque; l'u. massa; i problemi, le angosce dell'u. moderno; la scienza, i miti dell'u. contemporaneo; lo sfruttamento dell'u. sull'u.; l'u. è figlio della sua epoca; i diritti e i doveri dell'u.; la dichiarazione dei diritti dell'u.; predicare l'uguaglianza tra gli uomini* | *L'u. economico*, in quanto essere che ha il concetto del valore relativo delle cose e a questo si attiene nel suo operare | *Gli uomini*, l'intera umanità. **5** (*relig.*) Secondo il Cristianesimo, essere ragionevole che Dio ha creato con anima immortale e corpo mortale, decaduto dalla condizione di felicità per il peccato originale e destinato, per l'incarnazione del Cristo, a essere redento in virtù della grazia e a conquistare, nella libera scelta fra il bene e il male, la gloria eterna: *i rapporti fra Dio e l'u.; gli uomini sono figli di Dio* | *L'u. dei dolori*, il Cristo crocifisso | *U. Dio*, Dio che assume in Gesù la condizione dell'uomo | *Figlio, figliolo dell'u.*, epiteto biblico del Messia; come figlio di Dio che in alcune profezie appare con volto di uomo; epiteto di Gesù Cristo. **6** (*lett.*) Corpo umano vivente: *Rispuosemi: 'non omo, omo già fui...'* (DANTE *Inf.* I, 67). **II** Individuo di sesso maschile, appartenente alla specie umana. Nell'ambito di tale definizione si distinguono i segg. significati. **1** Maschio fisicamente adulto della specie umana: *caratteri biologici, fisiologici, sessuali dell'u.; un u. grande, grosso, alto, robusto, atletico, erculeo, ben fatto; un u. brutto, piccolo; un bell'u.* | *Da u.*, proprio dell'uomo o adatto a lui: *voce da u.; abito, cappello da u.* | *Vestirsi, agire, comportarsi e sim. da u.*, come un uomo: *è solo un ragazzo, ma agisce, si comporta da u.* | *Mezzo u.*, piccolo di statura | (*fig.*) *Come un sol u.*, tutti insieme, con perfetta coordinazione dello sforzo e sim. | (*fig.*) *A tutt'u.*, a tutta forza | *Uomini blu*, i Tuareg, per il colore dell'ampio telo fortemente impregnato di indaco che usano gli uomini per coprirsi il capo e il volto, e anche per le striature bluastre che rimangono loro impresse sulla pelle. **2** (*gener.*) Individuo indeterminato di sesso maschile: *un u. giovane, vecchio, anziano, attempato, maturo*; *a prima vista pare un u. d'una certa età, un u. fatto*; *l'u. avanzava lentamente*; *c'è un gruppo d'uomini in fondo alla strada*; *ti ha cercato, ti ha telefonato un u.* **3** Essere umano di sesso maschile, considerato rispetto alle sue qualità, attributi, caratteristiche e sim. intellettuali o morali, positive o negative: *u. intelligente, ragionevole, equilibrato, buono, bravo, onesto*; *un u. gentile, galante*; *un u. malvagio, crudele, brutale, corrotto, perverso, ipocrita* | *Buon u.*, V. *buonuomo* | *Brav'u.*, onesto, lavoratore e sim., ma di limitate capacità intellettuali | *Onest'u.*, uomo onesto ma di limitate capacità, spec. intellettuali | *Galant'u.*, V. *galantuomo* | *Gentil u.*, V. *gentiluomo* | *Sant'u.*, estremamente buono, onesto, paziente, generoso | *Grand'u.*, dotato di eccezionali capacità, qualità, virtù e sim.; (*iron.*, *antifr.*) che dimostra di non valere nulla: *ecco cosa ha combinato il tuo grand'u.!* | *Credersi un grand'u.*, presumere, a torto, di sé | (*fig.*) *U. di cuore, di gran cuore*, generoso, molto generoso | *U. di parola*, che mantiene ciò che promette | *U. di poche parole*, taciturno, che preferisce l'azione ai discorsi | *U. d'onore*, onorato e rispettabile | (*fig.*) *Un u. d'oro, una perla d'u.* e sim., un uomo ricco d'ogni qualità e virtù | *U. d'azione*, che non perde tempo in chiacchiere | (*euf.*) *U. forte*, chi usa o propugna metodi autoritari, spec. nella gestione di un potere politico o economico | *U. di merito*, ricco di meriti | *U. di fiducia*, del quale ci si può interamente fidare | *U. di Dio*, ispirato da Dio; (*est.*) uomo pio, religioso | *U. di talento, di genio* e sim., ricco di talento, geniale e sim. | *U. di spirito*, che sa scherzare, che è dotato di senso dell'umorismo | *U. di gusto, di buon gusto*, che sa scegliere, che ha e dimostra buon gusto | *U. di classe*, elegante, colto, raffinato | *U. di poca fede*, la cui fede è superficiale e vacillante, con riferimento alla nota esclamazione di Gesù, riportata nel Vangelo; (*est.*, *scherz.*) uomo incredulo, scettico e sim. | *Gli uomini di buona volontà*, coloro che perseverano nella ricerca del bene, qualunque sia la loro origine, la loro fede o la loro ideologia | *U. da poco, da nulla* e sim., che vale poco o nulla | *U. per bene*, onesto, rispettabile | *Essere, non essere u. da*, essere, non essere capace di: *non è u. da fare simili cose* | *Da u. a u.*, in tutta franchezza. **4** Essere umano adulto di sesso maschile, considerato in relazione alle caratteristiche proprie della sua natura, e spesso contrapposto al bambino, alla donna o a creature prive di ragione: *il coraggio, l'audacia, la combattività dell'u.*; *la psicologia dell'u. è diversa da quella della donna*; *un u. e un fanciullo ragionano diversamente*; *ha solo quindici anni ma è già un u.*; *non è da uomini disperarsi così*; *non piangere e sii u.* | Nella loc. *per soli uomini*, detto spec. di pubblicazioni o di spettacoli che, per il carattere spinto delle descrizioni o delle immagini di contenuto sessuale, si indirizzano agli adulti. **5** Essere umano di sesso maschile, considerato in relazione allo specifico contesto sociale, economico, politico, storico e sim. nel quale vive, alla posizione che in esso occupa, alla funzione che svolge e sim.: *un u. povero, ricco, abbiente, di condizione elevata, di umili origini*; *è un u. all'antica*; *mi sembra un u. aggiornato, al passo coi tempi*; *un u. comune, qualunque*; *un u. navigato, molto esperto* | *U. di corte*, cortigiano | *U. di mondo*, che ha grande esperienza della vita o che conduce una vita di intense relazioni sociali | *L'u. della strada*, il cittadino comune, medio e (est.) l'opinione pubblica | *U. politico*, che si dedica all'attività politica | *U. di Stato*, statista | *U. di legge*, giurista, avvocato e sim. | *U. d'affari*, che si dedica ad attività economiche e spec. al commercio | *U. di chiesa*, ecclesiastico; (*est.*, *pop.*) uomo molto religioso | *U. d'arma, di spada, di guerra*, combattente, spadaccino, soldato | *U. di mare*, marinaio | *U. di lettere*, letterato | *U. di teatro*, drammaturgo, commediografo e sim. | *U. di scienza*, scienziato; (*est.*) sapiente | (*fig.*) *U. di paglia*, nel linguaggio commerciale, prestanome; (*est.*) uomo vano, superficiale, cui non si può accordare fiducia, al quale non si può credere e sim. | (*euf.*) *U. d'onore, di rispetto*, chi è diventato potente in una organizzazione mafiosa o ne osserva le leggi | *U. di panza*, elemento importante o capo di una cosca mafiosa | *L'u. del giorno, del momento* e sim., quello di cui si parla molto, che occupa una posizione di particolare rilievo e sim. **6** (spec. preceduto da un possessivo) Individuo particolare, del quale si parla, al quale si è in qualche modo legati, che si ritiene adatto a particolari compiti e sim.: *ecco il nostro u.!*; *conosco bene il mio u. e so come reagirà*; *è proprio il vostro u.*; *il partito ha trovato il suo u.* | *Il mio u., il tuo, il suo u.*, (*pop.*) marito, amante | *L'u.*, quel determinato uomo al quale si intende fare riferimento: *furbo l'u.!*; *hai visto cosa ha fatto, l'u.?* | *L'u. Dante, l'u. Leopardi* e sim., Dante, Leopardi e sim. considerati non come poeti, ma come singoli individui biograficamente e umanamente inconfondibili. **7** Operaio, dipendente: *l'u. delle pulizie*; *hai già pagato gli uomini?* | *L'u. del gas, della luce, del telefono*, (*fam.*) l'addetto alla lettura dei contatori, alla riscossione a domicilio dei canoni, ad eventuali riparazioni e sim. | *U. di fatica*, addetto ai lavori pesanti | *L'u. del pane, del latte*, il fornaio, il lattaio spec. se consegna la sua merce a domicilio | *U. di fiducia*, dipendente cui si affidano incarichi di particolare importanza, responsabilità e sim. | †*U. nero*, servitore o cortigiano vestito di nero per comparsa in ricevimenti signorili o in funerali. **8** †Vassallo, suddito. **9** (*sport*) Componente di una squadra sportiva maschile: *gli uomini della nazionale di calcio* | *U. di posto*, in una vecchia terminologia della pallacanestro, il pivot | *Marcatura a u., controllo sull'u.*, nel calcio, una delle due impostazioni tattiche di difesa, cioè quella per cui i difensori devono esercitare una sorveglianza molto stretta e intervenire ciascuno nei confronti di un attaccante avversario | *Allenamento sull'u.*, nel pugilato, la preparazione a un incontro praticata da un atleta combattendo un pugile opportunamente scelto | *U. gol, u. partita*, attaccante, difensore su cui una squadra di calcio conta per segnare, per vincere (*anche fig.*). **10** (*mil.*) Soldato, uomo armato: *una squadra di sette uomini* | *U. di guerra*, provato nelle armi, veterano | *U. d'arme*, nel sec. XV, soldato a cavallo armato di tutto punto; nel XVI sec. in Francia e in Italia, cavaliere di milizia scelta, non sottoposto ad altri che al proprio principe. **11** (*mar.*) Marinaio: *avere un u. a riva*; *mandare gli uomini sottocoperta* | *U. di mare*, abile navigatore e manovratore esperto | *U. a mare, in mare!*, voce d'allarme che si dà quando una persona cade in mare da bordo. **12** Uno (anticamente con valore di pronome indefinito; oggi con significato particolarmente generico): *quando l'u. perde la testa, ne combina di tutti i colori*; *come può un u. nascere così sfortunato?* | †*Ogni u.*, ognuno: *Pampinea ... comandò che ogni uom tacesse* (BOCCACCIO). **13** Seguito da un s. che ne indica, spec. metaforicamente, i compiti, l'attività e sim.: *u. rana*, sommozzatore | *U. ragno*, nel linguaggio del circo, contorsionista | *U. sandwich*, che gira per le strade con due cartelli pubblicitari addosso, uno davanti e uno dietro | *U. siluro, torpedine*, siluro umano | (*aer.*) *U. radar*, controllore di volo, controllore radar. **III** Con valore analogico o figurato, ricorre in alcune loc.: **1** *U. nero*, gioco di carte tra un numero qualunque di giocatori, con un mazzo privato dei fanti tranne quello di picche o bastoni | Fante di picche o bastoni nel gioco omonimo. **2** *U. morto*, attaccapanni a colonna centrale con più corone di funghi o pomi; attaccapanni da camera a rotelle; †(*mar.*) palo piantato in costa per l'ormeggio di un natante; (*ferr.*) dispositivo di sicurezza in un mezzo di trazione, che interviene automaticamente, prima con un segnale di avvertimento e quindi provocando la frenatura del mezzo stesso, quando il macchinista ometta di manovrare determinati congegni o apparecchi. || **omàccio**, **pegg.** (V.) | **omarino**, **dim.** (V.) | **omètto**, **dim.** (V.) | †**omazzèllo**, **dim.** (V.) | **omicciòlo**, **omicciuòlo**, **pegg.** | **omiciàttolo**, **pegg.** (V.) | **omicino**, **dim.** | **omino**, **dim.** (V.) | **omóne**, **accr.** | **omùccio**, **pegg.**

uòpo o (*raro*) †**vuòpo** [lat. *ŏpus*, nt., 'opera, lavoro', che nel costrutto *ŏpus ĕst* (letteralmente 'c'è un lavoro da fare') viene a specializzarsi nel senso 'è necessario'] **s. m.** **1** (*lett.*) Bisogno, necessità | *All'u.*, al bisogno: *fare all'u.* | *Esser d'u.*, *far d'u.*, *far u.*, essere necessario. **2** †Pro, utile: *venire, riuscire a u.* | *A mal u. di qc.*, a danno di qc.

uòsa [lat. tardo *hŏsa(m)*, di origine germ.] **s. f.** **1** (*spec. al pl.*) Ghette | *Uose alla valdostana*, specie di ghette di grossa tela, allacciate lateralmente, usate dalle truppe alpine. **2** (*spec. al pl.*) Sorta di stivali, in uso nel Medioevo. **3** (*spec. al pl.*) Nelle antiche armature, sorta di calzare militare con soletta di acciaio e ricoperto di lame snodate, collegato alla gambiera.

uòvo o (*pop.*) **òvo**, †**vuòvo** [lat. parl. *ŏvu(m)*, variante del lat. cl. *ōvum*, prob. dalla radice indeur. **awi-* 'uccello'; V. *avi-*, *oca*] **A** **s. m.** (**pl.** *uòva* **f.**) **1** (*biol.*) Gamete femminile degli animali a riproduzione sessuata, ricco di sostanze nutritizie, di forma sferica, ellissoidale o cilindrica e di dimensioni e struttura diverse a seconda delle varie specie animali. **2** Correntemente, l'uovo degli animali ovipari: *le uova dei pesci, degli uccelli, degli insetti*; *uova di gallina, di struzzo, d'anatra*; *uova di storione*; *le uova delle formiche* | (*zool.*) *Uova di mare*, quelle di seppia, deposte a gruppi. **3** (*per anton.*) Uovo di gallina: *bere un u.*; *il guscio dell'u.*; *uova fresche di giornata* | *Bianco, chiara d'u.*, l'albume | *Rosso d'u.*, il tuorlo | *U. à la coque*, scaldato col guscio in acqua bollente per un paio di minuti | *U. bazzotto*, cotto più a lungo, da 4 a 5 minuti, ma col rosso ancora tenero | *U. sodo*, lasciato nell'acqua bollente 8-9 minuti, quindi interamente rappreso | *U. affogato, in camicia*, cotto senza guscio in acqua sobbollente | *U. sbattuto*, frullato, gonfiato, montato con la frusta o frullino | *U. all'ostrica*, il solo tuorlo crudo, con sale e limone | *U. al tegame, all'occhio di bue*, fritto con burro od olio, senza rompere il tuorlo | *U. strapazzato*, fritto al tegame col bianco e il rosso mescolati | *U. benedetto*, che si fa benedire dal sacerdote e si mangia, per tradizione, il giorno di Pasqua | *Pasta all'u.*, pasta alimentare con aggiunta di uova | *Pelle d'u.*, la sottile pellicola bianca che sta tra il guscio e l'albume; (*fig.*) tela finissima da biancheria | *L'u. di Colombo*, (*fig.*) espediente facilissimo cui però nessuno aveva pensato prima, come la leggera ammaccatura sul fondo di un uovo che, secondo la tradizione, Cristoforo Colombo escogitò per farlo stare ritto su un tavolo | *È come bere un u.*, (*fig.*) si dice di cosa estremamente facile, agevole e sim. | *Guastare, rompere le uova nel paniere a qc.*, (*fig.*) compromettere o fare fallire ciò che altri ha pazientemente preparato, progettato e sim. | *Essere pieno come un u.*, (*fig.*) avere mangiato moltissimo | *Volere l'u. mondo*, (*raro*, *fig.*) volere le cose facili, senza fatica, pericolo e sim. | (*fig.*) *Cercare il pelo nell'u.*, essere estremamente minuzioso, non tralasciare o trascurare assolutamente nulla | *La gallina dalle uova d'oro*, (*fig.*) fonte di facili e ripetuti guadagni | (*fig.*, *iron.* o *spreg.*) *Testa d'u.*, intellettuale | †*Fare uova*, (*fig.*) ingannare. **4** (*est.*) Oggetto che ha la forma di un uovo di gallina | *U. pasquale, di cioccolato, di Pasqua*, dolce di cioccolato a forma d'uovo, di dimensione varia e cavo all'interno, sovente con una sorpresa, tradizionalmente regalato per Pasqua | *U. di neve*, dolce vanigliato a base di latte, uova, zucchero | *U. da tè*, piccolo recipiente bucherellato che riempito di foglioline di tè s'immerge nell'acqua bollente | †*Uova di Norimberga*, i primi orologi da tasca. **5** (*zool.*) *U. di mare*, carnume. **B** in funzione di **agg. inv.** ● (posposto al s.) Nella loc. *cellula u.*, uovo nel sign. 1 || **PROV.** La prima gallina che canta ha fatto l'uovo. || **ovétto**, **dim.** | **ovicino**, **dim.** | **ovino**, **dim.** | **ovóne**, **accr.** | **ovùccio**, **dim.**

†**uòvolo** ● V. *ovolo*.

upànisad [vc. sanscrita (*upaniṣad*) che significa 'dottrina segreta', ma letteralmente 'posto (*-sad* dal v. *sīdati*) verso (*úpa*) il basso, sotto (*ní*)'] **s. m. inv.** ● Ciascuno dei libri sacri del movimento filosofico e ascetico sviluppatosi in India tra l'800 e il 500 a.C.

ùpas [vc. mal., (*pohon*) *upas* '(albero del) veleno'] **s. m.** **1** Albero delle Moracee, presente nelle isole della Sonda, contenente un latice molto tossico (*Antiaris toxicaria*). *2* Sostanza molto velenosa che gli indigeni delle isole della Sonda estraggono dalla pianta omonima per avvelenare le frecce.

uperizzàre v. tr. ● Sottoporre a uperizzazione.

uperizzatóre agg. ● Relativo all'uperizzazione: *impianto u.*

uperizzazióne [etim. incerta] s. f. ● Procedimento adottato per la sterilizzazione del latte, consistente nel sottoporlo a temperature molto elevate per consentirne una più lunga conservazione.

uppercut /ingl. 'ʌpə kʌt/ [vc. ingl., propriamente 'colpo (*cut*, propriamente 'taglio', di area scandinava e origine incerta) più alto (*upper*, da *up* 'sopra' col suff. compar. *-er*)'] s. m. inv. ● Nel pugilato, montante.

up-to-date /ingl. 'ʌp tə 'deit/ [vc. ingl., letteralmente 'fino alla (*up to*, prep. e art.) data (*date*, di origine fr.)'] agg. inv. ● Che è estremamente aggiornato, informato, moderno e sim.: *persona up-to-date*; *pubblicazioni up-to-date*; *abito up-to-date*.

ùpupa o †**pùppa**, †**pùppola** (2) [vc. dotta, lat. *ŭpupa(m)*, di origine espressiva] s. f. ● Uccello diurno dei Coraciformi dal lungo becco curvo a sciabola, ciuffo erettile sul capo, piumaggio delicato a colori contrastanti e voce monotona (*Upupa epops*).

upwelling /ingl. ʌp'weliŋ/ [vc. ingl., comp. di *up* 'sopra' e *to well* 'zampillare' (d'orig. germ.)] s. m. inv. ● Risalita alla superficie delle acque fredde oceaniche di profondità, provocata dall'azione congiunta dei venti soffianti verso l'Equatore e dalla rotazione della Terra.

†**uquànno** o †**uguànno**, †**unquànno** [lat. *hoc ănno* 'quest'anno'. Cfr. ant. fr. *ouan*] avv. ● Quest'anno: *io non avrà unquanno pace con lei* (BOCCACCIO).

-ùra [lat. *-ūra(m)*] suff. derivativo ● Conferisce valore collettivo a sostantivi: *capigliatura*, *dentatura*.

uracile [comp. di *ur(o-)*, *ac(etico)* e *-ile*] s. m. ● (*chim.*) Base organica costituita da quattro atomi di carbonio e due di azoto, ottenibile dagli acidi nucleici mediante loro idrolisi chimica; è una delle basi pirimidiniche che costituiscono gli acidi ribonucleici.

ùraco [vc. dotta, gr. *ourachós* 'organo vicino alla vescica nel feto', comp. di *ourá* 'coda' e dello stesso suff. familiare di *stómachos* 'stomaco'] s. m. (pl. *-ci* o *-chi*) ● (*anat.*, *zool.*) Residuo dell'allantoide che nei Placentati si riduce a un cordone fibroso teso dall'apice della vescica urinaria all'ombelico.

uragàno o †**uracàno**, †**uragàna** [sp. *huraaćn*, dalla vc. delle Antille *hurakán*, di origine incerta] s. m. *1* (*meteor.*) Ciclone tropicale del mare delle Antille | (*est.*) Ogni ciclone tropicale di estrema violenza | *Vento da u.*, che superi i 117 km all'ora. *2* Correntemente, tempesta di estrema violenza: *un u. ha interrotto le comunicazioni telefoniche*. *3* (*fig.*) Grande e rumorosa quantità: *un u. di applausi, di evviva, di abbasso*.

†**uraganóso** agg. ● Di uragano.

uràlico A agg. (pl. m. *-ci*) ● Degli Urali: *popolazioni uraliche* | *Lingue uraliche*, famiglia di lingue comprendente i due grandi gruppi dell'ugro-finnico e del samoiedo | *Corrugamento u.*, in geologia, quello che alla fine del Permiano originò la catena montuosa degli Urali. **B** s. m. (f. *-a* nel sign. 1) *1* Ogni appartenente a una popolazione di ceppo pre-europide che un tempo occupava la catena degli Urali. *2* La famiglia delle lingue uraliche.

uràlo-altàico agg. (pl. m. *-ci*) *1* Detto di una famiglia di lingue comprendente il gruppo uralico e il gruppo altaico. *2* Detto di un gruppo di popoli, di varia origine e cultura, che parlano lingue del ceppo uralo-altaico.

uràngo ● V. *orango*.

urània [vc. dotta, lat. *Urănia(m)*, dal gr. *Ouranía*, f. di *ouránios* 'proprio del cielo (*ouranós*)'] s. f. ● Farfalla tropicale notturna che raggiunge anche notevoli dimensioni, dai colori assai vistosi e lucenti così da essere scambiata per diurna (*Urania*).

uraniàno A agg. ● (*astron.*) Del pianeta Urano | (*astrol.*) *Temperamento u.*, in cui prevalgono gli influssi di Urano. **B** s. m. (f. *-a*) ● Ipotetico abitante o nativo del pianeta Urano.

urànico (1) [da *uranio*] agg. (pl. m. *-ci*) ● Detto dei composti dell'uranio esavalente | *Acido u.*, corrispondente all'ossido dell'uranio esavalente.

urànico (2) [da *Urano*] agg. (pl. m. *-ci*) *1* (*lett.*) Celeste, del cielo. *2* Nella mitologia greco-romana, ma con estensione anche ad altre mitologie, detto degli dèi che dimorano nel cielo e di tutto ciò che ad essi si riferisce.

urànide [da *uranio*] **A** agg. ● (*chim.*) Detto di ciascuno degli elementi transuranici, quali il nettunio, il plutonio e l'americio, che presentano varie valenze. **B** s. m. ● Elemento uranide.

uranìfero [comp. di *urani(o)* e *-fero* 'portatore di'] agg. ● Che contiene uranio: *rocce uranifere*.

uranìle [da *uranio*] s. m. ● (*chim.*) Radicale bivalente composto di uranio e ossigeno che reagisce facilmente con gli acidi per formare sali.

uraninite [dal n. ted. (*Uranin*, da *uranium* 'urano') col suff. *-ite* (*2*)] s. f. ● (*miner.*) Ossido di uranio di colore nero pece e dalla lucentezza resinosa. SIN. Pechblenda.

urànio [dal n. del pianeta *Urano*, da poco scoperto quando fu individuato il nuovo elemento] s. m. ● Elemento chimico, metallo radioattivo, il più pesante degli elementi naturali, dalla cui disintegrazione si ottiene tutta una serie di elementi radioattivi fra cui il radio, utilizzato come combustibile nucleare SIMB. U | *U. arricchito*, quello in cui la concentrazione dell'isotopo 235 è innalzata, con particolari procedimenti, rispetto a quella dell'isotopo 238.

uranìsmo [ted. *Uranismus*, da *Uranus* 'Urano', il dio ritenuto omosessuale] s. m. ● Omosessualità maschile passiva.

uranista [da *uranismo*] s. m. (pl. *-i*) ● Chi è affetto da uranismo.

Uràno [vc. dotta, lat. *Urăniu(m)*, dal gr. *Ouranós* 'dio del cielo (*ouranós*, di origine incerta)'] s. m. ● (*astron.*) Settimo pianeta in ordine di distanza dal Sole, dal quale in media dista 2 870 milioni di kilometri, la cui massa è 14,58 volte quella della Terra, e al quale si conoscono cinque satelliti | (*astrol.*) Pianeta che domina il segno zodiacale dell'Acquario. ➡ ILL. p. 831 SISTEMA SOLARE; **zodiaco**.

uràno- [dal gr. *ouranós* 'cielo'] primo elemento ● In parole composte dotte o scientifiche, significa 'cielo': *uranografia*, *uranoscopia*.

uranografìa [comp. di *urano-* e *grafia*] s. f. ● (*astron.*) Descrizione delle costellazioni e, più in generale, della sfera celeste.

uranogràfico agg. (pl. m. *-ci*) ● Della, relativo alla, uranografia.

uranògrafo [comp. di *urano-* e *-grafo*] s. m. (f. *-a*) ● Studioso, esperto di uranografia.

uranòlite o **uranòlito** [comp. di *urano-* e *-lite*] s. m. ● Bolide, meteorite.

uranometrìa [comp. di *urano-* e *-metria*] s. f. ● (*astron.*) Uranografia | In passato, misurazione dello splendore apparente degli astri | Attualmente, misurazione di grandezze stellari.

uranomètrico agg. ● Relativo all'uranometria.

uranoscopìa [comp. di *urano-* e *-scopia*] s. f. ● (*astron.*) Osservazione delle costellazioni.

uranòscopo [comp. di *urano-* e *-scopo*; perché il pesce ha gli occhi rivolti verso l'alto] s. m. ● (*zool.*) Pesce lucerna.

uràto [da (acido) *ur(ico)* col suff. chim. di sale *-ato*] s. m. ● Sale o estere dell'acido urico.

urbanésimo o (*raro*) **urbanìsmo** spec. nel sign. 2 [comp. di *urbano* ed *-esimo*] s. m. *1* Fenomeno per cui si verifica una concentrazione crescente degli abitanti di una nazione nelle città, a causa dell'immigrazione dalla campagna di persone che lasciano l'agricoltura per lavorare nell'industria o nei servizi. *2* (*raro*) Forma linguistica propria della città.

urbanìsta s. m. e f. (pl. m. *-i*) ● Studioso, esperto di urbanistica.

urbanìstica [da *urbano* 'proprio della città (*urbe*)'] s. f. ● (*arch.*) Disciplina che si occupa di disporre e organizzare razionalmente ed esteticamente gli aggregati urbani, utilizzando ed equilibrando ad un tempo cognizioni e norme scientifiche, artistiche, morali e sociali.

urbanìstico [da *urbanista*] agg. (pl. m. *-ci*) ● Che si riferisce all'urbanistica e agli urbanisti: *patrimonio u.*; *complesso u.*; *trasformazioni urbanistiche di un territorio*. || **urbanisticaménte**, avv. Da un punto di vista urbanistico.

urbanità o †**urbanitàde**, †**urbanitàte** [vc. dotta, lat. *urbanitāte(m)*, da *urbānus* 'urbano, conforme all'uso della città'] s. f. ● Qualità di chi, di ciò che è urbano, educato, civile: *u. di modi*, *di espressione*; *persona di grande u.* | *Con u.*, in modo urbano: *trattare qc. con u.*; *rispondere con u.* SIN. Compitezza, cortesia. CONTR. Inurbanità.

urbanizzàre [da *urbano* sull'es. del fr. *urbaniser*] **A** v. tr. *1* Rendere urbano, educato, civile: *u. le proprie abitudini, il linguaggio*. *2* Conferire a un centro abitato le caratteristiche proprie di una città, favorendone lo sviluppo razionale mediante le necessarie sistemazioni urbanistiche: *u. la periferia di una metropoli*. **B** v. rifl. ● Diventare educato, civile. **C** v. intr. pron. ● Assumere le caratteristiche proprie di una città, di un territorio urbano.

urbanizzatìvo [da *urbanizzare*] agg. ● Relativo all'urbanizzazione: *intervento*, *vincolo u.*

urbanizzazióne s. f. ● Atto, modo ed effetto dell'urbanizzare, spec. nel sign. A 2 | Sistemazione urbanistica | Urbanesimo.

urbàno [vc. dotta, lat. *urbānu(m)*, da *ŭrbs*, genit. *ŭrbis* 'città, urbe'] agg. *1* Della, relativo alla, città: *guardia*, *milizia*, *polizia urbana*; *edifici urbani*; *strade*, *piazze urbane*; *vigili urbani* | *Rete urbana*, rete telefonica che interessa una stessa città | *Collegamento u.*, entro la stessa rete urbana | *Conversazione urbana*, conversazione telefonica svolta nell'ambito della stessa rete urbana | *Nettezza urbana*, pubblico servizio che provvede alla pulizia della città | *Agglomerato u.*, *centro u.*, centro abitato, fornito della struttura e dei servizi fondamentali propri di una città. CONTR. Rurale. *2* (*st.*, *dir.*) Della città di Roma | *Pretore u.*, nel diritto romano, quello che amministrava la giustizia in Roma, tra cittadini romani. *3* (*fig.*) Civile, cortese, educato: *modi urbani*; *usare un linguaggio u.*; *tenere un comportamento u. e irreprensibile*. CONTR. Villano. || **urbanaménte**, avv. Civilmente, cortesemente, educatamente.

ùrbe [vc. dotta, lat. *ŭrbe(m)*, di origine straniera] s. f. solo sing. ● (*lett.*) Città | *L'Urbe*, (*per anton.*) Roma: *i monumenti dell'Urbe*.

ùrbico [vc. dotta, lat. *ŭrbicu(m)*, da *ŭrbs*, genit. *ŭrbis* 'città'] agg. (pl. m. *-ci*) ● (*raro*) Urbano, cittadino: *poste urbiche*; *fortificazioni urbiche* | *Fauna urbica*, l'insieme degli animali che vivono all'interno di una città o nelle sue immediate vicinanze, a contatto più o meno diretto con l'uomo.

urbi et orbi /lat. 'urbi e't ɔrbi/ [loc. lat., letteralmente 'alla città (*ŭrbi*, dat. di *ŭrbs* 'urbe, città') e al mondo (*ŏrbi*, dat. di *ŏrbis* 'terra')'] loc. agg. e avv. ● Forma e formula di indirizzo dei decreti della Santa Sede e della benedizione papale solenne: *impartire la benedizione urbi et orbi* | (*fig.*, *scherz.*) A tutti, dappertutto: *lo ha detto urbi et orbi*; *sono cose ormai note urbi et orbi*.

urbinàte [vc. dotta, lat. *Urbināte(m)*, da *Urbīnum* 'Urbino'] **A** agg. ● Di Urbino. **B** s. m. e f. ● Abitante o nativo di Urbino | *L'Urbinate*, (*per anton.*) Raffaello Sanzio.

ùrca [deform. eufemistica di (*p*)*orca* (*miseria*)] inter. ● (*dial.*) Esprime grande meraviglia mista ad ammirazione.

urceolàto o †**orceolàto** [dalla sua forma di 'piccolo orcio' (lat. *urcĕolus*, dim. di *ŭrceus* 'orcio')] agg. ● (*bot.*) Detto di calice gonfio nel mezzo e alla base e più stretto all'imboccatura | Detto di corolla con tubo rigonfio a metà e ristretto alla gola, e con lembo ridottissimo.

ùrdu o **urdù** [indostano *urdū* (*-zabān*) '(la lingua del) campo militare' (V. *orda*)] **A** s. m. ● Varietà linguistica del gruppo neo-indiano. **B** anche agg.: *lingua u.*

urèa o **ùrea** [dal gr. *ôuron* 'urina', da *ourêin*, di origine indeur., come il suo parallelo lat. *urīna*] s. f. ● Sostanza organica azotata presente nell'urina umana, preparata per sintesi da ammoniaca e anidride carbonica, usata come fertilizzante, per la fabbricazione di farmaceutici e materie plastiche. SIN. Carbammide.

ureàsi [comp. di *ure(a)* e del suff. *-asi*] s. f. ● (*chim.*) Enzima presente in piante e microrganismi che catalizza la rottura delle molecole di urea.

†urècchio • V. *orecchio.*

Uredinàli [da *uredine* 'bruciatura', per la *ruggine* che provocano nelle piante] s. f. pl. • Nella tassonomia vegetale, ordine di Funghi dei Basidiomiceti parassiti di piante superiori su cui producono le ruggini (*Uredinales*) | (al sing. *-e*) Ogni individuo di tale ordine.

urèdine [vc. dotta, lat. *urēdine(m)*, da *ūrere* 'bruciare', di origine indeur.] s. f. • (*raro*) Fungo parassita che invade le Graminacee producendo la malattia chiamata ruggine.

Uredìnee s. f. pl. • Uredinali.

uredospòra [comp. di *ured(inee)* e *spora*] s. f. • Spora delle Uredinali unicellulare e peduncolata, di colore rugginoso, che appare sulle foglie di Graminacee, spec. del frumento attaccato dalla ruggine.

urèico agg. (pl. m. *-ci*) • Della, relativo all'urea | *Resina ureica*, resina ottenuta per polimerizzazione di urea con formaldeide, utilizzata per produrre materiali plastici termoindurenti.

uremìa [comp. del gr. *ôuron* 'orina' e di un deriv. da *hâimo* 'sangue'] s. f. • (*med.*) Aumento dei composti azotati nel sangue, e in particolare dell'urea, per insufficiente secrezione renale.

urèmico A agg. (pl. m. *-ci*) • Della, relativo all'uremia: *coma u.* **B** agg.; anche s. m. (f. *-a*) • Che, chi presenta uremia.

urènte [vc. dotta, lat. *urĕnte(m)*, part. pres. di *ūrere* 'bruciare', di origine indeur.] **A** agg. • (*lett.*) Bruciante: *febbre u.*; *dolore u.* **B** s. m. • (*bot.*, *spec. al pl.*) Peli rigidi che producono sostanze ad azione caustica, come ad es. quelli delle ortiche.

urèo [gr. *ouráios*, adattamento del n. egiz. del 'cobra' (*i'rt*), attributo di divinità, specie se serpentiformi] s. m. • Nell'antico Egitto, il serpente sacro che, come simbolo del supremo potere, era spesso effigiato sul copricapo dei faraoni e di alcune divinità.

ureotèlico [comp. di *urea* e del gr. *télos* 'termine, fine' col suff. *-ico*] agg. (pl. m. *-ci*) • (*biol.*) Caratterizzato da ureotelismo.

ureotelìsmo [da *urotel(ico)* col suff. *-ismo*] s. m. • (*biol.*) Metabolismo dei composti azotati caratteristico di alcuni gruppi animali che porta all'eliminazione di scorie in forma di urea.

uretàno [comp. di *ur(o)- (1)* 'urina' e *et(ere)* col suff. di comp. carbonico *-ano* sul modello del corrispondente fr. *uréthane*] **A** s. m. • (*chim.*) Carbammato. **B** anche agg.: *gruppo u.*

ureteràle agg. • (*anat.*, *med.*) Relativo all'uretere: *cateterismo u.*; *calcolosi u.* | *Meato u.*, l'orifizio con cui l'uretere sbocca nella vescica. SIN. Ureterico.

uretère [gr. *ourētḗr*, genit. *ourēteros*, da *ourêin* 'orinare', di origine indeur.] s. m. • (*anat.*) Condotto fine, allungato, che porta l'urina dal rene alla vescica. ➡ ILL. p. 365 ANATOMIA UMANA.

uretèrico agg. • (*anat.*, *med.*) Ureterale.

ureterite [comp. di *ureter(e)* e *-ite (1)*] s. f. • (*med.*) Infiammazione dell'uretere.

urètra o (*evit.*) **ùretra** [vc. dotta, lat. tardo *urēthra(m)*, dal gr. *ourēthra*, da *ourêin* 'orinare', di origine indeur.] s. f. • (*anat.*) Condotto che va dalla vescica all'esterno. ➡ ILL. p. 364, 365 ANATOMIA UMANA.

uretràle agg. • (*anat.*) Dell'uretra: *canale u.*

uretrite [comp. di *uretra* e *-ite (1)*] s. f. • (*med.*) Infiammazione dell'uretra.

urgènte part. pres. di *urgere*; anche agg. **1** Nei sign. del v. **2** Che non consente o non ammette dilazioni o ritardi, che deve essere esaminato, soddisfatto, risolto e sim. immediatamente, senza frapporre indugi: *bisogno u.*; *necessità u.*; *questioni urgenti*; *è senz'altro il caso più u.* | *Lettera u.*, da recapitare nel minor tempo possibile o da leggere prima d'ogni altra | *Pacco u.*, *telegramma u.*, *chiamata telefonica u.*, e sim., che, dietro pagamento di una tariffa speciale, acquista diritto di precedenza su altri. ‖ **urgentemènte**, avv. D'urgenza, al più presto, subito: *vi prego, intervenite urgentemente.*

urgènza [vc. dotta, lat. tardo *urgĕntia(m)*, da *ŭrgens*, genit. *urgĕntis* 'urgente'] s. f. **1** Qualità di ciò che è urgente, impellente, indilazionabile: *è inutile che io insista sull'u. del caso.* **2** Situazione di estrema gravità, che esige interventi, decisioni, soluzioni e sim. immediati e improcrastinabili: *in caso d'u., avvertitemi subito* | (*dir.*) *Provvedimento d'u.*, emesso dal pretore o dal giudice istruttore durante una causa, per assicurare la protezione immediata da un pregiudizio imminente e irreparabile | *Chirurgia d'u.*, quella che richiede un pronto intervento, non procrastinabile nel tempo. **3** Estrema rapidità, sollecitudine e sim.: *bisogna intervenire con u.*; *c'è una chiamata d'u.* | *Fare u. a qc.*, sollecitarlo insistentemente.

urgenzàre v. tr. e intr. (*io urgènzo*; aus. *avere*) • (*bur.*) Fare urgenza, sollecitare.

ùrgere [lat. *urgēre*, di etim. incerta, con passaggio ad altro tipo di coniug.] **A** v. tr. (*io ùrgo, tu ùrgi*; dif. del pass. rem., dell'imper., del part. pass. e di tutti i tempi composti; si usa quasi esclusivamente nelle terze persone sing. e pl.) **1** (*lett.*) Spingere, incalzare. **2** (*est.*, *ass.*) Esercitare una pressione: *i nemici urgevano alla porta, sui fianchi dello schieramento difensivo.* **3** (*fig.*) Incitare, spronare, sollecitare: *un desiderio che non ha parole / v'urge* (PASCOLI). **B** v. intr. **1** Essere necessario al più presto: *urge il vostro immediato intervento*; *urgono radicali riforme*; *urge condurlo all'ospedale.* **2** Essere incalzante, pressante, stringente, esigere soluzioni immediate, decisioni sollecite e sim.: *bisogni, necessità che urgono*; *la situazione si aggrava ogni giorno e urge.*

-urgìa [gr. *-ourgía*, da *érgon* 'opera, lavoro', di origine indeur.] secondo elemento • In parole composte, significa 'opera', 'lavoro', 'lavorazione' e sim.: *chirurgia, liturgia, metallurgia.*

-ùrgico secondo elemento • Forma gli aggettivi corrispondenti ai sostantivi in *-urgia*: *chirurgico, siderurgico.*

-ùrgo secondo elemento • Forma sostantivi connessi con termini in *-urgia*: *chirurgo, demiurgo.*

ùri o **urì** [persiano *hūri*, dall'ar. *hūr* 'dagli occhi neri'] s. f. • Creatura femminile di natura angelica che, secondo la tradizione, allieta il paradiso musulmano.

†ùria (1) [gr. *ouría*, n. di un uccello acquatico, legato alla stessa radice (col sign. di 'acqua') del lat. *urīna*] s. f. • Augurio.

ùria (2) s. f. • Uccello dei Caradriformi simile alle alche, con coda cortissima, lungo becco diritto, tuffatore e nuotatore, che vive in mare aperto nelle zone artiche (*Uria aalge*).

-ùria o **-urìa** [gr. *-ouría*, da *ôuron* 'urina', di etim. incerta] secondo elemento • In parole composte della medicina, fa riferimento a condizioni patologiche dell'urina (*albuminuria, ematuria*) o della minzione (*poliuria*).

uricemìa [comp. di (acido) *uric(o)* e di un deriv. del gr. *hâima* 'sangue'] s. f. • (*med.*) Quantità di acido urico o di urati nel sangue. Impropriamente, iperuricemia.

uricèmico A agg. (pl. m. *-ci*) • Della, relativo alla, uricemia: *tasso u.* **B** agg.; anche s. m. (f. *-a*) • Che, chi è affetto da uricemia.

ùrico [da *urea*] agg. (pl. m. *-ci*) • (*chim.*) Detto di acido organico, azotato, derivato dalla purina, presente in piccole quantità nell'urina umana e in forti quantità negli escrementi di serpenti e uccelli | (*med.*) *Diatesi urica*, diatesi caratterizzata da alterazioni del metabolismo dell'acido urico, con tendenza al suo accumulo nel sangue o alla sua precipitazione nei tessuti e negli organi.

uricosùria o **uricosurìa** [comp. di *urico* e *-uria*] s. f. • (*med.*) Eliminazione di acido urico o di urati con le urine.

uricotèlico [comp. di (*acido*) *urico* e del gr. *télos* 'fine, termine' col suff. *-ico*] agg. (pl. m. *-ci*) • (*biol.*) Caratterizzato da uricotelismo.

uricotelìsmo [da *uricotel(ico)* con il suff. *-ismo*] s. m. • (*biol.*) Processo metabolico caratteristico di alcuni gruppi animali che porta all'eliminazione di scorie azotate in forma di acido urico.

urìna • V. *orina.*

urinàle • V. *orinale.*

urinàre • V. *orinare.*

urinàrio o (*raro*) **orinàrio**. agg. • Che si riferisce all'urina: *apparato u.*; *vie urinarie.*

urinàta • V. *orinata.*

†urinatìvo • V. *orinativo.*

urinaziòne • V. *orinazione.*

urinìfero [comp. di *urin(a)* e *-fero*] agg. • (*biol.*) Contenente urina.

urinocoltùra [comp. di *urin(a)* e *-coltura*] s. f. • (*med.*) Esame diagnostico per malattie infettive eseguito mediante coltura batteriologica dell'urina, al fine di isolare e identificare i microrganismi responsabili.

urinóso agg. **1** V. *†orinoso.* **2** (*med.*) Relativo all'urina, che ha le proprietà dell'urina | *Odore u.*, quello di liquidi o essudati contenenti urina o suoi elementi costitutivi | *Febbre urinosa*, quella dovuta a infezioni delle vie urinarie.

urlaménto s. m. • (*raro*) Modo, atto dell'urlare.

urlànte part. pres. di *urlare*; anche agg. • Nei sign. del v.

urlàre [lat. parl. **urulāre*, forma dissimilata di *ululāre*] **A** v. intr. (aus. *avere*) **1** Emettere urli, ululati e sim., detto dei lupi, dei cani e di altri animali. SIN. Ululare. **2** (*est.*) Emettere urla, grida, detto dell'uomo: *u. di dolore, spavento, terrore, raccapriccio*; *u. come un dannato, un disperato, un ossesso*; *u. a squarciagola, a perdifiato*; *la paura fu tanta che gli mancò la forza di u.* **3** (*est.*) Alzare la voce spec. accalorandosi in rimproveri, discussioni, polemiche e sim.: *non c'è bisogno di u. così*; *se urlate in questo modo io me ne vado*; *''basta, basta,'' urlò ''via quel bicchiere''* (SVEVO) | (*est.*) Parlare a voce troppo alta: *le persone educate non urlano*; *smetti di u., che non sono sordo!* SIN. Sbraitare. **B** v. tr. **1** Dire a voce molto alta: *u. insulti, parolacce*; *non capisco cosa stiano urlando.* **2** Cantare a piena voce: *u. un motivo, una canzone.*

urlàta s. f. • Atto, effetto dell'urlare, spec. da parte di più persone e con intenti di riprovazione, biasimo e sim.

urlatóre agg.; anche s. m. (f. *-trice*) • Che, chi urla, spec. per abitudine: *scimmia urlatrice* | *Cantanti urlatori*, o (*ell.*) *urlatori*, negli anni Sessanta, cantanti di musica leggera che prediligevano uno stile urlato.

urlìo s. m. • Un urlare frequente e continuato spec. di più persone insieme.

ùrlo [da *urlare*] s. m. (pl. *ùrli*, m. nei sign. 1, 4, 5, *ùrla*, f. nei sign. 2, 3, 5) **1** Grido forte, cupo e prolungato, di animale: *l'u. del lupo*; *gli urli delle belve*; *la foresta risuonava di urli e di strida.* **2** (*est.*) Strepito, fragore: *l'u. della tempesta, dell'uragano, del mare in burrasca.* **3** Acuto grido umano, per lo più forte e prolungato: *un u. di spavento, terrore, gioia, entusiasmo*; *fare, lanciare, cacciare un u.*; *da ogni parte si udivano urla e imprecazioni.* **4** (*est.*) Ogni esclamazione, parola, frase o discorso pronunciato con voce troppo alta, con tono violento o scomposto e sim.: *cosa sono tutti questi urli?*; *quando discutono si sentono gli urli fin da basso*; *con risa e bestemmie e urli di scherno fecero impeto, e ... passarono tutti* (PIRANDELLO). **5** (*est.*) Canto sguaiato. ‖ **urlàccio**, pegg. | **urlétto**, dim. | **urlìno**, dim.

urlóne [da *urlo*] s. m. (f. *-a* nel sign. 1) **1** Chi, nel parlare, è solito alzare molto la voce. **2** Scimmia urlatrice. ‖ **urlonàccio**, pegg.

ùrna [vc. dotta, lat. *ŭrna(m)*, della stessa famiglia di *ŭrceus* 'orcio', e quindi vc. d'importazione] s. f. **1** Recipiente d'origine e d'uso antichissimi, di forma, materiale, dimensioni e utilizzazione molto vari: *urna in terracotta, in bronzo, in marmo*; *u. per liquidi*; *u. granaria*; *estrarre dall'u. i numeri del lotto*; *conservare in un'u. le reliquie di un santo* | *U. cineraria*, in cui fin dai tempi preistorici si conservavano le ceneri dei defunti | *U. elettorale*, specie di cassetta dotata di un'apertura nella parte superiore, atta ad accogliere e contenere le palline o le schede delle votazioni. **2** (*ass.*) Urna cineraria: *le urne delle necropoli etrusche.* **3** (*spec. al pl., est., lett.*) Tomba, sepoltura, sepolcro: *a egregie cose il forte animo accendono / l'urne de' forti* (FOSCOLO). **4** (*ass.*) Urna elettorale: *suggellare, sigillare le urne*; *aprire l'u.* | *Spezzare le urne*, per rendere nulla la votazione. **5** (*spec. al pl., fig.*) Votazione, consultazione elettorale: *attendere l'esito, il responso delle urne* | *Andare alle urne*, a votare | *Disertare le urne*, astenersi dal votare | *Ricorrere alle urne*, alle elezioni | *Uscire vittorioso dalle urne*, essere eletto | *Accorrere alle urne*, alle sedi in cui si vota. **6** (*bot.*) Nei muschi, l'organo che porta le spore, sorretto da un filamento, chiuso da un opercolo e coperto dalla cuffia. || **urnétta**, dim. | **urnettina**, dim.

ùro [vc. dotta, lat. *ūru(m)*, di origine germ.] s. m. ● Mammifero ruminante selvatico considerato progenitore del bue, vissuto in Eurasia e Nord Africa, estinto dal XVII sec. (*Bos primigenius*).

ùro- (*1*) [dal gr. *ôuron* 'orina'] primo elemento ● In parole composte mediche o scientifiche, significa 'urina', 'minzione', o 'acido urico', 'urea': *urobilina, urocromo, urologia.*

ùro- (*2*) [dal gr. *urá* 'coda'] primo elemento ● In parole composte scientifiche, significa 'coda': *urogallo, uropigio.*

-ùro (*1*) [adattamento del fr. *-ure*, di etim. incerta] suff. ● In chimica, indica un composto binario fra un metallo e un metalloide o idrogeno: *carburo, cloruro, idruro.*

-ùro (*2*) [dal gr. *urá* 'coda'] secondo elemento ● In parole composte spec. della zoologia, significa 'coda': *ossiuro, paguro.*

urobilina [comp. di *uro-* (*1*) e di un deriv. da *bile*] s. f. ● (*biol.*) Pigmento biliare di colore giallo arancio che si forma durante il catabolismo dell'emoglobina; normalmente presente nell'urina del cui colore è in parte responsabile.

urobilinùria o **urobilinuria** [comp. di *urobilin(a)* e *-uria*] s. f. ● (*med.*) Presenza nelle urine di urobilina che aumenta in patologie epatiche ed emolitiche.

urocèle [comp. di *uro-* (*1*) e *-cele*] s. m. ● (*zool.*) Elemento dell'apparato escretore dei molluschi, costituito da una cavità tappezzata da epitelio ghiandolare e comunicante con il celoma.

urochinàsi [comp. di *uro-* (*1*) e dell'ingl. *kinase*, dal gr. *kinéō* 'io muovo' (un gruppo fosforico)] s. f. ● (*biol.*) Enzima proteolitico presente nel siero, la cui azione determina la lisi dei coaguli sanguigni; può essere isolato dall'urina.

Urocordàti [comp. di *uro-* (*2*) e di un deriv. dal gr. *chordḗ* 'corda' (qui 'corda dorsale')] s. m. pl. ● (*zool.*) Tunicati.

urocròmo [comp. di *uro-* (*1*) e di un deriv. dal gr. *chrôma* 'colore'] s. m. ● (*fisiol.*) Pigmento che dà la normale colorazione gialla alle urine.

Urodèli [comp. di *uro-* (*2*) e del gr. *dêlos* 'appar(isc)ente, manifesto'] s. m. pl. ● Nella tassonomia animale, ordine di Anfibi con corpo lacertiforme, due paia di arti, coda lunga e ben sviluppata, pelle non ricoperta da scaglie, le cui larve sono acquatiche (*Urodela*). SIN. Caudati | (al sing. *-o*) Ogni individuo di tale ordine.

urodinia [vc. dotta, comp. di *ur(o)-* (*1*) e del suff. *-odinia*] s. f. ● (*med.*) Sensazione dolorosa che insorge durante la minzione.

uròfiṣi [comp. di *uro-* (*2*) e del gr. *phýsis* 'natura'] s. f. ● (*biol.*) Peculiare organo endocrino presente nella porzione caudale del midollo spinale degli Osteitti e dei Condroitti.

urogallo [comp. di *uro-* (*2*) e *gallo*, secondo il modello compositivo del corrispondente ted. *Auerhahn*] s. m. ● (*zool.*) Grosso galliforme selvatico delle regioni montuose, dal piumaggio nerastro, commestibile (*Tetrao urogallus*). SIN. Gallo cedrone.

urogèneṣi [comp. di *uro-* (*1*) e *genesi*] s. f. ● (*chim., biol.*) Uropoiesi.

urogenitàle [comp. di *uro-* (*1*) e *genitale*] agg. ● (*anat.*) Che concerne l'apparato urinario e genitale.

urografia [comp. di *uro-* (*1*) e *-grafia*] s. f. ● (*med.*) Tecnica radiologica di visualizzazione delle vie urinarie mediante somministrazione di sostanze radiopache.

urogràmma [comp. di *uro-* (*1*) e *-gramma*] s. m. ● (*med.*) Immagine radiografica dell'apparato urinario.

urolitìaṣi [comp. di *urolit(o)* e *-iasi*] s. f. ● (*med.*) Calcolosi delle vie urinarie.

uròlito [comp. di *uro-* (*1*) e del gr. *líthos* 'pietra'] s. m. ● (*med.*) Calcolo delle vie urinarie.

urologia [comp. di *uro-* (*1*) e *-logia*] s. f. ● (*med.*) Scienza medica che studia le affezioni dell'apparato urinario e la loro terapia.

urològico agg. (pl. m. *-ci*) ● Che si riferisce all'urologia.

uròlogo [comp. di *uro-* (*1*) e *-logo*] s. m. (f. *-a*; pl. m. *-gi*, pop. *-ghi*) ● (*med.*) Specialista e studioso di urologia.

uromàstice [comp. di *uro-* (*2*) e del gr. *mástix* 'frusta' (d'origine incerta): detto così dalla grossa coda] s. m. ● (*zool.*) Genere di rettili dei Lacertidi con coda grossa e breve ricoperta di squame spinose che vive in ambiente desertico (*Uromastix*).

uronìano ● V. *huroniano.*

uropigèo agg. ● (*zool.*) Relativo all'uropigio | *Ghiandola uropigea*, uropigio.

uropìgio [comp. di *uro-* (*2*) e del gr. *pygḗ* 'deretano', di etim. incerta] s. m. ● (*zool.*) Ghiandola cutanea sebacea che è posta sulla parte dorsale del codrione degli uccelli e secerne un liquido oleoso che, spalmato sulle penne, le impermeabilizza all'acqua.

uropoièṣi [comp. di *uro-* (*1*) e *-poiesi*] s. f. ● (*fisiol.*) Il processo di produzione dell'urina per opera dei reni. SIN. Urogenesi.

uropoiètico agg. ● (*fisiol.*) Relativo all'uropoiesi | *Organo u.*, il rene.

uroscopìa [comp. di *uro-* (*1*) e *-scopia*] s. f. ● (*med.*) Termine desueto per indicare l'esame dell'urina.

uròstilo [comp. di *uro-* (*2*) e *stilo*] s. m. ● (*zool.*) Caratteristico coccige allungato degli Anuri, derivato dalla fusione delle vertebre caudali.

urotropìna ® [comp. di *-uro* (*1*) e di un deriv. dal gr. *trópos* 'volgere', col suff. di prodotto chim. *-ina*] s. f. ● Nome commerciale di un prodotto di condensazione dell'aldeide formica con ammoniaca, impiegato in farmacologia per la sua azione disinfettante e diuretica e nell'industria nella produzione di materie plastiche, gomma, esplosivi.

urrà o **hurrà**, (*raro*) **hurràh** [fr. *hourra*, vc. onomat.] inter. ● Si usa come escl. gioiosa di plauso, d'esultanza, d'incitamento e di augurio: *u., abbiamo vinto!* | *'Hip hip, hip' 'u.!'*, plauso collettivo, sollecitato da qc. che incita i presenti con il triplice grido, specificando prima a chi è rivolto l'augurio.

Ùrsidi [dal lat. *ŭrsus* 'orso' col suff. di famiglia zool. *-idi*] s. m. pl. ● Nella tassonomia animale, famiglia di Carnivori di dimensioni notevoli con grosse zampe plantigrade, folto pelame, alimentazione onnivora (*Ursidae*) | (al sing. *-e*) Ogni individuo di tale famiglia.

ursigràmma [comp. di *URSI*, sigla it. dell'*U(nione) R(adiofonica) S(cientifica) I(nternazionale)*, e *-gramma*] s. m. (pl. *-i*) ● Notiziario scientifico rapido, generalmente teletrasmesso, che fornisce informazioni sull'attività solare.

ursóne [fr. *ourson* 'piccolo orso (*ours*)'] s. m. ● Roditore arboricolo nord-americano a muso tronco all'estremità, arti brevi, mantello dorsalmente misto di peli lanosi, setole e brevi aculei (*Erethizon dorsatum*). SIN. Porcospino americano.

†**ùrta** [da *urtare*] s. f. *1* Antipatia, avversione, rancore, spec. nella loc. *prendere, avere qc. in u.*; *aversi in u.* *2* Contrasto, dissenso, spec. nella loc. *essere, mettersi in u. con qc.*

urtacchiàre [da *urtare*] v. tr. (*io urtàcchio*) ● (*raro*) Battere, spingere, investire con numerosi piccoli urti.

urtaménto s. m. ● (*raro*) Modo, atto dell'urtare.

urtànte **A** part. pres. di *urtare*; anche agg. *1* Nei sign. del v. *2* Antipatico, spiacevole, irritante: *modo, comportamento u.*; *persona u.*; *carattere u.* **B** s. m. *1* (*mar.*) Congegno che sporge da mine subacquee e ne produce l'esplosione se urtato da una nave. *2* (*mar.*) Trave che collega i due vasi dell'invasatura per irrigidirla.

urtàre [ant. provz. *urtar*, dal francone **hûrt* 'ariete'] **A** v. tr. *1* Dar contro, colpire col proprio corpo, col proprio mezzo di locomozione e sim., o con una loro parte: *u. qc. violentemente, leggermente, casualmente*; *u. q.c. con un braccio, un piede, una mano*; *correva senza curarsi di non u. i passanti*; *scusa se inavvertitamente ti ho urtato*; *l'abbiamo urtato di striscio col parafango* | Sbattere per caso: *u. la testa in uno spigolo* | (*raro, lett.*) Spingere: *gli urta il cavallo addosso* (TASSO). *2* (*fig.*) Indisporre, irritare, indispettire (*anche ass.*): *ci sono in voi molte cose che mi urtano*; *ha un modo di fare che urta*; *le tue frasi indelicate l'hanno profondamente urtato* | *U. i nervi*, dare molto fastidio, riuscire oltremodo sgradito, innervosire: *tutto questo rumore mi urta i nervi.* **B** v. intr. (aus. *avere*) *1* Dar di cozzo, andare addosso, andare a sbattere: *u. contro un muro, un albero, un paracarro*; *u. in un ostacolo improvviso* | (*raro*) *U. contro i nemici*, attaccarli, fare impero contro di loro. *2* (*fig.*) Imbattersi, incappare: *u. contro difficoltà insormontabili, contro un muro d'incomprensione*; *u. in ostacoli d'ogni sorta.* **C** v. rifl. rec. *1* Scontrarsi, spingersi, investirsi reciprocamente: *i due automezzi si sono urtati frontalmente.* *2* (*fig.*) Essere o venire a contrasto, in attrito e sim.: *si sono urtati per una vecchia questione familiare*; *nel suo animo si urtavano opposti sentimenti*; *sono principi che si urtano l'un l'altro.* **D** v. intr. pron. ● Irritarsi, seccarsi, indispettirsi: *si urta per un nonnulla.*

urtàta [f. sost. del part. pass. di *urtare*] s. f. ● Urto, spinta: *dare un'u.* || **urtatina**, dim.

urtàto part. pass. di *urtare*; anche agg. ● Nei sign. del v.

urtatóre agg.; anche s. m. (f. *-trice*) ● (*raro, lett.*) Che, chi urta.

urtatùra s. f. ● Atto, effetto dell'urtare (*spec. fig.*): *un'u. di nervi.*

urtìca ● V. *ortica.*

Urticàcee o (*raro*) **Orticàcee** [comp. del lat. *urtīca* 'ortica' e *-acee*] s. f. pl. ● Nella tassonomia vegetale, famiglia di piante dicotiledoni erbacee a foglie alterne, ovario con un solo ovulo, frutto ad achenio (*Urticaceae*) | (al sing. *-a*) Ogni individuo di tale famiglia. ➡ ILL. **piante** /2.

urticàio ● V. *orticaio.*

urticànte o (*raro*) **orticànte** [dal lat. *urtīca* 'ortica'] agg. *1* Detto di organo vegetale o animale che al contatto emette sostanze che producono irritazione sulla pelle. *2* (*est.*) Detto di sostanza che provoca irritazione cutanea.

urticària ● V. *orticaria.*

urticchiàre v. tr. e intr. (*io urtìcchio*; aus. *avere*) ● (*raro*) Urtare leggermente e ripetutamente.

†**ùrto** (*1*) agg. ● Urtato, spinto.

ùrto (*2*) [da *urtare*] **A** s. m. *1* (*gener.*) Atto, effetto dell'urtare e dell'urtarsi: *un u. leggero, violento, casuale, intenzionale, inavvertito*; *dare, ricevere un u.*; *con un u. lo fece cadere*; *malgrado l'u. il vetro non si è rotto.* SIN. Colpo, spinta. *2* (*fis.*) Interazione fra due o più corpi in moto relativo, con o senza contatto materiale, la quale determina una modificazione delle velocità dei corpi stessi | *Linea d'u.*, la normale comune alle superfici dei due corpi interagenti nel punto di contatto | *U. elastico*, quello fra due corpi perfettamente elastici, nel quale si conserva l'energia cinetica dei corpi | *U. anelastico*, quello fra due corpi perfettamente anelastici, nel quale non si conserva l'energia cinetica dei corpi stessi | *U. fisico*, quello fra due corpi reali, né perfettamente elastici né perfettamente anelastici | *Sezione d'u.*, grandezza fisica che esprime la probabilità con cui può avvenire un urto fra particelle subatomiche. SIN. Collisione. *3* (*idraul.*) *U. idraulico*, colpo d'ariete. *4* Scontro, collisione: *l'u. di due autotreni*; *u. tra navi, tra aeromobili*; *fu un u. frontale con disastrose conseguenze* | Impatto: *l'u. del vento contro un natante*; *l'u. dell'aereo contro il suolo fu violentissimo* | *Mina a u.*, torpedine sferica munita di appendici facilmente deformabili che scoppia al minimo urto contro uno scafo. *5* Cozzo, scontro di schiere armate: *u. feroce, poderoso, irresistibile*; *l'u. immane dei due eserciti.* *6* (*fig.*) Incontro di due mentalità, idee, modi di esistere e sim. in aperto contrasto tra loro: *l'u. tra padre e figlio era ormai inevitabile*; *assistere all'u. di due opposte concezioni politiche*; *le vostre teorie sono chiaramente in u.* | *Essere, mettersi in u. con qc.*, contrastarlo apertamente, spezzando eventuali vincoli di amicizia e sim. | *Prendere qc. a, in u.*, prenderlo in antipatia, a malvolere. **B** in funzione di agg. inv. ● Spec. nella loc. *dose u.*, dose di medicinale superiore a quella tipica, con effetto farmacologico più rapido e violento. || **urtóne**, accr.

urtoterapìa [comp. di (*dose d'*)*urto* e *terapia*] s. f. ● (*med.*) Terapia con dosi massive di farmaci, il cui effetto differisce da quello tipico del farmaco stesso.

urubù [sp. *urubú*, di origine tupi] s. m. ● Piccolo avvoltoio americano con apertura alare di poco più di un metro, tutto nero con la pelle del capo nuda e rossa (*Coragyps atratus*).

uruguaiàno o **uruguayàno** /urugwa'jano/ **A** agg. ● Dell'Uruguay. **B** s. m. (f. *-a*) ● Abitante, nativo dell'Uruguay.

†**ùsa** [da *usare*] s. f. ● Usanza, uso.

uṣàbile agg. ● Che si può usare: *questa macchina non è più u.*; *termini rari ma usabili ancor oggi.*

ùṣa e gètta [comp. degli imperat. di *usare* e *gettare*] loc. agg. inv. ● Che si può usare una sola volta: *piatto, bicchiere, siringa usa e getta.* SIN. Monouso | (*fig.*) Che si impone con immediatezza, ma non è destinato a durare: *moda, fenomeno culturale usa e gètta.*

†**uṣàggio** s. m. ● Uso, consuetudine.

†**uṣaménto** [da *usare*] s. m. ● Pratica sessuale.

uṣànte A part. pres. di *usare*; anche agg. **1** Nei sign. del v. **2** †Detto di chi ama la compagnia, la conversazione e sim. **B** s. m. e f. ● †Chi usa q.c.

uṣànza [da *usare*] s. f. **1** Ciò che si usa fare tradizionalmente in un determinato luogo, tempo e ambiente: *un'antica u. meridionale*; *usanze moderne, introdotte da poco*; *le usanze della campagna, della città*; *l'u. delle uova pasquali, dell'albero di Natale, dei biglietti d'auguri.* SIN. Consuetudine. **2** Modo usuale di vivere, agire, fare, comportarsi e sim.: *abbiamo deciso secondo l'u.*; *seguiamo le usanze del paese*; *attenersi alle usanze degli antichi* | *All'u.*, *all'u. di*, secondo il modo, il gusto, il costume, l'abitudine di: *cucinare all'u. araba, indiana, cinese*; *l'abbiamo costruito all'u. degli antichi.* SIN. Costume, maniera. **3** (*est.*) Moda, voga: *l'u. del cappello, della gonna corta, dei tacchi a spillo* | (*raro*) *Essere indietro di parecchie usanze*, essere arretrato rispetto alla moda. **4** (*raro*) Abitudine: *avere l'u. di leggere a letto* | *Prendere l'u. di*, l'abitudine di. **5** (*raro, lett.*) Cosa solita, abituale, che si ripete normalmente: *non suole essere u. che andando verso la state, le notti si vadan infrescando* (BOCCACCIO). **6** †Pratica e familiarità: *u. di persone oneste.* **7** †Uso || PROV. Paese che vai usanza che trovi. || **usanzàccia**, pegg.

uṣàre [lat. parl. **usāre*, iter. di *ūti* 'far uso, adoperare', di etim. incerta] **A** v. tr. **1** Mettere a profitto un mezzo, uno strumento, una fonte di guadagno, di energia, di utilità, una qualità dell'animo, della mente e sim.: *u. la macchina, la nave, la bicicletta*; *u. il cacciavite, il martello, le forbici, il coltello*; *u. un'arma per difendersi*; *u. i capitali, il denaro, gli appoggi di qc.*; *u. l'elettricità per il riscaldamento, l'illuminazione*; *saper u. la propria intelligenza*; *cerca di u. il buon senso ed eviterai di fare altre sciocchezze*; *se avessi usato un po' di astuzia non ti saresti lasciato ingannare*; *tentò sedurla, usò minacce e preghi, / e perfin l'oro offrille* (ALFIERI) | *U. un abito, un indumento*, indossarlo | *Siringa usa e getta*, V. *usa e getta* | *U. la testa*, ragionare | *U. gli occhi*, *u. bene gli occhi*, guardare con attenzione, saper vedere la realtà e sim. | *U. le orecchie*, ascoltare con attenzione | *U. le mani*, picchiare, menar botte | *U. volentieri le mani*, essere manesco | (*est.*) Servirsi, parlando o scrivendo: *u. termini tecnici, correnti, letterari*; *u. scorrettamente un verbo, una parola* | (*est., raro*) Servirsi di una persona: *se non si può fare altrimenti, useremo il fattorino anche per questa commissione.* **2** Mettere in atto, recare ad effetto, esercitare: *u. un diritto*; *ha usato legittimamente il suo potere*; *userò tutte le mie forze pur di riuscire*; *u. le buone, le cattive maniere* | †*U. un ufficio, una professione, un'arte*, esercitarla | †*U. pace*, goderla. **3** Applicare, far valere, agire con: *u. l'astuzia, la frode, l'inganno*; *u. la carità, la misericordia, la severità, il rigore*; *quando si giudica bisogna u. la comprensione*; *u. lealtà verso qc.*; *dovete u. la massima cura*; *mi raccomando, usate molta attenzione*; *cerca di u. un po' di tatto, di delicatezza.* **4** Fare, spec. in espressioni di cortesia: *usatemi la carità di lasciarmi solo*; *usami questo favore se mi sei amico*; *mi avete usato una cortesia così grande che non so come ringraziarvi* | †*U. peccati*, commetterli | †*U. suo diletto*, fare il proprio comodo. **5** Giovarsi abitualmente di q.c.: *d'inverno uso la pelliccia*; *in questa stagione non è il caso di u. gli abiti pesanti* | *Saper u. q.c.*, essere molto abile nell'uso di q.c.: *saper u. il coltello, il fucile.* **6** Avere l'abitudine, essere solito: *noi usiamo passeggiare a piedi*; *in questi casi mio padre usa dire così*; *la nostra ditta usa concedere ai dipendenti un pomeriggio libero alla settimana*; *a casa nostra si usa rispondere agli auguri.* **B** v. intr. (aus. *avere*) **1** Servirsi, valersi di q.c. o di qc.: *u. dei propri diritti*; *u. bene, male della propria ricchezza*; *non sa u. della propria capacità*; *vorrei u. dei tuoi appunti, se me lo consenti*; *userò di voi come di un'esca.* SIN. Usufruire. **2** Operare, agire, comportarsi con: *usate di una certa comprensione nei suoi confronti* | *U. della ragione*, ragionare, pensare a quello che si fa, si dice e sim. **3** Essere di moda: *attualmente i tacchi usano meno alti e meno sottili*; *sono abitudini che non usano più*; *un abito classico che userà sempre.* **4** (*raro, lett.*) Recarsi di frequente: *u. in una famiglia*; *u. in chiesa*; *u. nei caffè*; *u. a scuola* | *U. con qc.*, incontrarsi, vedersi spesso con qc. | †*U. con donna*, avere rapporti sessuali con essa. **5** †Avvenire, accadere. **C** v. intr. impers. (aus. *essere*) **1** Essere solito, normale, corrente, rientrare nell'abitudine dei più: *in questi luoghi usa così.* **2** Accadere di solito. **D** v. rifl. ● (*lett.*) Assuefarsi, esercitarsi, abituarsi: *usarsi a q.c.*

†**uṣàta** [f. sost. del part. pass. di *usare*] s. f. ● Usanza.

†**uṣatìvo** agg. ● Che si può usare.

uṣàto A part. pass. di *usare*; anche agg. **1** Nei sign. del v. **2** Detto di tutto ciò che non è più nuovo: *abito u.*; *roba usata*; *macchina usata*; *libri usati* | In filatelia, si dice di francobollo annullato. **3** (*lett.*) Avvezzo, abituato, assuefatto: *u. alle armi.* **4** (*lett.*) Consueto, solito: *il lavoro u.*; *le usate carte*; *al travaglio u. / ciascuno in suo pensier farà ritorno* (LEOPARDI) | *Essere u. a*, essere solito, avvezzo a | †*Essere u. con qc.*, essere solito a trovarsi insieme con lui. **5** Frequentato, battuto: *via usata*; *cammino poco usato.* **6** †Sperimentato, provetto. || **usataménte**, avv. (*raro*) Comunemente, di solito. **B** s. m. **1** Modo solito, consueto: *secondo l'u.*; *oltre l'u.* **2** In contrapposizione al nuovo, l'insieme dei prodotti industriali o artigianali che vengono rimessi in vendita dal primo o dai successivi acquirenti: *i prezzi, il mercato dell'u.*; *da qualche tempo si veste con l'u.* **3** †Uso, consuetudine, usanza.

†**uṣatóre** agg.; anche s. m. (f. *-trice*) ● (*raro*) Che, chi usa | Frequentatore.

uṣàtto [da *u(o)sa*] s. m. **1** Sorta di stivale in uso nel Medioevo. **2** †Tasca di cuoio. || **usattìno**, dim.

uṣbèco o (*raro*) **uṣbècco**, **uṣbèko**, **uzbèco** [russo *uzbéki*, dal turco *'özbäk* 'popolo turco-tartaro', dal n. del capo dell'Orda d'Oro *Özbek* Chan] **A** s. m. (f. *-a*; pl. m. *-chi*) ● Appartenente a una popolazione turco-mongola insediata nell'Asia centro-occidentale in particolare nell'Uzbekistan. **B** agg. ● Degli usbechi e dell'Usbechistan: *città usbeche*; *costumi usbechi.*

uṣbèrgo o †**aṣbèrgo**, †**oṣbèrgo**, †**ṣbèrgo** [ant. provz. *ausberc*, dal francone *halsberg* '(armatura) per proteggere (*berg*) il collo (*hals*)'] s. m. (pl. *-ghi*) **1** Armatura del busto usata nel Medioevo, a foggia di camice, fatta di maglia di ferro o d'altro metallo, o anche di piastrine o scaglie variamente unite. **2** (*est., lett.*) Corazza, armatura: *son mille e mille, e hanno osbergo e scudo* (PASCOLI). **3** (*fig., lett.*) Difesa, protezione.

uscènte part. pres. di *uscire*; anche agg. **1** Nei sign. del v. **2** Che è ancora in corso, ma sta per finire: *anno, mese u.*; *settimana u.* **3** Detto di chi è in procinto di lasciare il proprio ufficio o carica, trasmettendone le relative funzioni a un successore: *presidente, consigliere u.*; *consiglio direttivo u.* **4** (*arald.*) Detto di figura che sembra uscire da una partizione o da una pezza.

uscère ● V. *usciere* (*1*).

†**usciàia** s. f. ● (*raro*) Porta, uscio.

usciàle [da *uscio*] s. m. **1** Grande porta per lo più a vetri, per stanze interne o anche a capo delle scale. **2** †Apertura nel lato della fornace opposto alla bocca. **3** †Uscio, porta | †Portiera.

usciàta s. f. ● Colpo di uscio sbattuto, chiuso con forza.

uscière (1) o (*raro*) **uscère** [da *uscio*] s. m. (f. *-a*) **1** Negli uffici spec. pubblici, impiegato d'ordine con funzioni di inserviente nei confronti dell'ufficio stesso, cui spetta il compito di fornire al pubblico determinate informazioni e di indirizzare, accompagnare e annunciare i visitatori ai singoli funzionari: *rivolgersi all'u.*; *gli uscieri del ministero, di una banca* | *U. elettronico*, dispositivo collegato a un elaboratore e posto all'ingresso di una fiera, una mostra e sim. capace di fornire informazioni variamente visualizzate ai visitatori che lo interrogano mediante una tastiera. **2** (*raro*) Nel linguaggio forense, ufficiale giudiziario. **3** (*raro*) Portiere, portinaio.

uscière (2) [dalla loro caratteristica porta (*uscio*), donde uscivano i cavalli, sul modello del fr. *huissier* da *huis*] s. m. ● (*mar.*) Nave medievale da carico, spec. per trasporto di cavalli, munita di un uscio che veniva calafatato dopo l'imbarco del carico.

†**usciménto** o †**esciménto**. s. m. ● Uscita.

ùscio [lat. tardo *ūstiu(m)*, variante dial. di *ōstium* 'entrata, apertura', da *ōs* 'bocca, imboccatura (di un fiume)'] s. m. (pl. †*ùscia*, f., †*ùsce*, f.) **1** Porta, spec. di fattura e dimensioni modeste: *l'u. di casa*; *l'u. della cucina, della stanza da letto, della cantina, del solaio*; *i battenti, la soglia, la chiave, il saliscendi dell'u.*; *aprire, chiudere, socchiudere, accostare, sprangare l'u.*; *sbattere, sbatacchiare, sfondare l'u.* | *U. a muro*, senza telaio | *L'u. di strada*, per il quale dalla strada si entra in casa, e viceversa | *Farsi sull'u.*, affacciarsi ad esso | *Infilare, prendere l'u.*, andarsene, battersela, filarsela | (*raro*) *Mettere qc. all'u.*, metterlo alla porta, scacciarlo | *A u. a u.*, di porta in porta | *A u. e bottega*, (*fig., fam.*) molto vicino | *Tra l'u. e il muro*, (*fig.*) alla stretta | *Avere il malanno e l'u. addosso*, (*fig.*) subire una serie di successive sventure; avere il danno e le beffe | *Il peggio passo è quello dell'u.*, (*fig.*) il momento più doloroso è quello del distacco; il momento più difficile è quello in cui si deve scegliere, decidere e sim. | *Spazzare il suo u.*, pulire davanti alla propria casa; (*fig.*) badare ai fatti propri | *Non fermarsi al primo u.*, (*fig.*) non fermarsi alla prima persona, possibilità, soluzione e sim. | *Non trovarsene a ogni u.*, (*fig.*) si dice di cosa particolarmente rara, di grande valore e sim. | (*fig.*) *Essere secco, magro come un u.*, essere magrissimo | (*fig.*) †*Attaccare i pensieri, le voglie alla campanella dell'u.*, mettere da parte pensieri, desideri e sim., e spassarsela allegramente. **2** (*fig., poet.*) Passaggio, varco d'entrata o d'uscita: *gli occhi ... / che di lacrime son fatti u. e varco* (PETRARCA) | *L'u. dei morti*, il limbo. || **usciàccio**, pegg. | **uscettìno**, dim. | **uscétto**, dim. | **uscìno**, dim. | **usciòlo**, dim. (V.).

usciolàre o †**uṣolàre** [da *usciolo*] v. intr. (*io usciòlo*; aus. *avere*) ● (*raro*) Origliare, spiare nascostamente dietro un uscio, da una fessura e sim.

usciòlo o (*lett.*) **usciuòlo**. s. m. **1** Dim. di *uscio*. **2** Sportellino, spec. di gabbia. || **usciolétto**, dim. | **usciolìno**, dim.

uscìre o (*tosc.*) †**escìre**, (*raro*) †**scìre (2)** [lat. *exīre* 'andare (*īre*) fuori (*ĕx*)', con sovrapposizione di *uscio*] **A** v. intr. (pres. *io èsco, tu èsci, egli èsce, noi usciàmo*, tosc. †*esciàmo*, *voi uscìte*, tosc. †*escìte*, *essi èscono*; congv. pres. *io èsca, noi usciàmo*, tosc. †*esciàmo*, *voi usciàte*, tosc. †*esciàte*, *essi èscano*; imp. *èsci, uscìte*; in tutta la coniug. il tema è *esc-* se tonico, *usc-* se atono; aus. *essere*) **1** Andare o venire fuori da un luogo chiuso, delimitato o circoscritto, detto di esseri animati: *u. da casa, dal caffè, dal cinema, dal bagno, dal letto*; *u. dall'acqua, dal bosco, dal giardino, dalla città*; *Come le pecorelle escon dal chiuso / a una, a due, a tre* (DANTE *Purg.* III, 79-80) | *u. dalla porta principale, secondaria*; *u. di casa in fretta e furia*; *u. di sotto le coltri*; *uscite subito di lì*; *u. per la porta, per la finestra*; *u. in piazza, in strada, in cortile*; *u. sul terrazzo*; *uscirono sul tetto attraverso un abbaino* | *U. al largo*, dirigersi verso il mare aperto | *U. dalla nave*, sbarcare | *U. dall'auto, dal treno* e sim., discendere | *U. al mondo*, (*poet.*) nascere | *U. in campo, a battaglia*, schierarsi per la battaglia | *U. in mare*, lasciare il porto e dirigersi verso il mare aperto | *U. in pubblico*, mostrarsi al pubblico | *U. contro le schiere nemiche*, *u. addosso a qc.*, e sim., lanciarsi all'attacco | (*est.*) Lasciare un luogo determinato (sottintendendo l'indicazione del luogo stesso): *u. in fretta*; *u. a piedi*; *u. in automobile, in bicicletta*; *u. con qc.*; *esco a, per comperare le sigarette*; *usciamo a fare due passi?*; *gli intimarono di u. a mani alzate, con le mani in alto*; *uscì tra due ali di folla plaudente*; *è uscito da poco, da una mezz'ora*; *sono usciti un momento,* *e non tarderanno molto* | *U. alle sei, alle sette*, e sim., lasciare il lavoro, lo studio e sim. all'ora indicata | (con valore raff.) *U. fuori*, venire fuori: *esci fuori se ne hai il coraggio* | †*Uscirsi*, andarsene | (*est.*) Andarsene: *u. discretamente, in silenzio, senza farsi notare, senza dare nell'occhio* | *U. di scena*, di attore che nel corso di una rappresentazione lascia momentaneamente o definitivamente la scena, secondo le esigenze del copione; (*fig.*) di persona o cosa che perde la posizione preminente che prima occupava | *Uscirsene*, andarsene, allontanarsi definitivamente: *se ne uscì brontolando*. CONTR. Entrare. **2** (*est.*) Andare fuori a spasso, a passeggio o per qualsiasi altro motivo di svago, divertimento e sim.: *gli piace molto u.*; *se dipendesse da me, uscirei ogni sera*; *no, grazie, ma non posso u.*; *chi ha voglia di u., col freddo che fa?* **3** (*est.*) Allontanarsi, distaccarsi, separarsi da un gruppo definito di persone: *u. dalle file, dalle schiere, dal gruppo*; *uscì di tra la folla e si diresse verso di noi* | *U. dal plotone*, nel ciclismo, sganciarsi da esso, sopravanzandolo. **4** (*est.*) Venir fuori da q.c., detto di oggetti o sostanze che si muovono, scorrono, aleggiano e sim.: *da questa catena di montaggio escono cinquecento macchine al giorno*; *un getto d'acqua esce dal rubinetto*; *il gas usciva sibilando dal tubo*; *da questa pentola esce un profumino delizioso* | *U. dalla bocca*, (*fig.*) essere pronunciato, profferito: *dalla sua bocca uscivano parole irripetibili*. **5** (*est.*) Saltar fuori, detto di persona o cosa che appare fisicamente o comunque manifesta la propria presenza in modo brusco, rapido, inaspettato, stupefacente e sim.: *u. dall'acqua, dall'ombra, dall'oscurità*; *e quel bel tomo, da dove esce?*; *da dove ti escono certe idee io proprio non lo so* | *U. sulla scena*, entrare in scena (*anche fig.*): *un nuovo Stato che esce di prepotenza sulla scena politica mondiale* | (*est.*) Apparire, mostrarsi all'esterno di q.c.: *i primi germogli escono dalla terra*; *le sue braccia uscivano dai drappeggi del mantello* | (*est., fig.*) Differenziarsi, distinguersi: *u. dal numero dei più* | *U. nel finale di una gara*, rivelarsi o manifestare la propria superiorità nella fase conclusiva della competizione. **6** (*fig.*) Sbottare, esclamare, dare in: *u. a dire*; *u. in imprecazioni, improperi, insulti* | *Uscirsene*, dire all'improvviso, con forza o tono particolare, ottenendo particolari effetti e sim.: *se ne uscì con una battuta inimitabile*. **7** (*est.*) Andare fuori da un preciso spazio, ambito, livello, limite e sim., con riferimento a cose che invece devono o dovrebbero esservi perfettamente contenute o mantenute (*anche fig.*): *l'olio esce dalla bottiglia*; *l'acqua esce dalla vasca*; *il fiume è uscito dal suo letto*; *il treno è uscito dai binari*; *l'auto uscì di strada a una curva* | (*elettr.*) *U. di passo*, detto di una macchina sincrona quando il rotore, in seguito a uno sfasamento transitorio, non riesce a riportarsi alla velocità sincrona cosicché determina l'arresto della macchina stessa | *U. con la punta*, nella scherma, andare fuori bersaglio senza toccare il corpo dell'avversario | *U. dai binari*, (*fig.*) deviare da una determinata linea di condotta | *U. di strada, di carreggiata*, (*fig.*) deviare dal cammino prefissato, dalla via intrapresa, dal programma stabilito e sim. | *U. dal seminato*, (*fig.*) discostarsi dall'argomento trattato | *U. dai gangheri*, (*fig.*) infuriarsi | *U. di bocca*, (*fig.*) sfuggire inavvertitamente, di cosa che non si doveva o voleva dire | *U. dagli occhi*, (*fig.*) di ciò che ha completamente stancato, che non si sopporta più e sim. | *U. di mano*, (*fig.*) sfuggire al controllo | (*fig.*) *Di qui non s'esce*, non esistono altre vie d'uscita | (*est.*) Venir meno, mancare, non esserci più: *u. dalla vista, dalla visuale, dal campo visivo* | *U. dalla memoria, di mente, di testa*, dimenticare | *U. di moda*, passare di moda | (*lett., euf.*) *U. dalla vita, dal mondo*, morire | (*fig.*) *Entrare da un orecchio e u. dall'altro*, di cosa che si dimentica appena la si è udita e (*est.*) cui non si dà alcuna importanza | (*fig.*) *U. di sé, di senno*, impazzire | (*fig.*) *U. di sentimento*, impazzire o svenire. **8** (*est.*) Sporgere da una superficie, in maggiore o minore misura: *il chiodo esce di qualche centimetro dal muro*; *gli scogli escono aguzzi dal mare* | (*est.*) Risaltare, detto di colori: *il bianco esce bene su questo sfondo*. **9** (*est.*) Essere sorteggiato: *il tuo nome è uscito per primo*; *il quindici è uscito sulla ruota di Bari*; *questo numero non usciva da molte settimane*. **10** (*est.*) Nel calcio, effettuare un'uscita, respingere il pallone | *U. di piede, di pugno*, detto del portiere che para e respinge il pallone col piede, col pugno. **11** (*fig.*) Lasciare volontariamente o involontariamente uno stato, condizione, situazione, occupazione e sim., per passare ad un altro: *u. dall'infanzia, dall'adolescenza, dall'età matura*; *u. dall'incertezza, dalla pena, dal timore*; *u. dalla primavera*; *stiamo ormai per u. dall'autunno*; *u. dai guai, dai pasticci*; *u. di pena, di sospetto*; *u. dal riserbo, dalla neutralità, dalla guerra*; *u. da un partito, dall'esercito* | *U. dal convento*, sfratarsi | *U. dall'ospedale*, esserne dimesso perché guarito | *U. dal carcere, di prigione*, essere rimesso in libertà | *U. di carica*, lasciarla | *U. di minorità*, diventare maggiorenne | *U. dalla mischia*, ritirarsi dalla lotta (*anche fig.*) | *U. indenne, illeso, sano e salvo da q.c.*, non subire alcun danno in situazioni, eventi e sim., di particolare rischio o pericolo | *Uscirne*, cavarsela: *uscirne con molto danno, con poca spesa* | *Uscirne con la testa rotta*, (*fig.*) a prezzo di gravi danni, sacrifici e sim. | *Uscirne per il rotto della cuffia*, riuscire in q.c. con molta fatica, farcela a malapena | (*est.*) Abbandonare un atteggiamento, un comportamento abituale, caratteristico e sim.: *u. dalla propria freddezza*; *per una volta è uscito dal suo tradizionale riserbo*. **12** (*fig.*) Liberarsi, disimpacciarsi, svincolarsi: *u. dalle mani, dalle grinfie di qc.* | *Non potere u. da*, essere costretti a rimanere in un determinato ambito, doversi attenere a q.c., dovere necessariamente far capo a qc. e sim. **13** (*fig.*) Superare un determinato limite, andare al di là di q.c.: *u. dalla legalità*; *le sue aspirazioni sono mediocri e da queste non esce* | (*est.*) Esulare, eccedere: *ciò esce dalla mia competenza* | (*est.*) Elevarsi: *u. dal volgo, dalla massa, dalla mediocrità* | *U. dall'ordinario*, di cosa o persona decisamente fuori del comune per rarità, qualità, pregi e sim. **14** (*fig.*) Avere in, trarre da qc. o q.c. la propria origine, fonte, sorgente, radice e sim.: *u. da una famiglia umile, da una nobile stirpe*; *u. dall'aristocrazia, dalla borghesia, dal proletariato*; *molti grandi uomini sono usciti dal popolo* | *U. dal cuore*, (*fig.*) di ciò che è profondamente sincero e sentito: *parole che escono dal cuore* | (*est.*) Essere stato educato, istruito, formato e sim.: *esce dalle migliori scuole del paese*. **15** (*fig.*) Risultare: *cosa uscirà da questo imbroglio?* | (*est.*) Riuscire: *u. male, bene*; *u. vincitore*; *ogni sforzo uscì vano*. **16** (*fig.*) Ricavarsi: *da quattro litri escono cinque bottiglie*; *da questo scampolo non esce un vestito*. **17** (*fig.*) Essere stato fatto, fabbricato e sim.: *tutti questi prodotti escono dalla nostra industria*; *modelli che escono dalle mani di un sarto famoso* | *U. di mano, dalle mani di*, essere fatto, compiuto, finito: *quando il lavoro esce dalle sue mani è sempre perfetto* | (*est.*) Essere offerto al pubblico, essere messo in commercio: *un nuovo prodotto, appena uscito* | Essere pubblicato: *il mio nuovo libro uscirà domani*; *il terzo volume sta per u.* **18** Nel linguaggio alpinistico, portare a compimento una scalata o superarne una particolare fase: *u. in vetta*; *u. da una parete*. **19** (*raro*) Finire. **20** (*fig.*) Avere desinenza, terminazione: *u. in vocale, in consonante*. **21** (*fig.*) Avere inizio, detto spec. della Messa. **B** v. tr. ● †Fare uscire, mandar fuori.

uscita o †**escita** [f. sost. del part. pass. di *uscire*] s. f. **1** Atto, modo ed effetto dell'uscire: *u. rapida, veloce*; *l'u. degli operai dalla fabbrica, dei ragazzi da scuola*; *l'ora dell'u.*; *controllare l'u. di un liquido, di un gas dalle condutture* | *All'u.*, quando si esce, nell'atto o nel momento di uscire: *incontrarsi, salutarsi all'u.* | *U. di allenamento*, l'esercizio effettuato dai corridori ciclisti, su strada, prima della ripresa della stagione agonistica e precedentemente a una gara | *Libera u.*, periodo di libertà regolarmente concesso a militari, collegiali e sim. | *Via d'u.*, che consente di uscire da un luogo; (*fig.*) via di scampo, di salvezza, possibilità di soluzione e sim.: *non ci resta alcuna via d'u.*; *la situazione è ormai senza vie d'u.* | *Di prima u.*, (*fig.*) subito. CONTR. Entrata. **2** (*mil.*) Sortita: *l'u. notturna degli assediati*. **3** In teatro, entrata in scena: *gli spettatori applaudirono il tenore alla sua prima u.* **4** (*sport*) Nel gioco del calcio, l'azione del portiere che lascia la linea di porta per intercettare il pallone impedendo che sia pericolosamente tirato: *parata in u.*; *u. in tuffo*; *u. a valanga* | Nella scherma, azione di offesa in contrapposizione a quella dell'avversario: *u. in tempo* | Nella ginnastica, conclusione di un esercizio agli attrezzi, portandosi nella posizione finale di attenti. **5** Apertura, passaggio, varco da cui si esce o si può uscire: *l'u. di un sotterraneo, di un cunicolo, di una miniera*; *pareva che la grotta non avesse altra uscita*; *chiudere, sbarrare, impedire tutte le uscite*; *controllare i biglietti all'u.* | *Vicolo senza u.*, senza sbocco, vicolo cieco | *L'u. di una stazione, di un cinema, di un teatro*, parte del fabbricato dalla quale i viaggiatori o gli spettatori escono | *U. di sicurezza*, in cinematografi, teatri, stadi e sim., passaggio che viene aperto solo in caso di pericolo per consentire un rapido deflusso del pubblico | (*est.*) Nel linguaggio alpinistico, parte conclusiva di una via o di un suo tratto particolare: *l'u. di un camino*. **6** (*fig.*) Possibilità, soluzione, via di salvezza e sim.: *m'hanno chiuso tutte le uscite*; *questa è l'unica u. ragionevole*; *ogni u. ci è ormai preclusa*. **7** (*elab.*) Unità, *organi d'u.*, dispositivi destinati all'emissione dei risultati di un'elaborazione elettronica. **8** (*ling.*) Desinenza, terminazione: *l'u. del genitivo, dell'accusativo*; *u. in vocale, in consonante*. **9** Spesa, passivo, somma erogata: *segnare all'u.*; *l'u. supera l'entrata* | *Buona u.*, V. *buonuscita*. **10** (*fig.*) Parola o frase scherzosa, spiritosa, faceta, mordace, bizzarra e sim.: *la sua u. destò grande ilarità fra i presenti*; *spesso fa delle uscite assolutamente imprevedibili*. SIN. Battuta. **11** (*raro, fig.*) Parola, frase, proposta strana, scorretta, scortese e sim.: *che razza di uscite son queste?* **12** (*elettr., elettron.*) La coppia di morsetti o terminali di un apparecchio o dispositivo, per es. di un amplificatore o di un filtro, da cui viene prelevata la tensione o la corrente che è stata amplificata o filtrata | *Potenza d'u.*, quella erogata ai morsetti di un apparecchio o dispositivo: *amplificatore con una potenza d'u. di 10 W* | *Grandezza d'u.*, la grandezza, quale una tensione o una corrente, che è presente ai morsetti d'uscita di un apparecchio o di un dispositivo e che gener. è diversa dalla grandezza d'entrata. **13** †Fine, termine. ‖ **uscitàccia**, pegg.

†**uscitìccio** [da *uscito* (dal campo)] s. m. ● Disertore, transfuga.

uscito o †**escito** **A** part. pass. di *uscire*; anche agg. ● Nei sign. del v. **B** s. m. **1** †Sbandito, fuoriuscito, esule. **2** (*raro*) †Escrementi, sterco.

†**uscitùra** s. f. ● Uscita.

usciuòlo ● V. *usciolo*.

uscòcco [serbocroato *uskok* 'fuggiasco, profugo', dal v. *uskočiti* 'saltar via', 'passare (al nemico), disertare'] s. m. (pl. *-chi*) ● (*spec. al pl.*) Nel XVI sec., guerriglieri balcanici e ungheresi che dopo la sottomissione dell'Ungheria alla Turchia continuarono la lotta contro i turchi, spec. con azioni piratesche.

†**uṣévole** [lat. tardo *usībile(m)*, per *utībile(m)* 'che si può usare (*ūti*)'] agg. ● Solito, consueto.

uṣignòlo o (*raro, poet.*) **luṣignòlo**, †**luṣignuòlo**, (*lett.*) **uṣignuòlo** [lat. parl. **lusciniŏlu(m)*, dim. di *lusciniu(m)*, di etim. incerta, con sottrazione dell'iniziale, ritenuta art. det.] s. m. (f. †*-a*) ● Uccelletto dei Passeriformi, slanciato, bruno rossiccio, vivace, con dolcissimo canto, spec. notturno (*Luscinia megarhyncha*) | *U. di palude*, passeriforme con piumaggio rossiccio e coda più corta dell'usignolo (*Cettia cetti*). ‖ **usignolétto**, dim.

uṣitàto [vc. dotta, lat. *usitātu(m)*, part. pass. di *usitāri*, ints. di *ūti* 'usare'] **A** agg. ● (*lett.*) Usato molto, con frequenza: *vocaboli usitati* | †*Via usitata*, molto frequentata | Solito, consueto, abituale: *vezzo, vizio u.*; *agire, procedere nel modo u.* ‖ **usitataménte**, avv. **B** s. m. ● †Ciò che è usitato.

ùṣo (1) [da *usare*] agg. ● (*lett.*) Abituato, avvezzo, solito: *non è uso a fare simili cose*; *essere uso ai pericoli, ai sacrifici*; *quando le città sono use a vivere sotto uno principe* (MACHIAVELLI) | †*Uso con qc.*, amico, familiare.

ùṣo (2) [lat. *ūsu(m)*, propriamente part. pass. di *ūti* 'usare'] s. m. **1** Atto e modo dell'usare: *l'uso dell'automobile, della bicicletta*; *l'uso del vino, dell'alcol, di una medicina*; *l'uso legittimo delle* *armi*; *intervenire con l'uso di mezzi appropriati*; *comprare q.c. per uso personale*, *per proprio uso*; *si tratta di oggetti d'uso militare*; *utensile che può servire a molti usi*, *per usi diversi*; *il prodotto è tossico ed è bene farne modico uso*; *medicina per uso interno*, *esterno* | *D'*uso, correntemente usato, applicato, rispettato e sim.: *monete d'uso nel secolo scorso*; *norme d'uso*; *prassi d'uso* | *Effetti d'uso*, abiti, masserizie e sim. | *Lingua d'uso*, quella correntemente adoperata dalle comunità dei parlanti | *A uso di*, destinato a, fatto per: *testo ad uso dei licei*; (*lett.*) con lo scopo di: *s'immaginavano che le stelle e i pianeti fossero ... piantati lassù ... all'uso di far lume* (LEOPARDI) | *Fare uso di*, servirsi di: *fare uso delle armi*, *della forza* | *Fare buono*, *cattivo uso di q.c.*, servirsene bene, male | *Istruzioni per l'uso*, normalmente allegate ai più svariati prodotti per insegnare il più corretto uso degli stessi | *Fuori uso*, *fuori d'uso*, inservibile, detto di cose; (*fig.*) inabile, detto di persona | *Non uso*, nella terminologia giuridica, mancato esercizio di un diritto reale, che ne determina l'estinzione | *Uso tessera*, (*ell.*) da usare per tessera: *fotografia uso tessera*. ***2*** Capacità, facoltà, possibilità di usare q.c.: *perdere l'uso della ragione*; *riacquistare l'uso delle braccia*, *delle gambe*; *avere*, *non avere l'uso della vista*, *dell'udito*, *della parola*; *camera ammobiliata con uso di cucina*. ***3*** Diritto di servirsi di una cosa altrui e, se fruttifera, di raccoglierne i frutti limitatamente ai bisogni propri e della propria famiglia | *Usi civici*, diritti di godimento che i membri di una collettività hanno su terre di altrui proprietà, pubblica o privata. ***4*** Esercizio continuo, pratica costante di un'arte, tecnica, scienza, disciplina e sim.: *acquistare abilità con l'uso*; *perfezionarsi in q.c. con l'uso*; *solo l'uso può darti la necessaria preparazione* | (*raro*) *Far l'uso a q.c.*, assuefarvisi. ***5*** Abitudine, consuetudine, usanza, costume: *è nostro uso restituire le visite di cortesia*; *rispettare gli usi nazionali*, *locali*, *familiari*; *seguire l'uso degli antichi*; *gli usi della campagna*, *della città*, *delle popolazioni primitive*; *introdurre nuovi usi* | *Per uso*, abitualmente | Cerimonia, rituale: *la celebrazione si svolse secondo un antichissimo uso del sud* | (*est.*) Voga, moda: *essere*, *venire in uso*; *tutto ciò non è più in uso* | *All'uso di*, secondo la moda, il sistema, le abitudini, i gusti di: *cucina all'uso francese*; *pietanza all'uso di Genova*, *di Romagna*; *edificio costruito all'uso moderno* | *Uso pelle*, *uso seta*, *e sim.*, (*ell.*) si dice di materiale che imita la pelle, la seta e sim. | *Uso Napoli*, detto spec. di pasta fabbricata imitando quella napoletana. ***6*** (*spec. al pl.*) Comportamenti ripetuti costantemente da una collettività con il convincimento che essi siano imposti dalla legge: *usi locali*; *usi generali*, *del commercio*; *usi normativi* | *Usi negoziali*, pratica d'affari seguita da una data cerchia di contraenti | *Usi e costumi*, complesso di tutte le manifestazioni private e pubbliche della vita di un popolo. ***7*** Maniera consueta di parlare o di scrivere, linguaggio o parlata tipica di una persona, collettività, epoca, ambiente e sim.: *l'uso locale di una lingua*; *l'uso fiorentino*, *toscano*, *dantesco*, *trecentesco*; *uso letterario*, *popolare*, *tecnico*, *moderno*, *antico*; *regole che si fondano sull'uso* | (*est.*) Senso, significato: *l'uso figurato*, *traslato*, *estensivo di un termine*. ***8*** †Familiarità | †Congiungimento sessuale. ***9*** †Usura. ***10*** †Astio, ruggine.

†usolàre ● V. *usciolare*.

†usolière [forse dal fr. ant. *oiselier* 'che riguarda gli uccelli', se significava anche 'lacciuolo per uccelli'] **s. m.** ● Stringa, legaccio: *gli usolieri delle brache che di qua e di là pendevano* (BOCCACCIO).

usòmetro [comp. di *uso* e *-metro*] **s. m.** ● (*tess.*) Apparecchio per la misurazione della resistenza di un tessuto all'usura.

ùssaro o **ùssero** [ted. *Husar*, dall'ungh. *huszar* 'scorridore, esploratore': vc. legata alla stessa base di *corsaro* (?)] **s. m.** ● Soldato di cavalleria leggera, in alcuni antichi eserciti europei, armato di carabina, pistola e sciabola, e indossante un'uniforme caratterizzata dal colbacco e dal corto giubbetto: *gli ussari di Napoleone*; *reggimento degli ussari della guardia*.

ussita o **hussita** [dal n. dell'eretico boemo J. *Hus* (1370 ca.-1415), nato a *Husinec*] **A agg.** (**pl. m.** *-i*) ● Che si riferisce a J. Hus, alle sue teorie e al suo movimento. **B s. m. e f.** ● Sostenitore, seguace dell'ussitismo.

ussitismo o **hussitismo** [comp. di *ussita* e *-ismo*] **s. m.** ● Movimento cristiano riformato derivato dal teologo boemo J. Hus, condannato al rogo nel 1415.

†ùsso [dal n. dell'eretico Jan *Hus*, nato in Boemia, per l'identificazione di 'boemo' con 'zingaro' (?)] **s. m.** ● (*raro*) Zingaro.

ussoricida ● V. *uxoricida*.

ussoricìdio ● V. *uxoricidio*.

ùsta [vc. di provenienza dial. e origine discussa: da *ustolare*, perché originariamente riferito al puzzo di bruciato (?)] **s. f.** ● (*caccia*) Passata o emanazione lasciata da un selvatico e seguita dai cani.

ùstascia [serbocroato *ustaša* 'insorto, ribelle', da *ustati* 'alzarsi, levarsi in piedi'] **A s. m. e f. inv.** ● Guerrigliero appartenente a bande attive nei Balcani, impegnate contro la dominazione ottomana | In Iugoslavia, militante nazionalista croato | Attualmente, militante di gruppi combattenti nazionalisti croati. **B** anche **agg. inv.**

Ustilaginàli [comp. di *ustilagine* e *-ali*] **s. f. pl.** ● Nella tassonomia vegetale, ordine di Funghi dei Basidiomiceti, parassiti di vegetali, che a maturità producono ammassi polverulenti bruni e determinano le malattie dette carboni e carie (*Ustilaginales*) | (al sing. *-e*) Ogni individuo di tale ordine.

ustilàgine [vc. dotta, lat. tardo *ustilāgine(m)*, da *ūstus*, part. pass. di *ūrere* 'bruciare'] **s. f.** ● Fungo delle Ustilaginali che provoca il carbone del grano, dell'avena, del mais (*Ustilago*).

ustionàre **A v. tr.** (*io ustióno*) ● Sottoporre ad ustione: *ustionarsi le mani*. **B v. rifl. e intr. pron.** ● Cagionarsi, prodursi un'ustione: *si è gravemente ustionato*.

ustionàto **A part. pass.** di *ustionare*; anche **agg.** ● Nei sign. del v. **B s. m.** (**f.** *-a*) ● Chi ha subìto ustioni | *Centro ustionati*, reparto ospedaliero particolarmente attrezzato per la cura delle ustioni | *Grande u.*, chi ha subìto ustioni di terzo grado diffuse su più del 50% della superficie corporea.

ustióne [vc. dotta, lat. *ustiōne(m)*, da *ūstus* 'usto (1)'] **s. f.** ● (*med.*) Lesione dei tessuti per effetto del calore eccessivo: *u. di 1°*, *2°*, *3° grado*.

ùsto (1) [vc. dotta, lat. *ūstu(m)*, part. pass. di *ūrere* 'bruciare'] **agg.** ***1*** (*poet.*, *raro*) Bruciato. ***2*** (*chim.*) Calcinato: *magnesia usta*; *biacca usta*.

†ùsto (2) [vc. di origine discussa: catalano *osta*, dal lat. *obstāre* 'opporsi, ritenere' per la funzione di questi cavi di tenere le antenne nella loro posizione *contro* l'impeto del vento (?)] **s. m.** ● Nella marina velica, prima dell'adozione delle catene per le ancore, la maggiore gomena di bordo, lunga circa 250 m, usata per ormeggiare la seconda ancora | Ormeggio usato anticamente in acque molto profonde e costituito da due o tre lunghe gomene impiombate fra loro.

ustolàre o (*raro*) **ostolàre** [lat. *ustulāre* 'bruciare (*ūrere* e nel part. pass. *ūstus*) leggermente'] **v. intr.** (*io ùstolo*; aus. *avere*) ***1*** (*pop.*, *tosc.*) Esprimere con gli occhi e con la voce il desiderio del cibo, detto di animali e persone | (*est.*) Struggersi di desiderio innanzi alle vivande. ***2*** (*est.*) Uggiolare, guaire, mugolare, detto di animali. ***3*** (*est.*, *fig.*) Guardare attentamente, con ansia bramosa.

ustolóne **s. m.** (**f.** *-a*) ● (*pop.*, *tosc.*) Chi è solito ustolare.

ustòrio [deriv. dal lat. *ūstus*, part. pass. di *ūrere* 'bruciare', col suff. *-orio*] **agg.** ● Che brucia o è atto a far bruciare: *lenti ustorie* | *Specchio u.*, specchio concavo che fa convergere i raggi solari su un oggetto, bruciandolo.

†ustóso [da *usta* 'fiuto, sentore della selvaggina'] **agg.** ● Che aspetta il cibo con avidità.

ustrìna **s. f.** ● Ustrino.

ustrìno [vc. dotta, lat. tardo *ustrīnu(m)*, collegata col v. *ūrere* 'bruciare', 'cremare'] **s. m.** ● Nell'antica Roma, luogo in cui si cremavano i cadaveri.

usuàle [vc. dotta, lat. tardo *usuāle(m)*, da *ūsus* 'uso'] **A agg.** ***1*** Che è dell'uso comune, che si usa di frequente: *mezzi usuali di trasporto*; *frase*, *esclamazione u.* ***2*** (*est.*) Solito, comune, corrente: *pasto u.*; *roba u.*; *avvenimenti*, *fatti usuali* | *Lingua*, *parlata u.*, non scelta, non letteraria | *Scrittura u.*, o (*ell.*) *usuale*, scrittura propria di un determinato tempo e ambiente, caratterizzata da un complesso di elementi comuni. ***3*** †Agevole, facile ad usarsi. || **usualménte**, **avv.** Per solito, ordinariamente. **B s. m. solo sing.** ● Ciò che è usuale | *Per l'u.*, di solito, usualmente.

usualità **s. f.** ● Qualità di ciò che è usuale.

usuàrio [vc. dotta, lat. tardo *usuāriu(m)*, da *ūsus* 'uso'] **s. m.** (**f.** *-a*) ● Chi è titolare di un diritto d'uso.

usucapióne [vc. dotta, lat. *usucapiōne(m)*, da *usucăpere* 'usucapire'] **s. f.** ● (*dir.*) Modo di acquisto della proprietà o degli altri diritti reali per effetto del possesso protrattosi per un certo tempo. **SIN.** Prescrizione acquisitiva.

usucapìre [vc. dotta, lat. *usucăpere* 'prendere (*căpere*) mediante l'uso (*ūsu*, abl. di *ūsus*)' con passaggio di coniug.] **v. tr.** (*io usucapìsco*, *tu usucapìsci*; **part. pass.** *usucapìto*, *†usucàtto*) ● Acquistare per usucapione.

†usucàtto **part. pass.** di *usucapire*; anche **agg.** ● Nel sign. del v.

usufruìbile **agg.** ● Detto di ciò di cui è possibile usufruire.

usufruìre [vc. dotta, lat. *ūsu frŭi* 'godere (*frŭi* 'fruire') dell'uso (*ūsu*, abl. di *ūsus*)'] **v. intr.** (*io usufruìsco*, *tu usufruìsci*; aus. *avere*) ***1*** (*dir.*) Godere l'usufrutto di q.c. ***2*** (*est.*) Giovarsi, avvantaggiarsi, approfittare: *u. di un ribasso dei prezzi*; *u. di un privilegio*, *di una licenza*.

†usufruttàre o **†usufruttuàre** **v. tr.** ***1*** Avere in usufrutto. ***2*** (*est.*) Sfruttare: *u. un terreno*, *una pianta*. ***3*** (*raro*) Possedere, godere carnalmente.

usufrùtto [comp. del lat. *ūsus* 'uso' e *frūctus* 'frutto'] **s. m.** ● Diritto di usare e godere la cosa altrui facendone propri i frutti, ma rispettandone la destinazione economica: *diritto di u.*; *cessione dell'u.* | *U. legale*, spettante per legge ai genitori che esercitano la potestà sul figlio.

†usufruttuàre ● V. *usufruttare*.

usufruttuàrio [vc. dotta, lat. tardo *usufructuāriu(m)* 'che gode l'uso (*ūsus*) e il frutto (*frūctus*)'] **s. m.** (**f.** *-a*) ● Colui che è titolare del diritto di usufrutto.

usùra (1) o **†osùra** [vc. dotta, lat. *usūra(m)* 'godimento dell'uso (*ūsus*), spec. di un capitale'] **s. f.** ***1*** Eccessivo interesse richiesto per una somma data in prestito: *dare*, *prendere denaro a u.* | *A u.*, (*fig.*) con un margine molto elevato di utilità, in ricca misura: *ricompensare qc. a u.* ***2*** Correntemente, l'attività di chi presta denaro a interesse eccessivo: *arricchirsi con l'u.* ***3*** (*dir.*) Reato di chi, abusando dello stato di bisogno di taluno, si fa dare o promettere in corrispettivo di una prestazione vantaggi manifestamente sproporzionati.

usùra (2) [fr. *usure*, da *user* 'usare (fino a consumare)'] **s. f.** ***1*** (*tecnol.*) Degradazione funzionale di oggetti, utensili o parti meccaniche conseguente ad uso o funzionamento prolungato: *l'u. di un meccanismo*; *l'u. di una bocca da fuoco* | *Prova di u.*, prova condotta su un materiale, possibilmente nelle condizioni di esercizio, per valutare la sua resistenza all'usura. **SIN.** Logoramento. ***2*** (*fig.*) Logorio: *guerra di u.*; *un lavoro che sottopone il corpo*, *la mente a eccessiva u.*

usuràbile **agg.** ● Che si può usurare | Facile a usurarsi.

usurabilità **s. f.** ● Qualità di ciò che è usurabile | (*tecnol.*) Il grado di mancanza di resistenza all'usura di un materiale.

usuràio [vc. dotta, lat. *usurāriu(m)*, da *usūra* 'usura (1)', in tardo uso sost.] **A s. m.** (**f.** *-a*) ***1*** Chi dà denaro a usura | Chi esercita l'usura. **SIN.** Strozzino. ***2*** (*est.*) Persona estremamente avida e avara. **B agg.** ● V. *usurario*. || **usuraiàccio**, **pegg.** | **usuraiétto**, **dim.**

usuràre [da *usura* (2)] **A v. tr.** ● (*tecnol.*) Sottoporre a usura. **B v. intr. pron.** ● (*tecnol.*) Subire l'usura.

usuràrio o (*raro*) **usuràio** [vc. dotta, lat. *usurāriu(m)*, agg. da *usūra* 'usura (1)'] **agg.** ● Relativo all'usura | *Interessi usurari*, che eccedono notevolmente la misura legale senza adeguato corrispettivo | *Negozio giuridico u.*, immorale in quanto vi vengono pattuiti interessi sproporzionati.

†usureggiaménto **s. m.** ● Atto, modo ed effetto dell'usureggiare.

†usureggiàre [da *usura* (1)] **v. intr.** ● Fare l'usuraio.

†usuriàre [da *usura* (*1*)] v. tr. ● Dare a usura.

†usurière o **†usurièri**, **†usurièro** [ant. fr. *usurier*, della medesima origine di 'usuraio'] s. m. (f. *-a*) ● Usuraio.

usurpaménto s. m. **1** (*raro*) Usurpazione. **2** †Uso, applicazione.

usurpàre [vc. dotta, lat. *usurpāre* 'prendere possesso (in origine col rapimento: lat. *răpere* 'rapire') mediante l'uso (*ūsu*, abl. di *ūsus*)'] v. tr. **1** Fare indebitamente proprio, spec. con la violenza o con l'inganno, un bene, un titolo o un ufficio legittimamente spettante ad altri o legittimamente ricoperto da altri: *u. un immobile, un diritto, il trono, il regno*. **2** (*est.*) Godere, usare od occupare senza merito o indegnamente: *u. la fama, la gloria*; *voi usurpate la carica che vi fu concessa*. **3** (*raro*) †Usare impropriamente, detto spec. di vocaboli.

usurpatìvo [vc. dotta, lat. tardo *usurpatīvu(m)*, da *usurpātus* 'usurpato'] agg. ● Di, relativo a, usurpazione. || **usurpativaménte**, avv. Con usurpazione.

usurpàto part. pass. di *usurpare*; anche agg. **1** Nei sign. del v. **2** Immeritato, ingiustamente ottenuto: *fama, gloria usurpata*.

usurpatóre [vc. dotta, lat. tardo *usurpatōre(m)*, da *usurpātus* 'usurpato'] s. m.; anche agg. (f. *-trice*) ● Chi, che usurpa | (*per anton.*) Chi, che usurpa un trono: *l'u. imprigionò e uccise tutti i membri della famiglia reale*.

usurpatòrio [vc. dotta, lat. tardo *usurpatōriu(m)*, da *usurpātus* 'usurpato'] agg. ● (*raro*) Usurpativo.

usurpazióne [vc. dotta, lat. *usurpatiōne(m)*, da *usurpātus* 'usurpato'] s. f. ● Atto, effetto dell'usurpare | *U. di immobili*, reato di chi, per appropriarsi dell'altrui cosa immobile, ne altera o rimuove i termini | *U. di funzioni pubbliche*, reato di chi, senza legittimo titolo, assume le attribuzioni inerenti a un pubblico impiego o a una pubblica funzione. || **usurpazioncìna**, dim. | **usurpazioncèlla**, dim.

usus scribendi /*lat.* 'uzus skri'bendi/ [loc. lat., propriamente 'il modo (*ūsus*) di scrivere (*scribĕndi*)'] loc. sost. m. inv. ● Spec. in filologia, l'insieme delle caratteristiche lessicali e stilistiche che contraddistinguono uno scrittore.

ut [dalla prima sillaba dell'inno lat. che servì di base alla serie e alla denominazione delle note mus. (letteralmente il lat. *ŭt* vale 'come', di origine indeur.)] s. m. ● In Italia fino al XVII sec., e in altri paesi anche attualmente, prima nota della scala musicale. SIN. Do.

†utèllo [etim. discussa: lat. parl. **utĕllu(m)*, dim. di *ŭter* 'otre' (?)] s. m. ● Vasetto di terracotta invetriata per tenervi l'olio.

utensìle /uten'sile/ spec. come agg., **utènsile** spec. come sost. [vc. dotta, lat. *utēnsile(m)*, di valore analogo e della stessa origine di *ŭtilis* 'utile'; nei sign. B, cfr. lat. *utensĭlia* (neutro pl.) 'cose da usare (*ūti*) per necessità'] **A** agg. ● Che serve, che è utile | *Macchine utensili*, famiglia di macchine operatrici che lavorano per asportazione di truciolo, alla quale appartengono il tornio, la fresa, il trapano, la limatrice e la piallatrice. **B** s. m. **1** Ogni attrezzo per lavorare legno, pietre, materiali, spec. quelli che servono ad asportare i trucioli nelle lavorazioni fatte a mano o con le macchine utensili. **2** (*gener.*) Arnese d'uso domestico: *utensili di cucina* | (*est.*, *raro*) Arredo: *casa fornita di tutti gli utensili*.

utensilerìa s. f. **1** Reparto di una officina dove si provvede alla preparazione, la messa a punto e la manutenzione degli utensili occorrenti a una determinata lavorazione. **2** Negozio o impresa commerciale dove si vendono utensili: *una importante u. cerca un magazziniere*. **3** Complesso degli utensili necessari per una data lavorazione: *u. meccanica*.

utensilìsta s. m. e f. (pl. m. *-i*) ● Chi, nell'industria meccanica, è addetto alla lavorazione degli utensili.

utènte [vc. dotta, lat. *utĕnte(m)*, part. pres. di *ūti* 'usare', cioè 'che usa, che si serve'] s. m. e f. **1** Chi usa un bene o un servizio spec. pubblico: *gli utenti della strada, del telefono, della televisione* | *U. di pubblicità*, destinatario di un messaggio pubblicitario o chi vi presta particolare attenzione. **2** (*est.*) Chi usa un comune patrimonio culturale, sociale o spirituale: *gli utenti della lingua italiana*.

utènza s. f. **1** Stato o condizione dell'utente | Uso di un bene o di un servizio spec. pubblico: *u. stradale*. **2** Insieme degli utenti.

uterìno [vc. dotta, lat. tardo *uterīnu(m)*, da *ŭterus* 'utero'] agg. **1** Dell'utero: *malattia uterina* | *Corpo u.*, parte superiore dell'utero | (*spec. spreg.*) Detto di atteggiamento, o sim., dettato da emotività, da impulsività, e perciò incontrollato, irrazionale: *reazione uterina*. **2** (*dir.*) Detto di discendente dalla stessa madre, ma da padre diverso: *fratello u.*; *sorella uterina*.

ùtero [vc. dotta, lat. *ŭteru(m)*: di origine indeur. (?)] s. m. **1** (*anat.*) Organo cavo mediano dell'apparato genitale femminile, posto nel piccolo bacino, destinato ad accogliere l'uovo fecondato e a sostenere lo sviluppo del germe. ➡ ILL. p. 364 ANATOMIA UMANA. **2** (*est.*, *poet.*) Ventre materno. **3** (*zool.*) Porzione specializzata dell'ovidotto in grado di accogliere l'embrione nei casi di ovoviviparismo e di viviparismo.

†ùti [etim. incerta] vc. ● (*raro*) Solo nella loc. *né uti né puti*, detto di uomo da poco, incapace di bene e di male.

uticènse [vc. dotta, lat. *Uticēnse(m)*, da *Ŭtica(m)* 'Utica'] **A** agg. ● Di Utica, antica città punica. **B** s. m. e f. ● Abitante, nativo di Utica | *L'Uticense*, (*per anton.*) Marco Porcio Catone il minore (95-46 a.C.), partigiano di Pompeo, morto suicida a Utica.

ùtile [vc. dotta, lat. *ŭtile(m)*] **A** agg. **1** Detto di tutto ciò che serve o può servire al bisogno: *libro, manuale, oggetto, regalo, strumento u.* | *Tempo, giorno u.*, entro cui si può validamente compiere un dato atto: *tempo u. per l'iscrizione* | *Stanze utili*, abitabili | *Carico u.*, quantità, in peso, di merci o persone, che un mezzo di trasporto può portare. CONTR. Inutile | (*est.*) Che serve a un preciso scopo, che si può usare in determinati casi o situazioni: *prodotto u. contro i parassiti*; *medicina u. agli ipertesi*; *cure termali molto utili in caso di bronchite*. **2** Che è d'aiuto, che procura vantaggi, benefici, facilitazioni e sim.: *consigli utili e disinteressati*; *ci è stato molto u.*; *conoscere la vostra opinione*; *mi sarebbe u. un vostro intervento*; *ciò non può tornarci u. in alcun modo*; *abbiamo ottenuto risultati molto utili sul piano tecnico*; *per me è senz'altro una cosa u.* | *Lavoro u.*, proficuo | *Vento u.*, favorevole | *Partita u.*, nel linguaggio sportivo, la vittoria o il pareggio: *la nostra squadra è alla quinta partita u. consecutiva* | (*dir.*) *Dominio u.*, potere di godimento, spettante all'enfiteuta sul fondo. **3** Detto di persona che contribuisce efficacemente a q.c. spec. collaborando con altri: *è l'elemento più u. dell'ufficio*; *tuo figlio mi è stato molto u. in questo caso*; *io era felice di trovar finalmente una creatura cui potere credermi u.* (NIEVO) | *Rendersi u.*, darsi da fare, collaborare attivamente, aiutare: *un giovane che sa rendersi u. in ogni frangente* | *Se posso essere u. in q.c.*, formula di cortesia con cui si offre il proprio aiuto, i propri servigi e sim. || **utilménte**, **†utileménte**, avv. In modo utile: *impiegare utilmente il proprio tempo*. **B** s. m. **1** Ciò che è utile, che serve: *unire l'u. e il dilettevole*. **2** Vantaggio, utilità materiale o morale: *mirare, badare, tendere solo all'u.*; *dai miei consigli non hai saputo trarre alcun u.*; *procurare l'u. della famiglia, della società*. **3** Guadagno, profitto realizzato mediante l'esercizio di un'attività economica: *u. netto*; *u. lordo*; *partecipazione agli utili dell'impresa*; *divisione degli utili fra i soci* | Interesse: *prestare denaro con un u. del 18%*.

utilìsta s. m. e f. (pl. m. *-i*) ● Enfiteuta.

utilità o **†utilitàde**, **†utilitàte** [vc. dotta, lat. *utilitāte(m)*] s. f. **1** Qualità di chi, di ciò che è utile: *l'u. dell'istruzione, educazione, scienza*; *l'u. di una medicina*; *oggetti privi di ogni u.*; *persona di grande u.*; *elemento di nessuna u.* | *Cane di u.*, addestrato per fini utili all'uomo, quali la guardia, la difesa, l'accompagnamento dei ciechi e sim. CONTR. Inutilità. **2** (*econ.*) Capacità di un bene o di un servizio di soddisfare un bisogno umano | *Modello di u.*, invenzione atta a conferire a macchine o parti di esse od oggetti particolari efficacia o comodità di applicazione o di impiego: *brevetto per modelli di utilità*. **3** Vantaggio materiale o morale: *non ne ho tratto grande u.*; *la tua esperienza mi è stata di estrema u.* **4** †Interesse, frutto del denaro.

utilitària [f. sost. (sottinteso *automobile*) dell'agg. *utilitario*] s. f. ● Piccola automobile di basso costo d'acquisto e di esercizio. ➡ ILL. p. 1751 TRASPORTI.

utilitàrio [da *utilità*, secondo l'es. del fr. *utilitaire*] **A** agg. **1** Che considera, o si prefigge, solo ciò che è materialmente utile: *morale utilitaria*; *sistema u.* **2** Che ha requisiti di praticità e buon prezzo: *vettura utilitaria*. **B** s. m. (f. *-a*) ● Chi si prefigge l'utile materiale come scopo unico o se lo pone come valore sommo.

utilitarìsmo [comp. di *utilitar(io)* e *-ismo*, sul modello del fr. *utilitarisme*] s. m. ● Dottrina etico-politica, sviluppatasi in Inghilterra nei secoli XVIII e XIX, secondo cui il fine di ogni attività morale consiste nel conseguire la maggiore felicità possibile per il maggior numero di persone possibili.

utilitarìsta [da *utilitarismo*, come il fr. *utilitariste*] **A** s. m. e f. (pl. m. *-i*) **1** Fautore dell'utilitarismo. **2** (*est.*) Chi tende soltanto al proprio utile. **B** agg. ● Utilitaristico.

utilitarìstico [da *utilitarista*] agg. (pl. m. *-ci*) **1** (*filos.*) Che si riferisce all'utilitarismo e ai suoi fautori. **2** (*est.*) Di, da utilitarista. || **utilitaristicaménte**, avv.

†utilitàte ● V. *utilità*.

utility /u'tiliti, *ingl.* ju'tiləti/ [vc. ingl., propr. 'utilità, vantaggio', riduzione del precedente *utility program* 'programma di utilità'] s. f. inv. (pl. ingl. *utilities*) ● (*elab.*) Programma che svolge una funzione sussidiaria al sistema operativo o a un programma applicativo.

utilizzàbile [da *utilizzare*, come il fr. *utilisable*] agg. ● Che si può utilizzare.

utilizzabilità s. f. ● Qualità di chi, di ciò che è utilizzabile.

utilizzàre [da *utile*, sull'es. del fr. *utiliser*] v. tr. **1** Rendere utile, mettere a profitto, sfruttare: *u. un vestito usato, gli avanzi, gli scarti*; *saper u. le proprie capacità al momento giusto*. **2** †Apportare utile, vantaggio.

utilizzatóre s. m. (f. *-trice*) **1** (*raro*) Chi utilizza, sfrutta q.c. **2** Apparecchio che utilizza energia elettrica.

utilizzazióne [da *utilizzare*, secondo il fr. *utilisation*] s. f. ● Atto, effetto dell'utilizzare: *l'u. delle cascate per la produzione di energia elettrica*.

utilìzzo [da *utilizzare*] s. m. ● Nel linguaggio burocratico, spec. bancario, utilizzazione: *u. di somme erogate*; *u. di un fondo, di un fido*.

†ùtimo ● V. *ultimo*.

-ùto (1) [lat. *-ūtu(m)*, suff. di origine indeur. (*-to-*) proprio dei part. pass.] suff. ● Forma i participi passati dei verbi in *-ere*: *creduto, veduto*.

-ùto (2) [lat. *-ūtu(m)*, di origine indeur. (*-to-*), applicato alla formazione di agg. den.] suff. ● Forma aggettivi che indicano ciò di cui alcuno è fornito, o abbondanza, pienezza di qualcosa (*biforcuto, barbuto*) o particolare caratteristica (*gozzuto, linguacciuto, paffuto, panciuto, pennuto, riciuto*).

†utónno ● V. *autunno*.

utopìa [dal n. del paese immaginato da Tommaso Moro, che pensò a 'nessun luogo', usando le parole gr. *ou tópos*, letteralmente 'nonluogo'] s. f. **1** Concezione immaginaria di un governo o di una società ideali. **2** (*est.*) Concezione, idea, progetto, aspirazione e sim. vanamente proposti in quanto fantastici e irrealizzabili: *ciò che dici è molto nobile, ma è solo un'u.* SIN. Illusione.

utòpico agg. (pl. m. *-ci*) ● Che ha le caratteristiche dell'utopia: *piano, progetto, ideale u.*

utopìsta [da *utopia*, sull'es. del fr. *utopiste*] s. m. e f. (pl. m. *-i*) ● Chi coltiva e persegue ideali utopici.

utopìstico agg. (pl. m. *-ci*) ● Che è proprio dell'utopista o dell'utopia: *progetti, ideali utopistici*. SIN. Chimerico, illusorio. || **utopisticaménte**, avv.

utraquìsmo [dal lat. eccl. *sub utrāque specie* 'sotto entrambe le specie'] s. m. ● (*relig.*) Dottrina nata attorno al 1400 a sostegno del diritto dei laici a comunicarsi con le due specie del pane e del vino.

utraquìsta s. m. e f. (pl. m. *-i*) ● Seguace dell'utraquismo.

utraquìstico agg. ● Relativo all'utraquismo.

†ùtre ● V. *otre*.

†utriàca • V. *triaca*.

utrìcolo e *deriv*. • V. *otricolo* e *deriv*.

utricularia [dal lat. *utrīculu(m)* 'piccolo otre (*ŭter*, genit. *ŭtris*)', per la forma a vescica dei loro ascidi] s. f. • Pianta erbacea delle Lentibulariacee, con fiore bilabiato, labbro inferiore speronato e frutto a capsula (*Utricularia*). SIN. Erba vescica.

ùva [lat. *ūva(m)* 'grappolo d'uva', prob. da una vc. non indeur.] s. f. *1* Infruttescenza a grappolo della vite, formata da singoli frutti o bacche detti anche acini o chicchi | *Uva da tavola, da mensa*, per consumo allo stato fresco | *Uva da vino*, per la vinificazione | *Uva secca, passa*, appassita | *Uva sultanina*, bianca, da tavola, senza semi, adatta ad essere essiccata | *Uva turca*, baresana | *Uva corniola*, pizzutello | *Uva infavata*, parassitata dalla *Botris cinerea* | *Uva moscata*, uva apirena da tavola, a maturazione tardiva | (*bot.*) *Uva americana*, pianta delle vitacee appartenente a specie diverse da quelle del gruppo eurasiatico occidentale, originaria del Nord America e diffusa in Italia spec. nelle varietà *Isabella* e *Clinton* (*Vitis labrusca*) | *Uva fragola*, qualità di uva americana ottenuta dal vitigno *Isabella*, caratterizzata da sapore e profumo piuttosto intensi e che richiamano il frutto della fragola | *Uva puttanella*, V. *puttanella*. *2* (*est.*) Pianta con frutto simile all'uva | *Uva di mare*, sargasso o uova di seppia | *Uva di monte*, arbusto delle Ericacee che cresce in montagna, con fiori rosa ricchi di nettare e frutti rossi commestibili (*Vaccinium vitis-idaea*) | *Uva di volpe*, pianta erbacea che cresce spontanea nel sottobosco, con rizoma strisciante, fusto eretto terminante con quattro grandi foglie e i cui frutti sono bacche velenose (*Paris quadrifolia*). SIN. Erba paris | *Uva marina*, pianta cespugliosa delle Gnetali, con rami articolati, verdi, a foglie ridotte, spontanea sulle sabbie mediterranee (*Ephedra equisetiformis*) | *Uva spina*, frutice delle Sassifragacee a rami lisci con spine a tre punte e bacche tonde, giallicce, commestibili (*Ribes grossularia*) | *Uva spina cinese*, actinidia con germogli rossastri, fiori bianchi odorosi, frutti commestibili aciduli, simili all'uva spina, ma più grandi (*Actinidia chinensis*) | *Uva turca*, fitolacca, uvina | *Uva ursina*, arbusto delle Ericacee a fusti sdraiati, foglie coriacee, frutti globosi, aspri, commestibili (*Arctostaphylos uva-ursi*). || **uvàccia**, pegg. | **uvétta**, dim. (V.) | **uvìna**, dim. (V.).

uvàceo o †**uveàceo**. agg. *1* (*raro*) Di uva. *2* Che ha il colore dell'uva | Che è simile all'uva.

uvàggio s. m. • Mescolanza di più uve da vino, usata per la vinificazione | Vino da pasto ottenuto da tale mescolanza.

ùvala [vc. croata di etim. incerta] s. f. • (*geogr.*) Conca di origine carsica costituita da un gruppo di doline.

ùvea [da *uva*, secondo un es. ted., ripreso da altre lingue] s. f. • (*anat.*) Una delle tuniche dell'occhio, pigmentata in blu scuro che costituisce la membrana vascolare e nutritizia dell'occhio.

†**uveàceo** • V. *uvaceo*.

uveàle [da *uvea*] agg. • (*anat.*) Relativo all'uvea, costituente l'uvea: *infiammazione u.*; *membrane uveali*.

uveìte [comp. di *uvea* e *-ite* (*1*)] s. f. • (*med.*) Infiammazione dell'uvea.

ùveo [da *uva*] agg. • (*lett.*) Uvaceo.

†**ùvero** • V. *ubero* (*1*).

uvétta s. f. *1* Dim. di *uva*. *2* Uva passa assai dolce, con acini senza semi, usata spec. in pasticceria.

uvìfero [comp. di *uva* e *-fero*] agg. • (*lett.*) Che produce uva.

uvìna s. f. *1* Dim. di *uva*. *2* Uva turca.

†**ùvola** • V. *ugola*.

uvóso agg. • (*lett., raro*) Riccamente uvifero.

ùvula • V. *ugola*.

uvulàre [da *uvula*] agg. *1* (*ling.*) Detto di suono articolato nella parte più bassa del palato molle: *la r u. della lingua francese*. *2* (*med.*) Che riguarda l'ugola: *infezione u.*

uvulìte [da *uvula*] s. f. • (*med.*) Infiammazione dell'ugola.

uxoràto [dal lat. *ŭxor*, genit. *uxōris* 'moglie' (V. *uxorio*)] agg. • Che ha preso moglie, detto soprattutto di sacerdoti che hanno lasciato la veste per sposarsi | *Sacerdozio u.*, stato del sacerdote sposato.

uxoricìda o (*raro*) **ussoricìda** [comp. del lat. *ŭxor*, genit. *uxōris* 'moglie' e *-cida*] s. m. e f.; anche agg. (pl. m. *-i*) • Chi, che commette uxoricidio.

uxoricìdio o **ussoricìdio** [da *uxoricida*] s. m. • (*dir.*) Omicidio aggravato in quanto commesso contro il coniuge.

uxorilocàle [comp. del lat. *ŭxor*, genit. *uxōris* 'moglie' e dell'it. *locale*] agg. • (*etn.*) Di, relativo a uxorilocalità.

uxorilocalità [da *uxorilocale*] s. f. • (*etn.*) Norma per la quale una coppia sposata vive con il gruppo della sposa.

uxòrio [vc. dotta, lat. *uxōriu(m)* 'relativo alla moglie' (*ŭxor*, genit. *uxōris*), ant. comp. di origine indeur. di **uk* col senso di 'spruzzare' e *-sor* 'femmina'] agg. • (*dir.*) Della moglie: *diritti uxori* | *Convivenza more u.*, come quella fra coniugi, ma in assenza di matrimonio e quindi senza le conseguenze giuridiche che esso comporta.

uzbèco /uz'bɛko/ • V. *usbeco*.

ùzza [etim. incerta] s. f. • (*pop., tosc.*) Aria pungente, con venticello leggero ma freddo, della sera o del primo mattino: *ei sente nella faccia / pungere l'u. mattutina* (D'ANNUNZIO).

uzzàto [da *uzzo*] agg. • (*pop., tosc.*) Molto panciuto: *botte uzzata*.

ùzzo [etim. incerta] s. m. • (*pop., tosc.*) Pancia, di botte | *Dare l'u.*, incurvare le doghe.

-ùzzo • V. *-uccio*.

uzzolìre [da *uzzolo*] v. tr. e intr. (*io uzzolisco, tu uzzolìsci*; aus. intr. *essere*) • (*pop., tosc.*) Inuzzolire.

ùzzolo [etim. incerta] s. m. • (*tosc.*) Desiderio intenso e capriccioso: *mi è venuto l'u. di partire, e partirò* | *Mettere qc. all'u., nell'u. di*, fargli venire voglia di | *Levar l'u.*, togliere i capricci.

v, V

Il suono rappresentato in italiano dalla lettera *V* è quello della consonante fricativa labiodentale sonora /v/. Questa consonante, quando è preceduta da una vocale e seguita da un'altra vocale, da una semiconsonante /j, w/ o da una liquida /l, r/, può essere, secondo i casi, di grado tenue (es. *evènto* /e'vɛnto/, *càvia* /'kavja/, *lo vuòi* /lo 'vwɔi/) oppure di grado rafforzato (es. *avvènto* /av'vɛnto/, *òvvio* /'ɔvvjo/, *tu vuòi* /tu v'vwɔi/), mentre nelle altre posizioni è sempre di grado medio (es. *invéce* /in'vetʃe/, *vuòi* /'vwɔi/, *quàl vuòi* /'kwal 'vwɔi/).

v, V /nome per esteso: *vu*, (*raro*) *vi*, †*ve*/ **s. f. o m.** ● Ventesima lettera dell'alfabeto italiano: *v minuscola, V maiuscolo* | *V come Venezia*, nella compitazione, spec. telefonica, delle parole | *a V*, detto di due linee o elementi che, partendo da un vertice inferiore, divergono aprendosi verso l'alto: *scollatura a V; antenna a V* | *Valle a V*, valle fluviale | (*mar.*) *Rinvio a v, V. rinvio.*

va' o (*raro*) **vah** [da *varda*, forma sett. di 'guarda', imperat. di *guardare*] **inter.** ● Esprime meraviglia, stupore e sim.: *va' chi si rivede!; ma va' cosa mi tocca di fare!*

vacàbile [da *vacare*] **agg.** ● Che può essere o rendersi vacante | *Uffici vacabili*, anticamente, nello Stato Pontificio, uffici che si alienavano per determinate somme, con divieto per l'acquirente di trasmetterli ad altri, sia per atto tra vivi che per testamento, e il cui incarico era vitalizio.

vacànte **part. pres.** di *vacare*; anche **agg.** *1* Nei sign. del v. *2 Sede v.*, governo della Chiesa o di un vescovato fra la morte del titolare e l'elezione o nomina del nuovo occupante | *Bastimento v.*, che non ha carico di merci e naviga in zavorra.

†**vacanterìa** [da *vacante*] **s. f.** ● Vanità, vuotaggine.

vacànza o †**vacànzia** [da *vacante*] **s. f.** *1* Stato o condizione di ciò che è vacante, privo di titolare: *v. di un beneficio, dell'impero, della sede pontificia* | Periodo in cui dura tale condizione: *la lunga v. di una cattedra universitaria.* *2* Periodo di interruzione delle normali attività lavorative di enti, aziende, assemblee, privati cittadini, per motivi generali o particolari: *essere in v.; andare in v.; il Parlamento si è preso una v. straordinaria; chiedere, concedere una v. per motivi di salute* | *Far v.*, non lavorare, non studiare e sim. | *Aver bisogno di una v.*, di un periodo di riposo | (*fig.*) *Avere, mandare il cervello in v.*, non pensare, non utilizzare le proprie facoltà intellettive. *3* (*spec. al pl.*) Periodo in cui restano chiuse le scuole, le accademie, il Parlamento: *vacanze natalizie, pasquali, estive* | (*per anton.*) Vacanze estive: *passare le vacanze al mare, in montagna; penso che farò un viaggio durante le vacanze.* **SIN.** Ferie. *4* (*fis.*) Difetto di un reticolo cristallino consistente nell'assenza di un atomo.

vacanzière [fr. *vacancier*, da *vacances* 'vacanze'] **s. m.** (f. *-a*) ● Chi trascorre le vacanze fuori della propria residenza abituale: *migliaia di vacanzieri si sono riversati sulle coste meridionali* | (*scherz.*) Chi ama far vacanza o andare in vacanza.

vacanzièro [fr. *vacancier*, da *vacances* 'vacanze'] **agg.** ● Che va in vacanza: *una folla vacanziera ha lasciato la città.*

vacàre [vc. dotta, lat. *vacāre* 'esser vuoto, libero, non occupato', di origine indeur.] **v. intr.** (*io vàco, tu vàchi*; aus. *essere* nei sign. 1, 2, 3, 4, *avere* nei sign. 5 e 6) *1* (*raro*) Essere o rimanere vuoto, privo del titolare, detto di benefici, cariche, uffici e sim.: *vacava l'impero, il papato; vacava la carica di presidente; la cattedra di filosofia vaca del titolare.* *2* †Essere libero, detto del tempo. *3* †Essere privo | †Non vigere più, detto di norme giuridiche | †Essere vano, inutile, detto di parola. *4* †Mancare, finire. *5* (*raro*) Riposarsi, cessare da un lavoro, da una fatica, tralasciare o essere libero da un impegno: *v. dall'ufficio, dal pregare.* *6* †Occuparsi, aver cura di q.c.: *oppresso da lunga e grave infermità non vacava più ai negozii* ... (GUICCIARDINI).

vacatio legis /*lat.* va'kattsjo 'lɛdʒis/ [loc. del lat. giuridico 'vacazione della legge' (V. *vacazione*)] **loc. sost. f. inv.** ● (*dir.*) Vacazione della legge.

vacazióne [vc. dotta, lat. *vacatiōne(m)*, da *vacātum*, supino di *vacāre*] **s. f.** *1* †Condizione di vacante: *tutto quello che aveva occupato nella v. della Chiesa* (GUICCIARDINI). *2* (*dir.*) *V. della legge*, periodo che intercorre fra la pubblicazione della legge e il momento in cui essa entra in vigore. *3* Periodo lavorativo durante il quale un perito presta la sua opera su richiesta dell'autorità giudiziaria, convenzionalmente fissato e utilizzato come unità di misura per il computo della retribuzione: *la v. del consulente è di due ore; stabiliremo la cifra da pagare per ogni v.* | (*est.*) L'attività del perito e la sua retribuzione. *4* †Vacanza, riposo.

vàcca [lat. *văcca(m)*, di origine indeur.] **s. f.** *1* Femmina adulta dei bovini: *mungitura delle vacche; latte di v.* | *Le sette vacche grasse e le sette vacche magre*, quelle che, secondo la narrazione biblica, il faraone sognò e Giuseppe interpretò come profezia dei sette anni di abbondanza e dei successivi sette anni di carestia | (*fig.*) *Essere in tempo di vacche grasse, magre*, in epoca prospera o di miseria. **SIN.** Mucca, vaccina. *2* Carne dell'animale macellato, usata come alimento. *3* (*fig., spreg.*) Sgualdrina, donnaccia. *4* (*raro, fig.*) Persona, ente, istituto e sim., che si lascia smungere, sfruttare. *5 Lingua di v.*, piccola incudine da stringersi in morsa usata da argentieri e ramai. *6* (*spec. al pl.*) Bachi da seta che si gonfiano e non fanno il bozzolo perché ammalati di giallume. **SIN.** Frati | *Andare in v.*, invacchire; (*fig.*) guastarsi, annuvolarsi, detto del tempo; (*fig.*) diventare pigro, ozioso, svogliato | (*fig.*) *Andare, finire in v.*, risolversi negativamente, fallire | (*fig.*) *Far la v.*, oziare, non far nulla. *7* (*est., spreg.*) Persona eccessivamente grassa e sformata. ‖ **vaccàccia**, **pegg.** | **vaccarèlla**, **vaccherèlla**, **dim.** | **vacchétta**, **dim.** (V.) | **vacchìna**, **dim.** | **vaccóna**, **accr.** | **vaccùccia**, **dim.**

vaccàio o **vaccàro** **s. m.** *1* Guardiano di vacche: *suo padre faceva il vaccaro a Ragoleti* (VERGA). **SIN.** Bovaro. *2* Capovaccaio.

vaccàta **s. f.** *1* (*sett., volg.*) Porcheria, cosa di pessima qualità o riuscita: *fare una v.; questo libro è un'autentica v.* *2* Sciocchezza, errore grossolano: *non dire vaccate.*

vaccherìa **s. f.** ● Stalla di vacche, talora con latteria annessa.

vacchétta **s. f.** *1* Dim. di *vacca.* *2* Pellame utilizzato spec. per la confezione di calzature militari e da lavoro o per valigeria, ottenuto conciando al tannino pelli bovine esotiche. *3* †Libro o registro di forma oblunga rilegato in vacchetta (*oggi dial.*).

vacchìno **A** **s. m.** ● Formaggio di latte di vacca. **B** **agg.** ● (*raro*) Vaccino nel sign. A.

vaccìna [f. sost. di *vaccino* agg.] **s. f.** *1* Bovina, vacca, mucca. *2* Carne di vacca o di manzo. *3* Sterco di vacca o di bovini in genere. *4* †Vaccino nel sign. B.

vaccinàbile **agg.** ● Che si può vaccinare.

vaccinàre [fr. *vacciner*, da *vaccin* 'vaccino'] **A** **v. tr.** ● Sottoporre a vaccinazione: *v. un bambino contro il vaiolo, la poliomielite; v. il bestiame.* **B** **v. rifl.** ● (*fig.*) Premunirsi, difendersi da q.c. di sgradevole o doloroso spec. in seguito a esperienze negative: *vaccinarsi contro le delusioni.*

vaccinàro [dal lat. *vaccīna* (*căro*) 'carne di vacca', f. di *vaccīnus* 'vaccino'] **A** **s. m.** *1* (*rom.*) Conciapelli. *2* †Macellaio. **B** **agg.** ● Nella loc. *coda alla vaccinara*, (*ell.*) coda di manzo in umido con guancia di maiale, piatto tipico della cucina romana.

vaccinàto **part. pass.** di *vaccinare*; anche **agg.** ● Nei sign. del v. (*anche fig.*).

vaccinatóre **s. m.**; anche **agg.** (f. *-trice*) ● (*raro*) Chi, che esegue la vaccinazione.

vaccinazióne [fr. *vaccination*, da *vacciner* 'vaccinare'] **s. f.** ● Atto, effetto del vaccinare | Pratica profilattica intesa a provocare nell'organismo una immunità attiva specifica contro determinate malattie infettive, mediante inoculazione di germi o tossine attenuate: *v. antivaiolosa.*

vaccìnico **agg.** (pl. m. *-ci*) ● Del, relativo al, vaccino: *innesto v.; pustole vacciniche.*

vaccìno [vc. dotta, lat. *vaccīnu(m)*, da *văcca*] **A** **agg.** *1* Di vacca: *latte v.* | Bovino: *bestiame v.; carne vaccina.* *2* (*veter.*) Detto di piede o arto equino che sia ruotato in fuori e che pertanto assuma una direzione simile a quella naturale dei bovini. **B** **s. m.** ● Prodotto batterico o virale che introdotto nell'organismo conferisce uno stato di immunità provocando un processo morboso attenuato, usato per la profilassi delle malattie infettive: *v. anticolerico, antidifterico, antitifico, antivaioloso.*

vaccinoprofilàssi [comp. di *vaccino* e *profilassi*] **s. f.** ● (*med.*) Profilassi con vaccini.

vaccinostìlo [comp. di *vaccino* e *stilo*] **s. m.** ● (*med.*) Lancetta usata per la vaccinazione antivaiolosa e per scarificazioni cutanee a scopo diagnostico o terapeutico.

vaccinoterapìa [comp. di *vaccino* e *-terapia*] **s. f.** ● (*med.*) Terapia con vaccini.

vacillaménto o †**vagillaménto**. **s. m.** ● Modo e atto del vacillare (*anche fig.*).

vacillànte **part. pres.** di *vacillare*; anche **agg.** ● Nei sign. del v.

†**vacillànza** **s. f.** ● Vacillamento.

vacillàre o †**vagellàre**, †**vagillàre** [vc. dotta, lat. *vacillāre*, di etim. incerta] **v. intr.** (aus. *avere*) *1* Accennare a cadere, inclinando ora da una parte ora dall'altra, detto di persone o cose: *v. camminando; v. per la stanchezza, per l'ubriachezza; il dente vacilla; il piè vacilla: / freddo sudor mi bagna il volto* (METASTASIO). **SIN.** Barcollare, pencolare, traballare. *2* (*est.*) Oscillare, ondeggiare: *la fiamma vacilla al vento.* *3* (*fig.*) Minacciare di cadere, essere in crisi, in grave pericolo e sim.: *il trono, l'impero, la monarchia, il governo vacilla; vecchi* *istituti sociali che ormai vacillano.* **4** (*fig.*) Essere incerto o malsicuro, essere in procinto di esaurirsi, di spegnersi e sim.: *la luce vacillò, si affievolì e si spense; volontà ferrea, che non vacilla; la memoria, il coraggio, la fede vacilla* | V. *con la ragione, con la mente*, essere in procinto, o minacciare di, perdere la ragione. **5** V. *vagellare.*

vacillazióne o †**vagillazióne** [vc. dotta, lat. *vacillatiōne(m)*, da *vacillāre*] s. f. ● (*raro*) Vacillamento | (*fig.*) Perplessità, irresolutezza.

†**vacillità** o †**vacillitàde**, †**vacillitàte** [da *vacillare*] s. f. ● Incostanza, debolezza.

†**vacillo** agg. ● Vacillante, instabile.

†**vacuàre** [vc. dotta, lat. *vacuāre*, da *văcuus* 'vacuo'] v. tr. e intr. ● Vuotare | Evacuare.

†**vacuàto** part. pass. di †*vacuare*; anche agg. **1** Nei sign. del v. **2** Privo, privato.

vacuazióne [aferesi di *evacuazione*] s. f. **1** †Evacuazione. **2** Particolare sistema di pastorizzazione del latte e della crema di latte, che impiega il calore sotto un vuoto parziale.

vacuìsta [dal lat. *văcuus* 'vuoto' (V. *vacuo*), col suff. *-ista*] s. m. e f. (pl. m. *-i*) ● Nella storia della filosofia, chi sosteneva l'esistenza del vuoto.

vacuità o †**vacuitàde**, †**vacuitàte** [vc. dotta, lat. *vacuitāte(m)*, da *văcuus* 'vacuo'] s. f. ● Qualità di chi, di ciò che è vacuo (*spec. fig.*): *la v. di una persona; criticare la v. di un libro, di un discorso, di un programma; silenzio arcano che riempiva la sterminata v.* (PIRANDELLO).

vàcuo [vc. dotta, lat. *văcuu(m)*, da *vacāre*] **A** agg. **1** (*raro, lett.*) Vuoto: *niuno luogo era di combattitori v., eccetto l'ultima fila* (MACHIAVELLI). **2** (*fig.*) Che è privo o povero di sentimenti, idee, principi, significato e sim.: *mente, persona vacua; discorsi vacui; vita vacua e frivola* | *Occhi vacui*, atoni, senza espressione | *Vacue promesse*, vane, inutili, che non saranno mantenute. **3** (*raro*) Libero, esente da cure, preoccupazioni e sim.: *animo v.; momenti vacui.* **B** s. m. **1** (*raro*) Spazio vuoto: *non vi resti alcun v., il quale farebbe venir l'opera scorretta* (CELLINI). **2** Vuoto perfetto o quasi perfetto, immaginato, supposto o esistente: *il v. della macchina pneumatica.* || **vacuétto**, dim.

vacuolàre agg. **1** Di, relativo a vacuoli. **2** Che presenta, o che è formato da, vacuoli.

vacuolizzàto agg. ● Che presenta vacuoli fra le cellule o all'interno delle cellule stesse: *tessuto v.*

vacuolizzazióne [da *vacuolo*] s. f. **1** (*biol.*) Comparsa di vacuoli in una cellula. **2** (*biol.*) Degenerazione cellulare caratterizzata dalla comparsa di cavità citoplasmatiche.

vacùolo [dim. latinizzante di *vacuo*] s. m. **1** Ciascuna delle minute cavità presenti in una sostanza spugnosa o porosa: *i vacuoli di una spugna, della gomma espansa* | (*geol.*) Ciascuna delle cavità presenti in alcune rocce eruttive, a cui conferiscono tessitura vacuolare. **2** (*biol.*) Ognuna delle cavità delimitate da membrana, presenti con vari contenuti nelle cellule vegetali e in alcuni Protozoi, impegnate nella digestione cellulare o nel mantenimento dell'equilibrio idrico-salino.

vacuòma [da *vacuo(lo)* col suff. *-oma*] s. m. (pl. *-i*) ● (*biol.*) Complesso dei vacuoli di una cellula.

vacuòmetro [comp. di *vacuo* e *-metro*] s. m. ● (*fis.*) Manometro usato per la misura di pressioni inferiori a quella atmosferica normale.

vacuoscòpio [comp. di *vacuo* e *-scopio*] s. m. ● (*fis.*) Indicatore dell'ordine di grandezza di pressioni molto minori di quella atmosferica normale.

vacuostàto [comp. di *vacuo* e *stato* (2)] s. m. ● (*tecnol.*) Dispositivo usato per comandare una pompa a vuoto, in modo da mantenere costante a un valore prestabilito la pressione nel recipiente a cui è collegata la pompa.

vacuumterapìa [comp. del lat. *văcuum*, nt. di *văcuus* 'vuoto' (V. *vacuo*) e *terapia*] s. f. ● (*med.*) Terapia fisica consistente nel sottoporre parti del corpo, gener. un arto, a una pressione inferiore a quella atmosferica e successivamente a una compressione, per agevolare la circolazione sanguigna e linfatica.

†**vadàre** [vc. dotta, lat. tardo *vadāre*, da *vădum* 'vado'] v. tr. ● Passare a guado.

vademècum [vc. lat., propriamente 'vieni con me', attraverso il fr. *vademecum*] **A** s. m. inv. ● Manualetto tascabile con le indicazioni di più frequente necessità relative a una particolare scienza, arte, professione e sim.: *il v. del costruttore.* SIN. Prontuario. **B** in funzione di agg. inv. ● (posposto al s.) Nella loc. *assegno v.*, assegno a copertura garantita.

vade retro Satana /lat. 'vade 'retro 'satana/ [lat. tardo 'vai indietro Satana'] loc. inter. ● (*spec. scherz.*) Si usa per respingere o allontanare qc., per manifestare rifiuto, ripulsa e sim. spec. nei confronti di ciò che, pur essendo particolarmente invitante, non può o non deve essere accettato.

vadimònio [vc. dotta, lat. *vadimōniu(m)*, da *vās*, genit. *vădis* 'mallevadore', di origine indeur.] s. m. ● In diritto romano, promessa solenne con cui il convenuto di un processo privato si impegnava a presentarsi un certo giorno davanti al magistrato.

†**vàdo** [lat. *vădu(m)*] s. m. ● Guado, passaggio.

vadóso [vc. dotta, lat. *vadōsu(m)*, da *vădum* 'guado'. V. *vado*] agg. **1** †Guadabile. **2** (*geol.*) Detto dell'acqua di origine meteorica, che penetra e circola nel sottosuolo: *acqua vadosa.*

vae victis /lat. vɛ 'viktis/ [lat., 'guai ai vinti!'] loc. inter. ● Si dice spec. per sottolineare, spesso con tono di riprovazione, che il vinto è comunque, sempre, alla mercè del vincitore.

va e vièni o **va' e vièni** [comp. dell'imperat. di *andare* e *venire*] loc. sost. m. **1** Andirivieni, viavai: *il va e vieni della folla, del pubblico, degli spettatori; in questa casa c'è un ininterrotto va e vieni di gente.* **2** Sistema attraverso il quale una nave può essere collegata alla riva per mezzo di un'imbarcazione di piccole dimensioni, che si muove azionando un cavo fisso, teso fra la nave e la terra | Teleferica in funzione tra due navi o tra una nave e la terra, usata per trasportare cose o persone.

vàfer ● V. *wafer.*

vaffancùlo [imperat. di *andare a fare in culo*] **A** inter. ● (*volg.*) Esprime risentita avversione, totale disapprovazione o irosa insofferenza per qc. o q.c. **B** anche s. m. inv.: *gli rispose con un v.*

†**vàfro** [vc. dotta, lat. *văfru(m)*, di etim. incerta] agg. ● Astuto, furbo, accorto.

†**vagàbile** [da *vagare*] agg. ● Errante, errabondo.

vagabondàggine s. f. ● Stato o condizione di vagabondo | Vita da vagabondo, da scioperato.

vagabondàggio s. m. **1** Vita, condizione di vagabondo: *il v. degli esuli; darsi al v.* **2** L'insieme dei vagabondi, e il fenomeno della loro esistenza, considerato come piaga sociale: *estirpare il v.; combattere contro il v.* **3** Atto, effetto del vagabondare, del visitare luoghi, monumenti e sim., senza itinerari fissi o prestabiliti: *compiere un breve v. turistico nelle regioni del sud.*

vagabondàre v. intr. (*io vagabóndo*; aus. *avere*) **1** Fare il vagabondo, vivere da vagabondo: *v. rubacchiando qua e là.* **2** (*est.*) Andar vagando da un luogo all'altro, senza meta precisa, senza itinerari fissi o prestabiliti, per distrazione, divertimento e sim.: *ho passato l'estate vagabondando per l'Italia; vagabondava pensoso per la città, per la campagna; v. con la mente, con la fantasia.*

vagabondeggiàre [ints. di *vagabondare*] v. intr. (*io vagabondéggio*; aus. *avere*) ● (*raro*) Fare il vagabondo, lo scioperato.

vagabonderìa s. f. ● (*raro*) Vagabondaggine.

vagabóndo o †**vagabùndo** [vc. dotta, lat. tardo *vagabŭndu(m)*, da *vagāri* 'vagare', sul modello di *moribŭndus* 'moribondo'] **A** agg. **1** Che non ha sede stabile e vive errando qua e là: *gente vagabonda; animali vagabondi* | *Vita vagabonda*, tipica di chi vive errando da un luogo all'altro. **2** (*est.*) Che si muove, si sposta continuamente: *nuvola vagabonda; un turbine vasto, incalzante, v.* (MANZONI). **3** (*est., fig.*) Che vaga da un'idea all'altra, che non resta a lungo sullo stesso pensiero, soggetto, argomento e sim.: *pensieri vagabondi; mente vagabonda; lettore v.; affetti, amori vagabondi.* **4** (*fig.*) Fannullone, scioperato e disutile: *marito, figlio v.; un giovanotto ozioso e v.* **B** s. m. (f. *-a*) **1** Persona per lo più senza fissa dimora che si sposta frequentemente da un luogo all'altro, spec. vivendo di espedienti e senza dedicarsi ad alcun lavoro: *la polizia ha fermato alcuni vagabondi.* **2** (*est., fig.*) Chi non ha voglia di lavorare, chi fa vita oziosa e scioperata, spec. girellando qua e là senza mai combinare nulla di buono: *devi trovarti un'occupazione e smettere di fare il v.* **3** (*scherz.*) Chi, per lavoro o per divertimento, deve o ama spostarsi sovente da un luogo all'altro, o comunque riduce al minimo la propria permanenza in casa. || **vagabondàccio**, pegg.

vagàle agg. ● (*anat.*) Del nervo vago.

†**vagaménto** s. m. ● (*raro*) Modo e atto del vagare.

vagànte part. pres. di *vagare*; anche agg. **1** Nei sign. del v. **2** *Dolore v.*, reuma | *Caccia v.*, esercitata senza appostamenti e anche senza cane | *Reti vaganti*, tese senza appostamento fisso | *Mina v.*, lasciata in mare alla deriva sulle rotte percorse dal nemico; (*fig.*) questione non risolta che, alla lunga, può dar luogo a conseguenze pericolose | *Tese vaganti*, capanni o appostamenti di fortuna che si possono spostare qua e là.

vagàre [vc. dotta, lat. *vagāre* (più comunemente *vagāri*), da *văgus* 'vago'] **A** v. intr. (*io vàgo, tu vàghi*; aus. *avere* nei sign. 1, 2, *essere* nel sign. 3) **1** Andare da luogo a luogo, qua e là, senza direzione certa, senza itinerari o piani prestabiliti e sim. (*anche fig.*): *andar vagando per il mondo; v. senza meta per la città, nei campi, fra la gente; vagò a lungo in preda all'angoscia; le nubi vagano, sospinte dal vento; v. con la mente, il pensiero, la fantasia; il suo discorso vagava da un argomento all'altro; l'uomo vaga d'affetto in affetto, d'illusione in illusione.* SIN. Divagare, girovagare. CONTR. Soffermarsi. **2** Spostarsi, muoversi da un luogo all'altro, solo apparentemente senza meta, in realtà cercando qualcosa di ben definito: *le api vagano di fiore in fiore per raccogliere il polline; il lupo vagava per la foresta, in cerca di preda.* CONTR. Sostare. **3** †Uscire dal tema, divagare. **B** v. tr. ● (*raro*) †Percorrere vagando.

†**vagazióne** [vc. dotta, lat. *vagatiōne(m)*, da *vagātus*, part. pass. di *vagāri* 'vagare'] s. f. ● (*raro*) Atto, effetto del vagare | (*fig.*) Distrazione, svago.

†**vagellàio** o †**vagellàro** [da *vagello*] s. m. **1** Tintore di indaco e guado: *quando io v'era su, mi parea esser la secchia de' vagellai* (SACCHETTI). **2** (*raro*) Vasellaio.

†**vagellàme** [comp. di *vagello* e *-ame*] s. m. ● Vasellame.

vagellaménto s. m. ● (*raro, tosc.*) Atto, effetto del vagellare. SIN. Vaneggiamento.

vagellàre [lat. *vacillāre*, attraverso i dial. sett.] v. intr. (*io vagèllo*; aus. *avere*) **1** †V. *vacillare.* **2** (*raro, tosc.*) Sragionare, farneticare, delirare, per febbre, demenza o altro | Far proposte strane, parlare da demente. SIN. Vaneggiare.

†**vagellàro** ● V. †*vagellaio.*

†**vagèllo** [lat. *vascĕllu(m)*, propriamente 'vasetto' (V. *vasello*)] s. m. **1** Caldaia da tintori, nella quale si preparava il bagno di tintura con indaco o con guado. **2** Miscuglio di indaco e guado, con eventuale aggiunta di altre sostanze, usato in tintoria. **3** Urna, vaso, recipiente | †Arnia. || **vagellìno**, dim. | **vagellóne**, accr.

†**vagheggerìa** s. f. ● Vagheggiamento.

vagheggiaménto s. m. ● Atto, effetto del vagheggiare.

vagheggiàre [da *vago*] **A** v. tr. (*io vaghéggio*) **1** (*lett.*) Guardare con diletto e compiacimento, vagando a lungo con gli occhi su ciò che ha attratto lo sguardo: *v. le fonti e i fiori di un giardino; v. il firmamento, gli astri, le bellezze del creato* | Guardare a lungo, intensamente, con amore, desiderio, ammirazione e sim.: *v. il volto e le chiome dell'amata; la madre vagheggiava il fanciullo; v. allo specchio la propria persona* | (*est., lett.*) Corteggiare. SIN. Contemplare. **2** (*est., fig.*) Considerare nella mente, nel pensiero o nella memoria con amore, desiderio, rimpianto e sim.: *v. la patria lontana, le gioie della famiglia, una vita serena; v. la fama, la gloria, il successo.* **3** (*raro, lett.*) Guardare, dominare, detto di costruzione posta in luogo elevato: *v. il piano, la valle, la città.* **B** v. rifl. ● (*lett.*) Compiacersi della propria bellezza, avvenenza e sim.: *fuggirai le fonti, ove ora / spesso ti specchi, e forse ti vagheggi* (TASSO).

vagheggiàto part. pass. di *vagheggiare*; anche agg. ● Nei sign. del v.

vagheggiatóre s. m. (f. *-trice*) ● Chi vagheggia | Corteggiatore: *de' vagheggiatori ella s'invola / a le lodi, a gli sguardi* (TASSO).

vagheggino [da *vagheggiare*] s. m. ● Giovane galante, fatuo e leggero, che corteggia tutte le donne: *fare il v.* SIN. Damerino, zerbinotto.

†**vagheria** [da *vago*] s. f. ● Seduzione, vagheggiamento.

vaghézza s. f. *1* Qualità di ciò che è vago, indeterminato, impreciso: *parlare con v. di q.c.*; *linee, tratti di eccessiva v.* *2* Bellezza, grazia, attrattiva: *la v. del viso, della persona*; *lineamenti di rara v.*; *paesaggio d'indicibile v.*; *la v. delle forme, dei colori*; *la v. degli ornamenti, onde le chiocciole son sì belle* (BARTOLI) | Cosa vaga, bella, che accende d'ammirazione e sim.: *giardino adorno d'ogni v.* *3* Piacere, diletto: *trarre v. da q.c.*; *avere, provar v.* *4* (*lett.*) Desiderio, voglia (*anche scherz.*): *come fanciulla m'andavo soletta / per gran v. d'una grillandetta* (PULCI).

vàgile [da *vago*, sul modello di *sessile*] agg. ● (*biol.*) Detto di organismo non fissato a un substrato, capace di muoversi liberamente, di migrare: *animali acquatici vagili.*

†**vagillàre** e *deriv.* ● V. *vacillare* e *deriv.*

vagina [vc. dotta, lat. *vagīna(m)* 'guaina, fodero, involucro', di etim. incerta] s. f. *1* (*lett.*) Guaina, fodero: *corse la mano / sovra la spada, e dalla gran v. / traendo e' la venia* (MONTI). *2* (*anat.*) Canale muscolomembranoso dell'apparato genitale femminile che va dall'esterno fino al collo dell'utero. ➡ ILL. p. 364 ANATOMIA UMANA. || **vaginétta**, dim.

vaginàle agg. ● Della vagina: *cavità v.* | *Tunica v.*, rivestimento sieroso del testicolo.

vaginalite [comp. di (*tunica*) *vaginal(e)* e *-ite* (*1*)] s. f. ● (*med.*) Infiammazione della tunica vaginale del testicolo.

vaginìsmo [comp. di *vagin(a)* e *-ismo*] s. m. ● (*med.*) Contrazione spastica e dolorosa della vagina che impedisce il coito.

vaginite [comp. di *vagin(a)* e *-ite* (*1*)] s. f. ● (*med.*) Infiammazione della vagina. SIN. Colpite.

vagire [vc. dotta, lat. *vagīre*, di origine onomat.] v. intr. (*io vagìsco, tu vagìsci*; aus. *avere*) ● Emettere vagiti, detto di bambini lattanti: *il piccolo vagisce nella culla.* SIN. Frignare | *V. nella culla*, (*fig.*) essere appena agli inizi, ai primordi, detto di un'arte, una civiltà e sim.

vagito [vc. dotta, lat. *vagītu(m)*, da *vagīre*] s. m. *1* Pianto dei bambini lattanti: *i primi vagiti* | (*raro, est.*) Primi gridi di un animale neonato: *i vagiti di un agnellino.* *2* (*fig.*) Prima espressione, manifestazione e sim., di ciò che è ancora agli inizi: *i primi vagiti di una nuova arte, di una civiltà.*

vàglia (**1**) [da *valere*, formato secondo la prima pers. sing. indic. pres. (ant. *io vàglio*)] s. f. *1* †Valore: *preghiere che non hanno v.* *2* Pregio, merito, qualità, spec. con riferimento a doti morali, intellettuali, artistiche e sim., nelle loc. *di v.*, *di gran v.*: *pittore, scrittore di gran v.*; *è un uomo di v.*, *vedete, il padre Zaccaria* (MANZONI) | †*Di v.*, gagliardamente.

vàglia (**2**) [ant. forma della terza pers. sing. congv. pres. di *valere*] s. m. inv. ● (*gener.*) Titolo di credito | *V. cambiario*, pagherò | *V. postale*, modulo spedito per dar diritto al destinatario di ritirare presso un ufficio postale una somma di denaro precedentemente depositata presso un altro ufficio | (*per anton.*) Vaglia postale: *spedire, ricevere, incassare un v.*

vagliàre [lat. parl. **valliāre*, da *văllus*, dim. di *vănnus* 'vaglio, setaccio', di etim. incerta] **A** v. tr. (*io vàglio*) *1* Passare al vaglio, per separare dal materiale estraneo: *v. il grano.* SIN. Cernere, mondare. *2* (*fig.*) Considerare bene, esaminare a fondo, appurando e soppesando gli elementi positivi e quelli negativi: *v. le ragioni, gli argomenti dell'avversario*; *bisogna vagliare il problema, prima di decidere*; *una dottrina che deve essere vagliata con grande attenzione* | *A vagliarla bene*, a ben considerarla. SIN. Sceverare. *3* (*fig.*) †Rifiutare. **B** v. rifl. ● †Scuotersi, dimenarsi.

vagliàta s. f. *1* Atto del vagliare in una volta, alla svelta. *2* Colpo dato col vaglio. || **vagliatina**, dim.

vagliàto part. pass. di *vagliare*; anche agg. ● Nei sign. del v.

vagliatóre s. m.; anche agg. (f. *-trice*) ● Chi, che vaglia (*anche fig.*): *un v. severo, attento*; *operaio v.*; *macchina vagliatrice.*

vagliatrice [da *vagliare*] s. f. ● Macchina per vagliare cereali, sabbia, ghiaia o altri materiali incoerenti.

vagliatùra s. f. *1* Operazione del vagliare: *v. della ghiaia, del carbone*; *v. del grano.* *2* Scarto, mondiglia che resta nel vaglio. *3* (*raro, fig.*) Esame attento, critica vigorosa.

vàglio [da *vagliare*] s. m. *1* In varie tecnologie, dispositivo costituito essenzialmente da una superficie provvista di fori o da una rete di fili intrecciati, usato per separare materiali fini da altri più grossolani: *v. a mano, meccanico*; *v. per il grano, la ghiaia.* SIN. Crivello | *V. ventilatore*, apparecchio per la pulitura del seme in corrente d'aria | *V. classificatore rotativo*, che, oltre alla pulizia del seme, provvede a selezionarlo secondo la grossezza | *Passare al v.*, vagliare (*anche fig.*) | *Gettar l'acqua nel v.*, (*fig.*) fare una cosa inutile. *2* (*fig.*) Esame diligente e minuzioso, critica rigorosa e attenta: *teoria che non regge al v.*; *passare, sottoporre al v. ogni parola, una proposta* | *Fare un v.*, una scelta accurata. || **vagliettino**, dim. | **vagliétto**, dim.

vàgo (**1**) [vc. dotta, lat. *văgu(m)* 'vagante, instabile, indeterminato', di etim. incerta] **A** agg. (pl. m. *-ghi*) *1* (*lett.*) Che vaga, che è mobile o instabile e si muove liberamente qua e là: *fiume v.*; *animale v. e randagio*; *vaghe aurette*; *fama, fortuna vaga* | *Fiore v.*, in botanica, quello che può nascere in punti diversi del caule o dei rami. *2* (*est.*) Che è privo di certezza, determinatezza, chiarezza e sim.: *notizie, sensazioni vaghe*; *fare un v. accenno a q.c.*; *discorsi, indizi, sospetti, presentimenti vaghi e indefinibili*; *perdere ogni più vaga speranza*; *ho il v. sentore che le cose non vadano come dovrebbero*; *sono desideri e progetti molto vaghi*; *c'è una vaga somiglianza fra voi due.* SIN. Incerto, indefinito. *3* (*lett.*) Voglioso, desideroso: *chi de la gloria è v. / sol di virtù sia pago* (PARINI); *esser v. dei fiori, di ragionare, di parlare* | (*raro*) *Far qc. v. di q.c.*, investirlo di q.c. *4* (*fig.*) Che è amabile, bello, grazioso: *le vaghe membra*; *viso, volto v.*; *odori, colori vaghi e dolcissimi* | (*lett.*) Che desta desiderio, rimpianto e sim., che è dolce da trascorrere, da vivere, da ricordare: *la vaga giovinezza*; *vaghe memorie*; *vaghi sogni di fanciulla.* *5* (*anat.*) *Nervo v.*, vago. || **vagaménte**, avv. In modo vago, indeterminato: *gli ho accennato alle tue richieste, per ora solo vagamente.* **B** s. m. (f. *-a* nel sign. 3) *1* (*solo sing.*) Ciò che è privo di determinatezza, certezza, chiarezza e sim.: *cadere nel v.*; *quando parla si tiene nel v. e nel generico*; *quella sfera del v. e del misterioso, dove regna la poesia* (DE SANCTIS). *2* (*raro, lett.*) Vaghezza, bellezza: *il v. dei begli occhi.* *3* (*raro, lett.*) Amato, innamorato. *4* (*anat.*) Decimo paio di nervi cranici che si distribuiscono, con funzioni motrici e sensitive, a numerosi organi del corpo. || **vaghétto**, dim. | **vagùccio**, dim.

vàgo (**2**) [dal lat. *băca(m)* 'piccolo frutto tondo'] s. m. (pl. *-ghi*) ● Chicco, grano di collana.

vagolàre [ints. di *vagare*] v. intr. (*io vàgolo*; aus. *avere*) ● Vagare di continuo, andare attorno senza scopo.

vagolitico [comp. di *vago* e *-litico* (*2*)] agg. (pl. m. *-ci*) ● (*farm.*) Detto di un agente che inibisce la stimolazione vagale.

†**vàgolo** [vc. dotta, lat. tardo *văgulu(m)*, propriamente dim. di *văgus* 'vago'] agg.; anche s. m. ● Che, chi vaga senza meta.

vagomimètico [comp. di *vago* nel sign. B4 e *mimetico*] agg. (pl. m. *-ci*); anche s. m. ● (*farm.*) Parasimpaticomimetico.

vagonàta [fr. *wagonnée*, da *wagon* 'vagone'] s. f. ● Carico che può essere trasportato da un vagone | (*est., fam.*) Grande quantità.

vagoncino s. m. *1* Dim. di *vagone.* *2* Carrello per trasporto di materiali su decauville. *3* Veicolo di una teleferica o di una funivia usato per il trasporto di materiali o persone.

vagóne [fr. *wagon*, dall'ingl. *wagon* 'carro', dall'ol. *wagen*, vc. germ. di origine indeur.] s. m. *1* Veicolo ferroviario: *v. merci* | *V. letto*, quello attrezzato con piccole cabine a uno, due o tre letti e acqua corrente, per l'alloggio dei passeggeri durante la notte in viaggi a lungo percorso | *V. ristorante*, quello attrezzato per servire i pasti ai passeggeri | *Vagoni piombati*, carri merci (che venivano bloccati dall'esterno) che furono adibiti al trasporto di prigionieri spec. nei campi di concentramento tedeschi nel periodo della seconda guerra mondiale. *2* *V. volante*, specie di aereo militare per il trasporto di merci e di truppe paracadutate. *3* (*pop.*) Persona estremamente grassa: *in pochi anni è diventata un v.* || **vagoncino**, dim. (V.) | **vagonétto**, dim. (V.).

vagonétto s. m. *1* Dim. di *vagone.* *2* Carrello a cassa ribaltabile per il trasporto su rotaie di materiali vari nelle miniere.

vagonìsta [comp. di *vagon(e)* e *-ista*] s. m. (pl. *-i*) ● Operaio edile o di miniera addetto ai vagoncini.

vagotomìa [comp. di *vago* e *-tomia*] s. f. ● (*chir.*) Interruzione del nervo vago eseguita con intervento chirurgico o farmacologico.

vagotonìa [comp. di *vago*, nel sign. B4, e *-tonia*] s. f. ● (*med.*) Condizione caratterizzata da iperecitabilità del nervo vago con prevalenza del sistema nervoso parasimpatico.

vagotònico agg. (pl. m. *-ci*) ● (*med.*) Caratterizzato da vagotonia.

vah ● V. *va'*.

†**vaiàio** s. m. ● Conciatore e venditore di pelli di vaio.

vaiàto (**1**) agg. ● Di color vaio, nereggiante o screziato: *occhi vaiati* | *Pelle vaiata*, bianca e nera.

vaiàto (**2**) agg. ● (*arald.*) Detto del campo di uno scudo costituito da vaio di smalti diversi dall'argento e dall'azzurro.

vaieggiàre v. intr. (*io vaiéggio*; aus. *essere* e *avere*) ● (*raro, lett.*) Cominciare a nereggiare, a diventar vaio.

†**vaiézza** s. f. ● Qualità di ciò che è vaio.

vainiglia ● V. *vaniglia.*

vainiglina ● V. *vanillina.*

vàio (**1**) [lat. *văriu(m)* 'vario, variegato, screziato, variopinto', di etim. incerta] agg. ● (*lett.*) Di colore tendente al nero, detto spec. di frutti prossimi alla maturazione: *uva vaia*; *olive vaie* | Grigio scuro: *legno v.*; *occhi vai* | Di colore bianco macchiato di nero: *mantello v.*; *schiene / vaie così come la biscia d'acqua* (PASCOLI).

vàio (**2**) [da *vaio* (*1*)] s. m. *1* Pelliccia grigia tratta dal mantello invernale dello scoiattolo siberiano, usata un tempo per abiti di magistrati, dignitari, cavalieri: *manto foderato di v.* *2* †Abito, mantello e sim., confezionato con tale pelliccia | †*Allacciarsi il v.*, (*fig.*) accingersi a fare q.c. con grande impegno ed energia. *3* (*arald.*) Pelliccia composta di pezzi azzurri e d'argento alternati e contrapposti punta a punta e base a base. || **vaiétto**, dim.

vaiolàre [da *vaiolo*] v. intr. e intr. pron. (*io vaiòlo*; aus. *essere*) ● Invaiolare, invaiolarsi.

vaiolàto part. pass. di *vaiolare*; anche agg. *1* Nel sign. del v. *2* Che ha macchie o protuberanze di tinta diversa: *pietre vaiolate.*

vaiolatùra [da *vaiolare*] s. f. *1* Malattia fungina che attacca le foglie di alcune piante, quali trifoglio, erba medica, fragola, barbabietola, fico. *2* Formazione di macchie e crateri di corrosione sulla superficie di oggetti metallici esposti a processi corrosivi.

vaiolizzazióne s. f. ● Procedimento antivaioloso, oggi superato, consistente nell'iniettare pus proveniente direttamente da un malato.

vaiòlo o †**vaiuòla**, (*raro, lett.*) **vaiuòlo** [lat. parl. **variŏlu(m)*, da *vărius* 'vario, variegato'] s. m. *1* (*med.*) Malattia infettiva acuta, contagiosa, di origine virale, caratterizzata dalla comparsa di vesciche e pustole cutanee e da notevole compromissione dello stato generale. *2* (*bot.*) Malattia dei vegetali prodotta dal fungo exoasco.

vaiolòide [comp. di *vaiol(o)* e *-oide*] s. f. ● Forma attenuata di vaiolo.

vaiolóso **A** agg. ● Del vaiolo: *pustola vaiolosa.* **B** agg.; anche s. m. (f. *-a*) ● Che, chi è affetto da vaiolo.

vairóne [accr. con metatesi di *vario* 'variegato'] s. m. ● (*zool.*) Leucisco.

†**vaiuòla** ● V. *vaiolo.*

vaiuòlo ● V. *vaiolo.*

†**vaivòda** ● V. *voivoda.*

val s. f. ● Forma tronca di 'valle'.

valàlla s. m. inv. ● Adattamento di *Walhalla* (V.).

valànga [vc. di origine preindeur.] **A** s. f. *1* Massa di neve o ghiaccio che si distacca dalla sommità di un monte e precipita a valle slittando sui pendii, accrescendosi di volume durante la caduta: *la v.*

ha travolto ogni cosa; *restare sepolti sotto una v.* **2** (*fig.*) Enorme quantità: *una v. di lettere, di spropositi, di domande, di obiezioni*; *restare travolto da una v. di critiche* | *A v.*, con estrema irruenza: *si precipitò a v. verso di noi* | *Uscita a v.*, nel calcio, uscita del portiere che si getta a corpo morto sui piedi dell'avversario lanciato verso rete, per impossessarsi del pallone | *V. azzurra*, nel linguaggio giornalistico, la squadra maschile italiana di sci alpino quando ottiene grandi successi (nel caso della squadra femminile, si parla di *v. rosa*); (*est.*) serie di successi di atleti o squadre nazionali italiane. **3** *V. elettronica*, intensa scarica di elettroni dovuta a ionizzazione cumulativa. **B** in funzione di **agg. inv.** ● (posposto al s.) Nella loc. *effetto v.*, in elettricità, processo che vede moltiplicare in determinate condizioni il numero delle cariche elementari nei gas e nei semiconduttori.

†**valcàre** e *deriv.* ● V. *valicare* (*1*) e *deriv.*

valchìria o **valkìria**, **walchìria**, **walkìria** [ted. *Walküre*, dall'ant. nordico *valkyrja*, letteralmente 'colei che sceglie gli uccisi', comp. di *valr* 'l'ucciso' (di origine germ.) e *-kyrja* 'colei che sceglie' (vc. germ. di origine indeur.)] **s. f.** **1** Ciascuna delle figure mitologiche femminili che, nella religione degli antichi Germani, accompagnavano gli eroi morti nel Valalla. **2** (*est., scherz.*) Ragazza, spec. dei Paesi nordici, alta, bionda e vigorosa.

valdése (**1**) [da Pietro *Valdo*, mercante lionese del XII sec., fondatore della setta] **A s. m. e f.** ● Aderente al movimento religioso che risale alla predicazione di povertà evangelica del lionese Pietro Valdo, del XII sec., ma che posteriormente aderì alla Riforma. **B agg.** ● Che si riferisce ai, che è proprio dei Valdesi: *chiesa evangelica v.*; *movimento v.* | *Tavola v.*, organo collegiale avente funzioni di coordinamento e direzione in alcune Chiese riformate.

valdése (**2**) [fr. *vaudois*, da *Vaud*] **A agg.** ● Del cantone di Vaud, in Svizzera. **B s. m. e f.** ● Chi è nativo o abitante del cantone di Vaud.

valdìsmo o (*raro*) **valdesìsmo** [comp. di *Valdo* (V. *valdese*) e *-ismo*] **s. m.** ● Movimento, confessione religiosa, dottrina e organizzazione ecclesiastica dei Valdesi.

valdostàno A agg. ● Della Valle d'Aosta: *paesaggi valdostani*; *cucina valdostana*. **B s. m.** (f. *-a*) ● Nativo o abitante della Valle d'Aosta. **C s. m.** solo **sing.** ● Dialetto franco-provenzale parlato nella Valle d'Aosta.

vale /*lat.* 'vale/ [vc. lat., propriamente 'stai bene', seconda pers. imperat. pres. di *valēre* 'star bene' (V. *valere*)] **A inter.** ● Si usava, presso gli antichi Romani, come formula di saluto augurale, accomiatandosi | Oggi scherz. **B s. m. inv.** ● (*lett.*) Addio, estremo saluto: *l'estremo v.*

†**valéggio** [lat. *validius*, compar. nt. di *vălidus* 'forte, valido'] **s. m.** ● Potere, forza.

valenciennes /*fr.* valã'sjɛn/ [vc. fr., dalla località omonima] **A s. m. inv.** ● Finissimo merletto a fuselli, in filato di lino con fondo a rete e motivi ricchi e vari, di gran moda nel '700, eseguito in origine nella omonima città francese. **B** anche **agg. inv.**: *pizzo v.*

valènte o †**valènto**. **A part. pres.** di *valere* ● Nei sign. del v. **B agg.** **1** Che vale molto, che è fornito di molti pregi, doti, capacità e sim.: *donna v.* | *Valent'uomo*, V. anche *valentuomo*. **2** Che è molto abile nella propria arte, professione e sim.: *medico, professore, agricoltore, operaio v.*; *un v. capitano*; *un giovane v. nelle armi, nello studio*. **SIN.** Eccellente, provetto. **3** (*raro*) Efficace, valido, detto spec. di rimedio. ‖ **valenteménte**, **avv.** Valorosamente, gagliardamente: *combattere valentemente*.

†**valenterìa** [da *valente*] **s. f.** ● Bravura, prodezza.

†**valentézza s. f.** ● Valentia.

valentìa s. f. **1** Qualità di chi, di ciò che è valente. **SIN.** Bravura, valore. **2** †Atto di valore.

†**valentigia** o †**valenticia** [ant. fr. *vaillantise*, da *vaillant* 'valente', part. pres. di *valoir* 'valere'] **s. f.** ● Prodezza.

valentìno [da S. *Valentino*, protettore dei fidanzati] **s. m.** ● (*sett., scherz.*) Fidanzato, corteggiatore.

†**valènto** ● V. *valente*.

valentuòmo o **valent'uòmo** [da *valent*(*e*) *uomo*] **s. m.** (**pl.** *valentuòmini*) ● Uomo di grandi meriti e pregi: *nelle repubbliche è questo disordine, di far poca stima de' valentuomini ne' tempi quieti* (MACHIAVELLI) | (*antifr., scherz.*) Uomo di scarsissimi meriti, capacità e sim., buono a nulla: *che dice quel v.?*

valènza o †**valènzia** [lat. *valĕntia*(*m*) 'forza', da *vălens*, genit. *valĕntis* 'valente'] **s. f.** **1** (*raro, lett.*) Virtù, valore, valentia: *Or dove n'andò vostra v.?* (D'ANNUNZIO) | (*est., com.*) Significato, valore, rispondenza ai principi, alle norme, all'essenza di q.c.: *questo discorso ha una v. politica*; *la v. estetica, letteraria, saggistica di un testo*. **2** †Valuta, prezzo. **3** (*chim.*) Capacità di saturazione degli atomi, gli uni con gli altri | *V. di un elemento*, numero di atomi d'idrogeno che possono combinarsi con un atomo dell'elemento stesso | *V. di un acido*, numero degli atomi d'idrogeno sostituibili con gli atomi di un metallo | *V. di una base*, numero degli ossidrili sostituibili con anioni | *V. di un composto organico*, numero di gruppi funzionali uguali presenti nella molecola di detto composto.

valére [lat. *valēre* 'esser valido, star bene', di origine indeur.] **A v. intr.** (**pres.** *io vàlgo*, poet. †*vàglio*, *tu vàli*, *egli vàle*, *noi valiàmo*, poet. †*vagliàmo*, †*valghiàmo*, *voi valéte*, *essi vàlgono*, poet. †*vàgliono*; **fut.** *io varrò*, †*valerò*, *tu varrài*; **pass. rem.** *io vàlsi*, *tu valésti*; **congv. pres.** *io vàlga*, poet. †*vàglia*, ... *noi valiàmo*, *voi valiàte*, †*valghiàte*, *essi vàlgano*, poet. †*vàgliano*; **condiz. pres.** *io varrèi*, †*valerèi*, *tu varrésti*, †*valerésti*; **part. pass.** *vàlso*, raro *valùto*, pop. †*valsùto*; aus. *essere*) **1** Avere forza, potenza, autorità: *Donna, se' tanto grande e tanto vali* (DANTE *Par.* XXXIII, 13); *titolo, carica che vale*; *in quell'ambiente lui vale molto*; *una sua parola può v. moltissimo*; *il suo intervento vale più di tutto* | *Far v. le proprie ragioni*, sostenerle energicamente, far sì che esse vengano accettate, ascoltate, riconosciute e sim. | *Far v. in giudizio*, sostenere, chiedere in giudizio: *far v. in giudizio un diritto* | *Farsi v.*, far rispettare, con energia e decisione, la propria autorità, il proprio prestigio e sim. | (*raro*) Essere valoroso. **2** Avere mezzi, facoltà, qualità, essere abile, capace e sim.: *un uomo, un letterato, un docente che vale molto, poco, abbastanza*; *come poeta non vale niente*; *in matematica vale parecchio*; *nella sua professione vale, non c'è che dire*; *vale più lui da solo che tutti voi messi insieme* | (*fam., euf.*) *V. per tre, per dieci*, e sim., assommare in sé le capacità di tre, di dieci persone, essere abilissimo | *Farsi v.*, mettere in risalto le proprie doti: *ha saputo farsi v. sul lavoro in breve tempo*. **3** Avere pregio, peso, rilevanza e sim., detto di cose, spec. in relazione alla loro natura, destinazione o utilizzazione: *dipinto, poesia che vale*; *un libro che vale decisamente poco*; *la carrozzeria è bella, ma il motore non vale niente* | *V. di più, di meno*, rispetto a cose uguali o simili: *in questo gioco le carte che valgono di più sono l'asso e il tre*. **SIN.** Contare. **4** Avere vigore, autorità, efficacia, essere giuridicamente o logicamente valido, accettabile e sim.: *questa legge non vale più*; *l'atto non vale in quanto è viziato*; *questi sono ragionamenti che non valgono*; *e che questo esempio valga per tutti* | *Valga il vero*, formula con cui si introduce, nel discorso, un argomento, un elemento nuovo, una prova e sim. | (*est.*) Avere effetto, essere regolare, legittimo e sim.: *la dichiarazione non vale se è fatta in ritardo*; *il documento vale solo se è presentato in tempo utile*; *hai barato, quindi la partita non vale*. **5** (*est.*) Essere vero: *è una critica fondata, che vale in ogni caso*; *affermazioni, obiezioni che valgono comunque*; *questo vale anche per noi* | (*est.*) Essere giusto | (*fam.*) *Non vale!*, non è giusto, non va bene, non sono d'accordo: *non vale, io non gioco più!* | *Vale!*, scommettiamo, accetto la scommessa, e sim. **6** Essere utile, giovare, servire: *rimedi che non valgono*; *in certi casi anche i fatti valgono poco*; *credo che valga meglio tacere*; *val più una sua parola che cento preghiere nostre*; *a che vale piangere?*; *non valsero implorazioni, egli fu irremovibile*; *a che ti vale tanta ricchezza?* | (*est.*) Essere sufficiente, bastare. **7** Importare: *tanto valeva restarsene a casa* | *Che vale?*, che importa?: *che vale recriminare?* **B v. intr. e tr.** (aus. intr. *essere*) **1** Avere un determinato prezzo o valore: *questa casa vale diversi milioni*; *la moneta vale secondo le condizioni del mercato*; *un oggettino che vale sì e no mille lire*; *tessuto che vale il suo prezzo*; *non vale certamente quel che l'hai pagato* | *Roba che vale molto, poco*, che costa molto, poco | *V. un occhio, un occhio della testa, un mondo, un tesoro, un Perù, un mucchio di soldi*, e sim., (*fig.*) valere moltissimo | *Non v. un fico, un fico secco, un soldo, un cavolo, un lupino, un accidente, una cicca*, e sim., (*fig.*) essere privo d'ogni valore | *Cento lire non le vale*, di cosa che vale pochissimo | *Vale tant'oro quanto pesa*, (*fig.*) di persona di grandi qualità, di cosa molto pregiata | (*fig.*) *Te lo do per quel che vale*, detto di notizia e sim. che si riferisce come la si è udita, senza nulla togliere o aggiungere e senza controllarne l'attendibilità. **2** Essere uguale, analogo o comparabile a qc. o a q.c. per valore, pregio, utilità, importanza e sim.: *in questo lavoro nessuno ti vale*; *un uomo vale l'altro*; *una parola vale l'altra*; *una semibreve vale due minime*; *Parigi val bene una messa* | *V., non v. la pena, la spesa, la posta, la fatica e sim.*, (*fig.*) detto di cosa il cui valore intrinseco è minimo se comparato al sacrificio necessario per ottenerla. **3** Equivalere, corrispondere, significare: *Ellade vale Grecia*; *a seconda dell'interpretazione, questa frase può valere un rimprovero, una critica o un complimento* | *Vale a dire*, ciò significa che: *partiremo domani, vale a dire che domani sera non saremo qui*. **4** Fruttare, rendere: *podere, capitale che può v. centomila lire mensili* | (*fig.*) *Valga*, si consideri a favore, si faccia fruttare come merita: *valga il servizio reso in guerra* | (*fig.*) *Valga quel che può*, se ne faccia il conto che si voglia: *abbiamo presentato una protesta, e valga quel che può*. **C v. tr.** **1** Far avere, procurare, cagionare: *la distrazione mi valse duri rimproveri*; *l'eccesso di fatica gli ha valso un grave esaurimento*. **2** †Meritare. **D v. intr. pron.** ● Mettere a profitto, servirsi: *valersi dei suggerimenti di qc.*; *non sa valersi delle sue capacità*; *penso di valermi senz'altro della sua opera* ‖ **PROV.** Di Carnevale ogni scherzo vale.

valeriàna [da *Valeria*, antica provincia della Pannonia, da cui la pianta deriva] **s. f.** **1** Pianta erbacea delle Valerianacee con fusto cavo, alto fino a due metri, foglie pennate con molti lobi (*Valeriana officinalis*) | *V. rossa*, centranto. **2** La radice della pianta omonima usata, sotto varie forme, come antispasmodico e sedativo.

Valerianàcee [da *valeriana*] **s. f. pl.** ● Nella tassonomia vegetale, famiglia di piante erbacee dicotiledoni con radice molto odorosa e frutto secco indeiscente (*Valerianaceae*) | (al sing. *-a*) Ogni individuo di tale famiglia. ➡ **ILL. piante** /9.

valerianàto [da *valerianico*] **s. m.** ● Sale o estere dell'acido valerianico | *V. di chinina*, calmante, antinevralgico.

valerianèlla [da *valeriana*] **s. f.** ● Piantina delle Valerianacee con infiorescenze di piccoli fiori azzurro cenere (*Valerianella olitoria*).

valeriànico [detto così perché si estrae dalla *valeriana*] **agg.** (**pl. m.** *-ci*) ● Detto di acidi estratti, almeno originariamente, dalla valeriana, e di composti derivati o a essi relativi: *aldeide valerianica* | *Acido v.*, acido organico saturo monovalente a cinque atomi di carbonio, presente spec. nelle radici di valeriana, usato spec. per salificare o esterificare prodotti di particolari e diverse azioni farmacoterapiche.

valete /*lat.* va'lɛte/ [vc. lat., propriamente 'state bene', seconda pers. pl. imperat. pres. di *valēre* 'star bene' (V. *valere*)] **inter.** ● Si usava, presso gli antichi Romani, come formula di saluto augurale accomiatandosi da più persone | Oggi scherz.

valetudinàrio [vc. dotta, lat. *valetudinăriu*(*m*), da *valetūdo*, genit. *valetūdinis* 'valetudine'] **A agg.** ● (*lett.*) Che è molto cagionevole di salute: *vecchio v.* **SIN.** Infermiccio, malaticcio. **B s. m.** (f. *-a*) ● †Chi per ogni lieve cagione teme di ammalarsi.

†**valetùdine** o †**valitùdine** [vc. dotta, lat. *valetū-dine*(*m*), da *valēre* 'star bene' (V. *valere*)] **s. f.** ● Sanità, salute.

valévole o †**valévile** [da *valere*] **agg.** **1** Utile, valido, efficace: *partita v. ai fini della classifica*; *biglietto v. per il ritorno*; *preghiera, raccomandazione v.*; *mezzi valevoli* | *V. a q.c.*, sufficiente per q.c. **2** †Che ha forza, vigore. ‖ **valevolménte**, **avv.**

Validamente, efficacemente.

†valézzo [V. *valeggio*] s. m. ● Vigore, maestria.

valgìsmo [comp. di *valgo* e *-ismo*] s. m. ● (*med.*) Deformità di un segmento di un arto, quando il suo asse devia in fuori rispetto alla linea normale. CONTR. Varismo.

vàlgo [vc. dotta, lat. *vălgu(m)*, di etim. incerta] agg. (pl. m. *-ghi*) ● Caratterizzato da valgismo: *ginocchio v.* CONTR. Varo.

valì [fr. *vali*, dall'ar. *wālī* 'governatore', da *walā* 'governare, amministrare'] s. m. ● Nell'impero ottomano, governatore di una provincia | Nella Turchia attuale, prefetto.

†valìbile agg. ● Valevole.

valicàbile agg. ● Che si può valicare: *passo v.*; *montagna v.* CONTR. Invalicabile.

valicabilità s. f. ● Stato o condizione di ciò che è valicabile.

valicàre (1) o **†valcàre**, **†varicàre** [stessa etim. di *varcare*] v. tr. (*io vàlico, tu vàlichi*) **1** Passare da una parte all'altra: *v. un fiume, un monte.* SIN. Attraversare. **2** †Passar oltre, passar via | *V. sotto silenzio*, passare sotto silenzio. **3** †Superare, sorpassare: *v. qc. in pregio, in valore.* **4** (*raro*) †Trasgredire un ordine, un comando e sim.

†valicàre (2) [da *valico (2)*] v. tr. ● Filare o torcere la seta al valico.

valicàto (1) part. pass. di *valicare (1)*; anche agg. ● Nei sign. del v.

†valicàto (2) part. pass. di *valicare (2)*; anche agg. ● Nel sign. del v.

valicatóio [da *valicato (1)*] s. m. ● (*tosc.*) Passatoio, palancola.

valicatóre [da *valicato (1)*] agg.; anche s. m. (f. *-trice*) **1** Che, chi valica. **2** (*fig.*) †Trasgressore.

†valìce ● V. *valigia.*

vàlico (1) o **†vàlco** [da *valicare (1)*] s. m. (pl. *-chi*) **1** Atto, effetto del valicare: *il v. di un fiume, di un monte*; *il v. è impossibile in questa stagione.* SIN. Passaggio. **2** Luogo per dove si può o si deve passare, spec. la depressione presente in un punto di un contrafforte montuoso che consente il passaggio con minore difficoltà: *il v. di una siepe*; *valichi alpini*; *il v. del Gran San Bernardo.* SIN. Varco, passo. **3** Nel linguaggio dei cacciatori, luogo in cui transita sia la selvaggina di passo che quella inseguita, e in cui il cacciatore si apposta per sparare: *attendere la lepre, i colombacci al v.* **4** †Estensione del passo.

†vàlico (2) [dal precedente (?)] s. m. ● Sorta di gigantesco arcolaio per filare e torcere la seta tratta.

validàre [fr. *valider*, da *valide* 'valido'] v. tr. ● Verificare la validità | (*psicol.*) *V. un test*, verificare il coefficiente di validità dei risultati, spec. attraverso l'impiego di altri criteri di giudizio.

validàto [da *valido*] agg. ● (*raro*) Convalidato.

validazióne [fr. *validation*, da *valider* 'rinforzare, render forte', dal lat. tardo *validāre*, da *vălidus* 'valido'] s. f. ● Convalida | Prova, dimostrazione.

validità [vc. dotta, lat. tardo *validitāte(m)*, da *vălidus* 'valido'] s. f. **1** Qualità o condizione di ciò che è valido, spec. in relazione alla sua efficacia logica, giuridica, burocratica, ecc.: *la v. di una tessera, di un biglietto*; *discutere la v. di un'asserzione, di una tesi*; *impugnare la v. di un atto, delle nozze, di una sentenza* | *V. delle membra*, forza, gagliardia. **2** Durata di tale condizione: *v. annua, semestrale, trimestrale.*

vàlido [vc. dotta, lat. *vălidu(m)*, da *valēre*] agg. **1** Forte, gagliardo, vigoroso, resistente: *ingegno, corpo v.*; *membra valide*; *intelligenza valida*; *essere v. alla fatica*; *essere v. di corpo, di mente*; *essere v. per q.c.*; *aiutare qc. con valida mano*; *richiamare alle armi tutti gli uomini validi* | *Essere v. a q.c.*, essere capace, atto a q.c. CONTR. Debole, inefficace. **2** (*dir.*) Che è stato posto in essere con piena osservanza delle norme che lo disciplinano: *atto processuale v.*; *elezione valida.* CONTR. Nullo. **3** Efficace: *dare, offrire un v. aiuto*; *si richiede un v. contributo di uomini e mezzi*; *combattere con armi valide*; *opporre una valida resistenza*; *il principio è v. per tutti* | *Tiro, colpo v.*, nel linguaggio sportivo, quello che rispetta le norme regolamentari. **4** Che vale, che ottiene o merita approvazione, consensi e sim.: *opera, prova valida*; *è una delle più valide voci della nostra letteratura* | Favorevole, positivo: *giudizio v.*; *critica valida.* || **validaménte**, avv. In modo valido: *lottare validamente*; *contribuire validamente a q.c.*

†validóre ● V. *†valitore.*

†valìge ● V. *valigia.*

valigerìa s. f. **1** Fabbrica o negozio di valigie, borse e sim. **2** Assortimento di valigie e sim.

valìgia o **†valìce**, **†valìge** [etim. discussa: ar. *waliha* 'sacco di grano' (?)] s. f. (pl. *-gie* o *-ge*) **1** Specie di cassetta di cuoio, tela, fibra o plastica, con maniglia per reggerla e, a volte cinghie per stringerla, in cui si ripongono abiti e oggetti vari da portare in viaggio: *v. a soffietto*; *fare, disfare la v.*; *depositare la v. alla stazione* | *Far le valigie*, prepararsi a partire; (*fig.*) allontanarsi, andarsene | *V. di tela*, per il bagaglio personale del soldato in tempo di pace | *†Mettere qc. in v.*, (*fig.*) mettere nel sacco, confondere, schernire | *V. postale*, borsa o sacco in cui, al tempo delle diligenze, era contenuta la posta | *V. delle Indie*, un tempo, il servizio postale e passeggeri tra la Gran Bretagna e le Indie orientali e il treno settimanale che effettuava tale servizio, parte per via terra e parte per via mare. **2** †Borsa. **3** *V. diplomatica*, un tempo, plico contenente la corrispondenza, oggi, collo sigillato contenente corrispondenza o cose mobili, inviato al proprio governo da una missione diplomatica all'estero, esente da ogni tipo di controllo doganale o di polizia | (*est.*) La corrispondenza stessa. **4** (*fig., raro*) Gobba | Pancia. || **valigétta**, dim. | **valigina**, dim. | **valigino**, dim. m. | **valigióna**, accr. | **valigióne**, accr. m. | **valigiòtta**, accr. | **valigiòtto**, accr. m.

valigiàio s. m. (f. *-a*) ● Fabbricante o venditore di valigie, bauli, borse e sim.

†valiménto [da *valere*] s. m. **1** Valore, virtù: *se tu mi abbatti per tuo v., / ogni cosa fia tuo ch'hai acquistato* (PULCI). **2** Valuta, prezzo.

valìna [da (*acido iso*)*val*(*erico*) col suff. *-ina*] s. f. ● (*chim.*) Amminoacido idrofobo presente nelle proteine, considerato essenziale per l'uomo e numerosi animali.

†valitóre o **†validóre** [da *valere*] s. m. (f. *-trice*) ● Chi aiuta, soccorre.

†valitùdine ● V. *†valetudine.*

valkìria ● V. *valchiria.*

†vallàme [comp. di *valle* e *-ame*] s. m. ● Avvallamento.

vallànte s. m. ● Chi è addetto alle lavorazioni tipiche delle valli da pesca, spec. alla semina degli avannotti e alle operazioni di pesca.

vallàre (1) [vc. dotta, lat. *vallāre*, da *văllum* 'vallo'] v. tr. e rifl. ● Cingere, cingersi con un vallo, con fossati, mura, trincee e sim.

vallàre (2) [vc. dotta, lat. *vallāre(m)*, agg. di *văllum* 'vallo'] agg. ● Attinente a vallo | *Corona v.*, che anticamente si concedeva a chi per primo penetrava nel vallo nemico.

vallàta [da *valle*] s. f. ● Valle, considerata in tutta la sua ampiezza ed estensione: *le verdi vallate alpine*; *avea il tempo di veder le nuvole accavallarsi a poco a poco, e figurar monti e vallate* (VERGA). || **vallatèlla**, dim.

vàlle [lat. *vălle(m)*, da avvicinare a *vŏlvere* 'volgere'] s. f. (troncato in *val* in molti toponimi: *val Tiberina*; *val di Sole*; *val d'Aosta*) **1** (*geogr.*) Forma concava di terreno racchiusa fra montagne e delimitata da due versanti: *entrata, sbocco della v.*; *v. bassa, profonda, stretta*; *uscire dalla v.*; *pareti, fianchi della v.* | *V. fluviale*, dalla caratteristica forma a V, dovuta all'erosione di un fiume | *V. glaciale*, dalla caratteristica forma a U, modellata dall'erosione glaciale. SIN. Trogolo glaciale | *Giglio delle valli*, mughetto | *A v.*, verso il basso: *qual masso che dal vertice / di lunga erta montana ... / precipitando a v. / batte sul fondo e sta* (MANZONI) | *A v.*, (*fig.*) nella parte finale o immediatamente successiva rispetto a un determinato fatto, discorso, ragionamento o a una determinata situazione: *soltanto a v. abbiamo colto le connessioni fra gli ultimi avvenimenti politici*; *le conseguenze le vedremo a v.* | *A v. di*, nella parte più prossima alla foce, rispetto a un determinato punto di riferimento, detto di fiumi o di zone e località geografiche considerate in relazione a un fiume | *Per monti e per valli*, (*fig.*) per ogni dove, dappertutto. ➡ ILL. p. 820 SCIENZE DELLA TERRA ED ENERGIA. **2** (*fig., lett.*) Il mondo, in quanto pieno di dolore: *questa v. di lacrime*; *In questa v. / non è vicenda di buio e di luce* (MONTALE) | (*est., fig.*) Il mondo, la vita terrena: *finché saremo in questa v.* **3** (*geogr.*) Zona di laguna morta con aree depresse e stagni costieri nell'Adriatico settentrionale: *le valli di Comacchio* | Specchio d'acqua lagunare per l'allevamento dei pesci, la caccia e sim.: *le valli venete* | *V. aperta*, quando è in diretta comunicazione col mare | *V. semiarginata*, quando è in parte chiusa e in parte in diretta comunicazione col mare | *V. chiusa*, quando è arginata e l'acqua giunge attraverso canali | *Caccia di v.*, ogni genere di caccia palustre su acque aperte. **4** †Bacino. || **vallécola**, dim. (V.) | **vallétta**, dim. | **vallettina**, dim. | **vallicèlla**, dim. | **vallicèllo**, dim. m. | **vallóne**, accr. m. (V.).

vallèa [fr. *vallée*, da *val* 'valle'] s. f. ● (*poet.*) Valle, vallata.

vallècola [adattamento del lat. *vallĕcula(m)* 'piccola valle'] s. f. **1** Dim. di *valle.* **2** (*anat.*) Piccola depressione, solco o cavità presente sulla superficie di un organo o di una sua parte: *v. del cervelletto.*

vallétta [f. di *valletto (1)*] s. f. ● Giovane donna che aiuta il presentatore di uno spettacolo televisivo.

vallétto (1) [fr. *valet*, da una forma **vassalet*, dim. di *vassal* 'vassallo'] s. m. (f. *-a* (V.) nel sign. 3) **1** In epoca medioevale e moderna, sino alla Rivoluzione Francese, paggio, donzello, garzone, staffiere | Servente municipale che segue in livrea la bandiera del Comune in cortei solenni, o fa ala nei ricevimenti. **2** Domestico che nella milizia dei secoli XVI e XVII seguiva l'uomo d'arme per fare le fatiche del campo, andare a foraggi, governare i cavalli. **3** Giovane aiutante del presentatore di uno spettacolo televisivo.

vallétto (2) s. m. **1** Dim. di *vallo (2).* **2** (*poet.*) Castello.

vallicoltùra o **vallicultùra** [da *valle*, sul modello di *piscicoltura*] s. f. ● Piscicoltura in valli lagunari.

†vallicóso [da *valle*, sul modello di aggettivi come *bellicoso, febbricoso* e *tenebricoso*] agg. ● Che è situato in zona valliva.

vallicultùra ● V. *vallicoltura.*

valligiàno [da *valle*, sul modello di *alpigiano*] **A** agg. ● Delle valli montane. **B** s. m. (f. *-a*) ● Abitante, nativo di una valle, di una vallata.

vallisnèria [dal n. del naturalista A. *Vallisneri* (1661-1730)] s. f. ● Pianta acquatica delle Idrocaridacee, con foglie sottili e nastriformi a rosetta e fiori piccolissimi (*Vallisneria spiralis*).

vallìvo agg. **1** Di, relativo a valle fluviale | *Terreno v.*, detto del terreno poco saldo e spesso paludoso posto nella parte più bassa d'una valle fluviale. **2** Di, relativo a una valle lagunare: *pesca, caccia valliva.*

vàllo (1) [vc. dotta, lat. *vāllu(m)*, di origine indeur.] s. m. **1** (*mil.*) Il parapetto alzato di qua del fosso intorno al campo dei Romani e munito di palizzata per impedire l'accesso al nemico: *i Romani facevano forte il luogo co' fossi, col v. e con gli argini* (MACHIAVELLI) | Campo cinto di vallo | Recinto primario di ogni fortezza | Opera continua di difesa e fortificazione costruita spec. prima e durante la seconda guerra mondiale: *il v. atlantico.* **2** (*poet.*) Baluardo, trincea. **3** (*anat.*) Solco | *V. ungueale*, leggera incavatura della cute che copre i lati e la base dell'unghia. **4** *V. morenico*, accumulo deposto alla fronte di un ghiacciaio vallivo. SIN. Cerchia morenica.

vàllo (2) [lat. *vāllu(m)*, dim. di *vānnus* 'vaglio'. V. *vagliare*] s. m. ● (*dial.*) Vaglio, crivello. || **vallétto**, dim. (V.).

vàllo (3) [var. di *valle*] s. m. ● (*merid.*) Valle | (*est.*) Provincia | Territorio: *v. di Diano.*

vallombrosàno [da *Vallombrosa*, sul Pratomagno dove l'ordine fu istituito] **A** s. m. ● Religioso della congregazione benedettina riformata istituita da S. Giovanni Gualberto, nel sec. XI, nel convento di Vallombrosa, in Toscana. **B** anche agg.: *monaco v.*

vallonàta [da *vallone (1)*] s. f. ● (*raro*) Spazio, ampiezza d'un vallone.

vallóne (1) s. m. **1** Accr. di *valle.* **2** Valle stretta e profonda | Burrone. **3** Canale marino più o meno ramificato e profondo, che si addentra nella costa, tipico della Dalmazia e dell'Istria. || **vallonàc-**

cio, pegg. | valloncello, dim.

vallóne (2) [fr. *wallon*, di origine germ.] **A** agg. (f. *vallóna* o *vallóne*) ● Del Belgio di lingua francese. **B** s. m. e f. ● Abitante, nativo del Belgio sud-orientale, in cui si parla la lingua francese: *i valloni e i fiamminghi.* **C** s. m. ● (*st.*) Soldati del Brabante, che militavano in Spagna.

vallonèa o (*raro*) **gallonèa** [dal gr. *bálanos* 'ghianda' (V. *balanite*)] s. f. ● Albero delle Fagacee dell'Asia Minore e della Grecia, dalle cui cupole si estrae tannino (*Quercus vallonea*).

†**vallóso** agg. ● Ricco di valli.

†**valoraménto** s. m. ● (*raro*) Avvaloramento.

†**valoràre** [da *valore*] v. tr. ● (*raro*) Avvalorare.

valóre [vc. dotta, lat. tardo *valōre(m)*, da *valēre*] **A** s. m. *1* Complesso delle qualità positive in campo morale, intellettuale, professionale per le quali una persona è degna di stima: *avere coscienza del proprio v.*; *medico, artista, giornalista di v., di alto v.*; *un uomo di v.*, (*ell.*) *è un v., un vero v.!* *2* †Virtù, bontà di indole, natura, costumi: *In sul paese ch'Adice e Po riga, / solea v. e cortesia trovarsi* (DANTE *Purg.* XVI, 115-116) | (*lett.*) Capacità: *O buono Appollo, all'ultimo lavoro / fammi del tuo valor si fatto vaso* (DANTE *Par.* I, 13-14). *3* Coraggio, ardimento, eroismo dimostrati nell'affrontare il nemico e nel sostenere le dure prove della guerra: *combattere, resistere, difendersi con v., con grande v.*; *dar prova di indomito v.*; *gli atti di v. di tutto il nostro esercito*; *medaglia, croce al v. militare* | *V. civile*, coraggio, sprezzo del pericolo dimostrati in qualità di semplice cittadino nel soccorrere chi è in pericolo: *medaglia, decorazione, ricompensa al v. civile.* *4* Prezzo, costo: *il v. di un terreno*; *il v. della merce*; *oggetto di grande v., di scarso v., privo di v.*; *anelletti contraffatti di niun v.* (BOCCACCIO); *aumentare, crescere, diminuire di v.* | *Il v. del vino, del ferro*, quanto è stimato sul mercato | *V. del soprassuolo*, prezzo di stima delle coltivazioni arboree | *V. di trasformazione*, il ricavo ottenuto con la trasformazione in prodotti finiti dei foraggi in latte e carne | *Campione senza v.*, merce spedita in pacco postale di modeste dimensioni, come campione e quindi con tariffa ridotta | *Mettere un bene, un capitale in v.*, valorizzarlo, farlo fruttare; in senso più astratto, *mettere in v.*, far giustamente apprezzare: *un incarico che ha messo in v. le sue capacità organizzative.* *5* Peso, purezza, taglio, intensità del colore di una pietra preziosa. *6* (*econ.*) *V. attuale*, valore odierno di una somma di denaro disponibile in data futura | *V. d'uso*, l'utilità che un dato bene ha per chi lo possiede | *V. di scambio*, quantità di un bene o di moneta che si dà in cambio di un altro bene o servizio di cui si abbisogna o che si desidera | *V. aggiunto della produzione*, aumento di valore che riceve una cosa per effetto delle lavorazioni e trasformazioni alle quali viene sottoposta per renderla utilizzabile e che si ottiene sottraendo dal valore della produzione quello delle materie prime e ausiliarie impiegate per ottenerla | *V. nominale, facciale*, quello riportato sul titolo, che nelle azioni indica la frazione di capitale sociale che ciascuna di esse rappresenta e nelle obbligazioni la somma per la quale l'ente emittente si riconosce debitore | *V. intrinseco di una moneta*, quello che la moneta metallica assume in virtù dell'oro o dell'argento puro che essa contiene | *V. estrinseco di una moneta*, quello che ogni moneta metallica porta impresso | *V. commerciale di una moneta*, quello che la moneta assume via via nel tempo | (*dir.*) *Competenza per v.*, quella di un organo giudicante stabilita in base alla importanza economica delle pretese che si fanno valere in giudizio | (*dir.*) *Debito di v.*, che ha per oggetto una somma di denaro non come bene a sé, ma come valore di un altro bene. *7* (*al pl.*) Gioielli e oggetti preziosi: *prima di partire ha depositato in banca i valori.* *8* (*al pl.*) Tutto ciò che può essere comprato e venduto in Borsa, come monete estere, azioni, obbligazioni, titoli di Stato e sim. | *Valori mobiliari*, i titoli azionari e obbligazionari che, emessi da enti pubblici e privati, sono quotati e scambiati in Borsa | *Carta valori*, carta moneta emessa dallo Stato e titoli di credito emessi dalle banche autorizzate come vaglia cambiari, assegni circolari e sim. | *Valori di bollo, valori bollati*, marche da bollo, francobolli, carte bollate. *9* Pregio: *quadro, statua, ceramica di grande v.*; *un'opera di nessun v. artistico.* *10* Importanza che ha q.c., sia oggettivamente in se stessa, sia soggettivamente nel giudizio dei singoli: *è ancora troppo giovane per comprendere interamente il v. della vita*; *per te l'amicizia non ha alcun v.*; *non puoi capire quale v. abbia per me questa fotografia*; *è una scoperta che ha un v. immenso* | Efficacia: *il v. di un metodo* | Validità: *il documento non ha v. se non è legalizzato*; *questa legge non ha più v.* *11* Ciò che è vero, bello, buono secondo un giudizio personale più o meno in accordo con quello della società dell'epoca e il giudizio stesso: *valori morali, sociali, estetici*; *rovesciamento dei valori*; *capovolgimento di tutti i valori* | *I valori umani*, gli ideali a cui aspira l'uomo nella sua vita | *Scala dei valori*, classificazione dei valori dal più alto al più basso, nella coscienza, e che serve di riferimento nei giudizi, nella condotta. *12* (*mat.*) Elemento associato a un elemento dato in un'applicazione: *applicazione a valori in ...* | *V. di verità*, in logica, per un enunciato, uno dei due attributi 'vero' o 'falso', di solito indicati con 1 o 0 rispettivamente | Elemento particolare con il quale si identifica, o si può identificare una variabile: *il v. di una grandezza*; *v. assoluto* | (*stat.*) *V. mediano*, mediana. *13* (*mus.*) Durata della nota o della pausa corrispondente: *una semiminima ha il v. di due crome.* *14* *Con v. di, avere v. di*, loc. che esprimono equivalenza fra due fatti, rispetto soprattutto agli effetti, all'importanza, alla funzione: *participio con v. di aggettivo*; *l'aggettivo ha qui v. di avverbio*; *il tuo silenzio ha il v. di una rinuncia.* *15* Significato: *il v. di un vocabolo, di una locuzione*; *solo nel contesto è possibile determinare il v. di questa espressione*; *non ho ben capito il v. della tua risposta.* *16* (*al pl.*) Nel linguaggio della critica d'arte, gli elementi stilistici particolari di un'espressione artistica: *valori spaziali, tonali, luministici, plastici.* **B** in funzione di agg. inv. ● (posposto al s.) Nella loc. *clausola v.*, quella inserita in un contratto per garantirsi che la somma dovuta in esecuzione dello stesso sia commisurata al potere d'acquisto della moneta legale.

†**valorìa** [da *valore*] s. f. ● Prodezza, bravura.

valorizzàre [da *valore*] v. tr. *1* Mettere in valore, far aumentare di valore: *v. un terreno, un immobile.* CONTR. Deprezzare, svalutare. *2* (*fig.*) Rendere più importante, far figurare meglio, consentire a una persona di esprimere completamente le proprie qualità, capacità e sim.: *v. un tecnico*; *è un lavoro molto impegnativo ma valorizzerà il suo ingegno.*

valorizzatóre [da *valorizzare*] s. m.; anche agg. (f. *-trice*) ● Chi, che valorizza (*anche fig.*).

valorizzazióne s. f. ● Atto, effetto del valorizzare. CONTR. Deprezzamento, svalutazione.

†**valorosità** s. f. ● Valore, bravura.

valoróso [da *valore*] **A** agg. *1* Coraggioso, animoso, prode: *soldato v.*; *un popolo v.*; *i valorosi combattenti* | Che dimostra valore, ardimento e sim.: *azione valorosa*; *gesta valorose.* CONTR. Pauroso, vigliacco, vile. *2* Valente, abile, capace: *artista v.*; *un v. professionista* | Nel linguaggio sportivo, detto di atleta che dimostra grande impegno agonistico. *3* (*lett.*) Di grande pregio morale, nobiltà d'animo e sim.: *un signor v. accorto e saggio* (PETRARCA) | Pregevole, valido, positivo: *opera valorosa.* *4* †Caro, costoso. *5* †Efficace, detto di medicamenti. || **valorosaménte**, avv. Con valore: *resistere, combattere valorosamente.* **B** s. m. (f. *-a*) ● Chi ha e dimostra valore, ardimento e sim.: *onore ai valorosi*; *agire, combattere, morire da v.*

valpolicèlla [dalla *Valpolicella* (prov. di Verona), ove viene prodotto] s. m. inv. ● Vino rosso rubino, lievemente aromatico, asciutto, sapido, lievemente frizzante, prodotto nel veronese, di 12° circa.

valsènte [da *valso*, part. pass. di *valere*] s. m. *1* (*raro*) Valore in denaro, prezzo di q.c. *2* †Capitale, ricchezze, averi.

vàlso part. pass. di *valere* ● Nei sign. del v.

†**valsùto** part. pass. di *valere* ● (*raro, pop.*) Nei sign. del v.

valtellinése **A** agg. ● Della Valtellina, regione della Lombardia. **B** s. m. e f. ● Abitante, nativo della Valtellina.

vàltzer /'valtser/ ● V. *valzer*.

†**valùra** s. f. ● Valore.

valùta [f. di *valuto*, part. pass. di *valere*] s. f. *1* (*banca*) Moneta circolante in un Paese: *v. nazionale, estera* | *V. debole*, il cui valore è in diminuzione nei cambi internazionali | *V. forte*, il cui valore è stabile o in aumento nei cambi internazionali | *V. pregiata, di riserva*, l'insieme delle valute estere che con l'oro concorrono, presso le Banche centrali, a formare la riserva con cui si fronteggiano eventuali deficit nel commercio internazionale | *V. convertibile*, liberamente convertibile in qualsiasi altra divisa di conto valutario. *2* (*banca*) Tempo cui si riferisce una partita a debito o credito in un conto corrente per la decorrenza degli interessi | *Perdita di v.*, perdita di alcuni giorni per il calcolo degli interessi in caso di mancato preavviso per i prelevamenti nei depositi bancari | *V. per incasso*, clausola che apposta alla girata dei titoli di credito impedisce l'ulteriore girata degli stessi. *3* (*raro, lett.*) Costo, prezzo: *gemma di gran v.* *4* (*fig.*) †Valore, pregio.

valutàbile agg. ● Che si può valutare. SIN. Calcolabile.

valutàre [da *valuta*] v. tr. (*io valùto vàluto*) *1* Determinare il prezzo, il valore di un bene economico: *v. una casa, un gioiello*; *il podere è valutato dieci milioni* | *V. i danni*, determinarne l'ammontare. SIN. Stimare. *2* (*fig.*) Tenere in considerazione, stimare: *non ti valutano secondo le tue reali capacità*; *il suo ingegno non è valutato quanto meriterebbe.* SIN. Apprezzare. *3* Considerare, tener presente, calcolare: *v. tutte le entrate di qc.*; *non ho esattamente valutato le spese.* *4* Stabilire in misura approssimativa: *v. la distanza, il peso di q.c.*; *v. all'incirca, grosso modo, il costo di un oggetto* | (*fig.*) *V. a occhio e croce*, con larga approssimazione. *5* (*fig.*) Vagliare: *v. bene la portata di un discorso*; *non hai saputo v. le conseguenze del tuo gesto*; *sto valutando ogni indizio* | *V. il pro e il contro*, esaminare attentamente tutti gli elementi favorevoli e contrari a una decisione o alla formulazione di un giudizio. *6* (*pedag.*) Dare, effettuare una valutazione.

valutàrio agg. ● Della, relativo alla, valuta: *sistema v. internazionale.* SIN. Monetario.

valutativo agg. ● Atto a valutare: *criterio v.* SIN. Estimativo.

valutàto part. pass. di *valutare*; anche agg. ● Nei sign. del v.

valutazióne s. f. *1* Atto, effetto del valutare: *la v. del capitale di un'azienda*; *v. dei titoli*; *una v. generica, approssimativa* | Previsione, calcolo sommario: *stando alle prime valutazioni, i danni paiono molto gravi* | (*org. az.*) *V. del lavoro*, procedimento con cui il valore di un singolo lavoro, in un'azienda, viene valutato in relazione agli altri lavori dell'azienda stessa | (*dir.*) *V. delle prove*, apprezzamento che l'organo giudiziario fa dei mezzi probatori acquisiti al processo. *2* (*pedag.*) Acquisizione di dati e informazioni che permettono di verificare l'efficacia di un intervento educativo e il profitto di un allievo | *V. per schede*, in docimologia, giudizio su un allievo formulato dai docenti mediante schede di valutazione.

†**valùto** part. pass. di *valere* ● (*raro*) Nei sign. del v.

vàlva [vc. dotta, lat. tardo *vălva(m)* (nel lat. classico è adoperato solo al pl.) 'battente della porta': da avvicinare a *vŏlvere* 'volgere' (?)] s. f. *1* (*bot.*) Ciascuno dei pezzi che formano il pericarpo dei frutti quando a maturità si aprono | Brattea delle glume delle Graminacee | Guscio siliceo delle Diatomee. *2* (*zool.*) Ciascuno dei due pezzi che formano la conchiglia dei Molluschi lamellibranchi. *3* †Battente di porta.

valvàre agg. ● Che si riferisce alla valva.

valvassino o †**varvassino** [propriamente dim. di *valvass(ore)*] s. m. ● Vassallo di un valvassore.

valvassóre o †**varvassóre** [provz. *valvassor*, dal lat. mediev. *văssu(m) vassŏru(m)* 'vassallo dei vassalli'] s. m. *1* Vassallo dipendente da un vassallo maggiore. *2* †Barbassoro.

vàlvola o †**vàlvula** [vc. dotta, lat. *vălvulae*, nom. pl., 'guscio, baccello', propriamente dim. di *vălvae* (V. *valva*)] s. f. *1* (*mecc.*) Organo che serve a stabilire, interrompere o più generalmente a regolare il flusso dei fluidi nelle condotte, nelle pompe, nei motori: *v. a stelo, a saracinesca, a cerniera, a* *cassetto, a sfera, a disco, a fungo, a farfalla*; *v. di aspirazione, di scarico* | *V. di sicurezza*, che si apre automaticamente quando la pressione del fluido raggiunge valori pericolosi. ➡ ILL. p. 1745 TRASPORTI. *2* (*est., fig.*) Ciò che consente la liberazione periodica e controllata di tendenze, istinti, tensioni e sim. che, se contenute o compresse, potrebbero determinare fenomeni o situazioni pericolose per l'individuo o per la collettività: *la sua v. di sicurezza è l'ascolto della musica*; *lo sport è una v. per molti giovani*. *3* (*elettr.*) Dispositivo atto a interrompere il flusso della corrente elettrica in caso di cortocircuito. *4* Dispositivo in cui la corrente elettrica fluisce, nel vuoto o in un gas, all'interno di un contenitore gener. di vetro | *V. elettronica, termoionica*, tubo a vuoto contenente da 2 a 9 elettrodi, di cui uno, riscaldato, emette elettroni, usata nella tecnica elettronica come amplificatrice, raddrizzatrice e sim., sostituita in molte applicazioni dal transistore. *5* (*anat.*) Apparato che consente la progressione del contenuto di un organo cavo in una sola direzione: *v. cardiaca*; *v. ilocecale* | *V. mitrale, bicuspide, bicuspidale*, formazione valvolare a due lembi, fra atrio e ventricolo sinistro del cuore, che permette il passaggio del sangue solo da uno all'altro. ➡ ILL. p. 363 ANATOMIA UMANA. || **valvolétta**, dim. | **valvolina**, dim.

valvolàme s. m. ● (*tecnol.*) Insieme di valvole, spec. quelle che fanno parte di un impianto | Assortimento di valvole.

valvolàre agg. ● Di, relativo a valvola.

†**vàlvula** ● V. *valvola*.

valvulìte [comp. di *valvul(a)* e del suff. *-ite*] s. f. ● (*med.*) Processo infiammatorio di una valvola, spec. cardiaca.

valvuloplàstica [comp. di *valvul(a)* e *plastica*] s. f. ● (*chir.*) Intervento di chirurgia plastica eseguito su valvole cardiache o venose.

vàlzer o (*evit.*) **vàltzer**, **wàlzer** [ted. *Walzer*, da *walzen* 'spianare, ballare', vc. germ. di origine indeur.] s. m. ● Danza a coppie di origine tedesca, in tre tempi a movimento allegro o moderato: *i v. di Strauss* | *Fare un giro di v.*, (*fig.*) detto di Stato che dimostri inattesa amicizia verso un altro Stato, non alleato. || **valzerino**, dim.

vamp /vamp, *ingl.* væmp/ [vc. ingl. d'America *vamp*, abbr. di *vampire* 'vampiro'] s. f. inv. ● Donna, spec. attrice, dal fascino sensuale e violento.

vàmpa [f. di *vampo*] s. f. *1* Fiammata particolarmente forte e intensa: *le vampe di un incendio* | Flusso, ondata di intenso calore: *la v. del sole d'agosto*; *le vampe della fornace* | Folata di vento caldo. *2* (*mil.*) *V. di bocca*, alone luminoso che si produce alla volata di una bocca da fuoco dopo lo sparo | *Riduttore di v.*, dispositivo atto a ridurre la vampa di bocca per rendere più difficile l'individuazione della bocca da fuoco da parte del nemico. *3* (*fig.*) Senso di calore in viso per febbre, ira, vergogna o altro, e il rossore che spesso ne consegue. *4* (*fig.*) Impeto di intensi desideri, sentimenti e sim. *5* (*fig.*) †Estrema miseria. || **vampàccia**, pegg.

vampagiòlo [sovrapp. paretimologica di *vampa* al lat. tardo *lampadiōne(m)* (d'origine sconosciuta)] s. m. ● (*dial.*) Bulbo commestibile del cipollaccio col fiocco.

vampànte part. pres. di *vampare*; anche agg. ● (*lett.*) Nei sign. del v.

†**vampàre** v. intr. ● Mandar vampe | Avvampare.

vampàta [da *vampare*] s. f. *1* Vampa forte, violenta (*anche fig.*): *una v. di calore, di rossore*; *le vampate dello scirocco*; *una v. di gelosia*; *la v. del cannone*. *2* (*fig.*) Manifestazione improvvisa e intensa di un fenomeno: *una nuova v. di violenza ha sconvolto la città*. || **vampatina**, dim.

vampeggiàre v. intr. (*io vampéggio*; aus. *avere*) ● (*raro*) Emettere, mandare vampe.

vampirésco agg. (pl. m. *-schi*) ● Di, da vampiro (*spec. fig.*): *racconto v.*; *prestare denaro con tassi vampireschi*.

vampirismo [fr. *vampirisme*, da *vampire* 'vampiro'] s. m. *1* Nelle credenze popolari, l'assumere forma di vampiro | Complesso dei fenomeni che, nella stregoneria, sono connessi al comportamento di vampiro. *2* Forma di necrofilia in cui la vittima viene violata dopo essere stata uccisa.

vampirizzàre [da *vampiro*] v. tr. *1* Dissanguare, esaurire (*spec. fig.*). *2* (*fig.*) Monopolizzare l'attenzione dello spettatore di uno spot pubblicitario, distogliendola dal prodotto reclamizzato.

vampìro [fr. *vampire*, dal ted. *Vampir*, a sua volta dal serbocroato *vampir*] s. m. (f. *-a* nei sign. 3 e 4) *1* Nelle credenze popolari, spettro che abbandona di notte la tomba e assale i viventi, per succhiarne il sangue. *2* (*zool.*) Genere di Chirotteri che si nutrono di insetti e frutta oppure che provocano leggere ferite ad altri animali e ne lambiscono il sangue. *3* (*fig.*) Dissanguatore, strozzino, sfruttatore. *4* (*scherz.*) *Donna v.*, vamp.

vàmpo [sovrapposizione di *lampo* a *vapore*] s. m. *1* (*raro*) Vampa, intensa e rapida | Calore ardente | *Menar v.*, (*fig.*) adirarsi, insuperbire. *2* †Baleno: *sopra loro apparse / un v., che parea di fuoco fosse* (PULCI).

†**vampóre** [sovrapposizione di *lampo* a *vapore*] s. m. ● (*raro*) Ardore di fuoco, di fiamma.

van /van, *ingl.* væn/ [vc. ingl., 'furgone', da (*cara*)*van* (V.)] s. m. inv. *1* Speciale autofurgone per il trasporto dei cavalli da corsa. *2* Furgone rimorchiabile da autoveicoli, destinato al trasporto di merci e animali, quali bovini e cavalli.

vanàdico agg. (pl. m. *-ci*) ● (*chim.*) Detto dell'ossiacido del vanadio pentavalente.

vanàdio [da *Vanadis*, n. di una divinità scandinava] s. m. ● Elemento chimico, presente in minerali di ferro, nelle ceneri di certe piante, in alcuni petroli e bitumi, usato per acciai speciali e, nei vari suoi composti, come catalizzatore. SIMB. V.

vanaglòria o †**vanagròlia** [comp. del f. di *vano* e *gloria*; calco sul gr. *kenodoxía*] s. f. ● Eccessiva stima di se stesso che determina un fatuo e smoderato desiderio di lodi, fama, gloria e sim. e la loro continua ricerca, anche per cose da nulla, o per azioni, meriti, pregi e sim., vantati ma inesistenti. SIN. Albagia, megalomania. || **vanagloriùccia**, dim.

vanagloriàre [da *vanagloria*] v. intr. pron. e †intr. (*io mi vanaglòrio*) ● Vantarsi, essere pieno di sé, insuperbire.

vanaglorióso o †**vanagrolióso**. agg. ● Pieno di vanagloria: *soldato v.*; *parole vanagloriose*. SIN. Megalomane, presuntuoso. || **vanagloriosaménte**, avv. Con vanagloria.

†**vanagròlia** ● V. *vanagloria*.

†**vanagrolióso** ● V. *vanaglorioso*.

†**vanàre** [lat. *vanāri*, da *vānus* 'vano, menzognero'] v. intr. ● Vaneggiare: *stava com'om che sonnolento vana* (DANTE *Purg.* XVIII, 87).

vandàlico agg. (pl. m. *-ci*) *1* Dei Vandali. *2* (*fig.*) Degno, proprio di un vandalo: *furia, barbarie vandalica*; *vandaliche distruzioni*; *atti vandalici*. || **vandalicaménte**, avv.

vandalismo [fr. *vandalisme*, da *vandale* 'vandalo', col suff. *-isme* '-ismo'] s. m. ● Tendenza a devastare o distruggere, con ottusa malvagità, ogni cosa, spec. se bella o utile: *atti di v.*

vàndalo [lat. tardo *Văndali*, nom. pl., n. germ. da avvicinare al ted. *wandeln* 'vagare, peregrinare'] **A** s. m. (f. *-a*) *1* Appartenente a un'antica popolazione germanica, che a più riprese invase i territori dell'Impero Romano d'Occidente e nel V sec. assalì e saccheggiò Roma. *2* (*fig.*) Persona incolta o incivile che distrugge o manomette senza motivo spec. beni appartenenti al patrimonio artistico o culturale: *un v. ha mandato in frantumi una preziosa statua*; *alcuni vandali hanno devastato un parco pubblico*. **B** agg. ● Vandalico.

vandeàno [fr. *vendéen*, da *Vendée* 'Vandea', regione francese che insorse contro i rivoluzionari] **A** agg. ● Della Vandea. **B** s. m. (f. *-a*) *1* Abitante, nativo della Vandea. *2* (*est., fig.*) Reazionario accanito.

†**vaneàre** ● V. *vaneggiare*.

vaneggiaménto s. m. ● Modo e atto del vaneggiare. SIN. Vaniloquio.

vaneggiàre o †**vaneàre**, †**vanìàre** [da *vano* agg.] **A** v. intr. (*io vanéggio*; aus. *avere*) *1* Pensare e parlare in modo sconnesso, dire cose senza senso: *il malato vaneggiava in preda alla febbre*; *v. nel delirio* | (*est.*) Dire, pensare, credere cose assurde, incredibili, fantastiche: *tu stai vaneggiando!* SIN. Delirare, farneticare. *2* (*lett.*) Fantasticare. *3* (*lett.*) Perdersi dietro alla vanità: *le nate a vaneggiar menti mortali* (FOSCOLO). *4* †Riuscire vano, inefficace. *5* †Esser vano, vuoto: *Nel dritto mezzo del campo maligno / vaneggia un pozzo* (DANTE *Inf.* XVIII, 4-5). *6* †Muoversi inutilmente, vagare a vuoto. **B** v. rifl. ● †Vanagloriarsi, vantarsi.

vaneggiatóre s. m.; anche agg. (f. *-trice*) ● (*raro*) Chi, che vaneggia.

vanescènte [vc. dotta, lat. *vanescĕnte(m)*, part. pres. di *vanēscere* 'svanire', da *vānus* 'vano'] agg. ● (*lett.*) Evanescente.

vanesiàta s. f. ● (*raro*) Azione o discorso da vanesio.

vanèsio [da *Vanesio*, n. del protagonista della commedia *Ciò che pare non è* ovvero *Il cicisbeo sconsolato* di G. B. Fagiuoli: il n. è tratto da *vano*] agg.; anche s. m. (f. *-a*) ● Che, chi è fatuo e vanitoso o si compiace di qualità che non possiede: *sguardo, sorriso v.*; *fare il v.* SIN. Frivolo, spocchioso.

vanéssa o **vanèssa** [dal n. di un personaggio di J. Swift] s. f. ● Nome comune di alcune farfalle diurne con livrea molto appariscente che, allo stato di bruco, vivono su varie piante, danneggiandole (*Vanessa*).

†**vanézza** s. f. ● Vanità.

vànga [lat. tardo *vănga(m)*, di origine germ.] s. f. ● Attrezzo a mano per lavorare il terreno, formato da una robusta lama di ferro di forma e dimensioni diverse, con manico di legno e in basso una staffa o vangile: *rompere la terra con la v.* | (*raro*) *Seminare sulla v.*, sul terreno appena vangato | (*fig.*) †*Andare a v.*, con facilità | *V. per insilati*, per il taglio manuale, con lama triangolare e corto manico. || **vangàccia**, pegg. | **vanghélla**, dim. | **vanghétta**, dim. (V.) | **vanghétto**, dim. m. (V.).

vangaiòla o (*lett.*) †**vangaiuòla** [etim. incerta] s. f. ● Rete quadra, larga circa m 3,50, con ai lati due canne lunghe circa la metà della rete, che si tengono in mano per trainarla durante la pesca.

vangàre v. tr. (*io vàngo, tu vànghi*) ● Tagliare e rivoltare la terra con la vanga (*anche ass.*): *v. il campo, un podere, l'orto*; *andiamo a v.* | (*fig.*) *V. acqua*, affaticarsi inutilmente.

vangàta s. f. *1* Atto del vangare, piantando la vanga nella terra e rivoltando le zolle: *una v. possente*. *2* Vangatura rapida: *il terreno ha bisogno d'una v.* | (*tosc.*) *Fare la v.*, detto di più persone che vangano insieme rapidamente, quasi in gara. *3* Quanta terra si afferra e si rivolta con un colpo di vanga. *4* Colpo dato con una vanga. || **vangatina**, dim.

vangatóre s. m.; anche agg. (f. *-trice*, pop. *-tora*) ● Chi, che vanga.

vangatrìce [da *vangare*] s. f. ● Macchina agricola collegata a un trattore per vangare meccanicamente il terreno.

vangatùra s. f. ● Lavoro compiuto con la vanga | *V. a una fitta*, se praticata ad una profondità pari alla lunghezza della lama.

†**vangèle** s. f. pl. ● (*lett.*) Vangelo, nella loc. *giurare alle sante v., alle sante die v.*, giurare sul santo Vangelo, sul santo Vangelo di Dio.

†**vangèlico** ● V. *evangelico*.

†**Vangèlio** ● V. *Vangelo*.

†**vangelista** ● V. *evangelista*.

†**vangelizzàre** ● V. *evangelizzare*.

Vangèlo o (*lett.*) **Evangèlo**, (*raro*) **Evangèlo**, †**Vangèlio** [lat. *Euangĕliu(m)*, dal gr. *euangélion* 'buona novella', comp. di *éu*, nt. di *ēús* 'buono' e un deriv. di *ángelos* 'messaggero, notizia' (V. *angelo*)] s. m. (*vangelo* nei sign. 4 e 5) *1* La buona notizia, il lieto annunzio, consistente nella predicazione del regno di Dio e della redenzione del genere umano a opera del Cristo | Ciascuno dei quattro libri contenenti la narrazione della vita di Gesù Cristo e il messaggio della redenzione | *Vangeli canonici*, i quattro vangeli di S. Matteo, S. Marco, S. Luca e S. Giovanni, inclusi nel canone della Bibbia e accettati come autentici da tutte le chiese cristiane | *Vangeli apocrifi*, scritti di varie epoche, in varie lingue, che narrano fatti della vita del Cristo o riferiscono suoi insegnamenti e non sono accettati come autentici dalla chiesa cristiana | *Vangeli sinottici*, quelli di S. Marco, S. Matteo e S. Luca, che presentano passi paralleli che narrano, in forma analoga o con leggere variazioni, gli stessi fatti e riferiscono le stesse parole di Gesù. *2* (*est.*) Libro contenente il Vangelo | *Giurare q.c. sul V.*, garantirne al massimo la veridicità, l'autenticità e sim.: *te lo giuro sul V.* *3* Parte della Messa in cui il celebrante legge un brano tratto dal Vangelo | (*est.*) Omelia o discorso fatto dal celebrante durante la Messa, per spiegare ai fedeli il brano evangelico letto. ***4*** (*fig.*) Ciò che costituisce il fondamento ideologico di un partito, un movimento, un gruppo e sim.: *il V. rivoluzionario* | (*est.*) Ciò che costituisce la base ideologica di un singolo, il principio cui possono essere ricondotte le sue scelte, le sue azioni e sim.: *quel libro è il suo V.* ***5*** (*fig.*) Verità sacrosanta, indiscutibile, incontrovertibile: *quello che dirà lui, per me è V.*; *in quell'ambiente la sua parola è V.*

vanghéggia s. f. (pl. *-ge*) ● Tipo di vanga con pala a due o più denti per terreni pietrosi.

vangheggiàre [da *vangheggia*] v. tr. (*io vanghéggio*) ● Lavorare il terreno con la vangheggia.

vanghéggiola s. f. ● Vangheggia.

vanghétta s. f. ***1*** Dim. di *vanga*. ***2*** Attrezzo leggero in dotazione individuale al soldato per i piccoli lavori di sterro e di scavo a riparo della persona sul campo di battaglia.

vanghettàre v. tr. (*io vanghétto*) ● Lavorare la terra col vanghetto, spec. per piantarvi fiori e ortaggi.

vanghétto s. m. ***1*** Dim. di *vanga*. ***2*** Vanga a manico corto per trapianti o lavori superficiali.

vangile o †**vanghile** [da *vanga*, sul modello di *badile*] s. m. ● (*agr.*) Staffale.

†**vanguàrdia** ● V. *avanguardia*.

vàni [ant. nordico *vanir*, di etim. incerta] s. m. pl. ● Nella mitologia nordica, divinità pacifiche e benefiche, apportatrici di fecondità e ricchezza.

†**vania** ● V. †*avania*.

†**vaniàre** ● V. *vaneggiare*.

vanificàre [comp. di *vano* e *-ficare*] v. tr. (*io vanìfico, tu vanìfichi*) ● Rendere vano, inutile, inefficace: *v. gli sforzi*, *i tentativi*. SIN. Frustrare.

vanificazióne [da *vanificare*] s. f. ● Atto, effetto del vanificare.

vanìglia o **vainìglia** [sp. *vainilla*, dim. di *vaina*, propriamente 'vagina, guaina', dalla forma di lunga guaina del frutto] s. f. ***1*** Orchidea messicana coltivata ai tropici di cui si usano i frutti come condimento e in profumeria (*Vanilla planifolia*) | *V. dei giardini*, pianta delle Borraginacee, ornamentale, coltivata in aiuole per i fiorellini lilla profumati di vaniglia (*Heliotropium peruvianum*). ***2*** Frutto della pianta omonima, che trova impiego in pasticceria, liquoreria, profumeria | Essenza ricavata da tale frutto | Zucchero vanigliato.

vanigliàto agg. ● Profumato alla vaniglia: *zucchero v.*

vanillina o **vainiglina**, **vaniglina** [da *vanilla*, n. lat. scient. di *vaniglia*] s. f. ● Aldeide aromatica, presente nella vaniglia, ottenuta per sintesi spec. da eugenolo, usata sia come correttivo dell'odore e del sapore in prodotti farmaceutici e alimentari, sia in campo industriale come antischiuma negli oli lubrificanti e nella sintesi di alcuni prodotti.

vanilòquio [vc. dotta, lat. tardo *vanilŏquiu(m)*, comp. di *vānus* 'vano' e un deriv. di *lŏqui* 'parlare' (V. *loquela*)] s. m. ● Discorso vano, sconclusionato | Discorso privo di contenuti, futile, sciocco, inutile.

vanìre [da *vano*] v. intr. (*io vanìsco, tu vanìsci*; aus. *essere*) ● (*poet.*) Svanire, sparire, dileguarsi: *cantando vanio / come per acqua cupa cosa grave* (DANTE *Par.* III, 122-123).

vanità o †**vanitàde**, †**vanitàte** [vc. dotta, lat. *vanitāte(m)*, da *vānus* 'vano'] s. f. ***1*** Caratteristica di chi prova e ostenta un alto concetto di sé stesso, ricercando e apprezzando, nel contempo, tutto ciò che può far risaltare le sue qualità personali vere o presunte: *la proverbiale v. femminile*; *ogni sua azione è dettata dalla v.*; *lusingare, solleticare la v. di qc.* SIN. Fatuità | Debolezza: *è una delle sue piccole v.* ***2*** Qualità di ciò che è vano, inutile, inconsistente e sim.: *la v. di uno sforzo, di una promessa.* ***3*** Caratteristica di ciò che è futile, falso, caduco e sim., spec. in relazione a valori, ideali o modelli ritenuti perfetti, stabili, eterni e sim.: *la v. della bellezza, della vita umana*; *la v. dei beni terreni*; *l'infinita v. del tutto* (LEOPARDI). ***4*** (*est.*) Cosa futile, falsa, caduca e sim., spec. in relazione a beni considerati eternamente e assolutamente validi: *la bellezza è solo v.*; *tutto nel mondo è v.*; *correre dietro alle v.* ***5*** (*lett.*) L'essere materialmente vano, inconsistente: *la v. delle ombre*. SIN. Incorporeità.

vanitóso A agg. ***1*** Pieno di vanità: *ragazza frivola e vanitosa.* ***2*** Che dimostra vanità: *discorsi, atteggiamenti vanitosi.* || **vanitosaménte**, avv. Con vanità. **B** s. m. (f. *-a*) ● Chi è vanitoso o fatuo.

vànni [lat. *vănnu(m)* 'crivello' (di etim. incerta), perché il battere delle ali ricorderebbe il movimento del crivello (?)] s. m. pl. ● (*poet.*) Ali: *i v. dell'aquila*; *stendere, battere i v.*

vannino [stessa etim. di *uguanno*, con suff. dim.] s. m. ● (*centr.*) Puledro nel primo anno di età.

vàno [lat. *vānu(m)*, di origine indeur.] **A** agg. ***1*** Che all'interno è vuoto: *guscio v.*; *canna vana*; *là dove il monte era forato e v.* (ARIOSTO) | (*est., lett.*) Privo di ospiti, abitanti e sim.: *convento v.*; *città, regione vana* | (*raro, lett.*) *Chiostro v.*, (*fig.*) quello di un convento che non dà più buoni frutti nella pratica religiosa. ***2*** Incorporeo: *la vana ombra dei trapassati*; *una vana immagine*; *le vane rappresentazioni della fantasia* | (*raro*) *Nome v.*, che non corrisponde a un essere o a una cosa reale, che si riferisce a q.c. di inesistente. ***3*** (*fig.*) Privo di reale consistenza, fondamento, contenuto e sim.: *promesse vane*; *vane speranze* | Che è futile, frivolo, caduco o comunque privo di effettivo valore, spec. in relazione a valori, ideali o modelli ritenuti perfetti, eterni, e sim.: *le vane lacrime del mondo*; *libri, scritti, vani*; *rincorrere le vane ricchezze*; *come sono vani e fallaci i pensieri degli uomini!* (GUICCIARDINI). SIN. Inane. ***4*** (*fig.*) Inutile, inefficace: *fatiche, proteste, preghiere, minacce vane*; *dopo molti vani tentativi* | *Riuscire v.*, non sortire alcun effetto: *ogni ricerca, ogni indagine riuscì vana.* ***5*** (*fig.*) Che è privo di senno, saggezza, carattere, profondità di pensiero e sim., detto di persona: *v. e fatuo come una donnetta*; *gente vana e superba* | Che mostra vanità, detto di cosa, comportamento e sim.: *vana ostentazione di ricchezze.* || **vanaménte**, avv. ***1*** Con vanità: *parlare vanamente di sé.* ***2*** Senza ragione, senza fondamento. ***3*** Inutilmente: *sperare vanamente.* **B** s. m. ***1*** Spazio vuoto: *il v. del pozzo, di una nicchia, delle scale* | Posto o interstizio vuoto: *nella lista c'è qualche v.* ***2*** Apertura praticata in una struttura muraria: *il v. della porta, della finestra*; *hanno aperto un v. nel muro.* ***3*** Ambiente, stanza: *villa di dodici vani*; *appartamentino di quattro vani*; *in quel v. minuscolo ... si sentiva meglio protetta contro la solitudine* (MORANTE). ***4*** (*est.*) Spazio o cavità delimitata, destinata a vari usi: *v. portabagagli*. ***5*** (*fig., lett.*) Ciò che è inutile | V. anche *invano*. || **vanerèllo**, dim. nel sign. A5.

†**vantadóre** ● V. *vantatore*.

vantaggiàre [da *vantaggio*, sul modello del fr. *avantager*] **A** v. tr. (*io vantàggio*) ***1*** (*raro*) Superare, sopravanzare. ***2*** (*tosc.*) Far risparmiare. **B** v. rifl. ● (*raro*) Acquistare vantaggio, superiorità e sim.

vantaggiàto part. pass. di *vantaggiare*; anche agg. ***1*** Nei sign. del v. ***2*** (*raro*) Abbondante. ***3*** †Superiore, eccellente di qualità. || **vantaggiataménte**, avv. ***1*** (*raro, tosc.*) Vantaggiosamente. ***2*** (*raro*) Con abbondanza.

vantàggio [fr. *avantage*, in origine 'ciò che è posto avanti', da *avant* 'avanti'] s. m. ***1*** Ciò che mette qc. o q.c. in condizione più favorevole rispetto ad altri: *il v. della statura, del numero, della posizione*; *avere il v. del sole, del vento*; *disporre del v. della luce, delle tenebre* | (*raro*) *Prendere il v.*, il sopravvento. CONTR. Svantaggio. ***2*** Profitto, utile, guadagno: *ricavare da q.c. un v.*; *trarre v. da q.c.* | Sconto: *pagando in contanti si ottiene un notevole v.* | *A v.*, a profitto, a favore di qc.: *ciò torna a tuo v.* | †*A v.*, a cavaliere. CONTR. Perdita. ***3*** Beneficio, miglioramento: *da questa medicina non ho avuto nessun v.* ***4*** (*sport*) Giunta, buona misura, sovrappiù: *avere, dare un v. sul peso.* ***5*** Privilegio, prerogativa: *il v. della ragione*; *il v. che l'uomo ha sugli altri esseri.* ***6*** Distacco conquistato sull'avversario: *due minuti, tre punti, cinquecento metri di v.*; *portarsi in v.* | *Corse a vantaggi*, con abbuoni | *Regola del v.*, nel calcio, norma, generalmente applicata dall'arbitro, di non rilevare un fallo quando il giocatore che l'ha subìto riesce a proseguire l'azione | *V. alla battuta*, *v. alla rimessa*, nel tennis, punto rispettivamente ottenuto dal giocatore, nel singolare, o dalla coppia, nel doppio, che effettuino il servizio o la rimessa, dopo che sia stato realizzato un 40 pari | *V. pari*, nel tennis, quando ci si riporti in parità. ***7*** (*raro*) Lode, favore: *parlare di qc., di q.c. con molto v.* ***8*** †Soperchieria | *Giocatore di v.*, che vuol vincere in tutti i modi. ***9*** (*al pl.*) †Patti di consegna e offerta di polli, uova e sim. al padrone. ***10*** (*spec. al pl.*) †Affari, interessi. ***11*** In tipografia, tavoletta su cui si posano le linee di caratteri man mano che vengono composte | Dispositivo analogo montato sulle macchine per comporre. || **vantaggiùzzo**, dim.

vantaggióso [da *vantaggio*, sul modello del fr. *avantageux*] agg. ***1*** Che dà, procura vantaggio: *posizione vantaggiosa*; *patti vantaggiosi*. CONTR. Svantaggioso. ***2*** †Che cerca il suo utile. || **vantaggiosétto**, dim. || **vantaggiosaménte**, avv. Con vantaggio.

†**vantagióne** ● V. *vantazione*.

vantaménto s. m. ● (*raro*) Modo e atto del vantare e del vantarsi.

†**vantànza** [da *vantare*, sul modello dell'ant. fr. *vantance*] s. f. ● Iattanza.

vantàre [lat. tardo *vanitāre*, da *vānus* 'vano'] **A** v. tr. ***1*** Lodare con ostentazione, esaltare come ottimo, insigne, superiore e sim.: *v. un'azione, un'opera, una persona*; *v. i meriti di q.c.*, *i propri meriti*; *v. i pregi di q.c.* SIN. Decantare, magnificare. ***2*** Andar fiero, superbo, orgoglioso: *v. una gloria imperitura*; *la nostra patria può v. molte glorie*; *v. un successo*; *v. più successi che sconfitte*; *v. secoli di nobiltà*; *v. amicizie altolocate.* **B** v. rifl. ***1*** Millantare le proprie doti, capacità, virtù e sim.: *è un presuntuoso e non fa che vantarsi* | *Non faccio per vantarmi*, non lo dico per attribuirmene il vanto. ***2*** Attribuirsi a merito, vanto, gloria, onore e sim.: *si vanta delle sue origini modeste* | *Di che ti vanti?*, detto con tono spec. ironico a chi non ha alcun motivo per essere fiero delle proprie azioni. ***3*** Mostrar fiducia di poter compiere q.c. di straordinario: *vantarsi di uccidere una belva*; *si vanta di saper far tutto.* ***4*** In epoca medievale, fare il vanto.

vantàto part. pass. di *vantare*; anche agg. ● Nei sign. del v.

vantatóre o †**vantadóre**. s. m.; anche agg. (f. *-trice*) ● (*raro*) Chi, che vanta o si vanta.

vantazióne o †**vantagióne**. s. f. ● (*raro*) Atto, effetto del vantare e del vantarsi | (*tosc.*) *Non lo faccio, non lo dico per v.*, non faccio per vantarmi.

†**vanteggiàre** [ints. di *vantare*] v. intr. ● (*raro*) Menar vanto, andar vantandosi.

vanterìa [da *vanto*, sul modello del fr. *vanterie*] s. f. ● Vana lode di sé, esagerata ostentazione di meriti o qualità reali o, più spesso, soltanto immaginari: *le assurde vanterie di uno spaccone.* SIN. Millanteria, ostentazione.

†**vantévole** agg. ● Di vanto.

vànto [da *vantare*] s. m. ***1*** Atto del vantarsi | *Menar v.*, vantarsi, gloriarsi. ***2*** Ciò che costituisce motivo di lode, pregio, merito e sim., per qc. o per q.c.: *ha il v. della costanza*; *riportare il v. della vittoria*; *abbiamo il v. di essere accorsi per primi in vostro aiuto* | Gloria, merito: *a lui solo spettano il v. e la lode*; *dobbiamo dire ciò apertamente, a vostro onore e v.* | *Non cedere il v.*, volerlo per sé, esigerlo con pieno diritto. ***3*** In epoca medievale, specie di gioco in uso tra i cavalieri in base al quale essi dovevano, a turno e a gara, narrare l'impresa più gloriosa, l'azione più nobile e sim., o impegnarsi a compiere q.c. di straordinario.

vanùme [da *vano*] s. m. ***1*** (*raro*) Grano o altri cereali che in parte seccano senza venire a maturazione. ***2*** †Insieme di cose vane, frivole.

†**vanùra** s. f. ● Vanità, fatuità.

vànvera [dall'ant. *fanfera*, di origine espressiva] s. f. ● Solo nella loc. avv. *a v.*, a casaccio, senza fondamento, senza senso: *parlare a v.*; *fare le cose a v.*

vàpiti s. m. ● Adattamento di *wapiti* (V.).

vapofórno [comp. di *vapo(re)* e *forno*] s. m. ● Forno a vapore usato per la cottura del pane.

†**vàpolo** [ricavato dal lat. *vapulāre* 'essere bastonato', di etim. incerta] agg. ● (*raro*) Che mena le mani. SIN. Manesco.

vaporàbile agg. ● (*raro*) Che può vaporare.

vaporabilità s. f. ● (*raro*) Qualità di ciò che è vaporabile.

vaporàio [da *vapore*] s. m. ● (*raro, scherz.*) Macchinista del treno.

†**vaporàle** [vc. dotta, lat. tardo *vaporāle(m)*, da *vāpor*, genit. *vapōris* 'vapore'] agg. ● Vaporoso.

vaporànte part. pres. di *vaporare*; anche agg. ● (*raro*) Nei sign. del v.

vaporàre [vc. dotta, lat. *vaporāre* 'esalare vapori, riempire di vapori', da *vāpor*, genit. *vapōris* 'vapore'] **A** v. tr. (*io vapóro*) **1** (*lett.*) Empire di vapori. **2** (*fig.*, *lett.*) Velare, annebbiare. **B** v. intr. (aus. *avere* e *essere*) ● (*lett.*) Evaporare, svaporare | Diffondersi sotto forma di vapore: *tra le tamerici, / fuma il letame e grave oggi vapora* (PASCOLI).

†**vaporatìvo** [da *vaporato*] agg. ● (*raro*) Vaporabile.

vaporàto part. pass. di *vaporare*; anche agg. ● (*raro*) Nei sign. del v.

†**vaporatóio** [da *vaporato*] s. m. ● Suffumigio.

†**vaporatóre** agg. (f. *-trice*) ● Che vapora.

vaporazióne [vc. dotta, lat. *vaporatiōne(m)*, da *vaporātus* 'vaporato'] s. f. **1** (*raro*) Evaporazione. **2** (*raro*) Suffumigio.

vapóre [lat. *vapōre(m)*, di origine indeur.; nel sign. 3, fr. *vapeur*, da (*bateau à*) *vapeur*, propriamente 'battello a vapore', calco sull'ingl. *steamboat*] **A** s. m. **1** (*chim.*, *fis.*) Aeriforme a temperatura inferiore a quella critica che si sviluppa da un liquido, per evaporazione o ebollizione, o da un solido per sublimazione: *vapori di iodio, di mercurio* | *V. acqueo*, che si sviluppa dall'acqua in ebollizione | *V. saturo*, aeriforme in equilibrio con il liquido o con il solido che lo emette. **2** (*per anton.*) Correntemente, vapore acqueo: *stanza piena di v.* | *A v.*, detto di macchine o dispositivi che producono vapore o che funzionano sfruttando l'energia termica del vapore: *caldaia a v.*; *locomotiva a v.*; *turbina a v.* | *A tutto v.*, (*fig.*) a gran velocità | *Bagno a v.*, consistente nell'esporre il corpo, per determinati periodi di tempo, all'azione termica del vapore | *Cuocere al v.*, cucinare ortaggi esponendoli in uno speciale recipiente al solo vapore dell'acqua bollente. **3** Nave a vapore: *il v. partì carico di emigranti* | (*raro*) Vaporiera: *attendere il v.* **4** (*spec. al pl.*) Fumo, nebbia o qualunque altra esalazione percepibile con i sensi: *vapori d'incenso*; *gli umidi vapori del mattino*; *i vapori malsani, mefitici, maleolenti delle paludi.* SIN. Effluvio | *I vapori del vino, dell'alcol*, i fumi del vino, dell'alcol. **5** (*spec. al pl.*) †Vampa di calore al capo. **6** (*poet.*) Stella cadente | (*poet.*) Fiamma. **7** (*raro*) †Drappo di velo sottilissimo, trasparente. **B** in funzione di agg. ● (posposto al s.) *Cavallo v.*, unità di misura dinamica, equivalente alla potenza necessaria per sollevare 75 kilogrammi all'altezza di un metro in un minuto secondo, pari a 735,499 watt. SIMB. CV. || **vaporàccio**, pegg. | **vaporétto**, dim. (V.) | **vaporino**, dim. | **vaporùccio**, dim.

vaporétto s. m. **1** Dim. di *vapore*. **2** Battello a vapore di ridotte dimensioni, usato spec. come mezzo pubblico di trasporto su lagune e sim. o comunque su brevi tragitti: *da Venezia al Lido si va in v.*

†**vaporévole** [da *vaporare*] agg. ● Svaporabile.

vaporièra s. f. ● Locomotiva a vapore: *il fischio della v.* | *Fumare come una v.*, (*fig.*) di cosa che emette grande quantità di fumo; di persona che fuma molto.

vaporìmetro [comp. di *vapore* e *-metro*] s. m. ● (*fis.*) Apparecchio per la misurazione del vapore.

vaporissàggio [fr. *vaporisage*, da *vaporiser* 'vaporizzare'] s. m. ● Vaporizzazione, vaporizzatura.

vaporiẓẓàbile agg. ● Che si può vaporizzare.

vaporiẓẓàre [fr. *vaporiser*, dal lat. *vāpor*, genit. *vapōris* 'vapore'] **A** v. tr. **1** Portare allo stato di vapore, far evaporare. **2** Sottoporre le stoffe tinte all'azione del vapore acqueo, che fa svolgere meglio certi colori e li fissa. **3** In cosmesi, far dilatare i pori col vapore caldo, per pulire a fondo la pelle. **B** v. intr. e intr. pron. (aus. *essere*) ● Evaporare.

vaporiẓẓàto part. pass. di *vaporizzare*; anche agg. ● Nei sign. del v.

vaporiẓẓatóre [fr. *vaporisateur*, da *vaporiser* 'vaporizzare'] **A** s. m. (f. *-trice* nel sign. 1) **1** (*raro*) Chi vaporizza. **2** Evaporatore. **3** (*impr.*) In varie tecnologie, apparecchio per la riduzione di soluzioni acquose in finissime gocce: *v. per aerosol.* SIN. Nebulizzatore, polverizzatore. **B** agg. ● Che vaporizza | *Tubi vaporizzatori*, in cui avviene l'evaporazione nelle caldaie a tubi d'acqua.

vaporiẓẓatùra [da *vaporizzato*] s. f. ● In filatura, fissione mediante vapore caldo della torsione del filo di lana, eseguita normalmente con moderata pressione, in autoclave.

vaporiẓẓazióne [fr. *vaporisation*, da *vaporiser* 'vaporizzare'] s. f. **1** Evaporazione. **2** Riduzione, mediante apposito apparecchio, di soluzioni acquose in finissime gocce. **3** Vaporizzatura.

vaporosità s. f. ● Qualità di ciò che è vaporoso (*spec. fig.*): *la v. di un tessuto*; *la v. di una descrizione.*

vaporóso [vc. dotta, lat. *vaporōsu(m)*, da *vāpor*, genit. *vapōris* 'vapore'] agg. **1** (*raro*) Pieno di vapori | †*Bagno v.*, di vapore. **2** (*fig.*) Estremamente sottile e leggero: *velo v.* | *Abito v.*, in tessuto molto leggero, di foggia ampia, con motivi di drappeggio e pieghe. **3** (*fig.*) Soffice: *capelli vaporosi.* **4** (*fig.*) Che offre scarsa consistenza all'analisi perché vago o indeterminato: *descrive i suoi stati d'animo con frasi troppo vaporose.* || **vaporosaménte**, avv. In modo soffice, leggero, morbido.

†**vàppa** [vc. dotta, lat. *vāppa(m)*, da avvicinare a *vāpor* 'vapore'] s. f. **1** Vino svanito. **2** (*fig.*) Cosa insulsa.

†**vapulazióne** [ricavato dal lat. *vapulāre* 'essere bastonato', di etim. incerta] s. f. ● (*raro*) Battitura, castigo.

vaquero /sp. ba'kero/ [vc. sp., da *vaca* 'vacca'] s. m. inv. ● Custode di tori pronti per le corride.

var [sigla di *v(olt-) a(mpere) r(eattivo)*] s. m. inv. ● Unità di misura della potenza elettrica reattiva, pari a 1 voltampere. SIMB. var.

varaménto [da *varare*] s. m. **1** (*raro*) Varo. **2** Nella moderna tecnica costruttiva, manovra di scorrimento per sistemare nella loro sede elementi metallici o in cemento armato prefabbricato.

Varànidi [comp. da *varano* e *-idi*] s. m. pl. ● Nella tassonomia animale, famiglia di grandi Sauri africani ed asiatici diurni, carnivori (*Varanidae*) | (al sing. *-e*) Ogni individuo di tale famiglia.

varàno [ar. *waran*] s. m. ● Rettile dei Varanidi, lungo da due a quattro metri, con forma di insieme che ricorda la lucertola, agilissimo e predatore, cacciato per la pelle (*Varanus*).

varàre [lat. parl. **varāre*, da *vāra* 'forcella, stanga'] **A** v. tr. **1** (*mar.*) Far scendere per la prima volta in acqua la nave dal cantiere dove è stata costruita, facendola sdrucciolare sul piano inclinato: *v. un transatlantico* | †Mandare a terra il paliscbermo di bordo. **2** (*fig.*) Portare a compimento e presentare al pubblico: *v. una commedia, un volume, un provvedimento* | *V. una legge*, approvarla definitivamente e sottoporla alla procedura della firma e della pubblicazione. **3** (*fig.*) Nel linguaggio sportivo, scegliere gli atleti che comporranno una squadra e deciderne il ruolo: *v. una squadra, una formazione*; *la nuova nazionale sarà varata domani.* **B** v. intr. pron. ● Arenarsi, incagliarsi, nelle loc. *vararsi in costa, in secca.*

varàta [da *varare*] s. f. **1** Grande mina destinata ad abbattere un grande volume di roccia in grossi blocchi. **2** Abbattimento di rocce mediante mine sistemate in gallerie di miniera | Distacco e discesa a valle di una falda di marmo.

varatóio [da *varare*] s. m. ● (*mar.*) Attrezzatura che, in un cantiere navale, imprime la spinta iniziale alla nave da varare.

varcàbile agg. ● Che si può varcare. CONTR. Insuperabile.

varcàre [lat. *varicāre* 'allargare le gambe', da *vārus* 'che ha le gambe storte in fuori'] **A** v. tr. (*io vàrco, tu vàrchi*) **1** Oltrepassare q.c. attraversandola: *v. una gola, un burrone, una strada*; *varcò il mare a bordo d'un veliero*; *ho appena varcato la soglia di casa* | (*raro, lett.*) Oltrepassare una persona. **2** (*fig.*) Superare: *ha ormai varcato la sessantina* | *V. i confini, i limiti*, eccedere in q.c. **3** (*raro, lett.*) Traghettare. **B** v. intr. (aus. *essere*) ● (*poet.*) Trascorrere, detto del tempo.

vàrco [da *varcare*] s. m. (pl. *-chi*) **1** Passaggio, passo, valico | *Aprirsi un v.*, procurarsi lo spazio necessario per passare: *aprirsi un v. nella boscaglia, tra la folla.* **2** (*mil.*) Soluzione di continuità in un ostacolo artificiale, per il passaggio di automezzi o di cingolati | *Aspettare qc. al v.*, per coglierlo senza che abbia alcuna possibilità di scampo e (*fig.*) aspettare il momento favorevole per vendicarsi, provocarlo o metterlo alla prova | *Cogliere, prendere al v.*, sorprendere al passaggio e (*fig.*) all'occasione favorevole. **3** (*geogr.*) Insenatura fra catene montuose per cui si passa da una valle all'altra: *certo costoro scendono sì furiosi per prenderci al v. della montagna* (BOCCACCIO).

varèa [etim. incerta] s. f. ● (*mar.*) Estremità di qualsiasi asta o verga non verticale.

varècchi [fr. *varech*, propriamente 'relitto, avanzo di naufragio', dall'ant. ingl. *wraec*, di origine scandinava] s. m. pl. ● Ceneri di alghe marine.

varechina o **varecchina**, (*region.*) **varichina** [detta così perché si estrae dai *varecchi*] s. f. ● Candeggina.

varesino [da *Varese*] **A** agg. ● Di Varese. **B** s. m. (f. *-a*) ● Abitante, nativo di Varese.

varesòtto [da *Varese*] s. m. solo sing. ● Territorio della provincia di Varese, compreso tra il lago Maggiore, la zona di Como e il confine svizzero.

varia /lat. 'varja/ [lat., nt. pl. sost. di *vārius* 'vario'] s. f. pl. ● Cose varie, argomenti vari, spec. in titoli, intestazioni e sim.

variàbile [vc. dotta, lat. tardo *variābile(m)*, da *variāre*] **A** agg. **1** Che varia, cambia: *tempo v.*; *clima v.*; *costo v.* | *Foglie variabili*, che mutano di forma nella stessa specie vegetale | *Stella v.*, che mostra variazioni della sua luminosità. CONTR. Invariabile. **2** (*ling.*) Detto di parola che muta la sua forma secondo il genere, il numero, il tempo, il modo, la persona: *parti variabili del discorso.* **3** (*mat.*) Non costante. **B** s. f. **1** (*mat.*) Ente non determinato, ma in grado d'identificarsi con ciascuno degli enti d'un determinato insieme | (*fis.*) *V. di stato*, grandezza fisica che è necessario specificare per definire lo stato di un sistema, come la temperatura o la pressione | (*mat., fis.*) *V. indipendente*, il cui valore può essere fissato arbitrariamente | (*mat., fis.*) *V. dipendente*, il cui valore è determinato dal valore di una o più altre variabili. **2** (*fig.*) Elemento che interviene a modificare una situazione: *una v. improvvisa ha mutato il quadro politico.*

variabilità s. f. **1** Qualità di ciò che è variabile: *v. di umore, della stagione.* CONTR. Invariabilità. **2** (*biol.*) Caratteristica di tutti gli organismi viventi per cui individui della stessa specie non sono mai perfettamente uguali. **3** (*stat.*) Attitudine di un fenomeno ad assumere modalità diverse | *Indice di v.*, che misura la diseguaglianza di un gruppo di valori osservati.

variaménto s. m. ● (*raro*) Modo e atto del variare.

variànte **A** part. pres. di *variare*; anche agg. **1** Nei sign. del v. **2** *Lezione v.*, in filologia, parola o frase che due testi di una stessa opera riportano in modo diverso. || **varianteménte**, avv. In modo diverso. **B** s. f. **1** Modificazione rispetto a una tipologia primaria o che si considera fondamentale: *v. di un piano regolatore, di un progetto edilizio*; *abbiamo sperimentato alcune varianti della ricetta.* **2** In filologia, lezione variante: *le varianti dei canti leopardiani* | *Varianti di tradizione*, quelle imputabili a interventi sul testo da parte di amanuensi o stampatori | *Varianti d'autore*, quelle imputabili all'autore che interviene sul testo durante la stesura dell'opera o in un secondo tempo riscrivendola. **3** (*ling.*) *V. fonematica, v. di forma*, ogni realizzazione dello stesso fonema. **4** Nel linguaggio sportivo, tratto di percorso diverso da quello originario di una data via alpinistica, di un circuito e sim. | (*est.*) Modificazione di un percorso o di un progetto: *hanno apportato alcune varianti al programma di viaggio.*

variantìstica [da *variante* nel sign. B 2] s. f. ● In filologia, esame, studio e confronto delle varianti.

variànza [vc. dotta, lat. *variāntia(m)*, da *vārians*, genit. *variāntis* 'variante'] s. f. **1** †Diversità. **2** (*fis.*) Numero di fattori che bisogna fissare per stabilire lo stato di equilibrio di un sistema. **3** (*stat.*) Quadrato dello scarto quadratico medio. SIN. Indice di variabilità.

variàre [vc. dotta, lat. *variāre*, da *vārius* 'vario'] **A** v. tr. (*io vàrio*) **1** Mutare, cambiare: *v. la disposizione dei mobili, l'alimentazione, gli abiti* | (*ass.*) *Tanto per v.*, (*scherz.*) di chi torna a fare la stessa cosa: *tanto per v., ho perso il treno.* **2** Diversificare: *v. suoni, colori, forme*; *v. le proprie letture*; *v. la pena secondo il delitto* | (*est.*) Abbellire con la varietà per togliere monotonia, uniformità e sim. | *V. un motivo musicale*, senza alterarne l'andamento o il pensiero principale. **B** v. intr. (aus. *avere* con sogg. di pers., *essere* con sogg. di cosa) *1* Diventare diverso, subire variazioni, mutamenti e sim.: *v. di idee*, *di colore*; *v. di camera*; *la moda varia da un anno all'altro*; *le usanze variano coi tempi* | (*raro*) *V. col pensiero*, vacillare | †*V. da q.c.*, allontanarsi, differire: *v. da un consiglio*. *2* Essere diverso: *le idee*, *le convinzioni variano da persona a persona*; *la temperatura varia, a seconda dell'ora del giorno*.

variàto part. pass. di *variare*; anche agg. *1* Nei sign. del v. *2* Vario, diverso, spec. per soddisfare esigenze di alternanza tra vari elementi o di graduale passaggio di intensità: *suoni*, *colori*, *frutti variati* | *Terreno v.*, ineguale, accidentato. *3* †Instabile, incostante. || **variataménte**, avv.

variatóre [da *variato*] s. m. ● In varie tecnologie, organo o dispositivo che consente variazioni, regolazioni, controlli e sim.: *v. di velocità* | *V. di fase*, macchina asincrona trifase che consente di ottenere all'uscita dei suoi avvolgimenti rotorici una terna di tensioni sfasata rispetto a quella di alimentazione della macchina stessa | *V. di tensione*, macchina asincrona trifase che permette di avere una tensione di valore diverso, con continuità, da quello della tensione di alimentazione della macchina, e che può servire anche come regolatore di tensione.

variazionàle [da *variazione*] agg. ● (*mat.*) Relativo a equazioni o principi che devono essere soddisfatti affinché le variazioni di determinate grandezze assumano i valori desiderati | *Calcolo v.*, calcolo delle variazioni.

variazióne [vc. dotta, lat. *variatiōne(m)*, da *variātus* 'variato'] s. f. *1* Atto, effetto del variare: *v. di toni*, *linee*, *colori*; *v. di stagione*; *annotare le variazioni del vento*; *spaventavanlo le variazioni e il modo di procedere del Duca di Urbino* (GUICCIARDINI) | *Variazioni individuali*, in biologia, differenze che rendono distinguibili fra loro individui della stessa specie | *Campo di v.*, in statistica, indice di variabilità definito dalla differenza fra l'intensità massima e l'intensità minima di un fenomeno. *2* (*mat.*) Estremo superiore delle oscillazioni di una funzione reale, su tutte le suddivisioni di un intervallo dato | In una sequenza o in una successione di numeri reali, presenza di due numeri consecutivi di segno opposto | *Calcolo delle variazioni*: branca dell'analisi matematica che studia i metodi per determinare i valori massimi e minimi di quantità dipendenti da una o più funzioni.. *3* (*mus.*) Modificazione melodica, armonica, timbrica, espressiva cui è sottoposto un tema, anche di altro autore: *33 variazioni sopra un valzer di Diabelli di Beethoven* | (*est.*, *fig.*) *V. sul tema*, sviluppo, variante di q.c. *4* †Varietà.

†**varicàre** ● V. *valicare* (*1*).

vàrice [vc. dotta, lat. *vărice(m)*, di etim. incerta; l'accento sulla penultima in it. è dovuto all'analogia con *radice*] s. f. ● (*med.*) Dilatazione abnorme e tortuosa di vasi linfatici o ematici, spec. di vene.

varicèlla [fr. *varicelle*, deformazione di *variole* 'vaiolo'] s. f. ● (*med.*) Malattia infettiva acuta, contagiosa, di natura virale che si manifesta con la comparsa sulla cute di un particolare esantema caratterizzato da papule e vescicole.

varichìna ● V. *varechina*.

varicocèle [comp. di *varice* e *-cele*] s. m. ● (*med.*) Dilatazione varicosa delle vene testicolari lungo il cordone spermatico.

varicóso [vc. dotta, lat. *varicōsu(m)*, da *vărix*, genit. *văricis* 'varice'] agg. ● Di varice | Che è affetto da varice: *vena varicosa*.

variegàto [vc. dotta, lat. *variegātu(m)*, part. pass. di *variegāre* 'dar varietà, dipingere', comp. di *vărius* 'vario' e un deriv. di *ăgere* 'condurre, fare' (V. *agenda*)] agg. ● Di colori vari, disposti a striature irregolari: *penna*, *camelia variegata*; *marmo v. di grigio*, *di rosa*; *tessuto bianco v. di rosso* | *Lana variegata*, lana di cattiva razza e malamente cresciuta, che mostra una sorta di strisce di diverso colore nei singoli fronti | (*med.*) Composito, vario: *la variegata realtà sociale di una periferia metropolitana*. SIN. Screziato.

variegatùra [da *variegato*] s. f. ● Insieme delle striature irregolari, di colore diverso da quello di fondo, che conferiscono a q.c. l'aspetto variegato: *la v. di un fiore*, *di un marmo*.

†**varieggiàre** v. intr. ● Variare notevolmente e spesso.

varietà (1) o †**varietàde**, †**varietàte** [vc. dotta, lat. *varietāte(m)*, da *vărius* 'vario'] s. f. *1* Condizione o qualità di ciò che è vario, ricco, molteplice: *la v. dei colori*, *dei suoni*, *delle forme*, *delle idee*, *dei gusti*; *v. di stile*; *l'infinita v. della natura* | Molteplicità di elementi diversi, vari: *v. di delitti*, *di pene*; *tavola imbandita con una grande v. di cibi e di bevande* | *Amare la v.*, (*iron.*) essere incostante. CONTR. Monotonia, uniformità. *2* Differenza, divario: *la v. esistente tra una cosa e l'altra*. *3* Elemento che, pur rientrando in un genere, in una serie o categoria e sim., si differenzia da altri analoghi per caratteristiche sue proprie: *una rara v. di marmo rosa*; *una pregiata v. di giada*. *4* (*biol.*) Gruppo tassonomico in cui si raccolgono organismi della stessa specie che si distinguono per caratteri particolari: *v. di piante*, *di animali* | *V. sintetica*, prodotta mediante la fecondazione libera di più linee o piante selezionate e autofecondate. *5* (*mat.*) Qualsiasi famiglia di insieme di oggetti | *V. algebrica*, l'insieme dei punti di uno spazio vettoriale le cui coordinate soddisfano un numero definito di equazioni algebriche. *6* †Mutazione, cambiamento.

varietà (2) [da *varietà* (*1*): calco sul fr. *variété*] s. m. *1* Spettacolo leggero composto di canzoni, dialoghi, danze e numeri di attrazione: *numero di v.* *2* Teatro nel quale vengono rappresentati spettacoli di varietà: *andare al v.*

varietàle agg. ● (*agr.*) Che riguarda una o più varietà: *reazione*, *riconversione v.*

variété /fr. varje'te/ s. m. inv. ● Varietà (2).

varifocàle [comp. di *vario* e un deriv. di *fuoco*] agg. ● (*fot.*) Detto di obiettivo mediante il quale si possono realizzare distanze focali differenti.

†**varifórme** [comp. di *vario* e *-forme*; calco sul gr. *poikilómorphos*] agg. ● Di varia forma o figura.

vàrio o †**vàro (3)** [vc. dotta, lat. *vāriu(m)*. V. *vaio* (*1*)] **A** agg. *1* Che è costituito da elementi disuguali ma non contrapposti o discordanti, anzi armonicamente coordinati: *paesaggio v. e piacevole*; *stile*, *ritmo v. e vivace*; *vegetazione varia e lussureggiante*. CONTR. Monotono, uniforme. *2* Di forma, modi, qualità, origini e sim. differenti e molteplici: *piante varie*; *oggetti vari*; *negozio di generi vari*; *oggetti di varia grandezza*; *abiti di varie misure*; *fiori di v. colore*; *mobili di varie epoche*; *avere varie possibilità*; *le varie componenti culturali di un'epoca* | (*fis.*) *Moto v.*, moto di un punto su una traiettoria qualsiasi con accelerazione tangenziale non nulla | (*fis.*) *Moto uniformemente v.*, moto vario di un punto su una traiettoria qualsiasi, nel quale l'accelerazione tangenziale rimane costante nel tempo mentre quella normale può variare. *3* Numeroso: *ho varie cose da fare*; *vari clienti richiedono questo articolo*; *da vari anni lo attendiamo*; *ultimamente l'ho visto varie volte*. *4* Instabile, mutevole, incostante: *tempo v.*; *essere di umore v.* *5* †Diverso, differente: *opinioni varie da tutte le altre*; *convien che varie cose al mondo sia*, / *come son varii volti e v. ingegno* (PULCI). *6* †Multicolore. || **variaménte**, avv. In modo vario: *abito*, *tessuto variamente colorato*. **B** s. m. *1* (*raro*) Varietà: *amare*, *prediligere il v.*, *il molteplice*. *2* Classificazione merceologica del commercio librario, comprendente libri di narrativa e saggistica: *il mercato del v. ristagna*. **C** in funzione di agg. indef. solo pl. ● Disparati, parecchi: *vari autori ne parlano*; *ho ascoltato i pareri di varie persone*; *commercio in generi vari*; *ho provato vari prodotti*. **D** al pl. in funzione di pron. indef. ● Parecchie e disparate persone: *ho scritto a vari e nessuno ha risposto*; *vari dicono che la colpa sia sua* | *Varie*, nel titolo di libri, scritti, miscellanee, rubriche, indica un contenuto disparato, la varietà degli argomenti trattati | *Varie ed eventuali*, formula conclusiva, spec. di ordini del giorno prestabiliti || PROV. Il mondo è bello perché è vario.

variolàto [vc. dotta, lat. tardo *variolātu(m)*. V. *vaiolato*] agg. ● Cosparso di piccole macchie rotonde, simili per la forma alle pustole del vaiolo: *pietre variolate*.

variòmetro [comp. di *vario* e *-metro*] s. m. *1* Strumento per la determinazione di variazioni di una grandezza fisica | *V. gravitazionale*, strumento per la determinazione di variazioni della forza di gravità | *V. magnetico*, strumento per la registrazione di variazioni delle componenti del campo magnetico terrestre. *2* (*aer.*) Strumento che indica le variazioni di quota, e che, opportunamente tarato, misura la velocità verticale di salita e di discesa. ➡ ILL. p. 1293 SPORT. *3* In elettrotecnica, induttore variabile costituito da due bobine mobili, collegate in serie, mutuamente accoppiate.

variopìnto [comp. di *vario* e *pinto*, part. pass. di *pingere* (*2*)] agg. ● Di colori vari e piuttosto vivaci: *farfalle variopinte*; *arazzi variopinti*. CONTR. Monocolore.

varìscico [da *Variscia*, n. latinizzato del distretto di *Voigtland* (Germania)] agg. (pl. m. *-ci*) ● (*geol.*) Ercinico.

varìşmo [comp. di *varo* (*2*) e *-ismo*] s. m. ● (*med.*) Condizione patologica in cui l'asse di un segmento di arto devia in dentro rispetto alla posizione normale.

varistóre [ingl. *varistor*, comp. di *vari(able)* e (*resi)stor*] s. m. ● (*elettr.*) Resistenza che presenta una relazione non lineare fra tensione e corrente.

vàrmetro [comp. di *var* e *-metro*] s. m. ● Strumento che misura in Var una potenza reattiva.

vàro (1) s. m. *1* (*mar.*) Operazione del varare una nave | (*est.*) Nella tecnica delle costruzioni, serie di manovre con cui le travi di grandi dimensioni vengono gettate a piè d'opera e quindi trasportate in sito. *2* (*fig.*) Atto, effetto del varare: *il v. di una legge*, *di un provvedimento*. *3* Nel linguaggio sportivo, nuova formazione di una squadra e la sua prima partecipazione ad un incontro.

vàro (2) [vc. dotta, lat. *vāru(m)* 'che ha le gambe storte in fuori', di etim. incerta] agg. ● (*med.*) Caratterizzato da varismo.

†**vàro (3)** ● V. *vario*.

varóra [comp. di *VAR* o *VAr*, sigla di *v(olt)a(mpere) r(eattivo)* e *ora*] s. m. inv. ● (*elettr.*) Unità di misura dell'energia reattiva; 1 varora è pari a 1 volt · ampere · ora, o anche a 1 watt · ora. SIMB. varh.

varròcchio o **verròcchio** [etim. incerta] s. m. ● (*mil.*) Antica macchina da guerra per scalzare e abbattere mura, costituita da una sorta di argano azionato da quattro uomini.

varroniàno [vc. dotta, lat. *varroniānu(m)*, agg. di *Vārro*, genit. *Varrōnis* 'Varrone'] agg. ● Che riguarda il filologo latino M. T. Varrone (116-27 a.C:): *le etimologie varroniane*.

vàrva [sved. *varv* 'giro, deposito', vc. germ. di origine indeur.] s. f. ● (*geol.*) Sedimento clastico a straterelli chiari e scuri alternati, deposti nelle diverse stagioni, tipico dei laghi periglaciali.

†**varvassìno** ● V. *valvassino*.

†**varvassóre** ● V. *valvassore*.

Vas [sigla di *v(edetta) a(nti)-s(ommergibile)*] s. m. ● Vedetta antisommergibili usata nella seconda guerra mondiale: *essere imbarcato su un Vas*.

vaşàio o (*dial.*) **vaşàro**. s. m. *1* Artigiano che fabbrica vasi di terracotta, ceramica e sim.: *la ruota del v.* *2* Chi vende vasi di terracotta.

vaşàle agg. ● (*anat.*) Relativo a vaso sanguigno o linfatico: *labilità v.*

†**vaşàme** [comp. di *vaso* e *-ame*] s. m. ● Vasellame.

vaşàro ● V. *vasaio*.

vàsca [ricavato dal lat. *vāscula*, pl. di *vāsculum*, dim. di *vās* 'vaso'] s. f. *1* Costruzione in muratura, cemento, lamiera o altro, incassata nel suolo o da esso sporgente, destinata a contenere acqua o altri liquidi, per uso domestico o industriale: *v. da bagno*; *la v. del bucato*; *al centro del cortile sta una v. che raccoglie l'acqua piovana*; *la v. del mosto*, *del vino*; *la v. dei pesci* | *V. elettrolitica*, contenente un liquido elettrolita di debole conduttività ed elettrodi che creano un campo elettrico, usata per applicazioni varie | *V. di tintoria*, tino | *V. di chiarificazione*, *di sedimentazione*, *di deposito*, in varie tecnologie, quella in cui viene fatto passare il liquido a velocità molto ridotta, per far depositare le sostanze da esso trasportate | *V. navale*, nei cantieri navali, bacino in cui si compiono esperimenti con modelli di natanti. *2* Tazza o bacino di fontana: *giardino con v.* *3* Piscina | *Fare una v.*, nel linguaggio dei nuotatori, percorrere in un senso la lunghezza della piscina, per allenamento: *fare sei vasche nuotando sul dorso*; (*fig.*) fare la passeggiata domenicale o serale lungo la via principale di paesi o città di provincia. ‖ **vaschétta**, dim. (V.) | **vaschina**, dim. | **vascóna**, accr. | **vascóne**, accr. m.

vascellino agg. *1* Dim. di *vascello*. *2* Botticella in legno di ginepro, per la stagionatura dell'aceto balsamico.

vascèllo o †**vassèllo** [lat. tardo *vascĕllu(m)* 'vasetto', dim. di *vāsculum*, a sua volta dim. di *vās* 'vaso'] s. m. *1* (*mar.*) Nave | Grande nave da guerra a tre ponti, tre alberi altissimi, 80 e più pezzi di artiglieria e moltissime vele, in uso dalla fine del XVI sec. fino alla prima metà del XIX sec.: *v. di linea* | *Sottotenente, tenente, capitano di v.*, nella marina militare, gradi corrispondenti rispettivamente a tenente, capitano e colonnello dell'esercito | *Ufficiali di v.*, nella marina militare, tutti gli ufficiali del corpo di stato maggiore. *2* (*dial.*) Tino, botte a doghe. *3* (*raro, fig.*) Persona molto grossa. ‖ **vascellétto**, dim. | **vascellino**, dim. (V.).

vaschétta s. f. *1* Dim. di *vasca*. *2* Contenitore, usato spec. per la vendita di prodotti alimentari, di forma parallelepipeda, senza coperchio, realizzato in cartoncino o pasta di cellulosa, che viene avvolto assieme al contenuto in una pellicola di materiale plastico. ‖ **vaschettina**, dim.

vascolàre o †**vasculàre** [dal lat. *vāsculum*. V. *vascolo*] agg. *1* (*anat.*) Vasale | *Sistema v.*, complesso dei vasi sanguigni. *2* (*bot.*) *Tessuto v.*, tessuto vegetale costituito da cellule morte che formano un sistema di tubi per il trasporto dell'acqua e delle soluzioni dalle radici alle foglie. *3* Che si riferisce ai vasi di terracotta: *arte v.*; *pitture vascolari etrusche*.

vascolarizzàto [da *vascolare*] agg. ● Ricco di vasi sanguigni: *tessuto v.*

vascolarizzazióne [da *vascolare*] s. f. ● (*anat.*) Distribuzione dei vasi sanguiferi in un tessuto | Irrorazione sanguigna dello stesso.

vàscolo [vc. dotta, lat. *vāsculu(m)*, dim. di *vās* 'vaso'] s. m. ● Recipiente metallico usato dai botanici per la raccolta delle erbe.

vascolopatia [comp. del lat. *vāsculum*, dim. di *vās* 'vaso' e *-patia*] s. f. ● (*med.*) Qualsiasi malattia dei vasi sanguigni.

vascolóso [dal lat. *vāsculum*. V. *vascolo*] agg. ● (*anat.*) Munito di vasi.

†**vasculàre** ● V. *vascolare*.

vasculìte [comp. del lat. *vāsculum* (V. *vascolo*) e del suff. *-ite*] s. f. ● (*med.*) Infiammazione dei vasi sanguigni.

†**vàse** ● V. *vaso*.

vasectomia [comp. di *vaso* ed *-ectomia*] s. f. ● (*med., chir.*) Taglio e legatura dei dotti deferenti, a scopo di sterilizzazione maschile. SIN. Vasoresezione.

vasectomizzàre [da *vasectomia*] v. tr. ● Sottoporre a vasectomia.

vasectomizzàto part. pass. di *vasectomizzare*; anche agg. ● Nei sign. del v.

vaselina o (*pop.*) **vaselina** [fr. *vaseline*, dall'anglo-amer. *vaseline*, comp. del ted. *Wasser* 'acqua' (vc. germ. di origine indeur.) e del gr. *élaion* 'olio d'oliva' (V. *olio*), col suff. *-ine* '-ina', caratteristico dei medicinali] s. f. ● Sostanza semisolida, filante, di consistenza d'unguento, ottenuta dai residui della distillazione del petrolio, usata in profumeria e in farmacia come eccipiente per pomate e unguenti, e nell'industria come lubrificante.

†**vasellàggio** [da *vasello*] s. m. ● Vasellame.

†**vasellàio** o †**vasellàro** [da *vasello*] s. m. ● Vasaio.

vasellàme [comp. di *vasello* e *-ame*] s. m. ● Insieme di piatti, vassoi, tazze e sim. per la mensa, spec. se di valore: *v. d'argento*.

†**vasellaménto** s. m. ● Vasellame.

†**vasellàro** ● V. †*vasellaio*.

†**vasellière** [da *vasello*] s. m. ● Vasaio.

vasellina ● V. *vaselina*.

vasèllo [dim. di *vaso*] s. m. *1* Vasetto metallico contenente l'acqua con la quale il sacerdote cattolico, durante la liturgia della messa, si purifica le dita prima di toccare le specie eucaristiche. *2* (*lett.*) †Vaso, spec. per la mensa | (*fig.*) Persona, in quanto colma di particolari vizi o virtù | (*fig.*) †*Natural v.*, utero. *3* (*lett.*) †Vascello. ‖ **vasellétto**, dim. | **vasellino**, dim. | **vasellùzzo**, dim.

vaserìa [da *vaso*] s. f. ● (*raro*) Assortimento di vasi, spec. da giardino.

vasistas /fr. vazis'tas/ [vc. fr., dall'espressione ted. *Was ist das?* 'che cosa è ciò?', n. scherzoso dato a questo tipo di apertura, attraverso la quale ci si può rivolgere a qualcuno] s. m. inv. ● Battente, girevole intorno al suo lato inferiore, posto nella parte alta di alcune finestre per consentire la ventilazione.

vàso o †**vàse** [lat. *vāsu(m)* (più comunemente *vās*), di etim. incerta] s. m. (pl. *vasi*, m., †*vasa*, f.) *1* Recipiente di terracotta, vetro, metallo o altro materiale, di forma tondeggiante e varia, gener. più largo alla bocca che alla base: *v. di rame*, *di porcellana*; *v. con due anse*; *vasi greci*, *corinzi*, *etruschi*; *antichi vasi decorati* | *Portar vasi a Samo*, (*fig.*) fare q.c. di totalmente inutile | *Vasi vinari*, tini, botti, barili, bigonce | *V. da notte*, orinale, pitale | *V. da fiori*, in terracotta, ricolmo di terra e forato alla base, per coltivarvi piante, oppure in cristallo o altro per collocarvi fiori recisi | *V. di coccio*, (*fig.*) persona debole e pavida o priva di difese | *V. di Pandora*, (*fig.*) ricettacolo di tutti i mali o combinazione nefasta di guai, calamità e sim., dal mitico recipiente che Pandora ebbe in dono da Zeus | *Vasi sacri*, calice, pisside, ostensorio, ciborio | (*fig.*) *V. d'elezione*, *v. dello Spirito Santo*, (*per anton.*) San Paolo, su cui Dio pose la sua scelta per la propagazione della fede | *A v.*, a forma di vaso | *Potatura a v.*, forma libera di allevamento di alberi da frutta, quali pesco, mandorlo, pero, melo. *2* Contenitore cilindrico, normalmente di vetro, a larga imboccatura, per prodotti alimentari, chimici, farmaceutici: *un v. per marmellata*, *per ciliegie sottospirito*, *per sottaceti* | (*fis.*) *V. di Dewar*, recipiente di vetro a doppia parete, con intercapedine isolante, usato per conservare l'aria liquida o altri gas liquefatti. SIN. Barattolo. *3* (*est.*) Quantità di sostanza contenuta in un vaso: *un v. d'acqua*, *di terra*. *4* Parte della latrina che accoglie i rifiuti, provvista in genere di sifone | *V. all'inglese*, con sedile costituito da una tavoletta di legno o plastica. *5* (*anat.*) Condotto tubulare attraversato da sangue o linfa: *vasi sanguigni*, *linfatici* | (*bot.*) Canale atto alla circolazione dei liquidi in un vegetale: *vasi laticiferi* | (*bot.*) *V. aperto*, trachea | (*bot.*) *V. chiuso*, tracheide. *6* (*arch.*) *V. di capitello*, parte del capitello foggiata a vaso, come quella a foglie d'acanto nei capitelli corinzi. *7* (*mar.*) Invasatura, serie di travature che formano il letto del naviglio, prima del varo. *8* (*fis.*) *V. comunicante*, recipiente in comunicazione con un altro | *Principio dei vasi comunicanti*, quello secondo il quale uno stesso liquido raggiunge al loro interno un medesimo livello di equilibrio. ‖ **vasèllo**, dim. (V.) | **vasétto**, dim. | **vasino**, dim. | **vasóne**, accr. | **vasòtto**, accr.

vasocostrittóre [comp. di *vaso* e *costrittore*] **A** agg. (f. *-trice*) ● Detto di farmaco che agisce diminuendo il calibro dei vasi. **B** s. m. ● Farmaco o sostanza che provocano vasocostrizione.

vasocostrizióne [comp. di *vaso* e *costrizione*] s. f. ● (*med.*) Riduzione di calibro dei vasi sanguigni.

vasodilatatóre [comp. di *vaso* e *dilatatore*] **A** agg. (f. *-trice*) ● Detto di farmaco che agisce dilatando i vasi sanguigni. **B** s. m. ● Farmaco o sostanza che provocano vasodilatazione.

vasodilatazióne [comp. di *vaso* e *dilatazione*] s. f. ● (*med.*) Aumento di calibro dei vasi sanguigni.

vasomotilità [comp. di *vaso* e *motilità*; *motilità* è un adattamento dell'ingl. *motility* 'capacità di movimento', da *motile* 'capace di movimento', deriv. dal lat. *mōtus*, part. pass. di *mōvere* 'muovere'] s. f. ● (*anat.*) Capacità dei vasi di contrarsi o dilatarsi.

vasomotóre [comp. di *vaso* e *motore*] agg. ● Che presiede alla contrazione o dilatazione dei vasi: *nervo*, *farmaco v.*

vasomotòrio [comp. di *vaso* e *motorio*] agg. ● Della, relativo alla vasomotilità.

vasomotricità [comp. di *vaso* e un deriv. di *motrice*] s. f. ● (*raro*) Vasomotilità.

vasopressina [comp. di *vaso*(*costrizione*) e *press*(*ione sanguigna*)] s. f. ● Ormone del lobo posteriore dell'ipofisi avente azione vasocostrittrice-ipertensiva e antidiuretica. SIN. Pitressina.

vasoresezióne [comp. di *vaso* e *resezione*] s. f. ● Vasectomia.

vasospàsmo [comp. di *vaso* e *spasmo*] s. m. ● (*med.*) Angiospasmo.

vasotonina [comp. di *vaso* e *tono* (*1*), col suff. *-ina*] s. f. ● (*med.*) Sostanza che aumenta il tono vasale provocando contrazione o spasmo.

vassallàggio [da *vassallo*, sul modello del fr. *vasselage*] s. m. *1* Nella società feudale, contratto in base al quale un uomo libero si assoggettava a un signore il quale si impegnava a proteggerlo. *2* (*fig.*) Condizione di asservimento, soggezione e sim. SIN. Sudditanza. *3* †Servizio | *Fare v.*, prestare servizio. *4* (*raro, lett.*) Moltitudine di vassalli: *tutto il v. era colà riunito*. *5* (*fig.*) †Valore.

vassallàtico o (*raro*) **vassallitico**. agg. (pl. m. *-ci*) ● Di, relativo a vassallo o a vassallaggio: *feudi vassallatici*.

vassallésco agg. (pl. m. *-schi*) ● Da vassallo: *omaggio v.*

vassallitico ● V. *vassallatico*.

vassàllo [lat. mediev. *vassăllu(m)*, da *vāssus* 'servo', vc. di origine celtica] **A** s. m. (f. *-a*) *1* Nella società feudale, uomo libero che si assoggettava a un signore mediante vassallaggio. *2* (*est.*) Suddito, sottoposto (*anche fig.*): *radunare i propri vassalli*; *li tratta come tanti vassalli*. *3* (*raro, lett.*) Servo, sguattero. **B** in funzione di agg. ● Che dipende da, che è soggetto a qc.: *nazione vassalla di una grande potenza*; *sfruttare i paesi vassalli*.

†**vassèllo** ● V. *vascello*.

vassoiàta s. f. *1* Quantità di oggetti che sono o possono essere contenuti da un vassoio: *una v. di confetti*. *2* (*raro*) Colpo di vassoio.

vassóio [etim. discussa: da *vassoio* 'vaglio', dal lat. parl. **versōriu(m)*, da *vĕrsus*, part. pass. di *vĕrrere* 'spazzare' (in questo caso 'ammassare il grano'), di origine indeur. (?)] s. m. *1* Grande piatto in vario materiale (argento, porcellana, legno, plastica ecc.), con bordo rilevato, generalmente di forma ovale o tonda, usato per trasportare piatti e bicchieri, servire vivande o rinfreschi, contenere servizi da tè o caffè, lettere, dolciumi o altro | (*est.*) Il contenuto del vassoio: *ci siamo mangiati un v. di paste*. *2* (*tosc.*) Arnese di legno, rettangolare e con sponde, per mondare castagne o biade. *3* Sparviero (1), nel sign. 2. ‖ **vassoiétto**, dim. | **vassoino**, dim.

†**vastàre** [vc. dotta, lat. *vastāre* 'render vuoto', da *vāstus* 'vuoto, spopolato', poi 'vasto'] v. tr. ● Devastare, distruggere.

vastasàta [dalla vc. dial. *vastaso* 'facchino'. V. *bastagio*] s. f. ● Farsa popolare siciliana del XVIII sec.

vastàso ● V. *bastagio*.

†**vastatóre** [vc. dotta, lat. *vastatōre(m)*, da *vastātus*, part. pass. di *vastāre*] s. m.; anche agg. (f. *-trice*) ● Devastatore.

†**vastazióne** [vc. dotta, lat. *vastatiōne(m)*, da *vastātus*, part. pass. di *vastāre*] s. f. ● Devastazione.

vastézza s. f. ● (*raro*) Vastità.

vastità [vc. dotta, lat. *vastitāte(m)*, da *vāstus* 'vasto'] s. f. ● Qualità di ciò che è vasto: *la v. del mare, del cielo*; *la v. dello scibile*; *ammiro la v. del vostro ingegno*; *la v. dell'argomento da trattare non ci consente di essere brevi*. SIN. Ampiezza.

vàsto [vc. dotta, lat. *vāstu(m)* 'vuoto, spopolato', poi 'vasto', di origine indeur.] **A** agg. *1* Di grande estensione: *oceano*, *cielo*, *deserto v.*; *un v. territorio*; *sala vasta e luminosa*; *un v. orizzonte si apriva dinanzi ai suoi occhi*. SIN. Ampio, spazioso. *2* (*fig.*) Detto di atteggiamento, fenomeno, situazione, sentimento e sim., particolarmente accentuato, rilevante, importante e sim.: *il v. silenzio della notte*; *di lontano per lo v. buio / i cani rispondevano ululando* (PARINI) | *Idee vaste*, grandiose | *Enciclopedia vasta*, ricca di nozioni | *Di vasta cultura*, molto colto: *uomo di vasta cultura* | *Di vaste vedute*, aperto, privo di pregiudizi e sim. | *Di vaste proporzioni*, detto di cosa molto estesa, molto grave, molto importante e sim.: *incendio, rivolta, sommossa, riforma di vaste proporzioni* | *Di vasta portata*, molto importante, gravido di conseguenze e sim.: *fenomeno di vasta portata* | *Su vasta scala*, in grandi proporzioni: *commercio effettuato su vasta scala*. ‖ **vastamén-**

te, avv. In modo vasto, con vastità. **B** s. m. ● (*anat.*) Voluminosa formazione muscolare degli arti | *V. mediale, laterale*, nel braccio, porzione del muscolo tricipite; nella coscia, porzione del muscolo quadricipite. ➡ ILL. p. 362 ANATOMIA UMANA.

vàte [vc. dotta, lat. *vāte(m)*, di origine indeur.] s. m. **1** (*lett.*) Indovino | Poeta che pare animato da spirito profetico. **2** Poeta di alta ispirazione: *io, / v. d'Italia a la stagion più bella, / in grige chiome / oggi ti canto* (CARDUCCI) | *Il sommo v.*, (*per anton.*) Dante.

vatèria [da A. *Vater*, botanico ted. del XVII sec.] s. f. ● Albero tropicale di una famiglia affine alle Guttifere dal cui seme si ricava un grasso chiamato 'sego del Malabar' (*Vateria*).

vaticanista [comp. di *Vatican(o)* e *-ista*] s. m. e f. (pl. m. *-i*) **1** Giornalista, studioso, esperto dell'attività religiosa e politica e dell'organizzazione del Vaticano. **2** Chi, in politica anche non religiosa, segue le direttive del Vaticano e ne sostiene le iniziative.

vaticàno [vc. dotta, lat. *Vaticānu(m) mŏntem*, vc. di origine etrusca] **A** agg. **1** Della città del Vaticano e dello Stato omonimo: *territorio v.*; *palazzi vaticani*. **2** Della Santa Sede: *il governo v.* **B** s. m. **1** Correntemente, governo temporale della Chiesa Cattolica: *la politica del v.* **2** (*fam.*) Grande edificio con numerose stanze.

vaticinàre [vc. dotta, lat. *vaticināri*, da *vātes* 'vate'] v. tr. (*io vaticìno* o *vatìcino*) ● Predire, indovinare, profetizzare: *v. una guerra, la vittoria, una sventura*.

vaticinatóre [vc. dotta, lat. *vaticinatōre(m)*, da *vaticinātus*, part. pass. di *vaticināri* 'vaticinare'] s. m.; anche agg. (f. *-trice*) ● (*lett.*) Chi, che vaticina. SIN. Indovino, profeta.

vaticinazióne [vc. dotta, lat. *vaticinatiōne(m)*, da *vaticinātus*, part. pass. di *vaticināri* 'vaticinare'] s. f. ● Atto, effetto del vaticinare. SIN. Profezia, predizione.

vaticìnio [vc. dotta, lat. *vaticĭniu(m)* (nel lat. classico normalmente adoperato al pl.), in rapporto a *vaticināri*, come *lenocĭnium* a *lenocināri*, *patrocĭnium* a *patrocināri*, ecc.] s. m. **1** Profezia, predizione solenne: *il v. s'è avverato*. **2** Scienza del vaticinare. SIN. Divinazione.

†**vatìcino** [vc. dotta, lat. *vatĭcinu(m)*, da *vaticināri* 'vaticinare'] s. m. ● Indovino.

vattelappésca o (*raro*) **vàttel a pésca**, (*raro*) **vàttel'a pésca**, (*evit.*) **vattelapésca** /vattela'peska, vattelap'peska/ [da una forma dial. *vattelo a pesca* 'vattelo a pescare'] avv. ● (*fam.*) Vallo a indovinare, va' tu a saperlo, chissà (esprime incertezza, dubbio, ignoranza assoluta e sim.): *v. come si chiama*; *v. dove sarà!*

vauchèria /voʃ'ʃɛrja, vau'kɛrja/ [chiamata così in onore del botanico ginevrino J. P. *Vaucher* (1763-1841)] s. f. ● Alga filamentosa delle Sifonali, che vive in acqua dolce e sul terreno umido ove forma praterie di colore verde scuro (*Vaucheria*).

vàuda [dal longob. *wald* 'bosco'. V. *gualdo*] s. f. ● (*dial., sett.*) Baraggia.

vaudeville /fr. vod(ə)'vil/ [vc. fr., di etim. discussa: deformazione di un precedente *vaudevire*, da *Vau de Vire*, n. di una regione del Calvados in cui le canzoni ebbero successo nel XV sec. (?)] s. m. inv. **1** Canzone moralistico-satirica in forma condensata ed epigrammatica. **2** Genere teatrale leggero, misto di parti recitate e cantate, sorto in Francia nei primi decenni del sec. XIX e continuato fino agli inizi del XX. **3** Tipo di teatro di varietà in voga negli Stati Uniti fra la fine del XIX sec. e gli inizi del XX.

vavórna [forma pop. di *viburno*] s. f. ● (*bot.*) Lantana.

ve /ve/ [V. *vi* (*1*)] **A** pron. pers. atono di seconda pers. m. e f. pl. (forma che il pron. e avv. *vi* assume davanti ai pron. atoni *la, le, li, lo* e alla particella *ne*) **1** A voi (come compl. di termine in posizione sia encl. sia procl.): *ve ne parlerò*; *cosa ve ne importa?*; *non ve lo posso dare*; *ve li spedirò al più presto*; *verrò io stesso a portarveli*; *desidero parlarvene*. **2** Voi (come compl. ogg. in posizione sia encl. sia procl.): *vorrei farvene convinti* | Nella coniug. dei v. intr. pron.: *ve ne pentirete*. **3** (*pleon.*) Con valore raff. e ints.: *vedetevela da soli*; *ve lo immaginate che risate?*; *potete andarvene*; *cercate di ricordarvelo*. **B** avv. ● Là, lì, nel luogo di cui si parla: *prese uno sgabello e ve li appoggiò*; *non ve n'è più nemmeno uno* | †Anche encl.: *sonvene molti*.

ve' /ve/ o **veh** [da *ve(di)*] inter. **1** Si usa, con il sign. di 'bada', per rafforzare un avvertimento, una raccomandazione, un ammonimento, una minaccia e sim.: *attento, ve', che cadi!*; *studia, ve'!*; *non provarti a disubbidirmi, veh!* **2** Si usa per rafforzare un'affermazione o una negazione: *sì, ve'*, *è proprio vero*; *no, ve', che non lo farò!*; *è buono ve' questo vino*. **3** Esprime meraviglia, stupore, ammirazione e sim.: *Veh!, che bello!*; *com'è grande, ve'!*; *ve' che non par che luca / lo raggio da sinistra a quel di sotto* (DANTE *Purg.* V, 4-5).

've /ve*, ve/ ● V. *ove*.

vècchia [f. di *vecchio*] s. f. ● Donna molto avanzata in età: *una v. brutta e grinzosa* | (*per anton.*) La Befana | *V. carampana*, (*sett.*) meretrice; (*pop.*) vecchia brutta e sfatta. || **vecchiàccia**, pegg.

vecchiàia [da *vecchio*] s. f. **1** L'età avanzata della vita, caratterizzata da decadimento delle funzioni organiche e atrofia di organi e tessuti: *tarda v.*; *i malanni, gli acciacchi, gli incomodi della v.*; *v. precoce* | *Pensare alla v.*, fare economia per disporre di mezzi economici quando non si potrà più guadagnare | *Bastone della v.*, (*fig.*) persona che è di aiuto e sostegno a una persona anziana, spec. a un parente | *Indice di v.*, rapporto fra l'ammontare della popolazione in età senile e l'ammontare della popolazione in età infantile e giovanile. CONTR. Giovinezza. **2** Persone vecchie, intese in quanto gruppo, categoria e sim.: *rispettare la v.*; *aver riguardi per la v.* **3** †Vecchiume.

vecchiàrdo [da *vecchio*, sul modello di *vegliardo*] s. m. (f. *-a*) **1** Persona vecchia: *un canuto v.* **2** (*lett.*) Vecchio malizioso: *Susanna e i vecchiardi*.

†**vecchiàre** [da *vecchio*] v. intr. ● (*raro*) Invecchiare.

vecchiarèllo ● V. *vecchierello*.

vecchiàta [da *vecchio*] s. f. **1** Scappatella di persona vecchia: *fare una v.* **2** †Usanza antica, vecchia.

†**vecchìccio** agg. ● Che ha del vecchio.

†**vecchieréccio** o †**vecchiericcio**. agg. ● Piuttosto vecchio.

vecchierèllo o **vecchiarèllo**. s. m. (f. *-a*) **1** Dim. di *vecchio*. **2** Vecchietto debole, quieto, buono: *muovesi il vecchierel canuto e bianco* (PETRARCA). || **vecchierellìno**, dim.

†**vecchierìccio** ● V. †*vecchiereccio*.

vecchiétto s. m. (f. *-a*) **1** Dim. di *vecchio*. **2** Anziano arguto, simpatico: *un arzillo v.* || **vecchiettìno**, dim.

vecchiézza s. f. **1** Condizione di chi è vecchio: *v. sana, prospera, fiorente, valida*; *una triste v.* | Vecchiaia: *vivere fino all'estrema v.*; *di v. / la detestata soglia / evitar non impetro* (LEOPARDI). **2** (*raro*) Qualità di ciò che è vecchio (*anche fig.*): *mobile di grande v.*; *sono pagine che rivelano la loro v.* **3** I vecchi stessi: *dar fede alla v.*; *rispettare la v.*

vecchìle agg. ● (*raro, lett.*) Di vecchio.

vècchio (**1**) [lat. tardo *vĕclu(m)*, da un precedente **vĕtlu(m)*, per il classico *vĕtulu(m)*, dim. di *vĕtus* 'vecchio'] **A** agg. **1** Di persona che ha molti anni di vita, che è nel periodo della vecchiaia: *essere v.*; *un gruppo di vecchie comari* | *Essere più v. di Noè, di Matusalemme*, (*fig.*) essere vecchissimo | *Essere più, meno v. di qc.*, essere maggiore, minore di età | (*est.*) Che ha i caratteri propri della vecchiaia, che è privo di freschezza, prestanza, innocenza e, più gener. delle doti fisiche e spirituali proprie della giovinezza: *viso v.*; *sentirsi v.*; *è giovane di età ma v. di spirito* | *Un bambino già v., nato v.*, che sa troppo, per la sua età. SIN. Anziano. CONTR. Giovane. **2** Più anziano, nato prima, quando si vogliano distinguere due personaggi dello stesso nome e di diversa età: *Plinio il v.*; *Palma il v.* | *Il v.*, appellativo usato affettuosamente per un atleta che gareggia ancora, pur avendo superato i normali limiti di età. **3** Di ciò che è nato o sorto da molto tempo: *animale v.*; *una vecchia quercia* | *Vigna vecchia*, piantata da almeno trent'anni | *Luna vecchia*, nell'ultimo quarto | *Rami vecchi*, inariditi | (*est.*) Detto di prodotto maturo, stagionato: *formaggio, vino, legno v.* | (*est.*) Detto di prodotto agricolo o alimentare che risale all'anno precedente: *salame, grano v.* **4** (*est.*) Di un tempo, d'altri tempi, di un periodo precedente o di molti anni prima, spec. in contrapposizione a nuovo: *una vecchia chiesa*; *il vecchio mercato si trovava qui*; *il v. sindaco* | *Una vecchia notizia*, saputa da tempo | Antico: *una città molto vecchia*; *le vecchie mura*; *il v. testamento* | *Vecchio stile*, detto di ciò che è un po' fuori dal suo tempo: *un signore v. stile*; *abito v. stile* | *Vecchio stampo*, (*fig.*) che corrisponde a uno stile, a un modello d'altri tempi: *un gentiluomo v. stampo*. **5** (*est., fig.*) Che risale a molti anni addietro, che dura da molto tempo, inveterato: *una vecchia abitudine*; *un v. vizio*; *una vecchia malattia* | *Vecchia storia*, (*fig.*) cosa che si sente, si ripete e sim. da anni | (*est.*) D'antica data: *una vecchia amicizia*; *una vecchia offesa non vendicata*; *l'ultimo esponente della vecchia nobiltà cittadina* | *La vecchia guardia*, i fedeli della prima ora: *la vecchia guardia muore ma non si arrende* | *Il v. Adamo*, (*fig.*) l'antico peccato di origine o l'inclinazione all'errore della natura umana | *Una vecchia conoscenza*, persona che si conosce da tempo | *Una vecchia conoscenza della polizia*, (*scherz.*) un malfattore ben noto. **6** (*fig.*) Trito, vieto, superato: *leggi, usanze vecchie*; *vecchi principi*. **7** (*fig.*) Usato, portato da tempo e ormai logoro per l'uso: *abito v.*; *scarpa vecchia* | *Roba vecchia*, oggetti, suppellettili e sim. usati. SIN. Frusto, logoro. **8** (*fig.*) Cauto, prudente, esperto | *Vecchia volpe*, (*fig.*) persona scaltrita dall'esperienza, astutissima | (*fig.*) Provetto in un'arte, professione, mestiere e sim.: *un v. maestro* | *Essere v. del mestiere*, praticarlo da tempo ed essere quindi molto abile. **9** (*scherz.*) †Grande: *so ch'egli ebbe di vecchie paure* (PULCI). **B** s. m. (f. *-a* (V.)) **1** Persona vecchia: *i vecchi e i giovani*; *un v., bianco per antico pelo* (DANTE *Inf.* III, 83); *la sapienza, la prudenza dei vecchi*; *ospizio dei vecchi*; *un v. cadente, decrepito* | (*fam.*) *I miei vecchi*, (*fam.*) i miei genitori | (*al pl.*) Gli antichi, i predecessori, gli antenati o, gener., gli uomini delle generazioni precedenti: *i nostri vecchi avevano ragione*; *i vecchi lo dicevano* | *Grande v.*, noto personaggio, ormai anziano, che eccelle nella propria attività: *il grande v. del cinema italiano*; negli anni Settanta, ipotetico personaggio a capo delle organizzazioni terroristiche. **2** (*solo sing.*) Ciò che è trito, vieto, disusato e sim.: *abolire il v.*; *sostituire il v. col nuovo*. || **vecchiàccio**, pegg. | **vecchicciuòlo**, dim. | **vecchiarèllo**, **vecchierèllo**, dim. (V.) | **vecchiétto**, dim. (V.) | **vecchìno**, dim. | **vecchióne**, accr. (V.) | **vecchiùccio**, **vecchiùzzo**, dim.

†**vécchio** (**2**) [lat. *vĭtulu(m marīnum)* 'vitello marino'. V. *vitello*] s. m. ● (*lett.*) Foca, solo nella loc. *v. marino*.

vecchióne [i 'marroni' sono detti così perché hanno la pelle grinzosa come i *vecchi*] s. m. (f. *-a* nel sign. 1) **1** Accr. di *vecchio*. **2** (*spec. al pl., fig.*) Marroni secchi e cotti nel vino col guscio | (*tosc.*) Marroni lasciati seccare col guscio, senza essere cotti nel vino.

vecchiòtto A agg. ● Alquanto vecchio: *essere v.*; *una casa vecchiotta* | (*fig.*) Antiquato, disusato: *son cose piuttosto vecchiotte*. **B** s. m. (f. *-a*) ● Uomo vecchio ma prestante, robusto e sim.: *un bel v.*

†**vecchitùdine** [da *vecchio*, sul modello di s. come *beatitudine*] s. f. ● Vecchiezza.

vecchiùme [da *vecchio*] s. m. **1** (*spreg.*) Insieme di cose vecchie: *liberatemi da tutto questo v.* SIN. Ciarpame. **2** (*fig., spreg.*) Insieme di idee, principi, usanze e sim., viete, trite, superate.

véccia [lat. *vĭcia(m)*, di etim. incerta] s. f. (pl. *-ce*) ● Pianta erbacea delle Leguminose, buona foraggera, con foglie pennate terminate da un cirro e fiori ascellari (*Vicia sativa*).

vecciarìno [da *veccia*] s. m. ● Piccola leguminosa erbacea, comune nei luoghi selvatici, con fiori variopinti (*Coronilla varia*). SIN. Erba ginestrina.

vecciàto agg. ● Mescolato con veccia | *Pane v.*, di farina di grano e veccia.

vecciòla s. f. ● (*bot.*) Veccia selvatica.

veccióne [da *veccia*] s. m. ● (*bot.*) Latiro.

veccióso agg. ● Che contiene molta veccia: *gra-*

no v. | Vecciato.

vecciùle [da *veccia*, sul modello di *favule*] s. m. ● (*lett.*) Gambo della veccia segata.

véce o †**vice** (2) [lat. *vĭce(m)*, di origine indeur.] s. f. **1** (*lett.*) Vicenda, mutamento: *quando con v. assidua / cadde risorse e giacque* (MANZONI). **2** (*spec. al pl.*) Funzione, mansione, ufficio, spec. nella loc.: *fare le veci di qc.*, esercitarne le funzioni, sostituirlo in un ufficio: *fare le veci del sindaco, del preside*; *firma del padre o di chi ne fa le veci*. **3** Nella loc. prep.: *in v. di*, al posto di | *In v. mia, tua, sua*, o *in mia, tua, sua v.*, al posto mio, tuo, suo | †*In v. di*, in forme, in sembianze di: *si presentò in v. di ortolano* | *In quella v.*, in cambio | V. anche *invece*.

†**vececónte** ● V. †*viceconte*.

†**veceré** ● V. *vicerè*.

†**vecòrde** [vc. dotta, lat. *vecŏrde(m)*, comp. della particella peggiorativa *ve-* e *cŏr*, genit. *cŏrdis* 'cuore'] agg. ● Dappoco, vile.

Vèda /'veda, *sanscrito* 've:da/ [sanscrito *veda*, sost. di *veda* 'io so', di origine indeur.] s. m. inv. ● (*relig.*) Ciascuna delle quattro raccolte di testi religiosi e poetici, che costituiscono i primi documenti letterari dell'India, scritti in sanscrito arcaico.

vedènte **A** part. pres. di *vedere*; anche agg. **1** Nei sign. del v. **2** (*raro*) *Lui v.*, in sua presenza. **B** s. m. e f. ● Chi vede, chi ha la sensazione visiva | *Non v.*, (*euf.*) cieco: *assistenza ai non vedenti*.

vedére [lat. *vidēre*, di origine indeur.] **A** v. tr. (pres. *io védo*, lett. *véggo*, poet. †*véggio*, *tu védi*, †*véi*, †*ve'*, *egli véde*, *noi vediàmo*, poet. †*veggiàmo*, dial. †*vedémo*, *voi vedéte*, *essi védono*, lett. *véggono*, poet. †*véggiono*; imperf. *io vedévo*, poet. *vedéva*, †*vedìa*; fut. *io vedrò*, poet. †*vederò*, *tu vedrài*, poet. †*vederài*; pass. rem. *io vìdi*, poet. †*vedètti*, poet. †*vedéi*, †*véddi*, †*vìddi*, *tu vedésti*, *egli vìde*, †*vedètte*, *noi vedémmo*, †*vìddimo*, *voi vedéste*, *essi vìdero*, poet. †*vedèttero*, †*vedérono*, †*vìdono*; congv. pres. *io véda*, poet. *végga*, poet. †*véggia* ... *noi vediàmo*, poet. †*veggiàmo*, *voi vediàte*, poet. †*veggiàte*, *essi védano*, poet. *véggano*, poet. †*véggiano*; condiz. pres. *io vedrèi*, †*vederèi*, *tu vedrésti*, †*vederésti*; imp. pres. *védi*, †*ve'*, *vedéte*; ger. *vedèndo*, poet. †*veggèndo*; part. pres. *vedènte*, o *veggènte*; part. pass. *visto* o *vedùto*, †*viṣo*) **1** Percepire con gli occhi la realtà concreta (*anche ass.*): *v. il sole, la luna, le stelle*; *v. chiaramente gli oggetti*; *v. in modo confuso*; *v. un viso amico*; *non ho visto in tempo l'ostacolo*; *li ho visti cadere ad uno ad uno*; *lo abbiamo visto così malandato che ci ha fatto veramente pena*; *vedi che razza di amici hai?*; *di qui si vede un panorama stupendo*; *non riesco a v. nulla per colpa della nebbia* | *V. coi propri occhi*, assistere direttamente a q.c. | *L'ho visto io, l'ho visto con questi occhi*, per confermare e garantire la veridicità di quanto si asserisce | *L'ho visto nascere*, (*fig.*) l'ho accudito fin dal primo giorno di vita | (*fig.*) *La casa, la terra* e sim. *che lo ha visto nascere*, dove è nato | *V. la luce*, nascere, detto di persona; (*fig.*) giungere a compimento, detto di cosa | (*raro*, *fig.*) *V. il giorno*, arrivare a tempo | (*fig.*) *Non v. il giorno, l'ora, il momento* e sim., essere estremamente impaziente, desideroso e sim.: *non vedo l'ora di finire, di arrivare, di conoscerlo* | *V., vederci*, avere il senso della vista (*anche ass.*) | *Non v.*, *non vederci*, essere in parte o totalmente privo della vista | *V., vederci poco, male*, o *poco e male*, non distinguere bene | (*ass.*) *Qui non ci si vede*, c'è troppo buio | (*ass.*, *fig.*) *Non vederci per la fame*, essere affamato oltre ogni dire | (*ass.*) *Vederci senza occhiali*, avere un'ottima vista; (*fig.*) accorgersi di tutto, non lasciarsi sfuggire nulla | (*ass.*) *V., vederci da un occhio, da un solo occhio*, disporre di un solo organo visivo | (*ass.*) *Vederci doppio*, percepire le immagini sdoppiate per stanchezza, ubriachezza e sim.; (*fig.*) essere stanchissimo, ebbro e sim. | *V. per credere*, appurare direttamente q.c. per convincersene (*anche ass.*): *voglio v., per credere* | (*ass.*) *Avere gli occhi per v.*, (*fig.*) potere o sapere appurare q.c. da solo | (*ass.*) *Quattro occhi vedono meglio di due*, (*fig.*) se ci si aiuta si ottengono migliori risultati | *Farsi v.*, mostrarsi: *farsi v. diversi da come si è veramente* | *Stare a v.*, assistere a q.c. senza prendervi parte, non immischiarsi | (*ass.*) *Staremo a v.!*, (*fig.*) aspettiamo, per vedere quello che accadrà, come andrà a finire e sim. | (*ass.*) *Vedremo!*, escl. di riserva, prudenza e sim., con cui si rimanda ad epoca futura l'accertamento di q.c.: *dite che ha torto? Vedremo!* | *La vedremo!*, escl. di minaccia | *Vorrei vederlo*, in escl. di desiderio e sim.: *vorrei vederlo ricco, povero, misero, morto* | *Vorrei v. te al posto mio*, per stroncare critiche che si ritengono infondate, ingiustificate e sim. | *Far v.*, mostrare | (*fig.*) *Farne v. a qc. di tutti i colori, di cotte e di crude, di belle e di brutte*, fargli subire o sopportare dolori, delusioni, disagi d'ogni sorta | (*fam.*) *Te lo farò, te lo faccio v. io*, escl. di minaccia (*anche scherz.*) | (*fig.*) *V. qc. di buon occhio*, averlo in stima, simpatia e sim. | *V. qc. di malocchio*, non stimarlo, averlo in antipatia e sim. | *Non farsi v.*, agire di nascosto | *V. qc. bene in viso*, (*fig.*) affrontarlo apertamente | (*ass.*) *Vedo!*, nel gioco del poker, formula usata per accettare la giocata dell'avversario e farsi mostrare le carte | *Ti vedo non ti vedo*, gioco di trasparenze: *un costume che permette il ti vedo non ti vedo*. **2** Esaminare, leggere: *vorrei v. un testo di psicologia*; *ho appena visto il suo ultimo libro* | *V. i conti*, controllarli | *Vedi*, abbreviato in *V.*, seguito dalla indicazione della pagina, del paragrafo e sim., serve per rinviare il lettore di un testo ad altro luogo dello stesso o ad un'opera in esso citata. **3** Avere innanzi a sé, trovarsi presente in un determinato luogo, essere testimone di un particolare avvenimento: *v. un saggio ginnico, un incontro di boxe, una partita di calcio*; *andare a v. un film, una rivista* | Visitare: *v. un museo, una fiera, un'esposizione*; *non hai visto la mostra del Guercino?* **4** Incontrare, detto di persona: *lo sai chi ho visto oggi? non lo vedevo da molto tempo*; *sono felicissimo di vedervi* | (*fam.*) *Guarda chi si vede!*, esprime lieta sorpresa per un incontro inatteso | *Fatevi v., si faccia v. presto* e sim., formula spec. fam. con cui si invita qc. a farci visita | *Non farsi v., non farsi più v.*, evitare incontri, visite e sim.: *ha detto che sarebbe venuto ma non si è più fatto v.* | *Non mi vedrete più*, me ne vado per sempre | *Non voler v. qc.*, sfuggirlo, evitarlo | *Non poter v. qc.*, (*fig.*) averlo in grande antipatia, trovarlo insopportabile e sim. | *Andare a v. il medico, l'avvocato* e sim., recarsi a consultarlo | *Farsi v. dal medico*, farsi visitare. **5** (*fig.*) Contemplare con gli occhi della mente, della fede e sim.: *v. Dio, il Paradiso* | Sognare, raffigurarsi nel pensiero, nella fantasia, nella memoria e sim.: *v. qc. in sogno*; *vedo i bei tempi della mia fanciullezza*; *v. immagini irreali, mostri fantastici* | Prevedere, vaticinare: *vedo prospettive poco piacevoli* | *V. rosa, v. nero*, fare previsioni ottimistiche, pessimistiche; anche, essere ottimista, pessimista | (*ass.*, *spec. iter.*) *Vedo!*, formula con cui veggenti, maghi e sim. usano introdurre le loro previsioni. **6** (*fig.*) Sentire: *vedrai cosa ti risponderà*; *l'ho fatto solo per v. cosa avrebbero detto*; *hai visto cosa sono capaci di dire i maligni?* **7** Accorgersi di q.c., notare q.c.: *non vedi come soffre?*; *vide che gli mancava una valigia*; *si vede la bontà sul suo viso*; *gli si vede la gioia negli occhi*; *vedo che è tardi, che è ora di partire*; *ho visto troppo tardi che era un disonesto*. **8** (*fig.*) Intendere, conoscere, capire: *v. il vero*; *dai fatti si vede il valore di un uomo*; *non vedi come è facile?*; *solo ora vedo che mi sono sbagliato*; *non vedo la ragione di agire diversamente*; *non vedo perché dovrei ubbidirti*; *si vede subito che è matto*; *non riesco a v. bene, chiaramente le sue intenzioni*; *non vedo cosa vogliate da me* | *Vedo!*, capisco | *Veda!*, *Vedete!* e sim., invito a ben considerare q.c. | *Si vede che*, è evidente che, è logico supporre che: *si vede che non lo sapeva* | *Dare a v.*, far capire | *Non dare a v.*, nascondere, non lasciar capire | *V. addentro*, comprendere o conoscere a fondo | *Far v.*, *farsi v.*, dimostrare, dimostrarsi | *V.*, *vederci chiaro*, capire bene | *Non vederci chiaro*, detto spec. a proposito di situazioni particolarmente confuse, complesse, problematiche e sim.: *sarà come dite voi, ma io non ci vedo chiaro*. **9** (*fig.*) Considerare, giudicare: *lasciami v. bene tutta la faccenda*; *la situazione? non la vedo troppo bene*; *nei pericoli si vede l'uomo* | *V. se*, non sapere se attendere, per esprimere un giudizio, la conclusione di ciò che è in corso, il risultato di ciò che si è intrapreso e sim.: *voglio proprio v. se hai tanto coraggio, se ne sei capace* | *Vedrò, vedremo*, e sim., formula con cui si cerca di prendere tempo, per non dare un giudizio o una risposta immediata | *A mio modo di v.*, secondo il mio giudizio, la mia opinione, e sim. **10** Tentare, provare: *vediamo se il gioco riesce* | *Vediamo, vediamo un po'*, e sim., formula con cui si è soliti introdurre un tentativo, una prova e sim.: *e adesso, vediamo un po' se funziona* | *V. di*, cercare: *vedremo di accontentarvi*; *vedi di trovarmi questo libro* | *V. il modo, la maniera, la via*, cercare di trovare il modo, la maniera, la via per raggiungere un dato risultato. **11** Spec. nella loc. *avere a che v. con q.c., con qc.*, riferirsi, essere in rapporto, in relazione e sim.: *è un ragionamento che non ha nulla a che v. coi fatti*; *con quell'individuo io non ho nulla a che v.* **B** v. rifl. **1** Percepire la propria immagine: *vedersi nello specchio*. **2** (*fig.*) Credersi, ritenersi, sentirsi: *vedersi salvo, perduto, sconfitto*; *mi vedo obbligato a rispondervi*; *si vide costretto a reagire*. **3** (*fig.*) Riconoscersi: *in lui mi vedo bambino*. **C** v. rifl. rec. ● Incontrarsi: *vedersi a scuola, al cinema, per strada, in treno, sull'autobus*; *ci vediamo domani alle sette*; *non ci vedremo più* | *Vedersi da qc.*, a casa sua, presso di lui: *ci vediamo domani da tua zia* | *Chi si è visto s'è visto*, formula usata per troncare bruscamente un discorso, concludere una discussione, riaffermare seccamente una decisione e sim., manifestando indifferenza o disinteresse per le conseguenze che potranno derivarne: *ho detto che partirò, e chi s'è visto s'è visto*; *io vado fino in fondo alla questione, e chi s'è visto s'è visto*. **D** in funzione di s. m. **1** Atto del vedere | *Al v.*, vedendo: *al v. un simile spettacolo rimase di stucco* | †*Al v.*, da quel che si vede, a quanto pare. **2** (*raro*) Vista: *perdere il v.* **3** Veduta | *Bel v.*, V. anche *belvedere*. **4** Apparenza, spec. nella loc. *fare un bel, un brutto v.*, apparire bene, male. **5** Sapere, opinione, giudizio, spec. nella loc. *a mio, tuo, suo, nostro v.*, secondo la mia, tua, sua, nostra opinione.

vedétta (1) [da *veletta* (2), deformata paretimologicamente per accostamento a *vedere*] s. f. **1** (*mil.*) Luogo eminente sulle mura di una fortezza da dove si vigila intorno e lontano | *Essere, stare di v.*, *alla vedetta*, stare di guardia in tale luogo o comunque in un punto adatto all'osservazione; (*fig.*) stare sul chi vive, all'erta e sim. | (*fig.*) *V. della classifica*, nel linguaggio sportivo, la squadra di calcio e sim. che è in testa a una classifica di campionato. ➡ ILL. p. 360 ARCHITETTURA. **2** (*est.*) Guardia alla vedetta | Sentinella posta prossimamente al nemico, nella trincea più avanzata, in collegamento col posto da cui era distaccata | Marinaio posto in un punto elevato di una nave o sull'albero prodiero, per osservare e riferire ogni elemento rilevante ai fini della navigazione. **3** (*mar.*) Nave da guerra piccola, velocissima, per la caccia ai sommergibili e la vigilanza costiera. **4** (*spec. al pl.*) †Finestrini, nella fornace del vasaio.

vedétta (2) s. f. ● Adattamento di *vedette* (V.).

vedette /*fr.* və'dɛt/ [vc. fr., dall'it. *vedetta* (1)] s. f. inv. **1** Attore o attrice di gran fama. **2** (*est.*) Persona nota o di spicco nel suo campo d'attività.

†**vedévole** agg. ● Vedibile, visibile.

vedìbile [da *vedere*] agg. ● (*raro*) Visibile.

vèdico **A** agg. (pl. m. *-ci*) ● Relativo ai Veda: *inni vedici*. **B** s. m. ● Antica lingua indiana, usata nei Veda.

†**vediménto** [da *vedere*] s. m. **1** Vista, occhi. **2** Apparenza | Visione.

vediṣmo [comp. di *ved(a)* e *-ismo*] s. m. ● Complesso delle credenze religiose, dei comportamenti culturali e degli indirizzi di pensiero che, nell'India antica, derivano dai Veda.

†**veditóre** s. m. (f. *-trice*) **1** Chi vede. SIN. Spettatore. **2** Sentinella | Ispettore.

védova [lat. *vĭdua(m)*, di origine indeur., propriamente 'colei che è priva'] s. f. **1** Donna cui è morto il marito: *rimanere v.*; *v. con figli* | *V. bianca*, (*fig.*) donna il cui marito è lontano per lunghi periodi di tempo | (*bot.*) *Fior della v.*, scabiosa. **2** Passeraceo africano il cui maschio, in abito nuziale, ha lunghissime penne timoniere (*Steganura paradisea*). **3** *V. nera*, piccolo ragno delle zone aride americane che ha veleno pericoloso anche per l'uomo e divora il maschio dopo l'accoppiamento (*Latrodectus mactans*). **4** (*gerg.*) Ghigliottina. || **vedovàccia**, pegg. | **vedovèlla**, dim. (V.) | **vedovétta**, dim. | **vedovina**, dim. (V.).

†**vedovàggio** [da *vedovo*] s. m. ● Stato vedovile. SIN. Vedovanza.

†**vedovàle** o †**vedu̧àle**, †**vidu̧àle** [da *vedovo*, sul modello del lat. tardo *viduālis*] agg. ● Vedovile.

vedovànza s. f. ● Condizione di chi è vedovo | *La v. d'una chiesa*, (*fig.*) l'essere priva del suo parroco.

vedovàre [da *vedovo*, sul modello del lat. *viduāre*] **A** v. tr. (*io védovo*) **1** (*lett.*) Rendere vedovo. **2** (*fig.*, *lett.*) Rendere privo di q.c. **B** v. intr. ● †Vivere da vedovo, in condizione di vedovanza. **C** v. intr. pron. ● (*raro*) †Spogliarsi, rimanere privo di q.c.

†**vedovarìa** s. f. ● Vedovanza.

†**vedovàtico** s. m. **1** Stato vedovile. **2** Abito da lutto.

vedovèlla s. f. **1** Dim. di *vedova*. **2** (*bot.*) Scabiosa. **3** Scimmietta dei Cebidi, delle foreste brasiliane, nera a muso bianco (*Callicebus torquatus*).

†**vedovézza** s. f. ● Vedovanza.

vedovìle o †**vidovile**, †**vidu̧ile**. **A** agg. **1** Di vedovo o vedova: *condizione v.*; *abito, stato v.*; *lutto v.*; *una povera donna in gramaglie vedovili* (PIRANDELLO). **2** Che spetta a chi è vedovo: *pensione v.* | *Terzo, quarto v.*, (*ell.*) quota ereditaria spettante al vedovo o alla vedova. **B** s. m. **1** (*raro*) Periodo del lutto vedovile. **2** Quota ereditaria spettante al vedovo o alla vedova.

vedovìna s. f. **1** Dim. di *vedova*. **2** (*bot.*) Scabiosa.

†**vedovità** o †**vedovitàde**, †**vedovitàte**, †**vedu̧ità**, †**vidovità**, †**vidu̧ità** [da *vedovo*, sul modello del lat. *vidūitas*, genit. *viduitātis*] s. f. ● Stato vedovile.

védovo [lat. *vĭduu(m)*, m. di *vĭdua* 'vedova' (V.)] **A** agg. **1** Detto di persona cui è morto il coniuge: *padre v.*; *madre vedova* | *Figlio unico di madre vedova*, nel linguaggio burocratico, chi, per tale condizione, può essere esonerato dal servizio militare; (*fig.*, *scherz.*) oggetto o esemplare unico e perciò prezioso. **2** (*fig.*, *lett.*) Privo, privato, orbato: *d'ogni dolcezza v ... / ma placido il mio stato* (LEOPARDI) | *Regno v.*, rimasto senza il re | *Altare v.*, privo della sacra specie per la commemorazione della Passione | *Pianta vedova*, sfrondata | *Ramo v.*, *frasca vedova*, senza foglie | *Città vedova di genti*, deserta. **3** (*fig.*) Chi è rimasto privo di guida o sostegno, spec. ideologico: *le vedove di Stalin*. **4** †Vedovile. **B** s. m. (f. *-a* (V.)) ● Uomo cui è morta la moglie.

vedrétta [etim. discussa: risale al lat. *vĕtus* 'vecchio' (V. *vieto*), in quanto la vedretta sarebbe un ammasso di neve vecchia (?)] s. f. ● Tipo di ghiacciaio minore circoscritto entro la conca di un circo o costituito da una falda ghiacciata posta su un ripido pendio. ➡ ILL. p. 820 SCIENZE DELLA TERRA ED ENERGIA.

†**vedu̧àle** ● V. †*vedovale*.

†**vedu̧ità** ● V. †*vedovità*.

vedùta [f. sost. di *veduto*] s. f. **1** (*lett.*) Atto e facoltà del vedere: *impedire la v.* | *Conoscere qc. di v.*, di vista | *Testimone di v.*, oculare. **2** (*raro*) Mostra, apparenza: *far bella v.*; *mettere in v.* | *Far v. di*, fingere, far la vista di. **3** Panorama: *di quassù si gode una splendida v.*; *la veranda offre una v. completa del golfo* | Campo visivo: *poi volò fuor de la v. mia / sì ch'a mirarlo indarno m'affatico* (PETRARCA) | Possibilità di vedere un certo panorama: *questo terrazzo ha una v. unica sul lago, sul mare*. **4** (*dir.*) Apertura nel proprio edificio che, oltre a dare passaggio alla luce e all'aria, permette di affacciarsi sul fondo del vicino: *distanza per l'apertura di vedute*. **5** Rappresentazione grafica o figurativa, spec. pittorica o fotografica, di un paesaggio o di un ambiente in cui esso predomina: *v. panoramica*; *una v. di Napoli, di Roma*; *è un pittore di vedute*; *la veduta di un paesaggista del '700* | *V. a volo d'uccello*, fotografia panoramica scattata da un aereo in volo | *V. prospettica*, in architettura, rappresentazione di un edificio in prospettiva. **6** (*fig.*, *lett.*) Capacità di comprendere, intendere, interpretare e sim.: *la sua v. non arriva a tanto*. **7** (*al pl.*, *fig.*) Complesso di idee, convinzioni, principi e sim. che caratterizzano la mentalità di un singolo o di un gruppo: *persona di vedute meschine* | *Avere vedute larghe, ampie, essere di larghe, di ampie vedute*, avere una mentalità aperta, priva di pregiudizi e sim. | *Avere vedute strette, ristrette, grette, essere di vedute ristrette*, avere una mentalità chiusa, conservatrice, piena di pregiudizi e sim. SIN. Opinione. **8** (*spec. al pl.*, *raro*, *fig.*) Mira, progetti, intenzioni: *avere delle vedute su qc.*, *su q.c.* | *Avere in v.*, prendere di mira. || **vedutìna**, dim.

vedutìsmo [comp. di *veduta* e *-ismo*] s. m. ● Arte e tecnica di dipingere le vedute: *il v. veneto del Settecento*.

vedutìsta s. m. e f. (pl. m. *-i*) ● Chi dipinge vedute.

vedùto part. pass. di *vedere*; anche agg. **1** Nei sign. del v. **2** Nella loc. avv. *a ragion veduta*, dopo aver esaminato ogni elemento di una data questione e considerata ogni possibile conseguenza, complicazione e sim.: *decidere a ragion veduta*. || †**vedutaménte**, avv. Visibilmente.

veeménte o †**veménte** [vc. dotta, lat. *vehemĕnte(m)*, di etim. incerta] agg. ● Impetuoso, intenso, violento: *vento, urto, assalto v.*; *febbre, passione v.*; *desideri, impulsi veementi*; *esprimersi con v. eloquenza*; *le risposte ... furono ... veementi e concitate* (SARPI). CONTR. Calmo, pacato. || **veementeménte**, avv. Con veemenza.

veemènza o †**veemènzia**, †**vemènza** [vc. dotta, lat. *vehemĕntia(m)*, da *vĕhemens*, genit. *vehemĕntis* 'veemente'] s. f. ● Qualità di chi, di ciò che è veemente: *v. di una persona, del carattere, del discorso*; *la v. del mare, del vento, del fuoco*; *alle quali accusazioni con non minore v. rispose Francesco Soderini* (GUICCIARDINI). CONTR. Calma, pacatezza.

vegetàbile [vc. dotta, lat. tardo *vegetābile(m)* 'vivificante, eccitante', da *vegetāre* 'animare, eccitare' (V. *vegetare*)] **A** agg. ● (*raro*) Che può vegetare, che è atto a vegetare. **B** agg.; anche s. m. ● †Vegetale: *materia v.*; *la vita dei vegetabili*.

vegetabilità s. f. ● (*raro*) Qualità o condizione di ciò che è vegetabile.

vegetàle [da *vegetare*] **A** agg. **1** Che riguarda le piante: *vita v.*; *regno v.* **2** Che si ricava o si ottiene dalle piante: *sostanza, materia v.*; *prodotti vegetali* | *Alimento v.*, costituito da cereali, legumi, verdure e frutta | *Brodo v.*, di verdure | *Carbone v.*, di legna | *Olio v.*, ottenuto dai semi o dalla polpa dei frutti di molte piante, e in generale costituito da un gliceride di un acido grasso. **B** s. m. ● Organismo vivente che appartiene al regno vegetale | Pianta.

vegetaliàno [da *vegetale*] **A** agg. ● Costituito unicamente da cibi di origine vegetale, con esclusione anche di uova e latte: *dieta vegetaliana*. **B** agg.; anche s. m. (f. *-a*) ● Che, chi consuma solo cibi vegetali, escludendo qualsiasi alimento di origine animale.

vegetànte part. pres. di *vegetare*; anche agg. ● Nei sign. del v.

vegetàre [vc. dotta, lat. *vegetāre* 'animare, eccitare', da *vĕgetus* 'vegeto'] v. intr. (*io vègeto*; aus. *avere*) **1** Vivere e crescere, detto delle piante. CONTR. Appassire. **2** (*fig.*) Condurre un'esistenza inattiva, piatta e insignificante, ignorando, trascurando o rifiutando ogni elemento che sia estraneo al puro ambito biologico: *è in stato di semi incoscienza e vegeta in un letto*; *v. nell'ozio, nell'indolenza*; *qui non si vive, si vegeta!*

vegetarianìsmo o **vegetarìsmo** [ingl. *vegetarianism*, da *vegetarian* 'vegetariano', col suff. *-ism* '-ismo'] s. m. ● Tipo di alimentazione che prescrive una dieta vegetariana.

vegetariàno [ingl. *vegetarian*, da *vegetable* 'vegetale' (stessa etim. dell'it. *vegetabile*), con deformazione e suff. aggettivale] **A** agg. ● Che è costituito unicamente da cibi di origine vegetale, con possibile aggiunta di uova e latte: *alimentazione, dieta vegetariana*. **B** agg.; anche s. m. (f. *-a*) ● Che, chi si nutre di soli cibi vegetali e non fa uso di carne, ammettendo tutt'al più l'uso di alimenti di derivazione animale, quali le uova e il latte.

vegetarìsmo ● V. *vegetarianismo*.

vegetatìvo [da *vegetato*, part. pass. di *vegetare*] agg. **1** Proprio dei vegetali | *Riproduzione vegetativa*, nelle piante, quella che avviene senza il concorso di organi sessuali | *Vita vegetativa*, negli animali, l'insieme delle funzioni che riguardano la sola vita organica e non la vita di relazione; (*fig.*) nell'uomo, la vita di chi è scarsamente attivo e privo di interessi. **2** (*filos.*) *Anima vegetativa*, nella psicologia di Aristotele, una delle determinazioni fondamentali dell'anima che presiede alle funzioni nutritive e riproduttive di tutti i viventi, a cominciare dalle piante. **3** (*anat.*) *Sistema nervoso v.*, V. *nervoso*.

vegetazióne [vc. dotta, lat. *vegetatiōne(m)*, propriamente 'movimento, moto', da *vegetātus*, part. pass. di *vegetāre* (V.)] s. f. **1** Atto, effetto del vegetare. **2** L'insieme dei vegetali di una data regione. **3** (*med.*) Formazione in accrescimento esuberante: *v. cutanea* | *V. adenoide*, ipertrofia della tonsilla faringea.

†**vegetévole** agg. ● Vegetabile.

vègeto [vc. dotta, lat. *vĕgetu(m)*, da *vegēre* 'esser vivo', da avvicinare a *vigēre* 'esser in vigore' (V. *vigere*)] agg. **1** Che vegeta, che cresce bene, detto di piante: *frutteto v.* **2** (*est.*) Sano, vigoroso, gagliardo: *un vecchietto ancor v.* | *Vivo e v.*, di chi è in ottima salute, malgrado ogni contraria convinzione o aspettativa: *si ripresentò vivo e v. a chi ormai lo piangeva come morto*. CONTR. Debole, fiacco.

vegetominerale o **vegeto-minerale** [comp. di *veget(ale)* e *minerale*] agg. ● Solo nella loc. *acqua v.*, soluzione di acqua e acetato basico di piombo, utilizzata nella cura delle distorsioni, contusioni e sim.

veggènte **A** part. pres. di *vedere*; anche agg. **1** †Nei sign. del v. **2** †*A occhi veggenti*, alla presenza, sotto gli occhi di qc. || †**veggenteménte**, avv. **B** s. m. e f. **1** (*raro*) Chi vede: *i ciechi e i veggenti*. **2** (*lett.*) Profeta: *di chi parli, o v. di Giuda?* (MANZONI). **3** Mago, indovino: *il misterioso responso di un v.*; *interrogare una v.*

veggènza [da *veggente*] s. f. ● (*raro*) Chiaroveggenza.

†**végghia** e *deriv.* ● V. *veglia* e *deriv.*

†**véggia** [lat. tardo *vēia(m)*, dall'osco *veia* 'carro'] s. f. **1** Botte. **2** Quantità di liquido che sta in una botte. **3** Traino, treggia.

†**veggiàre** ● V. *vegliare*.

véggio [aferesi di *laveggio*] s. m. ● (*tosc.*) Vaso di terracotta o maiolica con manico fermato a due punti opposti della bocca contenente brace accesa coperta di cenere, per scaldare le mani o il letto. SIN. Caldanino, scaldino. || **veggìno**, dim. | **veggióne**, accr.

véglia o †**végghia**, †**vilia** [da *vegliare*] s. f. **1** Atto del vegliare: *v. d'armi* | *Fare la v. a un malato, a un morto*, stare alzati di notte per assistere un malato o per pregare accanto a un morto. **2** Stato di chi è desto | *Tra la v. e il sonno*, in stato di dormiveglia. **3** Periodo di tempo, normalmente destinato al sonno, che si trascorre senza dormire per insonnia, lavoro, studio o altro: *v. notturna*; *v. di preghiere*; *la v. si concluse all'alba*; *veglie interminabili sui libri* | Manifestazione pubblica che si svolge e si protrae nelle ore notturne: *alcuni partiti hanno organizzato una v. per la pace* | *Stare a v. fino a tarda notte*, prolungare lo studio o il lavoro durante la notte | *Essere, andare a v.*, un tempo, nelle campagne, passare le serate invernali conversando, raccontando favole o leggendo riuniti nelle stalle | (*raro*) *Cose da raccontarsi a v.*, fiabe, fole | *V. funebre*, trascorsa spec. pregando accanto a un defunto | *V. pasquale*, celebrazione notturna fra il Sabato Santo e la Domenica di Resurrezione, comportante un rito battesimale, con rinnovamento dei voti del battesimo e la messa pasquale. **4** Festicciola tra amici o trattenimento in locale pubblico che dalla sera si prolunga alla tarda notte: *andare a una v. danzante*; *vedi ... le donne alle veglie lucenti / de' monili far pompa e de' cinti* (MANZONI). **5** (*fig.*) †Cosa lunga e noiosa. **6** (*mar.*) †Prima guardia notturna, in navigazione. || **veglióne**, accr. m. (V.) | **vegliùccia**, dim.

vegliàrdo [da *veglio* (*1*), sul modello del fr. *vieillard*, da *vieil* 'vecchio' (stessa etim. dell'it. *vecchio*)] s. m. (f. *-a*) ● Vecchio autorevole, di aspetto venerando: *il santo v.*

vegliàre o †**vegghiàre**, †**veggiàre** [lat. *vigilāre*, da *vĭgil* 'vigile, sveglio'] **A** v. intr. (*io véglio*; aus. *avere*) **1** Stare desto, non dormire, spec. durante i periodi di tempo normalmente destinati al sonno: *v. fino a tarda notte, fino all'alba*; *v. sui libri, in* *preghiera, al capezzale di un malato*; *v. in attesa di qc.*; *v. pregando, piangendo, lavorando*. *2* Stare vigile, attento: *mentre noi dormiamo, altri vegliano per noi* | Prendersi cura, proteggere: *v. sulle sorti della patria, sulla gioventù abbandonata*; *qualcuno dal cielo veglia su di noi*. *3* †Essere in vigore: *la tregua intra le parti vegghiava* (MACHIAVELLI). **B** v. tr. ● Curare, assistere amorevolmente, spec. durante le ore notturne: *v. un malato* | *V. un morto*, fare la veglia funebre.

†vegliatóre s. m.; anche agg. (f. *-trice*) *1* Chi, che veglia, vigila. *2* Frequentatore di veglie.

†vegliévole agg. ● Desto, vigile, vigilante. || **†veglievolménte**, avv. Con vigilanza.

vèglio (1) o **véglio** [fr. *vieil*. V. *vegliardo*] **A** s. m. (f. *-a*, raro) ● (*lett.*) Vegliardo: *il santo v.* **B** agg. ● †Vecchio: *li molti esempi che già letto / de' capitani avea del tempo v.* (ARIOSTO).

†vèglio (2) [lat. parl. **vĕlleu(m)*, agg. di *vĕllus* 'vello'] s. m. ● Vello.

veglióne s. m. *1* Accr. di *veglia*. *2* Gran veglia da ballo, per lo più con maschere, che si prolunga per tutta la notte: *il v. di carnevale*. || **veglioncino**, dim. | **veglionissimo**, sup. (V.).

veglionissimo s. m. *1* Sup. di *veglione*. *2* (*per anton.*) Veglione di S. Silvestro.

†vegnènte ● V. *veniente*.

†vegnènza [da *vegnente*] s. f. *1* Venuta, arrivo. *2* Cedevolezza, morbidezza. *3* Bisogno, occorrenza.

veh /ve/ [da *vedi!*] ● V. *ve'*.

veicolàre (1) agg. ● Di, relativo a veicolo: *traffico, transito, circolazione v.* | *Lingua v.*, quella che funge da mezzo di comunicazione anche tra parlanti per i quali non è la lingua madre.

veicolàre (2) [fr. *véhiculer*, da *véhicule* 'veicolo'] v. tr. ● (*scient.*) Trasportare, essendo nello stesso tempo veicolo di diffusione: *i topi veicolano alcune malattie*; *l'aria inquinata veicola gas tossici e impurità* | (*est., fig.*) Diffondere, fare circolare: *v. idee, informazioni*.

veicolazióne [da *veicolare*] s. f. ● Atto, effetto del veicolare, riferito spec. alla diffusione di notizie, dati, informazioni e sim.: *la televisione è un potente mezzo per la v. delle mode*.

veìcolo o **†veìculo** [vc. dotta, lat. *vehĭculu(m)*, da *vĕhere* 'portare, trasportare', di origine indeur.] s. m. *1* Qualsiasi mezzo di trasporto, per persone o cose, spec. meccanico e guidato dall'uomo | *V. ferroviario*, rotabile non provvisto di apparato motore e destinato al trasporto di persone e di cose | *V. stradale*, mezzo di trasporto atto a circolare su strade, a trazione animale o meccanica | *V. a cuscino d'aria*, veicolo che, leggermente sollevato dalla superficie del terreno o dell'acqua da potenti getti d'aria, viene mosso da eliche e timoni aerei o da getti d'aria direzionali | *V. spaziale, cosmico, extratmosferico*, mezzo artificiale destinato a trasportare nello spazio extratmosferico un carico di cose o persone, percorrendo una traiettoria che lo immette in orbita attorno alla Terra o è diretta verso un altro corpo celeste: *le capsule spaziali, le astronavi, le sonde spaziali, i satelliti artificiali e le navette spaziali sono veicoli spaziali*. *2* Qualunque mezzo atto a propagare o diffondere q.c. (*anche fig.*): *si serve ... del fiato per v. del suono* (GALILEI); *questo giornale è un v. di nuove idee* | *V. pubblicitario*, mezzo pubblicitario | In epidemiologia, tutto ciò che può trasmettere il contagio trasportando microrganismi patogeni: *le mosche possono essere v. di pericolose malattie, di infezioni*; *l'anofele è il v. della malaria*. *3* (*chim.*) Sostanza inattiva usata per presentare nel modo più opportuno sostanze attive a essa miscelate | Nella tecnica farmaceutica, eccipiente. || **veicolétto**, dim.

veilleuse /fr. vejøz/ [vc. fr., da *veiller* 'vegliare'] s. f. inv. *1* Divano a braccioli d'altezza ineguale uniti da una spalliera. *2* Piccolo lume, lampada a tenue illuminazione, tenuti accesi durante la notte. *3* Bricco o tazza di ceramica, sorretti da un corpo cilindrico bucherellato contenente un lumino a olio o a cera, nel quale un tempo si mantenevano calde per la notte bevande come infusi, tisane e sim. *4* Tipo di pendola con suoneria.

†vel /lat. vɛl/ [lat. 'o', della stessa famiglia di *vĕlle* 'volere'. V. *velle*] cong. ● (*raro*) O, oppure | *Vel circa, a un vel circa*, pressappoco, o quasi.

véla [lat. *vēla*, pl. di *vēlum* 'vela', da una radice indeur. che significa 'trasportare' (da cui anche *vĕhere*. V. *veicolo*)] s. f. *1* (*mar.*) Superficie costituita di più strisce di tela di cotone e attualmente di fibre sintetiche, distesa sulle verghe, che riceve in grembo la spinta del vento e imprime moto alla imbarcazione: *vele cucite, ralingate, inferite*; *v. maestra, di trinchetto, di gabbia*; *vele alte, basse*; *attrezzare, collare, calare, issare, aprire, sciogliere, spiegare, raccogliere, tesare la v.*; *nave, barca a v.* | *Vele auriche*, vele maggiori di goletta e cutter, rande e controrande | *V. latina*, triangolare | *V. quadra*, di forma rettangolare o trapezoide, che s'inferisce ai pennoni e si distende con scotte ai pennoni inferiori o in murata | *V. a tarchia*, quadrilatera, con l'angolo superiore poppiero molto acuto, disteso con un'asta diagonale alla vela, tipica di battelli da pesca | *V. Marconi*, triangolare, risultante dall'unione di una randa con la sua controranda | *Far v.*, partire, salpare (*anche fig.*): *fecero v. per le Americhe* | *Dare, spiegare le vele al vento*, navigare | *Mettere una nave alla v.*, prepararsi a navigare | *Sotto v.*, in navigazione | *Alzare la v., le vele*, (*fig.*) intraprendere q.c. | †*A v. piena, a piene vele*, a tutto vento, a gonfie vele | *A gonfie vele*, sfruttando appieno la forza del vento; (*fig.*) benissimo, con eccellenti risultati, col vento in poppa | *Avere poca v.*, di imbarcazione, essere provvista di scarsa velatura; (*fig.*) mostrare incapacità, lacune, insufficienze in q.c. | *Raccogliere le vele*, (*fig.*) concludere | *Calare, ammainare le vele*, (*fig.*) cedere, arrendersi, desistere da un'impresa | *Far forza di vele e di remi*, (*fig.*) usare ogni mezzo di cui si dispone | *Volo a v.*, con alianti, cioè senza motore, spec. in contrapposizione al volo a motore | *Sport della v.*, complesso delle competizioni tra imbarcazioni a vela, da regata. ➡ ILL. p. 1757 TRASPORTI. *2* (*est.*) Nave, barca a vela, veliero: *una armata di duecento vele*. *3* Sport della vela: *gara di v.*; *campione di v.* ➡ ILL. p. 1291 SPORT. *4* (*arch.*) Ogni spicchio della volta a crociera, nell'architettura gotica | *Volta a v.*, porzione di volta a bacino, in cui le linee di imposta sono rappresentate dalle curve intersezione del bacino con i piani di prolungamento dei muri di sostegno | *Muro a v.*, muro isolato che sporge, al di sopra di una costruzione, come una facciata o un timpano | *Campanile a v.*, costituito da un muro isolato, con luci in cui sono collocate le campane. *5* †Sipario, tenda. *6* (*al pl., lett.*) †Le ali spiegate degli uccelli. || **velàccia**, pegg. | **velìna**, dim. | **velóne**, accr. m. | **velùzza**, dim.

velàbile agg. ● Che si può velare.

velaccière [da *velaccio*] s. m. ● (*mar.*) Veliero che porta soltanto rande e velacci.

velaccino s. m. ● (*mar.*) Pappafico. ➡ ILL. p. 1756, 1757 TRASPORTI.

velàccio [sp. *velacho*, da *vela*] **A** s. m. ● (*mar.*) Vela quadra dell'albero di maestra | *V. fisso*, terz'ultima vela dall'alto | *V. mobile*, seconda vela dall'alto, subito sotto al controvelaccio. ➡ ILL. p. 1757 TRASPORTI. || **velaccióne**, accr. **B** al pl. ● (*mar.*) Le vele quadre più alte e i rispettivi pennoni di un bastimento a vela.

velàda [vc. sett., di etim. incerta] s. f. *1* Lunga e attillata giacca del costume settecentesco maschile, ornata di ricami e aperta su un lungo gilè anch'esso ricamato. *2* (*dial., sett.*) Abito maschile da cerimonia. SIN. Dorsay, tight.

velàio s. m. ● (*mar.*) Operaio specializzato nel tagliare e cucire vele.

velàme (1) o **†velàmine** [vc. dotta, lat. *velāmen*, da *velāre*] s. m. *1* †Quantità di veli. *2* (*fig., lett.*) Ciò che vela, nasconde, impedisce la vista: *i velami del futuro*. *3* (*fig., lett.*) Apparenza, figura, immagine e sim., sotto cui se ne cela un'altra: *la dottrina che s'asconde / sotto 'l velame de li versi strani* (DANTE *Inf.* IX, 62-63).

velàme (2) [comp. di *vela* e *-ame*] s. m. ● Complesso delle vele di un bastimento, velatura.

velaménto (1) s. m. ● (*raro*) Atto, effetto del velare, nel sign. di *velare* (*1*).

velaménto (2) [vc. dotta, lat. *velamĕntu(m)*] s. m. *1* (*raro, lett.*) Velo. *2* (*raro, lett., fig.*) Velame, nel sign. di *velame* (*1*).

†velàmine ● V. *velame* (*1*).

velàre (1) [lat. *velāre*, da *vēlum* 'velo'] **A** v. tr. (*io vélo*) *1* Coprire con un velo per nascondere, ornare, proteggere, schermare e sim.: *v. le immagini, una statua*; *velarsi il capo, gli occhi, il viso*; *v. una luce, una lampada*. *2* (*est.*) Coprire con uno strato sottile come un velo (*anche fig.*): *nubi, nebbia, foschia che velano il cielo*; *le lacrime gli velarono gli occhi* | *V. un colore*, coprire una superficie colorata con una mano di tinta leggera, per attenuarla. *3* (*fig.*) Appannare, offuscare: *densi vapori velano le luci dell'alba*; *il pianto gli velò lo sguardo* | Rendere spento, privo di vivacità, sonorità, espressione e sim.: *l'emozione gli velava la voce*; *il suo sorriso era velato di dolore*. *4* (*fig.*) Nascondere, attenuare: *v. la verità, la realtà*; *v. i propri difetti*. CONTR. Svelare. *5* †Ornare. **B** v. intr. pron. *1* Coprirsi di uno strato sottile come un velo: *l'acqua cominciava a velarsi di ghiaccio*; *gli occhi gli si velarono di lacrime*. *2* Offuscarsi, appannarsi: *ogni luce si velava tra i vapori*; *lo sguardo gli si velò per la debolezza* | Diventare spento, privo di vivacità, sonorità, espressione e sim. *3* Nascondersi. **C** v. rifl. *1* Coprirsi con un velo: *si velò per non essere riconosciuta*. *2* Prendere il velo. SIN. Monacarsi.

velàre (2) [da *vela*] **A** v. tr. (*io vélo*) ● (*mar., raro*) Fornire di vela: *v. un bastimento*. **B** v. intr. ● (*raro*) †Veleggiare.

velàre (3) [da *velo* (*pendulo*)] agg. *1* Del velo palatino. *2* In fonetica, detto di suono nella cui articolazione il dorso della lingua batte contro il velo pendulo o palato molle. SIN. Gutturale.

velàrio [vc. dotta, lat. *velāriu(m)*, da *velāre*. V. *velare* (*1*)] s. m. *1* Ampia tenda che copriva gli antichi teatri e anfiteatri romani per riparare dal sole e dalla pioggia gli spettatori. *2* Correntemente, tendaggio, sipario.

velarizzàto agg. ● (*ling.*) Detto di suono trasformato per velarizzazione.

velarizzazióne [da *velare* (*3*)] s. f. ● (*ling.*) Trasformazione per la quale un suono diventa velare.

†velàta [da *vela*] s. f. ● (*mar.*) Tratto di navigazione a vele spiegate.

velatìno [da *velato* (*1*)] s. m. *1* Tessuto rado e gommato, usato per modelli di abiti. *2* (*cine*) Schermo di garza atto a diffondere o colorare la luce di un proiettore di scena.

velàto (1) part. pass. di *velare* (*1*); anche agg. *1* Nei sign. del v. *2* Molto trasparente, tenue come un velo: *calze velate*. *3* (*fig.*) Che non è chiaro, aperto, esplicito: *accenno v.*; *allusioni velate*. *4* (*fig.*) Offuscato, attenuato: *sguardo v.*; *tono di voce v.* *5* Detto di vino caratterizzato da una diffusa velatura. || **velataménte**, avv.

velàto (2) part. pass. di *velare* (*2*); anche agg. ● Nel sign. del v.

velatùra (1) [da *velato* (*1*)] s. f. *1* Operazione ed effetto del velare. *2* Strato sottilissimo steso su una superficie: *una v. di cipria, di zucchero vanigliato*. *3* (*fig.*) Offuscamento, appannatura. *4* (*fot.*) Tonalità grigia uniforme più o meno densa di un'immagine fotografica negativa, provocata da varie cause. *5* Opacità del vino. *6* †Velame, velo.

velatùra (2) [da *vela*] s. f. *1* (*mar.*) Complesso di tutte le vele di un veliero e loro postura. *2* (*aer.*) In un'aerodina, complesso di tutte le superfici aerodinamiche per la sostentazione, la stabilità e il governo | *V. battente*, delle ali battenti | *V. fissa*, delle ali e piani fissi | *V. mobile*, dei piani mobili | *V. rotante*, degli aerogiri | *V. principale*, quella per la sostentazione.

vèlcro® [nome commerciale] s. m. inv. ● Dispositivo per l'unione rapida di lembi di tessuto, costituito da due strisce che si uniscono fra loro con una semplice pressione, usato in sostituzione di bottoni, automatici, cerniere lampo e sim.

veleggiaménto s. m. ● Modo e atto del veleggiare | Volo a vela.

veleggiàre [da *vela*] **A** v. intr. (*io veléggio*; aus. *avere*) *1* (*mar.*) Navigare a vela: *v. sull'oceano, per il mare* | *V. alla latina*, con vele triangolari. *2* (*aer.*) Volare senza motore, o senza pratico impiego del motore, sfruttando ascendenze, detto di alianti e spec. di veleggiatori. *3* (*lett.*) Volare ad ali aperte, librarsi in volo. **B** v. tr. *1* (*lett.*) Percorrere uno specchio d'acqua navigando a vela: *v. il mare*. *2* †Provvedere, dotare di vele: *v. un'imbarcazione*.

veleggiàta [da *veleggiare*] s. f. ● Corsa di piacere compiuta con una imbarcazione da diporto, a vela.

veleggiàto part. pass. di *veleggiare*; anche agg. *1* Nei sign. del v. *2 Volo v.*, quello effettuato con alianti.

veleggiatóre A agg. (f. *-trice*) ● Che veleggia. B s. m. *1* Imbarcazione a vela. *2* (*aer.*) Aliante, gener. monoposto, capace di compiere anche il volo librato ascendente, sfruttando le correnti aeree, usato spec. per gare sportive di distanza, quota e tempo di volo. *3* Pilota di tale aliante.

velèggio s. m. ● (*raro*) Veleggiamento.

†**velenàre** o †**venenàre** [lat. *venenāre*, da *venēnum* 'veleno'] v. tr. ● Avvelenare.

†**velenàto** o †**venenàto**. part. pass. di †*velenare*; anche agg. *1* Nei sign. del v. *2* Velenoso.

velenìfero o †**venenìfero** [lat. *venenĭferu(m)*, comp. di *venēnum* 'veleno' e *-fer* '-fero'] agg. ● Che porta, produce, contiene veleno: *i denti veleniferi dei serpenti.*

veléno o †**venéno** [lat. *venēnu(m)* (con dissimilazione), da avvicinare a *Vĕnus* 'Venere', poi 'amore', il primo sign. di *venēnum* sarebbe quello di 'filtro amatorio'] s. m. *1* Sostanza tossica che, se penetra in un organismo e ne viene assorbita anche in piccola quantità, produce effetti gravissimi, anche letali: *il v. della vipera, del cobra*; *la cicuta contiene v.*; *sterminare gli insetti, i topi col v.*; *suicidarsi col v.*; *v. a effetto lento, ritardato, rapido*; *un v. che non perdona*; *iniettare, somministrare, propinare un v.* | *Amaro come il v.*, di cosa estremamente amara, come si suppone debba essere il veleno. SIN. Tossico. *2* (*est.*) Sostanza dannosa, nociva: *l'aria della città è ormai satura di veleni*; *l'alcol e il fumo sono veleni per lui* | *Far v., trasformarsi, andare in v.*, (*fig.*) risolversi in q.c. di dannoso, fare cattivo pro | *Che gli faccia v.!*, escl. d'ira, imprecazione e sim. *3* (*est.*) Sostanza di sapore disgustoso, pessimo e sim.: *questo non è caffè ma v.*; *cos'è questo v. che mi propini? 4* (*est.*, *raro*) Fetore che ammorba: *il v. delle paludi* | †*Salso v.*, salsedine. SIN. Miasma. *5* (*fig.*) Sentimento distruttivo più per chi lo prova che non per chi ne è causa od oggetto: *il v. dell'invidia, della gelosia*; *al cor scendea / quella dolcezza mista / d'un secreto v.* (TASSO). *6* (*fig.*) Astio, rancore, odio: *parole piene di v.*; *covare il v. in cuore*; *spargere, spandere il v. attorno a sé*; *avere del v. contro qc.* | *Masticare, mangiare v.*, essere costretto a tacere, a inghiottire il proprio rancore | *Mangiar pane e v.*, rodersi quotidianamente senza possibilità di sfogo | *Schizzare v., schizzare v. da tutti i pori*, mostrare un odio intenso, irriducibile | *Sputare v.*, parlare mostrando il proprio rancore | *Avere il miele sulla bocca e il v. nel cuore*, dire parole dolci, affettuose e sim., mascherando con esse il proprio odio | *Avere il v. in corpo*, essere pieno d'odio | *Penna intinta nel v.*, di scrittore pieno di livore, astio e sim. *7* (*fig.*) Allusione insidiosa, maligna e sim., più o meno nascosta in frasi, versi e sim.: *il v. di una satira, di un epigramma*; *scritti impastati di v.*; *ben conobbi il velen del l'argomento* (DANTE *Purg.* XXXI, 75). || **velenùccio**, **velenùzzo**, dim.

velenosità o †**venenosità**. s. f. *1* Qualità di ciò che è velenoso. SIN. Tossicità. *2* (*fig.*) Malvagità, perfidia, odio: *la v. delle tue parole mi ferisce* | Contenuto non scopertamente offensivo o irritante, ma sostanzialmente astioso e malevolo o in grado di produrre effetti negativi anche di vasta portata: *nessuno ha colto la v. delle sue insinuazioni.*

velenóso o †**venenóso** [lat. tardo *venenōsu(m)*, da *venēnum* 'veleno'] agg. *1* Che costituisce un veleno: *sostanza velenosa*; *liquido v.* | Che contiene, produce, o emette veleno: *pianta velenosa*; *animale v.* SIN. Tossico. *2* (*fig.*) Estremamente nocivo spec. sul piano spirituale o morale: *libro v.*; *eresia velenosa*; *idee, dottrine velenose. 3* (*fig.*) Pieno di astio, malevolenza, rancore, odio e sim.: *invidia velenosa*; *allusioni, insinuazioni velenose* | *La buona donna ... fece vista di non s'avvedere delle velenose parole* (SACCHETTI) | (*fig.*) *Donna, lingua, serpe velenosa*, persona malevola, maligna, perfida, sotto apparenze di gentilezza. || **velenosétto**, dim. || **velenosaménte**, avv.

veleria [da *vela*, sul modello del fr. *voilerie*] s. f. *1* (*mar.*) Officina in cui si lavorano vele, tende, bandiere | Deposito di vele. *2* (*raro*) Insieme di vele.

velétta (1) [da *velo*, sul modello del fr. *voilette*] s. f. ● Velo leggero o trina trasparente, con applicazione di pallini di ciniglia, che un tempo si usava appuntare al cappello in modo che ricadesse parzialmente sul viso. || **velettina**, dim.

velétta (2) [port. *veleta*, dim. di *vela* 'sentinella', dallo sp. *vela* 'veglia, scolta', da *velar* 'vegliare' (stessa etim. dell'it. *vegliare*)] s. f. ● (*lett.*) Vedetta | *Essere, stare alla v., alle velette*, di vedetta.

†**velettàio** [da *veletta* (*1*)] s. m. ● Tessitore di veli e stoffe trasparenti.

†**velettàre** [da *veletta* (*2*)] v. tr. ● Osservare, spiare.

vèlia (1) ● V. *averla.*

vèlia (2) [etim. incerta] s. f. ● Insetto eterottero con addome sottile e lunghe zampe, che vive in gruppi, scivolando rapido sulle acque di stagni e paludi (*Velia rivulorum*).

vèlico [da *vela*, sul modello del fr. *vélique*] agg. (pl. m. *-ci*) ● Della, relativo alla, vela: *sport v.*; *gare, regate veliche* | *Sistema v.*, insieme di vele che si trovano a proravia e a poppavia del centro di gravità di un natante: *sistema v. prodiero, poppiero.*

†**velièra** s. f. ● (*raro*) Ornamento femminile prezioso, per il capo, cui si adattavano i veli.

velièro o †**velière** A agg. ● (*raro*) Provvisto di vele: *nave veliera* | (*raro*) Velico: *sport v.* B s. m. ● Nave, bastimento a vela: *i velieri spagnoli*; *un antico v. corsaro*; *v. con motore ausiliario.* ➡ ILL. p. 1756 TRASPORTI.

†**velificàre** [vc. dotta, lat. *velificāre*, comp. di *vēlum* 'vela' e *-ficāre*] v. intr. ● Veleggiare.

velifìcio [comp. di *vela* e *-ficio*] s. m. ● Fabbrica di vele.

velìna [f. sost. di *velino*] A agg. solo f. ● Nella loc. *carta velina*, detto di un tipo di carta molto sottile, senza colla, in varie grammature, usata sia per imballare oggetti delicati o fragili, sia per copie di dattiloscritti; detto di un tipo di carta a mano, liscia, candida e molto resistente, usata un tempo nell'arte libraria per edizioni di lusso. B s. f. *1* Carta velina | Foglio di carta velina: *un pacco di veline. 2* Copia ottenuta con carta carbone su carta velina. *3* In tipografia, prova su materiale trasparente di una composizione da riprodurre in offset o rotocalco. *4* (*fig.*) Circolare diramata ai giornali dal governo o da un partito, con l'intento di ottenere un atteggiamento conformistico.

velinàre [da *velina*] v. tr. *1* Nel linguaggio giornalistico, diffondere una notizia fornendo una versione conforme a direttive ufficiali. *2* (*tip.*) Riprodurre su velina.

velinàro [da *velina* 'circolare' col suff. *-aro* (V. *-aio* (*2*))] A s. m. (f. *-a*) ● (*spreg.*) Giornalista che si attiene acriticamente a veline o direttive diramate da autorità o centri di potere. B agg. ● Conformistico, non vagliato criticamente: *informazione, stampa velinara.*

velìno [fr. *vélin* 'pelle di vitello nato morto, più fine della normale pergamena', propriamente 'di vitello', da *veel*, ant. forma per 'vitello' (stessa etim. dell'it. *vitello*)] s. m. ● Tipo di pergamena più bianca e delicata della pergamena normale, ottenuta dalla pelle di vitelli da latte o nati morti.

velìsmo [comp. di *vel(a)* e *-ismo*] s. m. ● Sport della vela e le tecniche ad esso relative.

velìsta s. m. e f. (pl. m. *-i*) ● Chi pratica lo sport della vela.

velìstico agg. (pl. m. *-ci*) ● Che si riferisce allo sport della vela.

vèlite [vc. dotta, lat. *vēlite(m)* (comunemente usato al pl.), di etim. incerta] s. m. ● (*spec. al pl.*) Soldati romani armati alla leggera, sparsi sul fronte o tenuti negli intervalli fra le coorti o le centurie, che impegnavano per primi il combattimento, spesso portati avanti in groppa dai cavalieri | Soldati napoleonici con compiti di fanteria leggera.

velìvolo [vc. dotta, lat. *velĭvolu(m)* 'che corre con le vele', comp. di *vēlum* 'vela' e *-volus*, da *volāre*] A agg. ● (*poet.*, *raro*) Che corre veloce con le vele: *navi velivole* | Che è solcato da veloci velieri: *in cospetto ... al v. Adriatico* (CARDUCCI). B s. m. *1* (*aer.*) Aeromobile che trae la propria sostentazione principalmente da ali fisse, costituito essenzialmente da ali e da organi di stabilità e governo, variamente disposti e collegati fra loro: *gli alianti sono velivoli senza motore* | *V. aerospaziale*, veicolo atto sia al volo atmosferico sia alla traiettoria extraatmosferica e al rientro nell'atmosfera: *la navetta spaziale è un v. aerospaziale. 2* Aeroplano.

†**vèlle** /*lat.* 'vɛlle/ [vc. dotta, lat. *vĕlle* 'volere', di origine indeur.] s. m. inv. ● Volere, volontà: *il mio disiro e il v.* (DANTE *Par.* XXXIII, 143).

velleità [fr. *velléité*, dal lat. *vĕlle* 'volere'. V. precedente] s. f. ● Volontà, desiderio, aspirazione, progetto e sim. irrealizzabile perché sproporzionato alle reali capacità del soggetto: *v. artistiche, politiche, sociali*; *v. senili, giovanili, fanciullesche*; *avere delle v.*; *mostrare qualche v.*

velleitàrio A agg. *1* Detto di persona che ha delle velleità: *riformatore v. 2* Detto di tutto ciò che è caratterizzato da una evidente sproporzione tra l'ampiezza e l'importanza degli scopi che si intendono raggiungere e la concreta possibilità di realizzarli: *politica velleitaria*; *proteste velleitarie.* || **velleitariaménte**, avv. B s. m. (f. *-a*) ● Chi ha o mostra delle velleità.

velleitarìsmo s. m. ● Atteggiamento tipico dei velleitari.

†**vèllere** [vc. dotta, lat. *vĕllere* 'strappare, svellere', di origine indeur.] v. tr. ● (*lett.*) Svellere, divellere.

vellicaménto s. m. ● Vellicazione.

vellicàre [vc. dotta, lat. *vellicāre* 'pizzicare', ints. di *vĕllere*. V. *vellere*] v. tr. (*io vèllico, tu vèllichi*) *1* Solleticare in modo leggero: *v. qc. su una guancia*; *un filo d'erba gli vellicava il collo.* SIN. Titillare. *2* (*fig.*) Stimolare: *v. la fantasia.*

vellicazióne [vc. dotta, lat. *vellicatiōne(m)*, da *vellicātus*, part. pass. di *vellicāre*] s. f. ● Atto, effetto del vellicare (*anche fig.*). SIN. Titillamento.

vellìchio s. m. *1* Atto del vellicare con insistenza. *2* Prolungata sensazione di solletico, pizzicore, formicolio e sim.: *questo v. fastidioso che si spargeva in ogni direzione* (CALVINO).

vèllo (1) [lat. *vĕllus*, da avvicinare a *vĕllere* 'strappare'. V. *vellere*] s. m. *1* Manto di lana che copre la pecora, il montone, la capra | Lana tosata. *2* (*est.*) Pelame degli animali da pelliccia o di ogni altro animale: *il v. della volpe*; *il v. fulvo del leone. 3* (*lett.*) Ciuffo, ciocca, bioccolo di lana o pelo. *4* (*poet.*) Chioma umana | Ciocca, ciuffo di capelli.

vèllo (2) [da *vedilo!*] inter. ● (*dial.*) Eccolo, guardalo.

vellóso ● V. *villoso.*

vellutàre v. tr. *1* Nell'industria tessile, dare a una stoffa l'aspetto del velluto. *2* Smerigliare il lato carne delle pelli, per renderne pelosa e morbida la superficie.

vellutàta [da *vellutato*] s. f. ● Passato di verdura molto cremoso, legato con tuorli d'uovo: *vellutata di piselli, di asparagi.*

vellutàto A part. pass. di *vellutare*; anche agg. *1* Nei sign. del v. *2* Detto di tessuto che, pur non essendo lavorato a velluto, ha una superficie morbida e pastosa. *3* Detto di tutto ciò che, spec. al tatto, è simile al velluto: *carta vellutata*; *fiore dai petali vellutati* | *Pelle vellutata*, morbida e liscia come velluto. *4* (*cuc.*) *Salsa vellutata*, sorta di besciamella preparata con brodo anziché latte. *5* Di vino che presenta al palato una piacevole sensazione, analoga alla sensazione tattile di chi carezzi il velluto. *6* (*fig.*) Detto di colore intenso, caldo e omogeneo: *verde, rosso, nero v. 7* (*fig.*) Detto di suono armonioso e dolce, di tonalità morbida: *voce vellutata.* SIN. Flautato. B s. m. ● †Tessuto, spec. damaschino, vellutato.

vellutatrìce s. f. ● Macchina tessile per vellutare.

vellutatùra s. f. *1* Operazione che dà a un tessuto, a una carta o ad altro, aspetto di velluto. *2* Aspetto vellutato di una superficie.

†**vellutière** s. m. ● Tessitore di velluto.

vellutìno s. m. *1* Dim. di *velluto. 2* Velluto leggero | Nastrino di velluto, per guarnizione di vesti femminili. *3* (*bot.*) Aristolochia.

vellùto [lat. tardo *villūtu(m)*, da *vĭllus* 'pelo'. V. *villo*] A agg. *1* (*lett.*) Peloso, villoso. *2* †Di tessuto a pelo morbido e sollevato: *i ricchi sciamiti velluti* (PASCOLI). *3* (*bot.*) Nella loc. *fior v.*, amaranto. B s. m. *1* Tessuto di seta, cotone, lana o fibre sintetiche, che presenta su una delle facce una superficie pelosa, formata dai fili dell'ordito o della trama rasati più o meno alti: *v. d'ordito*; *v. di trama*;

un *v. rosso, verde, liscio, lavorato*; *giacca, gonna di v.* | *V. riccio*, il cui pelo è inanellato mediante una particolare lavorazione | *V. soprarizzo*, con i motivi in rilievo su fondo liscio | *V. tagliato*, più o meno lavorato, come il precedente | *V. a coste, alla cacciatora*, lavorato a righe in rilievo, più o meno larghe | (*fig.*) *Andare, camminare sul v.*, procedere con passi silenziosissimi o non incontrare ostacoli in un'azione, un'impresa e sim. | *Giocare sul v.*, coi denari vinti in precedenza; (*fig.*) non correre rischi | *Zampe di v.*, (*per anton.*) quelle del gatto, morbide e silenziose | *Avere, nascondere un pugno di ferro nel guanto di velluto*, (*fig.*) si dice di chi nasconde sotto un'apparenza mite una volontà ferrea o di chi impone, con apparente dolcezza, una disciplina molto dura e sim. | *Di v.*, (*fig.*) vellutato: *viso, mani di v.*; †di cosa fatta con grande maestria. **2** (*est.*) Indumento maschile o femminile di velluto. **3** (*bot.*) *V. d'acqua*, borraccina. **4** (*fig.*) Superficie morbida, liscia e compatta: *il v. delle guance*. || **vellutino**, dim. (V.).

vèlma [dissimilato di *melma*, di origine veneta] s. f. ● Area lagunare paludosa, che resta scoperta durante la bassa marea.

vélo [lat. *vēlu(m)*, da avvicinare a *vĕstis* 'veste'] s. m. **I** In senso proprio **1** Tessuto finissimo e trasparente, di cotone, seta o altra fibra: *v. ricamato, crespo, fitto, rado*; *abito di v.* | (*est.*) Pezzo di tale tessuto, usato per scopi particolari nell'abbigliamento femminile: *coprirsi il capo con un velo*; *un pesante v. le nascondeva il volto*; *sovra candido vel cinta d'uliva / donna m'apparve* (DANTE *Purg.* XXX, 31-32) | *v. bianco*, che copre il capo e le spalle, usato dalle bambine alla prima comunione, in processioni e sim. | *V. nuziale, da sposa*, generalmente bianco e lungo, che scende a guisa di manto sulle spalle | *V. da lutto*, nero e molto fitto, che ricade dal cappello sul volto e sul capo, oggi assai poco usato | (*est.*) Striscia di tale tessuto, adibita a usi vari: *abbrunare le bandiere con un v. nero* | *V. omerale*, nella liturgia cattolica, striscia di tessuto simile a un manto rettangolare con cui il sacerdote copre il petto e le mani nel portare l'ostensorio o la pisside | *V. del calice*, manto dello stesso colore della pianeta che, nella liturgia cattolica, ricopre il calice. **2** Tenda, cortina e sim. che ricopre o cela q.c. | *V. della tenda, dell'Arca del tempio, del santo*, presso gli antichi ebrei, la cortina che separava l'Arca dalla parte del luogo santo in cui era consentito l'accesso. **3** Drappo che le donne cattoliche pongono sulla testa, nell'entrare in chiesa e nell'assistere alle sacre funzioni, per indicare la loro sottomissione, e che le monache portano permanentemente, assumendolo in apposita cerimonia | *Prendere il v.*, monacarsi | *Deporre, lasciare il v.*, abbandonare lo stato monacale. **4** Pezzo di garza che si mette a protezione dalle mosche su oggetti delicati, come cornici dorate, specchiere, candelabri o altro. **5** Tessuto di crine dello staccio, del buratto. **6** †Vela. **II** In senso figurato **1** (*fig.*) Strato leggerissimo che si stende su q.c.: *un v. di nebbia, di fumo*; *un v. di zucchero*; *un v. di tristezza, di lacrime*; *v. di tinta, di colore*; *un v. di cipria, di rossetto* | *V. dicroico*, velatura chimica di un'emulsione sensibile con macchie regolari e riflessi metallici | *Zucchero a v.*, finissimo, per spolverare dolci, torte e sim. **2** (*fig.*) Ciò che copre, maschera o nasconde q.c.: *avere sugli occhi il v. dell'ignoranza*; *la passione fa v. alla mente* | *Stendere un v. pietoso*, (*fig.*) non riportare tutti i particolari di un fatto o una situazione troppo scabrosi o dolorosi | *Far v.*, nascondere | *Mettersi il v. dinanzi agli occhi*, non aver più riguardi, agire sconsideratamente | *Cadere il v. dagli occhi*, perdere ogni illusione | *Tirarsi i v. sugli occhi*, non voler vedere. **3** (*lett.*) Apparenza ingannevole: *nascondere il malanimo sotto un v. di cortesia*. **4** (*poet.*) Corpo umano: *il mortal v.* **5** Sottile involucro membranoso che avvolge q.c.: *il v. della cipolla* | (*bot.*) Membrana che spesso avvolge i giovani funghi e si riduce poi alla volva | *V. parziale*, membrana che nei funghi collega il margine del cappello al gambo, attorno al quale a maturità rimane a formare un anello. **6** (*anat.*) Organo o formazione membranosa | *V. del palato, v. palatino*, palato molle. SIN. Velopendulo | *V. virginale*, o (*ass., pop.*) *velo*, imene. **7** Nella pallacanestro, azione tattica di un giocatore che ostacola i movimenti di un difensore avversario, soprattutto in appoggio a un proprio compagno in possesso del pallone | Nella pallavolo, disposizione assunta dai giocatori della prima linea, mentre il compagno esegue la battuta, onde impedire agli avversari di vedere in anticipo la traiettoria della palla | *Far v.*, nel calcio, attirare l'attenzione di uno o più avversari simulando un intervento sulla palla, che viene poi lasciata a un compagno in grado di portare a termine un'azione. **8** (*raro*) Superficie dell'acqua.

velóce [vc. dotta, lat. *velōce(m)*, di etim. incerta] **A** agg. **1** Che percorre o consente di percorrere un notevole spazio in poco tempo: *nave v.*; *un v. destriero*; *moto v.*; *lo raggiunse con una v. corsa* | *Essere v. come il, più del pensiero, del lampo, del vento, della folgore* e sim., essere estremamente veloce. SIN. Celere, ratto. CONTR. Lento. **2** Che compie una numerosa serie di movimenti, operazioni e sim. in poco tempo o che opera, lavora, agisce con rapidità, senza frapporre indugi e sim.: *mano v.*; *operaio v.*; *calcolatore v.*; *essere v. nelle decisioni, nell'azione* | (*fig.*) Dotato di prontezza: *ingegno, mente v.* **3** Che giunge presto al termine: *anni veloci*; *il v. trascorrere del tempo*; *gli anni fuggono veloci* **4** (*mus.*) Indicazione dinamica prescrivente un'esecuzione rapida. **5** Che è stato eseguito a grande velocità: *l'auto ha compiuto alcuni veloci giri di pista*. **B** in funzione di avv. ● Velocemente: *v. se ne va il tempo*. || **velocemènte**, avv. In modo veloce: *correre, parlare, fuggire velocemente*.

velocìfero [comp. di *veloce* e *-fero*, sul modello del fr. *vélocifère*] s. m. ● Nel XIX sec., diligenza rapida, che faceva meno fermate e cambiava più sovente i cavalli.

velocìmetro [dall'ingl. *velocimeter*, vc. coniata da H. Spencer, nel 1842, con il lat. *velōc(em)* 'veloce' e *-meter* '-metro'] s. m. ● Strumento per misurare a distanza la velocità di un mezzo in movimento | In balistica, apparecchio per misurare la velocità iniziale di proiettili sparati da un'arma da fuoco in libero rinculo.

velocipedàstro [da *velocipede*] s. m. (f. *-a*) ● (*spreg.*) Velocipedista inesperto, poco abile.

velocìpede [fr. *vélocipède*, comp. dal lat. *vēlox*, genit. *velōcis* 'veloce' e *pēs*, genit. *pĕdis* 'piede'] **A** s. m. ● Antico modello di bicicletta con una grande ruota anteriore e quella posteriore molto più piccola | (*scherz.*) Bicicletta: *inforcò il v. e partì*. **B** agg. ● (*lett.*) †Dal piede veloce, rapido nella corsa.

velocipedìsta [fr. *vélocipédiste*, da *vélocipède* 'velocipede'] s. m. e f. (pl. m. *-i*) ● (*raro*) Ciclista | Oggi scherz.

velocipedìstico [da *velocipedista*] agg. (pl. m. *-ci*) ● (*raro*) Relativo allo sport del ciclismo, ciclistico: *Unione Velocipedistica Italiana* (*UVI*).

velocìsta [comp. di *veloc(e)* e *-ista*] s. m. e f. (pl. m. *-i*) ● Atleta specializzato nelle corse podistiche di velocità sulle minori distanze | Corridore ciclista specialista delle gare di velocità in pista | Corridore ciclista dotato di un forte scatto, che eccelle nelle volate.

velocità o †**velocitàde**, †**velocitàte** [vc. dotta, lat. *velocitāte(m)*, da *vēlox*, genit. *velōcis* 'veloce'] s. f. **1** Qualità di chi, di ciò che è veloce: *la v. di un cavallo, di un aereo*; *treno ad alta v.*; *v. di pensiero, di azione*; *decidere con v.* | *V. di crociera*, quella a cui può viaggiare costantemente un mezzo di trasporto con sicurezza ed economia | *Prendere v.*, accelerare | *A grande v.*, molto velocemente | (*ferr.*) *Grande, piccola v.*, modo di trasporto più o meno celere delle merci | *Gara di v. su pista*, nel ciclismo, gara che si disputa su una distanza di settecentocinquanta o mille metri e in cui viene cronometrato il tempo impiegato negli ultimi duecento metri | *Corse di v.*, nell'atletica, quelle che si svolgono su distanze fino a duecento metri. CONTR. Lentezza. **2** (*fis.*) Rapporto fra lo spazio percorso e il tempo impiegato a percorrerlo: *la v. del suono, della luce*; *calcolare la v. di un proiettile* | *V. iniziale*, quella posseduta dal mobile quando si comincia a osservare il fenomeno | *V. media*, quella relativa a un certo intervallo di tempo | *V. istantanea*, limite al quale tende la velocità media quando il tempo tende a zero | *V. periferica*, nel moto rotatorio, rapporto fra la lunghezza dell'arco e tempo impiegato a percorrerlo | *V. angolare*, rapporto fra ampiezza dell'angolo e tempo impiegato a percorrerla | *V. di evasione, di liberazione, di fuga*, quella minima necessaria perché un corpo possa definitivamente sottrarsi al campo gravitazionale di un pianeta o di un astro | *V. di fuga*, quella alla quale tende un motore quando venga a cessare la coppia resistente, se non intervengono organi regolatori della coppia motrice | *V. di un fenomeno fisico*, rapporto tra una variazione elementare della grandezza fisica e il tempo durante il quale essa ha luogo | *V. di marcia*, velocità di una formazione in movimento, calcolata comprendendo anche il tempo delle fermate | *V. commerciale*, rapporto tra la lunghezza di un tratto percorso da un mezzo di trasporto e il tempo impiegato a percorrerlo, ivi compreso quello delle fermate intermedie. **3** Negli autoveicoli, marcia: *ingranare la prima, la quinta v.*; *cambio di v.*

†**velocitàre** [da *velocità*] **A** v. tr. ● Dare, accrescere velocità. **B** v. intr. pron. ● Diventare veloce.

†**velocitàte** ● V. *velocità*.

†**velocitazióne** [da †*velocitare*] s. f. ● Accelerazione, aumento di velocità.

velocizzàre **A** v. tr. ● Rendere più veloce, accelerare, snellire: *v. una procedura burocratica*. **B** v. intr. pron. ● Diventare più veloce, sveltirsi: *nel secondo tempo la partita si è velocizzata*.

velocizzazióne [da *velocizzare*] s. f. ● Atto, effetto del velocizzare o del velocizzarsi.

velocréspo [comp. di *velo* e *crespo*] s. m. ● Chiffon.

velocròss /velo'krɔs/ [comp. di *velo(cipede)* e dell'ingl. *to cross* 'attraversare', da *cross* 'croce' (stessa etim. dell'it. *croce*)] s. m. ● Corsa ciclocampestre, ciclocross.

velòdromo o (*evit.*) **velodròmo** [fr. *vélodrome*, da *vélo(cipède)* 'velocipede', sul modello di *hippodrome* 'ippodromo'] s. m. ● Impianto sportivo con pista a tracciato ellittico in cemento, asfalto o legno a curve rialzate, per la disputa di gare ciclistiche.

velopèndulo o **vélo pèndulo** [da *velo pendulo*] s. m. ● (*anat.*) Palato molle.

velours /fr. və'lur/ [vc. fr., dal provz. *velos*, dal lat. *villōsu(m)* 'villoso'] s. m. inv. ● Stoffa pelosa di lana, simile al velluto, ma la cui superficie pelosa è stata prodotta mediante garzatura.

†**vèltra** o **véltra** s. f. ● Femmina del veltro: *una v. nera come carbone* (BOCCACCIO).

vèltro o **véltro** [provz. *veltre*, dal lat. *vĕrtragu(m)*, di origine celtica] s. m. (f. †*-a* (V.)) **1** (*lett.*) Cane forte e veloce, da inseguimento e da presa, simile agli attuali levrieri | *Correre come un v.*, con grande velocità. **2** (*raro*) Corridore ciclista.

†**vemènte** ● V. *veemente*.

†**vemènza** ● V. *veemenza*.

†**véna (1)** [aferesi di *avena*] s. f. ● Avena.

véna (2) [lat. *vēna(m)*, di etim. incerta] s. f. (pl. †*-i*) **1** (*anat.*) Vaso sanguigno a pareti sottili che conduce il sangue verso il cuore: *v. cefalica, basilica, femorale, cava, porta, renale*; *le vene e le arterie* | Correntemente, vaso sanguigno in genere | *Tagliare, recidere le vene*, uccidere per dissanguamento: *recidersi le vene dei polsi* | (*fig.*) *Gli bolle il sangue nelle vene*, di persona facilmente eccitabile, irascibile e sim. | (*fig.*) *Sentirsi bollire, ribollire il sangue nelle vene*, essere oltremodo irato | (*fig.*) *Non avere sangue nelle vene*, essere fiacco, smidollato, privo di nerbo e sim. | (*fig.*) *Non avere più, non rimanere più sangue nelle vene*, essere spaventatissimo, molto emozionato e sim. ➡ ILL. p. 363, 365 ANATOMIA UMANA. **2** (*raro, lett.*) Sangue: *sentirsi agghiacciar le vene*; *suggere, succhiare le vene*. **3** (*est.*) Venatura: *le vene del legno*; *marmo con vene rosa*. **4** (*fig.*) Traccia, indizio, segno: *sentire, percepire una v. di malinconia nelle parole di qc.* **5** (*geogr.*) Meato naturale nelle rocce, entro cui scorre acqua: *v. sotterranea, superficiale*; *una v. d'acqua sorgiva*. **6** (*geol.*) Riempimento mineralizzato di una frattura più o meno larga e irregolare: *v. aurifera, argentifera*; *v. di piombo, di zolfo* | *Trovare una v. d'oro*, (*fig.*) una ricca e facile fonte di guadagno. **7** (*fig.*) Estro, fantasia, creatività: *v. poetica, mu-*

sicale; *v. copiosa, abbondante, ricca*; *la sua v. si è ormai disseccata* | *Essere, non essere in v.*, sentirsi o no in grado di fare o accettare q.c.: *oggi non sono in v. di scherzi* | *Fare q.c. di v., di buona v.*, con impegno, entusiasmo e sim. **8** (*fig.*) Disposizione d'animo, umore: *non essere in buona v.* | (*raro*) *Star di v.*, essere ben disposto | (*raro*) *Trovar la v.*, scoprire il punto debole di qc. **9** Nella loc. *sulla v.*, detto di vino in cui si avverte il gusto dolce. || **venina**, dim. | **venolina**, dim. | **venóna**, accr. | **venùzza**, dim.

†venàbulo [vc. dotta, lat. *venābulu(m)*, da *venāri* 'cacciare, andare a caccia', di origine indeur.] s. m. ● Spiedo lungo e acuminato usato dai cacciatori.

venàccio [lat. *vināceu(m)* 'vinacciolo' (V.)] s. m. ● (*raro*) Vinacciuolo.

†venagióne ● V. *†venazione*.

venàle [vc. dotta, lat. *venāle(m)* 'da vendere', da *vēnum* 'vendita', di origine indeur.] agg. **1** Che si vende e si compra, da vendersi: *portare al mercato le cose venali* | Di, relativo a vendita: *valore v.* | *Prezzo v.*, quello corrente, di mercato. **2** (*fig.*) Di ciò che, contrariamente alla propria natura o destinazione, è o diviene oggetto di lucro: *amore v.*; *arte v.* SIN. Mercenario. **3** (*fig.*) Che agisce od opera solo per avidità di denaro: *animo v.*; *ingegno v.*; *donna v.*; *funzionario v. e corrotto*. CONTR. Incorruttibile. || **venalménte**, avv.

venalità [vc. dotta, lat. tardo *venalitāte(m)*, da *venālis* 'venale'] s. f. ● Caratteristica di chi, di ciò che è venale.

†venaménto [da *venare*] s. m. ● (*raro*) Venatura.

†venardì ● V. *venerdì*.

venàre [da *vena*] **A** v. tr. (*raro*) ● Coprire di venature. **B** v. intr. pron. ● Coprirsi di venature | (*fig.*) Colorirsi di particolari sfumature: *la sua voce si venò di tristezza*.

venàto [propriamente part. pass. di *venare*] agg. **1** Percorso di vene, strisce, venature: *legno chiaro v. di scuro*; *minerale v. di sfumature verdi*. **2** (*fig.*) Che reca il segno, la traccia di q.c., che è in parte improntato a q.c.: *noia venata di tristezza*; *poesia venata di dolore*. SIN. Pervaso. **3** †Orlato, listato, detto spec. di vesti.

†venatóre [vc. dotta, lat. *venatōre(m)*, da *venātus*, part. pass. di *venāri* 'cacciare', di origine indeur.] s. m. (f. *-trice*) ● Cacciatore.

venatòrio [vc. dotta, lat. *venatōriu(m)*, da *venātor*, genit. *venatōris* 'cacciatore' (V. *venatore*)] agg. ● Che si riferisce alla caccia | *Arte venatoria*, la caccia.

venatùra [da *venato*] s. f. **1** Segno, riga, naturale o artificiale d'altro colore, che serpeggia nei legni e nelle pietre. **2** (*fig.*) Vena, nel sign. 4: *una v. di tristezza, di nostalgia*. **3** (*bot.*) Nervatura fogliare. **4** (*zool.*) Nervatura alare degli insetti. **5** †Lista, nastro per ornamento di vesti, cappelli e sim.

†venazióne o **†venagióne** [vc. dotta, lat. *venatiōne(m)*, da *venātus*, part. pass. di *venāri* 'cacciare', di origine indeur.] s. f. ● Caccia: *l'arte della venagione* (DANTE) | Cacciagione: *laghi e luoghi pieni di venagione* (MACHIAVELLI).

vendémmia o **†vendèmia**, **†vindèmia** [lat. *vindēmia(m)*, comp. di *vīnum* 'vino' e un deriv. di *dēmere* 'togliere', comp. di *dē* 'da' ed *ĕmere* 'prendere', di origine indeur.] s. f. **1** Operazione del raccogliere l'uva | Tempo della raccolta | Quantità di uva raccolta e il vino che se ne ottiene. **2** †Raccolta, spec. di miele. **3** (*poet.*) Uva, vite. **4** (*fig.*) Messe: *una abbondante v. di cariche, di onori* | Guadagno realizzato alle spalle di qc., approfittando della situazione, dell'occasione favorevole, e sim.: *vedrai che riuscirà a fare un'ottima v.* || **vendemmiùccia**, dim.

vendemmiàbile agg. ● Che si può vendemmiare: *uva v.*

vendemmiàio [da *vendemmia*: calco sul fr. *vendémiaire*] s. m. ● Primo mese del calendario rivoluzionario francese, il cui inizio corrispondeva al 22 settembre e il termine al 21 ottobre.

vendemmiale [lat. tardo *vindemiāle(m)*, da *vindēmia* 'vendemmia'] **A** agg. ● (*raro*) Della vendemmia: *mese v.* **B** s. m. ● (*raro*) Vendemmiaio.

vendemmiàre [lat. *vindemiāre*, da *vindēmia* 'vendemmia'] **A** v. tr. (*io vendémmio*) **1** Raccogliere l'uva: *v. le uve, la vigna*. **2** (*fig.*) Spogliare, depredare, portar via: *v. tutto quel che si trova*. **3** †Raccogliere il miele. **B** v. intr. (aus. *avere*) **1** Fare la vendemmia: *è tempo di v.* **2** (*fig.*) Fare lauti guadagni: *è un tipo che vendemmia dovunque*; *ha trovato da v.*

vendemmiatóre [lat. *vindemiatōre(m)*, da *vindemiāre* 'vendemmiare'] s. m. (f. *-trice*) ● Chi è addetto alla vendemmia.

vendemmiatrice agg.; anche s. f. ● *Macchina v.*, (*ell.*) *vendemmiatrice*, trainata da una trattrice, costituita da un pianale con un nastro trasportatore al centro, e ai lati due ali regolabili dove cadono i grappoli d'uva dai tralci colpiti da due percussori a movimento verticale.

véndere [lat. *vĕndere*, da *vēnum dāre* 'dare in vendita'. Per *vēnum* V. *venale*] **A** v. tr. (pass. rem. *io vendéi* o *vendètti*, *tu vendésti*; part. pass. *vendùto*) **1** Concludere una vendita (*anche ass.*): *v. un bene mobile, immobile*; *v. all'asta, al miglior offerente, a buon mercato, a prezzo di costo*; *v. a peso, a misura, a pezzo, a taglio* | *V. caro, a caro prezzo*, esigendo un prezzo elevato | *V. cara la pelle*, (*fig.*) difendersi strenuamente, fino all'ultimo | *Averne da v.*, (*fig.*) in grande quantità, oltre la normale misura: *avere salute, ragione da v.* SIN. Alienare. **2** (*est.*) Offrire, mettere in vendita (*anche ass.*): *penso di v. tutto al più presto*; *vendo il bestiame e il raccolto per un prezzo globale*; *abbiamo deciso di v.* | *Si vende*, si offre in vendita | *Saper v. la propria merce*, (*fig.*) saper mettere in luce i propri meriti, qualità e sim. | *V. anche la camicia*, (*fig.*) ridursi in completa miseria, sperperare tutti i propri beni | *Te la vendo come l'ho comprata*, di notizia e sim. che si riferisce senza garantirne l'autenticità o la veridicità | *V. la pelle dell'orso prima di averlo ucciso*, (*fig.*) confidare con leggerezza nel successo o fare assegnamento su q.c. di aleatorio, incerto e sim. **3** Commerciare (*anche ass.*): *v. pellami, tessuti, gioielli, pane e pasta, frutta e verdura*; *v. tutto il giorno*; *stare in bottega a v. da mane a sera*; *v. per la strada, al mercato*; *v. all'ingrosso, al dettaglio, al minuto*; *v. a credito, per contanti* | *V. moneta*, cambiare valuta o fare prestiti. **4** Concedere, dare per lucro o utilità, riferito anche a cose astratte o comunque non commerciabili: *v. la propria opera, il proprio lavoro*; *v. favori, raccomandazioni* | (*fig.*) *V. l'anima al diavolo*, essere disposto a qualunque infamia pur di ottenerne un utile | (*fig.*) *Venderebbe anche l'anima, anche sua madre*, di persona che per avidità è capace di tutto | Tradire spec. per denaro: *v. la patria, i compagni, un segreto* | Prostituire: *v. il proprio corpo, il proprio ingegno*; *v. la coscienza, l'onore*. **5** Nel linguaggio calcistico, cedere un giocatore, da parte di una società ad un'altra, nella quale gareggerà per una o più stagioni: *hanno venduto le mezze ali*; *v. il centromediano*. **6** (*fig.*) Spacciare: *v. frottole, lucciole, ciance* | *V. parole*, largheggiare in discorsi, promesse e sim., ma non realizzarli, non mantenerle e sim. | *Questa non me la vendi*, non me la dai a intendere, non mi imbrogli e sim. | *V. fumo*, dare a intendere cose non vere, vantarsi di meriti, qualità, possibilità e sim., che non si hanno | *V. per buono*, spacciare per vero, autentico e sim. ciò che non lo è. **B** v. intr. (aus. *avere*) ● (con valore passivo) Essere venduto, trovare acquirenti: *è un libro che vende bene*. **C** v. rifl. **1** Lasciarsi corrompere: *vendersi al nemico* | Prostituirsi: *si vende per poco*. **2** Farsi credere, spacciarsi: *si vende per quel che non è*.

venderéccio [da *vendere*] agg. (pl. f. *-ce*) **1** Destinato alla vendita: *pane v.* | (*raro*) Che si vende bene, che incontra le richieste dei consumatori: *merci vendereccce*. **2** (*fig.*) Che si può corrompere con relativa facilità: *gente vendereccia*.

†venderia [da *vendere*] s. f. ● Traffico, mercato.

véndesi [da *si vende*] s. m. ● Cartello che si espone all'esterno di un locale, di un terreno o di una abitazione da vendere.

vendétta [lat. *vindĭcta(m)* 'verga con cui si toccava lo schiavo che doveva essere posto in libertà', poi 'rivendicazione, liberazione', quindi 'vendetta, punizione', da *vindicāre* 'pretendere, rivendicare', poi 'vendicare'] s. f. **1** Atto, effetto del vendicare o del vendicarsi: *v. privata*; *giurare v.*; *una catena di vendette*; *v., v., tremenda v.*; *vuole che la v. sia grande* (COMPAGNI) | *V. trasversale*, che non colpisce direttamente chi ha arrecato un danno ma un suo congiunto | *Far v. di*, vendicare | *Prendere v.*, vendicarsi | *Ricevere v.*, ottenere, essere vendicato | *Far la v. di un altro*, vendicare un oltraggio in vece sua | *Consegnare, esporre e sim. alla v. di qc.*, mettere qc. nelle mani o alla mercé di chi vuole vendicarsi. SIN. Rivalsa. **2** Castigo: *la giusta v. del cielo*; *la v. degli dèi* | *Il giorno della v.*, del giudizio universale | *Gridare v.*, invocare a gran voce la giusta punizione; (*est.*) si dice di colpe totalmente imperdonabili (*anche scherz.*): *un misfatto che grida v.*; *infamie che gridano v. al cospetto di Dio*; *ha cantato con una voce che gridava v.* || **vendettàccia**, pegg. | **vendettùccia**, dim.

vendeuse /fr. vã'døz/ [vc. fr., 'venditrice', da *vendre* 'vendere'] s. f. inv. ● Commessa di boutique.

†vendévole agg. ● Vendibile | Facile a vendersi.

vendìbile [vc. dotta, lat. *vendĭbile(m)*, da *vĕndere*] agg. ● Che si può vendere | Facile a vendersi. CONTR. Invendibile.

vendibùbbole [comp. di *vendere* e il pl. di *bubbola*] s. m. e f. inv. ● (*tosc.*) Chi dà ad intendere bubbole, ciance.

vendicàbile agg. ● Che si può o si deve vendicare. || **†vendicabilménte**, avv. Con vendetta.

†vendicaménto s. m. ● Modo e atto del vendicare.

†vendicànza [da *vendicare*] s. f. ● Vendetta.

vendicàre [lat. *vindicāre* 'pretendere, rivendicare', poi 'vendicare', da *vĭndex*, genit. *vĭndicis* 'vindice'] **A** v. tr. (pres. *io véndico, tu véndichi*) **1** Fare scontare un torto, un'ingiustizia, un delitto e sim., arrecando volontariamente un danno più o meno grave, materiale o morale, alla persona, alla famiglia o ai beni dell'offensore: *v. un insulto, un oltraggio, un'ingiustizia*; *Achille vendicò su Ettore la morte di Patroclo*; *vendicheremo nel sangue questo tradimento*; *da tempo attendeva l'opportunità di v. il fratello ucciso* | *V. l'onore*, riscattarlo, compiendo la vendetta richiesta dalle tradizioni, dalle convenzioni sociali e sim. CONTR. Perdonare. **2** †Scontare una colpa con pena adeguata. **B** v. rifl. **1** Compiere la propria vendetta: *vendicarsi dell'offesa, di un tradimento*; *vendicarsi su qc., coi nemici*; *sarebbe bella, che ora Fabrizio si vendicasse di me* (GOLDONI). **2** †Riscattare, rivendicare, recuperare | (*letter.*) *Vendicarsi in libertà*, riottenere la libertà.

vendicatività s. f. ● Tendenza ad essere vendicativo.

vendicatìvo [da *vendicato*] agg.; anche s. m. (f. *-a*) ● Che, chi non dimentica, non perdona ed è pronto a vendicarsi: *carattere v.*; *persona vendicativa*; *offendere un v.* || **vendicativaménte**, avv.

vendicàto part. pass. di *vendicare*; anche agg. ● Nei sign. del v.

vendicatóre [lat. tardo *vindicatōre(m)*, da *vindicātus* 'vendicato'] s. m.; anche agg. (f. *-trice*) ● Chi, che vendica: *il v. dei deboli, degli oppressi*; *furia vendicatrice*.

†vendicazióne [lat. *vindicatiōne(m)*, da *vindicātus* 'vendicato'] s. f. ● (*raro*) Vendetta.

vendicchiàre [da *vendere*] v. tr. e intr. (*io vendìcchio*; aus. *avere*) ● Vendere poco, far magri affari.

†vendichévole [da *vendicare*] agg. ● Che consente la vendetta.

†véndico [part. contratto di *vendicare*] agg. ● Vendicato.

vendifròttole [comp. di *vendere* e il pl. di *frottola*] s. m. e f. inv. ● Chi spaccia frottole, panzane, bugie.

vendifùmo [comp. di *vendere* e *fumo*] s. m. e f. inv. ● Chi, a scopo di imbroglio, vanta capacità che non possiede o presenta come reale o possibile una situazione che non lo è.

†vendigióne ● V. *†vendizione*.

†vendiménto s. m. ● (*raro*) Atto del vendere.

vendiparòle [comp. di *vendere* e il pl. di *parola*] **A** s. m. e f. inv. ● Chiacchierone, parolaio. **B** anche agg. inv.

†vendispàghi [comp. di *vendere* e il pl. di *spago*] s. m. ● Canapaio.

vendistòrie [comp. di *vendere* e il pl. di *storia*] s. m. e f. inv. ● (*raro*) Venditore ambulante di storie, canzoni e sim.

véndita [da *vendere*, sul modello del lat. *vĕnditus*,

part. pass. di *vĕndere*] s. f. *1* (*dir.*) Contratto che ha per oggetto il trasferimento della proprietà di una cosa, o il trasferimento di un altro diritto, verso il corrispettivo di un prezzo: *v. di cose future*; *v. su campione, a corpo, su documenti* | *V. giudiziale*, disposta dall'autorità giurisdizionale nel corso di un processo esecutivo: *v. giudiziale con incanto, senza incanto* | *V. a premio*, tipo di vendita al dettaglio effettuata con sorteggi periodici di premi fra gli acquirenti | *V. per corrispondenza*, tipo di vendita al dettaglio in cui il ricevimento degli ordini e la consegna della merce si effettuano tramite il servizio postale | *V. all'ingrosso*, di grandi quantitativi di merce | *V. al minuto, al dettaglio*, effettuata direttamente ai consumatori | *V. fallimentare*, che ha per oggetto i beni del fallimento; (*est.*) liquidazione, svendita a prezzi molto convenienti | *V. all'asta*, al miglior offerente, secondo particolari formalità di legge | *V. porta a porta*, tipo di vendita al dettaglio in cui il prodotto, con metodica azione distributiva, viene offerto direttamente al domicilio di ogni eventuale acquirente | (*est., spreg.*) Commercio di beni, cariche o impieghi: *la v. del posto di direttore generale è stata denunciata dalla stampa*. SIN. Alienazione, compravendita. *2* Nella terminologia calcistica, cessione di un giocatore da parte di una società a un'altra, nella cui squadra gareggerà per una o più stagioni: *la v. di un giocatore*. *3* Smercio: *avere una buona v. di prodotti*; *la v. procede a stento*. *4* Negozio, bottega dove si vende: *v. di generi alimentari, di sale e tabacchi*; *aprire una v.* SIN. Spaccio. *5* Luogo di riunione dei carbonari.

venditóre [lat. *venditōre(m)*, da *vĕnditus*, part. pass. di *vĕndere*] **A** agg. (f. *-trice*) ● Che vende: *ente v.*; *ditta, società venditrice*. **B** s. m. ● Chi vende o è addetto alla vendita, per conto proprio o altrui: *il v. e il compratore*; *v. di carne, di pesce*; *v. ambulante* | *V. di carne umana*, commerciante di schiavi | *V. di fumo*, (*fig.*) fanfarone, imbroglione | (*euf.*) *Venditrice d'amore*, prostituta.

†venditùra s. f. ● Vendita.

†vendizióne o **†vendigióne** [vc. dotta, lat. *venditiōne(m)*, da *vĕnditus*, part. pass. di *vĕndere*] s. f. ● Vendita.

-véndolo secondo elemento ● In parole composte indica chi esercita come attività economica la vendita di un determinato prodotto: *erbivendolo, fruttivendolo, straccivendolo*.

vendùto **A** part. pass. di *vendere*; anche agg. *1* Nei sign. del v. *2* (*fig., spreg.*) Prezzolato, corrotto: *un funzionario v.*; *arbitro v.* **B** s. m. ● Merce venduta: *resa salvo il v.*

venefìcio [vc. dotta, lat. *venefīciu(m)*, da *venĕficus* 'venefico'] s. m. ● Avvelenamento criminoso di una o più persone: *essere imputato di, condannato per, v.*

venèfico [vc. dotta, lat. *venĕficu(m)*, comp. di *venēnum* 'veleno' e *-ficus* '-fico'] **A** agg. (pl. m. *-ci*) *1* Tossico, velenoso (*anche fig.*): *sostanza venefica*; *sono idee venefiche* | (*est.*) Molto nocivo: *aria venefica*. SIN. Insalubre. *2* (*fig.*) Pernicioso, perfido: *insinuazioni venefiche*; *propaganda venefica*. **B** s. m. (f. *-a*) ● †Avvelenatore, stregone.

†venéno e *deriv.* ● V. *veleno* e *deriv.*

venènte ● V. *veniente*.

veneràbile [vc. dotta, lat. *venerābile(m)*, da *venerāri* 'venerare'] **A** agg. *1* Degno di essere venerato. *2* Titolo di persona morta in concetto di santità e per la quale è stata promossa la causa di beatificazione | Titolo di persona, istituzione ed edificio sacro, degni di venerazione: *la v. confraternita*. || **venerabilménte**, avv. Con venerazione. **B** s. m. *1* Persona morta in concetto di santità ma non beatificata: *i santi, i beati e i venerabili*. *2* (*raro, per anton.*) Il Santissimo Sacramento: *esposizione del Venerabile*. *3* Presidente di una loggia massonica.

venerabilità [vc. dotta, lat. *venerabilitāte(m)*, da *venerābilis* 'venerabile'] s. f. ● Qualità di chi, di ciò che è venerabile.

†veneragióne ● V. *venerazione*.

veneràndo [vc. dotta, lat. *venerăndu(m)*, ger. di *venerāri* 'venerare'] agg. ● Degno di venerazione: *vecchio v.*; *canizie veneranda*; *onoriamo la sua veneranda memoria* | *Aspetto v., età veneranda*, di persona molto vecchia.

†venerànza [da *venerante*] s. f. ● Venerazione.

veneràre (1) [vc. dotta, lat. *venerāre* (più comunemente *venerāri*) 'adorare gli dei', da *Vĕnus*, genit. *Vĕneris* 'Venere'] v. tr. (*io vènero*) ● Avere in grande reverenza, fare oggetto di venerazione: *v. la vecchiaia, i genitori, la memoria di qc.*; *v. i santi, i beati*.

†veneràre (2) [da *Venere*] v. tr. ● (*poet.*) Accendere d'amore.

veneràto part. pass. di *venerare* (*1*); anche agg. ● Nel sign. del v.

veneratóre [vc. dotta, lat. *veneratōre(m)*, da *venerātus* 'venerato'] s. m.; anche agg. (f. *-trice*) ● (*raro*) Chi, che venera.

venerazióne o **†veneragióne** [vc. dotta, lat. *veneratiōne(m)*, da *venerātus* 'venerato'] s. f. *1* Sentimento di grande reverenza, rispetto, stima e sim.: *provare una grande v. per qc.*; *trattare con v.* *2* Pietà religiosa | Particolare rispetto dovuto ai Santi, ai Beati, ai Servi di Dio e ai Venerabili | (*est.*) Adorazione, manifestazione di culto dovuto a Dio.

venerdì o **†venardì**, **†vernadì** [lat. tardo *Vĕneris dīe(m)* 'giorno di Venere'. V. *venere* e *dì*] s. m. ● Quinto giorno della settimana civile, sesto della liturgica | *V. Santo*, quinto giorno della Settimana Santa, nel quale si commemora la passione e morte del Cristo | (*fig.*) *Gli manca un v., qualche v.*, si dice di persona piuttosto stramba | *Fare vigilia il v., osservare il v.*, astenersi dal mangiar carne in tale giorno, secondo un precetto della chiesa cattolica.

vènere [vc. dotta, lat. *Vĕnere(m)*, dea dell'amore, da una radice indeur. che significa 'desiderare'] s. f. (*Vènere* nel sign. 5) *1* Donna eccezionalmente bella: *essere, credersi una v.* | *Non è una v., non si può dire che sia una v.*, di donna non bella, anzi alquanto brutta (*spec. scherz.*) | (*anat.*) *Monte di Venere*, prominenza adiposa coperta di peli, sopra la vulva. *2* (*spec. al pl., fig., lett.*) Grazia, bellezza, leggiadria: *le veneri dello stile*. *3* (*fig.*) Sensualità, amore sensuale, e sim.: *i piaceri di v.*; *essere dedito a v.* | *V. solitaria*, la masturbazione | Prostituta, spec. nella loc. *v. di marciapiede*, *vagante, vaga, pandemia*. *4* (*pop.*) Venerdì. *5* (*astron.*) Il secondo pianeta in ordine di distanza dal Sole, dal quale in media dista 108 milioni di kilometri, la cui massa è 0,817 volte quella della Terra, e del quale non si conoscono satelliti | (*astrol.*) Pianeta che domina i segni zodiacali del Toro e della Bilancia. ➡ ILL. p. 830 SISTEMA SOLARE; **zodiaco**. *6* Lamellibranchio marino a conchiglia elegante, ovoide, lungo sifone e carni apprezzate (*Venus*). SIN. (*pop.*) Vongola || PROV. Né di Venere né di Marte ci si sposa oppur si parte. || **venerìna**, dim.

venèreo [vc. dotta, lat. *Venĕriu(m)*, agg. di *Vĕnus*, genit. *Vĕneris* 'Venere'] agg. *1* (*lett.*) Di Venere: *grazie veneree* | Sensuale, lascivo: *amore v.*; *fuoco v.* *2* Che riguarda o è proprio dei rapporti sessuali: *atto v.* *3* Detto di malattia che si trasmette spec. con i rapporti sessuali.

venereologìa [comp. di *venereo* e *-logia*] s. f. ● (*med.*) Ramo della medicina che studia e cura le malattie trasmesse mediante contagio sessuale.

†venerévole agg. ● (*raro*) Venerabile. || **†venerevolménte**, avv. Con venerazione.

veneriàno agg.; anche s. m. (f. *-a*) ● (*raro*) Venusiano.

venètico [vc. dotta, lat. *venĕticu(m)*, agg. di *Vĕnetus* 'Veneto'] **A** agg. (pl. m. *-ci*) ● Relativo agli antichi veneti: *iscrizioni venetiche*. **B** s. m. ● Lingua indoeuropea parlata dagli antichi veneti.

vèneto [lat. *Vĕnetu(m)* 'abitatore del Veneto'] **A** agg. *1* Delle tre Venezie e spec. della Venezia Euganea: *città venete*; *regno lombardo v.* | *Dialetti veneti*, gruppo di dialetti italiani dell'area settentrionale. *2* Della città di Venezia: *la repubblica veneta*. *3* Venetico: *necropoli venete*. **B** s. m. (f. *-a* nei sign. 1 e 2) *1* Abitante, nativo delle tre Venezie e spec. della Venezia Euganea. *2* Ogni appartenente a un'antica popolazione indoeuropea stanziata nella pianura veneta. *3* (*gener.*) Ogni dialetto parlato nelle tre Venezie.

veneziàna s. f. *1* Donna di Venezia. *2* (*sett.*) Specie di brioche emisferica cosparsa di chicchi di zucchero | (*merid.*) Caffè con cioccolata. *3* Tenda a stecche di legno o a lamine di plastica, inclinabili a piacere. *4* (*mus.*) Composizione polifonica del secolo XVI a due o tre voci, che veniva però eseguita da una voce accompagnata da strumenti.

veneziàno o **†viniziàno**. **A** agg. ● Della città di Venezia: *calli, gondole veneziane* | *Caratteri veneziani*, caratteri tipografici usati a Venezia nel XV sec., caratterizzati da lettere larghe, tratti con angolo d'incidenza maggiore di 90° e grazie raccordate sovente spesse e piatte | *Alla veneziana*, (*ell.*) alla maniera dei veneziani | *Fegato alla veneziana*, cucinato a fettine con olio e cipolla | *Lampioncini alla veneziana*, di carta colorata per illuminazioni festose | *Pavimento alla veneziana*, terrazzo. **B** s. m. (f. *-a*) ● Abitante, nativo di Venezia. **C** s. m. solo sing. ● Dialetto del gruppo veneto, parlato a Venezia.

venezuelàno o **venezuelàno**, **venezolàno**, **venezolàno** **A** agg. ● Del Venezuela. **B** s. m. (f. *-a*) ● Abitante, nativo del Venezuela.

†vengiaménto [ant. fr. *vengement*, da *venger* 'vendicare'. V. *vengiare*] s. m. ● Atto, effetto del vendicare.

†vengiànza [fr. *vengeance*, da *venger* 'vendicare'. V. *†vengiare*] s. f. ● Vendetta.

†vengiàre [fr. *venger*; stessa etim. dell'it. *vendicare*] v. tr. e rifl. ● Vendicare: *se in loro ... potessi le mie ire v., il farei senza fallo* (BOCCACCIO).

†vengiatóre [fr. *vengeur*, da *venger* 'vendicare'. V. *vengiare*] s. m.; anche agg. (f. *-trice*) ● Vendicatore.

vènia [vc. dotta, lat. *vĕnia(m)* 'compiacenza, benevolenza, perdono', da avvicinare a *Vĕnus* 'Venere'] s. f. *1* (*lett.*) Grazia, indulgenza, perdono: *vi chiedo v.*; *ottenere v.* *2* (*raro*) †Supplicazione.

veniàle [vc. dotta, lat. tardo *veniāle(m)*, da *vĕnia*] agg. *1* Nella morale cattolica, detto di peccato non grave e non producente la perdita della grazia. CONTR. Mortale. *2* (*est.*) Meritevole d'indulgenza, perdono e sim.: *errore v.*; *mancanza, colpa v.* CONTR. Imperdonabile. || **venialménte**, avv. In modo veniale, perdonabile.

venialità s. f. ● Qualità di ciò che è veniale.

veniènte o **†vegnènte**, (*raro*) **venènte**. **A** part. pres. di *venire*; anche agg. ● Nei sign. del v. **B** s. m. e f. ● Chi viene.

†veniménto [da *venire*] s. m. *1* Venuta. *2* Avvenimento.

venìre [lat. *venīre*, di origine indeur.] **A** v. intr. (pres. *io vèngo*, poet. *†vègno*, *tu vièni*, *egli viène*, *†vène*, *noi veniàmo*, poet. *†vegnàmo*, *†venghiàmo*, *voi venìte*, *essi vèngono*, poet. *†vègnono*; imperf. *io venìvo*, *†venìa*, *†venìva*; fut. *io verrò*, *†venirò*, *tu verrài*, *†venirài*; pass. rem. *io vénni*, *tu venìsti*, *egli vénne*, *noi venimmo*, poet. *†vegnémmo*, *voi venìste*, *essi vénnero*, poet. *†venìrono*, *†venìro*; congv. pres. *io vènga*, poet. *†vègna*, *tu vènga*, *†vègne*, *†vènghi*, *egli vènga*, *noi veniàmo*, poet. *†vegnàmo*, *†venghiàmo*, *voi veniàte*, poet. *†vegnàte*, *†venghiàte*, *essi vèngano*, poet. *†vègnano*; condiz. pres. *io verrèi*, poet. *†verrìa*, *†venirèi*, *tu verrésti*; imper. *vièni*, *†viène*, *venìte*; part. pres. *veniènte*, *venènte*, poet. *†vegnènte*; part. pass. *venùto*, poet. *†vegnùto*; aus. *essere*) *1* Recarsi nel luogo dove è, va o sarà la persona alla quale si parla, o la persona stessa che parla: *verrò questa sera a casa tua*; *perché mi hai fatto venire qui?*; *verremo a salutarvi prima di partire*; *vengo!*, come risposta a chi ci chiama; *venite pure da me quando volete*; *sei venuto per lavorare o per perdere tempo?*; *come siete venuti?*; *v. in aereo, in treno, in macchina, a piedi*; *v. di corsa, pian piano, lemme lemme* | *Venir vicino, accanto*, accostarsi | *Venir dentro*, entrare | *Venir fuori*, di libro o periodico, uscire, essere pubblicato | *Venir fuori con ...*, dire cose inaspettate, singolari | Con valore intensivo: *ma che mi vieni a raccontare?*, ma che mi racconti? *2* Giungere, arrivare (con rif. al luogo dove si colloca idealmente la persona che parla): *il mio amico non è ancora venuto*; *eccolo che viene!*; *attenzione, che viene il treno!* | *M'è venuto agli orecchi*, ho saputo | *V. a pennello, a proposito*, giungere o presentarsi al momento opportuno | (*fig.*) Pervenire: *v. a un accomodamento, a una transazione* | *V. a patti*, rinunciare alla lotta, accordarsi | *V. ai ferri corti*, mettere da parte, in un contrasto o contesa, ogni riguardo | *V. alle mani, alle prese*, azzuffarsi dopo aver conteso a parole | *V. al sangue*, a battaglia o a lotta sanguinosa | *V. alla luce*, nascere; di scavi o opere dimenticate, ricomparire; di fatti, circostanze e sim., emergere | *V. a morte*, morire | *V. a capo di q.c.*, riuscire, giungere a un esito, a una conclusione | *V. a sapere q.c.*, *v. a conoscenza di q.c.*, esserne informato | *V. in chiaro di q.c.*, appurarne la verità | *V. al dunque*, *al nocciolo*, *al fatto*, arrivare al punto essenziale di una questione | *V. alla conclusione*, *alle strette*, concludere | *V. in possesso di q.c.*, ottenere la disponibilità materiale, la proprietà e sim.; (*est.*, *fig.*) venire a sapere, a conoscere: *v. in possesso di una informazione*, *una notizia* | *V. in fama*, diventare famoso | *V. in odio*, *in antipatia*, diventare noioso, antipatico | *V. a noia*, cominciare ad annoiare, a tediare. ***3*** Provenire (*anche fig.*): *viene da Firenze*; *le rondini vengono dai paesi caldi*; *le nuvole vengono dall'est*; *viene un buon profumino dalla cucina*; *una moda che viene d'oltralpe*; *il dono mi è più gradito perché viene da te*; *proprio da te mi viene il rimprovero!* | *Farsi v. q.c.*, disporre che qualcosa venga inviata, spedita: *s'è fatto venire un vestito da Parigi* | *Far v. qc.*, mandarlo a chiamare: *ho fatto v. il tecnico per riparare il televisore* | Derivare, avere origine: *viene da un'ottima famiglia*; *molti termini scientifici vengono dal greco*; *da che ti viene tanta sicurezza?* | *V. dalla gavetta*, detto di ufficiali, avere cominciato la propria carriera come soldato semplice; (*est.*) detto di persona che ha iniziato da umili occupazioni e piano piano si è fatta una posizione | *V. dal niente*, essersi fatta una fortuna, aver raggiunto il successo, pur avendo incominciato dal niente. ***4*** Sopraggiungere, presentarsi, manifestarsi, accadere, capitare, anche di avvenimenti e personaggi storici: *venne il temporale*, *la grandine*, *il gelo*; *ora viene il bello!*; *i guai vengono quando uno meno se li aspetta*; *venne la guerra*; *venne Garibaldi*; *mi è venuta un'idea!*; *mi è venuto un dubbio*, *un sospetto*; *ma che ti viene in mente?*; *gli vennero le lacrime agli occhi*; *gli è venuta la febbre*, *la tosse*; *ti venga un accidente!*, (*spesso ell.*) *ti venga!* ... *gli venga!* ..., *vi venisse!* ... | *Non mi viene*, (*fam.*) non mi torna alla mente, non riesco a ricordare | *Far v. q.c.*, provocarne la comparsa: *le fragole mi hanno fatto venire l'orticaria* | *Venir da* ..., sentire l'impulso di ...; usato nella forma impers.: *mi viene da piangere*, *da ridere* | *Venir fatto*, *venir detto*, usato sempre nella forma impers., fare o dire per caso, accadere che si faccia o si dica inavvertitamente: *gli venne fatto di trovare una moneta antica*; *gli venne detto che non voleva più vederli*. ***5*** Dell'uomo o di animali, nascere, spec. nella loc. *v. al mondo*: *quando vengono i figli, cominciano le preoccupazioni*; *è venuto al mondo un bel vitellino* | *Venir su*, crescere, svilupparsi: *questo ragazzo è venuto su molto robusto* | Delle piante, attecchire: *è un clima in cui il grano non viene*; *questa pianta viene su stentata*. ***6*** Riuscire: *come è venuta la fotografia?*; *ti piace come è venuto il vestito?*; *il problema non mi viene*; *v. bene*, *male*, *lungo*, *corto*, *largo*, *stretto* | *Come viene*, come capita, alla meno peggio | *Come viene*, *viene*, qualunque sia l'esito, il risultato, detto di cose non importanti o che, comunque, non si considerano tali | *Venire fatto di* ..., riuscire a ..., usato nella forma impers.: *se mi vien fatto di convincerlo*, *sono a posto* | Ottenere come risultato, risultare: *ho fatto la divisione e mi viene 540*; *quanto ti viene come somma totale?* | Costare: *viene cinquemila lire il fiasco*; *quanto viene?*; *se paga in contanti*, *le viene* (o *viene a costare*) *molto meno*. ***7*** Di numero, esser sorteggiato al lotto o alla tombola, uscire alla roulette: *è venuto il 23*. ***8*** Giungere, arrivare, con riferimento al procedere del tempo o nel tempo: *è venuto il momento di agire*; *non è ancora venuto il tuo turno*; *quando viene il caldo la città si spopola* | *Appena viene l'occasione*, appena si presenta | Di festa, anniversari e sim., ricorrere: *quest'anno il Natale viene di giovedì*; *la festa di S. Giuseppe viene il 19 marzo* | *V. prima*, precedere | *V. dopo*, seguire nel tempo | *Che viene*, prossimo, seguente: *il mese che viene*, *la settimama che viene* | *A v.*, futuro: *nei secoli a v.* | *Di là da v.*, lontanissimo nel tempo: *cose di là da v.* ***9*** Raggiungere l'orgasmo. ***10*** (*fam.*) Trovarsi a essere: *lui viene a essere suo cognato* | (*fam.*) Esser dovuto, toccare, spettare: *ti vengono ancora mille lire*. ***11*** Cedere a una trazione, staccarsi: *questo chiodo non viene*, *non viene via* | *Venir giù*, cadere: *veniva giù una pioggerellina sottile* | *Venir meno*, di persona, svenire; di cosa, mancare: *gli vennero meno le forze*. ***12*** †Essere necessario. ***13*** Seguito da un gerundio, indica l'azione nel suo svolgimento, nella sua attuazione: *venir dicendo*, *esponendo*, *facendo*; *mi vengo sempre più persuadendo che hai proprio ragione tu*; *e novellando vien del suo buon tempo* (LEOPARDI). ***14*** Seguito da un participio passato, sostituisce *essere* nella coniugazione passiva dei verbi, ma limitatamente ai tempi semplici: *viene*, *veniva*, *verrà lodato da tutti*. **B** v. intr. pron. ● Seguito dalla particella pronominale *ne*, andare, recarsi in un luogo: *se ne veniva piano piano*, *lemme lemme* | Venir via: *non avevamo nulla da fare lì*, *e così ce ne venimmo quasi subito*. **C** in funzione di s. m. ● Atto dello spostarsi, del dirigersi in una data direzione, spec. nella loc. *andare e v.*, movimento continuo e alternato: *un andare e v. di gente*, *di folla*, *di pubblico*; *l'andare e v. del pendolo*.

†venitìccio [da *venire*] agg. ● Avventizio, straniero.

venosìno [lat. *Venusīnu(m)*, etnico di *Venŭsia* 'Venosa'] **A** agg. ● Di Venosa, città della Basilicata. **B** s. m. (f. *-a*) ● Abitante, nativo di Venosa | *Il v.*, (*per anton.*) il poeta romano Orazio.

†venosità s. f. ● Qualità di ciò che è venoso.

venóso [vc. dotta, lat. tardo *venōsu(m)*, da *vēna*] agg. ***1*** Di vena | *Sangue v.*, contenuto nelle vene. ***2*** †Ricco di venature.

ventàggine [da *vento*] s. f. ● (*raro*, *dial.*) Turbine di vento.

ventàglia [provz. *ventalha*, da *ven* 'vento'] s. f. ● Nelle antiche armature, parte inferiore della visiera della celata chiusa, che proteggeva il mento e la bocca ed era forata da intagli per consentire la respirazione.

ventaglìaio o (*dial.*) **ventaglìaro** s. m. (f. *-a*) ● Fabbricante e decoratore di ventagli | Commercianti di ventagli.

ventagliàrsi v. rifl. (*io mi ventàglio*) ● (*raro*) Farsi vento col ventaglio.

ventàglio [fr. *éventail*, da *vent* 'vento'] s. m. ***1*** Arnese per farsi vento, formato di stecche di legno, avorio, madreperla, tartaruga o altri materiali, riunite insieme a un capo da un perno, alle quali spesso è applicato un pezzo di stoffa o di carta, che si chiude e si apre con le stecche, come un'ala: *v. giapponese*, *di piume*, *dipinto a mano*; *agitare il v.* | *A v.*, detto di tutto ciò che per la sua forma ricorda un ventaglio aperto: *potare la vite*, *un pesco*, *a v.* | *Aprirsi a v.*, facendo perno a un capo e allargandosi all'altro | *Correre*, *spiegarsi a v.*, nel ciclismo, assumere una disposizione scalare per subire in minor misura l'effetto del vento contrario. ***2*** (*econ.*) *V. dei prezzi*, diverso grado di aumento subìto in un determinato momento dai prezzi delle varie merci in conseguenza dell'inflazione. ***3*** (*fig.*) Elenco, sequenza o serie di possibili alternative: *abbiamo esaminato un v. di richieste*. ***4*** (*zool.*) Pettine. || **ventagliàccio**, pegg. | **ventagliétto**, dim. | **ventaglìno**, dim. | **ventaglióne**, accr. | **ventagliùccio**, pegg.

†ventaménto s. m. ● Modo e atto del ventare.

†ventàre [da *vento*] **A** v. intr. ***1*** (*poet.*) Tirare vento. ***2*** (*raro*, *poet.*) Sventolare. **B** v. intr. impers. ● Soffiare, detto del vento. **C** v. tr. ● Scuotere q.c., detto del vento.

ventaròla [da *vento*] s. f. ***1*** Tipo di ventaglio rigido, non a stecche, che, aperto, ha forma circolare. SIN. Rosta, ventola. ***2*** (*dial.*) Banderuola che indica la direzione del vento. ***3*** (*fig.*) Persona volubile, leggera.

ventàta s. f. ***1*** Violenta folata di vento. ***2*** (*fig.*) Movimento improvviso e violento di sentimenti, impulsi, idee e sim.: *una v. di patriottismo*, *di ribellione*; *v. rivoluzionaria*; *una v. di follia*.

†ventàvolo [lat. parl. *vĕntu(m)* **ăquilu(m)* 'vento aquilone' (?)] s. m. ● Tramontana, aquilone.

†venteggiàre [ints. di *ventare*] v. intr. ● Spirare vento.

ventennàle [da *ventennio*] **A** agg. ***1*** Che dura vent'anni: *dittatura v.* ***2*** (*raro*) Che ha vent'anni, detto di cosa. ***3*** Che ricorre ogni vent'anni: *celebrazione v.* SIN. (*lett.*) Vicennale. **B** s. m. ● Ricorrenza del ventesimo anno da un avvenimento memorabile: *il v. della Resistenza* | (*est.*) La cerimonia che si celebra in tale occasione.

ventènne [comp. di *venti* ed *-enne*] **A** agg. ***1*** Che ha vent'anni, detto di persona e di cosa. ***2*** (*raro*) Che dura da vent'anni. **B** s. m. e f. ● Chi ha vent'anni d'età: *una graziosa v.*

ventènnio [comp. di *venti* ed *-ennio*] s. m. ***1*** Spazio di tempo di vent'anni: *nel primo v. del secolo scorso*; *il v. fascista*. SIN. (*lett.*) Vicennio. ***2*** (*raro*) Il ventesimo anniversario: *celebrare il v. di sacerdozio*.

ventèṣimo **A** agg. num. ord. ***1*** Corrispondente al numero venti in una sequenza, in una successione, in una classificazione, in una serie (rappresentato da *XX* nella numerazione romana, da *20°* in quella araba): *raggiungere il v. anno di età*; *il v. canto del Purgatorio*; *il v. giorno* | *Due alla ventesima*, (*ell.*) elevato alla ventesima potenza | *Il v. secolo*, gli anni dal 1901 al 2000: *le scoperte del v. secolo*. SIN. (*lett.*) Vigesimo. ***2*** In composizione con altri numerali, semplici o composti, forma gli ordinali superiori: *ventesimoprimo*; *centoventesimo*; *milletrecentoventesimo*. **B** s. m. ● Ciascuna delle venti parti uguali di una stessa quantità: *cinque è un v. di cento*.

vénti [lat. *vigĭnti*, di origine indeur.] agg. num. card.; anche s. m. e f. ● (*mat.*) Due volte dieci, due decine, rappresentato da *20* nella numerazione araba, da *XX* in quella romana. **I** Come agg. ricorre nei seguenti usi. ***1*** Rispondendo o sottintendendo la domanda 'quanti?', indica la quantità numerica di venti unità (spec. preposto a un s.): *una vacanza di v. giorni*; *una pezza di v. metri*; *un peso di v. kilogrammi*; *una classe di v. alunni*; *sono le quattro e v. minuti* | *Gliel'ho detto v. volte*, (*est.*) parecchie volte | *Avrà detto v. parole in tutto*, (*fig.*) ha parlato pochissimo. ***2*** Rispondendo o sottintendendo la domanda 'quale'?, identifica q.c. in una pluralità, in una successione, in una sequenza (spec. posposto a un s.): *oggi è il giorno v.*; *sono le ore v.*; *gioco sul numero v.*; *abita al numero v.* **II** Come s. ricorre nei seguenti usi. ***1*** Il numero venti (per ell. di un s.): *il v. è pari e divisibile per due e per cinque*; *oggi è il v. del mese*; *è uscito il v.*; *abito al v. di via Roma* | *Le v.*, le otto di sera | *Nel v.*, nel 1920 o nel 1820, o nel 1720 e sim. | *†Dare il v.*, (*fig.*) ardere | *†Reggere*, *tenere il v.*, (*fig.*) fare da ruffiano in vicende amorose. ***2*** Il segno che rappresenta il numero venti: *scrivere un v.* ***3*** In composizione con altri numeri, semplici o composti, forma i numerali superiori: *ventuno*; *ventidue*; *ventitrè*; *centoventi*; *milleduecentoventi*; *ventimila*. ***4*** Fucile da caccia di calibro venti: *sparare col v.*

venticìnque [comp. di *venti* e *cinque*] agg. num. card. inv.; anche s. m. inv. ● (*mat.*) Due volte dieci, o due decine, più cinque unità, rappresentato da *25* nella numerazione araba, da *XXV* in quella romana. **I** Come agg. ricorre nei seguenti usi. ***1*** Rispondendo o sottintendendo la domanda 'quanti?', indica la quantità numerica di venticinque unità (spec. preposto a un s.): *sono le ore dieci e v. minuti primi*; *credo che abbia v. anni*; *un'opera in v. volumi* | (*lett.*, *est.*) Pochi: *pensino ora i miei v. lettori* (MANZONI). ***2*** Rispondendo o sottintendendo la domanda 'quale'?, identifica q.c. in una pluralità, in una successione, in una sequenza (spec. posposto a un s.): *abito al numero v.*; *oggi è il giorno v.* **II** Come s. ricorre nei seguenti usi. ***1*** Il numero venticinque (per ell. di un s.): *sono le otto e v.*; *ventuno e quattro fa v.*; *oggi è il v.* | *Nel '25*, nell'anno 1925, o nel 1825, o nel 1725 e sim. ***2*** Il segno che rappresenta il numero venticinque.

venticinquennàle **A** agg. ***1*** Che dura venticinque anni: *patto*, *prestito v.* ***2*** Che ha venticinque anni: *esperienza v.* ***3*** Che ricorre ogni venticinque anni: *celebrazione v.* **B** s. m. ● Ricorrenza del venticinquesimo anno da un avvenimento memorabile | (*est.*) La cerimonia che si celebra in tale occasione.

venticinquènne [comp. di *venticinqu(e)* ed *-enne*] agg.; anche s. m. e f. ● Che, chi ha venticinque anni d'età.

venticinquènnio [comp. di *venticinqu(e)* ed *-ennio*] s. m. ● Spazio di tempo di venticinque anni.

venticinquèṣimo [da *venticinque*] **A** agg. num.

ord. ● Corrispondente al numero venticinque in una sequenza, in una successione, in una classificazione, in una serie (rappresentato da *XXV* nella numerazione romana, da *25°* in quella araba): *il v. capitolo*; *il v. anno d'età*; *la venticinquesima parte di un intero*; *il v. canto del Paradiso*; *il v. anniversario di un matrimonio, di sacerdozio* | *Due alla venticinquesima*, (*ell.*) elevato alla venticinquesima potenza. **B** s. m. *1* Ciascuna delle venticinque parti uguali di una stessa quantità: *un v. di cento*. *2* Il venticinquesimo anniversario: *festeggiare il v. di matrimonio*; *oggi ricorre il v. di sacerdozio del nostro parroco*.

venticinquina [da *venticinque*, sul modello di *decina, dozzina*] s. f. ● (*raro*) Complesso, serie di venticinque o circa venticinque unità.

†**ventidótto** [da *vento*, sul modello di *acquedotto*] s. m. ● Opera murata per condurre il vento da luogo a luogo.

ventidùe [comp. di *venti* e *due*] agg. num. card. inv.; anche s. m. e f. inv. ● (*mat.*) Due volte dieci, o due decine, più due unità, rappresentato da *22* nella numerazione araba, da *XXII* in quella romana. **I** Come agg. ricorre nei seguenti usi. *1* Rispondendo o sottintendendo la domanda 'quanti?', indica la quantità numerica di ventidue unità (spec. preposto a un s.): *ha v. anni*; *sono le dieci e v. minuti*; *starò assente v. giorni*. *2* Rispondendo o sottintendendo la domanda 'quale?', identifica q.c. in una pluralità, in una successione, in una sequenza (spec. posposto a un s.): *è il giorno v.*; *abito al numero v.*; *sono le ore v.* **II** Come s. ricorre nei seguenti usi. *1* Il numero ventidue (per ell. di un s.): *sono le otto e v.*; *oggi è il v.* | *Le v.*, le dieci di sera | *Nel '22*, nel 1922, o nel 1822, o nel 1722 e sim. *2* Il segno che rappresenta il numero ventidue.

ventiduènne [comp. di *ventidue* ed *-enne*] agg.; anche s. m. e f. ● Che, chi ha ventidue anni d'età.

ventiduèsimo **A** agg. num. ord. ● Corrispondente al numero ventidue in una sequenza, in una successione, in una classificazione, in una serie (rappresentato da *XXII* nella numerazione romana, da *22°* in quella araba): *il v. canto dell'Inferno dantesco*; *il v. anno d'età*; *papa Giovanni v.* | *Due alla ventiduesima*, (*ell.*) elevato alla ventiduesima potenza. **B** s. m. ● Ciascuna delle ventidue parti uguali di una stessa quantità: *un v. di cento*.

†**ventièra** [fr. *ventier*, da *vent* 'vento'] s. f. *1* Torricella fabbricata sui tetti delle case orientali per fornire a queste una buona ventilazione. *2* (*mil.*) Riparo dei difensori, costituito da un tavolone imperniato orizzontalmente tra due merli delle mura o nel vano di una cannoniera e che si alzava e si abbassava secondo il bisogno.

ventilàbro [vc. dotta, lat. *ventilābru(m)*, da *ventilāre*] s. m. *1* Larga pala di legno usata sull'aia per separare dal grano la pula spargendola al vento. *2* (*mus.*) Nell'organo, valvola che si apre mediante la pressione del tasto corrispondente, per lasciar passare il vento nel canale e farlo entrare nelle canne.

ventilaménto s. m. ● Atto, modo ed effetto del ventilare.

ventilàre o (*lett.*) †**ventolàre** [vc. dotta, lat. *ventilāre*, da *vĕntus* 'vento'] **A** v. tr. (*io vèntilo*) *1* (*agr.*) Lanciare in aria contro vento i cereali con una pala o lasciarli cadere in una corrente d'aria generata da un ventilatore per liberarli dalle scorie leggere. *2* (*fig.*) Esporre ad altre persone ciò che si pensa, spec. per vagliarne o accertarne l'esattezza, l'opportunità e sim.: *v. un'idea, una proposta, un progetto*; *si era ventilata l'ipotesi dell'intervento, ma non se ne è fatto nulla* | Discutere, esaminare: *stanno ventilando se si debba o no prendere posizione contro di lui*. SIN. Progettare. *3* Consentire un regolare ricambio dell'aria in ambienti chiusi, sia naturalmente attraverso porte, finestre e sim., sia con ventilatori o altri mezzi meccanici: *v. una stanza, la casa* | *V. i polmoni*, introdurvi aria od ossigeno. *4* (*med.*) Effettuare la ventilazione assistita o quella controllata. *5* (*est.*) Rinfrescare facendo vento: *v. il viso*. *6* (*poet.*) Spiegare al vento: *v. le ali* | (*poet.*) Agitare al vento. **B** v. intr. (aus. *avere*) ● (*lett.*) Sventolare.

ventilàto o (*lett.*) †**ventolàto**. part. pass. di *ventilare*; anche agg. *1* Nei sign. del v. *2* Reso fresco dal vento che spira, dal continuo movimento dell'aria: *zona aperta e ventilata*. SIN. Arieggiato. *3* (*fig.*) †Guasto, distrutto.

ventilatóre [da *ventilato*, sul modello dell'ingl. *ventilator*] **A** agg. (f. *-trice*) ● Che produce ventilazione. **B** s. m. *1* (*tecnol.*) Macchina operatrice, destinata a imprimere il moto all'aria o a un altro gas, costituita da una girante fornita di pale, chiusa o no in un involucro e azionata da un motore elettrico o termico, usata per es. nella ventilazione e nel condizionamento dell'aria degli ambienti abitati o di lavoro e nel convogliamento dei gas negli impianti industriali | *V. centrifugo, radiale*, quello in cui la girante è chiusa in un involucro a forma di chiocciola e il gas entra di lato ed esce alla periferia in direzione perpendicolare a quella di entrata | *V. assiale, elicoidale*, quello in cui la girante è chiusa in un involucro tubolare e la corrente gassosa ha la stessa direzione in entrata e in uscita. *2* (*agr.*) Macchina agricola destinata alla ripulitura dei grani mediante un getto d'aria. *3* (*edil.*) Apertura in una parete, per il ricambio dell'aria. *4* (*med.*) Apparecchio per ventilazione.

ventilatorìsta s. m. e f. (pl. m. *-i*) ● (*tecnol.*) Addetto al funzionamento di un impianto di ventilazione.

ventilazióne [vc. dotta, lat. *ventilatiōne(m)*, da *ventilātus* 'ventilato'] s. f. *1* Atto ed effetto del ventilare. *2* (*tecnol.*) Ricambio dell'aria negli ambienti di abitazione o di lavoro, effettuata con mezzi naturali o artificiali e destinata ad assicurare in essi condizioni di salubrità: *v. naturale, artificiale, meccanica, termica*. *3* (*edil.*) Collegamento dei sifoni di un impianto igienico-sanitario con l'aria esterna mediante tubi verticali allo scopo di evitare squilibri di pressione con conseguenti fenomeni di sifonaggio: *rete, colonna di v.* *4* (*fisiol.*) *V. polmonare*, ricambio dell'aria nell'apparato respiratorio, compresi gli spazi morti, effettuato mediante gli atti respiratori | *V. alveolare*, ricambio dell'aria nei soli alveoli polmonari. *5* (*med.*) *V. assistita*, insufflazione di aria nell'apparato respiratorio di un paziente, in sincronia con le piccole inspirazioni, effettuata per amplificare gli atti respiratori spontanei quando siano diventati insufficienti | *V. controllata*, insufflazione di aria nell'apparato respiratorio di un paziente secondo modalità dipendenti dalle sue caratteristiche e dalla sua patologia, per sostituire completamente l'attività respiratoria. *6* Movimento dell'aria dovuto al vento: *una giornata caldissima, senz'ombra di v.* SIN. Aerazione.

ventimila [comp. di *venti* e *-mila*] agg. num. card. inv.; anche s. m. inv. ● (*mat.*) Venti volte mille, venti migliaia, rappresentato da *20 000* nella numerazione araba, da $\bar{X}\bar{X}$ in quella romana. **I** Come agg. ricorre nei seguenti usi. *1* Rispondendo o sottintendendo la domanda 'quanti?', indica la quantità numerica di ventimila unità (spec. preposto a un s.): *costa v. lire*; *una cittadina con v. abitanti*; *'v. leghe sotto i mari' è un famoso romanzo di G. Verne*. *2* Rispondendo o sottintendendo la domanda 'quale?', identifica q.c. in una pluralità, in una successione, in una sequenza (spec. posposto a un s.): *il numero v.* **II** Come s. ricorre nei seguenti usi: *1* Il numero ventimila (per ell. di un s.). *2* Il segno che rappresenta il numero ventimila.

ventina [da *venti*, sul modello di *decina, dozzina*] s. f. *1* Complesso, serie di venti o circa venti unità: *una v. di kilometri*. *2* I vent'anni nell'età dell'uomo: *avvicinarsi alla v.*; *passare la v.* | *Essere sulla v.*, avere circa vent'anni.

ventino [dim. di *venti* (*centesimi*)] s. m. ● La vecchia moneta da venti centesimi | (*est.*) Monetina da poco.

ventinòve [comp. di *venti* e *nove*] agg. num. card. inv.; anche s. m. inv. ● (*mat.*) Due volte dieci, o due decine, più nove unità, rappresentato da *29* nella numerazione araba, da *XXIX* in quella romana. **I** Come agg. ricorre nei seguenti usi. *1* Rispondendo o sottintendendo la domanda 'quanti?', indica la quantità numerica di ventinove unità (spec. preposto a un s.): *ha v. anni*; *un'assenza di v. giorni*; *ha compiuto la discesa in due primi e v. secondi*. *2* Rispondendo o sottintendendo la domanda 'quale?', identifica q.c. in una pluralità, in una successione, in una sequenza (spec. posposto a un s.): *abito al numero v.*; *calzo il numero v.*; *verrò il giorno v.* **II** Come s. ricorre nei seguenti usi. *1* Il numero ventinove (per ell. di un s.): *oggi è il v.*; *ho preso v. nell'esame di latino*; *sono le otto e v.* | *Nel '29*, nell'anno 1929, o nel 1829, o nel 1729 e sim.: *nel '29 gli Stati Uniti furono colpiti da una grave crisi economica*. *2* Il segno che rappresenta il numero ventinove.

ventinovennàle [da *ventinove*, sul modello di *decennale, biennale*] agg. *1* Che dura ventinove anni: *affitto v.* *2* Che ricorre ogni ventinove anni.

ventinovènne [comp. di *ventinove* ed *-enne*] agg.; anche s. m. e f. ● Che, chi ha ventinove anni d'età.

ventinovèsimo **A** agg. num. ord. ● Corrispondente al numero ventinove in una sequenza, in una successione, in una classificazione, in una serie (rappresentato da *XXIX* nella numerazione romana, da *29°* in quella araba): *il v. canto del Purgatorio dantesco*; *nel v. anno d'età*; *arrivare al v. posto* | *Due alla ventinovesima*, (*ell.*) elevato alla ventinovesima potenza. **B** s. m. ● Ciascuna delle ventinove parti uguali di una stessa quantità: *un v. del totale*.

†**ventipiòvolo** [comp. di *vento* e un deriv. di *piova* 'pioggia'] s. m. *1* Pioggia dirotta accompagnata da vento. *2* (*tosc.*) Vento che porta pioggia.

ventiquattrènne [comp. di *ventiquattro* ed *-enne*] agg.; anche s. m. e f. ● Che, chi ha ventiquattro anni d'età.

ventiquattrèsimo **A** agg. num. ord. ● Corrispondente al numero ventiquattro in una sequenza, in una successione, in una classificazione, in una serie (rappresentato da *XXIV* nella numerazione romana, da *24°* in quella araba): *il v. Canto del Paradiso dantesco*; *il capitolo v.*; *la ventiquattresima ora del giorno* | *Due alla ventiquattresima*, (*ell.*) elevato alla ventiquattresima potenza. **B** s. m. ● Ciascuna delle ventiquattro parti uguali di una stessa quantità: *un v. di trenta*; *tre ventiquattresimi* | *In v.*, in legatoria e stampa, formato che si ottiene piegando un foglio di carta in ventiquattro parti: *volume in v.*

ventiquàttro [comp. di *venti* e *quattro*] agg. num. card. inv.; anche s. m. e f. inv. ● (*mat.*) Due volte dieci, o due decine, più quattro unità, rappresentato da *24* nella numerazione araba, da *XXIV* in quella romana. **I** Come agg. ricorre nei seguenti usi. *1* Rispondendo o sottintendendo la domanda 'quanti?', indica la quantità numerica di ventiquattro unità (spec. preposto a un s.): *compiere v. anni*; *le v. ore del giorno* | *Entro, tra ventiquattr'ore*, nello spazio di un giorno. *2* Rispondendo o sottintendendo la domanda 'quale?', identifica q.c. in una pluralità, in una successione, in una sequenza (spec. posposto a un s.): *sono le ore v.*; *verrò il giorno v.*; *abito al numero v.*; *punto tutto sul numero v.* **II** Come s. ricorre nei seguenti usi. *1* Il numero ventiquattro (per ell. di un s.): *sono le nove e v.*; *oggi ne abbiamo v.*; *il v. è stato il primo estratto sulla ruota di Napoli* | *Le v.*, la mezzanotte | (*tosc.*) *Portare il cappello sulle v.*, sulle ventitré | †*Son suonate le v.*, (*fig.*) è finita | *Nel '24*, nel 1924, o nel 1824, o nel 1724 e sim. *2* Il segno che rappresenta il numero ventiquattro.

ventiquattr'óre o **ventiquattróre** nei sign. B [comp. di *ventiquattr(o)* e il pl. di *ora*] **A** s. f. pl. ● Periodo di tempo di ventiquattro ore, corrispondente a un giorno: *nelle prossime ventiquattr'ore si vedranno i primi risultati*. **B** s. f. inv. *1* Caratteristica valigetta da viaggio. *2* Gara, spec. automobilistica, che ha la durata di ventiquattro ore: *la ventiquattr'ore di Le Mans*.

ventiseènne ● V. *ventiseienne*.

ventiseèsimo ● V. *ventiseiesimo*.

ventisèi [comp. di *venti* e *sei*] agg. num. card.; anche s. m. ● (*mat.*) Due volte dieci, o due decine, più sei unità, rappresentato da *26* nella numerazione araba, da *XXVI* in quella romana. **I** Come agg. ricorre nei seguenti usi. *1* Rispondendo o sottintendendo la domanda 'quanti?', indica la quantità di ventisei unità (spec. preposto a un s.): *ha v. anni*; *una classe di v. alunni*; *ho già scritto v. pagine*; *sono le otto e v. minuti*; *è distante v. kilometri*. *2* Rispondendo o sottintendendo la domanda 'quale?', identifica q.c. in una pluralità, in una successione, in una sequenza (spec. posposto a un s.): *abito al numero v.*; *oggi è il giorno v.*; *gioco sul numero v.* **II** Come s. ricorre nei seguenti usi.

1 Il numero ventisei (per ell. di un s.): *punto sul v.*; *il v. è il primo estratto sulla ruota di Firenze*; *ho preso v. nel colloquio di fisica*; *sono le nove e v.*; *ventidue e quattro fa v.* | *Nel '26*, nel 1926, o nel 1826, o nel 1726 e sim. *2* Il segno che rappresenta il numero ventisei.

ventiseiènne o **ventiseènne** [comp. di *ventisei* ed *-enne*] **agg.**; anche **s. m. e f.** ● Che, chi ha ventisei anni d'età.

ventiseièṣimo o **ventiseeṣimo**. **A agg. num. ord.** ● Corrispondente al numero ventisei in una sequenza, in una successione, in una classificazione, in una serie (rappresentato da *XXVI* nella numerazione romana, da *26°* in quella araba): *il v. capitolo*; *il canto v. del Purgatorio dantesco*; *volume v.* | *Due alla ventiseiesima*, (*ell.*) elevato alla ventiseiesima potenza. **B s. m.** ● Ciascuna delle ventisei parti uguali di una stessa quantità: *un v. del totale*.

ventisettàna [detta così perché stampata nel (*milleottocento*)*ventisette*] **s. f.** ● Edizione dei Promessi Sposi del 1827.

ventisètte [comp. di *venti* e *sette*] **agg. num. card. inv.**; anche **s. m. inv.** ● (*mat.*) Due volte dieci, o due decine, più sette unità, rappresentato da *27* nella numerazione araba, da *XXVII* in quella romana. **I** Come agg. ricorre nei seguenti usi. *1* Rispondendo o sottintendendo la domanda 'quanti?', indica la quantità numerica di ventisette unità (spec. preposto a un s.): *compiere i v. anni*; *ho impiegato tre primi e v. secondi*; *una classe di v. alunni*; *una distanza di v. kilometri*. *2* Rispondendo o sottintendendo la domanda 'quale?', identifica q.c. in una pluralità, in una successione, in una sequenza (spec. posposto a un s.): *la statale è interrotta al kilometro v.*; *oggi è il giorno v.*; *punto sul numero v.* **II** Come s. ricorre nei seguenti usi. *1* Il numero ventisette (per ell. di un s.): *sono le otto e v.*; *è uscito il v. sulla ruota di Bari* | *Il v. del mese*, il giorno ventisette in cui viene generalmente pagato lo stipendio ai dipendenti pubblici e di molte ditte private: *aspetto il v. a fare le spese*; *lavora solo per il v.* | *Nel '27*, nel 1927, o nel 1827, o nel 1727 e sim. *2* Il segno che rappresenta il numero ventisette.

ventisettènne [comp. di *ventisette* ed *-enne*] **agg.**; anche **s. m. e f.** ● Che, chi ha ventisette anni d'età.

ventisettèṣimo A agg. num. ord. ● Corrispondente al numero ventisette in una sequenza, in una successione, in una classificazione, in una serie (rappresentato da *XXVII* nella numerazione romana, da *27°* in quella araba): *capitolo v.*; *essere al v. posto in graduatoria*; *il v. giorno del mese* | *Due alla ventisettesima*, (*ell.*) elevato alla ventisettesima potenza. **B s. m.** ● Ciascuna delle ventisette parti uguali di una stessa quantità: *un v. di sessanta*; *tre ventisettesimi*.

ventitré [comp. di *venti* e *tre*] **agg. num. card. inv.**; anche **s. m. e f. inv.** ● (*mat.*) Due volte dieci, o due decine, più tre unità, rappresentato da *23* nella numerazione araba, da *XXIII* in quella romana. **I** Come agg. ricorre nei seguenti usi. *1* Rispondendo o sottintendendo la domanda 'quanti?', indica la quantità numerica di ventitré unità (spec. preposto a un s.): *sono le dieci e v. primi*; *compiere v. anni*; *dista v. kilometri*. *2* Rispondendo o sottintendendo la domanda 'quale?', identifica q.c. in una pluralità, in una successione, in una sequenza (spec. posposto a un s.): *abito al numero v.*; *oggi è il giorno v.*; *sono le ore v.* **II** Come s. ricorre nei seguenti usi. *1* Il numero ventitré (per ell. di un s.): *il v. è un numero primo*; *ventidue e uno, v.*; *è uscito il v. sulla ruota di Cagliari*; *sono le otto e v.* | *Le v.*, le undici di sera, la penultima ora del giorno; †l'ora prima dell'Avemaria serale | *Portare il cappello sulle v.*, *sulle v. e tre quarti*, portarlo inclinato da una parte | †*Essere alle v. e tre quarti*, (*fig.*) stare per morire, essere prossimo alla fine | *Nel '23*, nel 1923, o nel 1823, o nel 1723 e sim. *2* Il segno che rappresenta il numero ventitré (V. nota d'uso ACCENTO).

ventitreènne [comp. di *ventitré* ed *-enne*] **agg.**; anche **s. m. e f.** ● Che, chi ha ventitré anni d'età.

ventitreèṣimo A agg. num. ord. ● Corrispondente al numero ventitré in una sequenza, in una successione, in una classificazione, in una serie (rappresentato da *XXIII* nella numerazione romana, da *23°* in quella araba): *il v. capitolo*; *il v. canto del Purgatorio dantesco*; *essere il v. classificato*; *nel v. anno di regno*; *papa Giovanni XXIII* | *Due alla ventitreesima*, (*ell.*) alla ventitreesima potenza. **B s. m.** ● Ciascuna delle ventitré parti uguali di una stessa quantità: *un v. del totale*; *due ventitreesimi*.

vènto [lat. *vĕntu(m)*, di origine indeur.] **s. m.** *1* Movimento prevalentemente orizzontale delle masse d'aria: *v. di tramontana, di levante, di ponente*; *la rosa dei venti*; *velocità, forza, direzione, linea, pressione del v.*; *v. fresco, caldo, umido, secco, disteso, violento, gagliardo*; *tirava un forte v.*; *spira un leggero v. dal mare*; *si sta alzando il v.*; *il v. è caduto e l'afa s'è fatta irrespirabile* | *V. anabatico*, che sale lungo il fianco di una montagna nelle ore diurne, per il riscaldamento dell'aria sul pendio | *V. catabatico*, che discende lungo il fianco di una montagna nelle ore della notte, per il raffreddamento dell'aria sul pendio | *V. costante*, che spira sempre nella medesima direzione | *V. periodico*, che spira alternativamente, in determinati periodi, in opposte direzioni | *V. variabile*, che non ha una direzione costante né fissa | *V. favorevole*, *sfavorevole*, che favorisce od ostacola la navigazione (oppure atleti, ciclisti e sim.) | *V. maneggevole*, che consente a un veliero di compiere ogni manovra e di utilizzare tutte le vele | *Forza del v.*, velocità del vento, espressa in numeri della scala internazionale di Beaufort o, talora, in kilometri orari | *V. moderato*, *v. teso*, *v. fresco*, *v. forte*, che soffiano rispettivamente con forza 4, 5, 6 e 7 della scala del vento Beaufort | *Galleria del v.*, galleria aerodinamica | *Sopra v.*, V. *sopravvento* | *Sotto v.*, V. *sottovento* | *Navigare col v. in poppa*, detto di veliero, procedere nella stessa direzione del vento, sfruttandone al massimo la spinta; (*fig.*) di cosa che procede benissimo, di persona che ottiene risultati lusinghieri | *V. di prora*, che spira in direzione opposta a quella della nave, e quindi la colpisce di prora | *Prendere il v.*, detto di uccelli e (*fig.*) di oggetti che volano, risalire il vento di punta, per esserne sostenuti: *ecco pencola, urta, sbalza, risale, / prende il v.* (PASCOLI) | *Qual buon v. ti mena, ti porta?*, (*fig., fam.*) per quale favorevole occasione sei qui? | (*fig.*) *Parlare, gridare al v.*, invano, senza ottenere alcun risultato | (*fig.*) *Dire, gridare, spargere q.c. ai quattro venti*, far sapere q.c.

SCALA DEL VENTO (secondo Beaufort)

velocità	forza	nome	Effetti sulla terra	Effetti sul mare al largo
<1	0	calma	stato di quiete; il fumo sale verticale	il mare è come uno specchio (mare d'olio)
1-5 km/h	1	bava di vento	il fumo si orienta ed indica la direzione del vento; banderuole ancora ferme	piccole increspature a scaglia di pesce, senza creste di spuma
6-11 km/h	2	brezze: leggera	il vento si avverte al volto; tremolio di foglie e banderuole che si orientano;	ondicine ancora corte ma più evidenti: le loro creste hanno apparenza vitrea ma non si rompono (cioè non sono spumose)
12-19 km/h	3	tesa	foglie mosse, bandiera dispiegata	
20-28 km/h	4	vento moderato	le fronde si agitano; solleva polvere e pezzi di carta	le onde si distinguono e si allungano; qualche frangente con spuma di apparenza vitrea. Sparse creste biancheggianti
29-38 km/h	5	vento teso	ritmiche e forti oscillazioni dei fili elettrici; le tende sussultano e le fronde ondeggiano	onde ben definite con creste soffiate; schiuma diffusa e formazione delle «pecorelle»
39-49 km/h	6	vento fresco	il vento sibila tra i fili elettrici; i grossi rami vengono agitati	onde crescenti in altezza (cavalloni), chiazze di schiuma, possibili spruzzi
50-61 km/h	7	vento forte	difficoltà di deambulazione controvento; alberi fortemente scossi	onde ingrossate e strisce di schiuma; acqua polverizzata asportata dal vento
62-74 km/h	8	burrasca	grossi rami e tabelloni che si schiantano; risulta quasi impossibile camminare controvento	creste delle onde che si rompono in spruzzi risucchiati dal vento; lunghe strisce di schiuma secondo la direzione del vento e parzialmente sollevate in pulviscolo. La visibilità è ridotta per gli spruzzi
75-88 km/h	9	burrasca forte	leggeri danni ai fabbricati; tegole e comignoli asportati dai tetti	
89-102 km/h	10	tempesta	notevoli danni ai fabbricati; alberi e pali telegrafici sradicati ed abbattuti	onde immense (marosi); schiuma bianco-grigiastra, visibilità ulteriormente ridotta dal crescente pulviscolo acqueo
103-117 km/h	11	tempesta violenta	danni gravissimi ai fabbricati, abbattimento di ogni ostacolo; ondate enormi nei fiumi alla foce; devastazioni notevoli	la forza del mare è al suo culmine; dappertutto schiuma a banchi compatti e visibilità ridottissima per gli spruzzi
>117 km/h	12	uragano		

a tutti, renderla di pubblico dominio | *Buttare al v.*, (*fig.*) sprecare, sciupare: *fatica buttata al v.* | *Voltarsi a tutti i venti*, (*fig.*) essere volubile e incostante, come una banderuola | *Secondo che spira il v.*, (*pop.*) *secondo il v. che tira*, (*fig.*) secondo le circostanze, la situazione e sim. | *Motore a v.*, motore destinato a utilizzare l'energia del vento per azionare una macchina come un generatore elettrico | *Mulino a v.*, azionato da un motore a vento; (*fig.*) persona che si muove continuamente o che parla senza sosta | *Torcia a v.*, che non si spegne neppure se soffia il vento | *Giacca a v.*, impermeabile ed ermeticamente chiusa, tipica di sciatori e alpinisti | *Il regno dei venti*, (*fig., poet.*) il mare | *Il re dei venti*, nella mitologia classica Eolo. *2* (*est.*) Aria, corrente d'aria, alito, fiato: *dar v. alle trombe*; *qui c'è troppo v.* | *Fare, farsi v.*, muovere l'aria con un ventaglio, un ventilatore e sim. | (*fig.*) Preannuncio, segnale: *venti di guerra*; *v. di scioperi* | *V. di fronda*, (*fig.*) aria di ribellione, atteggiamento di ribellione ma costante | (*fig.*) Ciò che è futile, inconsistente, fatuo, fugace e sim.: *le grandezze umane sono un v.* | *Essere gonfio, pieno di v.*, (*fig.*) di persona tronfia e boriosa che non vale nulla | (*fig.*) *Pascersi di v.*, di chiacchiere vuote e inutili | (*fig.*) *Restare con le mani piene di v.*, a mani vuote. *3* Nell'industria siderurgica, aria calda soffiata nell'altoforno per attivare la combustione del carbone. *4* (*euf.*) Emissione di gas dagli intestini. SIN. Peto. *5* (*elettr.*) *V. elettrico*, corrente di ioni respinti da una punta elettrizzata. *6* (*astron.*) *V. solare*, sciame di particelle elettricamente cariche che il Sole lancia negli spazi interplanetari, spec. in concomitanza di eruzioni. *7* (*dir.*) *Protesto al v.*, quando le indicazioni relative al debitore, sulla cambiale da protestare, non sono chiare a sufficienza. *8* (*mecc.*) Fune tenditrice che vincola una struttura in un determinato verso. *9* (*mar.*) Manovra fissa o corrente atta a mantenere nella posizione voluta qualunque struttura sporgente, mobile o fissa: *v. del bompresso, del fumaiolo.* *10* Nelle antiche artiglierie ad avancarica, differenza di diametro fra anima della bocca da fuoco e proietto, per consentire la facile introduzione della palla nell'interno della bocca da fuoco all'atto del caricamento. || **ventàccio**, **pegg.** | **ventarèllo**, **venterèllo**, **dim.** | **venticciuòlo**, **dim.** | **venticèllo**, **dim.** | **ventolino**, **dim.**

vèntola [da *ventolare*] **s. f.** *1* Arnese da camino per ravvivare il fuoco, simile a un rustico ventaglio | Tipo di ventaglio rigido, non a stecche che, aperto, ha forma circolare: *La padrona piccola e rotonda menava la v. davanti ai fornelli* (MORAVIA). *2* Supporto per candele e sim., da appendere al muro. *3* Piccolo schermo mobile della macchina da proiezione cinematografica, atto ad evitare il surriscaldamento della pellicola mediante una ritmica interruzione del fascio luminoso. *4* In idraulica, elemento di chiusura di alcune dighe mobili | In meccanica, organo rotondo munito di pale che trasmette energia a un fluido | Organo mobile, a pale, del ventilatore e sim. | (*edil.*) *Muro a v.*, muro di tramezzo, divisorio.

†ventolàio [da *ventolare*] **s. m.** ● Ventilabro.

ventolàna [da avvicinare al lat. parl. **ventilāgo*, da *ventilāre* (?)] **s. f.** ● Pianta delle Graminacee di luoghi erbosi, con pannocchia composta di rami gracili portanti spighette di 5-10 fiori (*Bromus arvensis*).

†ventolàre ● V. *ventilare.*

†ventolàto ● V. *ventilato.*

†ventolatóio [da *ventolato*] **s. m.** ● Ventilabro.

†ventolatùra [da *ventolato*] **s. f.** ● (*tosc.*) Ventilazione | *V. delle castagne*, operazione consistente nell'agitare le castagne secche in uno speciale vassoio, dopo averle battute nei sacchi, per liberarle definitivamente dalla scorza.

ventósa [vc. dotta, lat. tardo *ventōsa*(*m cucŭrbitam*) '(zucca) piena di vento', f. sost. di *ventōsus* 'ventoso'] **s. f.** *1* (*med.*) Coppetta per il salasso. *2* Organo adesivo di svariati animali costituito da una formazione a coppa all'interno della quale si verifica una rarefazione dell'aria che ne aumenta la pressione e l'aderenza: *le ventose del polpo, delle sanguisughe.* *3* (*gener.*) Coppetta in materiale più o meno elastico che, applicata mediante pressione a una superficie liscia, vi aderisce.

†ventosàre **v. tr.** ● Attaccare le ventose.

ventosità o **†ventositàde**, **†ventositàte** [vc. dotta, lat. tardo *ventositāte*(*m*), da *ventōsus* 'ventoso'] **s. f.** *1* Qualità di ciò che è ventoso (*anche fig.*). *2* Accumulo di gas nello stomaco o negli intestini. SIN. Flatulenza. *3* †Vento.

ventóso (**1**) [vc. dotta, lat. *ventōsu*(*m*), da *vĕntus* 'vento'] **agg.** *1* Pieno di vento: *giornata, stagione ventosa*; *mese v.* *2* Che non è riparato dai venti, che è battuto dal vento: *pianura, gola, regione ventosa.* *3* Che produce ventosità, flatulenza. *4* (*fig.*) Ampolloso e vuoto: *discorsi ventosi* | (*fig.*) Borioso, vanitoso, tronfio. *5* (*lett.*) †Veloce come il vento. || **ventosaménte**, **avv.** In modo vano, vacuo.

ventóso (**2**) [calco sul fr. *ventôse*] **s. m.** ● Sesto mese del calendario rivoluzionario francese, il cui inizio corrispondeva al 19 febbraio e il termine al 20 marzo.

ventottènne [comp. di *ventotto* ed *-enne*] **agg.**; anche **s. m. e f.** ● Che, chi ha ventotto anni d'età.

ventottèṣimo A agg. num. ord. ● Corrispondente al numero ventotto in una sequenza, in una successione, in una classificazione, in una serie (rappresentato da *XXVIII* nella numerazione romana, da *28°* in quella araba): *il v. capitolo*; *il v. canto del Purgatorio dantesco*; *raggiungere il v. anno d'età*; *classificarsi al v. posto* | *Due alla ventottesima*, (*ell.*) elevato alla ventottesima potenza. **B s. m.** ● Ciascuna delle ventotto parti uguali di una stessa quantità: *tre ventottesimi di trenta.*

ventòtto [comp. di *venti* e *otto*] **agg. num. card. inv.**; anche **s. m. inv.** ● (*mat.*) Due volte dieci, o due decine, più otto unità, rappresentato da *28°* nella numerazione araba, da *XXVIII* in quella romana. **I** Come agg. ricorre nei seguenti usi. *1* Rispondendo o sottintendendo la domanda 'quanti?', indica la quantità numerica di ventotto unità (spec. preposto a un s.): *sono le ore nove e v. minuti*; *avere v. anni*; *dista v. kilometri*; *i v. trentesimi di un numero.* *2* Rispondendo o sottintendendo la domanda 'quale?', identifica q.c. in una pluralità, in una successione, in una sequenza (spec. posposto a un s.): *abito al numero v.*; *oggi è il giorno v.*; *leggi al capitolo v.* **II** Come s. ricorre nei seguenti usi. *1* Il numero ventotto (per ell. di un s.): *ventisei e due fa v.*; *punto tutto sul v.*; *uscirà il v.*; *oggi è il v.*; *sono le quattro e v.* | *Di v. ce n'è uno, tutti gli altri ne han trentuno*, alludendo, in una nota filastrocca popolare, a febbraio che è il solo mese di ventotto giorni | *Nel '28*, nel 1928, o nel 1828, o nel 1728 e sim. *2* (*raro, fig.*) †Cornuto | †Matto. *3* Il segno che rappresenta il numero ventotto.

ventràccio **s. m.** *1* Pegg. di *ventre.* *2* (*raro*) Mangione.

ventràia **s. f.** *1* (*raro, lett.*) Grosso ventre. *2* (*raro*) Stomaco e intestini dei ruminanti macellati.

†ventraiuòla [da *ventre*] **s. f.** ● Trippaia.

ventràle [vc. dotta, lat. tardo *ventrāle*(*m*), da *vĕnter*, genit. *vĕntris* 'ventre'] **agg.** *1* Del ventre: *zona v.*; *pinne ventrali.* SIN. Addominale. CONTR. Dorsale. *2* (*est.*) Inferiore, rivolto verso terra: *parte v.*; *faccia v.* | (*sport*) *Salto v.*, salto in alto che l'atleta effettua superando l'asticella con il ventre rivolto verso terra. || **ventralménte**, **avv.** Nella o dalla parte del ventre.

ventralista [da (*tecnica*) *ventrale*] **s. m. e f.** (**pl. m.** *-i*) ● (*sport*) Atleta che usa la tecnica del salto ventrale.

ventràta **s. f.** *1* (*raro*) Colpo dato col ventre o ricevuto sul ventre. *2* Scorpacciata.

vèntre [lat. *vĕntre*(*m*), di origine indeur.] **s. m.** *1* (*anat.*) Addome, spec. la sua parte anteriore: *v. globoso, a barca* | *Correre v. a terra*, detto spec. di cavallo che corre velocissimo | *Corsa v. a terra*, (*fig.*) nel ciclismo, corsa alla disperata o a ritmo sostenutissimo. *2* Correntemente, cavità del corpo contenente lo stomaco, gli intestini e altri organi: *squarciare il v.* | *Basso v.*, V. *bassoventre*; (*euf.*) gli organi genitali | *V. molle*, (*fig.*) parte più debole e più vulnerabile, spec. di un'area geografica o di una compagine politica o amministrativa: *questa zona è il v. molle del Mediterraneo* | (*est.*) Il complesso formato dallo stomaco e dagli intestini: *dolori di v.* | *Empire, empirsi il v.*, mangiare | *A v. pieno, vuoto*, avendo mangiato o no | *V. mio, fatti capanna!*, escl. scherz. di chi si prepara a consumare un pasto lauto e invitante | *Flusso, scorrimento di v.*, dissenteria | *Scaricare il v.*, *deporre il peso del v.*, andare di corpo | *Non pensare che al v.*, (*fig.*) pensar solo a mangiare | *Il suo Dio è il v.*, di persona avida e ingorda | *Dedito al v.*, ghiottone, mangione. SIN. Pancia. *3* (*est., lett.*) Utero: *essere ancora nel v. materno*; *benedetto sia il frutto del v. tuo.* *4* (*fig.*) Grembo, viscere: *scavare il v. della terra*; *nel v. della montagna.* *5* (*bot.*) Parte più larga dell'archegonio ove si trova l'oosfera. *6* (*est.*) Parte rigonfia di q.c.: *il v. di un vaso, della colonna*; *v. dell'altoforno* | Parte cava, interna di q.c.: *il v. di un'onda* | *Il v. della nave*, la stiva | *Il v. del fiume*, parte rigonfia, spec. per ostacoli o strozzature che impediscono il normale deflusso delle acque. *7* Lato inferiore di un profilo aerodinamico, di un'ala e sim. SIN. Intradosso | Parte inferiore, mediana di un aereo: *atterrare sul v.* *8* (*fis.*) Punto dello spazio in un sistema di onde stazionarie in cui la vibrazione del mezzo è massima. *9* (*anat.*) Parte carnosa di alcuni muscoli || PROV. Ventre digiuno, non ode nessuno. || **ventràccio**, **pegg.** (V.) | **ventricèllo**, **dim.** | **ventricino**, **dim.** | **ventrino**, **dim.** | **ventróne**, **accr.** (V.) | **ventrùccio**, **dim.**

ventrésca [da *ventre*] **s. f.** *1* Ventre di tonno sott'olio. *2* (*tosc.*) Pancetta di maiale | †Ventre di maiale ripieno di carne, uova, cacio, erbe battute. *3* (*scherz.*) Pancia.

†ventricchio [lat. *ventrĭculu*(*m*), dim. di *vĕnter* 'ventre'] **s. m.** ● (*raro*) Ventriglio.

ventricolare **agg.** ● Del ventricolo.

ventricolo [vc. dotta, lat. *ventrĭculu*(*m*), dim. di *vĕnter* 'ventre'] **s. m.** *1* (*raro*) Stomaco. *2* (*anat.*) *V. cardiaco*, cavità del cuore, al di sotto dell'atrio | *V. cerebrale*, dilatazione del canale midollare contenente liquido cefalorachidiano. ➡ ILL. p. 363 ANATOMIA UMANA.

†ventricóso [da *ventre*] **agg.** ● (*raro*) Concavo nel mezzo.

ventrièra [da *ventre*, sul modello del fr. *ventrière*] **s. f.** *1* Panciera | Indumento intimo femminile costituito da una fascia elastica con stecche di balena che comprimono il ventre e sorreggono il busto. *2* Borsa di pelle o fustagno cinta in vita, usata un tempo dagli artigiani per mettervi piccoli attrezzi, da fattori e mercanti per il denaro, da cacciatori per le munizioni.

ventriglio [provz. *ventrihl*: stessa etim. dell'it. *ventricchio*] **s. m.** *1* Parte dello stomaco degli uccelli che ha la parete formata da robusta tonaca muscolare ed internamente è rivestita da uno strato corneo. *2* †Ventricolo del cuore | †*Aver l'asso nel v.*, detto di chi ha il vizio del gioco e non riesce a liberarsene.

ventriloquia **s. f.** ● Ventriloquio.

ventrilòquio [da *ventriloquo*, sul modello di *turpiloquio, vaniloquio* ecc.] **s. m.** ● Arte di parlare senza muover le labbra e i muscoli del viso, modificando la voce in modo che essa sembri provenire dal ventre o da altra persona.

ventrìloquo [vc. dotta, lat. tardo *ventrĭloquu*(*m*), comp. di *vĕnter*, genit. *vĕntris* 'ventre' e *-loquus*, da *lŏqui* 'parlare' (V. *loquela*)] **s. m.**; anche **agg.** (f. *-a*) ● Chi, che sa praticare il ventriloquio.

ventrino [dim. di *ventre*] **s. m.** *1* (*mar.*) Dispositivo che serve a sostenere e a stringere contro il pennone la parte centrale della vela serrata. *2* (*mar.*, *al pl.*) Fasce che, passando sotto una lancia sospesa alle gru, ne impediscono le oscillazioni.

ventróne **s. m.** *1* Accr. di *ventre.* *2* Persona grossa e panciuta. *3* (*raro*) Mangione. || **ventronàccio**, **pegg.**

†ventróso [vc. dotta, lat. tardo *ventrōsu*(*m*), da *vĕnter*, genit. *vĕntris* 'ventre'] **agg.** ● Che ha grosso ventre.

ventunènne [comp. di *ventuno* ed *-enne*] **agg.**; anche **s. m. e f.** ● Che, chi ha ventun'anni d'età.

ventunèṣimo A agg. num. ord. ● Corrispondente al numero ventuno in una sequenza, in una successione, in una classificazione, in una serie (rappresentato da *XXI* nella numerazione romana, da *21°* in quella araba): *il capitolo v.*; *arrivare al v. posto in classifica*; *raggiungere il v. anno di età* | *Due alla ventunesima*, (*ell.*) elevato alla ventunesima potenza | *Il XXI secolo*, gli anni dal 2001 al 2100, che devono ancora venire. **B s. m.** ● Ciascuna delle ventun parti uguali di una stessa quantità: *un v.*; *tre ventunesimi.*

ventùno [comp. di *venti* e *uno*] **agg. num. card. inv.**; anche **s. m. e f. inv.** ● (*mat.*) Due volte dieci, o due decine, più un'unità, rappresentato da *21* nella numerazione araba, da *XXI* in quella romana. **I** Come agg. ricorre nei seguenti usi. *1* Rispondendo o sottintendendo la domanda 'quanti?', indica la quantità numerica di ventuno unità (spec. preposto a un s.): *in segno di saluto ai capi di Stato, e a alte personalità si sparano v. colpi di cannone*; *avere, raggiungere i ventun anni*; *sono stato assente ventun giorni*; *sono le otto, trenta primi e v. secondi.* *2* Rispondendo o sottintendendo la domanda 'quale?', identifica q.c. in una pluralità, in una successione in una sequenza (spec. posposto a un s.): *il giorno v. del mese*; *il capitolo v.*; *sono le ore v.*; *il numero v. è uscito sulla ruota di Firenze.* *3* Gioco di carte simile al sette e mezzo. **II** Come s. ricorre nei seguenti usi. *1* Il numero ventuno (per ell. di un s.): *abitiamo al v. di questa strada*; *sono le otto e v.*; *diciotto e tre fa v.* | *Le v.*, le nove di sera | *Nel '21*, nel 1921, o nel 1821, o nel 1721 e sim.: *i Carbonari, i moti del v.* | †*Dare in un v.*, (*fig.*) avere una grave disgrazia. *2* Il segno che rappresenta il numero ventuno.

ventùra [lat. *ventūra*, propriamente 'le cose che verranno', part. fut. nt. pl. di *venīre*] **s. f.** *1* (*lett.*) Destino, sorte: *predire, indovinare la v.*; *nel mondo / sua v. ha ciascun dal dì che nasce* (PETRARCA) | *Buona, cattiva v.*, buona, mala sorte | *Andare alla v. di Dio*, affidarsi alla provvidenza. *2* Buona sorte, buona fortuna: *andare in cerca di v.* | (*raro*) *Mettersi alla v.*, andare in cerca di fortuna. *3* (*lett.*) Caso: *non so io stesso ove io mi vado / o dove ancor mi guidi la v.* (PULCI) | †*Gioco di v.*, d'azzardo | *Andare alla v.*, affidarsi al caso | *Mettersi alla v.*, rischiare, buttarsi allo sbaraglio | †*Per v.*, per, a caso | †*Medico, chirurgo di v.*, che esercita la libera professione, che non ha condotta. *4* (*st.*) *Compagnia di v.*, schiera di mercenari guidata da un condottiero, tipica dei secc. dal XIV al XVI | *Soldato di v.*, che militava in una di tali compagnie | *Capitano di v.*, condottiero che guidava tali schiere.

†**venturànza** [da *ventura*] **s. f.** ● Ventura.

venture capital /ingl. 'ventʃə 'kæpitəl/ [loc. ingl., propr. 'capitale (investito) a rischio'] **loc. sost. m. inv.** ● (*econ.*) Capitale investito in società con buone prospettive di sviluppo, anche se ad alto rischio.

†**venturièro** o †**venturière** [fr. *avventurier*. V. *avventuriere*] **A agg.** *1* Che non ha occupazione o impiego stabile, che esercita liberamente la propria attività professionale: *commerciante, cuoco v.*; *medico v.* *2* (*lett.*) Da avventuriero. **B s. m.** ● Avventuriero.

venturìmetro [comp. di G. B. *Venturi* (n. del fisico che lo inventò) e *-metro*] **s. m.** ● (*fis.*) Dispositivo atto a misurare la portata di una corrente fluida in pressione. **SIN.** Tubo di Venturi.

venturìna ● V. *avventurina.*

ventùro [vc. dotta, lat. *ventūru(m)*, part. fut. di *venīre*] **agg.** *1* (*lett.*) Che verrà, che deve o sta per venire. *2* Prossimo: *il mese, l'anno v.*; *ci vedremo la settimama ventura.*

venturóne [etim. incerta] **s. m.** ● (*zool.*) Uccello dei Passeriformi che vive nei boschi di conifere, i cui maschi hanno piumaggio dai bei colori giallo, oliva, azzurro (*Carduelis citrinella*).

venturóso [da *ventura*, sul modello di *avventuroso*] **agg.** ● (*poet.*) Beato, fortunato, felice: *o venturose e care e benedette / l'antiche età* (LEOPARDI).

vènula [vc. dotta, lat. *vēnula(m)*, dim. di *vēna*] **s. f.** *1* (*anat.*) Piccola vena. *2* (*med.*) Apparecchio usato per prelevare il sangue consistente in un ago cavo collegato e comunicante con una provetta.

venuṣiàno [fr. *vénusien*, da *Vénus* 'Venere'] **A agg.** ● Del pianeta Venere. **B s. m.** (f. *-a*) ● Ipotetico abitante o nativo del pianeta Venere.

venustà [vc. dotta, lat. *venustāte(m)*, da *venŭstus* 'venusto'] **s. f.** ● (*lett.*) Qualità di chi, di ciò che è venusto: *la v. non è il medesimo che la bellezza, ma è un fiore che da essa spunta* (TASSO). **SIN.** Grazia.

†**venustàre** [vc. dotta, lat. *venustāre*, da *venŭstus* 'venusto'] **v. tr.** ● Rendere venusto.

venùsto [vc. dotta, lat. *venŭstu(m)*, da *Vĕnus*, genit. *Vĕneris* 'Venere, bellezza'] **agg.** ● Che è di una bellezza ideale, sia per la perfezione delle forme sia per la grazia e l'armonia dei movimenti: *donna venusta*; *forme venuste* | *Stile v.*, pieno di dignità, decoro ed eleganza insieme, di una bellezza severa e dignitosa.

venùta [f. sost. di *venuto*] **s. f.** *1* Atto, effetto del venire: *aspettare la v. di qc.*; *siamo in attesa della vostra v.*; *Rinaldo come udì la sua v., / le venne incontra* (ARIOSTO) | *Prima, dopo la v. di Cristo*, in epoca anteriore o posteriore alla sua incarnazione. *2* (*mil.*) †Strada di accesso a una fortezza, a un quartiere, a un luogo fortificato.

venùto A part. pass. di *venire*; anche **agg.** *1* Nei sign. del v. *2 Ben v.*, V. anche *benvenuto.* **B s. m.** (f. *-a*) ● Chi è venuto, giunto, arrivato: *i primi venuti*; *un nuovo v.* | *Primo v.*, (*fig.*) persona sconosciuta o della quale si ignora quasi tutto e che quindi non ha, o non deve avere, importanza: *fidarsi del primo v.* | *Non essere il primo v.*, (*fig.*) essere ben conosciuto o essere una persona abbastanza importante, e quindi meritare stima, rispetto, considerazione e sim.: *bada come parli, perché io non sono il primo v.*

vepràio s. m. ● (*lett.*) Luogo pieno di vepri.

vèpre [vc. dotta, lat. *vĕpre(m)*, di etim. incerta] **s. m.** *1* (*lett.*) Pruno, sterpo, arbusto spinoso: *su da' palpitanti / vepri un lieve pel cielo frullar d'ale* (PASCOLI). *2* (*arald.*) Arbusto selvatico stilizzato, formato di sette rami e sradicato.

vèr o **vèr' prep.** ● (*poet.*) Forma tronca di 'verso': *la nova gente alzò la fronte / ver noi* (DANTE *Purg.* II, 58-59).

véra o **vèra** [vc. sett., lat. tardo *vĭria(m)* (normalmente usata al pl.) 'bracciale', vc. di origine gallica] **s. f.** *1* (*sett.*) Anello matrimoniale. **SIN.** Fede. *2* Parapetto attorno alla bocca del pozzo. **SIN.** Ghiera, puteale.

veràce [vc. dotta, lat. *verāce(m)*, da *vērus* 'vero'] **agg.** *1* (*lett.*) Che è vero, che non ha in sé alcuna falsità: *Dio v.*; *religione v.* *2* Che è sincero, che non dissimula e non nasconde nulla: *testimone, scrittore, narratore v.* **CONTR.** Mendace. *3* (*est., region.*) Spec. nella loc. *napoletano v.*, detto di abitante e nativo di Napoli che riunisca in sé le caratteristiche comunemente attribuite ai napoletani. || **veraceménte**, **avv.**

veracità s. f. ● Qualità di chi, di ciò che è verace. **CONTR.** Mendacità.

verànda [port. *varanda* 'balcone', di etim. incerta] **s. f.** *1* Galleria leggera costruita su tutta la lunghezza dell'abitazione, tipica delle costruzioni orientali. *2* Terrazzo coperto e a volte chiuso lateralmente con vetrate. || **verandìna**, **dim.**

veratrìna [da *veratro*] **s. f.** ● Sostanza che si ottiene dai rizomi del veratro e viene usata, in medicina, come ipotensivo.

veràtro [vc. dotta, lat. *verātru(m)*, di origine preindeur.] **s. m.** ● Pianta erbacea perenne delle Liliacee, velenosa, con foglie inferiormente tomentose, fiori a pannocchia, rizoma acre, amaro, irritante (*Veratrum album*).

verbàle [vc. dotta, lat. tardo *verbāle(m)*, da *vĕrbum* 'parola' (V. *verbo*); come s. m., calco sul fr. *verbal*, da (*procès*) *verbal* 'processo verbale'] **A agg.** *1* Di parole, formato di parole: *offese verbali*; *una violenta reazione v.*; *eccessi verbali* | (*raro*) *Traduzione v.*, letterale | *Nota v.*, comunicazione diplomatica non firmata, su argomento non urgente ma da tenersi in considerazione | (*est.*) Orale: *esame v.*; *ordine v.*; *prova, risposta v.* | (*dir.*) *Processo v.*, verbale: *redigere, stendere, firmare il processo v.* *2* Che consta soltanto di parole ed è privo di sostanza, vuoto di significato e sim.: *legame, affetto puramente v.* *3* Del verbo: *forma v.* | Che appartiene alla categoria del verbo: *aggettivi, sostantivi verbali.* || **verbalménte**, **avv.** A voce, a parole. **B s. m.** ● Documento in cui sono descritte attività e riportate dichiarazioni, così attestate con presunzione di veridicità: *il v. di un'adunanza, di un'assemblea, di un interrogatorio*; *redigere, stendere, firmare il v.* | *Mettere a v.*, registrare in tale documento | *V. di gara*, nello sport, documento redatto alla fine di ogni competizione e relativo alla stessa.

verbaliṣmo [fr. *verbalisme*, da *verbal* 'verbale (1)', col suff. *-isme* '-ismo'] **s. m.** *1* Modo di esporre verboso e vacuo, che cura le parole e la forma trascurando i concetti, i contenuti e sim.: *peccare di v.* *2* (*pedag.*) Insegnamento che si fonda solo sulle parole e la trasmissione meccanica di informazioni, senza preoccuparsi di sviluppare negli allievi lo spirito critico e prescindendo da ogni applicazione delle discipline impartite.

verbalìstico agg. (pl. m. *-ci*) ● Proprio, caratteristico del verbalismo.

verbalizẓànte A part. pres. di *verbalizzare*; anche **agg.** ● Nei sign. del v.: *l'ufficiale v.* **B s. m. e f.** ● Chi compila un verbale: *convalidare la versione del v.*

verbalizẓàre [fr. *verbaliser*, da *verbal* 'verbale'] **A v. tr.** ● Mettere a verbale: *v. il compimento di un atto.* **B v. intr.** (aus. *avere*) ● Redigere il verbale.

verbalizẓazióne s. f. ● Atto, effetto del verbalizzare.

verbanése A agg. ● Di Verbania. **B s. m. e f.** ● Abitante, nativo di Verbania.

verbàsco [vc. dotta, lat. *verbăscu(m)*, di origine preindeur.] **s. m.** (pl. *-schi*) ● (*bot.*) Tassobarbasso.

verbèna o **vermèna** [vc. dotta, lat. *verbēna(m)*, della stessa famiglia di *verberāre* (V.), perché era la pianta con i cui rami si colpivano i trattati e il re toccava il *pāter patrātus*] **s. f.** ● Erba molto ramosa delle Verbenacee, perenne, con piccoli fiori a spiga, coltivata con molte varietà (*Verbena officinalis*) | *V. odorosa*, cedrina.

Verbenàcee [da *verbena*] **s. f. pl.** ● Nella tassonomia vegetale, famiglia di piante dicotiledoni con fusto quadrangolare e foglie opposte (*Verbenaceae*) | (al sing. *-a*) Ogni individuo di tale famiglia. ➡ **ILL. piante** /8.

†**verberàre** [vc. dotta, lat. *verberāre*, da *vērbera*, nom. pl., 'colpi, percosse', di origine indeur.] **v. tr.** ● Percuotere, battere.

†**verbicàusa avv.** ● (*raro, lett.*) Per esempio.

verbigerazióne [ingl. *verbigeration*, dal lat. *verbigerāre* 'discorrere, chiacchierare', comp. di *vĕrbum* 'parola' (V. *verbo*) e un deriv. di *gĕrere* 'portare' (V. *gestione*)] **s. f.** ● (*med.*) Disturbo della comunicazione orale, tipico di alcune psicopatie, che si manifesta con discorsi particolarmente animati, di tono acceso e caratterizzati da una ripetizione stereotipata e incoerente di parole o frasi.

verbigràzia o (*raro*) **verbigràtia** /verbi'grattsja/, †**verbi gratia** /'verbi 'grattsja/ [vc. dotta, lat. *vĕrbi grātia* 'in grazia di una parola, per una parola'. V. *verbo* e *grazia*] **avv.** ● (*lett.* o *scherz.*) Per esempio: *dite, v. come fareste voi*; *chi siete voi, v.?* | Anche nella loc. avv. †*per v.*

vèrbo [vc. dotta, lat. *vĕrbu(m)* 'parola', poi 'verbo', di origine indeur.] **s. m.** (pl. †*verba*, f.) *1* Parola: *non volere intender v.*; *ascoltare, predicare il v. divino, di Dio*; *senza poter replicar v., / volta il destrier con cólera e con stizza* (ARIOSTO) | *V. a v.*, parola per parola | *Non dire, non aggiungere, non proferire v.*, tacere. *2* †Pensiero, idea, concetto espresso. *3* Nella teologia cristiana, la seconda persona della Trinità, Gesù Cristo, il quale, nella terminologia usata dall'Evangelo di S. Giovanni, è il Logos, o Verbo, o Ragione eterna o Sapienza del Padre incarnata. *4* Parte variabile del discorso che indica un'azione o un modo di essere di persona o di cosa: *v. attivo, passivo, transitivo, intransitivo*; *la forma, la coniugazione del v.* || **verbàccio**, **pegg.**

verbosità [vc. dotta, lat. tardo *verbositāte(m)*, da *verbōsus* 'verboso'] **s. f.** ● Qualità di chi, di ciò che è verboso. **SIN.** Loquacità.

verbóso [vc. dotta, lat. *verbōsu(m)*, da *vĕrbum* 'parola' (V. *verbo*)] **agg.** *1* Che parla o scrive con sovrabbondanza di parole: *oratore, scrittore v. e prolisso.* **SIN.** Facondo. *2* Che è pieno di lunghi e inutili giri di parole: *prosa verbosa*; *discorso v.* || **verbosaménte**, **avv.**

vercellése A agg. ● Di Vercelli. **B s. m. e f.** ● Abitante, nativo di Vercelli.

†**verdàcchio** [da *verde*] **agg.** ● Verdognolo | *Susina verdacchia*, sorta di susina.

verdàccio s. m. *1* Pegg. di *verde.* *2* Colore composto di ocra, nero e terra verde o di ocra, nero, cinabro e un particolare tipo di bianco.

†**verdadèro** [sp. *verdadero*, da *verdad* 'verità'] **agg.** ● Veritiero, verace.

†**verdànte** [lat. *viridànte(m)*, part. pres. di *viridāre* 'esser verde', da *vĭridis* 'verde'] **agg.** ● Di colore

verde.

verdàstro [da *verde*, sul modello del fr. *verdâtre*] **A** agg. *1* Di un verde brutto, sporco, impuro: *liquido v.*; *acqua putrida e verdastra*. *2* Che tende al verde: *giallo v.*; *azzurro v.* **B** s. m. ● Il colore verdastro.

verdazzùrro o **verdeazzùrro** [comp. di *verde* e *azzurro*] **A** agg. ● Che ha un colore intermedio tra il verde e l'azzurro: *acque verdazzurre*. **B** s. m. ● Il colore verdazzurro: *il v. del mare*.

vérde [lat. *vĭride(m)*, da avvicinare a *virēre* 'esser verde', di etim. incerta] **A** agg. *1* Di colore che sta tra il giallo e il blu, tipico dell'erba vegetante: *foglie verdi*; *un prato v.*; *il divino del pian silenzio v.* (CARDUCCI); *la bandiera italiana è bianca, rossa e v.* | *Essere v. come un ramarro*, di un verde intenso e brillante | *Zona v.*, in urbanistica, insieme di parchi, giardini e sim. compresi in una città, oppure zona del centro storico a traffico limitato | *Tappeto v.*, il panno che copre i tavoli da gioco. *2* (*est.*) Di territorio, zona, paese e sim. ricco di vegetazione: *la v. Irlanda*; *l'Umbria v.* | (*est.*) Di un pallore livido: *essere, diventare, farsi v. per la rabbia, la paura, l'invidia*; *avere la faccia v.*; *Gesualdo per finirla saltò di nuovo sulla mula, v. dalla bile* (VERGA). *3* (*est.*) Acerbo, immaturo: *frutta v.* *4* (*est.*) Fresco: *legumi verdi*; *fieno verde* | Ancora vegetante, appena tagliato: *legna v.*; *rami verdi*. CONTR. Secco. *5* (*fig.*) Giovane, giovanile: *anni verdi*; *la v. età*. *6* (*fig.*) Vegeto, vigoroso: *vecchiezza v.* | *Vivo e v.*, vivo e vegeto | (*est.*) Vivace, intenso: *uomini d'una tempra più salda e d'un coraggio più v.* (MANZONI). *7* Che riguarda l'agricoltura o gli agricoltori: *piano v.*; *Europa v.* | (*econ.*) *Lira v.*, valore convenzionale della moneta italiana che, nell'ambito della Comunità Economica Europea, determina i prezzi dei prodotti agricoli. *8* Ecologico: *un'autovettura in versione v.* | *Benzina v.*, senza additivi a base di piombo, adatta a veicoli con marmitta catalitica. *9* (*banca*) *Clausola v.*, condizione di utilizzazione di crediti contro presentazione di documenti comprovanti l'immagazzinamento, anche parziale, delle merci in attesa di spedizione. *10* *Numero v.*, V. *numero* | *Carta v.*, documento attestante l'esistenza della copertura assicurativa per i danni a terzi, obbligatorio per la circolazione di un'autovettura all'estero. **B** s. m. *1* Il colore verde nelle sue varie sfumature: *il v. dei prati*; *il v. è il colore della speranza*; *tingere q.c. in, di v.* | *V. bandiera, bottiglia, oliva, pisello, pistacchio, smeraldo* e sim., varie tonalità del verde. *2* Parte verde di q.c.: *il v. del cocomero, del melone* | †*Essere al v.*, detto della candela usata nei pubblici incanti, stare per spegnersi, essere prossimo all'esaurimento, in quanto l'ultima parte di essa era colorata di verde | (*fig.*) *Essere, trovarsi, ridursi al v.*, in assoluta miseria, senza il becco d'un quattrino, senza un centesimo in tasca. *3* (*est.*) Vegetazione: *campagna ricca di v.*; *quartieri poveri di v.*; *cercare un po' di v. e d'aria pura*; *patrimonio v.* | Area, zona e sim. ricca di prati, alberi e vegetazione in genere: *la tutela, la difesa del v.*; *lo sviluppo incontrollato dell'edilizia ha distrutto il v.* | *V. pubblico*, in una città, l'insieme delle aree destinate a parco o giardino dal piano regolatore | *V. attrezzato*, nei giardini e nei parchi pubblici, area fornita di attrezzature fisse per attività sportive e ricreative, spec. di bambini. *4* (*fig.*) Vigore, rigoglio: *essere, trovarsi nel v. degli anni*. *5* Luce verde del semaforo stradale o ferroviario che indica via libera: *passare col v.*; *aspettare il v.* *6* (*chim.*) Composto o sostanza di colore verde | *V. rame*, V. anche *verderame*. *7* (*miner.*) Minerale di color verde, atto ad essere lavorato e utilizzato variamente in costruzioni, ornamentazioni e sim.: *v. di Susa, di Varallo*. **C** s. m.; anche agg. ● (*polit.*) Chi appartiene a un movimento politico che attua iniziative alternative alle istituzioni e ai partiti tradizionali, spec. su temi ecologici e antimilitaristici ‖ PROV. Chi di verde si veste, troppo di sua beltà si fida. ‖ **verdàccio**, pegg. (V.) | **verdétto**, dim. (V.) | **verdìno**, dim. (V.) | **verdóne**, accr. (V.).

verdèa [da *verde*] s. f. *1* Vitigno che produce uva bianca da tavola a polpa croccante, adatta per la conservazione. *2* Vino bianco verdastro prodotto con l'uva omonima.

verdeazzùrro ● V. *verdazzurro*.

verdebiòndo [comp. di *verde* e *biondo*] agg. ● (*lett.*) Di color verde sfumato o frammezzato di giallo.

verdebrùno o **vérde brùno** [comp. di *verde* e *bruno*] **A** agg. (pl. m. *verdebrùni*, raro *verdibrùni* o *vérdi brùni*) ● (*lett.*) Di colore tra il verde e il bruno: *veste verdebruna*. **B** s. m. ● Il colore verdebruno.

verdechiàro o **vérde chiàro** [comp. di *verde* e *chiaro*] agg. (pl. m. *verdechiàri*, raro *verdichiàri* o *vérdi chiàri*) ● Di color verde pallido, tendente al bianco.

verdecùpo o **vérde cùpo** [comp. di *verde* e *cupo*] **A** agg. (pl. m. *verdecùpi*, raro *verdicùpi* o *vérdi cùpi*) ● Di colore verde intenso e cupo: *cipressi verdecupi*. **B** s. m. ● Il colore verdecupo.

†**verdegàio** [comp. di *verde* e *gaio*] agg. ● Di colore verde chiaro e vivace.

†**verdeggévole** agg. ● Verdeggiante.

verdeggiaménto s. m. ● (*raro*) Modo e atto del verdeggiare.

verdeggiànte part. pres. di *verdeggiare*; anche agg. ● Nei sign. del v.

verdeggiàre **A** v. intr. (*io verdéggio*; aus. *avere*) *1* Essere e apparire verde: *una distesa di boschi verdeggiava sotto di noi*; *alta in sul lido elce verdeggia* (MARINO). *2* Diventare verde coprendosi di vegetazione: *i rami cominciano appena a v.*; *la campagna verdeggia in primavera*. *3* (*raro*) Tendere al color verde: *v. alla luce*. *4* (*raro*) †Essere vigoroso. **B** v. tr. ● †Fare o apparire verde.

verdegiàllo [comp. di *verde* e *giallo*] **A** agg. (pl. m. *verdegiàlli*, raro *verdigiàlli*) ● (*lett.*) Di color verde tendente al giallo. **B** s. m. ● Il colore verdegiallo.

verdegrìgio [comp. di *verde* e *grigio*] agg.; anche s. m. (pl. f. *-gie* o *-ge*) ● (*lett.*) Grigioverde.

verdèllo [da *verde*, per il colore] s. m. *1* (*zool.*) Verdone. *2* Limone che matura da giugno ad agosto.

verdemàre o **vérde màre** [comp. di *verde* e *mare*] **A** agg. inv. ● Di colore verde sfumato d'azzurro, caratteristico delle acque del mare: *cielo v.*; *tessuto v.* **B** s. m. inv. ● Il colore verdemare.

†**verdeméżżo** [comp. di *verde* e *méżżo*] agg. *1* Di grano, frutta, cacio, tra fresco e secco. *2* Di carne tra cotta e cruda: *arrosto così v. che sanguini un po'* (MACHIAVELLI).

†**verderàggine** s. f. ● Verdezza.

verderàme [comp. di *verde* e *rame*] **A** s. m. inv. *1* Patina verdastra che con l'umidità e il tempo si forma sugli oggetti di rame in seguito all'esposizione all'aria. *2* Acetato basico di rame, un tempo usato per colori a olio, ora impiegato per bagni galvanici e in veterinaria | *V. cristallizzato*, (*ell.*) *verderame*, acetato neutro di rame, usato in tintoria e come anticrittogamico. **B** agg. inv. ● Che ha il colore del verderame.

verdésca [da *verde*, per il colore] s. f. ● Squalo lungo fino a 6 m, verdeazzurro con robusti denti triangolari seghettati, voracissimo, che vive anche nel Mediterraneo (*Prionace glauca*). SIN. Verdone, squalo azzurro, canesca.

verdescùro o **vérde scùro** [comp. di *verde* e *scuro*] **A** agg. (pl. m. *verdescùri*, raro *verdiscùri* o *vérdi scùri*) ● Di colore verde, molto intenso e spento. **B** s. m. ● Il colore verdescuro.

†**verdesécco** agg. ● Che è mezzo verde e mezzo secco, che è quasi appassito.

verdétto (1) agg.; anche s. m. *1* Dim. di *verde*. *2* †Sostanza minerale usata come colorante verde dai pittori.

verdétto (2) [ingl. *verdict*, dal lat. *vēre dĭctu(m)* 'detto secondo verità'] s. m. *1* (*dir.*) Nel processo penale, decisione della giuria sulle questioni di fatto deferite al suo giudizio. *2* Nel linguaggio sportivo, decisione finale di un arbitro, dei giudici di gara o di una giuria con cui viene determinato il risultato di una competizione: *v. di parità*. *3* (*fig.*) Giudizio, sentenza: *un arduo v.*; *attendere il v. della storia*.

verdézza [da *verde*, con suff. *-ezza*] s. f. *1* Colore o qualità di ciò che è verde | (*est.*) L'aspetto verdeggiante della vegetazione: *Il lauro ... mai egli non perde né v. né fronda* (BOCCACCIO). SIN. †Verdore. *2* Verzura.

verdiàno **A** agg. ● Che si riferisce al compositore italiano G. Verdi: *opere verdiane*; *musica verdiana*; *celebrazioni verdiane*. **B** s. m. (f. *-a*) ● Ammiratore, seguace di G. Verdi (1813-1901): *a fine '800 divampò la polemica fra verdiani e wagneriani*.

†**verdicàre** v. intr. ● Verdeggiare.

verdìcchio [da *verde*] s. m. *1* Vitigno assai diffuso nelle Marche, dai grappoli di un color verde giallognolo. *2* Vino giallo paglierino, brillante, secco, sapido e armonico, di 14°-15°, prodotto dal vitigno omonimo.

verdìccio [da *verde*] **A** agg. (pl. f. *-ce*) ● Che tende al verde: *colore v.*; *giallo v.* **B** s. m. ● Colore tendente al verde.

†**verdicènte** o †**verodicènte** [ant. fr. *voirdisant*, comp. di *voir* 'vero' e *disant* 'dicente'] agg.; anche s. m. e f. ● Che, chi dice il vero.

verdìgno agg. ● (*raro*) Verdognolo, verdiccio.

verdìno agg.; anche s. m. *1* Dim. di *verde*. *2* *Fico v.*, (*ell.*) *verdino*, varietà di fico tardivo, piccolo, a buccia verde.

†**verdìre** [da *verde*] v. intr. ● Verdeggiare.

verdógnolo [da *verde*] agg. *1* Che sfuma nel verde: *colore v.*; *giallo v.*; *azzurro v.* *2* Verdastro, livido, pallido: *viso v.*; *cera verdognola*.

verdolìno [da *verde*] **A** agg. ● Che è leggermente verde: *giallo v.*; *azzurro v.* | Verde pallido: *tessuto v.*; *sfumature verdoline*. **B** s. m. *1* Il colore verdolino. *2* Varietà di fico piccolo, con buccia verde e polpa biancastra. *3* (*zool.*) Verzellino.

verdóne **A** agg. *1* Accr. di *verde*. *2* Di un colore verde intenso ma non cupo. **B** s. m. *1* Il colore verde intenso: *tinta intermedia fra il v. e il blu*. *2* Passeraceo a codina forcuta, becco breve e conico, colore verde dorato sul dorso e giallastro ventralmente (*Chloris chloris*). *3* (*zool.*) Verdesca.

†**verdóre** [provz. *verdor*, da *vert* 'verde'] s. m. ● Colore, qualità di ciò che è verde | (*est.*) L'aspetto verdeggiante della vegetazione.

verdùco [sp. *verdugo*, propriamente 'virgulto', da *verde* 'verde'] s. m. (pl. *-chi*) *1* †Stecco quadrangolare. *2* Stilo del bastone animato.

verdugàle [fr. *verdugale*, dallo sp. *verdugado*, da *verdugo*. V. *verduco*] s. m. ● Gonna montata con stecche usata un tempo per tenere bene allargata la sottana. ‖ **verdugolino**, dim.

verdùme [da *verde*] s. m. *1* (*raro*) Parte verde di un vegetale. *2* (*spreg.*) Quantità di cose verdi. *3* (*raro*) Eccessiva abbondanza di colore verde.

verdùra [da *verde*] s. f. *1* (*raro*) Il verde dei campi, delle piante, della vegetazione in genere | La vegetazione stessa. *2* (*spec. al pl.*) Alimenti vegetali costituiti da foglie, fiori e radici, per lo più coltivati negli orti: *minestra di v.*; *contorno di verdure al burro*; *v. in insalata*; *verdure crude, cotte*; *cibarsi di verdure* | *Verdure a foglie*, cavoli, lattuga, spinaci, cicoria e sim. SIN. Ortaggio. ➡ ILL. **verdura**.

verduràio [da *verdura*] s. m. (f. *-a*) ● (*dial.*) Erbivendolo, fruttivendolo.

verdùzzo [da *verde*] s. m. ● Vino giallo, asciutto, sapido e di medio corpo, di 10°-13°, prodotto dal vitigno omonimo.

†**vère** [lat. *vēre*, abl. di *vēr* 'primavera'. V. *primavera*] s. m. ● (*poet.*) Primavera.

verecóndia o †**verecùndia** [vc. dotta, lat. *verecŭndia(m)*, da *verecŭndus* 'verecondo'] s. f. ● Caratteristica o qualità di chi, di ciò che è verecondo. SIN. Pudore.

verecóndo [vc. dotta, lat. *verecŭndu(m)*, da *verēri* 'aver timore, rispetto', di origine indeur.] agg. *1* Che ha timore e vergogna di ciò che è sconveniente e se ne astiene: *fanciulla verecondα* | Che esprime verecondia (*anche fig.*): *placida notte, e v. raggio / della cadente luna* (LEOPARDI). *2* Che è proprio di una persona verecondo: *gesto v.*; *parole verecondo*. SIN. Pudico. *3* Timido, modesto: *fama verecondo*. ‖ **verecondaménte**, avv.

†**verecùndia** ● V. *verecondia*.

vérga o †**virga** [lat. *vĭrga(m)*, di etim. incerta] s. f. *1* (*raro*) Ramoscello | (*fig.*) *Tremare come una v.*, *tremare v. a v.*, essere scosso da un forte tremito in tutto il corpo per freddo, paura, febbre o altro. *2* Bacchetta, bastoncello, spesso flessibile: *punire, castigare a colpi di v.*; *io fuggo lor come fanciulla v.* (PETRARCA) | *V. del pendolo*, asta | *V. del telaio*, ciascuna delle due bacchette che mantengono paralleli i fili dell'ordito | (*mar.*)

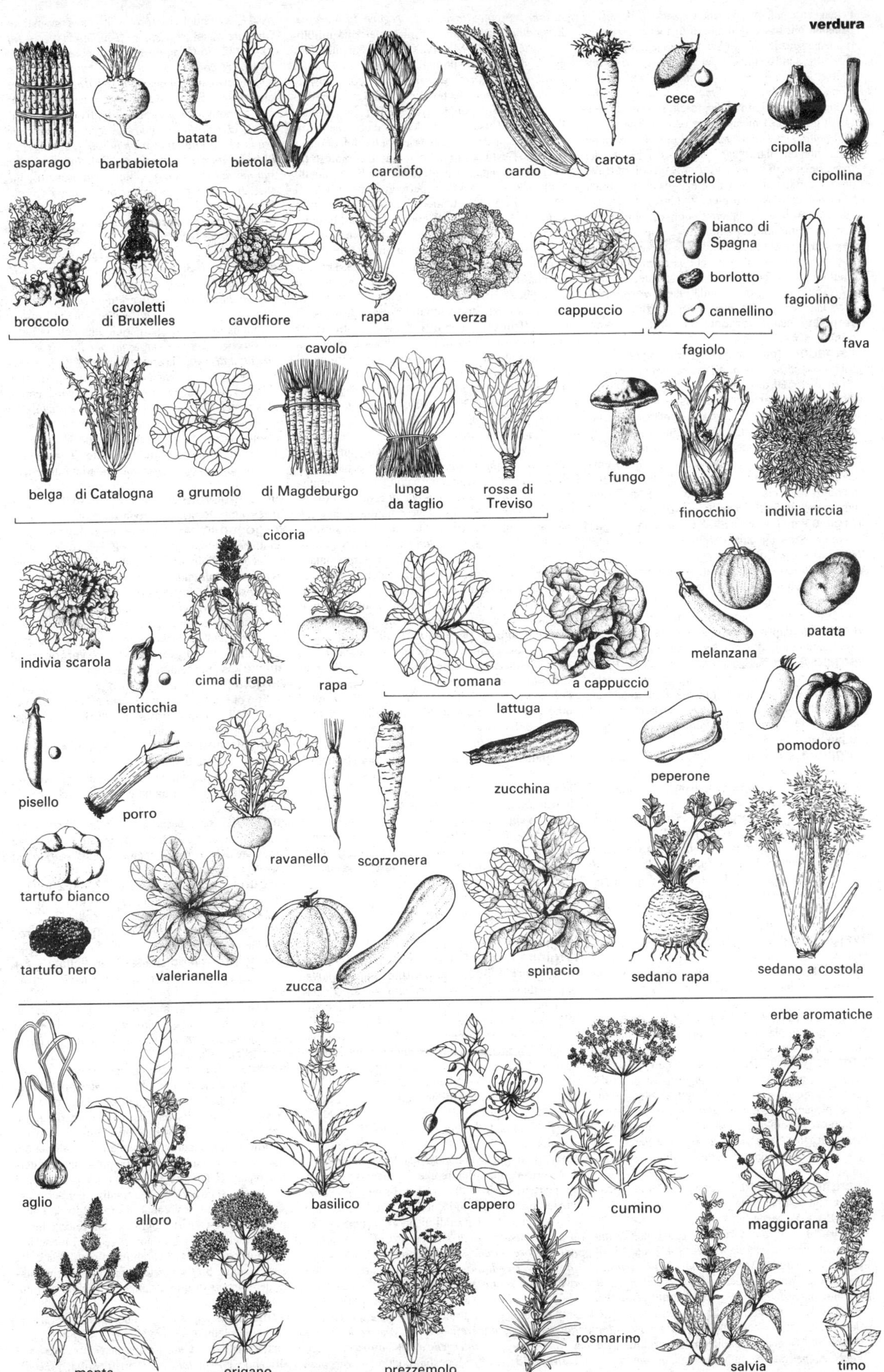
asparago
barbabietola
batata
bietola
carciofo
cardo
carota
cece
cetriolo
cipolla
cipollina
broccolo
cavoletti di Bruxelles
cavolfiore
rapa
verza
cappuccio
cavolo
bianco di Spagna
borlotto
cannellino
fagiolo
fagiolino
fava
belga
di Catalogna
a grumolo
di Magdeburgo
lunga da taglio
rossa di Treviso
cicoria
fungo
finocchio
indivia riccia
indivia scarola
lenticchia
cima di rapa
rapa
romana
a cappuccio
lattuga
melanzana
patata
pomodoro
pisello
porro
ravanello
scorzonera
zucchina
peperone
tartufo bianco
tartufo nero
valerianella
zucca
spinacio
sedano rapa
sedano a costola
erbe aromatiche
aglio
alloro
basilico
cappero
cumino
maggiorana
menta
origano
prezzemolo
rosmarino
salvia
timo

Penna, antenna, picco, randa e sim. | *V. secca*, pennone più basso dell'albero di mezzana, generalmente senza vela. **3** (*lett.*) Bastone del pastore. **4** Scettro o altro simbolo del potere: *v. reale, consolare*; *la v. di Mosè, di Aronne*; *la v. del rabdomante, dell'indovino, del mago* | *V. di Mercurio*, caduceo | *Fascio di verghe*, fascio littorio. **5** Specie di lingotto di metallo prezioso: *verghe d'oro, d'argento* | Barra metallica allungata a sezione anche non circolare: *una v. di ferro* | (*est.*) *V. del tram*, binario. **6** (*zool.*) *V. d'oro*, piccola farfalla dei Licenidi a livrea elegantissima dorata (*Polyommatus virgaurea*). **7** (*bot.*) *V. d'oro*, composita comune, perenne, con capolini gialli disposti a grappolo e frammisti a foglie (*Solidago virga-aurea*). **8** (*pop.*) Pene. **9** In oreficeria, serie di pietre preziose allineate che si applicano a un anello per ornamento. **10** †Strale, dardo. **11** †Tratto o raggio di vivida luce. || **vergàccio**, pegg. m. | **verghétta**, dim. | **verghettina**, dim. | **vergolina**, dim. | **vergóne**, accr. m. (V.) | **vergùccia**, dim.

†**vergadòro** [dalla *verga d'oro* che portava; calco sul gr. *chrysórrapis*] s. m. ● Portatore di un caduceo d'oro, detto del dio Mercurio.

vergàio o **vergàro** [etim. discussa: lat. parl. **vervecāriu(m)*, da *vĕrvex* 'castrato', di etim. incerta] s. m. ● (*centr.*) Capo mandriano di un gregge | Chi conduce a svernare pecore di più padroni.

vergàre v. tr. (*io vérgo, tu vérghi*) **1** (*raro*) Percuotere, battere con una verga. **2** Listare o rigare tessuti o carte con linee o righe parallele. **3** Manoscrivere: *v. fogli, carte*; *v. una lettera*.

vergàro s. m. **1** V. *vergaio*. **2** Capo della famiglia colonica. SIN. Capoccia, reggitore.

vergàta s. f. ● Colpo di verga.

vergatina [dim. del f. del part. pass. *vergato*] **A** s. f. ● Carta sottile che in trasparenza rivela una sottile rigatura; usata spec. per copie a carta carbone di dattiloscritti. **B** anche agg. solo f.: *carta v.*

vergatino [dim. di *vergato*] s. m. ● Tessuto a righe sottili e di colore diverso. SIN. Bordatino, rigatino.

vergàto A part. pass. di *vergare*; anche agg. **1** Nei sign. del v. **2** *Carta vergata*, tipo di carta che in trasparenza rivela una sottile rigatura; usata per copie dattiloscritte o ciclostilate, per buste e sim. **B** s. m. **1** †Tessuto a righe, vergatino. **2** †Unione di più parti.

vergatùra s. f. **1** Atto, effetto del vergare: *la v. di una stoffa, di una carta*. **2** Rigatura su un tessuto | Insieme di linee visibili in trasparenza in alcuni tipi di carta.

vergèlla [lat. parl. **virgĕlla(m)*, dim. di *vĭrgula*, a sua volta dim. di *vĭrga* 'verga'] s. f. **1** (*raro, lett.*) Piccola verga. **2** Semilavorato di acciaio dolce, a sezione circolare, laminato a caldo. **3** (*spec. al pl.*) Ciascuno dei sottili fili di ottone disposti parallelamente da un capo all'altro della forma usata per la fabbricazione della carta a mano | (*est.*) Qualità di carta da scrivere.

†**vergellàre** [da *vergella*] v. tr. e intr. ● Vergheggiare.

vergèllo o **vergillo** [V. *vergella*] s. m. ● Mazza con tacche, in cui gli uccellatori infilano le paniuzze.

vergènza [da *vergere*] s. f. ● (*geol.*) Direzione verso cui una piega tende a coricarsi, o verso cui una coltre avanza.

vèrgere [vc. dotta, lat. *vĕrgere* 'inclinare, piegarsi', di origine indeur.] v. intr. (*io vèrgo, tu vèrgi*; dif. del part. pass. e dei tempi composti) **1** (*lett.*) Volgere, tendere, piegare verso q.c.: *v. al tramonto*; *v. a oriente*. CONTR. Divergere. **2** (*raro, fig.*) Convergere.

vergheggiàre v. tr. (*io verghéggio*) **1** Percuotere con verga. **2** Scamatare, battere la lana dei materassi.

†**vergheggiatóre** [da *vergheggiare*] s. m. (f. *-trice*) ● Chi scamatava la lana | Materassaio.

vergillo ● V. *vergello*.

verginàle o (*lett.*) **virginàle** (**1**) [lat. *virginā-le(m)*, da *vĭrgo*, genit. *vĭrginis* 'vergine'] agg. **1** Proprio di una vergine: *stato v.*; *innocenza v.*; *onestà, purità v.* **2** (*est.*) Monacale: *benda v.* **3** (*fig.*) Di assoluta purezza: *mattino v.* || **verginalménte**, avv.

vérgine o †**virgine**, †**virgo** nei sign. A 1, 3, 6 [lat. *vĭrgine(m)*, di etim. incerta] **A** s. f. (*Vérgine* nel sign. 6) **1** Donna in condizione di verginità | *La Vergine*, (*per anton.*) la Madonna: *raccomandarsi alla Vergine*; *invocare, pregare la Vergine*. **2** (*poet.*) Dea pagana, definita tale dalla mitologia, spec. Diana e Minerva. **3** (*est.*) Fanciulla, ragazza, donna non sposata: *le vergini savie della parabola*; *un corteo di vergini*. **4** (*spec. al pl.*) Monaca, in quanto ha pronunciato il voto perpetuo di castità. **5** (*spec. al pl., poet.*) Le Vestali. **6** (*astron.*) Costellazione dello zodiaco che si trova fra quella della Bilancia e quella del Leone | (*astrol.*) Sesto segno dello zodiaco, compreso tra i centocinquanta e i centottanta gradi dell'anello zodiacale, che domina il periodo compreso fra il 24 agosto e il 23 settembre | (*est.*) Persona nata sotto il segno della Vergine. ➡ ILL. **zodiaco**. **7** (*zool.*) *V. di Numidia*, piccola gru cinerina con collo e petto neri e due ciuffi di piume riunite sotto ciascun occhio (*Anthropoides virgo*). SIN. Damigella di Numidia. **8** (*mar.*) Paranco costituito da due bozzelli uniti fra loro a una delle basi. **9** *V. di Norimberga*, strumento di tortura in uso fino al sec. XVI in Germania e in Spagna, costituito da una statua di donna in ferro apribile e provvista internamente di punte acuminate, che trafiggevano il condannato che vi veniva rinchiuso. **B** s. m. ● Uomo in condizione di verginità: *i vergini e i martiri*. **C** agg. **1** Di persona che è in stato di verginità: *donna, fanciulla v.*; *uomo v.* | Di femmina di animale in analoga condizione: *v. cuccia de le Grazie alunna* (PARINI). **2** (*est.*) Giovane, innocente: *le vergini spose*. **3** (*fig.*) Integro, casto, puro: *animo, cuore v.*; *mani vergini* | Alieno, immune: *vergin di servo encomio / e di codardo oltraggio* (MANZONI). **4** (*fig.*) Che è naturale, che non ha subìto manipolazioni, lavorazioni, trasformazioni e sim.: *foresta v.*; *lana v.* | *Cera v., miele v.*, non raffinati | *Vinaccia v.*, non fermentata | *Vino v.*, non fermentato, ottenuto con la vinificazione in assenza di vinacce | *Olio extra v. di oliva*, olio ottenuto per spremitura meccanica (e non chimica) delle olive, che abbia un tasso di acidità non superiore all'1% | *Olio sopraffino v. di oliva*, olio ottenuto come il precedente, che abbia un tasso di acidità compresa fra l'1,1 e 1,5% | *Olio fino v. di oliva*, ottenuto come il precedente e con acidità non superiore al 3% | *Olio v. di oliva*, ottenuto come il precedente e con acidità compresa fra il 3 e il 4% | *Campo, terreno v.*, non lavorato, non coltivato; (*fig.*) zona, ambito, settore e sim. passibile di sfruttamento e non ancora sfruttato | *Caso v.*, non ancora trattato, discusso e sim. | (*fis.*) *Sostanza magneticamente v.*, che non ha subìto magnetizzazione | (*fis.*) *Nastro v.*, detto di nastro magnetico che non reca una registrazione | (*ott.*) *Pellicola v.*, detto di pellicola fotocinematografica non ancora impressionata. || **verginèlla**, dim. (V.) | **verginétta**, dim. | **verginina**, dim. | **verginóna**, accr. (V.).

verginèlla o †**virginèlla** s. f. **1** Dim. di *vergine*. **2** (*iron.*) Ragazza che si finge ingenua, priva di malizia e sim.

vergineo ● V. *virgineo*.

verginità o †**verginitàde**, †**verginitàte**, †**virginità**, †**virginitàde**, †**virginitàte** [lat. *virginitā-te(m)*, da *vĭrgo*, genit. *vĭrginis* 'vergine'] s. f. **1** Condizione di chi non ha avuto rapporti sessuali completi | Correntemente, integrità dell'imene nella donna | *Voto di v.*, quello proprio delle monache. **2** (*fig.*) Integrità morale, rettitudine, buona reputazione | *Rifare, rifarsi una v.*, riacquistare la stima, la credibilità o il buon nome perduti o compromessi, cercando di dimostrare la propria estraneità a fatti riprovevoli.

verginóna s. f. **1** Accr. di *vergine*. **2** (*scherz.*) Zitellona.

vergógna [lat. *verecŭndia(m)*. V. *verecondia*] s. f. **1** Turbamento e timore che si provano per azioni, pensieri o parole che sono o si ritengono sconvenienti, indecenti, indecorose e sim. e che sono o possono essere causa di disonore o rimprovero: *provare, sentire v. di un peccato, di una colpa, per l'errore commesso*; *piangere, nascondersi per la v.* | *Aver v. di q.c., di qc.*, vergognarsene | *Non avere, non sentire v., non conoscere la v.*, essere spudorato. **2** (*est.*) Senso di soggezione, timore e sim. dovuto spec. a timidezza: *sentire, provare v. davanti a qc.*; *tacere per la v.*; *vincere la v.*; *ho v. di parlare, di intervenire*. SIN. Impaccio, turbamento. **3** (*raro*) Modestia, pudore: *v. verginale*. **4** Rossore del viso, provocato da vergogna: *avvampare di v.*; *di trista v. si dipinse* (DANTE *Inf.* XXIV, 132). **5** Onta, disdoro, disonore: *coprirsi di v.*; *morire con v.*; *uscirne con v.* | *Far v., tornare a v.*, essere causa di disonore | †*Dire v.*, offendere, oltraggiare. **6** (*est.*) Cosa o persona riprovevole, che è motivo di vergogna, di disonore e sim.: *quello che hai fatto è una v.*; *tacere in questi casi è una v.*; *sarebbe una v. se non intervenissero*; *è la v. della casa, della famiglia, della patria* | *A sua marcia v.!*, escl. di violento rimprovero | *V.!*, escl. di rimprovero, riprovazione e sim. **7** (*al pl.*) Organi genitali: *coprire le vergogne*. || **vergognàccia**, pegg. | **vergognùccia**, dim.

vergognàre [da *vergogna*] **A** v. tr. (*io vergógno*) ● †Svergognare, coprire di vergogna. **B** v. intr. pron. e †intr. **1** Sentire vergogna: *vergognarsi di q.c., di qc.*; *mi vergogno di dire, ripetere, ascoltare simili menzogne*; *si vergognò all'udire simili cose* | *Vergognarsi per qc., vergognarsene*, provar vergogna in vece di qc. per ciò che egli ha fatto: *mi vergogno, me ne vergogno per lui* | *Non vergognarsi di*, avere la spudoratezza di | *Vergognati!*, escl. di riprovazione, rimprovero e sim. **2** (*est.*) Avere soggezione, timore e sim.: *vergognarsi del pubblico*; *mi vergogno a parlare in pubblico* | *Non vergognarsi di nulla e di nessuno*, essere sfacciato, spudorato, impudente | *Vergognarsi di tutto*, essere molto timido. **3** (*raro*) Arrossire di vergogna. **4** (*poet.*) †Maturare, detto delle ciliegie.

†**vergognévole** agg. ● Vergognoso. || †**vergognevolménte**, avv. Vergognosamente.

vergognóso agg. **1** Che sente e mostra vergogna: *peccatore pentito e v.* **2** Schivo, riservato, verecondo: *fanciulla vergognosa*; *parlò con tono timido e v.*; *mi guardò arrossendo, con occhi vergognosi*. CONTR. Spudorato. **3** Che causa o dovrebbe causare vergogna, in quanto degno di biasimo, riprovazione e sim.: *azioni vergognose*; *pena vergognosa*; *un v. silenzio* | *Parti vergognose*, organi genitali. || **vergognosétto**, dim. || **vergognosaménte**, avv. In maniera vergognosa.

vérgola [lat. *vĭrgula(m)*, dim. di *vĭrga* 'verga'] s. f. ● Filo di seta addoppiato e torto, usato per gli occhielli | Lista sottile di seta o di oro tessuta nei drappi. || **vergolina**, dim.

†**vergolaménto** [da *vergolare*] s. m. ● Serie di striature, strisce e sim.

†**vergolàre** [dal lat. *vĭrgula*, dim. di *vĭrga* 'verga'] v. tr. **1** Virgolare. **2** Battere con verghe. **3** Lineare, sottolineare.

vergolàto part. pass. di †*vergolare*; anche agg. **1** Nei sign. del v. **2** Di drappo ornato con vergole intessute. **3** (*raro*) Venato, striato: *marmo v.*; *agata vergolata*.

vergóne s. m. **1** Accr. di *verga*. **2** Verga dritta di legno, impaniata, per catturare uccelli | Verga in cui si infilano le paniuzze.

†**vericida** [comp. di *vero-* e *-cida*] s. m. ● (*raro*) Bugiardo, menzognero.

veridicità o †**veridicitàde**, †**veridicitàte** s. f. ● Qualità di ciò che è veridico: *garantisco la v. del racconto*.

verìdico [vc. dotta, lat. *verĭdicu(m)*, da *vērus* 'vero' e un deriv. di *dīcere* 'dire'] agg. (pl. m. *-ci*) ● Che dice il vero: *testimone v.*; *testimonianza veridica*. || **veridicaménte**, avv.

verìfica s. f. **1** Atto, effetto del verificare: *v. dei conti, di cassa*. **2** (*dir.*) *V. dei poteri*, nel diritto costituzionale, controllo dell'esistenza dei prescritti requisiti personali dei parlamentari eletti e della validità delle operazioni elettorali relative; nel diritto internazionale, esame della validità dei documenti da cui risulta la rappresentanza internazionale. **3** (*polit.*) Incontro fra rappresentanti dei partiti di coalizione governativa per accertare se esiste ancora la volontà di proseguire la collaborazione. **4** (*ferr.*) Controllo dei veicoli ferroviari eseguito al fine di accertare che i medesimi siano in condizioni di garantire la regolarità della circolazione. **5** (*fis.*) Determinazione sperimentale degli errori di uno strumento di misura tarato. SIN. Controllo.

verificàbile agg. ● Che si può verificare: *dato v.* SIN. Controllabile.

verificabilità s. f. ● Caratteristica di ciò che è verificabile | *Principio di v.*, in filosofia, procedimento o serie di procedimenti in base ai quali è possibile provare la verità di un enunciato o di una proposizione.

verificàre [vc. dotta, lat. tardo *verificāre*, comp. di *vērus* 'vero' e *-ficāre*] **A** v. tr. (*io verìfico, tu verìfichi*) **1** Accertare l'esistenza, l'esattezza, la verità, la validità o l'autenticità di q.c., mediante opportune prove: *v. la stabilità di un edificio*; *v. un conto, un elenco*; *v. una scrittura privata, una firma.* SIN. Provare. **2** Confermare un'ipotesi, una teoria e sim., fornendone la necessaria prova sperimentale: *v. un postulato della geometria, una legge chimica.* **B** v. intr. pron. **1** Dimostrarsi vero: *l'esattezza della profezia si è da tempo verificata*; *oggi può facilmente verificarsi questa ipotesi.* **2** Avvenire realmente: *se si verificassero nuovi incidenti, avvertitemi* | (*est.*) Accadere, succedere: *si è verificato un fatto nuovo.*

verificàto part. pass. di *verificare*; anche agg. ● Nei sign. del v.

verificatóre s. m.; anche agg. (f. *-trice*, pop. *-tora*) ● Chi, che verifica: *v. dei treni*; *v. postale*; *operaio v.*; *dispositivo v.*

verificatrìce [f. di *verificatore*] s. f. ● (*elab.*) Macchina simile alla perforatrice, usata per controllare l'esattezza della perforazione delle schede meccanografiche.

verificazióne s. f. ● Atto, effetto del verificare e del verificarsi | *V. della scrittura privata*, procedimento tendente a dimostrare che la scrittura prodotta in giudizio proviene da chi l'ha disconosciuta | *V. dello stato passivo*, fase di accertamento del passivo fallimentare | *Bilancio di v.*, elenco di tutti i conti con l'indicazione dei totali dei valori dare, avere e saldi.

†**verilòquio** [vc. dotta, lat. *verilŏquiu(m)*, comp. di *vērus* 'vero' e un deriv. di *lŏqui* 'parlare' (V. *loquela*): calco sul gr. *etymología*. V. *etimologia*] s. m. ● (*raro*) Narrazione del vero.

verìna [da *vera* (?)] s. f. ● (*mar.*) Cavo munito di gancio, usato spec. per manovrare la catena dell'ancora.

†**verisìmile** e *deriv.* ● V. *verosimile* e *deriv.*

†**verisimilitùdine** [vc. dotta, lat. *verisimilitūdine(m)*, comp. di *vērus* 'vero' e *similitūdo*, genit. *similitūdinis* 'similitudine'] s. f. ● Verosimiglianza, probabilità.

verìsmo [fr. *vérisme*, dal lat. *vērus* 'vero', col suff. *-isme* '-ismo'] s. m. **1** Corrente estetica affermatasi in Italia alla fine del XIX sec., che propugnava, in consonanza col naturalismo francese, una rappresentazione obiettiva di tutta la realtà, anche nei suoi aspetti più umili, prescindendo da ogni elemento idealizzante o metafisico: *il v. di Verga e Capuana* | Nelle arti figurative, movimento sviluppatosi in Italia nella seconda metà dell'Ottocento che, in opposizione ai grandi temi del Romanticismo, prediligeva la rappresentazione di soggetti tratti dalla vita reale, spesso con esiti di pitture e sculture aneddotiche o bozzettistiche: *il v. dei macchiaioli toscani.* **2** (*est., fig.*) Crudo realismo: *una scena cinematografica di v. discutibile*; *esprimersi con eccessivo v.*

verìsta [fr. *vériste*, dal lat. *vērus* 'vero', col suff. *-iste* '-ista'] **A** s. m. e f. (pl. m. *-i*) ● Aderente, sostenitore del verismo. **B** agg. ● Veristico.

verìstico agg. (pl. m. *-ci*) ● Che si riferisce al verismo o ai veristi.

verità o †**veritàde**, †**veritàte**, †**vertà**, †**vertàde** [lat. *veritāte(m)*, da *vērus* 'vero'] s. f. **1** Qualità di ciò che è vero: *la v. di una notizia, di un'informazione, di un'ipotesi.* CONTR. Falsità. **2** Ciò che corrisponde esattamente a una determinata realtà: *dire la v., tutta la v., nient'altro che la v.*; *sapere, conoscere, cercare, scoprire la v.*; *ammettere, negare la v.*; *modificare, svisare, travisare, deformare la v.*; *questa è la pura, la schietta v.*; *questa è la pura e santa v., la v. sacrosanta* | *Esposizione della v. dei fatti*, ad opera delle parti del processo o dei testimoni | *La bocca della v.*, (*fig.*) persona che non mente | *Siero della v.*, farmaco ad azione nervosa centrale, spec. barbiturico, che rimuove le inibizioni nel soggetto, favorendo la disponibilità al dialogo, usato per ottenere da qc. informazioni altrimenti tenute nascoste | *Di' la v.*, invito a parlare sinceramente | *Per dire la v.*, per essere sincero | *Dire la v.*, detto di cosa, essere esatto, preciso: *orologio che non dice la v.* **3** Ciò che corrisponde esattamente a una rappresentazione astratta del vero e che viene considerato certo, assoluto o inconfutabile: *le verità scientifiche*; *una grande, una profonda v.*; *v. indiscutibili, incontrovertibili, ovvie, evidenti* | *V. rivelata*, che è stata manifestata agli uomini da Dio nella rivelazione | *V. di fede*, che, essendo rivelata, deve essere accettata per fede, senza necessaria dimostrazione della ragione. **4** Ciò che è vero in senso assoluto: *cercare la v.*; *io sono la via, la v., la vita* | *In v., in v. vi dico*, formula con cui nei Vangeli sono introdotte le più solenni affermazioni del Cristo | *In v., per v., per la v.*, veramente: *in v. io non ho visto nulla.* **5** Sincerità, buonafede: *parlare con accento di v.* **6** (*raro*) Realtà: *rappresentare la v* ‖ PROV. La verità vien sempre a galla.

†**veritàbile** [fr. *véritable*, da *vérité* 'verità'] agg. ● Veritiero.

†**veritàde** ● V. *verità.*

†**veritàte** ● V. *verità.*

†**veritévole** [da *veritabile*, con cambio di suff.; cfr. *abominabile-abominevole*, *ammirabile-ammirevole*, *trasmutabile-trasmutevole* ecc.] agg. ● Veritiero: *non crediate ... ai sogni, che non sono veritevoli* (CASTIGLIONE). ‖ †**veritevolménte**, avv. Veramente.

veritièro o †**veritière**, †**veritièri** [da *verità*] agg. **1** Che dice il vero: *storico v.* | *Orologio v.*, esatto. **2** Che corrisponde a verità: *notizia veritiera*; *cose veritiere.* CONTR. Falso, mendace. ‖ †**veritieraménte**, avv. Veramente.

vèrla ● V. *averla.*

vèrme o †**vèrmo** [lat. *vĕrme(m)*, di origine indeur.] s. m. **1** Correntemente, animale invertebrato a corpo molle, allungato, privo di zampe: *essere nudo, molle, strisciante come un v.* | *Essere nudo come un v.*, (*fig.*) essere poverissimo | *V. dei bambini*, ascaride | *V. di terra*, lombrico | *V. solitario*, tenia | *V. della farina*, tenebrione | *V. dei pavimenti*, mosca dell'Africa tropicale le cui larve vermiformi, bianchicce, di notte pungono l'uomo per nutrirsi di sangue (*Auchmeromya luteola*). **2** (*al pl., pop.*) Qualunque parassita intestinale: *avere i vermi.* **3** (*fam.*) Bruco, larva: *il v. della seta.* **4** (*fig.*) Essere vilissimo, abbietto, assolutamente spregevole: *sei un v.*; *ti sei comportato, hai agito da v.* | (*scherz.*) Persona che non vale nulla: *di fronte a voi mi sento un v.*; *non son altro che vermi, che non san far cosa di buono* (BRUNO). **5** (*raro, fig.*) Ciò che rode o tormenta l'animo, la coscienza e sim.: *il v. dell'invidia, della gelosia, dell'ambizione* | *Il v. della coscienza*, il rimorso. **6** †Filetto di vite. **7** (*al pl.*) Anelli della chiocciola o femmina della vite. **8** (*veter.*) *Mal del v.*, farcino. **9** (*anat.*) Porzione più antica del cervelletto dei Mammiferi, localizzata tra i due emisferi cerebellari. ‖ **vermettèllo**, dim. | **vermettìno**, dim. | **vermétto**, dim. | **vermicciuòlo**, dim. | **vermicciolùzzo**, dim. | **vermicèllo**, dim. (V.) | **vermiciàttolo**, pegg.

vermeil /fr. vɛr'mɛj/ [vc. fr., propriamente 'vermiglio (V.)'] s. m. inv. ● Argento dorato, usato per medaglie e stoviglie.

vermèna [da *verbena*, l'assim. della *-b-* in *-m-* è stata facilitata dall'accostamento paretimologico a *verme*] s. f. **1** V. *verbena.* **2** (*lett.*) Sottile e giovane ramoscello. ‖ **vermenèlla**, dim.

vermentìno [etim. ignota] s. m. ● (*enol.*) Vitigno della Liguria e della Sardegna da cui si ricava il vino bianco omonimo.

vermèto [da *verme*] s. m. ● (*gener.*) Mollusco gasteropode marino con conchiglia a tubo, calcarea e irregolarmente attorta, da cui sporgono quattro tentacoli (*Vermetus*).

vermicàio [da *verme*, sul modello di *formicaio*] s. m. **1** Luogo o cosa brulicante di vermi. **2** Brulichio di vermi.

vermicèllo [lat. parl. **vermicĕllu(m)*, dim. del lat. *vermĭculus*, dim. di *vĕrmis* 'verme'] s. m. **1** Dim. di *verme.* **2** (*spec. al pl.*) Pasta lunga da minestra, più sottile degli spaghetti: *vermicelli al sugo, in brodo.* ‖ **vermicellétto**, dim. | **vermicellìno**, dim. | **vermicellóne**, accr.

vermicolàre [dal lat. *vermĭculus*, dim. di *vĕrmis* 'verme'] agg. **1** Di ciò che per la forma è simile a verme | (*anat.*) *Appendice v.*, in anatomia, appendice ileocecale | (*miner.*) *Aggregato v.*, aggregato cristallino in cui i singoli individui cristallini sono disposti in modo da simulare la forma di un verme. **2** (*geol.*) Detto di ogni tessitura meandrica, intricata | *Solco v.*, sottile incisione a forma di verme prodotta sulle rocce desertiche per azione abrasiva della sabbia trasportata dal vento. **3** (*med.*) *Contrazione v.*, contrazione peristaltica | *Polso v.*, frequente e piccolo, che si avverte come brulichio di vermi.

vermicolazióne s. f. ● (*geol.*) Nella loc. *v. desertica*, formazione di solchi vermicolari.

†**vermicolóso** [vc. dotta, lat. *vermiculōsu(m)*, da *vermĭculus*, dim. di *vĕrmis* 'verme'] agg. **1** Pieno di vermi. **2** Bacato, di frutta, carne e sim.

vermiculìte [ingl.-amer. *vermiculite*, deriv. dal lat. *vermĭculus* 'vermicello' (V. *vermiglio*), per la forma che assume, col suff. *-ite*] s. f. ● Varietà di clorite che, calcinata, perde acqua dilatandosi e trasformandosi in un aggregato vermicolare, leggero, soffice e refrattario, ampiamente usato come materiale termoisolante e fonoassorbente in edilizia e nell'imballaggio di prodotti fragili.

vermifórme [comp. di *verme* e *-forme*] agg. ● Che ha forma di verme | (*anat.*) *Appendice v.*, appendice ileocecale | (*miner.*) *Aggregato v.*, aggregato vermicolare.

vermìfugo o (*evit.*) **vermifùgo** [comp. di *verme* e *-fugo*] **A** s. m. (pl. *-ghi*) ● Medicamento per allontanare i vermi parassiti dall'intestino. SIN. Antielmintico. **B** anche agg.: *sostanza vermifuga.*

†**vermigliàre** v. tr. ● Colorire di vermiglio.

†**vermigliézza** s. f. ● (*raro*) Colore vermiglio.

vermìglio [provz. *vermelh*, fr. *vermeil*, dal lat. *vermĭculu(m)* 'vermiciattolo', poi 'coccìniglia', dim. di *vĕrmis* 'verme'] **A** agg. ● Che ha un colore rosso intenso e acceso: *rosso v.*; *rubino v.*; *tessuto v.*; *quando brillava il vespero v.* (PASCOLI) | *Gote vermiglie*, molto rosse. **B** s. m. **1** Il colore vermiglio: *gli vide nel petto una gran macchia di v.* (BOCCACCIO). **2** Cocciniglia. ‖ **vermigliétto**, dim. | **vermigliòtto**, accr. | **vermigliùzzo**, dim.

vermiglióne [fr. *vermillon*, da *vermeil* 'vermiglio'] s. m. ● (*miner.*) Varietà di cinabro polverulento.

†**verminàra** [nap. *lacerta vermenara*: da avvicinare all'it. *verme, vermine*] agg. solo f. ● Nella loc. (*lett.*) *lucertola v.*, detto di lucertola dalla pelle screziata e (*fig.*) di persona sciupata, brutta e sim.

†**verminàre** [vc. dotta, lat. *vermināre*, da **vĕrmen*, genit. **vĕrminis* 'verme' (V. *vermine*)] v. intr. ● Far vermi.

verminazióne [vc. dotta, lat. *verminatiōne(m)*, da *vermināre*] s. f. ● (*med.*) Riproduzione di vermi nell'intestino.

†**vèrmine** [lat. *vĕrmine*, abl. di *vĕrmen*, var. di *vĕrmis* 'verme'] s. m. **1** Verme (*anche fig.*). **2** Baco da seta. ‖ **verminétto**, dim. | **verminùzzo**, dim.

verminòṣi [vc. dotta, comp. di *vermin(e)* e *-osi*] s. f. ● (*veter.*) Infezione causata da vermi parassiti, localizzata spec. nell'intestino.

verminóso [vc. dotta, lat. *verminōsu(m)*, da **vĕrmen*, genit. **vĕrminis* 'verme' (V. *vermine*)] agg. **1** Pieno, brulicante di vermi: *carogna verminosa.* **2** (*raro*) Provocato da vermi, spec. da parassiti intestinali: *febbre verminosa.*

†**vèrmo** ● V. *verme.*

vermocàne [comp. di *vermo*, var. di *verme*, e *cane*] s. m. ● (*zool., raro*) Capostorno | (*raro, pop.*) *Che ti venga il v.!*, escl. d'ira, imprecazione e sim.

vèrmouth /'vermut, *fr.* vɛr'mut/ s. m. inv. ● Vermut.

vèrmut o †**vermùt**, (*pop.*) **vèrmutte**, †**vermùtte** [fr. *vermouth*, dal ted. *Wermut* 'assenzio', di origine germ.] s. m. **1** Vino bianco o rosso di elevata alcolicità, aromatizzato con droghe ed erbe, che si prende gener. come aperitivo: *v. chinato*; *prendere un v. al seltz.* **2** (*est.*) Nella loc. *v. d'onore*, breve ricevimento informale in onore di qualcuno, durante il quale si offre vermut agli invitati. ‖ **vermuttìno**, dim.

†**vèrna** [vc. dotta, lat. *vĕrna(m)*. V. *pernacchia*] s. m. ● Servo nato in casa.

vernacchiàia [deriv. dal lat. *hibernăculum* 'appartamento d'inverno', da *hibĕrnus* 'invernale' (V. *inverno*)] s. f. ● Vivaio di piante da pali.

vernàccia [da *Vernaccia*, forma ant. di *Vernazza* (la Spezia), da dove proviene] s. f. (pl. *-ce*) **1** Varietà di vitigno da vino a grappolo bianco o nero: *v. di Sardegna, di Vicenza, di Gubbio*; *due fette di pane arrosto e un gran bicchiere di v. da Cor-*

niglia (BOCCACCIO). **2** Vino ambrato, alcolico, asciutto, leggermente amarognolo, di 15°-16°, prodotto con uva del vitigno omonimo.

vernacolàre agg. **1** Che è in vernacolo: *poesia v.* **2** Che appartiene, è proprio del vernacolo: *modo v.*; *tradizione v.*

vernàcolo [vc. dotta, lat. *vernăculu(m)* 'relativo agli schiavi nati in casa', poi 'paesano, domestico', da *vĕrna* 'schiavo nato in casa'. V. *pernacchia*] **A** agg. ● (*raro*) Proprio del luogo in cui si è nati o si vive. SIN. Nativo, paesano | Di linguaggio o espressione che rispecchiano fortemente il luogo e l'ambiente nei quali si sono formati: *locuzione vernacola*. **B** s. m. ● Parlata caratteristica di un'area geografica, affidata quasi esclusivamente alla tradizione orale e che ha assunto, nell'uso plebeo, connotazioni di maggiore vivacità e spontaneità rispetto al dialetto e alla lingua letteraria: *poesia in v.*

†**vernadì** ● V. *venerdì*.

†**vernàle (1)** [vc. dotta, lat. *vernāle(m)*, da *vēr*, genit. *vēris* 'primavera' (V.)] agg. ● Primaverile | *Punto v.*, punto d'Ariete o equinozio di primavera.

†**vernàle (2)** [aferesi di *invernale*] agg. ● Invernale.

vernalizzàre v. tr. ● (*bot.*) Sottoporre i semi a vernalizzazione.

vernalizzazióne [da *vernale (1)*, sul modello del fr. *vernalisation*] s. f. ● (*bot.*) Pratica consistente nel sottoporre semi inumiditi a temperature basse per tempi prolungati, onde provocare la nascita di individui che fioriscono e fruttificano in tempo più breve. SIN. Iarovizzazione.

†**vernàre (1)** [lat. *hibernāre* 'passare l'inverno', da *hibĕrnus* 'invernale' (V. *inverno*)] v. intr. **1** Svernare: *li augei che vernan lungo 'l Nilo* (DANTE *Purg.* XXIV, 64). **2** Patire il freddo. **3** Far tempesta.

†**vernàre (2)** [vc. dotta, lat. *vernāre*, da *vēr*, genit. *vēris* 'primavera' (V.)] v. intr. **1** Fare primavera. **2** Degli uccelli, cantare in primavera.

†**vernaréccio** ● V. †*verneréccio*.

†**vernarìccio** ● V. †*verneréccio*.

†**vernàta** [da *vernare (1)*] s. f. ● Stagione, durata e qualità dell'inverno: *i Romani ... fuggivano non altrimenti le vernate, che l'alpi aspre* (MACHIAVELLI).

†**vernàto** s. m. ● Vernata.

vernazióne [ingl. *vernation*, dal lat. *vernāre* 'rinascere a primavera'. V. *vernare (2)*] s. f. ● (*bot.*) Prefoliazione.

vernéngo o **vernèngo** [lombardo *vernengh*, var. di *invernengh* 'che si fabbrica d'inverno', da *inverna* 'inverno'] agg.; anche s. m. ● (*dial., sett.*) Detto di formaggio grana che si produce da ottobre ad aprile dell'anno successivo.

†**verneréccio** o †**vernaréccio**, †**vernarìccio**, †**vernerìccio** [da *verno (2)*] agg. **1** Invernale. **2** Burrascoso, piovoso.

†**vernicàre** ● V. *verniciare*.

†**vernicàto** ● V. *verniciato*.

vernìce (1) [deform. di *Berenice*, città della Cirenaica, da cui questa sostanza sarebbe stata importata (?)] s. f. **1** Sostanza costituita da una soluzione o sospensione di uno o più leganti in un solvente, con l'eventuale aggiunta di diluenti, siccativi, plastificanti, addensanti e sim., capace di lasciare, essiccando, una pellicola dura e resistente, più o meno flessibile, incolore o colorata, protettiva o decorativa sulla superficie su cui è stata stesa in strato sottile: *passare la v.*; *dare una mano di v.* | *V. grassa, magra*, rispettivamente, quella contenente o no oli siccativi | *V. all'alcol, a spirito*, soluzione di una resina, quale la gommalacca, in alcol etilico, usata a scopo decorativo in ebanisteria e falegnameria | *V. antiruggine*, vernice a base di oli, resine o bitume e pigmenti vari, usata per proteggere dalla corrosione spec. i materiali ferrosi | *V. sottomarina*, quella atta a proteggere le carene delle navi e le opere marittime dagli organismi incrostanti, verso cui esercita azione tossica | *V. cellulosica*, soluzione di nitrocellulosa o acetilcellulosa in un solvente volatile, usata per la verniciatura di legno, metalli, cuoio e sim. | *V. ignifuga*, quella atta a ridurre o ritardare la combustione dei materiali infiammabili | *V. isolante*, vernice a base di gommalacca o resine sintetiche, atta a lasciare una pellicola elettricamente isolante | *V. pelabile*, quella atta a lasciare una pellicola facilmente asportabile e usata per la protezione temporanea di oggetti vari, spec. nei magazzini | *V. sintetica*, soluzione di resine sintetiche in solventi vari. **2** Pellame lucidissimo rifinito con vernice a caldo a base di olio di lino o vernice a freddo a base di poliuretani | *Scarpe di v.*, scarpe di copale. **3** (*est., scherz.*) Belletto. **4** Patina, rivestimento sottile | (*geol.*) *V. del deserto*, levigatura delle rocce per azione abrasiva dei granuli trasportati dal vento | (*biol.*) *V. caseosa*, sostanza untuosa, costituita da sebo e cellule epiteliali desquamate, che ricopre la cute del feto. **5** (*fig.*) Apparenza superficiale: *una v. di buona creanza, di cultura*; *un rimescolio di sentimenti ... che si agita sotto la v. uniforme della moderna società* (NIEVO). **6** (*pitt.*) *V. molle*, varietà di acquaforte, usata gener. come preparazione dell'acquatinta, in cui è impiegata la vernice nera ordinaria rammollita con l'aggiunta di sebo.

vernìce (2) s. f. ● Vernissage.

verniceria s. f. ● Reparto, officina dove si dà la vernice.

verniciàre o †**vernicàre**. **A** v. tr. (*io vernìcio*) ● Coprire di vernice. **B** v. rifl. ● (*scherz.*) Imbellettarsi.

verniciàta s. f. ● Verniciatura frettolosa, con una sola mano di vernice: *dare una v. al cancello*. || **verniciatina**, dim.

verniciàto o †**vernicàto**. part. pass. di *verniciare*; anche agg. ● Nei sign. del v.

verniciatóre s. m. (f. *-trice* nel sign. (1)) **1** Operaio addetto alla verniciatura: *v. di mobili*. **2** Dispositivo per verniciare | *V. a spruzzo*, ad aria compressa. SIN. Aerografo.

verniciatùra s. f. **1** Atto, effetto del verniciare. **2** Strato di vernice: *la v. si sta scrostando*. **3** (*fig.*) Vernice, apparenza: *una v. di civiltà*.

vernièro o †**vernière** [fr. *vernier*, dal n. dell'inventore P. *Vernier* (1580 ca.-1637)] s. m. **1** (*raro*) Nonio. **2** (*aer., elettr., tecnol.*) Dispositivo di regolazione che viene usato in parallelo a un altro simile per consentire una più precisa regolazione di una grandezza caratteristica del complesso costituito dai due dispositivi | (*elettr., elettron.*) *Condensatore v.*, condensatore variabile di piccola capacità che viene collegato in parallelo ad altro di capacità maggiore per attuare una regolazione, il più possibile precisa, della capacità complessiva | (*aer.*) *Razzo v.*, razzo ausiliario gener. usato in coppia con uno o più altri per controllare con precisione la velocità di fine combustione o per correggere l'assetto di volo di razzi vettori e veicoli spaziali.

†**vernile** [da *verno (2)*] agg. ● Invernale.

vernino [da *verno (2)*] agg. ● D'inverno, invernale | Di frutti, che conservati maturano nell'inverno | *Piante vernine*, che si coltivano e crescono d'inverno.

vernissage /fr. vɛrni'saʒ/ [vc. fr., da *vernisser* 'verniciare', da *vernis* 'vernice'] s. m. inv. ● Inaugurazione ufficiale di una esposizione artistica.

†**vèrno (1)** [vc. dotta, lat *vērnu(m)* 'di primavera', da *vēr*, genit. *vēris* 'primavera'] agg. ● (*raro*) Di primavera.

vèrno (2) [aferesi di *inverno*] s. m. **1** (*poet.*) Inverno | (*fig.*) La vecchiaia. **2** †Freddo e cattivo tempo invernale. **3** †Turbine, tempesta, burrasca.

véro [lat. *vēru(m)*, di origine indeur.] **A** agg. **1** Che possiede in misura totale e in modo incontestabile le caratteristiche proprie del suo essere, della sua natura e sim.: *v. Dio e v. uomo*; *quello è il mio v. padre*; *il v. colpevole sono io*; *il v. padrone non è qui*; *i nostri veri eredi sono lontani*. **2** Effettivo, reale: *il v. motivo di q.c.*; *la vera causa della guerra*; *la vera ragione del suo operato non è conosciuta*; *fu vera gloria?* (MANZONI). **3** Giusto, esatto, proprio: *qui sta il v. problema*; *il v. vocabolo è questo* | *Chiamare le cose col loro v. nome*, (*fig.*) dire le cose come stanno, senza mezzi termini. **4** Che è pienamente conforme alla realtà oggettiva, che si è effettivamente verificato e sim.: *storia, notizia, informazione vera*; *un fatto v.*; *è incredibile ma v.*; *vorrei proprio sapere se è v. oppure no* | *È v.?, Non è v.?*; *v.?* | *È v. o non è v.?*, chiedendo una ulteriore conferma a quanto si ascolta o si asserisce | *Come è v. che siamo qui, com'è v. che c'è Dio, com'è v. Dio, il sole* e sim., escl. asseverativa per confermare, rafforzandola, la verità o la sincerità delle proprie asserzioni | *Sembrare, parere v.*, di cosa artificiale che imita perfettamente la realtà | *Fosse v.!*, di cosa che si desidera ardentemente | *Non mi par v.*, di cosa lungamente e intensamente desiderata e che, infine, si verifica, si ottiene e sim. | *Non sarà mai v. che*, non accadrà mai, non permetterò mai che | *Tant'è v. che*, si dice per introdurre nel discorso nuove prove e sim.: *io non ne sapevo niente, tant'è v. che non gli ho neppure telefonato*. **5** (*raro*) Veritiero: *testimone v.*; *testimonianza vera*. CONTR. Falso. **6** Genuino, autentico: *v. oro*; *vere perle orientali*; *vera stoffa scozzese*; *la vera cucina casalinga*; *questo è v. marsala siciliano*. **7** (*fig.*) Intenso, sincero e profondo: *v. amore*; *vera amicizia*; *vera passione artistica* | (*fig.*) *Di v. cuore*, con tutto il cuore, con la massima sincerità. **8** (*fig.*) Preposto o, più raramente, posposto a un sostantivo, e spesso in unione con *proprio*, accentua enfaticamente il significato delle parole, precisa l'ambito del concetto espresso o aggrava la portata dell'affermazione: *vera sapienza, bellezza, giustizia*; *questa è vera arte!*; *sarebbe un v. misfatto*; *è stata una vera e propria infamia, un'infamia vera e propria*. **9** Riferito a persona, spec. preposto al sostantivo, accentua enfaticamente la quantità positiva o negativa propria della persona stessa o a lei attribuita: *un v. amico*; *un v. artista*; *un v., grande poeta*; *l'unico v. pittore del Novecento*; *è un v. delinquente, un v. e proprio criminale*; *solo un v. egoista può pensare certe cose*. || **veraménte**, avv. **1** Realmente, davvero: *ha veramente deciso di tornare*; *sono veramente contento di vederti*; *truccata così sembri veramente un'orientale*; *è veramente una persona simpatica*; *è stato un film veramente bello*; *se tu fossi veramente contento me lo dimostreresti*. **2** In frasi interrogative, esprime dubbio, meraviglia, incredulità e sim. (*anche iron.* o *scherz.*): *ti hanno veramente promosso?*; *Sai che lo hanno eletto deputato? veramente?* **3** A dire il vero, però (in funzione limitativa, attenuativa, avversativa): *io, veramente, non avrei agito così*; *in questo caso, io veramente devo intervenire*; *mi hanno invitato, ma veramente non potrei andare*; *veramente, noi eravamo all'oscuro di tutto*. **B** avv. ● (*raro*) †Veramente. **C** s. m. solo sing. **1** Verità: *ricercare il v.*; *la luce, la potenza del v.*; *per onore del, in omaggio al v.*; *dire, riferire, testimoniare, giurare il v.*; *discernere, distinguere il v. dal falso* | *Il Sommo Vero*, (*per anton.*) Dio | *Essere nel v.*, non sbagliare | *Non esserci nulla di v.*, essere completamente falso: *non c'è nulla di v. in quello che ha raccontato* | *Dire il v.*, (*fig.*) riferito ai sensi, dare un'esatta percezione della realtà: *se gli occhi mi dicono il vero*; (*fig.*) riferito a facoltà mentali, non ingannare: *se la memoria mi dice il v.*; (*fig.*) riferito a fenomeni, trovare corrispondenza alla realtà: *spesso i sogni dicono il v.*; (*fig.*) riferito a strumenti, essere esatto: *orologio che dice il v.* | *A onor del v.*, in verità | *Salvo il v.*, sempre che non vi siano errori | *A, per dire il v., a voler dire il v.*, e sim., per essere sincero, preciso e sim.: *a dire il v., le cose non stanno così* | *E valga il v.*, formula con cui si introduce una nuova prova, un nuovo argomento e sim. **2** Natura, realtà: *ritratto, disegno preso, copiato dal v.*; *studiare il v.*

†**verodicènte** ● V. †*verdicente*.

†**veròla** [etim. discussa: vc. di origine germ. (?)] s. f. ● Befana, strega, versiera.

veronàl® s. m. ● Nome commerciale dell'acido dietilbarbiturico, usato in farmacia come ipnotico e sedativo.

veronalìsmo s. m. ● Avvelenamento da veronal, dovuto all'uso ripetuto.

veróne [da avvicinare a *vera* (da *pozzo*) (?)] s. m. ● (*lett.*) Terrazzo scoperto, loggia, balcone | (*tosc.*) Terrazzino o pianerottolo con parapetto o ringhiera in capo a una scala esterna parallela al muro. || **veroncèllo**, dim. | **veroncino**, dim.

veronése [da *Verona*] **A** agg. ● Della città di Verona: *strade veronesi*. **B** s. m. e f. ● Abitante, nativo di Verona. **C** s. m. solo sing. ● Dialetto del gruppo veneto, parlato a Verona.

verònica (1) [gr. tardo *bereníkion*, n. di una pianta (chiamata così dal n. della regina *Bereníkē* 'Berenice'), accostato paretimologicamente al n.

proprio *Veronica* (?)] s. f. • Pianta erbacea perenne delle Scrofulariacee, con fusti gracili e fiori bianchi venati di viola, che cresce presso laghi e paludi (*Veronica scutellata*) | *V. maggiore*, con foglie pelose e a cuore e fiori azzurri (*Veronica chamaedrys*) | *V. querciola*, comunissima, molto piccola, con fiorellini azzurri ascellari (*Veronica persica*).

Verònica (2) [dal n. della donna che asciugò il volto di Cristo con un panno su cui rimase impressa l'immagine] s. f. • Immagine di Gesù Cristo impressa sul sudario | Lo stesso sudario portante l'immagine.

verònica (3) o **verónica** /*sp.* be'ronika/ [vc. sp., da *verónica* 'veronica (2)', perché la cappa che il torero tende davanti a sé ricorda il sudario di Cristo] s. f. *1* Nelle corride, figura in cui il torero, ritto di fronte al toro, ne attende la carica, tenendo la cappa protesa in avanti e aperta con tutt'e due le mani. *2* Nel tennis, volée alta di rovescio eseguita voltando le spalle alla rete.

verosimigliànte o (*lett.*) **verisimigliànte** [da *somigliante*, sul modello di *verosimile*] agg. • (*raro*) Verosimile.

verosimigliànza o (*lett.*) **verisimigliànza** [da *verosimigliante*] s. f. • Qualità di ciò che è verosimigliante: *Era un falso magistrale, di perfetta v.* (SCIASCIA). CONTR. Improbabilità.

†**verosimigliévole** o †**verisimigliévole** [da *verosimigliante*] agg. • Verosimile.

verosìmile o (*lett.*) **verisìmile** [vc. dotta, lat. *verisīmile(m)*, comp. di *vērus* 'vero' e *sīmilis* 'simile'] agg. • Che sembra vero e che quindi è credibile: *racconto v.* CONTR. Inverosimile. || **verosimilménte**, †**verosimileménte**, (*lett.*) **verisimilménte** avv. In modo che par vero, credibilmente; probabilmente.

†**vèrre** • V. *verro*.

verrétta [dal lat. *vĕru* 'spiedo, giavellotto'. V. *verruto*] s. f. • Antica arma costituita da un'asta metallica da lanciare a mano o con la balestra. || **verrettóna**, accr.

verrettàta s. f. • Colpo di verretta.

verrettóne [accr. di *verretta*] s. m. • Grossa verretta da balestra, per battaglia e per caccia.

verricellista [da *verricello*] s. m. (pl. *-i*) • Arganista.

verricèllo [etim. discussa: lat. parl. **verricĕllu(m)*, dim. del lat. tardo *verrĭculum* 'rete a strascico', da *vĕrrere* 'trascinare', di origine indeur.] s. m. • Argano minore con asse orizzontale e trazione verticale.

verrìna [da *verro*, per l'uso di indicare col n. di animali maschili certi pezzi che si introducono in altri] s. f. • Trivella per forare il legname, in modo da aprire il passaggio a un chiodo, a una vite, a un perno.

verrinàre v. tr. • (*raro*) Forare il legno con la verrina.

vèrro o †**vèrre** [lat. *vĕrre(m)*, di origine indeur.] s. m. • Maschio del maiale atto alla riproduzione.

verròcchio s. m. *1* V. *varrocchio*. *2* Frantoio.

verrou /*fr.* vɛ'ru/ [vc. fr., dal lat. *verūculu(m)*, propr. 'piccolo spiedo', dim. di *vĕru* 'spiedo' (V. *verruto*)] s. m. inv. (pl. fr. *verrous*) • Nel calcio, catenaccio.

verrùca [lat. *verrūca(m)* 'escrescenza, rialzo', di origine indeur.] s. f. *1* (*med.*) Formazione cornea, tondeggiante, ben circoscritta, per lo più di origine virale. SIN. Porro. *2* (*bot.*) Escrescenza su fusti o foglie.

verrucària [vc. dotta, lat. (*hĕrbam*) *verrucāria(m)*, detta così perché era utilizzata per curare le verruche (lat. *verrūca*)] s. f. • Lichene comune sulle pietre, con tallo tenue e sdraiato e piccoli periteci nelle fossette della pietra (*Verrucaria rupestris*).

verrucóso [vc. dotta, lat. *verrucōsu(m)*, da *verrūca*] agg. *1* (*med.*) Che ha i caratteri della verruca: *tumore v.* *2* Cosparso di verruche.

†**verrùto** o †**verùto** [vc. dotta, lat. *verrūtu(m)*, var. di *verūtu(m)*, da *vĕru* 'spiedo', di origine indeur.] s. m. • Verrettone.

versàccio s. m. *1* Pegg. di *verso* (*3*). *2* Grido scomposto e sguaiato, spec. di scherno: *fare i versacci a qc.* *3* (*est.*) Gesto villano | Smorfia di scherno.

versaiòlo o (*raro, lett.*) **versaiuòlo** [da *verso* (*3*)] **A** s. m. (f. *-a*) • (*spreg.*) Poetastro. **B** anche agg. • Che compone versi di scarso valore: *poeta v.*

versaménto s. m. *1* Atto, effetto del versare | Fuoriuscita di un liquido da un recipiente, un tubo, una conduttura e sim. *2* (*med.*) Fuoriuscita di liquidi organici dai vasi nelle cavità del corpo: *v. ematico, sieroso*; *v. pleurico*. *3* Deposito di una somma in banca: *effettuare un v.* | *Distinta di v.*, modulo mediante il quale si effettua un deposito bancario, specificandovi il numero e il taglio delle banconote e l'importo degli assegni | *Lettera di v.*, disposizione data da una banca a una sua filiale o corrispondente, di pagare una determinata somma a favore di un terzo | (*est.*) Conferimento, pagamento e sim., in denaro | *V. dei soci*, nelle società, conferimento delle singole quote.

versànte (1) **A** part. pres. di *versare* (*1*); anche agg. • Nei sign. del v. **B** s. m. e f. • Chi effettua un deposito, un pagamento.

versànte (2) [fr. *versant*, propr. part. pres. di *verser* 'versare'] s. m. • (*geogr.*) Declivio di uno dei lati di una catena di monti o di un singolo monte: *il v. orientale, occidentale, meridionale*; *il v. francese del Monte Bianco* | (*est., fig.*) Lato di una strada | *Sul v. di*, (*fig.*) per quanto attiene, riguardа: *sul v. della crisi politica non ci sono novità*. ➡ ILL. p. 820 SCIENZE DELLA TERRA ED ENERGIA.

versàre (1) [lat. *versāre*, ints. di *vĕrtere* 'volgere, girare'. V. *vertere*] **A** v. tr. (*io vèrso*) *1* Far sgorgare un liquido, rivoltandone o inclinandone il recipiente: *v. il vino dalla bottiglia*; *v. l'acqua nei bicchieri*; *v. l'olio, l'aceto sull'insalata*; *v. da bere ai commensali*; *versami per favore un po' di brodo*. SIN. Mescere | (*est.*) Far uscire un solido di consistenza granulosa o polverulenta dal recipiente che lo contiene: *v. la farina sul tagliere* | (*ass.*) Lasciar uscire il proprio contenuto, attraverso aperture, fessure e sim., detto di recipienti: *la botte versa* | *V. come un vaglio*, (*raro, fig.*) non saper tenere un segreto. *2* (*est.*) Fare uscire, spargere: *la ferita versa sangue*; *v. lacrime per la morte di qc.*; *ha versato molte lacrime sui propri errori* | *V. il proprio sangue*, morire spec. combattendo: *v. il proprio sangue per la patria, per un nobile ideale* | (*fig.*) *V. fiumi d'inchiostro*, scrivere moltissimo. *3* (*est.*) Rovesciare: *v. il brodo per terra, il sale sulla tovaglia*; *v. olio bollente dalle mura sugli assalitori*; *gli hanno versato addosso un secchio d'acqua gelata* | (*fig.*) *V. la colpa su qc., su di un altro*, incolparlo in vece nostra. *4* (*est.*) Far confluire, immettere: *il Po versa le proprie acque nell'Adriatico*. *5* (*fig.*) Confidare, rivelare: *v. pene, dolori, amarezze, in seno a qc.* *6* Depositare una somma: *v. in banca il ricavato di una vendita*; *l'importo sarà interamente versato al Comune, nelle casse dello Stato* | Pagare: *v. una rata, il prezzo, l'anticipo* | †*V. un patrimonio*, dissiparlo, scialacquarlo. *7* †Volgere: *Fortuna avversa / che sempre la sua ruota in giro versa* (ARIOSTO) | (*est.*) †Cambiare, mutare. **B** v. intr. pron. *1* Uscir fuori da q.c. e spargersi (*anche fig.*): *dalla botte spaccata il vino si versava nella cantina*; *una folla immensa si versò nella piazza*. *2* Sboccare, confluire: *i fiumi che si versano nel Po*. *3* †Cambiarsi, rivoltarsi.

versàre (2) [lat. *versārī*, forma media di *versāre* (*1*)] **A** v. intr. (*io vèrso*; aus. *avere*) *1* Essere, trovarsi in una determinata condizione: *v. in pericolo di vita, in pessime condizioni di salute*; *v. nell'indigenza*; *v. in cattive acque*; *versa da tempo in gravi difficoltà finanziarie*. *2* (*raro*) Avere per argomento, discutere, vertere, detto di scritti o discorsi: *v. sopra un tema, sull'educazione dei figli*; *v. intorno a una questione di procedura*. **B** v. intr. e intr. pron. *1* (*lett.*) †Consistere. *2* (*raro*) †Darsi, abbandonarsi totalmente a q.c. | †*Versarsi in qc.*, affidarsi completamente a lui.

†**versàre** (3) v. intr. • Scrivere versi.

versàtile [vc. dotta, lat. *versātile(m)* 'che gira, mobile', da *versātus*, part. pass. di *versāre* (*1*)] agg. *1* (*raro, lett.*) Che può volgersi con facilità da una parte e dall'altra. SIN. Girevole. *2* (*fig.*) Che è atto a studi diversi, che sa occuparsi, con abilità e competenza, di cose diverse: *ingegno v.*; *impiegato v.* *3* (*raro, fig.*) Incostante, mutevole: *la folla v.*; *gente v.*

versatilità s. f. • Qualità di chi, di ciò che è versatile.

versàto (1) part. pass. di *versare* (*1*); anche agg. *1* Nei sign. del v. *2* *Piangere sul latte v.*, (*fig.*) disperarsi per una malefatta ormai irrimediabile: *è inutile piangere sul latte v.* *3* (*poet.*) †Mescolato.

versàto (2) part. pass. di *versare* (*2*); anche agg. *1* Nei sign. del v. *2* Particolarmente dotato, esperto, pratico: *è molto v. in questo genere di ricerche, nelle matematiche, nelle lettere*.

versatóre [da *versato* (*1*)] **A** agg. (f. *-trice*) • (*raro*) Che versa. **B** s. m. *1* (*raro*) Chi versa. *2* Brocca in ceramica o in altro materiale per mescere acqua, soprattutto durante i pasti, per lavarsi le mani.

verseggiàbile [da *verseggiare*] agg. • (*raro*) Che si può mettere in versi.

†**verseggiaménto** s. m. • Modo e atto del verseggiare | Tecnica del verso.

verseggiàre [da *verso* (*3*)] **A** v. intr. (*io verséggio*; aus. *avere*) • Scrivere versi, in rima. SIN. Rimare. **B** v. tr. • Mettere in versi.

verseggiatóre [da *verseggiare*] s. m. (f. *-trice*) *1* (*raro*) Chi scrive versi. SIN. Rimatore. *2* (*spreg.*) Chi sa scrivere in versi, ma è privo di un'autentica ispirazione poetica: *è solo un ottimo, un mediocre v.*; *non è un poeta ed è anche un pessimo v.*

verseggiatùra s. f. • Atto, effetto del verseggiare | Modo e tecnica del verseggiare.

versétto s. m. *1* Dim. di *verso* (*3*). *2* Ciascuna delle suddivisioni in frasi, anche di significato non completo, dei capitoli della Bibbia | (*est.*) Suddivisione analoga delle parti di altri libri sacri: *un v. del Corano*.

versìcolo o †**versìculo** [vc. dotta, lat. *versĭculu(m)*, dim. di *vĕrsus* 'verso (3)'] s. m. *1* Breve verso poetico. *2* (*raro*) Versetto, nel sign. 2.

†**versicolóre** [vc. dotta, lat. *versicolōre(m)* 'che muta colore', quindi 'di vari colori', comp. di *vĕrsus*, part. pass. di *vĕrtere*, e *cŏlor*, genit. *colōris* 'colore'] agg. • Di colore vario.

†**versìculo** • V. *versicolo*.

versièra o †**aversièra**, †**avversièra** [ant. fr. *aversier* 'avversario', quindi 'il diavolo'] s. f. *1* (*lett.*) Demonio di sesso femminile, diavolessa | (*raro, fig.*) *Fare il diavolo e la v.*, mettere tutto sottosopra. *2* (*fig.*) Donna malvagia o di una bruttezza ripugnante. SIN. Strega. *3* †Diavoleria, malanno.

versificàre [vc. dotta, lat. *versificāre*, comp. di *vĕrsus* 'verso (3)' e *-ficāre*] v. tr. e intr. (*io versìfico, tu versìfichi*; aus. *avere*) • Verseggiare.

versificatóre [vc. dotta, lat. *versificatōre(m)*, da *versificāre*] s. m. (f. *-trice*) • Verseggiatore. SIN. Rimatore. || **versificatorèllo**, dim.

versificatòrio agg. • Della, relativo alla, versificazione: *arte versificatoria*. || †**versificatoriaménte**, avv. In versi.

versificazióne [vc. dotta, lat. *versificatiōne(m)*, da *versificāre*] s. f. • Atto, effetto del versificare | Tecnica del comporre versi: *trattato, regole, precetti di v.*

versiliberista [calco sul fr. *verslibriste*, da *vers libres* 'versi liberi', col suff. *-iste* '-ista'] **A** s. m. e f. (pl. m. *-i*) • Chi compone poesie in versi liberi. **B** agg. • Relativo ai versi liberi e a chi li compone: *tendenza v.*; *poeta v.*

versióne [lat. mediev. *versiōne(m)*, da *vĕrsus*, part. pass. di *vĕrtere* 'volgere, girare'. V. *vertere*] s. f. *1* Traduzione in altra lingua: *v. libera, letterale*; *esercizio scolastico di v. dal greco, dal latino, in tedesco, in francese*. *2* (*est.*) Racconto, narrazione, esposizione di avvenimenti e sim.: *la sua v. dei fatti è diversa dalla vostra*; *questa v. differisce alquanto dalla precedente*. *3* Realizzazione di un medesimo film con varianti, per la destinazione a mercati o pubblici diversi, che possono interessare la colonna sonora, o anche parte delle scene, o anche il cast degli attori. *4* Complesso di variazioni e modifiche apportate a un prodotto industriale di serie, in modo da ottenere un prodotto diverso per aspetto, caratteristiche, proprietà e sim. | Il prodotto stesso: *la v. lusso di un nuovo frigorifero, di un'automobile*; *di questo abito esiste una v. da pomeriggio e una da gran sera*. *5* (*astron.*) †Rivoluzione.

versipèlle [vc. dotta, lat. *versipĕlle(m)*, propriamente 'che muta pelle', comp. di *vĕrsus*, part. pass. di *vĕrtere* 'volgere, girare' (V. *vertere*) e *pĕllis* 'pelle'] agg.; anche s. m. e f. *1* (*lett.*) Che, chi cambia facilmente pelle. *2* (*fig.*) Che, chi è astuto, simulatore.

versisciolţàio s. m.; anche agg. ● (*spreg.*) Scrittore di versi sciolti.

vèrso (**1**) [vc. dotta, lat. *vĕrsu(m)*, part. pass. di *vĕrtere* 'volgere, girare'. V. *vertere*] agg. ● (*raro, lett.*) Voltato | *Pollice v.*, col pollice volto in basso, in segno di condanna.

vèrso (**2**) [lat. (*fŏlio*) *vĕrso* 'sulla parte rovescia del foglio'. V. *verso* (*1*) e cfr. *recto*] s. m. ● Faccia posteriore di un foglio di carta | (*est.*) Rovescio di monete, medaglie e sim.

vèrso (**3**) [lat. *vĕrsu(m)* 'fila, riga, verso', da *vĕrsus*, part. pass. di *vĕrtere* 'volgere, girare'. V. *vertere*] s. m. *1* (*raro*) †Riga di scrittura. *2* Porzione definita di testo poetico che può essere assunta a unità di misura: *v. piano, tronco, sdrucciolo*; *versi rimati, sciolti, ottonari, novenari, endecasillabi, alessandrini*; *stanza, strofa di quattro, cinque versi*; *scrivere in prosa e in versi* | *V. libero*, quello che non è vincolato a regole fisse ritmiche e metriche | (*est.*) Tipo di struttura dei versi di un dato poeta: *il v. di Dante* | (*lett.*) Poesia: *l'inclito v. di colui che l'acque / cantò fatali* (FOSCOLO) | †Stanza di canzone. *3* (*al pl.*) Composizione poetica, poesia: *leggere alcuni versi di Ungaretti, di Montale*. *4* Versetto, nel sign. 2. *5* †Aria musicale, motivo suonato o cantato. *6* Grido caratteristico degli uccelli: *il v. della tortora, della pernice*; *v. di allarme, di richiamo* | (*est.*) Voce caratteristica degli altri animali: *il v. del cane, del gatto*; *il v. dell'elefante è il barrito*. *7* Grido particolare di alcune categorie di venditori ambulanti: *il v. del pescivendolo, dell'acquaiolo* | Grido inarticolato, violenta esclamazione e sim.: *un v. di rabbia, di dolore*; *smetti di fare tanti versi*, smetti di gridare. *8* Modo abituale di parlare, muoversi, camminare e sim.: *un v. personalissimo*; *imitare il v. di qc.* | *Far mille versi*, muoversi molto, gridando, torcendosi e sim. | *Far sempre un v.*, (*fig.*) fare sempre la stessa cosa | *Rifare il v. a qc.*, imitarlo. *9* (*fis.*) Una delle caratteristiche dei movimenti e dei vettori | *V. positivo della corrente*, quello che per la carica positiva va dal polo positivo al negativo. *10* Orientamento di peli o fibre: *il v. della pelliccia, della stoffa, del legno*. *11* Senso, volta, direzione: *prendere il v. giusto, sbagliato*; *andare per un v. piuttosto che per un altro* | *Cambiare, mutare v.*, cambiare direzione (*anche fig.*) | *Per ogni v., per tutti i versi*, da ogni lato, da ogni parte | *Procedere per il suo v., per il giusto v.*, procedere bene | *Intendere, capire per il suo v., nel giusto v.*, interpretare bene q.c. | *Pigliarla per un altro v.*, in un altro senso; (*fig.*) fraintendere | *Prendere qc. per il suo v., per il v. giusto*, saperlo trattare | *Prendere q.c. per il suo v., per il v. giusto*, accettarla di buon grado | *Rispondere per il v.*, rispondere a tono | *Cose senza v.*, senza capo né coda. *12* (*fig.*) Modo, maniera: *non c'è v. di convincerlo, di persuaderlo, di farlo tacere*; *trovare il v. per intendersi* | *Andare a v., ai versi*, corrispondere al modo particolare di sentire, di pensare, andare a genio | *Fare a suo v.*, a suo modo | *A v.*, a modo, come si deve: *fare le cose a v.*; *una persona a v.* ‖ **versàccio**, pegg. (V.) | **versétto**, dim. (V.) | **versicciuòlo**, dim. | **versolino**, dim. | **versóne**, accr. | **versucciàccio**, pegg. | **versùccio**, dim. | **versùcolo**, pegg. | **versùzzo**, pegg.

vèrso (**4**) [lat. *vĕrsu(m)*, da *vĕrsus*, part. pass. di *vĕrtere* 'volgere, girare'. V. *vertere*] prep. (poet. troncato in *ver* o *ver'*) *1* Alla volta di, in direzione di (con v. di moto nel compl. di moto a luogo): *incamminiamoci v. casa*; *si diressero v. il fiume*; *sono fuggiti v. la campagna*; *mentre viaggiavano v. Bologna*; *si volse v. destra*; *v. dove siete diretti?*; *volgete gli occhi v. il cielo*; *guardate v. l'esterno*; *la mamma si chinò v. il suo bambino con fare amorevole* | Contro: *marciare v. il nemico*; *avanzò v. noi col pugno teso* | Anche nella loc. prep. *v. di* (seguito da un pron. pers. e (*poet.*) da un pron. dimostr.): *correvo v. di lui*; *venivano v. di noi*. *2* Dalle parti di, nelle vicinanze di (con v. di stato nel compl. di stato in luogo): *abita v. Napoli*; *sta v. il centro* | (*raro*) Nella loc. prep. *di v.*: *è originario di v. Roma*. *3* Circa a, poco prima o poco dopo (nel compl. di tempo determinato): *verrò v. mezzogiorno*; *lo incontrerò v. sera*; *v. l'alba cominciò a piovere*; *v. la fine della settimana ti telefonerò*; *la guerra scoppiò v. la fine dell'anno*. *4* Prossimo a, vicino a (nel compl. d'età): *è v. i sessant'anni*; *pubblicò i primi scritti v. i vent'anni*. *5* Nei riguardi di, nei confronti di: *i figli devono nutrire amore e rispetto v. i genitori*; *esercita la bontà v. i bisognosi*; *non devi nutrire odio v. nessuno*; *cerca di avere pietà v. chi soffre* | Anche nella loc. prep. *v. di* (seguita da un pron. pers.): *ti sei comportato male v. di lei*. *6* (*lett.*) A paragone di, in confronto a: *non è niente ora v. quello che è stato*; *A quel dinanzi il mordere era nulla / v. 'l graffiar* (DANTE *Inf.* XXXIV, 58-59). *7* Contro, dietro (nel linguaggio commerciale): *spedizione v. corrispettivo pagamento*; *consegna v. pagamento immediato*. *8* †Nella loc. *v. di sé*, nel suo genere.

versóio [vc. ricavata dai dial. sett., dal lat. parl. **versōriu(m)*, da *vĕrsus*, part. pass. di *vĕrtere* (V.)] s. m. ● Organo dell'aratro che compie il rovesciamento della fetta di terreno staccata dal coltro e dal vomere. SIN. Orecchio. ➡ ILL. p. 353 AGRICOLTURA.

versóre [dal lat. *vĕrsum* 'in direzione di, verso'] s. m. ● (*fis.*) Vettore unitario, di direzione e verso dati.

†**versòrio** agg. ● Che si volge per ogni verso.

vèrsta /'vɛrsta, *russo* vir'sta/ [vc. russa, di origine slava] s. f. ● Antica misura itineraria russa, corrispondente a m 1066,79.

versùra [vc. dotta, lat. *versūra(m)*, da *vĕrsus*, part. pass. di *vĕrtere* 'volgere, girare'. V. *vertere*] s. f. ● Misura agraria di superficie, di valore variabile, usata in alcune zone dell'Italia meridionale.

versus /*lat.* 'vɛrsus/ [vc. ingl. che riprende il lat. *vĕrsus* (V. *verso* (*4*))] prep. ● (*lett.*) Contro, in opposizione (anche abbr. in *vs*): *lingua v. stile*; *vocalico v. consonantico*.

†**versùto** [vc. dotta, lat. *versūtu(m)* 'che sa destreggiarsi, muoversi', da *vĕrsus*, part. pass. di *versāri*. V. *versare* (*2*)] agg. *1* Astuto, malizioso. *2* Arguto, sottile.

†**versùzia** [vc. dotta, lat. *versūtia(m)*, da *versūtus* 'versuto'] s. f. ● Astuzia.

vèrta [lat. tardo *avĕrta(m)* 'sacco da viaggio': di origine macedone (?)] s. f. ● Parte inferiore del giacchio o del bertuello, dove restano presi i pesci.

†**vertà** ● V. *verità*.

†**vertàde** ● V. *verità*.

vèrtebra [vc. dotta, lat. *vĕrtebra(m)* 'articolazione, giuntura', da *vĕrtere* 'volgere, girare'. V. *vertere*] s. f. ● (*anat.*) Elemento osseo costitutivo della colonna vertebrale. ➡ ILL. p. 362 ANATOMIA UMANA. ‖ **vertebrétta**, dim.

vertebràle agg. ● Di, relativo a, vertebra: *arteria v.*

Vertebràti s. m. pl. ● Nella tassonomia animale, sottotipo di Cordati con scheletro cartilagineo od osseo, il cui asse è formato dalla colonna vertebrale | (al sing. *-o*) Ogni individuo di tale sottotipo. ➡ ILL. **animali** /4-14.

vertebràto [vc. dotta, lat. *vertebrātu(m)*, da *vĕrtebra*] agg. ● Di animale che possiede la colonna vertebrale. CONTR. Invertebrato.

†**vertèmpo** [comp. del lat. *vēr* 'primavera' (V.) e *tĕmpus* 'tempo'] s. m. ● Primavera.

vertènte part. pres. di *vertere*; anche agg. *1* Nei sign. del v. *2* (*dir.*) Detto di lite non ancora decisa e di cui si tratta.

vertènza [da *vertente*] s. f. ● Lite, controversia, questione ancora pendente: *risolvere una annosa v.*; *v. sindacale, internazionale*; *si riapre la v. pensioni*.

vertenziale agg. ● Nel linguaggio sindacale, che riguarda una vertenza o un complesso di vertenze: *la situazione v. sta per essere risolta*.

vertenzialità [da *vertenziale*] s. f. ● Complesso di vertenze: *la v. sarà gestita dal sindacato* | Stato, situazione determinata da una o più vertenze: *la v. non ha rallentato la produzione*.

vèrtere [vc. dotta, lat. *vĕrtere* 'volgere, girare', di origine indeur.] v. intr. (*io vèrto*; dif. del part. pass. e dei tempi composti) *1* Essere in corso, in fase di esame, discussione o trattazione, detto di controversia e sim.: *tra i due verte un'annosa disputa*. *2* Avere per argomento, svolgersi o svilupparsi su q.c.: *la controversia verte su due punti fondamentali*; *l'indagine verteva sull'attendibilità di alcune prove*.

verticàle [vc. dotta, lat. *verticāle(m)*, da *vĕrtex*, genit. *vĕrticis* 'vertice'] **A** agg. *1* Detto di retta o di piano perpendicolare ad un piano orizzontale. *2* Correntemente, detto di tutto ciò che è collocato o si sviluppa perpendicolarmente al piano di chi osserva o a un piano orizzontale convenzionalmente determinato: *posizione v.*; *salita, discesa v.* | *Volo v.*, lunga traiettoria verticale rispetto all'aria | *Circolo v.*, circolo massimo della sfera celeste passante per lo zenit ed il nadir | *Primo v.*, quello che passa anche per i punti di Est ed Ovest | *Sistema v.*, procedimento di rappresentazione grafica di una genealogia, nel quale il capostipite si trova al vertice e i discendenti si dispongono via via verso il basso | *Pianoforte v.*, con cassa verticale a tastiera sporgente. *3* (*econ.*) *Concentrazione v.*, quella attuata tra imprese che si trovano ai successivi stadi produttivi, cioè che portano dalle materie prime ai prodotti finiti. *4* (*fig.*) Detto di associazioni sindacali articolate per settori industriali: *i sindacati dei tessili sono un'associazione v.* *5* (*raro*) Che passa per il vertice. ‖ **verticalménte**, avv. In linea verticale: *salire, scendere verticalmente*. **B** s. f. *1* *V. di un punto*, o (*ass.*) *verticale*, perpendicolare alla superficie di livello della gravità passante per quel punto: *il filo a piombo indica la v.* *2* Posizione del ginnasta con il corpo perpendicolare al suolo, a testa in giù e piedi in su: *v. tesa, ad arco, ritta, in appoggio*. *3* Nel gioco delle parole incrociate, ogni parola che va scritta nelle caselle dall'alto in basso: *le verticali e le orizzontali*.

verticalişmo [comp. da *verticale* e *-ismo*] s. m. ● Caratteristica delle strutture architettoniche in cui gli elementi verticali prevalgono sugli altri | Tendenza a ricercare e ad ottenere uno sviluppo prevalentemente verticale della composizione architettonica.

verticalità s. f. ● Caratteristica o qualità di ciò che è verticale.

verticaliẓẓàre [da *verticale*] v. tr. ● (*fig.*) Spingere all'eccesso, esasperare: *v. una protesta*.

verticaliẓẓazióne [da *verticalizzare*] s. f. ● (*fig.*) Atto, effetto del verticalizzare.

vèrtice [vc. dotta, lat. *vĕrtice(m)*, da *vĕrtere* 'volgere (verso l'alto)'. V. *vertere*] s. m. *1* Cima, sommità: *il v. di una montagna* | *Il v. del corpo umano*, il capo. *2* Punto più alto (*anche fig.*): *il v. di una scala, di una struttura*; *essere, trovarsi al v. della scala sociale, di una gerarchia*; *raggiungere il v. della fama, della gloria*; *essere al, raggiungere il, v. della carriera* | (*est.*) Complesso dei dirigenti di un partito o delle massime autorità di un governo | *Al v.*, a livello delle massime autorità: *riunione al v.* | *Incontro, conferenza al v.*, fra le più alte autorità di diversi Stati o fra i capi di diversi partiti politici | (*est.*) Riunione di dirigenti ad alto livello: *v. politico* | *Piccolo v.*, quando serve a preparare una riunione più ampia. *3* (*mat.*) *V. d'un angolo*, intersezione dei lati dell'angolo | *V. d'un angoloide*, intersezione dei piani che delimitano l'angoloide | *V. d'un multilatero*, punto comune a due lati consecutivi | *V. d'un poliedro*, uno dei punti di intersezione di tre facce | *V. d'un poligono*, uno dei punti che lo individuano | *V. d'un angolo, d'un triedro*, punto comune alle origini dei semipiani o dei semispazi che lo individuano | *V. d'una conica*, intersezione della conica con un asse | *V. d'una curva*, punto in cui la curvatura è massima o minima | *V. d'un grafo*, uno degli elementi del grafo che si rappresentano solitamente con dei punti | *V. d'un cono*, punto per cui passano le generatrici del cono | (*est., gener.*) Punto: *la semiretta ha origine da un v.*

verticillàto agg. ● Detto di organo vegetale disposto a verticillo: *fiori verticillati*; *foglie verticillate*.

verticillo [vc. dotta, lat. *verticĭllu(m)* 'fusaiolo', dim. di *vĕrtex*, genit. *vĕrticis* 'vertice'] s. m. ● (*bot.*) Insieme di più organi che si dipartono da un medesimo livello, intorno ad un asse comune.

verticismo [comp. di *vertic(e)* e *-ismo*] s. m. ● Tendenza, nell'ambito di un'organizzazione politica o sindacale o di un partito, a delegare il potere decisionale a poche persone spec. lasciando estranea la base. ‖ **verticisticaménte**, avv.

verticista [da *vertice*] s. m. e f.; anche agg. (pl. m.

-*i*) ● Chi, che ha una concezione verticistica della gestione del potere politico o sindacale.

verticìstico [da *verticista*] agg. (pl. m. -*ci*) ● Ispirato a, caratterizzato da verticismo: *tendenza verticistica; la base contesta l'organizzazione rigida e verticistica del partito.*

vertìgine [vc. dotta, lat. *vertīgine(m)*, da *vĕrtere* 'volgere, girare'. V. *vertere*] s. f. *1* (*med.*) Turbamento della sensibilità spaziale, con sensazione di spostamento dell'ambiente circostante o del corpo: *soffrire di vertigini* | (*com., spec. al pl.*) Capogiro: *a guardare dall'alto vengono le vertigini* | (*fig.*) *Cosa, cifra, ricchezza da far venire le vertigini*, eccessive, sbalorditive, da far girare la testa | *Avere le vertigini*, (*fig.*) stravedere, avere le traveggole e sim. *2* (*fig.*) Perdita momentanea dell'equilibrio psichico, sentimentale e sim. | Intenso turbamento dell'animo: *una improvvisa v. lo travolse.* *3* (*veter.*) Capostorno. *4* †Rivolgimento, rivoluzione, detto spec. di corpi celesti.

vertiginóso o †**vortiginóso** [vc. dotta, lat. *vertigĭnōsu(m)*, da *vertīgo*, genit. *vertīginis* 'vertigine'] agg. *1* (*med.*) Di vertigine: *crisi vertiginosa.* *2* Che provoca o può provocare vertigine: *altezza vertiginosa; il moto circolare è v.* *3* (*fig.*) Esagerato, estremo, eccessivo, incredibile: *cifre, ricchezze, altezze vertiginose; correre, andare a vertiginosa velocità* | Frenetico, rapidissimo, che frastorna: *ritmo v.; danza vertiginosa; il v. ritmo della vita moderna.* *4* †Che soffre di vertigini. || **vertiginosaménte**, avv.

†**vertóso** [da †*vertà*] agg. ● Veritiero, verace.

†**vertù** ● V. *virtù.*

†**vertùde** ● V. *virtù.*

†**vertudióso** ● V. *virtuoso.*

†**vertùte** ● V. *virtù.*

verùno [lat. *vēre ūnu(m)* 'veramente uno'] agg. e pron. indef. (V. nota d'uso UNO). *1* (*lett.*) Alcuno, nessuno (spec. preceduto da negazione): *è stato accusato senza colpa veruna; v. gli ha porto aiuto.* *2* (*raro*) Qualche, qualcuno: *richiesta di veruna cosa.*

†**verùto** ● V. †*verruto.*

verve /*fr.* vɛrv/ [vc. fr., dal lat. parl. **vĕrva*, per il classico *vĕrba*, pl. di *vĕrbum* 'parola'. V. *verbo*] s. f. inv. ● Brio, vivacità, spigliatezza: *essere pieno, ricco di v.; avere molta v.*

vérẓa (*1*) [lat. parl. **vĭrdia*, per il classico *virĭdia*, nt. pl. di *vĭridis* 'verde'] s. f. ● Tipo di cavolo, a foglie eduli e bollose.

†**vérẓa** (*2*) o **vèrẓa** s. f. ● Sverza.

verẓellìno [da *verza* (*1*), per il colore] s. m. ● Piccolo passeraceo, unica specie di canarino selvatico vivente in Italia, di colore verde olivastro, rapido e vivace volatore, piacevole cantore (*Serinus canarius serinus*).

verẓicànte part. pres. di *verzicare*; anche agg. ● (*lett.*) Nei sign. del v.

verẓicàre [da *verdicare*, rifatto su *verza* (*1*)] **A** v. intr. (*io vérẓico, tu vérẓichi*; aus. *avere*) *1* (*poet.*) Cominciare a verdeggiare, detto spec. di piante e prati in primavera. *2* (*fig.*) †Prender vigore, crescere. **B** v. tr. ● †Far rinverdire.

verẓière [ant. fr. *verger*, dal lat. *viridāriu(m)*. V. *viridario*] s. m. *1* (*lett.*) Giardino, orto. *2* †A Milano, mercato di frutta e verdura.

verẓìno [dall'ar. *wars*] s. m. ● Legno di Pernambuco | Colore rosso tratto da tale legno.

†**verẓìre** [da *verdire*, rifatto su *verza* (*1*)] v. intr. ● Verzicare.

verẓòtto [da *verza* (*1*)] agg. ● *Cavolo v.*, verza.

†**verẓùme** [da *verza* (*1*), rifatto su *verdume*] s. m. ● Verdume.

verẓùra [da *verdura*, modificato secondo *verza* (*1*)] s. f. *1* (*lett.*) Insieme di piante verdi, erbe, germogli e sim. SIN. Vegetazione. *2* †Color verde. *3* (*fig.*) †Verdezza, vitalità.

VES /ves/ [sigla di *Velocità di EritroSedimentazione*] s. f. inv. ● (*med.*) Velocità di eritrosedimentazione.

vesània [vc. dotta, lat. *vesānia(m)*, da *vesānus* 'pazzo', comp. della particella negativa *vē-* e *sānus* 'sano'] s. f. ● (*lett.*) Pazzia, follia.

†**véschio** ● V. *vischio.*

véscia (*1*) [dal lat. tardo *vissīre* 'far peti', di origine onomat.] s. f. (pl. -*sce*) *1* Loffa. *2* (*fig.*) †Chiacchiera, pettegolezzo: *saper tutte le vesce.* || **vesciòna**, accr. (V.) | **vesciùzza**, pegg.

véscia (*2*) [da *vescia* (*1*), perché quando matura lascia uscire silenziosamente le spore dalla sommità] s. f. (pl. -*sce*) ● Fungo dei Gasteromiceti, di forma globosa e privo di gambo, bianco e commestibile da giovane, ripieno di spore che formano ammasso pulverulento a maturità (*Lycoperdon*) | (*fig.*) *Far la v.*, di polenta che nel paiolo, quando sta cuocendo, rigonfia e scoppietta. ➡ ILL. **fungo**.

†**vesciàia** [da *vescia* (*1*)] s. f. ● Donna pettegola, che ridice tutto quel che sente dire.

vescìca o †**vessìca** [lat. *vesīca(m)*, da avvicinare a *venter* 'ventre'] s. f. *1* (*anat.*) Organo cavo del corpo umano o animale, destinato alla raccolta di liquidi: *v. urinaria; v. biliare* | *V. natatoria*, organo sacciforme caratteristico di molti pesci ossei, ripieno di gas, situato nella parte dorsale della cavità viscerale, comunicante o no con l'esofago. ➡ ILL. p. 364, 365 ANATOMIA UMANA. *2* Vescica di maiale, ripulita, seccata e gonfiata, per conservarvi lo strutto | †*Vender vesciche*, (*fig.*), dare a intendere chiacchiere, fandonie | (*raro*) †*Far v.*, far cilecca. *3* (*fig.*) Persona vana, boriosa, piena di sé e priva di valore o meriti: *essere una v. piena di vento, una v. gonfiata.* SIN. Fanfarone. *4* †Palloncino colorato. *5* (*raro*) Vaso per distillare a figura di vescica. *6* (*med.*) Lesione cutanea caratterizzata da scollamento dei piani superficiali e raccolta di liquido. *7* (*est., pop.*) Rigonfiamento su un organo vegetale. *8* (*est.*) Pulica | Bolla tra due piastre o lamiere per difetto di saldatura. || **vescichétta**, dim. (V.) | **vescicóna**, accr. | **vescicóne**, accr. m. (V.).

vescicàle agg. ● Di vescica, spec. riferito a quella urinaria.

vescicànte o †**vessicànte** [propr. part. pres. di *vescicare*] **A** agg. ● Detto di sostanza fortemente revulsiva, che determina la formazione di vesciche sulla pelle | *Gas v.*, aggressivo chimico che produce vesciche e piaghe dolorose, difficili a guarire: *l'iprite è un gas v.* **B** s. m. *1* Farmaco revulsivo che dà origine a vesciche: *applicare un v.* *2* (*fig.*) Persona noiosa. SIN. Impiastro, piaga, pittima. || **vescicantìno**, dim.

†**vescicàre** o †**vessicàre** [lat. tardo *vesicāre* 'fare delle vescichette', da *vesīca* 'vescica'] v. intr. ● Produrre vesciche.

vescicària [vc. dotta, lat. *vesicāria(m)*, da *vesīca* 'vescica', per la forma dei frutti] s. f. ● Frutice delle Leguminose a foglie imparipennate, glauche inferiormente, purgative, e legume gonfio come una vescica che scoppia quando è compresso (*Colutea arborescens*).

vescicatòrio o †**vessicatòrio** [da *vescicare*] agg.; anche s. m. ● Vescicante.

vescicazióne [da *vescicare*] s. f. *1* Formazione di vesciche. *2* (*med.*) Applicazione di vescicanti.

vescichétta s. f. ● Dim. di *vescica* | (*anat.*) *V. biliare*, cistifellea.

vescìcola o †**vessìcola** [vc. dotta, lat. *vesīcula(m)*, dim. di *vesīca* 'vescica'] s. f. *1* (*anat.*) Piccola vescica | *V. seminale*, piccola ghiandola annessa all'apparato genitale maschile in prossimità della prostata. *2* (*med.*) Lesione cutanea in forma di piccola vescica. *3* (*biol.*) Minuta struttura endocellulare delimitata da membrana e coinvolta nell'assunzione di sostanze dall'ambiente o nell'emissione di prodotti.

vescicolàre o †**vessicolàre**. agg. *1* Di, relativo a vescica o vescicola. *2* Che è simile, per forma, a una vescica: *cavità v.* *3* Che è costituito di vescicole: *tessuto v.*

vescicóne s. m. *1* Accr. di *vescica.* *2* (*veter.*) Abnorme raccolta di liquido nelle sinoviali articolari o tendinee del cavallo.

vescicóso agg. ● Pieno di vesciche | Di forma simile a vescica.

vescióna s. f. *1* Accr. di *vescia* (*1*). *2* †Vesciaia.

†**vésco** ● V. *vischio.*

†**vescóso** ● V. *viscoso.*

vescovàdo o **vescovàto** [lat. tardo *episcopātu(m)*, da *epĭscopus* 'vescovo'] s. m. *1* Dignità, ufficio, governo del vescovo. *2* Territorio o diocesi su cui il vescovo esercita la sua giurisdizione. *3* Palazzo che è sede del vescovo. SIN. Episcopio.

†**vescovàle** [lat. tardo *episcopāle(m)*, da *epĭscopus* 'vescovo'. V. *episcopale*] agg. ● Vescovile.

vescovàto ● V. *vescovado.*

vescovìle agg. ● Di, relativo a, vescovo: *curia v.; dignità v.; abito, anello v.* || **vescovilménte**, avv. (*raro*) Con le insegne vescovili.

véscovo o †**pìscopo** [lat. tardo *epĭscopu(m)*, nom. *epĭscopus*, dal gr. *epískopos* 'ispettore, sorvegliante', da *episkopêin* 'osservare, sorvegliare', comp. di *epí* 'sopra' (V. *epagoge*) e *skopêin* 'guardare' (V. *-scopio*). V. *episcopo*] **A** s. m. *1* Ministro sacro che, nella Chiesa Cattolica, ha la piena potestà del ministero apostolico, nella predicazione della fede, nell'ordinamento e svolgimento del culto e nel governo della comunità ecclesiale | *V. titolare*, investito di un titolo episcopale, senza giurisdizione | *V. castrense*, ordinario militare | *V. in partibus*, che ha il titolo di diocesi attualmente in territorio non cristiano e senza giurisdizione effettiva | *V. di Roma*, il Papa | *V. conte*, feudatario ecclesiastico investito di una contea dall'imperatore | *V. diocesano*, che è preposto al governo di una diocesi. *2* Nelle chiese riformate, l'ecclesiastico che il sinodo o l'organo che regge la comunità designa a funzioni di controllo. *3* †Capo dei leviti. *4* †Sacerdote pagano. *5* †Vigilante, sorvegliante. **B** in funzione di agg. ● (posposto al s.) Nella loc. *principe v.*, in epoca medievale, vescovo che alla carica e dignità vescovile univa il titolo e il potere feudale del principe | *Rosso v.*, detto del colore rosso violaceo proprio dell'abito vescovile.

vèspa (*1*) o (*dial.*) †**vèspe** [lat. *vĕspa(m)*, di origine indeur.] s. f. *1* Insetto dei Vespidi con corpo fortemente assottigliato fra torace e addome, non peloso, a livrea nera e gialla, la cui femmina è dotata di pungiglione velenifero (*Vespa*) | *V. cartonaia*, che costruisce nidi di cartone grigiastri (*Polistes gallicus*) | (*fig.*) *Vita, vitino di v.*, estremamente sottile | (*fig.*) *Essere noioso come una v.*, essere molto noioso, fastidiosissimo | (*fig.*) *Pungere come una v.*, dire parole o frasi, fare allusioni e sim., molto pungenti. *2* (*zool.*) *V. della sabbia*, ammofila | *V. d'oro*, stilbo. *3* (*raro, fig.*) Donna giovane e lesta. || **vespìna**, dim. | **vespìno**, dim. (V.) | **vespóne**, accr. m.

Vèspa® (*2*) s. f. ● Nome commerciale di un tipo di motorscooter fabbricato in Italia, con carrozzeria a scocca portante in lamiera d'acciaio e motore di cilindrata fra i 50 e i 200 c^3. || **Vespóne**, accr. (V.).

vespàio [da *vespa* (*1*)] s. m. *1* Nido di vespe | *Dar fuoco al v.*, per farne uscire le vespe | *Suscitare, stuzzicare un v.*, (*fig.*) provocare vivaci proteste, cercare e ottenere guai, molestia, noia, complicazioni e sim. *2* (*med.*) Favo. *3* Camera d'aria sottostante al pavimento, composta di strati di ciottoli o altro materiale, per isolare questo dal terreno, proteggerlo dall'umidità e dalle basse temperature.

†**vespaióso** agg. ● (*raro*) Spugnoso, sforacchiato come un vespaio.

vespaṣiàno [calco sul fr. *vespasienne*, dal n. dell'imperatore romano Vespasiano, che impose una tassa sulla raccolta dell'urina effettuata per ricavarne ammoniaca, utile per sgrassare] s. m. ● Orinatoio pubblico in forma di edicola o di torretta.

†**vèspe** ● V. *vespa* (*1*).

vesperàle [vc. dotta, lat. tardo *vesperāle(m)*, da *vĕsper* 'vespero'] agg. ● (*lett.*) Vespertino.

†**vesperàre** [vc. dotta, lat. tardo *vesperāri*, da *vĕsper* 'vespero'] v. intr. *1* Farsi sera. *2* (*poet.*) Essere alla fine della vita.

vèspero [vc. dotta, lat. *vĕsperu(m)*, di origine indeur.] s. m. *1* V. *vespro.* *2* (*raro*) Il pianeta Venere quando è visibile di sera. || **vesperóne**, accr. (V.).

vesperóne [accr. di *vespero* 'vespro'] s. m. ● (*spec. al pl., pop.*) Vespro solenne.

vespertìlio o †**vespertìllo** [vc. dotta, lat. *vespertīlio*, nom. sing. V. *pipistrello*] **A** s. m. ● (*zool.*) Vespertilione. **B** agg. ● (*med., raro*) *Lupus v.*, lupus facciale bilaterale che dà un aspetto simile alle ali di un pipistrello.

vespertilióne [vc. dotta, lat. *vespertiliōne(m)*. V. *vespertilio*] s. m. ● Pipistrello con orecchie brevi, insettivoro, cosmopolita (*Vespertilio*).

Vespertiliònidi [da *vespertilione*] s. m. pl. ● Nella tassonomia animale, famiglia di Mammiferi dei Microchirotteri ricca di generi e comprendente la maggior parte dei pipistrelli italiani (*Vespertilio-*

nidae) | (al sing. *-e*) Ogni individuo di tale famiglia.

†vespertillo ● V. *vespertilio*.

vespertino [vc. dotta, lat. *vespertīnu(m)*, da *vĕsper* 'sera'. V. *vespero*] agg. ● Del vespro, della sera: *ore vespertine*; *una passeggiata vespertina* | *Messa vespertina*, celebrata nel pomeriggio | *Stella vespertina*, il pianeta Venere. SIN. Serale.

vespéto [da *vespa* (*1*)] s. m. ● (*raro*) Vespaio.

Vèspidi [da *vespa* (*1*)] s. m. pl. ● Nella tassonomia animale, famiglia di Insetti aculeati degli Imenotteri alcuni dei quali sono solitari mentre altri formano società annuali o perenni (*Vespidae*) | (al sing. *-e*) Ogni individuo di tale famiglia.

vespière [detto così perché si nutre di *vespe*] s. m. ● (*zool.*, *pop.*) Gruccione.

vespigno [da *vespa* (*1*)] agg. ● (*lett.*, *fig.*) Pungente.

vespillóne [vc. dotta, lat. *vespillōne(m)*, di etim. incerta] s. m. ● (*dial.*, *centr.*) Becchino.

vespino s. m. **1** Dim. di *vespa* (*2*). **2** Motorscooter con caratteristiche tali da farlo rientrare fra i ciclomotori.

vespista [da *Vespa* (*2*)] s. m. e f. (pl. m. *-i*) ● Chi fa uso della Vespa: *raduno di vespisti*.

vespistico agg. (pl. m. *-ci*) ● Che riguarda la vespa e chi la usa: *raduno v.*

†vespistrèllo ● V. *pipistrello*.

Vespóne s. m. **1** Accr. di *Vespa* (*2*). **2** (*pop.*) Tipo di motoscooter vespa con motore di cilindrata di 200 c^3.

†vespritèllo ● V. *pipistrello*.

vèspro o (*pop.*) **vèspero** [lat. *vĕsperu(m)*. V. *vespero*] s. m. **1** Ora del giorno in cui il sole va declinando, tardo pomeriggio. **2** Nella liturgia cattolica, ora canonica, penultima fra nona e compieta, corrispondente alle diciotto | Ufficio recitato in tale ora: *dire*, *recitare*, *cantare il v.* | (*fig.*) *Cantare il v. a qc.*, *cantare a qc. il v. e la compieta*, dirgli apertamente e senza mezzi termini quello che si pensa, cantargliela chiara | Suono delle campane che chiama i religiosi a tale ufficio | *Vespri siciliani*, moto popolare scoppiato a Palermo nel marzo 1282 contro la dominazione angioina. **3** (*fig.*) †Tramonto della vita | †Fine del mondo. **4** †Occidente.

vessàre [vc. dotta, lat. *vexāre* 'smuovere con violenza, scuotere', poi 'maltrattare, vessare', di origine indeur.] v. tr. (*io vèsso*) ● Sottoporre qc. a continui abusi, arbitri, maltrattamenti e sim.: *v. un popolo*, *i sudditi*, *i dipendenti*. SIN. Angariare, tartassare.

vessatóre [vc. dotta, lat. *vexatōre(m)*, da *vexātus* 'vessato'] s. m.; anche agg. (f. *-trice*) ● Chi, che vessa.

vessatòrio [da *vessatore*] agg. ● Che impone o realizza continue vessazioni: *comportamento*, *governo v.*; *sistema sociale v. e oppressivo*. SIN. Fiscale.

vessazióne [vc. dotta, lat. *vexatiōne(m)*, da *vexātus* 'vessato'] s. f. ● Atto, effetto del vessare: *subire*, *sopportare pesanti vessazioni*; *essere sottoposto a continue vessazioni*; *ribellarsi alle vessazioni*; *vessazioni politiche*, *fiscali*. SIN. Angheria, fiscalità.

vessel /ingl. 'vesəl/ [vc. ingl., propr. 'vaso, recipiente'] s. m. inv. ● (*fis.*) Contenitore di sicurezza di un reattore nucleare, a tenuta stagna e capace di sostenere alte pressioni.

†vessìca e *deriv.* ● V. *vescica* e *deriv.*

vessillàrio [vc. dotta, lat. *vexillāriu(m)*, da *vexĭllum* 'vessillo'] s. m. **1** Negli antichi eserciti romani, chi portava il vessillo. **2** (*mil.*) Legionario romano che combatteva in una formazione dotata di vessillo proprio.

vessillazióne [vc. dotta, lat. *vexillatiōne(m)*, da *vexĭllum* 'vessillo'] s. f. ● Ala di cavalleria, nell'antica legione romana.

vessillìfero [vc. dotta, lat. tardo *vexillĭferu(m)*, comp. di *vexĭllum* 'vessillo' e *-fer* '-fero'] s. m. (f. *-a*) **1** Chi porta il vessillo, la bandiera, l'insegna di un corpo, un esercito e sim. **2** (*fig.*) Alfiere, antesignano: *il v. di nuove idee politiche*.

vessillo [vc. dotta, lat. *vexĭllu(m)*, propriamente dim. di *vēlum* 'vela'] s. m. **1** Nell'antico esercito romano, riquadro di stoffa rossa, attaccato alla sommità di un'asta, subito sotto la punta, mediante una sbarra trasversale. **2** (*est.*) Bandiera, insegna (*anche fig.*): *v. militare*; *il v. tricolore*; *un bianco v. di pace*; *il v. della rivoluzione* | *Tenere alto il v. di qc.*, *di q.c.*, (*fig.*) fare onore a qc., a q.c. | *Innalzare il v. della rivolta*, *della libertà* e sim., scatenare la rivolta, far trionfare la libertà e sim. **3** (*bot.*) Stendardo. **4** (*zool.*) Nella penna l'insieme delle barbe e delle rispettive barbule.

vessillologia [fr. *vexillologie*, comp. di *vexille* 'vessillo' e *-logie* '-logia'] s. f. ● Studio e collezionismo delle bandiere.

vessillòlogo [fr. *vexillologue*, comp. di *vexille* 'vessillo' e *-logue* '-logo'] s. m. (pl. *-gi*) ● Chi si occupa di vessillologia.

†vèsta ● V. *veste*.

vestàglia [da *veste*] s. f. ● Ampia veste lunga o corta da camera. SIN. Veste da camera. || **vestagliétta**, dim. (V.) | **vestaglina**, dim. | **vestàgliona**, accr.

vestagliétta s. f. **1** Dim. di *vestaglia*. **2** Vestito femminile da casa o da spiaggia, corto e scollato, con o senza maniche a seconda dell'uso, aperto sul davanti.

vestàle [vc. dotta, lat. *Vestāle(m)*, da *Vĕsta*] s. f. **1** Sacerdotessa che, nel culto romano del tempio di Vesta e del fuoco pubblico, era tenuta a mantenere acceso il fuoco sacro e a conservare la verginità per i trent'anni che prestava servizio nel tempio. **2** (*fig.*) Donna di vita austera e di costumi irreprensibili | (*est.*) Persona che fa proprio, e custodisce e difende con assoluta intransigenza, un ideale, un principio e sim.: *una v. della famiglia*, *della patria*.

vèste o **†vèsta** [lat. *vĕste(m)*, di origine indeur.] s. f. (pl. *†vesta*) **1** (*gener.*) Abito, vestito: *v. lunga*, *corta*; *v. da sposa*, *da lutto*, *da sera*; *una v. di seta ricamata* | *V. talare*, sottana nera portata dal sacerdote cattolico | *V. da camera*, vestaglia. **2** (*spec. al pl.*) Il complesso degli indumenti che coprono il corpo, spesso diverso e caratteristico a seconda degli usi, delle funzioni, delle cariche e sim. della persona: *vesti maschili*, *femminili*; *vesti tradizionali*, *ecclesiastiche*, *liturgiche*; *vesti ricche*, *misere*, *lacere*, *discinte*; *strapparsi le vesti di dosso*. **3** (*est.*, *gener.*) Rivestimento, copertura: *la v. in paglia di un fiasco*; *una v. di intonaco*; *hanno rinforzato il contenitore con una v. metallica* | *La v. degli alberi*, *dei campi* e sim., la vegetazione che li ricopre | *V. editoriale*, *tipografica*, il risultato finale di tutte le operazioni grafiche necessarie alla realizzazione di un libro e, quindi, l'aspetto definitivo dello stesso: *una elegante v. editoriale con splendide illustrazioni*. **4** (*poet.*) Il corpo umano, rispetto all'anima. **5** (*fig.*) Forma, aspetto esteriore, apparenza: *una v. ingannevole di pudicizia*, *di onestà*, *di simpatia*; *una certa dottrina in v. poetica* (DE SANCTIS) | *In v. di*, sotto l'apparenza di: *si è presentato in v. di pellegrino*, *di postulante*, *di persona onesta*. **6** (*fig.*) Autorità e diritto inerente a una carica, un ufficio e sim.: *con la v. di sindaco*, *di ispettore*; *non ha v. per entrare in questa faccenda* | Qualità, funzione: *parlare*, *decidere*, *intervenire in v. di ministro*, *di pubblico accusatore*; *solo lui*, *nella sua v. di capo dello Stato*, *poteva concederlo*. **7** (*fig.*) Forma di espressione: *il discorso è la v. del pensiero*; *il concetto è giusto*, *ma la veste è misera*; *cercare una v. nobile*, *poetica*, *eroica per le proprie idee*. || **vestàccia**, pegg. | **vestarèlla**, pegg. | **vestétta**, dim. | **vesticciòla**, **vesticciuòla**, dim. | **vesticina**, dim. | **vestina**, dim. (V.) | **vestóna**, accr. | **vestóne**, accr. m.

†vestiària [vc. dotta, lat. *vestiāria(m)*, da *vĕstis* 'veste'] s. f. ● Guardarobiera di monasteri.

vestiàrio [vc. dotta, lat. *vestiāriu(m)* 'armadio per abiti, guardaroba, insieme degli abiti', da *vĕstis* 'veste'] s. m. **1** Insieme dei capi di abbigliamento | *Rinnovare il v.*, acquistare nuovi capi per la stagione. **2** Guardaroba di scena di attori e cantanti | (*gerg.*) *Basso v.*, scarpe, calze, guanti e accessori minuti dell'abbigliamento teatrale. **3** Assortimento di abiti, di indumenti: *magazzino di v.* **4** †Stanza o mobile in cui si conservano gli abiti.

vestiarista [da *vestiario*] s. m. e f. (pl. m. *-i*) ● Chi confeziona i costumi di scena per attori, cantanti, ballerini, o li dà a nolo agli impresari.

vestibilità [comp. di *vest(e)* e *-ibile*] s. f. ● Caratteristica di un capo di vestiario che si adatta bene alla persona: *una giacca con un'ottima v.*

vestibolàre agg. ● (*anat.*) Del vestibolo: *nervo v.*; *apparato v.*

vestìbolo o **†vestìbulo** [vc. dotta, lat. *vestībulu(m)*, di etim. incerta] s. m. **1** Vano che serve di entrata a un edificio o a una grande sala | (*est.*) Vano di accesso a grandi mezzi di locomozione, trasporto e sim.: *il v. di una carrozza ferroviaria*, *di un aereo*. **2** (*anat.*) Spazio cavo in comunicazione con un'altra cavità | *V. auricolare*, apparato di registrazione della posizione e dei movimenti del corpo situato nell'orecchio interno | *V. vaginale*, primo tratto del canale vaginale. ➡ ILL. p. 366 ANATOMIA UMANA.

†vestìgia s. f. (pl. *-gie*) ● (*raro*) Vestigio.

vestigiàle [da *vestigia* nel senso di 'traccia' col suff. *-ale* (*1*), sul modello dell'ingl. *vestigial*] agg. ● (*anat.*) Riferito a struttura rudimentale, presente in un embrione o in un organismo adulto come traccia di un organo ancestrale.

vestìgio [vc. dotta, lat. *vestīgiu(m)*, da *vestigāre* 'seguire le tracce di qualcuno'. V. *investigare*] s. m. (pl. *vestìgi*, m., o *vestìgia*, f., *†vestìgie*, f., *†vestìge*, f.) **1** Impronta del piede, orma, pedata (*anche fig.*): *vestigia umane*; *seguendo le vestigia impresse*, / *rivolse il corso a la selva vicina* (TASSO) | *Seguire le vestigia di qc.*, (*fig.*) seguirne l'esempio | (*est.*) Piede: *ove v. uman la rena stampi* (PETRARCA). **2** (*fig.*) Traccia, indizio, segno che permette di ritrovare, riconoscere e ricordare qc. o q.c.: *non lasciare alcun v. di sé*; *cercare qualche v.*; *trovare il v. delle percosse*; *le vestigia di un'antica civiltà*, *di un popolo scomparso*; *gli ultimi vestigi dell'antica fama*, *gloria*, *grandezza*. **3** (*spec. al pl.*) Ruderi, rovine: *le vestigia di Roma*, *di Persepoli*. **4** (*spec. al pl.*) †Veste, abito, insegna.

vestiménto [vc. dotta, lat. *vestimĕntu(m)*, da *vestīre*] s. m. (pl. *†vestiménta*, f.) **1** †Modo e atto del vestire o del vestirsi. **2** (*lett.*) Abito, veste, indumento: *eran vestite d'un v. di lino sottilissimo e bianco come neve* (BOCCACCIO). **3** †Vestizione.

vestina s. f. **1** Dim. di *veste*. **2** Abito infantile.

vestire [lat. *vestīre*, da *vĕstis* 'veste'] **A** v. tr. (*io vèsto*) **1** Coprire con le vesti: *v. un bambino*, *un malato*; *v. la bambola*; *bisogna vestirlo perché non prenda freddo*. **2** Fornire degli indumenti necessari: *v. i propri figli*; *v. i poveri*, *i derelitti* | *V. gli ignudi*, una delle sette opere di misericordia corporale | (*est.*) Fornire qc. di abiti, lavorandoli o vendendoli già confezionati, detto di sarto o di negozio d'abbigliamento: *sarto*, *sartoria*, *boutique che veste le signore più eleganti*, *una ricca clientela*. **3** Indossare: *v. un abito*, *un mantello*; *e mangia e bee e dorme e veste panni* (DANTE *Inf.* XXXIII, 141) | (*est.*) Indossare un particolare abito, indicativo di uno stato, di una professione e sim., assumendo le funzioni e gli obblighi propri di tale stato o professione: *v. il saio*, *la tonaca*, *l'abito talare*; *v. la toga*, *le armi*, *la corazza*, *la porpora*. **4** Adattarsi alla persona, alla figura, stare bene indosso, cadere bene, detto di abito (*anche ass.*): *quel cappotto ti veste perfettamente*; *guarda come veste questa tunica*. **5** (*fig.*) Fornire di un rivestimento: *v. i fiaschi*, *la damigiana*. **6** (*fig.*) Ricoprire, ammantare: *la primavera ha vestito di verde la campagna*; *l'ultimo sole vestiva d'oro il fiume*. **7** (*fig.*) Ornare, addobbare: *v. l'altare*, *la chiesa per una funzione solenne*; *hanno vestito la colonna con drappi rossi*. **8** (*fig.*) Dare, conferire, attribuire una forma, un aspetto o una caratteristica particolari: *tu che ardisci* / *vestir d'eterna giovinezza il marmo* (FOSCOLO). **9** (*raro*) Assumere: *v. spoglie umane* | *V. l'umana carne*, incarnarsi, detto del Cristo. **B** v. intr. (aus. *avere*) ● Usare, indossare, portare un abito: *v. di bianco*, *di blu*, *di grigio*; *v. di gala*, *di corto*, *di lungo*; *v. alla moda*, *alla marinara*, *a lutto*; *essere vestito da casa*, *da lavoro*, *da passeggio*; *mi vestirò in maschera*, *da Arlecchino*, *da moschettiere* | *Saper v.*, avere buon gusto nello scegliere i propri abiti e saperli indossare con garbo, grazia, eleganza | *Sapere di che panni veste qc.*, (*fig.*) sapere chi è, cosa fa, quel che pensa e sim. **C** v. rifl. **1** Mettersi le vesti: *vestirsi appena alzati*; *vestiti perché fa freddo*; *mi vesto e sono da voi* | (*est.*) Abbigliarsi, indossare un abito appropriato: *vestirsi per uscire*, *per la cena*, *per un ballo*. **2** Fornirsi di abiti: *si veste dal migliore sarto della città*; *si è sempre vestita nei negozi più eleganti* | *Sa* *vestirsi*, sa scegliere e indossare gli abiti che più gli si confanno. **3** Indossare l'abito proprio di un particolare stato, ufficio o professione, assumendo con ciò le funzioni e gli obblighi a questi connessi: *vestirsi della toga, delle armi, della divisa*; *vestirsi della porpora imperiale*. **4** (*fig.*) Ammantarsi, ornarsi, ricoprirsi: *il bosco si veste di foglie, di fiori*; *la campagna si veste di verde, di colori smaglianti*; *il cielo si vestì di porpora e d'oro*; *l'alba si vestiva di luce* | (*lett.*) *Vestirsi di carne*, incarnarsi, detto del Cristo. **D** in funzione di **s. m.** **1** Abito, abbigliamento, vestiario: *bisogna pensare alla casa, al mangiare, al v.* | Modo di vestirsi: *un v. elegante, raffinato*. **2** (*al pl.*) †Indumenti.

†vestìta [da *vestito* (*1*)] **s. f.** ● Solo nella loc. *dare, avere la ben v.*, dare o ricevere una veste, in premio di giuochi fatti in conviti, secondo l'uso degli antichi signori.

vestito (**1**) o **†vestùto**. **part. pass.** di *vestire*; anche **agg.** **1** Nei sign. del v. **2** *Nascere v.*, con la camicia | *Calzato e v.*, (*fig.*) completo, integrale: *asino, somaro, calzato e v.* | †*Canzone vestita*, ballata con più stanze. **3** Detto di organo o apparato vegetale coperto da, o racchiuso entro, un involucro: *seme v.* | *Riso v.*, messo in commercio con la glume ancora attaccata ai chicchi, risone.

vestito (**2**) [lat. *vestītu(m)*, da *vestītus*, part. pass. di *vestīre*] **s. m.** **1** Abito: *v. da uomo, da donna*; *v. da inverno, da mezza stagione*; *v. di gala*; *comperare un v.* **2** Vestiario: *offrono una cifra mensile più vitto e v.* || **vestitàccio**, **pegg.** | **vestitèllo**, **dim.** | **vestitìno**, **dim.** | **vestitóne**, **accr.** | **vestitùccio**, **vestitùzzo**, **pegg.**

vestitùra [vc. dotta, lat. tardo *vestitūra(m)*, da *vestītus* 'vestito (1)'] **s. f.** **1** (*raro*) Modo, atto ed effetto del vestire o del vestirsi | (*est.*) Abito, vestito. **2** (*raro*) Rivestimento di fiaschi e sim.

vestizióne [da *vestito* (*1*)] **s. f.** **1** (*raro, lett.*) Atto, effetto del vestire o del vestirsi. **2** Cerimonia del vestire l'abito di un ordine religioso o cavalleresco.

†vestùra [ant. fr. *vesteure*, da *vestir* 'vestire'] **s. f.** ● Vestitura.

†vestùto ● V. *vestito* (*1*).

vesuviàna [f. sost. di *vesuviano*, perché si trova nei materiali eruttivi del *Vesuvio*] **s. f.** ● (*miner.*) Vesuvianite.

vesuvianite [detta così perché si trova nei proietti vulcanici del *Vesuvio*] **s. f.** ● Silicato di alluminio e calcio con piccole quantità di acqua e che contiene sempre ferro e magnesio, in cristalli prismatici di color verdastro.

vesuviàno **agg.** ● Del Vesuvio.

vesuviatùra [da *Vesuvio*, perché proietta l'olio con la forza simile a quella di un vulcano] **s. f.** ● (*autom.*) Trattamento anticorrosivo delle balestre, consistente nel proiettare su di esse, mediante un getto di aria compressa, un olio lubrificante che, suddividendosi finemente nel processo, può raggiungere le parti altrimenti inaccessibili.

veteràno [vc. dotta, lat. *veterānu(m)* 'vecchio, anziano', da *vĕtus*, genit. *vĕteris* 'vecchio', di origine indeur.] **A** **s. m.** (f. *-a*, nel sign. 3) **1** Soldato romano che, avendo prestato il servizio militare per un determinato numero di anni, veniva onorevolmente congedato: *assegnazione di terra ai veterani*. **2** Correntemente, chi ha prestato per molti anni servizio militare: *i veterani delle campagne napoleoniche*. **3** (*est., fig.*) Chi per molto tempo ha svolto un'attività, esercitato un mestiere o una professione, frequentato un luogo e sim., e quindi ha una particolare abilità o esperienza in merito (*anche iron.* o *scherz.*): *un v. della caccia, dell'insegnamento, del foro, dello sport*; *i veterani delle patrie galere*. **4** Nel ciclismo, corridore che ha compiuto il quarantesimo anno di età e che, inquadrato in una speciale categoria, può gareggiare fino a quarantanove anni nelle competizioni ad essa riservate. **B** **agg.** ● Vecchio, anziano, esperto.

veterinària [vc. dotta, lat. tardo (*ărtem*) *veterināria(m)*, f. sost. di *veterinārius* 'veterinario'] **s. f.** ● Branca della scienza che studia i problemi inerenti all'allevamento e alla patologia degli animali.

veterinàrio [vc. dotta, lat. *veterināriu(m)*, da *veterīnae* 'bestie da soma' (cioè 'bestie vecchie, non più adatte alla corsa'), da *vĕtus*, genit. *vĕteris* 'vecchio'. V. *veterano*] **A** **agg.** ● Che si riferisce alla cura degli animali domestici: *medico v.*; *medicina veterinaria*. **B** **s. m.** (f. *-a* raro; V. nota d'uso FEMMINILE) **1** Chi, avendo completato il relativo corso universitario di studi, è laureato in veterinaria. **2** (*fig., spreg.*) Cattivo medico.

†veterìno [vc. dotta, lat. *veterīnu(m)*, agg., 'di bestia da soma', da *vĕtus*, genit. *vĕteris* 'vecchio'. V. *veterano*] **agg.** ● (*raro*) Di animale da soma.

vètero- [dal lat. *vĕtus*, genit. *vĕteris* 'vecchio' (V. *veterano*)] primo elemento ● In parole composte spec. del linguaggio politico o religioso, significa 'vecchio', 'antico', o anche 'sorpassato': *veterotestamentario*; *veterocomunista*.

veterotestamentàrio [da *vetero-* e *testamentario*, sul modello di *neotestamentario*] **agg.** ● Che riguarda il Vecchio Testamento: *testo, stile v.*

vetivèr [vc. di origine tamil] **s. m. inv.** ● *Olio essenziale di v.*, essenza ricavata dalle radici della vetiveria, dall'odore intenso, usata in profumeria.

vetivèria [vc. di origine tamil] **s. f.** ● Pianta delle Graminacee originaria dell'India coltivata per estrarre dalle sue radici una essenza caratteristica, usata in profumeria (*Andropogon muricatus*).

vèto [vc. dotta, lat. *vĕto*, prima pers. indic. pres. di *vetāre* 'vietare'] **s. m.** **1** (*dir.*) Nel diritto romano, formula del divieto che i tribuni ponevano all'applicazione di leggi e decreti del Senato | *V. sospensivo*, nell'attuale ordinamento italiano, potere del capo dello Stato di far sospendere il procedimento formativo di una legge | *Diritto di v.*, potere del membro di un consiglio o altro organo deliberante di bloccare una decisione dello stesso. **2** (*est.*) Proibizione, rifiuto, divieto: *porre, opporre il proprio v. a q.c., a qc.*

†vetràia **s. f.** ● Vetriera.

vetràio [lat. *vitrāriu(m)*, da *vĭtrum* 'vetro'] **s. m.** **1** Operaio addetto alle varie lavorazioni del vetro. **2** Chi vende, taglia e applica lastre di vetro.

vetràme [da *vetro*, col suff. coll. *-ame*] **s. m.** ● Assortimento di oggetti e lastre di vetro.

vetràrio [lat. *vitrāriu(m)*, agg. di *vĭtrum* 'vetro'] **agg.** ● Concernente il vetro: *arte, industria vetraria*; *commercio v.* | *Pittura vetraria*, eseguita su vetro.

vetràta [da *vetro*] **s. f.** **1** Grande intelaiatura di legno o metallo, con vetri per lo più fissi, per illuminare l'interno di un locale | Chiusura a vetri per mobili | Finestra o altro tipo di chiusura nelle quali le decorazioni e le figure formate da frammenti vitrei variamente colorati, sapientemente inseriti in un'intelaiatura di metallo, raggiungono un notevole effetto artistico e ornamentale: *le vetrate del Duomo di Milano*; *una v. gotica, rinascimentale, liberty*. **2** (*aer.*) Tettuccio trasparente. **3** (*al pl., scherz.*) Occhiali. || **vetratina**, **dim.**

vetràto **A** **agg.** **1** Fornito di vetro: *porta vetrata*. **2** Coperto di vetro | *Carta vetrata*, con una faccia sparsa di polvere di vetro, per levigare legno o altro. **B** **s. m.** ● (*sport*) In alpinismo, patina di ghiaccio formata sulle rocce per gelicidio | (*est.*) Lastra di ghiaccio formata sul manto stradale.

vetrerìa **s. f.** **1** Fabbrica per la produzione del vetro o di oggetti di vetro | Negozio per la vendita di oggetti di vetro o per la lavorazione e l'installazione di vetri per finestre, specchi e sim. **2** (*al pl.*) Insieme di oggetti di vetro.

vetriàta [da *vetriato*] **s. f.** ● (*raro*) Vetrata, invetriata.

vetriàto [dal lat. *vĭtreus* 'vitreo'] **agg.** **1** Vetrato: *finestra vetriata*. **2** Smaltato: *vaso v.*; *pentola vetriata*.

vétrice [lat. *vītice(m)*, dal lat. *viēre* 'intrecciare, piegare', di origine indeur.] **s. m.** o **f.** ● Salice da vimini | *Tremare come una v., come un v.*, (*fig.*) come un giunco, come una foglia. || **vetricióne**, **†vetricóne**, **accr.**

vetriciàia [da *vetrice*] **s. f.** ● Luogo umido, saliceto.

vetriciàio **s. m.** ● Vetriciaia.

vetrièra [da *vetro*] **s. f.** **1** (*raro*) Vetrata. **2** (*dial.*) Mobile a vetri, cristalliera, vetrina.

vetrificàbile **agg.** ● Che si può vetrificare | *Composizione v.*, miscela delle diverse materie prime, che per fusione daranno il vetro.

vetrificànte **A** **part. pres.** di *vetrificare*; anche **agg.** ● Nei sign. del v. **B** **s. m.** ● Ogni sostanza che, sotto l'azione del calore, ha la proprietà di passare dalla forma cristallina a quella amorfa, che conserva, con opportuno raffreddamento, fino alla solidificazione.

vetrificàre o **†vitrificàre** [comp. di *vetro* e *-ficare*] **A** **v. tr.** (*io vetrìfico, tu vetrìfichi*) ● Ridurre in vetro o simile a vetro: *il fuoco vetrifica e calcina*. **B** **v. intr.** e **intr. pron.** (aus. *essere*) ● Diventare vetro | Assumere aspetto o consistenza vitrea.

vetrificazióne o **†vitrificazióne** **s. f.** ● Atto, effetto del vetrificare o del vetrificarsi.

vetrìgno [da *vetro*] **A** **agg.** ● (*raro*) Che per aspetto o qualità è simile al vetro: *pietra vetrigna*. **B** **s. m.** ● Mattone con tracce di vetrificazione, perché cotto a temperatura assai elevata.

vetrìna (**1**) [da *vetrino*] **s. f.** ● Sostanza o miscela di sostanze diverse, portate allo stato vetroso con cottura, usate per impermeabilizzare e decorare i prodotti ceramici.

vetrìna (**2**) [fr. *vitrine*, da *vitre* 'vetro'] **s. f.** **1** Parte esterna del negozio nella quale vengono esposte al pubblico le merci: *guardare, ammirare le vetrine*; *dare un'occhiata alle vetrine* | (*fig.*) *Mettersi in v.*, mettersi in mostra, vantarsi, pavoneggiarsi e sim. | Località o istituzione che per le sue caratteristiche positive assume una funzione rappresentativa o di modello delle qualità di un più generale contesto geografico, sociale, culturale e sim.: *la nostra città è diventata la v. della regione*; *il festival della canzone di San Remo è la v. dell'industria discografica italiana*. **2** Armadio, armadietto, alzata a ripiani con sportelli a vetri per conservare ed esporre libri e oggetti pregiati, da collezione | *V. pensile*, mobiletto a scaffali, chiuso da vetri, che si appende al muro per esporre porcellane e oggetti preziosi. **3** (*dial.*) Credenza a vetri: *la v. del tinello*. **4** (*fig., al pl., scherz.*) Occhiali. || **vetrinétta**, **dim.**

vetrinàre [da *vetrina* (*1*)] **v. tr.** ● Nell'industria ceramica, rivestire di vetrina.

vetrinàto **part. pass.** di *vetrinare*; anche **agg.** ● Nel sign. del v.

vetrinatùra [da *vetrinare*] **s. f.** ● Nell'industria ceramica, operazione del vetrinare.

vetrinìsta **s. m.** e **f.** (**pl. m.** *-i*) ● Chi allestisce le vetrine, curando la miglior valorizzazione delle merci esposte.

vetrinìstica **s. f.** ● Arte di addobbare le vetrine dei negozi, di esporvi con buon gusto le merci.

vetrìno (**1**) **s. m.** **1** Dim. di *vetro*. **2** Ciascuna delle due lastrine di vetro entro le quali si colloca e si conserva un preparato da sottoporre ad esame microscopico.

vetrìno (**2**) [da *vetro*] **agg.** ● (*raro*) Che è simile al vetro spec. per la fragilità: *unghie vetrine* | *Ferro v.*, crudo, che facilmente si rompe | *Barba vetrina*, che facilmente si sgrana sotto il rasoio | *Occhio v.*, attorniato da un cerchio bianchiccio.

vetriòla o **†vetriuòla** [lat. parl. **vitriŏla(m)*, f. sost. di *vitrĕolus* (V. *vetriolo*), perché serviva a pulire bicchieri e bottiglie di vetro] **A** **s. f.** ● (*bot.*) Muraiola. **B** anche **agg.** solo **f.**: *erba v.*

vetrioleggiàre [da *vetriolo*] **v. tr.** (*io vetrioléggio*) ● Deturpare qc. gettandogli addosso, spec. sul viso, il vetriolo, o acido solforico.

vetriòlo o **vetriuòlo**, **†vitriòlo**, **†vitriuòlo** [lat. parl. **vitriŏlu(m)*, nt. sost. di **vitriŏlus*, da *vĭtreus* 'vitreo'] **A** **s. m.** **1** Solfato di metalli pesanti | *V. azzurro*, solfato di rame | *V. bianco*, solfato di zinco | *V. rosa*, solfato di manganese | *V. verde*, solfato ferroso. **2** (*pop., per anton.*) *v. fumante*, *olio di v.* o (*ell.*) *vetriolo*, acido solforico. **3** (*zool.*) Martin pescatore. **4** (*bot.*) Afaca. **B** **agg.** ● †Che ha natura di vetro o è simile al vetro.

†vetriuòla ● V. *vetriola*.

vetriuòlo ● V. *vetriolo*.

vétro [lat. *vĭtru(m)*, di etim. incerta] **s. m.** **1** Materiale costituito essenzialmente da silicati, ottenuto per fusione di sabbia silicea con ossidi e carbonati, largamente usato, sia per la proprietà di essere facilmente modellato nelle forme più varie, sia per la trasparenza | *V. comune*, formato di silicato di calcio e di sodio, usato per lastre, bicchieri e sim. | *V. da bottiglie*, di composizione simile al vetro comune, contenente però un maggior tenore di ossido di ferro che gli conferisce il caratteristico colore verde | *V. di Boemia*, formato da silicato di calcio e di potassio, fabbricato con materie prime assai pure, trasparente, rifrangente e sotto certi aspetti simile al cristallo, è usato per cristallerie, oggetti di laboratorio e sim. | *V. soffiato*, quello lavorato a caldo mediante soffiatura e destinato alla fabbricazione di vetreria artistica o di laboratorio | *V. d'ottica*, vetro che deve rispondere a numerosi requisiti, quali omogeneità, trasparenza, isotropia, inalterabilità, usato per lenti, prismi, specchi e sim. | *V. solubile*, costituito da silicato di sodio o potassio, solubile in acqua e usato, per es., per ignifugare legno, carta, stoffe e sim. | *V. di Wood*, vetro ricco di silice, di colore nero per la presenza di ossido di nichel, opaco alle radiazioni visibili e trasparente a quelle ultraviolette | *V. di Jena*, varietà di vetro per apparecchi da laboratorio, per ottica e sim. | *V. opalino, latte*, costituito da una sospensione di minutissime particelle in una matrice vetrosa e usato per i bulbi delle lampade a incandescenza o per altri scopi ottici, a causa delle sue proprietà diffondenti | *V. smerigliato*, vetro reso traslucido mediante smerigliatura meccanica o chimica, usato per bulbi di lampade a incandescenza, pannelli di porte e sim. | *V. di sicurezza, infrangibile*, vetro che, rompendosi per urto violento, s'incrina senza proiettare pericolose schegge | *V. temperato*, quello che, mediante tempera fatta in condizioni speciali, assume particolare resistenza agli urti e alle brusche variazioni di temperatura. SIN. Vetro infrangibile | *V. retinato, armato*, ottenuto ponendo una rete o griglia di ferro tra due strati di vetro laminati simultaneamente | *V. blindato*, costituito da una spessa lastra che, riscaldato a una temperatura lievemente inferiore a quella di rammollimento e raffreddato bruscamente, acquista una notevole resistenza alla flessione e alla rottura per urto | *Essere di v.*, (*fig.*) essere estremamente delicato, fragile e sim. | (*fig.*) *Avere la schiena di v.*, essere pigro, temere la fatica, non aver voglia di lavorare | *Palazzo di v.*, costruzione abitativa o adibita ad altro scopo sulla cui superficie esterna si aprono ampie vetrate; (*per anton.*) la sede dell'Organizzazione delle Nazioni Unite. **2** Ogni prodotto dell'industria o dell'artigianato vetrario | *V. artistico*, vaso, coppa, bicchiere, vetrata, figura e sim., realizzati lavorando il vetro caldo a mano e a soffio secondo modelli e disegni di particolare dignità artistica | *V. incamiciato*, oggetto di vetro le cui pareti sono costituite da due o più strati di vetri colorati diversamente | *V. cavo*, prodotto vetrario cavo, come bottiglie, bulbi e sim., fabbricato mediante soffiatura e con l'ausilio di stampi | *V. piano*, prodotto vetrario fabbricato per stiramento o laminazione come lastre da finestre, da specchi e sim. **3** Pezzo, frammento di vetro: *tagliarsi con un v.* **4** Correntemente, lastra di vetro per finestre, porte e sim.: *rompere un v.*; *i vetri della macchina* | *V. orientabile*, nelle automobili, deflettore. **5** Correntemente, bicchiere | *Dar nel v.*, (*fig.*) bere molto. **6** Lente: *i vetri degli occhiali*, *del cannocchiale*. **7** Placca di vetro tonda, quadra, rettangolare, ovale, inserita a forza nella intaccatura della lunetta, per proteggere il quadrante e le sfere dell'orologio. **8** (*miner.*) *V. vulcanico*, ossidiana. **9** (*fis.*) V. di spin, sistema magnetico contraddistinto da una dinamica estremamente complessa, in cui ogni spin può interagire con tutti gli altri, e che si mantiene sempre in uno stato disordinato. || **vetràccio**, pegg. | **vetrino**, dim. (V.) | **vetróne**, accr. (V.) | **vetrùccio**, dim.

vetrocàmera [comp. di *vetro* e *camera* (*d'aria*)] s. f. ● (*edil.*) Elemento strutturale di serramento costituito da due lastre di vetro parallele sigillate lungo il perimetro così da costituire una camera d'aria, gener. disidratata o riempita di gas inerte. SIN. Doppiovetro.

vetroceménto [comp. di *vetro* e *cemento*] s. m. ● (*edil.*) Struttura mista, costituita di mattonelle quadrangolari di vetro trasparente, inserite in un getto di cemento armato, usata per coperture o pareti allo scopo di lasciare passare la luce negli interni.

vetrocerámica [comp. di *vetro* e *ceramica*] s. f. ● (*tecnol.*) Materiale che combina le proprietà del vetro con quelle della ceramica e che, per la sua notevole resistenza al fuoco, viene usato per la fabbricazione di stoviglie da forno, di piani di cottura di cucine a gas e nell'industria elettronica e spaziale.

vetrocromia [comp. di *vetro* e *-cromia*] s. f. ● Pittura eseguita su vetro.

vetrofania [fr. *vitrauphanie*, comp. di *vitrail* 'vetrata' (da *vitre* 'vetro') e *-phanie*, dal gr. *pháinein* 'apparire' (V. *epifania*)] s. f. ● Pellicola adesiva con disegni a colori, che si applica a vetri di finestre e sim. a scopo decorativo o pubblicitario.

vetroflèx ® [da *vetro*, sul modello di analoghe denominazioni commerciali] s. m. inv. ● (*tecnol.*) Nome commerciale di un materiale termoisolante costituito da fibre di vetro ottenute da coke e silicati.

vetróne s. m. **1** Accr. di *vetro*. **2** (*sport*) In alpinismo, vetrato.

vetroresina o **vetroresina** [comp. di *vetro* e *resina*] s. f. ● Materia plastica, costituita gener. da una resina poliestere o epossidica, rinforzata con fibre di vetro per abbinare a una notevole leggerezza un'altissima resistenza meccanica.

vetróso agg. **1** Che ha l'aspetto, la qualità o le proprietà del vetro: *sostanza, massa vetrosa* | *Lucentezza, consistenza vetrosa*, simile a quella del vetro | (*elettr.*) *Elettricità vetrosa*, elettricità positiva che si produce strofinando una sostanza vetrosa | (*geol.*) In petrografia, detto di roccia o di struttura priva o quasi di componenti cristalline. **2** (*raro*) Che contiene vetro: *composto v.*

vétta [lat. *vĭtta*(*m*) 'benda intorno al capo', da avvicinare a *viēre* 'intrecciare, piegare', di origine indeur.] s. f. **1** Cima, punta, sommità: *la v. del campanile, del colle, di un monte*; *la vetta degli alberi* | *In v.*, sopra, in cima, alla sommità: *giungere in v.*; *collocarono la bandiera in v. al monumento* | (*raro*) *Di v. a*, dall'alto di: *di v. a uno scoglio* | Nell'alpinismo, sommità di un monte e (*est.*) il monte stesso: *scalare una v.* | *Libro di v.*, registro posto talvolta sulla vetta di un monte per raccogliere le firme di chi ne ha compiuto l'ascensione. **2** (*fig.*) Primo posto, posizione di predominio, di comando e sim.: *la v. della classifica, di una graduatoria* | *Raggiungere la v.*, (*fig.*) ottenere una posizione di grande prestigio, spec. nell'ambito sociale, arrivare. **3** (*spec. al pl., fig.*) Apice, culmine, grado sommo: *raggiungere le più alte vette della fama, della gloria*; *attingere le vette del sublime*; *le inarrivabili vette della poesia*. **4** Estremità di un ramo | †*Cercar dei fichi in v.*, (*fig.*) mettersi in pericolo | Rametto sottile | *Tremare come una v.*, (*fig.*) tremare violentemente per freddo, paura e sim. | *Acqua di v.*, ottenuta per distillazione dei giovani germogli di una pianta. **5** Il bastone più sottile e corto del correggiato, che batte il grano. SIN. Calocchia. **6** †Scamato. **7** (*mar.*) Tirante, parte del cavo sulla quale si ala. **8** †V. *vitta*. || **vettarèlla**, dim. | **vetticciuòla**, dim. | **vetticina**, dim. | **vettolina**, dim. | **vettóne**, accr. m. | **vettùccia**, dim.

vettaiolo o (*lett.*) **vettaiuolo** agg. **1** Detto di frutto che nasce in vetta: *fichi vettaioli*. **2** (*raro, lett., fig.*) Debole, stentato: *poeta v.*

†**vettigàle** [vc. dotta, lat. *vectīgāle*(*m*), di etim. incerta] **A** s. m. ● Dazio, tributo. **B** agg. ● Tributario.

†**vettina** [etim. incerta] s. f. ● Orcio da olio o da vino (*oggi dial.*). || **vettinèlla**, dim.

vettònica ● V. *bettonica*.

†**vettoràle** ● V. *vetturale*.

vettóre [vc. dotta, lat. *vectōre*(*m*), propr. 'portatore', da *vĕctus*, part. pass. di *vĕhere* 'portare' (V. *veicolo*)] **A** s. m. **1** (*mat., fis.*) Elemento d'uno spazio vettoriale | *V. applicato*, in uno spazio numerico, una coppia ordinata di punti e il segmento orientato che li congiunge | *V. libero*, in uno spazio numerico, classe di tutti i vettori applicati che si possono portare l'uno nell'altro mediante una traslazione | (*fis.*) *V. simbolico, rotante*, vettore la cui origine giace in quella di un sistema di assi cartesiani, il cui modulo è pari a quello della grandezza vettoriale variabile sinusoidalmente che esso rappresenta, e il cui angolo con l'asse delle ascisse rappresenta in qualsiasi istante la fase della grandezza. SIN. Fasore. **2** Grandezza vettoriale. **3** (*mil.*) *V. spaziale*, missile in grado di mettere in orbita terrestre veicoli spaziali. SIN. Lanciatore. **4** (*dir.*) Nel contratto di trasporto, colui che si obbliga a eseguire il trasporto: *responsabilità del v.*; *v. di emigranti*. **B** agg. (f. *-trice*) ● Che porta, conduce, guida | *Insetto v.*, che trasmette determinate malattie infettive con la sua puntura | *Razzo, missile v.*, quello che porta nello spazio veicoli spaziali | *Raggio v.*, distanza di un punto da un punto fisso | *Onda vettrice*, nelle telecomunicazioni, onda portante.

†**vettoreggiàre** ● V. †*vettureggiare*.

vettoriàle agg. ● (*mat., fis.*) Di, relativo a vettore | *Grandezza v.*, grandezza, quale la velocità, l'accelerazione e la forza, che è identificata, oltre che da un valore numerico associato alla sua unità di misura, da una direzione e da un verso, ossia da un orientamento. SIN. Vettore | *Calcolo v.*, definizione delle operazioni sui vettori e studio delle proprietà di essi | *Funzione v.*, funzione della posizione e del tempo il cui valore in ciascun punto è un vettore | *Proprietà v.*, quella della materia rappresentabile con un vettore.

vettovàglia o †**vettuàglia**, †**vettuvàglia**, †**vittovàglia**, †**vittuàglia**, †**vittuària** [lat. tardo *victuālia*, nt. sost. di *victuālis* 'alimentare', agg. di *vīctus* 'vitto'] s. f. ● (*spec. al pl.*) Tutti i generi che servono per il sostentamento di una pluralità di persone e spec. di un esercito: *la città assediata era ormai priva di vettovaglie*.

vettovagliaménto s. m. **1** Atto, effetto del vettovagliare. SIN. Approvvigionamento. **2** (*mil.*) Servizio della sussistenza.

vettovagliàre o †**vittovagliàre** **A** v. tr. (*io vettovàglio*) ● Rifornire di vettovaglie: *faceva istanza il senato, perché pensassero alla maniera di v. la città* (MANZONI). SIN. Approvvigionare. **B** v. rifl. ● Provvedersi di vettovaglie.

†**vettuàglia** ● V. *vettovaglia*.

vettùra [vc. dotta, lat. *vectūra*(*m*), da *vĕctus*, part. pass. di *vĕhere* 'portare' (V. *veicolo*)] s. f. **1** †Trasporto di merci o di persone con animali da soma o da tiro: *pagare la v.* | *Andare a v.*, effettuare un trasporto per altri con i propri animali. **2** *Lettera di v.*, nel contratto di trasporto, titolo di credito causale rilasciato dal vettore che dà diritto, a chi vi è indicato o al portatore, alla riconsegna delle merci trasportate. **3** Carrozza a cavalli per servizio pubblico: *v. di piazza* | *Arrivare con la v. di Negri*, (*fig.*) molto tardi, come la vettura che un tempo faceva servizio tra Milano e Saronno. **4** Autovettura | *V. da Gran Premio*, priva in genere di parafanghi, di silenziatore, di fari e di messa in moto automatica, con abitacolo aperto | *V. sport, da corsa*, dotata di messa in moto automatica, parafanghi incorporati nel telaio, retromarcia, due sedili, costruita in serie limitata e non destinata all'uso su strada | *V. sport normale*, costruita in grande serie, maggiorata nelle prestazioni con vari accorgimenti e destinata all'uso su strada. **5** Carrozza ferroviaria | *In v.!*, si dice per invitare i viaggiatori a salire sul treno in partenza | *V. letto, v. ristorante*, vagone letto, vagone ristorante. || **vetturàccia**, pegg. | **vetturétta**, dim. (V.) | **vetturina**, dim.

vetturàle o †**vettoràle** [da *vettura*] s. m. ● Chi guida cavalli o muli per trasportare merci o persone.

vetturalésco agg. (pl. m. *-schi*) ● (*raro*) Di, da vetturale.

†**vettureggiàre** o †**vettoreggiàre**. v. tr. e intr. ● Trasportare merci o persone a vettura.

vetturétta s. f. **1** Dim. di *vettura*. **2** Utilitaria: *una v. di piccola cilindrata*.

vetturina [etim. incerta] **A** s. f. ● (*bot.*) Tribolo. **B** anche agg. solo f.: *erba v.*

vetturino [da *vettura*] **A** s. m. **1** Cocchiere di piazza | *Avere modi da v.*, (*fig., est.*) estremamente volgari. **2** †Chi dava bestie e veicoli, dietro pagamento, per il trasporto di persone o cose. **B** agg. ● †Di vettura: *cavallo v.*

†**vettuvàglia** ● V. *vettovaglia*.

vetustà o †**vetustàde**, †**vetustàte** [vc. dotta, lat. *vetustāte*(*m*), da *vetŭstus* 'vetusto'] s. f. ● (*lett.*) Qualità di chi, di ciò che è vetusto.

vetùsto [vc. dotta, lat. *vetŭstu*(*m*), da *vĕtus* 'vecchio'. V. *veterano*] agg. **1** (*lett.*) Che è molto antico, e ispira sentimenti di stima, venerazione, rispetto: *templi vetusti*; *vetuste memorie*; *le nostre vetuste tradizioni*. **2** (*lett.*) Che è molto vecchio, detto di persona: *indi partissi povero e v.* (DANTE *Par.* VI, 139).

†**vezzàto** [provz. *vezat*, da *vezar* 'avvezzare'] agg. ● Accorto, scaltro. || †**vezzataménte**, avv.

vezzeggiaménto s. m. ● Atto, modo ed effetto del vezzeggiare.

vezzeggiàre [da *vezzo*] **A** v. tr. ● Colmare di vezzi: *v. un bambino, un cagnolino*; *v. troppo i figli* | (*raro*) Adulare, colmare di attenzioni, di favori: *si ha a notare che li uomini si debbono o v. o spegnere* (MACHIAVELLI). SIN. Blandire | (*fig.*) *V. la pianta*, coltivarla con grande cura e amore. **B** v. intr. (aus. *avere*) ● Fare il vezzoso. **C** v. rifl. ● Aver cura di sé, usarsi molti riguardi, prendersi molte comodità.

vezzeggiativo [da *vezzeggiato*] **A** agg. *1* Che è fatto o detto con intenzione amorevole, per dimostrare affetto, simpatia e sim. *2* Che designa un oggetto considerato con simpatia: *nome, aggettivo v.*; *suffisso v.* ‖ **vezzeggiativaménte**, avv. *1* (*raro*) In modo vezzeggiativo. *2* (*gramm.*) Come vezzeggiativo: *un aggettivo usato vezzeggiativamente.* **B** s. m. ● Forma alterata del nome o dell'aggettivo usata per esprimere affetto, simpatia, predilezione o benevolenza, in associazione con l'idea di piccolezza: *-uccio e -ino sono suffissi usati nei vezzeggiativi.*

vezzeggiàto part. pass. di *vezzeggiare*; anche agg. ● Nei sign. del v.

vézzo [lat. *vĭtiu(m)* 'difetto'. V. *vizio*] s. m. *1* Modo abituale e caratteristico di parlare, muoversi e sim.: *fare q.c. per v.*; *è un suo v.* | Abitudine, vizio: *un v. innocuo ma abbastanza ridicolo*; *ha il v. di arricciarsi i baffi mentre ascolta*; *vero è 'l proverbio, ch'altri cangia il pelo / anzi che 'l v.* (PETRARCA). *2* Atto, gesto o parola che dimostra affetto, amore, tenerezza: *fare un v. a qc.* *3* (*al pl.*) Lezi, moine, smancerie: *basta con questi vezzi*; *non sopporto più i suoi stupidi vezzi.* *4* (*al pl.*) Atti, parole o gesti pieni di fascino, brio, grazia e sim.: *i vezzi di una fanciulla*; *coi suoi vezzi conquisterebbe chiunque* | Dote, attrattiva, bellezza: *una donna ricca di vezzi naturali.* *5* Ornamento composto di perle, chicchi di corallo, palline e sim., infilate una dopo l'altra da portarsi intorno al collo | *V. da sposa*, corto, aderente al collo, composto di molti fili di perle vere piccolissime e irregolari. SIN. Collana. *6* Antico ballo in tondo. ‖ **vezzolino**, dim.

vezzosità s. f. ● Qualità di chi, di ciò che è vezzoso.

vezzóso [da *vezzo*] **A** agg. *1* Che ha molti vezzi, che è dotato di bellezza e leggiadria: *fanciulla vezzosa* | Di ciò che piace per la sua grazia, la sua delicatezza e sim.: *immagine vezzosa*; *parole vezzose*; *un gesto pudico e v.* SIN. Grazioso, leggiadro. CONTR. Grossolano. *2* Lezioso: *modi, discorsi vezzosi*; *non gli si addicono questi gesti vezzosi!* *3* †Viziato. *4* †Trattato con troppa cura e delicatezza. ‖ **vezzosaménte**, avv. In modo vezzoso: *intorno ti vedrai vezzosamente / scherzar i figli pargoletti* (TASSO). **B** s. m. (f. *-a*) ● Chi affetta modi leggiadri, graziosi e civettuoli, spesso in netto contrasto col proprio aspetto esteriore o con la propria personalità: *quando comincia a fare la vezzosa, cade nel ridicolo.* ‖ **vezzosèllo**, dim. | **vezzosétto**, dim.

vi [da *ivi* (*2*): l'espressione *vi scrivo* doveva significare in origine 'io scrivo costì'] **A** pron. pers. atono di seconda pers. m. e f. pl. (formando gruppo con altri pron. atoni e avv., si premette a *ci*, *si*: *non vi ci vedo*; *non vi si capisce nulla.* Assume la forma *ve* (V.) davanti ai pron. atoni *la, le, li, lo* e alla particella *ne.* Si può elidere solo davanti a parola che comincia per vocale: *come v'è parso?*) *1* Voi (come compl. ogg. encl. e procl.): *vi hanno visti*; *vi sento benissimo*; *vi vedrò domani*; *non voglio disturbarvi* | Si usa, encl. e procl., nella coniug. dei v. rifl., rifl. rec. e intr. pron.: *vestitevi in fretta*; *sono contento che vi vogliate bene*; *vi pentirete di questo*; *divertitevi.* *2* A voi (come compl. di termine encl. e procl.): *vi pagherò da bere*; *non posso darvi altro*; *devo darvi ragione*; *vi do atto della vostra gentilezza*; *vi presterò i miei libri.* *3* Esprime (come 'dativo etico') partecipazione affettiva, interesse, adesione psicologica del sogg.: *vi siete mangiato tutto!*; *godetevi il meritato riposo*; *vi prenderete un malanno.* *4* (*pop., pleon.*) Con valore ints.: *voi vi credevate di farla franca, vero?*; *chi vi credete d'essere?*; *a voi vi ci vuole la frusta.* **B** in funzione di pron. dimostr. ● A ciò, in ciò: *non vi trovo differenza*; *sono passato senza farvi caso*; *quando vi si applica riesce bene* | Anche pleon.: *non vi capisco nulla in queste faccende.* **C** avv. *1* Qui, in questo luogo, là, in quel luogo (con v. di stato e di moto, anche pleon.): *Napoli è bella, vi sono restato tre anni*; *vi trovò molte persone*; *vi si possono ammirare molti celebri quadri*; *vi andrò appena possibile* | Con valore locativo seguito dal verbo 'essere': *vi sono molte specie di animali*; *spero che vi sia abbastanza pane*; *v'è modo e modo di ragionare* | (*lett.*) †Anche pleon.: *Andovvi poi lo Vas d'elezione* (DANTE *Inf.* II, 28). *2* Per questo, per quel luogo (con v. di moto, anche pleon.): *non vi passa quasi nessuno*; *su quel ponte vi passava quasi tutti i giorni* (*V. nota d'uso ACCENTO*).

vìa (*1*) [lat. *vĭa(m)*, dalla stessa radice di *vĕhere.* V. *veicolo*] s. f. *1* Strada: *via comunale, provinciale, nazionale, statale*; *via asfaltata, lastricata, diritta, larga, tortuosa, pericolosa, piana, erta, ripida*; *scegliere la via più breve* | *Via battuta*, molto frequentata, piena di traffico | *Via traversa*, che si dirama dalla principale e, seguendo un diverso tracciato, conduce allo stesso punto d'arrivo | *Essere, trovarsi, incontrarsi per via*, in strada | (*fig.*) *Mettersi la via fra i piedi, fra le gambe*, percorrerla a piedi | *A mezza via*, a mezza strada | Strada urbana lungo la quale si svolge il traffico di pedoni e di veicoli: *via consorziale, privata*; *via cieca, mozza, senza uscita*; *via Roma, via Marconi*; *adesso abitiamo in via Dante* | *Via senza uscita*, (*fig.*) situazione complessa e pericolosa, dalla quale non si può uscire senza danni | *Per via ordinaria*, nel linguaggio militare, detto di movimenti o trasporti effettuati su strada. *2* (*est.*) Pista, sentiero, varco, passaggio: *via armentaria*; *una via tra i campi*; *aprirsi una via nella foresta, tra la folla, a viva forza, a gomitate* | *Via libera*, passaggio aperto, percorribile | *Segnare, segnalare, indicare via libera*, indicare che il transito è possibile | *Dare via libera*, lasciare libero il passo; (*fig.*) non opporsi, non sollevare obiezioni e sim.: *dare via libera alla corruzione, alla protesta, alla rivolta organizzata* | *Via d'acqua*, nel linguaggio dei marinai, falla | *Via coperta*, nel linguaggio militare, ogni trincea, camminamento e sim., in prossimità del nemico, tale da dare protezione ai soldati che vi lavorano o vi passano | *Via tattica*, nel linguaggio militare, quella che, in relazione alle caratteristiche del terreno, consente lo sviluppo dell'attacco a un obiettivo tattico | In alcune loc., seguito da un nome comune o proprio, indica attraversamento, passaggio: *viaggiare via terra*; *via mare*; *prendere il rapido Milano-Roma, via Bologna*; oppure, col sign. di 'tramite', per indicare il mezzo di trasmissione: *via filo*; *via cavo*; *via telex*; *via satellite*; *trasmettere via radio.* *3* (*astron.*) *Via Lattea*, addensamento di stelle attorno all'equatore galattico, dovuto a un fenomeno prospettico determinato da una maggiore profondità del sistema stellare nella direzione del piano galattico. *4* (*anat.*) Canale, transito, passaggio: *via respiratoria, digerente, biliare* | *Via locale, orale, parenterale*, via di somministrazione dei medicamenti, rispettivamente nel punto in cui devono agire, attraverso il cavo orale e quindi le normali funzioni digestive, infine, per qualunque altra via che non passi né per l'intestino né per il fegato. *5* (*est.*) Percorso, itinerario: *seguire la solita via*; *tracciare una via sulla carta*; *insegnare a qc. la via* | *Fare, tenere una via*, seguire un determinato percorso | *Mettere qc. in via*, indicargli il percorso, indirizzarlo e sim. (*anche fig.*) | *Via della seta*, itinerario fisso seguito un tempo dalle carovane di mercanti che trasportavano la seta dall'Oriente in Occidente | *Via dell'oppio, della droga, del tabacco*, l'itinerario di rifornimento normalmente seguito dai trafficanti d'oppio o d'altre droghe o dai contrabbandieri di tabacco | (*mar.*) Rotta: *fare via per le Antille* | *Alla via!*, comando che si dà al timoniere, perché continui nella direzione in cui sta andando | *Fanali di via*, quelli che si accendono di notte in navigazione. *6* Nell'alpinismo, itinerario seguito nel corso di una scalata per raggiungere una vetta: *aprire una via, ripetere una via* | *Alta via*, itinerario escursionistico in più tappe ad alta quota | *Via ferrata*, percorso alpinistico attrezzato con corde metalliche fisse, scalette, gradini tagliati nella roccia e sim. per rendere più facili i passaggi di maggiore difficoltà. *7* (*est., lett.*) Spazio percorribile: *le vie del cielo, del firmamento*; *prendere la via del mare.* *8* (*est.*) Cammino, viaggio: *essere, mettersi in via*; *Andiam, che la via lunga ne sospigne* (DANTE *Inf.* IV, 22) | *In, per via*, cammin facendo; (*fig.*) in corso di compimento | (*fig.*) *In via di*, in fase di: *il malato è in via di guarigione* | *Essere sulla via di*, (*fig.*) in procinto di: *essere sulla via della conversione, del pentimento* | (*lett.*) *Tra via*, cammin facendo | (*raro, lett.*) *Dar la via*, dare la possibilità di andarsene liberamente e (*est.*) liberarsi di qc.: *dar la via a un animale prigioniero*; *dar la via a un seccatore.* *9* (*fig.*) Carriera: *la via degli affari, del sacerdozio*; *le conoscenze gli hanno facilitato la via*; *una laurea che apre molte vie* | *Infiorare la via a qc.*, (*fig.*) facilitargli la carriera. *10* (*fig.*) Parte, lato: *sono parenti per via di madre* | *Da questa via*, di qui | (*raro*) Volta, direzione: *imbarcarsi alla via di Napoli.* *11* (*fig.*) Mezzo, possibilità: *l'unica via d'uscita, di scampo, di salvezza*; *è l'ultima via che ci resta*; *credimi, non avevo altra via*; *non avere né via né verso di, per fare q.c.* | *Via aerea*, posta aerea | *Vie brevi*, nel linguaggio commerciale, comunicazioni effettuate con mezzi rapidi, quali telefono, telegrafo e sim. *12* (*fig.*) Modo di vivere, indirizzo morale: *scegliere una brutta via*; *essere, mettersi sulla buona via*; *uscire dalla, tornare sulla retta via.* *13* (*fig.*) Modo o maniera di giungere a q.c., di ottenere ciò che si desidera, di realizzare quanto ci si prefigge e sim.: *cercare, trovare la via*; *è senz'altro la via migliore*; *tendere al proprio scopo per mille vie*; *le vie del Signore, della Provvidenza sono infinite*; *le vie nazionali al socialismo* | *Trovare, sapere la via del cuore*, riuscire a commuovere: *quegli occhi più non sanno / la via di questo cor* (METASTASIO) | (*est.*) Accorgimento, partito: *non vedo altra via per superare l'intoppo*; *è una via sottile, ma efficace* | *Via di mezzo*, soluzione intermedia, compromesso e sim.: *scegliere la via di mezzo* | *Vie traverse*, (*fig.*) stratagemmi, accorgimenti e sim. di dubbia onestà o liceità | *In via privata, confidenziale* e sim., privatamente, confidenzialmente e sim. *14* Ragionamento: *siamo arrivati a conclusioni identiche seguendo vie diverse*; *il principio è dimostrabile anche per altra via* | Nel linguaggio filosofico, argomento, prova. *15* Causa, spec. nella loc. *per via di*, o (*pop.*) *per via che*: *per via di Giulia non sono potuto venire*; *è per via dell'esame che devo studiare tanto*; *non si sono mossi da casa, per via che non sapevano niente.* *16* Procedimento: *adire le vie legali*; *agire per via diplomatica*; *ricorrere per via gerarchica* | *In via provvisoria*, provvisoriamente | *Vie di fatto*, violenze fisiche: *passare a vie di fatto.* ‖ **viàccia**, pegg. | **viélla**, dim. | **viétta**, dim. | **viùzza**, dim. (V.).

via (*2*) [(avv.) da *via* (*1*)] **A** avv. *1* Esprime allontanamento in modo generico (spec. con v. di moto): *è andato via proprio adesso*; *è scappato via di casa*; *se n'è volato via*; *lo ha cacciato via in malo modo*; *vattene via!* | *Andar via*, andarsene: *andate via!*; *va via, non voglio più vederti!* | *La febbre è andata via*, è scomparsa | *Macchie che non vanno via*, che non si riesce ad eliminare | *Ogni giorno mi vanno via un mucchio di soldi*, spendo molto | *Buttare, gettare via q.c.*, disfarsene | *Buttare, gettare via tempo, denaro, fiato*, sprecarli, spenderli senza risultato | *Dare via q.c.*, cederla, regalarla o venderla: *ho dato via tutti i mobili che avevo* | *Levare via q.c.*, toglierla, rimuoverla: *leva via quei libri dal tavolo* | *Mandar via qc.*, cacciarlo, licenziarlo: *ha mandato via la vecchia domestica* | *Mandar via un pacco, una lettera* e sim., spedirli | *Andar via*, detto di cosa, vendersi con facilità: *merce, prodotto che va via* | *Portare via q.c.*, prenderla con sé e (*est.*) rubarla: *s'è portato via tutta la sua roba*; *i ladri hanno portato via gioielli e pellicce per un valore di parecchi milioni* | (*fig.*) *Un lavoro che porterà via un anno*, che occuperà, impegnerà per un anno | *Tirar via*, affrettarsi, fare q.c. in fretta e male: *non c'è più tempo, devi tirar via*; *è un lavoro tirato via* | (*fam.*) *Essere via*, essere fuori casa, fuori città: *il dottore è via per le visite*; *la mamma è via da Roma* | (*pop.*) *Essere di fuori via*, forestiero, straniero: *usanze di fuori via*; *viene da fuori via.* *2* (*ass.*) Esprime la rapidità con cui avviene un'azione (per ell. del v. 'andare'): *si alzò di scatto e via di corsa!*; *balzò in piedi e via come un fulmine*; *ha preso la sua roba e via, col primo treno* | *Via di lì!*, *via di qui!*, scacciando qc. **3** Eccetera, e così di seguito: *abbiamo parlato di arte, di letteratura e così via*; *ha comprato la macchina, l'appartamento, la villa al mare e via discorrendo*; *discussero di cinema, di sport e via dicendo*; *spende in viaggi, in vestiti e via di questo passo.* **4** (*iter.*) Di volta in volta, a mano a mano (con valore distributivo): *ti passerò le notizie via via che mi arrivano*; *via via che il tempo passa, i ricordi si fanno più sbiaditi*; *scrivi a fianco i risultati via via che te li detterò* | †Subito, tra un momento: *verranno via via* | †Anche nella loc. avv. *via via.* **5** †Moltiplicato: *quattro via quattro fa sedici* | *Zero via zero fa zero*, (*fig.*) col niente non si fa niente. **B** inter. **1** Si usa per cacciare, mandare via qc. che infastidisce: *via! via! voglio starmene in pace!*; *via! via! ho detto!*; *via! fuori di qui!* | *Via i servizi!*, ordine di spegnere le luci di servizio, dato dal direttore di scena all'elettricista prima dell'inizio della rappresentazione. **2** Si usa per dare il segnale di partenza in una gara, in un gioco e sim.: *pronti ... via!*; *uno, due, tre, via!* **3** Esprime incoraggiamento, incitamento, esortazione: *via, fatevi coraggio!*; *animo, via!*; *ma via, non è il caso di abbattersi!*; *via, raccontami quello che è accaduto*; *via, via! non prendertela così*; *via! se le cose stanno così, non c'è motivo di prendersela* | Concludendo un discorso: *via, non parliamone più!*; *via, asciugati le lacrime!* **4** Esprime incredulità, disapprovazione, impazienza e sim.: *via, smettila di comportarti così!*; *via, non è possibile!*; *oh via! finitela!*; *eh via! ti sembra il caso di dire certe cose?*; *via! non ti credo!* **C** s. m. inv. ● Segnale di partenza di una gara di corsa: *scattare al via* | *Dare il via*, dare il segnale di partenza, abbassando l'apposita bandierina o in altro modo; (*est.*, *fig.*) dare inizio: *dare il via a una nuova attività, ai lavori.*

viàbile [vc. dotta, lat. tardo *viābile(m)* 'che offre un facile passaggio, praticabile', da *vĭa*] agg. ● Che è percorribile dai veicoli: *piano v.*

viabilista agg. (pl. m. *-i*) ● Che si occupa della viabilità: *tecnico v.*

viabilistico agg. (pl. m. *-ci*) ● Che si riferisce alla viabilità: *organizzazione viabilistica.*

viabilità [dal lat. tardo *viābilis* 'che offre un facile passaggio, praticabile', da *vĭa*] s. f. **1** Condizione o qualità di ciò che è viabile, percorribilità, praticabilità: *garantire la v. delle strade statali*; *la v. è interrotta per la neve.* **2** Insieme delle strade di una data zona, regione e sim., considerate nelle loro caratteristiche fisiche e in ragione dei veicoli da usare: *v. ottima, pessima* | *V. di tipo orografico*, che segue la superficie montuosa | *V. di tipo idrografico*, che segue le linee fluviali. **3** Insieme delle norme e delle attività relative alla costruzione e alla manutenzione delle strade e alla regolamentazione del traffico che su di esse si svolge: *i problemi della v. urbana.*

Viacàrd ® [nome commerciale, comp. di *via* (*1*) e dell'ingl. *card* 'tessera'] s. f. inv. ● Tessera magnetica per il pagamento del pedaggio autostradale.

via crucis /lat. 'via 'krutʃis/ [lat., propriamente 'via della croce'] loc. sost. f. **1** Pratica pia cattolica, consistente in meditazioni e preghiere penitenziali fatte dinanzi ad immagini delle varie fasi della passione di Gesù, all'interno della chiesa o all'aperto, rinnovando l'itinerario o via della passione medesima | Le 14 immagini che rappresentano i diversi momenti della passione, in tale pratica. **2** (*fig.*) Lunga serie di esperienze dolorose, sofferenze, amarezze, delusioni e sim.: *quando mai finirà questa via crucis?*

viadàna [dalla cittadina di *Viadana*, in provincia di Mantova, ove veniva fabbricata] s. f. ● Tessuto pregiato di cotonina usato spec. per confezionare vele.

viado /port. 'vjaðu/ [vc. del port. brasiliano, forse lo stesso di *veado* 'cervo', 'cerbiatto'] s. m. inv. (pl. port. *viados*) ● Travestito o transessuale di origine brasiliana che si prostituisce.

viadótto [ingl. *viaduct*, dal lat. *vĭa*, sul modello di *aqueduct* 'acquedotto'] s. m. ● Ponte a più luci che permette a una strada o a una ferrovia di superare centri abitati, valli o depressioni.

viaggiànte part. pres. di *viaggiare*; anche agg. ● Nei sign. del v.

viaggiàre [da *viaggio*] **A** v. intr. (*io viàggio*; aus. *avere*) **1** Fare uno o più viaggi: *v. per diporto, affari, istruzione*; *v. molto all'estero*; *v. per mare, per terra, a piedi, a cavallo, in macchina, in treno, in aereo*; *v. spesso, raramente*; *gli piace molto v.* | *V. come un baule, come bauli*, senza interessarsi di ciò che si vede, senza imparare nulla e sim. | *V. in incognito, sotto altro nome*, senza farsi riconoscere: *il ministro viaggia in incognito* | *V. a vuoto*, spostarsi inutilmente | *È uno che ha viaggiato*, si dice di chi ha girato il mondo, imparando molte cose, maturando la propria personalità. **2** Fare il commesso viaggiatore: *v. per, per conto di una ditta, un'impresa*; *v. in pellami, elettrodomestici, medicinali.* **3** Muoversi, spostarsi lungo un determinato percorso, detto di mezzi di trasporto: *l'auto viaggiava a grande velocità*; *il treno viaggia con venti minuti di ritardo.* **4** Essere trasportato, detto di merci: *la merce viaggia a rischio del destinatario.* **B** v. tr. ● Attraversare, percorrere, visitare nel corso di uno o più viaggi: *ha viaggiato mezzo mondo, tutta l'Europa.*

viaggiatóre **A** agg. (f. *-trice*) ● Che viaggia | *Piccione* o *colombo v.*, colombo domestico dotato di particolare senso dell'orientamento, capace di ritornare al luogo da cui è partito e per questo usato talvolta per trasporto di messaggi | *Commesso v.*, chi viaggia, per conto di una ditta, per visitare la clientela e procurare ordini. **B** s. m. **1** Chi viaggia, spec. con un mezzo di trasporto pubblico: *grande affluenza di viaggiatori*; *viaggiatori di prima, di seconda classe*; *chiedere il biglietto, il passaporto, i documenti ai viaggiatori* | *Assegno per viaggiatori*, assegno turistico. **2** (*raro*) Chi fa viaggi di esplorazione e sim., in paesi poco noti: *i viaggiatori nell'interno dell'Africa*; *gli audaci viaggiatori del Medio Evo.* **3** Commesso viaggiatore: *la ditta ricerca nuovi viaggiatori.*

viàggio [provz. *viatge*, dal lat. *viāticu(m)*. V. *viatico*] s. m. **1** Azione del muoversi per andare da un luogo a un altro, detto di esseri animati e cose: *essere, mettersi in v.*; *un v. breve, lungo, di poche ore, di tre giorni*; *la nave ha dovuto interrompere il v. per avaria al motore*; *l'aereo proseguì il v. dopo una breve sosta*; *v. di andata, di ritorno*; *preparare la provvista per il v.*; *abito, borsa, oggetti da v.*; *le fatiche, i disagi del v.*; *compiere il v. a piedi, a cavallo, in carrozza, in treno, in automobile, in aereo, con la nave*; *dopo tre giorni di v. arrivarono a casa*; *tosto a quel picciol suon drizza il v.* (TASSO) | *Cestino da v.*, contenente cibi caldi e freddi da consumare in treno, venduto nelle stazioni | *Buon v.*, *felice v.*, escl. di augurio a chi parte | *Buon v.*, (*fig.*, *fam.*) pazienza, non importa, poco male e sim.: *e se poi le cose andranno male, buon v.* | *L'ultimo v.*, *l'estremo v.*, *il v. senza ritorno*, la morte. CONTR. Permanenza, sosta. **2** Giro più o meno lungo, attraverso luoghi o paesi diversi dal proprio, con soste e permanenze di varia durata, per vedere, conoscere, imparare, sviluppare particolari rapporti e attività o, semplicemente, per divertirsi: *v. di esplorazione, d'istruzione, di studio, d'affari*; *v. turistico, di piacere*; *fare un v. in America, in Oriente*; *viaggi spaziali, interplanetari*; *libro di viaggi.* **3** Pellegrinaggio: *un v. in Terra Santa, alla Mecca.* **4** Itinerario ideale, immaginario o mitico: *un v. attraverso i tempi, le antiche civiltà*; *un v. nella preistoria, nel futuro*; *un v. a ritroso nel tempo*; *i viaggi di Gulliver*; *il v. di Enea nell'Oltretomba*; *il v. della vita.* **5** (*fam.*) Trasporto di merci, suppellettili e sim.: *con tre viaggi esauriremo la merce* | *Fare un v. a vuoto*, senza trasportare nulla | *Fare un v. e due servizi*, (*fig.*) ottenere due risultati con un unico sforzo, prendere due piccioni con una fava. SIN. Tragitto. **6** (*raro*, *lett.*) Il corso apparente d'un astro nel cielo. **7** Nel linguaggio dei drogati, effetto causato dall'assunzione di sostanze stupefacenti, spec. di allucinogeni | (*est.*, *fig.*) Nel linguaggio giovanile, evasione, allontanamento dalla realtà quotidiana. **8** †Via, sentiero. || **viaggettino**, dim. | **viaggétto**, dim. | **viaggiàccio**, pegg. | **viaggióne**, accr.

viàle [vc. dotta, lat. *viāle(m)*, agg. di *vĭa*] s. m. ● Via cittadina ampia e alberata: *i viali della periferia*; *passeggiare lungo i viali* | *V. del tramonto*, (*fig.*) declino fisico e intellettuale, spec. dopo la conclusione di una carriera artistica: *un attore sul v. del tramonto* | Strada che, in parchi, giardini e sim., si svolge fra aiuole, prati e piante, consentendo il passaggio. || **vialétto**, dim. | **vialino**, dim. | **vialóne**, accr. | **vialùccio**, dim.

†**viànda** [fr. *viande*. V. *vivanda*] s. f. ● (*raro*) Vivanda.

viandànte [comp. di *vi(a)* e *andante*, part. pres. di *andare*] s. m. e f. ● Chi compie lunghi viaggi e peregrinazioni a piedi: *un povero v.*; *dare asilo a uno stanco v.* SIN. Pellegrino.

†**viànte** o (*raro*) †**biànte** [vc. dotta, lat. *viănte(m)*, part. pres. di *viāre* 'andare, viaggiare', da *vĭa*] agg.; anche s. m. e f. ● Viandante.

†**via più** ● V. *viepiù*.

†**viaréccio** o †**vieréccio** [da *via*] agg. ● Da portare per via o viaggiando.

viareggino **A** agg. ● Di Viareggio: *entroterra v.* **B** s. m. (f. *-a*) ● Abitante, nativo di Viareggio.

viària [da *via*, sul modello di *diaria*] s. f. ● (*raro*, *lett.*) Indennità per spese di viaggio.

viàrio [vc. dotta, lat. *viāriu(m)*, da *vĭa*] agg. ● Della, relativo alla, via: *rete viaria.* SIN. Stradale.

†**viatànto** [comp. di *via* e *tanto*] cong. ● (*raro*) Tuttavia, nondimeno.

viàtico [vc. dotta, lat. *viāticu(m)* 'provvista per il viaggio', da *vĭa*] s. m. (pl. *-ci*) **1** Nell'antica Roma, insieme di oggetti e provviste per un viaggio. **2** (*est.*, *fig.*, *lett.*) Ciò che serve a confortare, rincuorare, sostenere in una impresa, chi inizia, intraprende un'opera, e sim.: *ti siano di v. le nostre preghiere*; *il giovane vendicatore uscì di casa col v. delle ultime raccomandazioni materne* (SCIASCIA). **3** (*relig.*) Comunione amministrata a chi sta per morire: *ricevere il v.* **4** †Viaggio.

†**viatóre** [vc. dotta, lat. *viatōre(m)*, da *viāre*. V. *viante*] s. m. (f. *-trice*) ● Viandante, pellegrino.

viatòrio [vc. dotta, lat. *viatōriu(m)*, da *viātor*, genit. *viatōris* 'viatore'] agg. **1** (*raro*, *lett.*) Da viaggio, relativo al viaggio. **2** †Transitorio.

viavài [comp. di *via* e *vai*, seconda pers. imperat. pres. di *andare*] s. m. **1** Movimento animato di persone o cose che vanno e vengono: *un continuo v. di gente*; *il v. ininterrotto dei treni.* SIN. Andirivieni. **2** (*est.*) Movimento alternato di organi o parti scorrevoli: *il v. dello stantuffo.*

vibice [vc. dotta, lat. *vībice(m)*, di etim. incerta] s. m. ● (*med.*) Ecchimosi cutanea lineare.

vibonése [dal lat. *Vibonēase(m)* '(abitante) di Vibo'] **A** agg. ● Di Vibo Valentia. **B** s. m. e f. ● Abitante, nativo di Vibo Valentia.

vibrafonista s. m. e f. (pl. m. *-i*) ● Chi suona il vibrafono.

vibràfono [comp. di *vibra(re)* e *-fono*] s. m. ● (*mus.*) Strumento musicale che viene suonato per mezzo di due bacchette, costituito da una serie di lamine di acciaio intonate cromaticamente, sotto ciascuna delle quali è collocato un tubo risuonatore con una elica azionata da un motorino elettrico. ➡ ILL. **musica**.

vibram ® s. m. inv. ● Nome commerciale di un tipo di suola di gomma, usata spec. per scarponi da montagna, con profonde scanalature che ne aumentano l'aderenza.

vibraménto [da *vibrare*] s. m. ● (*raro*) Vibrazione.

vibrànte **A** part. pres. di *vibrare*; anche agg. **1** Nei sign. del v. **2** (*ling.*) Detto di consonante la cui articolazione comporta l'entrata in vibrazione di un articolatore durante il passaggio dell'aria. **3** (*fig.*) Che ha un suono alto o un timbro energico: *voce v.* **B** s. f. ● (*ling.*) Consonante vibrante: *la r è una v.*

vibràre [vc. dotta, lat. *vibrāre*, di origine indeur.] **A** v. tr. **1** (*lett.*) Agitare o scuotere con forza un'arma, prima di lanciarla: *v. l'asta, la lancia* | (*est.*) Lanciare con forza, scagliare (*anche fig.*): *v. una freccia, il dardo*; *le schiere a ferir prese, vibrando / le mortifere punte* (MONTI); *v. l'anatema, la scomunica contro qc.* **2** Assestare con forza: *v. un pugno, uno schiaffo, un colpo di pugnale.* SIN. Appioppare. **3** (*lett.*) Mettere q.c. in vibrazione. **4** Sottoporre a vibrazione: *v. il calcestruzzo dei getti, per costiparlo.* **B** v. intr. (aus. *avere*) **1** (*fis.*) Essere in vibrazione. **2** (*est.*, *fig.*) Fremere, essere pervaso da, avere accenti o toni di: *v. di passione, d'odio, d'ira*; *le sue parole vibravano di commo-*

zione, di entusiasmo. **3** (*fig.*) Risuonare: *un'ultima nota vibrò nell'aria; la sua voce vibrava nel silenzio.* **4** (*fig.*) Trasparire, mostrarsi più o meno chiaramente, detto di sentimenti e sim.: *nel suo pianto vibrava una nota di sincerità.* **C** v. intr. pron. ● (*lett.*) Scuotersi, agitarsi.

vibratézza [da *vibrato*] s. f. ● (*raro, lett.*) Vibrazione, detto spec. delle parole e dello stile.

vibràtile [da *vibrare*] agg. ● Che compie movimenti ondulatori, di vibrazione: *ciglia vibratili* | *Epitelio v.*, costituito da cellule che ad un'estremità sono fornite di ciglia capaci di movimenti ondulatori.

vibràto **A** part. pass. di *vibrare*; anche agg. **1** Nei sign. del v. **2** *Palla vibrata*, gioco simile alla palla a sfratto, in cui si usa una palla con maniglia che viene fatta ruotare prima di essere lanciata | *Calcestruzzo v.*, che, subito dopo il getto, è stato sottoposto a vibrazioni per assestarlo nei casseri e aumentarne compattezza e resistenza. **3** (*fig.*) Vigoroso, energico: *vibrate proteste.* || **vibrataménte**, avv. (*fig.*) In modo energico, vigoroso. **B** s. m. ● (*mus.*) Effetto sonoro, proprio degli strumenti ad arco, che si ottiene facendo oscillare la mano sinistra mentre il dito è appoggiato sulla corda.

vibratóre [da *vibrato*] **A** s. m. **1** Piccolo apparecchio che trasforma in alternata una corrente elettrica continua. **2** (*tecnol.*) Dispositivo meccanico, idraulico, pneumatico o elettrico che produce vibrazioni della struttura sulla quale è applicato, per es. per studiarne il comportamento. SIN. Eccitatore. **3** In edilizia e nelle costruzioni stradali, dispositivo o macchina usato per costipare il calcestruzzo nelle casseforme dopo che vi è stato versato. **4** (*med.*) Apparecchio generatore di vibrazioni, usato spec. per massaggi terapeutici | Piccolo apparecchio generatore di vibrazioni, alimentato gener. a pile, usato per alleviare deboli mialgie, stimolare la circolazione superficiale, tonificare i tessuti, facilitare l'assorbimento di pomate e sim. **B** agg. (f. *-trice*) ● Che vibra | *Cuscinetto v.*, per massaggi dimagranti.

vibratòrio [da *vibratore*] agg. ● Di vibrazione: *movimento v.* | Che produce vibrazione.

vibratùra [da *vibrare*] s. f. **1** (*raro*) Vibrazione. **2** Operazione consistente nell'imprimere vibrazioni di alta frequenza: *la v. del calcestruzzo nelle casseforme.*

vibrazionàle [da *vibrazione*] agg. ● (*fis.*) Relativo a uno stato di vibrazione od oscillazione: *livello, riga, banda, numero quantico v.*

vibrazióne [vc. dotta, lat. tardo *vibratiōne(m)*, da *vibrātus* 'vibrato'] s. f. **1** (*fis.*) Oscillazione di piccola ampiezza e di grande frequenza, propria dei corpi elastici: *la v. di un'onda sismica, elettromagnetica, sonora; ciaschedun pendolo ha il tempo delle sue vibrazioni ... limitato e prefisso* (GALILEI) | (*est.*) Variazione periodica di un fenomeno fisico | *V. acustica*, quella dell'aria e dei corpi che trasmettono il suono. **2** (*est., fig.*) Tremolio: *le vibrazioni della voce, delle stelle.* **3** (*fig.*) Fremito, dovuto a intensi o profondi moti dell'animo: *vibrazioni commosse, di tenerezza.* **4** Massaggio eseguito manualmente o con apparecchi elettrici che agiscono sulla zona interessata, con una serie di scosse di intensità e frequenza variabili. || **vibrazioncèlla**, dim.

vibrióne [deriv. dal lat. *vibrāre*] s. m. ● Batterio delle Spirillacee a forma di virgola | *V. del colera*, molto sottile, con un ciglio flessuoso a una estremità, agente patogeno del colera (*Vibrio cholerae*).

vibrìssa [vc. dotta, lat. tardo *vibrīssa(m)* (di incerta attestazione), da *vibrāre*] s. f. ● (*zool.*) Pelo o setola in rapporto con terminazioni nervose, con funzione quasi sempre sensoriale, tipica della maggior parte dei mammiferi | (*anat.*) Nell'uomo, pelo situato nel vestibolo delle fosse nasali.

vibro- [da *vibrare*] primo elemento ● In parole composte della terminologia scientifica e tecnica, fa riferimento a operazioni o strumenti che hanno una relazione con le vibrazioni: *vibrometria, vibroterapia, vibrografo, vibrometro.*

vibrocoltivatóre [da *vibr(are)* e *coltivatore*] s. m. ● (*agr.*) Macchina agricola per la lavorazione superficiale del terreno che impiega lame vibranti per frantumare le zolle.

vibrofinitrìce [comp. di *vibro-* e *finitrice*] s. f. ● Macchina dotata di una lama vibrante, usata per la finitura superficiale di pavimentazioni in conglomerato bituminoso o in calcestruzzo, in modo che non presentino irregolarità.

vibroformatrìce [comp. di *vibro-* e *formatrice*] s. f. ● (*tecnol.*) Macchina destinata alla fabbricazione di manufatti in calcestruzzo vibrato, per es. di blocchi forati per strutture murarie.

vibrògrafo [comp. di *vibro-* e *-grafo*] s. m. ● (*fis.*) Strumento destinato alla misurazione diretta degli spostamenti assoluti di un corpo vibrante, alla loro trasformazione in segnali elettrici e all'amplificazione e registrazione di tali segnali per dare un vibrogramma.

vibrogràmma [comp. di *vibro-* e *-gramma*] s. m. ● (*fis.*) Diagramma che è fornito da un vibrografo e che rappresenta l'ampiezza delle vibrazioni di un corpo vibrante.

vibromassaggiatóre [comp. di *vibro-* e *massaggiatore*] s. m. ● Piccolo apparecchio per massaggi, la cui superficie è costituita spec. da strisce di gomma di spessore e forma diversa che vengono fatte vibrare elettricamente.

vibromassàggio [comp. di *vibro-* e *massaggio*] s. m. ● Massaggio eseguito con un vibromassaggiatore.

vibrometrìa [da *vibrometro*] s. f. ● (*fis., tecnol.*) Rilevazione, misurazione e registrazione delle grandezze caratteristiche delle vibrazioni.

vibròmetro [comp. di *vibro-* e *-metro*] s. m. ● (*fis., tecnol.*) Strumento meccanico, elettrico od ottico destinato alla misurazione delle ampiezze o delle velocità delle vibrazioni di strutture od organi meccanici, spec. per segnalare quando tendono a superare valori limite considerati normali.

vibroscòpio [comp. di *vibro-* e *-scopio*] s. m. ● Strumento usato nella tecnica per la registrazione di vibrazioni meccaniche nelle strutture.

vibroterapìa [comp. di *vibro-* e *terapia*] s. f. ● (*med.*) Applicazione terapeutica del massaggio vibratorio.

vibùrno [vc. dotta, lat. *vibŭrnu(m)*, di origine preindeur.] s. m. ● (*bot.*) Lantana | Pallone di maggio.

vicarìa (**1**) o †**vicherìa** nel sign. 3 [da *vicario*] s. f. **1** Ufficio e giurisdizione che sostituisce quelli del titolare, in molte funzioni di diritto canonico. **2** Circoscrizione territoriale su cui, nel Medioevo, aveva giurisdizione un vicario. **3** (*st.*) In epoca medievale, milizia operante nelle suddette circoscrizioni territoriali: *mandate per le vicherie, e domattina all'alba pugnate contro a' vostri adversari* (COMPAGNI).

vicàrìa (**2**) s. f. **1** Moglie del vicario. **2** Monaca che sostituisce la superiora di un convento.

vicariàle agg. ● Di vicario: *autorità v.*

vicariànte [propriamente part. pres. di *vicariare*] agg. ● (*biol., med.*) Che sostituisce, supplisce o compensa: *la funzione v. di un organo; specie v.*

vicariàre [da *vicario*] v. tr. (*io vicàrio*) ● (*biol., med., raro*) Sostituire, supplire, compensare, detto spec. di organi anatomici, funzioni cliniche e sim.: *un polmone sano può vicariarne uno malato.*

vicariàto s. m. **1** Ufficio e giurisdizione dei vari vicari di diritto canonico | Durata di tale ufficio. **2** Circoscrizione territoriale retta da un vicario.

vicàrio [vc. dotta, lat. *vicāriu(m)*, da *vĭcis* 'vece'] **A** s. m. (f. *-a* (V.)) ● Chi fa le veci di un'autorità in sua assenza o impossibilità di esercitare direttamente il potere: *v. imperiale* | *V. di Dio, di Pietro, di Gesù, di Cristo*, il Papa | *V. vescovile, del vescovo*, che coopera con il vescovo e può sostituirlo nella sua giurisdizione | *V. parrocchiale, del parroco*, che ha funzioni vicarie nel governo di una parrocchia, accanto al parroco titolare | *V. apostolico o prefetto apostolico*, che, con speciali facoltà, regge i territori non eretti in diocesi, soprattutto in terre di missioni | *V. capitolare*, ecclesiastico che, in alcuni casi di sede vacante vescovile, è designato dal capitolo a reggere il vescovato | *V. foraneo*, ecclesiastico che è nominato dal vescovo a reggere un distretto parrocchiale della diocesi. **B** agg. **1** Che sostituisce, fa le veci di qc. o di q.c.: *verbo v.; autorità vicaria; funzioni vicarie* | *Cardinal v.*, che sostituisce il Papa nella giurisdizione di vescovo di Roma | *Padre v., madre vicaria*, religioso o religiosa che fa le veci del superiore o della superiora. **2** (*biol., med.*) Vicariante.

vìce (**1**) [per sostantivazione del precedente] s. m. e f. inv. ● Chi è autorizzato a sostituire il titolare di un ufficio, di una carica e sim., in caso di sua assenza o impedimento: *è il v. del direttore, del presidente; è diventato v.*

†**vìce** (**2**) ● V. *vece.*

vìce- [vc. dotta, lat. *vĭce*, abl. di *vĭcis* 'vece': propriamente 'in vece di'] primo elemento ● In parole composte che fanno riferimento a carica, ufficio, significa 'che fa le veci di', 'che svolge, o può svolgere, le funzioni di': *vicedirettore, vicepreside, vicesegretario, vicesindaco, vicerè.*

viceammiràglio [comp. di *vice-* e *ammiraglio*] s. m. ● (*mar.*) Un tempo, ufficiale di grado immediatamente inferiore al contrammiraglio.

vicebrigadière [comp. di *vice-* e *brigadiere*] s. m. ● Nelle armi dei carabinieri, della guardia di finanza, delle guardie carcerarie e forestali, quarto grado della gerarchia | Nel soppresso ordinamento delle guardie di pubblica sicurezza, grado sostituito dalla nuova qualifica di sovrintendente.

vicecomitàle [lat. mediev. *vicecomitāle(m)*, da *vicĕcomes*, genit. *vicecŏmitis* 'visconte'] agg. ● (*lett.*) Di visconte: *dignità, titolo v.*

vicecommissàrio [comp. di *vice-* e *commissario*] s. m. ● Funzionario di grado immediatamente inferiore al commissario.

vicecònsole o †**vicecònsolo** [comp. di *vice-* e *console*] s. m. ● Funzionario di grado immediatamente inferiore a quello di console.

†**vicecónte** o †**vececónte** [comp. di *vice-* e *conte* sul modello di *visconte*] s. m. ● Visconte.

vicedecàno [comp. di *vice-* e *decano*] s. m.; anche agg. ● (*raro*) Chi, che fa le veci del decano. SIN. Prodecano.

vicedirettóre [comp. di *vice-* e *direttore*] s. m. (f. *-trice*) ● Funzionario di grado immediatamente inferiore a quello di direttore, che può coadiuvarlo e sostituirlo.

†**vicedòmino** [vc. dotta, lat. tardo *vicedŏminu(m)*, comp. di *vĭce* 'in luogo di' (V. *vice-*) e *dŏminus* 'signore' (V. *domino* (*1*))] s. m. ● Maggiordomo, camerlingo.

†**vicedùca** [comp. di *vice-* e *duca*] s. m. ● (*raro*) Governatore in vece del duca.

vicegovernatóre [comp. di *vice-* e *governatore*] s. m. ● Chi fa le veci del governatore.

vicemàdre [comp. di *vice-* e *madre*] s. f. ● Donna che fa da madre a chi ne è rimasto privo.

vicènda [lat. parl. **vicĕnda*, nt. pl., da *vĭcis* 'vece'] s. f. **1** Serie di cose, fatti, avvenimenti, situazioni e sim. che si succedono alternandosi: *la v. degli anni, delle stagioni; una continua v. di delusioni e speranze* | *L'umana v.*, la vita, l'esistenza. **2** (*agr.*) Avvicendamento delle colture, rotazione | *Prato da v.*, artificiale, rinnovato periodicamente. **3** Caso, fatto, evento: *una triste v.; le vicende della vita; conoscere le vicende personali di qc.; narrare le proprie vicende* | *Con alterne vicende*, con un alternarsi di eventi favorevoli e sfavorevoli. **4** (*raro, lett.*) Turno, volta, giro | *A v.*, a turno, l'un l'altro: *vegliare a v.; amarsi, complimentarsi a v.* **5** †Contraccambio, ricompensa | †*In v.*, invece. **6** †Faccenda, bisogna: *io vo infino a città per alcuna mia v.* (BOCCACCIO).

vicendévole [da *vicenda*] agg. ● Scambievole, reciproco: *amore v.* || **vicendevolménte**, †**vicendevoleménte**, avv. In modo vicendevole, scambievolmente.

vicendevolézza s. f. ● (*raro*) Qualità di ciò che è vicendevole.

vicennàle [vc. dotta, lat. tardo *vicennāle(m)*, da *vicĕnniu(m)* 'vicennio'] agg. ● Ventennale.

vicènnio [vc. dotta, lat. tardo *vicĕnniu(m)*, da *vīcies* 'venti volte' (della stessa radice di *vigĭnti* 'venti'), sul modello di *biĕnnium* 'biennio' e *decĕnnium* 'decennio'] s. m. ● (*raro, lett.*) Ventennio.

vicentìno [da *Vicentia*, n. lat. mediev. di *Vicenza*] **A** agg. ● Di Vicenza | *Alla vicentina*, (*ell.*) alla maniera dei vicentini, detto spec. di preparazioni gastronomiche: *baccalà alla vicentina.* **B** s. m. (f. *-a*) ● Abitante, nativo di Vicenza. **C** s. m. solo sing. ● Dialetto del gruppo veneto, parlato a Vicenza.

vicepàdre [comp. di *vice-* e *padre*] s. m. ● Uomo che fa da padre a chi ne è rimasto privo.

vicepàrroco [comp. di *vice-* e *parroco*] s. m. (pl. *-ci*) ● Vicario del parroco.

viceprefètto [comp. di *vice-* e *prefetto*] s. m. *1* Nel governo della provincia, funzionario di grado immediatamente inferiore a quello del prefetto. *2* In collegi e sim., chi coadiuva o sostituisce il prefetto.

vicepréside [comp. di *vice-* e *preside*] s. m. e f. ● Insegnante che fa le veci del preside.

vicepresidènte [comp. di *vice-* e *presidente*] s. m. (f. *-essa*) ● Chi è tenuto a fare le veci del presidente: *il v. di una società, del consiglio dei ministri.*

vicepresidènza [comp. di *vice-* e *presidenza*] s. f. ● Ufficio, titolo e dignità di vicepresidente | Durata di tale ufficio | Sede del vicepresidente.

vicepretóre [comp. di *vice-* e *pretore*] s. m. ● Uditore giudiziario destinato alla pretura, prima del compimento del periodo di tirocinio.

vicepretùra [comp. di *vice-* e *pretura*] s. f. ● Titolo, dignità e ufficio di vicepretore | Durata di tale ufficio.

†**viceprovìncia** [comp. di *vice-* e *provincia*] s. f. ● Parte di territorio considerato come provincia: *gli riuscì smembrar la Cina dal Giappone, e formarla tutta da sé v.* (BARTOLI).

vicequestóre [vc. dotta, lat. tardo *vicequaestōre(m)*, comp. di *vīce* 'in luogo di' (V. *vice-*) e *quaestor*, genit. *quaestōris* 'questore'] s. m. ● Nel soppresso ordinamento delle guardie di pubblica sicurezza, grado sostituito nella nuova polizia di Stato dalla qualifica di primo dirigente | La persona avente tale grado.

viceré o †**veceré** [comp. di *vice-* e *re*] s. m. ● Chi è demandato a governare, in nome del re, una parte, spec. lontana dal territorio metropolitano, del regno: *il v. delle Indie.*

vicereàle o (*raro*) **viceregàle**. agg. ● Di viceré: *carica, dignità v.*

vicereàme [da *viceré*, sul modello di *reame*] s. m. *1* (*raro*) Ufficio, titolo e dignità di viceré | Durata di tale ufficio. *2* Territorio governato da un viceré.

viceregàle ● V. *vicereale.*

†**viceregìna** [da *viceré*, sul modello di *regina*] s. f. *1* Moglie del viceré. *2* Donna che ha l'ufficio, la carica e la dignità del viceré.

vicerettóre [comp. di *vice-* e *rettore*] s. m. ● Chi fa le veci del rettore.

vicesegretàrio [comp. di *vice-* e *segretario*] s. m. (f. *-a*) ● Impiegato o funzionario di grado immediatamente inferiore a quello di segretario.

vicesìndaco [comp. di *vice-* e *sindaco*] s. m. (pl. *-ci*) ● Assessore comunale che, su delega del sindaco, ne esercita le funzioni in caso di sua assenza o indisponibilità: *il v. di Bologna.*

†**vicessitùdine** ● V. *vicissitudine.*

vicevèrsa [lat. *vīce vĕrsa* 'mutata la vicenda': *vīce* è abl. di *vīcis* 'vece', e *vĕrsa* è abl. f. del part. pass. di *vĕrtere* (V.)] **A** avv. ● In direzione contraria, all'inverso, anche rec.: *viaggio da Bologna a Firenze e v.* | (*fig.*) All'opposto, al contrario: *prima di agire bisogna riflettere e non fare v.*; *così dovevi procedere, non v.*; *i giovani devono rispettare gli anziani e non v.* **B** in funzione di cong. ● (*fam.*) E invece, ma al contrario (con valore avversativo): *avevano promesso di fare il lavoro, v. non hanno ancora incominciato*; *avevi detto che avresti telefonato tu, v. non l'hai fatto.*

†**vicheria** ● V. *vicaria* (*1*).

vichianéṣimo [da *vichiano*, agg. di G. B. *Vico*] s. m. ● (*filos.*) Corrente di pensiero filosofico, storiografico ed estetico che si ispira alle dottrine elaborate da G. B. Vico.

vichiàno **A** agg. ● Che si riferisce a G. B. Vico (1668-1744) e alla sua filosofia. **B** agg.; anche s. m. (f. *-a*) ● Che, chi è seguace o fautore del Vico.

vichìngo [ant. scandinavo *vīkingr*, da *vīk* 'baia' (di origine germ.), propriamente 'uno che frequenta baie', con allusione alla preferenza che i pirati davano alle coste con insenature] **A** agg. (pl. m. *-ghi*) *1* Che si riferisce alle popolazioni di stirpe germanica, stanziate fin dall'alto Medioevo nelle regioni dell'Europa settentrionale corrispondenti alle odierne Norvegia, Svezia e Danimarca: *guerrieri vichinghi*; *navi vichinghe.* *2* (*est.*, *scherz.*) Dell'odierna Scandinavia. **B** s. m. (f. *-a*) *1* Ogni appartenente alle popolazioni vichinghe: *gli antichi vichinghi.* *2* (*scherz.*) Scandinavo: *un biondo v.*; *una bella vichinga* | (*est.*, *scherz.*) Donna bionda e di alta statura.

vicinàle [vc. dotta, lat. *vicināle(m)*, da *vicīnus* 'vicino'] agg. *1* (*dir.*) Detto di strada privata esterna all'abitato e aperta al transito pubblico. *2* Detto di linee tranviarie e ferroviarie che mettono in comunicazione grandi centri con luoghi vicini.

vicinàme [da *vicino*, col suff. *-ame* dei collettivi] s. m. ● (*spreg.*) Gente del vicinato: *i commenti, i pettegolezzi, le malignità del v.*

†**vicinànte** **A** part. pres. di †*vicinare*; anche agg. ● Nei sign. del v. **B** s. m. e f. ● Vicino di casa.

vicinànza [da *vicinante*] s. f. *1* Stato, condizione o posizione di chi, di ciò che è vicino nello spazio o di ciò che è vicino nel tempo: *la v. delle case, di un centro abitato, del mare*; *l'umidità è dovuta alla v. del fiume*; *l'ambiente è caldo per la v. della cucina*; *abbiamo scelto questa casa per la sua v. con la spiaggia*; *la v. delle ferie, delle vacanze, degli esami* | *In v. di*, nei pressi di: *in v. del porto, della stazione.* SIN. Adiacenza, prossimità. CONTR. Lontananza. *2* (*fig.*) Affinità, somiglianza: *v. di idee, di opinioni.* *3* (*al pl.*) Luoghi vicini, zone circostanti: *abitano qui, nelle vicinanze*; *in queste vicinanze deve esserci una farmacia*; *abbiamo cercato nelle vicinanze.* *4* (*raro*) Vicinato: *la v. ha male interpretato il tuo gesto*; *io vorrei volentieri che tutta la v. ci fosse* (SACCHETTI). *5* (*raro*) Vicinia.

†**vicinàre** [vc. dotta, lat. tardo *vicināri*.] v. intr. e intr. pron. ● Essere, farsi vicino.

†**vicinàta** s. f. ● Vicinato.

vicinàto [da *vicino*] s. m. *1* Insieme di persone che abitano una stessa casa, rione o quartiere e la zona stessa in cui esse abitano: *il v. commenta, protesta*; *rispettare il vicinato*; *essere in buoni, in cattivi rapporti con il v.*; *la gente del v.* *2* Insieme di rapporti intercorrenti fra vicini | (*est.*) Insieme di rapporti che intercorrono fra Stati confinanti: *relazioni di buon v.*

†**vicinatóre** [da *vicinare*] s. m.; anche agg. (f. *-trice*) ● Chi, che avvicina.

†**vicinazióne** [da *vicinare*] s. f. ● Avvicinamento.

vicìnia [da *vicino*] s. f. *1* In epoca medievale, comunità urbana e rurale di vicini, con proprie terre o assemblee, e investita di rilevanti funzioni pubbliche. *2* Comunità agraria di alcune zone alpine e prealpine che gestisce e amministra con proprie assemblee terreni e boschi di sua proprietà.

viciniòre o **viciniòre** [vc. dotta, lat. *viciniōre(m)*, compar. di *vicīnus* 'vicino'] agg. ● Nel linguaggio burocratico, più vicino, limitrofo: *zone viciniori.*

vicinità [vc. dotta, lat. *vicinitāte(m)*, da *vicīnus* 'vicino'] s. f. *1* (*lett.*) Vicinanza, prossimità. *2* †Affinità, somiglianza.

vicino [lat. *vicīnu(m)*, propriamente 'che abita nello stesso vico', da *vīcus* 'vico'] **A** agg. *1* Che si trova a una distanza relativamente piccola, rispetto al punto cui si fa riferimento: *la strada è vicina*; *il traguardo è ormai v.*; *la mia stanza è vicina alla tua*; *i paesi vicini*; *il v. oriente* | (*fig.*) Partecipe dei sentimenti di qc.: *ci sentiamo molto vicini a voi tutti in questa triste circostanza* | (*fig.*) Stretto: *parente v.* | Di cose o persone che si trovano a breve distanza l'una dall'altra: *due case vicine*; *quei due quadri sono troppo vicini* | Confinante, detto di paesi: *Stati vicini*; *nazioni vicine.* SIN. Attiguo, adiacente. CONTR. Lontano. *2* Che è imminente, che sta per giungere, accadere, verificarsi e sim.: *la partenza è vicina*; *la stagione invernale è ormai vicina*; *questo è un chiaro segno di tempesta vicina* | *Essere v. a*, stare per: *essere v. a partire, a finire, a morire* | *Essere v. ai quaranta, ai cinquanta* e sim., di persona che ha quasi quaranta o cinquant'anni | Che si è appena verificato, concluso e sim.: *eventi storici ancora troppo vicini a noi.* *3* (*fig.*) Simile, somigliante: *un colore v. al verde*; *sono idee molto vicine alle nostre*; *le tue affermazioni sono molto vicine al vero.* ‖ **vicinaménte**, avv. *1* (*raro*) Da vicino. *2* In prossimità. **B** s. m. (f. *-a*) *1* Ogni abitante di una casa, di una via, di un rione e sim., rispetto a tutti gli altri: *rispettare i vicini*; *essere in buoni, in cattivi rapporti con i propri vicini*; *cerca di non disturbare i tuoi vicini di casa*; *siede con le vicine / su la scala a filar la vecchierella* (LEOPARDI). *2* †Concittadino. *3* (*al pl.*) Nel gioco della roulette, combinazione costituita dal numero prescelto insieme con i quattro che lo precedono e lo seguono sulla ruota della roulette. **C** avv. ● Non lontano, accanto: *vieni qui v.*; *abitiamo v.*; *sta v.* | *Farsi v.*, avvicinarsi: *fatevi più v.* | *Da v.*, da poca distanza e (*est.*, *fig.*) bene, minutamente, in tutti i particolari: *osserva da v.*; *vedo meglio da v. che da lontano*; *esamina i fatti da v.*; *io la conosco da v.* **D** nelle loc. prep. v. a, †v. di *1* Accanto a: *non venirmi v.*; *stai v. a tuo padre* | *Ci sono andato v.*, (*fig.*) c'è mancato poco, quasi lo indovinavo, lo prendevo e sim.: *non ho fatto centro, ma ci sono andato v.* | †Circa (in espressioni temporali): *infino v. della mezzanotte* (BOCCACCIO). *2* Nei pressi di: *abito v. a Napoli*; *ha una villa v. a Milano.*

vicissitùdine o †**vicessitùdine** [vc. dotta, lat. *vicissitūdine(m)*, da *vīcis* 'vece'] s. f. *1* †Vicenda, alternanza, mutazione: *v. di casi*; *v. del tempo.* *2* (*al pl.*) Vicenda triste, eventi sfavorevoli: *le vicissitudini della vita*; *passare attraverso mille vicissitudini.* SIN. Traversie.

†**vicissitudinevolménte** avv. ● Vicendevolmente, scambievolmente.

†**vicitaménto** ● V. *visitamento.*

†**vicitàre** ● V. *visitare.*

†**vicitatóre** ● V. *visitatore.*

†**vicitazióne** ● V. *visitazione.*

vìco [lat. *vīcu(m)*, di origine indeur.] s. m. (pl. *-chi*) *1* (*raro*, *lett.*) Borgo, villaggio. *2* (*dial.*, *merid.*) Vicolo. *3* †Rione dell'antico comune.

vìcolo [vc. dotta, lat. *vīculu(m)*, dim. di *vīcus* 'vico'] s. m. ● Via urbana di dimensioni modeste: *i vicoli della città vecchia* | *V. cieco*, senza sbocco; (*fig.*) situazione complessa, problematica, senza uscita: *cacciarsi in un v. cieco.* SIN. Chiasso. ‖ **vicolàccio**, pegg. | **vicolétto**, dim. | **vicolino**, dim. | **vicolóne**, accr.

victòria /vik'tɔrja, *ingl.* vik'tɔ:riə/ [dal n. della regina *Victoria* (1819-1901) (forma ingl. di *Vittoria*) d'Inghilterra] s. f. inv. ● Carrozza scoperta a due posti, con quattro ruote, serpa e mantice. ➡ ILL. **carro e carrozza.**

victoria regia /*lat.* vik'tɔrja 'rɛdʒa/ [dal n. della regina *Victoria* (forma ingl. di *Vittoria*) d'Inghilterra] loc. sost. f. inv. ● Gigantesca ninfacea sudamericana con foglie di 2 m di diametro e grandi fiori (*Victoria regia*).

videàta [da *video*] s. f. ● (*elab.*) L'insieme dei caratteri e delle immagini visualizzati contemporaneamente sullo schermo di un videoterminale.

vìdeo [dal lat. *vidēre* 'vedere'] **A** s. m. inv. *1* (*tv*) Tutto ciò che è relativo alla ripresa, alla trasmissione e alla ricezione delle immagini televisive | L'immagine stessa. *2* (*elab.*) Videoterminale. *3* Acrt. di *videoclip.* **B** agg. inv. *1* Relativo alla ripresa, alla trasmissione e alla ricezione delle immagini televisive | *Segnale v.*, videosegnale. *2* (*elab.*) Relativo alla visualizzazione su schermo fluorescente dei risultati di un'elaborazione elettronica o dei dati contenuti nelle memorie di un elaboratore | *Terminale v.*, videoterminale.

video- [lat. *vĭdeo* 'io vedo': il pref. ci è giunto prob. dall'ingl.] primo elemento ● In parole composte del linguaggio scientifico e tecnico, indica apparecchiature, immagini o grandezze usate nei sistemi televisivi di trasmissione (*videocassetta*, *videocitofono*, *videofrequenza*) ovvero indica relazione con la vista (*videoleso*).

videoamplificatóre [comp. di *video-* e *amplificatore*] s. m. ● (*elettron.*) Amplificatore di segnali video.

videocàmera [comp. di *video-* e *camera* (*2*)] s. f. *1* Telecamera. *2* (*tv*) Sistema costituito da una telecamera e un videoregistratore portatili.

videocassétta [comp. di *video-* e *cassetta*] s. f. ● (*tv*) Caricatore, di forma e dimensioni standardizzate, destinato ad essere usato in un videoregistratore: *v. vergine, preregistrata.* SIN. Videotape.

videocitofònico agg. (pl. m. *-ci*) ● Di, relativo a videocitofono.

videocitòfono [comp. di *video-* e *citofono*] s. m. ● Citofono collegato a un impianto televisivo a circuito chiuso, fornito di schermo video su cui è visibile la persona che ha premuto il pulsante di chiamata all'ingresso dell'abitazione. SIN. Intervideo.

videoclip /video'klip, *ingl.* 'vidiou klip/ o **vi-**

deo-clip [vc. ingl., comp. di *video* e *clip*] s. m. inv. • (*mus.*) Breve filmato che, spesso arricchito di immagini suggestive, accompagna l'esecuzione di un brano musicale, spec. a scopo promozionale.

videoconferènza [comp. di *video-* e *conferenza*] s. f. • Conferenza o incontro di affari in cui i partecipanti, distanti fra loro, comunicano mediante il videotelefono.

videocontròllo [comp. di *video-* e *controllo*] s. m. • Controllo, mediante un impianto televisivo a circuito chiuso, di determinate zone o locali, quali gli accessi a una banca o a una scuola, una corsia di ospedale, il traffico in una strada, un impianto industriale destinato a operazioni pericolose.

videodipendènte [comp. di *video-* e *dipendente*] agg.; anche s. m. e f. • Che, chi non riesce a rinunciare alla televisione e si lascia condizionare dai suoi messaggi: *cultura, stampa v.*; *quel bambino è diventato un v.* SIN. Teledipendente.

videodipendènza [comp. di *video-* e *dipendenza*] s. f. • Stato, condizione di chi è videodipendente. SIN. Teledipendenza.

videodisco [comp. di *video-* e *disco*] s. m. (pl. *-schi*) • Tipo di compact disc, in genere di grande formato, che contiene filmati.

videofòno [comp. di *video-* e *-fono*] s. m. *1* (*raro*) Videocitofono. *2* (*raro*) Videotelefono.

videofrequènza [comp. di *video-* e *frequenza*, sul modello dell'ingl. *videofrequency*] s. f. • Frequenza del segnale video in televisione.

videogame /video'geim, *ingl.* 'vidiou geim/ [vc. ingl., comp. di *video-* 'video-' e *game* 'gioco' (vc. d'origine germ.)] s. m. inv. • Videogioco.

videogiòco [comp. di *video-* e *gioco*] s. m. (pl. *-chi*) • (*tv*) Apparecchio elettronico che permette a uno o più giocatori di simulare, mediante vari tipi di comandi, sullo schermo di un televisore ordinario a cui viene collegato o su quello di un monitor che ne fa parte integrante, vari giochi, gener. sportivi, o ideati appositamente | Il gioco stesso. SIN. Videogame.

videografìa [comp. di *video-* e *-grafia*] s. f. • Lista dei video realizzati da un autore | Lista di video riguardanti un determinato argomento: *la v. sulla didattica della storia.*

videogràfica [da *videografico*, sostantivato al f.] s. f. • Tecnica che permette di produrre immagini con il computer.

videogràfico agg. (pl. m. *-ci*) • Che riguarda la videografica.

videoimpaginatóre [comp. di *video-* e *impaginatore*] s. m. (f. *-trice*) • (*tip.*) Nella preparazione di testi a stampa, spec. di giornali quotidiani, videoterminale atto a impaginare la composizione secondo criteri prestabiliti.

videoimpaginazióne [comp. di *video-* e *impaginazione*] s. f. • (*tip.*) Montaggio di testo e immagini eseguito mediante appositi programmi su elaboratore elettronico.

videolènto ® [comp. di *video-* e *lento*] s. m. • Nome commerciale di un sistema di trasmissione di immagini attraverso la linea telefonica. ➡ ILL. **telematica**.

videolèso o **videolèso** [comp. di *video-* e *leso*] agg.; anche s. m. (f. *-a*) • (*med.*) Che, chi è leso negli occhi, nella vista.

videolibro [comp. di *video*(*disco*) e *libro*] s. m. • Libro registrato su videodisco, da leggere o consultare elettronicamente su uno schermo televisivo.

videomagnètico [comp. di *video-* e *magnetico*] agg. (pl. m. *-ci*) • Relativo alla registrazione su nastro magnetico dei segnali video e audio facenti parte di un programma televisivo.

videomusic /video'mjuzik, *ingl.* 'vidiou 'mju:zik/ [vc. ingl., comp. di *video-* 'video' e *music* 'musica'] s. f. inv. • Ogni forma di musica diffusa attraverso il sistema dei videoclip.

videomùsica s. f. • Adattamento di *videomusic*.

videonàstro [comp. di *video-* e *nastro*] s. m. • Videotape.

videonolèggio [comp. di *video*(*cassette*) e *noleggio*] s. m. • Esercizio commerciale specializzato nel noleggio di videocassette | Il settore e l'attività dei negozi che noleggiano videocassette.

videoproiettóre [comp. di *video-* e *proiettore*] s. m. • Dispositivo, gener. collegato a un sintonizzatore o a un videoregistratore, per proiettare immagini televisive a distanza su uno schermo di grandi dimensioni.

videoregistràre [da *videoregistratore*] v. tr. • Registrare con un videoregistratore.

videoregistratóre [comp. di *video-* e *registratore*] s. m. • Apparecchio atto a registrare su una videocassetta programmi televisivi e a riprodurli (o a riprodurre programmi contenuti in una videocassetta preregistrata o immagini riprese con una telecamera) su uno schermo televisivo.

videoregistrazióne [comp. di *video-* e *registrazione*] s. f. *1* Registrazione di immagini e programmi televisivi mediante un videoregistratore. *2* L'insieme delle immagini o il programma televisivo registrati mediante un videoregistratore.

videoriprésa [comp. di *video-* e *ripresa*] s. f. • Ripresa di immagini e programmi televisivi mediante una telecamera.

videoriproduttóre [comp. di *video-* e *riproduttore*] s. m. (f. *-trice*) • Apparecchio per la riproduzione di videocassette.

videoriproduzióne [comp. di *video-* e *riproduzione*] s. f. • Riproduzione su uno schermo televisivo delle immagini contenute in una videocassetta.

videoschérmo [comp. di *video-* e *schermo*] s. m. • Schermo di un videoterminale.

videoscrittùra [comp. di *video-* e *scrittura*] s. f. • (*elab.*) Sistema di word processing in cui le operazioni di creazione, manipolazione e memorizzazione dei testi vengono compiute con l'ausilio di uno schermo video su cui possono essere visualizzate intere pagine di testo o parti di esse.

videosegnàle [comp. di *video-* e *segnale*] s. m. • In un sistema televisivo, il segnale elettrico, con caratteristiche dipendenti dal particolare standard, che è usato per trasmettere le informazioni contenute nelle immagini. SIN. Segnale video.

videosistèma [comp. di *video-* e *sistema*] s. m. *1* Sistema di ripresa, registrazione e riproduzione di immagini e programmi televisivi, ed eventualmente dei suoni corrispondenti, comprendente gener. una telecamera, un videoregistratore, un sintonizzatore e un monitor o un televisore. *2* (*elab.*) Sistema di word processing che utilizza uno schermo video: *v. di scrittura.*

videotape /video'teip, *ingl.* 'vidiou teip/ [vc. ingl., comp. di *video-* 'video-' e *tape* 'nastro' (vc. d'origine non accertata)] s. m. inv. • Videocassetta.

videotèca [comp. di *video-* e *-teca*] s. f. *1* Raccolta di videoregistrazioni, gener. su videocassette. *2* Luogo dove viene conservata una raccolta di videoregistrazioni.

Videotèl ® [comp. di *video-* 'video-' e *tel*(*efono*)] s. m. inv. • Sistema di videotex usato in Italia. ➡ ILL. **telematica**.

videotelefonìa [comp. di *video-* e *telefonia*] s. f. • Sistema di comunicazioni televisive mediante cavo telefonico.

videotelefònico agg. (pl. m. *-ci*) • Relativo alla videotelefonia, al videotelefono.

videotelèfono [comp. di *video-* e *telefono*] s. m. • Apparecchio telefonico dotato di una telecamera e di uno schermo che consente di accompagnare la comunicazione con l'immagine dell'interlocutore.

videoterminàle [comp. di *video-* e *terminale*] s. m. • (*elab.*) Terminale di un elaboratore elettronico, comprendente un cinescopio su cui vengono visualizzate le informazioni uscenti dall'elaboratore, gener. una tastiera che permette di interrogare gli archivi contenuti nelle memorie di massa, e talvolta una penna luminosa che permette di modificare le informazioni visualizzate.

Videotèx ® [vc. ingl., riduzione più rapida del sin. *videotext* 'testo su video'] s. m. inv. • Servizio telematico pubblico basato sulla rete telefonica, che consente di collegarsi mediante un terminale a banche dati, a fornitori di servizi e a utenti privati per effettuare interrogazioni, operazioni bancarie, prenotazioni, acquisti o semplicemente per scambiare messaggi; in Italia è denominato Videotel.

videotrasméttere [da *videotrasmissione*] v. tr. (coniug. come *mettere*) • Realizzare una videotrasmissione | Teletrasmettere.

vidicon /'vidikon, *ingl.* 'vidikən/ s. m. inv. • Acrt. di *vidiconoscopio.*

vidiconoscòpio [comp. di *vid*(*eo*)- e *iconoscopio*] s. m. • Tubo termoelettronico di ripresa televisiva, usato spec. nelle telecamere industriali.

vidigrafo ® [comp. di *vid*(*eo*)- e *-grafo*] s. m. • Nome commerciale di un videoregistratore su pellicola cinematografica.

vidimàre [fr. *vidimer*, dal lat. *vīdimus* 'abbiamo visto' (prima pers. pl. perfetto indic. di *vidēre* 'vedere'), formula cancelleresca con cui si approvava un atto] v. tr. (*io vìdimo*) • Apporre il visto, autenticare: *v. una scrittura contabile.*

vidimazióne s. f. • Atto, effetto del vidimare: *v. dei libri sociali.*

†**vidovile** • V. *vedovile.*

†**vidovità** • V. †*vedovità.*

†**viduàle** • V. †*vedovale.*

†**viduile** • V. *vedovile.*

†**viduità** • V. †*vedovità.*

†**vie** [da *via e*] avv. *1* Ancora, assai (con valore raff. premesso a un compar.): *e dicoti più che noi facciamo vie miglior lavoro* (BOCCACCIO) | V. anche *viemeglio, viepiù.* *2* Oltre, ancora oltre | (*raro*) *Essere un via là, vie loro*, uno sconclusionato. *3* Nelle loc. avv. *via vie, vie via*, a mano a mano | (*raro*) Subito, tra un momento.

vièlla [fr. *vielle*, da una base onomat.] s. f. • Antico strumento ad arco a fondo piatto, usato dai trovieri e poi gradualmente modificato sino a prendere le forme della moderna viola. ➡ ILL. **musica**.

viemèglio o **vie mèglio**, (*raro*) **viemmèglio** [comp. di *vie* e *meglio*] avv. • (*raro, lett.*) Ancor più, a maggior ragione.

viennése A agg. • Di Vienna: *valzer v.* | *Alla v.*, (*ell.*) alla maniera dei viennesi, detto spec. di preparazioni gastronomiche: *cotoletta alla v.* B s. m. e f. • Abitante, nativo di Vienna.

viepiù o †**via più**, (*lett.*) **vie più**, **vieppiù** [comp. di *vie* e *più*] avv. • (*lett.*) Sempre più, assai più.

†**vièra** • V. *ghiera* (*1*).

†**vieréccio** • V. †*viareccio.*

vietàbile agg. • Che si può o si deve vietare.

vietabilità s. f. • (*raro*) Qualità di ciò che è vietabile.

†**vietaménto** [da *vietare*] s. m. • Divieto.

vietàre [lat. *vetāre*, di etim. incerta] v. tr. (*io vièto*) *1* Ordinare d'autorità che una cosa non si faccia: *v. l'ingresso, il passaggio, il transito, la sosta, l'uscita*; *v. q.c. per legge*; *v. l'uso di q.c.*; *il medico gli ha vietato di fumare, di mangiare cibi piccanti* | *Nulla vieta che*, è possibile, fattibile, lecito che: *nulla vieta che io parta, che tu ti opponga* | (*lett.*) *V. a qc. il luogo, la strada e sim.*, non permettergli di andarvi. SIN. Impedire. CONTR. Permettere. *2* †Rifiutare. *3* †Tenere lontano: *avversi ... / i venti sempre la natal mia terra / parean vietarmi* (ALFIERI).

vietatìvo [lat. tardo *vetatīvu*(*m*), da *vetāre* 'vietare'] agg. • (*raro*) Che serve a vietare.

vietàto part. pass. di *vietare*; anche agg. *1* Nei sign. del v. *2* Usato in espressioni quali: *sosta vietata, transito v., v. fumare, v. sporgersi, v. l'ingresso ai non addetti ai lavori*; *film v. ai minori di anni 14* e sim., esprime pubblico divieto o proibizione.

vietatóre s. m.; anche agg. (f. *-trice*) • (*raro*) Chi, che vieta.

vietcòng [abbr. di *Viet*(*-nam*) e *cong*(*san*) 'rosso'] agg. inv.; anche s. m. e f. inv. • Che, chi militò o appartenne al Fronte di Liberazione Nazionale del Vietnam meridionale, in lotta dal 1957 al 1975 contro le forze governative sudvietnamite e l'esercito inviato dagli Stati Uniti | Il Fronte di Liberazione medesimo: *la politica, i guerriglieri del v.*

vietnamìta A agg. • Del Vietnam: *popolo v.*; *lingua v.* B s. m. e f. • Nativo o abitante del Vietnam. C s. m. solo sing. • Lingua della famiglia austro-asiatica parlata nel Vietnam.

vièto [lat. *vĕtus*, nom. 'vecchio'. V. *veterano*] A agg. *1* (*spreg.*) Che è ormai privo di validità, interesse, attrattiva e sim.: *forme, parole, idee, dottrine viete*; *argomenti vieti*; *consuetudini ormai viete.* SIN. Inattuale, trito. CONTR. Attuale, recente. *2* (*tosc.*) Che ha perduto la freschezza e il sapore: *cibi vieti*; *frutta vieta.* *3* (*raro, lett., fig.*) Floscio, appassito, malaticcio: *viso, aspetto v.* *4* †Molto vecchio. B s. m. • †Sapore stantio: *sapor di v.*

vietùme [da *vieto*] s. m. • (*raro, spreg.*) Insieme di cose viete, risapute, e sim.

†**vigècuplo** agg.; anche s. m. • Che, ciò che è venti

volte maggiore, relativamente ad altra cosa analoga: *cadere a basso con decupla o vigecupla velocità* (GALILEI).

vigènte part. pres. di *vigere*; anche agg. ● Nei sign. del v.

vigènza s. f. ● Qualità di ciò che è vigente | *V. della legge*, obbligatorietà, vigore del diritto.

vìgere [vc. dotta, lat. *vigēre*, da avvicinare a *vĕgetus* 'vegeto'] v. intr. (dif. usato solo nelle terze pers. sing. e pl. del pres. *vìge, vìgono*, dell'imperf. *vigéva, vigévano*, del congv. pres. *vìga, vìgano*, del congv. imperf. *vigésse, vigéssero*, nel gerundio *vigèndo* e nel part. pres. *vigènte*) *1* Essere in vigore, avere forza e autorità, detto di usi, norme, principi e sim.: *vige il principio della irretroattività della legge*; *usanze che vigono ancora presso di noi*. *2* (*raro, lett.*) Essere vivo, vitale: *O donna in cui la mia speranza vige* (DANTE *Par.* XXXI, 79).

vigèṣima [vc. dotta, lat. *vigēsima(m pārtem)* 'ventesima parte', f. sost. di *vigēsimus* 'ventesimo' (V. *vigesimo*)] s. f. *1* Ventesima parte. *2* (*dir.*) Imposta di varia misura gravante, nell'età imperiale romana, su eredità o legati e in materia di affrancazione.

vigeṣimàle [da *vigesimo*] agg. ● Detto del sistema di numerazione che ha per base il numero venti.

vigèṣimo [vc. dotta, lat. *vigēsimu(m)*, var. di *vicēsimus* 'ventesimo', da *vigĭnti* 'venti'] agg. num. ord. ● (*lett.*) Ventesimo: *papa Giovanni v.*; *vigesimoprimo*; *vigesimo secondo*; *vigesimoterzo*.

vigeṣimonòno [comp. di *vigesimo* e *nono*] agg. num. ord.; anche s. m. *1* (*lett.*) Ventinovesimo. *2* (*mus.*) Registro di ripieno nell'organo, che suona l'ottava quadruplicata del principale.

vigeṣimosèsto [comp. di *vigesimo* e *sesto*] agg. num. ord.; anche s. m. *1* (*lett.*) Ventiseiesimo. *2* (*mus.*) Registro di ripieno nell'organo, che suona la tripla ottava del principale.

vigilànte (*1*) **A** part. pres. di *vigilare* (*1*); anche agg. ● Nei sign. del v. ‖ **vigilanteménte**, avv. (*raro*) Con cura, assiduità e attenzione. **B** s. m. e f. *1* Persona addetta alla vigilanza di q.c. SIN. Sorvegliante. *2* (*ferr.*) Dispositivo di sicurezza in un mezzo di trazione, che interviene automaticamente, prima con un segnale di avvertimento e quindi provocando la frenatura del mezzo stesso, quando il macchinista ometta di manovrare determinati congegni o apparecchi. SIN. Uomo morto.

vigilànte (*2*) /vidʒi'lante, *sp.* bixi'lante/ [vc. sp. 'guardia, guardiano', usata nell'ingl. amer. per designare, negli U.S.A. merid. e occidentali, l'appartenente a gruppi volontari di cittadini organizzatisi per mantenere l'ordine pubblico, in assenza o insufficienza delle forze di polizia regolari] s. m. (pl. *vigilantes* /vidʒi'lantes, *sp.* bixi'lantes/) ● Appartenente a corpi privati di sorveglianti o guardie che prestano servizio di protezione a favore di enti o istituti privati o di cittadini che temono per la loro incolumità.

vigilantiṣmo [da *vigilante*] s. m. ● Impiego preferenziale di agenti privati nel controllo dell'ordine pubblico.

vigilànza [vc. dotta, lat. *vigilāntia(m)*, da *vĭgilans*, genit. *vigilāntis* 'vigilante'] s. f. *1* Atto, effetto del vigilare, attività di controllo: *squadre di v.*; *sottrarsi alla v. di qc.*; *il lavoro si svolge sotto la continua v. dei dirigenti* | *V. speciale*, misura di prevenzione applicabile alla persona pericolosa. SIN. Sorveglianza speciale. *2* Cura sollecita, accorta attenzione: *esercitare una attenta v. verso, sui figli*; *gli è mancata la v. dei genitori*. SIN. Controllo, custodia. CONTR. Negligenza.

vigilàre (*1*) [vc. dotta, lat. *vigilāre*, da *vĭgil*, genit. *vĭgilis* 'vigile, sveglio'] **A** v. tr. (*io vìgilo*) ● Sottoporre qc. o q.c. ad accurati controlli, ad attenta sorveglianza e sim.: *v. i lavori*; *v. gli studenti, gli operai*; *v. le persone sospette*. SIN. Controllare, sorvegliare. CONTR. Trascurare. **B** v. intr. (aus. *avere*) *1* (*lett.*) Vegliare, star desto. *2* Badare attentamente, provvedere con diligenza e cura: *v. che tutto si svolga nel modo dovuto*.

vigilàre (*2*) [da *vigilia*] agg. ● (*relig.*) Nella liturgia cattolica, detto di rito celebrato la vigilia di una festività, in preparazione di questa, spec. nelle ore serali.

vigilàto A part. pass. di *vigilare* (*1*); anche agg. *1* Nei sign. del v. *2* *Libertà vigilata*, misura di sicurezza restrittiva della libertà personale. **B** s. m. (f. *-a*) ● Persona sottoposta a libertà vigilata: *carta precettiva per il v.*

vigilatóre agg.; anche s. m. (f. *-trice* (V.)) ● Che, chi vigila o svolge specifici compiti di sorveglianza e controllo.

vigilatrice [f. di *vigilatore*] s. f. ● Donna che svolge specifici compiti di sorveglianza e controllo | *V. scolastica*, assistente sanitaria nella scuola dell'obbligo | *V. d'infanzia*, diplomata che svolge il suo compito nelle strutture ospedaliere, nelle case di cura e nei servizi sociosanitari per l'infanzia.

†**vigilazióne** [vc. dotta, lat. *vigilatiōne(m)*, da *vigilātus* 'vigilato'] s. f. ● (*raro*) Vigilanza, controllo.

vìgile [vc. dotta, lat. *vĭgile(m)*, da *vigēre* (V. *vigere*)] **A** agg. ● Che vigila, che osserva e segue con particolare accortezza e attenzione: *l'occhio, lo sguardo v. della madre, del maestro*; *imparare, sotto la v. guida dell'insegnante*; *bisogna essere, mantenersi vigili in ogni momento, per ogni necessità*. SIN. Attento, desto. CONTR. Sbadato. **B** s. m. *1* Nell'antica Roma, guardia istituita da Augusto per la sicurezza della città nella notte e contro gli incendi | †Guardia d'onore. *2* Chi appartiene a specifici corpi di guardia | *V. urbano*, agente di pubblica sicurezza e di polizia giudiziaria cui è affidata l'esecuzione e la vigilanza nell'applicazione dei regolamenti di polizia urbana | *V. del fuoco*, cui spetta il compito di tutelare l'incolumità delle persone e la salvezza delle cose, prevenendo ed estinguendo gli incendi o fornendo altri soccorsi tecnici. SIN. Pompiere. ➡ ILL. **vigili del fuoco**. **C** s. f. (evit. *-essa*; *V. nota d'uso FEMMINILE*) ● Donna che appartiene al corpo dei vigili urbani.

vigìlia [vc. dotta, lat. *vigĭlia(m)* 'veglia', poi 'tempo della veglia per la guardia notturna', quindi anche 'guardia, sentinella', da *vĭgil* 'vigile, sveglio'] s. f. *1* (*lett.*) Notte trascorsa senza dormire, veglia: *lunghe, assidue vigilie di studio*; *protrarre le vigilie*; *il vigore del quale ... né i digiuni né le vigilie potevano macerare* (BOCCACCIO) | *V. dei sensi*, (*lett., fig.*) la vita, in quanto precede il sonno della morte | *V. d'armi*, veglia d'armi | †Veglia funebre. *2* Nella liturgia precedente il Concilio Vaticano II, giorno che precede una solennità religiosa, con obbligo di digiuno e di astinenza | Attualmente, giorno di preparazione spirituale e liturgica a una grande festa, senza obbligo di digiuno e astinenza. *3* (*est.*) Digiuno, astinenza: *osservare, rompere la v.*; *far v.* | *V. non comandata*, (*scherz.*) digiuno forzato, per mancanza di mezzi. *4* (*est.*) Giorno che precede un fatto di qualche rilievo: *la v. dell'esame, del matrimonio, della partenza*; *i preparativi, le ansie della v.*; *essere alla v. di q.c.* | Periodo di tempo più o meno lungo che precede un evento o una serie di eventi di particolare rilievo, di vasta risonanza e sim.: *si era ormai alla v. della guerra, della crisi economica*; *i lunghi giorni della v.*; *le dure necessità della v.* *5* Turno di guardia delle sentinelle romane | *Le quattro vigilie*, di tre ore ciascuna, che coprivano la notte | †Sentinella di guardia.

†**vigìlio** [vc. dotta, lat. *vigĭliu(m)*, da *vĭgil* 'sveglio, vigile'] s. m. ● Vigilia, veglia.

vigintiviràto [vc. dotta, lat. *vigintivirātu(m)*, da *vigintĭviri*] s. m. ● Magistratura romana che doveva essere rivestita da chi aspirava alla questura e quindi alla vita politica.

vigintìviro /*lat.* vidʒin'tiviro/ [sing. ricavato dal pl. *vigintiviri*] s. m. ● (*raro, spec. al pl.*) Appartenente a una commissione o collegio di magistrati romani composto di venti membri.

vigliaccàta s. f. ● (*pop., spreg.*) Azione da vigliacco.

vigliaccherìa s. f. *1* Qualità, caratteristica di chi è vigliacco: *dar prova di v.* SIN. Codardia, pusillanimità. CONTR. Ardimento. *2* Azione da vigliacco: *commettere una v.*

vigliàccio [da *vigliare*] s. m. ● Spiga o parte di spiga sfuggita alla trebbiatura.

vigliàcco [sp. *bellaco* 'briccone, malvagio' (di etim. incerta), accostato paretimologicamente a *vile*] **A** agg.; anche s. m. (f. *-a*; pl. m. *-chi*) *1* Che, chi fugge davanti al pericolo o accetta, senza ribellarsi o reagire, ingiustizie, umiliazioni, soperchierie e sim., imposte a lui stesso o ad altri: *gente vigliacca*; *siete un branco di vigliacchi*; *ti stai comportando da v.* SIN. Codardo, pusillanime. CONTR. Coraggioso, risoluto. *2* Che, chi, sapendo o credendo di restare impunito, approfitta della debolezza altrui, si impone con la prepotenza a chi è indifeso, compie sopraffazioni, ingiustizie e sim.: *un individuo spregevole e v.*; *non voglio aver nulla a che fare con un v. della tua specie*. *3* (*fam., scherz.*) Che, chi sa entrare nelle grazie di qc. o sa farsi perdonare malefatte e sim., sfruttando abilmente le proprie doti e le altrui debolezze: *sei un gran v.!* **B** agg. ● Di, da vigliacco: *comportamento v.*; *azione subdola e vigliacca*. ‖ **vigliaccóne**, accr. ‖ **vigliaccaménte**, avv. Con vigliaccheria, da vigliacco.

vigliàre [da *viglia*, perché con essa si fanno scope per l'aia] v. tr. (*io vìglio*) *1* (*raro*) Separare dal grano i vigliacci. *2* (*fig.*) †Scegliere, cernere.

vigliatùra s. f. *1* (*raro*) Atto, effetto del vigliare. *2* (*raro*) Complesso di vigliacci separati dal grano.

†**vigliétto** ● V. *biglietto*.

vigna [lat. *vīnea(m)*, da *vīnum* 'vino'] s. f. *1* Vigneto: *una bella v.*; *colline ricoperte di vigne*; *coltivare, piantare un terreno a v.* | *La v. del Signore*, (*fig.*) la Chiesa | (*fig., scherz.*) *La v. di Cristo*, attività e sim. molto redditizia | *V. che non fa uva*, (*fig.*) persona di scarsissime capacità e che non combina nulla di buono; attività, iniziativa e sim. che non dà buoni frutti | *Non è terreno da piantar v.*, (*fig.*) si dice di chi, di ciò che vale poco, che non dà garanzie di serietà, capacità e sim. *2* (*fig., lett.*) Fonte di lucro. *3* †Vite. *4* V. *vinea*. ‖ **vignàccia**, pegg. | **vignétta**, dim. | **vignóna**, accr. | **vignóne**, accr. m. | **vignùccia**, pegg. | †**vignuòla**, dim. (V.).

vignàio s. m. *1* (*raro*) Vignaiolo. *2* †Vigneto.

vignaiòlo o (*lett.*) **vignaiuòlo**, (*raro*) **vignaròlo**, (*raro*) **vignaruòlo** s. m. ● Chi coltiva una vigna.

†**vignàta** s. f. *1* Vigneto. *2* Giardino con pergolato dove si va a giocare, bere, e sim. *3* Scampagnata tra le vigne.

vignàto agg. ● (*raro*) Coltivato a vigna, detto di terreno.

†**vignàzzo** s. m. ● Vigna, vigneto.

vignéto [lat. *vinētu(m)*, da *vīnum* 'vino', rifatto su *vigna*] s. m. ● (*agr.*) Superficie piuttosto estesa di terreno piantato a vite | *V. specializzato*, in coltura pura | *V. consociato*, con viti alternate ad altre piante | *V. di tendone*, detto di un particolare tipo di allevamento della vite.

vignétta [fr. *vignette*, propriamente dim. di *vigne* 'vigna': detta così perché un tempo l'inizio della prima pagina di un libro (o anche di ogni capitolo di un libro) era ornato con tralci e viticci] s. f. *1* Piccola illustrazione, scontornata e sfumata fino a confondersi con la carta bianca, in uso nell'Ottocento | In origine, fregio a forma di foglia o tralcio di vite | In seguito, qualunque genere d'illustrazione. *2* (*est.*) Disegno, spec. satirico o umoristico, con o senza parole. *3* La parte a stampa del francobollo.

vignettatùra [da *vignetta*] s. f. *1* (*ott.*) Diminuzione dell'illuminamento ai bordi dell'immagine formata sul materiale sensibile da un obiettivo, particolarmente notevole nel caso degli obiettivi grandangolari. *2* (*fot.*) Operazione eseguita nella stampa mediante una mascherina di cartoncino tenuta sopra la carta fotografica e avente lo scopo di isolare il soggetto dall'ambiente circostante rendendo quest'ultimo evanescente.

vignettista s. m. e f. (pl. m. *-i*) ● Chi disegna vignette satiriche, umoristiche e sim.

vignettìstica [da *vignettistico* sostantivato al f.] s. f. ● Arte e tecnica che riguarda l'elaborazione e la produzione di vignette satiriche, umoristiche e sim. | Il complesso delle vignette di un autore, di un'epoca o riguardante un argomento: *la v. di Forattini*; *la v. politica*.

†**vignuòla** [lat. parl. **vineŏla(m)*, per il tardo *vinĕola(m)*, dim. di *vīnea* 'vigna'; nel sign. 2, dal precedente perché la *vigna* è una buona fonte di reddito] s. f. *1* Dim. di *vigna*. *2* Passatempo, comodo | *Essere, diventare v. di q.c.*, soggetto da sfruttare.

†**vignuòlo** [da *vigna*] s. m. ● Viticcio.

vigógna [sp. *vicuña*, vc. di origine *quechua*] s. f. *1* Piccolo camelide americano dei Lama, con lana finissima e pregiata, giallo rossiccio sul dorso e bianco ventralmente (*Lama vicugna*). *2* Stoffa soffice e calda, tessuta con la morbidissima lana dell'animale omonimo | Tessuto compatto di lana rasata, per tappeti e simili.

†**vigoràre** [vc. dotta, lat. tardo *vigorāre*, da *vĭgor*, genit. *vigōris* 'vigore'] **A** v. tr. ● Dare vigore. **B** v. intr. pron. ● Invigorire.

vigóre o †**vivóre** [vc. dotta, lat. *vigōre(m)*, da *vigēre* (V. *vigere*)] s. m. **1** Forza vitale propria di ogni organismo vivente: *il v. della giovinezza*; *uomo, animale, pianta piena di v., nel suo pieno v.*; *perdere v.*; *acquistare nuovo v.*; *essere nella fase, nel periodo di massimo v.* | *V. del terreno*, capacità di produrre, fertilità | *V. del vino*, robustezza. SIN. Gagliardia. CONTR. Fiacchezza. **2** (*est., fig.*) Energia, nerbo, potenza, vivacità: *il v. dell'ingegno, della mente, della fantasia*; *parlare, esprimersi con v.*; *il v. dello stile, di una musica*; *lottare con tutto il v. di cui si dispone, di cui si è capaci*. SIN. Foga. **3** (*dir.*) Efficacia, obbligatorietà, detto di un atto normativo: *v. della legge*; *entrare in v. l'anno prossimo*; *andare in v. dal primo del mese*; *essere, non essere, in v.*

vigoreggiàre v. intr. (*io vigoréggio*; aus. *avere*) ● (*lett.*) Aver vigore, fiorire (*spec. fig.*): *gli studi vigoreggiano*.

†**vigorézza** s. f. ● Vigoria, forza.

vigorìa s. f. ● Vigore (*spec. fig.*): *v. fisica, morale*; *v. delle membra, della parola, dello stile*. CONTR. Estenuazione.

†**vigorióso** agg. ● Vigoroso.

†**vigorìre** [da *vigore*] **A** v. tr. ● Invigorire. **B** v. intr. pron. ● Diventare vigoroso.

vigorosità s. f. ● Qualità di chi, di ciò che è vigoroso.

vigoróso o †**vivoróso**. agg. ● Di chi, di ciò che è pieno di vigore (*anche fig.*): *uomo v.*; *ingegno v.*; *mente vigorosa*; *membra vigorose*; *azione vigorosa*. SIN. Energico, gagliardo. CONTR. Bolso, fiacco. || **vigorosaménte**, avv. Con vigore: *opporsi vigorosamente a qc., a q.c.*

†**vilànza** [da *vile*] s. f. ● Viltà, pochezza.

†**vilàre** [da *vile*] v. tr. e intr. ● (*raro*) Avvilire.

vile o (*tosc.*) **vilio**, nel sign. A 1 [lat. *vīle(m)* 'di poco prezzo', quindi 'di poco valore' (in senso proprio e figurato), di etim. incerta] **A** agg. **1** (*lett.*) Che costa e vale poco: *merce, roba v.* | *A vil prezzo*, a prezzo bassissimo. **2** (*est., lett.*) Misero, meschino: *riguardo il viver mio sì v. / e sì dolente* (LEOPARDI) | *Avere, tenere a v.*, non stimare, non considerare e sim. | *Essere a v.*, non essere stimato, considerato e sim. **3** (*est., fig.*) Basso, spregevole: *vili parole*; *sentimenti vili*; *v. adulazione*; *il v. denaro*; *la v. moneta* | (*scherz.*) *Il vil metallo*, l'oro. **4** (*lett.*) Di poveri natali, di oscure origini, di misera condizione sociale e sim.: *gente v.*; *essere di v. schiatta*; *uomo di v. condizione*. SIN. Umile. **5** (*fig.*) Che fugge dinanzi al pericolo, che ha paura e, per paura, cede e consente a tutto: *uomo, soldato, popolo v.* | (*est.*) Di ciò che è dettato dalla paura, che è proprio o caratteristico delle persone vili: *azione v.*; *v. cedimento*; *animo v.*; *ogni tuo atto è v. e degno di disprezzo*. SIN. Codardo. **6** (*raro*) Timido, timoroso: *il pudor mi fa v. / e prode l'ira* (FOSCOLO). || **vilménte**, †**vileménte**, avv. In modo vile: *fuggire vilmente*. **B** s. m. e f. ● Persona vile: *disprezzare, fuggire i vili*; *è da v. comportarsi così*.

†**vilésco** [da *vile*] agg. ● Di poco pregio.

†**vilézza** [da *vile*] s. f. ● Viltà.

†**vilìa** ● V. *veglia*.

vilificàre [vc. dotta, lat. tardo *vilificāre*, comp. di *vīlis* 'vile' e *-ficāre*] **A** v. tr. (*io vilìfico, tu vilìfichi*) ● (*raro*) Avvilire, disprezzare, schernire. **B** v. rifl. ● (*raro, lett.*) Umiliarsi.

†**vilificatóre** s. m.; anche agg. (f. *-trice*) ● (*raro*) Chi, che vilifica.

vilio ● V. *vile*.

†**vilipendènza** [da *vilipendere*] s. f. ● Disprezzo.

vilipèndere [vc. dotta, lat. *vilipĕndere*, propriamente 'stimare di poco valore', comp. di *vīlis* 'di poco valore' (V. *vile*) e *pĕndere* 'pesare' (V. *pendere* (*2*))] v. tr. (pass. rem. *io vilipési, tu vilipendésti*; part. pass. *vilipéso*, †*vilipènso*) ● Considerare e trattare con palese disprezzo: *v. lo Stato, le istituzioni pubbliche*. SIN. Conculcare, ingiuriare.

vilipèndio [da *vilipendere*, sul modello di *dispendio*] s. m. ● Atto, effetto del vilipendere | (*dir.*) Il

vigili del fuoco

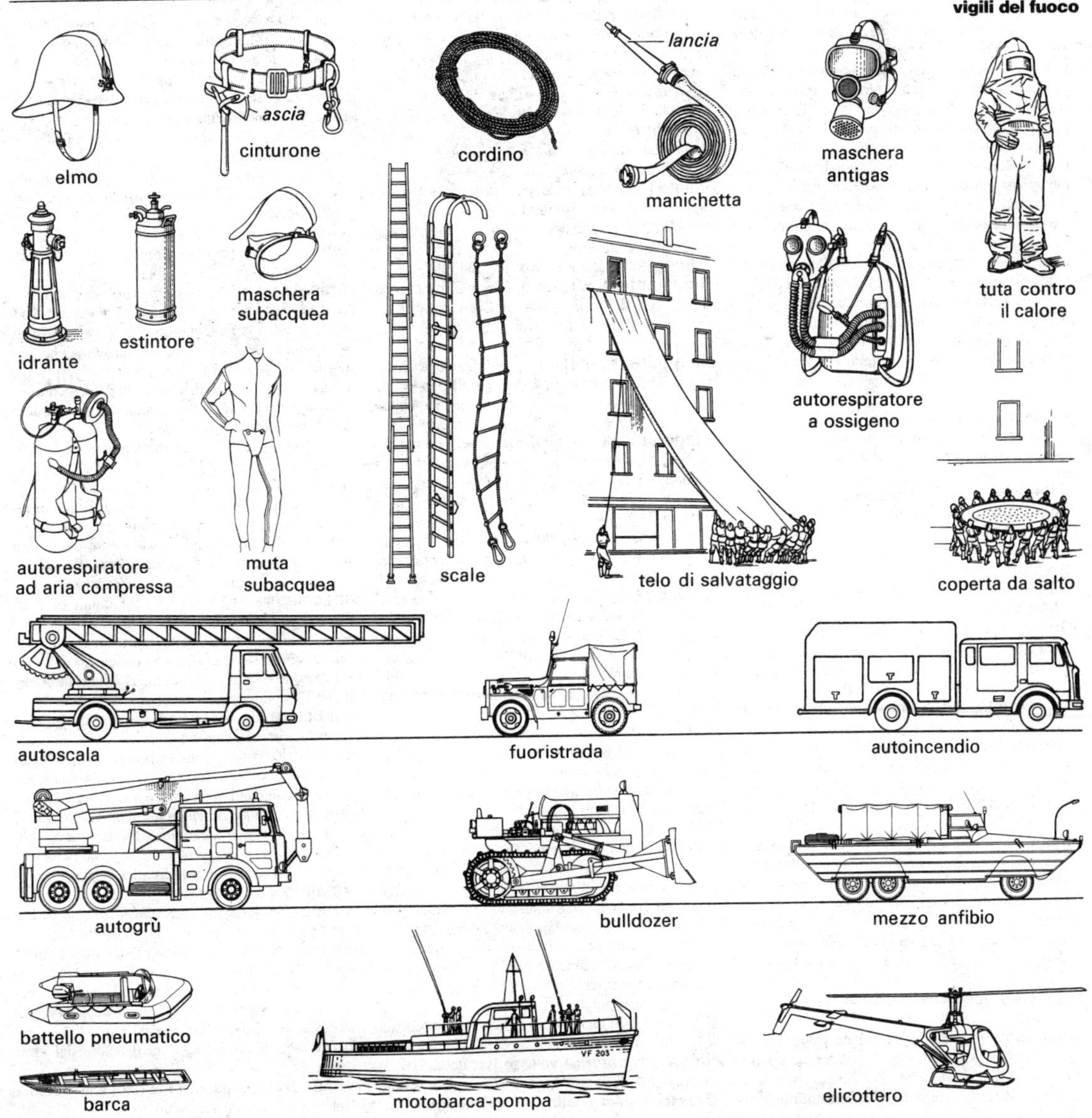

mostrare disprezzo per iscritto od oralmente o mediante altri atti materiali verso particolari beni giuridici: *v. di cadavere, delle tombe*; *v. alla bandiera, alla nazione italiana*.

†**vilipensióne** [da *vilipenso*] s. f. ● Umiliazione, disprezzo.

†**vilipènso** ● V. *vilipeso*.

†**vilipensóre** s. m. ● (*raro*) Chi vilipende.

vilipéso o †**vilipènso**. part. pass. di *vilipendere*; anche agg. ● Nei sign. del v.

†**vilire A** v. tr. ● Tenere a vile. **B** v. intr. ● Perdere ogni pregio.

†**vilità** ● V. *viltà*.

†**vilitànza** [da *viltà*, sul modello dell'ant. fr. *viltance*] s. f. ● Viltà, codardia.

villa [lat. *vĭlla(m)*, dalla stessa radice di *vīcus* 'vico'] s. f. **1** Casa signorile fuori città, circondata da ampio giardino o parco: *v. settecentesca*; *le ville romane*; *trascorrere i mesi caldi in v.* | (*region.*) *V. comunale*, parco pubblico di una città. **2** (*est.*) Abitazione cittadina unifamiliare, con giardino, costruita nei quartieri residenziali: *farsi la v.*; *abitare in una v.* **3** (*lett.*) Campagna, contado | †*Uomo di, della v.*, contadino. **4** (*poet.*) Villaggio, paese, borgo. **5** †Città | †*Andare in v. colla brigata*, (*fig.*) impazzare. || **villàccia**, pegg. | **villétta**, dim. (V.) | **villina**, dim. | **villino**, dim. m. (V.) | **villóna**, accr. | **villóne**, accr. m. | **villùccia**, dim.

†**villàggine** s. f. ● (*raro*) Amore dello stare in villa.

villàggio [ant. fr. *village*, dal lat. *villătĭcu(m)*, agg. di *vĭlla*] s. m. **1** Piccolo centro abitato: *v. di campagna*; *villaggi alpini*; *campagne sparse di ameni villaggi* | *Scemo, idiota del v.*, persona beffeggiata, fatta oggetto di scherno collettivo per il suo comportamento ritenuto strano o ridicolo. SIN. Borgo. **2** (*est.*) Complesso edilizio più o meno organico e dotato dei servizi propri di un quartiere urbano, costruito su aree cittadine periferiche o nella fascia di territorio che circonda immediatamente una grande città: *v. popolare, residenziale*; *v. del soldato*; *v. satellite* | *V. olimpico*, quello destinato a ospitare gli atleti durante le olimpiadi | *V. turistico*, insieme di abitazioni generalmente progettate e costruite con i medesimi criteri architettonici, fornito di infrastrutture essenziali e spesso di impianti sportivi e attrezzature per il tempo libero, destinato ad insediamenti temporanei in località di interesse turistico | (*sociol.*) *V. globale*, locuzione, coniata dal sociologo canadese H.M. McLuhan (1911-1980), che definisce il mondo contemporaneo, così denominato spec. in seguito alla diffusione dei mezzi di comunicazione di massa e per la comunanza di una serie di problemi che riguardano ormai tutti i Paesi. || **villaggétto**, dim.

†**villàio** agg. ● Di villa, campagna.

†**villaiuòlo** [da *villa*] s. m. ● Villeggiante.

†**villanànza** s. f. **1** Villania, malcreanza. **2** Rozzezza, rusticità.

villanàta s. f. ● Atto, gesto, discorso e sim. da villano: *non sopporterò oltre le vostre villanate*.

villancico /*sp.* biʎan'ðiko/ [vc. sp., da *villano* 'villano' (stessa etim. dell'it. *villano*). Cfr. *villotta*] s. m. inv. ● Composizione poetica popolare spagnola, di stanze con ritornello, per coro e orchestra, di tema religioso spec. natalizio.

†**villaneggiaménto** s. m. ● Atto, effetto del villaneggiare.

villaneggiàre [da *villano*] **A** v. tr. (*io villanéggio*) ● †Insultare, trattare villanamente. **B** v. intr. (aus. *avere*) ● (*raro*) Fare cose da villano.

†**villaneggiatóre** s. m.; anche agg. (f. *-trice*) ● Chi, che oltraggia, insulta.

villanèlla [da *villano* 'contadino'. Cfr. *villotta*] s. f. **1** Contadinella. **2** (*letter.*) Canzonetta villereccia, simile allo strambotto, di origine napoletana e diffusa soprattutto nel sec. XVI. **3** (*mus.*) Canzone a ballo con ritmo facile, periodi brevi e svelti con ritornello, semplice, quasi in armonia omofona.

villanèllo [dim. di *villano*] s. m. (f. *-a*) ● Contadinello.

villanésca [da *villanesco*] s. f. ● (*letter., mus.*) Villanella.

villanésco [da *villano* 'contadino'] agg. (pl. m. *-schi*) **1** Contadinesco, rustico: *abiti villaneschi*; *antiche nenie villanesche*. **2** †Villano, brutale | (*raro*) †Rozzo, incolto. || **villanescaménte**, avv. Rozzamente.

villania [da *villano* 'contadino'] s. f. **1** Qualità, caratteristica di chi, di ciò che è villano: *persona, discorso di insopportabile v.* **2** Atto, gesto, parola e sim. offensiva o ingiuriosa: *subire, sopportare le villanie di qc.*; *dire, fare una gran v.* SIN. Sgarbo | (*raro*) Villanata. **3** †Torto, ingiustizia | †*Far v. a una donna*, recare offesa al suo pudore, violarla. || **villaniùccia**, dim.

villàno [lat. tardo *villānu(m)*, da *vĭlla*] **A** s. m. (f. *-a*) **1** Abitante della campagna, contadino: *il buon villan sorge dal caro / letto* (PARINI) | (*spreg.*) *V. rifatto, rincivilito, rivestito, riunito*, contadino o (*est.*) persona di umili origini, che ha raggiunto una buona posizione economica, ma ha conservato modi rozzi e incivili. **2** (*est., fig.*) Persona rozza e incivile, priva di educazione, tatto, gusto, cortesia e sim.: *sei un v., un vero v.*; *ti stai comportando da perfetto v., da v. nato e calzato* | *Passare da, per v.*, essere considerato tale. SIN. Buzzurro, zotico. **B** agg. **1** Di chi, di ciò che è rozzo, incivile, privo di garbo, di buona creanza e sim.: *gente villana*; *modi villani*; *è piuttosto v.* | Ingiurioso, offensivo: *rispondere con parole villane, con tono v.* **2** †Brutale, crudele. **3** †Brutto, sozzo || PROV. Carta canta e villan dorme; giuoco di mano, giuoco di villano. || **villanàccio**, pegg. | **villanèllo**, dim. (V.) | **villanóne**, accr. | **villanòtto**, accr. || **villanaménte**, avv. In modo villano: *agire, rispondere villanamente*.

villanoviàno [dalla località di *Villanova* (Bologna)] **A** agg. ● Detto di una civiltà preistorica risalente alla prima età del ferro, diffusa nell'Italia centro-settentrionale, e di tutto ciò che ad essa si riferisce: *periodo, sepolcreto v.*; *reperti archeologici villanoviani*. **B** s. m. ● Periodo in cui si sviluppò la civiltà villanoviana.

villanzóne s. m. (f. *-a*) ● Chi è oltremodo villano.

†**villanzuòlo** s. m. (f. *-a*) ● Villanello.

villarèccio ● V. *villereccio*.

†**villàta** [da *villa*, sul modello di *borgata*] s. f. ● Villaggio | Contado | Contrada.

†**villàtico** [vc. dotta, lat. *villătĭcu(m)*, da *vĭlla*] agg. ● Di villa, campagna.

†**villeggiaménto** s. m. ● Villeggiatura.

villeggiànte A part. pres. di *villeggiare*; anche agg. ● Nel sign. del v. **B** s. m. e f. ● Chi è o va in villeggiatura: *l'arrivo, la partenza, il ritorno dei villeggianti*.

villeggiàre [da *villa*] v. intr. (*io villéggio*; aus. *avere*) ● Trascorrere un periodo di riposo e svago, spec. durante la stagione estiva, in località adatta: *v. al mare, in montagna, in campagna, sui laghi*.

villeggiatùra s. f. ● Atto, effetto del villeggiare: *andare, essere, stare in v.*; *fare la v. sulle Alpi* | Tempo in cui si villeggia: *trascorrere una piacevole v.*; *un breve periodo di v.* | Luogo in cui si villeggia: *scegliere per tempo la v.*

villeréccio o (*raro*) **villaréccio** [da *villa*] agg. (pl. f. *-ce*) ● (*lett.*) Campestre: *quiete villereccia* | Campagnolo: *gente villereccia*. SIN. Rurale.

†**villésco** [da *villa*] agg. ● Campagnolo, rustico.

†**villése** [da *villa*] agg. ● Contadinesco.

villétta s. f. **1** Dim. di *villa*. **2** Piccola casa con giardino: *una v. in periferia*; *villette prefabbricate, unifamiliari*; *una v. di quattro appartamenti*; *avere una v. al mare, in montagna*. || **villettina**, dim.

villico [vc. dotta, lat. *vī(l)lĭcu(m)*, da *vĭlla*] s. m. (f. *-a*; pl. m. *-ci*) **1** (*lett.*) Abitante del contado | Oggi spec. scherz.: *uno di quei villici si accostò attraverso il campo alla strada* (BACCHELLI). SIN. Contadino. **2** †Castaldo, fattore.

villino [dim. di *villa*] s. m. ● Villetta.

villo [vc. dotta, lat. *vĭllu(m)* 'pelo': var. pop. di *vĕllus* 'vello' (?)] s. m. **1** (*anat.*) Formazione allungata, prominente | *V. intestinale*, prominenza della parete epiteliale dell'intestino con funzioni di assorbimento | *V. coriale*, ognuna delle estroflessioni del corion di un embrione degli Euteri che concorre all'annidamento dell'embrione stesso nella parete uterina. **2** (*bot.*) Pelo lungo e morbido di alcuni vegetali.

villosità s. f. **1** Qualità di chi, di ciò che è villoso. **2** Insieme di villi.

villóso o (*raro, lett.*) **vellóso** [vc. dotta, lat. *villōsu(m)*, da *vĭllus* 'villo'] agg. **1** (*anat., bot.*) Detto di organo munito di villi. **2** (*zool.*) Coperto di fitto vello. **3** Peloso, riferito all'uomo: *torace v.*

villòtta [da *villa*, perché canto contadinesco] s. f. **1** (*mus.*) Canzone a ballo, su parole dell'omonimo componimento poetico, corale, di carattere popolare, facile, affine alla villanella. **2** Canzone popolare friulana.

†**vilpistrèllo** ● V. *pipistrello*.

viltà o †**vilità**, †**viltàde**, †**viltàte** [vc. dotta, lat. *vilitāte(m)*, da *vīlis* 'vile'] s. f. **1** Caratteristica, qualità di chi, di ciò che è vile: *dar prova di v.*; *uomo di estrema v.*; *parole dettate dalla v.* SIN. Codardia, pusillanimità. CONTR. Coraggio. **2** Azione, discorso, comportamento da vile: *fuggire in quel momento fu una v.*; *commettere una v.* **3** (*raro, lett.*) Bassezza d'animo, abiezione. **4** †Umiltà d'origine, di natali, di condizione sociale. **5** †Bassezza di prezzo.

vilùcchio [lat. parl. **volūculu(m)*, da *vŏlvere* 'volgere, avvolgere', deform. secondo *viluppo*] s. m. ● Convolvulacea dei campi, a sottile rizoma strisciante e fusto rampicante, con fiori solitari, campanulati, rosei (*Convolvulus arvensis*) | *V. delle siepi*, vilucchione. || **vilucchióne**, accr. (V.).

vilucchióne [accr. di *vilucchio*] s. m. ● Convolvulacea frequente nelle siepi, simile al vilucchio con fiori grandi bianchi (*Convolvulus sepium*). SIN. Vilucchio delle siepi.

†**vilùme (1)** ● V. *volume*.

†**vilùme (2)** [da *vile*] s. m. ● (*raro*) Viltà di condizione.

vilùppo [vc. d'origine sconosciuta: forse da avvicinare a *faloppa*] s. m. **1** Intreccio disordinato e confuso di fili, capelli o cose sottili in genere, ripetutamente avvolte su se stesse e l'una all'altra: *un v. inestricabile di cordami* | (*est., fig.*) Ammasso di cose disordinatamente sovrapposte, intrecciate in modo innaturale e sim.: *un v. di membra*. SIN. Groviglio. **2** (*fig.*) Imbroglio, intrico: *un v. di complicazioni*; *un oscuro v. di parole, di concetti*; *dove affonda un morto / v. di memorie* (MONTALE). **3** †Involto. || **viluppétto**, dim. | **viluppóne**, accr.

†**vimàre** [da *vime*] v. tr. ● (*raro*) Collegare, unire.

†**vime** o **vimo** [dal lat. *vīmen*; V. *vimine*] s. m. **1** Vimine. **2** (*fig., lett.*) Vincolo, legame.

viminàta s. f. ● Lavoro di vimini intrecciati.

vìmine o †**vime** [vc. dotta, lat. *vīmine*, abl. di *vīmen*, da *viēre* 'legare, intrecciare' (V. *vetrice*)] s. m. ● (*spec. al pl.*) Ramo flessibile di salice che, opportunamente trattato, serve per far panieri, sedie e altri oggetti di produzione prevalentemente artigianale: *mobili di vimini*; *culla, sedia di vimini*. SIN. Vinco. || **viminétto**, dim.

†**vimìneo** [vc. dotta, lat. *vimĭneu(m)*, da *vīmen*, genit. *vīminis* 'vimine'] agg. ● (*lett.*) Di vimini.

†**vìmo** ● V. *vime*.

vina [sanscrito *vīnāh*] s. f. ● Antico strumento indiano a corde pizzicate, tuttora in uso, formato da una canna di bambù sulla quale sono tenute tese le corde, in genere sette, mentre, sotto di esse, due zucche vuote fanno da casse di risonanza.

vinàccia [lat. *vinācea(m)*, f. sost. dal nt. pl. di *vināceus* 'vinacciolo', da *vīnum* 'vino'] **A** s. f. (pl. *-ce*) ● Insieme delle parti solide dell'uva costituito da bucce, vinaccioli e graspi, che residuano dalla vinificazione o dalla spremitura. **B** in funzione di agg. inv. ● Di colore rosso scuro tendente al viola.

vinaccièra [da *vino*] s. f. ● Nave opportunamente attrezzata per il trasporto del vino.

vinacciòlo o (*lett.*) **vinacciuòlo** [dim. di *vināceus* 'vinacciolo' (V. *vinaccia*)] s. m. ● Ciascuno dei semi contenuti in un chicco d'uva. SIN. Fiocine.

vinàio [vc. dotta, lat. *vināriu(m)*, da *vīnum* 'vino'] **A** s. m. (f. *-a*) **1** Venditore, fornitore di vino. **2** Oste. **B** agg. ● Che produce vino, solo nella loc. (*tosc.*) *novembre v.* || **vinaiùccio**, pegg.

†**vinaiòlo** s. m. ● Vinaio.

†**vinàle** [vc. dotta, lat. tardo *vināle(m)*, da *vīnum* 'vino'] agg. ● Di vino.

vinàrio [vc. dotta, lat. *vināriu(m)*, da *vīnum* 'vino'] agg. ● Di, relativo a vino: *produzione vinaria* | *Recipienti, vasi vinari*, destinati a contenere il vino | *Cella vinaria*, locale dell'antica casa romana in cui si serbavano le anfore del vino.

vinàto agg. ● (*raro*) Che ha il colore del vino rosso.

†**vinattière** o †**vinattièri** [da *vino*] s. m. ● (*lett.*) Chi vende o commercia vino.

†**vinattingitóre** [comp. di *vino* e *attingitore*] s. m. (f. *-trice*) • (*raro*) Cantiniere.

vinavil ® s. m. • Nome commerciale di colla sintetica ad alto potere adesivo, a base di acetato di polivinile.

vinca [vc. dotta, lat. *vĭnca(m)*, di etim. incerta] s. f. • (*bot.*) Pervinca.

†**vincàia** s. f. • Vincheto.

vincapervìnca [vc. dotta, lat. *vĭnca(m) pervĭnca(m)*, di etim. incerta] s. f. • (*bot.*) Pianta simile alla pervinca, con fiori più grandi (*Vinca maior*).

†**vincàstra** s. f. • Vincastro.

vincàstro [da *vinco*] s. m. *1* (*lett.*) Bacchetta di vimini. *2* †Flagello, frusta.

vincènte A part. pres. di *vincere*; anche agg. *1* Nei sign. del v. *2 Numero v.*, sorteggiato in una lotteria, al lotto, a tombola | *Biglietto v.*, sorteggiato in una lotteria. **B** s. m. e f. • Chi vince, vincitore.

vincenzina [da *S. Vincenzo* de' Paoli (1581-1660)] s. f. • Religiosa di congregazione istituita da G. B. Cottolengo, secondo le sue regole ispirate a quelle di S. Vincenzo de' Paoli, per l'assistenza ai malati e agli orfani.

vìncere [lat. *vĭncere*, di origine indeur.] **A** v. tr. (pres. *io vìnco, tu vìnci*; pass. rem. *io vìnsi, tu vincésti*; part. pass. *vìnto*, †*vìtto*) *1* Superare, battere l'avversario in uno scontro armato, una contesa verbale o una competizione pacifica: *v. i nemici*; *v. qc. in battaglia, in duello*; *v. qc. al gioco, nel salto, nella corsa*; *v. gli oppositori* | (*raro*) *V. la città*, espugnarla. CONTR. Perdere. *2* Concludere con esito favorevole, positivo, portare a termine con successo: *v. la guerra, la battaglia, il duello*; *v. le elezioni*; *v. una gara, una corsa, una competizione, un incontro*; *v. una partita a carte, a scacchi, al biliardo*; *v. un concorso, il campionato* | *V. una causa*, vedere accolte dal giudice le ragioni e le richieste avanzate a proprio favore in un processo; correntemente, si dice anche di legale che ha difeso vittoriosamente il proprio cliente in un processo | *V. la prova*, (*fig.*) riuscire nel proprio intento. *3* Ottenere, aggiudicarsi q.c. come premio o segno tangibile di vittoria, conseguire ciò per cui si è lottato, gareggiato, giocato e sim.: *v. un posto, una cattedra, una coppa, una medaglia*; *v. il premio Nobel, la maglia iridata, il titolo di campione olimpico* | Guadagnare al gioco (*anche ass.*): *v. una forte somma al poker, alla roulette, al totocalcio, al lotto* | *V. un terno al lotto*, (*fig.*) ottenere q.c. che si desiderava moltissimo, ma che si considerava o si temeva irraggiungibile | †*v. la legge*, riuscire a farla approvare. *4* (*fig.*) Domare, fiaccare, piegare, soggiogare: *v. la resistenza, l'opposizione, l'ostinazione di qc.*; *v. il morbo, la violenza dell'infezione*; *v. le tenebre con la luce*; *v. la passione, gli istinti, l'ira*; *con le preghiere ha vinto la sua superbia*; *la pietà lo vinse*; *lasciarsi v. dall'ira* | *V. se stesso*, dominarsi. *5* (*fig.*) Persuadere, detto di parole: *la sua eloquenza ci ha vinto*. *6* (*fig.*) Superare: *v. qc. in bellezza, abilità, capacità*; *v. ogni ostacolo, ogni difficoltà*; *un'opera che vince qualsiasi confronto* | *V. di limpidezza il cristallo, di candore la neve*, e sim., essere più limpido del cristallo, più candido della neve e sim. | *Donna che vince il sesso*, che compie azioni da forte, da uomo. **B** v. intr. (aus. *avere*) *1* Riportare la vittoria su qc.: *si prevedeva di v.*; *lottare per v.*; *vinca il migliore!*; *con lui non si può giocare perché vince sempre*; *v. da dominatore, da campione, da fuoriclasse*; *la nazionale ha vinto*; *le presenti guerre impoveriscono così quelli che vincono come quelli che perdono* (MACHIAVELLI) | *V. sulla carta*, (*fig.*) godere dei favori del pronostico, essere dato come vincitore alla vigilia di una gara. CONTR. Capitolare, soccombere. *2* Prevalere: *v. in sede parlamentare, nell'ambito di una commissione*; *la maggioranza vince*. **C** v. rifl. • Contrastare o sopraffare i propri desideri e impulsi, le proprie passioni e sim.: *devi imparare a vincerti*. SIN. Dominarsi || PROV. L'importuno vince l'avaro; chi la dura la vince.

vincetòssico [comp. di *vincere* e *tossico* (*1*)] s. m. (pl. *-ci*) • Asclepiadacea medicinale perenne delle zone montuose, con radice di gradevole odore e fiori in corimbi ascellari (*Cynanchum vincetoxicum*). SIN. Erba seta.

†**vincévole** [da *vincibile*, con cambio di suff.] agg. • Vincibile.

vinchéto [da *vinco*] s. m. • Luogo umido dove crescono spontanei o piantati i vinchi.

vìnchio • V. *vinco*.

vinci [ingl. *winch*, vc. germ. di origine indeur.] s. m. • (*mar.*) Verricello.

vinciàno A agg. *1* Di Vinci, cittadina toscana. *2* Che si riferisce a Leonardo da Vinci (1452-1519). **B** s. m. (f. *-a*) • Abitante, nativo di Vinci.

vincìbile [vc. dotta, lat. *vincĭbile(m)*, da *vĭncere*] agg. • Che si può vincere. CONTR. Invincibile.

vincibòsco [comp. del lat. *vincīre* 'legare' (V. *vincire*) e *bosco*] s. m. (pl. *vincibòsco*, raro *vincibòschi*) • (*bot.*) Caprifoglio.

vìncido [lat. parl. **vĭncidu(m)*, da *vincīre* 'legare'. V. *vincire*] agg. *1* (*raro*) Flessibile, pieghevole. CONTR. Rigido. *2* (*raro*) Mencio, floscio, vizzo.

†**vinciglia** s. f. • Vinciglio.

vincìglio [lat. parl. **vincĭlia*, da *vincīre* 'legare'. V. *vincire*] s. m. *1* Vinco. *2* Legame di vinchi. *3* (*est., lett.*) Laccio, stretto legame.

†**vinciménto** s. m. • (*raro*) Modo e atto del vincere.

vincipèrdi [comp. di *vincere* e *perdere*] s. m. • Modo di giocare, per cui vince chi fa meno punti, chi arriva ultimo: *giocare, fare a v.*

†**vincire** [vc. dotta, lat. *vincīre*, di origine indeur.] v. tr. • Legare, circondare, avvincere.

vincisgràssi [vc. marchigiana, di etim. incerta] s. m. • Pasticcio di lasagne con fegatini, animelle e besciamella, cotto al forno, specialità della cucina marchigiana.

vìncita [da *vincere*] s. f. *1* Vittoria conseguita al gioco, in una lite e sim.: *una v. al poker, al lotto*; *la v. di una cinquina a tombola*; *la v. del primo premio*; *festeggiare la v.* CONTR. Perdita. *2* Ciò che si vince, spec. in denaro: *fare una grossa v. alla roulette, al totocalcio* | *Una bella v.*, *una v. strepitosa* e sim., quando la somma è particolarmente rilevante. *3* †Vittoria di guerra.

vincitóre [da *vincita*] s. m.; anche agg. (f. *-trice*) • Chi, che vince: *i vincitori della guerra*; *subire le imposizioni del v.*; *il v. di un concorso, di un incontro*; *presto lo festeggeremo v.*; *il campione v. stasera è tra noi* | *V. assoluto*, chi risulta in testa alla graduatoria generale, dopo quelle parziali o quando vengono stabilite anche classifiche per categoria.

vìnco o (*dial.*) **vìnchio** [lat. parl. **vĭncu(m)*, da *vĭnculum* 'vincolo'] s. m. (pl. *-chi*, poet. *-ci*) *1* Ramo flessibile di salice o altra pianta, per legature, panieri e sim. SIN. Vimine, vermena. *2* †Legame.

vincolànte part. pres. di *vincolare* (*2*); anche agg. • Nei sign. del v.

vincolàre (**1**) agg. • (*mecc.*) Dovuto a vincoli: *reazione v.*; *sollecitazione v.*

vincolàre (**2**) [vc. dotta, lat. tardo *vinculāre*, den. da *vĭnculum* 'vincolo'] v. tr. (*io vìncolo*) *1* Impedire o limitare la libertà di movimento di qc. o di q.c. con vincoli, legami: *v. le braccia, le gambe*; *v. un pezzo meccanico, un sistema, una struttura*. CONTR. Liberare. *2* (*est.*) Assoggettare a vincoli di tempo: *v. una somma in banca*. CONTR. Svincolare. *3* (*fig.*) Obbligare: *la legge vincola i propri destinatari*; *mi sono vincolato con una solenne promessa*.

vincolatività [da *vincolativo*] s. f. • Obbligatorietà: *v. della legge, del diritto*.

vincolatìvo [da *vincolato*] agg. • Che è atto a vincolare, che obbliga, impegna: *promessa, norma vincolativa*.

vincolàto o †**vinculàto**. part. pass. di *vincolare* (*2*); anche agg. *1* Nei sign. del v. *2* Sottoposto a determinati vincoli o limitazioni: *area vincolata* | *Deposito v.*, deposito bancario che il depositante può ritirare solo dopo lo scadere di un termine prefissato.

vincolìsmo [da *vincolo*] s. m. • Tendenza a emanare norme giuridiche vincolistiche per disciplinare, limitare o tutelare l'attività di alcuni settori: *aumenta il v. nel campo dei beni culturali*.

vincolìstico [da *vincolo*] agg. (pl. m. *-ci*) • Nella loc. *regime v.*, complesso di norme giuridiche che disciplinano un settore, antecedentemente lasciato alla libera iniziativa privata, ponendo una serie di limiti: *regime v. dei contratti agrari*.

vìncolo o †**vìnculo** [vc. dotta, lat. *vĭnculu(m)*, da *vincīre* 'legare'. V. *vincire*] s. m. *1* (*raro, lett.*) Laccio, legame, catena. *2* (*mecc.*) Legame che limita la mobilità dei punti di un corpo solido | *Reazione del v.*, forza fittizia che, sostituita al vincolo, ne ha gli stessi effetti nell'equilibrio del solido. *3* (*dir.*) Soggezione del soggetto passivo di un rapporto obbligatorio nei confronti del soggetto attivo dello stesso rapporto | Particolare limitazione del diritto di proprietà su un bene: *v. forestale*; *v. idrogeologico*; *vincoli urbanistici, ambientali, archeologici* | *V. ipotecario*, ipoteca. *4* (*fig.*) Obbligo di natura morale o giuridica: *sottostare ai vincoli della legge divina, della legge umana*; *è un v. che nasce da una solenne promessa* | *V. del giuramento*, quello, assunto col giuramento, di comportarsi onestamente secondo determinati doveri. *5* (*fig.*) Relazione o rapporto di natura morale, affettiva, sociale e sim. che lega reciprocamente due o più persone: *un v. d'amore, d'affetto, d'amicizia*; *i vincoli del sangue, del matrimonio*; *spezzare, infrangere ogni v.* SIN. Legame.

†**vinculàto** • V. *vincolato*.

†**vìnculo** • V. *vincolo*.

†**vindèmia** • V. *vendemmia*.

vìndice [vc. dotta, lat. *vĭndice(m)*, di etim. incerta] agg.; anche s. m. e f. • (*lett.*) Che, chi vendica, rivendica o riscatta (*spec. fig.*): *la v. spada*; *essere, farsi v. di un'offesa, del proprio onore*; *essere il v. degli oppressi*.

vìnea o (*raro*) **vigna** [lat. *vīnea(m)* 'vigna'] s. f. • Antica macchina da guerra a forma di galleria coperta di graticci e cuoio, montata su ruote nella quale gli assedianti si avvicinavano alle mura.

vinèllo s. m. *1* Dim. di *vino*. *2* Prodotto ottenuto dalla fermentazione delle vinacce vergini di uva fresca macerate in acqua o dall'esaurimento con acqua delle vinacce fermentate. SIN. Acquerello, mezzo vino, vino secondo.

†**vinètico** [da *vino* (?)] agg. • Vinato.

vinìcolo [da *vino*, sul modello di *agricolo*] agg. • Che riguarda la produzione e conservazione del vino: *stabilimento v.*; *industria vinicola*; *lavorazioni vinicole*.

vinìfero [vc. dotta, lat. tardo *vinĭferu(m)*, comp. di *vīnum* 'vino' e *-fer* '-fero'] agg. • Che produce vino: *regione vinifera*.

vinificàre [comp. di *vino* e *-ficare*] v. intr. (*io vinìfico, tu vinìfichi*; aus. *avere*) • Fare il vino.

vinificatóre [da *vinificato*, part. pass. di *vinificare*] s. m. • Chi lavora l'uva per farne vino, provvede alla stagionatura o si occupa della produzione di vini tipici.

vinificazióne [comp. di *vino* e *-ficazione*] s. f. *1* Trasformazione del mosto in vino. *2* Complesso di operazioni con le quali si ricava il vino dall'uva | *V. in rosso*, sistema di vinificazione dei vini rossi consistente nel lasciare le vinacce nel mosto in fermentazione | *V. in bianco*, sistema di vinificazione di vini bianchi o spumanti in assenza di vinacce (di uve bianche o nere).

vinilacetilène [comp. di *vinil(e)* e *acetilene*] s. m. • (*chim.*) Idrocarburo insaturo derivato dall'acetilene, impiegato per la preparazione del neoprene.

vinilclorùro [comp. di *vinil(e)* e *cloruro*] s. m. • (*chim.*) Gas infiammabile ed esplosivo, costituente un importante monomero per la preparazione del cloruro di polivinile e dei suoi copolimeri, usato nelle sintesi organiche e nella produzione di adesivi. SIN. Cloruro di vinile.

vinìle [da *vino*, col suff. *-ile*] s. m. • (*chim.*) Radicale monovalente di formula CH_2=CH– derivante dall'etilene per perdita di un atomo d'idrogeno, presente in moltissimi composti | *Cloruro di v.*, vinilcloruro | (*com.*) Resina vinilica, spec. impiegata per dischi fonografici; (*est.*) disco fonografico.

vinìlico agg. (pl. m. *-ci*) • Di, relativo a vinile | *Radicale v.*, vinile | *Resina vinilica*, materia plastica ottenuta per polimerizzazione di composti contenenti gruppi vinilici.

vinilite ® [da *vinil(ico)*] s. f. • (*chim.*) Nome commerciale di resina ottenuta per polimerizzazione di sostanze viniliche.

vìnilo [vc. di origine longob., da avvicinare all'ant. alto ted. *winnan* 'combattere'] s. m.; anche agg. • (*raro, poet.*) Longobardo.

vinilpèlle ® s. f. • Nome commerciale di un tipo di finta pelle a base di resine poliviniliche.

†**viniziano** • V. *veneziano*.

vinnola [vc. dotta, lat. *vīnnulu(m)* 'dolce, gradito, soave', di etim. incerta] s. f. • (*mus.*) Ornamento del canto liturgico cristiano.

vino [lat. *vīnu(m)*, di origine preindeur.] **A** s. m. *1* Bevanda alcolica ottenuta dalla fermentazione del mosto d'uva, per lo più in presenza di vinacce: *v. rosso, bianco, rosé*; *v. da taglio, da pasto, da dessert*; *v. secco, asciutto, austero, dolce, abboccato, amabile*; *travasare, imbottare, imbottigliare il v.*; *bere un bicchiere di v.* | *V. nuovo*, dell'anno | *V. novello*, V. *novello* | *V. vecchio*, di almeno due anni | *V. d'annata*, quello che è stato imbottigliato in un anno nel quale la produzione è stata particolarmente ricca o pregiata | *Vini tipici*, quelli che conservano requisiti e caratteristiche codificati e la cui origine si riferisce ad una zona precisa | *V. a denominazione d'origine controllata*, quello che viene imbottigliato nella zona d'origine e fabbricato secondo precise norme che riguardano la zona di produzione, i vitigni, la gradazione alcolica e i sistemi di vinificazione | *V. fiore*, liquido che la massa fermentata cede spontaneamente sotto l'azione della gravità | *V. torchiato*, vino ottenuto dalle vinacce per torchiatura | *V. gasato o gassato*, spumante artificiale | *V. secondo, mezzo*, vinello | *V. dei castelli*, prodotto nella zona dei castelli romani | *V. di bosco*, prodotto nella zona di Comacchio | *V. di uva spina*, fatto con uva spina, molto dolce, di 11°-12° | *V. conciato*, mosto cotto, sifone, alcol di vino rettificato e puro, per la preparazione del marsala | *V. drogato*, aromatizzato | *V. chinato*, con aggiunta di estratto di china | *V. allu soda*, amaro frizzante, usato come aperitivo | *V. americano*, con aggiunta di sostanza amaricante | *V. passito*, fatto con uva passa | *V. amarascato*, ottenuto fermentando il mosto con foglie e frutta di marasca e con aggiunta di alcol | *V. cotto*, denso e liquoroso, di colore mattone, ottenuto con successive concentrazioni, su fuoco vivo, del mosto, fatto poi fermentare | *V. brûlé*, vino solitamente rosso, bollito con spezie e zuc-

produzione e conservazione artigianali del vino

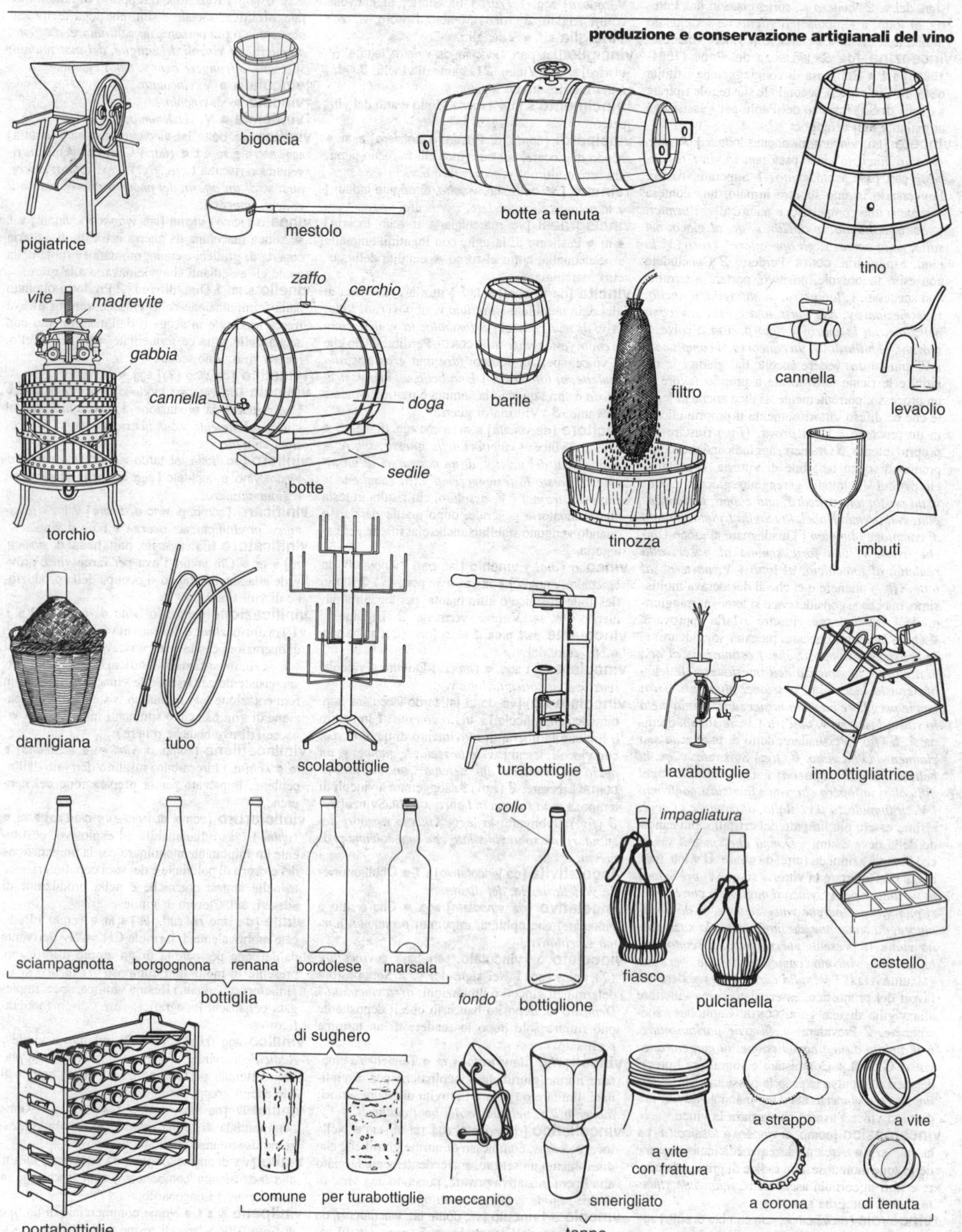

chero, che si beve caldo | *V. fatturato*, alterato nella composizione per l'aggiunta di sostanze estranee | *V. artefatto*, ottenuto con materie diverse dall'uva, come pere, mele, ciliegie, fichi e sim. | (*fig., scherz.*) *V. battezzato*, allungato con acqua | (*fig.*) *Dire pane al pane e v. al v.*, parlare senza mezzi termini, dire apertamente quello che si pensa | †*V. d'onore*, bicchierata | V. anche *vinsanto*. ➡ ILL. **vino**. *2* Bevanda alcolica, più o meno simile al vino, ottenuta per fermentazione di frutti diversi dall'uva o di liquidi tratti da particolari piante: *v. di pera, di palma, di agave, di sambuco* | *V. di mele*, sidro | *V. di riso*, sakè. *3* (*fig.*) Ubriachezza: *i fumi del v.*; *smaltire il v.* | *Avere il v. allegro, triste*, (*fig.*) nell'ubriachezza, cadere in uno stato di euforia o di tristezza | *Reggere il v.*, poterne bere senza ubriacarsi | †*Uscire il v. dal capo*, passare l'ubriachezza. **B** in funzione di agg. inv. ● (posposto al s.) Nella loc. *rosso v.*, detto di una particolare gradazione del rosso, cupa e intensa, tendente al viola || PROV. Il buon vino fa buon sangue. || **vinàccio**, pegg. | **vinarèllo**, **vinerèllo**, dim. | **vinèllo**, dim. (V.) | **vinétto**, dim. | **vinóne**, accr. | **vinùccio**, dim. | **vinùcolo**, pegg. | †**vinùgiolo**, dim.

vinolènto [vc. dotta, lat. *vinolĕntu(m)*, da *vīnum* 'vino'] agg. ● (*lett.*) Che è dedito al vino | Che è ubriaco.

vinolènza [vc. dotta, lat. *vinolĕntia(m)*, da *vinolĕntus* 'vinolento'] s. f. ● (*lett.*) Intemperanza nel bere | Ubriachezza.

vinomèle [da *vino*, sul modello di *idromele*: calco sul gr. *oinómeli*] s. m. ● Nel mondo greco-romano, bevanda costituita da vino in cui è stato sciolto del miele.

vinosità [vc. dotta, lat. tardo *vinositāte(m)*, da *vinōsus* 'vinoso'] s. f. ● Qualità di ciò che è vinoso.

vinóso [vc. dotta, lat. tardo *vinōsu(m)*, da *vīnum* 'vino'] agg. *1* Che concerne il vino: *fermentazione vinosa* | *Uve vinose*, molto ricche di mosto. *2* Di qualità simile a quella del vino: *sapore, colore v.* *3* Che sa di vino: *fiato v.* *4* Detto di vino che presenta aroma e sapore sano e genuino. *5* Detto di mantello equino grigio o bianco che presenta anche peli rossi, in quantità però insufficiente a dargli la tonalità del roano o dell'ubero.

vinsànto o **vin sànto** [da *vino santo*: detto così perché in alcune regioni serve per la messa] s. m. ● Vino aromatico, ad alta gradazione alcolica, fatto con uva bianca appassita, diraspata e in parte ammostata.

†**vìnta** [f. sost. di *vinto*] s. f. ● Vittoria.

vìnto o †**vitto** (2). **A** part. pass. di *vincere*; anche agg. *1* Nei sign. del v. *2 Darla vinta a qc.*, accontentarlo, cedere o acconsentire alla sua richiesta | *Darle tutte vinte a qc.*, accontentarlo sempre, non negargli mai nulla; detto di bambino, viziarlo | *Darsi per v.*, arrendersi, non fare più resistenza; (*fig.*) cedere | *Non darsi per v.*, (*fig.*) continuare a sostenere una causa, una lotta, le proprie idee, e sim. **B** s. m. (f. *-a*, raro) ● Chi è stato vinto: *imporre ai vinti la resa*; *non vi furono né vinti né vincitori*; *guai ai vinti!*

†**vintóre** [da *vincere*, *vinto*] s. m. ● Vincitore.

†**vinzàglio** ● V. *guinzaglio*.

vi̱òla (1) [lat. parl. **viŏla(m)*, per il classico *viŏla(m)*, di origine preindeur.] **A** s. f. *1* Pianta erbacea delle Violacee con fiori variamente colorati e frutto a capsula (*Viola*) | *V. a ciocche*, violacciocca | *V. del pensiero*, con radice fusiforme coltivata per i fiori violetti, gialli e bianchi, molto grandi (*Viola tricolor*) | *V. mammola*, a rizoma obliquo, foglie cuoriformi crenate e fiori sterili odorosi, violetti (*Viola odorata*). *2* Fiore di tale pianta: *raccogliere le viole*; *un mazzo di viole* | (*raro, lett.*) Garofano: *belle, fresche e purpuree viole* (L. DE' MEDICI). *3* (*al pl., fig.*) †Ciancia, frottola. **B** in funzione di agg. inv. *1* Che ha un colore intermedio fra il turchino e il rosso, caratteristico dei fiori della viola mammola: *abito, tessuto v.*; *sfumatura rosa e v.* *2* Che gioca nella squadra di calcio della Fiorentina. *3* Che è sostenitore o tifoso di tale squadra. **C** s. m. inv. *1* Il colore viola: *prediligere il v.*; *vestirsi di v.* *2* Chi gioca nella squadra di calcio della Fiorentina. || **violétta**, dim. (V.) | **violina**, dim. (V.).

vi̱òla (2) o †**viuola**, †**vivola**, †**vivuola** [provz. *viola*, di etim. incerta] s. f. *1* Strumento musicale cordofono ad arco, capostipite degli altri della famiglia, modernamente a quattro corde intonate per quinte, più grande e grave del violino, più piccolo e acuto del violoncello e del contrabbasso | *V. bastarda*, simile alla viola da gamba, ma con corde di risonanza poste sotto la tastiera come nella viola d'amore, tipica del XVII sec. | *V. da braccio*, che si suona tenendola col braccio in posizione orizzontale ed è antenata della viola moderna | *V. da gamba*, a sei corde, che si suonava appoggiandola a terra, analogamente al violoncello, molto in voga nei secoli XVII e XVIII | *V. d'amore*, con sette corde melodiche e, sotto la tastiera, sette corde di risonanza | *V. da orbi*, ghironda, perché suonata di solito da ciechi girovaghi | *V. pomposa*, a cinque corde, la cui invenzione è erroneamente attribuita a G. S. Bach. ➡ ILL. **musica**. *2* (*est.*) Chi suona la viola. || **violétta**, dim. (V.) | **violóne**, accr. m. (V.).

vi̱olàbile [vc. dotta, lat. *violābile(m)*, da *violāre*] agg. ● Che si può violare. CONTR. Inviolabile.

vi̱olacciòcca o **vi̱olaciòcca** [da *viola a ciocca*] s. f. ● Pianta erbacea delle Crocifere, spontanea e anche coltivata a scopo ornamentale per i fiori purpurei o violacei in grappoli, assai profumati (*Matthiola incana*) | *V. gialla*, delle Crocifere, con fiori odorosi giallodorati in grappoli (*Cheiranthus cheiri*).

vi̱olacciòcco s. m. (pl. *-chi*) ● (*tosc.*) Violacciocca.

Vi̱olàcee [da *viola* (*1*)] s. f. pl. ● Nella tassonomia vegetale, famiglia di piante dicotiledoni con fiori a cinque sepali ineguali e cinque petali uno dei quali speronato (*Violaceae*) | (al sing. *-a*) Ogni individuo di tale famiglia. ➡ ILL. **piante** /3.

vi̱olàceo [vc. dotta, lat. *violāceu(m)*, da *vĭola* 'viola'] **A** agg. ● Che è di colore viola o tendente al viola: *tessuto v.*; *luce violacea*; *rosa, azzurro v.* | *Paramenti violacei*, nella liturgia cattolica, si usano nelle celebrazioni penitenziali, quali avvento, quaresima e sim. e, attualmente, possono essere usati per le liturgie funebri. **B** s. m. ● Il colore violaceo.

vi̱olaciòcca /viola'tʃɔkka, violat'tʃɔkka/ ● V. *violacciocca*.

†**vi̱olàio** [vc. dotta, lat. *violāriu(m)*, da *vĭola* 'viola'] s. m. ● Terreno piantato a viole.

vi̱olaménto [da *violare*] s. m. ● (*raro*) Violazione.

vi̱olàre [vc. dotta, lat. *violāre*, da *vīs* 'forza', di origine indeur.] v. tr. (*io vìolo*) *1* Non osservare o non rispettare il disposto di una qualunque fonte di obblighi giuridici, morali, sociali, consuetudinari e sim., contravvenendo al o agli specifici obblighi che ne derivano, mediante il compimento di azioni illecite le più varie: *v. la legge, i precetti divini, le consuetudini locali, le norme di buona creanza*; *v. un patto, un accordo, un giuramento, un voto, una promessa* | *V. il domicilio*, entrando in casa d'altri, a forza o di nascosto, senza esservi autorizzati | *V. il segreto epistolare*, aprire e leggere la corrispondenza diretta ad altri | *V. un sepolcro, una chiesa*, profanarli | *V. una donna*, imporle un accoppiamento sessuale con la violenza | *V. l'onore di qc.*, oltraggiarlo. CONTR. Rispettare. *2* Costringere altri a subire la propria forza, iniziativa, supremazia e sim., senza però commettere alcun atto illecito | *V. il blocco*, forzarlo | *V. il campo, il terreno avversario*, nel linguaggio sportivo, vincere l'avversario sul suo campo di gioco | *V. la rete avversaria*, nel linguaggio del calcio, segnare un goal.

vi̱olàto (1) part. pass. di *violare*; anche agg. ● Nei sign. del v.

vi̱olàto (2) [da *viola* (*1*)] agg. *1* (*raro*) Profumato con essenza di viola: *zucchero, vino v.* *2* †Viola, violaceo: *scegliendo i fiori bianchi dai sanguigni, e i persi dai violati* (SANNAZARO).

vi̱olatóre (1) [vc. dotta, lat. *violatōre(m)*, da *violātus* 'violato (1)'] s. m.; anche agg. (f. *-trice*) ● Chi, che viola.

†**vi̱olatóre** (2) [da *viola* (*2*)] s. m. ● Suonatore di viola.

violazióne [vc. dotta, lat. *violatiōne(m)*, da *violātus* 'violato (1)'] s. f. ● Atto, effetto del violare: *v. della legge, dei patti*; *v. degli obblighi di assistenza familiare* | (*per anton.*) La specifica azione illecita: *v. nella custodia di cose pignorate*; *v. di sigilli* | *V. di domicilio*, reato di chi si introduce in un luogo di privata dimora clandestinamente, o con inganno, o contro la volontà espressa o tacita di chi ha il diritto di escluderlo | *V. di corrispondenza*, reato di chi prende cognizione del contenuto di una corrispondenza chiusa a lui non diretta.

vi̱olentaménto s. m. ● (*raro*) Atto, effetto del violentare.

vi̱olentàre [da *violento*] v. tr. (*io vi̱olènto*) ● Costringere con la violenza: *v. una persona*; *v. la coscienza, la volontà di qc.* |Imporre un accoppiamento sessuale con la violenza: *v. una donna*.

vi̱olentatóre s. m.; anche agg. (f. *-trice*) ● (*raro*) Chi, che violenta.

vi̱olentazióne s. f. ● (*raro*) Atto, effetto del violentare.

vi̱olènto o †**vi̱olente** [vc. dotta, lat. *violĕntu(m)*, da *vīs* 'forza', di origine indeur.] **A** agg. *1* Detto di chi è solito abusare della propria forza fisica spec. in modo incontrollato e impulsivo: *uomo v.*; *gente violenta e prepotente*. SIN. Aggressivo. *2* Detto di ciò che è proprio o caratteristico delle persone violente: *indole, natura violenta*; *carattere v. e impulsivo*; *modi violenti*. SIN. Brutale. *3* Di ciò che, nella teoria o nella pratica, si fonda sull'uso sistematico della forza fisica e delle armi: *azione, politica, ideologia violenta*; *mezzi violenti*. *4* Che si verifica, si manifesta o si svolge con impeto furioso, con indomabile forza, con energia incontrollata e distruttrice: *attacco improvviso e v.*; *una violenta rivolta popolare*; *incendio, uragano v.*; *bufera, tempesta violenta*; *violente ondate scuotevano la nave* | *Febbre violenta*, molto alta | *Morbo v.*, che agisce con grande rapidità | *Veleno v.*, che uccide con rapidità | *Rimedio v.*, drastico. *5* Estremamente energico, irruente, aggressivo: *tono v.*; *articolo, discorso v.*; *una violenta presa di posizione*. *6* (*fig.*) Detto di tutto ciò che è particolarmente forte, carico, intenso e sim.: *urto, impatto, scossone v.*; *calore v.*; *suono, sibilo, rumore v.*; *gusto, sapore, aroma v.*; *colore v.*; *tinta violenta*. || **violenteménte**, avv. **B** s. m. (f. *-a*) ● Chi è solito abusare della propria forza fisica, spec. in modo incontrollato e impulsivo: *la discussione è degenerata perché è un v.* || **violentétto**, dim.

vi̱olènza [vc. dotta, lat. *violĕntia(m)*, da *vĭolens*, genit. *violĕntis* 'violente'] s. f. *1* Qualità, caratteristica di chi, di ciò che è violento: *la v. di una persona, di un discorso, del carattere*; *la v. delle onde, dell'uragano*; *resistere alla v. dell'urto*. SIN. Brutalità. *2* Azione violenta: *far uso della v.*; *ricorrere alla v.*; *alla v. risponderemo con le armi*; *non intendiamo subire altre violenze*; *le violenze della guerra* | (*antifr.*) *Dolce, amorevole v.*, insistenza gentile, che però non dà scampo e costringe ad accettare o fare q.c. | *Non v.*, in politica, resistenza passiva contro un invasore, un governo ostile o una legge ritenuta iniqua attuata spec. mediante forme di disubbidienza civile. *3* (*dir.*) Coazione fisica o morale esercitata da un soggetto su un altro così da indurlo a compiere atti che altrimenti non avrebbe compiuto | *V. carnale*, reato di chi impone ad altri un accoppiamento sessuale con la violenza | *Fare, usare v.*, sottoporre a violenza carnale | *V. privata*, reato di chi costringe altri a fare, tollerare od omettere q.c. *4* †Violazione.

vi̱olétta (1) s. f. *1* Dim. di *viola* (*1*). *2* (*per anton.*) Viola mammola | *V. di Parma*, viola mammola. *3* Profumo ricavato dalla viola mammola. *4* Varietà selvatica di viola (*Viola hirta*). *5* *V. africana*, piccola pianta erbacea ornamentale, originaria dell'Africa orientale, coltivata in serra, con fiori di intenso colore viola o rosa (*Saintpaulia jonantha*). SIN. Saintpaulia, Violetta di Usambara.

vi̱olétta (2) s. f. *1* Dim. di *viola* (*2*). *2* Nei secc. XVI e XVII, violino piccolo a tre corde.

vi̱olétto [da *viola* (*1*)] **A** s. m. *1* Colore intermedio fra il turchino e il rosso, caratteristico dei fiori della viola mammola, ultimo dei sette colori dell'iride: *tingere q.c. di v.* *2* Sostanza colorante che tinge di violetto: *v. di metile*. **B** agg. ● Che è di color viola, violaceo: *cielo v.*; *nube violetta*; *luci violette*; *ha violetti / gli occhi come il fiore di glicine* (D'ANNUNZIO).

vi̱olina s. f. *1* Dim. di *viola* (*1*). *2 V. selvatica*, varietà selvatica di viola (*Viola hirta*).

violinàio s. m. • Chi fabbrica o vende violini. SIN. Liutaio.

violinàre • V. *sviolinare*.

violinàta • V. *sviolinata*.

violinista s. m. e f. (pl. m. *-i*) • Suonatore di violino.

violinìstico agg. (pl. m. *-ci*) • Che si riferisce al violino o ai violinisti.

violìno (1) [da *viola (2)*] **A** s. m. *1* Strumento cordofono ad arco, il più piccolo e acuto della famiglia, dotato di quattro corde a distanza di quinta: *corpo, fianchi, fondo, fascia, coperchio del v.*; *suonare il v.*; *concerto per v. e orchestra*; *un assolo di v.* | *un v. Stradivari*; *il v. di Paganini* | *Chiave di v.*, chiave di sol | *A v.*, detto di cosa la cui forma ricorda quella del violino. ➡ ILL. **musica**. *2* Chi, in un'orchestra e sim., suona il violino | *Primo v.*, il più importante, quello cui spettano gli assolo | *Secondo v.*, che segue immediatamente il primo, in ordine di importanza | *V. di spalla*, il primo violino; (*fig.*, *scherz.*) collaboratore, aiutante e sim. fedelissimo | *V. di fila*, che segue immediatamente il primo e il secondo in ordine d'importanza. *3* (*fig.*) Scolaro che cerca di attirarsi la simpatia degli insegnanti. *4* (*fig.*, *fam.*, *scherz.*) Prosciutto. **B** in funzione di agg. inv. • (posposto al s.) Nella loc. *pesce v.*, V. *pesce*. ‖ **violinàccio**, pegg. | **violinùccio**, pegg.

†**violìno (2)** [da *viola (1)*] agg.; anche s. m. • (*raro*) Violetto.

violìsta s. m. e f. (pl. m. *-i*) • Suonatore di viola.

violle /fr. vjɔl/ [dal n. del fisico fr. J. *Violle*] s. f. inv. • Unità di intensità luminosa, definita come la quantità di luce emessa, in direzione normale, da 1 cm^2 di superficie di un bagno di platino fuso, alla temperatura di solidificazione.

viòlo [da *viola (1)*] s. m. • (*dial.*) Pianta di viola.

violoncellista s. m. e f. (pl. m. *-i*) • Suonatore di violoncello.

violoncèllo [da *violone*] s. m. *1* Strumento musicale appartenente alla famiglia delle viole, con estensione fonica intermedia fra quella della viola e del contrabbasso. ➡ ILL. **musica**. *2* Violoncellista: *primo v.*

violóne s. m. *1* Accr. di *viola (2)*. *2* Contrabbasso di viola a sei corde e dal fondo piatto, usato nei secoli XVI e XVII.

viòttola [da *via*] s. f. • Via stretta di campagna | Sentiero fra i campi. ‖ **viottolìna**, dim.

viòttolo s. m. • Viottola: *Il v ... suonava gelato sotto lo zoccolo dei cavalli* (VERGA) | *Essere fuori del v.*, (*fig.*) essere fuori strada. ‖ **viottolìno**, dim. | **viottolóne**, accr.

vip [vc. ingl., da *v(ery) i(mportant) p(erson)* 'personaggio proprio importante'] s. m. e f. inv. • Persona che gode di notorietà e prestigio spec. in campo politico, economico, artistico o sportivo.

vipera o †**vipra** [lat. *vīpera(m)*, da un precedente **vivīpara(m)*, propriamente 'che partorisce prole viva', comp. di *vīvus* 'vivo' e *-para* da *pārere* 'partorire' (V. *parto*)] s. f. *1* Serpente velenoso dei Viperidi con pupilla ellittica e verticale (*Vipera*) | *V. acquaiola*, natrice | *V. comune*, con l'apice del muso leggermente rivolto verso l'alto e ricoperto di squame (*Vipera aspis*) | *V. cornuta, della sabbia*, ceraste | *V. dal corno*, con un cornetto molle all'apice del muso (*Vipera ammodytes*) | *V. del deserto*, con corpo tozzo, testa larga e grandi macchie nere romboidali allineate sul dorso, diffusa in Africa e in Arabia (*Bitis arietans*) | *V. della morte*, acantofide | *V. soffiante*, vipera africana, con testa molto larga e ghiandole del veleno molto sviluppate; aggressiva, soffia se irritata (*Bitis lachesis*). *2* (*fig.*) Persona velenosa, che sa cogliere ogni occasione per danneggiare, offendere, umiliare e sim. o che reagisce con rabbia e malvagità alla benché minima provocazione: *avere una lingua di v.*; *essere una lingua di v.*; *essere una v.*; *tacete, razza di vipere!* *3* Imbarcazione a remi, lunga e sottile, in uso nella laguna veneta. ‖ **viperèlla**, dim. | **viperèllo**, dim. m. | **viperétta**, dim. | **viperìna**, dim. | **viperìno**, dim. m. (V.).

viperàio s. m. *1* Cacciatore di vipere. *2* Luogo pieno di vipere.

†**viperàto** agg. *1* Che è nutrito con carne di vipera. *2* Detto di bevanda, usata nell'antica medicina, in cui sia stata infusa carne di vipera: *vino v.*

vipèreo [vc. dotta, lat. *vipĕreu(m)*, da *vīpera*] agg. • (*lett.*) Di, da vipera (*anche fig.*).

Vipèridi [da *vipera*] s. m. pl. • Nella tassonomia animale, famiglia di Rettili degli Ofidi, ovovipari o vivipari, con denti del veleno ricurvi e provvisti di piccoli canali e veleno che agisce sul sangue (*Viperidae*) | (al sing. *-e*) Ogni individuo di tale famiglia.

viperìna [f. sost. di *viperino (1)*. V. *echio*] s. f. • (*bot.*) Pianta erbacea delle Borraginacee, bienne o perenne, con fusto ramoso, foglie lanceolate e fiori in pannocchie di colore azzurro (*Echium vulgare*).

viperìno (1) [vc. dotta, lat. *viperīnu(m)*, da *vīpera*] agg. *1* Di, relativo a vipera. *2* (*fig.*) Malvagio, iroso e velenoso come una vipera: *un individuo v.*; *lingua viperina*. *3* †Viperato: *vino v.*

viperìno (2) s. m. *1* Dim. di *vipera*. *2* Il nato della vipera.

†**vipistrèllo** • V. *pipistrello*.

vìpla ® s. f. • Nome commerciale di materia plastica polivinilica, usata per rivestimenti, tendaggi, pavimentazioni o per la fabbricazione di oggetti vari.

†**vìpra** • V. *vipera*.

viradóre o **viratóre** [sp. *virador*, da *virar* 'virare'] s. m. *1* (*mar.*) Canapo perpetuo, piano, flessibile, che si legava alla gomena e si tirava con l'argano per salpare l'ancora. *2* (*mecc.*) Nei grandi motori a combustione interna, meccanismo che consente la manovra manuale del volano al fine di controllare il funzionamento e la messa in fase degli organi di distribuzione.

viràggio [fr. *virage*, da *virer* 'virare'] s. m. *1* (*mar.*) Viramento | (*aer.*) Virata. *2* (*chim.*) Mutamento di colore che si verifica in alcune reazioni chimiche, spec. di sostanze in soluzione | *V. di una tinta*, nell'industria tessile, variazione di tono di una tintura in seguito a qualche azione chimica. *3* (*fot.*) Procedimento applicato a stampe in bianco e nero per variare i grigi, trasformandoli in tonalità di altro colore: *v. seppia*, *rosso*, *azzurro*, *verde*.

viràgo o (*lett.*) **viràgine** [vc. dotta, lat. *virāgo*, da *vĭr* 'uomo'] s. f. (pl. *viràgini*) *1* Donna d'animo e robustezza virile. *2* (*est.*, *scherz.*) Donna mascolina e sgraziata, sia per struttura fisica sia per atteggiamenti, comportamento e sim.

viràle [da *virus*] agg. • (*med.*) Che concerne il virus | Che è causato da un virus: *polmonite*, *epatite v.*

viraménto s. m. • Atto del virare.

viràre [fr. *virer*, dal lat. parl. **virāre*, per il classico *vibrāre*] **A** v. tr. • (*mar.*) Far ruotare, girare: *v. l'argano*. **B** v. intr. (aus. *avere*) *1* (*mar.*) Invertire la rotta: *v. di bordo*. *2* (*aer.*, *est.*) Percorrere una curva verso destra o verso sinistra, rispetto al pilota, detto di aerei. *3* (*est.*) Nel nuoto, effettuare la virata | (*scherz.*) Voltare le spalle allontanandosi all'improvviso, detto di persona. *4* (*chim.*) Passare da un colore a un altro per effetto di reazioni chimiche, detto spec. di sostanze in soluzione. *5* (*fot.*) Subire il viraggio.

viràta s. f. *1* (*mar.*, *aer.*) Atto, modo, effetto del virare: *v. a destra, a sinistra* | *V. in prora, in poppa*, sui velieri, a seconda che si giri dalla parte in cui spira il vento o dalla parte opposta | *V. corretta*, quando la verticale apparente è nel piano di simmetria dell'aereo | *V. imperiale*, figura acrobatica, ripresa del volo orizzontale a quota superiore e in senso opposto a quello di partenza | *V. piatta*, mantenendo l'aereo pressoché orizzontale, cioè senza sbandamento | *V. stretta*, con raggio di virata piccolo rispetto alla velocità | (*est.*, *fig.*) Cambiamento, inversione di tendenza o di orientamento: *la v. del governo nella politica economica*. *2* (*sport*) Nel nuoto, inversione di direzione effettuata dal nuotatore dopo aver toccato il bordo opposto della piscina.

viratóre • V. *viradore*.

†**virazióne** [da *virare*] s. f. • (*raro*) Rivolgimento d'aria.

virelai /fr. vir(ə)'lɛ/ [fr. 'aria di danza', che risale al lat. *vibrāre*] s. m. inv. • Tipo di canzone francese medievale, sorta con la musica e la danza, estesasi, con refrain, strofa e volta, alla metrica trobadorica.

viremìa [comp. di *vir(us)* ed *-emia*] s. f. • (*med.*) Presenza di virus nel sangue.

virènte [vc. dotta, lat. *virĕnte(m)*, part. pres. di *virēre* 'verdeggiare' (V. *verde*)] agg. • (*poet.*) Verdeggiante: *nel dolce tempo che cantan gli augelli / istanti all'ombra di un v. alloro* (BOCCACCIO).

virescènte [vc. dotta, lat. *virescĕnte(m)*, part. pres. di *virēscere* 'diventar verde', incoativo di *virēre* 'verdeggiare' (V. *verde*)] agg. • (*bot.*) Che presenta virescenza.

virescènza [da *virescente*] s. f. • (*bot.*) Trasformazione patologica dei pezzi fiorali in appendici verdi che conservano però la forma originale.

†**vìrga** [vc. dotta, lat. *vĭrga(m)* 'verga'] s. f. *1* Nel canto gregoriano, neuma semplice derivante dall'accento acuto latino. *2* †V. *verga*. *3* (*meteor.*) Strie di precipitazioni che cadono dalla base di una nube ma non raggiungono il suolo.

virgiliàno [vc. dotta, lat. *Vergiliānu(m)*, da *Vergĭlius* 'Virgilio'] agg. • Che si riferisce al poeta latino P. Virgilio Marone (70-19 a.C.) e alla sua poesia: *stile v.* ‖ **virgilianaménte**, avv. Secondo la concezione o la poetica di Virgilio: *una natura virgilianamente intesa*.

virginàle (1) • V. *verginale*.

virginàle (2) [ingl. *virginal*, da *virginal* 'virginale (1)', perché strumento adoperato dalle ragazze di buona famiglia] s. f. • Spinetta di forma quadrata molto in uso in Inghilterra durante il regno di Elisabetta I. ➡ ILL. **musica**.

virginalista s. m. e f. (pl. m. *-i*) • (*mus.*) Compositore o esecutore di musica per virginale: *i virginalisti inglesi*.

†**vìrgine** • V. *vergine*.

†**virginèlla** • V. *verginella*.

virgìneo o (*lett.*) **vergìneo** [vc. dotta, lat. *virgĭneu(m)*, da *vĭrgo*, genit. *vĭrginis* 'vergine'] agg. • (*lett.*) Verginale: *candore v.*

Virgìnia [dal n. di uno stato degli U.S.A., chiamato così in onore della regina Elisabetta I, detta 'la regina vergine', perché non si era mai voluta sposare] **A** s. m. inv. *1* Tipo di tabacco originario della Virginia. *2* Sigaro con pagliuzza nell'interno, in origine confezionato con tabacco della Virginia. **B** anche agg. inv.: *tabacco V.*; *sigari V.* **C** s. f. inv. • Sigarette confezionate con tabacco Virginia: *un pacchetto di V.*

virgìnio [dal nome di uno stato degli U.S.A. (V. *Virginia*)] s. m. • (*chim.*) Francio.

†**virginità** • V. *verginità*.

†**virginitàde** • V. *verginità*.

†**virginitàte** • V. *verginità*.

virgin naphtha /ingl. 'vɜ:dʒin 'næfθə/ [loc. ingl., comp. di *virgin* 'vergine' e *naphtha* 'nafta'] s. f. inv. • Insieme delle frazioni petrolifere ottenute per distillazione semplice primaria dell'olio minerale grezzo. SIN. Nafta vergine.

†**virgo** • V. *vergine*.

vìrgola o †**vìrgula** [vc. dotta, lat. *vĭrgula(m)* 'bastoncino', propriamente dim. di *vĭrga* 'verga'] **A** s. f. *1* Segno grafico della più breve pausa | *Non cancellare, non modificare, non togliere neanche una v.*, lasciare intatto uno scritto; (*fig.*) non cambiare nulla, riportare fedelmente un discorso e sim. | *Doppia v.*, *doppie virgole*, virgolette | *Fatto con tutte le virgole*, (*fig.*) si dice di ciò che è completo, compiuto, perfetto | *Guardare a tutte le virgole*, (*fig.*) badare alle minime cose, essere pignolo. *La virgola* indica la più breve delle pause. In linea di massima *non* si deve mai porre la virgola tra il soggetto e il predicato o tra il predicato e l'oggetto. Gli impieghi della virgola sono numerosi e complessi e spesso dipendono da una scelta soggettiva di chi scrive. Di regola la virgola è usata: per separare i singoli termini di un elenco: *ho comperato pane, latte, uova e burro*. ATTENZIONE: se gli elementi che compongono l'elenco sono lunghi o contengono altre virgole al loro interno, sarà meglio usare il punto e virgola (V. nota d'uso PUNTO): *Ecco la mia giornata*: *mi alzo verso le sette*; *alle otto, se tutto va bene, sono al lavoro*; *all'una mangio qualcosa*; ecc.; per separare varie proposizioni fra loro, specialmente in una struttura di una certa complessità: *la giornata si presentava fredda e piovosa, pertanto fummo costretti a cambiare i nostri programmi*; nelle frasi incidentali: *Chi è arrivato in ritardo, se non mi sbaglio, è stato lui*. In questo caso la virgola si presenta in coppia, all'inizio e alla fine dell'inciso. Fra i molti altri, ricordiamo l'uso della virgola per isolare un'apposizione (*la capitale della Romania, Bucarest*), per evidenziare una frase secondaria o una locuzione all'inizio di un periodo (*In ultima analisi, è lei ad aver ragione*), per isolare un vocativo, un'esclamazione e sim. (*Ma Carlo, come ti permetti?; Ah, che spettacolo!*). (V. nota d'uso PUNTEGGIATURA) **2** (*mat.*) Segno che separa la parte intera da quella decimale, in un numero decimale | *V. mobile*, metodo di rappresentazione dei numeri reali come prodotto di un fattore, minore di 1 in valore assoluto, e una potenza intera della base del sistema numerico in cui si opera (10 per esempio, nel sistema decimale). **3** Ciocca di capelli acconciata a virgola: *una pettinatura con virgole sulle guance*. **B** in funzione di agg. inv. ● (posposto al s.) Nella loc. *bacillo v.*, vibrione del colera. || **virgolètta**, dim. (V.) | **virgolina**, dim.

virgolàre v. tr. (*io vìrgolo*) **1** (*raro*) Mettere la virgola: *v. uno scritto*. **2** Mettere, chiudere tra virgolette: *v. un passo, una citazione, un inciso*.

virgolàto part. pass. di *virgolare*; anche agg. ● Nei sign. del v.

virgolatùra s. f. **1** Atto, effetto del virgolare. **2** Brano, citazione, inciso e sim. chiuso tra virgolette.

virgoleggiàre [ints. di *virgolare*] v. tr. (*io virgoléggio*) ● (*raro*) Virgolare.

virgolétta s. f. **1** Dim. di *virgola*. **2** (*al pl.*) Segno ortografico che si usa, di solito in coppia, prima e dopo un passo, una frase, una parola, per distinguere il discorso diretto, riportare una citazione, dare rilievo a un vocabolo: *aprire, chiudere le virgolette* | *Virgolette inglesi*, costituite da uno o due segni simili alla virgola (' ') (" ") | *Virgolette a sergente, a caporale*, costituite da due lineette che convergono a formare un angolo acuto, come i gradi del sergente o del caporale («») | *Tra virgolette*, chiuso tra virgolette, detto di citazione, discorso diretto, termine straniero, ecc.; (*fig.*) riportato esattamente, messo in evidenza, usato in un particolare significato Le *virgolette* servono a delimitare un discorso diretto o una citazione: *Esclamò: "Vattene!"; Come dice l'art. 39 della Costituzione: "L'organizzazione sindacale è libera"*. Le virgolette sono spesso usate per evidenziare il significato di una parola, soprattutto se inserita in un contesto diverso dal solito, o per indicare espressioni figurate e gergali o anche per marcare una connotazione ironica: *aspro confronto tra "falchi" e "colombe"; la scelta di un determinato "registro" linguistico; una prosa alquanto "anemica"; il "pranzo" consisteva in un piatto di patate*. (V. nota d'uso PUNTEGGIATURA).

virgolettàre v. tr. (*io virgolétto*) ● Chiudere tra virgolette: *v. una citazione, un passo; v. il discorso diretto* | (*fig.*) Rendere evidente, porre in rilievo; attribuire a una parola o a una frase un significato particolare.

virgolettàto part. pass. di *virgolettare*; anche agg. ● Nei sign. del v. (*anche fig.*) | (*est.*) Riportato fedelmente, testuale: *dichiarazione virgolettata*.

virgolettatùra s. f. ● Atto, effetto del virgolettare.

†**vìrgula** ● V. *virgola*.

virgùlto [vc. dotta, lat. *virgŭltu(m)* 'cespuglio' (nel lat. classico usato normalmente al pl.), da *vĭrgula* 'ramoscello', dim. di *vĭrga* 'verga'] s. m. **1** Germoglio, pollone di piante: *giovani, teneri virgulti; i primi virgulti della primavera* | Pianta giovane. **2** (*fig., lett.*) Giovane rampollo di una famiglia.

viridàrio [vc. dotta, lat. *viridāriu(m)*, da *vĭridis* 'verde'] s. m. **1** Nella Roma antica, giardino della casa patrizia posto al centro del peristilio o nel cavedio. **2** (*raro, lett.*) Giardino.

†**vìride** [vc. dotta, lat. *vĭride(m)* 'verde'] agg. ● Verde, verdeggiante.

†**viridità** [vc. dotta, lat. *viriditāte(m)*, da *vĭridis* 'verde'] s. f. ● Verdezza.

virìle [vc. dotta, lat. *virīle(m)*, da *vĭr*, genit. *vĭri* 'uomo' (V. *viro*)] agg. **1** Che è proprio dell'uomo, in quanto maschio: *sesso, aspetto v.; bellezza v.; natura v.* | *Membro v.*, pene | (*est.*) Da uomo, da maschio: *assumere atteggiamenti virili* | *Protesta v.*, in psicologia, il desiderio di una donna di essere maschio o di godere dei privilegi mascolini o, anche, il desiderio di un maschio di evitare la femminilità. CONTR. Femminile. **2** Che è proprio dell'uomo adulto, fisicamente e psichicamente maturo: *forza, voce, età, energia v.; saggezza v.; coraggio v.* | *Toga v.*, quella che i giovanetti dell'antica Roma indossavano quando arrivavano ai sedici anni. **3** (*est., fig.*) Che è proprio della o si addice alla persona forte, equilibrata e sicura di sé, consapevole del proprio ruolo e dei propri doveri, conscia delle proprie responsabilità e sim.: *contegno, comportamento dignitoso e v.; sopportare la sorte avversa con animo v.; agire con fermezza v., con v. costanza* | *Stile, linguaggio v.*, lontano da effeminatezze e sdolcinature. SIN. Energico. || **virilménte**, †**virileménte**, avv. Con virilità.

virilìsmo [da *virile*, col suff. *-ismo*] s. m. ● (*med.*) Comparsa nella donna di alcuni caratteri morfologici e funzionali propri del maschio.

virilità [vc. dotta, lat. *virilitāte(m)*, da *virīlis* 'virile'] s. f. **1** Epoca della vita dell'individuo di sesso maschile nella quale viene raggiunta la piena maturità fisica e la completezza dello sviluppo psichico | (*est.*) Potenza, efficienza fisica, spec. con riferimento alla sfera sessuale: *un uomo dalla v. prorompente; dar prova di v.* **2** Qualità di chi, di ciò che è virile (*spec. fig.*): *v. dell'animo, dei propositi*.

virilizzàre [da *virile*] **A** v. tr. ● Rendere virile (*spec. fig.*). **B** v. intr. pron. ● Assumere caratteri, spec. fisici, propri del maschio.

virilizzazióne s. f. ● Atto, effetto del virilizzare o del virilizzarsi.

virilocàle [ricavato da *virilocalità*] agg. ● (*etn.*) Patrilocale.

virilocalità [comp. del lat. *vĭr*, genit. *vĭri* 'uomo' (V. *viro*) e *località*] s. f. ● (*etn.*) Patrilocalità.

viriloìde [da *virile*, col suff. *-oide*] agg. ● Detto di donna con tendenza al virilismo.

virióne [da *vir(us)*, col suff. della biologia *-one*] s. m. ● (*biol.*) Particella virale, unità minima capace di infettare una cellula.

†**vìro** [vc. dotta, lat. *vīru(m)*, acc. di *vĭr*, di origine indeur.] s. m. **1** (*poet.*) Uomo. **2** Uomo grande per virtù d'animo e scienza.

virogènesi [comp. di *vir(us)* e *genesi*] s. f. ● (*biol.*) Processo di moltiplicazione dei virus.

viròla [fr. *virole*, dal lat. parl. **viriŏla(m)* (tardo *virĭolam*); nel lat. classico è usato al pl. 'braccialetto', dim. di *vĭria* (V. *vera*)] s. f. ● Elemento maschio di un collegamento filettato, come nell'attacco a vite delle lampade elettriche.

virologìa [comp. di *vir(us)* e *-logia*] s. f. ● Branca della biologia e della medicina che studia i virus, le malattie da essi provocate e i mezzi per combatterle.

virològico agg. (pl. m. *-ci*) ● Di, relativo a, virologia.

viròlogo s. m. (f. *-a*; pl. m. *-gi*) ● Studioso, esperto di virologia.

viròsi [da *vir(us)*, col suff. *-osi*] s. f. ● Malattia da virus: *v. dell'uomo, degli animali, delle piante*.

virtù o †**vertù**, †**vertùde**, †**vertùte**, †**virtùde**, †**virtùte** [vc. dotta, lat. *virtūte(m)*, 'forza, valore', da *vĭr*, genit. *vĭri* 'uomo' (V. *viro*)] s. f. **1** Amore attivo del bene che induce l'uomo a perseguirlo e a praticarlo costantemente, tanto nell'ambito della sua vita privata che di quella pubblica: *insegnare la v.; v. civile; dimostrare la propria v.; qui la v. è bandita, perseguitata*. **2** Nella teologia cattolica: *v. naturale* o *v. morale*, costante disposizione dell'anima a fare il bene, che si acquista per la sola forza dell'uomo | *V. soprannaturale* o *teologale*, disposizione infusa da Dio che ordina l'uomo alla felicità soprannaturale e che si riceve, insieme con la grazia santificante per mezzo dei sacramenti o per amore della carità | *V. cardinali*, le quattro principali virtù naturali, cioè prudenza, giustizia, fortezza e temperanza | *Virtù teologali*, fede, speranza e carità | *V. eroica*, ogni virtù teologale o cardinale che, praticata secondo perfezione o eroicità, attribuisce la santità. **3** (*lett.*) Persona virtuosa: *v. viva spezziam, lodiamo estinta* (LEOPARDI). **4** (*est.*) Qualità positiva, pregio, dote: *possedere molte v.; è la sua unica v.; essere un modello d'ogni v.; avere la v. della discrezione, della riservatezza; e scrivo e scrivo e ho molte altre v.* (CARDUCCI) | *Fare di necessità v.*, adattarsi alle circostanze | (*lett.*) Abilità, preziosità, virtuosità: *v. di artefice, di scrittore*. CONTR. Vizio. **5** (*ass.*) Castità, fedeltà femminile: *insidiare la v. di una donna* | *Ragazza di piccola v.*, (*euf., iron.*) dal comportamento leggero, facile ai rapporti sessuali. **6** (*est., lett.*) Forza d'animo, energia morale, decisione coraggiosa e cosciente per cui l'uomo persegue lo scopo che si è proposto, superando ogni difficoltà: *quelli che per propria v. e non per fortuna sono divenuti principi* (MACHIAVELLI) | Valore militare: *le v. dei nostri soldati; combattere con grande v.* | †*Morire di v.*, da valoroso | †Esercito. **7** (*lett.*) Facoltà, potenza: *Molto è licito là, che qui non lece / a' le nostre v.* (DANTE *Par.* I, 55-56); *v. apprensiva, razionale, sensitiva, visiva, immaginativa; la v. del libero arbitrio; v. stanca, vinta, umiliata* | †*In v.*, in potenza. **8** Qualità intrinseca per cui un'attività umana, un essere animato o inanimato, una sostanza, un oggetto e sim. è adatto alla realizzazione di uno specifico fine: *la v. di una preghiera, di un'iniziativa, di una protesta; la v. atletica di un purosangue; le v. medicinali di una pianta, di un'acqua, di un decotto; le v. magiche di una formula misteriosa* | *In, per v. di*, in forza di, grazie a e sim.: *in v. della legge, di un contratto; per v. delle sue preghiere* | *Per opera e v. dello Spirito Santo*, (*fig.*) in modo inconoscibile e misterioso | Influsso: *la v. degli astri, delle stelle*. **9** (*raro, lett.*) Volontà divina | *La divina v.*, Dio. **10** †Miracolo. **11** (*spec. al pl.*) Quinto coro degli angeli, e ciascuno degli angeli che lo formano. **12** (*al pl., raro, lett.*) Arti belle o liberali: *amante, protettore delle v.*

virtuàle [da *virtù*, nel senso di 'forza'] agg. **1** (*filos.*) Che esiste solo in potenza e non è ancora in atto | Irreale, fittizio. **2** (*est.*) Detto di tutto ciò che può avere, ma non ha, realizzazione o manifestazione concreta: *soluzione v.; proprietà virtuali*. CONTR. Reale | (*elab.*) Realtà v., V. *realtà*. **3** (*mat.*) Detto di ente che potrebbe esistere, ma che nella configurazione data manca. SIN. Possibile, potenziale. **4** (*fis.*) Detto di spostamento possibile, cioè compatibile con i vincoli, immaginato ma non effettuato | Detto di punto o immagine nel quale non convergono, ma dal quale sembrano provenire i raggi luminosi. **5** †Di, relativo a, virtù. || **virtualménte**, avv.

virtualità s. f. ● Qualità di ciò che è virtuale. CONTR. Realtà.

†**virtuànza** [da *virtù*] s. f. ● Virtù.

†**virtùde** ● V. *virtù*.

†**virtudióso** ● V. *virtuoso*.

virtuosìsmo [da *virtuoso*, col suff. *-ismo*] s. m. **1** Perfezione tecnica di un artista, spec. musicista o cantante, che gli consente di superare brillantemente difficoltà d'esecuzione d'ogni ordine e grado: *dar prova di v.; i virtuosismi di Paganini*. **2** (*est., spreg.*) Esibizione non richiesta e non necessaria della propria abilità tecnica, sfoggiata da artisti o atleti per ottenere applausi consensi e sim.: *virtuosismi inutili, sterili; una squadra che si perde in virtuosismi*. **3** (*fig.*) Estrema abilità nel superare difficoltà d'ogni genere, evitando ogni possibile conseguenza negativa: *v. politico; questo è il frutto del suo v. diplomatico*.

virtuosìstico agg. (pl. m. *-ci*) **1** Che è fatto con virtuosismo. **2** Che realizza un virtuosismo.

virtuosità s. f. **1** Qualità di chi, di ciò che è virtuoso. **2** Virtuosismo.

virtuóso o †**vertudióso**, †**virtudióso** [vc. dotta, lat. tardo *virtuōsu(m)*, da *vĭrtus*, genit. *virtūtis* 'virtù'] **A** agg. **1** Che pratica il bene, la virtù: *uomo v.; fanciulla onesta e virtuosa*. **2** Che si fonda sulla, o procede dalla, virtù, che è conforme alla virtù: *azione, vita virtuosa* | (*raro*) Che incita alla virtù: *opere, parole virtuose*. CONTR. Vizioso. **3** (*raro*) Che sa far bene quello che deve, che eccelle in un'arte, una scienza, un'attività pratica e sim. **4** †Valoroso in guerra. **5** †Efficace, spec. di medicamento. **6** †Miracoloso. || **virtuosaménte**, avv. **1** In modo virtuoso **2** †Valorosamente. **3** Con virtuosismo. **B** s. m. (f. *-a*) **1** Chi pratica il bene, la virtù: *essere un v.; atteggiarsi a v.* **2** Chi conosce perfettamente un'arte, una scienza e sim., ed è in grado di usare con assoluta padronanza e impareggiabile abilità tutti i mezzi tecnici inerenti all'esercizio della stessa: *un v. del violino, del pennello, del bel canto, della penna; un v. del pallone, del volante*. || **virtuosóne**, accr.

†**virtùte** ● V. *virtù*.

virulènto [vc. dotta, lat. *virulĕntu(m)* 'velenoso' (in senso figurato già nel lat. tardo), da *vīrus* 'veleno' (V. *virus*)] agg. *1* Dotato di virulenza: *microrganismo v.*; *infezione virulenta.* *2* (*fig.*) Che è pieno di violenza, rabbia, rancore e sim.: *attacchi, libelli virulenti.*

virulènza [vc. dotta, lat. tardo *virulĕntia(m)* 'puzza', da *virulĕntus* 'virulento'] s. f. *1* (*biol.*) Capacità di un germe di impiantarsi in un organismo e di riprodursi, provocando uno stato di malattia. *2* (*fig.*) Qualità di ciò che è aspro, virulento: *v. del linguaggio.*

virus [lat., 'umore viscoso, veleno', di origine indeur.] s. m. *1* (*biol., med.*) In passato, ogni agente infettivo microbico o di origine microbica. *2* (*biol., med.*) *V. filtrabile, v. filtrante, v. ultramicroscopico*, o (*ell.*) *virus*, agente infettivo, di forma sferoidale o poliedrica avente un diametro fra i 15 e i 300 nm, non osservabile coi microscopi ottici, filtrabile attraverso le membrane impermeabili ai comuni batteri, e che vive e si riproduce all'interno di cellule viventi. *3* (*est., elab.*) Programma, creato a scopi di sabotaggio o vandalismo, che si trasmette tramite floppy disc o reti telematiche e danneggia o blocca il funzionamento di un computer o ne distrugge i dati memorizzati.

viṣàccio s. m. *1* Pegg. di *viso* (*2*). *2* Viso contratto in una smorfia brutta, minacciosa e sim. ‖ **visaccióne**, accr.

†viṣàggio [fr. *visage*, dall'ant. fr. *vis* 'viso (1)'] s. m. ● Volto, faccia.

viṣagiṣmo [fr. *visagisme*, da *visagiste* 'visagista'] s. m. ● (*raro*) L'arte, la professione del visagista.

viṣagista [fr. *visagiste*, da *visage* 'viso' (V. *visaggio*)] s. m. e f. (pl. m. *-i*) ● Estetista specializzato nelle cure di bellezza e nel trucco del viso.

†viṣàglia [aferesi di *avvisaglia*] s. f. ● Avvisaglia.

†viṣàre [lat. parl. **visāre*, per il classico *vīsere*, ints. di *vidēre* 'vedere'] v. tr. ● (*raro*) Vedere.

vis-à-vis /fr. viz a 'vi/ [fr., propriamente 'faccia a faccia' ('viso a viso'. V. *visaggio*)] **A** loc. avv. ● Faccia a faccia, di fronte, di rimpetto: *star seduti vis-à-vis.* **B** s. m. inv. (pl. fr. inv.) *1* (*raro*) La persona che sta di fronte a un'altra, rispetto alla stessa. *2* Carrozza a quattro ruote, con sedili che si fronteggiano. *3* Amorino, divano a due posti in forma di S | Armadio con gli sportelli coperti di specchi che riflettono l'intera persona.

viscàccia [sp. *vizcacha*, dal quechua *wiskáča*] s. f. (pl. *-ce*) ● Grosso roditore sudamericano, massiccio, con denso mantello grigio e con interessante vita sociale (*Lagostomus maximus*).

visceràle [vc. dotta, lat. tardo *viscerāle(m)*, da *vīscera* 'viscere'] agg. *1* Dei visceri: *dolori viscerali.* *2* (*fig.*) Profondamente radicato, ma non razionalmente motivato: *amore v.*; *passione v.*; *anticomunismo v.* ‖ **visceralménte**, avv.

†visceràre ● V. *sviscerare.*

vìscere [lat. *vīscera*, nom. pl., di etim. incerta] s. m. (pl. *vìsceri* m., nei sign. 1 e 2, pl. *viscere*, f., *†visceri*, f. nei sign. 3, 4, 5, 6) *1* (*gener.*) Ogni organo interno racchiuso spec. nella cavità toracica e addominale del corpo dell'uomo e dei vertebrati. *2* (*al pl.*) Interiora di un animale ucciso: *i visceri fumanti delle vittime.* *3* (*al pl., est., lett.*) Utero, grembo: *le viscere materne* | *Viscere mie!*, (*raro, enf.*) figlio mio! *4* (*al pl., raro, fig.*) Cuore, sentimento, sensibilità: *amare qc. con viscere di madre* | *Non aver viscere*, essere senza cuore, sentimento e sim. | *Non aver viscere di padre, di figlio e sim.*, non provare l'amore paterno, filiale e sim. *5* (*al pl., fig.*) Parte più interna o più profonda di q.c.: *le viscere della terra, delle montagne*; *il vulcano vomita fuoco dalle sue viscere.* *6* (*al pl., fig., raro*) Nodo, nocciolo: *le viscere della causa*; *queste sono le viscere della questione.*

vischio o **†véschio**, **†vésco**, **visco** [lat. parl. **vĭsculu(m)*, dim. di *vīscum* 'vischio', di origine preindeur.] s. m. *1* Lorantacea sempreverde parassita di diversi alberi, con foglie coriacee e frutti a bacca bianchi, globosi e appiccicaticci (*Viscum album*) | *V. quercino*, parassita delle querce, si usa per preparare la pania (*Loranthus europaeus*). *2* Sostanza vischiosa e attaccaticcia, ricavata dalle bacche di vischio quercino o prodotta artificialmente, usata per catturare uccelli. SIN. Pania. *3* (*fig., lett.*) Ciò che lega, trattiene, impedisce e sim., spec. sentimento amoroso che lega l'uomo alla donna: *Rinaldo vide Ulivier preso al v. / un'altra volta e già tutto impaniato* (PULCI). *4* (*raro, fig.*) Inganno, insidia, lusinga.

vischiosità s. f. *1* Qualità di ciò che è vischioso. *2* (*fis., chim.*) Viscosità. *3* (*econ.*) Resistenza dei prezzi a variare, nonostante la modificazione di alcuni elementi del mercato | (*est., com.*) Tendenza a non modificare le proprie abitudini.

vischióso [da *vischio*, sul modello di *viscoso*] agg. *1* Che è tenace e attaccaticcio come il vischio: *liquido v.*; *sostanza vischiosa.* SIN. Colloso. *2* (*fis., chim.*) Viscoso. *3* (*econ.*) Detto di fenomeno economico il cui equilibrio non risente di tendenze modificatrici derivanti da diversi fattori. ‖ **vischiosétto**, dim.

viscidità s. f. ● Qualità di ciò che è viscido.

vìscido [vc. dotta, lat. tardo *vĭscidu(m)*, da *vīscum* 'vischio'] **A** agg. *1* Che è denso, gelatinoso e scivoloso: *umore v.*; *sostanza viscida.* SIN. Mucillaginoso. *2* Che, al tatto, è sgradevolmente molle e scivoloso, perché ricoperto di umori o sostanze viscide: *verme, serpe v.*; *una viscida lumaca*; *pelle viscida.* *3* (*fig.*) Che sfugge o si insinua in modo subdolo ed equivoco: *individuo v.*; *è più v. di un'anguilla.* ‖ **viscidaménte**, avv. In modo viscido (*spec. fig.*). **B** s. m. ● (*solo sing.*) Ciò che è viscido: *provare una sensazione di v.*

viscidùme [da *viscido*] s. m. ● (*spreg.*) Insieme di cose o sostanze viscide.

vìsciola o **†bìsciola** [longob. *wīhsila*] s. f. ● (*bot.*) Piccola ciliegia acidula, di colore rosso scuro, frutto del visciolo. SIN. Agriotta. ‖ **visciolina**, dim. | **visciolóna**, accr.

visciolàta s. f. ● Conserva o sciroppo di visciole.

visciolàto s. m. ● Liquore fatto con le visciole.

vìsciolo s. m. ● Alberello delle Rosacee, forse originario dell'Asia minore, coltivato e naturalizzato, il cui frutto è la ciliegia detta visciola (*Prunus cerasus*). SIN. Agriotto.

visco ● V. *vischio.*

viscoelasticità [comp. di *visco(sità)* ed *elasticità*] s. f. ● (*fis.*) Proprietà di materiali che, pur essendo viscosi, possiedono anche proprietà elastiche.

vis comica /lat. 'vis 'kɔmika/ [lat., 'forza, efficacia comica'] loc. sost. f. inv. ● Comicità particolarmente arguta ed efficace.

viscontàdo s. m. *1* Titolo, grado e dignità di visconte. *2* Viscontea.

viscónte [provz. *vescomte*, comp. di *ves-* 'vice-' e *comte* 'conte'] s. m. (f. *-essa* (V.)) *1* Vicario di un conte negli antichi Stati feudali. *2* Titolo nobiliare immediatamente inferiore al conte | (*est.*) La persona insignita di tale titolo. ‖ **viscontino**, dim. (V.).

viscontèa s. f. *1* Giurisdizione del visconte. *2* Territorio sottoposto a tale giurisdizione.

viscontèo (1) agg. ● Di, relativo a visconte: *titolo v.*

viscontèo (2) agg. ● Dei Visconti, antichi signori di Milano: *stemma v.*

†visconterìa s. f. ● Viscontea, viscontado.

viscontéssa s. f. *1* Moglie del visconte. *2* Signora di una viscontea.

viscontino s. m. *1* Dim. di *visconte.* *2* Figlio del visconte.

viscósa [f. sost. di *viscoso*] s. f. ● Sostanza ottenuta per soluzione di cellulosa in solfuro di carbonio e soda caustica, utilizzata nella produzione di fibre artificiali | (*com.*) La fibra tessile stessa | *Processo alla v.*, metodo di fabbricazione del raion.

viscosimetrìa [comp. di *viscosi(tà)* e *-metria*] s. f. ● (*fis.*) Insieme delle tecniche impiegate per la misura della viscosità dei corpi fluidi.

viscosìmetro [comp. di *viscoso* e *-metro*] s. m. ● Strumento di misura della viscosità di un liquido, in base al suo moto in un capillare.

viscosità o **†viscositàde** [da *viscoso*] s. f. *1* (*lett.*) Qualità di ciò che è viscoso. *2* (*fis., chim.*) Attrito tra le diverse molecole dei gas o dei liquidi che ne limita la mobilità e la fluidità. CONTR. Fluidità | *V. cinematica*, rapporto fra viscosità e densità. *3* (*psicol.*) Stato caratterizzato da rallentamento dei meccanismi che regolano i processi psichici e intellettuali e da fissità comportamentale. *4* (*fig.*) Il trascinarsi per inerzia di un fenomeno, un problema, una situazione: *la v. dell'attuale momento politico.*

viscóso o **†vescóso** [vc. dotta, lat. tardo *viscō-su(m)*, da *vīscum* 'vischio'] agg. *1* (*lett.*) Tenace, attaccaticcio. *2* (*fis., chim.*) Detto di liquido o gas con notevole viscosità. CONTR. Fluido. ‖ **viscosétto**, dim.

viṣétto s. m. *1* Dim. di *viso* (*2*). *2* Viso grazioso, gentile e ridente: *un rosso v. di fanciulla.*

viṣìbile [vc. dotta, lat. *visĭbile(m)*, da *vīsus*, part. pass. di *vidēre* 'vedere'] **A** agg. *1* Che si può vedere, percepire con la vista: *realtà v.*; *effetti, oggetti visibili* | *Radiazione v.*, radiazione con lunghezza d'onda compresa fra 0,4 e 0,8 μm | *V. a occhio nudo*, detto di ciò che può essere visto da un occhio normale, senza uso di particolari strumenti ottici: *stelle visibili a occhio nudo.* CONTR. Invisibile. *2* (*est.*) Chiaro, palese, manifesto: *era in preda a una v. angoscia.* *3* Che è a disposizione del pubblico o comunque aperto al pubblico: *il museo è v. dalle tre alle sette pomeridiane* | (*est.*) Che si può incontrare, con cui si può avere un colloquio e sim.: *fino a domani il direttore non è v. per nessuno.* *4* Che è lecito vedere, spec. in quanto non vietato da motivi di ordine morale: *spettacolo v. al pubblico*; *film v. ai soli adulti.* ‖ **visibilménte**, **†visibileménte**, avv. In modo visibile: *era visibilmente commosso.* **B** s. m. solo sing. ● Ciò che si può percepire con la vista: *il v. e l'invisibile.*

viṣibìlio [dalle parole del credo: *Visibilium omnium et invisibilium* 'delle cose visibili e invisibili'] s. m. solo sing. *1* (*fam.*) Gran numero di persone, gran quantità di cose: *un v. di gente.* *2* Nella loc. *andare in v.*, entusiasmarsi, andare in estasi, sentire grande ammirazione e piacere.

viṣibilità [vc. dotta, lat. tardo *visibilitāte(m)*, da *visĭbilis* 'visibile'] s. f. *1* (*fis.*) Proprietà delle radiazioni luminose di lunghezza d'onda compresa fra 0,4 e 0,8 μm di essere rivelate dall'occhio | Proprietà fisica degli oggetti di riflettere o assorbire la luce, rendendo possibile la visione. *2* Possibilità di vedere, distinguere, riconoscere gli oggetti in relazione alle condizioni di luce e di trasparenza dell'atmosfera | *V. orizzontale*, nella pratica meteorologica, la massima distanza alla quale un osservatore può identificare, distinguere nettamente ad occhio nudo i contorni degli oggetti.

viṣièra [fr. *visière*, dall'ant. fr. *vis* 'viso' (?)] s. f. *1* Nelle antiche armature, parte dell'elmo che copriva il viso: *alzare, abbassare la v.* | *†Abbassare la v.*, (*fig.*) non avere più riguardi | *A v. alzata*, (*raro, fig.*) arditamente | *†Porre un colpo alla v.*, ferire alla visiera. *2* Buffa o cappuccio della cappa di confraternite e sim. *3* (*raro*) Maschera dello schermidore. *4* Breve tesa a mezzaluna nei berretti militari, sportivi, o di altre uniformi. *5* Larga tesa di gomma che, posta attorno alla testa, protegge il viso dall'acqua durante il lavaggio dei capelli. *6* *V. parasole*, pannello incernierato, imbottito, abbassabile sulla parte superiore del parabrezza degli autoveicoli e spesso orientabile anche lateralmente, per proteggere dall'abbagliamento del sole.

viṣigòtico [da *visigoto*] agg. (pl. m. *-ci*) ● Dei Visigoti | *Scrittura visigotica*, (*ell.*) *visigotica*, scrittura caratteristica della penisola iberica, in uso dal VI al XII sec., caratterizzata da tratti duri, da aste alte e pesanti con generale inclinazione a sinistra.

viṣigòto [lat. tardo *Visĭgothae*, nom. pl., propriamente 'goti dell'ovest', vc. germ., il cui primo elemento va avvicinato a *westan* 'dall'ovest' e il secondo è *goth* 'goto'] **A** s. m. (f. *-a*) ● Ogni appartenente alla popolazione dei Goti occidentali. **B** agg. ● Dei Visigoti: *re v.*; *invasioni visigote.*

viṣionàre [da *visione*] v. tr. (*io visióno*) *1* Vedere un film, generalmente per scopi tecnici o di censura, da parte di persone specializzate. *2* (*est.*) Esaminare con attenzione: *v. un piano*; *v. una serie di candidati.*

viṣionàrio [fr. *visionnaire*, da *vision* 'visione'] **A** s. m.; anche agg. (f. *-a*) *1* Chi, che, nell'esperienza religiosa, ha visioni. *2* (*psicol.*) Chi, che ha allucinazioni visive. *3* (*fig.*) Chi, che segue le visioni della propria fantasia o interpreta in modo personale e fantastico la realtà, elaborando con la mente piani, progetti, soluzioni e sim. totalmente irrealizzabili: *un pericoloso v.*; *un gruppo di riformatori visionari.* SIN. Utopista. **B** agg. ● Da visionario: *politica visionaria.*

visióne [vc. dotta, lat. *visiōne(m)*, da *vīsus*, part. pass. di *vidēre* 'vedere'] **s. f. *1*** (*fisiol.*) Processo percettivo per mezzo del quale si ha la conoscenza del mondo esterno: *la v. degli occhi*; *v. diretta, indiretta*. ***2*** Correntemente, atto del vedere, vista, esame | *Prendere v. di q.c.*, esaminarla | *Dare, porgere v. di q.c.*, presentarla a qc. perché la veda, la esamini, detto spec. di lettera, documenti e sim. | *Prima, seconda v.*, prima o seconda presentazione al pubblico di un film | *Cinema di prima, seconda v.*, (*est.*) sala cinematografica in cui si proiettano film di prima o seconda visione | *V. contemporanea*, proiezione contemporanea di un film in più sale cinematografiche. ***3*** (*est.*) Idea, concetto, quadro: *avere una v. esatta, parziale, errata della realtà*; *farsi una chiara v. degli avvenimenti*; *richiamarsi a una v. ormai superata dei problemi sociali*. ***4*** (*est.*) Scena, spettacolo e sim. che colpisce in modo particolare: *una v. orrenda, terribile, allucinante, raccapricciante*; *una v. dolcissima, commovente, entusiasmante*. ***5*** Nell'esperienza religiosa, il percepire visivamente realtà soprannaturali | L'oggetto e la rivelazione stessi in tale percezione: *v. di S. Paolo, di Maometto*; *v. sciamanica* | Apparizione di persona, di immagine o di realtà che appartiene al mondo divino: *v. della Madonna* | Nella mistica cristiana e musulmana, stadio estremo della contemplazione, in cui al praticante si manifesta l'essenza stessa di Dio. ***6*** (*letter.*) Rivelazione delle condizioni dell'altra vita, e descrizione delle cose vedute, sia essa in sogno, sia sensibilmente: *la v. dantesca*. ***7*** (*est.*) Percezione visiva di eventi, immagini e sim. che, pur non essendo in sé reali, traggono origine dalla realtà, sono attinenti ad essa e possono divenire reali: *v. ideale*; *v. profetica*; *le visioni di Cassandra*; *avere una v.* ***8*** (*est.*) Allucinazione, sogno, fantasia: *avere delle visioni*; *visioni notturne* | (*est.*) Idea, pensiero, piano e sim., totalmente fantastico e irrealizzabile: *sarebbe bello, ma è solo una v.*

visir o (*raro*) **visirre** [fr. *vizir*, vc. turco, dal persiano *vizir*] **s. m. inv.** ● Nell'impero ottomano, dapprima rappresentante del governo e, in seguito, ministro | *Gran v.*, primo ministro.

visiràto [fr. *vizirat*, da *vizir* 'visir'] **s. m.** ● Titolo, ufficio e dignità di visir | Durata di tale ufficio.

visirre ● V. *visir*.

vìsita [da *visitare*] **s. f. *1*** Atto, effetto del visitare: *v. breve, lunga, piacevole, noiosa*; *v. di omaggio, di dovere, di ringraziamento*; *fare una v. a qc.*; *far v. a un amico, a un malato*; *essere, andare in v. da qc.*; *il capo dello Stato è in v. ufficiale in Inghilterra*; *il sovrano è attualmente in Italia in v. privata*; *fare un giro di v. nei principali musei* | *Fare una v. in chiesa*, per pregare | *Far v. ai sepolcri*, per devozione, durante la settimana santa | *V. pastorale*, della diocesi, obbligo canonico cui sono tenuti i vescovi, di visitare, nel giro massimo di cinque anni, tutte le parrocchie della loro diocesi, per controllarne l'attività | *V. ai limini*, quella alle soglie del sepolcro dei Santi Pietro e Paolo in Roma, cioè al Papa e alla curia romana, che i vescovi cattolici devono compiere, per obbligo canonico, ogni cinque anni, presentando al pontefice una relazione sullo stato della loro diocesi | *V. del Signore*, (*fig.*) sventura | *V. di S. Elisabetta*, (*fig.*) visita molto lunga | *V. di digestione*, (*raro, fam.*) fatta da un invitato, dopo il pranzo, a titolo di ringraziamento | *Abito da v.*, da pomeriggio elegante | *Biglietto da, di v.*, cartoncino a stampa contenente il nome e il cognome di qc. e talvolta il suo indirizzo, i titoli professionali e sim. ***2*** (*med.*) Esame medico dei vari organi e apparati: *v. medica*; *v. specialistica*; *v. ambulatoriale, domiciliare*; *aver bisogno di una v. generale* | *V. di controllo*, fatta per controllare lo stato generale dell'organismo | *Passare la v.*, sottoporsi a visita medica | *V. fiscale*, quella richiesta dai competenti organi di un ente, azienda e sim., per accertare l'effettivo stato di malattia di un dipendente | *V. sanitaria*, controllo effettuato in luoghi, ambienti e sim., per stabilire le esatte condizioni sanitarie | *Marcar v.*, nel gergo militare, chiedere visita medica dichiarandosi ammalato. ***3*** Ispezione: *v. alle carceri, alla scuola, a una caserma* | *V. doganale*, per accertare la presenza o meno di merci sottoposte a dogana | Perquisizione: *v. delle navi mercantili*. || **visitina**, **dim.** | **visitóna**, **accr.** | **visitùccia**, **pegg.**

visitaménto o †**vicitaménto**. **s. m.** ● (*raro*) Visita.

visitandìna [fr. *visitandine*, da *visiter* 'visitare'] **s. f.** ● Religiosa dell'ordine della Visitazione.

visitànte A part. pres. di *visitare*; anche **agg.** ● Nei sign. del v. **B s. m. e f.** ● (*raro*) Visitatore.

visitàre o †**vicitàre** [vc. dotta, lat. *visitāre*, ints. di *vīsere* 'andare a vedere', a sua volta ints. di *vidēre* 'vedere'] **v. tr.** (*io vìsito*) ***1*** Andare presso qc. e intrattenersi, più o meno a lungo, con lui per amicizia, cortesia, dovere e sim.: *v. un amico, un conoscente, un superiore*; *v. qc. per congratularsi, condolersi, chiedere un favore* | *V. gli infermi, v. i carcerati*, due delle sette opere di misericordia corporali | *Il Signore vi ha visitato*, (*fig.*) si dice a chi subisce sventure e sim., considerandole come prove volute da Dio. ***2*** Sottoporre a esame medico: *v. un malato*; *devi farti v. da un oculista* | (*ass.*) Fare visite mediche: *oggi il dottore non visita*. ***3*** Andare in un luogo e trattenervisi più o meno a lungo, per motivi di svago, lavoro, studio, preghiera e sim.: *v. una città, un paese*; *v. una fabbrica, un'azienda agricola, un museo, una galleria, una chiesa, un cimitero*. ***4*** (*raro*) Controllare, ispezionare: *v. una caserma, una scuola, un ospedale*; *v. il deposito bagagli, un baule*. ***5*** †Frequentare.

visitatóre o †**vicitatóre** [vc. dotta, lat. tardo *visitatōre(m)*, da *visitātus* 'visitato'] **s. m.** (**f.** *-trice* (V.)) ***1*** Chi si reca in visita presso qc.: *accogliere, ricevere i visitatori*; *un assiduo v. dei carcerati, degli infermi*; *sei il nostro v. più gradito*. ***2*** Chi visita musei, gallerie, monumenti, esposizioni e sim.: *la pinacoteca è piena di visitatori*; *l'affluenza dei visitatori è stata superiore a ogni aspettativa*. ***3*** *V. apostolico*, ecclesiastico che, in casi eccezionali e per incarico diretto della S. Sede, visita e ispeziona istituti religiosi, seminari e diocesi. ***4*** †Ispettore.

visitatrìce [f. di *visitatore*] **s. f.** ● Donna che, per incarico di enti di assistenza e beneficenza, visita le famiglie più bisognose di un quartiere, zona e sim. per accertare la loro reale situazione.

visitazióne o †**vicitazióne** [vc. dotta, lat. tardo *visitatiōne(m)*, da *visitātus* 'visitato'] **s. f. *1*** †Visita. ***2*** Visita fatta da Maria Vergine a Elisabetta | Festa commemorativa di tale visita. ***3*** Congregazione femminile istituita in Francia, nel XVII sec. da S. Francesco di Sales e da S. Giovanna Frémiot de Chantal.

visiting professor /ingl. 'viziting prə'fesə*/ [loc. ingl., propr. 'professore (*professor*) in visita (da *to visit* 'visitare')'] **loc. sost. m. e f. inv.** (**pl.** ingl. *visiting professors*) ● Docente universitario che, per un periodo definito, assume un incarico di insegnamento in una università straniera.

visìvo [vc. dotta, lat. tardo *visīvu(m)*, da *vīsus* 'vista'. V. *viso (1)*] **agg. *1*** Che appartiene o è relativo alla vista: *organi visivi*; *facoltà visiva*; *acuità visiva* | *Campo v.*, tratto di orizzonte abbracciato dall'occhio immobile | *Memoria visiva*, che trattiene soprattutto le immagini di ciò che si è visto | *Poesia visiva*, corrente artistica contemporanea che tende a liberare le parole dalla loro strutturazione tipografica, cercando di realizzare la fusione tra parole stesse e immagine | †*Spiriti visivi*, senso della vista. ***2*** †Visibile. || **visivaménte**, **avv.** Con la vista, per mezzo della vista: *percepire visivamente*.

Visnuìsmo [da *Visnù*, col suff. *-ismo*] **s. m.** ● Religione dell'India che considera il dio Visnu suprema manifestazione del divino.

visnuìta [da *visnuismo*] **s. m. e f.** (**pl. m.** *-i*) ● Fedele di Visnu, seguace del Visnuismo.

visnuìtico [da *visnuita*] **agg.** (**pl. m.** *-ci*) ● Relativo a Visnuismo, al culto e alla mitologia di Visnu.

†**vìso (1) part. pass.** di *vedere*; anche **agg.** ● Nei sign. del v.

vìso (2) [lat. *vīsu(m)* 'vista, sguardo', poi 'aspetto', da *vidēre* 'vedere'] **s. m. *1*** Parte anteriore della testa dell'uomo, in cui hanno sede gli organi della vista, dell'olfatto e della parola: *v. bello, delicato, magro, ossuto, paffuto*; *v. sporco, tinto, dipinto, imbellettato, roseo, pallido, cereo*; *pulirsi, lavarsi, asciugarsi il v.*; *coprirsi il v. con le mani*; *essere, diventare rosso in v. per la vergogna*; *avere il v. bagnato di lacrime* | *V. pallido*, ogni uomo di pelle bianca, secondo una espressione usata dai pellirosse; (*fig., scherz.*) chi, per scarsa esposizione al sole o perché non può concedersi ferie o vacanze, è privo di abbronzatura | *Il v. gli si è allungato*, di persona che è dimagrita parecchio in breve tempo | *Guardarsi in v.*, fissarsi l'un l'altro | *V. a v., a v. a v.*, a faccia a faccia | *Poter mostrare il v.*, (*fig.*) non aver motivo per vergognarsi | *Non guardare in v. qc.*, (*fig.*) non curarsene | *Non aver mai visto qc. in v.*, non conoscerlo | (*fig.*) *Dire, spiattellare q.c. sul v. a qc.*, dirgliela senza alcun riguardo, delicatezza e sim. | (*fig.*) *A v. aperto*, con franchezza e coraggio | *Gettare q.c. sul v. a qc.*, (*fig.*) rinfacciargli q.c. | †*Mutar v.*, cambiare di umore, turbarsi. ***2*** (*est.*) Espressione del volto: *v. allegro, sorridente, serio, corrucciato, imbronciato*; *gli si legge in v. la gioia, il dolore, la commozione, la disperazione* | †*Con v. fermo, senza mutar v.*, con espressione impassibile, senza scomporsi e sim. | *V. dell'armi*, (*lett.*) *dell'arme*, espressione minacciosa, feroce e sim., come quella di chi si lancia contro l'avversario con le armi in pugno | (*fig.*) *Fare il v. duro*, mostrare la massima severità, intransigenza e sim. | *Fare, mostrare buon v. a qc.*, accoglierlo con manifestazioni di contentezza, dimostrare di gradirne l'arrivo, la presenza e sim. | (*fig.*) *Fare buon v. a cattiva sorte*, adattarsi, senza troppo disperarsi, a situazioni, condizioni o realtà sgradite, spiacevoli | †*Mal v.*, che esprime scontento, fastidio e sim. | (*fig., raro*) *Aver v. di*, aver il coraggio, l'ardire di. ***3*** (*est.*) Fisionomia particolare, aspetto inconfondibile di una persona: *quel v. non mi è nuovo*; *è un v. noto a tutte le polizie d'Europa*. ***4*** †Occhio, sguardo, vista: *Tu hai l'udir mortal sì come il v.* (DANTE *Par.* XXI, 61). ***5*** (*fig.*) †Intelletto. || **visàccio**, **pegg.** (V.) | **visétto**, **dim.** (V.) | **visino**, **dim.** | **visòccio**, **accr.** | **visóne**, **accr.** | **visùccio**, **visùzzo**, **pegg.**

visóne [fr. *vison*, dal ted. *Wiesel* 'donnola', di origine germ.] **s. m. *1*** Mammifero carnivoro dei Mustelidi, molto amante dell'acqua, con pelliccia assai pregiata (*Mustela vison*). ***2*** La pregiata pelliccia dell'animale omonimo: *una stola di v.* || **visoncino**, **dim.**

visonétto s. m. ● Pelliccia che imita il visone.

visóre [dal lat. *vīsus*, part. pass. di *vidēre* 'vedere'] **s. m. *1*** (*fot.*) Dispositivo con lente di ingrandimento per osservare in trasparenza le negative e le diapositive. ***2*** Mirino, spec. di telecamera. ***3*** Microlettore.

vispézza s. f. ● (*raro*) Qualità di chi, di ciò che è vispo.

vispistrèllo ● V. *pipistrello*.

vìspo [vc. di origine espressiva] **agg.** ● Che è pronto, svelto, brioso e vivace sia nel fisico che nei modi: *bambino, ragazzetto v.*; *un v. passerotto*; *un vecchietto v.* **SIN.** Arzillo. || **vispino**, **dim.**

vissàno agg. ● Di Visso, paese delle Marche | *Razza vissana*, razza ovina indigena della zona di Visso | *Lana vissana*, prodotta dalle pecore di razza vissana, ricercata per cardati, pettinati e filati da aguglieria.

†**vìsso part. pass.** di *vivere*; anche **agg.** ● Nei sign. del v.

vissùto A part. pass. di *vivere*; anche **agg. *1*** Nei sign. del v. ***2*** Che è ricco di esperienze sia positive che negative: *uomo v.* | *Donna vissuta*, che ha avuto varie esperienze sentimentali. **B s. m.** ● (*psicol.*) Tutto ciò che la coscienza individuale vive nell'immediato | (*est.*) Tutto ciò che, ancora non è stato sottoposto al filtro dell'introspezione | (*est.*) Tutto ciò che, anche se appartiene a un'esperienza precedente, è presente in modo vivo nella coscienza individuale o collettiva: *il nostro v. familiare, politico, sociale*; *il v. delle nuove generazioni giovanili*.

vista [da *visto (1)*] **s. f. *1*** Facoltà di vedere, capacità visiva dell'occhio: *organi della vista*; *la v. è uno dei cinque sensi*; *avere una v. perfetta, debole, difettosa*; *misurare la v.* | *Occhiali da v.*, per chi non vede perfettamente | *Avere la v. corta*, vederci poco (*anche fig.*) | *Avere la v. lunga*, vedere bene e lontano (*anche fig.*) | *Perdere la v.*, diventare cieco | *Sottrarsi alla v. di qc.*, nascondersi, non farsi vedere | *Essere fuori di v.*, si dice di ciò che è troppo lontano per essere visto a occhio nudo | *A prima v.*, alla prima occhiata, al primo esame; (*fig.*) in modo superficiale: *tradurre a prima v.*; *giudicare a prima v.* | *Di vista*, superficialmente: *conoscere qc. di v.* | *Perdere di v. qc.*, non vederlo più; (*est.*) ignorare dove sia, cosa faccia e sim.: *l'ho perduto di v. tra la folla*; *ci siamo persi di v. da molto tempo* | *Perdere di v. q.c.*, non occuparsene come si dovrebbe, dimenticarla, trascurarla, disinteressarsene: *perdere di v. il proprio scopo, la meta finale*; *si dilunga in discorsi inutili perdendo di v. l'argomento principale* | *In v.*, si dice di cosa esposta alla vista di tutti; (*est.*) si dice di persone, ambienti e sim. che godono di grande notorietà: *oggetto in v.*; *mettere, porre, collocare q.c. in v.*, *bene in v.*; *una personalità molto in v.* | *Essere in v.*, essere ben visibile; (*fig.*) essere molto noto; (*fig.*) essere tanto vicino, nello spazio, da poter essere visto; (*fig.*) essere imminente: *l'anello era in v. sulla vetrina*; *la città ormai è in v.*; *chi è molto in v. ha anche molte seccature*; *sono in v. gravi scioperi* | *Terra in v.!*, grido con cui sulle navi si annunciava che la terraferma era ormai visibile | *In v. di*, vicino, nei pressi di; (*fig.*) in considerazione di: *si fermarono in v. della città*; *in v. di ciò, rimandiamo ogni decisione* | *Mettere in buona, in cattiva v.*, far apparire bene, male, mettere in buona, in cattiva luce | *Guardare a v.*, tenere continuamente d'occhio | *Sparare a v.*, senza preavviso | *A v.*, nel linguaggio commerciale e bancario, alla presentazione: *titolo di credito pagabile a v.* | (*banca*) *A certo tempo v.*, dopo che è trascorso il periodo di tempo indicato, a decorrere dalla presentazione: *titolo di credito pagabile a certo tempo v.* | *Volo, navigazione a v.*, quelli condotti in base a riferimenti visibili e quindi in buone condizioni di visibilità diurna o notturna, spec. in contrapposizione a volo e navigazione strumentale | *Navigare a v.*, (*fig.*) in una situazione difficile, procedere alla giornata, senza riferimenti od obiettivi a medio o lungo termine | *Punto di v.*, (*fig.*) opinione, particolare modo di vedere o interpretare le cose | †*Dar di v.*, badare | *Avere in v. q.c.*, (*fig.*) prevedere di procurarsene, di ottenerla, di raggiungerla e sim.: *avere in v. una buona sistemazione*. ➡ ILL. p. 367 ANATOMIA UMANA. **2** Possibilità di vedere e ambito materiale entro cui l'occhio può percepire la realtà: *togliere, impedire, limitare la v. di q.c.*; *uscire dalla v., di v.* | (*raro*) Luce, finestra, apertura che consente di vedere. **3** Panorama, scena, spettacolo e sim. che si vede: *una v. bella, piacevole*; *dalla finestra si gode una splendida v.*; *una v. raccapricciante apparve ai loro occhi* | *È una brutta v.*, di cosa sgradevole o spiacevole a vedersi. **4** Aspetto, apparenza | *Far bella v.*, apparire bene, essere bello, piacevole e sim. a vedersi | (*lett.*) *In v.*, all'apparenza, all'aspetto | (*raro, lett.*) *Dar v.*, avere apparenza | *Far v. di, far le viste di*, fingere: *far v. di piangere*; *far le viste d'inquietarsi* | (*raro*) Ostentazione, mostra: *fare gran v. di sé, di q.c.* **5** (*lett.*) Sembianze umane: ... *questa donna ... si facea d'una v. pietosa e d'un colore pallido* (DANTE). **6** Nelle antiche armature, fessura praticata nella celata per permettere di vedere. **7** †Segno, indizio | †*Far v. di*, lasciare intendere q.c. per indizi.

vistàre v. tr. ● Apporre il visto, munire di visto: *v. il passaporto, una domanda*. SIN. Vidimare.

vistavìsion /vista'vizjon, *ingl.* vistə'viʒən/ [vc. ingl., comp. di *vista* 'prospettiva, scorcio' (V. *vista*) e *vision* 'visione'] s. m. inv. ● (*cine*) Procedimento secondo il quale in una macchina da presa la pellicola scorre in senso orizzontale anziché verticale, consentendo un'immagine di dimensioni maggiori di quella normale.

†**vistézza** [ant. fr. *vistesse* (mod. *vitesse*), da *vite* 'svelto' (V. *visto* (*1*))] s. f. ● Agilità, destrezza.

vìsto (1) [lat. parl. **vīsitu(m)*, part. pass. di *vidēre* 'vedere', sul modello di *pŏsitus* 'posito'] **A** part. pass. di *vedere*; anche agg. **1** Nei sign. del v. **2** Nella loc. cong. *v. che*, atteso, considerato che, poiché. **3** †Veggente. **4** *Ben v.*, *mal v.*, V. *benvisto* e *malvisto*. **5** *Mai v.*, nuovo, eccezionale, straordinario: *uno spettacolo mai v.*; *un'intelligenza mai vista*. **B** s. m. **1** Atto con cui un'autorità amministrativa superiore esplica un'attività di controllo di mera legittimità su un altro atto di altra autorità amministrativa inferiore: *apporre il v.* SIN. Vidimazione. **2** Correntemente, firma di approvazione o presa visione di un'autorità competente: *manca solo il v. del presidente* | *V. si stampi*, formula, seguita dalla firma, con la quale un autore o un editore dà l'autorizzazione alla tipografia di stampare le ultime bozze | *V. consolare* o (*ell.*) *visto*, quello mediante il quale il console di uno Stato attribuisce al passaporto di uno straniero una determinata validità rispetto al proprio Stato: *v. d'entrata, d'uscita*.

†**visto (2)** [ant. fr. *viste* (mod. *vite*) 'svelto': di origine espressiva (?)] agg. ● Guizzante, agile: *un lioncello presto e v.* (BOCCACCIO). || †**vistaménte**, avv. Velocemente, subito.

vistosità s. f. **1** Qualità di chi, di ciò che è vistoso. **2** (*raro*) Sfarzo, sfoggio, ostentazione.

vistóso [da *vista*] agg. **1** Che dà nell'occhio, che è molto appariscente: *abito, colore v.*; *donna vistosa*. SIN. Appariscente, chiassoso. **2** (*fig.*) Notevole, considerevole, ingente: *somma, vincita vistosa*. || **vistosétto**, dim. || **vistosaménte**, avv. In modo vistoso (*anche fig.*).

visuàle [vc. dotta, lat. tardo *visuāle(m)*, da *vīsus* 'vista' (V. *viso* (*1*))] **A** agg. ● Della vista | *Angolo v.*, formato nell'occhio dai raggi che partono dalle estremità di un oggetto; (*fig.*) punto di vista, prospettiva. || **visualménte**, avv. Con la vista. **B** s. f. **1** Veduta, panorama: *una bella v.*; *coprire la v.* | *Che v.!, che bella v.*, (*fig., scherz.*) di persona particolarmente bella e attraente. **2** (*ott.*) Linea retta che idealmente congiunge l'occhio dell'osservatore con l'oggetto osservato.

visualità [da *visuale*] s. f. ● (*raro*) Qualità di ciò che è percepibile con la vista | (*est.*) Caratteristica di ciò che viene rappresentato attraverso l'immagine, con particolare riferimento ai risultati della moderna ricerca grafica ed espressiva, spec. nel campo della fotografia, del design, della pubblicità e delle arti figurative in genere.

visualizer /*ingl.* viʒwa'laizə/ [vc. ingl., da *to visualize* 'visualizzare'] s. m. e f. inv. ● Chi, nel campo della pubblicità, visualizza l'idea o il contenuto di una campagna nell'abbozzo di un cartellone, un annuncio, un filmato, un fotomontaggio e sim.

visualizzàre [da *visuale*, sul modello dell'ingl. (*to*) *visualize*] v. tr. **1** Rendere visibile q.c. che per sua natura non lo è | *V. un flusso aerodinamico*, mediante fumo, rifrazione e sim. | *V. un organo*, in radiologia, farlo apparire con evidenza, impiegando un mezzo di contrasto. **2** Dare forma visibile, rappresentare con immagini: *v. una statistica, un fenomeno con grafici, un'idea pubblicitaria*.

visualizzatóre [da *visualizzare*] s. m. ● (*elab.*) Dispositivo di uscita di un elaboratore elettronico, su cui i risultati di un'elaborazione vengono presentati in forma labile, ma con tempi di attesa nulli o trascurabili | *V. alfanumerico*, su cui vengono presentati solo caratteri alfabetici, numerici e segni speciali | *V. grafico*, su cui possono essere rappresentati anche diagrammi e figure | *V. ottico interattivo*, visualizzatore grafico provvisto di penna luminosa e usato come dispositivo di ingresso di un elaboratore elettronico per consentire l'interazione diretta fra l'uomo e l'elaboratore.

visualizzazióne s. f. ● Atto, modo ed effetto del visualizzare.

visùra [dal lat. *vīsus*, part. pass. di *vidēre* 'vedere'] s. f. ● Verifica catastale e ipotecaria tendente ad accertare sia la condizione giuridica che il valore economico di un immobile | (*est.*) Esame, controllo, spec. ai fini di accertamenti tecnici, legali o burocratici.

visus /*lat.* 'vizus/ [vc. lat., 'vista'. V. *viso* (*1*)] s. m. inv. **1** (*fisiol.*) Capacità visiva dell'occhio. **2** Misura dell'acuità visiva, basata sulle dimensioni dei più piccoli caratteri ottotipici che l'occhio riesce a leggere, espressa generalmente in decimi.

vita (1) [lat. *vīta(m)*, dalla stessa radice di *vīvere*] s. f. **1** (*biol.*) Complesso delle proprietà, quali la nutrizione, la respirazione, l'irritabilità e la riproduzione, che caratterizzano la materia vivente e la distinguono dalla materia non vivente: *v. animale, vegetale*; *v. vegetativa, sensitiva*; *avere v.*; *essere in v.* | (*gener.*) Condizione, stato di ciò che vive, il fatto di vivere: *finché mi resterà un fil di v., non cesserò di lottare*; *il poveretto non dava più segno di v.* | *Venire alla v.*, nascere | *Dare la v. a qc.*, procrearlo | *Ridar la v. a qc.*, (*fig.*) aiutarlo a superare un momento difficile, restituirgli fiducia, coraggio | *Dar v. a q.c.*, esserne il creatore | *Restare, rimanere in v.*, sopravvivere | *Rendere, restituire alla v.*, risuscitare o strappare alla morte | *Esser in fin di v.*, sul punto di morire | *Perdere la v.*, morire | *Privar della v.*, uccidere | *Togliersi la v.*, suicidarsi | *Per la v. e per la morte*, per ogni evento | *Essere uniti per la v. e per la morte*, per sempre, nelle vicende liete o tristi | *Questione di v. o di morte*, di capitale importanza | *Passare da morte a v.*, (*fig.*) da una condizione insopportabile a una migliore | *Mettere a rischio, a repentaglio la v.*, correre il rischio di morire | *Dare la v. per q.c.*, dedicarvi tutte le proprie energie; anche, accettare di morire per essa | *Vender cara la v.*, battersi impavidamente e accanitamente prima di soccombere | *Salvar la v. a qc.*, scamparlo da morte | *Dover la v. a qc.*, essere sfuggito alla morte per merito suo | *Ne va della v.*, è in gioco la vita | *Se vi è cara la v.*, formula deprecatoria | *O la borsa o la v.*, intimazione di rapinatori | *Pena la v.*, sotto pena di morte | *Far grazia della v.*, graziare un condannato a morte | *Render la v. difficile a qc.*, ostacolarlo in ogni modo e continuamente. **2** Spazio di tempo compreso tra la nascita e la morte; (*est.*) tempo che resta da vivere: *il corso della v.*; *le diverse età della v. nell'uomo*; *la v. di alcune specie animali è molto breve*; *ti giuro che me ne ricorderò per tutta la v.* | *A v.*, per tutta la durata della vita: *è stato eletto senatore a v.* | *V. natural durante*, per tutta la vita (*anche scherz.*) | (spesso raff. ed enf.) *In v. mia, in v. sua*,: *non ho mai visto niente di simile in v. mia* | *L'altra v.*, la vita eterna | *Passare a miglior v.*, morire | (*stat.*) *V. media*, data un'età x, il numero medio di anni che potrebbe attendersi di vivere ogni individuo di tale età, espresso dal rapporto fra il numero totale di anni vissuti dopo l'età x e il numero di coloro che sovravvivono a tale età. **3** Modo di vivere: *v. associata, civile, primitiva, selvaggia, ritirata, solitaria*; *v. sana, attiva, all'aperto*; *v. onesta, virtuosa, intemerata, oziosa, viziosa, scioperata*; *avere, godere una v. serena, tranquilla*; *fare, menare una v. agitata, travagliata, grama, di stenti, da cani*; *la v. del medico, del minatore, dello studioso*; *questa è la v. del convento* | *V. di relazione*, quella dell'uomo in quanto si svolge in una società | *V. pubblica*, l'ambito delle attività politiche, amministrative, sociali e sim. di un individuo | *V. privata*, l'insieme dei rapporti familiari e personali di un individuo | *Che v.!*, per indicare un modo di vivere particolarmente disagiato o faticoso | *Fare una bella v.*, vivere comodamente, senza preoccupazioni o fatica | *Fare la bella v.*, si dice di chi è dedito ai piaceri mondani | *Fare la v.*, (*euf.*) esercitare la prostituzione | *Ragazza di v.*, prostituta | *Ragazzo di v.*, giovane malvivente o vizioso, proveniente spec. da un ambiente sociale degradato dalla miseria e dalla violenza | *Avere una doppia v.*, nascondere dietro una faccia di irreprensibilità azioni e comportamenti viziosi, disonesti, oltremodo riprovevoli | *La dolce v.*, modo vuoto e corrotto di vivere che alcuni seguono illudendosi di gustare la dolcezza del vivere | *Cambiar v.*, mutare la propria condotta, spec. dal male al bene: *ha deciso di cambiar v.* **4** Parte dell'attività intellettiva, o fisica, o morale: *v. psichica, spirituale, sensitiva, affettiva, intellettuale, culturale*. **5** Complesso delle attività di un organismo operante: *la v. di una società, di un partito*. **6** (*fig.*) Durata: *questa moda avrà v. breve*; *la v. di una dottrina, di una stella, di una macchina* | *La v. di un libro*, tutto il tempo in cui è letto e richiesto. **7** Vigore, vitalità: *è un giovane pieno di v.* | Forza operante, animatrice: *il sole è fonte di v.*; *Te beata, gridai, per le felici / aure pregne di v.* (FOSCOLO). **8** (*fig.*) Animazione, fermento, movimento vivace: *una strada piena di v.*; *è una città di provincia, che non ha v. notturna* | Di opera d'arte, vivacità espressiva: *descrizione piena di v.*; *quadro, statua senza v.* **9** Ciò che garantisce l'esistenza, le dà valore, significato: *la luce è la v. delle piante*; *l'aria è v.*; *il lavoro è v. per lui* | *V. mia!*, espressione che si rivolge a persona amata. **10** Essere vivente, persona: *giovani vite spente dall'odio, dalla violenza*; *nell'incidente non si sono lamentate perdite* di vite umane | *Non c'è traccia di v.*, di luogo in cui non si vedono uomini, animali, piante | (*lett.*) Anima: *E già la v. di quel lume santo / rivolta s'era al Sol* (DANTE *Par.* IX, 7-8). ***11*** Ciò che è necessario per vivere, con particolare riguardo al vitto: *lavorare sodo per guadagnarsi la v.*; *la v. diventa sempre più cara*; *e se 'l mondo sapesse il cor ch'elli ebbe / mendicando sua v. a frusto a frusto, / assai lo loda, e più lo loderebbe* (DANTE *Par.* VI, 140-142) | *Il costo della v.*, le spese necessarie per il proprio mantenimento. ***12*** Fama, nome: *aver v. fra i posteri*; *E tu ne' carmi avrai perenne v., / sponda che Arno saluta in suo cammino* (FOSCOLO). ***13*** Biografia: *ha scritto una v. di Dante*; *una v. romanzata*. ***14*** Il mondo umano, il corso delle cose umane, la partecipazione al mondo reale: *conoscere la v.*; *è ancora troppo giovane, non ha alcuna esperienza della v.*; *bisogna guardare la v. in faccia*; *che volete? è la v.!* || **vitàccia**, **pegg.** (V.).

vita (**2**) [da *vita* (*1*), perché ivi si trovano gli organi vitali] **s. f.** ***1*** Parte del corpo umano sopra i fianchi in corrispondenza della cintura: *afferrare qualcuno per la v.*; *avere una v. sottile, una v. di vespa* | Parte del vestito sopra i fianchi: *giacca troppo stretta di v.*; *il vestito va bene, ma bisognerebbe stringerlo un po' in v.* | *Punto di v.*, segnato dall'incavo sopra i fianchi | *Marcato in v.*, di abito molto aderente nel punto di vita | *Andare, stare in v.*, *in bella v.*, senza cappotto, anche quando fa freddo. ***2*** (*est.*) Parte del corpo umano compresa tra i fianchi e le spalle: *esser lungo, corto di v.*; *su colla v.!*, per esortare qualcuno a tener diritte le spalle, (*fig.*) a non avvilirsi. **SIN.** Busto. ***3*** †Corpo umano nel suo aspetto esteriore. || **vitìna**, **dim.** (V.) | **vitìno**, **dim. m.** (V.) | **vitóna**, **accr.** | **vitóne**, **accr. m.**

vitàccia **s. f.** (**pl.** *-ce*) ***1*** Pegg. di *vita* (*1*). ***2*** Vita dura, difficile, grama: *che v.!*; *fare una v. d'inferno, da cani*.

Vitàcee [da *vite*] **s. f. pl.** ● Nella tassonomia vegetale, famiglia di arbusti rampicanti delle Dicotiledoni, a foglie profondamente palmato-lobate e frutto a bacca (*Vitaceae*) | (al sing. *-a*) Ogni individuo di tale famiglia. ➡ **ILL. piante** /5.

vitaiòlo o †**vitaiuòlo** [da *vita*, sul modello di *donnaiolo* e *festaiolo*: calco sul fr. *viveur* (V.)] **s. m.** ● Viveur.

vitàlba [lat. *vīte(m) ălba(m)* 'vite bianca'] **s. f.** ● Arbusto rampicante delle Ranuncolacee con foglie opposte, picciolate e fiori bianchi riuniti in pannocchie (*Clematis vitalba*). || **vitalbìno**, **dim. m.** (V.).

vitalbàio **s. m.** ● (*raro*) Luogo pieno di vitalbe | †*Mettersi in un v.*, (*fig.*) cacciarsi in un ginepraio, in una situazione intricata.

vitalbìno **s. m.** ***1*** Dim. di *vitalba*. ***2*** Pianta erbacea delle Ranuncolacee a fusti eretti, non rampicanti e fiori bianchi (*Clematis recta*).

vitàle [vc. dotta, lat. *vitāle(m)*, da *vīta*] **A agg.** ***1*** Della, relativo alla, vita: *forza v.*; *fenomeni vitali*; *esigenze, necessità vitali* | *Spazio v.*, quello che è, o si ritiene, necessario alla vita e allo sviluppo di un popolo, di una nazione e sim. ***2*** Che dà e mantiene la vita: *soffio v.*; *elementi vitali*; *la linfa v. delle piante* | *Linfa v.*, (*fig.*) ciò che vivifica q.c., che è fonte di energia per q.c.: *idee che sono la linfa v. della società* | (*lett.*) *Aura vitale*, l'aria, in quanto consente la vita. ***3*** (*fig.*) Fondamentale, essenziale, imprescindibile: *principio v.*; *gli interessi vitali della nazione*; *è una questione di v. importanza*. **CONTR.** Trascurabile. ***4*** Che ha vitalità: *feto vivo e v.*; *un essere v.* ***5*** (*fig.*) Che è adatto e produttivo rispetto agli scopi e alle realizzazioni che si propone: *organismo politico v.*; *è l'unico organo v. della nostra società*. || **vitalménte**, **avv.** **B s. m.** ● †Vigore di vita.

vitalìsmo [da *vitale*, col suff. *-ismo*] **s. m.** ● (*biol.*) Teoria secondo cui le funzioni dell'organismo vivente sono dovute a un ignoto principio vitale, insito nella materia organizzata e distinto da tutte le forze chimiche e fisiche.

vitalìsta **s. m. e f.** (**pl. m.** *-i*) ● Chi sostiene il vitalismo.

vitalìstico [da *vitalismo*] **agg.** (**pl. m.** *-ci*) ● Ispirato o relativo al vitalismo: *pensiero v.*; *trattato v.*

vitalità [vc. dotta, lat. *vitalitāte(m)*, da *vitālis* 'vitale'] **s. f.** ***1*** (*fisiol.*) Capacità di vita, di sopravvivenza: *la v. di un neonato*. ***2*** Qualità di chi, di ciò che è vitale (*anche fig.*): *istituzione ormai priva di v.*

vitaliziàre **v. tr.** (*io vitalìzio*) ● Costituire in vitalizio: *v. una rendita*.

vitalìzio [da *vitale*] **A agg.** ● Che ha la durata della vita di un uomo: *incarico v.* | *Contratto v.*, *rendita vitalizia*, quelli che prevedono una rendita costituita per la durata della vita del soggetto che fruisce della rendita medesima o di altra persona | *Assegno v.*, spettante sulla successione del genitore ai figli naturali non riconoscibili nelle ipotesi determinate dalla legge. **B s. m.** ***1*** Rendita vitalizia. ***2*** Assegno vitalizio.

vitalizzàre [fr. *vitaliser*, da *vital* 'vitale'] **v. tr.** ● (*lett.*) Rendere vivo, vitale (*spec. fig.*): *v. una descrizione*.

vitàme **s. m.** ● Assortimento di viti | Quantità di viti.

vitamìna [ted. *Vitamin*, comp. del lat. *vīta* e ted. *Amin* 'ammina': chiamata così da C. Funk (che la scoprì nel 1913), perché riteneva che fosse un'*ammina*] **s. f.** ● Sostanza indispensabile alla vita che l'organismo non è capace di produrre e che pertanto deve essere assunta con gli alimenti | *V. A*, regola la normale funzionalità e l'integrità di tutti i tessuti epiteliali, favorendo l'accrescimento corporeo negli organismi in via di sviluppo | *Vitamine del gruppo B*, raggruppamento che comprende le vitamine B_1, B_2, B_5, B_6, B_{12} | *V. B_1*, usata in terapia nelle nevriti, nelle forme psicoasteniche e in varie malattie gastrointestinali. **SIN.** Tiamina | *V. B_2*, dotata di funzione protettiva sugli epiteli e atta a favorire la crescita. **SIN.** Riboflavina | *V. B_5*, usata nella cura di disturbi neuromotori e cardiovascolari | *V. B_6*, dotata di funzione epitelioprotettiva. **SIN.** Adermina | *V. B_{12}*, necessaria per la crescita, la nutrizione e la funzionalità dei tessuti a elevato potere di moltiplicazione, come il midollo osseo, usata spec. in terapia nella cura delle anemie. **SIN.** Cianocobalammina | *V. C*, usata in terapia nella cura dello scorbuto, delle astenie, degli stati emorragici e come coadiuvante della cura di molte malattie infettive | *V. D_2* e *D_3*, usata per la cura e la prevenzione del rachitismo e delle distrofie ossee | *V. E*, usata nella cura della sterilità e anche dell'arteriosclerosi | *V. F*, ha la funzione di mantenere elastica e morbida la pelle, ed è usata quando questa diventa rugosa e si squama per malattia o per dieta troppo severa | *V. H*, usata per la cura di numerose affezioni cutanee | *V. K*, trova utile impiego in tutte le affezioni in cui è diminuita la coagulabilità del sangue e si ha tendenza alle emorragie | *V. M*, *B_c*, usata nella cura di anemie | *V. P*, atta ad aumentare la resistenza dei vasi sanguigni alla rottura | *V. PP*, usata nella cura della pellagra, in alcune dermatosi e nelle affezioni epatiche.

vitamìnico **agg.** (**pl. m.** *-ci*) ● Delle, relativo alle vitamine | Che è ricco di vitamine: *alimento v.*

vitaminizzàre [da *vitamina*] **v. tr.** ● Aggiungere ad un alimento una o più vitamine diverse per potenziare i suoi principi nutritivi.

vitaminizzàto **part. pass.** di *vitaminizzare*; anche **agg.** ● Nel sign. del v.

vitaminizzazióne [fr. *vitaminisation*, da *vitamine* 'vitamina'] **s. f.** ● Procedimento utilizzato per addizionare una o più vitamine ad altre sostanze, spec. alimentari.

vitaminologìa [comp. di *vitamina* e *-logia*] **s. f.** ● Ramo della biologia che studia in particolare le vitamine.

vitàndo [vc. dotta, lat. *vitāndu(m)*, gerundio di *vitāre*] **agg.** ● Da evitarsi, detto spec. in diritto canonico, dello scomunicato che deve essere evitato dagli altri fedeli, perché direttamente condannato dalla Sede Apostolica, con sentenza pubblica e con esplicita menzione, in essa, dell'obbligo di evitarlo.

†**vitàre** [vc. dotta, lat. *vitāre*, di etim. incerta] **v. tr.** ● Evitare, schivare.

vitàto **agg.** ● Piantato a vite, vignato: *terreno v.* | (*raro*) Detto di albero cui si marita la vite.

vite (**1**) [lat. *vīte(m)*, da avvicinare a *viēre* 'curvare, intrecciare', di origine indeur.] **s. f.** ***1*** Arbusto delle Vitacee con rami rampicanti, ingrossati ai nodi, foglie palmate, fiori verdi in grappoli e frutto a bacca succosa (*Vitis vinifera*): *pampini, tralci, grappoli, viticci, occhi della v.*; *v. ad alberello, a cordone, a pergola, a tendone, a festoni, a raggi*; *maritare la v. all'olmo*; *la v. si dondolava adagio adagio sulla finestra* (VERGA) | (*fig.*) *Piangere come una v. tagliata*, irrefrenabilmente, a dirotto | *V. bianca*, brionia | *V. selvatica*, *v. americana*, abrostine. ***2*** *V. d'orso*, frutice delle Ericacee con foglie persistenti arrotolate al margine e frutto a bacca rossa, edule (*Vaccinium vitis idaea*) | *V. nera*, erba perenne delle Monocotiledoni con fiori verdognoli, campanulati e frutto a bacca (*Tamus communis*). **SIN.** Tamaro | *V. vergine*, o *v. del Canada*, delle Vitacee, coltivata per ricoprire i muri (*Parthenocissus quinquifolia*).

vite (**2**) [da *vite* (*1*), per la sua forma a spirale] **s. f.** ***1*** Cilindretto metallico con un rilievo elicoidale, per fermare, stringere, collegare: *la testa, il gambo, il filetto o verme della v.* | *V. maschio*, la vite propriamente detta, che si avvita nella madrevite | *V. femmina*, madrevite | *V. di collegamento*, per effettuare collegamento di pezzi, è costituita da testa e gambo filettato | *V. prigioniera*, con gambo cilindrico filettato alle due estremità, una delle quali viene inserita saldamente in un foro non passante praticato in uno dei due pezzi da collegare mentre l'altra reca il dado di collegamento | *V. autofilettante*, che nell'avvitamento genera la filettatura del foro liscio | *V. senza testa*, quella il cui gambo ha diametro costante e in cui i mezzi che ne consentono l'avvitamento sono ricavati direttamente in esso | *V. da legno*, quella con la parte filettata conica, con filetto triangolare, da inserire in un foro iniziato col succhiello | *V. di manovra*, *di traslazione*, quella che, fatta ruotare nella madrevite solidale con un organo di traslazione, ne determina lo spostamento, utilizzata per es. nelle macchine utensili per lo spostamento di carrelli e sim. | *V. senza fine*, *perpetua*, a uno o più filetti, trasmette il movimento a una ruota elicoidale, che si muoverà lentamente, spostandosi di uno, due o tre denti a ogni giro della vite, a seconda che questa sia a uno, a due, a tre pezzi | *V. micrometrica*, di precisione, usata in strumenti di misura per valutare lo spostamento compreso in un certo numero di giri o frazioni di giro da valutare su apposito tamburo | *V. di Archimede*, strumento, usato spec. per il sollevamento dell'acqua, costituito da un tubo all'interno del quale ruota una vite senza fine | *V. madre*, organo del tornio che, muovendosi entro la sua chiocciola, permette di ottenere avanzamenti precisi per l'utensile, necessari per eseguire filettature | *A v.*, spiralato come una vite; chiuso con viti | (*raro*, *fig.*) *Coscienza a v.*, di chi si sposta dalle proprie opinioni e si adegua facilmente a cose non buone, disoneste e sim. | *Giro di v.*, (*fig.*) irrigidimento nei rapporti, con q.c. o qc. ***2*** (*aer.*) Discesa di un velivolo lungo una traiettoria a spirale verticale di piccolo raggio, con notevole velocità angolare, compiuta involontariamente per effetto di una manovra errata o di una forte raffica, o volontariamente allo scopo di compiere una manovra acrobatica: *caduta a, in v.* | *V. piatta*, col velivolo in assetto pressoché orizzontale. ***3*** (*sport*) Tuffo dal trampolino o dalla piattaforma nel quale il corpo, all'apice della traiettoria, deve compiere una rotazione attorno al proprio asse. ***4*** (*spec. al pl.*, *tosc.*, *raro*) Candelieri lunghi che i chierici portano sulle braccia in alcune cerimonie. || **viterèlla**, **dim.** | **viterellìna**, **dim.** | **vitìna**, **dim.** | **vitóna**, **accr.** | **vitóne**, **accr. m.** (V.).

vite-chiòdo [comp. di *vite* e *chiodo*] **s. m.** ● Vite con il gambo autofilettante, a passo molto grande, destinata a essere piantata con il martello o la pressa in pezzi massicci.

vitèlla **s. f.** ***1*** Vitello femmina, giovenca: *v. da latte*. ***2*** Carne dell'animale macellato, usata come cibo: *fettine di v.*; *v. arrosto, in guazzetto*. || **vitellìna**, **dim.**

vitellàio **s. m.** ***1*** Chi lavora pelli di vitello. ***2*** Chi commercia in vitelli.

vitellìno (**1**) **agg.** ● (*raro*) Di vitello: *cuoio v.*; *pelle vitellina*.

vitellìno (**2**) **agg.** ● Che si riferisce al vitello dell'uovo: *sacco v.*; *membrana vitellina*.

vitèllium [vc. d'origine sconosciuta] **s. m.** ● Lega inerte di cromo, molibdeno e cobalto, usata in medicina per costruire protesi.

vitèllo (1) [lat. *vitĕllu(m)*, dim. di *vĭtulus* 'vitello (al di sotto di un anno)', di origine indeur.] s. m. (f. *-a* (V.)) *1* Il nato della vacca, di età inferiore all'anno | *V. della coscia*, bovino con forte sviluppo delle regioni della groppa e della natica | *V. d'oro*, idolo fabbricato dagli ebrei nel deserto, durante l'attesa del ritorno di Mosè dal Monte Sinai | *Adorare il v. d'oro*, (*fig.*) essere schiavi del denaro, cercare ad ogni costo la ricchezza. *2* Carne di vitello macellato: *v. al forno*; *cotoletta di v.* *3* Pelle di vitello, sia grezza che conciata | Cuoio di vitello: *scarpa, valigia di v.* *4* *V. marino*, foca. || **vitellétto**, dim. | **vitellino**, dim. | **vitellóne**, accr. (V.).

vitèllo (2) [vc. dotta, lat. *vitĕllu(m)*, di etim. incerta] s. m. ● (*biol.*) Deutoplasma. SIN. Tuorlo.

vitellóne s. m. *1* Accr. di *vitello* (*1*). *2* Bovino adulto di età compresa fra i 12 e i 18 mesi, ingrassato per il macello | Carne del vitellone macellato, usata come alimento: *arrosto di v.* *3* (*fig.*) Giovane che trascorre il tempo oziando o in modo vacuo e frivolo, senza cercare di uscire da un ambiente sociale mediocre e privo di stimoli intellettuali.

viterbése A agg. ● Di Viterbo. **B** s. m. e f. ● Abitante, nativo di Viterbo.

viterìa [da *vite* (*2*)] s. f. ● (*spec. al pl.*) Insieme di viti, di qualità e tipo diverso, per collegamenti meccanici.

†**vitévole** agg. ● (*raro*) Che conserva o ristora la vita.

vitìcchio [lat. parl. **vitīculu(m)*, da *vitĭcula* 'piccola vite, viticchio', dim. di *vītis* 'vite (1)'] s. m. ● (*dial., centr., merid.*) Nome regionale di alcune piante volubili, come il vilucchio e la vitalba.

vitìccio [da *vite* (*1*)] s. m. *1* (*bot.*) Appendice filamentosa a volte ramificata derivata da foglie o da rami che si attorciglia ad altri corpi per sostenere le piante rampicanti. SIN. Cirro. *2* Motivo ornamentale ispirato alla forma del viticcio, molto diffuso anche nella ornamentazione dei mobili | Candelabro o portalampade da tavolo o da parete in metallo, a uno o più bracci ricurvi | Braccio di tale candelabro. || **viticcióne**, accr.

vitìcolo [da *vite* (*1*), sul modello di *agricolo*] agg. ● Concernente la vite e la coltura della vite | *Regione viticola*, in cui si coltiva prevalentemente la vite.

viticoltóre o **viticultóre** [comp. di *vite* (*1*) e *cultore*] s. m. ● Chi si occupa della coltivazione della vite con metodo razionale.

viticoltùra o **viticultùra** [comp. di *vite* (*1*) e *coltura*] s. f. *1* Coltivazione razionale della vite: *manuale di v.* *2* Scienza che studia le tecniche e i sistemi di coltivazione della vite. SIN. Ampelotecnia.

viticultóre ● V. *viticoltore*.

viticultùra ● V. *viticoltura*.

vitìfero [vc. dotta, lat. *vitĭferu(m)*, comp. di *vītis* 'vite (1)' e *-fer* '-fero'] agg. *1* (*lett.*) Di terreno piantato a viti o adatto alla coltura della vite: *colline vitifere*. *2* (*raro*) Viticolo.

vitìgno [lat. tardo *vitīneu(m)*, agg., di *vītis* 'vite'] s. m. ● Ogni varietà coltivata di vite.

vitilìgine [vc. dotta, lat. *vitilīgine(m)*, da ricollegare a *vĭtium* 'difetto fisico' (V. *vizio*)] s. f. ● (*med.*) Affezione cutanea dovuta a disturbi neurotrofici, che si manifesta con chiazze biancastre, prive di pigmento.

vitìna s. f. *1* Dim. di *vita* (*2*). *2* Copribusto.

vitìneo [vc. dotta, lat. tardo *vitīneu(m)*, da *vītis* 'vite (1)'] agg. ● (*arch.*) Detto di colonna con tralci di vite attorti.

vitìno s. m. *1* Dim. di *vita* (*2*). *2* Giro di vita molto snello e sottile: *nel Settecento era di moda il v. di vespa*.

†**vitiperàre** e *deriv.* ● V. *vituperare* e *deriv.*

vitivinìcolo [comp. di *viti*(*colo*) e *vinicolo*] agg. ● Che concerne la coltivazione della vite e la produzione del vino: *azienda vitivinicola*.

vitivinicoltóre s. m. ● Chi si occupa della coltivazione della vite e della produzione del vino.

vitivinicoltùra o **vitivinicultùra** [da *vitivinicolo*] s. f. ● Attività vitivinicola.

Viton ® /'viton, *ingl.* 'vaitən/ [nome commerciale della E.I. Du Pont de Nemour & Company Inc.] s. m. inv. ● (*chim.*) Elastomero ottenuto per copolimerizzazione di monomeri fluorurati, caratterizzato da elevata resistenza chimica.

vitóne s. m. *1* Accr. di *vite* (*2*). *2* Fondello, tappo avvitato o chiusura della culatta delle armi da fuoco ad avancarica | *Otturatore a v.*, tipo di otturatore la cui chiusura avviene per avvitamento, generalmente usato nei pezzi di artiglieria di grosso calibro. *3* (*spec. al pl.*) Lunghissime chiavarde a guisa di cavaturaccioli, con cui si fermano le botti da caccia, nei laghi, avvitandole sul fondo.

†**vitoperàre** e *deriv.* ● V. *vituperare* e *deriv.*

vitóso [da (*bella*) *vita*] s. m. ● (*gerg.*) Chi passa il tempo oziando o in attività frivole, interessandosi soprattutto a divertimenti, feste e sim.

vìtreo [vc. dotta, lat. *vĭtreu(m)*, agg. di *vĭtrum* 'vetro'] **A** agg. *1* Di vetro: *pasta, boccia vitrea*. SIN. Vetroso. *2* Che è simile al vetro per trasparenza, lucentezza, fragilità e sim.: *materiale v.*; *sostanza vitrea* | *Occhio, sguardo v.*, (*fig.*) fisso, immobile e inespressivo | (*anat.*) *Corpo v.*, formazione trasparente dell'occhio, posteriormente al cristallino | *Umor v.*, contenuto nel corpo vitreo. **B** s. m. ● (*anat.*) Corpo vitreo.

†**vitrificàre** ● V. *vetrificare*.

†**vitrificazióne** ● V. *vetrificazione*.

†**vitriòlo** ● V. *vetriolo*.

vitrìte [dal lat. *vĭtrum* 'vetro', col suff. *-ite*] s. f. ● (*miner.*) Costituente brillante, a frattura concoide, del carbone fossile.

†**vitriuòlo** ● V. *vetriolo*.

vìtta o †**vétta** nel sign. 1 [vc. dotta, lat. *vĭtta(m)*. V. *vetta* (*1*)] s. f. *1* Nel mondo romano, fascia di varia foggia con cui le matrone e le vestali ornavano il capo e sostenevano l'acconciatura | Benda sacrificale usata dai sacerdoti dell'antica Roma come parte dell'abbigliamento, e per ornare gli oggetti sacrificali o le vittime. *2* (*bot.*) Ognuno dei canali secretori che si trovano nella parete del frutto delle Ombrellifere.

vìttima [vc. dotta, lat. *vĭctima(m)*, di etim. incerta] s. f. *1* Nel rito sacrificale, animale o essere umano offerto, per uccisione, alla divinità: *immolare una v., cento vittime*; *condurre la v. all'altare* | †*Far v. di qc.*, sacrificarlo come vittima | *La Vittima, la Divina Vittima*, e sim. (*per anton.*) il Cristo. SIN. Olocausto. *2* †Sacrificio. *3* (*fig.*) Chi perde la vita o subisce gravi danni personali o patrimoniali, in seguito a calamità, sventure, disastri, incidenti e sim.: *le vittime del terremoto, della guerra, della fame, della carestia*; *una v. innocente*; *l'alluvione ha fatto molte vittime* | *Le vittime della strada, della montagna* e sim., che periscono in incidenti stradali, di montagna e sim. | *Le vittime del progresso*, che perdono la vita in seguito a esperimenti e sim. | *Essere v. di*, perire a causa di o essere coinvolto in: *essere v. del lavoro, del dovere*; *essere v. di un'epidemia*. *4* (*fig.*) Chi sog-

VITAMINE

Denominazionze	*Fonti principali*	*Effetti da carenza*
A - retinolo	tuorlo d'uovo, fegato, oli di pesce, latte, burro, formaggi, verdura e frutta	cecità notturna, affezioni cutanee, deficiente accrescimento corporeo
B_1 - tiamina	cervello, fegato, rene, cuore, cereali integrali, lievito, germe di grano	beri-beri, nevriti, insufficienza cardiaca, disturbi mentali, crampi muscolari
B_2 - riboflavina	latte, uova, fegato, cereali integrali, lievito	fotofobia, affezioni cutanee
B_5* - acido pantotenico	fegato, rene, tuorlo d'uovo, lievito, vegetali, cereali	affaticamento, disturbi neuromotori
B_6 - pirodossina	cereali integrali, fegato, tuorlo d'uovo, lievito, salmone, banane	dermatite, disturbi nervosi, anemia
B_{12} - cobalamina	fegato, rene, cervello, lievito, uova, pesci, molluschi; sintetizzata dalla flora batterica intestinale	anemia perniciosa, neuropatie
C - acido ascorbico	peperoni, cavoli, prezzemolo, agrumi, pomodori	scorbuto, fragilità capillare
D - calciferolo	oli di pesce, fegato, tuorlo d'uovo, salmone	rachitismo, fragilità ossea
E - tocoferolo	oli vegetali, tuorlo d'uovo, germe di grano, fegato, vegetali a foglia verde	globuli rossi fragili, sterilità
F** - acidi grassi essenziali	oli vegetali, oli di pesce, latte	affezioni cutanee
H - biotina	fegato, rene, tuorlo d'uovo; sintetizzata dalla flora batterica intestinale	dermatite, dolori muscolari, depressione
K - fillochinone	vegetali a foglia verde, fegato; sintetizzata dalla flora batterica intestinale	disturbi della coagulazione
M, B_c* - acido folico	spinaci, fegato, germe di grano, lievito	globuli rossi immaturi, anemia, disturbi gastrointestinali
P - citrina	agrumi	fragilità capillare, emorragie
PP - niacina	cereali integrali, fegato, lievito	pellagra, affezioni cutanee

* denominazione in disuso ** denominazione impropria

giace ad azioni ingiuste, a prepotenze, violenze, soperchierie, sopraffazioni e sim.: *le vittime della tirannide, dell'intolleranza religiosa, delle persecuzioni razziali; è la v. del padrone, del capuffficio; in famiglia la v. è sempre lui.* **5** (*fig.*) Chi subisce, anche senza averne piena coscienza, le conseguenze negative di errori, vizi, difetti e sim. propri o altrui: *una v. dell'ambizione, dell'egoismo umano; è la v. inconsapevole del sistema* | *Fare la v.*, atteggiarsi a persona trascurata, perseguitata, infelice e sim. | *Povera v.!*, (*iron.*) di chi si atteggia a vittima, avendo invece numerosi motivi di soddisfazione.

†**vittimàre** [vc. dotta, lat. tardo *victimāre*, da *vīctima* 'vittima'] v. intr. ● Offrire vittime in sacrificio.

vittimàrio [vc. dotta, lat. *victimāriu(m)*, da *vīctima* 'vittima'] s. m. ● Nel rito sacrificale romano antico, l'assistente del sacerdote sacrificatore, il quale legava la vittima e preparava l'immolazione.

vittimìsmo [da *vittima*, col suff. *-ismo*] s. m. ● Tendenza a considerarsi o ad atteggiarsi di continuo a vittima, lamentandosi degli altri o delle circostanze.

vittimìsta s. m. e f. (pl. m. *-i*) ● Chi ama atteggiarsi a vittima.

vittimìstico agg. (pl. m. *-ci*) ● Che si riferisce al vittimismo e ai vittimisti.

vittimizzàre [da *vittima*] v. tr. ● Rendere vittima o fare sentire vittima.

vittimizzazióne [da *vittimizzare*] s. f. ● Atto, effetto del vittimizzare.

vitto (1) [vc. dotta, lat. *vīctu(m)*, da *vīvere*] s. m. ● Insieme di alimenti e bevande necessarie per vivere: *v. sano, nutriente, scarso, abbondante; pensione con v. e alloggio* | *V. animale*, di carne, uova e latte | *V. vegetale*, di cereali, legumi, ortaggi | *Mezzo v.*, scarso, dato a un infermo, quando non sia in grado di consumare il pasto normale. SIN. Cibo, nutrimento.

†**vitto (2)** ● V. *vinto*.

vittóre [vc. dotta, lat. *victōre(m)*, da *vīctus* (V. *vittoria*)] s. m.; anche agg. (f. *-trice*) ● (*raro, lett.*) Vincitore.

vittòria [vc. dotta, lat. *victōria(m)*, da *vīctus*, part. pass. di *vīncere*] s. f. ● Atto, effetto del vincere: *v. militare; le vittorie di Cesare, di Alessandro Magno; v. terrestre, marittima, aerea; lottare, combattere, gareggiare per la v. finale; la v. arrise ai nostri soldati, alla nostra squadra, ai colori avversari; conquistare una grande, una strepitosa v.; le innumerevoli vittorie della scienza, della medicina; ottenere la v. in una causa, in un processo* | *Riportare v. su q.c., su qc.*, vincerlo, spuntarla, essere più forti | *v.!*, grido di gioia dei vincitori | (*fig.*) *Avere la v. in mano, in pugno*, essere sicuro di vincere | *Cantar v.*, (*fig.*) rallegrarsi oltremodo per l'esito favorevole, il successo e sim. | *V. morale*, ottenuta in campo morale, spirituale e sim., affermando la propria supremazia; inoltre, quella di chi, pur essendo materialmente sconfitto, ha buoni motivi d'ordine morale o psicologico per ritenersi il vero vincitore | *La palma, la corona della v.*, segni tangibili, simboli di vittoria consegnati un tempo al vincitore; (*fig.*) ogni premio conferito a un vincitore | *V. di Pirro*, (*fig.*) quella ottenuta a prezzo di danni, perdite e sim., disastrose, che mette praticamente il vincitore nella stessa condizione del vinto, così come accadde al re Pirro che, pur sconfiggendo ripetutamente i Romani, vide semidistrutto il suo esercito e non ottenne alcun risultato pratico apprezzabile. SIN. Successo, vincita.

†**vittoriàle** [vc. dotta, lat. tardo *victoriāle(m)*, da *victōria* 'vittoria'] agg. ● Di vittoria.

vittoriàno [dalla regina *Vittoria* d'Inghilterra (1819-1901)] agg. ● Dell'età in cui regnò in Gran Bretagna la regina Vittoria: *scrittori vittoriani; Inghilterra vittoriana* | *Stile v.*, stile eclettico affermatosi in Inghilterra nella seconda metà del XIX sec., costituito da un miscuglio di stili precedenti variamente imitati e combinati.

†**vittoriàre** [da *vittoria*] v. intr. ● Vincere, trionfare.

vittoriàto [vc. dotta, dal lat. *victoriātu(m)*, dalla *victōria(m)* impressavi] s. m. ● (*numism.*) Moneta d'argento romana dell'età repubblicana, del valore di tre quarti del denaro, recante sul dritto la testa di Giove cinta di alloro e sul rovescio l'immagine della vittoria che incorona un trofeo d'armi.

vittorióso [vc. dotta, lat. *victoriōsu(m)*, da *victōria* 'vittoria'] agg. **1** Di vittoria: *esito v.; grida vittoriose; sorriso v.; espressione vittoriosa.* **2** Che ha vinto: *esercito, soldato, atleta v.* **3** Di chi ha vinto: *ritorno v.; vessillo v.; bandiera vittoriosa.* SIN. Trionfante. || **vittoriosaménte**, avv. Con esito favorevole: *combattere vittoriosamente.*

†**vittovàglia** ● V. *vettovaglia*.

†**vittovagliàre** ● V. *vettovagliare*.

†**vittuàglia** ● V. *vettovaglia*.

†**vittuària** ● V. *vettovaglia*.

vitulìno [dal lat. *vĭtulus* 'vitello (1)'] agg. ● (*raro*) Di vitello | *Foca vitulina*, foca comune.

vituperàbile [vc. dotta, lat. *vituperābile(m)*, da *vituperāre*] agg. ● Che si può o si deve vituperare. || **vituperabilménte**, avv.

vituperàndo [vc. dotta, lat. *vituperāndu(m)*, gerundio di *vituperāre*] agg. ● Che è degno di vituperio, d'infamia.

vituperàre o †**vitiperàre**, †**vitoperàre** [vc. dotta, lat. *vituperāre*: la prima parte del v. va ricollegata a *vĭtium* (V. *vizio*)] **A** v. tr. (*io vitùpero*) **1** Offendere gravemente qc. o q.c. con ingiurie o epiteti infamanti, disonorevoli e sim.: *non lasciarsi v. da nessuno; lo hanno vituperato in presenza di noi tutti* | *V. una donna*, oltraggiarla. SIN. Disonorare. **2** (*raro*) Coprire d'infamia, disonore, vergogna: *v. la famiglia, la patria, il proprio nome* | *V. l'arte*, far disonore a quelli che la esercitano. **3** †Riprendere, rimproverare. **4** †Insudiciare, imbrattare. **B** v. rifl. ● †Sporcarsi, deturparsi.

vituperatìvo [vc. dotta, lat. tardo *vituperatīvu(m)*, da *vituperātus* 'vituperato'] agg. ● (*raro*) Che serve a vituperare: *parole vituperative.*

vituperàto o †**vitiperàto**. part. pass. di *vituperare*; anche agg. **1** Nei sign. del v. **2** †Abominevole, disonorevole, infame.

vituperatóre [vc. dotta, lat. *vituperatōre(m)*, da *vituperātus* 'vituperato'] s. m.; anche agg. (f. *-trice*) ● Chi, che vitupera.

vituperazióne [vc. dotta, lat. *vituperatiōne(m)*, da *vituperātus* 'vituperato'] s. f. ● (*raro*) Atto, effetto del vituperare.

vituperévole o †**vitiperévole**, †**vituperévile** [da *vituperabile*, con cambio di suff.] agg. ● (*lett.*) Vituperabile, spregevole, abietto. || **vituperevolménte**, avv.

vitupèrio o †**vitipèrio**, †**vitopèrio**, †**vitopèro** [vc. dotta, lat. tardo *vitupĕriu(m)*, da *vituperāre*] s. m. (pl. raro †*vitupèria*, f.) **1** Atto, effetto del vituperare, espressione ingiuriosa con cui si vitupera, si offende: *lanciare, scagliare vituperi contro qc.; coprire qc. di vituperi* | †*Levarsi di v.*, vendicare l'offesa ricevuta. SIN. Ingiuria. **2** (*raro, lett.*) Grave onta, disonore, vergogna: *esser causa di v. per qc.; fare, recare v. a qc.; patire, sostenere, ricevere v.* | †Grave biasimo: *vostra sarà la lode o il v.* **3** Chi è causa di vituperio, disonore, vergogna: *suo figlio è l'unico v. della casa* | (*scherz.*) Giovane, bambino troppo vivace o irrequieto. **4** Ciò che è causa di vituperio (*anche scherz.*): *le vostre azioni sono il v. del paese; Ahi Pisa, v. de le genti* (DANTE *Inf.* XXXIII, 79); *quel quadro è un v.!*

vituperóso [da *vitupero*, var. di *vituperio*] agg. **1** Di vituperio: *parole vituperose; epiteti vituperosi.* SIN. Ingiurioso. **2** Infame, disonorevole, abietto: *fama, azione vituperosa; mestiere v.; morte vituperosa; uomo v.* || **vituperosaménte**, avv. Con vituperio.

†**viuòla** ● V. *viola* (2).

viùzza s. f. **1** Dim. di *via*. **2** Via angusta, stretta, spec. tortuosa: *le viuzze della città vecchia, del porto; un dedalo di viuzze.* || **viùzzola**, dim. | **viuzzolina**, dim.

vìva [terza pers. sing. congv. pres. di *vivere*] **A** inter. ● Esprime approvazione incondizionata, plauso, augurio e sim. verso q.c. o qc. (nelle scritte murali espresso generalmente con una W): *v. l'Italia!; v. l'Inter!* | (*scherz.*) *V. noi e chi ci vuol bene!; v. me!; v. tutti!* | (*fam.*) *V. la faccia di chi parla chiaro!, v. la faccia della sincerità!, v. la sincerità*, esprimendo la propria soddisfazione e la propria approvazione a quanto viene affermato o proposto | *V. il Cielo!*, esprimendo sollievo, e in gen., asseverazione | V. anche *vivaddio*. CONTR. Abbasso. **B** in funzione di s. m. inv. ● Plauso, esclamazione di approvazione: *un v. forte e chiaro proruppe dai presenti.*

vivacchiàre [ints. di *vivere*] v. intr. (*io vivàcchio*; aus. *avere*) ● Vivere più o meno stentatamente, tirando avanti come si può, quanto a salute e a mezzi | *Si vivacchia*, (*scherz.*) si tira avanti alla bell'e meglio.

vivàce [vc. dotta, lat. *vivāce(m)*, da *vīvere*] agg. **1** (*lett.*) Che è pieno di vita, rigoglioso, vitale | (*est., lett.*) Che vive a lungo: *le arboree corna del v. cervo* (SANNAZARO) | (*lett.*) *Fonte v.*, durevole e abbondante. **2** (*lett.*) Che dà vita: *aere v.* | †Fertile, fecondo: *terra v.* **3** (*bot.*) Detto di vegetale che vive molti anni producendo annualmente foglie e fiori. SIN. Perenne. **4** Che è dotato di grande vitalità fisica ed è sempre in attività, in movimento e sim.: *persona v. e allegra; bambino molto v. e irrequieto.* SIN. Esuberante. **5** Che brilla di vita, che è sveglio, attento, pronto: *mente v.; ingegno v.; essere dotato di una v. intelligenza; guardare qc. con occhio v.* | (*est.*) Brioso, animato, brillante: *conversazione v.; pagine vivaci; stile, scrittore v.* | (*mus.*) Notazione di esecuzione concitata: *allegro v.; v. con brio.* **6** (*fig.*) Pieno di animosità, eccitazione, risentimento e sim.: *gesto v.; risposta v.; la discussione si fa troppo v.* | *Espressione forse troppo v.*, un po' eccessiva che bisognava moderare | Focoso: *ha un caratterino piuttosto v.* **7** (*fig.*) Intenso e brillante: *colore v.; luce v.* CONTR. Smorto. **8** †Vivo, vivente. || **vivaceménte**, avv. **1** Con vivacità. **2** †Acutamente.

†**vivacézza** s. f. ● Vivacità.

vivacità o †**vivacitàde** [vc. dotta, lat. *vivacitāte(m)*, da *vīvax*, genit. *vivācis* 'vivace'] s. f. ● Qualità di chi, di ciò che è vivace (*anche fig.*): *la v. di un bambino; la v. dei movimenti; è dotato di una grande v. d'ingegno, di mente; ha una notevole v. d'espressione, di stile.* SIN. Brio, vitalità. CONTR. Indolenza.

vivacizzàre [da *vivace*] v. tr. ● Rendere vivace: *v. il racconto, l'esposizione dei fatti, l'espressione, lo stile* | Nel gergo giornalistico, rendere vivace una pagina mediante una originale composizione tipografica.

vivaddìo o (*raro*) **viva Dio** [da *viva Dio*] inter. ● (*lett., euf.*) Si usa per rafforzare un'affermazione: *v. ci riuscirò!; v. che non la passerà liscia.*

vivàgno [da *vivo*, propriamente 'vicino al vivo della stoffa'] s. m. **1** Cimosa, lisiera. **2** (*est., lett.*) Orlo, lembo. **3** (*est., lett.*) Riva, sponda.

vivàio [lat. *vivāriu(m)*, da *vīvus* 'vivo'] s. m. **1** (*pesca*) Impianto fisso in cui si allevano, o semplicemente si mantengono vivi, i pesci: *trota di v.; un v. per anguille* | (*est.*) Nassa | (*est.*) Cestino metallico nel quale, durante la pesca, si conserva vivo il pesce catturato. **2** (*agr.*) Complesso degli impianti occorrenti alla produzione di piante da trapiantare | *V. di piante madri*, destinato alla coltivazione delle piante scelte per la produzione delle talee. **3** (*fig.*) Luogo, ambiente, scuola in cui ci si forma fisicamente o intellettualmente, acquisendo una particolare istruzione, preparazione e sim.: *un v. di atleti, di campioni; un v. di ribelli, di idealisti, di tecnici* | (*fig.*) Nel linguaggio sportivo, i giovani atleti che, in attesa di entrare in una squadra importante, acquisiscono nozioni tecniche e potenziano le loro capacità atletiche giocando e allenandosi in squadre minori. || **vivaiétto**, dim.

vivaìsmo s. m. **1** Produzione di piante da trapiantare. **2** Attività del vivaista.

vivaìsta s. m. e f. (pl. m. *-i*) ● (*pesca, agr.*) Chi è addetto a, o dirige un vivaio.

vivaìstico agg. (pl. m. *-ci*) ● (*pesca, agr.*) Di, relativo a vivaio.

vivaldiàno agg. ● Che riguarda il musicista A. Vivaldi (1678-1741), il suo stile e la sua produzione artistica: *i concerti vivaldiani.*

vivànda [rifacimento, secondo *vivere*, del fr. *viande*, dal lat. parl. **vivănda*, nt. pl., propriamente 'cose necessarie a vivere', da *vīvere*] s. f. **1** Cibo preparato per il pasto: *buona vivanda e buoni vini; vivande squisite, saporite, genuine; portare in tavola le vivande* | *La mistica v.*, l'ostia consacrata. **2** †Portata: *le prime, le seconde vivande.* **3** †Viveri, vettovaglie. || **vivandàccia**, pegg. | **vivandétta**, dim. | **vivandùccia**, **vivandùzza**, pegg.

†**vivandàre** v. intr. ● Prendere le vivande, consumare il pasto.

vivandétta s. f. **1** Dim. di *vivanda*. **2** (*raro, lett.*)

Manicaretto.

vivandière [fr. *vivandier*, deriv. dal lat. parl. **vi-vānda* (V. *vivanda*)] s. m. (f. *-a*) ● Chi vendeva le vivande ai soldati, negli eserciti del tempo passato.

vìva vóce o **vivavóce** [comp. di *viva* (f. di *vivo*) e *voce*] **A** loc. sost. m. inv. ● Congegno, interno o esterno a un apparecchio telefonico, che amplifica il segnale in entrata e in uscita, consentendo così di conversare senza dover tenere in mano il microtelefono. **B** anche loc. agg. inv. ● Che è provvisto di tale congegno: *telefono viva voce.*

vivènte **A** part. pres. di *vivere*; anche agg. **1** Nei sign. del v. **2** *Anima v.*, essere umano in vita | *Essere v.*, pianta, animale o, spec., uomo, che è in vita | *Non vedere, non incontrare* e sim., *essere v.*, non vedere, non incontrare nessuno. **B** s. m. **1** Essere vivente: *ogni v.*; *tutti i viventi* | *Mal v.*, V. anche *malvivente*. **2** †Vita, esistenza | †*Al suo v.*, per tutta la sua vita | †*In suo v.*, in vita sua. **3** (*raro*) Beato, in quanto gode della vita eterna: *il libro dei viventi.*

vivènza [da *vivente*] s. f. ● (*dir.*) Condizione di chi vive, spec. nella loc. *v. a carico*, in cui talune persone sono mantenute dal lavoratore e che dà diritto al lavoratore stesso all'attribuzione di alcune provvidenze integrative.

vìvere [lat. *vīvere*, di origine indeur.] **A** v. intr. (fut. *io vivrò*, poet. †*viverò*, *tu vivrài*, poet. †*viverài*; pass. rem. *io vìssi*, †*vivéi*, †*vivètti*, *tu vivésti*; part. pass. *vis-sùto*, poet. †*vìsso*, †*vivùto*; aus. *essere*, raro *avere*) **1** Essere in vita, esistere, detto di uomini, animali, piante: *il poveretto viveva ancora questa mattina*; *un animale che non vive bene nel nostro clima*; *le specie che vivono nelle profondità marine*; *una pianta che vive nell'acqua, sui ruderi* | *Cessare di v.*, morire. **2** Trascorrere l'esistenza, in relazione al tempo, al luogo, al modo, ai mezzi e alle condizioni della stessa: *v. a lungo, molto, poco*; *visse ottant'anni*; *un poeta vissuto nella seconda metà dell'Ottocento*; *Dante visse dal 1265 al 1321*; *viviamo in una triste epoca*; *v. in città, in campagna*; *v. all'estero, in esilio, in carcere*; *v. in albergo, in pensione, in convento*; *vive in America da molto tempo*; *vive ancora nella casa in cui è nato*; *v. tranquillo, in pace, senza pensieri, nell'ansia, nel timore*; *v. onestamente, rettamente, da galantuomo, da buon cristiano*; *v. da parassita*; *v. di caccia, di pesca*; *v. con poco, di poco*; *v. di rendita, del proprio lavoro, di espedienti, d'accatto, di elemosine*; *v. lautamente, da gran signore, agiatamente, miseramente, nell'indigenza* | *V. a sé*, facendo vita ritirata | *V. alla giornata*, giorno per giorno, senza un piano prestabilito, senza mezzi che assicurino la continuità del vivere | (*fig.*) *V. d'arte, d'amore, d'odio, di speranza*, trovare in essi un alimento alla vita morale, intellettuale | *V. per qc.*, farne il centro della propria esistenza | *V. per q.c.*, dedicarvi tutte le proprie energie, le proprie cure | *Vivi sicuro, tranquillo* e sim., stai tranquillo, sicuro che ...: *puoi v. sicuro che non rivedrai mai più i tuoi soldi.* **3** Realizzare il minimo delle condizioni necessarie alla vita: *hanno appena di che v.*; *come stai? Si vive* | *Non lasciar v. una persona*, importunarla continuamente, non darle requie | *V. e lasciar v.*, di chi si occupa solo delle proprie faccende personali, senza esigere troppo dagli altri, senza giudicarli, criticarli e sim. **4** Comportarsi come richiedono le convenzioni sociali: *è una persona che non sa v.* | *Imparare a v.*, come comportarsi, come agire. **5** Realizzare tutte le possibilità della vita, godere la vita: *vivi oggi, non rimandare a domani* | *Un uomo che ha vissuto, che ha molto vissuto*, che ha avuto una vita piena, ricca di esperienze. **6** (*fig.*) Durare: *la sua fama vivrà eternamente*; *è una tradizione che vive ancora* | *V. nel ricordo, nella memoria, nel cuore*, non essere dimenticato | Vigere, aver forza e vigore: *che 'l desir vive e la speranza è morta* (PETRARCA). **7** (*tip.*) *Vive*, formula con cui si annulla una correzione errata e si ripristina il testo precedente. **B** v. tr. **1** Con il compl. dell'oggetto interno, trascorrere: *v. una lunga vita, una vita serena, tranquilla* | *V. la propria vita*, trascorrerla secondo i propri desideri, dedicandosi alle attività preferite, senza dipendere o lasciarsi determinare dagli altri. **2** Passare: *ho vissuto un brutto momento*; *hanno vissuto inenarrabili traversie, avventure* | *V. un dramma*, essere travolto in vicende dolorose, drammatiche | *V. il proprio dramma*, passare attraverso una dolorosa esperienza, con la piena consapevolezza della sua entità, intensità e sim. **3** Provare: *v. attimi di angoscia, di felicità, di ansia.* **4** Sentire intimamente q.c., partecipandovi appieno: *v. le pene, le gioie di qc.* | *V. la fede*, sentirla e praticarla | *V. una parte, la propria parte*, detto di attore che si immedesima completamente nel personaggio, facendone una cosa viva. **C** in funzione di s. m. solo sing. **1** Il fatto di vivere, vita: *se del mio viver Atropo / presso è a troncar lo stame* (PARINI); *sento gli avversi Numi, e le secrete cure che al viver tuo furon tempesta* (FOSCOLO) | Modo di condurre l'esistenza: *il v. degli antichi, dei moderni*; *amare il quieto v.*; *il v. in città logora i nervi*; *non è certo un bel v. il mio!*; *ove dorme il furor d'inclite geste / e sien ministri al v. civile / l'opulenza e il tremore* (FOSCOLO). **2** Ciò che è necessario per mantenersi in vita: *il v. costa sempre più caro* ‖ PROV. Chi muore giace e chi vive si dà pace.

vìveri [sost. pl. del v. *vivere*] s. m. pl. ● Vettovaglie, derrate alimentari: *viveri di prima necessità*; *viveri di riserva*; *i viveri cominciavano a scarseggiare*; *razionamento, tesseramento dei viveri* | *Tagliare i viveri a una città assediata*, impedirle di rifornirsene dall'esterno | *Tagliare i viveri a qc.*, privarlo dei mezzi di sussistenza.

vivèrra [vc. dotta, lat. *vivĕrra(m)* 'furetto', vc. indeur. di origine onomat.] s. f. ● Carnivoro dei Viverridi, asiatico, a corpo snello, con ghiandole anali che forniscono lo zibetto (*Viverra*).

Vivèrridi [da *viverra*] s. m. pl. ● Nella tassonomia animale, famiglia di Carnivori asiatici e africani, agili, con arti brevi e coda lunga (*Viverridae*) | (al sing. *-e*) Ogni individuo di tale famiglia.

viveur /fr. vi'vœr/ [vc. fr., da *vivre* 'vivere'. V. *vitaiolo*] s. m. inv. ● Uomo che conduce vita mondana dando un'importanza prevalente ai piaceri e ai divertimenti.

†**vivévole** [da *vivere*] agg. ● (*raro*) Vivace, acuto, penetrante.

vivézza [da *vivo*] s. f. **1** (*raro*) Qualità o condizione di chi, di ciò che è vivo. **2** Qualità di ciò che sembra vivo, che rappresenta o riproduce con esattezza di modi e sfumature le forme o gli aspetti della vita: *ritratto di grande v.*; *quadro, bozzetto di eccezionale v.* **3** (*fig.*) Vivacità: *v. d'ingegno, di stile*; *la v. di un colore*; *ho apprezzato la v. dell'espressione, delle immagini.*

vivìbile [da *vivere*] agg. **1** Che può essere vissuto. **2** (*est.*) Che è facile o piacevole da vivere: *creare le condizioni per un'esistenza più v.* | *Un ambiente v.*, nel quale è gradevole stare.

vivibilità s. f. ● L'essere vivibile, detto di un luogo o un ambiente: *l'inquinamento acustico dà scarsa v. al centro cittadino.*

vividézza [da *vivido*] s. f. ● Qualità di ciò che si presenta particolarmente intenso, chiaro e brillante alla vista (*anche fig.*): *la v. di un'immagine*; *i ricordi del passato affiorano con grande v.*

vìvido [vc. dotta, lat. *vĭvidu(m)*, da *vīvere*] agg. **1** (*lett.*) Che è pieno di vita: *pianta vivida* | (*poet.*) Che dà vita: *ebbra spirò le vivide / aure del franco lido* (MANZONI). **2** Che è particolarmente intenso e brillante: *colori vividi*; *una vivida luce* | *Illuminare q.c. di vivida luce*, (*fig.*) renderla molto chiara e comprensibile, permetterne una esatta e minuziosa visione, interpretazione e sim. CONTR. Appannato, fioco. **3** (*fig.*) Che ha grande vigore, acutezza, penetrazione e sim.: *uomo di v. ingegno*; *ne' fanciulli è ... vivida all'eccesso la fantasia* (VICO). ‖ **vividaménte**, avv.

vivificaménto s. m. ● (*raro*) Vivificazione.

vivificànte part. pres. di *vivificare*; anche agg. ● Nei sign. del v.

vivificàre [vc. dotta, lat. tardo *vivificāre*, comp. di *vīvus* 'vivo' e *-ficāre*] v. tr. (*io vivìfico, tu vivìfichi*) **1** Rendere vivo, costituire il principio vitale di q.c. (*anche fig.*): *v. la materia*; *è l'anima che vivifica il corpo*; *un principio ideale che vivifica l'azione.* SIN. Animare. **2** (*est.*) Ridare forza e vitalità, rendere vigoroso (*anche ass.*): *la pioggia vivifica la pianta*; *aria, sole, brezza che vivifica.* SIN. Rinvigorire. **3** (*fig.*) Rendere vivace, piacevole, interessante e sim.: *v. con un'intelligente esposizione un'arida materia di studio.*

vivificatìvo [da *vivificato*, part. pass. di *vivificare*] agg. ● (*lett.*) Che serve a vivificare.

vivificatóre [vc. dotta, lat. tardo *vivificatōre(m)*, da *vivificātus*, part. pass. di *vivificāre*] agg.; anche s. m. (f. *-trice*) ● Che, chi vivifica: *spirito, impulso v., virtù vivificatrice.*

vivificazióne [vc. dotta, lat. tardo *vivificatiō-ne(m)*, da *vivificātus*, part. pass. di *vivificāre*] s. f. ● Atto, effetto del vivificare.

vivìfico [vc. dotta, lat. tardo *vivĭficu(m)*, comp. di *vīvus* 'vivo' e *-ficus* '-fico'] agg. (pl. m. *-ci*) ● (*lett.*) Che dà vita: *spirito v.*

†**vivimènto** [da *vivere*] s. m. ● (*raro*) Vitto.

vivinatalità [comp. di *vivo* e *nato*, sul modello di *natalità*] s. f. ● (*stat.*) In rilevazioni statistiche, percentuale dei nati vivi in riferimento al totale dei nati in un certo periodo di tempo.

viviparìsmo [da *viviparo*] s. m. ● (*zool.*) Tipo di riproduzione caratterizzato dallo sviluppo della prole in porzioni specializzate degli ovidotti, solitamente grazie a meccanismi di placentazione.

viviparità [da *viviparo*] s. f. ● (*zool.*) Condizione degli animali vivipari.

vivìparo [vc. dotta, lat. *vivĭparu(m)*, comp. di *vī-vus* 'vivo' e *-parus*, da *pārere* 'partorire' (V. *parto*)] **A** s. m. **1** (*zool.*) Organismo animale che si riproduce per viviparismo. **2** (*bot.*) Vegetale provvisto di bulbilli. **B** anche agg. (f. *-a*): *animale v.*

†**vivìscere** [vc. dotta, lat. *vivīscere*, var. di *vivē-scere* 'prendere vita, cominciare a vivere', incoativo di *vīvere*] v. intr. ● Rivivere, rinascere.

vivisettòrio agg. ● Di, relativo a, vivisezione.

vivisezionàre v. tr. (*io vivisezióno*) ● Sottoporre a vivisezione (*anche fig.*): *v. una cavia, un ratto*; *v. uno scritto, una questione.*

vivisezióne [comp. di *vivo* e (*dis*)*sezione*] s. f. **1** Dissezione anatomica degli animali vivi. **2** (*fig.*) Esame, indagine, analisi e sim., estremamente accurata, rigorosa e severa: *la v. di un testo poetico.*

vìvo [lat. *vīvu(m)*, di origine indeur.] **A** agg. **1** Che vive, che è in vita: *bisogna prenderlo v. o morto*; *gli eretici venivano arsi vivi*; *i pesci ancora vivi guizzavano nella cesta* | *Pianta viva*, rigogliosa, fiorente, verdeggiante | *V. e vegeto*, si dice di persona anziana ancora sana e piena di vita; anche di chi si credeva che fosse morto o malato, e invece sta molto bene | *Mangiarsi uno v.*, (*fig.*) sopraffarlo con rimproveri violenti o sim. | *Farsi v.*, dar notizie di sé, farsi vedere | *Essere più morto che v.*, stordito, confuso per la paura, malconcio | *Sepolto v.*, (*fig.*) detto di chi vive in clausura, senza alcun contatto cogli altri | *Non c'era anima viva*, non c'era nessuno | *Siepe viva*, di piante vive, radicate nel terreno | *A viva voce*, parlando direttamente con una persona. SIN. Oralmente | *Carne viva*, non coperta da tegumenti e quindi molto sensibile. **2** (*est.*) Che permane, che è in uso: *una tradizione, una consuetudine ancora v.* | *Lingua viva*, quella dell'uso contemporaneo | *Uso v. della lingua*, l'uso attuale in opposizione a quello antico o letterario | Non dimenticato: *a lungo parla di cose vive a noi soli* (SABA); *un fatto ancora v. nella nostra memoria.* **3** Vivace: *persona v.*; *occhi vivi* | *Ingegno v.*, acuto, versatile | *Discussione viva*, molto vivace, accanita | *Descrizione viva*, efficacemente espressiva, piena di vita | Attivo, operoso, animato: *il commercio è v. in questo paese*; *una città viva* | *Le forze vive della nazione*, (*fig.*) le persone o le categorie operanti, capaci di promuovere lo sviluppo della nazione. **4** (*est.*) Intenso: *il v. splendore del suo sguardo*; *la luce troppo viva dà fastidio agli occhi*; *ad un tratto il rumore si fece più v.* | *Colore v.*, brillante, luminoso | *Cuocere a fuoco v.*, a fiamma alta | Di sentimento, forte, particolarmente intenso, profondo: *viva compassione*; *v. sdegno*; *viva emozione, sensazione*; *sentire v. bisogno, viva necessità di q.c.*; *ascoltai le sue parole con v. interesse* | *Vivi ringraziamenti*, sentiti | *Di v. cuore*, per indicare la spontaneità, la schiettezza del sentimento. **5** (*fig.*) Si dice di ciò che per le sue caratteristiche concrete o astratte ricorda la mobilità, la spontaneità, la sensibilità, la produttività di ciò che vive | *Aria viva*, fresca, pura | *Acqua viva*, corrente | *Argento v.*, il mercurio, per la sua caratteristica mobilità; (*est.*) irrequietezza | *Calce viva*, calce caustica, di recente cottura, che si spegne nell'acqua con produzione di calore | *Forza viva*, in fisica, l'energia cinetica | *A viva forza*, con la violenza | *Palla viva*, nel baseball, la palla quando è in gioco | *Roccia viva*, nuda, non ricoperta da terriccio | *Angolo, canto, spigolo v.*, non smussato | *Taglio v.*, affilato | *Opera viva*, in una nave, la parte immersa dello scafo | *Spese vive*, l'insieme delle somme spese per produrre un bene o servizio, senza tener conto dell'opera e dei capitali propri impiegati nella produzione stessa e di eventuali apporti di terzi che non siano stati compensati in denaro; nell'amministrazione della famiglia, denaro quotidianamente speso per il mantenimento e il funzionamento della casa. || **vivaménte**, **avv.** In modo vivace, intenso, caloroso: *ringraziare vivamente qc.* **B** **s. m.** ***1*** (*spec. al pl.*) Persona vivente: *pregare per i vivi e per i morti*; *sono cose che capitano ai vivi*; *toglieano i vivi / all'etere maligno ed alle fere / i miserandi avanzi* (FOSCOLO) | *Non essere più tra i vivi*, essere morto. ***2*** Parte viva, particolarmente sensibile, profonda di un organismo: *la punta del ferro penetrò nel v. della carne* | *Toccare, ferire, pungere nel, sul v.*, (*fig.*) cogliere nella parte più sensibile, suscettibile dell'animo | *Nel v. del cuore*, nell'intimo del cuore | Parte essenziale, sostanziale: *entrare nel v. di una questione, di un argomento.* ***3*** *Dare il v.*, in falconeria, nutrire un falcone con preda viva. ***4*** (*edil.*) Filo | Muro con gli elementi lasciati in vista. ***5*** (*mil.*) *V. di volata, di culatta*, facce piane che limitano rispettivamente la parte anteriore e la parte posteriore della bocca da fuoco. ***6*** Nella loc.: *al v.*, con notevole aderenza al vero e con vivacità espressiva: *descrivere, ritrarre, raffigurare al v.*; nella tecnica tipografica, all'inizio della pagina, senza lasciare spazio o margine | *Dal v.*, detto di programma radiofonico o televisivo non registrato antecedentemente, ma trasmesso direttamente. || **vivétto**, **dim.**

†**vìvola** ● V. *viola* (*2*).

†**vivóre** e *deriv.* ● V. *vigore* e *deriv.*

vivucchiàre [var. di *vivacchiare*] **v. intr.** (*io vivùcchio*; aus. *avere*) ● Vivere stentatamente.

†**vivuòla** ● V. *viola* (*2*).

†**vivùto** **part. pass.** di *vivere*; anche **agg.** ● Nei sign. del v.

viziàre [vc. dotta, lat. *vitiāre*, da *vĭtium* 'vizio, difetto'] **A** **v. tr.** (*io vìzio*) ***1*** Consentire, permettere o determinare, volontariamente o involontariamente, l'insorgere o lo stabilirsi di un vizio materiale o morale: *v. un arto, un animale*; *v. un prodotto industriale*; *v. il sangue*; *v. un atto, un contratto, un documento v. un ambiente, un giovane*; *molti errori viziano il tuo ragionamento* | (*ass.*) *Non vizia*, non guasta, non disturba e sim. ***2*** (*est.*) Correntemente, abituare male, educare con eccessiva condiscendenza o debolezza: *lo hanno viziato fin da piccolo*; *non devi v. così quel bambino.* **SIN.** Diseducare. ***3*** Corrompere, guastare, macchiare: *v. il candore, l'innocenza, la purezza.* ***4*** †Deflorare. **B** **v. intr. pron.** ***1*** Contrarre vizi, cattive abitudini, anomalie e sim.: *viziarsi frequentando cattive compagnie*; *il cane si è viziato per l'inesperienza dell'istruttore.* ***2*** (*raro*) Logorarsi, sciuparsi, perdere la propria perfezione, funzionalità e sim., detto di cose: *la pasta si è viziata per l'umidità*; *questa serratura si vizierà se l'usate così.*

viziàto **part. pass.** di *viziare*; anche **agg.** ***1*** Nei sign. del v. ***2*** (*dir.*) Invalido, irregolare: *atto processuale v.* ***3*** Inquinato: *acqua viziata* | Pesante, irrespirabile: *aria viziata.* ***4*** †Vizioso. ***5*** †Astuto, sagace, scaltro. || **viziatèllo**, **dim.** | **viziatino**, **dim.** || **viziataménte**, **avv.** (*raro*) In modo viziato.

†**viziatóre** [vc. dotta, lat. *vitiatōre(m)*, da *vitiātus*, part. pass. di *vitiāre*. V. *viziare*] **s. m.**; anche **agg.** (**f.** *-trice*) ● Chi, che vizia.

viziatùra **s. f.** ***1*** (*raro*) Atto, effetto del viziare. ***2*** (*med.*) Alterazione di forma, congenita o acquisita, di una parte del corpo, di un organo e sim.: *la v. di un'arteria*; *v. pelvica.*

vìzio [vc. dotta, lat. *vĭtiu(m)* 'difetto', di etim. incerta] **A** **s. m.** ***1*** Abitudine inveterata e pratica costante di ciò che è male: *il v. della lussuria, dell'ira, della pigrizia*; *il v. di mentire, di bestemmiare*; *i sette vizi capitali*; *contrarre, perdere un v.*; *emendarsi da un v.*; *mettersi, incamminarsi sulla strada del v.*; *essere rotto a ogni v.*; *essere carico di vizi* | *Essere un cumulo, un impasto di vizi*, (*fig., enf.*) si dice di persona carica di vizi. **CONTR.** Virtù. ***2*** (*est.*) Abitudine inveterata che provoca il desiderio e la ricerca costante di ciò che è o può essere fisicamente o moralmente dannoso: *il v. del fumo, dell'alcol, della droga*; *avere il v. del gioco*; *non riesce a togliersi quel maledetto v.* ***3*** (*est.*) Cattiva abitudine: *ha il v. di parlare troppo, di raccontar bugie, di vantarsi, di esagerare*; *devi perdere il brutto v. di mangiarti le unghie*; *bisogna togliere al bambino il v. di succhiarsi il pollice* | (*est.*) Ogni elemento negativo del carattere, dovuto spec. a un'educazione sbagliata: *un bambino pieno di vizi* | *Dar vizi a qc.*, viziarlo, accontentarlo in tutto, dandogliele tutte vinte. ***4*** †Voglia strana, capriccio. ***5*** (*anat.*) Alterazione morfologica e funzionale di una parte del corpo, di un organo e sim. | *V. cardiaco*, alterazione valvolare del cuore, congenita o acquisita. ***6*** (*veter.*) Imperfezione, difetto nella struttura fisica di un animale: *avere un v. a una gamba*; *vizi di andatura* | Carattere psichico di un animale dipendente da cattiva indole o da errata educazione: *un cavallo che ha il v. di mordere, di tirar calci.* ***7*** (*dir.*) Difetto della cosa oggetto di contratto, tale da renderla inidonea all'uso cui è destinata o da diminuirne il valore in modo apprezzabile o da recare danno a chi se ne serve: *v. della cosa venduta, locata, data in comodato* | *Vizi redibitori*, nella vendita, tali da dar luogo ad azione redibitoria | Correntemente, grave difetto di un oggetto inanimato, che ne impedisce il buon funzionamento, l'appropriata utilizzazione e sim., e quindi ne diminuisce l'utilità, il pregio o il valore: *v. di fabbricazione di un pezzo meccanico*; *il tessuto ha qualche v. di lavorazione*; *un orologio che ha il v. di correre troppo.* ***8*** (*dir.*) Irregolarità, non conformità al disposto della legge: *v. di un atto processuale, amministrativo*; *v. di legittimità, di merito* | *V. della volontà, del consenso*, difetto inficiante della volontà negoziale di un soggetto | *V. di mente*, nel diritto penale, stato mentale derivante da malattia che, escludendo o diminuendo grandemente la capacità d'intendere e di volere, comporta, rispettivamente, il proscioglimento dell'imputato o una diminuzione della pena. ***9*** Errore, scorrettezza: *v. di ortografia, di sintassi, di grammatica*; *sono vizi imputabili solo alla traduzione* | (*est.*) Aspetto o elemento negativo: *un v. dello stile*; *l'affettazione è l'unico grave v. della sua prosa.* **B** in funzione di **agg. inv.** ● (posposto al s.) Nella loc. (*dir.*) *errore v.*, errore motivo. || **viziàccio**, **pegg.** | **viziarèllo**, **vizierèllo**, **dim.** | **viziétto**, **dim.** | **viziùccio**, **dim.**

viziosità o †**viziositàde**, †**viziositàte** [vc. dotta, lat. *vitiositāte(m)*, da *vitiōsus* 'difettoso, vizioso'] **s. f.** ● Qualità di chi, di ciò che è vizioso (*anche est.*): *la v. di un individuo*; *contestare la v. di un'argomentazione.*

vizióso [vc. dotta, lat. *vitiōsu(m)*, da *vĭtium* 'difetto, vizio'] **A** **agg.** ***1*** Che è pieno di vizi: *uomo v.*; *vita viziosa.* **CONTR.** Virtuoso. ***2*** Che mostra corruzione, depravazione e sim.: *atti viziosi.* **SIN.** Dissoluto. ***3*** (*est.*) Difettoso, anomalo: *posizione viziosa del piede*; *andatura viziosa* | Che ha un difetto nella forma o nella sostanza: *discorso v.* ***4*** Imperfetto, inesatto, scorretto: *pronuncia, ortografia, traduzione viziosa* | *Circolo v.*, tipo di ragionamento scorretto in cui si dà come prova ciò che invece è ancora da provare o da dimostrare; (*fig.*) problema, situazione e sim. che è o pare senza soluzione o senza via d'uscita giacché, per quanti sforzi o tentativi si facciano, ci si ritrova sempre al punto di partenza. ***5*** (*raro, lett.*) Malsano. || **viziosaménte**, **avv.** ***1*** In modo vizioso: *vivere viziosamente.* ***2*** (*raro*) Con frode. ***3*** (*raro*) Erroneamente. **B** **s. m.** (**f.** *-a*) ● Chi è vizioso, corrotto, depravato. || **viziosàccio**, **pegg.** | **viziosétto**, **dim.** | **viziosùccio**, **dim.**

†**vizzàto** [dal lat. *vītis* 'vite (1)'] **s. m.** ● Vitigno, magliuolo.

vìzzo o †**guizzo** (**2**) [lat. *viētius*, compar. nt. di *viētus* 'troppo maturo, vizzo', da *viēscere* 'appassire, avvizzire', incoativo di *viēre* 'piegarsi' (in origine 'ammollirsi sullo stelo'), di origine indeur.] **agg.** ● Che non è più fresco e sodo: *fiore v.*; *foglia, pianta vizza* | *Guance, carni vizze*, flosce, cascanti. **SIN.** Flaccido, mencio.

vladika /serbocroato 'vladika/ [vc. serbocroata, dal paleoslavo *vladyka*, deriv. di *vladěti* 'dominare, regnare'] **s. m. inv.** ● Nella chiesa cristiana ortodossa, vescovo.

vlan [vc. fr. d'origine onomat.] **inter.** ● (*anche iter.*) Riproduce il rumore di uno schiaffo o di altro colpo dato con la mano.

vocabolarièsco [da *vocabolario*] **agg.** ● Che è proprio o appartiene a un vocabolario (*anche spreg.*): *definizione vocabolariesca*; *linguaggio, stile v.*

vocabolàrio [da *vocabolo*] **s. m.** ***1*** Raccolta ordinata dei vocaboli di una lingua, corredati da definizioni, spiegazioni, applicazioni, traslati, usi fraseologici e sim., e talora dalla traduzione in altra lingua: *v. monolingue, bilingue*; *v. scolastico, tascabile, illustrato*; *consultare il v.*; *tradurre con, senza v.*; *v. latino, greco, francese, tedesco* | *V. della Crusca*, compilato a cura dell'Accademia della Crusca. **SIN.** Dizionario. ***2*** Insieme dei vocaboli propri di una lingua, di un autore, di un singolo individuo, di un gruppo, di una scuola, di un'epoca e sim.: *le lingue neolatine hanno un v. molto ricco*; *v. dantesco, leopardiano*; *avere, usare un v. ricco, povero, limitato, scorretto, dialettale*; *il v. dei chimici, dei matematici, dei biologi*; *sono parole ignorate nel v. dei neoclassici*; *usa un v. proprio del primo Novecento* | *È una parola che non esiste nel mio v.*, (*fig.*) è una cosa che non conosco, non faccio, non pratico e sim.: *la generosità è una parola che non esiste nel suo v.* **SIN.** Lessico. || **vocabolariétto**, **dim.** | **vocabolarino**, **dim.** | **vocabolarióne**, **accr.** | **vocabolariùccio**, **vocabolariùzzo**, **pegg.**

vocabolarista [da *vocabolario*] **s. m. e f.** (**pl. m.** *-i*) ● (*raro*) Lessicografo.

vocabolarizzàre [da *vocabolario*] **v. tr.** ● Inserire in un vocabolario: *accezione non ancora vocabolarizzata.*

vocabolarizzàto **part. pass.** di *vocabolarizzare*; anche **agg.** ● Nel sign. del v.

vocabolarizzazióne [da *vocabolarizzare*] **s. f.** ● Inserimento in un vocabolario di un lemma, un'accezione, una locuzione, ecc.

vocabolièra [da *vocabolo*] **s. f.** ● (*raro, lett., scherz.*) Donna che conosce tutti i vocaboli: *ragnar, cos'é, monna v.?* (ALFIERI).

†**vocabolista** o (*raro*) **vocabulista** [da *vocabolo*] **s. m.** ***1*** Vocabolario. ***2*** Lessicografo: *Isidoro di Siviglia è un antico v.*

†**vocabolistàrio** [da *vocabolista*] **s. m.** ● Lessicografo, vocabolista.

vocàbolo o †**vocàbulo** [vc. dotta, lat. *vocābulu(m)*, da *vocāre* 'chiamare, denominare'. V. *vocare*] **s. m.** ***1*** (*ling.*) Parola con la quale si denota un oggetto o un processo: *il significato di un v.*; *v. moderno, antiquato, arcaico, raro, disusato, letterario, tecnico*; *v. corretto, proprio, improprio*; *v. paesano, straniero.* ***2*** (*lett.*) Nome proprio: *il v. di un fiume, di una stella, di una località* | †Appellativo: *rifiutare il v. di sapiente.* ***3*** (*centr.*) Minima unità toponomastica, più piccola della frazione: *v. Olmo*; *v. Marmora* | Località di campagna, contrada: *un frutteto sito in v. Quarto.* || **vocabolétto**, **dim.** | **vocabolóne**, **accr.** | **vocabolùccio**, **pegg.**

†**vocabulista** ● V. *vocabolista.*

†**vocàbulo** ● V. *vocabolo.*

vocàle (**1**) [vc. dotta, lat. *vocāle(m)*, da *vōx*, genit. *vōcis* 'voce'] **A** **agg.** ***1*** (*anat.*) Della voce: *organo, apparato v.*; *corde vocali.* ***2*** (*mus.*) Di canto: *accademia v.*; *concerto v. e strumentale* | *Musica v.*, per canto. ***3*** (*poet.*) Sonoro, canoro: *e non udiva il suo v. Xantho / parlar com' uomo* (PASCOLI). || **vocalménte**, †**vocaleménte**, **avv.** A voce; oralmente. **B** **agg.**; anche **s. m.** ● In alcuni ordini religiosi, che, chi ha diritto di voto, cioè voce in capitolo: *canonico v.*; *un v. dell'ordine.*

vocàle (**2**) [vc. dotta, lat. (*lĭtteram*) *vocāle(m)* 'lettera vocale'. V. precedente] **A** **s. f.** ***1*** (*ling.*) Suono nella cui articolazione l'aria espirata in vibrazioni periodiche non incontra ostacoli nel canale orale: *v. aperta, larga, stretta, chiusa*; *vocali lunghe, brevi*; *le vocali e le consonanti.* ***2*** Il segno grafico corrispondente a suono vocalico. **B** anche **agg.** ● (*raro*) Nella loc. *lettera v.*, vocale.

vocàlico [da *vocale* (*2*)] **agg.** (**pl. m.** *-ci*) ● Della vocale: *suono v.* **CONTR.** Consonantico.

vocalìsmo [comp. da *vocale* (*2*) e *-ismo*] **s. m.** ● (*ling.*) Sistema vocalico di una lingua.

vocalist /*ingl.* 'voukəlist/ [vc. ingl., da *vocal* 'vocale (1)'] s. m. e f. inv. ● (*mus.*) Cantante particolarmente versato nel vocalizzo jazzistico.

vocalista s. m. e f. (pl. m. *-i*) ● Adattamento di *vocalist*.

vocalità [da *vocale* (*1*)] s. f. ● (*mus.*) Qualità del canto e maniera di trattare la voce umana sia nella composizione sia nell'esecuzione.

vocalizzare [da *vocale* (*2*)] **A** v. intr. (aus. *avere*) ● (*mus.*) Cantare sulle vocali, senza usare parole o nominare le note. **B** v. tr. ● (*ling.*) Sottoporre a vocalizzazione. **C** v. intr. pron. ● (*ling.*) Subire il fenomeno della vocalizzazione.

vocalizzato part. pass. di *vocalizzare*; anche agg. ● Nei sign. del v.

vocalizzazione [da *vocalizzato*] s. f. *1* (*mus.*) Vocalizzo. *2* (*ling.*) Passaggio da un elemento consonantico a una vocale.

vocalizzo [da *vocalizzare*] s. m. ● (*mus.*) Modo di lettura nel quale si sostituiva alla nomenclatura delle note, nel sistema delle mutazioni, una vocale, spec. la *a* o la *e*; usato anche oggi nella tecnica del canto per sviluppare la voce e renderla morbida e pieghevole.

†**vocare** [vc. dotta, lat. *vocāre*, da *vōx*, genit. *vōcis* 'voce'] **A** v. tr. *1* (*poet.*) Chiamare, nominare. *2* Invocare. **B** v. intr. pron. ● (*raro*) Chiamarsi: *si vocavano e voleansi tenere Guelfi* (VILLANI).

vocativo [vc. dotta, lat. tardo *vocatīvu*(*m*), da *vocātus*, part. pass. di *vocāre*] **A** s. m. ● Caso della declinazione indoeuropea indicante la persona o la cosa a cui è rivolto il discorso. **B** anche agg.: *caso v.*

vocazionale agg. ● (*raro*) Di, relativo a, vocazione.

vocazione [vc. dotta, lat. *vocatiōne*(*m*) 'invito', da *vocātus*, part. pass. di *vocāre*] s. f. *1* (*raro*) Chiamata | *Complemento di v.*, indica la persona o la cosa personificata a cui si rivolge il discorso. *2* Chiamata direttamente rivolta dalla divinità a un uomo, perché elegga la vita religiosa o compia opere volute da Dio; *v. di Abramo*, *v. di Maometto* | Nella teologia cattolica, impulso interiore della grazia che spinge la creatura alla elezione di stato sacerdotale, di vita monastica o di pratica virtuosa eccezionale: *v. sacerdotale*; *v. alla santità*. *3* (*fig.*) Inclinazione innata verso un'arte, una disciplina, una professione e sim.: *v. per la musica, la pittura, le matematiche*; *sentire, avere una profonda v. per la medicina*; *seguire la propria v.*; *non avere alcuna v.* SIN. Attitudine. *4* (*dir.*) *V. ereditaria*, indicazione di colui che è chiamato a succedere. SIN. Delazione dell'eredità.

voce o (*dial.*) †**boce** [lat. *vōce*(*m*), di origine indeur.] s. f. *1* Suono prodotto dalla laringe e articolato per mezzo delle corde vocali, nel parlare e nel cantare: *tono, timbro di v.*; *v. forte, sommessa, roca, suadente*; *articolare, alzare la v.*; *a bassa, ad alta v.* | †*Muover la v.*, cominciare a parlare | *Parlare a mezza v.*, con voce né troppo alta né troppo bassa | *Fare la v. grossa*, assumere un tono autoritario, minacciare | *Sotto v.*, con voce molto bassa; V. anche *sottovoce* | *Gridare con quanta v. si ha in corpo*, con tutte le proprie forze | *Perdere la v.*, diventare afono o muto | *Essere senza v.*, essere afono | *Mutar v.*, degli adolescenti, acquistare il timbro di voce da adulto | *A v.*, *a viva v.*, parlando, spec. in opposizione a quanto si può dire per iscritto. SIN. Oralmente | *A gran v.*, gridando, con clamore detto spec. di molte persone insieme | *A una v.*, simultaneamente; (*fig.*) concordemente, unanimemente | *Un fil di v.*, una voce esile e sottile | *V.!*, esclamazione con cui si invita un oratore ad alzare la voce | *Rifar la v. a qc.*, imitarne il modo di parlare | *Dar sulla v. a qc.*, contraddirlo, zittirlo | *Coprire la v. di qc.*, parlare così forte che non si riesca a sentire la voce dell'altro | *Dare una v. a qc.*, chiamarlo | (*fig.*) *Parlare con libera v.*, far sentire francamente la propria opinione | *Dar v. a un sentimento*, esprimerlo | *Saluto alla v.*, quello dell'equipaggio di una nave che, schierato in parata sull'alberatura e sui ponti, ripete all'unisono, tre volte, il grido di *urrà!* | *Alla v.!*, comando col quale, in marina, si annulla un ordine precedentemente dato. *2* (*est.*) Suono prodotto dagli organi vocali di animali: *la v. dell'usignolo, del cane, del leone*; *li augelletti dipinti intra le foglie / fanno l'aere addolcir con nuove rime / e fra più voci un'armonia s'accoglie* (POLIZIANO) | *Un uccellino tutto v. e penne*, (*anche fig.*) di persona piccola, magra, ma vivace. *3* (*est.*) Suono di uno strumento musicale: *la v. dell'arpa, del violino*; *è un pianoforte che ha bella v.* | (*est.*) Suono prodotto da una cosa, rumore, fragore: *la v. del mare, del vento, del tuono*. *4* Persona che parla: *'Fuoco! disse una voce'*; *si udì una v. in lontananza*; *nessuna v. si alzò a difenderlo* | (*fig.*) *V. nuova*, una personalità autorevole e innovatrice: *una v. nuova nella narrativa*. *5* (*gener.*) Parola | *Darsi la v.*, *una v.*, far correre una parola d'intesa. *6* (*fig.*) Richiamo, suggerimento, impulso interno dell'animo: *la v. della ragione*; *la v. della coscienza, del dovere* | *La v. del sangue*, l'istinto che fa riconoscere e amare i propri parenti | *La v. del cuore*, i sentimenti, gli impulsi dettati da legami affettivi. *7* (*al pl.*) Sensazioni o allucinazioni auditive di mistici o visionari: *sentire le voci*. *8* †Voto, diritto di voto | *Aver v. in capitolo*, detto di religiosi, aver diritto di voto nel capitolo; (*fig.*) godere di una certa autorità, essere ascoltato. *9* Opinione: *la v. pubblica lo accusa*; *v. di popolo, v. di Dio* | (*lett.*) †Fama: *aveva v. d'essere il più valente spadaccino della sua età*. *10* Notizia generica, informazione non precisa: *corre v. che ci sarà un nuovo inasprimento fiscale*; *una ridda di voci*; *sono voci che circolano con una certa insistenza*; *si tratta di voci non controllate*; *sono soltanto voci, voci infondate* | *Voci di corridoio*, indiscrezioni, pettegolezzi, spec. sull'attività politica | *Spargere la v.*, diffondere una notizia | †*Dar v.*, spargere, far correre la voce | *Dar buona, cattiva v.*, lodare, biasimare. *11* (*gramm.*) Forma: *'siamo' è v. del verbo essere* | *Le voci verbali*: attiva, media, passiva, deponente, secondo la diatesi del verbo. *12* Vocabolo, termine: *è v. antiquata*; *v. dell'uso*; *una v. dialettale* | *V. nuova*, neologismo | Nell'uso lessicografico, trattazione relativa a un singolo vocabolo: *compilare una v. per un dizionario*; *la v. è riuscita piuttosto lunga*. SIN. Articolo | Lemma, singola parola spiegata e che si stampa in grassetto: *questa locuzione è spiegata sotto la v. x*; *vedi alla v. y*. SIN. Esponente. *13* Ciascun elemento di una lista di oggetti, argomenti, dati e sim.: *le varie voci del catalogo, di una tariffa, delle spese* | *V. di bilancio*, entrata o uscita. *14* (*mus.*) Forma della voce, quanto alla sua altezza, intensità: *v. di soprano, mezzosoprano, contralto, tenore, baritono, basso*; *v. fresca*, non affaticata; *v. sforzata, pesante*; *v. stonata*; *perdere la v.*; *essere in v.*, star bene di voce | *V. di testa, di petto*, secondo il punto in cui sembra principalmente risuonare | *V. bianca*, di fanciullo o giovinetta, o di cantore evirato | (*est.*) Cantante: *Messa a quattro voci*; *concorso per voci nuove*. *15* (*mus.*) Intervallo di un tono: *crescere, abbassare di una v.* | *Portar la v.*, passare da un'intonazione all'altra | Nella musica contrappuntistica, ognuna delle parti melodiche. *16* (*caccia, spec. al pl.*) Nella battuta al cinghiale, uomini messi ai lati per spaventare il selvatico con le grida e non lasciarlo passare. *17* (*dial.*) Passatella. ‖ **vocerella**, dim. | **vocerellina**, dim. | **vocetta**, dim. | **vociaccia**, pegg. | **vocina**, dim. | **vocino**, dim. m. | **vociolina**, dim. | **vociona**, accr. | **vocionaccio**, pegg. | **vocione**, accr. m. (V.) | **vociuccia**, pegg. | **vociucola**, pegg.

vocero [vc. corsa che risale al lat. *vōx*, genit. *vōcis* 'voce'] s. m. ● Lamento funebre cantato in onore del morto da donne appositamente pagate.

vocianesimo s. m. ● Movimento culturale del primo Novecento, sviluppatosi nell'ambito della rivista La Voce che propugnò un rinnovamento della cultura italiana in prospettiva europea.

vociano [dalla rivista *La Voce*] **A** agg. ● Della rivista culturale e letteraria La Voce: *autore, poeta v.*; *estetica vociana*. **B** s. m. (f. *-a*) ● Collaboratore di tale rivista, seguace della tendenza di questa: *i vociani fiorentini*.

vociare o (*tosc.*) †**bociare** [da *voce*] **A** v. intr. (*io vócio*; aus. *avere*) *1* Parlare a voce troppo alta: *non v. così*; *smetti di v.* SIN. Sbraitare. *2* (*est.*) Far commenti, chiacchiere, pettegolezzi: *v. su qc.*, *su q.c.*; *il vicinato sta vociando*; *lasciali v.* **B** v. tr. ● (*raro*) Gridare ad alta voce. **C** in funzione di s. m. *1* Rumore prodotto da molte persone che parlano insieme e a voce alta: *il v. della folla*; *un v. continuo e sgradevole*. *2* (*est.*) Insieme di chiacchiere, dicerie, pettegolezzi: *il maligno v. del vicinato*.

vociatore s. m.; anche agg. (f. *trice*) ● (*raro*) Chi, che è solito vociare, berciare, sbraitare.

vociferante part. pres. di *vociferare*; anche agg. ● Nei sign. del v.

vociferare [vc. dotta, lat. *vociferāri*, comp. di *vōx*, genit. *vōcis* 'voce' e un deriv. di *-fer* '-fero'] **A** v. intr. (*io vocifero*; aus. *avere*) *1* (*raro*) Parlare a voce alta e a lungo: *una donna giovane ..., danzando e vociferando, faceva segno di grandissima allegrezza* (LEOPARDI). *2* †Stridere, schiamazzare, detto degli uccelli. **B** v. tr. ● Dire, parlare, insinuare con particolare insistenza (usato spec. nella forma impers.): *si vocifera che tornerà presto*; *si vociferava da tempo della sua morte*; *si cominciava a v. della persona di Cesare* (GUICCIARDINI).

vociferatore [vc. dotta, lat. tardo *vociferatōre*(*m*), da *vociferātus*, part. pass. di *vociferāri* 'vociferare'] s. m.; anche agg. (f. *-trice*) ● Chi, che vocifera, ciarla, grida.

vociferazione [vc. dotta, lat. *vociferatiōne*(*m*), da *vociferātus*, part. pass. di *vociferāri* 'vociferare'] s. f. *1* Atto, effetto del vociferare. *2* †Notizia di cui si ignora la fondatezza ma di cui si parla un po' dovunque.

vocio o (*tosc.*) †**bocio** [da *vociare*] s. m. ● Un vociare continuato: *questo v. mi disturba*; *un v. crescente saliva dalla folla*. SIN. Parlottio.

vocione o (*tosc.*) †**bocione**. s. m. (f. *-a*, nel sign. 2) *1* Accr. di *voce*. *2* (*raro*) Persona che vocia molto.

†**vocitare** [vc. dotta, lat. *vocitāre*, ints. di *vocāre*] v. intr. *1* Nominare. *2* Schiamazzare: *un mio rosignuol che stride e vocita* (SANNAZARO).

†**vocivo** [da *voce*] agg. ● Attinente a voce.

vocoder /*ingl.* vou'koudə*/ [vc. ingl., da *vo*(*ice*) 'voce' e *coder* 'codificatore'] s. m. inv. ● (*elettron.*) Dispositivo per la sintesi vocale basato sull'esame della voce umana.

vocoide [ingl. *vocoid*, comp. di *voc*(*al*) 'vocale' e *-oid* '-oide'] s. m. ● (*ling.*) In fonetica, suono nella produzione del quale l'aria emessa dai polmoni non incontra alcun ostacolo dopo le corde vocali. CONTR. Contoide.

vodka /'vɔdka, *russo* 'vɔtka/ [vc. russa, da *vodá* 'acqua', di origine indeur.] s. f. inv. ● Acquavite ottenuta dalla fermentazione e distillazione di cereali vari e altri prodotti vegetali come patate, mele e sim., diffusa soprattutto in Russia.

vodù e *deriv.* ● V. *vudù* e *deriv.*

voga s. f. *1* (*mar.*) Modo e atto del vogare, spinta data col remo per far procedere la barca | *A v.*, a spinta di remi | *V. di punta*, con un solo rematore per banco, e ciascuno con un solo remo, quelli di destra sui banchi dispari, quelli di sinistra sui banchi pari | *V. arrancata*, molto veloce | *V. corta*, a palate brevi e veloci | *V. lunga*, a palate lunghe e relativamente lente | *V. di coppia*, con due remi per banco, azionati da un solo vogatore nelle imbarcazioni piccole e da due vogatori nelle grandi | *V. reale*, in cui i vogatori si sollevano dai banchi e si piegano verso prora, facendo forza sui remi con tutto il peso del corpo | *V. alla pescatora*, effettuata in piedi con la faccia a prua, al centro della barca | *V. alla veneziana*, eseguita da un solo vogatore che sta in piedi a poppa dell'imbarcazione e aziona un solo remo con cui spinge e dirige contemporaneamente il natante. SIN. Remata. *2* (*est.*) Sulle grandi imbarcazioni a remi dei secoli passati, l'insieme dei vogatori | Nel linguaggio sportivo attuale, vogatore | *Capo v.*, *prima v.*, chi rema al primo carrello dando il ritmo della vogata a tutto l'armamento. *3* (*fig.*) Impeto, slancio, entusiasmo: *studiare con v.*; *mettersi con v. al lavoro* | *Essere in v. di*, avere intenzione, voglia di, essere disposto a. *4* (*fig.*) Grande propagazione, divulgazione o diffusione di q.c., dovuta al favorevole accoglimento di essa da parte del pubblico: *essere, non essere in v.*; *venire in v.*; *un tipo di giornale, di musica molto in v.*; *è il disco più in v. del momento* | Moda: *la v. delle gonne corte, delle parrucche* | *Persona in v.*, che gode il favore del pubblico, gradita, stimata e sim.

†**vogadore** ● V. *vogatore*.

vogante A part. pres. di *vogare*; anche agg. ● Nei sign. del v. **B** s. m. e f. ● (*raro, lett.*) Vogatore.

vogare [lat. *vocāre* 'chiamare (i rematori)' (V. *vo-*

care) (?)] **A** v. intr. (*io vógo, tu vóghi*; aus. *avere*) **1** (*mar.*) Spingere con forza i remi perché il naviglio cammini: *v. di buona lena, con energia*; *v. in piedi, alla veneziana* | *V. a larga e tira*, indugiando tra l'una e l'altra palata | *Voga!*, comando di spingere i remi. SIN. Remare. **2** (*raro, fig., lett.*) Muoversi nell'aria o nell'acqua, utilizzando come remi le ali o le zampe, detto di volatili. **3** (*raro, fig.*) Lavorare di buona lena. **B** v. tr. ● (*raro*) Far muovere a forza di remi: *v. la barca* | Muovere vogando: *v. il remo*. **C** v. intr. pron. ● (*raro*) †Avventarsi.

vogàta s. f. **1** Atto, effetto del vogare: *una v. lunga, breve, faticosa*; *farsi una bella v. al largo*; *dopo una v. di più ore li abbiamo raggiunti*. **2** Serie di movimenti compiuti ogni volta dal vogatore per manovrare opportunamente il remo e imprimere alla barca il movimento voluto: *v. corta, lunga*; *v. di punta, di coppia*; *v. reale*.

vogatóre o †**vogadóre** nei sign. A 1 e B. **A** s. m. (f. *-trice* nel sign. 1) **1** Chi voga. SIN. Rematore. **2** Attrezzo ginnico col quale si effettua un movimento analogo a quello del rematore, per esercizio fisico o per allenamento. ➡ ILL. p. 1281 SPORT. **3** Canottiera: *un v. in puro cotone, in filo di Scozia*. **B** agg. ● †Che voga.

vogatùra s. f. ● (*raro*) Atto modo ed effetto del vogare.

vogavànti [comp. di *vogar(e)* e *avanti*] s. m. ● (*mar.*) Sulle antiche navi a remi, dove più rematori stavano allo stesso remo, ciascuno dei rematori più vicini alla corsia, che maneggiavano l'estremità del remo dando il ritmo agli altri | *V. spalliere di dritta, di sinistra*, ciascuno dei due vogatori che remavano in piedi, governando la manovra di tutti gli altri.

†**vòggolo** ● V. *volgolo*.

vòglia [da *volere*, secondo la prima pers. indic. pres. (*io voglio*)] s. f. **1** Stato d'animo di chi è intenzionato, disposto o propenso a fare q.c.: *avere v. di studiare*; *ha solo v. di divertirsi*; *non ha v. di far niente* | *Contro v.*, *di mala v.*, malvolentieri | *Di buona v.*, volontieri | *Andare, stare a sua v.*, a piacer suo | *Stare di buona, di mala v.*, stare di buon animo o no; V. anche *buonavoglia* | (*raro, lett.*) Volontà, volere: *le iniuste voglie in Italia più poterono che le buone leggie* (ALBERTI). **2** Intenso desiderio: *aver v. di correre, di saltare, di cantare*; *avrei v. di andare al cinema*; *non ho nessuna v. di uscire con voi*; *mi vien v. di ridere, di piangere*; *mi verrebbe quasi v. di prenderti a schiaffi* | *Morire dalla v. di*, avere intensissimo desiderio di | *Cavarsi, levarsi la v. di q.c.*, soddisfare pienamente un desiderio | *Hai v.!*, ma certamente! | *Hai v. (di)*, è inutile (insistere a fare q.c.): *hai v. di telefonare, è sempre occupato!* | *Patir la v. di*, soffrire la mancanza di q.c. che si desidera, di cui si sente il bisogno e sim. | *Restare con la v. in corpo*, col desiderio insoddisfatto. CONTR. Ripugnanza. **3** (*euf.*) Desiderio sessuale: *soddisfare le proprie voglie*; *indurre, costringere, piegare q.c. alle proprie voglie*; *I' fui colui che la Ghisola bella / condussi a far la v. del marchese* (DANTE *Inf.* XVIII, 55-56). SIN. Brama. **4** Capriccio, desiderio bizzarro: *v. improvvisa*; *ha sempre nuove voglie*. **5** (*pop.*) Desiderio improvviso di cibi o bevande particolari, tipico delle gestanti | (*raro*) *Sputar la v.*, (*fig.*) rinunciare con disprezzo a soddisfare un desiderio, come sembra usassero fare le gestanti, sputando in terra | *Una v. di cacio*, (*fig.*) un pezzettino piccolo, tanto quanto basterebbe a soddisfare la voglia di una donna incinta | (*est., pop.*) Macchia di vario colore e natura sulla pelle del bambino che, secondo la credenza popolare, è dovuta a una voglia non soddisfatta della madre durante la gravidanza: *una v. di vino, di fragola, di latte, di caffellatte*. ‖ **vogliàccia**, pegg. | **voglierèlla**, dim. | **vogliétta**, dim. | **vogliolìna**, dim. | **vogliùzza**, pegg.

†**vogliènte** ● V. *volente*.

†**vogliènza** [da *vogliente*] s. f. ● Volontà, volere.

†**vogliévole** agg. **1** Pieno di voglia, di desiderio. **2** Che piace, invita, appetisce.

voglïolóso [da un dim. di *voglia*] agg. ● (*raro*) Che è pieno di piccole voglie, di capricci: *bambino v.* ‖ †**vogliolosaménte**, avv. Volentieri.

vogliosità s. f. ● Qualità di chi è voglioso.

voglióso [da *voglia*] **A** agg. **1** Detto di chi è incline a desiderare tutto ciò che non possiede: *ragazza frivola e vogliosa*; *è sempre v. di tutto*. SIN. Ingordo. **2** Di voglia, che mostra o esprime voglia, brama, desiderio: *sguardo v.*; *guardava con occhi vogliosi le vetrine*; *aveva sul viso un'espressione vogliosa*. **3** (*lett.*) Bramoso, desideroso. **4** (*lett.*) Volenteroso. ‖ **vogliosaménte**, avv. Con voglia; volentieri. **B** s. m. (f. *-a*) ● Persona vogliosa. ‖ **vogliosétto**, dim. | **vogliosino**, dim.

vói o (*poet.*) †**vùi** [lat. *vōs*, di origine indeur.] **A** pron. pers. m. e f. di seconda pers. pl. (pop. tosc. si elide in *vo'*) **1** Indica le persone a cui si parla e si usa, come sogg., riferito a più persone; nel linguaggio arcaico (*dial.*) commerciale o aulico, si usa anche rivolgendosi a una singola persona in segno di deferenza oppure sottolineando il distacco di grado sociale o di rango: *voi non volete ascoltarmi*; *voi avete già detto la vostra opinione*; *voi vi siete mostrato molto generoso con la mia famiglia*; *Siete voi qui, ser Brunetto?* (DANTE *Inf.* XV, 30) | Generalmente omesso quando il sogg. è chiaramente indicato dal verbo, si esprime invece quando i soggetti sono più d'uno, nelle contrapposizioni, nelle esclamazioni, nei vocativi, in unione con 'stesso', 'medesimo', 'anche', 'pure', 'nemmeno', 'proprio', 'appunto' e sim. e, in genere, quando si vuole dare al sogg. particolare rilievo: *desidero che voi lo conosciate*; *voi ed io potremo andare d'accordo*; *beati voi!*, *poveri voi!*; *voi stessi dovete provvedere*; *proprio voi dovevate insistere*; *anche voi c'eravate*; *nemmeno voi avete rifiutato*; *voi siete i colpevoli*; *siete stati voi a insistere*; *voi milanesi siete fatti così*; *voi francesi siete gente allegra* | Si usa nelle comparazioni dopo 'come' e 'quanto': *ne so quanto voi*; *io non sono come voi* | Si usa, con funzione predicativa dopo i verbi copulativi 'essere', 'sembrare', 'parere': *non sembrate più voi*; *non sarete voi a dovermi rimproverare*. **2** Si usa (come compl. ogg. e come compl. di termine preceduto dalla prep. 'a', *lett.* o †anche senza la prep. 'a') invece delle forme 'vi' e 've' quando gli si vuol dare particolare rilievo: *cercavo voi*; *hanno chiamato proprio voi due*; *preferisce voi a noi*; *dobbiamo ringraziare voi se abbiamo potuto risolvere la questione*; *a voi non posso nascondere la verità*; *proprio a voi volevo parlare*; *non è l'affezion mia tanto profonda, / che basti a render voi grazia per grazia* (DANTE *Par.* IV, 121-122) | *A voi!*, escl. di esortazione a muoversi, ad agire, a dar prova della propria abilità | *Eccomi a voi*, a vostra disposizione | *Torniamo a voi*, al vostro problema. **3** Si usa, preceduto dalle prep., nei vari complementi: *desidero venire con voi*; *fra voi e me c'è una grande differenza*; *si è parlato a lungo di voi*; *se permettete, decideremo anche per voi*; *desidero sapere tutto su di voi* | *Arrangiatevi, fate da voi*, da soli, senza l'aiuto di nessuno | *Da voi*, a casa vostra, nella vostra famiglia, nel vostro paese o nel luogo in cui risiedete: *sarò da voi domani*; *da voi il clima è ottimo*; *da voi, in Francia, non è come da noi*. **4** Si usa (come sogg.) riferito a un s. sing. collettivo: *voi, gente di campagna, siete semplici*; *voi, razza d'invidiosi, non sarete mai felici*. **5** Si usa (come sogg.) con valore impers.: *quando voi pensate a tanta povera gente affamata*; *quando voi considerate la gravità del fatto, si è portati a pensare che al mondo si sia perso ogni ritegno*. **B** in funzione di s. m. ● Il pronome 'voi' | *Dare del voi a qc.*, rivolgersi a qc. usando il pron. 'voi' in segno di rispetto o in segno di distacco | *Passare dal voi al tu*, (*est.*) entrare in confidenza con qc.

voiàltri o **vói àltri** [comp. di *voi* e il pl. di *altro*] pron. pers. m. di seconda pers. pl. (f. *voialtre*) ● (con valore raff.) Voi (indica contrapposizione): *mentre noi siamo qui a lavorare v. andate a spasso, vero?*; *v. avvocati siete tutti uguali*; *proprio da voialtri dobbiamo farci rimproverare!*

voilà /fr. vwa'la/ [vc. fr., comp. di *voi(s)* 'vedi' e *là* 'là'] inter. ● Ecco qua, ecco fatto: *e v. siamo già pronti per uscire*.

voile /fr. vwal/ [vc. fr., 'vela': stessa etim. dell'it. *vela*] s. m. inv. ● Tessuto trasparente, molto leggero, per tende, filtri, vesti femminili.

voivòda o †**vaivòda** [vc. slava, propriamente 'capo, condottiero', da *vodit* 'guidare'] s. m. (f. *voivòdina*; pl. *voivòdi*) ● Nel mondo slavo, dall'epoca medievale sino al XX sec., titolo solitamente attribuito a capi o governatori di territori o province | In Romania e Bulgaria, principe ereditario.

voivodàto s. m. **1** Titolo, ufficio e dignità di voivoda. **2** Provincia retta da un voivoda.

†**volàgio** [fr. *volage* 'volubile', dal lat. *volàticu(m)* 'che vola, alato', da *volāre*] agg. ● Volubile, incostante.

†**voleménto** s. m. ● Modo e atto del volare.

volàn s. m. ● (*raro*) Adattamento di *volant* (V.).

volànda [da *volare* (*1*)] s. f. **1** Spolvero che si produce durante la macinazione del grano. **2** Parte girevole della ruota del mulino.

volandièro [etim. incerta] agg. ● Detto di trasporto espressamente predisposto tra vettore ed emittente e di tutto ciò che ad esso si riferisce: *traffico v.*; *nave volandiera*.

volàndola s. f. **1** (*raro*) Volanda. **2** Cascame di lana, che si forma in pettinatura, formato da fibre cortissime che si accumulano sopra le carde.

volàno o †**volànte** (2), nei sign. A 1 e 2 [fr. *volant* (secondo la prn. fr.), propriamente part. pres. di *voler* 'volare'] **A** s. m. **1** Mezza sfera di sughero o di gomma, leggerissima, recante infisse alcune penne, che si lancia, giocando, con una racchetta. **2** (*mecc.*) Organo rotante di macchina mobile od operatrice, costituito da una ruota pesante di notevole momento d'inerzia, avente lo scopo di attenuare le variazioni di velocità che si manifestano entro ogni periodo del moto alternativo dello stantuffo; nelle macchine operatrici a funzionamento intermittente agisce come accumulatore di energia | *V. magnete*, quello di motore di motociclette e fuoribordo sul quale è montato un magnete d'accensione. **3** (*est., fig.*) Margine, riserva: *v. di sicurezza* | (*comm.*) *V. di cassa*, ammontare dei crediti per cassa goduti da un'azienda e che essa utilizza per le sue occorrenze finanziarie a breve scadenza | (*org. az.*) Deposito di pezzi semilavorati o sottogruppi lungo la linea di lavorazione o di montaggio, previsto per assorbire le oscillazioni, positive o negative, del flusso di lavoro. **B** in funzione di agg. inv. ● (*posposto al s., elettron.*) Nella loc. *circuito v.*, detto di circuito oscillatorio, comprendente una bobina in parallelo a un condensatore e avente fattore di merito sufficientemente alto, che costituisce il carico di alcuni tipi di amplificatori elettronici selettivi.

volant /fr. vɔ'lɑ̃/ [vc. fr., part. pres. di *voler* 'volare'] s. m. inv. ● Striscia di tessuto increspato e fissato ad altro tessuto lungo l'increspatura: *abito a v.*; *un v. pieghettato*. ‖ **volantino**, dim.

volànte (1) **A** part. pres. di *volare* (*1*); anche agg. **1** Nei sign. del v. **2** *Macchina v.*, aeromobile | *Disco v.*, veicolo aereo o spaziale, apparentemente discoide, talora luminoso, di incerta natura e provenienza, di cui sono stati avvistati moltissimi esemplari in cielo e anche al suolo, ma mai identificati | *Cervo v.*, aquilone | *Otto v.*, nei luna park, gioco costituito da un'incastellatura a forma di otto orizzontale, con forti dislivelli, dotata di binari su cui corrono dei vagoncini. SIN. Montagne russe | *Foglio v.*, foglio di carta che non fa parte di un fascicolo rilegato, di un quaderno e sim.; in bibliografia, foglio stampato singolo, spec. di piccole dimensioni e arricchito da decorazioni varie | *Indossatrice v.*, non legata a una particolare sartoria ma libera di presentare collezioni di varie case | *Venditore v.*, che non è vincolato a un contratto esclusivo con una sola ditta | *Maglia v.*, la maglia a catenella che inizia ogni lavoro all'uncinetto | *Traguardo v.*, nelle gare ciclistiche, traguardo posto lungo il percorso, con dotazione di premi per i corridori che vi passano per primi, continuando la gara. **3** (*zool.*) Nella loc. *pesce v.*, V. *pesce*. **4** (*fig.*) Celere, veloce, atto a impieghi che richiedono rapidi spostamenti: *colonna v.*; *compagnia v.*; *squadra v. della polizia*. **5** (*fig.*) †Instabile, volubile. **B** s. m. ● (*spec. al pl., raro*) Volatili. **C** s. f. **1** Squadra di polizia celere: *chiamare la v.* **2** Indossatrice volante. **3** Collaboratrice familiare che presta servizio a ore. **4** (*raro, lett.*) La morte: *da lungi il rombo de la v. s'ode* (CARDUCCI). ‖ **volantino**, dim. (V.).

volànte (2) [fr. *volant*, propriamente part. pres. di *voler* 'volare'] s. m. **1** †V. *volano*. **2** (*mecc.*) Organo di forma circolare, con razze, manovrabile a mano, per il comando di valvole e altri congegni, spec. quello fissato al piantone dello sterzo per la guida degli autoveicoli: *tenere il v.*; *mettersi al v.* | *Stare al v.*, guidare un autoveicolo | *Sport del v.*, automobilismo | *Asso del v.*, campione di automobilismo. ➡ ILL. p. 1750 TRASPORTI. ‖ **volantino**, dim. (V.).

volànte (3) s. m. ● (*raro*) Adattamento di *volant* (V.).

volantinàggio [da *volantino* (2)] s. m. ● Distribuzione di volantini in luogo pubblico, di solito di fronte a luoghi di lavoro.

volantinàre [da *volantino* (2)] v. tr. ● Diffondere, propagandare attraverso volantini: *v. un programma politico*; *v. un'azione di protesta* | (*ass.*) Effettuare una distribuzione di volantini: *v. davanti a una fabbrica*.

volantino (1) s. m. *1* Dim. di *volante* (2). *2* Piccola ruota che serve per guidare organi meccanici, per regolare valvole e sim. | *V. d'elevazione, di direzione*, organo di manovra dei rispettivi congegni che in un pezzo d'artiglieria muovono la bocca da fuoco nel piano verticale e in quello orizzontale per effettuarne il puntamento sull'obiettivo.

volantino (2) [dim. di *volante* (1)] s. m. *1* Foglietto volante distribuito al pubblico, contenente informazioni di vario genere, propaganda, pubblicità e sim.: *lancio di volantini da una macchina, da un aereo*. *2* (*caccia*) Piccione domestico da richiamo, che si lancia verso i colombacci, per farli piegare verso la tesa.

volantóne [accr. rispetto a *volantino* (2)] s. m. ● Volantino di dimensioni generalmente più ampie e contenente documenti spec. politici.

volapié /sp. bola'pje/ [vc. sp., comp. di *volar* 'volare' e *pié* 'piede'] s. m. inv. ● Fase della corrida in cui il torero, in corsa, colpisce con mossa rapida, frontalmente, il toro che sta immobile.

volapük /*volapük* vola'pyk/ [propriamente 'lingua del mondo', composto con le parole della lingua volapük *vol* 'mondo' (dall'ingl. *world*, di origine germ.), *-a* desinenza del genitivo e *pük* 'lingua' (dall'ingl. *speech*, vc. germ. di origine indeur.)] s. m. inv. ● Lingua universale formata in massima parte di parole inglesi abbreviate, che conobbe una certa voga sul finire del XIX sec.

volàre (1) [lat. *volāre*, di origine indeur.] **A** v. intr. (*io vólo*; aus. *avere* quando si considera l'azione in sé, *essere* quando si considera lo svolgimento dell'azione) *1* Sostenersi e spostarsi liberamente nell'aria per mezzo delle ali, detto propriamente degli uccelli e di ogni animale alato: *v. alto, basso, rasoterra, a pelo d'acqua*; *v. in fila, in gruppo, in formazione, a schiera larga*; *nel cielo volano le rondini*; *i gabbiani volavano per l'aria scura*; *gli insetti volano ronzando tra i fiori*; *un'ape volava di corolla in corolla*; *le farfalle volano attorno al lume* | *V. via*, allontanarsi volando, fuggire: *v. via dal ramo, dalla gabbia* | *Non si sente v. una mosca, si sentirebbe v. una mosca*, (*fig.*) si dice per indicare che il silenzio è totale | *Crederebbe che un asino voli*, (*fig.*) detto di persona ingenua e credula fino all'assurdo | *V. senz'ali*, (*fig.*) fare una cosa impossibile | *Volere o v.*, per amore o per forza, detto di cosa inevitabile | (*est.*) Muoversi nell'aria in virtù delle ali, detto di esseri fantastici, mitologici e sim.: *il quadro rappresenta Pegaso che vola*; *l'Ippogrifo volava portando Astolfo*; *un gruppo d'angeli che volano ad ali distese*. SIN. Aleggiare, aliare. *2* (*est.*) Percorrere lo spazio atmosferico o extraatmosferico, detto di aeromobili o di veicoli spaziali: *v. ad alta, a bassa quota*; *l'aereo vola velocissimo*; *una formazione di bombardieri volava sulla città*; *v. dalla terra alla luna e viceversa*. *3* (*est.*) Trovarsi, essere, viaggiare su un aeromobile o su un veicolo spaziale: *voliamo ormai da molte ore*; *sono stanco di v.* | (*est.*) Far parte del personale viaggiante: *presto smetteremo di v.*; *da oggi non volo più* | (*est.*) Essere trasportato per via aerea, detto di oggetti, merci e sim. *4* (*est.*) Essere proiettato nell'aria, attraversare uno spazio aereo, grazie a una forte spinta: *la freccia, il proiettile volò verso il bersaglio*; *il pallone è volato fuori campo* | *V. in pezzi, in minute schegge, in briciole e sim.*, detto di ciò che si spezza con violenza o comunque in modo tale da far schizzare frammenti in ogni direzione | (*est.*) Buttarsi, slanciarsi, gettarsi d'impeto: *è letteralmente volato sulla preda* | *V. da un palo all'altro*, nel calcio, detto del portiere che si tuffa a mezz'aria da una parte all'altra della porta | (*est., fig.*) Essere scagliato, avventato, inferto e sim. con particolare violenza, impeto e sim.: *gli schiaffi volano*; *fra poco qui voleranno i pugni*; *gli ha fatto v. dietro una sedia, un piatto*; *tra loro volarono gravi insulti*. *5* (*est.*) Restar sospeso nell'aria per qualche tempo, scendendo poi lentamente verso terra, detto di corpi molto leggeri: *la polvere, il pulviscolo, le piume volano*; *cominciano a v. i primi fiocchi di neve*; *il vento fa v. le foglie*. *6* (*est.*) Precipitare verso il basso: *v. dalla finestra, dal quinto piano*; *volar giù da grande altezza* | *Volar giù*, (*fam.*) cadere dall'alto: *non sporgerti perché rischi di volar giù*. *7* (*est.*) Sollevarsi, innalzarsi, salire a grandi altezze (*anche fig.*): *v. in, verso il cielo*; *il palloncino volò su su, e scomparve tra le nubi*; *v. verso le vette del sublime* | *V. in, al Cielo, in Paradiso, alla gloria dei beati* e sim., (*euf.*) morire. *8* (*agr.*) *Semina alla v.*, semina a spaglio. *9* (*fig.*) Correre, muoversi, dirigersi a grande velocità: *l'auto volava sull'autostrada*; *inforcò il cavallo e volò verso la città*; *gli volò incontro gridando di gioia*; *appena lo vide scendere dal treno gli volò tra le braccia* | *Andare, venire volando*, con la massima rapidità possibile, in gran fretta e sim. *10* (*fig.*) Espandersi, propagarsi, diffondersi nell'aria, detto di suoni, odori e sim.: *e luglio ferve e il canto d'amor vola / nel pian laborïoso* (CARDUCCI) | Diffondersi ovunque e in breve tempo: *la fama vola*; *le cattive notizie volano* | *V. per tutte le bocche*, essere risaputo, ripetuto, commentato da tutti. *11* (*fig.*) Andare lontano, nello spazio o nel tempo: *v. sulle ali del sogno, della fantasia, del desiderio*; *il suo pensiero volava verso la, alla casa paterna* | Riandare: *volò con la memoria a quei giorni lontani*. *12* (*fig.*) Trascorrere in fretta, dileguarsi, sfuggire rapidamente: *il tempo vola*; *le vacanze sono letteralmente volate*; *la gioventù passa volando*; *come è volata l'estate!*; *sono ormai volati via i giorni felici* | *V. via in un attimo, in un minuto, in un soffio* e sim., passare con indicibile celerità. *13* Nel linguaggio dei drogati, provare un effetto di allucinazione causato dall'assunzione di sostanze stupefacenti. **B** v. tr. *1* (*caccia*) Lanciare un richiamo vivo, per far sì che il branco dei selvatici pieghi verso la tesa. *2* *V. una carta*, nel tressette, giocarla alzandola in un piccolo volo, per render noto al compagno che di quel colore o seme non se ne hanno più.

volàre (2) [dal lat. *vŏla* 'cavità della pianta del piede' (nel lat. tardo anche 'palma della mano'), d'origine sconosciuta] agg. ● (*anat.*) Palmare, plantare.

volàta (1) s. f. *1* Atto del volare una volta, volo: *l'uccellino è alla sua prima volata*; *abbiamo fatto una breve v. su un aliante*; *dopo una perfetta v., la freccia colse il bersaglio*; *ha fatto una v. fuori dell'uscio, dalla finestra*; *una paurosa volata giù dai tetti*. *2* (*est.*) Insieme, gruppo di animali che volano | *V. di uccelli*, stormo in volo. *3* (*est.*) Movimento o spostamento veloce, rapida corsa: *fare una v. in macchina, in bicicletta, a cavallo*; *è stata una v. entusiasmante*; *faccio una v. in stazione e torno subito* | *Di v.*, di corsa; (*est.*) in gran fretta, in un attimo: *scendere le scale di v.*; *preparare di v. il pranzo*; *le vacanze sono passate di v.* | (*sport*) Nel ciclismo, ultimo sforzo compiuto da un corridore in gara, spec. in prossimità del traguardo, per superare gli avversari più vicini e aggiudicarsi la gara o un particolare premio: *fare una v. a due, a tre*; *battere qc. in v.*; *vincere in v.* | *Tirare la v. a qc.*, (*fig.*) favorirlo, aiutarlo, addossandosi tutto il peso o la responsabilità di una situazione | *Tirare la v.*, (*fig.*) esercitare una funzione trainante, essere di stimolo: *è l'economia che tira la v.* | *Prendere una v.*, (*fig.*) adirarsi. *4* (*fig.*) Slancio poetico, fantastico e sim.: *v. lirica*. *5* (*mil.*) Parte anteriore della bocca da fuoco di un pezzo d'artiglieria | *Tiro di v.*, eseguito con grande elevazione della bocca da fuoco. ➡ ILL. p. 361 ARCHITETTURA. *6* (*mus.*) Progressione veloce di note, cantando. *7* Gruppo di mine che vengono fatte esplodere simultaneamente od in successione per abbattere la roccia. *8* Raggio di manovra del braccio di una gru. ‖ **volatina**, dim. (V.) | **volatóna**, accr. (V.) | **volatóne**, accr. m. (V.).

volàta (2) [calco sul fr. *volée*] s. f. ● Nel tennis, volée: *v. di rovescio*.

†**volatévole** [da *volato*] agg. ● Volatile.

volàtica [da *volatico*] s. f. ● (*pop.*) Eritema cutaneo a decorso rapido e benigno.

†**volàtico** [vc. dotta, lat. *volăticu(m)*, da *volāre*] agg. ● Che vola.

volàtile [vc. dotta, lat. *volătile(m)*, da *volāre*] **A** agg. *1* (*raro*) Che è atto a volare: *animali volatili* | (*poet.*) Alato. *2* (*chim.*) Detto di sostanza che passa facilmente allo stato gassoso. *3* (*fig., lett.*) Labile: *scienza v.* *4* (*elab.*) Detto di memoria di elaboratore elettronico nella quale i dati non risiedono indefinitamente ma vengono perduti allo spegnimento del sistema. *5* (*fig.*) †Volubile, incostante. **B** s. m. ● (*gener.*) Uccello: *una gabbia piena di strani volatili*.

volatilità s. f. ● (*chim.*) Qualità di ciò che è volatile, proprietà di trasformarsi rapidamente in gas.

volatilizzàre [fr. *volatiliser*, da *volatil* 'volatile'] **A** v. tr. ● (*chim.*) Ridurre una sostanza volatile allo stato aeriforme. **B** v. intr. e intr. pron. (aus. *essere*) ● (*chim.*) Passare allo stato aeriforme. SIN. Evaporare. **C** v. intr. pron. ● (*fig., fam.*) Dileguarsi, scomparire, rendersi irreperibile: *sembra che si sia volatilizzato*.

volatilizzazióne s. f. ● Atto, effetto del volatilizzare o del volatilizzarsi (*anche fig.*).

volatina s. f. *1* Dim. di *volata*. *2* (*mus.*) Passaggio grazioso, sciolto | *V. semplice*, se non passa i limiti dell'ottava.

†**volatìvo** o †**volatìo** [da *volato*] **A** agg. *1* Di volo | Che vola. *2* Che si volatilizza. **B** s. m. ● Uccello, volatile.

†**volatizzàre** [da *volato*] v. tr., intr. e intr. pron. ● Volatilizzare.

†**volatizzazióne** s. f. ● Volatilizzazione.

volàto A part. pass. di *volare*; anche agg. ● Nei sign. del v. **B** s. m. ● †Volo.

volatóio agg. ● (*raro*) Atto a volare | (*est.*) Velocissimo.

volatóna s. f. *1* Accr. di *volata*. *2* Nelle corse ciclistiche, volata conclusiva disputata insieme dal gruppo di tutti, o quasi tutti, i concorrenti.

volatóne s. m. *1* Accr. di *volata*. *2* Nel ciclismo, volatona.

volatóre agg.; anche s. m. (f. *-trice*) ● (*raro*) Che, chi vola.

vol-au-vent /fr. 'vɔl o 'vã/ [vc. fr., da *vol(e) au vent* 'vola al vento', per indicare la leggerezza della pasta] s. m. inv. (pl. fr. inv.) ● (*cuc.*) Involucro di pasta sfoglia salata, di forma tonda e di diversa misura, che si può riempire di varie vivande.

†**volàzzo** ● V. *svolazzo*.

volée /fr. vɔ'le/ [vc. fr., part. pass. f. di *voler* 'volare'] s. f. inv. ● Nel tennis, colpo al volo: *v. di dritto, di rovescio*.

volènte o †**vogliènte A** part. pres. di *volere*; anche agg. *1* Nei sign. del v. *2* Nella loc. *v. o nolente*, che si voglia o no, per forza: *v. o nolente, devi obbedire*. **B** s. m. ● (*raro, lett., spec. al pl.*) Chi vuole fortemente q.c.

†**volenterévole** agg. ● Volonteroso.

volenteróso o †**volentieróso**, **volonteróso**, †**voluntaróso** [da *volontà*] agg. *1* Di buona volontà: *atteggiamento cosciente, responsabile e v.* *2* Che è pieno di buona volontà: *scolaro, studente v.* SIN. Alacre. *3* †Voglioso. ‖ **volenterosaménte**, avv. In modo volenteroso; volentieri.

volentièri o (*raro*) **volontièri** [ant. fr. *volentiers*, dal lat. tardo *voluntārie*, avv. di *voluntārius* 'volontario'] avv. *1* Di buona voglia, di buon grado, con piacere: *lavora v.*; *ci ha rivisto v.*; *si sacrifica v. per gli altri*; *sto v. con gli amici*; *vado v. a teatro*; *perdono molto v.* | *Viaggiare v.*, amare il viaggiare | *Bere v.*, (*fam.*) amare troppo il bere | (*fam.*) *Spesso e v.*, molto di frequente: *sta fuori casa spesso e v.*; *spesso e v. si perde in fantasticherie*. *2* Certamente sì, con grande piacere (come risposta cortesemente affermativa): *'puoi aiutarmi?' 'v.'*; *'verresti con noi?' 'v.!, grazie!'* | (con valore raff.) *Ben v.*: *'mi fai un favore?' 'ben v.!, se posso!'*. ‖ †**volentierménte**, avv. Volentieri.

†**volentieróso** ● V. *volenteroso*.

†**volènza** [lat. *volĕntia(m)*, da *vŏlens*, genit. *volĕntis* 'volente'] s. f. ● Volontà, volere.

volére [lat. parl. **volēre* (classico *vĕlle*), rifatto sul pres. *vŏlo* e il perf. *vŏlui*] **A** v. tr. (pres. *io vòglio*, tosc. procl. *vo'* /vɔ*/, *tu vuòi*, poet. procl. *vuo'*, *egli vuòle*, poet. pop. *vòle*, *noi vogliàmo*, †*volémo*, *voi voléte*, *essi vògliono*, †*vònno*; **fut**. *io vorrò*, *tu vorrài*; **pass**. **rem**. *io vòlli*, †*vòlsi*, *tu volésti*, *egli vòlle*, †*vòlse*, *noi volémmo*, *voi voléste*, *essi vòllero*, †*vòlsero*, †*vòllono*, †*vòlsono*; **congv**. **pres**. *io vòglia*, *tu vòglia*, †*vògli*, †*vuògli*; **condiz**. **pres**. *io vorrèi*, poet. †*vorrìa*, *tu vorrésti*; **imp**. *vògli*, *vogliàte*; **ger**. *volèndo*, †*voglièndo*; **part**. **pres**. *volènte*, †*vogliènte*; **part**. **pass**. *volùto*, †*volsùto*; aus. *avere* se usato ass.; come **v**. servile ha l'ausiliare richiesto dal **v**. a cui si accompagna) ***1*** Tendere con decisione ferma, o anche col solo desiderio, al conseguimento o alla realizzazione di q.c.: *vuole il successo*; *quel ragazzo vuole essere indipendente*; *voglio cambiare vita*; *perché vuoi sempre fare di testa tua?* | *Non v.*, avere la volontà, l'intenzione, il desiderio di non fare q.c.: *non voglio lavorare in queste condizioni* | *La poveretta non voleva rassegnarsi*, non si rassegnava | *Vuoi sapere una cosa?*, modo fam. di introdurre un discorso | *Qui ti voglio, qui ti vorrò vedere!*, aspettando come uno si comporterà alla prova dei fatti | *Vuoi vedere che è stato lui?*, accennando a una supposizione | *Voglio vedere se è capace di sostenere una cosa simile!*, lo ritengo improbabile | *Senza v.*, *non volendo*, involontariamente | *A v. che*, se proprio si vuole, affinché: *a v. che la medicina faccia effetto, bisogna attenersi alle prescrizioni del medico* | *Neanche a v.*, per indicare che una cosa è impossibile in ogni modo: *se segui scrupolosamente le istruzioni, non puoi sbagliare neanche a v.* | *V. o no*, *v. o volare*, (*fam.*) che si voglia o no, per amore o per forza. ***2*** Esigere, pretendere che altri faccia o non faccia q.c.: *voglio che facciate silenzio*; *il direttore vuole che tutti siano puntuali*; *volle sapere la verità*; *volle essere pagato fino all'ultimo centesimo*; *voglio fatti, non chiacchiere!*; *non voglio che vi comportiate così*. ***3*** (*ass.*) Esser dotato di ferma e decisa volontà, dar prova di volontà: *a chi vuole nulla è impossibile*; *ha una qualità straordinaria, quella di v.* | *Capacità di intendere e di v.*, di capire e di esercitare, ordinare, controllare la propria volontà. ***4*** Comandare, stabilire, spec. non in relazione alla volontà dell'uomo ma alla determinazione di una potenza superiore: *Iddio lo vuole!*; *il destino ha voluto così* | Ordinare, disporre, esigere, indicare come doveroso ed opportuno, in relazione a cose personificate, sentite come dotate di particolare autorità: *il Vangelo, la legge, la buona educazione vuole così*. ***5*** Desiderare intensamente, cercando di fare o ottenere ciò che si desidera: *è un bambino capriccioso e vuole tutto ciò che vede*; *vuole l'impossibile*; *vogliono la mia rovina*; *se vuoi restar solo, me ne vado*; *vuoi uscire?*; *il cane abbaia perché vuole uscire*; *nessuno lo vuole per amico*; *vuole altro?*; *se lo vuole, il prezzo è questo*; *l'appartamento è molto bello, ma a quel prezzo nessuno lo vuole*; *suo padre lo vuole medico* | *Non sa neanche lui quello che vuole*, di persona indecisa e scontenta | *Ce n'è quanto ne vuoi, quanto ne volete*, in grande quantità, in abbondanza | *Come vuoi, come volete, quando vorrete*, formule con cui ci si rimette alla volontà e alle decisioni di altri | *V. piuttosto*, preferire | *V. una persona*, cercare di lei per vederla o parlarle: *ti vuole tuo padre* | Usato al condizionale indica attenuazione del desiderio: *vorrei un po' di tranquillità*; *se non ti dispiace, vorrei restar solo*; *noi tutti vorremmo sentire il tuo parere in proposito*; *mi vorrebbero con loro per qualche giorno* | *Non vorrei sbagliarmi, ma ...*, spero di sbagliarmi, ma ... | (con valore raff.) *Vorrei morire se non è così*, possa io morire se le cose stanno diversamente | *Vorrei morire piuttosto!*, insistendo su un rifiuto | Desiderare amorosamente: *segue chi fugge, a chi la vuol s'asconde* (POLIZIANO). ***6*** Disporre: *volle che il suo patrimonio fosse devoluto in opere di beneficenza* | Decidere di, aver deliberato di ..., spec. in espressioni fam. con riferimento a chi si espone a rischi di vario genere: *quello vuole morire, ammazzarsi, suicidarsi* | *Non vorrai per caso andar di sotto?*, a chi si sporge pericolosamente | *Voglio rovinarmi*, (*scherz.*) si dice quando ci si accinge a una spesa o liberalità eccezionale, o che si finge tale | *L'ha voluto lui, l'hai proprio voluto tu!*, si dice di chi o a chi per propria colpa si è messo nei guai o si è meritatamente attirata una punizione. ***7*** Permettere, consentire: *se la mamma vuole, esco anch'io con te*; *mio padre non vuole che frequenti certi ambienti*; *vuol attendermi un minuto?*; *vuole accomodarsi?* | *Dio voglia che ...*, *Dio volesse che ...*, *Dio voglia!*, *Dio volesse!*, *volesse il cielo* e sim., espressioni di augurio e di desiderio | *Dio l'avesse voluto!*, espressione di rimpianto rassegnato | *Dio non voglia*, inciso di scongiuro | *Se Dio vuole*, per esprimere speranza e ringraziamento e soddisfazione: *forse tutto si aggiusterà, se Dio vuole*; *ce l'ho fatta, se Dio vuole!* | *Come Dio volle*, alla fine, finalmente | *Come Dio vuole*, *quando Dio vorrà* e sim., per esprimere rassegnata sottomissione | Accettare, gradire: *vuol favorire?*; *vuole ancora un po' di dolce?*; *grazie, non ne voglio più*. ***8*** Richiedere, esigere indebitamente o inopportunamente q.c. da qc.: *insomma, cosa volete ancora da me?*; *vuole troppo da quel ragazzo!* | *Come vuoi, come volete che ...*, formule con cui si vuol mostrare la difficoltà, l'impossibilità di q.c.: *come volete che studi se non mi lasciate tranquillo?* | *Che vuoi?*, *che vuole?*, *che volete?*, per introdurre una giustificazione, una scusa, per significare che era impossibile fare diversamente, per invocare indulgenza o rassegnazione e sim.: *che vuole? avevo bisogno di quel lavoro e non ho potuto rifiutare*; *che volete, non sempre si riesce a dominare i propri nervi* | *Che vuole che le dica?*, per esimersi dal dire o spiegare di più. ***9*** Chiedere un determinato prezzo o compenso: *quanto vuole di*, o *per*, *questa borsa?*; *per ripararmi l'orologio ha voluto una bella cifra*. ***10*** Credere, ritenere, esprimere un'opinione, dire (con sogg. indeter.): *vogliono che stia per verificarsi una nuova crisi di governo*; *c'è chi vuole che sia tutta una messinscena*; *si vuole che anche lui sia coinvolto nello scandalo* | *Ognuno la vuole a suo modo, chi la vuol cruda e chi la vuol cotta*, frasi correnti per indicare diversità di opinioni, di esigenze, di gusti | Tramandare, asserire: *vuole un'antichissima tradizione che ...*; *come vuole un'antica leggenda*; *così vuole uno storico dell'epoca*. ***11*** Ammettere, concedere: *voglio che sia freddo, ma tu esageri*. ***12*** Risolversi, decidersi a, spec. in frasi negative per indicare un'ostinata fermezza, anche in cose o animali, quasi si trattasse di volontà contraria: *questa pianta non vuol fiorire*; *il cane non voleva tacere*; *oggi il motore non vuol funzionare*; *quest'anno la primavera non vuol arrivare*. ***13*** Necessitare, avere bisogno, non poter fare a meno: *un malato che vuole continua assistenza*; *animale delicato che vuole molte cure*; *lavoro che vorrebbe una lunga preparazione* | *Anche l'occhio vuole la sua parte*, anche l'aspetto esteriore ha la sua importanza | *Volerci, volercene, non volerci, non volercene*, essere o no necessario, occorrere o no: *ci vuole un bel coraggio a dire cose simili*; *mi ci vorrebbe proprio una bella vacanza*; *non c'è voluto molto denaro per comprarlo*; *non credo che ci voglia ancora molto tempo*; *ce ne vorrebbe di tempo!*; *ce ne vorrebbero di soldi, caro mio!* | *Volerci molto, poco* (sott. tempo, fatica, denaro e sim.), essere poco, molto rapido, agevole, costoso e sim.: *ci vorrà molto per finire?*; *non ci vuol molto a capire*; *credo che ci voglia molto per comprarlo*; *ci vuol poco per arrivare*; *c'è voluto poco a capire* | *Quello che ci vuole, ci vuole*; *quando ci vuole, ci vuole*, per affermare la necessità di ricorrere a mezzi energici o per dire che quando una cosa è necessaria deve essere fatta | *Che ci vuole?*, per indicare la semplicità o la facilità di un'operazione e sim. | *Ci vuol altro che ...* o (*ass.*) *ci vuol altro*, per indicare che una persona o una cosa è inadatta, insufficiente e sim.: *ci vuol altro che un novellino per questo lavoro!*; *ci vuole altro che la dolcezza, con lui!*; *che, ci vuol altro!* | *Quanto ce ne vuole*, secondo la quantità necessaria, secondo il fabbisogno: *mettici tanto sale quanto ce ne vuole*. ***14*** Comportare, richiedere, reggere: *verbi che vogliono il dativo, l'accusativo*; *questo costrutto vuole il congiuntivo imperfetto*. ***15*** Essere imminente, probabile: *vuol piovere*; *si direbbe che il tempo voglia rimettersi*; *vuol essere una crisi lunga e complessa* | †*Voler fare q.c.*, detto di persona, essere sul punto di farla: *Pietro, veggendosi quella via impedita ..., volle morir di dolore* (BOCCACCIO). ***16*** Nella loc. *v. bene*, *male a qc.*, desiderare, augurare il suo bene, essergli affezionato, avere affetto, amore per lui o, al contrario, desiderare il suo male, nutrire antipatia, odio nei suoi confronti, accanirsi contro di lui: *v. bene a un amico*; *gli vuole bene come a un fratello*; *qui c'è qc. che mi vuol male* | *V. molto bene, un gran bene, un bene dell'anima*, e sim., amare molto, oltre ogni dire | *Volerne a qc.*, avercela con lui, serbargli rancore e sim.: *non volermene, non è stata colpa mia!* ***17*** Intendere, avere intenzione, nella loc. *voler dire* (quando ciascuno dei verbi conserva il suo valore autonomo): *vuoi dire che non c'è più speranza?*; *volete dire che avete ragione voi?* | *Ti volevo dire che ...*, modo fam. d'introdurre un discorso che si aveva intenzione di fare o che venga in mente lì per lì | *Voglio dire*, *volevo dire*, modi di correggersi e di precisare l'espressione: *quel bambino, voglio dire quel ragazzo, è molto intelligente*; *la situazione è disastrosa, voglio dire che non c'è più nulla da fare* | *Volevo ben dire!*, per significare che una cosa era stata prevista e non poteva non accadere: *è di nuovo nei guai, volevo ben dire!* | Significare (quando i due verbi costituiscono un gruppo inscindibile): *che vuol dire questo vocabolo?*; *che cosa vuol dire in italiano l'inglese 'egg'?*; *che vuol dire questo silenzio?* | *Che vuol dire che non mi rivolgi più la parola?*, come mai, perché mai? | *Questo vuol dire che non possiamo più contare su di lui*, dimostra, porta di conseguenza che ... | *Voler dire molto, poco* (per lo più con costrutto impers.), importare, contare molto, poco; aver molto, poco peso: *vuol dire molto se accetta o non accetta l'incarico*; *questo, in fondo, vorrebbe dir poco* | *Non vuol dire*, non ha importanza: *Non mi aiuti? Non vuol dire, farò da solo*. ***18*** (*lett.*) Si deve, bisogna, è necessario, spec. nella costruzione impers. *si vuole*: *a questo punto, si vuol procedere con molta cautela*. ***19*** (*correl.*) Nella loc. cong. *vuoi ... vuoi*, V. *vuoi*. **B** **v. rifl. rec.** ● Nella loc. *volersi bene*, (*raro*) *volersi male*, provare un reciproco sentimento di affetto, di amore o di odio | *Volersi molto bene, un gran bene, un bene dell'anima* e sim., amarsi molto, oltre ogni dire | *Non volersi bene, non volersi più bene*, non amarsi, non amarsi più. **C** in funzione di **s. m.** ***1*** Volontà: *essere osservante al v. di qc.*; *ha seguito il v. dei suoi genitori*; *sia fatto il v. di Dio* | *A mio, a tuo v.*, a mio, a tuo piacimento | *Di mio, di tuo v.*, di mia, di tua spontanea volontà | *Il buon v.*, la buona volontà, la buona disposizione: *fare q.c. di buon v.*, *con tutto il buon v.* ***2*** (*al pl.*, *raro*) Intenti, determinazioni: *concordia di voleri* || **PROV.** Chi troppo vuole nulla stringe.

†**volévole** **agg.** ● (*raro*) Atto a volare.

volfràmio ● V. *wolframio*.

volgàre (**1**) o †**vulgàre** [vc. dotta, lat. *vulgāre*(*m*) 'comune a tutti, ordinario', da *vŭlgus* 'volgo'] **A** **agg.** ***1*** Del volgo, detto spec. di forme linguistiche in uso presso gli strati meno colti di un popolo: *pregiudizio v.*; *superstizioni volgari*; *lingua, parlata volgari* | *Latino v.*, quello parlato dal popolo, spec. in contrapposizione alla lingua letteraria degli scrittori | *Nome v.*, popolare, corrente: *conosco solo il nome v. di questo fiore*. ***2*** (*fig.*, *spreg.*) Che è comune, corrente, privo di ogni qualità o caratteristica atta a distinguerlo dalla massa: *una v. imitazione dell'antico*; *sei un v. bugiardo*; *è un v. mascalzone*. ***3*** (*fig.*, *spreg.*) Che è assolutamente privo di finezza, distinzione, signorilità, garbo e sim.: *bellezza v.*; *donna vistosa e v.*; *parole, espressioni volgari*; *gesto, atteggiamento v.* **SIN.** Triviale. **CONTR.** Fine. ***4*** †Che è noto a tutti. || **volgarménte**, †**volgareménte**, **avv.** ***1*** Comunemente, in lingua volgare: *l'adianto si chiama volgarmente capelvenere*. ***2*** Proverbialmente: *come volgarmente si dice, chi sta bene non si muove*. ***3*** In modo volgare: *parlare, esprimersi volgarmente*. **B** **s. m.** ***1*** Lingua parlata dal popolo, spec. con riferimento al periodo in cui ebbero origine le lingue neolatine, in contrapposizione al latino considerato come la lingua colta e letteraria per eccellenza: *il v. italiano*; *i volgari francesi* | *Dire una cosa in buon v.*, (*fig.*) parlando chiaramente, senza mezzi termini. ***2*** †Parola, discorso | †Proverbio. ***3*** (*spec. al pl.*) †Gente del volgo, del popolo. ***4*** †Testo italiano da tradurre in latino. ***5*** †Fama, voce. || **volgaróne**, **accr.** | **volgaròtto**, **accr.**, **spreg.** | **volgarùccio**, **dim.**, **spreg.**

†volgàre (2) [vc. dotta, lat. *vulgāre*, da *vŭlgus* 'volgo'] v. tr. ● Divulgare, diffondere.

volgarìṣmo o **†volgaréṣimo** [comp. di *volgar(e)* (*1*) e *-ismo*] s. m. ● (*ling.*) Parola o locuzione propria della lingua volgare (spec. entrata nel latino del tardo Medioevo).

volgarità o **†vulgarità** [vc. dotta, lat. tardo *vulgaritāte(m)* 'l'essere comune, ordinario, volgare', da *vulgāris* 'volgare (1)' agg.] s. f. ***1*** Qualità di chi, di ciò che è volgare: *non sopporto la sua v.*; *usa sempre frasi di incredibile v.* SIN. Trivialità. CONTR. Finezza. ***2*** (*est.*) Termine, locuzione, espressione volgare: *basta con queste v.*

volgarizzaménto s. m. ***1*** Atto, effetto del volgarizzare, del tradurre in volgare: *il v. della Bibbia, di Tito Livio.* ***2*** (*est.*) Testo tradotto in volgare.

volgarizzàre o **†vulgarizzàre** [da *volgare* (*1*)] v. tr. ***1*** Tradurre dal latino o dal greco in un volgare neolatino: *v. Cicerone* | (*est.*) Tradurre in volgare italiano: *v. un poema epico scritto in lingua d'oïl.* ***2*** (*est.*) Rendere accessibile a tutti una scienza, una disciplina e sim.: *v. il diritto, la chimica, la filosofia.*

volgarizzàto part. pass. di *volgarizzare*; anche agg. ● Nei sign. del v.

volgarizzatóre s. m. (f. *-trice*) ***1*** Chi volgarizza una scienza, una disciplina e sim. ***2*** Chi un tempo traduceva in volgare i testi spec. degli autori classici greci e latini.

volgarizzazióne s. f. ***1*** Volgarizzamento. ***2*** Atto, effetto del volgarizzare una scienza, una disciplina e sim. SIN. Divulgazione.

volgàta ● V. *vulgata.*

volgàto ● V. *vulgato.*

volgènte o **†volvènte**. part. pres. di *volgere*; anche agg. ● Nei sign. del v.

vòlgere o **†vòllere**, **†vòlvere** [lat. *vŏlvere*, di origine indeur.] **A** v. tr. (pres. *io vòlgo, tu vòlgi*; pass. rem. *io vòlsi, tu volgésti*; part. pass. *vòlto*) ***1*** Dirigere verso un luogo o un punto determinato (*anche fig.*): *v. gli occhi, lo sguardo, il viso verso qc. o q.c.*; *v. il passo, i passi, il cammino verso un luogo*; *v. la prua verso la riva*; *v. le armi contro qc.*; *v. il pensiero, l'animo, la mente, le proprie cure a q.c.*; *v. l'ira, l'odio contro qc.* | *V. le spalle*, di chi, stando fermo, le mostra ad altra persona, o di chi si allontana con movimento brusco; (*fig.*) trascurare, ignorare una persona, un'occasione favorevole: *v. le spalle alla fortuna* | *V. in fuga il nemico*, farlo fuggire. ***2*** (*fig.*) Mutare da uno ad altro tono, significato, condizione e sim.: *v. le cose in burla, in scherzo*; *v. il pianto in riso* | *V. ad altro uso*, destinare | *V. una frase in mal senso*, darle una cattiva interpretazione | *V. in dubbio*, mettere in dubbio. ***3*** (*lett.*) Girare, rigirare: *v. la chiave nella toppa*; *Io son colui che tenni ambo le chiavi / del cor di Federigo, e che le volsi, / serrando e diserrando* (DANTE *Inf.* XIII, 58-60) | *V. nella mente*, meditare, pensare con insistenza: *v. nella mente un nuovo disegno.* ***4*** †Avvolgere, circondare, attorniare: *la cerchia che d'intorno il volge* (DANTE *Inf.* XVIII, 3) | Distogliere. **B** v. intr. e intr. pron. (aus. intr. *avere*, raro *essere* spec. nel sign. 2) ***1*** Piegare verso una parte, in una direzione: *la strada volge a destra, a sinistra*; *quel ramo del lago di Como che volge a mezzogiorno* (MANZONI) | *V. in fuga*, cominciare a fuggire: *i nemici volsero in fuga.* ***2*** Avvicinarsi, approssimarsi: *il sole volge al tramonto*; *la gara volge al termine* | Di colore, tendere: *un rosso che volge al viola* | Esser sul punto di evolversi in un dato modo: *il tempo volge al brutto*; *la situazione volge al peggio.* ***3*** (*lett.*) Trascorrere, essere in corso, detto del tempo: *già sei lustri / volgon da poi che il bel tenor di vita / giovinetto intraprese* (PARINI) | Anche in funzione di s. m.: *con il v. degli anni, del tempo.* **C** v. rifl. ***1*** Rivolgersi verso qc. o q.c., dirigersi verso un luogo: *si volse verso di lui e gli sussurrò alcune parole*; *il girasole si volge sempre ai raggi del sole*; *volgersi a destra, a sinistra, da una parte, indietro* | *Volgersi attorno*, girare intorno lo sguardo. ***2*** (*fig.*) Rivolgere le proprie cure, la propria attività, dedicarsi a q.c.: *volgersi agli studi filosofici*; *volgersi ad opere filantropiche.* **D** v. intr. pron. ***1*** Sfogarsi, riversarsi: *la sua ira si volse contro di noi.* ***2*** (*raro*) Fuggire, nella loc. *volgersi in fuga.* ***3*** (*raro, lett.*) Trascorrere: *Elena vedi, per cui tanto reo / tempo si volse* (DANTE *Inf.* V, 64-65).

†volgévole o **†volvévole** [da *volgere*] agg. ● Che si volge, gira, rotola.

volgìbile o **†volgìbole** agg. ***1*** (*raro*) Che si può volgere, mutare. ***2*** †Volubile, mutevole.

volgiménto o **†volviménto**. s. m. ● (*lett.*) Modo e atto del volgere o del volgersi.

†volgitóio A s. m. ● Qualsiasi cosa atta ad avvolgere. **B** agg. ● Che serve ad avvolgere.

volgitóre s. m.; anche agg. (f. *-trice*) ● (*raro, lett.*) Che, chi volge, muta.

vólgo o **†vùlgo** [vc. dotta, lat. *vŭlgu(s)*, nt., di etim. incerta] s. m. (pl. *-ghi*) ***1*** Classe sociale economicamente più povera e culturalmente più trascurata, anche se numericamente preponderante rispetto alle altre: *la gente del v.*; *i pregiudizi del v.*; *agli occhi del v. queste sono cose senza importanza.* ***2*** (*est., spreg.*) Moltitudine indistinta, turba, massa: *il v. dei letterati, degli artisti*; *un v. disperso che nome non ha* (MANZONI) | (*lett.*) *Il patrizio v.*, i patrizi ignoranti | *Uscire dal v.*, uscire dalla mediocrità, dalla massa.

vòlgolo o **†vòggolo** [da *volgere*] s. m. ● (*tosc.*) Involto, rotolo: *un v. di panno, di carta, di capelli.*

volicchiàre [da *volare*] v. intr. (*io volìcchio*; aus. *essere* e *avere*) ● (*raro*) Volare debolmente, compiendo ogni volta brevi tragitti, detto spec. di piccoli uccelli.

volièra [fr. *volière*, da *voler* 'volare'] s. f. ● Uccelliera.

volitànte part. pres. di *volitare*; anche agg. ● Nei sign. del v.

volitàre [vc. dotta, lat. *volitāre*, ints. di *volāre*] v. intr. (*io vòlito*; aus. *avere*) ***1*** (*lett.*) Volare continuamente qua e là: *dentro ai lumi sante creature / volitando cantavano* (DANTE *Par.* XVIII, 76-77). ***2*** Svolazzare, detto spec. di farfalle e pipistrelli.

volitività s. f. ● (*raro*) Qualità di chi, di ciò che è volitivo.

volitìvo [da *volere*] **A** agg. ***1*** Della, relativo alla, volontà: *atto v.*; *virtù, facoltà, attività volitiva.* ***2*** Che è dotato di una volontà forte e inflessibile: *carattere v.*; *persona volitiva* | Che mostra esteriormente tale volontà: *sguardo v.*; *viso maschio e v.* ***3*** (*ling.*) Detto di forma verbale che esprime una volontà. **B** s. m. (f. *-a*) ● Persona volitiva.

†vòlito [da *volitare*] s. m. ● (*raro*) Volo.

†volitóre s. m.; anche agg. (f. *-trice*) ● Chi, che vuole.

volizióne [da *volere*] s. f. ● Atto e manifestazione della volontà.

volleìsta o **vollìsta** [da *volley(-ball)*] s. m. e f. (pl. m. *-i*) ● (*raro*) Pallavolista.

†vòllere ● V. *volgere.*

volley /*ingl.* 'vɔli/ s. m. inv. ● Acrt. di *volley-ball* (V.).

volley-ball /*ingl.* 'vɔli bɔ:l/ [vc. ingl., comp. di *volley* 'volata' (dal fr. ant. *volée* 'volata') e *ball* 'palla'] s. m. inv. ● (*sport*) Pallavolo.

vollista ● V. *volleista.*

vólo [da *volare*] s. m. ***1*** (*zool.*) Modo, atto e facoltà del volare, movimento nell'aria tipico di uccelli, insetti e mammiferi chirotteri: *il v. dell'aquila, dell'ape, del pipistrello*; *pigliare, spiccare il v.*; *levarsi, alzarsi a, in v.* | *V. a vela*, passivo, tipico di alcuni uccelli che sfruttano l'azione del vento | *V. battente*, dovuto al movimento più o meno rapido e frequente di innalzamento e abbassamento delle ali | *V. planato*, in discesa, con ali aperte e ferme | *V. radente*, a bassissima quota | *A v. d'uccello*, dall'alto e (*fig.*) in modo globale, generale e rapido: *panorama, paesaggio visto a v. d'uccello*; *ho dato al libro solo una scorsa, un'occhiata a v. d'uccello* | *In v.*, mentre l'animale vola: *colpire una pernice in v.* | *Al v.*, mentre l'animale vola e (*fig.*) subito, all'istante: *colpire al v.*; *capire, intendere qc., q.c. al v.* | *Tiro a, al v.*, sport che consiste nello sparare con fucile da caccia a bersagli mobili nell'aria, e comprende sia il tiro a volatili, spec. piccione e storno, sia il tiro al piattello | *Prendere il v.*, alzarsi in volo e (*fig.*) fuggire, sparire, dileguarsi: *l'uccellino ha preso il v.*; *l'imputato ha preso il v.*; *la refurtiva ha preso il v.* | *Dare il v.*, lasciar libero (*anche fig.*) | (*est.*) Movimento nell'aria di qualunque essere fantastico, mitologico e sim. dotato di ali: *il v. di Pegaso, dell'Ippogrifo.* ***2*** (*aer.*) Atto, modo, effetto del volare: *v. ad alta, a bassa quota*; *v. in avanti, in derapata, in formazione, a spirale*; *v. libero, orizzontale, verticale, laterale, rettilineo, radente, diritto, rovescio* | *V. librato, planante, planato*, senza l'ausilio del motore, con traiettoria obliqua verso il basso | *V. a coltello*, di velivolo che procede col piano alare verticale, sostentandosi su un fianco della fusoliera | *V. a motore*, degli aerei con motore | *V. a vela, veleggiato*, di alianti, deltaplani e sim. | *V. autorotativo*, di aerogiri | *V. a ritroso*, di aerostati, elicotteri e sim. | *V. propulso*, a motore | *V. a vista*, in condizioni di visibilità | *V. cieco, strumentale*, senza visibilità | *V. spaziale*, di veicolo spaziale che viaggia al di fuori dell'atmosfera terrestre | *V. umano muscolare*, che utilizza la forza muscolare dell'uomo | *V. di Icaro*, (*fig.*) impresa ambiziosa che ha esito infelice | (*est.*) Viaggio compiuto a bordo di un aeromobile o di un veicolo spaziale: *questo è il mio primo v.*; *un v. dalla terra alla luna*; *v. d'addestramento, ambientamento, prova, collaudo, controllo*; *v. d'istruzione, di trasferimento.* ***3*** (*est.*) Stormo: *un v. d'uccelli*; *un v. d'aerei.* ***4*** (*caccia*) Richiamo vivo che, dal capanno, si getta a volo, per far piegare i selvatici verso la tesa: *dare un v.*; *lanciare un v.* ***5*** (*est.*) Traiettoria aerea compiuta da un corpo, un oggetto e sim. pesante, grazie a un forte slancio iniziale: *il v. di un proiettile, di una freccia*; *lanciò la pietra con forza, facendole fare un lungo v.* | *Al v.*, mentre l'oggetto è ancora a mezz'aria; (*fig.*) immediatamente: *acchiappare q.c. al v.*; *cogliere al v. l'occasione propizia* | *Far fare un v. a q.c.*, (*fam.*) lanciarla | *Far fare un v. a qc.*, (*fig., fam.*) scacciarlo con violenza: *gli ha fatto fare un v. fuori dall'uscio* | *Colpire, ribattere, respingere al v. la palla*, in vari sport, raggiungendola nella sua traiettoria a una certa altezza da terra; nel calcio, colpire il pallone prima che tocchi terra | *Calcio al v.*, nel rugby, tiro effettuato da un giocatore in possesso del pallone, che lo lascia cadere dalle mani e lo colpisce prima che abbia toccato il terreno | Nel calcio, intervento del portiere che si slancia in direzione di un montante verso l'incrocio dei pali, per bloccare o respingere il pallone: *bloccare il pallone con un v. acrobatico* | Nello sci, una delle fasi del salto dal trampolino. ***6*** (*est.*) Salto, caduta violenta, spec. da notevole altezza: *fare un v. dal tetto, dalla finestra*; *dopo un v. pauroso si rialzò incolume.* ***7*** (*est.*) Rapida corsa, volata | *In un v.*, subito | *Dare un v.*, fare una corsa | *Andare a v.*, (*fig.*) detto di merce che si vende con estrema facilità, che va a ruba. ***8*** (*fig.*) Ardita o brillante intuizione logica o fantastica: *v. poetico, lirico*; *i voli della fantasia* | *V. pindarico*, trapasso da un argomento all'altro con analogie improvvise, alla maniera di Pindaro. ***9*** (*fig., lett.*) Diffusione, espansione: *e presta a' miei sospir si largo v.* (PETRARCA). ***10*** (*arald.*) Figura costituita da due ali di uccello congiunte insieme per i dorsi. || **volettino**, dim. | **volétto**, dim.

volontà o **†volontàde**, **†volontàte**, **†voluntà**, **†voluntàde**, **†voluntàte** [lat. *voluntāte(m)*, da *vŏlo* 'io voglio' (V. *volere*)] s. f. ***1*** Facoltà del volere, capacità di decidere e iniziare una certa azione: *esser dotato di una v. ferma, energica, ferrea, inflessibile, indomabile, incerta, debole, fiacca*; *avere, non avere forza di v.*; *è un uomo privo di v.*; *il principio di ogni azione risiede nella v. di un essere libero* | *V. di potenza*, nella filosofia di Nietzsche, quella necessaria per elevarsi al di sopra della morale comune. ***2*** Atto del volere: *l'ho fatto di mia spontanea v., con v. deliberata*; *lo lascerò libero di agire come vuole, non intendo forzare la sua v.*; *vizio di v.* | *A mia, tua, sua v.*, secondo il volere mio, tuo, suo | *A v.*, come, quando, quanto si vuole; senza limite: *mangiare, bere a v.* | Ciò che si vuole: *fare la v. di Dio*; *è molto prepotente e pretende sempre di imporre la sua v.* | *Esprimere, scrivere, dettare le ultime volontà*, le disposizioni testamentarie. ***3*** Disposizione, buona o cattiva, a fare q.c.: *quel ragazzo non ha v. di studiare* | *Buona v.*, disposizione a far bene, impegno | *Cattiva v.*, disposizione a sottrarsi a un ordine, a un dovere, o a eseguire un ordine malvolentieri. ***4*** (*raro*) Voglia, desiderio: *non ho v. di scherzare in questo momento* | *V. di mangiare*, appetito | *V. di bere*, sete. ***5*** (*gramm.*) *Verbi di v.*, quelli che esprimono l'azione del volere, un desiderio, una preferenza e sim. ***6*** †Passione, concupiscenza: *mentre egli da troppa v. trasportato, men cautamente con lei scherzava* (BOCCACCIO). ***7*** (*dir.*) Movimento psicologico che determina all'azione: *coscienza e v.*; *vizio di v.* | *V. colpevole*, colpevolezza.

volontariàto [da *volontario*, sul modello del fr. *volontariat*] **s. m.** ***1*** Servizio militare prestato volontariamente oltre il periodo di leva obbligatorio o indipendentemente da esso. ***2*** Il prestare gratuitamente, o quasi, la propria opera presso enti pubblici o privati, per acquisire la necessaria esperienza o per conseguire un determinato titolo, spec. un tempo con riferimento agli assistenti volontari delle università o degli istituti ospedalieri | Durata di tale prestazione. ***3*** Attività volontaria e gratuita svolta a favore della collettività (spec. nel campo dell'assistenza a indigenti, anziani, handicappati, tossicodipendenti, ecc.) da parte di cittadini spesso organizzati in apposite associazioni | L'insieme di tali attività o di tali associazioni.

volontarietà **s. f.** ● Qualità di ciò che è volontario: *la v. di un atto*.

volontàrio o †**voluntàrio** [vc. dotta, lat. *voluntāriu(m)*, da *vŏlŭntas*, genit. *voluntātis* 'volontà'] **A agg.** ***1*** (*fisiol.*) Che è sotto il dominio della volontà: *movimento v.*; *muscolo v.* **CONTR.** Involontario. ***2*** Che nasce da un atto di volontà, che è liberamente e consapevolmente scelto, deciso, realizzato: *esilio v.*; *domicilio v.*; *azione, rinuncia volontaria* | *Omicidio v.*, intenzionale | *Morte volontaria*, suicidio | *Giurisdizione volontaria*, funzione non giurisdizionale dell'autorità giudiziaria consistente nell'integrare, assistere e controllare preventivamente certi atti di persone fisiche o giuridiche nell'interesse sia delle stesse sia pubblico. ***3*** Spontaneo: *dono v.*; *offerta volontaria*. ***4*** †Volenteroso. || **volontariaménte**, **avv.** Di propria spontanea volontà: *assumere volontariamente un obbligo, un impegno*. **B agg.**; anche **s. m.** (f. *-a*) ***1*** Che, chi, di propria spontanea volontà, sceglie, accetta o decide di fare q.c.: *donatore v.*; *i volontari della morte* | *V. del sangue*, donatore di sangue. ***2*** Che, chi presta la propria opera in regime di volontariato: *assistente universitario v.*; *assistente v. ospedaliero*; *soldato v.*; *questo spetta ai volontari*; *l'arruolamento dei volontari* | *V. in servizio civile*, cittadino italiano, di età superiore ai venti anni, che assume un impegno di lavoro senza fini di lucro o carriera in Paesi in via di sviluppo per un periodo di almeno due anni ai fini di realizzare programmi di cooperazione tecnica.

†**volontarióso** [da *volontario*] **agg.** ● Volenteroso, desideroso, bramoso. || **volontariosaménte**, **avv.** Volenterosamente.

volontarìsmo [comp. da *volontario* e *-ismo*] **s. m.** ***1*** (*filos.*) Ogni dottrina etica secondo cui la volontà sovrasta l'intelletto | Ogni dottrina filosofica che scorge nella volontà la sola sostanza del mondo. ***2*** Movimento politico che sostiene la tesi dell'arruolamento volontario, secondo le necessità di ciascuna nazione. ***3*** Fenomeno del servizio militare prestato volontariamente, sotto la spinta di un ideale, particolarmente verificatosi in alcuni periodi storici: *il v. risorgimentale*; *il v. durante la Resistenza* | Insieme di formazioni militari composte di volontari: *il contributo del v.* ***4*** Volontariato nel sign. 3.

volontarìstico **agg.** (pl. m. *-ci*) ● Del, relativo al volontarismo. || **volontaristicaménte**, **avv.**

†**volontàte** ● V. *volontà*.

volonteróso ● V. *volenteroso*.

volontièri ● V. *volentieri*.

†**volontièro** o †**voluntièro** [da *volontà*] **agg.** ● Volontario.

†**volontóso** **agg.** ● (*raro*) Pronto, volenteroso.

volovelìsmo [comp. da *volo (a) vela* e *-ismo*] **s. m.** ● Tecnica e attività che riguardano il volo a vela.

volovelista [da *volovelismo*] **s. m. e f.** (pl. m. *-i*) ● Chi pratica il volo a vela.

volovelìstico [da *volovelista*] **agg.** (pl. m. *-ci*) ● Del, relativo al, volo a vela: *gara, manifestazione volovelistica*.

volpacchiòtto **s. m.** (f. *-a*) ***1*** Dim. di *volpe* (*1*). ***2*** Giovane volpe. ***3*** (*fig.*) Persona astuta e subdola.

volpàccia **s. f.** (pl. *-ce*) ***1*** Pegg. di *volpe* (*1*). ***2*** (*fig.*) Volpone.

volpàia **s. f.** ***1*** (*raro*) Tana di volpe. ***2*** (*raro, fig.*) Luogo squallido e selvaggio.

volpàra [etim. incerta] **s. f.** ● Prendere la malattia chiamata *volpe* (o *golpe*), detto del grano.

volpàre [da *volpe* (*2*)] **v. intr.** (*io vólpo*; aus. *essere* e *avere*) ● Prendere la volpe, detto del grano.

vólpe (**1**) o (*tosc.*) †**gólpe** (**1**) [lat. *vŭlpe(m)*, di origine indeur.] **s. f.** ***1*** Canide di medie dimensioni, con muso allungato e denti taglienti, tronco snellissimo con brevi robuste zampe e pelliccia pregiata (*Vulpes*) | *V. rossa*, notturna, con bella pelliccia dorsalmente color ruggine (*Vulpes vulpes*) | *V. argentata*, varietà allevata della volpe americana, a pelliccia nera con spruzzatura bianca (*Vulpes fulva*) | *V. della sabbia, del deserto*, fennec | *V. di mare*, squalo carnivoro, con coda molto sviluppata, che spesso penetra nelle reti rovinandole (*Alopias vulpinus*) | *Far come la v. con l'uva*, (*fig.*) fingere disprezzo per ciò che non si ha o non si può avere, come appunto la volpe della nota favola esopiana. ***2*** Pregiata pelliccia dell'animale omonimo: *un collo di v. argentata*. ***3*** (*fig.*) Persona molto astuta: *è una vecchia v.* ***4*** (*med.*) Alopecia. ***5*** (*mar.*) Ciascuno dei pali inclinati che formano la struttura degli alberi delle moderne navi da guerra || **PROV.** Con la volpe convien volpeggiare. || **volpacchiòtto**, **dim. m.** (V.) | **volpàccia**, **pegg.** (V.) | **volpellino**, **dim. m.** | **volpétta**, **dim.** | **volpicina**, **dim.** | **volpicino**, **dim. m.** (V.) | **volpina**, **dim.** | **volpino**, **dim. m.** | **volpóne**, **accr.** (V.).

vólpe (**2**) ● V. *golpe* (*2*).

volpeggiàre o (*tosc.*) †**golpeggiàre** [da *volpe* (*1*)] **v. intr.** (*io volpéggio*; aus. *avere*) ● Agire con astuzia, usare l'astuzia, come fa la volpe.

volpicèlla [dim. del lat. *vulpēcula*, dim. di *vŭlpes* 'volpe'] **s. f.** ● Piccola volpe.

volpicino **s. m.** (f. *-a*) ***1*** Dim. di *volpe* (*1*). ***2*** Il piccolo della volpe.

volpigno **agg.** ● (*raro*) Di, da volpe.

volpina [da *volpe*, per la forma del muso] **s. f.** ● (*dial., sett.*) Piccolo muggine.

volpino [vc. dotta, lat. *vulpīnu(m)*, da *vŭlpes* 'volpe'] **A agg.** ***1*** Di, da volpe: *pelo v.*; *coda volpina*; *astuzia volpina*. ***2*** Che è simile a una volpe | *Cane v.*, volpino. ***3*** Detto di vino con sapore e aroma di fragola. || **volpinaménte**, **avv.** (*raro*) Con astuzia volpina. **B s. m.** ● Cane da compagnia, piccolo, intelligente, agile e vivace, con muso allungato, coda arrotolata, pelame lungo e fitto: *v. italiano*; *v. di Pomerania*.

†**vólpo** [da *volpe* (*1*)] **agg.** ● Volpino.

volpòca [comp. di *volpe* e *oca*. V. *chenalopece*] **s. f.** ● Uccello della famiglia degli Anatidi, snello ed elegante, nero a riflessi verdi, petto bianco e tronco con fascia ocracea, gregario, vive lungo le sponde marine sabbiose (*Tadorna tadorna*).

volpóne o (*tosc.*) †**golpóne**. **s. m.** (f. *-a*) ***1*** Accr. di *volpe* (*1*). ***2*** (*fig.*) Persona di grande esperienza e furberia: *un vecchio v.* || **volponàccio**, **pegg.**

vòlsco [vc. dotta, lat. *Vŏlscu(m)*, n. di un antico popolo dell'Italia] **A agg.** (pl. m. *-sci*) ● Che si riferisce a un'antica popolazione italica di stirpe osco-umbra, stanziata nell'Italia centromeridionale. **B s. m.** (f. *-a*) ● Ogni appartenente all'antica popolazione volsca.

volt /vɔlt/ o **vòlta** (**3**) [fr. *volt*, dal n. di A. *Volta*] **s. m. inv.** ● (*fis.*) Unità di misura di differenza di potenziale elettrico (o forza elettromotrice, o tensione elettrica) nel Sistema Internazionale, definita come la differenza di potenziale esistente tra due punti di un conduttore che, percorso dalla corrente di un ampere, dissipa per effetto Joule la potenza di watt. SIMB. V.

vòlta (**1**) [lat. parl. **vŏlvita(m)*, da **volvitāre*, ints. di *vŏlvere* 'volgere'] **s. f.** ***1*** Atto del voltare o del voltarsi | Svolta: *la strada fa una v.* | Giro: *le volte della chiave* | *A v. di corriere*, (*est.*) subito, a stretto giro di posta, detto di risposta scritta particolarmente sollecita o immediata | *Far le volte di un leone*, andar su e giù come un leone in gabbia | *Mettere, mettersi in v.*, mettere, mettersi in fuga | *Andare in v.*, *girare in v.*, fare un giro | *Dar v.*, *dar la v.*, *dar di v. il cervello*, uscir di senno, impazzire | *Dar la v.*, del vino, guastarsi, inacidire | *Dar v.*, (*lett.*) voltarsi e rivoltarsi, mutar direzione, anche di cose; rivolgersi in una determinata direzione, tornare indietro, prendere la via del ritorno; del Sole e di altri astri, volgere al tramonto; della Luna, entrare nella fase calante. ***2*** (*mar.*) Attorcigliamento d'un cavo | *Togliere le v. a un cavo*, stenderlo | *Dar v.*, fissare un cavo intorno a una bitta, a una galloccia, a una caviglia in modo che non possa scorrere. ***3*** (*aer.*) *Gran v.*, figura acrobatica per cui un aereo descrive una traiettoria pressoché circolare in un piano verticale. **SIN.** Cerchio della morte, looping | *Gran v. d'ala*, figura acrobatica per cui l'aereo, dopo una salita di abbrivo fino alla verticale, vira nel piano verticale, picchia e riprende una traiettoria parallela alla precedente ma in senso contrario. ***4*** (*sport*) Figura obbligatoria del pattinaggio artistico su ghiaccio o a rotelle, che si esegue sulla base del cambiamento di filo e del cerchio | *Gran v.*, nella ginnastica, esercizio spettacolare eseguito alla sbarra, che l'atleta usa per ruotarle intorno impugnandola | *V. quadra*, nell'equitazione, figura delle arie basse, che prende il nome dal disegno tracciato dalle zampe del cavallo, che segue una pista a forma di quadrato con gli angoli smussati | *Mezza v.*, aria bassa in cui il cavallo percorre una linea retta, eseguendo quindi un cambiamento di mano con una curva stretta. ***5*** (*tip.*) Facciata del foglio o del nastro stampata per seconda, ovvero quella in cui non compare la prima pagina della segnatura. ***6*** †Tratto, tiro di dadi: *Quando si parte il gioco de la zara, / colui che perde si riman dolente, / ripetendo le volte, e tristo impara* (DANTE *Purg.* V, 1-3). ***7*** Vivace danza settecentesca che deve il nome al giro in aria che il cavaliere faceva descrivere alla dama. ***8*** (*ling.*) In metrica, ciascuno dei due periodi uguali che costituiscono la seconda parte della stanza della canzone, quando non è indivisa. ***9*** Direzione, spec. nella loc. prep. *alla v. di*, in direzione di, verso: *partimmo alla v. di Firenze*; *i due venivano alla nostra v.* ***10*** (*fig.*) Turno, vece, avvicendamento: *è molto impaziente, ma non è ancora la sua v.*; *si alzò e parlò a sua v.* | *Ogni cosa a sua v.*, al suo momento | *A v. a v.*, a turno, secondo un dato avvicendamento | *Per v.*, *alla v.*, con valore distributivo: *venite due, tre per v., non tutti insieme* | *Una v., due volte all'anno, al mese* e sim., per indicare la frequenza di un fatto, all'interno di una data unità di tempo | *V. per v.*, al presentarsi di ogni singolo caso | *Tutto in una v.*, in un sol tratto, tutto insieme. ***11*** Circostanza in cui un fatto si verifica o momento di tempo in cui un avvenimento considerato come identico ad altri avvenimenti si produce: *l'ho conosciuto quella v. che mi trovavo a casa tua*; *per questa v. sarò indulgente e ti perdonerò*; *riprenderemo la discussione la prossima v. che ci vedremo*; *questa v. non mi lascerò ingannare*; *voglio provare ancora una v., un'altra v.*; *pensa a tutte le volte che hai mentito* | *Una v., una buona v.*, con rifer. a cosa che si attende, si desidera con impazienza, alla fine, finalmente: *smettila una buona v.!* | *Una v. tanto*, ogni tanto, non sempre, eccezionalmente | *Una v. per tutte*, in maniera definitiva | *Una v. o l'altra*, prima o poi | *Un'altra v.*, in altra circostanza, in altro momento | *Altra v.*, già nel passato, in altra circostanza. ***12*** Con un numerale o altra determinazione quantitativa indica il ripetersi di un fatto, il moltiplicarsi o il dividersi di una quantità, e sim.: *debbo sempre ripeterti le stesse cose due, tre volte*; *è già la terza v. che ti rivolgo la stessa domanda*; *è la prima e l'ultima v. che tollero una cosa simile*; (*iperb.*) *te l'ho detto cento, mille volte, infinite volte, tante di quelle volte*; *quantità due volte, tre volte più grande, più piccola di un'altra*; *tre volte quattro fa dodici*; *una quercia tre volte centenaria* | *Molte, tante volte*, spesso | *Poche, rare volte*, raramente | *Certe volte, delle volte, alle volte*, non di rado, in certi momenti, in certi casi | *A volte*, di quando in quando, talvolta | *Di v. in v.*, ogni volta, a seconda delle circostanze o delle necessità: *di v. in v. mi darai la risposta più appropriata* | *Tu sei tre volte buono*, sei buonissimo, troppo buono | *Una v.*, nel tempo passato, anni fa: *una v. si faceva, si diceva così*; *una v. la vita era più tranquilla*; *queste cose si apprezzavano una v.* | *C'era una v.*, classico inizio di fiabe per bambini | *Una v. che*, dal momento che, giacché: *una v. che hai promesso di aiutarlo, non puoi più tirarti indietro*. || **volticella**, **dim.**

vòlta (**2**) [dalla vc. precedente] **s. f.** ***1*** (*arch.*) Copertura di un ambiente costituita da una superficie a semplice o a doppia curvatura | *V. a cupola*, avente forma di una superficie di rotazione o a spicchi | *V. a vela*, simile alla volta a cupola, è però tagliata lateralmente dai muri | *V. a crociera*, generata dalla intersezione di due volte a botte perpendicolari | *V. a padiglione*, che su base quadrata o rettangolare dà origine a spicchi e fusi che si incontrano su un punto o una linea di sommo | *V. a botte*, volta semicilindrica che scarica direttamente il suo peso su due muri paralleli | (*est.*) Superficie interna di una volta o soffitto di gallerie e di cavità naturali o artificiali: *gli affreschi della v. della Cappella Sistina*; *la v. di un antro*, *di una caverna* | *A v.*, detto di costruzione a forma di volta: *copertura a v.*; *tomba a v.* ➡ **ILL.** p. 358 ARCHITETTURA; **ponte**. ***2*** (*est.*, *gener.*) Struttura che è, o pare di forma arcuata: *la v. celeste*; *la v. stellata del firmamento*; *la v. di un forno*. ***3*** (*anat.*) Parete superiore arcuata: *v. del palato*; *v. cranica*. ***4*** Curva centrale del ferro di cavallo. ***5*** †Cantina: *con pozzi d'acque freschissime e con volte piene di preziosi vini* (BOCCACCIO) | Magazzino di merci. || **voltarèlla**, **dim.** | **volticciuòla**, **dim.** | **volticèlla**, **dim.** | **volticina**, **dim.** | **voltina**, **dim.** | **voltóne**, **accr. m.**

vòlta (**3**) ● V. *volt.*

voltàbile **agg.** ***1*** (*raro*) Che si può voltare | (*est.*, *raro*) Girevole: *ruota v.* ***2*** †Volubile, incostante.

voltafàccia [comp. di *voltare* e *faccia*] **s. m. inv.** ***1*** Atto, effetto del voltarsi, spec. con movimento repentino: *il v. di un cavallo*, *della nave*; *dopo un brusco v. si allontanò*. ***2*** (*fig.*) Improvviso cambiamento di idee, opinioni, posizioni ideologiche o comportamento spesso dovuto a motivi egoistici: *v. politico*; *un v. apparentemente inspiegabile*. ***3*** (*fig.*) Sleale e imprevedibile venir meno alla parola data, a precisi impegni precedentemente assunti e sim.: *non mi aspettavo un simile v. da voi*; *è stato un ignobile v. che lo ha messo in gravi difficoltà economiche*. **SIN.** Tradimento. ***4*** (*fig.*, *raro*) Mutazione, rivolgimento: *che v. di cose!*

voltafièno [comp. di *voltare* e *fieno*] **s. m. inv.** ● Macchina per rivoltare il fieno sparso sui campi dopo la falciatura | Spandifieno.

voltagabbàna [comp. di *voltare* e *gabbana*] **s. m. e f. inv.** ● Chi, per utilità personale, muta facilmente opinione, partito e sim. **SIN.** Banderuola, girella.

voltàggio [fr. *voltage*, da *volt*] **s. m.** ● Correntemente, tensione elettrica o differenza di potenziale elettrico | Correntemente, forza elettromotrice.

voltàico (**1**) **agg.** (**pl. m.** *-ci*) ● Che si riferisce al fisico italiano A. Volta | *Arco v.*, arco elettrico | Che si riferisce alla generazione di correnti elettriche basata su effetti elettrochimici: *pila voltaica* | *Elemento v.*, elemento di pila voltaica, costituito da una catena di conduttori comprendente un metallo, un elettrolita, un altro metallo diverso dal primo | *Coppia voltaica*, correntemente, elemento voltaico.

voltàico (**2**) [dal n. del fiume africano *Volta*] **agg.** (**pl. m.** *-ci*) ● Detto di lingue sudanesi parlate nell'area del fiume Volta.

voltaire /fr. vɔl'tɛr/ [vc. fr., detta così perché si trovava in una statua di *Voltaire* (scolpita da Houdon, 1781)] **A** **s. f. inv.** ● Grande poltrona bassa con alta spalliera per appoggiare il capo. **B** **s. m. inv.** ● †Merletto che copriva le spalliere delle poltrone.

voltaìsmo [da A. *Volta*] **s. m.** ● Elettricità generata dall'azione chimica di un liquido su metalli diversi.

voltamàschio [comp. di *voltare* e *maschio*, desueto per *vite*] **s. m.** ● Robusta chiave registrabile a vite, atta ad afferrare tubi e altri corpi cilindrici di dimensioni anche notevoli, come una vite per svitarla dalla madrevite in cui sia rimasta bloccata.

voltaménto **s. m.** ● (*raro*) Modo e atto del voltare o del voltarsi.

voltàmetro [comp. del n. di A. *Volta* (1745-1827) e *-metro*] **s. m.** ● Strumento che, per mezzo dell'elettrolisi, serve a misurare la quantità di elettricità trasportata in un certo tempo dalla corrente che lo attraversa | Cella voltaica.

voltampere /voltam'pɛr/ [comp. di *volt* (V.) e *ampere* (V.)] **s. m. inv.** ● Unità di misura della potenza elettrica apparente. SIMB. VA.

voltamperomètrico **agg.** (**pl. m.** *-ci*) ● (*elettr.*) Detto di misurazione in cui sono usati simultaneamente un voltmetro per misurare una tensione e un amperometro per misurare un'intensità di corrente: *misurazione voltamperometrica della potenza elettrica*.

voltamperòmetro [comp. di *voltampere* e *-metro*] **s. m.** ● (*elettr.*) Multimetro.

voltamperóra [comp. di *voltampere* e *ora*] **s. m. inv.** ● Unità di misura dell'energia elettrica pari a 3 600 joule. SIMB. VAh.

voltamperoràmetro **s. m.** ● Strumento per la misurazione del voltamperora.

voltapiètre [comp. di *voltare* e il pl. di *pietra*: detto così perché cerca il suo cibo sotto i sassi] **s. m. inv.** ● Agilissimo uccelletto dei Caradriformi, bianco e nerastro, cosmopolita lungo le coste, che cattura prede sotto i sassi (*Arenaria interpres*).

voltàre [lat. parl. **volutāre*, ints. di *vŏlvere* 'volgere'] **A** **v. tr.** (**pres.** *io vòlto*, *tu vòlti*) ***1*** Piegare il corpo o parte di esso in una determinata direzione: *v. gli occhi*, *il viso*, *la testa* | *V. le spalle a qc.*, mostrargliele; (*fig.*) togliergli l'aiuto, l'appoggio, il favore; abbandonarlo a se stesso | *V. le spalle al nemico*, fuggire | *V. le spalle alla fortuna*, (*fig.*) ignorare, trascurare un'occasione favorevole | Dirigere un animale, un veicolo e sim.: *v. il cavallo a destra*, *a sinistra*; *v. la prua verso la riva* | *V. le armi contro qc.*, rivoltarsi contro qc. | *V. le acque*, deviarle | *V. sottosopra*, rivoltare, rovesciare. ***2*** Mettere all'inverso, girare q.c. in modo che presenti il lato contrario, l'altra faccia: *v. una medaglia*, *una moneta*; *v. le frittelle nella padella*; *v. le pagine di un libro* | *V. il foglio*, per leggere o scrivere sul verso | *Volta pagina!*, (*fam.*) invito a cambiare discorso | *Volta!*, si trova scritto talvolta in fondo a un foglio per avvertire che il seguito è scritto sul verso di esso | *V. casacca*, *gabbana*, *mantello*, (*fig.*) mutar d'opinione, di partito, per opportunismo. ***3*** †Spingere facendo girare: *voltando pesi per forza di poppa* (DANTE *Inf.* VII, 27). ***4*** (*raro*) Mutare il senso, il fine e sim. di q.c.: *v. q.c. in burla* | *V. una frase in cattivo senso*, interpretarla male | (*lett.*) Tradurre: *v. un testo in latino*, *in italiano*. ***5*** Girare, oltrepassare: *appena voltato l'angolo*, *troverai la fermata dell'autobus* | †Doppiare: *volta Sicilia e per lo mar Tirreno / costeggia de l'Italia il lito ameno* (ARIOSTO). ***6*** †Trasferire beni o partite, passare un credito da una persona a un'altra. **B** **v. intr.** (**aus.** *avere*) ● Cambiar direzione: *all'incrocio volti a destra*, *poi subito a sinistra*; *la strada volta a destra*, *a sinistra*. **C** **v. intr. pron.** ● Mutare, o tendere a mutare: *il tempo si è voltato al brutto*; *il vento si è voltato a tramontana*. **D** **v. rifl.** ● Girarsi, volgersi: *si voltava e rivoltava nel letto*, *senza riuscire a prendere sonno*; *appena lo chiamai*, *si voltò*; *voltarsi in qua*, *in là*; *voltarsi dall'altra parte*; *voltarsi indietro* | *Voltarsi contro qc.*, ribellarglisi | *Non saper dove voltarsi*, *da che parte voltarsi*, che cosa fare, a chi chiedere aiuto, e sim.

voltarìso [comp. di *voltare* e *riso* (*2*)] **s. m. inv.** ● Attrezzo per rivoltare il riso sull'aia, al fine di favorirne l'essiccazione, modeste quantità di riso.

voltastòmaco [comp. di *voltare* e *stomaco*] **s. m.** (**pl.** *-chi*) ***1*** Nausea, vomito: *avere il v.*; *se ci penso mi viene il v.*; *una sporcizia tale da dare il v.* | (*fig.*) Disgusto, ribrezzo, schifo: *una scena che dava il v.* ***2*** Cosa disgustosa, nauseante: *che v. questa brodaglia!*

voltàta **s. f.** ***1*** Atto, effetto del voltare: *una v. di spalle*, *d'occhi*; *dai una v. all'arrosto*, *per favore*; *fare una brutta v. in bicicletta*. **SIN.** Girata. ***2*** Svolta di strada: *subito dopo il ponte c'è una v. a destra*; *è una v. molto pericolosa*. ***3*** (*raro*) †Apostrofe. || **voltatàccia**, **pegg.** | **voltatina**, **dim.**

voltàto (**1**) **part. pass.** di *voltare*; anche **agg.** ● Nei sign. del v.

voltàto (**2**) **agg.** ● (*raro*, *lett.*) Arcuato, fatto a volta.

†**voltatóio** [da *voltato* (*1*)] **s. m.** ● Brago, voltabra.

volteggiaménto **s. m.** ● (*raro*) Modo e atto del volteggiare.

volteggiàre [da *volta* (*1*) 'giro'] **A** **v. intr.** (*io voltéggio*; **aus.** *avere*) ***1*** Volare girando sempre nello stesso spazio aereo, sulla stessa zona e sim.: *il falco volteggia sulla preda*; *l'aereo volteggiò a lungo sull'obiettivo*; *uno stormo di rondini volteggia attorno al campanile*. ***2*** (*est.*) Muoversi cambiando continuamente direzione, eseguendo giravolte, rapidi spostamenti e sim.: *v. attorno a q.c.*, *a qc.*; *e l'uno e l'altro / nel pugnar volteggiando è dotto e scaltro* (TASSO). ***3*** In vari sport, eseguire uno o più volteggi: *v. al cavallo*; *v. in corsa*, *da fermo*; *v. alla*, *sulle parallele*. **B** **v. tr.** ● Far girare attorno un cavallo, fargli compiere giravolte, voltate e sim.: *v. il cavallo*.

volteggiatóre **s. m.** (**f.** *-trice* nel sign. 1) ***1*** Chi volteggia, chi esegue volteggi: *abile*, *elegante v.* ***2*** (*spec. al pl.*) Fanti di piccola statura, istituiti da Napoleone I per l'impiego come fanteria leggera, che in battaglia erano schierati sulla sinistra del battaglione.

voltéggio **s. m.** ***1*** Atto, effetto del volteggiare: *i volteggi di un rapace in aria*, *sulla preda*; *gli arditi volteggi di un aereo*. ***2*** Azione del ginnasta che supera un ostacolo quale muro, cavallo e sim. saltandolo con gli arti inferiori e mantenendo l'appoggio con quelli superiori | In equitazione, passaggio da una posizione a un'altra, mentre si è in groppa al cavallo in movimento.

voltelettróne [comp. di *volt*(*a*) (*3*) ed *elettrone*] **s. m.** ● Elettronvolt.

†**voltèr** **s. m. inv.** ● Adattamento di *voltaire* B (V.).

volteriàno ● V. *volterriano*.

volterràna [dalla città di *Volterra*] **s. f.** ***1*** (*edil.*) Volta lavorata a gesso, con mattoni messi per piano. ***2*** (*edil.*) Blocco laterizio forato di svariate misure che serve a costruire solai di cotto e cemento.

volterriàno o **volteriàno**. **A** **agg.** ***1*** Che si riferisce allo scrittore francese F.-M. Arouet (1694-1778) detto Voltaire, alle sue idee, al suo stile, alle sue opere: *critica volterriana*. ***2*** Che ha le caratteristiche proprie del pensiero o dello stile di Voltaire: *scetticismo v.*; *ironia volterriana* | (*fig.*) Scettico, ironico, irreligioso: *spirito v.* **B** **s. m.** (**f.** *-a*) ● Seguace, continuatore di Voltaire.

voltiàno **agg.** ● Del fisico italiano A. Volta (1745-1527): *scoperte voltiane*; *museo v.*

voltigliòle [adattamento del veneto *voltizole*, da *voltar* 'voltare'] **s. f. pl.** ● (*mar.*) Rilievi ornamentali a forma di volute ondeggianti scolpiti sulle travi che univano il rostro alle fiancate delle antiche navi.

voltimetrìa [comp. di *volta* (*2*) e *-metria*] **s. f.** ● (*arch.*) Misurazione della volta, che viene eseguita sulla superficie interna o intradosso.

voltìmetro ● V. *voltmetro*.

voltinìsmo [da *volta* (*1*)] **s. m.** ● (*zool.*) Frequenza con cui un animale, spec. un insetto, si riproduce annualmente, determinata da fattori costituzionali e ambientali.

voltmètrico **agg.** (**pl. m.** *-ci*) ● (*elettr.*, *elettron.*) Relativo al voltmetro, alla misurazione delle tensioni elettriche in volt: *circuito v.*

vòltmetro o **voltìmetro**, **voltòmetro** [comp. di *volt* e *-metro*] **s. m.** ● (*elettr.*, *elettron.*) Strumento indicatore usato per misurare tensioni elettriche, gener. in volt, che fornisce il dato richiesto mediante un indice su una scala tarata o con un indicatore numerico luminoso | *V. elettronico*, voltmetro che utilizza un amplificatore elettronico a tubi termoelettronici o a transistori per amplificare la tensione, consentendo così di misurare tensioni alternate ad alta frequenza.

vòlto (**1**) **part. pass.** di *volgere*; anche **agg.** ● Nei sign. del v.

†**vòlto** (**2**) [sost. del precedente] **s. m.** ● (*dial.*) Volta (2) | Arco.

vólto (**3**) [lat. *vŭltu*(*m*), di origine indeur.] **s. m.** ***1*** (*lett.*) Viso, faccia: *un v. bello*, *angelico*, *delicato*, *espressivo*; *v. ilare*, *lieto*, *triste*, *rasserenato*; *un v. dall'espressione malvagia*; *avere il v. inondato di lacrime* | *Gettare q.c. nel*, *sul v. a qc.*, (*fig.*) rinfacciargli q.c. | *Cambiare in v.*, mutare l'espressione del viso, trascolorare, impallidire, arrossire e sim. | *Avere la maschera al*, *sul v.*, (*fig.*) fingere, essere ipocrita | (*fig.*) *Non aver v. di comparire*, non avere il coraggio di mostrarsi | (*raro*, *fig.*) *A v. aperto*, a viso aperto | (*fig.*, *lett.*) *Il v. della terra*, la superficie terrestre. ***2*** (*fig.*) Aspetto esteriore, modo di apparire, mostrarsi, manifestarsi: *i mille volti della natura*, *della vita*, *della realtà*. ***3*** (*fig.*) Carattere, essenza, natura:

conoscere il vero v. di qc., di q.c.; finalmente ha mostrato il suo vero v.; questo è il duro v. della lotta, il v. crudele della realtà. **4** †Sguardo. || **voltìno**, dim.

voltóio [da *vòlto (1)*] s. m. • Parte della briglia cui si attaccano le redini e le campanelle.

voltolaménto s. m. • (*raro*) Modo e atto del voltolare e del voltolarsi.

voltolàre [ints. di *voltare*] **A** v. tr. (*io vòltolo*) • Far girare più volte su se stesso, rotolare: *v. un sasso, una botte.* SIN. Rivoltare. **B** v. rifl. • Rotolarsi, girarsi: *voltolarsi per terra, nella mota, sull'erba; voltolarsi nel letto senza poter dormire.*

voltolìno [detto così perché *voltola* i sassi per cercarvi il cibo: cfr. *voltapietre*] s. m. • Uccelletto dei Ralliformi, brunastro, paludicolo, notturno e timorosissimo (*Porzana porzana*).

voltolóni o (*raro*) **voltolóne** [da *voltolare*] avv. • Voltandosi, rigirando più volte su se stesso.

voltòmetro • V. *voltmetro*.

voltùra [da *voltare*] s. f. **1** (*dir.*) Trascrizione nei registri catastali del trasferimento da una persona a un'altra di un diritto su un bene immobile o mobile registrato: *v. catastale.* **2** Nei contratti per le forniture al pubblico di determinati beni o servizi, cambiamento del nominativo dell'utente al quale è intestato il contratto stesso: *la v. del gas, della luce, del telefono.* **3** In contabilità, operazione di trasferimento di una partita o di un saldo da un conto a un altro. **4** †Atto del volgere o del volgersi. **5** †Traduzione. **6** (*raro*) †Rivoluzione.

volturàre v. tr. • Sottoporre a voltura: *v. un bene immobile; v. il contratto per l'erogazione dell'energia elettrica.*

vòltzia /'vɔltsja/ [dal n. dell'ingegnere minerario fr. Ph.-L. *Voltz* (1785-1840)] s. f. • Tipo di conifera fossile del mesozoico, con foglie piccole falciformi e foglie più grandi e allungate.

volùbile [vc. dotta, lat. *volūbile(m)*, da *vŏlvere* 'volgere'] agg. **1** (*lett.*) Girevole: *ruota v.; asse v.; un'asta assai gagliarda ... v. sopra un perno* (GALILEI). **2** (*bot.*) Detto di fusto lungo e debole che si avvolge a un sostegno | *Pianta v.*, che si avvolge a spirale attorno a un sostegno. **3** (*lett.*) Che si muove, si sposta, si avvolge e sim. di continuo: *l'onda v.* | Che scorre rapido, detto del tempo | Che fluisce con abbondanza e facilità, detto di parole, suoni e sim. | *Voce v.*, flessibile, morbida, pieghevole. **4** (*fig.*) Instabile, mutevole, incostante: *tempo v.; la v. fortuna; persona v.; carattere v.* CONTR. Costante, fermo. || **volubilménte**, avv. Con volubilità.

volubilità o †**volubilitàde**, †**volubilitàte** [vc. dotta, lat. *volubilitāte(m)*, da *volūbilis* 'volubile'] s. f. **1** Qualità di chi, di ciò che è volubile: *la v. del tempo, della stagione, del carattere, di un sentimento, di una persona; stimeremo noi suggetto alla v ... della fortuna quel che gli uomini ... a sé prescrivono?* (ALBERTI). CONTR. Costanza, fermezza. **2** †Rapidità di parole.

volucèlla [dim. del lat. *volŭcra*, n. di un lepidottero, da *vŏlvere* 'volgere', perché si arrotola nelle foglie della vite] s. f. • Insetto dei Ditteri, giallo e nero, peloso, con ali trasparenti che vibrano a velocità grandissima (*Volucella bombylans*).

volùme o †**vilùme** (1), †**volùmine** [vc. dotta, lat. *volūmen* 'giro, curvatura, rotolo di pergamena da scrivere', da *volūtus*, part. pass. di *vŏlvere* 'volgere'] s. m. **1** Estensione di un corpo nelle tre dimensioni: altezza, larghezza, lunghezza | Spazio limitato da una superficie chiusa. **2** Misura di tale spazio rispetto a una determinata unità di misura: *il v. di un cubo, di una piramide, di un solido, di un liquido, di un aeriforme* | *Autovettura a due, a tre volumi*, a seconda che il bagagliaio faccia parte dello spazio riservato ai passeggeri, da cui è separato soltanto dal sedile posteriore, oppure costituisca uno spazio del tutto a sé stante (il primo volume è costituito dal vano motore). CFR. Monovolume | (fis.) V. massico, specifico, rapporto fra il volume occupato da una massa e la massa stessa, uguale all'inverso della massa specifica | *V. molecolare*, volume di una grammomolecola di una sostanza | *V. atomico*, volume di un grammo-atomo di un elemento nello stato solido. **3** (*est., gener.*) Mole, massa: *una cassa di gran v.; involto di poco v.; la paglia fa molto v.* | *V. di capelli*, capigliatura folta, acconciatura gonfia | (*fig.*) Quantità globale: *il v. degli affari; il v. degli investimenti; il v. della produzione; il v. degli scambi con l'estero* | *V. di traffico*, numero di veicoli o di pedoni che transitano in un dato punto di una strada in un dato intervallo di tempo | *V. di gioco*, nel linguaggio sportivo, quantità di azioni offensive svolte da una squadra, spec. di calcio, durante una partita. **4** Nel linguaggio della critica d'arte, pienezza della forma in una costruzione architettonica o in un'opera di scultura, o realizzata in una pittura dalla prospettiva e dal chiaroscuro. **5** Intensità sonora o energetica di un suono o un rumore qualsiasi: *ridurre il v. della radio; tenere l'altoparlante a pieno v.* | *V. della voce*, estensione, ampiezza della voce. **6** (*lett.*) Spira, voluta: *Stendean Reno e Panàr le indomit'onde / con immensi volumi alla pianura* (MONTI). **7** †Ciascuno dei cieli nella loro rotazione, secondo antiche concezioni astronomiche o teologiche | Rivoluzione di un astro: *quattromila trecento e due volumi / di sol* (DANTE *Par.* XXVI, 119-120). **8** (*fig.*) †Intrigo, confusione. **9** †Rotolo di fogli di papiro. **10** Libro a sé stante, anche se costituisce parte di un'opera: *un v. di 1 000 pagine; un v. in brossura, rilegato; una biblioteca di 15 000 volumi; un'opera in 4, in 12 volumi* | Opera, testo: *ha scritto molti volumi; un v. molto interessante.* **11** Elemento archivistico costituito da documenti rilegati insieme. || **volumétto**, dim. | **volumóne**, accr.

volumenòmetro [comp. del lat. *volūmen*, genit. *volūminis* (V. *volume*) e *-metro*] s. m. • (*fis.*) Apparecchio per la determinazione del volume di un solido che, essendo poroso o polverulento, non è adatto ad essere immerso in un liquido.

volumetrìa [comp. di *volume* e *-metria*] s. f. **1** Misurazione del volume, spec. di un edificio | Distribuzione sul terreno dei volumi dei diversi elementi di un edificio o di un complesso architettonico. **2** (*chim.*) Analisi volumetrica.

volumètrico [da *volumetria*] agg. (pl. m. *-ci*) **1** Che riguarda la misura del volume | *Analisi volumetrica*, determinazione quantitativa di una sostanza contenuta in una soluzione, mediante titolazione di quest'ultima. **2** Che si riferisce al volume o ai volumi: *proporzione volumetrica di una scultura.*

volùmico [fr. *volumique*, da *volume* 'volume'] agg. (pl. m. *-ci*) • (*fis.*) Riferito al volume, detto di grandezza fisica | *Massa volumica*, rapporto fra la massa e il volume da essa occupato, uguale all'inverso del volume massico.

†**volùmine** • V. *volume*.

voluminizzàre [dal lat. *volūmen*, genit. *volūminis* 'volume'] v. tr. • (*tecnol.*) Sottoporre a voluminizzazione.

voluminizzàto part. pass. di *voluminizzare*; anche agg. • Nei sign. del v.: *alpaca voluminizzata.*

voluminizzazióne [da *voluminizzare*] s. f. • (*tecnol.*) Procedimento di testurizzazione destinato a conferire scarsa elasticità ma grande voluminosità a un filo o a un filato.

voluminosità s. f. • Qualità o caratteristica di chi, di ciò che è voluminoso: *la v. di una persona, di un corpo.*

voluminóso [vc. dotta, lat. tardo *voluminōsu(m)* (che aveva però il sign. di 'ritorto a spire'), da *volūmen*, genit. *volūminis* 'volume'] agg. **1** Che ha grande volume e quindi occupa molto spazio: *pacco, oggetto, mobile v.; libro v. e poco maneggevole; indumento v. e pesante.* SIN. Ingombrante. **2** (*est.*) Grasso, grosso: *donna voluminosa; pacco v.*

†**voluntà** • V. *volontà*.

†**voluntàde** • V. *volontà*.

†**voluntàrio** • V. *volontario*.

†**voluntaróso** • V. *volenteroso*.

†**voluntàte** • V. *volontà*.

†**voluntièro** • V. †*volontiero*.

volùta [vc. dotta, lat. *volūta(m)*, da *volūtus*, part. pass. di *vŏlvere* 'volgere'] s. f. **1** Spira, spirale: *le volute del guscio della chiocciola, di una conchiglia; volute di fumo.* **2** (*arch.*) Ornamento architettonico a forma di spirale, che fa parte del capitello ionico. ➡ ILL. p. 357 ARCHITETTURA. **3** Motivo decorativo a spirale molto diffuso anche nella ornamentazione dei mobili. SIN. Riccio. **4** †Giro, voltata. **5** (*fig.*) †Roteamento. || **volutìna**, dim.

volutàbro o **voluttàbro** [vc. dotta, lat. *volutābru(m)*, da *volutāre* 'voltolare', ints. di *vŏlvere* 'volgere'] s. m. • (*raro, lett.*) Pozzanghera, mota in cui si rotolano i porci.

volùto (1) part. pass. di *volere*; anche agg. **1** Nei sign. del v. **2** (*fig.*) Artificioso, ricercato: *tono v.* **3** *Ben v.*, V. *benvoluto*. || **volutaménte**, avv. Intenzionalmente: *discorso v. allusivo.*

†**volùto (2)** s. m. • Voluta.

voluttà [vc. dotta, lat. *voluptāte(m)*: da avvicinare a *vŏlo* 'io voglio' (V. *volere*)] s. f. **1** Intenso godimento fisico o spirituale: *assaporare con v. un cibo squisito; gustare con v. una musica; provare v. nel consumare la vendetta.* SIN. Ebbrezza. **2** Piacere sensuale: *conoscere, cercare la v.; abbandonarsi alla v.*

voluttàbro • V. *volutabro*.

voluttuàrio o †**voluttàrio** [vc. dotta, lat. tardo *voluptuāriu(m)*, per il classico *voluptāriu(m)* 'voluttario'] agg. **1** Superfluo, di lusso: *spesa voluttuaria.* CONTR. Indispensabile. **2** †Che è dedito alla voluttà, alla ricerca del piacere, spec. fisico: *vita voluttuaria.*

voluttuosità s. f. • Qualità di chi, di ciò che è voluttuoso.

voluttuóso [vc. dotta, lat. *voluptuōsu(m)*, da *volŭptas*, genit. *voluptātis* 'voluttà'] agg. **1** Di voluttà: *vita voluttuosa; desideri voluttuosi* | Che è pieno di voluttà: *sorriso, sguardo v.; pensieri voluttuosi* | Che dà, promette, esprime o rivela voluttà: *musica, immagine voluttuosa; corpo v.; labbra voluttuose.* SIN. Sensuale. **2** Detto di persona, che ama e ricerca il piacere dei sensi. || **voluttuosaménte**, avv. Con voluttà: *fumare voluttuosamente.*

vòlva [vc. dotta, lat. *vŏlva(m)* 'vulva, involucro in certi funghi', di etim. incerta] s. f. • (*bot.*) Involucro che si trova alla base del gambo di alcuni funghi e rappresenta il residuo del velo.

volvària [dal lat. *vŏlva*. V. *volva*] s. f. • Fungo delle Agaricacee con cappello carnoso, a campana e gambo privo di anello (*Volvaria*).

volvènte part. pres. di *volgere*; anche agg. **1** †V. *volgente*. **2** (*fis.*) *Attrito v.*, resistenza che incontra un corpo nel suo moto di rotolamento su di un altro.

†**vòlvere** • V. *volgere*.

†**volvévole** • V. †*volgevole*.

†**volviménto** • V. *volgimento*.

Volvocàli [da *vol voce*] s. f. pl. • (*bot.*) Nella tassonomia vegetale, ordine di alghe verdi per lo più di acqua dolce, con cellule vegetative che si muovono per mezzo di flagelli (*Volvocales*) | (al sing. *-e*) Ogni individuo di tale ordine.

volvòce [dal lat. *vŏlvere* 'volgere, rivolgere'] s. m. • Alga verde unicellulare delle Volvocali che forma colonie sferiche ciliate in superficie (*Volvox*).

vòlvolo o †**vòlvulo** [dal lat. *vŏlvere* 'volgere'] s. m. • (*med.*) Rotazione di un'ansa intestinale sul suo peduncolo mesenterico.

vombàto [ingl. *wombat*, dal n. indigeno australiano *womback, wombar*] s. m. • Mammifero dei Marsupiali, simile a un orsacchiotto con pelliccia ispida e incisivi robusti (*Vombatus*).

vomeràia [da *vomere (1)*] s. f. • Nell'aratro, parte anteriore del ceppo che riceve il collo del vomere. SIN. Dentale.

†**vomeràle** s. m. • Vomere.

vòmere (1) o †**bómbero (2)**, (*dial., lett.*) **vòmero** [lat. *vōmere(m)*, di origine indeur.] s. m. **1** (*agr.*) Lama dell'aratro che taglia in senso orizzontale la fetta di terra da rovesciare. ➡ ILL. p. 353 AGRICOLTURA. **2** (*mil.*) Piastra metallica appuntita, applicata alla coda o alle code dell'affusto di un pezzo d'artiglieria e che, piantandosi nel terreno alla partenza del primo colpo, per effetto del rinculo, impedisce l'ulteriore arretramento del pezzo durante il tiro. **3** (*ferr.*) Cuneo montato sulla parte anteriore della locomotiva ad uso spartineve. **4** (*anat.*) Piccolo osso del setto nasale.

†**vòmere (2)** [vc. dotta, lat. *vŏmere*, di origine indeur.] v. tr. • Vomitare, rigettare.

vòmica [vc. dotta, lat. *vŏmica(m)*, da *vŏmere* 'vomitare' (V. *vomere (2)*)] s. f. • (*med.*) Emissione dalla bocca di una raccolta purulenta apertasi bruscamente nelle vie respiratorie.

†**vomicàre** o (*tosc.*) †**bomicàre** [lat. parl. **vomicāre*, da *vŏmicus* 'vomico'] v. tr. e intr. • Vomitare, recere.

†**vomicatóre** [da *vomicare*] s. m.; anche agg. (f.

-*trice*) ● Chi, che vomita.

†**vomicazióne** [da *vomicare*] s. f. ● Vomito.

†**vomichévole** [da *vomicare*] agg. ● Che provoca il vomito.

vòmico [vc. dotta, lat. *vŏmicu(m)*, da *vŏmere* 'vomitare' (V. *vomere* (2))] **A** agg. (pl. m. -*ci*) ● Che provoca il vomito: *noce vomica*. **B** s. m. ● †Vomito.

vomìre o †**bomìre**, †**gomìre** [V. *vomere* (2)] v. tr. e intr. (*io vomìsco, tu vomìsci*; aus. *avere*) ● (*raro, lett.*) Vomitare.

vomitaménto s. m. ● (*raro*) Modo e atto del vomitare.

vomitàre [vc. dotta, lat. *vomitāre*, ints. di *vŏmere* (2)] **A** v. tr. e intr. (*io vòmito*; aus. *avere*) ● Espellere attraverso la bocca il contenuto gastrico: *v. il pasto*; *v. sangue, muco*; *aver bisogno di v.*; *v. per il mal di mare, per l'ubriachezza*; *il mal d'auto fa v.* | (*fig.*) *V. l'anima*, svuotarsi completamente lo stomaco, con violenti conati | *Far v., venir da v.*, e sim., (*fig.*) si dice a proposito di cose o persone che ispirano o provocano profondo disgusto, ripugnanza, ribrezzo: *un sudiciume da far v.*; *un libro tanto osceno che fa v.*; *solo a vederlo, a sentirlo, mi vien da v.* **B** v. tr. **1** (*est.*) Emettere, lanciar fuori con violenza: *v. fuoco, fiamme, bombe, granate*; *la mitraglia vomitava piombo*; *il vulcano vomitò lava, cenere e lapilli* | (*raro, est.*) Ributtare a riva persone o cose travolte dalle onde, detto del mare. **2** (*fig.*) Dire rabbiosamente, con violenza e in grande quantità: *v. ingiurie, insulti, imprecazioni, bestemmie*; *v. una sequela di improperi all'indirizzo di qc.*; *gli vomitò sul viso una serie di epiteti irripetibili*.

vomitaticcio s. m. ● Sostanza vomitata.

vomitativo agg. ● Vomitatorio.

vomitàto part. pass. di *vomitare*; anche agg. ● Nei sign. del v.

vomitatóre s. m.; anche agg. (f. -*trice*) ● Chi, che vomita (*anche fig.*).

vomitatòrio agg. ● Che provoca vomito. SIN. Vomico.

vomitévole [da *vomitare*] agg. ● Che provoca vomito | (*est., fig.*) Repellente, sgradevole, inaccettabile: *uno spettacolo v.*; *comportamento v.*

vomitivo agg. ● Vomitatorio.

vòmito [vc. dotta, lat. *vŏmitu(m)*, da *vŏmere* 'vomitare'] s. m. **1** (*med.*) Espulsione episodica del contenuto gastrico attraverso la bocca, per contrazione antiperistaltica dello stomaco: *conati di v.*; *provocare, eccitare, muovere il v.* | †*Far v.*, (*fig.*) stomacare, nauseare | *V. nero*, febbre gialla. **2** (*est.*) Materia vomitata | †*Tornare al v.*, (*fig.*) ripetere gli antichi errori.

vomitòrio (**1**) [vc. dotta, lat. *vomitōriu(m)*, da *vŏmitus*, part. pass. di *vŏmere* 'vomitare' (V. *vomere* (2))] agg. ● (*raro*) Vomitivo, vomitatorio.

vomitòrio (**2**) [vc. dotta, lat. tardo *vomitōria*, nt. pl. sost. di *vomitōrius* 'vomitorio (1)'] s. m. ● Nei teatri e anfiteatri del mondo classico, accesso che permetteva al pubblico di giungere, dai portici e dalle scale interne, ai sedili.

†**vomiturazióne** [ingl. *vomiturition*, dal lat. *vŏmitus* 'vomito', sul modello del lat. *esurītio* 'fame'] s. f. ● Conato di vomito.

vomizióne [vc. dotta, lat. *vomitiōne(m)*, da *vŏmere* (2)] s. f. ● Atto, effetto del vomitare.

vóngola o **vòngola** [vc. nap., dal lat. *cŏnchula(m)*, dim. di *cŏncha* 'conchiglia' (V. *conca*)] s. f. ● Mollusco lamellibranco dei generi *Tapes* e *Venus*, che vive sui fondali sabbiosi e fangosi ed ha carni apprezzatissime: *zuppa di vongole*; *vermicelli, spaghetti con le vongole*.

vongolàio o (*dial.*) **vongolàro** s. m. (f. -*a*) ● Chi raccoglie vongole.

vongolàra [da *vongola*] s. f. ● Attrezzo a forma di rastrello o di draga, installato a bordo di apposita imbarcazione adibita alla pesca delle vongole.

vongolàro ● V. *vongolaio*.

Vopo /ted. 'fo:po/ [vc. ted., da *Vo(lks)po(lizei)* 'polizia popolare'] s. m. inv. (pl. ted. *Vopos*) ● Fino al 1990, membro della polizia popolare della Repubblica Democratica Tedesca.

voràce [vc. dotta, lat. *vorāce(m)*, da *vorāre*] agg. **1** Che ha bisogno di molto cibo per saziarsi e ne divora grandi quantità: *animale v.*; *belva v.*; *la locusta è un insetto v.* SIN. Edace. **2** (*est.*) Che mangia molto o troppo, con particolare avidità, golosità o ingordigia: *un bambino v.*; *bocca v.* SIN. Ingordo. **3** (*fig.*) Che ingoia, inghiotte ogni cosa e la distrugge, la fa sparire e sim.: *fiamma v.*; *incendio v.*; *onda v.*; *gorgo v.* || **voraceménte**, avv. Con voracità, avidità, ingordigia: *mangiare voracemente*.

voracità o †**voracitàde** [vc. dotta, lat. *voracitāte(m)*, da *vŏrax*, genit. *vorācis* 'vorace'] s. f. **1** Qualità di chi, di ciò che è vorace: *la v. dello squalo*; *la v. di un incendio*. SIN. Insaziabilità. **2** (*fig.*) Avidità insaziabile: *la v. degli usurai*. SIN. Ingordigia.

voràgine o †**voràggine**, (*lett.*) **voràgo** [vc. dotta, lat. *vorāgine(m)*, da *vorāre* 'inghiottire, divorare'. V. *vorare*] s. f. **1** Profonda apertura o spaccatura del terreno: *formare una v.*; *aprire una v.*; *cadere, sprofondare in una v.* SIN. Abisso, baratro. **2** (*est.*) Gorgo: *la nave scomparve, inghiottita dalla v.* **3** In speleologia, ampia caverna a pareti scoscese, nella quale precipitano acque torrentizie di superficie. **4** (*fig., raro*) Ciò che assorbe continuamente ingenti somme di denaro. || **voraginétta**, dim.

voraginóso [vc. dotta, lat. *voragināsu(m)*, da *vorāgo*, genit. *vorāginis* 'voragine'] agg. ● (*lett.*) Che forma voragini.

voràgo ● V. *voragine*.

†**voràre** [vc. dotta, lat. *vorāre*, di origine indeur.] v. tr. ● Divorare.

†**voratóre** [vc. dotta, lat. tardo *voratōre(m)*, da *vorātus*, part. pass. di *vorāre*] s. m.; anche agg. (f. -*trice*) ● Divoratore.

†**voratùra** [dal lat. *vorātus*, part. pass. di *vorāre*] s. f. ● Atto del divorare.

-voro secondo elemento ● In parole composte significa 'che mangia', 'che si nutre di', o 'che consuma', 'che assorbe', 'che asporta': *carnivoro, erbivoro, frugivoro, insettivoro, onnivoro, idrovoro*.

verticàle [da *vortice*, sul modello dell'ingl. *vortical*] **A** agg. ● Rotazionale: *moto v.* **B** s. m. ● (*fis.*) Ogni linea di flusso del campo vettoriale chiamato vortice.

vorticàre [da *vortice*] v. intr. (*io vòrtico, tu vòrtichi*; aus. *avere*) ● (*raro*) Girare con movimento vorticoso.

vòrtice [vc. dotta, lat. *vŏrtice(m)*, da *vŏrtere*, var. di *vĕrtere*] s. m. **1** Rapido movimento girante, di liquido e sim. intorno a sé stesso | (*est.*) Massa liquida o fluida che gira velocemente su sé stessa, trascinando con sé tutto ciò che incontra: *vortici di polvere, di sabbia* | *V. d'acqua*, gorgo | *V. d'aria*, turbine, mulinello. **2** (*fis.*) In fluidodinamica, vettore che rappresenta la velocità angolare posseduta in un generico istante, da una generica particella di fluido | Campo vettoriale individuato dal suddetto vettore. **3** (*fig.*) Veloce movimento rotatorio: *il v. della danza*. **4** (*fig.*) Rapido susseguirsi di eventi, fenomeni, problemi e sim.: *il v. della vita moderna*; *lasciarsi prendere dal v. degli affari*. **5** (*fig.*) Forza, impeto, richiamo irrefrenabile che sconvolge e trascina: *il v. della passione*. **6** (*zool.*) Vorticella. || **vorticétto**, dim.

vorticèlla [dal lat. *vŏrtex*, genit. *vŏrticis* 'vortice'] s. f. ● Protozoo di acqua dolce a forma di coppa con il margine ciliato e sostenuta da un peduncolo che si fissa al substrato (*Vorticella*).

vorticìsmo [ingl. *vorticism*, da *vortex* 'vortice'] s. m. ● Corrente artistica delle arti figurative, sorta in Inghilterra agli inizi del XX sec., che si proponeva di fondere il futurismo e il cubismo.

vorticóso [vc. dotta, lat. *verticōsu(m)*, da *vŏrtex*, genit. *vŏrticis* 'vortice'] agg. **1** Che è pieno di vortici, che scorre o si muove formando vortici: *fiume v.*; *acque vorticose*; *vento v. che preannuncia la tempesta*; *il foco scoppiettava fumigante e s'ergeva a spire vorticose* (NIEVO). **2** (*fig.*) Che segue, compie o fa compiere veloci movimenti rotatori: *danza vorticosa*. **3** (*fig.*) Che è caratterizzato da un rapidissimo, incalzante e spesso incontrollabile susseguirsi o ripetersi di eventi, fenomeni, problemi e sim.: *la vorticosa vita moderna*; *un v. giro di cambiali, d'affari, di amicizie*. || **vorticosaménte**, avv. In modo vorticoso: *girare, ruotare, scorrere vorticosamente*.

†**vortiginóso** ● V. *vertiginoso*.

voscènza [sp. *vuecencia*, contraz. di *vuestra excelencia* 'vostra eccellenza'] in funzione di pron. pers. m. e f. di seconda pers. pl. ● (*merid.*) Vostra eccellenza (rivolgendosi a una singola persona in segno di deferenza): *v. mi perdoni*.

vòsco o **vósco** [lat. parl. **vōbiscu(m)*, per il classico *vobīscu(m)*, comp. di *vōbis*, abl. di *vōs* 'voi' e *cŭm* 'con'] forma pron. ● (*poet.*) Con voi: *con voi nasceva e s'ascondeva v.* / *quelli ch'è padre d'ogne mortal vita* (DANTE *Par.* XXII, 115-116).

vossignorìa o (*raro*) **vosignorìa**, **vossìa** [da *vos(tra) signoria*] in funzione di pron. pers. m. e f. di seconda pers. pl. ● (*raro, dial., bur.*) Signoria vostra (rivolgendosi a una singola pers. in segno di deferenza): *la sottoscritta fa domanda a v.*; *scusate, v.!*

vòstro [lat. volg. *vŏstru(m)*, comp. di *vōs* 'voi' e il suff. -*ter*, che indica opposizione fra due] **A** agg. poss. di seconda pers. pl. (f. *vostra*; pl. m. *vostri*; pl. f. *vostre*; si può elidere solo davanti a parola che comincia per vocale: *il vostr'amore*) **1** Che appartiene a voi (indica proprietà, possesso, anche relativi): *la vostra casa è davvero bella*; *prestatemi qualcuno dei vostri dischi*; *i vostri vestiti sono lì sul letto*; *dove avete messo la vostra roba?* | Con valore enf. e raff. posposto a un s.: *qui non siete a casa vostra!*; *sono soldi vostri!* **2** Che vi è peculiare (indica appartenenza con riferimento al vostro essere fisico o spirituale, o a sue facoltà, espressioni, manifestazioni e sim.): *ammiro il v. coraggio*; *la vostra forza d'animo è straordinaria*; *approvo in questo caso la vostra volontà*; *la vostra anima è ammalata*; *conosco ogni v. pensiero*; *non mi avete ancora spiegato in cosa consiste il v. lavoro*; *ho sentito la vostra voce e sono accorso* | (*est.*) Con riferimento a parole, atti e sim. che procedono da voi: *i vostri compiti sono stati disastrosi*; *i vostri discorsi mi hanno impressionato*; *la vostra fiducia mi onora*; *il v. affetto ci aiuta a vivere*; *attendiamo il v. arrivo* | *Ai vostri tempi*, quando eravate giovani voi | *La vostra lingua*, quella che parlate voi. **3** Di voi (indica relazione di parentela, di amicizia, di conoscenza, di dipendenza e sim.; nel caso in cui indichi relazione di parentela, respinge l'art. quando il s. che segue l'agg. poss. sia sing., non alterato e non accompagnato da attributi o apposizioni; fanno eccezione i s. 'mamma', 'babbo', 'papà', 'nonno', 'nonna', 'figliolo', 'figliola' che possono anche essere preceduti dall'art. det.): *v. padre*; *la vostra mamma*; *vostro nipote*; *i vostri parenti*; *la vostra zietta*; *il v. buon amico*; *la vostra patria*; *il v. paese d'origine*; *i vostri amici e colleghi*; *il v. capoufficio*; *il v. parroco*; *la vostra maestra* | Nella chiusa delle lettere, nelle dediche e sim. precede la firma ed esprime devozione e dedizione dello scrivente verso un gruppo di persone o verso una singola persona per la quale si nutre deferente rispetto: *il v. obbligatissimo nipote*; *la vostra devotissima Maria Rossi*; *i vostri affezionatissimi figli*. **4** Come plurale maiestatico in faccende di riguardo, deferenza, rispetto rivolgendosi a personalità o a qc. di grado sociale o rango superiore (preposto o posposto al titolo): *la Maestà Vostra*; *Vostra Santità*; *Vostra Eccellenza*; *l'Eminenza Vostra*; *Vostra Signoria*; *l'Eccellenza Vostra*; *Vostra Altezza*; *Vostra Beatitudine* | *Vostra giustizia*, *Vostro Onore*, rivolgendosi a un presidente di tribunale. **5** Che vi è abituale, consueto: *ora andate a farvi il v. sonnellino pomeridiano*. **B** pron. poss. di seconda pers. pl. **1** Quello che vi appartiene, che vi è peculiare o che comunque a voi si riferisce (sempre preceduto dall'art. det.): *la mia volontà è più forte della vostra*; *le nostre condizioni sono molto diverse dalle vostre*; *nostro figlio è più vivace del v.* **2** (*ass.*) Ricorre, con ellissi del s., in alcune espressioni e locuzioni particolari del linguaggio fam.: *non vorrete rimetterci del v.*, ciò che vi appartiene | *Eccovi il v.*, ciò che vi spetta | *Accontentatevi del v.*, di ciò che avete | *In questo lavoro non c'è nulla di v.*, di personale o che comunque indichi la vostra partecipazione | *I vostri*, i vostri familiari, parenti, amici, compagni, apprendisti, alunni, e sim.: *abitate con i vostri?*; *questi ragazzi sono dei vostri?*; *voglio essere uno dei vostri* | *Dite pure la vostra*, la vostra opinione | *Tiene, sta dalla vostra*, dalla vostra parte, in vostro favore | *Avete passato anche voi le vostre*, le vostre disavventure, amarezze e sim. | *Ne avete fatta una delle vostre*, una delle vostre malefatte, marachelle | *L'ultima vostra*, *in* *riferimento alla vostra del ...*, la vostra lettera.

†**votabórse** [comp. di *v(u)ota(re)* e il pl. di *borsa*] **A** agg. inv. ● Che comporta gravi spese, che esige molto denaro. **B** s. m. e f. inv. ● Persona esosa o spendacciona.

†**votacase** [comp. di *votare* (*2*) e il pl. di *casa*] agg. inv.; anche s. m. e f. inv. ● Che, chi consuma e fa consumare ogni cosa.

votacèssi ● V. *vuotacessi*.

votaméle ● V. *vuotamele*.

votante A part. pres. di *votare* (*1*); anche agg. ● Nei sign. del v. **B** s. m. e f. *1* Chi deve votare: *lista, elenco dei votanti* | Chi effettivamente vota: *il numero, la percentuale dei votanti è particolarmente elevata*. *2* (*relig.*, *raro*) Chi fa un voto.

votapollài o **vuotapollài** [comp. di *v(u)ota(re)* e il pl. di *pollaio*] s. m. e f.; anche agg. ● (*raro, scherz.*) Ladro di polli.

votapózzi ● V. *vuotapozzi*.

votàre (**1**) o †**botàre** nei sign. A2 e C [lat. parl. **votare*, ints. di *vovēre* 'far voto', di origine indeur.] **A** v. tr. (*io vóto*) *1* Sottoporre a votazione: *è stata votata una nuova legge* | Approvare, deliberare dando il proprio voto: *v. una proposta, un referendum*. *2* (*relig.*) Offrire in voto: *v. le armi al tempio*; *v. a Dio la propria vita*. **B** v. intr. (aus. *avere*) ● (*dir.*) Dare il proprio voto: *v. per divisione e scrutinio segreto, col sistema proporzionale, a collegio uninominale*; *v. per un partito di destra, di sinistra*; *v. contro, a favore di qc. o q.c.* **C** v. rifl. *1* Obbligarsi con un voto: *votarsi alla verginità, alla vita monacale, al celibato*. *2* Darsi, offrirsi totalmente: *votarsi a Dio*; *votarsi al sacrificio* | *Votarsi alla morte*, affrontare coscientemente un grave rischio di morte.

votàre (**2**) e *deriv.* ● V. *vuotare* e *deriv.*

votascodèlle ● V. *vuotascodelle*.

votàto part. pass. di *votare* (*1*); anche agg. ● Nei sign. del v.

†**votatóre** s. m.; anche agg. (f. *-trice*) ● Chi, che fa un voto.

votazióne s. f. *1* Atto, effetto del votare. *2* (*dir.*) Procedimento di elezione o di deliberazione attuato mediante voti: *v. segreta*; *ripetere le votazioni*; *v. a scrutinio segreto* | Il risultato dello stesso: *v. favorevole, contraria*. *3* Insieme dei voti conseguiti da uno studente, nel corso dell'anno scolastico, come esito di un esame e sim., o da chi partecipa a concorsi e sim.: *v. finale*.

votazucchine ● V. *vuotazucchine*.

votàzza [sovrapp. di *v(u)otare* e *gottazza*] s. f. *1* (*mar.*) Sassola. *2* Mestola dei conciatori, per svuotare e ripulire le trosce.

†**votìre** [da *voto* (*1*)] **A** v. intr. ● Far voto, obbligarsi con un voto. **B** v. rifl. ● Votarsi.

votìvo [vc. dotta, lat. *votīvu(m)*, da *vōtum* 'voto'] agg. ● (*relig.*) Di, relativo a, voto: *offerta votiva* | *Iscrizione votiva*, che ricorda un voto o che spiega l'origine di un voto | Che è offerto in voto o è oggetto di voto: *dono v.*; *lampada votiva* | *Messa votiva*, celebrata per devozione particolare e non corrispondente alla liturgia del giorno | *Altare v.*, dedicato a una divinità in adempimento di un voto.

vóto (**1**) o †**bóto** (**1**), nei sign. 1 e 2 [lat. *vōtu(m)* 'voto, preghiera, desiderio', da *vovēre* 'far voto' (V. *votare* (*1*))] s. m. *1* (*relig.*) Il dedicare a una divinità un oggetto, un animale o un uomo per esprimere gratitudine per un bene ricevuto o per impegnare la divinità medesima a concedere q.c. | Nel cattolicesimo, promessa fatta a Dio, alla Vergine o a un Santo, di azione o di scelta di vita loro gradito, di impegno a evitare il peccato, di rinunzia a quanto può essere gradito o utile al votante: *fare un v.*; *mantenere un v.*; *mancare a un v.*; *far v. di non mangiar dolci, di non andare al cinema, di recarsi in pellegrinaggio a Lourdes*; *sciogliere qc. da un v.* | *V. religioso*, ciascuna delle obbligazioni di castità, povertà e obbedienza, che assume chi entra nello stato religioso | *Voti semplici*, che sono temporanei e possono essere rinnovati | *Voti solenni*, perpetui | *Prendere, pronunciare i voti*, entrare in un ordine religioso. *2* (*est.*) Chi, ciò che è oggetto di voto | Oggetto offerto in conseguenza d'un voto: *appendere un v. all'altare di un santo*; *cappella piena di voti*. SIN. Ex voto. *3* (*spec. al pl., fig., lett.*) Volontà, desiderio: *ciò era nei nostri voti, nei voti di tutti* | Augurio, auspicio: *formulare voti di vittoria*; *far voti per il successo, l'esito favorevole di q.c.* *4* (*dir.*) Dichiarazione della propria volontà in un procedimento di elezione o di deliberazione: *diritto di v.*; *v. plurimo, uguale, personale*; *azione a v. limitato* | (*est.*) Votazione: *v. segreto, palese, per appello nominale, per alzata e seduta* | *V. deliberativo*, che ha per oggetto la deliberazione | *V. consultivo*, con cui si esprime un semplice parere | *V. di fiducia*, al governo, da parte delle Assemblee legislative | *V. determinante*, quando è essenziale alla formazione di una maggioranza parlamentare | *V. di preferenza*, quello dato a uno o più candidati della lista prescelta | *V. di lista*, quello dato a una lista senza esprimere alcuna preferenza per singoli candidati della lista stessa | *V. tecnico*, (*polit.*) voto favorevole, che tuttavia non implica un appoggio politico alla maggioranza, ma è dettato dalla preoccupazione di superare intoppi procedurali o particolari scadenze: *v. tecnico sul bilancio* | *V. di scambio*, fenomeno consistente nel chiedere voti in cambio di favori o vantaggi più o meno leciti. *5* (*est.*) Scheda o altro oggetto che rechi o indichi il voto: *deporre il proprio v. nell'urna*. *6* Giudizio di merito, espresso spec. con numeri, relativo al grado di preparazione dimostrato da uno studente o da chi partecipa a un concorso: *voti bassi, mediocri, alti*; *diplomarsi, laurearsi col massimo dei voti*; *una pagella zeppa di brutti voti*; *ottenere un buon v. in una prova scritta, orale* | *A pieni voti*, col massimo dei voti: *essere promosso a pieni voti*. ‖ **votàccio**, pegg.

†**vóto** (**2**) agg. ● Votato.

vòto (**3**) e *deriv.* ● V. *vuoto* e *deriv.*

voucher /*ingl.* 'vautʃə*/ [vc. ingl., 'buono, tagliando', da *to vouch* 'garantire, attestare' che risale, attrav. il fr. ant., al lat. *vocāre* 'chiamare (a testimonio)'] s. m. inv. ● Buono rilasciato a titolo di prenotazione o di ricevuta di pagamento da un'agenzia di viaggi a un turista e destinato a fornitori di servizi turistici, quali alberghi, ristoranti, aziende di trasporto e sim., con cui durante il viaggio il turista beneficiario è legittimato a pretendere, dai fornitori destinatari, la prestazione dei servizi descritta nel buono stesso. SIN. Coupon.

voyeur /*fr.* vwa'jœr/ [vc. fr., da *voir* 'vedere'] s. m. inv. ● Chi, per morbosa curiosità, spia le nudità o gli atti sessuali altrui. SIN. Guardone.

voyeurismo /voje'rizmo, vwajœ'rizmo/ [fr. *voyeurisme*, da *voyeur* (V.), col suff. *-isme* '-ismo'] s. m. ● Perversione del voyeur.

voyeuristico /vwaje'ristiko/ agg. (pl. m. *-ci*) ● Che è proprio del voyeurismo: *situazione, curiosità voyeuristica*.

vrièsia [dal n. del botanico olandese W.H. de *Vries* (1807-1862)] s. f. ● Pianta ornamentale delle Bromeliacee con foglie ricurve, di color verdegrigio con macchie rossicce inferiormente, infiorescenza a pannocchia di color giallo (*Vriesia splendens*).

vroom /*ingl.* vru:m, vrum/ [vc. onomat.] inter. ● Riproduce il rumore, il rombo del motore di un autoveicolo o di un motoveicolo, quando viene accelerato.

vu s. f. o m. inv. ● Nome della lettera italiana *v*.

vu cumprà o **vucumprà** [dalla domanda frequentemente rivolta in incerto italiano: 'vuoi comprare?'] loc. sost. m. e f. inv. ● Venditore ambulante abusivo, nordafricano o di colore, che offre sulle spiagge o per le strade merce di varia natura.

vudù o **vodù** [vc. dell'Africa occidentale, attraverso l'ingl. *voodoo* e il fr. *vaudou*] **A** s. m. inv. *1* Culto animista diffuso fra i neri delle Antille e di Haiti, fondato sulla commistione fra pratiche magiche originarie dell'Africa ed elementi rituali cristiani. *2* (*est.*) Ciascuna delle divinità adorate in tale culto. **B** anche agg. inv.: *riti v.*

Vuduìsmo o **Voduìsmo** [da una vc. africana che significa 'spirito', col suff. *-ismo*] s. m. ● Insieme delle pratiche vudù.

vuduista o **voduista**. s. m. e f. (pl. m. *-i*) ● Fedele del Vuduismo.

vuelta /*sp.* 'bwelta/ [vc. sp., da *volver* 'volgere, girare'] s. f. inv. ● (*sport, anton.*) Giro ciclistico di Spagna: *vincere la v.*

†**vùi** ● V. *voi*.

Vulcanàle (**1**) [vc. dotta, lat. *Vulcanālia*, nt. pl. sost. di *Vulcanālis* 'Vulcanale (1)'] s. m. ● Nella Roma antica, festa in onore del dio Vulcano.

†**vulcanàle** (**2**) [vc. dotta, lat. *Vulcanāle(m)*, da *Vulcānus* 'Vulcano'] agg. ● (*poet.*) Da Vulcano, infuocato.

vulcanésimo ● V. *vulcanismo*.

vulcànico agg. (pl. m. *-ci*) *1* Di, relativo a, vulcano e vulcanismo: *eruzione vulcanica*; *fenomeni vulcanici*; *laghi di origine vulcanica* | *Roccia vulcanica*, eruttiva | *Condotto v.*, passaggio attraverso il quale il magma risale dal focolaio alla superficie. SIN. Camino | *Edificio v.*, insieme dei materiali accumulati attorno al condotto vulcanico. *2* (*fig.*) Detto di ciò che per impetuosità, incontenibilità, ardore, ricchezza di energia, abbondanza di idee, iniziative e sim., ricorda un vulcano in piena attività: *ingegno, cervello, amore v.*; *mente, fantasia vulcanica*; *avere una testa vulcanica* | Detto di persona che presenta tali caratteristiche: *un tipo v., che non sta mai fermo ed escogita sempre qualcosa di nuovo*. ‖ **vulcanicaménte**, avv. *1* Da un punto di vista vulcanico, relativamente ai vulcani. *2* (*fig.*) In modo vulcanico.

vulcànio [vc. dotta, lat. *Vulcāniu(m)*, da *Vulcānus* 'Vulcano'] agg. ● (*lett.*) Di Vulcano, dio del fuoco secondo la mitologia classica.

vulcanismo o **vulcanésimo** [da *vulcano*, col suff. *-ismo*] s. m. ● (*geol.*) Insieme di processi dovuti alla risalita del magma alla superficie terrestre, che portano alla formazione di vulcani, a espandimenti lavici, ad emanazioni di gas, a fenomeni premonitori e postvulcanici di ogni tipo.

vulcanite [da *Vulcano*] s. f. ● (*geol.*) Roccia effusiva.

vulcanizzàbile agg. ● Che si può vulcanizzare.

vulcanizzànte A part. pres. di *vulcanizzare*; anche agg. ● Nel sign. del v. **B** s. m. ● Sostanza atta a favorire la vulcanizzazione.

vulcanizzàre [fr. *vulcaniser*, dall'ingl. (*to*) *vulcanize*, dal lat. *Vulcānus* 'Vulcano'] v. tr. ● Sottoporre a vulcanizzazione: *v. il caucciù*; *v. le gomme di automobile*.

vulcanizzàto part. pass. di *vulcanizzare*; anche agg. ● Nel sign. del v.

vulcanizzatóre s. m. *1* Operaio addetto alla vulcanizzazione. *2* Apparecchio in cui si effettua la vulcanizzazione.

vulcanizzazióne [fr. *vulcanisation*, dall'ingl. *vulcanization*, da (*to*) *vulcanize* 'vulcanizzare'] s. f. *1* (*chim.*) Trattamento con zolfo, composti solforati o altre sostanze di basso peso molecolare, cui vengono sottoposti materiali polimerici, tra cui gomme naturali e sintetiche, per eliminarne la plasticità e renderli elastici. *2* Insieme delle operazioni atte a ripristinare pneumatici deteriorati.

vulcàno [vc. dotta, lat. *Vulcānu(m)*, n. del dio del fuoco, di origine etrusca] s. m. ● Fenditura della crosta terrestre dalla quale possono uscire lave, gas, vapori e prodotti piroclastici: *l'eruzione di un v.* | *V. spento*, che ha cessato ogni attività per svuotamento o per raffreddamento e consolidamento del focolaio | *V. di fango*, pozza di fango spesso solforoso, ribollente per esalazioni gassose di origine vulcanica | *Vulcani lunari*, tipici rilievi della superficie lunare che ricordano i vulcani spenti terrestri | *Camminare, star seduti su un v.*, (*fig.*) essere in una situazione molto pericolosa, in un periodo di gravi agitazioni palesi o latenti, e sim. | *Avere la testa come un v.*, ribollente di idee, progetti e sim., o dotata di fantasia accesa e sbrigliata | *Essere un v.*, (*fig.*) di persona piena d'ardore, entusiasmo, e sim. ➡ ILL. p. 818, 819 SCIENZE DELLA TERRA ED ENERGIA. ‖ **vulcanétto**, dim.

vulcanologia [comp. di *vulcano* e *-logia*] s. f. ● Scienza che studia i fenomeni vulcanici, nonché l'origine, il meccanismo di eruzione e la distribuzione dei vulcani.

vulcanològico agg. (pl. m. *-ci*) ● Di, relativo a, vulcanologia.

vulcanòlogo s. m. (f. *-a*; pl. m. *-gi*) ● Studioso, esperto di vulcanologia.

vulgàre ● V. *volgare* (*1*).

†**vulgarità** ● V. *volgarità*.

†**vulgarizzàre** ● V. *volgarizzare*.

vulgàta o **volgàta** [vc. dotta, lat. eccl. (*editiōnem*) *vulgātam* 'edizione divulgata, diffusa', part. pass. f. sost. di *vulgāre* 'divulgare' (V. *volgare* (*2*))] s. f. ● Versione latina della Bibbia, fatta da S. Girolamo e adottata come testo ufficiale e liturgico dalla

Chiesa Cattolica Romana.

vulgàto o **volgàto** [lat. *vulgātu(m)*, da *vulgāre* 'divulgare' (V.)] agg. ● Divulgato, diffuso.

†**vùlgo** (1) /lat. 'vulgo/ ● V. *volgo*.

vùlgo (2) /lat. 'vulgo/ [vc. lat., propr. 'per il popolo'; abl. di *vulgus* 'volgo' (V. *volgo*)] avv. ● Comunemente: *'Colchicum autumnale', vulgo 'freddolina'* | *Antonio Rossi, vulgo Tonino*, comunemente conosciuto col nome di Tonino.

vulneràbile [vc. dotta, lat. tardo *vulnerābile(m)*, da *vulnerāre*] agg. *1* Che si può vulnerare, ferire (*anche fig.*): *sono v. come qualunque essere umano*; *animo delicato e facilmente v.* CONTR. Invulnerabile. *2* (*est.*) Che si può ledere, danneggiare, infrangere e sim.: *linea di fortificazione v. in più punti*; *costruzione v.* *3* (*fig.*) Che si può facilmente criticare, controbattere, smentire e sim.: *posizione ideologica v.*; *questione v. sotto diversi aspetti*; *questo è il lato più v. delle tue affermazioni*; *ecco il punto v. della teoria*.

vulnerabilità s. f. ● Qualità di chi, di ciò che è vulnerabile. CONTR. Invulnerabilità.

vulnerànte part. pres. di *vulnerare*; anche agg. *1* Nei sign. del v. *2* *Apparato v.*, insieme degli organi offensivi degli animali velenosi.

vulneràre [vc. dotta, lat. *vulnerāre* 'ferire', da *vŭlnus*, genit. *vŭlneris* 'ferita', di origine indeur.] v. tr. (*io vùlnero*) *1* (*lett.*) Ferire. *2* (*fig.*) Offendere, ledere: *v. un principio, un diritto*; *v. la legge*.

vulnerària [f. sost. di *vulnerario*: si credeva servisse a guarire le ferite] s. f. ● Pianta erbacea delle Leguminose con grandi fiori gialli in glomeruli, buona foraggera ricca di tannini (*Anthyllis vulneraria*).

vulneràrio [vc. dotta, lat. *vulnerāriu(m)*, da *vŭlnus*, genit. *vŭlneris* 'ferita' (V. *vulnerare*)] agg. ● (*lett.*) Detto di sostanza atta a cicatrizzare piaghe e ferite: *balsamo vulnerario*.

vulnus /lat. 'vulnus/ [vc. lat., propriamente 'ferita' (V. *vulnerare*)] s. m. inv. ● (*dir.*) Lesione, offesa di un diritto.

†**vulsèlla** [vc. dotta, lat. *vulsĕlla(m)*, da *vŭlsus*, part. pass. di *vĕllere* (V. *vellere*)] s. f. ● Molletta, pinzetta.

vùlture o †**vùltore**, †**vùlturo** [vc. dotta, lat. *vŭlture(m)* 'avvoltoio' (V.)] s. m. ● (*lett.*) Avvoltoio.

vùlva [lat. *vŭlva(m)*, *vŏlva(m)*. V. *volva*] s. f. ● (*anat.*) Insieme degli organi genitali esterni femminili, situati nella parte anteriore del perineo.

vulvàre agg. ● (*anat.*) Della vulva.

vulvària [da *vulva*, perché era usata come antispasmodico nell'isterismo] s. f. ● Erba delle Chenopodiacee a foglie ovali e fiori in infiorescenze di sgradevole odore (*Chenopodium vulvaria*).

vulvite [da *vulva*, col suff. *-ite*] s. f. ● (*med.*) Infiammazione della vulva.

vulvovaginàle [comp. di *vulva* e *vagina*, con suff. agg.] agg. ● (*anat.*) Che si riferisce alla vulva e alla vagina.

vulvovaginite [comp. di *vulva*, *vagina* e *-ite* (*1*)] s. f. ● (*med.*) Infiammazione della vulva e della vagina.

vuòi [da *volere*] cong. ● Sia (introduce proposizioni o elementi di proposizioni correlati e non in opposizione fra loro): *v. per lavoro, v. per i troppi impegni è introvabile*.

†**vuòpo** ● V. *uopo*.

vuotacèssi o (*tosc.*) **votacèssi** [comp. di *vuota(re)* e il pl. di *cesso*] s. m.; anche agg. ● Addetto allo svuotamento dei pozzi neri. SIN. Bottinaio.

vuotàggine o (*tosc.*) **votàggine** s. f. *1* (*raro*) Condizione di ciò che è vuoto, privo di contenuto, interesse e sim. SIN. Vacuità. *2* Cosa insulsa, vuota, stupida.

vuotamèle o (*raro*) **votamèle** [comp. di *vuota(re)* e il pl. di *mela*] s. m. inv. ● Utensile da cucina consistente in un tubetto metallico che, spinto all'interno di mele, pere, e sim., ne fa venir fuori il torsolo.

vuotamènto o (*raro*) **votamènto** s. m. ● (*raro*) Modo e atto del vuotare.

vuotapollài ● V. *votapollai*.

vuotapòzzi o (*raro*) **votapòzzi** [comp. di *vuota(re)* e il pl. di *pozzo*] s. m. ● Chi fa il mestiere di svuotare i pozzi per ripulirli.

vuotàre o **votàre** (2) [da *vuoto*] **A** v. tr. (*io vuòto*, pop. *vòto*; in tutta la coniug. la *o* dittonga di solito in *uo* anche se atona, per evitare ambiguità con il v. *votare*) ● Rendere vuoto, privare q.c. del suo contenuto: *v. un cassetto, un baule, un armadio*; *v. la valigia, un recipiente* | *V. il bicchiere, la bottiglia*, rovesciarne o berne l'intero contenuto: *vuotò il bicchiere d'un fiato* | *V. il piatto*, gettare, o mangiare, tutto il cibo in esso contenuto: *ha vuotato il piatto in un baleno* | *V. le tasche, la borsa, il portafogli*, spendere tutto il denaro di cui si dispone o farlo spendere ad altri: *è un ristorante di lusso dove ti vuotano letteralmente le tasche* | *V. la casa*, svaligiarla | *V. q.c. in, per terra*, rovesciarla a terra | *V. il sacco*, (*fig.*) dire, riferire, confessare tutto ciò che si sa | *V. la sala*, abbandonare in massa la sala: *alla fine dello spettacolo il pubblico vuotò lentamente la sala* | †*V. la sella, l'arcione*, cadere da cavallo. CONTR. Riempire. **B** v. intr. pron. ● Diventare vuoto: *vuotarsi in fretta, lentamente, poco a poco*; *la città si è ormai vuotata*.

vuotascodèlle o (*raro*) **votascodèlle** [comp. di *vuota(re)* e il pl. di *scodella*] s. m. e f. inv. ● (*raro*) Mangione, leccapiatti.

vuotàta o (*raro*) **votàta** s. f. ● Atto del vuotare in una volta e rapidamente: *dare una v. al pozzo*. || **vuotatina**, dim.

vuotàto o (*raro*) **votàto**. part. pass. di *vuotare*; anche agg. ● Nei sign. del v.

vuotatóre o (*raro*) **votatóre**. s. m.; anche agg. (f. *-trice*) ● Chi, che vuota.

vuotatùra o (*raro*) **votatùra** s. f. ● Atto, effetto del vuotare: *la v. di un pozzo, di una botte*.

vuotazucchìne o (*raro*) **votazucchìne** [comp. di *vuotare* e il pl. di *zucchina*] s. m. inv. ● Coltello da cucina a lama incavata, con cui si toglie la polpa interna delle zucchine.

vuotézza o (*raro*) **votézza** s. f. ● (*raro*) Stato o condizione di chi è o si sente vuoto d'idee, sentimenti, passioni e sim.: *non v'annoiate in quella cavernosa v.?* (CARDUCCI). CONTR. Pienezza.

vuòto o **vòto** (3) [lat. parl. **vŏcitu(m)*, var. di **văcitu(m)*, part. pass. di **văcere* 'esser vuoto', dalla stessa radice di *vacāre* 'esser vuoto'. V. *vacare*] **A** agg. *1* Che è totalmente privo di contenuto in tutta la sua capacità o dimensione: *un bicchiere, un fiasco v.*; *una bottiglia, una botte vuota*; *una scatola vuota*; *un cassetto, un armadio v.* | Che è privo del contenuto che dovrebbe o potrebbe contenere: *una spiga vuota*; *in agosto la città era vuota* | *Mandorla vuota*, priva del seme | *Bestia vuota, carro v.*, senza il carico | *Rimanere con le tasche vuote*, senza soldi | *Teatro v., mezzo v., quasi v.*, con pochi spettatori | *Vagone v., scompartimento v.*, con molti posti liberi | *Sedia vuota*, libera, non occupata | *Casa vuota*, sfornita di mobili, o disabitata, sfitta | *A stomaco v., a corpo v.*, senza aver mangiato | *A mani vuote*, senza portar nulla, senza aver nulla ottenuto: *presentarsi, andare, venire a mani vuote*; *restare, rimanere, tornare a mani vuote* | *A scena vuota*, quando nessun attore è sulla scena | *Sentirsi la testa v.*, esser quasi incapace di ricordare o di pensare, per debolezza o stanchezza | *Testa v.*, persona leggera, priva di idee e sim. | *Sentirsi v.*, senza sentimenti, senza desideri. *2* (*fig.*) Privo: *parole vuote di senso*; *un'indagine terribilmente vuota di elementi concreti, di indizi, di semplici sospetti*; *vota d'affanni visse / l'umana stirpe* (LEOPARDI) | (*fig.*) Che manca di interesse, di sostanza: *versi scorrevoli, ma vuoti* | *Stile v.*, sonante, ampolloso, ma poco espressivo | *Discorso v.*, senza sostanza, inconcludente | *Vita vuota*, futile, insignificante, priva di interessi | *Giornata vuota*, durante la quale non si è fatto niente, o per lo meno, niente di importante, di interessante. *3* (*fig., lett.*) Che non ha compimento, vano: *Ahi, vòta speme!* (FOSCOLO) | †*Andar v.*, a vuoto, non avere effetto. *4* (*arald.*) Detto di pezza o figura rappresentata con la sola linea di contorno più o meno spessa. *5* (*mat.*) Detto del sottoinsieme o d'un insieme che non contiene alcun elemento, che cioè è costituito dagli elementi che soddisfano ad una proprietà contraddittoria. **B** s. m. *1* Spazio completamente privo di materia | Condizione, più o meno spinta, di rarefazione della materia contenuta in un recipiente, in una valvola e sim. | *Sotto v. spinto*, detto di prodotti, spec. farmaceutici o alimentari, ottenuti o confezionati in ambiente privato, quasi completamente, di aria o gas | Grado di rarefazione della materia: *un v. di 2 mm di mercurio*. *2* *V. d'aria*, rapida variazione d'intensità o improvvisa cessazione di una corrente ascendente che provoca bruschi sobbalzi e talora pericolose discese, agli aeromobili in volo. *3* Spazio libero, non occupato da corpi solidi: *cadere, precipitare nel v.*; *teneva le gambe a penzoloni nel v.*; *i suoi occhi fissavano il v.* | *Cadere nel v.*, (*fig.*) di parole, proposte e sim., rimanere inascoltate, non essere accolte | *Fare il v. intorno a sé*, (*fig.*) comportarsi in modo da allontanare da sé gli altri; anche, riuscire a superare tutti gli avversari, in virtù delle proprie capacità e della propria abilità. *4* Spazio vuoto, cavità vuota: *un v. nel muro*; *si vedono molti vuoti tra le file*; *ha fatto passare il filo nel v. di una canna*. *5* Recipiente vuoto: *la restituzione dei vuoti al bottegaio dà diritto al rimborso del deposito* | *V. a rendere, a perdere*, di cui è prevista, o meno, la restituzione al venditore. *6* (*fig.*) Mancanza, carenza: *colmare un v.* | *Ha lasciato un gran v.*, la sua assenza è sentita come una grave mancanza | *V. di potere*, quando in uno stato manca la direzione politica (*anche fig.*) | *V. di cassa*, ammanco di cassa, sottrazione di denaro dalla cassa | (*fig.*) Vuotezza, vuotaggine: *in quel libro c'è molto v.* *7* Ciò che è inutile, vano, inesistente e sim., nella loc. avv. *a v.* | *Parlare a v.*, invano, inutilmente, senza effetto | *Andare a v.*, riuscire senza effetto, fallire | *Polemizzare, battersi, combattere a v.*, senza avversario o su questione inesistente | *Scrivere a v.*, senza aver niente da dire; senza ottenere risposta | *Suonare a v.*, senza premere le corde, colle dita della sinistra per accorciarle e ottenere così i suoni della scala | *Viaggiare a v.*, di mezzo di trasporto, senza carico o passeggeri | *Girare a v.*, girare in folle, di ruote, ingranaggi e sim. | *Funzionamento a v.*, detto di una macchina quando non è collegata a un carico | *Tensione a v.*, esistente tra i morsetti di un quadripolo quando non sono collegati ad un carico | *Assegno a v.*, quello emesso da chi non ha fondi sufficienti per la copertura della somma presso la banca.

vuotòmetro [comp. di *vuoto* e *-metro*] s. m. ● (*fis.*) Vacuometro.

†**vuòvo** ● V. *uovo*.

†**vuòvolo** ● V. *ovolo*.

w, W

In italiano si può incontrare la lettera *W* solo in forestierismi, dove di regola ha lo stesso valore della *V* (es. *wàfer* /'vafer/). Delle parole che contengono una *w*, alcune hanno una variante grafica più italiana con una *v* (es. *kìvi* o *kìwi* /'kivi/). In forestierismi non adattati, spec. voci inglesi, la lettera *W* può rappresentare la semiconsonante posteriore /w/.

w, W /nome per esteso *vu doppia* o *vu doppio*, *doppia vu* o *doppio vu*/ **s. f. o m.** ● Lettera dell'alfabeto germanico e inglese e di altri alfabeti moderni, tra cui l'italiano: *w minuscola*, *W maiuscolo* | *W come Washington*, nella compitazione, spec. telefonica, delle parole.

wad /*ingl.* wɔd/ [etim. incerta] **s. m. inv.** ● Biossido di manganese terroso e leggero contenente variabili quantità d'acqua.

wàfer /'vafer, *ingl.* 'weifə*/ o **vàfer** [vc. ingl., letteralmente 'cialda', di area e origine germ.] **s. m. inv.** ***1*** Biscotto formato da due cialde friabili spalmate all'interno di crema o cioccolato. ***2*** (*elettr.*) Piastrina di materiale semiconduttore costituente l'elemento di partenza per la realizzazione di un diodo o di un transistore.

wagneriàno /vagne'rjano/ **A agg.** ● Che si riferisce al musicista tedesco R. W. Wagner (1813-1883) e alla sua musica. **B s. m.** (f. *-a*) ● Seguace, ammiratore di Wagner e della sua musica.

wagon-lit /*fr.* va'gɔ̃ 'li/ [vc. fr., calco dell'ingl. *sleeping-car*, comp. di *wagon* 'vettura ferroviaria' (di origine ingl.) e *lit* 'letto' (di origine lat.)] **s. m. inv.** (pl. fr. *wagons-lits*) ● Veicolo ferroviario attrezzato con piccole cabine a uno, due o tre letti e acqua corrente, per l'alloggio dei passeggeri durante la notte in viaggi a lungo percorso.

wagon-restaurant /*fr.* va'gɔ̃ restɔ'rɑ̃/ [vc. fr., calco dell'ingl. *restaurant-car*, comp. di *wagon* 'vettura ferroviaria' (di origine ingl.) e *restaurant* 'ristorante', da *restaurer* 'confortare, ristorare'] **s. m. inv.** (pl. fr. *wagons-restaurants*) ● Veicolo ferroviario attrezzato per servire i pasti ai passeggeri.

wahabìsmo /vaa'bizmo/ [dal n. del fondatore del movimento Muḥammad ibn 'Abd al-*Wahhāb* (1703-1792)] **s. m. inv.** ● Movimento musulmano, dogmatico e conservatore, sorto nel sec. XVIII allo scopo di purificare la religione da tutte le innovazioni successive ai primi insegnamenti dell'islamismo quali il culto dei santi, compreso quello di Maometto, l'uso del tabacco e della musica, l'abitudine di radersi e sim.

wahabìta /vaa'bita/ [da *wahabismo*] **A agg.** ● Che si riferisce al wahabismo. **B s. m. e f.** ● Seguace del wahabismo.

walchìria /val'kirja/ ● V. *valchiria*.

Walhalla /va'lalla, *ted.* 'valhala/ o **Walhall** /va'lal, *ted.* 'valhal/ [vc. ted. (*Walhalla*), dall'ant. nordico *Valhöll*, letteralmente 'sala (*höll*) degli uccisi (*valr* 'caduto in battaglia')', comp. di due elementi di area germ.] **s. m. inv.** ● Nella mitologia nordica, luogo in cui dimorano gli eroi morti in battaglia insieme con il loro padre Odino.

walkie-cup /*ingl.* 'wɔ:ki kʌp/ [vc. ingl., propr. 'tazza (*cup*) da passeggio (dal v. *to walk* 'passeggiare')'] **s. m. inv.** ● Bicchiere di cartone cerato con coperchio e cannuccia, usato per bere passeggiando.

walkie-talkie /*ingl.* 'wɔ:ki 'tɔ:ki/ [vc. espressiva ingl., che vale '(apparecchio) parlatore (da *to talk* 'parlare, discorrere') da passeggio (da *to walk* 'camminare, passeggiare')', comp. di due elementi d'area germ.] **s. m. inv.** (pl. ingl. *walkie-talkies*) ● Dispositivo ricetrasmettitore a onde radio che può essere trasportato da una persona e funzionare mentre questa cammina.

walkìria /val'kirja/ ● V. *valchiria*.

walkman ® /*ingl.* 'wɔ:kmən/ [etim. incerta, forse comp. di *walk* 'passeggio' e *man* 'uomo'] **s. m. inv.** ● Nome commerciale di un riproduttore stereofonico di cassette portatile, con ascolto mediante cuffia.

walk-over /*ingl.* 'wɔ:k-ouvə*/ o **walkover** [vc. ingl., dal v. *to walk over*, letteralmente 'passeggiare (*to walk*) al di sopra, oltre (*over*)'] **s. m. inv.** ● (*sport*) Gara in cui un corridore o atleta si afferma facilmente per l'inferiorità degli avversari | Nell'ippica, cavallo vincitore di una corsa per il ritiro di tutti gli altri concorrenti.

wàlser /'valzer/ [ted. *Walliser* 'vallese'] **A s. m. pl.** ● Gli abitanti del Vallese e della Valle di Gressoney, parlanti dialetto alemanno. **B agg. inv.** ● Che si riferisce alle popolazioni Vallesi e alla valle di Gressoney, o al loro dialetto: *parlate w.*

wàlzer /'valtser, *ted.* 'valtsər/ ● V. *valzer*.

wampum /*ingl.* 'wɔmpəm/ [vc. dell'ingl. d'America, abbr. dell'algonchino *wampumpeag* (sentito come due parole), comp. di *wampan* 'bianco' e *api* 'striscia, filza' col suff. di pl. *-ag*] **s. m. inv.** (pl. ingl. inv.) ● Ornamento in uso presso molte tribù pellirosse, ricavato da pezzi di conchiglia, e usato oltre che come monile personale, come mezzo di scambio e pegno di conclusione di un trattato.

wàpiti /'vapiti, *ingl.* 'wɔpiti/ [vc. dell'ingl. d'America, di origine algonchina (*wap* 'bianco')] **s. m.** (pl. ingl. *wapiti* o *wapitis*) ● Grande cervo dell'America del nord con pelame di color bruno più chiaro sul dorso e corna assai sviluppate (*Cervus canadensis*).

war game /*ingl.* 'wɔ: geim/ o **wargame** [loc. ingl., comp. di *war* 'guerra' (da una vc. germ., da cui anche l'it. *guerra*) e *game* 'gioco' (d'origine germ.)] **loc. sost. m. inv.** (pl. ingl. *war games*) ***1*** (*mil.*) Esercizio tattico fatto nelle accademie militari, con truppe finte, per addestramento. ***2*** Gioco consistente nel simulare battaglie, spec. del passato, manovrando su un tabellone, che ricostruisce un terreno di guerra, pedine o figurine che rappresentano simbolicamente un esercito e il relativo equipaggiamento.

warrant /*ingl.* 'wɔrənt/ [vc. ingl., dall'ant. fr. *warant*, della stessa origine del corrispondente it. *guarentigia*] **s. m. inv.** ***1*** Nota di pegno. ***2*** (*banca*) Certificato che dà il diritto di sottoscrivere, a un prezzo prefissato, azioni od obbligazioni di una società emesse in un momento successivo.

wash-and-wear /*ingl.* 'wɔʃ ən(d) 'wɛə*/ [vc. ingl., letteralmente 'lavare (*to wash*, di origine germ., come *water* 'acqua') e (*and*) indossare (*to wear*, di origine indeur.)'] **agg. inv.** ● Detto di tessuto di fibre sintetiche che, dopo lavato e asciugato, non richiede di essere stirato prima dell'impiego: *abiti wash-and-wear.*

wash-board /*ingl.* 'wɔʃ bɔ:d/ [vc. ingl., letteralmente 'asse, tavola (*to board*, di origine indeur.) per lavare (*to wash*, della stessa origine germ. di *water* 'acqua')'] **s. m. inv.** (pl. ingl. *wash-boards*) ● Strumento a percussione usato nelle prime forme di musica jazz.

wasp /*ingl.* wɔsp/ [acronimo ingl. di *w*(*hite*) *a*(*nglo-*)*s*(*axon*) *p*(*rotestant*) 'protestante anglosassone bianco'] **s. m. inv.** ● Negli Stati Uniti, cittadino di razza bianca, di religione protestante, appartenente alla classe egemone o a nuclei sociali privilegiati.

Wassermann /*ted.* 'vasərman/ [da A. von *Wassermann* (1866-1925), che la ideò] **agg. e s. f. inv.** ● (*med.*) *Reazione W.*, (*ell.*) Wassermann, esame per la diagnosi della sifilide effettuato per mezzo di un test sierologico che rivela la presenza di anticorpi specifici o antigeni.

wàter /'vater, *ingl.* 'wɔ:tə*/ **s. m. inv.** ● Water-closet | Vaso di maiolica del gabinetto all'inglese.

water closet /*ingl.* 'wɔ:tə 'klɔzit/ [comp. ingl., letteralmente 'camerino (*closet*, vc. ant. fr., dim. di *clos* '(luogo) chiuso') ad acqua (*water*, di origine indeur.)'] **loc. sost. m. inv.** (pl. ingl. *water closets*) ● Latrina o gabinetto con vaso di maiolica e sciacquone.

waterloo /*neerl.* 'wa:tərlo, *fr.* vatɛr'lo, *ingl.* wɔ:tə'lu:/ [dal n. della località belga, dove avvenne la 'disfatta' napoleonica] **s. f. inv.** ● (*per anton.*) Sconfitta definitiva: *le ultime elezioni sono state la sua w.*

waterpolista /vaterpo'lista, woterpo'lista/ **s. m.** ● Pallanuotista.

water polo /*ingl.* 'wɔ:tə 'poulou/ [comp. ingl., letteralmente *'polo* sull'acqua (*water*, di origine indeur.)'] **loc. sost. m. inv.** ● Pallanuoto.

waterproof /*ingl.* 'wɔ:tə pru:f/ [comp. ingl., letteralmente 'a prova (*proof*, di origine fr.) d'acqua (*water*, di origine indeur.)'] **agg. inv.** ● Detto di tessuto impermeabile.

watt /vat, *ingl.* wɔt/ [dal n. dell'inventore scozzese J. *Watt* (1736-1819)] **s. m. inv.** ● (*fis.*) Unità di misura della potenza equivalente al lavoro di 1 joule in 1 secondo. SIMB. W.

wàttmetro /'vatmetro/ o **wattòmetro** /vat'tɔmetro/ [comp. di *watt* e *-metro*] **s. m.** ● Strumento usato per misurare la potenza attiva di una corrente elettrica.

wattóra /vat'tora/ [comp. di *watt* e *ora*] **s. m. inv.** ● (*fis.*) Unità di energia corrispondente all'energia che un watt determina durante un'ora. SIMB. W·h.

wattoràmetro /vatto'rametro/ [comp. di *wattora* e *-metro*] **s. m.** ● Apparecchio misuratore dell'energia elettrica.

wattsecóndo /vatse'kondo/ [comp. di *watt* e *secondo*] **s. m.** ● (*fis.*) Unità di energia corrispondente all'energia che 1 watt determina durante 1 secondo. SIMB. W·s. SIN. Joule.

watùsso /va'tusso/ o **watùtso** /va'tutso/ [swahili *watutsi*, forma pl. del n. del popolo] **A agg.** ***1*** Dei Watussi. ***2*** (*est., fig.*) Molto alto e slanciato, come i Watussi. **B s. m.** (f. *-a*) ● Chi appartiene alla popolazione di pastori di origine etiopica stanziati a sud e a ovest del lago Vittoria, noti per l'altissima statura.

wa wa /wa'wa/ [prob. vc. del Ghana] **s. m. inv.** ● Essenza di legno semiduro usata in falegnameria per rivestimenti e cornici, derivata da una pianta delle Sterculiacee originaria dell'Africa occidentale tropicale (*Triplochiton scleroxilon*).

wàwa /'wawa, *ingl.* 'wɔ:wɔ:/ [vc. onomat.] **s. f. inv.** ● Nel jazz, sordina applicata nella campana della tromba o della cornetta, costruita in modo da ottenere un particolare suono.

way of life /*ingl.* 'wei əv 'laif/ [loc. ingl., propr. 'condotta di vita'] loc. sost. f. inv. (pl. ingl. *ways of life*) ● Modo, stile di vita.

wèber /'vɛber, *ted.* 've:bər/ [dal n. del fisico ted. W. E. *Weber* (1804-1891)] s. m. inv. ● (*fis.*) Unità di misura del flusso magnetico nel Sistema Internazionale pari a 1 volt · secondo. SIMB. Wb.

week-end /wi'kɛnd, *ingl.* 'wi:k end/ o **weekend** [comp. ingl. di *week* 'settimana', di lontana origine indeur., e *end* 'fine', parimenti di origine indeur.] s. m. inv. (pl. ingl. *week-ends*) ● Fine settimana | Vacanza di fine settimana da dedicare al riposo e allo svago, che si usa prendere nei giorni di sabato e domenica: *partire per il week-end*; *la mania del week-end*.

Wehrmacht /*ted.* 've:rmaxt/ [vc. ted., propr. 'forza (*Macht*) di difesa (*Wehr*)'] s. f. inv. ● Denominazione delle forze armate tedesche dal 1935 al 1945.

welfare /*ingl.* 'welfɛə*/ s. m. inv. **1** Acrt. di *welfare state*. **2** Benessere.

welfare state /*ingl.* 'welfɛə 'steit/ [loc. ingl., propr. 'Stato (*state*) del benessere (*welfare*)'] loc. sost. m. inv. ● (*econ.*) Sistema sociale in cui lo Stato si assume il compito di promuovere il benessere dei cittadini garantendo loro un reddito minimo e attuando varie misure di sicurezza sociale.

welfarìsmo /welfe'rizmo/ [da *welfare*] s. m. ● Assistenzialismo caratteristico dello Stato sociale.

wellerìsmo /velle'rizmo/ [ingl. *wellerism*, dal n. di un personaggio di Ch. Dickens (1812-1870), il sentenzioso Sam *Weller*] s. m. ● Sentenza o proverbio che, in tono scherzoso o asseverativo, vengono attribuiti a persona reale o immaginaria.

wellingtònia /velling'tɔnja/ [dal n. di A. Wellesley (1769-1852), duca di *Wellington*] s. f. ● (*bot.*) Sequoia.

Weltanschauung /*ted.* 'vɛlt-anʃauuŋ/ [vc. ted., comp. di *Welt* 'mondo', di area germ., e *Anschauung* 'vista, visione', di origine indeur.] s. f. inv. (pl. ted. *Weltanschauungen*) ● Modo di concepire il mondo e la vita proprio di un individuo o di un gruppo.

wèlter /'vɛlter, *ingl.* 'weltə*/ [vc. ingl. di origine incerta] **A** s. m. inv. ● Categoria di peso della lotta e del pugilato. SIN. Peso medioleggero. **B** anche agg. inv.: *peso w.*

wertherìsmo /verte'rizmo/ [comp. dal n. del protagonista del romanzo di Goethe 'I dolori del giovane *Werther*', e *-ismo*] s. m. ● Sensibilità dolorosa, caratteristica del sentimentalismo romantico.

wesleyàno /vezle'jano/ [ingl. *Wesleyan*, dal n. del fondatore del metodismo, J. *Wesley* (1703-1791)] s. m. (f. *-a*); anche agg. ● (*relig.*) Metodista.

west /*ingl.* west/ [vc. ingl. 'ovest', da avvicinare al gr. *hésperos* (V. *espero*)] s. m. inv. ● Le regioni occidentali degli Stati Uniti e del Canada.

wèstern /'western, *ingl.* 'westən/ [vc. ingl., propriamente 'occidentale', da *West* 'l'Occidente (degli Stati Uniti)', dove si ambientano i film di questo tipo] **A** agg. inv. ● Detto di film americano, ambientato nell'ovest degli Stati Uniti della seconda metà del sec. XIX, i cui temi fondamentali sono la migrazione verso l'ovest, la lotta contro gli Indiani, la corsa all'oro, lo sviluppo e la repressione del banditismo. **B** s. m. inv. ● Film western | Nella loc.: *w. all'italiana*, genere cinematografico che tratta, talvolta in chiave ironica, i temi, i personaggi e le vicende dei film western americani, con spunti e accorgimenti spettacolari di grande effetto.

whewellite /vevel'lite/ [comp. dal cognome del filosofo e naturalista ingl. W. *Whewell*, e *-ite* (*2*)] s. f. ● (*miner.*) Ossalato di calcio idrato, incoloro o bianco.

whig /*ingl.* wig/ [vc. ingl., abbr. di *Whig(gamore)*, n. di un membro del gruppo presbiteriano che marciò nel 1648 su Edimburgo, contro il re Carlo I] s. m.; anche agg. inv. ● Chi, che apparteneva al partito politico inglese che, dalla fine del XVII all'inizio del XIX sec., era fautore delle libertà parlamentari, della tolleranza religiosa e degli interessi commerciali.

whisky /*ingl.* 'wiski/ o **whiskey** [vc. ingl., dall'irl. e gael. *uisce* 'acqua', per abbr. di *uisce-beathad* 'acqua (*uisce*) di vita' (*beathad*, dall'ant. irl. *bethad*, genit. di *bethu* 'vita')] s. m. inv. (pl. ingl. *whiskies*) ● Acquavite di cereali, di origine anglosassone.

whisky-à-gogo /'wiski a go'go, *fr.* wis'ki a go'go/ [vc. espressiva fr., comp. di *whisky* e della loc. fam. *à gogo* 'a iosa, a bizzeffe'] s. m. inv. ● Spec. negli anni '60, discoteca situata per lo più in un seminterrato.

whist /*ingl.* wist/ [vc. ingl., di origine discussa: da un precedente *whisk* 'scopino' con allusione allo spazzar via le carte dal tavolo, cui si è sovrapposto poi *whist*, escl. per imporre il 'silenzio'] s. m. inv. ● Gioco di carte simile al bridge, d'origine inglese.

widia /'vidja, *ted.* 'vi:dia/ [vc. ted., tratta da *wie Dia(mant)* '(duro) come diamante'] s. m. inv. ● Sostanza durissima a base di carburo di tungsteno, spec. usata per utensili da perforazione.

wigwam /*ingl.* 'wigwæm/ [vc. dell'ingl. d'America, di origine algonchina, col sign. propriamente di 'la loro casa'] s. m. inv. ● Nome dato alla tenda a cupola dagli Algonchini, amerindi degli USA e del Canada.

wild card /*ingl.* 'waild ka:d/ [loc. ingl., propr. 'carta (*card*) selvaggia (*wild*)'] loc. sost. f. inv. (pl. ingl. *wild cards*) ● (*sport*) Speciale invito a disposizione degli organizzatori di tornei, spec. di tennis, per consentire la partecipazione a un atleta di particolare richiamo che non si sia iscritto in tempo o che non abbia una posizione in classifica atta a qualificarlo di diritto.

wilderness /*ingl.* 'wildənis/ [vc. ingl., propr. 'selvatichezza', da *wild* 'selvatico, incolto'] s. f. inv. ● La natura allo stato selvaggio, non coltivata e non alterata dall'intervento dell'uomo.

willemite /ville'mite/ [ted. *Willemit*, comp. dal n. del re d'Olanda Guglielmo (*Willem*) I e *-ite* (*2*)] s. f. ● (*miner.*) Silicato di zinco in cristalli limpidi molto brillanti.

winch /*ingl.* wintʃ/ [vc. ingl. (d'origine germ.)] s. m. inv. (pl. ingl. *winches*) ● (*mar.*) Piccolo argano, verricello usato per tesare le scotte.

winchester /*ingl.* 'wintʃistə*/ [dal n. del suo costruttore, l'americano O. F. *Winchester* (1810-1880)] s. m. inv. **1** (*armi*) Carabina a ripetizione dal tiro molto potente e preciso. **2** (*armi*) Cartuccia calibro 7,62 adottata come standard negli armamenti dei Paesi aderenti alla NATO.

windsurf /wind'sɛrf, *ingl.* 'wind sə:f/ [vc. ingl., comp. di *wind* 'vento' (vc. germ. d'origine indeur.) e *surf* 'frangente, cresta dell'onda' (d'origine non chiara)] s. m. inv. ● (*sport*) Imbarcazione a vela costituita da una sottile tavola galleggiante in materiale plastico, su cui è montata una deriva mobile, una pinna direzionale fissa e un albero, snodato alla base e munito di un caratteristico boma che consente di dirigere l'imbarcazione, stando in piedi su di essa. SIN. Surf nel sign. 3, tavola a vela | Lo sport praticato con tale imbarcazione. ➡ ILL. p. 1291 SPORT.

windsurfer /*ingl.* 'wind-sə:fə*/ s. m. e f. inv. ● Windsurfista.

windsurfing /*ingl.* 'wind-sə:fiŋ/ s. m. inv. ● Sport praticato col windsurf.

windsurfista /windsur'fista/ s. m. e f. (pl. m. *-i*) ● Chi pratica il windsurf.

wine cooler /*ingl.* 'wain 'ku:lə*/ [loc. ingl., propr. 'refrigeratore (*cooler*) per il vino (*wine*)' e non 'vino refrigerato'] loc. sost. m. inv. (pl. ingl. *wine coolers*) ● (*enol.*) Bevanda rinfrescante a basso tenore alcolico costituita da una miscela di vino, succo di frutta e zucchero.

wolframàto /volfra'mato/ [da *wolframio*] s. m. ● (*chim.*) Sale dell'acido wolframico.

wolfràmico /vol'framiko/ agg. (pl. m. *-ci*) ● (*chim.*) Di, che contiene wolframio.

wolfràmio /vol'framjo/ o **volfràmio** [ted. *Wolfram*, letteralmente 'sporcizia di lupo', dal medio alto-ted. *Wolf* 'lupo' e *rām* 'sporcizia', così chiamato spreg., perché considerato inferiore allo stagno (?)] s. m. ● (*chim.*) Tungsteno.

wolframite /volfra'mite/ [ted. *Wolframit*, da *Wolfram* 'wolframio' col suff. di minerale *-it* '-ite (2)'] s. f. ● (*miner.*) Miscela di wolframato di ferro e di wolframato di manganese in cristalli tabulari neri, duri e pesanti.

won /*coreano* wʌn/ [etim. incerta] s. m. inv. ● Unità monetaria circolante in Corea del Nord e in Corea del Sud.

woofer /'vufer, *ingl.* 'wu:fə*/ [vc. ingl., da *woof* 'suono basso', d'origine onomat.] s. m. inv. ● In un impianto per la riproduzione del suono ad alta fedeltà, altoparlante per basse frequenze sonore.

word processing /*ingl.* 'wə:d 'prousesiŋ/ [loc. ingl., comp. di *word* 'parola' (vc. germ.) e *processing* (V. *teleprocessing*)] loc. sost. m. inv. ● (*elab.*) Insieme delle operazioni che consentono di registrare, memorizzare, correggere e stampare un testo scritto e che vengono compiute mediante un'apparecchiatura costituita gener. da un microelaboratore, una tastiera, uno schermo video, una memoria magnetica e una stampante.

word processor /*ingl.* 'wə:d 'prousesə*/ [loc. ingl., comp. di *word* 'parola' (V. *word processing*) e *processor* (V. *processore*)] loc. sost. m. inv. (pl. ingl. *word processors*) ● (*elab.*) Apparecchiatura per word processing, spesso dotata di schermo video per la visualizzazione di intere pagine di testo o di parti di esse.

work in progress /*ingl.* 'wə:k in 'prougres/ [loc. ingl., propr. 'lavoro (*work*) in svolgimento, avanzamento (*progress*)'] loc. sost. m. inv. (pl. ingl. *works in progress*) ● Lavoro aperto a continui arricchimenti, sviluppi, revisioni: *un vocabolario è un work in progress*.

workshop /*ingl.* 'wə:k ʃɔp/ [vc. ingl., comp. di *work* 'lavoro' e *shop* 'negozio, bottega', poi anche 'laboratorio' (entrambi d'orig. germ.)] s. m. inv. ● Riunione di più persone per lo studio collettivo di uno specifico argomento. SIN. Convegno, seminario.

work-song /*ingl.* 'wə:ksɔŋ/ [vc. ingl., comp. di *work* 'lavoro' e *song* 'canto, canzone'] s. m. inv. ● (*mus.*) Canto intonato dai neri d'America durante il lavoro e poi divenuto uno dei fondamenti del jazz.

workstation /*ingl.* 'wə:k 'steiʃən/ o **work station** [vc. ingl., comp. di *work* 'lavoro, meccanismo' (V. *workshop*) e *station* 'posto, stazione'] s. f. inv. ● (*elab.*) Stazione di lavoro.

wormiàno /vor'mjano/ [dal n. dell'anatomista danese O. *Worm* (1588-1654)] agg. ● (*anat.*) Detto di ogni osso soprannumerario che si sviluppa in una sutura cranica.

wow (1) /*ingl.* wau/ [vc. ingl., d'origine onomat.] s. m. inv. ● (*fis.*) Fluttuazione di frequenza del suono inciso o registrato su un supporto mobile, quale un disco fonografico, un nastro magnetico o una pellicola cinematografica, dovuta a fluttuazioni lente della velocità di rotazione o di scorrimento del supporto.

wow (2) /*ingl.* wau/ [vc. espressiva ingl.] inter. ● Esprime entusiasmo, soddisfazione, divertito stupore.

wrestling /*ingl.* 'resliŋ/ [vc. ingl., propr. 'lotta, combattimento', deriv. da *to wrest* 'torcere, stirare', per la violenza che caratterizza la forma agonistica di questa disciplina] s. m. inv. ● (*sport*) Sorta di lotta libera molto diffusa negli Stati Uniti, talvolta praticata più a scopo spettacolare che agonistico, nella quale i due o più avversari possono usare ogni tipo di espediente per avere la meglio sui contendenti.

würstel /*ted.* 'vyrstəl/ [vc. ted., dim. di *Wurst* 'salsiccia', vc. isolata di etim. incerta] s. m. inv. ● Salsiccia tipica della Germania e dell'Austria, di carne bovina e suina tritata finemente, talvolta affumicata.

x, X

In italiano si può incontrare la lettera *X* solo in latinismi (es. *uxoricìda* /uksori'tʃida/), in grecismi (es. *xantofilla* /ksanto'filla/), in forestierismi d'altra origine (es. *texàno* /tek'sano/), in rari cognomi e nomi di luogo (es. *Bìxio* /'biksjo/, *Xànto* /'ksanto/). Generalmente il suono rappresentato dalla lettera *X* è quello d'una doppia consonante sorda /ks/, che soprattutto nel parlare rapido, e tanto più nelle parole d'uso meno raro, tende a ridursi al solo elemento sibilante /s/, doppio se compreso in mezzo a due vocali nell'interno della parola (es. *sassòfono* /sas'sɔfono/ accanto a *saxòfono* /sak'sɔfono/), altrimenti scempio (es. *silògrafo* /si'lɔgrafo/ accanto a *xilògrafo* /ksi-'lɔgrafo/). In una serie di vocaboli, per lo più latinismi o grecismi comincianti per *ex-*, alla lettera *X* si suol dare, oltre e più spesso che il suono della doppia consonante sorda /ks/, quello della sonora correlativa /gz/ (es. *exegètico* /egze'dʒetiko/), a cui fa riscontro una semplice *s* sonora /z/ in altre forme dello stesso vocabolo o in altre voci della stessa famiglia più compiutamente italianizzate (es. *eṣegètico* /eze'dʒetiko/).

x, X /nome per esteso *ics*, (*pop.*, *tosc.*) *iccase*, *iccasse*/ **A** s. f. o m. ● Lettera dell'alfabeto greco e latino e di alcuni alfabeti moderni, tra cui l'italiano: *x minuscola*, *X maiuscolo* | *X come xeres*, nella compitazione, spec. telefonica, delle parole | *Avere le gambe a x*, averle storte, o comunque deformi | (*biol.*) Lettera con cui si indica, nel cariotipo, uno dei due cromosomi (l'altro si indica con *y*) che portano i geni per la determinazione del sesso; nel cariotipo umano due cromosomi *x* determinano il sesso femminile | (*mat.*) Simbolo letterale per indicare un'incognita di un'equazione o la variabile di una funzione; in un sistema di coordinate cartesiane, indica gener. i punti sull'ascissa | (*sport*) Nel pronostico sulla schedina del totocalcio indica la parità fra le due squadre; (*est.*) il pareggio stesso | (*sport*) Nel totip indica che un cavallo appartenente al gruppo x è arrivato primo o secondo | Nell'enalotto indica che un numero, uscito su una certa ruota, è compreso fra 31 e 60. **B** in funzione di agg. ● (posposto al s.) Detto di cosa o persona indeterminata, sconosciuta, di cui non si sa nulla: *il signor x* | Detto di evento cruciale o determinante: *scocca l'ora x*; *si avvicina il giorno x dei pagamenti*.

xantàto [da (acido) *xantico* con sostituzione del suff. di acido (*-ico*) con suff. di sale (*-ato*)] s. m. ● (*chim.*) Xantogenato.

xantelàṣma [comp. di *xant(o)-* e del gr. *elasmós* 'piastra'] s. f. ● (*med.*) Affezione cutanea caratterizzata dalla comparsa di macchie giallastre, spesso simmetriche, agli angoli interni superiori delle palpebre.

xantène [dal gr. *xanthós* 'giallo', di orig. incerta, col suff. *-ene*] s. m. ● (*chim.*) Composto organico ossigenato a tredici atomi di carbonio, in forma di cristalli gialli con fluorescenza verde, molto solubili in acido solforico; è il capostipite della famiglia dei coloranti xantenici.

xantènico agg. (pl. m. *-ci*) ● (*chim.*) Detto di composto contenente xantene | *Coloranti xantenici*, sostanze coloranti impiegate per la tintura di diversi materiali.

xàntico [comp. di *xant(o)-* e *-ico*] agg. ● Nella loc. *acido x.*, acido xantogenico.

xantìna [comp. di *xant(o)-* e *-ina*] s. f. ● (*chim.*) Base purinica diffusa nel regno animale e vegetale che rappresenta un intermedio della degradazione cellulare delle basi puriniche presenti negli acidi nucleici.

xànto- [dal gr. *xanthós* 'giallo', di origine incerta] primo elemento ● In parole composte della terminologia scientifica, significa 'giallo': *xantofilla*.

Xantofìcee [comp. di *xanto-* e del gr. *phŷkos* 'alga', di origine semitica] s. f. pl. ● Nella tassonomia vegetale, classe di alghe gialle per i cromoplasti ricchi di xantofilla, prive di amido, contenenti gocciole di grasso (*Xanthophyceae*) | (al sing. *-a*) Ogni individuo di tale classe.

xantofìlla o (*raro*) **santofìlla** [comp. di *xanto-* e del gr. *phýllon* 'foglia', di origine indeur.] s. f. ● (*chim.*) Pigmento giallo affine al carotene presente nei cloroplasti e in alcuni cromoplasti.

xantogenàto [da (acido) *xantogenico* con sostituzione del suff. di acido (*-ico*) con suff. di sale (*-ato*)] s. m. ● Composto organico ottenuto in presenza di alcali da solfuro di carbonio e sostanze contenenti ossidrili. SIN. Xantato | *X. di cellulosa*, viscosa.

xantogènico [comp. di *xanto-* e *-genico*] agg. ● Nella loc. *acido x.*, acido poco stabile ottenuto dai sali per azione di acidi minerali forti. SIN. Xantico.

xantòma [comp. di *xant(o)-* e *-oma*] s. m. ● (*med.*) Lesione cutanea pianeggiante o rilevata, di color giallastro, per lo più dovuta a infiltrazione di colesterolo.

xantomatóso agg. ● (*med.*) Di xantoma.

xantóne [dal gr. *xanthós* 'giallo' col suff. *-one* (*2*)] s. m. ● (*chim.*) Composto organico eterociclico presente nei coloranti sintetici e in alcuni pigmenti naturali, impiegato nella preparazione di insetticidi.

xantopsìa o **santopìa**, **santopsìa** [comp. di *xant(o)-* e *opsìa*] s. f. ● (*med.*) Disturbo della visione, causato dall'ittero, per cui tutti gli oggetti sembrano gialli.

Xenàrtri [comp. del gr. *xénos* 'strano', di origine incerta, e *árthron* 'articolazione', di origine indeur.] s. m. pl. ● Nella tassonomia animale, ordine di Mammiferi con dentatura ridotta e incompleta (*Xenarthra*) | (al sing. *-o*) Ogni individuo di tale ordine.

xenìa [gr. *xenía* 'ospitalità', da *xénos* 'straniero' e 'ospite', di origine incerta, per allusione alla diretta influenza di un polline su altro seme] s. f. ● (*bot.*) Particolare caso di ibridazione fra due razze che provoca in una pianta alcuni frutti con i caratteri di un genitore e altri con quelli dell'altro.

xèno [dal gr. *xénos*, letteralmente 'straniero, estraneo', di origine incerta, così chiamato per la sua rarità] s. m. ● Elemento chimico appartenente al gruppo dei gas nobili, usato per riempire lampade impiegate in fotografia e lampade ad arco. SIMB. Xe.

xèno- o **sèno-** [dal gr. *xénos* 'straniero'] primo elemento ● In parole composte dotte o scientifiche, significa 'straniero', 'estraneo' o 'ospite': *xenofobia*, *xenoglossia*.

xenòbio [comp. di *xeno-* e *-bio*] agg. ● (*zool.*) Detto di organismo che pratica la xenobiosi.

xenobiónte [comp. di *xeno-* e del gr. *biôn*, genit. *biôntos* 'vivente'] s. m. ● (*zool.*) Organismo che pratica la xenobiosi.

xenobiòṣi [comp. di *xeno-* e del gr. *bíōsis* 'condotta di vita'] s. f. ● (*zool.*) Fenomeno per cui un organismo animale risulta adattato a vivere nel rifugio o nel nido di un altro organismo di regola sistematicamente affine.

xenobiòtico [comp. di *xeno-* e del gr. *biotikós* 'vitale, della vita'] agg. (pl. m. *-ci*) ● Che non ha valore nutritivo: *sostanza xenobiotica*.

xenodòchio o **senodòchio**, †**zenodòchio** [gr. *xenodokêion*, da *xenodókos*, *xenodóchos* 'luogo per accogliere (*déchesthai*) gli ospiti (*xénoi*)'] s. m. ● Nel Medioevo, ospizio gratuito per forestieri.

xenoecologìa [comp. di *xeno-* ed *ecologia*] s. f. ● Ramo dell'ecologia che studia le condizioni ambientali dello spazio extraterrestre.

xenofilìa [comp. di *xeno-* e *-filia*] s. f. *1* Tendenza a preferire tutto ciò che è straniero. SIN. Esterofilia. *2* (*zool.*) Tendenza di un organismo a praticare la xenobiosi.

xenòfilo [comp. di *xeno-* e *-filo*] **A** agg.; anche s. m. ● Che, chi preferisce tutto ciò che è straniero. **B** agg. *1* Caratterizzato da xenofilia: *atteggiamento x.* *2* (*zool.*) Detto di organismo caratterizzato da xenofilia.

xenofobìa o (*raro*) **senofobìa** [comp. di *xeno-* e *-fobia*] s. f. ● Odio fanatico per tutto ciò che è straniero.

xenofòbico agg. (pl. m. *-ci*) ● Che è ispirato a xenofobia: *scritto x.* | Da xenofobo: *gesto x.*

xenòfobo o (*raro*) **senòfobo** [comp. di *xeno-* e *-fobo*] **A** agg.; anche s. m. (f. *-a*) ● Che, chi sente odio per tutto ciò che è straniero. **B** agg. ● Improntato a xenofobia: *atteggiamento x.*

xenogamìa [comp. di *xeno-* e *-gamia*] s. f. ● (*bot.*) Impollinazione tra individui diversi della stessa specie.

xenogèneṣi [comp. di *xeno-* e *genesi*] s. f. ● (*biol.*) Generazione di prole con caratteri diversi rispetto ai genitori.

xenoglossìa o **senoglossìa** [comp. di *xeno-* e *-glossia*] s. f. ● Fenomeno di natura medianica per cui il soggetto, posto in determinate condizioni, parla una o più lingue a lui del tutto sconosciute.

xenologìa [comp. di *xeno-* e *-logia*] s. f. ● (*biol.*) Studio delle relazioni tra parassiti e organismi ospiti.

xenoparassìta [comp. di *xeno-* e *parassita*] **A** s. m. (pl. *-i*) ● (*biol.*) Microrganismo isolato da un organismo che non rappresenta il suo ospite abituale. **B** anche agg.

xenòpo [lat. scient. *xenopus*, comp. del gr. *xénos* 'strano, insolito' (V. *xeno*) e *póus* 'piede' (V. *-podo*): detto così prob. dalle zampe largamente palmate] s. m. ● (*zool.*) Genere di anfibio degli Anuri che vive nelle acque interne delle regioni africane (*Xenopus*) | *X. liscio*, xenopo usato nei test di gravidanza (*Xenopus laevis*).

xenotrapiànto [comp. di *xeno-* e *trapianto*] s. m. ● (*chir.*) Eterotrapianto.

xères [ant. grafia del n. della città andalusa *Jerez* (de la Frontera)] s. m. inv. ● Vino bianco spagnolo, avente colore ambrato e sapore secco e asciutto, con gradazione alcolica di circa 18°.

xèro- o **sèro-** [dal gr. *xerós* 'secco'] primo elemento ● In parole composte scientifiche, significa 'secco', 'arido': *xerobio*, *xerografia*.

xeròbio [comp. di *xero-* e del gr. *bíos* 'vita' ('essere vivente')] agg. ● (*biol.*) Detto di organismo animale o vegetale che può vivere in ambiente arido.

xerocòpia [comp. di *xero-* e *copia* (*2*)] s. f. ● Copia di documenti ottenuta per mezzo di riproduttori xerografici.

xerocopiàre v. tr. ● Fare xerocopia (di documenti, disegni, ecc.).

xerocopiatrìce [comp. di *xero-* e *copiatrice*] s. f. ● Macchina che esegue xerocopie.

xerodèrma [comp. di *xero-* e *derma*] s. m. (pl. *-i*) ● (*med.*) Affezione cutanea con lesioni varie della pelle a carattere congenito sensibile alle radiazioni ultraviolette: *x. pigmentoso*.

xerodermìa [comp. di *xero-* e *-dermia*] s. f. ● (*med.*) Alterazione della cute, che diventa secca, dura, spec. per deficienza di vitamina A.

xeròfilo [comp. di *xero-* e *-filo*] **A** agg. ● Detto di organismo animale o vegetale che predilige i climi aridi. **B** s. m. (f. *-a*) ● Organismo animale o vegetale xerofilo.

xeròfito [comp. di *xero-* e *-fito*] **A** agg. ● Detto di organismo vegetale, spec. pianta, che vive in ambienti aridi. **B** s. m. (f. *-a*) ● Organismo vegetale xerofito.

xeroftalmìa [comp. di *xero-* e di un deriv. dal gr. *ophthalmós* 'occhio'] s. f. ● (*med.*) Affezione della cornea e della congiuntiva per deficit di vitamina A.

xeroftàlmico agg. ● Di xeroftalmia.

xeroftàlmo s. m. ● (*med.*) Xeroftalmia.

xerografìa [comp. di *xero-* e *-grafia*] s. f. ● Procedimento di stampa a secco impiegato nella riproduzione di documenti e basato sui principi dell'elettrostatica.

xerogràfico agg. ● Che si riferisce alla xerografia: *riproduttore xerografico*.

xeroradiografìa [comp. di *xero-* e *radiografia*] s. f. ● (*med.*) Metodo radiografico, impiegato spec. nella diagnosi precoce di tumori alla mammella, nel quale il radiogramma è ottenuto con procedimento xerografico su carta speciale.

xeroradiogràmma [comp. di *xero-* e *radiogramma*] s. m. ● (*med.*) Radiogramma ottenuto mediante la xeroradiografia.

xerosfèra [comp. di *xero-* e *-sfera*] s. f. ● Ambiente climatico tipico dei deserti.

xeròṣi [comp. del gr. *xerós* 'secco', di etim. incerta e *-osi*] s. f. ● (*med.*) Lesione degenerativa della congiuntiva.

xerostomìa [comp. di *xero-* e *-stomia*] s. f. ● (*med.*) Secchezza della mucosa orale per arresto di secrezione salivare.

xerotèrme s. f. pl. ● (*bot.*) Piante xeroterme.

xerotèrmo [comp. del gr. *xerós* 'secco', di etim. incerta e *thermós* 'caldo', di origine indeur.] agg. ● Detto di organismo vegetale, spec. pianta, tipico delle regioni povere di precipitazioni e con ampia escursione termica.

xi /*gr.* ksi/ o **csi** s. m. o f. inv. ● (*ling.*) Nome della quattordicesima lettera dell'alfabeto greco.

xifòforo [comp. del gr. *xíphos* 'spada' (V. *xifoide*), qui nel senso di 'appendice puntuta', e *-foro*] s. m. ● Genere di pesci ossei dei Pecilidi, diffusi nell'America centrale e nel Messico, con specie pregiate per acquari (*Xiphophorus*).

xifòide [gr. *xiphoeidḗs* 'della forma (*êidos*) di spada (*xíphos*, di origine incerta)'] **A** agg. ● Nella loc. (*anat.*) *apofisi x.*, parte inferiore dello sterno. **B** anche s. m. o f.

xifoidèo agg. ● (*anat.*) Dello xifoide.

Xifoṣùri [comp. del gr. *xíphos* 'spada' e di un deriv. da *ourá* 'coda'] s. m. pl. ● Nella tassonomia animale, sottoclasse di Merostomi marini a forma discoidale, appiattiti, con corazza dura e appendice appuntita (*Xiphosura*) | (al sing. *-o*) Ogni individuo di tale sottoclasse.

xilàno [da *xilosio*] s. m. ● (*chim.*) Polisaccaride formato dall'associazione di molecole di xilosio; si trova spesso nelle piante insieme alla cellulosa.

xilèma o (*raro*) **silèma** [ted. *Xylem*, dal gr. *xýlon* 'legno', d'incerta origine] s. m. ● (*bot.*) Tessuto legnoso dei vegetali. SIN. Adroma.

xilemàtico o (*raro*) **silemàtico** agg. (pl. m. *-ci*) ● (*bot.*) Relativo allo xilema.

xilène [dal gr. *xýlon* 'legno' col suff. chim. *-ene*] s. m. ● Idrocarburo aromatico ottenuto da alcune frazioni del petrolio, la cui miscela è usata come solvente e come materia prima per la fabbricazione di materie coloranti, resine, poliesteri, e sim.

xilo- ● V. *silo-*.

xilòfago o **silòfago** [comp. di *xilo-* e *-fago*] agg. ● Detto di animale che si nutre di legno.

xilofonìsta o **silofonìsta** s. m. e f. (pl. m. *-i*) ● Suonatore di xilofono.

xilòfono o **silòfono** [comp. di *xilo-* e *-fono*] s. m. ● Strumento musicale costituito da una serie di cilindri (o lamine) spec. di legno o bambù, graduati, infilati su cordoni e separati tra loro con isolatori, che si suona con piccoli martelli di legno. ➡ ILL. **musica**.

xilografìa o **silografìa** [comp. di *xilo-* e *-grafia*] s. f. ● Tecnica d'incisione rilievografica in cui si asportano dalla parte superiore d'una tavoletta di legno le parti non costituenti il disegno | Stampa così ottenuta.

xilogràfico o **silogràfico** agg. (pl. m. *-ci*) ● Che si riferisce alla xilografia.

xilògrafo o **silògrafo** [comp. di *xilo-* e *-grafo*] s. m. ● Chi esegue incisioni xilografiche.

xilolìte [comp. del gr. *xýlon* 'legno', di etim. incerta, e *líthos* 'pietra', di origine sconosciuta] s. f. ● Tipo di pavimentazione artificiale in un solo pezzo.

xilòlo [comp. del gr. *xýlon* 'legno' e del suff. chim. *-olo*] s. m. ● (*chim.*) Xilene.

xilologìa e *deriv.* ● V. *silologia* e *deriv.*

xilòṣio [da *xilo-* col suff. *-osio*] s. m. ● Zucchero destrogiro, bianco e cristallino, estratto dal legno per idrolisi, è impiegato in tintoria e negli alimenti per diabetici. SIN. Zucchero di legno.

xilotèca ● V. *siloteca*.

xoanon /*gr.* 'ksɔanon/ [vc. gr. (*xóanon*) col sign. proprio di 'immagine ricavata dal legno', dal v. *xêin* 'scolpire'] s. m. inv. (pl. gr. *xoana*) ● Statuetta, originariamente lignea e poi anche di altro materiale, rappresentante una divinità, nell'antica Grecia.

xografìa [comp. di un deriv. del gr. *xêin* 'scolpire' e *-grafia*] s. f. ● Sistema di stampa che permette di ottenere da due fotografie stereoscopiche dello stesso soggetto una sola immagine tridimensionale.

y, Y

In italiano si può incontrare la lettera *Y* solo in pochi forestierismi, dove ha, secondo i casi, l'uno o l'altro dei due principali valori della *I*, quello vocalico (es. *iprìte* o *yprìte* /i'prite/) e quello semiconsonantico (es. *iùcca* o *yùcca* /'jucca/).

y, Y /nome per esteso *ipsilon*, pop. *ipsilonne*, raro *i greca* o *i greco*/ **s. f. o m.** ● Lettera dell'alfabeto greco e latino e di alcuni alfabeti moderni, tra cui l'italiano: *y minuscola, Y maiuscolo* | *Y come yacht*, nella compitazione, spec. telefonica, delle parole | (*biol.*) Lettera con cui si indica, nel cariotipo, uno dei due cromosomi (l'altro si indica con *x*) che portano i geni per la determinazione del sesso; nel cariotipo umano, *y* è presente solo nel sesso maschile | (*mat.*) Simbolo letterale per indicare un'incognita di un'equazione o la variabile di una funzione; in un sistema di coordinate cartesiane, indica gener. i punti sull'ordinata.

yacht /*ingl.* jɔt/ [vc. ingl., dal neerlandese *jacht*, per *jacht*(*schiff*) 'battello (*schiff*) da caccia (*jacht*)'] **s. m. inv.** ● Panfilo da diporto a vela o a motore.

yacht broker /*ingl.* 'jɔt 'broukə*/ [loc. ingl., comp. di *yacht* (V.) e *broker* 'mediatore' (d'origine incerta)] **loc. sost. m. inv.** (**pl.** ingl. *yacht brokers*) ● Mediatore in compravendita, noleggio e sim. di yacht.

yachting /*ingl.* 'jɔtiŋ/ [vc. verb. ingl. sost., da *yacht*] **s. m. inv.** ● Sport o pratica della navigazione da diporto.

yachtsman /*ingl.* 'jɔtsmən/ [vc. ingl., propriamente 'uomo (*man*, di origine e area germ.) dello *yacht*', con *s* genitivale] **s. m. inv.** (f. ingl. *yachtswoman*, **pl. m.** *yachtsmen*, **pl. f.** *yachtswomen*) ● Chi pratica lo yachting.

yàk /jak, *ingl.* jæk/ [vc. di origine tibetana] **s. m. inv.** ● Imponente bovide delle alte montagne asiatiche, con mantello lanoso di peli ondulati, addomesticabile (*Bos grunniensis*).

yakùṣa o **yakuza** /*giapp.* 'jakuza/ [vc. giapp.] **s. f. inv.** ● Mafia giapponese.

yamatologìa /jamatolo'dʒia/ ● V. *iamatologia*.

yang /*cin.* jaŋ/ [vc. cin., propr. 'brillante, luminoso'] **s. m. inv.** ● Nella filosofia cinese, e spec. nel taoismo, una delle due energie primarie che polarizzano l'intera realtà; rappresenta il principio maschile e positivo, complementare e opposto allo *yin*.

yankee /'jenki, *ingl.* 'jæŋki/ [etim. discussa: dal n. neerlandese *Janke* (dim. di *Jan* 'Giovanni'), con cui i coloni ol. di New York chiamavano gli Inglesi del Connecticut (?)] **A s. m. inv.** ● Soprannome con il quale i soldati inglesi chiamavano gli Americani durante la rivoluzione | Soprannome con cui i sudisti chiamavano i nordisti durante la guerra di secessione | Ogni cittadino americano di origine anglosassone. **B agg. inv.** ● Degli yankee | (*est.*) Che è tipicamente americano (*spec. spreg.* o *scherz.*): *usanza y.*

yard /*ingl.* ja:d/ [vc. ingl., dall'ant. ingl. *gierd*, *ge*(*a*)*rd* 'misura', 'pertica', di origine indeur.] **s. f. inv.** ● Misura di lunghezza inglese, pari a metri 0,914. SIMB. yd.

yatagàn /jata'gan/ o **iatagàn** [vc. turca (*yatagan*)] **s. f. inv.** ● Sciabola ricurva portata dai giannizzeri turchi | Scimitarra malese e indiana.

yawl /*ingl.* jɔ:l/ [vc. ingl., var. di *yowl* 'iole'] **s. m. inv.** ● Yacht a due alberi. **SIN.** Iolla.

yearling /*ingl.* 'jə:liŋ/ [vc. ingl., propriamente 'di un anno (*year*, origine indeur.)'] **s. m. inv.** ● Puledro purosangue inglese o americano da corsa, di un anno di età.

yemenìta /jeme'nita/ **A agg.** (**pl. m.** *-i*) ● Dello Yemen. **B s. m. e f.** ● Abitante, nativo dello Yemen.

yen /jen, *giapp.* en/ [dal cin. *yüan*, *üen* 'cerchio, oggetto rotondo', da cui il giapp. *en*] **s. m. inv.** ● Unità monetaria circolante in Giappone.

yes-man /*ingl.* 'jesmən/ [vc. ingl., comp. di *yes* 'sì' (d'origine incerta) e *man* 'uomo' (V. *salesman*)] **s. m. inv.** (**pl.** ingl. *yes-men*) ● Persona servile e accondiscendente, spec. nei confronti di un suo superiore.

yèti /'jeti/ [vc. di origine tibetana] **s. m. inv.** ● Essere simile all'uomo, ma di costituzione gigantesca, che, secondo una leggenda, vivrebbe fra le nevi dell'Himalaya.

yé-yé /*fr.* je 'je/ [vc. fr., raddoppiamento dell'anglo-americano *yeah*, *yah* (deformazione pop. di *yes* 'sì': V. *yes-man*)] **A s. m. inv.** ● Genere di musica leggera molto ritmata con caratteristici accompagnamenti vocali, di moda nella prima metà degli anni Sessanta | Tipo di ballo assai animato al ritmo di questa musica | (*est.*) Moda, atteggiamenti, gusti caratteristici di una certa gioventù di quel tempo. **B agg. inv.** ● Che si ispira a tale modo e atteggiamento: *vestito, ragazza yé-yé*.

yiddish /*ingl.* 'jidiʃ/ o **jiddish** [corrispondente ingl. del vocabolo in l. yiddish *yidish* (*daytsh*) '(tedesco) ebraico'] **A s. m.** solo **sing.** ● Lingua del gruppo germanico, formata all'origine su un dialetto francone e parlata dalle comunità ebraiche della Germania, dell'Europa orientale e ora anche negli U.S.A., gener. scritta in caratteri ebraici, che comprende vocaboli spec. tedeschi con aggiunta di parole di origine ebraica, aramaica e slava. **B** anche **agg. inv.**: *letteratura y.*

yin /*cin.* jiŋ/ [vc. cin., propr. 'oscuro'] **s. m. inv.** ● Nella filosofia cinese, e spec. nel taoismo, una delle due energie primarie che polarizzano l'intera realtà; rappresenta il principio femminile e negativo, complementare e opposto allo *yang*.

ylang-ylang /i'lang i'lang/ [vc. di una lingua delle Filippine] **s. m. inv.** ● Albero delle Anonacee, originario dell'Asia, dai cui fiori si ricava un'essenza caratteristica usata in profumeria (*Cananga odorata*).

yocto- /'jɔkto/ [di formazione sconosciuta] primo elemento ● Anteposto a un'unità di misura la moltiplica per 10^{-24} cioè per un milionesimo di miliardesimo di miliardesimo. SIMB. y.

yòga /jɔga, *sans.* 'jo:ga/ [vc. sanscrita, letteralmente 'unione', dal v. *yunákti* 'congiunge', di origine indeur., come il lat. *iŭngere* 'porre al giogo'] **A s. m. inv.** **1** Sistema filosofico-religioso dell'India antica, che aspira alla mistica unione della propria essenza con l'Essere Supremo attraverso una tecnica propedeutica di dominio del corpo e dei sensi, con acquisizione di facoltà eccezionali e con potenziamento dei poteri paranormali. **2** Correntemente, tecnica di ginnastica della respirazione e dei movimenti di lontana origine e influenza orientale. **B agg. inv.** ● Dello yoga, nel sign. 2: *posizione y.*

yòghin /'jɔgin, *sans.* 'jo:gin/ ● V. *yogin*.

yògico /'jɔdʒiko/ **agg.** ● Relativo allo yoga.

yògin /'jɔgin, *sans.* 'jo:gin/ o **yòghin**. **s. m. inv.** ● Chi pratica lo yoga.

yògurt /'jɔgurt/ o **yòghurt**, **iògurt** [turco *yoğurt*, di etim. incerta] **s. m. inv.** ● Latte coagulato per effetto di uno speciale fermento, originario della Bulgaria, spesso zuccherato e aromatizzato con frutta, cioccolato e sim.

yogurtièra /jogur'tjera/ o **iogurtièra** [da *yogurt*] **s. f.** ● Apparecchio elettrodomestico per la preparazione dello yogurt.

yòle /'jɔle/ ● V. *iole*.

yorkshire /*ingl.* 'jɔ:kʃə*/ [dalla regione di provenienza, la contea di *Yorkshire*] **s. m. inv.** **1** Razza suina molto pregiata, originaria dell'Inghilterra. **2** Acrt. di *yorkshire terrier*.

Yorkshire terrier /*ingl.* 'jɔ:kʃə 'teriə*/ [comp. dal n. della regione inglese d'origine e *terrier* (V.)] **loc. sost. m. inv.** (**pl.** ingl. *Yorkshire terriers*) ● Piccolo cane inglese di lusso, dal caratteristico pelo fluente, con mantello gener. a due colori, molto vivace ed elegante.

yotta- /'jɔtta/ [di formazione sconosciuta] primo elemento ● Anteposto a un'unità di misura la moltiplica per 10^{24} cioè per un milione di miliardi di miliardi. SIMB. Y.

yo-yo® /jɔ 'jɔ*, *ingl.* 'jou jou/ [etim. incerta] **s. m. inv.** ● Nome commerciale di un giocattolo d'origine cinese, costituito da una rotella scanalata sulla quale è avvolto uno spago, legato per un'estremità al dito del giocatore; lasciando cadere la rotella, questa risale da sola.

yprìte /i'prite/ ● V. *iprite*.

ỳpsilon /'ipsilon/ ● V. *ipsilon*.

ỳttrio /'ittrjo/ ● V. *ittrio*.

yüan /*cin.* ɥan/ [vc. cin. (*yüan*), letteralmente 'rotondo, circolare'] **s. m. inv.** ● Unità monetaria della Repubblica Popolare Cinese.

yùcca /'jukka/ o **iùcca** [vc. sp., di provenienza messicana e origine incerta] **s. f.** ● Liliacea americana cespitosa e arborea con fusto rivestito da foglie lineari, spinose all'apice, fiori bianchi penduli in pannocchie, coltivata in molte varietà (*Yucca*).

yùppie /'juppi, *ingl.* 'jʌppi/ [vc. ingl., der. da *yup* (*young urban professional* 'giovane professionista cittadino')] **s. m. e f. inv.** ● Giovane professionista, molto curato nell'aspetto, freneticamente attivo, sempre al corrente di tutte le novità, la cui ambizione è raggiungere un'elevata posizione sociale, economica, politica e sim.

yuppìṣmo /jup'pizmo/ **s. m.** ● Comportamento, modo di pensare e di agire da yuppie.

yùrta /'jurta/ ● V. *iurta*.

yuyù /ju'ju*/ [vc. di origine orient.: da un dial. cin. (?)] **s. m. inv.** ● Piccola barca a un remo, fissato a poppa, usata in Cina.

z, Z

I suoni rappresentati in italiano dalla lettera *Z* sono quelli delle due consonanti affricate alveolari: la *Z* sorda o aspra /ts/ e la *Z* sonora o dolce /dz/. In tutte le posizioni in cui la lettera *Z* si può trovare, si danno casi di pronunzia sorda e casi di pronunzia sonora. Così in principio di parola (es. *zìo* /*'tsio/ contro *ẓòo* /*'dzɔo/); così dopo consonante (es. *lónza* /'lontsa/ contro *rónẓa* /'rondza/); così in mezzo a due vocali (es. *pàzza* /'pattsa/ contro *bàẓẓa* /'baddza/); così tra una vocale e una semiconsonante (es. *azióne* /at'tsjone/ contro *aẓiènda* /ad'dzjɛnda/). Si può dire solo, in generale, che la *Z* sonora è assai meno frequente di quella sorda ed è poi particolarmente rara, sempre in confronto a quella sorda, se preceduta da *L* oppure se seguita da *I* tonico o atono, seguito a sua volta da altra vocale. Sorda o sonora, la *Z* non è mai di grado tenue, nell'uso più corretto: in mezzo a due vocali o tra vocale e semiconsonante è sempre di grado rafforzato (es. *màzzo* /'mattso/, *gàẓẓa* /'gaddza/, *pòco zùcchero* /'pɔko t'tsukkero/, *sótto ẓèro* /'sotto d'dzɛro/), nelle altre posizioni è sempre di grado medio (es. *màrzo* /'martso/, *gàrẓa* /'gardza/, *con zùcchero* /kon 'tsukkero/, *per ẓèro* /per 'dzɛro/). Del tutto eccezionali sono i casi di *Z* seguita da consonante e di *Z* finale di parola. La *Z* è sempre scritta scempia nelle posizioni corrispondenti al grado medio. Al grado rafforzato corrisponde di regola una grafia doppia, nell'interno di parola (con alquante eccezioni, soprattutto in grecismi e altri forestierismi: es. *aẓalèa* /addza'lɛa/, *riẓòma* /rid'dzɔma/, *nazìsta* /nat'tsista/, da confrontare con *aẓẓàrdo* /ad'dzardo/, *ruẓẓàre* /rud'dzare/, *razzìsta* /rat'tsista/); si ha però di solito grafia scempia davanti a una *I* tonica o atona, seguita a sua volta da altra vocale (con eccezioni in parole derivate da altre con *Z* doppia: es. *pazzìa* /pat'tsia/, *mazzière* /mat'tsjɛre/, da confrontare con *abbazìa* /abbat'tsia/, *dazière* /dat'tsjɛre/).

z, Z /nome per esteso: *zeta*/ s. f. o m. ● Ventunesima lettera dell'alfabeto italiano: *z minuscola*, *Z maiuscolo* | (*raro*) *Dall'a alla z*, (*fig.*, *est.*) dal principio alla fine | (*est.*) *Gambe a z*, storte | *Z come Zara*, nella compitazione, spec. telefonica, delle parole | (*mat.*) Simbolo letterale per indicare un'incognita di un'equazione o la variabile di una funzione; in un sistema di coordinate nello spazio, individua i punti su uno dei tre assi.

ẓa [vc. onomat.] inter. ● Riproduce il rumore di un colpo piatto che scende fendendo l'aria: *prese una riga e za! sulle mani.*

ẓabaióne o (*evit.*) **ẓabaglióne** [etim. discussa: collegata con il lat. tardo *sabāia* 'specie di bevanda (d'orzo) ordinaria', di origine illirica (?)] s. m. ***1*** Crema spumosa che si ha sbattendo tuorli d'uovo con zucchero, aggiungendovi marsala o altro vino liquoroso, e cuocendo il tutto a bagnomaria: *fare, bersi uno z.* ***2*** (*est.*) Liquore a base di zabaione. ***3*** (*fig.*, *raro*) Mescolanza, confusione spec. di idee, frasi, espressioni. || **zabaioncino**, dim.

†**ẓabattièro** [deriv. dal sett. *zavata* con sovrapposizione del corrisp. *ciabatta*] s. m. ● Ciabattino.

†**ẓabìbo** ● V. *zibibbo*.

ẓàbro [gr. *zabrós* 'che mangia molto', di forma e origine incerte] s. m. ● Coleottero con lunghe e robuste mandibole che rode culmi e spighe del frumento e, come larve, radici (*Zabrus tenebrioides*).

ẓac o **ẓàcchete** [vc. onomat.] inter. ● Riproduce il rumore di un colpo o di un taglio secco, rapido, netto e improvviso: *tutt'a un tratto zac! gli lasciò andare un ceffone*; *perse la pazienza e zac zac zac, con le forbici gli tagliò i capelli* | *Zic zac*, riproduce il susseguirsi di due tagli o strappi rapidi, netti o il movimento rapido e secco di q.c.

†**zaccaràle** [etim. incerta] s. m. ● Strettoio, colatoio.

†**zàccaro** s. m. ● Zacchera.

zàcchera [longob. *zahhar* 'lacrima, goccia (che cade)', di origine onomat.] s. f. ***1*** Schizzo di mota, di fango che resta attaccato al fondo degli abiti o alle scarpe. ***2*** (*fig.*, *raro*) Bagattella, bazzecola, piccolezza | *Osservare ogni pelo e ogni z.*, essere minuzioso, pedante, preciso fino all'esasperazione. ***3*** †Caccola sulla lana di capre o pecore. || **zaccherèlla**, dim. | **zaccherétta**, dim. | **zaccherùzza**, dim. pegg.

zaccheróne s. m. (f. *-a*) ***1*** (*fam.*) Chi si inzacchera molto o abitualmente. ***2*** (*fig.*, *raro*) Persona dall'aspetto sciatto, sudicio.

zaccheróso agg. ● Schizzato di fango: *scarpe zaccherose.*

zàcchete ● V. *zac*.

†**zacconàto** /*tsakko'nato?/ [etim. incerta] vc. ● Solo nella loc. *andare z.*, andare a zonzo.

ẓaf ● V. *zaff*.

†**zafardàta** [etim. incerta] s. f. ● (*raro*) Colpo dato con una cosa imbrattata.

†**zafardóso** [V. *zafardata*] agg. ● Imbrattato, sporco.

zaff /*dzaf/ o **ẓaf**, **ẓaffe**, **ẓàffete** [vc. onomat.] inter. ***1*** Riproduce il rumore di un colpo, di uno strappo, di un taglio secco, deciso, improvviso: *e z. gli tagliò la testa* | *Ziff z.*, riproduce il rapido susseguirsi di due strappi o tagli su un materiale leggero. ***2*** (*scherz.*, *fig.*) Si usa per indicare l'azione del ghermire, dello strappare q.c. a qc. improvvisamente e con rapidità: *il gatto saltò sul tavolo e z.! via con la carne!*

zaffaménto s. m. ● (*raro*) Modo, atto dello zaffare (1).

ẓàffara ● V. *zaffera*.

zaffàre (1) [da *zaffo (1)*] v. tr. ***1*** (*med.*) Tamponare con lo zaffo: *z. una ferita.* ***2*** (*enol.*) Turare, tappare con lo zaffo: *z. un tino.*

†**zaffàre (2)** [vc. di provenienza venez. (ant. *zafàr* 'acciuffare') e di origine imit.] v. tr. ● Pigliare, trattenere qc. con la violenza | Arrestare.

zaffàta (1) [da *zaffare (1)*] s. f. ***1*** Tanfo improvviso che impedisce il respiro. ***2*** Getto di liquido o di gas che all'improvviso raggiunge la faccia o colpisce addosso. SIN. Spruzzo. || **zaffatàccia**, pegg. | **zaffatina**, dim.

zaffàta (2) [da †*zaffare (2)*] s. f. ● (*raro*) Biasimo, rimprovero: *il Piovano ... mi dava alquante zaffate per gli sconci che vedeva nel muro* (NIEVO) | Scherno.

zaffatùra [da *zaffare (1)*] s. f. ***1*** Atto, effetto dello zaffare. ***2*** (*enol.*, *raro*) Zaffo.

ẓàffe ● V. *zaff*.

ẓàffera o **ẓàffara** [gr. *sáppheiros*, che designava propriamente il 'lapislazzuli'] s. f. ● Mistura vitrea a base di cobalto, azzurra, turchina o violetta, per la tintura dei vetri e delle maioliche.

ẓafferanàto agg. ***1*** Condito con zafferano: *riso z.* ***2*** Del colore dello zafferano.

ẓafferàno [dall'ar. *za'farān* 'croco'] **A** s. m. ***1*** Erba delle Iridacee con foglie lineari verdi e due fiori utili per estrarre la droga omonima (*Crocus sativus*) | (*pop.*) *Z. bastardo*, colchico | (*pop.*) *Z. falso*, cartamo. ➡ ILL. **spezie**. ***2*** Droga giallo-rossa che si ottiene dagli stigmi polverizzati della pianta omonima e si usa spec. in cucina o in farmacia: *risotto allo z.* | *Giallo come lo z.*, giallo intenso. **B** in funzione di agg. inv. ● (posposto al s.) Detto di colore giallo intenso: *vestito z.* | *Gabbiano z.*, piccolo gabbiano dal vivace e intenso colore giallo che vive a gruppi sulle coste nord-europee (*Larus fuscus*).

ẓafferanóne s. m. ● (*bot.*) Cartamo.

ẓàffete ● V. *zaff*.

ẓaffirìno [lat. *sapphirīnu(m)*, da *sapphīrus* 'zaffiro'] agg. ***1*** Di zaffiro: *gemme zaffirine.* ***2*** Simile allo zaffiro, spec. nel colore: *cielo z.*

ẓaffìro o (*evit.*) **ẓàffiro**, †**saffìro**, †**ẓafìro** [lat. *sapphīru(m)*, dal gr. *sáppheiros*, propr. 'lapislazzuli', di orig. semitica] s. m. ● Varietà azzurra di corindone | (*fig.*) *Cielo di z.*, azzurro e trasparente. || **zaffirétto**, dim. | **zaffirino**, dim.

ẓàffo (1) [longob. *zapfo*, parallelo di *tappo*, dal germ. *tappôn* 'tappare'] s. m. ***1*** (*enol.*) Tappo di legno ricoperto di ovatta per chiudere la cannella delle botti o dei tini | *Z. da botte*, (*fig.*) persona piccola. ***2*** (*chir.*, *med.*) Tratto di benda, per lo più arrotolata, per medicazione, tamponamento o drenaggio. SIN. Stuello, tampone. ***3*** Borra, stoppaccio. ***4*** (*mar.*) Tappo dell'alleggio.

†**zàffo (2)** [da †*zaffare (2)*] s. m. ● Sbirro.

†**ẓafìro** ● V. *zaffiro*.

ẓàfra [vc. sp., dal port. *safra* 'raccolta, mietitura', d'origine incerta (forse ar.)] s. f. ● Raccolta e lavorazione della canna da zucchero, a Cuba.

ẓagàglia [berbero *zagāja* 'giavellotto', passato all'ar. dall'Africa sett., nei cui dialetti tuttora vive] s. f. ***1*** Lunga arma su asta, in uso sino al sec. XVI. ***2*** Tipica arma sudafricana in forma di corto giavellotto dalla punta di ferro e dal legno leggero e molto resistente. || **zagagliétta**, dim.

ẓagagliàta s. f. ● Colpo dato con la zagaglia.

†**ẓaganèlla** o †**ẓagonèlla** [etim. discussa: assieme a tante altre vc. merid., da ammettere alla famiglia di *sagola* (?)] s. f. ***1*** Sorta di grossa fune. ***2*** Orlatura listata con fili d'argento e d'oro. ***3*** Beffa, scherno | *Attaccare le zaganelle*, deridere, beffare.

ẓàgara [ar. *zahar*, da *zahr* 'fiore'] s. f. ● Fiore d'arancio.

ẓagarèlla [var. di *zaganella*] s. f. ● Striscia scura lungo il dorso del manto degli Equidi.

ẓaglòsso [comp. del pref. ints. gr. *za-* e del gr. *glôssa* 'lingua' (V. *glossa (1)*): detto così per il rostro particolarmente prolungato] s. m. ● Genere di Mammiferi monotremi viventi nella Nuova Guinea, caratterizzati da arti e cranio allungati, rostro più lungo di quello delle echidne, aculei lunghi ma non fitti (*Zaglossus*) | Ogni animale appartenente a tale genere.

†**ẓagonèlla** ● V. †*zaganella*.

ẓaidìta [dal n. del fondatore della setta, *Zaid* (*ibn 'Alī*)] s. m. e f. (pl. m. *-i*) ● Seguace di una setta musulmana sciita, caratterizzata dalla moderatezza delle opinioni religiose e politiche.

†**ẓàina** ● V. *zana*.

ẓainétto s. m. ***1*** Dim. di *zaino (2)*. ***2*** Zaino di dimensioni ridotte, usato spec. dai giovani per il trasporto di libri, attrezzature sportive, effetti personali.

ẓàino (**1**) o †**ẓàno** [longob. *zaina* 'corbello, cesto'] **s. m.** ● Sacco di tela o altro materiale impermeabile e resistente che, munito di cinghie per essere caricato e trasportato sulle spalle, contiene il corredo personale e oggetti vari di militari, alpinisti, gitanti e sim.: *z. in spalla!*; *z. a terra!* | (*mil.*) *Affardellare lo z.*, disporvi dentro, con ordine le cose di cui va riempito | *A z.*, detto di oggetto che si porta appeso alle spalle: *irroratrice a z.* ➡ **ILL.** p. 1296 SPORT; **campeggiatore**. || **zainétto**, **dim.** (V.)

ẓàino (**2**) [etim. discussa: applicazione particolare di *zaino* (*1*) (?)] **agg.** ● Detto di colore di mantello equino scuro, senza nessun pelo bianco.

ẓaìre /*dza'ire, *port.* 'zairə, *fr.* za'ir/ [dal n. dello Stato (*Zaire*), che è la forma portoghese di *Nzari*, ant. n. locale del fiume Congo] **s. m. inv.** ● Unità monetaria circolante nella Repubblica dello Zaire, Stato dell'Africa equatoriale.

ẓairése [da *Zaire* (V. *zaire*)] **agg.**; anche **s. m.** e **f.** ● Zairiano.

ẓairiàno [da *Zaire* (V. *zaire*)] **A agg.** ● Dello Zaire, repubblica dell'Africa equatoriale. **B s. m.** ● Nativo, abitante dello Zaire.

ẓairòta [da *Zaire* (V. *zaire*)] **agg.**; anche **s. m.** e **f.** (**pl. m.** *-i*) ● (*raro*) Zairiano.

ẓalòfo [lat. sc. *zalōphus*, vc. d'origine non accertata] **s. m.** ● Genere di Mammiferi carnivori pinnipedi caratterizzati da corpo slanciato con capo sottile e appuntito, mantello di colore bruno privo di criniera e voce simile a un latrato (*Zalophus*) | Ogni animale appartenente a tale genere.

ẓàma [prob. dalle iniziali dei suoi componenti: *z*(*inco*), *a*(*lluminio*), *m*(*agnesio*) e la finale di (*leg*)*a*] **s. f.** ● (*metall.*) Lega di zinco con alluminio, magnesio e rame in varie percentuali, usata spec. per pressofusioni di particolari di forma molto complicata.

†**ẓamàrra** ● V. *zimarra*.

ẓamberlùcco [dal turco *yāğmūrluq* 'mantello per la pioggia (*yāğmūr*)'] **s. m.** (**pl.** *-chi*) **1** Lunga sopravveste con ampio cappuccio usata un tempo da alcuni popoli orientali. **2** (*est.*, *scherz.*) Palandrana, ampia e lunga veste.

ẓambiàno [da *Zambia*] **A agg.** ● Dello Zambia, repubblica dell'Africa australe corrispondente all'ex Rhodesia del Nord. **B s. m.** ● Nativo, abitante dello Zambia.

zambo /*sp.* 'θambo/ [vc. sp., propr. 'testardo', di etim. incerta (forse stessa origine dell'it. *strambo*)] **s. m. inv.** ● Meticcio dell'America latina, nato dall'unione di un genitore indio e di un genitore nero di origine africana.

†**ẓàmbra** o **zàmbra**, †**sàmbra** [ant. fr. *chambre*, dal lat. *cămara* 'camera'] **s. f. 1** Camera, stanza. **2** Ritirata, gabinetto.

†**ẓambràcca** o **zambràcca** [da †*zambra* col suff. di (*baldr*)*acca* e d'altri spreg.] **s. f. 1** Cameriera, spec. sudicia e sciatta. **2** Meretrice, baldracca. || †**zambraccàccia**, **pegg.**

†**ẓambràccola** o **zambràccola** **s. f.** ● Zambracca.

†**ẓambùco** ● V. *sambuco* (*2*).

zàmpa [etim. incerta: forse sovrapp. di *zanca* a *gamba*] **s. f. 1** (*zool.*) Ciascuno degli arti degli animali: *le zampe di un elefante, di un cavallo, di un daino* | (*pop.*) Parte terminale dell'arto di alcuni animali, anche nel loro eventuale uso di cucina: *al mio cane si è confitta una spina nella z.*; *le zampe del pollo*; *una z. di vitella* | *Falsa z.*, pseudozampa | *Zampe di gallina, di mosca*, (*fig.*, *scherz.*) calligrafia illeggibile per la sua irregolarità | *Zampe di gallina*, (*fig.*) grinze intorno agli occhi, spec. nelle persone anziane. ➡ **ILL. zoologia generale**. **2** (*fig.*, *spec. al pl.*, *spreg.*) Gamba dell'uomo: *un bel paio di zampe* | *A quattro zampe*, carponi | *Leccare le zampe a qc.*, adularlo | (*fig.*, *scherz.*) Mano dell'uomo: *qua la z.!*; *giù le zampe!* **3** (*raro*, *est.*) Gamba o piede di un mobile: *le zampe del tavolo, dell'armadio*. **4** (*est.*, *aer.*) Sostegno telescopico di modulo o altro veicolo lunare, usato per l'atterraggio. **5** (*est.*) Compare anche in numerose locuzioni col sign. di elemento, organo, dispositivo, struttura, sistema e sim. che per la forma o la funzione ricorda la zampa di un animale | (*min.*) *Z. di bove*, attrezzo costituito da una forcella sorretta da snodo girevole, usato per sorreggere la batteria di perforazione della sonda durante le manovre | (*ferr.*) *Z. di lepre*, rotaie di risvolta, facenti parte del crociamento del deviatoio in corrispondenza dell'intersezione di due rotaie | (*tecnol.*) *Zampe di gallo*, sorta di treppiede per poggiarvi le ceramiche da cuocere nella fornace | (*tecnol. mecc.*) *Z. di ragno*, ciascuna delle scanalature praticate nella superficie interna di un cuscinetto a strisciamento per facilitare la distribuzione del lubrificante | (*mil.*) *Z. d'oca*, nelle fortificazioni antiche, struttura muraria rotonda od ovale, munita di parapetto, costruita gener. nel fosso a difesa di altre strutture | (*edil.*) *Z. d'oca*, gradino con pedata trapezoidale posto nei tratti in curva di una rampa di scale | (*mar.*) *Z. d'oca*, patta d'oca | (*anat.*) *Z. d'oca*, espansione del tendine in corrispondenza della tuberosità interna della tibia | (*aer.*) *Z. d'oca*, piè d'oca | (*sport*) *Zampe di gatto*, in alpinismo, le pedule | *Pantaloni a z. d'elefante*, a campana, che si allargano verso il basso. **6** (*est.*, *abbigl.*) In pellicceria, pelliccia confezionata con la pelle della zampa di un animale. || **zampàccia**, **pegg.** | **zampétta**, **dim.** | **zampétto**, **dim. m.** (V.) | **zampìna**, **dim.** (V.) | **zampìno**, **dim. m.** (V.) | **zampóna**, **accr.** | **zampóne**, **accr. m.** (V.).

zampàre [da *zampa*] **A v. intr.** (aus. *avere*) **1** Percuotere il suolo con le zampe anteriori stando fermo, detto spec. di cavalli. **SIN.** Scalpitare. **2** (*raro*, *est.*) Battere i piedi in terra facendo strepito, detto di persona. **B v. tr.** ● (*raro*) Percuotere con la zampa.

zampàta **s. f. 1** Colpo di zampa. **2** (*est.*) Calcio dato da una persona | *Dare una z. a qc.*, (*fig.*) fargli uno sgarbo. **3** Impronta della zampa di un animale: *le zampate del cavallo sul terreno* | (*fig.*) Impronta geniale, segno caratteristico: *nel film si nota la z. del grande regista*. || **zampatàccia**, **pegg.** | **zampatìna**, **dim.**

zampeggiàre [comp. da *zampa* e *-eggiare*] **v. intr.** (*io zampéggio*; aus. *avere*) **1** Battere, percuotere il terreno con le zampe. **SIN.** Scalpitare. **2** (*tosc.*) Agitare le zampe, detto dei buoi.

zampettàre [da *zampetta*, dim. di *zampa*] **v. intr.** (*io zampétto*; aus. *avere*) **1** Muoversi velocemente, detto di animali con zampe piccole o minute. **2** (*est.*, *scherz.*) Sgambettare: *la bimba zampetta nel bosco*.

zampétto **s. m. 1** Dim. di *zampa*. **2** (*cuc.*) Zampa lessa di vitello, agnello, maiale.

zampicàre [da *zampa*] **v. intr.** (*io zàmpico, tu zàmpichi*; aus. *avere*) ● Inciampare.

zampillaménto **s. m.** ● (*raro*) Modo, atto dello zampillare.

zampillànte **part. pres.** di *zampillare*; anche **agg.** ● Nei sign. del v.

zampillàre [vc. onomat.] **A v. intr.** (aus. *essere* e *avere*) ● Sgorgare con impeto verso l'alto formando uno zampillo: *l'acqua da viva pomice zampilla* (POLIZIANO); *un getto di sangue zampilla dalla ferita*. **SIN.** Sprizzare. **B v. tr.** ● (*raro*) Fare zampillare: *la fontana zampilla un getto d'acqua*.

zampillìo **s. m. 1** Atto dello zampillare alquanto discontinuo. **2** Insieme di zampilli.

zampìllo [da *zampillare*] **s. m.** ● Sottile getto d'acqua o altro liquido che sgorga con impeto verso l'alto e ricade in basso: *gli zampilli di una fontana*. || **zampillétto**, **dim.**

zampìna **s. f. 1** Dim. di *zampa*. **2** Sostegno di ferro scalettato dello spiedo.

zampìno **s. m. 1** Dim. di *zampa* | *Mettere lo z. in q.c.*, (*fig.*) immischiarsi, intromettersi più o meno apertamente, per influire sull'esito di q.c., spec. a proprio favore: *ci ha messo uno z. quel frate in quest'affare* (MANZONI) | *Lo z. del diavolo*, causa imprevista che manda all'aria, fa fallire un'impresa ben studiata e destinata altrimenti al successo. **2** (*est.*, *iron.*) Grinfia, artiglio | *Mettere lo z. addosso a qc. o a q.c.*, acchiappare, prendere qc. o impadronirsi di q.c. **3** (*cuc.*) Zampetto || **PROV.** Tanto va la gatta al lardo che ci lascia lo zampino.

ẓampiróne o **zampiróne** [dal n. dell'inventore e produttore, *Zampironi*] **s. m. 1** Piccola spirale o stecca di apposite sostanze compresse che, bruciando lentamente, scaccia zanzare o insetti molesti. **2** (*est.*, *scherz.*) Sigaretta di qualità scadente.

zampógna o **ẓampógna** o (*raro*, *lett.*) **sampógna** [lat. parl. *sumpōnia*(*m*) per *symphōnia*(*m*), dal gr. *symphonía* 'sinfonia, concerto'] **s. f. 1** Strumento musicale ad ancia, simile alla cornamusa, tipico dei pastori dell'Italia centro-meridionale, costituito da una sacca di pelle, con funzioni di mantice, dove l'aria viene immessa mediante un'apposita canna e in cui sono innestate una canna ad ancia, per eseguire la melodia, e una o più altre con funzione di bordone. ➡ **ILL. musica**. **2** (*raro*, *lett.*, *mus.*) Siringa. **3** (*raro*, *region.*) Piffero, zufolo di contadini. **4** Nella caccia, richiamo a fiato con cui si imita il verso della folaga. || **zampognétta**, **dim.** | **zampognìno**, **dim. m.**

zampognàre o **ẓampognàre** **v. intr.** (*io zampógno* o *ẓampógno*; aus. *avere*) ● (*raro*) Suonare la zampogna.

zampognàro o **ẓampognàro** **s. m.** ● Suonatore di zampogna.

zampóne **s. m. 1** Accr. di *zampa*. **2** Zampa anteriore di maiale svuotata e riempita di carne trinciata, salata e drogata, da lessare: *lo z. di Modena*.

zàna o **ẓàna**, †**zàina** [longob. *zaina* 'cesta', spesso usata anche come 'culla'] **s. f. 1** Cesta ovale, intessuta di sottili strisce di legno. **2** Quantità di roba contenibile in una zana. **3** Culla a forma di zana, fermata su due legni convessi che fungono da arcioni. **4** Avvallamento del suolo dove si forma una pozzanghera o ristagna l'acqua. **5** (*fig.*) †Inganno | *Appiccar zane*, imbrogliare. || **zanèlla**, **dim.** (V.).

zanàio o **ẓanàio**, (*dial.*), **zanàro** **s. m.** ● Fabbricante di zane.

†**zanaiòlo** o **ẓanaiòlo** **s. m.** ● Facchino che portava merci a domicilio con la zana.

zanàro o **ẓanàro** ● V. *zanaio*.

zanàta o **ẓanàta** **s. f.** ● Quantità di roba contenibile in una zana.

zànca [etim. discussa: lat. tardo *zănca*(*m*), *tzănga*(*m*) 'sorta di calzatura', di origine persiana (*zanga* 'gamba') (?)] **s. f. 1** Pezzo di ferro, di svariate forme, per collegare fra loro conci in lavori di muratura, parti di costruzioni, legnami e sim. **SIN.** Grappa (1). **2** †Gamba. **3** (*al pl.*) †Trampoli.

†**zancàto** [da *zanca*] **agg.** ● Ripiegato da un capo, detto di leve, aste e sim.: *io stesso tentai con una semplice e poco pesante leva zancata di alzare il peso* (GALILEI).

zanèlla (**1**) o **ẓanèlla** **s. f. 1** Dim. di *zana*. **2** Cunetta, spec. di strada di campagna | Fossetta di scolo, nelle stalle.

ẓanèlla (**2**) [etim. incerta] **s. f.** ● Tessuto di cotone per fodere, simile al satin.

†**zanfrìno** /*tsan'frino?/ [etim. incerta] **s. m.** ● Testiera, di ferro o di cuoio, parte della barda del cavallo a difesa della testa.

zàngola o **ẓàngola** [dim. di **zanga*, da *zana* (?)] **s. f. 1** Apparecchio per fare il burro agitando e sbattendo la panna del latte, solitamente in forma di botticella. **2** Catino di legno ove i salumai mettono in molle il baccalà e sim.

zangolatóre o **ẓangolatóre** **s. m.** ● Operaio del burrificio addetto alla zangola.

zangolatùra o **ẓangolatùra** [da *zangola*] **s. f.** ● Sbattimento della crema per fare il burro.

ẓangóne [accr. del venez. *zanca* nel senso di '(oggetto, cosa) storta'] **s. m.** ● (*mar.*) Forcaccio.

zànna o †**sànna** [longob. *zann* 'dente', di origine indeur.] **s. f. 1** Ciascuno dei robusti e sviluppatissimi denti sporgenti dalla mascella di alcuni mammiferi: *le zanne dell'elefante, del cinghiale*. **2** Ciascuno dei denti ben sviluppati di animali spec. carnivori | Ciascuno dei denti veleniferi dei serpenti. **3** (*est.*, *spreg.* o *scherz.*) Dente umano grande o lungo | (*spec. al pl.*, *fig.*) Dente di persona ingorda o minacciosa spec. in alcune loc.: *dar di zanne*, *affondare le zanne*, addentare voracemente; *mostrare le zanne a qc.*, (*fig.*) minacciarlo; *levare le zanne a qc.*, (*fig.*) renderlo inoffensivo. **4** Pezzo od oggetto d'osso o d'altro che si dà ai bambini per tenerlo in bocca durante la dentizione. **SIN.** Dentaruolo. **5** Strumento d'osso per lisciare o lustrare, usato spec. un tempo in oreficeria e legatoria. || **zannìna**, **dim.**

zannàre [da *zanna*] **v. tr. 1** Azzannare. **2** Lustrare, brunire con la zanna: *z. l'oro, l'argento* | Lisciare, appianare con la zanna: *z. la pergamena*.

zannàta (**1**) **s. f. 1** Colpo di zanna | (*est.*) Morso. **2** Segno lasciato dal morso.

zannàta (2) s. f. ● (*raro*) Atto, frase, comportamento da zanni | (*est.*) Buffonata, pagliacciata | (*est.*) Balordaggine.

zannerìa [da *zanni*] s. f. ● (*raro*) Buffoneria.

zannésco agg. (pl. m. *-schi*) ● (*raro*) Di, da zanni: *discorso z.* | (*est.*) Buffonesco.

zànni [dal soprannome venez. dei servi bergamaschi nel teatro rinascimentale *Zan(i)* 'Giovanni'] s. m. **1** Tipo del servo semplice e goffo nella commedia dell'arte. **2** (*est.*) Persona goffa e ridicola: *fare lo z.* SIN. Buffone, pagliaccio.

zannichèllia [dal n. del naturalista it. G. G. *Zannichelli*] s. f. ● Pianta della famiglia delle Potamogetonacee, comune nelle acque dolci come erba sommersa (*Zannichellia palustris*).

zannùto o †sannùto. agg. **1** Provvisto di zanne: *cinghiale z.* **2** (*est., spreg.*) Che ha denti grandi o lunghi, detto di persona.

†**zàno** ● V. *zaino (1)*.

zanzàra o †zanzàla, †zanzàna, †zenzàra [lat. tardo *zinzāla(m)*, di origine onomat.] s. f. **1** Famiglia di piccoli insetti dei Ditteri, sviluppantisi sempre nell'acqua, con corpo snello, arti e antenne lunghi e filiformi, due ali, e apparato boccale sporgente che nella femmina serve a pungere e succhiare il sangue dell'uomo e di altri animali (*Culicidae*) | Ogni individuo di tale famiglia | *Z. anofele*, quella che trasmette il plasmodio della malaria (*Anopheles maculipennis*). **2** (*fig.*) Persona noiosa, fastidiosa, molesta spec. per la sua insistenza | (*fig.*) *Vocino di z.*, voce acuta e sottile come il ronzio dell'insetto omonimo. || **zanzarétta**, dim. | **zanzarìna**, dim. | **zanzarìno**, dim. m. | **zanzaróne**, accr. m. (V.).

zanzarìcida [comp. di *zanzara* e *-cida*] **A** s. m. (pl. *-i*) ● Preparato insetticida specifico per le zanzare. **B** anche agg.: *sostanza z.*

zanzarièra s. f. ● Velo a rete di maglie finissime posto intorno e sopra al letto per proteggere dalle zanzare | Schermo di fitta rete metallica posto a porte e finestre per impedire l'entrata delle zanzare.

zanzarière s. m. ● (*raro*) Zanzariera.

zanzarìfugo [comp. di *zanzara* e *-fugo*] **A** s. m. (pl. *-ghi*) ● Prodotto di varia consistenza da applicare sulla pelle per tenere lontane le zanzare. **B** anche agg.: *uno stick z.*

zanzaróne s. m. **1** Accr. di *zanzara*. **2** (*zool., pop.*) *z. dei boschi*, (*ell.*) *zanzarone*, tipula.

†**zanzeràre** **A** v. intr. ● Ronzare, detto delle zanzare. **B** v. tr. ● (*fig.*) Recitare a voce bassissima.

†**zànzero** [etim. incerta] s. m. ● Compagno di bagordi.

zapateado /*sp.* θapate'ado/ [vc. sp., che allude al battere dei piedi (*zapatear*, da *zapato* 'scarpa (bassa)', della stessa origine dell'it. *ciabatta*), caratteristico di questo ballo] s. m. inv. ● Vivace danza popolare spagnola, a solo, in cui il tempo vien scandito battendo ritmicamente i talloni sul pavimento.

zàppa [lat. tardo *săppa(m)* 'sorta di zappone': dall'illirico *zapp-* 'capro' per i due denti, richiamanti le corna dell'animale (?)] s. f. **1** Attrezzo manuale per lavorare il terreno, formato da una lama di ferro di forma e dimensioni diverse, fissata ad angolo ad un manico di legno: *z. rettangolare, trapezoidale, a cuore, quadra* | *Z. a dente appuntito*, piccone | *Z. a due denti, a due rebbi*, bidente | *Z. a tre denti, a tre rebbi*, tridente | *Z. composta*, con due utensili di diversa foggia opposti | *Z. meccanica*, zappatrice | *Darsi la zappa sui piedi*, (*fig.*) ragionare contro il proprio stesso assunto, nuocersi involontariamente. **2** (*mil.*) Strumento simile alla zappa usato un tempo dagli zappatori e guastatori per lavori di sterro e scasso. **3** (*mil.*) Fosso, più stretto della trincea propriamente detta, scavato dagli zappatori in vicinanza delle opere fortificate del nemico durante le operazioni di assedio, fino al XIX sec. | *Z. piena*, fosso protetto durante lo scavo da un gabbione coperto da fascine, che si faceva via via rotolare in avanti, sino a raggiungere progressivamente la profondità e larghezza volute | *Z. coperta*, fosso sotterraneo | *Z. volante*, fosso ricavato mediante gabbioni che si riempivano successivamente di terra e andavano a formare il rivestimento interno della scarpa del parapetto | *Lavori di z.*, di fortificazione campale. **4** (*sett.*) Rete per la pesca delle lamprede. **5** (*raro, pop.*) Segno del numero sette, fatto a zappa | †*Essere alle due zappe*, avere settantasette anni. || **zappétta**, dim. (V.) | **zappettìna**, dim. | **zappétto**, dim. m. | **zappìna**, dim. | **zappóna**, accr. | **zappóne**, accr. m. (V.).

zappacavàllo [comp. di *zappa(trice)* e *cavallo*] s. f. (pl. *zappecavàllo*) ● Macchina zappatrice a trazione animale.

†**zappadóre** ● V. *zappatore*.

zappaménto s. m. ● (*raro*) Modo, atto dello zappare.

zappàre v. tr. **1** Lavorare con la zappa (*anche ass.*): *z. la vigna*; *mettersi a z.* | *Z. la terra*, (*fig.*) fare il contadino e (*est.*) vivere in campagna | *Star coi frati e zappar l'orto*, (*fig.*) fingere di ignorare | (*spreg.*) *Z. l'organo, il piano*, suonarli male | *Z. i denari, i quattrini*, estrarli come dalla terra, averne molti | (*raro*) *Z. nella rena, nell'acqua*, (*fig.*) fare un lavoro inutile. **2** Scavare fossi, buche, trincee e gener. opere di fortificazione. **3** (*fig.*) †Scalpitare, detto di cavalli e sim.

zappàta s. f. **1** Colpo di zappa. **2** Lavoro fatto con la zappa | Lo zappare alla svelta: *dare una z. all'orto*. || **zappatìna**, dim.

zappatèrra [comp. di *zappa(re)* e *terra*] s. m. inv. **1** (*spreg.*) Chi lavora la terra con la zappa | (*est.*) Contadino. **2** (*fig.*) Persona rozza, incolta e volgare.

zappàto part. pass. di *zappare*; anche agg. ● Nei sign. del v.

zappatóre o (*poet.*) †zappadóre **A** s. m. (f. *-trice*) **1** Chi per mestiere zappa la terra | (*est.*) Contadino: *l'avaro zappador l'arme riprende* (PETRARCA). **2** (*mil.*) Soldato addetto spec. un tempo ai lavori di zappa, nei reparti di fanteria | Soldato del genio, fino al secondo conflitto mondiale. || **zappatorèllo**, dim. **B** agg. ● Che zappa.

zappatrìce [da *zappare*] s. f. ● Macchina agricola per lavorare il terreno, munita di utensili rotanti per lo più a forma di zappette | Sarchiatrice. SIN. Zappa meccanica.

zappatùra s. f. **1** Atto, effetto dello zappare. **2** Terra sminuzzata e smossa dalla zappa. **3** (*raro*) Tempo in cui si zappa.

zappétta s. f. **1** Dim. di *zappa*. **2** Zappa di piccola lama o piccoli rebbi e corto manico, con cui si compiono spec. lavori di giardinaggio | Zappa composta, con lama e due rebbi opposti. || **zappettìna**, dim.

zappettàre v. tr. (*io zappétto*) **1** Lavorare con la zappetta. **2** Zappare un poco, solo in superficie: *z. il giardino*.

zappettatùra s. f. ● Atto, effetto dello zappettare.

†**zappicàre** v. tr. ● (*raro*) Calpestare come zappando.

zapping /'dzɛppin(g), *ingl.* 'zæpiŋ/ [dal v. onomat. ingl. *to zap* 'andare come il fulmine'] s. m. inv. ● Passaggio frequente e spesso casuale da un canale televisivo all'altro mediante il telecomando: *fare lo z. per evitare le interruzioni pubblicitarie*.

zapponàre v. tr. (*io zappóno*) ● Lavorare la terra con lo zappone.

zapponatùra s. f. ● Atto, effetto dello zapponare.

zappóne s. m. **1** Accr. di *zappa*. **2** Grossa zappa a lama stretta, lunga e robusta, a manico corto, per rompere il terreno sodo e sassoso e fare sterri.

zaptiè [turco *zaptiye* 'gendarmeria' da *zapt* 'l'azione di conservare, mantenere (l'ordine)', di origine ar.] s. m. inv. ● Carabiniere indigeno, nel periodo della dominazione italiana in Libia.

zar o **csar**, **czar**, **tsar**, **zar** [russo *tsar'*, dall'ant. *tsěsar'* 'imperatore', propriamente titolo di origine lat. (*Caesar* 'Cesare')] s. m. ● Titolo imperiale in uso in Russia fino al 1917 e in Bulgaria fino al 1947.

zàra [ar. *zahr* 'dado'] s. f. **1** Gioco d'azzardo con tre dadi, praticato in Italia in epoca medievale: *Quando si parte il gioco de la z.* (DANTE *Purg.* VI, 1). **2** †Ciascuno dei punti in tale gioco: *far z.* **3** (*est.*) †Rischio: *mettersi a z.* | *Z. chi tocca*, guai a chi tocca, suo danno a chi tocca.

zaratìno **A** agg. ● Di Zara, città della Dalmazia. **B** s. m. (f. *-a*) ● Abitante, nativo di Zara.

zarèvic /*tsa'rɛvitʃ/ o **csarèvic**, **czarèvic**, **tsarèvic** [russo *tsarévič*, letteralmente 'figlio (*-evič*) dello zar (*tsar'*)'] s. m. ● Principe ereditario nella Russia prima della rivoluzione del 1917.

zarìna o **csarìna**, **czarìna**, **tsarìna**, **zarìna** [russo *tsarìna*, f. di *tsar'* 'zar'] s. f. ● Donna insignita del titolo imperiale russo, prima della rivoluzione del 1917 | Moglie dello zar.

zarìsmo s. m. ● Sistema politico con a capo uno zar.

zarista **zarìsta** o **csarìsta**, **czarìsta**, **tsarìsta**, **zarìsta** **A** agg. (pl. m. *-i*) ● Concernente lo zar | Del tempo degli zar. **B** agg.; anche s. m. e f. ● Sostenitore dello zar.

†**zàro** s. m. ● Zara.

†**zaróso** [da *zara* nel senso successivo di 'rischio'] agg. ● Aleatorio, rischioso.

zarzuèla /*dzardzu'ɛla, *sp.* ðar'ðwela/ [sp. (*fiesta de*) *zarzuela*, da *zarza* 'rovo', dal n. di una piazza madrilena con la 'casa de recreo' (*Real Sitio de la Zarzuela*) dell'infante Don Fernando, adibita a spettacoli teatrali fin dal XVII sec.] s. f. inv. ● (*teat.*) Operetta spagnola seria o giocosa, mista di musica, prosa e danza.

zàtta (1) [vc. d'origine sconosciuta] s. f. ● (*region.*) Melone cantalupo.

†**zàtta (2)** [origine incerta] s. f. ● (*lett.*) Zattera.

zàttera o **zàttera**, †**zàttara**, †**zàttara** [ampliamento col suff. *-era* di †*zatta*] s. f. **1** Galleggiante costruito con tronchi legati insieme e variamente mosso a remi o pertica o vela, in uso presso i popoli allo stato primitivo o come mezzo di fortuna spec. dai naufraghi | (*mar.*) *Z. di salvataggio*, piattaforma per il salvataggio dei naufraghi con galleggianti di alluminio o elementi di gomma gonfiabili. **2** (*mar.*) Barcone di fondo piatto per lavori idraulici, traghetti o depositi di merci. **3** (*edil.*) Zatterone. || **zatterèlla**, **zatterìna**, dim. | **zatterìno**, dim. m. (V.) | **zatteróna**, accr. | **zatteróne**, accr. m. (V.).

zatteràggio o **zatteràggio** s. m. ● (*mar., econ.*) Insieme delle spese incontrate per lo scarico della merce da navi su chiatte e da queste a terra.

zatterànte o **zatterànte** [da *zattera*] s. m. ● Operaio addetto a lavori di scavo su zattera, nelle valli da pesca.

zatterière o **zatterière** s. m. ● Conduttore di zattere di legname.

zatterìno o **zatterìno** s. m. **1** Dim. di *zattera*. **2** Piccola zattera da cui si compiono lavori di pulizia sullo scafo delle navi.

zatteróne o **zatteróne** s. m. **1** Accr. di *zattera*. **2** (*mar.*) Grosso galleggiante in ferro per operazioni da sbarco, in uso fino alla prima guerra mondiale. **3** (*edil., est.*) Graticcio di tavoloni o soletta di calcestruzzo che, in una struttura di fondazione, collega le teste dei pali. **4** (*est.*) Sandalo femminile estivo con suola e tacco molto alti, generalmente di sughero.

zavòrra o †**sabòrra**, †**sabùrra**, (*sett.*) †**savòrna**, †**savòrra** [lat. *sabŭrra(m)*, vc. tecnica importata] s. f. **1** Massa pesante, solida o liquida che si mette nella nave per darle l'immersione necessaria alla sua stabilità. **2** Negli aerostati, sacchetti di sabbia sganciabili per alleggerire il peso del carico e guadagnare quota al bisogno. **3** (*fig., spreg.*) Cosa ingombrante, di poco o nessun valore: *questa stanza è piena di z.* **4** (*fig., spreg.*) Persona di scarsa levatura morale o intellettuale: *nella sua compagnia c'è molta z.*

zavorraménto s. m. ● Atto, effetto di zavorrare nave, aerostato e sim.

zavorràre o †**saborràre**, †**savorràre**. v. tr. (*io zavòrro*) ● Caricare di zavorra.

zavorratóre s. m. ● Operaio o marinaio addetto al trasporto o alla sistemazione della zavorra.

zavorratùra s. f. ● Zavorramento.

†**zazzeàre** [vc. espressiva: connessa col dial. *za* 'qua' (?)] v. intr. ● Andare a zonzo.

†**zazzeàto** /*tsattse'ato?/ part. pass. di †*zazzeare*. ● (*raro*) Solo nella loc. *andar z.*, andare a spasso, a zonzo.

zàzzera [ampl. col suff. *-era* del longob. *zazza* 'ciocca di capelli'] s. f. **1** Capigliatura, spec. maschile, lasciata crescere dietro e ricadente quasi sulle spalle. **2** (*est., spreg.* o *scherz.*) Capelli lasciati lunghi e incolti per incuria: *tagliati quella z.!* **3** Parte ruvida degli orli intonsi dei libri. SIN. Barba, riccio. || **zazzeràccia**, pegg. | **zazzerétta**, dim. | zazzerina, dim. (V.) | zazzerino, dim. m. (V.) | zazzeróne, accr. m. (V.) | zazzeròtto, accr. m.

zazzeràto agg.; anche s. m. ● (*raro*) Zazzeruto.

zazzerina s. f. *1* Dim. di *zazzera*. *2* Capigliatura femminile o infantile tagliata corta e scompigliata a bella posta.

zazzerino s. m. *1* Dim. di *zazzera*. *2* (*est.*) Chi porta la zazzera | (*fig.*) Bellimbusto.

zazzeróne s. m. *1* Accr. di *zazzera*. *2* Chi porta la zazzera | (*fig.*) †Uomo all'antica. *3* (*spreg.*) Chi ha i capelli lunghi per incuria.

zazzerùto agg. *1* Che ha la zazzera | (*est. fig.*) *Piante zazzerute*, fronzute. *2* (*est.*, *spreg.* o *scherz.*) Che ha capelli lunghi e incolti | (*raro*) Capellone.

zdanovismo /zdano'vizmo/ [dal n. di A. *Ždanov*, uomo politico sovietico, intransigente assertore e controllore della dottrina del partito comunista dell'U.R.S.S. in ogni settore culturale durante gli anni '40] s. m. ● (*polit.*) Teoria e pratica di stretto controllo dell'attività di scrittori e gener. intellettuali, esercitato da uno Stato o da un partito di ispirazione comunista, per renderla conforme alle proprie direttive ideologiche e politiche.

†**zèba** [etim. discussa: di origine prelatina (?)] s. f. ● Capra: *mei foste state qui pecore o zebe!* (DANTE *Inf.* XXXII, 15).

zebedèi [deviazione espressiva del n. biblico (dei due figli) di *Zebedeo*] s. m. pl. ● (*pop.*, *euf.*) Testicoli, spec. nella loc.: *rompere gli z.*, seccare, annoiare.

†**zebellàre** [da *zeba* (?)] v. intr. ● Saltare, saltellare.

zèbra [vc. iberica, col sign. di 'onagro' (di origine incerta), passata poi, per tramite port., nel Congo a designare l'animale esotico] s. f. *1* Mammifero africano appartenente alla famiglia degli Equidi, ungulato, d'aspetto intermedio fra quello del cavallo e quello dell'asino, con mantello a fondo bianco o giallastro o rossastro striato trasversalmente di nero o di bruno (*Hippotigris*) | *Z. di Grevy*, *z. reale*, di mole notevole ma di forme aggraziate, con strisce fitte, vivente in alcune regioni etiopiche e somale (*Dolichohippus Greyi*). *2* (*est.*, *pop.*, *al pl.*) Passaggio per pedoni attraverso una strada, delimitato da strisce bianche sul fondo scuro di questa. *3* (*est.*, *pop.*) Automobile veloce dei vigili urbani.

zebràto [da *zebra*, per la striatura del mantello] agg. ● Segnato da strisce trasversali bianche e nere o chiare e scure.

zebratùra [da *zebrato*] s. f. *1* (*zool.*) Disegno a strisce bianche e nere del mantello delle zebre. *2* (*est.*) Disegno a strisce bianche e nere, o chiare e scure | *Z. stradale*, quella che sul fondo stradale delimita il passaggio pedonale.

zebù [fr. *zébu*, di origine incerta] s. m. ● Mammifero dei Bovidi, diffuso allo stato domestico in Africa e nell'America merid., caratterizzato dalle grosse corna e dalla gobba adiposa nella regione toracica e cervicale (*Bos indicus*).

zécca (1) [longob. *zĕkka*] s. f. ● (*pop.*) Ciascuno degli appartenenti a varie specie di piccoli acari, parassiti di uomini e animali, di cui succhiano il sangue trasmettendo spesso malattie | *Zecche di mare*, (*pop.*) isopodi marini, parassiti dei pesci.

zécca (2) [ar. *sikka* 'moneta, conio' (dalla radice *sakk* 'scavare'), come riduzione di *dār as-sikka* 'casa della moneta'] s. f. ● Officina dove si coniano le monete: *la prima z. di Roma antica fu sul Campidoglio* | *Nuovo di z.*, detto di moneta appena uscita dalla zecca; (*fig.*) detto di ciò che è nuovo fiammante, mai adoperato, mai visto o sentito, del tutto inedito e sim.

zeccàre [da *zecca* (2)] v. tr. ● Coniare monete | †*Z. oro*, (*fig.*) guadagnare molto.

†**zecchière** o †**zecchièro** s. m. ● Chi dirige una zecca | Operaio di una zecca.

zecchinétta [da una deformazione di (*lan*)*zichenecchi* (V.) che lo giocavano] s. f. ● Gioco d'azzardo a carte, simile alla toppa, fatto con più carte, in cui, dopo che il banchiere ha annunziato la somma che intende rischiare e i singoli giocatori hanno dichiarato se la scommettono in tutto o in parte, si scoprono via via le carte fino a quando non se ne scopre una uguale a quella del banchiere o a quella di un giocatore.

zecchinétto s. m. ● Zecchinetta.

zecchino [ar. *sikkī*, da *sikka* 'moneta, conio; zecca (2)'] s. m. ● Ducato d'oro veneziano, coniato a Venezia nel XVI sec. | (*est.*) Qualunque moneta d'oro puro | (*est.*) *Oro di z.*, *oro z.*, oro purissimo. ➡ ILL. **moneta**.

zéccola [da *zecca* (*1*), per la forma] s. f. *1* (*raro*) Lappola (1) | (*est.*) Qualunque impurità che si attacca al vello degli animali, spec. delle pecore. *2* (*fig.*) Bazzecola, cosa di nessun conto.

†**zéccolo** [da *zecca* (*1*), per la forma] s. m. *1* (*raro*) Zeccola. *2* (*est.*, *spec. al pl.*) Fiocco di lana non bene scardassata o pettinata.

†**zediglia** ● V. *cediglia*.

zèffiro ● V. *zefiro*.

zefir o **zéphyr** [var., più prossima all'origine (fr. *zéphyr*), di *zeffiro* per la leggerezza del tessuto] s. m. inv. ● Filato o tessuto di cotone particolarmente leggero e delicato.

zèfiro o **zèffiro** [vc. dotta, lat. *zĕphyru*(*m*), dal gr. *zéphiros*: da *zóphos* 'oscuro, occidentale' (?) di origine incerta] s. m. *1* (*lett.*) Vento di ponente, spec. primaverile: *z. torna, e 'l bel tempo rimena* (PETRARCA). *2* (*est.*, *lett.*) Vento mite e leggero: *se il notturno z. / blando sui flutti spia* (FOSCOLO) | (*raro*, *fig.*) *Prospero z.*, vento favorevole, buona sorte. SIN. Brezza. *3* (*raro*, *iron.*) Corrente d'aria pungente. *4* Personificazione del vento Zefiro, nelle raffigurazioni mitologiche e letterarie. || **zefirétto**, dim.

Zeifórmi [comp. del lat. *z*(*ā*)*eus*, dal gr. *záios* 'nome di pesce', di etim. incerta, e del pl. di *-forme*] s. m. pl. ● Nella tassonomia animale, ordine di pesci Teleostei con corpo alto e compresso ai lati, grossa testa, pinna dorsale anteriore e anale a raggi spinosi (*Zeiformes*) | (al sing. *-e*) Ogni individuo di tale ordine.

zeismo [comp. di *zea* 'mais' (dal lat. *zĕa* 'specie di grano', dal gr. *ze*(*i*)*á*, di origine indeur.) e *-ismo*] s. m. ● (*med.*, *raro*) Pellagra.

zelànte [vc. dotta, lat. eccl. *zelānte*(*m*), part. pres. di *zelāre*] **A** agg. *1* Che è pieno di zelo: *z. dell'onore, del dovere*. SIN. Coscienzioso, diligente. CONTR. Indolente. *2* Che lavora con zelo: *un impiegato z.* | (*iron.* o *spreg.*) Che dimostra eccessivo zelo. || **zelanteménte**, avv. In modo zelante, con zelo: *adempiere zelantemente un ufficio*. **B** s. m. e f. ● Chi si dà da fare dimostrando un eccesso di zelo: *fa lo z. per mettersi in luce*.

zelanteria [da *zelante*] s. f. ● (*raro*) Ostentazione di zelo eccessivo.

zelàre [vc. dotta, lat. tardo *zelāre* 'essere geloso di, essere zelante', da *zēlus* (V. *zelo*)] **A** v. intr. (*io zèlo*; aus. *avere*) ● (*raro*) Avere un grande zelo, spec. religioso. **B** v. tr. ● (*raro*) Favorire, secondare una causa o la riuscita di q.c. che si sostiene con zelo.

zelatóre [vc. dotta, lat. eccl. *zelatōre*(*m*), da *zelātus* 'zelato'] s. m. (f. *-trice*) *1* (*raro*) Chi si adopera per la realizzazione di q.c. per cui nutre grande zelo: *uno z. del pubblico bene*. *2* Chi sostiene, con aiuti materiali e morali, una chiesa, un ordine religioso, un'iniziativa pastorale e sim. SIN. Protettore, sostenitore.

zèlo [vc. dotta, lat. *zēlu*(*m*) 'emulazione, gelosia, rivalità', dal gr. *zêlos* 'entusiasmo, emulazione'] s. m. *1* Fervore, ardore che spinge ad adoperarsi per il conseguimento di un fine o la diffusione di un ideale: *z. patriottico*; *avere z. del proprio dovere*; *è pieno di z. per la causa degli oppressi* | (*relig.*, *est.*) Impegno del cattolico militante nella sempre maggiore glorificazione di Dio, realizzantesi con la preghiera, l'apostolato e l'azione di salvezza delle anime. *2* Diligenza, impegno nell'agire, nello svolgere le proprie mansioni: *ha portato a termine il suo difficile incarico col massimo z.* | (*est.*) Sollecitudine, premura, *anche pegg.*: *sono accorsi con z. ammirevole*; *prodigarsi con grande z.*; *mostrare un falso z.*; *troppo z.!* CONTR. Indolenza, pigrizia. *3* (*raro*, *poet.*) Passione amorosa: *Amor che 'ncende il cor d'ardente z.* (PETRARCA).

†**zelóso** [vc. dotta, lat. eccl. *zelōsu*(*m*), da *zēlus* 'zelo'] agg. ● Zelante, diligente. || †**zelosaménte**, avv. Con zelo.

zelòta [dal gr. *zēlōtḗs*, da *zêlos* 'zelo'] s. m. e f. (pl. m. *-i*) ● Seguace dello zelotismo.

zelotismo [da *zelota*] s. m. ● Movimento ebraico estremista, derivato dal Fariseismo nel I sec. a.C., che predicava la rigida osservanza della legge, la separazione dagli stranieri, il nazionalismo ebraico e la ribellione, anche armata, contro l'autorità romana.

zémbro ● V. *cembro*.

zen /*dzɛn/ [vc. giapp. di lontana origine indiana (ant. indiano *dhyānam* 'meditazione', di ambito ristretto, attraverso il pali *jhāna* 'contemplazione')] **A** s. m. inv. ● Setta religiosa buddistica, di origine cinese, poi diffusa in Giappone, la quale rinunzia ad ogni speculazione intellettuale e ad ogni approfondimento conoscitivo e ritiene possibile l'illuminazione e la salvezza in condizioni eccezionali, provocate anche da stimoli fisici improvvisi e violenti. **B** agg. inv. ● Proprio dello, relativo allo zen: *culto zen*, *arte zen*.

zenàna [ingl. *zenana*, dall'hindi *zenāna*, a sua volta dal persiano *zanāna*, der. di *zan* 'donna'] s. f. *1* Gineceo delle donne musulmane nelle case nobili, in India. *2* Tipo di tessuto impresso a rilievi, di seta o cotone, usato spec. per arredamento di interni.

zendàdo [etim. incerta] s. m. *1* Velo finissimo di seta: *trovarono, in un gran viluppo di z. fasciata, una piccola cassettina* (BOCCACCIO). *2* Scialle ampio e nero, frangiato, usato dalle popolane veneziane.

zendàle s. m. ● Zendado.

zèndo [dall'espressivo pahlavi *Avistāk va Zand* 'la Legge ed il Commento', ma il secondo termine, che indicava la parafrasi del testo, oramai incomprensibile, dell'Avesta, è stato erroneamente preso come sin. di *avestico*] s. m. ● (*raro*) Lingua avestica.

zenismo [comp. di *zen* e *-ismo*] s. m. ● Ogni corrente culturale o artistica basata sulla dottrina dello zen.

zenista s. m.; anche agg. (pl. m. *-i*) ● Chi, che appartiene allo zenismo | Chi, che si ispira allo zen.

zènit o (*raro*) **zenit** [ar. *samt* 'via, cammino' (con lettura erronea *sanit*) per riduzione dell'espressione *samt-ar-rā's* 'cammino sopra la testa'] s. m. *1* (*astron.*) Il punto in cui la verticale passante per un dato punto d'osservazione situato sulla superficie terrestre incontra la sfera celeste: *il sole è allo z.* *2* (*lett.*, *est.*) Il grado più elevato di q.c.: *è allo z. della sua gloria*.

zenitàle agg. ● (*astron.*) Attinente allo zenit | *Distanza z.*, l'angolo fra la direzione di un astro e quella dello zenit | *Telescopio z.*, strumento atto a misurare le distanze zenitali degli astri.

†**zenodòchio** ● V. *xenodochio*.

†**zenzàra** ● V. *zanzara*.

zénzero [lat. *zīngiber* (nt.), dal gr. *zingíberi*, di origine indiana] s. m. *1* Pianta delle Zinziberacee dell'Asia tropicale il cui rizoma è usato come eupeptico e aromatico in farmacia, cucina e liquoreria (*Zingiber officinale*). ➡ ILL. **spezie**. *2* (*est.*) La droga ricavata da tale pianta. *3* (*pop.*, *tosc.*) Peperoncino rosso piccante.

zenziglio [etim. incerta] s. m. ● Tipo di tabacco da naso del monopolio italiano.

zeolite [comp. del gr. *zêin* 'ribollire' e *líthos* 'pietra', perché quando riscaldata rigonfia e spumeggia] s. f. *1* (*miner.*, *chim.*) Ogni appartenente a una famiglia di minerali corrispondenti a silicati idrati che cristallizzano gener. nei sistemi monoclino e rombico, dotati della proprietà di fondere rigonfiandosi e disidratandosi reversibilmente e di scambiare ioni. *2* (*agr.*) *Z. del terreno*, prodotto colloidale derivante dall'alterazione di minerali e capace di scambiare con le soluzioni alcuni elementi, spec. microelementi essenziali alle piante, e di trattenerli.

zeolitico agg. (pl. m. *-ci*) ● (*miner.*, *chim.*) Relativo alle zeoliti, costituito da zeoliti, contenente zeoliti: *materiale z.*, *roccia zeolitica* | *Acqua zeolitica*, quella eliminata dalle zeoliti per riscaldamento.

zeotròpico agg. (pl. m. *-ci*) ● (*chim.*, *fis.*) Nella loc.: *miscela zeotropica*, miscela di due o più liquidi, miscibili o no in qualsiasi proporzione, che può essere separata per distillazione. SIN. Zeotropo.

zeòtropo [comp. del gr. *zêin* 'ribollire' (d'origine indeur.) e *-tropo*] agg.; anche s. m. ● (*chim.*, *fis.*) Miscela zeotropica.

zéphyr /fr. ze'fir/ ● V. *zefir*.

zéppa [longob. *zeppa* 'bietta, cuneo'] s. f. *1* Pezzetto di legno per rincalzare mobili che non posano bene in piano o chiudere qualche fessura: *mettere una z. alla gamba di un tavolo traballante.* **2** (*est.*, *raro*) Rialzo in sughero o legno, di sandali o zoccoli. **3** (*est.*, *tip.*) Listello di piombo utilizzato per riempire gli spazi lasciati liberi dalla composizione e poterla così impaginare in un unico blocco compatto. **4** (*fig.*) Rimedio, espediente per correggere una cosa mal detta o mal fatta: *è un bel pasticcio: provate a metterci una z.* | †*Mettere delle zeppe fra due persone*, cagionare dissensi. **5** (*est.*, *fig.*) Frase o parola che funge da riempitivo insignificante: *trovare una z. per la rima* | Notizia o articolo che in caso di bisogno si mette in pagina, spec. per non ritardare l'uscita del giornale. **6** (*fig.*, *est.*) Gioco enigmistico consistente nel trasformare una parola in un'altra inserendovi una lettera. || **zeppétta**, dim. | **zeppettìna**, dim. | **zéppola**, dim. (V.).

zeppaménto [da *zeppare* (*1*)] s. m. ● (*raro*) Modo, atto, effetto dello zeppare.

zeppàre (**1**) [da *zeppa*] v. tr. (*io zéppo*) ● Turare, fissare con una o più zeppe.

zeppàre (**2**) [da (*in*)*zeppare* (*1*)] v. tr. e rifl. ● (*raro*) Riempire qc., riempirsi di cibo.

zeppatùra s. f. ● (*raro*) Operazione dello zeppare.

Zeppelin /*ted.* 'tsɛpəli:n/ [dal n. del suo costruttore, il conte F. von *Zeppelin* (1838-1917)] s. m. inv. (pl. ted. *Zeppeline*) ● Dirigibile rigido di grande portata, impiegato nella prima guerra mondiale spec. per azioni di bombardamento, e in seguito adibito a trasporti commerciali transoceanici.

zéppo (**1**) [per *zepp*(*at*)*o*, part. pass. di *zeppare* (*2*)] agg. ● Estremamente pieno, stivato, gremito (*anche fig.*): *teatro z. di spettatori*; *compito z. di errori* | *Pieno z.*, pienissimo.

zéppo (**2**) [forma m. di *zeppa*] s. m. ● (*centr.*) Rametto, bastoncino sottile | Zipolo.

zéppola (**1**) s. f. **1** Dim. di *zeppa*. **2** Cuneo, bietta, zeppa.

zéppola (**2**) [lat. tardo *zīppula*(*s*), pl., di etim. incerta] s. f. ● (*spec. al pl.*) Ciambelle o frittelle dolci che si preparano soprattutto per carnevale, o per S. Giuseppe, a Napoli, in Calabria e in altre regioni meridionali.

zepto- /*'dzɛpto/ [di formazione sconosciuta] primo elemento ● Anteposto a un'unità di misura la moltiplica per 10^{-21} cioè per un millesimo di miliardesimo di miliardesimo. SIMB. z.

zerbinerìa [da *zerbino* (*2*)] s. f. **1** (*raro*) Atto, contegno, eleganza da zerbino. **2** (*raro*) Moltitudine, insieme di zerbini (*anche spreg.*).

zerbinésco [da *zerbino* (*2*)] agg. (pl. m. *-schi*) ● (*raro*) Di, da zerbino. || **zerbinescaménte**, avv. (*raro*) Alla maniera di uno zerbino.

zerbino (**1**) [ar. *zirbîy*] s. m. ● Piccolo tappeto posto dinanzi alle porte d'ingresso degli appartamenti per pulirsi i piedi. SIN. Nettapiedi, stoino.

zerbino (**2**) [dal n. di un giovane elegante personaggio dell'*Orlando Furioso*, formalmente var. sett. di *Gerbino*, orig. etnico 'delle isole *Gerbe*'] s. m. ● (*raro*) Zerbinotto. || **zerbinèllo**, dim. | **zerbinétto**, dim.

zerbinòtto [da *zerbino* (*2*)] s. m. ● Giovane galante e di un'eleganza ostentata: *zerbinotti che passeggiano sotto le finestre, colle scarpe inverniciate* (VERGA). SIN. Damerino.

†**zèrbo** [etim. incerta] vc. ● (*raro*) Solo nella loc. *far z.*, combattersi.

zerèsimo [da *zer*(*o*) col suff. *-esimo*, che distingue alcuni numerali ordinali, sul modello di *ennesimo*] agg. ● (*raro*) Corrispondente al numero zero in una serie, in una successione, in un elenco: *il principio z. della termodinamica.*

zerìba [ar. *zarība*, da *zariba* 'chiudere in un recinto'] s. f. **1** (*etn.*) Recinto, variamente costituito di pali, canne intrecciate, siepi o piante spinose, che circonda un villaggio o uno spiazzo per il bestiame, in alcune regioni dell'Africa mediterranea e orientale | (*est.*) Raggruppamento di capanne chiuse da un recinto. **2** (*est.*, *pop.*, *sport*) Nel ciclismo, recinto tra la pista e il prato dove i velocisti restano in attesa tra una prova e l'altra.

zèro [ar. *ṣifr* 'vuoto', di origine indiana, adattato nel lat. mediev. con *zĕphyrum*, secondo la pronuncia dell'ar. parl. *ṣéfer*] agg. num. card.; anche s. m. (pl. *zeri*) ● (*mat.*) Numero indicante la mancanza di ogni valore e che, posto a destra di qualsiasi numero, ne indica la moltiplicazione per dieci, e posto a sinistra, la divisione per dieci, rappresentato da 0. **I** Come agg. ricorre nei seguenti usi. **1** Rispondendo o sottintendendo la domanda 'quanti?', indica una quantità numerica nulla (spec. preposto a un s.): *il termometro segna z. gradi*; *ho fatto z. punti.* **2** Rispondendo o sottintendendo la domanda 'quale?', identifica q.c. in una pluralità, in una successione, in una sequenza: *il numero z.*; *grado z.* | *L'ora z.*, la mezzanotte, oppure, nel conteggio alla rovescia, l'ora d'inizio di un'operazione spec. militare, e gener. di una nuova attività o situazione: *sta per scoccare l'ora z.* **3** (*mil.*) *Punto z.*, proiezione verticale sulla superficie del punto di scoppio di un ordigno nucleare | (*econ.*) *Sviluppo, crescita z.*, la condizione in cui il fenomeno, quale la popolazione o il reddito di uno stato, ha avuto durante un certo periodo, di solito annuale, un tasso di crescita nullo, ha cessato di crescere | (*ling.*) *Tratto z.*, assenza di un tratto considerata come tratto distintivo all'interno di un paradigma | (*ling.*) *Grado z. del morfema*, *morfema z.*, condizione in cui il morfema non ha una forma fonica ma è rilevabile dall'opposizione con altri morfemi | (*edit.*) *Numero z.*, l'esemplare di un nuovo quotidiano o di una nuova rivista, approntato in limitato numero di copie e in veste definitiva, come se dovesse venire diffuso al pubblico, ma in realtà non destinato alla pubblicazione, bensì a fungere da prova tecnica di tutte le caratteristiche grafiche e di contenuto che il quotidiano o la rivista avranno o avrebbero in seguito, quando saranno regolarmente pubblicati. **II** Come s. ricorre nei seguenti usi. **1** Il numero zero (per ell. di un s.): *sei meno sei fa z.*; *ieri sera alla roulette è uscito spesso lo z.* | (*fig.*) *Spaccare lo z.*, fare i conti con estrema esattezza | *Segnare, totalizzare z.*, non fare nessun punto, in un gioco | (*mil.*) *Alzo a z.*, *alzo z.*, nelle artiglierie e gener. armi da fuoco, completamente abbattuto, per tiro diretto e ravvicinato | (*mil.*) *Sparare a z.*, con alzo a zero, tenendo l'arma orizzontale; (*fig.*, *est.*) attaccare, contestare duramente qc. in una discussione e sim. facendolo oggetto di violenta polemica personale. **2** Punto iniziale di una scala graduata in uno strumento di misura | *Ridurre a z. uno strumento*, riportare a zero il suo indice | (*fig.*, *est.*) *Essere a z.*, *avere il morale a z.*, essere molto depresso | Momento terminale di un conteggio alla rovescia. **3** (*fis.*) Grado di temperatura corrispondente a quella del ghiaccio fondente nelle scale Celsius e Réaumur | *Essere sotto z.*, V. *sottozero* | (*fis.*) *Z. assoluto*, la più bassa temperatura esistente in cui le molecole hanno energia cinetica nulla, corrispondente a 273,15 gradi Celsius sotto zero. **4** (*est.*) Assenza, mancanza di quantità, valore, merito: *non vale uno z.*; *tu per me conti z.*; *in famiglia contava meno di z.*; *in questo campo tu ne sai z.*; *in quanto a dormire, z.* | Con valore raff.: *z. via z.*, assolutamente nulla | *Ridursi a z.*, (*fig.*) perdere tutto, cadere in miseria | (*fig.*, *est.*) *Ridurre a z. le speranze di qc.*, distruggergliele completamente | *Ricominciare, ripartire da z.*, riprendere dall'inizio, dal nulla, spec. dopo momenti molto negativi | (*fig.*, *est.*) *Tagliare a z. i capelli*, rasarli del tutto. **5** (*fig.*, *est.*) Persona le cui capacità sono nulle: *in azienda è uno z.*; *sarà un buon naturalista ma in biologia molecolare è z.* SIN. Nullità. **6** Il segno che rappresenta il numero zero: *scrivi uno z. a destra della cifra* | Minimo voto scolastico: *ti meriteresti uno z.*; *Maddalena, z. in condotta* | *Z. spaccato*, nelle votazioni scolastiche di un tempo, zero tagliato, segnato da un tratto di penna trasversale perché non possa essere corretto in sei né vi si possa aggiungere altra cifra.

zero coupon bonds /*ingl.* 'ziərou-ku:pɔn 'bɔndz/ [loc. ingl., propr. 'titolo con cedola nulla'] loc. sost. m. pl. ● (*econ.*) Obbligazioni a cedola zero.

zerovòltmetro [comp. di *zero* e *voltmetro*] s. m. ● (*elettr.*) Voltmetro usato per misure di azzeramento.

zèro zèro sètte o **007** [dal numero di riconoscimento del protagonista di una serie di romanzi di spionaggio di I. Fleming (1909-1964) che era agente del servizio segreto britannico (in cui *zero zero* significava 'licenza di uccidere')] s. m. inv. **1** Agente di un servizio segreto, di spionaggio o controspionaggio, incaricato di missioni particolarmente delicate, difficili e pericolose. **2** (*est.*, *scherz.*) Chi ha compiti investigativi o ispettivi, spec. in qualche branca dell'amministrazione pubblica: *gli zero zero sette del fisco.*

zervanìsmo ● V. *zurvanismo.*

zèta [vc. dotta, lat. *zēta* (nt.), dal gr. *zêta*, di origine semitica] s. f. o m. (pl. *zète* f., *zèta* m. o f.) ● Nome della lettera *z* | *Dall'a alla z.*, (*fig.*, *est.*) dal principio alla fine, da capo a fondo | (*est.*) *Gambe a z.*, storte.

zetacìsmo [da *zeta* sul modello di *iotacismo*] s. m. **1** (*ling.*) Passaggio di una consonante o gruppo di consonanti al suono affricato z. **2** (*med.*) Difettosa pronuncia dei suoni della z.

zetètica [gr. *zētētikḗ* (*agōgḗ*), propriamente 'metodo (da *ágein* 'condurre') di ricerca (V. *zetetico*)'] s. f. **1** (*filos.*) Secondo gli scettici greci, la ricerca, l'indagine del vero il cui fine ultimo non può mai essere raggiunto. **2** (*filos.*, *est.*, *raro*) Ogni metodo filosofico o scientifico basato sulla ricerca.

zetètico [gr. *zētētikós*, da *zētêin* '(ri)cercare', di origine indeur.] **A** agg. (pl. m. *-ci*) ● Concernente la zetetica. **B** s. m. (pl. *-ci*) ● Filosofo dell'antica Grecia, appartenente a una corrente di pensiero scettico.

zetta- /*'dzetta/ [di formazione sconosciuta] primo elemento ● Anteposto a un'unità di misura la moltiplica per 10^{21} cioè per mille miliardi di miliardi. SIMB. Z.

zettatùra [etim. incerta] s. f. ● (*tess.*) Avvolgimento a linee ondulate del filo su bobine, rocchetti e matasse.

zeugìti [gr. *zeugîtai*, letteralmente 'possessori di un paio di buoi al giogo (*zêugos*)'] s. m. pl. ● Nell'antica Atene, dopo la riforma di Solone, gli appartenenti alla terza delle classi sociali, formata da piccoli e medi proprietari terrieri.

zèugma [vc. dotta, lat. *zēugma* (nt.) dal gr. *zêugma*, propriamente 'aggiogamento', da *zeugnýnai* 'porre al giogo (*zêugos*)', di origine indeur.] s. m. (pl. *-i*) ● (*ling.*) Figura retorica per la quale si collegano due o più termini ad un predicato che è appropriato per uno solo di essi: *parlare e lagrimar vedrai insieme* (DANTE *Inf.* XXXIII, 9).

zeugmàtico agg. (pl. m. *-ci*) ● Che contiene uno zeugma: *costrutto z.*

zezzìo [etim. incerta] s. m. **1** (*pop.*, *tosc.*) Vibrazione dell'aria | Fischio, sibilo del vento. **2** (*fig.*) Forte rimprovero, sgridata.

†**zézzolo** [da (*cap*)*ezzolo* con sovrapposizione di *z*(*izza*)] s. m. ● Capezzolo della mammella.

†**zi** [vc. onomat.] inter. **1** Si usa per intimare silenzio, per zittire qc. **2** Si usa per richiamare qc. (*spec. iter.*).

zi' s. m. e f. ● (*dial.*, *fam.*) Forma tronca di 'zio' e 'zia'.

zia [gr. *thêia*, f. di *thêios* 'zio'] s. f. (dial. fam. troncato in *zi'*) ● Sorella del padre o della madre rispetto ai nipoti: *zia paterna*, *materna* | (*est.*) Moglie dello zio | (*fam.*, *region.*) *Zia cugina*, la cugina del padre o della madre. || **ziétta**, dim. | **ziùccia**, vezz.

†**zìano** [da *zio*] s. m. ● Zio.

zibaldóne [etim. incerta] s. m. **1** †Vivanda di ingredienti disparati | (*est.*) Mescolanza confusa di cose o persone diverse: *abbiamo raccolto su di lui uno z. di commenti*; *alla festa c'era uno z. di invitati.* **2** Quaderno, scartafaccio con una miscellanea di memorie, riflessioni, appunti, notizie, abbozzi: *lo Zibaldone del Leopardi.* **3** (*est.*, *spreg.*) Scritto, discorso, composizione musicale che contengono una serie disordinata e incoerente di pensieri, motivi, idee, immagini: *questa sinfonia è uno z. di temi classici.* || **zibaldonàccio**, pegg. | **zibaldoncèllo**, dim.

zibellìna [da *zibellino*, di cui ricorda la soffice pelliccia] s. f. ● Tipo di tessuto pregiato di lana cardata.

zibellino [adattamento del fr. *zibeline*, dal russo *sóbol'*, in lontana connessione con l'ant. indiano *cabalas*, *cabáras* 'variopinto, pezzato'] s. m. **1** Piccolo animale carnivoro siberiano dei Mustelidi, snello, con arti corti e mantello scuro (*Martes zibellina*). **2** Pelliccia pregiata dell'animale omonimo, morbida e fulva.

zibettàto agg. ● Profumato di zibetto.

zibétto [ar. *zabād*, propriamente 'schiuma', e *qaṭṭ azzabād* 'l'animale che dà lo zibetto'] s. m. *1* Mammifero africano dei Carnivori, con muso aguzzo, mantello grigio a macchie scure, con una criniera che si può drizzare sul dorso e caratteristiche ghiandole perineali che secernono una sostanza di odore fortissimo (*Civettictis civetta*). *2* Sostanza butirrosa secreta da una ghiandola della viverra d'Africa, impiegata in profumeria per il suo odore di muschio.

zibìbbo o †**zabìbo**, †**zibìbo** [ar. *zabīb* (*zibīb*) 'uva passa', 'frutti secchi'] s. m. ● Varietà di uva bianca da tavola, dolce, ad acini grossi, lunghi e croccanti, consumata anche appassita o per produrre vino da dessert | Vino prodotto con tale uva.

zic o **zicchete** [vc. onomat.] inter. ● Riproduce il rumore di un piccolo colpo, strappo o taglio: *zic e il vestito si strappò* | *Zicchete zacchete, zic zac*, riproduce il susseguirsi di due tagli o strappi rapidi, netti o il movimento rapido e secco di q.c.: *zic zac e il foglio strappato in quattro cadde ai suoi piedi.*

zif ● V. *ziff*.

†**zìfera** ● V. *cifra*.

ziff /*dzif/ o **zif**, **ziffe**, **ziffete** [vc. imit.] inter. ● Riproduce il rumore di un taglio o di uno strappo fatto con improvvisa rapidità e decisione spec. su carta, corda, stoffa e sim.: *prese un coltello e z.!, tagliò la fune* | *Z. zaf*, riproduce il rapido susseguirsi di due strappi o di due tagli, su un materiale leggero: *z. zaf! due colpi di forbici e ritagliò nella carta un pupazzo colorato.*

†**zìfra** ● V. *cifra*.

zigàno o **tzigàno** [fr. *tzigane*, dal n. ungh. (*cigany*) degli 'zingari'] **A** s. m. (f. *-a*) *1* Zingaro, spec. d'Ungheria. *2* (*est.*) Suonatore ambulante spec. di violino. **B** agg. ● Proprio degli, relativo agli zingari ungheresi: *violino z.*; *musica zigana.*

zigàre [vc. imit.] v. intr. (*io zìgo, tu zìghi*; aus. *avere*) *1* (*raro*) Emettere un caratteristico suono stridulo e acuto, detto del coniglio. *2* (*sett.*) Gridare, piangere, detto di persona.

zigèna o **zighèna** [gr. *zýgaina* 'pesce martello', da *zygón* 'giogo', per un accostamento non chiaro] s. f. ● Piccola farfalla diurna con ali di colore verde-azzurro dai riflessi metallici, con macchie rosse o arancioni (*Zygaena filipendula*).

zìggurat o **ziqqurat** [vc. assira *zik(k)urr-atu*, dalla radice **zkr* 'rendere alto', 'innalzare'] s. m. o f. inv. ● (*archeol.*, *relig.*) Tempio di grande mole, proprio della civiltà mesopotamica, avente forma di alta torre a gradoni. ➡ ILL. **archeologia**.

zighèna ● V. *zigena*.

zigo- [dal gr. *zygón* 'giogo'] primo elemento ● In parole composte della botanica e della zoologia, significa 'coppia', 'accoppiamento', 'unione': *zigomiceti, zigomorfo.*

zigodàttilo [per le 'dita (gr. *dáktyloi*, di origine indeur.) a coppia (gr. *zygón* 'giogo', di origine indeur.)'] agg. ● (*zool.*) Detto del piede di alcuni uccelli con due dita rivolte costantemente in avanti e due indietro.

Zigofillàcee [comp. del gr. *zygón* 'coppia' e *phýllos* 'foglia', ambedue di origine indeur., col suff. *-acee*] s. f. pl. ● Nella tassonomia vegetale, famiglia di piante dicotiledoni xerofile e alofile dei deserti salati e delle steppe (*Zygophyllaceae*) | (al sing. *-a*) Ogni individuo di tale famiglia.

zìgolo [vc. imit.] s. m. ● Uccelletto dei Passeriformi con coda forcuta e becco conico con margini ripiegati in dentro (*Emberiza*).

zìgoma ● V. *zigomo*.

zigomàtico agg. (pl. m. *-ci*) ● Dello zigomo. ➡ ILL. p. 362 ANATOMIA UMANA.

Zigomicèti [perché 'funghi (gr. *mýkēs*, genit. *mýkētos*, di origine indeur.)', che si riproducono con *zigospore*] s. m. pl. ● Nella tassonomia vegetale, sottoclasse di Funghi dei Ficomiceti a micelio molto ramificato, comprendente le più note muffe (*Zygomycetes*) | (al sing. *-e*) Ogni individuo di tale sottoclasse.

zìgomo o **zìgoma** [gr. *zýgōma*, da *zygôun* '(col)legare', 'porre al giogo (*zygón*)', di origine indeur., per la forma ad arco] s. m. ● (*anat.*) Ciascuna delle due sporgenze ossee situate simmetricamente ai lati della faccia sotto le orbite.

zigomorfìa [comp. di *zigo-* e *-morfia*] s. f. ● (*bot.*) Condizione di ciò che è zigomorfo.

zigomòrfo [letteralmente 'che ha forma (gr. *morphḗ*, di origine indeur.) simmetrica (gr. *zygón* 'giogo' e 'coppia', pure di origine indeur.)'] agg. ● (*bot.*) Detto di fiore non raggiato nel quale la divisione in due metà specularmente eguali è possibile con un solo piano di simmetria.

zigòsi [gr. *zýgōsis* 'accoppiamento', da *zygón* 'giogo' e 'coppia', di origine indeur.] s. f. ● (*biol.*) Unione di due gameti con formazione dello zigote.

zigospòra [letteralmente *'spora* formata da una coppia (gr. *zygón*, di origine indeur.) di gameti'] s. f. ● (*bot.*) Oospora originata dalla fusione di due elementi uguali o poco diversi fra loro, con funzione di spora durevole.

zigòte o **zigòto** [gr. *zygōtós*, propriamente 'aggiogato', secondo il sign. scient. convenzionale assunto dal gr. *zygón* 'coppia' (oltre che 'giogo')] s. m. ● (*biol.*) Cellula risultante dalla fusione dei gameti maschile e femminile.

zigòtico agg. (pl. m. *-ci*) ● (*biol.*) Concernente lo zigote.

zigòto ● V. *zigote*.

zigrinàre v. tr. *1* Conciare una pelle o trattare una tela in modo da conferire l'aspetto dello zigrino. *2* Imprimere o stampare una fitta serie di piccole righe parallele sull'orlo di monete, lembi di sigarette, assegni, e sim. *3* Incidere dei solchi profondi incrociati per ottenere superfici ruvide, su legno, metallo e sim.

zigrinàto part. pass. di *zigrinare*; anche agg. ● Nei sign. del v.

zigrinatùra s. f. ● Atto, effetto dello zigrinare.

zigrìno o †**sigrino** [turco *sağri* '(pelle della) groppa di animale', attraverso il venez.] s. m. *1* Pelle ruvida di alcuni pesci dei Selaci, come lo squalo o la razza, usata per levigare legni duri, avorio, metallo, grazie ai dentelli cutanei di cui è coperta. *2* Pelle di cavallo, asino, cammello, cui un'opportuna concia ha conferito la granulosità della pelle dei selaci: *portafoglio, borsetta di z.* *3* Ferro da cesello con la cima lavorata a solchi incrociati. *4* (*zool.*) Sagrì.

zigzàg o **zig zag** [reduplicazione a voc. alternata di sillaba imit., diffusa in varie lingue eur.] s. m. inv. *1* Serie di linee formanti tra loro angoli alternativamente sporgenti e rientranti: *il sentiero fa uno stretto z.*; *disegno a z.* *2* (*est.*) Moto di un corpo secondo una linea a zigzag: *gli z. di una lepre* | *A z.*, procedendo con una serie di secchi cambiamenti di direzione: *l'ubriaco cammina a z.*

zigzagaménto s. m. ● Movimento, andatura, svolgimento a zigzag.

zigzagàre o (*raro*) **zizzagàre**. v. intr. (*io zigzàgo, tu zigzàghi*; aus. *avere*) *1* Andare avanti, camminare a zigzag: *l'ubriaco zigzagava sul marciapiede.* *2* Svolgersi a zigzag | Fare degli zigzag.

zillàre v. intr. (aus. *avere*) *1* (*raro*) Mandare uno o più zilli, detto di alcuni insetti. *2* (*raro*) Zirlare, detto del tordo.

zìllo [di origine imit.] s. m. *1* (*raro*) Verso acuto e sottile di alcuni insetti: *lo z. delle cavallette.* *2* (*raro*) Zirlo del tordo.

†**zimàr** /*dzi'mar?/ [vc. ar. (*zinjār*)] s. m. ● Verderame.

zimàrra o †**zamàrra** [sp. *zamarra*, dal basco *zamar* 'pellicciotto da pastore' (e, con l'art. *a* normalmente posposto, *zamarrā*), di ant. origine iberica] s. f. *1* Lunga veste usata un tempo come cappotto. *2* (*scherz.*) Cappotto, soprabito troppo lungo. ‖ **zimarràccia**, pegg. | **zimarrétta**, dim. | **zimarrìna**, dim. | **zimarrìno**, dim. m. | **zimarróne**, accr. m. | **zimarrùccia**, dim.

zimàsi [comp. del gr. *zýmē* 'fermento', di origine indeur., e del suff. *-asi*] s. f. ● (*biol.*, *chim.*) Insieme degli enzimi che intervengono nella fermentazione alcolica.

zìmbalon [vc. ungh. (*cimbalon*), dal lat. *cýmbalum* 'cembalo'] s. m. ● Strumento musicale a corde di origine ungherese suonato con piccoli martelli di legno.

zimbellàre o **zimbellàre** [ant. provz. *cembelar*, da *cembel* 'zimbello'] v. tr. (*io zimbèllo, zimbèllo*) *1* Adescare gli uccelli con lo zimbello. *2* (*fig.*) Allettare, adescare con la civetteria o con lusinghe: *quella ragazza si diverte a z. i coetanei.*

zimbellatóre o **zimbellatóre** [da *zimbellare*] s. m. (f. *-trice*, pop. *-tora*, nel sign. 2) *1* (*caccia*) Chi fa agire gli zimbelli. *2* (*fig.*) Chi attira, alletta, lusinga: *gli sciocchi credono agli zimbellatori.*

zimbellatùra o **zimbellatùra** s. f. ● Atto, effetto dello zimbellare.

zimbellièra [da *zimbello* col suff. *-iera*] s. f. ● Attrezzo al quale viene legato lo zimbello per il richiamo degli uccelli liberi.

zimbèllo o **zimbèllo** [ant. provz. *cembel*, propriamente 'piffero, fischio' e quindi 'richiamo (per adescamento di uccelli)' e poi lo stesso 'uccello catturato', dal lat. parl. **cymbĕllum*, dim. di *cȳmbalum* 'cembalo'] s. m. *1* Uccello vivo, legato a un palo con un lungo filo perché, svolazzando, funga da richiamo ad altri uccelli, nell'uccellagione | (*est.*) Ogni uccello da richiamo, a caccia | (*est.*) Tonno lasciato nella tonnara per attirare altri tonni. *2* (*fig.*) Richiamo, lusinga, allettamento | *Per z.*, allo scopo di invogliare, allettare. *3* Oggetto di burle, spasso e risa: *per la sua goffaggine è lo z. di tutti.*

zimìno [etim. discussa: variante di *cimino* (*1*) (?)] s. m. ● (*cuc.*, *tosc.*) Salsa per piatti di pesce, a base di verdure, come bietole e spinaci, aglio, cipolla, pomodoro, vino bianco ed erbe aromatiche | Pietanza condita con tale salsa, spec. il baccalà.

zimo- [dal gr. *zýmē* 'lievito, fermento' (d'origine indeur.)] primo elemento ● In parole composte della terminologia scientifica e tecnica significa 'fermento' o fa riferimento ai fermenti: *zimologia.*

zimògeno [comp. di *zimo-* e *-geno*] **A** s. m. ● (*chim.*, *biol.*) Precursore naturale di un enzima cataliticamente inattivo. **B** agg. ● (*chim.*, *biol.*) *Potere z.*, capacità di alcune cellule di fabbricare i propri enzimi ovvero di alcune ghiandole specializzate di produrre gli enzimi necessari all'organismo.

zimologìa [comp. di *zimo-* e *-logia*] s. f. ● Scienza che studia l'azione e la composizione degli enzimi.

zimoterapìa [comp. di *zimo-* e *terapia*] s. f. ● (*med.*) Terapia con fermenti.

zimòtico [da *zimo-* sul modello di *osmotico*] agg. (pl. m. *-ci*) ● (*chim.*, *biol.*) Relativo ai fermenti o agli enzimi.

zinàle o (*raro*) **zinnàle** [da *seno* con sovrapposizione di *zinna* 'mammella'] s. m. *1* (*dial.*) Ampio e lungo grembiule di tessuto rustico, indossato dalla massaia e dall'artigiano. *2* (*teat.*) Striscia di tela dipinta con cui si celano all'occhio dello spettatore spazi vuoti sulla scena.

zincàggio o **zincàggio** s. m. ● Procedimento per l'estrazione dell'argento dalle galene argentifere mediante l'aggiunta di zincoferro.

zincànte o **zincànte** **A** part. pres. di *zincare* ● Nel sign. del v. **B** s. m. ● Operaio addetto alla lavorazione dello zinco.

zincàre o **zincàre** v. tr. (*io zìnco* o *zìnco, tu zìnchi* o *zìnchi*) ● Ricoprire una superficie con uno strato di zinco per immersione o elettrodeposizione al fine di proteggerla dalla ruggine.

zincàto o **zincàto** **A** part. pass. di *zincare*; anche agg. ● Nel sign. del v. **B** s. m. ● Composto ottenuto trattando l'ossido di zinco con un alcali: *z. di potassio.*

zincatóre o **zincatóre** s. m. ● Operaio incaricato della zincatura.

zincatùra o **zincatùra** s. f. *1* Atto ed effetto dello zincare. *2* Strato di zinco che riveste la superficie metallica che è stata zincata.

zincherìa s. f. ● Fabbrica di zinco.

zìnco o **zìnco** [ted. *Zink*, di origine incerta] s. m. (pl. *-chi*) ● Elemento chimico, metallo di colore grigio, presente in natura nei suoi minerali dai quali si ottiene per arrostimento, usato come strato protettivo su altri metalli, per lamiere, per la preparazione dell'ottone, per la zincotipia e come agente riducente nelle preparazioni chimiche. SIMB. Zn | *Ossido di z.*, usato come pigmento colorante, in medicina per la cura di alcune forme di dermatosi, per speciali cementi usati in odontoiatria, nell'industria dei cosmetici.

zincografìa o **zincografìa** [comp. di *zinco* e *-grafia*] s. f. *1* Procedimento di incisione in rilievo su lastre di zinco. SIN. Autotipia, zincotipia. *2* Laboratorio zincografico.

zincogràfico o **ẓincogràfico** agg. (pl. m. *-ci*) ● Di, relativo a zincografia, ottenuto per mezzo di zincografia: *processo z.*; *riproduzione zincografica.*

zincògrafo o **ẓincògrafo** [comp. di *zinco* e *-grafo*] s. m. ● Chi effettua zincografie.

zincóne o **ẓincóne**, **ẓingóne** [accr. del longob. *zinka*, da un precedente *zinna* di origine e area germ., col sign. generale di 'punta'] s. m. ● (*tosc.*) Mozzicone d'un ramo tagliato. ‖ **zinconcèllo**, dim. | **zinconcino**, dim.

zincotipia o **ẓincotipia** [comp. di *zinco* e *-tipia*] s. f. *1* Zincografia. *2* Laboratorio in cui vengono preparate fotoincisioni su zinco. *3* Copia stampata che si ottiene dalla lastra di zinco dopo l'inchiostratura.

zincotipista o **ẓincotipista** s. m. e f. (pl. m. *-i*) ● Zincografo.

zìngana o **ẓìngana** s. f. ● (*letter.*) Zingaresca nel sign. 1. ‖ **zinganétta**, dim.

zinganésco o **ẓinganésco** ● V. *zingaresco.*

zìngano o **ẓìngano** ● V. *zingaro.*

zingaràta [da *zingaro*: 'azione da zingaro'] s. f. ● Beffa, burla, bravata.

zingaràto o **ẓingaràto** s. m. ● (*raro, est.*) Accattonaggio.

zingarésca o **ẓingarésca** [da *zingaresco*] s. f. *1* Poesia lirica o di contrasto fiorita nel XVII sec. in Toscana e ancora viva in forme popolari. *2* Composizione musicale, spec. per violino solo, su rapsodie zigane, affine alla czarda.

zingarésco o **ẓingarésco**, (*pop.*) **zinganésco** o **ẓinganésco**. **A** agg. (pl. m. *-schi*) ● Di, da zingaro | *Vita zingaresca*, (*fig.*) irrequieta, errabonda ‖ **zingarescaménte**, avv.. **B** s. m. ● (*ling.*) Zingarico.

zingàrico o **ẓingàrico** **A** agg. (pl. m. *-ci*) ● (*ling.*) Detto dell'uso linguistico degli zingari. SIN. Zingaresco. **B** s. m. solo sing. ● (*ling.*) Lingua indoeuropea derivata da un dialetto neo-indiano del gruppo nord-occidentale, parlata, ancora oggi, dagli zingari.

zìngaro o **ẓìngaro**, (*pop.*) **zìngano**, o **ẓìngano**, †**zìnghero** o †**ẓìnghero** [gr. *Atsíganoi*, n. di una tribù dell'Asia Minore, di etim. incerta] **A** s. m. (f. *-a*) *1* Ogni appartenente a una popolazione originaria dell'India, diffusasi in Europa dal XII sec., caratterizzata da nomadismo, attività lavorative saltuarie o più di rado specializzate, come lavorazione del rame e allevamento dei cavalli, e ricche tradizioni etniche, tra cui spec. la danza, la musica e la predizione dell'avvenire: *una tribù di zingari*; *i carri, le roulotte degli zingari*; *una zingara m'ha letto la mano* | *Astuto come uno z.*, furbissimo | *Fare vita da z.*, (*fig.*) spostarsi continuamente da un luogo all'altro. *2* (*fig., est., spreg.*) Persona dall'aspetto sciatto e trasandato | (*raro*) Persona dal colorito bruno. ‖ **zingaràccio**, pegg. | **zingarèllo**, dim. (V. nota d'uso STEREOTIPO). **B** agg. ● (*raro*) Zingaresco: *musica zingara*; *lingua zingara.*

Ẓingiberàcee [vc. dotta, comp. del lat. *zīngiber* 'zenzero' e *-acee*] s. f. pl. ● Nella tassonomia vegetale, famiglia di piante monocotiledoni tropicali e australiane delle Scitaminee | (al sing. *-a*) Ogni individuo di tale famiglia.

ẓingóne ● V. *zincone.*

ẓinia ● V. *zinnia.*

zìnna [etim. discussa: longob. *zinna* 'sporgenza' (?)] s. f. ● (*centr.*) Mammella. ‖ **zinnàccia**, pegg.

zinnàle ● V. *zinale.*

†**zinnàre** [da *zinna*] v. tr. e intr. ● Poppare.

ẓinnia o **ẓinia** [dal n. del botanico ted. J. G. *Zinn* (1727-1759)] s. f. ● Pianta delle Composite originaria del Messico, coltivata nei giardini in molte varietà, con lungo peduncolo e fiori uniti in capolini di vario colore (*Zinnia*).

†**ẓinẓània** ● V. *zizzania.*

†**ẓinzilulàre** [vc. dotta, lat. *zinzilulāre* 'cinguettare', di origine imit.] v. intr. ● Fare il verso delle rondini.

†**zinzinàre** o **ẓinẓinàre**, †**zinzinnàre** [da *zinzino*] v. intr. ● Centellinare.

†**zinzinatóre** o **ẓinẓinatóre** s. m.; anche agg. (f. *-trice*) ● Chi, che zinzina.

†**zinzinnàre** o **ẓinẓinnàre** ● V. †*zinzinare.*

zinzìno o **ẓinẓìno** [vc. espressiva] s. m. ● Pezzettino, sorsettino, piccolissima porzione: *uno z. di pane, di vino, di formaggio* | †*Bere a zinzini*, centellinare | (*fig.*) Piccola quantità: *ci vuole uno z. di tempo.*

zinzolìno o **ẓinẓolìno** s. m. ● (*tosc.*) Zinzino.

zìo [gr. *thêios*, da una radice (**thē-*) propria del linguaggio inft. con allargamento suffissale] s. m. (dial. fam. troncato in *zi'*) *1* Fratello del padre o della madre, rispetto ai nipoti: *zio paterno*; *zio materno* | (*est.*) Marito della zia | †*Zio grande*, il fratello del nonno o della nonna, prozio | (*fam., region.*) *Zio cugino*, il cugino del padre o della madre | (*scherz.*) *Zio d'America*, quello emigrato in America che lascia o può lasciare una cospicua eredità e (*est.*) zio o parente ricco che fornisce spesso aiuti in denaro. *2* (*al pl.*) Lo zio e la zia, rispetto ai nipoti. *3* (*merid., fam.*) Titolo di rispetto che si dà a persone anziane, anche sconosciute, o sacerdoti: *zi' Luigi, zi' Saverio*; *lo zi' prete* | (*scherz.*) *Zio Sam*, gli Americani degli Stati Uniti | (*pop., tosc.*) *Zi' Beppe*, deretano | (*pop., centr., merid.*) *Zi' Peppe*, vaso da notte. *4* (*euf.*) Dio: *per zio!* ‖ **ziétto**, dim. | **ziino**, dim. | **zióne**, accr. | **ziùccio**, dim.

-zióne o, quando il tema del verbo termina con *d*, **-sióne** suff. derivativo ● Forma sostantivi, generalmente astratti, indicanti azione, effetto, risultato, derivati da verbi: *aberrazione, creazione, guarnizione.*

zip [vc. ingl., di origine onomat.] s. m. ● Chiusura lampo.

zipolàre v. tr. (*io zìpolo*) ● Chiudere, zaffare con lo zipolo.

zìpolo [longob. *zippil* 'punta, estremità', di origine e area germ. (**tappôn*, donde anche *tappo* e *zaffo*)] s. m. ● Legno col quale si tura il buco o spillo fatto nella botte.

zìqqurat ● V. **ziggurat**.

ẓiràia s. f. ● (*dial.*) Luogo ove si conservano gli ziri, nelle case coloniche.

ẓìrbo [ar. *ṯarb* 'intestini', 'peritoneo', attraverso la latinizzazione dei medici mediev. *zirbus*] s. m. *1* (*raro*) Omento, peritoneo. *2* (*est.*) Pancia, ventre.

ẓirconàto [da *zircone*, col suff. chim. *-ato*] s. m. ● Sale ottenuto fondendo l'ossido di zirconio con alcali.

ẓircóne [fr. *zircon*, variante di *jargunce* 'zircone', dal gr. *hyákinthos* 'giacinto' e 'pietra preziosa', attraverso il siriaco dei mercanti *jaqunta*] s. m. *1* (*miner.*) Silicato di zirconio contenente afnio e torio, in cristalli prismatici dalla lucentezza adamantina, di vario colore, spesso usato come gemma. *2* (*est.*) La gemma ricavata da tale minerale.

ẓircònico agg. (pl. m. *-ci*) ● Di composto dello zirconio.

ẓircònio [dal fr. *zircon* 'zircone', dove si trova] s. m. ● Elemento chimico, metallo di aspetto simile all'acciaio, usato allo stato metallico in apparecchiature chimiche e nei reattori nucleari come materiale per contenitori, e sotto forma di composti come refrattario e nell'industria ceramica. SIMB. Zr.

ẓirlàre o **zirlàre** [lat. *zinzilulāre*, di origine imit.] v. intr. (aus. *avere*) ● Emettere uno o più zirli, detto del tordo | Mandare un sibilo simile a quello del tordo, detto di topi o pulcini, o anche di cacciatori che ne imitano il verso per richiamo.

ẓìrlo o **zìrlo** [vc. onomat.] s. m. *1* Verso breve e acuto del tordo, diverso dal canto che esegue in primavera. *2* (*raro*) Tordo che si tiene in gabbia per zirlare.

ẓìro [ar. *zīr* 'grande orcio'] s. m. ● (*dial.*) Orcio di terracotta, verniciato all'interno, in cui si conservano olio, vino o cereali.

ẓiro ẓiro /*'dziro d'dziro/ [reduplicazione imit. del suono ricorrente] inter. ● Riproduce il suono fastidioso e stridente di un violino suonato alla meno peggio.

zìta [vc. d'origine sconosciuta] s. f. ● (*spec. al pl.*) Tipo di pasta alimentare lunga, di diametro molto maggiore dello spaghetto, forata all'interno: *un piatto di zite al forno.*

zitèlla o **ẓitèlla**, (*raro*) **zittèlla** [dim. di *zita*, f. di *zito* (*2*)] s. f. *1* Donna nubile | (*scherz.* o *spreg.*) Donna nubile e non più giovane | *Vecchia z.*, (*est., spreg.*) donna di carattere acido, bisbetico. *2* †Vergine, giovinetta. ‖ **zitellàccia**, pegg. | **zitellina**, dim. | **zitellóna**, accr.

zitellàggio o **ẓitellàggio** [da *zitella*] s. m. ● Stato, condizione di chi è zitella.

zitellésco agg. (pl. m. *-schi*) ● Da zitella | (*spreg.* o *scherz.*) Acido, bisbetico.

zitellìṣmo o **ẓitellìṣmo** s. m. ● (*spreg.*) Modo di agire, parlare, comportarsi da vecchia zitella.

zitèllo o **ẓitèllo**, †**zittèllo** [dim. di *zito* (*2*)] s. m. *1* †Fanciullo: *cresciuti in corte ed allevati / si son da noi da teneri zitelli* (ARIOSTO). *2* (*raro*) Uomo scapolo, celibe. ‖ **zitellóne**, accr. (V.).

zitellóne o **ẓitellóne** s. m. *1* Accr. di *zitello*. *2* (*scherz.*) Uomo scapolo un po' attempato.

Zither /ted. 'tsitər/ [vc. ted., dal lat. *cĭthara* 'cetra' (V.)] s. m. inv. (pl. ted. *Zithern*) ● Strumento musicale a corde, simile alla cetra, tipico dei paesi della Germania meridionale.

zito (**1**) s. m. ● (*spec. al pl.*) Zita.

zito (**2**) [variante di *cit(t)o* tosc. 'fanciullo'] **A** s. m. (f. *-a*) *1* †Fanciullo. *2* (*merid.*) †Scapolo, celibe. *3* (*merid.*) Fidanzato, sposo novello. **B** agg. ● †Puro, vergine.

†**zittàre** v. intr. e tr. ● (*tosc.*) Zittire.

zittèlla o **ẓittèlla** ● V. *zitella.*

†**zittèllo** o **ẓittèllo** ● V. *zitello.*

zittio s. m. ● Atto, effetto dello zittire.

zittire [da *zitto*] **A** v. intr. (*io zittìsco, tu zittìsci*; aus. *avere*) ● Fare con la bocca un leggero suono, come un sommesso sibilo, per far tacere qc. e spec. per interrompere oratori, attori o cantanti poco graditi: *una parte del pubblico zittiva verso quelli che applaudivano* | (*est., raro*) *Non z.*, non fiatare, non parlare. **B** v. tr. ● Far tacere qc. con un sibilo sordo e leggero, a teatro, a una conferenza, e sim.: *tutti zittivano la cantante stonata.* **C** v. intr. pron. ● (*raro*) Chetarsi, fare silenzio.

zitto [vc. onomat.] **A** agg. ● Che non parla: *stare z. e quieto*; *z. come un olio* | *Sta z.!*, taci!, sta attento! | *Rimanere z.*, stare senza parlare, in assoluto silenzio | Z. z., in gran silenzio, spec. perché impaurito e pensieroso, alla chetichella: *presero per i campi, zitti zitti, pensando ognuno a casi suoi* (MANZONI); *se l'è svignata z. z.* | (*raro*) *Alla zitta*, (*ell.*) senza avvisare nessuno, alla chetichella | *Fare stare z.*, costringere qc. a tacere, obbligandolo al silenzio anche nei confronti di cose che richiederebbero reazioni, proteste e sim. | (*est.*) Che non si fa sentire, non fa valere le sue ragioni, e tacendo pare che acconsenta: *di fronte a un torto così grande non devi stare z.* | (*est.*) Che non ridice ciò che sa o ha sentito: *è uno che sta z.* ‖ **zittino**, dim. **B** inter. ● Si usa per intimare il silenzio o per minacciare qc.: *z.! sento dei passi!*; *z.! se mi fai arrabbiare vedrai!* **C** s. m. ● (*raro*) Leggero sibilo, sussurro: *senza far motto o z. alcuno* (BOCCACCIO) | (*est.*) †*Non far z.*, tacere.

ẓiẓània [stessa etim. di *zizzania* (V.)] s. f. ● Pianta acquatica delle Graminacee, diffusa nelle paludi e sugli stagni degli Stati Uniti orientali, con fusto alto sino a 3 m, foglie larghe e pannocchie le cui cariossidi costituiscono un cibo per gli indiani d'America. SIN. Riso d'acqua, riso d'America, riso indiano o degli Indiani.

zìzza [longob. *zizza*, vc. espressiva] s. f. ● (*dial.*) Mammella.

ẓiẓẓagàre ● V. *zigzagare.*

†**ẓiẓẓàglia** s. f. ● Zizzania.

ẓiẓẓània o †**ẓinẓània** [vc. dotta, lat. eccl. *zizānia*, nt. pl. di *zizāniu(m)*, dal gr. *zixánion*, di origine straniera] s. f. *1* (*bot., raro*) Loglio. *2* (*fig.*) Discordia, grave contrasto, dissenso: *seminare, spargere, mettere z.*; *ha portato la z. nella sua famiglia.* *3* (*est., raro*) Chi suscita discordia: *non voglio più vedere quella z.*

†**ẓiẓẓaniόso** agg. ● Che mette zizzania.

ẓìẓẓola [da *zizzolo*] s. f. *1* (*raro, tosc.*) Giuggiola. *2* (*fig., est.*) Inezia, bazzecola | (*antifr., iron.*) Fatto spiacevole, evento avverso: *tre milioni di multa*: *una bella z.!* *3* (*dial.*) Vento forte e freddo.

ẓìẓẓolo [lat. *zīzyphu(m)*, dal gr. *zízyphon*, di origine e etim. incerte] s. m. ● (*bot., dial.*) Giuggiolo.

złoty /polacco 'zwotɨ/ [vc. polacca, letteralmente 'd'oro (*złoto*, di ampia area slava, connesso con una radice indeur. che allude al colore 'giallo')'] s. m. inv. ● Unità monetaria circolante in Polonia.

Ẓoantàri [lat. scient. *Zoantharia*, comp. di *zoo-* e del gr. *ánthos* 'fiore'] s. m. pl. ● Nella tassonomia animale, ordine di Antozoi coloniali con sei o più tentacoli (mai otto) non pennati (*Zoantharia*) | (al sing. *-io*) Ogni individuo di tale ordine. SIN. Esacoralli.

zoàrco [gr. *zōarchos*, letteralmente 'conducente (*archós*, dal v. *árchein* 'condurre', di origine indeur.) di animale (*zôion* 'essere vivente', egualmente di origine indeur.)'] s. m. (pl. *-chi*) ● Conducente di elefanti nelle antiche ordinanze greche.

†**zòcco** [lat. *sŏccu(m)* 'specie di pantofola in uso sulla scena', 'socco'] s. m. ● Zoccolo.

zòccola [da *zoccolo* in spreg. uso fig.] s. f. *1* (*merid.*) Topo di fogna. *2* (*fig.*, *est.*) Prostituta rozza e squallida dei bassifondi.

zoccolàio o (*raro*, *dial.*) **zoccolàro**. s. m. *1* Chi fa o vende zoccoli. *2* (*fig.*) Zotico, villano.

zoccolànte A agg. ● Che porta gli zoccoli. **B** s. m. ● Frate minore osservante, che porta gli zoccoli.

zoccolàre v. intr. (*io zòccolo*; aus. *avere*) ● (*pop.*) Far fracasso con gli zoccoli, camminando: *i bambini zoccolavano per le scale.*

zoccolàro ● V. *zoccolàio*.

zoccolàta s. f. ● Colpo di zoccolo.

zoccolàto agg. ● (*raro*) Fornito di zoccolo.

zoccolatùra [da *zoccolo* nel sign. 6] s. f. ● Motivo architettonico applicato, spec. a scopo protettivo, lungo la parte inferiore di una parete.

zoccolìo s. m. ● Uno zoccolare continuo o frettoloso.

zòccolo [lat. parl. **sŏcculu(m)*, dim. di *sŏccus* 'socco' (V.)] s. m. *1* Calzatura con la suola di legno e tomaia per lo più a strisce, usata o tradizionalmente in abiti di ordini religiosi e costumi popolari o per ragioni funzionali in certi lavori e ambienti, quali quelli dei contadini, operai, atleti, bagnanti o per forma di abbigliamento non convenzionale, spec. fra i giovani degli anni '80: *calzare, portare gli zoccoli*; *le olandesine con gli zoccoli* | (*est.*, *cuc.*) *Frittata con gli zoccoli*, farcita di carne o salumi a tocchetti. *2* (*fig.*) Persona villana, rozza, ignorante | Persona buona a nulla o che non vale nulla | *Non valere uno z.*, non valere nulla | (*pop.*) †*Zoccoli!*, caspita! *3* (*zool.*) L'unghia del terzo dito degli Equidi, o l'insieme delle unghie del terzo e del quarto dito degli Artiodattili, in cui lo strato corneo esterno riveste l'ultima falange ed è ispessito inferiormente a formare la suola. *4* (*est.*) Strato di fango che rimane attaccato alla suola delle calzature | Strato di neve che rimane attaccato alla suola degli scarponi, sotto gli sci o fra le punte dei ramponi da ghiaccio | (*agr.*) Zolla di terra lasciata attorno alle radici di una pianta da trapiantare. *5* Ogni basamento, di vario materiale, in varie strutture: *uno z. di legno, di pietra, di marmo*; *lo z. di una colonna, di un monumento, dell'arpa* | (*est.*) Parte inferiore, limitata in altezza, di un edificio | (*est.*) Piede prominente delle mura, nelle fortificazioni antiche | (*est.*) Fascia inferiore della parete di un vano interno di un edificio, tinta in colore più scuro o rivestita di materiale vario a scopo decorativo o protettivo | (*fig.*) Z. *duro*, il settore più stabile e fedele di un'organizzazione, spec. di un partito politico; il valore più costante in un fenomeno soggetto a variazioni. *6* (*geol.*) In tettonica, la parte inferiore e rigida di una regione in cui i terreni sovrastanti sono deformati plasticamente dalle spinte tettoniche | Z. *continentale*, *z. sottomarino*, il blocco di sial che forma la base di un continente, comprendente la scarpata continentale e la piattaforma continentale. *7* (*elettr.*) Parte dell'attacco unita alla lampada, che si inserisce a vite o a baionetta nel portalampada realizzando il collegamento elettrico e meccanico di quella con questo. *8* (*edit.*) In tipografia, blocco di sostegno, ligneo o metallico, per cliché o stereotipia. *9* Nelle armi da fuoco, parte dell'alzo fissata alla canna su cui si muove il ritto d'alzo. || **zoccolètto**, dim. | **zoccolìno**, dim. | **zoccolóne**, accr. (V.) | **zoccolòtto**, accr.

zoccolóne s. m. (f. *-a* nel sign. 2) *1* Accr. di *zoccolo*. *2* (*fig.*, *spreg.*) Persona molto rozza. SIN. Zoticone.

zodiacàle agg. ● (*astron.*, *astrol.*) Proprio dello, relativo allo zodiaco: *costellazioni, segni zodiacali* | (*astron.*) *Luce z.*, luminescenza biancastra che si scorge in cielo, sul piano dell'eclittica, prima dell'alba o dopo il tramonto, avente la forma di un ventaglio simmetrico rispetto al Sole.

zodìaco [vc. dotta, lat. *zodĭacu(m)*, dal gr. *zōidiakós* 'proprio (del circolo) delle figure d'animali (*zōídia*, dim. pl. di *zôion* 'essere vivente', 'immagine celeste')'] s. m. (pl. *-ci*, raro) *1* (*astron.*, *astrol.*) Zona ideale della sfera celeste entro cui si trovano i percorsi apparenti del Sole, dei pianeti e della Luna, delimitata da due linee parallele all'eclittica a 8° di distanza angolare dai due lati di questa, contenente le dodici costellazioni di Ariete, Toro, Gemelli, Cancro, Leone, Vergine, Bilancia, Scorpione, Sagittario, Capricorno, Acquario, Pesci | (*astrol.*) *Segni dello z.*, le dodici parti uguali in cui questo è convenzionalmente diviso, ciascuna delle quali prende il nome da una costellazione. *2* (*est.*, *astrol.*) Disegno, di solito circolare, che rappresenta la fascia dello zodiaco e i simboli di ciascuno dei suoi dodici segni. ➡ ILL. **zodiaco**.

zoèa [dal gr. *zōē* 'vita', di origine indeur.] s. f. ● (*zool.*) Forma larvale propria dei crostacei decapodi.

zoèpica [propriamente '*epica* degli animali (gr. *zôia*, di origine indeur.)'] s. f. ● (*letter.*) Epopea i cui personaggi sono animali.

-zòico [dal gr. *zōikós* 'di animale', da *zôion* 'essere vivente'] secondo elemento ● In aggettivi composti, indica relazione con animali o con l'apparire della vita nelle diverse ere geologiche: *cenozoico, mesozoico*.

zoidiofilìa [comp. del gr. *zōídion*, dim. di *zôion* 'animale', e *-filia*] s. f. ● (*bot.*) Impollinazione operata da animali. SIN. Zoofilia, zoogamia.

zoidiòfilo [comp. del gr. *zōídion*, dim. di *zôion* 'animale', e *-filo*] agg. ● (*bot.*) Detto di pianta la cui impollinazione è operata da animali. SIN. Zoofilo, zoogamo.

zòilo [gr. *Zōilos*, n. del feroce critico di Omero, da collegarsi con *zōē* 'vita', di origine incerta] s. m. ● (*raro*, *lett.*) Critico severo e pedante.

zoisìte [comp. dal n. dello studioso slov. S. *Zois* (1747-1819) che per primo lo osservò e *-ite* (*2*)] s. f. ● (*miner.*) Varietà di epidoto in cristalli rombici, spesso fibrosi, di color grigio o giallastro.

zòlfa ● V. *solfa*.

zolfàio s. m. ● (*raro*) Operaio addetto all'estrazione e alla lavorazione dello zolfo.

zolfanèllo o (*raro*) **solfanèllo** [dallo *zolfo*, che lo impregna, con doppio suff.] s. m. *1* Fiammifero di legno con capocchia di zolfo o fosforo, da sfre-

zodiaco

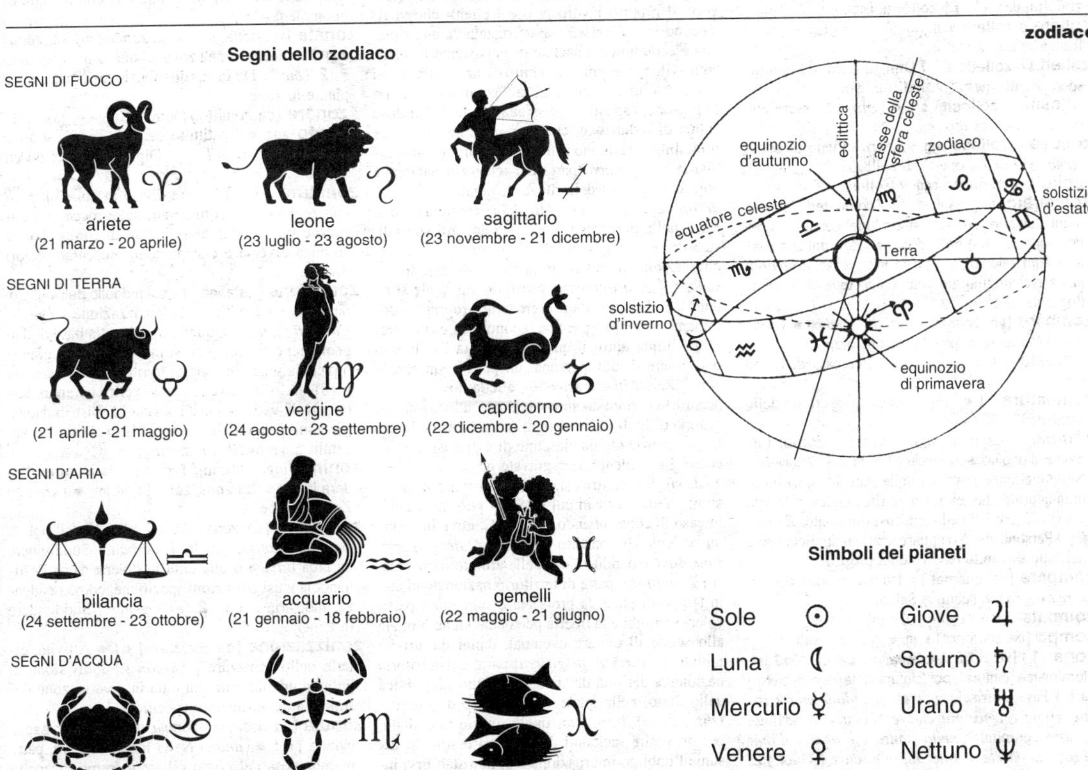

gare | *Accendersi come uno z.*, (*fig.*) essere molto irascibile | (*raro*) *Vi si accenderebbe lo z.*, è molto rosso, detto del viso. **2** Stoppino impregnato di zolfo fuso, per disinfettare le botti. **3** (*raro, fig.*) Cosa sottile come uno zolfanello: *le gambe di quel ragazzo sono due zolfanelli.*

zolfàra ● V. *solfara.*

zolfàre ● V. *solfare.*

zolfatàra ● V. *solfatara.*

zolfatàro ● V. *solfataro.*

zolfìfero [comp. di *zolfo* e *-fero*] agg. ● Che contiene zolfo.

zolfìgno agg. ● (*raro*) Zolfino.

zolfìno o (*raro*) **solfino**. **A** agg. ● (*raro*) Che è simile allo zolfo, per aspetto, colore e odore. **B** s. m. ● Zolfanello (*anche fig.*).

zólfo o (*raro, lett.*) **sólfo**, †**zólfore** [lat. *sŭlphur*, per *sŭlpur* (nt.), di origine straniera] s. m. ● Elemento chimico, metalloide giallo diffusissimo in natura sia nei suoi composti, sia allo stato elementare, ottenuto dai suoi giacimenti o per ossidazione dell'acido solfidrico proveniente da gas illuminante o da frazioni del petrolio, noto in varie forme allotropiche, usato per produrre acido solforico, come additivo di fertilizzanti, come correttivo di terreni, per la vulcanizzazione della gomma, per coloranti allo zolfo, in medicina per malattie della pelle, e nell'industria dei fiammiferi. SIMB. S | *C'è odore di z.*, (*scherz., fig.*) c'è del diabolico | (*raro, fig.*) *Fra loro è acceso lo z.*, c'è discordia.

zoliàno agg. ● Concernente lo scrittore francese E. Zola (1840-1902): *realismo z.*

zòlla o **zòlla** [etim. discussa: medio alto ted. *zol(les)* 'massa compatta', di origine indeur.] s. f. **1** Pezzo di terra che si stacca dai campi coltivati: *l'aratro rompe le zolle* | *Z. erbosa, verde z.*, superficie erbosa del terreno: *tacito, seduto in verde z., / delle sere io solea passar gran parte / mirando il cielo* (LEOPARDI). **2** (*spec. al pl.*) Campo lavorato, terreno: *avere, possedere delle zolle* | *Avere quattro zolle, poche zolle*, possedere una piccola proprietà. **3** Tocco, pezzo di diverse materie: *una z. di zucchero, una z. di pane.* **4** (*geol.*) Ciascuna delle grandi porzioni di litosfera, di spessore uguale a 100 km e di superficie paragonabile a quella di un continente o di un oceano, separata dalle altre da profonde discontinuità. ‖ **zollétta**, dim. (V.) | **zollóna**, accr.

zollàre o **zollàre** v. tr. (*io zòllo* o *zòllo*) ● (*raro*) Ricoprire con zolle.

zollétta o **zollétta** s. f. **1** Dim. di *zolla*. **2** Pezzetto, spec. di zucchero. ‖ **zollettìna**, dim.

zollosità o **zollosità** s. f. ● (*raro*) L'essere zolloso: *la z. di un terreno.*

zollóso o **zollóso** agg. ● (*raro*) Pieno di zolle: *campi zollosi* | Coperto di zolle.

†**zollùto** o †**zollùto** agg. ● Zolloso.

Zollverein /*ted.* 'tsɔlfer-ain/ [comp. ted., letteralmente 'unione (*Verein*, da *ein* 'uno' col pref. di origine indeur. *ver-*) della dogana (*Zoll*, dal tardo lat. *tolonēum* 'telonio', V.)'] s. m. inv. (pl. ted. *Zollvereine*) ● Nel linguaggio economico tedesco, unione doganale.

zombàre [vc. onomat.] v. tr. (*io zómbo*) ● (*pop., tosc.*) Percuotere, picchiare con forza.

zombàta s. f. ● (*pop., tosc.*) Percossa data con forza.

zombatùra s. f. ● (*pop., tosc.*) Atto, effetto dello zombare.

zómbie /*'dzombi, *ingl.* 'zɔmbi/ o **zómbi** [vc. creola d'origine sconosciuta] s. m. inv. **1** (*relig.*) Nelle credenze popolari delle Antille, spirito soprannaturale che, evocato da riti magici, ridà vita a un cadavere | Il cadavere così rianimato. **2** (*est., fig.*) Persona che è o appare apatica, abulica, priva del tutto di carattere e volontà propri.

zompàre [vc. onomat.] v. intr. (*io zómpo*; aus. *essere* e *avere*) ● (*centr.*) Saltare.

zompàta s. f. ● (*centr.*) Zompo.

zómpo [da *zompare*] s. m. ● (*centr.*) Salto.

zòna (1) [vc. dotta, lat. *zōna(m)*, dal gr. *zṓnē*, letteralmente 'cintura', poi 'cintura di terra o di cielo'] s. f. **1** Fascia, striscia: *in cielo si vedono ampie zone grigie e zone più chiare* | (*est.*) Superficie, spazio delimitato: *nella stanza c'è una z. d'ombra*; *una parete a zone chiare e scure* | (*biol.*) *Z. morfogenetica*, ciascuna delle aree del citoplasma dell'uovo fecondato dalle quali, attraverso i processi morfogenetici, si sviluppano i vari organi in posizioni definite | (*fis.*) *Z. di silenzio*, quella in cui, a causa delle anomalie della propagazione delle onde sonore, non viene udito il suono emesso da un velivolo o prodotto al suolo | (*mat.*) *Z. sferica*, parte di superficie sferica compresa fra due piani secanti paralleli | (*mat.*) *Z. di una superficie di rotazione*, parte di superficie di rotazione compresa fra due piani perpendicolari all'asse di rotazione | (*tecnol.*) *Fusione per zone*, metodi di purificazione di materiali metallici, usato per preparare metalli purissimi destinati a impieghi nucleari, semiconduttori e sim. e consistente nel determinare la fusione incipiente di un'estremità di una sbarretta del materiale da purificare e nel far scorrere la zona fusa verso l'altra estremità, dove si concentrano le impurità presenti nel materiale. **2** (*geogr.*) Ciascuna delle cinque fasce parallele che, per convenzione, suddividono la superficie della Terra e prendono il nome dai climi che vi dominano: due glaciali o polari, artica e antartica; due temperate, boreale e australe; una torrida, o equatoriale, fra i due tropici | *Z. climatica*, zona della superficie terrestre determinata in base alla particolare distribuzione di uno o più elementi climatici | *Z. umida*, ambiente costituito da terreni capaci di assorbire e trattenere grandi quantità d'acqua, come acquitrini, paludi, torbiere, stagni, lagune. **3** (*geol.*) Regione della crosta terrestre in cui le rocce sono sottoposte a metamorfismo più o meno intenso secondo la profondità | *Z. sismica*, regione della Terra che è epicentro di frequenti terremoti. **4** (*est.*) Territorio, regione, ben delimitato o che presenta caratteri distintivi: *sulla carta si distingue una z. collinosa*; *la z. orientale della pianura non è coltivata* | *In z.*, nei dintorni, nelle vicinanze: *ero in z. così sono passato a trovarti* | *Fuori z.*, lontano, fuori dai giri abituali: *non conosco quel negozio perché per me è fuori z.* | *Z. agraria*, area più o meno estesa dove prosperano in prevalenza determinate colture | *Z. di ripopolamento e cattura*, territorio in cui è vietata temporaneamente la caccia per favorire il ripopolamento della selvaggina, che vi può essere catturata soltanto per ripopolare altri territori che ne sono carenti | *Z. di vendita*, area geografica assegnata a un venditore o a un agente per svolgervi il proprio lavoro presso i clienti che vi risiedono | *Z. depressa*, caratterizzata da una situazione economica e sociale di persistente povertà, sottosviluppo e sim. | *Z. controllata*, quella in cui è presente una sorgente di radiazioni ionizzanti e le persone, esposte professionalmente a una dose annua di radiazione, che può superare un valore prestabilito, vengono sottoposte a sorveglianza sanitaria | *Z. franca*, parte del territorio nazionale considerata fuori della linea doganale | (*dir.*) *Z. di frontiera*, quella a cavallo della frontiera fra due Stati, nella quale essi, grazie ad accordi speciali, stabiliscono reciproche facilitazioni riguardanti la circolazione di abitanti e merci e i servizi idrici e sanitari | *Z. d'influenza*, territorio sul quale si riconosce che uno Stato eserciti la propria predominante influenza politica, economica e militare; (*fig.*) limite entro il quale si esercita l'influenza o il potere di una persona, un partito, un ente e sim. | *Z. del libero scambio*, quella dove vige un accordo economico internazionale attuato da un gruppo di Stati all'interno di un territorio e in cui le merci prodotte da ciascuno di essi possono circolare liberamente, non gravate da dazio | (*dir.*) *Z. di vigilanza*, striscia, braccio di mare in prossimità della costa in cui lo Stato può intervenire in caso di contrabbando | *Z. calda*, dove incombe un pericolo di conflitto armato | *Z. denuclearizzata*, dove è bandito l'uso delle armi termonucleari | *Z. militare*, parte di territorio nazionale in cui, in tempo di pace, la proprietà è soggetta a particolari obblighi e la libertà personale viene limitata allo scopo di evitare eventuali danni da attività militari | (*dir.*) *Z. di guerra*, parte del territorio nazionale, definita dalla suprema autorità politica dello Stato, nella quale vige la legge di guerra | (*dir.*) *Z. smilitarizzata*, quella in cui uno Stato, per prevenire incidenti di frontiera e sim., si assume l'obbligo internazionale di non stabilirvi installazioni e guarnigioni militari | (*mil.*) *Z. delle operazioni*, parte della zona di guerra, definita dalla suprema autorità militare, nella quale i poteri civili sono assunti per legge dall'autorità militare stessa | (*mil.*) *Z. di combattimento*, parte del territorio nella quale vengono condotte le principali operazioni aero-terrestri | (*mil.*) *Z. tattica*, area in cui le truppe effettuano manovre tattiche di difesa e di offesa | (*mil.*) *Z. territoriale*, circoscrizione militare amministrativa del territorio nazionale, comprendente gener. più province e soggetta all'autorità di un generale di brigata; in periodo bellico, parte del territorio nazionale, retrostante la zona di combattimento, nella quale viene condotta la difesa interna del territorio | (*mil.*) *Z. delle comunicazioni*, parte della zona territoriale compresa fra i limiti posteriori della zona di combattimento e del teatro di operazioni. **5** Parte di territorio comunale e, gener., di un agglomerato urbano destinato, nel piano regolatore, a una determinata funzione: *z. residenziale*; *z. industriale* | *Z. verde*, insieme di parchi, giardini e sim. compresi in una città | *Z. blu, z. verde*, parte del centro storico delle città in cui il traffico è variamente limitato | *Z. di rispetto*, area nella quale non è permesso costruire o nella quale la costruzione sia sottoposta a vincoli ben precisi | *Z. del silenzio*, ove vige per gli autoveicoli il divieto di usare i segnali acustici | *Z. disco*, in cui le automobili possono sostare per un tempo limitato esponendo il disco orario. **6** Nei telegrafi, nelle telescriventi e sim., sottile striscia di carta su cui viene registrato il testo del messaggio telegrafico. **7** (*med.*) Herpes zoster. **8** In vari giochi di palla (spec. nel basket e nel calcio), impostazione tattica basata sulla copertura, da parte dei giocatori, di una determinata area del campo (contrapposta al cosiddetto *gioco a uomo*): *gioco, difesa, marcamento a z.*; *una squadra che applica la z.*; *nel gioco a z. sono spesso attuati il pressing e la tattica del fuorigioco* | *Segnare, vincere in z. Cesarini*, nel calcio, realizzare una rete decisiva agli effetti del risultato nello scorcio finale di un incontro, come riuscì più volte, negli anni trenta, al giocatore juventino R. Cesarini (1906-1969); (*fig.*) ottenere un successo all'ultimo momento. **9** Fascia, cintura che cinge la vita in certi abiti, spec. antichi.

†**zóna (2)** [di origine onomat. (?)] vc. ● (*tosc.*) Solo nella loc. *dare di z.*, fare q.c. con impeto, di buona lena.

zonàle [vc. dotta, lat. tardo *zonāle(m)*, da *zōna*] agg. **1** Attinente a una zona, di una zona: *comando z.* **2** (*biol.*) Detto di distribuzione di animali e piante in zone.

†**zonàre** [da *zona* (*1*)] v. tr. ● Cingere, fasciare.

zonàto agg. ● Costituito da zone, parti, strati e sim. diversi: *cristallo z.* | Dipinto a zone: *pareti zonate.*

zonatùra s. f. **1** L'essere diviso in zone: *la z. di una regione.* **2** Nei minerali, nelle rocce, nei cristalli e sim., l'alternarsi di strati di composizione chimica diversa e che possono presentare colori diversi.

zonazióne [da *zona* (*1*), sul modello dell'ingl. *zoning* (V.)] s. f. ● (*gener.*) Zonizzazione | (*geol.*) *Carte di z. sismica*, quelle in cui, sulla base di dati geologici e sismologici, si individuano, su grande o piccola scala, le zone di territorio in cui si sono verificati, o si prevede che si verificheranno, terremoti di varia intensità | (*ecol.*) Distribuzione, per zone geografiche, di organismi animali o vegetali: *z. verticale, orizzontale.*

zoning /*ingl.* 'zouniŋ/ [vc. ingl., da *to zone* 'dividere in zone', da *zone* 'zona'] s. m. inv. ● (*urban.*) Zonizzazione.

zonizzàre [da *zona* (*1*), sul modello dell'ingl. *to zone* (V. *zoning*)] v. tr. **1** (*urban.*) Suddividere un'area urbana o una città in diverse zone destinandole a usi e funzioni specifiche, come residenza, industria e sim. **2** (*est., gener.*) Suddividere in zone.

zonizzazióne [da *zonizzare*] s. f. ● Attività, effetto dello zonizzare | (*urban.*) Suddivisione di un'area urbana o di una città in diverse zone destinate a usi e funzioni specifiche.

zònula [vc. dotta, lat. *zonula*, dim. di *zōna* 'fascia, cintura'] s. f. ● (*anat.*) Nella loc. *z. di Zinn*, parte membranosa del corpo ciliare a forma di anello disposta attorno al cristallino, avente la funzione di mantenerlo teso.

ẓonulàre agg. • (*anat.*) Della, relativo alla zonula.

ẓonùro [letteralmente 'dalla coda (gr. *ourá*, di origine indeur.) con scaglie a cerchi (gr. *zônai*, propriamente 'cinture')'] s. m. • Sauro africano con robuste zampe a cinque dita, una corona di spine posteriormente al capo e coda spinosa (*Cordylus giganteus*).

ẓónẓo [vc. onomat.] vc. • Solo nella loc. avv. *a z.*, a spasso, qua e là senza una meta, oziando: *andare a z.* | (*fig.*) †*Mandare il cervello a z.*, impazzire.

ẓòo [da (*giardino*) *zoo*(*logico*), secondo il modello ingl. *zoo*(*logical garden*)] s. m. inv. • (*fam.*) Giardino zoologico: *portare i bambini allo zoo* | (*est.*) Reparto di un circo equestre ove sono custoditi gli animali esotici.

ẓòo-, -ẓòo [dal gr. *zôion* 'essere vivente', di origine indeur.] primo o secondo elemento • In parole composte significa 'animale' o indica in modo generico relazione con la vita animale: *zoofilo, zoologia, zootecnica; dermatozoi, protozoi.*

ẓoocenòṣi [comp. di *zoo-* e *cenosi*] s. f. • (*zool.*) Complesso degli organismi animali che compongono una biocenosi.

ẓoocenòtico [da *zoocenosi*] agg. (pl. m. *-ci*) • (*zool.*) Relativo a zoocenosi.

ẓoochìmica [comp. di *zoo-* e *chimica*] s. f. • Studio chimico dei principi presenti negli organismi animali.

ẓoocìda [comp. di *zoo-* e *-cida*] **A** s. m. (pl. *-i*) • Sostanza tossica per i parassiti delle piante. **B** anche agg.: *preparato z.*

ẓoocoltùra o **ẓoocultùra** [comp. di *zoo-* e *coltura*] s. f. • Allevamento di animali utili all'uomo, spec. di piccole dimensioni.

ẓooconìdio [comp. di *zoo-* e *conidio*] s. m. • (*bot.*) Conidio mobile mediante ciglia. SIN. Planoconidio.

ẓoocorìa [comp. di *zoo-* e di un deriv. dal gr. *chōrêin* 'spostarsi, diffondersi', di origine indeur.] s. f. • (*bot.*) Disseminazione di talune piante per mezzo di animali, che ne trasportano i semi sul o nel proprio corpo.

ẓoocòro [comp. di *zoo-* 'animale' e di un deriv. dal gr. *chōrêin* 'spostarsi, diffondersi', di origine indeur.] agg. • (*bot.*) Detto di pianta la cui disseminazione avviene per opera di animali | Relativo alla zoocoria: *disseminazione zoocora.*

ẓoocultùra • V. *zoocoltura.*

ẓoofagìa [comp. di *zoo-* e *-fagia*] s. f. • Condizione degli organismi zoofagi.

ẓoòfago [comp. di *zoo-* e *-fago*] agg. • Detto di animale o pianta che si nutre di animali.

ẓoofilìa [comp. di *zoo-* e *-filia*] s. f. **1** Amore, affetto per gli animali, spec. domestici | Atteggiamento, comportamento da zoofilo. **2** (*psicol., med.*) Perversa attrazione sessuale per gli animali. **3** (*bot.*) Zoidiofilia. **4** (*zool.*) Fenomeno per cui un insetto si nutre di preferenza a spese di altri animali piuttosto che dell'uomo.

ẓoòfilo [comp. di *zoo-* e *-filo*] **A** agg. **1** Che ama e protegge gli animali: *società zoofila.* **2** (*bot.*) Zoidiofilo | Zoocoro. **3** (*zool.*) Detto di insetto che presenta zoofilia. **B** s. m. • Persona che ama gli animali e li protegge: *lega di zoofili.*

ẓoòfito [comp. di *zoo-* e *-fito*] s. m. • Organismo considerato un tempo come una forma intermedia fra animali e vegetali, quali i Celenterati e gli Echinodermi.

Ẓooflagellàti [comp. di *zoo-* e *Flagellati*] s. m. pl. • Nella tassonomia animale, gruppo eterogeneo di Flagellati che comprende organismi incapaci di operare la fotosintesi | (al sing. *-o*) Ogni individuo di tale gruppo.

ẓoofobìa [comp. di *zoo-* e *fobia*] s. f. • (*psicol.*) Timore morboso di tutti gli animali, o di alcuni determinati fra essi.

ẓoòfobo [comp. di *zoo-* e *-fobo*] agg.; anche s. m. (f. *-a*) **1** (*raro*) Che, chi è affetto da zoofobia. **2** (*bot.*) Detto di pianta dotata di caratteristiche che la preservano dagli animali erbivori.

ẓoòforo [gr. *zōophóros*, comp. di *zôion* 'animale' e di un deriv. da *phérein* 'portare', perché accoglieva spesso raffigurazioni di animali] **A** s. m. • (*arch.*) Fregio architettonico, recante figure spec. animali, collocato fra l'architrave e la cornice degli antichi edifici ionici. **B** agg. • (*arch.*) Che sostiene, che sorregge una raffigurazione spec. animale: *colonna zoofora.*

ẓoogamète [comp. di *zoo-* e di *gamete*] s. m. • (*biol.*) Gamete provvisto di organi di moto, quali i flagelli.

ẓoogamìa [comp. di *zoo-* e *-gamia*] s. f. • (*bot.*) Zoidiofilia.

ẓoògamo agg. • (*bot.*) Zoidiofilo.

ẓoogènico [comp. di *zoo-* e *-genico*] agg. (pl. m. *-ci*) • (*geol.*) Detto di roccia organogena formata da resti animali.

ẓoogeografìa [comp. di *zoo-* e *geografia*] s. f. • Scienza che studia la distribuzione delle specie animali sulla superficie terrestre e le cause che la influenzano.

ẓooglèa [comp. di *zoo-* e del gr. *gloía* 'materia collosa', di diffusione indeur.] s. f. • (*biol.*) Massa di batteri agglutinati da una sostanza vischiosa, avente spesso l'apparenza di una pellicola iridescente.

ẓoognòstica [comp. di *zoo-* e della seconda parte di (*dia*)*gnostica*] s. f. • Studio dell'esteriore conformazione dell'animale.

ẓooiàtra [comp. di *zoo-* e *-iatra*] s. m. e f. (pl. m. *-i*) • (*raro*) Veterinario.

ẓooiatrìa [comp. di *zoo-* e *-iatria*] s. f. • (*raro*) Veterinaria.

ẓooiàtrico agg. (pl. m. *-ci*) • (*raro*) Di, della zooiatria: *dizionario z.*

ẓooiàtro s. m. • (*raro*) Zooiatra.

ẓoolàtra [da *zoolatria*] s. m. e f. (pl. m. *-i*) • Chi fa degli animali oggetto di adorazione e di culto.

ẓoolatrìa [comp. di *zoo-* e *latria*] s. f. • Adorazione e culto rivolti agli animali, considerati divini o manifestazioni del divino.

ẓoolàtrico agg. (pl. m. *-ci*) • Relativo alla zoolatria e agli zoolatri.

ẓoòlico [dal fr. *zoolique* sul modello di *eolico*] agg. (pl. m. *-ci*) • Mosso, spinto, azionato da una forza o energia animale: *macchina zoolica.*

ẓoolìto [comp. di *zoo-* e *-lito*] s. m. • (*raro*) Animale o parte di animale fossilizzato, spec. pietrificato.

ẓoologìa [comp. di *zoo-* e *-logia*] s. f. • Scienza che studia gli animali e la loro vita in tutti i suoi aspetti. ➡ ILL. **zoologia generale**.

ẓoològico agg. (pl. m. *-ci*) • Che riguarda la zoologia | *Giardino z.*, specie di parco opportunamente attrezzato dove, all'aperto o al chiuso, in gabbie e recinti, vivono e sono esposti al pubblico animali esotici | *Museo z.*, che raccoglie e classifica animali imbalsamati o loro parti anatomiche conservate.

ẓoologìsta [da (giardino) *zoologico*] s. m. (pl. *-i*) • Chi commercia o caccia animali per i giardini zoologici.

ẓoòlogo [comp. di *zoo-* e *-logo*] s. m. (f. *-a*; pl. m. *-gi*) • Studioso, esperto di zoologia.

zoom /*dzum, *ingl.* zu:m/ [dal n. dell'obiettivo a focale variabile *Zoomak*, costruito nel 1948 dalla ditta *Zoomar*, derivante a sua volta da (*to*) *zoom*, usato prima come v. onomat. con il sign. di 'ronzare' e poi, in aeronautica militare, con il sign. di 'impennarsi in volo'] s. m. inv. • Obiettivo la cui distanza focale può essere variata con continuità entro limiti piuttosto ampi, per poter variare il campo inquadrato senza variare la messa a fuoco; usato per riprese fotografiche e, spec., cinematografiche e televisive.

zoomàre /*dzu'mare/ e *deriv.* • V. *zumare* e *deriv.*

ẓoometrìa [comp. di *zoo-* e *-metria*] s. f. • Studio delle dimensioni degli animali.

ẓoomorfìṣmo [comp. di *zoo-* e *-morfismo*] s. m. • Metamorfosi in animale: *credere allo z.*

ẓoomòrfo [comp. di *zoo-* e *-morfo*] agg. • Che rappresenta un animale: *figura zoomorfa.*

ẓoomorfòṣi [comp. di *zoo-* e *morfosi*] s. f. • (*biol.*) Variazione anomala, non ereditaria, della forma di una pianta, dovuta all'azione di un animale.

ẓoònimo [comp. di *zoo-* e *-onimo*] s. m. • (*ling.*) Nome di animale.

ẓoonòṣi [comp. di *zoo-* e del gr. *nósos* 'malattia', di origine incerta] s. f. • Ogni malattia infettiva degli animali | Ogni malattia propagabile dagli animali all'uomo, e viceversa.

ẓoopaleontologìa [comp. di *zoo-* e *paleontologia*] s. f. • Branca della paleontologia che studia gli animali fossili.

ẓooparassìta [comp. di *zoo-* e *parassita*] s. m.; anche agg. (pl. m. *-i*) **1** (*biol.*) Parassita od organismo parassita degli animali. **2** (*biol.*) Parassita od organismo parassita appartenente al regno animale.

ẓoopatologìa [comp. di *zoo-* e *patologia*] s. f. • Branca della veterinaria che si occupa dello studio delle patologie.

ẓooplàncton [comp. di *zoo-* e *plancton*] s. m. • (*biol.*) Insieme degli organismi animali che fanno parte del plancton.

ẓooplanctònico agg. (pl. m. *-ci*) • Dello, relativo allo zooplancton.

ẓooprofilàssi [comp. di *zoo-* e *profilassi*] s. f. • Branca della veterinaria che si occupa della profilassi.

ẓooprofilàttico [comp. di *zoo-* e *profilattico*] agg. (pl. m. *-ci*) • Attinente alla profilassi delle malattie del bestiame.

ẓoopsìa [comp. di *zoo-* e di un deriv. dal gr. *ópsis* 'vista', di origine indeur.] s. f. • (*psicol.*) Visione allucinatoria di animali che incutono paura o disgusto.

ẓoosafàri [comp. di *zoo-* e *safari*] s. m. inv. • Vasto comprensorio di ambiente naturale, diviso in campi recintati al cui interno vivono, relativamente libere, singole specie di animali esotici, percorribile in automobile dai visitatori.

ẓoosemiòtica [comp. di *zoo-* e *semiotica*] s. f. • Disciplina che studia i sistemi di comunicazione fra gli animali, spec. su basi comparate.

ẓoospèrmio [comp. di *zoo-* e *spermio*] s. m. • (*biol., raro*) Spermatozoo.

ẓoospòra [comp. di *zoo-* e *spora*] s. f. **1** (*bot.*) Spora mobile grazie a ciglia o flagelli. **2** (*zool.*) Cellula mobile, flagellata o ameboide, prodotta per sporulazione in numerosi protozoi.

ẓootecnìa [comp. di *zoo-* e *-tecnia*] s. f. • Scienza che studia l'allevamento degli animali utili all'uomo, occupandosi della loro riproduzione, del loro miglioramento genetico, del loro più razionale sfruttamento.

ẓootècnico **A** agg. (pl. m. *-ci*) • Che riguarda la zootecnia | *Patrimonio z.*, l'insieme degli animali d'allevamento di uno Stato. **B** s. m. • Studioso, esperto di zootecnia.

ẓoòtoca [comp. di *zoo-* e di un deriv. dal gr. *tókos* 'parto', di origine indeur.] s. f. • Lucertola delle zone umide e fresche, con pelle granulosa, che depone uova contenenti piccoli già del tutto formati (*Lacerta zootoca vivipara*).

†**ẓootomìa** [comp. di *zoo-* e *-tomia*] s. f. • (*raro*) Dissezione degli animali | (*raro*) Anatomia animale.

†**ẓootòmico** agg. (pl. m. *-ci*) • Che riguarda la zootomia.

ẓootomìsta s. m. e f. • (*raro*) Studioso di zootomia.

ẓootossìna [comp. di *zoo-* e *tossina*] s. f. • (*biol.*) Ogni tossina di origine animale, quale quella proveniente da serpenti, ragni, insetti.

Ẓooxantèlle [comp. di *zoo-* e di un deriv. di *xanto-* con suff. dim.] s. f. pl. • Alghe unicellulari flagellate, con pigmento giallo, che vivono in simbiosi con alcuni animali marini (*Zooxantellae*).

ẓòpolo [vc. venez., da una forma preindeur. **zaupo* 'tronco'] s. m. • (*mar.*) Piccola imbarcazione a remi e vela, costituita da un tronco d'albero scavato come la piroga.

zoppàggine s. f. • (*raro*) Zoppia.

zoppàre v. intr. (*io zòppo*; aus. *essere*) • (*tosc.*) Azzoppare.

zoppeggiàre v. intr. (*io zoppéggio*; aus. *avere*) • (*raro*) Zoppicare (*anche fig.*).

zoppétto s. m.; anche agg. (f. *-a*) **1** Dim. di *zoppo.* **2** Che, chi è zoppo e di piccola statura. ‖ **zoppettino**, dim.

zoppìa s. f. • (*veter.*) Infermità, condizione di un animale zoppo | (*med.*) Claudicazione, condizione di una persona zoppa.

zoppicaménto s. m. • (*raro*) Modo, atto dello zoppicare (*anche fig.*).

zoppicànte part. pres. di *zoppicare*; anche agg. **1** Nei sign. del v. **2** *Verso z.*, che presenta irregolarità metriche.

zoppicàre [da *zoppo*] v. intr. (*io zòppico, tu zòppichi*; aus. *avere*) **1** Camminare, andare zoppo: *z. con il piede destro*; *il cavallo zoppica leggermente*. SIN. Claudicare. **2** (*est.*) Non essere ben fermo sui propri sostegni, poggiare in modo difettoso, traballare, detto spec. di mobili: *questa sedia zoppica* | (*raro, est.*) Vacillare, non procedere in piano (*anche fig.*): *il veicolo in salita zoppicava*. **3** (*fig.*) Essere manchevole o moralmente debole: *da quando ha conosciuto quelle persone ha cominciato a z.* | (*raro*) Indebolirsi fisicamente | (*fig.*) Ottenere scarsi risultati in un'attività o nello studio: *zoppica un po' in italiano* | *Zoppica da quel piede*, (*fig.*) è debole in quel campo, in quell'attività, quella materia | (*fig.*) Non reggere, mancare di rigore, detto di argomenti, ragionamenti e sim.

zoppicatùra s. f. **1** Atto dello zoppicare (*anche fig.*): *la z. di una dimostrazione*. **2** Lesione a una gamba, che fa zoppicare.

zoppicóni o (*raro*) **zoppicóne** [da *zoppicare* col suff. *-oni* proprio di questo tipo di avv.] avv. ● Zoppicando: *camminare, andare z.*

zoppina [da *zoppo* perché malattia che colpisce le unghie degli animali e li fa zoppicare] s. f. ● (*veter.*) Nome di alcune malattie dei bovini e degli ovini che ne provocano la zoppia | (*pop.*) Afta epizootica.

zòppo [lat. tardo *clŏppu(m)*, di prob. origine onomat., attraverso una forma dial. (sett.) *cioppo*, adattata alle condizioni tosc.] **A** agg. **1** Che è infermo alle gambe o ai piedi e non può camminare con l'andatura naturale: *dopo la caduta, è rimasto z.*; *essere z. e sciancato*; *è z. da una gamba* | *Piede z.*, che fa zoppicare perché difettoso o malato | *Andare a piè z.*, saltellando su una gamba; (*fig.*) andare a rilento in q.c. | (*raro*) *Tornare a piè z.*, (*fig.*) senza aver ottenuto niente | (*raro*) *Vincere a piè z.*, (*fig.*) facilmente, senza impegno | *A z. galletto*, (*pop.*) saltellando su una gamba | (*raro, est.*) Fiacco, lento: *ella li seguia con passo lento e z.* (ARIOSTO). **2** (*est.*) Che non si regge diritto, traballante, detto di mobile: *sedia zoppa*; *tavolo z.* **3** (*fig.*) Difettoso, debole in qualche parte, incompleto: *discorso z.*; *ragionamento z.*; *rima zoppa* | (*fig.*) *Somma zoppa*, che non torna. **B** s. m. (f. *-a*) ● Chi va zoppicando spec. in modo durevole: *uno z. dalla nascita* || PROV. Chi va con lo zoppo impara a zoppicare. || **zoppàccio**, pegg. | **zoppétto**, dim. (V.) | **zoppino**, dim.

Zoràtteri [vc. dotta, comp. del gr. *pterón* 'ala', di origine indeur., e di una prima parte, in cui si ravvisa il gr. *zōrós* 'puro, non mescolato', di etim. incerta] s. m. pl. ● Nella tassonomia animale, ordine di Insetti terrestri degli Pterigoti con capo voluminoso, piccole antenne, torace con il primo segmento più sviluppato degli altri due, tipici delle regioni calde (*Zoraptera*) | (al sing. *-o*) Ogni individuo di tale ordine.

zorilla [dallo sp. *zorrillo*, dim. di *zorro* 'volpe', attraverso la forma ingl. *zoril*] s. f. ● Genere di mammiferi africani e asiatici dei Mustelidi, simili alla moffetta, piccoli, carnivori, con pelliccia scura e pelame lungo, striato e macchiato di bianco (*Zorilla*).

zoroastriàno A agg. ● Di, relativo a Zoroastro. **B** s. m. ● Seguace di Zoroastro e del zoroastrismo. SIN. Mazdeo.

zoroàstrico agg. (pl. m. *-ci*) ● Relativo a Zoroastro e allo zoroastrismo. SIN. Mazdaico.

zoroastrìsmo [comp. da *Zoroastro* (forma gr. *Zōroástrēs*, del n. avestico *Zarathushtra*) e *-ismo*] s. m. ● Corrente religiosa divulgata verso il VI sec. a.C. dal persiano Zoroastro, o Zarathustra, basata sull'opposizione tra uno spirito del bene e uno del male che lottano per la conquista dell'universo. SIN. Mazdaismo.

zoster /lat. *'dzɔster/ [vc. dotta, lat. *zōstere(m)*, nom. *zōster*, dal gr. *zōstḗr* 'zona, fascia (di eruzione intorno al corpo)', da *zōnnýnai* 'cingere', di orig. indeur.] agg. inv. ● (*med.*) Nella loc. *herpes z.*, caratterizzato da vescicole che danno una dolorosa sensazione di bruciore cutaneo, lungo il decorso dei nervi.

zostèra [vc. dotta, lat. *zostēre(m)*, dal gr. *zōstḗr* (V.) 'cintura', per il suo aspetto nastriforme] s. f. ● Pianta oceanica delle Potamogetonacee le cui foglie nastriformi si raccolgono sulle spiagge per farne materiale da imballaggio (*Zostera marina*).

zoticàggine s. f. ● (*spreg.*) Qualità di chi è zotico o si comporta abitualmente da zotico.

zotichézza s. f. ● L'essere zotico, rozzo (*anche spreg.*): *alla sua falsità preferisco la vostra z.*

zòtico [lat. *idiōticu(m)*, dal gr. *idiōtikós* 'proprio del privato cittadino (*ídios*, di origine indeur.)'] **A** agg. (pl. m. *-ci*, †*-chi*) **1** Incolto, incivile: *intra una gente zotica, vil* (LEOPARDI) | Rozzo, grossolano: *un uomo z.*; *maniere zotiche*. CONTR. Civile, cortese, educato. **2** (*raro, est.*) Ruvido, poco fine, detto di panno: *tela zotica*. || **zoticaménte**, avv. (*raro*) Con zotichezza, rozzamente. **B** s. m. (f. *-a*) ● Persona zotica. || **zoticàccio**, pegg. | **zotichétto**, dim. | **zoticóne**, accr.

zòzza [etim. discussa: di origine espressiva (?)] s. f. **1** (*pop., tosc.*) Intruglio alcolico di qualità scadente. **2** (*fig.*) Gente vile, triviale. SIN. Gentaglia. **3** (*fig.*) Rabbuffo minaccioso.

zózzo e *deriv.* ● V. *sozzo* e *deriv.*

zszszs /ts/ ● V. *zzz*.

zuàvo [fr. *zouave*, dal n. della cabila berbera (*Zwāwa*), che diede i primi uomini di queste truppe

zoologia generale

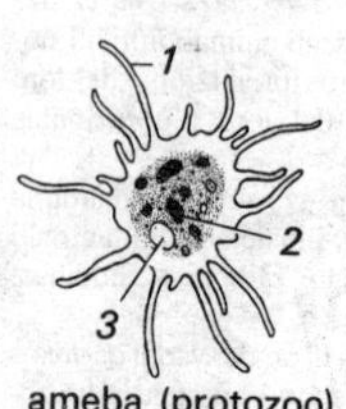

ameba (protozoo)

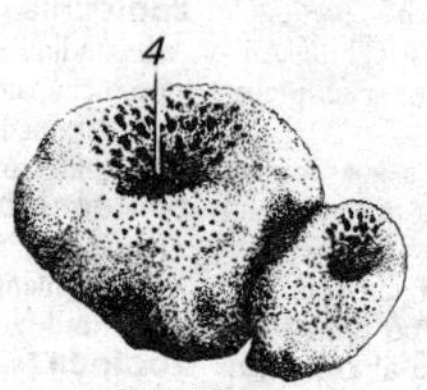

spugna

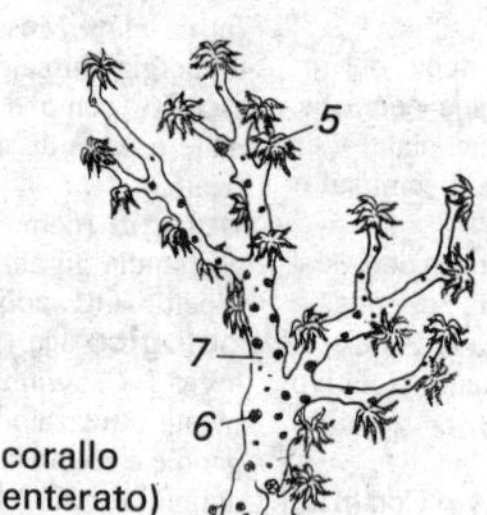

corallo (celenterato)

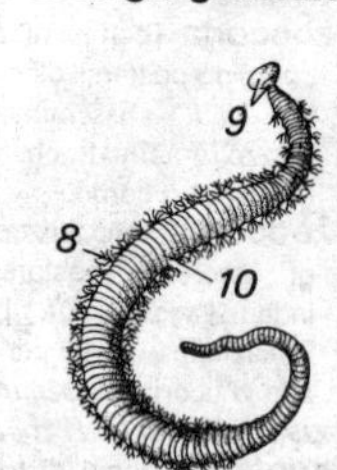

arenicola (anellide)

1 pseudopodio 2 vacuolo digestivo 3 vacuolo pulsante 4 osculo 5 polipo espanso 6 polipo retratto 7 scheletro 8 parapodi 9 metameri cefalici 10 metamero

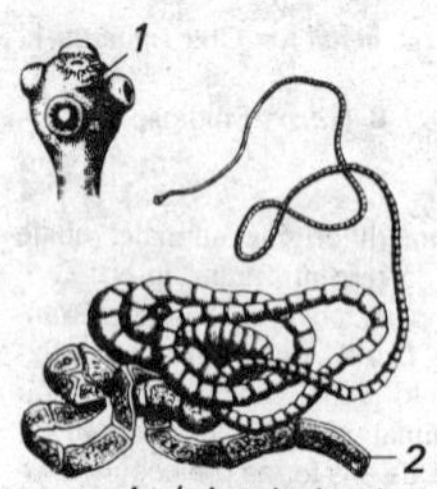

tenia (platelminta)

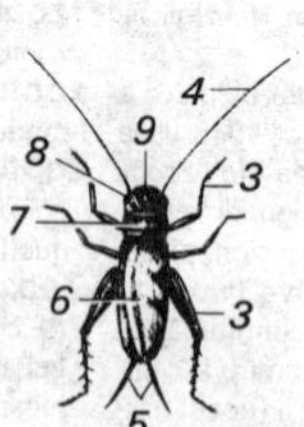

grillo (insetto)

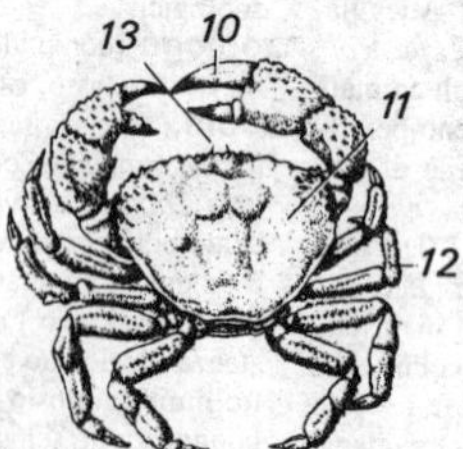

granchio (crostaceo)

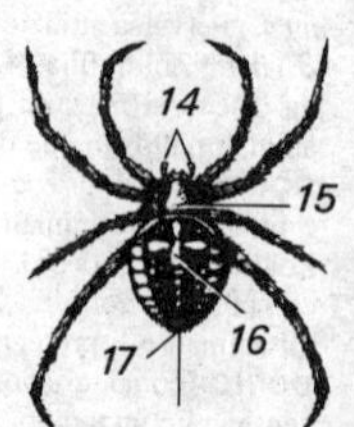

ragno (aracnide)

1 scolice 2 proglottide 3 zampa 4 antenna 5 cerci 6 elitra 7 protorace 8 occhio 9 capo 10 chela 11 carapace 12 arto 13 antenna 14 cheliceri 15 capotorace 16 addome 17 filiere

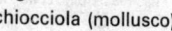

chiocciola (mollusco)

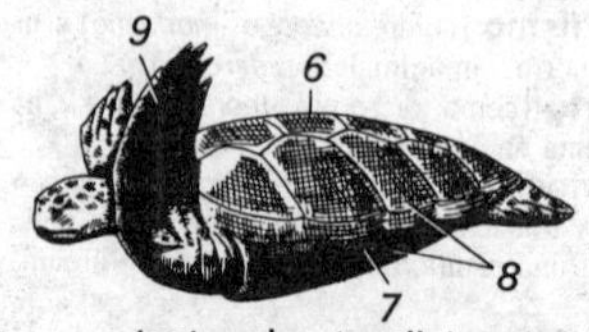

testuggine (rettile)

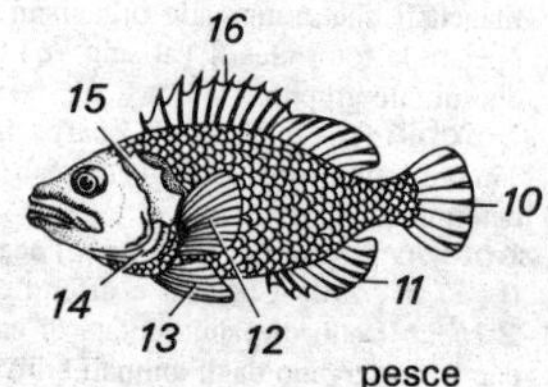

pesce

1 occhio 2 tentacolo oculare 3 conchiglia 4 piede 5 tentacolo 6 scudo 7 piastrone 8 carapace 9 zampa natatoria 10 pinna caudale 11 pinna anale 12 pinna pettorale 13 pinna pelvica 14 apertura branchiale 15 opercolo 16 pinna dorsale

segue

zoologia generale

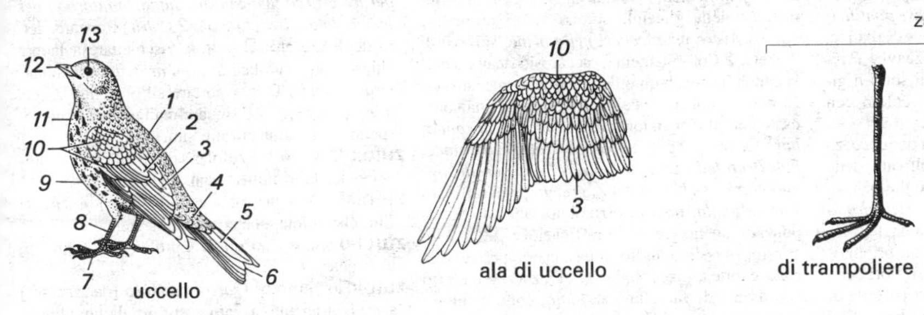

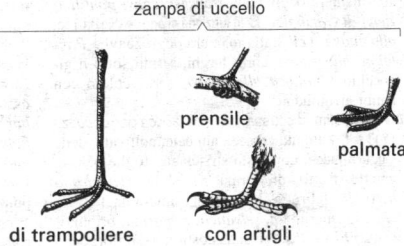

1 dorso 2 ala 3 penne remiganti 4 codrione 5 penne timoniere 6 coda 7 zampa 8 tarso 9 ventre 10 penne copritrici 11 petto 12 becco 13 occhio

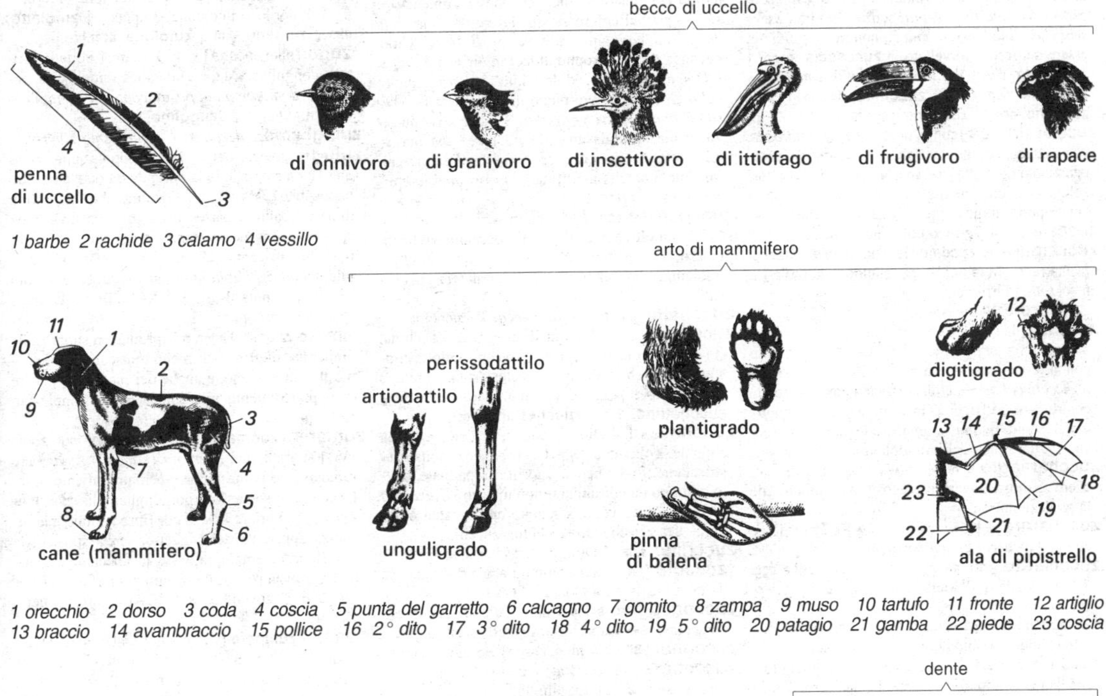

1 barbe 2 rachide 3 calamo 4 vessillo

1 orecchio 2 dorso 3 coda 4 coscia 5 punta del garretto 6 calcagno 7 gomito 8 zampa 9 muso 10 tartufo 11 fronte 12 artiglio 13 braccio 14 avambraccio 15 pollice 16 2° dito 17 3° dito 18 4° dito 19 5° dito 20 patagio 21 gamba 22 piede 23 coscia

1 strato corneo 2 strato granuloso 3 muscolo del pelo 4 derma 5 papilla 6 ghiandola 7 ipoderma 8 capillari sanguigni 9 bulbo 10 ghiandola sebacea 11 strato basale 12 strato lucido 13 pelo 14 criniera 15 vibrissa 16 corona 17 colletto 18 radice 19 smalto 20 avorio 21 polpa 22 alveolo 23 zanna 24 proboscide

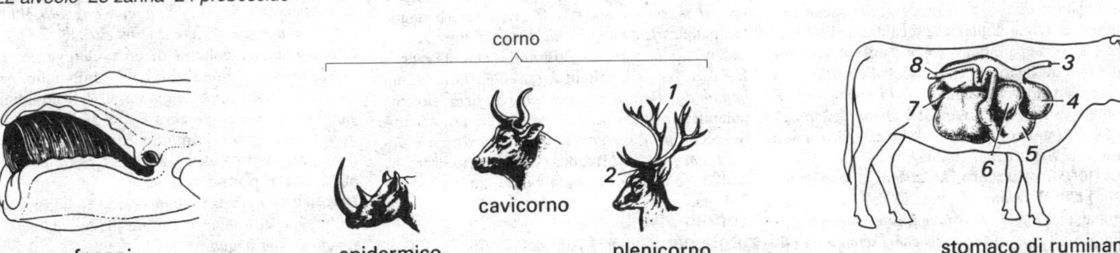

1 palco 2 rosa 3 esofago 4 reticolo 5 abomaso 6 omaso 7 rumine 8 intestino

algerine] **A** s. m. ● Soldato di un corpo di fanteria coloniale dell'esercito francese, creato in Algeria nel 1831 | (*est.*) Militare appartenente a corpi speciali di fanteria di altri eserciti, equipaggiato alla maniera degli zuavi francesi: *zuavi pontifici*; *zuavi di Garibaldi*. **B** in funzione di agg. ● Nella loc. *alla zuava*, (*ell.*) alla maniera degli zuavi | *Pantaloni alla zuava*, corti, larghi, serrati sotto il ginocchio | *Giacca alla zuava*, corto bolero con lembi arrotondati.

zùcca [etim. discussa: da *(*co*)*zucca* per *cocuzza* (?)] s. f. **1** Pianta erbacea annuale, coltivata, delle Cucurbitacee, con fusto strisciante, foglie pelose, grande frutto di forma variabile (*Cucurbita maxima*) | Frutto della pianta omonima | *Z. da vino*, lagenaria | *Z. selvatica*, *z. marina*, brionia | (*cuc.*) *Fiori di z.*, vivanda costituita dai fiori della zucca o della zucchina, passati in una pastella di farina, acqua e uova e fritti | *Semi di z.*, brustolini. **2** (*scherz.*) Testa umana: *grattarsi la z.*; *è caduto battendo la z.* | *Z. pelata*, testa rapata, con i capelli tagliati a zero | (*raro*) *Andare in z.*, col capo scoperto | †*Uomo di z. vuota*, senza senno | *Essere senza sale in z.*, *essere una z.*, non avere giudizio, essere sciocco, scervellato. || **zuccàccia**, pegg. | **zucchétta**, dim. (V.) | **zucchétto**, dim. m. (V.) | **zucchìna**, dim. (V.) | **zucchìno**, dim. m. (V.) | **zuccóna**, accr. | **zuccóne**, accr. m. (V.).

zùcca barùcca [comp. di *zucca* (V.) e *barucca*, ven. *baruca*, dal lat. *verrūca* 'verruca' per l'aspetto bitorzoluto del frutto] loc. sost. ● Zucca gialla bitorzoluta che lungo il litorale veneto e ferrarese si vende per le strade cotta al forno e a fette.

zuccàia s. f. ● Terreno coltivato a zucche.

zuccaiòla o †**zuccaiuòla** [da *zucca*, alle cui piante reca grave danno, guastandone le radici] s. f. ● (*zool.*) Grillotalpa.

†**zùccaro** ● V. *zucchero*.

zuccàta [il sign. 1 da *zucca*, nel sign. 2; il sign. 2 da *zucca* nel sign. 1] s. f. **1** (*scherz.*) Colpo dato con la testa: *battere una z. contro il muro* | *Fare a zuccate col muro*, (*fig.*) ostinarsi con caparbietà contro una difficoltà insormontabile | (*pop.*, *dial.*) *Prendere una z.*, rimanere ingannati. **2** Zucca candita, tipica dell'arte dolciaria siciliana.

zuccheràggio s. m. ● (*enol.*) Aggiunta di zucchero ai mosti poveri di glucosio per aumentarne la gradazione.

zuccheràre v. tr. (*io zùcchero*) ● Rendere dolce con lo zucchero: *z. una bevanda*.

zuccheràto part. pass. di *zuccherare*; anche agg. **1** Nei sign. del v. **2** Mellifluo, insinuante: *maniere zuccherate*.

†**zuccherèllo** [da *zucchero*] s. m. ● Persona estremamente buona, dolce, arrendevole.

zuccherièra s. f. **1** Vaso di porcellana, metallo e sim. per custodire o presentare lo zucchero. **2** (*raro*) Quanto zucchero sta nella zuccheriera.

zuccherière s. m. ● Industriale che produce zucchero | Operaio di zuccherificio.

zuccherièro agg. ● Concernente lo zucchero, la sua produzione: *industria zuccheriera*.

zuccherìfero [comp. di *zucchero* e *-fero*] agg. ● Saccarifero.

zuccherifìcio [comp. di *zucchero* e *-ficio*] s. m. ● Stabilimento in cui si ricava saccarosio da barbabietole e da canne da zucchero.

zuccherìno [da *zucchero*] **A** agg. **1** Che ha sapore e qualità di zucchero | Che è ricco di zucchero: *sciroppo z.* **2** Dolce come lo zucchero: *frutta zuccherina* | Che ha il sapore e la qualità dello zucchero. **B** s. m. **1** Pezzetto, dolcino di zucchero. **2** (*fig.*) Piccolo favore per fare accettare q.c. di spiacevole: *per rendergli meno gravoso l'incarico, gli hanno dato lo z. di una gratifica*. SIN. Contentino. **3** (*fig.*) Situazione fastidiosa, molesta, gravosa che appare quasi sopportabile se paragonata ad altre ancora meno piacevoli: *nell'abisso in cui Gertrude era caduta, ..., la condizione di monaca festeggiata, ossequiata, ubbidita, le pareva uno z.* (MANZONI) | *Non è uno z.*, (*fig.*) non è cosa piacevole, facile, gradita.

zùcchero o †**zùccaro** [ar. *súkkar*, di origine indiana] s. m. **1** (*chim.*) Composto della classe dei carboidrati | *Zuccheri semplici*, monosaccaridi: *il fruttosio e il glucosio sono zuccheri semplici*; *i polisaccaridi sono formati da due o più molecole di zuccheri semplici* | *Z. invertito*, miscela con egual numero di molecole di glucosio e fruttosio | *Z. di latte*, lattosio | *Z. d'uva*, glucosio | *Z. di frutta*, fruttosio | *Z. di malto*, maltosio | *Z. di legno*, xilosio | (*fisiol.*, *med.*) *Caduta degli zuccheri*, diminuzione della glicemia sotto i valori normali | (*pop.*) *Avere gli zuccheri nelle orine*, soffrire di diabete. **2** Correntemente, saccarosio ricavato dalla canna da zucchero o dalla barbabietola, sostanza bianca, dolce, cristallina dopo la raffinazione, usata nell'alimentazione: *canna da z.*, *z. di canna*; *barbabietola da z.*, *z. di barbabietola*; *produzione, industria dello z.*; *z. in polvere, a quadretti*; *aggiungi tre cucchiai di z.* | *Z. greggio*, non raffinato | *Z. raffinato*, bianco, cristallino, ottenuto sottoponendo quello greggio a raffinazione | *Z. a velo*, *z. velo*, finissimo, usato in pasticceria per spolverizzare torte e sim. | *Z. vanigliato*, zucchero a velo con aroma di vaniglia | *Z. filato*, cotto e ridotto in fili sottilissimi | *Z. caramellato*, *z. bruciato*, *colore di z.*, caramello | *Carta da z.*, quella spessa e dal caratteristico colore azzurro cupo, usata un tempo per incartare zucchero, paste alimentari e sim.; (*est.*) il colore stesso: *un vestito blu carta da z.*, *un cappotto carta da z.* **3** (*est.*) Cibo, bevanda dolce o troppo dolce: *quest'uva è uno z.* | *Dolce come lo z.*, dolcissimo | *Avere il cuore nello z.*, (*fig.*) essere pieno di contentezza | (*raro*) *È uno z. di tre cotte*, (*fig.*) è una cosa piacevolissima, graditissima. **4** (*fig.*) Persona buona, mite, affabile: *quel ragazzo è uno z.* | Persona falsamente amabile, melliflua: *per convincerlo è diventato uno z.*

zuccheróso agg. **1** Che ha in sé molto zucchero | Che è molto dolce. **2** (*fig.*) Ipocritamente lusinghiero, insinuante: *parole zuccherose*. **3** (*fig.*) Sdolcinato, stucchevole: *una commedia zuccherosa*.

zucchétta s. f. **1** Dim. di *zucca*. **2** Zucchina.

zucchétto s. m. **1** Dim. di *zucca*. **2** Zucchina. **3** (*est.*) Copricapo a forma di piccola calotta emisferica, portato spec. dagli ecclesiastici | (*relig.*) *Ricevere lo z. rosso*, essere nominato cardinale. || **zucchettìno**, dim. | **zucchettóne**, accr.

zucchìna s. f. **1** Dim. di *zucca*. **2** Pianta erbacea annuale, coltivata, delle Cucurbitacee, con fusto strisciante, foglie pelose cuoriformi palmate, frutto oblungo da consumarsi non maturo (*Cucurbita pepo*) | Frutto verde screziato della pianta omonima. SIN. Zucchetta, zucchetto, zucchino.

zucchìno s. m. **1** Dim. di *zucca*. **2** Zucchina.

†**zùccolo** [da *zucca*, come parallelo di *cocuzzolo* da *cocuzza*] s. m. ● Cocuzzolo.

zucconàggine s. f. ● Qualità, condizione di chi è zuccone. SIN. Caparbietà, testardaggine.

zucconaménto s. m. ● (*raro*) Lo zucconare.

zucconàre [da *zuccone*] v. tr. (*io zuccóno*) **1** Tosare, rapare. **2** Capitozzare.

zuccóne **A** s. m. (f. *-a*, nel sign. 3) **1** Accr. di *zucca*. **2** (*pop.*) Testa grande e grossa | (*est.*) Persona con la testa grossa | †Testa tutta calva. **3** (*fig.*, *pegg.*) Persona dura di testa, ottusa: *a scuola si è rivelato uno z.* | (*raro*, *fig.*) Persona caparbia, testarda: *quello z. non ascolta i consigli di nessuno*. || **zucconàccio**, pegg. **B** agg. ● Di poca intelligenza: *uno scolaro z.* | (*raro*) Testardo, caparbio.

zuccòtto [prob. da *zucca* nel sign. di 'testa', per la forma] s. m. **1** Dolce semifreddo a forma di calotta, con pandispagna, panna, cioccolato e canditi. **2** (*tosc.*) Zucchetto nel sign. 3.

zùffa (1) [etim. discussa: dalla stessa origine di *ciuffo*, in impiego simile ad *acciuffar(si)* (?)] s. f. **1** Combattimento non lungo ma accanito | Mischia, battaglia: *gettarsi nella z.*; *entrare nella z.*; *codardo, il capitan tuo vedi in / z. co' nemici e solo il lassi?* (TASSO) | †*Z. campale*, battaglia campale: *zuffe campali, chiamate nei nostri tempi, con vocabolo francese, giornate* (MACHIAVELLI). **2** Rissa, baruffa, litigio: *la z. ebbe inizio da un banale diverbio*; *una z. fra cani*. **3** (*fig.*) Violenta polemica, contesa su argomenti letterari, scientifici, ecc.: *fra i sostenitori dei due artisti si è accesa una z.* || **zuffétta**, dim. | **zuffettìna**, dim.

†**zùffa (2)** [longob. *supfa* 'brodo, zuppa'] s. f. ● Polenta.

†**zùffolo** ● V. *zufolo*.

zufolaménto s. m. **1** Atto dello zufolare. **2** (*raro*) Zufolio. **3** †Ronzio agli orecchi.

zufolàre o †**sufolare** [lat. parl. **sufolāre*, variante dial. di *sibilāre*] **A** v. intr. (*io zùfolo*; aus. *avere*) **1** Suonare lo zufolo | Emettere suoni simili a quelli dello zufolo, detto anche di animali: *zufolò per avvertirci*; *una zanzara sufolava intorno / per quella dolce riva* (TASSO). **2** (*raro*) Ronzare, detto degli orecchi. **B** v. tr. ● Fischiettare a labbra chiuse, come zufolando: *z. un'aria, un motivo musicale* | (*fig.*) Dire, riportare all'orecchio: *z. q.c. a qc.* | (*est.*, *fig.*) Insinuare malignamente un sospetto, una maldicenza, e sim.

zufolàta s. f. ● Lo zufolare una volta sola e brevemente. || **zufolatìna**, dim.

zufolatóre s. m.; anche agg. (f. *-trice*) ● (*raro*) Chi, che zufola, anche abitualmente.

zufolìo s. m. ● Uno zufolare prolungato, continuo, insistente.

zùfolo o †**sùfolo**, (*raro*) †**zùffolo** [da *zufolare*] s. m. **1** Strumento a fiato costituito da un cilindro cavo di bosso con alcuni fori per modulare il suono e un taglio trasversale all'imboccatura. **2** †Fischio, zufolamento. **3** †Spia, delatore. **4** (*raro*, *fig.*) Balordo, minchione, sciocco. || **zufolétto**, dim. | **zufolìno**, dim. | **zufolóne**, accr.

†**zùgo** [etim. incerta] s. m. **1** (*tosc.*) Sorta di frittella con miele. **2** (*tosc.*) Persona semplice, sciocca: *e ora m'hanno qui posto, come un z., a piuolo* (MACHIAVELLI). || †**zugolìno**, dim.

zuinglìsmo e *deriv.* ● V. *zwinglismo* e *deriv.*

zulù [fr. *zoulou*, dal n. di una popolazione bantu dell'Africa merid., che lo riprende da quello del suo capostipite] **A** s. m. e f. **1** Ogni membro della tribù di lingua bantu appartenente a un più vasto gruppo di popolazioni negre stanziate nel Natal (Repubblica Sudafricana). **2** (*fig.*, *spreg.*) Persona incivile, incolta: *gli abitanti di quel villaggio sono dei veri z.* (V. nota d'uso STEREOTIPO). **B** anche agg.: *popolazioni z.*

zum [vc. onomat.] inter. ● Riproduce il suono della grancassa, di grossi strumenti musicali a corda come il contrabbasso, e anche dei piatti e in genere di ogni strumento musicale a percussione: *zum zum, tarà zum*.

zumàre o **zoomàre** [adattamento dell'ingl. *zoom* (V.)] **A** v. intr. (aus. *avere*) ● (*cine*, *tv*) Avvicinare rapidamente la macchina cinematografica o la telecamera al soggetto e poi allontanarla. **B** v. tr. ● (*cine*, *tv*) Variare la scala di riproduzione e la distanza apparente del soggetto, senza spostare la macchina cinematografica o la telecamera, variando la distanza focale di uno zoom.

zumàta o **zoomàta**. s. f. ● Atto, effetto dello zumare.

zump o **zùmpete** [vc. onomat.] inter. ● (*scherz.*) Riproduce il rumore e l'atto stesso di un salto compiuto verso il basso da media altezza: *vista la mala parata, z., giù dal muretto!*

†**zùnnene** [vc. onomat. (da *zun zun* imit. di suono)] s. m. **1** (*fam.*) Grancassa | *Suonar lo z. sulle spalle a qc.*, (*fig.*) picchiarlo, bastonarlo. **2** (*est.*) Banda musicale.

zùppa o (*dial.*) †**sùppa** [lat. tardo *sŭppa(m)*, dal got. **suppa* 'fetta di pane inzuppata'] s. f. **1** Minestra in brodo (di carne, pesce, legumi o verdure) senza pasta né riso, spesso accompagnata da pane affettato: *z. alla marinara*, *con le cipolle*, *di fagioli*, *di vongole* | *Z. alla pavese*, costituita da brodo bollente versato su uova crude, fette di pane gener. tostate e formaggio parmigiano grattugiato | *Fare la z. nel vino, nel marsala, nel latte*, ammollarvi pane o biscotti | *Z. inglese*, dolce a base di pan di Spagna intriso di liquore e farcito con crema e cioccolato | *È tutt'una z.*, (*fig.*) è sempre la stessa cosa | *Se non è z. è pane bagnato*, fra le due cose non c'è differenza sostanziale. **2** (*fig.*) Confusione, mescolanza di cose eterogenee: *in quella musica c'è una z. di temi* | Imbroglio, pasticcio: *cosa ci capite in questa z.?* | Noiosa lungaggine: *questa conferenza è una z.* **3** (*biol.*) *z. primordiale*, brodo primordiale. || **zuppétta**, dim. (V.) | **zuppettìna**, dim. | **zuppìna**, dim. | **zuppóna**, accr. | **zuppóne**, accr. m.

zuppàre [da *zuppa*] v. tr. ● (*raro*) Rendere zuppo, pregno di liquido | Tuffare inavvertitamente: *z. i piedi nell'acqua*.

zuppàta [da *zuppare*] s. f. ● (*raro*) L'inzuppare una volta e alla svelta.

zuppétta s. f. *1* Dim. di *zuppa*. *2* Spec. nella loc.: *fare la z.*, intingere pane o biscotti in latte, caffè, vino e sim.

zuppièra [da *zuppa*, sul modello del corrispondente fr. *soupière*] s. f. ● Recipiente panciuto, tondo od ovale, con coperchio, nel quale si porta in tavola la minestra: *una z. di maiolica*.

zùppo [per *zupp(at)o*, part. pass. di *zuppare* (V.)] agg. ● Inzuppato, intriso: *impermeabile z. di pioggia* | *Essere z. d'acqua, essere tutto z.*, tutto molle, bagnato fradicio.

zurighése A agg. ● Di Zurigo. **B** s. m. e f. ● Abitante, nativo di Zurigo.

†**zurlàre** [da †*zurlo*] v. intr. ● (*tosc.*) Ruzzare.

†**zùrlo** [variante di *ciurlo*] s. m. ● (*tosc.*) Ruzzo.

†**zùrro** [da †*zurlo* per assimilazione] s. m. ● (*tosc.*) Allegria, brama vivace.

zurvanismo o **zervanismo** [dal medio persiano *zurvān* 'tempo, momento'] s. m. ● (*filos.*, *relig.*) Corrente di pensiero religioso iranico, variamente connessa allo zoroastrismo, che teorizza l'idea del tempo riportandola all'unione contrapposta di due mitici gemelli antagonisti.

zuzzurullóne o **zuzzerellóne**, **zuzzerullóne**, **zuzzurellóne** [forma onomat.] s. m. (f. *-a*) ● (*fam.*, *tosc.*) Ragazzo o persona adulta che, come un bambino, pensa sempre al gioco e allo scherzo.

zwinglianésimo /*dzuinglja'nesimo/ o **zuinglianésimo**. s. m. ● (*relig.*) Zwinglismo.

zwingliàno /*dzuin'gljano, tsvin'gljano/ o **zuingliàno A** agg. (f. *-a*) ● (*relig.*) Proprio di, relativo a H. Zwingli e allo zwinglismo. **B** s. m. ● Seguace di H. Zwingli (1484-1531) e dello zwinglismo.

zwinglismo /*dzuin'glizmo, *tsvin'glizmo/ o **zuinglismo**. s. m. ● (*relig.*) Movimento di pensiero teologico e di rinnovamento cristiano derivato da H. Zwingli, il quale, nel sec. XVI, modificò, accentuandone i contenuti estremi, le posizioni di Lutero e fondò in Svizzera la Chiesa Riformata.

zwinglista /*dzuin'glista, *tsvin'glista/ o **zuinglista**. s. m. e f.; anche agg. ● (*relig.*) Zwingliano.

zzz /*dz/ o **zszszs** [vc. onomat.] inter. *1* Riproduce il ronzio di un insetto, quale una zanzara, un'ape, un moscone, una mosca e sim. *2* Riproduce il rumore sibilante di chi russa piano piano. *3* Riproduce il rumore di una sega mentre viene usata.

REPERTORI FINALI

SIGLE, ABBREVIAZIONI, SIMBOLI

Le abbreviazioni scientifiche si scrivono col punto finale, i simboli scientifici senza. Le sigle di enti, associazioni e sim. si scrivono normalmente con punti intermedi fra una lettera e l'altra quando ciascuna di queste è l'iniziale di altrettante parole scritte in forma intera (per es. **C.G.I.L.,** *C*onfederazione *G*enerale *I*taliana del *L*avoro); i punti non si interpongono quando non ricorre tale stretta corrispondenza (per es., **CONFINDUSTRIA,** Confederazione Generale dell'Industria Italiana). Tuttavia, man mano che una sigla diventa di uso corrente, si tende, soprattutto nella scrittura giornalistica, a omettere i punti. Di alcune sigle, oltre alla versione in italiano, si fornisce anche quella in altre lingue indicandone la corrispondenza col segno =. Nella sequenza alfabetica le lettere maiuscole precedono le minuscole.

A *1 mat.* altezza | area. *2 fis.* ampere | atomica, detto di bomba. *3* amplificazione. *4* autore. *5* Austria. *6* nell'alpinismo, seguita da un numero, indica il grado di difficoltà della scalata.

Å *fis.* angstrom.

a *1* anno. *2* ara. *3* atto-. *4* anodo.

A1 autostrada Milano-Roma.

A2 autostrada Roma-Napoli.

A1/2 autostrada Fiano-San Cesareo.

A3 autostrada Napoli-Reggio Calabria.

A4 autostrada Torino-Milano-Trieste.

A5 autostrada Torino-Aosta.

A4/5 autostrada Ivrea-Santhià.

A6 autostrada Savona-Torino.

A7 autostrada Milano-Genova.

A8 autostrada Milano-Varese-Sesto Calende.

A8-A9 autostrada Milano-Laghi-Chiasso.

A9 autostrada Lainate-Chiasso.

A10 autostrada Genova-Ventimiglia.

A11 autostrada Firenze-Pisa nord.

A12 autostrada Genova-Roma.

A11/12 autostrada Viareggio-Lucca.

A13 autostrada Bologna-Padova.

A14 autostrada Bologna-Canosa-Bari-Taranto-Sibari.

A15 autostrada Parma-La Spezia.

A16 autostrada Napoli-Canosa.

A18 autostrada Messina-Catania-Siracusa-Gela.

A19 autostrada Palermo-Catania.

A20 autostrada Messina-Buonfornello-Palermo.

A21 autostrada Torino-Piacenza-Brescia.

A22 autostrada Modena-Brennero.

A23 autostrada Palmanova-Udine-Carnia-Tarvisio.

A24 autostrada Roma-L'Aquila-Teramo-Alba Adriatica.

A25 autostrada Torano-Pescara.

A26 autostrada Genova-Voltri-Gravellona Toce.

A27 autostrada Venezia Mestre-Vittorio Veneto-Pian di Vedoia.

A28 autostrada Portogruaro-Pordenone.

A29 autostrada Palermo-Punta Raisi-Mazara del Vallo-Trapani.

A30 autostrada Caserta Sud-Nola-Salerno.

A31 autostrada Trento-Rovigo.

A32 autostrada Torino-Bardonecchia.

AA Alto Adige.

aa *farm.* ana.

A.A.P.S.O. (ingl. *Afro-Asian People's Solidarity Organization*) Organizzazione per la Solidarietà dei Popoli Afro-Asiatici.

A.A.S. Azienda Autonoma di Soggiorno.

A.A.S.T. Azienda Autonoma di Soggiorno e Turismo.

AA.VV. Autori Vari.

A.B.C. *1* (ingl. *American Broadcasting Company*) Compagnia Americana di Radiodiffusione. *2 mil.* Atomico Biologico Chimico (conflitto).

A.B.I. Associazione Bancaria Italiana.

ab init. (lat. *ab initio*) dal principio.

A.B.M. (ingl. *Anti Ballistic Missiles*) *aer.* Missili Anti Balistici, cioè missili anti missile.

A.B.S. *chim.* Acrilonitrile Butadiene Stirene.

ABS (ted. *Anti-Blockier System*) Sistema (frenante) Anti Bloccaggio.

A.C. Azione Cattolica.

Ac *chim.* attinio.

a.C. avanti Cristo.

a.c. (ingl. *Alternating current*) corrente alternata.

A.C.C. Alta Corte Costituzionale.

ACC Banda d'acciaio stagnata (materiale per contenitori alimentari).

A.C. di G. Alta Corte di Giustizia.

A.C.F. (fr. *Automobile Club de France*) Automobile Club di Francia.

A.C.I. *1* Automobile Club d'Italia. *2* Azione Cattolica Italiana. *3* Associazione Cartografica Internazionale. *4* Aero Club d'Italia = AeCI. *5* Associazione Culturale Italiana.

A.C.L.I. Associazioni Cristiane dei Lavoratori Italiani.

A.C.L.S. (ingl. *All weather Carrier Landing System*) *aer.* Sistema di atterraggio su portaerei con qualsiasi tempo.

ACPOL Associazione di Cultura Politica.

A.C.R.I. Associazione fra le Casse di Risparmio Italiane.

A.C.S. *1* (fr. *Automobile Club de Suisse*) Automobile Club della Svizzera. *2 mil.* Allievi Comandanti di Squadra.

A.C.T.H. (ingl. *Adreno Cortico Trophic Hormone*) *med.* ormone adrenocorticotropo.

A.D. (lat. *Anno Domini*) nell'Anno del Signore.

A.D.A.C. (ted. *Algemeiner Deutscher Automobil Club*) Automobile Club della Germania.

A.D.ES.S.P.I. Associazione Difesa e Sviluppo della Scuola Pubblica Italiana.

A.D.I. *1* Associazione Detectives Italiani. *2* Associazione per il Disegno Industriale.

ADICOR Associazione Difesa Consumatori e Risparmiatori.

ad init. (lat. *ad initium*) all'inizio.

ad lib. (lat. *ad libitum*) a volontà.

A.D.N. *1 biol.* Acido Desossiribonucleico = D.N.A. *2* Yemen.

ADN-Kronos (ted. *Allgemeiner Deutscher Nachrichtendienst*), Agenzia di notizie dell'ex RDT.

A.D.P. *1* (ingl. *Adenosine Diphosphate*) *chim.* adenosin difosfato. *2* (ingl. *Automatic Data Processing*) elaborazione automatica dei dati.

a.d.r. a domanda risponde.

A.D.S. Accertamenti Diffusione Stampa.

A.E.C. (ingl. *Atomic Energy Commission*), Commissione per l'Energia Atomica in USA.

AeCI Aero Club Italiano.

A.E.I. Associazione Elettrotecnica ed Elettronica Italiana.

A.E.I.O.U. (lat. *Austriae Est Imperare Orbi Universo*) spetta all'Austria comandare sull'universo intero (monogramma di Carlo V).

A.E.M. Azienda Energetica Municipale.

aeq. (lat. *aequalis*) *farm.* eguali.

AEROFLOT Linee aeree sovietiche.

A.F. *1 elettr.* Alta Frequenza. *2* Assegni Familiari. *3* (fr. *Air France*) Linee aeree francesi. *4* Agricoltura e Foreste.

AFCENT (ingl. *Allied Forces Central Europe*) Forze Alleate dell'Europa Centrale (della Nato).

Aff. Est. Affari Esteri (Ministero degli).

aff.mo affezionatissimo.

AFG Afghanistan.

A.F.I. *1* Associazione Filatelica Italiana. *2* Associazione Felina Italiana. *3* Associazione Fonografici Italiani.

A.F.L. - C.I.O. (ingl. *American Federation of Labour - Congress of Industrial Organization*) Federazione Americana del Lavoro - Associazione delle Organizzazioni Industriali.

a.f.m. a fine mese.

A.F.N. (ingl. *American Forces Network*) Rete radiofonica delle Forze Armate Americane.

AFNOR (fr. *Association Française de Normalisation*) Associazione Francese di Normalizzazione (di misure, strumenti e sim.).

A.F.P. (fr. *Agence France Presse*) Agenzia di Stampa Francese.

AFRODITE (ingl. *Automated Forecasting Refined Outputs for Decision Inputs and Technical Evaluations*) *meteor.* Previsioni Meteorologiche Oggettive per Finalità Decisionali e Valutazioni Tecniche.

AG Agrigento.

Ag *chim.* argento.

A.G. Autorità Giudiziaria.

A.G.B.D. Associazione Genitori Bambini Down.

A.G.D.G.A.D.U. A Gloria del Grande Architetto Dell'Universo (nella Massoneria).

A.G.E. Associazione Giornalisti Europei.

A.Ge. Associazione Genitori.

AGERPRESS (rum. *AGEntia Romana de PRESa*) Agenzia di stampa della Romania.

A.G.E.S.C.I. Associazione Guide e Scouts Cattolici Italiani.

A.G.I. *1* Associazione Guide Italiane. *2* Associazione Golfistica Italiana. *3* Associazione Goliardi Indipendenti. *4* Agenzia Giornalistica Italia.

A.G.I.P. Azienda Generale Italiana Petroli.

A.G.I.S. Associazione Generale Italiana dello Spettacolo.

AGIT-PROP agitatore-propagandista (del PCI).

AH (fr. *Air Algérie*) Codice linee aeree algerine.

Ah *fis.* amperora.

AHO Alghero (codice IATA).

AI *1* Aeronautica Italiana. *2* (ingl. *Air Interception*) Intercettamento Aereo. *3* (ingl. *Air India*) Codice linee aeree indiane.

A.I.A. Associazione Italiana Arbitri.

A.I.A.C. *1* Associazione Italiana Agenti di Cambio. *2* Associazione Italiana Autoveicoli Classici.

A.I.A.F. Associazione Italiana Analisti Finanziari.

A.I.A.S. Associazione Italiana per l'Assistenza agli Spastici.

A.I.B.A. Associazione Italiana Brokers di Assicurazione.

A.I.B.S. (ingl. *American Institute of Biological Sciences*) Istituto Americano delle Scienze Biologiche.

a.i.c. addestramento individuale al combattimento.
A.I.C.A. *1* Alleanza Italiana delle Cooperative Agricole. *2* Associazione Italiana Calcolo Automatico.
A.I.C.C. Alleanza Italiana Cooperative di Consumo.
A.I.D. (ingl. *American Agency for International Development*) Agenzia Americana per lo Sviluppo Internazionale.
A.I.D.D.A. Associazione Imprenditrici Donne Dirigenti d'Azienda.
A.I.D.O. *med.* Associazione Italiana Donatori Organi.
AIDS (ingl. *Acquired Immune Deficiency Syndrome*) Sindrome da ImmunoDeficienza Acquisita = S.I.D.A.
A.I.E. *1* Associazione Italiana degli Editori. *2* Associazione Internazionale degli Economisti. *3* Agenzia Internazionale per l'Energia.
A.I.E.A. Agenzia Internazionale per l'Energia Atomica = I.A.E.A.
A.I.E.D. Associazione Italiana Educazione Demografica.
A.I.L. Armata Italiana della Libertà.
A.I.M.A. Azienda statale per gli Interventi sul Mercato Agricolo.
A.I.P.I. *1* Associazione Italiana Protezione Infanzia. *2* Associazione Italiana Progettisti in architettura d'Interni.
A.I.R.E. Anagrafe degli Italiani Residenti all'Estero.
A.I.S. *1* Associazione Internazionale per lo Sviluppo. *2* Associazione Internazionale di Sociologia. *3* Assistenza Infortunati Stradali.
A.I.S.C.A.T. Associazione Italiana Concessionarie Autostrade e Trafori a pedaggio.
A.I.S.E. (fr. *Association Internationale des Sciences Economiques*) Associazione Internazionale di Scienze Economiche = A.I.E.
A.I.T. Alleanza Internazionale del Turismo.
A.I.V. Associazione Internazionale di Vulcanologia.
AL *1* Albania. *2* Alessandria. *3* Alluminio (materiale per contenitori alimentari).
Al *chim.* alluminio.
a.l. anno luce.
Ala. Alabama.
Alas. Alaska.
alc. tr. d'u. alcune tracce d'uso, su libri usati.
ALD *med.* AdrenoLeucoDistrofia.
A.L.F.A. (Romeo) Anonima Lombarda Fabbrica Automobili (Romeo).
ALG Algeri (codice IATA).
ALGOL (ingl. *Algorithmic Language*) *elab.* linguaggio algoritmico.
A.L.I. *1* Associazione Librai Italiani. *2* Atlante Linguistico Italiano.
ALITALIA Aerolinee Italiane Internazionali.
all. allegato.
alleg. allegato.
A.L.T.A.I. *org. az.* Analisi Livellamento e Tempificazione Automatici Integrati.
alt. hor. (lat. *alternis horis*) *farm.* a ore alterne.
A.M. *1* Aeronautica Militare. *2* (ingl. *Amplitude Modulation*) Modulazione d'Ampiezza.
Am *chim.* americio.
A.M.A.C. Aeronautica Militare-Aviazione Civile.
A.M.D.G. (lat. *Ad Maiorem Dei Gloriam*) a maggior gloria di Dio.
A.M.E. *1* Accordo Monetario Europeo. *2* Arnoldo Mondadori Editore.
A 1/2 F. A mezzo Ferrovia.
A.M.G. (ingl. *Allied Military Government*) Governo Militare Alleato.
AMM Amman (codice IATA).
A.M.M.A. Associazione Metallurgici Meccanici Affini.
Amm.ne amministrazione.
Amm.re amministratore.
A.M.P. (ingl. *Adenosine Monophosphate*) *chim.* adenosin monofosfato.
AMS Amsterdam (codice IATA).
A.M.Z. (fr. *Association Mondiale de Zootechnie*) Associazione Mondiale di Zootecnia.
AN Ancona.
A.N.A. Associazione Nazionale Alpini.
A.N.A.A. Associazione Nazionale Arma Aeronautica.
A.N.A.A.O. Associazione Nazionale Aiuti e Assistenti Ospedalieri.
A.N.A.C. Associazione Nazionale Autoservizi in Concessione.
A.N.A.I. *1* Associazione Nazionale Artiglieri d'Italia. *2* Associazione Nazionale Autieri d'Italia.
A.N.A.S. Azienda Nazionale Autonoma delle Strade.
A.N.B. *1* Associazione Nazionale Bersaglieri. *2* Associazione Nazionale Bieticultori.
A.N.C. Alleanza Nazionale dei Contadini.
A.N.C.A. Associazione Nazionale Cooperative Agricole.
A.N.C.C. *1* Associazione Nazionale Carabinieri. *2* Associazione Nazionale Cooperative di Consumo. *3* Associazione Nazionale per il Controllo della Combustione.
A.N.C.E. *1* Associazione Nazionale Costruttori Edili. *2* Associazione Nazionale del Commercio con l'Estero.
A.N.C.I. Associazione Nazionale dei Comuni Italiani.
A.N.C.R. Associazione Nazionale Combattenti e Reduci.
A.N.C.U. Associazione Nazionale Clinici Universitari.
AND Andorra.
A.N.F.F.A.S. Associazione Nazionale Famiglie di Fanciulli e Adulti Subnormali.
A.N.F.I.A. Associazione Nazionale Fra Industrie Automobilistiche.
A.N.I.A. Associazione Nazionale Imprese Assicuratrici.
A.N.I.A.C.A.P. Associazione Nazionale Istituti Autonomi delle Case Popolari.
A.N.I.C. *1* Associazione Nazionale dell'Industria Chimica. *2* Azienda Nazionale Idrogenazione Carburanti.
A.N.I.C.A. *1* Associazione Nazionale Industrie Cinematografiche e Affini. *2* Associazione Nazionale fra gli Istituti di Credito Agrario.
ANIDEL Associazione Nazionale Imprese produttrici di Energia Elettrica.
A.N.I.E. Associazione Nazionale Industrie Elettrotecniche ed Elettroniche.
ANK Ankara (codice IATA).
A.N.M. Associazione Nazionale dei Magistrati.
A.N.M.I. Associazione Nazionale Marinai d'Italia.
A.N.M.I.C. Associazione Nazionale Mutilati e Invalidi Civili.
A.N.M.I.G. Associazione Nazionale fra Mutilati e Invalidi di Guerra.
A.N.M.I.L. Associazione Nazionale Mutilati e Invalidi del Lavoro.
A.N.P.A.C. Associazione Nazionale Piloti Aviazione Civile.
A.N.P.I. Associazione Nazionale Partigiani d'Italia.
A.N.P.O. Associazione Nazionale Primari Ospedalieri.
A.N.S.A. Agenzia Nazionale Stampa Associata.
A.N.U.A. Associazione Nazionale Ufficiali dell'Aeronautica.
A.N.VE.C. Associazione Nazionale fra aziende di VEndita per Corrispondenza.
A.N.V.G. Associazione Nazionale Volontari di Guerra.
A.N.Z.A.C. (ingl. *Australian and New Zealand Army Corps*) Corpo d'Armata Australiano e Neozelandese.
AO Aosta.
A.O. *polit.* Avanguardia Operaia.
A.O.C. (fr. *Appellation d'Origine Contrôlée*) Denominazione d'Origine Controllata.
AOI Ancona (codice IATA).
AP Ascoli Piceno.
A.P. (ingl. *Associated Press*) Stampa Associata (Agenzia di stampa americana).
A.P.A. (ted. *Austria Presse Agentur*) Agenzia Austriaca per la Stampa.
a.p.c. a pronta cassa.
APEX (ingl. *Advance Purchase EXcursion*) Tariffa aerea scontata (biglietto a/r con data prefissata acquistato molto prima della partenza).
A.P.I. *1* Anonima Petroli Italiana. *2* Associazione Piccole e Medie Industrie.
A.P.L. (ingl. *Automatic Programming Language*) *elab.* Linguaggio per la Programmazione Automatica.
app. appendice.
A.P.S.A. Amministrazione del Patrimonio della Sede Apostolica.
A.P.T. Azienda di Promozione Turistica.
AQ Aquila.
AR *1* (sp. *Aerolineas Argentinas*) Codice aerolinee argentine. *2* (lat. *Anno Regni*) anno del regno. *3* Arezzo. *4* (fr. *Accusée de Réception*) pt. Ricevuta di ritorno.
Ar *chim.* argo.
A/R, a/r andata e ritorno.
A.R.A. Autorespiratori ad Aria.
A.R.C. (ingl. *AIDS Related Complex*) complesso di sintomi correlati all'AIDS.
arc *mat.* arco.
A.R.C.E. Associazione per le Relazioni Culturali con l'Estero.
A.R.C.I. Associazione Ricreativa Culturale Italiana.
Arcip. arcipelago, nelle carte geografiche.
arg *mat.* argomento.
A.R.I. *1* Associazione Radiotecnici Italiani. *2* Associazione Radioamatori Italiani.
Ariz. Arizona.
Ark. Arkansas.
ARMIR Armata Italiana in Russia, durante la seconda guerra mondiale.
A.R.O. Autorespiratore a Ossigeno.
art. articolo.
A.S. allievo sottufficiale.
As *chim.* arsenico.
A.S.A. *1* (ingl. *American Standards Association*) Associazione Americana per la Normalizzazione (di misure, strumenti e sim.). *2* (ingl. *Association of South-East Asia*) Associazione dell'Asia Sud Orientale. *3* Associazione Italiana per le Scienze Astronautiche. *4* Assistenza Servizi Aerei.
A.S.C. (ingl. *American Society of Cinematographers*) Associazione americana dei cineoperatori.
A.S.C.A. Agenzia Stampa Cattolica Associata.
ASCHIMICI Associazione Nazionale Industrie Chimiche.
A.S.C.I. Associazione Scoutistica Cattolica Italiana.
A.S.C.I.I. (ingl. *American Standard Code for Information Interchange*) *elab.* Codifica Standard Americana per lo Scambio di Informazioni.
AS. COM. Associazione Commercianti.
A.S.D.I.C. (ingl. *Allied Submarine Detection Investigation Committee*) Comitato Alleato di Ricerche per l'Individuazione dei Sommergibili.
A.S.E. Associazione Stampa Europea.
A.S.E.A.N. (ingl. *Association of South-East Asian Nations*) Associazione delle Nazioni del Sud-Est Asiatico.
A.S.I. Associazione Spaziale Italiana.
Asp *fis.* amperspira.
Ass. assicurazione | assicurata | assegno.
ASSAP ASSociazione italiana Agenzie Pubblicità a servizio completo.
ASSICREDITO Associazione Sindacale fra le Aziende del Credito.
ASSIDER Associazione Industrie Siderurgiche

Italiane.
ASSIREVI ASSociazione Italiana REVIsori contabili.
ASSITALIA Assicurazioni d'Italia.
ASSOBANCARIA Associazione Bancaria Italiana.
ASSOLOMBARDA Associazione Industriale Lombarda.
ASSOMET Associazione Italiana Industrie Metalli non ferrosi.
ASSONIME Associazione fra le Società Italiane per Azioni.
ASSOREL ASSOciazione delle agenzie di RELazioni pubbliche.
A.S.S.T. Azienda di Stato per i Servizi Telefonici.
Ast. *med.* astigmatismo.
A.T. *1* Antico Testamento = V.T. *2 fis.* Alta Tensione.
AT *1* Asti. *2* (ingl. *Royal Air Maroc*) Codice linee aeree marocchine.
at *fis.* atmosfera tecnica.
At *chim.* astato.
A.T.A. *1 fis.* Associazione Turistica Albergatori. *2* Associazione Trasporto Aereo.
A.T.A.F. (ingl. *Allied Tactical Air Force*) Forza Aerea Tattica Alleata.
ATB (ingl. *All Terrain Bike*) Mountain bike.
A.T.C. (ingl. *Air Traffic Control*) Controllo Traffico Aereo.
A.T.H. Atene (codice IATA).
A.T.I. *1* Aero Trasporti Italiani. *2* Azienda Tabacchi Italiani.
A.T.M. Azienda Tranviaria Municipale.
atm *fis.* atmosfera.
A.T.P. (ingl. *Adenosine Triphosphate*) *chim.* adenosin trifosfato.
A.U. allievo ufficiale.
Au *chim.* oro.
A.U.C. allievo ufficiale di complemento.
a.u.c. (lat. *Ab Urbe Condita*) dalla fondazione di Roma.
AUS Australia.
AV Avellino.
a|v a vista.
AVEDISCO Associazione nazionale VEndite DIrette Servizio COnsumatori.
A.V.I.S. Associazione Volontari Italiani del Sangue.
A.W.A.C.S. (ingl. *Airborne Warning and Control System*) Radar e posto comando aeroportato.
AZT *farm.* azidotimidina.
AZ Alitalia.
Az. azioni.

B *1 chim.* boro. *2 fis.* suscettanza | induzione magnetica | Bel. *3* Belgio. *4* Beato. *5* baia, nelle carte geografiche. *6* banda di frequenze.
°B *fis.* grado Baumé.
b larghezza.
BA Bari.
Ba *chim.* bario.
B.A. *1* Belle Arti. *2* (ingl. *British Airways*) Codice linee aeree britanniche.
B.A.B.S. (ingl. *Beam Approach Beacon System*) *aer.* Sistema di Avvicinamento con Radar faro.
Bankitalia Banca d'Italia.
B.A.R. Battaglione Addestramento Reclute.
barr. barriera, nelle carte nautiche.
B.A.S. *1* (ted. *Befreiungs Auschuss Südtirol*) Comitato di Liberazione per il Sud-Tirolo. *2* Banca Africana di Sviluppo.
BASIC (ingl. *Beginner's All Purpose Symbolic Instruction Code*) *elab.* Codifica di Istruzioni Simbolica Universale per Principianti.
B.B.C. (ingl. *British Broadcasting Corporation*) Ente Britannico di Radiodiffusione.
b.c. *mus.* basso continuo.
B.C.D. (ingl. *Binary Coded Decimal*) *elab.* (Notazione) Decimale Codificata in Binario.
B.C.I. Banca Commerciale Italiana = COMIT.
BCN Barcellona (codice IATA).
BD Bangladesh.
B.D.I. (ted. *Bundesverband der deutschen Industries*) Confederazione dell'Industria Tedesca.
BDS *1* Barbados. *2* Brindisi (codice IATA).
Be *chim.* berillio.
BEH Berlino (codice IATA).
B.E.I. (fr. *Banque Européenne d'Investissement*) Banca Europea per gli Investimenti.
BENELUX (fr. *Belgique-Nederland-Luxembourg*) (unione economica e doganale fra) Belgio-Olanda-Lussemburgo.
BeV (ingl. *Billion electron Volts*) *fis.* unità di misura di energia di particelle, pari a un miliardo di eV = GeV.
BEY Beirut (codice IATA).
B.F. *elettr.*, Bassa Frequenza.
BG *1* Bergamo. *2* Bulgaria.
BGY Bergamo (codice IATA).
BH Belize.
Bi *chim.* bismuto.
BI Biella.
B.I. Banca d'Italia.
B.I.E. (fr. *Bureau International d'Education*) Ufficio Internazionale di Educazione.
B.I.F. (ingl. *British Industries Fair*) Fiera Industriale Britannica.
B.I.G.E. (fr. *Billet Individuel Groupe Étudiant*) *ferr.* Biglietto Individuale Gruppo Studenti.
BIMU Biennale della Macchina Utensile.
B.I.N. Banca di Interesse Nazionale.
B.I.P.M. (fr. *Bureau International des Poids et Mesures*) Ufficio Internazionale dei Pesi e delle Misure.
B.I.R.S. Banca Internazionale per la Ricostruzione e lo Sviluppo.
B.I.T. (fr. *Bureau International du Travail*) Ufficio Internazionale del Lavoro.
bit (ingl. *Binary Digit*) cifra binaria nel trattamento automatico delle informazioni.
Bk *chim.* berchelio.
BKK Bangkok (codice IATA).
BL Belluno.
B|L (ingl. *Bill of Lading*) polizza di carico.
B.L.P. Busta Lettere Postali, in filatelia.
BLQ Bologna (codice IATA).
B.M. *1* Banca Mondiale. *2* Codice A.T.I. (compagnia aerea).
B.M.C. (ingl. *British Motor Corporation*) Società Inglese Motori (fabbrica automobilistica).
B.M.E.W.S. (ingl. *Ballistic Missile Early Warning System*) *aer.* sistema di avvistamento lontano di missile balistico.
B.M.T. Bollettino Meteo Telefonico.
B.M.W. (ted. *Bayerische Motoren Werke*) Fabbrica Bavarese Motori.
BMX (ingl. *Bike Mountain Cross*) Mountain bike per cross.
BN Benevento.
b/n bianco-nero.
B.N.L. Banca Nazionale del Lavoro.
BO Bologna.
B.O.D. (ingl. *Biological Oxygen Demand*) *ecol.* Domanda di Ossigeno Biologico.
BOG Bogotà (codice IATA).
BOL Bolivia.
bol. (lat. *bolus*) *farm.* bolo, grossa pillola.
BOS Boston (codice IATA).
BOT, bot Buono Ordinario del Tesoro.
B.P. (ingl. *British Petroleum co. ltd.*) Compagnia Britannica del Petrolio.
B.P.D. Bombrini Parodi Delfino.
B.P.I. (ingl. *Bit per inch*) *elab.* Bit per pollice.
B.P.L. Buono Per Lire (nelle cambiali).
Bq becquerel.
BR *1* Brindisi. *2* Brasile. *3* Banco di Roma. *4* Brigate Rosse (organizzazione terroristica).
B.R. (ingl. *British Railways*) Ferrovie Britanniche.
Br *chim.* bromo.
BRI Bari (codice IATA).
B.R.I. Banca dei Regolamenti Internazionali.
B.R.M. (ingl. *British Racing Motors*) Motori da Corsa Britannici (fabbrica di automobili).
bross. in brossura.
BRN Bahrain.
BRU *1* Brunei. *2* Bruxelles (codice IATA).
BS *1* Brescia. *2* Bahama.
B.S.C.S. (ingl. *Biological Sciences Curriculum Study*) Programma di Studio per le Scienze Biologiche.
B.S.T. (ingl. *British Standard Time*) Tempo Standard Britannico, ora ufficiale, ora solare di Greenwich.
B.T. *1 fis.* Bassa Tensione. *2* Buono del Tesoro.
B.T.A. (bulgaro *Bulgarska Telegrafua Agenzia*) Agenzia di stampa della Bulgaria.
BTE Buoni del Tesoro in Euroscudi.
btg battaglione.
B.T.N. Buono del Tesoro Novennale.
B.T.O. Buono del Tesoro Ordinario.
B.T.P. Buono del Tesoro Poliennale.
B.T.Q. Buono del Tesoro Quadriennale.
Btu (ingl. *British Thermal Unit*) *fis.* unità termica britannica (unità di misura delle quantità di calore, nel sistema non decimale britannico).
B.U. Bollettino Ufficiale.
BU.BA. BUndes BAnk.
BUD Budapest (codice IATA).
BUE Buenos Aires (codice IATA).
BUH Bucarest (codice IATA).
BUR. *1* Birmania. *2* Biblioteca Universale Rizzoli.
bus autobus, filobus e sim., nelle segnalazioni stradali.
B.V. Beata Vergine.
B.V.M. Beata Vergine Maria.
BW (ingl. *Bird Watching*) Osservazione degli uccelli (in ambiente naturale).
BZ Bolzano.

C *1 fis.* capacità elettrica | coulomb. *2 chim.* carbonio. *3* centrale. *4* codice. *5* Cuba. *6* capo, nelle carte geografiche.
c *1* circa. *2* comune. *3* città. *4 fis.* velocità della luce | cielo. *5* centesimo. *6* centi-. *7* conto. *8 filol.* carta, nei codici. *9* capitale.
°C *fis.* grado Celsius.
C. Capo, nelle carte geografiche.
CA *1* Cagliari. *2* Carta o cartoncino accoppiato (materiale per contenitori alimentari).
C.A. *1* Contr'Ammiraglio. *2* consorzio agrario. *3* Cemento Armato.
Ca *chim.* calcio.
c.a. *1* corrente alternata. *2* corrente anno. *3* cemento armato.
C.A.A.I. Club Alpino Accademico Italiano.
cab. cablogramma.
C.A.D. (ingl. *Computer Aided Design*) *elab.* Progettazione con l'Ausilio dell'Elaboratore.
cad. cadauno.
CAE (ing. *Computer Aided Engineering*) Ingegneria assistita da calcolatore.
C.A.F. *1* Commissione d'Appello Federale. *2* (fr. *Coût, Assurance, Frais*) Costo, Assicurazione, Spesa = C.I.F. *3 chim.* ClorAnFenicolo. *4* Centro di Assistenza Fiscale.
Caf (ingl. *Cost And Freight*) Costo e Nolo.
CAG Cagliari (codice IATA).
CAI Cairo (codice IATA).
C.A.I. *1* Club Alpino Italiano. *2* (ingl. *Computer Assisted Instruction*) *elab.* Istruzione Assistita dall'Elaboratore.
CAI-post Corriere (postale) Accelerato Internazionale.
Cal. California.
Cal *fis.* grande caloria = kcal.
cal *fis.* piccola caloria.
C.A.M. (ingl. *Computer Aided Manufacturing*)

elab. Produzione con l'Ausilio dell'Elaboratore.
Cambital Ufficio Italiano dei Cambi.
C.A.M.E.N. Centro Applicazioni Militari Energia Nucleare.
C.A.N. *1* Commissione Arbitri Nazionali. *2* Costo, Assicurazione e Nolo.
Can. Canale, nelle carte geografiche.
C.A.P. *1* Codice di Avviamento Postale. *2* Consorzio Autonomo del Porto. *3* Centro di Addestramento Professionale. *4* Carri e Automezzi Pesanti.
Cap. Capitano.
cap. capitolo.
C.A.R. *1* Centro Addestramento Reclute. *2* (ingl. *Central African Republic*) Repubblica Centrafricana.
CAREMAR Campana Regionale Marittima.
Cariplo Cassa Risparmio Provincie Lombarde.
CAS Casablanca (codice IATA).
Casc. cascata, nelle carte geografiche.
C.A.S.M. Centro Alti Studi Militari.
Casmez Cassa per il Mezzogiorno.
Cast. castello, nelle carte geografiche.
CAT (ingl. *Computerized Axial Tomography*) Tomografia Assiale Computerizzata = TAC.
C.A.T.V. (ingl. *Cable Television*) *tv.* Televisione via Cavo | (ingl. *Community Antenna Television*) *tv.* Televisione ad Antenna Centralizzata.
Cav. Cavaliere.
Cav. di Gr. Cr. Cavaliere di Gran Croce.
CB *1* Campobasso. *2* (ingl. *Citizen's Band*) *rad.* Banda Cittadina.
C.B.C. (ingl. *Canadian Broadcasting Corporation*) Ente Radiotelevisivo Canadese.
C.B.D. (ingl. *Cash Before Delivery*) Pagamento Prima della Consegna.
C.B.S. (ingl. *Columbia Broadcasting System*) Rete Radiotelevisiva di Columbia (di Los Angeles).
CC Carabinieri.
C.C. *1* Comitato Centrale. *2* Codice Civile | Corte Costituzionale | Corte di Cassazione | Corte dei Conti. *3* Corpo Consolare.
c/c *1* conto corrente. *2* (ingl. *Clean Credit Cash-credit*) credito netto, credito di cassa.
c.c. *1 fis.* corrente continua. *2* conto corrente.
cc centimetro cubico.
C.C.C. *1* Commissione Centrale di Controllo (nel PCI). *2* Centro Cinematografico Cattolico.
C.C.C.E. (fr. *Caisse Centrale de Coopération Economique*) Cassa Centrale di Cooperazione Economica.
C.C.I. *1* Camera di Commercio Internazionale. *2* Confederazione Cooperativa Italiana. *3* Casellario Centrale Infortuni.
C.C.I.A.A. Camera di Commercio Industria, Agricoltura e Artigianato.
C.C.I.T.T. (fr. *Comité Consultatif International Téléphonique et Télégraphique*) Comitato Consultivo Internazionale di Telefonia e Telegrafia.
C.C.N.L. Contratto Collettivo Nazionale di Lavoro.
CC.NN. Camicie Nere.
CC.OO.PP. Consorzio di Credito per le Opere Pubbliche.
C.c.P. Commissione centrale Prezzi.
CC.RR. Carabinieri Reali.
CCS Caracas (codice IATA).
C.C.T. Certificato di Credito del Tesoro.
C.C.T.V. (ingl. *Closed Circuit Television*) *tv.* Televisione a Circuito Chiuso.
CD Compact Disc.
C.D. *1* Corpo Diplomatico. *2* Commissione Disciplinare.
Cd *1 chim.* cadmio. *2* Certificato di deposito bancario.
cd *fis.* candela.
c.d. cosiddetto.
C.d.A. *1* Corte d'Appello | Corte d'Assise. *2* Corpo d'Armata. *3* Consiglio d'Amministrazione. *4* Consiglio d'Azienda.
C.D.C. Cooperativa Doppiatori Cinematografici.
c.d.d. come dovevasi dimostrare.
C.d.F. Consiglio di Fabbrica.
CDG Parigi, De Gaulle (codice IATA).
C.d.G. Compagnia di Gesù = SJ.
C.d.I. Consiglio d'Istituto.
C.d.L. Camera del Lavoro.
C.d.M. Cassa del Mezzogiorno.
CDN Canada.
C.D.P. Cassa Depositi e Prestiti.
C.d.R. Cassa di Risparmio.
CD-Rom (ingl. *Compact Disc-Read only memory*) Memoria di sola lettura a compact disc.
C.D.S. Confederazione Democratica Studentesca.
C.d.S. *1* Circolo della Stampa. *2* Codice della Strada | Consiglio di Sicurezza | Consiglio di Stato.
C.D.U. *1* Classificazione Decimale Universale = U.D.C. *2* (ted. *Christliche Demokratische Union*) Unione Democratica Cristiana. *3* Comitato Docenti Universitari.
CE Caserta.
C.E. *1* Comitato Esecutivo. *2* Consiglio d'Europa.
Ce *chim.* cerio.
C.E.A. Casa Editrice Ambrosiana.
C.E.A.T. Cavi Elettrici e Affini - Torino.
C. & C. (ingl. *Cost and Freight*) costo e nolo, compreso nel prezzo = CF.
C.E.C.A. Comunità Europea del Carbone e dell'Acciaio.
C.E.D. *1* Comunità Europea di Difesa. *2* Centro Elaborazione Dati. *3* (ingl. *Capacitance Electronic Disk*) Videodisco.
C.E.D.A.M. Casa Editrice Dott. Antonio Milani.
C.E.E. Comunità Economica Europea.
C.E.E.A. Comunità Europea dell'Energia Atomica = EURATOM.
C.E.I. *1* Comitato Elettrotecnico Italiano. *2* Conferenza Episcopale Italiana.
CEKA (russo *Crezvyciajnaja Komissija*) commissione straordinaria (polizia segreta di Stato russa, in epoca rivoluzionaria).
C.E.M.M. *mil.* Corpo Equipaggi Militari Marittimi.
C.E.M.T. (fr. *Conférence Européenne des Ministres des Transports*) Unione Europea dei Ministri dei Trasporti.
cent. centesimo.
CENSIS Centro Studi Investimenti Sociali.
CENTO (ingl. *Central Treaty Organization*) Organizzazione del Trattato Centrale.
C.E.P.E.S. (fr. *Comité Européen pour le Progrès Economique et Social*) Comitato Europeo per il Progresso Economico e Sociale.
CERES Centro Ricerche Economiche e Sociali.
C.E.R.N. Comitato Europeo di Ricerche Nucleari.
C.E.S. Confederazione Europea dei Sindacati.
C.E.S.A. Centro Europeo di Studi Aziendali.
CESDI Centro di Documentazione e di Studi sull'Informazione.
CESES Centro Studi e Ricerche sui problemi Economici e Sociali.
C.E.S.I. Centro Elettrotecnico Sperimentale Italiano.
C.E.S.I.S. Comitato Esecutivo per i Servizi di Informazione e di Sicurezza.
CESPE Centro Studi di Politica Economica.
CETEKA V. CTK.
CF *1* (ingl. *Cost and Freight*) Costo e Nolo, compresi nel prezzo = C. & C. *2* Codice Fiscale.
Cf *chim.* californio.
Cf. (lat. *Confer*) confronta.
C.F.A. Comunità Finanziaria Africana.
CFC *chim.* clorofluoro carburi.
CFF/SBB/FFS (fr. *Chemins de Fer Fédéraux Suisses* / ted. *Schweizerische Bundesbahnen* / it. *Ferrovie Federali Svizzere*) Ferrovie Federali Svizzere.
CFL Contratto di Formazione e Lavoro.
Cfr. (lat. *Confer*) confronta.
C.F.R.B. Corpo Forze Repressive Banditismo.
C.F.S. *1* Corpo Forestale dello Stato. *2* (ingl. *Chronic Fatigue Syndrome*) Sindrome da fatica cronica.
cg centigrammo.
C.G.D. Compagnia Generale del Disco.
C.G.E. Compagnia Generale di Elettricità.
C.G.I.L. Confederazione Generale Italiana del Lavoro.
CGN Colonia (codice IATA).
CGO Congo.
CGS *fis.* centimetro-grammo-secondo.
C.G.T. (fr. *Confédération Générale du Travail*) Confederazione Generale del Lavoro.
CH *1* Chieti. *2* (lat. *Confoederatio Helvetica*) Confederazione Elvetica (Svizzera).
CHI Chicago (codice IATA).
CI *1* Costa d'Avorio. *2* Carta d'identità.
Ci Curie.
C.ia compagnia.
C.I.A. (ingl. *Central Intelligence Agency*) Ufficio Centrale d'Informazione (servizio di controspionaggio degli USA).
C.I.A.P. Comitato Interamericano dell'Alleanza per il Progresso.
CIC *cine.* ingl. Cinema International Corporation.
C.I.C.R. *1* Comitato Interministeriale per il Credito e il Risparmio. *2* (fr. *Comité International de la Croix Rouge*) Comitato Internazionale della Croce Rossa.
C.I.D. *1* Cooperativa Italiana Doppiatori. *2* Convenzione di Indennizzo Diretto (nelle assicurazioni automobilistiche).
C.I.D.A. Confederazione Italiana Dirigenti d'Azienda.
C.I.D.I. Centro d'Iniziativa Democratica degli Insegnanti.
C.I.E. *1* Compagnia Elettrotecnica d'Italia. *2* (fr. *Confédération Internationale des Etudiants*) Confederazione Internazionale degli Studenti.
C.I.F. *1* (ingl. *Cost Insurance and Freight*) Costo, Assicurazione e Nolo (compresi nel prezzo) = C.A.F. *2* Consorzio Industria Fiammiferi. *3* Centro Italiano Femminile.
C.I.G. *1* Comitato Internazionale di Geofisica. *2* Cassa Integrazione Guadagni.
C.I.G.A. Compagnia Italiana dei Grandi Alberghi.
C.I.I.S. Comitato Interparlamentare per l'Informazione e la Sicurezza.
C.I.L. Corpo Italiano di Liberazione.
C.I.M. *1* Centro Italiano della Moda. *2* Commissione Italiana di Metrologia. *3* Centro di Igiene Mentale.
C.I.M.O. Confederazione Italiana Medici Ospedalieri.
C.I.O. *1* Comitato Internazionale Olimpico. *2* (ingl. *Congress of Industrial Organizations*) Associazione delle Organizzazioni Industriali.
C.I.P. Comitato Interministeriale dei Prezzi.
C.I.P.A.A. Comitato Interministeriale per la Politica Agricola e Alimentare.
C.I.P.E. *1* Comitato Interministeriale per la Programmazione Economica. *2* Confederazione Italiana della Proprietà Edilizia = CONFEDILIZIA.
C.I.P.E.A. Comitato Interministeriale per la Politica Economica Agricola.
C.I.P.E.S. Comitato Interministeriale per la Politica Economica Estera.
C.I.P.I. Comitato Interministeriale di Coordinamento per la Politica Industriale.
C.I.R. *1* Comitato Internazionale per la Ricostruzione. *2* Confederazione Italiana della Ricerca. *3* Compagnie Industriali Riunite (già Concerie Italiane Riunite).
circ. circolare.
C.I.R.M. Centro Internazionale Radio Medico.
C.I.S. *1* Comitato Internazionale degli Scambi. *2* Credito Industriale Sardo.
C.I.S.A. *1* Centro Italiano di Studi Aziendali. *2* Centro Italiano di Studi Americani. *3* Centro

Informazione Sterilizzazione e Aborto.
C.I.S.A.L. Confederazione Italiana Sindacati Autonomi dei Lavoratori.
C.I.S.A.M. Confederazione Italiana dei Sindacati degli Artisti e dei Musicisti.
C.I.S.C. Confederazione Internazionale Sindacati Cristiani.
C.I.S.E. Centro Informazioni Studi Esperienze.
C.I.S.E.R.S. Centro Italiano Studi Economici e Ricerche Sociali.
C.I.S.E.S. Centro Italiano di Sviluppo Economico e Sociale.
C.I.S.L. *1* Confederazione Italiana Sindacati Lavoratori. *2* (fr. *Confédération Internationale des Syndicats Libres*) Confederazione Internazionale dei Sindacati Liberi.
C.I.S.N.A.L. Confederazione Italiana Sindacati Nazionali dei Lavoratori.
C.I.S.P.E.L. Confederazione Italiana dei Servizi Pubblici degli Enti Locali.
C.I.T. Compagnia Italiana Turismo.
cit. citato, citata.
CL *1* Caltanissetta. *2* Sri Lanka (Ceylon). *3 polit., relig.* Comunione e Liberazione.
C.L. *1 cine.* Campo Lungo. *2 mil.* Carro Leggero.
Cl *chim.* cloro.
cl centilitro.
C.L.N. Comitato di Liberazione Nazionale.
C.L.N.A.I. Comitato di Liberazione dell'Alta Italia.
C.L.U.P. Cooperativa Libraria Universitaria del Politecnico (di Milano).
C.M. *1 cine.* Campo Medio. *2 mil.* Carro Medio. *3* Circolare Ministeriale.
Cm *chim.* curio.
cm centimetro; **cm^2**, centimetro quadrato; **cm^3**, centimetro cubico.
c.m. corrente mese.
CMI Consiglio per il Mercato Interno.
CN *1* Cuneo. *2* Controllo Numerico.
C.N. *1* Capitale Netto. *2* Codice della Navigazione.
c/n. conto nuovo.
C.N.A. Confederazione Nazionale dell'Artigianato | Centro Nazionale dell'Artigianato.
C.N.A.M. Cassa Nazionale di Assistenza ai Musicisti.
C.N.A.P.S.I. Cassa Nazionale di Assistenza e Previdenza tra gli Scrittori Italiani.
C.N.B. Consorzio Nazionale Bieticultori.
CNC (ingl. *Computer Numerical Control*) Controllo numerico mediante computer.
C.N.E.L. Consiglio Nazionale dell'Economia e del Lavoro.
C.N.E.N. Comitato Nazionale per l'Energia Nucleare.
C.N.I. *1* Consiglio Nazionale degli Ingegneri. *2* (lat. *Corpus Nummorum Italicorum*) Raccolta delle Monete Italiche.
CNN (ingl. *Cable News Network*) rete televisiva americana di informazione via cavo.
C.N.R. *1* Consiglio Nazionale delle Ricerche. *2* Cantieri Navali Riuniti.
C.N.R.N. Comitato Nazionale Ricerche Nucleari.
C.N.U.C.E. Centro Nazionale Universitario di Calcolo.
Co *chim.* cobalto.
CO *1* Como. *2* Colombia.
CO. (ingl. *Company*) Compagnia commerciale.
c/o (ingl. *Care of*) presso.
COBAR *mil.* Consiglio di Base di Rappresentanza.
COBAS Comitati di Base (organismo sindacale).
COBOL (ingl. *Common Business Oriented Language*) *elab.* Linguaggio Orientato alle Procedure Amministrative Correnti.
COBRA Copenhagen, Bruxelles, Amsterdam (movimento artistico).
COCER *mil.* Consiglio Centrale di Rappresentanza.
C.O.D. (ingl. *Cash on Delivery*) Pagamento Alla Consegna.
cod. codice.
C.O.I. Centro Orientamento Immigrati.
C.O.I.R. *mil.* Consiglio Intermedio di Rappresentanza.
Col. Colonnello.
COLDIRETTI Confederazione nazionale coltivatori diretti.
COLF Collaboratrice Familiare.
Colo. Colorado.
com. *1* comunale. *2* commissione.
COMECON Consiglio di Mutua assistenza Economica (fra i paesi dell'Europa orientale).
COMES Comunità Europea degli Scrittori.
COMILITER Comando Militare Territoriale.
COMINFORM V. KOMINFORM.
COMINTERN V. KOMINTERN.
COMIT Banca Commerciale Italiana.
Comm. Commendatore.
COMSAT (ingl. *Communications Satellite Corporation*) Società per le Comunicazioni via Satelliti.
CONAD Consorzio Nazionale Dettaglianti.
CONFAGRICOLTURA Confederazione Generale dell'Agricoltura Italiana.
CONFAPI Confederazione Nazionale della Piccola Industria.
CONFARTIGIANATO Confederazione Generale dell'Artigianato Italiano.
CONFCOMMERCIO Confederazione Generale del Commercio.
CONFEDERTERRA Confederazione Nazionale dei Lavoratori della Terra.
CONFEDILIZIA Confederazione Italiana della Proprietà Edilizia = C.I.P.E.
CONFESERCENTI Confederazione degli Esercenti Attività Commerciali e Turistiche.
CONFETRA Confederazione Generale del Traffico e dei Trasporti.
CONFINDUSTRIA Confederazione Generale dell'Industria Italiana.
CONFITARMA Confederazione Italiana degli Armatori Liberi.
C.O.N.I. Comitato Olimpico Nazionale Italiano.
Conn. Connecticut.
cons. consiglio.
CONSOB Commissione per il Controllo delle Società e delle Borse.
COOP. Cooperativa.
Co. Re. Co. Comitato Regionale di Controllo.
cos *mat.* coseno.
cosec *mat.* cosecante.
cosh *mat.* coseno iperbolico.
COSPAR (ingl. *Committee on Space Research*) Comitato di Ricerca Spaziale.
cos φ *fis.* fattore di potenza.
Cost. Costituzione.
cot *mat.* cotangente.
CP *1* (ingl. *Canadian Airlines*) Codice linee aeree canadesi. *2* Cattolici Popolari.
C.P. *1* Codice Penale. *2* Cartolina Postale. *3* Casella Postale. *4* Consiglio Provinciale. *5* Capitaneria di Porto.
C.P.C. Codice di Procedura Civile.
CPH Copenaghen (codice IATA).
C.P.M. *1* Codice Procedura Militare. *2 elab.* Confronto Per Maggiore.
C.P.P. *1* Codice di Procedura Penale. *2* Comitato Provinciale Prezzi.
C.P.R. *mil.* Camera di Punizione di Rigore.
C.p.r. Con preghiera di restituzione.
C.P.S. *mil.* Camera di Punizione Semplice.
C.P.U. *1 elab.* Confronto Per Uguale. *2* (ingl. *Central Processing Unit*) *elab.* Unità Centrale di Elaboratore.
cpv. capoverso.
CR *1* Cremona. *2* Costa Rica.
Cr *chim.* cromo.
C.R.A.L. Circolo Ricreativo Assistenziale Lavoratori.
CREDIOP Consorzio di Credito per le Opere Pubbliche.
CREDIT Credito Italiano.
C.R.I. Croce Rossa Italiana.
Criminalpol Polizia Criminale.
C.R.P.E. Comitato Regionale per la Programmazione Economica.
C.R.T. (ingl. *Cathode Ray Tube*) *tv.* Tubo a Raggi Catodici.
CS *1* Cosenza. *2* Cecoslovacchia.
C.S. *1* (*mil.*) Comando Supremo. *2* Controllo Statistico di qualità. *3* Codice della Strada.
Cs *chim.* cesio.
c.s. come sopra.
c/s *1 fis.* ciclo al secondo. *2* con spese. *3* corsa semplice.
CSA (cecoslovacco *Ceskoslovenske Aerolinie*) Linee aeree cecoslovacche.
C.S.A.I. Commissione Sportiva Automobilistica Italiana.
C.S.A.T.A. Centro di Studi e di Applicazione nelle Tecnologie Avanzate.
C.S.C. Centro Sperimentale di Cinematografia.
C.S.D. *mil.* Commissione Suprema di Difesa.
C.S.I. Comunità di Stati Indipendenti.
C.S.M. *1* Consiglio Superiore della Magistratura. *2* Centro Salute Mentale.
C.S.N. Consiglio Sanitario Nazionale.
C.so corso.
C.S.S. Consiglio Superiore di Sanità.
C.S.U. (ted. *Christliche Soziale Union*) Unione Cristiano Sociale.
CT Catania.
C.T. Commissario Tecnico.
CTA Catania (codice AITA).
CTE Certificato del Tesoro in Euroscudi.
CTF Chimica e Tecnologia Farmaceutica (laurea).
ctg *mat.* cotangente.
C.T.I. Consociazione Turistica Italiana (dal 1937 al 1945) = T.C.I.
CTK Agenzia Cecoslovacca per la stampa = CETEKA.
CTO Certificato del Tesoro con Opzione.
CTP Certificato del Tesoro Poliennale.
CTR Certificati del Tesoro Reali.
C.T.S. *1* Comitato Tecnico Scientifico (della programmazione economica). *2* Centro Turistico Studentesco e giovanile. *3* Certificati di credito del Tesoro a Sconto.
C.U. Commissario Unico.
Cu *chim.* rame.
C.U.B. Comitato Unitario di Base.
C.U.N. *1* Consiglio Universitario Nazionale. *2* Centro Ufologico Nazionale.
CUNA Commissione Tecnica di Unificazione dell'Automobile.
curl *mat., fis.* rotore, rotazionale = rot.
C.U.S. Centro Universitario Sportivo.
C.U.S.I. Centro Universitario Sportivo Italiano.
C.U.T. Centro Universitario Teatrale.
C.V. *fis.* Cavallo Vapore.
c.v.d. come volevasi dimostrare.
C.V.L. Corpo dei Volontari della Libertà.
c.vo corsivo.
Cx *fis.* coefficiente di penetrazione aerodinamica.
CY Cipro.
CZ Catanzaro.

D *1 ferr.* Diretto. *2* Germania. *3 mus.* dominante. *4 fis.* induzione elettrica. *5* (lat. *Decimus, Deus, Divus, Dominus*) Decimo, Dio, Divo, Signore, in iscrizioni latine. *6 dir.* Decreto | Digesto. *7* Deuteronomista. *8* (lat. *Doses*) *farm.* dose. *9* Donna (negli scacchi). *10 mat.* Divisore fisso. *11* deca-.
d *1 fis.* deci-. *2* (lat. *dies*) giorno solare medio. *3* (lat. *dabam* e *dies*) scrissi... nel giorno..., nelle corrispondenze epistolari latine. *4* denaro.
D/A Documenti contro accettazione.
da deca-.

D.A.C. (ingl. *Development Assistance Committee*) Comitato per l'Assistenza Economica.
DAF (ol. *Van Doorne's Automobielfabrieken*) Fabbrica automobilistica olandese.
dag *mat.* decagrammo.
Dak Dakota.
dal *mat.* decalitro.
DAM Damasco (codice IATA).
dam *mat.* decametro.
DAMS Discipline delle Arti, della Musica, dello Spettacolo.
Dat (ingl. *Digital Audio Tape*) audiocassetta digitale.
DB ***1*** (ted. *Deutsche Bundesbahn*) Ferrovie Federali Germaniche. ***2*** (ingl. *Data Base*) *elab.* Banca Dati.
db *fis.* decibel.
DBA (ingl. *Data Base Administration*) *elab.* Banca Dati Amministrativi.
D.C. ***1*** Democrazia Cristiana. ***2*** *mus.* da capo.
d.C. dopo Cristo.
d.c. ***1*** (ingl. *Direct current*) *fis.* corrente continua. ***2*** *mus.* daccapo.
D.C.C. (ingl. *Digital Compact Cassette*) Cassetta compatta digitale.
D.C.F. (ingl. *Discounted Cash Flow*) *econ.* Flusso dei fondi col tasso di sconto già calcolato.
D.C.G. Decreto del Capo del Governo.
D.C.S. Decreto del Capo dello Stato.
DD Direttissimo (treno).
D.D.A. Direzione Distrettuale Antimafia.
D.D.L. Disegno Di Legge.
d.d.p. *fis.* differenza di potenziale.
D.D.R. (ted. *Deutsche Demokratische Republik*) Repubblica Democratica Tedesca.
D.D.T. dicloro-difenil-tricloroetano (insetticida).
D.E.A. (ingl. *Drug Enforcement Agency*) Ufficio di Repressione della Droga.
Decl. declinazione, nelle carte topografiche.
D.E.I. ***1*** Dizionario Enciclopedico Italiano. ***2*** Dizionario Etimologico Italiano.
Del. Delaware.
D.E.L.I. Dizionario Etimologico della Lingua Italiana.
den. *tess.* denaro.
dev.mo devotissimo.
D.F.F. (ted. *Deutscher Fernsehfunk*) televisione tedesca, della Germania federale.
D.G. Direzione Generale.
dg *mat.* decigrammo.
D.G.V. Direzione Generale Valute.
DIGOS Divisione Investigazioni Generali e Operazioni Speciali (della Polizia di Stato).
DHL (*Dalsey Hillbloom Lynn*, soci fondatori) Compagnia di trasporti internazionali via aerea.
D.I.A. Direzione Investigativa Antimafia.
D.I.N. (ted. *Deutsche Industrie Norme*) Norma Industriale Tedesca.
dipl. diploma.
DIRSTAT Associazione Nazionale Funzionari Direttivi dell'Amministrazione dello Stato.
disp. prel. disposizioni sulla legge in generale.
div *fis.* divergenza.
D.J. Disk Jockey.
DK Danimarca.
DKR Dakar (codice IATA).
D.L. Decreto Legge.
dl decilitro.
D.L.C.P. Decreto legislativo del Capo provvisorio dello Stato.
D.L.L. Decreto Legislativo Luogotenenziale.
D.M. Decreto Ministeriale.
dm *mat.* decimetro.
D.N.A. ***1*** (ingl. *DeoxyriboNucleic Acid*) *biol.* acido desossiribonucleico = A.D.N. ***2*** Direzione Nazionale Antimafia.
D.N.C. (ingl. *Direct Numerical Control*) Controllo numerico diretto.
D.o.a. *scol.* Dotazione organica aggiuntiva.
D.O.C. *enol.* Denominazione di Origine Controllata.
doc. documento.
D.O.C.G. *enol.* Denominazione di Origine Controllata e Garantita.
DOM Repubblica Dominicana.
D.O.M. (lat. *Deo Optimo Maximo*) a Dio Ottimo Massimo.
D.O.P. Dizionario di Ortografia e Pronunzia.
D.O.S. (ingl. *Disk Operating System*) *elab.* Sistema Operativo su Disco.
Dott. Dottore.
Dott.ssa Dottoressa.
D.P. ***1*** Decreto Presidenziale | Disposizione sulla legge in generale. ***2*** (ingl. *Displaced Persons*) Perseguitati Politici. ***3*** *polit.* Democrazia Proletaria.
D/P documenti contro pagamento.
D.p. (ingl. *Data processing*) Elaborazione dei dati.
D.P.A. (ted. *Deutsche Presse Agentur*) Agenzia di Stampa Tedesca, della Germania federale.
D.P.C. Decreto del Presidente del Consiglio.
D.P.I. Dispositivo di Protezione Individuale.
DPN (ingl. *Diphosphopyridine nucleotide*) difosfopiridin nucleotide.
D.P.R. Decreto del Presidente della Repubblica.
Dr. Dottore, dottoressa.
D.S. (dan. *Danik Standardiseringsråd*) Associazione Danese di Standardizzazione.
DSB (ingl. *Double-SideBand*) Doppia banda laterale.
D.S.E. Dipartimento Scienza ed Educazione.
D.S.P. Diritti Speciali di Prelievo.
D.T. Direttore Tecnico.
D.T.E. (ingl. *Data Terminal Equipment*) *elab.* Dispositivo per terminale dei dati.
D.T.P. (ingl. *Desk-Top Publishing*) *elab.* Programma specifico per l'elaborazione e la stampa di un testo.
DUB Dublino (codice IATA).
D.V. (lat. *Deo Volente*) a Dio piacendo.
D.V.I. (ingl. *Digital Video Interactive*) *elab.* Sistema di grande capacità per registrare su CD immagini video.
DXB Dubai (codice IATA).
DY Benin (Dahomey).
Dy *chim.* disprosio.
DZ Algeria.

E ***1*** *fis.* campo elettrico. ***2*** Spagna. ***3*** Itinerario europeo, nella segnaletica stradale. ***4*** exa-. ***5*** Espresso (treno).
E. est.
e ***1*** *fis.* carica elettrica dell'elettrone. ***2*** *mat.* numero irrazionale equivalente a 2,7182818. ***3*** Marchio della C.E.E. che garantisce il peso netto di un prodotto preconfezionato o ne assicura la rispondenza ai formati o confezioni standard.
E 100 *chim.* Curcumina.
E 101 *chim.* Lattoflavina.
E 102 *chim.* Tartrazina.
E 104 *chim.* Giallo di chinolina.
E 110 *chim.* Giallo arancio S.
E 120 *chim.* Coccinìglia.
E 122 *chim.* Azorubina.
E 123 *chim.* Amaranto.
E 124 *chim.* Rosso coccinìglia A.
E 127 *chim.* Eritrosina.
E 131 *chim.* Blu patent V.
E 132 *chim.* Indigotina.
E 140 *chim.* Clorofille A e B.
E 141 *chim.* Complessi rameici delle clorofille e clorofilline.
E 142 *chim.* Verde acido brillante BS.
E 150 *chim.* Caramello.
E 151 *chim.* Nero brillante PN.
E 160 *chim.* Carotenoidi.
E 161 *chim.* Xantofille.
E 162 *chim.* Rosso barbabietola.
E 163 *chim.* Antociani.
E.A. Ente Autonomo.
E.A.A. (ingl. *East African Airways*) Linee Aeree dell'Africa Orientale.
E.A.D. Elaborazione Automatica dei Dati = ADP.
E.A.G.A.T. Ente Autonomo Gestione Aziende Termali.
EAK Kenia.
E.A.M. ***1*** Ente Autotrasporti Merci. ***2*** (gr. *Etnikòn Apeleuterotikón Métopon*) Fronte Nazionale di Liberazione (in Grecia, durante la seconda guerra mondiale).
EAN (ingl. *European Article Number*) Codifica (a barre) europea dei prodotti.
EAT Tanzania.
EAU Uganda.
EB *mar.* Entrobordo.
E.B.C.D.I.C. (ingl. *Extended Binary Coded Decimal Interchange Code*) *elab.* Codifica per Scambio di Informazioni Decimale Estesa Codificata in Binario.
E.B.U. (ingl. *European Boxing Club*) Unione Pugilistica Europea.
EC ***1*** Ecuador. ***2*** EuroCity (treno).
E/C Estratto Conto.
E.C.A. ***1*** Ente Comunale di Assistenza. ***2*** (ingl. *Economic Cooperation Administration*) Ente per la Cooperazione Economica. ***3*** (ingl. *Economic Commission for Africa*) Commissione Economica per l'Africa.
Ecc. Eccellenza.
ecc. eccetera.
E.C.E. (ingl. *Economic Commission for Europa*) Commissione Economica per l'Europa.
ECG *med.* elettrocardiogramma.
ECM (ingl. *Electronic Counter-Measures*) *aer.* Contro Misure Elettroniche.
ECOSOC (ingl. *Economical and Social Council*) Consiglio Economico e Sociale (dell'ONU).
ECU (ingl. *European Currency Unit*) Unità Monetaria Europea.
Ed. editore.
ed. edizione.
EDAGRICOLE Edizioni Agricole.
EDI Editrice Industriale.
E.D.P. (ingl. *Electronic Data Processing*) *elab.* Elaborazione Elettronica dei Dati.
E.E. Escursionisti Esteri.
E.E.B. (ingl. *European Environmental Bureau*) Ufficio europeo dell'ambiente.
EEG *med.* elettroencefalogramma.
E.E.R. (ingl. *Electrically Erasable Rom*) *elab.* Rom cancellabile elettricamente.
EFB *mar.* Entrofuoribordo.
E.F.I. Ente Finanziamenti Industriali.
EFIBANCA Ente Finanziario Interbancario.
EFIM Ente partecipazioni e Finanziamento Industria Manifatturiera.
E.F.T.A. (ingl. *European Free Trade Association*) Associazione Europea di Libero Scambio.
e.g. (lat. *exempli gratia*) per esempio = es., p. es.
EGAM Ente Autonomo di Gestione per le Aziende Minerarie.
Egr. egregio.
E.H.F. (ingl. *Extremely High Frequency*) *fis.* frequenza estremamente elevata.
E.I. Esercito Italiano.
E.I.A.R. Ente Italiano Audizioni Radiofoniche.
EL AL (ingl. *Israel Airlines Ltd*) Linee aeree israeliane.
E.L.A.S. (gr. *Ellenikon Laikos Apeleuterotikós Stratòs*) Corpo Popolare Greco di Liberazione.
E.L.D.O. (ingl. *European space Launcher Development Organization*) Organizzazione Europea per lo Sviluppo e la Costruzione di Vettori spaziali.
ELISA (ingl. *Enzyme Linked ImmunoSorbent Assay*) Prova di immunoassorbimento legata all'enzima.
Elivie Società Italiana Esercizio Elicotteri.
e.m. elettromagnetico.

E.M.A. (ingl. *European Monetary Agreement*) Accordo Monetario Europeo = A.M.E.
E.M.A.P. Esposizione Macchine, Accessori, Pellami.
E.M.E.S. Edizioni Mediche e Scientifiche.
E.M.I. (ingl. *Electric and Music Industries*) Industrie Elettriche e Musicali.
EN *1* Enna. *2* Air Dolomiti (codice).
E.N.A. (fr. *École Nationale d'Administration*) Scuola Nazionale di Amministrazione.
E.N.A.L. Ente Nazionale Assistenza Lavoratori.
E.N.A.L.C. Ente Nazionale Addestramento Lavoratori del Commercio.
ENALOTTO concorso pronostici abbinato con le estrazioni del Lotto, organizzato dall'ENAL.
E.N.A.M. *1* Ente Nazionale Assistenza Magistrale. *2* Ente Nazionale di Assistenza alla gente di Mare.
E.N.A.O.L.I. Ente Nazionale per l'Assistenza agli Orfani dei Lavoratori Italiani.
E.N.A.P.I. Ente Nazionale dell'Artigianato e delle Piccole Industrie.
ENASARCO Ente Nazionale di Assistenza per gli Agenti e Rappresentanti di Commercio.
E.N.B.P.S. Ente Nazionale Biblioteche Popolari e Scolastiche.
E.N.C.C. Ente Nazionale Cellulosa e Carta.
E.N.E.A. *1* Comitato nazionale per la ricerca e lo sviluppo dell'Energia Nucleare e delle Energie Alternative. *2* (ingl. *European Nuclear Energy Agency*) Agenzia Europea per l'Energia Nucleare.
E.N.E.L. Ente Nazionale per l'Energia Elettrica.
E.N.F.A.P. Ente Nazionale Formazione Addestramento Professionale.
E.N.I. Ente Nazionale Idrocarburi.
E.N.I.A.C. (ingl. *Electronic Numerical Integrator and Computer*) integratore ed elaboratore numerico elettronico.
E.N.I.C. Ente Nazionale Industrie Cinematografiche.
E.N.I.T. Ente Nazionale Italiano per il Turismo.
E.N.M. Ente Nazionale della Moda.
E.N.P.A. Ente Nazionale Protezione Animali.
E.N.S. Ente Nazionale Sordomuti.
E.O.K.A. (gr. *Etniki Organòsis Kyprion Agonistòn*) Organizzazione Nazionale Combattenti Ciprioti.
EP (ingl. *Extended Playing*) Esecuzione Estesa, nei microsolchi.
E.P.A. (ingl. *Environmental Protection Agency*) Agenzia di protezione ambientale (USA).
E.P.T. Ente Provinciale per il Turismo.
E.P.T.A. (ingl. *Expanded Program for Technical Assistance*) Programma Ampliato di Assistenza Tecnica (dell'ONU).
E.P.U. (ingl. *European Payments Union*) Unione Europea dei Pagamenti.
Er *chim.* erbio.
E.R.A.S. Ente Riforma Agraria della Sicilia.
ER.A.S.M.U.S. (ingl. *EuRopean (Community) Action Scheme for the Mobility of University Students*) Progetto di un impegno comunitario a favore della mobilità degli studenti universitari.
ERDA (ingl. *Energy Research and Development Administration*) Ente per la ricerca e lo sviluppo energetico in USA.
E.R.I. Edizioni R.A.I. Radiotelevisione Italiana.
E.R.I.T. Ente Riscossione Imposte e Tasse.
E.R.P. *1* (ingl. *European Recovery Program*) Piano di Ricostruzione Europea. *2* Esercito Rivoluzionario del Popolo (organizzazione armata operante in Argentina).
E.R.W. (ingl. *Enhanced Radiation Weapon*) Ordigno (Nucleare) a Radiazione Intensificata, Bomba al Neutrone.
ES El Salvador.
Es *chim.* einstenio.
E.S. *med.* Elettroshock.
es. esempio.
E.S.A. *1* Ente di Sviluppo Agricolo. *2* (ingl. *European Space Agency*) Ente Spaziale Europeo.
E.S.A.C. Edizioni Scientifiche Anna Cremonese.
ESCOPOST Esclusiva Postale.
E.S.C.P. (ingl. *Earth Science Curriculum Project*), Progetto per un Programma di Scienza della Terra.
ESDAC (ingl. *European Space Data Centre*) Centro Europeo per il Trattamento dei Dati Spaziali.
E.S.I.T. Ente Sardo Industrie Turistiche.
ESLAB (ingl. *European Space Research Laboratory*) Laboratorio Europeo di Ricerche Spaziali.
E.S.O. (ingl. *European Southern Observatory*) *astron.* Osservatorio dell'Europa meridionale.
E.S.P. (ingl. *Extra Sensorial Perception*) Percezione extrasensoriale.
E.S.P.I. Ente Siciliano per l'Industrializzazione.
ESRIN (ingl. *European Space Research Institute*) Istituto Europeo di Ricerche Spaziali.
E.S.R.O. (ingl. *European Space Research Organization*) Organizzazione Europea di Ricerche Spaziali.
E.S.R.T.C. (ingl. *European Space Research and Technology Centre*) Centro Europeo di Ricerche e Tecnologia Spaziale.
E.S.T. Enciclopedia della Scienza e della Tecnica.
ET *1* Egitto. *2* Extra Terrestre.
E.T.A. (basco *Euzkadi Ta Azkatasuna*) Patria Basca e Libertà (organizzazione clandestina).
et al. (lat. *et alii, et alia*) e altri, e altre cose.
etc. (lat. *et cetĕra*) eccetera.
ETH Etiopia.
E.T.I. Ente Teatrale Italiano.
et seq. (lat. *et sequentes*) e seguenti.
EU Europa.
Eu *chim.* europio.
E.U.R. Esposizione Universale di Roma.
EURATOM V. C.E.E.A.
EUROCONTROL (fr. *Organisation européenne pour la sécurité du trafic aérien*) Organizzazione europea per la sicurezza del traffico aereo.
EUTELSAT Organizzazione europea di telecomunicazioni per mezzo di satelliti.
E.V. Eccellenza Vostra.
eV. *fis.* elettronvolt.
EV elivie.
E.W.R. (ingl. *Early Warning Radar*) Radar d'avvistamento a distanza.
EXIMBANK (ingl. *Export-Import Bank*) Banca per l'Esportazione e l'Importazione.
exp (ingl. *exponential*) esponenziale.

F *1* Francia. *2* *chim.* fluoro. *3* *fis.* farad, faraday, forza | (ingl. *Frequency*) frequenza | tensione magnetica.
F. *1* fiume, nelle carte geografiche. *2* *sport* Formula.
°F *fis.* grado Fahrenheit.
f *1* *fis.* femto-. *2* *fis.* frequenza | lunghezza focale. *3* *filol.* foglio, nei codici. *4* *mus.* forte.
F.A.A. (ingl. *Free of All Average*) franco avaria.
F.A.C. (fr. *Fonds d'Aide et de Coopération*) Fondi di Aiuto e di Cooperazione.
FAD (ingl. *Flavin adenine dinucleotide*) *chim.* flavin adenin dinucleotide.
F.A.I. *1* Fondo Aiuti Italiani. *2* Fondo Ambiente Italiano. *3* Federazione Anarchica Italiana.
F.A.I.A.T. Federazione delle Associazioni Italiane Alberghi e Turismo.
F.a.i.p. Federazione associazioni italiane paraplegici.
F.A.L. Foglio degli Annunzi Legali.
F.A.O. (ingl. *Food and Agriculture Organization*) Organizzazione per l'Alimentazione e l'Agricoltura.
F.A.P. Fondo Adeguamento Pensioni.
F.A.R. Fasci d'Azione Rivoluzionaria (organizzazione fascista).
F.A.S. (ingl. *Free Alongside Ship*) franco banchina nave.
fasc. fascicolo.
F.A.S.I. Fondo Assistenza Sanitaria Integrativa.
F.A.S.T. Federazione delle Associazioni Scientifiche e Tecniche.
FATSE Forze Alleate Terrestri del Sud Europa (N.A.T.O.).
Fatt. fattura.
FB *mar.* Fuoribordo.
F.B.I. (ingl. *Federal Bureau of Investigation*) Ufficio Federale Investigativo.
F.C. fuori corso, detto di studenti universitari.
F.C.I. (fr. *Fédération Cynologique Internationale*) Federazione Internazionale della Cinofilia.
f.co franco.
FD *1* filodiffusione. *2* (ingl. *Flying Dutchman*) *mar.* olandese volante.
F.d.a. (ingl. *Food and drug administration*) Agenzia federale di controllo cibi e farmaci (USA).
F.d.G. Fronte della Gioventù.
F.d.L. Fiera del Levante.
F.D.M. (ingl. *Frequency Division Multiplexing*) *elettron.* multiplex a divisione di frequenza.
F.D.P. (ted. *Freie Demokratische Partei*) Partito Liberaldemocratico Tedesco.
FDT V. FEDERTERRA.
FE Ferrara.
Fe *chim.* ferro.
F.E.D. (fr. *Fonds Européens de Développement*) Fondi Europei di Sviluppo, nell'ambito del MEC.
FEDERCACCIA Federazione Italiana della Caccia.
FEDERCALCIO Federazione Italiana Gioco Calcio = F.I.G.C.
FEDERCONSORZI Federazione Italiana dei Consorzi Agrari.
FEDERMECCANICA Federazione Sindacale dell'Industria Metalmeccanica Italiana.
FEDERPRO Federazione Professionale della Pubblicità.
FEDERSTAMPA Federazione Nazionale della Stampa Italiana.
FEDERTERRA Federazione dei Lavoratori della Terra.
F.E.M., f.e.m. *fis.* forza elettromotrice.
FENIT Federazione Nazionale Imprese Trasporti.
F.E.O.G.A Fondo Europeo di Orientamento e Garanzia Agricola.
F.E.P.A. Federazione Europea per la Protezione delle Acque.
F.E.R.P.I. Federazione Relazioni Pubbliche Italiana.
Ferr. ferrovia.
FERROTRANVIERI Federazione Nazionale Lavoratori Autoferrotranvieri e Internavigatori.
FERT (lat. *Fortitudo Eius Rhodum Tenuit*) Il Suo Coraggio Difese Rodi; motto di casa Savoia.
F.E.S. Fondo Europeo di Sviluppo.
F.E.T. *1* (sp. *Falange Española Tradicionalista*) Falange Tradizionalista Spagnola. *2* (ingl. *Field Effect Transistor*) Transistor a Effetto di Campo.
ff *1* *mus.* fortissimo. *2* facente funzioni. *3* fogli.
FF.AA. Forze Armate.
fff. *mus.* fortissimo.
FF.SS. Ferrovie dello Stato (oggi FS).
FG Foggia.
fg *fis.* frigoria.
F.G.C.I. Federazione Giovanile Comunista Italiana.
F.G.I. Federazione Ginnastica Italiana.
F.G.R. Federazione Giovanile Repubblicana.
F.G.S.I. Federazione Giovanile Socialista Italiana (PSI).
FI Firenze.
F.I. *fis.* Frequenza Intermedia.
F.I.A. *1* (fr. *Fédération Internationale de l'Automobile*) Federazione Internazionale dell'Automobile. *2* (fr. *Fédération Internationale des Acteurs*) Federazione Internazionale degli Attori. *3* *fis.* Frequenza Intermedia Audio. *4* Federazione Internazionale dell'Artigianato. *5* (fr. *Fédération Internationale d'Astronautique*) Federazione Internazionale di Astronautica.

F.I.A.P. Federazione Italiana Atletica Pesante.
F.I.A.R.O. Federazione Italiana Associazioni Regionali Ospedalieri.
F.I.A.T. Fabbrica Italiana Automobili Torino.
F.I.B. *1* Federazione Italiana Bancari. *2* Federazione Italiana Bridge. *3* Federazione Internazionale di Bocce. *4* Federazione Italiana di Baseball Dilettanti.
FIBA (ingl. *Federation International Basketball Association*) Federazione Internazionale di Basket.
F.I.C. *1* Federazione Italiana Canottaggio | Federazione Italiana Cronometristi. *2* (ingl. *Flight Information Center*) Centro di Informazioni per il Volo.
F.I.C.C. Federazione Internazionale Circoli Cinema.
F.I.D. (fr. *Fédération Internationale de Documentation*) Federazione Internazionale di Documentazione.
F.I.D.A. Federazione Italiana Dettaglianti dell'Alimentazione.
F.I.D.A.C. Federazione Italiana Dipendenti da Aziende di Credito.
F.I.D.A.L. Federazione Italiana Di Atletica Leggera.
F.I.d.C. Federazione Italiana della Caccia.
F.I.D.E.S. (fr. *Fonds d'Investissement pour le Développement Economique et Social*) Fondi di Investimento per lo Sviluppo Economico e Sociale.
F.I.E. (fr. *Fédération Industrielles Européennes*) Federazione Industriali d'Europa.
F.I.E.G. Federazione Italiana Editori Giornali.
F.I.E.I. (fr. *Fédération Internationale des Editeurs de Journaux et Publications*) Federazione Internazionale degli Editori di Giornali e Pubblicazioni.
F.I.E.L. Federazione Italiana delle Emittenti Locali.
F.I.F.A. (fr. *Fédération Internationale Football Association*) Federazione Internazionale del Calcio.
F.I.G. Federazione Italiana del Golf.
fig. figura.
F.I.G.B. Federazione Italiana Gioco Bocce.
F.I.G.C. Federazione Italiana Gioco Calcio = FEDERCALCIO.
F.I.G.E. Federazione Italiana Guide Esploratrici.
F.I.G.I.S.C. Federazione Italiana Gestori Impianti Stradali Carburanti.
F.I.H. *1* Federazione Internazionale di Hockey. *2* (fr. *Fédération Internationale de Handball*) Federazione Internazionale di Palla a Mano.
F.I.H.P. Federazione Italiana Hockey e Pattinaggio.
F.I.L.C. Federazione Italiana Lavoratori Chimici.
F.I.L.C.A. Federazione Italiana Lavoratori Costruzioni e Affini.
F.I.L.D.I.R. Federazione Internazionale Libera dei Deportati e Internati della Resistenza.
F.I.L.E. Federazione Italiana Lavoratori Esattoriali.
F.I.L.M. Federazione Italiana Lavoratori Marittimi.
F.I.M. *1* Federazione Italiana Motonautica. *2* Federazione Internazionale Metalmeccanici | Federazione Italiana Metalmeccanici. *3* Federazione Italiana Motociclistica.
F.I.M.S. Federazione Internazionale dei Medici Sportivi.
F.I.N. Federazione Italiana Nuoto.
FININVEST Società Finanziaria d'Investimento.
FINMARE Società Finanziaria Marittima.
FINMECCANICA Società Finanziaria Meccanica.
FINNAIR Linee Aeree Finlandesi.
FINSIDER Società Finanziaria Siderurgica.
FIO *1* Fondo Investimenti e Occupazione. *2* (ingl. *Free in, free out*) da bordo a bordo.
F.I.O.M. *1* Federazione Impiegati e Operai Metallurgici. *2* (fr. *Fédération Internationale des Ouvriers des Métaux*) Federazione Internazionale dei Lavoratori Metallurgici.
F.I.O.T. Federazione Italiana Operai Tessili.
F.I.P. *1* (fr. *Fédération Internationale Pharmaceutique*) Federazione Internazionale Farmaceutica. *2* (fr. *Fédération Internationale de Philatélie*) Federazione Internazionale Filatelica. *3* Federazione Italiana Pallacanestro. *4* Federazione Italiana Postelegrafonici. *5* Federazione Italiana della Pubblicità.
F.I.P.A.V. Federazione Italiana Pallavolo.
F.I.P.B. Federazione Italiana Palla Base.
F.I.P.E. Federazione Italiana Pubblici Esercizi.
F.I.P.P. (fr. *Fédération Internationale de la Presse Périodique*) Federazione Internazionale della Stampa Periodica.
F.I.P.S. Federazione Italiana della Pesca Sportiva.
F.I.R. *1* Federazione Internazionale della Resistenza. *2* Federazione Italiana Rugby. *3* Federazione Italiana Ricetrasmissioni.
FIRE (ingl. *Fully Integrated Robotized Engine*) Motore Robotizzato Totalmente Integrato.
F.I.S. *1* Federazione Italiana della Scuola. *2* Federazione Italiana Scherma.
F.I.S.A.C. Fabbriche Italiane Seterie e Affini Como.
F.I.S.A.F. Federazione Italiana Sindacati Autonomi Finanziari.
F.I.S.A.P. Federazione Italiana Sindacati Artisti e Professionisti.
F.I.S.E. Federazione Italiana Sport Equestri.
F.I.S.G. Federazione Italiana Sport del Ghiaccio.
F.I.S.I. Federazione Italiana Sport Invernali.
F.I.S.U. Federazione Internazionale dello Sport Universitario.
F.I.T. *1* Federazione Italiana Tabaccai. *2* Federazione Italiana Tennis.
F.I.T.A.V. Federazione Italiana Tiro a Volo.
F.I.Te.T. Federazione Italiana Tennis da Tavolo.
F.I.V. *fis.* frequenza intermedia video.
F.i.v.e.t. *med.* Fertilizzazione in vitro e trasferimento dell'embrione.
F.I.V.L. Federazione Italiana Volontari della Libertà.
Fj. fiordo, nelle carte geografiche.
FJI Figi.
FL Liechtenstein.
Fla. Florida.
F.lli fratelli.
F.L.M. Federazione Lavoratori Metalmeccanici.
FLR Firenze (codice IATA).
F.L.N. Fronte di Liberazione Nazionale.
Fl. oz. (ingl. *fluid ounce*) *fis.* oncia fluida.
F.M. (ingl. *Frequency Modulation*) *fis.* Modulazione di Frequenza.
f.m. fine mese.
Fm *chim.* fermio.
F.M.I. *1* Fondo Monetario Internazionale = I.M.F. *2* Federazione Medico-Sportiva Italiana. *3* Federazione Motociclistica Italiana.
FMM *fis.* forza magneto motrice.
F.M.N. *1* Federazione Mondiale di Neurologia. *2* (ingl. *Flavin mononucleotide*) flavin mononucleotide.
F.M.P.A. Federazione Mondiale per la Protezione degli Animali.
F.M.R. *edit.* Franco Maria Ricci.
F.M.S.I. Federazione MedicoSportiva Italiana.
F.N.A. Federazione Nazionale Assicuratori.
F.N.B. (ingl. *Federal Narcotics Bureau*) Ufficio Federale per i Narcotici (in U.S.A.).
F.N.C.A. Federazione Nazionale della Cooperazione Agricola.
F.N.D.A.I. Federazione Nazionale Dirigenti Aziende Industriali.
F.N.M. Ferrovie Nord Milano.
F.N.O.M. Federazione Nazionale Ordini Medici.
F.N.S.A. Federazione Nazionale Stampa Associata.
F.N.S.I. Federazione Nazionale della Stampa Italiana.
FO Forlì-Cesena.
F.O.A. (ingl. *Foreign Operations Administration*) Amministrazione per le Operazioni all'Estero.
F.O.B. (ingl. *Free On Board*) Franco Bordo (negli USA, Franco Vagone Partenza).
F.O.B.S. (ingl. *Fractional Orbital Bombardment System*) Sistema di Bombardamento Orbitale Frazionario.
FOCA (ingl. *Formula One Constructors Association*) Associazione Costruttori Formula Uno.
F.O.F.I. Federazione nazionale degli Ordini dei Farmacisti Italiani.
FOIST Fondazione per lo Sviluppo della Istruzione Scientifica.
FORMEZ Centro di Formazione e Studi del Mezzogiorno.
FORTRAN (ingl. *Formula Translation*) *elab.* (Linguaggio per la) Traduzione di Formule.
F.O.T. (ingl. *Free On Truck*) Franco Vagone Partenza.
F.P. (fr. *France Presse*) Stampa di Francia (agenzia di stampa francese).
fp *mus.* fortepiano.
F.P.A. (ingl. *Free of Particular Average*) Franco Avaria Particolare.
F.P.I. *1* Federazione Pugilistica Italiana. *2* Fondo Previdenza Impiegati.
F.P.L. Fronte Popolare di Liberazione.
FR *1* Frosinone. *2* Föroyar.
Fr *chim.* francio.
fr. franco.
FRA Francoforte (codice IATA).
FS *1* Ferrovie dello Stato. *2* far proseguire.
F.S.C. Fratelli Scuole Cristiane.
F.S.H. (ingl. *Follicle Stimulation Hormone*) ormone follicolostimolante.
F.S.I. *1* Federazione Spiritista Internazionale. *2* Federazione Scacchistica Italiana.
F.S.M. Federazione Sindacale Mondiale.
f.t. fuori testo.
ft (ingl. *foot*) piede.
F.te forte, nelle carte geografiche.
f.to firmato.
F.U. Farmacopea Ufficiale.
F.U.A.N. Fronte Universitario di Azione Nazionale.
F.U.C.I. Federazione Universitaria Cattolica Italiana.
F.U.L.A.T. Federazione Unitaria dei Lavoratori degli Aerotrasporti.
F.U.L.S. Federazione Unitaria Lavoratori dello Spettacolo.
F.U.L.T.A. Federazione Unitaria Lavoratori Tessili e dell'Abbigliamento.
F.U.O.R.I. Fronte Unitario Omosessuale Rivoluzionario Italiano.
F.U.S.I.E. Federazione Unitaria della Stampa Italiana all'Estero.

G *1* gal. *2* giga-. *3* grado centesimale. *4* conduttanza elettrica.
G. golfo, nelle carte geografiche.
g grammo | giorno | accelerazione di gravità.
Ga *chim.* gallio.
Ga. Georgia.
gA grammo atomo.
gal (ingl. *gallon*) gallone.
G.A.P. *1* Gruppo di Azione Patriottica. *2* Gruppo di Azione Partigiani.
G.A.T.T. (ingl. *General Agreement on Tariffs and Trade*) Accordo Generale sulle Tariffe e sul Commercio.
Gazz. Uff. Gazzetta Ufficiale.
GB Gran Bretagna e Irlanda del Nord.
Gb *fis.* gilbert.
GBA Isola Alderney.
GBG Isola Guernsey.
GBJ Isola di Jersey.
GBM Isola di Man.
GBZ Gibilterra.

G.C. *1* Gesù Cristo. *2* Gran Croce, ordine cavalleresco. *3* Genio Civile.
GCA Guatemala.
G.C.A. (ingl. *Ground Controlled Approach*) *aer.* Avvicinamento Controllato da Terra.
G.C.I. (ingl. *Ground Control Interception*) *aer.* Intercettazione Controllata da Terra.
Gd *chim.* gadolinio.
G.d.F. Guardia di Finanza.
G.E. *dir.* Giudice dell'Esecuzione.
GE *1* Genova. *2* (ingl. *General Electric*) Società Generale Elettrica = GEISI.
Ge *chim.* germanio.
G.E.C. (Mostra Internazionale) Grafica, Editoriale e Cartaria.
G.E.I. Giovani Esploratori Italiani.
Gen. Generale.
Gent.imo/a gentilissimo, gentilissima.
Geom. Geometra.
G.E.P.I. *1* Gestione Editoriale Periodici Italiani. *2* Gestione Esercizio Partecipazioni Industriali.
GESCAL Gestione Case per Lavoratori.
GESTAPO (ted. *Geheime Staats Polizei*) Polizia Segreta di Stato, nella Germania nazista.
GeV *fis.* gigaelettronvolt = BeV.
GH Ghana.
GHEPEU V. G.P.U.
G.I. *1* (ingl. *Government Issue*) oggetto di equipaggiamento fornito dal governo degli U.S.A. ai militari; e quindi ogni appartenente alle forze armate statunitensi. *2* Giudice Istruttore.
G.I.A.C. Gioventù Italiana di Azione Cattolica.
G.i.f.t. (ingl. *Gamete intra Fallopium transfert*) *med.* Trasferimento del gamete nelle tube di Falloppio.
GIGO (ingl. *Garbage In, Garbage Out*) *scherz.* propr. Spazzatura dentro, spazzatura fuori; se si carica qualcosa di scadente (spazzatura), uscirà qualcosa di scadente (dall'elaboratore).
G.I.L. Gioventù Italiana del Littorio (nell'Italia fascista).
G.I.M. Generale Industrie Metallurgiche.
G.I.P. *1* Gruppi di Impegno Politico. *2* Giudice per le Indagini Preliminari.
GIS Gruppo Intervento Speciale (dei Carabinieri).
G.L. Giustizia e Libertà (movimento politico nella Resistenza italiana).
G.L.I. Gioventù Liberale Italiana.
G.M. (ingl. *General Motors*) Società Generale per i Motori (fabbrica automobilistica).
G-man (ingl. *Government Man*) uomo del governo (appartenente al F.B.I., negli USA).
G.M.T. (ingl. *Greenwich Mean Time*), Tempo Medio di Greenwich = T.M.G.
G.N. Gas Naturale.
G.N.L. Gas Naturale Liquefatto = L.N.G.
G.N.R. Guardia Nazionale Repubblicana (nella Repubblica Sociale Italiana).
GO Gorizia.
GOA Genova (codice IATA).
G.O.P. (ingl. *Great Old Party*), il gran vecchio partito (negli USA, il Partito Repubblicano).
G.P. *1* *sport* Gran Premio. *2* Giunta Provinciale. *3* gratuito patrocinio.
G.P.A. Giunta Provinciale Amministrativa.
G.P.I. (ingl. *Ground Position Indicator*) *aer.* indicatore di posizione (rispetto a terra).
G.P.L. *1* Gas di Petrolio Liquefatto = L.P.G. *2* Gas Propano Liquido.
G.P.S. (ingl. *Global Positioning System*) Sistema di posizionamento globale.
G.P.U. (russo *Gosudarstvennoe Politiceskoi Upravlenie*), Amministrazione politica dello Stato dell'Unione (polizia politica nell'URSS) = GHEPEU.
GR *1* Grosseto. *2* Grecia. *3* Giornale Radio.
gr *1* grado centesimale. *2* grano, unità di misura di peso.
G.R.A. Grande Raccordo Anulare (a Roma).
grad *fis.* gradiente.
G.R.U. (russo *Glavnoe Razvedyvatelnoye Upravlenie*) Servizio Centrale d'Informazione (servizio di spionaggio sovietico).
G.S. Gruppo Sportivo.
Gs *fis.* gauss.
G.T. *1* Giudice Tutelare. *2* *autom.* Gran Turismo.
G.T.I. *autom.* Gran Turismo Internazionale.
G.U. *1* Gazzetta Ufficiale. *2* *mil.* grande unità.
G.U.F. Gruppi Universitari Fascisti.
G.U.I. (ingl. *Graphics User's Interface*) *elab.* Interfaccia Utente Grafico.
GULAG (russo *Glavnoe Upravlenie Isprovitel'notrudovych Lagerei*) Amministrazione Generale dei Campi di Lavoro Correzionale.
GUS Gruppo Nazionale Giornalisti Uffici Stampa.
GUY Guyana.
G.V. grande velocità.
GVA Ginevra (codice IATA).
GWh *fis.* gigawattora.
Gy gray.

H *1* (ingl. *Hospital*) ospedale. *2* *fis.* henry | campo magnetico | entalpia. *3* *chim.* idrogeno. *4* Ungheria.
h *1* ora. *2* etto- | altezza.
Ha *chim.* hahnio.
ha ettaro.
HAM Amburgo (codice IATA).
Haw Hawai.
H.B. (ingl. *Hard Black*) durezza media di matite, lapis.
H.C. *1* (ingl. *Host Computer*) Elaboratore principale. *2* (ingl. *Hard Core*) Memoria rigida.
H.D.T.V. (ingl. *High Definition TeleVision*) Televisione ad alta definizione.
He *chim.* elio.
HF (ingl. *High Frequency*) alta frequenza.
Hf *chim.* afnio.
Hg *chim.* mercurio.
hg ettogrammo.
H.H. (ingl. *Double Hard*) durezza doppia di matite, lapis.
H.H.H. (ingl. *Triple Hard*) durezza tripla di matite, lapis.
Hi. Fi. (ingl. *High Fidelity*) alta fedeltà.
HIV (ingl. *Human Immunodeficiency Virus*) Virus dell'immunodeficienza umana.
HK Hong Kong.
HKG Hong Kong (codice IATA).
HKJ Giordania.
hl ettolitro.
H.L.A. (ingl. *Human Lymphocystic Antigens*) *biol.* Antigeni Linfocitari Umani.
H.M. (ingl. *His, Her Majesty*) Sua Maestà.
hm ettometro.
Ho *chim.* olmio.
H.P., hp (ingl. *Horse Power*) *fis.* cavallo vapore.
H.R. (ingl. *Human Relations*) relazioni umane = R.U.
H.T. (ingl. *High Temperature*) Alta Temperatura.
HTLV (ingl. *Human T-cell Lymphotropic Virus*) Virus linfotropo delle cellule umane T.
H.T.S.T. (ingl. *High Temperature Short Time*) Alta temperatura per breve tempo (sterilizzazione alimentare).
H.U.D. (ingl. *Head Up Display*) Collimatore di volo e di tiro per aerei.
H.W. *elab.* Hardware.
Hz *fis.* hertz.

I *1* Italia. *2* *fis.* intensità di corrente elettrica | momento d'inerzia. *3* interesse. *4* *chim.* iodio.
I. isola, nelle carte geografiche.
i *mat.* L'unità immaginaria, convenzionalmente definita come radice quadrata di – 1.
Ia. Iowa.
I.A.C.P. Istituto Autonomo per le Case Popolari.
I.A.D. Istituto Accertamento Diffusione.
I.A.E.A. (ingl. *International Atomic Energy Agency*) Agenzia Internazionale per l'Energia Atomica. = A.I.E.A.
I.A.F. (ingl. *International Astronautical Federation*) Federazione Internazionale Astronautica.
I.A.L. Istituto Addestramento Lavoratori.
I.A.T.A. (ingl. *International Air Transport Association*) Associazione Internazionale per il Trasporto Aereo.
I.A.U. (ingl. *International Astronomical Union*) Unione Astronomica Internazionale.
IB Iberia (Linee aeree spagnole).
ibid. (lat. *ibidem*) nello stesso passo.
I.B.M. (ingl. *International Business Machines*) Società Internazionale Macchine per uffici.
I.B.P. Industrie Buitoni Perugina.
IC (ingl. *Inter City*) Treno Intercity.
I.C. *1* Imposta Complementare. *2* (ingl. *Integrated Circuit*) *elettron.* Circuito Integrato.
I.C.A. (ingl. *International Cooperative Alliance*) Alleanza Cooperativa Internazionale.
I.C.A.O. (ingl. *International Civil Aviation Organization*) Organizzazione Internazionale dell'Aviazione Civile.
ICBM (ingl. *Intercontinental Ballistic Missile*) Missile Balistico Intercontinentale.
I.C.C. (ingl. *International Chamber of Commerce*) Camera di Commercio Internazionale.
I.C.C.R.E.A. Istituto di Credito delle Casse Rurali e Artigiane.
I.C.C.R.I. Istituto di Credito delle Casse di Risparmio Italiane = ITALCASSE.
I.C.D.P. (ingl. *International Confederation for Disarmament and Peace*) Confederazione Internazionale per il Disarmo e la Pace.
I.C.E. Istituto nazionale per il Commercio Estero.
I.C.E.P.S. Istituto per la Cooperazione Economica con i Paesi in via di Sviluppo.
I.C.I. Imposta Comunale sugli Immobili.
I.C.I.A.P. Imposta Comunale per l'esercizio di Imprese, Arti e Professioni = T.A.S.C.A.P.
I.C.I.P.U. Istituto di Credito per le Imprese di Pubblica Utilità.
I.C.S.C. (ingl. *International Committee Satellite Communications*) Comitato Internazionale per le Comunicazioni via Satellite.
id. idem.
Ida. Idaho.
I.D.I. *1* Istituto del Dramma Italiano. *2* Istituto Dirigenti Italiani.
I.D.P. (ingl. *Integrated Data Processing*) Elaborazione Integrata dei Dati.
i.e. *1* (lat. *id est*) cioè. *2* *autom.* iniezione elettronica.
I.E.A. V. A.I.E.A.
I.E.N.G.F. Istituto Elettrotecnico Nazionale Galileo Ferraris.
I.F. (ingl. *Intermediate Frequency*) *fis.* frequenza intermedia.
I.F.A.L.P.A. (ingl. *International Federation of Air Line Pilots Associations*) Federazione Internazionale delle Associazioni di Piloti di Linee Aeree.
I.F.A.P. *1* (ingl. *International Federation of Agricultural Producers*) Federazione Internazionale dei Produttori Agricoli. *2* Istituto Formazione dell'Addestramento Professionale.
I.F.C. (ingl. *International Finance Corporation*) Società Finanziaria Internazionale.
I.F.F. (ingl. *Identification of Friend or Foe*) identificazione di amico o nemico (apparecchio radar).
I.F.I. Istituto Finanziario Italiano.
IG Meridiana, linee aeree (codice).
I.G.C. (ingl. *International Geophysical Committee*) Comitato Geofisico Internazionale.
I.G.E. Imposta Generale sull'Entrata.
I.G.F.A. (ingl. *International Game Fish Association*) Associazione Internazionale Pesca Sportiva.
I.G.M. *1* Istituto Geografico Militare. *2* Ispettorato Generale della Motorizzazione.
I.G.U. (ingl. *International Geographical Union*) Unione Geografica Internazionale.
I.H.S. (lat. *Jesus Hominum Salvator*) Gesù reden-

tore dell'Umanità.
I.I.B. Istituto Internazionale dei Brevetti.
I.I.C.E. (fr. *Institut International des Caisses d'Epargne*) Istituto Internazionale delle Casse di Risparmio.
I.I.G.B. Istituto Internazionale di Genetica e Biofisica.
I.I.P. (fr. *Institut International de la Presse*) Istituto Internazionale della Stampa.
I.I.S.A. Istituto Internazionale delle Scienze Amministrative.
IL Israele.
Ill. Illinois.
ill. illustrazione, illustrato.
Ill.mo illustrissimo.
I.L.O. (ingl. *International Labour Organization*) Organizzazione Internazionale del Lavoro = O.I.L.
ILOR Imposta Locale sui Redditi.
I.L.S. (ingl. *Instrument Landing System*) *aer.* sistema di atterraggio strumentale.
I.L.T.E. Industria Libraria Tipografica Editrice.
I.L.T.F. (ingl. *International Lawn Tennis Federation*) Federazione Internazionale del Tennis.
IM Imperia.
Im *mat.* parte immaginaria.
IMAO *farm.* Inibitore della Monoamminaossidasi = MAOI.
I.M.C. (ingl. *Instrument Meteorological Conditions*) Condizioni meteo in cui è permesso solo volo strumentale.
I.M.C.O. (ingl. *Inter-Governmental Maritime Consultative Organization*) Organizzazione Consultiva Intergovernativa Marittima.
I.M.C.T.C. Ispettorato Generale della Motorizzazione Civile e dei Trasporti in Concessione.
I.M.F. (ingl. *International Monetary Fund*) Fondo Monetario Internazionale = F.M.I.
I.M.I. ***1*** Istituto Militare Italiano. ***2*** Istituto Mobiliare Italiano.
I.M.O. (ingl. *International Meteorology Organization*) Organizzazione Meteorologica Internazionale, ora W.M.O.
I.M.Q. Istituto del Marchio di Qualità.
I.M.U. (ingl. *International Mathematical Union*) Unione Matematica Internazionale.
In *chim.* indio.
in (ingl. *inch*) pollice.
I.N.A. Istituto Nazionale delle Assicurazioni.
I.N.A.D.E.L. Istituto Nazionale per l'Assistenza dei Dipendenti degli Enti Locali.
I.N.A.I.L. Istituto Nazionale per l'Assicurazione contro gli Infortuni sul Lavoro.
I.N.A.M. Istituto Nazionale per l'Assicurazione contro le Malattie.
I.N.A.P.L.I. Istituto Nazionale per l'Addestramento e il Perfezionamento dei Lavoratori dell'Industria.
I.N.B.S. Istituto Nazionale per la Biologia della Selvaggina.
I.N.C.E. Istituto Nazionale per i Cambi con l'Estero.
I.N.C.I.S. Istituto Nazionale per le Case degli Impiegati dello Stato.
INCOM Industria Corti Metraggi.
IND India.
I.N.D. (lat. *In Nomine Domini*) Nel Nome del Signore.
Ind. Indiana.
INDICOD Istituto Nazionale per la Diffusione della Codifica dei Prodotti.
I.N.E.A. Istituto Nazionale di Economia Agraria.
I.N.F.N. Istituto Nazionale di Fisica Nucleare.
I.N.G. (ol. *Internationale Nederlander Group*) Società finanziaria.
Ing. Ingegnere.
I.N.G.I.C. Istituto Nazionale per la Gestione delle Imposte di Consumo.
I.N.P.D.A.I. Istituto Nazionale di Previdenza dei Dirigenti di Aziende Industriali.
I.N.P.D.A.P. Istituto Nazionale di Previdenza Dipendenti Aziende Pubbliche.
I.N.P.G.I. Istituto Nazionale di Previdenza dei Giornalisti Italiani.
I.N.P.S. Istituto Nazionale Previdenza Sociale.
I.N.R.I. (lat. *Jesus Nazarenus Rex Judeorum*) Gesù Nazareno Re dei Giudei.
I.N.T. Istituto Nazionale Trasporti.
INTELSAT (ingl. *International Telecommunications Satellite Consortium*) Consorzio Internazionale per le Telecomunicazioni via Satellite.
INTERPOL (ingl. *INTERnational criminal POLice organization*) Organizzazione di polizia criminale internazionale.
INTERSIND Sindacato delle Aziende a Partecipazione Statale.
I.N.U. Istituto Nazionale di Urbanistica.
INVEST Sviluppo e gestione Investimenti mobiliari.
I.N.V.I.M. Imposta Comunale sull'Incremento di Valore degli Immobili.
I/O (ingl. *Input/Output*) *elab.* Ingresso/Uscita.
I.O.C.S. (ingl. *Input Output Control System*) *elab.* Sistema di Controllo di Entrata e Uscita dei Dati.
I.O.M. (lat. *Iovi Optimo Maximo*) a Giove Ottimo Massimo (nelle iscrizioni latine).
I.O.R. Istituto Opere di Religione.
I.P.A. ***1*** (ingl. *International Phonetic Association*) Associazione Fonetica Internazionale. ***2*** (ingl. *International Pediatric Association*) Associazione Internazionale di Pediatria. ***3*** Istituto di Previdenza e Assistenza.
I.P.A.B. Istituzioni Pubbliche di Assistenza e Beneficenza.
IPAS Istituto Professionale di Stato per l'Agricoltura.
IPC Istituto Professionale per il Commercio.
I.P.E.T. Istituto per la Pianificazione Economica Territoriale.
I.P.I. ***1*** (ingl. *International Press Institute*) Istituto Internazionale per la Stampa. ***2*** Istituto Propaganda Internazionale.
I.P.S.I.A. Istituto Professionale di Stato per l'Industria e l'Artigianato.
I.P.S.O.A. Istituto Postuniversitario per lo Studio dell'Organizzazione Aziendale.
IPU (ingl. *Interparliamentary Union*) Unione Interparlamentare.
I.P.Z.S. Istituto Poligrafico e Zecca dello Stato.
I.Q. V. Q.I.
IR ***1*** infrarosso. ***2*** Iran.
Ir *chim.* iridio.
I.R.A. (ingl. *Irish Republican Army*) Esercito della Repubblica Irlandese (organizzazione clandestina).
I.R.B.M. (ingl. *Intermediate Range Ballistic Missile*) Missile Balistico di Media Portata.
I.R.C.E. Istituto per le Relazioni Culturali con l'Estero.
I.R.I. Istituto per la Ricostruzione Industriale.
IRL Irlanda.
I.R.O. (ingl. *International Refugee Organization*) Organizzazione Internazionale per i Rifugiati = O.I.R.
IRPEF Imposta sul Reddito delle Persone Fisiche.
IRPEG Imposta sul Reddito delle Persone Giuridiche.
IRQ Iraq.
I.R.R.S.A.E. Istituto Regionale per la Ricerca, la Sperimentazione e l'Aggiornamento Educativo.
IS ***1*** Isernia. ***2*** Islanda.
Is isola, nelle carte geografiche.
I.S.A.C. (ingl. *International Security Affairs Committee*) Comitato Americano per la Sicurezza Americana.
ISBN (ingl. *International Standard Book Number*) *edit.* codifica standard internazionale per libri.
ISCO Istituto Nazionale per lo Studio della Congiuntura.
I.S.D.N. (ingl. *Integrated Services Digital Network*) Rete digitale integrata nei servizi.
I.S.E. Istituto per gli Studi di Economia.
I.S.E.D.I. Istituto Editoriale Internazionale.
I.S.E.F. Istituto Superiore di Educazione Fisica.
I.S.E.S. Istituto per lo Sviluppo della Edilizia Sociale.
I.S.F. ***1*** (ingl. *International Shipping Federation Ltd*) Federazione Internazionale degli Armatori. ***2*** Informatore Scientifico del Farmaco.
ISFOL Istituto per la formazione professionale dei lavoratori.
I.S.I. Imposta Straordinaria sugli Immobili.
I.S.I.C. (ingl. *International Student Identity Card*) Carta internazionale di identità della condizione di studente.
ISL Islanda.
I.S.M.E.O. Istituto per gli Studi sul Medio ed Estremo Oriente.
ISMETRAF Istituto di Medicina del Traffico.
I.S.O. (ingl. *International Organization for Standardization*) Organizzazione Internazionale per la Standardizzazione.
I.S.P.E.S. Istituto di Studi Politici Economici e Sociali.
I.S.P.E.S.L. Istituto Superiore per la Prevenzione e la Sicurezza del Lavoro.
I.S.P.I. Istituto per gli Studi di Politica Internazionale.
I.S.P.T. Istituto Superiore delle Poste e delle Telecomunicazioni.
I.S.S. Istituto Superiore di Sanità.
IST Istambul (codice IATA).
ISTAT Istituto Centrale di Statistica.
ISTEL Indagine Sull'ascolto delle Televisioni in Italia.
I.S.T.H. (fr. *Institut des Sciences et Techniques Humaines*) Istituto di Scienze e Tecniche Umane.
I.S.T.I.M. Istituto Superiore di Tecnologia Industriale e Meccanica.
I.S.TRA. Istituto Superiore TRAsporti.
IS.V.A.P. IStituto per la Vigilanza sulle Assicurazioni Private.
ISVEIMER Istituto per lo Sviluppo Economico dell'Italia Meridionale.
ISVET Istituto per gli Studi sullo Sviluppo Economico e per il Progresso Tecnico.
I.S.V.I.M. Isolato San Vincenzo Immobiliare Mobiliare.
I.T. (ingl. *Inclusive Tours*) Viaggi «tutto compreso.
ITALCABLE Servizi Cablografici Radiotelegrafici e Radioelettrici.
ITALCASSE Istituto di Credito delle Casse di Risparmio Italiane = I.C.C.R.I.
ITALCEMENTI Fabbriche Riunite Cementi.
ITALGAS Società Italiana per il Gas.
ITALPI Italiana Partecipazioni Industriali (S.p.A.).
I.T.A.V. Ispettorato delle Telecomunicazioni ed Assistenza al Volo.
I.T.C. Istituto Tecnico Commerciale.
I.T.E. Istituto Tipografico Editoriale.
I.T.I.S. Istituto Tecnico Industriale Statale.
I.T.O. (ingl. *International Trade Organization*) Organizzazione Internazionale per il Commercio.
I.T.S.O.S. Istituto Tecnico Statale a Ordinamento Speciale.
I.T.S.T. Istituto Tecnico di Stato per il Turismo.
I.T.U. (ingl. *International Telecommunication Union*) Unione Internazionale delle Telecomunicazioni.
I.U.B. (ingl. *International Union of Biochemistry*) Unione Internazionale di Biochimica.
I.U.B.S. (ingl. *International Union of Biological Sciences*) Unione Internazionale delle Scienze Biologiche.
I.U.C. (ingl. *International Union of Cristallography*) Unione Internazionale di Cristallografia.
I.U.C.N. (ingl. *International Union for Conservation of Nature and Natural Resources*) Unione Internazionale per la Conservazione della Natura e delle risorse naturali.

IUD, Iud (ingl. *Intrauterine Device*) Dispositivo Anticoncezionale Intrauterino.
I.U.G.G. (ingl. *International Union of Geodesy and Geophysics*) Unione Internazionale di Geodesia e Geofisica.
I.U.G.S. (ingl. *International Union of Geological Sciences*) Unione Internazionale delle Scienze Geologiche.
I.U.H.P.S. (ingl. *International Union of the History and Philosophy of Sciences*) Unione Internazionale di Storia e Filosofia delle Scienze.
I.U.L.M. Istituto Universitario di Lingue Moderne.
I.U.P.A.C. (ingl. *International Union of Pure and Applied Chemistry*) Unione Internazionale di Chimica Pura e Applicata.
I.U.P.A.P. (ingl. *International Union of Pure and Applied Physics*) Unione Internazionale di Fisica Pura e Applicata.
I.U.P.S. (ingl. *International Union of Physiological Sciences*) Unione Internazionale delle Scienze Fisiologiche.
I.U.T.A.M. (ingl. *International Union of Theoretical and Applied Mechanics*) Unione Internazionale di Meccanica Teorica e Applicata.
I.V.A. Imposta sul Valore Aggiunto.
I.V.D. (lat. *Juris utriusque Doctor*) Dottore dell'uno e dell'altro diritto (civile e canonico).
I.W.S. (ingl. *International Wool Secretariat*) Segretariato Internazionale della Lana.
I.Y.H.F. (ingl. *International Youth Hotels Federation*) Federazione Internazionale degli Alberghi per la Gioventù.
I.Y.R.U. (ingl. *International Yacht Racing Union*) Unione Internazionale delle Gare di Yacht.

J ***1*** *fis.* Joule | momento d'inerzia. ***2*** (ingl. *Jack*) fante nelle carte da poker e da ramino. ***3*** (fr. *Jour*) giorno. ***4*** Giappone.
j *mat.* unità immaginaria.
JA Giamaica.
J.A.L. (ingl. *Japan Air Lines*) Linee aeree giapponesi.
JED Jeddah (codice IATA).
J.E.L. (fr. *Jeunesse Européenne Libérale*) Gioventù Liberale Europea.
JEK New York, Kennedy airport (codice IATA).
JL V. J.A.L. (codice).
JNB Johannesburg (codice IATA).
J.O.C. (fr. *Jeunesse Ouvrière Chrétienne*) Gioventù Operaia Cristiana.
jr. junior.

K ***1*** *chim.* potassio. ***2*** *fis.* campo elettrico. ***3*** (ingl. *King*) re, nelle carte da poker e ramino. ***4*** *fis.* kelvin. ***5*** (lat. *Kalendae*) calende, nelle iscrizioni latine. ***6*** *L. von Köchel* (nel titolo delle composizioni di Mozart, iniziale del riordinatore). ***7*** Cambogia. ***8*** *elab.* Kilo-.
k kilo-.
kA *fis.* kiloampere.
Kal. (lat. *Kalendae*) calende, nelle iscrizioni latine.
Kan. Kansas.
kc *fis.* kilociclo.
kcal *fis.* V. Cal.
kc/s *fis.* kilocicli al secondo.
kd *sport* knock-down.
keV *fis.* kiloelettronvolt.
kg *fis.* kilogrammo.
K.G.B. (russo *Komitét Gosudárstvennoj Bezopásnosti*) Comitato per la Sicurezza dello Stato (servizio di spionaggio sovietico).
kHz *fis.* kilohertz.
K.-K. (ted. *Kaiserlich-Königlich*) Imperial-Regio.
K.K.K. (amer. *Ku Klux Klan*) Circolo di Tribù (Setta politica razzista, negli Stati Uniti d'America).
KL V. K.L.M. (codice).
K.L.M. (ol. *Koninkliijke Luchtvaart Maatschappij*) Reale Compagnia Olandese di Navigazione Aerea.
KM (ingl. *Air Malta*) Codice linee aeree maltesi.
km *mat.* kilometro; **km²**, kilometro quadrato.
kmq *mat.* kilometro quadrato.
K.O., k.o. (ingl. *Knock-Out*) *sport* fuori combattimento.
KOMINFORM Ufficio d'informazione dei partiti comunisti europei = COMINFORM.
KOMINTERN (russo *Kommunisticeskij Internacional*) Internazionale Comunista (Terza Internazionale) = COMINTERN.
KOMSOMOL (russo *Kommunisticeskij Sovieticeskij Molodiesh*) Gioventù Comunista Sovietica = COMSOMOL.
KR Crotone.
Kr *chim.* cripto.
kT *fis.* kiloton.
kV *fis.* kilovolt.
kVA *fis.* kilovoltampere.
kW *fis.* kilowatt.
kWh *fis.* kilowattora.
KWI Kuwait (codice IATA).
KWT Kuwait.
Ky. Kentucky.
Kz (ted. *Kerze*) candela Hefner.

L ***1*** lira. ***2*** *fis.* coefficiente di autoinduzione. ***3*** (lat. *Lucius*) Lucio, nelle iscrizioni latine. ***4*** lago, nelle carte geografiche. ***5*** Lussemburgo. ***6*** legge. ***7*** Locale (treno). ***8*** (ingl. *Large*) Taglia grande.
l ***1*** lira. ***2*** litro. ***3*** *fis.* lunghezza. ***4*** (lat. *lex*) legge. ***5*** linea, legge, in bibliografia. ***6*** libro.
λ ***1*** *fis.* lunghezza d'onda. ***2*** *fis.* millionesima parte del litro.
La *chim.* lantanio.
La. Louisiana.
Lag. laguna, nelle carte geografiche.
L.A.N. ***1*** Lega Antivivisezionista Italiana. ***2*** (ingl. *Local Area Network*) *elab.* Rete in area locale.
LAO Laos.
LAR Libia.
L.A.R.N. Livelli di Assunzione Raccomandati di Nutrienti.
L.A.S. (ingl. *LymphAdenopathy Syndrome*) Sindrome da Linfoadenopatia.
LASER (ingl. *Light Amplification by Stimulated Emission of Radiation*) Amplificazione della luce per mezzo di Emissione Stimolata di Radiazione.
LAV (ingl. *Lymphadenopathy-Associated Virus*) Virus associato a linfoadenopatia.
LAX Los Angeles (codice IATA).
LB Liberia.
lb libbra, unità di misura inglese.
lb.a.d.p. (fr. *Libbra avoir du poids*) unità di misura francese del peso.
lbt (ingl. *Libbra troy*) unità di misura inglese.
LC Lecco.
L.C. *polit.* Lotta Continua.
L-C *fis.* Induttanza e capacità.
L/C (ingl. *Letter of Credit*) Lettera di Credito.
L/C/C (ingl. *Letter commercial credit*) Lettera Commerciale di Credito.
L.C.D. (ingl. *Liquid Crystal Display*) *elettron.* Visualizzatore a Cristalli Liquidi.
LE Lecce.
LED (ingl. *Light Emitting Diode*) Diodo a Emissione Luminosa.
Legambiente Lega per l'ambiente.
LEICA (ted. *Leitz Camera*) Macchina fotografica Leitz.
LEM (ingl. *Lunar Excursion Module*) Modulo per l'Escursione Lunare.
LEND Lingua E Nuova Didattica.
L.E.P. (ingl. *Large Electron-Positron collider*) *fis.* Grande collisore tra elettroni e positroni.
L.F. ***1*** legge sul fallimento. ***2*** (ingl. *Low Frequency*) *fis.* Bassa Frequenza.
Lg. (fr. *Ligue*) Lega.
lg ***1*** lira sterlina. ***2*** *mat.* logaritmo decimale.
LH ***1*** (ingl. *Luteinizing Hormone*), ormone luteinizzante. ***2*** Lufthansa (Linee aeree tedesche).
L.H.C. (ingl. *Large Hadron Collider*) *fis.* Grande collisore di adroni.
LI Livorno.
Li *chim.* litio.
L.I.A. (ingl. *Lebanese International Airways*) Linee Aeree Internazionali Libanesi.
L.IB.O.R. (ingl. *London InterBank Offered Rate*) Tasso d'interesse internazionale per eurodollari quotato a Londra.
L.I.D. Lega Italiana per il Divorzio.
LI.D.A.R. (ingl. *LIght Detector And Ranging*) Rilevazione e localizzazione tramite luce (Radar ottico).
L.I.L.A. Lega Italiana Lotta all'AIDS.
LIM Lima (codice IATA).
LIN Milano Linate (codice IATA).
L.I.N. Lega Italiana Naturisti.
L.I.P. Laboratorio d'Igiene e Profilassi.
L.I.P.U. Lega Italiana Protezione Uccelli.
LIS Lisbona (codice IATA).
Lit. Lire italiane.
ll. ***1*** linee. ***2*** leggi.
LL.AA. Loro Altezze.
LL.PP. Lavori pubblici.
lm *fis.* lumen.
LMP Lampedusa (codice IATA).
LN ***1*** luna nuova. ***2*** (ingl. *Libyan Arab Airlines*) Linee aeree libiche.
ln *mat.* logaritmo naturale, neperiano.
L.N.C.M. Lega Nazionale delle Cooperative e Mutue.
L.N.G. (ingl. *Liquefied Natural Gas*) = G.N.L.
L.N.I. Lega Navale Italiana.
LO ***1*** Lodi. ***2*** V. LOT (codice).
loc. cit. (lat. *loco citato*) passo citato.
log *mat.* logaritmo decimale.
$\log_{10}$ *mat.* logaritmo decimale.
$\log_e$ *mat.* logaritmo naturale, neperiano.
L.O.I. Libro Origini Italiano.
LON Londra (codice IATA).
LOS Lagos (codice IATA).
LORAN (ingl. *Long-Range Navigation*) sistema di radioassistenza alla navigazione.
LOT (ingl. *Polish Airlines*) Linee aeree polacche.
LP ***1*** (ingl. *Long Playing*) *mus.* Lunga Esecuzione, nei microsolchi. ***2*** luna piena, plenilunio.
L.P.G. (ingl. *Liquefied Petroleum Gas*) Gas di Petrolio Liquefatto = G.P.L.
L.R.B.A. Laboratorio di Ricerche Balistiche e Aerodinamiche.
LS Lesotho.
L.S.C. legge sullo stato civile.
LSD ***1*** (ingl. *Lysergic Acid Diethylamide*) Dietilammide dell'Acido Lisergico. ***2*** (ingl. *League for Spiritual Discovery*) Lega per la Scoperta Spirituale.
L.S.I. (ingl. *Large Scale Integration*) *elettron.* Integrazione su Vasta Scala.
L.st. lire sterline.
LT ***1*** Latina. ***2*** Libia (Tripolitania).
Ltd (ingl. *Limited*) Società a responsabilità limitata.
LTH (ingl. *Luteotrophic Hormone*) Ormone luteotrofico.
L.U. leggi usuali.
LU Lucca.
Lu *chim.* lutezio.
L.U.C.E. L'Unione Cinematografica Educativa (istituto cinematografico).
L.U.I. Lessico Universale Italiano.
L.U.I.S.S. Libera Università Internazionale degli Studi Sociali.
LUX Lussemburgo.
LV Lettera di Vettura, nei trasporti ferroviari.
Lw *chim.* laurenzio.
lx *fis.* lux.
LY V. EL AL.

M ***1*** mega-. ***2*** *mus.* manuale, nelle partiture d'organo. ***3*** mano. ***4*** mezzo. ***5*** coefficiente di mutua induzione. **6** montante. **7** miglio, nelle carte nautiche. **8** morte, abbasso. **9** Malta. **10** (ingl. *Medium*) Taglia media.

M. mare, monte nelle carte geografiche.

M' (lat. *Manius*) Manio, nelle iscrizioni latine.

m *mat.* metro; **m²**, metro quadrato; **m³**, metro cubo | milli-.

m. **1** mese. **2** miglio, monte, in carte geografiche.

μ **1** *mat.* Micron | Micro-. **2** *fis.* Permeabilità magnetica.

MA Marocco.

mA *fis.* milliampere.

ma miria-.

MB (ingl. *Mountain Bike*) Bicicletta da montagna.

MAB *mil.* Moschetto Automatico Beretta.

MAC **1** Movimento per l'arte concreta. **2** (ingl. *Maximum Allowable Concentration*) *fis.* Massima Concentrazione Ammessa.

MAD Madrid (codice IATA).

M.A.F.F.S. (ingl. *Modular Airborne Fire Fighting System*) *aer.* Sistema Antincendio Modulare Aviotrasportato = S.A.M.A.

MAL Malaysia.

Man. Manitoba.

MAO *biol.* Monoamminaossidasi.

MAOI (ingl. *Monoamine Oxidase Inhibitor*) *farm.* Inibitore della Monoamminaossidasi = IMAO.

M.A.S. Motobarca Armata SVAN secondo l'originaria classificazione successivamente modificata in Motobarca Anti-Sommergibili e, da ultimo, in Motoscafo Anti-Sommergibili (SVAN, a sua volta, è sigla di Società Veneziana Automobili Nautiche); sulla sigla D'Annunzio modellò il motto di combattimento degli equipaggi imbarcati su tali mezzi: *Memento Audere Semper*, Ricordati di Osare Sempre.

MASER (ingl. *Microwave Amplification by Stimulated Emission of Radiation*) Amplificazione di microonde mediante emissione stimolata di radiazione.

Mass. Massachusetts.

max. *geogr.* massimo o massima. | *mat.* massimo.

mb *meteor.* millibar.

MC **1** Macerata. **2** Monaco, principato di. **3** (ingl. *Machining Center*) Centro di lavorazione.

M/C motocannoniera.

Mc *fis.* megaciclo.

M/c Motocisterna.

m/c. mio conto.

M.C.C. (sp. *Mercado Común Centroamericano*) Mercato Comune Centroamericano.

M.C.D. *mat.* massimo comun divisore.

M.C.E. Movimento di Cooperazione Educativa.

M.C.L. Movimento Cristiano dei Lavoratori.

m.c.m. *mat.* minimo comune multiplo.

M.C.M. Manifatture Cotoniere Meridionali.

Md *chim.* mendelevio.

Md. Maryland.

m.d. mano destra.

M.D.T. Milizia Difesa Territoriale.

ME **1** Messina. **2** V. M.E.A. (codice).

M.E. Movimento Europeo.

Me. Maine.

M.E.A. (ingl. *Middle East Airlines-Airliban*) Linee del Medio Oriente, Aerolinee libanesi.

M. & A. (ingl. *Merger & Acquisition*) Fusioni e acquisizioni.

M.E.C. Mercato Europeo Comune.

MEDIOBANCA Banca di Credito Finanziario.

MET METropolitan (teatro ed ente lirico di New York).

METEOSAT Satellite meteorologico.

MeV *fis.* megaelettronvolt.

MEX Messico.

M.F. (ingl. *Medium Frequency*) *fis.* Media Frequenza.

mF *fis.* millifarad.

mf. *mus.* mezzoforte.

μF *fis.* microfarad.

M.F.E. Movimento Federalista Europeo.

M.G. (ingl. *Morris Garage*) garage Morris (ditta automobilistica; dal luogo ove si approntò la prima vettura).

Mg **1** *chim.* magnesio. **2** *mat.* miriagrammo.

mg *mat.* milligrammo.

M.G.M. *cine.* ingl. Metro Goldwyn Mayer.

MI Milano.

M.I.B. Milano Indice Borsa.

Mich. Michigan.

M.I.E.C. Movimento Internazionale degli Studenti Cattolici.

M.I.F.E.D. Mercato Internazionale del Film e del Documentario.

MIG (russo *MIkoijan e Gurevich*, nomi dei progettisti) Aereo militare russo.

MIL Milano (codice IATA).

M.I.L.L.E. Movimento per l'Italia Libera nella Libera Europa.

Min. ministro, ministero.

min. **1** minuto. **2** minimo.

MINCOMES Ministero del Commercio con l'Estero.

MINCULPOP Ministero della Cultura Popolare (nell'Italia fascista).

Minn. Minnesota.

MIPEL Mercato Italiano della Pelletteria.

Miss. Mississippi.

M.I.T. **1** (ingl. *Massachusetts Institute of Technology*) Istituto di Tecnologia del Massachusetts. **2** Movimento Italiano Transessuali.

M.I.T.A.M. Mercato Internazionale del Tessile per l'Abbigliamento e l'Arredamento.

MKSA *fis.* metro-kilogrammo-secondo-ampere.

MKSΩ *fis.* metro-kilogrammo-secondo-ohm.

ml **1** *mat.* millilitro. **2** (ingl. *mile*) miglio, unità di misura.

MLA Malta (codice IATA).

M.L.D. Movimento per la Liberazione della Donna.

M.L.S. **1** Movimento dei Lavoratori per il Socialismo. **2** (ingl. *Microwave Landing System*) Sistema di atterraggio a microonde.

M.M. **1** Marina Militare. **2** Metropolitana Milanese.

Mm miriametro.

mm *mat.* millimetro.

μm *fis.* micrometro.

MM.GG. magazzini generali.

M.M.R.B.M. (ingl. *Mobile Medium Range Ballistic Missile*) Missile Balistico Mobile a Media Gittata.

MN Mantova.

M/N, m/n Motonave.

Mn *chim.* manganese.

MNL Manila (codice IATA).

M.O. **1** Medio Oriente. **2** massima occupazione.

MO Modena.

Mo *chim.* molibdeno.

Mo. Missouri.

m/o mio ordine.

M.O.C. *med.* Mineralometria Ossea Computerizzata.

M.O.C.A. (ingl. *Museum Of Contemporary Art*) Museo d'arte contemporanea, Los Angeles.

mod *mat.* modulo.

modif. modificato.

MODIT presentazione internazionale collezioni donna e dell'accessorio moda.

MOL **1** *elab.* moltiplicazione. **2** *econ.* Margine Operativo Lordo.

mol *chim.* mole.

M.O.M.A. (ingl. *Museum Of Modern Art*) Museo d'arte moderna, New York.

Mont. Montana.

MONTEDISON Montecatini-Edison.

M.O.S. (ingl. *Metal Oxide Semiconductor*) Semiconduttore a Ossido Metallico.

MOW Mosca (codice IATA).

M.P. **1** (lat. *manu propria*) di proprio pugno. **2** (ingl. *Military Police*) Polizia Militare. **3** Movimento popolare.

M.P.I. Manufatto Plastico Igienico (marchio di garanzia).

M.P.S. Monte dei Paschi di Siena.

mq metro quadrato.

Mr. (ingl. *Mister*) Signore.

M.R. **1** Molto Reverendo. **2** Magnifico Rettore.

M.R.B.M. (ingl. *Medium Range Ballistic Missile*) Missile Balistico a Media Gittata.

M.R.C.A. (ingl. *Multi-Role Combat Aircraft*) Aereo da Combattimento a Impiego Plurimo.

m.R.N.A. *biol.* R.N.A. messaggero.

Mrs. (ingl. *Mistress*) Signora.

M.S. Movimento Studentesco.

MS **1** Massa-Carrara. **2** Isole Maurizio. **3** (ingl. *Egyptair*) Codice linee aeree egiziane. **4** (ingl. *Micro Soft*) Microsoft, società di software americana.

M/S, m/s **1** Motosilurante. **2** (ingl. *Motor Ship*) nave a motore.

ms **1** millisecondo. **2** manoscritto.

m.s. mano sinistra.

M.S.B.S. (fr. *Mer-Sol Balistique Stratégique*) Mare-terra Balistico-Strategico (missile).

M.S.I. -D.N. Movimento Sociale Italiano - Destra Nazionale.

mss. manoscritti.

MT **1** Matera. **2** *fis.* media tensione. **3** *fis.* megaton.

M/T (ingl. *Mail Transfer*) bonifico per posta.

MTB (ingl. *Mountain Bike*) Bicicletta da montagna.

M.T.B.F. (ingl. *Mean Time Between Failures*) *elettron.* Tempo medio fra due guasti (misura di affidabilità).

M.T.I. **1** (ungh. *Magyar Tàvirati Iroda*) Agenzia Telegrafica Ungherese. **2** (ingl. *Moving Target Indicator*) Radar Indicatore di Bersagli Mobili.

Mti monti, nelle carte geografiche.

M.T.M. (ingl. *Methods Time Measurement*) *org. az.* Misura Metodi e Tempi.

M.V. Meccanica Verghera.

M/v. *mar.* motoveliero.

mV *fis.* millivolt.

M.V.D. (russo *Ministerstuo Vnutryennik Dyel*) Ministero sovietico per gli Interni (la cui nona sezione ha compiti di polizia segreta).

M.V.S.N. Milizia Volontaria per la Sicurezza Nazionale.

MW **1** *fis.* megawatt. **2** Malawi.

MWh *fis.* megawattora.

Mx *fis.* maxwell.

MX (sp. *Compañia Mexicana*) Codice linee aeree messicane.

MXP Milano Malpensa (codice IATA).

Mz. *mar.* motozattera.

N **1** *fis.* newton | neper. **2** *chim.* azoto. **3** nero nel gioco degli scacchi. **4** Norvegia.

N. Nord.

N/1 *farm.* soluzione normale.

N/2 *farm.* soluzione normale mezza.

N/10 *farm.* soluzione decinormale.

n **1** numero. **2** nano-.

(n.) nota di richiami.

ν *fis.* Frequenza.

NA **1** Napoli. **2** Antille Olandesi.

Na *chim.* sodio.

NBO Nairobi (codice IATA).

NAD **1** (ingl. *Nicotinamide Adenin Dinucleotide*) Nicotinamide adenin dinucleotide. **2** Nucleo Anti--Droga.

N.A.D.A.S. Nuclei Aziendali D'Azione Sindacale, (nell'Italia fascista).

N.A.D.G.E. (ingl. *Nato Air Defense Ground Environment*) Difesa aerea dei territori Nato.

N.A.I. Navigazione Alta Italia.

NAP Napoli (codice IATA).

N.A.P. Nuclei Armati Proletari (di estrema sinistra).

N.A.R. Nuclei Armati Rivoluzionari (di estrema

destra).

N.A.S. *1* Nucleo Antisofisticazioni (dei Carabinieri). *2* Nucleo Aziendale Socialista.

NASA (ingl. *National Aeronautics and Space Administration*) Ente Aeronautico e Spaziale (negli USA).

N.A.T.O. (ingl. *North Atlantic Treaty Organization*) Organizzazione del Trattato Nord Atlantico = O.T.A.N.

Nb *chim.* niobio.

n.b. *1* nota bene. *2* nave da battaglia.

NBA (ingl. *National Basketball Association*) Associazione Nazionale di Basket.

N.B.C. *1* (ingl. *National Broadcasting Company*) Compagnia Nazionale di Radiodiffusione (negli Stati Uniti). *2* *mil.* (Istruzione) Nucleare, Batteriologica, Chimica.

N.C. *1* (ingl. *North Carolina*) Carolina del Nord. *2* (ingl. *News Service*) Servizio Notizie (negli USA).

N.C.C. Noleggio Con Conducente.

N.C.E.U. Nuovo Catasto Edilizio Urbano.

N.C.T. Nuovo Catasto Territoriale.

N.D. (lat. *Nobilis Domina*) nobildonna.

Nd *chim.* neodimio.

N.d.A. nota dell'autore.

N.Dak. (ingl. *North Dakota*) Dakota del Nord.

N.d.E. nota dell'editore.

N.d.R. nota della redazione.

N.d.T. nota del traduttore.

N.E. Nord-Est.

Ne *chim.* neo, neon.

Neb. Nebraska.

N.E.P. (russo *Nowaja Ekonomiceskaja Politika*) Nuova Politica Economica.

Nev. Nevada.

nF *fis.* nanofarad.

NGF (ingl. *Nerve Growth Factor*) Fattore di crescita delle cellule nervose.

N.G.I. *mar.* Navigazione Generale Italiana.

N.H. *1* (lat. *nobilis homo*) nobil uomo. *2* New Hampshire.

Ni *chim.* nichel.

NIC Nicaragua.

N.J. New Jersey.

N.K.V.D. (russo *Narodnyi Komissariat Vnutrennich Del*) Commissariato Nazionale degli Affari Interni.

NL Paesi Bassi.

NM nave a motore.

Nm numero metrico, titolo metrico dei filati.

nm *fis.* nanometro.

N.Mex. New Mexico.

N.M.R. (ingl. *Nuclear Magnetic Resonance*) *fis.* Risonanza Magnetica Nucleare = R.M.N.

NN *1* (lat. *nescio nomen*) di padre ignoto. *2* (lat. *nihil novi*) nessuna novità, niente di nuovo.

nn numeri.

n.n. non numerate.

N.N.E. nord-nord-est.

N.N.O. nord-nord-ovest.

NNW (ingl. *North-North West*) Nord-Nord Ovest.

NO Novara.

N.O. Nord-Ovest = N.W.

No *chim.* nobelio.

No. numero.

N.O.C.S. Nucleo Operativo Corpi Speciali (della Polizia di Stato).

N.O.E. Nucleo Operativo Ecologico (dei Carabinieri).

N.O.R.A.D. (ingl. *North American Aerospace Defense Command*) Comando di difesa aerospaziale del Nord America.

Np *1* *fis.* neper. *2* *chim.* nettunio.

N.P.A. nave portaerei.

N.P.D. (ted. *Nationaldemokratische Partei Deutschlands*) Partito Nazionaldemocratico della Germania.

N.R.E.M. (ingl. *No Rapid Eye Movements*) Senza movimenti rapidi degli occhi (fase del sonno).

N.R.F. (fr. *Nouvelle Revue Française*) Nuova Rivista Francese.

NS Nostro Signore.

ns. nostro.

N.S.G.C. Nostro Signore Gesù Cristo.

NSU (ted. *Neckarsulm*) fabbrica automobilistica (dalla città ove fu fondata).

N.T. *1* Nuovo Testamento. *2* non trasferibile.

n.t. note tipografiche.

Nta acido NitriloTriAcetico.

N.T.S.C. (ingl. *National Television System Committee*) Comitato Nazionale per la Televisione a colori statunitense.

NU Nuoro.

N.U. *1* Nazioni Unite = O.N.U., U.N.O. *2* Nettezza Urbana. *3* nobil uomo.

N.W. (ingl. *North-West*) Nord-Ovest = N.O.

N.Y. New York.

NYC New York (codice IATA).

N.Y.S.E. (ingl. *New York Stock Exchange*) Borsa valori di New York.

NZ Nuova Zelanda.

O *1* *chim.* ossigeno. *2* Ohio. *3* (ingl. *Outboard*) *mar.* Fuoribordo (in motonautica).

O. Ovest.

Ω *fis.* Ohm.

ω *fis.* Velocità angolare, pulsazione.

OA (ingl. *Olympic Airways*) Codice linee aeree greche.

O.A.C.I. (fr. *Organisation de l'Aviation Civile Internationale*) Organizzazione dell'Aviazione Civile Internazionale.

O.A.E.C. (ingl. *Organization of Asian Economic Co-operation*) Organizzazione per la Collaborazione Economica Asiatica.

OAMTC (ted. *Österreichische Automobil Motorrad und Touring Club*) Automobile Club austriaco.

O.A.S. *1* (fr. *Organisation Armée Secrète*) Organizzazione dell'Esercito Segreto, organizzazione di estrema destra. *2* (ingl. *Organization of the American States*) Organizzazione degli Stati del continente Americano = O.S.A.

OBB (ted. *Österreichische Bundesbahnen*) Ferrovie Federali Austriache.

Obbl. obbligazione.

obb.mo obbligatissimo.

OC onde corte.

O.C.C. Organizzazione per la Cooperazione Commerciale = O.T.C.

O.C.D.E. (fr. *Organisation de Coopération et de Développement Économique*) Organizzazione per la Cooperazione e lo Sviluppo Economico = O.C.S.E.

O.C.I.C. (fr. *Office Catholique International du Cinématographe*) Ufficio Cattolico Internazionale del Cinematografo.

O.C.R. (ingl. *Optical Character Recognition*) *elab.* Lettura Ottica di Caratteri.

O.C.S.E. Organizzazione per la Cooperazione e lo Sviluppo Economico.

O.D. (ingl. *Organization Development*) *org. az.* Sviluppo Organizzativo.

O.D.A. Opera Diocesana di Assistenza.

O.d.G. Ordine del Giorno.

Oe *fis.* oersted.

O.E.C.E. Organizzazione Europea per la Cooperazione Economica.

O.E.M. (ingl. *Original Equipment Manufacturer*) Azienda Trasformatrice di Apparecchiature Primarie.

O.F.M. Ordine dei Frati Minori.

O.F.M. Cap. Ordine dei Frati Minori Cappuccini.

O.F.M. Conv. Ordine dei Frati Minori Conventuali.

O.I.E. (fr. *Organisation Internationale des Employeurs*) Organizzazione Internazionale degli Imprenditori.

O.I.J. (fr. *Organisation Internationale des Journalistes*) Organizzazione Internazionale dei Giornalisti.

O.I.L. Organizzazione Internazionale del Lavoro = I.L.O.

O.I.P.C. Organizzazione Internazionale della Polizia Criminale.

O.I.R. Organizzazione Internazionale per i Rifugiati = I.R.O.

O.I.R.T. (fr. *Organisation Internationale de Radiodiffusion et Télévision*) Organizzazione Internazionale di Radiodiffusione e Televisione.

OK V. CSA (codice).

O.K. sigla americana che esprime accordo, asseverazione (spesso accompagnata da un caratteristico gesto ove il pollice forma un cerchio con l'indice lasciando le altre dita tese), probabilmente dal n. del comitato O(ld) K(inderhook Club) 'circolo democratico del vecchio Kinderhook' di Nuova York.

Okla. Oklahoma.

O.K.W. (ted. *Ober Kommando Wehrmacht*) Comando Supremo della Wehrmacht.

OL onde lunghe.

OLB Olbia (codice IATA).

O.L.P. Organizzazione per la Liberazione della Palestina.

OM *1* onde medie. *2* Officine Meccaniche. *3* Ospedale Militare. *4* *org. az.* Organizzazione e Metodi.

Ωm *fis.* ohmmetro.

O.M.M. Organizzazione Meteorologica Mondiale = W.M.O.

O.M.P.I. Organizzazione Mondiale della Proprietà Intellettuale.

O.M.R. Ordine al Merito della Repubblica.

O.M.S. Organizzazione Mondiale della Sanità = W.H.O.

On. Onorevole.

O.N.A.R.M.O. Opera Nazionale Assistenza Religiosa Morale Operai.

O.N.A.S. Ordine Nazionale Autori e Scrittori.

O.N.B. Opera Nazionale Balilla (nell'Italia fascista).

O.N.C. Opera Nazionale Combattenti.

O.N.D. Organizzazione Nazionale Dopolavoro (nell'Italia fascista).

O.N.I.G. Opera Nazionale per gli Invalidi di Guerra.

O.N.I.L. Opera Nazionale Inabili al Lavoro.

O.N.M.I. Opera Nazionale Maternità e Infanzia.

O.N.M.I.C. Opera Nazionale Mutilati e Invalidi Civili.

O.N.P.I. Opera Nazionale per i Pensionati d'Italia.

O.N.U. Organizzazione delle Nazioni Unite = U.N.O.

OO.MM. Opere Marittime.

OO.PP. Opere Pubbliche.

OO.RR. Ospedali Riuniti.

OO.SS. Organizzazioni Sindacali.

O.P. Ordine dei Frati Predicatori (Domenicani).

Op. *1* opera, in bibliografia. *2* (*mus.*) opera (con riferimento al catalogo delle composizioni).

OPA Offerta Pubblica di Acquisto.

op. cit. (lat. *opere citato*) opera citata.

O.P.E.C. (ingl. *Organization of Petroleum Exporting Countries*) Organizzazione dei Paesi Esportatori di Petrolio.

OR Oristano.

O.R. (ingl. *Operational Research*) ricerca operativa = RO.

Oreg. Oregon.

O.R.L. *med.* Otorinolaringoiatria.

O.R.T.F. (fr. *Organisation Radio Télévision Française*) Organizzazione della radiotelevisione francese.

OS *1* (ingl. *Operating System*) *elab.* Sistema Operativo. *2* (ingl. *Austrian Airlines*) Codice linee aeree austriache.

Os *chim.* osmio.

O.S.B. (lat. *Ordo Sancti Benedicti*) Ordine dei Benedettini Confederati.

O.S.C.A. Officine Specializzate Costruzioni

Automobili.

OSL Oslo (codice IATA).

O.T.C. (ingl. *Organization for Trade Cooperation*) Organizzazione per la Cooperazione Commerciale = O.C.C.

O.V.N.I. Oggetti volanti non identificati = UFO.

O.V.R.A. Opera Vigilanza Repressione Antifascismo (nell'Italia fascista).

oz (ingl. *ounce*) oncia.

OZNA (sl. *Odelenje Zastite Naroda*) Sezione per la Difesa del Popolo (Polizia segreta jugoslava).

ozt (ingl. *ounce troy*) oncia, nel sistema troy.

P ***1*** Papa. ***2*** *fis.* potenza | piano | permeanza | poise | peso. ***3*** *chim.* fosforo. ***4*** posteggio. ***5*** Portogallo. ***6*** peta-. ***7*** *mar.* Canotto Pneumatico (in motonautica). ***8*** Privatista (contrassegno per autoveicoli per esercizio di guida).

P. punta, passo nelle carte geografiche.

p ***1*** pico- | Quantità di moto. ***2*** *chim.* piro-. ***3*** *mus.* piano.

p. pagina.

3P Produrre, Progredire, Provare (associazione di imprenditori agricoli).

P2 Propaganda 2 (loggia massonica).

P38 (ted. *Pistole 1938*) *mil.* Pistola 1938.

P.A. ***1*** Pubblica Amministrazione. ***2*** *cine.* piano americano. ***3*** Patto Atlantico.

PA ***1*** Palermo. ***2*** Panama. ***3*** *chim.* Poliammide.

P/A polizza aerea.

Pa ***1*** *chim.* protoattinio. ***2*** Pennsylvania. ***3*** *fis.* pascal.

pA peso atomico.

p.a. per auguri.

P.A.A. V. PAN AM (codice).

P.A.I. ***1*** (fr. *Parti Africain de l'Indépendance*) Partito Africano d'Indipendenza. ***2*** Polizia Africa Italiana.

PAK Pakistan.

P.A.L. (ingl. *Phase Alternation* o *Alternating Line*) *tv.* alternazione di fase da riga a riga.

Pal. palude, nelle carte geografiche.

PAM Più A Meno.

P.A.N. Pattuglia Acrobatica Nazionale (italiana).

PAN AM (ingl. *Pan American World Airways*) Linee Aeree Americane per Tutti i Continenti = P.A.A.

P.A.P. (pol. *Polska Agencja Prasowa*) Agenzia di Stampa Polacca.

par. paragrafo.

Pass. passaporto.

p/ass. porto assegnato.

P.A.U. (ingl. *Pan-American Union*) Unione Pan-Americana.

Pb *chim.* piombo.

PC ***1*** Piacenza. ***2*** Personal Computer. ***3*** *chim.* Policarbonato.

P.C. polizza di carico.

pc *fis.* parsec.

p.c. per congedo | per condoglianze | per conoscenza.

p/c per conto.

pcb *chim.* policloruro bifenile.

p.c.c. per copia conforme.

P.C.F. (fr. *Parti Communiste Français*) Partito Comunista Francese.

P.C.I. Partito Comunista Italiano.

P.C.M. (ingl. *Pulse Code Modulation*) *elettron.* Modulazione a Impulsi Codificati.

P.co picco, nelle carte geografiche.

P.C.P. (ingl. *Pentachlorophenol*) *chim.* pentaclorofenolo.

P.C.U.S. Partito Comunista dell'Unione Sovietica.

PD Padova.

P.D. *rag.* partita doppia.

Pd *chim.* palladio.

P. d'A. Partito d'Azione.

P.D.A. (ingl. *Personal Digital Assistant*) Assistente Personale Digitale.

P.D.I.U.M. Partito Democratico Italiano di Unità Monarchica.

P.D.S. Partito Democratico della Sinistra.

PdUP Partito di Unità Proletaria per il comunismo.

PE ***1*** Pescara. ***2*** Perù. ***3*** Parlamento Europeo. ***4*** Polietilene (materiale per contenitori alimentari).

PEEP Piano Edilizia Economica Popolare.

PEG Perugia (codice IATA).

P.E.N. ***1*** (ingl. *Poets, Playwrights editors, Editors, Essaysts and Novelists*), Poeti, Commediografi, Editori, Saggisti e Romanzieri (associazione internazionale di). ***2*** Piano Energetico Nazionale.

Pen. penisola, nelle carte geografiche.

per o/ e c/ per ordine e conto.

P.E.R.T. (ingl. *Program Evaluation and Review Technique*) *org. az.* Tecnica di Valutazione e Revisione dei Programmi.

p. es. per esempio.

PET ***1*** (ingl. *Positron Emission Tomography*) *med.* Tomografia a Emissione di Positroni = TEP. ***2*** Polietilentereftalato (materiale per contenitori alimentari).

P.E.X. (ingl. *Purchase EXcursion*) Tariffa aerea scontata (biglietto a/r con data prefissata acquistato alla prenotazione).

P.F. punti franchi.

P.F. ***1*** *comm.* prossimo futuro. ***2*** per favore.

pF *fis.* picofarad.

p/fo piroscafo.

P.F.R. Partito Fascista Repubblicano.

PG Perugia.

P.G. Procuratore Generale.

p.g.r. per grazia ricevuta.

pH (ted. *Potenz Hydrogen*), *chim.* Indice dell'acidità o alcalinità di una soluzione acquosa, espressa come l'esponente cambiato di segno della concentrazione degli ioni positivi idrogeno, in grammoioni per litro.

ph *fis.* phon | phot.

pk peck (misura inglese di capacità).

Pl ***1*** Pisa. ***2*** Filippine. ***3*** Poliaccoppiato (materiale per contenitori alimentari).

P.I. ***1*** Pubblica Istruzione. ***2*** Pubblico Impiego.

p.i. perito industriale.

P.I.A. (ingl. *Pakistan International Airlines*) Linee Aeree Internazionali Pakistane.

P.I.L. Prodotto Interno Lordo.

P.I.M.E. Pontificio Istituto Missioni Estere.

P.I.N. ***1*** prodotto interno netto. ***2*** *mar.* Preminente Interesse Nazionale (Linee di navigazione di). ***3*** (ingl. *Personal Identification Number*) Numero di codice di identificazione personale.

P.I.post servizio di Postacelere Interna.

PL Polonia.

P.L. ***1*** prodotto lordo. ***2*** Prima Linea (organizzazione terroristica).

pl (ingl. *pole*) pertica, misura di lunghezza.

P.L.I. Partito Liberale Italiano.

P.M. ***1*** Pubblico Ministero. ***2*** Pontefice Massimo. ***3*** Posta Militare. ***4*** Polizia Militare. ***5*** *cine.* piano medio. ***6*** (ingl. *Phase Modulation*) *fis.* modulazione di fase. ***7*** (ingl. *Product Manager*) Responsabile marketing.

Pm *chim.* prometeo.

pM peso molecolare.

PMMA *chim.* Polimetilmetacrilato.

PMO Palermo (codice IATA).

P.M.P. Partito Monarchico Popolare.

PN Pordenone.

Pn punta, nelle carte geografiche.

P.N.F. Partito Nazionale Fascista.

PNG Papua-Nuova Guinea.

PNL Pantelleria (codice IATA).

P.N.L. prodotto nazionale lordo.

P.N.M. Partito Nazionale Monarchico.

P.N.N. prodotto nazionale netto.

PO Prato.

P.O. ***1*** posta ordinaria. ***2*** *sport* pre-olimpionici. ***3*** (ingl. *Postal Order*) vaglia postale. ***4*** Potere Operaio.

Po *chim.* polonio | *fis.* poise.

P.O.A. Pontificia Opera Assistenza.

POLFEM Polizia Femminile.

POLFER Polizia Ferroviaria.

POLSTRADA Polizia Stradale.

P.O.S. (ingl. *Point Of Sale*) Punto di vendita.

Postel servizio di Posta Elettronica.

POTOP Potere Operaio.

PP Polipropilene (materiale per contenitori alimentari).

PP. (lat. *posuerunt*) posero, nelle iscrizioni latine.

P.P. ***1*** *cine.* primo piano. ***2*** (ingl. *push-pull*) *fis.* controfase. ***3*** profitti e perdite. ***4*** (lat. *Pater Patrum*) Padre dei Padri nella firma papale.

p.p. ***1*** pacco postale. ***2*** per procura.

pp. ***1*** pagine. ***2*** *mus.* pianissimo.

P.P.I. (ingl. *Plan Position Indicator*) Indicatore Panoramico (sistema radar).

p.p.m. parti per milione.

pp.nn. pagine non numerate.

PPP *cine.* primissimo piano.

ppp *mus.* pianissimo.

PP.SS. Partecipazioni Statali.

P.P.T. Presidio Psichiatrico Territoriale.

PP.TT. Poste e Telecomunicazioni (Ministero delle).

PQ primo quarto (di luna).

P.Q.M. *dir.* per questi motivi.

PR Parma.

P.R. ***1*** Partito Radicale. ***2*** (ingl. *public relations*) pubbliche relazioni. ***3*** Procuratore della Repubblica. ***4*** Piano Regolatore. ***5*** Per Ringraziamento.

Pr ***1*** *chim.* praseodimio. ***2*** *fis.* priestley.

pr. *borsa* privilegiato.

P.R.A. Pubblico Registro Automobilistico.

pref. *borsa* preferenziale.

Preg. ***1*** pregiatissimo. ***2*** pregiata.

PRG Praga (codice IATA).

P.R.G. Piano Regolatore Generale.

P.R.I. Partito Repubblicano Italiano.

P.R.M. (ingl. *Public Relations Man*) Addetto alle Pubbliche Relazioni.

Proc. Gen. Procuratore Generale.

Prof. Professore.

Prof.ssa Professoressa.

Prov. provincia, nelle carte geografiche.

PS ***1*** Pesaro. ***2*** Polistirene (materiale per contenitori alimentari).

P.S. ***1*** Pubblica Sicurezza, Polizia di Stato. ***2*** postscriptum. ***3*** partita semplice. ***4*** prodotto sociale. ***5*** *fis.* Protosincrotrone.

PSA Pisa (codice IATA).

P.S.d'A. Partito Sardo d'Azione.

P.S.D.I. Partito Socialista Democratico Italiano.

P.S.I. Partito Socialista Italiano.

P.S.I.U.P. Partito Socialista Italiano di Unità Proletaria.

P.S.O.E. (sp. *Partido Socialista Obrero Español*) Partito socialista spagnolo.

PSR Pescara (codice IATA).

P.S.S.C. (ingl. *Physical Science Study Committee*) Comitato per lo Studio della Scienza Fisica.

P.S.U. Partito Socialista Unificato | Partito Socialista Unitario.

PT ***1*** Pistoia. ***2*** Poliestruso (materiale per contenitori alimentari).

P.T. ***1*** posta e telegrafi. ***2*** Polizia Tributaria. ***3*** Piccolo Teatro.

Pt *chim.* platino.

pt (ingl. *pint*) pinta.

Pta punta, nelle carte geografiche.

PTFE *chim.* Politetrafluoroetilene.

PTN Malaysia.

P.T.P. Posto Telefonico Pubblico.

Pu *chim.* plutonio.

P.U.F. (fr. *Presse Universitaire de France*)

Stampa Universitaria Francese.

PULSAR (ingl. *Pulsating Star*) *astron.* Stella Pulsante.

PV Pavia.

P.V. piccola velocità.

p.v., p/v prossimo venturo.

PVC (ingl. *polyvinyl cloride*) cloruro di polivinile, polivinilcloruro (usata anche sui contenitori alimentari).

PY Paraguay.

PZ Potenza.

Pzo pizzo, nelle carte geografiche.

Q *1 fis.* quantità di elettricità | quantità di calore | fattore di merito. *2* (ingl. *Queen*) regina, nelle carte da poker e ramino.

q *1* quintale. *2 fis.* quantità di elettricità. *3* (lat. *que*) che, in paleografia. *4* Quota.

QANTAS (ingl. *Queensland And Northern Territory Aerial Services*) Linee aeree australiane.

qb *farm.* quanto basta.

QBFFFS (lat. *Quod bonum faustum felix fortunatumque sit*) perché sia buono fausto felice e fortunato, nelle iscrizioni latine.

qed (lat. *quod erat demonstrandum*) ciò che era da dimostrare.

QF V. QANTAS (codice).

Q.G. Quartier Generale.

Q.I. (ingl. *Intelligence Quotient*), quoziente d'intelligenza = I.Q.

quad. quaderno.

QUASAR (ingl. *Quasi Star*) (Oggetto) Simile a una Stella.

4 × 4 *autom.* quattro ruote motrici.

4WD (ingl. *Four Wheel Drive*) *autom.* quattro ruote motrici.

q.v. (lat. *quod vide*) vedi (nei rimandi).

R *1* Romania. *2 fis.* resistenza elettrica. *3* (ingl. *Racer*) *mar.* Entrobordo Corsa (in motonautica).

R. *1* regio | reale. *2* raccomandata. *3 ferr.*, rapido. *4* re, nel gioco degli scacchi.

°R *fis.* grado Rankine.

r *1* recto. *2 mat.* raggio.

ρ *fis.* resistività elettrica.

RA *1* Ravenna. *2* Argentina.

R.A. Ritenuta d'Acconto.

Ra *chim.* radio.

racc. raccomandata.

rad *mat.* radiante.

RADAR (ingl. *Radio Detecting and Ranging*), Radiorivelatore e misuratore di distanza.

rad. mess. radiomessaggi.

R.A.F. *1* (ingl. *Royal Air Force*) Reale Aviazione Militare, in Inghilterra. *2 fis.* regolazione automatica di frequenza. *3* (ted. *Rote Armee Fraktion*) Frazione dell'Armata Rossa (organizzazione terroristica tedesca).

Rag. Ragioniere.

R.A.I. *1* Radio Audizioni Italiane, ora RAI-TV. *2* Registro Aeronautico Italiano.

RAI-TV Radio televisione italiana (V. anche R.A.I.).

RAM *1* (ingl. *Random Access Memory*) *elab.* memoria ad accesso casuale. *2* ridotte attitudini militari.

R.A.S. *1* Riunione Adriatica di Sicurtà. *2* Rappresentanze Aziendali Sindacali.

R.A.U. Repubblica Araba Unita.

RB Botswana.

Rb *chim.* rubidio.

R.b.d.s. (ingl. *Radio broadcast data system*) Sistema di radiotrasmissione di dati.

RC *1 fis.* resistenza-capacità. *2* Reggio Calabria. *3* Taiwan (Formosa, Repubblica Nazionale della Cina).

R.C. Responsabilità Civile.

RCA Repubblica Centrafricana.

R.C.A. *1* responsabilità civile autoveicoli. *2* (ingl. *Radio Corporation of America*) Società Americana per la Radio-diffusione.

RCB Congo.

RCH Cile.

R.D. regio decreto.

RD Avianova (linee aeree) codice.

Rd *mat.* radiante.

R.D.L. regio decreto legge o legislativo.

R.D.S. (ingl. *Radio Data System*) Sistema di radio(trasmissione) di dati.

R.D.T. Repubblica Democratica Tedesca.

R/E ricavo effetti.

RE Reggio Emilia.

Re *1 chim.* renio. *2 mat.* parte reale.

REG Reggio Calabria (codice IATA).

Reg. regolamento.

Regol. regolamento.

REM (ingl. *Rapid Eye Movements*) Movimenti rapidi degli occhi (fase del sonno).

Rev. Reverendo.

RF *fis.* radio frequenza.

R.F.T. Repubblica Federale Tedesca.

RG *1* Ragusa. *2* V. VARIG (codice).

RH Haiti.

Rh *1 chim.* rodio. *2 biol., fisiol.* deriv. da Macacus *Rhesus*, fattore antigene del sangue umano.

RI *1* Rhode Island. *2 mar.* registro italiano. *3* Indonesia. *4* Rieti.

R.I. *1* Rendita italiana. *2* Repubblica Italiana.

RIM Mauritania.

R.I.Na. Registro Italiano Navale.

RIO Rio de Janeiro (codice IATA).

R.I.P. (lat. *Requiescat* o *Requiescant in pace*) riposi o riposino in pace.

risp. risparmio, risparmiatore.

rist. *edit.* ristampa.

R.I.V. Regolamento Internazionale Veicoli.

RIV-SKF Roberto Incerti Villar(Perosa)-Svenska KullagerFabriken.

RKO *cine.* ingl. Radio Keith Orpheum corporation.

RL Libano.

R-L *fis.* resistenza e induttanza.

R-L-C *fis.* resistenza, induttanza e capacità.

RM *1* Roma. *2* Madagascar.

R.M. ricchezza mobile.

RMI *1* (ingl. *Radio Magnetic Indicator*) *fis.* Indicatore radiomagnetico. *2* Rimini (codice IATA).

RMM Mali.

R.M.N. *fis.* Risonanza Magnetica Nucleare = N.M.R.

RN *1* Rimini. *2* Niger.

Rn *chim.* radon.

R.N.A. (ingl. *Ribonucleic Acid*) *biol.* acido ribonucleico.

RO *1* Rovigo. *2* Romania. *3* ricerca operativa.

R.O.C. Registratore Obbligatorio di Cassa.

R.O.F. Ricevuta Obbligatoria Fiscale.

R.O.I. (ingl. *Return Of Investment*) *econ.* Redditività di un investimento.

ROK Corea del Sud.

ROLO Credito ROmagnoLO.

ROM *1* (ingl. *Read Only Memory*) *elab.* memoria a sola lettura. *2* Roma (codice IATA).

R.O.S. Raggruppamento Operativo Speciale.

rot *fis.* rotore, rotazionale = curl.

ROU Uruguay.

RP *1* relazioni pubbliche. *2 chim.* reagente puro. *3* riservata personale. *4* Filippine.

RPG (ingl. *Report Program Generator*) *elab.* Generatore di Tabulati.

R.P.V. (ingl. *Remotely Piloted Vehicle*) *aer.* Veicolo Pilotato a Distanza.

R.R. ricevuta di ritorno.

Rrr raccomandata con ricevuta di ritorno.

R.S.A. Rappresentanza Sindacale Aziendale.

R.S.I. Repubblica Sociale Italiana.

R.S.M. Repubblica di San Marino.

R.S.U. Rappresentanze Sindacali Unitarie.

RSVP (fr. *Répondez S'il Vous Plaît*) Si Prega di Rispondere (spec. nei biglietti d'invito).

R/T radiotelegrafia.

RU Burundi.

R.U. *1* Regno Unito. *2* relazioni umane = H.R.

Ru *chim.* rutenio.

R.V.M. *tv.* Registrazione Video-Magnetica.

RWA Ruanda.

S *1 chim.* zolfo. *2 fis.* siemens | entropia. *3 mat.* superficie. *4* Svezia. *5 mus.* solo. *6* (ingl. *Sport*) *mar.* Entro o Fuoribordo (in motonautica). *7* (ingl. *Small*) Taglia piccola.

S. *1* sud. *2* sierra, nelle carte geografiche.

s *fis.* secondo.

s. seguente.

SA *1* Salerno. *2* Arabia Saudita. *3* V. S.A.A. (codice).

S.A. *1* Società Anonima. *2* (ted. *SturmAbteilungen*) Formazioni d'assalto (naziste). *3* (ingl. *Salvation Army*) esercito della salvezza. *4* Sua Altezza.

s.a. (lat. *sine anno*) Senza Anno, detto delle opere sulle quali non è indicato l'anno di stampa.

S.A.A. (ingl. *South African Airways*) Linee Aeree Sudafricane.

S.A.A.B. (sved. *Svenska Aeroplan Aktie--Bolaget*) Società Svedese per la Costruzione di Aeroplani e Automobili.

S.A.B.E.N.A. (fr. *Société Anonyme Belge d'Exploitation de la Navigation Aérienne*) Società Anonima Belga per l'Esercizio della Navigazione Aerea.

SABMIS (ingl. *Sea-based Antibalistic Missile Intercept System*) Sistema di Intercettazione di Missili Balistici da Postazioni in mare.

S.A.C. (ingl. *Strategic Air Command*) Comando Strategico Aereo.

S.acc. Società in Accomandita.

S.acc.p.a. Società in Accomandita per Azioni.

S.A.D.E. Società Adriatica Di Elettricità.

S.A.F. (ingl. *Strategic Air Force*) Forza Aerea Strategica.

S.A.F.F.A. Società Anonima Fabbriche Fiammiferi e Affini.

S.A.I. *1* Società Assicuratrice Industriale. *2* Società Attori Italiani.

S.A.I.E. Salone Internazionale dell'Industrializzazione Edilizia.

SAIT Salone Abbigliamento Italiano.

S.A.L.T. *1* (ingl. *Strategic Arms Limitation Talks* o *Treaty*) Trattative per la Limitazione delle Armi Strategiche. *2* Società Autostrada Ligure Toscana.

S.A.M. *1* Società Aerea Mediterranea. *2* Squadre d'Azione Mussolini. *3* (ingl. *Surface-to-Air Missile*) Missile Superficie-Aria. *4 chim.* Adenosilmetionina.

S.A.M.A. *aer.* Sistema Antincendio Modulare Aviotrasportato.

SAMIA Salone Mercato Internazionale dell'Abbigliamento.

SA.MO.TER. Salone Movimento Terra.

SAO San Paolo (codice IATA).

S.A.P. Squadra d'Azione Patriottica.

S.A.R. Sua Altezza Reale.

S.A.R.O.M. Società Azionaria Raffinazione Olii Minerali.

S.A.S. *1* Servizio Assistenza Stradale. *2* (ingl. *Scandinavian Airlines System*) Compagnia aerea scandinava.

S.A.S.M.I. Sindacato Autonomo Scuola Media Italiana.

S.A.T. Società Alpinisti Tridentini.

S.A.U.B. Struttura Amministrativa Unificata di Base.

SAUDIA Linee aeree saudite.

S.A.U.F.I. Sindacato Autonomo Unificato Ferrovieri Italiani.

S.A.U.I. Struttura Amministrativa Unificata Intermedia.

S.A.U.R. Struttura Amministrativa Unificata Regionale.

Sb *chim.* antimonio.

sb *fis.* stilb.

S.B.E. Silvio Berlusconi Editore.
s.b.f. salvo buon fine.
S.B.G. (ted. *Schweizerische Bankgesellschaft*) Unione delle Banche Svizzere = U.B.S.
S.C. *1* Sacro Collegio | Sacro Cuore | Sacra Congregazione. *2* Stato Civile. *3* Suprema Corte (di Cassazione). *4* South Carolina.
Sc *1 chim.* scandio. *2* sconto commerciale.
sc. scena.
S.C.A.U. Servizio Contributi Agricoli Unificati.
S.C.I. Servizio Civile Internazionale.
SCL Santiago (codice IATA).
S.C.R. (ingl. *Silicon Controlled Rectifier*) *elettron.* Raddrizzatore Controllato al Silicio; Tiristore = S.C.S.
S.C.S. *1* (ingl. *Silicon Controlled Switch*) *elettron.* Interruttore Controllato al Silicio; Tiristore = S.C.R. *2* (ingl. *Stop Control System*) Sistema di Controllo dell'Arresto.
S.C.V. Stato della Città del Vaticano (sigla automobilistica).
SD Swaziland.
S.D. *1* (ingl. *Sudan Airways*) Linee Aeree Sudanesi. *2* (ted. *Sicherheits Dienst*) Servizio di Sicurezza (nazista).
s.d. senza data.
S.D.A. *1* (ted. *Schweizer Depeschen Agentur*) Agenzia Telegrafica Svizzera. *2* Scuola di Direzione Aziendale.
S.Dak. South Dakota.
S.D.E.C.E. (fr. *Service de Documentation Extérieure et de Contre-Espionnage*) Servizio di Documentazione Estera e Controspionaggio in Francia.
S.d.f. Società di fatto.
S.D.N. Società delle Nazioni.
S.D.P. (ted. *Sozial Demokratische Partei*) Partito Socialdemocratico della Germania Federale.
SDQ Santo Domingo (codice IATA).
S.D.R. (ingl. *Special Drawing Rights*) Diritti Speciali di Prelievo.
S.E. *1* Sud Est. *2* Sua Eccellenza. *3* Sua Eminenza.
Se *chim.* selenio.
s.e. senza editore.
S.E.A. Società Esercizi Aeroportuali.
S.E.A.T. Società Elenchi Ufficiali degli Abbonati al Telefono.
S.E.A.T.O. (ingl. *South East Asia Treaty Organization*) Organizzazione del Trattato per l'Asia Sud-Orientale.
sec *mat.* secante | secolo | secondo.
SECAM (fr. *Séquentiel à Memoire*) *tv.* sequenziale a memoria.
S.E.D. (ted. *Sozialistische Einheitspartei Deutschlands*) Partito Unitario Socialista della Germania (della Repubblica Democratica Tedesca).
S.E.D.I. Società Editrice dei Documentari Italiani.
S.E.eO. salvo errori e omissioni, nelle fatture.
seg. seguente.
S.E.I. Società Editrice Internazionale.
SEL Seoul (codice IATA).
S.Em. Sua Eminenza.
sen *mat.* seno.
senh *mat.* seno iperbolico.
S.E.T. Società Esercizi Telefonici.
S.E.T.A.F. (ingl. *Southern European Task American Force*) Unità Operativa Americana del Sud Europa.
Sez. *mat.* sezione.
sez. sezione, in bibliografia.
SF Finlandia.
sf *mus.* sforzando, nelle didascalie.
S.F.I.O. (fr. *Section Française de l'Internationale Ouvrière*) Sezione Francese dell'Internazionale Operaia, antico nome del Partito socialista francese.
S.G. Sua Grazia.
sg. seguente.
S.G.E.S. Società Generale Esercizi Siciliani.
S.G.M. Sue Gentili (o Graziose) Mani.
S.G.O.T. (ingl. *Serum Glutamic Oxaloacetic Transaminase*) *med.* Transaminasi glutammico-ossalacetica.
SGP Singapore.
sh. (ingl. *shilling*) scellino.
S.H.A.P.E. (ingl. *Supreme Headquarters Allied Powers in Europe*) Supremo Quartier Generale delle Potenze Alleate in Europa.
S.H.F. (ingl. *Super High Frequency*) *fis.* frequenza superelevata.
SI *1* Siena. *2* Sistema Internazionale (di unità di pesi e misure).
S.I. Stazza Internazionale.
Si *chim.* silicio.
S.I.A. *1* Sindacato Italiano Artisti. *2* Salone Internazionale dell'Alimentazione.
S.I.A.D. Salone Internazionale delle Arti Domestiche.
S.I.A.E. Società Italiana Autori ed Editori.
S.I.A.S. Sindacato Italiano Autori e Scrittori.
S.I.C.A.V. *econ.* Società d'Investimento a CApitale Variabile.
S.I.C.O.F. Salone Internazionale Cine Foto Ottica e Audiovisivi.
S.I.D. Servizio Informazioni Difesa.
S.I.D.A. *1* Sindacato Italiano Dottori Agrari. *2* Sindacato Italiano Lavoratori dell'Automobile.
SIDARMA Società Italiana di Armamento.
S.I.D.M. Società Italiana Di Musicologia.
S.I.E.C.A. Sindacato Italiano Editori Compositori Autori.
S.I.F. *1* Società Italiana di Fisica. *2* Società Internazionale di Finanziamento. *3* Stabilimento Italiano Farmaceutico.
SIFAR Servizio Informazioni Forze Armate.
Sig. signor.
Sigg. signori.
Sig.na signorina.
Sig.ra signora.
S.L.I. Società di Linguistica Italiana.
S.I.L.P. Sindacato Italiano Lavoratori Postelegrafonici.
S.I.M. *1* Società Internazionale di Musicologia. *2* Servizio Informazioni Militari. *3* Società d'Intermediazione Mobiliare.
S.I.M.A. Salone Internazionale delle Macchine e Attrezzature per l'Abbigliamento.
S.I.M.C.A. (fr. *Société Industrielle de Mécanique et Carrosserie Automobile*) Società Industriale di Meccanica e Carrozzeria Automobilistica.
SIN Singapore (codice IATA).
sin *1* sinistra. *2 mat.* seno.
sinh *mat.* seno iperbolico.
S.I.O. V. SIOSSIGENO.
SIOA Salone dell'Informatica, della Telematica e della Organizzazione Aziendale.
S.I.O.S. Servizio Informazioni e Operazioni Segrete.
SIOSSIGENO Società per l'Industria dell'Ossigeno e altri Gas = S.I.O.
S.I.P. *1* Società italiana per l'esercizio telefonico (già Società Idroelettrica Piemonte). *2* Sindacato Italiano Periti. *3* Società Italiana di Parapsicologia. *4* Società Italiana di Pediatria.
S.I.P.A.C. Sindacato Italiano Piloti Aviazione Civile.
S.I.P.E. Società Italiana Prodotti Esplosivi.
S.I.P.R.A. Società Italiana Pubblicità per Azioni (già Società Italiana Pubblicità Radiofonica).
S.I.R. *1* Società Italiana Resine. *2* Salone Internazionale del Regalo.
SIREMAR Sicilia Regionale Marittima.
S.I.S.A.L. Sport Italia Società A responsabilità Limitata.
S.I.S. Servizio Informazioni Sicurezza.
S.I.S.D.E. Servizio per l'Informazione e la Sicurezza Democratica.
SISMI Servizio per l'Informazione e la Sicurezza Militari.
S.I.T.A.M. Società Italiana Trasporti Aerei Merci.
S.I.U.L.P. Sindacato Unitario dei Lavoratori di Polizia.
S.J. (lat. *Societas Jesus*) Compagnia di Gesù (Gesuiti) = C.d.G.
SK V. S.A.S. (codice).
Sk *fis.* stoke.
s.l. *1 sport* stile libero. *2* senza luogo, in bibliografia.
s.l.m. sul livello del mare.
s.l.n.d. senza luogo né data.
S.M. *1* Stato Maggiore. *2* Sua Maestà.
Sm *chim.* samario.
S.M.A. Scuola Militare Alpina.
S.M.A.L. Servizio Medicina Ambiente Lavoro.
SMAU Salone Internazionale Sistemi per l'Informatica, Macchine, Arredamento Ufficio.
S.M.C. Servizio Militare Compiuto.
SME Suriname.
S.M.E. *1* Società Meridionale Finanziaria (già Società Meridionale di Elettricità). *2* Stato Maggiore Esercito. *3* Sistema Monetario Europeo.
S.M.G. Stato Maggiore Generale.
S.M.I. *1* Società Metallurgica Italiana. *2* Sua Maestà Imperiale.
S.M.O.M. Sovrano Militare Ordine di Malta.
SN *1* Senegal. *2* V. S.A.B.E.N.A.
S/N (ingl. *Signal Noise*) *fis.* Segnale / Rumore.
Sn *chim.* stagno.
s.n. senza numero, in bibliografia.
SNAM Società Nazionale Metanodotti.
s.n.c. società in nome collettivo.
S.N.C.F. (fr. *Société Nationale des Chemins de Fer Français*) Società Nazionale delle Ferrovie Francesi.
S.N.I.A. Società di Navigazione Italo-Americana.
S.N.I.A. (**Viscosa**) Società Nazionale Industria Applicazioni (Viscosa).
S.N.A.L.S. Sindacato Nazionale Autonomo Lavoratori della Scuola.
s.n.t. senza note tipografiche.
SO Sondrio.
S.O. Sud Ovest = S.W.
Soc. società.
SOCOF Sovrimposta Comunale (sul reddito) dei Fabbricati.
SOGEME Società Gestione Mense.
S.O.I. Società Oleodotti Italiani.
SONAR (ingl. *Sound Navigation and Ranging*) Navigazione e misurazione per mezzo del suono.
sopr. soprastampa.
soprast. soprastampato.
S.O.S. segnale internazionale di pericolo variamente interpretato: (ingl. *Save our Souls*) salvate le nostre anime; (ingl. *Save our Ship*) salvate la nostra nave; (ingl. *Save our Sailors*) salvate i nostri marinai; (ingl. *Stop other Signals*) sospendete altri segnali. In realtà il segnale consiste in un gruppo dell'alfabeto Morse senza alcun riferimento a frase particolare, scelto per la chiarezza di trasmissione.
sost. *mus.* sostenuto.
SP La Spezia.
S.P. *1* Santo Padre. *2* strada provinciale. *3* spese.
S.p.A. Società per Azioni.
S.P.D. (ted. *Sozialistische Partei Deutschlands*) Partito Socialdemocratico Tedesco.
S.P.E. *1* servizio permanente effettivo. *2* Società Pubblicità Editoriale.
S.P.E.S. Servizio Propaganda e Stampa (della Democrazia Cristiana).
Spett. spettabile.
S.P.G.M. Sue Proprie Gentili Mani.
S.P.I. Società per la Pubblicità in Italia.
S.P.M. sue proprie mani.
S.P.P.R. Sindacato Presidi e Professori di Ruolo.
S.P.Q.R. (lat. *Senatus Populusque Romanus*) Il Senato e il Popolo di Roma.
SPS (ingl. *Solar Power Satellite*) Satellite Solare di Potenza.
SQ (ingl. *Singapore Airlines*) Linee aeree di

Singapore (codice).
sq (ingl. *square*) quadrato.
SR *1* Siracusa. *2* (ingl. *Swissair*) Linee aeree svizzere (codice).
Sr *1 chim.* stronzio. *2* sconto razionale.
sr *mat.* steradiante.
Sra sierra, nelle carte geografiche.
S.R.A.M. (amer. *Short Range Attack Missile*) Missile d'attacco a gittata corta.
S.R.C. Santa Romana Chiesa.
S.R.I. Sacro Romano Impero.
S.r.l. Società a responsabilità limitata.
S.R.M. Sue Riverite Mani.
SS Sassari.
S.S. *1* Sua Santità | Santa Sede | Santi | Santissimo. *2* (ted. *SchutzStaffeln*) Squadre di sicurezza (naziste). *3* Strada Statale.
S/S, s/s (ingl. *Steamship*) Nave a vapore.
ss. seguenti, in bibliografia.
SSB (ingl. *Single-SideBand*) Banda laterale unica.
S.S.B.S. (fr. *Sol-Sol Balistique Stratégique*) Missile terra-terra balistico strategico.
S.S.E. sud-sud-est.
S.S.K. (ingl. *Submarine Submarine Killer*) Sommergibile Distruggitore di Sommergibile.
S.S.L.P. (fr. *Sol-Sol Longue Portée*) Missile terra-terra di lunga distanza.
S.S.N. Servizio Sanitario Nazionale.
S.S.O. sud-sud-ovest.
S.S.R. (ingl. *Secondary Surveillance Radar*) Radar secondario.
SS.RR. Sezioni Riunite (della Corte di Cassazione).
SSSR V. URSS.
STANDA Società Tutti Articoli Nazionali dell'Arredamento e Abbigliamento.
S.T.A.R.T. (ingl. *Strategic Arms Reduction Talks*) Trattative per la riduzione delle armi strategiche.
st. civ. stato civile.
STET Società Finanziaria Telefonica.
Stim. stimata.
Stim.ma stimatissima.
S.T.I.P.E.L. Società Telefonica Interregionale Piemontese e Lombarda.
STO Stoccolma (codice IATA).
S.T.O.L. (ingl. *Short Takeoff and Landing*) Decollo e atterraggio corti.
str *1 mat.* sterangolo, steradiante. *2* stretto, nelle carte geografiche.
SU V. AEROFLOT.
S.U.A. Stati Uniti d'America = U.S.A.
SUF Lamezia Terme (codice IATA).
S.U.N.I.A. Sindacato Unitario Nazionale Inquilini e Assegnatari.
sup. superiore.
suppl. supplemento, in bibliografia.
SV *1* Savona. *2* V. SAUDIA (codice).
S.V. Signoria Vostra.
Sv *fis.* sievert.
sv *1 mus.* sottovoce. *2* (lat. *sub voce*) sotto (la) voce, in rinvii a dizionari, enciclopedie e sim.
S.V.I. Signoria Vostra Illustrissima.
SVIMEZ Associazione per lo Sviluppo dell'Industria nel Mezzogiorno.
S.V.P. (ted. *Südtiroler VolksPartei*) Partito Popolare Sud Tirolese.
S.W. *1* (ingl. *South West*) Sud-Ovest = S.O. *2 elab.* Software.
SWA Namibia.
SY Seychelles.
SYD Sidney (codice IATA).
SYR Siria.

T *1* tabaccheria (nelle insegne). *2 fis.* periodo | tesla | energia cinetica | temperatura termodinamica. *3* tera-. *4 mus.* tutti. *5* terra, nelle carte geografiche. *6* Thailandia. *7 chim.* tritio. *8* tonnellata.
t *1* tonnellata. *2 fis.* tempo. *3* termine. *4* tara. *5* tomo. *6* torrente.
T1 traforo del Monte Bianco.
T2 traforo del Gran San Bernardo.
T4 traforo del Fréjus.
TA Taranto.
Ta *chim.* tantalio.
tab. tabella.
TAC *med.* Tomografia Assiale Computerizzata = CAT.
T.A.E.G. *banca* Tasso Annuo Effettivo Globale.
tan *mat.* tangente.
tanh *mat.* tangente iperbolica.
TANJUG (jugoslavo *Telegrafska Agencija Nova Jugoslavija*) Agenzia Telegrafica della Nuova Jugoslavia (agenzia di stampa).
TAP (ingl. *Air Portugal*) Linee aeree portoghesi.
TAR Tribunale Amministrativo Regionale.
T.A.S.C.A.P. Tassa Comunale per Arti e Professioni = I.C.I.A.P.
TASCO Tassa Comunale.
T.A.S.S. (russo *Telegrafnoje Agentstvo Sovietskovo Sojusa*) Agenzia Telegrafica dell'Unione Sovietica (agenzia di stampa).
T.A.T. *psic.* Test di Apercezione Tematica.
Tb *chim.* terbio.
TBC, tbc *med.* tubercolosi.
Tc *chim.* tecnezio.
t/c turbocisterna.
T.C.D.D. *chim.* tetracloro-dibenzo-paradiossina.
T.C.I. Touring Club Italiano.
T.d. Turbodiesel.
T.D.W. (ingl. *Ton Dead Weight*) *mar.* Tonnellata Portata Lorda = T.P.L.
TE *1* Teramo. *2 ferr.* trazione elettrica.
Te *chim.* tellurio.
TEC Tonnellata Equivalente di Carbone.
T.E.E. *ferr.* Trans Europe Express.
T.E.E.M. (ingl. *Trans Europe Express Merchandises*) *ferr.* (per trasporto merci).
TELEX (ingl. *Telegraph Exchange*) trasmissione per telescrivente.
TELVE Società telefonica delle Venezie.
T.E.N. *ferr.* Trans Euro Notte.
ten. *mus.* tenuto.
Ten. Col. Tenente Colonnello.
Tenn. Tennessee.
TEP Tonnellata Equivalente di Petrolio.
TETI (Società) Telefonica Tirrena.
TeV (ingl. *Tera Electron Volt*) *fis.* mille miliardi di elettronvolt.
Tex. Texas.
T.F.R. *bur.* Trattamento di fine rapporto.
TG *1* Togo. *2* Telegiornale.
tg *mat.* tangente.
TGV (fr. *Train Grande Vitesse*) treno a gran velocità.
Th *chim.* torio.
th *fis.* termia.
THR Teheran (codice IATA).
T.H.Y. (turco *Turk Hava Yollari*) Compagnia Aerea Turca.
T.I. *autom.* Turismo Internazionale.
Ti *1 chim.* titanio. *2* Tiberio.
TIA Tirana (codice IATA).
T.I.F. (fr. *Transports Internationaux Ferroviaires*) Trasporti Internazionali Ferroviari.
T.I.M.O. Telefoni Italia Medio-Orientale.
TIP Tripoli (codice IATA).
T.I.R. (fr. *Transports Internationaux Routiers*) Trasporti Internazionali su Strada.
tit. titolo, in bibliografia | titolare.
Tl *chim.* tallio.
TK V. THY (codice).
TLV Tel Aviv (codice IATA).
Tm *chim.* tulio.
t.m. *org. az.* tempi e metodi.
TMC TeleMonteCarlo.
T.M.E.C. Tempo Medio dell'Europa Centrale.
T.M.G. Tempo Medio di Greenwich = G.M.T.
T.M.P. Tassa Monopolio Postale.
TN *1* Trento. *2* Tunisia.
T/N, t/n turbonave.
T.N.P. (fr. *Théâtre National Populaire*) Teatro Nazionale Popolare.
TNT *chim.* Trinitrotoluolo.
TO Torino.
TOREMAR Toscana Regionale Marittima.
Torr. torrente, nelle carte geografiche.
TOTIP Totalizzatore Ippico.
TOTOCALCIO Totalizzatore Calcistico.
TP *1* Trapani. *2* (*elab.*) ingl. Teleprocessing. *3* V. TAP (codice).
t.p. tutta pelle.
T.P.L. Tonnellata Portata Lorda = T.D.W.
TPN (ingl. *Triphosphopyridine nucleotide*) trifosfopiridin nucleotide.
TPS Trapani (codice IATA).
T.Q. Teatro Quartiere.
TR *1* Terni. *2* Turchia. *3* Tempo Reale.
Tr *1* (lat. *tribunus*) tribuno, nelle iscrizioni latine. *2 comm.* tratta.
tr. *mus.* trillo.
trad. traduzione.
trim. trimestre | trimestrale.
TRN Torino (codice IATA).
t.R.N.A. *biol.* R.N.A. trasportatore.
TRS Trieste (codice IATA).
TS Trieste.
T.S.F. *1* telegrafo senza fili. *2* telefono senza fili.
T.S.L. *mar.* tonnellate stazza lorda.
T.S.N. *mar.* tonnellate stazza netta.
T.S.O. Trattamento Sanitario Obbligatorio.
TT *1* Trinidad e Tobago. *2* (ingl. *telegraph transfert*) *comm.* trasferimento o bonifico telegrafico.
TU *1 fis.* tempo universale. *2 dir.* testo unico. *3* (ingl. *Trade Unions*) Sindacati, in Gran Bretagna. *4* Tunisia Air, Linee aeree tunisine.
T.U.C. Tempo Universale Coordinato.
TUN Tunisi (codice IATA).
T.U.S. Tasso Ufficiale di Sconto.
TUT *tel.* Tariffa Urbana a Tempo.
TV *1* Treviso. *2* televisione.
T.V.A. *1* (fr. *Taxe à la valeur ajoutée*) tassa sul valore aggiunto = I.V.A. *2* (ingl. *Tennessee Valley Authority*) Ente per la valle del Tennessee.
TVC televisione a colori.
T.W.A. (ingl. *Trans World Airlines*) Linee Aeree Intercontinentali.
TWh *fis.* tetrawattora.
TYO Tokyo (codice IATA).

U *1 fis.* energia potenziale. *2 chim.* uranio. *3* uadi, nelle carte geografiche. *4* Uruguay.
u (lat. *unicum*) *numism.* (pezzo) unico.
UA, u.a. *1* unità astronomica. *2* unità antigene.
U.A.A. (ingl. *United Arab Airlines*) Linee Aeree Egiziane.
U.B.S. Unione delle Banche Svizzere.
U.C.A.I. Unione Cattolica Artisti Italiani.
U.C.D. Ufficio Catechistico Diocesano.
U.C.E. Unità di Conto Europea.
U.C.E.I. Ufficio Centrale per l'Emigrazione Italiana.
U.C.I. (fr. *Union Cycliste Internationale*) Unione Ciclistica Internazionale.
U.C.I.D. Unione Cristiana Imprenditori Dirigenti.
U.C.I.G.O.S. Ufficio Centrale per le Investigazioni Generali e le Operazioni Speciali (della Polizia di Stato).
U.C.I.I. Unione delle Comunità Israelitiche Italiane.
U.C.I.I.M. Unione Cattolica Italiana Insegnanti Medi.
U.C.I.M.U. Unione Costruttori Italiani Macchine Utensili.
U.C.I.P. (fr. *Union Catholique Internationale de la Presse*) Unione cattolica internazionale della stampa.

U.C.S.I. Unione Cattolica della Stampa Italiana.
UD Udine.
U.D.C. (ingl. *Universal Decimal Classification*) classificazione decimale universale = C.D.U.
U.D.D.A. Unione Democratica Dirigenti d'Azienda.
U.D.I. Unione Donne Italiane.
U.E. *1 farm.* uso esterno. *2* Unione Europea.
U.E.F.A. (ingl. *Union European Football Association*) Unione Europea delle Federazioni di Calcio.
U.E.O. Unione dell'Europa Occidentale.
U.E.P. Unione Europea dei Pagamenti.
U.E.R. Unione Europea di Radiodiffusione.
U.F.A. (ted. *Universum Film Aktiengesellschaft*) *cine.* Società per Azioni Universum Film.
Uff. Ufficiale.
U.F.O. (ingl. *Unidentified Flying Object*) Oggetto volante non identificato = O.V.N.I.
U.G.F. (ingl. *Unknown growth factors*) *biol.* fattori sconosciuti di crescita.
U.G.I. Unione Goliardica Italiana.
UHF (ingl. *Ultra High Frequency*) *fis.* frequenza ultra-alta.
UHT (ingl. *Ultra High Temperature*) Temperatura Ultra-Alta.
U.I. *1 farm.* uso interno. *2* unità immunizzanti. *3* unità internazionali.
U.I.A. Unione Italiana Autotrasportatori.
U.I.C. *1* Ufficio Italiano dei Cambi. *2* Ufficio Internazionale dei Cambi. *3* (fr. *Union Internationale des Chemins de fer*) Unione Internazionale delle Ferrovie. *4* Unione Italiana Ciechi.
U.I.C.P.A. Unione Internazionale di Chimica Pura e Applicata.
U.I.E. (fr. *Union Internationale des Étudiants*) Unione Internazionale degli Studenti.
U.I.G.O.S. Ufficio Investigazioni Generali e Operazioni Speciali.
U.I.L. Unione Italiana del Lavoro.
U.I.L.D.M. Unione Italiana Lotta alla Distrofia Muscolare.
U.I.L.M. Unione Italiana Lavoratori Metallurgici.
U.I.P. Unione Internazionale di Pattinaggio.
U.I.S.B. Unione Internazionale delle Scienze Biologiche.
U.I.S.N. Unione Italiana Sci Nautico.
U.I.T. (fr. *Union Internationale des Télécomunications*) Unione Internazionale per le Telecomunicazioni.
U.I.T.P. Unione Internazionale dei Trasporti Pubblici.
U.I.T.S. Unione Italiana di Tiro a Segno.
U.K. (ingl. *United Kingdom*) Regno Unito (di Gran Bretagna e Irlanda del Nord) = R.U.
U.M.A. Utenti Motori Agricoli.
U.M.I. *1* Unione Matematica Italiana. *2* Unione Monarchica Italiana. *3* Unione Magistrati Italiani.
U.N. V. U.N.O., O.N.U.
U.N.A.U. Unione Nazionale Assistenti Universitari.
U.N.A.V.I. Unione Nazionale delle Associazioni Venatorie Italiane.
U.N.D.P. (ingl. *United Nations Development Programme*) Programma delle Nazioni Unite per lo sviluppo.
U.N.E.F. *1* (ingl. *United Nations Emergency Forces*) Forze di Emergenza delle Nazioni Unite. *2* (fr. *Union Nationale des Étudiants de France*) Unione Nazionale degli Studenti di Francia.
U.N.E.M.I. Unione Nazionale Editori di Musica Italiana.
U.N.E.S.C.O. (ingl. *United Nations Educational, Scientific and Cultural Organization*) Organizzazione delle Nazioni Unite per l'Educazione, la Scienza, la Cultura.
U.N.F.D.A.C. (ingl. *United Nations Fund for Drug Abuse Control*) Fondo delle Nazioni Unite per la lotta contro l'abuso di stupefacenti.
UNI Ente Nazionale Italiano di Unificazione.
U.N.I. *1* Unione Naturalisti Italiani. *2* Unione Naturisti Italiani.
U.N.I.A. Unione Nazionale Inquilini e Assegnatari.
UNICE (fr. *Union des Industries de la Communauté Européenne*) Unione delle Industrie della Comunità Europea.
U.N.I.C.E.F. (ingl. *United Nations International Children's Emergency Fund*) Fondo Internazionale di Emergenza per l'Infanzia delle Nazioni Unite.
UNIONCAMERE Unione Italiana delle Camere di Commercio.
U.N.I.R.E. Unione Nazionale per l'Incremento delle Razze Equine.
UNIVAC (ingl. *Universal Automatic Computer*) Calcolatore universale automatico.
Un. Manif. Unione Manifatturiera.
U.N.O. (ingl. *United Nations Organization*) Organizzazione delle Nazioni Unite = O.N.U.
U.N.R. (fr. *Union pour la Nouvelle République*) Unione per la Nuova Repubblica.
U.N.R.R.A. (ingl. *United Nations Relief Rehabilitation Administration*) Amministrazione delle Nazioni Unite per la Riabilitazione e il Soccorso dei Paesi liberati.
U.N.U.C.I. Unione Nazionale Ufficiali in Congedo d'Italia.
U.N.U.R.I. Unione Nazionale Universitaria Rappresentativa Italiana.
U.P. *1* (ingl. *United Press*) Stampa Unita (agenzia di stampa americana). *2* (ingl. *University Press*) Stampa Universitaria (in indicazioni bibliografiche).
UPA *1* Unione Panamericana. *2* Utenti Pubblicità Associati.
U.P.I. (ingl. *United Press International*) Stampa Unita Internazionale.
U.P.I.M. Unico Prezzo Italiano di Milano.
U.P.T. Ufficio Provinciale del Tesoro.
U.P.U. (fr. *Union Postale Universelle*) Unione Postale Universale.
U.Q. ultimo quarto lunare.
U.R.A.R.-tv Ufficio Registro Abbonamenti Radio e Televisione.
U.R.S.S. Unione delle Repubbliche Socialiste Sovietiche = SSSR.
u.s. ultimo scorso.
U.S.A. (ingl. *United States of America*) Stati Uniti d'America.
U.S.A.F. (ingl. *United States Air Force*) Aviazione Militare degli Stati Uniti.
USAREUR (ingl. *United States Army in Europe*) Esercito degli Stati Uniti in Europa.
U.S.D. Unione Socialista Democratica.
U.S.E.S. Utet Sansoni Edizioni Scientifiche.
U.S.I. Unione Socialista Indipendente.
U.S.I.S. (ingl. *United States Information Service*) Centro Statunitense d'Informazioni (culturali).
U.S.L. Unità Sanitaria Locale.
U.S.M.C. (ingl. *United States Marine Corps*) Corpo dei Marines.
U.S.N. (ingl. *United States Navy*) Marina degli Stati Uniti.
U.S.P.I. Unione della Stampa Periodica Italiana.
U.S.S.I. Unione Stampa Sportiva Italiana.
U.S.T.I. Unione Stampa Turistica Italiana.
U.S.V.I. Unione Società Veliche Italiane.
Ut. Utah.
U.T.E. Ufficio Tecnico Erariale.
U.T.E.T. Unione Tipografica Editrice Torinese.
U.T.I.F. Ufficio Tecnico delle Imposte di Fabbricazione.
UV, Uv *fis.* Ultravioletto.
UVA, UvA *fis.* Ultravioletto prossimo (3000-4000 Å).
UVB, UvB *fis.* Ultravioletto lontano (2000-3000 Å).
UVC, UvC *fis.* Ultravioletto estremo (40-2000 Å).
U.V.I. Unione Velocipedistica Italiana.
UX *1 fis.* Unità di misura di lunghezza. *2 fis.* Unità X.
V *1 fis.* potenziale elettrico | volt. *2 chim.* vanadio. *3 relig.* vergine. *4* volume. *5* vulcano, nelle carte geografiche. *6* Città del Vaticano. *7* (lat. *visus*) acuità visiva.
v. *1 filol.* verso, versetto. *2* valle, nelle carte geografiche. *3* vedi.
V1, V2 (ted. *Vergeltungswaffe*) arma della rappresaglia.
VA *1* Varese. *2* V. V.I.A.S.A. (codice). *3* Vostra Altezza. *4* velocità accelerata. *5 elettr.* Voltampere.
Va. *1* Virginia. *2* valore attuale.
val. *comm.* valuta.
V.A.M. Vigilanza Aerea Militare.
VAR *fis.* voltampere reattivo.
Var *1* variante. *2 biol.* varietà.
VARIG Linee aeree brasiliane.
VAS vedetta anti sommergibili.
VB Verbano-Cusio-Ossola.
VC *1* Vercelli. *2* valor civile.
Vc. valore capitale.
VCE Venezia (codice IATA).
VCL *chim.* vinilcloruro.
V.C.R. (ingl. *Video Cassette Recorder*) Videoregistratore a cassette.
V.D.Q.S. (fr. *Vin Délimité de Qualité Supérieure*) *enol.* Vino Delimitato di Qualità Superiore.
V.D.U. (ingl. *Visual Display Unit*) *elettron.* Unità di Presentazione Visiva.
VE *1* Venezia. *2* Vostra Eccellenza.
ven. venerabile.
ver. versamento.
vers. *1* (lat. *versiculus*) *filol.* versetto. *2 mat.* versore.
VES *med.* velocità di eritrosedimentazione.
V.F. *1* Vigili del Fuoco. *2 fis.* videofrequenza.
V.G. Vostra Grazia.
v.g. (lat. *verbi gratia*) verbigrazia.
VHF (ingl. *Very High Frequency*) *fis.* altissima frequenza.
VI Vicenza.
V.I.A. Valutazione d'Impatto Ambientale.
V.I.A.S.A. (sp. *Venezolana Internacional de Aviación S.A.*) Compagnia Internazionale di Volo Venezuelana = VA.
VIE Vienna (codice IATA).
vig. vigente.
V.I.P. (ingl. *Very Important Person*) persona molto importante, personalità di primo piano.
viv. *mus.* vivace.
(Viva) VERDI (Viva) Vittorio Emanuele Re d'Italia (in epoca risorgimentale).
V.I. (lat. *varia lectio*) *filol.* varia lezione.
VLF (ingl. *Very Low Frequency*) *fis.* bassissima frequenza.
VLSI (ingl. *Very Large Scale Integration*) *elettron.* Integrazione su grandissima scala.
V.M. *1* Vostra Maestà. *2* Valor Militare.
VN Vietnam.
Vn. valore nominale.
VO *1* (ingl. *Very Old*) *enol.* molto vecchio, fino a 12 anni di invecchiamento. *2* velocità ordinaria.
V.O.A. (ingl. *Voice of America*) La Voce dell'America (alla Radio).
VOcoder (ingl. *Voice Coder*) codificatore della voce.
vol. volume.
VOLKSWAGEN Vettura Popolare.
VOPO (ted. *Volkspolizei*) Polizia del popolo (della Repubblica Democratica Tedesca).
V.O.R. (ingl. *Very-high-frequency Omnidirectional Radio Range*) *aer.* Apparecchiatura che capta le emissioni del radiofaro dell'aeroporto.
V.P. *1* vicepresidente. *2* vostra paternità.
V.Q.P.R.D. *enol.* Vino di Qualità Prodotto in Regioni Delimitate.
VR Verona.
v.r. vedi retro.
V.S. *1* Vostra Santità. *2* Vostra Signoria.
v.s. vedi sopra.

vs. *1* vostro. *2* (lat. *versus*) contro.
V.S.O. (ingl. *Very Superior Old*) stravecchio superiore (detto di Cognac che abbia da 12 a 17 anni di invecchiamento).
V.S.O.P. (ingl. *Very Superior Old Pale*) stravecchio superiore paglierino (detto di Cognac che abbia da 18 a 25 anni di invecchiamento).
V.S.Q.P.R.D. *enol.* Vino Spumante di Qualità Prodotto in Regioni Delimitate.
v.st. vecchio stile (per indicare date di calendari non conformi al romano).
VT Viterbo.
V.T. Vecchio Testamento.
Vt. Vermont.
V.T.O. (ingl. *Vertical Take Off*) *aer.* decollo verticale.
V.T.O.L. (ingl. *Vertical Take Off and Landing*) *aer.* decollo e atterraggio verticali.
V.T.R. (ingl. *Video Tape Recorder*) *elettron.* Videoregistratore a nastro.
V.U. vigile urbano.
Vu vulcano, nelle carte geografiche.
VV Vibo Valentia.
vv *filol.* versi, versetti.
v.v. vostro.
V.V.S.O.P. (ingl. *Very Very Superior Old Pale*) super stravecchio superiore paglierino (detto di Cognac che abbia da 25 a 40 anni di invecchiamento).

W *1 chim.* wolframio, tungsteno. *2 fis.* watt | lavoro, energia. *3* ingl. West, Ovest = O. *4* viva, evviva.
W.A. (ingl. *With Average*) a tutte le condizioni di polizza, compresa avaria.
WAG Gambia.
WAL Sierra Leone.
WAN Nigeria.
Wash. Washington.
W.A.S.P. (ingl. *White Anglo-Saxon Protestant*) Bianco Anglo-sassone Protestante (gruppo etnico-religioso negli U.S.A.).
WAW Varsavia (codice IATA).
Wb *fis.* weber.
W.B.A. (ingl. *World Boxing Association*) Associazione Pugilistica Mondiale.
W.B.C. (ingl. *World Boxing Council*) Associazione Pugilistica Mondiale.
WC (ingl. *Water closet*) gabinetto di decenza.
W.C.C. (ingl. *World Council of Churches*) Consiglio Ecumenico delle Chiese.
WD Dominica (Piccole Antille).
4WD (ingl. *Four Wheel Drive*) *autom.* quattro ruote motrici.
W.E.U. (ing. *Western European Union*) Unione Europea Occidentale.
W.F.T.U. (ingl. *World Federation of Trade Unions*) Federazione Sindacale Mondiale.
WG Grenada (Piccole Antille).
Wh *fis.* wattora.
W.H.O. (ingl. *World Health Organization*) Organizzazione Mondiale della Sanità = O.M.S.
W.I.M.P. (ingl. *Windows Icons Mouse Pointers*) Sistema semplificato d'accesso alle informazioni di un computer.
W.I.P.O. (ingl. *World Intellectual Property Organization*) Organizzazione Mondiale per la Proprietà Intellettuale.
Wis. Wisconsin.
W.J.C. (ingl. *World Jewish Congress*) Congresso Israelitico Mondiale.
WL *1* St. Lucia (Piccole Antille). *2* (ingl. *Wagons-Lits*) Carrozze letto.
W.M.A. (ingl. *World Medical Association*) Associazione Medica Mondiale.
W.M.O. (ingl. *World Meteorological Organization*) Organizzazione Meteorologica Mondiale = I.M.O., O.M.M.
WORM (ingl. *Write Once Read Many (times)*) *elab.* Scrivi una volta, leggi molte volte (Disco ottico che una volta registrato non può essere cancellato).
W.P. (ingl. *Word Processing*) *elab.* Trattamento della Parola; elaborazione dei testi.
W.P.A. (ingl. *With Particular Average*) Con Danno Particolare.
W.S. (ingl. *Working Storage*) *elab.* Memoria di lavoro.
Ws *fis.* wattsecondo.
WV St. Vincent e Grenadine (Piccole Antille).
W.Va. West Virginia.
W.W.F. (ingl. *World Wildlife Fund*) Fondo Mondiale per la Natura.
Wyo. Wyoming.
WYSIWYG (ingl. *What You See Is What You Get*) *elab.* Ciò che vedi è ciò che ottieni.
W.Z.O. (ingl. *World Zionist Organization*) Organizzazione Sionista Mondiale.

X *fis.* Reattanza.
x *mat.* Simbolo d'incognita o di variabile.
Xe *chim.* xeno.
XL (ingl. *Extra Large*) Taglia extra grande.
Xmas (ingl. *Christmas*) Natale.
XS (ingl. *Extra Small*) Taglia extra piccola.

Y *1 chim.* ittrio. *2 fis.* ammettenza.
Yb *chim.* itterbio.
Y.C.I. Yacht Club d'Italia.
Yd yarda, unità di misura inglese.
Y.M.C.A. (ingl. *Young Men's Christian Association*) Associazione Cristiana dei Giovani.
YUL Montreal (codice IATA).
YV Venezuela.
Y.W.C.A. (ingl. *Young Women's Christian Association*) Associazione Cristiana delle Giovani.

Z *1* Zambia. *2 fis.* impedenza.
z *mat.* variabile | incognita.
ZA Repubblica Sudafricana.
Z.A.T. *aer.* Zona Aerea Territoriale.
Z.d.G. *mil.* Zona di Guerra.
Zn *chim.* zinco.
Zr *chim.* zirconio.
ZRE Zaire.
ZRH Zurigo (codice IATA).
ZW Zimbabwe.

LOCUZIONI

Acqua in bocca! Così, con lieve malizia, s'invita qualcuno a tacere, particolarmente un segreto. Si vuole che derivi dal rimedio contro la maldicenza suggerito a una donna da un confessore: tenere in bocca, durante la tentazione, un po' d'acqua che, per gli effetti, fu ritenuta miracolosa.

Agire, stare, muoversi dietro le quinte. Influire su una situazione, manovrarla senza mostrarsi, per mezzo di altri. Le quinte, col panneggio dell'arco scenico, sono dette 'mantello d'Arlecchino' perché là dentro questa maschera usava nascondersi e, non vista, continuava ad agire e a parlare.

Allevare la serpe in seno. Favorire, aiutare chi in seguito può nuocere o mostrarsi ingrato. Dalla favola di Esopo, Fedro e La Fontaine, che narra di un contadino il quale riscaldò una serpe assiderata e ne fu morso.

Alto papavero. Al significato di essere una persona importante si unisce spesso un giudizio negativo, come quando si dice 'un mandarino' alludendo alla potenza e all'inettitudine dei funzionari dell'Impero Cinese. Narra Livio in che modo Tarquinio il Superbo facesse capire al figlio di sbarazzarsi dei notabili più potenti della città di cui era signore: passeggiando nel giardino decapitò con un bastone tutti i papaveri più alti che emergevano dall'erba.

Alzare il gomito. Bere un po' troppo o, semplicemente, bere. Tipica locuzione che indica un'azione attraverso un gesto caratteristico, come: 'alzare i tacchi' per 'correre, fuggire'; 'far ballare i denti' per 'mangiare'.

Andare coi piedi di piombo. Procedere con prudenza e circospezione, senza azzardare minimamente. Nella frase la lentezza è in funzione della cautela, mentre 'Avere il piombo ai piedi' vale essere stanchi o impediti in modo da non poter procedere speditamente, e 'una cappa di piombo' è un peso, fisico o morale, insopportabile.

Andare, venire a Canossa. Chiedere umilmente perdono, sottomettersi, in particolare dopo una condotta spregiudicata e spavalda. Al castello di Canossa nel 1077 Enrico IV, scalzo e con l'abito dei penitenti, andò a chiedere perdono al papa Gregorio VII che l'umiliò con un'attesa di tre giorni.

Andar per la maggiore. Godere di molta stima e prestigio; essere valutato tra i primi nel proprio ambiente o nella propria arte; essere in voga. Nella Firenze antica 'andar per la maggiore' o 'minore' indicava l'essere iscritto a una delle arti maggiori o minori.

Araba fenice. ('Che vi sia ciascun lo dice, Dove sia nessun lo sa' dicono i versi del Metastasio). È ciò che risulta rarissimo, unico o impossibile a trovarsi (come 'una mosca bianca'). Erodoto e gli antichi narrarono che la fenice nasceva ogni cinquecento anni, unico esemplare della sua specie, facendo nascere poi dalle sue ceneri un nuovo uccello.

Aria, vento di fronda. Spirito di rivolta, d'opposizione, avvisaglie di ribellione. Dal fr. *Fronde* (fionda), nome di due periodi d'agitazioni e di rivolte che ebbero luogo in Francia (1648-49 e 1649-53) contro il Mazzarino. Da una frase del consigliere Bachaumont in cui paragonava l'opposizione del Parlamento alle battaglie che i ragazzi di Parigi, armati di fionde, ingaggiavano con la polizia.

Aspettare la manna dal cielo. Si dice di chi resta inerte, inoperoso, aspettando la buona fortuna o che altri faccia per lui o gli appiani le difficoltà. Come narra la Bibbia, la manna fu per gli ebrei un cibo inatteso e insperato (è una 'manna' una bella e improvvisa fortuna) che Dio faceva scendere ogni notte dal cielo.

A tutta birra. Specialmente nel linguaggio sportivo e nella lingua parlata: a gran velocità, di gran carriera, procedendo col massimo impiego d'energie. Probabilmente dalla locuzione 'a tutta briglia' (*fr.* à toute bride) di identico significato, deformata, nel riferimento alla macchina, per analogia con 'a tutto vapore, a tutto gas' e con accostamento birra-benzina.

Avere il bernoccolo (degli affari, della meccanica, ecc.). Essere ben dotato per una materia o per una certa attività. Da una teoria scientifica del XVIII sec., che pretendeva di conoscere dalla conformazione della testa le inclinazioni del carattere, è derivata l'idea che in un bernoccolo del capo risieda ciò che determina una qualità.

Avere voce in capitolo. Essere tra coloro che hanno credito e autorità, godere del diritto di parlare e del prestigio per essere ascoltati. *'Capitolo'* è l'adunanza dei canonici o d'altri religiosi che riuniti in tale sede discutono e prendono decisioni collettive.

Bruciar le tappe. Procedere a ritmo sostenuto, celermente, superando con rapidità ostacoli e indugi. I postiglioni e i messi d'un tempo, dovendo fare un servizio rapido, saltavano spesso le poste del cambio dei cavalli.

Cadere dalla padella nella brace. Cambiare la situazione in peggio, trovare un rimedio peggiore del male. Si racconta d'una tinca che, cadendo in padella, cercò di fuggire nel fuoco, invitando i compagni di sventura a fare altrettanto.

Cambiar registro. Cambiare il tono, la tattica, il contegno al sopraggiungere d'un fatto nuovo o per un ammonimento. Si dice anche: Girare, virare di bordo, come la nave che cambia direzione. Alcuni strumenti, tra cui l'organo, dispongono di registri che, comandati da leve o pulsanti, consentono di cambiare immediatamente diversi timbri di suono.

Canto del cigno. L'ultima opera d'un autore, specialmente se è la più bella. Gli antichi (tra cui Platone) credevano che il cigno fosse canoro e in punto di morte intonasse il suo più bel canto.

Caval di S. Francesco. Il bastone, nell'uso che ne fa chi, non avendo altro mezzo, s'aiuta con quello per andare a piedi. Fu questo il fido compagno di viaggio del Poverello d'Assisi. 'Andare col caval di S. Francesco': andare a piedi.

Cavallo di battaglia. Per un artista è il pezzo teatrale o musicale da lui preferito e in cui riesce a rivelare al massimo il suo talento; in genere: materia, argomento di cui uno si sente assolutamente padrone. Fra i cavalli di cui disponevano i condottieri e i capitani d'un tempo, quello addestrato per la battaglia era il migliore e, quasi sempre, il favorito.

Cavar le castagne dal fuoco. Procurarsi vantaggi, guadagni, evitare noie (facendo rischiare o lavorare gli altri: per questo si aggiunge alla frase 'con la zampa del gatto'). In una favola di La Fontaine una scimmia si serviva della dabbenaggine d'un gatto per impadronirsi, senza scottarsi, delle castagne che cuocevano nel fuoco.

Chiudersi in una torre d'avorio. È l'appartarsi sdegnoso d'un uomo di cultura dalla vita pratica o dalla lotta, per coltivare gli studi o la propria arte. Dal lat. *Turris eburnea* (torre d'avorio), espressione che si trova nel Cantico dei Cantici divenuta epiteto che i cristiani danno alla Madonna (v. anche: Ritirarsi sull'Aventino).

Ciurlare nel manico. Mancare a una parola o a un impegno, rinviare con scuse o pretesti l'adempimento di promesse. Chi si comporta così fa un po' come la parte metallica d'un arnese, la quale, quando non sta ben ferma nel manico (ciurla, tentenna, gira) rende vana l'opera di chi lavora.

Colpo di grazia. Ciò che rovina definitivamente chi già si trova in una brutta situazione. Ai morenti sul campo di battaglia o ai giustiziati si abbreviano le sofferenze dell'agonia con un colpo mortale detto 'di grazia'.

D'alto bordo. Si dice di persona altolocata, autorevole, importante. Traslato dalla nave 'd'alto bordo' che ha la parte emersa dei fianchi assai più alta di quella di basso bordo.

Dare corda, spago. Dar maggiore libertà, allentare freni e limitazioni precedentemente imposti; assecondare chi parla perché dica ciò che interessa all'interlocutore. Dall'uso di legare gli animali con una corda (capre), o con uno spago (chiocce, galline) perché non s'allontanino da un luogo.

Dare un colpo al cerchio e uno alla botte. Distribuire opportunamente lodi o biasimi, ragioni o torti, in modo da non dispiacere a nessuno; portare avanti due affari curandoli alternativamente. Probabile riferimento al lavoro del bottaio che stringe le doghe nei cerchi battendo ora questi ora quelle.

Darsi la zappa sui piedi. Ragionare, portare prove contro il proprio assunto; nuocere involontariamente a se stessi, nel qual senso si usa anche 'Scavarsi la fossa sotto i piedi', 'Farsi la croce con le proprie mani', 'Farsi la frusta per la schiena'.

Di punto in bianco. All'improvviso, inaspettatamente, cogliendo quindi alla sprovvista, come 'a bruciapelo'. Tiro di punto in bianco era detto un tempo il tiro delle artiglierie che sparavano direttamente senza elevazione, con il congegno di puntamento che non segnava alcun valore (in bianco).

Doccia scozzese. Una serie di notizie, fatti piacevoli e spiacevoli che si alternano provocando opposti stati d'animo. La doccia scozzese si fa alternando acqua calda e fredda con graduali variazioni di temperatura. 'Una doccia fredda' è qualcosa che smorza l'entusiasmo.

Dormire della grossa. Dormire profondamente. I bachi da seta fanno in genere tre dormite dette la 'cinerina', la 'pelosina' e la 'grossa': quest'ultima è la più lunga. Con riferimento agli animali che vanno in letargo si dice anche: 'Dormire come un ghiro, come un tasso'.

Dormire, riposare sugli allori. Stare inoperoso all'ombra dei meriti acquistati o accontentandosi delle glorie passate. L'alloro, con cui si usava cingere le tempie dei poeti o dei guerrieri vincitori, è passato a indicare il premio della vittoria e la vittoria stessa.

Eminenza grigia. Uno che, senza darlo a vedere, esercita un forte potere o controlla una situazione, soprattutto influenzando persone potenti (v. anche: Ninfa Egeria). Così fu detto del frate cappuccino consigliere del cardinale Richelieu per il colore grigio dell'abito del suo ordine per analogia al titolo di 'Eminenza Rossa' del Richelieu, che portava la veste purpurea propria della sua dignità.

Esser come il diavolo e la croce (o l'acqua santa). Due elementi inconciliabili, divisi da inimicizia e avversione per cui si escludono a vicenda. Come quella fra il cane e il gatto, tra suocera e nuora, è proverbiale l'inimicizia tra il diavolo e la croce o l'acqua benedetta, cose usate anche per cacciarlo.

Esser come il vaso di coccio tra i vasi di ferro. Il debole che deve contrastare coi più forti, o chi, senza difesa, si trova gomito a gomito coi prepotenti (un po' l'inverso della 'serpe tra le anguille': persona scaltra tra sempliciotti). Da una favola (Esopo, La Fontaine) d'un vaso di coccio che in un fiume, trovandosi vicino a uno di ferro, badava a tenere le distanze per evitare il peggio.

Essere al verde. Non avere più soldi; essere a corto di qualcosa (v. Essere in bolletta; Esser povero in canna). L'uso antico di tingere di verde il fondo delle candele, o fasciarlo con carta colorata per rendere più solida la parte di cera da inserire nel candeliere, sta probabilmente all'origine di questa metafora.

Essere, fare come l'asino di Buridano. Restare indeciso nella scelta, particolarmente quando ci sono due possibilità (mancando le quali si dice: 'Non saprei che pesci prendere, che acqua bere'). L'argomento dell'asino che, non riuscendo a scegliere tra due fasci di fieno, o tra il fieno e l'acqua, muore di fame, fu attribuito al filosofo medievale Giovanni Buridano per illustrare una sua teoria filosofica.

Essere in bolletta. Essere rimasto senza soldi (v. Essere al verde), trovarsi in una difficile situazione economica. La frase deriva dall'uso di esporre pubblicamente la lista dei nomi (bolletta) di coloro che erano falliti, cosa che, almeno in passato, equivaleva a non avere più un soldo.

Essere in vena. Sentirsi nel pieno delle forze, dell'estro, nella condizione migliore per fare qualcosa. Probabile abbreviazione di 'essere in buona (cattiva) vena', espressione che una volta indicava che il malato aveva (o meno) il polso regolare.

Esser povero in canna. Esser poverissimo, quasi nell'indigenza, nella miseria. Si dice anche 'Ridotto sul lastrico', 'Povero come Giobbe' (v. Essere al verde). È una di quelle locuzioni sulla cui origine si fanno solo ipotesi, tutte insoddisfacenti.

Far come quello che cercava l'asino e c'era sopra, o **la pipa e l'aveva in bocca**. Cercare inutilmente una cosa che è vicina, con riferimento a una novelletta di P. Bracciolini ove un tale cercava il suo asino credendolo smarrito, senza avvedersi che lo stava cavalcando.

Fare fiasco. Fallire in un tentativo, non raggiungere lo scopo voluto, non riuscire. L'origine della locuzione è sconosciuta e nessuna ipotesi (dall'arte del vetro, dal teatro) è convincente.

Fare gli occhi di basilisco. Fare gli occhi feroci, truci, per intimorire o in segno di furore. Da un pregiudizio degli antichi secondo cui il basilisco poteva uccidere l'uomo con lo sguardo.

Far gli occhi di triglia. Fare lo sguardo dolce, svenevole, mostrando d'essere innamorato. Si usa anche 'Far l'occhio a pesce morto' o 'fradicio' perché, nella morte, la loro pupilla diventa molto languida.

Fare il diavolo a quattro. Fare strepito, gran fracasso e confusione. Quelle rappresentazioni medievali che, oltre alle altre figure, prevedevano la comparsa di quattro o più diavoli erano dette 'grandi diavolerie', mentre le altre erano dette 'piccole'.

Fare un (gran) cancan. Far gran chiasso, confusione; in particolare, riferito a un avvenimento: sollevarvi intorno gran scalpore. Popolarmente la si riferisce spesso al movimentato ballo ottocentesco dallo stesso nome, mentre la parola è assai più antica, anche nel senso di 'confusione' e deriva dal lat. *quamquam* 'benché', congiunzione frequente nelle dissertazioni medievali, fatte un tempo in latino, che passò poi a indicare lunghe e noiose disquisizioni.

Far la gattamorta, essere una gattamorta. Celare le proprie intenzioni, nascondere l'astuzia sotto una posticcia ingenuità per fare più agevolmente il proprio interesse o cogliere meglio l'occasione, come faceva anche la 'gatta di Masino', che chiudeva gli occhi per non vedere i topi. Esopo e altri narrano d'un gatto che fingeva d'esser morto per far avvicinare i topi e prenderli più comodamente.

Far la pioggia e il bel tempo (o **il buono e il cattivo tempo**). Esercitare un'influenza determinante su chi comanda o decide. Leggermente diverso da 'Dettar legge' che vale sempre: esercitare direttamente e apertamente il potere. Probabile riferimento all'importanza che, nel decidere le imprese, s'attribuiva un tempo agli astrologi, i quali prevedevano anche le condizioni atmosferiche.

Far le cose alla carlona. Far le cose alla buona, senza cura, abborracciando, così come vengono. Carlo Magno fu detto re Carlone e nella tarda stagione della poesia cavalleresca fu rappresentato come uomo bonario e anche non molto accorto.

Far le parti del leone. In una spartizione prendersi tutto o quasi; dividere ingiustamente e a proprio vantaggio. Esopo e altri narrano che il leone divise in tre parti il bottino d'una battuta di caccia fatta in società con altri animali, prendendosele poi tutte.

Filo d'Arianna. Un elemento, una traccia che guida in un'intricata vicenda, in una situazione difficile, in un complesso problema, conducendo alla soluzione. Teseo, secondo il mito, dopo aver ucciso il Minotauro, ritrovò l'uscita del labirinto grazie al filo datogli da Arianna, che egli aveva steso lungo il suo cammino.

Furbo di tre cotte. Chi è straordinariamente astuto e raggiunge quasi l'apice della furbizia. Traslato dalla lavorazione dello zucchero o di altre cose che si raffinano con cotture (cotte) successive, tre delle quali, in genere, bastano a raggiungere la perfezione.

Gettare il guanto. Provocare, fare un aperto atto di sfida; 'Raccogliere il guanto': accettare la sfida. Gli antichi cavalieri, secondo l'uso germanico, gettavano un guanto per sfidare a duello chi, raccogliendolo, accettava la sfida.

Gettare la spugna. Ritirarsi da un'impresa riconoscendosi vinto o incapace. Nel pugilato, per evitare a un pugile l'umiliazione d'una brutta sconfitta, il suo secondo può gettare sul quadrato l'asciugamano (una volta la spugna) dichiarando così il ritiro del pugile dal combattimento.

Gettare olio sulle onde. Intervenire in una controversia, un litigio, uno stato di tensione con parole o elementi di conciliazione; pacificare, rasserenare. Del mare calmo si dice che è 'liscio come un olio', mentre 'Gettare olio sul fuoco' significa rinfocolare le contese o i rancori. I marinai per frenare la furia del mare talvolta gettano in acqua dell'olio che, galleggiando e spargendosi, attenua la violenza dei marosi intorno allo scafo.

Indorare la pillola. Rendere meno amara una cosa o una notizia sgradevole (che si dice anche 'pillola' o 'boccone amaro'). Le pillole un tempo erano ricoperte d'uno strato di liquirizia dorata.

Lacrime di coccodrillo. Ostentazione ipocrita, o di convenienza, di dolore o d'afflizione; pentimento per un male determinatamente commesso. È antico pregiudizio, non corrispondente a verità, che il coccodrillo lacrimi dopo aver divorato l'uomo.

Lasciare, piantare in asso. Abbandonare uno nel momento più difficile, sul più bello, o quando meno se l'aspetta (v. anche: Piantar baracca e burattini). Si vuole che 'asso' sia alterazione di 'Nasso', l'isola delle Cicladi in cui, secondo il mito, Arianna fu abbandonata da Teseo. Altri fanno derivare la locuzione dal gioco delle carte.

Lavarsene le mani. Disinteressarsi d'una faccenda lasciando che segua il suo corso, declinando ogni responsabilità. Con allusione al gesto di Pilato (si dice anche: 'Fare come Pilato') che, lavandosi le mani davanti al popolo, dichiarò di non esser responsabile della morte di Cristo.

Lotta senza quartiere. Lotta violenta, senza tregua né esclusione di colpi, tendente a spegnere nell'avversario ogni possibilità di reazione. 'Dare, non dar quartiere': risparmiare o meno la vita del vinto, concedere o meno la tregua. Probabile riferimento a 'quartiere' nell'antico significato di 'parte della paga d'un militare', presa come base di valutazione del riscatto che il vinto poteva offrire in cambio della vita.

Madonnina infilzata. Una donna che ostenta ingenuità, bontà, candore intemerato, nascondendo spesso un'indole diversa. Dalle immagini della Madonna dai sette dolori che mostra il cuore trafitto da altrettante spade.

Mangiarsi il grano in erba. Consumare un bene, una ricchezza prima che dia i suoi frutti, dimostrando così scarsa oculatezza. Da un'antica espressione latina collegata probabilmente all'uso, ancora vivo, di vendere il raccolto quando è lontano dalla maturazione, come i frutti quando le piante sono ancora in fiore (*fr.* Manger son blé en herbe).

Menare il can per l'aia. Portare le cose per le lunghe, indugiare in modo da non concludere nulla o lasciare le cose come stanno. L'aia è uno spazio troppo ristretto per portarvi in giro un cane da caccia che vuole luoghi ben più spaziosi e aperti.

Menar per il naso. Indurre uno a fare quello che si vuole con continui raggiri o inganni, senza che egli se ne renda conto. Fa riferimento ai buoi che, afferrati per il naso, vanno docilmente dove si vogliono condurre.

Mettere il carro innanzi ai buoi. Fare una cosa prima del tempo; in particolare: farla prima di ciò che logicamente dovrebbe precedere.

Mettere i puntini sulle i. Precisare chiaramente una cosa senza lasciare dubbi o incertezze; esagerare nella precisione. Nell'evoluzione della grafia ci fu un momento in cui si incominciò da alcuni a segnare un punto sopra la i (che non l'aveva ancora), per distinguerla meglio da altri segni verticali. E questo sembrò a qualcuno un eccesso di cura.

Mettere una mano sul fuoco. Affermare una cosa senza il minimo dubbio o esitazione. Nella forma negativa si usa per attenuare un'asserzione di cui non si è assolutamente certi. Porre una mano nel fuoco era una delle prove medievali alle quali s'attribuiva valore di giudizio divino.

Mostrare la corda. Così si dice propriamente d'un tessuto logoro che scopre i fili dell'ordito, e, figuratamente, d'un discorso, un argomento vecchio, risaputo, o che lascia trasparire chiaramente le segrete intenzioni di chi lo fa.

Nascere con la camicia. Avere la fortuna costantemente favorevole. 'Camicia' è detta volgarmente la membrana amniotica che talvolta copre ancora il corpo dei bambini al momento della nascita. Per questo si dice anche 'esser nato con la cuffia' o 'vestito'. Questo fatto fu ritenuto segno di fortuna o di particolare destino.

Ninfa Egeria. Chi segretamente ispira il pensiero o guida l'azione d'una persona, essendo da questa costantemente seguito e tenuto quasi in conto d'oracolo. 'Esser l'oracolo' invece ha senso d'avere grande autorità o di essere infallibile, come i responsi delle antiche divinità; spesso usato però in tono ironico. Secondo la leggenda, che in parte riferisce Livio, fu la ninfa Egeria a ispirare a Numa Pompilio, in colloqui notturni, le istituzioni religiose di Roma (v. anche: Eminenza grigia).

Non essere uno stinco di santo. Lasciare molti dubbi sulla propria rettitudine e le proprie virtù. Nei reliquiari che raccolgono i frammenti di corpi di santi, l'osso della tibia, in genere, è la reliquia più grossa e vistosa.

Ottava meraviglia. Con voluta esagerazione si dice tale una cosa eccezionalmente bella e, con ironia, ciò che pretende di esserlo. Sette erano anticamente le meraviglie del mondo fatte dall'uomo, e di uno 'se ne dice le sette meraviglie' quando lo si loda esageratamente.

Padrone del vapore. In tono un po' ironico si chiama così chi comanda o, in una situazione, tiene le leve del potere (con espressione più attuale: chi sta nella 'stanza dei bottoni') perché proprietario, dirigente, ecc. Nel linguaggio marinaresco 'padrone del vapore' è il comandante d'un'imbarcazione.

Pagare il fio. Scontare la punizione meritata, dovuta a un male commesso o, semplicemente, sopportare le conseguenze d'un comportamento errato. Col termine 'fio' s'indicò la rendita d'un feudo, un obbligo feudale, e quindi un tributo.

Partire in quarta. Andarsene improvvisamente; affrontare immediatamente, con la massima energia e prontezza, un lavoro o un problema. Si suppone, senza fondamento, che una macchina possa iniziare la sua corsa con la marcia più veloce che, in genere, è la quarta.

Parto della montagna. Meschino effetto che segue grandi e ostentate promesse (v. anche i prov.: Tanto fumo per poco arrosto; Tanto rumore per nulla) da un'immagine oraziana della montagna che partorì il topolino. Montagna ha anche significato figurato di 'cosa, quantità enorme e esagerata'.

Passare in cavalleria. Passa in cavalleria tutto ciò che è promesso e non mantenuto, prestato e non restituito e ciò che sparisce senza essere smarrito. Locuzione derivata dal gergo militare ed era forse in origine espressione eufemistica per indicare il disertore, o il militare trasferito o congedato, come passato ad altra arma, la cavalleria, un tempo ritenuta più nobile e prestigiosa delle altre.

Passare una notte in bianco. Trascorrere una notte insonne. Nel Medioevo chi doveva essere investito cavaliere, trascorreva la notte precedente vegliando vestito di bianco in segno di purezza e questa era la veglia d'armi.

Perdere la tramontana. Perder l'orientamento, la pazienza. Si dice anche 'Perder la bussola, le staffe'. 'Stella tramontana' si chiamò in passato la stella polare che era il principale punto di riferimento per i navigatori d'un tempo.

Pescare nel torbido. Approfittare dello scompiglio e della confusione (o crearli a bella posta) per ottenere disonestamente dei vantaggi. Probabile riferimento alla celebre comparazione, fatta da Aristofane nella commedia 'I Cavalieri', dei pescatori d'anguille che ne prendono molte di più quando le acque sono torbide e fangose.

Piantar baracca e burattini. Lasciare improvvisamente un'impresa e coloro che in quella ci erano compagni; cessare in tronco un'attività (v. Lasciare, piantare in asso). 'Baracca' propriamente significa teatrino di burattini e in senso figurato indica un'organizzazione un po' malandata (Mandare avanti la baracca: portare avanti una cosa con fatica); 'burattini' si dicono le persone poco serie.

Pietra dello scandalo. Ciò che corrompe col malesempio; ciò che provoca discordia (v. anche: Seminatore di zizzania). Si dice anche 'pietra del vituperio' o 'd'inciampo'. L'espressione si trova in Isaia ed è ripetuta in altri passi della Bibbia.

Pietra di paragone. Termine al quale ci si riferisce, per le sue qualità discriminanti o per una qualità posseduta in modo assoluto, per giudicare i valori di diversi elementi. È la pietra che per le sue qualità permette, fregandovelo sopra, di saggiare l'oro.

Prendere, cogliere in contropiede. Con una rapida azione prendere alla sprovvista l'avversario che si trova impegnato altrove e non se l'aspetta. L'azione di contropiede nel gioco del calcio consiste nel rovesciare improvvisamente il gioco passando dalla difesa all'attacco, in modo da raggiungere la zona della porta avversaria rimasta pressoché indifesa.

Prendere due piccioni con una fava. Ottenere due vantaggi con una sola spesa o un solo lavoro, come chi con una sola esca catturi due prede. Le fave si ponevano un tempo nelle trappole per la caccia ai colombi selvatici.

Prendersela, lottare con i mulini a vento. Si dice di chi per mania di persecuzione o per idee fisse o strane se la prende con nemici inesistenti e con persone e cose che non c'entrano. Dalla famosa avventura di Don Chisciotte (1, 8) che, credendoli giganti, lottò contro dei mulini a vento.

Questioni di lana caprina. Discussioni senza fondamento o su cose da nulla, come le 'dispute sul sesso degli angeli' o 'sull'ombra dell'asino'. Manca una spiegazione soddisfacente sull'origine di questa espressione molto antica che si trova già in Orazio.

Quinta colonna. Chi, dall'interno d'uno schieramento, favorisce gl'interessi della parte nemica. Espressione nata durante la guerra civile spagnola (1936-1939), quando il generale Mola, puntando su Madrid con quattro colonne, dichiarò di poter contare su una quinta colonna che operava a favore dei seguaci di Franco all'interno della città.

Raddrizzare le gambe ai cani. Darsi da fare intorno a una cosa impossibile, inutile, o pretendere di mutare ciò che non può cambiare. Un po' come 'Lavare la testa all'asino'. Non è da escludere la derivazione dall'antico 'rassettar le gambe ai cani' riferito però a coloro che curavano le gambe rotte di questi animali.

Rimandare, mandare alle calende greche. Rimandare a una data che non verrà mai (anche 'all'anno mai' o 'al giorno mai'). Era questa un'espressione usata dall'imperatore Augusto per indicare la data in cui i debitori insolventi avrebbero pagato, cioè mai; così narra Svetonio nella *Vita di Augusto* (le calende nel calendario greco non esistevano, mentre nel calendario romano erano il primo giorno del mese in cui si usava saldare i debiti).

Rispondere per le rime. Rispondere senza ammettere nulla dell'accusa, 'rendendo la pariglia', adducendo altrettante e più valide ragioni. Dall'uso dei poeti d'un tempo che, nelle tenzoni in versi, componevano il sonetto di risposta conservando le stesse rime della proposta (v. ad es., i sonetti dei mesi di Folgore da S. Giminiano cui rispose Cene dalla Chitarra).

Ritirarsi sull'Aventino. Appartarsi, ritirarsi sdegnosamente in segno di protesta morale (v. anche: Chiudersi in una torre d'avorio). Sul colle dell'Aventino si ritirò la plebe dell'antica Roma durante la lotta con i patrizi. 'Aventino' fu detta l'opposizione di coloro che abbandonarono il Parlamento nel 1924, dopo l'assassinio di Giacomo Matteotti, per protesta e accusa contro il governo fascista.

Rivedersi a Filippi. Rimandare una questione al giorno della resa dei conti. Al futuro assume tono ironico o minaccioso per ricordare che verrà il giorno della prova. Così, apparendo in sogno, promise a Bruto il suo cattivo genio, predicendo all'uccisore di Cesare la sconfitta e il suicidio sul campo di battaglia presso Filippi.

Rompere il ghiaccio. In genere: vincere una difficoltà iniziale; particolarmente: nei rapporti umani superare la freddezza, il silenzio d'un primo incontro o d'una situazione critica. Forse si rifà all'uso antico di far precedere un'imbarcazione da uomini che rompevano il ghiaccio d'un fiume gelato.

Salire, essere al settimo cielo. Conseguire il massimo della felicità, come 'Toccare il cielo con un dito'. Il settimo cielo, nel sistema tolemaico, era il più alto, oltre cui erano le stelle fisse e l'orbe supremo.

Salvar capra e cavoli. Destreggiarsi in modo da evitare due pericoli, sfuggire uno dei quali comporterebbe logicamente di non poter sottrarsi all'altro. Dalla favola del barcaiolo che, dovendo far attraversare un fiume a una capra, a un lupo e a dei cavoli, risolse il problema con sette traversate, portando le tre cose avanti e indietro in modo che il lupo non mangiasse la capra né questa i cavoli.

Salvarsi in corner. Salvarsi all'ultimo momento, usando l'ultimo mezzo disponibile (v. anche: Per il rotto della cuffia). Dall'ingl. *corner* (angolo), abbreviazione di *corner kick* (calcio d'angolo), rimessa in gioco che nel calcio è prevista a sfavore della squadra che spinge la palla oltre la propria linea di fondo, azione spesso fatta volontariamente per risolvere pericolose situazioni.

Scagliare la prima pietra. Dare il primo colpo, quasi assumendo tutta la responsabilità, contro una persona o un'istituzione. Dalla frase con cui Cristo difese la donna adultera che doveva essere lapidata 'Chi di voi è senza peccato, le scagli contro la prima pietra'.

Seguire, essere, stare a ruota. Stare a brevissima distanza da chi precede o arriva per primo; essere preceduto di stretta misura nel conseguire un risultato. Locuzione propria delle gare ciclistiche in cui un corridore, che non si lascia staccare da un rivale, lo segue a ruota (anche di proposito, per farsi tirare) e giunge a ruota sul traguardo quando la ruota posteriore della prima bicicletta non sopravanza quella anteriore della seconda.

Seminatore di zizzania (o **seminare zizzania**). Seminatore di discordia (v. anche: Pietra dello scandalo). Dalla parabola evangelica dell'uomo nemico che di notte seminò la zizzania (o loglio, da cui anche: 'Mischiare il grano col loglio') in mezzo al grano. Il vocabolo 'zizzania' è entrato nella lingua italiana attraverso questa parabola.

Sentirsi fischiare gli orecchi. Credere, avere il sospetto che altri stiano parlando di noi. È un antico pregiudizio che chi sente un fischio negli orecchi sia in quel momento ricordato da qualcuno.

Sepolcro imbiancato. Un ipocrita che aggiunge alla falsità l'ostentazione d'un'esagerata integrità, come facevano gli scribi e i farisei, che Cristo paragonò ai sepolcri imbiancati, riferendosi all'usanza ebraica di render visibili le tombe, imbiancandole perché nessuno le toccasse rendendosi impuro.

Spada di Damocle. L'incombere incessante d'una minaccia o d'un pericolo. Dioniso il vecchio, tiranno di Siracusa, mostrò a Damocle, suo favorito, che lo aveva detto felice, come vivesse un tiranno, facendogli sospendere sul capo, durante un banchetto, una spada legata ad un tenue filo.

Spezzare una lancia a favore. Parlare, agire in difesa, in favore di uno, aiutarlo. Uno dei doveri dei cavalieri, oltre a quello di difendere l'onore proprio e del sovrano, era di proteggere i deboli e gli oppressi, in favore dei quali scendevano in campo dove il primo scontro era quello delle lance.

Tagliare la testa al toro. Risolvere senza lasciare dubbi o incertezze una questione o un problema; troncare una discussione, superare una difficoltà con mezzi risolutivi. Deriva probabilmente dalla tauromachia.

Tallone d'Achille. Punto debole d'una persona o d'un sistema difensivo; la parte più vulnerabile o delicata. La madre Teti immerse Achille, quando era piccolo, nello Stige: ciò lo rese invulnerabile in tutto il corpo tranne che nel tallone per il quale essa lo sorreggeva. Da ciò anche il tendine che scende fino alla parte posteriore del calcagno è detto 'tendine d'Achille'.

Tempo delle vacche grasse (o **magre**). Il tempo dell'abbondanza, della prosperità (della carestia, della miseria). Nel racconto della Genesi sette vacche grasse che vennero divorate da sette vacche magre furono sognate dal Faraone e interpretate da Giuseppe come sette anni d'abbondanza seguiti da sette anni di carestia.

Tirare i remi in barca. Sospendere un'attività o perché giunti alla sua conclusione, o per deliberato proposito di lasciare che facciano altri. Si dice anche: 'Chiamarsi fuori' (dal gioco delle carte) quando uno, avendo raggiunto il suo scopo, lascia una faccenda. Fa riferimento al vogatore che cessa di remare e si lascia portare dall'inerzia o dalla corrente.

Tornare a bomba. Tornare al punto, al proposito, all'argomento di cui si stava trattando prima di una digressione. 'Bomba' è il nome del punto da cui partono e a cui devono ritornare i giocatori nel gioco infantile del nascondino.

Uccello del malaugurio. Persona che ha un influsso malefico, annuncia la sventura o ama fare sempre previsioni sinistre. Tra gli animali alcuni uccelli, e in particolare il loro canto, si ritiene che predìcano o portino sventura.

Uovo di Colombo. Trovata semplicissima che risolve un problema da tutti considerato insolubile. Vuole un aneddoto che Colombo mostrasse quanto appaia semplice la soluzione d'un problema quando è risolto, invitando alcuni a far star ritto un uovo: non riuscendoci nessuno, mostrò come ciò fosse facile praticando una leggera ammaccatura sul fondo.

Uscire dai gangheri. Arrabbiarsi, perdere la calma, la pazienza, il controllo di se stessi e comportarsi senza logica. Immagine presa dalla porta che si scardina; come il cavaliere che 'perde le staffe' ha dato origine alla locuzione dello stesso significato.

Uscire, passare per il rotto della cuffia. Cavarsela alla meglio o quasi per miracolo. Si vuole, con poca probabilità, farlo derivare dall'antico gioco della quintana, in cui era ritenuta valida anche la prova di quel concorrente che subiva un colpo o un danno nella cuffia.

Vecchia guardia. I fondatori, i più fedeli e vecchi seguaci d'un movimento, considerati spesso più per i meriti del passato che per quanto contino nel presente. La Vecchia Guardia imperiale di Napoleone I (della quale fu detto che 'muore, ma non s'arrende') era composta dai più valorosi veterani.

Vedere la pagliuzza nell'occhio altrui. Si usa rimproverare, con questa frase evangelica, la facilità con cui si censurano gli altrui lievi difetti senza guardare i propri, spesso peggiori. Si dice anche, se uno rimprovera ad altri il proprio difetto: 'Come disse la padella al paiolo: fatti in là che mi tingi'.

Vittoria di Pirro. Una vittoria che costa al vincitore più che al vinto la sconfitta e lo pone in condizioni precarie o d'inferiorità nei confronti del nemico battuto. Tale si dice fosse appunto la situazione di Pirro dopo aver vinto i Romani ad Ascoli (o a Eraclea, secondo altri); pur avendo battuto il nemico non fu in grado di sconfiggerlo definitivamente.

A brigante brigante e mezzo. Suggerisce di usare le armi dell'avversario, anche se disoneste, e ancor meglio di lui. Tuttavia *Due torti non fanno una ragione*: rispondere a un atto ingiusto con un atto ingiusto non ristabilisce la giustizia.

A buon intenditor poche parole. A chi sa capire non occorre rivolgere lunghi discorsi. Si usa per giustificare o attenuare la brutalità di certi avvertimenti, o per alludere a cose che vengono taciute per prudenza, riguardo, connivenza ecc. Già nel latino di Plauto: *Intelligenti pauca.*

A caval donato non si guarda in bocca. Quando un cavallo ti viene regalato non devi ispezionarne la bocca (per controllarne l'età o la salute, come si fa quando lo si paga). Vale come considerazione utilitaria (quel che ti giunge senza tua richiesta o spesa va sempre bene), come regola di galateo (non si fanno apprezzamenti sull'eventuale scarso valore dei doni), o come commento scherzoso (quel che ti regalano ti tocca prenderlo come è).

Acqua cheta rompe i ponti. Certe acque (o persone) che in superficie appaiono tranquille e innocue sono poi al fondo turbinose e insidiose. v. *Dagli amici* ecc.

Acqua passata non macina più. L'acqua che è già passata (sotto la ruota del mulino) non è più in grado di far muovere la mola e quindi di macinare. Si dice per azioni, atteggiamenti, sentimenti ecc. che hanno avuto valore un tempo ma non ne hanno più oggi.

Ad ognuno la sua croce. A tutti tocca qualche cruccio o dolore, anche se nascosto; in altre parole *Ogni legno ha il suo tarlo.* E crucci o tarli, se non appaiono al di fuori, sono però noti dal di dentro: *I guai della pentola li sa il mestolo.*

A goccia a goccia si scava la pietra. Pur se si è deboli, l'ostinata perseveranza vince gli ostacoli più duri. Dal latino *Gutta cavat lapidem*: la goccia scava la pietra.

Agosto ecc. v. *Gennaio* ecc.

Aiutati che Dio (oppure **il ciel**) **t'aiuta; Aiutati che io ti aiuto.** Adoperati per risolvere da te i tuoi problemi e troverai che altri ti darà una mano. Noto nella forma: *Chi s'aiuta, Iddio l'aiuta.*

Al bisogno (oppure **Nelle sventure**) **si conosce l'amico.** Le amicizie vere danno prova di sé nei momenti duri (e solo queste sono un tesoro: v. *Chi trova* ecc.).

Al buio tutti i gatti sono bigi. v. *Di notte* ecc.

Al contadin non far sapere quanto è buono il formaggio con le pere. Non bisogna far conoscere al contadino quanto siano buoni certi prodotti del suo lavoro, altrimenti non si contenterebbe di cibi più grossolani e poveri. Cinicamente suggerisce di tenere i sottoposti nell'ignoranza del proprio ruolo, per profittarne. Perciò talvolta si rovesciano le parti dicendo: *Al padron non far sapere* ecc.

Al cuore non si comanda. I sentimenti non prendono ordini. Si usa specialmente per dire che non ci si innamora (e non si smette di amare) a comando, e più in generale per sottolineare che la volontà propria o altrui può poco sugli affetti.

All'ultimo si contano le pecore. v. *Ride ben* ecc.

A mali estremi estremi rimedi. Se il male è estremo, anche il rimedio deve essere tale. Serve per giustificare con la (vera o presunta) gravità della situazione la durezza, la drasticità ecc. di certi provvedimenti adottati o da adottare.

Ambasciator non porta pena. Non si ha colpa, e non si può essere puniti, per i messaggi anche sgraditi di cui si è latori. Antica norma di immunità nel diritto delle genti, si usa più o meno scherzosamente e malignamente per le piccole vicende quotidiane.

A muro basso ognuno ci si appoggia. I meno potenti o abbienti sono sempre sfruttati. Ed è anche perciò che *Chi nasce afflitto muore sconsolato*: non riesce a mutar condizione. v. *Il cane morde lo straccione.*

A nemico che fugge ponti d'oro. Se il nemico fugge conviene agevolargli la strada perché non cambi avviso. Suggerisce di non voler stravincere, o più maliziosamente di largheggiare in concessioni formali quando si è vinto su questioni sostanziali. Già in latino: *Qua fugiunt hostes, via munienda est* (la via per la quale fugge il nemico gli va resa sicura).

Anno nevoso anno fruttuoso. Infatti *Sotto la neve pane, sotto l'acqua fame.* Per altri detti sul tempo atmosferico, i mesi e le feste v. *Buon tempo* ecc., *Cielo a pecorelle* ecc., *Di carnevale* ecc., *Gennaio secco* ecc., *Gobba a ponente* ecc., *L'Epifania* ecc., *Natale* ecc., *Quando piove* ecc., *Rosso di sera* ecc., *Vento fresco* ecc.

Anno nuovo vita nuova. Vale come augurio e come proposito.

A ogni uccello suo nido è bello. Ciascuno ama i luoghi, le condizioni, le abitudini ecc. che gli sono familiari o congeniali, e ciò anche se si tratta di cose povere o modeste. In modo meno conciso: *Casa mia casa mia, benché piccola tu sia, tu mi sembri una badia.*

A padre avaro figliuol prodigo. v. *Tale il padre tale il figlio.*

A pagare e morir c'è sempre tempo. E così per ogni altra cosa sgradita.

Aprile ecc. v. *Gennaio* ecc.

A rubar poco si va in galera, a rubar tanto si fa carriera (oppure **Chi ruba poco va** ecc.). Il ladruncolo, magari per bisogno, viene preso e punito, e il grande malversatore sfugge alla legge e accresce la sua potenza. Anche in questo caso *Sono sempre gli stracci* ecc. C'è anzi di peggio: *Ladro piccolo non rubare che il ladro grosso ti fa impiccare.*

A San Martino ecc. v. *Gennaio* ecc.

Attacca l'asino dove vuole il padrone e, se si rompe il collo, suo danno. Se qualcuno da cui dipendi esige da te azioni che lo danneggiano, esegui e tanto peggio per lui.

A tutto c'è rimedio fuorché alla morte. Invita a non perdersi d'animo, anche se l'avversità è grave.

Bacco, tabacco e Venere riducono l'uomo in cenere. Vino, fumo e donne sono vizi che distruggono.

Bandiera vecchia onor di capitano. Quando è vecchia, o proprio perché è vecchia, la bandiera è più gloriosa e dunque fa onore a chi ne è portatore. In linguaggio militaresco dice le virtù delle cose vecchie di cui parla, in linguaggio casalingo, anche *Gallina vecchia* ecc., e si presta ad analoghi impieghi scherzosi.

Batti il ferro quando (oppure **finché**) **è caldo.** Come il fabbro lavora sul ferro quando (e finché) è arroventato e quindi malleabile, così bisogna iniziare le proprie imprese quando la situazione è favorevole (e insistervi finché resta tale).

Bello in fasce brutto in piazza. v. *Brutto in fasce* ecc.

Bisogna far buon viso a cattivo gioco. Bisogna non solo saper perdere senza esternare dispetto, ma anche mostrar di adattarci volentieri a ciò che non ci conviene o piace.

Botte buona fa buon vino. Le botti di buona qualità rendono buono il vino che contengono. Più in generale: da buoni produttori si hanno buoni prodotti, e da cause buone buoni effetti: es. *Buon vino fa buon sangue.*

Brutto in fasce bello in piazza. Chi è brutto nell'infanzia sarà (o potrà essere) bello da grande. Si dichiara anche l'inverso: *Bello in fasce brutto in piazza.*

Buon sangue non mente. Si dice sia per le persone che per gli animali, quando compiono azioni o imprese non inferiori a quelle degli ascendenti.

Buon tempo e mal tempo non dura tutto il tempo. Ambedue vengono a fine. Si usa anche per le vicende umane, ma riguarda soprattutto i fatti atmosferici per i quali v. *Anno nevoso* ecc.

Buon vino fa buon sangue. v. *Botte buona* ecc.

Cambiano i suonatori ma la musica è sempre quella. Si dice quando col mutare dei protagonisti o dei dirigenti la sostanza dei fatti (umani, politici, ecc.) resta la stessa.

Campa, cavallo mio, che l'erba cresce. Invito ironico o rassegnato a cercar di sopravvivere in attesa di un evento favorevole che però è lontano, improbabile, e non dipende da noi. E per aspettative così incerte si dice appunto che *Chi di speranza vive disperato muore.*

Can che abbaia non morde. Dichiara più o meno scherzosamente che chi proferisce molte minacce di solito non passa ai fatti. Ha qualche analogia con *Tra il dire e il fare* ecc.

Carta canta e villan dorme. Quando gli accordi sono messi per iscritto si è più tranquilli. Infatti *Scripta manent, verba volant*: gli scritti restano, le parole volano.

Casa mia casa mia ecc. v. *A ogni uccello* ecc.

Chi ben comincia è alla metà dell'opra. Chi avvia bene un lavoro è come se l'avesse già compiuto per metà. Segnala l'importanza di impiantare bene, fin dall'inizio, ogni impresa. v. *Il buon giorno* ecc.

Chi cento ne fa una ne aspetta. v. *Una ne paga cento.*

Chi cerca trova. Se cerchi, alla fine troverai; solo se cerchi potrai trovare. L'impegno produce risultati, e perciò si dice anche *Chi la dura la vìnce*: chi tiene fermo il suo proposito e lo persegue con fermezza alla fine riesce nel suo intento. v. anche *Chi dorme* ecc., *Chi non risica* ecc.

Chi compra sprezza e chi ha comprato apprezza. v. *Chi disprezza* ecc.

Chi dice donna dice danno. v. *Donna danno* ecc.

Chi dice quel che vuole sente quel che non vorrebbe. Se ci esprimiamo sugli altri senza riguardi, ne riceveremo risposta 'per le rime'. Si dice anche (e non solo per le parole): *Qual proposta tal risposta.* v. *Quel ch'è fatto* ecc., *Come mi suoni* ecc.

Chi di spada ferisce di spada perisce. v. *Chi la fa l'aspetti.*

Chi di speranza vive disperato muore. v. *Campa, cavallo* ecc.

Chi disprezza compra. Per ottenere condizioni più favorevoli, o per altri motivi, spesso si svalutano a parole persone o cose che invece si apprezzano. Si dice anche *Chi compra sprezza e chi* *ha comprato apprezza.*

Chi dorme non piglia pesci. Se il pescatore è addormentato, distratto, disattento ecc. non pescherà nulla. Più in generale: solo se sarai sveglio e attento potrai ottenere risultati, ed è giusto che tu non li abbia se non lo sei. v. *Chi cerca* ecc., *Chi la dura* ecc., *Chi non risica* ecc.

Chi è causa del suo mal pianga se stesso. Chi ha prodotto da sé le situazioni o gli eventi che lo danneggiano deve rimproverare se stesso e non gli altri o la sorte. Ha qualche analogia con *Chi pecora* ecc.

Chi è in difetto è in sospetto. Chi è o si sente in colpa scambia per accuse o denunce anche accenni innocui, ignari o puramente casuali.

Chi è svelto a mangiare è svelto a lavorare. Chi è lesto, attivo, sveglio, veloce, lo dimostra in tutto.

Chi fa da sé fa per tre. Chi fa da sé le proprie cose riesce tre volte meglio che affidandole ad altri. v. per analogia *Chi vuole vada* ecc., e per contrasto *Una mano* ecc. Con riferimento più diretto ai beni materiali e alle gelose cure che ne hanno i proprietari si dice anche *L'occhio del padrone ingrassa il cavallo*.

Chi fa falla, e chi non fa sfarfalla. Chi agisce commette necessariamente qualche errore, ma chi resta inattivo ne fa di più gravi e per giunta inutili.

Chi ha avuto ha avuto e chi ha dato ha dato. Quando una questione è chiusa, ognuno deve tenersi quel che di bene o di male gli è toccato.

Chi ha denti non ha pane e chi ha pane non ha denti. Commenta il fatto che certi beni tocchino a chi non sa o non può servirsene, e viceversa. Si dice anche *Chi ha farina non ha la sacca, e chi ha la sacca non ha la farina*.

Chi ha farina non ha la sacca ecc. v. *Chi ha denti* ecc.

Chi ha polvere spara. v. *Il ricco quando vuole* ecc.

Chi ha tempo non aspetti tempo. Se già hai il tempo per fare qualcosa che devi, non aspettare di averne dell'altro. Analogo invito è espresso da *Non rimandare a domani quello che puoi fare oggi*.

Chi la dura la vince. v. *Chi cerca trova*.

Chi la fa l'aspetti. Chi danneggia gli altri deve aspettarsene risposte dello stesso tipo. Un concetto analogo esprime *Chi di spada ferisce di spada perisce* che deriva direttamente dal latino *Qui gladio ferit gladio perit*. v. *Quel ch'è fatto* ecc., *Una ne paga cento*.

Chi lascia la via vecchia per la nuova sa quel che lascia ma non sa quel che trova (oppure **peggio si trova**). Ad abbandonare le strade già note si va incontro all'incerto (o, più pessimisticamente, al peggio). v. per analogia *Meglio l'uovo* ecc. e per contrasto *Chi non risica* ecc.

Chi mal semina mal raccoglie. v. *Chi semina vento* ecc.

Chi mena per primo mena due volte. v. *Chi prima arriva* ecc.

Chi muore giace e chi vive si dà pace. Sottolinea con realismo o con rammarico o con cinismo che, per i vivi, la vita continua.

Chi nasce afflitto muore sconsolato. v. *A muro basso* ecc.

Chi nasce è bello, chi si sposa è buono e chi muore è santo. Commenta ironicamente le lodi convenzionali che si fanno per i neonati, gli sposi e i morti.

Chi non beve in compagnia o è un ladro o è una spia. v. *In compagnia* ecc.

Chi non comincia non finisce. Esorta a dare sollecito inizio a imprese o faccende magari lunghe e noiose ma necessarie: se non le si avvia non si potrà mai liberarsene.

Chi non ha buona testa ha buone gambe. Se si è sbadati, smemorati, disattenti ecc., si è costretti a muoversi per rimediare.

Chi non mangia ha già mangiato. Interpreta il rifiuto del cibo come sazietà. In forma più completa si dice anche *Chi non mangia a desco ha mangiato di fresco*, e in modo più immaginoso *Gallina che non razzola ha già razzolato*.

Chi non risica non rosica. Chi non osa esporsi a qualche rischio non ottiene nulla; solo rischiando si può riuscire; è giusto che chi non rischia non ottenga. v. per analogia *Chi cerca* ecc., *Con niente* ecc., e per contrasto *Chi lascia* ecc., *Chi si contenta* ecc., *Chi troppo vuole* ecc.

Chi non semina non raccoglie (oppure **miete**). Chi non si è adoperato al momento giusto non può attendersi frutti.

Chiodo scaccia chiodo. Come un secondo chiodo rimuove il primo, se confitto nello stesso foro, così una preoccupazione, un dolore ecc. scaccia l'altro, o lo fa passare in seconda linea.

Chi pecora si fa, il lupo se la mangia. Se ci si pone da soli in posizione di debolezza se ne subiscono le conseguenze dannose. Ha qualche analogia con *Chi è causa* ecc.

Chi perde ha sempre torto. v. *Chi vince* ecc.

Chi più ha più vuole. v. *L'appetito* ecc.

Chi più ne ha più ne metta. Dovrebbe valere soprattutto per il senno o la roba (deve impiegarne di più chi ne è più fornito), ma si usa spesso al posto di 'e così via', 'e via dicendo', per abbreviare una enumerazione di fatti o oggetti e per suggerire insieme l'idea del loro grande numero e della loro varietà.

Chi più sa meno crede. v. *Chi scopre il segreto* ecc.

Chi più spende meno spende. Spendendo di più, per avere cose di qualità migliore, si spende di meno perché durata ed efficienza sono maggiori. Mette in guardia contro false economie in cose essenziali: v. *Chi serba* ecc.

Chi prima arriva macina. Dice i vantaggi del giungere presto o prima degli altri. Stesso senso hanno *Chi prima nasce prima pasce* e il più brutale e aggressivo *Chi mena per primo mena due volte*: chi muove per primo all'attacco resta in vantaggio. Sui ritardi v. *Chi tardi* ecc. Si dice anche *La miglior difesa è l'attacco*.

Chi prima nasce prima pasce. v. *Chi prima arriva* ecc.

Chi ride il venerdì piange la domenica. v. *Il riso* ecc.

Chi ride senza perché ecc. v. *Il riso fa buon sangue*.

Chi rompe paga. Se rompi un oggetto devi pagarlo. Avverte che se si arreca un danno si deve risponderne e non si può non risarcirlo. Talora si aggiunge: *... e i cocci sono suoi*, che può significare soltanto che si ha diritto a tenersi ciò che resta dell'oggetto rotto e pagato, o può sottolineare scherzosamente che, dopo aver rotto e pagato, quel che al massimo ti resta sono i cocci.

Chi ruba poco ecc. v. *A rubar poco* ecc.

Chi sa fa e chi non sa insegna. Chi veramente conosce un mestiere, un'arte, una scienza ecc., opera e produce; chi invece non li conosce è prodigo di consigli, ammaestramenti e in sostanza di chiacchiere.

Chi sa il gioco (oppure **il trucco**) **non l'insegna** (oppure **insegni**). Chi conosce il meccanismo o l'espediente che porta a vincere, nel gioco o in cose più serie, ben si guarda (o si guardi) dal rivelarlo.

Chi s'aiuta Iddio l'aiuta. v. *Aiutati* ecc.

Chi s'assomiglia si piglia. v. *Dio li fa* ecc.

Chi scopre il segreto perde la fede. Quando si viene a sapere come stanno realmente le cose, si guarisce dalla credulità, ci si comporta più razionalmente ecc. Si dice anche *Chi più sa meno crede*.

Chi semina vento raccoglie tempesta. Chi crea situazioni o eventi negativi se ne trova poi addosso le conseguenze moltiplicate. Si dice anche, in forma meno forte, *Chi mal semina mal raccoglie*.

Chi serba serba al gatto. Chi vuol troppo conservare le cose invece di consumarle le vedrà andare in malora. Anche l'eccesso di parsimonia può risolversi in uno spreco: v. *Chi più spende* ecc.

Chi si contenta gode. Si usa per esortare alla moderazione nei desideri, con concezione analoga a *Chi lascia* ecc. e contrastante con *Chi non risica* ecc.: ma serve anche per commentare ironicamente la troppo facile contentatura di qualcuno, come se si dicesse: 'contento lui, contenti tutti!'.

Chi si scusa si accusa. Quando ci si scusa senza esserne richiesti vuol dire che si è (o ci si sente) in colpa. Equivale al latino *Excusatio non petita, accusatio manifesta*: scusa non richiesta, accusa manifesta.

Chi tace acconsente. Chi non si pronuncia contro è come se fosse a favore; se non manifesti il dissenso vuol dire che sei d'accordo. Si dice per spingere qualcuno a pronunciarsi o per considerare sbrigativamente chiusa una questione quando si sa che i dissenzienti non vogliono o non possono pronunciarsi.

Chi tanto (oppure **troppo**) **e chi niente**. Commenta con amarezza la ingiusta disuguaglianza delle sorti, delle condizioni sociali ecc.

Chi tardi arriva male alloggia. Chi giunge quando l'ora giusta è passata trova posto scomodo o non ne trova affatto. Nata in riferimento a locande o alberghi, l'espressione si usa per tutti i ritardi e tutti i ritardatari. Per i vantaggi del giungere presto v. *Chi prima arriva* ecc.

Chi troppo e chi niente. v. *Chi tanto* ecc.

Chi troppo vuole nulla stringe. Se vuoi troppo non otterrai nulla. Esorta a non eccedere nelle pretese, nelle ambizioni ecc. Ma vedi *Chi non risica* ecc.

Chi trova un amico trova un tesoro. Si riferisce naturalmente alle amicizie vere (v. *Al bisogno* ecc.) e non a quelle fittizie e insidiose (v. *Dagli amici* ecc.).

Chi va al mulino s'infarina. Come è impossibile andare al mulino senza che ci si depositi addosso il pulviscolo sollevato dalla mola, così è impossibile affrontare certe imprese, certi lavori ecc. senza che ce ne resti addosso il segno, per lo più morale. Ha qualche analogia con *Chi va con lo zoppo* ecc.

Chi va con lo zoppo impara a zoppicare. Si prendono le abitudini, specie se negative, di quelli che si frequentano. Analogo, ma con sfumatura diversa, a *Chi va al mulino* ecc.

Chi va piano va sano e va lontano. Non riguarda solo il muoversi o viaggiare, ma esorta alla ponderazione e alla calma anche nel lavoro manuale o intellettuale.

Chi vince ha sempre ragione. Con amarezza o realismo dichiara che se si ha ragione non sempre si vince, ma se si vince si ha sempre ragione. Si dice anche *Chi perde ha sempre torto*.

Chi vuole i santi se li preghi. v. *Non si entra* ecc.

Chi vuole vada e chi non vuole mandi. Se veramente vuoi ottenere un risultato devi muoverti di persona; se invece ne incarichi altri sicuramente non lo otterrai. v. per analogia *Chi fa da sé* ecc., e per contrasto *Una mano* ecc.

Cielo a pecorelle acqua a catinelle. Nuvole bianche e a fiocchi indicano pioggia abbondante. v. *Anno nevoso* ecc.

Col fuoco non si scherza. Invita alla prudenza in tutte le faccende pericolose.

Col nulla non si fa nulla. v. *Con niente* ecc.

Col pane tutti i guai sono dolci. v. *Tutti i guai* ecc.

Col tempo e con la paglia ecc. v. *Roma non fu* ecc.

Come mi suoni, commare, ti ballo (oppure **ti canto**). Mi comporterò con te a seconda di come tu ti comporterai con me. v. *Chi dice quel che vuole* ecc., *Quel ch'è fatto* ecc.

Con niente non si fa niente. Ogni impresa richiede impegno e spese (e comporta rischi: v. *Chi non risica* ecc.). Alle persone si riferisce invece *Non si fa niente per niente*; nessuno si impegna senza averne o sperarne ricambi, vantaggi ecc. Senso analogo ai precedenti può assumere anche *Il mulino non macina senz'acqua* (e *Senza denari non canta un cieco*, opp. *non si canta messa*, che però dice anche l'importanza del denaro e gli svantaggi del non averne).

Contadini, scarpe grosse e cervelli fini. Anche in questo caso *L'apparenza inganna*.

Contro la forza la ragion non vale. Non serve avere ragione quando gli altri impiegano contro di noi la prepotenza. Commenta con amara rassegnazione molte ingiustizie personali o sociali, cui si riferiscono anche *Il cane morde* ecc., *Il pesce grosso* ecc., *L'acqua corre* ecc.

Corpo satollo anima consolata. v. *La contentezza* ecc.

Corpo sazio non crede a digiuno. v. *Pancia piena* ecc.

Cosa fatta capo ha. Quando una cosa è fatta non può più essere disfatta. Frase attestata già nel sec. XIII e ancora in uso per esortare a liberarsi da esitazioni nell'azione.

Cuor contento gran talento. v. *Gente allegra* ecc.

Cuor contento il ciel l'aiuta. v. *Gente allegra* ecc.

Cuor contento non sente stento. v. *Gente allegra* ecc.

Da cosa nasce cosa. v. *Una ciliegia* ecc.

Dagli amici (oppure **Dall'acqua cheta**) **mi guardi Dio, dai nemici** (oppure **dalla corrente**) **mi guardo io.** Meglio un nemico dichiarato o un pericolo scoperto che un falso amico o un'insidia nascosta. v. *Acqua cheta* ecc., *Al bisogno* ecc.

Dài tempo al tempo. Invita a non voler 'forzare i tempi', così nelle aspettative come nell'azione, e cioè ad attendere che gli eventi si sviluppino secondo il tempo che è loro necessario. Per analoghi inviti v. *Roma non fu* ecc., *La gatta frettolosa* ecc., e *Il tempo è galantuomo*.

Dal capo (oppure **Dalla testa**) **vien la tigna.** Dichiara che certi mali (o anche tutti) hanno origine in chi sta in alto, comanda ecc. Nello stesso senso si dice che *Il pesce puzza dalla testa* (il marcio comincia dall'alto) e, in forma meno forte, che *Il difetto sta nel manico* (e cioè in chi guida l'operazione e nel suo modo di condurla).

Dal frutto si conosce l'albero. v. *Se son rose* ecc.

Dall'acqua cheta mi guardi Dio ecc. v. *Dagli amici* ecc.

Da una rapa non si cava sangue. Inutile pretendere da cose o persone ciò che per natura esse non possono dare.

De gustibus non est disputandum. v. *Tutti i gusti* ecc.

Del senno di poi (ne) son piene le fosse. L'assennatezza che sopravviene a cose fatte è facile e non serve.

Di carnevale ogni scherzo vale. Divengono lecite cose che altrimenti non lo sarebbero. Ma si dice anche *Di carnevale il povero a zappare*: non c'è festa per lui (v. *Il ricco* ecc.). Per detti su altre feste v. *L'Epifania* ecc., *Natale* ecc. e v. *Anno nevoso* ecc.

Dicembre ecc., v. *Gennaio* ecc.

Di giorno si vedono le macchie. Che la notte si sperava di tener nascoste. v. *Quando la neve* ecc.

Di notte (oppure **Al buio**) **tutti i gatti sono neri** (oppure **bigi**). Ci sono momenti o situazioni in cui non è possibile scorgere le differenze che pure esistono tra oggetti, persone, qualità ecc. Bisogna dunque evitar di scegliere o decidere in tali momenti: *Né donna né tela a lume di candela*.

Dio li fa e poi li accoppia (oppure **appaia**). Si dice per persone che agiscono o vivono insieme e hanno gli stessi difetti. Riferendosi anche a qualità positive si dice pure *Chi s'assomiglia si piglia*, o *Ogni simile ama il suo simile*.

Dio manda il freddo secondo i panni. Commenta il fatto che in certi casi le pene o i dolori sono proporzionali alle capacità di sopportazione di chi ne è colpito.

Donna danno, sposa spesa, moglie maglio. Con una serie di giochi di parole o 'bisticci', esprime sfiducia verso il sesso femminile e la condizione coniugale. Si usa anche dire *Chi dice donna dice danno* ecc. Per altri 'bisticci' v. *Fratelli flagelli*.

Due torti non fanno una ragione. v. *A brigante* ecc.

Dura più l'incudine che il martello. Chi percuote, magari con violenza furiosa, resiste meno di chi si limita a incassare i colpi con fermezza.

È meglio... v. *Meglio...*

È più la spesa che l'impresa. Ciò che si deve spendere (in denaro o fatiche) è più di quanto si potrà ricavare dall'impresa, e perciò non mette conto di impegnarvisi. v. *Il gioco non vale* ecc.

Errando discitur. v. *Sbagliando s'impara.*

Errare humanum est, perseverare diabolicum. Sbagliare è umano, ma perseverare (nell'errore) è diabolico.

Excusatio non petita accusatio manifesta. v. *Chi si scusa* ecc.

Fa il bene e scordati, fa il male e pensaci. Il bene va fatto per sola generosità, e comunque non bisogna attendersene riconoscenza; per il male invece si deve aver rimorso, o comunque temerne le conseguenze.

Fa quel che il prete dice, non quel che il prete fa. Dice che i precetti valgono anche se chi li proclama non li rispetta (e cioè 'predica bene e razzola male').

Fatta la legge trovato l'inganno. Emanata una legge c'è sempre chi trova l'espediente per eluderla. Si dice in genere con rassegnata sfiducia nella forza delle norme giudicate buone, e con riprovazione per i furbi; ma talora assume il valore di una sollecitazione all'astuta mancanza di scrupoli.

Febbraio ecc. v. *Gennaio* ecc.

Fidarsi è bene, non fidarsi è meglio. Non serve solo a esprimere sfiducia verso gli altri, ma anche ad avvertire che in certi casi è bene non fidarci troppo neppure di noi stessi (della nostra memoria, della nostra abilità ecc.).

Finché c'è vita (oppure **fiato**) **c'è speranza.** Esortazione a non disperare, anche in condizioni difficili, o anche commento più o meno ironico su chi continua a sperare anche quando ormai è inutile.

Fortunato in amor non giochi a carte. Si usa spesso come scherzosa consolazione (o insinuazione) per quelli che perdono (o vincono) al gioco.

Fratelli flagelli (oppure **coltelli**). Sfruttando la somiglianza dei suoni e il contrasto dei significati, e cioè facendo un 'bisticcio' o 'gioco di parole', afferma che i fratelli sono fonte di guai, contrasti ecc., e che le peggiori inimicizie sono quelle tra congiunti (*Parenti serpenti*). Altrettanto vale per gli amici: *Dagli amici* ecc. Per altri bisticci v. *Donna danno*, e anche *Chi non risica* ecc., *Chi di spada* ecc.

Gallina che canta ha fatto l'uovo. Insinua più o meno maliziosamente che qualcosa si cela sotto certe allegrie apparentemente senza motivo.

Gallina che non razzola ha già razzolato. v. *Chi non mangia* ecc.

Gallina vecchia fa buon brodo. Come la gallina che fornisce buon cibo quando (o proprio perché) è vecchia, così molte cose o persone producono risultati positivi o agiscono efficacemente quando (o proprio perché) sono vecchie. Più in generale: non tutte le cose vecchie sono inutili o spregevoli, e anzi molte possono essere buone solo se tali. Può avere però anche senso ironico o scherzoso. v. la versione in linguaggio militaresco *Bandiera vecchia* ecc.

Gennaio secco, massaio ricco. Se è asciutto il raccolto sarà buono. Tra i detti sugli altri mesi indichiamo: *Febbraietto, corto e maledetto* (per il cattivo tempo); *Marzo è pazzo* (per i continui cambiamenti atmosferici) e *Marzo molle, gran per le zolle* (se umido nuoce al grano); *Aprile dolce dormire*; *Maggio ortolano, molta paglia e poco grano* (se acquoso è dannoso); *Giugno, la falce in pugno*; *Luglio dal gran caldo, bevi bene e batti saldo* (il vino aiuta a lavorare sodo nei campi); *Agosto, moglie mia non ti conosco* (è caldo) e *Agosto ci matura il grano e il mosto*; *Settembre, l'uva è fatta e il fico pende*; *Ottobre mostaio* (si fa il mosto); *Novembre vinaio* (infatti *A San Martino ogni mosto è vino*); infine *Dicembre favaio* (per la produzione e il consumo delle fave). Per altri detti sul tempo ecc. v. *Anno nevoso* ecc.

Gente allegra (oppure **Cuor contento**) **il ciel l'aiuta.** La letizia e la serenità di spirito attirano simpatia e appoggio; inoltre accrescono la capacità di realizzazione e la resistenza alle avversità: *Cuor contento gran talento*, e *Cuor contento non sente stento*. v. *Il riso* ecc.

Gioco di mano gioco di villano. v. *Scherzo di mano* ecc.

Giovane ozioso vecchio bisognoso. Una gioventù di ozio ci porterà a una vecchiaia di stenti.

Giugno ecc. v. *Gennaio* ecc.

Gli estremi si toccano. Ogni cosa, spinta all'estremo, viene a coincidere con il suo contrario; e perciò si usa ancora il detto latino *Summum ius, summa iniuria* (il sommo diritto è somma ingiustizia): l'applicazione troppo rigorosa della giustizia si converte in una grave ingiustizia.

Gli stracci vanno sempre all'aria. v. *Sono sempre gli stracci* ecc.

Gobba a ponente luna crescente, gobba a levante luna calante. Sfrutta le rime per identificare agevolmente le fasi della luna. v. *Anno nevoso* ecc.

Gutta cavat lapidem. v. *A goccia a goccia* ecc.

I cenci e gli stracci vanno sempre all'aria. v. *Sono sempre gli stracci* ecc.

I guai della pentola li sa il mestolo. v. *A ognuno* ecc.

Il buon giorno si conosce dal mattino. Come una giornata buona si annuncia tale fin dal mattino, così il modo con cui un'impresa è avviata già ci dice quale ne sarà il risultato: non per nulla *Chi ben comincia è alla metà dell'opra* (v.).

Il buon vino si vende senza frasca. I buoni prodotti si smerciano senza bisogno di pubblicità o di insegne (la 'frasca').

Il cane morde lo straccione. Come il cane si avventa con particolare violenza contro i poveracci malvestiti (perché a ciò addestrato), così guai, danni, dolori si accaniscono contro chi ne ha già molti. L'opposto capita a chi sta già bene: v. *L'acqua corre* ecc. e v. anche *Contro la forza* ecc., *A muro basso* ecc.

Il diavolo fa le pentole ma non i coperchi. Segnala che l'astuzia o la malvagità possono fornire il recipiente per contenere le azioni giudicate riprovevoli, ma non il coperchio per tenerle nascoste.

Il diavolo non è così brutto come si dipinge. Vuol dire che spesso le cose che temiamo non sono nella realtà così brutte come le nostre paure ce le fanno apparire.

Il difetto sta nel manico. v. *Dal capo* ecc.

Il gioco non vale la candela. La posta è così piccola che non ripaga neppure il costo della candela consumata durante il suo svolgimento: dice, in modo più figurato, la stessa cosa di *È più la spesa* ecc.

Il lupo perde il pelo ma non il vizio. Si dice a proposito di chi ostinatamente persevera in errori o in azioni considerate riprovevoli anche se ha 'perduto il pelo' per punizioni o vecchiaia.

Il medico pietoso fa la piaga verminosa. Il male si aggrava irrimediabilmente quando non si ha il coraggio di adottare i rimedi adeguati, anche se dolorosi.

Il meglio è nemico del bene. Esorta a non voler fare meglio di quanto basta: si rischia infatti di guastare il tutto. v. *L'assai* ecc., *Il troppo* ecc.

Il mondo è bello perché è vario. Esorta più o meno ironicamente ad apprezzare le diversità di idee, di costumi, di abitudini, di gusti ecc. v. *Tutti i gusti* ecc., *Vivi* ecc.

Il mondo è fatto a scale, chi le scende e chi le sale. In origine forse riferito soprattutto al salire dalla nascita alla maturità e al declinare nella vecchiaia verso la morte, vale anche come commento rassegnato o pungente per le vicende che portano in alto chi era in basso e viceversa.

Il mondo non fu fatto in un giorno. v. *Roma non fu* ecc.

Il mulino non macina senz'acqua. v. *Con niente* ecc.

Il pesce grosso mangia il piccolo. I più potenti sconfiggono, distruggono, divorano i più deboli. Serve come constatazione di fatto o come riflessione amara su certe situazioni personali o sociali. v. *Contro la forza* ecc.

Il pesce puzza dalla testa. v. *Dal capo* ecc.

Il più conosce il meno. Si usa spesso come risposta a chi ci qualifica dispregiativamente (e per es. ci chiama 'sciocchi'). Ma ha anche impieghi e valori più generici.

Il più tira il meno. v. *I più tirano i meno.*

Il ricco quando vuole, il povero quando può. Mentre il ricco può liberamente operare secondo le sue scelte o voglie, il povero è schiavo delle sue limitate possibilità. Alla diversità sociale dei mezzi si fa spesso riferimento, ora con rammarico ora con consenso che giunge all'esortazione, anche quando si dice *Chi ha polvere spara* (oppure *spari*) e *Salta* (oppure *Salti*) *chi può*. v. *Di carnevale* ecc.

Il riso abbonda ecc. v. *Il riso fa buon sangue.*

Il riso fa buon sangue. Una sana allegria giova anche alla salute (e porta pure altre conseguenze benefiche: v. *Gente allegra* ecc.). Il riso eccessivo è però considerato indice di stoltezza: *Risus abundat in ore stultorum* (ossia *Il riso abbonda sulla bocca degli sciocchi*); in modo più vivace si dice anche *Chi ride senza perché o è pazzo o ce l'ha con me*. Altre volte poi la spensieratezza fuori luogo è giudicata dannosa: *Chi ride il venerdì piange la domenica.*

Il sangue non è acqua. Si usa per dire che i legami di consanguineità o di parentela sono forti.

Il silenzio è d'oro e la parola è d'argento. Come l'oro è più prezioso dell'argento, così il tacere è spesso più vantaggioso (o più serio) del parlare.

Il tempo è galantuomo. Ristabilisce la verità, ripara i torti ecc. Bisogna dunque saper attendere: *Il tempo viene per chi sa aspettare* e *Dai tempo al tempo* (v.). Inoltre lenisce i dolori o li fa dimenticare, ridimensiona i problemi ecc., e in questo senso si dice *Il tempo guarisce tutti i mali* (dal latino *Tempus omnia medetur*: il tempo medica ogni cosa).

Il tempo guarisce tutti i mali. v. *Il tempo è* ecc.

Il tempo viene per chi sa aspettare. v. *Il tempo è* ecc.

Il troppo stroppia. Ogni eccesso è dannoso, anche in cose giuste e serie. v. *Il meglio* ecc., *L'assai* ecc., *Meglio un asino* ecc.

Impara l'arte e mettila da parte. Impara a fare quante più cose è possibile, e conserva le capacità che avrai così acquisite: un giorno potranno esserti utili.

In cauda venenum. v. *La coda* ecc.

In chiesa coi santi e in taverna coi ghiottoni (oppure **bricconi**). La compagnia che si trova dipende dai luoghi che si frequentano, ed è saggio sapersi adattare a ciascuna.

In compagnia prese moglie un frate. Dice che talvolta siamo trascinati, anche al di là delle nostre intenzioni, da quel legame di 'compagnia' che obbliga a un comportamento solidale: *Chi non beve in compagnia o è un ladro o è una spia.*

In dubio abstine. v. *Nel dubbio astieniti.*

Intelligenti pauca. v. *A buon intenditor* ecc.

In tempo di carestia pane di veccia. v. *In tempo di tempesta* ecc.

In tempo di guerra ogni spiedo è spada. v. *In tempo di tempesta* ecc.

In tempo di tempesta ogni buco è porto. Nei casi di emergenza e di necessità ci si attacca a tutto. Si dice anche *In tempo di guerra ogni spiedo è spada*; un significato analogo può avere pure *In tempo di carestia pane di veccia.*

In vino veritas. Quando si è bevuto si dicono cose che altrimenti si tacerebbero.

I panni sporchi si lavano in famiglia. Le faccende delicate vanno risolte senza divulgarle fuori del giro di chi vi è direttamente interessato. Può essere un richiamo alla disciplina di gruppo o un invito all'omertà.

I più tirano i meno. I molti trascinano o attraggono i pochi. Si dice per gli uomini e le loro opinioni ma anche e soprattutto per i denari o i beni, specialmente quando suona *Il più tira il meno.* v. *L'acqua corre al mare.*

I poveri s'ammazzano e i signori s'abbracciano. Le tensioni del bisogno portano i poveri a contrastare tra loro, mentre la ricchezza fa fronte comune. v. *Tra cani* ecc.

L'abito non fa il monaco. Non basta indossarne le vesti per essere davvero monaci: i segni esteriori non bastano a garantire la sostanza interiore. v. *L'apparenza* ecc., *Non è tutto oro* ecc., *Una rondine* ecc.

La coda è la più lunga da scorticare. La parte finale dei lavori (o affari ecc.) è o sembra la più lunga, ardua, faticosa. Si riferisce invece alle frecciate o agli attacchi contenuti spesso nella parte finale di discorsi polemici il latino *In cauda venenum* (nella coda il veleno).

La contentezza viene dalle budella. Dice, in forma più diretta, lo stesso che *Corpo satollo, anima consolata*: non c'è letizia o serenità quando si soffre la fame.

La corda troppo tesa si spezza. Come per la corda, così per tutte le cose c'è un limite di resistenza che non bisogna superare, 'tirando troppo la corda' come appunto si dice, e cioè pretendendo troppo dalle forze proprie o di altri, dalla altrui sopportazione ecc.

L'acqua corre al mare. Come l'acqua affluisce dove ce n'è già molta, così di solito le cose vantaggiose toccano a chi ne ha già in abbondanza. Diverso da *Tutti i fiumi* ecc., è il necessario complemento di *Il cane morde* ecc. v. anche *Contro la forza* ecc., *I più* ecc.

Ladro piccolo non rubare ecc. v. *A rubar poco* ecc.

La fame caccia il lupo dal bosco. v. *Pancia vuota* ecc.

La fame è cattiva consigliera. v. *Pancia vuota* ecc.

La farina del diavolo va tutta in crusca. Dichiara che beni, ricchezze, vantaggi ecc. ottenuti con mezzi illeciti sono illusori e si dissolvono.

La gallina... v. *Gallina...*

La gatta frettolosa fece i gattini ciechi. Per voler troppo accelerare le cose la gatta mise al mondo gattini ciechi; così le persone che agiscono in modo troppo frettoloso e sbrigativo ottengono cattivi risultati. v. *Dai tempo al tempo.*

La lingua batte dove il dente duole. Come la lingua involontariamente torna a toccare il dente dolorante, così pensieri o discorsi sono portati a tornare di continuo sugli argomenti che più ci scottano. Si dice per segnalare che l'insistenza su certi temi rivela, anche se non lo vogliamo, che essi ci stanno troppo a cuore.

La mala erba non muore mai. Come nei campi così nella vita.

La mala nuova la porta il vento. v. *Nessuna nuova* ecc.

La miglior difesa è l'attacco. v. *Chi prima arriva* ecc.

La notte porta consiglio. Si suggerisce di prendere tempo per riflettere sulle decisioni da adottare.

La pianta si conosce dal frutto. v. *Se son rose* ecc.

L'apparenza inganna. Ciò che appare al di fuori è spesso (o magari sempre) ingannevole, illusorio ecc. Invita a diffidare della veste o presentazione esteriore e dell'aspetto superficiale delle cose, come fanno anche *Contadini* ecc., *L'abito* ecc., *Non è tutto oro* ecc.

L'appetito vien mangiando. Si usa in genere per dire che più si ha e più si vuole avere (e dunque equivale a *Chi più ha più vuole*); ma talvolta si impiega per sottolineare che una attività può cominciare a piacerci dopo averla iniziata.

La prima acqua è quella che bagna. Dichiara che il momento che più ci ferisce, in caso di eventi spiacevoli, è quello del primo contatto; poi ci si abitua.

L'arcobaleno la mattina ecc. v. *Rosso di sera* ecc.

L'assai basta e il troppo guasta. Dice lo stesso che *Il troppo stroppia* (v.). v. *Il meglio* ecc.

La superbia è figlia dell'ignoranza. Solo chi poco sa presume molto di sé.

La superbia va a cavallo e torna a piedi. È, cioè, sconfitta e umiliata.

La verità vien sempre a galla. v. *Le bugie* ecc.

La via dell'inferno è lastricata di buone

intenzioni. Ripromettersi di fare cose buone non serve, se i propositi e le intenzioni non si traducono in fatti.

Le bugie hanno le gambe corte. Ossia non vanno molto lontano: presto o tardi vengono scoperte perché *La verità vien sempre a galla.*

Le cattive nuove volano. v. *Nessuna nuova* ecc.

L'eccezione conferma la regola. v. *Non c'è regola* ecc.

Le chiacchiere non fanno farina. Ossia non producono nulla di consistente. Usando la vecchia e discutibile contrapposizione tra vacuità femminile e solidità maschile, si usa anche dire che *Le parole sono femmine e i fatti sono maschi.*

Le cose lunghe diventano serpi (oppure **prendono vizio**). Discussioni, affari, trattative ecc. che vanno troppo per le lunghe si aggrovigliano, imbrogliano, confondono. v. anche *Ogni bel gioco* ecc.

Le disgrazie non vengono mai sole. Commenta le situazioni in cui a un guaio se ne aggiunge un altro.

Le ore del mattino hanno l'oro in bocca. E cioè sono le più preziose della giornata.

Le parole sono femmine e i fatti sono maschi. v. *Le chiacchiere* ecc.

L'Epifania (oppure **Pasqua Befania**) **tutte le feste porta via.** Chiude il ciclo festivo di fine e inizio d'anno. Per detti su altre feste v. *Di carnevale* ecc., *Natale* ecc.

Le vie della provvidenza sono infinite. Si usa anche per commentare scherzosamente o ironicamente aspirazioni o speranze che appaiono spropositate.

L'occasione fa l'uomo ladro. Sottolineando con realistico pessimismo che spesso non si contravviene alle norme solo perché ne è mancata l'occasione propizia e sicura, serve anche come condiscendente giustificazione per certi falli 'occasionali'.

L'occhio del padrone ingrassa il cavallo. v. *Chi fa da sé* ecc.

Lontano dagli occhi lontano dal cuore. Le persone che non ci sono più vicine fisicamente non richiamano più i nostri affetti. Si duole più o meno scherzosamente della troppo facile dimenticanza per chi è ora lontano o assente. Simile, ma con più accentuato valore di semplice constatazione di fatto, è l'espressione *Occhio non vede cuore non sente* (oppure *non duole*), le cose che accadono senza che noi ne veniamo a conoscenza non feriscono i nostri sentimenti.

L'ospite e il pesce dopo tre dì rincresce. v. *Ospite raro* ecc.

L'ozio è il padre di tutti i vizi. I vizi nascono dalla inattività oziosa.

Luglio ecc. v. *Gennaio* ecc.

L'unione fa la forza. In molti, e concordi, si può quel che non si potrebbe da soli e divisi.

L'uomo ordisce e la fortuna tesse. v. *L'uomo propone* ecc.

L'uomo per la parola e il bue per le corna. Come il bue per le corna, così l'uomo si lega con la parola data.

L'uomo propone e Dio (oppure **la sorte**) **dispone.** Oppure *L'uomo ordisce e la fortuna tesse.* Ricorda che ci sono fattori imponderabili e imprevedibili (la volontà divina, il caso ecc.) che modificano anche radicalmente lo svolgimento e i risultati dei nostri progetti.

Lupo non mangia lupo. v. *Tra cani non si mordono.*

Maggio ecc. v. *Gennaio* ecc.

Mal comune mezzo gaudio. Quando tocca a molti, e non a noi soltanto, il danno, il disagio ecc. sembrano o divengono più sopportabili. Si dice o a modo di consolazione seria, o come constatazione un po' cinica.

Male non fare paura non avere. Quando non si opera scorrettamente si può essere sicuri di sé, senza timori.

Marzo ecc. v. *Gennaio* ecc.

Meglio essere invidiati che compatiti. Si dice in genere per confortare o commentare qualche nostra scelta egoistica.

Meglio l'uovo oggi che la gallina domani. È preferibile avere con certezza una cosa piccola oggi che aspettarne una più grande domani. Invita a 'non lasciare il certo per l'incerto', anche se questo ultimo appare più desiderabile. v. per analogia *Chi lascia* ecc., e per contrasto *Chi non risica* ecc.

Meglio poco che niente. v. *Meglio tardi* ecc.

Meglio soli che male accompagnati. Anche se non è piacevole, giovevole ecc., la solitudine è sempre preferibile a una compagnia non buona, sgradevole, noiosa ecc.

Meglio tardi che mai. Si dice come commento rassegnato o ironico per il ritardo con cui finalmente accade qualcosa che aspettavamo e desideravamo da tempo. Un analogo commento sulla quantità, inferiore alle aspettative, è espresso da *Meglio poco che niente.*

Meglio una festa che cento festicciole. Meglio una sola cosa, ben fatta, che cento coserelle. Nello stesso senso si usa l'espressione *Una e* (oppure *ma*) *buona.*

Meglio un asino vivo che un dottore morto. Esorta a non eccedere neppure nelle cose serie come lo studio: anche in questo campo *Il troppo stroppia.*

Moglie e buoi dei paesi tuoi. Mettendo sullo stesso piano bestie e persone sollecita ad avvalersi di cose che ci sono meglio note nelle loro qualità positive o negative.

Moglie maglio. v. *Donna danno* ecc.

Molto fumo e poco arrosto (oppure **poca brace**). Molta apparenza e poca sostanza.

Morto un papa se ne fa un altro. Le istituzioni continuano anche se scompare chi le impersona temporaneamente. Si usa anche per vicende più modeste (amore ecc.).

Natale coi tuoi, Pasqua con chi vuoi. Le feste natalizie sono familiari e intime. Serve anche a distinguere tra obblighi e libertà. Per altre feste v. *Di carnevale* ecc.

Ne ammazza più la gola che la spada. Ottimisticamente ritiene che la gola porti più danni che le armi.

Necessità fa legge. Quando si è costretti da gravi circostanze, è lo stato di necessità che detta legge.

Né donna né tela a lume di candela. v. *Di notte* ecc.

Nel dubbio astieniti. Traduce il latino *In dubio abstine* e invita a non prendere decisioni quando non ci sono elementi sufficienti.

Nelle sventure si conosce l'amico. v. *Al bisogno* ecc.

Nel regno dei ciechi anche un guercio è re. Non è difficile emergere in confronto a persone totalmente sprovvedute. Deriva dal latino *Beati monoculi in regno caecorum* (beati quelli che hanno un occhio nel regno dei ciechi).

Nessuna nuova buona nuova. Invita a interpretare ottimisticamente l'assenza di notizie su persone o fatti che ci stanno a cuore: si dice infatti che *Le cattive nuove volano* e *La mala nuova la porta il vento.*

Non cade (oppure **si muove**) **foglia che Dio non voglia.** Non c'è evento, sia pur minimo, che esca dal regolato ordine dell'universo.

Non c'è due senza tre. Se qualcosa, buona o cattiva, è accaduta già due volte, accadrà anche una terza. Si rifà, alla lontana, all'antica idea del numero tre come numero perfetto: *Omne trinum est perfectum.*

Non c'è fumo senza arrosto. Sospettosamente o realisticamente e comunque in modo sbrigativo, afferma che in certi casi dove c'è un semplice indizio c'è anche il fatto.

Non c'è pane senza pena. Il pane si ha solo se lo si guadagna con fatica e pena. È meno generico e più direttamente legato alle reali condizioni di vita di persone e ceti sociali di quanto non lo sia *Non c'è rosa senza spine.*

Non c'è peggior sordo di chi non vuol sentire. Mentre la sordità reale può in qualche modo essere vinta, quella volontaria di chi si rifiuta di ascoltare è insormontabile.

Non c'è regola senza eccezioni. Anche quando è dato riconoscere una generale uniformità di comportamenti, di eventi ecc. (e cioè una regola), esistono però sempre casi anomali ossia non corrispondenti alla regola. Ma si ritiene che, ciononostante, la regola resti valida e perciò si dice che *L'eccezione conferma la regola.*

Non c'è rosa senza spine. Serve a sottolineare che ogni cosa bella o desiderabile ha necessariamente i suoi lati meno belli o non desiderabili. Può considerarsi come la versione pessimistica di *Ogni medaglia* ecc., e come il contrario di *Non tutto il male* ecc. v. anche il meno generico *Non c'è pane* ecc.

Non destare il can che dorme. Potrebbe morderti. Esorta a non agitare situazioni che sono per il momento tranquille, e in qualche modo ricorda il latino *Quieta non movere* (non smuovere le cose che stanno quiete). Si usa anche nella forma *Non toccare il can che giace.*

Non dir quattro se non l'hai nel sacco. Invita a non considerare come certi e come già realizzati gli eventi favorevoli che non si sono ancora verificati. Analogamente si dice: *Non vendere la pelle dell'orso prima d'averlo ucciso.* v. *Ride ben* ecc.

Non è tutto oro quel che luce. Non tutto ciò che splende esteriormente è in realtà prezioso. È un modo più immaginoso per dichiarare che *L'apparenza inganna* (v.).

Non fare il male ch'è peccato, non fare il bene ch'è sprecato. Si dice con rammarico o con malizia, ma comunque con evidente sfiducia verso le cose del mondo.

Non nominar la corda (oppure **la fune**) **in casa dell'impiccato.** v. *Non si parla di corda* ecc.

Non rimandare a domani quello che puoi fare oggi. v. *Chi ha tempo non aspetti tempo.*

Non si entra in Paradiso a dispetto dei Santi. Non si entra in un gruppo ambito senza il consenso dei suoi componenti: c'è dunque da pagare lo scotto di un comportamento che sia loro gradito. Se poi il prezzo è alto, lo paghi chi se la sente: *Chi vuole i santi se li preghi.*

Non si fa niente per niente. v. *Con niente* ecc.

Non si muove foglia ecc. v. *Non cade foglia* ecc.

Non si parla di corda in casa dell'impiccato. Invita a evitare ogni accenno, anche indiretto, ad argomenti scottanti o dolorosi per chi ci ascolta. Si usa anche nella forma *Non nominar la corda* (oppure *la fune*) ecc.

Non si può avere la botte piena e la moglie ubriaca. O non si beve vino o si mette mano alla botte. Vale per chi vorrebbe cose tra loro contrastanti, e soprattutto certi vantaggi senza le necessarie spese.

Non toccare il can che giace. v. *Non destare* ecc.

Non tutte le ciambelle riescono col buco. Come accade che, dopo la cottura, non tutte le ciambelle conservino la tipica forma che si era data loro nel prepararle, così accade che non sempre ciò che abbiamo predisposto, e magari tramato, riesca secondo i progetti.

Non tutto il male vien per nuocere. Talvolta certi eventi che sono (o appaiono) dannosi, sono viceversa anche giovevoli. Invita a considerare gli aspetti positivi che possono esservi anche nei fatti negativi, oppure a riflettere se certe cose spiacevoli (delusioni, insuccessi ecc.) non siano in realtà da apprezzare come stimoli e avvertimenti vantaggiosi. Nel primo senso può considerarsi come la versione ottimistica di *Ogni medaglia* ecc., e come il contrario di *Non c'è rosa* ecc.

Non vendere la pelle dell'orso prima di averlo ucciso. v. *Non dir quattro* ecc.

Novembre ecc. v. *Gennaio* ecc.

Occhio che piange cuore che sente. Si usa quando si crede alla sincerità delle lacrime o della commozione di qualcuno. Altrimenti si parla di 'pianto del coccodrillo'.

Occhio non vede cuore non duole. v. *Lontano dagli occhi lontano dal cuore*.

Oggi a me domani a te. Quel che oggi tocca a me, domani toccherà a te; le sorti buone e cattive giustamente si alternano. In senso analogo si dice: *Una volta per uno non fa male a nessuno*.

Ogni bel gioco dura poco. Per essere piacevoli, anche gli scherzi, i giochi ecc. non debbono prolungarsi troppo. v. *Le cose lunghe* ecc.

Ogni lasciata è persa. Ogni occasione di cui non abbiamo saputo o voluto approfittare è definitivamente perduta. Si riferisce soprattutto alle piccole cose, e incita maliziosamente a prenderne quel che si può, soprattutto quando gli anni cominciano a passare.

Ogni legno ha il suo tarlo. v. *Ad ognuno la sua croce*.

Ogni medaglia ha il suo rovescio. Come le medaglie, le monete e simili, tutte le situazioni o tutti gli eventi hanno due facce: se l'una è buona l'altra non lo è o può non esserlo. Per una versione 'pessimistica' di questo concetto v. *Non c'è rosa* ecc., e per una 'ottimistica' *Non tutto il male* ecc.

Ogni promessa è debito. Ciò che prometti diventa per te un obbligo. Sottolinea che mentre il promettere è un atto che dipende da noi, il mantenere diventa un dovere verso gli altri.

Ogni simile ama il suo simile. v. *Dio li fa* ecc.

Ognuno ha la sua croce. v. *Ad ognuno la sua croce*.

Ognuno tira l'acqua al suo mulino. Commenta più specialmente certe contese in cui le contrapposte argomentazioni sembrano disinteressate e non lo sono.

Ognun per sé e Dio per tutti. Si dice in genere quando si vogliono separare le proprie azioni o i propri interessi da quelli altrui.

O mangi questa minestra o salti questa finestra. Si usa a significare chi si è di fronte ad una alternativa non modificabile e che non c'è una terza via d'uscita.

Omne trinum est perfectum. v. *Non c'è due* ecc.

Ospite raro ospite caro. Gli ospiti sono più graditi se le loro visite non sono troppo frequenti. Inoltre anche le permanenze debbono essere brevi: si dice infatti che *L'ospite e il pesce dopo tre dì rincresce*, o, in forma più brutale, che *L'ospite è come il pesce: dopo tre giorni puzza*.

Ottobre ecc. v. *Gennaio* ecc.

Paese che vai usanza che trovi. Se vai altrove, troverai altre usanze, perché ogni luogo ha le sue. Avverte che i propri modi di vivere non sono gli unici al mondo, e che bisogna capire e rispettare quelli degli altri, anche adattandovisi, se necessario. v. *Il mondo è bello* ecc.

Paga il giusto per il peccatore. Spesso sono gli innocenti che moralmente, materialmente, giudiziariamente ecc. scontano le colpe dei veri responsabili.

Pancia piena (oppure **Ventre pieno**) **non crede a digiuno**. Constata e condanna l'indifferenza e l'incomprensione di chi ha verso chi non ha. Si dice anche *Corpo sazio non crede a digiuno*.

Pancia vuota (oppure **Ventre vuoto**) **non sente ragioni**. A chi è mosso dalla fame e protesta non serve opporre parole, ragionamenti, richiami alle leggi ecc. A sottolineare la forza coercitiva del bisogno del cibo si dice anche *La fame caccia il lupo dal bosco* (o *dalla tana*), e per spiegare o giustificare le azioni anche violente cui esso può indurre si dichiara che *La fame è cattiva consigliera*.

Parenti serpenti. v. *Fratelli flagelli*.

Pasqua Befania ecc. v. *L'Epifania* ecc.

Passata la festa gabbato lo santo. Quando la festa di celebrazione del santo è finita, del santo ci si dimentica, e dunque è come se lo si fosse preso in giro. Vuol sottolineare che certe manifestazioni solenni per eventi o persone sono superficiali e insincere, o anche che gli impegni assunti in certe circostanze gravi o solenni vengono spesso dimenticate appena la situazione è tornata normale.

Patti chiari amici cari (oppure **amicizia lunga**). Se gli accordi sono precisi non sorgeranno contrasti. Si usa spesso come avvertimento di una delle due parti all'altra, al momento di fissare i reciproci impegni in affari o anche in faccende di minor conto.

Peccato confessato è mezzo perdonato. Il riconoscere i propri errori ne scema la gravità e ne attenua le conseguenze.

Poca brigata vita beata. Quando non si è in molti, si vive e ci si diverte meglio.

Qua fugiunt hostes, via munienda est. v. *A nemico che fugge ponti d'oro*.

Qual proposta tal risposta. v. *Chi dice quel che vuole* ecc.

Quando ci sono molti galli a cantare non si fa mai giorno. v. *Tanti galli* ecc.

Quando il gatto non c'è i topi ballano. Se non c'è l'animale che li terrorizza, i topi fanno festa o comunque fanno il comodo proprio. Si dice per constatare, in modo sorridente o anche amaro, che quando manca temporaneamente chi a ragione o a torto fa valere la sua autorità, ed è perciò temuto, ci si comporta in modi di cui in altri momenti non si avrebbe il coraggio.

Quando la neve si scioglie si scopre la mondezza. Allude alle magagne coperte che vengono alla luce quando si verifichino certi eventi. v. *Di giorno* ecc.

Quando la pera è matura casca da sé (oppure **bisogna che caschi**). Non c'è dunque bisogno di sforzarsi per coglierla. Esorta ad attendere con pazienza il naturale evolversi (e maturare) degli eventi.

Quando piove col sole le vecchie fanno (oppure **il diavolo fa**) **l'amore**. Commenta immaginosamente la rarità del fenomeno atmosferico. v. *Anno nevoso* ecc.

Quando si è in ballo bisogna ballare. Quando ci si trova impegnati o si è coinvolti in una impresa non ci si può tirare indietro.

Quel ch'è fatto è reso. Quel che si fa ad altri ci verrà ripagato con eguale moneta; i conti vengono sempre pareggiati. Riguarda soprattutto i danni o le offese che arrechiamo: v. *Chi la fa* ecc., *Chi dice quel che vuole* ecc., *Come mi suoni* ecc.

Quieta non movere. v. *Non destare* ecc.

Qui gladio ferit gladio perit. v. *Chi la fa* ecc.

Ride ben chi ride l'ultimo. Ammonisce chi si rallegra contro l'avversario prima della conclusione del gioco o della contesa. Ed è solo la conclusione che conta: solo *All'ultimo si contano le pecore*. v. *Non dir quattro* ecc.

Risus abundat in ore stultorum. v. *Il riso* ecc.

Roma non fu fatta in un giorno (oppure **Il mondo non fu** ecc.). Le imprese importanti richiedono tempo e costanza. In tono molto meno solenne e con più familiare esortazione alla pazienza si dice pure *Col tempo e con la paglia si maturano le nespole*. v. *Dai tempo al tempo*.

Rosso di sera, buon tempo si spera; rosso di mattina mal tempo s'avvicina. Uno stesso colore del cielo in momenti diversi della giornata è segno di diverso andamento del tempo. Si dice anche *L'arcobaleno la mattina bagna il becco alla gallina*; *l'arcobaleno la sera buon tempo mena*. v. *Anno nevoso* ecc.

Salta chi può. v. *Il ricco quando vuole* ecc.

Sbagliando s'impara. Si usa come commento benevolo per errori propri o altrui, e come esortazione a non perdersi d'animo sulla via dell'apprendimento. Già in latino: *Errando discitur*.

Scherza coi fanti e lascia stare i santi. Non si debbono prendere alla leggera o derisoriamente le cose serie.

Scherzo (oppure **Gioco**) **di mano, scherzo** (oppure **gioco**) **di villano**. È grossolano e ineducato il 'mettere le mani addosso' ad altri, pesantemente, anche se per gioco.

Scripta manent, verba volant. v. *Carta canta* ecc.

Se non è zuppa è pan bagnato. Segnala che due cose sono identiche, anche se le si chiama con nomi diversi.

Senza denari non canta un cieco (oppure **non si canta messa**). v. *Con niente* ecc.

Se son rose fioriranno, se son spine pungeranno. Poiché *La pianta si conosce dal frutto* (e *Dal frutto si conosce l'albero*), dal suo prodotto di rose o di spine sapremo di che natura è un qualsiasi cespuglio non ancora sviluppato abbastanza. Esprime una dubbiosa sospensione di giudizio di fronte a situazioni ancora incerte; se ne giudicherà dagli sviluppi e dagli effetti.

Settembre ecc. v. *Gennaio* ecc.

Sono sempre gli stracci che vanno all'aria. Sono sempre i meno potenti o meno ricchi ecc. che pagano e scontano per chi sta in alto. In forma più concisa: *Gli stracci* (oppure *I cenci e gli stracci*) vanno sempre all'aria. v. *A rubar poco* ecc.

Sotto la neve pane, sotto l'acqua fame. v. *Anno nevoso* ecc.

Sposa spesa. v. *Donna danno* ecc.

Summum ius, summa iniuria. v. *Gli estremi si toccano*.

Tale il padre tale il figlio. Sostiene che i figli hanno le stesse caratteristiche (soprattutto morali) dei padri, e in genere serve come commento non favorevole. Ma si dice anche *A padre avaro figliuol prodigo*: il figlio ha il vizio opposto a quello del padre.

Tanti (oppure **Troppi**) **galli a cantar non fa mai giorno**. Se molti (o troppi) pretendono di comandare o impartiscono ordini, le imprese non si realizzano. Inoltre, dare ordini senza applicarsi di persona non serve: *Vale più uno a fare che cento a comandare*. Si dice anche *Troppi cuochi guastano la cucina*.

Tanto va la gatta al lardo che ci lascia lo zampino. Se la gatta torna troppe volte a rubare il lardo, verrà il momento che la zampa le resterà presa nella trappola. Si dice per avvertire del rischio crescente che si corre nel ripetere troppe volte imprese azzardate, pericolose ecc., e soprattutto se condannabili.

Tempus omnia medetur. v. *Il tempo è galantuomo*.

Tentar non nuoce. Dichiara che fare un tentativo, anche se di esito incerto, non può recar danno e forse porterà vantaggio.

Tra cani non si mordono. Commenta in tono sfiduciato il fatto che le persone della stessa risma, specie se potenti, non si danneggiano tra loro, e anzi spesso si spalleggiano contro gli altri. Nello stesso senso si dice anche *Lupo non mangia lupo*. v. *I poveri s'ammazzano* ecc.

Tra i due litiganti il terzo gode. Quando due sono in lite, di solito c'è un terzo che ne profitta o almeno se ne rallegra. Si dice per invitare certi litiganti a riflettere se i loro contrasti non siano solo dannosi per loro e utili invece ad altri.

Tra il dire e il fare c'è di mezzo il mare. Tra le cose che si dicono e quelle che si fanno c'è una distanza grande come il mare. Insomma, altro è parlare e altro è agire. Un po' diverso, anche se in parte simile, il concetto di *Can che abbaia* ecc.

Tra moglie e marito non mettere il dito. Non intrometterti nelle liti (e più in genere nei rapporti) tra persone che sono molto legate fra loro.

Troppi cuochi guastano la cucina. v. *Tanti galli* ecc.

Troppi galli a cantar ecc. v. *Tanti galli* ecc.

Tutte le strade portano a Roma. C'è sempre un qualche percorso, anche se lungo e magari tortuoso, che può portarci a raggiungere ciò che ci proponiamo.

Tutti i fiumi vanno al mare. Come i fiumi, per loro natura, scendono necessariamente verso il mare, così per molte altre cose ci sono percorsi e conclusioni naturali e inevitabili. Si dice per lo più come accettazione della realtà, e quindi senza l'ironia di *Tutti i salmi* ecc. o l'amarezza di *L'acqua corre* ecc.

Tutti i guai son guai, ma il guaio senza pane è il più grosso. Nella miseria ogni guaio o dolore diviene più grave, e s'alleggerisce invece quando si è ricchi: *Col pane tutti i guai sono dolci*.

Tutti i gusti son gusti. Dichiara che in fatto di gusti ognuno ha i suoi, e ha diritto di averli, come noi i nostri. Già in latino: *De gustibus non est disputandum*, e cioè sui gusti non si può discutere. v. *Il mondo è bello* ecc.

Tutti i nodi vengono al pettine. Nella tessitura presto o tardi il pettine del telaio incontrerà tutti i nodi che in precedenza sono stati fatti nei fili, rivelandone l'esistenza e costringendo a sbrogliarli. In altre parole non c'è speranza di nascondere gli errori commessi, né c'è vantaggio a non risolvere tempestivamente e bene i problemi perché giungerà il momento in cui ce li ritroveremo addosso.

Tutti i salmi finiscono in gloria. Poiché al loro termine si recita o canta sempre il Gloria, la conclusione dei Salmi è sempre la stessa. Si usa per rilevare più o meno ironicamente che si sa bene dove andranno a parare certi discorsi o certe argomentazioni che pure si danno l'aria di mirare ad altro, e dunque ha senso diverso da *Tutti i fiumi* ecc.

Tutto è bene quel che finisce bene. Esorta a dimenticare le passate traversie quando non hanno portato danni irreparabili.

Tutto il mondo è paese. Segnala che certi difetti che sembrano tipici delle piccole comunità paesane (maldicenze, malignità, meschinità ecc.) si ritrovano viceversa ovunque.

Una ciliegia tira l'altra. Come accade che si continui a mangiar ciliegie quasi involontariamente o per una specie di automatismo dei gesti, o perché l'intrico dei piccioli fa sì che ciascuna ne trascini con sé altre, così accade anche che *Una parola tira l'altra*, o, più in generale, che *Una cosa tira l'altra*. Analogamente si constata di solito in senso ottimistico, che *Da cosa nasce cosa*.

Una cosa tira l'altra. v. *Una ciliegia* ecc.

Una e (oppure **ma**) **buona**. v. *Meglio una festa* ecc.

Una mano lava l'altra e tutte e due lavano il viso. Si dice per sottolineare l'importanza e, più ancora, la necessità della cooperazione e del reciproco aiuto, e quindi in qualche modo contrasta con la sfiducia espressa da *Chi fa da sé* ecc., *Chi vuole vada* ecc.

Una ne paga cento, oppure **Una le paga tutte**. Quando un solo evento ci risarcisce di molti torti o ci punisce di molte malefatte. In questo secondo senso si dice anche: *Chi cento ne fa una ne aspetta*. v. *Chi la fa l'aspetti*.

Una parola tira l'altra. v. *Una ciliegia* ecc.

Una rondine non fa primavera. Non basta l'arrivo di una sola rondine per garantirci che la primavera sia davvero arrivata. Dice che un solo segno lieto non deve farci credere che una situazione volga veramente al meglio. Ha qualche analogia con *L'abito* ecc. e simili.

Una volta corre il cane e una volta la lepre. Da inseguitori si può diventare inseguiti.

Una volta per uno non fa male a nessuno. v. *Oggi a me* ecc.

Un padre campa cento figli e cento figli non campano un padre. Dichiara in forma iperbolica che i genitori si sacrificano per i figli assai più di quanto i figli facciano per i genitori.

Uomo avvisato mezzo salvato. Chi è preavvertito di un pericolo può prevenirlo e perciò è già in parte salvo. Si usa come esortazione a prestare ascolto a chi ci informa su rischi di qualche nostra azione, ma vale anche come allusione minacciosa.

Vale più la pratica che la grammatica. L'esercizio effettivo di un'arte, mestiere, disciplina ecc. conta più dell'apprendimento meccanico delle regole astratte.

Vale più un gusto che un casale. Talvolta conta di più togliersi una soddisfazione che ricavare un guadagno, fosse pure un possedimento in campagna: perciò si è disposti a 'rimetterci' pur di 'levarsi un gusto' (o uno 'sfizio') come anche si dice.

Vale più uno a fare ecc. v. *Tanti galli* ecc.

Vedere e non toccare è una cosa da crepare. Vale anche a scusare chi 'tocca' ciò che non si dovrebbe.

Vento fresco mare crespo. Dal tipo di vento si prevede lo stato del mare. v. *Anno nevoso* ecc.

Ventre pieno non crede a digiuno. v. *Pancia piena* ecc.

Ventre vuoto non sente ragioni. v. *Pancia vuota* ecc.

Vivi e lascia vivere. Esorta alla tolleranza o anche all'indifferenza verso le azioni o i modi di vita altrui. v. *Il mondo è bello* ecc.

NOMI DI PERSONA

L'asterisco (*) segnala che la forma è linguisticamente ricostruita o supposta, ma non attestata da documenti scritti. Il segno (˘) indica che la vocale è breve, il segno (¯) che la vocale è lunga.

Abbóndio. Nome cristiano, *Abŭndiu*(*m*), derivato dall'aggettivo del latino tardo *abŭndu*(*m*) parallelo, anche nel significato, ad *abundănte*(*m*) 'abbondante' e, semanticamente, a *copiōsu*(*m*) 'copioso', che ha dato pure il nome proprio latino *Copiōsu*(*m*).

Achille. Il nome latino *Achīlle*(*m*) ripeteva quello dell'eroe omerico *Achil*(*l*)*éus*, che, non trovando sufficiente spiegazione nell'ambito della tradizione indeuropea, si pensa possa essere di origine pregreca.

Àda. Nel nome *Ada* possono confluire due tradizioni: una proveniente dalla Francia, dove *Ade* può rappresentare una riduzione di *Adele*, se non ci è giunta direttamente dal nome germanico, da cui deriva il nome francese; l'altra legata all'ebraico *'Adâh* 'ornamento', connessa con la radice *'ah* '(ad)-ornare'.

Adalgisa. Nome germanico, *Adalgisa* o *Adelgisa*, in longobardo *Adelchisa*, composto di *adel* 'nobile' e *gisil* 'dardo, freccia'.

Adelàide. Nome di origine germanica, composto di *adal* 'stirpe nobile, nobiltà' e del suffisso, spesso impiegato per caratterizzare gli astratti, *-haidi* 'di nobile aspetto'.

Adèle. Nome di origine germanica, probabile abbreviazione di un nome composto con *adal-* 'nobiltà'.

Adeodàto v. *Donato*.

Adòlfo. Nome di origine germanica, da *Athawulf* 'lupo (*wulf*) nobile (*athal*, *adal*)'.

Adriàno, Adriàna. Nome latino, *Hadriānu*(*m*), derivato dal nome della città di *Hădria*(*m*), di probabile origine illirica, sia che si tratti dell'*Adria* veneta, sia dell'*Atri* (ma anticamente *Hădria*) picena.

Àgata. Nome cristiano, in latino *Ăgatha*(*m*), che riproduce il greco *Agathe*, propriamente femminile dell'aggettivo *agathós* 'buono' di antica origine indeuropea.

Agnèse, Ìnes. Il nome, molto raro presso i Latini, è di chiara origine greca, dove *Hagnḗ* non era altro che l'aggettivo femminile *hagnḗ* 'pura, casta'. Nel latino dei primi Cristiani si diffuse con la pronuncia ossitona dei Greci e si ebbe, quindi, *Agnès*, da cui il nostro *Agnese*, lo spagnolo *Inés*, passato poi in Italia con sbagliata, ma ormai stabilizzata, accentazione, e l'ingl. *Agnes* con le sue antiche varianti *Annis*, *Annys* e forse anche *Nancy*.

Agostìno v. *Augusto*.

Albèrto, Albertìna. Nome di origine germanica sia quando è riduzione di *Adalberto* 'di chiara (*berht*) nobiltà (*adal*)', sia quando ripete il nome germanico *Alberht* 'tutto (*ala*) chiaro (*berht*)'. *Albertina* è il corrispondente femminile di forma diminutiva, più diffuso di *Alberta*.

Albìno. Soprannome latino *Albinus*, derivato da *albus* 'bianco', con riferimento a 'persona dai capelli bianchi o dalla carnagione chiara'.

Àldo, Àlda. Il nome è attestato in Italia a partire dall'epoca della dominazione longobarda, per cui è facile vedervi l'aggettivo longobardo *ald* 'vecchio'. Se fosse, invece, come in qualche caso potrebbe essere, abbreviazione di qualche altro nome in *-aldo* (Romualdo, Reginaldo), allora bisogna riconoscere in questo secondo elemento compositivo il germanico *-wald*, da *waldan* 'comandare'.

Alessàndro, Alessàndra, Sàndro, Sàndra. Il nome latino *Alexăndru*(*m*) deriva dal greco *Aléxandros*, che, come *Aléxios*, è collegato col verbo *aléxein* 'proteggere' e significa 'protettore di uomini (*ándres*)'.

Alèssio. Il latino cristiano *Alĕxiu*(*m*) trascrive, adattandolo, il greco *Aléxios*, che viene solitamente connesso col verbo *aléxein* 'difendere, proteggere respingendo (un danno, un nemico, ecc.)', di origine indeuropea.

Alfònso, Alfonsìna. Il nome proviene dalla penisola iberica, dove l'introdussero probabilmente i Visigoti. Secondo l'antica variante *Adelfonsus* si potrebbe interpretare il nome come un composto gotico significante 'valoroso, pronto (*funs*) nella battaglia (*hildi*)', anche se altre varianti suggerirebbero di leggere nella prima parte ora 'nobile, nobiltà (*athal*)', ora 'tutto (*ala*)' superlativo. Il femminile è usato piuttosto al diminutivo.

Alfrédo, Alfréda. Nome di origine anglosassone, venutoci dall'Inghilterra attraverso la Francia: *Aelfrǣed* era nome composto, significante 'consiglio (*rǣed*) degli spiriti, noti nella mitologia nordica come Elfi (*aelf*)'.

Alìce. Antico nome francese (*Aalis*, poi *Alis*) di origine germanica (*Adalhaid*, donde il nostro *Adelaide*), passato in Inghilterra con la forma grafica posteriore *Alice* e di qui, o direttamente dalla Francia, in Italia.

Amàlia. Accorciamento di *Amalberga*, antico nome germanico, composto di **amals* 'valoroso, laborioso' e di un derivato dal verbo gotico *bairgan* 'proteggere', con particolare riferimento alla stirpe gotica degli *Amali*, dal nome di un loro eroe.

Ambrògio. Il nome latino *Ambrŏsiu*(*m*) è stato ripreso in epoca cristiana dal greco *Ambrósis*, che etimologicamente significa 'che non (*a-*) è mortale (*brotós*, di origine indeuropea)', 'immortale'.

Amedèo. Anche se non si trova, come ci si aspetterebbe, il corrispondente latino **Ămadĕu*(*m*), con il quale si sarebbe potuto rendere il composto greco *Theóphilos* 'Teofilo', cioè 'colui che ama Dio' (o, con l'imperativo, 'ama Dio'), il nome italiano ha questa origine, presto obliata, come dimostra la formazione del femminile corrispondente *Amedea*.

Amèlia. Nome femminile corrispondente al nome maschile latino *Amēliu*(*m*) diminutivo di *Ămiu*(*m*) di probabile origine etrusca, anche se si pensa che sulla sua sopravvivenza o reviviscenza possa aver influito il nome di provenienza germanica *Amalia*.

Amerìgo, Arrìgo, Enrìco, Enrìca. L'antico nome germanico *Haimirich* veniva spiegato come 'signore' (*rik* 'ricco, potente') in patria (*haimi* 'casa, patria') ed è stato adattato, in italiano, prima con la forma *Amerigo*, poi con quelle, perfettamente equivalenti, di *Arrigo* ed *Enrico*.

Andrèa, Andrèina. Nome latino, *Andrĕam*, che i Romani presero dal diffuso greco *Andréas*, legato all'elemento *andr-*, sia riferito ad *anḗr*, genitivo *andrós*, 'uomo', sia al derivato *andréia* 'virilità, coraggio'. Il femminile italiano è reso necessariamente (per la finale in *-a* del maschile) con un diminutivo.

Àngelo, Àngela. Nomi già in uso presso i primi Cristiani, *Ăngelu*(*m*) e *Ăngela*(*m*), che, secondo il significato originario del corrispondente nome comune *ăngelu*(*m*), di provenienza greca, volevano dire 'messaggeri (di Dio)'.

Ànna. Nome trasmesso dai Libri Sacri: l'ebraico *Hannah* si sentiva direttamente connesso con la radice *hanan* 'aver misericordia, favorire, concedere grazia'.

Annìbale. Nome latino, *Hannĭbale*(*m*), di origine punica: in fenicio *Hann-ĭ-Bá'al* significa 'grazia (*hann*) del (*-i-*) dio *Baal*'.

Annunziàta. Forma ridotta, come in altri casi simili (*Addolorata*, *Assunta*, *Concetta*), di *Maria Annunziata* (della prossima maternità di Gesù).

Ansèlmo. Nome di origine germanica, *Anselmo* è adattamento di *Ans*(*e*)*helm*, composto di *ansi* 'Dio' e *hélma* 'elmo'. Il nome significherebbe, quindi, 'elmo di Dio'.

Antònio, Antonìno, Antònia. Antico nome latino, *Antōniu*(*m*), derivato, pare, da un precedente prenome *Ănto* di probabile origine etrusca e di significato sconosciuto. Non vi può essere, comunque, nessuna connessione col greco *ánthos* 'fiore', anche se, per esempio, in inglese alternano *Antony* e, per quell'errato accostamento, *Anthony*. I derivati *Antonino* e *Antonia* erano già in uso a Roma: *Antonīnu*(*m*) col suffisso proprio dei derivati da gentilizi, e *Antōnia*(*m*), femminile.

Apollònia. Dal latino *Apollōnia*(*m*), femminile di *Apollōniu*(*m*), collegato sì con il culto del dio greco *Apóllōn* e, quindi, con i nomi propri da questo derivati *Apollṓnios* e, al femminile, *Apollōnia*, ma originariamente antico nome latino, *Ap*(*o*)*lōniu*(*m*), dipendente dal gentilizio etrusco *Apluni*.

Arrìgo v. *Amerigo*.

Artùro. Nome diffuso in Francia (e di qui in Italia) con la popolarità dell'epopea cavalleresca e del suo eroe bretone, il Re *Artù*, anche se il nome di questo leggendario re sfugge a una spiegazione convincente. Di probabile origine celtica, potrebbe, tuttavia, essere connesso con l'irlandese *art* 'orso' e allora la contaminazione medievale del nome proprio con il nome greco della stella *Arktouros*, letteralmente 'il custode (*ouros*) dell'Orsa (*árktos*)', avrebbe una lontana giustificazione nella medesima base indeuropea indicante l''orso'.

Assùnta. Forma ridotta del nome, che completamente suona *Maria Assunta* (al cielo), con uso assoluto del participio femminile (*assŭmpta*(*m*)) del verbo latino *adsūmere* 'prendere su di sé'.

Atanàsio. Il nome latino assunto dai primi Cristiani *Athanăsiu*(*m*), riproduceva il corrispondente greco *Athanásios*, che è, però, chiaramente spiegabile: 'colui che non (*a-* negativo) conosce la morte (*thánatos*)', 'l'immortale (*athánatos*)'.

Attìlio. Nome di origine latina: molto frequente a Roma, il gentilizio *A*(*t*)*tīliu*(*m*), anche se pare connesso con la voce bambinesca *ătta* 'papà', è piuttosto da considerarsi di origine etrusca e di significato oscuro. Il nome si è affermato, in italiano, in epoca rinascimentale e non è, quindi, di derivazione diretta e continua dal latino.

Augùsto, Augùsta, Agostìno. Il nome proprio latino *Augŭstu*(*m*), non è altro che il nome comune *augŭstu*(*m*), cioè 'consacrato dagli *àuguri*' e poi, riferito inizialmente a Ottaviano, 'venerabile'. Col suffisso di relazione *-īnu*(*m*) (e non in funzione diminutiva, come in altri casi) gli stessi Romani formarono e usarono *Augustīnu*(*m*), da cui il nostro *Agostino*.

Aurèlio, Aurèlia, Aureliàno. Il nome latino *Aurēliu*(*m*), come anche il suo derivato *Aureliānu*(*m*), è quasi certamente di origine sabina e legato, attraverso una forma **ansel-*, col nome sabino del 'sole', inteso come 'divinità solare'.

Avìto. Deriva dal latino *avitus* che significa 'ereditato'.

Bàbila. Raro nome latino, *Băbyla*(*m*), attribuito solo a stranieri, che trascriveva il greco *Babylas* d'incerta origine, probabile diminutivo (*-as*) di un nome orientale, forse collegato con *Babele* e *Babilonia* (e allora significherebbe 'il piccolo Babilonese').

Bàrbara. Sia il nome latino *Bărbara*(*m*), sia il suo modello, il greco *Barbára*, si riferivano all'origine non tanto al primitivo significato di 'balbuziente', quanto a quello derivato di 'straniera'.

Bàrnaba. Nome del Nuovo Testamento, *Bărnaba*(*m*) in latino, *Barnabas* in greco, derivante senza dubbio dall'aramaico, ma mentre nella prima parte si legge chiaramente la voce *bar* 'figlio', che appare in molti analoghi composti, la seconda è stata oggetto di diverse identificazioni: *nehāmāh* 'consolazione' o *nābhî* 'profeta' o, infine e più facilmente, *Nebō*, nome di un Dio babilonese.

Bartolomèo. Come altri nomi del Nuovo Testamento, tanto il latino *Bartholomāeu*(*m*), quanto il greco *Bartholomaios*, sono adattamenti del nome aramaico *Bartalmay* 'il figlio (*bar*) di *Talmay* (nome biblico di incerto significato)'.

Basìlio. Nome latino, *Basīliu(m)*, di origine greca: il greco *Basíleios* è propriamente l'aggettivo di *basiléus* 're' e significa, quindi, 're(g)ale'.

Battìsta. In latino *baptīsta(m)* è il corrispondente del greco *baptistḗs*, col significato 'che battezza', attributo di S. Giovanni, che battezzò Gesù.

Beatrìce, Bìce. Nome dei primi Cristiani, *Beatrīce(m)* corrisponde ad un aggettivo *beatrīce(m)* ricavato da *beātu(m)* ('felice') col suffisso dei nomi d'agente ('che rende') *-trīce(m)*. Non è infrequente la forma accorciata *Bice*.

Benedétto, Benedétta. Come il nome latino *Benedīctu(m)*, anche il significato del nome italiano è immediatamente comprensibile, pensando al participio di *benedire* (*benedīcere* in latino). Vi corrisponde lo spagnolo *Benito*, accolto anche in italiano.

Beniamìno. Latino (*Beniāmīn*) e greco (*Beniamín*) risalgono all'ebraico *Binyāmīn*, tradizionalmente spiegato come 'figlio (*bēn*) della parte destra (*yāmīn*)', cioè della parte della fortuna.

Benìgno. Il latino *Benīgnu(m)*, identico all'aggettivo *benīgnu(m)* significa etimologicamente colui che genera (*-gno-* del verbo *gīgnere* 'produrre', di origine indeuropea) il *bene* (egualmente di origine indeuropea).

Bèppe v. *Giuseppe*.

Berenìce v. *Veronica*.

Bernàrdo, Bernardìno. Il nome germanico *Ber(i)nhard* è composto di *hardu* 'ardito, forte' e di un primo elemento, in cui comunemente si ravvisa il germanico *bera* 'orso': l'intero nome varrebbe allora, 'orso forte' oppure 'forte come un orso'.

Bèrta. Il nome *Berta* era molto diffuso nel Medioevo e può essere considerato o raccorciamento di nome più lungo, come *Alberta* o *Roberta*, oppure come secondo componente di uno dei numerosi composti germanici con *-berta*: in quest'ultimo caso *-berth(h)a* avrebbe il significato di 'chiaro, famoso'.

Biàgio. Nome di origine latina, *Blāsiu(m)*, equivale a *blāesu(m)* 'balbuziente', voce importata a Roma dal greco dell'Italia Meridionale *blaisós* 'storto, sbilenco'.

Biànca. Nome medievale, che può sì provenire, come l'aggettivo comune *bianco*, dal germanico (com'è avvenuto per *Bruno*), ma che può essere stato da quello tratto indipendentemente per l'usanza di attribuire a persone nomi di colori.

Bìce v. *Beatrice*.

Bonifàcio. Nome latino tardo, *Bonifātiu(m)*, che significa 'fortunato', come appare chiaro analizzando il composto: 'che ha un buon (*bŏnu(m)*) fato (*fātu(m)*)'.

Brìgida. Antico nome medievale di origine celtica, in antico irlandese *Brigit*, variante locale del nome della dea *Brigantia*, che forse significava 'la alta', come confermerebbero alcuni nomi di luogo gallici, in cui è conservato l'elemento *-briga* col senso di 'colle, altura'.

Brùno, Brùna. Nome di origine germanica, che significa '(di colore) bruno (*brūn*)', ma ricostruito da *Brunōne(m)*, ritenuto un accrescitivo.

Càio. Il nome latino *Cāiu(m)*, anteriormente *Gāiu(m)*, corrispondeva al nome comune *gāiu(m)*, *gāia(m)* 'ghiandaia, gazza' ma resta sempre aperta la questione, se il nome proprio provenga da quello dell'uccello o viceversa o anche se si tratta di una casuale identità.

Callìsto. Il nome latino *Callīstu(m)* è la pura riproduzione con un semplice adattamento formale del greco *Kállistos*, propriamente superlativo di *kalós* 'bello': *Kállistos*, allora, significa 'bellissimo'.

Camìllo, Camìlla. *Camīllu(m)* e *Camīlla(m)*, sono due nomi latini, provenienti probabilmente dalla terminologia sacra ('fanciulli nobili che servivano nei sacrifici') e passati dall'Oriente a Roma per il tramite degli Etruschi, presso i quali *Camillus* o, alla greca, *Kadmilos* era il nome che designava il Mercurio romano.

Càndido, Càndida. I nomi latini *Căndidu(m)* e *Căndida(m)* riflettono chiaramente l'aggettivo *căndidu(m)*, *-a(m)*, cioè 'candido, puro'.

Càrlo, Càrla, Carolìna, Carlòtta. Il nome medievale *Carolu(m)* rappresenta la latinizzazione del nome germanico *Karl*, originalmente, presso i Franchi, nome comune, che dal primitivo senso di 'uomo' (con connessioni indeuropee: **ger-* 'vecchio') era passato a indicare, come in antico nordico, anche l''uomo libero' per divenire, infine, un titolo presso la corte franca. Tra le corrispondenze femminili, *Carla*, *Carolina* e, attraverso il francese, *Carlotta*.

Carmèlo, Càrmine, Carmèla. Benché noto al latino ecclesiastico il nome *Carmelo* ci è probabilmente giunto dalla Spagna, dove il culto di *Maria del Carmelo* (cioè del monte palestinese, che diede ospitalità e nome all'ordine dei Carmelitani), è molto diffuso. Dal maschile si è formato il corrispondente femminile *Carmela* e, dalla forma parallela spagnola, *Carmen* '(ordine del) Carmelo', *Carmine*.

Carolìna v. *Carlo*.

Casimìro. Nome di origine polacca: in polacco, infatti, *Kazimierz* aveva un significato molto chiaro, 'che predica (dal verbo *kazać* 'predicare, proclamare') la pace (*-mier*, solo in composizione)', modificato poi in *Kazimir*, popolarmente inteso come 'distruttore (dal verbo *kazić*) della pace'.

Caterìna. Il nome latino cristiano *Catharīna(m)*, pur essendo riconosciuto di origine greca, è stato avvicinato a *katharós* 'puro', anziché al nome *Aikaterínē*, variante del più antico *Ekaterínē*, collegabile sia con *Hékatos*, epiteto di Apollo, in cui si riconosce la riduzione dell'aggettivo *hekatēbólos*, chiaro solo nella seconda parte (*bállein* 'lanciare, saettare'), sia con *Hekátē*, corrispondente femminile, attributo della dea degli Inferi.

Cecìlia. Come il corrispondente maschile *Caecīliu(m)*, il nome *Caecīlia(m)* fu molto diffuso presso i Romani, che lo connettevano, direttamente o indirettamente, con *cāecu(m)* 'cieco': anche se oggi si pensa a una sua origine etrusca per il confronto con altri nomi propri, come *Caecina(m)*, per lungo tempo il nome fu accostato a *cieco*.

Celestìno. Nome latino cristiano, *Caelestīnum* è diminutivo di *Caelēste(m)* corrispondente al nome comune *caelēste(m)* 'appartenente al *cielo*'.

Césare, Cesàrio, Cesarìna. Notissima è la spiegazione che i Latini davano del nome *Cāesare(m)*: 'nato dal ventre tagliato (*cāesu(m)*) della madre'. Ma non è spiegazione comunemente accettata, anche se è difficile decidersi nella scelta di altre proposte, come quella, pure antica, che collega il nome con *caesărie(m)* 'capigliatura', o l'altra, che vede nel celebre nome la continuazione di un nome etrusco. Da *Cāesare(m)* proviene il tardo *Caesăriu(m)*, da *Cesare* il diminutivo femminile *Cesarina*.

Chiàra v. *Clara*.

Cirìaco. Il raro nome latino *Cyrĭacu(m)* è semplice trascrizione e adattamento del greco *Kyriakós*, aggettivo di *kýrios* 'padrone' e anche 'Signore', per cui, in senso cristiano, *Kyriakós*, più ancora di *Kýrillos* 'Cirillo', corrispondeva esattamente al latino *Domĭnicu(m)* 'Domenico' (e di qui la scarsa esigenza di assumere il nome greco).

Cirìllo. Il latino *Cyrīllu(m)*, diffuso in epoca cristiana, corrisponde al greco *Kýrillos*, un derivato di *kýrios* 'Signore', tanto nel senso di 'padrone', quanto in quello di 'Dio': *Cirillo* corrisponde, così, in ultima analisi, a *Domenico*.

Clàra, Chiàra. Prima che il femminile *Clāra(m)*, il latino usava il maschile *Clāru(m)*, legato direttamente all'aggettivo *clāru(m)* 'chiaro', sia in senso fisico, sia in senso morale ('illustre, famoso'). In italiano è sopravvissuto il corrispondente femminile *Chiara*, ma anticamente era abbastanza frequente anche il maschile *Chiaro*.

Clàudio, Clàudia. Nome prettamente latino, *Clāudiu(m)* era forma aggettivale dell'originario soprannome *Clādu(m)*, molto chiaro per i Romani, corrispondendo all'agg. comune *clāudu(m)*, cioè 'zoppo'.

Clèlia. Il nome latino *Cloēlia(m)* ha avuto un certo successo in epoca rinascimentale con la moda di assumere nomi romani. In origine era probabilmente sentito il collegamento del nome, molto diffuso in ambiente italico, col verbo *cluēre* (poi *clūere*) 'chiamarsi' e anche 'essere famoso'.

Clemènte. Nome latino, *Clemĕnte(m)*, che apparteneva alla non esigua serie di nomi, richiamanti una qualità di carattere (in questo caso la 'clemenza'), che si desiderava nel figlio, tanto è vero che ebbe la sua maggior fortuna nel periodo cristiano.

Clotìlde. Nome di origine germanica, reso nelle fonti latine medievali come *Chlotichilda*, che ci spiega meglio la composizione: *hlod* 'famoso, rinomato' e *hildi* 'combattimento'. Clotilde significherebbe, allora, 'celebre in battaglia'.

Concètta, Concètto. Il nome si richiama all'attributo della Madonna, 'concepita', in latino *concĕpta(m)*, senza peccato; e se il femminile è un'abbreviazione di *Maria Concetta*, come in (*Maria*) *Addolorata*, il corrispondente maschile è una forma derivata dal femminile.

Cornèlio. Nome latino, *Cornēliu(m)*, composto del latino *cŏrnu* 'corno' (con tutte le simboliche allusioni alla prosperità e alla difesa dai mali) e del suffisso *-ēliu(m)*, caratteristico nella derivazione dei nomi propri.

Corràdo. Nome germanico, *Ch(u)onrad*, composto dell'aggettivo *kuon* 'coraggioso, ardito' e dal sostantivo *rāt* 'consiglio', per cui l'intero nome sarebbe da interpretare 'audace nel consiglio' con la stessa ambiguità dell'italiano, potendo *rāt* significare tanto 'giudizio', quanto 'assemblea'.

Còsma, Còsimo. Nel latino ecclesiastico *Cŏsmas* si riconosce il greco *Kosmas*, direttamente collegato col verbo di incerta origine *kosmein* 'ordinare, disporre in ordine', per cui significherebbe '(bene) ordinato'. Per rompere il raro nesso *-sm-* si è più tardi introdotta una *-i-*, che ha dato origine al nome parallelo *Cosimo*.

Costantìno, Costànzo. Nome di origine latina, dove *Costăntiu(m)* era chiaramente connesso col nome *Constănte(m)*, ch'è tutt'uno con l'aggettivo *constănte(m)*, cioè 'fermo, costante'. Da esso proviene (ma a Roma piuttosto tardi) anche col suffisso proprio dei derivati da gentilizi, *Costantīnu(m)* 'Costantino'.

Crispìno. Antico nome latino, *Crispīnu(m)*, derivato con suffisso usuale, da *Crīspu(m)*, che, a sua volta, non era altro che l'attributo *crīspu(m)* 'crespo (di capelli)'.

Cristìna. Nome latino rivelatosi in epoca tarda, quando la libertà di culto permise la divulgazione del nome *Christīna(m)*, che, come il maschile *Christīnu(m)*, è un evidente derivato di *Chrīstu(m)* 'Cristo', parallelo all'altro aggettivo, molto diffuso, *Christiāna(m)* (e *Christiānu(m)*).

Cristòforo. Nome prettamente cristiano, il latino *Cristŏphoru(m)* trascrive il greco *Christophóros*, un composto chiaramente analizzato come 'il portatore (dal verbo *phérein* 'portare', di origine indeuropea) di Cristo (*Christós*)'. Anche se originariamente aveva un significato mistico e allegorico, successivamente intorno al nome, e per meglio spiegarlo, sorse la leggenda del gigante pagano 'portatore di Cristo' bambino attraverso un fiume.

Dalmàzio. Il nome latino *Dalmătiu(m)* era evidentemente, all'origine, un aggettivo etnico e si riferiva al 'proveniente dalla Dalmazia (*Dalmătia(m)*, di probabile provenienza illirica col significato di 'paese delle pecore')'.

Dàmaso. In latino *Dămasu(m)* era nome di origine greca e in greco *Damasos* è molto antico, collegato col tema di origine indeuropea *dma-* 'domare'.

Danièle, Danièla. La Bibbia ha diffuso il nome greco *Daniḗl* e latino *Daniēle(m)*, riproducenti l'ebraico *Dānī'ēl*, nel quale si riconoscono tanto la componente *-Ēl* 'Dio', quanto un primo elemento connesso con il sostantivo *dayān* 'giudice' o col perfetto *dān* 'ha giudicato': il nome può valere, dunque, 'Dio è (mio) giudice' oppure 'Dio ha giudicato'.

Dànte. Antico accorciamento toscano di *Durante*, dal latino tardo *Durănte(m)*, tratto dal participio presente del verbo *durāre* col significato 'che dura, che sopporta', il quale ha dato anche il nome latino *Dūru(m)* 'forte, solido'.

Dàrio, Dària. Nome latino *Dāriu(m)* o *Dariūm*, secondo la pronuncia classica più aderente all'originale greco (*Dareios*), che ripeteva l'antico persiano *Dārayaiva(h)ush* 'che possiede (dal verbo *dārayāmiy* 'possedere, mantenere') il bene o i beni (*-vahu-*)'.

Davide. Nome passato dalla tradizione biblica al greco, *Danéid*, e al latino, *Dāvid*, di origine ebraica: in ebraico, infatti, *Dāwīdh* è spiegato come 'l'amato', di probabile formazione fanciullesca.

Desidèrio. Nome latino, *Desidĕriu(m)*, che i primi Cristiani assunsero volentieri, sia che, come *Desiderato*, esprimesse la gioia compiuta dei genitori, sia che si ispirasse al 'desiderio' della salvezza eterna.

Diàna. Il latino *Diāna(m)*, nome della dea della caccia, si connette con il latino *dīus* 'divino' e anche 'luminoso', spiegandosi l'accostamento con il culto della luna, personificata appunto nella dea. In Italia è stato ripreso, dopo l'oblio dell'epoca cristiana, in età medievale.

Diègo. Nome di origine spagnola entrato tardivamente in Italia, derivato, come chiariscono le più antiche forme iberiche *Diaco* e *Diago*, da *Didacus, Didagus* del latino medievale, finora ribelle ad ogni spiegazione convincente.

Dino, Dina. Non di origine germanica, come da qualcuno è stato sostenuto, ma semplicemente con funzione vezzeggiativa o diminutiva dei maschili in *-dino*, come i medievali *Aldobrandino, Bernardino, Ubaldino*, ecc.

Dionìgi. Nome pervenutoci, attraverso il latino *Dionýsiu(m)*, dal greco *Dionsýios*, originariamente un aggettivo di incerta spiegazione: '(proprio) di *Dioniso*'. La desinenza ci rivela un posteriore adattamento al corrispondente nome francese, molto diffuso in Francia, che in *S. Dionigi*, venera il primo vescovo di Parigi.

Dolòres. Nome spagnolo (letteralmente 'dolori'), abbreviazione di *María de los Dolores* 'Maria dei Dolori, Addolorata'.

Doménico, Doménica. I nomi latini *Domĭnicu(m)* e *Domĭnica(m)*, in uso presso i Cristiani, potevano riferirsi, sì, ai figli 'nati di domenica (*dīe(m)*) *domĭnica(m)*', ma, rifacendosi direttamente a *Dŏminu(m)* 'Signore', significavano altresì 'proprio del Signore'.

Donàto, Adeodàto, Donàta, Donatèlla. Il latino *Donātu(m)*, in uso nei primi secoli dell'era cristiana, non è altro che il participio passato *donātu(m)* 'donato', sottinteso 'da Dio', come conferma l'altro nome *Adeodātum* 'dato (*dātu(m)*) da (*ā*) Dio (*Dĕo*)'. Il corrispondente femminile *Donata* col suo più frequente *Donatella* erano egualmente in uso presso i Cristiani: *Donāta(m)* e *Donatĕllam*, col parallelo *Donatīlla(m)*.

Dorotèo, Dorotèa v. *Teodoro*.

Edgàrdo. Nome inglese, in anglosassone *Ēadgar*, che si analizza 'dardo (*gār*) della prosperità (*ēad*)'.

Edmóndo. Nome di origine francese (*Edmond*), venuto in Francia dall'Inghilterra, dove *Edmond, Edmund* continua l'anglosassone *Ēadmund* 'protezione (*mund*) della ricchezza (*ēad*)'.

Edoàrdo, Odoàrdo, Edoàrda. Nome di origine inglese: in inglese *Edward* continua l'anglosassone *Ēadweard* 'guardiano (*weard*) di beni (*ēad* 'ricchezza, possesso, prosperità')', cui corrisponde la parallela forma germanica *Adoward*, che ha dato l'italiano *Odoardo*.

Edvìge. Nome di origine germanica, *Hathuwic*, propriamente 'santa (*wic* 'santo, sacro') battaglia (*hathu*)', più tardi attratto nella serie dei nomi in *-wiq* 'lotta, battaglia', dando origine piuttosto recentemente al tedesco *Headwig*, che, analizzato, dovrebbe, quindi, significare 'battaglia battaglia!'.

Egìdio. Nome attestato nel latino tardo *Aegīdiu(m)* di origine greca, anche se un greco **Aigídios*, dal nome comune *aigídion* 'capretto', diminutivo (*-ion*) di capra (*áix*, genitivo *aigós*), non è attestato.

Èlda, Ìlda. Nome di origine germanica, parallelo di *Ilda* e derivato dal germanico *Hilda*, forma ridotta dei tanti nomi (*Ildegarda, Ildebrando*, ecc.) che hanno come loro primo elemento di composizione *hilt(j)a* 'battaglia' (che riappare in altri nomi, come *Clotilde*).

Èlena. Il latino *Hĕlena(m)* proviene dal greco *Helénē*, nome dapprima diffuso col ciclo epico troiano e della sua bella figura centrale, la moglie di Menelao, probabilmente collegata alla radice *vel-*, da cui anche il greco *hélios* 'sole': *Elena* sarebbe stata, dunque, originariamente una divinità solare. Tuttavia, pur riconoscendone l'origine divina, altri pensano alla stessa origine di *Venere*, altri a nomi di piante (culti di vegetazione).

Eleonòra. Il nome, che nella forma più antica (*Alienor*) è attestato in Provenza e Portogallo, è da considerarsi, con qualche riserva, di origine germanica, un composto, cioè, di *Ali-*, connesso col gotico *alan* 'crescere' e del nome di origine oscura *Aenor*.

Elìgio. Il tardo nome latino *Elīgiu(m)* non è di sicura interpretazione, ma è abbastanza probabile che si possa connettere col verbo *elĭgere* 'scegliere' ed 'elegante', per cui il nome significherebbe 'scelto, eletto' (sottinteso 'da Dio').

Elìsa. Adattamento del francese *Elise*, popolarmente ritenuto un diminutivo di *Elisabeth* 'Elisabetta', ma da considerarsi, piuttosto, come il femminile di *Elisée* 'Eliseo'.

Elisabètta. Il latino *Elīsabeth*, come il greco *Elisàbet*, si rifanno al nome biblico *Elīsheba'*, composto di una prima parte chiara e ricorrente (*Ēl* 'Dio') e di un'altra variamente interpretata (*shb'* 'giurare', quindi 'Dio è (il mio) giuramento', o *sheba'* 'sette', numero perfetto, e allora 'Dio è perfezione').

Elisèo. Il latino della Chiesa *Elisēu(m)* e il greco *Elisaios* si rifanno entrambi al nome biblico *Elīshā'*, composto di *Ēl*, abbreviazione del nome inesprimibile di 'Dio' e, probabilmente, della radice *īsh'* 'aiutare, salvare', per cui *Eliseo* significherebbe 'Dio è salvezza' o qualcosa di simile.

Elvìra. Nome spagnolo, che i Visigoti portarono nella penisola Iberica, dove anticamente si trova scritto *Gel(o)vira*: ma se nella seconda parte del composto si può riconoscere il gotico *wers* 'amichevole', la prima parte è soggetta a interpretazioni diverse: dal gotico **gails* 'lancia' o da **gail* 'allegro'.

Emanuèle, Emanuèla. Nome che dall'Antico Testamento è passato in greco (*Emmanouḗl*) e nel latino ecclesiastico (*Emmănuel*): il nome ebraico *'Immanu'ḗl* significa letteralmente 'con noi (*'immā́nū*) Dio (*Ēl*)'.

Emilio, Emilia. Il latino *Aemīliu(m)*, da cui poi anche il corrispondente femminile *Aemīlia(m)*, non è sicuramente spiegato: attraverso la sua forma più antica *Aimīlios* possiamo collegarlo al nome proprio etrusco *Aimos*, di cui, tuttavia, ignoriamo il significato (ma gli antichi lo sentivano vicino, invece, ad *āemulus* 'emulo', a sua volta di non certa origine).

Èmma. Il nome *Imma, Emma* è certamente di origine germanica, ma nell'ambito di questa famiglia linguistica non è stata ancora trovata un base soddisfacente: assieme al maschile *Immo* rappresenterebbe, come ritengono alcuni, una forma vezzeggiativa ridotta di nomi germanici composti (*Immo, Emmo* sarebbero, per esempio, equivalenti a *Irminio, Erminio*).

Enrico v. *Amerigo*.

Ènzo v. *Lorenzo*.

Eràsmo. I latini presero il nome *Erăsmu(m)* dai Greci, presso i quali *Èrasmos* era nome di significato trasparente, perché direttamente connesso con l'aggettivo *erásmios* 'desiderato, amabile' (dal verbo *eran* 'desiderare, amare'), che, del resto, era già passato in latino come nome proprio, *Erăsmiu(m)*.

Èrcole. Il nome latino *Hĕrcule(m)* è di origine greca: il greco *Herakles* si spiega, infatti, come 'gloria (da *kléos* 'fama' di origine indeuropea) della dèa (*Hēra* 'la protettrice', della stessa famiglia di *hḗros* 'eroe').

Ermànno. Presso i Germani *Hariman* era nome composto di *harja* (sostantivo) 'esercito, popolo' e (aggettivo) 'guerresco' e *man(n)* 'uomo' con il senso, quindi, complessivo di 'uomo d'arme, guerriero'.

Ermìnia. Nome latino *Hermĭnia(m)*, corrispondente al maschile *Hermĭnu(m)*, di origine etrusca e significato sconosciuto, anche se non si può escludere che allo stesso risultato italiano possano essere giunti altri nomi, di origine germanica, questi, legati al nome del semidio *Ermin, Irmin* 'forte, potente'.

Ernèsto, Ernestina. Nome di origine germanica, *Ernust*, tramutazione a nome proprio del nome comune *ernust* 'battaglia' e poi 'forza, vigore'. *Ernestina* è il diffuso diminutivo del suo corrispondente femminile *Ernesta*.

Ersìlia. Nome latino, *Hersīlia(m)*, corrispondente femminile di *Hersīliu(m)* di probabile origine etrusca, anche se non conosciamo il significato delle voci etrusche (*h*)*ersina, hersu*, alle quali si collegherebbe.

Èttore. Il latino *Hĕctorem* è ripreso dal nome greco, reso famoso dall'eroe omerico, cui era attribuito, *Héktōr*, spiegato col verbo *échein* '(trat)tenere, reggere' (ed *éche- -tōr* sarebbe il 'reggitore del popolo'), anche se qualche perplessità può suscitare l'assegnazione di un nome greco a un principe troiano, a meno che non si pensi a una probabile traduzione del corrispondente nome indigeno, a noi rimasto sconosciuto.

Eugènio, Eugènia. In età cristiana si diffuse il nome latino *Eugĕniu(m)*, dal greco *Eugénios*, tratto, a sua volta, dall'aggettivo *eugenḗs* 'bennato' (composto di *eu* 'bene' e *gen-* 'nascere'). Anche il femminile latino *Eugĕnia(m)* ha il suo corrispondente greco *Eugenía*, che può, tuttavia, anziché rappresentare il femminile di *Eugénios*, riprodurre direttamente il sostantivo *eugéneia, eugenía* 'nobiltà (di natali)'.

Eulàlia. Nome cristiano, *Eulălia(m)*, di origine greca, come il documentato maschile *Euláliōs*, che propriamente significa 'eloquente', cioè 'colui che parla (dal verbo *lalein* 'parlare') bene (*eu*)'.

Eusèbio. Il latino d'epoca cristiana *Eusēbiu(m)* riproduce il greco *Eusébios*, derivato dall'aggettivo *eusebḗs* 'religioso, pio' (un composto di *eu* 'bene' e dalla stessa radice del verbo *sébesthai* 'venerare, onorare', cui è legato anche il nome *Sebastiano*).

Èva. Nome diffuso, dal racconto biblico sia in greco, *Éua*, quanto in latino, *Hēva(m)*: l'origine ebraica *Hannā́h* è tradizionalmente spiegata con il verbo *hāyā́h* 'vivere' (per cui *Eva* significherebbe 'madre dei viventi'), ma l'interpretazione non è generalmente accettata, pur non avendone altre valide da proporre. Interessante l'ipotesi che collegherebbe il nome ebraico con un nome semitico del 'serpente' (in arabo, a esempio, *hayya*).

Evaristo. Il latino cristiano col nome *Euarĭstu(m)* rendeva il greco *Euárestos*, letteralmente 'il ben (*eu*) piacente (*arestós*, dal verbo di origine molto incerta *aréskein* 'piacere, recare soddisfazione').

Evàsio. Trascrive il raro nome latino *Euăsiu(m)*, ritenuto di origine etrusca.

Èzio. I Romani conoscevano il gentilizio *Āetiu(m)*, di significato oscuro, pare di origine etrusca, ma avevano anche preso dai Greci il loro *Aétios* (legato al nome dell''aquila', *a(i)etós*), adattato in *Aĕtiu(m)*, per cui nel nostro *Ezio* possono confluire le due tradizioni.

Fàbio. Antico nome romano, *Făbiu(m)* era già stato connesso dai Latini con il nome della 'fava', *fāba(m)*. Sarebbe, quindi, uno dei non pochi nomi tratti da nomi di piante.

Fabrizio, Fabrizia. Nome gentilizio latino, *Fabrĭciu(m)*, ora sentito come legato a *fābru(m)* 'fabbro' (nel senso di 'artefice'), ma in origine di probabile discendenza etrusca.

Fàusto, Fàusta, Faustìno. Il nome latino *Fāustu(m)* era, per i Romani, molto chiaro, com'è l'italiano *Fausto*, se si considera l'immediato collegamento, rispettivamente, col nome comune (interpretato in chiave augurale) *fāustu(m)* e *fausto* 'felice, prospero'.

Fedèle. Il nome latino *Fidēle(m)* aveva lo stesso significato trasparente, che ha il suo derivato italiano *Fedele*, trasmesso soprattutto attraverso il culto cristiano con riferimento alla 'fiducia di Dio', e anzi, ricalcando il latino l'altro significato assunto dal greco *pistós*, a 'colui che crede in Dio'.

Federìco, Federìca. Nome germanico, *Frithurik* nelle più antiche attestazioni, composto di *frithu* 'pace' e *rikja* 'ricchezza'. Potrebbe, quindi, tradursi con 'dominatore con la pace'.

Felìce, Felìcita. I Romani trassero il nome *Felīce(m)* dall'aggettivo *felīce(m)* 'contento, favorito dagli dèi'. Al corrispondente astratto, *felicitāte(m)*, nominativo *felīcitas*, risale *Felicita*, cioè 'felicità'.

Ferdinàndo, Fernàndo, Ferdinànda. Il nome è di origine germanica, ma è passato a noi dalla Spagna, dove si trova attestato tanto *Fredenandus*, che si può far risalire a un composto gotico con **frithu* 'pace' e **nanth* 'audace' (e il significato completo sarà allora 'ardito nella pace'), quanto *Fre(d)nando*, da cui, per metatesi, si ebbe poi *Fernando*.

Fèrmo. Equivale al nome lat. *Fīrmu(m)*, esattamente corrispondente all'aggettivo *fīrmu(m)* 'solido, stabile' con chiaro riferimento, per i primi Cristiani, all'incrollabilità nella fede.

Fernàndo v. *Ferdinando.*

Ferrùccio. Nome medievale italiano, certamente collegato con *ferro*, sia che si consideri il diminutivo di un documentato soprannome *Ferro*, sia che si pensi a una riduzione, con successiva notazione vezzeggiativa, di un composto, di cui *Ferro-* sia il primo elemento, come nel caso molto noto di *Ferroacuto* (donde *Ferraguto* e anche *Ferraù*), anche se frutto di un adattamento del nome epico *Fernagu*.

Filìppo, Pìppo. Nome latino, *Philippu(m)*, riproducente il greco *Phílippos*, l''amatore (*philos*) di cavalli (*íppoi*)'.

Fiorènzo. Il nome latino *Florēntiu(m)* dipende dal precedente *Florēnte(m)*, connesso col verbo *florēre* 'fiorire', di cui costituisce originariamente il participio presente. Ebbe una reviviscenza d'uso in periodo cristiano per il suo sottinteso significato augurale.

Flàvio, Flàvia. Antico nome romano, il latino *Flāviu(m)* proviene da un precedente *Flāvu(m)*, identico al nome comune *flāvu(m)* 'biondo': quindi dovette essere all'inizio attributo, come soprannome, a persona 'dai capelli biondi'.

Flòra. Il latino *Flōra(m)* era il nome della 'dea dei fiori (*flōres*)', il cui culto, assieme al nome, era molto diffuso presso gli Italici e connesso con i riti primaverili.

Fósca. Dal nome latino *Fŭsca(m)*, corrispondente all'aggettivo femminile *fŭsca(m)* 'scura, nera'.

Francésco, Francésca. Originariamente aggettivo etnico di provenienza germanica: *Francīscu(m)*, da **frankisk*, valeva, appunto, nel latino tardo 'Franco, proprio dei Franchi' e più tardi 'francese'.

Frànco, Frànca. Presso i Franchi lo stesso loro etnico (di origine discussa, forse legato al nome della lancia) fu adoperato anche come nome di persona (*Francko, Franc(h)o*; più tardi pure *Francka*), anche senza il suffisso *-isk*, che ha dato poi origine a *Francesco*, di cui *Franco* (e, rispettivamente, *Francesca* da *Franca*) potrebbe costituire anche una riduzione.

Fùlvio, Fùlvia. Nomi latini, *Fŭlviu(m)* e *Fŭlvia(m)*, ritornati di moda durante il Rinascimento italiano, quando s'intese rettamente la diretta connessione con l'aggettivo *fŭlvu(m)* 'biondo, rossiccio (specie dei capelli)'.

Gabrièle, Gabrièlla. Tanto il latino *Gabriēle(m)*, quanto il greco *Gabriḗl*, riproducono l'ebraico *Gabri'ḗl*, nome dell'arcangelo inviato da Dio a Maria, che porta in sé il pregnante significato 'Dio (*-Ēl*) è forte (dal verbo *gābhár*)' o, secondo altri, pensando alla sua apparizione 'l'uomo (*gébher*) di Dio (*Ēl*)'.

Gaetàno. Il latino *Caietānu(m)* era, originariamente, un etnico e indicava il 'proveniente da *Caiēta(m)* (Gaeta)', passato a soprannome e poi a nome.

Gàspare. Passato dalla tradizione cristiana, che sola ci ha conservato i nomi dei tre re Magi, è, come questi, di probabile origine orientale, e più precisamente iranica: può, infatti, rappresentare la riduzione di un antico aggettivo persiano *windahwarena* 'che ha splendore in sé'.

Gastóne. Nome proveniente dal nome francese, diffuso fin dal Medioevo, *Gaston*, di origine poco chiara: se inteso come variante di *Gascon* corrispondente a un etnico ('proveniente dalla *Guascogna*'), se, invece, si pensa a un nome germanico, allora si potrebbe vedere una sua connessione col nome comune *gastiz* 'ospite, straniero'.

Gaudènzio. In latino *Gaudĕntiu(m)* era sentito un diretto derivato dal participio presente del verbo *gaudēre* 'godere', cioè *gaudĕnte(m)* con un tipo di suffissazione proprio dell'onomastica postclassica: valeva, quindi, 'colui che gode, che si rallegra'.

Gèmma. Nome latino, *Gēmma(m)*, diffuso in epoca cristiana, tratto dal nome comune *gēmma(m)* 'gemma preziosa' (e, prima, 'gemma, bottone di una pianta, specie della vite').

Gennàro. Come il nome comune *gennaio*, proviene dal nome latino *Ianuāriu(m)*, attraverso la variante popolare **Ienāriu(m)*, e già dai Romani era imposto, originariamente, ai bambini nati in quel mese, dedicato al dio che apriva l'anno, *Iānu(m)* 'Giano'.

Genovèffa. Nome venuto in Italia dalla Francia, dove la santa *Geneviève* ha un culto molto diffuso (è, tra l'altro, patrona di Parigi). Pare un nome composto e si è cercato di analizzarlo in *geno-* 'stirpe', presente in parecchi nomi di origine celtica, e *wifa*, voce germanica per 'donna'. Quindi: 'donna nobile'.

Geràrdo, Gheràrdo. Il nome germanico *Gairard, Gerhard* può essere interpretato come 'forte (*hart, hard*) dardo' o 'forte nel lanciare il dardo (*gār, gēr*)': *Gherardo* è stato assunto in Italia direttamente da un popolo germanico, *Gerardo*, invece, attraverso la mediazione francese, che si rivela nel diverso trattamento dell'iniziale.

Germàno. Nome latino, *Germānu(m)*, indicante originariamente l'appartenente alle tribù di *Germāni*, ma anche (ed è difficile determinare quando il nome proprio sia legato all'etnico o al nome di parentela e abbia, quindi, etimologicamente diversa origine) il 'fratello'.

Geròlamo, Giròlamo, Geròniмо. Il nome latino *Hierōnymu(m)* fu usato dai primi Cristiani per imitazione del greco *Hierónymos* dalla chiara formazione: 'nome (*ónoma*) sacro (*hierós*)'. In italiano si nota una dissimilazione della prima (*n*) delle due nasali (*n, m*), che non ha avuto luogo nella variante molto meno frequente *Geronimo*.

Gheràrdo v. *Gerardo.*

Giacìnto. Nome latino, *Hyacĭnthu(m)*, preso dal greco (ma di origine preellenica) *Hyákinthos*, il mitico giovanetto ucciso per errore da Apollo, che pur lo amava.

Giàcomo. L'accento del nome latino *Jacōbu(m)* fu portato sulla prima sillaba per influsso del modello greco *Jákōbos*, che rende l'originale ebraico *Y'acagṓbh* di incerta spiegazione, anche se comunemente fatto risalire alla radice *'gb'*, per alcuni col senso di 'proteggere', per altri con quello di 'seguire, venir dopo'.

Giànni, Giànna v. *Giovanni.*

Gilbèrto. Nome venuto a noi dalla Francia, dove *Gilbert* rappresentava la riduzione del nome franco *Gisilbert, Gislebert*, composto di *gisil* 'dardo' e *berht* 'chiaro, illustre (forse, appunto, per il modo di lanciare il dardo)'.

Gìno v. *Lodovico.*

Giordàno. I primi Cristiani assunsero volentieri come nome proprio il nome del fiume palestinese, dove fu battezzato Gesù, in latino *Iordānu(m)* e in greco *Iordánēs* e l'uno e l'altro dall'ebraico *Yardēn*, probabilmente da una radice *yārad* 'scorrere, fluire' completata dalla desinenza *-ēn* propria del duale aramaico: letteralmente significherebbe allora '(fiume formato da) due fiumi'.

Giòrgio, Giòrgia. Il latino *Geōrgiu(m)* risale immediatamente al tardo nome greco *Geṓrgios*, che per i Greci era subito collegato con il nome comune *geōrgós* 'contadino, agricoltore' di antica origine indeuropea.

Giovànni, Giovànna, Giànni, Giànna. Il latino ecclesiastico *Iohānne(m)*, come il greco *Iōánnēs*, è adattamento del comune nome ebraico *Yōhānān*, che si interpreta 'Dio (*Yo-* per *Yahvé*) ebbe misericordia (*hānán*)'.

Giròlamo v. *Gerolamo.*

Giudìtta. Tanto il latino ecclesiastico *Jūdith*, quanto il greco *Ioudíth*, provengono dall'ebraico biblico *Yehūdith*, femminile di *Yehūdhī* 'ebreo': è nome attribuito a '(donna) giudea' da parte di non-ebrei.

Giuliàno, Giuliàna, Giùlio, Giùlia. Da *Iūliu(m)* 'Giulio' i Romani avevano derivato col suffisso *ānu(m)* il (cog)nome *Iuliānu(m)*. In epoca più tarda fu adottato anche nella forma femminile *Iuliāna(m)*. *Iūliu(m)*, a sua volta, rappresenterebbe (l'identificazione non è certa) un aggettivo non attestato **iouilos* 'di Giove (*Iŏvis*)', quando non indichi semplicemente il 'nato nel mese di *luglio*'.

Giusèppe, Giuseppìna, Bèppe, Pìppo. Nome di tradizione cristiana, che si rifà, attraverso il greco *Jṓsēph*, *Jṓsēpos*, e il latino *Iŏseph, Iosēphu(m)*, all'ebraico *Yōseph*, già nella Bibbia spiegato come 'Dio aggiunga (dal verbo *yāsáph* 'aggiungere')', sottinteso 'altri figli'.

Giustìno. Il latino *Iustīnu(m)* era direttamente dipendente, col suffisso *-īnu(m)*, così frequente nell'onomastica romana, da *Iūstu(m)*, che ebbe larga diffusione in epoca cristiana per il suo evidente significato di 'equo, giusto'.

Goffrédo. Nome di origine germanica, giuntoci dalla Francia (*God(e)froy*), dove il franco *Godafrid*, come il suo corrispondente longobardo *Godefrit*, non raro nei documenti italiani del Medioevo, veniva inteso, analizzando i suoi elementi compositivi, 'pace (*fridu*) di Dio (*got*)'.

Gràzia. Già i Romani avevano il nome di donna *Grātia(m)*, derivato dall'altro, *Grāta(m)*, che ne rivela l'origine religiosa: 'grata (agli dèi)', ma la presenza del corrispondente inglese *Grace*, diffuso specie fra i Puritani dopo la Riforma, lo ha reso tardivamente popolare anche presso di noi.

Graziàno. Se andiamo alla formazione del nome latino *Gratiānu(m)*, possiamo rintracciare anche il suo primitivo significato: *Gratiānu(m)*, infatti, proviene da un precedente *Grātiu(m)* (di cui era originariamente l'aggettivo), nome legato chiaramente all'aggettivo *grātu(m)* 'gradito, caro'.

Gregòrio. Il latino *Gregŏriu(m)* rispecchia il greco *Grēgórios*, che aveva il significato di *grēgoros* 'sveglio' in senso proprio ('desto') e figurato ('pronto').

Gualtièro, Wàlter. Nome di origine germanica, documentato in Italia nel periodo longobardo nella forma *Waldhari*, che significa 'comandante' (dal verbo *waltan* 'governare, dominare') l'esercito (*hari* 'popolo in guerra'). Dalla stessa base germanica proviene anche il corrispondente inglese *Walter*, che dall'Ottocento fu introdotto e usato anche in Italia.

Guglièlmo, Guglielmìna. Nome di origine germanica (nella forma più antica *Willahelm*), composto di *wilja* 'volontà' e *helm* 'elmo'.

Guìdo. Il nome germanico *Wito* (sia esso da collegarsi col gotico **widus* 'legno, bosco' o con l'antico tedesco *wit* 'lontano' e tenuto conto che si tratterà della prima parte di un nome composto, secondo il modulo usuale dell'onomastica germanica) è entrato con i Longobardi in Italia, dove è stato adattato alle condizioni fonetiche locali.

Gustàvo. Nome di origine nordica, diffuso soprattutto in Svezia nella forma *Gtöstav*, che si rivela come composto dell'antico nordico *stafr* 'sostegno' e *Göt*, probabilmente 'Goti': *Gustavo* sarebbe, quindi, il 'sostegno dei Goti'.

Ìda. Nome di origine germanica, probabile riduzione di un composto, di cui si è perduta la seconda parte, mentre nella prima si ravvisa la stessa parola, presente nel nordico antico *idh* 'lavoro, attività'.

Ignàzio. Dal latino *Ignātiu(m)* per il più antico *Egnātiu(m)*, che pare collegato, ma l'accostamento non è sicuro, con i tipi etruschi *Ecnate*, *Ecnatna*, di cui si ignora il significato.

Ilàrio, **Ilària**. Il nome latino *Hilăriu(m)* (con molti altri affini) è chiaramente derivato dall'aggettivo *hĭlare(m)* 'allegro, giocondo' di origine greca.

Ìlda v. *Elda*.

Immacolàta. Rappresenta l'aggettivo *immacolata*, derivato, come attributo della Madonna, dal latino *immaculāta(m)*, cioè 'colei che è senza (*in-* negativo) macchia (*măcula(m)*)', la 'non macchiata (dal peccato originale)'.

Ìnes v. *Agnese*.

Innocènte, **Innocènzo**. Nel tardo latino tanto *Innocĕnte(m)*, quanto *Innocĕntiu(m)* sono tratti, con modalità diverse, dall'aggettivo composto *innocĕnte(m)*, cioè 'colui che non (*in-*) è colpevole (*nocĕnte(m)*)', 'che non nuoce'.

Iolànda. Per l'origine di questo nome si possono suggerire due ipotesi: o l'antico francese *Yolant*, variante di *Violant* 'Violante' (connesso, quindi, almeno popolarmente, con *viola*) oppure un nome germanico, composto di una prima parte oscura e di *-lindi* '(scudo di legno di) tiglio'.

Ippòlito. I romani presero il nome *Hippŏlytu(m)* dal greco *Hippólytos*, un composto di *híppos* 'cavallo' e *lytós* 'che scioglie' (dal verbo *lýein*, di origine indeuropea).

Irène. Il nome latino cristiano *Irēne* è una trascrizione con adattamento alla pronuncia dell'epoca del greco *Eirḗnē*, eguale al nome comune *eirḗnē*, cioè 'pace'.

Isabèlla. Sull'origine di questo nome esistono due diverse ipotesi. Alcuni lo fanno derivare dal biblico *Iesebel* o *Iezabel*, che significa 'eletta dal Signore' (da *Baal* 'Signore'). Altri propendono per una deformazione di *Elisabetta*.

Isidòro. Il nome latino *Isidōru(m)* proveniva direttamente dal greco *Isídōros* dalla chiara composizione: 'dono (*doron*) di Iside (*Ísis*)'. Non è necessario pensare a una immediata provenienza dall'Egitto, dal momento che il culto di Iside si era largamente esteso in Grecia e a Roma stessa.

Ìtalo. Nome mitologico dei Romani, che ritenevano *Ītalu(m)* un antico re, il quale avrebbe dato il nome alla regione da lui retta, l'*Italia*, ma, come questa, anche *Italo* resta ancora di origine oscura.

Ìvo, **Ivónne**. Nome venuto a noi dalla Francia, come il femminile *Ivonne*, che parrebbe ripetere il nome del 'tasso', pianta molto diffusa nei paesi nordici, sia nella sua forma germanica (*uva*), sia nel parallelo celtico (**ivos*).

Ladislào. Antico nome slavo, che suona *Wadisláw* in polacco e *Vladisláv* in ceco, composto di *vlad-* 'dominare' e *slava* 'gloria', quindi '(che) domina con gloria'.

Lambèrto, **Lambèrta**. Nome di origine germanica, diffuso fra noi dai Longobardi, che significa, bene interpretando l'antica forma *Landoberht*, 'famoso (*berhta*) nel paese (*landa*)'.

Lanfrànco. Nome germanico *Lan(d)frank*, che, considerato già avvenuto il passaggio di *Frank* da 'Franco' a 'uomo libero', vuole significare 'libero (*frank*) nel paese (*landa*)'.

Làura. Nome latino connesso con *lăuru(m)* 'alloro', albero sacro ad Apollo e simbolo di sapienza e di gloria, come il suo corrispondente greco *Dáphnē*.

Làzzaro. Nel latino e nel greco del Nuovo Testamento troviamo, rispettivamente, *Lăzaru(m)* e *Lázaros*, come trascrizione del nome aramaico *La'zar*, considerato un diminutivo dell'ebraico *El'āzār*, cioè *Eleazaro* 'Dio (*Ēl*) ha aiutato (*āzár* 'venire in aiuto')'.

Leonàrdo. Nome di origine germanica, *Leonhart*, composto di *lev* 'leone' e *hart* 'forte, valoroso', cioè 'forte, come un leone'.

Letìzia. In latino, come in italiano, il nome *Laetĭtia(m)* 'allegria, contentezza', che voleva ricordare la 'gioia' dei genitori (e bisogna aggiungere cristiani, perché i pagani, pur conoscendo il nome, proprio di una dea, non ne attribuivano questo significato) per la nascita della figlia.

Lìdia. Nome latino, *Lydia(m)*, derivato del greco *Lydía*, propriamente 'originaria dalla regione della *Lidia* (Asia Minore)'.

Lìlia, **Liliàna**. Nomi di origine inglese, tanto *Lilia*, quanto *Liliana* si rifanno a *Lil(l)ian*, che rappresenta un chiaro vezzeggiativo, foggiato con la solita reduplicazione di una sillaba tra le iniziali, da *Elizabeth* 'Elisabetta'.

Lìno. Nome latino, *Lĭnu(m)*, assunto dai primi Cristiani (tra gli altri dal successore di S. Pietro): il suo isolamento nell'ambito dell'onomastica latina ed etrusca e l'incerta connessione con il greco *Línos*, rimasto del resto inspiegato, fanno ritenere che si tratti della forma ridotta di altro nome, come è avvenuto per il femminile *Lina*, sicuramente derivata da diminutivi del tipo *Adelina*, *Evelina*, e simili.

Lìvio, **Lìvia**. *Lĭviu(m)* era un nome latino molto diffuso, anche se sulla sua origine non si è in grado di dire nulla di sicuro: potrebbe essere connesso con l'aggettivo *līvidu(m)* nel senso di 'pallido' e rappresentare, quindi, un soprannome nato da una caratteristica fisica.

Lodovìco, **Luìgi**, **Luìgia**, **Luìsa**, **Gìno**. Il nome franco *Hlodowig*, spiegato come 'famoso (*hloda* è la 'gloria') nella battaglia (*wiga*)', fu ridotto più tardi nella forma italiana *Lodovico* (con la variante *Ludovico*), mentre in Francia assume quella di *Louis*, da cui il nostro *Luigi*. Analogamente il femminile *Louise* venne accolto in due riprese, la prima con lo stesso adattamento del maschile (*Luigia*), la seconda, più recente e più vicina all'originale (*Luisa*). Al diminutivo maschile (*Lui*)-*gino* risale il diffuso *Gino*.

Loredàna. Nome di origine veneziana, corrispondente, in ultima analisi, al latino della Chiesa *Lauretāna(m)*, cioè 'di Loreto'. E da *Loreto*, poi *Loredo* e ora *Loreo*, nel Polesine, provenne la famiglia patrizia veneziana dei *Loredàn*, da cui è tratto, al femminile, *Loredana*.

Lorènzo, **Lorènza**, **Ènzo**, **Rènzo**. Il latino *Laurĕntiu(m)*, come anche il corrispondente femminile *Laurĕntia(m)*, designavano originariamente il 'proveniente dalla città di *Laurĕntum*', centro laziale, che gli antichi dicevano (non sappiamo con quanto fondamento) così nominato da *lăuru(m)* 'alloro'.

Lùcio, **Lucìa**, **Luciàna**, **Luciàno**. Il nome latino *Lūciu(m)* era molto diffuso fra i Romani, che lo connettevano, non sappiamo con quale fondamento, col nome della 'luce', *lūce(m)* e sarebbe stato imposto, quindi, ai figli 'nati con la luce del giorno'. Da *Lūciu(m)* fu tratto poi tanto il femminile *Lūcia(m)*, che in italiano (ma non in alcuni dialetti) spostò l'accento, *Lucía*, quanto, col suffisso proprio dei (cog)nomi latini, *Luciānu(m)* 'Luciano'.

Luìgi, **Luìgia**, **Luìsa** v. *Lodovico*.

Maddalèna. Il nome latino *Magdalēna(m)* risale, come il parallelo greco *Magdalḗnē*, alla tradizione del Nuovo Testamento, nel quale appare chiaro che il nome era legato alla provenienza (*Maria detta Maddalena*), cioè al nome del villaggio palestinese di *Magdala* (in ebraico *Migdal* 'torre').

Mafàlda. *Mafalda* ci proviene dalla penisola iberica, dove il nome germanico *Mahalt* (lo stesso che sta all'origine del nostro *Matilde*) è stato adattato, appunto, in *Mafalda*.

Mànlio. Secondo i Romani, *Mānliu(m)* — ma nella forma primitiva *Manīliu(m)* da *Māniu(m)* — era connesso con *māne* 'di mattina', cioè 'nato nelle ore mattutine', ma ora si riconosce invece un collegamento diretto con il nome delle anime dei morti, *Mānes* 'i mani'.

Mansuèto. Nome latino, dell'epoca repubblicana, *Mansuētu(m)*, uno dei tanti nomi derivati da un augurabile tratto di carattere, in questo caso *mansuētu(m)* 'mansueto'.

Marcèllo, **Marcèlla**, **Marcellìno**, **Màrco**. Nome di origine latina, *Marcĕllu(m)*, propriamente un diminutivo (col suffisso *-ĕllus*) di *Mārcus* 'Marzo', legato al culto del dio *Marte*, dal cui nome deriva.

Margherìta, **Rìta**. Nome che i primi Cristiani trassero dal latino *margarīta(m)*, antico grecismo (*margarítēs*) di origine orientale col valore di 'perla'. La parte finale del nome, usata come affettivo, ha acquistato una certa autonomia.

Màrio, **Marìa**. Nome di origine italica, probabilmente legato all'etrusco *maru* 'uomo' e poi nome di una carica, trasmessa dagli Etruschi agli Umbri e dagli Umbri ai Romani, che ne trassero il loro *Măriu(m)*. Solo apparente è, invece, la connessione col latino *Măria(m)*, che i primi Cristiani assunsero dal greco *Mariám*, che a sua volta riproduceva il diffuso nome ebraico *Maryắm*, di probabile origine egizia (dal verbo *mrj* 'amare').

Marìsa. Fusione settentrionale dei due nomi *Maria Luisa*, secondo il modulo, che presiede alla formazione di *Marilena* (*Maria Eléna* e *Maria Maddalena*) e al raro *Maresa* (*Maria Teresa*).

Màrta. Il latino *Mărtha(m)*, come il greco *Mártha*, riproduce il nome aramaico *Mārtắ*, eguale al nome comune *mārtắ*, femminile di *mār* 'signore', e significa, quindi, 'signora, padrona'.

Martìno. Trae origine da un antico nome latino *Martīnus*, patronimico di *Mars* 'Marte' e vuol dire 'dedicato al dio Marte'.

Màssimo. I Romani usavano non raramente il nome *Măximu(m)*, letteralmente 'massimo', originariamente attribuito al fratello 'maggiore' fra più.

Matìlde. Nome di origine germanica, *Mathhildis*, che significherebbe, analizzando i due composti, 'forza (*matha*) nella battaglia (*hildi*)'.

Mattèo, **Mattìa**. Nome proprio della tradizione evangelica, che ha trasmesso nella forma greca *Matthaios* e in quella latina *Matthēu(m)* l'ebraico *Mattiyyắh*, forma abbreviata di *Mattithyắh*, letteralmente 'dono (*mattáth*) di Dio (*yāh* per il nome proibito *Yahvé*)'. *Mattia* è lo stesso nome ebraico, reso però diversamente in greco, *Maththías*, e in latino, *Mat(t)hīa(m)*.

Màuro, **Màura**, **Maurìzio**. Il nome latino *Māuru(m)* indicava, originariamente, l'appartenente alle popolazioni dell'Africa settentrionale (*Mauritania*), note ai Romani col nome generico di *Mauri*', nome di oscura etimologia, probabilmente tratto da un'antica denominazione locale. Col suffisso *-īciu(m)*, molto produttivo in epoca tarda, si è poi foggiato anche il derivato *Maurīciu(m)* con la variante *Maurītiu(m)*, da cui il nostro *Maurizio*.

Michèle, **Michèla**. Il latino *Michāel* e il greco *Michaḗl* si rifanno all'ebraico *Mikhā'ēl*, che significa 'chi (*mī*) come (*khā*) Dio (*Ēl*)?'.

Milèna. Nome di origine slava, introdotto in Italia in epoca recente: *Milena* (il cambiamento di accento si spiega con la sua trasmissione per scritto) è considerato un vezzeggiativo di altro nome, composto con *mila* 'cara'.

Mirèlla. Nome di origine francese (*Mireille*), reso familiare in Italia, come in Francia, dalla popolarità del poemetto *Mirèio* di F. Mistral; il nome leggendario dell'eroina è messo in relazione col provenzale *mirar* 'ammirare'.

Modèsto. Nome sorto presso i primi Cristiani, il latino *Modĕstu(m)* era immediatamente e trasparentemente collegato con l'aggettivo *modĕstu(m)* e voleva ricordare le doti di 'modestia, moderazione', augurate al nuovo nato.

Mònica. Osservando l'originaria forma latina del nome, *Mŏnnica(m)*, si pensa che il nome possa essere di provenienza punica oppure derivato dal nome latino, di formazione infantile, *Mŏnna(m)*, letteralmente 'mamma, sposa', mentre l'accostamento al greco *monachós* 'eremita' sarebbe del tutto secondario e popolare.

Nàdia. In russo *Nadja*, diminutivo di *Nadéžda*, che corrisponde, anche letteralmente, al nostro '*Speranza*'.

Natàle, Natalìa. Originariamente nome attribuito a persona, maschio (*Natale*) o femmina (*Natalìa*, al diminutivo *Natalina*), nata il giorno di *Natale*, cioè espressamente nel *dĭe(m) natāle(m)* di Gesù.

Nicòla, Nicolétta, Nicolò. Il *Nicolāu(m)* dei Latini corrispondeva all'antico nome greco *Nikólaos*, letteralmente 'vittorioso (della stessa famiglia di *nikē* 'vittoria') tra il popolo (*laós*)'. Anche in italiano si ebbe una forma più vicina all'originale, cioè *Nicolào* (da cui poi *Nicolò*), mentre *Nicola* sembra un adattamento più recente sull'accento greco.

Norbèrto. Nome di origine germanica non del tutto chiarito nella sua composizione. Mentre nella seconda parte si riconosce l'aggettivo *berht* 'chiaro, illustre', così frequente nei nomi germanici, maschili e femminili, nella prima si potrebbe leggere *northa* 'nord' e interpretare, così, l'intero nome, come '(uomo) illustre nel Settentrione'.

Oddóne, Ottóne. Nel latino medievale, *Old(d)one(m)*, ma al nominativo, *O(d)do* corrispondeva a un nome longobardo risalente al germanico *Audo*, abbreviazione di un composto, la cui prima parte era *auda-* 'ricchezza'. Dalla stessa base è disceso anche il parallelo alamanno o baiuvaro *O(t)to*, reso in italiano con *Otto*, *Ottone*.

Odoàrdo v. *Edoardo*.

Òlga. Antico nome russo (*Ól'ga*) diffuso in Italia solo in epoca relativamente recente, corrispondente al diffuso e antico nome scandinavo *Helga* e l'uno e l'altro derivati da una lingua nordica, in cui era ancora chiaro il collegamento con l'aggettivo *heilagr* e *helgi* 'santo', per cui *Olga* significa, in ultima analisi, 'la santa'.

Onòfrio. Il nome *Onūphriu(m)* resta isolato nell'ambito del latino ecclesiastico e si può accostarlo solo al greco *Onnṓphris*, che trascrive un antico nome egiziano dal probabile significato 'sempre felice'.

Onoràto. In latino *Honorātu(m)*, originalmente participio passato dal verbo *honorāre* 'onorare' col duplice significato, di 'onorato' e 'onorabile'.

Oràzio. Antico nome latino, *Horātiu(m)*, diffuso con la più larga conoscenza rinascimentale della storia romana, di probabile origine etrusca, anche se ignoriamo il significato dell'etrusco *hurás* evidentemente connesso con altri simili nomi latini.

Orèste. Il nome latino *Orĕste(m)* si riferiva originariamente al mitico personaggio greco *Oréstēs*: ma in Grecia questo nome era molto diffuso, anche perché di formazione elementare, tratto, com'è, da *óros* 'monte' e interpretabile, quindi, letteralmente, come 'montanaro'.

Orlàndo, Rolàndo. Nome di origine germanica, *Hrodland*, composto di *hrothi* 'fama' e *land*, che sta per *nand* 'ardito': l'intero nome significa, dunque, 'che ha fama di essere ardito'. La forma più vicina all'originale è *Rolando*, dal quale solo in Italia, anzi in Toscana, è stata tratta la variante *Orlando*.

Órsola. In latino il nome *Ŭrsula(m)* era subito riconosciuto come un diminutivo di *ŭrsa(m)*, cioè 'orsa', usato pure come nome proprio.

Òscar. Le forme medievali del nome (*Anscharius*, *Ansgarius*) ci rendono ragione tanto della originale forma composta germanica (*Ansger*), quanto dell'interpretazione dei suoi elementi: 'lancia (*gairu*) di Dio (in lingue germaniche *ass*, *oss*)'. La modificazione del nome, che si riscontra in italiano, come in altre lingue, si deve alla variante irlandese *Oscur*, che le poesie ossianiche contribuirono a diffondere in tutta Europa.

Ottàvio, Ottàvia. Il nome latino *Octāviu(m)* era chiaramente e direttamente derivato da *Octāvum*, cioè 'ottavo' con riferimento, come in tanti altri casi, a partire da *Prīmu(m)*, *Secŭndu(m)*, ecc., all'ordine di nascita della medesima famiglia.

Ottóne v. *Oddone*.

Pancràzio. I primi Cristiani presero il loro *Pancrătiu(m)* dal greco *Pankrátēs*, un chiaro composto di *pan* 'tutto' (di origine indeuropea) e di altra voce (frequentissima nell'onomastica, come dimostrano i nomi *Socrate*, *Isocrate*, *Policrate*) connessa col verbo *kratein* 'avere il potere', originariamente un attributo di Giove 'che tutto può'.

Pàolo, Pàola, Paolìno. Antico nome latino, *Păul(l)u(m)* equivaleva all'aggettivo raro e arcaico *păullu(m)* e più tardi *păulu(m)*, che significava 'piccolo': un nome, quindi, originariamente applicato a persone di 'piccola' statura, ma che il culto cristiano rese quanto mai popolare e diffuso.

Pasquàle, Pasqualìna. Nome medievale *Pasquāle(m)*, identico all'aggettivo *pasquāle(m)*, tarda variante del latino *paschāle(m)* 'relativo a *Pasqua*'.

Patrìzio, Patrìzia. Per i Romani *Patrĭciu(m)* era interpretabile chiaramente come 'nobile' dal momento che corrispondeva al nome comune *patrĭciu(m)* 'appartenente a una famiglia di ottimati (*pătres*)'. Il femminile giunse a noi, invece, con molta probabilità, dal nome inglese, di diffusione piuttosto recente, *Patricia*.

Piètro, Pièro. Come spiega il passo evangelico ('Tu sei Pietro, e su questa pietra io edificherò la mia Chiesa'), il latino *Pĕtru(m)* ripete il greco *Pétros*, che significava, come il femminile *pétra*, 'roccia, pietra' e traduceva l'aramaico *Kēphā́*, l'originale nome dell'apostolo, interpretabile, appunto, 'roccia'.

Pìo. Sebbene già in uso a Roma in epoca imperiale, il nome latino *Pĭu(m)* fu assunto volentieri dai primi Cristiani per la sua chiara connessione con l'agg. *pĭu(m)* 'puro, pietoso'.

Pìppo v. *Filippo*, *Giuseppe*.

Plàcido. Anche il latino *Plăcidu(m)*, come l'italiano, era interpretato come attributo dovuto a una qualità del carattere, riproducendo perfettamente il comune aggettivo *plăcidu(m)* 'calmo, tranquillo'.

Pompèo. Nell'antico nome latino *Pompēiu(m)* si può vedere l'osco **pompe* corrispondente al latino *Quĭn(c)tu(m)*, originariamente 'il quinto(-genito)', tanto più che altre lingue italiche adottarono questo tipo (osco *Púntiis*, peligno *Ponties*).

Prìmo. Tra le possibilità di scelta del nome dei figli, gli antichi avevano anche quella di designarli con un numerale, corrispondente all'ordine di nascita. Così il 'primo(genito)' si chiamò in latino *Primu(m)* e, derivato da questo o formato in maniera analoga, in italiano *Primo*.

Pròspero. Il nome latino *Prŏsperu(m)* era una sola cosa con l'aggettivo *prŏsperu(m)*, cioè 'prosperoso, apportatore di abbondanza', nome, quindi, chiaramente augurale.

Quìnto, Quintìno. Collegato con l'abitudine di chiamare i figli secondo l'ordine della loro nascita, il latino *Quĭntu(m)* designava, originariamente, il 'quinto (nato)'. Da esso con il suffisso di dipendenza *-īnus* si è successivamente formato il derivato *Quintīnu(m)* 'Quintino'.

Quirìno. Il nome prettamente romano *Quirīnu(m)* è connesso certamente col nome comune *quirīte(m)*, sinonimo di *cīve(m)* 'cittadino (di Roma)', ma ancora non spiegato nella sua origine, anche se da molti non si ritiene del tutto infondata l'opinione degli antichi che *Quirīnu(m)* fosse inseparabile col nome della capitale sabina *Cŭre(s)*.

Raffaèle, Raffaèlla, Raffaèla. Il nome biblico *Rephā'ēl* fu reso in greco con *Raphaēl* e in latino, da cui dipende il nome italiano, con *Raphaēle(m)*. Nel nome ebraico si ravvisa subito quella costante componente *-Ēl*, che rappresenta l'abbreviazione del nome di Dio, *El(ōhīm)*, mentre nella prima parte si legge la radice verbale *rāphā* 'egli ha guarito'. Il nome intero va, quindi, interpretato: 'Dio ha guarito (i miei mali)'. La variante italiana in *-ello*, sulla quale si è formato anche il femminile *Raffaella*, è dovuta alla tendenza a evitare i nomi in consonante.

Raimóndo. Nome di origine germanica, che nella forma più antica *Raginmund* fa maggiormente trasparire il significato della composizione: 'protezione (*mund*) del consiglio (*ragin*)' o, secondo l'accezione che il gotico *ragin* assume nella corrispondente voce antico-nordica, 'protezione divina'.

Regìna. Nome latino di epoca cristiana, equivalente, come in italiano, al nome comune *regīna(m)*, sia che si intendesse alludere alla regalità della Madonna, sia che volesse ripetere l'omonimo nome germanico *Ragina*, *Regina* 'assemblea (degli dèi)': in gotico, infatti, *ragin* vale 'consiglio'.

Reginàldo v. *Rinaldo*.

Remìgio. Questo nome, molto diffuso in Francia, tanto che si è pensato a una origine celtica, è probabilmente lo stesso nome cristiano *Remĕdiu(m)*, in cui si riconosceva il nome comune *remĕdiu(m)*, cioè 'rimedio (spirituale)', anche se non è da escludersi una sovrapposizione di due nomi, *Remīgiu(m)* e *Remĕdiu(m)*, di diversa provenienza.

Rèmo. Il nome del celebre fratello di Romolo, *Rĕmu(m)*, è legato, attraverso il precedente *Rĕmmiu(m)*, a quello della tribù dei *Remmii*, di origine etrusca (*rem-ni*).

Renàto, Renàta. I nomi latini *Renātu(m)* e *Renāta(m)* per i primi Cristiani richiamavano subito alla mente l'idea della 'rinascita' contenuta nel participio passato *renātu(m)*, *-āta(m)* 'nato a nuova vita'.

Rènzo v. *Lorenzo*.

Riccàrdo, Riccàrda. Il nome germanico *Ric(o)hard* appare composto di due elementi: *rikja* 'padrone, signore' e *hart* 'forte, valoroso'. *Riccardo* verrebbe, quindi, a significare: 'forte e valente'.

Rinàldo, Reginàldo. Nome venutoci dalla Francia, dove l'eroe di tanti poemi cavallereschi *Renaut*, *Rainaut* doveva il suo nome al francone *Raginald* 'che comanda (*-ald* dal verbo *waltan* 'reggere, governare') divinamente (*ragin* 'consiglio divino'), portato in Italia anche dai Longobardi nella forma *Reginaldo*.

Rìta v. *Margherita*.

Robèrto, Robèrta. Nome di origine germanica, composto di due elementi, che ritornano frequentemente nell'onomastica nordica: *hrothi* 'fama' e *berht* 'chiaro, illustre'. L'intero nome va, quindi, letto 'di chiara fama'.

Ròcco. Nome medievale, tanto chiaro nella sua origine (da una radice germanica *hroc*) quanto oscuro nel significato, che per alcuni corrisponderebbe a 'cornacchia' (in gotico *krukijan* 'crocidare') per altri a 'uomo forte' (in antico nordico *krókr*) e per altri ancora a '(pieno di) cura' (antico tedesco *ruoh*).

Rodòlfo. Nome latinizzato, *Rodŭlphu(m)*, di origine germanica, dal composto *Hrodulf* 'lupo (*wulf*) di gloria (*hrod-*)'.

Rolàndo v. *Orlando*.

Romàno. Presso i latini *Romānu(m)* era semplicemente l'etnico di *Roma* e dal nome della città regolarmente derivato con l'usuale suffisso *-ānu(m)*.

Ròmolo. Il nome del fondatore di Roma, *Rōmulu(m)* è indubbiamente legato al nome della città, con quale genere di rapporto, tuttavia, si ignora. Si pensa che fosse il capostipite della *gĕnte(m) Romīlia(m)* e che, come questa, provenisse dall'Etruria.

Romuàldo. Nome di origine longobarda, composto di *krom*, *hruom* 'gloria, fama' e *-wald*, connesso col verbo germanico *waldan* 'comandare', con significato complessivo di 'comandare con gloria'.

Ròsa. Nome introdotto nel Medioevo con espresso riferimento, come in altri casi, al nome del fiore *rosa*. Quando, invece, *Rosa* sia abbreviazione di *Rosalia*, allora ha un'altra origine.

Rosalìa. Nome dall'origine discussa, ma che può benissimo accostarsi al nome attestato in francese antico come *Ros(s)celin*, in cui si riconosce, nella prima parte, il germanico *hrothi* 'fama, gloria', mentre la seconda parte sfugge a una chiara interpretazione, anche se è ammissibile riconoscervi un suffisso diminutivo (*-lìn*).

Ruggèro. Nome di origine germanica: in franco, infatti, *Hrodger* può essere spiegato come 'famoso (*hrothi* 'fama') per il suo giavellotto (*ger*)'.

Sabìno, **Sabìna**, **Savìno**, **Savìna**. I Latini chiamarono *Sabīnu(m)* il 'proveniente dal territorio della *Sabina*', poi divenuto, come il corrispondente femminile *Sabīna(m)*, nome proprio indipendente dall'etnico e passato in italiano in forma dotta (*Sabino*, *Sabina*) e in forma semipopolare (*Savino*, *Savina*).

Salvatóre. Il nome latino *Salvatōre(m)* fu assunto dai primi Cristiani come traduzione di Gesù (in ebraico *Yēshūa'* 'colui che salva'), non diversamente dall'uso greco del corrispondente *Sōtḗr*. Il nome è attualmente diffuso specie nell'Italia meridionale, dove sono usati anche gli accorciamenti *Tore* e *Turi* col diminutivo *Turiddu*.

Sàndro, **Sàndra** v. *Alessandro*.

Sàra. Nome noto attraverso la Bibbia, dove *Sārāh* corrisponde esattamente al sostantivo ebraico *sārāh* (femminile di *sar* 'principe') 'principessa', non isolato nell'ambito della famiglia semitica.

Savèrio. Il nome proviene da quello del santo Francesco *Saverio*, che si era chiamato così dal castello spagnolo *Xavier* (ora *Javier*), dove era nato agli inizi del Cinquecento. Il toponimo è variante di *Echeberri*, di origine basca, e significa letteralmente *Casanova*, dal basco-iberenico *eche*, 'casa' e *berri* 'nuovo'.

Savìno, **Savìna** v. *Sabino*.

Sebastiàno. Il latino *Sebastiānu(m)* riproduce il nome greco *Sebastianós*, derivato dall'aggettivo *sebastós* 'augusto, venerabile', dipendente dal verbo *sébesthai* 'onorare (gli dèi)'.

Secóndo. Originariamente il nome latino *Secŭndu(m)* si riferiva, come altri nomi simili, all'ordine della nascita e valeva, quindi, 'secondo(genito)', 'colui che segue (*sĕqui*) il primogenito'.

Serafìno. Il nome greco-latino *Seraphím* è tratto dall'ebraico *Serāphīm*, plurale (come denota il suffisso *-īm*) di *sārā́ph* 'ardente, bruciante' e anche 'drago (bruciante)'. Se preso in senso metaforico, il nome può aver significato gli 'ardenti, i purificanti'.

Sèrgio, **Sèrgia**. Il latino *Sĕrgiu(m)*, nome antichissimo e diffuso, è di origine incerta, ma non è escluso che provenga dall'onomastica etrusca, che tanto influsso ebbe, almeno nel periodo più antico della storia di Roma, su quella latina.

Sevèro, **Severìno**. Tanto il latino *Sevēru(m)* quanto l'italiano *Severo* hanno un significato chiaro, se si pensa all'aggettivo comune dal quale sono legati (*severo*). I Romani ne avevano tratto anche un derivato (non diminutivo) *Severīnu(m)*, sopravvivente nell'italiano *Severino*.

Silvàno, **Silvàna** v. *Silvio*.

Silvèrio. Nel latino dei primi Cristiani *Silvēriu(m)* era nome chiaramente derivato da *sĭlva(m)* 'selva, bosco', col suffisso *-ērius* di altri nomi propri.

Silvèstro. Dal latino *Silvĕstru(m)*, che rispecchia l'aggettivo *silvĕstre(m)*, cioè 'pertinente, abitante nel bosco (*sĭlva*)'.

Sìlvio, **Sìlvia**, **Silvàno**, **Silvàna**. Nome latino, *Sĭlviu(m)* e, al femminile, *Silvia(m)*, evidentemente legati al nome comune *sĭlva(m)* 'selva', come i derivati *Silvānu(m)* e *Silvāna(m)* 'proprio della selva', originariamente detto delle divinità boschive.

Simeóne, **Simóne**, **Simonétta**, **Simóna**. Sia *Simone* (da cui il femminile *Simona* col suo diminutivo *Simonetta*), come *Simeone*, sono nomi legati alla tradizione ecclesiastica: nei libri sacri s'incontrano, infatti, in veste latina *Simōne(m)* e in veste greca *Simōn* e *Symeṓn*, l'uno e l'altro rispecchianti l'ebraico *Shime'ōn*, solitamente interpretato come 'Dio ha esaudito (*shama'*)'.

Sìro. Il nome era in uso fra i Romani, presso i quali *Sȳru(m)* e *Sȳra(m)* erano semplicemente degli etnici e valevano 'Siriaco' e 'Siriaca', cioè 'proveniente dalla Siria', forse in origine riferito a schiavi siriani.

Sìsto. Forma popolare del nome latino *Sĕxtu(m)*, che rientra, significando letteralmente 'sesto', nella serie dei nomi indicanti, in origine, l'ordine di nascita dei figli, in questo caso il 'sesto(genito)'.

Sofìa, **Sònia**. Nome di origine greca: il greco *Sophía* è immediatamente riconosciuto come lo stesso nome comune *sophía*, cioè 'sapienza', ma alla sua diffusione contribuì soprattutto il culto della Divina Sapienza (in greco *Théia Sophía*), cioè di Cristo. Apparentemente diverso, ma pervenutoci soltanto in tempi più recenti e per altra via (letteraria), è *Sonia*, vezzeggiativo (*Sónja*) del russo *Sophíja* 'Sofia'.

Sperànza. Nome cristiano, che bene si inserisce nella serie di nomi astratti, il cui modello è stato fornito in gran copia dai Romani, presso i quali, oltre che *Sperăntia(m)*, usavano anche il maschile *Sperăntiu(m)*, l'uno e l'altro dal participio presente, *sperănte(m)*, del verbo *sperāre*.

Stéfano, **Stefània**, **Stefanèlla**. A Roma *Stĕphanu(m)* era nome straniero e precisamente greco. In Grecia *Stéphanos*, un personale di antica tradizione, corrispondeva al nome comune *stéphanos* 'corona'. *Stefania* (col diminutivo *Stefanella*) è, invece, formazione italiana.

Teodòro, **Teodòra**, **Dorotèo**, **Dorotèa**. I Romani, adottando il nome *Theodōru(m)*, non fecero che trasporre in latino il greco *Theódōros*, chiarissimo nella sua composizione: 'dono (*dōron*) di Dio (*Theós*)'. Gli stessi elementi, in posizione inversa, compaiono anche nel nome greco *Dōrótheos* (col femminile *Dōrothéa*), passato nel latino cristiano *Dorothēu(m)* (e *Dorothēa(m)*), da cui i nostri *Doroteo* e *Dorotea*.

Terèsa. Nome di origine spagnola, nella sua forma più antica *Tarasia*, proveniente dalla Grecia, dove sono attestati sia *Tarasía*, sia il corrispondente maschile *Tarásios*; il significato, però, dei due nomi greci è ancor oggi molto oscuro.

Timòteo. Nome che i primi Cristiani accolsero dai Greci, riconoscendo il significato del composto *Timótheos* 'colui che onora (da *timḗ* 'onore') Dio (*Theós*)' e adattandolo in *Timŏtheu(m)*.

Tìto. Diffusissimo nome latino, *Tĭtu(m)*, di dubbia spiegazione, a meno che non si tratti, com'è molto probabile, di un tipo di formazione reduplicativa proprio del linguaggio dei bambini.

Tommàso. Il latino della Chiesa *Thōmas* è riproduzione del greco *Thōmas*, a sua volta traslitterazione dell'aramaico *t'ōmā'* 'gemello', forse soprannome dell'apostolo per distinguerlo da altra persona omonima.

Torquàto. Antico nome latino *Torquātu(m)*, che è anche nome comune, *torquātu(m)* 'munito, adornato di una collana (*tŏrque(m)*)'.

Tùllio, **Tùllia**. Nome latino, *Tŭlliu(m)*, derivato dall'antico prenome romano *Tŭllu(m)*, di probabile origine etrusca, da collegarsi, forse, con l'etrusco *tul* che vale 'pioggia violenta'.

Ubàldo. Nome di origine germanica, che nella sua forma più antica, *Hugibald*, rivela il suo significato: 'ardito (*balda*) nel senno (*hugu*)', cioè 'di ingegno vivace'.

Ùgo. Il nome germanico *Hugo* sembra riduzione di un nome composto, modello prevalente dell'onomastica germanica, e nei molti nomi che conservano come primo elemento *Hugu-*, vediamo che esso può corrispondere a una voce comune germanica col significato di 'mente, senno, intelligenza'.

Umbèrto. Il nome germanico (*Humbert* è un composto con *-behrt*, frequentissimo nell'onomastica germanica con il significato di 'illustre, famoso, chiaro' e di una prima parte, variamente intesa: *un-* rafforzativo ('illustrissimo') o *Hun-* 'Unni' ('chiaro fra gli Unni') o *hunn* 'orsacchiotto' ('giovane orso famoso').

Urbàno. Nome latino, *Urbānu(m)*, eguale al nome comune *urbānu(m)*, cioè 'cittadino' e poi 'persona civile' in opposizione a 'contadino', 'villano'.

Valentìno, **Valentìna**. Il nome latino *Valentīnu(m)* è formato con un suffisso frequente in questo genere di derivazioni, *-īnu(m)*, e di *Valĕnte(m)*, letteralmente il participio presente di *valēre* 'star sano, essere forte'.

Valèrio, **Valèria**, **Valeriàno**. Antichi nomi latini, *Valĕriu(m)* e *Valĕria(m)* sono solitamente (anche senza assoluta certezza) fatti risalire alla stessa base del *valēre* 'star bene, essere sano'. Aggettivo relativo al nome era *valeriānu(m)*, che divenne più tardi nome autonomo, dal quale dipende anche l'italiano *Valeriano*.

Venànzio. Nel latino dei primi Cristiani *Venăntiu(m)* manteneva il chiaro significato di 'cacciatore', immediatamente collegato com'era col participio *venănte(m)* del verbo *venāri* 'andare a caccia', di antica origine indeuropea.

Venceslào. Nome di origine slava, diffuso dapprima fra i Cèchi (*Venceslav*) e i Polacchi (*Wieceslaw*), composto delle antiche basi slave *vent-* 'maggiore' e *slŭ-* 'gloria': 'colui che ha la più grande gloria'.

Verònica, **Berenìce**. Pare che il nome medievale *Veronica* sia direttamente legato, attraverso la variante *Verenice*, al greco *Bereníkē* 'apportatrice (da una voce macedone, equivalente al greco *phérein* 'portare') di vittoria (*níkē*)'.

Vìlma. Nome di origine germanica, rappresentante il femminile di *Wilm*, cioè *'Guglielma'*.

Vincènzo. Di origine latina, *Vincentius* a sua volta deriva da *vincens* con il significato augurale di 'vittorioso, destinato a vincere'.

Virgìlio, **Virgìnio**, **Virgìnia**. I nomi latini *Virgĭniu(m)* e *Virgĭnia(m)* rappresentano, probabilmente, dei nomi etruschi, di ignoto significato, latinizzati, anche se i Romani li connettevano volentieri ora con *vĭrga(m)* 'verga' ora con *vĭrgine(m)* 'vergine'. Anche il latino *Virgĭliu(m)*, *Vergĭliu(m)*, da cui deriva il nostro *Virgilio*, ha verosimilmente la medesima origine etrusca.

Vìto, **Vitàle**, **Vitaliàno**. Nome in uso presso i primi Cristiani, che in *Vītu(m)*, *Vitāle(m)*, *Vitaliānu(m)* esprimevano la loro fede nella 'vita' eterna.

Vittòrio, **Vittòria**, **Vittóre**. In latino erano egualmente diffusi tanto *Victōre(m)*, quanto *Victōriu(m)* — entrambi col senso di 'vincitore' — da cui i nostri *Vittore* e *Vittorio*.

Wàlter v. *Gualtiero*.

Wànda, **Vànda**. Nome di origine sconosciuta, che pare inventato, agli inizi del XIII sec., da uno scrittore polacco, il quale avrebbe tratto il nome di una leggendaria figlia del supposto fondatore di Cracovia, Wanda appunto, dall'etnico *Vandali*. Dalla Polonia, dove il nome ha avuto notevole diffusione, si è in altro modo connesso con la stessa radice germanica *vand* (d'altronde di significato sconosciuto). Con grafia italianizzata: *Vanda*.

Zaccarìa. Il latino *Zacharīa(m)* e il greco *Zacharías* riproducono entrambi l'ebraico *Zekharyā́h*, che, spiegandosi 'Dio (*-yah*, forma abbreviata del nome divino) si è ricordato (dal verbo *zakhár*)', allude al 'ricordo del Signore' del desiderio dei genitori in attesa di un figlio.

Zìta. Se consideriamo l'area di diffusione di questo nome (la Toscana soprattutto), possiamo spiegarlo col nome comune toscano *zit(t)a*, variante di *cit(t)a* 'piccola, ragazza', di origine bambinesca.

LUOGHI D'ITALIA

L'asterisco (*) segnala che la forma è linguisticamente ricostruita o supposta, ma non attestata da documenti scritti. Il segno (˘) indica che la vocale è breve, il segno (¯) che la vocale è lunga.

Abrùzzo. La regione, indicata nel tardo impero come *Provincia Valeria* (dalla *via Valeria*, che conduceva da Tivoli all'Adriatico), deve il suo nome attuale al medievale (VI sec.) *Aprūtiu(m)*, propriamente denominazione del contado d'Apruzzo (Teramo), connessa al nome dei *Praetūtĭi*, gli antichi abitanti di quel territorio. La forma plurale *Abruzzi*, oggi meno diffusa, fa riferimento alla suddivisione della regione in due gastaldati separati dal fiume Pescara (XIII sec.).

Àdige. In latino *Ăt(h)esi(m)*, il nome è connesso con quello della città di Este (**Ates-ste*).

Adriàtico. In latino *(H)adriaticu(m)*, dal nome della città di *(H)ădria* 'Adria' (presso Rovigo), che s'affacciava un tempo sul mare, cui dette il nome.

Agrigènto. Da *Agrigēntu(m)*, latinizzazione della forma greca *Akràgas* (poi *Akragànta*), da connettere alla voce, anch'essa greca, *àkris* 'cima di monte, punta'. La forma popolare locale è *Girgenti*, dovuta a mediazione araba.

Àgro Pontìno. Anche *Agro Romano* o *Regione Pontina*; dal latino *Pomptīnu(m)*, connesso al nome della città *Suessa Pometia*.

Alessàndria. Fondata nel XII sec. con il nome di *Civĭtas Nŏva*, rispetto a Tortona che era stata distrutta, deve l'appellativo attuale al pontefice Alessandro III, deciso sostenitore delle libertà comunali (dall'imperatore Federico I, invece, era stata chiamata *Cesarea* '(città) imperiale').

Alghèro. La forma locale del toponimo è *s'Alighera*, 'luogo pieno di alghe' (dal logudorese antico *àliga*): inizialmente riferito alla costa, il nome fu poi esteso a tutta la città.

Alpàgo. *Alpàos* nel dialetto locale, il toponimo, generalmente connesso al latino *pāgu(m)* 'villaggio', deve altresì essere ricollegato ad un prediale *Lappiăcu(m)* 'territorio di un *Lappius*'.

Alpi. In latino, con *mŏnte(s) Ălpe(s)*, si indicavano pure catene montuose distinte dalle Alpi, o anche gli Appennini e, in seguito, i 'pascoli di montagna': pertanto l'origine del nome oscilla tra un prelatino **alp-/alb-* 'pietra, monte' e una voce gallica **alpis* 'pascolo montano'.

Ampèzzo. Toponimo tuttora oscuro: abbandonati gli etimi latini da *pĭcea(m)* 'pino selvatico' e *amplu(m)* 'ampio', se ne ricerca l'origine nella base prelatina **amp-/amb-*, che designa piante alpine e loro frutti (mirtillo, rovo ecc.).

Ancóna. Il latino *Ancōna(m)* o *Ancōne(m)* trascrive il greco *Ankṓn*, chiaramente dipendente dal nome comune *ankṓn* 'gomito, svolta', con allusione alla curvatura della costa nel punto in cui si trova la città.

Aòsta. Prima parte del nome della colonia latina fondata dai veterani della coorte pretoria di Augusto e da qui chiamata *Augŭsta(m) Praetōria(m)*.

Appennìni. Dal latino *A(p)e(n)n-inu(m)*, in cui, separato un suffisso *-inu(m)*, si riscontra una radice prelatina **ap-/af-* con il significato di 'punta', presente, tra l'altro, nel latino *apĭce(m)* 'sommità, apice'.

Aquilèia. Il nome della città è connesso a quello del fiume istriano *Aquilis* (forse da attribuire ai Celti), da un latino *aquĭlu(m)* 'oscuro, acquoso'.

Arborèa. Dal latino *arbŏre(m)* 'albero'; il nome, che nel Medioevo indicava uno dei quattro giudicati sardi, fu ripristinato nel 1944, quando si volle cancellare quello di *Mussolinia di Sardegna*.

Arèzzo. Dal latino *Arretiu(m)*: l'etimo è oscuro, forse etrusco e connesso alla *gēns Arria*.

Àrno. Da una antichissima voce mediterranea *arna*, che significava 'letto di fiume', o da connettere alla radice indoeuropea *er-/*or- 'mettere in movimento, agitare' (con riferimento alla corrente).

Àscoli Picéno. È l'antica *A(u)sc(u)lu(m)* (forse dalla base **ausa* 'fonte'), capitale dei Piceni (latino *Picēnte(s)*): l'etnico, già in epoca classica, venne associato al latino *picu(m)* 'picchio', uccello sacro a Marte e animale totemico di questo popolo, anche se ultimamente tale etimo è stato rimesso in discussione.

Aspromónte. Conformemente alle diverse teorie sulla grecità in Calabria, la prima parte del composto viene ricondotta al greco *áspros* 'bianco' o al latino *aspĕru(m)* 'aspro'. Il tipo toponomastico ricorre in altri nomi di monti fuori d'Italia.

Asti. La forma latina era *Hastae*, da *hasta(m)* 'asta (arma)' e, poi per traslato, 'asta, incanto (luogo in cui si pianta un'asta)': il toponimo allude al fatto che, in origine, vi era stata fondata una colonia di cittadini romani, che consideravano il luogo come una loro proprietà comune.

Avellìno. Dall'irpino *Abellinu(m)*, derivato da una base indoeuropea **abel-/*abol-* (che sta all'origine del nome di un'altra città campana, *Abella*) indicante 'il frutto del melo': quindi 'la città delle mele'.

Barbàgie (o **Barbàge**). *Barbaricini* furono chiamati gli abitanti del centro montagnoso della Sardegna, considerati *barbari* perchè refrattari alla penetrazione romana: la regione da loro occupata venne chiamata dapprima *Barbaria*, poi *Barbargia*, *Barbagia*.

Bàri. Nome dato alla città dai Messapi, gli antichi abitatori della regione, nella cui lingua il tema **baur-/*bur-* significa 'casa, stanziamento'.

Basilicàta. La regione fu retta nel Medioevo da un regio (*basilikós*) funzionario bizantino e da questi prese il nome attuale, spesso alternato a quello classico di *Lucania* (v.), e fissato definitivamente nel 1947.

Bèlice. Il nome, di origine araba, era inizialmente composto: *raḥl* 'casale, sosta' *balīğ* (di significato oscuro).

Bellùno. Da una radice gallica **bhel-* 'splendente', con un suffisso *-dunum* (tipico e diffuso nell'area celtica) 'fortezza, rocca', quindi 'città splendente'. Così pure l'omonima città in Val d'Adige.

Benàco. Nome antico del Lago di Garda (v.), in latino *Benācu(m)*, nome di probabile origine gallica, da avvicinarsi al celtico *bĕnna* 'carro di vimini', o meglio alla stessa base, che diede l'irlandese antico *bennach* 'cornuto', intendendosi 'dai molti capi (cioè 'promontori')'.

Benevénto. Originariamente *Meleventu(m)*, *Malventu(m)*, poi, con l'istituzione di una colonia di diritto romano (268 a.C.), cambiò il suo nome, poichè i conquistatori, mal interpretandolo (il primo elemento era un **mal* 'monte', non *malus* 'cattivo') lo consideravano di cattivo auspicio.

Bèrgamo. *Bergomu(m)* nelle fonti latine, il nome è stato accostato alla base prelatina *barga* 'capanna' o al greco *Pergamon* 'rocca', ma, come l'etnico *Bergomāte(s)*, resta di origine oscura.

Bièlla. Il toponimo, attestato in antico come *Bugella* (IX sec.), è di origine preromana, ma ipotesi etimologiche meno generiche oscillano ancora tra la continuazione del nome della *betulla* o, meglio, di una base *cella* 'luogo', entrambe celtiche.

Bológna. *Felsìna* per gli Etruschi, ricevette dai Romani il nome *Bonōnia(m)*, collegato con l'appellativo gallico *bona* 'fondazione', che ritorna anche nell'omonima città francese di *Boulogne*, in *Ratisbona* e in *Vienna* (anticamente *Vindobona*).

Bolzàno. Toponimo prediale romano (*Bauzānu(m)*), derivato dal gentilizio *Bautius* o *Baudius*.

Brènnero. Il nome del valico proviene dalla popolazione preromana dei *Breuni*.

Bréscia. In latino *Brixia(m)*, nome di origine gallica forse connesso con **briga* 'altura', e, in tal caso, imparentato con *Bressanóne*, *Brexa* (Spagna), ecc.

Briànza. Da una antica forma celtica *Brigantia*, legata alla base **brigant-*, con il significato fondamentale di 'sporgente, sovrastante' e, quindi, a **briga* 'altura'.

Brìndisi. *Brundisiu(m)* in latino, dal messapico *brention* (indoeuropeo **bhren-* 'corno'), parola con cui si indicava la testa del cervo: secondo gli antichi, infatti, a questa rassomigliava la forma del porto.

Cadóre. Dal nome latino, attestato in epoca tarda (X sec.), *Catūbriu(m)*, composto di due elementi di origine gallica, **catu-* 'battaglia' e *br(i)ga* 'rocca, altura', quindi 'la rocca della battaglia, la roccaforte'.

Càgliari. Il nome medioevale della città (*Callari*, *Calari*) è dovuto ad una metatesi del nome latino *Carali(m)*, che si spiega come residuo di un'antica denominazione locale, nella quale appaiono la radice mediterranea **kar(ra)* col senso di 'pietra, roccia' e il suffisso *-al(i)* di valore collettivo. *Cagliari* significa, quindi, originariamente 'ammasso di rocce'.

Calàbria. Originariamente *Brùzio* (da collegarsi al messapico *brendon* 'cervo', v. *Brìndisi*); il nome latino *Cālabria(m)* designava invece 'la regione dei *Calabri*', ma il nome degli abitanti è ancora etimologicamente oscuro, forse di origine mediterranea (dalla base **kalabra*, *galabra* 'roccia') col significato di 'abitatori delle zone rocciose' (in opposizione agli 'abitanti della pianura').

Caltanissétta. Il nome è attestato nella forma *qal'at an-nisa'*, che in arabo significa 'la rocca delle donne'; ma la forma classica, trasmessa da una iscrizione latina, era *Nìsa*, da cui l'etnico *nisséno*.

Campània. In latino *Campānia(m)*, oltre che 'campagna', anche 'pianura aperta', secondo uno dei significati di *campu(m)* 'campo'; ma una derivazione dal nome della città di Capua era intravista anche dagli antichi.

Campidàno. Nome medievale originariamente assegnato alla 'pianura' (*campo*) intorno a Cagliari e Oristano e poi esteso a tutta la regione pianeggiante della Sardegna centro - meridionale.

Campi Flegrèi. 'Campi ardenti', dal greco *phlegurós* 'ardente', con riferimento alla penisola macedonica nella quale, secondo la leggenda, i Giganti furono fulminati da Giove: il nome è dovuto ai fenomeni di vulcanismo.

Campi Ràudii. Forse di origine celtica, nel significato di 'Campi Rossi' (da un indoeuropeo **reudh-* 'rosso'), con allusione alla sanguinosa battaglia ivi svoltasi tra Romani e Cimbri.

Campobàsso. Oltre all'interpretazione più ovvia ('campo basso', in opposizione al vicino paese di *Campodipietra*), il toponimo è stato spiegato come 'campo di *Bassus/Bassius* (nome latino di persona)' o, meno bene, come 'campo dei *vassi*', cioè dei vassalli che vi abitavano (il feudatario occupava il castello Monforte).

Canavése. Dal latino *Canabense(m)* 'relativo alla *canaba(m)*', con il significato medievale di 'luogo di raccolta di prodotti agricoli'.

Cansìglio. Derivato dal latino *concĭlĭu(m)*, nel significato medievale di 'unità consortile dipendente dalla comunità di più paesi': l'altipiano, infatti, fu lasciato per il pascolo ai comuni limitrofi.

Capitanàta. Adattamento, per influsso di *capitano*, dell'antico nome della provincia *Catapanata*, cioè 'terra amministrata da un *catapano*', come si chiamava con denominazione greca (*katepàno* 'colui che sta sopra, il sovrintendente'), il locale governatore bizantino.

Càpri. In latino *Caprea(s)*, come altre località, 'luogo di capre' (ma alcuni pongono un etimo etrusco *capra* 'terreno di sepoltura'.

Càrnia. Il toponimo è formato sull'etnico dei *Carni*, indicante una tribù gallica il cui nome è in rapporto con la radice prelatina **kar* che indica generalmente 'luoghi rocciosi o sassosi'.

Càrso. Toponimo di origine preromana riconducibile alla radice **kar*, (v. *Carnia*).

Casentino. In latino *Casentīnu(m)*, probabile derivato aggettivale (*-inu(m)*) da *Casĕntu(m)*, antica città umbra di origine italica.

Casèrta. Si tratta di un adattamento della forma latina (IX sec.) *casa(m) irta(m)* 'casa erta', che alludeva alla posizione impervia del borgo, nucleo originario della città.

Catània. *Katàne* nelle fonti greche e bizantine, *Catĭna(m)* in quelle latine, il nome sembra derivare, attraverso una mediazione araba, da un sicano *catana* 'coltello', ma il senso non è chiaro.

Catanzàro. Dal toponimo greco medievale *katà antsàri* 'sotto la terrazza' (dall'arabo *anzar* 'terrazza'), con allusione al terreno terrazzato ad orti e giardini che contorna la città.

Cervino. Alterazione da **Silvino*, denominazione tradizionale del monte, derivato dal latino *silva(m)* 'bosco'.

Chiànti. Probabilmente dal cognome e gentilizio etrusco *Clante*, *Clanti*, oppure da un idronimo, comunque etrusco.

Chiéti. Nome di origine italica, da un più antico *Teate* (da cui il derivato odierno *teatini*), il cui significato è tuttora oscuro.

Cilénto. Nome che risale al Medio Evo, quando indicava una rocca posta al centro della regione, 'al di qua (*cis*) del fiume Alento (anticamente *Alento*, poi *Lento*)'.

Ciociaria. Sta per 'terra dei Ciociari', cioè di coloro che usano quelle calzature che vanno sotto il nome di *ciòce*, etimologicamente affini a *zocche* 'zoccoli' (dal latino *soccu(m)*).

Colli Albàni. Anche *Colli Laziali*; dal latino *Albano(s) monte(s)* (da una base indoeuropea **alb-/alp-* 'pietra, monte') e connesso al nome della cittadina di Albano.

Colli Eugànei. Denominazione creata artificiosamente nei secc. XIII e XIV, in ambiente umanistico: fa riferimento all'antica popolazione stanziata nel Veneto, il cui nome non è stato ancora spiegato. Localmente queste alture son dette 'i Monti'.

Comèlico. Localmente *Komelgu*: probabile deformazione di un originario **comulicà* (dal latino *communicare* 'mettere in comunicazione'), con allusione al passo di Monte Croce, aperto verso la Val Pusteria.

Còmo. *Cōmu(m)* nella tradizione latina, è nome di incerta origine: forse si deve risalire al gallico, lingua dei probabili fondatori, **camb-* 'piegare'.

Cosénza. Da un latino **cōnsentĭa(m)* 'che confluisce insieme': la città si trova alla confluenza di due fiumi, il Busento e il Crati.

Cremóna. Il toponimo è di formazione antica e di origine incerta: generalmente viene fatto risalire al prelatino **carra* 'sasso, roccia', con metatesi.

Crotóne. Così detta perchè sorge sul sito di *Croton*, potente città della Magna Grecia, fonfata verso il 710 a.C. da coloni achei.

Cùneo. Dal latino *cŭneŭ(m)* 'cuneo' e, per traslato, 'terreno a forma di cuneo, angolo'.

Cùsio. Toponimo dall'etimo non chiaro; l'unica proposta è un personale latino *Cusiu(m)*.

Dàunia. Era la regione dei Dauni, etnico spiegato con il tema indoeuropeo **dhauno-* 'lupo'.

Dolomiti. Dal nome della roccia calcarea ivi particolarmente diffusa, la *dolomia*, così chiamata dal geologo francese *Deodat de Dolomieu*, che per primo ne studiò la particolare composizione chimica.

Ègadi. Il nome *Aegāte(s)* dei Latini e quello *Áigoussai* (da cui il nome classico dell'attuale Favignana, *Egusa*) dei Greci fanno riferimento a una base ancora oscura, precedente agli uni e agli altri.

Élba. Dal nome latino dell'isola, *Ĭlva(m)*, forse di origine ligure, se lo si connette col nome della tribù ligure degli *Ilvāte(s)*. Il nome greco era, invece, *Aithalia*, da *aithalos* 'fiamma, fuliggine', che fa supporre la presenza di forni fusori connessi all'esistenza di miniere di ferro.

Emilia. La regione romana *Aemĭlia(m)* trae il suo nome dalla *Aemĭlia(m) vĭa(m)* 'via Emilia', che l'attraversava, così chiamata perché aperta sotto il consolato di M. *Emilio* Lepido.

Enna. Forse di origine sicana; laddove il vecchio nome della città, Castrogiovanni (in voga fino al 1927), fu dovuto ad una falsa interpretazione, fatta dagli Arabi, di 'Enna', nella cui lingua diventò *Yannah*, poi *qaṣr Yānah*, per venir letto nei documenti latini dell'XI sec., appunto, come Castrogiovanni.

Eòlie. In latino *Aeŏlia(m)*, in greco *Aiolìē*, identificate con l'Eolia, che fin dall'età omerica era ritenuta residenza di Eolo, il dio dei venti; v. anche *Lìpari*.

Ètna. Il latino *Aētna(m)* ricalcava il nome greco del vulcano *Áitne*, generalmente posto in relazione col verbo *àithein* 'ardere, bruciare'. Il nome popolare *Mongibello* è una tautologia, dovuta alla giustapposizione delle parole latina (*mons*) e araba (*gabal*) che significano 'monte'.

Ferràra. Dal latino *ferrāria(m)* 'ferriera, fucina', con riferimento ad un'attività minerario-siderurgica; oppure nel senso di 'terra piantata a farro' (dal latino *far*).

Firènze. Antica forma popolare del nome *Fiorenza* (non intaccato nel suo derivato *Fiorentini*), che ripete il latino *Florentia(m)*, astratto ('la fiorenza') attribuito alla città fondata dopo la conquista dell'Etruria.

Fòggia. Dal latino *fŏvĕa(m)* 'fossa' (nel dialetto pugliese è anche nome comune), nell'accezione di 'fossa per riporvi il frumento' o di 'serbatoio di acqua largo e profondo' (la zona in cui sorge la città era un tempo acquitrinosa).

Fórche Caudine. Nome composto dal latino *fŭrca(m)* 'forca, valico, giogo' e da un derivato dell'antica città di *Caudium*, presso Benevento.

Forlì. Dal latino *Fŏru(m)* ('mercato') *Livĭi*: la città sorse come luogo di mercato e deve il suo nome a Livio Salinatore, console nel 188 a.C.

Franciacórta. Localmente *Fraza curta*, forse riferito a franchigie concesse a ordini monastici, il nome è un calco sul francese *Franchecourt*, oppure si tratta di un **Francia* 'terra dei Franchi', con *corte* posposto.

Frignàno. Anticamente la zona era il *fundu(m) Frennianu(m)*, dal personale latino *Frennius*, legato ai *Friniāte(s)*, tribù storicamente attestata tra Lucca e Modena.

Friùli. Letteralmente, secondo l'originaria denominazione latina *Fŏru(m) Jūlii*, 'mercato di Giulio', nome dato all'insediamento romano fondato da Giulio Cesare o Augusto nell'attuale Cividale.

Frosinóne. *Frusëlóne* nella dizione locale, il toponimo deriva dal latino *Frusinōne(m)*, della *gēns* dei *Frusināte(s)*, attestata dal I sec. d.C.

Gallùra. Nome altomedievale posto in relazione con un'antica popolazione della Sardegna centrale, i *Gali(l)ense(s)*, stanziata nel *Galile* (l'attuale Gerrei), un etnico che non è escluso abbia qualche legame con la palestinese *Galilea*.

Gàrda. Il nome attuale del lago deriva dalla località posta sulla sponda orientale, *Garda* appunto, dal latino tardo *garda(m)* (gotico *warda*) 'luogo elevato di guardia'; quanto all'appellativo classico *Benăcu(m) Lacu(m)* v. *Benàco*.

Garfagnàna. Dal personale latino *Carfāniu(m)*, di origine etrusca, attraverso il cognome *Carfaniānu(m)*, come è dimostrato anche dagli antichi nomi (fino al XIV sec.) della regione (*Carfaniana*).

Gargàno. Da una base prelatina **garg-*, di oscuro significato, ma presente in un antico idronimo lucano, il *Gargarum*.

Gènova. Il latino *Genua* può risalire alle basi **genu-*, col significato di 'bocca, golfo', o **geneu-* 'ginocchio' (l'insenatura della costa vista come la curvatura interna del ginocchio), egualmente attribuibile ad altri toponimi come *Ginevra*. La forma locale del toponimo è *Zena*.

Gorìzia. Il toponimo, localmente *Gurìze*, riflette la voce slovena *gorica* 'collina', diminutivo di *gora* 'monte'.

Gran Paradiso. Probabile intrusione popolare di *paradiso* nel nome, che originariamente sarebbe stato *Gran Parei*, cioè, in piemontese, 'grande parete (rocciosa)'.

Grosséto. Probabile fitonimo, nel senso di 'selva di bosco dalle folte e *grosse* piante', per il quale si può porre anche un latino *grossu(m)* 'specie di fico che non giunge a maturazione'.

Iglesiènte. La regione trae il nome dal centro principale della regione, cioè Iglesias, un derivato del latino *ecclesia(m)* 'chiesa'.

Impèria. Dal nome del torrente che sfocia presso Oneglia, l'Impero, databile al XIII sec.

Irpinia. Dal nome degli antichi abitatori, gli *Hirpīni*, nel quale già i Romani riconoscevano il nome sannita del lupo, *hĭrpu(m)* o *ĭrpu(m)*.

Ìschia. Letteralmente 'isola', dal latino *insŭla(m)*, attraverso una forma **iscla*.

Isèrnia. Il toponimo risale alla base idronimica **ais-/*is-*, con il significato di 'muoversi velocemente', e che ritorna in *Isarco*, *Isonzo*, ecc.

Itàlia. È un nome di origine osca (*Viteliu*), solitamente avvicinato all'umbro *vitluf* e al latino '*vitŭlu(m)* 'vitello', rendendo così ragione della interpretazione tradizionale 'terra dei vitelli'; ma il nome è stato letto anche come 'il paese degli Itali', cioè di coloro che hanno nel vitello il loro animale totemico.

Jònio. Il latino *Jōniu(m)* riproduce il nome greco del mare occidentale, *Jṓnios*, legato alla leggendaria impresa della mitologica *Jò* (amata da Giove), che avrebbe attraversato quel mare a nuoto; più facile, invece, che il nome sia stato dato dai primi colonizzatori greci provenienti dalla Jonia.

Lampedùsa. *Lepadusa* in latino, il nome risale al greco *lòpas* 'sorta di mollusco'.

Lànghe. Localmente *langa* indica la 'cresta assottigliata delle colline', ma il toponimo risale probabilmente alla base ligure **langa*, di ignoto significato, riferita al castello o alla zona occupata dalla tribù dei *Langēnse(s)* o *Langāte(s)*.

L'Àquila. Il toponimo è traslato dal nome del volatile, con allusione alla posizione arroccata del nucleo urbano originario; meno chiara la derivazione da un diminutivo del latino *ăqua(m)* 'acqua'.

Làrio. Dal nome latino *Lāriu(m)*, forse connesso ad una base prelatina **lar* 'luogo incavato' o simile.

La Spèzia. Toponimo inspiegato, forse dal greco *aspidia*, diminutivo di *aspis* 'scudo', anche se semanticamente oscuro.

Latina. Sorta con il nome celebrativo di *Littoria*, assunse l'attuale denominazione, connessa a quella del *Làzio* (v.), nel 1945.

Làzio. Il latino *Lătiu(m)* è stato spesso riconosciuto dipendente dal nome comune *lātu(m)* 'piatto, esteso': la regione sarebbe, in tal caso, 'il paese piano', in opposizione alla Sabina montuosa.

Lécce. Antico nome messapico latinizzato in *Lupiae* (poi *Lupia(s)*, III sec. a.C.) e non ancora spiegato.

Lécco. Dialettalmente *Lèk*, il nome è ricondotto alla base gallica *leuco*, affine al latino *lucu(m)* 'bosco'. Privo di fondamento, invece, un etimo greco *lèukos* 'bianco'.

Ligùria. Dal nome dei suoi antichi abitanti di origine preindoeuropea, i *Ligure(s)* dei Romani, che rimane tuttora inspiegato.

Lipari. In latino *Lipara(m)*, dal greco *Lipàra* legato alla radice *leip-*, che ritroviamo in *liparòs* 'grasso' (e, quindi, si intenderebbe 'la ricca'), ma anche nel raro *lips* 'pietra sullla quale l'acqua ristagna'.

Livinallóngo. Dalla voce alpina *livinàl/lavinàl* 'gola, vallone franoso' (dal latino *lavina(m)*), unita all'aggettivo *lungo*.

Livórno. Dal personale etrusco **Liburna*, o dall'etnico dei *Liburni*, connesso alla voce latina *līburna(m)* 'brigantino, feluca', un tipo di imbarcazione.

Lòdi. La città fu costruita (1158) dopo la distruzione del vicino sito di Lodi, la romana *Laus Pompei* (o *Pompeia*) - oggi detto *Lòdi Vècchio* - e da essa ha tratto il nome. *Laus* 'onore, lode, fama' era nome augurale per il fondatore Cneo Pompeo Strabone (sebbene Plinio la dica di origine gallica).

Logudòro. Forse da un sardo medievale *logu* 'regno, giudicato', con il greco bizantino *ori(on)* 'circoscrizione amministrativa'; le connessioni con i *Doria* (la famiglia genovese che intrattenne rapporti con il giudicato), con (Porto) *Torres* (il capoluogo della regione), con l'*oro* (nel senso di 'fertilità'), leggendo la prima parte del nome come 'luogo', non sono soddisfacenti.

Lombardìa. Originariamente *Longobardìa*, cioè 'terra dei *longobardi*', il popolo germanico che si stanziò in Italia nel VII sec., scegliendo Pavia come capitale del regno.

Lomellìna. Dal nome di luogo *Lomello*, nel latino medievale *Laumellu(m)*, in cui si potrebbe riconoscere, tenuto conto del (celtico?) **mello* 'collina', un composto con il significato 'monte bianco' o 'monte (del paese) aperto'.

Lucània. Nome classico della *Basilicata* (e a questo spesso alternato): da un tema **leuc-* 'capo, estremità'.

Lùcca. Latino *Luca(m)*, è toponimo antichissimo di origine oscura (anche se a volte ricondotto ad una radice celto-ligure *luk-* 'luogo paludoso'.

Lunigiàna. Il nome della regione deriva da quello di un antico celebre scalo, denominato in epoca romana *Luna*, e poi *Luni*, presso l'attuale La Spezia, molto facilmente legato ad un appellativo etrusco col significato di 'porto' (come in *Vetu-lonia*, *Popu-lonia*), mentre gli antichi vi riconoscevano il nome del satellite della terra (forse per la forma 'lunata' del porto?).

Maceràta. Attestato dal X sec., il toponimo si riconduce al latino *macĕrĭē(m)*, *-ĭa(m)*, con riferimento ai ruderi della romana *Helvia Ricina*, a breve distanza dalla città.

Màntova. Toponimo di origine etrusca, che riflette, specie nella forma latina *Mantua(m)*, una connessione con la divinità etrusca della ricchezza *Mantu*.

Màrche. Dal preciso significato politico-amministrativo assunto dalla voce germanica *marka*, dall'epoca di Carlomagno: '(territorio di) frontiera'.

Marémma. In latino il nome plurale *marĭtima* designava geograficamente 'i paesi sul mare', e solo più tardi restrinse geograficamente il suo significato.

Màssa Carràra. Dal latino *massa(m)*, nel significato che il termine assume nell'alto Medioevo 'grande possedimento, insieme di poderi coltivati dai coloni'; *Carrara* è dal latino *carrāria(m) vĭa(m)* 'strada per carri'.

Matèra. Toponimo attestato dal XI sec., riflesso del latino *materia(m)* 'legname da lavoro e da costruzione'.

Mediterràneo. Dall'aggettivo del latino classico *mediterrāneu(m)*, con il significato 'che sta in mezzo alle terre'.

Messìna. Più che dal nome latino *Messāna(m)*, la denominazione attuale della città si ricollega alla *Messéne* dei Greci, che chiamarono la colonia siciliana, già occupata da genti ioniche, con lo stesso nome della città di provenienza: e la Messenia greca è stata spiegata come 'territorio centrale' (da *mesos* 'di mezzo'), ma i più dubbiosi preferiscono riconoscervi un'origine pregreca.

Milàno. Il nome latino della città, *Mediolānu(m)*, suggerisce di vederci un composto del latino *mĕdio* 'in mezzo' e del celtico *lau(n)o* 'piano, pianura' e anche 'luogo consacrato'.

Mòdena. Latinamente *Mutina*, il nome risale agli Etruschi ed è connesso a *mutna/mutana* (da una base mediterranea **mut(t)-* 'altura, rialzo del terreno'), che nella lingua di quel popolo significa 'tomba'.

Molise. Il toponimo è medievale (X sec.), probabilmente connesso al latino *mŏla(m)* 'macina del mulino', con il suffisso *-ensis*

Monferràto. Da non intendersi come 'monte ferrato' (con allusione al colore ferrosso della terra), bensì come 'monte farrato', dal latino *farrātu(m)* 'ricco di granaglie (*farro*) e foraggio'.

Mongibèllo. v. *Etna*.

Mónte Biànco. Nome trasparente, suggerito dal colore dei vasti ghiacciai, ma testimoniato solo in epoca medievale nella forma *Rūpe(m) Ălba(m)*.

Mónte Ròsa. Il nome, erroneamente connessso con *ròsa* e popolarmente spiegato con il colore del gruppo montagnoso, non è altro che la parola valdostana, di discussa origine, *rosia* 'ghiacciaio'.

Mugèllo. Dal nome personale latino *Mucĕllu(m)*, un diminutivo di *Mūciu(m)*, nome di persona probabilmente di origine etrusca.

Mùrge. Il nome può essere accostato al latino *mūrĭce(m)* 'sasso acuto', se non si tratta di una parola prelatina di sostrato.

Nàpoli. Dal nome latino, di origine greca, *Neàpoli(m)*, 'città (*pòlis*) nuova (*néa*)', forse in contrapposizione all'antica città punica di Utica ('la vecchia', da un ebraico *atìkà*), o semplicemente al precedente nome *Partènope*.

Novàra. Toponimo di difficile interpretazione, forse collegato al vicino torrente *Agogna*, un tempo detto anche *Novaria* (questo fu il anche nome della città per tutto il Medioevo).

Nùoro. *Nōriu(m)* nel latino ecclesiastico, il nome è di origine prelatina, protosarda, e tuttora oscura.

Nùrra. Il toponimo riflette l'appellativo sardo (di origine prelatina) *nurra*, in uso nei dialetti isolani centrali, con il significato di 'voragine, screpolamento del terreno, burrone a forma di pozzo'.

Ogliàstra. Dal latino *ŏlĕastru(m)* 'olivo selvatico', pianta di cui la regione è molto ricca.

Oristàno. Da un personale latino *Aristĭus* (ben documentato nelle dizioni locali del toponimo, *Aristànis*, *Aristanisi*), con suffisso prediale *-anu(m)*.

Òssola. Citato come 'terra *ossilense*' fin dal IX sec., è toponimo oscuro, forse di origine prelatina.

Pàdova. Forse da una forma parallela, ma più popolare e antica (**Padua(m)*) del nome classico della città, *Patăviu(m)*: entrambe, comunque, sono connesse alla radice indoeuropea **pat-*, che esprime il concetto di 'apertura, spazio', e al nome latino del Po, *Padu(m)*.

Palèrmo. Il nome latino della città, *Panŏrmu(m)*, rivela il supposto composto greco, dal quale deriva: **panormos* 'intero (*pan*) porto (*hórmos* 'luogo di ormeggio')', nome dato, in Grecia e fuori, a parecchie città portuali.

Pantellerìa. Il nome dell'isola ha aspetto greco (e resta testimonianza di un antica *Talarìa*), ma i tentativi per spiegarlo sono rimasti infruttuosi.

Pàrma. Considerato da alcuni nome di origine ligure, il toponimo sembra però coincidere con la voce celtica *parma* 'scudo rotondo', forse in relazione alla forma originaria dell'insediamento.

Pavìa. Fondata dai Galli con il nome di *Ticinum*, solo nel sec. VII d.C. assunse il nome *Papīa(m)* derivato dal gentilizio romano *Papĭlĭus*.

Pelàgie. Dal greco *pèlagos* 'mare': 'isole d'alto mare'.

Perùgia. Nella forma latina del nome, *Perūsia(m)*, si ritrova la stessa terminazione *-ūsia(m)* di altri nomi locali antichi (per es. *Venūsia(m)*), ma la prima parte del nome è di difficile lettura.

Pésaro. Dall'omonimo fiume *Pisaŭru(m)* (attualmente *Foglia*), in cui, separata la consonante iniziale che è il residuo di un'antica preposizione, si individua il tema idronimico **is-/*as-*, già visto in *Isèrnia*.

Pescàra. Dalla forma latina *Piscāria(m)* (che in origine indica il fiume e poi anche l'abitato), nel senso di 'pescoso', più che di 'pescheria, vivaio di pesci'.

Piacènza. Riflette l'antico toponimo latino *Placĕntia(m)*, nome augurale dal latino *placēre* 'piacere'.

Pianùra Padàna. Il latino *Padānu(m)* era l'aggettivo del nome del fiume *Padu(m)* 'il Po' e significava, quindi, 'proprio, relativo al Po'.

Piàve. Il nome è connesso alla radice indoeuropea **plow-* 'scorrere' (latino *pluĕre* 'piovere').

Piemónte. Composto secondo la norma italiana: 'al *pie(de)* del *monte*' per la principale caratteristica geografica della regione.

Pìsa. Toponimo di origine oscura, forse connesso al greco *pìsos* 'luogo irrigato'.

Pistóia. Toponimo latino, dalla voce *pistōre(m)* 'mugnaio' (pare che la fertilità del luogo avrebbe favorito tale attività)

Planàrgia. Dal latino *planu(m)* 'piano, pianura', per la conformazione del luogo.

Po. Il nome classico è *Padu(m)*, ma in epoca antica il tratto iniziale del fiume era detto *Bodincus*; pare che le due denominazioni abbiano un'origine comune, connessa alla radice indoeuropea **bhedh-* 'fondo': quindi, 'il fiume profondo'.

Polésine. Il toponimo si confronta con *polésin*, voce veneto-friulana per indicare 'i depositi di melma che emergono dall'acqua in forma di isolotti' (dal latino *pullu(m)* 'terreno molle'.

Pordenóne. Anticamente *Pŏrtu(m) Naōnis* (XIII sec.), cioè 'porto sul Naone (il fiume che attraversava la città, oggi *Noncello*)'

Potènza. Dal latino *Potĕntia(m)*, toponimo augurale: 'la potenza'.

Pràto. Sembra che si possa accogliere l'etimo più evidente e che il toponimo risalga alla natura prativa del terreno in cui venne costruito il primo nucleo dell'attuale città.

Pùglia. Dal latino *Apūlia(m)*, derivato dall'etnico degli *Apulī* (che è ritenuto un adattamento italico del nome degli *Iapigi*, provenienti dall'opposta sponda dell'Adriatico).

Ragùsa. Dal plurale del greco bizantino *rhogòs* 'granaio'.

Ravénna. Il toponimo è un riflesso della base prelatina **rava* 'scoscendimento franoso, con derivante corso d'acqua', cui si aggiunge un suffisso etrusco *-enna*.

Réggio nell'Emìlia. Anticamente *Rēgiu(m) Lepidi* (era municipio romano durante il secondo consolato di M. E. Lepido; v. anche *Emilia*, è connessa, nella prima parte del nome, a *Réggio di Calàbria* (v.).

Réggio di Calàbria. Per *Calàbria* v. la voce, quanto a *Reggio* è nome oscuro, rapportato dalla tradizione classica al greco *rhégnymi* 'spezzare' o al latino *rēgnu(m)* 'regno', ma forse connesso ad una base presente in alcuni idronimi dell'Italia centrale.

Riéti. Dal latino *Reāte* (continuato nell'etnico *reatino*), in cui si ritrova la stessa terminazione *-ate* del nome antico della città di Chiéti: *Teate*.

Rìmini. Anticamente *Ariminum*, dal nome latino del Marecchia *Ariminus*, il fiume presso la cui foce sorge la città. L'idronimo è di origine incerta, forse etrusca.

Róma. Generalmente collegato al gentilizio etrusco dei *Ruma* (evidenziando così l'apporto degli Etruschi alle origini della città), o al latino *rūma(m)* 'mammella', in senso orografico (il Palatino), o, anche, al *Rumon*, uno dei più antichi nomi del Tevere (dalla radice indoeuropea **sreu-* 'scorrere').

Romàgna. Dal latino medievale *Romānia(m)*, che per i Longobardi designava i territori italiani rimasti sotto il dominio dell'Impero *romano* d'Oriente, ristretti poi, per un processo non ancora chiarito, all'esarcato di Ravenna.

Rovìgo. Dal nome di persona germanico *Hrodico*.

Sabìna. Il nome della regione deriva dall'etnico *Sabini*, popolo italico del gruppo umbro-sabellico, cui è connesso pure il nome del *Sannio* (v.).

Salènto. Dalla voce prelatina **sala* 'canale, acquitrino' (o dall'omofono longobardo 'corte, edificio'), cui si aggiunge il nome del fiume *Alento*, che bagna la zona: quindi 'canale, luogo bagnato dall'*Alento*'.

Salèrno. Come il precedente si riconduce alla base prelatina **sala* 'canale', con formante *-ern-* di sostrato.

Sànnio. Dal nome latino della regione, *Sămniu(m)*, da un precedente **Săb-nio-m* 'territorio del dio **Săbo*', dal quale presero il nome anche i *Sabini*, che costituirebbero allora, linguisticamente, una semplice variante di *Sanniti*.

Sarcidàno. Dall'unione della preposizione *su* e del nome locale *Arcidano*, derivato dal latino *arce(m)* 'rocca', con il suffisso *-idano*, presente nell'altra regione sarda *Campidano* (v.).

Sardégna. Il latino *Sardĭnia(m)* indicava la 'terra dei *Sardi*', originariamente nome (di oscura provenienza) della popolazione mista di Libi, Fenici e Sardi costituitasi nella pianura meridionale dell'isola dopo l'importazione di schiavi libici.

Sàssari. Toponimo di formazione preromana, tuttora inspiegato.

Savóna. Secondo le fonti latine, il nome della città è connesso a quello della tribù ligure dei *Sabāte(s)*.

Sicìlia. Risale al greco *Sikelìa* (latino *Sicĭlia(m)*), originariamente riferito alla sola parte orientale dell'isola, quella abitata dalla popolazione illirica dei *Siculi* (*Sikelòi*): a occidente erano stanziati i *Sicani*, popolo non indoeuropeo.

Sièna. Centro etrusco, poi colonia romana con il nome di *Sena(m) Julia(m)*, il toponimo è derivato dal gentilizio etrusco *Sae-na*.

Sìla. Nome osco, connesso al latino *silva(m)* 'selva'.

Sóndrio. Dal longobardo *sunder* 'terreno riservato', è documentato dal X sec.

Strómboli. La variante più antica del nome dell'isola, *Strongolo*, ci chiarisce la sua origine dal greco *stroggýlos* 'rotondo', evidentemente per la sua configurazione geografica.

Tàranto. In greco *Tàras*, ma al genitivo *Tàrantos* (donde l'attuale accentazione), nome (di origine prelatina) del fiume che sfocia sul Mar Jonio: quindi 'la città sul Taras'.

Tavolière. Da *tavola* nel senso geomorfologico di 'territorio piano', come comunemente si ritiene.

Tèramo. Anticamente *Interamna Praetutiorum*, significa 'tra (*inter*) i fiumi (*amnes*), (nel territorio) dei Praetutii', con allusione alla confluenza tra il Vezzola e il Tordino.

Tèrni. Dal nome classico della città *Interamna* ('tra i fiumi' -v. *Teramo-*) *Nahars*, dove la specificazione *Nahars* allude al Nera, che nei pressi della città confluisce nel Serra.

Tèrra di Lavóro. Sebbene documentata come *Terra Laboris*, non deriva dal latino *labŏre(m)* 'lavoro', ma da *Leboriae*, nome di una zona dell'Agro campano: il nome attuale è dovuto ad una paretimologia.

Tévere. Il latino *Tiberi(m)*, come altri nomi di fiumi (*Tib-isco*, *Tif-erno* ecc.) può essere collegato con una base idronimica **tif-/*tib-*, di significato non chiaro.

Ticino. È un idronimo di origine prelatina, forse connesso con l'antico nome dell'Adige (*Ăthesis*) o con la trentina valle di *Tesino*.

Tirréno. Dall'appellativo con cui i Greci designavano gli Etruschi: *Tyrrhēnói* (latino *Tyrrēni*), derivato dal nome di **Tursa*, città dell'Etruria: poi l'etnico divenne aggettivo per il mare che bagnava quella regione.

Torino. Dal nome della colonia militare romana *Julĭa(m) Augusta(m) Taurinorum* 'Giulia Augusta dei Taurini', in cui il nome della popolazione che abitava il luogo deriva da una base **tauro*, 'toro' o forse 'monte'.

Toscàna. Dall'aggettivo latino *tuscānu(m)*, cioè 'pertinente ai *Tusci*', come i Romani chiamavano gli antichi abitatori della Toscana, cioè gli *Etruschi*.

Tràpani. Dal nome latino *Drepănu(m)*, che ripete il greco dialettale *drèpane* 'falce', con allusione alla forma del promontorio su cui sorge la città.

Trasimèno. In latino *Trasimēnu(m)*, da un più antico *Tarsimēnu(m)*, nel quale si può intravedere un'origine etrusca, anche nella formante *-en(a)-*.

Trèmiti. Il latino *Trĭmetu(m)*, nome della principale isola del gruppo, viene connesso con la voce comune *tèrmite(m)* '(ramo di ulivo) selvatico'.

Trentino. *Tridentīnu(m)* era per i Romani l'aggettivo di *Tridĕntu(m)* 'Trento' (v.).

Trénto. Dall'antica forma *Tridĕntu(m)*, forse nome di origine celtica, nel senso di 'triforcazione', forse dipendente da una base preromana **tar-*.

Treviso. È la romana *Tarvīsiu(m)*, nome di origine gallica connesso con il celtico *tarvos* 'toro'.

Trièste. Dalla tarda forma latina *Tregĕste* per il precedente *Tergĕste* (e *Tergĕstu(m)*), nome connesso con l'antica base prelatina **terg-* 'piazza, mercato', la stessa che si ritrova in *Opitĕrgiu(m)* Oderzo.

Ùdine. Documentato dal X sec. (*Utĭnu(m)*), è nome di origine preromana, probabilmente connesso alla radice **oudh-/*udh-* 'mammella', da intendersi come metafora del colle su cui sorge il castello, nucleo originario della città.

Ùmbria. Il latino *Ŭmbria(m)* designava 'la terra degli Umbri', antica popolazione italica il cui nome è d'incerta origine.

Varése. Documentato dal X sec., può essere toponimo di origine prelatina, se non riflette il gentilizio romano *Varius*.

Vèneto. Dal nome degli antichi abitanti, i *Vĕneti* dei Latini, (*Henetói* per i Greci), legato alla radice indoeuropea **wen-* 'desiderare' (e quindi i Veneti sarebbero 'i desiderati').

Venèzia. Dapprima nome latino della regione dei *Vĕneti* (*Venĕtia(m)*), poi nome della città principale, in origine usato popolarmente al plurale con riferimento alle isole sulle quali si estendeva, con successivo ripristino della forma dotta *Venezia*.

Venèzia Giùlia. Nome recente che G. I. Ascoli propose in armonia con le altre due regioni venete (*Venezia Euganea* e *Venezia Tridentina*), poggiandosi sul nome latino dell'estrema sezione orientale delle Alpi e sulla sua continuazione umanistica, con significato regionale: *Regiōne(m) Jūlia(m)* 'la regione di Giulio (Cesare o Ottaviano)'.

Verbània. Dal successivo *Verbano*.

Verbàno. Nome non latino, latinizzato in *Verbănu(m)*, e pur tuttavia da avvicinare al personale romano *Virbis*.

Vercèlli. Il toponimo, presente negli autori classici latini nella forma *Vercĕlla(s)* è stato oggetto delle più svariate interpretazioni, ma sembra possa essere connesso al gentilizio romano *Vĕrcius*.

Veróna. Nome certamente non latino, *Vērōna(m)* è stata ritenuta ora di origine venetica, ora celtica, anche se non si può escludere, tenuto conto l'esistenza di nomi uguali o simili in Toscana, la derivazione da un nome personale etrusco.

Versìlia. Ricordato già nell'VIII sec., il nome venne dapprima interpretato come riflesso di un personale antico **Versīlius*, poi connesso a *Vessidia*, antico nome di un fiume che scorre nella regione.

Vesùvio. Dal nome latino del vulcano, *Vĕsŭvĭu(m)*, che, come il nome collaterale *Vĕsēvu(m)*, è ritenuto di origine indeuropea, anche se i pareri si dividono fra la scelta di due radici: **aues-* 'illuminare' o **eus-* 'bruciare, ardere'.

Vibo Valèntia. Vibo è formazione pregreca (adattata dai Greci in Hipponium, da *hippos* 'cavallo'); *Valentia*, invece, è uno dei vari nomi a carattere augurale con cui i Romani – che qui crearono una colonia nel 192 a.C. – chiamavano le nuove fondazioni.

Vicènza. Dall'antico *Vīcĕtĭa(m)*, si tratta di una formazione venetica, dall'indoeuropeo **weik-* (da cui deriva pure il latino *vīcu(m)* 'villaggio').

Vitèrbo. Si ritiene che il toponimo derivi dal latino *vĕtu(m) urbe(m)* 'vecchia città', ma la questione è incerta.

Voltùrno. In rapporto con il latino *voltŭre(m)* 'avvoltoio'.

ABITANTI D'ITALIA

Abano Terme → abanesi o aponensi.
Abbadia San Salvatore → abbadinghi.
Abbiategrasso → abbiatensi.
Abruzzo → abruzzesi.
Acireale → acesi.
Acqui Terme → acquesi o acquigiani.
Adria → adriesi.
Afragola → afragolesi.
Agliè → alladiesi.
Agrigento → agrigentini o girgentani.
Alassio → alassini.
Alba → albesi.
Albenga → albenganesi.
Alcamo → alcamesi.
Alessandria → alessandrini.
Alghero → algheresi.
Altamura → altamurani.
Alto Adige → altoatesini.
Amalfi → amalfitani.
Ancona → anconitani o anconetani.
Andria → andriesi.
Anzio → anziati.
Aosta → aostani.
Aprilia → apriliani.
Aquino → aquinati.
Arezzo → aretini.
Arona → aronesi.
Arpino → arpinati.
Arquata Scrivia → arquatesi.
Ascoli Piceno → ascolani.
Asiago → asiaghesi.
Assisi → assisani o assisiati.
Asti → astigiani.
Augusta → augustani o augustanesi.
Avellino → avellinesi.
Aversa → aversani.
Badia → badiotti.
Bagni di Lucca → bagnilucchesi o bagnaioli.
Barbagia → barbaricini.
Barga → barghigiani.
Bari → baresi.
Barletta → barlettani.
Basilicata → lucani.
Bassano del Grappa → bassanesi.
Belluno → bellunesi.
Benevento → beneventani.
Bergamo → bergamaschi.
Biella → biellesi.
Bisceglie → biscegliesi.
Bitonto → bitontini.
Bollate → bollatesi.
Bologna → bolognesi.
Bolzano → bolzanini o bolzanesi.
Bordighera → bordigotti o bordigheresi.
Borgosesia → borgosesiani.
Bra → braidesi.
Brennero → brenneresi.
Brescia → bresciani.
Bressanone → bressanonesi o brissinensi.
Brianza → brianzoli.
Brindisi → brindisini.
Busto Arsizio → bustesi o bustocchi.
Cadore → cadorini.
Cagliari → cagliaritani.
Calabria → calabresi.
Caltanissetta → nisseni.
Campania → campani.
Campobasso → campobassani.
Canavese → canavesani.
Canazei → canazeiesi.
Canosa → canosini.
Cantù → canturini.
Capannori → capannoresi.
Capri → capresi.
Carpi → carpigiani.
Carrara → carresi o carraresi.
Casale Monferrato → casalesi o casalaschi.
Cascia → casciani.
Casentino → casentinesi.
Caserta → casertani.
Casoria → casoriani.
Cassino → cassinati.
Castelfranco Veneto → castellani.
Castellammare del Golfo → castellammaresi.
Castellammare di Stabia → stabiesi.
Catania → catanesi.
Catanzaro → catanzaresi.
Cattolica → cattolichini o cattolicesi.
Cava de' Tirreni → cavesi.
Cefalù → cefaludesi o cefalutani.
Cerignola → cerignolani.
Cesena → cesenati.
Cesenatico → cesenaticesi.
Ceva → cevani o cebani.
Chianciano Terme → chiancianesi.
Chianti → chiantigiani.
Chieri → chieresi.
Chieti → teatini o chietini.
Chioggia → chioggiotti o chiozzotti.
Cinisello Balsamo → cinisellesi.
Ciociaria → ciociari.
Città della Pieve → pievesi.
Città di Castello → castellani o tifernati.
Civitavecchia → civitavecchiesi.
Cogne → cogneins o cognini.
Colle di Val d'Elsa → colligiani.
Collegno → collegnesi.
Cologno Monzese → colognesi.
Como → comaschi o comensi o comacini.
Conegliano → coneglianesi.
Corsico → corsichesi.
Cortina d'Ampezzo → cortinesi o ampezzani.
Cortona → cortonesi.
Cosenza → cosentini.
Courmayeur → cormaioresi o courmayeurins.
Crema → cremaschi.
Cremona → cremonesi.
Crotone → crotoniati o crotonesi.
Cuneo → cuneesi o cuneensi.
Cupra Marittima → cuprensi.
Cupramontana → cuprensi.
Domodossola → domesi.
Eboli → ebolitani.
Elba → elbani.
Emilia → emiliani.
Empoli → empolesi.
Enna → ennesi.
Ercolano → ercolanesi o resinesi.
Este → estensi.
Faenza → faentini.
Falconara Marittima → falconaresi.
Fano → fanesi.
Fara S. Martino → faresi.
Ferrara → ferraresi.
Fidenza → fidentini.
Fiera di Primiero → fieracoli o primierotti.
Fiesole → fiesolani.
Firenze → fiorentini.
Fiuggi → fiuggini.
Foggia → foggiani.
Folgaria → folgaretani.
Foligno → folignati.
Fondi → fondani.
Forlì → forlivesi.
Forte dei Marmi → fortemarmini o fortedemarmini.
Fossombrone → fossombronesi o forsempronesi.
Frascati → frascatani.
Fratta Polesine → frattensi.
Friuli → friulani.
Frosinone → frusinati.
Gaeta → gaetani.
Gallarate → gallaratesi.
Gallura → galluresi.
Gardone Riviera → gardonesi.
Gela → gelesi.
Gemona del Friuli → gemonesi.
Genova → genovesi.
Gorizia → goriziani.
Giugliano in Campania → giuglianesi.
Gressoney-La Trinité → gressonari.
Grosseto → grossetani.
Gubbio → eugubini o gubbini.
Guidonia Montecelio → guidoniani o moncellesi.
Iesi → iesini.
Iglesias → iglesienti.
Imola → imolesi.
Imperia → imperiesi.
Iolanda di Savoia → iolandini.
Irpinia → irpini.
Ischia → ischitani.
Iseo → iseani.
Isernia → isernini.
Ivrea → eporediesi.
La Maddalena → maddalenini.
Lamezia Terme → lametini.
Lampedusa → lampedusani.
Langhe → langaroli.
L'Aquila → aquilani.
La Spezia → spezzini.
Latina → latinensi.
Lazio → laziali.
Lecce → leccesi.
Lecco → lecchesi.
Legnano → legnanesi.
Lerici → lericesi o lericini.
Liguria → liguri.
Lipari → liparesi o liparoti.
Livorno → livornesi.
Lodi → lodigiani.
Lombardia → lombardi.
Loreto → loretani o lauretani.
Lucca → lucchesi.
Lunigiana → lunensi.
Macerata → maceratesi.
Manfredonia → manfredoniani o sipontini.
Mantova → mantovani.
Marche → marchigiani.
Maremma → maremmani.
Marostica → marosticensi.
Marsala → marsalesi.
Martina Franca → martinesi.
Massa → massesi.
Matera → materani.
Mazara del Vallo → mazaresi.
Menfi → menfitani.
Merate → meratesi.
Messina → messinesi.
Mestre → mestrini.
Milano → milanesi.

Milazzo → milazzesi o milaiti.
Modena → modenesi.
Modica → modicani.
Molfetta → molfettesi.
Molise → molisani.
Moncalieri → moncalieresi.
Moncenisio → moncenisini o ferreresi.
Mondovì → monregalesi.
Monferrato → monferrini.
Monopoli → monopolitani.
Monreale → monrealesi.
Monsummano Terme → monsummanesi.
Montecatini Terme → montecatinesi.
Montefiascone → montefiasconesi o falisci.
Montepulciano → montepulcianesi o poliziani.
Monterotondo → monterotondesi o eretini.
Monte San Savino → savinesi.
Montevarchi → montevarchini.
Monza → monzesi.
Muggia → muggesani.
Napoli → napoletani.
Nardò → neretini o naretini.
Narni → narnesi.
Nepi → nepesini o nepensi.
Nichelino → nichelinesi.
Nizza Monferrato → nicesi o nizzesi.
Nocera → nocerini.
Norcia → nursini o norcini.
Novara → novaresi.
Novi Ligure → novesi.
Nuoro → nuoresi.
Oderzo → opitergini.
Olbia → olbiesi o olbiensi.
Oristano → oristanesi.
Orte → ortani.
Ortisei → ortiseiani o gardenesi.
Orvieto → orvietani.
Orzinuovi → orceani.
Orzivecchi → orceani.
Osimo → osimani.
Osoppo → osoppani o osovani.
Otranto → otrantini o idruntini.
Padova → padovani o patavini.
Palermo → palermitani.
Pantelleria → panteschi.
Paola → paolani.
Parma → parmigiani o parmensi.
Paternò → paternesi.
Pavia → pavesi.
Perdasdefogu → foghesini.
Perugia → perugini.
Pesaro → pesaresi.
Pescara → pescaresi.
Peschiera del Garda → peschierani o peschierotti.
Pescia → pesciatini.
Piacenza → piacentini.
Piana degli Albanesi → pianesi.
Piemonte → piemontesi.
Pievepelago → pievaroli o pelagesi.
Pieve Santo Stefano → pievani.
Piombino → piombinesi.
Pisa → pisani.
Pistoia → pistoiesi.
Po → padani.
Polesine → polesani.
Pompei → pompeiani.
Ponte di Legno → dalignesi.
Pontinia → pontiniani.
Ponza → ponzesi.
Pordenone → pordenonesi.
Portici → porticesi.
Porto Azzurro → portoazzurrini.
Porto Empedocle → empedoclini.
Potenza → potentini.
Pozzuoli → puteolani.
Prato → pratesi.
Puglia → pugliesi.
Quartu Sant'Elena → quartesi.
Ragusa → ragusani.
Rapallo → rapallesi.
Ravenna → ravennati o ravegnani.
Recanati → recanatesi.
Reggio di Calabria → reggini.
Reggio nell'Emilia → reggiani.
Rho → rhodensi.
Rieti → reatini o rietini.
Rimini → riminesi.
Rivoli → rivolesi.
Roccaraso → roccarasini o roccolani.
Roma → romani.
Romagna → romagnoli.
Rovigo → rodigini o rovigotti.
Sabaudia → sabaudiesi.
Salento → salentini.
Salerno → salernitani.
Salò → salodiani.
Salsomaggiore Terme → salsesi.
San Benedetto del Tronto → sambenedettesi.
San Candido → sancandidesi.
San Giorgio a Cremano → sangiorgesi.
San Giovanni in Persiceto → persicetani.
Sannio → sanniti o sannitici.
San Remo → sanremesi.
Sansepolcro → borghesi o biturgensi.
San Severo → sanseveresi.
Santa Teresa di Gallura → teresini o lungunesi.
Sant'Eufemia Lamezia → lametini o santeufemiesi.
San Vito Chietino → sanvitesi.
Sardegna → sardi.
Saronno → saronnesi.
Sassari → sassaresi.
Sasso → sassesi.
Sassuolo → sassolesi o sassolini.
Savona → savonesi.
Scandicci → scandiccesi.
Schio → scledensi.
Sciacca → saccensi.
Sesto (**Calende**, **Fiorentino**, **San Giovanni**) → sestesi.
Settimo Torinese → settimesi.
Sicilia → siciliani.
Siena → senesi.
Siracusa → siracusani.
Soave → soavesi.
Sondrio → sondriesi.
Sorrento → sorrentini.
Sotto il Monte → sottomontesi.
Spoleto → spoletini.
Stelvio → stelviotti o stilfser.
Stra → stratesi o stratensi.
Stresa → stresiani.
Stromboli → stromboliotti.
Susa → segusini.
Sutri → sutrini.
Taleggio → taleggini.
Taranto → tarantini.
Tarvisio → tarvisiani.
Tempio Pausania → tempiesi.
Teramo → teramani.
Terni → ternani.
Tevere → tiberini.
Ticino → ticinesi.
Tivoli → tiburtini o tivolesi.
Todi → tuderti, tudertini o todini.
Tolentino → tolentinati.
Torino → torinesi.
Torre (**Annunziata**, **del Greco**, **Pellice**) → torresi.
Toscana → toscani.
Trani → tranesi.
Trapani → trapanesi.
Tremiti → tremitesi.
Trentino → trentini.
Trento → trentini.
Treviso → trevigiani.
Trieste → triestini.
Udine → udinesi.
Umbria → umbri.
Urbino → urbinati.
Valle d'Aosta → valdostani.
Valtellina → valtellinesi.
Varese → varesini.
Veneto → veneti.
Venezia → veneziani.
Venezia Giulia → giuliani.
Verbania → verbanesi.
Vercelli → vercellesi.
Verona → veronesi.
Versilia → versiliesi.
Viareggio → viareggini.
Vibo Valentia → vibonesi.
Vicenza → vicentini.
Vico Equense → vicani.
Vigevano → vigevanesi.
Villa San Giovanni → villesi.
Viterbo → viterbesi.
Vittoria → vittoriesi.
Vittorio Veneto → vittoriesi.
Voghera → vogheresi.
Volterra → volterrani.

TAVOLE DI NOMENCLATURA

Quadro sistematico

Abbreviazioni e segni convenzionali

Fig.	Figurati (usi)
Prov.	Proverbi
Tav.	Tavola
–	precede tutti i termini in elenco che siano pari per importanza o funzione linguistica, oppure gli usi figurati e i proverbi
=	fra termini che siano sinonimi o affini
⇔	fra termini in opposizione
( )	racchiudono esplicazioni o suddivisioni del termine precedente
:	introducono un elenco esplicativo del termine precedente
;	separa gruppi di termini che siano sinonimi o affini
,	separa termini in elenco
.	conclude e separa argomenti diversi.

Tav. 1 VISTA

vista buona ⇔ cattiva, acuta ⇔ debole, lunga ⇔ corta, chiara = limpida ⇔ torbida = offuscata = incerta.
confondere, annebbiare = offuscare = oscurare, abbagliare = abbarbagliare = abbacinare, rischiarare; perdere, restituire = ridonare; misurare, sanare, correggere.
difetti visivi: daltonismo, miopia, presbiopia, astigmatismo, strabismo.
Fig. – essere di vista corta – essere in vista – perdere di vista – crescere a vista d'occhio.

occhio infossato, pesto = cerchiato = livido, sanguigno, lacrimoso = lustro, storto, guercio, stralunato, spiritato, cisposo, velato; vivo = vivace = vispo ⇔ spento = assonnato; espressivo ⇔ inespressivo, acuto = penetrante ⇔ imbambolato = smarrito; chiaro = limpido ⇔ cupo, sereno ⇔ torvo = bieco = truce = grifagno; aperto = sgranato = sbarrato ⇔ chiuso = semichiuso = socchiuso; aprire, chiudere = serrare, girare, strabuzzare l'occhio; alzare, abbassare, chiudere = serrare, battere le palpebre.
parti dell'occhio: orbita; sopracciglia, palpebre, ciglia; bulbo, iride, cornea, sclera, cristallino, retina, corpo vitreo, nervo ottico, pupilla.
Fig. – vedere di buon occhio, di cattivo occhio – aprire gli occhi – non perdere d'occhio – chiudere un occhio – spendere, pagare un occhio della testa – essere come il fumo negli occhi – fare gli occhi dolci – gettare polvere negli occhi – perdere il lume degli occhi – mangiare, divorare con gli occhi – mettere gli occhi addosso – avere gli occhi fuori dell'orbita – non lasciare che gli occhi per piangere – non chiudere occhio.
Prov. occhio non vede, cuore non duole – occhio per occhio, dente per dente – lontano dagli occhi, lontano dal cuore – in terra di ciechi, beato chi ha un occhio – occhio del padrone ingrassa il cavallo – avere un occhio alla gatta e uno alla padella.

colore
fondamentale ⇔ complementare, primitivo ⇔ composto, naturale ⇔ artificiale;
denso = pieno = carico = pesante = compatto = corposo = unito ⇔ disteso = leggero = trasparente = diafano; chiaro = luminoso ⇔ scuro = opaco; caldo ⇔ freddo, intenso ⇔ tenue, forte ⇔ debole, vistoso = vivace = vivido = acceso = chiassoso ⇔ scialbo = smorto = pallido = spento = sbiadito = smorzato; brillante = smagliante = scintillante = squillante = accecante ⇔ fosco = cupo = livido = tenebroso = tetro = sordo; aspro = duro = crudo ⇔ morbido = vellutato.
preparare, impastare, macinare; spalmare, spargere, stendere; accordare, sfumare, velare.
colori rosso: incarnato, carnicino, rosa; sanguigno, vermiglio, scarlatto, porpora, cremisi, magenta, amaranto; rosso fragola, corallo, geranio, ciclamino, rubino, carminio, minio, cardinale, sangue, vino, rame, mattone, granata, ruggine;
arancione, tango;
giallo: paglierino, banana, canarino, ambra, crema, limone, cromo, cadmio, uovo, topazio, ocra;
verde: verde acqua, pisello, smeraldo, bandiera, mare, foglia morta, sottobosco, oliva, bottiglia;
blu: glauco; celeste = ceruleo, azzurro, turchese, lapislazzuli, acquamarina, ultramarino, zaffiro, saraceno; turchino, blu cielo, cobalto, orizzonte, oltremare, elettrico, gendarme, pavone, notte;
indaco;
violetto: lilla, malva;
bianco = albo: cereo, eburneo, lattiginoso, latteo, niveo, candido; bianco perla, panna, gesso, avorio, crema, latte, argento;
nero, nero inchiostro;
grigio: cenere, tortora, perla, fumo, antracite, piombo, ferro; grigio-verde; grigio talpa, pulce, bigio;
marrone: sabbia, avana, beige, nocciola, cammello, caffellatte; marrone bruciato, cioccolata, tabacco, caffè, testa di moro.
opacità ⇔ trasparenza = luminosità;
accordo = armonia ⇔ disaccordo = disarmonia = contrasto; opalescenza, iridescenza, marezzatura; gamma, gradazione, tono, intensità, mescolanza, impasto.
Fig. – diventare di tutti i colori – farne di tutti i colori – cambiar colore – difendere i propri colori – vedere tutto roseo – essere al verde – non distinguere il bianco dal nero – essere di umor nero – lavoro nero – mettere nero su bianco – sangue blu – principe azzurro – vita grigia.

Tav. 2 UDITO

udito fine = sensibile = buono = eccellente ⇔ duro = ottuso.
udire = sentire, ascoltare, percepire; chiudere = turare = tappare l'orecchio, aprire = tendere = porgere = prestare l'orecchio, parlare all'orecchio.
orecchio: padiglione (lobo, conca), condotto uditivo, membrana del timpano, martello, incudine, staffa, coclea, nervo acustico, canale tubarico.
Fig. – giungere, venire all'orecchio – avere gli orecchi foderati di

prosciutto – dare una tiratina d'orecchi – sturare gli orecchi a uno – da questo orecchio non ci sento – entrare da un orecchio e uscire dall'altro – fare orecchi da mercante – mettere una pulce nell'orecchio – essere tutt'orecchi.

suono
chiaro = limpido ⇔ confuso = opaco, cristallino = argentino ⇔ rauco, vivace = vibrante = metallico = squillante ⇔ spento = profondo = cupo = sordo; piacevole = grato = gradevole ⇔ spiacevole = ingrato = sgradevole; morbido ⇔ duro, dolce ⇔ aspro, soave = melodioso = modulato = armonioso = armonico ⇔ stridulo = stridente = disarmonico; alto ⇔ basso, acuto = elevato ⇔ grave, forte = potente ⇔ debole = fioco = fievole = flebile = tenue = sommesso = smorzato = lieve = impercettibile; articolato ⇔ inarticolato, leggero ⇔ pesante.
vibrare, risonare, ripercuotersi, rifrangersi, perdersi, raddolcirsi, diminuire, affievolirsi, smorzarsi = spegnersi, morire = cessare; rafforzarsi, aumentare = accrescersi = ampliarsi, innalzarsi, dilatarsi.
livello sonoro, altezza, intensità; decibel; timbro, estensione, registro, diàpason; intervallo, tono, fusione, pienezza, tenuità, debolezza; armonia, disarmonia.
rumori: fiotto, gorgoglio = ribollio, scroscio; balbettio, bisbiglio, sussurro = mormorio = brusio = brontolio, vocio, gridio, stridio, urlo, clamore, schiamazzo = baccano = fracasso; fragore = gazzarra; rovinio = sconquasso; rombo = boato = rimbombo = rintronamento; schiocco, stridore, strepitio; scoppio = detonazione = schianto; scricchiolio = cigolio; crepitio = scoppiettio; tintinnio = scampanellio, trillo = squillo, clangore; calpestio = scalpiccio = trapestio = scalpitio; fischio = sibilo; frullo; fruscio; soffio; eco.

voce
nasale, gutturale, estesa, stentorea, chioccia, fessa, sforzata, infantile; chiara = limpida = argentina = squillante ⇔ velata ⇔ roca = cupa = cavernosa = sorda; soave = armoniosa = melodiosa = pastosa ⇔ secca = aspra = stridula = vibrante; debole = fioca = flebile = esile = tenue = sottile ⇔ forte = robusta = grossa = tonante; acuta = alta ⇔ bassa = profonda; spiegata = piena ⇔ soffocata = sommessa = contenuta; naturale = fresca ⇔ artefatta; ferma ⇔ incerta; espressiva ⇔ inespressiva.
articolare, posare, abbassare, alzare, appoggiare, modulare, addolcire, spiegare, contenere, contraffare la voce.
altezza, volume, timbro, inflessione, registro, estensione, intensità, sonorità.
Fig. – correre voce – dare una voce – dare sulla voce – avere voce in capitolo.

pronunzia aperta = larga ⇔ chiusa = stretta, buona ⇔ cattiva, chiara = netta = distinta = nitida ⇔ confusa = indistinta, corretta ⇔ difettosa = errata, sciolta = scorrevole ⇔ inceppata = impacciata.
pronunziare, dire, recitare, declamare, parlare; imparare la pronunzia.

voci degli animali (V. **Tav. 12 Animali domestici e selvatici**)
miagolare, gnaulare, soffiare, ronfare, fare le fusa, ustolare (*gatto*); abbaiare, uggiolare, guaire, guaiolare, mugolare, ustolare, gagnolare, schiattire, latrare, ringhiare, ululare (*cane*); chiocciare, crocciare (*chioccia*); crocchiare, crocchiolare, cantare, schiamazzare (*gallina*); cantare, chicchiriare (*gallo*); pigolare, pipiare (*pulcino*); glogiottare = gorgogliare (*tacchino, gallina faraona*); tubare, grugare (*piccione, tortora*); paupulare, stridere (*pavone*); zigare, squittire (*coniglio*); muggire = mugghiare, mugliare (*bue*); grugnire, stridere, ringhiare, rugliare (*maiale, cinghiale*); ragliare (*asino*); nitrire (*cavallo*); belare (*capra, pecora*); gracidare (*rana*); ronzare = bombire (*insetti*); frinire, stridere (*cicala*); cinguettare, ciangottare, gorgheggiare, garrire, fischiare, squittire, trillare, (*uccelli*); squittire (*topo*); chiurlare (*chiurlo, assiuolo*); chioccolare, fischiare, zirlare (*tordo*); crocidare = gracchiare (*corvo, cornacchia, gracchio, taccola*); gufare (*gufo*); bubolare (*gufo, allocco*); stridere (*civetta*); chioccolare (*merlo, pettirosso*); stridere, garrire (*rondine*); ruggire (*leone*); bramire (*cervo, orso*); barrire (*elefante*); sibilare (*serpente*).
Fig. – abbaiare dalla fame – abbaiare al vento – ronzare nella mente.

Tav. 3 GUSTO

gusto (V. **Tav. 22 Alimentazione**)
fine ⇔ grossolano, acuto ⇔ ottuso, delicato ⇔ rozzo. avere, esercitare, perdere, riacquistare, formare, educare, raffinare il gusto.
Fig. – ridere di gusto – prendersi il gusto – prenderci gusto – scherzi di cattivo gusto.
Prov. – tutti i gusti son gusti – dei gusti non si disputa.

bocca stretta ⇔ larga, regolare ⇔ irregolare, piccola ⇔ grande.
parti della bocca: labbra (angoli, orli); inferiore, superiore; sottili, grosse, carnose, tumide, sporgenti – vestibolo – arcate gengivo-dentarie (superiore, inferiore) – denti (corona, smalto, dentina, polpa; colletto, radice, apice, alveolo): incisivi, canini, premolari, molari – cavità orale: palato (velo pendulo = velo palatino), pavimento, frenulo = filetto, caruncole linguali, lingua (punta, faccia inferiore, faccia superiore, solco mediano, papille, margine laterale) – tonsille – ugola – pilastri.
abbassamento ⇔ inarcazione; allungamento ⇔ accorciamento; protrusione ⇔ retrazione; laterizzazione, accartocciamento.
Fig. rimanere a bocca aperta, asciutta – levarsi il pane di bocca – togliere la parola di bocca – tappare la bocca – essere di bocca buona – storcere la bocca – rifarsi la bocca – pendere dalla bocca di uno – passare di bocca in bocca – mostrare i denti – avere il dente avvelenato.
Prov. – in bocca chiusa non c'entrano mosche – finché l'uomo ha denti in bocca, non sa mai quel che gli tocca – la lingua batte dove il dente duole.

sapore (V. **Tav. 22 Alimentazione** e **Tav. 23 Bevande**)
dolce = dolciastro = zuccherino ⇔ amaro = amarognolo, salato = salino = salso = salmastro, acre = agro = acido, piccante, pungente, frizzante, aromatico, astringente, rancido, agliaceo, agrodolce, metallico, alcalino;
semplice ⇔ complesso, soave ⇔ aspro = asprigno, gradevole ⇔ sgradevole, delizioso = squisito ⇔ disgustoso = nauseante = ripugnante = stomachevole; forte ⇔ debole, intenso = acuto ⇔ tenue, grossolano ⇔ delicato.
gustare, sentire il sapore, trovar saporito, assaggiare = assaporare, degustare.
Fig. – far sentire il sapore del bastone – non aver amore né sapore.

Tav. 4 OLFATTO

olfatto
fine = acuto ⇔ ottuso.

naso piccolo ⇔ grande, corto ⇔ lungo, sottile ⇔ grosso, fine ⇔ rigonfio, affilato ⇔ spugnoso; retto = diritto ⇔ schiacciato = piatto = camuso = rincagnato, arcuato = aquilino = adunco.
fiutare = annusare = odorare; arricciare, grattare, pulire, soffiare, tappare, smocciare, sgocciolare; starnutire.
parti del naso: radice, setto, dorso, pinne = alette, narici, fosse, seno frontale, regione olfattoria, meato superiore, meato medio, meato inferiore.
Fig. – non aver naso – aver buon naso – ficcare il naso – battere la porta sul naso – mettere la punta del naso fuori della porta – andare con il naso per aria – non vedere più in là del proprio naso – prendere per il naso – restare con tanto di naso – giudicare a naso – montare la mosca al naso.

odore acre, aspro, acido, agliaceo, rancido; acuto = pungente = penetrante; stagnante;
gradevole ⇔ sgradevole, soave ⇔ nauseante = nauseabondo = disgustoso = stomachevole = ripugnante = rivoltante = fetido, balsamico = aromatico ⇔ putrido = mefitico = graveolente.
profumare = olezzare, puzzare = intanfire, aromatizzare, ammorbare = appestare.
profumo, olezzo, fragranza, aroma; puzzo, fetore, lezzo; effluvio, esalazione; tanfo, miasma; leppo, nidore, afrore, zaffata.
Fig. – morire in odore di santità.

Tav. 5 TATTO

tatto delicato = fine ⇔ ottuso.
toccare, palpare, tastare, tentare, brancicare, carezzare, lambire, sfiorare; titillare, vellicare, solleticare; stuzzicare; picchiare, colpire.
Fig. – aver molto tatto nel parlare – non aver tatto.

superficie lanosa, stopposa, vellutata, serica, satinata, gommosa, mucillaginosa, marmorea, legnosa, gessosa, porcellanata, vetrosa,

farinosa, glutinosa, pastosa, oleosa, spugnosa, carnosa;
tenera ⇔ dura, morbida = soffice ⇔ coriacea, liscia = levigata = polita ⇔ ruvida = scabrosa = aspra = squamosa = grinzosa = rugosa = ondulata = ronchiosa = bitorzoluta = granulosa = smerigliata; fluida = scorrevole ⇔ attaccaticcia = appiccicosa = viscida = viscosa; elastica = flessibile = pieghevole = trattabile = cedevole = malleabile = duttile ⇔ rigida = inflessibile; molle = floscia = moscia = flaccida = frolla ⇔ compatta = solida = soda; pelosa = villosa = irsuta = ispida ⇔ pelata = spelacchiata = calva.
Fig. – passarla liscia – andar per le lisce – dormire sodo – avere un cuore tenero – fare il duro – tener duro – essere aspro – avere modi ruvidi – essere inflessibile – argomento scabroso.

Tav. 6 CASA

casa nuova ⇔ vecchia, ariosa ⇔ soffocata, solida ⇔ cadente, signorile ⇔ popolare, pulita ⇔ imbrattata.
costruire = edificare = fabbricare, elevare = alzare = erigere, restaurare = ristrutturare = ammodernare, sopraelevare = sopraedificare, isolare = coibentare, ripulire, rinfrescare, abbellire = ornare = decorare, tinteggiare, imbiancare, intonacare; demolire, spianare, livellare, smantellare, puntellare; sporcare = deturpare = imbrattare.
facciata = prospetto;
cantonata, fiancata, parete, zoccolo, scantinato, cantina, seminterrato, ammezzato = mezzanino, piano terra, nobile, rialzato; primo, secondo, terzo, attico, mansarda, solaio, terrazza, abbaino, lucernario; muro (principale = maestro = di sostegno, divisorio, tagliafuoco, tramezzo, cieco, grezzo, a cortina, a bugnato, a bozza, a tenuta, a secco, di rimpetto).
Fig. – i muri parlano – i muri hanno orecchi – mettere qualcuno con le spalle al muro – prendere una cantonata.
Prov. – non si giudica dalla facciata.

tetto
inclinato, spiovente, sporgente, aguzzo, grigio; a falda (unica, doppia), a padiglione, a mezzo padiglione, a cupola, a capanna, a due o tre acque, a terrazza, a piramide, a volta, a spiovente, a capriata di ferro o di legno; di lavagna, di lamiera, di zinco, di eternit, di embrici (a frate), di tegole (coppo, embrice, marsigliese, a doppio corso, semplici, curve, a canale = concave, a sfiatatoio), a shed, in lastre (di cemento, di amianto), guaina bituminosa.
mettere il tetto, sfondare, riparare, rifare, salire sul tetto, abitare a tetto.
sgrondo = pendenza, travatura, cavalletto = capriata, comignolo = fumaiolo, scrimolo, canale di gronda, grondaia, gocciolatoio, compluvio, scarico, doccia, cornicione, spioventi = falde, lanterna, abbaino, pinnacolo = guglia, banderuola, embrice, trave.
Fig. – predicare sui tetti – avere messo il tetto – non avere né pane né tetto – cotto come un embrice – tetto natio, paterno – il tetto del disavanzo pubblico.
Prov. – quattrin sotto il tetto, quattrin benedetto – per S. Benedetto la rondine è sotto il tetto.

porta: telaio a muro, soprapporta, strombatura, cornice, architrave, stipiti, soglia, arpioni = gangheri = cardini, battenti, pannelli; porta scorrevole, porta a libro, portello, porta blindata, cancello, portone; campanello, serratura, chiave, toppa, maniglia, paletto, catenaccio, catena di sicurezza, spranga saliscendi, nasello, spioncino.

finestra = finestrino = finestrone = rosone = vetrata = lunetta = occhio di bue;
finta, tonda, invetriata, ferrata, architravata, impannata; a tetto, a frontone;
larga ⇔ stretta, interna ⇔ esterna, semplice ⇔ doppia.
chiudere, socchiudere, accostare, serrare, aprire, spalancare, affacciarsi.
telaio, strombatura, architrave, stipite, davanzale, gangheri = cardini, bandelle, impannata (lastre di vetro, mastice, telaio, battentatura, nottolino = nasello = monachetto, maniglia), imposte = scuri, persiana girevole (telaio, battenti, cardini, bandelle, stecche, gelosie), persiana scorrevole (rotaie, incavi), persiana avvolgibile = tapparella (rullo, cassonetto, guide, cinghia), veneziana, tenda: mantovana, capriccio, riloga, tendina (cordone, orlo, frangia, cappi, nappe).
fila di finestre, riscontro di finestre; inferriata (vano, bastone): a mandorla, diritta, a corpo (a gabbia, inginocchiata).
Fig. – stare alla finestra – mettersi alla finestra – uscire dalla porta, entrare dalla finestra – buttare i soldi dalla finestra – mangiare la minestra o saltare dalla finestra.

balcone. balconata, ballatoio, verone, veranda, loggia, poggiolo; chiuso, ad angolo, a ringhiera; beccatello = mensola, ringhiera, sponda, transenna, parapetto, balaustra, sporto, pensilina, tettoia; terrazzo (a sbalzo, coperto).

materiali da rivestimento (V. **Tav. 28 Miniere e giacimenti**)
pietra squadrata = **concio**: bugnato, strozzato, liscio, trapezoidale, curvo; travertino, tufo;
mattone: intero, forato, sagomato, refrattario, consumato, arrotato, smosso, rotto; crudo ⇔ cotto; quadruccio, quadrello, tavella, tavellone;
marmo: (V. **Tav. 28 Miniere e giacimenti**); **intonaco**.
Fig. – avere un mattone sullo stomaco – quel film è un mattone – avere il cuore di marmo – metterci una pietra sopra – far ridere o piangere le pietre.

ambienti della casa
atrio: portone, zerbino = stuoino, guida, cassetta delle lettere, ascensore (pozzo = vano, cabina, guide, pattini di guida, cavo elettrico, fune di sospensione, contrappeso).

scala
interna ⇔ esterna, fissa ⇔ mobile, d'onore ⇔ di servizio; a pozzo, a chiocciola, a sdrucciolo, a pioli.
gradino = scalino, tromba = pozzo, rampa, pianerottolo, lucernario, ringhiera, corrimano, sottoscala.

anticamera = ingresso: attaccapanni, panca, cassapanca.

cucina (V. **Tav. 22 Alimentazione**: *pasto*)
acquaio = lavello = lavandino: rubinetto (chiavetta, cannella), pila, sgocciolatoio, gratella, buco, tubo di scarico, sifone; rastrelliera = scolapiatti – cappa: canna fumaria, aspiratore, cappa aspirante, tubo (gomito, valvola a farfalla), mensola – cucina economica: piastra, anelli, sportello di alimentazione, sportello di aerazione, sportello per la cenere, griglia, forno, caldaia, strumenti (paletta, molle, attizzatoio, soffietto, treppiedi, parafuoco, girarrosto, alare, catena) – cucina a gas: rubinetti = manopole, piano di cottura, bruciatore, copribruciatore, griglia, bacinella estraibile = raccogligocce, forno (guide, griglia, leccarda), termostato – forno microonde: timer – stufa: elettrica, a gas, a carbone – fornello: elettrico, a gas, a carbone – credenza: alzata, fondo, piano, ripiani, scompartimenti = cassetti, sportelli = ante;
elettrodomestici (V. **Tav. 26 Meccanica**)
grandi elettrodomestici – frigorifero: termostato, cella per il ghiaccio, bacinelle per cubi di ghiaccio, bacinella per sbrinamento, mensole portauova, mensole per bottiglie, cassetti per frutta e verdura, griglie – congelatore: orizzontale ⇔ verticale – lavatrice = lavabiancheria: manopola, programmatore, carica frontale, carica dall'alto, oblò, vasca, cestello, centrifuga, filtro, pompa di scarico, tubo di scarico – lavastoviglie: scomparti, cestelli = contenitori, ventole rotanti, pompa lavaggio, pompa scarico;
piccoli elettrodomestici – macinacaffè, caffettiera, friggitrice, tritacarne, spremiagrumi, tostapane, frullatore – ferro da stiro: a vapore, a secco, manico, piastra, resistenza, termostato;
utensili: pestello, mortaio, setaccio = staccio, spianatoio = matterello, spianatoia, spatola, rotella, mezzaluna, tagliere, filtro per il tè, colino, colabrodo, colapasta, spiedo = schidione, leccarda, graticola, macinino (manovella, ruota dentata, mola elicoidale), grattugia, affettauova, spremilimone, sbucciapatate, tritacarne (manovella, corpo, coltello rotante, trafila, disco forato), tritatutto, bilancia (piatto, peso scorrevole, scala graduata), appoggiapentola, pentola = pignatta, pentola a pressione, coperchio, casseruola, tegame, bollitore, paiolo, bollilatte, teglia = tortiera, testo, forma = stampo, padella, bricco, caffettiera (beccuccio, filtro), caffettiera moca (caldaietta, filtro a imbuto, piastrina filtro, raccogligocce, coperchio, guarnizione), trinciapollo, trinciante, batticarne, apriscatole, apribottiglie, cavatappi, imbuto, coprivivande, frusta, frullino, ramaiolo = mestolo, mestola (forata, schiumarola), palettina, forchettone, tinozza, catino, catinella, canovaccio;
tavolo: piano, fascia, cassetto, gambe, piedi;
sedia: spalliera = schienale, impagliatura, piano, gambe, intelaiatura (staggi, traverse).
Fig. – pestare l'acqua nel mortaio – qualcosa bolle in pentola – cadere dalla padella nella brace.
Prov. – il diavolo fa le pentole, ma non i coperchi – dura più una

pentola fessa che una sana.

sala da pranzo = **stanza da pranzo**, **tinello** tavolo, sedie, credenza = buffet, carrello portavivande.

vasellame = stoviglie: piatto (tondo, ovale, fondo = scodella = fondina, piattino); tazza (da brodo = ciotola, da tè, da latte = tazzone) tazzina da caffè = chicchera; vasellame di servizio: vassoio, antipastiera, pesciaiola, insalatiera, formaggiera, burriera, salsiera, zuppiera, lattiera, portadolci, fruttiera; portampolle (saliera, oliera), portafiaschi, portastecchini, teiera, caffettiera = bricco = cuccuma, zuccheriera; cristalleria: bicchiere da vino, da acqua, da mezzovino, da liquore, da spumante = coppa, da birra = gotto, a calice, a coppa, flûte; boccale, grolla, bottiglia, boccia, brocca = caraffa, fiasco;

posate: cucchiaio, forchetta (manico, punte = rebbi), coltello (lama, ghiera, codolo, manico), cucchiaione, cucchiaino, forchettone, mestolo, ramaiolo, tagliapesce, molle, paletta, spadino;

biancheria: tovaglia, tovagliolo (portatovagliolo), centrino.

Fig. – tener tavola – avere il coltello per il manico – essere una buona forchetta – parlare in punta di forchetta – raccogliere uno con il cucchiaio – affogare in un bicchier d'acqua.

Prov. – a tavola non s'invecchia.

salotto sofà = divano = canapè (testata, spalliera, sedile, braccioli, cuscini, tomboli, fascia, piedi), poltrona (poggiatesta, origlieri, schienale, sedile, braccioli, piede), panchetta, seggiolone, sedia a dondolo, scranno, sgabello, trumeau, consolle, specchiera, quadro, tappeto (trama, bordo, frangia).

Fig. – ottenere una poltrona – aspirare a una poltrona – mettere una questione sul tappeto.

stanza da bagno arredobagno, vasca da bagno (rubinetteria; doccia a telefono, tubazione flessibile, impugnatura; tubo di troppopieno, tubo di scarico), lavandino = lavabo (rubinetteria, leva del tappo, troppopieno, tubo di scarico, sifone, mensole, piede), gabinetto = water closet (tazza, piede del vaso, tavoletta = sedile, coperchio, tubo di scarico, sifone, cassetta, sciacquone, leva per tiraggio, catena, impugnatura), bidè, nicchia per la doccia, doccia da parete, doccia da soffitto, piatto per doccia, scaldabagno elettrico (serbatoio, tubo d'ingresso dell'acqua, tubo di uscita dell'acqua, valvole, spia), scaldabagno a gas (bruciatore, ugelli, dispositivo di sicurezza e di regolazione), portasapone, portabicchieri, portasciugamani, pesapersone.

ripostiglio aspirapolvere, lucidatrice, battitappeto, scopa = granata, scopa elettrica, redazza, ramazza, spazzolone, spazzola a manico, piumino, strofinaccio, secchio, bidone, pattumiera, paletta, scala a libro, cesta, pinzette = mollette, asse da stiro, stenditoio pieghevole, scatola degli attrezzi.

Fig. – essere di ramazza – essere comandante di ramazza.

Prov. – granata nuova spazza bene tre giorni.

camera da letto letto: piedi, gambe, spalliere (testata), saccone elastico, rete metallica, rete con doghe di legno, materassi (traliccio, lana, crine vegetale, gommapiuma, a molle), pagliericcio = saccone, divano letto, ottomana; cassettone = comò = canterano; armadio = guardaroba: fondo, fiancate, sportelli, piedi, palchetti = ripiani; comodino, lampada da comodino, guanciale = cuscino; biancheria: lenzuolo (orli, risvolto), federa, coperta = coltre, imbottitura = trapunta, piumino, piumone, copripiedi, copriletto.

Fig. – essere inchiodato nel letto – essere in un letto di rose – dormire tra due cuscini.

studio – libreria: montanti, palchetti, mensole; scaffale, scansia – scrivania: armadietto (cassetti, scompartimenti), ribalta (leggio, tiranti), pedana – macchina per scrivere: carrello (marginatori, frizione, leva liberacarrello, leva dell'interlinea, telaio reggicarta, leva liberacarta, rullo), guidacaratteri, nastro, forcella, martelletti, bobine, leva del bicolore, tastiera (tasti del tabulatore, tasti delle maiuscole, tasto fissamaiuscole, tasto del ritorno, tasto liberamargine), barra spaziatrice – macchina per scrivere elettronica: margherita, cartuccia nastro, nastro correttore – calcolatrice (V. **Tav**. **30 Informatica**) – fotocopiatrice: pannello comandi, vassoio carta, toner, lastra di esposizione, premidocumento – segreteria telefonica: pannello comandi, messaggio in uscita, segnale acustico, messaggio registrato – personal computer (PC) (V. **Tav**. **30 Informatica**).

soffitta = solaio: scala a pioli (staggi, pioli), serramento ribaltabile (lucchetto), botola, tramezzo divisorio = assito, mansarda, abbaino, tetto.

apparecchi – apparecchio radioricevente = radio, radiosveglia, televisore, videoregistratore, telecamera, telecomando, ricezione satellitare (V. **Tav**. **17 Radio-televisione**), apparecchio telefonico = telefono, segreteria telefonica, fax (V. **telefono** – **Tav**. **7 Edifici di pubblico interesse**), impianto stereo, MIDI, MINI, portatile (V. *prodotti dell'industria meccanica* – **Tav**. **26 Industria meccanica**)

Tav. 7 EDIFICI DI PUBBLICO INTERESSE

regione, consiglio regionale, presidente del consiglio regionale, consigliere, giunta, presidente della giunta e della regione, assessore, assessorato.

provincia, presidente della provincia, assessore, assessorato.

municipio, comune

piccolo, medio, grande, capoluogo di provincia, capoluogo di regione, diviso in circoscrizioni; urbano ⇔ rurale, montano; consorziato, comunità montana.

uffici comunali, assessorato, albo, servizi di stato civile = anagrafe, delegazioni = circoscrizioni, esattoria comunale, tesoreria, archivio; polizia urbana, nettezza urbana; demanio.

consiglio comunale, giunta, sindaco, consigliere, assessore, commissario prefettizio; segretario, messo, usciere.

altri edifici pubblici

prefettura, questura, commissariato, pretura, tribunale, prigione = carcere, ospedale, consultorio; biblioteca, museo, galleria, centro civico.

giardino pubblico, parco, villa, villa comunale

boscoso, prativo, all'inglese, all'italiana, alla francese, centrale ⇔ periferico, curato ⇔ mal tenuto.

muro di cinta, cancello, ingresso, viale, vialetto, viottolo, sentiero, aiola, prato, siepe, pergolato, arbusto, albero, bosco, fontana, zampillo, sedile = panchina, uccelliera; spazio aperto, campo sportivo, maneggio.

orto botanico; giardino zoologico.

giardiniere, custode.

Fig. – L'Italia è il giardino d'Europa.

edificio scolastico

moderno, funzionale, severo, insufficiente.

aula = **classe**: lavagna (cancellino, gesso), cattedra, predella = pedana, banco (sedile ribaltabile, spalliera, calamaio), tavolino, carta geografica murale, mappamondo, armadio, bibliotechina di classe.

biblioteca, laboratorio; palestra; presidenza, segreteria.

scuola statale, provinciale, comunale, pareggiata, parificata = legalmente riconosciuta; mista = promiscua; obbligatoria = dell'obbligo; religiosa = ecclesiastica, parrocchiale; nido, asilo d'infanzia = scuola materna = preparatoria, elementare, media, ginnasiale, liceale, magistrale, tecnica, professionale, politecnica, normale, accademica, universitaria; primaria, secondaria; internazionale, europea; militare, carceraria; per corrispondenza; a tempo pieno.

pubblica ⇔ privata, inferiore ⇔ superiore, maschile ⇔ femminile, diurna ⇔ serale, rurale ⇔ urbana, laica ⇔ confessionale; scuola speciale.

materia, lezione, lavoro di gruppo, lavoro interdisciplinare; assemblea, collettivo, attivo.

Fig. – la scuola del sacrificio, del dolore – andare a scuola da qualcuno.

Prov. – impariamo per la vita non per la scuola.

ufficio postale

posta ordinaria, aerea, pneumatica.

impostare = imbucare, avviare = istradare, spedire, indirizzare; affrancare, tassare, smistare, timbrare, distribuire, consegnare, recapitare, ritirare, respingere, cestinare.

ufficio postale, impiegato, portalettere = postino, procaccia, portapacchi, marconista, telegrafista, postelegrafonico, radiotelegrafista.

servizi e operazioni nell'ufficio postale – sportelli: dei pacchi (bilancia pesapacchi; etichetta, sigillo, talloncino, bollettino di spedizione; pacco postale, manoscritti aperti con o senza lettera, stampe, campione senza valore; valore dichiarato, franchigia, raccomandazione, assicurazione, espresso, tariffa ridotta ⇔ normale, spedizione, ricevuta), per la vendita dei francobolli e dei valori bollati (pesalettere; foglio dei francobolli, marche da bollo, carta bollata, stampato, modulo per conto corrente, modulo per vaglia postale), dei versamenti (pagamento pensioni, vaglia, raccomandate, conto corrente postale; causale del versamento), dei telegrammi (cablogramma, marconigramma, radiotelegramma, telegramma; modulo per telegramma), del servizio postacelere, del servizio cai-post, del servizio facsimile pubblico, del servizio Bureaufax – casella postale = casellario (fermo posta) – buca = cassetta per le lettere – ritiro della posta (levata; sacco, plico fuorisacco, furgoncino; ora di levata) – smistamento – spedizione: timbratura, inoltro, distribuzione (con urgenza, con precedenza).

lettera = epistola = missiva
semplice, assicurata, raccomandata; affrancata, tassata, giacente = ferma in posta.
dettare, scrivere, mandare, ricevere, arrivare, leggere, rispondere, firmare, datare.
indirizzo, destinatario, mittente, numero di Codice di Avviamento Postale (C.A.P.), affrancatura (per l'interno ⇔ per l'estero; francobollo ordinario ⇔ commemorativo; soprattassa di beneficenza); biglietto postale, cartolina (illustrata, postale con o senza risposta pagata, doppia), stampe (fascetta), manoscritto (aperto, raccomandato con o senza lettera), espresso, vaglia (postale, telegrafico), postagiro.

telegrafo, pantelegrafo, radiotelegrafo, radiotelescrivente, telescrivente (V. **Tav. 17 Radio-televisione**).
fare, compilare, dettare un telegramma; telegrafare, trasmettere, marconigrafare.

telefono, citofono.
formare, comporre il numero; essere in linea, stare al telefono; parlare, telefonare, chiamare; ricevere una telefonata; fare, dare un colpo di telefono.
telefonata (urbana ⇔ interurbana, breve ⇔ lunga), chiamata (normale, urgente, urgentissima, con preavviso, con prenotazione, in teleselezione), appuntamento telefonico, conversazione, intercettazione, contatto; numero, prefisso, segnale acustico, pronto, libero, occupato; tariffa (a contatore, a forfait; unità telefonica); guida = elenco telefonico, elenco telefonico per categorie = pagine gialle, elenco telefonico stradale; abbonato, utente, coutente; centralino, centralinista, telefonista, segreteria telefonica (V. **Tav. 6 Casa**), teleselezione, distretto telefonico, teletaxe, telefax.
posto telefonico pubblico: cabina telefonica, telefono a gettone, a carta telefonica, a carta di credito telefonica, gettone.
impianto telefonico: singolo, duplex, interno, a spina, a centralino; apparecchio principale, apparecchio addizionale, derivazione semplice; impianti intercomunicanti, selezione passante.
Fig. – supplì al telefono.

banca
istituto di credito, di emissione; banco, monte, monte dei pegni; cassa di risparmio, cassa, sportello; listino (dei corsi = di borsa, dei cambi, dei prezzi); cassetta di sicurezza, caveau; governatore, funzionario, sportellista, cassiere.
affidare, depositare, versare, ritirare, riscuotere, scontare, scomputare, aprire, chiudere un conto = una partita.

deposito fiduciario, garantito, cauzionario, circolare, pecuniario, bancario; per affare, di cassa; certificato di deposito.
vero = reale ⇔ fittizio, ordinario ⇔ straordinario, regolare ⇔ irregolare.
depositante, depositario, risparmiatore, versamento, prelievo, bancomat, cassa automatica, cassa continua, rimborso, estinzione, saldo, scoperto; interesse maturato, liquidazione degli interessi; estratto conto.

credito bancario, ipotecario, agevolato, fondiario, agrario, commerciale, industriale.

sconto bancario, commerciale, cambiario, finanziario, mercantile, razionale.
Fig. – scontare i propri peccati.

interesse semplice, continuo, composto, maturato, nominale = virtuale; attivo ⇔ passivo, legale ⇔ usurario.
saggio = tasso di interesse; prime rate; valuta.

assegno = chèque, bancario, circolare, trasferito, girato, domiciliato, retrodatato ⇔ postdatato, estinto; trasferibile ⇔ non trasferibile = sbarrato; a vista, a vuoto = allo scoperto, a taglio limitato, a copertura garantita, in bianco, libretto di assegni, traveller's cheque.

cambiale bancabile, commutabile, girabile; avallata, girata, insoluta, pagata, protestata; finanziata, commerciale, ipotecaria, pignoratizia; in sofferenza, all'incasso; effetto, carta-foglio, farfalla, rata, tratta; pagamento, presentazione, proroga, protesto.

borsa
debole, buona, sostenuta, oscillante, fluttuante; ferma ⇔ instabile.
giocare, comprare, vendere, svendere, rialzare, ribassare, quotare, trattare, speculare, frequentare la borsa.
valori, titoli, merci; borsino, dopoborsa, dopolistino; corbeille, grida; mercato (languido, fiacco, fermo, morto, sostenuto; interno ⇔ esterno, libero = aperto ⇔ chiuso = regolato), agente, mediatore, negoziatore, commissionario, speculatore, cassettista; andamento, apertura, chiusura, fixing, orario, calendario, gioco, quotazione, collasso, negoziazione, contrattazione, aggiotaggio.

moneta = valuta metallica, cartacea; falsa = contraffatta, spicciola, contante = corrente, sonante, liquida, effettiva; banconota = biglietto di banca; carta di credito;
legale ⇔ abusiva, ideale ⇔ reale, forte ⇔ debole, buona ⇔ cattiva, perfetta ⇔ imperfetta, di grosso taglio ⇔ di piccolo taglio.
zecca, coniazione, emissione, istituto di emissione, circolazione, corso (legale ⇔ forzoso).
Fig. – pagare con la stessa moneta – prendere per buona moneta.
Prov. – il tempo è denaro – la moneta cattiva caccia la buona.

cambio vantaggioso ⇔ svantaggioso, favorevole ⇔ sfavorevole, diretto ⇔ indiretto, certo = fisso ⇔ incerto = variabile, ufficiale ⇔ libero, esterno ⇔ interno, manuale ⇔ traiettizio; cambiavalute.

azione ordinaria, postergata, preferenziale = privilegiata, nominativa.
ripartizione degli utili, residuo, dividendo, interessenza, partecipazione, diritto di prelazione sugli utili; girata, incetta, trasferimento, nominatività, pacchetto azionario; cedola, cedolare (secca, d'acconto).
cartella (fondiaria, di rendita), obbligazione, – del debito pubblico (consolidato ⇔ fluttuante, redimibile ⇔ irredimibile), buono del tesoro (ordinario, poliennale); certificato di credito del tesoro; fondo d'investimento; fissato bollato.

luoghi di culto
chiesa, tempio, moschea, pagoda (indiana, birmana, cinese, giapponese), sinagoga;
chiesa cristiana: cattolica, protestante;
abbazia = badia, certosa, basilica, cattedrale = duomo = matrice, collegiata, parrocchia = pieve, santuario; cappella, cappelletta, edicola; battistero.
erigere, dedicare, consacrare, sconsacrare, profanare = violare, riconsacrare; parare, addobbare; aprire una chiesa al culto, officiare.
esterno della chiesa: sagrato, portico, protiro, nartece, portale, porta, rosone, guglia, campanile, cupola, abside, vetrata.
interno della chiesa: navata (centrale, laterale), transetto, iconostasi, balaustra, presbiterio, abside, arco trionfale, cantoria, coro, stallo, scanno, matroneo, cappella, cripta, sacello, altare (mensa, predella, ciborio = tabernacolo, baldacchino), acquasantiera, fonte battesimale, confessionale, pulpito = pèrgamo = ambone, cero pasquale, cassetta per elemosine, affresco, lunetta, quadro, statua, ex voto, banchi, inginocchiatoio.
Fig. – essere di chiesa – essere tutto casa e chiesa – consumare le panche della chiesa – mettere qualcuno sugli altari – scoprire gli altarini.
campanile = torre campanaria
girato, svettante, isolato, tozzo, massiccio, mutilato, smantellato; a vela;
dritto ⇔ pendente, rotondo ⇔ quadrato.
parti del campanile: cella campanaria, feritoie, pinnacolo = guglia = cuspide, banderuola = ventarola; campane, orologio.
Fig. – campanile – campanilismo – non veder più in là del proprio campanile – lanciare campanili – lungo, alto come un campanile – tiro a campanile.
campana argentina, squillante, grave, cupa; legare, sciogliere; scampanare, squillare, sonare (a messa, a predica, a vespro, a festa, a gloria, a morto, a martello, a fuoco, a distesa, a stormo);
tocco, rintocco, squillo; scampanio, concerto di campane;
parti della campana: martello, cicogna, bilichi, corona, bocca, penna, battente, fascia, culatta, battaglio (pera, occhio = maniglia), castello.

Fig. – sentire tutte e due le campane – sentire una sola campana – vivere sotto una campana di vetro.

culto religioso ⇔ profano, permesso ⇔ proibito, ufficiale ⇔ tollerato, cattolico ⇔ acattolico, privato ⇔ pubblico.
essere osservante del culto, esercitare gli atti del culto; adorare, venerare, ringraziare, propiziarsi la divinità.
festa, cerimonia, calendario liturgico, liturgia (romana, ambrosiana, armena, copta, gallicana, greca, illirica, ortodossa, slava; di rito romano, ambrosiano), messa, preghiera, catechismo.
Fig. – culto della famiglia, della patria, delle memorie, delle tradizioni, della libertà, della bellezza, dell'amicizia, della buona tavola.
Prov. – sbaglia anche il prete a dir messa.

Tav. 8 NEGOZI

negozio
bottega, spaccio, emporio, mercato, minimarket, supermarket o supermercato, ipermercato, grande magazzino, self-service, centro commerciale, esercizio, boutique, bazar, bancarella;
attrezzato, fornito, bene avviato, fallimentare; frequentato; accreditato ⇔ screditato.
aprire un negozio, gestire = esercire un negozio; andare a bottega, tenere bottega, mandare avanti la bottega, chiudere bottega; avviare un commercio; impacchettare, servire, vendere (all'ingrosso, al dettaglio = al minuto).
negozio a catena, vendita, rivendita, deposito, laboratorio, magazzino, fondaco, azienda, distributore automatico.
gestione: commercio, mercanteggiamento, contrattazione, patteggiamento, scambio, baratto, smercio, speculazione, affare, accaparramento, approvvigionamento, mediazione, traffico, maneggio, trattativa; avviamento, concorrenza, guadagno, perdita, rimessa, percentuale, prezzo (fisso, unico, d'occasione), scelta, liquidazione, forfait, listino; appalto, gerenza; ordinativo, scorta = provvista, marca.
entrata (ingresso libero), insegna luminosa, cartello, imposte, vetrina, mostra, esposizione, illuminazione al neon, slogan; banco, cassa, registratore di cassa, scontrino fiscale, bilancia, scaffale, bacheca, espositori; mercanzia, scampolo, assortimento; magazzino, deposito, retrobottega, ripostiglio, succursale; bottegaio, commerciante, esercente, negoziante, conduttore, gerente, rivenditore, rivendugliolo, rigattiere, mercante, merciaio, ambulante, piazzista, affarista, grossista; fattorino, garzone, apprendista, inserviente, commesso, banconiere = banchista, cassiere, vetrinista; avventore, compratore = acquirente, cliente.
negozi di vendita generi alimentari = commestibili = derrate (V. **Tav. 22 Alimentazione**): panetteria = panificio = forno = vapoforno = prestino, pastificio, macelleria = macellaio = beccheria, polleria = pollivendolo = pollaiolo, salumeria = pizzicheria = salsamenteria = norcineria, pescheria = pescivendolo, drogheria = spezieria, frutteria = fruttivendolo = fruttaiolo = erbivendolo = ortolano = ortofrutta, latticini, latteria = cremeria = gelateria, pasticceria, bar, caffè = torrefazione, mescita = bottiglieria = fiaschetteria = vinaio (V. **Tav. 23 Bevande**); rosticceria, gastronomia, pizzeria, friggitoria; abbigliamento, confezioni = mode, cappelleria = cappellaio = modista, sartoria, pellicceria, pelletteria, camiceria, boutique, guantaio, calzoleria = calzolaio, pantofoleria, drapperia = tessuti (V. **Tav. 24 Abbigliamento**);
parrucchiere = barbiere, profumeria; estetica, cosmetica;
tintoria = lavasecco = elettrolavaggio = lavanderia, stireria; arredamento, mobili, tappezzeria, falegnameria, ebanista, antiquariato, ferramenta, articoli casalinghi, elettricista, elettrodomestici, vetreria, materie plastiche (V. **Tav. 6 Casa**);
libreria, cartolibreria, cartoleria, cartotecnica, legatoria, copisteria, fotocopie, giornalaio = edicola (V. **Tav. 29 Editoria**); tabaccheria = rivendita di tabacchi = spaccio = generi di monopolio (chinino di stato, tabacchi, sigaro, sigaretta, fiammifero = cerino = zolfanello, francobollo, marca da bollo, carta da bollo); accendisigaro = accendino, pipa, sigaraio = tabacchino = tabaccaio;
farmacia, articoli sanitari; gioielleria, chincaglieria = bigiotteria, orologeria;
fioraio = fiorista (V. **Tav. 11 Albero**);
ottica, fotografia, fotoottica;
armeria = coltelleria;
articoli sportivi, caccia e pesca (V. **Tav. 18 Sport**);
autoaccessori, autoriparazioni, elettrauto;
strumenti musicali, dischi, discoteca.

Tav. 9 CLIMA

tempo sereno, mite, splendido, coperto, umido, piovoso, ventoso, nevoso;
primaverile, estivo, autunnale, invernale;
bello ⇔ brutto, clemente ⇔ inclemente, stabile ⇔ incostante = incerto = variabile.
esserci o avere bel tempo o cattivo tempo, rimettersi del tempo, chiudersi del tempo, rompersi del tempo.
Fig. – fare il bello e il cattivo tempo.
Prov. – rosso di sera buon tempo si spera.
clima caldo ⇔ freddo, rigido; marittimo ⇔ continentale, umido ⇔ asciutto = secco, arido, sano ⇔ malsano, mite = dolce ⇔ aspro = crudo, mediterraneo, equatoriale, tropicale, desertico, polare.
influire; acclimatarsi = acclimarsi, vivere in un nuovo clima, cambiare clima.
asprezza, mitezza del clima; stazione, cura climatica.
Fig. – clima storico, tragico, lirico, fosco.
meteorologia scientifica, strumentale, climatologica, sinottica; prevedere, misurare, indicare, informare, trasmettere.
condizione, vicenda, perturbazione; stagione, annata; alba, aurora, crepuscolo, tramonto; arcobaleno, eclisse; stato del cielo (precipitazione, nuvolosità), radiazione solare, buco dell'ozono.
stazione meteorologica = osservatorio: strumenti di misura (eliofanografo, evaporimetro Galli, termometri a massima e a minima, barometro, barografo, igrometro, termografo, termoigrografo, psicrometro, pluviometro, pluviografo, attinometro, anemometro, bussola, nefoscopio, radio sonda, radiogoniometro, ionosonda, pallone a idrogeno, trasmettitore a onde corte, radar), satellite, carta climatica (isallobara, isalloterma, isobara, isoterma, area di bassa pressione, area di alta pressione); meteorologo; previsione del tempo, informazione, bollettino meteorologico, servizio per la previsione del tempo.
aria (V. **Tav. 27 Chimica**: *aria*) polverosa, viziata, satura, afosa; fresca, pungente = frizzante; nativa, vivificatrice, uggiosa; compressa, condizionata, climatizzata, gassata, ossigenata, liquida;
calda ⇔ fredda, umida ⇔ asciutta, pura ⇔ inquinata, nitida = trasparente = limpida ⇔ opaca, sana = salubre ⇔ malsana = insalubre.
respirare, purificare, ossigenare, ozonizzare, condizionare, riscaldare, refrigerare, saturare, comprimere, viziare, inquinare.
mefite, miasma, malaria; afa, calma, offuscamento, rarefazione; temperatura, stato igrometrico; filo = soffio = spiffero d'aria, corrente, folata, boccata, bolla.
Fig. – parole campate in aria – fare castelli in aria – mandare all'aria un progetto – cambiare aria.
atmosfera naturale, fluida, irritante, velenosa, deleteria, asfissiante.
rarefarsi, condensarsi; azotare; salire, scendere, oscillare della pressione, tensione, rarefazione, liquefazione, combinazione, decomposizione, combustione.
troposfera, stratosfera, ionosfera, esosfera, chemosfera.
variazione della temperatura, misurazione della temperatura (termometro a massima ⇔ a minima), escursione termica (diurna, mensile, annua), isoterme; distribuzione della temperatura (media diurna, media mensile, media stagionale; media annua, effetto serra).
pressione atmosferica: alta ⇔ bassa; misurazione della pressione (barometro a mercurio, metallico, olosferico, a sifone), altezza barometrica, colonna barometrica, gradiente barometrico; isobare.
fenomeni atmosferici: vento, umidità, precipitazioni = idrometeore, scariche elettriche.
Fig. – atmosfera tragica, lirica, surreale.
vento fresco, disteso, gagliardo, impetuoso; umido ⇔ secco, caldo ⇔ freddo.
spirare = alitare, soffiare, sibilare = fischiare, alzarsi, mulinare, cambiare, cessare, rinfrescare, infuriare, scatenarsi, stormire;
inversione del vento, mulinello, colpo di vento; vento di prora, vento di poppa; mulino a vento.
direzione del vento = rosa dei venti: tramontana, greco, levante, scirocco, mezzogiorno, libeccio (libecciata), ponente = ponentino, maestro (maestrale).

tipi di vento – costanti: alisei, contralisei – periodici: monsoni (estivi ⇔ invernali), brezza (di mare ⇔ di terra, di valle = anabatica ⇔ di monte = catabatica) – variabili: bora (scura ⇔ chiara), maestrale, tramontana, libeccio, desertico (simun, shamsin, ghibli, scirocco), favonio o föhn; ciclone (tropicale, extratropicale; uragano, tifone, tornado, tromba marina o d'aria).
Fig. – vento di fronda – pascere di vento – parole al vento – perdere la tramontana.
Prov. – chi semina vento raccoglie tempesta.

idrosfera (V. **Tav. 10 Ambiente naturale**: *fiume*, *lago*; e **Tav. 13 Mare**)

nube = nuvola = nembo
bigia = grigia = cenerognola, dorata, infuocata, rossastra; minacciosa, procellosa; sparsa, vagabonda; a cappuccio, lenticolare, a bandiera, a imbuto, d'ostacolo, a sviluppo verticale (alta ⇔ bassa; cumulo, cumulo-nembo), alta (cirro, cirrostrato, cirrocumulo = a pecorelle) media (alto-strato, alto-cumulo), bassa (nembo-strato, banco di nubi, cumulo), nottilucente; radioattiva, ardente.
addensarsi; annuvolarsi, intorbidarsi, rabbuiarsi, rabbruscarsi, rompere, rasserenarsi, sgombrarsi, aprirsi, squarciare, dissipare, schiarirsi.
nube di fumo, nembo di polvere; grado di nuvolosità, annuvolamento, cielo nuvoloso = coperto, cielo poco nuvoloso = semicoperto, cielo senza nubi = chiaro = sereno; nubifragio.
umidità: assoluta ⇔ relativa; igrometria (igrometro a capello o a condensazione, igroscopio, psicometro a ventilazione).
Fig. – cascare dalle nuvole – andar per le nuvole – scacciare ogni nube.
Prov. – cielo a pecorelle, acqua a catinelle.

pioggia = piova
abbondante, torrenziale, dirotta, impetuosa, improvvisa, devastatrice; a cateratte, a catinelle, a dirotto; minuta, leggera, fitta, battente, greve; ristoratrice, rinfrescante; acida.
piovere, piovigginare, strapiovere, diluviare, scrosciare, grondare, stillare, spiovere = cessare di piovere.
pioggia fine = pioviggine, piovasco = rovescio = acquazzone, turbine, tempesta, temporale, nubifragio, diluvio.
strumenti di misurazione: pluviometro, pluviografo a galleggiante.
Fig. – pioggia di fiori, di sassi, di fuoco; interventi a pioggia.

neve (V. **Tav. 14 Montagna**: *ghiacciaio*, *nevaio*) soffice, farinosa, gelata; persistente, perenne.
fioccare, nevicare, cadere, mulinare; accumularsi, sciogliersi = squagliarsi; spalare, spazzare, togliere.
nevischio, sinibbio, nevicata, nevaio; gelo; valanga, palla di neve, fantoccio di neve, manto di neve; nivometro.
Fig. – fioccano le punizioni, i rimproveri.
Prov. – anno di neve, anno di bene – sott'acqua fame, e sotto neve pane.

grandine secca ⇔ mista a pioggia, grossa ⇔ minuta, sferoidale ⇔ irregolare.
grandinare, battere = percuotere, devastare.
globulo = chicco = granello; grandinifugo, artiglieria antigrandine; pioggia grandinosa.

rugiada guazza, gelo notturno, brina (traslucida, vetrosa; brinata; brinare, sbrinare).

fulmine = saetta, lampo = baleno = folgore, tuono.
saettare, balenare, guizzare, fulminare, lampeggiare, tuonare, brontolare, cadere.
Fig. – cadere come un fulmine a ciel sereno – avere un lampo di genio – correre come un lampo.

Tav. 10 AMBIENTE NATURALE

ambiente naturale = fisico
acquatico: marino, delle acque interne (fiumi, laghi, paludi, stagni); terrestre: desertico, dei terreni coltivati, degli abitati.
modificare, alterare, mutare, trasformare; ambientarsi, acclimatarsi, abituarsi, adattarsi.
ecologia; conservazione dell'ambiente, parco naturale, parco nazionale, riserva naturalistica.

terra

ere geologiche primitivo = archeozoico (arcaico, algonchiano); primario = paleozoico (cambriano, siluriano, devoniano, carbonifero, permiano); secondario = mesozoico (triassico, giurassico, cretaceo); terziario = cenozoico: paleogene (eocene, oligocene), neogene (miocene, pliocene); quaternario = neozoico (pleistocene, olocene).
affioramento, bradisismo, cataclisma, cordoni litorali, deposito, diaclasi, erosione, fenomeni carsici, fenomeni sismici, fenomeni vulcanici, fessurazione, glaciazione, grotta, orogenesi, petrogenesi, piega, precipitazioni atmosferiche, roccia, sedimento, stratificazione, strato.

mare (V. **Tav. 13 Mare**)

fiume fiumara, torrente, ruscello, rio, canale; fiumana;
affluente, subaffluente, tributario; aurifero, ghiaioso, melmoso, grosso = gonfio, profondo, tortuoso = serpeggiante = sinuoso, maestoso; artificiale; navigabile; inquinato.
emissario ⇔ immissario, oceanico ⇔ continentale, guadabile ⇔ inguadabile;
sorgente, letto = alveo, ansa, meandro, foce (delta, estuario); bacino.
nascere, fluire, defluire, scaturire, sgorgare; finire, affluire, confluire, sboccare, sfociare, versarsi; bagnare, diramarsi, ghiacciare, gonfiare, irrigare, inondare, perdersi, serpeggiare, straripare; arginare, disarginare, inalveare, imbrigliare, interrare, guadare, tagliare la corrente, traghettare.
Fig. – un fiume di parole – una fiumana di gente.

lago stagno, pelaghetto, gora, laguna, palude;
vulcanico, carsico, tettonico di sprofondamento, intermorenico, glaciale, di sbarramento; chiuso, intermittente; navigabile;
naturale ⇔ artificiale, temporaneo ⇔ permanente.
dilagare, allagare, straripare, stagnare.
specchio, riva, pelo dell'acqua; pontile, imbarcatoio, palafitte; piena, risacca, risucchio, sessa.
Fig. – un lago di sangue, di sudore.

monte (V. **Tav. 14 Montagna**)

bosco (V. **Tav. 11 Albero** e **Tav. 14 Montagna**: *silvicoltura*) d'alto fusto, ceduo, di latifoglie, di aghifoglie, misto; rigoglioso ⇔ spoglio, folto ⇔ rado, giovane ⇔ secolare, puro ⇔ misto, demaniale ⇔ privato.
piantare, abbattere, atterrare, infoltire ⇔ sfoltire, tagliare, scapezzare, tenere a ceppaia, rimboscare ⇔ diboscare, imboscarsi.
abetaia, abetina, acereto, cipresseto, lecceto, pineta, palmeto, querceto, olmeto, gelseto, saliceto, carpineta, castagneto, faggeta, pioppeto, oliveto; soprasuolo, sottobosco; cespuglio, fratta, matricina, pollone; radura, roveto, forteto, stipa; silvicoltura (semenzaio, vivaio, piantonaio), rimboschimento ⇔ diboscamento, scapezzamento, taglio, atterramento: legnatico, macchiatico; silvicoltore, boscaiolo, guardaboschi, taglialegna (V. **Tav. 11 Albero**: *fiore* e **Tav. 14 Montagna**: *vegetazione montana*).
Fig. – portare legna al bosco – selva di capelli – darsi, stampare alla macchia – uccel di bosco – imboscarsi.

foresta folta, intricata, impraticabile; equatoriale, subequatoriale = a galleria, tropicale, mediterranea, boreale;
patrimonio forestale, demanio forestale, leggi forestali, vincolo forestale; guardia forestale, ispettore forestale.
Fig. – il re della foresta, il richiamo della foresta.

prato prateria, pascolo;
verde, fiorito;
naturale ⇔ coltivato, artificiale, permanente = stabile = poliennale ⇔ alterno = annuo.
appratire, formare un prato, disfare, rompere, infittire, svecchiare, ringiovanire, coltivare, seminare, irrigare, mettere a prato.
praticoltura, irrigazione (V. **Tav. 15 Agricoltura**: *irrigazione*);
foraggio: biada, fieno; strame
fresco ⇔ conservato = insilato, naturale ⇔ sintetico.
falciare, spargere, far essiccare, raccogliere, riporre, ravviare, rastrellare, tagliare, imballare; foraggiare, biadare, affienare, strameggiare.
taglio, bica, covone, mucchio, forcata; falce fienaia, forca, raccattafieno, voltafieno, trinciaforaggi; fienile, silo.
erbe da foraggio: achillea, medica, ginestra, lupinella, trifoglio, tribolo, veccia, segale, orzo selvatico, cicerchia, poa, sagginella, salvastrella.

Fig. – foraggiare un partito politico.

deserto, landa, steppa
sabbioso, ghiaioso = reg, dunoso = erg, roccioso = hamada.
attraversare, esplorare, inoltrarsi, sostare, entrare; formare una carovana.
miraggio = fata morgana; carovana, carovaniera, pista; carovaniere, cammelliere, cammello, dromedario; duna, ghibli, simun, uadi (plur. uidian), oasi, palmeto.
Fig. – a quell'ora la piazza era un deserto – parlare, predicare al deserto – voce nel deserto.

Tav. 11 ALBERO

albero (V. **Tav. 15 Lavori agricoli**: *arboricoltura*)
selvatico = spontaneo; nodoso, ombroso, foglioso, ramificato, radicato, abbarbicato, ornamentale, resinoso; secolare, d'alto fusto, di medio fusto, a cespuglio, da foglia, da frutto, d'ornamento, da legno, di serra;
indigeno = nostrano ⇔ esotico, nano ⇔ gigante, alto ⇔ basso, contorto ⇔ diritto, produttivo ⇔ improduttivo, fruttifero ⇔ sterile, raro ⇔ comune, chiomato = frondoso ⇔ spoglio = sfrondato, annoso ⇔ giovane, verdeggiante ⇔ secco, a foglie caduche ⇔ sempreverde.
piantare, innestare, adattare, disinfettare, tagliare, abbattere, segare, sradicare = divellere = estirpare; mondare, svettare, scoronare, scapitozzare, sbarbicare, sfrondare, scalzare, sperticare, scortecciare, sbroccare; rinverdire, ramificare, fiorire, infogliare, ingemmare, germogliare, fruttificare, produrre, vegetare, intristire, intisichire, seccarsi, curvarsi, spogliarsi, tallire, allignare = attecchire.
arbusto = frutice, suffrutice; chioma (folta, verdeggiante, lussureggiante, ombrosa), fogliame, fronda; albereta.
Fig. – albero motore, albero di trasmissione, albero distributore; albero genealogico, della cuccagna – avere l'albero dai frutti d'oro.
Prov. – per un colpo non cade l'albero.

foglia
spuntare, nascere, ingiallire, cadere, mettere le foglie = fogliare.
parti della foglia: lamina = lembo (aghiforme, lineare, bislunga = ovale = obovata, setta = fida = partita, lanceolata, arrotondata, aguzzata, marginata, cuoriforme, cuneiforme, spiniforme, laciniata – nervatura: palminervia, penninervia, parallelinervia), margine (dentato, seghettato, spinificato), picciuolo, peluria, struttura (epidermide, tessuto a palizzata, parenchima lacunare, cuticola, stomi), base (stipola, guaina).
Fig. – il cadere delle foglie – mangiare la foglia.
Prov. – non cade foglia che Dio non voglia.

ramo
spezzare, schiantare i rami.
Fig. – non è il suo ramo – specializzarsi in un certo ramo – ramo secco.
Prov. – ramo corto vendemmia lunga.

fusto = tronco
legnoso, carnoso, nodoso, globuloso, glabro, spinoso, volubile.
struttura: primaria (epidermide, corteccia primaria, cilindro centrale, fasci fibrovascolari, vasi cribosi, vasi legnosi, trachee, tracheidi, parenchima midollare), secondaria (sughero, lenticelle, felloderma, fellogeno, libro, cambio, legno, alburno = durame, midollo);
legno: docile, venato, sbucciato, fibroso.
Fig. – non passar oltre la corteccia – essere un tronco – essere un fusto – testa di legno.

radice = radichetta = barbicaia
fascicolata, affastellata, avventizia, terrestre, aerea, tabulare, respiratoria, carnosa, fibrosa, dormiente, principale = maestra = a fittone.
radicarsi = mettere, prendere radici; tagliare, scoprire, sradicare.
parti della radice: velo radicale, cuffia, barba, pelo assorbente, fasci fibrovascolari.
ramificazione, metamorfosi della radice.
Fig. – mettere le radici al sole – la prima radice del male – curare il male alla radice.
Prov. – quando la radice è tagliata le foglie se ne vanno.

bosco (V. **Tav. 10 Ambiente naturale**: *bosco* e **Tav. 14 Montagna**: *vegetazione montana, silvicoltura*)

foresta (V. **Tav. 10 Ambiente naturale**: *foresta*)

fiore
odoroso ⇔ inodoro, selvatico ⇔ coltivato, fresco ⇔ secco, chiuso ⇔ spampanato, vizzo ⇔ rigoglioso, naturale ⇔ artificiale.
spuntare, nascere, schiudersi, sbocciare, sfarfallarsi, appassire, marcire, fiorire ⇔ sfiorire.
parti del fiore: gineceo: pistillo (ovario, stilo, stimma), androceo: stami (antere, polline, filamento), perigonio: tepali, perianzio: corolla (petali), calice (sepali), talamo, peduncolo, gambo;
infiorescenza: cimosa, racemosa.
impollinazione: corona, serto, ghirlanda, mazzo, festone, infiorata, fioritura; floricultore, fiorista, fioraio.
Fig. – il fiore degli anni – parlare a fior di labbra – il fiore della gioventù – sembrare tutto rose e fiori.
Prov. – nei fiori ci cova la serpe – dopo il fiore viene il frutto – far d'ogni fior ghirlanda – la bellezza è fiore caduco.

frutto vero: secco deiscente (follicolo, capsula, siliqua, baccello = legume), secco indeiscente (achenio, cariosside, noce, lomento), carnoso (drupa, bacca, peponide, esperidio); **falso**: pomo, siconio, balaùsta.
fruttificare, imbozzacchire, maturare, marcire, imbacare, cadere; accastellare, produrre, vendere; bacchiare, raccogliere, mondare, sbucciare, spolpare, snocciolare, spicchiare, selezionare, conservare, sciroppare, frullare.
seme: perisperma = albume, tegumento.
parti del frutto: pericarpio, polpa, spicchio, buccia = scorza, corteccia mallo; riccio, guscio, nocciolo, picciolo = gambo.
frutta: autunnale, estiva, primaticcia, serbevole, fallace, profumata, esotica, mangereccia, fatta = matura ⇔ acerba = verde, agra ⇔ dolce, strafatta = passata, fradicia = marcia, bacata, ammaccata, brancicata, ammosciata, sfarinata; selezionata = scelta, stagionale (V. **Tav. 22 Alimentazione**: *frutta*).
marmellata (di agrumi), conserva = confettura di frutta; frutteto; fruttivendolo.
Fig. – cogliere il frutto quando è maturo – essere frutto fuori stagione – mettere a frutto le proprie capacità – pomo della discordia – frutto proibito.
Prov. – dal frutto si conosce l'albero – albero grande più ombra che frutto – ogni frutto vuol la sua stagione – ad albero che non frutta non si tiran sassi.

Tav. 12 ANIMALI DOMESTICI E SELVATICI

animali = bestie, selvatici = in libertà ⇔ domestici, addomesticati, ammaestrati; erbivori, carnivori, onnivori.
voci degli animali (V. **Tav. 2 Udito**):
allevare, addomesticare, ammaestrare, ammansire, sottomettere, governare, pascolare = pascere, stabbiare, alimentare, abbeverare, alternare l'alimentazione, somministrare il cibo, ingrassare; accoppiare, incrociare, migliorare, selezionare; marchiare, mattare = macellare.
bestiame (grosso ⇔ minuto), armento, branco, mandria, gregge, muta, bergamina; allevatore, buttero = mandriano, pastore, guardiano; veterinario.
allevamento: primitivo, brado, semibrado; stabulato, in batteria, in clausura, in semiclausura; familiare, industriale;
alimentazione: **prato, pascolo, foraggio** (V. **Tav. 10 Ambiente naturale**).

animali da cortile
appollaiarsi, accovacciarsi, covare, chiocciare, nidificare, deporre le uova = ovificare; raspare = ruspare = razzolare, beccare = bezzicare; spennare = spiumare, mutare le penne.
pollo = pollastro = cappone: toscano, novello, di batteria, ruspante; **gallo**; **galletto**; **gallina** (chioccia): nostrana, ovaiola, covatrice; di razza; **faraona**; **anatra**; **oca**; **tacchino**; **pavone**; **fagiano**; **colombo**.
allevamento: incubatrice.
allevatrice = madre artificiale; pollaio.
uovo (V. **Tav. 22 Alimentazione**: *uova*): guscio, membrana = pelle, camera d'aria, albume = bianco, tuorlo = rosso, calaza, disco germinale, cicatricula, cercine germinativo.
pollicoltura, colombicoltura, livornizzazione; ovificazione = deposizione delle uova, cova, schiusa, covata = chiocciata, capponatura = capponaggio, claustrazione, muta (normale, precoce, accidentale, forzata); pollicultore, pollivendolo.

Fig. – far ridere i polli – sembrare un pulcino nella stoppa – fare il gallo – fare il pollo – spennare il pollo – essere il figlio dell'oca bianca – fare il pavone – amarsi come colombi.
Prov. – la gallina che canta ha fatto l'uovo – gallina vecchia fa buon brodo – consiglio di volpi, danno di pollaio – meglio un uovo oggi che la gallina domani.
coniglio mite, pavido, vorace, prolifico, di razza; selvatico ⇔ domestico; roditore.
rodere, scavare, pelare = spelare, scuoiare, zigare, squittire.
coniglicoltura; pelatura, scuoiatura; conigliera; avicunicoltura.

animali da fattoria

bovini aggiogare, apparigliare, attaccare, pungolare; strigliare, spazzolare, governare, mungere, pascolare, alpeggiare; scornare, mugghiare, muggire, allattare, slattare.
vitello, vitello di latte = lattone = sanato, vitellone, sopranno, manzo, bue, torello, toro; manzetta, manza, giovenca, vacca = mucca.
bovidi (sottofamiglia): zebù, gaur, gayal, banteng, yack, bisonte europeo, bisonte americano, bufalo domestico, bufalo africano, anoa.
prodotti: carne, latte (V. **Tav. 22 Alimentazione**).
stalla, lettiera.
Fig. – mettere il carro innanzi ai buoi – serrar la stalla quando sono scappati i buoi – parco buoi.
Prov. – moglie e buoi dei paesi tuoi.

equini addestrare, cavalcare, scavalcare, disarcionare; sellare, bardare, imbrigliare, impastoiare, cinghiare, imbracare, scavezzare, sbrigliare, strigliare, pettinare; governare, ferrare, sferrare; correre, trottare, galoppare, saltare, ambiare, scalciare, arrembare, impennarsi, recalcitrare, adombrarsi, imbizzarrirsi; nitrire, rignare, ansare; prendere la mano, mordere la briglia, rodere il freno; ragliare, portare la soma, il basto.
cavallo stallone, palafreno, destriero, corsiero, chinea, ronzino, ronzinante, puledro; cavalla, giumenta, puledra;
indomito, nobile, focoso, restio, ombroso; da sella, da tiro, da stanga, da carrozza;
addestramento, andatura (passo, trotto, galoppo, ambio; a briglia sciolta), scalpitamento, rinculo, ciambella, piroetta, voltata, caracollo, falcata, volata, carriera, arrembatura; automedonte = cocchiere = guidatore, trainer, fantino, amazzone, cavallerizzo, cavaliere, palafreniere, stalliere, staffiere, maniscalco.
mantello: bianco, nero, rosso, baio, sauro, morello, grigio, storno, ubero, roano, pezzato;
pezzatura, orlatura, marezzatura, zebratura, tizzonatura, slavatura, sfacciatura, sfumatura, tigratura, pomellatura, tinteggiatura, riflesso, decolorazione, pezza, macchia, stella, rosetta, morfea, lista, balza, riga.
asino = ciuco = somaro.
ibridi: bardotto, mulo.
Fig. – essere a cavallo – il cavallo di S. Francesco – calcio dell'asino – dar dell'asino.
Prov. – l'occhio del padrone ingrassa il cavallo – a caval donato non si guarda in bocca – campa cavallo, che l'erba cresce – attacca l'asino dove vuole il padrone – raglio d'asino non giunge in cielo – fra tanti muli può stare un asino.

ovini
pascolare, brucare, strappare, svernare, belare, sgozzare, scornare, stabulare, mungere, tosare, rincartare.
pecora = agnella, agnello = abbacchio, castrato, ariete = montone.
pastorizia: brada, stanziale, transumante; ovile, stazzo = barco (chiuso ⇔ addiaccio), pascolo; pastore = pecoraio, agnellaio; cane pastore.
prodotti: lana, vello, tosone, cartapecora, lanolina, carne, latte.
Fig. – la pecora nera – trattare i popoli come pecore.
Prov. – chi pecora si fa, il lupo se la mangia – il buon pastore tosa, ma non scortica.

caprini
capra = capretta, capretto, caprone = becco
nostrana, esotica, montana, cavicorne, acorne, a pelo lungo; da carne, da latte, da lana;
caprile; capraio, beccaio.
Fig. – luoghi da capre – salvare capra e cavoli.

suini (V. **Tav. 22 Alimentazione**)
grugnire, grufolare, stridere, russare, strogolare, stabbiare, voltolarsi, ingrassare; macellare, scotennare, salare, insaccare.
porco = maiale = suino = verro; troia = scrofa.
prodotti e tagli di carne: cotenna, setole, grasso, sugna, grifo = grugno, spalla, carré, lardo, cosciotto, arista, costoletta, mezzana, cicciolo, biroldo, budello, fegato, fegatello, bondiola, cervellata, cotechino, salsiccia, pancetta, capocollo, cacciatorino, lonza, salame, salama da sugo, soppressata, coppa, mortadella, prosciutto, prosciutto cotto, culatello, ventresca, ginocchiello, zampetto, zampone.
Fig. – mangiare come un porco – grasso come un porco.
Prov. – porco pulito non fu mai grasso.

cane, cagna, cucciolo, botolo
accucciarsi, annusare, gattonare, mordere, digrignare i denti; accalappiare, tenere al guinzaglio.
razze: bracco, pointer, setter, segugio, spinone, grifone, cocker, bassotto, levriere, danese, pastore (tedesco, scozzese, bergamasco), mastino, molosso, alano, san bernardo, bull dog, terranova, samoiedo, boxer, dobermann, husky, arlecchino, barbone, fox terrier, pechinese, maltese, yorkshire terrier, volpino.
cinofilo, accalappiacani, cacciatore; cinofilia, cinodromo; cagnara, guaito, ululato, latrato, mugolio, ringhio; guinzaglio, collare, museruola; canile, cuccia, cucciolata.
Fig. – vita da cani – canaglia – menare il can per l'aia – far come cani e gatti.
Prov. – can che abbia non morde – cane non mangia cane.

gatto = micio
sornione, ladro, diffidente, agile, flessuoso, randagio.
saltare, strisciare, sgattaiolare, accovacciarsi, raggomitolarsi, graffiare, arrotare le unghie, miagolare, soffiare, drizzare il pelo, fare le fusa, leccarsi.
razze: comune, europeo, persiano, angora, soriano, siamese, birmano, nubiano, azzurro, fulvo, dorato, tigrato.
Fig. – essere lesto come un gatto – essere quattro gatti – gatto a nove code – gatto selvaggio.

fauna acquatica

pesce di mare, d'alto mare, di scoglio, di fiume, di lago, di allevamento (vivaio).
pesce di mare: merluzzo (stoccafisso, baccalà), merluzzetto = nasello = merlano = pesce prete = lovo, dentice, palombo = cagnoletto, spinarolo = palombo dallo spino = archilao = ciuntrune = asiàl = caddutu = ugghiatu, pesce spada, tonno, alalunga, cernia, spigola = pesce lupo = branzino = spinola = ragno, ombrina, sogliola, rombo, razza = raia = arzilla = baràcola = pìcara, pesce angelo = pesce squadro, pesce mola = luna = sole, sgombro = maccarello = lacerto, triglia = barbone, pesce S. Pietro = pesce giallo, orata, chéppia = salacca, muggine, lòfio = pesce rospo = coda di rospo = rana pescatrice = lamia = bordrò = vitello di mare, pesce ragno = dragone = trachino, pesce cappone, scorfano, pagello = fragolino, labro = tordo di mare, passera, storione, anguilla = bisatto = ciriola (capitone, ceca), murena, grongo = salisci, lampreda di mare, aguglia, acciuga = alice, sarda = sardina = sardella, aringa;
pesce d'acqua dolce: trota, carpione, coregone = lavareto = lavarello, cheppia = alosa = agone = sardena, pesce persico, pigo, cavedano, barbo, carpa, sandra = lucioperca, luccio, storione, salmone, salmerino, anguilla, lasca = leucisco = triotto, lampreda di fiume, ghiozzo = gobione = gò = vanà = temel, bottatrice, siluro, tinca, temolo, scardola, vairone, cobite, sanguinerola;
crostacei: gambero = mazzancolla, àstice, granchio, grancevola, aragosta, scampo, canocchia = cicala di mare = pannocchia = sparnocchia = astrei, lépade = taccasasso;
molluschi: seppia, calamaro = tòtano, pòlipo, òstrica, cozza = mitilo = muscolo = pidocchio di mare = peocio, tellina = arsella, vòngola, calcinello, canestrello, riccio di mare, dattero marino = fòlade.
tartaruga di mare.

selvaggina

nobile, stanziale, migratoria, protetta.
capo di selvaggina = selvatico.
uccelli: nidificanti, di passo, di ripasso = di rimonta, di transito, di eccezionale nidificazione; statìni;
selvaggina minuta: allodola, tordo, cesena, storno, pìspola, merlo, passero, beccafico, fringuello, capinera, ortolano, zìgolo, pèppola, calandra, rigògolo, ghiandaia, frosone, gazza;
palmipedi: ànatra, ànatra selvatica = volpoca = mallardo, germano reale, alzàvola = marzaiola, fòlaga, oca selvatica, ottarda, gallina prataiola, cormorano, svasso maggiore, codone, moriglione, moretta, fischione, smergo, mestolone;

trampolieri: piviere, beccaccino = beccaccia di mare, frullino = sordo, croccolone, airone, cavaliere d'Italia, pavoncella, chiurlo, avocetta, fratino, piro piro, voltolino = rallo, fenicottero, gru; beccaccia, colombaccio, colombo, colombella, tortora;
selvaggina nobile stanziale: fagiano, coturnice, quaglia, starna;
fauna alpina: gallo cedrone, fagiano di monte = forcello, francolino di monte, pernice (bianca, rossa); corvo, gracchio, cornacchia, tàccola;
rapaci: aquila, avvoltoio, avvoltoio degli agnelli, falco, poiana;
selvaggina da pelo (V. **Tav. 24 Abbigliamento**: *pelliccia*): lepre, lepre alpina, cinghiale, daino, capriolo, capra selvatica, cervo, camoscio, stambecco, muflone, orso, lupo, volpe, ermellino, marmotta, màrtora, lontra, lince, coniglio selvatico, gatto selvatico, ìstrice, dònnola, faina, tasso.

Tav. 13 MARE

mare, oceano
burrascoso, infido, tranquillo; pescoso; spumeggiante, verde, azzurro, grigio, cobalto; glaciale, tropicale, equatoriale, oceanico, mediterraneo, periferico; mosso = agitato ⇔ calmo, liscio ⇔ increspato, trasparente ⇔ torbido, chiuso ⇔ aperto, libero ⇔ territoriale.
rifluire, infrangersi, mugghiare, stendersi, agitarsi, incupirsi, inghiottire, sommergere, avanzare ⇔ ritirarsi, sbattere, trascinare, confluire, comunicare.
regione oceanica (litoranea, pelagica, abissale), oceanografia, oceanografo, talassografia, livello, profondità, batimetria, batimetro, batiscafo, palombaro, draga, scandaglio.
fondo marino (continentale, pelagico): dorsale, rialto, dorso, cupola, gobba, catena, montagna, bacino, avvallamento, fossa, abisso, solco, conca, platea, tavolato, piattaforma, fondale, bassofondo, zoccolo continentale (scarpa continentale, piattaforma continentale).
caratteristiche: salsedine, salinità, alcalinità, concentrazione, densità, trasparenza, oscurità, colore, tonalità, luminescenza, temperatura (variabile ⇔ costante).
movimenti del mare – irregolari: onda (cresta, ventre, altezza, lunghezza, velocità di propagazione, periodo, profilo), onda di oscillazione, onda di traslazione, onda morta, onda progressiva, onda stazionaria, cavallone, maroso, risacca, frangente, mareggiata, sessa, maremoto, tsunami – periodici: marea (viva ⇔ stanca, alta ⇔ bassa, flusso ⇔ riflusso); ⇔ costanti: corrente (calda ⇔ fredda, verticale ⇔ orizzontale, oceanica ⇔ mediterranea, lenta ⇔ veloce, di deriva, superficiale, di compenso); correntometro.
azione geodinamica del mare: demolizione, abrasione, erosione, trasporto, sedimentazione = deposito, chimica (costruttiva, distruttiva).
costa: sabbiosa ⇔ rocciosa, unita ⇔ incisa = articolata, rettilinea ⇔ frastagliata, uniforme ⇔ irregolare, alta ⇔ bassa;
falesia, ripa, finestra, arco, guglia, obelisco, faraglione, terrazzo litoraneo, cordone litoraneo, battigia, spiaggia, lido, litorale (ciottoloso, ghiaioso, sabbioso, roccioso), laguna (viva ⇔ morta), barriera, banco, secca, barra, scogliera, atollo, isola, arcipelago, iceberg, istmo, penisola, pseudopenisola, promontorio, capo, lingua, delta, estuario, bacino, insenatura, ansa, golfo, baia, bocca, seno, rada, fiordo, cala, rias, canale, stretto.
Fig. – mare di guai – promettere mari e monti – mare senza fondo – buttare a mare.

flora e fauna marina

superficiale, pelagica, abissale, bentonica, planctonica, nectonica, sessile, strisciante, natante, ambulante.
alghe gelatinose, foliacee, cartilaginee, calcaree, cretose, pietrose; microscopiche ⇔ giganti.
corallo rosso, vermiglione, carminio, rosso sangue, rosa pallido, rosa carnicino, bianco, morto ⇔ vivo; colonia, banco, madrepore, attinia = anemone di mare = rosa di mare = pomodoro di mare, spugna;
pesci, **crostacei**, **molluschi** (V. **Tav. 12 Animali**).

marina mercantile, militare, da guerra, civile, industriale, da pesca, da diporto.
nave (V. **Tav. 26 Meccanica**: *cantiere navale*): marittima, costiera, fluviale, lacuale, atlantica, mediterranea, transatlantica, da passeggeri, da carico = cargo, mista, da cabotaggio, da lungo corso, da guerra; a vapore, a motore, a propulsione atomica, a turbina; nave scuola, nave cisterna, nave traghetto, nave ospedale, nave fattoria, nave oceanografica, nave frigorifero, nave da pesca, nave vagabonda = tramp, portacontainer, hovercraft, rimorchiatore, peschereccio, petroliera, metaniera, rompighiaccio, guardacoste, baleniera; corazzata, silurante, sottomarino = sommergibile, torpediniera, portaerei, dragamine; vapore, motonave, turbonave, piroscafo, veliero, yacht, battello, goletta.
navigazione: libera, di linea, costiera, di lungo corso; imbarco, sbarco, beccheggio, rollio, naufragio; portata lorda, portata netta, stazza lorda, stazza netta, tonnellaggio, carico, armamento, cabotaggio, abbrivio, deriva, miglio, nodo, lungo corso, traversata, collisione; armatore, capitano, comandante, ufficiale di coperta, comandante in seconda, direttore di macchina, ufficiale macchinista, nostromo, equipaggio, sottufficiale nocchiero, pilota = ufficiale di rotta, timoniere, marinaio, fochista, macchinista, mozzo.
commercio marittimo, traffico marittimo, trasporto marittimo, nolo marittimo, embargo, flotta.

porto militare, mercantile, porto-canale; porto franco; naturale ⇔ artificiale.
approdare, attraccare, ormeggiare, avere libera pratica, salpare.
Fig. – porto di mare – essere in alto mare – navigare col vento in poppa – calar le vele – andare a gonfie vele – giungere in porto – mandare in porto – navigare in cattive acque – un uomo navigato – promessa di marinaio.

stazione balneare

nuotare, remare, tuffarsi, abbronzarsi, scottarsi, bagnarsi, asciugarsi.
stabilimento balneare: ingresso, biglietteria, bar, guardaroba, spogliatoio, cabina, toletta, doccia, giochi, stazione di controllo, infermeria, pronto soccorso, avviso di pericolo, bandiera di pericolo, boa, zattera.

sport balneari (V. Tav. 18 Sport)

immergersi, nuotare, annaspare, stare a galla, fare il morto, galleggiare, bere, guizzare, toccare il fondo, risalire = riemergere; annegare.
nuoto = **nuotata**: scomposto, sul petto, sul dorso, sul fianco; bracciata, guizzo, immersione, fondo, sforbiciata, virata, allungo, respirazione, slancio, ritmo, crampo; annegamento;
stile libero = crawl, a rana, a delfino, a farfalla, sul dorso, sul fianco, alla marinara, a mulinello, all'australiana;
tuffo: acrobatico, mortale, spettacolare, perpendicolare, di testa, di pancia, in piedi, raggruppato, carpiato, da grande altezza; di partenza, da 3, 5, 10 metri;
pallanuoto: = waterpolo: porta, portiere, pallone, terzino, centrattacco;
immersione subacquea: ad aria compressa ⇔ in apnea, profonda ⇔ superficiale, lunga ⇔ breve; pesca, esplorazione, fondo, fondale, embolia, stordimento, safari subacqueo;
canottaggio: da gara, da diporto, a remi, a pagaia; remata = vogata (di punta, di coppia; corta ⇔ lunga), palata, remo (attacco, passata in acqua, estrazione, ripresa, manico, impugnatura, guarnizione, stroppo, attacco della pala), pagaia (semplice ⇔ doppia); canotto, jole di mare, fuori scalmo, remo, palella (di punta, di coppia; singolo di coppia, due senza, doppio di coppia, due con, quattro senza, quattro di coppia, quattro con, otto; singolo; con (timone) ⇔ senza (timone)), canotto pneumatico.
Fig. – toccare il fondo – riemergere.
canoa: kayak, canadese (da velocità, da maratona, da slalom, da rapide), K1, K2, K3, K4, C1, C2, pagaia a doppia pala, a pala singola.

sport della vela ammainare, ancorare, andar di bolina, approdare, attraccare, bordeggiare, disincagliare, disormeggiare, filare, virare, orzare ⇔ poggiare, prendere il largo, sbandare, spiegare, veleggiare, vogare, alzare le vele, doppiare, costeggiare, stringere il vento.
barche: soling, star, tornado, flying dutchman, 470, finn, tavola a vela = windsurf, beccaccino, cutter, dinghy, dragone, flying junior.
Fig. – andare a gonfie vele – imbarcarsi in un'impresa.

motoscafo (scafo, motore, timone, elica, cabina, sedile, volante, parabrezza, paraonde, scaletta): entrobordo, fuoribordo, cabinato, da crociera, da diporto leggero, da piccola crociera; sci nautico, impugnatura, corda di trazione, trampolino; acqua-scooter.

Tav. 14 MONTAGNA

montagna = monte, collina = colle (V. **Tav. 10 Ambiente naturale**)
a picco = a strapiombo, rocciosa, franosa, a pieghe, a pan di zucchero, seghettata, asimmetrica, vulcanica, isolata, digradante: impervia ⇔ accessibile, tondeggiante = a mammellone = a cupola ⇔ aguzza.
estendersi, elevarsi, svettare, strapiombare;
valicare, salire, scendere, costeggiare.
orografia, orogenesi; altimetria, altimetro, altitudine = altezza = quota, altura, altipiano, sommità; cima = vetta (a corno, a dente, a cupola, a cono, a gobba, a tavola, a piatto, a pettine), curvatura, dosso, pendenza, salita, discesa, declivio, strapiombo, dirupo, placca, balza, gradino, gola = forra, salto, fessura, profilo, dorsale; gruppo = massiccio, sistema, catena, giogaia, rilievo, crinale, cresta, forcella, dente, picco, cengia, croda, pala, guglia, piramide, torre, campanile, spuntone, spalla, dorso, cornice, sporgenza, tetto; piede = base, falda, pendio, fianco, versante, costa, muraglione, spelonca, grotta, nicchia, canalone, canalino, camino, colatoio, ghiaione, parete, anfiteatro (glaciale, morenico), slargo vallivo, conca, circo, pieghe, strati, acrocoro, tavolato, falsopiano, pianoro, ghiacciaio, nevaio (V. **Tav. 9 Clima**), roccia, contrafforte; strada, sentiero, mulattiera, pista; passo, valico, sella.
Fig. – mandare a monte – un monte di ragioni, di spropositi.
Prov. – loda il monte e attienti al piano.

valle glaciale, d'erosione, sospesa = pensile, tettonica, carsica, d'accumulazione; anticlinale ⇔ sinclinale, longitudinale ⇔ trasversale, simmetrica ⇔ asimmetrica, aperta ⇔ chiusa, larga ⇔ stretta.
scendere a valle, precipitare a valle, uscire dalla valle; scavare la valle.
testata, fondovalle, vallone, truogolo glaciale, spalla, rilievo intravallivo, versante, pendio, fianco = parete, filone di valle, gola, stretta, chiusa, forra, cornice, terrazzo alluvionale, sbocco = termine; vallivo, intravallivo, valligiano.
Fig. – valle di lacrime – cercare per monti e per valli.

ghiacciaio (V. **Tav. 9 Clima**)
composto, di tipo norvegese, di tipo alpino, inlandsis, pedemontano, continentale, di circo, di vallone, di canalone, di altipiano, di pendio, di primo ordine = vallivo, di secondo ordine = vedretta, rigenerato, sospeso.
morena: laterale, mediana, frontale di fondo, superficiale, interna, in movimento, galleggiante, deposta; anfiteatro morenico, limo glaciale, detriti, ciottoli striati, massi erratici, rocce montonate, doccia, truogolo, nicchia glaciale, circo glaciale; innevamento, gelo, disgelo, fusione, glaciazione, esarazione.
modellamento carsico: cunicolo, canale, pozzo, inghiottitoio, campo carreggiato, grotta = caverna, valle cieca, stalattite, stalagmite, dolina.
altre modificazioni: erosione, abrasione, smerigliamento, disgregazione, frantumazione, trasporto, deposito, disfacimento meteorico, fessura, frattura, spacco, modellamento, degradazione;
tormenta, frana, smottamento, valanga, slavina;
detriti: di falda, alluvionali; blocco, masso, ciottolame, sabbia, polvere, pietrisco.

vegetazione montana (V. **Tav. 11 Albero**)
di bosco, di prato, di roccia; latifoglie, conifere (abete, pino, leccio, larice, pino mugo), felce, ginepro; sassifraghe, muschi, alghe, licheni.
flora alpina: erioforo = piumino rotondo, giglio di monte, mughetto, anterico, stellina dorata, giglio rosso, giglio martagone, dente di cane, colchico, croco, bucaneve, narciso, nigritella, salice erbaceo, salice reticolato, romice = lapazio, erba serpentina, licnide delle Alpi, saponaria, garofano dei ghiacciai, botton d'oro, atragene delle Alpi, rosa di Natale, peonia, anemone delle Alpi, ranuncolo, aquilegia, aconito, papavero delle Alpi, rosa alpina; potentilla = cinquefoglie, maggiociondolo, trifoglio delle Alpi, geranio, violetta, rododendro, azalea delle Alpi, erica, mirtillo, orecchia d'orso, primula, androsace, soldanella, ciclamino, genziana, salvia, miosotide = non ti scordar di me, veronica, linaria, digitale, valeriana, fiteuma, campanula, amello = astro, stella alpina = edelweiss, antennaria, achillea, borsa da pastore, sempre vivo, margherita, genepì, arnica, senecio, fiordaliso di monte.

silvicoltura (V. **Tav. 10 Ambiente naturale** e **Tav. 11 Albero**)
rimboscare, disboscare, abbattere, tagliare, segare, sradicare, scortecciare, sfrondare, accatastare, trasportare.
foresta, bosco, sottobosco, selva, abetaia, pineta, lariceto, castagneto; sezione del bosco, sentiero forestale, strada di esbosco, risina = scivolo per i tronchi; vivaio forestale, semenzaio forestale, ceppaia.
operazioni e lavori: disboscamento, taglio del bosco, segatura, abbattimento (tacca, taglio), punzonatura = marcatura, scortecciatura, accatastamento, trasporto;
persone addette: tagliaboschi = taglialegna, legnaiolo, boscaiolo, segatore, guardaboschi = guardia forestale;
macchine e arnesi: segheria, sega a due manici (lama, denti, manici), saracco, sega a motore (manico, nastro, guida), ascia (manico, bordo = filo, lama = taglio, testa, occhio), contrafforte, cuneo, bietta da abbattimento, pistola per scortecciare, bilanciere (asse angolare, tenaglie), roncola, leva a uncino, pala per scortecciare, compasso a slitta, coltello a due manici, punzone a revolver; martelletto per marcare.

fauna montana (V. **Tav. 12 Animali**)
pascolo, alpeggio.
costruzioni montane: baita, malga = casera = alpe, maso, chalet, capanna, rifugio, ricovero, bivacco, tenda, ospizio.

sport della montagna (V. **Tav. 18 Sport**)
alpinista, escursionista, rocciatore, guida, cordata, free climbing, salire (in libera, in artificiale, in solitaria, in invernale), aprire una via, attrezzare un passaggio, calarsi a corda doppia, salire in piolet-traction, chiodare, schiodare, recuperare (la corda, lo zaino, un ferito), bivaccare, campeggiare, compiere un passaggio, salire, arrampicare, attaccare una parete, calarsi, discendere, scalare, scivolare, attaccarsi, cadere = precipitare, incrodarsi, gradinare, assicurarsi, puntellarsi, issarsi, ascendere, pendolare, saltare, traversare; sciare, perdere l'equilibrio, cadere, volare, assiderarsi, grado di difficoltà, direttissima, ferrata, parete, fessura, camino, diedro, appiglio, appoggio, via.
macchine: spandiconcime, spandiletame, spandiliquame.
alpinismo (attrezzatura): scarponi, pedule, ghette, alpenstock = bastone, piccozza, martello-piccozza, racchette, ramponi, martello da roccia, martello da ghiaccio, corda, chiodi, anello di corda, anello di cordino, discensore, fettuccia, blocchetto da incastro, nut, friend, rinvio, casco, imbragatura, nodo, moschettone, staffa, scaletta di corda, cuneo, trapano, passamontagna, giacca a vento, piumino = duvet, guanti, sacco, zaino, occhiali, borraccia, altimetro.
sci: istruttore = maestro di sci, sciatore (provetto, principiante, acrobatico, spericolato), discesa, caduta, capitombolo, scivolata, fondo, voltata, slalom, cristiania, stem-cristiania, spazzaneve, salto di voltata, salto di terreno, passo di pattinaggio, telemark, parallelo, cortoraggio, salita (passo a scala, passo a spina di pesce), sci alpinismo, sci escursionismo, sci estremo, fuori pista, biathlon, trampolino, salto.
attrezzatura per sciare: sci (suola del pattino, scanalatura di direzione e di scivolamento, lamina; attacco kandahar, attacco di sicurezza, sci da slalom, da fondo, di legno, di plastica, di metallo; monosci, snowboard; bastoncino (manopola, cappio, racchetta, puntale); scarpone da sci (lamina di protezione, serratallone, cavigliera), guanti, occhiali, casco.
sport con la slitta: slitta (pattini, sostegni, seggiolino), slittino, bob, toboga (base di legno, carenatura), skeleton.
pattinaggio sul ghiaccio (artistico, a vela, di velocità): pattino (lama, ganasce, chiave a dado, dentini, scarponcino); hockey su ghiaccio.
mezzi di trasporto della montagna: funivia, seggiovia, cabinovia, ovovia, slittovia, sciovia = skilift, skipass, gatto delle nevi, teleferica, cremagliera, slitta, motoslitta.

Tav. 15 AGRICOLTURA

lavoro agricolo fondiario, complementare, iniziale, periodico, primordiale; di ammendamento (spietramento = scasso, dissodamento), di miglioria, di bonifica (per canalizzazione, per sollevamento), di costruzione, di divisione, di impianto, di rinnovo, di viabilità.
abbonire, ammendare, spianare, bonificare, coltivare, costipare, disgregare, dissodare, governare, impiantare, lavorare, migliorare, pulire, rinnovare, rivoltare, sbronconare, scassare = spietrare, sminuzzare; arare, coltrare, dirizzare, interzare, inquartare, intraversare, ripuntare, rinsolcare, solcare, erpicare, imporcare; mescolare, pettinare, rastrellare, rivoltare, rullare, rompere, sarchiare, diserbare = mondare, zappare = zappettare, vangare.

campo, maggese; coltura (attiva, estensiva, intensiva, specializzata, mista), coltivazione, conversione, rotazione = avvicendamento, disgregamento, pulitura, risanamento, rottura, sbronconatura, decespugliamento, spianamento, scasso, sterro.
Fig. – coltivare un affetto, un'amicizia.

aratura autunnale, estiva; meccanica ⇔ a mano, superficiale ⇔ profonda, ordinaria ⇔ di scasso.
rottura, coltratura, solcatura, rivoltamento, erpicatura, rullatura = cilindratura; mondatura, diserbatura, sarchiatura = sminuzzamento = zappatura; vangatura.
macchine e strumenti: – aratro = aratrello = coltrina = perticara = spianapoggi (manico, bure, coltro, regolatore di profondità, timone, versoio, vomere, scoticatore): dissodatore, rincalzatore, ripuntatore, cavatuberi, monovomere ⇔ polivomere, a versoio, a dischi, voltorecchi, talpa, con avantreno, a bilancia, a vapore – aratrice = autoaratrice = motoaratrice – erpice: romboidale, piano, quadro, a croce, a scalzo, a denti flessibili, senza denti = rullo, frangizolle, trebbio – bidente = forca, tridente – vanga = fittarella = vangheggia – gravina – pala = badile – piccone – zappa = marra – appianatoio – ruspa – estirpatrice – rastrello = ruspolina – sarchiatrice = sarchio = rasta.
Prov. – la vanga ha la punta d'oro – vanga piatta poco attacca, vanga ritta terra ricca, vanga sotto ricca al doppio – al villano la zappa in mano.

irrigazione a pioggia, a scorrimento, per infiltrazione, per aspersione, per irrorazione, per allagamento, per immersione, a goccia.
adacquare = irrigare, innaffiare, irrorare, bagnare, inondare, canalizzare, arginare, affossare, aggottare, prosciugare.
argine, canale, golena, solco, trincea, terrazza; arginatura, affossatura, canalizzazione, drenaggio, fognatura, sbarramento, terrazzamento, prosciugamento, raccolta; adacquamento, inondamento, bagnatura, irrorazione, irrigazione, aggottamento; colmata (di monte, di piano), marcita; opera irrigua.
macchine e strumenti: annaffiatoio, irroratore, bindolo = noria, irrigatore (statico, oscillante, rotante, a pioggia), pompa (premente, rotante, travasatrice, a stantuffo, centrifuga, aspirante).

concimazione
correttiva (aggiunta, sovescio, letamazione, debbio), in copertura.
alletamare, arrovesciare, concimare, fertilizzare, debbiare, calcinare, gessare, sovesciare, emendare, riconcimare, rifondere, risanare, spargere, stabbiare, satollare, umificare.
emendamento, stabbiatura, spargimento, somministrazione, interramento.
concime = letame = stallatico = stabbio – organico: vegetale, animale, misto – inorganico: naturale, chimico, azotato, fosfatico, potassico, calcareo.

seminagione = semina (V. **Tav**. **10 Ambiente naturale**: *prato*) a fila, a spaglio, a volata, a righe, a pizzico, a ciuffo, a buchetta; in vivaio.
gettare, sparpagliare, seminare, piantare, trapiantare, tramutare, trasportare; porre a dimora, ricoprire; asciugare, conciare, preparare, nitrificare, selezionare il seme.
asciugamano, concia, medicatura, confettatura, nitrificazione, preparazione, selezione = cernita del seme.
macchine e strumenti: seminatrice, motocoltivatrice, spianatrice, seminatoio, cavicchio = foraterra.
Fig. – seminare idee – seminare zizzania.
Prov. – chi semina vento, raccoglie tempesta – chi semina spine non vada scalzo – quando scema la luna non piantar cosa alcuna.

raccolto = raccolta = colta
abbondante ⇔ scarso; grasso ⇔ magro.
cogliere, raccogliere, raccattare, ricogliere, ricavare, fare il raccolto; bacchiare, erbare, vendemmiare, falciare, mietere, trebbiare, abbicare, accovonare, ammannare, forconare, battere, crivellare, dilollare, mondare, ventilare, vigliare.
bacchiatura, castagnatura, erbatura, vendemmia (V. **Tav**. **23 Bevande**: *vino*), falciatura = sfalcio = segatura = mietitura (a collo, a terra), battitura, crivellatura = vaglio, trebbiatura, tritatura, vigliatura, spannocchiatura, abbicamento, accovonatura, forconatura.
macchine e strumenti: cavatuberi, falciatrice, mietitrice, trebbiatrice, mietitrebbiatrice, raccattafieno, imballatrice, rotoimballatrice, falciatrinciatrice, spandifieno, caricafieno, carro agricolo, falce, furlana, forca = forchetto = forcone, pàlmola, sgranatoio, ventilabro, raccoglifrutta.
granaio: orizzontale (a piani sovrastanti), verticale = silo (tramoggia di carico, elevatore, cella).
fienile: a pagliaio, a tettoia, a silo;
fieno (balle, rotoballe), paglia, biada, foraggio (V. **Tav**. **10 Ambiente naturale**).
Fig. – mietere vite umane – mietere nel campo di altri – mettere la falce all'altrui messe.
Prov. – chi non semina non raccoglie.

arboricoltura, viticoltura (V. **Tav**. **11 Albero** e **Tav**. **23 Bevande**: *vendemmia*)
alberare, avvitire, cafagnare, gambare, impalare, impiantare, piantare, preparare, radere, rincalzare, scalzare, sradicare, diboscare, potare, spollonare, innestare = insetare = inocchiare, incidere = intaccare, incalmare, inzolfare, ramare.
innesto: a corona, a spacco, a scudo, per ravvicinamento, ad anello, a doppio spacco inglese, a occhio.
propagazione: per gemma, per seme, a talea, a magliolo.
impianto: a scacchiera, a quinconce, a settonce.
potatura: a vaso, a piramide, a palmetta (a branche orizzontali, verticali, oblique), a vino, di costruzione, di ricostruzione, di produzione.
operazioni: taglio, innestatura, potatura, scalzatura, rincalzatura, impalatura, inzolfatura, ceduazione, abbarcamento, affastellamento, cimatura, roncatura.
strumenti: coltello da innesto (fenditoio), accetta, forbice, svettatoio, sfogliatoio, lisciola, scalpello, sgorbia, trapiantatoio, roncone = roncola = pennato, scure = mannaiola = potatoio.
Fig. – sradicare il vizio – innestare il nuovo col vecchio.

Tav. 16 SPETTACOLO

cinema = cinematografo
stereoscopico, tridimensionale; documentario didattico, scientifico; muto ⇔ sonoro = parlato, a colori ⇔ in bianco e nero.
cinematografia;
tecniche cinematografiche: technicolor, techniscope, stereoscopia, cinerama, circorama, cinemascope, cartoni animati, d'animazione.

ripresa cinematografica
cinematografare, filmare, girare, realizzare, produrre; caricare, scaricare la pellicola, registrare, dirigere, riprendere, inquadrare; recitare, interpretare; zoomare, provare, impallare, montare, doppiare, sonorizzare, sincronizzare, tagliare.
teatro di posa, studio, camerino, riflettori, macchina da presa, carrello, scena, interni, esterni, ciack, scenario, flash-back, effetti speciali, giraffa, dolly, passo (ridotto, normale, a 8, 16, 33, 70 mm), primo piano, campo lungo, campo medio, campo americano, controcampo, panoramica, carrellata, sequenza, dissolvenza.
persone: produttore, cineasta, cinematografaro, sceneggiatore, soggettista, documentarista, direttore di produzione, segretaria di produzione, regista, aiutoregista, cast, attori, assistente alla regia, controfigura, cascatore = stunt man, sarta, costumista = trovarobe, scenografo, architetto, operatore, direttore della fotografia, macchinista, direttore del dialogo, truccatore, tecnico del suono, comparsa, caratterista; stella, divo; doppiatore.
montaggio: registrazione sonora, doppiaggio, missaggio, playback, presa diretta, sviluppo, stampa, lavaggio, fissaggio, essiccamento, inversione, colonna sonora, banco di montaggio, moviola, sincronizzazione, ingrandimento, sovraimpressione, truka.

cinematografo di prima visione, di seconda visione, di terza visione, d'essai, parrocchiale, rionale, cineclub, cineteca, cineforum; affollato ⇔ deserto, accogliente = moderno ⇔ antiquato.
distribuire, proiettare, programmare, presentare, dare in prima visione.
locali e attrezzature: ingresso, atrio, guardaroba, biglietteria, bar, sala di proiezione, platea, galleria, corsie, poltrone, uscita di sicurezza, impianto di riscaldamento, aperture per ventilazione, impianto di condizionamento d'aria, impianto d'illuminazione, schermo (panoramico, gigante, nitido ⇔ opaco), altoparlanti, cabina di proiezione, proiettore cinematografico.
film = pellicola: classico, innovatore, brillante, sdolcinato, severo, realistico, spettacolare, audace, scandaloso, erotico, sexy, hard-core,

a luci rosse, pornografico, western, poliziesco, storico, passionale, rosa, romantico = sentimentale, avventuroso, giallo, del terrore, di guerra, remake, colossal, dell'orrore = horror, del mistero, thrilling, d'arte; comico ⇔ drammatico, pesante ⇔ leggero, d'essai;
cassiera, maschera;
documentario, telefilm, cinegiornale, attualità, film pubblicitario, cartoni animati, cortometraggio, lungometraggio, provino, comica; testate, didascalie, prossimamente = provini = programmazione = trailer.
Fig. – la vita è un cinematografo – sognare in technicolor.

teatro
comico, tragico, satirico, farsesco, d'avanguardia, dialettale, sperimentale, stabile, tenda, underground; dramma, commedia, tragedia; prosa ⇔ opera = opera lirica, operetta; dramma sacro = dramma liturgico, lauda, sacra rappresentazione, mistero; melodramma; opera buffa, commedia musicale, varietà, rivista, avanspettacolo, cabaret, recital, farsa, pochade, vaudeville; mimo, pantomima, balletto; teatro dei burattini = delle marionette = opera dei pupi;
commedia dell'arte – maschere: Arlecchino (Bergamo), Pulcinella (Napoli), Pantalone (Venezia), Colombina (Venezia), Brighella (Bergamo), Scaramuccia (Napoli), Balanzone (Bologna), Stenterello (Firenze), Gianduia (Torino), Rugantino (Roma), Meneghino (Milano), Gioppino (Bergamo), Capitan Fracassa (Spagna), Capitan Spaventa (Genova), Sandrone (Modena), Giangurgolo (Calabria), Fagiolino (Reggio Emilia).
locali: facciata, ingresso, atrio, botteghino, ridotto = foyer; platea, balconata, barcaccia, palchi, poltrona, galleria, loggione; palcoscenico, proscenio, boccascena, buca del suggeritore, golfo mistico, scena = ribalta, retroscena, quinte, scenari, fondale, sipario, riflettori; camerini, guardaroba, magazzino, uscita di sicurezza, ingresso degli artisti.
calcare le scene, presentarsi alla ribalta, recitare, debuttare, esordire, interpretare, cantare, suonare, danzare; fare fiasco, impaperarsi, declamare, mimare, provare, truccarsi, replicare, dare la battuta; mettere in scena, andare in scena, sceneggiare, scritturare, tenere il cartellone; applaudire, fischiare, chiamare, bissare, annoiarsi, entusiasmarsi.
parte, ruolo, scrittura; applauso, bis, chiamata, fischio; locandina, cartellone, programma, manifesto, cassetta; claque, bagarino, portoghese; biglietto, abbonamento, entrata di favore; anteprima, debutto, prima, prova generale, rappresentazione, replica, serata di gala, serata d'onore, matinée = mattinata, soirée = serata, stagione, tournée; atto, azione, battuta, trama, colpo di scena, dialogo, monologo, numero, quadro, esibizione, preludio, prologo, soggetto, sketch, atto unico, finale, intervallo, interludio, duetto, cavatina, tirata; regia, dizione, interpretazione, recitazione; allestimento coreografia, scenografia, costumi, messinscena, canovaccio.
autore, bozzettista, critico teatrale, impresario, agente teatrale, drammaturgo, commediografo, tragediografo, mimografo.
compagnia: comica ⇔ drammatica, stabile ⇔ di giro; regista, aiuto-regista, scenografo, inserviente, maschera; capo-comico, prima donna; primo amoroso, prima amorosa, caratterista, comparsa, interprete, personaggio; suggeritore, trovarobe, costumista, sarta, tecnico delle luci, buttafuori.
attore: esordiente, protagonista, sorpassato, istrione, mattatore, pagliaccio, gigione, guitto, buffone, generico, illusionista, prestigiatore, acrobata, burattinaio = marionettista = puparo, soubrette, imitatore, spogliarellista, ipnotizzatore, cantautore, chansonnier;
dilettante ⇔ professionista, drammatico ⇔ comico = brillante, spalla, sconosciuto ⇔ famoso.
Fig. – recitare la commedia – essere un commediante – sostenere un ruolo – mettersi, togliersi, gettare la maschera – fare delle tragedie – finire in commedia – la commedia finisce in tragedia.

circo = circo equestre
tendone, arena, palco, gradini, trapezio, rete, altalena, pertica, fune; animali ammaestrati, serraglio, gabbie, carrozzoni; acrobata = funambolo = equilibrista = trapezista, clown = pagliaccio; cavallerizzo, amazzone, allenatore, domatore; direttore.

spettacoli musicali

musica (V. **Tav. 2 Udito**: *suono*)
sala da concerto = auditorium; musica strumentale, solistica, orchestrale, sinfonica, vocale; descrittiva, popolare = folkloristica; diatonica, espressionistica, dodecafonica, elettronica; colorita, ariosa, cadenzata, ballabile;
operistica, teatrale, scenica, cinematografica, da ballo, da camera, di chiesa;
sacra ⇔ profana, comica ⇔ tragica, tonale ⇔ atonale, polifonica ⇔ monodica, classica ⇔ leggera.
concerto: sinfonico, vocale, corale, strumentale, solistico; sinfonia, poema sinfonico; rapsodia, parodia, centone;
bacchetta, leggio, spartito, partitura, metronomo; banda, orchestra, coro; maestro, maestro concertatore, direttore d'orchestra, orchestrali, complesso, quartetto, duo, trio; musicista, strumentista, librettista, compositore, concertista;
tenore, baritono, basso, soprano, mezzosoprano, contralto;
ballerino, corpo di ballo, coreografo;
opera: lirica, buffa = comica, da camera, operetta, zarzuela, melodramma; preludio, ouverture, introduzione, intermezzo, interludio, finale;
musica popolare: frottola, villotta, maggiolata, strambotto, brunette, berceuse, villanella (alla napoletana, bergamasca, giustiniana), barcarola, stornello (romanesco, fiorentino, satirico), stornellata, pasquetta, serenata, nenia, pastorale, marcia, ritornello, treno = canto funebre, romanza, bruscello, zingana, mattinata, song, leitmotiv;
musica jazz: cool jazz, hot jazz, straight jazz, ragtime, gospel, spiritual, blues, swing; jazz band; rock, hard rock, beat, calipso, country, pop-music, new wave, boogie-woogie, disco-music, folk, punk, reggae, soul, heavy metal, ragtime, rap, scat, rhythm and blues, funk, videomusic;
musica sacra: liturgica, bizantina, responsoriale, ambrosiana, gregoriana.
cantare messa, cantare il mattutino, mattinare, suonare il vespro, salmodiare, litaniare, intonare un inno.
cantilena, sequenza, canone, organum, mistero, laude, conductus, lamento, requiem, miserere, preghiera, passione, litania, salmo, oratorio, sacra rappresentazione.

canto a solo, sottovoce, a mezza voce, recitativo, in falsetto, a gorgheggio, a vocalizzo, staccato, picchettato;
aggraziato ⇔ sgraziato, intonato ⇔ stonato.
cantare (a aria, a orecchio, di maniera, a squarciagola, del gallo), canticchiare, canterellare, gorgheggiare, farseggiare, trillare, modulare, vocalizzare, smorzare, gridare, berciare, stornellare, declamare.
coro: polifonico, maschile ⇔ femminile, a voci pari ⇔ a voci dispari, di voci bianche, concertante;
canzone: strumentale, vocale, popolare, spirituale; melodica, ritmica, napoletana, all'italiana, americana, della montagna, western, beat, di protesta, ballabile; festival della canzone; cantante, cantautore, canzonettista, cantastorie, trovatore.
Fig. – è la solita musica – bisogna cambiar musica – prendere fiato – il canto del cigno – cantar vittoria.
Prov. – per niente non canta il cieco – meglio la musica che la battuta – tutti i salmi finiscono in gloria.

spettacoli sportivi (V. **Tav. 18 Sport**)

Tav. 17 RADIO-TELEVISIONE

trasmissione, telecomunicazione, radiocollegamento, ricezione, informazione, fototelegrafia.
riprendere, trasmettere, amplificare, ricevere, trasformare, irradiare, propagare, sintonizzare, modulare, registrare, collegare, mandare in onda, proiettare, annunciare, presentare, realizzare; assistere, ascoltare, accendere = aprire, regolare (il volume, il contrasto, la luminosità), spegnere = chiudere (la radio, la televisione).
apparecchiatura di ripresa (V. **Tav. 16 Spettacolo**: *ripresa cinematografica*) telecamera, tubo a raggi catodici, pennello elettronico scrittore, formatore del segnale video, apparecchiatura elettronica, preamplificatore video, amplificatore video, generatore di sincronismo, microfono, amplificatore audio.

via di telecomunicazione
su cavo, a circuito chiuso, via satellite;
radiotelevisione, emittenza radiotelevisiva, stazione radiotrasmittente, satellite televisivo, ponte televisivo, ponte radio, area di servizio, ripetitore, canale, frequenza, rete, network, antenna (trasmittente, ricevente, centralizzata, via satellite, telemetrica), radiotrasmettitore (video, audio), radioricevitore audio.
apparato di riproduzione o ricevente: stazione ricevente, amplificatore video, cinescopio, pennello elettronico lettore, generatore di

deflessione, separatore di sincronismo, amplificatore audio, altoparlante.

televisore = ricevitore radiotelevisivo; in bianco e nero, a colori; fisso, portatile, a proiezione (V. **Tav. 6 Casa**);
parti: mobile, schermo = teleschermo, sintonizzatore, amplificatore, piastrina di attacco dell'antenna, selettori di canali, cinescopio, altoparlante, comandi (pulsante, manopola, tasto), telecomando; videoregistratore, videocassetta.
riflettore; antenna (esterna, circolare, allungabile); trasformatore; quadro, sintonia, punti, righe, contrasto, luminosità, volume, monoscopio, sincronismo (orizzontale ⇔ verticale), disturbi (atmosferici, industriali), interferenza, evanescenza, interruzione, guasto, effetto neve.
radiodiffusione televisiva: ripresa televisiva (diretta, esterna, interna, mobile, ad alta definizione), registrazione televisiva (in videocassetta, in ampex);
studio, auditorio, studio mobile, telecamera da studio, telecamera portatile, impianto, carrello, giraffa, riflettori, cabina di regia, finestra di controllo, dosaggio, miscelazione del suono, miscelazione del video, analizzatore, proiettore-analizzatore, monitor = schermo, modulatore di onde = carrier, cavo di trasmissione.
personale addetto: operatore = cameraman, aiuto-operatore, regista, aiuto-regista, assistente alla regia, assistente di studio, tecnico del suono, tecnico delle luci, tecnico alla console, mixer, segretario di produzione, arredatore, annunciatore = speaker, presentatore, radiocronista, telecronista, commentatore, giornalista, redattore, documentarista, attore, cantante, valletta, disc-jockey, balletto (V. **Tav. 16 Spettacolo**: *cinema e teatro*).
utente, telespettatore, radioamatore, radioascoltatore, radioabbonato, teleabbonato, pubblico, spettatore, ascoltatore;
canone = tassa di abbonamento, ascolto, indice di gradimento, indice di ascolto, audience, share, meter.

radiocomunicazione = radiodiffusione = radiotrasmissione.
trasmissione radio: microfono, circuito elettrico, corrente oscillante, onde sonore, onde elettromagnetiche, oscillatore;
onda (lunga, media, corta, cortissima, ultracorta, portante, modulata), modulatore, antenna trasmittente, antenna ricevente, frequenza (alta ⇔ bassa), ciclo (kilociclo, megaciclo), modulazione di ampiezza, modulazione di frequenza, lunghezza d'onda, rivelatore = detectore, altoparlante (lamina, elettrocalamita, risonatore acustico).
apparecchio radio (V. **Tav. 6 Casa**): a galena, a transistor; portatile, autoradio, a spina; valvola termoionica, cassetta, condensatore variabile, transistor, tasto, manopola, bottone, regolatore del volume, scala parlante, regolatore del tono, occhio magico, commutatore di gamma.
filodiffusione: telefono, radioonde; programma radiofonico; allacciamento, installazione.

programma radiotelevisivo

palinsesto, programma, canale; stazione televisiva, televisione privata, network, pay-tv;
rubrica, trasmissione (in diretta, dal vivo, in differita, registrata), realizzazione, edizione, ciclo = serie, replica, telefilm, telegiornale, giornale radio, notiziario, bollettino, varietà, carosello, pubblicità, segnale orario, attualità, reportage, collegamento (nazionale ⇔ in eurovisione, in intervisione, in mondovisione, in diretta, via satellite, via cavo), teleromanzo, sceneggiato, riduzione, adattamento, puntata, numero, intervallo, intermezzo, quiz, telequiz, lungometraggio, cortometraggio, documentario, film (V. **Tav. 16 Spettacolo**: *cinema*), originale televisivo, inchiesta, servizio, commento, intervista, presentazione, rassegna, retrospettiva, telecronaca, spot, serial, telenovela, soap opera, videoclip, videomusic, videogioco; teletext, videotel, teleconferenza.

Tav. 18 SPORT

sport

preferito, praticato, salutare, benefico;
individuale ⇔ a squadre, professionistico ⇔ dilettantistico.
esercitare, praticare uno sport, fare dello sport, essere sportivo.
competizione = gara = lotta = agone, ludo, spettacolo; ginnastica; agonismo, sportività; girone, serie, allenamento, gara, categoria, batteria, classifica, graduatoria, eliminatoria (quarti di finale, semifinale, finale), punteggio, primato = record, scudetto; fallo, penalità, squalifica; ingaggio, incontro, partita, meeting, match;
campionato, giuria, arbitro, direttore tecnico, allenatore, manager, massaggiatore; atleta, campione, campionissimo, concorrente, professionista, dilettante.
stadio, ippodromo, velodromo, autodromo, palestra, campo da tennis, campo da baseball, sferisterio.
Fig. – fare qualcosa per sport.

atletica leggera

correre, marciare, accelerare l'andatura; disputare una gara, stabilire la classifica; saltare, abbattere un ostacolo, passarsi il testimone, effettuare il cambio, prepararsi al cambio; saltare; impugnare il disco o il giavellotto; lanciare, scagliare l'attrezzo; squalificare, qualificarsi.
corsa – su strada: maratona, maratoneta – su pista: corsa piana (gare di velocità, gare di mezzofondo, gare di fondo, staffetta, corsa con ostacoli, corsa con siepi) – campestre; filo del traguardo, blocchi di partenza, corsia, tartan, testimone, fondista, mezzofondista, centometrista;
marcia
salto in lungo, in alto, con l'asta, triplo; asticella, ritti, sforbiciata, battuta, rincorsa;
lancio del disco disco, pedana circolare di lancio, zona di delimitazione, bande laterali di zona; discobolo;
lancio del giavellotto linea di lancio, pedana; giavellotto: di metallo, di legno; impugnatura, punta; giavellottista;
getto del peso peso; pedana di lancio, fermapiedi;
lancio del martello martello, filo d'acciaio, maniglia; inferriata di protezione;
decathlon, pentathlon.

atletica pesante

sollevare il bilanciere; lottare, fare lo sgambetto, ungersi di olio; combattere, salire sul ring, abbandonare il ring, colpire di destro o di sinistro; infilare, calzarsi, cavarsi i guantoni; mettere K.O., vincere (ai punti, per fuori combattimento = knock out, per arresto del combattimento = knock out tecnico, per abbandono, per getto della spugna, per intervento medico, per squalifica, per non contest).
sollevamento pesi = pesistica (sbarra a pesi fissi = bilanciere, sbarra a pesi aumentabili): sollevamento di strappo, sollevamento di slancio, sollevamento di distensione; pesista = sollevatore di pesi;
lotta: greco-romana, stile libero; giapponese = judo = ju-jitsu, lotta con cintura = glima islandese, lotta svizzera;
pugilato: allenamento (sacco = palla di sabbia = punch-bag, palla di cuoio = punching ball, sacco di sabbia = sand-bag; fascia, guantone, sparring partner); ring = quadrato (corde, angolo neutro); conchiglia;
incontro, diretto, schivata a tuffo e guardia = duck, corpo a corpo = clinch, sventola = swing, montante = uppercut, gancio = hook = crochet, colpo basso, colpo proibito, break, suonato, groggy, picchiatore, incassatore, ripresa a round, allungo, bloccaggio, conteggio, K.O. = knock out = fuori combattimento = abbandono; gong, borsa; spugna;
peso (mosca, gallo, piuma, leggero, welter leggero, welter pesante, medio, mediomassimo, massimo); pugile = boxeur, secondo = aiutante, commissario = relatore, procuratore = manager.

sport del pallone

calcio vincere, pareggiare, sconfiggere; giocare in casa o fuori casa (in trasferta); attaccare, difendersi, rinviare, segnare, battere un calcio di punizione, effettuare un passaggio, caricare, parare; arbitrare una partita, fare il tifo per una squadra.
campo di gioco: porta (rete, pali, traversa), linea di porta, area di porta, area di rigore (dischetto di rigore), linea laterale, linea di metà campo, cerchio di centro campo, area di corner = d'angolo (bandiera), zona;
formazione: squadra, portiere, terzino destro e sinistro, centromediano, mediano destro e sinistro, ala destra e sinistra, mezzala destra e sinistra, centrattacco; battitore libero, centrocampista, stopper, attaccante, cannoniere, capitano, difensore, riserva, titolare, ingaggio, premio partita;
svolgimento del gioco: partita, pallone = palla, tiro (di prima, di seconda), rimessa in gioco dall'area di porta, calcio di punizione (di prima, di seconda), tiro a rete = in porta, goal o gol = rete, autogoal, goleada, parata, tuffo, uscita, cannonata, calcio di rigore, calcio d'angolo, colpo di testa, dribbling, sbarramento di giocatori, palla fuori gioco, rimessa laterale, posizione fuori gioco, fallo (di mani, laterale), rovesciata, contropiede, difesa, lancio, marcamento, meli-

na, pallonetto, pressing, bandierina, catenaccio, traversone, cartellino, arbitro, guardalinee;
stadio: tribuna, gradinate, recinto, campo (fondo del campo), spogliatoi, docce, infermeria, biglietterie, ingressi, panchina, tifoso, tifoseria, club.

rugby = rugby-football = gioco della palla ovale.
campo di gioco: linea di pallone morto, linea di meta, linee laterali, pali di porta, porta, linea dei ventidue metri, linea dei dieci metri, linea di metà campo;
formazione: 8 avanti, 2 mediani (di mischia e di apertura), 4 trequarti, 1 estremo;
svolgimento del gioco: calcio di invio, calcio libero, calcio di punizione, calcio a volo, calcio di rimbalzo, meta, calcio di trasformazione meta.

pallanuoto (V. **Tav. 13 Mare**: *sport balneari*)

pallamano: linea di porta, area di porta, linea dei tredici metri, linea di tiro libero, angolo di punizione.

pallavolo = volleyball: area di battuta, rete; servente, giocatore di appoggio, giocatore alla rete; battuta, schiacciata, taglio, muro.

pallacanestro = basketball: campo (canestro, centine di sostegno, specchio; linea di fondo, area di tiro libero, parquet, tabellone); cronometrista, segnapunti; riserve = rincalzi; palleggio, passaggio, rimbalzo, taglio, elevazione, gancio, assist, difesa (a uomo, a zona), ala, pivot, playmaker, cestista.

sport della piccola palla

baseball = pallabase: campo di gioco (rombo = diamante, casabase, linea del battitore, fuoricampo, pedana di lancio, area di presa, linea dei giocatori); formazione (lanciatore, ricevitore, prima base, seconda base, terza base, interbase, esterno sinistro, esterno centro, esterno destro); strike, ball, inning; cuscinetto di base, mazza da baseball.

cricket: porta, linea di porta, linea del lanciatore; guardiano, battitore, ribattitore; run; mazza piatta.

hockey su prato (*su ghiaccio*, V. **Tav. 14 Montagna**: *sport invernali*)
linea laterale, linea di porta = di fondo, linea tratteggiata, cerchio d'invio = area di tiro, porta; portiere (imbottitura per le gambe = parastinchi, ginocchiera); bully, penalty-bully = rigore; mazza, palla di sughero pressato ricoperta di caucciù.

croquet: picchetto di partenza, archetti, picchetto di gioco = birillo; maglio = bastone.

tennis = lawn tennis: campo (linea laterale per gioco in coppia, linea laterale per gioco singolo, linea di battuta = di servizio, rettangolo di servizio, fondo (in terra battuta, erba, sintetico), rete); set = partita, gioco in coppia (doppio maschile, doppio femminile, doppio misto), gioco singolo = singolare (singolo maschile, singolo femminile); battuta = servizio (di sinistra = rovescio, di destra = diritto); racchetta (impugnatura = manico, superficie di battuta, corde, accordatura), pressa per racchette (tenditore a vite), visiera paraocchi; mezzavolata, volata di rimando, smash = schiacciata, effetto, pallonetto.

golf: campo (percorso, ostacolo, trappola, green = terreno presso la buca, buca, asta, con bandierina): bastoni da golf, borsa portabastoni, inserviente portabastoni = caddie; colpo di partenza = drive, colpo leggero = putting.

pattinaggio
a rotelle, su ghiaccio (V. **Tav. 14 Montagna**: *sport invernali*)
corsa su pista, velocità, mezzofondo, fondo, gran fondo;
pattinaggio artistico, curva, esse, tre, boccola, volta, otto, esercizi liberi;
pattinatore, pattinatrice.

sport delle armi

scherma: con fioretto, con sciabola, con spada; posizione (di saluto, di guardia = di parata), incrocio (di seconda, di terza, di quarta), mulinello; fioretto italiano = arma di punta, spada, sciabola leggera (guardia, paramano di cuoio), fioretto francese, stiletto = pugnale.

caccia e pesca (V. **Tav. 12 Animali**)

sport equestre (V. **Tav. 12 Animali**):
ippica (equitazione di scuola, da campagna), ippodromo (tabellone delle partenze, totalizzatore, tribune coperte, apparecchio per le partenze = starting gate), maneggio, galoppatoio, trottatoio, scuderia (box, bilancia, paddock = recinto per cavalli, ring); fantino, amazzone, stalliere, mossiere = starter, nastri, allibratore = bookmaker; puledro, purosangue, trottatore, sulky, pedigree; accoppiata, piazzata, vincente, tris; alta scuola; andatura, incollatura, lunghezza, rompere, gran premio, corsa (al trotto, al galoppo, piana, a ostacoli), derby, concorso ippico.
Fig. – darsi all'ippica.

ciclismo (V. **Tav. 21 Trasporti**)
individuale, a squadre, su pista, su strada, d'inseguimento, a cronometro; corsa di regolarità, record dell'ora, sei giorni, kilometro lanciato, maglia (rosa, gialla, iridata);
ciclista dilettante – professionista, velodromo;
pedale, pigiare sui pedali, volare; arrancare; frenare, tirare; allungo, scatto, volata, rimonta, fuga, gruppo, surplace, tappa, bagarre, distacco, traguardo; capitano, gregario, passista, velocista, pistard, scalatore; patron; moltiplica, rapporto.

motociclismo (V. **Tav. 21 Trasporti**)
motocicletta da gran turismo, da sport, da motocross; motociclo = ciclomotore = motorino = motoretta, motorscooter = scooter;
gare su strada, su pista, su circuiti misti;
motociclista, scooterista.

motocross = gara motociclistica fuori strada.
gare di regolarità, enduro, trial, cross; impennata, salto, guado.

automobilismo (V. **Tav. 21 Trasporti**)
automobile da corsa; autodromo, circuito, curva, giro, rettilineo, starter, box, gran premio, griglia di partenza, pole position; rally, navigatore; sponsor;
gare di velocità, gare di regolarità; formula uno, due, tre;
automobilista, corridore automobilista = pilota.

sport invernali (V. **Tav. 14 Montagna**)

sport acquatici (V. **Tav. 13 Mare**)
piscina (bordo, corsia, scaletta d'immersione, vasca, funicella con galleggiante, base di partenza): olimpionica, attrezzatura per tuffi (trampolino, scaletta, piattaforma), scivolo.

Tav. 19 GIOCO

---

gioco (V. **Tav. 18 Sport**)
atletico, ginnico, sportivo; rituale, scenico, coreografico, folkloristico; pericoloso; individuale ⇔ collettivo, pubblico ⇔ privato, consentito ⇔ vietato, tranquillo ⇔ movimentato.
giocare, giocherellare, divertirsi, ricrearsi, divagarsi, sollazzarsi, trastullarsi, gingillarsi, scherzare, ruzzare, folleggiare, baloccarsi.
passatempo, ricreazione, svago, trastullo, divertimento, diporto, distrazione; beffa, burla, celia; giocosità, giocoforza; gioco di luce, d'acqua, di parole; giocatore, avversario, perdente ⇔ vincente.
tipi di gioco: infantile, di società, di carte, di azzardo, da tavola, di pazienza, di prestigio, di enigmistica, di artificio = pirotecnico.
Fig. – mettere in gioco l'esistenza – volgere tutto in gioco – prendersi gioco di qualcuno – gioco di parole.
Prov. – un bel gioco dura poco – gioco di mano, gioco di villano.

giochi infantili = per ragazzi.
quattro cantoni, nascondino = rimpiattino = nascondarella, mosca cieca, guardie e ladri, girotondo, barriera; salto della corda, scivolarella, scaricalasino, cavallina; giostra, altalena; bolle di sapone; palla avvelenata, palla prigioniera, palla a mano; piastrella, battaglia navale; della mattonella, dell'ambasciatore, della settimana, belle statuine.
giocattoli (meccanici, automatici, di legno, di plastica, metallici): palla, pallina = bilia (biglia), pallone; cerchio, cerchietti; aquilone = cervo volante; tamburello, corda, birillo, trottola, girandola, cerbottana, fionda, monopattino; meccano, costruzioni, lego, trenino elettrico, soldatini (di piombo, di stagno, di plastica), bambola (di porcellana, di cartapesta, di segatura, di legno, di gomma, di gommapiuma, parlante), barbie; tromba, fischietto, tamburo; subbuteo, fresbee, skate-board, pattini a rotelle.

giochi di società caccia al tesoro, pentolaccia, proverbio muto, quadro vivente, sciarada muta, mano calda, ombra cinese, parole a doppio senso, passa l'anello, oracolo, degli omonimi, del perché, del tribunale, della verità, passaparola, tombola, quadri viventi; pegno, penitenza, berlina, premio.

giochi di pazienza puzzle, cubo magico, solitario.

giochi d'azzardo vincere, perdere, guadagnare, barare, bluffare, scoprire, dissimulare il proprio gioco, restare, sballare, battere, giocarsi una fortuna, raddoppiare la posta.
vincita, perdita, lucro, posta = scommessa, mossa, puntata; casa da gioco = casinò, sala da gioco = bisca; banchiere, biscazziere, socio, baro, slot machines.
roulette: cassa, chef de partie, croupier (rastrello del croupier); tavolo della roulette: ruota (cerchio, pallina, sporgenza d'arresto, piatto girevole, barra a croce), pool, fiche = gettone, quadro delle puntate (zero, passe, pair = numero pari, impair = numero dispari, manque, noir = nero, rouge = rosso, dozzina); colonna, en plein, carré, trasversale; rien ne va plus.
dadi (bussolotto, punto del dado); lanciare = gettare i dadi.
a carte: baccarà = macao, chemin de fer, poker (parlare, passare, rilanciare, vedere, morto, buio, cip, servito, coppia, doppia coppia, tris, full, scala, poker, scala reale), zecchinetta, sette e mezzo, trente et quarante, black jack, sabot, tre carte.
Fig. – il dado è tratto.

giochi di carte fare il mazzo, fare le carte, mescolare le carte, sfogliare le carte, tagliare il mazzo, alzare il mazzo, avere la mano, pigliare, aprire, calare, dichiarare, pescare, lasciare, passare, restare, rispondere, sballare, sparigliare, accusare, bussare, chiamare il compagno, scoprire una carta, scartare, andare a primiera, scappottare, stramazzare, dichiararsi fuori, avere bel gioco, avere l'asso secco.
giochi: scopa (appariglare, sparigliare, ori = denari, primiera, settebello, scopa), scopone, briscola (briscola, carico), briscolone, bàzzica, tressette, tarocchi, mercante in fiera; canasta, canastone, ramino, scala quaranta, bridge (contratto, dichiarazione, controdichiarazione, contro, atout, licitazione, morto, surcontre, score, slam), boston, dòmino, pinnacolo; baccarà, trente et quarante, faraone, bambara, poker, teresina, whist, uomo nero, zecchinetta, sette e mezzo (sballare, stare) (V. *giochi d'azzardo*); solitario.
carte da gioco: italiane (coppe, bastoni, spade, denari); francesi (fiori, picche, quadri, cuori).
Fig. – giocare a carte scoperte.
Prov. – fortunato al gioco, sfortunato in amore.

giochi di prestigio illudere, fare sparire, fare riapparire, rievocare, falsare la direzione, leggere il pensiero o la mano, ipnotizzare.
atto magico, magia bianca, magia nera (apparizione, sparizione, rievocazione); destrezza, comunicativa, alterazione, passaggio, lettura del pensiero; sussidio meccanico = apparecchio magico; prestigiatore = prestidigitatore = illusionista = giocoliere, ipnotizzatore, impostore = ciarlatano.

giochi da tavola
scacchi: arroccare, intavolare, far patta = pattare; scacchiera (quadretto bianco, quadretto nero), pezzi bianchi = i bianchi, pezzi neri = i neri (re, regina, alfiere, cavallo, torre, pedone); stallo, scacco matto; scacchista, convegno scacchistico.
dama: mangiare, muovere, sdamare, soffiare, andare a dama; tavoliere, pedina (bianca, nera).
filetto = gioco del mulinello = della tela: mulino chiuso = tela, mulinello doppio = tela doppia.
domino: tessera (doppio sei).
tennis da tavola = ping-pong: racchetta = paletta, rete da tavolo, pallina in celluloide = da ping-pong.
biliardo: acchitare; acchito, bazzica, carambola, carolina, quartiere; tavolo da biliardo (da carambola, a buche); piano (di ardesia, di marmo), panno verde = drappo, sponde elastiche, buca = bilia; accessori; stecca (punta di cuoio), birilli, boccette = bilie (bianca, rossa, pallino), segnatempo a tassametro, lavagna segnapunti.

lotteria lotto, totocalcio, totip, enalotto, tombola; nazionale, pubblica, di beneficenza; autorizzata ⇔ non autorizzata = clandestina, riffa.
giocare un numero, pronosticare, estrarre = sorteggiare, uscire, vincere, compilare la schedina; autorizzare.
abbinamento (corsa di cavalli, corsa automobilistica), premio prefissato, sorteggio.
Fig. – dare i numeri – è come vincere un terno al lotto – tenere in scacco qualcuno – essere in una situazione di stallo – fare una stecca.

giochi vari: giochi matematici; telequiz; videogiochi, flipper, calcetto = calciobalilla, minigolf, giostra, gioco dell'oca, tiro a segno, corsa dei sacchi, gincana, bocce, palio, quintana, corsa dei ceri.
giochi di enigmistica: indovinello, sciarada, anagramma, logogrifo, bisenso, polisenso, incastro, crittogramma, rebus, monoverbo, quadrato magico, cambio, parole incrociate, bifronte, falso accrescitivo, falso diminutivo.

Tav. 20 VIABILITÀ

strada
acciottolata, lastricata, ammattonata, di terra battuta, a massicciata = a macadam, asfaltata; statale, provinciale, comunale, vicinale; carovaniera, montana; dissestata, interrotta, deformata, impraticabile, tortuosa, a culla, a schiena d'asino; polverosa, bagnata, ghiacciata; di circonvallazione, d'accesso, di sbocco;
selciata ⇔ disselciata, pubblica ⇔ privata, spaziosa = larga ⇔ stretta, comoda ⇔ scomoda, sicura ⇔ pericolosa, frequentata = affollata ⇔ deserta = vuota = sgombra, piana ⇔ erta = ripida = scoscesa, convergente ⇔ divergente, pedonalizzata.
via, arteria, sentiero, pista, mulattiera, tratturo, trazzera, viottolo, callaia, rotabile, carrareccia, stradone, camionabile, carrozzabile, superstrada, autostrada, itinerario europeo, bretella, passo carraio, meandro, rampa, viadotto, sopravia, soprelevata, sovrappasso, sottovia, sottopasso, scorciatoia, raccordo, tratto, tronco, variante, anello stradale, tangenziale, svincolo, curva, tornante, gomito, salita, discesa, bivio, trivio, quadrivio, attraversamento, pendenza, saliscendi, biforcazione, diramazione, deviazione, cunetta, fosso; viaggio, percorso, direzione, meta, transito, rettilineo, isola rotazionale, pista ciclabile, area pedonale.
parti della strada: pavimentazione, fondo stradale (bagnato, scivoloso), manto, carreggiata, piano stradale, corsia (di marcia, di sorpasso, di sosta = di emergenza), banchina (transitabile, non transitabile, di servizio, spartitraffico), paracarro; piazzola, ciglio, margine, parapetto; segnaletica (orizzontale ⇔ verticale).
Fig. – essere sulla buona strada, sulla retta via – farsi strada – trovarsi in mezzo a una strada.

segnaletica stradale verticale ⇔ orizzontale.
cartello: triangolare, quadrangolare, circolare; di pericolo, di indicazione, di prescrizione;
segnali: di pericolo, di prescrizione, di indicazione;
segnali luminosi di circolazione: semaforo (pensile, a colonnina, per veicoli, tramviario, pedonale; luce gialla, verde, rossa), frecce direzionali;
segnaletica orizzontale: strisce bianche (continue, discontinue, affiancate, alternate), strisce gialle, strisce azzurre; chiodi, gemme, rifrangenti, frecce direzionali, mezzeria, linea di arresto, passaggio pedonale = zebratura, attraversamento ciclabile, fermata di autobus, area preclusa al parcheggio, delimitazione zona di parcheggio, divieto di sosta, canalizzazione, stop.

viabilità urbana
rete stradale: a scacchiera, a schema triangolare, radiocentrica, a ventaglio, curvilinea, lineare; via, corso, viale = passeggiata = boulevard, lungofiume, lungolago, lungomare, vicolo, vicolo cieco, budello, calle, carrugio, rua, chiasso, canto, largo, piazza, piazzale, campo, ponte, cavalcavia, sottopassaggio, viadotto, bastioni, gradinata = scalinata, traversa, incrocio, biforcazione, attraversamento pedonale, marciapiede, passo carrabile;
servizi: fognatura: cloaca, botola = tombino = pozzetto di controllo, fogna, sifone, tubo di allacciamento, collettore, canali, tunnel, depuratore, sistema di scarico, acqua di scarico; acquedotto: serbatoio = vasca di raccolta, condutture, pozzetto di carico; illuminazione: elettrica, fluorescente, ai vapori di sodio, di mercurio; palo, lampione = fanale, rete di distribuzione (elettrodotto, cavo, palo, traliccio, isolatori; tesatura, allacciamento; alta tensione, bassa tensione; cavi telefonici (V. **Tav. 7 Edifici pubblici**: *ufficio postale*); collegamenti radiotelevisivi (V. **Tav. 17 Radio-televisione**); sede tramviaria (V. **Tav. 21 Trasporti**).

servizi di sicurezza perlustrare, vigilare, dirigere il traffico, fischiare, intimare l'alt, multare, deviare il traffico.
corpo di polizia stradale, agente della strada, vigile urbano = pizzardone = ghisa, guardia notturna;
contravvenzione = multa; codice della strada, norma, osservanza,

infrazione, pirata della strada, posto di blocco;
traffico: ordinato ⇔ disordinato = caotico, intenso = grande ⇔ ridotto = moderato = scarso, interrotto; intasamento = imbottigliamento = congestione = ingorgo, confluenza, scorrimento; incidente, tamponamento; sorpasso, senso unico (alternato), itinerario (obbligato, preferenziale, riservato), velocità (forte, regolare, moderata, ridotta, spinta, folle); coppa giratoria, pedana, colonnina luminosa (a luce fissa ⇔ a luce lampeggiante), salvagente, banchina spartitraffico, aiuola.

viabilità extraurbana

autostrada libera ⇔ a pagamento, a una pista, a due piste, a tre piste;
casello, barriera, ingresso, posto di pagamento del pedaggio, viacard, uscita, isola spartitraffico, guardrail, siepe, cordonata, pannello antiabbagliante, piazzola di sosta, area di sosta, area di parcheggio, stazione o area di servizio, autogrill, raccordo, rampa di raccordo, corsia (di marcia normale, di sorpasso, di accelerazione, di uscita, di decelerazione, di emergenza), bretella.

ponte in legno, in pietra, in ferro, in cemento armato; coperto, a travata, ad arco, a schiena d'asino, sospeso, a cantilever, bailey, mobile, girevole, levatoio, di barche, portatile.
fare, gettare, levare; tagliare, minare, far saltare, rovinare.
parti: piedritto, pila, campata, pignone, testata, ala, arcata, pilone, sprone, luce, spalletta, impiantito, marciapiede, parapetto, intradosso = imbotte, banchina, bocca, cassone, fiancata.
Fig. – far da ponte – tenere in ponte – fare il ponte – fare i ponti d'oro – tagliare i ponti.
Prov. – l'acqua cheta rovina i ponti – a nemico che fugge ponti d'oro.

vie fluviali fiumi navigabili, canali.
argini = sponde, sbarramento = diga, porto fluviale, dàrsena, bacino; chiuse (paratoia verticale, piana, cilindrica).

ferrovia = strada ferrata (V. **Tav. 21 Trasporti**: *treno*) a binario semplice, a binario doppio, monorotaia, ad alta velocità, a scartamento normale, a scartamento ridotto, a scartamento maggiore, a ingranaggio, a cremagliera, ad aderenza normale, ad aderenza artificiale; aerea, soprelevata, sotterranea; a trazione elettrica, a trazione autonoma.
rete ferroviaria, diramazione, tronco, nodo, tracciato, allacciamento; linea ferroviaria (costiera, interna, trasversale, meridiana, internazionale, in galleria); scambio; armamento, materiale rotabile, impianti di sicurezza; massicciata, rotaia, traversina.
passaggio a livello: con barriere, con semibarriere, senza barriere; custodito ⇔ incustodito, aperto ⇔ chiuso; automatico.
stazione ferroviaria
di testa ⇔ di transito, principale ⇔ secondaria, periferica ⇔ centrale.
biglietteria, marciapiede, binario, deposito bagagli, pensilina, polizia ferroviaria, capostazione, sala d'aspetto.
Fig. – sbagliare binario – rimettere sul binario giusto – uscire dai binari – essere su un binario morto.

Tav. 21 TRASPORTI

mezzi di trasporto
veicolo, mezzo = automezzo; treno; metropolitana, autobus, pullman = autopullman, corriera = autocorriera, filobus, tram, omnibus; automobile, taxi, camper, autoambulanza, carro funebre, cellulare; carro, carrozza, furgone, bicicletta, triciclo, motocicletta, moto-carrozzetta, scooter, risciò; mezzi aerei, imbarcazioni.
parcheggio: pubblico ⇔ privato, libero ⇔ limitato (a pagamento, a orario, a tariffa differenziale), zona disco, zona blu.
stazione: ferroviaria, degli autobus, delle corriere, della metropolitana, dei filobus, dei tram, dei taxi.

automobile (V. **Tav. 20 Viabilità** e **Tav. 18 Sport**)
berlina ⇔ limousine, convertibile = decappottabile = cabriolet, coupé, da corsa, giardinetta, da gran turismo, da turismo veloce, spider = a due posti, sportiva, familiare, station-wagon, utilitaria, diesel, benzina, fuoristrada, pulmino, veloce, potente, di rappresentanza, d'occasione;
nuova ⇔ vecchia = usata = di seconda mano, di serie ⇔ fuori serie, pubblica ⇔ privata.
avviare il motore, mettere in moto, guidare = pilotare, sorpassare, segnalare, sterzare, rallentare, accelerare, sgommare, frenare, parcheggiare, bloccare i freni, decelerare, investire, slittare, derapare, urtare, sbandare, tamponare, scontrarsi, ribaltarsi, grippare, imballare il motore, fondere le bronzine, forzare il motore, rodare, mettere in folle, cambiare, sostare, fare rifornimento, fare il pieno, riparare, revisionare, smontare, mettere a punto, vulcanizzare, cambiare una gomma = una ruota.
carrozzeria, interno, telaio, differenziale.
ruota: di scorta, anteriore ⇔ posteriore; pneumatico = gomma (copertone, camera d'aria), cerchione, calotta, copriruota, cuscinetto, mozzo, dadi di ancoraggio;
motore: a scoppio, diesel, turbo-diesel, turbo, elettrico, rotativo; potente, giù di giri, grippato, imballato; a due tempi, a quattro tempi;
freno;
accessori: foderine, triangolo, catene antineve, cinture di sicurezza, antifurto, autoradio, antenna, poggiatesta, cricco = cric = martinetto, chiavi, accendino, orologio, alzacristalli elettrico, chiusura centralizzata, gancio di traino, marmitta catalitica.
Fig. – partire in quarta – essere giù di giri – essere su di giri – seguire a ruota.

autocarro = camion, autotreno, autoarticolato, motrice, bilico = semirimorchio, ralla;
medio, pesante, leggero; a cassone (centina, telone), a furgone (con cassone ribaltabile, frigorifero, con rimorchio); autobotte = autocisterna, autosnodato.

motocicletta scatola porta attrezzi, pedale di avviamento, filtro dell'aria, carburatore, serbatoio della benzina, cilindro, manopola, comando del gas, forcella telescopica, tubo di scappamento, catena di trasmissione, pedale del cambio, carter, tamburo del freno.
motociclismo (V. **Tav. 18 Sport**).

bicicletta da turismo, sportiva, da uomo, da donna, da corsa, da montagna = mountain bike, pieghevole.
pedalare, montare in sella.
ciclismo (V. **Tav. 18 Sport**).

treno (V. **Tav. 20 Viabilità**: *ferrovia*)
merci, misto, locale = accelerato, diretto, espresso = direttissimo, rapido = intercity, eurocity, super rapido; internazionale, riservato, presidenziale.
correre, fischiare, fermarsi, stazionare, partire, sferragliare, sbuffare, mettersi in moto, snodarsi, bloccarsi, deragliare; prendere il treno, perdere il treno, cambiare treno, dare il segnale di partenza, controllare, prenotare.
locomotiva a vapore: carro di rifornimento = tender, getto vapore, tiraggio forzato, pressione, combustione, vapore, acqua, ebollizione;
elettromotrice: linea di contatto, asta di presa, archetto, pantografo, interruttore, isolatori, sezionatore;
vagone = carrozza = vettura: di testa, di coda, di centro; letto, cuccette, bar, ristorante, belvedere; per viaggiatori, per fumatori ⇔ per non fumatori, riservata; cisterna, frigorifero, serbatoio, postale, per il bestiame; a scompartimenti separati, a piattaforma esterna;
carro merci: aperto ⇔ chiuso; pianale, silos, cisterna, serbatoio, a tramoggia, a scarico automatico, a scarico laterale, a due piani, a ripiani;
personale addetto: capotreno, macchinista, aiutomacchinista, manovratore, aiuto manovratore, scambista = deviatore; utente, viaggiatore, abbonato, pendolare.

tram = tranvia.
parti: motrice, rimorchio, carrello girevole, presa di corrente (a pantografo, ad archetto); targa della linea, quadro del percorso, porta (di entrata ⇔ di uscita, ad apertura pneumatica, a libro), piattaforma, sedili, maniglia, corrimano; posto di manovra.
personale addetto: tranviere, fattorino, controllore, bigliettaio, conduttore, manovratore; passeggero.
Fig. – perdere l'ultimo tram.

carro da legna, da fieno, botte, funebre;
aperto ⇔ chiuso, leggero ⇔ pesante, robusto ⇔ traballante.
parti: telaio, stanghe, timone, boccole, assali, ruote (quarto, cerchione, raggio, mozzo), freno a tamburo.
Fig. – mettere il carro avanti ai buoi – essere l'ultima ruota del carro – tirare la carretta.
Prov. – la peggior ruota del carro è quella che stride.

carrozza padronale, di gala, a quattro posti, a sei posti; chiusa ⇔

scoperta.

parti: letto, timone, sterzo, stanga, telaio, boccole, mozzi, assali, ruote, freno a tamburo, mantice, cassetta.

Fig. – andare in paradiso in carrozza – mettere il bastone fra le ruote.

aeromobile (V. **Tav. 26 Meccanica**: *prodotti dell'industria meccanica*)

aeroplano, aereo, apparecchio, velivolo;
da trasporto, da turismo, di linea, postale; civile ⇔ militare (caccia, bombardiere); bimotore, trimotore, quadrimotore;
di stato ⇔ privato, con eliche spingenti ⇔ con eliche traenti, a reazione = reattore, aviogetto, a involo obliquo ⇔ a involo verticale, idrovolante, anfibio, aerostato ⇔ aerodine, aliante, cervo volante, motoaliante, elicottero, deltaplano, velivolo ultraleggero a motore (ULM).
pilotare, rullare, decollare, librarsi, cabrare, impennare, imbardare, planare, picchiare, virare, flottare, dirottare, scivolare d'ala, capottare, precipitare, derapare, rientrare alla base, atterrare, ammarare; perdere quota, prendere = guadagnare quota.

aerostati – senza motore: pallone (libero ⇔ frenato) – mongolfiera – con motore ausiliario: motopallone – con motore: dirigibile.

teleferica pilone, puleggia, campata, vagoncino, carrello, carrucola, cabina, stazione motrice, fune, di soccorso, portante, traente;

funicolare: puleggia, fune di trazione, funi di sicurezza, rulli di sostegno, rotaie (V. **Tav. 14 Montagna**: *mezzi di trasporto della montagna*).

monorotaia.

nave (V. **Tav. 26 Meccanica**: *cantiere navale* e **Tav. 13 Mare**: *marina*)

Tav. 22 ALIMENTAZIONE

cibo = nutrimento = alimento = vitto = pasto = vivanda = sostentamento (calorie; proteine, grassi, idrati di carbonio, vitamine) fresco ⇔ conservato (sterilizzato, inscatolato, congelato, surgelato, precotto, omogeneizzato, liofilizzato); buono ⇔ cattivo, prelibato ⇔ comune, eccellente ⇔ pessimo, squisito ⇔ repellente, appetitoso ⇔ ripugnante, gustoso ⇔ disgustoso, saporito = saporoso = sapido ⇔ insipido = insulso = scipito; sostanzioso = nutriente ⇔ inconsistente, magro ⇔ grasso, fresco ⇔ stantio, leggero ⇔ pesante = indigesto; cucinato ⇔ naturale; caldo ⇔ freddo.

pasto: colazione (prima, al sacco), desinare, pranzo, merenda, cena, spuntino = snack, picnic; lauto ⇔ parco, abbondante = luculliano = pantagruelico ⇔ veloce = frugale.
fame = appetito ⇔ inappetenza = disgusto, voracità = ingordigia = golosità ⇔ sobrietà; ghiottoneria ⇔ intruglio, leccornia ⇔ voltastomaco; anoressia ⇔ bulimia, dieta;
gastronomia: trattato di gastronomia, arte culinaria, specialità gastronomiche; gastronomo.
eccitare, svegliare, confortare, saziare, perdere l'appetito.
cucinare, cuocere, apprestare, preparare; arrostire, rosolare, dorare, colorire, scottare, far soffriggere, friggere, girare, rivoltare; far lessare = bollire; cuocere a bagnomaria; battere, tritare, macinare; salare, insaporire, condire, marinare, gratinare, affogare, grattugiare = grattare; impanare, infarinare; impastare, intridere, spianare; rimestare, dimenare; guarnire, glassare, giulebbare, farcire, imbottire, lardellare; affettare, trinciare, incidere; colare, scolare; frullare; riscaldare; stemperare, schiumare; allestire un pranzo, ammannire.

Fig. – dar cibo all'occhio, all'orecchio – non poter accozzare il pranzo con la cena.

Prov. chi va a letto senza cena tutta notte si dimena – l'appetito vien mangiando.

pane (crosta, mollica; briciola)
casalingo = casareccio; condito: all'olio, al burro, al latte; integrale, senza sale = insipido; biscottato, tostato = abbrustolito; buono ⇔ cattivo, ben cotto ⇔ mal cotto, fresco ⇔ raffermo = secco, soffice ⇔ croccante, tenero ⇔ duro, bianco ⇔ nero, lievitato ⇔ azzimo; comune ⇔ di lusso.
pagnotta, pagnottella = pagnottina = michetta = panino di Vienna = rosetta; bastone = filone, bastoncino = sfilatino = filoncino, ciriola, coreano, indiano, treccia, ciambella; pane in cassetta; grissino, cracker = tartina, galletta.
panificazione: impastare, lievitare, infornare, sfornare.

Fig. – spezzare il pane della scienza.

Prov. – dir pane al pane – essere buono come il pane – rendere pan per focaccia – non è pane per i suoi denti – se non è zuppa è pan bagnato.

condimenti e salse sale, pepe, noce moscata, senape, aceto, paprica = peperoncino, mostarda, anice, cumino, zenzero, cannella, zafferano, chiodi di garofano; burro, olio d'oliva (extra vergine, vergine, di frantoio), olio di semi, strutto, lardo, sugna, margarina; estratto di carne, dado; salsa (di pomodoro), salsa verde, salsa bianca, ragù, maionese, worcester sauce, salsa tartara, rubra, bagna cauda, pinzimonio, besciamella.

Fig. – il condimento del buon umore – essere la salsa e il condimento – cucinare in tutte le salse.

Prov. – il miglior condimento è l'appetito.

antipasto
sapido, stuzzicante; grasso ⇔ magro;

freddo: salumi assortiti, affettato misto; sottaceti = giardiniera; insalate crude; insalata alla russa con maionese; uova sode con maionese; pesce: salmone affumicato, aringhe affumicate, filetti d'acciuga, sardine, tonno, caviale, bottarga, frutti di mare, cocktail di gamberetti e scampi; paté di fegato, sandwich = tramezzino = panino (al prosciutto, al formaggio);

caldo: – crostino = tartina = canapè; rustico = vol au vent = sfogliatina ripiena; toast, pizzetta; lumache.

primi piatti
pastasciutta (cotta ⇔ scotta, al dente), pasta gratinata, pasta all'uovo (tagliatelle, fettuccine, pappardelle, lasagne); timballo = pasticcio, cannelloni; tortelli: cappelletti, ravioli; risotto, insalata di riso, supplì, pomodori ripieni; gnocchi (di patate, di semolino) – pizza – polenta;
brodo ristretto = consommé, pasta in brodo, riso in brodo – minestra di verdura, minestrone, passato di legumi, crema, pancotto, pangrattato = panata, stracciatella, zuppa: pavese, di pesce (brodetto, cacciucco, buiabassa, sburrita), di cozze = di telline, di rane.

Fig. – è sempre la stessa minestra – trovare la minestra bell'e scodellata – se non è zuppa, è pan bagnato.

Prov. – o mangiar questa minestra o saltar questa finestra.

uovo (guscio, albume = bianco, tuorlo = rosso) fresco = caldo ⇔ stantio = vecchio = andato a male = guasto; gallato.
sperare le uova; rompere, sbattere, frullare, strapazzare, montare; rivoltare la frittata.
uova all'ostrica, al guscio = alla coque, bazzotte, sode, ripiene, al tegamino (al burro, al bacon), affogate = in camicia, strapazzate, in tazzina, sbattute; frittata, omelette (arrotolata, ripiena).

Fig. – rompere le uova nel paniere – cercare il pelo nell'uovo.

Prov. – meglio un uovo oggi che una gallina domani.

pesce (V. **Tav. 12 Animali**: *fauna acquatica*)
lessato, arrostito, fritto, allo spiedo, alla griglia, al forno, al cartoccio; fresco ⇔ conservato (carpionato, marinato, salato, seccato, affumicato, sott'olio, congelato, surgelato) minuto ⇔ da taglio, bastoncini.
pulire, lavare, squamare, sbuzzare, cuocere, friggere, arrostire.
pesce di mare, pesce d'acqua dolce; crostacei, molluschi.

carne (V. **Tav. 12 Animali**) fresca ⇔ frolla, bianca ⇔ rossa, magra ⇔ grassa, soda ⇔ floscia, tenera ⇔ dura; battuta.
arrosto; lesso = bollito; umido; brasato; stufato; spezzatino; scaloppina; cotoletta; bistecca = braciola = lombatina, nodino; fricandò; ossobuco; carne trita: polpette, polpettone, hamburger, svizzera, crocchette; frattaglie = interiora; fegato = fegatelli, animelle, cuore, polmone, milza, rognone, cervello, testina, lingua, trippa; cotica.
carne suina (fresca ⇔ insaccata).
carne di manzo, equina, caprina, coniglio, pollame; selvaggina.

Fig. – essere carne da macello – mettere troppa carne al fuoco – carne venduta – trovare carne per i propri denti.

Prov. – non c'è carne senz'osso.

ortaggi = erbaggi = verdura
lattuga, indivia, cicoria, agretto = crescione, rucola = ruchetta, barba di cappuccino = barbatella = mescolanza; spinaci; cavolo, cavolfiore, broccolo, cavolino di Bruxelles, rapa, broccoletto = cima di rapa; ravanello; bieta, barbabietola; asparago; carciofo, cardo = cardone; finocchio; carota; patata; pomodoro, peperone, melanzana; zucca, zucchina, fiore di zucca, cetriolo; odori = erbe aromatiche = mazzetto guarnito;

legumi: pisello, fagiolo (fagiolino), tàccola, fava, cece, lente = lenticchia, soia.
Fig. salvare capra e cavoli – entrarci come il cavolo a merenda.

funghi: porcino = boleto, prataiolo, òvolo, chiodello = famigliola, spugnola, gallinaccio, ditola, gelone.
Fig. – venire su come i funghi – fungo atomico.

formaggio = cacio
grasso (semigrasso) ⇔ magro, molle ⇔ duro, fresco ⇔ stagionato, da tavola ⇔ da grattugiare; salato, duro, duro e piccante, cotto a maturazione lenta, piccante, grasso, fresco, fuso.
Fig. – alto come un soldo di cacio – essere come il cacio sui maccheroni – stare come un topo in una forma di cacio – essere come pane e cacio.

dolci = pasticceria
torta = pasta di fondo, pasta di lievito (panettone, pandoro, plum cake, ciambella, focaccia = pizza, pan di miglio, pan di Spagna), dolci al cucchiaio (crema, zabaione, bavarese, budino, charlotte, bignè); meringa; plum pudding, zuppa inglese, strudel, zuccotto; crostata; timballo di frutta, composta di frutta, macedonia, marmellata, gelatina, frutta candita, fondente di frutta; panna montata, frappé, gelato; biscotteria = pasticceria (biscotto, pasta = pasticcino).
Fig. – dolce far niente – dolce vita.

frutta (V. **Tav. 11 Albero**: *frutto, frutta*)
vizza = avvizzita, moscia, ammaccata, macolata, pesta, mézza, marcia, fradicia; saporita, fragrante, sugosa, farinosa, stopposa;
fresca ⇔ secca, acerba ⇔ matura, dura ⇔ molle = tenera, aspra = allappante ⇔ dolce = zuccherina; primaticcia = precoce ⇔ tardiva.
pera, mela, mandorla, pesca, albicocca, ciliegia, amarena, susina (prugna, mirabella), nespola, agrumi, fico d'India, ribes, uva, uva spina, melagrana, fragola, fico, cocomero = anguria, melone = mellone = popone, carruba, cachi, castagna, noce, nocciola, pinolo, arachide;
frutta selvatica (mirtillo, lampone, mora);
frutta esotica (dattero, banana, ananas, cocco, nespola del Giappone, avocado, kiwi = actinidia, mango, papaia, anacardio).
Fig. – raccogliere il frutto delle proprie fatiche – il frutto proibito – il frutto di un'educazione sbagliata.

Tav. 23 BEVANDE

bevanda = bibita = pozione = beverone = beveraggio
corroborante, tonica, medicinale, effervescente, frizzante, gassata, rinfrescante, aromatica, eccitante; alcolica ⇔ analcolica, dolce ⇔ aspra, fredda ⇔ calda.
bere (a fior di labbra, a sorsi, a garganella, d'un fiato), sorbire, libare, brindare, assaggiare, assaporare, centellinare, sorseggiare, gustare, degustare; tracannare, trincare, sbevazzare, ingozzarsi, ingollare; dissetarsi, rinfrescarsi, abbeverarsi; mescere.
Fig. – bere uno con gli occhi – bere le parole – darla a bere – berle grosse.

aperitivo alcolico ⇔ analcolico.

birra bionda = chiara ⇔ scura, dolce ⇔ amara; alla spina, in bottiglia.
macinazione del malto, mescolamento con l'acqua, ammostatura, decantazione, bollitura col luppolo, raffreddamento, fermentazione, maturazione, filtrazione, pastorizzazione.
Fig. – correre a tutta birra.

vino
bianco, rosso, rosato, chiaretto; novello, fermo, frizzante, spumante; alterato, inacidito; sapido, austero, nervoso; denso, corposo, robusto; tagliato; aromatizzato;
abboccato ⇔ asciutto, amabile = pastoso = sulla vena ⇔ secco, dolce ⇔ aspro = acidetto = asprigno = agretto = acerbo; delicato ⇔ gagliardo, leggero ⇔ generoso = alcolico;
ruvido ⇔ morbido; nuovo ⇔ vecchio, giovane ⇔ stagionato = invecchiato = stravecchio; trasparente ⇔ torbido; genuino = sincero ⇔ adulterato.
travasare, imbottigliare, imbottare, infiascare; cavare, spillare, mescere.
vendemmia (V. **Tav. 15 Agricoltura**: *arboricoltura, viticoltura*)
cernita, lavatura, diraspatura, pigiatura, torchiatura, solforazione, fermentazione del mosto, follatura, rimonta, svinatura, colmatura, travaso, filtrazione, taglio, concia, chiarificazione.
cantina
ventilata = aerata, buia, sotterranea;
fresca = refrigerata ⇔ calda = afosa, umida ⇔ asciutta = secca, vuota ⇔ zeppa = stipata = fornita.
andare, scendere in cantina.
Fig. – vivere in una cantina – odorare di muffa e di cantina – portare qualcosa in cantina.
botte aggrumata, avvinata, corpacciuta, sdogata, uzzata, ricerchiata, muta; napoletana, bordolese.
aggrumarsi, buttare, cocchiumare, zaffare, sdogare, dare la stura, stagnare, imbottare, riempire, svuotare, zipolare, zolfare, travasare, cavare = spillare, imbottigliare = infiascare.
parti della botte: doghe, cerchi, cocchiume, fondi; sedile.
altri recipienti: tino, tinozza, bigoncia, barile, barilotto, caratello, bozzello; orcio, giara, doglio, fusto; damigiana, bottiglione, fiasco, bottiglia (renana, bordolese, sciampagnotta, borgognona), cartone, boccale.
torchio (madrevite, leva, piastra, incastellatura), imbottigliatrice, imbuto = pevera = imbottavino, scaffali; solfatura.
Fig. – essere in una botte di ferro – dare un colpo al cerchio e uno alla botte – fare il pesce in barile – volere la botte piena e la moglie ubriaca – capire fischi per fiaschi – dir pane al pane e vino al vino.
Prov. – la botte dà solo il vino che ha – il vino è il latte dei vecchi – il buon vino fa buon sangue – in vino veritas.

liquori maraschino, alchermes, anice = anisetta = sambuca = fumetto = sassolino = vespetrò, cordial Campari, cerasella, nocino, nocillo, chartreuse, certosino, corfinio, génépy, centerbe, fiordalpe, aurum, alpestre, strega; poncio, rum, kümmel, vov, sidro, calvados, fernet;
acquavite: kirsch = cherry brandy, slivovitz, vodka, whisky, gin, brandy = cognac = armagnac, grappa, acquavite di genziana, mistrà.

bevande analcoliche
– calde: caffè, tè, caffè e latte, cappuccino, cioccolata, camomilla, infuso (di tiglio, di malva, di menta, di sambuco, di verbena, di alloro); – calde o fredde: latte (scremato, intero, condensato, pastorizzato, sterilizzato, a lunga conservazione); – fredde: acqua minerale, seltz, limonata, aranciata, cedrata, spremuta di limone, spremuta di arancia, succo di frutta (albicocca, pesca, pera, pompelmo, mela, pomodoro, ananas, uva, mirtillo), granatina, frullato = frappé, orzata, tamarindo, gassosa.

Tav. 24 ABBIGLIAMENTO

abito = vestito
civile = borghese, militare, ecclesiastico, ufficiale, da cerimonia, da passeggio, da sera; lacero = strappato, sdrucito, rattoppato, rammendato; difettoso; sbagliato;
imbastito ⇔ rifinito, abbottonato ⇔ sbottonato, chiuso ⇔ aperto, stretto = attillato = aderente ⇔ largo = abbondante, lungo ⇔ corto, vistoso ⇔ semplice, elegante ⇔ dimesso, nuovo ⇔ vecchio = rivoltato, stirato ⇔ gualcito; unisex, casual; taglia forte; drop.
infilare, indossare, mettere, deporre, calzare, sfilare, rimboccare, arrovesciare; tornare bene in dosso, far grinze, stare a pennello.
veste femminile (a campana, increspata, sbracciata; corta ⇔ lunga, accollata ⇔ scollata): gonna = gonnella, gonnellino, minigonna, sottana, camicia, camicetta, twin-set, golfino, mantella, dolman, cappa, cappotto, soprabito, paletot, tailleur, abito pronto = prêt-à-porter, top, pre-maman, short; costume da bagno: intero, due pezzi, bikini; topless.
abito da uomo: pastrano, tabarro, palamidone, impermeabile, eskimo, montgomery; giacca (sportiva, cacciatora, a un petto, a doppiopetto; bavero, petto, dorso, maniche, mostra, risvolto, tasca, bottoniera, asola, fodera), gilè, casacca, farsetto, figaro, giaccone, giubba, giubbetto, giubbone; cardigan; calzoni = brache = pantaloni (a tubo, a campana, alla scudiera, alla zuava, con lo spacco, col risvolto ⇔ senza risvolto), blue jeans, calzoncini, salopette, bermuda, tuta sportiva, K-way; smoking, frac, marsina, tight.
Fig. – attaccare un bottone a qualcuno.
Prov. – l'abito non fa il monaco.
biancheria = lingeria
stirata, inamidata, operata (damascata, ricamata), liscia, personale = intima;

sporca = sudicia ⇔ pulita = linda = candida.
cucire, ricamare, cifrare, rammendare, aggiustare; sgualcire, cambiare, lavare, sciorinare, stendere, asciugare, stirare, inamidare, apprettare.
camicia = camicetta (collo, sprone, polso, polsino, gemelli), pigiama, camicia da notte, baby-doll, maglia = maglietta, T-shirt, canottiera (di lana, di filo, di cotone; a bretelline, con mezze maniche, con manica lunga), mutanda = mutandina = slip = culottes, body, boxer, fazzoletto, calzini, calze, collant, reggiseno, giarrettiera, guêpière, calzamaglia, accappatoio, vestaglia.

maglieria

maglia rasata, traforata, passata, accavallata, a catenelle;
doppia ⇔ semplice, aumentata ⇔ diminuita, fitta ⇔ rada, stretta ⇔ lenta, a dritto ⇔ a rovescio.
avviare una maglia, lavorare a maglia, fare la maglia; rinfilare, ripigliare, smagliare, ribattere, accavallare, scappare = cadere.
maglia a mano: uncinetto = crochet, ferri (aghi) da calza;
maglia a macchina: telaio Cotton (aghi, platine), telaio milanese, telaio circolare francese, telaio circolare inglese (ago automatico; ago a becco; barra = pressa, platina).
Fig. – uscire per le maglie – cadere nelle maglie della polizia.

fibra tessile lunga ⇔ corta, forte = robusta ⇔ debole, dura = resistente ⇔ molle = tenera; naturale (lana, alpaca, vigogna, cammello, bisso, cotone, kapòc, lino, canapa, seta, tussah, ginestra, ortica, iuta, tiglio, agave, rafia, amianto, argoneto, oro, vetro), artificiale = sintetica (lanital, nailon, lilion, raion, bemberg, terital, filanca, leacril, dralon, viscosa, dacron, meraklon, orlon, perlon, trevira).
Fig. – uomo di fibra forte, robusta o debole – non aver fibra – snervare la fibra.

filatura a mano (rocca = conocchia, fuso), meccanica (filatoio continuo).
filare, addoppiare, torcere, cardare, dipanare.
macerazione, essiccamento, battitura, pettinatura, cardatura, filatura, torcitura, ritorcitura, accoppiamento, aspatura.
Fig. – il discorso fila bene – far filare qualcuno – le automobili filano sull'autostrada.
Prov. – non è più il tempo che Berta filava – chi fila ha una camicia e chi non fila ne ha due.

filo grosso ⇔ sottile = invisibile, bianco ⇔ colorato, aggrovigliato ⇔ dipanato, unico ⇔ ritorto.
infilare ⇔ sfilare; ammannellare, abbindolare, ammatassare, aggomitolare, avvolgere; dipanare, imbrogliare, sbrogliare la matassa; torcere.
gugliata, incannata, gomitolo, rocchetto, matassa (bandolo), nodo, groviglio.
Fig. – a filo di logica – per filo e per segno – il filo della vita – camminare sul filo del rasoio – dar filo da torcere.
Prov. – un filo non fa tela – tre fili fanno uno spago – il filo si rompe dal capo più debole.

tessitura meccanica ⇔ a mano.
ordire, tramare, tessere, disfare, stare = lavorare al telaio, riempire l'ordito.
allicciatura, incannatura, stracannaggio, orditura, armatura, follatura, garzatura, cimatura, pinzatura; impannatura, disegno, tintura; piede dell'ordito = croce dell'ordito.
macchine: telaio a mano (navetta, spola, subbi, portafili, licci, macchina d'armatura, fili di trama, fili di ordito), arcolaio, aspo, calandra, asciugatrice, cimatrice, gualchiera, imbozzimatrice, orditoio, incannatoio, mercerizzatrice, spazzolatrice, tosatrice, vellutatrice, trafila;
stabilimenti: cotonificio, canapificio, iutificio, lanificio, setificio.
Fig. – ordire, tramare una congiura.
Prov. – chi vuol lavor gentile, ordisca grosso e trami sottile – uno ordisce la tela e l'altro la tesse – a tela ordita, Dio manda il filo.

tessuto = stoffa = panno = drappo = tela
brizzolato, damascato, vellutato, operato, felpato, cotonoso, trapunto, screziato, gessato, pettinato, misto, unito, sgargiante, trasparente; antimacchia, infeltrito, stampato (a dadi, a fiori, a quadri), a doppia faccia, a due dritti, a righe, a spiga, in pezza;
pesante ⇔ leggero, ruvido ⇔ morbido, ordinario = dozzinale ⇔ pregiato, rigido ⇔ elastico, impermeabile ⇔ permeabile, fitto ⇔ rado, ingualcibile ⇔ gualcibile, resistente = forte.
pezza, cimosa, striscia, banda, scampolo, taglio d'abito.
Fig. – avere la stoffa del campione – un tessuto di menzogne – essere della stessa lana – questioni di lana caprina – la tela di Penelope.

pelliccia costosa, elegante; spelacchiata, intignata, tarlata, logora; calda, morbida, screziata = variegata, sintetica = ecologica.
portare, indossare, provarsi, infilarsi la pelliccia.
animali da pelliccia: castorino, castoro, ermellino, cincillà, faina, lapin, rat musqué, lince, lontra, martora, tasso, visone, volpe (argentata, azzurra, rossa), zibellino russo, orso, pantera, tigre, leopardo, ocelot, breitschwanz, astrakan (V. **Tav. 12 Animali**: *selvaggina*).

pellicceria – **conceria** conciare; scarnare, pelare, patinare, asciugare, sugherare, allumare, cilindrare; marocchinare, scamosciare.
conciatura: scarnamento, digrassatura, assottigliamento, macerazione, rasatura, bagno, allumatura, impiumatura, tintura, scamosciatura, incollatura.
Fig. – conciare uno per il dì delle feste – lasciarci la pelle – far la pelle a qualcuno – amici per la pelle – scherzare sulla pelle altrui – avere la pelle dura.

calzatura imbullettata, sformata, risuolata, scalcagnata, rappezzata; da camera, da ballo, da sport; di vitello, di capretto, di cuoio grasso, di tela, di corda, di raso.
calzare, lucidare, tacchettare; slabbrarsi, scalcagnarsi, stringere; stare in pianelle, portare le scarpe a ciabatta.
parti: tacco (basso ⇔ a spillo = alto), calcagno, bocca, linguetta, lacci = stringhe, mascherina, occhiello, gambaletto, tirante, sperone.
calzolaio = ciabattino; calzoleria, calzaturificio.
Prov. – non fu mai sì bella scarpa che non diventasse ciabatta.

guanto imbottito, scamosciato, traforato, da lavoro, da scherma, da pugilato = guantone, da sci; a cerniera, a bottoni; monchino, manopola.
calzare, cavare, levare, infilare, sfilare, mettere; inguantarsi; gettare, lanciare, raccogliere il guanto di sfida.
Fig. – trattare coi guanti – ladro in guanti gialli.

cappello di feltro, di paglia, di seta, di panno; a cupola, a punta, a lobbia, a staio, a cencio, alla bersagliera, alla tirolese, alla marinara, alla calabrese; copricapo, berretto, borsalino, floscio, toque, pamela, cuffia, tuba, panama, cilindro, bombetta, paglietta, turbante, cappuccio, tòcco, berretto goliardico; tricorno, galero, papalina, zucchetto, mitra, tiara, camauro; colbacco, feluca, chepì, fez, sombrero, casco, elmo, elmetto, lucerna, bustina, basco, coppola;
alto ⇔ basso, duro ⇔ molle, nuovo ⇔ usato, rigido ⇔ floscio, stirato ⇔ sgualcito, sbertucciato.
levare, togliere, mettere, scambiare, provare, ficcarsi; portare il cappello, stare a capo scoperto, scappellarsi.
parti del cappello: – maschile: cocuzzolo, fascia, nastro, orlo, piega, tesa, falda – femminile: carcassa, cupola, balza, merletto, nastro, fiori, guarnizione, veletta.
modista = crestaia = cappellaia = cappellinaia; cappellaio.
Fig. – prendere cappello.

acconciatura
pettinare, cotonare, tagliare, lavare, tingere, colorare, decolorare, sbarbare, rasare.
parrucchiere per donna = coiffeur pour dames, parrucchiere per uomo = barbiere; taglio (dolce, scolpito), sfumatura (alta ⇔ bassa), shampooing, messa in piega, permanente, rasatura, ossigenatura, cachet, mèches, colpi di sole, cotonatura;
zazzera, chierica, fratina, a spazzola, alla Bruto, alla nazzarena, all'umberta;
caschetto = a casco, chignon, coda di cavallo, alla paggio, alla maschietta, ricciolo, boccolo, treccia, cotonatura, bandeau, ciuffo, virgola, frangetta, crocchia.

parrucca albina, bionda, castana, bruna, nera, corvina, rossa, fulva, grigia, bianca; a riccioli; incipriata; di capelli naturali ⇔ di capelli artificiali.
imparruccarsi; mettersi, levarsi la parrucca; portare la parrucca, pettinare la parrucca.
fintino, posticcio, ciambella, toupet, parrucchino.

Tav. 25 METALLURGIA E SIDERURGIA

metallurgia – siderurgia (V. **Tav. 26 Meccanica**)
fondere, colare, gettare, sbavare, solidificare; massellare, laminare, trafilare; temperare; bianchire, brunire.
impianto metallurgico, impianto siderurgico, stabilimento metallurgico, stabilimento siderurgico; fonderia, acciaieria, ferriera; reparto forni, reparto convertitori, reparto trattamenti termici; fucina, magona.
puddellaggio, amalgamazione, cementazione, cianurazione, nitrurazione, elettrolisi (V. **Tav. 27 Chimica**); affinazione; scorie, ganghe, loppe.
forni: altoforno, convertitore, cubilotto, forno a crogiolo, forno a riverbero, forno a tino, forno elettrico (ad arco, a induzione, ad alta frequenza, a bassa frequenza), forno di riscaldo; apparecchi soffianti;
colata (in caduta, continua, sotto vuoto): canale di colata, secchione di colata = siviera, getto, lingottiera, lingotto;
formatura (a verde, a secco): anima, cassa, cassa d'anima, conchiglia, forma = stampo, sabbia, terra di fonderia; pressofusione, gettopressatura; fusione, solidificazione, distaffatura, materozza, sbavatura, sabbiatura.
addolcimento, bonifica, normalizzazione, ricottura, rinvenimento, tempra; decapaggio; acciaiatura, galvanizzazione, metallizzazione, bronzatura = brunitura, cadmiatura, cromatura, nichelatura, ottonatura, piombatura, stagnatura, zincatura.

metallo duttile, malleabile, conduttore, elettropositivo, elastico, cristallizzato, friabile, fusibile, grasso, refrattario;
solido ⇔ liquido, tenero ⇔ duro, pesante ⇔ leggero, raro ⇔ comune, nobile = prezioso ⇔ vile.
metalli leggeri: alluminio, magnesio, berillio;
metalli nobili: platino, oro, osmio, argento, rodio;
metalli comuni vili: ferro, rame, piombo, stagno;
metalli rari: osmio, iridio, palladio;
metalli alcalini: litio, sodio, potassio, rubidio, cesio;
metalli alcalino-terrosi: berillio, magnesio, calcio, stronzio, bario;
metalli terrosi: alluminio;
metalli magnetici: ferro, nichel, cobalto;
metalli ferrosi: ferro, ghisa, acciaio;
metalli non ferrosi: alluminio, antimonio, argento, berillio, bismuto, cadmio, cobalto, cromo, indio, iridio, litio, magnesio, manganese, mercurio, molibdeno, nichel, platino, piombo, oro, osmio, rame, stagno, titanio, torio, tungsteno, zinco, zirconio, uranio, vanadio;
leghe non ferrose: alpacca, bronzo, duralluminio, magnalio, peltro, nichelcromo, ottone, silumin, tutania, zama;
lega metallica: leggera, resistente, pregiata; binaria, ternaria, quaternaria;
splendore metallico, lucentezza metallica, riflessi metallici, suono metallico, voce metallica, timbro metallico.
Fig. – andar coi piedi di piombo – nuotare nell'oro – avere un cuor d'oro – capelli d'argento – spirito di cattiva lega – avere una faccia di bronzo – legge di bronzo dei salari.
Prov. – non è tutt'oro quel che riluce.

ferro fuso, temperato, galvanizzato, ossidato, zincato, stagnato, brunito, damaschinato; nativo; tenero ⇔ duro, dolce ⇔ crudo, acciaioso ⇔ puddellato, fucinabile ⇔ fucinato.
lavorare, battere, forgiare, fucinare, temperare.
minerale di ferro (V. **Tav. 28 Miniere e giacimenti**); rottame di ferro; arte del ferro, lavori in ferro battuto.
Fig. – i ferri del mestiere – toccar ferro – salute di ferro – stomaco, braccio, polso di ferro – governare con mano di ferro – digerire il ferro – essere in una botte di ferro – essere, venire ai ferri corti – mettere a ferro e a fuoco – battere il ferro quando è caldo.

acciaio extradolce, dolce; semiduro, duro, durissimo, extraduro; rapido, superrapido; calmato, effervescente, legato, non legato, amagnetico, inossidabile.
resilienza ⇔ fragilità, rottura, allungamento, snervamento.
elementi di lega negli acciai speciali: alluminio, boro, cromo, manganese, molibdeno, nichel, rame, silicio, titanio, tungsteno, vanadio.
Fig. – duro, resistente come l'acciaio – essere fatto d'acciaio – sguardo d'acciaio – avere nervi, volontà, tempra d'acciaio.

lavorazioni plastiche dei metalli
lavorazioni: – a caldo: fucinatura, stampaggio, laminazione, estrusione, trafilatura – a freddo: fucinatura, laminazione, tranciatura, imbutitura, pallinatura;
macchine: berta, filiera, fucinatrice, laminatoio (continuo, reversibile), maglio, martellatrice, pressa, trafilatrice; banco di trafilatura, treno di lavorazione;
prodotti (semilavorati, finiti): laminati, stampati, trafilati, profilati: lamiera (striata, forata, bugnata, ondulata), bandone, foglio di lamiera, rotolo di lamiera, lamierino, banda; blumo, billetta, bramma, slebo, barra, cavo, cilindro, moietta, nastro, rotaia, putrella, tondino, trave ad H, U, L, I, T, tubo, verga, vergella.

professioni specifiche dell'industria metallurgica (V. **Tav. 26 Meccanica**: *professioni specifiche dell'industria meccanica*)
formatori: animista, distaffatore, formatore, modellista, sabbiatore, staffatore;
fonditori e fornisti: alimentatore di forni, bruciaferro, caricaforni, conduttore di forni, fonditore, fornista, imbavatore, lingottista, miscelatore, raffinatore, sbavatore;
galvanoplastieri: acidulatore, bronzatore, brunitore, cadmiatore, cromatore, decapatore, galvanista, galvanoplastiere, galvanostegista, nichelatore, ottonatore, piombatore, ramatore, stagnatore, zincatore;
laminatori e trafilatori: cesoiatore, estrudatore, filierista, laminatore, mandrinatore, profilatore, trafilatore, trafiliere, tranciatore a caldo, tranciatore a freddo.

Tav. 26 MECCANICA

industria meccanica (V. **Tav. 25 Metallurgia e siderurgia**)
metalmeccanica, motoristica, manifatturiera; automobilistica, motociclistica, ciclomotoristica, elettrodomestici, navale, aeronautica, aerospaziale, missilistica; autoaviomotoristica, navalmeccanica, elettromeccanica, elettronica, automazione; meccanica pesante, meccanica generale, meccanica di precisione; ingegneria meccanica, tecnologia meccanica; arte navalmeccanica, cantiere navale (V. **Tav. 13 Mare**: *marina*); stabilimento, fabbrica.

officina di lavorazione, di montaggio, di riparazione.
tranciare, profilare, filettare, zigrinare, alesare = barenare, rettificare, tornire; lavorare alla fresatrice, al tornio; collaudare.
settori-reparti: progettazione, prototipi, fusione, stampaggio, forgiatura, saldatura, trattamento galvanico, trattamento termico, lavorazione, sala macchine utensili (sala torni, sala laminatoi), sala premontaggio, sala montaggio, collaudo;
ciclo di lavorazione: disegno di lavorazione, tempo di lavorazione, ciclo di produzione, catena di produzione, catena transfer = catena automatica, linea di montaggio = catena di montaggio, nastro di montaggio;
macchine: a controllo numerico, alesatrice, brocciatrice, cesoiatrice, chiodatrice, ribaditrice, dentatrice, fresatrice (orizzontale, verticale, universale), limatrice, mandrino, molatrice, piallatrice, punzonatrice, rettificatrice, rifilatrice, sabbiatrice, stozzatrice, trancia, tornio (parallelo, frontale, verticale), trapano (radiale, orizzontale);
operazioni: calettattura, saldatura = brasatura, aggiustaggio, bronzatura = brunitura = burnitura = metallocromia, centratura, fresatura, sagomatura, molatura;
collaudo: in officina, in pista; sala prova, banco di prova, prova su rulli, pista di controllo;
produzione: in serie, semiautomatizzata, automatizzata, continua.
officina meccanica (di riparazione): autoriparazione, revisione, controllo, diagnosi; convergenza fari, convergenza ruote, equilibratura gomme, registrazione freni, registrazione frizione, rettifica cilindri, rettifica valvole, smerigliatura valvole, sabbiatura candele, grafitaggio, revisione motore;
buca per riparazioni, ponte di lavaggio;
meccanico riparatore, elettrauto, carburatorista, radiatorista, lavaggiatore (V. **Tav. 21 Trasporti**).

cantiere navale (V. **Tav. 13 Mare**: *marina*)
calafatare, carenare, varare; essere in cantiere.
sala di tracciamento, piazzale di prefabbricazione, scalo (di costruzione, di riparazione, di demolizione), banchina di armamento, varatoio, bacino di carenaggio galleggiante, scivolo (piano dello scivolo, incastellatura di scivolo); squero; varo.
Fig. – mettere in cantiere un film – varare una legge.
parti della nave: scafo, ponte, coperta, paratia, linea di galleggiamento, marca di bordo libero, opera viva = carena, opera morta = murate, prua, poppa, costole, maestra, tribordo, babordo, chiglia, paramezzale, corrente, fasciame, dritto di poppa, dritto di prua, coffa,

alberatura, albero di trinchetto, albero di maestra, castello, cassero, ponte di comando, plancia di comando, cabina di comando, fanali, fumaiolo, timone, radar, stazione radio, sala nautica, telegrafo di manovra, ponte, lance, alloggi degli ufficiali, alloggio del capitano, ponte coperto, sala di lettura, sala di ritrovo, bar, sala di scrittura, servizi, passeggiata, piscina, cabine passeggeri, scompartimento bambini, salone dei ricevimenti, sala da pranzo, cucine, ufficio postale, magazzino attrezzi, mensa equipaggio, frigorifero, infermeria, deposito bagagli, sala accumulatori e macchine ausiliarie, stiva, picco di carico, magazzino, autorimessa, sala macchine, magazzino viveri, cisterna d'olio, cisterna d'acqua potabile, macchine per il controllo del timone, gru, ascensore, elica, ancora, passerella, scialuppa, argani, oblò, boccaporto, bitta.

prodotti dell'industria meccanica cicli, autoveicoli, autocarro, treno (V. **Tav. 21 Trasporti**), autogrù, autopompa, autocisterna, spazzatrice, spartineve, trattore agricolo, motoaratrice, motofalciatrice, motoseminatrice (V. **Tav. 15 Agricoltura**), autocompressore, bulldozer, escavatore, aeromobile (V. **Tav. 21 Trasporti**), aeroplano, reattore, turboreattore, aviogetto, turbogetto, aerorazzo, monoplano, biplano, aeronave, aerostato, dirigibile, aliante, elicottero, idroplano, idrovolante, anfibio, astronave, navicella spaziale, capsula spaziale, sonda spaziale, missile (balistico, intercontinentale), razzo (monostadio ⇔ a più stadi, vettore), satellite artificiale; imbarcazione, natante (V. **Tav. 13 Mare**);

apparecchiature elettriche: accumulatore, alternatore, commutatore, convertitore, dinamo, generatore, trasformatore, turbina, turboalternatore;

elettrodomestici: (V. **Tav. 6 Casa**) aspirapolvere, lavatrice, lavastoviglie, lucidatrice, scaldabagno, scalda acqua, frigorifero, frullatore, grattugia elettrica, macinacaffè, spremifrutta, spremiagrumi, tritacarne, tritaghiaccio, tostapane; asciugacapelli, rasoio elettrico; condizionatore d'aria, ventilatore, stufa; radio, dittafono, giradischi, mangiadischi, giranastri, mangianastri, grammofono, magnetofono, megafono, registratore, televisore;

apparecchi di precisione: elaboratore elettronico, calcolatore elettronico, elettrocardiografo, microscopio elettronico, pilota automatico, radar, radioaltimetro, radiobussola, radiofaro, radiosonda, radiogoniometro, radioscopio, radiotelefono, relais elettronico, ricetrasmettitore, telecamera, telescrivente, cronometro;

binocolo, cannocchiale, cinepresa, macchina fotografica; termometro, tassametro, telescopio, rifrattometro, spettrografo, spettroscopio, stereoscopio, proiettore;

cuscinetto a sfera; distributore automatico di carburante, serbatoio di carburante;

macchina per posta pneumatica, macchina affrancatrice (V. **Tav. 7 Edifici pubblici**: *ufficio postale*);

macchina per cucire, macchina per scrivere, calcolatrice, imbottigliatrice; inscatolatrice, incassettatrice, decassettatrice, tappatrice, etichettatrice, infialettatrice; macchine utensili; mobili metallici, cassaforte, pensilina metallica, serranda metallica, saracinesca, tettoia metallica (V. **Tav. 6 Casa**).

professioni specifiche dell'industria meccanica (V. **Tav. 25 Metallurgia e siderurgia**: *professioni specifiche dell'industria metallurgica*)

fabbri ferrai e fucinatori: battiferro, battimazza, chiodaiolo, forgiatore, fucinatore, magnano, pressofonditore, punzonatore, raddrizzatore, ribattitore;

carpentieri in ferro: calafato in ferro, carenatore, carpentiere, montatore, pontista, tracciatore;

lamieristi: autocarrozziere, battilamiera, bronzista, calderaio, coltellinaio, impressore, lamierista, lastraio, lastroferratore, lattoniere, mobiliere in metallo, ondulatore di lamiera, scoccaio, stampatore;

catenisti e cordisti: bobinatore, cablatore, catenista, cordaio, funaio, mollista, retista;

alesatori, fresatori e tornitori: alesatore, filettatore, fresatore, rettificatore, sbozzatore, tornitore;

saldatori: autogenista, brasatore, giuntista, piombatore, saldatore, tagliatore;

finitori, verniciatori e pulitori: brocciatore, brunitore, decapatore, lucidatore, molatore, verniciatore;

riparatori e montatori: aggiustatore meccanico, allestitore navale, armaiolo, attrezzatore marittimo, meccanico (aeronautico, di bordo, addetto alla manutenzione), montatore (di macchine, navale), motorista meccanico, riparatore.

Tav. 27 CHIMICA

alchimia

alchimista, alchimizzatore, adepto, soffiatore; quintessenza, arcano, pietra filosofale, elisir universale, panacea.

chimica

generale, organica ⇔ inorganica;

agraria, analitica, applicata, atomica, biologica, cosmica, bromatologica, docimastica, elementare, clinica, farmaceutica, fisiologica, industriale, generale, minerale, fisica, sperimentale, patologica, pura, sintetica, nucleare;

fitochimica, geochimica, elettrochimica, termochimica, gazochimica, stereochimica, zoochimica.

combinare, ossidare, disossidare, idratare, disidratare, ossigenare, estrarre, precipitare, ridurre, solidificare, spartire, analizzare, sublimare, riscaldare, colorare, fondere, misurare, essiccare, distillare, agitare, pesare.

operazioni: sintesi, preparazione, azione, reazione, fusione = liquefazione, diluizione, solidificazione = coagulazione, rarefazione, condensazione, evaporazione, sublimazione, assorbimento, adsorbimento, volatilizzazione, fluidificazione, cristallizzazione, concentrazione, decantazione, idratazione, disidratazione, dissoluzione, disseccamento, ossidazione, disossidazione, dialisi, catalisi, distillazione, idrogenazione, defecazione, filtrazione, ebollizione, misurazione, dosaggio, levigazione, macerazione, mineralizzazione, precipitazione, riduzione, sintesi, combustione, combinazione;

persone: chimico, preparatore, manipolatore, ricercatore, assistente, sperimentatore;

apparecchi: alambicco, autoclave, becco Bunsen, bagno, bilancia, microscopio, buretta, cannello dardifiamma, colorimetro, cristallizzatore, coppella = crogiolo, durimetro, distillatore, essiccatoio, fornello, lampada Teclù, linguetta, mortaio di Abich, carta di tornasole, filtro, dializzatore, essiccatore, morsette, pallone di vetro = matraccio, oleometro, imbuto separatore, picnometro, becher, beuta, pipetta, provetta, pirometro, pompa a vuoto torricelliano, serpentina, saccarimetro, sifone, spatola, storta, spettrofotometro, spettrometro, centrifuga, viscosimetro, densimetro, dializzatore, termometro (a liquido, a mercurio), tubi, vaschetta.

corpo = materia: gassoso, fluido, liquido, solido, neutro;

semplice ⇔ composto, omogeneo ⇔ eterogeneo, idratato ⇔ disidratato, amorfo ⇔ polimorfo, monovalente ⇔ polivalente;

acidità, basicità, solubilità, fusibilità, friabilità, odore, sapore, densità, temperatura di fusione, temperatura di ebollizione, riduzione, saturazione.

sostanza: organica ⇔ inorganica, semplice = elemento ⇔ complessa = composto (binario, ternario, quaternario).

soluzione: empirica, titolata; satura, soprassatura, normale, molecolare; concentrata ⇔ diluita;

soluto, solvente, concentrazione, dissociazione elettrolitica = ionizzazione.

elettrolisi

polo (positivo = anodo ⇔ negativo = catodo); elettrolito; elettrolizzare.

atomo

elettropositivo ⇔ elettronegativo.

elettrone, protone, neutrone, nucleo, ione, valenza, orbitale, isotopo; tavola periodica degli elementi.

aggregare, combinare, fissare, scindere, bombardare.

fissione nucleare, fusione nucleare, attivazione nucleare, reazione (nucleare, termonucleare, a catena), radioattività, peso atomico (grammoatomo), numero atomico, massa atomica.

Fig. – un atomo di giudizio, di verità.

molecola

(monoatomica ⇔ poliatomica) composizione molecolare, spazio intermolecolare, legame, macromolecola, coesione, adesione, disgregazione, aggregazione (solida, liquida, aeriforme = gassosa), affinità molecolare, velocità molecolare, peso molecolare (grammomolecola); isomeria, polimeria, stereoisomeria; isomero (destrogiro ⇔ levogiro);

formula (bruta, di struttura), indice, coefficiente, simbolo, valenza, composto chimico (omopolare ⇔ eteropolare);

reazione (di sintesi, di analisi, di scambio doppio o semplice; termica ⇔ atermica, endotermica ⇔ esotermica, reversibile ⇔ irreversibile): contatto, calore, elettricità, luce, pressione, catalizzatore.

composti inorganici

metallo (V. **Tav. 25 Metallurgia e siderurgia**: *metallo*);
minerale (V. **Tav. 28 Miniere e giacimenti**);
metalloide (elettronegativo, gassoso = aeriforme, solido ⇔ liquido): antimonio, arsenico, azoto, bario, bromo, iodio, selenio, fosforo, silicio, tellurio, argo, neon, xeno, zolfo, carbonio (carbon fossile, grafite, diamante);
acqua (V. **Tav. 9 Clima** e **Tav. 10 Ambiente naturale**: *idrosfera*);
aria (ossigeno, azoto, anidride carbonica, gas nobili, vapor acqueo, pulviscolo atmosferico): incolore, trasparente, compressibile, elastica, secca, umida, liquida.
ossido, anidride, acido inorganico, idrossido = base, sale, idruro.

composti organici
idrocarburo (V. **Tav. 28 Miniere e giacimenti**: *idrocarburi, petrolio, metano*);
alcol (fermentazione alcolica: fermenti organizzati = saccaromiceti, fermenti chimici = enzimi), aldeide, chetone, acido organico, etere, estere, grassi, sapone, chetone, glucidi = idrati di carbonio, sostanze proteiche = albuminoidi, alcaloidi (nicotina, chinina, stricnina, cocaina, morfina, caffeina), esplosivi (polvere pirica; dinamite, nitrocellulosa, tritolo, acido picrico, plastico).

materie plastiche nitrato di cellulosa, cellofan, acetato e triacetato di cellulosa; resine fenoliche, resine cresiliche, resine ureiche, resine melamminiche, resine gliceroftaliche, resine poliestere, resine caseiniche, resine poliammidiche, resine polietileniche, resine propileniche, resine polistiroliche, resine viniliche, resine metacriliche, resine acriliche, resine politetrafluoroetileniche.

Tav. 28 MINIERE E GIACIMENTI

petrolifera, metanifera, mineraria.
sondare, scavare, perforare = trivellare, estrarre, pompare, lavorare, raffinare.
giacimento, miniera (a cielo aperto, in sotterraneo), cava, solfara, soffione, salina; bacino minerario, distretto minerario, ricerca mineraria, sfruttamento minerario; concessione mineraria, legislazione mineraria; ingegneria mineraria, tecnica mineraria; sondaggio, fronte di attacco, perforazione, trivellazione, estrazione, coltivazione, produzione mineraria.

giacimento di salgemma, di zolfo, a cobalto, a nichelio, a stagno, a uranio, a zinco; coltivabile;
intrusivo ⇔ estrusivo = vulcanico, metallifero ⇔ non metallifero, povero ⇔ ricco, piccolo ⇔ grande.
individuare un giacimento, sfruttare un giacimento.

miniera (V. **Tav. 25 Metallurgia e siderurgia**)
di argento, di carbone, di diamanti, di grafite, di mercurio, di minerali di ferro, di piombo, di rame, di nitrati, di oro, di platino, di salgemma, di uranio, di zinco.
armare una miniera, coltivare, sfruttare, esaurire, chiudere; lavorare in miniera.
prospezione, sondaggio, scavo, coltivazione, abbattimento del minerale (manuale, meccanico, con esplosivo, termico), estrazione (filone, ganga, vena), frantumazione, macinazione, classificazione, arricchimento, flottazione, discarica, roccia sterile;
perforatrice, estrattrice, scanalatrice, frantoio, fornello da mina (foro da mina) (V. **Tav. 27 Chimica**: *esplosivi*); elmetto, lampada di sicurezza, lampada grisumetrica; carro-navetta, nastro trasportatore, pala meccanica, vagonetto; castello di estrazione, impianto di scarico, impianto di ventilazione, condotta di aspirazione, impianto dell'aria compressa, cunicolo, galleria (di carreggio, di testa, di ventilazione, di avanzamento), montacarichi, livello di coltivazione, pozzo di estrazione, pozzo di ventilazione, pozzo per l'estrazione dell'acqua di drenaggio, stazione di carico;
abbattitore, carichino, fochino, minatore, tracciatore.
Fig. – una miniera inesauribile di notizie, di informazioni.

cava di marmo, di pietra, di pozzolana, di tufo, di ciottoli, di ghiaia, di pietrisco, di roccia calcarea, di sabbia;
a gradini, a scarpata, a imbuto;
a cielo aperto ⇔ in galleria.
cavare.
cavatore, cavapietre, spaccapietre = tagliapietre.
macchina perforatrice pneumatica, escavatrice, frantoio, lavatrice, vaglio, selezionatore.
Fig. – essere la pietra dello scandalo – avere il cuore di pietra – rimanere di pietra – metterci una pietra sopra.

marmo (V. **Tav. 6 Casa**)
azzurro, giallo, grigio, nero, roseo = fior di pesco, rosso, verde;
venato, screziato, broccato, listato, fiorito, trasparente;
grezzo ⇔ lavorato, monocromo ⇔ policromo.
segare, sbozzare, lavorare, intagliare, scolpire.
statua, pavimento, colonna, fregi in marmo; scultore, scalpellino, marmista; taglio (con filo elicoidale, con utensili diamantati), lizzatura (via di lizza, lizza, parati); piazzale di cava, stazione di carico; masso, blocco, lastra.
macchine e arnesi: fresa, lucidatrice, martello pneumatico, sagomatrice, sega a telaio, segatrice, tornio; mazzetta, scalpello;
varietà di marmi: atracio, belga, botticino, brecciato della Versilia, broccatello, campanino, cipollino, di Campiglia, di Carrara (bianco ordinario, bianco statuario, bardiglio), docimitico, fantastico, giallo di Siena, pario, portoro, rosso di Serravezza, ruiniforme = pietra paesina, serpentino, tebaico, verde d'Irlanda, verde di Polcevera.
Fig. – duro, freddo come marmo – essere di marmo – scolpire, incidere in marmo.

salina
estrazione del sale marino: evaporazione dell'acqua, concentrazione dell'acqua, cristallizzazione del sale, depurazione, raffinazione; canale di aspirazione, bacini di evaporazione, caselle servitrici, caselle salanti; salinario = salinaro.
Fig. – essere il sale della terra – zucca senza sale – rimaner di sale – mettere il sale sulla coda dell'uccello.

idrocarburi
saturi ⇔ insaturi
gassosi: metano, propano, butano, pentano, esano, eptano;
liquidi: petroli grezzi;
solidi e semisolidi: bitume, asfalto, asfaltite;
idrocarburi colorati: carotene, rubrene, pirene, colantrene.

petrolio
campo petrolifero, falda petrolifera, giacimento petrolifero, impianti petroliferi, pozzo petrolifero.
trivellare, estrarre, raffinare, distillare.
perforazione (sistema a percussione, sistema rotary): carotaggio (meccanico, elettrico, radioattivo), batteria di perforazione, asta di perforazione, carotiera, croce di eruzione = albero di natale, derrick, torre di perforazione, torre di produzione, pompa di estrazione.
raffineria – operazione: decantazione, depurazione del grezzo petrolifero, distillazione, raffinazione – impianti: di distillazione, per oli lubrificanti, serbatoio di stoccaggio – prodotti finali: gas secco, gas liquefatti, benzina solvente, benzina avio, benzina auto, cherosene, carburante Diesel, nafta leggera, nafta pesante, oli lubrificanti, coke di petrolio, paraffina, bitume.
persone: analista, cementatore di pozzi, conduttore di centrale di pompaggio, depuratorista, derrista = pontista, estrattore, etilatore, motorista di sonda, perforatore, petroliere, prelevatore di campioni, purificatore, rettificatore, trivellatore, turbinista.
oleodotto = pipeline, porto petrolifero, nave cisterna = petroliera, carro cisterna = autocisterna.

metano naturale, biologico, alluvionale = gas delle paludi;
campo metanifero, giacimento metanifero, pozzo metanifero; estrazione, raccolta; metanodotto, nave metanifera = metaniera, stazione di distribuzione, stazione di ricompressione (bombola di metano).

Tav. 29 EDITORIA

stampa tipografica, litografica = offset, anastatica, a rotocalco, serigrafica;
quotidiana ⇔ periodica, cittadina = locale, nazionale ⇔ estera, indipendente ⇔ di partito.
stampare, ristampare, imprimere, tirare; pubblicare, curare la stampa, mandare o dare alle stampe.
libro, giornale, rivista, pubblicazione; libertà di stampa, reati di stampa, conferenza stampa.

tipografia, stamperia, officina tipografica, arti grafiche, cartotecnica, fotocomposizione, zincografia, legatoria, linotipia, litografia, monotipia, industria editoriale.
forme dei caratteri (altezza, corpo, occhio, avvicinamento): corsivo ⇔ tondo, grassetto, chiaro ⇔ neretto, maiuscolo ⇔ minuscolo.

tipi di carattere: aldino, bodoni, elzeviro, garamond, gotico, romano, normanno, inglese, times, helvetica, zapf.
segni e fregi tipografici: accento, asterisco, parentesi, paragrafo, filetti, millefili, grappe, fregi.
inchiostri: essiccanti, colorati, a doppia tinta, fuggitivi, copiativi, indelebili, opachi, per carte patinate, per cartevalori, per timbri.
composizione a mano, a macchina, a caldo, a freddo = fotocomposizione; incorniciatura, spazieggiatura, interlineatura, uscita in pellicola, tipometro, menabò, lettura, correzione, refuso, pesce = salto.
fotolitografia, fotoincisione e stampa: cliché, scannerizzare, riprodurre, premontaggio, prova di stampa, montaggio, ciano, lastra, avviamento, registro, tiratura, bozza di stampa (in colonna, impaginata), menabò; collazione, revisione, impaginazione.
carta: telata, pergamenata, satinata, filigranata, vergata, uso mano = naturale, patinata, pigmentata, zigrinata, calandrata, riciclata, ecologica, bollata, oleata, camoscio, velina, carbone; da stampa, da disegno, da lettera; di paglia, di riso, di pula, di sparto, di stracci, di stagno = stagnola, di alfa;
foglio, foglietto, pagina, risma, bobina, rotolo, quaderno, quinterno, registro, scheda, cartella, agenda, taccuino, scartafaccio; cartiera, cartaio, cartoleria, cartolaio.
Fig. – dare carta bianca.
macchine: compositrici (linotype, monotype); fotocompositrici (tastiera, fotounità, videoimpaginatore), desk top publishing = DTP; fotoriproduzione (scanner, plotter), torchio, tiraprove, rotativa, rotocalcografica, tipografica piana, litografica piana (mono, a più colori), policilindrica, goffratrice, gommatrice, verniciatrice, plastificatrice, piegatrice, cucitrice, brossuratrice, taglierina.
personale specializzato: tipografo, battitore, fonditore, compositore, monotipista, linotipista, fotocompositore, stereotipista, zincografo, fotolitografo, fotoincisore, rullatore, torcoliere, impressore, stampatore, legatore, impaginatore, revisore, correttore.

libro volume, testo, codice, incunabolo, palinsesto, opuscolo, fascicolo, almanacco, manoscritto, dispensa; best-seller;
anonimo, autografo; scientifico, letterario, didattico, di testo, di lettura, di critica; istoriato, miniato, illustrato; fuori commercio, proibito, all'indice, ristampato; brossurato, cartonato, rilegato; tascabile; intonso ⇔ tagliato, nuovo ⇔ usato = d'occasione; buono ⇔ cattivo, utile ⇔ dannoso.
scrivere, chiosare, esaminare, dedicare, intitolare, leggere, sfogliare, plagiare; sequestrare, catalogare, schedare, consultare.
parti del libro: custodia, fodera, sopraccoperta, risvolto, copertina, fascetta, risguardo, occhiello, frontespizio, capitello, dorso = costola, taglio, piatto (anteriore, posteriore), corpo, pagina;
titolo, dedica, prefazione, capitolo, paragrafo, colonna, capoverso, verso, testata, commento, avvertenza, sommario, nota, richiamo, appendice, riepilogo, indice (alfabetico, analitico, degli autori, dei nomi, degli argomenti), errata-corrige; tavola, illustrazione; autore, commentatore, glossatore, illustratore, miniaturista, editore, tipografo.
edizione: nuova, ultima, esaurita, riveduta e corretta, ampliata, clandestina, critica, annotata = commentata, illustrata, scolastica, tascabile; purgata ⇔ integrale, lussuosa ⇔ economica = popolare.
biblioteca: catalogo, scheda, schedario, scaffale, sala di consultazione, sala di lettura, sala di distribuzione; prestito, malleveria; bibliotecario, conservatore, distributore.
Fig. – parlare come un libro stampato – essere un libro chiuso – libro bianco.

giornale bollettino, gazzetta, foglio, corriere, organo, rivista, tabloid;
quotidiano, settimanale, quindicinale, mensile, periodico; del mattino, del pomeriggio, della sera; politico, religioso, finanziario, letterario, sportivo, umoristico, satirico, scandalistico; illustrato, a rotocalco, a fumetti; murale, radiofonico, televisivo, cinematografico; di viaggio, di bordo, di classe; informato, serio, venduto;
indipendente ⇔ di partito, accreditato ⇔ screditato, imparziale ⇔ fazioso = settario.
edizione (del mattino, della sera, straordinaria), redazione, tiratura; abbonamento, supplemento, arretrato;
giornalista, direttore, direttore responsabile, redattore, caporedattore, cronista, capocronista, caposervizio, inviato speciale, reporter, fotoreporter = paparazzo, corrispondente, collaboratore, pubblicista, articolista, fondista, corsivista, polemista, critico, intervistatore; giornalaio = edicolista, strillone.
parti del giornale: testata, manchette, occhiello, titolo, sottotitolo, sommario, cappello, colonna, articolo (di apertura, di fondo, di spalla, di taglio, di comunicato, di colore, di elzeviro, di corsivo; asterisco, finestrina, stelloncino, trafiletto), illustrazione, pubblicità, inserzione, necrologio;
cronaca (nera, mondana, parlamentare), servizio = reportage, fotocronaca = fotoreportage, inchiesta, intervista, corrispondenza, bollettino, notiziario, resoconto, pastone, lettera aperta, critica, polemica, commento, recensione, nota, spigolature; colpo giornalistico = scoop, esclusiva, primizia.

Tav. 30 INFORMATICA

informatica elaborazione automatica dei dati (= ADP), elaborazione elettronica dei dati (= EDP), data processing; agronica; automazione; avionica; bionica; cibernetica; computer graphics; eidomatica; intelligenza artificiale; robotica; telematica; teoria dei sistemi; teoria delle comunicazioni; teoria delle informazioni.
bit, nibble, byte = carattere (numerico, alfanumerico), parola; baud; pixel.

applicazioni gestionali ⇔ scientifiche; banca dati, database relazionale ⇔ database gerarchico; calcolo numerico; controllo della produzione; acquisizione dati; gestione di impianti; simulazione (statica ⇔ dinamica); controllo numerico; riconoscimento immagini; riconoscimento testo; trattamento immagini; trattamento testi (= word processing); automazione dell'ufficio (= office automation); istruzione assistita da elaboratore (= CAI); progettazione con l'ausilio dell'elaboratore (= CAD).

elaboratore = calcolatore (elettronico) = computer; mainframe; microelaboratore = microcomputer; minielaboratore; personal (computer): portatile, trasportabile, desk top, lap top, note book, palm top.

calcolatore digitale (= numerico) ⇔ analogico, ibrido; universale ⇔ specializzato; compatibile; architettura di sistema: von Neumann, parallela, RISC, CISC.
rete locale (= **LAN**): ad anello (= token ring), a bus, a stella; workstation, elaboratore centrale (= server), gateway, rooter; protocollo, pacchetto di dati, parola chiave (= password), conto (= account).
teleprocessing; batch; time sharing; interrupt; concorrenza; monoprogrammazione ⇔ multiprogrammazione; monoutente ⇔ multiutente.

componenti logiche (= software) ⇔ componenti fisiche (= hardware).
sistema operativo: (CP/M, EXEC-8, Mach, MS-DOS, OS/2, UNIX, RSX, VMS); shell (= interprete di comandi), comando.
linguaggio: macchina (assembler) ⇔ simbolico = evoluto (Ada, Algol, APL, B, BASIC, BCPL, C, C++, Chill, Cobol, Fortran, IPL, LISP, Logo, Modula 2, Occam, Pascal, Pilot, PL/1, PostScript, Prolog, RPG, Simula, Smalltalk, Snobol); ad alto (⇔ basso) livello; conversazionale, interattivo; interprete ⇔ compilatore; compilatore, assemblatore, debugger.
programma: sottoprogramma (= subroutine, routine); job, task, thread; parametrico; sorgente ⇔ oggetto; concatenato; diagnostico; virus; emulatore; di servizio = di utilità; driver di periferica; libreria di programmi; funzione, procedura, modulo.
dati logici: campo, handle, record (a lunghezza fissa ⇔ variabile), indice, chiave, tabella hash, oggetto; archivio = file a blocchi ⇔ file a caratteri, directory (= direttorio), cartella, icona, finestra, volume.
programmazione: analisi, algoritmo, automa a stati finiti, schema a blocchi, diagramma di flusso, listato, editing; programmazione strutturata, orientata agli oggetti; metodo top-down ⇔ bottom-up.
istruzioni: lettura, scrittura, assegnazione, dimensionamento, esecuzione, definizione di funzione, definizione di sottoprogramma, dichiarazione di tipo e formato, chiamata di funzione, chiamata di sottoprogramma, trasferimento, salto, confronto, salto condizionato, iterazione, ciclo (= loop), operazione aritmetica o logica, attesa, pausa, arresto. calcolo in virgola fissa (⇔ mobile); logica binaria; algebra di Boole; costanti e variabili: intere, reali (in precisione semplice, doppia, BCD, estesa), complesse, booleane = logiche, alfanumeriche stringa (di caratteri); variabili con indice: vettore, catasta (= pila, stack), matrice.
carattere: numerico, alfabetico, alfanumerico.

codifica interna ⇔ esterna; binaria, ottale, decimale, esadecimale; codice ASCII, EBCDIC, ISO, ANSI; codice a barre; codificare, decodificare; crittografare, decrittare.

componenti fisiche (= hardware) ⇔ componenti logiche (= software).
unità centrale = CPU; unità aritmetico-logica (= ALU); unità di controllo, memoria centrale; microprogrammazione, firmware; segnale (alto, basso), accumulatore, registro, porta logica (AND, NAND, NOR, NOT, OR, XOR); canale di comunicazione (= bus).

scheda (= adattatore, interfaccia, opzionale, di espansione) circuito integrato, componente, chip, microprocessore; contatore, cablaggio, alimentatore, connettore, chassis.

memoria centrale = interna = principale ⇔ ausiliaria = esterna; di massa; riservata ⇔ condivisa; protetta; espansa; estesa; statica ⇔ dinamica; di lavoro; volatile ⇔ permanente; virtuale ⇔ reale; di transito = temporanea, buffer, cache; ad accesso casuale ⇔ sequenziale; magnetica = a nuclei di ferrite, a stato solido; a bolle, a linea di ritardo, olografica; di sola lettura (ROM), ad accesso casuale (RAM), programmabile di sola lettura (PROM), programmabile e cancellabile di sola lettura (EPROM, EEPROM, EAPROM).
cella, indirizzo, locazione, offset (= spiazzamento); pagina, paginazione, segmento, blocco di memoria.
allocare, azzerare, cancellare, copiare, spostare, leggere, scrivere (in), trasferire (da); interfaccia seriale ⇔ parallela; sincrona ⇔ asincrona; standard.

unità periferiche: terminale (interattivo, intelligente, remoto); in linea (= on line) ⇔ fuori linea (= off line).
unità di ingresso (input): tastiera; lettore di schede (perforate, magnetiche); lettore di banda (= nastro perforato); convertitore analogico-digitale; penna luminosa; tavoletta grafica; joystick; lettore ottico; scanner; digitalizzatore; mouse; trasduttore, lettore di codici a barre.
unità di uscita (**output**): monitor (CRT); visualizzatore (= display) (a cristalli liquidi, a diodi luminosi, a plasma); perforatore di schede; perforatore di banda (= nastro); stampante: a impatto (di linea, a margherita, ad aghi), elettrostatica, termica, laser, a getto d'inchiostro; fotocompositrice; testina, ugello, nastro, cartuccia, tamburo fotosensibile, toner, tabulato, modulo continuo; registratore XY, plotter; convertitore digitale-analogico; attuatore; sintetizzatore di voce.
unità di ingresso e uscita (**input/output**): console, videoterminale; telescrivente; accoppiatore acustico; modem; unità a nastro magnetico; unità a disco magnetico, a disco ottico, a disco magneto-ottico; disco rigido = disco fisso ⇔ disco rimovibile; disco (= floppy disk), dischetto, minidisco.
copia di sicurezza (= backup); formattazione, compressione dati.
unità ausiliarie: perforatrice, verificatrice, selezionatrice di schede.

mansioni
amministratore di sistema, analista, analista di sistemi = sistemista, capocentro, installatore, operatore, programmatore, analista-programmatore, perforatore, tastierista, utente.

calcolatrice
scrivente ⇔ non scrivente (con visualizzazione a cristalli liquidi, a diodi luminosi); tascabile ⇔ da tavolo; scientifica, finanziaria, agenda elettronica; programmabile.

Tav. 31 ENERGIA

concetti attinenti banda di energia (= banda energetica); bilancio energetico; calore specifico; contenuto energetico; corrente elettrica; decadimento radioattivo; effetto fotoelettrico, fotovoltaico, Joule, termoelettrico, termoelettronico; entropia; fattore di assorbimento, di riflessione, di trasmissione; flusso; forza; forza motrice; fossilizzazione; fotodisintegrazione; fotosintesi; isolamento termico; isotopo fertile, fissile (= fissionabile); lavoro; livello energetico; neutrone (lento, termico, veloce); nucleo; potenza; principi della termodinamica; principio di conservazione dell'energia; radiazione elettromagnetica, solare; reazione chimica (endoenergetica ⇔ esoenergetica, endotermica ⇔ esotermica), nucleare (di fissione, di fusione); rendimento; superconduttività; temperatura.

forme e qualificazioni dell'energia accumulabile ⇔ non accumulabile, acustica (= sonora), alternativa, animale, assorbita, chimica, cinetica, cosmica, delle maree (= mareomotrice, maremotrice), di accoppiamento, di associazione ⇔ dissociazione, di attivazione, di eccitazione, di estrazione, di formazione, di interazione, di ionizzazione, di legame, di massa, di pressione, di punto zero, di riposo (= di quiete), di risonanza, di scambio, di soglia (= critica), di transizione, dura ⇔ soffice, elastica, elettrica, elettrocinetica, elettromagnetica, elettrostatica, eolica (= del vento), esterna ⇔ interna, geotermica (= endogena), geotermoelettrica, gravitazionale, idraulica, idroelettrica, incidente, libera, luminosa, magnetica, magnetostatica, meccanica, muscolare, mutua, non rinnovabile ⇔ rinnovabile, nucleare (= atomica), nucleotermoelettrica, potenziale (= di posizione), raggiante (= radiante), relativistica, riflessa, solare, stellare, superficiale, termica (= calore), termodinamica, termoelettrica, totale, trasmessa, utilizzabile (= utile), utilizzata, volumica (= densità di energia).

processi e proprietà accumulazione (= immagazzinamento), approvvigionamento, assorbimento, ciclo, conservazione, consumo, conversione (= trasformazione), degradazione, dispersione, distribuzione, estrazione, flusso, generazione, produzione, riflessione, sfruttamento, spreco, surrogabilità, trasmissione (= trasporto, trasferimento), utilizzazione.

unità di energia joule (J); elettronvolt (= voltelettrone) (eV); erg; kilogrammetro ($kg_f \cdot m$); litro atmosfera ($l \cdot atm$); tec; tep, megatep (Mtep); ton (T), kilowattora (kWh).

unità di calore caloria (cal), kilocaloria (= grande caloria) (kcal); frigoria (fg); unità termica britannica (Btu).

unità di potenza watt (W); cavallo vapore (CV); cavallo vapore britannico (= horse power) (hp).

fonti (= **sorgenti**) **di energia** (= **energetiche** = **materie prime energetiche**) primarie, secondarie.
fonti primarie: combustibili fossili, vegetali, nucleari; energia gravitazionale, delle maree, eolica, geotermica, idraulica, solare; gradiente termico del mare; moto ondoso del mare; fonti rinnovabili, fonti alternative.
fonti secondarie: carbone di legna; energia elettrica; coke; gas di cokeria, d'officina, d'altoforno, di petrolio liquefatto (GPL), di raffineria; benzine, gasolio, olio combustibile, kerosene, distillati leggeri del petrolio.
processi e proprietà: accesso, accumulazione, approvvigionamento, conversione (= trasformazione), movimentazione, nobilitazione, trasportabilità, trasporto, utilizzazione.
impianti e mezzi di estrazione: miniera di carbone; pozzo petrolifero; pozzo gasifero; torbiera; serbatoio idraulico.
impianti di trasformazione: raffineria, cokeria, altoforno, carbonaia, officina del gas.
mezzi di trasporto: gasdotto, metanodotto, oleodotto, nave carboniera, nave metaniera, petroliera, superpetroliera, linea elettrica.
impianti di accumulazione: serbatoio di petrolio e prodotti petroliferi, di gas naturale, di gas d'officina, idraulico; parco carbone.

energia delle maree centrale (elettrica) mareomotrice.

energia eolica motore a vento (= motore eolico, aeromotore), turbina a vento, mulino a vento, centrale anemoelettrica (= eolica), impianto anemoelettrico (= eolico).

energia geotermica soffione, sorgente calda, geyser; gradiente geotermico; falda geotermale; fluido geotermico; campo geotermico; giacimento geotermico; impianto geotermico; centrale geotermoelettrica (= geotermica).

energia idraulica bacino imbrifero, serbatoio idraulico, condotta forzata, impianto di pompaggio, turbina idraulica, motore idraulico, salto motore, centrale idroelettrica.

energia nucleare il nucleare, l'elettronucleare; industria nucleare; reazione nucleare di fissione non controllata ⇔ controllata, di fusione non controllata ⇔ controllata, fusione fredda.
combustibile nucleare per reattori a fissione: isotopi fissili; uranio naturale, arricchito; arricchimento dell'uranio; isotopi fertili; ciclo del combustibile; barra di combustibile.
combustibile nucleare per reattori a fusione: deuterio, tritio, litio.
energia nucleare da fissione: **reattore nucleare a fissione**: reattore di ricerca, di produzione, di potenza, a neutroni termici (= termico), a neutroni veloci (= veloce), a uranio naturale, a uranio arricchito, a plutonio; reattore autofertilizzante (*breeder reactor*);

BWR (*boiling water reactor*: reattore moderato e refrigerato ad acqua naturale bollente); PWR (*pressurized water reactor*: reattore moderato e refrigerato ad acqua naturale in pressione); GCR (*gas cooled reactor*: reattore moderato e refrigerato con anidride carbonica); nocciolo; moderatore; fluido refrigerante; impianto nucleare; sicurezza del reattore.

energia nucleare da fusione: **reattore nucleare a fusione**: plasma; confinamento, riscaldamento, diagnostica del plasma; bottiglia magnetica; TOKAMAK, STELLARATOR, JET (Joint European Thorus), reattore a fusione a laser.

utilizzazione dell'energia nucleare: impieghi civili (produzione di energia elettrica, di acqua dolce, di calore, di idrogeno; propulsione navale, aerea, spaziale), impieghi militari (bomba atomica, aggressivi nucleari).

energia solare energia raggiante (= radiazione) solare; costante solare; effetto serra; collettore solare (= pannello solare); eliomotore; eliopompa; centrale eliotermica (= solare); impianto termico (= di riscaldamento) a energia solare; accumulatore termico (= di calore); casa solare, solarizzata; cucina solare; distillatore solare; forno solare; cella solare, cella al silicio; batteria solare; il solare.

energia termica

combustibili: solidi, liquidi, gassosi; *primari*: combustibili naturali; fossili, vegetali; *secondari*: benzina, gasolio, olio combustibile, coke; *fossili solidi*: torba; lignite; carbone fossile (antracite, litantrace); scisti, calcari, sabbie bituminose; ozocerite; *fossili liquidi*: petrolio, bitume; *fossili gassosi*: gas naturale (GN); *solidi artificiali*: agglomerati di combustibili solidi naturali, coke, semicoke, carbone di legna; *liquidi artificiali*: derivati da petrolio: benzine, gasolio, olio combustibile; alcol metilico, etilico; benzolo; oli vegetali; sintina; sintolo; syncrude; propellenti combustibili aeronautici e spaziali; *gassosi artificiali*: gas di città (= illuminante), d'officina, di petrolio liquefatto (GPL), d'aria (= povero), d'acqua, misto, d'altoforno, dei forni a coke (= di cokeria), di raffineria, doppio, di olio, di cracking, di olio minerale; idrogeno; acetilene; ossido di carbonio.

carbone fossile (= **naturale**): miniera; giacimento; gassificazione, idrogenazione, liquefazione, pirolisi del carbone; cokeria, officina del gas, altoforno.

carbone di legna: carbonaia.

petrolio (= **olio minerale grezzo**, **petrolio grezzo**, **grezzo**): pozzo; giacimento; distillazione, raffinazione, cracking (= piroscissione, pirolisi), reforming, idrogenazione dei distillati; raffineria.

biogenerazione energia da trasformazione di residui organici; biomassa; biogeneratore di energia.

gradiente termico del mare centrale talassotermica.

energia elettrica

produzione generatori: alternatore, turboalternatore; dinamo, turbodinamo;

centrale elettrica: anemoelettrica, dieselelettrica, geotermoelettrica (= geotermica), idroelettrica, mareomotrice, nucleotermoelettrica (= elettronucleare = nucleare), termoelettrica; trasformatore; motore elettrico; accumulatore.

conversione diretta in energia elettrica da energia termica (magnetofluidodinamica; termoionica; termoelettrica; termopila); da energia luminosa (fotoelettrica: cella solare, batteria solare); da energia chimica (elettrochimica: pila voltaica, a combustibile).

pila voltaica, termocoppia, pila termoelettrica, pila fotoelettronica (= fotovoltaica).

trasmissione e distribuzione (= **fornitura**) **dell'energia elettrica**: linea elettrica (di trasporto = trasmissione, di distribuzione) aerea, in cavo; rete di trasmissione e interconnessione; rete di distribuzione; rifasamento; ora di punta.

bioenergetica ciclo dell'energia; fotosintesi; fotofosforilazione; fosforilazione; assimilazione ⇔ disassimilazione; metabolismo ⇔ catabolismo; animali omeotermi (= a sangue caldo) ⇔ eterotermi (= pecilotermi, a sangue freddo); bioluminescenza; bioelettricità.

effetti sull'ambiente e sull'uomo inquinamento atmosferico, delle acque (radioattivo, termico); rifiuti radioattivi = scorie; smaltimento dei rifiuti radioattivi; esposizione alle radiazioni ionizzanti; fall-out; dosimetria; dosimetro.

problemi economici e politici

fonti energetiche: competitività, conservazione, costo, diversificazione, economia, disponibilità, risparmio.

fabbisogni (= **bisogni**) **di energia** (= **energetici**) stagionali, mensili, settimanali, orari.

risorse (= **riserve**) **energetiche**: conservazione, consumo, disponibilità, esaurimento, uso razionale, razionamento.

domanda, consumi, sprechi di energia; approvvigionamento, rifornimento energetico; crisi dell'energia (= energetica), del petrolio (= petrolifera); problema energetico; scorte di energia; investimenti nel settore energetico; misure, politiche di conservazione, di risparmio dell'energia: isolamento termico degli edifici, riscaldamento centralizzato, teleriscaldamento, cogenerazione, trasporti collettivi; prospettiva energetica; politica, programma nucleare; movimento, protesta antinucleare; gli antinucleari.

Fig. – con energia, con grande energia, persona priva di energie, di poca energia; fiaccare, togliere l'energia; mancare di energia; sprecare le energie vitali; dare, infondere energia; energia fisica, morale; governare, comandare con energia; soprassalto d'energia; energie giovanili.

attaccare, curare, eseguire, esprimere, intervenire, rifiutare, rispondere, smentire energicamente.

carattere, rimedio, tono, viso energico; condotta, critica, cura, persona, politica, stretta di mano, telefonata energica; gesti, lineamenti energici.

AUTORI CITATI NEL VOCABOLARIO

Leon Battista Alberti	1404	-	1472
Vittorio Alfieri	1749	-	1803
Ludovico Ariosto	1474	-	1533
Riccardo Bacchelli	1891	-	1985
Daniello Bartoli	1608	-	1685
Giovanni Boccaccio	1313	-	1375
Matteo Maria Boiardo	1441	-	1494
Giordano Bruno	1548	-	1600
Italo Calvino	1923	-	1985
Tommaso Campanella	1568	-	1639
Giosue Carducci	1835	-	1907
Baldassarre Castiglione	1478	-	1529
Benvenuto Cellini	1500	-	1571
Dino Compagni	?	-	1324
Benedetto Croce	1866	-	1952
Gabriele D'Annunzio	1863	-	1938
Dante Alighieri	1265	-	1321
Francesco De Sanctis	1817	-	1883
Antonio Fogazzaro	1842	-	1911
Ugo Foscolo	1778	-	1827
Galileo Galilei	1564	-	1642
Carlo Goldoni	1707	-	1793
Francesco Guicciardini	1483	-	1540
Leonardo da Vinci	1452	-	1519
Giacomo Leopardi	1798	-	1837
Primo Levi	1919	-	1987
Lorenzo de' Medici	1449	-	1492
Niccolò Machiavelli	1469	-	1527
Alessandro Manzoni	1785	-	1873
Giovan Battista Marino	1569	-	1625
Pietro Metastasio	1698	-	1782
Eugenio Montale	1896	-	1981
Vincenzo Monti	1754	-	1828
Elsa Morante	1912	-	1985
Alberto Moravia	1907	-	1990
Ludovico Antonio Muratori	1672	-	1750
Ippolito Nievo	1831	-	1861
Giuseppe Parini	1729	-	1799
Giovanni Pascoli	1855	-	1912
Francesco Petrarca	1304	-	1374
Luigi Pirandello	1867	-	1936
Angelo Poliziano	1454	-	1494
Luigi Pulci	1432	-	1484
Umberto Saba	1883	-	1957
Francesco Sacchetti	ca. 1330	-	ca. 1400
Iacopo Sannazaro	ca. 1456	-	1530
Paolo Sarpi	1552	-	1626
Leonardo Sciascia	1921	-	1989
Italo Svevo	1861	-	1928
Torquato Tasso	1544	-	1595
Giuseppe Ungaretti	1888	-	1970
Giorgio Vasari	1511	-	1574
Giovanni Verga	1840	-	1922
Giambattista Vico	1668	-	1744
Giovanni Villani	?	-	1348

AFGHANISTAN ALBANIA ALGERIA ANDORRA ANGOLA ANTIGUA E BARBUDA ARABIA SAUDITA ARGENTINA

ARMENIA AUSTRALIA AUSTRIA AZERBAIGIAN BAHAMA BAHRAIN BANGLADESH BARBADOS

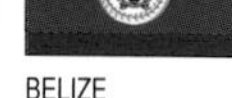

BELGIO BELIZE BENIN BHUTAN BIELORUSSIA BIRMANIA (MYANMAR) BOLIVIA BOSNIA-ERZEGOVINA

BOTSWANA BRASILE BRUNEI BULGARIA BURKINA FASO BURUNDI CAMBOGIA CAMERUN

CANADA CAPO VERDE CECA, REP. CENTRAFRICANA, REP. CIAD CILE CINA CIPRO

CITTÀ DEL VATICANO COLOMBIA COMORE CONGO COREA DEL NORD COREA DEL SUD COSTA D'AVORIO COSTA RICA

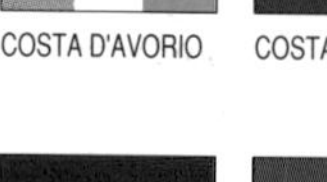

CROAZIA CUBA DANIMARCA DOMINICA DOMINICANA, REP. ECUADOR EGITTO EL SALVADOR

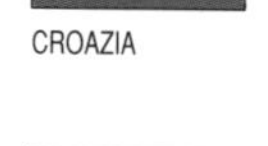

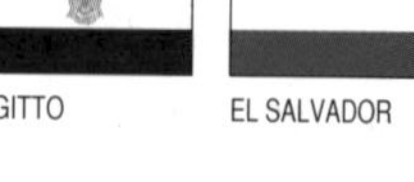

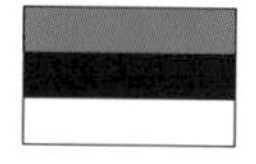

EMIRATI ARABI UNITI ERITREA ESTONIA ETIOPIA FIGI FILIPPINE FINLANDIA FRANCIA

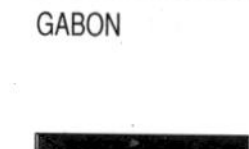

GABON GAMBIA GEORGIA GERMANIA GHANA GIAMAICA GIAPPONE GIBUTI

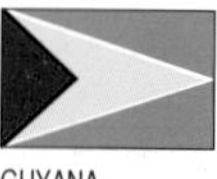

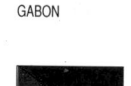

GIORDANIA GRECIA GRENADA GUATEMALA GUINEA GUINEA-BISSAU GUINEA EQUATORIALE GUYANA

HAITI HONDURAS INDIA INDONESIA IRAN IRAQ IRLANDA ISLANDA

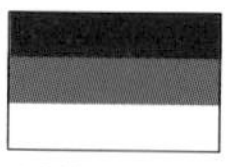

ISRAELE ITALIA JUGOSLAVA, FED. KAZAKISTAN KENYA KIRGHIZISTAN KIRIBATI KUWAIT